Larousse
de la Musique

Larousse
de la musique

2

LIBRAIRIE LAROUSSE
17, rue du Montparnasse, Paris 75006

Le présent volume appartient à la dernière édition (revue et corrigée) de cet ouvrage. La date du copyright mentionnée ci-dessous ne concerne que le dépôt à Washington de la *première* édition.

© **Librairie Larousse, 1982.**

Librairie Larousse (Canada) limitée, propriétaire pour le Canada des droits d'auteur et des marques de commerce Larousse. — Distributeur exclusif au Canada : les Éditions Françaises Inc., licencié quant aux droits d'auteur et usager inscrit des marques pour le Canada.

© by S.P.A.D.E.M. et A.D.A.G.P., 1982.

ISBN 2-03-511304-0

KREUZSPIEL (all. ; « Jeu de croix »). Œuvre de jeunesse de **Karlheinz Stockhausen,** composée en 1951 et destinée à 6 musiciens : 1 hautbois, 1 clarinette basse, 1 piano (utilisant aussi 1 wood-block) et 3 percussions (6 tom-toms, 2 tumbas, 4 cymbales). Œuvre rigoureuse et austère, *Kreuzspiel* déclencha un scandale lors de sa création, aux cours d'été de Darmstadt (21 juillet 1952), sous la direction du compositeur.

Ayant assimilé la leçon du dernier Webern, influencé également par le *Mode de valeurs et d'intensités* pour piano d'Olivier Messiaen et par la *Sonate pour deux pianos* de Karel Goeyvaert, Stockhausen s'engage avec *Kreuzspiel* sur la voie du *sérialisme intégral* et de l'écriture « pointilliste ». D'une durée de dix minutes et demie, *Kreuzspiel* illustre l'idée d'un « croisement » ou « jeu de croix » entre processus temporels et spatiaux. « Dans une première phase le piano commence dans les registres extrêmes et introduit progressivement, en utilisant des croisements, six sons du registre aigu et six sons du registre grave. Les quatre octaves médianes, où jouent le hautbois et la clarinette basse, se remplissent progressivement de nouveaux sons et au moment de la distribution égale de tous les sons sur toute l'étendue verticale, toutes les séries des durées et des intensités se trouvent croisées de façon que les séries apériodiques du début de la pièce deviennent une série périodique, qui augmente régulièrement d'intensité (accelerando et crescendo). Tout ce développement est inversé ensuite, donné en renversement de façon qu'à la fin de la première phase tous les sons sont de nouveau donnés (au piano) dans les registres extrêmes. Mais à cause du croisement, les six sons de l'aigu apparaissent dans le grave et inversement [...] Dans une deuxième phase tout ce processus se reproduit de l'intérieur vers l'extérieur : la musique commence dans le registre medium avec le hautbois et la clarinette basse, atteint les registres extrêmes (au piano) et retourne en arrière ; la pulsation régulière (percussions) des unités minimales qui déterminait le tempo de la première phase disparaît ici. Dans une troisième phase sont reliés les deux processus » (K. Stockhausen). P. S.

KRIEGER *(Adam),* compositeur allemand *(Driesen 1634 - Dresde 1666).* Il travailla la composition et l'orgue avec Samuel Scheidt à Halle et succéda à Rosenmüller comme maître de tribune à Saint-Nicolas de Leipzig, de 1655 à 1657. Nommé à la cour de Dresde (qu'il connaissait déjà, pour y avoir rencontré Heinrich Schütz, dont il peut être aussi considéré comme le disciple), il y exerça, jusqu'à sa mort, les fonctions d'organiste, contribuant au renom d'une chapelle qui avait compté dans ses rangs quelques chefs de file de l'école germanique.

C'est, d'ailleurs, au fait que la chapelle électorale de Saxe était alors la première d'Allemagne que Krieger doit d'avoir eu la possibilité d'écrire pour la voix, plutôt que pour l'orgue. La maîtrise était célèbre pour la qualité de ses chantres et nul doute que c'est à eux que le musicien songeait en composant ses *Arien (à 1, 2 et 3 voix)* en 1657. Le succès que rencontrèrent ces 50 pièces (avec accompagnement de 2 violons, 1 basse de viole et de *continuo*) incita Krieger à écrire d'autres *arien* (de 1 à 5 voix, et avec accompagnement de 5 instruments à cordes et *basse continue*). Mais ce n'est qu'après sa mort que parurent ces 50 *Neue Arien,* qui marquent, avec le livre de 1657, le sommet du lied monodique au XVIIe siècle.

Œuvres. *Arien von einer, zwey und drei Vocal-stimmen, benebenst ihren Ritornellen* (Leipzig, 1657) ; *Neue Arien* (Dresde, 1667), *Sept Airs* pour 1-2 voix, avec instruments ; *Cantate An Der Wassern zu Babel* (1948, par H. Osthoff). R. T.

KRIEGER *(Edino),* compositeur et critique musical brésilien *(Brusque, Santa Catarina, 1928).* Initié à la musique par son père, il donna des récitals de violon dès l'âge de quatorze ans. Il fit ses études musicales à Rio de Janeiro, aux États-Unis (Berkshire Music Center) avec Aaron Copland et Peter Mennin, et à Londres, puis devint réalisateur d'émissions radiophoniques dans un but de diffusion musicale, organisateur de festivals et de concours pour l'État de Guanabara. Il est président de la Société brésilienne de musique contemporaine. Marqué d'abord par l'impressionnisme, le compositeur s'est ensuite tourné vers la technique sérielle, sans oublier les autres ressources contemporaines ni le folklore brésilien.

La musique dramatique d'Edino Krieger comprend principalement : *Antigone* (1953), *Natividade do Rio* (1965) ; la musique orchestrale des *Contrastes* (1949), une *Ouverture* (1955), *Ludus symphonicus* (1966) ; la musique pour formation de chambre un *Chôro* pour flûte et cordes (1952), une *Suite pour cordes* (1954), des *Variations élémentaires* (1964). Le musicien a également composé des quatuors à cordes, des trios, des duos instrumentaux, des mélodies, des chœurs et des pièces pour piano. P. V.

KRIEGER, famille de musiciens allemands.
— 1. **Johann Philipp,** compositeur *(Nuremberg 1649 - Weissenfels 1725).* Après un séjour au Danemark comme organiste à Saint-Pierre de Copenhague, il revient dans son pays natal et est nommé organiste à la cour du margrave de Bayreuth en 1670. Après un voyage en Italie, il retourne à la cour de Bayreuth comme maître de chapelle. Puis il passe au service de la cour ducale de Saxe comme organiste à Halle et second maître de chapelle dans cette même ville. En 1680, il travaille à Weissenfels (la ville où Schütz passa une partie de son enfance) et, pratiquement, il y reste jusqu'à sa mort, avec la charge de premier chef d'orchestre à la cour. Compositeur d'opéras (dont il ne reste que quelques airs), il a également laissé des œuvres pour le clavier (orgue ou clavecin) et divers recueils de musique de chambre : *Sonates en trio, Sonates pour violon et viole de gambe, Lustige Feld-Musik* pour instruments à vent, mais surtout *80 Concerts spirituels, motets et cantates,* qui font le plus souvent songer à l'art de Buxtehude, la fantaisie visionnaire en moins.

— 2. **Johann,** compositeur *(Nuremberg 1652 - Zittau 1735).* Frère et élève du précédent, il travaille, comme lui, comme organiste à la cour de Bayreuth. Après de petites charges à Greiz et Eisenberg, il obtient le titre de *director musices* à Zittau, où il demeure jusqu'à sa mort. Auteur de musique vocale *(Lieder et airs accompagnés)* aussi bien qu'instrumentale (pages pour l'orgue et le clavecin), il est mieux qu'un petit maître, lui à qui le jeune Haendel portait un véritable culte.

Son fils, Johann Gotthilf, lui succéda comme maître de chapelle à la cour de Weissenfels, jusqu'à la dissolution de ladite chapelle, en 1736. R. T.

KRIPS *(Josef),* chef d'orchestre autrichien *(Vienne 1902 - Genève 1974).* Il étudia la musique à l'Académie de Vienne avec Mandyszewsky et Weingartner, et fit ses débuts de chef au Volksoper de Vienne (1921). De 1924 à 1925, il dirigea l'opéra du Stadttheater de Dortmund et celui d'Aussig am Elbe. Il fut chef permanent de l'Opéra d'État de Vienne (1933-1938) et enseigna à l'Académie de Vienne (1935-1938). Après l'Anschluss, Krips dirigea pendant une saison (1938-39) l'opéra de Belgrade, puis se vit interdire toute activité musicale publique. Dès la fin de la guerre, il se consacra à la réorganisation de la vie musicale à Vienne. Il contribua également à la réouverture du festival de Salzbourg (1946), et fut le chef permanent de l'Opéra d'État de Vienne (1945-1950). En 1950, ce chef à l'âme si profondément viennoise décida de s'expatrier. Il fut principal du London Symphony Orchestra (1950-1954), de l'Orchestre philharmonique de Buffalo (1954-1963), et enfin de l'Orchestre philharmonique de San Francisco (1963-1970). Il ne renonça pourtant jamais à son titre de chef invité permanent de l'Opéra d'État de Vienne, qui lui avait été conféré en 1931. Il fut aussi directeur de la musique au festival de Cincinnati (1954-1960), chef invité de l'Opéra royal de Covent Garden (1963), au Metropolitan Opera de

New York (depuis 1966) et au Deutsche Oper de Berlin, de 1970 à sa mort. L'Opéra de Paris eut le privilège d'une de ses dernières apparitions en public, dans *Cosi fan tutte*, peu de mois avant sa mort. L'œuvre de Mozart, et notamment *Don Giovanni*, fut la pierre angulaire de la carrière et de la vie même de Krips. Il fut aussi un grand interprète de Schubert, en particulier de sa *Neuvième Symphonie*, et de Schumann. Avec Karl Boehm, il fut l'héritier de toute une tradition musicale autrichienne, faite de légèreté, de joie et de rigueur. A. de B.

KŘÍŽKOVSKÝ (*Pavel*), compositeur et maître de chœur tchèque (*Holasovice 1820 - Brnó 1885*). Il entra au noviciat des frères augustins de Brnó en 1845, où il se perfectionna en orgue, puis travailla la composition avec Gottfried Rieger. En 1848, il devint le maître du chœur du monastère de Brnó, pour lequel il écrivit une suite de chœurs pour voix d'hommes essentiellement centrés sur des textes populaires, qui servent encore aujourd'hui de répertoire de base entre celui de Smetana et Janáček. La première de son chœur *Utonula* (« la Noyée »), en 1848, reçut un accueil enthousiaste. Il fut nommé maître de chapelle de la cathédrale d'Olomouc (1873), avant de se retirer dans son monastère en 1883.

Outre une importante production de caractère religieux, Křížkovský a laissé de nombreuses mélodies éditées par cahiers ou isolées et des chœurs et cantates avec solistes, mais accompagnées au piano (ou harmonium). Il ne s'est pas contenté de citer quelques airs populaires afin de pimenter la rigueur de l'écriture liturgique pour chœur, mais a repris les matériaux originels en respectant fondamentalement leur prosodie. Il est considéré comme le père de la musique chorale tchèque. P.-E. B.

KROMMER (*Franz Vincenz* ou FRANTISEK VINCENC KRAMAR), compositeur tchèque (*Kamenice 1759 - Vienne 1831*). Connu aussi sous le nom de « Krommer-Kramar », il s'établit à Vienne en 1785, où il revint en 1795, après plusieurs années passées en Hongrie. Il fut nommé huissier à la cour en 1815 et, en 1818, succéda à Leopold Kozeluch au poste (qu'il devait être le dernier à occuper) de maître de chapelle de la Chambre impériale. Il composa plus de 300 ouvrages, dans tous les genres, sauf le piano seul, le lied et l'opéra. Ses quatuors à cordes, au nombre de plus de 100, furent favorablement comparés à ceux de Haydn. On lui doit aussi 9 symphonies, dont 2 sont perdues, des danses, des marches, des ouvrages pour vents seuls. D'une particulière importance sont ses concertos pour instruments à vent, notamment ceux pour clarinette, et ses 40 duos pour 2 violons parus chez Peters à Leipzig dans la *Collection des duos concertants* (1855-1857). M. V.

KRUMPHOLTZ, famille de musiciens tchèques.
— 1. **Johann Baptist (Jan Krtitel)**, compositeur, harpiste et facteur d'instruments (*Budenice 1742 - Paris 1790*). Protégé par le comte Kinsky, il étudia le cor avant de se tourner vers la harpe. Après plusieurs tournées en Europe, il fut membre de la chapelle du prince Esterházy à Esterháza (1773-1776), et y reçut des leçons de composition de Haydn. De là, il se rendit à Metz, où il travailla six mois dans l'atelier du facteur d'instruments Christian Steckler (dont il devait plus tard épouser la fille), puis à Paris (févr. 1777), où il fit paraître ses cinq concertos pour harpe op. 4, 6 et 7, partiellement composés sous la tutelle de Haydn. Il fut le plus grand harpiste de son temps, songea, le premier, à employer les harmoniques et les homophones, et aida de ses conseils et de ses idées les facteurs d'instruments Nadermann et Érard. Les infidélités de sa femme, également virtuose de la harpe, le poussèrent au suicide : il se jeta dans la Seine du haut du Pont-Neuf.
— 2. **Wenzel (Vaclav)**, violoniste (*Budenice v. 1750 - Vienne 1817*). Frère du précédent, il devint violoniste à l'opéra de Vienne (1796) et se lia d'amitié avec Beethoven, à qui il donna quelques leçons de violon et qui composa pour lui la sonate pour mandoline et piano WoO 43.
— 3. **Anne-Marie**, née **Steckler**, harpiste (*Metz v. 1755 - Londres apr. 1824*). Femme et élève de Johann Baptist, elle s'enfuit à Londres, où elle débuta en 1788, et où, entre 1791 et 1795, elle participa régulièrement aux mêmes concerts que Haydn. Son jeu était au moins l'égal de celui de son mari. M. V.

KRUPA (*Gene*), batteur et chef d'orchestre de jazz américain (*Chicago 1909 - Yonkers 1973*). Musicien complet, au tempérament généreux et à l'excellente technique, il devint, en dépit d'un jeu pesant et inélégant, le premier *drummer* mondialement célèbre après son passage chez Benny Goodman (1935-1938), qu'il quitta pour former son propre orchestre. A. H.

KUBELIK, famille de musiciens d'origine tchèque.
— 1. **Jan**, violoniste tchèque (*Michle, près de Prague, 1880 - Prague 1940*). Cet enfant prodige — il se produit en concert à huit ans — est l'élève d'un grand pédagogue, O. Sevcik, au conservatoire de Prague, de 1892 à 1898. Dès ses débuts fulgurants à Vienne, sa virtuosité lui vaut le titre de « Second Paganini ». Comme son illustre devancier, Kubelik est adulé sans mesure. A bord de son wagon-salon particulier, il parcourt l'Europe avant de conquérir les Etats-Unis en 1902. En 1901, il sauve l'Orchestre philharmonique tchèque d'une grave crise financière en organisant, en particulier, une tournée en Grande-Bretagne. Exemple de longévité, sa carrière ne prend fin qu'en 1940, après dix concerts d'adieu à Prague. Interprète sans pareil de Paganini, qui fit sa gloire, Kubelik composa des pièces de virtuosité, dont pas moins de six concertos, et se vit dédier nombre de pages de haute technicité, telle la *Kubelik-Serenade* de F. Drdla. Ses quelques incursions dans des domaines plus convaincants ont prouvé qu'il savait allier à la perfection technique une profonde intuition musicale. Il possédait deux stradivarius, de 1678 et 1715 (l'Empereur), et un guarnerius del' Jesu.
— 2. **Rafael**, chef d'orchestre suisse, fils du précédent (*Bychory 1914*). Initié par son père au violon, il suit au conservatoire de Prague les cours de J. Feld (violon), O. Sin (composition) et P. Dedecek (direction d'orchestre). Il fait ses débuts avec l'Orchestre philharmonique tchèque qu'il dirige, de 1942 à 1948, après avoir été le directeur musical de l'opéra de Brnó. L'Europe occidentale le découvre en 1948, quand il dirige *Don Juan* à Edimbourg. Ayant quitté la Tchécoslovaquie, il devient le directeur musical de l'Orchestre symphonique de Chicago (1950-1953), puis du Royal Opera House de Londres (1955-1958). Il est, depuis 1961, le directeur de l'orchestre de la radio bavaroise qu'il a retrouvé en 1972 après une tentative peu concluante au Metropolitan Opera de New York. Son œuvre abondante couvre tous les domaines, du lied à l'opéra, de la symphonie au concerto. Ses musiciens de prédilection sont Mahler (il a signé une intégrale de ses symphonies) et Berlioz (avec un attachement particulier pour *les Troyens* qu'il a dirigés successivement à Brnó, Londres et New York). Citons également Dvořák, Janáček, Bruckner, Bartók et Britten, autant de musiciens authentiquement romantiques, qui correspondent idéalement à la nature droite et spontanée de Kubelik. Privilégiant le travail en profondeur des œuvres plutôt que le gestique de direction, il s'attache à recréer à mettre en évidence la respiration primordiale de chacune d'entre elles.

Sa sœur Anita est violoniste. M. W.

KUFFERATH (*Maurice*), critique musical belge (*Saint-Josse-ten-Noode 1852 - Bruxelles 1919*). Il était issu d'une famille de musiciens allemands. Ses oncles, Johann Herrmann (1797-1864) et Louis (1811-1882) étaient, le premier, violoniste, le second, pianiste, et tous deux compositeurs. Élève de Mendelssohn, son père, Hubert-Ferdinand (1818-1896), s'était installé à Bruxelles en 1844 pour enseigner le piano et la

composition et fut, en 1872, nommé professeur de contrepoint et de fugue au conservatoire. Maurice Kufferath étudia le violoncelle, le droit et l'histoire de l'art. Critique à *l'Indépendance belge* et au *Guide musical* (qu'il dirigea de 1890 à 1914), il fut un wagnérien passionné. Nommé en 1900 directeur du théâtre de la Monnaie, il conserva ce poste jusqu'à sa mort, mais résida en Suisse de 1914 à 1918.
Principaux écrits : *H. Vieuxtemps, sa vie et son œuvre* (Bruxelles, 1882) ; *le Théâtre de Richard Wagner de Tannhaüser à Parsifal* (6 vol., Paris, Bruxelles, 1891-1898) ; *Musiciens et philosophes : Tolstoï, Schopenhauer, Nietzsche, R. Wagner*, Paris, 1899). J. R.

KUHLAU (*Daniel Frederik*), compositeur et pianiste danois (*Ülzen, Allemagne, 1786 - Lyngbie, près de Copenhague, 1832*). Réfugié au Danemark en 1810 pour éviter la conscription dans les armées napoléoniennes, il s'imposa vite comme compositeur et pianiste. Attaché à la maison royale en 1813, il écrivit, outre de nombreuses *sonatines* pour piano et des pièces pour flûte et de musique de chambre, 1 concerto pour piano et 8 comédies lyriques, qui connurent un grand succès. Parmi celles-ci, notons *Røverborgen* (« le Repaire des brigands », 1814), *Trylleharpen* (1817), *Elisa* (1820), *Lulu* (1824), *William Shakespeare* (1826) et surtout *Elverhøj* (« le Mont des elfes », 1828), qui reste aujourd'hui encore une des œuvres les plus jouées au Théâtre royal (plus de 900 représentations). Kuhlau représente l'apogée de l'école classique allemande, avec, toutefois, quelques influences romantiques anne une remarquable assimilation du style national danois de l'époque qui unit le style de l'école de Leipzig avec le matériau mélodique populaire. Pour la petite histoire, sa rencontre avec Beethoven en 1825 a laissé un canon de ce dernier, intitulé *Kühl, nicht lau*.
H.-C. F.

KUHNAU (*Johann*), compositeur et organiste allemand (*Geising 1660 - Leipzig 1722*). Il fut élève de la Kreuzschule à Dresde, où, distingué pour sa belle voix, il servit comme *Ratsdiskantist*. Formé par Jakob Beutel, cantor de la Kreuzkirche, il obtint à titre provisoire le poste de maître de chapelle à Zittau (1680), avant d'aller étudier le droit à Leipzig. Dans cette ville, il fut organiste à la Thomaskirche tout en exerçant la charge d'avocat. En 1701, il succéda à Johann Schelle comme cantor de Saint-Thomas et, en même temps, fut nommé directeur de la musique de l'université de Leipzig. A sa mort, Jean-Sébastien Bach lui succéda à Saint-Thomas.

Fondateur du fameux Collegium musicum de Leipzig (1688), Kühnau était un homme d'une grande culture. Comme claveciniste, il subit l'influence de Johann Krieger, et sa place est assez comparable à celle de Pachelbel pour l'orgue (dans l'Allemagne centrale et méridionale). Bien que d'un tempérament conservateur à bien des égards, il innova, au plan formel, en faisant précéder ses suites pour clavier d'une sorte de prélude-toccata. Il transcrivit également pour clavecin la sonate d'église à l'italienne et, dans ses sonates à programme — les fameuses *Histoires bibliques* —, il parvint non sans difficulté à concilier la structure du genre avec les exigences descriptives de la musique.

Au plan religieux, Kühnau écrivit des motets latins et de nombreuses cantates (dont une vingtaine ont été conservées), qui, bien que de qualité inégale, jettent un pont intéressant entre le passé et le nouveau style qui allait prévaloir à l'époque de Bach. Auteur d'une *Passion selon saint Marc*, Kühnau fut un compositeur souvent émouvant et personnel — malgré d'indéniables tendances traditionalistes — et qui mériterait d'être largement redécouvert aujourd'hui. R. T.

KUIJKEN, famille de musiciens belges.
— 1. **Wieland,** violoncelliste et gambiste (*Dilbeek, près de Bruxelles, 1938*). Il étudia aux conservatoires de Bruges (à partir de 1952) et de Bruxelles (1957-1962), se tournant, à partir de 1956, vers la viole de gambe aussi bien que vers le violoncelle. Il joua à la fois dans le groupe d'avant-garde Musiques nouvelles et dans l'ensemble Alarius (1959-1972), spécialisé dans le répertoire baroque français. Depuis 1970, il enseigne aux conservatoires de Bruxelles et de La Haye. Il est actuellement, en ce qui concerne la viole de gambe, l'interprète le plus recherché (soliste et continuo).
— 2. **Sigiswald,** violoniste et joueur de viole, frère du précédent (*Dilbeek 1944*). Il a fait ses études aux conservatoires de Bruges et de Bruxelles (1960-1964) et joué dans le groupe Musiques nouvelles et dans l'ensemble Alarius. Depuis 1971, il enseigne le violon baroque (qu'il a lui-même appris en autodidacte) au conservatoire de La Haye. En 1972, il a fondé l'orchestre d'instruments baroques la Petite Bande, dans lequel jouent également ses deux frères, et avec lequel il a réalisé de remarquables enregistrements (*Parthénope* de Haendel, pages orchestrales et danses d'*Hippolyte et Aricie* de Rameau).
— 3. **Barthold,** flûtiste et joueur de flûte à bec, frère des précédents (*Dilbeek 1949*). Il a étudié aux conservatoires de Bruges, de Bruxelles et de La Haye, en particulier avec Frans Brüggen, et enseigne à ceux de Bruxelles et de La Haye. Il a enregistré beaucoup d'œuvres de l'époque baroque, mais aussi de Mozart et Haydn, en particulier (avec ses deux frères), les six trios pour flûte, violon et violoncelle Hob. IV6-11 de ce dernier. M. V.

KUKUZELES (*Jean*), musicien bulgare du XIVᵉ siècle. V. **Bulgarie.**

KULENKAMPFF (*Georg*), violoniste allemand (*Brême 1898 - Schaffhouse 1948*). Après avoir suivi l'enseignement de E. Wadel dans sa ville natale, il poursuit ses études (1912-1915) à la Berliner Hochschule für Musik avec W. Hess, qui fut l'élève de Joachim. Nommé premier violon solo de la Philharmonie de Brême, il entame une carrière de soliste, qui le conduit à Berlin en 1919. Sans négliger l'enseignement, qu'il donne de 1923 à 1926, puis en 1931, à la Hochschule de Berlin, ni la musique de chambre, il forme en particulier un trio exemplaire avec E. Fischer et E. Mainardi. Fixé en Suisse à partir de 1943, il succède à C. Flesch au conservatoire de Lucerne. A la fois grand pédagogue et musicien exigeant, Georg Kulenkampff a laissé le souvenir d'un art fait d'intériorité et de pureté sonore. Seules la guerre et une fin brutale l'ont empêché de devenir, à l'égal d'un Adolf Busch, le plus grand violoniste allemand de ce siècle. Il fut le créateur de nombreuses partitions, dont le *Concerto pour violon* de Schumann (retrouvé au bout de quatre-vingt-cinq ans) et du *Concerto* de W. Kempff). Il a laissé des *Mémoires, Geigerische Betrachtungen* (1952). M. W.

KULLERVO. Symphonie (sur l'autographe poème symphonique) pour soprano, baryton, chœur d'hommes et orchestre op. 7 de Sibelius, commencée à Vienne en 1891 et créée à Helsinki le 28 avril 1892, sous la direction du compositeur, à qui, du jour au lendemain, elle valut la célébrité. Kullervo, dans l'épopée finlandaise du *Kalevala*, est une figure tragique de jeune homme, dont le destin rappelle celui d'Œdipe. Il y a 5 mouvements, dont seuls le troisième et le cinquième font intervenir les voix.
1. INTRODUCTION. *Page symphonique sans programme défini.*
2. LA JEUNESSE DE KULLERVO. *Selon les chants XXI-XXXIV du Kalevala, Kullervo, fils de Kalervo, est vendu comme esclave par son oncle Untamo au forgeron Ilmarinen. Il croit sa famille exterminée et disparue à jamais. Pour se venger de la femme d'Ilmarinen, qui lui a glissé une pierre dans son pain, Kullervo la fait déchirer par des bêtes sauvages. Il s'enfuit et retrouve ses parents, échappés par miracle à la fureur d'Untamo, mais c'est pour apprendre que sa sœur a disparu en cueillant des framboises.*
3. KULLERVO ET SA SŒUR. *Envoyé par son père payer les impôts (chant XXXV), Kullervo rencontre sur le chemin du retour une belle jeune fille qu'il réussit à faire monter sur son*

traîneau et que, finalement, il séduit : les deux amants, alors, se découvrent frère et sœur. La jeune fille désespérée se jette dans le fleuve, Kullervo de son côté se lamente.

4. KULLERVO PART EN GUERRE. *Après avoir raconté à sa mère son forfait, Kullervo s'en va détruire les gens d'Untamo (chant XXXVI). L'annonce de la mort de ses parents ne le fait pas revenir sur ses pas. Il découvre Untamo et le tue.*

5. LA MORT DE KULLERVO. *De retour après sa victoire, Kullervo ne retrouve personne. Il erre en sanglotant jusqu'à l'endroit où jadis il a déshonoré sa sœur. C'est là que, cette arme ayant accepté de se retourner contre lui, il se jette sur son épée.*

Par-delà ses influences brucknériennes ou lisztiennes, *Kullervo* est une partition forte et originale, en particulier dans son premier mouvement et dans ses deux mouvements avec voix. Or elle devait, après une reprise le lendemain de sa première audition et deux autres en 1893, disparaître complètement de l'affiche par la volonté de son auteur insatisfait, pour n'être réentendue intégralement qu'en juin 1958, neuf mois après la mort de Sibelius (le troisième mouvement avait été donné en 1935 pour le centenaire du *Kalevala*, puis partiellement en juin 1957). Une des raisons de cette « interdiction » est qu'avec *Kullervo*, ouvrage de vastes dimensions faisant intervenir les voix, Sibelius s'était engagé dans une voie qui devait mener davantage aux symphonies de Mahler qu'à son propre idéal symphonique, plus concentré, plus classique, plus abstrait. Il n'en autorisa pas moins expressément, et c'est fort heureux, la redécouverte posthume de l'œuvre. M. V.

KUNSTLIED (all. ; « chanson savante »). Terme désignant dans les pays de culture germanique des chansons profanes ou spirituelles d'époques et de structures très différentes, qui se caractérisent par la singularité de leur élaboration musicale et s'opposent ainsi plus généralement au *Volkslied**. Les monodies du *Minnesang*, qui apparaît vers 1150, en sont la première manifestation. A partir du XIVe siècle, le *Meistersang* prend le relais de cette tradition. La chanson polyphonique, apparue vers la fin de ce même siècle, culmine à l'époque de l'Humanisme et de la Renaissance, sous la forme du *Tenorlied*. L'abandon du *cantus firmus* ténoral et les influences romanes donnent naissance vers la fin du XVIe siècle à des types proches du madrigal ou de la villanelle. La chanson soliste se développe à partir de 1630 sous l'influence de la monodie italienne et subit progressivement l'ascendant de l'air d'opéra. L'école de Berlin (1750-1770) marque un retour à une certaine simplicité et prône l'égalité de la poésie et de la musique. Par-delà la mélodie classique (Mozart, Beethoven), le *lied* romantique illustré par Schubert, Brahms et Wolf est l'une des figures les plus originales du *Kunstlied*. C. M.

KUNZ (Erich), baryton autrichien (*Vienne 1909*). Il débuta comme basse dans le rôle d'Osmin de *l'Enlèvement au sérail* à Opava en 1933, puis chanta des petits rôles au festival de Glyndebourne à partir de 1935. Engagé en 1940 à l'opéra de Vienne, il s'y affirma dans les rôles de baryton mozartien (Leporello, Figaro, Papageno, Guglielmo). Il développa, grâce à sa personnalité, une énorme popularité dans toute l'Europe. Sa voix n'avait rien d'exceptionnel, mais ses interprétations ne furent guère surpassées tant du point de vue musical que scénique. En 1951, il chanta, à Bayreuth, Beckmesser dans *les Maîtres chanteurs* sous la direction de Karajan. J. B.

KUOLEMA (finl. ; « la Mort »). Pièce du dramaturge finlandais Arvid Järnefelt, pour laquelle Jean Sibelius, beau-frère de l'écrivain, composa à deux reprises de la musique de scène. Pour sa création le 2 décembre 1903 à Helsinki, Sibelius fournit 4 morceaux, op. 44, dont la future *Valse triste* et 2 autres réunis plus tard sous le titre de *Scène avec grues*. Pour sa reprise sous une forme révisée le 8 mars 1911, il composa, en outre, la *Canzonetta* op. 62a et la *Valse romantique* op. 62b. La *Valse triste* devait connaître une célébrité que son auteur avait d'autant moins prévue que, lorsqu'il la vendit au début de 1904 à l'éditeur Fazer et Westerlund (qui devait ensuite la céder à Breitkopf et Härtel), il accomplit sans s'en douter, à un double point de vue, une des transactions les plus malchanceuses à laquelle un artiste consentit jamais. Pour lui, en effet, plus rien ne devait s'ajouter aux deux cents marks touchés ce jour-là, et ce, malgré les innombrables transcriptions, rééditions et arrangements que le morceau devait connaître par la suite, du fait de ses deux éditeurs successifs. Surtout, dans l'esprit d'un certain public et même de certains musiciens, cette valse, bien qu'en soi parfaitement réussie, allait une fois pour toutes emprisonner Sibelius dans ses limites étroites (c'est un peu comme si l'on confondait Beethoven avec *Pour Élise* ou avec la *Marche turque* des *Ruines d'Athènes*).

A noter qu'en 1963, après avoir reçu le prix Sibelius-Wihuri, Igor Stravinski arrangea pour quatre cors, clarinette, clarinette basse, harpe et contrebasse la *Canzonetta* op. 62a, écrite à l'origine pour cordes (première audition de cet arrangement à la radio d'Helsinki le 22 mars 1964). M. V.

KURPINSKI (Karol), compositeur polonais (*Wloszakowice 1785 - Varsovie 1857*). Autodidacte dans le domaine de la composition, il acquit, néanmoins, une solide formation qui lui permit de créer son propre style, très inspiré de la musique populaire de son pays. Il écrivit beaucoup, mais remporta surtout le succès avec ses opéras, parmi lesquels *le Palais de Lucifer* (Varsovie, 1811), *le Charlatan* (Varsovie, 1814) et *le Château de Czorsztyn, ou Bojomir et Wandal* (Varsovie, 1819).

En 1820-21, il fonda et publia lui-même la première revue musicale polonaise, *Tygodnik muzyczny (Hebdomadaire musical)*. J.-Y. B.

KURTAG (György), compositeur hongrois d'origine roumaine (*Lugoj, Roumanie, 1926*). Il doit à sa mère sa première formation musicale. En 1946, il s'installa à Budapest et suivit à l'Académie de musique les cours de P. Kadosa (piano), Leo Weiner (musique de chambre), S. Veres et F. Farkas (composition). Il travailla, en 1957, à Paris avec Marianne Stein, Darius Milhaud et Olivier Messiaen, et, en 1971, obtint une bourse d'études pour Berlin. Depuis 1967, il enseigne à l'Académie de musique de Budapest (piano, puis musique de chambre). On considère que son œuvre commence avec le *Quatuor à cordes* op. 1 (1959), écrit sous le coup de sa découverte de l'école viennoise. Son langage sériel, libre et personnel, utilise des phrases courtes et incisives, d'une rigueur toute wébernienne. En témoignent, notamment, le *Quintette à vent* op. 2 (1959), les *Huit Pièces pour piano* op. 3 (1960), les *Huit Duos pour violon et cymbalum* op. 4 (1961). Il s'est définitivement imposé sur le plan international avec *Bornemisza Peter mondasai (les Dires de Peter Bornemisza)* op. 7, « concerto pour soprano et piano » créé à Darmstadt en 1968 et fait de 24 brefs mouvements d'une durée totale d'un peu moins de 40 minutes. Il s'agissait de sa première œuvre vocale, au texte tiré d'un sermon du XVIe siècle. Suivirent notamment *En souvenir d'un crépuscule d'hiver* op. 8 pour soprano, violon et cymbalum, au style mélodique plus ample (1969), *4 Caprices* op. 9 pour soprano et ensemble instrumental (1971), *Quatre Mélodies* op. 11 (1973-1975), *Hommage à Andras Mihaly : 12 microludes pour quatuor à cordes* op. 13 (1977-78), *Sept Bagatelles* pour flûte, piano et contrebasse op. 14b (1981), *Omaggio a Luigi Nono* pour chœur a cappella op. 16 (1979), *Messages de feu Mademoiselle R. V. Troussova* pour soprano et ensemble de chambre sur un texte de Rimma Dalos op. 17 (1979-80), *Quinze Chants* pour soprano et 3 instruments op. 19 (1981-82), *Fragments* pour soprano solo sur un texte de J. Attila op. 20 (1981), *Sept Chants* pour soprano et cymbalum op. 22 (1981). György Kurtag est, sans aucun doute, le représentant le plus éminent de l'école hongroise actuelle.

P.-E. B.

KURZWELLEN (all. ; « Ondes courtes »). Œuvre pour 6 instrumentistes de Karlheinz Stockhausen, composée en 1968 et créée le 5 mai 1968 au festival *Pro musica nova* de Radio-Brême, par Aloys Kontarsky (piano et récepteur d'ondes courtes), Alfred Alings et Rolf Gelhaar (tam-tam et récepteurs d'ondes courtes), Johannes G. Fritsch (alto et récepteur d'ondes courtes), Harald Bojé (elektronium et récepteur d'ondes courtes) et Karlheinz Stockhausen (filtres, régulateurs, régie sonore). Chaque musicien — utilisant un piano, un elektronium, un alto avec microphones de contact, un tam-tam avec microphones de contact — dispose également d'un récepteur d'ondes courtes, d'où il capte un matériel sonore auquel il réagit, improvisant ou transposant, modulant et intégrant, par réaction ou par interférence, les phénomènes sonores à la musique produite par l'ensemble du groupe. L'œuvre doit durer entre cinquante et soixante-cinq minutes. « Comme les exécutants doivent être prêts à recevoir du domaine des ondes courtes radiophoniques des événements totalement imprévus, dont on sait rarement qui les a composés ou produits — avec par conséquent l'intervention toujours possible de toutes sortes de phénomènes acoustiques — une grande intensité de l'écoute et du jeu intuitif peut être atteinte et se communiquer à tous les exécutants et auditeurs » (K. Stockhausen).

A l'occasion du bicentenaire de la naissance de Beethoven, en prélude à l'« Année Beethoven » (1970), Stockhausen imagine une variante à *Kurzwellen* : *Kurzwellen mit Beethoven* (« Ondes courtes avec Beethoven »), se plaçant dans l'improbable « cas particulier » où la musique de Beethoven résonnerait simultanément sur tous les réseaux d'ondes courtes. Au lieu de récepteurs radiophoniques, les instrumentistes disposent chacun d'un magnétophone avec lequel ils peuvent faire entendre des fragments de la musique de Beethoven, enregistrés, préparés et travaillés selon les caractéristiques des émissions en ondes courtes. « C'est certainement conforme à l'esprit de Beethoven — esprit universel, hors du temps — de pouvoir utiliser toute sa musique (et non seulement quelque "thème") comme matériau de développement direct. Non seulement les fragments, mais aussi les hauteurs et les sonorités pourront être ainsi "développés", spontanément, au moment même où ils résonnent. Alors cette musique ne sera point finie, morte, mais génératrice de vie, et médiatrice directe vers le nouveau, l'inconnu » (K. Stockhausen). *Kurzwellen mit Beethoven* fut créé par les mêmes interprètes créateurs de *Kurzwellen* le 17 décembre 1969 à Düsseldorf. P. S.

KUSSER (Johann Sigismund), compositeur et chef d'orchestre hongrois (*Presbourg 1660 - Dublin 1727*). A quatorze ans, il partit pour huit ans à Paris auprès de Lully. Il fut successivement maître de chapelle à Ansbach (1682-83), Wolfenbüttel (1690-1694), Hambourg (1694-95), Nuremberg, Augsbourg (1697) et Stuttgart (1698-1704). A partir de 1690, il devint essentiellement un compositeur et chef lyrique. Après un voyage en Italie, au cours duquel il séjourna à Bologne et à Venise en 1701, il partit pour Londres en 1705, puis Dublin en 1710, où il finit sa vie comme maître de chapelle du vice-roi d'Irlande. Sa vie mouvementée et errante servit essentiellement à faire connaître l'opéra allemand à travers l'Europe.

Il contribua, par les 13 opéras qu'il créa, à la naissance d'un théâtre musical en Allemagne, mais fit également rayonner la musique française dans les pays germaniques et saxons. P.-E. B.

KUULA (Toivo), compositeur et chef d'orchestre finlandais (*Vaasa 1883 - Viipuri 1918*). Sa mort dans des conditions mystérieuses priva la Finlande d'un compositeur de grand talent. Élève, à Paris, de Marcel Labey et ayant fréquenté la Schola cantorum, Kuula possédait une maîtrise parfaite du contrepoint, jointe à un sens harmonique profond qui le situe dans la tendance de l'école franckiste (*Trio* pour piano, violon et violoncelle, 1908). Mais son originalité s'exprima surtout dans des œuvres inspirées des légendes nationales ou tirées du *Kalevala* (les cantates et ballades *Orjan poika*, « le Fils de l'esclave », 1910 ; *Merenkylpijäneidot*, « les Baigneuses », 1910 ; *Impi ja Pajarin poika*, « la Vierge et le Fils de Pajari », 1912), dans la 2e *Suite ostrobothnienne* op. 20, et les poèmes symphoniques (n° 2 *Metsässä sataa*, « Il pleut dans la forêt », 1913 ; n° 5 *Hiidet virvoja viritti*, « Les démons allumaient des feux », 1912), qui laissent place à une nette influence impressionniste. Outre ces œuvres, Kuula nous a laissé des pièces instrumentales, des suites pour orchestre, un *Stabat mater*, une vingtaine de très belles mélodies et près de 50 pièces chorales.

H.-C. F.

KVANDAL (Johan), compositeur norvégien (*Oslo 1919*). Fils de David Monrad Johansen, il a étudié à Oslo avec Per Steenberg, à Vienne avec Joseph Marx et à Paris avec Nadia Boulanger. Si ses premières œuvres appartiennent au style norvégien des années 30, il adopte, après ses études parisiennes, une attitude plus libre vis-à-vis de la tonalité (*Symphonie Epos* op. 21, 1962 ; *Concerto pour flûte* op. 22, 1963 ; *Quatuor à cordes* n° 2 op. 27, 1966), mais sans jamais trop s'en éloigner. Kvandal s'exprime avec clarté et précision et si ses œuvres symphoniques les plus importantes sont le *Thème avec variations et fugue* op. 14 (1954), la *Symphonie n° 1* op. 18 (1958) et la *Sinfonia concertante* op. 29 (1968), il ne faut pas négliger ses pièces instrumentales et notamment la *Sonate en « mi » mineur pour violon et piano* op. 15 (1942), le *Duo pour violon et violoncelle* op. 19 (1959) et *Aria, cadenza et finale* pour violon et piano op. 24 (1964). H.-C. F.

KYLLIKKI. « Trois pièces lyriques » pour piano op. 41 de Sibelius (1904). Le titre se réfère à l'un des personnages féminins de l'épopée finlandaise du *Kalevala*, dont le chant XI raconte comment le héros Lemminkainen, à la poursuite de la belle Kyllikki, ne l'obtient qu'en l'enlevant de force, pour ensuite, afin de la punir d'être allée danser, se séparer d'elle et se lancer à la conquête de la Fille de Pohjola. Pour son opus 41, Sibelius ne suggéra aucun argument précis, mais on peut y retrouver ces péripéties. Les trois mouvements forment un tout, car les deux premiers se terminent de façon suspensive, et appellent une suite. Le premier est sombre, agité : Lemminkainen à la poursuite de Kyllikki. Le deuxième serait une scène d'amour troublée en son milieu par d'obscurs pressentiments. Le troisième pourrait représenter Kyllikki en train de danser : au centre, toutefois, un de ces épisodes sombres et lancinants, dont Sibelius avait le secret. M. V.

KYRIALE. Mot latin désignant les recueils de mélodies afférentes au commun de la messe, dont le *Kyrie* eleison* est la pièce inaugurale. Les éléments du Kyriale peuvent être soit réunis pièce par pièce (recueil de *Kyrie*, puis de *Gloria*, etc.), soit groupés par ensembles constituant chacun une messe complète. Ce dernier classement, aujourd'hui normalisé, est relativement récent. Il groupe les pièces en 18 ensembles relativement homogènes ayant chacun une attribution liturgique définie et un titre souvent emprunté aux anciens tropes* des *Kyrie* correspondants. Le *Credo* en est exclu et est numéroté à part, de même qu'un certain nombre de pièces isolées proposées en remplacement et étiquetées *ad libitum*. Le Kyriale est souvent réuni au graduel* dont il forme alors une section. J. C.

KYRIE ELEISON. Premiers mots d'une invocation en grec (« Seigneur, prends pitié ») qui inaugure le commun ou ordinaire* de la messe latine. C'est donc le *Kyrie* qui figure en tête des messes polyphoniques ou chorales lorsque, comme cela est habituel en dehors des messes de requiem*, celles-ci ne traitent que l'ordinaire. Dans le déroulement de l'office, il fait suite à l'introït*, qui appartient au propre*.

Sous sa forme préconciliaire traditionnelle, le *Kyrie* comprend trois invocations symétriques, répétées chacune trois fois et adressées respectivement aux trois personnes de la Sainte Trinité *(Kyrie... Christe... Kyrie)* : le même mot *Kyrie* désigne le Père dans le premier groupe et le Saint-Esprit dans le dernier. Cette amplification est propre à l'Église latine. Les Grecs disent seulement *Kyrie eleison* (ou *eleison ymas*), et comptent quatre syllabes sur *eleison,* tandis que les Latins avaient d'abord fait de *ei* une diphtongue ; les quatre syllabes ont été rétablies après le concile de Trente.

Avant d'avoir été incorporé à la messe, sans doute vers le vi[e] siècle, le *Kyrie* figurait fréquemment comme refrain litanique, et, à ce titre, se chantait souvent aux processions, soit en grec soit en latin *(Domine, miserere).* Ce rôle de refrain a longtemps survécu dans la chanson populaire, parfois sous des aspects déformés tels que *Kyrioleis* en Allemagne ou *Criaulé* en France ; *Kyrieleis* forme le refrain d'une célèbre chanson de marche des croisés germaniques, *In Gottes Name fahren wir,* rappelant ainsi son origine de chant de procession. La procession précédait souvent la messe, et lorsqu'on y chantait le refrain *Kyrie eleison,* cela pouvait dispenser de le répéter après l'introït.

Musicalement, le *Kyrie* est un morceau largement mélismatique (à l'exception de quelques variétés chantées principalement aux temps de pénitence), et la voyelle E y joue un rôle analogue à celui du A dans l'*Alleluia.* Ses neuf parties sont souvent alternées, soit entre deux demi-chœurs, soit entre un petit et un grand chœur. Il présente souvent une forme à répétitions dans laquelle le dernier *Kyrie* amplifie parfois le précédent. Dans la messe polyphonique, par exemple chez G. de Machaut, la version polyphonique prenait la place du petit chœur (c'est donc elle qui commençait) ; elle ne contenait par conséquent qu'une invocation sur deux : l'autre était chantée en plain-chant. Même principe, mais inversé, dans les messes d'orgue des xviie et xviiie siècles, où le *Kyrie* consiste en une suite de « versets » s'intercalant entre les plains-chants ; une ordonnance épiscopale parisienne du xviie siècle précisait même que ces versets d'orgue devaient obligatoirement faire entendre de façon suffisamment reconnaissable, tout au moins dans les premiers versets, la mélodie du *Kyrie* d'alternance. L'une des plus employées à cet égard était celle du *Cunctipotens* : on l'entend, par exemple, dans la *Messe à l'usage des paroisses* de Fr. Couperin. A partir de la Renaissance, on abandonne l'alternance et on confie la totalité à la polyphonie, qui regroupe les trois invocations de chaque type, et ne présente donc plus que trois parties : un premier *Kyrie,* un *Christe* et un second *Kyrie.* La messe avec orchestre agira de même.

Un nombre considérable de mélodies (plus de 200) ont été composées pour le *Kyrie,* avec une diffusion extrêmement variable : beaucoup n'ont pas dépassé l'usage local. Un certain nombre, à partir du ixe siècle, ont donné lieu à des versions tropées, intercalant un développement chanté syllabiquement entre les deux mots *Kyrie* (ou *Christe*) et *eleison,* ou même remplaçant totalement le premier. On considérait autrefois ces versions tropées comme des artifices mnémotechniques ajoutés après coup ; on en est moins sûr aujourd'hui, et il se pourrait que certains *Kyrie* eussent été directement composés avec leurs tropes ; les paroles de celui-ci auraient ensuite disparu pour faire place à la mélodie vocalisée ; celle-ci en a du reste souvent conservé l'incipit comme titre (v. *Kyriale*). Le *Kyrie* a été l'une des parties de la messe le plus tôt et le plus souvent mises en polyphonie ; on en trouve à deux voix dès la fin du xie siècle. Mais l'ensemble de la littérature musicale semble s'être vite très désintéressée de la signification suppliante du texte, et n'avoir retenu que l'aspect décoratif des vocalises (par ex. Palestrina) ou la majesté solennelle d'un morceau inaugural : le *Kyrie* de la *Messe en « si » mineur* de J.-S. Bach donne un exemple typique de cette dernière conception.

J. C.

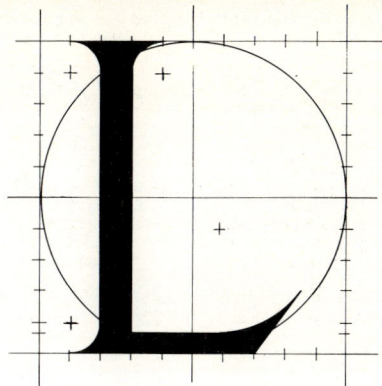

LA. La sixième des sept syllabes qui, dans les pays latins, désignent les notes de la gamme diatonique. Cette syllabe représente la note *la*, placée un ton au-dessus du *sol* et correspond à la lettre A du système alphabétique anglo-saxon. Le choix de cette correspondance apparaît aujourd'hui sans fondement logique. Il tient au fait que la nomenclature alphabétique en cause a été établie à partir des diagrammes du système grec antique, fondé sur une double octave, dont le point de départ ou *proslambanomène* correspondait, en intervalles, à la note *la*. D'autres systèmes, où A correspondait à *do* et non plus à *la*, ont également eu cours au Moyen Age ; seul le premier a survécu.

Dans l'ancienne solmisation à six syllabes, dont *la* était la dernière, cette syllabe pouvait correspondre non seulement à A *(la-mi-ré)*, mais aussi, selon l'hexacorde, à D *(sol-ré-la)* ou à E *(mi-la)*. Elle y revêtait une importance particulière, car elle marquait le terme au-delà duquel on devait choisir entre *mi* et *fa*. Ce choix n'appelait pas seulement un intervalle différent (1 ton pour *mi*, 1/2 ton pour *fa*), mais déterminait également les intervalles à venir : dire *fa* après *la* ne signifiait pas seulement que, dans notre langage actuel, on bémolisait le *si*, mais encore que les intervalles ultérieurs restaient commandés par ce *fa* jusqu'à la prochaine mutation*. (V. FA.)

Dans le solfège moderne, le *la* n'est plus qu'une note parmi les autres, mais il a acquis une valeur spéciale par le choix qu'on en fait le plus souvent pour accorder les instruments : d'où le nom de *la* du diapason donné au *la* de l'octave moyenne centrale (ou la_3). V. DIAPASON.

Pour signification ésotérique de la syllabe, v. UT QUEANT LAXIS.   J. C.

LA BARRE *(Chabanceau de)*, famille de musiciens parisiens.

— 1. **Pierre I** *(? - 1600 ou 1608)*. On ne sait rien de sa naissance ni de ses débuts, sinon qu'en 1567 il fut nommé organiste aux Saints-Innocents. Il le fut ensuite à Notre-Dame, puis, en 1580, à Saint-Eustache. Il fut marié deux fois, et plusieurs de ses enfants devinrent musiciens.

— 2. **Pierre II,** fils du précédent *(1572-1626)*. Il étudia la musique avec son père et lui succéda à Saint-Eustache. Il fut également réputé comme joueur de luth.

— 3. **Germain,** frère du précédent *(1579-1647)*. Il seconda parfois son père à l'orgue et fut nommé, en 1612, à Saint-Jacques-de-la-Boucherie.

— 4. **Pierre III,** fils de Pierre II *(1592-1656)*. Il fut l'un des plus importants de la famille. Il étudia avec son père et devint organiste de la chapelle du roi Louis XIII. Il était aussi joueur d'épinette, et, en tant que tel, il fut attaché à la maison d'Anne d'Autriche. Il fut le rival de Chambonnières, qu'il finit par évincer. Le père Mersenne, auteur de *l'Harmonie universelle*, parle de lui avec la plus haute estime ; il cite plusieurs de ses tablatures et évoque, à propos du jeu d'orgue, « la belle grâce et le beau maintien qui rendent le sieur de La Barre et ceux qu'il prend la peine d'enseigner, et ceux qui sont formés de sa main, incomparables ». La Barre fut également en correspondance avec Constantin Huygens au sujet des théories de la musique. Avec ses quatre enfants, il organisait chez lui des séances de musique appelées « concerts spirituels », qui étaient fort suivies. Il a laissé des pièces pour clavecin ou orgue, des courantes et des sarabandes pour luth.

— 5. **Anne,** fille du précédent *(1628-1688)*. Elle débuta en chantant aux concerts de son père et devint rapidement une cantatrice réputée. Elle fit une carrière qu'on pourrait, pour l'époque, qualifier d'internationale. Son voyage dans les pays du Nord (1652-1661) la mena à la cour de Suède, où elle avait été appelée par la reine Marie-Christine, à La Haye, au Danemark et à la cour de Kassel. De retour en France (1661), elle devint cantatrice de la Chambre du roi, avant d'être pensionnée.

— 6. **Joseph,** frère de la précédente *(1633-1678)*. Pendant deux ans (1652-1654), il accompagna sa sœur dans ses déplacements, en qualité de luthiste. A la mort de son père (1656), il lui succéda à l'orgue de la Chapelle. Bien que n'étant pas entré dans les ordres, il fut appelé abbé de La Barre lorsqu'il obtint, en 1674, les bénéfices de l'abbaye bénédictine de Saint-Hilaire, du diocèse de Carcassonne. Il composa des airs avec des « doubles », qui furent publiés chez Ballard. Quelques autres œuvres sont d'attribution douteuse.

— 7. **Pierre IV,** troisième fils de Pierre III *(1634-1710)*. Il fut à la fois chanteur et joueur de luth et d'épinette. Après avoir joué à la Chambre du roi, il fut attaché à la troupe musicale de la reine Marie-Thérèse, puis à celle de la duchesse de Bourgogne. Son talent lui valut d'être anobli par le roi en 1697. Pourtant, depuis 1620, tous les La Barre se présentaient sous le nom de Chabanceau de La Barre.   A. L.

LA BARRE *(Michel de)*, flûtiste et compositeur français *(Paris v. 1675 - id. 1743 ou 1744)*. Fils d'un marchand de bois du marché Saint-Paul, il entra à vingt ans dans l'orchestre de l'Opéra, puis fut flûtiste de la Chambre du roi. A ce titre, sa renommée ne fut égalée par personne. Il écrivit le ballet *le Triomphe des arts* (1700), la comédie-ballet *la Vénitienne* (1705), un *Recueil d'airs à boire à 2 parties* (1724), des airs français et italiens, et, pour son instrument, 12 livres de *Pièces pour flûte traversière avec la basse continue* (1709-1725) et 3 livres de *Pièces en trio pour violon, flûte et hautbois* (1694-1707).   S. W.

L'ABBÉ (famille SAINT-SEVIN, dite), famille de musiciens français.
— 1. **Pierre-Philippe,** violoncelliste *(Agen v. 1698-Paris 1768).* C'est comme enfant de chœur à la maîtrise de la chapelle Saint-Caprais à Agen qu'il travailla la musique et étudia la viole de gambe. Venu à Paris après la naissance de son fils, il entra dans l'orchestre de l'Opéra comme violoncelliste. Il fut nommé soliste en 1749. C'était un excellent professeur.
— 2. **Pierre,** frère du précédent, violoncelliste *(Agen v. 1710 - Paris 1777).* Comme son frère, il étudia la musique et le violoncelle à la maîtrise de Saint-Caprais à Agen. Il arriva à Paris vers la fin de 1727 et fut admis à l'Opéra comme violoncelliste. C'est grâce à son talent et à sa passion pour le violoncelle que l'Opéra devait abandonner définitivement la viole de gambe dans son orchestre. En 1764, il devint violoncelliste à la Sainte-Chapelle.
— 3. **Joseph-Barnabé,** dit L'ABBÉ LE FILS, fils de Pierre-Philippe, violoniste et compositeur *(Agen 1727-Paris 1803).* Son père lui donna ses premières notions musicales, mais c'est avec Leclair qu'il étudia le violon. Engagé dans l'orchestre de l'Opéra-Comique (1739), puis dans celui de l'Opéra (1742), il se fit régulièrement applaudir au Concert spirituel. Avec Forqueray, Blavet et Marella, il contribua à la découverte par les Parisiens des quatuors de Telemann. C'était un remarquable instrumentiste qui forma de nombreux élèves et dont l'ouvrage pédagogique, *Principes du violon* (1761), fit longtemps autorité dans les écoles de musique. Il quitta l'Opéra en 1762 pour se consacrer essentiellement à l'enseignement et à la composition. Pour beaucoup, ses *Sonates* sont supérieures à celles de son maître Leclair. Parmi ses œuvres, retenons : *Sonates à violon seul* (1748); 6 *Symphonies à trois violons et une basse* (1754); 3 *Recueils d'airs français et italiens* avec des variations pour deux violons, deux pardessus de viole, une flûte et un violon (1754-1760); *Jolis Airs ajustés et variés pour un violon seul* (1763); *Menuet de MM. Exaudet et Granier* mis en grande symphonie (1764); *Recueil de duos d'opéra-comique* pour 2 violons (1772).   S. W.

LABLACHE (Luigi), basse italienne d'origine française *(Naples 1794 - id. 1858).* Il débuta à Naples, dès l'âge de dix-huit ans, puis, après une nouvelle période d'études, fut engagé à Palerme et à la Scala de Milan (1821). Il y débuta dans *La Cenerentola* de Rossini.
Il était à Vienne en 1824, et, de 1830 à 1856, il se produisit régulièrement à Londres et à Paris, où il créa *les Puritains* de Bellini (Giorgio) et *Don Pasquale* de Donizetti (Pasquale). Il s'illustra dans le rôle de Leporello du *Don Giovanni* de Mozart et excella aussi bien dans les emplois nobles que bouffes. Sa voix était ample et étendue et il vocalisait avec une agilité surprenante. Pendant quelque temps, il s'efforça d'enseigner le chant à la reine Victoria. Il est l'auteur d'une *Méthode de chant,* mais sa réputation de professeur n'égala jamais sa gloire de chanteur.   J. B.

LABORINTUS II. Œuvre de Luciano Berio pour 3 voix, 17 instruments, chœurs, récitant et bande magnétique, composée de 1963 à 1965 et créée à Paris en 1965. « Ni du théâtre, ni du concert, c'est une œuvre très ouverte, une sorte de théâtre pour les oreilles, abordable par les jeunes, car la partie vocale n'est pas très difficile techniquement. Mais elle fait appel, en revanche, à un élément théâtral, gestuel, et c'est bien grâce à la voix que l'on peut réaliser une telle association » (L. Berio).
Composé à l'occasion du 700e anniversaire de la naissance de Dante, l'ouvrage — dont le titre est une contraction de « laborare » et de « labyrinthe » — est, entre autres, un montage de textes, Berio portant ici son choix sur des écrits qui possèdent des analogies sémantiques et formelles avec ceux de Dante : ainsi trouve-t-on Ezra Pound et T. S. Eliot aux côtés de la Bible. *Laborintus II* intègre, en outre, des éléments du quotidien (jazz, musiques populaires) dans une dimension historique, textes et styles musicaux s'osmosant dans une perception spatio-temporelle, donnant un rôle important à la musique de Monteverdi. « *Laborintus II* est une page dans laquelle j'ai fait référence à mon expérience acquise avec Monteverdi » (L. Berio).
  A. F.

LABORDE ou **LA BORDE** *(Jean Benjamin de),* musicien et musicographe français *(Paris 1734- id. 1794).* Fils d'un fermier général, il devint premier valet de chambre de Louis XV (1762), gouverneur du Louvre (1773), puis fermier général (1774) après la mort du roi, dont il fut l'un des plus fidèles serviteurs. Il était à la fois un homme de cour et un musicien cultivé.
Laborde étudia le violon avec Dauvergne et la composition avec Rameau. Il acquit une certaine renommée avec plusieurs ouvrages lyriques (tragédies, comédies, et opéras-comiques), qui furent représentés à la cour et à l'Opéra de Paris et lui valurent les sarcasmes féroces de Grimm. Fétis allait reprendre à son compte les avis de ce dernier et condamner de surcroît l'ouvrage essentiel de Laborde : *Essai sur la musique ancienne et moderne* (4 vol., Paris, 1780; réèd. 1972). Cet écrit, critiquant le *Dictionnaire de musique* et la *Lettre sur la musique française* de Rousseau, suscita du vivant de son auteur des discussions violentes, mais sa valeur fut reconnue notamment par Burney et Forkel.
Cette œuvre se place en effet au début de la musicologie et elle a introduit des recherches concernant la période des trouvères et des troubadours, alors complètement tombée dans l'oubli. Malgré une absence de méthode évidente, dénoncée par Laborde lui-même, elle fournit des données importantes pour l'histoire de la musique et reste une source organographique essentielle.   N. C.

LAC DES CYGNES (LE). Ballet en 4 actes de Tchaïkovski (1876), sur un livret de Beghitchev et de Heltzer. La première représentation, au théâtre Bolchoï, en 1877, eut lieu dans de fort mauvaises conditions. On considère donc comme sa véritable création celle réalisée par Marius Petipa au Théâtre Marie de Saint-Pétersbourg en 1895.
Le sujet du *Lac des cygnes* est un conte féérique. L'introduction, qui est un chef-d'œuvre d'orchestration, d'abord diaphane, puis de plus en plus poignante, est dominée par le thème des cygnes, principale idée mélodique de l'œuvre.
ACTE PREMIER. *Le jeune prince Siegfried fête sa majorité. Sa mère lui rappelle que, lors du bal du lendemain, il devra se choisir une fiancée. Voyant passer un vol de cygnes, Siegfried décide avec ses amis de terminer la journée par une partie de chasse.*
ACTE II. (Au bord du lac.) *Siegfried voit un groupe de cygnes, qui, soudain, se transforment en jeunes filles. Leur reine Odette apprend à Siegfried qu'elles sont victimes du pouvoir maléfique d'un sorcier. Seul l'amour peut rompre le sortilège. Siegfried jure un amour éternel à Odette, qui le met en garde : le sorcier cherchera à le détourner d'elle lorsque Siegfried devra, le lendemain, choisir sa fiancée.*
ACTE III. (Lors du bal donné au château.) *Siegfried se laisse séduire par Odile, fille du chevalier Rotbart, qui n'est autre que le sorcier en personne. Ce n'est qu'après s'être engagé auprès d'Odile que Siegfried perçoit les battements d'ailes désespérés d'un cygne derrière la fenêtre. Réalisant son erreur, il s'enfuit du château, horrifié.*
ACTE IV. *Un entracte symphonique ramène l'action au bord du lac. Odette épanche son chagrin devant ses compagnes. Siegfried la rejoint et implore son pardon. Afin de les séparer, le sorcier provoque une tempête sur le lac. Se refusant à abandonner Odette, Siegfried décide de périr avec elle, et tous disparaissent sous les flots. La tempête s'apaise et le chant des cygnes retentit une dernière fois en hommage à l'amour et à la mort des deux héros.*
Premier des trois ballets de Tchaïkovski, *le Lac des cygnes* en est le plus populaire. Le compositeur prouve

ses dispositions pour la musique chorégraphique et affirme le principe du ballet symphonique, dont on s'accorde à lui attribuer la paternité : la musique ne se contente pas de donner le mouvement de la danse, elle vaut aussi par son propre contenu à la manière d'un poème symphonique. A. L.

LACERDA (Costa de Osvaldo), compositeur brésilien (São Paulo 1927). Il a fait ses études à São Paulo avec Camargo Guarnieri. Théoricien et spécialiste des questions folkloriques, il mène de front une carrière de compositeur et de pédagogue (conservatoires de São Paulo et de Santos, Mozarteum Académia de drama e música et école municipale de musique de São Paulo). Son œuvre, d'expression traditionnelle, est, elle-même, fréquemment inspirée par les éléments folkloriques brésiliens (Brasilianas suites pour piano, Variations sur un thème folklorique, Santa Cruz missa, Piratininga). Il est également l'auteur de différents traités pédagogiques. A. G.

LACHENMANN (Helmut), compositeur allemand (Stuttgart 1935). Il a étudié à l'École supérieure de musique de sa ville natale (1955-1958), à Darmstadt (1957), à Venise avec Nono (1958-1960) et à Cologne avec Stockhausen (1963-64). Il a enseigné à Stuttgart (1966-1970) et à Ludwigsburg (1970-1976), et est, depuis 1976, professeur de composition à l'École supérieure de musique de Hanovre. Parti du postsérialisme, il s'est ensuite de plus en plus intéressé au phénomène sonore en soi et aux modes de production du son. On lui doit notamment Cinq Strophes pour 9 instruments (1961), Szenario pour bande (1965), Consolation I pour voix et percussion (texte de E. Toller, 1967), Consolation II pour 16 voix solistes (1968), Consolation III et IV pour voix et instruments (1973), Schwankungen am Rand pour cuivres, percussion et cordes (1974-75) et Tanzsuite mit Deutschlandlied pour orchestre avec quatuor à cordes (1979-80). M. V.

LACHNER, famille de musiciens allemands.
— 1. **Theodor**, compositeur et organiste (Rain am Lech 1788-Munich 1877). Organiste de la cour à Munich, il dut sa célébrité à ses chœurs d'hommes.
— 2. **Franz Paul**, frère du précédent, compositeur et chef d'orchestre (Rain am Lech 1803-Munich 1890). Il se fixa à Vienne en 1823 comme organiste de l'église luthérienne, prit des leçons avec Simon Sechter et se lia d'amitié avec Beethoven et Schubert. Il retourna à Munich en 1836, y devint Generalmusikdirektor en 1852, et, après avoir joué un rôle de premier plan dans la vie musicale de la cité, prit sa retraite en 1868. De 1864, l'arrivée de Wagner avait, en fait, mis un terme à ses activités. On lui doit notamment 8 symphonies et des opéras, dont Die Bürgschaft (Budapest, 1828) et Catarina Cornaro (Munich, 1841).
— 3. **Ignaz**, frère des précédents, compositeur et chef d'orchestre (Rain am Lech 1807-Hanovre 1895). Il succéda à Franz Paul à l'église luthérienne de Vienne et occupa des postes à Stuttgart (1831), Munich (1836), Hambourg (1853), Stockholm (1858) et Francfort (1861-1875).
— 4. **Vinzenz**, frère des précédents, chef d'orchestre (Rain am Lech 1811-Karlsruhe 1893). Il travailla à Vienne, Mannheim, Londres et Karlsruhe. M. V.

LACHRIMAE. Recueil de pages instrumentales de John Dowland, publié en 1604 et dont le titre complet est Lachrimae, or Seaven Teares figured in Seaven Passionate Pavans whith divers other Pavans, Galiards, and Almands, set forth for the Lute, Viols, or Violons, in Five Parts (Lachrimae, ou Sept Larmes présentées en sept pavanes émouvantes avec diverses autres pavanes, gaillardes ou allemandes, pour luth, violes, ou violons, à cinq voix). Il s'agit du seul recueil instrumental du compositeur. Il fut dédié à la reine Anne d'Angleterre, femme de Jacques Ier et sœur de Christian IV de Danemark, protecteur de Dowland, en ces termes : « Et quoique le titre promette larmes, hôtes malséants en ces temps joyeux, larmes pourtant que pleure musique plaisent, ni ne sont-elles toujours versées par chagrin mais parfois dans joie et bonheur. »

Il s'agit, en outre, de la seule publication de l'époque faisant spécifiquement appel à cinq parties de viole et un luth. Enfin, sa cohésion et ses dimensions sont exceptionnelles. Les sept Lachrimae commencent toutes par le même motif de quatre notes descendantes (la-sol-fa-mi), d'ailleurs déjà utilisé par Dowland dans une pavane pour luth solo et dans sa chanson Flow my teares (Coulez mes larmes) de son deuxième livre d'Ayres (1600), et l'exploitent au maximum. Ces sept pavanes (larmes) ont chacune un titre symbolique : Lachrimae antiquae, Lachrimae antiquae novae, Lachrimae gementes, Lachrimae tristes, Lachrimae coactae, Lachrimae amantis, Lachrimae verae. Le reste du recueil comprend trois pavanes, neuf gaillardes et deux allemandes, dont la pavane Semper Dowland semper dolens, au titre significatif, que l'on pourrait placer en exergue de la majeure partie de la production du musicien. Chacune de ces quatorze pièces est dédiée à une personnalité différente. Les gaillardes sont animées, mais, des vingt et une pièces du recueil dans son ensemble, la plupart baignent dans une atmosphère élégiaque bien propre à Dowland, créateur de certaines des mélodies les plus émouvantes de tous les temps. A noter que quelques-unes des pièces ne sont autres que des refontes de morceaux antérieurs : The Earl of Essex Galiard, par exemple, provient de Can she excuse my wrongs ? (Peut-elle oublier mes torts ?), du premier livre d'Ayres (1597).
M. V.

LADEGAST, famille de facteurs d'orgues allemands, actifs en Saxe au XIXe et au début du XXe siècle. Le plus célèbre est **Friedrich** (Hermsdorf 1818-Weissenfels 1905). Il a été formé par plusieurs organiers, parmi lesquels son propre père et Aristide Cavaillé-Coll, à Paris. Établie à Weissenfels en 1844, sa manufacture, à laquelle s'associa plus tard son fils Oscar, fut l'une des plus florissantes d'Allemagne : on y construisit plus de deux cents orgues, dont certains de grandes dimensions (Nikolaïkirche de Leipzig, 1862, 86 jeux ; cathédrale de Schwerin, 1871, 84 jeux). Le chef-d'œuvre de Friedrich Ladegast passe pour être la restauration de l'orgue de la cathédrale de Merseburg, en 1855. G. C.

LADMIRAULT (Paul), compositeur français (Nantes 1877-Kerbili-en-Kamoël, Morbihan, 1944). Dès l'âge de sept ans, il commença à étudier le piano, le violon et l'orgue. Il avait seize ans lorsqu'on représenta à Nantes son premier ouvrage lyrique, Gilles de Retz, dont le personnage principal était interprété par Arthur Bernède, le futur romancier. En 1895, il entra au Conservatoire de Paris dans les classes de Taudou (harmonie), Gédalge (contrepoint) et Fauré (composition). Après son échec au prix de Rome, il se retira en Bretagne. Il fut à Nantes correspondant du Courrier musical, critique à l'Ouest artiste et directeur du conservatoire.

Dans son langage musical clair et dépouillé, il se montre un adepte du style modal. Nombre de ses œuvres chantent la Bretagne et les traditions celtiques : Brocéliande au matin (1908), Vieux Cantiques bretons pour chœur (1906), Rhapsodie gaëlique pour piano à 4 mains (1909), l'opéra Myrdhin (1899-1902), non représenté, mais dont il tira une Suite bretonne (1902-1903), le ballet la Prêtresse de Korydwen, créé à l'Opéra de Paris en 1925. A. L. et S. W.

LADY MACBETH DE MZENSK. Opéra en 4 actes et 9 tableaux, op. 29, de Dimitri Chostakovitch, composé en 1930-1932, sur un livret dû à la collaboration du compositeur avec A. Preis, et tiré d'une nouvelle de Nicolas Leskov (1831-1896). Créé le 22 janvier 1934, au Petit Théâtre de l'opéra de Leningrad, sous la direction de Samuel Samossoud.

ACTE PREMIER. 1er tableau. Katerina Ismaïlova, femme d'un riche marchand de province, dotée d'une personnalité exceptionnelle, s'ennuie dans le milieu où elle vit et dont l'atmosphère est rendue étouffante par la présence de son beau-père, Boris, homme dur et cupide qui y fait la loi. Elle n'aime pas son mari, Zinovy, dont elle n'a pas eu d'enfant. Zinovy part en voyage d'affaires ; le beau-père force Katerina à jurer qu'elle ne commettra pas d'infidélité. 2e tableau. *Les ouvriers s'amusent stupidement dans la cour de la ferme, faisant rouler la grosse cuisinière Axinia qu'ils ont coincée dans un tonneau. Katerina vient prendre la défense d'Axinia et se heurte à Serge, le nouvel employé, un bellâtre insolent.* 3e tableau. *L'héroïne, dans sa chambre, ressent tout son isolement. Serge paraît, soi-disant à la recherche d'un livre. Ce n'est qu'un prétexte, son but étant en réalité de devenir l'amant de Katerina, résultat auquel il parvient après une brève résistance de cette dernière.*

ACTE II. 4e tableau. *Boris ne peut pas dormir. Ayant remarqué de la lumière à la fenêtre de sa belle-fille, il surprend les deux amants et fait fouetter Serge. La vengeance de Katerina, horrifiée par cette scène, ne se fait pas attendre. Lorsque Boris lui demande de préparer des champignons, son plat favori, elle n'hésite pas à y ajouter de la mort-aux-rats. Le vieillard meurt, après que le pope lui a administré les derniers sacrements.* 5e tableau. *Ce premier crime a lié le destin de Katerina à celui de Serge. Au cours d'une nuit, le spectre de Boris vient troubler leurs ébats, et le retour impromptu de Zinovy entraîne une violente dispute, pendant laquelle il est tué par Katerina et Serge, qui cacheront son cadavre dans un cellier.*

ACTE III. 6e tableau. *Un petit ivrogne, en pleine crise éthylique, pénètre dans le cellier, à la recherche de vodka. Au lieu de boisson, il découvre le corps de Zinovy et se précipite, affolé, au poste de police.* 7e tableau. *Au poste de police, l'atmosphère respire l'ennui. Katerina a omis d'inviter les policiers à son mariage avec Serge. L'ivrogne les ayant prévenus qu'un meurtre a été commis chez les Ismaïlov, les policiers se précipitent vers le lieu du festin.* 8e tableau. (Scène de noces.) *Des toasts sont portés en l'honneur des époux. Ayant remarqué que la porte du cellier était ouverte, Katerina est envahie par l'angoisse. Au moment où elle songe à s'enfuir avec Serge, les policiers font une irruption soudaine. Katerina se constitue prisonnière, alors que Serge prend en hâte de l'argent, tente de disparaître, avant d'être arrêté à son tour.*

ACTE IV. 9e tableau. *Déportés en Sibérie, Katerina et Serge font partie d'une cohorte de bagnards. Serge trompe Katerina avec une bagnarde, une prostituée, Sonetchka. Ses dernières illusions évanouies, Katerina sombre peu à peu dans le désespoir et la folie. Mais, ne voulant pas laisser Sonetchka avec Serge, elle se précipite dans les profondeurs glacées d'un lac, y entraînant sa rivale. Les autres bagnards reprennent leur marche forcée.*

Second opéra de Chostakovitch, *Lady Macbeth de Mzensk* reste le point culminant et l'aboutissement de la première phase de son activité créatrice. Le compositeur a profondément transformé le personnage de l'héroïne de Leskov, pour en faire, non une femme cruelle et voluptueuse, mais « un rayon de lumière au milieu des ténèbres ». Ainsi les meurtres qu'elle commet doivent-ils être interprétés comme l'expression de sa révolte contre l'atmosphère oppressive et sombre qui l'entoure.

Toute la jeunesse d'un artiste âgé de vingt-cinq ans, ses passions, son inspiration débordante ont été déversées dans cette « tragédie-satire » expressionniste au rythme haletant, quasi cinématographique, illustrant chaque forme musicale (valse, marche, galop, mazurka, polka, romance sentimentale, hymne, musique rituelle). La partition se distingue encore par d'innombrables trouvailles d'écriture, une grande virtuosité orchestrale et des cocasseries instrumentales destinées à caricaturer l'humanité sans âme, livrée à ses instincts, gravitant autour de Katerina, à laquelle le musicien réserve son lyrisme et sa tendresse.

En 1934, *Lady Macbeth* connut un vif succès et un début de carrière internationale. En Union soviétique, après quatre-vingt-trois représentations à Leningrad, elle fut présentée à Moscou. C'est alors que Staline décida d'aller voir ce spectacle, qui l'horrifia par l'audace de la musique et l'érotisme de certaines scènes. Dès le lendemain, la *Pravda* se déchaîna contre Chostakovitch dans un article tristement célèbre, *Un chaos au lieu de musique*. L'opéra fut retiré de l'affiche, et sa disparition fut la cause d'un très grand choc pour son auteur. Son rêve était de revoir son héroïne un jour sur scène. C'est ce qu'on lui proposa, vingt-sept ans plus tard, au prix de quelques retouches. C'est ainsi que la plus grande œuvre lyrique conçue en Russie depuis Moussorgski, dans sa nouvelle version, sous le titre de *Katerina Ismaïlova* et le numéro d'opus 114, connut une reprise triomphale le 8 janvier 1963, au théâtre Stanislavski de Moscou, sous la direction de Gennady Provatorov.

Cette seconde rédaction est caractérisée par une écriture vocale moins tendue, des tessitures plus accessibles, une orchestration moins colorée, des harmonies moins dissonantes. Deux interludes orchestraux ont été refaits. Le caractère érotique de quelques passages a été atténué, notamment dans le texte. La scène la plus altérée, dans le texte comme dans la musique, est celle de la séduction de l'héroïne dans sa chambre à coucher. On n'y retrouve plus l'épisode purement orchestral décrivant l'acte sexuel avec un réalisme très poussé. Désireux d'accentuer la tendance critique de son œuvre, le compositeur ajouta deux phrases supplémentaires, dans les ultimes mesures de l'acte sibérien, lorsqu'un bagnard s'écrie :

« *Pourquoi notre existence est-elle si sombre et pesante ?*
Est-ce pour un semblable destin que les hommes viennent au monde ? »

Si *Katerina Ismaïlova* reste sensiblement la même œuvre que celle de 1932, avec un meilleur sens du théâtre, on lui préférera toutefois la partition originale, sur le plan musical. On ne peut se priver de son jaillissement spontané, ni de son dynamisme, ni de ses audaces d'écriture, ni de tout ce qui a contribué à faire de *Lady Macbeth de Mzensk* un moment unique de l'histoire du théâtre lyrique moderne.   P. V.

LA FARO *(Scott)*, contrebassiste de jazz américain *(Newark, État de New Jersey, 1936 - Geneva, État de New York, 1961)*. Remarquable technicien, il exerça une grande influence sur les bassistes de sa génération et peut être considéré comme le père de la conception contemporaine de la contrebasse de jazz. Avec lui, l'instrument cesse de fournir un soutien rythmique continu pour s'élever au niveau d'un partenaire égal du soliste, dans le jeu duquel il s'insère mélodiquement et harmoniquement tout en assurant la pulsation rythmique par des phrases autonomes. Il restera avant tout l'inoubliable partenaire du pianiste Bill Evans, avec qui il sut établir une rare complicité musicale (*Waltz For Debbie*, avec Bill Evans, 1961 ; *Free Jazz*, avec Ornette Coleman, 1961).   J. B. H.

L'AFFILARD *(Michel)*, chanteur, compositeur et théoricien français *(? v. 1656 - Versailles 1708)*. Ses origines demeurent obscures. On le trouve à Paris, en 1679, au moment où il fut nommé chantre de la Sainte-Chapelle du palais. Puis, en 1696, il entra à la chapelle royale de Versailles et devint « ordinaire de la musique du Roy ». Il conserva ce poste jusqu'à sa mort. L'Affilard possédait une voix de haute-contre. Comme son aîné Michel Lambert, il était renommé pour son enseignement de l'art du chant. Son traité, *Principes trèsfaciles pour bien apprendre la musique*, parut à Paris en 1694. Souvent réédité, l'ouvrage est d'un intérêt tout particulier pour les « agréments » du chant, pour la qualité des pièces vocales qui y figurent, ainsi que pour les indications précises de tempo qui y sont données.   C. W.

LAGOYA *(Alexandre)*, guitariste français d'origine égyptienne *(Alexandrie 1929)*. Né de père grec et de mère italienne, il commença l'étude de la guitare à l'âge de huit ans avec N. Barbaresco, directeur du Conservatoire national d'Alexandrie. A l'époque, la guitare ne figurait pas parmi les instruments enseignés dans les conservatoires et les écoles de musique. Alexandre Lagoya dut en découvrir lui-même la technique, en se fondant sur les ouvrages et méthodes des maîtres des XVIIIe et XIXe siècles. Ainsi devint-il son propre professeur. A treize ans, il donnait son premier récital. Mais, afin de pouvoir terminer ses études, il enseigna la guitare et le solfège. Après plus de 500 concerts, il se rendit à Paris, puis aux États-Unis, où il se perfectionna avec Villa-Lobos et Castelnuovo-Tedesco. Il épousa en 1952 la guitariste française Ida Presti (morte en 1967) et forma avec elle un célèbre duo pour lequel écrivirent nombre de compositeurs contemporains.

Professeur au Conservatoire de Paris depuis la création de la classe de guitare (1969), Alexandre Lagoya enseigne aussi à l'Académie internationale d'été de Nice depuis 1960, ainsi qu'aux États-Unis et au Canada. A. de B.

LA GRANGE (Henry-Louis de), critique musical et musicographe français (*Paris 1924*). Licencié ès lettres, il suivit des études musicales, notamment avec Yvonne Lefébure et Nadia Boulanger, de 1947 à 1953. Il écrivit de nombreux articles de critique pour des revues musicales ou des périodiques non spécialisés français et étrangers. Collaborateur régulier de la revue *Diapason*, il a aussi rédigé une grande quantité de commentaires de disques ainsi que des analyses d'œuvres à l'occasion des concerts de grands orchestres. A partir de 1960, il s'est consacré à la rédaction d'une vaste biographie de Gustav Mahler, dont le premier volume a paru en 1973 à New York, puis à Londres, avant d'être publié en France en 1979. Il a également donné des conférences sur ce compositeur en Europe et aux États-Unis, au Canada. Depuis 1974, il organise chaque été, en Corse, le festival des nuits d'Alziprato. N. C.

LAGRIME D'AMANTE AL SEPOLCRO DELL'AMATA (ital. ; « les Larmes de l'amant sur le tombeau de la bien-aimée »). Cycle de 6 madrigaux (*sestina*, ou sizain) à 5 voix de Claudio Monteverdi, publié à Venise, en 1614, avec le *6e Livre de madrigaux*. Écrit en 1608-1610, alors que l'auteur était encore maître de chapelle à la cour de Mantoue, ce recueil est une sorte de requiem profane, qui trouve son origine dans le chagrin éprouvé par le duc Vincent Gonzague à la mort de sa favorite, la chanteuse Catarina Martinelli (qui aurait dû créer le rôle d'*Arianna* en 1608). Très affecté par ce décès, le duc commanda à son musicien et au poète Scipione Agnelli cette *sestina* madrigalesque à la mémoire de la jeune femme.

C'est sous l'allégorie du berger Glaucus, pleurant la nymphe Corinne, que se trouve transposée la douleur du prince, conformément à l'idéal pastoral du temps. L'unité d'inspiration de la *sestina* est commandée par le sujet. Le ton est funèbre, intérieur, lourd d'une gravité qui ne serait pas déplacée dans un motet (ainsi la 3e pièce *Dara la Notte*), sommet du cycle avec son étonnante déclamation à l'unisson et son symbolisme nocturne). Pourtant, une admirable poussée de fièvre déchire la 5e madrigal (*O chiome d'or*), avec une chaîne de dissonances digne de Gesualdo, avant l'émouvant *ostinato* du finale (*Dunque amate reliquie*), dont les « carillons » répètent opiniâtrement le nom de la morte.

Malgré la rigueur de l'écriture, Monteverdi fait entrer l'essentiel de l'esprit du style moderne dans le cadre du madrigal *a cappella*. Comme à la scène, les *Lagrime d'amante*... plantent un décor avec des personnages qui souffrent et qui meurent et dans lesquels nous reconnaissons le visage familier de nos frères. Conscient d'avoir épuisé les dernières ressources d'un genre qui appartenait déjà au passé en 1614, Monteverdi va désormais devenir le champion inconditionnel du nouveau langage concertant. R. T.

LA GROTTE (Nicolas de), organiste et compositeur français (*Paris v. 1530*- id. *v. 1600*). D'abord joueur d'épinette et organiste du roi de Navarre, Antoine de Bourbon, il entra en 1562 au service du duc d'Anjou, qui, devenu le roi Henri III, le nomma valet de chambre et organiste ordinaire. Membre de l'académie de Baïf, il publia des *Chansons de P. de Ronsard, P. Desportes et autres* (1569) et collabora, en 1582, avec son ami C. Le Jeune à l'organisation des fêtes pour le mariage du duc de Joyeuse. Ce fut un des derniers polyphonistes, mais il s'orienta peu à peu vers la monodie et la basse continue. Il s'intéressa également à la chanson mesurée et fut un des premiers à écrire des chansons en forme d'air. Il fut un des initiateurs de l'air de cour et inaugura la lignée des organistes du Grand Siècle (de sa production pour orgue ne subsiste malheureusement qu'une seule pièce). S. W.

LAI. Genre littéraire chanté ou non, pratiqué jusqu'au XVe siècle, mais surtout en honneur aux XIIe et XIIIe siècles dans la France du Nord et les deux Bretagnes, la grande (Angleterre, Irlande) et la continentale (Bretagne française). D'origine vraisemblablement celtique (on lui trouve des origines dès le VIe siècle), le lai est, à l'origine, un poème narratif de caractère légendaire, apparenté à la chanson de geste et chanté comme elle sur un groupe de timbres à caractère répétitif, formant des laisses* de longueur inégale, avec prélude et postlude instrumental (harpe ou vièle).

Ces lais anciens sont décrits dans les romans, notamment dans ceux du cycle de Tristan, mais n'ont pas été conservés, les quelques pièces que l'on possède sous ce nom semblant en avoir pris la dénomination par analogie sans en avoir les caractères. On possède, en revanche, des adaptations diverses, qui, elles aussi, ont gardé le nom de lai. Les unes sont des récits en vers non chantés (Marie de France, XIIe s.), qui en racontent la matière sans en conserver la forme ; les autres sont des vers lyriques non narratifs, transmis avec leur musique et sans doute dans une forme analogue ; certains ont même conservé le titre du modèle sans que leur rapport avec lui apparaisse avec évidence (*Lai du chèvrefeuille*). Paradoxalement, on connaît ainsi, d'un côté, le contenu de l'histoire et, de l'autre, sa forme, musique incluse, sans pouvoir opérer la jonction ni reconstituer le modèle.

Du XIIIe au XVe siècle, le lai devient de plus en plus un genre littéraire (Eustache Deschamps, Christine de Pisan), même s'il reste parfois chanté (G. de Machaut). Il se prolonge en Allemagne par le *leich*, qui en dérive. J. C.

LAISSE. Équivalent de la strophe* dans le lai* ou la chanson* de geste. Le nombre de vers y est variable et on les chante sur un timbre* ou un groupe de timbres de caractère répétitif s'adaptant au récit (timbres d'intonation, de développement, de conclusion). La laisse est souvent monorime, exception faite parfois d'un dernier vers plus court, dit biocat, ou orphelin. Elle peut remplacer la rime par une simple assonance. Le mètre le plus fréquent est le décasyllabe, soit mineur (4 + 6), soit majeur (6 + 4), mais on trouve aussi beaucoup d'autres types de vers.

Par analogie, on donne aussi parfois le nom de *laisse*, dans certains récits, à des groupes de vers formant un ensemble d'un seul tenant, quelle qu'en soit la structure. J. C.

LAKMÉ. Opéra-comique en 3 actes de Léo Delibes, sur un livret de Philippe Gille et Edmond Gondinet, créé à l'Opéra-Comique (2e salle Favart) le 14 avril 1883, sous la direction de Jules Danbé, avec Marie Van Zandt dans le rôle-titre.

Vaguement inspirée du *Mariage de Loti* de l'officier de marine Julien Viaud, dit Pierre Loti, figure de proue d'une littérature d'évasion basée sur l'expansion coloniale française dans les grandes années de la IIIe République, l'histoire de la jeune Indienne Lakmé, fille de brahmane, s'apparente à bien d'autres intrigues de roman ou d'opéra, dont celle de *Madame Butterfly*. Dans tous les cas, l'amour rapproche une beauté exotique d'un séduisant échantillon de l'homme occidental. Mais comme celui-ci ne fait que passer, c'est toujours sa partenaire qui périt, victime de cette brève rencontre.

ACTE PREMIER. (Les faubourgs d'une ville de l'Inde.) *L'occupation britannique, à la fin du XIXe siècle, s'y heurte encore à une farouche résistance. Nilakantha (b), auquel fait écho la* voix de sa fille Lakmé (s), célèbre clandestinement le culte de ses dieux et prêche la révolte à une poignée de fidèles. Puis il se retire après avoir confié Lakmé à son esclave Mallika (ms) et à son serviteur Hadji (t). Les deux jeunes filles s'éloignent à leur tour pour aller cueillir des fleurs. Surviennent alors cinq Anglais que le hasard et la curiosité ont conduits en ces lieux : la ridicule Miss Bentson (ms), Ellen (s), fille du gouverneur et son amie Rose (s), escortées de deux jeunes officiers, Frederic (bar) et Gerald (t). Frederic, le sage du groupe, presse ses compagnons de quitter les lieux. Mais Gerald ne veut pas les suivre avant d'avoir photographié — ou plutôt dessiné — un bracelet d'or oublié sur un banc. Surpris, dans sa romantique rêverie, par le retour des deux Indiennes, il fait grande impression sur Lakmé, qui, justement, a du vague à l'âme, et lui adresse une déclaration d'amour, qui pourrait bien lui coûter la vie. Il ne se décide à quitter la place qu'à l'approche de Nilakantha, qui crie au sacrilège et jure de faire périr le coupable.

ACTE II. (Sur la place du marché où grouille une foule bigarrée.) Nilakantha tend un piège à l'amoureux de sa fille. Il se désole de constater que celle-ci a perdu son sourire, et l'amour paternel s'ajoute au fanatisme religieux pour lui dicter sa conduite. Il oblige Lakmé à chanter en public pour amener Gerald à se trahir, et le subterfuge réussit. L'officier tombe, frappé d'un coup de poignard.

ACTE III. (Dans une hutte en pleine forêt.) Gerald, veillé par Lakmé, reprend ses esprits. Hadji, plus dévoué à sa maîtresse qu'à son maître, l'a transporté, après l'attentat, dans cet endroit. Lakmé, qui détient de précieux secrets, a guéri la blessure. Il ne lui reste plus qu'à aller chercher l'eau sacrée pour être à jamais unie à l'Anglais éperdu d'amour. Mais pendant son absence survient Frederic, qui a retrouvé la trace de son camarade et lui rappelle que son régiment part dans une heure. Quand elle revient, Lakmé comprend que le sens du devoir a reconquis son amant et, pour lui épargner un difficile dilemme, s'empoisonne.

Une partition délicieuse et pleine d'inventions, dont tous les airs sont restés célèbres, explique la carrière triomphale de cet opéra-comique bien français, qui a dépassé 1 500 représentations sur la scène de sa création, plus 98 à la Gaîté-Lyrique et 64 au Trianon-Lyrique. L'œuvre est, malheureusement, desservie par la puérilité du livret et, en particulier, des dialogues parlés. M. T.

LAJHTA (*László*), compositeur hongrois (*Budapest 1892*-id. *1963*). Moins connu à l'étranger que Bartók et Kodály, il fut pourtant, dans la première moitié du XXe siècle, le troisième grand nom de la musique de son pays.

Après des études à Budapest, il vint compléter sa formation à la Schola cantorum, auprès de Vincent d'Indy (1911-1913), et devait toujours rester influencé par la musique française. En 1910, il fut le compagnon de Bartók et de Kodály dans leurs recherches folkloriques. Il entra en 1913 au département d'ethnographie du Musée national hongrois de Budapest et joua dans le domaine de l'ethnomusicologie un rôle de premier plan au niveau international. Sous certains aspects, sa carrière de compositeur ressemble à celle de son contemporain tchèque Bohuslav Martinů. Il sut admirablement équilibrer, dans son œuvre, les apports hongrois et ceux de la culture latine.

Malgré ses nombreuses partitions de chambre (dont dix quatuors à cordes échelonnés de 1922 à 1953) et pour la voix, il fut avant tout un symphoniste. De ses neuf symphonies, composées de 1936 à 1961, sept sont postérieures à 1945. Il reçut en 1951 le prix Kossuth pour son action en faveur du folklore hongrois.

P.-E. B. et M. V.

LA LAURENCIE (*Lionel*, comte de), musicologue français (*Nantes 1861 - Paris 1933*). Sorti premier de l'École nationale des eaux et forêts en 1883, il entra dans l'Administration. Mais, en 1898, il décida de se consacrer entièrement à la musique. Excellent violoniste, familier du répertoire du quatuor classique, il avait étudié la théorie avec Alphonse Weingartner, avant de suivre les cours de Bourgault-Ducoudray au Conservatoire de Paris.

Spécialisé dans l'histoire de la musique instrumentale du XVIe au XVIIIe siècle, ainsi que dans celle de la musique française, il donna, à l'École des hautes études sociales notamment, des cours qui sont restés célèbres. Parallèlement — de 1919 à 1931 — il assura la continuation de l'*Encyclopédie de la musique et dictionnaire du Conservatoire* entreprise par Lavignac et il publia son ouvrage essentiel : *l'École française de violon de Lully à Viotti* (3 vol., Paris, 1922-1924 ; réed. 1971). Membre de la section parisienne de la Société internationale de musicologie de 1905 à 1914, il participa, en 1917, à la fondation de la Société française de musicologie, dont il fut le premier président. N. C.

LALO (*Édouard*), compositeur français (*Lille 1823-Paris 1892*). Issu d'une famille d'origine espagnole, dont les ancêtres maternels et paternels étaient venus s'établir dans les Flandres au XVIe siècle, il commença ses études musicales au conservatoire de Lille, et y obtint un premier prix de violon en 1838. Le violoncelliste Baumann, qui, à Vienne, avait participé aux exécutions des symphonies de Beethoven sous la direction de leur auteur, lui donna des leçons de composition et lui communiqua le goût de la musique symphonique et de la musique de chambre. Aussi, à seize ans, Édouard Lalo décida-t-il de devenir un musicien professionnel. Il se heurta alors à la violente opposition de son père, ancien officier de la Grande Armée, qui ne voyait d'autre carrière pour son fils que celle des armes. Lalo ne céda pas ; il quitta la maison paternelle, partit pour Paris et entra au Conservatoire, où il étudia le violon avec Habeneck et la composition avec Schulhof.

Ses premières années parisiennes furent extrêmement difficiles : il lui fallut à la fois étudier et gagner sa vie. Il écrivit d'abord des mélodies et des romances dans le goût de l'époque, puis des œuvres de musique de chambre qu'il ne réussit pas à faire éditer. Vers 1855, découragé, il renonça à composer, donna des leçons et tint la partie d'alto dans le quatuor Armingaud. Toutefois, son mariage, en 1865, avec une de ses élèves, Julie Besnier de Maligny, d'origine bretonne et vendéenne, lui redonna le goût de la composition. Et c'est à son intention qu'il écrivit — car elle chantait avec talent — ses *Six Mélodies pour voix de contralto*. Il prit part à un concours de musique dramatique organisé par l'État et composa un opéra en 3 actes, d'après Schiller, *Fiesque*, qui obtint en 1869 le troisième prix, mais ne devait jamais être représenté. En 1871, Édouard Lalo participa à la fondation de la Société nationale de musique.

Le renouveau musical que connaissait alors la France l'incita à composer des ouvrages symphoniques. Il écrivit en 1872 un *Divertissement pour orchestre* que Pasdeloup dirigea l'année suivante ; en 1873, un *Concerto pour violon* que Sarasate créa en 1874. Enfin, en 1875, Sarasate fit acclamer la *Symphonie espagnole*, qui, à juste titre, est demeurée l'ouvrage le plus populaire d'Édouard Lalo. La *Symphonie espagnole* allie aux prestiges d'un brillant concerto pour violon le charme coloré d'une poétique incursion à travers une Espagne inventée par le compositeur. Des séjours qu'il fit en Bretagne après son mariage, il rapporta l'idée d'un opéra sur la légende de la ville d'Ys. Il se mit rapidement au travail, et, dès 1876, l'ouverture du *Roi d'Ys* fut donnée au concert. La partition du *Roi d'Ys* fut achevée vers 1880. Le directeur de l'Opéra ne voulut pas prendre le risque de monter l'ouvrage de Lalo, dont il fit pourtant un grand éloge, mais, en compensation, il commanda à l'auteur du *Roi d'Ys* un ballet, *Namouna*, ne lui laissant toutefois que quatre mois pour l'écrire. Dès qu'il eut le scénario en main, à la fin de juillet 1881, Lalo s'attela à la tâche, au rythme de quatorze heures par jour. Mais, avant d'avoir achevé sa partition, Lalo fut frappé d'une attaque d'hémiplégie. Gounod l'aida alors à terminer son orchestration. Et le 6 mars 1882, *Namouna* fut créé à l'Opéra. Le public fut dérouté par la richesse de cette musique ; la critique lui fut hostile. Cependant, la salle, heureusement, compta des enthousiastes, Gabriel Fauré, Emmanuel Chabrier, Ernest

Chausson, Claude Debussy, tous compositeurs qui allaient devenir l'honneur de la musique française. Le *Roi d'Ys* fut enfin représenté à l'Opéra-Comique le 7 mai 1888. Le succès fut très grand : plus de cent représentations en un an. Sur un thème dramatique, Lalo avait écrit une partition colorée, concise, délicate et puissante.

Auteur d'au moins deux chefs-d'œuvre, la *Symphonie espagnole* et *Namouna*, Lalo est un des pionniers du renouveau de la musique de chambre et de la musique symphonique en France dans la seconde moitié du XIXe siècle, et il a trouvé, avec les deux ouvrages cités plus haut, un style éminemment « français », caractérisé par sa clarté, sa netteté, son charme et sa couleur.

Œuvres principales. — *Musique instrumentale. Sonate pour violoncelle et piano* (1856) ; *Sonate pour violon et piano* op. 12 (1853) ; *Trio nº 1 pour violon et violoncelle* op. 7 (v. 1850) ; *Trio nº 2 pour violon et violoncelle* (v. 1852) ; *Trio nº 3 pour violon et violoncelle* (1880) ; *Quatuor à cordes* op. 19, en *mi* bémol (1859), remanié en op. 45 (1880).

Musique pour orchestre. Divertissement (1872) ; *Rhapsodie norvégienne* (1879) ; *Symphonie en «sol» mineur* (1886) ; 2 *Aubades* (1872).

Musique concertante. Concerto en «fa» majeur op. 20 (1873) ; *Symphonie espagnole* (1874) ; *Allegro appassionato pour violoncelle et orchestre* op. 27 (1875) ; *Concerto pour violoncelle* en *ré* mineur (1877) ; *Concerto pour piano* en *fa* mineur (1888-89). *Fantaisie norvégienne* (1878) ; *Concerto russe* op. 29 (1879).

Musique vocale. 6 *Romances populaires* (Béranger, 1849) ; 6 *Mélodies* op. 17 (Victor Hugo, 1856) ; 3 *Mélodies* (Musset, v. 1870) ; 5 *Lieder* (Lamartine, Silvestre, Laprade, 1879) ; *Marine* (A. Theuriet, 1884) ; 3 *Mélodies* (Stella, T. Gautier, V. Hugo, 1887) ; *Au fond des halliers* (A. Theuriet, 1887) ; *le Rouge-Gorge* (A. Theuriet, 1887).

Musique pour le théâtre. Fiesque, opéra (1866-67, non représenté) ; *le Roi d'Ys*, opéra (Paris, Opéra-Comique, 1888) ; *Néron*, pantomime avec chœur (Paris, 1891) ; *la Jacquerie*, opéra (Monte-Carlo, 1895) ; *Namouna*, ballet (Paris, 1882). J. R.

LALO (Pierre), critique musical français (*Puteaux 1866 - Paris 1943*). Fils d'Édouard Lalo, il écrivit pour le *Journal des débats,* la *Revue de Paris,* puis dans *le Temps,* où il succéda à J. Weber (1898). Il apporta également sa collaboration au *Courrier musical* et à *Comœdia.* Une sélection de ses articles fut rassemblée dans *la Musique* (Paris, 1898-99), *Richard Wagner ou le Nibelung* (Paris, 1933) et *De Rameau à Ravel, portraits et souvenirs* (Paris, 1947). Il collabora enfin à la publication collective de conférences sur la musique données à la radiodiffusion : *le Théâtre lyrique en France depuis les origines jusqu'à nos jours,* où il signa en particulier le chapitre introductif *Défense et illustration de la musique française.* Pierre Lalo était membre du conseil supérieur du Conservatoire et de celui de la radiodiffusion. N. C.

LALOY (Louis), musicologue français (*Gray 1874 - Dôle 1944*). Docteur ès lettres en 1904 avec une thèse sur *Aristoxène de Tarente et la musique de l'Antiquité,* il fonda en 1905, avec Jean Marnold, le *Mercure musical* et enseigna l'histoire de la musique à la Sorbonne (1906-1907) et au Conservatoire (1936-1941). Il fut l'ami de Claude Debussy et l'un de ses premiers partisans. Nommé secrétaire général de l'Opéra en 1914, il écrivit, la même année, pour Albert Roussel, le livret de *Padmâvatî.* Fin lettré, écrivain élégant, critique subtil, Louis Laloy publia, en 1928, un livre de souvenirs, *la Musique retrouvée,* où il retrace son évolution esthétique.

Principaux écrits : *Jean-Philippe Rameau* (1908) ; *Claude Debussy* (1909) ; *la Musique chinoise* (1912) ; *la Musique retrouvée* (1928). J. R.

LAMBERT (Michel), chanteur et compositeur français (*probablement Champigny, Vienne, v. 1610 - Paris 1696*). Grâce à sa jolie voix d'enfant, il entra à Paris au service de Gaston d'Orléans. Devenu adolescent, il dut enseigner la musique à la fille du prince, la duchesse de Montpensier, dite la Grande Mademoiselle. Afin de perfectionner son chant selon la méthode italienne, il reçut les conseils de Pierre de Nyert avant de devenir, lui-même, le meilleur maître d'un art du chant spécifiquement français et le chanteur-compositeur préféré des salons de la société précieuse. En 1661, à la mort de Jean de Cambefort, Lambert fut nommé maître de musique de la Chambre du roi. Deux mois après, sa fille Madeleine épousait J.-B. Lully. Ainsi, et au moment de la création de l'Académie royale de musique, c'est Lambert qui forma les «actrices» et les instruisit dans l'art de la déclamation chantée. Sa réputation dépassa bientôt très largement les frontières.

Les airs et dialogues de Michel Lambert (plus de 200) appartiennent à un nouveau type, l'air* sérieux, qui, proche encore de l'air de cour mais accompagné de la basse continue, annonce Lully. Ces airs ne comportent en général que deux strophes poétiques, le «simple» et le «double», ce dernier étant destiné à recevoir une ornementation vocale virtuose en laquelle Lambert excella. Il mit en musique la plupart des poètes précieux (Bouchardeau, G. Gilbert, F. Sarasin, J. Pascal, Pelisson, Benserade, P. Perrin). Il semble qu'il prit l'habitude de chanter ses airs en compagnie de sa belle-sœur, Mlle Hilaire (lui, la basse, et elle, le dessus), et de les accompagner lui-même au théorbe. C'est sous cette forme que parut, en 1669, à Paris, la réédition de vingt *Airs de Monsieur Lambert...,* dédiés à son maître Pierre de Nyert (1re éd., 1660). En 1689, il fit graver un livre d'*Airs à une, deux, trois, quatre parties avec la basse continue* (Ch. Ballard). Les pièces de ce recueil, souvent précédées de ritournelles instrumentales, qui témoignent d'une belle inspiration et d'une grande maîtrise technique, proviennent en majeure partie des ballets de cour auxquels il participa en tant que compositeur et interprète de petits rôles. Lambert serait également l'auteur des premières leçons de ténèbres pour voix seule et basse continue parues en France. C. W.

LAMENTATION. — 1. **Chant lyrique** déplorant une mort, qu'il s'agisse d'un parent, d'un ami ou d'un haut personnage. Le genre est très ancien (*thrénodie* grecque antique, *naenia* romaine, etc.) et s'est conservé dans de nombreuses traditions populaires (*mirologue* grec moderne, *vocero* corse, etc.). On le retrouve sous forme écrite dans la lyrique carolingienne sous le nom de *planctus,* puis dans le drame liturgique et les chansons de trouvères (*planh* provençal), qui y adjoignent aussi des lamentations amoureuses (plaintes d'amants délaissés) ou d'autres sur des événements douloureux (lamentation sur la perte de Constantinople). Aux XIVe et XVe siècles, la mort de grands compositeurs (par exemple, Machaut, Dufay, Ockeghem) a été saluée par des lamentations écrites par leurs disciples. Le genre, relayé au XVIIe siècle par le *tombeau*,* ne semble pas s'être prolongé au-delà.

— 2. **Dans la liturgie catholique,** terme réservé à la lecture chantée des plaintes *(threni)* du prophète Jérémie sur la décadence de Jérusalem, insérées comme leçons de matines en neuf lectures échelonnées du jeudi au samedi saint. On les appelle aussi leçons de ténèbres.

Les lamentations se chantent sur un timbre de lecture particulier (6e ton), avec des formules spéciales d'intonation et de conclusion. Sauf pour le dernier chapitre, les versets sont numérotés par une lettre de l'alphabet hébreu, qui formait acrostiche dans l'original et qui est également chantée. Du XVe au XVIIIe siècle, les lamentations ont été fréquemment mises en musique par les compositeurs, d'abord a cappella, puis avec orchestre ou orgue. Parmi les plus célèbres, on cite celles de Tallis, Lassus, Victoria, Palestrina, M. A. Charpentier, F. Couperin, Zelenka, Stravinski (*Threni**), etc.

— 3. V. LAMENTO. J. C.

LAMENTATIONS (LES). Titre porté par la symphonie n° 26 en *ré mineur* de Haydn, composée vers 1768, parce qu'elle utilise des mélodies d'église traditionnelles de la semaine sainte. Son plus ancien manuscrit connu (1772) porte l'inscription *Passio et Lamentatio*. Si l'on entre dans les détails, on s'aperçoit que le terme *passio* s'applique à l'allégro initial, qui cite à peu près textuellement la musique d'un drame de la Passion élaborée au Moyen Age, mais constamment réimprimée jusqu'au XVIIIe siècle, et le terme *lamentatio* à l'adagio qui suit, dont l'idée principale provient d'une mélodie d'église du type *Incipit lamentatio Jeremiae prophetae*. Le menuet (l'œuvre n'a que 3 mouvements), malgré l'absence de toute mélodie d'église, ne provoque aucune rupture de climat. M. V.

LAMENTO. Dans l'opéra du XVIIe et du XVIIIe siècle, morceau lyrique dans lequel un héros ou une héroïne exprime son désespoir. On le traduit parfois par *lamentation*. Le lamento, généralement placé peu avant le dénouement, est souvent écrit sur une basse contrainte, volontiers chromatique et doit revêtir une grande intensité dramatique.
Parmi les lamentos les plus célèbres figurent celui d'*Arianna*, seul morceau subsistant de l'opéra de Monteverdi portant ce titre, celui de Didon dans *Dido and Aeneas* de Purcell, etc. Après le XVIIIe siècle, quand le lamento eut cessé d'être un morceau d'opéra traditionnel, le terme a été repris sans caractère technique particulier, dans le sens de « chant triste », soit vocal (*Lamento* de Duparc), soit même instrumental (*Lamento* d'orchestre servant d'ouverture aux *Troyens à Carthage* de Berlioz). J. C.

LAMENTO D'ARIANNE. Page de Monteverdi. *V. Arianna.*

LAMOTE DE GRIGNON, famille de musiciens espagnols.
— 1. **Juan,** compositeur et chef d'orchestre (*Barcelone 1872*- id. *1949*). Son œuvre, très influencée par le folklore catalan, comprend l'opéra *Hesperia* (1907), l'oratorio *la Nit de Nadal* (1902), des pages symphoniques, des mélodies, des motets et des chants religieux. Lamote de Grignon a aussi écrit *Musique et musiciens français à Barcelone, catalans à Paris* (1935).
— 2. **Ricardo,** fils du précédent (*Barcelone 1899*- id. *1962*). Violoncelliste à l'orchestre de Barcelone, il a écrit notamment l'opéra *La Caperucita Verde* et l'opéra pour enfants *La Flor.* A. G.

LAMOUREUX (Charles), chef d'orchestre français (*Bordeaux 1834 - Paris 1899*). Il fut violoniste au Théâtre de la Renaissance tout en travaillant au Conservatoire dans la classe de Girard. Quand il obtint son premier prix (1854), il entra dans l'orchestre de l'Opéra, s'intéressa à l'enseignement et fonda en 1860 avec Édouard Colonne les Séances populaires de musique de chambre. Ayant fait un riche mariage, il disposa d'une fortune personnelle qui favorisa ses nombreuses entreprises musicales. En 1872, il fonda l'Harmonie sacrée, qui révéla aux Parisiens des oratorios de Bach et de Haendel, ainsi que des œuvres contemporaines de Gounod et de Massenet. Nommé chef d'orchestre à l'Opéra-Comique en 1876, il démissionna l'année suivante et passa presque aussitôt au pupitre de l'Opéra, mais ne s'entendit pas avec son directeur, Vaucorbeil, et n'y resta que deux ans.
En 1881, il créa au théâtre du Château-d'Eau les Nouveaux Concerts, qui se transportèrent plus tard salle Gaveau et deviendront les Concerts Lamoureux. C'est là qu'il donna toute sa mesure. N'ayant de compte à rendre à personne, libre du choix de ses programmes et de ses musiciens, il n'eut plus à réfréner son tempérament autoritaire et perfectionniste. Ses compatriotes et contemporains Lalo, d'Indy, Chabrier, Chausson bénéficièrent de son action énergique, mais aussi Wagner qu'il admira par-dessus tout (il fit chaque année le pèlerinage de Bayreuth). Il loua le théâtre Eden pour conduire, malgré une campagne de la presse nationaliste, la première parisienne de *Lohengrin.* L'année de sa mort, il loua aussi le Nouveau Théâtre de la rue Blanche, où eurent lieu, sous sa baguette, les dix premières représentations de *Tristan et Isolde.* Son gendre Camille Chevillard fut son premier successeur à la tête des Concerts Lamoureux. S. W. et M. T.

LAMPUGNANI (Giovanni Battista), compositeur italien (*Milan 1706 -* id. *v. 1785*). Il écrivit pour Milan, Venise et Londres des opéras dans le style sérieux, remarquables notamment par leurs récitatifs. A Londres, il succéda à Galuppi à la tête du théâtre royal de Haymarket et eut lui-même comme successeur Gluck. On lui doit aussi de la musique instrumentale, dont les sonates en trio op. 1 et 2 (Londres, v. 1745). G. M.

LANDI (Stefano), compositeur italien (*Rome 1586 ou 1587 -* id. *1639*). Élève de Nanino, il fut maître de chapelle à Padoue, puis à Santa Maria dei Monti à Rome (1624), et devint chantre à la chapelle pontificale (comme castrat) en 1629. Il écrivit des madrigaux et de la musique sacrée, mais se tourna aussi vers le style monodique, devenant un pionnier non seulement de la cantate, mais de la musique scénique avec l'opéra pastoral *La Morte d'Orfeo* (1619) et le drame musical *Sant'Alessio* (1632). G. M.

LANDINI (Francesco), musicien et poète italien (*Fiesole ? v. 1330 - Florence 1397*). Il était le fils du peintre Jacopo del Casentino (mort en 1349). Sa vie est mal connue. Atteint de cécité dans son enfance, il abandonna la peinture pour la musique. Surnommé *Franciscus caeucus* ou *Francesco Cieco* (« François l'Aveugle »), il fut facteur d'orgues, chantre, poète et compositeur, et connut sa plus grande renommée comme organiste. Il eut peut-être comme maître Jacopo di Bologna, et sa carrière se déroula principalement à Florence, où il fut organiste à San Lorenzo de 1365 à sa mort : cela à une époque où cette ville devenait le centre de la vie musicale italienne. Il s'y mêla aux cercles intellectuels gravitant autour de l'Université. Il séjourna aussi à Venise. Il participa à la construction de l'orgue de l'Annunziata à Florence en 1379, et à la rénovation de celui de la cathédrale en 1387. Il fut la principale figure de l'Ars nova italienne, ou plutôt florentine, et joua un rôle comparable à celui de Machaut en France un peu plus tôt. Le quart environ du répertoire de l'Ars nova italienne ayant survécu peut lui être attribué, et de sa renommée témoigne aussi le fait que sa musique fut copiée non seulement à Florence, mais en d'autres endroits d'Italie.
On a de lui 154 compositions musicales, dont beaucoup sur ses propres textes, parmi lesquelles 141 *ballate*, dont 91 à deux voix, 42 à trois voix et 8 en deux versions (deux ou trois voix). De ce genre de la *ballata*, équivalent italien du virelai français, il fut le véritable créateur. On lui doit pour le reste 9 madrigaux à deux voix et 2 à trois voix, et 2 specimens de caccia. A la différence de celles de Machaut, ses œuvres sont orientées vers la voix : 82 des 91 *ballate* à deux voix sont des duos vocaux sans accompagnement. Contrairement aux œuvres françaises, travaillées à partir du ténor, les siennes le sont surtout à partir de la voix supérieure. Landini clôt avec éclat le XIVe siècle italien, mais, après lui, la péninsule allait mettre près de cent ans à retrouver une musique vraiment originale. G. C. et M. V.

LÄNDLER. Danse populaire à trois temps au parfum paysan (*Land,* « campagne »), particulièrement répandue en Autriche et en Allemagne du Sud, ancêtre de la valse. Les « danses allemandes » de Haydn ou Mozart ont en général tout du ländler, sauf le nom, qui fut utilisé pour la première fois dans son appellation moderne vers 1800. Contrairement à Johann Strauss, Joseph Lanner appela ses premières valses « allemandes » (*Deutsche*) ou *Ländler.* Le rythme du ländler fut utilisé, notamment, par Bruckner et Mahler dans leurs symphonies, et par Alban Berg dans *Wozzeck* (4e scène de l'acte II) et dans son concerto pour violon *A la mémoire d'un ange.* M. V.

LANDON *(Howard Chandler Robbins)*, musicologue américain *(Boston 1926)*. Élève de Karl Geiringer à l'université de sa ville natale (1945-1947), il fonda, en 1949, à Boston et à Vienne, la Haydn Society, dont il devint immédiatement secrétaire général et qui, jusqu'à sa dissolution en 1951, poursuivit l'édition des œuvres complètes de ce compositeur en en fit paraître un grand nombre (dont la plupart pour la première fois) sur disque. Landon publia ensuite un ouvrage fondamental, *The Symphonies of Joseph Haydn* (Londres, 1955 ; suppl., 1961). On lui doit également la première édition complète, réalisée dans les années 60, des symphonies de Haydn. Il a aussi publié sur Haydn, outre de nombreux articles, un ouvrage monumental en cinq volumes, *Haydn : Chronicle and Works* (Londres, 1976-1980), auquel est venu s'ajouter en 1981 un sixième volume, surtout iconographique (édit. franç., Paris, 1981).

Outre ses symphonies, Landon a édité un grand nombre d'œuvres de Haydn, ainsi que sa correspondance (*The Collected Correspondence and London Notebooks of Joseph Haydn*, Londres, 1959). Et depuis 1962 il édite le *Haydn Yearbook (Haydn Jahrbuch)*. Nul n'a fait plus que lui pour la renaissance de Haydn auprès du public, depuis la Seconde Guerre mondiale. Il a édité avec Donald Mitchell *A Mozart Companion* (Londres, 1956) et publié *Beethoven : A Documentary Study* (Londres, 1970, vers. all. *Beethoven : Sein Leben und seine Welt in zeitgenössischen Bildern und Texten*, Vienne, 1970). Il a enseigné au Queens College, à New York (1969), et à l'université de Californie, à Davis (1970), et est devenu professeur de musicologie à l'université de Cardiff (1978). M. V.

LANDORMY *(Paul)*, critique musical français *(Issy-les-Moulineaux 1869 - Paris 1943)*. Agrégé de philosophie, il fut critique musical à *la Victoire*, au *Figaro* et au *Temps*. Il publia des monographies sur Brahms, Schubert, Gounod, Bizet, des études sur la musique française, et dirigea, chez Mellotée, la collection *les Chefs-d'œuvre de la musique expliqués*. Ses ouvrages sont moins d'un historien que d'un critique, dont les jugements apparaissent souvent tributaires du goût de son époque.
Écrits principaux : *Histoire de la musique* (Paris, 1910 ; 2/1943) ; *Brahms* (Paris, 1920) ; *Schubert* (Paris, 1928) ; *Bizet* (Paris, 1929) ; *Gluck* (Paris, 1941) ; *Gounod* (Paris, 1942) ; *la Musique française* (3 vol., *De la Marseillaise à la mort de Berlioz, De Franck à Debussy, Après Debussy*, Paris, 1943). J. R.

LANDOWSKA *(Wanda)*, pianiste et claveciniste polonaise *(Varsovie 1879 - Lakeville, États-Unis, 1959)*. À l'âge de quatre ans, elle commença l'étude du piano avec J. Kleczinski, spécialiste renommé de Chopin. Après avoir suivi l'enseignement de A. Michalowski au conservatoire de Varsovie, elle quitta, en 1896, la Pologne pour Berlin, où professait H. Urban (également professeur de Paderewski et de Hofmann). Passionnée de musique vocale et de clavecin, Wanda Landowska trouva à Paris (1900-1913) un milieu favorable à l'épanouissement de ses idées, dans l'entourage de la Schola cantorum et de musicologues de renom (J. Ecorcheville, A. Pirro, L. de la Laurencie, Ch. Bordes, H. Expert, etc.).

Wanda Landowska allait devenir le porte-drapeau inspiré du renouveau de la musique ancienne. En 1903, elle donna un premier récital de clavecin, point de départ d'un combat acharné qu'elle mena sur tous les fronts, en jouant, en écrivant de nombreux articles (*Bach et ses interprètes*, 1905), un livre en forme de profession de foi (*Musique ancienne*, 1909) et en faisant évoluer la facture du clavecin. Sur le nouveau pleyel modifié par Gustave Lyon d'après ses conseils — dans le sens d'une plus grande coloration, grâce à l'adjonction d'un double clavier et d'un jeu grave de seize pieds —, elle joua Bach à Breslau en 1912. L'Académie royale de Berlin créa pour elle une classe de clavecin qu'elle dirigea de 1913 à 1919. Retenue contre son gré en Allemagne pendant la guerre, elle enseigna ensuite à Bâle et à Paris (à l'École normale et à la Sorbonne), avant de partir à la conquête des États-Unis en 1923 avec quatre clavecins et l'aide bienveillante de L. Stokowski. Elle y enregistra son premier disque.

Mais c'est dans sa propre école de musique ancienne, à Saint-Leu-la-Forêt, à partir de 1925, que Wanda Landowska allait initier la génération montante de jeunes clavecinistes (R. Kirckpatrick, R. Puyana, C. Curzon, R. Gerlin, A. van de Wiele, I. Nef, etc.). Une salle de concerts y fut installée (1927) ; elle l'inaugura avec A. Cortot. Obligée de fuir en 1940 en abandonnant sa bibliothèque de 10 000 volumes et sa collection d'instruments anciens, elle gagna les États-Unis, où elle séjourna et travailla jusqu'à sa mort, enregistrant l'intégrale du *Clavier bien tempéré* de Bach et les œuvres que lui dédièrent M. de Falla (*Concerto pour clavecin*, 1925) et F. Poulenc (*Concert champêtre*, 1928), poursuivant sa tâche par l'exemple et par l'écrit.

Wanda Landowska a débarrassé le clavecin du carcan des fausses traditions, en prônant le droit à l'invention et à la liberté, dans le respect de l'esprit de chaque œuvre. Cette volonté de rendre sa vitalité à un instrument, jusque-là guindé et quelque peu blafard, explique les outrances d'expression et de coloration qu'elle obtenait dans une grandiose ferraillement. Il serait injuste de s'y arrêter en ignorant la véritable grandeur de l'artiste, telle par exemple qu'on peut la découvrir dans ses enregistrements de Mozart au piano, d'une pureté inégalée. M. W.

LANDOWSKI *(Marcel)*, compositeur français *(Pont-l'Abbé, Finistère, 1915)*. Fils du sculpteur d'origine polonaise Paul Landowski, il est aussi par sa mère un descendant du compositeur Vieuxtemps. Très jeune, il montre d'évidentes dispositions pour la musique et prend des leçons de piano avec Marguerite Long. Après avoir terminé ses études secondaires, il est l'élève, au Conservatoire de Paris, de Noël Gallon (écriture) et d'Henri Busser (composition). En 1937, alors qu'il est encore élève du Conservatoire, ses premières œuvres sont exécutées par Pierre Monteux : *les Sorcières* et *les Sept Loups*, pour chœur de femmes et orchestre. Son intérêt pour le groupe des Six, qui le fait mal voir au Conservatoire, se manifeste déjà, surtout pour Milhaud et Honegger. Il écrit, par la suite, un ouvrage sur ce dernier (1957). En 1939, alors que la guerre s'annonce, il compose l'oratorio *Rythmes du monde*, sur un texte de lui-même.

Mais ses œuvres les plus importantes datent de l'après-guerre : *le Rire de Nils Halerius*, légende lyrique et chorégraphique, avec laquelle il aborde la musique de scène (1944-1948), et sa première symphonie *Jean de la Peur* (1949). En 1950, il obtient le grand prix de composition de la Ville de Paris. Les années 1950-1960 voient naître le *Concerto pour ondes Martenot*, qui témoigne de son intérêt pour l'instrument auquel Messiaen et Jolivet ont déjà rendu hommage, l'opéra *le Fou* (1956, créé la même année à Nancy) et la comédie lyrique *le Ventriloque* (créée au Mans en 1956).

De 1962 à 1965, Landowski a été directeur de la musique à la Comédie-Française ; en 1965, il a été nommé inspecteur général de l'enseignement musical au ministère des Affaires culturelles, avant d'y devenir chef du service de la musique (1966-1970). De 1970 à 1975, il est directeur de la musique, de l'art lyrique et de la danse à ce même ministère et, en 1975, inspecteur général de la musique au ministère de l'Éducation. La même année, il est élu membre de l'Institut, où il succède à son maître Busser. Toutes ces charges officielles, si elles ralentissent sa productivité, ne diminuent pas la qualité de ses œuvres : *l'Opéra de poussière*, drame lyrique (1962) ; 2ᵉ et 3ᵉ symphonies (1963, 1964) ; *Concerto pour flûte et cordes* (1968) ; *Messe de l'aurore* pour solistes, chœur et orchestre (1977). En 1979, il écrit pour M. Rostropovitch et G. Vichnevskaïa les trois poèmes *Un enfant appelle* pour soprano, violoncelle solo et orchestre. L'œuvre est créée par les dédicataires à Paris l'année suivante. En août 1980, est créé à Vaison-la-Romaine *le Pont de l'espérance* pour orchestre, soliste et 3 chœurs, d'après *la Marseillaise de la paix* de Lamartine.

Dès ses débuts, Landowski s'est affirmé comme un indépendant, en dehors de toutes chapelles, ouvert au langage du XXe siècle, tout en refusant le sectarisme de l'avant-garde. Sa recherche constante de spiritualité s'est exprimée dans cette phrase : « Le mysticisme et l'amour sont les deux thèmes de la musique. » A. L.

LÁNG *(István)*, compositeur hongrois *(Budapest 1933)*. Élève de János Viski, puis de Ferenc Szabó, il fut directeur du Théâtre d'été de marionnettes de 1966 à 1973. Il se fit connaître au public européen par sa *Cantate de chambre* pour soprano, clarinette, cello, piano et percussions, sur des poèmes d'A. Jozsef, et s'essaya au pointillisme postwébernien dans la cantate *Laudate hominem* (1968) et dans *In memoriam N. N.* (1971), sur des poèmes de J. Pilinsky. Les études de timbre réalisées dans les partitions de chambre, comme le *2e Quatuor* (1966), *Monodia* pour clarinette et *Villanások* pour violon solo (1973), font de lui un des représentants les plus éminents de la jeune école hongroise. P.-E. B.

LANGAUS. Façon de danser l'allemande vers 1800, qui consiste, pour un couple, à parcourir la salle à grands pas et avec un minimum de révolutions. C'est un ancêtre direct de la valse. M. V.

LANGLAIS *(Jean)*, organiste et compositeur français *(La Fontenelle 1907)*. Ancien élève d'André Marchal à l'Institution nationale des jeunes aveugles, de Marcel Dupré (orgue) et de Paul Dukas (composition) au Conservatoire de Paris, il est titulaire de l'orgue de Sainte-Clotilde à Paris depuis 1945, tribune où il a succédé à Franck et à Tournemire.

Jean Langlais a donné de très nombreux récitals dans le monde entier. Ses œuvres, qui s'inscrivent dans l'héritage de Dupré et de Tournemire, sont essentiellement des pages d'inspiration religieuse (messes, cantates, psaumes, motets) et des partitions dédiées à un instrument : *Neuf Pièces* (1943), *Suite française* (1948), *Hommage à Frescobaldi* (1951), deux concertos pour orgue et orchestre, etc. Il est professeur d'orgue et d'improvisation à la Schola cantorum. G. C.

LANGUETTE. Nom donné à l'anche vibrante des tuyaux d'orgue à anche. Une tige métallique appelée rasette, qui s'appuie sur elle, permet de régler sa tension et, par conséquent, d'accorder le tuyau correspondant. M. T.

LANIER ou **LANIÈRES** *(Nicolas)*, compositeur, chanteur, luthiste anglais d'origine française *(Londres 1588 - id. 1666)*. Également peintre et doué d'un talent non négligeable, il fut nommé Master of King's Music à la cour de Charles Ier. Il composa la musique de plusieurs masques représentés pour l'embellissement de diverses festivités (tel *The Masque of Augurs* de Ben Jonson, 1622). Le roi l'envoya en Italie pour se perfectionner et pour acheter des tableaux. Pendant la guerre civile, il perdit toutes ses possessions, et la majeure partie de ses manuscrits fut détruite. Après la Restauration en 1660, il retrouva sa place à la cour de Charles II, ainsi que son aisance matérielle. En 1669, J. Playford publia un recueil de *Select Ayres and Dialogues to Sing to the Theorbo-Lute or Basse-Viol*, qui contient quelques pièces de Nicolas Lanier. Musicien italianisant, il a aussi introduit le style du récitatif en Angleterre. On peut néanmoins remarquer dans quelques airs *(Love's Constancy)* la présence d'une influence française dans le domaine des ornements vocaux. C. W.

LANNER *(Josef)*, compositeur et violoniste autrichien *(Vienne 1801 - Oberdöbling, Vienne, 1843)*. À douze ans, il entra dans l'orchestre de danse de Michael Pamer, qu'il quitta en 1819 pour former son propre ensemble. Tout d'abord simple trio composé de deux violons et d'une guitare auxquels vint s'ajouter un alto joué par J. Strauss père, le groupe s'étoffa bientôt jusqu'à former un orchestre d'une vingtaine de musiciens. En 1829, Lanner fut nommé directeur de la musique de bal de la cour impériale. Comme compositeur, il donna une ampleur particulière à la valse viennoise, qui devint, avec lui, une suite de quatre ou cinq valses, d'une élégance raffinée, avec introduction et coda. Ce fut lui qui, avec Johann Strauss père, en jeta les véritables fondations. Mais, contrairement à celui-ci, il appela ses premières valses «ländler ». A. et M. P.

LANTINS. V. Arnold de Lantins et Hugo de Lantins.

LANZA (ALFREDO ARNOLD COCOZZA, dit *Mario*), ténor américain d'origine italienne *(Philadelphie 1921 - Rome 1959)*. Ayant étudié le chant avec Enrico Rosati, il débuta à La Nouvelle-Orléans dans *Madame Butterfly* et forma le *Bel Canto Trio* (1947) avec George London et Francis Yeend, effectuant, avec cette formation, de nombreuses tournées aux États-Unis.

Après avoir acquis une incontestable notoriété, Mario Lanza se dirigea essentiellement vers la télévision et le cinéma, où il incarna, notamment, le rôle de l'illustre Caruso dans un film à grand succès : *The Great Caruso* (1951). A. de B.

LAPARRA *(Raoul)*, compositeur et critique musical français *(Bordeaux 1876 - Suresnes 1943)*. Élève de Diémer, Massenet, Fauré et Gédalge au Conservatoire de Paris, il remporta en 1903 le prix de Rome, tandis que son frère William obtenait la même distinction en tant que peintre. Essentiellement musicien de théâtre, il a composé sur ses propres livrets *Peau d'Âne* (Bordeaux, 1899), *la Habanera* (Paris, 1908), *la Jota* (Paris, 1911), *le Joueur de viole* (Paris, 1926), *les Toreras* (Lille, 1929) et *l'Illustre Fregona* (Paris, 1931). Critique, il a collaboré, notamment, au *Matin* et au *Ménestrel* et laissé une étude sur *la Musique et la danse populaire en Espagne* (1920), sa grande passion. Il fut un maître du naturalisme. S. W.

LAPICIDA *(Erasmus)*, compositeur et théoricien allemand *(? v. 1445-1450 - Vienne 1547)*. Prêtre, il fut maître de chapelle du prince électeur à Heidelberg, de 1510 à environ 1521, puis s'établit à Vienne (cloître des Écossais), grâce à l'archiduc Ferdinand d'Autriche. En 1545 encore, la cour de Vienne lui versait une pension. Il a composé des motets à quatre voix, des lieder à trois et quatre voix, des lamentations et une frottola édités dans divers recueils de l'époque. A. et M. P.

LA POUPLINIÈRE *(Jean Joseph Le Riche de)*, mécène français *(Chinon 1693 - Paris 1762)*. Fils d'un fermier général, il le devint fermier général lui-même et un des hommes les plus riches du royaume. Il mit une partie de sa fortune au service de la musique et fonda un orchestre, célèbre pour la qualité de ses instruments à vent. Parmi les artistes qui fréquentèrent sa somptueuse maison — où eurent lieu régulièrement répétitions et concerts —, on trouve le nom de Jean-Philippe Rameau à qui le mécène confia la direction de son orchestre. La Pouplinière joua un rôle non négligeable pour familiariser la société parisienne avec la nouvelle forme de la symphonie. C. W.

LARGHETTO. Mot italien, diminutif de *largo**, désignant des morceaux de caractère analogue à celui-ci, mais de mouvement un peu moins lent. Théoriquement, le larghetto (69 à 100 battements/minute) est un peu plus lent que l'adagio (100 à 126), mais cette distinction est peu respectée. J. C.

LARGO. Mot italien désignant un mouvement lent de caractère grave et solennel. Dans l'échelle théorique des mouvements, le *largo* (métronome 40 à 69 battements/minute) et son diminutif *larghetto* (69 à 100) sont censés être plus lents que l'*adagio* (100 à 126), mais cette différence n'est pas toujours respectée (v. LENTO). Le mot *largo* est parfois employé comme titre pour des morceaux dont il indique le mouvement. L'un des plus célèbres largos, dit «largo de Haendel», est, en réalité, un air de l'opéra *Serse* («Xerxès»), qui a été souvent transcrit sous ce nom pour les instruments les plus variés. J. C.

LARIGOT. Jeu de mutation de l'orgue, de la famille des flûtes, faisant entendre l'harmonique 6 du son fondamental, c'est-à-dire sonnant à la 19ᵉ, soit 2 octaves et 1 quinte au-dessus de ce son fondamental. La hauteur du larigot est de 1 1/3 de pied pour une fondamentale de 8 pieds. G. C.

LARMES DE SAINT PIERRE (LES). Cycle de 21 madrigaux spirituels à 7 voix de Roland de Lassus. Composé en 1594 à quelques semaines de la mort du musicien, ce recueil est, à sa manière, un chant du cygne, où Lassus, dans un retour de son énergie créatrice, retrouve l'élan premier de son inspiration et conjure la crise de *melancholia hypocondriaca*, qui, à la cour du duc de Bavière, avait assombri ses dernières années et paralysé sa production («Je suis quasi pour devenir un Monsieur fou», constatait-il à la même époque).

C'est donc le polyphoniste génial qui s'exprime ici, avec la part la plus secrète et la plus authentique de ses certitudes. Certes, Lassus n'a jamais été habité par le mysticisme dévorant d'un Victoria ou d'un Gesualdo. Génie partagé entre Dieu et les hommes, il est plus à l'aise dans la confession individualiste que dans l'ivresse spirituelle ou la pure extase. Ce qui n'empêche pas les *Lagrime* de proposer un itinéraire musical et religieux fascinant (l'ouvrage ayant été, comme Lassus le précise dans sa dédicace au pape Clément VIII — «authentique et légitime successeur de saint Pierre» — composé par «dévotion personnelle» et non à la suite de quelque commande officielle).

Également symptomatique de l'état d'esprit du vieux maître est le choix d'un texte libre (emprunté au poète italien Tansillo), où la pensée dominante est celle du repentir, de la mort et de l'au-delà. Hanté, depuis toujours, par la détresse de la condition humaine, Lassus est attentif aux faiblesses et aux misères de la créature face à son créateur, et sans doute a-t-il mis beaucoup de lui-même dans cette évocation intimiste de la douleur du corps et de l'âme. Au plan compositionnel, l'auditeur remarquera le musicien a transposé, conformément aux usages de l'époque, de nombreuses images de la lyrique madrigalesque. Mais, au-delà des procédés démarqués du genre profane, Lassus sait toujours transfigurer l'expression pour atteindre à une véritable «dimension de spiritualité universelle». L'extraordinaire savoir polyphonique du compositeur éclate dans le traitement de l'écriture à 7 voix, avec des effets de double chœur à la vénitienne et la division des voix en registres aigus et graves (technique que l'on retrouve, là encore, à Saint-Marc chez les Gabrieli). Mariant le faste sonore à une indéniable volonté d'édification du fidèle, *les Larmes de saint Pierre* appartiennent bien, par leur contenu esthétique comme par leur charge d'émotion sacrée, à la dialectique de la Contre-Réforme. Le cheminement de la prière y est d'une intériorité totale, épousant le «parcours» personnel d'une foi plutôt tourmentée, pour déboucher sur une subjectivité qui annonce le piétisme intense de Schütz et de l'école allemande.

Reste que Lassus s'est surtout mis ici à l'école du madrigal italien pour traduire les intentions du texte par une véritable «peinture par l'oreille», qui donne aux mots tout leur poids affectif, toute leur charge d'émotion.

D'un point de vue formel, le recueil est articulé en trois parties : une première section — madrigaux I à VII — essentiellement narrative débouche sur une deuxième — madrigaux VIII à XIV —, long commentaire spirituel du regard échangé entre le Christ et saint Pierre, sorte de dialogue de l'âme avec son double qui dit la honte et la solitude du disciple devant le reproche silencieux contenu dans le regard de Jésus. Enfin, la dernière section — madrigaux XV à XX — fait entendre la méditation désabusée de Lassus, criant son dégoût de l'existence sous les appels à la mort de saint Pierre.

Et, en contraste, l'ultime morceau *Vide homo*, où l'auteur revient intentionnellement à la grande tradition du motet franco-flamand pour un acte de prière, qui apporte une fin quasi liturgique à l'ensemble. R. T.

LA ROCHELLE (*Rencontres internationales d'art contemporain de*). Festival fondé en 1973 à l'initiative de Claude Samuel, alors que celui-ci venait de quitter la direction artistique du festival de Royan. Il eut d'abord lieu à Pâques, puis en juillet. Il n'est pas ouvert seulement à la musique, mais il concerne également la danse, le théâtre, le cinéma, les arts plastiques, et s'est toujours tenu en liaison étroite avec la maison de la culture de la ville, s'efforçant à la fois de s'ouvrir sur un public autre que celui des spécialistes de musique contemporaine et de s'intégrer dans une action menée tout au long de l'année. Cet aspect «ouvert» du festival s'est fortement accentué à partir de 1980, année où Alain Durel a succédé à Claude Samuel comme responsable artistique. Dans cet ordre d'idées, le festival 1982 a été organisé en deux temps, en mars et en juillet. M. V.

LARRIEU (*Maxence*), flûtiste français (*Marseille 1934*). Il suit les cours du Conservatoire de Paris, où il obtient le premier prix de flûte (1951) et celui de musique de chambre (1954). Il est également lauréat du concours international de Genève (1954). Il est ensuite soliste dans l'orchestre de l'Opéra de Paris jusqu'en 1978, puis, à partir de cette date, professeur au conservatoire de Genève. Il a donné des concerts dans le monde entier. A. et M. P.

LARROCHA (*Alicia de*), pianiste espagnole (*Barcelone 1923*). Elle apparaît en public dès l'âge de cinq ans, avant de commencer ses études avec F. Marshall à l'Académie de piano fondée en 1901 par Granados, à Barcelone. Elle donne un premier concert à douze ans avec l'Orchestre symphonique de Madrid dirigé par E. Fernandez Arbos, l'orchestrateur des *Iberia* d'Albéniz. En 1955, elle fait ses débuts aux États-Unis avec l'Orchestre philharmonique de Los Angeles. Mais peu d'événements viennent troubler une carrière entièrement vouée à la musique espagnole. Alicia de Larrocha la défend dans le monde entier, et elle enseigne à son tour à l'académie F.-Marshall, dont elle est nommée directrice en 1959. Élégante mozartienne, elle est insurpassable dans le répertoire ibérique, spécialement dans Granados, où ses qualités de vitalité et d'invention font merveille. M. W.

LARSEN (*Jens Peter*), musicologue danois (*Copenhague 1902*). Il a étudié les mathématiques (1920-21), puis la musique et la musicologie à l'université de Copenhague, obtenant sa maîtrise en 1928. S'étant intéressé à Haydn, il a obtenu son doctorat avec *Die Haydn Uberlieferung* (Copenhague, 1939), ouvrage fondamental étudiant de façon systématique le problème des sources et de l'authenticité des œuvres de Haydn, et qui a inauguré les recherches modernes sur ce compositeur. A suivi *Drei Haydn-Kataloge in Faksimile* (Copenhague, 1941 ; réed. rév., New York, 1979), publication en fac-similé et avec commentaires des deux catalogues (*Entwurf Katalog* et *Haydn Verzeichnis*), que Haydn dressa lui-même ou fit dresser de ses œuvres, ainsi que d'un troisième catalogue d'époque consacré à ses symphonies.

Larsen a présidé, de 1949 à 1951, la Haydn Society (v. LANDON) et dirigé, de 1955 à 1960, le Joseph Haydn Institut de Cologne (v. FEDER). Auteur de nombreux articles, en particulier sur le XVIIIᵉ siècle, également spécialiste de Haendel, il est devenu professeur à l'institut de musicologie de l'université de Copenhague en 1945, et l'a dirigé de 1949 à 1965, prenant sa retraite en 1970. Il a enseigné également à Berkeley (1961) et à l'université du Wisconsin (1971-72), et a présidé, en 1975, le Congrès Haydn de Washington. M. V.

LARSSON (*Lars-Erik*), compositeur suédois (*Åkarp 1908*). Il a été l'élève d'Alban Berg à Vienne en 1929-30. S'il a évolué dans tous les styles d'écriture de notre temps, du néoclassicisme au sérialisme en passant par le néoromantisme ou le lyrisme nordique, c'est à ses œuvres néoclassiques qu'il doit d'être l'un des compositeurs les plus populaires de son pays ; l'une de celles-ci, la *Suite pastorale* (1938), est probablement l'œuvre suédoise la plus souvent interprétée. Entre 1955 et 1957, il a écrit 12 *Concertini* pour instrument solo et cordes, qui sont une réussite dans son œuvre au même titre que les *Kammermusik* dans celle de P. Hindemith. Depuis 1960, il adopte un langage dérivé du sérialisme (*Trois Pièces pour orchestre*, 1960).

Son style, son art de la forme moyenne, son habileté dans l'écriture instrumentale rendent quelque peu incompréhensible l'ignorance dans laquelle on tient son œuvre hors des frontières de son pays. H.-C. F.

LA RUE (*Pierre de* ou PIERCHON, PETRUS DE VICO, PIETER VAN DER STRAETEN), compositeur franco-flamand (*Tournai ? v. 1460 - Courtrai 1518*). Ténor à la confrérie Notre-Dame de Bois-le-Duc (1490-1492), il entra à la chapelle de Bourgogne (1492-1495). C'est dans ce milieu, et autour de cet héritage, qu'il travailla sans être tenté par le voyage en Italie. Cela lui valut, sans doute, sa réputation exceptionnelle au moment même où Josquin Des Prés brillait. Passé au service de Philippe le Beau (fils de Marie de Bourgogne et de Maximilien Ier), il devint membre de sa chapelle de Lille (1496-1500) et l'accompagna en Espagne (1501-1502), puis de nouveau en 1505-1506, voyage au cours duquel mourut Philippe le Beau. Il entra alors au service de Marguerite d'Autriche, régente des Pays-Bas, à Malines (1506-1514), qui se conduisit à son égard en véritable mécène et lui obtint des prébendes (Gand, Namur, Termonde). En 1516, il se retira comme chanoine à Courtrai, où il mourut. La Rue apparut avant tout comme un compositeur religieux et un des meilleurs représentants de la solide école franco-flamande de contrepoint. Dans cette tradition, la plupart de ses messes, au nombre de 31, sont du type de la messe à teneur, souvent liturgique, parfois profane, employée avec une grande variété. Il excella à tirer des développements des figures les plus simples (*Missa ut-fa*), à utiliser comme Obrecht l'ostinato, et l'usage du canon est chez lui d'une virtuosité étourdissante (par exemple, *Missa Ave sanctissima Maria*, entièrement en triple canon, et *Missa O Salutaris hostia*, « O hostie salvatrice », où toutes les voix procèdent constamment par imitations canoniques). Dans ces messes, au-delà du dessin des parties, La Rue montre un sens harmonique certain, bien que l'augmentation du nombre des voix ne soit, en fait, qu'une amplification sonore (dans *Ave sanctissima Maria*, 3 des 6 voix doivent être déduites à la quarte supérieure).

Le style de La Rue est généralement austère, parfois heurté avec de brusques arrêts, mais il peut faire preuve d'une écriture très claire, d'un sens mélodique très expressif. L'homophonie est un procédé qui ne l'attire guère. Ses chansons (une quarantaine, dont la célèbre *Autant en emporte le vent*), souvent mélancoliques conformément au climat de la cour de Marguerite, témoignent d'une grande habileté de composition : souplesse mélodique, richesses harmoniques (*Pourquoi non ne veuil-je morir*, à 4 voix). S'il semble s'être rapproché de Josquin Des Prés à la fin de sa vie, on peut cependant affirmer qu'à l'écart de toute influence italienne il reste, en ce début du XVIe siècle, un représentant significatif du style des années 1480.
Œuvres principales. 31 messes ; 7 fragments de messes isolés ; 37 motets religieux ; 8 *Magnificat* ; environ 40 chansons françaises. M.-C. L. M.-M.

LARUETTE (*Jean-Louis*), chanteur et compositeur français (*Toulouse 1731* - id. *1792*). Il débuta à l'Opéra-Comique de la foire Saint-Laurent en 1752, dans les rôles d'amoureux. Mais sa voix, à l'étendue mal définie, légère et se prêtant aux rôles bouffes, l'amena très vite à jouer les pères et les ganaches, rôles auxquels son nom est resté attaché. Il assura de nombreuses créations au cours de ses vingt-cinq ans de carrière, parmi lesquelles Jean-Louis dans *le Déserteur* de Monsigny, Gilotin dans *le Huron* de Grétry, la Bride dans *le Maréchal-ferrant* de Philidor. Il contribua beaucoup à établir la renommée de la comédie à ariettes. Il avait épousé sa camarade de scène, Marie-Thérèse Villette.

Compositeur de talent, Laruette resta peu sensible à l'influence italienne, s'attachant de préférence au style dramatique de Rameau. Son catalogue compte une douzaine d'ouvrages, parmi lesquels *le Boulevard* (1753), *le Plaisir de l'innocence* (1753), *le Docteur Sangrado* (en collaboration avec Duni, 1758), *Cendrillon* (1759), *les Deux Compères* (1772). A. L. et S. W.

LASCEUX (*Guillaume*), organiste et compositeur français (*Poissy 1740 - Paris 1831*). Il fut organiste à Chevreuse (1758) et à Saint-Étienne-du-Mont, à Paris (1769-1819). Outre une comédie lyrique (*les Époux réconciliés*), quelques sonates pour piano, un quatuor et des romances, son œuvre consiste surtout en un *Journal de pièces d'orgue, contenant des messes, magnificat et noëls à l'usage des paroisses et communautés religieuses*, qu'il publia à partir de 1771. Ce journal fut suivi de nombreux autres recueils : *Nouveau Journal, Nouvelle Suite de pièces d'orgue* (1810), etc. Il est aussi l'auteur d'un *Essai théorique et pratique sur l'art de l'orgue*, très significatif sur la musique descriptive et naturaliste pratiquée par les organistes français autour de la Révolution. G. C.

LASKINE (*Lily*), harpiste française (*Paris 1893*). Élève d'Hasselmans au Conservatoire de Paris, elle remporte son premier prix à treize ans et entre aussitôt dans la carrière. A quatorze ans, elle se produit à Londres, et à seize, elle est engagée à l'Opéra, où elle restera jusqu'en 1926. Soliste des concerts Koussevitski en 1921, des concerts Lamoureux de 1921 à 1940 et de 1943 à 1945, des concerts Straram à partir de 1926, des concerts Toscanini de Paris, de l'Orchestre philharmonique de Paris, de l'Orchestre national (1934-1938) et de diverses formations de chambre, elle a réintégré le Conservatoire de 1948 à 1958, cette fois en qualité de professeur, et formé une nouvelle génération de harpistes.

Devenue une figure légendaire de la musique française, à qui l'on peut attribuer l'actuelle renaissance de la harpe en tant qu'instrument soliste, Lily Laskine n'a rien perdu de son dynamisme et poursuit son activité de concertiste, et ses apparitions suscitent plus que jamais la sympathie et l'enthousiasme. M. T.

LASSUS (*Roland de*, ORLANDO DI LASSO), compositeur franco-flamand (*Mons 1532 - Munich 1594*). Après une enfance dans le Hainaut, il fut, sans doute, membre du chœur de Saint-Nicolas de Mons. Attaché à Ferdinand Gonzague, vice-roi de Sicile (1545-1549), en raison de ses qualités vocales, il parcourut, à sa suite, la France, la Sicile, l'Italie. En 1546, il se trouvait à Milan. Puis, en 1549-50, il servit à Naples et à Rome un chevalier de l'ordre de Malte, Constantino Castrioto. Et bientôt il fut appelé à assumer les responsabilités de maître de chapelle de Saint-Jean de Latran à Rome (1553). Ces déplacements lui permirent de multiplier les échanges musicaux, d'accélérer et de diversifier sa formation. Formation redevable, par ailleurs, à l'art italien pour lequel il se passionnait. Mais la maladie, et la mort de ses parents (1554), l'obligèrent à regagner son pays. Après un passage en Angleterre, Lassus séjourna à Anvers (1555-56), où, chez Susato, parurent ses premières œuvres, publiées dans le même temps à Venise. Il fut engagé comme ténor à la cour du duc Albert V de Bavière et fut nommé, en 1563, à Munich, maître de chapelle de la cour, poste qu'il devait occuper jusqu'à sa mort.

Cette stabilité professionnelle ne restreignit en rien le nombre de ses voyages — diplomatiques et artistiques — en Italie, en France (1571) et même à Vienne. Anobli en 1570, Lassus entretint d'étroites relations avec maintes cours européennes, qui, souvent, se conduisirent à son égard en véritables mécènes. Ainsi, en France, le roi Henri III lui accorda-t-il, en 1575, un privilège pour la publication de ses œuvres. Et le musicien put se retirer quelque peu de la vie de cour à partir de 1580, pour se consacrer à la composition religieuse.

Très vaste, l'œuvre de Roland de Lassus exploite toutes les formes de l'époque. Par goût et pour satisfaire une « clientèle » aussi diverse qu'exigeante, le compositeur a écrit 700 motets, 53 messes, 101 magnificat, 180 madrigaux, 146 chansons françaises, 93 lieder, des hymnes, psaumes, offices, 4 passions, etc. Mais il n'a pas créé de genre : il a donné aux genres existants une dimension nouvelle, en les élargissant et les approfondissant pour leur imprimer sa marque personnelle. Cette œuvre, reflet de son expérience et de ses voyages, se présente comme une synthèse des tendances françaises, allemandes et italiennes qu'il sut parfaitement assimiler ; et Lassus y apparaît un trait d'union entre Ockeghem, Josquin Des Prés et Monteverdi. Ses contemporains ne s'y sont d'ailleurs pas trompés, et lui ont décerné les qualificatifs de « Orpheus belgicus », « mirabile Orlando », « divin Orlande », « Prince des musiciens de notre temps », etc. La diffusion de sa musique à travers l'Europe fut immense, à en juger par les transcriptions instrumentales auxquelles elle donna lieu et par le nombre de maisons d'édition qui souhaitèrent publier ses œuvres.

Les madrigaux à 5 voix tiennent, en nombre et en importance, le premier rang des œuvres profanes, témoignage des dix années que Lassus passa en Italie à une époque déterminante de sa formation musicale. Le compositeur y adopte une attitude nouvelle, en laissant le texte, et non la prosodie, déterminer la forme musicale autant que le traitement fortement individualisé des motifs. De cette volonté de donner une traduction directe du texte découle un dessin très ferme, éloigné à la fois d'un maniérisme expressif et d'une fausse simplicité. Le madrigal sérieux prédomine, sous l'influence de Cyprien de Rore, par exemple dans *Crudel, acerba, inesorabili morte*, sur un texte de Pétrarque qu'il affectionne particulièrement et où il allie grandeur et profondeur. Mais, à la fin de sa vie, Lassus se tourna vers le madrigal spirituel, négligeant, en revanche, le madrigal pastoral à la mode vers 1580 et si prisé de Philippe de Monte. Le ton change peu à peu, en effet, de la gaieté des premières œuvres à l'austérité et à la tension intérieure des derniers madrigaux, tel le cycle des *Larmes de saint Pierre* à 7 voix sur des textes de Luigi Tansillo.

Selon un processus parallèle, Lassus se détourna de ses premières expériences chromatiques. Chez lui, la chanson française peut être pittoresque *(Dessus le marché d'Arras)*, burlesque ou caustique avec un trait syllabisme *(Un jour vis un foulon)*, grivoise *(Il estoit une religieuse)*, courtoise *(Ardant amour, Bonjour mon cœur)* ou élégiaque *(Je l'aime bien)*, mais les pages mélancoliques se firent plus nombreuses au fil des années. Avec Lassus, la chanson apparaît comme une synthèse des différents caractères du genre, tel qu'il était pratiqué à Paris au début de la seconde moitié du XVIe siècle (après Janequin) — sans toutefois atteindre la perfection, voire l'originalité d'un Claude Le Jeune —, et des éléments du madrigal. À côté des compositions à 4 voix, on trouve des édifices à 5, parfois 6 ou 8 voix. Le souci constant du rapport texte/musique (Lassus s'adresse volontiers à A. Chartier, F. Villon, et aux poètes de la Pléiade) se traduit par l'insertion d'éléments figuralistes, ainsi que par la recherche de l'expression à la fois sur le plan mélodique et harmonique *(la Nuict froide et sombre)*. De plus, Lassus juxtapose volontiers cellules homorythmiques et courts passages en imitations *(Ô vin en vigne)*. François Lesure a souligné combien sont capitales dans l'histoire de la chanson française la publication en 1557 à Paris de deux chansons tirées du recueil de Susato et l'influence de Lassus en France dans la seconde partie du siècle. Adrian Le Roy, luthiste et éditeur, en fut l'artisan : il l'introduisit auprès de Charles IX, qui échoua dans ses tentatives pour le retenir à la cour de France (il retourna à Munich).

Lassus était profondément croyant, et son œuvre ne put s'abstraire du courant de la Contre-Réforme qu'il avait embrassé avec passion. Certes, malgré ses 53 messes, il ne saurait, en ce domaine, égaler un Palestrina ni parvenir à une émotion comparable. Dans ses 37 magnificat, il sacrifie à l'usage de la messe-parodie. Dans les messes brèves ou celles à 4 voix *(Octavi toni,* 8e ton), il se sent moins à l'aise que dans des formes plus amples, à 5 et 6 voix, où il peut accorder une place plus importante au développement et au lyrisme *(Ecce nunc benedicite Dominum,* à 6 v.). Les motets, dont il écrivit tout au long de sa vie, restent son titre de gloire et son œuvre la plus significative. Du genre, il a, en effet, considérablement élargi la forme et approfondi l'esprit : ses motets sont à la fois l'aboutissement de la polyphonie flamande et son éclatement sous l'influence italienne. Lassus préfère l'imitation libre et recherche notamment, dans les motets de 6 à 12 voix, les effets de sonorités, les modulations audacieuses, le chromatisme (une voie dans laquelle il n'a pas persévéré), les oppositions de style polyphonie-homophonie, les ruptures brusques et, en général, tout ce qui ne manque pas de surprendre, telle la déclamation quasi parlando *(Super flumina Babylonis)*. Enfin, Lassus s'essaya, à la suite de Willaert à Venise, au double chœur, guidé dans cette voie par le souci de libérer toute l'émotion du texte. À cette méditation spirituelle se rattachent les cycles des *Prophéties des sybilles*, des *Lamentations du prophète Jérémie*, fondées sur le contrepoint et le symbolisme madrigalesque, ainsi que les *Psaumes de la pénitence* à 5 voix, destinés à l'usage privé du duc de Bavière, et dont l'absence de chromatisme et la grandeur un peu massive ne nuisent en rien à l'intensité de l'expression. M.-C. L. M.-M.

LAUDA (ital. ; « chant de louange »). Forme particulière de chanson pieuse en langue italienne, avec strophes et refrain, mise en honneur vers 1225 par saint François d'Assise et ses disciples, mais dont l'existence est antérieure. Elle dérive sans doute des chants de louange à la Vierge (V. LAUDE), dont certaines confréries spécialisées *(laudesi)* s'étaient fait un abondant répertoire, et tenait une grande place dans les processions des Flagellants qui se répandirent surtout en Italie à partir de 1260. D'abord monodique, la lauda prit parfois une forme polyphonique à partir du XIVe siècle (Jacopo de Bologne) ; elle dégénéra au XVe siècle pour sombrer souvent dans la simple adaptation de mélodies connues, alimenta le répertoire de l'Oratoire de saint Philippe Neri, où, vers 1600, naquit l'oratorio, et vécut jusqu'au XVIIIe siècle, au cours duquel elle s'éteignit progressivement. J. C.

LAUDE. — 1. En italien, pluriel ou variante du mot *lauda**.
— 2. En français, nom générique féminin donné jadis aux chants de louange (du lat. *laus, laudis*). L'une des plus célèbres est le *Christus vincit* chanté aux couronnements, dit « laudes carolingiennes ».
— 3. **Laudes** : nom donné à l'office qui fait suite à matines pour former avec elles l'office du début de la journée (V. HEURES). Elles en ont d'abord été distinctes : les matines devaient se chanter de nuit, d'où leur surnom d'« office des ténèbres » et leur division en « nocturnes » ; les laudes se chantaient au lever du soleil. Les deux offices se sont peu à peu soudés l'un à l'autre. J. C.

LAUDON. Titre porté par la symphonie n° 69 en *ut* majeur de Haydn, composée vers 1776, et faisant référence au maréchal autrichien Ernst Gideon Freiherr von Laudon (*recte* Loudon), héros des guerres contre les Turcs (1716-1790). L'idée de cet hommage ne provint sans doute pas de Haydn lui-même, mais plus probablement de son éditeur Artaria, au moment de la publication par celui-ci d'une réduction pour piano de l'ouvrage (début 1783). Haydn approuva (à une réserve près) le projet de réduction pour piano tout en se montrant conscient de la valeur commerciale de l'hommage au maréchal : « Le dernier ou 4ᵉ mouvement (de la symphonie) ne va pas au piano, moi aussi je trouve inutile de l'inclure dans cette édition. Le mot *Laudon* fera plus pour la vente que dix finales » (lettre à Artaria, 8 avril 1783). Les premières mesures de l'œuvre ressemblent beaucoup à celles de la symphonie n° 48, dite *Marie-Thérèse**.   M. V.

LAURENTIUS DE FLORENTIA (Ser *Lorenzo, Lorenzo Masii ou Masini*), compositeur et pédagogue italien († *Florence fin 1372 ou début 1373*). Il enseigna dans différentes églises florentines et mit en musique des textes de Boccace, Niccolo Soldanieri, Franco Sachetti et Gregorio Calonista. C'était un esprit spéculateur et ses œuvres, qui comprennent, entre autres, des madrigaux, des *ballate* et des *cacce*, présentent surtout un caractère didactique (*L'Antefana*), ou expérimental, avec des raffinements de rythme et de notation. Il lui arrive ainsi, comme dans les madrigaux *Sovra la riva* et *Vidi nell'ombra*, de noter différemment un rythme identique. Il innova aussi au niveau de la mélodie, en introduisant de longs mélismes à la partie supérieure et en se préoccupant déjà de problèmes de tonalité. Son écriture harmonique, en revanche très conservatrice, privilégie les consonances parfaites et le mouvement parallèle des voix.   D. H.

LAURI-VOLPI (*Giacomo*), ténor italien (*Lanuvio 1892-Burjasot, Espagne, 1979*). Il fit des études d'avocat, puis de chant à l'académie Sainte-Cécile de Rome. Il débuta dans le rôle d'Arturo des *Puritains* de Bellini à Viterbe en 1919. À partir de 1920, il fit une carrière internationale importante et devint l'une des vedettes du Metropolitan Opera de New York, où il se produisit dans 26 opéras différents, dont *Luisa Miller* de Verdi et *Turandot* de Puccini (qu'il créa aux États-Unis). Son timbre vocal était d'une grande beauté, avec un aigu claironnant et facile. Il avait beaucoup de succès dans les rôles à tessiture tendue, que l'on considérait dans les années 30 comme « héroïques », tel Arnold de *Guillaume Tell*. Il se produisait encore au théâtre à soixante ans passés.   J. B.

LAUTAR (*lăuta* ou *alăuta*, « luth »). Musicien populaire roumain d'origine paysanne, citadine ou tzigane, faisant partie d'un petit orchestre (*taraf*) et jouant à l'occasion de noces, baptêmes, enterrements. Les *lautari*, organisés en corporations (*bresle*), se transmettent généralement la profession de père en fils. Leur répertoire, qui varie selon les époques et les régions, comprend des ballades, des doïnas, des chants de haïdouks, des chants d'amour, des danses populaires ou de salon, des chants rituels.   A. L. et M. P.

LAVALLÉE (*Calixa*), compositeur canadien (*Verchères, Québec, 1842 - Boston 1891*). Pianiste et violoniste d'une rare précocité (il obtint à huit ans un prix aux États-Unis), il commença sa carrière comme virtuose et voyagea à ce titre du Brésil aux Indes occidentales et aux États-Unis. Après avoir été chef d'orchestre à New York, où il présenta ses premières œuvres, il reprit, à trente ans, ses études en France avec Bazin, Boieldieu fils et Marmontel. De retour au Canada, il s'y affirma comme le meilleur animateur de la vie musicale, notamment dans l'enseignement. Mais, déçu de n'être pas suivi, il s'exila aux États-Unis, où il devint organiste et maître de chapelle de la cathédrale de Boston.   A. G.

LAVIGNAC (*Albert*), pédagogue et musicologue français (*Paris 1846* - id. *1916*). Il fut élève de Marmontel, Bazin et Ambroise Thomas au Conservatoire de Paris, avant d'y être professeur de solfège (1871), puis d'harmonie (1891). Il eut notamment pour élèves Pierné et Debussy. Ses premiers ouvrages sont didactiques : *Cours complet théorique et pratique de dictée musicale, Solfèges manuscrits, Cinquante Leçons d'harmonie, l'École de la pédale*. Il est, également, l'auteur de *la Musique et les musiciens* (1895), *le Voyage artistique à Bayreuth* (1897), *les Gaietés du Conservatoire* (1899), *l'Éducation musicale* (1902), *Notions scolaires de musique* (1905-1906). Il fut le fondateur de l'*Encyclopédie de la musique et dictionnaire du Conservatoire* (histoire de la musique, technique, pédagogie et esthétique, dictionnaire de musique), dont les premiers volumes parurent à partir de 1912.   A. G.

LAWES, famille de musiciens anglais.
— 1. **Henry**, compositeur et chanteur (*Dinton, Wiltshire, 1596 - Londres 1662*). Élève de John Coprario, il fut nommé Gentleman of the Royal Chapel de Charles Iᵉʳ en 1626. Peut-être fut-il l'auteur de la musique du « masque » de Thomas Carew, *Coelum britannicum* (1634). Toujours est-il qu'il collabora avec Milton pour la musique de l'un des premiers vrais masques dramatiques, *Comus* (1634). Cinq airs de ce spectacle, proche de l'opéra et où l'influence de la pastorale italienne demeure forte, sont conservés, conçus pour voix seule dans un style récitatif et accompagnés de la basse continue. Thomas Arne devait composer, en 1738, un opéra sur le même sujet. Des *Select Musical Ayres* de Henry Lawes furent publiés en 1652 dans le recueil de Playford. En 1653 parut un volume entièrement de lui, *Ayres and Dialogues for One, Two and Three Voyces*, qui connut un vif succès, ainsi que l'attestent les rééditions de 1655 et 1658. Pour le *Siege of Rhodes* de Henry Davenant, souvent considéré comme le premier opéra anglais, Lawes composa la musique des actes I et V.
Également auteur de psaumes et d'anthems, Lawes fut très apprécié de ses contemporains ; Milton, par exemple, parle de « *Harry, dont le Chant mélodieux et bien mesuré...* » dans un sonnet élogieux intitulé *To Mr. H. Lawes on the Publishing of his Ayres*. Mais, contrairement aux prédictions du poète, Lawes tomba vite en disgrâce et la génération suivante lui porta plus de critiques acerbes que de louanges. Néanmoins, il demeure l'un des premiers à avoir clarifié les rapports entre le rythme de la langue anglaise et la musique, ouvrant par-là la voie à Purcell.
— 2. **William**, frère du précédent, compositeur (*Salisbury 1602 - Chester 1645*). Comme son frère, il fut l'élève de John Coprario et fut nommé Gentleman of the Royal Chapel. Lors de la guerre civile, il se battit pour la cause royaliste et trouva la mort pendant le siège de Chester. Sa carrière fut tournée vers la musique instrumentale. S'il resta fidèle au style traditionnel fondé sur l'emploi d'un *cantus firmus* (*In nomine* à 5 et 6 voix), il sut également innover et écrivit des œuvres très personnelles axées sur l'avenir.
William Lawes a laissé des fantaisies pour violes et un recueil de six suites de danses, *The Royal Consort*, qui fait appel à deux violons, deux basses de viole et deux théorbes. Plus « modernes » sont ses danses, conçues pour deux violons et basse continue dans le style de la sonate en trio, et publiées après sa mort dans les *Courtly Masquing Ayres* de J. Playford (1662).
Dans le domaine de la musique vocale, William Lawes a écrit des airs, de la musique d'église (par ex., son anthem, *The Lord is my light*), la musique pour le masque de Shirley *The Triumph of Peace* en collaboration avec Simon Ives (1634), et la musique pour un masque de William Davenant *The Triumph of the Prince d'Amour* (1636).   C. W.

LAZARE, OU LA FÊTE DE LA RÉSURRECTION (en all. *Lazare, oder die Feier der Auferstehung*). Cantate religieuse pour solistes, chœur mixte et orchestre D.689 de Franz Schubert, sur un livret du pasteur August Hermann Niemeyer, laissée inachevée (ou retrouvée incomplète ?). Le récit étant divisé en 3 actes (*Mort de Lazare, Funérailles, Résurrection par Jésus*), c'est au cours de l'acte III que s'interrompt la partition, en fin de page, sur un aria de Marthe (l'une des sœurs de Lazare). Sous cette forme incomplète, l'œuvre fut créée après la mort de Schubert, le 11 avril 1830, en l'église Sainte-Anne de Vienne, aux fêtes de Pâques, auxquelles elle était destinée, sous la direction de Ferdinand Schubert, frère du compositeur.

Le récit est emprunté à l'Évangile selon saint Jean : il s'agit d'un ami proche de Jésus que celui-ci ressuscita, après avoir pleuré sur sa mort, entouré des sœurs du défunt, Marthe (la « ménagère » dévouée et rigide) et Marie (l'« adorante » inactive). Cette mort peut être interprétée comme la conséquence d'une absence du Christ (« Seigneur, disent les sœurs, si tu avais été ici, mon frère ne serait pas mort »). L'épisode évangélique a été étoffé par le librettiste de personnages supplémentaires, que l'Évangile ne mentionnait pas dans cette scène : le croyant confiant Nathanaël, le « douteur » angoissé Simon, et la fille de Jaïre (ici nommée Jemina), ressuscitée par Jésus dans un épisode antérieur des Évangiles, et venant ici témoigner de son expérience au chevet de Lazare. Il est curieux de noter que la partition qui nous est parvenue s'interrompt avant l'arrivée de Jésus et la résurrection, ce qui fait de cette cantate une longue marche vers la mort, vécue et chantée par le moribond en toute conscience.

L'orchestre qui l'accompagne est assez étoffé (cordes, bois, trombones), et 2 chœurs mixtes interviennent pour prier Dieu pendant l'agonie, et pour chanter ses funérailles. On peut noter, avec Brigitte Massin, une prédominance de tempos lents et de tons majeurs, dans cette cantate dédiée à un thème qui n'a cessé de hanter l'œuvre de Schubert : celui de la mort proche, consentie, et prématurée. M. C.

LAZZARI (Sylvio), compositeur français (Bozen, Autriche, 1854 - Suresnes 1947). Autrichien de naissance, il fit ses premières études dans son pays natal, y subissant une profonde influence wagnérienne. Arrivé en France en 1882, il entra au Conservatoire de Paris dans les classes de Guiraud et de Gounod. Il se lia aussi avec Franck et Chausson, qui le conseillèrent. Il subit alors l'influence des impressionnistes et tenta de réaliser la problématique synthèse entre le style de Wagner et celui de ses contemporains français. Homme de tempérament indépendant, il occupa néanmoins plusieurs postes importants : il fut chef des chœurs à l'opéra de Monte-Carlo et présida la société Wagner à Paris. Il fut attiré par la Bretagne, dont s'inspire sa première œuvre lyrique Armor (créée à Prague, 1898). Si son orchestre possède la puissance, la sonorité, la couleur de celui de Wagner, ses mélodies respirent le plus pur accent du terroir breton. On peut regretter que ses œuvres dramatiques comme la Lépreuse (1902) ou la Tour du feu (1928) soient aujourd'hui délaissées. A. L. et S. W.

LEAR. Opéra en 2 parties de Aribert Reimann, sur un livret en langue allemande adapté de Shakespeare par Claus H. Henneberg. Créé le 9 juillet 1978 au Nationaltheater de Munich.

PREMIÈRE PARTIE. Scène 1. Usé par l'âge et le pouvoir, le roi Lear (bar) décide de partager son royaume entre ses trois filles, proportionnellement à l'amour qu'elles lui portent. Goneril (s) et Regan (s), les aînées, font assaut de flatteries ; mais Cordelia (s), la plus jeune, refuse de mentir : elle aime Lear comme une fille aime son père, ni plus ni moins. Furieux, Lear la marie sur-le-champ avec le roi de France (bar) et chasse le comte de Kent (t), qui avait pris la défense de la jeune fille. Goneril et Regan, avec leurs époux les ducs d'Albany (bar) et de Cornouailles (t), se partagent la part de leur sœur. Elles songent, déjà, à se débarrasser de Lear. Pendant ce temps, grâce à un faux, Edmund de Gloucester (t) discrédite son frère Edgar (t) aux yeux de leur père (bar) et obtient son bannissement. Scène 2. Kent, déguisé, entre au service de Lear. Regan et Goneril obligent leur père à quitter la cour. Scène 3. Lear, proche de la folie, est mis à l'abri dans une cabane par Kent et le fou (rôle parlé). Scène 4. Edgar, qui fuit les hommes de son père, s'est réfugié dans la même cabane. Il y feint la démence. Extraordinaire rencontre de trois « fous » : le « vrai » (Lear), le « faux » (Edgar) et celui dont c'est le métier. Gloucester et sa troupe surviennent. Le comte ne reconnaît pas son fils et ramène à Douvres Lear et ses compagnons.

SECONDE PARTIE. Scène 1. Cornouailles a capturé Gloucester. Goneril et Edmund partent presser Albany de lever des troupes contre le roi de France, qui vient de débarquer à Douvres avec son armée. Gloucester justifie l'aide qu'il a accordée à Lear en dénonçant la cruauté des filles du roi. Cornouailles l'éborgne, tombe poignardé par un serviteur fidèle. Regan venge aussitôt la mort et arrache l'autre œil de Gloucester. Le comte appelle Edmund à l'aide, mais Regan lui révèle la trahison de son fils et l'abandonne sur la route de Douvres. Scène 2. Goneril promet à Edmund la couronne, pour peu qu'il l'aide contre Albany que révolte la joie éprouvée par sa femme dans le meurtre. Scène 3. Cordelia envoie ses gens à la recherche de son père, dont la folie l'émeut. Scène 4. Gloucester, ignorant à qui il s'adresse, prie son fils Edgar de le conduire à Douvres. Scène 5. Le comte, qui veut mettre fin à ses jours, envie la folie de Lear, tout entière nourrie de la haine qu'il porte à ses enfants. Scène 6. Cordelia promet à son père de veiller sur ses vieux jours et de ramener la paix dans le royaume. Scène 7. Edmund a capturé Lear et Cordelia. Mais Albany se révolte contre lui. Regan nomme Edmund chef de ses armées, laissées sans maître par la mort de Cornouailles. Mais Goneril a empoisonné sa sœur, qui meurt au moment où Edgar défie et tue Edmund en combat singulier. Goneril se suicide. Lear paraît alors, portant le cadavre de Cordelia, étranglée en prison sur l'ordre d'Edmund. Il meurt de douleur.

Dans l'ensemble de la production lyrique contemporaine, Lear se distingue par le retour à une structure théâtrale « traditionnelle » — proche, au moins, de celle de Pelléas : plusieurs tableaux reliés par des interludes orchestraux, sur un livret qui est, avant tout, action. En outre, le nombre d'instrumentistes exigé par la partition donne à l'œuvre une envergure sonore rappelant les grands opéras du XIXᵉ siècle finissant. L'écriture orchestrale oscille, en passant naturellement par tous les stades intermédiaires, entre l'accompagnement linéaire de la voix (unissons, notes tenues, etc.) et l'utilisation dense de clusters en quarts de ton, organisés entre eux selon d'innombrables combinaisons d'intervalles. Comme Berg dans Lulu, Reimann attache les instruments, seuls, par familles ou par groupes, à des personnages ou des situations dramatiques.

L'écriture vocale, pour sa part, utilise à la fois la parole, le Spechgesang (conçu ici comme une psalmodie sur une note unique, dont l'interprète fait varier la durée au sein d'une portée libre de mesures) et le chant métrique. Encore ce dernier, en fonction du drame et de ses acteurs, passe-t-il d'un récitatif fondé sur les clusters en quarts de ton à une ligne de chant fortement distendue, d'une riche virtuosité à une déclamation de caractère héroïque. On retrouve, ici encore, les traces de l'héritage wagnérien et postwagnérien, que ce soit dans le traitement de certaines scènes « classiques » à l'opéra (serments de vengeance, scènes de folie, etc.), ou, autre exemple, dans l'écriture pour voix de ténor, qui, au-delà de Berg, plonge ses racines jusqu'à Richard Strauss. P. G.

LEBÈGUE (Nicolas), organiste, claveciniste et compositeur français (Laon 1631 - Paris 1702). Venu de bonne heure à Paris, il y fut marqué par Champion de Chambonnières. En 1664, il fut nommé titulaire de l'orgue de Saint-Merri, poste qu'il conserva jusqu'à sa mort. Hautement estimé par Louis XIV, il fut nommé organiste de la Chapelle royale en 1678. Son autorité en matière de facture d'orgues le fit appeler en expertise dans la France entière. Il a également été un professeur recherché, comptant parmi ses élèves d'Agincourt, Geoffroy et surtout Grigny.

Compositeur, Lebègue fut l'un des plus féconds de son temps. Ses deux livres de clavecin et ses trois livres d'orgue nous sont tous parvenus. Le Premier Livre d'orgue (1676), destiné aux virtuoses, est son chef-d'œuvre, les deux autres étant écrits pour « ceux qui n'ont qu'une science médiocre ». Ces livres réunissent des suites, des noëls, des offertoires, des élévations, des versets de magnificat et des pièces de concert. Créateur d'un talent modeste, Lebègue n'en est pas moins le premier à avoir écrit dans les formes qui allaient être cultivées par tous les organistes des générations suivantes : récits, duos, trios, basses et dessus de trompette, de cornet ou de cromorne. Il a également donné de très nombreuses et précises indications d'exécution et de registration, dans des mélanges souvent nouveaux, indications qui, grâce à la diffusion de ses œuvres imprimées, ont contribué à informer les organistes de province. G. C.

LE CAINE (Hugh), compositeur et physicien canadien (Port Arthur, Ontario, 1914). Il a étudié à Kingston et à Birmingham (Angleterre), où il a obtenu un doctorat ès sciences en 1952. Il s'est orienté vers la mise au point d'instruments de musique électroacoustique et a contribué à la création de programmes d'études de musique électroacoustique à l'université de Toronto (1959), à l'université hébraïque de Jérusalem (1961) et à l'université McGill (1964), où il enseigne depuis 1966. Ses œuvres, dont beaucoup sont très brèves, relèvent presque exclusivement du domaine électroacoustique ; citons *Dripsody* (1955), *Ninety-Nine Generators* (1956), *The Burning Deck*, mélodrame sur un texte de D. F. Hemans (1958), *Sounds to forget* (1963), *Paulution* (1970). M. V.

LE CAMUS (Sébastien), violiste, théorbiste et compositeur français (? v. 1610 - Paris 1677). Intendant de la musique de S. A. R. Gaston d'Orléans (1648), il fut nommé en 1660 surintendant de la musique de la reine Marie-Thérèse. Il fut également membre de la Petite Bande, orchestre formé par Lully avec les meilleurs instrumentistes des Vingt-Quatre Violons du roi. Dans son traité de la viole (1687), Jean Rousseau dit de lui : « Le seul souvenir de la beauté et de la tendresse de son exécution efface tout ce que l'on a entendu jusqu'à présent sur cet instrument. » Ses « beaux airs », dont il semble avoir écrit un grand nombre, furent fort appréciés du vivant et continuèrent, après sa mort, à paraître dans les recueils collectifs de l'éditeur Ballard. Avec son contemporain Michel Lambert, Le Camus compte parmi les maîtres de l'air* sérieux. C'est son fils Charles qui prépara le livre d'*Airs à deux et trois parties de feu Monsieur Le Camus* (1678). Sauf une exception (à 2 voix), ces airs sont pour 1 voix et basse continue ; ils témoignent d'une écriture soignée, d'une sensibilité envers le texte poétique et d'un langage harmonique souvent italianisant (cf. chromatisme du rondeau *Amour, cruel amour*). C. W.

LE CERF DE LA VIEVILLE DE FRENEUSE (Jean-Laurent), écrivain français (Rouen, 1674 - id. 1707). Sa réputation de poète et de théoricien repose aujourd'hui sur sa célèbre *Comparaison de la musique italienne et de la musique française* (Bruxelles, 1704-1706 ; réédition 1972), rééditée dans l'*Histoire de la musique et de ses effets* de P. Bourdelot (Amsterdam, 1721-1726). Ses critiques, pertinentes, sont souvent injustement sévères envers la musique italienne.
Le Cerf est un ardent défenseur de la musique française et, en particulier, de l'opéra lullyste. Son étude constitue une mine de renseignements pour une interprétation plus « authentique » de la musique du XVIIe siècle et souligne l'importance souveraine du texte poétique dans la musique vocale. C. W.

LECHNER (Leonhard), compositeur allemand (Vallée de l'Etsch, Tyrol du Sud, v. 1553 - Stuttgart 1606). Chantre à la chapelle du duc de Bavière jusqu'en 1570, où il fut l'élève de Roland de Lassus, il mena probablement, à partir de cette date, une vie errante, qui le conduisit peut-être en Italie. En 1575, il obtint un modeste emploi à l'école paroissiale Saint-Laurent à Nuremberg. Appointé comme musicien en 1577, il occupa, en 1582, la fonction de premier musicien de la ville. Au cours des années passées à Nuremberg, il fut également mêlé à la vie musicale de plusieurs cénacles patriciens auxquels il dédia certaines de ses œuvres profanes. En 1584, il entra au service du comte Eitel Friedrich de Hohenzollern à Hechingen. Mais il quitta ce dernier presque aussitôt pour des raisons confessionnelles et se réfugia à Tübingen. N'ayant pu obtenir l'emploi qu'il espérait auprès du prince électeur de Saxe à Dresde, il fut chantre (1585-1589), compositeur (1589-1594), puis maître de chapelle à la cour du duché de Wurtemberg.
Les sept recueils de chansons publiés entre 1576 et 1589 constituent la partie la plus importante de son œuvre et son aspect le plus personnel. Dans ses chansons, il mêle au type de la villanelle italienne des passages écrits dans un style contrapuntique plus traditionnel. Sa *Passion selon saint Jean* (1593) tient une place prépondérante dans son œuvre religieuse (motets et messes) par la rigueur avec laquelle il observe la mélodie liturgique et par la grande liberté qui régit la construction polyphonique de l'œuvre.
C. M.

LECLAIR, famille de musiciens et compositeurs français des XVIIe et XVIIIe siècles.
— 1. **Antoine**, passementier, violoncelliste et danseur (fin XVIIe - début XVIIIe s.). Sur ses huit enfants, six furent violonistes.
— 2. **Jean-Marie**, dit L'AÎNÉ, fils du précédent, compositeur et violoniste (Lyon 1697 - Paris 1764). C'est comme danseur et maître de ballet qu'il apparut tout d'abord, fidèle, en cela, à une tradition française qui alliait la pratique du violon et la danse : il fut alors à la cour de Turin (1722), où il travailla peut-être avec le célèbre violoniste J. B. Somis. Son *1er Livre de sonates* fut publié à Paris (1723), mais Jean-Marie Leclair ne s'installa dans la capitale qu'en 1728, se taillant un succès triomphal au Concert spirituel. Il entra en 1733 à la musique du roi, en même temps que Guignon. Son caractère difficile et son insociabilité lui firent rapidement quitter l'orchestre royal : il voyagea à l'étranger, se fixa quelque temps à Amsterdam, où il travailla avec Locatelli. Après un séjour à la cour de l'infant d'Espagne à Chambéry, il se fixa définitivement à Paris (1743), où il fit exécuter son opéra *Sylla et Glaucus* (1746). Il y mena une vie assez solitaire, séparé de sa seconde femme, et mourut mystérieusement assassiné. Caractère difficile et ombrageux, d'humeur instable, insociable et misanthrope, il ne fut ni aimable ni, sans doute, heureux : mais son œuvre est de premier plan.
À l'exception de son opéra, dans lequel le chorégraphe laisse des pages remarquables et où le symphoniste fait preuve d'une très grande richesse d'écriture et d'orchestration, c'est la musique instrumentale qui constitue la totalité de son œuvre, considérable en nombre et en qualité.
Celle-ci consiste en une série de recueils de sonates, publiées de 1723 à 1753 : *Sonates pour violon et basse continue* (4 recueils, 1723, 1728, 1734, 1738, plus un recueil posthume publié en 1767) ; *Sonates pour deux violons sans basse* (1730 et 1747) ; *Sonates en trio pour deux violons et basse continue* (1730, 1737, 1753, et un recueil posthume en 1766) ; auxquelles s'ajoutent deux séries de 6 *Concertos* (1737, 1743 ou 1744), tous écrits pour violon avec accompagnement de cordes, à l'exception d'un seul, pour la flûte ou le hautbois.
Leclair était, en son temps, réputé pour la précision, la netteté, la justesse de son jeu, autant que pour sa virtuosité. Ses sonates manifestent à la fois la hardiesse et l'aisance technique de leur auteur. Mais, à la différence d'un Locatelli, Leclair ne tombe jamais dans l'excès de la virtuosité : la rigueur de la composition, la hauteur de la pensée, mais aussi le charme égalent l'éclat et le brillant de la technique. C'est cet équilibre qui le caractérise, et qui se retrouve dans l'alliance qu'il sait faire de l'écriture musicale et de la technique violonistique italiennes, avec la tradition française : la stylisation des rythmes de danse caractéristique de la suite à la française s'insère dans le cadre de la sonate à l'italienne, avec un développement des idées musicales visiblement issu d'outre-mont.
Ses concertos ont adopté le plan vivaldien en trois mouvements (vif-lent-vif), alors que ses sonates conservent celui de la sonate *da chiesa* en quatre mouve-

ments (grave, allegro, andante, vivace). Ce sont tous des concertos de soliste (pas de concerto grosso). Quatre *tutti* encadrent trois solos dans les mouvements vifs (trois et deux dans les mouvements lents). Les passages confiés au soliste sont variés : brillants et mélodiques, ou récitatifs tendres et frémissants ; tandis que le lyrisme et parfois la gravité se manifestent dans les mouvements lents. La richesse de l'invention mélodique et celle de l'écriture harmonique, autant que la sûreté de la technique font de Jean-Marie Leclair le plus éminent violoniste français de son temps, le premier à avoir su, sur leur propre terrain, égaler les grands Italiens.
— 3. **Jeanne,** fille d'Antoine, violoniste ? *(1699 - ?).*
— 4. **Jean-Marie,** dit LE CADET, fils d'Antoine *(1703- 1777).* Il fut un excellent violoniste à Lyon, mais aussi chef d'orchestre à Besançon, auteur de 12 sonates à 1 et 2 violons sans basse, remarquables, et de quelques œuvres vocales.
— 5. **François,** fils d'Antoine, violoniste ? *(1705 - ?).*
— 6. **Pierre,** fils d'Antoine, violoniste *(1709-1784).* Il fut l'auteur de 2 recueils de sonates.
— 7. **Jean-Benoît,** fils d'Antoine, violoniste *(1714 - ?).* Il épousa une violoniste. P. B.

LECOCQ (Charles), compositeur français *(Paris 1832- id. 1918).* Ses débuts furent d'autant plus difficiles que, souffrant de coxalgie congénitale, il ne pouvait marcher sans béquilles. Vainqueur, ex æquo avec Bizet, du concours institué par Offenbach en 1857 (il s'agissait de mettre en musique un livret d'opéra bouffe intitulé *le Docteur Miracle),* il n'en tira pas grand profit et continua de végéter jusqu'au succès de *Fleur-de-Thé* en 1868, qui le lança définitivement. Quantité d'opérettes et d'opéras-comiques allaient suivre, unissant la grâce à la gaieté. *Giroflé-Girofla, les Cent Vierges, la Petite Mariée* ou *le Petit Duc* sont assurément démodés, mais *la Fille de M*me *Angot* (1872) peut suffire à la gloire de Charles Lecocq. M. T.

LEÇON. Traduction abusive du mot latin *lectio* (« lecture »). On appelle *leçon,* dans les heures canoniales, des lectures latines placées en des endroits définis de l'office, et qui peuvent porter sur des textes de toute nature, principalement scripturaires (Ancien Testament), patristiques ou hagiographiques, cela à l'exclusion des livres du Nouveau Testament, réservés à la messe. Dans l'office chanté, la leçon est psalmodiée sur un timbre propre de récitation, mais certaines leçons ont parfois été traitées en musique figurée pour des offices particulièrement solennels. C'est le cas des leçons de ténèbres, forme créée en France vers 1660 par Michel Lambert, puis illustrée notamment par M. A. Charpentier, F. Couperin et M. R. Delalande, et qui porte sur les leçons nocturnes de la semaine sainte. Cette forme comportait trois leçons pour chacun des trois jours saints, chantées chaque fois la veille (mercredi, jeudi, vendredi) dans une église où les lumières étaient progressivement éteintes.
Par analogie, on a aussi donné le nom de « leçons » à des textes non liturgiques psalmodiés à la manière des lectures de l'office ; cette dénomination s'est même appliquée à des poèmes chantés en langue vernaculaire, telle la *Vie de sainte Foy d'Agen* (xI e s.), qualifiée par l'auteur lui-même de « leçon lue sur le 1er ton » ; ce qui porte un témoignage particulièrement flagrant sur la dérivation liturgique des cantilènes romanes. J. C.

LEÇONS DE TÉNÈBRES. Ensemble de pièces liturgiques de Marc-Antoine Charpentier pour 1 à 3 voix et basse continue, ou avec instruments, constituant plusieurs cycles destinés à l'office de ténèbres. On trouve, épars dans les 28 volumes des *Mélanges* autographes de Charpentier (1634-1704), 2 leçons du mercredi saint, 19 du jeudi saint, 9 du vendredi saint, 2 du samedi saint, auxquelles s'ajoutent 24 répons pour l'un ou l'autre jour. Les *Leçons de ténèbres* de Charpentier restent assez proches de l'esprit et de l'écriture de celles de Lambert, qui constituent visiblement leur modèle : l'esthétique de l'air de cour, avec sa déclamation subtilement étudiée et surtout la richesse ornementale, que l'on trouve rarement à ce point développée dans les autres œuvres de Charpentier. Elles s'en détachent cependant par leur ampleur, par la diversité et la complexité de l'harmonie, en particulier dans les pages à 2 et 3 voix. P. B.

LEÇONS DE TÉNÈBRES. Œuvre de musique sacrée, publiée par François Couperin, en 1714 ou 1715, et composée pour l'abbaye de Longchamp. Le compositeur dit avoir composé le cycle complet des leçons du mercredi, jeudi et vendredi saints. Seules ces dernières nous sont parvenues. Les deux premières *Leçons de ténèbres* sont écrites pour 1 voix de soprano et basse continue, la troisième à 2 voix. On y retrouve les caractéristiques des leçons dans la tradition française issue de Lambert et de Charpentier : vocalises sur des lettres hébraïques, récitation dramatique sur les versets, avec une ornementation vocale plus discrète. La distribution des mélismes et du récit est plus claire et plus tranchée, néanmoins, que chez Charpentier, et le lyrisme plus profond, teinté de la mélancolie particulière à l'auteur. Le récitatif de Couperin se plie avec discrétion aux nombreuses sollicitations du texte des Lamentations de Jérémie, qu'il souligne avec une souplesse mélodique et une liberté dans l'harmonie et l'art de la modulation expressive, qui font de ces *Leçons de ténèbres* une des plus remarquables créations de l'art religieux français de ce temps. La troisième leçon, en particulier, enrichie par la présence des 2 voix, est d'une émotion religieuse intense.
P. B.

LE DUC, famille de musiciens français.
— 1. **Simon,** violoniste et compositeur *(Paris av. 1748- id. 1777).* Élève de Pierre Gaviniès, il fut engagé en 1759 au Concert spirituel, d'abord comme second violon, puis, en 1763, comme premier violon et soliste. Il quitta ce poste en 1764, peu après avoir fait entendre sa première œuvre, une sonate pour violon publiée en 1767 dans son opus 1. Il se produisit, à nouveau, au Concert spirituel en 1773, et, la même année, devint avec Gossec et Gaviniès codirecteur de l'institution. Il ne fut pas lui-même éditeur, mais publia à compte d'auteur, à partir de 1767, ses quatre premiers numéros d'opus. Comme violoniste, il fut admiré par Leopold Mozart. Comme compositeur, il écrivit 45 ouvrages, dont 6 sonates et 3 concertos pour violon, 3 trios pour orchestre, 1 symphonie concertante et 3 remarquables symphonies (1774-1776) publiées chez son frère Pierre, la première en 1776 et les deux autres en 1777, après sa mort.
— 2. **Pierre,** violoniste et éditeur *(Paris 1755 - Pays- Bas 1816).* Frère et élève du précédent, il en publia et en diffusa les œuvres, ayant fondé sa propre maison d'édition en 1775. Cette maison absorba notamment celle de La Chevardière en 1784 ou 1785 et publia, entre autres, des ouvrages de Haydn.
— 3. **Auguste,** éditeur *(Paris 1779 - id. 1823).* Fils du précédent, il lui succéda à la tête de sa maison d'édition en 1803 ou 1804. M. V.

LEDUC. Maison française d'édition, fondée vers 1841 à Paris par Alphonse Leduc *(Nantes 1804 - Paris 1868),* sans lien de parenté avec la famille de Simon Le Duc. Lui succédèrent son fils Alphonse *(Paris 1844 - id. 1892),* le fils de ce dernier, Émile-Alphonse *(Paris 1878 - id. 1951),* et les deux fils de celui-ci, Claude- Alphonse *(né en 1910)* et Gilbert-Alphonse *(né en 1911).* La maison, qui, en 1980, a absorbé les éditions Heugel, possède à son catalogue, outre de nombreux compositeurs français contemporains, un fonds très important d'ouvrages didactiques. M. T.

LEE (Noël), pianiste et compositeur américain *(Nankin, Chine, 1924).* Il fait ses études à l'université de Harvard (avec Walter Piston et Irving Fine), puis au conservatoire de la Nouvelle-Angleterre, à Boston, et à Paris (avec Nadia Boulanger). Il obtient les prix Lily-Boulanger (1953), prix de l'orchestre de Louisville (1954), prix de l'Académie américaine des arts et lettres (1959), et il mène de front une carrière de pianiste (Debussy, Ravel, Stravinski, Copland et Schubert sont, notamment, ses spécialités) et de compositeur, occasionnellement interrompue par son activité de pédagogue (université Brandeis, Dartmouth College, université Cornell).

Dans un esprit néoromantique, mais curieux de tout ce qui peut apporter à son écriture une nuance originale (et parfois complexe), Lee a réalisé un catalogue copieux, particulièrement orienté vers l'expression vocale et la musique de chambre. Il a, par ailleurs, enregistré près de 100 microsillons et révélé en Europe quelques-unes des œuvres posthumes de Webern.
A. G.

LEEUW (Ton de), compositeur néerlandais *(Rotterdam 1926).* Il fait ses études d'abord dans son pays avec Henk Badings, puis à Paris avec Olivier Messiaen ; il travaille ensuite l'ethnomusicologie avec Jaap Kunst : cette matière va lui permettre de se dégager de l'académisme sériel. En 1961, il peut, grâce à une bourse du gouvernement des Pays-Bas, effectuer un voyage d'études en Inde. Ingénieur du son à la radio jusqu'en 1959, il enseigne la composition au conservatoire d'Utrecht et occupe actuellement un poste analogue à celui d'Amsterdam, qu'il a dirigé de 1971 à 1973. Il donne également des cours d'ethnomusicologie et des cours sur la musique moderne à l'institut de musicologie de l'université d'Amsterdam.

De son intérêt pour les musiques de l'Orient témoignent, notamment, son opéra *De droom* (le *Rêve,* 1963) et *Gending* pour orchestre de gamelan (1975). On lui doit aussi des œuvres orchestrales comme *Mouvements rétrogrades* (1957), *Ombres* (1961), *Symphonies pour vents* (1963), *Spatial Music I* pour 32 à 48 musiciens (1966), *III* pour 4 groupes d'orchestre (1967) et *IV (Hommage à Stravinski)* pour 12 instrumentistes (1968), 2 quatuors à cordes (1958 et 1963), *Spatial Music II* pour 4 à 9 percussionnistes (1971), *Haiku* pour soprano et piano (1963), *Haiku II* pour soprano et orchestre (1968), *Litanie de notre temps,* opéra pour la télévision (1970), *Lamento pacis I, II, III* d'après Érasme pour chœur mixte et instruments (1969), et, dans le domaine électronique, l'oratorio radiophonique *Job* (1956), qui a obtenu le prix Italia, *Syntaxis* (1965) et la *Naissance de la musique* (1978). Son livre *Musique du XXe siècle* est paru en 1964.
M. V.

LEFÉBURE (Yvonne), pianiste française *(Ermont 1898).* Ses dons précoces lui valent de remporter, à neuf ans, le prix des Petits-Prodiges du Conservatoire de Paris. Elle y conquiert six autres prix et débute en concert à l'âge de douze ans. Ses maîtres ont pour noms Maurice Emmanuel (histoire de la musique), Charles Marie Widor (fugue), Georges Caussade (contrepoint) et Paul Dukas (composition). Mais c'est l'enseignement d'Alfred Cortot à l'École normale de musique qui détermine véritablement sa carrière, partagée entre l'interprétation et la pédagogie.

Concertiste, Yvonne Lefébure se produit dans le monde entier, aux côtés des plus grands chefs : Furtwängler, Mengelberg, Mitropoulos, Munch, Paray. Professeur, elle enseigne à l'École normale de musique jusqu'en 1939, au Conservatoire de Paris de 1952 à 1967, et fonde en 1965 une académie d'été, le Printemps musical de Saint-Germain en Laye. Âme forte de la musique, elle a rallié plusieurs générations de pianistes à sa quête perfectionniste et passionnée de la structure et du chant intérieur des œuvres, et prêché l'exemple en défendant la musique française de la première moitié du siècle, en particulier Ravel, Dukas et Maurice Emmanuel.
M. W.

LEFÉBURE-WÉLY (Lefebvre, dit), famille d'organistes et compositeurs français.
— 1. **Isaac-François,** organiste *(? 1746 - Paris 1831).* Il fut organiste à Saint-Jacques-du-Haut-Pas, à Paris, puis à Saint-Roch. Il publia quelques compositions (sonates pour violon et clavecin, quatuor pour deux violons, clavecin et basse continue, 3 recueils d'airs), et fut surtout connu pour son oratorio sur *les Sept Paroles du Christ.*
— 2. **Louis James Alfred,** fils du précédent *(Paris 1817 - id. 1869).* Il fut, lui aussi, organiste et compositeur. Enfant prodige, il débuta très tôt : il suppléait son père à Saint-Roch dès l'âge de dix ans, et devint titulaire de l'instrument à quinze ans, avant même d'entrer au Conservatoire. Il a été ensuite organiste à l'église de la Madeleine (1847-1858), puis à Saint-Sulpice (1863-1869).

Il fut le plus célèbre organiste du second Empire, admiré pour ses improvisations descriptives. Ardent propagandiste de l'harmonium, alors appelé « orgue expressif », il marque l'apogée de la décadence du goût et de la technique de l'orgue français, au moment même où s'en amorce la renaissance. Ses œuvres témoignent de sa prolixité : *l'Office catholique, l'Organiste moderne, Vade-mecum de l'organiste, les Grandes Orgues,* nombreuses pièces pour harmonium, etc. Il est également l'auteur d'une abondante œuvre pour piano, de musique de chambre et d'un opéra, *les Recruteurs.*
G. C.

LEFEBVRE ou **LEFÈVRE,** patronyme de très nombreux facteurs d'orgues français, se regroupant en plusieurs dynasties, dont les liens de parenté sont mal établis. Tous les Lefebvre ont été actifs aux XVIIe et XVIIIe siècles en diverses provinces françaises : Normandie, Champagne, Bourgogne, Languedoc, Lyonnais. La plus importante des familles de ce nom est de souche rouennaise et culmine en Jean-Baptiste-Nicolas Lefebvre *(1705-1784),* qui fut le rival de François-Henri Clicquot* et de Riepp*. Il travailla aux instruments de Caudebec-en-Caux, Saint-Étienne et Saint-Pierre de Caen, Saint-Maclou de Rouen ; son chef-d'œuvre est l'orgue de Saint-Martin de Tours (1761), le plus important instrument qu'ait réalisé la facture française classique, avec 4 claviers et 63 jeux.
G. C.

LEFEBVRE (Claude), compositeur français *(Ardres, Pas-de-Calais, 1931).* Il a étudié au Conservatoire de Paris avec Darius Milhaud, puis avec Pierre Boulez à Bâle. Nommé professeur d'analyse et de composition au conservatoire régional de Metz (1966), il a fondé dans cette ville en 1972 les Rencontres internationales de musique contemporaine, qui, depuis la disparition du festival de Royan, sont devenues le principal festival de musique contemporaine en France. Il dirige depuis 1976 le studio de musique électroacoustique, alors créé en Lorraine, est responsable, depuis 1977, de l'animation musicale au centre Saint-Jacques de Metz, et dispense, depuis 1978, un cours sur les nouvelles musiques à l'université de Metz. Il fut aussi, dans cette ville, l'initiateur-fondateur du Centre européen pour la recherche musicale. Il a obtenu le prix de musique de chambre de la S. A. C. E. M. en 1980.

Claude Lefebvre a écrit notamment *Montages* pour 24 instruments (1967), *D'un arbre de nuit* pour flûte, violoncelle et piano (Royan, 1971), *Musique en liberté* pour trombone, 2 contrebasses et percussions (Metz, 1971), *Naissances pour quatre joueurs* pour hautbois et trio à cordes (Metz, 1971), *Etwas weiter* pour 24 exécutants (Domaine musical, 1972), *Sous le regard du silence* pour 2 groupes instrumentaux (Metz, 1973), *D'une nuit transpercée* pour orchestre (Metz, 1975), *Ivresse-absence* pour 19 cuivres (Paris, 1977), *Dérives nocturnes* pour chœur, 4 cors et orgue (Metz, 1978), *Ramifications* pour orgue (Orléans, 1978), *Tourbillonnements* pour un orchestre de jeunes de 21 instruments et 2 percussions (Metz, 1979), *Mémoires souterraines* pour flûte, clarinette et violoncelle amplifiés (Paris, 1980), *Océan de terre* pour soprano, solistes et bande, sur un poème de G. Apollinaire (Metz, 1981), *Lorraine* pour cor et bande (1983).
M. V.

LE FLEM (Paul), compositeur et critique musical français *(Lézardrieux, Côtes-du-Nord, 1881).* Ayant perdu ses parents de bonne heure, il songea à une carrière dans la Marine, mais s'orienta vers la composition, dès les années d'études au lycée de Brest. Dans cette ville, Joseph Farigoul lui donna des leçons d'harmonie ; il se rendit à Paris à l'âge de dix-huit ans, eut Lavignac comme professeur au Conservatoire et écouta la parole de Bergson à la Sorbonne. Après un séjour en Russie (1902-1904) — où il fut précepteur dans une famille moscovite, apprit le russe et demeura attaché au monde slave —, il revint à Paris. A la Schola cantorum, Vincent d'Indy le mit dans la classe d'Albert Roussel. Le Flem devint ensuite professeur dans cette classe, après le départ de Roussel ; il y eut comme élèves Erik Satie, puis Roland-Manuel et André Jolivet. Il fut directeur des chanteurs de Saint-Gervais, chef des chœurs à l'Opéra-Comique, et assista à tous les grands événements de la vie musicale parisienne depuis la première de *Pelléas* ; un poste de critique à la revue *Comœdia* lui permit, de 1922 à 1938, de prendre la défense de nombreux compositeurs, dont Varèse, Villa-Lobos et Milhaud.

La musique de Le Flem est tout imprégnée de sa Bretagne natale. L'influence du chant breton y est aussi nette que celles de d'Indy, de Debussy, de la polyphonie des xve et xvie siècles et de Monteverdi. Sa personnalité est orientée vers la poésie, la couleur harmonique, le lyrisme, mais aussi vers cette vigueur non dénuée de rudesse, qui appartient à ceux dont le cadre quotidien a été marqué par la mer. Son œuvre comprend des recueils pour piano, *Par grèves* (1908), *Par landes* (1908), *Vieux Calvaire* (1910), *Avril* (1911) ; une *Sonate pour violon et piano* (1904), un *Quintette pour piano et cordes* (1908-1909) ; une *Fantaisie pour piano et orchestre* (1911) ; des œuvres orchestrales comme les 4 *Symphonies* (1908-1975) ; de la musique vocale, *Chant de croisades* (1923), *Invocation* (1918), *In paradisium* (1942), *Hommage à Rameau* (1964), *Morven le Gaélique* (1963) et la *Maudite* (1967-1971) pour solos, chœurs et orchestre. En musique théâtrale, il a donné *Aucassin et Nicolette* (1908-1909) sur un sujet d'origine arabe, tandis que le monde breton devait l'inspirer dans le *Rossignol de Saint-Malo* (1938), tiré d'une ancienne ballade, *La Clairière des fées* (1948), marquée par les bois et les forêts, et la *Magicienne de la mer* (1947), qui reprend la légende de la ville d'Ys.

Trop souvent tenue à l'écart de la vie musicale, la musique de Paul Le Flem a connu un regain de curiosité lors de la commémoration du centenaire du compositeur, qui étonna alors le monde musical par l'évocation de sa vie, dans des entretiens radiophoniques ou de presse. Il y fit montre d'une grande clarté d'esprit, d'une sûreté de jugement sur la musique d'un siècle, qu'il porte en haute estime pour sa diversité, et de confiance dans l'avenir de la musique. Son extraordinaire présence sur le plan verbal n'a eu d'égale que sa longévité en matière de création, cas unique dans l'histoire de la musique. Le musicien a expliqué que ses œuvres anciennes, comme celles pour piano ou la *Première Symphonie*, avaient beaucoup de fraîcheur et de naturel, et qu'il était devenu violent à l'âge de quatre-vingt-quatre ans, à partir de son *Conzertstück pour violon et orchestre* (1965). « L'inconscient agit sur nous insidieusement, la musique a le pouvoir de traduire ou même de trahir, si nous ne voulons pas le reconnaître, les réactions les plus intimes de notre être. Il s'agit d'une violence longtemps refoulée, provenant d'une jeunesse vécue sans parents, du retour d'éléments affectifs de la première adolescence. » C'est ainsi que les deux dernières symphonies, la *Troisième* (1971) et la *Quatrième* (1975), ont une facture plus moderne que les précédentes, très éloignée de la forme sonate. Une ultime composition, les *Trois Préludes pour orchestre*, comporte des sous-titres significatifs : *Calme, Obsession, Emporté*. Ce n'est que la cécité qui, depuis quelques années seulement, a empêché Paul Le Flem de continuer à travailler. P. V.

LEGATO. Mot italien désignant une manière de jouer ou de chanter en « liant » les sons entre eux sans aucune interruption. Le legato s'indique souvent par une courbe de liaison englobant l'ensemble des sons liés, et qui constitue l'une des principales indications du phrasé*. Dans l'ancienne technique du clavecin et même de l'orgue, le legato impliquait que le doigt ne devait quitter la note qu'après que la suivante eut été attaquée ; on ne pratique plus guère aujourd'hui cette façon de procéder. J. C.

LÉGENDE DE SAINTE ÉLISABETH. Oratorio en 2 parties de Franz Liszt, inspiré des fresques de Moritz von Schwind (au château de la Wartburg) et achevé à Rome, en 1864. Élaborée en même temps que *Christus* — dont elle se différencie fortement —, l'œuvre évoque, dans un climat de « légende dorée » chargé de dramatiques véhémences, celle qui se consacra à la protection des malades, des déshérités et qui fut, quatre ans après sa mort, canonisée par le pape Grégoire IX.

Née en 1207, fille du roi André II de Hongrie, épouse de Louis IV, landgrave de Thuringe et de Hesse, Élisabeth se retrouva veuve après sept ans de mariage. Quittant la résidence princière de la Wartburg, elle se retira à Marburg, fonda, pour les pauvres, un hôpital dont elle confia la direction aux moines de l'ordre de saint François. elle mourut en 1231.

PREMIÈRE PARTIE. 1re section. (Arrivée d'Élisabeth à la Wartbourg.) *Y est dépeint, après le prélude instrumental, l'accueil enthousiaste réservé à la jeune princesse hongroise, qui vient d'arriver chez le landgrave Hermann, son futur beau-père.* 2e section. (Le landgrave Ludwig.) *C'est le miracle des roses.* 3e section. *On assiste au départ des croisés pour la Terre sainte et aux adieux de Ludwig à son épouse Élisabeth.*
SECONDE PARTIE. 1re section. *La comtesse Sophie, belle-mère d'Élisabeth, entre en scène. Elle apprend la mort de son fils et, malgré l'orage qui se déchaîne, le vent qui mugit, la foudre qui embrase le vieux castel, elle chasse Élisabeth qu'elle tient pour responsable et dont elle veut tirer vengeance.* 2e section. *Parmi les pauvres qui chantent ses louanges, loin des agitations du monde, Élisabeth meurt d'épuisement.* 3e section. *En présence de l'empereur Frédéric II, le peuple et les croisés, les évêques hongrois et allemands, glorifient la sainte merveilleuse, qui, par ses vertus, a conquis tous les cœurs.* J. D.

LÉGENDE DE JOSEPH (LA) [en all. *Josephslegende*]. Ballet de Richard Strauss, écrit pour Serge de Diaghilev, sur un argument du comte Harry de Kessler et de Hugo von Hoffmansthal. Ce fut dans une lettre datée du 23 juin 1912 que ce dernier soumit au compositeur l'idée de cette œuvre nouvelle tirée de la Genèse. La première eut lieu à Paris (Théâtre national de l'Opéra), le 14 mai 1914, sous la direction du compositeur. L'ouvrage correspondait à la seconde partie d'un programme chorégraphique débutant par *les Papillons* de Schumann orchestrés par Nicolas Tchérepnine et s'achevant par la *Shéhérazade* de Rimski-Korsakov. José-Maria Sert en avait réalisé les décors, Léon Bakst les costumes. Nijinski devait danser le rôle de Joseph, mais, après des querelles de caractère privé, on lui préféra le jeune Léonide Massine. Maria Kouznetzoff incarna le personnage de Madame Putiphar, que Tamara Karsavina reprit au Covent Garden de Londres.

L'histoire bien connue du jeune Hébreu vendu à l'intendant du pharaon, et, qui, pour avoir refusé de succomber aux charmes d'une nymphomane, se retrouve en prison, sert ici de prétexte à une longue partition somptueusement orchestrée. Divisé en 14 tableaux, le ballet associe des épisodes violents, furieusement passionnés ou idylliques. Il s'achève, après l'arrivée de l'ange libérateur, par un lumineux *sol* majeur symbolisant le triomphe de Joseph sur les forces de perversion.

En 1947, Richard Strauss rassembla les moments les plus significatifs de *la Légende de Joseph* en un fragment symphonique créé à Cincinnati, en mars 1949, sous la direction de Fritz Reiner. J. D.

LÉGÈRE (MUSIQUE). Elle s'oppose aux musiques classique ou religieuse, considérées comme des musiques sérieuses (cependant des œuvres religieuses ou classiques peuvent être, à l'occasion, légères). La musique d'une opérette, par exemple, est par définition légère, étant donné ses rythmes souvent sautillants, ses mélodies aimables et faciles, et, surtout, l'effectif réduit de ses orchestres. Mais il arrive que les partitions d'opérettes puissent être assimilées à des pages classiques et constituer de véritables chefs-d'œuvre musicaux. Ainsi en est-il de *Ciboulette* de Reynaldo Hahn, *Véronique* de Messager et même *la Belle Hélène* d'Offenbach et ses étonnantes parodies d'opéra.

On a coutume de classer dans la musique légère les musiques récréatives, que l'on rencontre au music-hall, les musiques de variétés tant utilisées à la radio et dans les enregistrements d'airs à la mode par des vedettes à la mode, les musiques de danse animant les bals champêtres ou citadins. Les petits orchestres de brasserie ou de salon interprètent des partitions de musique légère, même s'ils offrent à leurs auditeurs des extraits de grandes œuvres classiques, étant donné que ces extraits se trouvent adaptés aux possibilités instrumentales desdits orchestres. Les chansons et les romances, que chantaient, avant l'apparition du disque, puis de la radio, les chanteurs de rues dans les cours des immeubles, appartiennent à la musique légère. Il en va de même de celle composant les programmes des orphéons, des fanfares, des kiosques, des musiques militaires. Évidemment, se rattachent aussi à la catégorie des musiques légères les musiques populaires constituant les folklores régionaux ou nationaux, les musiques tziganes, les musiques viennoises si chères aux Strauss père et fils, les musiques de genre, les parodies, les musiques imitatives et, par extension, les fonds sonores qui encombrent les émissions radiotélévisées. La musique de film peut, fort souvent, être classée dans la catégorie légère, tout comme celle du jazz, bien que celle-ci comporte des pages d'une grande qualité musicale. Citons encore les musiques de scène, celles des vaudevilles d'antan, toutes celles enfin qui n'affectent aucune prétention, mais qui peuvent être charmantes, émouvantes, dessinées avec art et goût.

La musique légère n'est pas de la « musiquette », elle est un genre et si elle doit être agréable, si elle doit facilement être retenue par les auditeurs, rien ne l'empêche d'être écrite avec style, avec une solidité harmonique utilisant éventuellement la fugue et les contrepoints. Bref, la musique légère doit, avant tout, être de la musique, et même de la musique vivante, puisant ses sources dans les traditions populaires, s'enrichissant des formules nouvelles, s'imposant d'être récréative, car tous ceux qui viennent à elle y viennent pour se détendre et se divertir.
S. W.

LEGGE (Walter), imprésario anglais (Londres 1906 - Saint-Jean-Cap-Ferrat 1979). Ce mélomane passionné de lyrique a profondément marqué de son empreinte la vie musicale européenne de l'après-guerre. Déjà en 1927, engagé par la filiale anglaise de la firme la Voix de son Maître pour rédiger des pochettes de disques, il fit adopter le principe de la souscription pour éditer des œuvres importantes jusque-là négligées par le disque : quatuors de Haydn, lieder de Wolf, intégrale des sonates de Beethoven (par Schnabel). Critique musical suppléant du *Manchester Guardian* (jusqu'en 1937), il fonda en 1932 le London Lieder Club et devint en 1938-39 l'assistant de sir Thomas Beecham à la tête de l'Opéra royal de Covent Garden.

Mais c'est pendant la guerre que se révéla son don d'organisateur et de « talent scout ». Il mit sur pied des concerts pour les soldats et les ouvriers. La paix revenue, il sillonna l'Europe pendant près de vingt ans, à la recherche de nouveaux talents pour le compte de la firme Gramophone Company. Des disques remarquables témoignent de son discernement : enregistrements du festival de Bayreuth 1951, *Tosca* dirigée par de Sabata, *Falstaff* et le *Chevalier à la rose* par Karajan, toutes les interprétations de Ginette Neveu, Callas, Lipatti, un grand nombre d'opérettes viennoises avec Elisabeth Schwarzkopf (sa seconde femme), etc. Parti d'un quatuor qu'il fonda en 1945, le Philhar-

monia Orchestra, mis sur pied grâce au soutien financier du mahārādjah de Mysore, révolutionna la vie musicale britannique, sous la direction de Karajan, Cantelli, Toscanini, Klemperer, Giulini, etc. Cet orchestre fut complété en 1957 par un chœur confié à Wilhelm Pitz. Directeur associé de la Gesellschaft der Musikfreunde de Vienne en 1946, directeur artistique du Covent Garden de 1958 à 1963, Walter Legg se vit contraint en 1964 de dissoudre le Philharmonia Orchestra et abandonna sa compagnie au groupe EMI, sans renoncer pour autant à promouvoir des concerts et à produire des disques pour différentes compagnies.
M. W.

LEGLEY (Victor), compositeur belge (*Hazebrouck 1915*). Il a fait ses études à Ypres, puis à Bruxelles, et travaillé ensuite avec Jean Absil. Altiste à l'orchestre de la radio belge (1936-1948), second prix de Rome en 1943, il a enseigné l'harmonie (1949-1959), puis la composition (1959-1980) au conservatoire de Bruxelles, et les mêmes disciplines, ainsi que l'analyse, à la chapelle Reine-Élisabeth (1950-1980). Il a beaucoup fait pour la diffusion dans son pays de la musique contemporaine, en particulier comme chef de production au troisième programme de la radiotélévision belge (1962-1976). Dans un style robuste mais raffiné, il a écrit, notamment, 6 symphonies (1942, 1947, 1953, 1964, 1965, 1976), le poème symphonique *la Cathédrale d'acier* (1958), 2 concertos pour violon (1947, 1966), 4 quatuors à cordes (1941, 1947, 1956, 1963), et, plus récemment, plusieurs pièces pour orchestre d'harmonie, dont *Hommage à Jean Absil* (1979).
M. V.

LEGRANT (*Guillaume*, dit GUILLAUME LEMACHERIER), compositeur français (*déb. du XVe s.*). Chantre à la chapelle pontificale en 1419, il était à Rouen en 1446. Il a laissé des fragments de messe et des chansons à 3 voix, qui ont eu l'honneur, à plusieurs reprises, d'une transcription instrumentale dans des recueils comme le *Buxheimer Orgelbuch* et le *Fundamentum organizandi* de Conrad Paumann.
J. C.

LEGRANT (*Johannes*), compositeur français (*déb. du XVe s.*). Il ne semble pas devoir être confondu avec Guillaume Legrant*, compositeur à la même époque. On pense qu'il a été actif de 1420 à 1440. Il fut l'auteur de fragments de messe et de chansons à 3 voix, mais on ne possède sur lui aucune donnée biographique.
J. C.

LEGRENZI (*Giovanni*), compositeur italien (*Clusone, près de Bergame, 1626 - Venise 1690*). Issu d'une famille de musiciens (son père était compositeur), il semble avoir reçu ses premières leçons à Bergame avant de travailler avec Giovanni Rovetta à Venise. On le trouve en 1645 organiste de l'église Santa Maria Maggiore à Bergame, puis, en 1657, maestro di capella de l'Accademia dello Spirito Sancto à Ferrare. Directeur du Conservatorio dei Mendicanti de Venise à partir de 1672, il fut ensuite nommé sous-maître de la basilique San Marco (1681), puis devint le titulaire de ce poste (1685) et, dès lors, se consacra, jusqu'à sa mort, à la musique religieuse. Il fut, à Venise, un professeur renommé et compta parmi ses élèves Antonio Caldara et Antonio Lotti.

Auteur d'une vingtaine d'opéras, représentés pour la plupart à Venise, Giovanni Legrenzi contribua, avec une grande originalité, au développement du genre. Quatre partitions seulement nous sont parvenues : *Eteocle e Polinice* (1675), *Germanico sul Reno* (1676), *Totila* (1677), et *Il Giustino* (1683), qui semble sa plus grande réussite pour avoir été joué dans les principales villes d'Italie. Haendel devait mettre ce livret en musique pour Londres (1737). Entre 1676 et 1678, Legrenzi fit publier 3 recueils de musique vocale, des cantates et des canzonettes, qui emploient une grande variété de formes. Tel est le livre de *Cantate, e Canzonette a voce sola* (Bologne, 1676), où les airs sont en général assez courts, solidement construits, alternant avec des récitatifs qui se transforment aisément en un arioso expressif. Les textes sont spécifiques de la *poesia per musica* de l'époque ; ils ont, le plus souvent, pour thème l'amour non partagé et contiennent tous les « effets » que le compositeur souhaitait y trouver. Legrenzi composa 6 oratorios, dont l'*Oratorio del Giudizio* (Vienne, 1665), *La Vendita del cuor humano* pour 4 voix et basse continue (Ferrare, 1676) et *La Morte del cuor penitente* (Vienne, 1705). Il a également laissé des messes, des motets et des psaumes. Il a fait imprimer plusieurs livres de musique instrumentale, des sonates *da chiesa* et *da camera* (1655, 1656, 1663 et 1673), où, là encore, son rôle fut déterminant pour l'histoire des formes.

Appartenant à une génération de compositeurs dans la lignée de Cavalli, le grand maître de l'opéra vénitien, Legrenzi peut être considéré comme l'un des meilleurs musiciens de sa génération. Bach, lui-même, ne dédaigna pas d'étudier l'apport de ses œuvres et de se servir de ses thèmes. C. W.

LEHAR *(Franz)*, compositeur autrichien *(Komarom 1870 - Bad Ischl 1948)*. Après des débuts comme violoniste et comme chef de divers orchestres militaires, il se tourna vers l'opérette, dont il fut le rénovateur et le principal représentant au xxe siècle, et trouva là sa véritable voie. Ses œuvres « sérieuses » de jeunesse, parmi lesquelles 2 concertos pour violon, sont, en revanche, totalement oubliées.

Il commença à s'imposer avec *Kukuschka* (Leipzig, 1896), et parvint à la gloire avec *la Veuve joyeuse* (Vienne, 1905), ouvrage qui, du jour au lendemain, fit de lui l'héritier de Johann Strauss. Suivirent, entre autres, *le Comte de Luxembourg* (Vienne, 1909) et *Zigeunerliebe* (1910). Après la Première Guerre mondiale, il retrouva le succès avec une série d'opérettes écrites pour le ténor Richard Tauber : *Paganini* (1925), *le Tsarévitch* (1927), *Friederike* (1928) et surtout le *Pays du sourire* (1929). Sa dernière œuvre, *Giuditta*, fut donnée à Vienne en 1934. Il eut recours aussi bien à la valse viennoise qu'à des danses plus modernes, et on décèle dans ses ouvrages non seulement de fortes influences slaves, mais aussi celles du folklore des divers pays où se situent leurs actions respectives.
M. V.

LEHMANN *(Fritz)*, chef d'orchestre allemand *(Mannheim 1904 - Munich 1956)*. Il mena de front des études musicales à la Hochschule für Musik de Mannheim (1918-1921) et une éducation générale aux universités de Heidelberg et de Göttingen. Il fut chef d'orchestre au théâtre de Göttingen (1923-1927), avant de se tourner vers l'enseignement, à la Folkwangschule d'Essen (1927-1929). À la fois chef de chœur et d'orchestre à Hildesheim (1927-28), puis à Hanovre (1929-1938), il prit, en 1934, à la suite de O. Hagen, la direction musicale du festival Haendel de Göttingen. Après avoir été successivement directeur général de la musique à Bad Pyrmont (1935-1938), à Wuppertal (1938-1947) et de nouveau à Göttingen (1947-1950), il revint à l'enseignement de la direction d'orchestre à partir de 1953, à la Hochschule für Musik de Munich. Les enregistrements qu'il réalisa à la tête de la Philharmonie de Berlin ou des phalanges de Bamberg et de Vienne sont des modèles d'équilibre et de pudeur, particulièrement appropriés à l'univers d'un Haendel ou d'un Mozart, ses auteurs de prédilection.
M. W.

LEHMANN *(Hans Ulrich)*, compositeur suisse *(Biel 1937)*. Après des études musicales (violoncelle, théorie, composition) aux conservatoires de Biel, Zurich et Bâle, il a suivi les cours de composition de P. Boulez et de K. Stockhausen à l'Académie de musique de Bâle (1960-1963) et ceux du professeur K. von Fischer à l'université de Zurich. Il a été nommé professeur de théorie à l'Académie de musique de Bâle en 1964, puis professeur de musicologie à l'université (1969) et de composition et de théorie au conservatoire de Zurich (1972), établissement qu'il dirige depuis 1976.

Lehmann porte une attention particulière au timbre instrumental. Sans utiliser l'électronique, il a considérablement élargi l'univers des timbres traditionnels. Il fut parmi les premiers à introduire les accords-flageolets (sons dits Bartolozzi), par exemple dans *Mosaik* pour clarinette solo (1964), et à utiliser pour les instruments à vent des accords, des sons doubles, des sons-bruits, des quarts de ton glissants, et la simultanéité du jeu et du chant, par exemple dans *Konzert* pour 2 instruments à vent (flûte et clarinette) et cordes (1969) ou dans *Gegen-(bei-) spiele* pour 5 instruments à vent (1973). Dans *Tractus* pour flûte, hautbois et clarinette, il a eu recours aux procédés d'indétermination. La matière sonore de ses œuvres est toujours soumise à des gestes formels simples, facilement saisissables à l'écoute, et repose sur le principe de la transformation timbrale continue (le compositeur parle à ce propos de « musique végétative »). Des ouvrages comme *Quod libet* pour violon et piano (1974) ou comme *... zu streichen* pour 2 violoncelles, 2 violons et 2 altos (1975) cherchent à mettre en évidence le côté proprement gestuel de la pratique musicale. On lui doit notamment *Quanti I* pour flûte solo et orchestre de chambre (1962), *Régions* pour flûte seule (1963), *Discantus I* pour hautbois et cordes (1971) et *II* pour soprano, orgue et orchestre de chambre (1971), *Positionen* pour orchestre (1971), *À la recherche* pour 2 orgues et voix (1973), *Streuungen* pour chœur et orchestre (1975-76), *Tantris* pour soprano, flûte et violoncelle sur un texte de J. Joyce (1976-77), *Kammermusik « Hommage à Mozart »* pour orchestre de chambre (1978-79), *Kammermusik II* pour petit orchestre (1979), *Duette* pour 3 participants (1980) et *Theolalie* pour soprano, flûte et violoncelle (1981). I. S.

LEHMANN *(Lili)*, soprano allemande *(Warzbourg 1848 - Berlin 1929)*. Elle étudia le chant avec ses parents, qui étaient tous deux chanteurs. Elle débuta à Prague en 1865 dans le rôle du premier génie de *la Flûte enchantée* de Mozart. Engagée à l'opéra de Berlin, elle y chanta pendant quinze ans une grande variété de rôles lyriques et coloratur. En 1880, elle fut Philiné dans *Mignon* d'Ambroise Thomas et Violetta dans *la Traviata* de Verdi à Londres. Puis elle évolua vers les rôles de soprano dramatique, aborda Wagner et incarna pour la première fois Isolde en 1884 sous la direction de Hans Richter. Elle participa à l'inauguration de Bayreuth en 1876, et, en 1896, y chanta Brunehilde. Ce qui ne l'empêcha pas d'incarner Donna Anna de *Don Giovanni* et Constance de *Die Entführung aus dem Serail* de Mozart au festival de Salzbourg, dont elle assuma la direction artistique en 1905. Elle quitta la scène en 1909, mais donna des récitals jusque dans les années 20. Elle interpréta 170 rôles différents en allemand, en italien et en français. Elle fut l'une des plus grandes techniciennes du chant et publia un traité en la matière. J. B.

LEHMANN *(Lotte)*, soprano allemande naturalisée américaine *(Perleberg 1888 - Santa Barbara, Californie, 1976)*. Elle fit ses débuts en 1903 à Hambourg dans *la Flûte enchantée* (rôle du troisième génie). Elle fut engagée en 1916 à l'opéra de Vienne, qui demeura son principal port d'attache jusqu'à l'Anschluss. Elle y créa les rôles du compositeur dans *Ariane à Naxos* (1916) et la teinturière dans *la Femme sans ombre* (1919) de Richard Strauss. Elle fut une des interprètes favorites de ce dernier, qui la fit venir à Dresde pour la création d'*Intermezzo* (rôle de Christine). À Vienne, elle chanta encore Arabella de Richard Strauss et surtout la Maréchale dans *le Chevalier à la rose*, où elle s'illustra particulièrement. Élisabeth dans *Tannhäuser*, Elsa dans *Lohengrin*, Eva dans *les Maîtres chanteurs* furent ses rôles wagnériens. On admirait aussi beaucoup sa Leonore dans *Fidelio* de Beethoven. De nombreux ouvrages italiens figuraient à son répertoire, dont *la Tosca*, *Sœur Angélique* et *Turandot* de Puccini. Immigrée aux États-Unis, elle fut, jusqu'en 1945, une des étoiles du Metropolitan Opera de New York. Après cette date, elle donna des récitals encore pendant six ans. Son timbre vocal était d'une rare beauté. Elle possédait une présence à la fois musicale et humaine, qui l'a rendue inoubliable. J. B.

LEIBNIZ (*Gottfried Wilhelm*), philosophe allemand (*Leipzig 1646-Hanovre 1716*). Appartenant au siècle des lumières, Leibniz contribua de fait à la naissance de l'esthétique théorique. Il n'a pas laissé d'écrit sur la musique, mais sa correspondance, avec Conrad Henfling notamment, montre qu'il s'est intéressé au calcul des intervalles et qu'il connaissait les bases théoriques de la musique. Dans son système de l'harmonie préétablie, la musique ne pouvait que rendre compte de l'ordre mathématique et harmonieux du monde et c'est là ce qui expliquait son effet sur les sens. Leibniz indiquait, d'autre part, quelle place il convenait d'attribuer à la musique au sein de sa théorie de la connaissance en écrivant dans une lettre à Christoph Goldbach (1712) : « Musica est exercitium arithmeticae occultum nescientis se numerare animi », et dans les *Principes de la nature et de la grâce fondés en raison* (1714) : « Les plaisirs mêmes des sens se réduisent à des plaisirs intellectuels confusément connus. La musique nous charme quoique sa beauté ne consiste que dans les convenances des nombres et dans le compte dont nous ne nous apercevons pas, et que l'âme ne laisse pas de faire, des battements ou vibrations des corps sonnants qui se rencontrent par certains intervalles. » N. C.

LEIBOWITZ (*René*), compositeur, musicologue et pédagogue français d'origine polonaise (*Varsovie 1913-Paris 1972*). Il étudia le violon à l'âge de cinq ans, vint à Paris en 1926 et fut marqué de façon décisive par les leçons de Schönberg et de Webern à Berlin et à Vienne (1930-1933). Il étudia aussi l'orchestration avec Ravel à Paris (1933). Sa grande notoriété lui vint de ses activités de professeur et de pédagogue.

C'est Leibowitz qui, de 1945 à 1947, à Paris, dans le cadre de cours privés, fit découvrir l'école viennoise de Schönberg, Berg et Webern, alors ignorée et/ou méprisée, à de nombreux jeunes compositeurs, parmi lesquels Pierre Boulez. Parallèlement, il publia, pour la première fois en France sur ce sujet, deux ouvrages fondamentaux, *Schoenberg et son école* (1946) et *Introduction à la musique de douze sons* (1949). Il exerça en même temps des activités de chef d'orchestre. Mais, dans son enseignement comme dans ses œuvres, et fidèle en cela au dodécaphonisme le plus orthodoxe, il s'attacha exclusivement à l'organisation sérielle des hauteurs, ce qui le fit considérer comme démodé même par ceux qui avaient le plus profité de son enseignement.

Il publia encore *l'Artiste et sa conscience* (1950), réfutation des thèses de Jdanov, *l'Évolution de la musique de Bach à Schönberg* (1952), *Histoire de l'opéra* (1957), *Schönberg* (1969), *le Compositeur et son double* (1971) et *les Fantômes de l'opéra* (posthume, 1973).

Comme compositeur, René Leibowitz a laissé une centaine d'œuvres, pour la plupart jamais jouées. Parmi celles-ci, 5 opéras, dont *les Espagnols à Venise* (1963, créé à Grenoble, 1970). Il joua un rôle essentiel à un moment décisif de l'histoire musicale du xxe siècle. P. M. et M. V.

LEIDER (*Frida*), soprano allemande (*Berlin 1888 - id. 1975*). Elle connut une double formation vocale à Berlin et à Milan, ce qui lui permit d'aborder le répertoire italien, aussi bien que le répertoire allemand. Elle débuta à Halle en 1915 (Vénus de *Tannhäuser*).

Bien que, sur le plan international, sa carrière se soit surtout spécialisée dans les rôles wagnériens (Isolde, Brunehilde), elle contribua, en Allemagne, à la renaissance des opéras de Verdi, qui eut lieu dans les années 20. Elle excellait particulièrement dans Leonora d'*Il Trovatore* et dans Aïda. Elle était aussi une remarquable Donna Anna dans *Don Giovanni* de Mozart. Elle fut soprano principale à l'opéra de Berlin de 1923 à 1940, ce qui ne l'empêcha pas de se produire à Londres, à Paris, à Chicago et à New York. Sa voix au timbre riche et corsé, sa musicalité accomplie, une très belle technique de chant la firent triompher dans tous les grands rôles dramatiques qu'elle interpréta. J. B.

LEIFS (*Jón*), compositeur, pianiste, chef d'orchestre et musicographe islandais (*Ferme de Solheimer, Islande du Nord 1899 - Reykjavik 1968*). Son rôle est important en Islande car il a été à la fois un compositeur original et celui qui a effectué le plus de recherches pour justifier la naissance d'une école nationale. Il fit de nombreux voyages sur le continent européen, notamment en Allemagne, jusqu'à ce que, sous le IIIe Reich, il fût inscrit sur la liste noire des musiciens. Son œuvre créée là-bas a disparu dans les bombardements.

Nationaliste, Leifs n'est cependant pas un postromantique. Il s'intéresse aux *rímur* (danses) et aux *tvísöngur* (organa) et les amalgame à ses œuvres (*Islande*, ouverture, op. 9). Il se plaît également à adjoindre à l'orchestre traditionnel romantique de nombreux instruments ou accessoires originaux : lurs, boucliers vikings, massues en bois, pierres, chaînes (*Sögu-sinfonia* op. 26, 1950 ; poème symphonique *Hekla* op. 52, 1964). Son œuvre comprend encore 3 quatuors à cordes, des musiques de scène, des cantates et chœurs, 1 quintette, 1 concerto pour orgue et des pièces pour piano et orgue. H.-C. F.

LEINSDORF (*Erich*), chef d'orchestre américain d'origine autrichienne (*Vienne 1912*). Après avoir terminé ses études (piano, violoncelle et composition) à l'académie de musique de sa ville natale, il est engagé comme répétiteur au Singverein der Sozialdemokratischen Kunstelle, que dirige Webern. De 1934 à 1937, il est l'assistant de Bruno Walter, puis de Toscanini au festival de Salzbourg. A la suite d'une tournée remarquée en Italie, il est nommé, en 1937, sur la recommandation de Lotte Lehmann, chef assistant au Metropolitan Opera de New York, où il débute en dirigeant la *Walkyrie*. Malgré l'opposition de certains chanteurs, dont Lauritz Melchior et Kirsten Flagstad, il se voit confier en 1939 la responsabilité du répertoire allemand. Il succède en 1943 à Arthur Rodzinski, à la tête de l'orchestre de Cleveland, qui rompt son contrat en 1946.

Après avoir été directeur musical de l'orchestre philharmonique de Rochester (1947-1955), Leinsdorf renoue avec les théâtres lyriques, dirigeant tour à tour le New York City Opera (1956), puis le Metropolitan Opera (1957-1962), en tant que conseiller musical. Deux demi-échecs pour cet ennemi de la routine, qui accepte un dernier poste, celui de directeur musical de l'orchestre symphonique de Boston (1962-1969). Il y poursuit l'action de Charles Munch en élargissant le répertoire. A partir de 1969, renonçant à tout poste fixe, il mène une carrière de chef invité, aussi bien au Metropolitan (qu'il dirige à Paris, dans le cadre du Théâtre des nations), que dans différents festivals (en 1972, il dirige *Tannhauser* à Bayreuth). Il se consacre de plus en plus à la pédagogie, aussi bien par des cours de perfectionnement, à Tanglewood, en particulier, que par des concerts pour enfants. M. W.

LEIPZIG. Cette ville de Saxe, où naquit Richard Wagner en 1813 et qui est aujourd'hui intégrée dans la République démocratique allemande, fut aux xviiie et xixe siècles une grande capitale musicale, avec ses deux grandes églises, Saint-Thomas et Saint-Nicolas, et leurs écoles de musique. La *Thomasschule*, attachée à l'église Saint-Thomas, école publique ancienne, était célèbre pour ses chœurs formés de jeunes garçons de dix à dix-neuf ans, étudiants en musique, les *alumni*, qui chantaient la messe pendant les services religieux. Elle compta parmi ses « cantors » Stephani von Orba (à partir de 1435), Sethus Calvisius (1594-1615), Johann Hermann Schein (1615-1630), Johann Kuhnau (1701-1722) et surtout Jean-Sébastien Bach, qui reprit le poste à la mort de Kuhnau et l'assura de

1723 à 1750. Parmi les cantors plus récents, on peut citer J.-A. Hiller (1789-1804) et, de nos jours, Günther Ramin (à partir de 1950), Kurt Thomas (1955-1961), Mauesberger (1961-1972), H. J. Rotzsch (1972).

Les concerts du *Gewandhaus* sont une tradition célèbre à Leipzig. Ces concerts réguliers, fondés en 1743 par Johann Friedrich Doles, qui dirigeait alors un ensemble de 17 exécutants, furent interrompus entre 1756 et 1763 par la guerre de Sept Ans, sous Frédéric-Auguste II, mais ils ressuscitèrent en 1763 avec un effectif instrumental plus important, et, à partir de 1781, se donnèrent dans une salle attenante à l'ancienne halle des marchands de lin, le Gewandhaus (la «maison du vêtement»). En 1884, ils s'installèrent dans une salle plus grande et d'acoustique meilleure. Un nombre considérable de musiciens réputés ont été chefs titulaires du Gewandhaus : parmi ceux-ci, Felix Mendelssohn (1835-1847), Niels Gade (1847-48), Karl Reinecke (1860-1895), Arthur Nikisch (1895-1922), Wilhelm Fürtwängler (1922-1929), et, à partir de 1970, Kurt Masur. C'est l'orchestre du Gewandhaus qui jouait à l'opéra de Leipzig. Inauguré en 1693 avec l'*Alceste* de N.-A. Strungk, cet opéra fut, au XVIIIe siècle surtout, un des hauts lieux du *singspiel* allemand, sous la direction de J.-A. Hiller et de Georg Philipp Telemann. C'est là que fut créé pour l'Allemagne l'*Oberon* de Weber en 1828. Au XXe siècle, on y créa plusieurs opéras modernes allemands : en 1927, *Johnny joue (Johnny spielt auf)* d'Ernest Křenek, premier opéra occidental intégrant le jazz; en 1930, *Mahagonny (Aufstieg und Untergang der Stadt Mahagonny)* de Kurt Weill et Bertolt Brecht ; en 1948, *Die Nachtschwalbe* («l'Engoulevent») de Boris Blacher. À l'orchestre du Gewandhaus, il faut ajouter l'orchestre symphonique de Leipzig.

Le conservatoire de musique de Leipzig fut créé en 1843 par Mendelssohn, qui y donnait des leçons de piano et de composition, et qui invita notamment Schumann à y enseigner (c'est à Leipzig que Schumann avait étudié le droit, rencontré Friedrich Wieck et sa fille Clara, et fondé en 1834, sa revue musicale, la *Neue Zeitschrift für Musik*). Actuellement nommé Staatliche Hochschule für Musik, ce conservatoire servit de modèle à d'autres écoles de musique fondées par la suite. L'Institut de musicologie, attaché à l'université, est également un centre réputé de recherches et d'enseignement, notamment sous la direction de Riemann. Plusieurs éditeurs de musique importants se sont installés à Leipzig : Eulenburg (jusqu'en 1939), Breitkopf und Härtel (jusqu'en 1952), Peters, etc., mais la division de l'Allemagne en a fait émigrer une partie après la Seconde Guerre mondiale.   M. C.

LEITMOTIV (all. ; «motif conducteur»). Terme inventé par le directeur des *Bayreuther Blätter*, Hans von Wolzogen, à l'usage du drame wagnérien, et qui a supplanté le terme employé par Wagner lui-même, le *Grundthema* («thème fondamental»). Le leitmotiv est un thème qui, associé par convention à une idée ou à un personnage, permet à la musique, par la manière dont il est employé et éventuellement varié, non seulement d'évoquer la présence de cette idée ou de ce personnage, mais encore d'en suggérer les transformations ou de révéler les pensées secrètes des acteurs, voire de servir de base, à la manière d'un thème de symphonie, à l'architecture d'une scène musicale.

Contrairement à ce que l'on croit souvent, le système du leitmotiv, qui devait transformer de fond en comble la conception du théâtre lyrique à la fin du XIXe siècle, n'a pas été inventé par Wagner. On en trouve chez Grétry. L'idée semble en avoir été aussi suggérée par Grillparzer à Beethoven, pour un projet d'opéra, *Mélusine*, jamais réalisé. C'est Berlioz (*Idée fixe* de la *Symphonie fantastique*), suivi par Liszt (dans ses poèmes symphoniques), qui en fut le véritable créateur, mais Wagner, après lui, l'a non seulement codifié, mais développé et poussé dans ses dernières œuvres à un tel degré de perfection et de richesse que l'on peut légitimement lui en laisser le patronage.   J. C.

LEJET *(Édith)*, femme compositeur française *(Paris 1941)*. Élève de Marcel Beaufils (esthétique générale), Jean Rivier et André Jolivet (composition) au Conservatoire de Paris, elle a obtenu le prix de la Vocation en 1967, un premier second grand prix de Rome en 1968, et le prix de musique de chambre de la S. A. C. E. M. en 1979. De 1968 à 1970, elle a été pensionnaire de la Casa Velasquez à Madrid. On lui doit, notamment, *Quatre Mélodies* pour chant et piano sur un poème de F. García Lorca (1966), *Monodrame* pour violon et orchestre (1969), *Journal d'Anne Franck* pour chœur de jeunes filles et 8 musiciens (1968-1970), *Musique pour René Char* pour ensemble de chambre (1974), *Hommage au maître des Hauteurs et des Lointains* pour 24 cordes (1974-75), *Harmonie du soir* pour orchestre de chambre (1977), *Deux Antiennes* pour quintette de cuivres (1978).   M. V.

LE JEUNE (Claude, Claudin), compositeur français *(Valenciennes v. 1530 - Paris 1600)*. On ignore tout de sa jeunesse et de sa formation (peut-être participa-t-il à une maîtrise du Nord et séjourna-t-il quelque temps en Italie) jusqu'à sa première mention dans un recueil de chansons publié à Louvain (1552) et à son installation à Paris (v. 1564), où il devint le protégé de deux seigneurs protestants, François de la Noue et Charles de Téligny : il leur dédia ses *Dix Pseaumes de David en forme de motets*.

Membre actif, dès sa fondation, de l'*Académie de poésie et de musique* (1570) fondée par J.-A. de Baïf et Courville, et qui avait pour but de restaurer l'union des deux arts ainsi que de faire revivre, dans la langue française, la musique mesurée à l'antique, Claude Le Jeune s'y imposa comme le musicien le plus novateur. Il sut en tirer toutes les possibilités rythmiques. Échappant aux massacres de la Saint-Barthélemy (1572), il entra comme maître de musique au service de François, duc d'Anjou et frère du roi Henri III (av. 1582) et l'accompagna vraisemblablement dans l'expédition d'Anvers contre les Espagnols. Dans cette ville fut publié, chez Plantin, son *Livre de meslanges* (1585). Le Jeune servit ensuite divers nobles protestants en un temps où sa réputation était aussi grande que celle du « divin » Orlande. Hostile à la Ligue, il s'enfuit à La Rochelle, tandis que Jacques Mauduit parvenait à mettre en lieu sûr ses manuscrits.

En 1596, Henri IV nomma Claude Le Jeune compositeur ordinaire de la Chambre du roi. Rapin l'appelait le « Phénix des musiciens » ; Mersenne aimait louer la « beauté et diversité des ses mouvements ». Mais peut-être faut-il d'abord souligner la variété des genres qu'il pratiqua avec une égale liberté : psaumes, motets, chansons, chansons spirituelles, airs, etc. Par exemple, dans *le Printemps* (édité par sa sœur, Cécile Le Jeune, en 1603), il varie les dispositifs vocaux, fait alterner sur le plan structural couplets (chants) et refrains (rechants), sachant placer à bon escient un trait expressif. Son admiration pour Janequin s'y révèle, par l'emprunt de l'*Alouette* et du *Rossignol*, deux pièces polyphoniques auxquelles Le Jeune ajoute une cinquième voix. Sans doute veut-il ainsi relier à la tradition le style nouveau, plus homorythmique et particulièrement personnel sur le plan harmonique, qu'il développe dans trente-trois des trente-neuf pièces du *Printemps*.

Si faire naître des passions en retrouvant l'ethos primitif de la musique est l'une de ses aspirations, Le Jeune semble avoir réussi auprès de ses contemporains, puisque l'exécution en 1605 de deux de ses *Pseaumes* par plus de cent chanteurs produisit un tel effet sur Eustache Du Caurroy qu'il « se convertit » à la musique mesurée. En la matière, mode et rythme ne sont des moyens qui lui permettent, comme dans les *Octonaires de la Vanité et inconstance du monde*, sur un texte d'Antoine de La Roche Chandieu, de mieux cerner l'essence du poème, une œuvre engagée, où la polyphonie très ornée concourt à l'expressivité. L'œuvre se divise en douze sections, chacune écrite dans l'un des douze modes utilisables à la fin du XVIe siècle.

Mais Claude Le Jeune ne saurait être enfermé dans une seule esthétique sur le plan de la musique spirituelle et religieuse : il a mis en musique *Dix Pseaumes de David en forme de motets* (1564), en faisant œuvre originale du point de vue mélodique. La mélodie traditionnelle se rencontre, d'ailleurs, chez lui, dans une harmonisation note contre note, à 4 voix, à moins que, n'assurant le lien entre les diverses strophes, elle circule librement entre les parties. C'est le cas du *Dodécacorde* (1598), douze psaumes polyphoniques établis de nouveau sur les douze modes de Glaréan. Notons aussi qu'il a pu préférer aux vers de Marot, rebelles à l'esthétique nouvelle, ceux de Baïf et d'Agrippa d'Aubigné (126 *Pseaumes en vers mesurés, Te Deum*, 1606). Dans le recueil d'*Airs* paru chez Ballard en 1608, on retrouve des pièces remaniées écrites à l'origine pour le mariage du duc de Joyeuse (1581). Tel est le cas de *Comment pensés vous que je vive :* sur un bercement ternaire, les cinq voix entrent une à une avec chaque nouvelle strophe poétique, suggérant ainsi la mise en scène de cette pièce.

Le modernisme du langage harmonique de Le Jeune n'est peut-être nulle part plus frappant, plus étonnant que dans la chansonnette pour 3 voix aiguës *Qu'est devenu ce bel œil*, extraite du recueil de 1594. Enfin, il a signé un certain nombre de *villanelle* (par exemple, *O Villanella bella* à 4 voix) et de madrigaux italiens. Ces derniers, écrits dans le style de maturité du genre à 5 voix, exploitent les possibilités contenues dans le texte, que ce soit l'élan rythmique de *Io ti ringrati' amor* ou la chute chromatique de *Viv' in dolor*.

En somme, l'œuvre de Claude Le Jeune se présente, en cette fin du XVIᵉ siècle, comme une œuvre de synthèse ouvrant la voie aux nouvelles formes du siècle suivant. Dans le domaine de la musique mesurée à l'antique en particulier, son influence a été grande chez les premiers maîtres de l'air de cour.

Œuvres. *Dix Pseaumes de David en forme de motets* (Paris, Le Roy et Ballard, 1564) ; *Livre de meslanges* (Anvers, Plantin, 1585) ; *Airs mis en musique* [4 et 5 v.] (Paris, Le Roy et Ballard, 1594) ; *Dodécacorde* (La Rochelle, Haultin, 1598) ; *les CL Pseaumes à 4 et 5* (Paris, Le Roy et Ballard, 1601) ; *le Printemps* (id., 1603) ; *Pseaumes en vers mesurés* (id., 1606) ; *Octonaires de la Vanité et inconstance* [36 pièces à 3 et 4 v.] (id., 1606) ; *Missa ad placitum* [5 et 6 v.] (id., 1607) ; *Airs à 3, 4, 5 et 6 parties, Second Livre des airs* (id., 1608) ; *Second Livre des meslanges* (id., 1612). D'autres motets, chansons, canzonettes ont paru dans de nombreux recueils collectifs.

M.-C. L. M.-M. et C. W.

LEJEUNE (Jacques), compositeur français (*Talence 1940*). Membre, depuis 1968, du Groupe de recherches musicales de l'I.N.A., à Paris, il y poursuit la réalisation d'œuvres de musique électroacoustique marquées par une recherche de synthèse et de cohabitation entre des sons empruntés à la vie quotidienne et aux phénomènes naturels, et des matériaux sonores plus abstraits. Il excelle surtout à construire dans l'espace, à « orchestrer » des paysages sonores aux perspectives nettes et bien dessinées. Dans sa première période (*D'une multitude en fête*, 1969 ; *Cri*, 1972 ; *Œdipe Underground*, 1972), la balance penche encore vers l'humour, et les rencontres surréalistes de son hétérogènes. A partir de *Parages* (1973-74), œuvre en 3 parties comprenant un « cycle d'Icare », thème cher au compositeur, et un vaste mouvement intitulé *Traces et Réminiscences*, et dans *Entre terre et ciel* (1979), il stylise l'évocation anecdotique, la dépouille de son pittoresque pour n'en garder que la valeur symbolique, « archétypale ». Les *Paysaginaires 1 et 2* (1976) et *Symphonie au bord d'un paysage* (1981), où la bande magnétique dialogue respectivement avec une flûte, des percussions, des synthétiseurs joués en « live », élargissent le domaine d'expression du compositeur vers le jeu en direct.

M. C.

LEKEU (Guillaume), compositeur belge (*Heusy, près de Verviers, 1870 - Angers 1894*). Au cours de ses humanités classiques, à Poitiers, où ses parents s'étaient retirés, il se sent attiré par les sciences, la littérature, le violon. Subitement, en 1885, il prend conscience de sa vraie vocation : elle est musicale. Ayant lu attentivement les quatuors de Beethoven, il se met à écrire : *Trio en sol majeur* et *Tempo di Mazurka* pour piano que suivent, en 1886, *Commentaires sur les paroles du Christ* et *Méditation et Menuet* pour quatuor à cordes, *Lamento et Lento Doloroso* pour piano, *la Fenêtre de la maison paternelle* (mélodie, inédite). En 1888, il vient à Paris, entreprend des études de philosophie. Puis, sur les conseils de Wyzewa et Sailles, il se tourne résolument vers la musique.

D'abord élève de Vallin au Conservatoire (harmonie), il travaille ensuite avec Franck et surtout Vincent d'Indy (composition), recevant en 1891 la seconde récompense au concours belge pour le prix de Rome avec la cantate *Andromène* (jouée à Verviers avec succès, 1892). Remarqué par Ysaye, qui lui commande alors une *Sonate pour piano et violon*, Lekeu compose d'arrache-pied. Il meurt à vingt-quatre ans, du typhus, sans avoir pu donner sa vraie dimension.

C'est un tempérament généreux, noble, soucieux de la dignité de son art. Tard venu à la musique, tôt disparu, Lekeu apparaît comme un artiste probe, sincère, plein de promesses auxquelles la maturité eût, sans aucun doute, apporté une richesse exemplaire. Davantage tourné vers la musique pure que vers la musique dramatique, il a laissé une œuvre brûlant d'un feu intérieur très vif, générateur de lyrisme, qu'organise et discipline une solide structure cérébrale : en témoigne sa grande *Sonate* (1892). Familier de la poésie romantique et symboliste (il fréquente Mallarmé), Lekeu laisse une dizaine de mélodies, la plupart écrites sur ses propres textes. La qualité de ses compositions abouties ou inachevées (*Sonate pour violoncelle et piano*, 1888, et *Quatuor à cordes*, 1892, terminés par d'Indy) démontre son attachement au franckisme (forme et expression esthétique), mais aussi une volonté parallèle de le dépasser afin de s'exprimer pleinement.

Œuvres. *Prélude pour Phèdre* ; *Adagio pour 2 violons et violoncelle* ; *Noël* (1888) ; *Chant de triomphale délivrance* et *Étude symphonique d'après Hamlet* (1889-90) ; *Fantaisie contrapuntique sur un cramignon liégeois* ; *Étude symphonique pour le second Faust* (1890) ; *Chanson de Mai pour chœur et orchestre* ; *Épithalame* ; *Introduction et adagio pour orchestre d'harmonie et tuba solo* (1891) ; *Fantaisie sur des airs populaires angevins* (orchestre) ; *Suite pour violoncelle et orchestre* ; *Trois Pièces pour piano* ; *Trois Poèmes* (1893).

J. G.

LELIO OU LE RETOUR À LA VIE. « Monodrame lyrique », composé en 1831 par Hector Berlioz, comme une suite et un complément de sa *Symphonie fantastique* créée l'année précédente, le tout devant former l'ensemble complet intitulé *Épisode de la vie d'un artiste*. Cet ensemble fut créé en décembre 1832 à la Salle du Conservatoire à Paris.

Le principe dramatique de *Lelio* est original dans sa conception. Un personnage unique, dont le nom évoque le compositeur de façon transparente, déclame ses états d'âme devant un rideau fermé, derrière lequel un orchestre, des chœurs, des solistes incarnent ses rêveries musicales. A la fin, le rideau se lève et découvre l'orchestre, qui exécute une grande *Fantaisie sur la Tempête de Shakespeare* (composée en 1830), représentant le seul recours qui s'offre aux mélancolies et aux désespoirs amoureux du héros : la création artistique. Le thème de la bien-aimée, l'*Idée fixe* de la *Symphonie fantastique* intervient de temps en temps comme une obsession dans ce « monodrame », où, en fait, il ne se passe pas grand-chose. On comprend vite que la substance musicale de *Lelio* est faite d'un patchwork de « fonds de tiroirs » de l'auteur : une *Ballade du pêcheur*, d'après Goethe, pour baryton et piano ; un *Chœur d'ombres*, récupéré de la cantate de concours sur la *Mort de Cléopâtre*, et, qui, ici, n'est pas très bien en situation, malgré ses beaux élans gluckistes ; une *Chanson de brigands*, qui annonce le brillant quatrième mouvement d'*Harold en Italie* ; un *Chant du bonheur* avec harpe ; et cette grande *Fantaisie*, assez extérieure, pour chœur, orchestre, et 2 pianos à 4 mains décorant le tout de leurs trilles serpentins. Le monologue de Lelio est prétexte pour l'auteur à « vider son sac », à exprimer ses enthousiasmes (Shakespeare) et ses haines (tirade contre les « arrangeurs » des musiques de Gluck et Beethoven). La part de confession sentimentale est peu explicite, et la femme dont il est question, accusée, adorée, détestée, pourrait être aussi bien Harriet Smithson que Camille Moke la traîtresse. M. C.

LEMNITZ *(Tiana)*, soprano allemande *(Metz 1897)*. Fille d'un chef de fanfare, elle étudia le chant à Metz, puis à Francfort-sur-le-Main avec Anton Kohmann, et débute à Heilbronn en 1920, dans le rôle d'*Undine* de Lortzing, avant d'être engagée à l'opéra d'Aix-la-Chapelle (1922-1928), puis comme première soprano lyrique au théâtre de Hanovre (1928-1933). Après une année à Dresde, elle est engagée au Berliner Staatsoper, où elle triomphe dans le rôle de Léonore de *Ernani* (sous la direction de Leo Blech). De 1934 à 1957, année de sa retraite, elle reste fidèle à ce théâtre et à son pays, qu'elle refuse de quitter, même pour une invitation au Metropolitan Opera de New York en 1938. Seules exceptions : le Covent Garden de Londres, où elle chante Eva des *Maîtres chanteurs* (1936) et le théâtre Colón de Buenos Aires, où elle crée *Jenufa* (1950). Elle succède en 1953 à Frida Leider à la tête de l'opéra-studio du Staatsoper.

Son répertoire est consacré aux rôles dramatiques (Mimi, Micaela, Desdémone, Sieglinde ; Aida, etc.), avec une prédilection pour les héroïnes slaves (Nastasia dans *l'Ensorceleuse* de Tchaïkovski, Milada dans *Dalibor* de Smetana, Marenka dans *la Fiancée vendue*, etc.) et pour les lieder (lors de son dernier concert, elle chante les *Wesendonklieder* de Wagner). Mais deux rôles dominent : celui d'Octavian du *Chevalier à la rose*, où, dès 1935, elle se révèle insurpassable, et celui de Pamina de *la Flûte enchantée*, qu'elle enregistre en 1937 sous la direction de sir Thomas Beecham. M. W.

LEMOINE. Maison parisienne d'édition fondée en 1772 par le virtuose de la guitare Antoine Marcel Lemoine *(1753-1817)*, et dirigée jusqu'à nos jours par ses descendants, actuellement André Lemoine *(né en 1907)* et son fils Max *(né en 1922)*. Spécialisée dans les ouvrages d'enseignement, la firme a publié notamment les célèbres traités d'instrumentation et d'orchestration de Berlioz, Gevaert et Widor, ainsi que *le Panthéon des pianistes* et *le Répertoire classique du chant français*. M. T.

LENAERTS *(Constant)*, compositeur et chef d'orchestre belge *(Anvers 1852 - id. 1931)*. Élève de Peter Benoit, il débuta, à dix-huit ans, comme chef d'orchestre du théâtre flamand d'Anvers. Il fut ensuite professeur au conservatoire de cette ville, chef des concerts populaires et du « Toonkunstenaarbond », et fondateur de la Société royale de l'harmonie. Parmi ses œuvres, citons une cantate *De triomf van't licht* (1890), de la musique instrumentale et des mélodies. A. G.

LENAERTS *(René Bernard Maria)*, musicologue belge *(Bornem, près d'Anvers, 1902)*. Ecclésiastique, il étudia en même temps au séminaire de Mechelen et à l'institut Lemmens. En 1929, il obtint un doctorat de philologie germanique à Louvain avec une thèse sur la musique polyphonique néerlandaise au XVIe siècle, *Het Nederlands polifonies Lied in de 16de Eeuw*, qui fut publiée en 1933. Il poursuivit ses études de musicologie sous la direction d'André Pirro à Paris (1931-32). De 1944 à 1973, il enseigna à l'Université catholique de Louvain, où il développa le département de musicologie, tandis qu'il succéda à Smijers à l'université d'Utrecht en 1958 et y resta jusqu'en 1971. Membre de l'IMS (International Musicological Society) et de l'Académie royale de Belgique, il a collaboré à la rédaction de la *Revue belge de musicologie* et à l'édition des *Monumenta musicae belgicae*. On lui doit de nombreux comptes rendus de ses travaux de recherches sur la musique polyphonique des XVe et XVIe siècles. N. C.

LENDVAI *(Erwin)*, compositeur hongrois *(Budapest 1882 - Londres 1949)*. Élève de Koessler à Budapest et de Puccini à Milan, il enseigna successivement la théorie à l'institut J. Dalcroze à Hellerau (Dresde) en 1913, au conservatoire Klindworth-Scharwenka de Berlin (1914-1920), puis à la Hochschule de Hambourg en 1923. *Kappelmeister* de différentes sociétés chorales allemandes entre 1923 et 1933, il dut fuir le nazisme et s'établit à Londres. Au lendemain de la guerre, il renoua des liens étroits avec la Hongrie et s'intéressa particulièrement à l'œuvre de Béla Bartók, tout en dirigeant l'Académie de Györ. P.-E. B.

LENDVAY *(Kamilló)*, compositeur hongrois *(Budapest 1928)*. Il étudia la composition à l'académie Franz-Liszt auprès de János Viski, et dirigea le théâtre d'État de marionnettes, puis le théâtre d'opérettes du Capitol, écrivant pour ces divers théâtres *A harom testör* (« les Trois Mousquetaires »), *Musica leggiera* (« ballet sur une musique de jazz », 1965), *Knock out* (1968), et, pour la télévision, *A búvös szék* (« la Chaise magique », 1972). Sa veine épique se manifesta dans *Orogenesis* (1969-70), oratorio pour chœur, cinq solistes, récitant et grand orchestre. Son cycle pour voix d'alto et ensemble de chambre *Kocsiüt az éjszakában* (« Chemin dans la nuit », 1970, sur des poèmes d'E. Ady) confirma ses dons de dramaturge. P.-E. B.

LENINGRAD (pour la période prérévolutionnaire, v. *Saint-Pétersbourg*). Dans le domaine musical, les premières années du pouvoir soviétique sont marquées par la nationalisation et la transformation de nombreux organismes musicaux, dont le conservatoire (auquel est adjoint, en 1923, un studio d'opéra), la Chapelle impériale (devenue la Chapelle académique d'État), le théâtre Marie (devenu le théâtre d'opéra et de ballet, et, à partir de 1935, le théâtre Kirov). L'année 1918 voit l'ouverture du théâtre Maly (le petit théâtre). Les initiatives de Lounatcharski, commissaire du peuple à l'instruction, favorisent les activités musicales dans les couches populaires. En 1923, la Philharmonie de Petrograd rassemble l'Orchestre symphonique d'État, la chapelle d'État, le Chœur communal des travailleurs (anciennement chœur Arkhangelski, du nom de son fondateur) et le quatuor Glazounov. Les concerts de la Philharmonie, dirigés par Cooper, Klimov, Malko, Samosoud, sont consacrés au répertoire classique ainsi qu'aux contemporains russes et occidentaux.

Au cours des années 20, Leningrad est à la pointe des réalisations artistiques. Après les reprises d'opéras de Wagner en 1923 *(Tannhauser, Lohengrin, Siegfried)*, ce sont les œuvres dramatiques de Schreker *(Der ferne Klang*, 1925), de Prokofiev (*l'Amour des trois oranges*, 1926), de Berg *(Wozzeck*, 1927), de Křenek *(Johnny spielt auf*, 1928), qui sont représentées, grâce aux initiatives de l'Association pour la musique contemporaine (fondée en 1924), tandis que les œuvres pianistiques de ces mêmes compositeurs, ainsi que celles de Bartók et du groupe des Six, sont révélées par des pianistes comme Maria Youdina.

La culture musicale et la musicologie sont représentées par Ivan Sollertinski, qui fait des cours publics d'histoire de la musique, et, surtout, par Boris Assafiev et Paul Lamm, qui entreprennent de restituer toute l'œuvre de Moussorgski d'après les manuscrits originaux. En 1928, la version originale de *Boris Godounov* est jouée à Leningrad.

Dans le domaine de la mise en scène d'opéra, les recherches d'avant-garde aboutissent, en 1935, à *la Dame de pique* de Tchaïkovski, dans la mise en scène de Meyerhold, qui suscite de violentes polémiques.

Leningrad est lié au nom du plus illustre compositeur soviétique : Dimitri Chostakovitch *(1906-1975)*, qui fit dans cette ville toutes ses études et y fit représenter ses opéras *le Nez* (1930) et *Lady Macbeth de Mzensk* (1934). Il dédia, en 1942, à sa ville natale sa *7e Symphonie*.

Parmi les autres représentants de l'art musical de Leningrad, il faut citer le compositeur populaire Soloviev-Sedoï *(1907-1979)*, le pianiste Vladimir Sofronistki *(1901-1961)*, le chef d'orchestre E. Mravinski, les musicologues Guinzbourg, Drouskin, Raaben, et le compositeur Boris Tistchenko *(né en 1939)*, élève de Chostakovitch, qui est actuellement l'un des compositeurs les plus en vue en U.R.S.S.

Depuis 1944, le conservatoire de Leningrad porte le nom de Rimski-Korsakov. A. L.

LENINGRAD. Titre donné par Dimitri Chostakovitch à sa *7e Symphonie* en *do* majeur op. 60, créée le 5 mars 1942 à Kouibychev, sous la direction de Samuel Samossoud. Composée en 1941, pour la plus grande partie en plein cœur de Leningrad assiégée par les troupes hitlériennes, le musicien l'a dédiée à sa ville natale. Ayant estimé que l'œuvre était d'une nature psychologique plus que descriptive, il n'a pas mis d'indications programmatiques dans sa partition. C'est ainsi que la symphonie la plus célèbre de Chostakovitch ne saurait être rangée parmi les « musiques de batailles » de l'histoire de la musique. Seul le premier mouvement est dominé par un « thème de l'invasion », d'ailleurs stylisé ; les autres mouvements reflètent la signification profonde des événements dont il a été le témoin.

C'est la plus longue des symphonies de l'auteur (1 h 20). Le vaste effectif orchestral comprend une harmonie renforcée (dont 8 cors, 6 trompettes, 6 trombones, tuba) et d'abondantes percussions. Dans une lignée venant de Wagner, perfectionnée par Strauss, Mahler et Schönberg, la dynamique orchestrale de Chostakovitch est, ici, très ample, des pianissimos aux tutti embrassant tout l'espace sonore. Quatre mouvements composent *la Symphonie de Leningrad*. L'allegretto initial s'étend sur 25 minutes. Son premier thème, grave, énergique, révèle la nature épique de la musique qui va suivre. Un épisode lyrique évoque un paysage serein : la vie du peuple se déroule sans histoire. La ville dort, la fin de l'introduction est comme une berceuse chantée par les violons. Par un procédé de fondu enchaîné, la caisse claire commence à battre le rythme de la marche, pianissimo, sur les dernières notes des cordes, marquant ainsi le début de l'épisode de l'invasion. Lorsqu'il a voulu stigmatiser la violence, Chostakovitch a toujours utilisé des thèmes robots (*cf. Lady Macbeth de Mzensk, 8e Symphonie*, etc.), volontairement simples, reflétant la force stupide et meurtrière. Ainsi a-t-il conçu son thème de l'invasion, sans doute inspiré d'une chanson de soldats et répété inlassablement, devenant monstrueux, écrasant, au fur à mesure qu'il participe au raz de marée orchestral. Lorsque le déferlement s'épuise, l'atmosphère devient incertaine, comme pour accompagner la vision d'un champ de bataille abandonné, avant que la vie ne reprenne ses droits, lors du retour du caractère lyrique de l'introduction. Le moderato *(poco allegretto)* en *si* mineur est un intermezzo lyrique et doux. « On y trouve un peu d'humour (je ne puis m'en passer). Shakespeare connaissait la valeur de l'humour dans une tragédie. Vous ne pouvez entretenir sans arrêt une atmosphère tendue. » L'écriture, colorée, grouille de détails piquants aux bois et aux cuivres. L'adagio, en *ré* majeur, élan d'amour envers la nature, s'ouvre sur un majestueux choral. La pensée est élevée, annonçant une phase méditative et lyrique. Lyrisme qui, à l'encontre de celui de Tchaïkovski, n'a rien de sentimental, et prend un caractère objectif. L'une des trouvailles les plus saisissantes du compositeur reste le fortissimo central, accompagnant une modulation inattendue et un brusque changement de tempo. Suit une sorte de marche rapide, farouche, exaltée, semblant conçue pour opposer un contrepoids aux événements chaotiques dont la symphonie tire sa substance. Après cette hallucinante envolée, le retour sur terre permet de retrouver la sérénité et le thème du choral initial. Le finale *(allegro non troppo)* fut composé en décembre 1941 à Kouibychev, où le compositeur avait été évacué du fait de l'avance allemande vers Moscou. Émergeant des profondeurs de l'orchestre, des motifs épars se dessinent. L'humanité va-t-elle connaître une aurore nouvelle ? Derniers tumultes. La musique avance péniblement, d'innombrables voix, comme celles de vies injustement anéanties, se font entendre. Chostakovitch a pensé à tous les martyrs de Leningrad, et, lorsque le tempo s'accélère, le mouvement se transforme en une « ode montant de tous les coins de la terre ». Affirmation de liberté, confiance en une victoire prochaine, celle-ci sera acquise au prix de nouveaux sacrifices. La symphonie se termine dans cette ambiguïté : au chant de triomphe du crescendo final, se mêlent, en contrepoint, de déchirantes clameurs aux cuivres. P. V.

LÉNORE. Poème symphonique de Duparc (1875), d'après une ballade de Bürger, créé à Paris à la Société nationale le 15 mai 1875, sous la direction d'Édouard Colonne.

Lénore pleure son fiancé Wilhelm, mort à la guerre. Le fantôme de Wilhelm apparaît sur son coursier. Il enlève Lénore, et tous deux s'élancent à cheval à travers la nuit, sous la lune, poursuivis par les hurlements des esprits. Mais, lorsque minuit sonne, le cheval et le cavalier tombent en poussière, et Lénore meurt.

Lénore se présente sous forme d'une introduction suivie d'un vaste mouvement en deux volets, avec une brève coda. L'introduction, *andante sostenuto*, expose un thème chromatique évoquant les lamentations de Lénore. Le langage harmonique reflète l'influence de *Tristan et Isolde* de Wagner. La partie principale, *allegro non troppo*, débute sur un thème de fanfare annonçant l'apparition de Wilhelm, auquel s'enchaîne rapidement le thème de la chevauchée, en rythmes pointés. Le développement est entrecoupé à deux reprises par un épisode *piu largamente*, qui reprend le thème de l'introduction. L'intensité dynamique et orchestrale augmente pour s'interrompre brusquement sur le coup fatal de minuit, à la suite duquel des fragments de thèmes, de plus en plus évanescents, aboutissent à une conclusion *pianissimo*.

L'orchestration a vraisemblablement été effectuée avec le concours de Saint-Saëns. A. L.

LENOT *(Jacques)*, compositeur français *(Saint-Jean-d'Angély 1945)*. Il a fait ses études à l'École normale d'instituteurs et au conservatoire de La Rochelle, et assisté aux cours d'été de Darmstadt en 1966. Devenu instituteur en 1965, il démissionna en 1970. Importantes pour lui furent ses rencontres avec Olivier Messiaen, Sylvano Bussotti et Franco Donatoni. Se considérant lui-même comme un autodidacte, il a écrit une œuvre abondante, séduisante d'aspect, mais d'une grande maîtrise d'écriture. Citons *Diaphaneis* pour 51 cordes et percussions métalliques (1967, créé cette même année au festival de Royan), *Barbelés intérieurs* pour 2 pianos, ensemble à vent et percussion (1968), *Cinq Sonnets de Louise Labé* pour haute-contre, soprano et ensemble instrumental (1971), *Immer*, trio pour 7 claviers (1972), *Beau Calme nu* pour flûte seule (1973, créé en 1974, Royan), *Symphonie* pour grand orchestre (1975-76, créée en 1977, Royan), *Océan captif* pour 4 groupes de solistes (1976), 2 sonates pour piano, créées respectivement en 1972 (vers. rév., 1974) et en 1978, et *Allégorie d'Exil IV*, créé en 1980 par le EIC sous la direction de Pierre Boulez. M. V.

LENTO (ital. ; « lent »). Terme désignant un mouvement analogue à celui du largo* sans en avoir obligatoirement le caractère grave. J. C.

LENYA *(Lotte)*, actrice et chanteuse américaine d'origine autrichienne *(Vienne 1898 - New York 1981)*. Sa première vocation de danseuse la conduisit à Zurich, où elle suivit la méthode Dalcroze et des cours de danse classique. Elle fut engagée au Stadttheater de

Zurich jusqu'à son départ en 1920 pour Berlin. La rencontre de deux dramaturges, Franz Wedekind et Georg Kaiser, infléchit sa carrière vers le théâtre parlé et chanté. Découverte par Kurt Weill, qui l'épousa en 1926, elle devint son interprète privilégiée, créant successivement *Mahagonny* (1927) et *l'Opéra de quat'sous* (1928) au Theater am Schiffbauerdamm de Berlin. Le rôle de Jenny, popularisé par le disque et, surtout, par le film de G. W. Pabst (1931), la fit connaître mondialement. Chassée par le régime nazi, elle créa à Paris le rôle d'Anna dans les *Sept Péchés capitaux* (1933), puis, à New York, ceux de Miiriam dans *The Eternal Road* (1937) et de la Duchesse dans *The Firebrand of Florence* (1945). Après la mort de Weill (1950), elle continua à défendre son œuvre, notamment par de nombreux disques qui fixèrent pour la postérité les interprétations d'une des rares « diseuses » de notre temps. L'univers de Kurt Weill semblerait incomplet sans cette voix savamment éraillée, d'un humour mordant et malicieux. À quatre-vingts ans passés, Lotte Lenya continuait de se produire aux États-Unis, notamment à Broadway, où elle interpréta, en 1968, *Cabaret*. M. W.

Léo (*Leonardo*), compositeur et pédagogue italien (*San Vito degli Schiavi*, auj. *San Vito dei Normanni, 1694 - Naples 1744*). Il entra en 1709 au conservatoire Santa Maria della Pietà dei Turchini de Naples, où il étudia avec Andrea Basso et Nicola Fago. En 1712, il composa un oratorio, *S. Chiara o L'Infedelta abbattuta*, exécuté la même année au conservatoire et à la cour. Dès sa sortie de l'école, l'année suivante, il commença une carrière prospère d'organiste et de maître de chapelle, qu'il mena presque simultanément à la chapelle de la cour (organiste adjoint en 1713, premier organiste en 1725, vice-maître assistant en 1730, vice-maître en 1737 et maître en janvier 1744, peu avant sa mort), à l'église Santa Maria della Solitaria en 1717, au conservatoire Santa Maria della Pietà dei Turchini (vice-maître de chapelle de 1734 à 1737 et maître en 1741, à la mort de Fago) et au conservatoire San Onofrio, où il remplaça Feo en 1739.

Malgré ces nombreuses charges, il composa beaucoup : sa production, qui comprend 6 concertos pour violoncelle et orchestre, 1 concerto pour 4 violons et orchestre, des toccatas pour clavier et des fugues pour orgue, relève surtout de la musique vocale. Il écrivit autant pour la scène (plus de 70 ouvrages), que pour les autres domaines vocaux, aussi bien sacrés (oratorios, messes, miserere, magnificat, motets, antiennes, psaumes, hymnes, etc.) que profanes (très nombreux airs). Il donna le meilleur de lui-même dans ses opéras comiques et dans sa musique sacrée. Héritier d'A. Scarlatti, il fut l'un des compositeurs les plus importants de l'école napolitaine, et un des premiers à Naples à avoir ajouté des chœurs à ses opéras (dans *Olimpiade*, par exemple). Dans ses œuvres sacrées, il fit preuve d'une maîtrise impressionnante du contrepoint. À la fin de sa vie, il se tourna plutôt vers un type d'écriture *a cappella* (son *Miserere* à 8 voix de 1739 en est un exemple remarquable). Grand pédagogue, il compta parmi ses élèves N. Jommelli et N. Piccinni. D. H.

Leoncavallo (*Ruggero*), compositeur et librettiste italien (*Naples 1857 - Montecatini, Toscane, 1919*). La vie de ce musicien, dont le nom reste attaché à son opéra *Paillasse*, véritable manifeste du vérisme*, demeure assez obscure, en raison des légendes qu'il a lui-même accréditées, notamment sur son âge véritable et ses diplômes universitaires. Fils d'un magistrat, formé au conservatoire de Naples, il suivit l'enseignement du poète Carducci à Bologne, voyagea (notamment en Égypte, où résidait un de ses oncles, diplomate) et vint gagner sa vie à Paris, jouant du piano dans les cafés-concerts, s'y liant avec Massenet et avec le baryton Victor Maurel, qui l'appuya alors de sa renommée. Sensible aux théories wagnériennes, excellent versificateur, il rédigea lui-même ses livrets, s'inspirant souvent de modèles littéraires élevés ; il avait déjà écrit *Chatterton* (créé seulement en 1896) lorsque le succès de *Paillasse* (1892), dont le prologue lui avait été suggéré par Maurel, devenu son interprète, lui apporta la gloire et des profits immédiats. Une trilogie sur la renaissance florentine (*Crepusculum*), qui eût dû comprendre encore *Savonarole* et *Cesare Borgia*, se limita aux *Medici* (1893), dont l'insuccès le découragea. Sa *Bohème* (1897) souffrit du triomphe de l'opéra de Puccini, mais il rencontra un meilleur accueil avec *Zaza* (1900) et avec *Der Roland von Berlin* (1904), commande de Guillaume II.

Il s'adonna quelque temps à la composition d'opérettes et renoua avec ses ambitions initiales avec un *Œdipe-Roi* (1920), dont sa mort soudaine l'empêcha de voir la création.

Le succès universel de *Paillasse*, réplique de la *Cavalleria rusticana* de Mascagni, détourna Leoncavallo de son idéal, mais il n'en demeure pas moins que cette œuvre, libérée des interprétations médiocres, dont elle fut trop souvent victime, révèle non seulement ses qualités de poète et de dramaturge, mais aussi un solide métier musical et une veine mélodique intense et sincère qui en font une étape de l'évolution de l'art lyrique. On doit encore à Leoncavallo quelques mélodies, dont la célèbre *Mattinata*, dédiée à Caruso (1904), ainsi que des livrets d'opéra écrits pour d'autres compositeurs. R. M.

Leonhardt (*Gustav*), organiste, claveciniste et chef d'orchestre néerlandais (*'s Graveland 1928*). Il étudia l'orgue et le clavecin avec Eduard Müller à Bâle (1947-1950) et débuta à Vienne (1950), au clavecin, dans *l'Art de la fugue* de Bach. Professeur de clavecin à l'Académie de musique de Vienne (1952-1955), ainsi qu'au conservatoire d'Amsterdam (depuis 1954), il est aussi organiste à la Waalse Kerk (orgue du facteur Christian Müller, 1733). Il fonda en 1955 le Leonhardt Consort, ensemble spécialisé dans l'interprétation de la musique baroque. Son répertoire couvre les XVIe, XVIIe et XVIIIe siècles, et il a largement contribué à gagner à cette musique une plus large audience et à fixer pour elle des références stylistiques. Méditation et recueillement caractérisent son jeu, y compris comme chef de chœurs. Il a entrepris en alternance avec Nikolaus Harnoncourt un enregistrement intégral des cantates de J.-S. Bach, et c'est lui qui incarne le rôle de ce compositeur dans le film de Jean-Marie Staub *Die Chronik der Anna Magdalena Bach* (« la Petite Chronique d'A. M. Bach », 1967). A. de B.

Leonin, diminutif du prénom Léon (*Leo*), porté par le plus ancien maître de l'école de Notre-Dame de Paris au XIIe siècle, auteur d'organa*, dont le corpus a été transmis par les manuscrits polyphoniques de cette école, mais mélangés à d'autres et sans signature. Le nom de Léonin, comme celui de Pérotin, nous est connu par un théoricien anglais du XIIIe siècle, dit « Anonyme IV de Coussemaker » (du nom de son premier éditeur), qui précise que plusieurs de ses œuvres ont été « abrégées » par son successeur Pérotin ; on possède plusieurs œuvres en double version qui corroborent la description et que l'on peut donc lui attribuer avec vraisemblance, sinon avec certitude.

Aucune précision d'archives n'a malheureusement pu être apportée concernant ce *magister Leo vel Leoninus*, qualifié d'*optimus organista* (entendez « chanteur ou compositeur d'*organa* »), dont l'activité à Notre-Dame, ou dans l'église qui l'a précédée, semble se situer entre 1160 et 1180, et que l'on peut considérer, après un certain maître Albert *parisiensis* à l'activité plus modeste, comme le premier compositeur polyphonique connu de l'histoire musicale. J. C.

Léonore. V. *Fidelio*.

Léonore 40/45. Opera semi-seria en 2 actes et 1 prologue de Rolf Liebermann, sur un texte de Henrich Strobel, créé à Bâle le 25 mars 1952. Bâti sur un événement vécu de la Seconde Guerre mondiale, l'ouvrage est en 2 langues : les scènes qui se passent en France sont en français, celles se déroulant en Allemagne en allemand. Le titre, qui rappelle le *Fidelio* de Beethoven, indique que « dans tous les temps la femme oppose toujours à nouveau le courage du cœur à la folie du monde ».

PROLOGUE. *Dans un récitatif de l'ange gardien, M. Émile présente ironiquement cette banale « histoire d'amour ». A gauche apparaît la maison allemande, avec Albert et son père qui écoutent de la musique à la radio. Le speaker interrompt le concert pour annoncer la mobilisation, à la grande consternation des deux Allemands, peu intéressés par la guerre. Apparaissent alors à la droite de la scène, à table, Huguette et sa mère, qui ont appris dans les journaux que la guerre est proche. Huguette ne redoute rien, et affirme que le droit est du côté français. Germaine, au contraire, craint la guerre, car elle a perdu son mari à celle de 1914.*

ACTE PREMIER. *Pendant l'occupation allemande à Paris, Huguette a fait la connaissance d'Albert. Leur amour commun de la musique leur fait dépasser tout conflit de nationalité. Et leur entente ne sera interrompue qu'en 1943, lorsque l'invasion allemande se généralise et lorsque, malgré l'offre d'Huguette de cacher Albert, celui-ci rejoint son régiment, pour ne pas nuire à la sécurité de son amie. Pendant ce temps, le frère d'Huguette est au maquis.*

ACTE II. *On est en 1945. Albert, prisonnier en France, travaille à Épernay, dans une fabrique d'instruments de musique (flûtes et hautbois), la maison Lejeune. Huguette, ayant pris connaissance du lieu où se trouve celui qu'elle aime toujours, s'y rend comme secrétaire bilingue. Malgré quelques difficultés et le jugement symbolique d'un tribunal national, l'hymen des deux amants termine l'œuvre, au son de l'ouverture de Léonore.*

Dans cette œuvre sérielle, Liebermann révèle un grand tempérament dramatique, et se montre capable de cerner efficacement une situation avec un minimum de moyens musicaux. Airs, duos, ensembles et chœurs se succèdent et constituent autant de tableaux admirablement soutenus par l'orchestre. Liebermann ne craint pas pour autant la parodie, et lance des traits satiriques contre Massenet, Leoncavallo, Wagner ou Liszt, mais aussi contre Schönberg et Stravinski, voire, en le citant, contre le *Fidelio* de Beethoven. C. H.

LEOPOLITA (*Martin*), compositeur polonais (*Marcin ? - Lwów 1589*). Il occupe des fonctions à la cour royale de Cracovie, et est considéré comme un des musiciens les plus représentatifs du XVIe siècle polonais avec W. de Szamotuły. Il est l'auteur de messes, notamment la *Missa paschalis* à 5 voix (cycle complet de messes a cappella, le document le plus ancien qui ait pu être conservé intégralement dans la musique polonaise, et dont le matériel mélodique est emprunté à un credo pseudo-grégorien), de motets pour l'année ecclésiastique; outre ses aspects mélismatiques et effets d'imitation, l'écriture vocale de M. Leopolita se caractérise par un style de contrepoint fleuri tout en contrastes dans lequel chaque voix se fait entendre clairement et avec une relative liberté malgré une texture polyphonique généralement complexe.

J.-Y. B.

L'ÉPINE, ou **LESPINE**, ou **LÉPINE**, famille de facteurs d'orgues français, originaires du sud-ouest de la France et actifs durant tout le XVIIIe siècle. Le plus ancien organier connu de la famille est **Adrian** (*Ier tiers XVIIIe s.*), qui travailla à la restauration des orgues de la cathédrale de Bordeaux (1711), de Saint-Jean-de-Luz (1724) et de Saint-Michel de Bordeaux (1731). **Jean-François Ier**, son frère (*Abbeville v. 1682 - Toulouse 1762*), s'est fixé à Toulouse vers 1725. Il est le véritable fondateur de la dynastie et en a établi la réputation. En relation avec les organiers Isnard et Cavaillé, il travailla à Albi et à Rodez. Ses principaux instruments sont les orgues des Cordeliers à Toulouse (1727) et de la cathédrale de Lodève (1752). Son fils, **Jean-François II**, dit L'AÎNÉ (*Toulouse 1732 - Pézenas 1817*), a travaillé avec Isnard et le fameux théoricien Dom Bédos de Celles. Établi à Pézenas, il a réalisé les instruments de Béziers, Pézenas (1755), Narbonne (Saint-Just, 1770-71) et Montpellier (cathédrale, 1776-1780). **Adrien**, frère de Jean-François II (*Toulouse 1735 - Paris ?*). Il s'est installé à Paris, où il a épousé la sœur de l'organier François-Henri Clicquot. Ses principaux instruments sont ceux de Nantes (cathédrale, 1767), Nogent-sur-Seine, Brie-Comte-Robert, la chapelle de l'École militaire de Paris (1772), Saint-Médard de Paris (1778) et Montargis (1778). Il a également construit des clavecins. En 1772, il a présenté à l'Académie des sciences un système de piano-forte organisé de son invention, à deux claviers, le second clavier actionnant quatre jeux d'orgue.

G. C.

LEPPARD (*Raymond*), chef d'orchestre, claveciniste et musicologue anglais (*Londres 1927*). Après des études au Trinity College de Cambridge, il est chargé de cours à l'université de Cambridge (1957-1967), conseiller musical du Royal Shakespeare Theatre de Stratford-on-Avon (1956-1968), chef de l'English Chamber Orchestra (à partir de 1963) et premier chef du BBC Northern Orchestra (à partir de 1973). Il a également dirigé des opéras au festival de Glyndebourne, au Covent Garden de Londres et au festival d'Aix-en-Provence. Ses « réalisations » d'opéras italiens du XVIIe siècle (Cavalli, Monteverdi), souvent discutées sur le plan de l'authenticité, ont néanmoins permis de faire revivre quelques chefs-d'œuvre de manière convaincante.

C. W.

LE ROUX (*Maurice*), compositeur et chef d'orchestre français (*Paris 1923*). Élève du Conservatoire de Paris, il a fait ses études notamment avec Olivier Messiaen, puis avec René Leibowitz. Ayant obtenu un premier prix de direction avec Louis Fourestier en 1952, il dirigea l'Orchestre national de 1960 à 1968, se faisant une réputation de défenseur de la musique contemporaine. Il est ensuite devenu producteur d'une série d'émissions, *Arcana*, à la télévision, et aussi conseiller artistique à l'Opéra de Paris (1968-1973), puis inspecteur général de la musique (depuis 1973). Comme chef, il a notamment réalisé le premier enregistrement de la *Turangalila Symphonie* d'O. Messiaen.

Comme compositeur, on lui doit, entre autres, une sonate pour piano (1946), *Deux mimes* pour orchestre (1948), *Trois Psaumes de Patrice de la Tour du Pin* (1948), *Au pays de la magie*, mélodies sur des poèmes de Henri Michaux (1951), le *Cercle des métamorphoses* pour orchestre (1953), *Un Koan* (1974), les ballets *le Petit Prince*, d'après Saint-Exupéry (1949), et *Sable* (1956), des musiques de scène pour *le Château de Kafka* (1957) et *Jules César* de Shakespeare (1960), et de nombreuses musiques de film, dont celles de *Crin blanc* (1952), *les Mauvaises Rencontres* (1955), *Ballon rouge* (1955), *Amère Victoire* (1957), *les Mistons* (1958), *le Petit Soldat* (1960), *Vu du pont* (1961), *la Chamade* (1968), *Contes immoraux* (1975), *les Jardins secrets* (1978). Il a aussi écrit, en 1944, la marche officielle de la 2e division blindée. Comme musicologue, il a signé quatre ouvrages : *Introduction à la musique contemporaine* (1947), *Monteverdi* (1951), *la Musique* (ouvrage collectif, 1979) et *Boris Godounov* (1980). N. C. et M. V.

LEROUX (*Xavier*), compositeur français (*Velletri 1863 - Paris 1919*). Élève au Conservatoire de Massenet et de Théodore Dubois, prix de Rome en 1885, professeur d'harmonie au Conservatoire à partir de 1896, il aborda sa spécialité — le théâtre — par la musique de scène (*Cléopâtre* et *la Sorcière* de Victorien Sardou, *les Perses* d'Eschyle, etc.). Son premier opéra, *Évangéline*, créé à la Monnaie de Bruxelles en 1895, fut suivi d'*Astarté* (1901), *la Reine Fiammette* (1903), *Vénus et Adonis* (1905), *le Chemineau* (1907), *le Carillonneur* (1913) et deux œuvres posthumes : *Nausithoé* (1920) et *La plus forte* (1924). Son chef-d'œuvre reste *le Chemineau*, dont l'Opéra-Comique a donné 106 représentations jusqu'en 1945. Xavier Leroux fut le directeur de la revue *Musica*. M. T.

LE ROY (*Adrian*), éditeur, luthiste, guitariste, chanteur et compositeur français (*Montreuil-sur-Mer*

v. 1520-Paris 1598). Il fonda, avec son cousin Robert Ballard, la célèbre maison d'édition Le Roy et Ballard (1551), qui devait garder ses privilèges jusqu'à la Révolution de 1789. Le premier livre publié est un recueil de motets, de danses et de chansons, mis en tablature de luth. D'autres livres renferment des transcriptions de chansons de Certon, d'Arcadelt, de Sandrin. La maison Le Roy et Ballard édita également les œuvres de Roland de Lassus et de Claude Le Jeune. Au XVIIe siècle, les tragédies lyriques de Lully furent publiées par cette maison, devenue aussi l'imprimerie de l'Académie royale de musique. Adrian Le Roy est également l'auteur de plusieurs ouvrages, notamment une méthode de guitare, et d'un grand nombre d'airs de cour et de chansons d'une excellente qualité.

C. W.

LESSEL, famille de musiciens polonais d'origine tchèque.
— 1. **Wincenty Ferdynand**, compositeur *(Jilove, près de Prague, v. 1750 - Pulawy, près de Varsovie, 1827)*. Il s'établit avec sa famille en Allemagne en 1762, et, de 1781 à sa mort, fut au service du prince Adam Kazimierz Czartoryski.
— 2. **Franciszek**, pianiste et compositeur *(Varsovie v. 1780 - Piotrkow 1838)*. Fils du précédent, il s'installa à Vienne en 1797 pour y étudier la médecine, mais se tourna vers la musique et devint en 1799 élève de Haydn, qui en 1805 lui fit cadeau du manuscrit autographe de sa symphonie n° 56. Il retourna en Pologne en 1809, et abandonna la musique en 1822 pour occuper divers postes dans l'enseignement rural et secondaire. Il a écrit des symphonies et des concertos, mais son importance réside surtout dans ses œuvres pour piano seul ou de musique de chambre avec piano, qui font de lui un des initiateurs de l'école polonaise du XIXe siècle.

M. V.

LESSON. Terme anglais, qui, à partir de la fin du XVIe siècle, fut utilisé d'une part dans le sens d'étude, exercice, et, d'autre part, pour désigner des pièces pour clavier ou par extension des pages de musique de chambre à usage domestique. Cette seconde utilisation fut particulièrement fréquente à la fin du XVIIe siècle et au début du XVIIIe, alors qu'en musique pour clavier florissait le genre de la suite. Dans un tel contexte, *lesson* veut dire « suite » *(A Choice Collection of Lessons*, publication posthume de suites de Purcell, 1696). Les 30 premières sonates de Domenico Scarlatti, parues à Londres en 1738 ou 1739 comme *Essercizi per gravicembalo*, devaient y être rééditées sous le titre de *Lessons*. Le terme fut utilisé également pour des œuvres de Haendel.

M. V.

L'ESTOCART *(Paschal de)*, compositeur français *(Noyon av. 1540 - ? apr. 1584)*. Il semble avoir séjourné très jeune en Italie, mais il se fixa bientôt à Bâle et à Genève, où il fréquenta une Académie des lettrés huguenote. Il obtint un privilège pour la publication de ses œuvres en 1581 à Genève. L'année suivante parurent les deux livres des *Octonaires de la vanité du monde* sur des poèmes d'Antoine de La Roche-Chandieu, parus encore avant le chef-d'œuvre de Cl. Le Jeune écrit sur ces mêmes poèmes de huit vers *(octonaires)*. Nommé professeur à l'université de Bâle, il se mit ensuite au service du duc de Lorraine à Nancy. En 1583, il dédicaça au futur Henir IV ses *50 Psaumes de David* mis en langue française par Cl. Marot et Th. de Bèze. Puis il remporta le prix de la harpe d'argent au puy d'Évreux pour son motet *Ecce quam bonum et quam jucundum*. Ses œuvres reflètent une vive influence italienne, notamment par la présence fréquente de l'accord de sixte augmentée. D'autre part, son écriture reste dans la tradition d'un contrepoint sévère cher aux musiciens huguenots.

S. W.

LE SUEUR ou **LESUEUR** *(Jean-François)*, compositeur français *(Drucat-Plessiel, Somme, 1760 - Paris 1837)*. Il étudia la musique comme enfant de chœur à la collégiale d'Abbeville, puis à la cathédrale d'Amiens. Nommé maître de chapelle à la cathédrale de Sées (1778), il partit bientôt pour Paris afin de travailler l'harmonie avec l'abbé Roze, maître de chapelle de l'église des Saints-Innocents. Il obtint successivement les maîtrises des cathédrales de Dijon (1779), du Mans (1782), et Saint-Martin de Tours (1783), mais, à la mort de l'abbé Roze, il fut appelé pour lui succéder aux Saints-Innocents. En 1786, il devint maître de chapelle à Notre-Dame de Paris. Il y obtint l'autorisation d'ajouter de la musique symphonique à la musique d'orgue, lors des grandes fêtes religieuses de l'année : Assomption, Noël, Pâques et Pentecôte. Cette innovation inquiéta le clergé, mais obtint un grand succès auprès des fidèles et de la reine Marie-Antoinette. Pendant la Révolution, Lesueur mit son art au service de la nation, de même que Méhul, Gossec ou Cherubini, et composa nombre d'hymnes et de pièces de circonstance pour les fêtes officielles. En 1793, il fit ses débuts au théâtre et obtint d'emblée un succès estimable avec *la Caverne*, représentée au théâtre Feydeau. Cet ouvrage manifeste déjà son goût pour la musique descriptive et pour ses recherches harmoniques. À la fondation du Conservatoire (1795), il fut élu membre de la commission des études musicales, et fut chargé, avec Méhul, Gossec et Catel, de la rédaction des *Principes élémentaires de la musique* et des *Solfèges du Conservatoire*. Napoléon l'estimait beaucoup et lui avait confié le soin de composer une *Marche triomphale* pour le jour de son sacre.

Cependant, Lesueur ne parvenait pas à se faire représenter à l'Opéra, où l'importance de ses ouvrages et des effets scéniques qu'ils demandaient rebutait la direction. Il fallut que Paisiello abandonnât en 1804 son poste de maître de chapelle des Tuileries et que l'Empereur désignât Lesueur comme son successeur, pour que l'Opéra lui ouvrît enfin ses portes. Aussitôt, son ouvrage *Ossian ou les Bardes* fut représenté avec un immense succès. Il fut cependant retiré de l'affiche dès la chute de l'Empire. En revanche, *le Triomphe de Trajan*, créé en 1807, se maintint jusqu'en 1827. Plusieurs de ses autres opéras restèrent non représentés, dont *Alexandre à Babylone*, composé en 1815. Sous la Restauration, Lesueur devint compositeur de la chapelle de la cour, et, en 1818, fut nommé professeur de composition au Conservatoire. Il eut parmi ses élèves Ambroise Thomas, Berlioz, Marmontel, Reber et Gounod ; son influence fut grande sur eux, en particulier sur Berlioz auquel il inculqua le goût des figurations considérables et de l'instrumentation somptueuse. C'est surtout à travers sa musique religieuse (messes, oratorios) que cette influence s'est exercée. Lesueur avait fait des efforts pour revenir aux modes et aux rythmes grecs, et consacra ses dernières années à étudier l'histoire de la musique ancienne.

A. L. et S. W.

LESURE *(François)*, musicologue français *(Paris 1923)*. Il a fait ses études à la Sorbonne, à l'École des chartes, à l'École pratique des hautes études et au Conservatoire de Paris : sa formation est celle d'un historien autant que d'un archiviste et d'un musicologue. Il devint, en 1950, conservateur au département de la musique de la Bibliothèque nationale, puis conservateur en chef de celui-ci en 1970. En 1965, il fut nommé professeur de musicologie à l'université libre de Bruxelles et, en 1973, il succéda à Solange Corbin comme directeur d'études à l'École pratique des hautes études.
De 1953 à 1967, il fut, en outre, chargé du secrétariat central du R.I.S.M. (Répertoire international des sources musicales) et il dirigea la publication des volumes consacrés aux recueils imprimés des XVIe et XVIIe siècles (Munich, 1960), puis du XVIIIe siècle (Munich, 1964), ainsi qu'aux écrits imprimés concernant la musique (Munich, 1971). Il a dirigé également à partir de 1967 la collection *le Pupitre*, éditée par Heugel et consacrée à la musique avant 1800.
François Lesure est réputé comme spécialiste du XVIe siècle et de la sociologie musicale. Il fut président

de la Société française de musicologie de 1971 à 1974. On lui doit aussi trois importantes publications sur Debussy : un *Catalogue des œuvres* (1977), une *Iconographie* et les *Lettres* (1980).   N. C.

LETTERA AMOROSA (ital.; « Lettre amoureuse »). Monodie pour voix seule et continuo de Claudio Monteverdi. En fait, il n'y a pas une, mais deux « lettres amoureuses », toutes publiées dans le *7e Livre de madrigaux* de 1619 : *La Lettera*, proprement dite, et sa réponse, en quelque sorte, *La Partenza amorosa* (et, à cet égard, il est bon de confier la *Lettre* à une voix de soprano, qui est supposée lire le texte reçu de l'amant, et la *Partenza* à une voix d'homme).

Écrite dans le genre « représentatif », l'œuvre est beaucoup plus qu'un exercice de style, dont l'auteur ferait seulement démonstration de sa virtuosité dans l'utilisation du style récitatif né des travaux des *cameratas* florentines. Novateur, Monteverdi l'est ici, dans la liberté de la métrique, qui prescrit un chant *« senza battute »* (c'est-à-dire sans « mesure régulière »). Un chant qui, précisément, peut donner l'illusion de la représentation scénique et qui « colle » à tous les mots, qui répond à toutes les sollicitations du texte.

Celui-ci n'est d'ailleurs pas du premier poète venu, puisqu'il s'agit du fameux cavalier Marino, napolitain, anticonformiste, pornographe et maniériste, qui passe de longs mois en prison pour « immoralité ». Sa « lettre », expression d'un tempérament emporté, excessif et « brûlant le papier » à chaque phrase, appelait tout naturellement la musique de Monteverdi et, telle quelle, la partition est le joyau du *7e Livre*. Tout est, ici, dans l'accord parfait entre le verbe et les notes, dans le mouvement de la déclamation, qui court avec la spontanéité d'une confession avouée à la hâte, dans la vérité de l'instant et sous l'aiguillon du désir. Il serait, à cet égard, totalement impossible de dissocier la poésie du chant, tant le second tire de la première images intenses, visions d'amour éperdues.

Monteverdi, pourtant, fidèle en cela à ses habitudes, marie l'efficacité expressive à une économie de moyens exemplaire. La ligne mélodique ne s'écarte de sa progression rectiligne — où les mots sont débités rapidement sur une même note — que pour quelques mélismes et élans lyriques, qui sont comme arrachés par l'émotion à la musique. Ainsi de la vocalise poignante qui privilégie le mot « cœur » (« et c'est alors, dit Jean Roy, comme une blessure que l'on dévoile »), ou de la belle « pluie d'or » égrenée par le clavecin à l'évocation de la chevelure aimée et de tant d'autres accents et cris expressifs.

Au plan de l'écriture, c'est la même géniale simplicité, c'est la même intuition confondante. La tonalité de *la* mineur prévaut, pour reposer souvent sur la dominante de *mi* majeur, la monotonie étant évitée par de judicieuses incursions dans les tons voisins de *ré* mineur, *si* bémol, *ré* majeur, etc. Tour à tour plainte, prière, délire, vision quasi érotique, où une sorte de feu intérieur ne cesse de courir sous la musique pour faire vivre les mots les plus simples, la *Lettre amoureuse* sera écrite « jusqu'à la fin des temps par ceux qui aiment et qui ne craignent pas de le dire » (l'antithèse terminale : « par des chemins de neige vers un cœur de feu » !).   R. T.

LETTRES. — 1. L'usage de désigner **les notes** par des lettres remonte à la notation grecque antique (IIIe s. av. J.-C.). Dans une première notation, dite instrumentale, on se servait de signes conventionnels obtenus par déformation de certaines lettres de l'alphabet. Une seconde notation, dite vocale, utilisait les lettres telles quelles, avec valeur de numérotation descendante des sons dans les trois genres*. La notation grecque a cessé d'être en usage à partir du IVe siècle apr. J.-C., mais s'est néanmoins transmise dans les écoles par les traités et par l'autorité de Boèce, de sorte que le Moyen Âge connut le procédé. Il l'adapta à l'alphabet latin vers le Xe siècle, mais cette fois en montant et pour le seul genre diatonique, les deux autres étant tombés en désuétude.

Deux procédés principaux furent employés. L'un, attribué à tort à Odon de Cluny et dû sans doute à Guillaume de Vulpiano, partait de l'*ut* et couvrait deux octaves, de A à P. L'autre, de A à G, qui prévalut, s'inspirait de l'échelle grecque en commençant sur *la* et en reprenant au bout d'une octave les mêmes lettres écrites différemment (d'abord majuscules, ensuite minuscules, enfin avec doublement ou addition d'apostrophe). Au grave, quand on en ressentit le besoin, on employa le G grec ou *gamma*, d'où notre mot « gamme ». Ce qui donna lieu à la correspondance ci-après, qui, toutefois, n'est valable que pour le solfège moderne (v. SOLMISATION) :

A   B   C   D   E   F   G
la si do ré mi fa sol

Le B était mobile et pouvait soit carré (B *quadratum*, d'où *bécarre*) s'il y avait un ton entre A et B, soit rond (B *rotundum*) s'il n'y avait qu'un demi-ton. On disait aussi B *durum* (B dur) ou B *molle* (B mou, qui a donné *bémol*). On notera l'illogisme, qui a fait choisir l'un des termes dans une nomenclature décrivant l'écriture, et l'autre dans une autre nomenclature décrivant cette fois l'intervalle musical. C'est beaucoup plus tard que ces signes, qui étaient d'abord des lettres désignant des notes, ont pris le sens d'altérations* affectant les notes au lieu de les représenter. Les lettres s'appelaient *clefs (claves)*, et ce nom est resté aux signes qui en sont dérivés et que l'on place au début de la portée pour indiquer à quelle note correspond la ligne (v. CLEF).

Les syllabes *ut, ré, mi, fa, sol, la*, attribuées aux notes au XIe siècle par Guy d'Arezzo, n'avaient pas d'abord le sens qu'on leur donne aujourd'hui. Elles ne remplaçaient pas les lettres, mais *s'ajoutaient à elles* de manière variable. Ce n'est qu'au XVIIe-XVIIIe siècle qu'on les considéra comme équivalentes, en ajoutant la syllabe *si* pour compléter la nomenclature. En outre, les Allemands, et eux seuls, ajoutèrent la lettre H pour le *si* bécarre, conservant B pour le *si* bémol, de sorte que la lettre B n'a pas la même valeur partout, désignant le *si* bémol pour les Allemands et le *si* naturel pour les Anglais, qui, comme eux, ont gardé l'usage des lettres alors que les Latins préféraient les syllabes.

— 2. **Lettres romaniennes.** Lettres minuscules placées au-dessus de certains neumes* dans plusieurs manuscrits de chant grégorien de l'école de Saint-Gall aux IXe et Xe siècles, et qui indiquaient des particularités d'exécution exprimées par le mot, dont elles étaient l'abréviation : c = *celeriter* (« accélérer »), t = *tenete* (« ralentir »), etc.

— 3. **Lettres significatives** (*litterae significativae*). Lettres insérées dans le texte des Évangiles de la Passion, et qui, après avoir indiqué un changement de timbre mélodique selon le personnage qui s'exprime, ont désigné ensuite le ministre chargé de ce personnage en lecture chantée et dialoguée.

— 4. **Lettres musicales.** On appelait ainsi, autrefois, les lettres susceptibles de recevoir une traduction en notes dans la nomenclature alphabétique exposée plus haut. Il y avait, comme on l'a vu, 8 lettres musicales dans le système allemand (A à H) et 7 dans le système anglais (A à G), et pas davantage. Schumann tenta d'en augmenter le nombre en utilisant phonétiquement la lettre S du suffixe *es*, qui, en allemand, désigne la note bémolisée (*Es*, contraction de *Ees* = *mi* bémol, *As*, contraction de *Aes* = *la* bémol). La tentative, employée dans le *Carnaval* (1834-35), est restée éphémère. C'est en 1910 que Jules Écorcheville, directeur de la revue française *S. I. M.*, imagina de compléter systématiquement l'alphabet en continuant diatoniquement la série commencée pour lui permettre de traduire en notes n'importe quel nom propre comme Bach l'avait fait pour le sien (qui avait la chance de n'avoir que des lettres musicales). D'assez nombreux « hommages » purent ainsi être composés sur le nom de leur dédicataire. Malheureusement, le système employé ne fut pas codifié avec une clarté suffisante, de sorte que plusieurs « clefs » contradictoires ont été employées à cet effet.

Les principales furent les suivantes :
- « Clef allemande » (1910, pièces sur le nom de Haydn publiées dans la *S. I. M.*) :

do	ré	mi	fa	sol	la	si bémol	si bécarre
					A	B	
C	D	E	F	G	(I ?)		H
(I ?)-J	K	L	M	N	O		P
Q	R	S	T	U	V		W
X	Y	Z					

- « Clef anglaise » (1922, pièces sur le nom de Gabriel Fauré publiées par la *Revue musicale*) :

do	ré	mi	fa	sol	la	si
					A	B
C	D	E	F	G	H	I
J	K	L	M	N	O	P
Q	R	S	T	U	V	W
X	Y	Z				

noms reçus jusqu'à H

- « Clef allemande à base alphabétique » (1943, M. Duruflé, pièce sur le nom d'Alain) :

A	B	C	D	E	F	G	H
la	si b	do	ré	mi	fa	sol	si
I	J	K	L	M	N	O	P
Q	R	S	T	U	V	W	X
Y	Z						

noms reçus

- « Clef chromatique sur deux octaves » (1950, J. Chailley, fantaisie sur le C. A. E. M.) :

a) *Touches blanches*

la	si	do	ré	mi	fa	sol	(la)
A	(H)	C	D	E	F	G	

1re octave, noms reçus

| I | J | K | L | M | N | O | P |

2e octave

b) *Touches noires*

la dièse	do dièse	ré dièse	fa dièse	sol dièse	(la dièse)
si bémol	ré bémol	mi bémol	sol bémol	la bémol	(si bémol)
(B)	Q	R	S	T	

1re octave (B reçu)

| U | V | W | X | Y | Z |

2e octave

— 5. Sous le nom de **langage communicable,** O. Messiaen a présenté en 1969 *(Méditations sur le mystère de la Sainte Trinité)* une clef personnelle d'une grande complication, dotée en outre de valeurs fixes de durée ; elle est trop complexe pour pouvoir être exposée ici.   J. C.

LETTRES INTIMES. Sous-titre du second et dernier quatuor de Leoš Janáček, en 4 mouvements, composé en 1928, peu avant la mort du compositeur, à soixante-quatorze ans. Son titre original est *Listy Duverne*, et il fut publié en 1948 seulement. Le titre initial en était *Lettres d'amour*, car il s'agit d'une déclaration d'amour à une jeune femme, Kamilla Stösslova, et le programme fait référence explicitement à des souvenirs précis du compositeur, qui les a dévoilés dans une lettre à Kamilla : première rencontre *(andante con moto, allegro)*, leur bonheur commun, un jour d'été, en Moravie *(adagio, vivace)*, portrait de l'aimée *(moderato, adagio, allegro)*, souci et désir qu'elle lui inspire, et satisfaction de ce désir *(andante, adagio)*. L'auteur met en œuvre ici ses principes de répétitions de motifs, et aussi ses techniques de modulations (plus ou moins espacées suivant la « vitesse » du rythme), fondées sur une interprétation personnelle des théories de Helmholtz, ainsi que sur ses recherches concernant les inflexions et les rythmes de la parole transposés à l'écriture musicale. Le tout au service d'une émotion très directe et d'une inspiration imperturbablement fraîche, qui semble redécouvrir la musique et ses pouvoirs.   M. C.

LEVER DE SOLEIL. Titre porté par le quatuor à cordes en *si* bémol majeur op. 76 n° 4 (Hob. III. 78) de Haydn, à cause de la mélodie ascendante (souple et bien dessinée à la fois) de violon qui lui sert de début. L'œuvre, composée en 1797, fait partie d'une série de six dédiée au comte Joseph Erdödy*.   M. V.

LEVI *(Hermann),* chef d'orchestre et compositeur allemand *(Giessen 1839 - Munich 1900).* Il étudia la musique avec V. Lachner à Mannheim (1852-1855), puis avec Hauptmann et Rietz au conservatoire de Leipzig (1855-1858). Il fut directeur de la musique à Sarrebruck (1859-1861), chef d'orchestre à l'opéra de Rotterdam (1861-1864), chef d'orchestre de la cour à Karlsruhe (1864-1872), puis à Munich (1872-1890), où il fut nommé en 1894 directeur général de la musique. Il dirigea la première de *Parsifal* à Bayreuth en 1882 et fut aussi l'ami de Brahms.   A. et M. P.

LÉVINAS *(Michaël),* compositeur français *(Paris 1949).* Élève de Lazare Levy (piano) dès l'âge de cinq ans, il entra au Conservatoire de Paris en 1959, y obtint notamment les premiers prix de piano (classe d'Y. Lefébure) et d'harmonie (classe de R. Challan), suivit le cycle de perfectionnement de piano avec Y. Loriod, et étudia aussi avec O. Messiaen. Il a également suivi un stage au G. R. M. et participé comme élève de Stockhausen aux cours internationaux de Darmstadt. En 1970, il a obtenu le premier prix du Concours international d'improvisation de la ville de Lyon. De 1975 à 1977, il a été pensionnaire à la villa Médicis à Rome. Il a de nombreuses activités de pianiste, en particulier dans le cadre de l'Itinéraire*, et a obtenu le prix Enesco de la S. A. C. E. M., en 1980.

Intéressé par la lutherie électronique, par l'amplification des instruments en direct et par le synthétiseur comme révélateur des aspects vibratoires des instruments, il a écrit, dans un style souvent violent, plus d'une vingtaine d'œuvres parmi lesquelles *Mélodie sur un thème de René Char* pour piano, baryton et flûte (1969), *Arsis et Thésis ou la Chanson du souffle* pour flûte basse sonorisée (1971), *Orchestre* pour grand orchestre et 3 trombones sonorisés (1972-73), *Clov et Hamm* pour trombone pour tuba sonorisés, 1 percussionniste et 2 bandes magnétiques (1973), *Musique d'une musique* pour grand orchestre, œuvre de recherche sur la vibration par sympathie (1973), *Appels* pour 10 musiciens (1974), *Musique et musique* pour grand orchestre, avec 19 caisses claires mises en vibration par sympathie (1974-75), *Sons en circulation* pour cuivres et percussion (1976), *Concerto pour un piano-espace* pour piano, synthétiseur, instruments et 2 bandes magnétiques (1976-77), *Étude sur un piano-espace* pour piano et synthétiseur (1977), *Dans un espace souterrain* pour ondes Martenot, piano et synthétiseur (1977), *Voix dans un vaisseau d'airain*, « Chant en escalier » pour voix, flûte, cor et piano (1977), *Strettes tournantes-Migrations* pour ensemble instrumental (1978), *Ouverture pour une fête étrange* pour 2 orchestres et bande magnétique (1979), *Concerto pour un piano-espace n° 2* pour piano, ensemble instrumental et bande magnétique (1980), *Contrepoints irréels - Rencontres 2* pour 6 flûtes, orgue électrique, ondes Martenot, bande magnétique et 1 percussionniste (1980-81), *les Rires de Gilles* pour petit ensemble instrumental et bande (1981), *Arcades* pour alto et piano (1982). M. V.

LÉVY *(Lazare,* dit LAZARE-LÉVY), pianiste et compositeur français *(Bruxelles 1882 - Paris 1964).* Élève du Conservatoire de Paris (1894-1898), il y étudie le piano avec L. Diémer, l'harmonie avec A. Lavignac et la composition avec A. Gédalge. Après avoir obtenu une mention au prix Diémer en 1904 et s'être fait remarquer par des récitals essentiellement consacrés à Beethoven, Schubert et Chopin, il s'oriente vers la pédagogie, éditant une méthode de piano en 1907, en collaboration avec Diémer, avant d'assurer une classe de piano au Conservatoire de Paris (1921-1953). Citons, parmi ses élèves, Monique Haas, Yvonne Loriod, Jean Hubeau. Le compositeur a écrit de nombreuses pièces pour son instrument *(Études, Valses, Sonatines, Enfantines, Préludes),* pour l'orgue, la flûte, le violoncelle, ainsi que deux quatuors à cordes. L'interprète et le pédagogue ont laissé le souvenir d'un être simple et noble, plus enclin à la méditation qu'à la gloire.   M. W.

LEWIS (John), pianiste, chef d'orchestre et compositeur de jazz américain *(? 1920).* Issu d'une famille aisée, il prit ses premières leçons de piano à l'âge de sept ans. À l'université, tout en étudiant l'anthropologie, il poursuivit son éducation musicale. Mobilisé en 1942, il rencontra à l'armée Kenny Clarke, qui l'initia aux formes modernes du jazz et, en 1946, le fit engager par Dizzy Gillespie comme pianiste et arrangeur. À côté d'arrangements sur *Emanon, Two Bass Hit, Stay on it,* etc., Gillespie créa à Carnegie Hall, en 1947, *Toccata for Trumpet.*

En 1951, John Lewis, s'associant à Milt Jackson, Ray Brown et Kenny Clarke, forme un quatuor, dont il assume la direction musicale. Cet ensemble, où Percy Heath prend bientôt la place de Brown à la contrebasse, et Connie Kay, en 1956, celle de Clarke à la batterie, deviendra célèbre sous le nom de Modern Jazz Quartet ; il ne sera dissous qu'en 1974. En 1959, John Lewis fonde, à New York, une maison d'édition : Modern Jazz Quartet Music, au catalogue de laquelle figurent, entre autres, des œuvres destinées à être exécutées conjointement par des musiciens de jazz et des instrumentistes de formation classique. Le Modern Jazz Quartet participe à de nombreux concerts mixtes dévolus à cette tendance dite *Third Stream* (« troisième force »), ainsi qu'à l'enregistrement des partitions de film composées par Lewis *(Sait-on jamais,* 1957 ; *Odds Against Tomorrow,* 1960). Lewis devient conseiller artistique du festival de Monterey ; il dirige aussi une collection de disques. En 1962, il fonde l'éphémère Orchestra USA, dans lequel un pupitre de cordes jouxte l'effectif traditionnel de l'orchestre de jazz. Passionné par l'enseignement, il prend en 1960 la direction de l'école de jazz de Lennox, et, en 1975, il sera le premier professeur invité à l'université de Harvard.

Soliste, John Lewis met en œuvre un style dépouillé, fondé sur une économie de moyens, qui résulte moins de ses limitations techniques que d'une volonté d'ascétisme, et dans lequel la beauté du toucher, la justesse de l'accentuation et la cohérence du phrasé sont parfaitement mises en valeur. Accompagnateur, il se plaît à commenter avec élégance la phrase du soliste, soit sous la forme d'un résumé harmonique, soit sous celle d'un discret contrepoint linéaire. Arrangeur et compositeur, il a su donner au Modern Jazz Quartet un son original, un équilibre sonore savamment entretenu pendant les passages d'improvisation, comme dans l'exécution des parties écrites, un style intimiste qui repose sur une texture délicate, mais efficace. Dans une première période, à côté de réussites incontestables telles que *Django* et *Sait-on jamais,* l'œuvre du Modern Jazz Quartet, avec ses références constantes à la musique baroque *(Vendôme, Concorde, Fontessa),* a pu prendre l'apparence d'une européanisation du jazz ; mais, par la suite, tandis que Lewis canalisait son effort créateur vers le Third Stream, le répertoire du Quartet s'est beaucoup plus largement inspiré du blues et de la tradition jazzistique.   A. H.

LHÉVINNE (Josef), pianiste russe *(Orel, près de Moscou, 1874 - New York 1944).* Fils d'un violoniste, il manifeste très tôt des dons éclatants. Un musicien suédois, Krysander, lui donne ses premières leçons de six à onze ans, avant qu'il n'entre, en 1885, au conservatoire de Moscou, dans la classe du grand pédagogue Safonov, en même temps que Rachmaninov et Scriabine. Il en sort avec une médaille d'or en 1891. A quatorze ans, il éblouit Anton Rubinstein, qui lui demande de jouer sous sa direction le *5e Concerto* de Beethoven. Malgré les premiers succès à l'étranger, il rentre en Russie, où il épouse une pianiste, Rosa Bessie, et enseigne, à Tiflis (1900-1902), puis au conservatoire de Moscou (1902-1906). Installé à Berlin en 1907 et retenu par la guerre jusqu'en 1919, il part pour les États-Unis travailler à la Juilliard School of Music de New York, où sa femme devient un professeur de renom. Parmi ses élèves, John Browning, Arthur Gold, James Levine, Van Cliburn. Doué d'une prodigieuse technique, Josef Lhévinne n'a jamais sacrifié le message musical à la virtuosité gratuite, la rigueur du phrasé et de la mesure aux excès romantiques. Ses disciples à la Juilliard School, Sacha Gorodnitzki et Josef Raïeff, continuent sa tâche selon les préceptes qu'il a consignés dans un traité : *Basic Principles in pianoforte playing* (Philadelphia, 1924-1972).   M. W.

LIADOV (Anatoly Konstantinovitch), compositeur et pédagogue russe *(Saint-Pétersbourg 1855 - domaine de Polynovka, prov. de Novgorod, 1914).* Il reçut les bases de sa formation musicale auprès de son père, chef d'orchestre du théâtre Marie de Saint-Pétersbourg, et apprit le piano avec sa tante V. Antipova. En 1870, il entra au conservatoire de Saint-Pétersbourg dans les classes de Beggrov et de Cross (piano), puis dans celles de Johannsen (théorie et écriture) et de Rimski-Korsakov (composition). Ses étonnantes capacités techniques étaient malheureusement entachées par une paresse inguérissable. En 1876, il fut exclu du conservatoire pour absentéisme, mais, réintégré deux ans plus tard, il obtint aisément son diplôme de composition avec la cantate *la Fiancée de Messine* d'après Schiller. A cette date, il était déjà l'auteur de nombreuses pièces pour piano, dont le recueil des *Birulki.* En 1878, il fut nommé professeur de théorie et d'harmonie au conservatoire. Par Rimski-Korsakov, il fit la connaissance des membres de l'ancien groupe des Cinq, puis fit partie du groupe Belaiev, réuni à partir de 1883 autour du riche mécène, et constitué d'élèves de Rimski, dont Glazounov. En 1885, il fut nommé professeur d'harmonie à la Chapelle impériale de Saint-Pétersbourg, dirigée par Balakirev et Rimski. Dans les dernières années du siècle, il s'occupa activement à rassembler et à adapter les chants populaires, dans le cadre d'études effectuées par la Société de géographie. Il publia plusieurs recueils avec accompagnement de piano : *10 Chœurs pour voix de femmes* (1899), *35 Chants du peuple russe* (1902), *50 Chants du peuple russe* (1903). En 1906, il orchestra 8 chants, dont il fit une suite.

Dans son œuvre, dont la majeure partie est écrite pour piano ou pour orchestre, Liadov est un miniaturiste, qui a le sens de l'effet instantané, du coloris, du contraste, mais manque de souffle et d'envergure. Ses pièces pour piano (intermezzos, préludes, arabesques, barcarolle) révèlent une influence de Schumann et, surtout, de Chopin, qui va parfois jusqu'au pastiche. Sa *Tabatière à musique,* en revanche, est une pièce fort originale et toujours appréciée des pianistes. Les poèmes symphoniques *Baba-Yaga* (1891-1904), *Kikimora* (1909) et *le Lac enchanté* (1909) se sont également bien maintenus au répertoire. Liadov s'y montre l'héritier de Rimski par son art d'évoquer l'insolite et le fantastique. Vers la fin de sa vie, il fut attiré par le mouvement symboliste. Il s'inspira de Maeterlinck (*Nénie* pour orchestre d'après *Aglavaine & Sélysette,* chœurs pour *Sœur Béatrice*), et écrivit une œuvre d'une grande puissance, *Extrait de l'Apocalypse* (1910-1912). Il se rapproche ainsi de Scriabine, mais sans en avoir le radicalisme. Entre 1881 et 1903, il orchestra des fragments de *la Foire de Sorotchintsi* de Moussorgski. Nombre de ses projets d'œuvres n'aboutirent pas. Ainsi, en 1909, il fut pressenti par Diaghilev pour composer l'*Oiseau de feu,* mais, devant son indécision, la commande échut à Stravinski.   A. L.

LIAISON. Signe d'exécution, représenté par une ligne tracée au-dessus, ou au-dessous, de plusieurs notes pour indiquer qu'elles doivent s'enchaîner d'un mouvement continu. La liaison signifie exactement :
— 1. pour les instruments à archet, que toutes les notes doivent être jouées dans le même coup d'archet ;
— 2. pour les instruments à vent, dans le même souffle ;
— 3. pour les instruments à clavier ou à cordes

frappées ou pincées, que chaque note doit commencer au moment exact où la précédente est abandonnée sans aucune solution de continuité. La *liaison*, dans ce dernier cas, est dite « expressive ». M. P. P.

LIAPOUNOV *(Serge)*, pianiste et compositeur russe *(Iaroslavl 1859- Paris 1924)*. Il commença ses études musicales à Nijni-Novgorod, puis entra au conservatoire de Moscou, où il fut élève de Klindworth et de Pabst (piano), ainsi que de Tanéiev (théorie de la composition). En 1885, à Saint-Pétersbourg, il fit la connaissance de Balakirev, dont il devint le disciple et auquel il resta attaché, subissant son influence. Après la mort de ce dernier, il s'appliqua à terminer ses œuvres inachevées (dont le *2e Concerto pour piano*) et à publier la correspondance de Balakirev avec Tchaïkovski et avec Rimski-Korsakov. De 1910 à 1923, il fut professeur de piano et de composition au conservatoire de Saint-Pétersbourg. Il émigra en 1923 et mourut à Paris l'année suivante.

Liapounov appartient, comme Glazounov et Liadov, à la génération des épigones du groupe des Cinq. Son attachement au folklore et à l'orientalisme le rapproche de Moussorgski et de Borodine, tandis que son style orchestral et pianistique porte la double marque de Liszt et de Balakirev. Plus que ses œuvres symphoniques (2 symphonies, poèmes symphoniques, ouverture solennelle sur des thèmes russes), c'est dans son œuvre pour piano qu'il a mis le meilleur de lui-même : 2 concertos (1890 et 1909), *Rhapsodie sur des thèmes ukrainiens* (1907), et surtout le cycle d'*Études d'exécution transcendantes* (1897-1905), qui a le mieux survécu. La conception et l'effort d'une recherche technique au service de l'expression narrative sont évidemment une *référence* à Liszt. Certains titres évoquent ceux des *Études* lisztiennes *(Ronde des sylphes, Rondo des esprits)*, et la pièce finale du cycle est une *Élégie* en hommage au compositeur. Mais dans d'autres *(Byline, Sons de cloches)*, c'est la tradition nationale de l'inspiration qui reprend le dessus. Quant à la *Lezghinka* (danse caucasienne), restée la plus populaire, elle est une réponse au *Islamey* de Balakirev, dont elle imite, dans un style moins impétueux, mais plus lyrique, l'esprit oriental et les formules pianistiques. A. L.

LIBAN. Ancienne Phénicie, pays de langue arabe (et syriaque par endroits jusqu'à une période récente), individualisé par un dialecte arabe oriental et une francophonie assez répandue, et régi par un système multiconfessionnel regroupant des communautés musulmanes, druzes et chrétiennes. En l'absence de documents sur la musique phénicienne, les Libanais peuvent revendiquer, selon l'idée qu'ils se font de leurs origines, d'anciennes traditions gréco-byzantines, arméniennes, araméennes ou syriaques, des traditions arabes liées à l'Islâm* implanté à partir du VIIe siècle, un cosmopolitisme impliquant une tendance à l'hybridation avec l'Occident, une effervescence du folklore libanais ou une renaissance du classicisme arabe. Les traditions antérieures à l'islâm, encore que sous-jacentes dans certaines formes populaires, sont plus aisément identifiables dans les diverses liturgies des églises « gréco-byzantines », arméniennes, syriaques ou maronites*. Cependant, en l'absence d'une analyse musicale orientée, la plupart des musiques savantes et populaires du Liban sont assimilables, par la structure modale et la forme littéraire, aux musiques de type arabo-islamique ou arabo-irano-turc. On décèle néanmoins des formes plus caractéristiques au mont Liban, comme le *abû-zulûf*, complainte amoureuse, ou le *zajal*, joute poétique improvisée et rythmée qui anime les soirées villageoises non sans humour.

À la fin du XIXe siècle s'était défini un style musical libanais bien représenté par Abû Hatab et Muhieddin Ba'yûn, mais, au XXe siècle, l'influence du mandat français a poussé les élites à se vouer au symphonique ou à la chansonnette méditerranéenne et à laisser la musique orientale aux déshérités et aux nomades. Cependant, la continuité a été assurée au niveau de l'enseignement musical officiel, grâce aux efforts du musicologue libanais Wadî' Sabra et de l'organiste français Bertrand Robillard, et l'ancien *Dār al-Mûsîqâ* de l'époque ottomane est devenu conservatoire national en 1929. On enseigne donc au Liban la musique orientale et la musique occidentale.

Un certain nombre de musiciens libanais ont voulu s'ouvrir aux deux musiques, tels Anis Fuleihan, Toufic Succar, Georges Baz, Raif Abillama, Boghos Gelalian, Salvador Arnita, les pères Paul Achqar, Joseph Khoury et Louis Hage. Certains interprètes, et plus volontiers les pianistes sont délibérément occidentaux, tels Diana Taky-Deen, Walid Akl, Walid Haurani et 'Abdal-Rahman al-Bacha ; mais 'Abdallah Chahine a inventé un piano capable d'interpréter les modes orientaux. D'autres enseignants, compositeurs et interprètes sont réputés en musique orientale, tels 'Abdal-Ghani Cha'ban, Selim el-Helou, Halim al-Roumi, 'Abud 'Abdal-'Al, Émile Ghosn, Antoine Zabîta, Georges Farah, Muhammad Sabsabi, Naim Bitar, Fahim Jamaleddin, Joseph Ayoub, Abdal-Karîm Muzaqzak.

La création, en 1922, d'un festival de Baalbeck, d'abord exclusivement consacré à l'art occidental, a favorisé, à partir de 1952, la renaissance d'un folklore libanais destiné à un public avide de traditions populaires à la fois simples et exaltantes. Deux groupes sont partis à la conquête du triomphe. D'un côté Zaki Nassif, Tawfiq al-Bacha, Walid Ghulmiye, Roméo Lahoud, avec la pétulante chanteuse Sabah. De l'autre les frères 'Assi, Mansour et Elias Rahbani avec l'émouvante chanteuse Fayrouz entourée des chanteurs Nasri Chamseddin et Wadi al-Safi. Après les années de rivalité alternée, les opérettes populaires des frères Rahbani, mettant en valeur les talents vocaux de Fayrouz, ont réussi à faire de cette dernière une héroïne douce et pieuse, incarnant les vertus familiales et nationales de la société libanaise, d'où un succès incontesté auprès des Libanais du Liban et de la diaspora et auprès de tous les Arabes.

Parallèlement à cette renaissance de l'opérette folklorique, un instrument du Moyen-Orient, le *buzuq*, naguère abandonné aux nomades, a été redécouvert récemment et a assuré le succès de virtuoses talentueux comme Muhammad Matar, Sa'îd Youssef, Malik Bajjani et Nasser Makhoul.

Ainsi le Liban est-il devenu, après l'Égypte, le second producteur de chansons et d'opérettes arabophones. De ce succès commercial indiscutable découle l'existence d'une musique libanaise moins individualisée par les structures, les formes et les instruments (qui sont communs à ceux des autres pays arabes du Moyen-Orient), que par un style et une démarche artistique visant la réussite spectaculaire. J.-C. C.

LIBAN DE LEGNICA *(Jerzy)*, théoricien polonais *(? v. 1464 - ? v. 1546)*. Il fit ses études à l'université de Cracovie en 1501, devint magister en 1511. Humaniste aux connaissances multiples, il fut considéré comme le premier enseignant de langue grecque à l'université jagellonienne. Il est l'auteur d'œuvres vocales d'inspiration religieuse et d'un traité *De accentuum ecclesiasticorum* (v. 1539). J.-Y. B.

LIBERATI *(Antimo)*, musicien italien *(Foligno 1617-Rome 1692)*. Notaire à Foligno (1636-37), il partit pour Vienne au service de Ferdinand III et de l'archiduc Léopold. De retour à Foligno (1644), il vint à Rome sans doute en 1650, et y étudia avec G. Allegri et O. Benevoli. Il fut chantre à la chapelle papale en 1661, puis en devint le maître de chapelle (1674-75), tout en exerçant la même fonction dans différentes églises romaines. Peu de ses œuvres ont été conservées (1 *Laudate dominum* à 4 voix, 1 *Messe* à 16 voix et 4 airs), mais il semble avoir aussi composé, entre autres, des oratorios, des psaumes et des madrigaux. Il est surtout demeuré célèbre pour ses écrits et ses prises de position *(Epitome della Musica*, 1666 ; *Lettera scritta... In riposta ad una del Sig. Ovidio Persapegi*, 1684), qui, bien que souvent arbitraires, contiennent de précieux renseignements sur ses con-

temporains. Il condamne, en particulier, Monteverdi et l'opéra vénitien, et témoigne de la survivance du style de Palestrina dans l'école romaine du XVIIᵉ siècle.
D. H.

Libuse. Opéra en 3 actes et 6 tableaux de Bedřich Smetana, sur un livret allemand de Josef Wenzig traduit en tchèque par Erwin Spindler. Créé à Prague en 1881 pour l'inauguration du Théâtre national tchèque. C'est presque une œuvre de circonstance, inspirée par la fondation aux temps légendaires de la ville de Prague et de la première dynastie qui régna sur la Bohême. La princesse Libuse, qui a eu maille à partir avec ses vassaux, décide d'épouser son ami d'enfance Premysl, un simple paysan. Cantate en costumes plutôt qu'opéra au sens dramatique du terme, animée par un souffle patriotique d'un puissant lyrisme, *Libuse* contient des pages symphoniques et vocales d'une grande beauté.
M. T.

Licence. — 1. Dérogation consciente et volontaire aux règles d'écriture imposées par l'école. La licence, qui doit être reconnue comme justifiée, se distingue ainsi de la « faute » qui est une dérogation à ces mêmes règles, mais sans justification et généralement inconsciente ou involontaire.
— 2. Traduction peu usuelle de l'italien *licenza**. J. C.

Licenza. — 1. Équivalent italien du français *licence** 1. C'est en ce sens que Beethoven décrit le finale de sa sonate op. 106 comme une fugue *con alcune licenze.*
— 2. Terme italien, généralement non traduit, et qui possède plusieurs significations : a) liberté d'interprétation dans le domaine de la mesure et des nuances. *Con licenza*, « sans s'astreindre à une mesure rigide » ; b) au XVIIIᵉ siècle, brève composition (généralement récitatif et air) insérée dans une cantate ou un opéra pour rendre hommage à un personnage important (par exemple, Mozart, KV. 36 et 70) ; c) ornementation non écrite, le plus souvent dans une cadence, laissée à la libre improvisation de l'interprète. On emploie aussi le mot *cadenza* (par exemple, Bach, canon nº 10 dans l'*Art de la fugue*).
J. C.

Lidholm (Ingvar), compositeur suédois (*Jönköping 1921*). Les événements les plus importants de sa formation ont été ses cours avec H. Rosenberg, sa participation au groupe du Lundi (*Måndagsgruppen*), ses séjours à Darmstadt — les premiers effectués par un compositeur suédois —, et son stage avec l'important moderniste Mátyás Seiber, en Angleterre. Altiste, chef d'orchestre, personnalité en vue en Suède, Lidholm est, avant tout, un symphoniste, qui, parti d'un style proche de celui de N. Nielsen, a abouti à une forme très personnelle d'écriture, souvent agressive, voire explosive. Dans ses œuvres les plus marquantes, *Ritornell* (1955), *Riter*, ballet (1960), *Poesis* et *Nausikaa ensam* (1963), on peut remarquer son intérêt pour les problèmes d'organisation des timbres, de la dynamique, de l'équilibre entre les matériaux polyphoniques et mélodiques et son sens de leur utilisation dans une expression dramatique.
H.-C. F.

Lidice ou **Mémorial pour Lidice**. Adagio symphonique de Bohuslav Martinů, composé en 1943 et créé le 28 octobre de la même année par l'Orchestre philharmonique de New York dirigé par Arthur Rodzinski. C'est aux États-Unis, où Martinů était réfugié au cours du second conflit mondial, que cette pièce fut composée, sous le choc de la nouvelle de l'anéantissement du village tchèque de Lidice par les nazis. Loin de tout souci descriptif, ce bref adagio reste une page de musique pure, poignante, une déploration funèbre, pleine de dignité, mais aussi de révolte. Au sommet d'un long crescendo et dans l'espoir de la libération prochaine de son pays, le compositeur a cité les quatre coups du thème du destin de la *5ᵉ Symphonie* de Beethoven, faisant ainsi allusion à l'indicatif de la victoire, utilisé par la BBC pendant la guerre.
P. V.

Liebermann (*Rolf*), compositeur et directeur de théâtre suisse (*Zurich 1910*). Il étudia le droit, la direction d'orchestre avec Hermann Scherchen, dont il fut l'assistant à Vienne jusqu'en 1938, et la composition avec Vladimir Vogel, qui l'initia au dodécaphonisme. Il se fit connaître en 1947 par le dynamisme spectaculaire de son *Furioso* pour orchestre. Suivirent notamment un célèbre *Concerto pour jazz-band et orchestre* (1954) et le *Concert des Échanges, machines* (1964).
On lui doit aussi des ouvrages lyriques parmi lesquels *Léonore 40/45*, sur un texte bilingue franco-allemand transposant le sujet de l'opéra de Beethoven dans le contexte de la Seconde Guerre mondiale (Bâle, 1952), *Pénélope* (Salzburg, 1954), et *l'École des femmes*, d'après Molière (Louisville, 1955 ; puis Salzbourg, 1957). Il prit, en 1950, la direction musicale de Radio-Zurich, et, en 1957, celle de la radio de Hambourg.
Devenu directeur de l'opéra de Hambourg en 1959, il en fit, pour le plan de la création et du répertoire contemporains, la première scène lyrique du monde, et réalisa 15 productions d'opéras pour le cinéma et la télévision. Il fut également l'instigateur du tournage du *Don Giovanni* de Losey (1978-79). En 1971, il fut nommé à la tête de la Réunion des théâtres lyriques nationaux à Paris, et occupa ces fonctions du 1ᵉʳ janvier 1973 au 31 juillet 1980. Durant cette période faste furent montés au palais Garnier et à la salle Favart, des *Noces de Figaro* (mars 1973) à *Boris Godounov* (juin 1980), 54 spectacles différents, parmi lesquels, sous la direction de Pierre Boulez, la création mondiale de la version « intégrale » en 3 actes de *Lulu** d'Alban Berg (24 février 1979). En 1982, il a mis en scène *Parsifal* à Genève.
M. V.

Liebesliederwalzer (all. ; « Valses de chansons d'amour »). Série de 33 valses composée par Johannes Brahms, en 1868-69 et en 1874, et publiée en 1869 et 1875 sous forme de 2 recueils, les *Liebesliederwalzer* op. 52 et les *Neue Liebesliederwalzer* op. 65. Le premier recueil est prévu pour piano à 4 mains avec quatuor vocal (solistes ou chœur) *ad libitum*, le second pour quatuor vocal avec accompagnement de piano à 4 mains. Les textes poétiques chantés sont de G.-F. Daumer (op. 52) et de G.-F. Daumer et Goethe (op. 65). Ces *Valses de chansons d'amour* ont été directement inspirées par l'amour qu'éprouvait alors le compositeur envers la troisième fille de Robert et Clara Schumann, Julie, amour contrarié par le mariage, en 1869, de Julie Schumann avec le comte Marmorito di Radicati. Sous le coup de la nouvelle, Brahms composera un de ses chefs-d'œuvre : la *Rhapsodie pour contralto, chœur d'hommes et orchestre* op. 53. Dans les *Liebesliederwalzer*, le langage est plus simple, d'inspiration populaire, et cependant singulier et hyperraffiné sur le plan de l'invention rythmique et des nuances harmoniques. Les 18 valses de l'opus 52 employaient sans discontinuer la mesure à 3/4, à l'intérieur de laquelle le compositeur déploie des prodiges d'imagination. Dans l'opus 65, Brahms utilise aussi la mesure à 9/4.
Les *Liebesliederwalzer* op. 52 furent créées le 6 octobre 1869, lors d'un concert d'abonnement de l'orchestre de la cour de Karlsruhe, par Hermann Levi et Clara Schumann au piano et un quatuor vocal formé de chanteurs du cru. Les *Neue Liebeslieder* furent créées également à Karlsruhe au printemps 1875.
P. S.

Lied (all., pl. *lieder* ; « chanson »). Terme généralement appliqué au genre très particulier de mélodie accompagnée au piano, qui se développa en Allemagne à l'époque romantique, genre dont les maîtres majeurs ont été Schubert, Schumann, Brahms et Wolf. Propre à la musique chantée allemande, le lied s'est prolongé jusqu'à nos jours, tandis qu'il s'élargissait en des formes plus vastes, avec accompagnement d'orchestre symphonique (Strauss, Mahler, Schönberg). Mais le mot et la notion mêmes de lied ont une origine bien plus ancienne, qui remonte au Moyen Age.

Le lied avant le lied. Le terme de lied — ou plus précisément, sous ses formes anciennes, de *liet* ou de *leich* — peut être rapproché étymologiquement de celui de *lai**. Il désigne, tout d'abord, une forme de chanson pratiquée par les trouvères germaniques, les *Minnesänger**. Chanson monodique savante, sans doute accompagnée ou soutenue par un instrument, c'est originellement une musique à danser, avant de devenir une sorte de madrigal* mettant en musique un poème d'amour courtois, de forme raffinée, le *liet* proprement dit. Le premier maître du genre est le Minnesänger Walther von der Vogelweide, à la fin du XIIe siècle. Ce lied savant, ou *Kunstlied*, est, en Allemagne, le pendant de la chanson des troubadours en pays d'oc ou des trouvères en pays d'oïl : il est la forme de musique vocale par excellence des Minnesänger, jusqu'au XVe siècle.

Du haut Moyen Age proviennent également de très nombreux chants populaires relevant du folklore — ou, pour employer l'expression allemande, du *Volkslied*. Ce sont ces lieder, dont les textes ont été, à la fin du XVIIIe et au début du XIXe siècle, collectés et rassemblés par des poètes allemands — Herder, Arnim, Brentano, Goethe lui-même — et publiés en des recueils, qui ont conquis une vaste popularité ; le plus célèbre d'entre eux est *le Cor magique de l'enfant (Des Knaben Wunderhorn)*, qui ne contient pas moins de 700 *Volkslieder* (Gustav Mahler en a mis plusieurs en musique).

On a voulu voir dans le *Volkslied* une des sources, sinon la source principale, du lied romantique. Mais si le mot de *lied*, commun aux deux genres, peut, en effet, abuser et induire une confusion entre les deux, ceux-ci s'opposent radicalement. Autant le lied romantique est une œuvre savante, même lorsqu'il revêt un caractère poétiquement populaire, autant le *Volkslied* du Moyen Age ou de la Renaissance, anonyme et transmis par tradition orale, est d'essence et de forme populaires : chantant les travaux des jours, les métiers, l'amour, la guerre, la vie quotidienne, etc., il s'apparente aux autres formes de la chanson populaire.

Dans le domaine savant, la chanson polyphonique française de la Renaissance a son pendant en Allemagne avec le lied polyphonique, profane ou spirituel : chansons d'inspiration séculière, motets religieux, en latin ou en allemand, prennent le terme générique de lieder sous la plume des musiciens du XVIe siècle, pour la plupart disciples de Roland de Lassus (Leonhard Lechner, Johannes Eccard, Hans Leo Hassler), dont ils adaptent le langage contrapuntique pour l'introduire dans le monde germanique luthérien.

Deux grands événements historiques vont marquer profondément la musique allemande et comptent parmi les sources auxquelles s'est alimenté le lied romantique : la Réforme de Luther et la guerre de Trente Ans. L'influence de Luther est capitale dans l'évolution de la musique vocale allemande : directement, par les recommandations pratiques qu'impose le réformateur à sa communauté spirituelle ; indirectement et à plus long terme, par tout le courant de pensée qui sera celui du monde allemand dans les siècles suivants, intimement imprégné des grandes composantes du luthéranisme. D'une nature profondément musicienne, Luther centre la pratique cultuelle sur le chant communautaire, au temple ou dans la famille, faisant de cette pratique un acte liturgique. Le lien ainsi établi entre la musique (et plus particulièrement le chant) et le sacré orientera de façon décisive toute la pensée allemande et une certaine façon d'envisager la musique, propre à la culture européenne germanique.

Pour les besoins du culte nouveau, Luther compose des chorals, en fait composer, collecter, adapter par les musiciens de son entourage, à partir, parfois, de chansons populaires. Sur plusieurs générations va ainsi se constituer un corpus de chorals, mélodies volontairement très simples dans la mesure où elles sont vouées à être chantées par tous. Même dans leur version harmonisée à plusieurs voix, les chorals demeurent d'une exécution très aisée, avec leur respiration régulière bien marquée — encore un trait dont se souviendra le lied romantique.

De la sorte, Luther donne un formidable élan à la création d'une musique vocale — savante, puisque due à des compositeurs professionnels, mais de coupe simple et destinée à de multiples occasions de la vie quotidienne. Le sacré ne s'y distingue pas plus aisément du profane que le lied ne se différenciera alors du choral.

Quant à la guerre de Trente Ans, au siècle suivant (1618-1648), elle provoque des ravages considérables dans la culture et la société allemandes ; mais elle suscite aussi une exacerbation de la spiritualité, qui s'incarne sur plusieurs générations en courants de pensée et en poèmes religieux (généralement sur fond de terreur et de mort, souvenir immédiat des atroces malheurs de la guerre). C'est, notamment, le courant piétiste, qui touche en profondeur les milieux bourgeois, et dont les principaux poètes sont Jakob Böhme et Angelus Silesius.

Les prédécesseurs de Schubert. De ces mouvements naîtra le climat propice à la fondation d'un art musical typiquement allemand, que ce soit dans le drame lyrique (qui aboutira à partir de *l'Enlèvement au sérail* de Mozart) ou dans l'ode de salon. La veine populaire, marquée du caractère sérieux, « engagé », quasi sacré, qui sous-tend toute l'expression littéraire allemande du XVIe siècle, donnera naissance au *Singspiel**, dont Hiller est le premier grand représentant, dans la seconde moitié du XVIIIe siècle. Mais c'est aussi le moment où l'*Aufklärung*, époque de pensée rationaliste du « Siècle des lumières », le temps du philosophe Leibniz ou du poète Klopstock, favorise l'éclosion d'innombrables musiques domestiques pour chant avec accompagnement instrumental : les cahiers d'odes rationalistes et moralisantes fleurissent au milieu du XVIIIe siècle dans toute l'Allemagne, composées par les Mizler, Mattheson, Schubart, Marpurg, Scheibe..., un courant qui se poursuivra jusqu'à certains des lieder de Mozart et de Beethoven, lesquels n'apporteront d'ailleurs pas au lied quelque forme nouvelle, décisive, à la mesure de leur génie.

En Allemagne du Nord, un musicien comme Johann Abraham Peter Schulz *(1747-1800)* peut être considéré comme l'un des précurseurs du lied — chant simple, naturel, de caractère strophique, écrit pour tous, et dont certaines mélodies vont devenir populaires. Son recueil de *Lieder im Volkston bey dem Klavier zu spielen*, « Chansons de caractère populaire à exécuter avec piano » (1782), fait de lui l'initiateur du genre des *Lieder im Volkston*, chansons de caractère populaire où s'essaient maints compositeurs du XVIIIe siècle finissant. Dans les années 1770-1780, en effet, très nombreuses sont les pièces lyriques de style populaire transcendé, dont le caractère vocal se fait d'ailleurs plus volontiers lyrique dans les régions méridionales de l'Allemagne, au contact de l'art italien, qui fleurit alors dans les cours princières.

On ne saurait non plus mésestimer la vogue, à cette même époque, des mélodrames (la *Médée* de Benda devait fortement impressionner Mozart) : toute la charge émotive du récit y est assumée par la musique, sur laquelle le texte simplement parlé explicite l'action ou les sentiments en présence, texte acquérant du même coup un poids insoupçonné.

Trois compositeurs peuvent alors être considérés comme les annonciateurs les plus directs du lied schubertien : Reichardt, Hiller et Zumsteeg. Johann Friedrich Reichardt *(1752-1814)* publie de très nombreux volumes de mélodies accompagnées, appelées elles aussi lieder, sur des poèmes de Goethe, Schiller, Claudius, Hölty, Klopstock — les poètes mêmes qui inspireront Schubert : *Goethes Lieder ; Lieder der Liebe und der Einsamkeit*, « Chansons d'amour et de solitude » (1798) ; *Wiegenlieder für gute deutsche Mütter*, « Berceuses pour les bonnes mères de famille allemandes » (1798) ; *Oden, Balladen und Romanzen* (1809-1811), etc. Il est également l'auteur d'opéras et de Singspiele, où fleurissent aussi ces ariettes quelque peu simplistes. On notera qu'il est le premier à avoir mis en musique le *Roi des aulnes (Erlkönig)* de Goethe, qui sera l'un des plus fameux lieder de Schubert.

Johann Adam Hiller *(1728-1804)*, dont on a rappelé qu'il était l'initiateur du *Singspiel*, a publié, à côté de multiples arrangements et d'harmonisations de chorals, des mélodies — « lieder » — avec accompagnement, depuis 1759 (*Lieder mit Melodien an meinen Canarienvogel*, « Textes de chansons avec leurs mélodies, pour mon canari ») jusqu'à 1790 (*Letztes Opfer, in einigen Lieder-Melodien*, « Dernière offrande, en quelques mélodies de chansons »), dont un cahier de *Lieder für Kinder*, « Chansons pour les enfants », en 1769.

Quant à Johann Rudolf Zumsteeg *(1760-1802)*, il est le créateur de la ballade pour chant et piano, grande mélodie *« durchkomponiert »* (composée de bout en bout, sans retour à des refrains ou à des couplets), dont il organise la forme en divers plans d'intensité dramatique et musicale. Ces poètes sont, comme pour Reichardt, ceux de l'*Aufklärung* des années 1740-1770, et ceux du courant littéraire nouveau, celui du premier romantisme allemand ou *Sturm und Drang*, influencé par les romans sentimentaux européens du XVIIIe siècle (*Pamela* de Richardson, *la Nouvelle Héloïse* de Rousseau) et les poèmes d'Ossian, et illustré principalement par le jeune Goethe : le surnaturel y perd de son caractère strictement religieux pour acquérir une dimension dramatique, profane, mais conservant toujours une vision mystique du monde, mêlée au sentiment de la mort. On a publié de Zumsteeg 7 livres de *Balladen und Lieder*.

De ces musiciens, on peut rapprocher Carl Friedrich Zelter *(1758-1832)*, ami et conseiller musical de Goethe, auteur, lui aussi, de nombreux lieder ; certains précèdent ceux de Schubert, d'autres en sont contemporains et même de peu postérieurs, mais sans toutefois être influencés par son apport résolument neuf à l'art du lied.

Car le lied de Schubert est le premier à faire converger, génialement, en un seul foyer le climat sérieux et le caractère « engagé » issu du vieux fonds luthérien, l'intimité bourgeoise de la mélodie plus ou moins populaire et l'esprit de la musique de chambre. Cela beaucoup plus qu'il n'opère de synthèse de tous ces courants, dont il procède cependant et sans la connaissance desquels il est impossible de remonter aux sources de son art : les mouvements littéraires du piétisme, de l'*Aufklärung* et du *Sturm und Drang*, la recherche d'une expression musico-dramatique spécifiquement allemande, le monde du choral, le fonds populaire de la chanson, l'air d'opéra et de Singspiel, l'ode rationaliste et le lied *im Volkston*.

Une production unique, en quantité comme en qualité : les lieder de Schubert. En une quinzaine d'années seulement, Franz Schubert *(1797-1828)* a écrit quelque 625 lieder pour voix et piano. Cette production s'étend sur toute sa vie créatrice, de ses années de collège aux derniers jours de sa vie. Le premier de tous qui nous ait été conservé est *la Plainte d'Agar dans le désert* (1811), qui avait été précédé d'essais antérieurs, disparus ; le dernier est *le Pâtre sur le rocher*, avec un accompagnement de clarinette et de piano (1828). Doué d'une extraordinaire rapidité dans un genre qui était l'expression si intime de sa pensée, Schubert a écrit ses lieder très rapidement — jusqu'à cinq en une seule journée. Mais ce fait ne doit pas masquer que la rédaction d'un lied pouvait être précédée d'une lente rumination plus ou moins inconsciente, ni que certains lieder aient été repris, retravaillés, jusqu'à parvenir à leur forme achevée définitive. C'est ainsi, par exemple, que parmi les premiers lieder de Schubert, certains comme *Gretchen am Spinnrade* (« Marguerite au rouet », 1814) ou *Erlkönig* (« le Roi des aulnes », 1815), chefs-d'œuvre si accomplis, malgré la jeunesse du compositeur, qu'on les donne généralement pour date de naissance du lied romantique, ont fait l'objet de plusieurs rédactions successives. *Le Roi des aulnes* a connu 4 versions, apportant chacune des différences minimes d'apparence, mais fort importantes quant à l'expressivité musicale.

Chanté pour la première fois en 1820, *le Roi des aulnes* fut la première œuvre publiée de Schubert, en 1821. Les lieder sont d'ailleurs la partie de l'œuvre de Schubert qui se répandit le plus tôt, sinon dans le grand public, du moins dans les cercles musicaux et littéraires. Ce sont eux qui lui assurèrent, de son vivant même, une notoriété certaine — encore que Goethe ne répondît à aucun de ses envois —, notoriété que ne connut le reste de l'œuvre que plusieurs dizaines d'années après la mort du musicien. La première édition complète des lieder ne fut cependant établie que de 1884 à 1897, par Mandyczewski, et publiée par Breitkopf und Härtel ; elle a été rééditée par Dover, aux États-Unis, en 19 volumes, de 1965 à 1969.

Contrairement à ce que l'on avance généralement, Schubert ne fut pas un illettré qui aurait choisi ses poèmes au hasard. Tout au contraire, il a participé à d'innombrables réunions littéraires avec ses amis ; et il montre dans ses choix de poètes une véritable intuition (bien plus grande que celle d'un Fauré, par exemple). C'est ainsi que plus de 60 de ses lieder, soit 1/10 de sa production, sont écrits sur des textes de Goethe, le plus grand poète allemand ; plus de 30 le sont sur des poèmes de Schiller. À la fin de sa vie, en 1828, il découvre, à peine publié, un jeune poète encore inconnu, Heinrich Heine, qui deviendra le poète de prédilection de Schumann. Schubert lui consacre 6 de ses derniers lieder, 6 chefs-d'œuvre du *Chant du cygne*. Quant aux poètes de moindre renom sur lesquels le reste tout le reste de son œuvre, ils ne sont pas pour autant de valeur négligeable ; leur univers est celui dans lequel se situe Schubert, dans lequel il se sent totalement impliqué.

Le fait est essentiel, car écrire un lied n'est pas pour Schubert imaginer une jolie mélodie, soutenue au piano, par-dessus un texte ; c'est là le domaine de la romance, de la simple « mise en musique », et Victor Hugo avait bien raison d'interdire : « Défense de déposer de la musique le long de mes vers. » La musique, ici, que ce soit celle du piano ou celle du chant, deux éléments traités en étroite communion (comme dans la musique de chambre), cherche à approfondir la vision poétique du texte, à en prolonger les harmoniques, les vibrations, en symbiose intime avec le texte. L'opération est d'ordre musical : la charge poétique, affective du texte passe dans la musique, et le texte chanté ne fait que la traduire « en clair », comme c'était le cas dans le mélodrame. Non pas mise en musique, donc, mais transfiguration poético-musicale.

Avec Schubert, le lied trouve d'un coup sa forme la plus achevée. Dresser la typologie du lied schubertien, c'est inventorier tout ce qui fait l'originalité de Schubert sur ses devanciers et souligner les grands traits du lied romantique allemand. Il faut donc envisager succinctement ces caractéristiques, d'ordre littéraire et d'ordre musical, et en commençant par le domaine poétique. D'abord parce que c'est du poème, mûrement choisi et provocateur du choc initial de la création musicale, que part le musicien, entrant en relation de tension avec le texte pour en fouiller, par les sons, toutes les virtualités ; mais aussi parce que, dans la pensée allemande, ce domaine littéraire pèse traditionnellement d'un bien plus grand poids que ce qui ne ressortit qu'à la seule musique.

Le trait caractéristique le plus frappant à la lecture des poèmes utilisés par Schubert est la présence, dans une forte proportion, de la nature. Celle-ci apparaît comme simple paysage de claire détente (*Au printemps, Chant du matin*). Mais le décor est très souvent beaucoup plus riche de signification intime : au paysage naturel correspond le paysage intérieur du poète, l'âme et l'univers se reflètent l'un dans l'autre, comme le microcosme et le macrocosme. La description de la nature nous concerne en ce que suit du poème et du lied nous y situe, le destin de l'homme se trouvant intimement lié à celui du monde naturel. C'est là le domaine d'un Wilhelm Müller (le poète de *la Belle Meunière* et du *Voyage d'hiver*), mais aussi des auteurs qui s'apparentent au *Sturm und Drang* et cultivent le fantastique cosmique (Herder, Percy, Ossian).

A cette peinture de la nature participent évidemment

les éléments. L'eau, principalement, élément de prédilection de Schubert : ruisseaux et rivières, fleuves et mers (Berceuse du ruisseau, Ruisseau d'été, A une source, la Truite, le Fleuve, Bord de mer, Au bord du fleuve); mais aussi l'eau courante en ce qu'elle incarne une image de la destinée humaine, dans son voyage inexorable de la source vers l'embouchure, de la naissance à la mort (c'est, notamment, le thème du chœur pour voix d'hommes sur le Chant des esprits au-dessus des eaux, de Goethe). Eau du destin, élément dans lequel se reflètent les hommes : c'est la substance même de la Belle Meunière, où le thème de l'eau joue le rôle de leitmotiv. Avec l'eau, l'orage et la tempête, les vents déchaînés (Matinée orageuse, la Jeune Religieuse, le Roi des aulnes), la neige et le gel (Voyage d'hiver), la nuit et la lune (sérénades, nocturnes, A la lune).

Le thème de la destinée humaine prend souvent chez Schubert et chez les poètes l'image du voyageur (der Wanderer). L'insatisfaction de l'homme, son inquiétude le poussent à quitter sa maison, son pays, et à parcourir le monde ; il se met ainsi à l'unisson d'un univers qui n'est que mouvement, en marche comme la destinée et la vie ; mais la nostalgie (die Sehnsucht, thème corollaire, fondamental lui aussi) le ramène vers son pays, sa vraie patrie, qui sera la mort. C'est le thème du Tilleul, de Bienvenue et départ, comme des nombreux lieder de voyage : le Voyageur, Nocturne du voyageur, En voyage, etc., et surtout du cycle du Voyage d'hiver.

Dans sa pérégrination, l'homme reste solitaire et ne rencontre pas l'amour, la bien-aimée est absente. Solitude schubertienne, dans la Belle Meunière et le Voyage d'hiver, dans Marguerite au rouet, la Plainte d'Agar dans le désert, Solitude, A l'absente, A la lointaine, le Sosie, la Ville, les divers Chants du harpiste et chants de Mignon, la Litanie pour le jour des morts. Solitude suprême, enfin, la mort, où aboutit toute destinée, mais généralement envisagée comme un apaisement. Le thème de la mort prend chez Schubert une importance croissante, en trois vagues successives. Dans les premières années, elle est composante d'un paysage funèbre (Couronne funèbre pour un enfant, Au postillon Kronos), pour s'intérioriser ensuite peu à peu, vers 1816-17 (A la mort, la Mort et la Jeune Fille, le Jeune Homme et la Mort). Enfin, dans les années 1823-1828, la mort est devenue intérieure et a rejoint la solitude, la maladie, le voyage, la nostalgie, dans une vision globale du monde intime, tragique et privée d'espoir (Voyage d'hiver, lieder sur des poèmes de Heine dans le Chant du cygne).

Les motifs littéraires de tous ces poèmes sont empruntés à diverses sources : fonds légendaire de l'Allemagne et de l'Europe du Nord, motifs populaires et folkloriques (Petite Rose des bruyères), grands thèmes littéraires (Faust, le Divan occidental ou Wilhelm Meister, pour Goethe). Une petite touche chrétienne (Ave Maria, Pax vobiscum, Litanie) apporte rarement son éclairage à un monde essentiellement panthéiste, assez fortement teinté du paganisme véhiculé par les grands motifs de la mythologie grecque revisitée par Schiller et Goethe : Prométhée, Ganymède, les Dieux de la Grèce, le Groupe au Tartare, le Fils des muses, Chant d'un nautonier aux Dioscures.

De ces grands courants musicaux convergents, de ces divers types de poèmes, subtilement sélectionnés, dépendent les types formels que Schubert met au point. Car, on l'a compris, il ne s'agit jamais de musique populaire, recueillie dans le terroir ou véhiculée par la tradition, à laquelle le musicien aurait octroyé un soutien instrumental pour en faire de la romance de salon. Populaire, le lied de Schubert l'est dans son apparente simplicité, dans une expression lyrique d'abord facile et aisément mémorisable, bien « dans la voix », dans toutes les connotations avec la vie des hommes simples et les paysages naturels. Il y a ainsi chez Schubert la permanence d'une « fiction populaire », qui couronne en le masquant un travail formel extrêmement savant et élaboré.

Il est frappant d'observer que Schubert trouve d'emblée, dès ses premiers lieder, sa personnalité, l'originalité du lied romantique qu'il porte aussitôt à son point de perfection, et comme la forme évolue relativement peu tout au long de sa production, en dépit d'une maîtrise croissante des éléments de son langage musical. Ce sont d'abord, formes primitives, des sortes de petites cantates traitées avec un accompagnement qui évoque la réduction au piano d'une partie orchestrale. Très tôt abandonnée, cette forme débouche dans la grande ballade mélodramatique à la Zumsteeg, mais menée à un exceptionnel accomplissement expressif et formel. La voix et l'instrument s'y trouvent intimement mêlés, comme en une œuvre de musique de chambre. La symphonie pianistique fait vivre les éléments de l'espace naturel et les frémissements de la vie intérieure, important la voix dans un grand mouvement épique. Composées de bout en bout, sans retours, les ballades s'entrecoupent de récitatifs articulant les temps forts de l'épopée poétique, opposent les plans d'intensité, les tonalités, les assises rythmiques. C'est tout un opéra en quelques minutes, tel que le brossent les poètes du Sturm und Drang (le Plongeur, le Gant, le Nain, le Groupe au Tartare, Au postillon Kronos, le Roi des aulnes).

A ces formes de type excentrique s'opposent les formes concentriques de la méditation musicale, de l'introspection : une vision sonore est saisie comme en « instantané », et les mouvements obsessionnels de redites et d'incantation, de la voix comme du piano, en explorent tous les harmoniques intérieurs. C'est le monde de Du bist die Ruh' (« Tu es ma paix »), des lieder sur les poèmes de Heine ou des cycles.

Un troisième registre est constitué des lieder de paysage pur, au caractère extraverti : évocations de la nature, échos, simplicité et lumière (Au printemps).

Quelques groupes de lieder sont associés en « cycles ». C'est le cas de la dizaine de lieder de Mignon, d'après le Wilhelm Meister de Goethe ; mais il s'agit là d'un ensemble de lieder fondés sur une même œuvre littéraire, sans que l'on puisse dégager une dramaturgie musicale unissant entre eux ces lieder. C'est aussi le cas du recueil du Chant du cygne, regroupant 14 lieder (7 de Rellstab, dont la populaire Sérénade, 6 de Heine et 1 de Seidl) ; mais, en fait, la composition de cet album et son titre larmoyant sont pure fantaisie de l'éditeur posthume, aucun lien n'ayant été voulu par Schubert entre ces diverses pièces. Restent 2 cycles, expressément composés comme tels : les 20 lieder de la Belle Meunière (1823), et les 24 du Voyage d'hiver (1827). Tous deux, sur des poèmes de Wilhelm Müller (de bien plus grande valeur qu'on ne le dit généralement), enchaînent les lieder en grande partie de type méditatif, selon une dramaturgie qui en fait de véritables récits, unis par l'emploi du leitmotive : les mouvements de doubles croches de la Belle Meunière, thème de l'eau quasi omniprésent et qui finit par recouvrir dans ses flots le petit meunier Schubert et son espoir déçu ; motif du pas du voyageur (noires ou croches insistantes) dans le Voyage d'hiver, avec ses interruptions de silences et ses cris désespérés, dans un monde gelé et raréfié.

A ces grandes familles de lieder, il faudrait ajouter les ensembles vocaux et les chœurs pour voix d'hommes accompagnés de piano, qui ne procèdent pas directement du lied, mais s'y rattachent par leurs motifs poétiques.

Les structures musicales utilisées par Schubert ne relèvent jamais, on l'a dit, de la mélodie accompagnée ; formes de musique de chambre, elles sont nombreuses et adaptées précisément à chaque type de poème, visant chaque fois à projeter l'espace visuel et poétique dans un espace sonore qui en délivre les images. On trouve ainsi divers systèmes strophiques : rarement purs, si ce n'est pour quelques lieder de caractère franchement populaire et souvent devenus chants populaires de l'Allemagne romantique (Petite Rose des bruyères), mais faisant appel à des variations (rythmiques, mélodiques) ou à des contrastes (majeur opposé au mineur, ou inversement). La variation est, en effet, l'un des ressorts de la structure schubertienne, variations instrumentale *(Au printemps)* ou rythmique *(Ganymède)*. Sur le plan mélodique, la variation peut se faire par amplification du galbe de la ligne vocale, le lied procédant alors par « cris » successifs. Lorsqu'il n'est pas rigoureusement *durchkomponiert*, le lied, surtout de type excentrique, la ballade, s'organise en marqueterie de motifs pianistiques et vocaux, structurés en paliers d'intensité expressive.

Enfin, sur le plan du langage musical, le lied schubertien présente de grandes constantes, qui seront celles de tout le lied romantique allemand. Et d'abord, une extraordinaire concentration sonore. Dans une extrême économie de moyens, aucune note ne se présente comme un quelconque remplissage, comme le moindre bavardage. Rien qui ne soit essentiel, ce qui confère à la partie pianistique comme au chant une relative facilité d'exécution. Brèves introductions au piano, qui en quelques mesures, en quelques notes cernent l'espace sonore et psychologique du lied ; modulations instantanées, par enharmonie ou par simple translation de tonalités, altérations très brèves qui modifient tout à coup un éclairage. Les mouvements obsessionnels font appel à une figure rythmique ou mélodique, à la répétition d'une seule note, et à un élément dont Schubert est le premier, bien avant les musiciens sériels, à avoir évalué toute l'importance expressive : le silence. La substance musicale se raréfie parfois jusqu'à l'absence de toute musique exprimée, laissant les sons se prolonger à l'intérieur des auditeurs. Au silence s'opposent les cris, exacerbation de la ligne mélodique qui finit par envahir tout l'espace sonore. Mais cette dilatation de la mélodie est elle-même utilisée avec beaucoup de parcimonie, en conclusion, pour éclater la vision dramatique du lied ; en règle générale, au contraire, la ligne de chant est très diatonique et contenue dans un ambitus relativement restreint. Toute la musique de Schubert chante — le piano, le quatuor à cordes, les instruments de l'orchestre — comme la voix. Cette vocalité de Schubert explique comment des thèmes de lieder, son monde essentiel, font résurgence dans la musique de piano ou la musique de chambre (quintette *la Truite, Wanderer Fantaisie* pour piano, quatuor *la Jeune Fille et la Mort*). Ce chant « naturel », où ne perce jamais la science de l'écriture, est sans aucun doute ce qui a pu accréditer la légende d'un Schubert populaire ; c'est, en tout cas, ce qui contribue à donner à ses lieder leur incontestable popularité.

Les lieder de Schumann. Schubert a véritablement créé le lied romantique allemand, et lui a donné, d'un coup, ses plus hauts chefs-d'œuvre. Tous les musiciens qui vont le suivre vont se définir par rapport à lui, à commencer par Robert Schumann (1810-1856), qui, en quelque sorte, le complète et achève d'explorer toutes les potentialités du lied. Et pourtant, on ne peut imaginer plus dissemblables que Schubert et Schumann. Autant le premier, autrichien, se masque de fiction populaire, autant le second, allemand, laisse à découvert sa complexité, son trouble univers. Schubert est homme de l'instinct — un instinct très sûr —, Schumann, lui, est issu d'une culture littéraire. Il avait songé aux lettres, s'y est essayé : son lied va perdre de l'immédiateté de celui de Schubert pour se charger de signes, de symboles et d'allusions. A quoi il faut ajouter, deuxième constante de son art du lied, une personnalité complexe, problématique, hantée de peurs et de vertiges, de nostalgie, et d'un drame d'emmuré vivant qui le conduira à l'asile.

D'où un choix très différent de poètes et l'élaboration d'une langue musicale nouvelle. Schumann, ce sont d'abord Heine, que Schubert lui désigne *post mortem* dans le *Chant du cygne ;* et puis Eichendorff, et Lenau, dans ce que leur œuvre compte de plus désespéré ; et Chamisso, qui n'échappe pas à une certaine sensiblerie, avant de retrouver quelques textes de Goethe, de Rückert, de Mörike, ou de découvrir une nouvelle génération, avec Byron, Burns ou Moore. C'est le monde des crépuscules et des lumières « entre chien et loup », où la raison bascule dans la folie, celui des noces tragiques, des amours comblées et malheureuses, des carnavals de l'âme, des rêves et des paysages méphitiques.

Musicalement, la langue schumannienne porte témoignage de ces complexes et de ces contradictions. D'abord, dans une part différente dévolue au piano : à lui les introductions qui plongent au cœur d'un univers tourmenté, et les longues conclusions où tente de se résoudre et de se libérer le drame chanté que la voix seule n'est pas parvenue à exorciser — là où il fallait à Schubert un cri à peine répété et quelques accords. La ligne de chant, elle aussi, rompt avec la simplicité schubertienne : plus distendue, plus apparemment raffinée, elle souligne, avec le piano, les moindres intentions du texte et des altérations plus ou moins marquées. Schubert campait son lied dans une progression musicale et épique ; Schumann, au contraire, en lyrique, analyse et explore toutes les facettes de ses poèmes dans une opération beaucoup plus statique, presque contemplative. Et pour cerner le climat émotif des poèmes il en appelle au chromatisme, aux accords altérés (septième diminuée, neuvième), aux incertitudes rythmiques, aux mouvements syncopés.

La production de lieder de Schumann compte quelque 250 morceaux, pour la plupart regroupés en recueils et même en cycles. Mais alors que les lieder accompagnent toute la vie créatrice de Schubert, ils n'apparaissent chez Schumann qu'en deux formidables vagues : 130 environ pour la seule année 1840, plus de 100 pour les années 1849 à 1852.

En 1840, Schumann a trente ans. Dans les dix années qui précèdent, il n'a écrit que pour le piano : la quasi-totalité de ses chefs-d'œuvre. Obtenant enfin l'autorisation d'épouser Clara, en cette même année 1840, il va consacrer toute l'année exclusivement aux lieder ; et, à part quelques pièces, il n'y reviendra qu'en 1849, après une longue série de crises. Pris alors par une frénésie de création, il s'adonne à tous les genres, dans les quatre années qui suivent, avant la chute de 1853.

À côté de la production des lieder pour voix et piano, il faut mentionner un nombre important de duos, trios et quatuors vocaux avec piano, 3 morceaux pour voix parlée avec piano, et de nombreux chœurs pour voix de femmes, voix d'hommes ou voix mixtes, pour la plupart sans accompagnement. A de rares exceptions près, toutes ces pièces ont vu le jour dans les deux grandes vagues de création des lieder — elles datent principalement de 1849. Et elles font appel aux mêmes poètes que les lieder pour voix et piano.

Il est troublant de voir Schumann, au moment même d'épouser la pianiste Clara Wieck, qu'il attend depuis dix ans et pour qui il a écrit nombre de ses grandes pages pour le piano, abandonner ce piano et chercher dans le lied, et exclusivement, l'expression lyrique, explicite, d'amours malheureuses. Dans la production de cette année, 5 groupes de lieder sont baptisés « cycles » : *Liederkreise :* les opus 24 et 25 *(Myrthes)*, 39, 42 *(l'Amour et la vie d'une femme)* et 48 *(les Amours du poète)*, représentant en tout 71 lieder. Mais 2 seulement, les opus 42 et 48, constituent des ensembles cohérents, construits en tant que tels et animés d'une dramaturgie musicale interne (leitmotive, relations tonales entre les lieder, etc.).

Le *Liederkreis* op. 24 est le premier bouquet de fleurs vénéneuses que Schumann cueille chez Heine — 31 lied d'après Heine en 1840, presque plus ensuite. Le *Liederkreis* op. 25, *Myrthes*, rassemble 26 lieder de poètes divers en une couronne de fiançailles offerte à Clara, plus suaves, moins fervents que les autres. C'est Eichendorff qui donne les poèmes de l'opus 39, 12 chefs-d'œuvre qui chantent la fiancée morte, la détresse du poète, les menaces de la nuit, dans un décor de châteaux en ruines et de forêts enchantées.

Lui aussi offert à Clara, le cycle *l'Amour et la vie d'une femme* doit son texte sentimental et quelque peu larmoyant à Chamisso. Malgré le caractère petit-bourgeois de la Restauration *(Biedermeier,* en Allemagne), qui peut paraître d'une ingénuité un peu puérile, mais qui convient si exactement à toute une part de la sensibilité schumannienne, ce cycle de 8 tableaux évoque la vie sentimentale d'une jeune femme, depuis les premiers aveux jusqu'à la mort du bien-aimé, en passant par les noces et la naissance de l'enfant. Huit portraits réunis en une seule suite, d'aspect étrangement prémonitoire. *Les Amours du poète*, enfin, sur des poèmes de Heine, sont une sorte de tragédie en réduction — la tragédie du poète, dont la bien-aimée en épouse un autre, et qui en meurt : 16 miniatures organisées en contrastes, avec temps forts et moments de détente.

1840, toujours, pour le minicycle du *Pauvre Pierre* (de Heine, encore), ou quelques ballades, sortes d'ébauches d'opéras — l'opéra qui est la nostalgie de tout le romantisme allemand, et que seul Wagner, après Weber, réussira. Et puis plusieurs cahiers d'après des poèmes de moindre envergure de Rückert, de Reinick ou de Kerner.

Dans les années de maturité, Schumann emprunte à un grand nombre de poètes, de Goethe et Schiller à des anonymes. À nouveau, des rêves, des scènes fantastiques, des chants de soldats ou des scènes médiévales : tout un monde très différencié, qui ne cesse de pétrir et de ressasser ces motifs de l'inquiétude qui ne tarderont pas à mener Schumann à la folie, mais qui constitue un corpus passionnant encore beaucoup trop ignoré des interprètes.

Autour des maîtres du lied. Le foisonnement de musique vocale avec piano — tout ce que l'on regroupe sous le terme générique de *lied* — ne s'est pas arrêté du jour où Schubert, puis Schumann ont porté le lied à sa perfection. Tout au contraire, ce foisonnement se poursuit, et il n'est guère de musicien allemand qui, au XIXe siècle, ne compose des lieder — musiciens mineurs —, ni créateur de génie chez qui le lied n'atteindra pas les sommets des maîtres du genre.

On a indiqué que, avant Schubert, ni Mozart, ni Beethoven, ni d'ailleurs Haydn n'ont innové réellement en ce domaine. Certains de leurs lieder, cependant, pressentent ce que sera le lied romantique. Chez Mozart, *Abendempfindung* («Sentiment du soir»), *Unglückliche Liebe* («Amours malheureuses») ou *Das Lied der Trennung* («le Chant de la séparation») possèdent déjà un ton, un registre de sensibilité et un rapport entre chant et piano, qui seront ceux de Schubert. Dans ses délicates canzonettes anglaises, ou dans le lied de *Wilhelm Meister*, Haydn s'approche lui aussi du lied schubertien. Quant à Beethoven, il se situe en marge de cette évolution et ignore tout de Schubert ; ses quelque 70 lieder sont proches des mouvements lents de ses *Sonates* pour piano, et traités plus instrumentalement que vocalement. Mais ses *Six Lieder sur des poèmes de Gellert* op. 48 (1802), *Adélaïde* (1794-95), ses différents lieder sur des poèmes de Goethe — et notamment *Nur wer die Sehnsucht kennt* («Seul, qui connaît la nostalgie», de *Wilhelm Meister*), son cycle *À la bien-aimée lointaine* (1815-16) possèdent une unité dramatique, une ambiance sonore, une subtilité dans le traitement du piano qui préfigurent par moments, plus que Schubert, Schumann et Wolf.

Chez les contemporains de Schubert, peu de musiciens se détachent réellement. Ce ne sont ni Ludwig Spohr *(1784-1859)*, ni même Carl Maria von Weber *(1786-1826)*, qui, malgré quelques réussites *(Prière à la bien-aimée, Poèmes de lyre et d'épée)*, reste le plus souvent enfermé dans la cantate ou surtout l'ariette populaire de *Singspiel*. Anselm Hüttenbrenner *(1794-1868)* est plus attachant, mais reste un peu dans l'ombre de son grand ami Schubert. C'est de Carl Loewe *(1796-1869)* qu'il faut le plus attendre. Non que tout soit chez lui du meilleur goût ni de la plus subtile facture : Loewe rassemble tous les grands thèmes littéraires, historiques et poétiques de son temps, il connaît bien la musique de ses contemporains, et se montre fort habile à composer des sortes de pots-pourris propres à séduire le public moyen. Mais il a aussi des intuitions et un souffle épique, qui vont le faire exceller dans le genre de la grande ballade. L'allure d'opéra que celle-ci prend chez lui n'est pas empruntée à autrui, mais au contraire préfigure les drames musicaux à venir : son *Roi des aulnes* annonce les tempêtes du *Vaisseau fantôme* de Wagner. Et des ballades comme *Sire Oluf, la Fille de l'hôtelière, Edward, le Woyvode, Thomas le rimeur* sont parmi ce qu'il a laissé de meilleur. L'épopée s'y fait volontiers descriptive, mais sa carrure, son galbe ont pu séduire Schumann.

Si Conradin Kreutzer *(1780-1849)* se montre attachant en de nombreux lieder, pour la plupart composés sur des poèmes de Uhland, un Giacomo Meyerbeer *(1791-1864)* ou un Otto Nicolaï *(1810-1849)* n'apportent guère d'éléments décisifs à l'art du lied. Quant à Felix Mendelssohn *(1809-1847)*, le lied (malgré les grands poèmes de Goethe ou de Heine auxquels il a recours) est la part la plus mièvre de son œuvre et apparaît comme du Schumann affadi ; en revanche, son génie mélodique trouve une merveilleuse expression dans ses *Lieder ohne Worte, Mélodies sans paroles,* pièces pour piano seul, où le pouvoir évocateur de sa musique peut s'épanouir pleinement, libéré des sollicitations charmeuses des poèmes.

À la génération de Schumann appartiennent encore un Franz, un Hiller, un Cornelius. Robert Franz *(1815-1892)*, protégé par Schumann, manque singulièrement de force musicale. Ses 350 lieder (sur des poèmes de Heine, Eichendorff, Lenau, Mörike) sont plus des complaintes, où s'exhalent tendresse, douceur et tristesse, sur un ton de confidence qui ne manque pas de charme. Mais Franz semble avoir délibérément laissé de côté l'apport des grands maîtres du lied pour offrir des pages plus largement destinées au grand public, à caractère populaire ; c'est ainsi qu'il ne manifeste aucun intérêt particulier pour la valeur intrinsèque des mots de ses poèmes, et enferme les vers dans des phrases de coupe très simple. Ferdinand Hiller *(1811-1885)* n'apporte guère plus, mais manifeste plus de tempérament que Franz. Quant à Peter Cornelius *(1824-1874)*, quoique très attiré par Wagner, il demeure toujours extrêmement personnel, dans une écriture savante et rigide qui masque mal une très vive sensibilité de solitaire. Si son piano connaît des partitions amples, vastes, qui risquent de submerger le chant, ce dernier, en revanche, se trouve aéré par une prosodie très originale. Ses 77 lieder culminent en 3 cycles, *Souffrance et consolation, Chants à la fiancée* et *Chants de Noël*, sur des poèmes du musicien lui-même, et annoncent parfois Hugo Wolf.

Franz Liszt *(1811-1886)*, créateur abondant et protéiforme, aborde tous les genres, y compris, naturellement le lied. Européen, il fait appel à des poètes de diverses nationalités, qu'il sert dans leur langue originale (allemand, italien, français, anglais) : quelque 80 morceaux, dont certains ont reçu une nouvelle version plus tardive ou une orchestration. Contrairement à ce que l'on pourrait attendre, les parties de piano ne sacrifient pas à la virtuosité ; mais en se bornant à illustrer les poèmes elles brodent des variations à effets, des harmonies suggestives quelque peu en marge du sens profond des textes. Le chant, lui, déclame les poèmes, avec une emphase calquée sur le débit du texte, mais sans pour autant glorifier la poésie, ni en fouiller les résonances intimes.

Chez Richard Wagner *(1813-1883)*, les lieder appartiennent au début de la vie créatrice — il faut citer notamment les *Sept Compositions sur le Faust de Goethe* (1832). Il trouve sa voie dans le drame musical, auprès duquel le lied n'a plus de raison d'être. Mais, dans sa maturité, il écrit les *Cinq Wesendonk Lieder,* 5 lieder sur des poèmes de Mathilde Wesendonk, esquisses pour *Tristan et Isolde* : dans le format du lied, il enserre les grandes phrases lyriques de son opéra en gestation, et son piano peut, à lui seul, résumer l'orchestre qu'il pressent. Les *Wesendonk Lieder* seront d'ailleurs orchestrés ultérieurement, par Felix Mottl.

Enfin, on ne peut que citer des compositeurs minimes, eux aussi tentés par le lied : Friedrich Nietzsche *(1844-1900)*, le philosophe qui se piquait de composition musicale, Theodor Kirchner, Julius Schäffer,

Louis Ehlert, Emanuel Klitzsch, Joachim Raff, Alexander Ritter.

Avec Brahms, une nouvelle génération du lieder romantique. Le lied accompagne toute la vie de Johannes Brahms *(1833-1897)* : 200 lieder, de ses vingt ans à l'avant-dernière année de sa vie. À quoi il faut ajouter 25 duos, une trentaine de quatuors vocaux, près de 100 chants populaires pour voix et piano et 26 pour chœur à 4 voix, soit une œuvre vocale importante, où le lied se taille la part du lion.

Mais, avec lui, c'est une nouvelle génération du lied romantique qui commence. Chez Schubert et Schumann s'est cristallisé un genre musical dont ils ont créé les archétypes. C'est à présent dans des formes établies que se coule l'inspiration des compositeurs. Ce qui va les individualiser, c'est d'abord le choix des poèmes auquel leur tempérament les mène. Or, il est curieux de voir Brahms s'adresser à un grand nombre d'auteurs différents, pour la plupart mineurs, voire inconnus. Deux noms surnagent, ses deux poètes de prédilection : Groth et Daumer, au talent bien éloigné des Goethe et des Heine de Schubert et de Schumann.

Le choix des thèmes poétiques est très révélateur : à peu près pas de paysages, sinon de grisaille ; des textes volontiers abstraits et sentencieux, assez flous, sans grande force — textes très intériorisés, générateurs d'une ambiance vague, grise elle aussi, celle d'un solitaire qui semble vouloir délibérément se mettre à l'écart de son lied, alors que Schubert et Schumann s'y impliquaient totalement.

La structure musicale de ses lieder, Brahms l'emprunte généralement à Schubert, allant des formes strophiques variées à la composition « de bout en bout », en passant par la forme « concentrique », développement libre balisé de formules qui construisent l'œuvre en lui donnant un semblant d'unité. Mais, par rapport à Schubert, il lui manque la clarté, la netteté de plan, qui donnaient si précisément l'intelligibilité de l'ensemble.

Mais la structure n'en est pas seule cause : le langage même du musicien s'y applique. La richesse, la somptuosité, même, de ses thèmes, l'épaisseur de ses parties de piano, le mouvement généralement très modéré engendrent un climat diffus, une lumière voilée. Brahms ne se confie pas, il invite son auditeur à le suivre dans un cheminement vers l'intérieur de lui-même, de sa solitude, tandis que sa pudeur ne cesse de dresser des barrages à cette introspection. C'est tout un domaine de la sensibilité allemande qu'il faut découvrir ici, non sans patience, dans la mesure où ces lieder demeurent très peu fréquentés des chanteurs — sans doute en raison de cette espèce d'impuissance à éclater dans l'espace sonore. Mais, à ce prix, on rencontrera de purs chefs-d'œuvre : *C'était beau, Solitude de la campagne, D'amour éternel, Nous nous promenions, Toujours plus doucement*.

Ces lieder sont presque tous regroupés en recueils. Mais deux d'entre eux composent des cycles, ou plus exactement des albums de lieder réunis par une unité de ton et d'esprit : les *Romances de Maguelonne* et les *Quatre Chants sérieux* (il faudrait traduire plus précisément *Quatre Chants graves*). La composition des quinze *Romances de Maguelonne* s'étend de 1861 à 1868. Le poète Tieck en a pris l'argument dans un roman de chevalerie français du XIIe siècle. Les amours contrariées du chevalier Pierre et de la belle Maguelonne sont saisies, en 15 temps, dans les romances, comme les chansons, les « lyriques » d'une légende dramatique. Quant aux *Quatre Chants sérieux*, sur des textes bibliques, ils datent de 1896. Ce sont 4 méditations religieuses centrées sur le problème de la mort, dans un ton d'oratorio qui évoque quelque prolongement au *Requiem allemand*.

Le lied, part essentielle de l'œuvre de Hugo Wolf *(1860-1903)*. Ses 340 lieder ont été composés sur une vingtaine d'années seulement. Les 245 qui ont été publiés de son vivant se regroupent en cahiers, dont les 5 plus importants présentent une très grande unité, due à la fois à l'unité poétique et au très court laps de temps de la composition : *Lieder sur des poèmes de Mörike* (53 lieder, 1888), *Lieder sur des poèmes d'Eichendorff* (20 lieder, pour la plupart de 1888), *Lieder sur des poèmes de Goethe* (51 lieder, 1888-89), *Livre de lieder espagnol* (44 lieder sur des poèmes de Heyse et de Geibel, 1889-90) et *Livre de lieder italien* (46 lieder sur des poèmes de Heyse, en 2 tomes, respectivement de 1890-91 et de 1896). Ces lieder ont été composés par courtes vagues successives, très brusques, coup sur coup, à raison de plusieurs parfois la même journée.

Dans ses lieder comme dans sa vie, Wolf procède à la fois de Schubert et de Schumann. Du premier, il a la rapidité de la création, la solitude ; du second, l'exaltation, les angoisses et la folie ; et des deux, le plus sûr instinct poétique. Car c'est, avant tout, les poètes que cet homme très cultivé et connaisseur veut mettre en valeur, glorifier, et derrière lesquels il cherche à s'effacer. C'est pourquoi on ne peut avec lui cerner un univers poétique dans lequel se définirait la personnalité du musicien, à la lumière des textes choisis par lui : ce qui l'intéresse en Goethe, par exemple, ce n'est pas le lieu de quelque projection de son moi profond, c'est le moi de Goethe lui-même. Ainsi de chacun de ses poètes — et quels poètes ! À côté des grands recueils, de Goethe, Mörike et Eichendorff, ce ne sont pas moins que Shakespeare, Ibsen, Byron, Heine, Lenau ou Michel-Ange. À l'opposé de Brahms qui se masque derrière ses poètes et se réfugie dans la musique du piano, Wolf met en lumière les poèmes qu'il révèle par la musique, dans une fusion absolue du verbe et du son.

Avant d'entreprendre la composition d'un lied, Wolf commençait par en déclamer le texte à plusieurs reprises. D'où l'extrême raffinement dans les intonations du chant, le rythme de la déclamation lyrique, le débit de la voix, cette miraculeuse alchimie sonore qui sertit le poème en chacune de ses syllabes. Sous le chant, le piano n'a pas d'harmonies, d'altérations, de modulations, de fantaisie rythmique assez riches pour façonner le somptueux écrin révélant le poème : un langage wagnérien ramassé dans l'espace concentré du piano entendu dans un salon. Il procède par multiplication de petites facettes — un accent, une altération, une secousse rythmique —, dont la juxtaposition en kaléidoscope cherche à épuiser toutes les virtualités de chaque poème. De la même façon qu'au travers de tous ces poèmes, il semble vouloir épuiser une vision totale de l'univers, des évocations de la nature aux chansons de soldats, de l'amour à la mort, de la tendresse à l'humour et de la piété à la dérision. D'où l'immense diversité de ce monde musical, qu'il faudrait analyser pièce après pièce — et, en tout cas, tirer de la méconnaissance quasi totale où le tiennent les mélomanes. Le monde poético-musical de Wolf n'est pas d'un accès très aisé ; et l'étroite sujétion des pouvoirs musicaux à la glorification d'un texte impose une étroite compréhension de celui-ci, dans sa langue originale. Mais l'œuvre de Wolf contient par gerbes entières des chefs-d'œuvre de musique qu'on ne peut se priver d'ignorer.

Les lieder de Mahler. Gustav Mahler *(1860-1911)* est l'exact contemporain de Hugo Wolf, et appartient à la même génération que Richard Strauss. Parmi ses premières œuvres, on compte 14 lieder pour voix et piano, composés de 1880 à 1892, et publiés sous le titre de *Lieder und Gesänge aus der Jugendzeit* (Lieder et chants de jeunesse), en 3 volumes, en 1885 et 1892. Mais, déjà, Mahler songe à la fusion de la voix et de l'orchestre, en composant la cantate en 3 parties *Das klagende lied, le Chant de la plainte* (*Légende de la forêt, le Ménestrel, Chant nuptial*, 1880, révisée en 1892-93 et 1898-99). Alto, ténor et chœurs y chantent des poèmes du compositeur lui-même, inspirés par le vieux fonds légendaire.

Dès ses débuts, donc, Mahler subit la double tentation du lied et de la symphonie. Or, c'est à ce moment que se joue une articulation décisive dans l'histoire du lied. Car Mahler vient de rencontrer le recueil poétique qui va orienter toute son œuvre. Des *Lieder und Gesänge aus der Jugendzeit*, en effet, 9 des

14 lieder (ceux des volumes II et III) sont écrits sur des poèmes extraits du recueil *Des Knaben Wunderhorn*. Par la puissance d'évocation personnelle que ces textes éveillent chez lui se révèle un monde sonore que va pouvoir envahir la symphonie. Le piano des lieder de Wolf se substituait, avec ses moyens propres, à un orchestre sous-entendu. Wagner, dans les *Wesendonk Lieder*, « pensait orchestre » au piano. Et quand Mahler poursuit l'exploration du recueil du *Wunderhorn*, c'est déjà à l'orchestre qu'il songe.

Dans les années suivantes (1891-1899), il tire du recueil merveilleux une nouvelle gerbe de lieder — 15 en tout. Mais, cette fois, c'est à l'orchestre symphonique qu'est destiné leur accompagnement. Dix de ces lieder seront publiés en 1905 sous forme d'un cycle, les *Wunderhorn Lieder* proprement dits ; 5 autres composent les 2 premiers numéros du recueil *Sieben Lieder aus letzter Zeit (Sept Lieder de la dernière période)*, les 5 autres de ce recueil étant de Rückert ; un est le premier des *Lieder eines fahrenden Gesellen (Chants d'un compagnon errant*, fin déc. 1883 à janv. 1885), les 3 autres poèmes étant de Mahler ; les 2 derniers, enfin, sont parties constituantes de symphonies : *Es sungen drei Engel einen süssen Gesang ((Trois anges chantaient une douce chanson)* figure dans le 5e mouvement de la *3e Symphonie (Ce que me racontent les anges)*, et *Urlicht (Lumière originelle)* dans le quatrième mouvement de la *2e Symphonie*.

Mais ce n'est pas tout, car 2 autres poèmes du *Wunderhorn* se retrouvent dans les symphonies, sans avoir toutefois connu de rédaction séparée. Ce sont *Ablösung im Sommer (Relève de l'été)*, 3e mouvement de la *3e Symphonie (Ce que me racontent les bêtes de la forêt)*, et *Das himmlische Leben (la Vie céleste)*, finale de la *4e Symphonie*. Pour être complet, il faut ajouter que la *2e* et la *3e Symphonie* font appel, pour leur partie chantée, à d'autres poèmes : l'ode *Résurrection* de Klopstock, révisée par Mahler, dans le finale de la *2e Symphonie*, et un poème de Nietzsche, *O Mensch, gib acht ! (Ô homme, prends garde !)*, extrait de *Ainsi parlait Zarathoustra*, dans le quatrième mouvement de la *3e (Ce que me raconte l'homme)*.

Selon Bruno Walter, Mahler trouva dans *Des Knaben Wunderhorn* « tout ce qui remuait son âme ». « Nature, piété, nostalgie, amour, séparation, mort, fantômes, lansquenets, gaieté de la jeunesse, plaisanterie enfantine, humour étrange — tout cela vivait en lui comme dans les poèmes, et c'est ainsi que ces lieder surgissaient, torrentueux. » Encore faudrait-il ajouter que Mahler a, non seulement, sélectionné dans le vaste recueil les quelques poèmes (26 sur quelque 700), avec lesquels il entrait le mieux en résonance, mais qu'il les a de surcroît adaptés quand il le fallait, modifiant ici un titre, là coupant des strophes. Mais c'est bien tout son monde intime qui s'incarne en ces poèmes, en ces lieder, à tel point que la fusion se fait inévitablement entre cet univers poétique et le domaine de la symphonie qui est le sien : c'est non seulement l'accompagnement qui devient symphonique, mais les lieder qui entrent dans la symphonie (nos 2, 3 et 4) ; plus encore, les mouvements purement orchestraux des symphonies, des premières, en tout cas, vont bruire de fanfares militaires et de sonneries de casernes, de marches de condamnés, de rires stridents et dérisoires, comme de chants d'oiseaux et de cris d'enfants. L'univers du lied semble s'être définitivement accompli chez Hugo Wolf, pour devenir générateur de symphonie avec Mahler, au point que certains motifs orchestraux peuvent être entendus comme des lieder sans paroles.

1900 voit la fin de la longue période marquée par *Des Knaben Wunderhorn : 4e Symphonie* et *Sieben Lieder aus letzter Zeit*. C'est une seconde manière du lied mahlérien qui s'ouvre alors : tandis que les 3 nouvelles symphonies sont tout exclusivement instrumentales, 2 groupes de 5 lieder avec orchestre voient le jour, tous deux sur des poèmes de Rückert : les lieder 3 à 7 des *Sieben Lieder aus letzter Zeit* et les 5 *Kindertotenlieder (Chants pour des enfants morts*, 1901-1904). Le langage de Mahler se fait, ici, plus intérieur, plus dépouillé ; il manifeste une sorte de retrait par rapport au tumulte du monde, abandonnant les caractéristiques nettement populaires du langage de l'époque *Wunderhorn*, comme les danses paysannes ou les marches militaires. Quant à l'orchestre de ces lieder, il est relativement réduit par rapport à l'imposant effectif instrumental des symphonies contemporaines.

Avec la *8e Symphonie* (1906), Mahler revient à l'alliance de l'orchestre avec la voix — ici, 8 solistes, 1 double chœur mixte et un chœur d'enfants. Le *Veni Creator* et la scène finale du second *Faust* de Goethe y sont traités sur le mode oratorial. C'est la symphonie suivante qui va revenir au lied, celle que Mahler n'appelle pas « neuvième », mais *Das Lied von der Erde (le Chant de la terre*, 1908-1909), symphonie pour ténor et alto solos et orchestre — on notera, cette fois, l'absence de chœur. Les textes sont des traductions de poèmes chinois anciens, qui amènent avec eux leur dépaysement, leur résignation et leur sagesse. Les 5 premiers sont autant de cris désespérés, tandis que le 6e et dernier, de loin le plus développé, *Abschied (Adieu)*, est, sur le thème poétique de l'adieu à l'ami, un adieu au monde, sans le moindre espoir, mais dans un climat de totale résignation. La voix y est traitée comme un instrument de l'orchestre, mais un orchestre dont le langage se fait ici étonnamment prophétique des futures conquêtes de Schönberg.

Richard Strauss et les derniers lieder. Avec Mahler, le lied s'élargit au domaine de la symphonie dans laquelle il se dissout. Richard Strauss *(1864-1949)*, au contraire, va maintenir autant que possible la tradition du lied romantique avec piano, comme il le fera aussi de l'opéra, durant toute la première moitié du xxe siècle. Ses œuvres publiées comptent quelque 140 lieder avec piano (certains ont été orchestrés par le compositeur), et une quinzaine de lieder écrits directement avec accompagnement orchestral. La plupart d'entre eux datent de l'époque symphonique du compositeur, jusqu'à *Salomé* (1905) ; quelques groupes de lieder suivent, dans les années 1913 à 1921, puis un dernier petit recueil en 1929, avant le chef-d'œuvre de la vieillesse, les *Quatre Derniers Lieder* de 1948.

Admirable virtuose de l'écriture, doué d'une imagination que rien n'entrave, ouvrant sa palette sonore à tous les domaines de la poésie, il compose sous forme de lieder des fresques généreuses, rutilantes, d'un vif chatoiement harmonique et instrumental. Sa mémoire musicale le fait se souvenir de Schubert et de Schumann, surtout quand il lui arrive d'opter pour une forme courte. Mais la concision n'est pas son domaine, et il affectionne la véhémence et la sensualité — mais son goût et son savoir-faire l'empêchent de verser dans l'emphase. Avec les *Quatre Derniers Lieder*, le climat sonore n'a rien perdu de sa somptuosité capiteuse ; mais ce serein adieu au monde prend, en 1948, l'allure d'un testament qui scelle la mort du lied romantique.

Hans Pfitzner *(1869-1949)* se montre un peu plus tourné vers l'avenir que son rival Richard Strauss ; plus de 100 lieder jalonnent son œuvre, parmi lesquels il faut au moins mentionner les *Cinq Lieder sur des poèmes d'Eichendorff* (1888-89).

Compositeur prolifique, Max Reger *(1873-1916)* n'a pas laissé moins de 270 lieder, mais qui ne représentent pas le plus passionnant de son œuvre. Ces lieder oscillent du pastiche folklorique à l'archaïsme, et la réelle sensibilité du musicien tend trop souvent à disparaître dans un jeu de formules.

Le lied ne représente pas l'essentiel de l'œuvre d'Arnold Schönberg *(1874-1951)* ; en une cinquantaine de pièces, il fait briller de ses derniers feux la tradition de Schumann et de Wolf, dans un esprit nettement expressionniste. Mais une part doit être faite à la grande symphonie vocale et orchestrale des *Gurre Lieder*. Orchestre énorme, partition énorme pour ces chants d'amour et de mort empruntés à la saga scandinave. Le langage musical doit beaucoup au Wagner de *Tristan* et à l'influence du Mahler des premières symphonies, dans son harmonie foisonnante, son lyrisme débandé, torrent musical d'une très puissante force poétique. Écrite en 1900-1901, l'œuvre ne fut achevée qu'en 1910-11, avec le mélodrame final qui oppose à l'orchestre une voix parlée en une sorte de *Sprechgesang** qui anticipe sur *Pierrot lunaire*. Mais, malgré son sous-titre *(Trois fois sept lieder)*, peut-on encore parler de lied à propos de *Pierrot lunaire* ? Sans doute pas : le chant a disparu, et avec lui tout ce qui reliait le lied le plus savant à ses sources les plus anciennes.

Anton Webern *(1883-1945)* et Alban Berg *(1885-1935)* écrivent eux aussi des lieder ; mais après les premiers recueils, appartenant encore à l'héritage postromantique, le langage radicalement atonal et plus encore la technique sérielle coupent le lied de ses racines populaires pour en faire des pages extrêmement raffinées, où les rapports traditionnels du chant avec le texte poétique se trouvent complètement réévalués.

D'autres compositeurs, plus jeunes, tentent cependant de ne pas rompre le fil qui les unit à cette tradition. Ce sont le Suisse Othmar Schoeck *(1886-1957)*, avec 170 lieder, Paul Hindemith *(1895-1963)*, particulièrement dans le cycle *Das Marienleben* (*la Vie de Marie*, d'après Rilke, 1922-23, 2ᵉ version en 1936-1948), Ernst Křenek *(né en 1900)*, Wolfgang Fortner *(né en 1907)* ou, plus près de nous, Aribert Reimann *(né en 1936)*.

Le lied hors d'Allemagne. Le lied, on l'a vu, est une forme d'expression propre au monde germanique, dont le genre est si particulier, malgré ses diverses formes, qu'on ne peut en traduire même le nom : chanson, mélodie ? Mais cet univers est si puissant, si cohérent, si typé, qu'il a tenté d'autres musiciens, non allemands, dont les mélodies s'apparentent au lied dans leurs caractéristiques poétiques et musicales comme par les noces qu'ils célèbrent entre un univers poétique, une déclamation chantée et une symphonie pianistique. Si l'on continue à parler de mélodies à propos des œuvres pour chant et piano des Français Henri Duparc, du Norvégien Edvard Grieg ou du Russe Modeste Moussorgski, il n'en est pas moins vrai que leur cousinage est évident avec un art dont la plus certaine caractéristique reste d'être romantique et allemand. G. C.

LIEDER EINES FAHRENDEN GESELLEN. Œuvre de Mahler. V. *Chants d'un compagnon errant*.

LIEDERKREIS (all. ; « Cycle de lieder »). Titre de 2 recueils de R. Schumann, écrits, le premier, op. 24 (1840), sur des poèmes de Heine, le second, op. 39 (1840), sur des poèmes d'Eichendorff. Le *Liederkreis 1*, composé de 9 pièces et dédié à Pauline García-Viardot, sœur de la Malibran, n'offre pas, en dépit de son titre, un caractère « cyclique » rigoureux, sinon sur le plan tonal, logique et suivi. Mais une atmosphère de fantaisie le parcourt, ainsi qu'un sentiment très romantique de *Sehnsucht*. Tour à tour d'une simplicité embuée de légère tristesse proche de Schubert *(Morgens steh ich auf)*, emporté *(Es treibt mich hin)*, ou d'une cruelle ironie déjà brahmsienne *(Lieb' Liebchen)*, toute nimbée de mélancolie *(Mit Myrten und Rosen)*, ou doucement amer *(Warte, Warte)*, ce cycle frôle parfois l'adieu à la vie *(Schöne Wiege)*, que tempère l'amour de la nature *(Berg und Bergen)* et une secrète et ardente volonté de survivre *(Anfangs wollte ich)*.

Le second recueil, composé de 12 lieder, est contemporain des *Amours du poète* (mai 1840). Ici s'exprime l'amour romantique de Schumann — et d'Eichendorff — pour la nature prise dans ses aspects picturaux : pénombre *(Zwielicht)*, clair de lune *(Mondnacht)*, forêt *(Im Walde)*, nuit de printemps *(Frühlingsnacht)*, ou dans ses résonances poétiques *(In der Fremde, Stille)* et sentimentales *(Schöne Fremde)*, que semblent résumer les admirables *Intermezzo* et *Wehmut*.

D'une parfaite lisibilité musicale, ces 2 cycles de lieder comptent parmi les plus beaux de Schumann.
J. G.

LIED VON DER ERDE (DAS). Œuvre de Mahler. V. *Chant de la terre*.

LIEUTENANT KIJÉ. Musique de Serge Prokofiev, composée pour le film de A. Feinzimmer, inspiré par une nouvelle satirique de la fin du XVIIIᵉ siècle. En français, il faudrait dire « Lieutenant-Nant », « Kijé » étant, en fait, une absence de nom comblée par le redoublement de la dernière syllabe d'un mot russe signifiant « lieutenant ».

C'est la première partition que le compositeur destina au cinéma, c'est aussi la première qu'il écrivit en U. R. S. S., après son retour définitif (1933). L'année suivante, Prokofiev en tira une « suite d'orchestre » (op. 60), dosant très habilement les parodies de musique ancienne, le folklorisme réjoui, les marches et les solennités les plus emphatiquement bouffonnes. Les 5 parties de cet opus 60 sont encadrées par de lointaines fanfares de cornet annonçant la vie et la mort de ce lieutenant imaginaire que la « bureaucratie tsariste » avait inventé pour lui attribuer toutes les erreurs du service. Du saxophone à la viole de gambe, Prokofiev déploie, ici, un éventail de couleurs exceptionnel au service d'une de ses musiques les plus accessibles et les plus toniques. M. Mt.

LIGATURE. — 1. **Procédé graphique** consistant à grouper des notes de valeur inférieure à la noire, en remplaçant chaque crochet par une barre horizontale commune à toutes les notes du groupe. La ligature était, autrefois, exclue de la musique vocale en syllabes isolées ; cette distinction tend aujourd'hui à disparaître, l'emploi d'une courbe de liaison suffisant à distinguer des autres notes les groupes de notes affectées à une même syllabe.
— 2. En **notation médiévale proportionnelle,** dont des vestiges ont subsisté jusque vers 1620, groupement de notes accolées les unes aux autres d'une manière dont se déduisait leur valeur rythmique selon des règles compliquées et, du reste, changeantes d'une époque à l'autre ; y intervenaient non seulement la forme des notes, mais encore la direction des queues ou du mouvement mélodique, la position des notes au début, au milieu ou à la fin, parfois même la valeur des notes environnantes. Les ligatures dérivaient des neumes* de la notation carrée grégorienne (parfois eux aussi désignés sous le nom de « ligatures ») auxquels elles donnaient une signification rythmique, qui ne leur appartenait pas ; elles ont ensuite évolué de manière autonome, distincte de celle des notes isolées. Elles étaient réservées soit à la musique instrumentale, soit aux groupes neumatiques ou vocalisés du chant, et n'ont pas laissé de traces dans la notation de l'époque classique. J. C.

LIGETI *(György)*, compositeur autrichien d'origine hongroise *(Dicsöszentmarton, auj. Tirnaveni, Transylvanie, 1923)*. Bien que de peu l'aîné de Boulez et de Stockhausen, György Ligeti ne s'affirma au premier rang des compositeurs actuels qu'une décennie environ après eux, vers 1960, après avoir quitté la Hongrie.

Élève de l'académie Franz-Liszt de Budapest de 1945 à 1949 (ses maîtres y furent Ferenc Farkas, puis Sandor Veress), il y enseigna l'harmonie, le contrepoint et l'analyse musicale de 1950 à 1956, après avoir effectué en Roumanie (1949-50) une tournée de recherches folkloriques, qui devait le conduire à privilégier la couleur sonore, le timbre, dans ses premières compositions. Durant ces années, il composa beaucoup, en général dans un style néobartokien, mais, aussi, sous l'influence de Berg : *Six Bagatelles pour quintette à vent* (1951-1953), *Premier Quatuor à cordes*, dit *Métamorphoses nocturnes* (1953-54). Il traversa ensuite une crise stylistique, dont témoignent plusieurs partitions inachevées, dont 2 fragments de requiem. Grâce à la radio, il put aussi entendre, à cette époque, plusieurs ouvrages de l'avant-garde occidentale.

Ayant quitté son pays à la suite des événements de 1956, Ligeti travailla avec Karlheinz Stockhausen, Herbert Eimert et Gottfried Michael König au Studio de musique électronique de Cologne, et, en 1957-58, y élabora 3 morceaux : *Glissandi*, qu'on ne devait jamais connaître, *Articulation** (création le 25 mars 1958), et *Atmosphères*, inachevé et à ne pas confondre avec la partition orchestrale ultérieure du même nom. Il s'imposa ensuite avec 2 partitions orchestrales tournant le dos, à la fois, à l'électroacoustique et au sérialisme : *Apparitions** (1958-59, création à Cologne le 19 juin 1960), dont la première partie avait été esquissée dès 1956, et, surtout, *Atmosphères** (1961), dont l'idée lui était venue dès 1950. Cette dernière œuvre, qui renonce d'une part aux percussions, d'autre part à la notion d'intervalles et de profils rythmiques perceptibles, est conçue sous le signe d'une micropolyphonie déterminée par des « surfaces de timbres » statiques d'étendues, de poids, de couleurs et d'épaisseurs très divers, le tout étant noté avec la plus extrême précision. Le compositeur poursuivit cette direction avec *Volumina** pour orgue (1962, vers. rév. 1966).

Dans le même temps, les *Trois Bagatelles* pour piano (1961), *Fragment* pour orchestre de chambre (1961, rév. 1964) et le *Poème symphonique* pour 100 métronomes (1962) affirmèrent une position stylistique opposée, qui trouva sa première grande manifestation dans *Aventures** (1962-63), devenu plus tard *Aventures et Nouvelles Aventures* (1966), action scénique imaginaire, composition phonétique sur des textes imaginaires, non sémantiques, pour 3 solistes vocaux et 7 instrumentistes. Par opposition au statisme continu d'*Atmosphères*, Ligeti parla à propos d'*Aventures* de « style haché ». À noter que ce style avait été annoncé dans *Articulation*.

Une première synthèse des deux tendances fut atteinte dans le *Requiem* pour soprano, mezzo-soprano, 2 chœurs mixtes à 5 voix et orchestre (1963-1965) : l'*Introitus* et le *Kyrie* reprennent la technique d'*Atmosphères* et de *Volumina*, mais en y réintroduisant les notions de contrepoint et d'intervalle, et le *Dies irae* celle d'*Aventures*, tandis que le *Lacrimosa* retrouve celle du début de l'ouvrage. Le chœur *Lux* aeterna* (1966) se rattache à l'*Introitus* et au *Lacrimosa* du *Requiem* tout en donnant plus d'importance à l'élément harmonique. Du *Concerto pour violoncelle* (1966), le premier mouvement s'inscrit dans la descendance d'*Atmosphères*, de *Volumina* et de *Lux aeterna*, le second dans celle d'*Aventures*, car là, « le violoncelle parle » (Ligeti). Une synthèse plus profonde encore fut réalisée en 1967 avec *Lontano** pour orchestre de cordes et de vents (sans percussion), où l'impression de continu résulte surtout de jeux harmoniques, de la « métamorphose graduelle de constellations d'intervalles » (Ligeti).

En une dizaine d'années, jusqu'à l'opéra *le Grand* Macabre* (créé en 1978), se succédèrent des œuvres qui comptent parmi les plus jouées de Ligeti. *Étude n° 1* « *Harmonies* » pour orgue date de 1967, *Continuum** pour clavecin de 1968. Dans le *Deuxième Quatuor à cordes* (1968), en 5 mouvements, apparaît — comme, déjà, dans le *Poème symphonique* pour 100 métronomes et dans *Continuum*, et comme, plus tard, dans le *Concerto de chambre* — une technique de superposition de plusieurs couches de « grillages de temps ». Les *Dix Pièces pour quintette à vent* (1968) forment une alternance de mouvements d'ensemble et de concertos de solistes en miniature. *Ramifications** pour orchestre à cordes à 12 voix ou 12 cordes solistes répartit cet effectif en 2 groupes accordés de façon nettement différente (un peu plus d'un quart de ton), et mène plus loin les déviations d'intonation voulues de certaines parties du *Requiem* et du *Deuxième Quatuor à cordes*. De 1969, également, date *Étude n° 2* « *Coulée* » * pour orgue. Dans le *Concerto* de chambre* pour 13 instrumentistes (hommage indirect à Alban Berg), composé en 1969-70, se confirme la tendance à faire surgir, d'une trame continue plus ou moins statique, des contours mélodiques, des profils rythmiques et des harmonies perceptibles. Dans *Melodien** pour orchestre de chambre (1971), la même tendance aboutit presque à la linéarité. Le *Double Concerto* pour flûte, hautbois et orchestre (1972) oppose à un premier mouvement lent et statique un second mouvement virtuose et emporté, et explore plus avant les microintervalles, conçus, ici, comme intonations incertaines mises en relation avec des hauteurs fixes tempérées. *Clocks* and Clouds* pour 12 voix de femmes et orchestre (1972-73), ouvrage se référant au philosophe Karl Raimund Popper, oppose des processus exactement mesurables (horloges) à des processus indéterminés descriptibles uniquement par les statistiques (nuages). *San Francisco Polyphony* pour orchestre (1973-74) fut écrit pour l'Orchestre symphonique de San Francisco à l'occasion de son quatre-vingtième anniversaire.

Avec l'opéra *le Grand* Macabre*, composé de 1974 à 1977 d'après la farce de Michel de Ghelderode intitulée *la Balade du Grand Macabre* (1934), Ligeti réussit l'articulation de vocabulaires parfois hétérogènes, ayant recours à l'occasion à des tournures néodadaïques (comme déjà dans *Aventures*) et d'une façon plus générale à des procédés de montages et de citations s'intégrant néanmoins dans un continuum acoustique finement travaillé dans sa mobilité. Cette œuvre ambitieuse a marqué dans sa carrière une étape importante. Depuis ou, dans le même temps que *le Grand Macabre*, il a écrit *Six Miniatures* pour ensemble d'instruments à vent (1975), *Monument**, *Selbstportrait*, *Bewegung*, 3 pièces pour 2 pianos (1976), *Passaglia ungherese* et *Hungarian Rock* pour clavecin (1978), prises de position contre les courants néoromantiques et néotonaux actuellement en honneur en Allemagne, un *Trio* pour violon, cor et piano en hommage à Brahms (1982), et *Trois Fantaisies* pour chœur a cappella d'après Hölderlin (1983).

On lui doit également de nombreux écrits, parmi lesquels *Décision et automatisme dans la Structure Ia de Pierre Boulez* (1958), *la Dimension harmonique dans la première cantate d'A. Webern* (1960), *la Composition sérielle et ses conséquences chez A. Webern* (1961) et *Effets de la musique électronique sur mon œuvre de compositeur* (1970). Il a obtenu notamment le prix Beethoven de la ville de Bonn en 1967, la médaille d'honneur de l'université d'Helsinki en 1967 et le prix Bach de la ville de Hambourg en 1975. Il a enseigné à Darmstadt à partir de 1959 et à l'École supérieure de musique de Stockholm de 1961 à 1971, et occupe depuis 1972 une chaire de composition à l'École supérieure de musique de Hambourg. M. V.

LIGNES. Œuvre de Paul Méfano, composée en 1968. La dédicace à Karlheinz Stockhausen est révélatrice du propos du compositeur : « Il est bon quelquefois d'accueillir très gentiment ses tabous et de faire une petite fête avec eux. » *Lignes* relève donc d'une esthétique et de moyens techniques que, habituellement, Méfano récuse ou laisse de côté : écriture homophone (employée ici dans le sextuor cors-trombones), glissandos, exploration de l'extrême grave (dans un ambitus extrêmement faible), demande aux instrumentistes d'un geste musical en dehors de leurs attributions dites normales (interventions vocales axées sur le délire, etc.), les microphones servant ici de distorsion. A. F.

LIND (Jenny), soprano suédoise (*Stockholm 1820-Wynds Point, Hertfordshire, Grande-Bretagne, 1867*). Elle débuta à Stockholm en 1838 dans le rôle d'Agathe du *Freischütz* de Weber. À Paris, trois ans plus tard, elle ne put achever une représentation de Norma et perdit la voix. Elle travailla alors avec García et fut en mesure de reprendre sa carrière. Elle triompha ensuite dans le monde entier, rivalisant avec Giulia Grisi dans le rôle de Norma. À Londres, en 1847, elle créa *I Masnadieri* que Verdi avait spécialement écrit pour elle. À partir de 1849, elle se retira de la scène, au nom des principes moraux en faveur dans la société victorienne, mais continua de se produire en récital ou dans des oratorios. Elle consacrait une grande partie de son temps à des causes charitables, à toutes sortes de bonnes œuvres, non sans quelque ostentation. Sa voix était remarquable pour sa pureté et son agilité.

Son étendue (presque trois octaves) lui permettait d'exceller aussi bien dans les rôles dramatiques que dans les parties de soprano aigu, qu'elle ornementait à l'extrême. Elle fut surnommée « le Rossignol suédois », et n'inspira pas moins d'une vingtaine de livres en anglais, allemand et suédois. J. B.

Linde (Hans Martin), flûtiste et compositeur suisse d'origine allemande *(Werne, Westphalie, 1930)*. Il suit les cours de Scheck (flûte) et K. Lechner (composition) à la Staatlichen Hochschule für Musik de Freiburg (1947-1951). En 1957, il est nommé professeur de flûte à bec et de flûte traversière à l'Académie de musique de Bâle, dans la section de la Schola cantorum basiliensis, dont il dirige ensuite l'ensemble vocal. Il est également flûte solo de la Capella coloniensis de la radio de Cologne. Ses compositions sont presque toutes destinées à la flûte à bec. A. et M. P.

Linea. Ballet pour 2 pianos, vibraphone et marimba de Luciano Berio, composé en 1973 pour Félix Blaska et sa compagnie. Le compositeur renoue avec les techniques utilisées dans *Circles* et dans les *Tempi Concertati*, en axant une partie de son travail sur les degrés de similitudes/différences entre les instruments d'un même ensemble. Une idée simple, énoncée dès le début, est, par la suite, constamment transformée et rendue plus complexe. Parfois les 4 instrumentistes se rencontrent et jouent la même « ligne » mélodique, parfois ils s'éloignent les uns des autres et semblent jouer des musiques différentes, pourtant toujours issues de la mélodie initiale, omniprésente même lorsqu'elle est méconnaissable. A. F.

Linke (Norbert), compositeur allemand *(Steinau-sur-l'Oder 1933)*. Il a fait ses études à l'École supérieure de musique et à l'université de Hambourg, et participé aux cours d'été de Darmstadt (1962-1964). Il a enseigné à Hambourg de 1960 à 1972, et, depuis cette date, est professeur à Lübeck et à Darmstadt. Il s'est fait connaître par *Konkretionen II* pour quatuor à cordes, joué à Darmstadt en 1963, où il s'efforça d'abolir tout sentiment vectoriel et aussi d'établir de nouvelles relations entre temps et espace. Il s'est également attaché à abolir les frontières entre « sérieuse » et musique « légère ». On lui doit aussi *Symphonie en un mouvement* (1964), *Divisioni* (1967) et *Strati* (1965-1968) pour orchestre, un concerto pour piano (1971), *Lyrical Symphony* pour soprano et orchestre (1961-1968), *Zeitplan* pour live electronic et bande (1972). M. V.

Linley, famille de musiciens anglais. — 1. **Thomas**, compositeur, claveciniste, impresario et maître de chant *(Badminton, Gloucestershire, 1733 - Londres 1795)*. Élève de William Boyce à Londres, il dirigea des concerts à Bath, de 1755 à 1775 environ, et s'établit définitivement à Londres, en 1776, où il administra le théâtre de Drury Lane avec son gendre, l'écrivain Sheridan. Il dirigea l'établissement d'abord avec John Stanley, puis avec Samuel Arnold (1786). De 1775 (*The Duenna*, de Sheridan) à 1794 (*Macbeth*, de Shakespeare), il écrivit ou arrangea de la musique pour une vingtaine de pièces. Avec Samuel Arnold, il dirigea la Drury Lane Oratorio Society, et, selon certaines sources, c'est lui qui aurait transmis à Haydn, à Londres en 1795, le livret anglais qui, arrangé en allemand par Van Swieten, allait devenir celui de *la Création*.
— 2. **Elisabeth Ann,** soprano, fille du précédent *(Bath 1754 - Bristol 1792)*. Élève de son père, elle débuta à Covent Garden en 1767. Considérée par beaucoup comme la plus grande cantatrice anglaise de son temps, elle cessa de paraître en public après sa fuite (1772) et son mariage (1773) avec Sheridan.
— 3. **Thomas**, violoniste et compositeur, frère de la précédente *(Bath 1756 - Grimsthorpe, Lincolnshire, 1778)*. Il fut très précoce à la fois comme interprète et comme compositeur, et sa mort par noyade fut ressentie tragiquement. En 1770, il rencontra en Italie Mozart (avril) et Burney (septembre), et fut premier violon à Drury Lane de 1773 à sa mort. Ses œuvres étaient de haute qualité, mais beaucoup ont disparu. Parmi celles ayant survécu, une sonate en *la* et un concerto en *fa* pour violon, *The Duenna* (1775, en collab. avec son père), *Ode on the Spirits of Shakespeare* (1776), une musique de scène pour *la Tempête* de Shakespeare dans l'adaptation de Sheridan (1777), l'anthem *Let God Arise* (1773), l'oratorio *The Song of Moses* (1777), l'opéra-comique *The Cady of Bagdad* (1778).

Thomas Linley senior eut douze enfants. Parmi ceux-ci furent également musiciens Mary *(1758-1787)*, Maria *(1763-1784)*, Ozias Thurston *(1765-1831)* et William *(1771-1835)*. M. V.

Linz. Titre porté par la symphonie n° 36 en *ut* majeur K.425 de Mozart, parce que celui-ci l'écrivit en cinq jours, dans cette ville, sur le chemin de Vienne, après son dernier séjour à Salzbourg (1783). Arrivé à Linz le 30 octobre, Mozart y bénéficia de l'hospitalité du vieux comte Thun. Le lendemain, il écrivit à son père : « Mardi 4 novembre, je donnerai ici un concert, au théâtre, et comme je n'ai pas avec moi la moindre symphonie, je me suis plongé, jusque par-dessus la tête, dans une nouvelle symphonie, qui doit être achevée d'ici là. » On a remarqué dans cette symphonie, la première de Mozart à comporter une introduction lente et la seule à faire usage dans son mouvement lent des trompettes et des timbales, l'influence de Haydn. Mais le côté massif du discours est typique de Mozart. À noter qu'à son concert du 4 novembre 1783 Mozart fit entendre également une symphonie en *sol* majeur P. 16 de Michael Haydn, après lui avoir ajouté une introduction lente de son propre cru. On s'imagina un temps qu'elle était entièrement de sa main, et, à ce titre, elle figura dans les *Œuvres complètes* comme symphonie n° 37 K.444. M. V.

Lioncourt (Guy de), compositeur français *(Caen 1885 - Paris 1961)*. Il entra à la Schola cantorum comme élève de Roussel (1904), puis de Vincent d'Indy (1905), et en fut secrétaire général de 1914 à 1931. Il édita la revue mensuelle de cette école, *Tablettes*, et y enseigna le contrepoint et, comme successeur de Vincent d'Indy, la composition. Il dirigea à partir de 1942 l'école César-Franck, fondée par lui. On lui doit 137 ouvrages, dont le drame lyrique *Jean de la lune* (1921) et le drame liturgique *le Mystère de l'Emmanuel* (1924). Il a, en outre, publié le 3e tome du *Cours de composition* de Vincent d'Indy (Paris, 1950) et rédigé des *Témoignages sur la musique et la vie au XXe siècle* (Paris, 1956). M. V.

Lipatti (Dinu), pianiste et compositeur roumain *(Bucarest 1917 - Chêne-bourg, Genève, 1950)*. Son père est un excellent violoniste amateur, sa mère une pianiste de talent, son parrain est G. Enesco. Le jeune Lipatti, qui pianote déjà à trois ans et demi, se tourne tout naturellement vers la musique. De santé fragile, il reçoit à domicile les leçons de F. Musicescu (piano) et de M. Jora (composition) avant d'être admis par dérogation au conservatoire de Bucarest. Il en sort à quatorze ans couvert de récompenses. Pour son premier concert (1930), il interprète le *Concerto* de Grieg sur la scène de l'opéra de Bucarest. Et ses premières œuvres (dont une *Suite symphonique, les Tsiganes*) lui valent le prix Enesco en 1932 et 1933.

En 1934, un second prix obtenu au Concours international de Vienne provoque la colère d'Alfred Cortot, qui invite Lipatti à poursuivre ses études à Paris, à l'École normale de musique. Ce qu'il fait à l'automne, auprès du maître et de son assistante, Y. Lefébure. Il prend également des cours de direction d'orchestre avec C. Münch et de musique de chambre avec Alexanian. Il étudia la composition avec P. Dukas, puis avec Nadia Boulanger. Celle-ci va exercer sur lui une influence déterminante. Ensemble, ils enregistrent en 1937 les *Liebesliederwalzer* de Brahms, premier disque de Lipatti. L'année précédente, il a donné ses premiers concerts importants, en Italie et à Berlin.

Devant les menaces de guerre, il rentre dans son pays natal, où il se produit aux côtés de G. Enesco. En 1943, il quitte la Roumanie pour Genève. Le conservatoire de cette ville lui offre la classe de virtuosité pianistique. Déjà affecté par les premiers assauts de la leucémie qui va l'emporter, il est obligé de réduire son activité, renonçant ainsi à une grande tournée aux États-Unis et au Japon, pour mieux se concentrer sur la réalisation de quelques disques, où sans souci de perfection trouve un refuge idéal. Grâce à un traitement à base de cortisone (médicament très coûteux à l'époque, fourni par la générosité de nombreux musiciens, Münch, Menuhin, Stravinski, etc.), il connaît quelques mois de rémission, qu'il met à profit pour donner des concerts (l'ultime, le 16 septembre 1950, à Besançon, sera enregistré).

La maladie seule a fixé les limites d'un répertoire que Lipatti mûrissait lentement, pendant plusieurs années parfois, avant de juger une nouvelle interprétation prête à être livrée au public. Dans un premier temps, il se la jouait en imagination, par cœur, en envisageant tous les styles possibles ; ensuite il la disséquait mesure par mesure, sans aucun souci expressif. Enfin, il faisait la synthèse du travail technique et de son alchimie personnelle. Des mains très longues et solides (avec un petit doigt aussi développé que les autres et, comme eux, parfaitement indépendant) et des épaules de lutteur, contrastant avec la fragilité de l'homme, lui permettaient de doser les attaques et les touchers, de nuancer le son jusqu'à l'impalpable, et d'habiller son émotion de l'apparence la plus pure.

Bach, Mozart et Chopin sont ses musiciens de prédilection, qu'il aborde avec une rigueur et une humilité inhabituelles à son époque. Il n'a que le temps d'effleurer les territoires de Schubert ou de Ravel et aborde trop tard Beethoven (dont il aurait enregistré la sonate *Waldstein*). Le musicien se passionne pour son époque, particulièrement pour Busoni, Enesco et Bartók (de ce dernier, il donne en première européenne le *Troisième Concerto* pour piano). Mais il reste sévère pour sa propre création, ne la jugeant pas mûre, malgré le succès du *Concertino* dans le style classique (1937) que joue Gieseking, ou de la *Sonatine pour la main gauche* (1941). Une symphonie concertante pour deux pianos et orchestre à cordes (1938), *Trois Danses roumaines* pour deux pianos (1943), des mélodies sur des textes de Verlaine, Rimbaud, Eluard et Valéry, et des cadences pour des concertos de Mozart et de Haydn forment le meilleur de son œuvre.
M. W.

LIPP (*Wilma*), soprano autrichienne (*Vienne 1925*). Elle fit ses débuts à Vienne en 1943, et s'imposa comme Reine de la nuit de *la Flûte enchantée* (1948), rôle auquel son nom reste étroitement attaché. Plus tard, elle a chanté d'autres rôles mozartiens, tels ceux d'Ilia (*Idoménée*) ou de Pamina (*la Flûte enchantée*), ainsi que Johann Strauss (*la Chauve-Souris*). M. V.

LIPPENDIENST (all. ; « emploi », « service des lèvres »). « Processus de production » faisant partie de *Maulwerke** (1968) de Dieter Schnebel*.

LISINSKI (*Vatroslav*), compositeur croate (*Zagreb 1819 - id. 1854*). Après le succès de son opéra *Ljubav i zloba* (*Amour et méchanceté*, 1846), il alla étudier à Prague. Après son retour à Zagreb, il mena une vie difficile, et, en 1853, dut renoncer à gagner sa vie grâce à la musique. Il fonda en musique le style national croate. M. V.

LISZT (*Franz* [*Ferenc*]), pianiste et compositeur hongrois (*Raiding, près de Sopron, 1811 - Bayreuth 1886*). Il naquit d'un père hongrois, Adam Liszt, fonctionnaire du prince Esterházy et violoncelliste dans son orchestre, et d'une mère autrichienne, Anna Laager. L'origine hongroise des Liszt (à l'origine List) est d'autant plus douteuse que la famille venait probablement du canton de Neusiedl, et que sa langue usuelle était l'allemand.

Études et premiers succès. Tout jeune, Liszt fit, grâce à son père, la connaissance des œuvres de Haydn, Mozart et Beethoven. À dix ans, il partit pour Vienne (1821-1823), où il reçut l'enseignement de Salieri et de Carl Czerny, grand virtuose et dernier représentant de l'école viennoise de piano issue de Mozart, et où il se produisit en public en décembre 1822. De 1823 à 1835, Liszt vécut principalement à Paris, où il avait été emmené par son père, et où Cherubini lui refusa l'entrée de l'École royale de musique (conservatoire). Il fit ses débuts à Paris en mars 1824, et y devint l'élève de Paer et de Reicha pour la fugue et le contrepoint. Il composa alors à quatorze ans, en collaboration avec Paer, son opéra *Don Sanche ou le Château d'amour* (1824-25), et fit plusieurs tournées en Angleterre. Au retour de l'une d'elles, son père mourut brusquement à Boulogne (1827). C'est à cette époque que, pour la première fois, Liszt manifesta le désir d'entrer dans les ordres, vocation sincère qui devait surgir à nouveau plus tard.

Liszt rencontra vite le plus grand succès dans les salons parisiens. Il y fit la connaissance de Berlioz (1830), de Chopin et de Paganini (1831), qui, tous trois, devaient jouer un très grand rôle dans son évolution musicale. C'est ainsi qu'après avoir entendu Paganini il résolut de réaliser au piano les effets obtenus par celui-ci au violon. Il se lia également avec George Sand et Alfred de Musset. En 1834, sa rencontre avec la comtesse Marie d'Agoult (en littérature Daniel Stern) décida de sa carrière. De sa liaison avec elle naquirent trois enfants : Blandine (*1835-1862*), qui devait épouser Émile Ollivier ; Cosima (*1837-1930*), qui devait épouser Hans de Bülow, puis Richard Wagner, et Daniel, né en 1839 et mort de phtisie en 1859.

Une carrière itinérante. Mais la bonne société parisienne ne pardonna pas à Liszt cette union illégitime, et, après un court séjour à Genève, il entreprit une carrière itinérante de pianiste-virtuose — de loin le plus grand de son temps —, qui devait le mener dans toutes les capitales et dans toutes les grandes villes européennes, jusqu'au cœur de la Russie. Durant cette période, il composa pour ses propres besoins une grande partie des *Rhapsodies hongroises* et des *Études d'après Paganini*. Il est d'ailleurs curieux de constater que ses programmes de récital ne comprenaient, outre ses œuvres et celles de Chopin (ainsi qu'une sonate de Scarlatti), que des pages de musique allemande.

En 1842, le grand-duc de Weimar le nomma Kapellmeister extraordinaire. Ainsi débuta une nouvelle période de sa vie et de sa production musicale. Après avoir failli devenir musicien français, il s'engagea résolument dans une synthèse culturelle franco-allemande très féconde sur le plan de la création. On peut dire que, à partir de ce moment, il fut « culturellement français, musicalement plutôt allemand et, pourrait-on ajouter, sentimentalement plutôt hongrois » (Serge Gut). Ces années virent naître le chef-d'œuvre qu'est la *Sonate en « si » mineur* (1853), la *Faust symphonie* (1854-1857), la *Dante symphonie* (1855-56), la *Messe de Gran* (1855 ; rév. 1857-58) et bien d'autres grands ouvrages. Ce début de « germanisation » de Liszt fut essentiellement le fait de Marie d'Agoult, allemande par sa mère et élevée en partie à Francfort.

L'entrée en religion. Liszt finit par quitter la comtesse d'Agoult pour la princesse de Sayn-Wittgenstein, rencontrée lors d'un concert à Kiev en 1847, et qui devait devenir la grande égérie de la deuxième partie de sa vie, avant qu'il ne se décidât à entrer en religion. C'est elle qui le persuada de renoncer à sa carrière de pianiste-virtuose pour se consacrer uniquement à la composition. Durant ses années à Weimar, Liszt non seulement écrivit la majorité de ses œuvres les plus célèbres, mais monta et dirigea comme maître de chapelle d'innombrables ouvrages de ses contemporains, créant notamment *Lohengrin* de Wagner en 1850. À la tête d'un orchestre, il put écrire, réviser et expérimenter dans un domaine qu'auparavant il avait peu pratiqué (d'où notamment la série de ses poèmes symphoniques). En outre, il attira autour de lui un grand nombre d'élèves, parmi lesquels Hans de Bülow et Peter Cornelius. Weimar devint en quelque sorte le lieu de ralliement de l'avant-garde de l'époque.

À la suite d'une cabale menée contre lui et qui se transforma en incident, lors de la création du *Barbier de Bagdad* de Peter Cornelius, le 15 décembre 1858, Liszt démissionna de son poste à Weimar. Il ne quitta la ville qu'en août 1861, et, après un séjour à Paris, arriva à Rome en octobre. Ses espoirs d'épouser la princesse de Sayn-Wittgenstein s'étant évanouis, car le pape avait refusé de prononcer le divorce de cette dernière, il prit les ordres mineurs en 1865. Les convictions religieuses de l'abbé Liszt ont souvent été un sujet de plaisanterie, mais il reste que le compositeur, profondément croyant, devint homme d'église après que cette vocation l'eut accompagné toute sa vie. Il demeura installé à Rome jusqu'en 1869, et ce séjour marqua dans son évolution un jalon important, celui de sa découverte du répertoire vocal de la Renaissance, qui devait lui donner le goût des grandes œuvres religieuses. De ces années datent les splendides variations sur le thème de Bach, *Weinen, Klagen, Sorgen, Zagen* (1862), écrites sous le coup de la mort de sa fille Blandine, *Christus* (1862-1867), son plus bel oratorio, et la *Messe du couronnement* (1867).

Une « vie trifurquée ». À partir de 1869, et jusqu'à sa mort, le grand voyageur reprit la route, partageant son temps entre Rome, Weimar et Budapest : lui-même devait parler de sa « vie trifurquée ». À chacun de ces pôles correspondait alors une partie de ses activités. À Weimar, il redevint compositeur et chef d'orchestre au service des autres, il y fit créer en 1877 *Samson et Dalila* de Saint-Saëns. Rome fut pour lui un lieu de réflexion et de méditation mystique (il n'en perdit jamais le goût). Budapest, où il plaçait de vains espoirs et où sombrèrent définitivement ses prétentions de compositeur nationaliste, fut pour lui lieu d'ambiguïté. Lui, qui se définissait comme « moitié franciscain, moitié tsigane », et qui évoquait « cet étrange pays dont je me constitue le rhapsode », ne parlait pas le magyar ! À sa mort, le président du conseil hongrois devait même s'opposer au retour des cendres de ce grand compositeur hongrois.

Ces années, celles de sa vieillesse, Liszt sut les remplir de nouveaux chefs-d'œuvre : les très beaux *Jeux d'eau à la villa d'Este* (1877), que devait entendre dur le compositeur lui-même, à Rome, le jeune Debussy médusé, *Via crucis* (1878-79), qui sont les 14 stations de la croix, la *3ᵉ Année de pèlerinage*, les pièces prophétiques pour piano que sont *Gondole lugubre* (1882), *Csardas macabre* (1881-82) ou la *Bagatelle sans tonalité*. Ces œuvres tardives ne devaient rencontrer pendant près d'un siècle qu'ironie et incompréhension, même de la part de Richard Wagner, gendre de Liszt, qui mettait leurs côtés visionnaires sur le compte de la sénilité et de l'abus d'alcool. Franz Liszt mourut de congestion pulmonaire, dans les bras de sa fille Cosima, à Bayreuth, le 31 juillet 1886, après avoir vu *Parsifal* le 23 et *Tristan* le 25, et en laissant une œuvre prophétique, dont le souffle n'est pas prêt de s'éteindre.

Une évolution remarquable dans l'histoire de la musique romantique. Une fois mises à part les œuvres de première jeunesse, influencées par Czerny, rien chez lui ne peut être comparé à la musique de son temps. Vers 1830 déjà (Liszt a dix-neuf ans), les premières mesures de *Malédiction* témoignent d'une audace qu'il devait conserver toute sa vie. De même, en 1834, il écrivit une des *Harmonies religieuses et poétiques* sans indication de tonalité et avec des changements de mesure de la plus moderne facture. Et cette évolution devait se poursuivre jusqu'aux dernières œuvres, qui rejoignent Schönberg ou Debussy. Liszt parcourt le xixᵉ siècle en ouvrant toutes grandes les portes aux bouleversements du xxᵉ, et se révèle, de plus en plus, n'être pas uniquement le compositeur du *Rêve d'amour* ou de quelques galopantes et populaires *Rhapsodies hongroises*.

Des mille aspects de la légende de Franz Liszt, son amitié pour Richard Wagner est un épisode important. Pourtant, quelle différence de comportement entre les deux hommes, comme entre les deux compositeurs ! Il serait vain et inutile de revenir sur les problèmes de plagiat qui ont tant alimenté les discussions, mais, l'œuvre de F. Liszt sortant aujourd'hui du purgatoire, il est amusant de découvrir que Richard Wagner, le révolutionnaire, n'était pas aussi audacieux qu'il se plaisait à le proclamer. À partir de *l'Or du Rhin* (1854), on remarque bien chez Wagner certaines libertés avec la tonalité, mais la conduite tonale reste toujours apparente. Ce n'est qu'avec *Tristan* (1859) qu'une certaine atonalité prend de l'importance, sans toutefois jamais rompre vraiment le fil tonal sécurisant. Dès 1854, Franz Liszt, en novateur acharné, prend au contraire le chemin de la polyharmonie — qui mènera à la suppression de la tonalité (1873) — tout en prévoyant un système impliquant les quarts de ton. Il apparaît maintenant évident que, à sa mort, Liszt ouvrait la porte du xxᵉ siècle, alors que Wagner fermait celle du xixᵉ. L'affirmation « Wagner, continuateur de Liszt » (Kœchlin) est une erreur fondamentale, due en partie à la négligence et à la méconnaissance de l'œuvre de Franz Liszt.

Liszt pianiste. Il fut considéré, de son temps, comme le plus grand virtuose sur son instrument, même si, un moment, on a voulu lui donner un rival en la personne de Thalberg. Sans doute avait-il au départ de très grandes facilités, une conformation des mains idéale ; mais, infatigable travailleur, il a su se remettre en cause plusieurs fois sa technique et reprendre point par point les problèmes digitaux tels que les sauts d'octaves, les thèmes en accords, les trilles parallèles, qu'il maîtrisa alors comme nul autre, dépassant de loin ceux que l'on considérait alors comme modèles, Moschelès ou Cramer. Il ne faut pas oublier que le facteur Sebastien Érard, à Paris, en avait fait son protégé pour qu'il l'aidât à promouvoir le piano à double échappement. Ainsi, contrairement à Chopin qui travaille à « l'intérieur » du piano choisi comme lieu stable d'expression, Liszt aborde cet instrument dans une perspective expansioniste, comme pour conquérir de nouveaux espaces. Il parle d'ailleurs, quelque part, de la « puissance assimilatrice » du piano, qui, selon lui, est en même temps un « microthée », un « petit dieu » individu (ce qui pourrait définir la position de Chopin) et un « microcosme » (un petit monde), et cette idée cosmique du piano lui est plus propre. Tout le monde de la musique est appelé à s'y refléter : ainsi les fameuses « transcriptions » (symphonies de Beethoven, de Berlioz, lieder de Schubert, paraphrases d'opéras italiens, etc.) ne sont-elles pas seulement des morceaux brillants ; il n'a pas cherché à y traduire seulement la ligne musicale, mais la masse, la couleur, parfois aussi le texte et la voix absents, au besoin en rajoutant, sur la pure et simple « réduction pour piano », des détails de son cru. De telles réductions étaient alors d'un usage courant, pour prendre connaissance chez soi du répertoire symphonique. Liszt prend cette forme « domestique » et privée, et la transporte dans la salle de concert en la portant à un haut degré d'ambition — une ambition qu'on dirait presque d'appropriation passionnée —, car lui, qui vécut tant d'écouter et de soutenir la musique des autres et qui fut tant pillé lui-même, pouvait aimer brasser sous ses doigts le génie musical de ceux qu'il admirait, comme pour le faire sien.

Dévorateur et dévoré, Liszt compositeur ne connaît pas la stabilité, le recueillement pur où le projet musical et technique se referme sur lui-même dans une délicate perfection. Il y a toujours chez lui une dynamique d'amplification qui brise la symétrie. Son jeu de pianiste étant, selon les témoignages, emporté, convulsif, passionné, « déchirant la mélodie » (Clara Wieck), « hardi, avec une petite part de clinquant » (Schumann). Certes, l'aigu du clavier, avec ces fameux trilles étincelants comme dans les *Jeux d'eaux à la villa d'Este* des *Années de pèlerinage*, brille chez lui d'un éclat particulier, insistant, qu'on peut trouver ornemental : il lui oppose souvent des basses profondes, et une mélodie large dans le médium jouée par un pouce ou les deux (technique d'écriture pianistique à trois étages relevée par Claude Rostand). Ce médium passionné, martelé, souvent oratoire, entre les abîmes d'une basse toujours inquiète et d'un aigu vertigineux et grisant, est souvent, chez lui, le lieu du « je », de l'expression individuelle — là où il se situe comme sujet, comme sensibilité tiraillée.

Par ailleurs, on sait quelle importance d'émulation eut pour lui Paganini (qui lui inspira des études d'après ses *Caprices*), bien plus que ses pseudo-rivaux pianistiques. Mais, là où Paganini brille en étoile inaccessible, Liszt se préoccupe de transmission, de communication, de pédagogie. On a pu dire que, si éblouissante qu'elle fût, sa technique pianistique était assez « naturelle » pour devenir peu à peu abordable par ses contemporains. Liszt peut également être considéré, dans le domaine du piano, comme le créateur du « récital de soliste », puisque Schumann lui-même note avec une sorte d'étonnement, en 1840, qu'il donne ses récitals « presque toujours seul ».

Mais c'est sans doute son expérience de l'improvisation pianistique au long cours qui lui a inspiré ses grandes audaces de forme, d'écriture, de sonorité, sa façon de renouveler le développement, jusque dans ses œuvres symphoniques. Ainsi beaucoup de ses œuvres semblent-elles chercher leur point d'appui dans le cours même de leur développement.

L'œuvre musicale. Pendant une grande période de sa vie, Liszt souffrit de n'être considéré que comme un virtuose égaré dans la composition — puisque telle était la réflexion que ses œuvres pouvaient inspirer, dès qu'elles avaient en elles quelque chose de bizarre ou de nouveau. S'il a vécu très tôt le succès, il a vécu aussi de bonne heure le malentendu qui l'accompagne — car ce malentendu, mot qu'il emploie lui-même, n'a lieu que s'il y a au moins apparence de succès, autrement, il n'y a qu'ignorance ou mépris. Très jeune — c'est lui qui le raconte —, il avait « testé » ce que vaut la sincérité du goût musical, en s'amusant à donner pour une composition de Beethoven quelques-unes de ses esquisses personnelles et en voyant alors une admiration automatique se manifester. Cruel apprentissage de la fragilité des critères qui valent à une musique d'être tenue pour chef-d'œuvre — et qui explique peut-être sa passion de rechercher chez ses pairs compositeurs le modèle d'une confiance en soi, qui, apparemment, lui faisait défaut.

Dans la mesure où, en tant que compositeur (un compositeur qui s'affirma plus fortement comme tel, indépendamment du virtuose, après 1850), Liszt avait à surmonter l'image du pianiste doué aspirant aux prestiges de la création, sans en avoir la vocation — il dut en faire plus que tous les autres, se montrer plus audacieux, imposer plus radicalement l'idée de sa volonté créatrice. Il fut un progressiste déclaré, lecteur passionné des Lamennais, Hugo, Byron, se nourrissant autant de littérature que de musique, et cherchant un « renouvellement de la musique par une alliance plus intime avec la poésie [...] un développement plus libre et pour ainsi dire plus adéquat à l'esprit de ce temps ». Quand il parle d'allier la musique avec la poésie, il a renoncé depuis longtemps à mettre un drame lyrique, voire des vers, en musique, sauf dans le domaine religieux. Son opéra de jeunesse, essai sans lendemain, semble avoir extirpé de lui toute ambition de s'exprimer sur la scène (son admiration pour Wagner en est d'autant plus forte). Il composera peu de lieder et, dans le domaine religieux, préfère à la voix soliste le chant collectif. C'est à la musique sans texte, pour piano ou orchestre, que ce lecteur passionné demande de traduire la résonance en lui de ses lectures enivrées.

On a pu dire que son esthétique était ornementale, mais, en ce cas, elle fait de l'ornementation un principe dynamique de développement et d'amplification, et non un principe statique, comme avec Chopin, chez lequel l'ornementation est centripète, refermant la phrase musicale dans son mystère, alors que chez Liszt elle est centrifuge, poussant la mélodie, l'œuvre, l'inspiration en avant. L'aigu en particulier, zone traditionnellement ornementale, n'est pas chez Liszt une zone fragile et effleurée, c'est là qu'il met souvent son dynamisme, dans des frémissements et des ruissellements mystiques.

Chez lui, le poème symphonique, forme où il expérimenta beaucoup, est un projet moins descriptif que psychologique et impressionniste — il s'agit de faire résonner des impressions chez le destinataire, le confident à convaincre qu'est pour lui l'auditeur. Par ailleurs, Liszt recourut rarement aux formes toutes faites, à la symphonie, au quatuor, et, quand il fait une sonate pour piano, c'est une œuvre insolite, coulée dans le moule unique d'une forme cyclique d'un seul tenant. Cette sonate est d'ailleurs une des rares œuvres où il semble se rassembler, se cristalliser, alors qu'il ne cesse ailleurs de se donner et se dépenser.

Son identité, il croit la trouver un instant dans ses racines hongroises, mais il ne s'y arrête pas ; mais surtout dans le domaine de la musique religieuse, où il se considère comme sans rival à son époque : il y fait souvent vocation de simplicité, d'archaïsme, de rudesse antiornementale, en s'appuyant sur son étude de Palestrina, de Lassus, du Grégorien, etc. Pourtant, là, toujours une inquiétude perceptible, même dans ces monuments granitiques que se veulent des oratorios comme *Christus*.

Finalement, cette énergie mystique, c'est d'abord sur l'estrade du virtuose adulé, où l'ont placé le sort et la prophétie de Beethoven à son endroit, qu'il la dépense avec le plus de force de conviction. Dans maintes pages des *Années de pèlerinage*, ou, même, dans telle *Étude transcendante* ou telle page d'album, on trouve une conjonction unique de sens religieux et de délire de virtuosité, comme si l'élan de la difficulté physique portait les mouvements de l'âme. C'est à son piano qu'il se sait prophète de l'idéal, qu'il prêche le mieux peut-être, alors que c'est là qu'on le considère en bateleur. Ses deux *Légendes* (1865) sont éloquentes, puisque consacrées à deux saints qui portent son prénom. Saint François d'Assise parlant aux oiseaux, n'est-ce pas Franz Liszt prêchant en notes perlées et mettant dans la virtuosité — là où beaucoup d'autres n'ont voulu mettre que leur part mondaine, méprisée — tout son amour et son altruisme.

Pillée, dit-on, abondamment par Wagner, la musique de Liszt est, par excellence, celle de l'homme « mal assis », de celui qui ne sut jamais poser sa musique, l'installer, et la fit voyager, dans l'Europe parmi les hommes pour communiquer avec ses semblables par-delà le malentendu des succès mondains.

Œuvres principales. — *Musique vocale.* Opéra : *Don Sanche, ou le Château d'amour* (1824-25). Oratorios : *la Légende de sainte Élisabeth* (1857-1862), *Christus* (1862-1867). *Messe de Gran* (1855 ; rév., 1857-58), *Missa choralis* (1865), *Messe hongroise du couronnement* (1867). *Requiem* (1871). Psaumes : 13 (1855 ; rév., 1859), 18 (1860), 23 (1859 ; rév., 1862), 116 (1869), 129 (1881), 137 (1859 ; rév., 1862). *Via Crucis* (1878-79). Cantate pour l'inauguration du monument de Beethoven à Bonn (1845). Chœurs pour le *Prométhée* de Herder (1850 ; rév., 1855). Lieder.

Musique pour orchestre. Poèmes symphoniques : *Ce qu'on entend sur la montagne* (1848-49 ; rév., 1850 et 1854), *Tasso, Lamento e Trionfo* (4 vers., 1849-1854), *les Préludes* (1848 ; rév., av. 1854), *Orphée* (1853-54), *Prométhée* (1850 ; rév., 1855), *Mazeppa* (1851 ; rév., 1854), *Festklänge* (« Bruits de fête », 1853), *Héroïde funèbre* (1848-1850 ; rév., 1854), *Hungaria* (1854), *Hamlet* (1858), *la Bataille des Huns* (1856-57), *les Idéaux* (1857), *Du berceau à la tombe* (1881-82). *Faust symphonie* (1854-1857). *Dante symphonie* (1855-56). *Trois Odes funèbres* (1860, 1863-64, 1866). *Deuxième Mephisto-Valse* (1880-81).

Musique pour piano et orchestre. Grande Fantaisie symphonique, sur des thèmes de *Lélio* de Berlioz (1834). *Malédiction* (v. 1830-1840). Fantaisie sur des thèmes des *Ruines d'Athènes* de Beethoven (1848-1852). Fantaisie sur des thèmes folkloriques hongrois (1852). Concerto n° 1 en « mi » bémol (1849-1856). Concerto n° 2 en « la » (1839 ; rév., 1849-1861). *Totentanz* (« Danse des morts », paraphrase du Dies Irae, 1849 ; rév., 1853 et 1859).

Musique pour piano. Études : 12 études (1826) ; 12 études (1838) ; *Études d'exécution transcendante* (1851) : [*Preludio, En « la » mineur, Paysage, Mazeppa, Feux follets, Vision, Eroica, Wilde Jagd, Ricordanza, En « fa » mineur, Harmonies du soir, Chasse-neige*] ; *Études d'exécution transcendante d'après Paganini* (1838) [*En « sol » mineur, En « mi » bémol majeur, la Campanella, En « mi » majeur, la Chasse, Thème et variations*] ; *Grandes Études de Paganini* (1851) ; 3 *Études de concert* (1848) [*Il Lamento, La Leggierezza, Un sospiro*] ; 2 *Études de concert* (1862-63) [*Waldesrauschen, Gnomenreigen*] ; *Études techniques* (1868-v. 1880).
ŒUVRES DIVERSES : *Variation sur une valse de Diabelli* (1822) ; *Album d'un voyageur* (1835-36) [*Impressions et poésies*, reprises comme première année de pèlerinage — *Lyon, le Lac de Wallenstadt, Au bord d'une source, les Cloches de G..., Vallée d'Obermann, la Chapelle de Guillaume Tell, Psaume —, Fleurs mélodiques des Alpes, Paraphrases — Improvisata sur le Ranz des vaches de Ferd, Un soir dans les montagnes, Rondeau sur le Ranz de chèvres de Ferd*] ; *Années de pèlerinage* (première année, Suisse, 1836 et 1848-1854) [*Chapelle de Guillaume Tell, Au lac de Wallenstadt, Pastorale, Au bord d'une source, Orage, Vallée d'Obermann, Églogue, le Mal du pays, les Cloches de Genève*] ; *Années de pèlerinage* (deuxième année, Italie, 1838-1849) [*Sposalizio, Penseroso, Canzonetta del Salvator Rosa, Sonetto 47 del Petrarca, Sonetto 104 del Petrarca, Sonetto 123 del Petrarca, Après une lecture du Dante — Fantasia quasi Sonata*] ; *Années de pèlerinage* (troisième année, 1867-1877) [*Angelus !, Prière aux anges gardiens, Aux cyprès de la villa d'Este — Thrénodie I, Aux cyprès de la villa d'Este — Thrénodie II, les Jeux d'eaux à la villa d'Este, Sunt lacrymae rerum — en mode hongrois —, Marche funèbre, Sursum corda*] ; *Harmonies poétiques et religieuses* (1847-1852) [*Invocation, Ave Maria, Bénédiction de Dieu dans la solitude, Pensée des morts, Pater noster, Hymne de l'enfant à son réveil, Funérailles, Miserere d'après Palestrina, Andante lagrimoso, Cantique d'amour*] ; *Légendes* (av. 1863) [*Saint François d'Assise — la Prédication aux oiseaux —, Saint François de Paule marchant sur les flots*] ; *Sonate en « si » mineur* (1852-53) ; *Weinen, Klagen, Sorgen Zagen*, d'après J.-S. Bach (1859) ; *Variations sur le thème Weinen, Klagen, Sorgen, Zagen* (1862) ; *Wiegenlied* (1881) ; *La Lugubre gondola*, 2 versions (1882) ; *Am Grabe Richard Wagners* (1883) ; *Unstern* [*Sinistre, Disastro*] (v. 1883) ; *Bagatelle sans tonalité* (1885) ; *Csardas macabre* (1881-82) ; 2 *Csardas* (1884) [*Allegro, Csardas obstiné*].
ŒUVRES SUR DES THÈMES NATIONAUX : *Mélodie tyrolienne* (1856 ?) ; *La Marseillaise* (pub. 1872) ; *Vive Henri IV* (v. 1870-1880) ; *Gaudeamus igitur ; Mélodies nationales hongroises* (4 livres, 1839-1847) ; *19 Rhapsodies hongroises* (1846-1885).
Œuvres diverses pour clavier. PIANO À 4 MAINS : *Polonaise de fête* (1876) ; *Nocturne en « fa » dièse majeur.* DEUX PIANOS : *Grand Konzertstück* sur des romances sans paroles de Mendelssohn (1834) ; *Concerto pathétique* (av. 1856). ORGUE : *Fantaisie et fugue* sur le choral *Ad nos, ad salutarem undam* (1850) ; *Prélude et fugue* sur le nom de Bach (1855, 2ᵉ version, 1870) ; *Missa pro organo* (1879) ; *Am Grabe Richard Wagners* (1883).
Arrangements, transcriptions, fantaisies. ORCHESTRE : orchestrations de la mazurka-fantaisie de Bülow, de ses deux *Légendes*, de certaines de ses *Rhapsodies hongroises*, de quatre marches de Schubert. PIANO ET ORCHESTRE : arrangements du *Grand Solo de concert*, de la *Wanderer Fantasie* de Schubert, de la *Polonaise brillante* op. 72 de Weber. CHANT ET ORCHESTRE : orchestration de dix lieder de Schubert. PIANO SEUL : transcriptions d'opéras et paraphrases d'Alabieff, Auber, Beethoven (*les Ruines d'Athènes*), Bellini, Berlioz, Donizetti, Erkel, Glinka, Gounod, Halévy, Mendelssohn, Mercadante, Meyerbeer, Mosonyi, Mozart, Pacini, Paganini, Raff, Rossini, Schubert, Zichy ; transcriptions pour piano d'œuvres d'Allegri-Mozart (*Miserere*), Bach (six préludes et fugues, fantaisie et fugue en *sol* mineur), Beethoven (les neuf symphonies, septuor, *Adelaïde, Geistliche Lieder*, lieder), Berlioz (*Symphonie fantastique*, ouverture des *Francs-Juges, Harold en Italie*, ouverture du *Roi Lear, Danse des sylphes*), Bertin, Boulhakov, Bülow, Chopin, Conradi, Cui, Dargomyjski, David, Dessauer, Draeseke, Egressy et Erkel, Festetics, Franz, Goldschmidt, Gounod, Herbeck, Hummel, Lassen, Lessmann, Liszt, Mendelssohn, Meyerbeer, Mozart, Pezzini, Rossini, Rubinstein, Saint-Saëns, Schubert, Spohr, Szabady, Szechenyi, Weber, Wielhorsky. PIANO À 4 MAINS : œuvres de Field. DEUX PIANOS : œuvres de Liszt, transcriptions pour piano. ORGUE : œuvres d'Allegri-Mozart, Arcadelt, Bach, Chopin, Lassus, Nicolai, Wagner, etc.

M. C., R. K. et M. V.

LITAIZE (Gaston), organiste et compositeur français (Menil-sur-Belvitte 1909). Malgré sa cécité, il a été l'élève au Conservatoire de Paris de Dupré (orgue et improvisation), de Caussade (contrepoint et fugue) et de Büsser (composition), et a remporté le second grand prix de Rome de composition en 1938. Il est organiste à l'église Saint-François-Xavier à Paris et à Radio-France, où il est également responsable de la musique des émissions religieuses. Professeur d'orgue et d'improvisation à l'Institution nationale des jeunes aveugles, il fait une carrière internationale de concertiste. Ses compositions, pour la plus grande part destinées à la liturgie, se fondent sur les thèmes du plain-chant qu'elles paraphrasent. Ainsi, pour l'orgue, *5 Pièces liturgiques pour orgue sans pédalier* (1950), *24 Préludes liturgiques* (1954), *Grand-Messe pour tous les temps* (1956), *Messe basse pour tous les temps* (1959). Il a également écrit plusieurs messes pour chœur et orgue.

G. C.

LITANIE (grec médiéval, *litaneia*, dérivé de *litaneuo*, « invoquer par des prières »). Prière dialoguée, soit chantée soit parlée, consistant en une série, parfois longue, de courtes invocations, auxquelles il est répondu par une même formule de demande ou de louange. Le mot a désigné d'abord toute supplication répétée (*Kyrie eleison*), puis les processions où se chantaient de telles supplications (*litanies des rogations*), enfin la forme même des prières à répétition, d'où son acception actuelle généralisée.

J. C.

LITANIES À LA VIERGE NOIRE. Œuvre pour chœurs de femmes (ou d'enfants), et accompagnement d'orgue, composée en 1936 par Francis Poulenc. Exceptionnelle dans le répertoire de son auteur, dont elle est la première œuvre religieuse, elle résulte d'un « coup de cœur » pour la Vierge noire de la chapelle de Rocamadour, dans le Lot, petite statue en bois noir que la tradition dit avoir été sculptée par Zachée, celui qui, selon l'Évangile, était si petit que pour voir le Christ il dut monter sur un arbre. Il n'est pas abusif de penser que Poulenc a pu s'identifier à ce Zachée pour créer une œuvre bouleversante dans son authentique humilité. Le texte est en français, dans la langue simple des cantiques populaires, et traité avec un admirable prosodie, et l'orgue d'accompagnement se faisant humble harmonium pour soutenir les voix suppliantes. Un musicien que son succès avait voué des années durant, à un univers de « badinages », d'« humoresques », et de « suites françaises », plus charmantes et légères les unes que les autres, se révèle, ici, à lui-même des ressources inconnues.

M. C.

LITOLFF, maison d'édition allemande fondée en 1828 à Brunsvick par Gottfried Martin Meyer. Elle prit le nom de Henry Litolff après que celui-ci eut épousé (1851) la veuve de Meyer et adopté son fils Theodor *(1839-1912)*. Ce dernier succéda à son beau-père après son divorce (1858), et eut comme successeur son propre fils Richard *(1876-1937)*. Theodor assura le développement mondial de la firme en lançant en 1864 la célèbre collection Litolff d'œuvres classiques, et aussi par des ouvrages pédagogiques comme la méthode de piano de Louis Köhler, qui, en 1914, avait été vendue à plus d'un million d'exemplaires. Rachetée en 1940 par les éditions Peters de Leipzig, la firme a ressuscité à Francfort en 1950.　　　　　　M. T.

LITOLFF (Henry), pianiste et compositeur français (*Londres 1818 - Bois-Colombes 1891*). Fils d'un violoniste alsacien fait prisonnier par les Anglais pendant la guerre d'Espagne, il étudia avec son père et avec Moschelès, vécut en France, en Belgique et en Allemagne, et, en 1851, épousa la veuve de l'éditeur Gottfried Martin Meyer, deuxième de ses quatre femmes : la firme fondée par Meyer en 1828 prit alors le nom de Henry Litolff. En 1855, il devint maître de chapelle de la cour de Saxe-Cobourg-et-Gotha, et, en 1858, s'installa définitivement à Paris. Il continua à composer à partir de cette date, mais échangea sa carrière de pianiste pour celle de chef d'orchestre. On lui doit des œuvres scéniques comme *Die Braut von Kynast* (Brunswick, 1847) ou *Héloïse et Abélard* (Paris, 1872) et des œuvres instrumentales diverses, mais ses plus grandes réussites demeurent ses 5 *Concertos symphoniques* pour piano et orchestre. Le premier est perdu, les autres datent respectivement de 1844 et d'environ 1846, 1852 et 1867. Le *Scherzo* du quatrième bénéficie toujours d'une célébrité certaine. Henry Litolff reçut en dédicace le *1er Concerto pour piano* de Liszt.
　　　　　　　　　　　　　　　　　　　　M. V.

LITTERATUR-OPER. Nom donné, a posteriori, par les musicologues allemands aux opéras écrits non pas sur un livret, mais sur le texte même (tout ou partie, légèrement modifié ou traduit) d'une œuvre dramatique déjà connue. Cette stricte acception écarterait donc de cette classification les textes que de grands auteurs (Goldoni, Sedaine, Goethe, etc.) destinèrent dès l'abord à être mis en musique. Utilisé dès le milieu du XIXe siècle par Dargomyjski et Moussorgski, à partir de textes de Pouchkine et Gogol, ce procédé devint plus fréquent dès la fin du siècle, avec Bruneau, Debussy, R. Strauss, Berg, Chostakovitch, Poulenc, etc., et se généralisa au-delà de 1940 (v. OPÉRA). On peut, également, y associer l'exemple d'auteurs ayant eux-mêmes remanié pour le compositeur des textes antérieurs, notamment J. Richepin, Maeterlinck, D'Annunzio, Hofmannsthal, Claudel, Brecht, etc.　　R. M.

LITURGIE (en gr. *leitourgia*, « service public, fonction publique », et, entre autres, « service du culte »). Terme désignant l'ensemble des services officiels et publics d'un culte, par opposition aux dévotions privées ; autrement dit, l'ensemble de ses prières publiques, rites, cérémonies et sacrements, où la musique, étroitement codifiée, joue un grand rôle. Les différentes Églises chrétiennes ont chacune leur liturgie propre, c'est-à-dire leur système de rites, de cérémonies et de chants, peu à peu mis au point par des conciles, des encycliques, des ordonnances, etc., avec pour préoccupation d'illustrer les articles de foi essentiels, mais surtout de réactualiser, par « anamnèse », les moments symboliques privilégiés de leur croyance. Ainsi, la liturgie catholique tourne autour de la messe, dans la mesure où celle-ci fait revivre chaque fois le sacrifice du Christ et la Cène. Dans cette fonction d'« anamnèse », il semble que la musique joue le rôle principal en réveillant le passé dans ses dimensions symboliques originelles, par le jeu du rythme et de l'harmonie, par l'effet des timbres, et surtout de la voix avec toutes les résonances corporelles et spirituelles des sons.
Parmi les cultes chrétiens, on distingue les différentes liturgies occidentales (romaine, anglicane, ambrosienne, mozarabe), orientales (de saint Jean Chrysostome, saint Basile, saint Jacques, arménienne, copte, maronite), etc.　　　　　　　　　　　　　M. C.

LITURGIE DE SAINT JEAN CHRYSOSTOME. Cycle vocal religieux a cappella op. 41 de Tchaïkovski (1878). Pour la première fois, Tchaïkovski abordait la musique religieuse, et il était le premier compositeur russe à écrire une liturgie complète. Après la publication et l'exécution de l'œuvre, Bakhmétiev, directeur de la chapelle impériale, intenta un procès à l'éditeur Jurgenson. En effet, depuis Bortnianski, un décret interdisait de publier de la musique religieuse sans l'assentiment du directeur de la chapelle et l'approbation du saint-synode. Finalement Tchaïkovski et Jurgenson eurent gain de cause, et l'ancien décret fut aboli.
La *Liturgie* de Tchaïkovski pose le problème du rapport entre l'esthétique musicale et celle de l'office orthodoxe. Des moments de profond recueillement, le sens des images poétiques, mais une écriture chorale et harmonique intégralement occidentale en font plus une œuvre religieuse de compositeur romantique qu'une liturgie prévue pour l'Église russe, bien qu'elle suive avec précision l'ordre de l'office. Le mérite de Tchaïkovski est d'avoir créé un précédent et d'avoir émancipé socialement la musique religieuse, ouvrant ainsi la voie aux œuvres de Gretchaninov et de Rachmaninov.　　　　　　　　　　　　　　　　　A. L.

LITURGIE DE SAINT JEAN CHRYSOSTOME. Cycle religieux pour solistes et chœur a cappella de Rachmaninov (1910). Si l'on excepte un bref chœur composé antérieurement, c'est la première fois que ce musicien aborde la musique religieuse. Nombre de compositeurs russes ont écrit des œuvres séparées destinées à l'office, mais bien plus rares sont ceux qui ont donné des cycles complets. Les prédécesseurs de Rachmaninov ont été essentiellement Tchaïkovski et Gretchaninov. Cette *Liturgie*-ci a été composée à une époque où la musique d'église russe s'efforçait de retrouver un style choral et harmonique conforme aux traditions musicales populaires. Ce renouveau était dû aux initiatives de l'Institut synodal de Moscou, dont le directeur Kastalski donna de précieux conseils à Rachmaninov.
Par ses dimensions et par les moyens qu'elle requiert, la *Liturgie* de Rachmaninov dépasse de loin le cadre de sa destination fonctionnelle, bien que son plan suive exactement celui de l'office dominical. Une place importante est départie aux litanies récitées par la voix de basse d'un diacre et entrecoupées des kyrie eleison du chœur. Les chants les plus développés sont les *Béatitudes*, l'*Hymne des chérubins*, le *Credo*, le *Canon eucharistique* et le *Pater*. La richesse et l'aisance de l'écriture justifient le terme d'« orchestration chorale » qui était l'un des buts esthétiques des nouveaux compositeurs religieux. Cependant la *Liturgie* se ressent d'une certaine disparité de style entre quelques effets profanes et faciles (*Credo*) et des réminiscences de gravité monastique (*Pater*). Cinq ans plus tard, avec les *Vêpres*, cycle d'une bien plus grande homogénéité, Rachmaninov occupera définitivement dans la musique religieuse la place qui lui revient.　　　　　A. L.

LITURGIQUE. Œuvre d'Arthur Honegger. V. *Symphonie liturgique*.

LITVINNE (*Félia*), soprano d'origine russe (*Saint-Pétersbourg 1860 - Paris 1936*). Elle étudia à Paris avec Pauline Viardot et fit ses débuts en 1883 dans *Ernani* de Verdi (rôle d'Elvira). Elle chanta dans la plupart des grands théâtres du monde : au Metropolitan Opera de New York, à partir de 1896, au Covent Garden de Londres, à partir de 1899. Elle fut la créatrice des rôles d'Isolde à Paris (1899) et de Brunehilde à Bruxelles (1887). Elle quitta la scène en 1916, mais continua de chanter au concert jusqu'en 1924. Elle s'établit à Paris comme professeur et eut Germaine Lubin comme élève. Outre ses rôles wagnériens, elle était renommée pour ses interprétations de Gluck (*Alceste*) et aussi de Meyerbeer (*l'Africaine*). Sa voix était puissante et son timbre à la fois brillant et souple. Son style fougueux et convaincant parvenait à faire oublier sa corpulence.
　　　　　　　　　　　　　　　　　　　　J. B.

LIVE ELECTRONIC MUSIC (angl. ; « musique électronique en direct »). Locution employée, même en France, pour désigner, à l'opposé des musiques préenregistrées sur bande magnétique, la musique électroacoustique qui s'exécute en direct, devant le public, par des « interprètes » jouant de synthétiseurs, de dispositifs électroacoustiques, d'instruments et de corps sonores électrifiés (c'est-à-dire reliés par l'intermédiaire de micros à des systèmes d'amplification et de traitement électronique du son). Cette musique peut être improvisée, ou jouée d'après une partition très précise. L'avantage de la « live electronic music » vient de la malléabilité et de la vie que, en apparence, elle apporte à la présentation en concert de l'œuvre (par rapport à la musique électroacoustique sur bande, lue par un ou des magnétophones et seulement « orchestrée » dans sa diffusion) ; mais les inconvénients, ou plutôt la contrepartie, tiennent aux limitations dues au principe du « temps réel » en ce qui concerne la gamme des résultats sonores et musicaux possibles et la précision de leur contrôle. Certaines des techniques d'expression spécifiques de la musique électroacoustique (telles que le montage, par exemple) réclament encore impérativement le travail sur bande en studio et le différé. C'est la même différence qui existe entre le film de cinéma longuement tourné et monté et une retransmission télévisée en direct, si élaborée soit-elle.

C'est d'abord aux États-Unis que cette technique s'est développée, avec des groupes pionniers comme le *Sonic Art Union* composé de Gordon Mumma, Alwin Lucier, Robert Ashley et David Behrman, qui ont poursuivi ensuite chacun sa ligne personnelle, dans des directions différentes. Un autre groupe pionnier, *Musica elettronica viva*, composé d'Italiens et d'Américains et qui pratiquait un « participationnisme musical » proche du *Living Theater* (impliquant le spectateur dans l'exécution), fut vivant et actif au point d'éclater en plusieurs groupes homonymes. On peut citer entre autres en Italie le groupe *Nuove proposte sonore*, et, parmi les autres « collectifs » d'exécution et d'improvisation « live electronic », le *Gimel*, au Québec (fondé par Nil Parent) ; le *Feedback-Studio* à Cologne (Eötvös, Gelhaar, Maiguaschca, Fritsch, Johnson, MacGuire), qui s'est transformé pour devenir le *Groupe Oeldorf*, le groupe *K und K* en Autriche (Kaufmann) ; *Gentle Fire* en Angleterre ; en France, *Opus N*, entre 1970 et 1974 environ (Savouret, Clozier), et le *Trio GRM-Plus* (Dufour, Geslin, Cuniot), qui, depuis 1978, porte cette technique à un haut degré de précision.

Mais il y a aussi des compositeurs-interprètes isolés qui pratiquent et écrivent en soliste la musique « live », comme René Bastian, Léo Küpper, Lorenzo Ferrero, Horaccio Vaggione, Giuseppe Englert, Donald Buchla (un des pères du synthétiseur), David Tudor, Morton Subotnick, etc. Nombre de ces groupes et de ces auteurs intègrent cette technique dans des formules dites « multimedia » de spectacles associant et multipliant les moyens d'expression de diverses disciplines (danse, cinéma, lasers, voire émission de parfums en direct, comme dans les spectacles de Joseph Anton Riedl).

Le genre, apparu à la fin des années 70 sous le nom anglo-saxon de *performance* (« représentation ») et qui se situe au carrefour des expressions plastiques, théâtrales et musicales, utilise souvent des techniques de « live electronic ». Parmi les compositeurs qui ont beaucoup écrit de « live electronic music » sans être eux-mêmes, ou en n'étant qu'occasionnellement, des interprètes, on citera surtout Karlheinz Stockhausen (le pionnier du genre en Europe, avec *Mixtur* et *Mikrophonie 1 et 2*), John Cage, Jean-Étienne Marie, Fernand Vandenbogaerde, etc. D'autres conçoivent, plutôt que des œuvres, des dispositifs pour réagir en sons à l'environnement naturel ou à la présence du public (Max Neuhaus, Lucier). L'ordinateur est aussi employé en temps réel, pour engendrer des processus sonores, selon des programmes et des instructions plus ou moins préparés à l'avance, et c'est vers son utilisation dans ce sens que travaillent de nombreux studios de musique électroacoustique (tels, en France, G.R.M., G.M.E.M., G.M.E.B., I.R.C.A.M.). D'autres encore utilisent des systèmes de « biofeedback », faisant piloter, par exemple, des dispositifs électroniques, par des ondes cérébrales ou des battements cardiaques (Lucier, Rosenboom, Henry et Lafosse). Innombrables sont donc les techniques, et imprévisibles leurs développements futurs, mais on peut prévoir sans risque que les applications les plus diverses de l'informatique y tiendront une place croissante à tous les niveaux. M. C.

LIVING ROOM MUSIC. Œuvre de John Cage composée en 1940. On y trouve tous les instruments à percussion possibles et imaginables de notre environnement quotidien et « intérieur ». Y sont utilisés des meubles, des livres, des fenêtres, des murs, des portes. Une phrase de l'auteur vient alors en mémoire : « Par la musique la vie prendra de plus en plus de sens. Mais vous voyez bien que, d'une certaine manière, il faut abandonner la musique pour qu'il en soit ainsi. Si nous acceptions de laisser de côté tout ce qui s'intitule "musique", toute la vie deviendrait musique ! » A. F.

LIVRE DES JARDINS SUSPENDUS (LE) [en all. *Das Buch der hängenden Gärten*]. Cycle de 15 lieder pour voix aiguë et piano op. 15 de Schönberg. Le titre exact en est *Fünfzehn Gedichte aus « Das Buch der hängenden Gärten » von Stefan George (Quinze Poèmes du « Livre des jardins suspendus » de Stefan George)*. Schönberg commença à y travailler vers septembre 1908, et termina l'ensemble le 28 février 1909. La première audition eut lieu à Vienne le 14 janvier 1910 avec la soprano Martha Winternitz-Dorda.

Ce cycle marque, avec les *Trois Pièces pour piano* op. 11, les *Cinq Pièces pour orchestre* op. 16 et le monodrame *Erwartung** op. 17, l'entrée de Schönberg dans le monde de l'atonalité, et de ces quatre ouvrages, tous de 1909, l'opus 15 fut terminé le premier. Schönberg avait déjà eu recours à la poésie de Stefan George dans les deux derniers mouvements de son *Quatuor à cordes n° 2* op. 10 (1907-1908). Pourtant, ce poète n'était pas spécialement ouvert à la musique et professait des conceptions esthétiques plutôt opposées à celles de l'école de Schönberg, pour qui la musique « ne devait pas briller et orner comme un bijou, mais être expression de la vérité ». Mais Schönberg fut attiré, entre autres, par le côté radical de Stefan George, par sa démarche réduite à l'essentiel, par la force dont il dotait les mots en soi.

Le cycle évoque, surtout par allusion, de façon quasi ésotérique, une rencontre de deux êtres, un drame d'amour forçant ces deux êtres à la fois à ne devenir qu'un et à rentrer inexorablement chacun en soi. Sur le plan dramatique, il culmine avec le huitième lied : *Wenn ich heute deinen leib nicht berühre, Wird der faden meiner seele reissen (Si aujourd'hui je ne touche pas ton corps, Le fil de mon âme se déchirera)*. Après, jusqu'au quinzième, la musique retourne en elle-même, fidèle en cela au texte, mais en gagnant toujours en intensité, et en absorbant toujours davantage les paroles. D'où la remarque d'Adorno sur le quatorzième lied : il y voit la source, le « modèle », de toute l'œuvre de Webern. Sur quoi le quinzième sert de conclusion à l'ensemble.

Le Livre des jardins suspendus s'inscrit dans la descendance de *A la bien-aimée lointaine* de Beethoven et surtout de *la Belle Meunière* et du *Voyage d'hiver* de Schubert, mais les rapports musique-parole sont neufs. La ligne vocale a le côté anguleux des partitions ultérieures de Schönberg, et on trouve parfois dans le discours de nettes références tonales, mais la musique ne s'attache plus à refléter les moindres inflexions de la poésie. Par là, Schönberg rompt avec le XIXe siècle et aussi avec ses lieder antérieurs (opus 1, 2, 3, 6 et 8). Il y parvint de lui-même, mais aussi grâce à sa rencontre avec un poète qui devait aussi inspirer Webern (opus 3 et 4 de 1908-1909 également) et qui fut un des premiers en Allemagne à apprécier non seulement Baudelaire (qu'il traduisit), mais aussi Verlaine et Mallarmé. M. V.

LIVRE D'ORGUE. Page en 7 « chapitres » d'Olivier Messiaen, composée en 1951, créée en 1952 à Stuttgart par l'auteur pour l'inauguration de l'orgue de la villa Berg et reprise le 21 mars 1955 à Paris par l'auteur aux grandes orgues de la Trinité, lors d'un concert exceptionnel du Domaine musical. Si les pièces extrêmes (*Reprises par interversions, Soixante-Quatre Durées*) se révèlent êtres seules de toute sa production d'orgue à ne pas faire appel aux Écritures, les 5 autres se réfèrent soit à des visions prophétiques de l'Ancien Testament (*les Mains de l'abîme, les Yeux dans les roues*), soit au dimanche de la sainte Trinité (*les deux Pièces en trio*), soit encore au temps pascal (*Chants d'oiseaux*). L'auteur s'adonne, ici, à des expériences proches du dodécaphonisme, qu'il utilise sans s'y asservir et modalise volontiers, estimant que les sons, tout comme les timbres, ne constituent que de «vulgaires truchements destinés à rendre les durées appréciables». Y prédominent ainsi rythmes et durées, dont les déçitâlas de l'Inde requis plus que partout ailleurs. Mais on sera surtout envoûté par la dernière des pièces, fondée, comme son titre l'indique, sur «soixante-quatre durées» chromatiques, de la triple croche à la carrée, inexorablement disposées de façon à ce que les plus longues durées voisinent avec les plus courtes et s'approchent, par groupes de quatre, des centrales, au terme d'un double déroulement dont la partie grave représente l'exacte rétrogradation de la partie aiguë, d'où un découpage du temps qui débouche parfois sur des durées si longues que notre ouïe d'Occidentaux aurait du mal à les percevoir si le chant idéalisé d'un oiseau ne venait en bousculer quelque peu l'extrême rigueur. A. P.

LIVRE POUR ORCHESTRE (LE). Composition de Witold Lutoslawski, créée le 18 novembre 1968 par l'Orchestre municipal de Hagen dirigé par Berthold Lehmann. Le titre est lié à la notion de choix de morceaux divers, comme dans les *Livres pour clavecin* de Couperin ou de Rameau ou dans l'*Orgelbüchlein* de Bach. La division en 4 parties reliées par de courts interludes n'altère en rien l'impression de continuité tirée de l'audition de l'œuvre. Les 3 premiers mouvements, relativement courts et condensés, sont dirigés de manière traditionnelle. Ne voulant pas les séparer par de simples silences, le compositeur a glissé entre eux des interludes joués *ad libitum*, constitués d'une matière musicale insignifiante, moments de repos pour l'auditeur. L'épisode final, très développé, constitue le point culminant de l'ouvrage : il est conçu presque entièrement *ad libitum*. Par sa beauté sonore, l'œuvre est une des plus impressionnantes du compositeur : riche de contrastes dynamiques, elle reste parfaitement claire malgré son apparente complexité. De même que celle du *Concerto pour violoncelle*, son audition communique le sentiment d'être entraîné dans une action dramatique, traversée par des phases explosives typiques du musicien polonais. « La musique est multisignifiante, car, au moment où l'on peut croire qu'elle signifie quelque chose, elle signifie toujours autre chose en même temps, et même des choses contradictoires. » Ces paroles de Witold Lutoslawski suffisent néanmoins à écarter toute tentative de définition d'un programme quelconque, dans le *Livre pour orchestre* comme dans ses autres pièces purement instrumentales. P. V.

LIVRE POUR QUATUOR (1948) - **LIVRE POUR CORDES** (1968). Œuvre de Pierre Boulez, le *Livre pour cordes* est une partition capitale, à la gestation complexe, que l'auteur, aujourd'hui, écarte de son catalogue au profit d'une version plus étoffée, d'ailleurs inachevée. On s'arrêtera surtout sur l'œuvre première. Sa date (1948) la rend contemporaine de la *2e Sonate*, à laquelle d'ailleurs elle emprunte, surtout dans les parties paires (II, IV, et VI), une partie de son matériau sériel et de ses procédures de développements, d'interpolations, de variations et de «prolifération motivique». De même poursuit-elle le mouvement amorcé dans la sonate pour dépasser le strict «sérialisme des hauteurs» propre à Schönberg.
Première œuvre de Boulez dans laquelle le piano est absent, le *Livre pour quatuor* s'inscrit dans une histoire exemplaire, qui de Haydn au Berg de la *Suite lyrique* — en passant naturellement par les deux autres

Viennois et Bartók, dont la présence est ici nettement perceptible — s'est toujours efforcé de jouer avec la sonorité très homogène du quatuor à cordes dans le sens d'une différenciation maximum des timbres et des gestes instrumentaux. Les différents mouvements qu'on connaît du *Livre* permettent d'apprécier les jeux multiples tant des attaques (arco/pizzicato, col legno, am Steg, am Griffbett, etc.) que des sons suivis. Le rapport entre sons ponctuels et sons tenus organise pour l'essentiel les diverses parties, assez différentes les unes des autres : lyrisme de I a, importance des silences et des petits motifs très prestes dans I b, présence d'un *cantus firmus* aux différentes parties dans III a, densité de la texture et de la polyphonie dans III b, avec cette fin brusquée si remarquable, caractère davantage concertant et à l'espace bien rempli dans III c, le souple contrepoint à trois avec la scansion en pizzicatos du quatrième instrumentiste dans V...
Il ne s'agit pas de «mouvements», mais plutôt de «feuillets», que l'auteur a déclaré pouvoir être joués sélectivement et dans un ordre *ad libitum*. Cette licence, toutefois, ne semble pas avoir été envisagée dès le départ — mais rencontra, au fil des différentes créations partielles de l'ouvrage, la préoccupation majeure de Boulez à l'époque 1957-1960 : le « Livre » mallarméen (cf. *3e Sonate*).
Vingt ans après sa partition première, Boulez décidait de «retirer» le *Livre pour quatuor* de son catalogue (sauf pour les formations qui le jouaient déjà) et de le repenser pour orchestre à cordes. Désuétude du caractère désuet du quatuor à cordes ? Désir de difficultés «rentables» pour les instrumentistes (la «version quatuor» est extraordinairement difficile) ? Volonté de développer avec de nombreux musiciens des virtualités acoustiques «étranglées» dans la formation initiale ? Leçon prise et acceptée de l'orchestre ? Les raisons sont, sans doute, multiples. Mais, face à l'extraordinaire vigueur, véhémence et alacrité de la version initiale, il est peut-être permis de tenir l'initiative du compositeur lui-même pour plus respectable que légitime. D. J.

LIVRES LITURGIQUES. Recueil des textes et rubriques servant aux ministres du culte pour la célébration des offices. Les livres liturgiques de l'Église catholique sont composés de textes réunis soit selon la fonction, soit selon l'usage ; la première conception est privilégiée par les livres orientaux, la seconde par les occidentaux. Outre le calendrier liturgique (martyrologe), on distingue trois catégories principales : le *missel* pour la messe, le *bréviaire* pour les heures, le *rituel* pour l'administration des sacrements. S'y ajoutent, pour les évêques, le *pontifical* (office) et le *cérémonial*. Ne pas confondre, en dépit de certaines similitudes de noms (missel) avec les *livres de chœur*, qui concernent, cette fois, les chantres et les fidèles (antiphonaire, vespéral, etc.). J. C.

LIVRET. Ouvrage littéraire, en vers ou en prose, destiné à être mis en musique en vue de la composition d'un opéra, d'un opéra bouffe, d'un opéra-comique, d'une opérette ou d'un ballet. Issu du madrigal et du ballet de cour, qui se contentaient d'illustrer des poèmes plus ou moins disparates en des scènes plus ou moins décousues, l'opéra dut faire appel à de véritables livrets quand il entreprit, dans l'Italie des alentours de l'an 1600, de traiter de façon cohérente des sujets mythologiques ou historiques précis. En France, les premiers livrets de cette sorte sont ceux que Philippe Quinault (1635-1688) fournit à Lully. D'une qualité littéraire certaine, que favorisait d'ailleurs le style noble du compositeur, ils seront pendant plus d'un siècle non seulement imités, mais souvent réutilisés par d'autres musiciens. Le même phénomène se reproduisit au XVIIIe siècle avec Zeno et surtout Métastase*, dont certains livrets d'*opera seria* furent mis en musique plusieurs dizaines de fois. Vers 1760, en France, un genre nouveau prend naissance et prospère : l'opéra-comique, où s'illustrent des librettistes tels que Favart, Marmontel, Sedaine, qui ne manqueront pas de successeurs au XIXe siècle. Le « grand opéra », pour sa part, va être sauvé par la révolution romantique, dont les aspirations n'ont pas grand-chose de commun avec l'idéal classique. Les musiciens, comme les autres artistes, n'en ont assez des Grecs et des Romains. Ils réclament de l'action, voire de la violence, des héros tout d'une pièce et des situations bien tranchées. Si les librettistes manquent d'imaginaton, ils n'ont qu'à puiser dans la littérature. S'ouvre alors l'ère des « adaptations » lyriques de pièces ou de romans célèbres, dont le seul titre attire les foules. Scribe, Barbier, Saint-Georges en France, Cammarano, Piave, Somma, Boito, Giacosa et Illica en Italie pillent sans vergogne Shakespeare, Walter Scott, Schiller, Goethe, Victor Hugo, Dumas fils et Victorien Sardou au profit de Donizetti, Verdi, Gounod, Puccini et autres grands fournisseurs du théâtre lyrique. Certains contemporains, Hugo par exemple, ont le mauvais goût de s'en plaindre alors qu'il s'agit d'une consécration. Qui parlerait encore du *Roi s'amuse* s'il n'y avait pas *Rigoletto* ? Et puis, l'exemple venait de loin, et de haut. Mozart n'avait-il pas emprunté *Don Giovanni* en partie à Molière et *Le Nozze di Figaro* à Beaumarchais par l'intermédiaire du subtil Lozenzo Da* Ponte ?

L'usage s'est longtemps conservé, en matière de théâtre lyrique, de citer le ou les librettistes avant le compositeur. On disait par exemple : « *Faust*, opéra en 5 actes de Jules Barbier et Michel Carré, musique de Charles Gounod ». Cela paraît ridicule, mais ce n'est pas tout à fait injuste. Aucun opéra, à plus forte raison un opéra bouffe ou une opérette, ne peut réussir sans un bon livret. Et ce n'est pas à la lecture qu'on peut juger s'il est bon ou mauvais. Les conventions du genre étant ce qu'elles sont, il vaut mieux chanter des niaiseries qui sonnent bien qu'un beau texte inchantable... qu'on ne comprendrait pas davantage. Le librettiste doit écrire, d'accord avec le compositeur, en fonction du succès de la représentation. Ce n'est pas seulement un métier, mais un art véritable, qui exige quelques sacrifices. On sait ce que doivent Offenbach à Meilhac et Halévy, Verdi à Boito, Puccini à Giacosa et Illica, Richard Strauss à Hugo von Hofmannsthal, dont le *Rosenkavalier* est sans doute le seul livret d'opéra qui puisse se passer de musique, en d'autres termes être donné comme pièce de théâtre. Une autre exception qui confirme la règle est celle de *Pelléas et Mélisande*, que Debussy a réussi contre Maeterlinck...

Quelques compositeurs, à la suite de Wagner, ont écrit leurs propres livrets. M. T.

Llanto por Ignacio Sanchez Mejias. Oratorio de Maurice Ohana, sur un poème de Federico García Lorca, créé le 22 mai 1950 à Paris sous la direction de Georges Delerue. Le poème, dédié à la mémoire d'un célèbre torero, mortellement blessé dans l'arène en 1935, se divise en 4 chants : *la Blessure et la mort, le Sang répandu, Corps gisant, l'Ame absente.* Maurice Ohana a conçu son œuvre comme une « liturgie », partageant ses strophes et ses répons, ses psalmodies et ses récits incantatoires entre 1 voix de basse, 1 récitant, 1 chœur de 8 contraltos à l'unisson et 1 petit orchestre groupé autour d'1 clavecin. Quelques thèmes générateurs, qui subissent de nombreuses métamorphoses, assument l'unité de l'ouvrage. Les mélismes expressifs de la voix soliste s'inspirent des libres improvisations du « canto jondo », mais cette liberté ne joue qu'au sein d'une composition très cohérente. Le silence même de la musique, laissant à découvert les paroles du poète dans les six premières strophes du troisième chant (*Corps gisant*), apparaît aussi positif, aussi actif, que le vide dans certaines architectures. Cet équilibre entre le poème et la musique est l'une des qualités de *Llanto por Ignacio Sanchez Mejias :* l'un et l'autre coexistent, comme deux blocs étroitement scellés sur lesquels resplendit une lumière austère et joyeuse, d'une joie profonde que s'assombrit pas la contemplation de la mort. Et si le poème de García Lorca est exalté par cette alliance, c'est aussi à cette alliance qu'Ohana doit d'avoir trouvé, dans cette œuvre de ses débuts, un langage déjà entièrement personnel. J. R.

Llobet (Miguel), guitariste espagnol (*Barcelone 1878* - id. *1938*). Il fut l'élève et le plus célèbre disciple de Tarrega, et vécut à Paris de 1904 à 1914, faisant, grâce à son compatriote Ricardo Vines, la connaissance de Debussy, Ravel, Fauré, Albéniz. Doté d'une extraordinaire technique, il eut de la guitare une conception presque orchestrale, grâce à un extraordinaire maniement des timbres et de la polyphonie. En 1920, Falla écrivit pour lui *Homenaje* destiné au « Tombeau de Claude Debussy ». M. V.

Lobgesang (all. ; « chant de louanges »). Sous-titre de la 2e symphonie dite « symphonie-cantate » en *si* bémol majeur, op. 52, pour soli, chœurs et orchestre, de Felix Mendelssohn, composée entre 1838 et 1840, et créée le 25 juin 1840, sous la direction du compositeur à l'église Saint-Thomas de Leipzig. Il s'agit d'une œuvre de circonstance et de célébration, destinée aux fêtes du quatrième centenaire de l'invention de l'imprimerie par Gutenberg en 1440. M. C.

Lobkowitz, famille princière originaire de Bohême, et dont plusieurs membres protégèrent des compositeurs. Au XVIIIe siècle, la « jeune lignée », dite de Melnick, fut représentée notamment par **Georg Christian** (*1686-1755*), grand admirateur de Gluck et qui reçut de lui les dédicaces d'*Arsace* (1743), *La Sofonisba* (1744) et *Ippolito* (1745), et par son fils **Joseph Maria Carl** (*1725-1802*), maréchal et diplomate, qui souscrivit aux concerts organisés par Mozart au Trattnerhof en 1784 et dans les salons duquel Beethoven fit ses débuts de pianiste à Vienne le 2 mars 1795. La « lignée ancienne », dite de Raudnitz, commença par **Philipp Hyacinth** (*1680-1734*), qui engagea le père de Gluck comme maître forestier ; par son fils **Ferdinand Philipp** (*1724-1784*), qui emmena Gluck à Londres et se lia à Hambourg avec Carl Philipp Emanuel Bach (on dit qu'ils mirent sur pied une symphonie en composant tour à tour chacun une mesure) ; et par le fils de Ferdinand Philipp, le prince **Joseph Franz Maximilian** (*1772-1816*). Ce dernier, doté d'une belle voix de basse, passa dans l'histoire comme protecteur de Haydn et surtout de Beethoven. Il chanta plusieurs fois *la Création* de Haydn, et reçut au même moment la dédicace des *Quatuors* op. 77 de Haydn (composés en 1799 et publiés en 1802) et des *Quatuors* op. 18 de Beethoven (composés en 1799-1800 et publiés en 1801), et plus tard celles des symphonies nos 3, 5 et 6 ainsi que du triple concerto, du quatuor op. 74 et du cycle de lieder *A la bien-aimée lointaine* de Beethoven. C'est dans son palais de Vienne que fut donnée pour la première fois, en privé, la *Symphonie héroïque* (août 1804). M. V.

Locatelli (Pietro Antonio), violoniste et compositeur italien (*Bergame 1695 - Amsterdam 1764*). On suppose qu'il fut à Rome l'élève de Corelli. Son activité de virtuose le fit voyager en Europe occidentale (en Italie et en Allemagne notamment) jusqu'en 1729, date où il se fixa à Amsterdam. C'est là que devaient être éditées la plupart de ses œuvres. Naturellement influencé au début par le style de Corelli au niveau des formes pratiquées (*Concertos grossos* op. I, 1721), il les fit sensiblement évoluer, par la suite (*Sonates pour violon et basse, Sonates en trio*), tandis que son langage harmonique se personnalisait rapidement.

Sa technique du violon, dépassant les formules traditionnelles, en fait un prédécesseur de Paganini (recueil *L'Arte del violino*, avec les *24 Caprices*, 1733). Son utilisation des accords brisés, du démancher et des positions élevées apparaît particulièrement audacieux pour son époque. Locatelli appartient à cette pléiade de compositeurs-violonistes italiens qui constituèrent une véritable ère du violon et de la musique pour cordes (Vivaldi, Tartini, Geminiani, Nardini). Toutefois, Locatelli ne se limita pas à son instrument ; on

lui doit aussi 12 sonates pour flûte traversière et basse (1732). Il entretint une correspondance avec le padre Martini et fut un pédagogue recherché, auprès duquel se perfectionna, entre autres, Jean-Marie Leclair.
A. L.

LOCKE (*Mathew*), compositeur et organiste anglais (*Devon? v. 1621-22 - Londres 1677*). Il fit probablement ses études musicales à Exeter sous la direction de Edward Gibbons. Choriste à la cathédrale jusqu'en 1641, il servit par la suite dans l'armée royale, tout en poursuivant sa carrière de musicien. De retour à Londres peu après 1650, il y fut, sous le Commonwealth, un compositeur très en vue, s'adonnant à tous les genres pratiqués : *anthems*, hymnes, *ayres*, pièces instrumentales. A la Restauration, Charles II le nomma Composer in Ordinary.

Après la composition de sa *Collection of Songes made when I was in the Lowe Countries* (conservée en manuscrit) et la publication du *Little Consort of Three Parts* (1656) pour violes ou violons, Mathew Locke devint le compositeur le plus important pour l'histoire du théâtre musical en Angleterre avant H. Purcell. Son nom reste associé à un certain nombre d'œuvres théâtrales : Davenant lui confia le premier acte du *Siege of Rhodes* (1656), puis Locke composa la musique pour des versions de *Macbeth* (adaptation de Davenant, 1663), *The Tempest* de Thomas Shadwell (1667), *The Empress of Morrocco* de Elkanah Settle et pour une *Psyché* de Shadwell. Mais Locke est resté surtout célèbre pour le « masque » dramatique de James Shirley *Cupid and Death*, qu'il mit en musique, et qui fut représenté en 1653 et 1659. Le manuscrit conservé date de 1659 et contient également des compositions de Christopher Gibbons pour ce même spectacle. Après le *Comus* de H. Lawes, *Cupid and Death* constitue, avec *Venus and Adonis* de John Blow et *Didon et Énée* de H. Purcell, un pas important dans la création de l'opéra proprement dit en Angleterre.
C. W.

LOCKSPEISER (*Edward*), musicologue et compositeur anglais (*Londres 1905 - Alfriston, Sussex, 1973*). Il fit ses études au Conservatoire de Paris, notamment dans la classe de Nadia Boulanger, ainsi qu'au Royal College of Music de Londres avec Charles Herbert Kitson et Malcolm Sargent. D'abord compositeur (la plupart de ses œuvres datent des années 20, mais il a écrit aussi par la suite de la musique de film) et chef d'orchestre (il a fondé le Toynbee Hall Orchestra), il devint critique musical dans de nombreuses revues, telles que *Music and Letters*, *The Listener*, *The Musical Times*, et travailla à la BBC de 1940 à 1951.

E. Lockspeiser fut encore maître de conférence à l'université de Londres de 1966 à 1971, puis il enseigna au Collège de France à partir de 1971. Spécialiste de la musique française, il a écrit sur Berlioz, sur Bizet, et aussi plusieurs ouvrages importants sur Debussy.

Sa biographie a été traduite en français (Paris, 1980), conjointement à une étude de l'œuvre due à Harry Halbreich*.
N. C.

LOCO (ital. ; « à sa place »). Terme indiquant, après un passage marqué « in 8va » (« à l'octave »), qu'il faut revenir à la tessiture normale ; ou encore, pour un violoniste, après un passage sur des cordes ou dans des positions plus graves ou plus élevées, un retour à la position ou au doigté normaux. Dans la mesure où elle supprime une « altération », l'indication « loco » peut se comparer à la présence d'un bécarre.
M. V.

LODRON. Titre porté par les divertimentos n° 10 en *fa* majeur K. 247 (juin 1776) et n° 15 en *si* bémol majeur K. 287 (février 1777) pour quatuor à cordes et deux cors de Mozart, parce qu'il les écrivit pour la comtesse Antonia Lodron, parente du prince-archevêque Colloredo et membre d'une des familles les plus distinguées de l'aristocratie salzbourgeoise. Ces ouvrages transcendent le genre du divertissement, et rejoignent par l'esprit la musique de chambre. Pour le finale du second, Mozart utilisa la chanson populaire *D'Baürin hat d'Katz verlorn*, aux paroles presque semblables à celles de *la Mère Michel qui a perdu son chat*.
M. V.

LOEFFLER (*Charles Martin Tornow*), violoniste et compositeur américain, de naissance française (*Mulhouse 1861 - Medfield, Massachusetts, 1935*). Enfant, il suit ses parents, de nationalité allemande, en Russie, Hongrie et Suisse. Il effectue ses études musicales à Berlin (violon avec E. Rappoldi et J. Joachim, composition avec F. Kiel) et à Paris (violon avec J. Massart et composition avec Guiraud), puis devient membre de l'orchestre Pasdeloup et de l'orchestre du baron russe Paul von Derwies. A la mort de celui-ci (1881), il émigre aux États-Unis et, en 1882, est engagé par le Boston Symphony Orchestra, qu'il quitte en 1903 pour se consacrer à la composition et à l'enseignement dans sa propriété de Medfield. La fin de sa vie, sédentaire, contraste étrangement avec sa jeunesse cosmopolite, qui aura une très grande influence sur ses compositions. Son œuvre est, en effet, un amalgame de tendances variées : folkloriques tout d'abord (*Night in the Ukraine*, 1891 ; *Conte espagnol*, 1912 ; *Memories of my Childhood*, 1925 ; *5 Irish Fantasies*, 1935), mystiques ensuite (*Hora mystica*, 1916 ; thème grégorien de sa *Music for Four Stringed Instruments*, 1917, sans doute son œuvre la plus réussie). Vinrent enfin s'ajouter les influences plus contemporaines de Gershwin et du jazz (*Clowns*, 1928). Malgré cela, et à cause de sa naissance, de son éducation musicale et de son amour passionné pour les poètes et peintres français impressionnistes et symbolistes, il se considérera toujours comme un musicien de souche française. Ce lien culturel se traduit dans son choix de textes (*la Mort de Tintagiles*, d'après Maeterlinck, 1900 ; *Poème*, d'après Verlaine, 1918) et dans son écriture musicale, fortement influencée par Debussy et Fauré. Il reste pourtant un musicien assez conventionnel, et sa plus grande originalité réside dans une instrumentation souvent inhabituelle, comme dans le *Psaume 137*, pour chœur de femmes, violoncelle, 2 flûtes, harpe et orgue (1907), *la Mort de Tintagiles*, pour viole d'amour et orchestre, et les *Memories of my Childhood*, où figurent des cloches et un harmonica.
D. H.

LOEHRER (*Edwin*), chef d'orchestre suisse (*Andwil, Saint-Gall, 1906*). Il étudia la direction d'orchestre et la composition à la Tonkunstakademie de Munich (1927-1932), l'orgue au conservatoire de Zurich et la musicologie à l'université de cette même ville. Il fonde en 1936 l'ensemble vocal de la radio de la Suisse italienne (Studio Lugano) et en 1961 la Società cameristica de Lugano, formation spécialisée dans l'interprétation de la musique italienne ancienne.
A. et M. P.

LŒILLET, famille de musiciens belges originaire de Gand. — 1. **Jean Baptiste**, dit JEAN DE LONDRES (*Gand 1680 - Londres 1730*). Il fit ses études musicales à la maîtrise de la cathédrale de Gand, étudia l'orgue, le clavecin, la flûte, et enseigna ces diverses disciplines. En 1705, il fut engagé comme flûtiste à l'orchestre du Haymarket Theater de Londres. Il donna de nombreux concerts de flûte traversière, faisant connaître et apprécier cet instrument en Angleterre. Également compositeur, il écrivit plusieurs sonates en trio et des recueils d'exercices pour la flûte traversière et le clavecin (*Lessons*, v. 1712). Ces œuvres, dans lesquelles la maîtrise du contrepoint va de pair avec un sens mélodique très séduisant, se rattachent à l'esthétique française autant qu'au style concertant italien. Il avait constitué une importante collection d'instruments de musique, qu'il légua, en 1729, à ses cousins. L'anglicisation de son . nom en « Lullie » créa des confusions avec celui de Lully.

— 2. **Jacques**, frère du précédent (*Gand 1685 - id. 1748*). Comme Jean-Baptiste, il fit ses études à la maîtrise de la cathédrale de Gand. Après avoir été musicien du prince électeur de Bavière, Max Emma-

nuel, il fit carrière en France. En 1715, il faisait partie de la Chambre du roi Louis XV à Versailles en qualité d'hautboïste. Pendant ses loisirs il pratiqua, dit-on, la magie et donna à la cour des séances d'illusionnisme.
— 3. **Jean-Baptiste**, dit L'ŒILLET DE GAND, cousin des précédents *(Gand 1688 - Lyon v. 1720)*. Mort de bonne heure, il composa néanmoins 48 sonates pour flûte et basse, qui furent toutes éditées chez Roger à Amsterdam entre 1710 et 1717. Elles présentent un compromis entre la *sonata da chiesa* et la *sonata da camera*.
A. L. et S. W.

LOEWE *(Carl)*, compositeur allemand *(Löbejün, près de Halle, 1796 - Kiel 1869)*. Il étudia avec son père puis avec D. G. Türk à Halle. Nommé en 1820 organiste et cantor de la Jacobikirche de Stettin, il devait rester dans cette ville quarante-six ans, y remplissant également les fonctions de directeur général de la musique et de professeur au Gymnasium. Il donna des concerts de ses œuvres vocales à Vienne (1844), à Londres (1847), en Scandinavie (1851), en France (1857). Il fut, avant tout, un auteur de ballades pour voix avec accompagnement de piano; *Erlkönig* (1818), sur le poème de Goethe (composé trois ans après le chef-d'œuvre du même nom de Schubert), fit sensation. Citons encore *Herr Oluf* (1821), *Trois Ballades* d'après Goethe, dont *l'Apprenti sorcier* (1832), *Heinrich der Vogler* (1836).

Loewe fut un peu à la musique ce que Ludwig Uhland fut à la littérature allemande. On lui doit aussi 5 opéras, dont *Die drei Wünsche* (1834), des oratorios, dont *Die Siebenschläfer* (1833), des cantates et motets, 3 sonates pour piano, 2 symphonies. Dans les ballades, de couleur souvent populaire, à l'accompagnement descriptif, la musique varie en général d'une strophe à l'autre pour répondre aux exigences du texte.
A. et M. P.

LOGOTHETIS *(Anestis)*, compositeur autrichien d'origine grecque *(Burgas, Bulgarie, 1921)*. Élève d'Erwin Ratz (théorie) et d'Alfred Uhl (composition) à Vienne, il a travaillé en 1957 au Studio de musique électronique de Cologne avec Gottfried Michael König et développé, à partir de 1958, un système original de notation graphique (*cf.* ses écrits *Notation mit graphischen Elementen*, Salzbourg, 1967 ; *Zeichen als Agregatzustand der Musik*, Vienne, 1974). De 1950 à 1960, il a écrit, surtout, des œuvres de chambre et d'orchestre en notation traditionnelle et d'obédience sérielle. Parmi ses ouvrages en notation graphique, les ballets *Himmelsmechanik* (1960), *5 Porträte der Liebe* (1960) et *Odyssée* (1963), les œuvres de théâtre musical *Party* (1961) et *Karmadharmadrama* (1961-1968), et *Entomology-party*, écrit pour la radio (1972). Citons encore *Klangfelder und Arabeske* pour piano et bande magnétique ou orchestre de chambre (1976), et *Daidalia oder Das Leben einer Theorie* (*Daidalia ou la Vie d'une théorie*, 1977), qui relève du théâtre musical. M. V.

LOHENGRIN. Opéra romantique en 3 actes, livret et musique de Richard Wagner, créé au Théâtre Grand-Ducal de Weimar le 28 août 1850 sous la direction de Franz Liszt, tandis que Wagner était exilé à Zurich pour sa participation aux émeutes de Dresde.

L'action est située à Anvers dans la première moitié du Xe siècle.

ACTE PREMIER. (Au bord de l'Escaut.) *Le roi Henri (b), venu lever les troupes, déplore que le Brabant n'ait aucun chef légitime. Il entend l'accusation portée par Frédéric de Telramund (bar) contre Elsa de Brabant (s) : elle aurait assassiné son propre frère pour prendre le pouvoir. Sommée de s'expliquer, Elsa dit sa confiance dans un chevalier aperçu en rêve et accepte le jugement de Dieu. Le chevalier (t) apparaît dans une nacelle tirée par un cygne ; il défait Telramund, gagne ainsi la main d'Elsa, mais lui fait jurer de ne jamais l'interroger sur son nom ni sur ses origines.*

ACTE II. (Devant le palais d'Anvers.) *Banni, Telramund reproche à sa femme Ortrud (ms) de l'avoir incité à la délation, puis au combat contre un envoyé de Dieu. Ortrud, qui est une païenne, le persuade qu'il a lutté contre un sorcier et décide d'insinuer le doute dans l'esprit d'Elsa. Le couple interrompt la cérémonie du mariage : le héros, qui a préféré à la couronne le titre de protecteur du Brabant, refuse de révéler son secret. Le roi lui renouvelle sa confiance, mais Elsa est troublée.*

ACTE III. 1er tableau. (La chambre nuptiale.) *Elsa, seule avec son époux, avoue ses craintes. Ne va-t-il pas un jour regretter le pays d'où il vient ? Elle croit voir revenir le cygne et, se souvenant du conseil d'Ortrud, pose les questions interdites, persuadée que, ainsi, elle s'attache le chevalier pour la vie. Telramund surgit, croyant le « sorcier » affaibli, mais tombe sous ses coups.* 2e tableau. (Au bord de l'Escaut.) *Devant tous, le héros révèle être un chevalier du Graal : il se nomme Lohengrin, fils du roi Parsifal. Le cygne revient et Ortrud reconnaît en lui le prince de Brabant, autrefois victime d'un sien sortilège. Lohengrin prie, rendant le prince à sa forme humaine. Il s'éloigne définitivement tandis qu'Elsa meurt en désirant le rejoindre.*

Wagner rédigea le poème de *Lohengrin* au cours de l'année 1845, alors qu'il se plongeait dans les récits du Graal et redécouvrait le patrimoine culturel allemand. De la même époque date le brouillon des *Maîtres chanteurs* : cette conjonction a son importance puisque les deux œuvres, avec des moyens différents et en dépit de l'évolution politique de Wagner, traitent du rôle, face au pouvoir, de l'artiste, investi d'une mission sacrée, qui fait de lui le guide spirituel d'une communauté nationale que déterminent les crises d'identité politique et religieuse. Artiste, Lohengrin l'est selon la définition wagnérienne, à savoir un initié aux secrets essentiels du salut de l'humanité, un être doté d'une sensibilité supérieure à la détresse humaine. Ici, comme dans toute l'œuvre du compositeur, le conflit se noue au cœur du héros entre deux sentiments contradictoires : l'appel à la réalité d'une vie charnelle, conçue comme la matérialisation de l'amour d'essence divine, et la nostalgie qui naît de cette possession incomplète de l'autre. Tentant de saisir l'être terrestre dans sa totalité, le héros s'expose au risque de se diluer dans les illusions qui sont le lot de la créature coupée de son créateur. Comme dans *les Maîtres chanteurs*, l'humanité souffrante se confond avec l'Allemagne idéale dont rêve Wagner, seule destinée à donner un sens aux errances du monde. C'est pourquoi, si Wagner choisit de situer l'action au Xe siècle sous le règne d'Henri l'Oiseleur, il s'embarrasse peu d'une vérité historique délibérément détournée au profit de la démonstration qu'il entend fournir à ses contemporains : l'Histoire devient mythe.

L'œuvre souffre pourtant d'une construction malhabile : l'enchevêtrement d'actions parallèles noie les lignes directrices sous les ponctuations musicales dictées par le découpage de la partition en airs, duos, ensembles ; le statisme dramatique de cette structure, même justifié par le désir de Wagner de rendre au chœur le rôle qu'il tenait dans la tragédie antique, nuit à l'efficacité dramatique de l'ensemble. Ce caractère conventionnel de l'œuvre est pourtant vraisemblablement à l'origine de son succès et responsable de ce que l'on n'a jamais vraiment cherché à dépasser l'illustration naïve de la légende.

L'opéra, toutefois, en dépit d'un texte de style médiocre, en dépit aussi de l'immuable mesure à 4 temps qui rythme la partition, manifeste une réelle recherche quant au langage orchestral : le système du leitmotiv s'affine en traduisant ou en commentant, pour la première fois, les différents états psychologiques des héros ; d'autre part, Wagner fait l'essai, en particulier au début de l'acte II, d'une écriture en violentes oppositions dynamiques déjà caractéristique, par l'enchaînement de plages de détente et de tension, de ce qui deviendra la « mélodie continue ». P. G.

LOLLI *(Antonio)*, violoniste italien *(Bergame v. 1725 - Palerme 1802)*. Il fut violoniste à la cour de Stuttgart de 1758 à 1774, puis à celle de Saint-Pétersbourg jusqu'en 1778, et, en fin de carrière, voyagea beaucoup (Paris, Espagne, Londres, Palerme, Copenhague, Paris, Vienne, Naples). Doté d'une très grande technique, il a écrit — sans doute non sans être aidé — 8 concertos pour violon, 3 cahiers de sonates pour violon avec basse continue, 6 duos pour 2 violons, ainsi qu'une *École du violon en quatuor* (v. 1784).

A. et M. P.

LOMBARD (Alain), chef d'orchestre français *(Paris 1940)*. À sept ans, il prend ses premières leçons de violon avec Line Talluel. L'année suivante, il rencontre Suzanne Demarquez qui lui enseigne le piano et le solfège. Admis à neuf ans au Conservatoire national supérieur de Paris, dans la classe de direction d'orchestre de Gaston Poulet, il dirige pour la première fois, deux ans plus tard, l'orchestre Pasdeloup. Après son baccalauréat, il se consacre totalement à la musique, étudiant, notamment, avec le chef hongrois Ferenc Fricsay. Il commence sa carrière à l'Opéra de Lyon, comme chef assistant, puis principal. En 1962, à Paris, il dirige, en alternance avec Georges Prêtre, les premières représentations de l'*Opéra d'Aran* de Bécaud. Il débute à New York en 1963, à l'American Opera Society, avec *Hérodiade* de Massenet. En 1966, il remporte, devant trente-quatre concurrents, le prix Mitropoulos, et devient l'assistant de Bernstein à l'Orchestre philharmonique de New York et de Karajan au festival de Salzbourg. L'année suivante, il dirige *Faust* au Metropolitan Opera de New York, dont il devient chef assistant. Il est également nommé directeur musical de l'Orchestre de Miami (1967). Il dirige, depuis 1972, l'Orchestre philharmonique de Strasbourg, où, de 1974 à 1979, il a été le responsable artistique du nouvel Opéra du Rhin. Il a été nommé pour la période 1981-1983 à la direction musicale de l'Opéra de Paris.

M. W.

LOMBARDI (Luca), compositeur italien *(Rome 1945)*. Après un baccalauréat au lycée allemand et une licence ès lettres à l'université de Rome, avec une thèse sur Hanns Eisler, il se consacre exclusivement à la musique, étudie la composition avec Roberto Lupi et Boris Porena au conservatoire Gioacchino-Rossini de Pesaro, et obtient son diplôme en 1970; de 1968 à 1973, il vit à Cologne, y étudie avec Bernd Alois Zimmermann et Vinko Globokar, y suit les cours de nouvelle musique de K. Stockhausen, H. Pousseur, M. Kagel et D. Schnebel, et y découvre la musique électronique avec Herbert Eimert et G. M. König. Invité de l'Académie des arts de la R.D.A., il travaille avec Paul Dessau en 1973. De 1973 à 1978, il est professeur de composition au conservatoire Gioacchino-Rossini de Pesaro, puis au conservatoire Giuseppe-Verdi de Milan. On lui doit plusieurs livres et essais sur la musique (*Hanns Eisler; Musica della rivoluzione*, Milan, 1978; *Musik im Übergang*, avec H. K. Jungheinrich, Munich, 1977; *Conversazioni con Goffredo Petrassi*, Milan, 1980).

Ses œuvres, d'inspiration marxiste, recherchent la communication d'un message politique, et, malgré certains traits caractéristiques de la musique postsérielle, relèvent du concept de « nouvelle intelligibilité » *(Neue Deutlichkeit)*.

Œuvres principales. *Albumblätter* pour piano (1967-68), *Wiederkehr* pour piano (1971), *Proporzioni* pour 4 trombones (1968-69), *Non Requiescat. Musica in memoria di H. Eisler* pour orchestre de chambre (1973), *Canzone* pour orchestre de chambre (1974-75), *Prima Sinfonia* pour orchestre (1974-75), *Gespräch über Bäume* pour 9 instruments (1976), *Variazioni su Avanti popola alla riscossa* pour piano (1977), *Essay* pour contrebasse (1975), *Essay 2* pour clarinette basse (1979), *Hasta que caigan las puertas del odio* pour 16 voix, texte de P. Neruda (1976-77), *Tui-Gesänge* pour soprano et 5 instruments, texte de A. Betz (1977), *Variazioni* pour orchestre (1977), *E subito riprende il viaggio*, *Frammenti di Ungaretti* pour 5 voix (1979-80), *Majakowski*, cantate pour basse, chœur et 7 instruments (1979-80), *Klavierduo* pour 2 pianos (1978-79).

I. S.

LOMBARDS (LES) [en ital. *I Lombardi alla prima crociata*]. Opéra en 4 actes de Verdi, sur un livret de Temistocle Solera, d'après le poème épique de Tomasso Grossi (1826), créé à la Scala de Milan le 1er février 1843. Cet opéra, largement remanié, fut donné en version française, avec un livet d'Alphonse Royer et Gustave Vaëz, sous le titre de *Jérusalem*, à l'Opéra de Paris le 22 novembre 1847.

ACTE PREMIER. La vengeance. *Milan en 1095. Un simple prélude nous conduit devant la place Saint-Ambroise. Pagano* (bar) *vient d'obtenir le pardon de son frère Arvino* (t) *qu'il avait tenté d'assassiner dix-huit ans plus tôt, lorsque Viclinda lui avait accordé sa préférence en l'épousant. Leur fille Giselda* (s) *prie dans le palais familial* (Salve Maria), *soudain incendié par Pagano, qui, croyant poignarder son frère, tue leur père.*

ACTE II. L'homme de la grotte. *À Antioche, alors qu'approchent les croisés lombards, Oronte* (t), *fils du tyran païen, aime Giselda, retenue captive, et veut, pour elle, embrasser la religion chrétienne* (La mia letizia). *Pagano, qui vit en ermite depuis son dernier forfait, décide de se joindre aux croisés, cependant que Giselda, croyant Oronte mort au combat, maudit cette guerre sainte : Arvino la tuerait pour ses paroles sacrilèges si l'« ermite » n'intervenait pas en sa faveur.*

ACTE III. La conversion. *Oronte, qui n'est que blessé, rejoint le campement des croisés et veut fuir avec Giselda. L'ermite le baptise en un étrange trio, soutenu par le violon solo* (Qual voluttà trascorrere), *qui accompagne les derniers soupirs d'Oronte.*

ACTE IV. Le saint sépulcre. *En songe, Giselda voit Oronte, qui, au Ciel, lui prédit que les chrétiens trouveront l'eau dans le désert.* (Non fu sogno), *cependant que, dans leur camp, les croisés implorent le Seigneur* (O Signore, del tetto natio). *Arvino, accompagné de l'ermite, dont il ignore toujours l'identité, leur annonce la présence de la source miraculeuse. Les soldats peuvent alors attaquer Jérusalem. Pagano, mortellement blessé, expire en révélant son nom à son frère et à Giselda, après avoir vu la bannière chrétienne flotter sur Jérusalem délivrée.*

Cette partition, écrite entre celles de *Nabucco* et d'*Ernani*, n'a ni la force épique de la première ni la logique dramatique de la seconde.

R. M.

LONCHAMPT (Jacques), critique musical français *(Lyon 1925)*. Licencié en philosophie, il a été tout d'abord délégué régional des Jeunesses musicales à Lyon (1946-47), puis en 1947 rédacteur en chef de la revue des Jeunesses musicales de France, devenue plus tard *Journal musical français* (1948-1960). Il assuma en même temps diverses activités de critique, notamment à *Radio-cinéma-télévision*, puis à *Télérama* (1950-1961). Entré au journal *Le Monde* en 1961 comme critique musical adjoint, il en devint premier critique et chef de rubrique musicale en 1965 comme successeur de René Dumesnil. Il a écrit notamment *les Quatuors de Beethoven* (1956), *Dictionnaire pratique des compositeurs et des œuvres musicales* (2 vol., 1955, 1959), et *l'Opéra aujourd'hui* (1970).

M. V.

LONDON (George, de son vrai nom G. BURNSTEIN), baryton-basse américain *(Montréal 1920)*. Élève de Hugo Strelizer et de Nathan Stewart à Los Angeles, il débuta dans *La Traviata* au Hollywood Bowl, sous le nom de George Burnson (1941). Il poursuivit ses études à New York et forma le *Bel Canto Trio* (1947), avec Francis Yeend et Mario Lanza, effectuant avec cette formation de vastes tournées à travers les États-Unis. Sa carrière internationale débuta au Staatsoper de Vienne (1949-1954).

En 1951, il chanta Amfortas à Bayreuth, partageant dorénavant ses activités entre l'opéra de Vienne et le Metropolitan Opera. Il fut le premier étranger à chanter Boris Godounov (en russe) au théâtre du Bolchoï (1960), et incarna Wotan à Cologne (1962-1964). Il dut interrompre sa carrière pour raisons de santé et se consacra à l'administration artistique, montant intégralement le *Ring* de Wagner à Seattle (1975), cela pour la première fois en langue anglaise aux États-Unis.

A. de B.

LONDONIENNES (SYMPHONIES). Dénomination d'ensemble portée par les 12 dernières symphonies de Haydn (nos 93 à 104), parce qu'il les composa et les donna en première audition à Londres durant ses deux séjours dans cette ville, de janvier 1791 à juin-juillet 1792 et de février 1794 à août 1795. Les symphonies nos 93 à 98 datent du premier séjour, les nos 99 à 104 du second. Leur numérotation, due à Eusebius von Mandyczewski*, ne correspond pas toujours à leur ordre de composition et de création :

Œuvre	Composition	Première audition
96 en *ré* (*Miracle*)	Londres, 1791	printemps 1791
95 en *ut* mineur	Londres, 1791	printemps 1791
93 en *ré*	Londres, 1791	17 février 1792
94 en *sol* (*Surprise*)	Londres, 1791	23 mars 1792
98 en *si* bémol	Londres, 1792	2 mars 1792
97 en *ut*	Londres, 1792	3 ou 4 mai 1792
99 en *mi* bémol	Autriche, 1793	10 février 1794
101 en *ré* (*Horloge*)	Autriche, 1793-Londres, 1794	3 mars 1794
100 en *sol* (*Militaire*)	Autriche, 1793-Londres, 1794	31 mars 1794
102 en *si* bémol	Londres, 1794	2 février 1795
103 en *mi* bémol (*Roulement de timbales*)	Londres, 1795	2 mars 1795
104 en *ré* (*Londres*)	Londres, 1795	4 mai 1795

Dire que les 12 symphonies furent composées à Londres n'est pas tout à fait exact, car la 99e fut écrite entièrement, et les 100e et 101e partiellement, en Autriche entre les deux séjours en Angleterre. Mais toutes furent bien créées dans la capitale britannique.

De toutes les œuvres de Haydn, les *Symphonies londoniennes* (ou du moins certaines d'entre elles) sont celles qui avec *la Création**, *les Saisons**, quelques symphonies antérieures et certains quatuors, réussirent le mieux à survivre tout au long du xixe siècle. On comprend aisément pourquoi. Avec les 6 dernières symphonies de Mozart, légèrement antérieures (1782-1788), et avant celles de Beethoven, qui fit entendre sa *Ire Symphonie* en 1800, elles constituent en effet l'apogée de ce genre du style classique viennois. Il est possible maintenant, en particulier grâce au disque, de disposer de l'ensemble de la production de Haydn, et donc de placer les *Symphonies londoniennes* dans une perspective plus juste. Il n'est pas interdit de se demander comment Haydn, s'il n'avait été appelé à Londres par l'impresario Salomon après la mort du prince Nicolas Esterházy à la fin de 1790, aurait mené à terme sa carrière de symphoniste, et même s'il l'aurait poursuivie. L'année 1790, sa dernière à Esterháza, fut en effet (à l'exception peut-être de l'année 1777) la seule en près de quatre décennies au cours de laquelle il n'écrivit aucune symphonie. Son prince, passionné d'opéra, s'était peu à peu désintéressé de la symphonie, et, depuis 1782 (symphonies nos 76 à 78), Haydn avait écrit ses symphonies pour l'extérieur. Cela avait été le cas, en particulier du groupe des 6 *Parisiennes** (nos 82 à 87, 1785-86).

Les deux voyages à Londres et les *Londoniennes* officialisèrent en quelque sorte ces changements personnels et artistiques. Douze chefs-d'œuvre symphoniques de la taille des *Londoniennes*, cela ne s'était jamais vu ni ne devait se revoir. Quand Haydn atteignit à Londres l'âge de soixante ans (mars 1792), Mozart venait de mourir, et son influence et sa gloire internationales étaient encore à venir. Or, par beaucoup d'aspects, les *Londoniennes* sont davantage éloignées de Mozart que les ouvrages de Haydn de la fin des années 1780. Ces ouvrages avaient constitué un aboutissement harmonique souvent empreint de nostalgie. Les premières *Londoniennes* sont, au contraire, animées d'une veine expérimentale rappelant la jeunesse de Haydn. D'ailleurs, les échos directs d'époques bien antérieures y sont plus nets qu'à la fin des années 1780 (participation de timbres solistes au discours symphonique). Haydn, tout en approfondissant son style propre, s'adapta au goût anglais. Les 12 *Londoniennes* utilisent toutes trompettes et timbales, la clarinette faisant son apparition avec la 99e. Globalement, elles évoluent vers un nouvel équilibre, elles sont une synthèse de plus en plus réussie d'éléments et de sentiments extrêmes : virtuosité orchestrale et profondeur, liberté souveraine de la forme et équilibre.

La veine expérimentale de Haydn se manifeste en particulier dans l'allégro initial de la 96e, où est évitée toute répétition textuelle et qu'on peut considérer, bien avant Schönberg, comme un développement perpétuel, et dans la 93e tout entière. Moins connue que d'autres, en raison notamment de son absence de surnom, la 93e est une partition spectaculaire animée d'une nette volonté de puissance. À la fin du mouvement lent, une cadence d'une poésie délicate est coupée net par un basson incongru dans le registre grave : irruption plébéienne d'une sublime impertinence (les deux trilles *forte* qui répondent à l'orchestre entier sont autant d'immenses éclats de rire). Dans l'éclatante 97e, le trio du menuet est étonnamment moderne d'orchestration. On y entend un solo de violon avec dans l'autographe l'indication *in 8va Salomon Solo ma piano*, façon de rappeler à Salomon, violon solo dans son propre orchestre, qu'il devait jouer à l'octave supérieure (pour mieux se faire entendre) mais sans trop forcer. En même temps que ce solo, d'extraordinaires sonorités de trompettes marquent le rythme.

Sir Donald Tovey a vu dans la magnifique adagio de la 98e, œuvre sérieuse et grandiose, une sorte de « requiem pour Mozart », dont le mouvement correspondant de la *Jupiter** est cité presque textuellement. De cette 98e, Beethoven devait plus tard acquérir le manuscrit autographe, et s'inspirer par endroits assez étroitement en écrivant sa *4e Symphonie*, également en *si* bémol. La 99e est, sans doute, la symphonie la plus profonde de Haydn, et la 102e la plus concentrée.

Haydn se rendait-il compte qu'avec la 104e symphonie, il prenait définitivement congé du genre ? Toujours est-il que cette œuvre s'attarde, et pas seulement lors des épisodes en valeurs longues du finale, avec leurs *ritardandos* entièrement élaborés. La structure de l'andante symbolise cette répugnance à dire adieu. Il s'agit d'une forme lied A-B-A, mais la reprise (second A), loin de se borner aux habituels ornements mélodiques, s'engage en de véritables détours et prolongements empreints de tristesse et de mélancolie, quoique d'une émotion contenue. L'un d'eux va même se perdre dans la lointaine tonalité de *fa* dièse majeur. Un sursaut d'énergie réussit certes à réintroduire la tonalité principale de *sol* majeur, mais sans parvenir encore (une flûte capricieuse l'indique rapidement) à mener le mouvement vers sa fin. Haydn, ce grand inventeur de formes, n'avait rien d'un optimiste impénitent. (V. Horloge, Londres, Militaire, Miracle, Roulement de timbales, Surprise.) M. V.

London Symphony (A). Symphonie n° 2 de Vaughan Williams. V. *A London Symphony*.

Londres. Titre porté par la symphonie n° 104 en *ré* majeur de Haydn (1795), créée dans la capitale britannique le 4 mai 1795, et dont l'autographe porte, de la main de l'auteur : « La 12e que j'ai composée en Angleterre. » C'est parce qu'il s'agit de la dernière des 12 *Londoniennes** que s'est attaché à cette symphonie un titre que chacune des 11 autres pourrait aussi bien porter. La 104 est, en même temps, la dernière de toutes les symphonies de Haydn, qui, durant les quatorze années qui lui restaient à vivre, ne devait plus revenir à ce genre. D'aucuns la considèrent comme sa plus grande, et c'est un fait que le soir de sa première audition, la plupart des auditeurs, parmi lesquels le docteur Charles Burney, eurent l'impression que la musique avait atteint son apogée, du moins dans le domaine instrumental. Particulièrement remarquables sont les relations d'intervalles quasi sérielles qui unissent, d'un mouvement à l'autre, l'ensemble des thèmes de l'ouvrage. Beaucoup de ces thèmes font par exemple se succéder (ce qui donne, entre autres, une omniprésence de la quarte) un intervalle de tierce et un intervalle de seconde (ou l'inverse), dans un sens soit descendant, soit ascendant :

En outre, le thème du premier mouvement annonce successivement ceux des deux mouvements suivants :

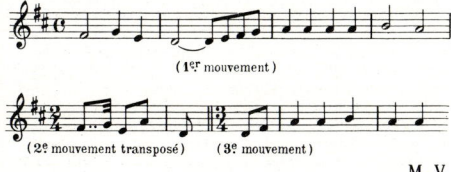

M. V.

LONDRES. L'ancienneté des traditions musicales à Londres est liée à la présence des cours royales et des gouvernements, ainsi qu'à l'existence d'établissements religieux comme la cathédrale Saint Paul, et, surtout, l'abbaye de Westminster. Londres est devenu également un centre économique et commercial, dont la prospérité a bénéficié aux institutions culturelles, ce qui en fit un centre d'attraction pour les compositeurs du continent, au XVIIIe et au XIXe siècle notamment : ainsi des compositeurs aussi divers que Haendel, Jean-Chrétien Bach, Haydn, Spöhr, Weber, Chopin, Mendelssohn, Gounod, Verdi, Wagner sont-ils venus chercher le succès sur le sol anglais.

Aux origines de cette vie musicale, l'abbaye de Westminster, fondée vers 1065 et reconstruite au XIIIe siècle par Henri III, abrita les premiers développements de la polyphonie religieuse en Angleterre. Parmi les organistes qui furent titulaires de son grand orgue, on peut citer Parsons, Orlando Gibbons (1623), John Blow (à partir de 1668, puis, après la mort de Purcell, de nouveau en 1695), et enfin son élève Henry Purcell, de 1679 jusqu'à sa mort. L'abbaye fut le haut lieu de grandes cérémonies festives et funéraires, prétextes à déploiement de musique. C'est à Londres encore que fonctionnait la chapelle royale *(the Royal Chapel)*, qui comprenait, entre autres, un chœur d'enfants (dont Purcell fit partie). Les rois Édouard IV et Richard III, notamment, ont contribué à lui donner un certain lustre ainsi qu'Henri VIII, lui-même compositeur, instrumentiste, et chanteur. C'est sous le règne d'Élisabeth Ire *(1558-1603)* que cette musique religieuse connut son plus grand épanouissement, avec, notamment, Thomas Tallis, qui partagea avec William Byrd la direction de la « Royal Chapel »; et la plus grande partie des meilleurs compositeurs anglais du temps furent membres de cette chapelle. La cour royale entretenait aussi des *minstrels*, pour les divertissements.

L'opéra anglais serait né à Londres, à partir des « masques » (divertissements scéniques avec musique) et des pièces élisabéthaines. Le premier opéra représenté à Londres fut le *Siège de Rhodes*, créé en 1656 à Rutland House, et dont la musique était due à cinq compositeurs différents. Peu après la mort de Purcell, grand maître de l'opéra anglais (sa *Didon et Énée* est créée en privé en 1689, dans la capitale), le XVIIIe siècle londonien subit la mode envahissante de l'opéra italien, entretenue par la présence permanente de quelques étoiles du chant italien (dont certains des grands castrats de l'époque), ainsi que de compositeurs comme Bononcini. Celui-ci devait finir par combattre Haendel, qui, lui aussi, avait d'abord établi son succès à Londres par des opéras en italien (le premier étant *Rinaldo*, qui triompha en 1711), avant de se tourner vers l'oratorio quand son entreprise périclita. Haendel avait pris la direction, en 1719, de la *Royal Academy of Music*, compagnie d'opéra établie au théâtre de *Haymarket*. Cette compagnie vit s'opposer à elle, non seulement des Italiens comme Bononcini, mais aussi le théâtre rival du *Lincoln's Inn Field*, où triompha en 1728 le *Beggar's Opera* de John Christoph Pepusch, satire de l'italianisme et des mœurs anglaises.

A la fin du XVIIIe siècle se développèrent notamment de nombreuses entreprises de concerts par souscription, comme les fameux concerts Bach-Abel (1765-1782), organisés par Jean-Chrétien Bach et Carl Friedrich Abel, le Professional Concert (1783-1793), et les concerts de Johann Peter Salomon, qui fit venir Haydn à Londres.

Au XIXe siècle, la vogue de l'opéra italien revint en force, notamment au théâtre de Covent Garden, et Verdi, entre autres, obtint de grands succès à Londres, en 1861 et 1862. Mais ce siècle vit aussi la création du premier conservatoire de musique, dans le cadre de l'*Académie royale de musique*, en 1822 — une institution dont le conservatisme suscita, par réaction, la naissance, en 1883, du *Collège royal de musique*. De même, deux orchestres importants y virent le jour : la *Société philharmonique*, en 1813, devenue plus tard la *Royal Philharmonic Society* (d'abord consacrée au culte du répertoire symphonique de Beethoven); et, par ailleurs, la *Nouvelle Société philharmonique*. La tradition des pompes haendeliennes n'est pas oubliée, quand Mendelssohn, autre prestigieux invité, vint donner en 1839 à Londres la version anglaise de son oratorio *Paulus*, dont la popularité influença tout l'oratorio anglais.

Londres demeure aujourd'hui un grand centre de concerts, avec des formations orchestrales comme le *BBC Symphony Orchestra* (fondé par sir Adrian Boult), le *London Symphony Orchestra*, le *London Philharmonic Orchestra*, fondé par Beecham en 1932, le *New Philharmonia Orchestra* et le *Royal Philharmonic Orchestra*, fondé par Beecham en 1946; des ensembles plus réduits comme l'*English Chamber Orchestra*, l'*Academy of Saint Martin in the Fields*, fondée par Neville Mariner (et portant le nom d'une célèbre église de style baroque, près d'Oxford Circus), ainsi que le *London Sinfonietta*, dirigé par David Atherton, formation plus spécialement consacrée à la musique contemporaine et moderne, de même que les *Fires of London*, animés par le compositeur Peter Maxwell Davies. Des représentations régulières d'opéra sont données par deux compagnies, la *Royal Opera Company*, au théâtre de Covent Garden, et l'*English National Opera Company* (fondée par Charles Mackerras), au Coliseum. Parmi les écoles de musique réputées, on peut citer la *Royal*

Academy of Music, le Royal College of Music, la Guildhall School of Music et la Trinity School of Music.
M. C.

LONG (Marguerite), pianiste et pédagogue française (Nîmes 1874 - Paris 1966). Initiée au piano par sa sœur, professeur au conservatoire de leur ville natale, elle entre à douze ans au Conservatoire de Paris, dans la classe de Tissot. Sortie premier prix à quinze ans, elle se dirige vers l'enseignement, encouragée par Marmontel, dont elle devient le disciple fervent. Commencée en 1893, sa carrière de concertiste s'infléchit vers la musique contemporaine au fil de rencontres décisives : en 1903, Fauré, dont elle recrée la *Ballade*, Albéniz (qui lui compose pour elle sa *Navarra*), Debussy (qui lui fait travailler ses œuvres et dont elle crée en 1919 — le même jour que Cortot — la *Fantaisie*), Ravel (le *Tombeau de Couperin* en 1919 et le *Concerto en « sol »* en 1932), Milhaud (son premier concerto en 1934), F. Schmitt, R. Ducasse, etc. Parallèlement se déroule sa carrière de pédagogue : nommée professeur au Conservatoire de Paris en 1906, elle succède à L. Diémer à la tête d'une classe supérieure de piano. En marge de son enseignement, elle donne des cours-conférences à l'École normale de musique, sur l'œuvre de Fauré, de Debussy, de Chopin, qu'elle illustre par ses concerts. Obligée de démissionner en 1940, elle fonde sa propre école avec l'aide de J. Thibaud. Ensemble, les deux artistes créent, en 1943, le concours qui porte leurs noms et qui prend une dimension internationale trois ans plus tard. J. Doyen, J. Février, N. Henriot, Y. Lefébure, L. Descaves, S. François, B. L. Gelber comptent parmi leurs élèves les plus prestigieux. Ils ont fait leur son goût de la clarté (obtenue par l'arrondi des doigts sur le clavier) et pour une mouvance naturelle des sons et des couleurs.
M. W.

LONGO (Alessandro), pianiste et compositeur italien (Amantea 1864 - Naples 1945). Il fut l'élève de son père, le pianiste et compositeur Achille Longo, avant d'entrer au conservatoire de Naples, où il étudia le piano avec B. Cesi, ainsi que l'orgue et la composition de 1878 à 1885. A partir de 1887, il y enseigna lui-même le piano et fut un professeur très recherché. En 1892, il fonda une société Domenico-Scarlatti et publia les œuvres complètes pour clavier de ce compositeur (1906-1910). Bien que la classification qu'il adopta fût arbitraire, ce travail fit beaucoup pour relancer l'intérêt porté à Scarlatti. Depuis, cette classification des sonates de Scarlatti a été communément remplacée par celle, chronologique, de Ralph Kirkpatrick*.
N. C.

LONGUE. — 1. En **métrique,** valeur d'une syllabe par rapport à la brève considérée comme unité de temps. En principe, la longue vaut 2 brèves, mais dans certaines positions elle peut en valoir 3, ce qu'on retrouvera dans les principes de la notation proportionnelle. La longue s'indique par un petit trait horizontal surmontant la syllabe ; la brève ne fut d'abord pas notée, puis elle s'indiqua par un signe analogue à un demi-cercle ouvert vers le haut.
— 2. En **notation médiévale** proportionnelle, valeur de note analogue à celle de la longue en métrique, valant selon les cas 2 ou 3 brèves. La longue de 3 brèves était dite *« parfaite »*, celle de 2 brèves *« imparfaite »*, soit par allusion à la Trinité, soit parce que *perfectus* signifie à l'origine « complet, achevé ». La longue finale, de valeur indéterminée, équivalait à une note dotée d'un point d'orgue. La notation fut différente selon que l'écriture était ligaturée (V. LIGATURE) ou syllabique ; dans ce dernier cas, seul en compte pour l'évolution ultérieure, la longue emprunta à l'origine la forme de la virga carrée (note carrée avec queue descendante à droite), tandis que la brève prenait celle du punctum (carré sans queue). L'alternance initiale longue/brève, qui motivait le système, fit place peu à peu à des rythmes plus compliqués, où le principe de la proportionnelle perdit sa raison d'être, mais il resta en vigueur jusque vers le milieu du XVIIe siècle.

— 3. En **notation classique,** la valeur des notes écrites n'ayant entre-temps cessé de croître, la « brève » finit par devenir la « note carrée » valant 2 rondes, c'est-à-dire, contrairement à son nom, une valeur déjà exceptionnellement longue. La longue resta dans la théorie, mais ne fut plus guère employée sinon en note finale avec sa valeur de point d'orgue. Elle s'écrivait comme jadis, par un rectangle allongé avec queue descendante à droite. Elle est aujourd'hui tout à fait hors d'usage.
J. C.

LONTANO. Œuvre pour grand orchestre de György Ligeti, composée au début de l'année 1967 et créée le 22 octobre de la même année au festival de Donaueschingen par l'orchestre du Südwestfunk de Baden-Baden, dirigé par Ernest Bour. *Lontano* réunit les bois par 4 (4 cors, 3 trompettes, 3 trombones, 1 bass-tuba) et les cordes en proportion (au moins 10 premiers violons, 10 seconds violons, 10 altos, 8 violoncelles et 6 contrebasses). L'œuvre ne fait appel ni aux claviers, ni à la harpe, ni aux percussions, et dure environ 11 minutes.

Lontano poursuit avec un raffinement accru les recherches d'*Atmosphères* et suit un principe identique de continuité sonore, basé sur la lente et permanente métamorphose du spectre harmonique. « Il n'y a pas un parcours unique de transformations harmoniques, mais plusieurs parcours simultanés, avec des tempos variés, qui scintillent les uns par rapport aux autres, se superposent, et qui, par l'intermédiaire de nombreuses diffractions et miroitements, créent une perspective imaginaire. Celle-ci se développe peu à peu pour l'auditeur, comme si, venant de la violente lumière du soleil, il pénétrait dans une chambre obscure, et ne percevait qu'au fur et à mesure les couleurs et les contours » (György Ligeti). Dans *Lontano* coexistent des agrégats tonaux et des micro-intervalles, qui dissolvent ces polarisations harmoniques et se métamorphosent suivant un processus organique. Les plus petites variations qui interviennent dans l'ordre des hauteurs sont, elles-mêmes, un élément constitutif de la composition.

Dans certains passages déterminés, un intervalle, une seule hauteur de son peuvent devenir clairement perceptibles, et, même, éléments polarisateurs, avant de se dissoudre progressivement dans une surface d'intervalles différents. Au niveau de l'écriture chacune des voix instrumentales est rigoureusement autonome et déterminée, et le contrepoint entre ces voix, s'il est rarement audible, demeure toujours présent. « Ce qui est écrit, c'est la polyphonie, ce qu'on entend c'est l'harmonie » (György Ligeti).
P. S.

LORCA (Federico García). Poète et dramaturge espagnol (1898-1936). Il fut profondément influencé par le folklore musical de son pays, notamment par la « cante jondo », forme pure du flamenco, ainsi que par le flamenco gitan. Il était également un bon pianiste amateur, ayant étudié cet instrument dans son enfance, et réalisa des arrangements de chansons populaires. Parmi les compositeurs qu'il rencontra, on peut citer Joaquin Turina et, surtout, Manuel de Falla sur lequel il écrivit, et avec lequel il étudia le cante jondo, fondant même avec lui, en 1922, un concours pour cette expression musicale. Lui-même composa de petites musiques de scène destinées aux représentations données par son théâtre itinérant *La Baraca*, qu'il dirigea dans les années 30.

Les œuvres poétiques et dramatiques de García Lorca ont inspiré, surtout après sa mort, de nombreuses compositions : parmi celles-ci, mentionnons les opéras de Vittorio Rieti, 1949, et de Wolfgang Fortner, 1962 (ainsi que l'opéra radiophonique de Bruno Maderna, 1962), sur la pièce l'*Amour de Don Perlimplin avec Bélise en son jardin ;* les trois opéras de Juan José Castro, 1956, Wolfgang Fortner, 1957, et Sandor Szokolay, 1962-1964, sur les *Noces de sang,* 1933 (*Bodas de sangre,* 1933) ; l'opéra de Juan José Castro sur *la Savetière prodigieuse,* 1943, et, enfin, une grande cantate de Maurice Ohana pour récitant, baryton, clavecin, chœurs et ensemble instrumental, composée en 1950 sur le *Llanto por Ignacio Sanchez Mejias* (déploration funèbre pour la mort de Sanchez Mejias), œuvre écrite en 1934 par García Lorca pour célébrer la mémoire d'un torero tombé dans l'arène. En commémoration de sa mort sous les balles franquistes ont été composées par un certain nombre d'œuvres musicales, entre autres de Francis Poulenc (*Sonate pour clarinette et violon*, 1942-43) et l'*Epitaffio per Federico Garcia Lorca*, 1952-53, de Luigi Nono. Le compositeur américain Georg Crumb a souvent utilisé des textes de García Lorca, notamment dans ses *Ancient Voices of Childrens*, 1970 ; enfin ses poèmes ont fait l'objet de multiples versions chantées, adaptées en chansons populaires. M. C.

LORENZ (Max), ténor allemand (*Dusseldorf 1901 - Salzbourg 1975*). Il fit ses débuts en 1927 à Dresde dans *Tannhäuser* (rôle de Walther), chanta à l'Opéra de Berlin à partir de 1933 et commença une carrière internationale qui le conduisit de Vienne à Londres et de Paris à New York. Entre 1932 et 1939, il se produisit aussi au festival de Bayreuth, et revint régulièrement à Paris entre 1947 et 1952. Il fut l'un des grands ténors wagnériens du XXᵉ siècle. Sa voix dramatique à l'aigu facile, sa présence physique, ses dons d'acteur en firent un Siegfried incomparable. Mais son *Tannhäuser* et son *Tristan* comptèrent également parmi les incarnations majeures. Parmi les rôles non wagnériens où il excella, il faut citer Don José dans *Carmen* de Bizet et Otello de Verdi. J. B.

LORIOD, famille de musiciens français. — 1. **Jeanne**, ondiste (*Houilles 1928*). Remarquable ondiste de renommée internationale, elle commença très jeune une brillante carrière de soliste après avoir étudié le piano, puis les ondes Martenot au Conservatoire de Paris. Ayant, dès sa création, décelé les étonnantes ressources de l'instrument, elle l'étudia avec son créateur, Maurice Martenot, et en devint l'efficace et brillante propagandiste. Particulièrement appréciée de compositeurs contemporains, comme Messiaen, Jolivet, Honegger, Milhaud, Landowski, elle fonde en 1950 le quatuor, puis le sextuor d'ondes Martenot et, en 1974, le sextuor d'ondes Jeanne-Loriod. Elle enseigne depuis 1970 au Conservatoire national supérieur de Paris. Elle est la sœur d'Yvonne Loriod.
— 2. **Yvonne**, pianiste et compositrice, sœur de la précédente (*Houilles 1924*). À quatorze ans, elle avait déjà à son répertoire *le Clavier bien tempéré* de Bach, les 27 concertos de Mozart, les 32 sonates de Beethoven et toute l'œuvre pianistique de Chopin. Élève au Conservatoire de Paris de Lazare-Lévy et d'Olivier Messiaen (elle épousera ce dernier par la suite), titulaire de 7 premiers prix, elle s'est brillamment affirmée dans le monde musical contemporain, donnant en première audition mondiale ou française des œuvres de Schönberg, Bartók, Jolivet, et en première mondiale toutes celles avec piano d'Olivier Messiaen, à partir des *Visions de l'Amen* (1943). Elle a aussi créé, avec le compositeur, le second livre de *Structures* de Pierre Boulez (Donaueschingen, 1961). Elle maîtrise également un répertoire traditionnel considérable (Mozart, Schumann, Debussy). Professeur au Conservatoire national de Paris depuis 1968, elle dirige, en outre, depuis 1958, une classe de piano à la Musikhochschule de Karlsruhe. Elle a réalisé de nombreux enregistrements, en particulier d'œuvres d'O. Messiaen, et le premier en date de la *Sonate* de Jean Barraqué. Son œuvre de compositeur comporte : *Pièce sur la souffrance* pour orchestre, *Grains de cendre* pour soprano et orchestre de chambre (1946), *Mélopées africaines* pour ondes Martenot, piano, flûte (1945). A. de B.

LORTZING (Albert), compositeur allemand (*Berlin 1801 - id. 1851*). Il apprit les rudiments de la théorie musicale à la Singakademie de Berlin, mais se forma essentiellement en autodidacte. Ses parents, acteurs de théâtre, l'initièrent à la scène dès l'âge de onze ans. Ayant développé une voix agréable, il fut vite employé comme chanteur et comme acteur. Ayant épousé en 1823 l'actrice Rosina Ahles, il fut engagé avec elle au Théâtre de Cologne, où l'année suivante on représenta son premier singspiel *Ali pascha von Janina*. De 1826 à 1833, le couple appartint à la troupe du théâtre de cour de Detmold.
Lortzing continua à composer des œuvres qu'il interprétait lui-même, chantant et même jouant du violoncelle dans l'orchestre. En 1823, il fut engagé, avec sa femme, au Théâtre municipal de Leipzig. Il devait y rester douze ans, ses ouvrages lui gagnant peu à peu une grande réputation, sans lui ouvrir pour autant les portes du milieu musical dans lequel évoluent Mendelssohn et Schumann. De cette époque datent ses succès les plus populaires : *Zar und Zimmermann* (1839) et *Der Wildschütz* (1842). En 1844, il fut nommé maître de chapelle, mais perdit son poste l'année suivante. Il tenta alors une œuvre plus ambitieuse : l'opéra romantique *Undine* (1845), représenté à Hambourg et à Magdebourg avec un succès limité. À défaut d'invention musicale originale, on y trouve un lyrisme assez convaincant avec une utilisation précoce des leitmotive. En 1846, les Lortzing s'installèrent à Vienne, où la chance sembla revenir avec *Der Waffenschmied*. Devenu maître de chapelle au Teater an der Wien, le musicien perdit encore cette situation au bout de deux ans. La même mésaventure lui arriva à Leipzig, où il retourna en 1846. Après de nouvelles difficultés, il obtint une position médiocre de directeur musical dans un petit théâtre de Berlin. C'est là qu'il mourut dans une misère relative. Sans avoir jamais conquis une gloire au-delà des frontières de son pays, Lortzing a, cependant, conservé jusqu'à nos jours la faveur du public populaire allemand. Ses œuvres mêlent en effet heureusement la tradition du singspiel à celle de l'opéra-comique français. J. B.

LOSANGE. Forme de note sans signification précise (on dit aussi « note losange » ou « note losangée »), produite par l'inclinaison de la plume d'oie lorsqu'elle trace en descendant des groupes de notes, qui seraient carrées si le mouvement de main était horizontal, comme cela se produit dans les *climacus* et leurs dérivés. Dans la notation proportionnelle du Moyen Âge (XIIIᵉ s. et au-delà), contrairement à d'autres neumes (V. LIGATURES), ces groupes de notes, dits *conjuncturae*, conservèrent leur indétermination rythmique, tandis que la note losangée isolée fut empruntée pour la « semi-brève », dont l'évolution ultérieure aboutit vers le XVIIᵉ siècle à notre « ronde » actuelle.
J. C.

LOS ANGELES. Cette ville n'a commencé son développement foudroyant qu'à la fin du siècle dernier, après l'achèvement des lignes de chemin de fer transcontinentales. Un conservatoire y fut fondé en 1885. Il y eut un orchestre symphonique dès 1898, mais la vie musicale prit son véritable essor en 1919 avec la création, par William Andrews Clark, de l'Orchestre philharmonique, le Los Angeles Philharmonic Orchestra.
Cet orchestre fut successivement dirigé, jusqu'à la Seconde Guerre mondiale, par Henry Rothwell (1919-1927), Georg Schneevoigt (1928-29), Arthur Rodzinski (1929-1933) et Otto Klemperer (1933-1943). Zubin Mehta en devint le chef permanent en 1962 et a été remplacé en 1979 par Carlo Maria Giulini. L'orchestre donne plus de 200 concerts par an, dont une trentaine, de juillet à septembre, au fameux Hollywood Bowl, immense amphithéâtre naturel aménagé en 1922 pour accueillir 17 000 spectateurs. La Los Angeles Master Chorale est un ensemble de 100 choristes, qui se produit soit seul, soit avec l'orchestre. Los Angeles possède d'importantes institutions d'enseignement musical. Le théâtre d'opéra de l'université de Californie du Sud monte 2 productions par an ; là fut donnée la première audition absolument intégrale de *Mathis le peintre* de Hindemith (1966). L'école de musique du California Institute of the Arts, ouverte en 1970, fonctionne grâce à une subvention de la fondation

Walt Disney et entretient une chorale, un atelier d'opéra, un orchestre de chambre, etc. En 1974 fut fondé à Los Angeles un Arnold Schoenberg Institute, où sont conservés la plupart des écrits et des manuscrits du compositeur. Los Angeles occupe, d'autre part, une place importante dans l'industrie et le marché du disque.
Ro. T.

Los Angeles *(Victoria de)*, soprano espagnole *(Barcelone 1923)*. Elle fit ses débuts au théâtre Liceo de Barcelone en 1945, dans le rôle de la Comtesse des *Noces de Figaro*. Son premier prix au concours international de Genève (1947) la lança dans une carrière internationale. Invitée par la radio anglaise en 1949, pour chanter le rôle principal dans *la Vie brève* de M. de Falla, elle revint l'année suivante incarner Mimi de *la Bohème* à Covent Garden. Puis elle interpréta Marguerite de *Faust* à l'Opéra de Paris. Elle chanta régulièrement au Metropolitan Opera de New York à partir de 1951 le répertoire de soprano lyrique français et italien, aborda Elisabeth de *Tannhäuser* à Bayreuth, Rosine du *Barbier de Séville* à la Scala de Milan. Simultanément, elle a mené de front une carrière de récitaliste, où la mélodie française, le lied allemand et les « tonadillas » espagnoles occupent une part égale. Victoria de Los Angeles possédait un timbre exceptionnel à la fois chaud et pur. Sa personnalité musicale était particulièrement séduisante.
J. B.

Lotti *(Antonio)*, compositeur italien *(Venise ou Hanovre 1666-67 - Venise 1740)*. Son lieu de naissance est incertain, par suite de la position de son père, maître de chapelle à Hanovre. En 1683, il est élève de Legrenzi à Venise et fait partie du chœur de la basilique Saint-Marc, dès sa formation en 1687. À part un voyage à Dresde, de 1717 à 1719, consacré à l'opéra, il restera toute sa vie à la basilique, d'abord comme chanteur et organiste (assistant du second organiste en 1690, second organiste en 1692 et premier organiste en 1704), puis comme maître de chapelle de 1736 jusqu'à sa mort. Il enseigne également à l'*Ospedale degli Incurabili*.

Néanmoins, Lotti consacre la première partie de sa carrière créatrice à l'opéra. Dès 1692, il fait représenter à Venise *Il Trionfo dell' innocenza* et sa production dans ce domaine est particulièrement riche dans les dix années précédant son voyage à Dresde. Il obtient un grand succès en Allemagne, avec, tout d'abord, *Giove in Argo* (1717), puis *Li Quatro Elementi* (1719). Son style, fondamentalement vénitien, trahit cependant une forte influence de l'opéra napolitain en plein essor, en particulier dans la forme.

Malgré sa réussite à Dresde, Lotti abandonne définitivement le domaine de l'opéra à son retour à Venise, pour se consacrer à la musique sacrée. Sa production comprend des oratorios et de très nombreux motets, messes, psaumes, magnificat, miserere, etc. Son style, sévère et dépouillé, montre une grande maîtrise de la polyphonie. Très attentif au texte, il préfère une écriture *a cappella* et n'hésite pas à recourir au chromatisme dans un but expressif. Ses œuvres, célèbres, resteront longtemps au répertoire de la basilique, en particulier l'extraordinaire *Miserere* en *ré* de 1733. Il est également l'auteur d'un certain nombre de pièces vocales profanes (cantates et madrigaux), dont un recueil de *Duetti, terzetti e madrigali*, publié en 1705. Enfin, son rôle pédagogique est loin d'être négligeable, et on compte parmi ses élèves de grands musiciens, tels Benedetto Marcello, Domenico Alberti et Baldassare Galuppi.
D. H.

Loucheur *(Raymond)*, compositeur français *(Tourcoing 1899 - Nogent-sur-Marne 1979)*. Élève de Vincent d'Indy et de Nadia Boulanger, il fut nommé en 1925 professeur de musique dans des écoles parisiennes, et obtint en 1928 le premier grand prix de Rome pour sa cantate *Herakles à Delphes*. Il fut inspecteur de l'enseignement musical dans les écoles de Paris et du département de la Seine (1940), puis inspecteur général de l'éducation musicale dans les lycées et collèges de France (1946). De 1956 à 1962, il dirigea le Conservatoire national de Paris, où il a laissé le souvenir d'une administration particulièrement rigide. Toutes ces activités ne l'ont pas détourné de sa carrière de compositeur. Musicien au style audacieux et incisif, il a signé de nombreuses œuvres vocales (*Cinq Poèmes de Rainer-Maria Rilke*, 1957); des partitions de musique de chambre; des œuvres concertantes (*Concerto pour violon*, 1963; *Concerto pour violoncelle*, 1967; *Concertino pour percussion*, 1963), et des œuvres orchestrales, dont 3 symphonies (1932, 1944, 1970) aux élans rythmiques vigoureux, et la célèbre *Rhapsodie malgache* (1945). Il n'aborda le théâtre qu'une fois, avec un ballet inspiré d'un récit d'Edgar Poe, *Hop-Frog*, créé avec succès à l'Opéra en 1953.
A. L. et S. W.

Loup (le). Ballet composé en 1953 par Henri Dutilleux sur une commande de Roland Petit, *le Loup* s'inspire d'un argument de Jean Anouilh et de Georges Neveux.

L'histoire, assez fantastique, met en scène un Loup, un dompteur-magicien, un jeune couple de fiancés et une danseuse bohémienne. Après plusieurs tours du dompteur, qui transforme même un court moment le fiancé en loup, au cours d'une fête de village, la danseuse entraîne à son tour le fiancé dans une valse insidieuse, tandis que la jeune fiancée délaissée part en compagnie du Loup dans la forêt. Là, elle découvre son amour pour l'animal et s'abandonne à lui. Des groupes de villageois furieux veulent séparer l'étrange couple, qu'ils finissent par mettre à mort.

« À cause de son caractère insolite, du cadre à l'intérieur duquel se déroule cette étrange histoire, un décor fait de paysages d'hiver, broussailleux, acérés, je l'ai aimé parce qu'il renouvelle — dans un climat plus sombre cependant, dans une atmosphère tendue et une expression haletante — le mythe de la Belle et de la Bête » (Henri Dutilleux). Écrite pour un ensemble de 25 musiciens, la partition du *Loup*, pleine de mystère et de charme, possède cependant une ampleur toute symphonique. Malgré cela le compositeur a toujours refusé de la donner au concert. *Le Loup* a été créé le 17 mars 1953 par les Ballets de Paris, dans des décors de Carzou, au théâtre de l'Empire. Depuis, l'œuvre a figuré notamment au répertoire des Opéras de Hanovre, Zurich, Copenhague et de la Scala de Milan.
P. S.

Louis XIII, roi de France *(1601-1643)*. Grand amateur de musique dès son enfance, il succéda en 1610 à son père Henri IV, mais, malgré sa position, n'eut pas d'influence sur la vie musicale en France à cette époque. Son attitude fut plutôt celle d'un dilettante passionné, entouré de musiciens, et n'hésitant pas à prendre part, lui-même, aux ensembles vocaux, voire à diriger le chœur royal lors de l'absence de son chef.

Il reste fort peu de ses œuvres. Bien que la tradition veuille faire de lui un compositeur de musique sacrée (motets, harmonisations de psaumes, *De profundis*). En fait, un seul psaume, *Seigneur à qui seul je veux plaire*, peut lui être attribué de source sûre. Il est, en revanche, l'auteur d'une chanson à 4 parties, *Tu crois, ô beau soleil* (publiée par Mersenne) et surtout de la partition intégrale (paroles et musique du *Ballet de la Merlaison*, exécuté le 15 mars 1635 à Chantilly par le roi et des membres de la Cour).
D. H.

Louis-Ferdinand de Prusse, pianiste et compositeur allemand *(Friedrichsfelde, près de Berlin, 1772 - Saalfeld 1806)*. Neveu du roi Frédéric II, ce prince développa très tôt des talents de pianiste, qui ne furent pas découragés par sa famille, et qui firent l'admiration de Beethoven à Berlin en 1796. Sa carrière militaire fut également brillante, surtout pendant les campagnes de 1792 à 1795, mais, après cette date, il souffrit à la fois de son inactivité sur ce plan, due à la neutralité prussienne, et de voir l'Allemagne succomber à l'influence napoléonienne. Il fut mortellement blessé à la bataille de Saalfeld. En 1804 s'était joint à son entourage, comme professeur de composition et comme ami-confident, Jan Ladislav Dussek* (v. ÉLÉGIE* HARMONIQUE). Comme compositeur, Louis-Ferdinand fut un représentant typique du romantisme allemand en ses débuts. Ses œuvres, presque toutes du genre piano seul ou musique de chambre avec piano, furent accueillies en leur temps au même titre, et avec la même faveur, que celles de Weber ou Hummel, et régulièrement jouées jusque vers le milieu du XIXe siècle. Citons le quintette avec piano en *ut* mineur op. 1 (1803), ou encore les trios avec piano en *la* bémol op. 2 (1806) et en *mi* bémol op. 3 (1806). Treize numéros d'opus, dont la plupart posthumes, furent publiés jusqu'en 1823. Il reçut en dédicace le *Concerto pour piano n° 3* op. 37 de Beethoven.

M. V.

LOUISE. « Roman musical » en 4 actes et 5 tableaux de Gustave Charpentier (livret et musique). Créé à l'Opéra-Comique le 2 février 1900, sous la direction d'André Messager.

ACTE PREMIER. (À Montmartre, dans un logement ouvrier, la fenêtre ouverte donne sur le balcon d'un atelier d'artiste.) *Le logement est celui des parents de Louise, la couturière* (s), *l'atelier celui d'un bohème nommé Julien* (t). *Au lever du rideau, les deux jeunes gens, d'un immeuble à l'autre, échangent des propos amoureux et des projets d'avenir; il est convenu, entre eux, que Louise s'enfuira avec Julien si son père rejette la demande en mariage qu'il lui a adressée par lettre. Leur duo est interrompu par la Mère* (ms), *qui fait à sa fille une scène violente et l'enferme dans la cuisine jusqu'au retour du Père* (b). *Tous s'attablent pour le repas du soir et une discussion s'engage autour de la soupière fumante à propos de la lettre de Julien. Le Père, plus compréhensif que sa femme, se laisse attendrir par les larmes de Louise.*

ACTE II. 1er tableau. (Dans la rue où se croisent travailleurs du matin et fêtards attardés.) *Julien guette l'arrivée de Louise, accompagnée de sa mère, à un atelier de couture. La Mère repartie, il va chercher la jeune fille, l'interroge sur le sort de sa lettre et lui reproche sa soumission aux conventions familiales.* 2e tableau. (Dans l'atelier.) *Les cousettes jacassent, se moquant de Louise qui a visiblement pleuré. L'une d'elles, Irma* (s), *chante l'amour sur un ton passionné, aussitôt relayée par la voix de Julien entonnant une sérénade. Louise n'y tient plus et court le rejoindre.*

ACTE III. (Dans un petit jardin accroché au flanc de la butte, d'où l'on découvre tout Paris.) *Louise clame le bonheur qu'elle connaît « depuis le jour où je me suis donnée ». Le soir tombe, et, à l'intimité de cette scène d'amour, succède bientôt l'animation d'une fête, le Couronnement de la Muse. Le noctambule du deuxième acte reparaît déguisé en bouffon de cour et préside à la joyeuse intronisation de la reine des bohèmes montmartrois, c'est-à-dire Louise elle-même. L'apparition d'une humble silhouette noire met brusquement fin à la liesse générale. C'est la Mère, venue annoncer que le Père, gravement malade, réclame la présence de sa fille.*

ACTE IV. (Chez les parents de Louise.) *Le Père, guéri, n'a pas voulu laisser repartir Louise, en dépit de ses promesses. Il multiplie les marques d'affection pour retenir celle qu'il continue à traiter en petite fille, mais en vain. Assoiffée de liberté, la jeune femme s'enfuit définitivement vers les lumières de la ville. Le vieillard désespéré maudit Paris, qu'il rend responsable de la ruine de son foyer.*

Gustave Charpentier, qui mourut à quatre-vingt-seize ans, en avait déjà près de quarante quand il composa ce chef-d'œuvre, où il mit toute sa science et tout son cœur. Un extraordinaire souffle de jeunesse emporte les objections que pourrait soulever cette prétendue apologie de l'amour libre, avec ses aspects conventionnels et démagogiques. D'une partition très vivante, lyrique et colorée, se détachent des morceaux de bravoure tels que le début du deuxième acte, où le compositeur a tiré un étonnant parti des fameux cris de Paris, et *le Couronnement de la Muse* au troisième, ainsi que des airs, telle la romance de Louise. M. T.

LOURE. Danse française d'origine rustique, qui prend place, au XVIIe siècle, avec tout un choix d'autres danses, dans la suite instrumentale.

Elle figure également dans les ballets des ouvrages lyriques. Dans son *Dictionnaire* (1703), S. de Brossard apprend que le loure, tout en étant une sorte de musette, est « aussi souvent le nom d'un Air & d'une Danse qu'on écrit ordinairement sous la mesure de 6 pour 4. & qu'on Bat *lentement* ou *gravement*, & en marquant plus sensiblement le premier temps de chaque Mesure, que le second etc. ».

Cette danse peut commencer par une anacrouse* (par exemple, croche-noire), ce qui donne immédiatement à cette danse son caractère sautillant. On en trouve des exemples dans des *Sonates* de Fr. Couperin, dans la *5e Suite française* de J.-S. Bach, et dans des œuvres lyriques chez Collasse (*Thétis et Pélée*, 1689), Charpentier (*Médée*, 1693), Rameau (*Castor et Pollux*, 1737, *les Fêtes d'Hébé*, 1739).

Parfois, le terme est associé à une autre danse, par exemple, à la *Gigue* (chez Couperin : *les Nations, l'Espagnole*).

C. W.

LOURIÉ (Arthur), compositeur américain d'origine russe (*Saint-Pétersbourg 1892 - Princeton 1966*). Il fit ses études au conservatoire de Saint-Pétersbourg, puis en autodidacte. Il fut directeur de la section musicale du Commissariat du peuple lors de la Révolution. Il se fixa à Paris de 1924 à 1940, puis aux États-Unis en 1941. Il se libéra de l'influence de Debussy, Stravinski et Schönberg au bénéfice d'une expression personnelle qui se réfère à la musique liturgique orthodoxe, avec le souci de la primauté mélodique. D'inspiration généralement religieuse ou philosophique, son œuvre doit sa séduction à la sincère adaptation des modes et du plain-chant grégorien à la sensibilité contemporaine. « Musique grave jusqu'à une sorte d'austérité, mais belle comme la nuit et la solitude », en a dit Julien Green. Son journal musical *Profanation et sanctification du temps* (Paris, 1966) contient d'intéressants documents sur la vie artistique entre 1910 et 1960.

A. G.

LOUVIER (Alain), compositeur français (*Paris 1945*). Élève au Conservatoire de Paris, il y a obtenu neuf premiers prix, dont un de composition, un d'analyse musicale (chez Olivier Messiaen) et un de clavecin. Il fut premier second grand prix de Rome en 1967, et premier grand prix de Rome en 1968.

Devenu directeur du conservatoire de Boulogne-Billancourt, il a commandé à divers compositeurs des œuvres destinées à de jeunes instrumentistes. Il a obtenu le prix Honegger en 1975. Comme compositeur, il s'est beaucoup préoccupé de renouveler la technique pianistique (ainsi que celle du clavecin), notamment en attribuant aux instrumentistes un rôle de mime-acteur, et s'est intéressé aux micro-intervalles. Dans ses diverses *Études pour agresseurs*, pour formations variées, il a exploré, en particulier, de nouveaux modes d'attaque. Il en va de même dans *le Clavecin non tempéré* (1979). Il a écrit *Duel* pour 2 à 5 percussionnistes (1971), *Houles* pour douze Martenot, percussion et piano (1971), *7 Caractères d'après La Bruyère* pour piano et ensemble (1972), *Canto di Natale* pour voix et instruments (1976), *Messe des Apôtres* (1978), *Casta Diva* pour le spectacle Béjart à l'I. R. C. A. M. (1980).

M. G.

LÜBECK (Vincent), organiste et compositeur allemand (*Paddingbüttel, près de Brême, 1654 - Hambourg 1740*). Fils d'organiste, il reçut son éducation musicale à Flensburg, avant d'être nommé maître de tribune à Stade en 1675. En 1702, il devint organiste de l'église Saint-Nicolas de Hambourg (où il disposait d'un orgue nouvellement construit par le célèbre facteur Arp Schnitger) et il devait garder cette charge importante jusqu'à sa mort. Durant sa longue existence, il a beaucoup écrit pour son instrument, cultivant, outre la fantaisie sur le choral, la toccata fuguée dans le style de Buxtehude. Dans l'unique œuvre imprimée de son vivant, la *Clavier-Übung* de 1728, comme dans ses *7 grandes Toccatas*, il apparaît, avant tout, comme un compositeur du XVIIe siècle, même si les toccatas en *ut* mineur et *fa* majeur sont traitées en diptyque, dans un esprit plus moderne.

Tempérament soucieux d'équilibre et de rigueur formelle, Lübeck a également écrit pour la voix, et 3 cantates sont parvenues jusqu'à nous, ainsi que 1 cantique pour la fête de Noël *(Willkommen süsser Braütigam)* et 1 *Motet* concertant *(Gott, wie herrlich ist dein Name)*.

Remarquable pédagogue, Lübeck a formé de nombreux élèves, dont deux de ses fils : **Peter Paul**, qui lui succéda à Stade, et **Vincent**, qui œuvra à Hambourg jusqu'à sa mort, survenue en 1755. R. T.

LUBIN *(Germaine),* soprano française *(Paris 1890-id. 1979).* Plus que le Conservatoire abordé à dix-huit ans, importent ses rencontres décisives avec F. Litvinne et Lilli Lehmann. Elle débute en 1912 à l'Opéra-Comique en chantant Antonia des *Contes d'Hoffmann.* Et, en 1916, à l'Opéra, dans le *Chant de la cloche* de V. d'Indy. Wagnérienne passionnée, elle est successivement Sieglinde dans *la Walkyrie,* en 1921 ; Elsa dans *Lohengrin ;* Eva dans *les Maîtres chanteurs.* Elle chante *Ariane à Naxos* sous la direction de R. Strauss à Vienne même, rôle qu'elle crée en France, ainsi que celui de la Maréchale du *Chevalier à la rose* (1927) et qu'*Elektra* (1932). Elle aborde en 1930, à l'Opéra de Paris, son rôle préféré, Isolde, qu'elle a l'honneur de chanter à Bayreuth même, en 1939, après y avoir été, l'année précédente, Kundry dans *Parsifal.* Elle chante encore *Tristan* en 1941 à l'Opéra de Paris, aux côtés de M. Lorenz et sous la direction du jeune Karajan, mais voit sa carrière brisée en 1944, à la Libération. Elle tente un retour en 1952, dans un répertoire de lieder qu'elle affectionne, avant de se retirer définitivement en 1956 pour se consacrer à l'enseignement. Grande cantatrice wagnérienne, elle fut aussi inégalable dans le répertoire français : l'Alceste de Gluck et l'Ariane (et Barbe Bleue) de Dukas comptent parmi ses plus grands rôles. Elle participe à la création de *la Légende de saint Christophe* de V. d'Indy, de *la Chartreuse de Parme* de Sauguet et du *Maximilien* de Milhaud. Tragédienne accomplie, elle animait chaque ouvrage autant par la vertu de sa beauté sculpturale que par une voix exceptionnellement ample et héroïque. M. W.

LUBLIN *(Jan de),* organiste polonais († *1548).* Il est l'auteur d'une tablature d'orgue (la plus vaste des tablatures européennes connues de cette époque), qui comprend des danses et chants d'amour caractéristiques du style de la Renaissance, représentant une sorte de symbiose des principes compositionnels développés dans les divers pays d'Europe (Pologne, Allemagne, Hollande, Italie et France) et prouvant le haut niveau de la culture musicale en Pologne à cette époque. Jan de Lublin définit dans ses écrits théoriques les techniques de composition, en particulier les principes de l'imitation, qu'il développe dans ses œuvres. J.-Y. B.

LUCA *(Giuseppe de),* baryton italien *(Rome 1876-New York 1950).* Il fait ses débuts à Piacenza en 1897 dans le rôle de Valentin du *Faust* de Gounod. Engagé, à partir de 1903, à la Scala de Milan, où il crée Sharpless dans *Madame Butterfly* de Puccini, il entreprend alors une carrière internationale, qui le conduit à New York en 1915. Il s'y établit et chante pendant quarante ans au Metropolitan Opera tous les grands emplois du théâtre lyrique italien. En 1918, il est le créateur de *Gianni Schicchi* de Puccini, mais c'est dans Verdi qu'il excelle particulièrement aux côtés de Rosa Poriselle et de Giovanini Martinelli, contribuant à faire du Metropolitan le théâtre de Verdi par excellence, entre les deux guerres. En 1947, il célèbre en concert le cinquantenaire de ses débuts et enseigne à la Juilliard School jusqu'à sa mort. Son timbre chaud, son style classique et détendu, sa belle technique vocale ont contribué à faire de lui un des meilleurs barytons de son époque. J. B.

LUCCIONI *(José),* ténor français *(Bastia 1903-Marseille 1978).* Il fait ses débuts en 1931 dans le rôle de Mario Cavaradoni dans *Tosca* à Rouen, puis chante celui de Paillasse à l'Opéra de Paris l'année suivante. Dès lors, il partage sa carrière entre l'Opéra-Comique et l'Opéra, avec un certain nombre d'engagements inernationaux (Monte-Carlo, Vérone, Chicago, New York). Ses rôles les plus importants, ceux où ses qualités de vaillance et de lyrisme ont le plus brillé, ont été, sans doute, Don José, Samson, Roméo et Othello. Son timbre, d'un éclat et d'une richesse exceptionnels, son phrasé ample, sa belle diction ont fait de lui des chanteurs français les plus prestigieux de son époque. J. B.

LUCERNE. Cette ville suisse, au bord du lac des Quatre-Cantons, a hébergé entre 1866 et 1872 Richard Wagner, qui habitait la villa Triebschen, devenue un lieu de visite et un musée Wagner. C'est là qu'il composa l'essentiel des *Maîtres chanteurs* et le *Crépuscule des Dieux*, et qu'il fit jouer la *Siegfried-Idyll* pour la naissance de son fils Siegfried (1869). En 1938, fut fondé à Lucerne un Festival musical d'été, consacré en particulier à la musique symphonique et aux récitals. Interrompu seulement au cours de la Seconde Guerre mondiale, pour l'année 1940, ce Festival annuel n'a cessé de prendre une importance croissante avec des formations, des interprètes et des chefs de tout premier plan (Toscanini, Ansermet, Karajan, Giulini, Dorati, etc.) et naturellement avec la participation de l'orchestre de chambre du Festival Strings de Lucerne, fondé en 1956 et dirigé par Rudolf Baumgartner. Cet ensemble, spécialisé dans le répertoire baroque et classique (avec quelques incursions dans la musique contemporaine) fut créé dans le cadre du Conservatoire de Musique de Lucerne, où Baumgartner enseignait le violon. Ce dernier, co-fondateur de l'orchestre avec Wolfgang Schneiderhan, devait prendre en 1968 la direction artistique du Festival. M. C.

LUCIA DI LAMMERMOOR. Opéra en 3 actes de Donizetti, sur un livret de Salvatore Cammarano, inspiré du roman de Walter Scott, *la Fiancée de Lammermoor* (1819), créé au San Carlo de Naples le 26 septembre 1835.

L'action se passe vers 1700. La famille Ashton a récemment acquis le domaine de Ravenswood, que ses héritiers ne pouvaient plus entretenir. Des dissensions juridiques, politiques et religieuses séparaient les deux familles et l'on murmurait que la fortune des Ashton n'était pas sans tache. Edgar, dernier descendant des Ravenswood, avait, à la mort de son père, juré de venger l'honneur de son nom.

ACTE PREMIER. (Près du château de Ravenswood.) *Au cours d'une chasse, le vieux garde Norman révèle à Henry Ashton, héritier du nom, que sa sœur Lucia aime son ennemi Edgar de Ravenswood. Henry (bar), qui compte redorer son blason en donnant sa sœur à lord Arthur Buklaw exhale sa fureur (Cruda, funesta smania), et, insensible aux exhortations du chapelain Raymond Bidebent (b), annonce sa vengeance prochaine (La pietade in suo favore).* [Dans un parc.] *Un prélude de harpe baigne de romantisme délicat l'entrée de Lucia (s), qui conte à sa suivante Alisa son rêve macabre : l'ombre d'une ancienne victime d'un Ravenswood, jetée dans ce puits près duquel elle attend Edgar (Regnava nel silenzio), lui est apparue ; mais le présage funeste s'efface devant son amour (Quando napita). Edgar, en lui annonçant son prochain départ pour la France, lui rappelle la haine qui sépare leurs deux familles (duo, Sulla tomba), puis échange avec elle l'anneau qui scelle leur fidélité jusqu'à la mort (Verrano a te).*

ACTE II. (Chez Lord Ashton.) *Henry a préparé de fausses preuves, afin de convaincre sa sœur de l'infidélité d'Edgar, et l'exhorte à épouser lord Arthur, aujourd'hui même (Appressati, Lucia). Le chapelain Raymond, ignorant que les lettres d'Edgar ont été subtilisées, conseille également à Lucia d'accepter ce mariage (Ah, cedi!).* [La grande salle du château de Lammermoor.] *Lord Arthur attend sa future épouse, qui, défaillante, signe le contrat nuptial sous la menace de son frère. A cet instant, Edgar surgit, menaçant (sextuor, Chi mi frena), et chacun tire l'épée ; Raymond invoque Dieu pour séparer les adversaires, mais Edgar, voyant la signature de Lucia, se croit trahi et jette l'anneau qu'elle lui avait donné. A cette vue, Lucia réalise la machination dont elle fut victime et sa raison vacille,*

cependant que, dans une grande envolée lyrique, Edgar maudit son destin, et jette son épée.
ACTE III. (« L'ouragan » : la tour de Wolferag.) *Edgar médite, mais Henry vient le défier, évoquant devant lui la couche nuptiale de Lucia. Les deux hommes décident de croiser l'épée à l'aube devant le tombeau des Ravenswood* (duo dit «della sfida»). [La salle du château.] *Raymond apprend aux invités que, dans un acte de démence, Lucia a tué son époux* (Dalle stanze). *Dans sa longue scène de folie, celle-ci croit monter à l'autel avec Edgar* (Il dolce suono... Ardon gli incensi). *Raymond fustige l'attitude d'Henry, et Lucia, dans un délire de virtuosité, évoque sa mort prochaine* (Spargi d'amaro pianto), *et tombe foudroyée.* (Près du tombeau des Ravenswood, la nuit.) *Ignorant le drame, Edgar attend son adversaire, évoquant le malheureux sort de sa famille et sa mort prochaine* (Tomba degli avi miei... Fra poco). *Un chœur funèbre se fait entendre au loin, Edgar veut s'élancer, mais Raymond le retient : tout est désormais inutile. Edgar invoque une dernière fois sa bien-aimée* (Tu che a Dio), *et se frappe de son poignard.*

Cinquante-deuxième opéra de Donizetti (1797-1848), *Lucia di Lammermoor* est l'un des rares de son auteur qui n'ait jamais quitté l'affiche durant le long purgatoire du musicien, cela bien que son succès ait longtemps reposé sur un malentendu : opéra de ténor écrit pour le célèbre Gilbert Duprez (1806-1896), qui en assura la création, il servit bientôt de faire-valoir à ses interprètes féminines, dont la belle virtuosité masqua souvent le délire romantique d'une héroïne, qui, soulignons-le, ne paraît même pas dans la scène finale. Mais c'est d'abord son grand thème romantique qui fit la gloire d'un auteur qui n'avait, jusque-là, connu le succès qu'avec *Anna Bolena, l'Élixir d'amour, Lucrèce Borgia* et *Marie Stuart*. R. M.

LUCIO SILLA. « Dramma per musica » en 3 actes de Mozart, sur un livret de Giovanni de Gamerra. Créé au Théâtre ducal de Milan le 26 décembre 1772.
L'action se déroule dans divers lieux de Rome au début du 1er siècle avant Jésus-Christ. Le sujet est très librement emprunté à l'histoire romaine, Lucio Silla étant le général et homme politique Lucius Cornelius Sulla (Sylla).
ACTE PREMIER. *Cecilio* (s, rôle créé par un castrat), *sénateur romain proscrit, partisan de Marius dans sa lutte malheureuse contre Sylla et fiancé à Giunia, fille de Marius, est revenu clandestinement dans Rome et apprend de son ami Cinna* (s, rôle conçu pour un castrat, mais chanté par un soprano dès la création) *que Sylla veut s'unir à Giunia. Sylla* (t), *dans son palais, prend conseil de la frivole sœur Celia* (s), *secrètement liée à Cinna, et de son confident politique Aufidio* (t), *sur le meilleur moyen de surmonter les résistances de Giunia, qui, dans son inaltérable fidélité à Cecilio, repousse véhémentement le prétendant. Une rencontre pathétique entre Cecilio et Giunia* (s) *renforce leur volonté de résistance et leur résolution de renverser Sylla.*
ACTE II. *Sylla, après avoir pris diverses consultations, décide de forcer le consentement de Giunia en l'épousant malgré tout et en s'appuyant sur le désir de paix civile, dont le peuple romain verra la promesse dans ce mariage. Après d'inutiles et incohérentes péripéties, une cérémonie, où Sylla demande aux patriciens et aux sénateurs de consentir à son union avec Giunia toujours rétive, est interrompue par Cecilio qui surgit l'arme à la main. Il est désarmé, enchaîné et menacé de mort. Sylla paraît résolu à la vengeance, mais avoue que l'amour et la constance de Giunia et Cecilio lui déchirent le cœur.*
ACTE III. *Cecilio et Cinna, conjurés, se retrouvent en prison. Ils vont être exécutés, et Giunia est remise à l'entière discrétion de Sylla, lorsque la grâce touche le dictateur qui accorde soudain amnistie et honneurs à tout le monde, marie Giunia et Cecilio, Cinna et Celia, et, dans l'élan, envisage même d'abdiquer.*

Le sujet récupère dans tout le fatras métastasien les articles les plus défraîchis, les procédés les plus usés. De plus, sur le plan de la forme, Gamerra est bien loin derrière Métastase et même derrière les principaux émules de celui-ci : les vers de *Lucio Silla* sont laids et bourrés de maladroites chevilles. Alors, Mozart semble ne même pas chercher à savoir de quoi il s'agit. Il se situe ailleurs, compose pour un autre monde et pour les bons chanteurs mis à sa disposition. Il écrit orgueilleusement contre le goût milanais en étoffant l'orchestre et en s'écartant de la sempiternelle enfilade des arias *da capo* à travers des structures bipartites ou tripartites, de grandioses récitatifs accompagnés et une scène (au finale du premier acte), qui est un des sommets de la sensibilité préromantique dans ces décisives années 1770, ouvrant les voies vers la *Médée* de Cherubini et même vers *la Prise de Troie* de Berlioz. J. T.

LUCRÈCE BORGIA. Opéra en 1 prologue et 2 actes de Donizetti, sur le livret de Felice Romani, d'après la tragédie de Victor Hugo (1833), créé à la Scala de Milan le 26 décembre 1833. Plusieurs modifications et ajouts à la partition originale furent apportés par son auteur jusqu'en 1841.
L'action se déroule au XVIe siècle.
PROLOGUE. (À Venise.) *Gennaro* (t) *et ses amis devisent durant un bal masqué ; Maffio Orsini, son ami* (ca, rôle travesti), *révèle que, selon une prédiction, ils mourront tous ensemble, assassinés par la Borgia. Gennaro reste seul et s'endort. Lucrèce Borgia* (s) *admire furtivement sa beauté* (Com 'è bello), *et Gennaro, à son réveil, lui apprend l'obscurité qui entoure sa naissance* (Di pescator ignobile). *Sans le lui révéler, Lucrèce réalise qu'il s'agit de son propre fils, cependant que le jeune homme hésite entre son respect pour cette femme étrange et le mépris de ses compagnons pour celle qu'ils décrivent comme une empoisonneuse notoire.*
ACTE PREMIER. (À Ferrare.) *Le duc Alphonse* (bar) *prend ombrage de l'intérêt porté par sa femme à Gennaro* (Vieni la mia vendetta). *Ce dernier, par bravade, offense gravement Lucrèce Borgia en biffant le B initial de son nom. Arrêté et contraint à boire un poison, il est à nouveau sauvé par Lucrèce.*
ACTE II. *Gennaro s'apprête à quitter Ferrare, mais ses mouvements sont épiés* (Anch'io provai, air écrit en 1840). *Orsini le convainc de prendre part au banquet du palais Negroni. La joie y règne, Maffio Orsini entonne un toast* (Il segreto per esser felici), *mais un glas résonne, Lucrèce Borgia apparaît, et, ayant fait fermer toutes les issues, annonce aux convives que le vin était empoisonné. Ainsi s'est-elle vengée de l'affront subi. Mais, découvrant Gennaro parmi les convives, elle l'exhorte à boire le contrepoison. Gennaro refuse, et c'est en vain que Lucrèce lui révèle leurs véritables liens* (M'odi, ah, m'odi). *Il lui dit adieu* (Madre, se ognor, air écrit en 1840) *et expire. Lucrèce se jette désespérée sur le cadavre de son fils* (Era desso il figlio mio).

Cette œuvre connut un départ difficile et fut sauvée de l'échec par le talent du contralto Marietta Brambilla, et par la Française Meric-Lalande : c'est dans sa révision de 1840 qu'elle s'affirma, défendue avec passion par la Grisi, Mario et Tamburini.

Le musicien parvint, par l'alternance des genres, par leur osmose même, par l'équilibre entre les scènes d'action et les grands monologues lyriques, à créer un genre nouveau, dont allait s'inspirer Verdi. A noter que le drame de Hugo avait été créé le 2 février de cette même année 1833 et que le fait était unique de tirer, après un délai aussi bref, un livret d'opéra d'une pièce célèbre. R. M.

LUDUS TONALIS. Recueil de 12 fugues et 11 interludes pour piano, composé par Hindemith en 1942, et qui a pour sous-titre allemand *Kontrapunktische, tonale und klaviertechnische Übungen* (« Exercices de contrepoint, de tonalité et de technique pianistique »). Cette œuvre constitue une application directe des théories exposées dans le traité *Unterweisung im Tonsatz* (1937) : Hindemith y met à l'épreuve par le contrepoint traditionnel son principe de la « tonalité élargie », conception nouvelle de la tonalité, qui laisse de côté le majeur-mineur habituel pour reposer sur des zones d'influence tonale créées par la force structurelle de la mélodie et fondées sur une hiérarchie de sons et d'intervalles déduite par le compositeur des harmoniques d'un son fondamental. Cette « série » de 12 sons détermine l'ordre des 12 fugues, toutes à 3 voix et chacune dans une tonalité différente ; la dernière est en *fa* dièse, son le plus éloigné du *do* originel. Hindemith joue avec les techniques du contrepoint, avec les renversements et les rétrogradations : la 3e fugue est renversée et rétrogradée, la 10e se renverse à partir de son milieu.

Le cycle se clôt par un postlude qui est le renversement rétrograde du prélude qui l'avait ouvert. Mais Hindemith évite toute sécheresse spéculative par le choix parfois surprenant des thèmes (thème à 5/8 de la fugue en *sol*, caractère de gigue de la fugue en *mi*), et surtout en faisant alterner les fugues avec des interludes enjoués et variés, allant du style de l'aria à la valse ou à la pièce de virtuosité, et mettant en valeur la richesse sonore du piano. Cette composition de maturité montre de quelle façon le compositeur, de plus en plus conscient de l'héritage dont il est redevable à Bach, sait affirmer un langage neuf, en s'appuyant sur les moules et les techniques d'écriture de la musique baroque, et poursuivre ainsi de façon vivante la tradition.
E. L.

LUDWIG (Christa), mezzo-soprano allemande (*Berlin 1924*). Fille d'Anton Ludwig et d'Eugenie Besalla, tous deux membres du Volksoper de Vienne, elle travaille d'abord avec sa mère une voix qui manquait à la fois de volume et d'aigu, et n'aborda la scène qu'en 1946, à Francfort, dans le rôle du prince Orlovsky de *la Chauve-Souris*. Sa carrière se poursuivit sans grand éclat dans d'autres théâtres d'Allemagne jusqu'à la révélation que fut son interprétation de Chérubin au festival de Salzbourg en 1954. L'année suivante, elle triomphait dans un troisième rôle travesti, celui d'Octavian du *Chevalier à la rose*, à l'Opéra de Vienne, puis dans un quatrième, celui du Compositeur d'*Ariane à Naxos*. Elle chante aussi Dorabella de *Cosi fan tutte*, puis Eboli de *Don Carlos* sous la direction de Karajan, avant de débuter au Metropolitan Opera de New York en 1959 dans *les Noces de Figaro* et *le Chevalier à la rose*. Cependant, sa voix s'est développée vers l'aigu et, encouragée par Karajan, elle trouve son premier rôle de soprano dramatique en 1962 dans Leonore de *Fidelio*. D'autres allaient suivre, notamment la Maréchale du *Chevalier à la rose*, Marie de *Wozzeck*, la Teinturière de *la Femme sans ombre*, Kundry de *Parsifal*. Dans le répertoire wagnérien, elle a été aussi Vénus, Ortrude, Brangaene et Fricka, faisant apprécier dans les emplois les plus divers une voix chaude et très homogène, une parfaite musicalité et un remarquable talent d'actrice. En 1971, elle a créé le rôle de Claire Zachanossian dans l'opéra de Gottfried von Einem, *la Visite de la vieille dame*, à l'Opéra de Vienne. Toutefois, Christa Ludwig s'est, peu à peu, détachée du théâtre et se consacre au concert, cultivant le lied et, en particulier, Schubert.
M. T.

LUDWIG VAN. Œuvre de Mauricio Kagel, composée en 1969 à l'occasion du bicentenaire de la naissance de Beethoven et portant en sous-titre : « Hommage de Beethoven ». C'est que, en effet, toutes les notes de la partition sont de Beethoven; le compositeur s'est seulement contenté de donner à jouer aux musiciens (dont le nombre n'est pas fixé) des fragments de partitions de Beethoven réduites au piano, et photographiées alors qu'elles avaient été utilisées pour recouvrir les objets et les murs d'une reconstitution imaginaire de la pièce de travail du compositeur, qu'on peut voir dans le film *Ludwig van*, réalisé par Kagel à la même époque.

Ainsi les musiciens ont-ils sous les yeux une musique rendue parfois difficilement lisible, visuellement déformée, et l'exécution doit tenir compte de ces déformations. Plus le texte est illisible, plus la dénaturation doit s'approcher de l'extrême, mais l'inverse est aussi possible. Les tempos originaux ne doivent pas être respectés, afin que l'aspect « transcription » soit plus évident encore que le souvenir de l'original. L'intention n'est nullement parodique. Il s'agit bien plutôt d'utiliser les déformations comme un révélateur, de la même façon qu'un portrait-charge met d'abord en valeur les forces vives d'un visage, alors que l'art du peintre académique consiste à masquer les petites difformités et aboutit parfois à une dénaturation complète. La différence entre *Ludwig van* et la plupart des interprétations beethovéniennes ordinaires se situe exactement là.

Certaines versions de *Ludwig van* peuvent utiliser des fragments plus importants que ceux prévus initialement, comme Kagel en a donné l'exemple à plusieurs reprises, mais ils ne sont jamais exécutés sur les instruments prévus par le compositeur.
Gér. C.

LUENING (Otto), compositeur, chef d'orchestre, flûtiste et professeur américain (*Milwaukee 1900*). Enfant prodige initié à la musique par ses parents, eux-mêmes musiciens, il étudie à la Staatliche Hochschule de München, ainsi qu'au conservatoire de Zürich, tout en commençant une carrière de flûtiste et de chef d'orchestre. Entre 1920 et 1925, il travaille à Chicago comme arrangeur musical pour des films muets, puis comme directeur du département « opéra » à l'Eastman School, et directeur de la Rochester American Opera Company et de l'American Opera Company, entre 1925 et 1929. En 1930, il achève un opéra composé grâce à des bourses de la fondation Guggenheim, *Evangéline*. Puis il se consacre à l'enseignement, tout en continuant à composer (université d'Arizona, Bennington College, université Columbia de New York, et Juilliard School). C'est au sein de l'université Columbia qu'il fonde, au début des années 50, avec Wladimir Ussachevsky, le premier studio permanent aux États-Unis à créer de la « music for tape » (musique sur bande), équivalent de la musique électroacoustique, genre où il compose de nombreuses pièces, seul ou en collaboration avec Ussachevsky. Son œuvre assez abondante comprend une forte proportion de pièces de musique de chambre, ainsi que des « musiques d'application » pour la scène, la télévision, le film. Avec ses références stylistiques très diverses (folklore, dodécaphonisme, électroacoustique), elle incarne un certain visage de l'éclectisme américain.
M. C.

LUISA MILLER. Opéra tragique en 3 actes et 7 tableaux de Verdi, sur un livret de Salvatore Cammarano, d'après le drame *Kabale und Liebe* (1783) de Fr. Schiller. Créé au San Carlo de Naples le 8 décembre 1849.

ACTE PREMIER. Amour. *Après une ouverture préparant aux thèmes de l'ouvrage, nous sommes, au XVIIIe siècle, dans un village du Tyrol sur lequel « règne » le comte Walter (b). Son intendant Wurm, ainsi que son propre fils Rodolfo (t) aiment Luisa, la fille de Miller, un pauvre militaire en retraite. Les villageois fêtent l'anniversaire de Luisa (s). Elle attend son bien-aimé qu'elle ne connaît que sous le nom de Carlo. Leur duo d'amour est contrepointé par l'angoisse de Miller (bar), pressentant un malheur inconnu. En effet, l'intendant Wurm (b) demande non seulement à Miller la main de sa fille, mais lui révèle que le soi-disant Carlo est Rodolfo, le fils du comte, promis à sa parente, la duchesse Federica d'Ostheim (c). Au château, Walter impose son choix à son fils, auquel l'irruption inopinée de Federica interdit toute protestation. Il n'en révèle pas moins à sa cousine la nature de ses sentiments pour une autre, faisant naître en elle un dépit non dissimulé. Dans sa demeure, Miller apprend à sa fille l'identité réelle de son fiancé, dont il veut tirer vengeance ; mais Rodolfo survient, proteste de sa sincérité et jure d'épouser Luisa. Le comte Walter décide alors de faire arrêter Miller et sa fille comme les auteurs d'une « cabale » contre son fils. En un pathétique ensemble, Luisa implore le comte cependant que Miller manifeste sa fierté devant l'outrage d'un lâche. Rodolfo menace alors son père de divulguer comment il a usurpé le titre de comte ; Walter pâlit et fait relâcher Luisa.*

ACTE II. Intrigue. *Wurm propose à Luisa le marché imaginé par le comte : elle obtiendra la grâce de son père si elle signe une lettre précisant qu'elle a séduit Rodolfo, mais aime en secret Wurm. Malgré la prière de la jeune fille (Tu puniscimi o Signor) et son mépris (A brani, o perfido), Wurm demeure inflexible. Au château, Walter révèle alors à Wurm que Rodolfo, sachant le meurtre qu'ils ont commis sur la personne du précédent comte, pourrait les faire conduire à l'échafaud. Federica entre, et Wurm oblige Luisa à lui répéter les propos de sa lettre. Dans les jardins, Rodolfo, seul, lit la lettre « écrite » par sa bien-aimée à Wurm : se remémorant leurs serments, il ne peut croire à sa trahison (Quando le sere al placido). Il provoque en duel Wurm, qui se dérobe, et le comte, sachant qu'il le refusera désormais, feint de lui accorder la main de Luisa. Rodolfo, désespéré, se déclare prêt à épouser sa cousine.*

ACTE III. Le poison. (Chez Miller.) *On va célébrer les noces de Rodolfo ; Luisa lui écrit, clamant son innocence et lui proposant d'être réunis dans la mort. Miller découvre cette lettre, supplie sa fille de vivre encore pour lui en quittant ce village funeste. Tandis que Luisa dit adieu à sa demeure, Rodolfo entre, verse un poison dans une cruche et demande à Luisa si la lettre fatale est bien de sa main ; sur sa réponse affirmative, il boit avec elle le poison. Sachant sa fin prochaine, Luisa, déliée de son serment, peut révéler la vérité à son amant. Miller reçoit leurs adieux. Lorsque le comte survient avec Wurm, Rodolfo, en un dernier sursaut, poignarde Wurm et expire dans les bras de celle qu'il aime.*

Situé à la charnière des deux « manières » du compositeur, cet opéra devance ceux de la maturité, plus qu'il ne termine une période. L'orchestre y est déjà moins présent (et ce, contrairement à l'assertion générale qui veut que Verdi ait amplifié son rôle au cours de son évolution) et les personnages davantage cernés sans souci des conventions. Au-delà de l'angélisme sacrificiel féminin auquel Verdi était attaché, la typologie vocale ne souscrit guère au manichéisme élémentaire attendu du public, puisque le mal est incarné par deux basses (aux tessitures assez mal définies, et rassemblées en un saisissant duo) et que le baryton n'est pas l'antagoniste « méchant », mais un « bon », d'où, sans doute, le manque d'intérêt qu'ont accordé les barytons du XXe siècle à ce rôle riche en introspection psychologique. Enfin, Verdi affirme ici son désir, déjà évident dans *Macbeth*, écrit deux ans plus tôt, de s'orienter vers des structures plus ouvertes (le dernier acte est bâti sans discontinuité), et, pour mieux suivre Schiller, il renonça volontiers à terminer le premier acte par l'allegro traditionnel (« Qu'elle soit libre », ordonne le comte. Le rideau tombe. *Cf.* Schiller), autant de raisons pour que cet opéra trop déroutant fut occulté par le succès de la « trilogie populaire », réalisée de 1851 à 1853, dans laquelle, contrairement à l'opinion généralement admise, Verdi recourut à des schémas beaucoup plus traditionnels.   R. M.

LUKÁŠ *(Zdeněk),* chef de chœur et compositeur tchèque *(Prague 1928).* Malgré sa formation classique auprès d'A. Modrá au conservatoire de Prague (1943-1946), puis de J. Řídký, il est resté de tempérament autodidacte. Producteur, puis chef de chœur à la radio de Plzeň, il dirigea pendant dix ans le chœur mixte Česká píseň. Comme compositeur, sa démarche artistique a été profondément transformée par sa rencontre avec Miloslav Kabeláč, survenue après la création de sa *2e Symphonie* (1961). Il assimila peu à peu le message aussi bien spirituel que grammatical de ce maître et, dès sa *Partita semplice* pour 4 violons et piano (1964), il trouva un style et un langage convenant à sa tendance naturelle vers la complexité symphonique. Il a ensuite poursuivi son développement vers l'écriture modale (*4e Symphonie,* 1967), sérielle dans son *Concerto pour violon et alto* (1968) et ses *Variations pour piano* (1970), électronique dans sa composition d'après un motet de Jakob Handl-Gallus (1970). On lui doit aussi *Adam et Ève,* oratorio pour soprano, alto, baryton, récitant, chœur mixte et orchestre (1969).   P.-E. B.

LULLY ou **LULLI** *(Jean-Baptiste),* compositeur français *(Florence 1632 - Paris 1687).* Fils d'un meunier, il vient à Paris conduit par Roger de Lorraine, cousin de mademoiselle de Montpensier, qui désirait apprendre l'italien, et il entre au service de celle-ci (1645). A la fin de la Fronde, il passe au service du jeune roi (1652), comme violoniste et danseur, et prend part à la composition des ballets de cour. Dès 1653, il a le titre de compositeur de la musique instrumentale. La première partie de sa carrière est entièrement consacrée à la musique de ballets, et il ne compose de musique vocale que, uniquement, italienne (ballet de *l'Amour malade,* en collaboration avec Benserade pour l'opéra de Marazzoli, 1657, d'*Alcidiane,* 1658, de la *Raillerie,* 1659). Lors des représentations d'opéras italiens commandés par Mazarin (*Xerxès,* 1660 et *Ercole amante,* 1662, de F. Cavalli), il insère dans l'œuvre italienne des ballets qui remportent un grand succès. Naturalisé, marié à la fille du compositeur Lambert, il prend le titre de surintendant et compositeur de la Chambre le 16 mai 1661. A partir de 1664, parallèlement aux grands ballets de cour auxquels il donne une ampleur et une homogénéité de conception plus grandes (ballets des *Amours déguisés,* 1664, de *la Naissance de Vénus,* 1665, des *Muses,* 1666, de *Flore,* 1669), il collabore avec Molière et crée avec lui le genre de la comédie-ballet (le *Mariage forcé,* 1664 ; *la Princesse d'Élide,* 1664 ; *l'Amour médecin,* 1665 ; *le Sicilien,* 1667 ; *George Dandin,* 1668 ; *Monsieur de Pourceaugnac,* 1669 ; *le Bourgeois gentilhomme,* 1670). Le style de Lully, bien que toujours marqué par l'Italie et avec une dominante comique, se francise peu à peu et atteint, dans certaines pages, au lyrisme. En 1671, il crée, avec Molière, Corneille et Quinault, la tragédie lyrique de *Psyché,* qui constitue un pas important vers l'opéra. Lully rachète alors le privilège, récemment accordé à Perrin et Lambert, par la création d'une Académie d'opéra (1672), rompt avec Molière et s'attache Quinault comme librettiste.

Détenteur d'un privilège qui lui donne un pouvoir illimité sur toute musique de théâtre, il va créer chaque année un opéra nouveau, sous le titre de tragédie lyrique : *Cadmus et Hermione,* 1673 ; *Alceste,* 1674 ; *Thésée,* 1675 ; *Atys,* 1676 ; *Isis,* 1677. *Psyché* et *Bellérophon* (1678 et 1679) auront exceptionnellement Thomas Corneille pour librettiste. De nouveau avec Quinault, il compose *Proserpine* (1680), *Persée* (1682), *Phaéton* (1683). Avec *Amadis* (1684), il quitte les sujets mythologiques pour ceux de l'épopée, qu'il poursuit avec *Roland* (1685) et son chef-d'œuvre, *Armide* (1686).

Il meurt d'une blessure accidentelle (1687), faite en dirigeant le *Te Deum* pour la guérison de Louis XIV. Homme d'une grande vivacité d'esprit, danseur et chorégraphe, compositeur, impresario, homme d'affaires, homme de cour, doué d'une ambition sans limites, Lully a régné d'un pouvoir absolu sur la musique de son temps, et l'a marquée de son génie impulsif, et de son sens de l'organisation.

L'art de Lully est essentiellement fait de synthèses successives : son génie est celui d'un ordonnateur, d'un coordinateur. D'abord compositeur italien, il assimile l'art instrumental et vocal français, et conçoit son propre style à partir de la fusion des deux traditions. Au goût français pour les formes chorégraphiques, il apporte une précision et une clarté de structure et d'écriture plus grandes. Il simplifie l'art vocal, l'opposant ainsi à la tradition de l'air de cour et à l'ornementation instrumentale. De la tradition italienne, il retient le *recitativo* et tente, dès ses ballets de cour, son adaptation dans le cadre de l'air à la française. Avec la comédie-ballet, il essaie une fusion d'un autre ordre : celle du ballet traditionnel, avec une action dramatique suivie. Enfin, la création de l'opéra permettra une synthèse plus vaste encore des genres appréciés du public français (le ballet, la comédie, la grande tragédie surtout). La grande innovation due à Lully est la création du récitatif français, calqué sur les impulsions de la déclamation oratoire et singulièrement adapté à la langue. Il est remarquable que les scènes dramatiques les plus importantes de ses tragédies lyriques soient traitées en forme de récitatif, et non en forme d'air. Chaque opéra est ainsi organisé autour d'une action dramatique traitée en récitatif, enserrant de vastes divertissements chantés et dansés issus de l'ancien ballet de cour, dont ils gardent l'esprit et la structure. C'est là surtout que se rencontrent les airs, généralement de forme binaire, issus de l'air de cour. L'évolution de l'opéra lullyste, de *Cadmus* à *Armide,* se fait néanmoins dans le sens d'une accentuation du caractère mélodique de ce récitatif. Du ballet, l'opéra conserve aussi une prédilection pour l'emploi des chœurs, beaucoup plus nombreux que dans l'opéra italien.

Le style et l'écriture de Lully sont aussi d'un architecte : grandes lignes simples, harmonie peu recherchée, procédant par vastes plans contrastés, dramatiquement efficaces. Même clarté et même puissance dans son écriture instrumentale, qui s'épanouit dans les symphonies descriptives, dans les ouvertures et interludes, dans les nombreuses pièces chorégraphiques qui prennent parfois des dimensions architecturales. Les amples chaconnes et passacailles de *Phaéton*, d'*Amadis*, d'*Armide* sont parmi les premières grandes pages symphoniques de l'histoire de la musique.

La musique sacrée de Lully (grands motets pour la chapelle royale : *Miserere*, *Dies irae*, *Te Deum*) témoigne des mêmes qualités dramatiques, et représente de vastes fresques décoratives et oratoires.

L'influence de Lully en France, et hors de France, a été considérable. L'opéra à la française ne modifiera rien à l'essentiel de ce que le surintendant avait conçu : la même structure d'ensemble, la même conception du récitatif, jusqu'à Rameau inclus. Si cette musique vocale est trop liée à la langue pour avoir eu un impact important à l'étranger, en revanche, les formes instrumentales, la danse et le type d'ouverture qu'il a créé se retrouveront dans toute l'Europe, jusque chez Haendel, Telemann et J.-S. Bach.

P. B.

LULU. Opéra en 3 actes, d'après les pièces de Frank Wedekind *l'Esprit de la terre* et *la Boîte de Pandore*, livret et musique d'Alban Berg. Ce dernier mourut sans avoir achevé l'orchestration de l'acte III et sa veuve, arguant, entre autres, du refus de Schönberg de compléter l'œuvre, interdit qu'on y touchât. *Lulu* fut donc créée le 2 juin 1937 à l'opéra de Zurich dans une version tronquée. Aux deux premiers actes, on prit généralement, surtout pour les enregistrements, l'habitude d'adjoindre les deux derniers mouvements de la *Lulu* Symphonie*.

Après le décès d'Hélène Berg (1976), le compositeur et chef d'orchestre Friedrich Cerha put « terminer » l'opéra. La version en 3 actes, que l'on peut considérer comme définitive, fut créée le 24 février 1979 à l'Opéra de Paris, sous la direction de Pierre Boulez.

L'action se déroule à la fin du XIXe siècle.

PROLOGUE. *Un dompteur (b) vient présenter les différents personnages, comme il ferait des animaux de sa ménagerie. Parmi eux le serpent, Lulu, « créature sans âme domptée par le génie humain, créée pour séduire, empoisonner, faire le malheur sans laisser de trace ». Elle ne minaude, ne n'aguiche, elle n'est pas « féminine », mais Féminité, douce et non responsable : un animal extraordinaire, tel qu'on n'en rencontre pas dans les théâtres ni les salons bourgeois, tel que le public, fauve assistant au repas suicidaire de ses congénères, qui, sur scène, vont déchirer Lulu, ne peut en admettre en liberté.*

ACTE PREMIER. Scène 1. (L'atelier d'un peintre, à Vienne.) *Lulu (s. coloratura) pose en costume de Pierrot. Le docteur Schön (bar), qui assiste à la séance et feint de n'avoir avec Lulu que des rapports de courtoisie, est rejoint par son fils Alwa (t), compositeur qui rêve d'écrire un rôle pour Lulu. Tous deux se rendent au journal que dirige le docteur. Resté seul avec Lulu, le peintre (t), fasciné par son air absent, tente de la posséder. Il l'embrasse, la baptise Eva. Survient le mari de Lulu, un vieux professeur de médecine : les ayant surpris, il meurt frappé d'apoplexie. L'indifférence apparente avec laquelle Lulu accueille cette mort affole et fascine le peintre, qui se « comprend » comme la prochaine victime, mais n'en souhaite pas moins connaître un peu de bonheur.* Scène 2. (Dans l'appartement du peintre.) *Ce dernier a épousé Lulu après avoir fait fortune grâce au tableau la représentant. Le couple reçoit par courrier l'annonce des fiançailles du docteur Schön avec une jeune fille d'excellente famille. Lulu semble perdue dans un autre monde et le peintre, éperdu d'amour, lui avoue ne plus rien posséder depuis qu'elle est à lui. On sonne ; le peintre charge sa femme de faire l'aumône au pauvre venu mendier. Mais Lulu connaît bien le vieux Schigolch (b) ; de forts liens de tendresse les unissent, sans que l'on sache jamais qui est exactement le vieil asthmatique : son père ? son premier amant ou « protecteur », à présent ruiné ? De fait, Schigolch apparaît comme celui qui a su transcender sa relation avec Lulu pour devenir le témoin de son destin, le seul confident (un des rares qui l'appellent Lulu), partageant les réussites ou échecs successifs. Il sort au moment où entre le docteur Schön. Ce dernier vient reprocher à Lulu... la liaison qu'il entretient, lui, avec elle, sans être capable d'y mettre fin. Il voudrait que le peintre soit moins naïf et prenne à sa place les dispositions qui l'arrangent au moment où il va se marier. Mais la jeune femme refuse de céder : elle n'aime qu'un homme au monde, c'est à lui qu'elle appartient. De lui elle endurera tout, même les deux mariages qu'il a successivement arrangés pour elle. Elle ne veut qu'une chose : l'épouser, lui, qui a pris soin d'elle dès le début, et auquel l'unit une forte dépendance érotique (la seule arme de Lulu contre lui, mais à laquelle elle-même est soumise). A tout le reste elle est indifférente. Le ton monte, le peintre intervient, éloigne sa femme. De manière ambiguë et hypocrite, Schön lui assène les désirs cachés de Lulu, sans pour autant lui révéler leur liaison. Mais il dévoile un passé que l'autre ignorait : des hommes ont possédé « Eva » avant lui, et l'ont nommée « Mignon » ou « Nelly ». Brisé, le peintre s'enferme et se tranche la gorge. Alwa surgit et reste fasciné par le mort : « Il avait tout ce que nous rêvons de posséder et ne nous possédons pas. » Lulu efface le sang qui a sali l'habit de Schön. Il n'y aura pas de trace, pas de scandale non plus ; simplement une étape de plus, dont elle n'est pas responsable, vers son mariage avec Schön.* Scène 3. (Une loge de théâtre.) *Lulu y danse dans une œuvre d'Alwa. Elle annonce à ce dernier qu'un prince (t) la courtise et veut l'emmener en Afrique. Alwa, peu séduit, lui avoue que, à la mort de sa mère, il n'a jamais pardonné à son père de n'avoir pas épousé la jeune femme. Et il s'interroge : qui sera la troisième victime ? Lulu est entrée en scène. Mais, apercevant dans la salle Schön et sa fiancée, elle feint de s'évanouir. Schön la rejoint dans la loge : elle le met au désespoir en lui annonçant son proche départ pour l'Afrique. Pourtant n'est-ce pas Schön qui a voulu cette carrière de danseuse pour lui dénicher un riche mari ? Schön qui, fiancé depuis trois ans, n'est pas parvenu à rompre avec elle ? Le docteur, vaincu, accepte de briser ses fiançailles et d'épouser Lulu.*

ACTE II. Scène 1. (Chez Schön, une grande salle de réception.) *La comtesse Geschwitz (ms), une lesbienne que le portrait de Lulu a fascinée, prend congé. Schön, un instant seul, montre tous les signes d'une paranoïa sénile ; armé d'un revolver, il fouille partout pour découvrir d'éventuels amants de sa femme cachés là pour souiller son honneur. Avant qu'il ne parte pour la bourse, Lulu l'entraîne dans la chambre à coucher. Pendant ce temps, la comtesse revient, se cache ; d'autres personnages entrent : Schigolch et l'athlète Rodrigo (bar), qui investissent la maison dès que Schön a tourné le dos et vivent des pourboires accordés par ceux qu'ils introduisent auprès de Lulu, accompagnent un jeune lycéen de bonne famille (c). L'entrée d'Alwa oblige chacun à se cacher : ignorant que son père espionne depuis la galerie, le jeune homme presse Lulu de l'anéantir à son tour, même si, comme elle le lui avoue, elle a empoisonné sa mère. Schön fait sortir Alwa et veut contraindre Lulu au suicide, qui est, ainsi, prend fin la série des morts. Comme des singes terrorisés d'être enfermés dans la cage où luttent le tigre et le serpent, tous les personnages cachés cherchent à fuir. Dans l'affolement général, Lulu vide le chargeur sur Schön, qui, mourant, avertit Alwa : « Tu es le prochain. » La police emmène Lulu.* Scène 2. *Un stratagème rocambolesque, digne des pires livrets d'opéra, a permis à la Geschwitz de prendre la place de Lulu en prison ; Lulu doit fuir pour Paris avec Rodrigo, qui a exigé sa main pour prix de sa complicité. Mais elle feint d'être atteinte du choléra et Rodrigo, menaçant, reprend sa parole. Resté seul avec Lulu, Alwa enflammé d'amour décide de fuir avec elle et d'oublier la mort de son père.*

ACTE III. Scène 1. (Dans un salon parisien.) *Toute une société oisive s'agite, emportée dans la course folle d'un argent qui fait et défait les fortunes, au jeu ou dans les spéculations boursières ; le marquis de Casti-Piani (t) propose à Lulu de l'envoyer dans un des bordels qu'il approvisionne. Sinon, il la dénoncera à la police. Rodrigo lui-même, à court d'argent, fait chanter Lulu, qui subit en outre les reproches amers de la comtesse quant à la froideur qu'elle lui témoigne. Se sentant prise au piège, Lulu organise un stratagème : la comtesse feindra de céder aux avances de Rodrigo et l'entraînera dans un bouge où Schigolch, pour prix de l'argent qu'il vient, lui aussi, réclamer, le tuera. Puis elle change de vêtements avec un jeune groom fort sensible à son charme (c). Cependant, Alwa apprend que le cours des actions qu'il détient s'est effondré : il est ruiné. Lulu l'avertit du danger. Elle a refusé l'offre du marquis, la police arrive. Ils n'ont que le temps de fuir.* Scène 2. (Une chambre misérable sous les toits de Londres.) *Lulu se prostitue* pour faire vivre Alwa (auquel elle a transmis une maladie vénérienne) et Schigolch, qui se cachent lorsque viennent les clients. Mais, selon Schigolch, elle n'entend rien au métier : elle ne cherche pas à vendre, mais à acheter une présence amoureuse, même fugitive. La scène se présente comme le reflet de l'acte I. Le premier client est un professeur (rôle tenu par le premier mari de Lulu), qui, sans un mot, paie sa jouissance et laisse sa partenaire excitée. Après son départ entre la Geschwitz, qui a miraculeusement sauvé le portrait de Lulu. Tous, sauf Lulu, sont fascinés par l'image et décident de l'utiliser comme enseigne. Le deuxième client, un nègre (le peintre), refuse de payer et viole presque Lulu. Alwa s'interpose et le nègre le tue. Schigolch s'en va discrètement. Lulu revient avec un dernier client, Jack l'Éventreur (Schön). Elle le supplie de passer la nuit avec elle, peut-être pour échapper à la comtesse, qu'elle essaie (en vain) de présenter comme sa sœur. Elle s'enferme avec Jack, qui l'éventre et poignarde aussi la comtesse. Dans un geste qui rappelle les soins de Lulu pour Schön, il essuie le sang qui l'a souillé et s'éloigne, tandis que la Geschwitz meurt en redisant son amour pour Lulu.

En choisissant de porter à l'opéra la Lulu de Wedekind, Berg choqua un milieu viennois peu habitué à des thèmes réalistes déjà courants à Berlin. Il était pourtant normal que l'auteur de Wozzeck voulût poursuivre sa réflexion sur l'asservissement des pauvres gens par une société qui expérimente sur eux les traquenards de la morale bourgeoise, au risque d'en faire des victimes et des assassins. Lulu, comme la Marie de Wozzeck, tombera sous le couteau d'un autre proscrit ; mais elle aura, avant cela, pris à leur propre piège tous ceux qui, devant elle, jettent le masque et meurent. Lulu n'est ni ingénue, ni méchante : elle est la Femme, obligée de devenir femelle bourgeoise, de passer, comme par autant d'étapes, par tous les aspects de la représentation de la femme dans une société donnée.

Berg, dans les décors d'un théâtre de salon surchargé de bienséance, libère et dénonce les mœurs de la jungle en situant le conflit sur le terrain où l'instinct et la morale se heurtent le mieux : celui de l'amour charnel. Lulu devient le miroir où s'accumulent les images d'une société incapable de supporter l'inaccessible. Le portrait, qui la suit tout au long de l'ouvrage, sert de témoin, dont Lulu-cobaye se détache de plus en plus jusqu'à disparaître, expulsée de son âme originelle, ce « vide » d'essence mystérieuse que les autres auront peu à peu totalement envahi par leurs fantasmes suicidaires ; l'esprit de la terre envolé de la boîte de Pandore fracturée, la société y entasse ses représentations morales : la tragédie de Lulu est celle d'une aliénation, non celle d'une punition infligée à une pécheresse. Pour rendre le chemin de croix de Lulu plus rigoureux, Berg a effectué sur les pièces de Wedekind un important travail de dramaturge, reconstruisant ce qui était démonstration verbeuse à la lumière des structures théâtrales héritées de l'âge d'or expressionniste. À l'utilisation du Stationendrama, à la caractérisation des personnages par un nom générique (le groom, le peintre...), fait écho une partition certes construite à partir d'une matrice dodécaphonique, mais qui oublie celle-ci au profit de thèmes ou de rythmes en dérivant, et qui jouent le rôle des leitmotive wagnériens : la monoritmica annonce la mort, la forme sonate un conflit ; le saxophone est attaché à la figure d'Alwa, tandis que le piano accompagne Rodrigo ou que, autre exemple, le pentatonisme décrit les mœurs « exotiques » de la comtesse. Cette rigueur est contrebalancée par une couleur orchestrale vénéneuse et une écriture vocale fort brillante, exemplaire d'une utilisation moderne des formes traditionnelles du chant.

P. G.

LULU SYMPHONIE. Œuvre pour orchestre avec soprano d'Alban Berg, terminée au cours de l'été 1934 et créée à Berlin le 30 novembre de la même année sous la direction de Erich Kleiber. Il y a 5 parties ou mouvements. L'ensemble relève plutôt du genre suite, mais Berg, s'il ne la baptisa pas lui-même l'ouvrage Lulu Symphonie, n'en approuva pas moins ce titre, d'autant que les 5 mouvements sont un peu agencés comme ceux de la Septième de Mahler, 2 mouvements extrêmes fort développés encadrant 3 interludes lyriques plus brefs. Les 5 mouvements sont : 1) rondo - andante et hymne ; 2) ostinato : allegro ; 3) Lied de Lulu : comodo ; 4) Variations : andante ; 5) adagio : sostenuto - lento-grave. Le concert du 30 novembre 1934 à Berlin fut une des dernières manifestations de liberté culturelle dans l'Allemagne nazie, et la dernière exécution publique dans ce pays d'une œuvre de l'un des trois Viennois avant la chute du régime nazi, onze ans plus tard.

La Lulu Symphonie est tirée de l'opéra du même nom, et fut entendue avant lui, mais ses rapports avec l'opéra ne sont pas les mêmes que ceux jadis entretenus avec Wozzeck les Trois Fragments de Wozzeck. Ceux-ci s'étaient concentrés sur le personnage de Marie. La Lulu Symphonie s'intéresse, au contraire, à d'autres personnages que celui de Lulu (Alwa et la comtesse Geschwitz), et, surtout, ses divers morceaux se succèdent dans un ordre dicté uniquement par l'équilibre symphonique, et qui ne correspond pas à ce qu'on entend dans l'opéra. En outre, des parties avec chant de l'opéra sont ici purement orchestrales, et certains fragments font l'objet d'un montage. La Lulu Symphonie donne de l'opéra Lulu une idée beaucoup plus complète que de Wozzeck les Trois Fragments de Wozzeck. Elle permit, par ailleurs, de connaître bien avant son « achèvement » par Friedrich Cerha d'importants extraits du 3e acte.

Le rondo, de durée presque égale aux 4 autres mouvements réunis, s'ouvre sur 8 mesures d'introduction nouvellement composées par Berg d'après les mesures 56 à 63 du prologue de l'opéra (c'est l'unique emprunt de toute la Lulu Symphonie au 1er acte), et se poursuit par un montage de fragments des deux scènes entre Lulu et Alwa au 2e acte. L'ostinato, sorte de mouvement perpétuel en doubles croches, dont la seconde moitié est la rétrogradation exacte de la première, reprend l'interlude entre les deux scènes du 2e acte. Le Lied de Lulu provient de la scène 1 de l'acte II. Les Variations correspondent à l'interlude entre les deux scènes du 3e acte. Un choral dodécaphonique et précède un thème de 2 fois 8 mesures, en ut majeur et qui n'est autre qu'une chanson de rue composée par Franz Wedekind en personne. Ce thème sera varié quatre fois. L'adagio, synthèse symphonique de la dernière scène du 3e acte, est fait de 4 fragments habilement choisis dont le deuxième, à la scène, intervient en premier. Il débute par la prière de la comtesse Geschwitz devant le portrait de Lulu, culmine avec le cri d'agonie de Lulu, et prend fin sur le chant d'adieu de la comtesse à Lulu.

M. V.

LUMINA (lat. ; « lumières »). Œuvre d'Ivo Malec pour 12 cordes et bande magnétique, composée en 1968. C'est une œuvre pleine de fougue et de contrastes, et l'une des rares grandes réussites dans le genre difficile de l'œuvre « mixte » (pour instruments et bande) : les interventions ponctuelles de la bande magnétique, loin de diluer ou d'écraser le discours instrumental, comme c'est souvent le cas, mènent un dialogue dense et percutant avec les 12 cordes jouées en direct. Celles-ci trillent, chantent, soupirent, murmurent, explosent, crépitent, composent des fourmillements ou des tempêtes d'« objets sonores » qu'on peut entendre en bloc ou en détail, comme des forêts de petites lumières, d'où le titre. Le tout pétille d'une vie capricieuse où alternent les tutti bouillonnants et les atmosphères raréfiées et poétiques. Comme à son habitude, l'auteur transpose à l'écriture instrumentale la notion de l'« objet sonore », comme phénomène global, cellule sonore vivante au-delà de la note, inspirée par son expérience de la musique concrète au Groupe de recherches musicales. Ces « objets sonores » sont exécutés à partir de procédés de notation simples et efficaces, d'une intelligente sobriété. L'auteur prouve ainsi qu'on peut écrire autrement pour les instruments traditionnels. Quelque chose de l'art de Debussy est retrouvé dans cette façon d'écouter la nature et d'en recréer les rythmes.

M. C.

LUMINÉTUDES. Œuvre de musique électroacoustique composée en 1970 par Ivo Malec, au Groupe de recherches musicales de l'I. N. A. Construite à partir des mêmes matériaux sonores employés dans la partie sur bande magnétique de *Lumina** (1968, pour 12 cordes et bande), c'est une œuvre très percutante, économe de moyens, utilisant magistralement le montage pour occuper le temps et l'espace, avec des phénomènes sonores rares et bien dessinés : soubresauts, traits, zébrures, gestes, éclairs dans la nuit (d'où le titre), qui évoquent l'univers plastique de Hartung et suggèrent l'espace autour d'eux plutôt qu'ils n'en l'emplissent. L'auteur joue aussi beaucoup du silence (entre les sons, ou autour d'eux), comme d'un fond noir où s'inscrivent les événements sonores. Les séquences se succèdent dans le style impulsif et contrasté cher à Malec, où les décharges brutales d'énergie et de colère interrompent des moments raréfiés et suspendus. Avec la *Noire à soixante* de Pierre Henry (1961), c'est une des œuvres les plus dépouillées et calligraphiques du répertoire électroacoustique. L'auteur l'a intégrée dans un cycle intitulé *Expérience 3 L*, où figurent également *Lumina* déjà cité, et *Lied* pour orchestre à cordes et ensemble vocal (utilisé surtout comme synthétiseur vivant de sonorités concrètes). M. C.

LUNA (Pablo), compositeur espagnol (*Alhamade, Aragon, 1880-Madrid 1942*). Il fut l'un des derniers grands compositeurs de zarzuelas, et comme directeur du Teatro de la Zarzuela, il se fit une spécialité de parodier les grands opéras classiques jusqu'à Wagner et Verdi. Son œuvre la plus connue, éclatante réussite, est *Molinos de viento* (« Moulins à vent », 1910). M. Mt.

LUNDI (GROUPE DU) [en suédois *Mändagsgruppen*]. Entre 1944 et 1950, chaque lundi, un groupe de jeunes compositeurs, musicologues et musiciens suédois se sont rencontrés, généralement dans la maison du compositeur K. B. Blomdahl à Stockholm, sans aucun programme ni manifeste, mais dans le but d'ouvrir la Suède au monde musical européen de l'après-guerre. Créé en 1943, le *Lilla Kammarorkestern* s'assimile au groupe, tout comme le *Kammarkören* fondé en 1945. Depuis 1950, le groupe s'est transformé et constitue maintenant le *Fylkingen*, membre de la Société de musique contemporaine. Parmi les nombreuses personnalités qui ont été à l'origine du groupe du Lundi, il faut citer les compositeurs K. B. Blomdahl, K. T. Allgén, S. E. Johanson, I. Lidholm, G. Carlind, les pianistes H. Leygraf et K. Baekkelund, les musicologues I. Bentsson, N. L. Wallin et B. Wallner et le chef de chœur E. Ericson. H.-C. F.

LUONNOTAR. Poème symphonique pour soprano et orchestre op. 70 de Sibelius, créé au festival de Gloucester en Grande-Bretagne, le 10 septembre 1913. L'origine en est une commande passée en 1910 par la célèbre soprano finlandaise Aino Ackté, qui souhaitait un morceau capable de faire pendant à la scène finale de *Salomé* de Richard Strauss. Sibelius songea d'abord au *Corbeau* d'Edgar Poe, mais abandonna ce projet, dont la substance thématique passa dans le finale de la 4e symphonie (1911). Aino Ackté ne reçut sa commande qu'au bout de trois ans, et ce fut elle qui créa *Luonnotar* à Gloucester. L'œuvre raconte, d'après la mythologie finlandaise du *Kalevala*, la création du monde grâce à l'union de Luonnotar (ou Ilmatar), fille de l'air, avec le vent et les vagues (Sibelius avait déjà pensé au sujet en 1906 pour une poème symphonique devenu finalement *la Fille** *de Pohjola*).

Le texte de *Luonnotar* fut mis sur pied par le compositeur à partir de fragments du chant I du *Kalevala*. « Il était dans l'air une vierge, la superbe Luonnotar ; très longtemps elle resta pure. Elle finit par s'ennuyer de rester toujours solitaire au fond des vastes cours de l'air. Elle se posa sur les grandes vagues, le vent ballotta la vierge. Pendant sept centaines d'années, mère des eaux la vierge erra, nagea vers le midi, le nord, vers tous les bords de l'horizon. Vint un violent coup de vent qui couvrit d'écume la mer. Malheureuse, quelle est ma vie ! Il aurait mieux valu pour moi vivre en pure vierge de l'air ! Ô puissant Ukko, dieu suprême, accours auprès de moi qui t'implore ! Vint un canard, un bel oiseau, volant vers tous les bords de l'horizon, cherchant un endroit pour y faire son nid. Mettrai-je mon nid sur le vent, ma maisonnette au sein des vagues ? Le vent renversera mon nid, la vague emportera ma chambre ! Mais alors la mère des eaux, la superbe vierge de l'air, sortit son genou de la mer. Il y construisit vite son nid, il se mit à couver ses œufs. La superbe vierge de l'air sentit une chaleur ardente, étendit brusquement ses membres. Les œufs roulèrent dans les ondes, et furent réduits en mille miettes. Tous les morceaux se transformèrent en choses bonnes et utiles. Le bas de la coque de l'œuf fut le fondement de la terre, le haut de la coque de l'œuf forma le firmament sublime, le dessus de la partie jaune devint le soleil rayonnant, le dessus de la partie blanche fut au ciel la lune luisante, tout débris taché de la coque fut une étoile au firmament. »

La partition de Sibelius, d'une durée de dix minutes seulement et qu'il faut absolument chanter dans la langue finnoise originale, n'a rien de descriptif, et n'a recours au dramatisme que pour un bref moment (l'épisode du canard). Elle est pour l'essentiel intensément visionnaire. Le mystère est rendu par une orchestration le plus souvent dépouillée (voire ascétique) et par l'apparente neutralité expressive de la voix. Au début et surtout dans la conclusion (pour laquelle le compositeur indique justement *Visionarico*), le discours est scandé à l'arrière-plan par une série d'accords dissonants (avec frottement de secondes) de harpes et de timbales. La partie vocale, d'une étendue de plus de deux octaves, est d'une difficulté extrême avec sa démarche angulaire et ses entrées à découvert dans le registre aigu. La tonalité de base est *fa* dièse mineur, mais l'atmosphère en général est modale (avec *mi* naturel). A la fin, après trois *do* naturels, la voix répétant « fut une étoile au firmament » fait entendre en valeurs longues les notes *fa* dièse - *mi* naturel - *mi* naturel - *fa* dièse (intervalles de seconde descendante, puis d'octave et de seconde ascendantes). La ligne mélodique évolue donc dans la modalité, voire dans la gamme par tons, mais l'harmonisation de la dernière note est soudain celle de tonique majeure : sentiment de détente, ou plutôt de plénitude, bien que sous cet accord de *fa* dièse majeur tenu quatre mesures aux cordes et aux bois, harpes et timbales énoncent une dernière fois leurs agrégats dissonants. Musique puissante et d'un extraordinaire pouvoir de suggestion, *Luonnotar* est une des grandes œuvres du xxe siècle. M. V.

LUR. Mot qui vient de l'islandais *luor* (ou *luthr*), instrument à vent en bronze de la mythologie viking. Les lurs (ou lurerna) ont été créés vers 1500-500 avant Jésus-Christ (âge du bronze) et près de quarante exemplaires ont été trouvés en Danemark, Suède, Norvège et en Allemagne du Nord.

La forme, recourbée en demi-cercle, des premiers lurs devint plus tard celle d'un S et leur échelle sonore est celle des 12 premiers harmoniques*, ce qui ne signifie pas que l'usage primitif les utilisait tous. Dans les tourbières qui les ont conservés, les lurs étaient généralement deux par deux et symétriques de forme l'un par rapport à l'autre. On ignore tout de la musique des Vikings ; il est probable que les lurs ont servi aussi bien à la célébration des cultes païens que comme véhicules de signaux sonores peut-être en mer. Le xixe siècle scandinave s'est maintes fois référé à la mythologie viking (J. P. E. Hartmann : Ouverture d'*Yrsa*) et certains contemporains ont inclus des lurs dans l'orchestre moderne tel le compositeur islandais J. Leifs dans sa *Saga-symphonie* (1950). H.-C. F.

LUSTGARTEN NEUER TEUTSCHER GESÄNG (all. ; « le Jardin d'agrément des nouveaux chants allemands »). Recueil de chants, ballets, gaillardes et préludes à 4, 5, 6 et 8 voix composés par Hans-Leo Hassler, et publié en 1601. Dans cet ouvrage le Nurembergeois livre comme un résumé de ce savoir qui fit de lui l'un des chefs de file de la Renaissance tardive et du premier baroque en Allemagne, et qui lui valut, entre autres, à trente-sept ans, le poste d'organiste des Függer, puis en 1608 celui de *Kammerorganist* du prince électeur de Saxe.

Les textes du *Lustgarten* sont anonymes, vraisemblablement dus à Hassler lui-même. Ils jouent sur tout un éventail de sentiments et d'atmosphères, du chant d'amour profondément ressenti (« Mon cœur est troublé, une douce jeune fille en est la cause »), à la plaisanterie un brin leste, en passant par le divertissement madrigalesque (« Et les jeunes filles, faisant la ronde, chantent : Bienvenue au Mois de Mai »).

Pluraliste dans ses motivations et ses objectifs, la musique du *Lustgarten* recourt à des structures différentes avec des effectifs « vocaliter et instrumentaliter » très variables. En cela également, Hassler innove et s'écarte des pratiques de l'époque qui voulaient qu'en un même recueil soient réunies des pièces de nature semblable. Ici voisinent les chants homophones, les morceaux alliant le chant et la danse et où le rythme est roi, dans l'esprit des *balletti* chers à Gastoldi. Sous cet angle, la juste mesure est donnée par le rythme à 3, la *proportio tripla* exemplaire de la danse, prônée par les contemporains (*Nun lässt uns frölich sein*). Et l'auteur n'a pas omis, toujours dans l'esprit du siècle, les pages à vocation exclusivement instrumentale (préludes et gaillardes) que l'on exécute aussi « lorsqu'on appelle à table », comme le remarque Praetorius dans la préface de son célèbre recueil de danses *Terpsichore*. De ce point de vue, Hassler anticipe sur l'imitation de la pastorale italienne telle que devait la pratiquer l'autre grand maître du *lied* allemand, Johann Hermann Schein.

Fortement marqué aussi par la musique populaire du temps, le *Lustgarten* de Hassler utilise des mélodies devenues célèbres par la suite. Ainsi le choral de la *Passion selon saint Matthieu* de Bach, *O Haupt voll Blut und Wunden*, trouve-t-il son origine dans l'air « Mon cœur est troublé... ». R. T.

LUTH. Instrument ancien à cordes pincées dont la vogue, considérable en Europe, du XVIe au XVIIIe siècle, est attestée par une littérature aussi remarquable que nombreuse. Descendant de l'« al laud » ou « al-ud » arabe qui lui donne son nom, il n'apparaît dans sa forme caractéristique, caisse bombée ovale et manche au chevillier recourbé, qu'à partir du XIVe siècle, muni alors de 4 cordes doubles en boyau, appelées « chœurs », dont l'accord varie fréquemment. On ne l'emploie jusqu'à la fin du XVe siècle que pour l'accompagnement du chant et des danses, mais il est déjà fort répandu puisque de nombreux princes d'Europe comptent au moins un luthiste à leur cour, tels les ducs de Lorraine, d'Autriche, de Bourgogne, la reine Anne de Bretagne, etc.

L'instrument fait, pour la première fois, son apparition parmi les musiciens de la Chambre du roi sous Charles VIII. Il commence à être utilisé comme instrument soliste au début du XVIe siècle, et des œuvres de plus en plus nombreuses vont lui être consacrées, soit des pièces originales, soit sous forme de transcriptions de musique vocale. L'utilisation de « tablatures », système d'écriture emprunté aux organistes facilitant la lecture, se généralise et contribue à un essor rapide de l'instrument, qui jouit bientôt d'une faveur considérable et donne naissance à de très importantes écoles nationales en Italie, en France, en Allemagne, en Pologne, en Angleterre et aux Pays-Bas. Parmi d'innombrables noms se distinguent ceux de Francesco da Milano *(1497-1543)*, Albert de Rippe *(v. 1500-1551)*, Hans Newsidler *(v. 1508-1563)*, Adrian Le Roy *(v. 1520-1598)*, etc.

L'instrument compte bientôt un minimum de 9 cordes, groupées en 5 « chœurs », nombre qui est souvent porté à 13 ou 14. L'accord le plus usité est alors appelé le « vieil ton », il utilise 11 cordes formant deux groupes de quartes séparées par une tierce majeure : *sol, do, fa, la, ré, sol*. Mais cet accord fera souvent l'objet de modifications, soit par l'adjonction de cordes supplémentaires, soit selon le ton du morceau à interpréter. On assiste aussi à l'apparition de luths de diverses dimensions, le « dessus de luth » ou « luth soprano », le « luth alto », le « luth ténor », et le « luth basse ». Des instruments dérivés directement du luth sont également utilisés, comme l'« archiluth », le « luth théorbé », le « théorbe », la « chitarrone », etc. Tous ont finalement pour objet d'élargir la tessiture pour mieux répondre aux besoins de plus en plus variés. Au XVIIe siècle, le luth subit peu de modifications hormis l'augmentation du nombre de cordes, et son usage continue de se répandre en Angleterre, avec Thomas Morley *(1557-1602)*, John Dowland *(1562-1626)*, Thomas Mace *(1612 ou 1613-1706)*, en Allemagne, avec Reussner *(1636-1679)* et le Comte Logi *(1638-1721)*, et en France, grâce à Besard, Francisque, Gaultier, etc. Mais son déclin va bientôt arriver en Italie, en Pologne, aux Pays-Bas, vers la fin du XVIIe siècle, ainsi qu'en France, où le luth disparaît totalement dans les premières années du XVIIIe. Seule l'Allemagne jouit encore du privilège d'héberger des luthistes à l'époque baroque, et non des moindres puisque l'on compte parmi eux le célèbre Sylvius Leopold Weiss *(1686-1750)*, qui nous laisse de magnifiques suites, écrites pour un luth à 13 « chœurs ». J.-S. Bach, lui-même, ne dédaigne pas de s'y intéresser et nous lui devons 4 suites, 2 préludes et 2 fugues pour luth, de même que Joseph Haydn, dont on connaît les *Cassations* pour luth obligé et trio à cordes.

Mais, ne répondant plus aux besoins des compositeurs, l'instrument tombe en désuétude en Allemagne à la fin du XVIIIe siècle, malgré l'importance considérable qu'il a eue sur trois cents ans de musique. On assiste, depuis 1960, à plusieurs tentatives pour faire revivre le luth, de la part de guitaristes comme Julian Bream, Konrad Ragossnig, Aaron Skittri, Guy Robert, qui, tentés par l'importance du répertoire, et désireux d'authenticité, se sont mis à l'étude de sa technique sur des instruments restaurés ou copiés de l'ancien, et les recherches actives sur les anciennes tablatures permettent chaque jour la redécouverte de chefs-d'œuvre oubliés. P. M

LUTHÉAL. Instrument, ou plutôt accessoire instrumental du piano à queue, dont le brevet est dû au Belge Georges Cloetens et utilisé par Ravel pour la création de *Tzigane* le 15 octobre 1924. Le dispositif du luthéal adapté à l'intérieur d'un piano de concert permet, au moyen de 4 boutons de commande, d'obtenir des sonorités nouvelles, des hauteurs variables et imiter d'autres instruments à l'instar des jeux d'orgues. Pour *Tzigane*, Ravel voulait obtenir, grâce à lui, des sonorités semblables à celles du cymbalum. Dans *l'Enfant et les sortilèges* (1925), le luthéal permet au piano de sonner comme un clavecin. C. H.

LUTHER (Martin), réformateur, poète et musicien allemand *(Eisleben 1483 - id. 1546)*. L'œuvre de Luther intéresse la musique à plusieurs titres. D'abord en ce qu'il a organisé un culte largement fondé sur la parole et la musique communautaire, instituant notamment une messe allemande, qui fournira un schéma à de très nombreux compositeurs du monde protestant. Ensuite en ce qu'il a, lui-même, écrit et composé des cantiques spirituels et suscité une importante floraison de compositeurs, établissant ainsi un répertoire de thèmes de chorals, qui allaient servir de matériau thématique aux musiciens. Enfin, en ce que son mouvement de pensée sera déterminant sur la musique allemande, même non religieuse, et sur le rôle et l'importance de la musique dans la culture et la civilisation germaniques jusqu'à nos jours.

Ses études, notamment à Eisenach, la future patrie de Jean-Sébastien Bach, font une large part à la musique, à laquelle il s'adonne durant sa jeunesse et qu'il ne cessera de pratiquer toute sa vie avec délectation. Entré dans les ordres, érudit professeur, « docteur en la sainte Écriture », par sa contestation de l'état présent de la foi et de l'Église, Luther attire de nombreux sympathisants. Cette contestation se concrétise par les *95 Thèses de Wittenberg*, véritable point de départ de la Réforme. Celles-ci lui valent, en 1520, l'excommunication, et la mise au ban de l'Empire en 1521. L'une de ses principales tâches sera désormais d'organiser la nouvelle communauté religieuse et civile qui se rallie massivement à ses idées et à sa pratique de la foi.

Dès 1523, il publie *De l'ordre du service divin dans la communauté* et *Formula missae et communionis*, écrits qui affirment, entre autres, deux préceptes essentiels pour la musique religieuse : le service divin est centré sur le sermon, exégèse des textes sacrés, et le culte requiert la participation de la collectivité des fidèles par le chant. De ce type d'organisation cultuelle, on trouve la trace précise dans les cantates de Bach, qui en observent très rigoureusement l'ordonnance.

En 1524, l'*Épître aux Rathsherren* propose un schéma décisif d'organisation de la vie cultuelle. Au temple, la communauté doit manifester sa participation active par le chant, soutenu à l'orgue. Puissant exercice respiratoire, le chant mène le fidèle à un état d'équilibre intérieur propice à la réception de la parole divine et de l'enseignement religieux. D'autre part, à la maison, la cellule familiale, microcosme de la communauté paroissiale, traduira sa piété par le chant quotidien des cantiques. Pour Luther, profondément musicien, la musique agit comme un exorcisme. Elle est la médiatrice entre l'homme et Dieu, elle met l'individu en communication directe avec le surnaturel : une idée qui va rencontrer la sensibilité germanique et s'y ancrer profondément, jusque dans son inconscient collectif, au point de lui devenir consubstantielle pendant des siècles.

Pour doter les fidèles de la religion réformée d'un corpus de cantiques, Luther se met lui-même à l'œuvre, écrivant les textes et les mélodies de chorals — il en composera en tout 36, dont le fameux *Ein feste Burg ist unser Gott* (« Une citadelle est notre Dieu »). Ne pouvant, seul, faire face à cette tâche considérable, il s'entoure de poètes et de musiciens, qui constituent peu à peu, sous ses directives, un vaste ensemble, dont l'élaboration se poursuit au long de la vie de Luther et après sa mort, empruntant notamment certaines mélodies au psautier huguenot français. Tous les motifs mélodiques des chorals ne sont, en effet, pas originaux. Nombre d'entre eux proviennent d'hymnes antérieures, de chants médiévaux, sacrés ou profanes, auxquels de nouvelles paroles, en langue populaire et non en latin, sont adaptées. Mais chaque fois, Luther et ses collaborateurs (ou leurs successeurs) modifient ces mélodies, quand ils n'en créent pas eux-mêmes, en leur donnant une carrure franche et bien découpée, résolument strophique, aux respirations régulières.

Le premier des recueils de cantiques luthériens est le *Geistliches Gesangbüchlein* (« Petit Livre de chant spirituel »), publié en 1524 par Johann Walter *(1496-1570)*, avec une préface de Luther, et contenant, entre autres, des poèmes et des chorals de Luther lui-même. Luther préfacera encore de la même façon des recueils de chorals postérieurs, en 1528, 1538, 1542 et 1545.

En 1525, Johann Walter et Konrad Rupsch (ou Rupff) travaillent avec Luther à mettre au point des genres et des textes musicaux devant composer la messe allemande. Le fruit de ces travaux est consigné dans un ouvrage du réformateur daté de 1526, *Messe allemande et ordre du service divin présentés à Wittenberg*. Luther reviendra sur les questions musicales à bien d'autres reprises, à travers de nombreux écrits, notamment la *Lettre à Ludwig Senfl* (1530). Senfl est, en effet, l'un des principaux compositeurs luthériens de la première génération, avant Hans Leo Hassler, Melchior Franck et Praetorius.

Luther meurt en 1546, un an après la convocation du concile de Trente, qui aura, lui aussi, et sans doute sous son influence, à s'occuper de musique (cf. le pape Marcel II, en 1555). Mais recueils de chant et psautiers continuent à se constituer : *Psautier Lobwasser* (1565), *Psautier Wolkenstein* (1580), *Psautier Osiander* (1586).

Ainsi se trouve rigoureusement réalisée une liturgie musicale fondée sur des thèmes bien connus de tous et très régulièrement pratiqués. Les compositeurs — Schütz, Buxtehude ou Bach, pour les plus célèbres —, qui les utiliseront dans leurs pièces polyphoniques, pour les voix ou pour l'orgue, ne le feront qu'en pensant précisément aux textes implicites qu'ils soustendent, et auxquels chaque croyant de la religion réformée peut mentalement associer les paroles qu'il a l'habitude de chanter, avec tout leur jeu de connotations spirituelles. Il n'y aura jamais, dans le monde luthérien, de citation musicale gratuite d'un thème de choral, mais toujours allusion précise à un texte de commentaire ou de réflexion religieux.

Luther a mis au point une forme exemplaire de participation de la communauté au culte divin dont pourraient très utilement s'inspirer aujourd'hui ceux qui cherchent à réformer le chant religieux catholique.

G. C.

LUTHERIE, LUTHIER. À l'origine, le luthier est le faiseur de luths. Après le déclin de cet instrument, la signification du mot s'élargit pour désigner le fabricant d'instruments de la famille du violon. Par extension, le terme désigne parfois le fabricant d'instruments à cordes frottées ou pincées comportant un manche. La plus célèbre école italienne de lutherie est celle de Crémone (avec les Amati, les Stradivari, les Guarneri, C. Bergonzi et L. Guadagnini), à côté de laquelle il faut citer celles de Brescia (Gasparo da Salò, G. P. et P. S. Maggini), de Venise (Fr. Gobetti, D. Montagnana et Serafino Santo), de Naples (N. et G. Gagliano), de Milan (P. et G. Mantegatia, C. A. Testore), de Bologne (L. Mahler), de Turin (G. Fr. Pressenda) et de Rome (D. Tecchler). L'école française est représentée, notamment, par J. Boquay, N. Lupot, J. Fr. Aldric et A. S. Ph. Bernardel à Paris, J. B. Vuillaume à Mirecourt, puis à Paris ; l'école anglaise par B. Banks à Salisbury ; l'école allemande par les Klotz à Mittenwald ; l'école autrichienne par J. Stainer à Absam, les Stadlmann, les Thir et Fr. Geissenhof à Vienne. Aux XIXe et XXe siècles furent créées des écoles de luthiers : celles de Markneukirchen, Mittenwald, Crémone et Mirecourt sont parmi les plus connues.

Le luthier doit savoir réparer 1 instrument ancien, le recoller, le rebarrer, en rectifier les proportions ; il doit aussi savoir fabriquer un instrument neuf, sélectionner les bois et construire toutes les pièces à partir de modèles. Il se sert pour cela d'outils comme les rabots en fer, les ciseaux, les gouges et les scies (pour creuser les voûtes du fond et de la table et sculpter la volute du manche), le compas d'épaisseur (pour mesurer les épaisseurs du fond et de la table), le fer à plier (pour donner au bois la courbure voulue) et le traçoir (pour tracer, sur le fond et la table, la rainure devant recevoir les filets). Pour terminer, il procède au vernissage de l'instrument.

A. et M. P.

LUTOSLAWSKI *(Witold)*, compositeur polonais *(Varsovie 1913)*. Il apprit le piano à Varsovie dès l'âge de six ans, le violon à treize ans, et fit ses études musicales au conservatoire de cette ville (1932-1936), auprès de Witold Maliszewski pour la composition et Jerzy Lefeld pour le piano. L'audition de la 3e *Symphonie* de Karol Szymanowski lui causa une impression des plus profondes. La révélation du Stravinski de la première période et du Roussel de la 3e *Symphonie* détermina son orientation vers la musique contemporaine. Les plus représentatives de ses partitions d'avant la Seconde Guerre mondiale restent la *Sonate pour piano* (1934), la *Double Fugue pour orchestre* (1936) et surtout les *Variations symphoniques* (1936-1938), où se révèle un sens inné de la forme concise et équilibrée, du raffinement harmonique et instrumental. Fait prisonnier au cours de la campagne de Pologne de 1939, il s'évada et regagna Varsovie, ville où il passa les années d'occupation à jouer du piano dans des cafés pour gagner sa vie. C'est l'époque des *Variations sur un thème de Paganini* pour deux pianos et de l'ébauche de la *1re Symphonie*, où ressort l'influence d'Albert Roussel. Les années 1945-1955, au cours desquelles l'activité créatrice en Pologne fut étouffée, virent le compositeur se consacrer à des œuvres pour les écoles, les théâtres, à des pièces radiophoniques, et à des études sur le folklore polonais. De cette période datent les *Mélodies populaires pour piano* (1945), la *Petite Suite pour orchestre* (1950), le *Triptyque silésien* pour soprano et orchestre (1951), les *Bucoliques pour piano* (1952), les *Danses préludes* pour clarinette et petit ensemble (1955). La *1re Symphonie*, terminée en 1947, fut créée en 1948. Le *Concerto pour orchestre* (1950-1954) montra ensuite pour la première fois de quelle ampleur de conception le compositeur était capable.

Indépendant par rapport aux modes éphémères, Lutoslawski se forgea peu à peu un langage personnel, à l'opposé de tout système. Une étape importante de cette évolution fut franchie avec la *Musique funèbre pour orchestre à cordes* (1958), au retentissement mondial. De la même époque date le cycle, d'une exceptionnelle délicatesse de touche, des *Cinq Mélodies* pour voix de femmes et piano, sur des poèmes de Kazimiera Illakowicz (1956-57) : il en existe une version pour mezzo-soprano et 30 instruments.

Cofondateur du festival d'automne de Varsovie, Lutoslawski est devenu vice-président de la Société internationale de musique contemporaine, il a donné des cours de composition et a entrepris une carrière de chef d'orchestre, dirigeant principalement ses propres œuvres. La meilleure manière de les découvrir est d'en suivre l'évolution chonologique à la suite de la *Musique funèbre*, qui avait marqué l'abandon de la tonalité et l'adoption du total chromatique. Après les *Trois Postludes* pour orchestre (1958-1960), le musicien a abordé, avec les *Jeux vénitiens* (1961), l'écriture « aléatoire contrôlée », où la liberté de chaque instrumentiste est réduite au tempo, ce qui n'affecte en rien la forme ou la couleur de la composition. Le compositeur a déclaré avoir opté pour la technique aléatoire dans le but de restaurer le plaisir de faire de la musique, d'obtenir une musique fluide, constamment changeante, un enrichissement rythmique, l'introduction de nuances capricieuses et la richesse d'un jeu soliste dans le cadre d'un ensemble orchestral ou vocal. De 1962-63 date le premier grand chef-d'œuvre du maître, les *Trois Poèmes d'Henri Michaux* pour chœur à 20 parties réelles et ensemble instrumental. Très sensible au problème de la réceptivité de la musique par le public, ce compositeur d'une grande concision de pensée a défini comment il avait intégré son langage en des formes différentes de celles des classiques, évitant de saturer l'auditeur dès le début d'une œuvre : « J'ai trouvé une formule, où le début d'une œuvre est une préparation à une expérience fondamentale placée à la fin de l'œuvre. C'est une forme consistant en une série d'épisodes, placés au commencement, enchaînés ou non, et en un seul mouvement fondamental placé à la fin de l'œuvre. » C'est la forme des *Jeux vénitiens*, du *Quatuor à cordes* (1964) ou de la *2e Symphonie* (1966-67). Celle-ci comporte une courte introduction, *Hésitant*, suivie d'un second mouvement très développé, *Direct*. La pleine maturité de son art a été atteinte avec le *Livre pour orchestre* (1968) et le *Concerto pour violoncelle* (1970), dédié à Mstislav Rostropovitch, et qui emprunte ses situations au théâtre. Des éléments sont énoncés par un instrument et un groupe d'instruments interviennent, dérangeant cet instrumentiste. On peut parler d'action en musique, mais cette œuvre dramatique ne comporte pas de programme défini. A la suite des *Poèmes d'Henri Michaux*, le musicien a conçu de nouvelles œuvres vocales sur des textes français, les *Paroles tissées* pour ténor et orchestre d'après Jean-François Chabrun (1965) et les *Espaces du sommeil* (1975) pour baryton et orchestre, sur des poèmes de Robert Desnos, dédiés à Dietrich Fischer-Dieskau. Le choix du français lui a été dicté par son amour du chant dans cette langue et le besoin qu'il ressentait de faire appel à une langue très internationale. Lutoslawski a, en outre, composé *Préludes et fugue* — 7 préludes et 1 seule et vaste fugue pour 13 instruments à cordes — (1972); *Mi-Parti* (1976) et *Novelette* (1978-79) pour orchestre ; une *Épitaphe pour hautbois et piano* (1979), un *Double Concerto pour hautbois, harpe et orchestre de chambre* (1980) et une *3e Symphonie* (1983). Il est membre honoraire de plusieurs académies mondiales et titulaire de nombreux prix.

Witold Lutoslawski se situe lui-même dans une lignée venant de Debussy, Stravinski, Bartók, Varèse et Messiaen, sans influence de Schönberg. Mais on ne se pose guère la question de l'hérédité, à l'écoute d'une musique qui se suffit à elle-même, témoignage d'une personnalité attachante, d'un esprit curieux toujours à l'écoute de l'univers, dont il retient les lignes de force. S'il reste parmi les compositeurs qui dominent leur époque, cet artiste racé, cultivé, ennemi de toute iconoclastie, conserve un goût très sûr, un sens inné de l'équilibre, même dans ses pages les plus audacieuses. En simple auditeur, Lutoslawski aime écouter la musique européenne des siècles passés. Le contact avec les grands esprits de la musique est pour lui une nécessité. Son art est le reflet d'une vie intérieure intense, d'un dynamisme toujours prêt à se libérer, et captive l'attention par son extrême mobilité, depuis les manifestations les plus impalpables, les friselis aux mille paillettes étincelantes, jusqu'aux moments éruptifs aux décharges foudroyantes, créant une obsession dramatique au sein d'une musique pure.

P. V.

LUTRIN (en lat. *lectrinum*, de *legere*, « lire »).
— 1. Pupitre à un pied, servant à supporter une partition d'une certaine taille. Ce terme s'emploie plutôt pour les lourds lutrins d'église, destinés à porter les livres de chants qui servaient autrefois de partition unique et commune pour toute la masse chorale (d'où leur grande dimension).
— 2. Par métonymie, ce terme désignait aussi la partie du chœur de l'église occupée par les chantres et la chorale religieuse.

M. C.

LUTYENS (*Elizabeth*), femme compositeur anglaise (*Londres 1906*). Fille de l'architecte sir Edwin Lutyens, elle étudia à l'École normale à Paris (1922) et au Royal College of Music, puis revint à Paris se perfectionner dans la classe de G. Caussade au Conservatoire.

A son *Concerto de chambre no 1*, marqué par le sérialisme (1939), succédèrent des ouvrages de tendances très diverses, dont les *Trois Préludes symphoniques* (1942), d'obédience plutôt néoromantique. Elle parvint à maturité et développa un sérialisme personnel à partir de *Ô saisons, ô châteaux !* pour soprano, mandoline, guitare, harpe et cordes, d'après Rimbaud (1946), mais n'obtint vraiment la consécration que dans les années 60, en particulier avec la cantate *Catena* (1961), *Musique pour orchestre II* (1962) et *III* (1963), et *The Valley of Hatsu-se*, sur des poèmes japonais (1965). Son langage prit une nouvelle ampleur avec *Essence of our Happinesses*, pour chœur et orchestre (1968). Depuis, elle s'est particulièrement attachée à la musique vocale. On lui doit encore les opéras de chambre *The Pit* (1947) et *Infidelio* (1954, joué en 1973), et les opéras *The Numbered* (1965-1967), *Time Off ? - Not a Ghost of a Chance !* (1967-68) et *Isis and Osiris* (1969-70). Son catalogue comprend plus de 150 numéros d'opus. Parmi ses dernières œuvres, l'air de concert *Dialogo* op. 142 et *Diurnal* pour quatuor à cordes op. 146, créés en 1981.

M. V.

LUX AETERNA. Pièce pour 16 voix solistes (4 sopranos, 4 contraltos, 4 ténors, 4 basses) *a cappella* écrite par György Ligeti en juillet-août 1966, et créée le 2 novembre de la même année à Stuttgart par la Schola cantorum de cette ville, placée sous la direction de Clytus Gottwald. D'une durée de neuf minutes, *Lux* *aeterna* utilise comme arrière-plan une structure définie d'intervalles, d'où se développe une subtile forme polyphonique utilisant abondamment les procédés d'écriture canonique. Les intervalles prépondérants sont surtout des quartes, qui contiennent chacune une seconde majeure et une tierce mineure. Les accords se fondent les uns aux autres en un processus continu. « Ma nouvelle technique se sert de combinaisons d'intervalles qui existent depuis longtemps, mais c'est la façon dont ils agissent sur la structure et la forme qui est totalement différente : il n'y a pas de relation ou d'évolution, mais seulement une sorte de croissance d'un étage harmonique à un autre. Au cours d'un agrégat harmonique apparaît un minuscule changement, puis de plus en plus de changement jusqu'à ce que l'harmonie perde de son identité et change peu à peu de nature » (G. Ligeti). P. S.

LUZZASCHI *(Luzzasco)*, organiste et compositeur italien *(Ferrare v. 1545*- id. *1607)*. Élève de Cyprien de Rore, il fit toute sa carrière dans sa ville natale, au service du duc Alphonse II d'Este dès 1571. Il y apparaît comme organiste, maître de chapelle et organiste de l'Académie de la Mort. Frescobaldi fut le plus illustre de ses élèves.

Luzzaschi publia de nombreux recueils : 7 livres de *Madrigali a 5 voci* (1571-1604), *Madrigali per cantar e sonare a uno, e doi, e tre soprani* (1601), des *Sacrae cantiones a cinque voci* (1598), des *Ricercari* instrumentaux dont certains perdus. Ses madrigaux pour 1 à 3 voix s'affranchissent de la polyphonie rigoureuse pour tendre vers l'air accompagné. Quant aux madrigaux à 5 voix, ils montrent un usage croissant du chromatisme pour souligner l'expression des poèmes chantés. C'est autour de Luzzaschi que se développa l'école des « chromatistes », qui devait profondément impressionner Gesualdo lorsqu'il se rendit à Ferrare pour y épouser Éléonore d'Este : le premier de ses *Livres de madrigaux* date de ce séjour auprès de Luzzaschi (1594), et toute l'œuvre madrigalesque ultérieure de Gesualdo en porte directement l'influence.
G. C.

LYDIEN. Terme relatif à une peuplade barbare vivant à l'est du monde grec, en Asie Mineure, et ayant donné son nom dans la musique grecque à une harmonie* ou échelle*, puis à un ton*. A partir du IXᵉ siècle, ce nom fut attribué au 5ᵉ mode de la musique grégorienne, et, à partir du XVIᵉ siècle, selon les écoles, au mode de *fa*, de *mi* ou de *do* de la musique modale chromatique.

Pour Platon, l'harmonie lydienne (dite aussi *lydisti*) emprunte l'échelle d'une octave enharmonique à partir du 2ᵉ degré en montant (1/4 de ton au-dessus du *mi*) ; elle est rejetée de *la République* pour son ethos relâché et propre aux buveurs. Dans le système des « tons de transposition » de cette même musique grecque (v. DO-

RIEN), le ton lydien est situé 2 tons plus haut que le dorien, ce qui conduit à accorder l'octave moyenne de la lyre deux tons plus bas. Le dorien prenant pour accord de cette octave les intervalles de l'octave de *mi*, le lydien accordera son octave moyenne selon les intervalles de l'octave de *do*, ce qui a amené l'école de Westphal-Gevaert à considérer à tort le lydien comme un « mode de *do* ». Au IXᵉ siècle, la confusion opérée par *l'Alia musica*, entre tons grecs et modes grégoriens, fit considérer le lydien, 3ᵉ de la nomenclature topique de Boèce, comme l'authente du 3ᵉ ton couplé ou *tritus*, soit 5ᵉ ton de la nomenclature simple ; ce 5ᵉ ton ayant *fa* pour finale (avec ou sans triton selon les cas), on donna plus tard au mode de *fa* sans altération (donc avec triton obligé) le nom de lydien. C'est encore dans ce sens que l'emploie Beethoven dans son *15ᵉ Quatuor*. Enfin Zarlino, dans sa « réforme » de 1573, assigna au lydien le rôle de mode de *mi* ; il fut suivi par Mersenne, Jean-Jacques Rousseau et quelques autres, mais son système ne fut guère généralisé. J. C.

LYRA-VIOL (de l'angl.). Petite basse de viole qui diffère peu de la basse de viole usuelle. L'instrument fut populaire en Angleterre au XVIIᵉ siècle. John Payford *(A Brief Introduction to Music*, 1667) précise qu'elle était la plus petite des trois basses de viole *(Consort bass, division viol, lyra-viol)*, donc plus facile à manier. C'est la manière de jouer *(lyra way)* qui semble avoir été caractéristique, puisque sa musique fait souvent appel au jeu en accords. En même temps se développent plusieurs façons d'accorder les 6 cordes de l'instrument. Son répertoire considérable (J. Coprario, J. Jenkins, W. Lawes, C. Simpson, etc.) se destinait tout aussi bien à la basse de viole classique.
C. W.

LYRE. Instrument archaïque à cordes pincées, dont notre civilisation gréco-latine, qui l'associe au dieu Apollon, a fait le symbole même de la musique. Sa forme, trop classique pour qu'il soit besoin de la décrire, découle vraisemblablement des matériaux primitivement employés à sa construction : carapace de tortue en guise de caisse de résonance et paire de cornes servant de montants. L'étendue de la lyre était évidemment limitée par le fait qu'elle ne pouvait recevoir que quelques cordes d'égale longueur, dont la hauteur de son n'était déterminée que par leur tension. Aussi a-t-elle été supplantée par la harpe*, dont la disposition asymétrique permettait l'emploi de cordes plus nombreuses, longues dans le grave et courtes dans l'aigu. L'instrument ancien appelé en Italie *lira da braccio* n'avait en fait rien de commun avec une lyre, puisqu'il comportait une touche et se jouait de la même façon qu'une guitare*. De même, la « guitare-lyre » du XIXᵉ siècle n'est qu'une guitare avec une caisse développée en forme de lyre. M. T.

Maazel (*Lorin*), chef d'orchestre et violoniste américain (*Neuilly 1930*). Il commence l'étude du piano et du violon à l'âge de cinq ans. Ses parents, musiciens originaires de Los Angeles, s'installent à Pittsburgh en 1938, et, dès 1939, il dirige en public à New York et à l'Hollywood Bowl. En 1941, Toscanini l'invite à diriger l'orchestre de la N.B.C. Après avoir terminé des études de mathématiques et de philosophie à l'université de Pittsburgh et s'être produit quelque temps comme violoniste, il est nommé chef de l'orchestre symphonique de Pittsburgh (1949), et, en 1951, obtient une bourse pour aller étudier en Italie la musique baroque. A la même époque, il commence à diriger les grands orchestres européens : il est le plus jeune chef et le premier Américain à diriger, en 1960, au festival de Bayreuth (*Lohengrin*). Invité à Salzbourg (1963), il donne en 1968, à Berlin, la première mondiale de l'*Ulisse* de Dallapiccola. De 1965 à 1975, il est directeur musical de l'orchestre de Radio Berlin. Codirecteur, avec Otto Klemperer, du New Philharmonia Orchestra de Londres de 1970 à 1972, il succède, dès 1972, à George Szell comme chef et directeur artistique de l'orchestre de Cleveland. En 1977, il est nommé chef principal de l'Orchestre national de France, accord qu'il renouvelle pour trois ans en 1978. C'est lui qui enregistre, en juillet 1978, *Don Giovanni* de Mozart pour le film de Joseph Losey. En 1982, Lorin Maazel prend la tête de l'opéra de Vienne.

Le lyrisme et la fougue de sa direction, que soustend une prodigieuse mémoire, en font l'un des chefs marquants de notre époque. A. de B.

Macbeth. Poème symphonique de Richard Strauss, « d'après le drame de Shakespeare », écrit en 1886-87, révisé sur le conseil de Hans de Bülow, dédié à Alexandre Ritter et, dans sa version définitive (avec conclusion en *ré* mineur au lieu du *ré* majeur original), donné en première audition à Weimar, le 13 octobre 1890, sous la direction du compositeur. Contemporaine de *Aus Italien* et de *Don Juan*, l'œuvre ne comporta pas de programme détaillé et, par conséquent, ne constitue pas le compte rendu fidèle des divers épisodes de la tragédie shakespearienne. Elle vise plutôt à l'évocation psychologique de deux personnages totalement pervertis, qu'une ambition politique démesurée mène au crime le plus atroce et au destin le plus démoniaque. D'où les deux thèmes principaux (celui de Macbeth et celui de sa monstrueuse épouse) à partir desquels s'organise un discours musical presque toujours violent débutant par un allegro un poco maestoso, passant par un moderato maestoso et s'achevant, dans une véritable orgie de couleurs sonores, par un grandiose poco allargando e molto tranquillo.

Macbeth révèle la puissance cosmique d'une inspiration de laquelle le lyrisme — même brutalement dissimulé — n'est jamais absent. J. D.

Macbeth. Opéra en 4 actes de Verdi sur un livret de Francesco Maria Piave et Andrea Maffei, d'après Shakespeare, créé au Théâtre de la Pergola de Florence le 14 mars 1847, dans sa version primitive, et à Paris, au Théâtre-Lyrique, le 21 avril 1865, dans sa version définitive.

L'action se situe en Écosse au XIe siècle.

ACTE PREMIER. *Au retour d'une campagne victorieuse, deux généraux rencontrent trois sorcières : elles prédisent à Banco (b) que ses descendants régneront, et à Macbeth (bar) qu'il sera « sire » de Glamis, de Caudore, et roi d'Écosse. En effet, Macbeth est alors nommé « thane » de Caudore, et les deux hommes manifestent leur effroi. Dans son château, lady Macbeth (s) lit la lettre relatant ces prédictions* (Nel di della vittoria), *attend fébrilement l'époux dont elle craint les faiblesses* (Vieni, t'affretta), *et, apprenant que le roi Duncan doit passer la nuit au château, exulte à l'idée du meurtre à accomplir. Macbeth entre dans les vues de sa femme* (duo : Fatal mia donna), *et tue le roi durant son sommeil. Lady Macbeth se remord et s'apprête à tuer Malcolm, fils du roi, mais le crime est découvert et les époux se joignent apparemment à la consternation générale.*

ACTE II. *Malcolm ayant fui, Macbeth a été fait roi ; songeant à l'autre prédiction, il s'apprête à tuer Banco et son fils : lady Macbeth s'interroge sombrement sur ce nouveau crime, nécessaire à son triomphe* (La luce langue, air datant de 1865). *Dans un parc, un chœur de mercenaires armé par Macbeth attend sa victime* (Sparve il sol). *Banco dit son inquiétude* (Come dal ciel precipita), *tombe sous les coups des sicaires, mais peut faire fuir son fils. Au cours du banquet royal, lady Macbeth entonne un toast* (Si colmi il calice) : *le siège de Banco demeure vide, mais par deux fois Macbeth voit s'y dresser son spectre, à la stupeur des convives, et au mépris de sa femme.*

ACTE III. (*Une grotte sombre.*) *Trois sorcières s'affairent autour d'un chaudron, et une danse réunit les esprits infernaux. Elles conseillent à Macbeth « de se garder de Macduff et d'être sanguinaire », l'assurant « qu'il sera invincible tant que la forêt de Birnam ne se mettra en marche vers lui, et qu'aucun homme né d'une femme ne pourra lui nuire ». Mais elles lui révèlent que la descendance de Banco vivra. Macbeth s'évanouit ; mais l'arrivée de sa femme le rappelle à la réalité (cette scène date de 1865) : que flambe le château de Macduff !*

ACTE IV. (*La forêt de Birnam, aux confins de l'Écosse et de l'Angleterre.*) *Les Écossais exilés plaignent leur patrie oppressée* (chœur écrit en 1865), *et Macduff (t) pleure le massacre de sa famille* (O figli... Ah, la paterna mano). *Malcolm ordonne aux soldats de se munir de branches d'arbres qui les camoufleront. Au château, lady Macbeth, en proie à une crise de somnambulisme, révèle inconsciemment son forfait à ses gens* (Una macchia è qui, tutt'ora), *contemplant ses mains maculées d'un sang imaginaire et indélébile.* Près de la forêt, Macbeth médite sur le sort soudain contraire (Perfidi !... Pietà, rispetto, amore) et demeure indifférent *à l'annonce de la mort de la reine. Les soldats de Malcolm s'avancent, camouflés : la forêt de Birnam est bien en marche contre lui. Macduff, après lui avoir révélé qu'il acheva sa fécondation hors du sein maternel, provoque et tue Macbeth. Malcolm est acclamé roi d'Écosse.*

Verdi est demeuré ici très fidèle au poète anglais, à un détail près, longuement mûri : celui d'accorder à « la lady », ainsi qu'il la nommait, le soin d'occulter le mari trop faible, parent d'un autre héros shakespearien, Hamlet. Étonnamment audacieuse de la part du « Verdi première manière », la partition initiale fut pourtant très largement revue en 1865, dans son orchestration (notons néanmoins que le lugubre prélude à la scène de somnambulisme, l'une des pages orchestrales les plus riches et originales de Verdi, date de 1847) et dans sa structure même : Verdi parvint à intégrer parfaitement à l'action l'inévitable ballet de sorcières imposé par la coutume parisienne, mais c'est aussi de cette révision que date la primauté absolue accordée au rôle de « la lady ». R. M.

MAC CORMACK (*John*), ténor américain d'origine irlandaise *(Athlone 1884 - Dublin 1945).* Il travailla à Naples avec De Lucia et débuta à Savone dans *L'Amico Fritz* de Mascagni (rôle de Fritz). Il chanta *Cavalleria rusticana* à Londres en 1907 et *La Traviata* à New York en 1909. Jusqu'en 1919, il fit une carrière de théâtre aux États-Unis, puis abandonna la scène pour se consacrer exclusivement à l'oratorio et au récital. Il conserva jusqu'à sa mort une voix limpide, merveilleusement contrôlée, dans la grande tradition du bel canto. Son style était superbe et son goût musical parfait, mais il avait conscience d'être un acteur médiocre, ce qui motiva son abandon du théâtre alors qu'il n'avait même pas atteint l'âge de trente ans. Parmi les 21 rôles de son répertoire, il chanta de façon inoubliable Ottavio de *Don Juan,* Rodolfo de *la Bohème* et Edgardo de *Lucia di Lammermoor.* Dans ses récitals, il introduisait des chansons populaires irlandaises qui connurent grâce à lui un succès mondial. Les disques qu'il a laissés sont des modèles dont il convient de s'inspirer. J. B.

MacDOWELL (*Edward*), compositeur et pianiste américain d'origine écossaise *(New York 1861 - id. 1908).* Il fit ses études à Paris (Savard et Marmontel) et à Francfort (Joachim Raff). Il débuta comme professeur à Darmstadt en 1881. Sur le conseil de Liszt, il se consacra à la composition dès son retour aux États-Unis. Les deux concertos pour piano et orchestre écrits pendant ses années d'études l'avaient déjà rendu célèbre et c'est également au piano qu'il confia alors ses quatre sonates (sous-titrées *The Tragica* [1893], *The Eroica* [1895], *the Norse* [1900] et *The Keltic* [1901]), ses douze études de virtuosité, son éloge de concert et les *Woodland Sketches* (1896), pièces très romantiques d'inspiration et d'écriture où sa sympathie pour Grieg se révèle fréquemment, à côté d'autres influences telles que celles de Wagner, Liszt ou Mendelssohn.

Nommé professeur à l'université de Columbia, il concilia pendant huit ans les obligations de sa charge avec la composition de son œuvre, manifestant un grand intérêt pour la musique populaire et spécialement les thèmes indiens que lui avait révélés Théodore Baker. Sa deuxième suite d'orchestre, dite *Suite indienne* (1895), en utilise plusieurs.

MacDowell ne cessa de protester contre les idées de Dvořák en affirmant qu'il ne suffit pas d'arranger un thème populaire pour le baptiser musique américaine. Et, dans une déclaration souvent reproduite, il ajoutait : « Ce que nous devons chercher à exprimer, c'est la vitalité, la jeunesse, l'optimisme et la ténacité d'esprit qui caractérisent l'homme américain. » La notoriété de MacDowell a été très grande et son nom est encore fréquemment cité comme celui du premier compositeur américain digne de participer au concert universel. Il fut, de très loin, le musicien américain le plus doué et le plus cultivé de sa génération. A. G.

MACE (*Thomas*), luthiste anglais *(Cambridge v. 1613 - ? v. 1706).* Il est l'auteur d'un important ouvrage, le *Musick's Monument* (1676), qui traite à la fois de l'enseignement du luth, de la composition et de la musique en général, et constitue un précieux document sur les problèmes musicaux de l'époque. Chantre au Trinity College de Cambridge, il inventa plusieurs instruments de musique incongrus, dont un luth à 50 cordes, le « dyphone ». P. M.

MACEDA (*José*), compositeur philippin *(Manille 1917).* Il fit ses études à Paris (Dandelot, Cortot, Nadia Boulanger), puis à Queen's College de New York et à l'université de Californie à Los Angeles, et enfin à San Francisco (Robert Schmitz). Il a travaillé au Studio de musique concrète à Paris. Après ses débuts comme pianiste, il se spécialisa dans la direction des œuvres d'avant-garde et de la musique asiatique. Il fut ensuite professeur à Manille, puis à l'université des Philippines. Son œuvre atteste l'intérêt qu'il porte à la musique électronique et à celle de l'Asie dont il utilise les instruments comme ceux de la musique occidentale. *Agungan* est conçu pour 6 familles de gongs, *Ugmaugma* pour voix et instruments asiatiques, *Pagsamba* (« musique pour un rituel religieux ») pour 241 vocalistes dispersés parmi les auditeurs dans un hall circulaire, *Kubing* pour bruits divers d'origine vocale, cithares, guimbardes, sifflets, tubes. A. G.

MÁCHA (*Otmar*), compositeur tchèque *(Ostrava 1922).* Il est l'élève de F.-M. Hradil au conservatoire (1943-1945), puis de J. Řídký à l'Académie de musique et d'art dramatique de Prague (1945-1948). Il est nommé au service des émissions musicales de la Radio tchécoslovaque (1945-1955). Artiste austère et réfléchi, il écrit peu, si ce n'est des chansons, contes, ballades et chœurs d'enfants, qui montrent sa nature profondément lyrique. Après une première série d'œuvres lumineuses et concises telles que ses *Sonates pour violoncelle* (1949), *pour violon* (1948), ou les *Danses de Moravie septentrionale* (*Kopaničářské tance,* 1950), son style atteint dès 1960 une extrême concentration, un dépouillement grandiose, proche de Berg. Mácha n'utilise le legs de l'école de Vienne qu'avec économie, bâtissant fréquemment ses œuvres sur un seul motif dont le traitement harmonique et mélodique est fort riche. Ainsi, dans son poème symphonique *Nuit et Espoir* (*Noc a naděje,* 1959), ses *Quatre Monologues* de 1966, ses *Variations* de 1968. De ses œuvres se dégage une impression de puissance, de profonde humanité. Il est l'un des représentants les plus intéressants de l'école tchèque actuelle. P.-E. B.

MACHABEY (*Armand*), musicologue français *(Pont-de-Roide 1886 - Paris 1966).* Élève de Vincent d'Indy et d'André Pirro, il soutint en Sorbonne, en 1928, une thèse de doctorat sur l'histoire et l'évolution des formules musicales du Moyen Âge. Ses travaux sur *Guillaume de Machault* (2 vol., 1955) font autorité. Il s'est attaché à définir le champ et les méthodes de la musicologie. Ses ouvrages sont un exemple de la rigueur scientifique qu'il exige des adeptes de cette discipline.

Principaux écrits : *la Vie et l'Œuvre d'Anton Bruckner* (1945); *Traité de la critique musicale* (1947); *le Bel Canto* (1948); *Frescobaldi* (1952); *la Notation musicale* (1952); *Guillaume de Machault* (2 vol., 1955); *Genèse de la tonalité classique* (2 vol., 1955); *la Musicologie* (1962). J. R.

MACHAUT ou **MACHAULT** (*Guillaume de*), compositeur, poète et chroniqueur français *(Reims ? v. 1300 - Reims ? v. 1377).* Il est considéré comme le plus grand représentant en France du courant de l'Ars* nova (théorisé par Philippe de Vitry). On le rapproche souvent à ce titre de son contemporain, l'Italien Francesco Landini (1325-1397), vivant à Florence. On pense qu'il étudia

▲ Récital de Franz Liszt, à Budapest, devant la famille impériale.
Tableau anonyme. Collection Bösendorfer.
Phot. Erich Lessing-Magnum.

LE XIXe ET LE XXe SIÈCLES

◀ Richard Wagner
à Bayreuth,
avec Cosima Wagner,
Franz Liszt
et le baron von
Volzagen.
Tableau de
W. Beckmann,
1880.
Richard Wagner
Museum Tribschen,
Lucerne.
Phot. Giancarlo Costa.

Gustav Mahler.
Dessin d'Emil Orlik.
Kunsthistorisches Museum, Vienne.
Phot. Erich Lessing-Magnum.

Anton Bruckner.
Tableau de Nauer.
Phot. Ackermanns
Kunstverlag,
Munich.

Salomé
de Richard Strauss.
Maquette d'affiche
de J. Carlu
pour la reprise
à l'Opéra,
avec Geneviève Vix
dans le rôle,
le 17 mai 1926.
Bibliothèque de
l'Opéra,
Paris.
Phot. B. N.

◄ Serge Prokofiev.
Tableau de Glazounov,
Galerie Tretiakov, Moscou.
Phot. A.P.N.

Alban Berg. ►
Tableau de Schönberg.
Historisches Museum der Stadt, Vienne.
Phot. Erich Lessing-Magnum.

◀ Modeste Moussorgski.
Portrait par Repine, 1881.
Galerie Tretiakov, Moscou.
Phot. du musée.

Tchaikovski.
Tableau de N. Kouznetsov, 1893.
Galerie Tretiakov, Moscou.
Phot. M. Mezentsev.
▼

▲
Gabriel Fauré. Portrait par Ernest-Joseph Laurent.
Château de Versailles.
Phot. Lauros-Giraudon.

Claude Debussy. ▶
Portrait par Marcel Baschet.
Château de Versailles.
Phot. Lauros-Giraudon. © by SPADEM 1982

▲ Igor Stravinski. Portrait par Jacques-Émile Blanche, 1915.
Musée d'Orsay.
Phot. Snark Archives. © by SPADEM 1982

◀ Le groupe des Six.
De gauche à droite,
G. Tailleferre,
D. Milhaud,
A. Honegger,
L. Durey,
F. Poulenc
et G. Auric (assis).
Au fond, Jean Cocteau.
Devant,
Marcelle Meyer.
Tableau
de Jacques-Émile Blanche.
Musée de Rouen.
Phot. Bulloz.
© by SPADEM 1982

Maurice Ravel. ▶
Eau-forte
d'Achille Ouvré,
1909.
Bibliothèque
nationale.
Phot. B. N.

Réunion de musiciens chez Godebski. Tableau de Georges d'Espagnat, 1910. De gauche à droite : F. Schmitt, Déodat de Séverac. Calvocoressi, Godebski (assis) et son fils, Ricardo Viñes et Maurice Ravel. Musée de l'Opéra. Phot. B. N.

Parade d'Erik Satie. Rideau de scène peint par Picasso. Musée national d'Art moderne. Phot. Yan. © by SPADEM 1982

◀ Karlheinz Stockhausen.
Phot. Bernard Perrine.

Olivier Messiaen. ▶
Phot. Bernard Perrine.

◀ Pierre Boulez.
Phot. Bernard Perrine.

la théologie, à Paris probablement, après quoi il reçut le titre de « magister ». Il entra vers 1323 au service de Jean Ier de Luxembourg, dit l'Aveugle, roi de Bohême (1310-1346), qu'il accompagna comme « secretarius » durant ses nombreuses campagnes militaires en Europe (Silésie, Flandre, Lituanie — siège de Znaïm —, Russie, Italie, etc.). A partir de 1330, il reçut, comme son frère Jean, diverses charges de chanoine : à Verdun (1330), à Arras (1332), à Reims (1333), et de nouveau définitivement à Reims (1337), ville où on suppose qu'il se fixa dans ses dernières années, menant une vie plus paisible. Il resta cependant secrétaire de Jean de Luxembourg, devenu aveugle, jusqu'à la mort de ce dernier à la bataille de Crécy (1346), après quoi il entra au service de sa fille Bonne de Luxembourg, épouse de Jean II le Bon et mère de Charles V le Sage. Il fut également employé auprès de Charles, roi de Navarre, dit le Mauvais, du roi Charles V et du duc de Berry. Il acquit une grande réputation comme poète et musicien, publiant diverses chroniques et des recueils poétiques (le *Dit du Vergier*, œuvre de jeunesse, *Confort d'ami*, 1357, dédié à Charles de Navarre, *Fontaine amoureuse*, 1360-1362, dédiée à Jean, duc de Berry, et le *Remède de Fortune*, long poème narratif et allégorique contenant diverses petites pièces lyriques avec leur musique, lais, ballades, rondeau, complainte). Vers la fin de sa vie, à l'âge de soixante ans, il vécut une passion amoureuse avec une jeune fille d'une vingtaine d'années, Péronne d'Armentières, attirée (dit-il) par sa réputation et sa valeur d'artiste. Il allait faire de cette histoire un livre, le *Veoir dict* (« dit de vérité ») écrit entre 1362 et 1365, et contenant les lettres de leur correspondance intime et un long poème. « Toutes mes choses ont été faites de votre sentement, et pour vous especialement », écrivit-il à Péronne.

L'œuvre, considérée comme complète, de Machaut musicien nous est parvenue à travers une trentaine de manuscrits : elle est surtout composée de chansons profanes sur des thèmes amoureux (virelais, rondeaux) et, cependant, c'est son unique messe, la *Messe de Notre-Dame* (1349 ?-1364 ?), qui assure aujourd'hui sa célébrité au-delà du cercle des mélomanes connaisseurs et des professionnels. On a longtemps cru que cette messe à quatre voix (avec accompagnement instrumental par doublure des parties, pour certains mouvements) avait été écrite pour le sacre de Charles V, en 1364. Il est à peu près établi, aujourd'hui, que ce ne fut pas le cas, et certains pensent qu'il a pu l'écrire pour qu'elle soit jouée plus tard à sa propre mémoire et à celle de son frère. Cette messe comprend les 6 mouvements de l'ordinaire : *Ite missa est, Kyrie, Gloria, Credo, Sanctus, Agnus*. Le *Gloria* et le *Credo* adoptent la forme du *conduit* avec une « teneur » librement inventée, tandis que les autres mouvements sont conçus comme des motets isorythmiques. A tort ou à raison, elle est considérée comme la première messe polyphonique de l'histoire de la musique occidentale, conçue comme un tout par son auteur, avec une unité organique créée par le retour de certains motifs rythmiques — mais pour en décider, il faudrait avoir conservé tout le répertoire de l'époque, ce qui n'est pas le cas. On la rapproche parfois, à ce titre, de la *Messe de Tournai*, 1323, œuvre anonyme qui est une compilation d'éléments divers par un copiste. En tout cas, la rythmique et la générosité ornementale de cette œuvre lui valent encore un certain succès.

Parmi ses 23 *Motets*, en majorité profanes, 17 ont un texte français et 6 un texte latin, qui chante souvent les bienfaits de la paix. Mais pour la plupart ils abordent des thèmes d'amour courtois et ils comprennent généralement, selon le modèle du motet isorythmique fixé par Philippe de Vitry, une voix principale chantée et ornementée, soutenue par deux ou trois voix d'accompagnement instrumental. Certains sont bilingues et comportent, aux deux voix supérieures, deux textes différents. Les 42 *Ballades*, la plupart avec une partie chantée et deux parties instrumentales (jouables par l'orgue, la cornemuse, ou d'autres instruments *ad libitum*), traitent également de thèmes courtois. Parmi ses 22 *Rondeaux*, à deux, trois ou quatre voix (également du type « mélodie accompagnée », sur un sujet amoureux, mais plus léger), le rondeau *Ma fin est mon commencement* est devenu spécialement célèbre comme exercice d'écriture rhétorique : il s'agit d'un « canon à l'écrevisse » qui, comme son titre l'indique, fait se répondre deux voix dont l'une reproduit l'autre, lue de la dernière à la première note, comme dans un miroir, et qui de surcroît est chanté sur un texte livrant la clef du rébus — comme si la musique « parlait », pour se définir elle-même dans son autosuffisance : « Ma fin est mon commencement, et mon commencement ma fin / Et teneure vraiment se rétrograde ainsi. » Cette pièce a fasciné notamment les compositeurs de l'école française postwebernienne, qui y trouvaient une sorte de modèle dans le passé, légitimant leurs propres recherches abstraites. Du reste, si Machaut fut souvent joué et cité dans des associations de musique contemporaine comme le Domaine musical de Pierre Boulez, à titre de grand ancêtre, c'est en vertu de cette assimilation qui faisait des compositeurs modernes se « reconnaître » dans la démarche de l'Ars nova.

Les 33 *Virelais* et les 19 *Lais*, pièces monodiques syllabiques dont le texte, comme pour les autres pièces, est de Machaut, dérivent de chansons à danser, toujours sur des thèmes amoureux. Les lais sont des pièces assez développées, en douze strophes ou paires de strophes. On a également de Machaut une complainte monodique, « Tel rit au matin qui soir », et une *Chanson royale*, « Joie plaisance et douce norriture », toutes deux insérées, avec leur musique, dans le recueil poétique du *Remède de Fortune* ; ainsi qu'une pièce isolée, vraisemblablement instrumentale, à trois voix, le *Hoquet David*, ainsi nommée parce qu'elle utilise le mélisme « David », et qui témoigne de la survivance de la forme déjà en désuétude du « hoquet ».

Selon certains musicologues, Guillaume de Machaut aurait cherché dans certaines de ses pièces lyriques et poétiques, de sujet profane, à introduire la polyphonie et l'écriture savante, et ce compositeur demeure, aux origines de l'histoire de la musique occidentale, comme une figure de chercheur, une sorte de Christophe Colomb de la polyphonie classique. Son œuvre est considérée comme un pivot dans la naissance (mystérieuse) d'une conscience verticale de la musique, non seulement comme superposition de lignes, mais aussi comme succession de blocs harmoniques. L'Ars nova, certes, apportait l'usage des intervalles de tierce et de sixte pour enrichir les combinaisons harmoniques, mais les intervalles de quinte et d'octave dominent encore dans son œuvre. Selon Jacques Chailley, « c'est peut-être la première fois dans l'histoire de la musique que l'on se trouve devant de véritables suites d'accords se présentant aussi nettement comme un bloc harmonique, et non plus comme résultante occasionnelle de lignes de contrepoint ». Peut-être la recherche d'ornementation favorise-t-elle ici la variété des rencontres harmoniques. Le souci de réaffirmer de temps en temps (pour éviter la dispersion du sentiment tonal) un accord à la stabilité prononcée est peut-être à l'origine de cette phrase musicale ponctuée, phrasée, découpée par ce que Pierre Boulez appelle des « clausules harmoniques ». L'usage abondant des syncopes et d'une certaine variété rythmique, dans une œuvre polyphonique comme la *Messe de Notre-Dame*, produit une espèce de fourmillement de petites durées, vivant et sans martèlement, sans pesanteur, qui là encore a séduit les musiciens français sériels, dans l'après-guerre, redonnant à cette ancienne musique une jeunesse nouvelle — quoique fondée sur l'inévitable malentendu qui fait entendre le passé avec les références du présent. M. C.

MÂCHE (François-Bernard), compositeur français (*Clermont-Ferrand 1935*). Après avoir obtenu des prix de piano (1951) et d'harmonie (1952) au conservatoire de sa ville natale, il entra à l'École normale supérieure (1955) et obtint son agrégation ès lettres (1958). La même année, il entra au Groupe de recherches musicales de Pierre Schaeffer, où il devait rester jusqu'en 1963, et au Conservatoire de Paris, où il travailla avec Olivier Messiaen. A partir de 1959, il participa à la réalisation des premiers films expérimentaux du Service de la recherche, et, en 1960, obtint le prix de philosophie de la musique dans la classe d'O. Messiaen. Il fut successivement professeur de lettres à Chartres (1962), à Neuilly-sur-Seine (1963) et en classes terminales et préparatoires au lycée Louis-le-Grand à Paris (depuis 1968). Chroniqueur musical à la *Nouvelle Revue française* (à partir de 1969), il effectua un voyage dans le sud-est asiatique, en particulier à Java et à Bali, en 1972, et a obtenu un doctorat d'État (en esthétique) en 1980. Opposé par tempérament aux courants postsériels, présentés comme des «combinaisons très complexes, sans rapports au réel», il s'attache à des données purement sensorielles, utilisant d'une part des langues inconnues de lui, considérées comme des matériaux purement sonores, et d'autre part des sons/bruits enregistrés à l'état brut, sans aucune manipulation. Il n'en reconnaît pas moins l'apport considérable de la musique concrète, «intrusion de sons mal élevés... qui n'avaient pas droit de cité». On lui doit notamment *Duo* pour violon et piano, première œuvre de lui jouée au concert (1957); *Prélude* pour 3 pistes magnétiques (1959) et *Lanterne magique* pour 2 pistes magnétiques (1959); *Safous Mélé*, cantate pour 9 instruments, chœur de voix de femmes et voix d'alto (1959); *la Peau du silence* pour orchestre, commande du Service de la recherche (première version 1961-62 pour 30 exécutants, deuxième version 1964-1966 pour 110 exécutants, troisième version 1970 pour 83 exécutants); *le Son d'une voix* pour 16 instruments (1964); *Nuit blanche* pour 2 pistes magnétiques et récitant sur un texte d'Antonin Artaud (1966); *Répliques*, expérience orchestrale avec participation du public muni d'appeaux (1969, création la même année au festival de Royan); *Rituel d'oubli* pour 20 instruments et 2 pistes magnétiques (1969); *Danaé* pour 12 voix mixtes et 1 percussionniste (1970); *Kemit* pour darbouka ou zarb solo (1970, création au festival de Royan de 1973); *Agiba* pour 2 pistes magnétiques (1971); *Rambaramb* pour orchestre, piano solo et bande magnétique (1972); *Temes Nevinbür* pour 2 pianos, 2 percussions et 2 pistes magnétiques (1973, création la même année au festival de Royan); *Naluan* pour 8 instruments et 2 pistes magnétiques (1974); *le Jonc à trois glumes* pour orchestre (1974); *Marae* pour 6 percussions et 2 pistes magnétiques (1974); *Solstice* pour clavecin et orgue positif (1975); *Da Capo*, œuvre de théâtre musical créée au festival d'Avignon de 1976; *Kassandra* pour orchestre et bande magnétique (1977); *les Mangeurs d'ombre*, œuvre de théâtre musical (1979); *Aera* pour 6 percussions (1979); *Amorgos* pour 12 instruments et bande magnétique (1979); *Andromède* pour double chœur, 3 pianos et orchestre (1979, créé en 1980); et *Temboctou*, œuvre-spectacle créée en 1982. M. G. et M. V.

MACHINERIE. V. *mise en scène*.

MACKERRAS (Charles), chef d'orchestre anglais d'origine australienne (Schenectady, New York, 1925). Il fit ses études musicales au New South Wales Conservatorium de Sydney, puis, avec Vàclav Talich, à l'Académie de musique de Prague, où régnait la musique slave, Janáček en particulier. Hautbois solo de l'orchestre symphonique de Sydney (1945-46), chef d'orchestre au Sadler's Wells Opera de Londres (1948-1954), il dirigea la première britannique de *Katia Kabanova* de Janáček (1951). Premier chef d'orchestre du BBC Concert Orchestra (1954-1956) et premier chef d'orchestre de l'opéra de Hambourg (1966-1970), il devint directeur musical du Sadler's Wells Opera (actuellement l'English National Opera) de 1970 à 1977. Depuis, il est chef invité du BBC Symphony Orchestra et dirige régulièrement les grands orchestres américains. C'est un spécialiste reconnu de Janáček, dont il a dirigé et enregistré plusieurs opéras dans leur version originale. A. de B.

MACONCHY (Elisabeth), femme compositeur anglaise (Broxbourne 1907). Elle fit ses études à Dublin, puis à Londres (Vaughan Williams), Prague (Blumenthal), Vienne et Paris. Sous l'influence des différents courants d'Europe centrale, elle s'est créé un style personnel, à intonations expressionnistes, et d'une grande densité, principalement dans sa musique instrumentale. Elle est surtout connue par ses opéras en 1 acte (*The Sofa* [1956-57], *The Departure* [1960-61], *The Birds* [1967-68], *The Three Strangers* [1958-1967]), mais elle a écrit une œuvre importante dans laquelle on trouve des pages symphoniques (deux symphonies, des concertos pour alto, clarinette, piano, basson, des suites, variations), des ballets (*Great Agripa, The Little Red Shoes, Puck Fair*), des quatuors à cordes et d'autres pages de musique de chambre, des chœurs en grand nombre (*A Christmas Morning, Samson and the Gates of Gaza*, motets) et des mélodies. A. G.

MAÇONNIQUE (MUSIQUE). Fondée en Angleterre, au début du XVIIIe siècle, sur des bases philosophiques de fraternité humanitaire qui n'ont évolué que tardivement, et dans certains pays seulement (en France notamment), vers l'activité politique et l'anticléricalisme, la franc-maçonnerie a connu sans tarder un tel développement dans toute l'Europe qu'il est devenu impossible de continuer, comme on en avait pris l'habitude, à la passer sous silence dans les histoires de la musique. Presque tous les grands compositeurs du XVIIIe siècle (Rameau, Haydn, Mozart, Gluck) et du XIXe (Beethoven, Schubert, Liszt, Wagner) ont été soit francs-maçons, soit influencés par les idées maçonniques. On en trouve de nombreux échos dans leur œuvre, soit en gros plan (*la Flûte enchantée, Parsifal*), soit plus discrètement (*la Création* de Haydn, certains quatuors de Beethoven, *le Voyage d'hiver* de Schubert). En outre, plusieurs d'entre eux, et notamment Mozart, ont écrit pour les cérémonies de loge des musiques de circonstance (cantates, marches, musiques funèbres, etc.) reconnaissables à leur style et à leur composition instrumentale, riche en instruments à vent et surtout à anches (clarinettes, cors de basset, bassons), ces ensembles étant particulièrement employés dans les réunions de loge sous le nom de *colonnes d'harmonie*. Le secret qui jadis couvrait ces activités avait longtemps fait obstacle à la connaissance de l'apport maçonnique à la musique; sans avoir été entièrement abrogé, il est devenu aujourd'hui moins rigoureux, et permet d'en aborder une étude qui n'est encore qu'à ses débuts. J. C.

MADAME BUTTERFLY. Opéra en 3 actes de Puccini, sur un livret de Luigi Illica et Giuseppe Giacosa, d'après la pièce de David Belasco, créé dans sa version primitive en deux actes le 17 février 1904 à la Scala de Milan, et dans sa version définitive le 28 mai 1904 à Brescia.

L'action se déroule à Nagasaki, à la fin du XIXe siècle.

ACTE PREMIER. *Le lieutenant de la marine américaine, B. F. Pinkerton (t), vient d'acquérir «pour 999 ans», grâce à l'entremetteur Goro (t), une maisonnette et une geisha de quinze ans dont il est amoureux fou. Avec cynisme, il explique au consul Sharpless (bar) comment il va organiser un simulacre de mariage, puis il boit au jour où il épousera une américaine en véritables noces (duo Amor, o grillo), et c'est en vain que le consul le met en garde contre les malheurs qu'il n'entrevoit que trop. La voix de la jeune fiancée se fait entendre au loin (Spira sul mar)*: Cio-cio-san, *ou Butterfly (s), entre avec ses parentes et amies. Pour adopter la religion de son époux, elle a renié les dieux de ses ancêtres. Le commissaire impérial célèbre le «mariage» américain, et l'oncle de Butterfly, un bonze, ayant maudit la renégate, Pinkerton renvoie sa trop encombrante famille, congédie la fidèle servante Suzuki (ms), console la fragile Butterfly, et, après un duo d'amour d'un lyrisme délicat, aux harmonies raffinées (Bimba, non piangere), les époux entrent dans la chambre nuptiale.*

ACTE II. *Dans la petite maison, Suzuki prie pour que cessent les pleurs de Butterfly: depuis trois ans Pinkerton est parti, et les deux femmes touchent le seuil de la plus profonde misère. Butterfly conserve une foi inébranlable en son retour: un jour,* à l'horizon, apparaîtra la fumée du navire ramenant Pinkerton (Un bel di, vedremo). Le consul Sharpless, ayant reçu une lettre de celui-ci, tente en vain de préparer la jeune femme à la triste réalité. Mais Butterfly feint de ne pas comprendre, et, refusant encore les avances d'un riche prétendant, le prince Yamadori, présente au consul l'enfant qu'elle eut de Pinkerton (Che tua madre). Ému par tant de douleur et de sincérité, Sharpless promet d'en avertir le père, et s'éloigne. On entend le canon d'un navire : c'est celui de Pinkerton qui entre dans la rade. Aidée de Suzuki, Butterfly pare le logement de fleurs (duo Scuoti quella fronda), revêt ses plus beaux atours, et, l'enfant dans les bras, s'installe devant le shosi pour guetter l'arrivée de l'aimé. Un chœur à bouche fermée se fait entendre au loin.

ACTE III. Butterfly a attendu en vain la nuit entière. Suzuki l'exhorte au repos, mais à peine s'est-elle retirée que paraît Pinkerton, accompagné du consul et de sa véritable femme américaine qui s'offre à élever dignement l'enfant. Suzuki sort, bouleversée, et Sharpless rappelle à Pinkerton sa mise en garde solennelle ; l'infidèle dit un émouvant adieu au nid de son amour d'un jour (Addio, fiorito asil) et s'éloigne. Seul, Sharpless demandera l'enfant à Butterfly : « Que son père lui-même vienne me le demander », répond-elle. Renvoyant sa servante, la jeune femme prend calmement le couteau avec lequel son propre père s'était tué sur ordre de l'empereur, et lit la devise sacrée : « Que celui qui ne peut vivre avec honneur meure avec honneur. » Elle embrasse une dernière fois son fils (Tu, tu, piccolo iddio) et se retire derrière le paravent. On entend la chute du couteau ; lorsque la voix de Pinkerton retentit au loin, il est trop tard.

Un même malentendu a longtemps pesé sur l'œuvre, tant de la part du public qui n'y adorait qu'une sentimentalité factice, complaisamment entretenue par certaines interprétations larmoyantes, que de la part de la critique qui refusait de reconnaître l'harmonie et l'instrumentation particulièrement originales de la partition, la critique française raillant principalement la traduction très mièvre de Paul Ferrier (1843-1920) dont demeure l'*incipit* trop fameux « Sur la mer calmée », traduisant bien mal « Un beau jour, nous verrons apparaître un fil de fumée sur l'extrême confin de l'horizon ». En fait, fidèle à l'esthétique de ses premières années, Puccini s'était essentiellement attaché à dépeindre la douleur humaine incarnée dans le triste sort de la Japonaise abandonnée, et le commentaire harmonique, les touches discrètes de l'orchestration où il se montrait le précurseur de Ravel, et certains effets très novateurs, comme le chœur à bouche fermée de la fin du deuxième acte ont longtemps passé inaperçus. La création mondiale de l'œuvre à la Scala de Milan se solda par l'un des plus célèbres fiascos de l'histoire du théâtre lyrique, malgré l'interprétation parfaite de Rosina Storchio, la plus célèbre Violetta de sa génération, entourée de deux artistes promis à une brillante carrière, le ténor Giovanni Zenatello et le baryton Giuseppe De Luca. Puccini avait, malgré l'avis de ses librettistes, commis l'erreur de lier les deux derniers tableaux par un long interlude d'un quart d'heure, que Ricordi, qui assurait la mise en scène, avait agrémenté de chants d'oiseaux qui déchaînèrent l'hilarité.

Divisé en trois actes, élagué d'une trentaine de pages, mais augmenté de la romance du ténor au dernier acte, l'opéra connut un succès triomphal, deux mois plus tard. Puccini avait su doter sa partition d'un exotisme discret avec ses gammes défectives, assimilant par ailleurs à son lyrisme purement italien d'authentiques thèmes japonais. R. M.

MADERNA (Bruno), compositeur et chef d'orchestre italien (Venise 1920- Darmstadt 1973). Enfant prodige, il fut protégé par la princesse de Polignac, et, sous le nom de « Brunetto », fit sa première apparition publique à sept ans dans le concerto de Bruch. A huit ans, il dirigea à la Scala et aux arènes de Vérone. Il poursuivit ses études aux conservatoires de Milan (1935) et de Venise (1939), obtenant finalement ses diplômes de composition et de musicologie à celui de Rome (1940). Ses maîtres principaux furent Alessandro Bustini (composition) et Antonio Guarnieri (direction d'orchestre). Il étudia aussi à Venise avec Gian Francesco Malipiero, et après la guerre avec Hermann Scherchen, qui l'orienta vers la technique dodécaphonique. De 1947 à 1950, il enseigna la composition au conservatoire de Venise, comptant parmi ses élèves Luigi Nono, et, en 1950, il fut appelé par Karl Amadeus Hartmann à diriger un concert de la série Musica viva à Munich. En 1951, il se rendit pour la première fois à Darmstadt, où il enseigna régulièrement à partir de 1954. En 1955, il fonda avec Luciano Berio le Studio de phonologie de la R. A. I. à Milan, et, de 1956 à 1960, dirigea avec lui dans cette ville les *Incontri musicali*, concerts consacrés à la musique contemporaine. En 1957-58, il enseigna aux cours d'été de Darlington, en Angleterre, et organisa au conservatoire de Milan un cours public sur la technique dodécaphonique. Il enseigna aussi la direction d'orchestre au Mozarteum de Salzbourg de 1967 à 1970, et dirigea en 1971-72 le Berkshire Music Center de Tanglewood. Comme chef d'orchestre, il dirigea de 1958 à 1967 l'Ensemble international de musique de chambre de Darmstadt, ville dont il fut fait citoyen d'honneur en 1970, enseigna au conservatoire de Rotterdam à partir de 1967, et, en 1971, fut nommé à la tête de l'orchestre de la R. A. I. à Milan. Outre le répertoire contemporain, il dirigea de nombreux ouvrages classiques et romantiques, dont *Didon et Énée* de Purcell à La Piccola Scala (1963). En 1967, sa réalisation de l'*Orfeo* de Monteverdi fut donnée au festival de Hollande. En avril 1973 se déclara un mal foudroyant qui devait l'emporter en quelques mois. En 1974, le prix Beethoven de la ville de Bonn lui fut attribué à titre posthume pour *Aura**, et, la même année, Pierre Boulez composa à sa mémoire *Rituel**. Depuis 1969-1970, sa production de compositeur s'était encore intensifiée, avec notamment une remarquable série d'ouvrages symphoniques.

De quelques années l'aîné de Nono, de Berio, et aussi de Boulez, Maderna joua un rôle essentiel dans la naissance de l'avant-garde italienne d'après la Seconde Guerre mondiale, cela aussi bien par le rayonnement de sa personnalité que par son enseignement proprement dit. Esprit généreux et ouvert, ne reniant pas l'héritage du passé, il se mit largement, comme chef d'orchestre, au service d'autrui, et, comme compositeur, il sut, dans les années 1950, particulièrement bien montrer l'étendue et la diversité des possibilités expressives de la technique sérielle. Il fut en outre le premier à analyser John Cage à Darmstadt (1957). Contrairement à ce qu'on a affirmé parfois, il ne prit jamais (même après avoir fait de Darmstadt sa résidence principale) la nationalité allemande, mais c'est à juste titre qu'on a pu voir en lui un véritable musicien européen.

Sa première phase créatrice fut celle des expériences instrumentales et électroacoustiques. Il fit ses débuts officiels de compositeur en 1946 avec une *Serenata* pour 11 instruments restée inédite, peut-être révisée en 1954. Suivirent notamment un *Concerto pour deux pianos et instruments* (1948), *Composizione n° 1* (1949) et *n° 2* (1950) pour orchestre, *Studi per il « Processo » di Kafka* pour récitant, soprano et orchestre (1950), *Improvisazione n° 1* (1951) et *n° 2* (1953) pour orchestre. S'imposèrent encore davantage, toujours dans le domaine instrumental, un *Concerto pour flûte* destiné à Severino Gazzelloni (1954), le *Quartetto in due tempi* (quatuor à cordes, 1955), et la *Serenata n° 2* pour 13 instruments (1957). Ces deux dernières œuvres surtout donnèrent à Maderna sa place spécifique dans l'avant-garde européenne de l'époque (la *Serenata n° 2* allie admirablement séduction et rigueur). Dans le même temps naquirent divers ouvrages électroniques comme *Notturno* (1955), *Syntaxis* (1957) et *Continuo* (1958), que devait suivre en 1962 la *Serenata n° 3*, tandis que *Musica su 2 dimensioni* pour flûte et bande magnétique (1957) non seulement unissait aux nouvelles sources sonores un instrument traditionnel, mais faisait appel aux techniques aléatoires. Au *Concerto pour piano* (1959) correspond peut-être la poussée la plus extrême de Maderna vers le « modernisme ». De la même veine relève cependant *Honeyrêves* pour flûte et piano (1961).

Les années 60 virent naître, sous le signe à la fois

d'une extraordinaire veine lyrique et de la violence expressionniste, de grands ouvrages relevant soit du théâtre soit de la musique instrumentale, les deux catégories pouvant d'ailleurs se trouver en rapports étroits. Il y eut par exemple les deux premiers *Concertos pour hautbois* (1962 et 1967), et sur le plan théâtral l'opéra radiophonique *Don Perlimplin*, d'après Federico García Lorca (1961, créé à la R.A.I. le 12 août 1962), puis l'œuvre lyrique en forme de spectacle *Hyperion* d'après Hölderlin (1964, créé le 6 septembre de cette même année à la biennale de Venise). Dans la mouvance d'*Hyperion* se situent *Dimensioni III* pour flûte et orchestre (1963), *Aria da Hyperion* pour soprano, flûte et orchestre (1964), et *Stele per Diotima* pour orchestre avec cadence pour solistes (1965), ces trois pièces pouvant se combiner de diverses façons entre elles et avec la cadence de flûte de *Dimensioni III* pour donner *Hyperion II*, *Hyperion III*, ou *Dimensioni IV*. Suivirent entre autres *Amanda* pour orchestre de chambre (1966) et le drame radiophonique *Ritratto di Erasmo* (*Portrait d'Érasme*, 1969-70), qui valut au compositeur le prix Italia en 1970.

Avec *Quadrivium** pour orchestre (1969) s'ouvre la série des ultimes pages symphoniques. Outre celles-ci, Maderna composa dans ses dernières années un *Concerto pour violon* (1969), *Serenata per un satellite*, musique aléatoire (1969), *Juilliard Serenade* (1971), *Tempo libero I*, musique électronique (1971, la combinaison de cette pièce avec la précédente donnant *Tempo libero II*), *Pièce pour Ivry* pour violon seul, musique aléatoire (1971), *Venetian Journal* (de Boswell, 1972), *Giardino religioso* pour petit orchestre (1972), l'invention radiophonique *Ages*, d'après Shakespeare (1972), *Satyricon*, opéra en un acte d'après Pétrone (créé au festival de Hollande en 1973), et un *Troisième Concerto pour hautbois*, sa dernière œuvre (1973). Les pages symphoniques ont nom *Grande* Aulodia* pour flûte, hautbois et orchestre (1970), *Ausstrahlung* (avec voix de femme, 1971), *Aura** (1972), *Biogramma** (1972). À sa mort, Maderna avait en projet un concerto pour orchestre, violoncelle et deux pianos.   M. V.

MADETOJA (*Leevi*), compositeur et chef d'orchestre finlandais (*Oulu 1887 - Helsinki 1947*). Élève de J. Sibelius à Helsinki, de V. d'Indy à Paris et de R. Fuchs à Berlin, puis directeur de l'académie Sibelius, il est l'un des plus importants symphonistes finlandais de la première partie du XXe siècle, et parmi ceux-ci il représente la tendance lyrique. Son œuvre se situe à la charnière de deux influences : l'appartenance au peuple ostrobothnien et son amour de la musique française. En 1913, il se fait connaître par son poème symphonique *Kullervo* op. 15 et, en 1915-16 et 1917-18, il acquiert le succès avec ses première et deuxième symphonies. Ses œuvres de maturité sont les opéras *Pohjalaisia* (1923) et *Juha* (1934), ce dernier peut-être moins réussi que l'ouvrage composé sur le même sujet en 1922 par A. Merikanto, la troisième symphonie (1926) et le ballet pantomime *Okon Fuoko* (1930). À côté de son œuvre symphonique, Madetoja a écrit de nombreuses pages de musique religieuse et parmi celles-ci *Marian murhe* (stabat mater, 1915) et un *De Profundis* (1925) ; 50 mélodies, dont le cycle *Syksy*, 1930-1940 (« Automne »), et autant de pièces chorales contribuent toujours aujourd'hui au rayonnement de son œuvre. Considéré par beaucoup comme le compositeur finlandais le plus important depuis J. Sibelius, L. Madetoja, compositeur introverti mais lyrique et imaginatif, voire puissant, souffre aujourd'hui de son appartenance au mouvement postromantique et d'avoir préféré son intégrité de pensée à une recherche du radicalisme à tout prix.   H.-C. F.

« : ! » (MADRASHA 2). Pièce de Dieter Schnebel pour 3 groupes vocaux (1958-1964/1967-68), faisant partie de *Für Stimmen (...missa est)*. Cette pièce renonce aux textes préalables et se constitue en tant qu'« espace pour des improvisations » (D. Schnebel). La partition contient des modèles, c'est-à-dire des matériaux phoniques et des indications concernant leur production et leur modification. À partir des modèles, les 3 chefs et les 3 groupes vocaux composent le langage artificiel des 3 couches indépendantes d'événements sonores. Les chefs ne doivent aucunement synchroniser les 3 couches temporelles distinctes, mais assurer leur autonomie. Le titre *« : ! »* exprime une exclamation sans mots ; le sous-titre *Madrasha 2* signifie en syrien ancien « Hymnus ». Les deux titres traduisent ainsi la jubilation — « Jubilus, un chant verbal à travers lequel la musique engendre son propre langage déchaîné, livre d'expression verbale » (D. Schnebel).   I. S.

MADRID. Les documents nous manquent pour parler d'une activité musicale, quelle qu'elle soit, au moment où Madrid cesse d'être une bourgade sans importance pour bénéficier des privilèges d'Alphonse VI. Tout au plus savons-nous qu'Alphonse VII *(1126-1157)* accueillit à sa cour le célèbre troubadour gascon Marcabru et que Ferdinand III († en 1252) était également passionné par les minnesängers germaniques et les baladins mauresques. Mais rien ne nous permet de situer les manifestations dans les résidences madrilènes du Pardo plutôt qu'à l'Alcazar de Tolède, et il faut pratiquement attendre l'époque des Rois Catholiques pour voir se constituer une chapelle musicale dont l'apogée allait marquer le règne de Philippe II, quand Madrid devint capitale. En dehors du fait que les meilleurs musiciens d'Espagne s'y trouvaient réunis, le répertoire de musique religieuse et profane y atteignit rapidement un très haut niveau en opposant aux polyphonies des Franco-Flamands un art entièrement inspiré du chant populaire castillan. Antonio de Cabezón *(1510-1566)* en fut lui-même organiste avant de devenir musicien de la chambre de Charles Quint, puis maître de la chapelle royale de Philippe II. Ce dernier conserva, du reste, la chapelle flamande que Charles Quint avait entretenue, et, après son mariage avec Élisabeth de Valois, engagea pour ses deux chapelles un certain nombre de musiciens étrangers, principalement italiens et français. Le génie universel d'Antonio de Cabezón ne devait cependant apparaître qu'au moment où, douze ans après sa mort, son fils Hernando publia à Madrid ses *Obras de música* et, malgré de savants musiciens comme Soto ou Santa María, il fallut attendre le retour de Victoria (v. 1550-1611) comme musicien de la cour et organiste des Descalzas Reales (1596) pour que la musique y trouvât un semblable rayonnement. La fondation du monastère de l'Encarnación (1615) fut également l'occasion de constituer une nouvelle chapelle (avec Diaz de Besson et Diego Pontac), tandis que le répertoire profane, apprécié dès le règne des Rois Catholiques, allait des romances et des villancicos aux premières *fiestas de música*, ancêtres de l'opéra, qui faisaient les beaux soirs du Palacio Real (*Selva sin amor* de Lope de Vega, 1629 ; *La Purpura de la rosa* de Calderón et Hidalgo, 1660). Bientôt le Palacio de la Zarzuela, également édifié dans la forêt du Pardo (1630), présenta des spectacles non plus entièrement chantés mais parlés et entrecoupés de musique et de danse (*Fiestas de Zarzuela*, 1636, *El Golfo de las sirenas* de Calderón, 1657). C'est enfin l'époque où des échanges permanents entre l'Espagne et l'Italie permirent à de nombreux chanteurs italiens de s'établir à Madrid en important, du même coup, le style de l'opéra transalpin. Début d'une influence qui pesa pendant plus de cent ans sur l'art espagnol, laissant à la tonadilla et surtout à la zarzuela réaliste le privilège de sauvegarder l'esprit national. La *Compañía de farsa italiana »*, installée au Teatro de los Canos del Peral, introduisit au Palacio Real Buen Retiro les meilleurs interprètes et, lorsque l'illustre castrat Farinelli se fixa en Espagne (1737) pour tenter de dissiper la mélancolie de Philippe V, il profita de son rôle de conseiller artistique pour fonder l'opéra de Madrid qui allait devenir l'un des plus modernes d'Europe. Il rencontra, dans la capitale, Domenico Scarlatti *(1685-1757)*, claveciniste de la future reine, qui n'en partit qu'en 1754, quinze ans avant l'arrivée de Luigi Boccherini *(1743-1805)* comme compositeur de l'Infant.

Cette suprématie de la musique italienne et surtout de l'opéra qui envahit plus ou moins toute l'Europe se prolongea au cours du XIXe siècle. Alors même que le conservatoire de musique venait d'être fondé à Madrid (1830), Mercadante fut directeur de l'opéra et le répertoire qu'il présenta allait uniquement de Rossini à Bellini et Donizetti. C'est seulement après 1850 que la nouvelle zarzuela (Barbieri, Oudrid, puis Chueca, Breton, Chapi et Vivès), s'inspirant du fonds populaire et des éléments de la vie madrilène, fit de la capitale le fief d'un genre nouveau appelé à une audience considérable. L'appel à une musique nationale, bien qu'amorcé en Catalogne, donna à la vie musicale de Madrid une impulsion nouvelle puisque d'innombrables manuscrits s'y trouvaient conservés depuis des siècles (malgré l'incendie de l'Alcazar en 1734). Felipe Pedrell y fut professeur au conservatoire et put se consacrer à ses recherches sur les maîtres anciens et le caractère authentique du folklore. Par son activité personnelle autant que par le crédit dont il bénéficiait, son influence fut considérable. La prise de conscience d'un art national fondé sur une longue et glorieuse tradition entraîna un regain de ferveur où l'on vit alors Madrid distancer Barcelone. Au début du XXe siècle, la fondation de formations diverses, orchestres (en 1903, l'Orchestre symphonique dont Arbos fit l'un des meilleurs d'Europe), ensembles instrumentaux (en 1903 également, le quatuor Francés qui devait devenir le quintette Madrid, en 1919, avec Joaquín Turina comme pianiste) et même de la bibliothèque musicale itinérante de Madrid (créée en 1919 par Espinos Molto), corrobora l'action des institutions consacrées comme le conservatoire, la Capella Isidoriana, le Cercle des beaux-arts et les différentes sociétés musicales. Les premiers grands virtuoses espagnols, Tarrega, Llobet, Vinès, Segovia, Cubiles, Sainz de la Maza ou José Iturbi, allaient désormais rechercher la consécration du public madrilène avant de s'engager dans la carrière internationale, et, si l'activité lyrique s'y trouve, aujourd'hui encore, en retrait vis-à-vis des autres grandes capitales du monde, Madrid a connu et connaît toujours d'excellentes réalisations dans ses théâtres, Real, Eslava ou de la Zarzuela (où un festival lyrique propose, chaque année, des spectacles de classe et des créations : en 1980, *El Poeta* de Moreno Torroba). Longtemps négligée, la musique contemporaine est, depuis vingt-cinq ans, l'objet d'un effort de diffusion auquel collaborent des organismes comme Nueva Música, Tiempo y Música, Forum musical et surtout Alea créé par Luis de Pablo. Il faut signaler enfin la très efficace politique musicale de la Radio-Télévision de Madrid, des éditeurs (Espasa-Calpe) et des producteurs de disques (Hispavox) patronnés par la Fundación General Mediterránea. A. G.

MADRIGAL. Forme qui joua un rôle très important dans la musique italienne, d'abord au XIVe siècle, à l'apogée de l'Ars* nova, ensuite, et sous un aspect très différent, au XVIe siècle. C'est à cette époque que le genre fut acclimaté en Angleterre où il devait devenir également très populaire auprès des musiciens élisabéthains et jacobéens. En fait, il semble que seul le nom soit commun au madrigal du XIVe siècle et à son homologue de la Renaissance. À l'origine, le mot dérive sans doute du terme *cantus materialis* ou *matrialis*, caractérisant ainsi un certain type de composition profane, par opposition au chant religieux (*cantus spiritualis*).
Le madrigal primitif. Apparu en Italie du Nord, dans la première moitié du XIVe siècle, le madrigal primitif est une sorte de court poème mis en musique, avec un ou deux vers isolés qui reviennent en guise de *ritournelle* sur un rythme différent. Fait de deux ou trois strophes de trois vers (endécasyllabes ou heptasyllabes), il recourt à des textes amoureux, parodiques ou allégoriques et à une polyphonie primitive où le *cantus* (voix supérieure) s'épanouit sur de longs mélismes au mouvement rapide et à la fonction nettement expressive, tandis que le *ténor*, au mouvement plus modéré, l'accompagne et le soutient, canalisant le cours de la mélodie et l'orientant aussi vers les cadences. Essentiellement destiné à une exécution vocale, le madrigal de l'Ars nova peut également s'accommoder d'une transposition instrumentale et sa rapide diffusion dans la péninsule explique que les plus grands compositeurs du temps s'y soient intéressés : d'abord Giovanni da Cascia et Piero, puis Jacopo da Bologna et Francesco Landini, dit « l'aveugle des orgues » (*cieco degli organi*), sans doute le musicien le plus important de l'Italie du XIVe siècle, un créateur de la carrure de Machaut et continuateur de la manière de ses précédents, bien qu'il ait préféré au madrigal proprement dit les formes qui en dérivaient : *caccio* à trois voix et surtout *ballate*.
Le madrigal renaissant. À partir du XVIe siècle, le genre connaît une nouvelle carrière avec, comme point de départ, la forme populaire de la *frottola**, née des chants de carnaval (*canti carnascialeschi*) et qui, harmonisée à trois ou quatre voix, connaît une incroyable faveur en Italie, de la fin du XVe siècle aux années 1530 (le premier recueil de *frottole* paraît à Venise, chez Petrucci, en 1504). En fait, le madrigal renaissant ne s'oppose pas à la *frottola* ni à son dérivé le *strambotto* (forme mélancolique de la frottola « qui se chante », comme disait une expression du temps, « chez les amoureux »), mais apparaît plutôt comme une idéalisation de ces musiques qui doivent elles-mêmes être considérées comme une saine réaction du sentiment national face aux spéculations de la musique savante, dominée en Italie par les compositeurs étrangers : Josquin Des Prés, Arcadelt, Heinrich Isaak.

Au reste, les Franco-Flamands résidant en Italie — les « Allemani » comme on les appelait alors — vont vite se trouver associés à la riche floraison de l'école madrigalesque, car, dans l'enthousiasme de la nouveauté, le genre séduit tous les musiciens et le savoir-faire des Néerlandais leur permet, au début, d'y briller plus que d'autres. C'est à une revalorisation de l'élément poétique que l'on assiste d'abord, sous l'influence d'humanistes comme Pietro Bambo (ce qui implique une collaboration toujours plus étroite entre musiciens et auteurs). Le niveau des textes s'élève rapidement et le prosaïsme — voire la vulgarité — des premières *frottole* est abandonné pour la meilleure des littératures, celle de Dante, Boccace, Pétrarque. À cette idéalisation de la matière poétique correspond la préoccupation des compositeurs, soucieux de transposer les jeux d'écriture de la tradition religieuse des Franco-Flamands à de fins profanes.

Le premier recueil de madrigaux paraît en 1530, à Rome, chez Antico. Il s'agit des *Madrigali da diversi musici, Libro Primo de la Serena*, offrant les pages de Costanzo Festa et Philippe Verdelot. La musique y est encore démarquée, dans une large mesure, de la *frottola*, mais, en même temps, l'expression tend à être calquée sur les élans du verbe. À la suite de Verdelot, d'autres Néerlandais illustrent, nous l'avons dit, cette première école du madrigal. Ainsi Jacob Arcadelt et Adrian Willaert, tous deux passés maîtres dans le maniement de la polyphonie la plus complexe. Avec eux, le style imitatif coexiste encore avec l'homophonie chère à la *frottola*, mais l'écriture se fait aussi plus attentive au pouvoir du mot, à sa charge de poésie et d'émotion réunies, et laisse pressentir ce que seront les raffinements psychologiques de la dernière génération madrigalesque.

Jacques de Werth, Cyprien de Rore, Roland de Lassus, Philippe de Monte, Palestrina et Ingegneri sont les chefs de file de cet âge classique et, bien que les étrangers y soient encore nombreux, le style se fait entièrement italien, investi par l'esprit de la race, usant de toutes les ressources du style hérité du motet néerlandais et cependant étroitement associé au génie de la langue, à son contenu poétique, au point que les « Allemani » comme de Rore y apparaissent aussi latins que les musiciens nationaux.

À cet égard, Cyprien de Rore peut être considéré comme le véritable créateur du madrigal expressif par son souci d'unir la poésie à la liberté de la forme, au fil d'une écriture d'une étonnante mobilité, sans voix prépondérante, et où les hardiesses chromatiques vont dans le sens d'une évidente volonté de modernisme, à ceci près que ce modernisme ne nuit jamais à la spontanéité des sentiments. Si de Rore « a mené le madrigal, vingt ans à peine après les débuts de ce genre, à une telle hauteur que bien peu de ses contemporains ont été capables de le suivre » (Nanie Bridgman), Lassus et Philippe de Monte ont atteint également dans ce répertoire des sommets, le premier surtout qui, très tôt, a ressenti l'appel irrésistible de l'Italie, accordant les expériences harmoniques les plus rares à la pleine interprétation du texte. Ses derniers madrigaux ne valent pas toutefois sa production de jeunesse, car il avait alors perdu tout contact vivant avec la culture italienne, mais dans ses meilleures pages il se montre un coloriste génial et ses trouvailles sonores témoignent d'une intuition poétique égale à son sens musical. Servi par tous ces maîtres, le madrigal devient vraiment le genre roi dans la seconde moitié du XVIe siècle. La trame de la polyphonie s'enrichit, passant de quatre voix à cinq et même six voix égales, et se resserre, quant à l'expression, d'une manière significative, multipliant les effets imitatifs et les jeux canoniques, réservés auparavant à la seule musique d'église. Ainsi, le madrigal s'éloigne de ses racines populaires pour devenir un genre d'une extrême subtilité, réservé aux *virtuosi* et vivant d'un bonheur (mélodique et harmonique) fondamentalement méditerranéen.

L'âge d'or du madrigal. Apparaît alors la troisième génération, celle de la trilogie Marenzio, Gesualdo, Monteverdi, qui, à la fin du XVIe siècle et au début du XVIIe, coïncide avec le plein épanouissement du madrigal. L'extraordinaire fortune que connaît le genre se vérifie dans les innombrables recueils livrés à l'impression dans le même temps. Et cette apothéose consacre le triomphe des Italiens qui prennent définitivement le relais des compositeurs venus des Flandres pour écrire l'un des plus glorieux chapitres de leur histoire musicale. En toute logique, d'ailleurs, car seuls des transalpins pouvaient donner au madrigal cette couleur authentique, cette touche sensible ou émue, raffinée ou intense, qui « en font l'une des plus heureuses contributions de la nature italienne à l'art occidental » (Nanie Bridgman). Point de rencontre des techniques du passé et du présent, comme des anticipations de l'avenir, il atteint à une rare acuité dans l'idée dramatique, mariée à une continuelle mobilité d'expression, et se montre désormais tout à fait capable de *« dare spirito vivo alle parole »* (« donner l'esprit même de la vie aux paroles ») et de réussir, comme le voulaient ses créateurs, la peinture des mots par le biais du symbole ou de l'image parlante.

De Marenzio on peut dire qu'il est le classique du genre, préoccupé d'harmonie, d'équilibre entre forme et fond, le parfait dépositaire d'un art d'où sont exclues toute démesure, toute hardiesse gratuite. Soucieux du souffle de la vie, il ne laisse aller aux procédés les plus virtuoses, mais seulement quand la *« pittura delle orecchie »* le commande. Avec lui, le symbolisme amoureux, caractéristique de la manière madrigalesque, se fixe en des évocations devenues très vite familières à ses continuateurs. Un mouvement ascendant de la mélodie décrit une montée, une quête et, par extension, le désir d'un objet inaccessible. L'aveu amoureux est traduit par un cheminement entrecoupé de pauses, de « soupirs », tandis que l'idée de douleur, de deuil et de mort est rendue par une récitation émaillée d'accidents chromatiques. En revanche, les sentiments pastoraux sont exprimés par une musique de bonheur, riche en accents consonants, de même que les unissons du chant à l'octave restent associés à la notion de paix, de repos.

Gesualdo reste, pour sa part, le champion d'une musique hyperexpressive, où les hardiesses harmoniques et les *stravaganze* sont reines. Maître du chromatisme intensif et d'un chant qui épouse l'expression du mot pour en traduire tous les accents, le cri, le délire ou l'amour, il rejoint par des voies différentes le programme des mélodramatistes florentins qui créent dans les mêmes années le drame lyrique, en rendant le chant au pouvoir du verbe. C'est là une œuvre expérimentale dont les excès — en particulier dans la recherche des dissonances — virent parfois au vertige, une musique irrémédiablement marquée par les crises dépressives de l'auteur et où un maniérisme d'esthète se mêle à la sincérité de l'expression torturée. Mais le génie y est au rendez-vous avec la violence amoureuse et cette flamme sombre dans la confession des passions qui fit du cruel prince de Venosa un double assassin par honneur (sa femme et l'amant de celle-ci).

Enfin, Claudio Monteverdi, célèbre à d'autres titres (et surtout comme pionnier de l'opéra avec son *Orfeo* de 1607), mais qui, dans les limites du genre, impose, une fois de plus, une sensibilité et une lucidité exceptionnelles, jointes à un instinct de l'humaine nature qui n'a pas été dépassé depuis. Artiste complet, comme Marenzio, Monteverdi use de tous les styles du madrigal à la fois : contrepoint imitatif, déclamation syllabique, homophonie verticale, etc. D'une grande souplesse d'écriture et d'une totale liberté d'expression, le madrigal monteverdien « colle » littéralement à la signification du texte, sans la moindre contrainte formelle. En outre, sa récitation virtuose, ouverte à toutes les trouvailles du *stile nuovo*, à toutes les audaces du temps, mais sans le systématisme qui pèse parfois sur les pièces de Gesualdo, est un modèle de vie, avec ce frémissement dans le chant qui est bien d'un génie moderne, celui-là même qui déclarait à son détracteur Artusi « fonder sa musique sur la vérité ». A ce stade de développement, le madrigal est devenu un véritable poème musical où tout — hardiesses harmoniques, chromatismes inouïs, science de l'écriture, liberté formelle — concourt à une impression de vie, de réalisme intense. Aller plus loin dans le même style va bientôt sembler impossible. De ce point de vue, Monteverdi est le révélateur qui, après avoir épuisé toutes les possibilités expressives du madrigal polyphonique (le discours à cinq voix égales dans les *Livres IV* et *V*, remarquables aussi par les contrastes accusés dans l'activité desdites voix, où registres aigus et graves ont même importance), va lui apporter une mort glorieuse, ou plutôt l'engager, la *basse continue* aidant, sur la voie de la monodie accompagnée, de la déclamation lyrique et du *recitar cantando*, jusqu'à l'apothéose du *Livre VIII*, où théâtre, drame et chant s'interpénètrent pour transfigurer un genre devenu *autre*, et devant tout au plus au terme une dénomination commode. Le madrigal monodique triomphe, et, avec lui, l'esprit de la nouvelle musique qui va déboucher aussi bien sur la *cantate* que sur l'opéra.

Le madrigal dramatique. Enfin, en marge du madrigal traditionnel, se développe avec Orazio Vecchi le madrigal dramatique, sorte de comédie mise en musique dans l'esprit de la *commedia dell'arte* et en style madrigalesque.

« La vie est un modèle, dit Vecchi, où *grave* (sérieux) et *piacevole* (aimable) s'entremêlent continuellement. » Bien que chaque personnage s'exprime par le biais d'un petit madrigal polyphonique — ce qui favorise évidemment l'élément musical aux dépens du dramatique — cette forme a inspiré à Vecchi un chef-d'œuvre : l'*Amfiparnaso* (1594), scène idéale où, sous la farce et la parodie, se cachent les ambitions du moraliste, et l'une des dernières grandes victoires, avec la *Pazzia Senile* (1598) d'Adriano Banchieri, dans le même esprit, de la polyphonie profane *a cappella* avant son renoncement.

Le madrigal en Europe. Le madrigal italien s'est répandu dans toute l'Europe, mais avec un bonheur différent selon les pays. En Allemagne, il n'a été assimilé que comme *madrigal spirituel*, transposition au plan religieux du madrigal profane (l'*Israelsbrünnlein* de Johann Hermann Schein). De grands compositeurs allemands ont écrit de très beaux madrigaux dans le style polyphonique traditionnel, comme Hans Leo Hassler, mais toujours sur des paroles italiennes. En Espagne, en revanche, la manière italienne a inspiré une riche école locale avec Brudieu (qui édite des *Madrigales* en 1585), Francisco et Pedro Guerrero, les deux Mateo Flecha, Juan Vasquez qui transforme le *villancico* et quelques autres, toujours attentifs aux tendances nouvelles venues de l'autre côté de la Méditerranée. C'est, toutefois, en Angleterre que la floraison madrigalesque a été la plus riche, tout à fait digne d'être comparée à son homologue transalpine. Une longue tradition de la chanson à plusieurs voix y était d'ailleurs implantée avant le XVIe siècle. Néanmoins, c'est l'influence du madrigal italien, renforcée par celle de la chanson française, qui est à l'origine de l'école du madrigal élisabéthain dont la grande période de création et d'édition dure une trentaine d'années (1590-1620). Les plus grands musiciens du temps s'illustrent durant ce bref âge d'or, à la suite de Byrd dont le premier recueil madrigalesque est une adaptation pour voix seules de chansons écrites pour solo vocal et accompagnement de violes. Thomas Morley, l'un des maîtres du genre, publie deux livres (1597 et 1598) qui font la synthèse des styles à la mode de l'époque (madrigaux et *balletti* principalement). Le même Morley réunit, en hommage à la reine Élisabeth, les *Triomphes d'Oriane* auxquels participent tous les madrigalistes célèbres du temps.

Chantant les joies de l'amour, comme ses tourments, dans le style des pastorales italiennes à grand renfort de mythologie, ou plus simplement attaché aux évocations réalistes, mettant en scène la société, surtout rurale ou villageoise, le madrigal anglais joue à peu près des mêmes thèmes que son aîné italien. Aussi bien, John Wilbye et Thomas Weelkes apparaissent qui sont les deux grands virtuoses du genre, le premier dans un registre intimiste qui n'exclut pas le lyrisme et où il impose une perfection presque classique à la Marenzio, l'autre à l'humeur moins sereine et plus inattendu, mais s'appuyant sur une science d'écriture et des madrigalismes subtils qui en font l'égal des plus grands italiens. Les deux jouent d'un riche éventail de sentiments et d'émotions, de la joie pastorale à la sombre mélancolie. Reprenant à leur compte les essais expressifs de Marenzio, voire de Gesualdo, ils usent en maîtres des contrastes, des suspensions, des accidents de parcours dissonants et du chromatisme, des effets de sonorités et de timbres, des oppositions entre langage harmonique et contrapuntique enfin. Avec eux se distinguent Kirbye, Farnaby, Bennet, Bateson, Orlando Gibbons (à l'aise surtout dans un registre à la gravité presque religieuse), Tomkins et dix autres qui apportent au genre le meilleur du génie anglais. En fait, nos voisins ont pris ici pour modèle l'Italie, mais bien plus comme genre que comme forme et avec une autonomie de manœuvre et d'accents qu'autorisait la culture élisabéthaine, avec son abondante poésie lyrique, ses traditions de chansons populaires (canons, *catches* et chansons de taverne) et une école de polyphonie sacrée qui, dans le cas qui nous occupe, recoupe, si on ose dire, ce riche patrimoine profane. Avec, comme dernier trait distinctif, le parallèle qu'il convient de faire entre madrigal vocal et le répertoire du chant ou air pour voix solo et luth. Les deux genres étant inséparables et complémentaires, pour la plus grande gloire de la musique britannique. R. T.

MADRIGAL. Œuvre de Paul Méfano pour 3 voix de femme, flûte, piano, harpe et 4 percussions composée en 1962 et créée en 1972 au festival de Royan. Dédiée à Darius Milhaud, dont le compositeur suivait alors la classe de composition, d'harmonie, de fugue et de contrepoint, composée d'après 5 poèmes de Paul Eluard extraits de *l'Amour, la poésie*, elle est d'une structure complexe dans ses résonances mais simple dans son principe. L'écriture se veut elliptique, et mélange homophonie syllabique et vocalise mélismatique. Par son souci de dramatiser le silence et d'épurer la matière, Méfano reste ici proche de Webern. Il est fait appel d'une part à toutes les possibilités de l'art vocal (parlé, chanté, *Sprechgesang*), ceci sans oublier les références à Gesualdo et à Monteverdi (procédé de tuilage) ; et d'autre part à des techniques d'avant-garde comme les sons colorés de souffle ou multiphoniques (flûte), ou encore les valeurs arythmiques (différentes des valeurs pointées puisque l'adjonction du signe + donne à la note devant laquelle il est placé une durée mouvante et non définie exactement). Différents parcours possibles pour le chef en outre ménagés pour certaines séquences. « Le discours de *Madrigal* suit avec fidélité celui des poèmes de Paul Eluard, non point en l'illustrant mais plutôt en cherchant quelque fusion sur le plan structurel et émotionnel. Je voulais retrouver cette fraîcheur, cette liberté d'allure et *l'altière facilité* qui personnifie son art. [...] *Madrigal* reste pour moi [...] une pièce [...] un peu kitsch mais que je ne renie nullement » (P. Méfano). A. F.

MADRIGALI GUERRIERI ET AMOROSI (ital. ; « Madrigaux guerriers et amoureux »). Titre donné à l'ensemble du *Huitième Livre de madrigaux* de Monteverdi. Ce recueil, publié en 1638 à Venise et qui rassemble, outre des pages nouvelles, plusieurs ouvrages antérieurs du musicien comme le *Combat de Tancrède et Clorinde* et *Il Ballo dell'Ingrate* dont l'importance ne lui échappait pas et qu'il avait à cœur de sauver de l'oubli, sonne comme un véritable manifeste de la musique moderne où présent et avenir s'unissent en une synthèse exemplaire. La vieille polyphonie madrigalesque certes y trouve sa mort mais, en même temps, transfigurée par le choc, elle naît à une vie seconde là où la cantate commence, inventoriant, interrogeant avec une audace folle toutes les techniques, tous les modes de chant du *stile nuovo*.

Comme pour les grands opéras de la période vénitienne, la musique atteint ici à une dimension véritablement shakespearienne. Les préoccupations du compositeur et du dramaturge y convergent pour revenir à la simplicité du mot et rendre à celui-ci sa pleine charge d'émotion et d'humanité. Et de fait, la référence au grand Will s'impose naturellement tant chant et théâtre s'interpénètrent dans une perspective universelle où l'ironie se fait sœur (ou complice) du tragique pour métamorphoser un genre historiquement périmé, mais qui, devenu libre, sous l'appellation qui demeure, n'a jamais connu accomplissement si glorieux.

La préface précise comment Monteverdi, guidé par Platon, en est venu, à propos de ce *Huitième Livre*, à définir trois manières musicales : la manière guerrière et le style *concitato* (« agité ») — où l'amateur de rythmes est à la fête — pour traduire la « guerre d'amour » qui brûle tout au long du *Livre* ; la manière amoureuse qui chante sensuellement l'amour heureux et l'amour physique ; enfin, la manière représentative ou théâtrale qui sous-entend ou suggère une action scénique ou, plus simplement, invite à imaginer un spectacle par la pensée et la seule intensité de la musique. Inventeur et chroniqueur de ces trois manières, et surtout de la première qui souvent, au nom du « combat d'amour », marie la violence à la volupté (« ogni amante è guerrier » précise l'une des pièces du recueil), le compositeur, en réalité, n'hésite pas à mélanger les climats pour que, finalement, l'auditeur aille demander aux *Canti Amorosi* ce que l'on cherche a priori dans les *Madrigaux guerriers*.

Il naît de cette réunion des genres, de cet affrontement des passions et des émotions, une musique « inouïe » au sens plein du terme, une musique totale qui remet en cause le fond du langage, qui en épuise aussi les possibilités expressives, du *parlando* au jaillissement *arioso*. Il faudrait tout citer au fil de ce livre capital, pour rendre justice à sa beauté lumineuse, à sa nouveauté radicale, aux péripéties de la guerre d'amour de *Altri Canti d'amor* et de *Altri Canti di Marte* (à six voix) comme l'atmosphère irréelle et nocturne, génératrice d'une extraordinaire poésie, de *Hor ch'el cielo e la terra* (également à six voix) où la plainte de l'amant se hausse à une ferveur quasi religieuse, et tant d'autres exemples où la musique se fait servante inconditionnelle de la parole, rayonnante de santé et plus actuelle et complice de nos mentalités que la plupart de celles qui lui ont succédé, une musique faite par l'homme et habitée par l'homme et vivant à son *tempo*, au rythme de ses joies, de sa tendresse, de sa douleur aussi. R. T.

MADRIGALI SPIRITUALI. Recueil de 21 madrigaux religieux (sur des textes italiens) de Claudio Monteverdi, publié en 1583. Œuvre d'un adolescent de seize ans, ce livre, bien qu'influencé par l'art d'Ingegneri (le grand modèle de Monteverdi à ses débuts), est déjà marqué par le singulier talent de l'auteur. L'écriture à quatre voix obéit à la tradition italienne du temps, mais déjà sous tel accent expressif, sous telle nuance du chant, perce un ton personnel qui laisse deviner ce que sera la subjectivisme passionné du musicien de la maturité (par exemple, *D'Empi Martiri*). Aussi bien, les *Madrigali spirituali*, deuxième opus du futur auteur de *L'Orfeo*, aidèrent beaucoup à faire connaître le jeune compositeur dans les cercles musicaux de l'Italie du Nord. R. T.

MADRIGALISME. Terme employé par les théoriciens et historiens de la musique pour désigner, de façon générale, les différents moyens expressifs, harmoniques et mélodiques, dont disposaient les compositeurs de madrigaux au XVIe siècle et au-delà (en particulier en Italie, Angleterre), pour accentuer les sentiments, voire les passions, exprimés dans le texte poétique. Les madrigalismes trouvent ensuite leur place dans les premières monodies italiennes à voix seule, appelées souvent aussi des madrigaux. Sorti du genre spécifique du madrigal, c'est le mot *figuralisme**, d'introduction plus récente, qu'il convient d'employer. C. W.

MADRIGALS. Œuvre de George Crumb pour soprano et quelques instruments (percussion, flûte, harpe, contrebasse, vibraphone), sur des fragments de textes de Federico García Lorca, composée entre 1965 et 1969. Il y a quatre livres de trois madrigaux chacun, les deux premiers livres (1965) sont dédiés à la mémoire de Serge et Natalie Koussevitski, les deux derniers (1969) à la soprano Elisabeth Suderburg. Le premier madrigal du livre III contient des structures isorythmiques, le premier du livre IV des rétrogradations strictes, ces procédés techniques étant, dans chaque cas, suggérés par le texte lui-même. M. V.

MAEGAARD (Jan), compositeur et musicologue danois (Copenhague 1926). Il fit ses études au conservatoire de sa ville natale et avec Jens Peter Larsen (musicologie), puis travailla aux archives Schönberg à Los Angeles (1958-59 et 1965). Il obtint un poste à l'université de Copenhague en 1971, et l'année suivante, acheva une thèse consacrée à l'évolution de la technique sérielle chez Schönberg. Il fit beaucoup pour introduire dans son pays les œuvres de l'école de Vienne, qui, après ses débuts dans la tradition néoromantique, devint sa principale référence comme compositeur aussi bien que comme musicologue. La sérénade *O alter Duft aus Märchenzeit* (1960) cite *Pierrot lunaire* non seulement dans son titre, mais dans ses dernières mesures. Parmi ses autres œuvres, notons : *Antigone* pour chœur d'hommes et orchestre (1966), écrite à l'occasion d'une production à la télévision de la pièce de Sophocle, un quatuor à cordes (1970), et *Musica reservata n° 2* pour hautbois, clarinette, saxophone et basson (1976). M. V.

MAELZEL (Johann Nepomuk), inventeur allemand (Ratisbonne 1772 - en mer, au large des côtes des Etats-Unis, 1838). Il s'installa à Vienne en 1792, et s'y consacra à l'enseignement et à la mise au point d'instruments mécaniques. L'un d'eux, le panharmonicon, fut pour lui l'occasion d'une collaboration avec Beethoven (v. BATAILLE* DE VITTORIA). Il inventa le métronome, qu'il fit breveter en 1816, mais sans avoir été le seul à l'origine de la découverte. C'est inspiré non pas par le métronome, mais par une autre invention de Maelzel que Beethoven aurait écrit le canon à l'origine du deuxième mouvement de sa huitième symphonie. M. V.

MAESTOSO. Mot italien désignant un mouvement de caractère solennel (cf. le français *majestueux*). L'indication *maestoso* peut s'employer soit seule soit associée à une indication de mouvement, le plus souvent lent, mais non pas obligatoirement (par ex. *allegro maestoso*). J. C.

MAESTRO (ital. ; « maître »). Terme désignant le *maestro di cappella*, c'est-à-dire le chef d'orchestre. Plus particulièrement encore, le chef de théâtre était qualifié à l'époque classique de *maestro al cembalo*, car il accompagnait lui-même les récitatifs au clavecin tout en assurant la direction de l'orchestre et des chanteurs. M. T.

MAETERLINCK (Maurice), écrivain flamand (Gand 1862 - Nice 1949). Que resterait-il de Maeterlinck si Debussy n'avait composé son unique opéra, *Pelléas et Mélisande*, sur une de ses pièces de théâtre ? Sans doute ni les divers poèmes que le même Debussy mit en musique, ni le cycle des *Serres chaudes* dû à Ernest Chausson (1896) n'eussent été suffisants pour faire la renommée d'un auteur lui-même peu amateur de musique et que l'histoire littéraire a, par ailleurs, bien oublié. Il demeure que cette disgrâce se désintéresse injustement du succès connu par Maeterlinck de son vivant et de la place qu'il occupe au sein du mouvement symboliste. Certes, son panthéisme mystique, largement influencé par Novalis et Ruysbroeck, peut paraître aujourd'hui désuet, tout comme son langage imagé d'une naïve redondance. Pourtant, les tortures de l'âme étaient réelles chez un auteur fasciné par le côté absurde et tragique des rencontres entre le destin et l'innocence. Enfermé dans le monde clos de son esprit, miné par la torpeur et la stérilité toujours possible, le poète souhaitait constamment l'évasion, l'ouverture vers l'extérieur, mais ne voyait d'autre issue que celle du Verbe. Il fallait donc créer un langage « symboliste », fait de piétinements, d'un réseau d'images, de correspondances, à peine entrecoupées d'exclamations douloureuses. Cette multiplication des images devait rendre imperceptible le mouvement de l'âme tout en traduisant dans son infinie complexité l'identique en mutation. Une telle prudence dans les sentiments s'explique, au théâtre surtout où elle est inhabituelle, par l'angoisse de la mort imminente, pressentie par l'âme bien avant que l'intelligence n'intervienne : en ce domaine, l'influence de Shakespeare (que Maeterlinck traduisit) céda vite pour laisser place à Edgar Poe. Cette intuition spontanée de l'inéluctable plonge les héros dans une attente inquiète, les conduit à scruter l'instant où la mort surgira avec une telle acuité qu'ils finissent par voir l'invisible ou entendre le silence. Plus d'une fois, ici, Maeterlinck rejoindra Villiers de l'Isle Adam et Mallarmé. Ainsi, dans *l'Intruse* et *les Aveugles* (1890), qui préparent *Pelléas* (1892), assiste-t-on à l'attente d'un personnage qui ne vient pas, vécue par une famille groupée autour d'une femme jetée entre la vie qu'elle donne (elle accouche) et celle qu'elle rend : car la femme, selon Maeterlinck, est un pont tendu entre les mondes surnaturels. L'aventure se déroule dans un paysage intérieur, où l'on croit voir venir Dieu quand c'est la mort, seule, qui se présente. Ces frémissements inquiets, ce langage à l'opposé de toute exacerbation de l'expression, ont trouvé avec Debussy un traducteur idéal. Parmi les œuvres musicales (autres que *Pelléas et Mélisande*) d'après Maeterlinck, citons *Monna Vanna* de Rachmaninov (1907), *Ariane* et Barbe-Bleue* de Paul Dukas (1907), *l'Oiseau bleu*, musique de scène de Humperdinck (1910) et *Herzgewächse** de Schönberg (1911). P. G.

MAGNARD (Albéric), compositeur français (Paris 1865 - Baron-sur-Oise 1914). Licencié en droit, il fut simple amateur de musique jusqu'à vingt ans. En 1886, il entra au Conservatoire de Paris dans les classes de Dubois (harmonie) et de Massenet (composition). Entre 1888 et 1892, il travailla avec Vincent d'Indy. En 1890, il écrivit sa première symphonie, en 1892 son drame lyrique *Yolande,* qui n'eut pas de succès. À partir de 1896, une surdité partielle accentua en lui une tendance à la misanthropie. Nommé professeur de contrepoint à la Schola cantorum, il y eut pour élève Déodat de Séverac. En 1899, il organisa lui-même un festival de ses œuvres, qui attira l'attention sur lui. En 1901, il termina son opéra *Guercœur* (créé à l'Opéra de Paris dans une nouvelle version réalisée par Ropartz en 1931), puis composa sa troisième symphonie (1902) et son quatuor (1904) dont la création à la Société nationale fit sensation. Il quitta bientôt Paris pour s'installer dans l'Oise, où il écrivit ses dernières œuvres : *Bérénice* d'après la tragédie de Racine (1909, créée à l'Opéra-Comique en 1911) et sa quatrième symphonie. Il fut tué dans sa maison par des soldats allemands au début de la guerre.

Indépendant et solitaire, se réclamant de Beethoven et de Rameau, Magnard s'est manifesté dans une recherche de l'expressivité. Sa musique noble et forte atteste une vitalité puissante. Ses symphonies s'inscrivent dans le renouveau symphonique français de la fin du XIXᵉ siècle et du début du XXᵉ aux côtés de celles de Franck, Saint-Saëns, Lalo, d'Indy, Dukas.

A. G. et A. L.

MAGNIFICAT. Premier mot du cantique d'actions de grâces mis par l'Évangile de saint Luc dans la bouche de Marie lorsqu'elle eut appris de l'ange qu'elle enfanterait le Sauveur : *Magnificat anima mea Dominum* (« Mon âme magnifie le Seigneur »). Ce cantique a été transporté dans la liturgie des vêpres dont il constitue l'un des éléments essentiels. Il se chante sur une psalmodie analogue à celle des psaumes, mais plus ornée et en répétant à chaque verset l'intonation ornementale supprimée à partir du deuxième verset dans la psalmodie ordinaire. Une psalmodie spéciale, remontant probablement au XVIIᵉ siècle, lui est parfois attribuée dans les paroisses où elle est restée populaire malgré la quasi-disparition des vêpres depuis Vatican II. De plus, son aspect solennel lui a valu d'être fréquemment chanté en faux-bourdon un verset sur deux ; aux XVIIᵉ et XVIIIᵉ siècles, ce faux-bourdon fut parfois remplacé par un verset d'orgue, et dans certaines circonstances, le texte entier fut traité en grand motet avec orgue et instruments. Le magnificat a été conservé dans la liturgie réformée, soit en latin, soit en langue vulgaire, parfois sous forme de choral *(Meine Seele erhebt den Herrn).* L'exemple le plus célèbre est le *Magnificat* latin de J.-S. Bach, dont la version usuelle en *ré* majeur est un remaniement de concert ; la version primitive, en *mi* bémol, conçue pour l'office, comprenait, intercalés entre les versets, les chants du *Wegenlied* ou « bercement de l'enfant », cérémonie traditionnelle du temps de Noël. À l'époque contemporaine, citons le *Magnificat* de K. Penderecki (1973-74).

J. C.

MAGNIFICAT. Œuvre en 12 parties pour chanteurs solistes, chœur à 5 voix mixtes et orchestre, de Jean-Sébastien Bach. Composée en 1723 sur le texte latin de la liturgie romaine, pour les vêpres de Noël 1723, elle fut créée à l'église Saint-Thomas de Leipzig, dont Bach venait d'être nommé cantor. Cette première version était dans le ton de *mi* bémol majeur, et ne fut connue que longtemps après la mort de l'auteur. D'après Spitta, Bach retravailla l'œuvre en 1730 et la transposa en *ré* majeur pour en faire la version aujourd'hui seule connue et exécutée. Cette composition, qui fut utilisée pour d'autres fêtes, manifeste une influence incontestable du style italien et des *Magnificat* de Lotti, Albinoni, Durante, jusque dans sa simplicité de lignes, de rythmes et d'harmonie, qui évoque parfois le *Stabat Mater* de Pergolèse, pourtant postérieur. Elle est une des œuvres les plus dynamiques et les plus concises de la production liturgique de Bach ; les voix solistes ne s'attardent pas longuement à soupirer comme dans mainte cantate, la ligne vocale en est plus ramassée, profilée, tendue comme un arc, et c'est dans les chœurs fugués qu'on retrouve surtout le Bach allemand.

Selon son parti pris de « figuralisme » et de symbolisme si bien mis en évidence par Schweitzer, le *Magnificat* fait appel à des figures imitatives nombreuses, où l'on retrouve deux thèmes complémentaires : l'élévation, la puissance (figures ascendantes) et la prosternation (figures descendantes) qui est *humiliation* quand il s'agit de la main de Dieu qui l'impose aux puissants et aux orgueilleux *(Deposuit potentes)* et *humilité* quand il s'agit de la soumission joyeuse de Marie *(Quia respexit).* Il ne faut pas oublier en effet que dans ce texte à la première personne, c'est une « faible femme » qui parle et qui célèbre la gloire de Dieu inversant l'ordre naturel du bas et du haut, dans une dialectique de la verticalité où peut se résumer une grande partie de la symbolique musicale de Bach. Cet axe vertical des hauteurs que les voix gravissent avec élan *(Fecit potentiam)* ou descendent en volutes soumises, est comme le pivot, le mât central autour duquel la musique bouge et frémit de toutes ses voiles.

Or cette voix féminine est prise en charge par la collectivité : les diverses voix solistes, et le chœur mixte. On rencontre dans le *Magnificat* deux types de chœurs : chœurs jubilatoires à vocalises (sur les « a » de « Magnificat », « Gloria »), avec un élan rythmique irrésistible, l'emploi fréquent du rythme pointé, et les ponctuations de trompettes et de timbales (les deux chœurs du début et de la fin, et le *Fecit potentiam*) ; chœurs dogmatiques et scholastiques de style fugué et sévère *(Omnes generationes, Sicut locutus est)* qui se réfèrent à l'éternité, à l'alliance et au pacte de la parole. Si le *Magnificat* est l'une des rares œuvres religieuses de Bach en langue latine, avec la *Messe en « si »,* c'est parce que l'Église réformée de Saxe conservait encore partiellement la liturgie romaine.

— 1. *Magnificat,* chœurs et orchestre, *ré* majeur. « Mon âme glorifie le Seigneur », dit la Vierge à la bonne nouvelle apportée par l'ange. Dans la tonalité de *ré* majeur ruisselant des gammes de jubilation, où Bach a mis son génie « panique ». Le chœur, traité instrumentalement, doit affronter de grandes difficultés techniques pour « jouer » ses vocalises ardues en doubles croches, mais Bach a su combiner le flux continu de ces immenses vocalises avec des « points de rencontre » où toute la masse chorale se rassemble et chante en homorythmie, en le martelant, le mot « magnificat », dont la seconde syllabe est accentuée, avant de se ramifier de nouveau en banderoles de vocalises.

— 2. *Et exultavit,* soprano solo, 2 violons, continuo, *ré* majeur : comme « magnificat » dans le premier mouvement, ici le verbe « exultavit » (mon âme a exulté) est mis en valeur par un motif ascendant simple, la troisième syllabe « ta » étant parfois enluminée de vocalises.

— 3. *Quia respexit,* soprano solo, hautbois d'amour, *si* mineur : « parce qu'il a porté les yeux sur la bassesse de sa servante » — ces paroles amènent de grandes courbes descendantes du hautbois et de la chanteuse, en particulier sur le mot « humilitatem ».

— 4. *Omnes generationes,* chœur, *fa* dièse mineur. En attaquant par surprise sur l'accord terminal de l'air qui précède, le chœur répond à la question que pose celui-ci : « Voici que me diront bienheureuse... toutes les générations ». Les voix s'étagent, se répondent en canon, se font écho comme les vagues de l'histoire humaine. Le thème principal descend puissamment, puis remonte progressivement en volutes, créant par sa répétition obstinée une impression de flux et de reflux perpétuel.

— 5. *Quia fecit mihi magna,* basse solo, *la* majeur. Le thème de basse continue carré et net, dans un style de chaconne, avec des grands intervalles comme des pas bien marqués, s'orne parfois de vocalises laborieuses sur les mots « potens » (puissant) et « sanctum ». « Il a fait pour moi (ou en moi) de grandes choses », dit le texte, mais la musique le traduit dans un symbolisme d'humilité (abondance d'intervalles descendants très accentués, notamment sur « mihi »).

— 6. *Et misericordia,* alto et ténor solo, 2 flûtes, 2 violons, *mi* mineur. Ici, pour la première fois, le mot

« misericordia » amène dans la musique (un duo en tierces et sixtes parallèles sur un rythme de barcarolle, dans un style « à la française »), le dolorisme mélancolique et le chromatisme des *Passions* et de beaucoup des futures *Cantates*.
— 7. *Fecit potentiam*, chœur, orchestre, *sol* majeur. Un effet de contraste amène le retour de la puissance collective et de l'orchestre du début (trompettes et timbales), avec le même jeu d'oppositions entre une déclamation homorythmique très martelée (« potentiam », la puissance) et des vocalises délirantes en doubles croches, liées, qui se transmettent d'une partie à l'autre comme dans une course de relais. Sur le verbe « dispersit » (« il a dispersé les orgueilleux »), le chœur se défait et s'émiette en figures imitatives descendantes, pour se rassembler de nouveau sur le mot « mente » (esprit) chanté adagio.
— 8. *Deposuit potentes*, ténor solo, violons, *fa* dièse mineur. Une vocalise emphatique descendante traduit le geste de « déposer » les puissants, tandis que des vocalises ascendantes sur « exaltavit » (« il a haussé les humbles ») proposent le symbole contraire.
— 9. *Esurientes*, alto solo, 2 flûtes, *mi* mineur. Deux flûtes jouent en sixtes parallèles un thème entrecoupé, malingre, mais très italien dans sa dynamique expressive (on songe à Vivaldi, Pergolèse) que reprend l'alto pour dire que Dieu a rempli les *affamés* de biens, avec de très longues vocalises sur « rempli » (implevit) et « biens » (bonis), comme pour combler ce vide.
— 10. *Suscepit Israel*, sopranos 1 et 2, altos, 2 hautbois à l'unisson, *si* mineur. Les 2 hautbois jouent en guise de « cantus firmus » le choral protestant du *Magnificat*, de source grégorienne, tandis que les 3 voix féminines gravissent et descendent doucement, en degrés d'abord conjoints, la gamme, installant autour du choral une sorte de mouvement perpétuel extatique qui est très proche des chorals de l'*Orgelbüchlein*.
— 11. *Sicut locutus est*, chœur mixte, *ré* majeur : c'est un chœur fugué très scholastique qui traduit l'alliance et le lien avec le passé (« comme il a été dit à nos pères »).
— 12. *Gloria*, chœur, orchestre, *ré* majeur. Dans l'exécution originale, des sopranos enfants assuraient les parties supérieures de ce chant jubilatoire. Sur les pédales successives de *la*, *mi*, *si*, les voix profèrent ensemble, en homorythmie, le mot clé « gloria », avant de l'étirer en vocalises étagées qui déploient la masse chorale comme un immense étendard. L'utilisation du chœur comme un éventail tantôt étalé au maximum, tantôt brusquement refermé, est illustrée ici d'une manière très éloquente. Enfin, la célébration finale, qui ramasse en une seule unité passé, présent et avenir, traduit à la lettre les mots « sicut erat in principio » (« comme c'était au début ») par la reprise du chœur du premier mouvement adapté aux nouvelles paroles.

M. C.

MAGNIFICAT (1 ET 2). Œuvres de Monteverdi, qui a laissé deux rédactions du *Magnificat*, toutes deux écrites pour le recueil des *Vêpres de la Vierge* publié en 1610 et dédié au pape Paul V. L'une, à sept voix, six instruments et basse continue, est une page d'apparat qui mobilise un riche accompagnement orchestral (violons, *cornetti*, flûtes à bec ou *piffari*, trombones, *violone* et orgue). L'autre, à six voix, plus intérieure et destinée aux « chapelles » plus modestes, ne recourt qu'au seul soutien de la basse chiffrée.

En fait, les analogies thématiques entre les deux rédactions sont telles que l'on peut raisonnablement avancer que la version à six voix n'est qu'une simple « alternative » du *Magnificat à sept*. Par l'union intime qu'il réalise du style choral festif et de la monodie sacrée, le *Magnificat à sept* est l'un des grands moments de la musique de tous les temps et il est très probable qu'il a inspiré Schütz pour son *Magnificat latin* de 1617. Aussi bien, dans les deux versions, le *cantus firmus*, qui — traité en valeurs longues — circule du début à la fin, est-il à interpréter comme l'héritage de la tradition, tandis que la liberté des rythmes témoigne en faveur du génie moderne du compositeur.

Analyse du Magnificat à sept voix :
— 1. L'hymne marial s'élève aux sopranos en une montée mystique qui s'amplifie en un *tutti* spectaculaire, rehaussé des accords des violons et cornets.
— 2. *Anima mea (soprano solo canta)* : méditation soutenue par la seule ligne du continuo d'orgue.
— 3. *Et exultavit (a tre voci*, alto, ténors 1 et 2) : et soudain le discours s'anime sur des roulades virtuoses en imitations et des rythmes pointés dans le meilleur esprit du jeune opéra et de la monodie expressive.
— 4. *Quia respexit (ad una voce sola* — ténor — *sei instrumenti)* : chant mystique des ténors introduit par une *sinfonia* incisive, puis soutenu par flûtes et trombones.
— 5. *Quia fecit (a tre voci* — alto, basses 1 et 2 — *e doi instrumenti)* : imitations ornées aux deux basses qui relancent opiniâtrement le discours, *cantus firmus* aux altos, traits nerveux des violons dans le style de l'*Orfeo*.
— 6. *Et misericordia (a sei voci sole in dialogo)* : chœur divisé entre registres aigus et graves, à la manière d'un motet de Gabrieli.
— 7. *Fecit potentiam (ad una voce* — alto — *e instrumenti)* : nouveau contraste entre les rythmes dansants de la *sinfonia* de deux violons et le chant méditatif des altos.
— 8. *Deposuit* (ténor, deux violons en écho, puis deux cornets également en écho) : nouvelle scène d'« opéra spirituel » où la nature dramatique de Monteverdi tire du texte une chaîne d'images visuelles.
— 9. *Esurientes (a due voci* — soprano et alto — *e quattro instrumenti)* : aux versets du *cantus* des sopranos et altos, traité en faux-bourdon, répondent les ritournelles des cornets.
— 10. *Suscepit (a tre voci* — sopranos 1 et 2, ténor) : arabesques lyriques aux voix féminines, gravité pour le chant des ténors.
— 11. *Sicut locutus (a una voce e sei instrumenti in dialogo)* : chant de confiance et de certitude pour rappeler la promesse faite à Abraham et à sa race.
— 12. Et c'est l'apothéose de la doxologie articulée en deux temps :
Gloria Patri, entonné par les deux ténors sur des guirlandes de vocalises en écho qui jaillissent, d'une voix à l'autre, en imitations passionnées, tandis qu'entre les « répons » le *cantus firmus* des sopranos plane dans l'immatériel. Moment étonnant, d'une spiritualité intense et qui n'a pas son équivalent dans toute l'histoire de la musique d'église.
Sicut erat. Et l'œuvre conclut sur le crescendo du *Sicut erat*, formidable *tutti* « où tous les instruments et voix vont jouant et chantant *forte* », avant la gloire de l'*Amen*, vocalisé en imitations serrées (*strette*) par le double chœur à sept.

R. T.

MAGNIFICAT. Œuvres de Schütz, qui en a écrit deux, l'un en latin, l'autre en langue allemande, à plus de cinquante ans de distance. Le *Magnificat latin*, qui s'apparente de près — quant au style et à la forme — aux *Psaumes de David*, fut vraisemblablement chanté lors des cérémonies commémoratives de la Réforme en octobre-novembre 1617 à la cour de Dresde. Par l'ampleur des effectifs mis en œuvre : un chœur de *Favorit-sänger* (chœur de solistes), deux « chœurs de chapelle » (voix et instruments) à quatre voix, deux « concerts » instrumentaux à troix voix et basse continue, et aussi par le mouvement tout baroque de son écriture, il s'impose comme l'une des pages maîtresses du *Sagittarius*, digne en tous points d'être comparé à ses homologues des *Vêpres* de Monteverdi. C'est la vitalité conquérante du *stile nuovo* qui éclate à chaque verset, enrichie de toutes les couleurs, de toutes les images visuelles venues d'Italie. Au reste, Schütz confirme ici ses affinités profondes avec l'art de Gabrieli et de Monteverdi et ses vertus de dramaturge tant dans la cantillation du *favorit-chor* que dans les *tutti* du double chœur à huit qui jaillissent irrésistiblement, rehaussés des rutilances des cuivres.

Aussi bien, dès le cri d'attaque du ténor, amplifié en écho par le *tutti*, le ton expressif est donné, que n'eût pas désavoué le musicien de l'*Orfeo*. Un génie quasi théâtral triomphe ici, qui culmine dans le *Fecit potentiam* qui explose en un extraordinaire tumulte guerrier, sur les longues tenues des trombones (les figures fulgurantes du *Dispersit superbos*). Et la splendeur de la doxologie est à la mesure de cette intensité toute méditerranéenne.

Un an avant sa mort (1672), le vieux maître devait mettre à nouveau l'hymne marial en musique, mais dans sa traduction allemande, le *Deutsches Magnificat*, cette fois, et en recourant au seul chœur à huit voix avec basse continue. Le changement d'optique avec l'œuvre latine de 1617 est saisissant, Schütz s'attachant à une paraphrase avant tout destinée au culte luthérien du cantique de saint Luc. Les symétries du double chœur sont à interpréter comme une (lointaine) référence aux Gabrieli et à l'école vénitienne. Mais malgré les élans du discours, le sentiment qui domine essentiellement est celui de l'objectivité et de la lucidité. Le jeu des sonorités, des couleurs et des rythmes n'est plus ressenti par le compositeur, âgé de quatre-vingt-six ans, comme une fin en soi, et seule prévaut la montée de la prière communautaire, Schütz n'étant ici que le porte-parole de l'assemblée des fidèles et non plus le musicien individualiste, ivre de recherches, d'effets neufs et d'émotion vibrante.

R. T.

MAHLER (Gustav), compositeur et chef d'orchestre autrichien *(Kaliste, près de Jihlava, Bohême, 1860-Vienne 1911)*. Second des quatorze enfants d'un cabaretier-distillateur juif de langue allemande, Bernhard Mahler, et de Marie Hermann, il apprend dès l'enfance à jouer du piano et à composer. De quinze à dix-huit ans, il reçoit une formation complète au conservatoire de Vienne avec Julius Epstein (piano), Robert Fuchs (harmonie) et Franz Krenn (composition). Plus tard, il fait ses études universitaires (1877-1879, philosophie, histoire de l'art, etc.), notamment avec Anton Bruckner dont il devient le familier et, dans une certaine mesure, le disciple. De dix-huit à vingt ans, il vit du maigre revenu que lui procure l'enseignement privé. Il compose en 1880 sa première grande œuvre, la cantate *Das klagende Lied*. L'échec de cette partition au prix Beethoven et l'attitude négative des musiciens de la vieille garde comme Brahms l'incitent à aborder une carrière de chef d'orchestre. Il débute à Bad Hall, près de Linz, où il dirige des opérettes dans un petit théâtre saisonnier (été 1880). Engagé ensuite à Ljubljana (Slovénie, 1881-82), Olomouc (Moravie, 1883), Kassel (Prusse, 1883-1885), il est nommé à l'âge de vingt-cinq ans kapellmeister à l'opéra de Prague par l'illustre impresario wagnérien Angelo Neumann. Ses interprétations de Wagner, de Mozart et de la *Neuvième Symphonie* de Beethoven établissent solidement sa réputation. Pourtant Mahler quitte Prague en juillet 1886 à la suite d'un violent conflit avec Neumann. À Leipzig, où il est engagé ensuite, il doit rivaliser pendant deux ans avec un collègue très brillant et de peu son aîné, Artur Nikisch.

Ces années-là, sa vie sentimentale est particulièrement orageuse : les premières œuvres importantes de Mahler, *Das klagende Lied* (1880), les *Lieder eines fahrenden Gesellen* (1884) et la *Première Symphonie* (1884-1888), ont été inspirées par trois amours malheureuses. À Kassel et à Prague, son goût pour les belles cantatrices a déjà fait du bruit et il en sera de même plus tard à Hambourg et même à Vienne. Le succès triomphal de l'opéra inachevé de Weber, *Die drei Pintos* (Leipzig, janvier 1888), terminé et orchestré par Mahler, fait de lui un homme célèbre. Il quitte Leipzig trois mois plus tard à la suite d'un nouveau conflit. Aussitôt après, il est nommé directeur de l'opéra de Budapest, où il assure la création hongroise des deux premiers drames du *Ring*, ainsi que celle d'un des premiers opéras véristes, *Cavalleria rusticana*. Par la qualité exceptionnelle de ses mises en scène et de ses exécutions musicales (de Mozart notamment), Mahler rallie de nombreux admirateurs, dont Brahms lui-même. La création de la *Première Symphonie* (Philharmonique de Budapest, 20 novembre 1889) est un échec et Mahler renonce à renouveler pour l'instant l'expérience. En 1891, la nomination d'un nouvel intendant connu pour son chauvinisme et son autoritarisme, le comte Béla Zichy, le force à quitter Budapest. Il accepte le poste de premier chef à l'opéra de Hambourg (1891). Il trouve là un public vaste et averti et une troupe de chanteurs de rang international, mais un orchestre médiocre, des mises en scène ridicules, et surtout un directeur (Bernhard Pollini) qui ne s'intéresse qu'aux voix. Son travail lui vaut de nouveaux adeptes : les compositeurs qu'il interprète au théâtre (Massenet, Tchaïkovski, Mascagni, Alfred Bruneau, etc.) et l'illustre Hans von Bülow qui lui lègue plus ou moins la direction des Nouveaux Concerts d'abonnement.

Pendant les six années hambourgeoises, Mahler compose durant l'été au bord de l'Attersee, près de Salzbourg, les *Deuxième* et *Troisième Symphonies* (1888-1894 et 1893-1896) ainsi que la plupart des *Wunderhorn Lieder*. En 1897, après sa conversion au catholicisme, il parvient, avec l'aide de Brahms et de son ami le critique Hanslick, à se faire nommer directeur de l'opéra de Vienne. L'œuvre de musicien-dramaturge qu'il va y accomplir (il règle lui-même l'essentiel des mises en scène) appartient à l'histoire. Pendant les cinq dernières années de son activité et grâce à sa rencontre avec un peintre-décorateur de génie, Alfred Roller, il travaille sans relâche à l'accomplissement de son idéal : une fusion unitaire des divers éléments — visuel, dramatique et musical — de la représentation lyrique. Les étapes principales de cette collaboration glorieuse, qui fut un véritable âge d'or pour l'opéra de Vienne, sont *Tristan* (1903), *Fidelio* (1904), *Don Giovanni* (1905), *Figaro* (1906) et *Iphigénie en Aulide* (1907). Pendant trois ans, Mahler dirige aussi la Philharmonique. Les «retouches» qu'il apporte aux partitions des grands classiques déchaînent contre lui les fureurs de la critique. On le vénère ou on le déteste, mais on ne l'aime pas, car son fanatisme artistique fait peur.

En 1901, il épouse la jeune et ravissante Alma Schindler, fille d'un paysagiste célèbre, musicienne et même compositeur. La nature possessive et passionnée de la jeune femme, le goût qu'elle a d'ensorceler tous les hommes qu'elle rencontre mettront plusieurs fois en péril l'harmonie du couple. Le charme et la vivacité d'esprit d'Alma vont néanmoins métamorphoser l'existence de Mahler. Elle lui donne deux filles et il fait, grâce à elle, la connaissance de quelques artistes éminents, les peintres Gustav Klimt, Kolo Moser et Karl Moll (le beau-père d'Alma), le poète dramatique Gerhard Hauptmann et les deux chefs de l'avant-garde musicale viennoise, Arnold Schönberg et Alexander von Zemlinsky. Pendant ses vacances, qu'il passe au bord du Wörthersee, à Maiernigg, Mahler compose les symphonies n°s IV à VIII et ses derniers lieder. À partir de 1902, il commence enfin à s'imposer comme compositeur et dirige ses œuvres un peu partout en Allemagne, en Autriche et même en Hollande, où Willem Mengelberg prend fait et cause pour elles. En 1907, lorsque sa fille aînée, Putzi, meurt de la scarlatine, Mahler a déjà décidé de quitter l'opéra de Vienne pour celui de New York. Il ne rentrera plus en Europe que pour passer l'été dans le Tyrol du Sud, à Toblach (ou Dobiacco), où il composera *le Chant de la terre*, la *Neuvième* et les fragments de la *Dixième*. Malgré les intrigues et les attaques dont il a été la victime pendant dix ans, malgré l'antisémitisme — latent ou déclaré — des Viennois, il finit par le regret son pays natal. À New York, les soirées wagnériennes et mozartiennes qu'il dirige au Met (outre *Fidelio*, la *Fiancée vendue* et la *Dame de pique*) suscitent un réel enthousiasme. Il quittera pourtant le Met au bout de deux ans, le directeur allemand, Conried, ayant été remplacé par un Italien, Gatti-Casazza, qui amène avec lui un jeune chef plein de tempérament et d'ambition, Arturo Toscanini. L'Orchestre philharmonique ayant été entièrement réorganisé en son honneur, Mahler va diriger, pendant sa première saison, 45 concerts. La seconde doit en comprendre 65, mais il tombe malade le 21 février, après le 48e. Sa vie professionnelle vient d'être assombrie par l'hostilité systématique d'un critique et par un conflit aigu avec le comité des directeurs. Tout d'abord alité pour un simple mal de gorge, il lutte deux mois durant contre une infection généralisée. On a perdu tout espoir de le sauver lorsqu'il quitte New York pour être traité pendant une semaine à Paris. Il meurt quelques jours après son retour à Vienne, le 18 mai 1911, peu avant d'avoir atteint sa cinquante et unième année. Quelques mois auparavant, le 12 septembre 1910, il a vécu à Munich, avec la création de sa *Huitième Symphonie*, le plus grand triomphe de sa carrière de compositeur.

Mahler a laissé quelque 40 lieder — dont la moitié avec accompagnement orchestral —, une cantate et 11 symphonies (y compris *le Chant de la terre* et la *Dixième* inachevée). Comme compositeur, il a été longtemps sous-estimé, méprisé et attaqué, en partie à cause de sa double activité d'interprète et de créateur. On a longtemps reproché à sa musique de n'être qu'un tissu de réminiscences et de «citations» déguisées, de «banalités» scandaleuses et de complaisances sentimentales. À vrai dire, tout, dans son art, semblait fait pour choquer et pour provoquer, non seulement la simplicité plébéienne des rythmes (marche ou ländler) et la «facilité» apparente de l'invention mélodique, mais aussi les sautes d'humeur, les ruptures de ton, les contrastes abrupts, la rudesse des sonorités, la violence des couleurs et surtout la fameuse «hétérogénéité» du style. Aujourd'hui encore, quelques antinomies fondamentales sautent aux yeux dans son art : tragique/grotesque ; pathos/ironie ; noblesse/vulgarité ; sérieux/humour ; simplicité folklorique/écriture sophistiquée ; mysticisme visionnaire et romantique/nihilisme lucide et critique.

Mais ce sont justement ces paradoxes et ces antinomies qui donnent à l'art de Mahler son originalité et sa richesse. Sa musique est foncièrement nourrie de ses conflits intimes, de ses aspirations et de ses visions métaphysiques. Car Mahler n'avait rien d'un hédoniste, comme ses contemporains Richard Strauss et Debussy. Il a toujours cherché à «spiritualiser» la musique : Theodor Adorno n'hésite pas à voir en lui «le compositeur le plus métaphysique depuis Beethoven» et le seul autre musicien qui ait eu un «dernier style». Certes, Mahler n'a jamais cherché à révolutionner la musique, ni à créer un nouveau langage. Pourtant la simplicité des rythmes et le diatonisme de l'harmonie ne doivent pas faire illusion : l'indéfectible vénération que lui ont vouée Schönberg et ses disciples ne s'adressait pas seulement à l'homme, mais aussi au musicien et au précurseur. On trouve déjà chez Mahler toutes les semences de l'avenir : nouvelle liberté polyphonique, orchestration qui fait du timbre un paramètre de la composition, manipulation accumulative de matériaux hérités du passé, élimination des réexpositions littérales, abolition presque complète de la forme sonate, qui caractérise particulièrement ses dernières œuvres, au profit d'un processus évolutif de «variante perpétuelle» (Adorno). Le même Adorno a comparé la symphonie mahlérienne à un roman en ce qu'elle enchaîne des épisodes différents et des péripéties souvent inattendues au lieu de développer des matériaux connus et de respecter un schéma préétabli. Même le gigantisme des effectifs et la longueur démesurée ont été imités par nombre de compositeurs d'aujourd'hui comme son désir d'exprimer la totalité de l'homme dans chacune de ses symphonies. Les crises, les déchirements, les conflits qu'il a mis en musique sont déjà ceux de notre temps, comme la suppression des barrières entre les genres et les styles, l'éclatement des formes, l'écroulement des valeurs traditionnelles et la grande question qui en résulte. A cet égard, Mahler est bien le contemporain et le frère de Freud ou de Kafka, tous deux juifs et bohémiens comme lui, et l'un des principaux acteurs d'une révolution des esprits dont la Vienne du début du siècle a été le théâtre permanent.

Œuvres. — *Œuvres inachevées, détruites ou perdues.* OPÉRAS : *Herzog Ernst von Schwaben* (av. 1875) ; *Die Argonauten* (1879-80) ; *Rübezahl* (1880-1890) ; projet sans titre (1887-88). ŒUVRES DE CIRCONSTANCE : *Prélude avec chœur* (1883) ; *Der Trompeter von Säckingen* (1884) ; *Das Volkslied* (1885). ORCHESTRE : symphonie (1876-1878) ; symphonie en *la* mineur (1876-1878) ; *Symphonie nordique* (1879). MUSIQUE DE CHAMBRE : polka avec marche funèbre (v. 1867) ; pièces pour piano (av. 1875) ; suite pour piano (1875-1878 ?) ; nocturne pour violoncelle (et piano ?) [1876-1878] ; sonate pour piano et violon (1876) ; lied (v. 1867) ; lied (v. 1876) ; lieder (1875-1880) ; quatuor à cordes (?) [v. 1880] ; quatuor avec piano (1878) ; quintette pour piano (1876) ; quintette avec piano (1878). *Œuvres fragmentaires.* Quatuor avec piano, premier mouvement en *la* mineur (1876) ; quatuor avec piano, scherzo en *sol* mineur (1876) ; lied en *ut* majeur (sans date). *Œuvres achevées.* Trois lieder pour ténor et piano (1880, *Im Lenz, Winterlied, Maitanz im Grünen*) ; *Das Klagende Lied* (1880, rév. 1893, v. 1899) ; cinq lieder (1880-1883, *Frühlingsmorgen, Erinnerung, Hans und Grethe, Serenade aus Don Juan, Phantasie aus Don Juan*) ; *Lieder eines fahrenden Gesellen* [*Chants d'un compagnon errant*, 1884, orchestration 1893 [?] et 1896] *(Wenn mein Schatz Hochzeit macht, Ging' heut' morgens übers Feld, Ich hab' ein glühend Messer, Die zwei blauen Augen)* ; symphonie nº 1 en *ré* majeur, *Titan* (1885 ?-1888, rév. 1893, 1896) ; neuf *Wunderhorn Lieder* avec piano (1887-1890, *Um schlimme Kinder artig zu machen, Ich ging mit Lust, Aus! Aus!, Starke Einbildungskraft, Zu Strassburg auf der Schanz, Ablösung im Sommer, Scheiden und Meiden, Nicht Wiedersehen!, Selbstgefühl*) ; dix *Wunderhorn Lieder* avec orchestre (1892-1898, *Der Schildwache Nachtlied, Verlor'ne Müh', Trost im Unglück, Wer hat dies Liedlein erdacht, Das irdische Leben, Des Antonius von Padua Fischpredigt, Rheinlegendchen, Lied des Verfolgten im Turm, Wo die schönen Trompeten blasen, Lob der hohen Verstandes*) ; symphonie nº 2 en *ut* mineur, *Résurrection* (1888-1894) ; symphonie nº 3 en *ré* mineur (1895-96) ; symphonie nº 4 en *sol* majeur (1899-1900) ; sept lieder (1899-1902, *Revelge et Tamburg' sell* [du *Wunderhorn*], *Blicke mir nicht in die Lieder, Ich atmet' einen linden Duft, Ich bin der Welt abhanden gekommen, Um Mitternacht, Liebst du um Schönheit* [poèmes de Rückert]) ; symphonie nº 5 en *ut* mineur (1901-1902) ; *Kindertotenlieder* [*Chants pour des enfants morts*, 1901-1904, poèmes de Rückert] *(Nun will die Sonn' so hell aufgehn, Nun seh' ich wohl, Wenn dein Mütterlein, Oft denk' ich, In diesem Wetter)* ; symphonie nº 6 en *la* mineur (1903-1904) ; symphonie nº 7 en *si* mineur (1904-1905) ; symphonie nº 8 en *mi* bémol majeur, des *Mille* (1906) ; *Das Lied von der Erde* (*le Chant de la terre*) [1908] ; symphonie nº 9 en *ré* majeur (1909) ; symphonie nº 10 en *fa* dièse majeur, inachevée (1910). *Œuvres inachevées terminées par Mahler, transcriptions, révisions.* *Die Drei Pintos*, opéra de Weber (1887-88) ; symphonie nº 3 de Bruckner, version pour piano à quatre mains (1878) ; Suite d'après J.-S. Bach (1909) ; réorchestration des symphonies nºs 5 à 9 et des ouvertures de *Coriolan, Egmont, la Consécration de la maison* et *Leonore II* de Beethoven, de la symphonie nº 9 de Schubert, des symphonies nºs 1 à 4 et de l'ouverture de *Manfred* de Schumann ; version abrégée de la symphonie nº 5 de Bruckner ; versions scéniques des *Noces de Figaro* de Mozart et d'*Euryanthe* et d'*Obéron* de Weber.

H.-L. L. G.

MAILLARD (Jean), compositeur français du XVIe siècle. On ignore ses dates de naissance et de mort. Il semble avoir mené une vie de voyageur, s'arrêtant tantôt à la cour d'un seigneur, tantôt dans une maîtrise. Quoi qu'il en soit, il a beaucoup composé. Entre 1538 et 1570, plusieurs de ses œuvres sont éditées à Paris par Le Roy et Ballard (*Jean Maillard musici excellentissimi moteta*, 1555 ; *Missa ad imitationem missae Virginis Mariae*, 1557 ; *Missa ad imitationem* *moduli* «*M'amie un jour*», 1558; *Modulorum Jean Maillardi* en 2 vol., 1565). D'autres pièces sont conservées en manuscrit; d'autres encore sont perdues. Pour la plupart dans des recueils collectifs, on trouve une centaine de motets, un psaume de Cl. Marot, six messes, trois chansons spirituelles et une cinquantaine de chansons françaises, dont certaines ont été transcrites pour un instrument à cordes pincées. C. W.

MAILLART (*Louis Aimé*), compositeur français (*Montpellier 1817 - Moulins 1871*). Il était le frère d'un acteur de la Comédie-Française, Adolphe Maillart. Il entra au Conservatoire de Paris dans la classe de violon de Guérin avant de devenir l'élève de Halévy et de Le Borne (écriture et composition). En 1841, il obtint le premier grand prix de Rome pour sa cantate *Lionel Foscari*. C'est Adolphe Adam qui le révéla en créant son opéra *Gastibelza* ou *le Fou de Tolède*, à l'occasion de l'inauguration, le 15 novembre 1847, de l'Opéra national, plus tard Théâtre-Lyrique. En dépit de sa paresse, Maillart fut un auteur à succès, doué d'un talent mélodique original et d'une grande facilité d'écriture. Son vrai triomphe fut *les Dragons de Villars* (1856). Mais c'est dans *Lara* (1864), traité avec une grande noblesse, qu'il écrivit ses pages les plus remarquables. Il quitta Paris en 1870 à l'arrivée des troupes allemandes, et se réfugia à Moulins où il mourut.
A. L. et S. W.

MAINARDI (*Enrico*), violoncelliste et compositeur italien (*Milan 1897 - Munich 1976*). Il étudia le violoncelle et la composition au conservatoire de Milan, et perfectionna sa technique instrumentale avec Hugo Becker, à Berlin. Il fit ses débuts de concertiste à treize ans, forma des duos avec Dohnányi, Wilhelm Backaus, Carlo Zecchi et Edwin Fischer. Avec ce dernier, il fonda un trio, d'abord avec Kulenkampff, au violon, puis avec Scheiderhan. Parallèlement à ses activités d'interprète, il enseigna le violon et la musique de chambre à l'académie Sainte-Cécile de Rome, à Berlin, Salzbourg et Lucerne. Alors que Pizzetti écrivait pour lui son concerto pour violoncelle (1933-34), Richard Strauss l'invita à enregistrer sous sa direction son *Don Quixote*. Quatre ans plus tard, Malipiero composait aussi pour lui son concerto pour violoncelle, puis son triple concerto (1938). Le jeu de Mainardi, aux sonorités claires et chaudes, se distinguait par un tempo très lent, particulièrement dans les suites de Bach, dont il a laissé de surprenants enregistrements ainsi qu'une édition critique. A. de B.

MAIN GUIDONIENNE. Procédé pédagogique attribué sans preuves à Guy d'Arezzo (XIe s.), consistant à compter les sons de l'hexacorde* sur les phalanges de la main ouverte pour en retenir plus facilement la succession et les procédés de mutation*, c'est-à-dire de passage dans la nomenclature d'un hexacorde à un autre. La main guidonienne pouvait aussi servir à apprendre les mélodies, le maître montrant sur sa main gauche ouverte l'emplacement des notes à chanter. Ce dernier procédé, qui a été en usage jusqu'à la fin du XVIe siècle, a été repris avec diverses variantes par plusieurs méthodes d'enseignement musical (Wilhem, Chevais, Kodály, etc.) sous le nom générique de *phonomimie*.
J. C.

MAIN HEUREUSE (LA). Œuvre scénique de Schönberg.
V. *Glückliche Hand (die)*.

MAÎTRE DE CHAPELLE (LE) [en ital. *Il Maestro di cappella*]. Air bouffe (*aria buffa*) pour baryton et orchestre de Domenico Cimarosa, n'ayant survécu que par une seule copie manuscrite, et dont il est impossible de déterminer la date de composition. La présence d'une ouverture et les dimensions de l'ouvrage (une vingtaine de minutes) autorisent à y voir un *intermezzo giocoso* (intermezzo bouffe), dénomination fort souvent utilisée à son propos. Ce genre de l'intermezzo bouffe traitait souvent de la vie des professionnels de la musique. C'est le cas ici : *Il Maestro di cappella* fait assister l'auditeur à toutes les péripéties d'une répétition d'orchestre. Lors d'une représentation, l'unique personnage devrait, pour bien faire, diriger lui-même tout en chantant, et l'orchestre se trouver sur scène. Après la pétillante ouverture, on a une double succession récitatif-air. Le maestro annonce solennellement à ses musiciens (récitatif) son intention de chanter «dans le style sublime» un air du chevalier Scarlatti (Alessandro Scarlatti). Il promet à chaque instrumentiste sa partie, et recommande à chacun de faire comme il lui sera dit. La répétition commence (air), troublée par les entrées intempestives de plusieurs instruments dont ce n'est pas encore le tour de jouer. On recommence, et tout le monde finit par se mettre d'accord : lors d'une «lecture d'ensemble», de brillants solos se succèdent, et il devient même possible d'introduire des raffinements techniques du genre legato, staccato, etc. Le premier air se termine à la satisfaction générale. Dans un second récitatif, le maestro propose un air «d'un style tout nouveau» et de sa propre composition. Après les avatars d'usage, tout se passe si admirablement (air) que le chef ne se sent plus de joie. Dans une brève conclusion animée, il congédie ses musiciens en leur promettant de nouveaux chefs-d'œuvre pour la séance suivante. M. V.

MAÎTRE D'ÉCOLE (LE) [en all. *Der Schulmeister*]. Titre porté depuis le début du XIXe siècle par la symphonie n° 55 en *mi* bémol majeur de Haydn (1774) à cause du côté un peu pédant, mais non dépourvu d'humour, du thème au rythme pointé traité en variations dans le deuxième mouvement. Ce titre possède un soupçon d'authenticité, car un divertissement en *ré* majeur (Hob.II.10) aujourd'hui perdu, et au thème initial fort proche de celui de l'adagio à variations de la symphonie n° 55, porte sur le premier catalogue que Haydn dressa de ses œuvres l'appellation *le Maître d'école*, et sur le second *le Maître d'école amoureux*. Comme le deuxième mouvement, le finale de la symphonie n° 55 est traité en forme de variations. M. V.

MAÎTRES CHANTEURS. À la fin du XIIIe siècle, certains poètes gnomiques, particulièrement fiers de la complexité à laquelle était parvenu leur art, se firent désigner du nom de maîtres. La légende veut que l'un d'entre eux, dit Frauenlob (celui qui s'entend à louer la femme), se fixa à Mayence et y fonda la première confrérie de maîtres chanteurs. Progressivement, le mouvement s'amplifia en même temps que l'invention poétique disparaissait au profit d'un dogme rigide : seule fut bientôt autorisée l'utilisation des strophes et mélodies créées par l'un des douze grands maîtres, règle que les marqueurs surveillaient étroitement en s'appuyant sur la tabulature, sorte de manuel, de code poétique. Composées pour l'essentiel de bourgeois et d'artisans (la petite noblesse disparaissait peu à peu), et donc expression d'un art urbain et non plus de cour, les confréries se dotèrent d'un *cursus honorum* aux multiples étapes, qui permettait de s'élever à la fois artistiquement, socialement et religieusement. Les sujets abordés, en effet, traités uniquement grâce à des combinaisons pédantes des innombrables modes officiels, aux noms plutôt fleuris, tournaient presque exclusivement autour de questions morales et théologiques. Animant les offices de leurs chants, les maîtres escomptaient mieux s'attirer les bonnes grâces de Dieu; ils organisaient également des concours, sur le modèle des «disputes» alors en honneur dans les universités. À partir du XVIe siècle, leur art se fixa essentiellement à Nuremberg, Augsbourg et Breslau. Sous l'impulsion du réformateur Hans Foltz, barbier de son état, on essaya de rompre avec le rigorisme des confréries rhénanes, en autorisant à nouveau la création de chants et de bars* neufs. Mais cette réaction, sans doute trop tardive, ne permit pas de ranimer un art dont la complexité et la lourdeur étaient bien loin des exercices brillants auxquels se livraient, à la cour de Bourgogne, les grands rhétoriqueurs. Le plus connu des maîtres, le cordonnier Hans Sachs (1494-1576), emphatiquement célébré par Goethe et Wagner et auteur d'environ 4 000 chants, est d'ailleurs passé à la postérité moins en raison de son talent, ou de sa foi, que de la verve de ses farces populaires, souvent assez vertes, véritables mines pour les amateurs de traditions et de folklore. L'art des maîtres chanteurs disparut progressivement au cours du XVIIe siècle, sans jamais avoir été très connu des masses ni très apprécié des humanistes. P. G.

MAÎTRES CHANTEURS DE NUREMBERG (LES). Opéra en 3 actes, livret et musique de Richard Wagner, créé le 21 juin 1868 au Théâtre de la Cour à Munich.

L'action se déroule à Nuremberg au début du XVIe siècle. Wagner a repris chez le chroniqueur Wagenseil une foule de détails concernant la confrérie des maîtres chanteurs, cette association de bourgeois cultivés qui espéraient gagner le paradis grâce à leurs pieuses poésies et enfermèrent le chant dans d'innombrables règles de plus en plus pédantes. En revanche, il se préoccupa assez peu des réalités historiques de l'époque : les maîtres, et Sachs en particulier, n'eurent jamais le rayonnement national qu'il leur prête ; mais il importait avant tout au compositeur d'exalter pour ses contemporains le patrimoine de l'empire ancien. Conçue à l'origine comme une reprise moins dramatique du thème de Tannhäuser, l'œuvre en a repris quelques situations : le combat d'un artiste original, chantant l'amour et non la piété, contre une société rigide ; les concours de chant dont une jeune fille est l'enjeu... Mais l'allure décontractée du sujet ne saurait masquer la gravité des problèmes réels : liberté d'expression de Walther, sacrifice de Sachs, exaltation de l'unité allemande...

ACTE PREMIER. (La nef de l'église Sainte-Catherine, après l'office.) *Le chevalier-poète Walther von Stolzing (t), victime de l'évolution économique de son temps (la petite noblesse campagnarde cède le pouvoir aux riches villes bourgeoises), a vendu tous ses biens pour venir vivre à Nuremberg. Il y est fortement amoureux de la fille de son « homme d'affaires », Eva Pogner (s). Mais la jeune fille a été promise par son père (b) au vainqueur du concours de chant annuel organisé par les maîtres chanteurs ; Pogner, qui est le membre le plus riche de la confrérie, entend par ce noble geste faire taire les accusations de pingrerie qui pleuvent sur les bourgeois ; mais comme il offre en dot tous ses biens et qu'il ne saurait être question de les voir tomber aux mains d'un manant, seul un maître sera admis à prendre part au concours — et Walther, naturellement, ne l'est pas. Or voici que, tout à l'heure, la corporation va tenir une réunion au cours de laquelle tout profane peut sur-le-champ accéder à la maîtrise sans devoir gravir les nombreux échelons qui y mènent : il lui suffit de présenter un chant en tous points conforme aux règles établies par les maîtres. Eva confie l'éducation du chevalier à l'amoureux de sa nourrice Madeleine (ms), l'apprenti David (t). Mais Walther s'irrite vite de la multitude de lois par lesquelles ces artisans, ces commerçants, ont codifié un art dont la noblesse, selon le jeune homme, doit s'exprimer en toute liberté. Autorisé à présenter sa candidature, Walther amuse les maîtres en se disant l'authentique héritier de la poésie courtoise « aujourd'hui bien oubliée ». Comme de bien entendu, il échoue face à ses juges avec un chant d'amour enflammé, idéal pour dérouter de bons bourgeois craignant pour la vertu de leurs filles et par-dessus tout amoureux de la forme. Le plus virulent est le greffier Beckmesser (bar), qui brigue la main d'Eva et occupe les fonctions de marqueur (juge officiel chargé d'inscrire les fautes des candidats sur un tableau). Seul le cordonnier Hans Sachs (bar) défend le jeune homme, allant jusqu'à suggérer que la corporation gagnerait à se remettre quelque peu en question. Il s'ensuit un grand tumulte, au cours duquel Beckmesser renvoie Sachs à ses chaussures et raille son amour du peuple, l'idée qu'il défend d'un Nuremberg uni par-delà les différences de fortune.*

ACTE II. (Le soir du même jour sur une place.) *Madeleine apprend à Eva l'échec de Walther et lui fait part de l'intention qu'a Beckmesser de venir donner, le soir venu, une sérénade. Cependant, Sachs installe son établi devant sa maison et pense avec bienveillance au chevalier entendu le matin. Eva vient le trouver : elle brûle d'obtenir de son ami quelques détails sur l'échec de Walther, mais surtout elle cherche à lui faire comprendre qu'elle se résoudrait à l'accepter pour époux s'il voulait bien, lui qui est veuf, tenter le concours du lendemain et barrer la route à Beckmesser. Sachs, faisant taire son amour pour Eva, comprend qu'elle aime Walther ; mais, par dépit autant que pour prendre la jeune fille à son propre piège, il dit le plus grand mal du chevalier : furieuse, Eva s'éloigne. Sachs se cache, attendant la suite. Walther survient ; les deux amoureux mettent au point un plan de fuite mais soudain toute retraite leur est coupée : le veilleur de nuit (b) dans une rue, Beckmesser dans l'autre, Sachs au milieu qui, au moment où le greffier entame sa sérénade, entonne un chant populaire par lequel il informe les jeunes gens, cachés, qu'il veille sur leurs intérêts. Le cordonnier et le greffier trouvent un arrangement : Beckmesser chantera, mais Sachs pourra marquer ses fautes en martelant les semelles des souliers qu'il fabrique. La scène parodie bien vite l'épreuve du matin : impitoyablement marqué par Sachs, Beckmesser chante à tue-tête. La sérénade se transforme en émeute, car tous les riverains descendent dans la rue se mêler au tapage. C'est la nuit de la Saint-Jean, la nuit des fous. À l'appel du veilleur de nuit, chacun rentre précipitamment chez soi ; Sachs entraîne Walther.*

ACTE III. 1er tableau. (L'atelier de Sachs.) *Le cordonnier réfléchit aux aventures de la nuit passée ; ce tumulte a un sens : il indique que le peuple a besoin d'un guide spirituel, un nouveau Jean-Baptiste, ce saint dont le cordonnier porte le prénom. Walther sort de sa chambre : il a fait un rêve merveilleux. Sachs le presse de le raconter et en tire un chant de maître, pliant l'inspiration du jeune homme aux lois poétiques des bourgeois. Comme Walther s'irrite de cette récupération, Sachs l'emmène se préparer pour le concours. Pendant leur absence, Beckmesser survient et empoche le manuscrit inachevé. Lorsque Sachs revient, Beckmesser a beau jeu de l'accuser de vouloir tenter sa chance auprès d'Eva. Mais le cordonnier lui fait don du poème et l'autre, tout joyeux, s'empresse d'aller le travailler. Entre Eva. Pour elle, Walther consent à achever son chant de concours. Bouleversée, la jeune fille comprend le sacrifice de Sachs. L'émotion est grande. En compagnie de David et Madeleine, Sachs et les deux jeunes gens partent pour le concours.* 2e tableau. (Le champ de fête, au bord de la rivière Pegnitz.) *Profitant de l'amour que la foule manifeste à son endroit, Sachs prend la parole ; il exalte les sacrifices auxquels les maîtres consentent pour l'Art... et change les règles du concours : l'épreuve est ouverte à tous ; sous les yeux du peuple, les maîtres trancheront. Beckmesser, qui n'a rien retenu du poème dérobé, se ridiculise. Walther s'avance, gagne le cœur de tous et remporte le prix. Mais il refuse sa maîtrise. Alors Sachs prend à nouveau la parole : pour l'honneur de l'Allemagne, les maîtres ont su garder l'art que les nobles ne pouvaient plus défendre. Quels que soient leurs défauts artistiques, au moins n'ont-ils été que de vrais Allemands, eux qui ont préservé leur âme des influences étrangères. C'est grâce à eux qu'aujourd'hui Walther peut être couronné. Tourné vers la foule, Sachs adresse un vibrant hommage aux maîtres allemands, qui maintiendront éternellement par l'art l'héritage du Saint Empire romain germanique, au cas où les princes ne sauraient le conserver. Le peuple entier reconnaît le cordonnier pour chef, petites gens et bourgeois confondus.*

Avec les *Maîtres chanteurs*, Wagner opte définitivement pour l'écriture contrapuntique dont il a découvert les vertus dramatiques dans *Tristan*, son opéra précédent : l'emploi des leitmotive, qui circulent librement d'une partie à l'autre, gagne ainsi en intelligence et en diversité. Wagner, d'autre part, renonce ici aux récits pour laisser dialoguer ses héros à leur aise : au sein d'un cadre général fortement structuré, où les scènes de foule et les ensembles sont, avec leurs tonalités aussi franches que celle d'*ut* majeur, des nœuds puissants, c'est le rythme musical du dialogue, très dansant, qui crée l'animation et la verve. P. G.

MAÎTRISE. Chœur d'enfants attaché à une grande église ou à une collégiale, qui se sépare de l'école épiscopale entre le XIe et le XIVe siècle et se répand en France et en Belgique. Les enfants, recrutés sur concours, étaient totalement pris en charge par l'église et soumis à un enseignement et à une discipline rigoureux. Ils apprenaient, outre la musique (vocale et instrumentale), la grammaire, la littérature et le latin. Les effectifs, assez réduits, étaient variables (de 4 à 13 enfants, selon les époques et les églises). En plus d'un apprentissage très dur, les enfants étaient tenus d'assurer tous les services religieux. A leur sortie de l'école, ils entraient souvent dans les ordres ou devenaient musiciens professionnels. L'importance des maîa étudié le piano et la composition à Milan et à Turin (1930-1937), puis la composition à Venise avec son oncle. Depuis 1969, il dirige le Liceo Musicale de Varèse. Il a utilisé la technique sérielle dès 1946, avant de s'orienter davantage vers les recherches de timbre. On lui doit notamment l'opéra bouffe *La donna è mobile* (1954, créé à Milan en 1957), trois symphonies dont la deuxième *(Sinfonia cantata)* avec voix (1949, 1956, 1959), *Serenata per Alice Tully* pour orchestre de chambre (1969), *Requiem 1975* pour orchestre (1975-76). M. V.

MALLARMÉ *(Stéphane)*, poète français *(Paris 1842-Valvins 1898)*. Il a exercé une influence fondamentale sur la littérature, mais aussi sur la musique moderne. Il mène une activité très monotone de bureaucrate et de professeur d'anglais à Tournon, Besançon et Avignon, avant de s'installer définitivement à Paris et d'y vivre très retiré jusqu'en 1884. Il consacre sa vie à la création du *Livre*, « instrument spirituel » se proposant « l'explication orphique de la Terre ». Très attiré par la poésie des parnassiens, bouleversé par les *Fleurs du mal* de Baudelaire et par les poèmes d'E. Poe (qu'il traduit en 1888-89), il proclame dès 1862 la nécessité d'une œuvre complexe et difficile d'accès parce qu'ambitieuse. Après ses premiers poèmes qui reprennent des thèmes baudelairiens, il écrit *Hérodiade* (1864-1869), poème tragique de la difficulté d'être, de l'absence, du monde abstrait, de l'idée pure. Parallèlement, il compose *l'Après-Midi d'un faune* (1865-1876), que Debussy transpose en musique (1894). Après une période de doute (1866), Mallarmé redéfinit sa conception de la poésie, expérience métaphysique transposant les objets sur le plan de l'esprit : il s'agit de « peindre non la chose, mais l'effet qu'elle produit », en cherchant à bannir à jamais le hasard de la création artistique. Le conte particulièrement dense d'*Igitur ou la Folie d'Elbehnon* (1867-1880), les *Tombeaux*, hommage à Poe et Baudelaire (1877), enfin la *Prose pour des Esseintes* (1885) sont considérés par le poète comme des fragments énigmatiques du « grand œuvre auquel ne suffit pas une vie », comme des bribes victorieusement arrachées au « vieux monstre de l'impuissance ». Consacré par Verlaine (cf. *les Poètes maudits*, 1883) et Huysmans (*A rebours*, 1884), Mallarmé devient brusquement en 1884 « chef de file », maître de la génération symboliste qui commence à se réunir chez lui, rue de Rome : là ont lieu les lectures du *Livre*. Il meurt une année après avoir écrit le poème *Un coup de dés jamais n'abolira le hasard* (1897), chef-d'œuvre de sa pensée poétique.

La subtilité musicale des poèmes mallarméens a été particulièrement attrayante pour les compositeurs sensibles à son univers imaginaire et à la substance proprement phonique de son langage poétique. Après sa première mise en musique d'un poème de Mallarmé — *Apparition* pour voix et piano (1882-1884) —, Debussy écrit le *Prélude à l'après-midi d'un faune* pour orchestre (1892-1894), mais aussi *Trois Ballades de Mallarmé* (*Soupir, Placet futile* et *Éventail*, 1913) pour voix et piano. *Sainte* pour voix et piano (1896) et *Trois Poèmes de Mallarmé* pour voix, piano, quatuor à cordes, deux flûtes et deux clarinettes (1930) forment l'hommage de Ravel à l'art poétique de Mallarmé.

La musique des trente dernières années témoigne d'un grand intérêt pour l'art poétique et les visées théoriques de Mallarmé. Ainsi, deux œuvres capitales de P. Boulez, *Pli selon pli/Portrait de Mallarmé* (qui met en musique les sonnets *le Vierge, le vivace et le bel aujourd'hui, Une dentelle s'abolit* et *À la nue accablante tue*) et la *Troisième Sonate* pour piano (qui cherche la transposition musicale du projet mallarméen du *Livre*) s'inspirent directement de la recherche mallarméenne, car « dans le domaine de l'organisation de la structure mentale de l'œuvre, certains écrivains sont allés beaucoup plus loin que les musiciens » (P. Boulez). Fasciné par l'art poétique mallarméen, par la technique de la « croissance continue » dans l'œuvre conçue comme un « univers en expansion » (P. Boulez), par « l'espacement de la lecture », par la permuta-

bilité des fragments, par « les symétries créatrices » et par « les particularités formelles, visuelles, physiques et décoratives » du *Livre* mallarméen, Boulez cherche à réaliser avec les moyens du musicien contemporain les projets partiellement menés à bien par Mallarmé. L'orientation structuraliste de l'époque postsérielle, ainsi que la recherche de l'« œuvre ouverte » dans laquelle « il y a et il n'y a pas de hasard » rejoignent curieusement les aspirations mallarméennes. Le parallélisme entre les principes formels des œuvres de Boulez inspirées directement par Mallarmé, d'une part, et ceux des œuvres « ouvertes », réalisées au cours des années 60-70 indépendamment de l'influence du poète, d'autre part, prouve la contemporanéité incontestable des recherches mallarméennes. I. S.

MALVEZZI *(Cristofano)*, organiste et compositeur italien *(Lucques 1547-Florence 1599)*. Venu très jeune à Florence, il est dès 1562 chanoine à S. Lorenzo, dont son père était l'organiste, en devient maître de chapelle en 1571 à la mort de Corteccia (il fut sans doute son élève) et obtient le même poste à la cathédrale en 1596. Malgré cette carrière, aucune de ses pièces sacrées n'a été conservée. Il est l'auteur de livres de madrigaux (2 à 5 voix, 1 à 6 voix), de ricercare à 4 voix et surtout d'une grande partie des intermèdes donnés à l'occasion du mariage de François de Médicis et Bianca Cappello en 1579, de Cesare d'Este et Virginia de Médicis en 1585 (*L'Amico Fido*, de Bardi) et de Ferdinand de Médicis et Christine de Lorraine en 1589 (*La Pellegrina*, de Girolamo Bargagli). La maladie l'empêcha de composer à partir de 1589. Ses madrigaux, d'un style traditionnel hérité de Corteccia, annoncent néanmoins, par leur texture homophonique et le soin apporté à l'expression claire du texte, le nouveau style florentin. Son lien avec la Camerata a dû être assez profond, car il collabore, lors des intermèdes, avec Bardi surtout, Cavalieri et Peri, qui était son élève. Il est, pour cela, une figure importante de la musique à Florence au XVIe siècle. D. H.

MAMELLES DE TIRÉSIAS (LES). Opéra bouffe en 2 actes et 1 prologue de Francis Poulenc sur un poème de Guillaume Apollinaire, créé à l'Opéra-Comique le 3 juin 1947 sous la direction d'Albert Wolff. L'œuvre est dédiée à Darius Milhaud. Le musicien y suit de près le « drame surréaliste » du poète tel qu'il fut représenté au Théâtre des Mathurins le 24 juin 1917 et qui comportait une musique de scène de Germaine Albert-Birot.

L'action se déroule dans la ville imaginaire de Zanzibar, entre Monte-Carlo et Nice, vers 1910. Dans le prologue, le directeur de la troupe s'adresse au public : « *Je vous apporte une pièce dont le but est de réformer les mœurs...* »
« *Écoutez ô Français la leçon de la guerre*
Et faites des enfants vous qui n'en faisiez guère. »
ACTE PREMIER. (*La grande place de Zanzibar, le matin.*) *La jeune et jolie Thérèse se déclare féministe. De son corsage entrouvert elle laisse s'envoler ses mamelles et constate que la barbe lui pousse. Arrive son mari tout étonné de découvrir Tirésias à la place de Thérèse. Le mari rentre seul chez lui après que Tirésias a déménagé. Il réapparaît en costume féminin, les mains ligotées, derrière Thérèse-Tirésias en élégant complet veston. Courtisé par le gendarme qui le prend pour une demoiselle il se fâche, retire sa tenue féminine et annonce à tous que sa femme renonçant à faire des enfants il en fera, lui.*
ACTE II. (*Au même endroit, le même jour, un peu avant le coucher du soleil.*) *Sur la scène, de nombreux berceaux. Un nouveau-né dans chaque bras, le mari chante les joies de la paternité. Un correspondant d'un journal de Paris vient l'interviewer. Après lui avoir présenté quelques-uns de ses enfants, celui-ci romancier à succès, celle-là richement rentée après son divorce avec le roi des pommes de terre, cette autre artiste aux cachets fabuleux, il le chasse à coups de pieds et décide de faire un enfant journaliste pour tout savoir. Se dressant dans son berceau celui-ci menace son père de chantage, lui donne des nouvelles, notamment de l'«ami Picasso», puis sort « afin d'imaginer celles de demain». Changeant de programme, le mari souhaite faire un enfant tailleur pour être élégant et faire la cour aux belles. Le gendarme intervient, lui reprochant avec ses*

40049 enfants créés en un seul jour d'affamer la population zanzibarienne. La cartomancienne qu'il décide d'aller consulter arrive, exaltant la richesse que procurent les enfants. Le gendarme voulant l'arrêter, elle l'étrangle, se débarrasse de ses oripeaux de cartomancienne et apparaît dans une élégante robe du soir : c'est Thérèse. Le gendarme ressuscite. Thérèse et son mari tombent dans les bras l'un de l'autre dansant amoureusement enlacés au milieu de la liesse générale.

« J'avoue, écrivait Poulenc dans le livre qu'il a consacré à Chabrier, que j'ai beaucoup pensé à l'*Étoile* lorsque j'ai écrit *les Mamelles de Tirésias*. » C'était indiquer dans quelle perspective, à la fois burlesque et tendre, il avait souhaité réaliser son opéra bouffe. Poulenc considérait *les Mamelles* « comme ce qu'il avait fait de plus authentique avec *Figure humaine* et le *Stabat* ». « Je n'ai eu qu'à suivre strictement le texte d'Apollinaire pour trouver le ton musical », confiait-il à Claude Rostand. « Connaissant le sens secret qu'Apollinaire attribuait à certains mots, lorsqu'il est question de Paris et de la Seine, on remarquera que la musique s'émeut. Dès qu'au milieu de la pire bouffonnerie une phrase peut donner lieu à un changement d'optique lyrique et mélancolique, je n'hésite pas à modifier le ton, sachant ce que cachait de tristesse le sourire d'Apollinaire. »　　　　　　　　　　　　　R. D.

MA MÈRE L'OYE. Œuvre de Maurice Ravel dont la version originale pour piano à quatre mains, composée en 1908 et dédiée à Mimie et Jean Godebski, fut donnée en première audition par Jeanne Leleu et Geneviève Durony, le 20 avril 1910 à la salle Gaveau. Inspirée de Charles Perrault (1628-1703), de Marie-Catherine, comtesse d'Aulnoye (v. 1650-1705), et de Marie Leprince de Beaumont (1711-1780), cette délicieuse évocation du monde enchanté de l'enfance comprend cinq parties orchestrées dès 1911 et desquelles le compositeur tira également un ballet représenté pour la première fois au Théâtre des Arts de Paris, le 28 janvier 1912, dans une chorégraphie de Jeanne Hugard, des décors et costumes de M. Dresa et sous la direction de Gabriel Groulez.

Pavane de la belle au bois dormant et *Petit Poucet*, les deux premiers morceaux de l'original pianistique et de sa transcription pour orchestre, se rapportent évidemment à Perrault et aux contes universellement célèbres que celui-ci publia en 1697. Instrumentée pour 2 flûtes, 1 hautbois, 1 cor anglais, 2 clarinettes, 1 basson, 1 harpe et les archets (avec contrebasses divisées), la *Pavane* en *la* mineur (lent à 4/4) débute tranquillement, calmement, dans un climat un peu mystérieux, à la fois tendre et légèrement mélancolique. En épigraphe à *Petit Poucet* (très modéré à 2/4 en *ut* mineur), la partition reprend le texte bien connu relatif aux repères disparus ; « il croyait trouver aisément son chemin par le moyen de son pain qu'il avait semé partout où il avait passé mais il fut bien surpris lorsqu'il n'en put retrouver une seule miette ; les oiseaux étaient venus qui avaient tout mangé ». Et c'est effectivement par une marche hésitante, sinueuse (avec cor anglais et 3 violons solos) que se traduit ce « drame pour rire », si futile pour l'adulte « raisonnable », si important pour l'enfant sensible à la poésie du merveilleux. En *fa* dièse majeur et à 2/4, *Laideronnette, impératrice des pagodes* fait intervenir 1 petite flûte, 1 grande flûte, 1 hautbois, 1 cor anglais, 2 clarinettes, 2 bassons, 2 cors, timbales, cymbales, tam-tam, xylophone, jeu de timbres, célesta, cordes divisées. Il s'agit encore d'un mouvement de marche, mais beaucoup plus alerte que celui du *Petit Poucet* et illustrant ce fragment puisé dans *Serpentin vert* de Mme d'Aulnoye : « Elle se déshabilla et se mit dans le bain. Aussitôt pagodes et pagodines se mirent à chanter et à jouer des instruments : tels avaient des théorbes faits d'une coquille de noix ; tels avaient des violes faites d'une coquille d'amande ; car il fallait bien proportionner les instruments à leur taille. »

Les Entretiens de la Belle et de la Bête (mouvement de valse très modéré à 3/4, *fa* majeur) sont empruntés à Mme Leprince de Beaumont, et plus spécialement au conte de *la Belle et la Bête* faisant partie des *Contes moraux* publiés en 1757. « La belle voulez-vous être ma femme ? », interroge la pauvre bête par le truchement du contrebasson. La belle finit par dire oui car l'amour, s'il est assez fort, élimine les disgrâces physiques. Et, comme chacun sait, ce sera la fin de l'enchantement maléfique qui dissimulait les traits séduisants du prince charmant... *Le Jardin féerique* (lent et grave à 3/4 en *ut* majeur) débute aux cordes seules par une mélodie ample et chaleureuse et s'achève, avec ses *glissandi* de harpe et de célesta, dans la rayonnante apothéose de ce voyage initiatique au pays des merveilles.

Dans le ballet — lequel s'ouvre par un *Prélude* et comporte des interludes reliant les divers épisodes — Ravel a inséré, en guise de premier tableau, une *Danse du rouet et Scène*. Les tableaux suivants sont, dans l'ordre : *Pavane de la belle au bois dormant, les Entretiens de la Belle et de la Bête, Petit Poucet, Laideronnette, impératrice des pagodes*. Comme dans la suite, *le Jardin féerique* vient en conclusion.　J. D.

MANA. Recueil de six morceaux pour piano d'André Jolivet, conçu et créé en 1935, aussitôt repris à New York le 17 février 1936. Ce recueil renouvelle de façon radicale l'écriture du clavier et l'écriture tout court, au point qu'un critique y entreverra le « bréviaire de la musique contemporaine » et que Messiaen procédera à sa minutieuse analyse pour conclure que « la grande originalité de ce cycle réside surtout dans une certaine conception de l'espace sonore ». C'est que Jolivet taille dans la masse harmonique, au sens large, comme le sculpteur burine la pierre ; la forme, nullement préconçue quoique inspirée par des objets, naît et renaît des multiples éléments en jeu : mélodies surdisjointes, immenses résonances, effets de percussions, attaques de toutes sortes, modes défectifs autour de notes pivots souvent catalytiques, forte concentration d'accords, explosions d'agrégats à tous les étages de l'instrument, compénétration des registres. L'exergue du cycle en définit le propos : « Mana, cette force qui nous prolonge dans nos fétiches familiers. » Fétiches ? A son départ définitif pour les États-Unis, en 1933, Varèse avait offert à l'unique disciple qu'il aura jamais reconnu comme sien quelques cadeaux : pantin de bois articulé et recouvert de cuivre, sculptures de Calder représentant énorme oiseau mobile et vache de fil de fer, objets de paille ou d'alpha en forme de chèvre à cornes saillantes, de cheval à crinière bleutée, de poupée exotique coiffée d'un éventail, boucle balinaise à l'oreille gauche. Il n'en fallait pas davantage pour galvaniser l'imagination délirante de Jolivet, d'où ce cycle proprement volcanique, en dehors de toutes les normes acquises jusqu'alors et sans la moindre ride près d'un demi-siècle après sa conception. Toutes les pièces sont également frappantes, qu'il s'agisse de *Beaujolais* (le pantin), de *l'Oiseau*, de *la Princesse de Bali*, de *la Chèvre*, de *la Vache* et du fracassant *Pégase*. L'auteur reconnaîtra plus tard : « C'est par cette œuvre que j'ai tenté pour la toute première fois de réaliser mes conceptions de la musique. » « Tenté » et réussi.　　　　　　　　　　　　　　　　A. P.

MANCHE. Élément constitutif de la plupart des instruments à archet et à cordes pincées (exceptions : psaltérions, harpes, cithares, etc.), prolongeant la caisse de résonance et le long duquel est posée la touche et sont tendues les cordes. Par la simple pression des doigts de la main gauche, l'exécutant peut ainsi raccourcir celles-ci de manière à en hausser le son à volonté. Tandis que sur les instruments à archet la touche est lisse, sur ceux de la famille des luths et des guitares, celle-ci est divisée par demi-ton à l'aide de frettes qui servent de point de repère à l'instrumentiste.　P. M.

MANCHICOURT (*Pierre de*), compositeur franco-flamand (*Béthune v. 1510-Madrid 1564*). Bien que les documents manquent sur son enfance, on sait qu'il fut choriste à la cathédrale d'Amiens vers 1525. Après un passage à Tours (1539), on le trouve ensuite à la cathédrale de Tournai (1545-1556). En 1556, il est nommé chanoine d'Arras. Mais il reçoit bientôt la nomination de « maître de la chapelle flamande » du roi Philippe II d'Espagne et part pour Madrid en 1559. Il y restera jusqu'à sa mort. La musique religieuse occupe une part prépondérante dans son œuvre : une vingtaine de messes, dont beaucoup sont écrites sur des thèmes empruntés à d'autres compositeurs (Sermisy, Mouton), plus de soixante-dix motets. Mais il est également l'auteur d'une cinquantaine de chansons. Nombre de ses œuvres ont été publiées de son vivant chez les plus grands éditeurs de l'époque : Attaingnant, Susato, Du Chemin. Ses œuvres religieuses, après les premiers motets influencés par Ockeghem, se rapprochent du style des successeurs de Josquin Des Prés, comme Nicolas Gombert. La technique en est savamment élaborée (écriture en imitation, surtout). Ses chansons, sauf rares exceptions, sont plus proches du style recherché et élégiaque des Franco-Flamands que de celui, populaire, de Janequin. A. L.

MANCINI (*Giovanni Battista*), castrat et maître de chant italien (*Ascoli 1714 - Vienne 1800*). Élève à Bologne de Bernacchi et du padre Martini, il fut appelé à la cour de Vienne par l'impératrice Marie-Thérèse en 1757. On lui doit un écrit théorique notable, *Pensieri e riflessioni pratiche sopra il canto figurato* (Vienne 1774, trad., fr., 1776 et 1796), où il se montre analyste original et théoricien intelligent, ce qui est rare en cette matière. J. B.

MANDARIN MERVEILLEUX (LE). Ballet de Béla Bartók, composé en 1919 et créé à Cologne en 1926. La partition fut mal accueillie et fit scandale, à cause à la fois de sa musique et de son sujet, dû à Manyhert Lengyel.
Une prostituée, de connivence avec trois bandits, séduit un vieux beau, puis un jeune adolescent que ses compères dévalisent. Survient un riche mandarin. Mais ni la strangulation ni le poignard n'auront raison de ce magicien, qui ne mourra qu'une fois devenu homme dans les bras de la prostituée.
Alors que les deux ouvrages scéniques précédents de Bartók, *le Château* de Barbe-Bleue* et *le Prince* de bois*, avaient mis l'accent respectivement sur le mystère et sur le fantastique, *le Mandarin merveilleux* se réclame d'un réalisme expressionniste proche de celui du cinéaste Fritz Lang. La musique ici se veut violente, âpre, rude, dissonante, à l'image de la ville (cf. *Metropolis*), sanguinaire et sauvage comme elle. D'où chez Bartók un parti pris d'athématisme (exception faite du thème pentatonique du mandarin) et une rythmique bruitiste, syncopée à l'extrême. Pas de folklore hongrois, mais une grande complexité polyphonique, et un univers harmonique des plus ambigus. Kodály disait de cette œuvre qu'elle était le point culminant du dernier style de Bartók. A. F.

MANDOLINE. Instrument à cordes pincées d'origine italienne. Sa caisse en forme de poire très renflée, plus rarement aplatie, résonne sous l'effet de quatre doubles cordes tendues sur un manche garni de frettes. Le son de la mandoline, beaucoup plus court que celui de la guitare*, peut être entretenu par le grattement répété d'un plectre ou « médiator ». Sa tessiture, son accord et son doigté sont exactement ceux du violon. Nombre de compositeurs classiques, dont Vivaldi et Mozart, ont écrit pour la mandoline, qui était encore très populaire au début de ce siècle grâce à un choix à peu près illimité de transcriptions à l'usage des musiciens amateurs. Depuis, la guitare l'a presque complètement supplantée. M. T.

MANDU ÇARARA. Cantate profane d'Heitor Villa-Lobos, pour orchestre, chœur mixte et chœur d'enfants, composée en 1940, créée le 10 novembre 1946 par un ensemble du Théâtre municipal de Rio de Janeiro, sous la direction du compositeur. Elle lui fut inspirée par une légende amazonienne recueillie par Barbosa Rodriguez.
Deux frères, abandonnés par leur père parce qu'ils aiment Mandu Çarara, l'incarnation de la danse, se trouvent tout à coup face au Currupira. C'est un personnage légendaire, l'image du mal, se présentant sous la forme d'un petit Indien chauve, le corps couvert de longs poils. Il n'a qu'un œil, de longues dents, ses pieds sont tournés en arrière ; sa force est prodigieuse. En bon ogre qui se respecte, le Currupira essaie d'attirer les deux enfants, somme toute sa ration de viande de la journée. Ils arrivent à lui échapper et à retrouver la maison de leurs parents, où une surprise leur est réservée : Mandu Çarara les y attend pour jouer et danser. P. V.

MANDYCZEWSKI (*Eusebius*) [Eusebie Mandicevschi], musicologue roumain (*Cernăuti* [Tchernovtsy] *1857-Vienne 1929*). Fils d'un prêtre grec orthodoxe, il commença en 1875 des études à l'université de Vienne, ville où il devait demeurer toute sa vie. Élève de Hanslick (histoire de la musique) et de Nottebohm (théorie), il se lia d'une profonde amitié avec Brahms, et, en 1887, succéda à C.-F. Pohl à la direction des archives de la Société des amis de la musique. Il participa activement à l'édition complète des œuvres de Schubert (en particulier des lieder), Haydn (celle entreprise par Breitkopf et Härtel à l'occasion du centenaire de la mort de ce compositeur en 1909) et Brahms. Pour l'édition Haydn, il s'occupa notamment des symphonies, et c'est lui qui, en 1907, en fixa la numérotation chronologique (de 1 à 104) telle qu'elle devait s'imposer par la suite. Des découvertes plus récentes ont montré que, sur certains points, cette « chronologie » demandait à être corrigée. Mais la liste des symphonies de Haydn dressée par Mandyczewski a l'immense mérite de ne comprendre que des œuvres authentiques, et de n'en avoir omis que deux (Hob.I.107 et 108, toutes deux de jeunesse). Mandyczewski a édité également des œuvres de Bach et de Caldara. Comme compositeur, on lui doit notamment douze messes orthodoxes. Il mourut peu après la tenue du congrès international Schubert de 1928, qu'il avait organisé. M. V.

MANFRED. Mélodrame de Robert Schumann, composé en octobre-novembre 1847, d'après Byron, révisé en 1851 et créé grâce à Liszt en juin 1852 à Weimar. Précédée d'une admirable *Ouverture* où se trouvent exposés les trois motifs essentiels de la partition (1. phrase gémissante et chromatique d'Astarté ; 2. thème de Manfred, passionné, en *mi* bémol majeur/mineur ; 3. détresse d'Astarté en marche chromatique ascendante), la partition de *Manfred* est construite en triptyque : I. *Chant des génies* (quatuor vocal), *Incantation* (quatuor de basses), *Entr'acte, la Fée des Alpes, le Ranz des vaches* ; II. *Hymne des génies d'Arimane ; Évocation d'Astarté* ; III. *Dans le château de Manfred, Mort* et *Requiem*.
Si l'œuvre et le héros de Byron ont profondément marqué Schumann — par le décor majestueux des montagnes où elle se place ; par le caractère même de Manfred, dévoré d'une inextinguible soif de tout connaître et comprendre, orgueilleux et à la soumis à la souffrance qu'aucune femme ne peut adoucir —, sans doute aussi des affinités secrètes — hantise de la folie et de la mort — ont joué. Toutefois, il est remarquable que Schumann ait modifié le dénouement voulu par Byron — et donc gommé certains aspects farouches du personnage —, notamment en faisant mourir Manfred dans une quasi-quiétude et en lui faisant tendre la main au prêtre qui l'assiste en ses derniers instants.
Dans cette œuvre trop négligée aujourd'hui, Schumann a voulu concilier les exigences d'un texte parlé ou chanté avec celles qu'impose la musique. Celle-ci, en fait, reste l'élément primordial, unificateur, et certaines pages sont d'une extrême puissance évocatrice (apparition de la fée des Alpes ; scène du chasseur ; évocation d'Astarté ; supplication du héros devant la tombe ; chœur final concluant en la promesse d'un éternel apaisement). J. G.

MANFRED. Symphonie en quatre tableaux op. 58 de Tchaïkovski, d'après Byron, composée en 1885 et créée en mars 1886 à Moscou sous la direction d'Erdmansdörfer. C'est Balakirev qui proposa le sujet à Tchaïkovski, lui recommandant de prendre pour modèle la *Symphonie fantastique* et *Harold en Italie* de Berlioz.

Le programme des quatre parties est le suivant : *1. Manfred erre sur les Alpes, torturé par les remords de son passé criminel, et par le souvenir de sa bien-aimée Astarté. 2. La fée des Alpes apparaît à Manfred dans un arc-en-ciel formé par les éclaboussures d'une cascade. 3. Pastorale, scènes de la vie simple, pauvre et libre des montagnards. 4. Les souterrains d'Ahriman, orgie diabolique, apparition de l'ombre d'Astarté, pardon et mort de Manfred.*

Les quatre mouvements sont unis par le thème tragique et tourmenté du héros, dont la contrepartie est la mélodie élégiaque d'Astarté. Tchaïkovski se rapproche de Berlioz, dans la mesure où il tend vers la fusion de la symphonie et du poème symphonique. Mais on sent aussi l'héritage de Liszt, surtout dans le finale dont l'apothéose se conclut sur un choral d'orgue. A. L.

MANFREDINI, famille de musiciens italiens. — 1. **Francesco**, compositeur et violoniste *(Pistoia 1684-* id. *1762).* Élève de Torelli et de Perti à Bologne, il entra à l'Accademia dello Spiritu Santo à Ferrare. En 1704, il fut à la chapelle San Petronio de Bologne, puis, en 1711, il prit la fonction de maître de chapelle à la cour de Monaco. À partir de 1727, on le retrouve à la cathédrale de sa ville natale de Pistoia. Il a laissé de la musique instrumentale (concertini, sonates en trio qui s'inscrivent à la suite de celles de Torelli), et des oratorios : *San Filippo Neri trionfante* (1719), *Tomaso Moro* (1720), *L'Assedio di Sammaria* (1725).
— 2. **Vincenzo**, compositeur, fils du précédent *(Pistoia 1737-Saint-Pétersbourg 1799).* Il fut formé par son père, puis par Perti à Bologne, et par Fioroni à Milan. En 1758, il se rendit à Saint-Pétersbourg où il devint maître de chapelle du grand-duc et de Catherine II. En 1762, pour les fêtes du couronnement de Catherine, il fit représenter à Moscou le ballet *Amour et Psyché* (perdu), et l'opéra *L'Olimpiade.* Mais l'impératrice semble avoir peu goûté sa musique, et à l'arrivée de Galuppi (1765), Manfredini fut relégué au rôle de professeur de clavecin du grand-duc Paul. Il revint à Bologne en 1769. En 1770, il fit la connaissance de Mozart. Il collabora au Giornale Enciclopedico d'Italie, publié à Naples. En 1798, rappelé par le tsar Paul Ier, il retourna à Saint-Pétersbourg, où il mourut peu après. Son traité d'harmonie, *Regole armoniche* (Venise, 1775), qui fit autorité, fut par la suite traduit en russe par le compositeur Degtiariov. A. L.

MANFROCE (Nicola Antonio), compositeur italien *(Palmi Calabro 1791-Naples 1813).* Ce musicien qui, comme Pergolèse et Arriaga, disparut à la fleur de l'âge, fut l'un des auteurs les plus originaux de la période prérossinienne. D'abord élève de Zingarelli, il se démarqua vite des modèles traditionnels de l'*opera seria,* prêtant une oreille attentive non seulement à la représentation de *la Vestale* de Spontini donnée à Naples en 1811, mais, d'une façon générale, à tous les courants nouveaux venus de France et d'Allemagne, surclassant Mayr sur son propre terrain. Plus que dans sa musique de chambre, ses œuvres sacrées et son opéra *Alzira* (Rome 1810), c'est dans *Hecube,* créé à Naples en 1812, que l'on trouve l'aboutissement d'une évolution dont Rossini allait aussitôt recueillir les fruits ; signalons notamment une ouverture d'une puissance exceptionnelle, une tendance aux structures ouvertes, l'usage exclusif du récitatif obligé où prédominent les vents, un orchestre enrichi de quatre cors et trois trombones, une maîtrise quasi mozartienne des effets vocaux, et, fait insolite, une longue conclusion orchestrale après la mort de l'héroïne. R. M.

MANN (Thomas), écrivain allemand *(Lübeck 1875-Zurich 1955).* Contemporain de Wagner et Nietzsche, et, par eux, de Schopenhauer († 1860), qui éclairent tous trois sa propre création artistique et résument à eux seuls la seconde moitié du XIXe siècle outre-Rhin (sinon plus encore), Thomas Mann a connu les deux guerres mondiales et les effondrements successifs de l'empire, de la république et du Reich nazi. Autant dire que cet héritier de la grande bourgeoisie protestante porte en lui les stigmates d'une course à l'abîme maladive, vécue pourtant avec un sens croissant de la responsabilité collective de la Germanie tout entière dans l'irruption du mal sur terre.

Né dans l'impasse d'une civilisation gorgée de wagnérisme, Thomas Mann, qui se veut à son tour artiste moderne, constate que Wagner résume déjà toute la modernité, non seulement dans sa production mais aussi, surtout, dans son attitude. Toute création, dès lors que l'originalité est impossible, ne pourra plus être que conscience érudite de tout ce qui précède, juxtaposition ironique de citations.

Les thèmes wagnériens abondent donc dans l'œuvre de Mann, qui en est la parodie (au sens étymologique du mot) : une parodie acidulée d'ironie nietzschéenne, mais victime elle aussi de cet épuisement de l'âme et de l'art que dénonçait Zarathoustra *(le Petit Monsieur Friedmann, Tristan, Tonio Kröger, Sang des Wälsungs* et, dans une moindre mesure, *Mort à Venise).*

Mann considère en effet que le problème essentiel de l'artiste moderne est celui d'une dualité entre l'esprit et la vie. L'esprit triomphant entraîne un appauvrissement de l'élan vital, un goût pour l'immoralisme, pour les interdits. En même temps, l'artiste porte au cœur la nostalgie d'un quotidien banal, aspirant à une bonne conscience qui lui permettrait de (re)devenir bourgeois. Grâce à l'ironie et à la psychanalyse, Mann espère sortir de la névrose wagnérienne. Ses héros, à la fois figures mythiques et psychologues, sont conscients de leur être, ne se leurrent pas sur euxmêmes. Leur attitude n'implique aucun retour psychique au mythe qu'ils véhiculent : ils le comprennent sans y participer vraiment. Toutefois, un tel recul est par essence conservateur. L'anamnésis à laquelle se livre Mann lui permet sans doute de déceler dans son temps les symptômes de la décadence, et même de les découvrir en lui : il se refuse pourtant à y porter remède par un retour sincère au mythe de l'origine, car ce retour, dès lors que l'ironie (la conscience lucide) ne le guide pas, débouche inévitablement sur le totalitarisme, le réveil des vieux démons. Mann ne vise pas ici les idées politiques de Wagner, mais surtout la structure même de son œuvre, le rapport entretenu par la musique et le mythe, le climat des représentations de Bayreuth. En fait, c'est bien la musique, art de l'informulé, de l'irresponsable, de l'inconscient, qui apparaît politiquement dangereuse lorsqu'elle se hisse à pareil niveau de pouvoir, de volonté.

Et Mann, qui ambitionne d'écrire une œuvre littéraire comparable, dans la forme, le jeu du rythme, des constructions, aux grands livres de Bach ou à la *Tétralogie* wagnérienne *(Joseph et ses frères, la Montagne magique, les Buddenbrook),* adopte de plus en plus, en les transposant, les attitudes d'un Goethe par rapport à la musique, d'un Heine devant son époque. Face à l'animal dionysiaque (l'esprit), l'élu, le plus souvent un musicien, est un malade : Castorp, Félix Krull, Aschenbach, Jacob, Adrian Leverkühn mettent leurs pas dans les empreintes laissées par Wagner jusqu'à ce que leur propre aventure se confonde avec celle de l'Allemagne et débouche sur l'hitlérisme *(Doktor Faustus).* Adrian Leverkühn, le héros du *Docteur Faustus* (roman qui devait provoquer une polémique avec Schönberg), apparaît finalement comme une sorte de prototype du compositeur contemporain. *Les Confessions du chevalier d'industrie Félix Krull,* que la mort empêcha Mann d'achever, devaient dénoncer ce mécanisme en montrant la parenté qui unit l'intellectuel et l'escroc aimé de ses victimes. P. G.

MANNHEIM (école de). Elle tire son nom de la ville de Mannheim, sur le Rhin, et brilla d'un vif éclat de 1743 à 1777. Fondée au début du XVIIe siècle (1606), plusieurs fois détruite par la guerre dans les décennies qui suivirent, la ville de Mannheim ne devint un centre musical qu'en 1720, année où l'Électeur palatin Carl Philipp, délaissant Heidelberg, s'y installa. Contrairement à celles de la plupart des autres cours allemandes, la chapelle de Mannheim ne comprit dès ses débuts qu'une minorité d'Italiens. Seuls certains chanteurs venaient d'au-delà des Alpes, les instrumentistes étant originaires soit de Bohême et de Silésie, soit d'Innsbruck (où Carl Philipp avait tenu sa cour avant de devenir prince-électeur), soit de Düsseldorf et des Pays-Bas.

Carl Philipp mourut le 31 décembre 1742, et eut comme successeur son fils Carl Theodor, mécène et prince éclairé dont le nom devait rester attaché à celui de l'école de Mannheim. Passionné de musique, instrumentiste lui-même, Carl Theodor disposa dès 1745 d'un ensemble de 48 chanteurs et instrumentistes : ce chiffre devait passer à 61 deux ans plus tard, et atteindre 90 en 1777 (dernière année passée par Carl Theodor à Mannheim). De 1745 à sa mort en 1757, l'orchestre de Mannheim fut dirigé par Johann Stamitz* (Jan Stamic), natif de Bohême. Il eut comme successeur Christian Cannabich*. Excellent violoniste, Stamitz fit de son orchestre un des meilleurs d'Europe. De cet orchestre, le célèbre *crescendo* (témoignage parmi d'autres de son extraordinaire discipline) fit sensation à travers l'Europe, et, en 1772, Burney en parla comme d'une « armée de généraux ». En firent partie de remarquables instrumentistes, dont beaucoup (à l'instar de Stamitz) originaires de Bohême : les violonistes Ignaz Fränzl, Carl et Anton Stamitz, fils de Johann, Karl Joseph et Johann Baptist Toeschi*, Jakob et Wilhelm Cramer* et Georg Zardt ; le violoncelliste Anton Filtz* ; le flûtiste Wending ; le hautboïste Ramm. La plupart de ces instrumentistes étaient également compositeurs (parmi ces derniers, citons encore Franz Xaver Richter* et Ignaz Holzbauer*). D'où, dans la musique de musique écrite et entendue à Mannheim, un net souci de nuancer et de diversifier l'utilisation des instruments, ce qui se traduisit notamment par la composition d'innombrables symphonies, d'innombrables concertos et surtout d'innombrables symphonies concertantes (genre dont Mannheim se fit presque une spécialité). Mais cet accent mis sur la musique instrumentale n'empêcha à Mannheim l'essor ni de l'opéra ni de la musique religieuse (Georg Joseph Vogler*, Ignaz Holzbauer).

Le 31 décembre 1777, Carl Theodor reçut en héritage l'électorat de Bavière, et dut abandonner Mannheim ainsi que, non loin de là, le château de Schwetzingen, construit sur le modèle de Versailles. La plupart de ses musiciens le suivirent à Munich, et cet événement marqua la fin de la grande période de Mannheim. Juste avant cette dissolution de l'orchestre, Mozart, venant de Salzbourg et en route vers Paris, s'était arrêté à Mannheim, et, de ce séjour, il devait profiter beaucoup. Pour cette raison et d'autres, plusieurs musicologues, à la tête desquels Hugo Riemann, ont voulu faire du style de Mannheim, dramatique mais sans surprises, aristocratique et populaire à la fois, l'ancêtre direct et la principale source d'influence du classicisme viennois (Haydn, Mozart). Une telle opinion n'est plus de mise aujourd'hui. D'une part, en effet, les traits de style les plus « tournés vers l'avenir » de l'école de Mannheim (*crescendo*, conception dramatique de la musique instrumentale) s'étaient déjà rencontrés auparavant en Italie (loin d'avoir inventé leur fameux *crescendo*, les musiciens de Mannheim s'en firent plutôt une spécialité) ; d'autre part, dans la mesure où ces traits constituaient une réaction contre le baroque, on les trouvait également ailleurs, à Vienne en particulier. Enfin, tous les genres de musique n'étaient pas pratiqués à Mannheim de façon aussi « progressiste » que la symphonie ou la symphonie concertante : la musique religieuse, la musique de chambre et même le concerto témoignaient de tendances en général plus conservatrices, et quant aux symphonies, elles n'étaient pas toutes, et de loin, conçues selon les mêmes normes « avancées ». En même temps qu'à Mannheim, une école de symphonistes se développa à Vienne, et ce fut d'elle surtout que se nourrit en ses débuts l'art d'un Haydn, d'autant que, sur le plan musical, les relations entre Mannheim et Vienne étaient relativement peu développées. Elles n'eurent rien de comparable aux rapports étroits entretenus entre Mannheim et Paris, ville où se produisirent Johann Stamitz puis beaucoup d'autres musiciens de Carl Theodor, et qui se fit à son tour une spécialité de la symphonie concertante. Un Gossec ou un chevalier Saint-Georges subirent bien davantage l'influence de Mannheim qu'un Haydn.

Après le départ de Carl Theodor, la principale institution musico-culturelle demeurant à Mannheim fut le Théâtre national, fondé depuis peu. Avec Napoléon, la ville passa au grand-duché de Bade. A partir des années 1780, Vienne était devenue sans conteste le principal centre de création musicale dans les pays de langue allemande, ce que même Berlin, après avoir longtemps montré une opposition farouche (et accepté un peu mieux Mannheim), avait dû reconnaître. Le classicisme viennois reprit des éléments du style de Mannheim, mais en les intégrant dans une dynamique formelle toute nouvelle et d'une vigueur intellectuelle auparavant insoupçonnée. Dans le même temps, après avoir jeté mille feux et rempli une mission historique essentielle, mais éphémère, le style de Mannheim se survivait ici ou là, par exemple dans les productions agréables mais relativement pâles d'un Franz Danzi.

M. V.

MANON. Opéra-comique en 5 actes et 6 tableaux de Jules Massenet, sur un livret de Meilhac et Gilles d'après le roman de l'abbé Prévost. Il fut créé à Paris au théâtre de l'Opéra-Comique le 19 janvier 1884 sous la direction de Jules Danbé.

ACTE PREMIER. (Une hôtellerie d'Amiens où déjeunent Guillot de Mortfontaine (b), Brétigny (bar) et quelques femmes.) *Descendant du coche d'Arras dans la cour de l'hôtellerie, Manon (s) en route pour un couvent, est accueillie par son cousin Lescaut, sergent aux gardes françaises. Restée seule pendant quelques instants, Manon est courtisée par Guillot de Mortfontaine, puis par le chevalier des Grieux (t), qui s'éprend d'elle, la persuade de tout abandonner pour vivre avec lui, et l'emmène à Paris.*

ACTE II. *Lescaut a retrouvé les traces des fugitifs qui vivent sans ressources. Il les rejoint dans leur chambre, accompagné par Brétigny déguisé en garde. Celui-ci est venu à son tour enlever Manon, en lui promettant la vie de luxe dont elle rêve. Manon est angoissée, mais elle laisse pourtant des Grieux se faire emmener de force par les laquais de son père.*

ACTE III. 1er tableau. (Une grande fête populaire au Cours-la-Reine.) *Manon s'y promène avec Brétigny. Ils rencontrent Guillot de Mortfontaine avec ses amies, et le comte des Grieux (b), père du chevalier. Guillot offre à Manon le spectacle du ballet de l'opéra. Mais Manon est distraite. Elle vient d'apprendre que des Grieux est sur le point de prononcer ses vœux au séminaire de Saint-Sulpice.* 2e tableau. *Manon a rejoint des Grieux à Saint-Sulpice. Déployant toute sa séduction, elle parvient à l'arracher à la vie ecclésiastique et à le ramener avec elle dans le monde.*

ACTE IV. *Manon et des Grieux n'ont plus d'argent. Des Grieux va tenter la fortune en jouant aux cartes dans un tripot. Il gagne une partie contre Guillot de Mortfontaine, mais ce dernier l'accuse d'avoir triché. Les deux hommes en viennent aux mains. Le comte des Grieux vient défendre son fils. Manon est emmenée par les policiers.*

ACTE V. (La route du Havre.) *Des Grieux et Lescaut attendent le passage de la charrette dans laquelle se trouve Manon condamnée à la déportation. En soudoyant un sergent de la garde, ils parviennent à la délivrer, mais Manon, épuisée, repentante, meurt dans les bras de des Grieux qu'elle a profondément aimé mais auquel, trop coquette, elle ne sut jamais rester fidèle.*

Manon est certainement le plus grand succès qu'ait jamais connu Massenet. Le livret est habilement construit, et la partition vaut à la fois par son élégance, son charme et sa variété. Elle est animée dans les scènes populaires comme celle de la cour d'Amiens et surtout celle de la fête au Cours-la-Reine. Elle contient de nombreux airs émouvants, comme « Voyons, Manon, plus de chimères » (premier acte), ou « Adieu notre

petite table » (deuxième acte), des ensembles expressifs, des récitatifs adroitement soulignés par l'orchestre, des chansons populaires, comme « Capitaine, ô gué » (cinquième acte). *Manon* est le type parfait de l'opéra-comique du XIXe siècle, avec une action à laquelle le spectateur se laisse prendre, des airs faciles à retenir, des chœurs qui chantent en situation. Les personnages, quel que soit leur comportement, sont profondément humains. Représentée plus de deux mille fois à l'Opéra-Comique, *Manon* connut un succès mondial.
A. L. et S. W.

MANON LESCAUT. Drame lyrique en 4 actes de Puccini, d'après le roman de l'abbé Prévost, créé à Turin le 1er février 1893.

L'action se situe au début du XVIIIe siècle.

ACTE PREMIER. (A Amiens). *Entouré de ses amis étudiants, le chevalier des Grieux (t) se jure d'ignorer l'amour et taquine plaisamment les jolies filles* (Tra voi birb), *lorsque descendent de la diligence d'Arras le sergent Lescaut (bar) et sa sœur Manon (s), accompagnés du trésorier général Géronte du Revoir (b). Au milieu de l'agitation générale, des Grieux s'enquiert auprès de Manon que l'on mène au couvent ; se remémorant les paroles de la jeune beauté, il entonne son premier chant d'amour* (Donna, non vidi mai). *Cependant, le vieux Géronte ayant soudoyé Lescaut fait apprêter un carrosse pour enlever Manon : des Grieux n'a guère de mal à persuader Manon de profiter du carrosse pour fuir avec lui.*

ACTE II. (A Paris, dans le luxueux appartement de Géronte.) *Lescaut a « sauvé » sa sœur en l'arrachant au trop pauvre des Grieux pour la livrer au riche trésorier. Mais les bijoux, les parures et les leçons de danse ne font pas oublier à Manon le bonheur simple qu'elle avait connu avec son jeune amant* (In quelle trine morbide). *Après avoir chanté un fade madrigal* (L'Ora, o Tirsi) *et éloigné Géronte, elle tombe dans les bras de des Grieux, informé par Lescaut, et qui la couvre de reproches* (duo Tu, tu, amore). *Géronte surprend les amants enlacés, et le chevalier presse Manon de fuir, tout en soupirant sur son inconduite* (Ah Manon, mi tradisce), *mais celle-ci s'attarde à rassembler ses bijoux : alertée par Géronte, la garde fait irruption et entraîne Manon.*

ACTE III. (Le port du Havre.) *Un intermezzo symphonique, avec la plainte désolée du violoncelle solo, précède le lever du rideau. Manon doit être déportée en Louisiane avec les prostituées. Des Grieux et Lescaut tentent de la faire évader, mais, leur plan ayant échoué, désespéré veut s'opposer, seul, au départ de Manon, puis, se faisant humble, il supplie le capitaine de l'accepter sur le navire, fût-ce comme mousse* (No, pazzo son).

ACTE IV. (Un désert à la frontière de La Nouvelle-Orléans.) *Manon, bien qu'assagie, a précipité de nouveaux malheurs par sa beauté fatale, et les amants ont dû fuir leur demeure paisible, symbole de la rédemption tant espérée. Consumée par la fièvre, brûlée par la soif, Manon renonce à poursuivre son chemin. Tandis que des Grieux s'éloigne à la recherche de quelque hypothétique secours, Manon clame son adieu à la vie* (Sola, perduta, abbandonata), *évoquant sa beauté funeste, et ses erreurs passées. A son amant, revenu les mains vides, elle demande pardon, puis expire doucement dans ses bras. Des Grieux tombe prostré sur le corps de sa bien-aimée, la seule qu'il ait jamais chérie.*

Déjà avide de concision, possédant un sens inné de l'efficacité dramatique très supérieur à celui de Massenet, Puccini voulait avec raison concentrer l'action, trop riche en épisodes, en quatre phases essentielles : rencontre et coup de foudre ; trahison et reconquête de Manon ; embarquement ; rédemption et mort en Amérique. En outre, une légère touche Régence mise à part, au deuxième acte, le drame est plus simple, plus direct, plus véridique que celui de Massenet, et, au contraire de son rival français tout occupé à excuser une Manon trop charmante, le musicien italien fait vivre le drame par les yeux de des Grieux auquel il ne confie pas moins de quatre airs principaux et plusieurs importants duos.

La création triomphale de l'œuvre, huit jours avant celle de l'ultime chef-d'œuvre de Verdi, *Falstaff*, fut comme le symbole d'une passation de pouvoirs entre le vieux maître de Busseto et son jeune successeur.
R. M.

MANOURY *(Philippe)*, compositeur français *(Tulle 1952)*. Philippe Manoury a travaillé la composition avec Gérard Condé, Max Deutsch, Ivo Malec et Michel P. Philippot. Il est, avec Pascal Dusapin, un des représentants les plus sérieux et les plus exigeants de la très jeune école française. Son écriture, d'une extrême richesse d'imagination et souvent d'un constructivisme assez sévère (*Numéro cinq* pour piano et 12 instruments, 1975), démontre un tempérament d'une évidente personnalité, tout en faisant preuve d'une grande certitude stylistique, librement issue du postsérialisme, et d'une réelle ascèse intellectuelle. Le sens de la polyphonie y est flagrant, ainsi qu'un goût pour la complexité, l'exploration des sonorités, la tension dialectique, l'expression discursive et parfois une éloquence lucide et délibérément romantique (*Quatuor à cordes*, 1977). Actuellement (1981), après un long séjour au Brésil, Philippe Manoury travaille à l'I.R.C.A.M. du centre Beaubourg à Paris. Il est l'auteur d'un texte de recherche sur les corrélations entre le timbre et l'espace sonore et prépare une pièce pour chœurs, cuivres, percussions, synthétiseur et bandes magnétiques.

Ses principales œuvres sont : une *Sonate* pour deux pianos (1972), *Focus* pour petit orchestre (1973, Royan 1974), *Cryptophonos* pour piano (1974, Metz 1974) — une de ses pages les plus réussies —, *Puzzle* pour voix, violoncelle et orchestre (1974, Royan 1975), *Numéro cinq* pour piano et 12 instruments (1975) — peut-être son œuvre la plus épurée et la plus rigoureuse —, un grand et expressif *Quatuor à cordes* (1977), *le Tempérament variable* pour clarinette, petit ensemble et bandes magnétiques (1978), *Numéro huit* pour deux orchestres (1980), *Zeitlauf* pour voix, instruments, dispositif électronique et bande (1982) et *Instantanés* pour 18 instruments (1983).
P. S.

MANTOUE (en ital. *Mantova*). Cette ville d'Italie du Nord fut, à la Renaissance, l'un des centres les plus importants pour la vie musicale. Dès le XIIIe siècle, Sordello da Goito y acquit une réputation de « bons chantaire e bons trobaire ». A partir de 1328, la ville et ses territoires passèrent à la famille de Gonzague qui devait jouer un rôle déterminant dans le développement de la culture et, surtout, de la musique. Le XVe siècle vit chanteurs, instrumentistes, organistes et théoriciens affluer à la cour (Vittorino da Feltre et le Français Johannes Legrense, son successeur, qui transmit ses idées humanistes à ses élèves, dont Gaffurio). Mantoue s'employa à promouvoir un art musical national ; d'ailleurs les fifres et les trompettes de la ville étaient déjà célèbres dans toute l'Italie. Isabella d'Este, fille d'Ércole d'Este, duc de Ferrare, épousa Francesco II Gonzague en 1490. Musicienne aussi accomplie que sœur Béatrice, épouse de Ludovico Sforza le More, Isabella attira à la cour nombre de musiciens, étrangers comme Josquin Des Prés, Agricola, Carpentras et Compère, ou italiens comme Pesenti, Caprioli, F. da Laurana et, tout particulièrement, Bartolomeo Tromboncino et Marchetto Cara dont les *frottole* ont répandu une des principales formes musicales de cette époque. En 1534, Jachet de Mantoue fut nommé *magister puerorum*, puis maître de chapelle de la cathédrale. Le duc Guglielmo, qui régna de 1550 à 1587, fit ériger l'église Santa Barbara et en créa la *cappella*. Palestrina refusa un poste offert, mais, comme Soriano (maître de musique des Gonzague de 1581-1586), composa des messes polyphoniques pour Santa Barbara. Avec Vincenzo Gonzague, Mantoue atteignit son apogée. On y trouve A. Striggio, le Tasse, G. Gastoldi, Viadana, etc. Le *maestro di cappella* à Santa Barbara était Giaches de Wert, auquel succédèrent Pallavicino et, en 1601, Monteverdi.

Avec Florence, Mantoue fut la ville la plus importante pour l'histoire de l'opéra à ses débuts : *L'Orfeo* de Monteverdi y fut créé en 1607, suivi de son *Arianna*, qui inaugura le nouveau Teatro Ducale de l'architecte Viani, et de la *Dafne* de Marco da Gagliano, tous deux en 1608 et sur des livrets de Rinuccini.

Avec la mort de Vincenzo (1612) s'amorça le déclin de la ville, où les activités musicales se maintinrent malgré tout. De 1701 à 1707, Antonio Caldara fut le maître de chapelle du dernier duc de Mantoue, Ferdinando Carlo. A partir de 1708, la ville fut dominée par les Autrichiens. Le Teatro Nuovo, reconstruit après 1732, donna en 1720 *La Candace* et en 1732 *Semiramide* de Vivaldi, en 1782 *Il Trionfo della Pace* de Guiseppe Sarti. En 1777, l'impératrice Marie-Thérèse ouvrit une école publique de musique à Mantoue. Deux théâtres principaux fonctionnaient au XIXe siècle, le Sociale (1822) et l'Andreani, inauguré en 1862 avec *I Masnadieri* de Verdi. Enfin, en 1972, le Teatro Accademico, où Mozart joua en 1770, ouvrit ses portes de nouveau après sa restauration. G. M. et C. W.

MANTRA. Œuvre pour 2 pianos, modulateur en anneau et cymbales antiques, écrite par Karlheinz Stockhausen en 1970 et créée par Alfons et Aloys Kontarsky (pianos) le 18 octobre de la même année au festival de Donaueschingen.

« L'œuvre est entièrement issue d'une formule sonore de 13 sons, le « Mantra », composée de 4 parties séparées par des silences de différentes longueurs (*la, si, sol* dièse, *mi - fa, ré - sol, mi* bémol, *ré* bémol, *do - si* bémol, *sol* bémol, *la*). Ce « Mantra » est toujours donné sous sa forme originale, et en même temps sous sa forme renversée « en miroir ». Il n'y a rien d'autre que de continuelles successions et superpositions avec lui-même de ce « Mantra », selon 12 formes d'augmentations et 13 × 12 transpositions. En effet, chacun de 13 grands cycles de l'œuvre, pour lesquels un des sons de la formule « Mantra » devient respectivement le son central autour duquel se constituent les formes d'augmentations, est dominé par une caractéristique « mantrique » dominante. *Mantra* n'est donc pas une forme de variations. Le « Mantra » ne se trouve jamais varié, pas un seul son ne lui est ajouté, rien n'est accompagné ni orné, etc. Le « Mantra » est toujours lui-même et paraît dans les 12 formes avec ses 13 caractères. Le passage rapide avant la conclusion est un refoulement de l'ensemble de l'œuvre dans le plus petit intervalle de temps : toutes les augmentations et toutes les transpositions sont alors réunies, récapitulées en 4 couches, avec une extrême rapidité. La modulation en anneau que j'ai employée comme procédé technique permet un nouveau système de relations harmoniques. Chacun des pianistes a à sa gauche un petit appareil comprenant un amplificateur microphonique, un compresseur, un filtre, un modulateur à anneau, un générateur d'ondes sinusoïdales avec échelle étalonnée et un régulateur de volume (potentiomètre). Le son du piano est amplifié et « modulé en anneau » par une onde sinusoïdale. Derrière chaque piano, à une certaine distance, sont placés les haut-parleurs qui diffusent le son modulé en même temps que le son direct. Le son modulé doit être légèrement plus fort que le son original. Chaque pianiste règle pour chacun des 13 grands cycles de l'œuvre son générateur sur une fréquence sinusoïdale qui correspond chaque fois au son principal autour duquel sont centrées toutes les transformations du « Mantra ». Le premier pianiste règle successivement les 13 sons « supérieurs » du « Mantra », et le deuxième pianiste les 13 sons « inférieurs », c'est-à-dire ceux de la formule renversée « en miroir ». Le premier et le treizième son de chaque réapparition du « Mantra » sont donc identiques au son sinusoïdal « réfléchissant » et sonnent de ce fait de manière très consonante et très naturellement proche du son original du piano. Les autres sons du « Mantra », conformément à la relation d'intervalle qu'ils entretiennent avec le son « réfléchissant » de la modulation en anneau, sonnent plus ou moins dissonants et différents du spectre naturel du piano (les secondes et neuvièmes mineures et les septièmes majeures produisent les sons de modulateur les plus dissonants, les octaves et les quintes les sons les plus consonants). On éprouve ainsi une *respiration harmonique* constante, passant des sons de modulateur consonants aux dissonants et de nouveau aux consonants, grâce aux rapports exactement réglés entre sons sinusoïdaux et sons de piano modulés. Naturellement, la construction unitaire et homogène de *Mantra* est une miniature musicale de la macrostructure du Cosmos, de même que dans le champ temporel elle devient aussi un agrandissement de la microstructure unitaire des oscillations harmoniques du son à l'intérieur de lui-même » (K. Stockhausen).

Immense construction polyphonique et polyrythmique durant un peu plus d'une heure, *Mantra* synthétise et réconcilie une infinité de styles pianistiques (les Viennois, Messiaen, Bartók, et même Thelonius Monk) et toutes sortes de musiques extra-européennes, la musique balinaise en particulier. En même temps, cette œuvre forte et puissamment originale — une des plus grandes de Stockhausen — ne ressemble vraiment à rien de connu. C'est une page à la maturité d'écriture rayonnante et passionnante, aux traits parfois fulgurants, où le compositeur, après plusieurs années de « musique intuitive » (v. *Aus den sieben Tagen*), retrouve tout son goût pour l'architecture, le matériau harmonique et mélodique le plus riche et les structures rigoureusement déterminées. P. S.

MANUEL. Adjectif pris comme substantif et appliqué à l'orgue ou au clavecin pour désigner le clavier, par opposition au pédalier. Sur les partitions, le terme de « manuel » est souvent désigné par la lettre M. M. V.

MANZONI (Giacomo), compositeur et musicologue italien (*Milan 1932*). Après des études musicales (composition) à Messine et au conservatoire de Milan et des études littéraires à l'université Bocconi à Milan, il travailla comme instrumentiste d'orchestre, chef de chœur, critique musical (critique de *L'Unità* de 1958 à 1966, rédacteur des revues *Il Diapason*, *Prisma*, *Musica/Realtà*). Il enseigna l'harmonie, le contrepoint et la composition au conservatoire Verdi de Milan et au conservatoire Martini de Bologne. Ses travaux en musicologie se traduisent par sa participation au *Dictionnaire* et à *l'Encyclopédie de la musique* (Milan, 1964) et par son ouvrage *A. Schönberg - L'uomo, l'opera, i testi musicali* (1975). [Manzoni a également traduit en italien Th. W. Adorno — *Philosophie der neuen Musik*, 1959, et *Dissonanzen*, 1959 — et A. Schönberg — *Harmonielehre*, Milan, 1963 —, et d'autres textes didactiques intitulés *Analisi e pratica musicale*, 1974].

Il est auteur d'œuvres pour le théâtre (*Per Massimiliano Robespierre*, 1974, créée à Bologne en 1975, scènes musicales en 2 temps sur des textes de Robespierre et d'autres), d'œuvres vocales-instrumentales (*Hölderlin/Frammento* [1972] pour chœur et orchestre, *Masse : Omaggio a E. Varèse* [1977] pour piano et orchestre, *Modulor* [1979] pour 4 orchestres, *Parole da Beckett* [1971] pour 2 chœurs, 3 groupes instrumentaux et bande magnétique, *Variabili* [1973] pour orchestre), et d'œuvres pour ensembles de chambre (*Quartetto* à cordes [1971], *Percorso a otto* [1975] pour double quatuor à cordes, *Sigla* [1976] pour 2 trompettes et 2 trombones, *Epodo* [1976] pour quintette à vent, *Percorso GG* [1979] pour clarinette et bande magnétique, *Hölderlin : Epilogo* [1980] pour 10 instruments). I. S.

MA PATRIE (en tchèque *Ma vlast*). Cycle de 6 poèmes symphoniques pour grand orchestre de Bedřich Smetana, comprenant la célèbre *Moldau*, et composés entre 1873 et 1880. L'ensemble fut créé le 5 novembre 1882 à Prague sous la direction d'Adolph Cech, chaque œuvre ayant été auparavant créée isolément en concert. C'est après la douloureuse épreuve de la maladie qui devait le rendre sourd que Smetana entreprit cet hommage symphonique à sa Bohême natale, cependant qu'il retraçait son destin individuel dans le quatuor *De* ma vie*. L'auteur a donné, pour chaque page de ce recueil, des précisions sans ambiguïté sur ses intentions descriptives. Les 6 volets sont : *Vysehrad, Vltava (la Moldau), Sarka, Ceskych Luhuv Ahajuv* (« Des bois et des champs de Bohême »), *Tabor* et

Blanik. Dans *Vysehrad*, en *mi* bémol majeur, avec harpe solo, l'auteur a voulu chanter, avec les ruines du fier château qui porte ce nom, au bord de la Moldau, la gloire passée des rois de Bohême. L'œuvre, qui fait entendre des échos du chant du vieux barde légendaire Lumir (évoqué par les soli de harpe), est construite sur un motif descendant de 4 notes, très caractéristique, qui est cité dans *la Moldau*. Elle baigne dans un climat légendaire et archaïque. *Vltava* (nom tchèque de la Moldau), en *mi* mineur, est le volet le plus célèbre de l'ensemble, au point d'avoir éclipsé le reste. Composé entre novembre et décembre 1874, il fut créé le 4 avril 1880 sous la direction d'Adolph Cech. Le programme descriptif évoque la naissance et le cours du célèbre fleuve, qui commence par 2 petites sources, l'une chaude et l'autre froide (très distinctement signifiées, au début de l'œuvre, par les flûtes et les clarinettes), se rejoignant pour former un petit fleuve qui parcourt des forêts, des prairies où l'on donne des fêtes, qui passe dans la nuit sous la lune, alors que dansent les Nixes, créatures légendaires des eaux, borde des ruines et des fiers châteaux, puis devient un fleuve large qui aboutit à la fortification de Vysehrad (citée musicalement par le motif principal du volet précédent), avant d'aller se perdre dans l'Elbe. Ce vaste parcours est très bien suggéré par une musique généreuse et épique qui rejoint les grandes évocations « aquatiques » de Mendelssohn (*les Hébrides*, ou *la Grotte de Fingal*), de Schubert, de Wagner (*l'Or du Rhin*) avec, comme chez ceux-ci, des motifs ondoyants et répétitifs qui montent et redescendent sans lasser l'oreille. Le troisième poème symphonique, *Sarka*, en *la* mineur (créé le 17 mai 1877), raconte la vieille légende tchèque de l'amazone Sarka qui se venge cruellement des hommes avec ses compagnes guerrières. Le quatrième, *Ceskych Luhuv Ahajuv* (« Des bois et des champs de Bohême »), en *sol* mineur, créé le 10 février 1876 sous la direction d'Adolph Cech, est comme une vue panoramique du beau pays de Bohême, suivie d'un « travelling avant », nous rapprochant d'une fête de campagne qui fait résonner tout le pays. *Tabor*, pour célébrer le temps de la force et de la grandeur bohémiennes, retrouve l'inspiration guerrière de *Vysehrad*, puisqu'il s'agit d'un château fort construit par les Hussites, et qui fut le siège de célèbres batailles au temps de la guerre des Hussites (guerre civile déclenchée par Jean Hus, au début du XVᵉ siècle) ; on y entend le choral religieux « Wer da ist ein Gotteskämpfer » (« Celui qui est combattant de Dieu »). Enfin *Blanik*, en *fa* majeur, créé le 4 janvier 1880 sous la direction de Cech, est aussi un nom de lieu, évocateur pour les Tchèques de grands souvenirs historiques. Il s'agit du mont où reposent les héros du temps des Hussites, et sur lequel pâturent les moutons. Une réapparition magique des chevaliers morts fait revenir la gloire sur le pays de Bohême. Ici, l'auteur oppose une quiète « symphonie pastorale » à des accents guerriers et sauvages, qui sont en étroite liaison thématique avec *Tabor*. M. C.

MAQÂM. Nom générique principal des modes musicaux arabo-irano-turcs et assimilés, définissant une structure modale capable de déterminer un modèle ou un style mélodique et une atmosphère (v. ʿABBĀSSIDE, ARABE, DASTGÂH, IRAQ, IRAN, ISLĀM, TURQUIE). Les échelles, les intervalles, les genres et les modes essentiels des musiques développées au sein de l'Islām ont été principalement définis du VIIIᵉ au XIIIᵉ siècle à l'époque abbasside sous la touche du luth ᵒ*ûd* par des artistes et des savants de l'Islām à son apogée et répertoriés dans les traités médiévaux ou plus récents. De cette époque à nos jours, des milliers de modes ont été conçus et des centaines ont été décrits. Cependant, la pratique actuelle se limite à quelques dizaines de modes simples ou composés et à une centaine de modes si l'on tient compte des transpositions courantes. Le nom générique des modes est variable en fonction de l'époque et du pays, soit au Moyen Âge : *laḥn, ṭarîqa, dawr, chuᵒba, tarkîb*, et de nos jours *maqâm, nagham, naghma, tabᵒ, sanᵒa* dans les pays arabes, *âvâz, dastgâh* ou *naghmè* en Iran, *makam* en Turquie, *mugam* en Azerbaïdjan, et *makom* en Asie centrale.

L'unité élémentaire de structure modale définie sur le ᵒ*ûd* est le genre tricorde, tétracorde ou pentacorde (*baḥr, jins,* ᵒ*iqd, dörtlü-beşli*), déterminé par un choix de « doigtés-degrés » sur l'échelle fondamentale des sons et définissant ainsi une série d'intervalles consécutifs dont les valeurs sont comprises entre le limma (4 commas) et le trihémiton (12-14 commas), soit entre un petit demi-ton et une grande seconde augmentée. On peut dénombrer de douze à trente genres fondamentaux. Un mode simple diatonique et heptatonique est constitué par l'adjonction du grave à l'aigu de deux genres formant alors un « système-gamme » d'octave (*diwân al-asâsî, sullam, dizi*) comportant une toniquefinale (*asâs, mayè, durak*), un pivot témoin ou pseudodominante (*ghammaz, châhed, güçlü*) situé normalement à la jonction de deux genres, des degrés privilégiés ou éventuellement des degrés mobiles.

Un *maqâm* n'a pas de hauteur absolue universelle, mais il s'insère de préférence sur certains doigtésdegrés de l'échelle fondamentale des sons ou certaines positions du ᵒ*ûd*, ce qui confère au *maqâm* donné une hauteur relative par rapport à d'autres *maqâm-s* conçus dans le même système ou selon le même diapason de référence. Chaque genre ou mode est susceptible d'exprimer un sentiment modal (« ethos », *rûḥ*) induit probablement par les intervalles, la marche mélodico-rythmique, les ornements, les formules et les cadences liés à chaque structure modale. Autrefois, l'heure, les circonstances ou l'humeur déterminaient le choix d'un mode tandis que de nos jours, le mode, joué plus fréquemment à l'heure du récital ou du concert public, doit recréer un cortège de sensations spécifiques ou de conventions musicologiques. Ainsi le *Râst* est-il classique ou académique, le *Segâh* est-il profond ou mystique, le *Bayâtî* est-il vivant et populaire, et le *Sabâ*, avec sa quarte diminuée, doit-il exprimer la lassitude et la fin de la nuit. L'*Ajâm-ᵒAchîrân* est un majeur et le *Nihâwend* est toujours un mineur. Le *Kürdî* a les 2ᵉ, 3ᵉ, 6ᵉ et 7ᵉ mineures.

Au-delà de ces modes essentiels simples et de leurs formes transposées déterminant une octave modale, les musiques de l'Islām arabo-irano-turc sont ouvertes à l'élaboration de structures modales plus complexes par l'association de genres dans l'espace ou dans le temps. Verticalement du grave à l'aigu, l'adjonction de plus de deux genres définit des *maqâm-s*, dont l'ambitus dépasse l'octave et même la double octave. Horizontalement et dans le déroulement de l'improvisation, le renouvellement de genres sur un même registre ou le passage d'un *maqâm* à un nouveau *maqâm* compatible avec le précédent est régi par les lois complexes de la modulation (*talwîn, geçki*) araboturque tandis que les usages du répertoire (*radîf*) persan impliquent l'enchaînement de modèles mélodiques stéréotypés (*gûché-s*) sans modification des intervalles. Dans toutes ces musiques, la pratique traditionnelle suppose que l'on commence et termine une longue improvisation sur le même *maqâm*. Par ailleurs, certains musiciens ne dissocient pas le *maqâm* de sa forme mélodique la plus fréquente.

Les musiques des minoritaires vivant au sein de l'Islām arabo-irano-turc (Arméniens, Assyriens, Berbères, « Byzantins », Chaldéens, Coptes, Kurdes, Maronites, Nestoriens, Syriaques, etc.) perpétuent des modes musicaux en général analogues aux *maqâm-s* tout en leur accordant souvent des noms différents et des formes différenciées. J.-C. C.

MARA (*Gertrud*, de son nom véritable SCHMELING), soprano allemande (*Cassel 1749 - Reval 1833*). Elle étudia à Londres et à Leipzig et débuta à Dresde. Elle fut engagée à vie à l'opéra de Berlin par Frédéric II en 1771, mais rompit son accord en 1780 pour faire une carrière internationale. Elle débuta à Londres en 1786 et remporta un énorme succès dans le rôle de Cléopâtre du *Giulio Cesare* de Haendel. Elle passe pour avoir été une actrice médiocre, mais sa voix très

étendue était une des plus belles de son époque. Mara fut en fait la première cantatrice non italienne à triompher dans le bel canto sur toutes les scènes d'Europe.
J. B.

Maracas. Instruments à percussion de la famille des « bois ». Elles sont faites de petites calebasses à manche, à l'intérieur desquelles roulent des billes de plomb, et se jouent par paires, secouées ou tournées.
M. T.

Marais (*Marin*), violiste et compositeur français (*Paris, 1656*- id. *1728*). Après avoir débuté comme enfant de chœur à la maîtrise de Saint-Germain-l'Auxerrois, Marais devient, à seize ans, l'élève du célèbre violiste Sainte Colombe. Titon du Tillet (*le Parnasse françois*) raconte que l'élève « prenoit le tems en été que Sainte Colombe étoit dans son jardin enfermé dans un petit cabinet de planches... afin d'y jouer plus tranquillement et plus délicieusement de la Viole. Marais se glissoit sous ce cabinet ; il y entendoit son Maître ». En 1676, il est nommé « musicqueur du Roy » puis, en 1679, « ordinaire de la Chambre du Roy » ; il conserve ce poste jusqu'en 1725. C'est à Lully, duquel Marais a également reçu l'instruction, qu'il dédie son premier livre de pièces de viole (1686). Après la mort de l'intendant — qui lui demandait souvent d'assumer la direction de l'orchestre de l'Opéra — Marais compose quatre opéras pour l'Académie royale de musique. Le plus célèbre d'entre eux demeure *Alcyone* (1706) sur un livret de Houdar de la Motte. La fameuse *Tempête* de cet ouvrage est considérée à l'époque comme « une chose admirable ». C'est d'ailleurs à cette occasion que Marais aurait introduit la contrebasse pour la première fois dans l'orchestre de l'Opéra.
Sans doute le meilleur violiste de France, Marin Marais doit-il sa réputation à sa musique de chambre ? Comme ses opéras, fidèles au style lullyste, ses suites de pièces de viole (danses, pièces à titres descriptifs : *les Fêtes champêtres, l'Arabesque, la Voix humaine*) le montrent ardent défenseur de la musique française, c'est-à-dire sévère contre les Italiens. A en juger par leur difficulté technique (elles font un grand usage des accords arpégés), la virtuosité du maître, qui ne néglige pas pour autant la sensibilité ni les trouvailles harmoniques, a été exceptionnelle. Citons, à titre d'exemple, les trente-deux variations du *Second Livre* sur le thème des *Folies d'Espagne*. Enfin, dans le domaine de la musique religieuse, Marais a composé un *Te Deum*, chanté pour la convalescence du Dauphin (1701, perdu).
Œuvres. — *Musique instrumentale.* Environ sept cents pièces groupées en suites et par tons. Cinq *Livres de pièces à une et deux violes avec b.c.* publiés à Paris (1686, 1701, 1711, 1717, 1725). *Pièces en trio pour les flûtes, violons et dessus de viole* (Paris, 1692). *La Gamme et autres morceaux de symphonie pour le violon, la viole et le clavecin* (Paris, 1723). *Musique théâtrale.* Quatre opéras : *Alcide ou le Triomphe d'Hercule* (1693, en collaboration avec Louis Lully) ; *Ariane et Bacchus* (1696) ; *Alcyone* (1706) ; *Sémélé* (1709).
C. W.

Marcabru, troubadour gascon (*? v. 1100- ? v. 1147*). Comme Guillaume IX et Jaufré Rudel, il appartient à la première génération de troubadours. Il était réputé pour son tempérament violent et pour sa misogynie. Ses origines modestes demeurent obscures. Un autre troubadour, le seigneur Aldric d'Auvillars, aurait trouvé l'enfant abandonné pour le prendre sous sa protection. Marcabru devient jongleur avant de voyager, dans le Midi, dans l'Île-de-France et probablement jusqu'en Angleterre. Il se rend également à la cour du roi Alphonse VII de Castille, et à celle du comte de Barcelone. Des cinquante chansons environ qui nous sont parvenues, quatre sont notées. L'une d'entre elles, une pastourelle particulièrement belle et pleine de mélancolie, *Pax in nomine Domini*, traite de la deuxième croisade (1147-1149).
C. W.

Marcato. Mot italien désignant une manière de jouer en martelant quelque peu les notes. Le sens est légèrement différent du français « marqué », fréquemment employé surtout au XVIIIe siècle, et qui s'applique plutôt à la manière d'accentuer les temps de la mesure pour bien faire sentir celle-ci.
J. C.

Marcello, famille de musiciens italiens. — 1. **Alessandro,** compositeur (*Venise 1684*- id. *1750*). Esprit éclairé, il s'adonnait également aux mathématiques et à la philosophie. Membre de l'académie des Arcadiens à Rome, il avait choisi le surnom de Eterico Stinfalico. Il donnait ses propres compositions lors de réunions hebdomadaires dans sa demeure. Son œuvre comporte des cantates pour soprano et basse continue (1708), des sonates pour violon et basse continue (1708) ainsi que des recueils de concertos dont les *Concerti à 5,* publiés à Amsterdam (1716). Son œuvre la plus connue demeure le *Concerto pour hautbois et cordes* en *ré* mineur, transcrit par Bach pour clavecin.
— 2. **Benedetto,** compositeur, frère du précédent (*Venise 1686 - Brescia 1739*). Il fut l'élève d'Antonio Lotti pour la composition, mais se consacra d'abord au violon et au chant. Il fut d'ailleurs le professeur de Faustina Bordoni, une des plus illustres cantatrices de l'époque. De famille noble, et très cultivé, ce *« nobile Veneto »* mena de front la musique et une carrière d'avocat qui le conduisit à être juge au tribunal de la Seingurie de Venise, puis membre du Conseil des Quarante (1716) avant de devenir Provediteur de la République de Pola (1730-1738).
Marcello fut aussi homme de lettres et publia des ouvrages parmi lesquels il convient de citer surtout une satire des milieux théâtraux de l'époque, *Il Teatro all moda* (1720), qui eut un grand succès. Ses œuvres musicales, savantes et de haute qualité, tant instrumentales que vocales, sont caractéristiques du baroque italien à son apogée. Les douze *Concerti a cinque* (1708) témoignent d'une grande sensibilité et comptent parmi les meilleurs exemples du genre. Mais son œuvre maîtresse reste les cinquante paraphrases des Psaumes de David sur des textes italiens de G. A. Giustiniani, conçus pour une à quatre voix avec l'accompagnement de la basse continue, et intitulés *Estro poetico armonico* (Venise, 1724-1726). Les préfaces de ces six volumes sont également intéressantes. Marcello fut actif aussi dans le domaine de l'oratorio (*Giuditta,* 1709, sans doute perdu; *Gioàz,* 1726 ; *Il Trionfo della poesia e della musica,* 1733). En outre, il laissa des messes et des œuvres spirituelles. Pour le théâtre, il composa l'opéra *La Fede riconosciuta* (1707), perdu et d'authenticité douteuse, et la pastorale *Calisto in Orsa* (*id.,* 1725). Sa musique de chambre comporte des sonates pour clavecin, pour flûte et basse continue, des cantates, ainsi que des *Canzoni madrigalesche e arie per camera* (1717).
C. W.

Marchal (*André*), organiste français (*Paris 1894-Saint-Jean-de-Luz 1980*). Aveugle, il fut, au Conservatoire de Paris, l'élève de Gigout (orgue et improvisation, 1913) et de Caussade (contrepoint et fugue, 1917). Il fut successivement suppléant de Gigout à Saint-Augustin, titulaire à Saint-Germain-des-Prés (1915-1945) et à Saint-Eustache (1945-1963), tout en enseignant l'orgue et l'improvisation à l'Institution nationale des jeunes aveugles. Exécutant de grand talent, il a contribué au regain d'intérêt pour la musique d'orgue française, en renouant avec l'art d'une registration colorée et variée, comme l'aimaient et l'exigeaient les maîtres anciens, et qui avait été négligé à l'époque romantique. En cela, il a beaucoup influencé les organistes et les facteurs d'orgues vers un retour à l'esthétique classique. Son domaine d'élection fut l'improvisation, où se donnait libre cours une intense poésie intérieure. Son contemporain Marcel Dupré et lui ont représenté les deux pôles opposés et complémentaires de l'école d'orgue française, rigueur et sensibilité, austérité et liberté ; leur enseignement et leur exemple ont fécondé toute la jeune génération d'organistes français.
G. C.

MARCHAND (*Louis*), organiste, claveciniste et compositeur français (*Lyon 1669 - Paris 1732*). Élève de son père et très précocement doué, il fut organiste de la cathédrale de Nevers dès l'âge de quinze ans, puis à la cathédrale d'Auxerre. Venu à Paris en 1689, il y occupa les fonctions d'organiste chez les jésuites de la rue Saint-Jacques, aux églises Saint-Benoît, Saint-Honoré et à celle des Cordeliers, assurant à partir de 1706 l'une des charges d'organiste à la chapelle royale. Homme dissipé, de tempérament irascible, il fut contraint de se démettre de ses fonctions et de quitter la France. En Allemagne, on voulut l'opposer à J.-S. Bach, mais il ne se présenta pas au tournoi que Bach, à son corps défendant, remporta par forfait (on raconte que Marchand avait espionné Bach répétant, et avait préféré ne pas se mesurer à lui). De retour en France, il fut organiste à la cathédrale de Strasbourg et revint aux Cordeliers de Paris. Virtuose éblouissant et pédagogue écouté, il fut le professeur de D'Aquin et de du Mage. Dans le domaine de l'orgue, il marque l'apogée du style classique avec ses contemporains Couperin et Grigny. Dans ses compositions pour cet instrument, il reste fidèle au grand style de ses prédécesseurs, mais son humeur fantasque se manifeste par une imagination harmonique sans cesse en éveil et une rythmique souvent irrégulière. Il a laissé deux livres de pièces de clavecin, cinq *Livres de pièces choisies pour orgue*, trois *Cantiques spirituels* (sur les poèmes de Racine), une cantate, *Alcyone*, des airs français et italiens et un traité théorique, *Règles de la composition*. G. C.

MARCHE. Composition instrumentale de mesure binaire, au rythme accentué, servant à l'origine à marquer le pas d'une armée ou d'une procession. Dans le domaine militaire, la marche a connu un immense développement et s'est répandue dans la plupart des pays à tous les corps d'armée. Mais elle est également entrée dans la musique classique à partir du XVIIe siècle. C'est Lully qui l'introduit le premier dans l'opéra et le ballet. La marche a pris rapidement la forme du menuet : première partie à deux sections avec reprises, partie centrale (trio) plus mélodieuse, et retour de la première partie sans reprise, avec parfois quelques variantes. Son instrumentation, à l'origine, était composée essentiellement d'instruments à vent et de percussion.

La marche trouva place, aux XVIIIe et XIXe siècles, dans l'œuvre de Haydn, Mozart, Beethoven, Schubert, Méhul. Mais à partir de la même époque, différents genres se distinguèrent : marche* turque, marche* funèbre, marche* hongroise (marche de Rákóczi), marche* nuptiale, sans compter les nombreuses marches écrites pour des occasions diverses (inaugurations, festivités, commémorations, etc.).

La marche peut également être vocale (chants patriotiques et révolutionnaires notamment). A. L.

MARCHE ÉCOSSAISE. Petite pièce pour piano à 4 mains composée en 1891 par Claude Debussy, et orchestrée par le compositeur en 1908. Il s'agit d'une commande d'un général britannique de vieille souche, qui proposa à Debussy le thème original de la marche de ses ancêtres, telle qu'on la jouait sur les cornemuses, pour qu'il l'immortalisât. Debussy s'est amusé à jouer sérieusement le jeu de cette commande, en pratiquant une écriture volontairement scholastique, avec un canon. La version orchestrale, dont la fin est plus développée, fut créée le 19 avril 1913 au Théâtre des Champs-Élysées à Paris, sous la direction de Désiré Émile Inghelbrecht. Plus tard, Gustave Sagzeuilh arrangea la version piano initiale, pour la rendre conforme au texte de la version symphonique. M. C.

MARCHE FUNÈBRE. On trouve des pages portant ou méritant la dénomination de marche funèbre dans la sonate pour piano n° 12 en *la* bémol op. 26 (troisième mouvement) et dans la symphonie *Héroïque** (deuxième mouvement) de Beethoven, dans la sonate pour piano n° 2 en *si* bémol mineur op. 35 (troisième mouvement) de Chopin, ou encore dans le *Crépuscule* des dieux* (troisième acte) de Wagner. M. V.

MARCHE HARMONIQUE. Procédé d'harmonie consistant à enchaîner au moyen d'une formule de transition, susceptible d'être indéfiniment répétée, deux ou plusieurs fragments dont chacun reproduit le précédent, avec ou sans modulation*, à une distance intervallique donnée. La pratique de la marche harmonique, dite aussi *marche d'harmonie*, considérée comme entraînement à la modulation, constituait autrefois un exercice pédagogique privilégié ; son abus l'a quelque peu discréditée en lui valant à la fin du XIXe siècle, surtout lorsqu'elle était modulante, le surnom péjoratif de *rosalie*, du nom d'une romance italienne qui en faisait usage. Elle est aujourd'hui, par réaction, considérée par les harmonistes avec quelque méfiance. La marche d'harmonie est dite *tonale* lorsque, sans moduler, les intervalles s'adaptent aux degrés de l'échelle, *modulante* lorsqu'ils se reproduisent tels quels en entraînant modulation. J. C.

MARCHE HONGROISE. Pièce pour orchestre composée en 1846 par Hector Berlioz sous le titre de *Marche de Rákóczi* et inspirée du thème guerrier hongrois qui porte ce nom ; elle fut ultérieurement insérée par l'auteur dans la première partie de sa *Damnation de Faust*, où, pour placer justement cette œuvre à succès, il se donnait la liberté de faire se promener son héros dans les plaines hongroises. Dans sa première version, sous le titre initial, elle fut créée le 12 février 1846 à Pest sous la direction de l'auteur, avec un immense succès populaire où le sentiment national jouait un grand rôle et devenant un symbole de l'identité hongroise face à la puissance autrichienne (Rákóczi, 1676-1735, avait été chef de la guerre d'indépendance hongroise). Revenu à Paris, Berlioz ajouta à sa *Damnation de Faust* une scène d'introduction-prétexte où Faust exprime son «insensibilité» à la gloire militaire. À la création à Paris de la *Damnation*, le 6 décembre 1846, on bissa ce qui était devenu la *Marche hongroise*, où certains critiques dénonçaient pourtant un simple travail de transcription et d'appropriation. S'il avait suivi la forme originale de lied ternaire propre au thème populaire, Berlioz l'avait cependant amplifié, introduisant un fugato, des développements, des variations, le revêtant d'une orchestration sublime où la petite harmonie des bois (au début) est peu à peu renforcée par la masse des cordes et les cuivres. Dans le genre cher à Berlioz de la «marche», celle-ci est restée sa plus grande réussite de construction et de dynamisme.

Il faut noter que Franz Liszt avait composé six ans auparavant, en 1840, une paraphrase pour piano de la marche de Rákóczi, dont il affirmait, sans manifester d'aigreur, que Berlioz s'était inspiré, ce qui est historiquement discutable. M. C.

MARCHE MILITAIRE. Pièce pour piano à 4 mains de Franz Schubert, appartenant primitivement à un recueil de trois pièces du même genre, op. 51 D.733, publiées en 1826 par l'éditeur Diabelli à Vienne. La première, très allègre et « vivace », a seule accédé à la célébrité, donnant lieu à d'innombrables transcriptions, et Stravinski en fait une citation parodique dans son œuvre pour orchestre *Circus Polka*. M. C.

MARCHE NUPTIALE. — 1. Page de Mendelssohn. *V. Songe d'une nuit d'été.*
— 2. Dénomination donnée après coup à une célèbre mélodie de Wagner intervenant à la fin du deuxième acte de *Lohengrin**, au moment des noces du héros (Lohengrin) et d'Elsa. M. V.

MARCHE SLAVE. Mouvement symphonique op. 31 de Tchaïkovski, composé en 1876 sur commande de la Société musicale russe pour un concert au profit de la Croix-Rouge. Le compositeur désignait cette œuvre sous le nom de « Marche serbo-russe ». Elle est en effet construite sur les thèmes de trois chants populaires serbes, et se conclut sur celui de l'hymne impérial russe. Son exécution, sous la direction de Nicolas Rubinstein, provoqua « une véritable tempête d'enthousiasme patriotique ». Œuvre de circonstance, conçue pour produire un effet immédiat, elle annonce l'éclat de l'*Ouverture 1812*. A. L.

MARCHE TURQUE. — 1. Dénomination donnée au finale de la sonate pour piano en *la* majeur K.331 (300i) de Mozart, composée à Paris dans l'été 1778. Le titre original est *Alla turca*.
— 2. Page de Beethoven. V. *Ruines d'Athènes*. M. V.

MARCHETTUS DE PADOUE, théoricien italien de la première moitié du XIVe siècle. Sa biographie est mal connue ; il fut probablement au service des rois de Naples. Nous possédons de lui deux traités : *Lucidarium in arte musicae planae* et le *Pomerium artis musicae mensurabilis*. Un résumé du *Pomerium, Brevis compilatio in arte musicae mensuratae*, fut rédigé vers 1326. Le *Lucidarium* traite de la classification de la musique (consonances, dissonances, modes) ; le *Pomerium* s'attache aux notations italiennes et françaises et aux subdivisions de la brève (ternaire, binaire).
C. W.

MARCLAND (Patrick), compositeur français (*Neuilly-sur-Seine 1944*). Il a travaillé à l'École normale de musique de Paris la guitare classique avec Alberto Ponce ainsi que l'écriture et la composition avec Max Deutsch, puis l'analyse avec Yves Marie Pasquet au conservatoire de Bobigny et avec Claude Ballif au Conservatoire de Paris. On lui doit notamment un *Trio* pour clarinette, violon et violoncelle (1971), un *Septuor* pour flûte, hautbois, clarinette, basson, cor, harpe et percussion (1972), *Tresses* pour 12 cordes solistes (1974), *Mètres* pour flûte, alto et harpe (1974), *Variants* pour 16 instruments (1975), *Passages* pour flûte, alto, harpe et orchestre (1975-76), *Fragments* pour 2 ondes Martenot, guitare électrique et percussion (1977), *Stretto* pour harpe seule (1978), *Failles* pour flûte, alto, harpe et orchestre (1978), et *Versets* pour 19 instruments. Il a aussi écrit des musiques de film. Son opéra *P.A.*, sur un livret de Jean Baillon d'après les contes de Perrault, a été donné à l'I. R. C. A. M. en novembre 1981. M. V.

MARCO (Tomas), compositeur espagnol (*Madrid 1942*). Il bénéficie d'une double formation : il a suivi des cours à l'université (droit, psychologie, sociologie), et a appris le violon et la composition, sans compter les cours de Darmstadt où il a participé, en 1967, à l'œuvre collective de Stockhausen *Ensemble*; il a également reçu l'enseignement de musiciens tels que Boulez et Ligeti. En 1969, il a obtenu pour *Vitral* (pour orgue et ensemble à cordes) le prix national de la musique en Espagne.

Ce compositeur mène de front de multiples activités : il travaille à la radio espagnole, donne des cours au conservatoire de Madrid sur les nouvelles tendances ; et dirige le groupe Koan, consacré à la musique contemporaine, ainsi que des concerts poursuivant le même but, Estuvio Nueva Generación. Il a publié plusieurs ouvrages : des monographies sur Ives, Satie, Debussy et Ravel ; un livre d'intérêt général, *Música Española de Vanguardia* (1970). Il a même fondé une revue destinée à la musique de notre temps, *Sonda*, et a effectué des travaux sur la perception musicale, car « il se préoccupe non de la production du son, mais aussi de sa réception ». Marco ne refuse aucune des possibilités offertes par les techniques actuelles, mais l'électroacoustique l'intéresse comme moyen, non comme but, comme un élément intégré à la musique contemporaine. Les genres qu'il aborde sont très diversifiés.

Œuvres principales. — *Musique pour guitare*. *Miriada* (1969-70) pour guitare et percussion ; *Concierto Guardiana* (1973) pour guitare et neuf cordes ; *Duo Concertante* (1974) pour deux guitares ; *Hommage à Jimenez* (1975) pour guitare. *Musique instrumentale*. *Angelus Novus* (hommage à Mahler) [1971-72] pour grand orchestre ; *Escorial* (1973-74) pour grand orchestre ; *Locus solus* pour ensemble instrumental (1978). *Musique pour le théâtre*. *Requiem* (1965) pour trois musiciens-acteurs, deux bandes magnétiques et éléments de théâtre ; *Cantos del pozo artesiano* (1967) pour actrice, ensemble instrumental et éléments de théâtre ; *Küche, Kinder, Kirche* (1968) pour mezzo-soprano et cinq musiciens-acteurs ; et surtout son opéra *Selene* (1959-1973). *Musique vocale*. *L'Invitation au voyage* (1971) pour soprano, clarinettes, piano et percussion ; *Transfiguration* (1974) pour chœur ; *Ecos de Antonio Machado* (1975) pour chœur et orgue ; *Recuerdos del Porvenir* (1972) pour voix et électronique ; *Akelarre* (1976) pour un instrument à vent (bois) et bande magnétique.
M. G.

MARCUSSEN, facteurs d'orgues danois, établis depuis 1806. Dirigée aujourd'hui par Jürgen Zachariassen, la firme développe une activité importante de construction et de restauration en Scandinavie, aux Pays-Bas et en Allemagne. G. C.

MARE NOSTRUM. Composée entre 1973 et 1975, créée au festival de Berlin en septembre 1975, cette « action musicale » de Mauricio Kagel pour voix de haute-contre et de baryton accompagnées par 10 instrumentistes porte en sous-titre le résumé de son propos : « Découverte, pacification et conversion du bassin méditerranéen par une tribu d'Amazonie ». S'inspirant des témoignages originaux sur la conquête de l'Amérique par les Européens, Kagel n'a pas besoin de pousser loin la caricature. Les exécutants sont assis autour d'un bassin dont la forme représente à peu près le lieu géographique de l'action. L'eau, d'abord transparente, devient, comme dans la réalité, plus trouble, dégoûtante et finalement offensive. Le baryton interprète le double rôle d'un narrateur qui a pris part à la découverte de la Méditerranée, et d'un descendant de la tribu amazonienne disparue depuis longtemps et devenu historien, tandis que la haute-contre représente l'habitant typique de chaque pays visité. (Les deux chanteurs échangent néanmoins plusieurs fois leur fonction au cours de l'œuvre.) Le périple des Amazoniens, qui les mène de pays en pays en leur faisant découvrir les sauvages blancs et leurs mœurs bizarres, commence avec le Portugal et l'Espagne, se poursuit avec la Gaule, l'Italie latine, la Grèce, la Turquie — ce qui donne lieu, sous forme de rêve, à des citations du livret de *l'Enlèvement au sérail* et de la *Marche turque* —, Israël, et s'achève en Afrique du Nord où se déroule le meurtre de l'indigène par le conquérant. Les étapes successives sont l'occasion d'emprunts plus ou moins caricaturaux à l'idiome et aux expressions du pays. Le narrateur parle un langage riche en impropriétés savoureuses que Kagel a décalqué, avec plus de tendresse que d'ironie, sur celui des travailleurs immigrés qui vivent en Occident. « L'utilisation de la langue du pays d'accueil conquis doit être compris ici, précise le compositeur, comme le signe d'un effort pour s'exprimer de façon crédible. » Exception faite de la danse finale (*Danse du ventre de la mort*) et de la citation de la *Marche turque* réharmonisée selon les modes turcs authentiques, toute la partition instrumentale repose sur le principe d'une monodie centrale, répartie entre les instruments de façon si complexe parfois qu'il se crée une véritable polyphonie de timbres. La partie de percussion, riche en effets inédits ou délibérément illustratifs, contribue à créer un climat irréel. L'utilisation très diversifiée des voix accentue encore l'étrangeté et le caractère grinçant de cette fiction si peu imaginaire. Gé. C.

MARÉCHAL (Maurice), violoncelliste français (*Dijon 1892 - Paris 1964*). Après avoir commencé ses études au conservatoire de Dijon, il travaille au Conservatoire de Paris, où il obtient le premier prix de violoncelle en 1911. Il a été soliste des concerts Lamoureux (1919) et de l'Orchestre de New York (1926), et a fait une carrière internationale. De 1942 à 1963, il a enseigné au Conservatoire de Paris. Il a été le créateur de la sonate pour violon et violoncelle de Ravel (avec Hélène Jourdan-Morhange), de l'*Epiphanie* de Caplet, et des concertos de Honegger et de Milhaud. Pendant la Première Guerre mondiale, à laquelle il participa, il se fit fabriquer un violoncelle dans le bois d'une caisse à munitions, instrument aujourd'hui conservé au Musée instrumental du Conservatoire de Paris. A. L.

MARENZIO (*Luca*), compositeur italien (*Coccaglio 1553 - Rome 1599*). Après avoir appartenu à la maîtrise de la cathédrale de Brescia (où il aurait eu pour professeur Giovanni Continuo), il servit le cardinal Madruzzo à Rome, avant de travailler pour le compte du cardinal Luigi d'Este. En 1588, il est à Florence, déjà connu (il a publié ses premiers livres de madrigaux), et il y œuvre pour les Médicis (il collabore à la comédie-intermède *La Pellegrina*, qui marque une étape importante, dans l'histoire de la réforme mélodramatique, sur la voie qui aboutira au jeune drame lyrique). Puis on le retrouve à Rome au service de plusieurs princes et prélats, dont le cardinal Cinzio Aldobrandini. Après un séjour à Venise en 1598, il meurt à Rome où il est enterré.

Le succès que Marenzio a rencontré de son vivant comme madrigaliste fait qu'il a été pris comme modèle par plusieurs générations de musiciens, parmi lesquels on compte pratiquement tous les chefs de file du temps, à commencer par Monteverdi. Moins audacieux et moins singulier, dans ses *stravaganze*, que le cruel harmoniste Gesualdo, prince de Venosa, il peut être considéré comme le grand classique du mouvement madrigalesque car, chez lui, le souci du fond se marie toujours harmonieusement aux préoccupations de la forme. Charmeuse, ordonnée, amoureuse de lumière et de clarté, son écriture témoigne d'une admirable virtuosité, mais contrôlée par une sobriété expressive qui commande à l'émotion. Ce qui ne l'empêche pas de choisir avec un remarquable discernement ses textes (Pétrarque, Torquato Tasso, Guarini dont le célèbre *Pastor Fido* est, dans cette seconde moitié du XVIe siècle, la « bible » des compositeurs profanes) et de faire écho, par les effets descriptifs de la musique (le genre madrigalesque est ainsi parfois qualifié de « peinture par l'oreille »), à la vocation poétique des paroles (*O Voi che sospirate*). Sans doute son lyrisme raffiné est-il plus sensible au bonheur pastoral ou bucolique qu'au trait dramatique. Reste que ce maître parmi les maîtres sait aussi user de l'effet chromatique pour privilégier l'émotion avec le sentiment intense et que, chez lui, le polyphoniste s'ouvre souvent au nouveau style du temps, attentif à la souplesse et à la symétrie des rythmes, à la prosodie naturelle des mots et à une déclamation volontiers homorythmique (rejoignant en cela le programme esthétique des mélodramatistes florentins).

Il faut encore noter que, à Rome, Marenzio a composé des *Motets* et *Sacrae Cantiones*, mais tout en conservant, dans ce répertoire religieux, sa personnalité de musicien de l'Italie du Nord, épris de couleurs, d'élégance métrique, et par-dessus tout de mélodisme (qu'il marie à un sens supérieur de l'égalité des voix dans le discours).

Œuvres (parvenues jusqu'à nous). — *Musique profane.* Six premiers livres de *Madrigaux* à 5 voix ; 6 *Madrigaux* à 4 et 5 voix ; 6 *Madrigaux* à 6 voix ; divers madrigaux et villanelles ; *Villanelles* à 3 voix. — *Musique scénique.* Intermèdes pour *La Pellegrina*, jouée à Florence en 1589. — *Musique sacrée.* 27 *Motets* ; *Sacrae Cantiones*. R. T.

MARGUERITE AU ROUET. Titre français du lied *Gretchen am Spinnrad*, pour voix et piano, op. 2 D.118, composé le 19 octobre 1814 par Franz Schubert, sur un poème extrait du drame *Faust* de Goethe (première partie), publié en 1808. Marguertie, abandonnée et seule, chante, en filant le rouet, sa détresse et son amour pour Faust : « Meine Ruh ist hin, mein Herz ist schwer » (« mon repos s'est enfui, mon cœur est lourd »). Elle se dépeint la noble figure de l'aimé, et s'exalte à l'évocation de son baiser, dont elle voudrait mourir, avant de retomber dans sa dépression du début, répétant les deux vers initiaux, « meine Ruh... ». Le thème circulaire et fermé du rouet, ronronnement répétitif, motif tourmentant et berceur à la fois, court dans la main droite de l'accompagnement, tandis que des notes de basse entrecoupées sonnent à la main gauche comme le glas de l'abandon. La partie de piano est donc plus qu'un accompagnement classique : elle est comme un processus autonome, un « principe moteur », avec son mouvement tournant qui se précipite, défaille, manié mécaniquement par la jeune femme bouleversée. Sur la base de ce mouvement mécanique, la voix pose son chant nu et dépouillé. La construction du lied, inspirée par la forme strophique du poème (avec quatre vers de refrains) est aussi simple qu'éloquente : trois fois les trois strophes refrain, dans le registre médium, suivies à chaque fois des trois strophes couplet, qui s'exaltent vers le haut, et culminent à chaque fois sur une note plus élevée : *fa* bécarre à la fin du premier couplet, *sol* à la fin du deuxième, puis, avec insistance, la dominante *la* sur la fin du troisième (dans la version originale en *ré* mineur), quand elle parle, telle Ysolde, de « mourir d'amour » ; pour finir, reprise des deux premiers vers du refrain dans le grave. Donc, une forme circulaire, avec un élan désespéré qui bute vers une limite dans l'aigu. L'idée, simple et belle, est que la musique des couplets (épisodes progressifs) utilise les mêmes tournures, les mêmes intervalles, les mêmes motifs que celle des refrains (épisodes mornes et dépressifs), dont elle semble la dilatation douloureuse, l'expansion sans espoir, qui finira bien par retomber au point de départ. On a pu interpréter ce déchirant cri d'amour-passion comme une confession de Schubert lui-même, s'identifiant à Marguerite, amoureuse passive d'un Faust qui aurait les traits de Thérèse Grob. Dans cette superposition d'un rythme obsédant et d'une mélodie aux contours simples et non ornés, on trouve d'emblée l'archétype du lied schubertien. M. C.

MARI (*Pierrette*), femme compositeur et musicographe française (*Nice 1929*). Élève du conservatoire de Nice (1943-1946), où elle obtient quatre prix (piano, solfège, histoire de la musique, harmonie), elle reçoit également le prix de la Ville de Nice (1946). En 1950, elle entre au Conservatoire national de musique de Paris dans les classes de Noël Gallon, Tony Aubin et Olivier Messiaen, remporte un premier prix de contrepoint (1953) et un premier prix de fugue (1954). Le gouvernement autrichien lui alloue alors une bourse pour participer au colloque Musique et Théâtre à Salzbourg (1956). Premier prix de la mélodie française (1961), décerné par l'Union nationale des arts, elle a exercé des activités de critique dans plusieurs journaux, et écrit divers ouvrages : *Olivier Messiaen, Belá Bartók* et *Henri Dutilleux*. Elle est depuis 1977 chargée de cours à Paris IV-Sorbonne. Parmi ses œuvres : *Psaumes*, pour récitant et orchestre (1954) ; *Divertissement* pour flûte et orchestre (1954) ; *le Sous-Préfet aux champs* (1956) ; *Trois Mouvements pour cordes* ; *Concerto pour guitare* (1971) ; *les Travaux d'Hercule* (1973), et *Dialogue avec Louise Labé* pour voix et cordes (1979). A. de B.

MARIAGE SECRET (LE) [en ital. *Il Matrimonio segreto*]. Opéra bouffe en 2 actes de Cimarosa, sur un livret de Giovanni Bertati d'après la pièce *The Clandestine Marriage* (1766) de George Colman et David Garrick, créé au Burgtheater de Vienne, le 7 février 1792, deux mois après la mort de Mozart dans cette ville.

L'action se déroule à Bologne chez le riche marchand Geronimo.

ACTE PREMIER. *Paolino* (t), commis de Geronimo (b), a *épousé secrètement la fille cadette de ce dernier, Carolina* (s) : *tous deux attendent le moment propice pour révéler leur secret. Pour amadouer Geronimo, qui a toujours espéré pour ses filles des époux de haute condition, Paolino fait en sorte que le comte Robinson* (b), *noble mais ruiné, demande la main d'Elisetta* (s), *l'aînée. Une lettre du comte provoque la joie de Geronimo et de* la future comtesse Elisetta, qui, devant l'indifférence de Carolina, accuse cette dernière de jalousie. Fidalma (c), sœur de Geronimo, tente de calmer ses deux nièces. Arrivée du comte, qui, manifestement, préfère Carolina. Paolino et Carolina veulent s'en faire un allié, mais le comte, au lieu de les écouter, leur fait comprendre qu'il a bien l'intention d'épouser Carolina. Cette dernière le repousse. Elisetta surprend Carolina et le comte. Confusion générale.

ACTE II. *Le comte explique à Geronimo que, si on le laisse épouser Carolina, il se contentera d'une dot plus modeste : marché conclu. Paolino demande l'aide de Fidalma, mais cette dernière lui déclare son amour. Carolina et Paolino préparent leur fuite. Fidalma, pour obtenir Paolino, et Elisetta, pour récupérer le comte, persuadent Geronimo d'enfermer Carolina dans un couvent. Après diverses péripéties, Paolino et Carolina obtiennent le pardon de Geronimo, et le comte consent à épouser Elisetta.*

L'œuvre fut représentée devant Léopold II et plut tellement à cet empereur qu'après avoir invité toute la troupe à dîner, il fit redonner le spectacle dans son entier : cette « double création » est, semble-t-il, unique dans les annales de l'opéra. De tous les ouvrages de Cimarosa, *le Mariage secret* est le seul à être resté au répertoire de la fin du XVIIIe siècle jusqu'à nos jours. La musique, d'une verve irrésistible, donne vie sinon aux personnages jusqu'au plus profond de leur âme, du moins aux situations dans lesquelles ils se trouvent. Comme dans les grands opéras de Mozart, les ensembles sont extrêmement nombreux, et les deux finales d'acte sont des modèles du genre, tant sur le plan musical que sur le plan dramatique.

Le critique viennois Hanslick eut une formule heureuse : il pensait en effet qu'il existait, entre le chef-d'œuvre de Cimarosa et le *Figaro* de Mozart, une sorte de « mariage secret » dont naquit, en 1816, le *Barbier* de Rossini.   M. V.

MARIAZELL. Titre d'une messe de Haydn. *V. Missa Cellensis.*

MARIE (Jean-Étienne), compositeur français (Pont-l'Évêque, Calvados, 1917). Après des études de musique, de théologie et de mise en ondes, il commence à travailler comme musicien metteur en ondes à l'O.R.T.F., à partir de 1949. Quelques années plus tard, il réalise des musiques électroacoustiques dans le cadre du Club d'essai, mais indépendamment du Groupe de recherches de musique concrète de la R.T.F. ; il produit une expérience de confrontation entre l'image composée et le son électroacoustique *Polygraphie polyphonique n° 1* (1957), pour violon et « film sonore », et il participe brièvement à l'expérience du *Concert collectif* du G.R.M., avec l'*Expérience ambiguë* (1962). Il affirme également son intérêt pour l'utilisation des micro-intervalles, dans un esprit proche du compositeur mexicain Julian Carillo, son inspirateur. C'est en hommage à ce dernier qu'il compose le *Tombeau de Julian Carillo* (1966), pour piano en tiers de ton, piano en demi-ton, et bande magnétique. Il écrit aussi, pendant les années 60, *Images thanaïques* (1960) pour orchestre et bande, *Oboediens usque ad Mortem* (1966) pour orchestre, *Appel au tiers monde* (1967) pour bande magnétique, sur un texte d'Aimé Césaire, *Tlaloc* (1967) pour orchestre et trois bandes magnétiques stéréo, et *Concerto milieu Divin* (1969), pour grand orchestre et dispositif électroacoustique de « tape delay » (enregistrement et relecture avec retard de l'exécution en direct, à laquelle elle est superposée).

En 1966, il crée au sein de la Schola cantorum, où il est professeur, un studio et un centre d'enseignement de musique électroacoustique, le Centre international de recherches musicales (C.I.R.M.), installé à Nice depuis 1975, où viennent travailler divers compositeurs (dont son collaborateur Fernand Vandenbogaerde), qui y produisent de nombreuses œuvres pour bande magnétique et « dispositif électroacoustique ». Il est aussi, pendant quelques années à partir de 1968, l'animateur des Semaines de musique contemporaine d'Orléans. Dans le cadre du C.I.R.M., il a réalisé des pièces comme *S 68* (1969), « symphonie électroacoustique » pour bande magnétique en trois mouvements *(Vent d'Est, Action, Demain), BSN 240* (1969) pour trois bandes stéréo à déroulement infini (ne retrouvant leur synchronisme de départ qu'au bout de deux cent quarante heures), *Savonarole* (1970) pour chœur, orchestre à cordes, deux récitants, six pistes magnétiques, *Vos leurres de messe* (1972), pour trompette, cor, et dispositif électroacoustique, *Symphonies* (1972), pour orgue et bande magnétique, etc.

Mais il abandonne au bout d'un certain temps ses lourdes tâches de direction pour se consacrer à ses recherches personnelles. Son intérêt pour une « formalisation mathématique » de toute la problématique musicale se développe, et il en élabore la théorie « globalisante », à la manière de Xenakis (mais peut-être sans les frappantes et immédiates intuitions de Xenakis), dans un gros ouvrage, *l'Homme musical,* qui brosse un programme pédagogique passant par la sociologie, la technique, les mathématiques, l'esthétique, etc. Les micro-intervalles, envisagés comme le moyen de « faire se rejoindre l'harmonie et le timbre », l'emploi de modèles mathématiques, une inspiration souvent religieuse, humaniste et tiers-mondiste, demeurent les axes de son œuvre musicale, quand il entreprend de repartir à l'aventure en mettant au point une sorte de synthétiseur portable accordé en micro-intervalles non tempérés, qu'il baptise le C.E.R.M. (Complexe expérimental de recherche musicale). C'est sur cet appareil qu'il exécute en concert ses musiques nouvelles, telles que *Irrationnelle homothétie* (1979), et une série d'œuvres pour C.E.R.M., avec piano, ou bande magnétique : *Fractal-Figural* I à IV (1978-1981). Il attache également une certaine importance à ses recherches sur les rapports du son et de l'image, ayant tenté notamment de donner une version sonorisée nouvelle du *Cuirassé Potemkine* d'Eisenstein.   M. C.

MARIE STUART (en ital. *Maria Stuarda*). Opéra en 2 actes de Donizetti, sur un livret de Giuseppe Bardari, inspiré de Schiller, et créé sous le titre *Buondelmonte* à Naples le 18 octobre 1834, puis sous son véritable titre, avec de nombreux remaniements, à la Scala de Milan le 30 décembre 1835.

L'action se situe en 1587, à Londres et dans les environs.

La reine d'Angleterre, Élisabeth Ire (s ou ms), annonce aux siens que le roi de France a demandé sa main : la raison d'État la contraint d'accepter, malgré son amour pour le comte de Leicester (t), qu'elle soupçonne d'aimer désormais Marie Stuart (s), la reine d'Écosse, qu'elle tient emprisonnée depuis de nombreuses années. Lord Talbot (b), catholique, intercède auprès d'Elisabeth en faveur de la prisonnière, mais lord Cecil lui déconseille toute clémence. Talbot remet à Leicester un message dans lequel Marie Stuart, au nom de leur amour, le supplie de favoriser sa rencontre avec la reine. Craignant toujours qu'Elisabeth ne signe le décret de mort (Marie Stuart est accusée d'avoir fomenté le complot mené par Babigton contre la couronne anglaise), il se résout à jouer cette dernière carte. Lorsque Élisabeth reçoit Leicester, elle ironise sur la pitié de son ancien amant, mais accepte de rencontrer sa cousine au cours d'une chasse, méditant en son for intérieur non la grâce demandée, mais une nouvelle vengeance. La prisonnière nous apparaît alors, heureuse de revoir le jour, évoquant son passé joyeux. Après une entrevue passionnée avec Leicester, Marie Stuart affronte la souveraine, et, devant les nobles, insulte cette « bâtarde impure qui a profané le sol anglais » : son sort est ainsi décidé, mais elle aura au moins vengé son honneur. Élisabeth hésite cependant encore à signer la mort de sa rivale, mais la nouvelle intercession de Leicester ranime sa jalousie : c'est lui qui accompagnera la malheureuse au supplice. Dans sa prison, Marie accepte sereinement sa condamnation, refuse le prêtre anglican, mais se confesse à Talbot : tous ses crimes passés ne sont que trop réels, mais elle est innocente du complot qui la mène à la mort. Son dernier geste sera d'accorder son pardon à Élisabeth : Leicester tente une ultime démarche, mais Marie Stuart, comme transfigurée, s'avance vers le bourreau devant la foule en pleurs.

L'opéra présente deux superbes rôles féminins, et la figure de Marie Stuart apparaît comme l'un des premiers exemples de l'angélisme du soprano romantique, et de cette peinture d'un éternel féminin, symbole d'une innocence injustement condamnée, tels que Verdi les concevra si souvent. Ce fut aussi l'un des premiers exemples, admis par le public, de finale tragique, signant ainsi l'avènement définitif d'un état d'esprit qui devait concourir à la naissance du Risorgimento. R. M.

MARIENLEBEN (DAS). Cycle de 15 lieder de Hindemith pour soprano et piano sur des poèmes de Rainer Maria Rilke. Première version en 1923. Seconde version en 1948. Hindemith composait depuis le début des années 20 une musique de plus en plus simplifiée, d'allure très rythmique, volontiers qualifiée de « motorique », et commençait à se faire connaître au festival de Donaueschingen. Il refusait en tant que compositeur les spéculations atonales des Viennois, sans vouloir pour autant écrire une musique tonale dans le sens harmonique classique du terme. Le cycle de lieder de *Marienleben* (« la Vie de Marie ») est pour lui l'occasion de préciser son style. Il y traite la voix à la façon d'une partie instrumentale indépendante au milieu de la polyphonie, il lui donne un phrasé et une signification tonale propres qui le font se heurter de façon métallique aux autres voix et imprime aux pièces un caractère froid qui lui valurent le succès immédiat. Le cycle représente en effet une rupture totale avec l'impressionnisme et le postromantisme, et ouvre une période créatrice nouvelle particulièrement sensible dans les trois lieder de la *Mort de Marie*. Ce succès suscita de la part de Hindemith une longue réflexion sur la responsabilité du compositeur et sur son impact social ; ainsi, après avoir mûrement réfléchi sur sa technique de composition à propos de son traité *Unterweisung im Tonsatz* (1934-1936), il retravaille en 1936 quatre lieder de *Marienleben* puis, en 1948, l'ensemble du cycle auquel il adjoint une introduction qui est une sorte de complément au tome III du traité. Il estime en effet qu'il n'a pas suffisamment pris en considération les contraintes de la voix et que certains passages sont pratiquement impossibles à exécuter. Un seul des lieder reste inchangé (*Stillung Mariä mit dem Auferstandenen*, « Apaisement de Marie à la vue du ressuscité »), d'autres sont complètement remaniés (*Mariä Verkündigung*, « l'Annonciation »). La mélodie est l'élément structurel déterminant de ces lieder et contient en elle-même le sentiment tonal qui anime les pièces, grâce en grande partie à la prégnance d'intervalles (quartes, quintes, secondes, etc.) classés hiérarchiquement en fonction de leur rapport attractif au ton central de *mi* ; ce ton est revêtu par ailleurs d'une valeur symbolique par le compositeur. Le rythme renforce la « tonalité élargie » par son rôle également structurel ; il est pris non pas en tant que pulsation métrique affectant les mesures une à une, mais en tant que direction dynamique d'ensemble, laissant s'installer des irrégularités rythmiques telles qu'elles étaient devenues familières au compositeur depuis qu'il s'intéressait à la musique du Moyen Âge et aux musiques extra-européennes (*Tode Mariä*, « Mort de Marie »). L'écriture est très stylisée et s'apparente par la préférence pour une polyphonie à trois voix nettement dessinées aux fugues du *Ludus Tonalis*, écrites en application directe du traité d'harmonie ; le matériau motivique est réduit à ses gestes les plus efficaces, mis en valeur par de fréquents *ostinati*, par une construction simple (en général A B A, comme dans *Geburt Mariä*, « Naissance de Marie ») ; les formes, dans lesquelles la variation joue un grand rôle (thème et variations de la deuxième pièce de la *Mort de Marie*), sont investies d'une fonction symbolique. La passacaille de la « Présentation au temple » (*Darstellung Mariä im Tempel*) représente par exemple la conjugaison de l'humain et du divin. Cette volonté de structuration à tous les niveaux confère à l'ensemble une sorte de statisme. Seules les pièces de la passion font éclater ces cadres ; Hindemith va d'ailleurs dans la *Pieta* jusqu'à demander de jouer « avec une expression douloureuse » (*mit schmerzlichem Ausdruck*). Mais on sent de façon évidente le chemin parcouru entre les œuvres effrontées et assez intuitives des années 20, et ce style, affirmé comme système, d'un compositeur d'âge mûr. E. L.

MARIÉTAN (Pierre), compositeur suisse (*Monthey 1935*). Après des études au conservatoire de Genève sur les techniques d'écriture et le cor, puis après une maîtrise sur le chant grégorien, il aborde la composition avec Zimmermann à Cologne (1960), puis avec Stockhausen et Boulez à Bâle (1961-1963). Au lieu de se fixer sur une technique, il recherche une sorte de dialectique entre plusieurs systèmes. Installé à Paris, il fonde en 1966 le G. E. R. M. (Groupe d'études et de réalisations musicales). Son effort des années précédentes porte essentiellement sur l'acoustique musicale urbaine, ce qui l'a conduit à une « musicalisation de l'espace habitable » et à des expériences sur l'écoute dans la ville de Monthey, ainsi qu'à Cologne, Bonn (1977), et enfin Paris. Il enseigne à l'université de Paris I, où il traite de « l'urbanisme, architecture, paysage, morphologie de l'environnement et de l'habitat ». Parmi sa quarantaine d'œuvres, citons *D'instant en instant* pour 24 solistes (1980). M. G.

MARIE-THÉRÈSE. Titre porté par la symphonie n° 48 en *ut* majeur de Haydn, la tradition voulant qu'elle ait été donnée en première audition devant l'impératrice Marie-Thérèse lors de son unique visite à Esterháza les 1er et 2 septembre 1773. Or, une copie authentique de l'ouvrage porte la date de 1769. Haydn aurait donc présenté à l'impératrice en 1773 soit une symphonie vieille d'au moins quatre ans, mais d'une majesté et d'un éclat tout à fait appropriés à l'événement, soit une autre production : peut-être la symphonie n° 50, également en *ut* majeur et datée pour sa part de 1773. Hypothèse d'autant plus séduisante qu'à Esterháza Marie-Thérèse assista à la représentation de deux ouvrages lyriques de Haydn, l'opéra italien *L'Infedeltà* delusa* et l'opéra pour marionnettes *Philémon* et Baucis* avec son prologue *Der Götterrath* (« Conseil des dieux »), et que, à l'origine, les deux premiers mouvements de la symphonie n° 50 avaient été conçus comme ouverture pour *Der Götterrath*. Haydn n'aurait plus eu qu'à ajouter deux autres mouvements pour transformer en symphonie cette ouverture, et faire ainsi entendre à l'impératrice, durant son séjour, deux fois la même musique (mais dans un contexte chaque fois différent). On ne saura sans doute jamais le maître mot de l'histoire. M. V.

MARILYN. « Scènes des années 50 », opéra en 2 actes de L. Ferrero, sur un livret du compositeur et de Fl. Bossi, composé en 1979 et créé à l'opéra de Rome le 23 février 1980, dans une mise en scène de M. F. Siciliani. Centré autour du personnage principal Marilyn Monroe, l'opéra de Ferrero ne cherche pas à présenter une histoire psychologique dans la lignée de l'opéra traditionnel italien, mais à mettre en relation le contexte socio-historique des années 50 avec le destin de la célèbre actrice. La dramaturgie de *Marilyn* renonce à tout récit théâtral suivi et constitue un ensemble de « scènes » où apparaissent des personnages historiques (le général MacArthur s'adressant à ses soldats pendant la guerre de Corée, le sociologue et psychanalyste W. Reich devant le tribunal américain, etc.) et où agissent les foules anonymes (les jeunes autour des poètes « beat » et les joueurs de be-bop, les participants aux manifestations pacifistes à l'époque de Kennedy, les étudiants drogués lors de leur « trip », avec l'arrivée, réelle ou imaginée, de la police, etc.). Les monologues de Marilyn, qui se sent comme « trahie par la vie » (L. Ferrero), ou les scènes de son duo impossible avec Reich, de sa rencontre heureuse avec le chanteur français ou de ses conversations téléphoniques désespérées avec son psychanalyste, apparaissent toujours sur le fond « neutre » des « scènes des années 50 » qui expliquent, sans chercher à convaincre, la tragédie de la vie de l'actrice.

La partition de *Marilyn* n'exige que deux chanteurs à part entière, et prévoit un grand nombre de rôles parlés ou de figurants. Œuvre d'une rare complexité et d'une grande finesse lyrique, *Marilyn* attire par son sujet audacieux, traité avec beaucoup d'intelligence, par l'originalité et la virtuosité de l'écriture vocale, par la cohérence musicale de l'œuvre dans son ensemble. L'orchestration particulièrement raffinée, marquée par les expériences électroacoustiques de Ferrero, attribue une importance considérable aux attaques et à leur différenciation : d'où une sorte de texture « de chambre » où la distribution traditionnelle des instruments est remplacée par les affinités des timbres selon les registres des instruments. La dramaturgie proprement musicale reprend en la développant plusieurs procédés appartenant à la tradition de l'opéra (progressions harmoniques, pédales, oppositions soudaines, etc.). L'œuvre intègre au genre de l'opéra contemporain la musique des jeunes des années 50 (« beat » et be-bop). *Marilyn* est un opéra presque sans action, qui utilise avec énormément d'imagination toutes les conventions du genre, mais aussi toutes les possibilités de la scène moderne (effets cinématographiques et d'illusion visuelle). I. S.

MARIMBA. Instrument à percussion de la famille des « claviers ». C'est un xylophone* basse, d'une étendue de trois et demie à cinq octaves, sonnant deux octaves plus bas que le xylophone classique. Il se distingue également de celui-ci par les tubes résonateurs fixés sous les lames pour prolonger leur vibration. M. T.

MARINI (*Biagio*), compositeur et violoniste italien (*Brescia v. 1587 - Venise 1663*). Né dans une famille aisée, il fut violoniste à Saint-Marc de Venise en 1615, puis travailla successivement à Brescia (1620) et à Parme (1621). De 1623 à 1649, il vécut principalement en Allemagne comme maître de chapelle à la cour de Neuburg, sur le Danube, tout en effectuant de fréquents voyages. Il fut ensuite maître de chapelle à Milan (1649) et directeur de l'Accademia della Morte à Ferrare (1652-53). On le vit à Vicenza en 1655-56. Son œuvre fut imprimée de son vivant en 22 numéros d'opus, dont certains perdus et d'autres incomplets. Il écrivit de la musique vocale, essentiellement des pièces à une ou plusieurs voix avec instruments (*Madrigali e symfonie* op. 2, Venise 1618), mais son importance réside surtout dans sa production instrumentale (*Affetti musicali* op. 1, Venise 1617 ; *Sonate, symphonie... e retornelli* op. 8, Venise 1629). G. M.

MARKEVITCH (*Igor*), compositeur et chef d'orchestre italien d'origine russe (*Kiev 1912 - Antibes 1983*). En 1914, sa famille quitta la Russie pour Paris, puis pour la région de Vevey en Suisse, où il commença ses études avec son père Boris (auteur d'un traité de piano) et avec Paul Loyonnet. Sa première composition, *Noces* (1925) retint l'attention de Cortot qui l'invita à rejoindre sa classe de piano à Paris. Il reçut également l'enseignement de Nadia Boulanger (harmonie, contrepoint, composition). En 1929, Serge de Diaghilev entendit sa *Sinfonietta* et lui commanda un concerto de piano. A la mort du mécène, il incorpora le matériel de son ballet *l'Habit du roi* dans une cantate sur un texte de Jean Cocteau. Son exécution par Roger Désormières (1930), puis celle d'un concerto grosso firent beaucoup pour asseoir sa renommée. *Rébus* (1932), qu'il dirigea lui-même à Paris, lui valut un triomphe, de même que *l'Envol d'Icare* (1933). Si le *Psaume* (1934), qui avait choqué le public, est resté une page de haute tenue, *le Paradis perdu* (1935) d'après Milton constitue sa création la plus importante.

On a discerné, dans ses meilleures œuvres, une rythmique à la Stravinski, une écriture polyphonique à la Hindemith. « Le langage de Markevitch n'est pas essentiellement personnel, a écrit Paul Collaer, il est éclectique. La profonde originalité de son art est due à l'esprit qui s'y manifeste. » En 1936, Igor Markevitch épousa Kyra, fille de Vaclav Nijinski ; l'année suivante, il fit sensation au Mai musical de Florence, en déclarant que les compositeurs étaient partiellement responsables de l'isolement dont ils se plaignaient. En 1938, le succès du *Nouvel Âge* apporta la confirmation de cette déclaration : Markevitch était en possession d'un langage capable, lui, d'atteindre un vaste public. Certaines de ses productions n'en suscitèrent pas moins de violentes critiques. *La Taille de l'homme* (1938-39), sur un texte de C. F. Ramuz, *Laurent le Magnifique* (1940) et *Variations, fugue et envoi sur un thème de Haendel* (1941) restent les trois dernières compositions originales du musicien, qui, durant la guerre, rejoignit en Italie les mouvements de résistance avant d'entamer une seconde carrière, celle de chef d'orchestre, domaine où il est universellement connu. Organisateur du Mai musical florentin en 1944, après la libération de Florence, il a acquis la nationalité italienne ; c'est également l'époque de la dissolution de son premier mariage, et d'un second mariage. Au cours des trente ans qui suivirent, Markevitch tint plusieurs postes de chef d'orchestre permanent dans de nombreuses villes : Stockholm, Paris (orchestre Lamoureux), Montréal, Madrid, Monte-Carlo, Rome. Ses concerts firent date, et l'éminent critique suisse R. Aloys Mooser n'hésita pas à écrire : « Au cours d'une longue vie, j'ai rencontré seulement deux compositeurs à propos desquels on pouvait dire avec raison qu'ils possédaient des aptitudes égales dans l'art de la composition et dans celui de la conduite : Gustav Mahler et Richard Strauss. A ces deux noms exceptionnels, on peut ajouter celui d'Igor Markevitch. » Fixé à Saint-Cézaire, près de Nice, depuis 1954, Markevitch a travaillé pendant des années à la préparation de cours à l'attention de ses élèves et à une édition encyclopédique des symphonies de Beethoven qui a commencé à paraître en 1982. En 1980 est paru le premier tome de ses mémoires (*Être et avoir été*). En 1982, il a reçu le Prix Arthur-Nikisch de la ville de Leipzig et obtenu la nationalité française. P. V.

MARKOWSKI (*Andrzej*), chef d'orchestre et compositeur polonais (*Lublin 1924*). Il a fait ses études de théorie et de composition à Lublin (1939-1941) et à Londres (1946-47), et pour la direction d'orchestre, a été l'élève de Witold Rowicki (1947-1955). Sa carrière le mena tout d'abord dans diverses villes de Pologne, en particulier à Cracovie, où il organisa un festival pour jeunes musiciens, et, en 1971, il fut nommé à la tête de la Philharmonie nationale à Varsovie. Comme compositeur, il s'est consacré en particulier à la musique de film, mais sans négliger pour autant ni les genres traditionnels ni le domaine électroacoustique. M. V.

MARLBORO. Il est convenu d'appeler « festival de Marlboro » une série annuelle de 16 concerts de musique de chambre donnés du début du mois de juillet à la mi-août, en fin de semaine, à Marlboro College (Vermont). Ces manifestations prestigieuses ne sont en fait que la partie publique des activités de la Marlboro Music School and Festival, vaste atelier de musique de chambre fondé en 1950 par Louis et Marcel Moyse, Blanche Honegger-Moyse, Adolf et Hermann Busch, et le pianiste Rudolf Serkin, qui en est devenu le directeur artistique. Chaque été, environ 85 musiciens (concertistes, membres d'ensembles de musique de chambre, premiers pupitres d'associations symphoniques) sont invités à Marlboro pour étudier et exécuter le répertoire de la musique de chambre classique et contemporaine, échanger des idées et partager leurs connaissances. Toutes les formations imaginables, du duo à l'orchestre de chambre, peuvent être constituées « sur le tas », et une centaine d'œuvres sont travaillées chaque semaine. Certaines font l'objet d'exécutions publiques. Bien que les programmes du « festival de Marlboro » ne soient jamais annoncés avant le jour même du concert, les bureaux de location affichent complet longtemps à l'avance. De nombreux interprètes célèbres, parmi lesquels on peut citer Pablo Casals, ont associé leur nom à celui de Marlboro. Depuis 1965, des ensembles baptisés « Music from Marlboro » effectuent régulièrement des tournées dans les villes des États-Unis et du Canada. Ro. T.

MARMONTEL *(Antoine)*, pianiste et pédagogue français *(Clermont-Ferrand 1816 - Paris 1898)*. Il fut au Conservatoire de Paris l'élève de Zimmermann (piano) et de Lesueur (composition). Il obtint le premier prix de piano en 1832. En 1848, il succéda à Zimmermann. Pédagogue réputé, il forma un grand nombre de pianistes et compta parmi ses élèves Guiraud, Bizet, Diémer, Albéniz, Debussy, Planté, M. Long. Ses nombreuses compositions pour son instrument comprennent des sonates, des études et des morceaux de genre. Il est également l'auteur de traités, d'essais et de plusieurs ouvrages musicographiques sur les interprètes : *les Pianistes célèbres* (1878), *Symphonistes et Virtuoses* (1881), *Virtuoses contemporains* (1882).
A. L.

MARMONTEL *(Jean-François)*, écrivain et librettiste français *(Bort, Corrèze, 1723 - Abloville, Eure, 1799)*. Élève des jésuites, il abandonna rapidement la carrière d'église. Protégé de La Pouplinière, qui lui fit rencontrer Rameau, et de Mme de Pompadour, grâce à laquelle il devint secrétaire des Bâtiments du roi, il dirigea également *le Mercure de France* de 1758 à 1760. En 1763, il fut élu à l'Académie française et il succéda vingt ans plus tard à d'Alembert comme secrétaire perpétuel de l'Académie. Ayant entrepris une carrière d'auteur dramatique, il délaissa finalement le théâtre au profit de l'opéra et de l'opéra-comique pour lesquels il écrivit de nombreux livrets.

Marmontel collabora avec Rameau, Dauvergne, Grétry, Philidor, Cherubini et, notamment, avec Piccinni pour lequel, en particulier, il remania des livrets de Quinault. Dans la querelle qui opposa les piccinnistes aux gluckistes, il adopta le parti des premiers ; sa position en faveur de la musique italienne apparaît clairement dans son *Essai sur les révolutions de la musique en France* (1777) puisqu'il y attaque Gluck très violemment. Il écrivit en outre des articles sur la musique dans *l'Encyclopédie*.
N. C.

MAROC. Pays arabe du Maghreb à forte minorité berbère. Moins marqué par les influences arabo-orientales, turco-ottomanes ou franco-occidentales que l'Algérie et la Tunisie, le Maroc, extrême bastion musulman à l'Ouest, a conservé une personnalité musicale individualisée et perpétué une image traditionaliste de l'islâm. Les grands centres de développement de la musique citadine ont été Fès, Marrakech, Tanger, Tétouan et Rabat, et les traditions musicales savantes ont été plus particulièrement perpétuées au sein des confréries religieuses (*zâwiya*) ou des cours princières. De nos jours, le répertoire « arabo-andalou » de la musique traditionnelle savante du Maroc repose sur environ vingt-six modes musicaux (*tab*^o, *san*^oa) et onze suites modales (*nawba*-s) stéréotypées et chantées en arabe littéral ou dialectal. L'accompagnement instrumental est assuré par des ensembles classiques comprenant des luths (^o*ûd*-s et *kwitra*-s), des vièles et violons (*rabâba*-s et *kamânja*-s), des cithares (*qânûn*-s), des flûtes obliques (*nây*-s) et des percussions (*târ*-s et *darabuka*-s). Mais une mode toute récente tend à introduire des guitares et des accordéons dans ces ensembles classiques qui perdent alors toute crédibilité traditionelle.

Les musiques traditionnelles populaires du Maroc restent liées au cycle annuel des saisons et des fêtes et ont conservé un attrait de pittoresque découlant de la beauté des costumes des danseurs, de l'omniprésence des sections rythmiques, de l'originalité d'instruments comme la musette (*ghaïta*) ou le tambour sur cadre (*bandîr*) et de nombreuses influences berbères ou nomades. La musique de variétés, par contre, hésite trop souvent entre un Orient et un Occident dépréciés.
J.-C. C.

MARONITES. Chrétiens du Moyen-Orient presqu'exclusivement implantés dans les montagnes du Liban et ayant emprunté leur nom à leur patron fondateur, saint Maroun, anachorète vivant dans la région d'Apamée (Syrie) près d'Antioche au IVe siècle. La liturgie maronite, modale orientale, longtemps chantée en langue syriaque a subi des influences arabes sur les livrets (à partir du XVIe siècle) et des influences européo-latines sur les mélodies (à partir du XIXe siècle). Actuellement, l'Institut de musicologie de l'université Saint-Esprit de Kaslik (Liban), dirigé par le père Louis Hage, cherche à éliminer les emprunts arabes ou européens et à restituer au chant de l'Église maronite sa nature originale syriaque et modale.
J.-C. C.

MAROS *(Rudolf)*, compositeur hongrois *(Stachy, Slovaquie 1917)*. Il étudia l'alto avec Temesváry et la composition avec Zoltán Kodály à l'académie Franz-Liszt de Budapest. Il vient ensuite à Prague suivre la classe d'Aloïs Hába et suit les cours d'été de Darmstadt (1958-1960). Il enseigne lui-même dès 1942 au conservatoire de Pécs, puis devient titulaire d'une chaire de musique de chambre, de théorie de l'orchestration et de composition à l'académie Franz-Liszt de Budapest (1949-1972). Son œuvre fait de lui le seul successeur spirituel de Bartók qui ait eu une personnalité suffisante pour assumer un tel héritage. Il est certainement le représentant le plus éminent de sa génération. Depuis 1956, il s'adonne essentiellement à la musique instrumentale, jouant sur des blocs sonores aux timbres raffinés tout en conservant un expressionnisme direct et saisissant, dans la tradition bartokienne.
P.-E. B.

MAROT *(Clément)*, poète français *(Cahors 1496 - Turin 1544)*. Plusieurs fois emprisonné et fugitif comme adepte de la religion réformée, il traduisit en vers les psaumes : 13 parurent de façon anonyme à Strasbourg en 1539, avec la musique utilisée depuis dans la liturgie calviniste, et 30 autres à Anvers en 1541, sans musique. Leur total devait atteindre 53, et les rééditions furent nombreuses. La diffusion de ce « psautier huguenot », plus tard complété par Théodore de Bèze, fut considérable. Dès le XVIe siècle, la poésie de Marot fut une très grande source d'inspiration pour les musiciens : seul Ronsard fut alors mis en musique plus souvent que lui. Janequin, Lassus, Sermisy et bien d'autres s'inspirèrent de ses chansons et épigrammes. De même, les *Psaumes* furent traités de façon polyphonique par de nombreux compositeurs de l'époque, avec à leur tête Claude Goudimel. À la période contemporaine mirent en musique la poésie de Marot des compositeurs comme Jean Rivier, Peter Warlock, Jean Langlais et surtout Maurice Ravel (*Deux Épigrammes*, 1896-1899).
M. V.

MÂROUF, SAVETIER DU CAIRE. Opéra en 5 actes de Henri Rabaud sur un poème de Lucien Népoty, d'après un conte des *Mille et Une Nuits*. Créé à l'Opéra-Comique le 15 mai 1914 sous la direction de François Ruhlmann.

ACTE PREMIER. *Au Caire, le savetier Mârouf (bar ou t) n'est pas heureux en ménage. Sa femme Fatimah (s), qui n'est même pas agréable à voir, lui mène une vie impossible et, sous le moindre prétexte, porte plainte auprès du cadi (b) qui le fait bastonner. Le malheureux prend le parti de s'enfuir.*

ACTE II. *Le navire sur lequel Mârouf s'est embarqué fait naufrage. Unique rescapé, il échoue sur un rivage inconnu où son ami Ali (bar) le recueille et le fait passer pour un richissime marchand, dans l'attente d'une fabuleuse caravane. Le sultan lui-même (b) se laisse convaincre et invite Mârouf au palais malgré les réserves qu'exprime son soupçonneux vizir (bar).*

ACTE III. *Sans attendre l'arrivée de la mirifique caravane, sur laquelle il compte pour renflouer ses propres finances, le sultan offre à Mârouf la main de sa fille, la princesse Saamcheddine (s).*

ACTE IV. *Depuis quarante jours, Mârouf vit dans l'opulence avec la jolie princesse, dissipant joyeusement les trésors du beau-père. Mais Saamcheddine elle-même commence à s'inquiéter et interroge son époux, qui avoue la supercherie. Comme elle l'aime pour de bon, elle décide de s'habiller en garçon pour l'accompagner dans sa fuite.*

ACTE V. *Les fugitifs ont trouvé refuge chez un pauvre paysan (t) dans une oasis en plein désert. En reconnaissance de son hospitalité, Mârouf aide le fellah à pousser sa charrue. Celle-ci* heurte un anneau magique que la princesse s'empresse d'astiquer. Là fellah se transforme alors en un génie qui livre à ses hôtes un trésor caché. Bien mieux, la caravane tant espérée s'annonce au moment même où le sultan, menaçant, arrive à la tête de ses gardes. C'est le vizir, confondu, qui subira la justice du prince.

Mârouf a été représenté 128 fois salle Favart avant de passer au répertoire du palais Garnier le 21 juin 1928. Si l'ouvrage a quitté l'affiche de l'Opéra en 1950, il a été souvent repris par la suite en province et à l'étranger. Aucun autre opéra français du XXe siècle n'a connu succès aussi durable, justifié par un livret divertissant et une musique constamment séduisante qui évoque très habilement un Orient de fantaisie.

M. T.

MARPURG (Friedrich Wilhelm), musicologue, théoricien et compositeur allemand (*Seehof, Wendemark, 1718-Berlin 1795*). Sa vie est assez mal connue. Issu d'une famille aisée, il reçoit une éducation très complète, puis dépense toute sa fortune en voyages. En 1746, il est secrétaire d'un général « Bodenburg » (il s'agit sans doute du général Friedrich Rudolph von Rothenburg) à Paris, où il rencontre Voltaire, d'Alembert et Rameau. A partir de 1749, il est à Berlin et participe alors très activement à la vie musicale, avec en particulier la publication de trois périodiques : *Der kritische Musicus an der Spree* (1749-50), *Historisch-kirtische Beyträge zur Aufnahme der Musik* (1754-1762, 1778) et *Kritische Briefe über die Tonkunst* (1760-1764). Il ne se limite pas à la critique musicale, mais se consacre également à la composition, à l'édition musicale et à la rédaction d'ouvrages didactiques. Il semble avoir été moins actif à partir de 1763, date à laquelle il obtient un poste à la loterie royale de Prusse, qu'il dirige trois ans plus tard. Il a composé et édité surtout des pièces pour clavier (sonates, fugues, préludes, chorals) et des chants strophiques (lieder et odes), d'un intérêt plus historique qu'artistique. Il accompagne ces publications d'ouvrages théoriques : *Die Kunst das Clavier zu spielen* (1750), *Anleitung zum Clavierspielen* (1755), *Handbuch bey dem Generalbasse und der Composition* (1755-1758), *Anleitung zur Singcomposition* (1758).

De tendance plutôt conservatrice, il est un fervent admirateur de l'art contrapuntique de J.-S. Bach (dont il préface une nouvelle édition de l'*Art de la fugue* en 1752) et écrit un *Abhandlung von der Fuge* (1753-54) qui, bien que considéré comme démodé à l'époque, est en fait la première tentative historique d'analyse globale de cette forme. Il a, d'autre part, le mérite d'introduire en Allemagne les théories françaises sur la musique (en particulier l'esthétique de Batteux), avec lesquelles il s'est familiarisé lors de son séjour en France. Sa traduction des *Elémens de musique* de d'Alembert (1757) permet aux idées de Rameau de se répandre. Ces différentes prises de position lui valent de nombreux adversaires (Kirnberger, G. A. Sorge). Dans ses périodiques au ton tantôt satirique, tantôt didactique, il aborde, outre les questions déjà signalées, les problèmes du tempérament, du récitatif d'opéra, et présente diverses biographies de musiciens. Son œuvre constitue ainsi un panorama très complet de l'Allemagne musicale à cette époque, qu'il approfondit par un certain nombre d'ouvrages : *Anfangsgründe der theoretischen Musik* (1757), *Kritische Einleitung in die Geschichte und Lehrsätze der alten und neuen Musik* (1758), *Versuch über die musikalische Temperatur* (1776), *Legende einiger Musikheiligen* (1786).

D. H.

MARQUER. Verbe transitif signifiant qu'un passage ou un accord doit être souligné ou accentué. Deux indications peuvent être utilisées, soit le terme italien *marcato*, soit des signes en forme de cône, droit (Λ) ou renversé (<).

M. V.

MARRINER (Neville), violoniste et chef d'orchestre anglais (*Lincoln 1924*). Il reçoit ses premières leçons de violon de son père, et obtient en 1940 une bourse pour étudier au Royal College of Music de Londres. Après la guerre, il termine ses classes au R. C. M., puis au Conservatoire national de musique de Paris, où il perfectionne sa technique instrumentale sous la direction de René Benedetti. Il participe avec Thurston Dart à la fondation du Jacobean Ensemble, et enseigne au Royal College of Music de 1949 à 1959. Encouragé par Pierre Monteux, il travaille la direction d'orchestre avec celui-ci aux États-Unis et fonde, en 1959, l'Academy* of Saint Martin in the Fields de Londres, dont il fait l'un des plus prestigieux orchestres de chambre.

A l'instar de Charles Munch, N. Marriner délaisse insensiblement le violon pour la baguette et partage son temps entre ses divers orchestres et son métier de chef invité (orchestre du Concertgebouw d'Amsterdam, orchestres symphoniques de Boston et San Francisco, Orchestre de Paris, Orchestre national de France). Chef et directeur artistique de l'Orchestre de Chambre de Los Angeles (1969-1978), il est devenu directeur musical de l'orchestre du Minnesota à Minneapolis en 1979, et avec la saison 1981-82, a inauguré ses fonctions de chef invité permanent de l'Orchestre de la radio de Stuttgart. Travailleur infatigable, N. Marriner met au premier plan la discipline et l'exigence musicales. La perfection technique, à laquelle il accorde toute priorité, n'est à ses yeux qu'un moyen de servir son art.

A. de B.

MARSCHNER (Heinrich), compositeur allemand (*Zittau 1795-Hanovre 1861*). Se destinant d'abord au droit, c'est à l'âge de vingt ans qu'il décida de se consacrer à la musique, après avoir rencontré Beethoven à Vienne.

Il fut maître de chapelle chez le prince Krasatkowitz à Presbourg, puis fut appelé à Dresde par Weber, grâce à qui fut créé son opéra *Heinrich IV und d'Aubigné* (1820). Il fut directeur de la musique de cette ville de 1824 à 1826, mais démissionna à la mort de Weber, pour occuper le même poste à Leipzig l'année suivante. C'est là que fut créé *Der Vampyr* (1828), un de ses ouvrages les plus intéressants. Dans le même temps, il voyagea à Berlin, où il se lia avec Mendelssohn, se rendit aussi à Dantzig, Aix-la-Chapelle et Breslau. A partir de 1837, il s'établit à Hanovre où il donna *Hans Heiling*, qui passe pour son chef-d'œuvre (1833). Pendant les vingt-cinq dernières années de sa vie, assez curieusement, son activité de compositeur se ralentit, en dépit de succès qui avaient fait de lui le successeur de Weber à la tête de l'opéra romantique allemand. Il faut néanmoins signaler la création, en 1845 à Dresde, de *Kaiser Adolph von Nassau*, sous la direction d'un chef d'orchestre qui avait nom Richard Wagner.

Avec moins d'imagination musicale que Weber, Marschner occupe cependant une place importante dans le romantisme allemand. Il avait le sens du théâtre, et possédait également une maîtrise orchestrale considérable. Le goût du fantastique allié à un sentiment profond de la nature, et aussi l'alternance du morbide avec le comique populaire, sont caractéristiques de ses opéras, qui ne méritent pas l'oubli où ils sont tombés.

J. B.

MARSEILLAISE (LA). Chant national du peuple français. Composée à Strasbourg dans la nuit du 25 au 26 avril 1792 par l'officier du génie Claude Joseph Rouget de l'Isle (1760-1836), *la Marseillaise*, à l'origine *Chant de guerre pour l'armée du Rhin*, était à la fois chant de défense révolutionnaire et chant de défense patriotique. Cette signification double et indivisible — dût-elle avoir été longtemps perdue puis finalement reconquise — explique ce caractère extraordinaire de réactif politique que *la Marseillaise* a conservé par-delà son officialisation et jusqu'à nos jours. Après thermidor, il se produisit dans cette double signification un véritable clivage. Reconnue certes comme chant national par un décret daté du 26 messidor an III (14 juillet 1795), *la Marseillaise* n'en fut pas moins combattue par presque tous les régimes autoritaires ou libéraux (excepté la Deuxième République et la Commune) qui se succédèrent de la Convention thermidorienne à l'ordre moral. Elle fut remplacée par d'éphémères « contre-Marseillaises » : *le Réveil du peuple* (Convention thermidorienne et Directoire), *Veillons au salut de l'Empire* (Empire), *Vive Henri IV!* (Restauration), *la Parisienne* (monarchie de Juillet), *Partant pour la Syrie* (second Empire); le *Vive la France!* de Mac-Mahon ne bénéficia que d'une exécution à l'Exposition universelle de 1878. *La Marseillaise*, qui avait resurgi comme chant révolutionnaire sur les barricades de 1830, de 1848 et de la Commune, devait être exaltée comme chant nationaliste par Louis-Philippe durant la question d'Orient (juillet 1840) et par les deux Empires au seuil de leur effondrement.

Son officialisation définitive fut votée le 14 février 1879 par les partis républicains au lendemain de leur triomphe électoral. Mais une ambiguïté demeurait. La Troisième République, conservatrice, s'efforçait de faire oublier les origines révolutionnaires de ce chant national dont elle gardait en réserve les vertus guerrières pour la revanche et la reconquête des départements arrachés. Devenue par l'effet même de son officialisation la « bonne à tout saluer », *la Marseillaise* fut répudiée par le peuple, à plus forte raison quand surgit *l'Internationale* (1888), nouveau chant révolutionnaire de la nouvelle classe révolutionnaire. L'opposition entre les deux chants s'accentua surtout pendant la Grande Guerre où, derrière *la Marseillaise* brandie comme symbole par excellence de l'« Union sacrée », se regroupaient les révolutionnaires et conservateurs la veille irréductiblement opposés. Puis ce fut entre les deux chants un véritable fossé, jusqu'à la montée du fascisme et la formation du Front populaire qui aboutit à la réconciliation des deux révolutions jusque dans leurs symboles : le 14 juillet et le 1er mai, le drapeau tricolore et le drapeau rouge, *la Marseillaise* et *l'Internationale*. Comme pour prouver combien l'histoire de notre hymne national et celle de notre fête nationale ont été souvent liées, c'est entre deux 14 juillet que s'inscrit cette réconciliation des symboles : 1935, prestation du serment de Front populaire, et 1936, défilé du Front populaire triomphant. Avec pour accélération de ce processus le discours, à l'époque si controversé, que Maurice Thorez avait prononcé entretemps à Choisy-le-Roi pour le centenaire de la mort de Rouget de l'Isle. Les luttes pacifiques de la Troisième République et surtout les combats de la Résistance et de la Libération ont scellé jusque dans le sang cette reconquête définitive de sa première signification double et indivisible pour *la Marseillaise* aux yeux des Français, cette *Marseillaise* qui, à l'étranger, n'avait cessé de symboliser la France et d'être le chant des révolutions. Une dernière contre-Marseillaise lui avait été opposée pendant l'Occupation par l'État français du maréchal Pétain : *Maréchal, nous voilà!*

D'innombrables historiens, écrivains, poètes et plasticiens l'ont prise pour thème d'inspiration ; des compositeurs plus nombreux encore, de Gossec (1792) à nos jours, en ont fait le thème d'harmonisations, d'orchestrations — parfois géniales (Berlioz, Kodály) —, de variations et surtout d'insertions de toutes sortes.

Par son tour héroïque, par ses « mâles accents », *la Marseillaise* reste le plus admirable et le plus international des hymnes nationaux. Or, la plupart de ceux-ci affectent la démarche d'un cantique implorant du Seigneur la protection du souverain ou de la patrie opprimée. Seuls, des hymnes nés d'autres révolutions (*la Brabançonne*), l'*Hymne grec* de Mantzaros peuvent s'apparenter à *la Marseillaise*. F. R.

Marteau sans maître (le). Œuvre de Pierre Boulez (1953-1955) pour voix et petit ensemble instrumental, créée le 18 juin 1955, sous la direction de Hans Rosbaud, avec Sybilla Plate en soliste. Durée : trente-cinq minutes environ.

Curieuse destinée que celle de cette œuvre célèbre et mal connue, abordable et complexe, souvent enregistrée mais presque jamais jouée, et qui sert d'« étiquette » à son auteur jusqu'à valeur de périphrase : « l'auteur du *Marteau sans maître*... ».

Son histoire institutionnelle plaide en faveur du mythe : ce fut une œuvre maudite, envisagée en 1954 pour représenter la France au festival de la S. I. M. C., au grand dam des représentants français. Il fallut un coup de force pour l'y faire admettre — avant qu'elle ne remportât de flatteurs succès sur les scènes européennes et mondiales. Étrangement, une sorte de défaveur la rend aujourd'hui moins présente dans les concerts de musique contemporaine.

Une référence : « le Pierrot lunaire » de Schönberg. C'est Boulez lui-même qui, dans un article (*Dire, jouer, chanter*, 1963), souligna la parenté fondamentale de son œuvre avec celle de Schönberg : construire un ensemble de pièces pour voix et petit ensemble, dont la nomenclature instrumentale varierait de pièce en pièce, et qui s'organiserait en 3 cycles internes distincts. La référence est « voulue et directe ». On remarquera, en outre, la durée identique des deux ouvrages. Un programme qui les réunit constitue évidemment une introduction idéale à la musique de notre temps.

Des différences nombreuses séparent cependant les deux œuvres. La plus spectaculaire — hormis l'évidente distance des langages — est l'organisation linéaire des 3 cycles chez Schönberg (n°s 1 à 7, 8 à 14, 15 à 21), tandis que l'œuvre de Boulez est d'organisation plus complexe — 3 cycles —, mais enchevêtrés. Le premier regroupe les pièces 1, 3 et 5 autour du poème de *l'Artisanat furieux* ; le deuxième les pièces 2, 4, 6, et 8 autour de *Bourreaux de solitude* ; le troisième enfin se compose d'une pièce (n° 5) et de son *Double* (n° 9), à la manière de Couperin, autour du poème *Bel Édifice et les pressentiments*. Chaque cycle comprend donc au moins une pièce chantée (n°s 3, 5, 6 et 9), entourée, pour les deux premiers poèmes, de pièces de commentaires *a priori* ou *a posteriori*.

Une instrumentation étudiée et mobile. Le tableau ci-dessus donne le détail de l'instrumentation de l'œuvre, dont la nomenclature change à chaque pièce. L'ensemble va du seul soliste accompagnant la chanteuse (pièce n° 3) au tutti (pièce n° 9), en passant par diverses formules intermédiaires.

Cet ensemble est composé de 6 instrumentistes liés deux à deux par quelque caractère de leur instrument (y compris la voix) :

```
           ┌─souffle     ┌─cordes      ┌─lames
           │             │ pincées     │ frappées
    Voix ──► Flûte ──► Alto ──► Guitare ──► Vibra. ──► Xylor. ──► Percussion
           │             │             │
           └─monodie     └─résonances  └─corps
                          longues       frappés
```

À noter la prédominance des instruments de tessiture moyenne : la voix d'alto, mais aussi la flûte en *sol*, l'alto, la guitare. L'imposante percussion, enfin, qui réunit les différents types de percussion (tambours, crécelles, idiophones) n'est jamais employée pour ses effets de masse, mais toujours en fonction de ses possibilités de couleurs, et concourt en particulier à la « trace exotique » que l'auteur revendique : « le xylophone transpose le balafon africain, le vibraphone se réfère au gamelan balinais, la guitare se souvient du koto japonais » (Boulez). Mais l'auteur précise bien que « ni la stylistique ni l'emploi même des instruments ne se rattachent en quoi que ce soit aux traditions de ces différentes civilisations musicales ».

Le texte et le traitement de la voix. Les poèmes (et le titre même) du *Marteau sans maître* sont empruntés à René Char, dont Boulez avait déjà mis en musique deux textes (cf. *le Visage* nuptial* et *le Soleil* des eaux*). Le style de Char est ici plus ésotérique et vaut tant par les fortes images que par les conflagrations sonores de ses vocables. Son abscondité empêche, en tout cas, toute tentation illustrative.

Une clé pour saisir le rapport « alchimique » qui régit la voix et le texte peut être l'observation des différentes *densités* dans la répartition du texte sur la musique. Tantôt un texte moyennement court (pièce n° 3, *l'Artisanat furieux*) est réparti sur une musique de courte durée, avec un résultat homogène dans sa

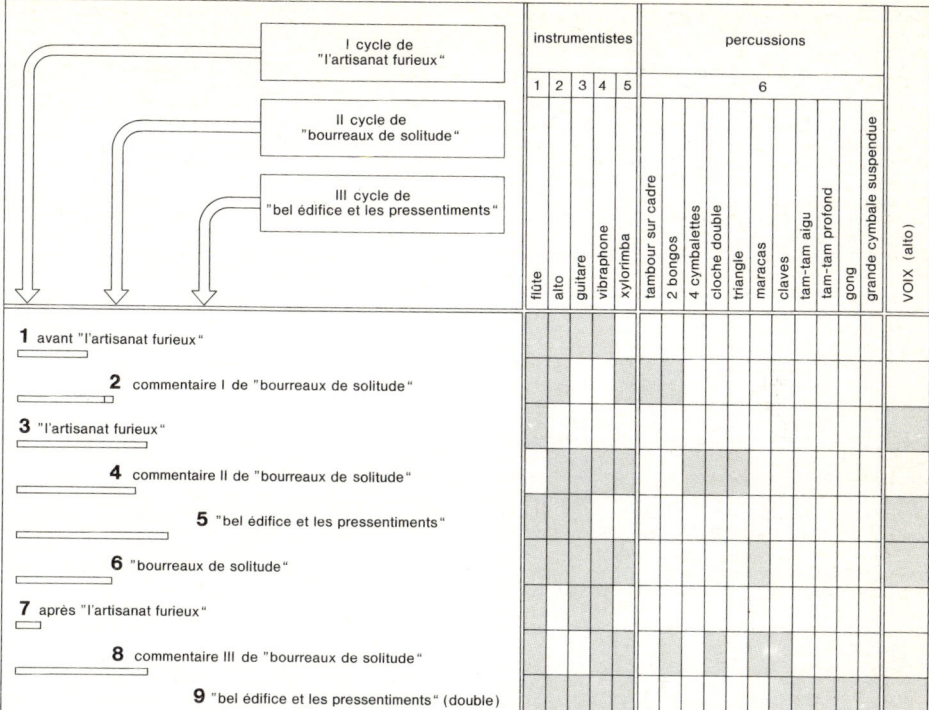

densité. Tantôt un texte court émerge périodiquement de l'ensemble instrumental *(Bourreaux de solitude)* — laissé à lui-même pour des séquences plus ou moins longues (pièce n° 6). Selon l'un ou l'autre cas, le traitement de la voix sera différent : monosyllabisation ou chant très orné, rythme, débit, accentuation changeant à chaque fois.

Le caractère de chaque pièce est ainsi très différent. La première, la plus déroutante, est constituée de cinq énoncés successifs, dans un tempo très allant, d'où aucune ébauche mélodique, ou pulsation rythmique claire, ne peut être perçue : c'est dans le rapport des instruments entre eux que réside le processus constructif de la pièce. L'ensemble sonne comme une « ouverture » très astringente. La deuxième pièce est un « rituel » basé sur une scansion obstinée de la percussion. La troisième est un duo flûte et voix, « citation » de la *Kranke Mond* du *Pierrot lunaire*. La quatrième surprend par l'absence de la flûte, qui a ordinairement un rôle « leader » à l'oreille. Il est particulièrement intéressant de voir comment Boulez « double » sa 5ᵉ pièce lors de la 9ᵉ, où, sur le même texte, un caractère tout à fait différent est obtenu : passionné et véhément dans la pièce n° 5, plus serein et contemplatif dans la dernière pièce, où la voix, une fois énoncé son texte, continue bouche fermée et se perd dans l'ensemble instrumental, réduit à la flûte seule pour la dernière page.

L'œuvre est souplement sérielle, avec parfois une utilisation très « bel canto » de la série (début de la 3ᵉ pièce) et un élargissement très imaginatif des règles dodécaphoniques : notamment à la fin de cette même 3ᵉ pièce, ou dans d'autres (jeux d'« échos », contrepoint, partage de la série, etc.).

Le Marteau sans maître « sonne » remarquablement bien, et inaugure la veine « hédoniste » de son auteur, qui le conduira jusqu'à *Cummings* ou *Explosante-Fixe*. On ne sait plus s'il faut davantage y admirer le bonheur sonore présent à chaque page, ou la rigueur d'écriture enclose en chaque mesure. **D. J.**

MARTELÉ. Dans les instruments à cordes frottées, coup d'archet détaché, bref et très accentué, pouvant se faire de la pointe ou du talon, sans quitter la corde. **M. P.**

MARTELLI (Henri), compositeur français *(Bastia 1895).* Élève de Henri Widor (fugue et composition) au Conservatoire de Paris (1912-1924), il a dirigé les programmes de musique de chambre et d'orchestre à la radio (1940-1944), et présidé la section française de la S.I.M.C. (1953). Dans un style néoclassique ne dédaignant pas la polytonalité, il a écrit notamment des symphonies, de la musique de chambre, des ouvrages pour la radio et le théâtre, ainsi que, pour la scène, le ballet *la Bouteille de Panurge* (1938) et l'opéra bouffe *le Major Cravachon* (1959), d'après Labiche. **S. W.**

MARTENOT (Maurice), ingénieur et musicien français *(Paris 1898 - Clichy 1980).* Inventeur de l'instrument électronique à clavier qui porte son nom, et auquel il a apporté de nombreux perfectionnements entre 1928 et 1954, il a créé en 1947 une classe d'*ondes Martenot* au Conservatoire national supérieur de musique. Auteur d'une *Méthode pour l'enseignement des ondes musicales* (1952), il s'est également préoccupé de l'enseignement musical sur le plan général et a fondé une école à Neuilly-sur-Seine. **M. T.**

MARTHA, ODER DER MARKT ZU RICHMOND (all. ; « Martha, ou la foire de Richmond »). Opéra-comique en 4 actes de Friedrich von Flotow sur un livret de Friedrich Wilhelm Riese, d'après un ballet-pantomime de Vernoy de Saint-Georges, créé au Kärntnerthortheater de Vienne le 25 novembre 1847.

ACTE PREMIER. 1ᵉʳ tableau. *Demoiselle d'honneur de la reine Anne d'Angleterre, lady Harriett Durham s'ennuie à la Cour. Elle envoie promener sa suivante Nancy (ms), qui lui conseille une intrigue amoureuse, et son cousin lord Tristan Mickelford (bar), qui la poursuit de ses assiduités. Mais le passage sous ses fenêtres d'une joyeuse bande de jeunes filles qui vont s'embau-*

cher comme servantes au marché de Richmond lui donne une idée : elle va se déguiser en fille du peuple sous le nom de Martha et se joindre au cortège, accompagnée de Nancy et Tristan semblablement travestis. 2e tableau. (Le foirail de Richmond.) *Le Sheriff* (b) préside aux opérations. Le riche fermier Plunkett (bar) et son frère de lait Lyonel (t) jettent leur dévolu sur Martha et Julia, qui se laissent faire en riant, mais déchantent en découvrant que la loi les oblige à suivre leurs nouveaux maîtres.

ACTE II. (La ferme de Plunkett.) *Rentrés chez eux, Plunkett et Lyonel ont une mauvaise surprise : leurs servantes ne savent rien faire de leurs dix doigts. Mais ils sont si amoureux que ce sont eux qui les servent. Quand les deux hommes se sont retirés pour la nuit, Harriett et Nancy fort embarrassées cherchent un moyen de s'évader. Il leur est fourni par Tristan qui vient les chercher en voiture.*

ACTE III. (Devant une petite auberge en forêt.) *Les hasards d'une chasse royale remettent les deux couples en présence. Bien entendu, les jolies chasseresses jurent qu'elles n'ont jamais vu les deux paysans. Et comme Lyonel insiste lourdement auprès de la fausse Martha, celle-ci le fait arrêter. Mais il a eu le temps de remettre à Plunkett une bague qui lui vient de son père, avec mission de la montrer à la reine s'il lui arrive malheur.*

ACTE IV. (La ferme de Plunkett.) *La fameuse bague a fait identifier Lyonel comme le fils d'un haut personnage injustement banni. Mais le jeune homme, libéré, n'a plus toute sa tête. Il repousse Martha qui a découvert — un peu tard — qu'elle l'aimait, et qui vient lui offrir sa main en le saluant de son titre de lord Derby. L'histoire serait bien partie pour mal finir sans l'ingéniosité de lady Harriett, qui a fait reconstruire dans la cour de la ferme la foire aux servantes de Richmond. Se retrouvant dans l'ambiance où il a connu et aimé Martha, Lyonel subitement guéri tombe dans ses bras. Et Nancy propose à Plunkett de remplir son contrat de ménagère en qualité d'épouse.*

La *Dernière Rose de l'été*, célèbre romance que chante Martha au deuxième acte, donne le ton d'un délicieux ouvrage dont on comprend mal qu'il soit si peu joué en France. *Martha* est en effet le type accompli de l'opéra-comique français, et il n'est pas moins paradoxal qu'elle ait fait le tour du monde dans une version italienne. Il est également remarquable qu'en dehors de Christine Nilsson au siècle dernier et Victoria de Los Angeles de nos jours, peu de divas illustres ont interprété le rôle-titre ; le rôle de Lyonel, en revanche, a bénéficié des plus grands ténors : Mario, Caruso, Pertile et Gigli, sans oublier Gedda dans l'enregistrement intégral de l'ouvrage. M. T.

MARTIN (*Codax*), troubadour galicien (*actif vers 1230*). Ses *Cantigas de amigo*, chants d'amour interprétés par les femmes et dont la forme et les élans lyriques s'inspirent des chansons de troubadours provençaux, constituent le plus attachant témoignage de l'école galicienne ; sept seulement nous sont connus.
A. G.

MARTIN (*Frank*), compositeur suisse (*Genève 1890-Naarden, Pays-Bas, 1974*). Fils de pasteur, il eut comme professeur Joseph Lauber (piano, harmonie, composition), et ne fréquenta aucun conservatoire. Il entreprit aussi des études de physique et de mathématiques. Après la Première Guerre mondiale, il vécut à Zurich, Rome et Paris, et enseigna la théorie rythmique à l'institut Jaques-Dalcroze. Porté par goût vers la musique et l'esthétique françaises, il avait grandi dans un milieu imprégné de culture et de musique allemandes, et ses premières œuvres révèlent les traces de ce conflit. C'est le cas, par exemple, des *Trois Poèmes païens* pour baryton et orchestre (1910), d'après Leconte de l'Isle, et de l'oratorio *les Dithyrambes* (1918), dont la création fut assurée par Ernest Ansermet. Dans les *Sonnets à Cassandre*, d'après Ronsard (1921) se manifeste l'influence de Ravel, et, avec le triptyque orchestral *Rythmes* (1926), le compositeur affirma une nette personnalité. Suivit une période sérielle illustrée notamment par un premier concerto pour piano (1933-34) et 1 trio à cordes (1936). De la même époque datent le ballet *Die blaue Blume* (1936) et une symphonie (1937).

Frank Martin ne parvint à la maturité et à la certitude stylistique que vers l'âge de cinquante ans, avec l'oratorio profane *le Vin* herbé*, d'après le *Tristan* de Joseph Bédier. L'œuvre est écrite pour 12 voix solistes accompagnées par 7 cordes et 1 piano, et date de 1938-1941. Dès lors, la production vocale du musicien devait se partager entre textes allemands et français, et son art se définit comme une parfaite synthèse d'éléments latins et germaniques. Des quelque 80 ouvrages constituent son catalogue, plus des deux tiers sont postérieurs au *Vin herbé*. Dans le sillage de ce premier chef-d'œuvre se situe *Der Cornet**, cycle de mélodies pour voix d'alto (ou de mezzo) et orchestre d'après Rilke (1942-43). Suivirent notamment les *Six Monologues de Jedermann* pour alto ou baryton et piano (1943, orch. 1949), les oratorios *In terra pax* (1944-45) et *Golgotha* (1946-1948), une célèbre *Petite Symphonie concertante* pour harpe, clavecin, piano et 2 orchestres à cordes (1945), les opéras *Der Sturm* d'après Shakespeare (1952-1955), créé à Vienne en 1956) et *Monsieur de Pourceaugnac* d'après Molière (1961-62, créé à Genève en 1963), *le Mystère de la Nativité*, oratorio/spectacle d'après Arnoul Gréban (1959), *les Quatre Éléments* (1964), une des rares partitions symphoniques du compositeur, 1 quatuor à cordes (1967), 1 *Requiem* (1971), 1 concerto pour violoncelle (1965-66) et un deuxième concerto pour piano (1968-69).

Tempérament grave et méditatif, Frank Martin vécut aux Pays-Bas (d'abord à Amsterdam, puis à Naarden), patrie de sa troisième épouse, à partir de 1946, et, de 1950 à 1957, enseigna la composition à l'École supérieure de musique de Cologne, où il eut comme élève Karlheinz Stockhausen. M. V.

MARTIN (*père Émile*), philosophe, historien et chef de chœur français (*Cendras, Gard, 1914*). Élevé par son oncle, maître de chapelle à la cathédrale de Nîmes, il transposait dans tous les tons, à onze ans, la première fugue du *Clavier bien tempéré* de J.-S. Bach. Ordonné prêtre en 1939, oratorien, docteur ès lettres, président-directeur de la société des chanteurs de Saint-Eustache depuis 1946, il obtint une certaine notoriété grâce à la *Messe du Sacré-Cœur des rois de France* (1949), qu'il reconnut pour sienne après en avoir attribué la paternité à Étienne Moulinié (mêmes initiales). On lui doit aussi un *Libera me* pour voix, tam-tam, cuivres et orgue, et les oratorios *Psaume pour l'agonie du monde* (1953), *le Voilier sous la croix* (1957), *Rex pacificus* (1959), et *le Miroir de Jeanne*, commande d'État (1977).

Le père E. Martin a réalisé de nombreux enregistrements et contribué à la résurrection de compositeurs oubliés comme E. du Caurroy ou P. de Manchicourt. Il est également l'auteur d'ouvrages musicologiques tels que *Essai sur l'évolution des rythmes de la chanson grecque antique* (Paris, 1953) et *Une muse en péril : essai sur la musique et le sacré* (Paris, 1968).
M. V.

MARTINELLI (*Giovanni*), ténor italien (*Montagnana 1885-New York 1969*). Il fit ses débuts à Milan en 1910 dans le rôle d'Ernani de l'opéra de Verdi. Puccini le fit engager à Rome pour la première américaine de *La Fanciulla del West*. En 1913, il chanta pour la première fois au Metropolitan Opera de New York. Établi dans cette ville, il contribua, aux côtés de Rosa Ponselle, à faire du Metropolitan le premier théâtre Verdi du monde entre les deux guerres. Après avoir chanté plus de 50 rôles italiens différents, il aborda celui d'Othello, qui fut un de ses grands triomphes. Au moment où Lauritz Melchior chanta ce même rôle au Met, Martinelli y interprétait Tristan aux côtés de Kirsten Flagstad. On a dit de son timbre qu'il était d'argent plutôt que d'or. Il ne possédait pas une ampleur vocale exceptionnelle, mais communiquait à ses interprétations un caractère grandiose qui les recréait au plus haut niveau. J. B.

MARTINET (*Jean-Louis*), compositeur français (*Sainte-Bazeille, Lot-et-Garonne, 1912*). Il fit ses études aux conservatoires de Bordeaux (1930-1934), puis de Paris, où il travailla avec Roger-Ducasse (composition), ainsi qu'avec Münch et Désormière (direction d'orchestre), et où il obtint un premier prix de composition en 1943. Il fut aussi l'élève de Ch. Koechlin (contrepoint), et, en 1945, fut de ceux que René Leibowitz initia à la technique sérielle. Comme Boulez, il s'inspira de la poésie de Char, mais, contrairement à lui, il rechercha la synthèse des diverses techniques d'écritures mises à sa disposition, se montrant notamment influencé par Bartók. On lui doit, entre autres, *7 Poèmes de René Char* pour 4 voix solistes et orchestre (1951-52), le poème symphonique *Orphée* (1944-45), les fragments symphoniques *Prométhée* (1947), la symphonie dramatique *le Triomphe de la mort* (1967-1973). Depuis 1971, il enseigne au conservatoire de Montréal. M. V.

MARTINI (Jean Paul Égide) ou [JOHANN PAUL AEGIDIUS MARTIN, dit SCHWARZENDORF, dit MARTINI IL TEDESCO], compositeur français d'origine allemande (*Freystadt, Bavière, 1741 - Paris 1816*). Il voyagea dans sa jeunesse sous le pseudonyme de « Schwarzendorf », et, après un séjour à Nancy au service de Stanislas Leczinski, arriva à Paris en 1764. Il y fut directeur de la musique du comte d'Artois et du théâtre de Monsieur (devenu théâtre Feydeau), et, en 1794, connut un triomphe avec son opéra *Sappho*. Il fut aussi inspecteur (1798) et professeur de composition (1800-1802) au Conservatoire, et, en 1814, Louis XVIII le nomma directeur de l'orchestre de sa Cour. Il écrivit dans sa jeunesse beaucoup de musique militaire, mais sa renommée lui vint surtout de ses opéras-comiques, parmi lesquels *l'Amoureux de quinze ans* (1771), *Henri IV, ou la Bataille d'Ivry* (1774), et *Annette et Lubin* (1789). La célèbre romance *Plaisir d'amour* lui a valu l'immortalité. M. V.

MARTINI (padre Giovanni Battista), théoricien, musicologue et compositeur italien (*Bologne 1706 - id. 1784*). Après avoir commencé à étudier avec son père, Antonio Maria, violoniste et violoncelliste, il poursuivit sa formation musicale avec A. Predieri et G. A. Ricieri, puis parfit ses connaissances avec F. A. Pistocchi (chant) et avec G. A. Perti (composition). Il entra chez les Franciscains en 1721, prononça ses vœux l'année suivante et devint officieusement en 1725, et officiellement deux ans plus tard, maître de chapelle de Saint-François de Bologne. Il fut enfin ordonné prêtre en 1729. Il devait rester dans ce couvent de Bologne jusqu'à la fin de sa vie (refusant même le poste de maître de chapelle à Saint-Pierre de Rome) et s'y consacra à la musique et à la recherche musicologique.

Homme remarquablement cultivé et ouvert, il jouit très tôt d'une renommée internationale et attira, par ses qualités intellectuelles et humaines, les plus grandes figures artistiques de son époque, comme en témoigne son abondante correspondance (Frédéric le Grand, Burney, Gluck, Marpurg, Métastase, Quantz, Rameau, Tartini). Pédagogue recherché, il compta parmi ses élèves F. Bertoni, S. Mattei, G. Sarti, ainsi que de nombreux autres musiciens (J. Chr. Bach, N. Jommelli, W. A. Mozart).

Son enseignement et ses compositions reposaient sur une connaissance profonde de la polyphonie et du contrepoint, qu'il développa dans de nombreux canons (canons-énigmes surtout). Il écrivit beaucoup de musique sacrée (messes, litanies, oratorios), mais également de la musique profane vocale (intermezzos, arias) et instrumentale (sonates et pièces pour clavecin ou orgue, concertos divers, sinfonias). Malgré quelques concessions faites à l'art de son temps en particulier au style concertant et au style galant), il reste plutôt attaché au passé, faisant parfois usage du *stile antico* et de l'écriture *a cappella*.

Son œuvre musicologique est particulièrement remarquable par la richesse et la diversité des imprimés et manuscrits qu'il collecta. Burney estima l'importance de sa bibliothèque à 17 000 volumes, dont une partie (ainsi que sa correspondance) est conservée au Museo bibliografico musicale de Bologne. Il envisageait d'écrire une *Storia della musica*, mais n'en publia que 3 volumes (1761, 1770, 1781), qui ne dépassent pas la musique antique. Il faut également citer son *Esemplare ossia saggio fondamentale pratico di contrappunto sopra il canto fermo* (1774), où il réunit, dans un but pédagogique, de nombreuses pièces des plus grands maîtres de la Renaissance et de l'époque baroque. Il est incontestablement l'un des grands musiciens du XVIIIe siècle, comme l'atteste la vénération dont l'entouraient ses contemporains, et a été à l'origine par sa conception plus systématique de la recherche musicale, d'un tournant décisif dans l'histoire de la musicologie. D. H.

MARTIN Y SOLER (Vicente), compositeur espagnol (*Valence 1754 - Saint-Pétersbourg 1806*). Il fit sans doute ses débuts de compositeur d'opéras à Madrid en 1776, étudia peut-être avec le padre Martini à Bologne, et, de 1779 à 1785, écrivit de nombreux opéras pour divers théâtres italiens. De 1785 à 1788, il vécut à Vienne, où il obtint la faveur de Joseph II et écrivit sur des livrets de Da Ponte 3 opéras : *Il Burbero di buon cuore*, adaptation de Goldoni (1786), *Una cosa rara* (1786) et *L'Arbore di Diana* (1787). Ces 3 œuvres, en particulier la deuxième (dont Mozart devait citer un thème dans le second finale de *Don Giovanni*), obtinrent un énorme succès, dont souffrit plus ou moins *les Noces de Figaro* de Mozart, créé entre *Il Burbero di buon cuore* et *Una cosa rara*.

Auteur auparavant de zarzuelas et d'*opere serie*, Martin y Soler avait ainsi trouvé sa voie avec l'opéra bouffe. De 1788 à 1794, il fut au service de Catherine II à Saint-Pétersbourg, où il donna notamment *Gore bogatyr Kosometovitch* « (le Pauvre Héros Kosometovitch »), sur un livret de l'impératrice elle-même (1789). En 1794, il retrouva Da Ponte à Londres, et y donna avec lui, en 1795, *La Scuola dei maritati* et *L'Isola del piacere*, d'ailleurs non sans recourir à des fonds de tiroir : les *Carnets* de Haydn, qui assista à une représentation de *L'Isola del piacere*, nous apprennent que l'ouverture était celle de *L'Arbore di Diana*, et qu'on retrouvait dans l'ouvrage « un tas de vieilles choses de *Cosa rara* ». En 1796, Martin y Soler retourna à Saint-Pétersbourg, où il fut nommé conseiller d'État (1798) et inspecteur du Théâtre-Italien (1800). La fin de sa carrière y fut cependant assombrie par la rivalité, en Russie, de l'opéra français et de l'opéra italien. M. V.

MARTINON (Jean), chef d'orchestre et compositeur français (*Lyon 1910 - Paris 1976*). Après avoir commencé ses études musicales au conservatoire de sa ville natale, il entra à seize ans au Conservatoire de Paris, où il étudia avec Albert Roussel (composition), Roger Désormière et Charles Munch (direction d'orchestre). Il travailla, en outre, la composition auprès de Vincent d'Indy. Au moment où il aurait pu entreprendre une carrière de violoniste (1934-1936), il fut amené à remplacer Charles Munch à la dernière minute à Londres, et révéla des dons exceptionnels pour la direction d'orchestre. A la fin de la guerre, à son retour de captivité, il commença à diriger les associations symphoniques parisiennes, dont la Société des concerts du Conservatoire, comme suppléant de Charles Munch, tout en effectuant des tournées à travers le monde. Chef d'orchestre associé au London Philharmonic Orchestra en 1949, il assuma, à Paris, de 1951 à 1957, les fonctions de président-chef d'orchestre des concerts Lamoureux.

Directeur artistique de l'Orchestre de Tel-Aviv (1958), il fut nommé directeur général de la musique à Düsseldorf (1960), poste naguère occupé par Mendelssohn et Schumann. Se trouvant le premier musicien français à occuper de hautes fonctions en Allemagne, il continua sa carrière internationale ; son succès fut tel aux États-Unis, que, après quelques concerts à Boston et à Chicago, le poste de directeur musical de l'Orchestre symphonique de Chicago lui fut offert en 1965 ; il y succéda à Fritz Reiner, et y dirigea environ 150 programmes jusqu'en 1968, date à laquelle il prit la tête de l'Orchestre national de la radiodiffusion française. La dernière direction qu'il assuma fut celle de l'Orchestre de la résidence de La Haye. Souffrant de n'avoir jamais été tout à fait consacré dans sa patrie, Jean Martinon fut l'un des rares chefs français à faire une brillante carrière internationale, à la suite notamment de Pierre Monteux et de Charles Munch. On lui doit de nombreux enregistrements de Berlioz, Debussy, Ravel, Roussel, Honegger, Dukas, Saint-Saëns, mais aussi de Bartók, Prokofiev, Chostakovitch, Nielsen. Il fut le seul Français à recevoir la médaille Gustav-Mahler.

Jean Martinon a laissé le souvenir d'un artiste idéaliste, épris d'action, d'un humaniste à la pensée élevée. Malgré un calendrier toujours chargé, il s'est livré à la composition et a laissé une œuvre importante : 1 opéra (*Hécube*, 1949-1954), 2 oratorios (*Psaume 136*, 1945 ; *le Lis de Saron*, 1961), 4 symphonies, 2 concertos pour violon, 1 concerto pour violoncelle, 1 concerto pour flûte, des chœurs et de nombreuses œuvres de musique de chambre.

Un sens de la couleur, de l'équilibre et de la dynamique orchestrale caractérisent des symphonies comme la deuxième (*Hymne à la Vie*, 1944), ou la quatrième (*Altitudes*, 1965). C'est au moment où il était directeur à Chicago qu'il reçut la commande de cette dernière, pour fêter les soixante-quinze ans de l'orchestre. Ce geste était un bel hommage à son talent de chef et de compositeur. Le titre de l'œuvre rappelle que Jean Martinon fut un grand alpiniste. « Dans la vie turbulente des villes, a-t-il déclaré, nous sommes obstrués par nous-mêmes comme par les autres. En montagne, on recherche une purification, vers Dieu. »
P. V.

MARTINŮ (Bohuslav), compositeur tchèque (*Polichka 1890 - Liestal, Suisse, 1959*). Après des études sans grand succès au conservatoire de Prague, où il eut comme professeur Josef Suk, il entra, en 1913, comme second violon à l'Orchestre philharmonique tchèque. Admirateur de Debussy, se sentant gêné par l'atmosphère de postromantisme qui régnait à Prague, il ne trouvait pas encore sa voie comme compositeur. Le tournant décisif devait cependant se préciser en 1923, lorsque l'orchestre dans lequel il jouait interpréta *le Poème de la forêt* d'Albert Roussel. Muni d'une modeste bourse, Martinů s'embarqua pour Paris, désireux de suivre l'enseignement de Roussel qui, au vu de ses premiers essais, l'accepta d'emblée comme élève. Des nombreux disciples de Roussel, c'est Martinů qui devait faire le plus honneur à son maître, à travers ses compositions. « Ce que je suis venu chercher chez lui, devait-il déclarer, c'était l'ordre, la clarté, la mesure, le goût et l'expression directe, exacte et sensible, les qualités de l'art français que j'ai toujours admirées. »

Les quelques semaines qu'il voulait passer à Paris devinrent dix-sept ans ; il s'y maria, et y fréquenta le groupe de musiciens d'Europe centrale de l'école de Paris. Après le démembrement de la Tchécoslovaquie et le début de la guerre, il fut mis sur la liste noire des nazis pour ses activités patriotiques. En 1940, il connut avec son épouse l'exode à travers la France, avant de s'embarquer pour les États-Unis. Il eut la chance d'y voir s'ouvrir de nouvelles perspectives, grâce à l'appui généreux de Serge Koussevitski, qui lui obtint une chaire à l'université de Princeton et lui commanda une œuvre, la *Première Symphonie* (1942). Quatre autres symphonies devaient bientôt lui succéder. En 1945, à la libération de la Tchécoslovaquie, Prague offrit une chaire de composition au musicien, retenu aux États-Unis à la suite d'un grave accident. Il ne devait jamais revoir sa patrie : après avoir quitté les États-Unis en 1953, il partagea ses dernières années entre Rome, Nice et Bâle, où il fut souvent l'hôte de Paul Sacher.

Après Villa-Lobos et Milhaud, Martinů reste l'un des musiciens les plus féconds du XXe siècle. Dressant le catalogue de son œuvre, Harry Halbreich a dénombré 384 numéros. Trois périodes peuvent être approximativement définies, pour suivre son cheminement, au cours de trente-cinq années de création incessante.

De 1924 à 1938, le compositeur prend possession de son langage, le rythme domine — influence de la danse tchèque, de la polka, voire du jazz. De nombreuses œuvres instrumentales néoclassiques naissent, surtout en musique de chambre ou pour petit orchestre, ainsi que plusieurs opéras, dont *Julietta* (1936-37, créé à Prague en 1938), d'après *Juliette ou la Clé des songes* de Georges Neveux, point culminant de son œuvre jusque-là.

Une deuxième période, recouvrant les années 1938-1950, voit l'apogée de son génie. Elle débute par le *Concerto pour deux orchestres à cordes, piano et timbales* (1938). L'ère symphonique s'ouvre, les cinq premières symphonies sont écrites coup sur coup (1942-1946). Autour d'elles, apparaît une floraison de concertos, pièces concertantes pour orchestre de chambre, sonates, quatuors, quintettes. L'harmonie gagne en plénitude et en originalité, tout en perdant une partie de sa rudesse agressive.

Dans sa troisième période enfin, l'art de Martinů s'oriente vers une sorte de néo-impressionnisme romantique, illustré par des œuvres à programme, souvent rhapsodiques, et par un retour à l'opéra, où la diversité des sujets est à la mesure de la curiosité du musicien en matière littéraire et poétique : *De quoi vivent les hommes*, d'après Léon Tolstoï (1952, opéra télévisé) ; *le Mariage*, d'après Nicolas Gogol (1952, opéra télévisé ; New York, 1953) ; *Mirandolina*, d'après *La Locandiera* de Carlo Goldoni (créé à Prague, 1959) ; *Ariane*, d'après Georges Neveux (1958, créé en 1961) ; *la Passion grecque*, d'après *le Christ recrucifié* de Nikos Kazantzaki (1956-1959 ; créé à Zurich, 1961). Au milieu d'un flot de musique de chambre, de nouvelles partitions orchestrales s'ajoutent, à la suite des cinq symphonies, la sixième symphonie, dite *Fantaisies symphoniques* (1951-1953), les *Fresques de Piero della Francesca* (1953), les *Paraboles* (1957-58).

Le langage de Bohuslav Martinů tire une partie de sa substance du folklore tchèque, sans jamais le citer réellement. Né aux confins de la Bohême et de la Moravie, il est ethniquement morave, ce qui explique certaines affinités avec Leos Janáček dans ses inflexions mélodiques et rythmiques. Deux autres sources à prendre en considération sont Debussy et la musique française, d'une part, le madrigal anglais d'époque élisabéthaine, d'autre part. Contrairement à plusieurs grands musiciens ayant vu leurs sources d'inspiration contrariées, sinon taries, à la suite de l'exil, Martinů a toujours chanté son terroir natal, quel que soit le sujet d'inspiration du moment. *Julietta* et *la Passion grecque* sont aussi tchèques dans leur musique qu'*Othello* de Verdi avait été italien. Sa musique communique un sentiment de joie pure, claire, franche et tourbillonnante. « Ce qui frappe chez Martinů, c'est la force motrice », devait écrire Ernest Ansermet. Sa conception orchestrale est basée sur le principe du concerto grosso, comprenant une utilisation originale du piano, à mi-chemin entre le rôle du soliste et celui de la percussion. Martinů peut être considéré comme un des symphonistes les plus importants depuis Sibelius. Comme chez ce dernier, le thème ne détermine plus le mouvement : les thèmes, naissant au contraire du courant symphonique lui-même, sont portés par lui. Des cellules mélodiques souvent très petites peuvent s'épanouir en mélodies infinies (cf. le *Tristan* de Wagner). La notion de développement classique — opposition de deux thèmes — est secondaire, l'unité est assurée par la poussée d'ensemble. En outre, à la suite de Carl Nielsen et de Gustav Mahler, Martinů a adopté le concept de tonalité évolutive : ses symphonies ne se terminent pas dans la tonalité dans laquelle elles ont commencé. À l'encontre des postromantiques souvent attachés aux idées philosophiques, aux développements grandioses, ce musicien recherchait la poésie profonde des choses simples ; il en tirait un plaisir de créer, une spontanéité, dans la musique de chambre comme dans la symphonie ou l'opéra. Dans la création dramatique, il a déclaré s'être trouvé à l'opposé des principes de Wagner, avoir limité le plus possible le dramatisme et le dynamisme musicaux. Il a aussi limité le pathétisme et l'a remplacé par l'évolution logique du sujet sous la forme musicale.   P. V.

Martucci (Giuseppe), pianiste, chef d'orchestre et compositeur italien *(Capoue 1856 - Naples 1909).* Élève du conservatoire de Naples, il fut à la tête du Liceo musicale de Bologne de 1886 à 1902, puis du conservatoire de Naples. Il dirigea la première italienne du *Tristan* de Wagner (Bologne, 1888). Outre de nombreuses pages pianistiques, il écrivit notamment 2 symphonies (1895, 1904), 1 concerto pour piano (1885), le poème pour voix et orchestre, *La Canzone dei ricordi* (1886-87), et l'oratorio *Samuel* (1881 ; rév., 1905).
M. V.

Martyre de saint Sébastien (Le). Musique de scène pour orchestre et chœurs, composée en 1911 par Claude Debussy pour accompagner la représentation d'un « mystère » de Gabriele d'Annunzio, écrit pour Ida Rubinstein, étoile des Ballets russes de Serge de Diaghilev. La pièce fut créée au théâtre du Châtelet à Paris, en mai 1911, avec une chorégraphie de Michel Fokine et des décors de Léon Bakst. Dans cette pièce, mélange composite de danse, de pantomime, de musique, de récitation, le paganisme homosexuel se mêlait au christianisme, le culte d'Adonis rejoignait celui de Jésus, à travers le personnage du beau saint Sébastien — d'où le scandale suscité par ce spectacle dans les milieux religieux. L'œuvre comprenait 5 parties, ou « mansions » : *la Cour des lys, la Chambre magique, le Concile des faux dieux, le Laurier blessé, le Paradis,* avec un chœur final *a cappella.* L'accueil fut mitigé, mais les critiques apprécièrent la musique qui savait « chatouiller » agréablement leur oreille.

Plus tard, Debussy en tira, avec la collaboration de son ami et « disciple » André Caplet, une suite de 4 fragments symphoniques destinés au concert : *la Cour des lys, Danse extatique* (de Sébastien sur des charbons ardents), *la Passion, le Berger de Dieu.* Il est évident que le temps manqua à Debussy, et l'impression demeure, à l'écoute de cette suite, d'une œuvre fragmentée et inégale, des débris d'un beau projet. On sait que *Parsifal* était une des musiques que Debussy admirait le plus, et certains passages du *Martyre,* lourds d'émoi mystique ou de masochisme céleste, évoquent un Parsifal debussyste, moins métaphysique, plus chatoyant, plus décoratif aussi, en rapport avec l'esthétique de d'Annunzio et les circonstances. On peut rêver à la grande œuvre religieuse et cosmique que Debussy aurait pu et su faire, et le *Martyre de saint Sébastien,* par-delà son côté « carton-pâte hollywoodien » (d'ailleurs fort beau), se range, avec l'étonnante *Chute de la maison Usher,* parmi les plus belles « œuvres imaginaires » de Debussy, celles qu'un destin malin l'a empêché de réaliser et qui eussent donné de lui un tout autre visage, plus angoissé, morbide, mais tout aussi « vrai » que celui que son œuvre désormais close offre à la postérité.   M. C.

Marx (Adolf Bernhard), musicologue et compositeur allemand *(Halle 1795 - Berlin 1866).* Il étudia la musique avec D. G. Türk à Halle et commença une carrière judiciaire à Naumburg, puis à Berlin. Là, il prit des cours de composition avec K. F. Zelter, mais les cessa assez rapidement pour fonder en 1824 le *Berliner Allgemeine Musikalische Zeitung,* dont il fut rédacteur jusqu'en 1830. Reçu docteur en philosophie à l'université de Marburg (1828), il devint, grâce à la recommandation de Mendelssohn, professeur à l'université de Berlin (1830) et directeur de la musique (1832). Enfin, en 1850, il fonda avec Th. Kullak et J. Stern la *Berliner Musikschule* (devenu le *Conservatoire Stern,* puis le *Städtisches Konservatorium*), qu'il quitta en 1856 pour se consacrer à ses fonctions à l'université et à l'enseignement de la composition.

Ses œuvres, qui comprennent surtout de la musique vocale (chansons et pièces chorales, oratorios, cantates, un *singspiel,* un mélodrame) et quelques pièces pour piano, ont eu peu de succès. Seul son oratorio *Moses* (créé à Leipzig, 1844) jouit d'une certaine popularité, malgré les critiques sévères de Schumann et de Mendelssohn. Il est surtout resté célèbre pour ses écrits musicologiques et pédagogiques. *Die Lehre von der musikalischen Komposition* (4 vol., 1837-1847) et *Allgemeine Musiklehre* (1839), écrits pour les étudiants de l'université et où l'on perçoit l'influence de Logier, représentent, par leur systématisation des phénomènes musicaux, un tournant dans l'histoire de l'analyse musicale, et auront une influence durable et considérable sur les traités ultérieurs et l'éducation musicale. Ses biographies de musiciens (*Ludwig van Beethovens Leben und Schaffen,* 1859 ; *Gluck und die Oper,* 1863, 2ᵉ éd. 1866), bien que très romancées, sont précieuses pour leur témoignage sur l'esthétique de l'époque, de même que ses mémoires (*Erinnerungen aus meinem Leben,* 1865) et *Die Musik des 19 Jh. und ihre Pflege* (1855, 2ᵉ éd. 1873). Il est, enfin, avec son maître Zelter et Mendelssohn, un des pionniers du renouveau baroque, avec, en particulier, ses éditions des parties vocales de la *Passion selon saint Matthieu* et de la *Messe en si mineur* de Bach.   D. H.

Marx (Karl), compositeur allemand *(Munich 1897).* Après la Première Guerre mondiale, pendant laquelle il fut mobilisé et fait prisonnier, il étudia la composition et la direction d'orchestre avec Carl Orff (1920), puis suivit les cours d'A. Beer-Walbrunn (composition), de S. von Hausegger (direction d'orchestre) et de E. Schwickerath (direction chorale) à la Musikhochschule de Munich (1920-1924). Il y enseigna de 1924 à 1939, avant d'être nommé à Graz (1939-1945), puis à Stuttgart (1946-1966). Il a également dirigé le chœur du Bachverein de Munich (1928-1939).

Ses compositions vocales, religieuses et profanes occupent la place essentielle dans son œuvre : cantates, motets, madrigaux (*a cappella* ou avec orchestre) — dans lesquels il se révèle un maître du contrepoint —, et lieder (sur des textes de Rilke, notamment). On lui doit également de la musique de chambre et plusieurs concertos (piano, violon, alto).
A. L. et A. et M. P.

Mascagni (Pietro), compositeur italien *(Livourne 1863 - Rome 1945).* Élève de Ponchielli à Milan, il dut interrompre ses études pour subvenir à ses besoins, dirigea des troupes d'opérette, et s'établit comme directeur de théâtre à Cerignola, près de Foggia, où il rédigea à la hâte son drame en 1 acte *Cavalleria rusticana* (d'après une pièce de Verga), qui, créé à Rome en 1890 par Gemma Bellincioni et Roberto Stagno, interprètes d'exception, lui valut brusquement une renommée universelle et le détourna un instant de la composition de son romantique *Guglielmo Ratcliff,* d'après Heine. Avec *l'Ami Fritz* (1891), il tournait le dos à la violence élémentaire de sa réussite précédente, raison pour laquelle l'œuvre eut moins d'effet sur le public. En 1895, Mascagni devint directeur du lycée musical de Pesaro, se tourna vers l'impressionnisme musical et littéraire avec *Iris* (1898), vers les légendes médiévales (*Isabeau,* 1911, œuvre inspirée de l'histoire de lady Godiva), vers d'Annunzio (*Parisina,* 1913), puis retrouva sa veine initiale avec *Lodoletta* et surtout avec *Il Piccolo Marat* (1921), souvent tenu pour son chef-d'œuvre. Excellent chef d'orchestre, il bâtit encore en 1935 un *Néron* à la gloire de Mussolini, s'aliénant ainsi de nombreuses sympathies. Après avoir, pour leur cinquantenaire, dirigé l'enregistrement de ses deux premières œuvres importantes, il connut une éclipse, étant quelque peu mis à l'écart au lendemain de la Seconde Guerre mondiale. Musicien d'un indéniable talent, ouvert aux influences les plus diverses, coloriste habile, mais assez maladroit dans son traitement de la voix chantée, Mascagni, qui écrivit aussi des mélodies, de la musique religieuse, des chœurs, 3 *Symphonies,* des pièces instrumentales, de la musique de film, etc., demeure aux yeux de la postérité l'auteur d'une seule œuvre, partition de jeunesse plus représentative d'un moment de l'histoire de l'opéra italien que de l'ensemble de sa production.
R. M.

MASCARADE. Les « momeries » du Moyen Âge ont précédé cette forme de divertissement carnavalesque, qui connut une grande vogue au temps de la Renaissance. Dans le cadre des festivités qui accompagnaient alors tout événement heureux, c'était un défilé sur la voie publique de chars portant des « tableaux vivants » allégoriques, mais volontiers caricaturaux, qu'escortaient, au son des instruments, des chanteurs et danseurs masqués ou travestis. Sur le plan musical, la simplicité était de règle dans la mesure où les participants n'étaient que des amateurs. Dans la seconde moitié du XVIe siècle, rois et seigneurs se mirent à organiser des mascarades pour leur propre compte dans l'enceinte de leurs châteaux. Le genre y perdit son caractère populaire et spontané, rejoignant ainsi le bal de cour qui donna naissance à l'opéra-ballet.

M. T.

MASCIONI, famille de facteurs d'orgues italiens, dont la manufacture, fondée en 1829, est établie à Cuvio, près de Varese. Les Mascioni se sont spécialisés, depuis les années 30, dans les grands instruments à traction électrique qu'ils ont construits principalement en Italie. Leur plus grande réalisation est celle de l'orgue de la cathédrale de Milan, construit avec Tamburini (5 claviers, 182 jeux ; 1938). Parmi leurs principaux instruments, il faut citer ceux de l'Institut pontifical de musique sacrée à Rome (5 claviers, 110 jeux ; 1931) et de l'abbaye de Montecassino (3 claviers, 80 jeux ; 1956).

G. C.

MASCOTTE (LA). Opérette en 3 actes d'Edmond Audran, sur un livret de Chivot et Duru, créée en 1880 aux Bouffes-Parisiens.

Au XVIIe siècle, dans la principauté de Piombino sur laquelle règne le débonnaire Laurent XVII (b bouffe), il y a, au moins, un homme heureux : le fermier Rocco (t). N'a-t-il pas à son service la gardeuse de dindons Bettina (s) ? Bettina est une mascotte, qui porte bonheur à tout son entourage... pourvu qu'elle reste demoiselle. Aussi fait-elle la sourde oreille à son amoureux, le berger Pippo (bar), bien qu'elle l'aime encore mieux que ses dindons. Laurent XVII, lui, aurait bien besoin d'une telle mascotte, car les affaires de l'Etat ne sont guère brillantes. Il fait venir Bettina à sa Cour, et, en effet, tout s'arrange : les finances redeviennent prospères et les armées victorieuses. Le vieux monarque, qui ne redoute rien tant que de perdre sa mascotte, décide de l'épouser. Mais Pippo, déguisé en chanteur ambulant, vient se mettre en travers de ce beau projet. Il enlève Bettina et se réfugie avec elle dans la principauté voisine de Pise, en guerre avec Piombino. La chance, aussitôt, change de camp. Laurent XVII et son dernier fidèle, le prince Fritellini (t), en sont réduits à l'incognito et à la mendicité. Mais le souverain de Pise, vainqueur magnanime, demande la main de la princesse Fiametta (s), fille de son adversaire. Et l'union de Bettina et Pippo ne sera pas un mariage blanc. Il n'y aura plus de mascotte, mais qu'importe ?

Le sujet de cette charmante opérette, qui passa en son temps pour grivois, n'a pas nui à son immense succès, reflété par la popularité durable de plus d'un air : le duo *J't'aime mieux qu'mes moutons*, les couplets des *Envoyés du Paradis*, etc.

M. T.

MASKARADE. Opéra-comique en 3 actes de Carl Nielsen, composé en 1903-1906, créé à Copenhague le 11 novembre 1906 par la troupe du Théâtre royal dirigée par le compositeur. Le livret, dû à Vilhelm Andersen, tire sa substance d'une pièce de Ludvig Holberg (1684-1754).

L'action se déroule à Copenhague, un jour de printemps de 1723.

ACTE PREMIER. *Léandre (t) et son serviteur Henrik (bar-b) se réveillent après une nuit passée à la mascarade où Léandre est tombé amoureux d'une jeune fille, avec laquelle il a échangé des bagues. Il n'a qu'une envie, celle de retourner le soir même au bal dans l'espoir de la retrouver, bien qu'il sache que son père, Jeronimus, désire lui faire épouser une autre jeune fille, qu'il n'a jamais vue. Entre sa mère Magdelone (ms), qui manifeste, elle aussi, le désir de se rendre à la réjouissance, et se met à danser devant les deux jeunes gens afin de leur montrer qu'elle se souvient de sa jeunesse. Arrive Jeronimus (b), très en colère. Au courant de leur projet, il se dit prêt à les en empêcher en les enfermant. Henrik annonce l'arrivée de M. Léonard (bar), père de la jeune fille que Jeronimus destine à son fils. Il avoue les problèmes que lui posent sa fille, laquelle, contrairement à ses vœux, est tombée amoureuse de quelque jeune homme, la nuit passée. Léonard et Jeronimus réalisent alors l'identité de leur situation et questionnent Léandre et Henrik sur leur participation au bal. Henrik affirme que les mascarades sont une nécessité dans un pays de discrimination sociale, où le climat est rude — ce qui impressionne le libéral Léonard — ; Jeronimus indique à son serviteur Arv (t) d'avoir à veiller sur la maison la nuit suivante, et dicte à Léandre des excuses à présenter à Léonard, suivies d'un engagement à épouser sa fille, le lendemain à trois heures. Refus de Léandre. L'acte se termine sur un quintette où tous les personnages se querellent.*

ACTE II. *La nuit suivante, Arv est posté en sentinelle entre la maison de Jeronimus et le théâtre. Henrik apparaît, déguisé en fantôme, cherchant à exploiter le caractère superstitieux d'Arv, afin qu'il confesse ses péchés. N'a-t-il pas dérobé la virginité d'une fille de cuisine ? Henrik lui promet de ne rien révéler s'il le laisse passer ainsi que Léandre. De joyeux groupes sont en route pour la mascarade, à laquelle M. Léonard souhaite pouvoir se joindre. Arrivent deux dames masquées, en chaise à porteurs. L'une est la bien-aimée rencontrée la veille par Léandre, l'autre sa suivante. Les deux amoureux entament un duo, suivis par le chant de la suivante indiquant à Henrik quelle conduite elle attend de lui. Jeronimus, qui a découvert la fuite de Léandre et d'Henrik, entre avec Arv dans la boutique du marchand de masques, désireux d'acheter le nécessaire pour pénétrer au théâtre et y pourchasser les fugitifs. Pendant ce temps, Magdelone traverse la rue et rencontre Léonard. Tous deux font leur entrée au théâtre, costumés, ignorant leur identité réciproque. Jeronimus masqué en Bacchus, Arv en Cupidon, sortent de la boutique et entrent à leur tour au théâtre.*

ACTE III. *Dans la grande salle du théâtre, la mascarade bat son plein. Léandre et Léonore (s) se disent leur nom réciproque, se promettant une union éternelle dans une joyeuse harmonie. Henrik et Pernille (s), suivante de Léonore, sont également amoureux l'un de l'autre. Une querelle entre des officiers et des étudiants les interrompt, mais au moment où les épées sont tirées, le maître de la mascarade annonce la Danse des jeunes coqs. Les invités y participent, Léandre danse le menuet avec Léonore, Léonard avec Magdelone, etc. Puis Léonard remercie Magdelone et lui demande diverses faveurs qu'elle doit, pour la plupart, refuser, de crainte d'être reconnue. Identifié malgré son déguisement, Jeronimus tombe dans un piège monté par Henrik avec l'aide d'un groupe d'étudiants. On le fait boire à satiété, alors que de nouveaux divertissements se déroulent et qu'il s'y ridiculise. Entre le maître de la mascarade : c'est l'heure où les invités doivent jeter leurs masques dans une urne, mettant ainsi fin à la mascarade. Au cours de cette scène mélancolique, Magdelone et Léonard sont quelque peu embarrassés de se reconnaître et rejoignent alors les deux jeunes couples. Arv et Jeronimus se démasquent en dernier. Furieux, Jeronimus court vers son fils et s'arrête tout honteux lorsqu'il reconnaît sa femme et M. Léonard. Toutefois, apprenant que Léonore est la fille de ce dernier, celle qu'il destinait à Léandre, il se sent soulagé. Une danse d'adieu clôture l'opéra, au moment où Henrik s'adresse à l'assistance pour solliciter des applaudissements.*

Le sujet d'Holberg était une contribution aux polémiques que soulevait l'existence de mascarades publiques à Copenhague. Chacun pouvait acheter des billets pour ces fêtes, le serviteur comme le maître ; l'abolition des barrières sociales était critiquée par les uns, prisée par les autres. A la mascarade, derrière leur masque, les personnages révèlent les qualités qu'ils cachent en temps normal. « Parfois je sens que je ne suis pas moi-même, mais un roseau creux à travers lequel jaillit un flot de musique mû par de puissantes forces. » Cette déclaration de Carl Nielsen caractérise les excellentes dispositions d'esprit dans lesquelles il se trouvait en composant *Maskarade*. L'ouverture, dans une tradition passant par celles des *Noces de Figaro* et de *Rousslan et Ludmilla*, donne le ton de la palette légère, claire, brillante, qui sera celle du compositeur tout au long d'une œuvre conçue comme un intermezzo, sans recherches particulières sur la psychologie des personnages, marqué par l'opéra bouffe, l'opéra-comique français et Mozart, musicien vers lequel allait toute son admiration. Ce qui ne l'a nullement empêché de léguer à son pays une création personnelle, directement issue du terroir, avec un sens de l'humour jamais appuyé. *Maskarade* fut rapidement promu au rang d'opéra national danois. P. V.

MASNADIERI (I). Opéra en 4 actes de Giuseppe Verdi, sur un livret d'Andrea Maffei d'après *Die Räuber* («les Brigands»), drame de Schiller (1781). Créé à l'Opéra royal de Londres le 22 juillet 1847.

L'action se déroule en Allemagne et en Bohême, au XVIIIe siècle.

ACTE PREMIER. 1er tableau. (Dans une taverne à la frontière saxonne.) *Carlo Moor (t), dégoûté de la vie dissolue qu'il mène, attend le pardon de son père pour regagner le château de ses ancêtres. Mais c'est une lettre de son frère cadet, Francesco, que lui apportent ses compagnons de beuverie, et sa lecture le plonge dans le désespoir et la révolte. Francesco lui annonce, en effet, que le vieux Massimiliano ne veut le revoir sous aucun prétexte et le bannit définitivement. Carlo cède à l'invitation des voyous, qui ont décidé de former une bande et de prendre le maquis sous sa direction.* 2e tableau. (Dans une chambre du château des Moor.) *Francesco (bar) se félicite de sa ruse : il a détruit la lettre repentante adressée à son père par l'aîné détesté, et l'a remplacée par un faux. Maintenant, il s'agit d'abattre le vieillard lui-même pour rester seul maître. Il appelle le chambellan Arminio (t) et lui confie un rôle dans sa criminelle machination.* 3e tableau. (Dans une autre chambre du château.) *Le comte Massimiliano Moor (b) dort dans un fauteuil. Sa nièce Amalia (s) s'approche de lui et dit son amour pour Carlo désormais exilé. S'éveillant, le joint ses lamentations à celles de la jeune fille. Entre Arminio, déguisé, qu'accompagne Francesco ; il annonce avec de feints ménagements la mort de Carlo devant Prague, exhibant comme pièces à conviction une épée ensanglantée et un message qui invite Amalia à épouser Francesco. Massimiliano s'effondre.*

ACTE II. 1er tableau. (Un enclos contigu à la chapelle du château.) *Plusieurs monuments funéraires s'y dressent, dont l'un porte le nom de Massimiliano Moor. Amalia, agenouillée devant cette tombe, perçoit les échos joyeux d'un banquet impie auquel Francesco l'avait conviée. Arminio, qui n'est pas fier de la comédie qu'il a jouée, vient lui dire en cachette que ni Carlo, ni son père ne sont morts. Cette révélation donne à Amalia le courage de repousser l'infâme Francesco, qui prétend la plier à ses désirs.* 2e tableau. (Dans une forêt de Bohême d'où l'on aperçoit la ville de Prague.) *Les brigands attendent des nouvelles de leur chef, qui a juré d'arracher un de ses hommes à la potence et de mettre le feu à la ville. Des lueurs d'incendie embrasent en effet la scène, et le condamné paraît, bientôt suivi de Carlo, qui, loin de tirer gloire de son exploit, se juge tout à fait indigne de l'amour d'Amalia. Mais il doit retourner au combat, à la tête de ses hommes que traquent mille soldats.*

ACTE III. 1er tableau. (Dans une forêt voisine du château.) *Amalia qui s'y est réfugiée se trouve en présence de Carlo. Duo d'amour.* 2e tableau. (Plus loin encore dans la forêt, en pleine nuit.) *Les brigands ont fait halte. Carlo les rejoint et prend son tour de garde ; quand ils sont endormis, il médite sur son inextricable situation, songe à se tuer, puis y renonce. Cependant, un homme se glisse dans les ruines d'un donjon. C'est Arminio, qui apporte quelque nourriture à un prisonnier, dont en entend la faible voix. Surpris par Carlo, qu'il prend pour son frère, Arminio avoue qu'il n'a pas eu le courage d'obéir à ses ordres. Carlo se précipite dans le cachot et en extrait un vieillard squelettique, son père ! Massimiliano ne le reconnaît pas, mais, avant de s'évanouir, révèle que Francesco l'a fait jeter dans cette fosse, pour l'avoir cru mort. Carlo rassemble ses brigands et les exhorte à tirer vengeance de l'abominable Francesco.*

ACTE IV. 1er tableau. (Au château des Moor.) *Francesco s'éveille sous l'effet d'un épouvantable cauchemar : une vision du Jugement dernier, qui le concerne tout particulièrement. Tout mécréant qu'il est, il convoque un prêtre, Moser (b), tandis que le bruit court que le château est assiégé. Le saint homme refuse l'absolution au parricide doublé d'un fratricide.* 2e tableau. (Dans la forêt voisine.) *Le magnanime Massimiliano demande grâce pour son fils indigne et déplore la disparition de l'autre. Celui-ci, qui ne s'est toujours pas fait reconnaître, réclame en son nom le pardon du vieillard. L'ayant obtenu, il apprend avec soulagement que Francesco a échappé à ses poursuivants. Mais d'autres brigands ont capturé Amalia, qui se jette dans les bras de Carlo, trahissant son identité. Déshonoré aux yeux de ceux qu'il aime, le chef de bande poignarde Amalia et va se livrer à la justice des hommes.*

Le romantisme échevelé de cette histoire abracadabrante a paru un peu excessif, même en 1847, et la carrière d'*I Masnadieri* n'a pas manqué d'en souffrir. Cet opéra n'en reste pas moins un remarquable exemple de la première manière de Verdi. M. T.

MASON (Daniel-Gregory), *compositeur américain (Brookline 1873 - Greenwich, Connecticut, 1953).* Petits-fils de Lowell Mason, il fit ses études à Harvard, puis à Boston (Chadwick) et New York (Goetschius), enfin à Paris (Vincent d'Indy). Professeur à l'université de Columbia (New York) de 1910 à 1940, il est l'une des personnalités les plus saillantes de sa génération. Très attiré par le folklore (il a écrit un quatuor sur des thèmes populaires noirs), il affirmait que la musique américaine doit être éclectique et cosmopolite et que le compositeur doit suivre uniquement son instinct, sans se soucier de nationalisme. Il a écrit quelques œuvres orchestrales, dont 3 *Symphonies*, mais surtout de la musique de chambre (quatuors, « sketches sentimentaux » pour trio avec piano, sonates diverses pour violon, clarinette) et instrumentale (pièces pour piano).
A. G.

MASON (Lowell), *pédagogue et compositeur américain (Medfield, Massachusetts, 1792 - Orange, New Jersey, 1872).* S'inspirant des méthodes de Pestalozzi, il parvint à rendre l'enseignement de la musique obligatoire dans les écoles de Boston et fut chargé de diriger les cours. Il exerça, à ce titre, une influence considérable sur le développement de la musique vocale. Président de la Haendel and Haydn Society de Boston, il y fonda l'Académie de musique (1833) et organisa des réunions régulières de compositeurs et interprètes. Nommé docteur en musique — et le premier à se voir décerner ce grade — en 1835, il entreprit un voyage d'études en Europe (1837), dont il publia les conclusions dans *Musical Letters from abroad* (1853 ; rééd. 1967). Il a publié pendant près de quarante ans des recueils dans lesquels ses propres compositions voisinent avec des adaptations, en cantiques, de thèmes de Mozart, Beethoven, Schubert ou Cherubini (*Select mélodies* de Gardiner). Son œuvre, modeste, comporte principalement des thèmes religieux (hymnes ou cantiques). A. G.

MASQUE. Genre théâtral, populaire en Angleterre aux XVIe et XVIIe siècles, qui a subi au cours de son évolution les influences italienne *(intermedio)* et française (ballet de cour). À partir des spectacles anglais du Moyen Âge *(disguisings, mummings)*, le masque va devenir un divertissement de cour très complet, composé de poésie, de musique vocale et instrumentale et de décors souvent fort coûteux, agrémentés de machines scéniques. Les sujets traités sont allégoriques ou mythologiques. Comme dans le ballet de cour en France, les membres de la famille royale et de la haute noblesse participent régulièrement aux masques. Mais ils sont également représentés en dehors de la Cour comme, par exemple, le *Comus* de Milton créé au château de Ludlow en 1634 et pour lequel Henry Lawes a composé 5 airs.

Au début du XVIIe siècle, deux noms sont associés particulièrement à l'évolution du masque : le poète Ben Jonson et le décorateur Inigo Jones. Puis vient le tour de sir W. Davenant et de James Shirley, l'auteur de deux masques célèbres : *The Triumph of Peace* (1634), musique de William Lawes, et *Cupid and Death* (1653), dont la partition de Mathew Locke et Christopher Gibbons est la seule qui soit conservée en entier. Après la Restauration, le masque se trouve de nouveau incorporé dans des pièces de théâtre (Dryden, Congreve), selon la tradition élisabéthaine. Ainsi Purcell compose quelques-unes de ses meilleures musiques pour ce type de spectacle, dont *The Fairy Queen* (1692), avec un masque à la fin de chaque acte, et *The Tempest* (1695), qui peuvent servir d'exemples. Enfin, au XVIIIe siècle, le titre de « masque » est parfois conservé pour lutter contre l'invasion de l'opéra italien en Angleterre. C'est le terme employé par W. Randall pour son édition de la pastorale de Haendel, *Acis and Galathea / A Mask*.   C. W.

MASQUES ET BERGAMASQUES. Comédie musicale en 1 acte op. 112 de Gabriel Fauré, composée en 1919 d'après un poème de R. Fauchois. L'œuvre, dédiée à Nicole et Huguette de Réveillac, peut être exécutée selon 2 formules : en version scénique complète (8 numéros), telle qu'elle fut jouée pour la première fois en 1919 à Monte-Carlo, ou en suite d'orchestre (4 numéros).

Le titre annonce un hommage à Verlaine :
Votre âme est un paysage choisi
Que vont charmant masques et bergamasques...
                                            (CLAIR DE LUNE)

Et les 3 personnages de la Comédie-Italienne font penser au XVIIIe siècle dans sa représentation par Watteau. Fauré y reprend des pièces anciennes et, pour les pièces nouvelles, adopte un style classique qui évoque aussi le XVIIIe siècle.

La version scénique comprend :
— 1. *Ouverture* (d'apr. l'*Intermède de symphonie* à 4 mains, 1869) ;
— 2. *Pastorale* (pièce nouvelle) ;
— 3. *Madrigal* (celui de l'op. 35, 1883, avec orchestre) ;
— 4. *Le plus doux chemin* (mélodie op. 87 n° 1, 1904, d'apr. A. Silvestre) ;
— 5. *Menuet* (œuvre non datée) ;
— 6. *Clair de lune* (mélodie, op. 46 n° 2, 1887, d'apr. Verlaine) ;
— 7. *Gavotte* (d'apr. la *Gavotte* pour piano de 1865, déjà reprise dans la *Symphonie* op. 20) ;
— 8. *Pavane* (op. 50, 1887).

La suite d'orchestre comprend : *Ouverture, Menuet, Gavotte* et *Pastorale*. La seule pièce originale de l'œuvre, la *Pastorale*, tranche par son style très épuré.
                                            M.-C. B.-P.

MASS OF LIFE (A). Œuvre de Frederick Delius. *V. A Mass of Life*.

MASSARD (*Robert*), baryton français (*Pau 1925*). Il a fait ses débuts à l'Opéra de Paris en 1952 (rôle du grand prêtre dans *Samson et Dalila*), et s'est imposé, notamment, en France et à l'étranger dans Gluck (rôles de Thoas, puis d'Oreste dans *Iphigénie en Tauride*) et dans Berlioz (rôle de Fieramosca dans *Benvenuto Cellini*). Grand interprète, également, de Verdi et de Rossini, il est professeur de chant au conservatoire de région de Bordeaux.   A. de B.

MASSÉ (*Victor*), compositeur français (*Lorient 1822-Paris 1884*). Prix de Rome en 1844, il présenta à son retour de la villa Médicis son premier opéra-comique, *la Chambre gothique* (1849). Il connut son premier grand succès avec *Galatée* (1852), et, en 1853, produisit son chef-d'œuvre, *les Noces de Jeannette*, un acte rustique et charmant qui devait se maintenir au répertoire jusqu'à nos jours. Il entra à l'Opéra avec *la Mule de Pedro* (1863), et connut son dernier triomphe à la Gaîté-Lyrique en 1876 avec *Paul et Virginie*. *Une nuit de Cléopâtre* ne fut représenté qu'après sa mort, en 1885. Il enseigna la composition au Conservatoire de 1866 à 1876. Son style gracieux et son écriture solide lui permirent de prolonger dignement la tradition de l'opéra-comique français, tout en annonçant discrètement une évolution rassurante du genre. On lui doit aussi de nombreuses mélodies, dont 3 recueils pleins de saveur : *Chants bretons, Chants du soir*, et *Chants d'autrefois*.   S. W.

MASSENET (*Jules*), compositeur français (*Montaud 1842-Paris 1912*). Dernier-né d'une famille de douze enfants, Massenet, qui haïssait son prénom au point de n'en tolérer que l'initiale, reçut d'abord une éducation de pianiste couronnée par un premier prix en 1859.

Admis au Conservatoire dès 1851, il dut interrompre ses études pendant l'année scolaire 1856-57 lorsque ses parents quittèrent Paris pour s'installer à Chambéry. Il se produisit plusieurs fois en concert comme pianiste, en 1858, notamment à Angers et à Tournai. Cependant, pour subvenir à ses besoins, il dut accompagner des chanteurs et tenir le triangle à l'orchestre du Gymnase, puis les timbales au Café Charles et au Théâtre-Lyrique. Élève de Reber (harmonie), de Savard (contrepoint), puis d'Ambroise Thomas (composition), il obtint en 1863 un premier prix de fugue en même temps que le premier grand prix de Rome pour sa cantate *David Rizzio* ; l'opinion de Berlioz aurait, semble-t-il, favorablement pesé dans le résultat du concours. Dès 1861, Massenet composa et fit éditer une *Grande fantaisie de concert sur le « Pardon de Ploërmel » de Meyerbeer*, morceau qui fut détruit sur sa demande en 1900.

Massenet séjourna à la villa Médicis pendant deux années et rédigea alors sans entrain les envois qu'il était tenu de faire : une *Grande Ouverture de concert*, un *Requiem* et des fragments lyriques, qui devinrent l'oratorio *Marie-Magdeleine*. Il entreprit également un opéra d'après Victor Hugo, *Esmeralda*. C'est à Rome qu'il fit la connaissance d'une élève de Liszt, Mlle de Sainte-Marie, qu'il épousa à son retour en France. Il profita de sa pension de lauréat pour visiter l'Italie, l'Allemagne et la Hongrie ; il en rapporta l'inspiration des *Scènes napolitaines* (1864) et des *Scènes hongroises* (1871). Dès 1866, plusieurs de ses œuvres furent exécutées à Paris : outre l'*Ouverture* il faut citer *Pompeia*, dont des fragments réapparurent dans la musique de scène des *Érinnyes*, et deux *Fantaisies* pour orchestre.

Bénéficiant d'une nouvelle disposition qui attribuait aux lauréats de l'Institut le droit de se voir représenter un ouvrage en 1 acte sur la scène de l'Opéra-Comique, Massenet composa en quelques semaines *la Grand-Tante*, qui connut un petit succès en avril 1867. La partition d'orchestre en a été détruite, comme celle de *Don César de Bazan*, dans l'incendie de l'Opéra-Comique en 1887, mais n'a pas été reconstituée. La partition piano-chant permet néanmoins de se faire une idée de la maîtrise étonnante dont témoigne cette première tentative. Écrit pour un concours où il obtint la troisième place, l'opéra *la Coupe du roi de Thulé* ne nous est pas parvenu, mais la musique en a été réutilisée dans les 5 ouvrages lyriques qui suivirent.

Plusieurs projets d'opéra allaient voir le jour à cette époque : *Manfred* en 1869, resté à l'état d'ébauche, et *Méduse*, achevé, semble-t-il, en 1870. Malgré sa rencontre avec l'éditeur Hartmann qui allait l'encourager désormais, la situation matérielle de Massenet restait précaire : la fin de sa pension, en 1868, l'obligea à donner des leçons et à reprendre une place de timbalier au Théâtre de la porte Saint-Martin. Ralentie par le siège de Paris (il s'enrôla dans l'infanterie), puis par l'époque troublée de la Commune, son activité toujours intense reprit dès le printemps de 1871 et, s'il n'était pas satisfait de sa symphonie écrite pendant le siège, il poursuivit avec les *Scènes pittoresques* (1871) et les *Scènes dramatiques* (1873) la série de ses suites pour orchestre. Quelques semaines lui suffirent pour composer un opéra-comique en 4 actes, *Don César de Bazan*, représenté sans succès en novembre 1872. Cette œuvre d'un intérêt médiocre fut révisée et réorchestrée par Massenet en 1888. De cette période datent également l'*Ouverture pour Phèdre* et la musique de scène pour les *Érinnyes*, dont la valeur fut reconnue immédiatement ; mais ce fut l'exécution à l'Odéon en avril 1873 de l'oratorio *Marie-Magdeleine* qui assit la véritable notoriété du compositeur. Achevé depuis plusieurs années déjà, quoique remanié, cet ouvrage de jeunesse n'est pas seulement remarquable par l'inspiration personnelle dont il témoigne, mais parce qu'il fallut peut-être attendre *Manon* pour que Massenet retrouvât ce langage qui lui appartient en propre. Composé en 1874, *Ève*, mystère en 3 parties, connut un succès aussi vif, mais, à part quelques pages, cette partition ne présentait pas de progrès notables. Parallèlement, le musicien avait concentré ses efforts sur un grand opéra en 5 actes, *le Roi de Lahore*, qui l'occupa de 1872 à 1877, et dont la représentation au palais Garnier en avril 1877 allait établir sa consécration en même temps qu'elle lui valait d'être nommé l'année suivante, à trente-six ans, professeur de composition au Conservatoire puis d'entrer à l'Institut devant Camille Saint-Saëns. Plus grandiloquent que réellement inspiré, cet opéra est loin de justifier la réputation dont a joui son auteur tant en France qu'à l'étranger.

Œuvrettes de circonstance destinées à des cercles, *l'Adorable Bel-Boul* (1874), puis *Bérangère et Anatole* (1876) ont été détruites par le compositeur qui tenait à conserver sa réputation de « musicien sérieux ». Si *la Vierge* (1878), légende sacrée en 4 scènes, méritait mieux que le froid accueil qui lui fut réservé en 1880, *Hérodiade*, représenté en 1881 au théâtre de la Monnaie de Bruxelles, renouvela le triomphe du *Roi de Lahore*. *Hérodiade* fut repris à Paris en 1884, mais en italien, au Théâtre-Italien. Le ballet primitif de cette œuvre, qui n'a jamais été dansé, était devenu les *Scènes de féerie* (1881).

C'est en 1881 que Massenet composa, sous le titre de *Scènes alsaciennes*, sa septième et dernière suite d'orchestre, la plus connue. Désormais, il allait s'occuper presque exclusivement d'opéra, mais il continua à produire régulièrement des mélodies, soit pour répondre à des sollicitations qu'il n'avait jamais su repousser, soit parce qu'elles constituaient une source commode de revenus. Toutes ne sont pas d'un égal intérêt, elles représentent même l'aspect faible de l'œuvre de Massenet, dont l'inspiration mélodique a longtemps eu le souffle court. Sur les 285 qu'il a laissées, un certain nombre sont rassemblées en cycles : *Poème d'avril* (1866), *Poème du souvenir* (1868), *Poème pastoral* (1874), *Poème d'octobre* (1876), *Poème d'amour* (1879), *Poème d'hiver* (1882), *Poème d'un soir* (1895) ; quelques-unes reprennent des fragments célèbres ou des chutes de ses opéras ; 25, enfin, ont été dotées par le compositeur d'un accompagnement orchestral.

Après avoir délaissé au moins trois projets d'opéras : *Robert de France* (1880), *les Girondins* (1881), *Montalte* (1883), et refusé d'écrire une *Phœbé* proposée par Carvalho, le directeur de l'Opéra-Comique, Massenet, lui-même, eut l'idée de demander une *Manon* à Meilhac, et, pour éviter toute modification, il apporta la partition gravée à la première répétition. Les coupures que l'on fait subir ordinairement à cet ouvrage, et qui en brisent l'équilibre en en déformant l'esprit, prouvent rétrospectivement que l'auteur était conscient d'avoir construit une œuvre exemplaire, d'une rare cohérence dans la diversité des procédés utilisés. Vers cette époque, il avait demandé à Zola l'exclusivité de *la Faute de l'Abbé Mouret*, mais ce projet n'eut pas de suite. Avec *le Cid* (1884-85), Massenet démontra une nouvelle fois que les impératifs du grand opéra lui inspiraient surtout des formules, sinon des lieux communs. Si le sujet de *Werther* (1885-1887) sembla l'avoir moins enthousiasmé de prime abord que celui du *Cid*, il lui fournit un cadre intime dans lequel il retrouva la meilleure part de son invention. Créé à Vienne en 1892, en allemand, *Werther* fut donné à Paris en 1893 avec un succès très relatif. Le chromatisme de ce nouvel ouvrage pouvait faire penser que Massenet, qui s'était rendu à Bayreuth en 1886, avait subi l'influence du maître des lieux ; il faut cependant préciser qu'il y avait alors près de trente ans que Massenet était un admirateur averti de Wagner. Le modèle wagnérien était beaucoup plus net — trop peut-être — dans *Esclarmonde* (1887-88), dont les représentations dans le cadre de l'Exposition universelle coururent un succès considérable qui rejaillit sur Sibyl Sanderson, pour laquelle Massenet avait écrit le rôle principal ; par rapport aux ouvrages précédents on remarque un élargissement du souffle et de la ligne mélodique, mais l'action dramatique ne conserve pas la même intensité jusqu'au bout.

Dans *le Mage* (1889 ; créé, 1891), Massenet retomba dans les pièges du grand opéra que la complication du sujet aggravait encore ; l'accueil fut bon, mais l'œuvre ne fit pas carrière. La même année vit la composition d'*Amadis*, opéra légendaire, qui, pour diverses raisons, ne devait être représenté qu'après sa mort. Retouché en 1910, *Amadis* allait être créé en 1922 à Monte-Carlo. Si l'œuvre est inégale, elle a le privilège de comporter dans son prologue des audaces d'écriture telles que Massenet n'en osa jamais, associant archaïsme et modernité.

En écrivant *le Portrait de Manon* (1892-93), Massenet revenait aux demi-teintes de l'opéra-comique, mêlant habilement le sourire à la nostalgie. Mais, simultanément, il était occupé par un projet plus ambitieux : *Thaïs* d'après Anatole France. Destinée à l'Opéra-Comique, *Thaïs* fut créée à l'Opéra en 1894 ; cette circonstance faussa la perspective d'une œuvre d'un caractère plutôt intime qui allie le sacré et la sensualité, la gravité et le comique, d'une manière surprenante, sans doute, mais parfaitement originale. *La Navarraise*, écrite en quelques semaines de l'été 1893, orchestrée en dix jours, est si résolument tragique de ton qu'on a voulu y voir une concession, ou une conversion au vérisme qui trompait alors en Italie ; en réalité, l'influence a joué de part et d'autre. De 1893 à 1901, Massenet revint à plusieurs reprises sur *Grisélidis*, dont il rédigea plusieurs versions. Comme dans *Thaïs*, il tenta une fusion des styles, mais le livret a trahi la confiance du musicien. Comme s'il voulait faire l'inventaire des ressources de son inspiration, il aborda avec *Cendrillon* (1894-95, 1re repr., 1899) le domaine du conte de fée et y montra un véritable génie du métier dû au fait d'autant plus regretter l'insuffisance de son librettiste.

À la mort d'Ambroise Thomas, Massenet, à qui l'on offrait la direction du Conservatoire, refusa cette fonction, et, de plus en plus accaparé par sa carrière et les déplacements qu'elle imposait, donna sa démission de professeur de composition. Aussi divers que furent ses élèves, tous s'accordaient à reconnaître le sens pédagogique de ce professeur né, mais surtout, au-delà des différences individuelles qu'il n'a pas étouffées, ils ont témoigné par leurs œuvres de la solidité de l'enseignement qu'ils ont reçu. Parmi eux, il faut citer Alfred Bruneau, Gabriel Pierné, Xavier Leroux, Gustave Charpentier, Henri Rabaud, Charles Koechlin, Florent Schmitt, tous lauréats du prix de Rome, et, également, Ernest Chausson, Guy Ropartz ou Reynaldo Hahn qui n'ont pas tenté ce concours.

Le premier fruit de la disponibilité complète dont allait jouir désormais Massenet était *Sapho*, œuvre à laquelle il consacra l'été 1896. Créée à l'Opéra-Comique dès novembre 1897 en prévision de la fin prochaine d'Alphonse Daudet, *Sapho*, augmentée du tableau des *Lettres*, fit l'objet d'une nouvelle création en 1909. L'année 1897 vit également la composition d'un recueil de 12 pièces pour piano à 4 mains : *Année passée*, et d'une *Fantaisie pour violoncelle et orchestre*. On ne sait ce qui incita Massenet, dont l'esprit n'était pas précisément religieux, à adapter lui-même des textes de la *Vulgate* pour un oratorio, *Terre promise*, auquel il travailla entre 1897 et 1899. La fable du *Jongleur de Notre-Dame*, en revanche, correspondait mieux à ses convictions intimes ; à travers cet ouvrage et au-delà de la poétique propre de l'auteur, on perçoit le regain d'intérêt qui se manifestait alors pour le chant grégorien et la musique médiévale. Contemporain du *Jongleur*, le *Concerto pour piano*, créé en 1902, réutilise vraisemblablement des esquisses anciennes dans son finale, mais l'adagio est très représentatif de cette couleur harmonique automnale si caractéristique des œuvres de la dernière manière de Massenet. À la même époque, il entreprit lui-même *Roma*, inaugurant une période « antique » qui vit se succéder *Ariane* (1905 ; créé, 1906), *Bacchus* (1908 ; créé, 1909), *Roma* (1902-1910, créé, 1912) et *Cléopâtre* (1911-12 ; créé, 1914). Ces ouvrages, dont la facture reste irréprochable et où l'inspiration fait moins défaut qu'on ne le croit généralement, n'ont connu qu'un succès très limité.

Si *Chérubin*, écrit en quelques jours à la mémoire, pourrait-on dire, de Sibyl Sanderson — morte prématurément en 1903 et qui protégeait Francis de Croisset après avoir été l'égérie de Massenet —, témoigne surtout de la virtuosité du compositeur, *Thérèse* (1905-1906 ; créé, 1907), épisode de la Révolution, aussi intense que *Chérubin* était léger, offre une preuve supplémentaire de sa capacité à se renouveler. *Panurge* (1911 ; créé, 1913), « haulte farce en musique » n'a, en revanche, laissé aucune trace, tandis que *Don Quichotte* (1909) créé en 1910 par Chaliapine, compte parmi les quatre ou cinq réussites indiscutables de Massenet, peut-être parce que le livret en est mieux structuré, tant il est vrai que ce sont les faiblesses de certains arguments dramatiques qui sont responsables de l'indigence qu'on a souvent reproché au musicien. Fort de sa capacité à découvrir une solution musico-dramatique à n'importe quelle situation, Massenet ne s'est pas assez soucié de leur qualité intrinsèque. Ainsi ce compositeur, qui a su trouver dès l'abord un langage lyrique original et que son inquiétude presque maladive a poussé vers la recherche d'une simplicité qui seule garantissait une large compréhension et une exécution aussi fidèle que possible, a-t-il été souvent victime de ce métier qu'il possédait à fond et dans lequel, plus encore peut-être que dans sa sensibilité, il a puisé ce qu'il faut bien appeler son génie. Gé. C.

MASSIAS (*Gérard*), altiste et compositeur français (*Paris 1933*). Il fit ses études au Conservatoire de Paris, où il obtint un premier prix d'alto (1955). Alto solo au Mozarteum de Salzbourg (1955), puis à l'orchestre de chambre de l'O. R. T. F. (1956-1967), il entre comme second soliste à l'Orchestre de Paris lors de sa fondation (1967). Professeur d'alto au conservatoire de Champigny, où il dirige également l'atelier d'orchestre, il est membre de la Grande Écurie où dirige J. C. Malgoire (1969-1975), ainsi que du Collectif 2E.2M. Après une période modale et atonale (*Concert 52* ; *Concert bref* ; *Variations* ; *Faciès* ; *Stigmate*), il s'intéresse à partir de 1966 aux formes variables et surtout au théâtre musical : *Tjurunga IV*, sur des textes d'Antonin Artaud (1968) ; *Tjurunga* (1969) ; *les Nouveaux racontars d'Agassin et Virelette*, action musicale d'après la chantefable du XIIIe siècle *Aucassin et Nicolette*, pour comédien, soprano et ensemble instrumental (1971) ; *Caliban-Cannibale*, opéra radiophonique pour le prix Italia (1974). A. de B.

MASSIN (*Jean* et *Brigitte*), critiques et musicographes français (*Paris 1917 et Roubaix 1927*). Ils ont commencé par publier ensemble deux ouvrages qui ont beaucoup fait pour le renouveau de l'historiographie musicale en France, et consacrés respectivement à Beethoven (Paris, 1955 ; rééd., 1967) et à Mozart (Paris, 1959 ; rééd., 1970). Suivit *Recherche de Beethoven* (Paris, 1970). On doit également à Jean Massin des ouvrages sur Robespierre (Paris, 1956) et Marat (Paris, 1960), une *Édition chronologique des œuvres de Victor Hugo* (Paris, 1964-1970), *Don Juan, Mythe littéraire et musical* (Paris, 1979), et un essai autobiographique, *le Gué du Jaboq* (Paris, 1980). Brigitte Massin, sa femme, a écrit de son côté un ouvrage sur Schubert (Paris, 1977). Critique musicale au *Matin* depuis 1977, elle est devenue en 1980 rédactrice en chef de *Panorama Musiques*. M. V.

MASSON (*Gérard*), compositeur français (*Paris 1836*). Il aborda la musique en autodidacte. En 1965 seulement, il suivit à Cologne les cours de composition de Karlheinz Stockhausen. En 1965-66, il travailla également avec Henri Pousseur et Earle Brown. Mais il resta compositeur indépendant, n'intégrant de cet enseignement « que des secousses, des retombées » (Gilbert Amy), recevant de Stockhausen une influence mentale plus que proprement musicale. Masson n'en relève pas moins de la lignée des compositeurs français allant de Debussy à Boulez. En 1965 naquit à Cologne et y fut exécutée sa première œuvre, *Pièce pour 14 instruments*. Suivirent *Dans le deuil des vagues* pour orchestre (1966, création au festival de Royan, 1967), *Ouest I* pour 10 instruments (1967, créé au Domaine musical, 1968),

Dans le deuil des vagues II (Aux confins de plusieurs climats) pour orchestre (1968) et *Ouest II* pour mezzo-soprano et 13 instruments (1969), sur 4 poèmes de *Une vie d'homme* de Dominique Fourcade. *Bleu loin* pour 12 cordes (1 quintette, 1 quatuor et 1 trio), composé en 1970, fut créé au festival de Royan en 1973. En 1974, on entendit à Paris *Hymnopsie** pour orchestre et chœur (1972), et à Royan *Quatuor* pour quatuor à cordes (1973). De 1975 date un *Sextuor* pour flûte, hautbois, clarinette, clarinette basse, basson et cor (créé en 1976), de 1977 un *Concerto* pour piano et orchestre (créé au festival de Besançon, 1978), et de 1978 un *Quintette* pour piano, clarinette, violon, alto et soprano (créé à Radio-France, 1979). En octobre 1981, a été entendu à Radio-France *Pas seulement des moments des moyens d'amour* pour orchestre. En 1979, Gérard Masson a reçu le prix de la promotion de la musique symphonique de la S. A. C. E. M. M. V.

MASSON (*Paul Marie*), musicologue français (*Sète 1882 - Paris 1954*). Élève de Romain Rolland, professeur à l'université de Grenoble en 1910 et à l'Institut français de Florence, fondateur de l'Institut français de Naples (1920), docteur ès lettres avec une thèse sur *l'Opéra de Rameau* (1930), il enseigna de 1931 à 1952 à la Sorbonne, où il créa, en 1951, l'Institut de musicologie. De 1945 à 1948, il présida la Société française de musicologie. Spécialiste de la musique des XVIe et XVIIIe siècles, il a également écrit un excellent ouvrage sur Berlioz.
Principaux écrits : *Berlioz* (1923), *l'Opéra de Rameau* (1930), *les Odes d'Horace en musique au XVIe siècle* (dans *Revue musicale*, 1906), *le Ballet Héroïque* (dans *Revue musicale*, 1928). **Éditions** : *Chants de carnaval florentin* (Paris, 1913). J. R.

MASSONNEAU (*Louis*), compositeur, violoniste et chef d'orchestre allemand d'ascendance française (*Kassel 1766 - Ludwigslust 1848*). Fils d'un cuisinier français à la cour de Kassel, il occupa des postes dans plusieurs villes d'Allemagne avant de s'établir définitivement en 1803 à Ludwigslust, où il fut premier chef d'orchestre et maître de chapelle de 1812 à sa retraite en 1837. Sa musique imprimée (12 numéros d'opus datant d'avant 1800) est presque entièrement instrumentale, et sa musique restée manuscrite (conservée à la bibliothèque d'État de Schwerin) pour l'essentiel vocale et postérieure à 1800. Dans le domaine instrumental, on lui doit notamment 3 symphonies (2 op. 3 et 1 op. 5), dont la dernière, en *ut* mineur, *la Tempête et le Calme* (Paris, 1794), annonce assez concrètement la *Pastorale* de Beethoven. M. V.

MATA (*Eduardo*), compositeur et chef d'orchestre mexicain (*Mexico 1942*). Il fit ses études au conservatoire de Mexico (1954-1961) avec Carlos Chavez, Rodolfo Halffter, Erich Leinsdorff et Gunther Schuller. Chef d'orchestre à Guadalajara (1965), il est professeur de direction d'orchestre au conservatoire de Mexico (1971). Son langage musical va de la polytonalité à la technique sérielle et à l'aléatoire, avec de constantes recherches dans le domaine du timbre. Il utilise également les ressources de l'électronique (*Los huesos secos* pour bande magnétique). Son œuvre comprend principalement 3 symphonies, des sonates pour piano, violon et violoncelle, 1 trio (*To Vaughanm Williams*, 1957), des mélodies et 1 groupe d'*Improvisations* pour ensembles instrumentaux divers (1961-1965). A. G.

MATASSIN. Danse grotesque, probablement issue de la « pyrrhique » guerrière des Anciens. Elle doit son nom hispano-arabe aux « matachins », bouffons casqués, revêtus d'armures de fantaisie, qui se livraient des combats bruyants, mais soigneusement rythmés, à grands coups de sabres de bois. Ce divertissement originaire d'Espagne gagna au XVIe siècle l'Italie, puis la France, qui le portèrent au théâtre. Pour sa *Capriol suite*, Peter Warlock a orchestré quelques-unes des danses provenant de l'*Orchésographie* de Thoinot

Arbeau, dont une intitulée *Mattachins*, qui clôt la suite. M. T.

MATCH. Composé en août 1964, *Match pour trois joueurs* de Mauricio Kagel est la transposition dramatico-musicale de deux rêves faits par le compositeur à neuf jours d'intervalle. Elle met en scène deux violoncellistes de part et d'autre d'un percussionniste qui tient le rôle ambigu d'intermédiaire et d'arbitre.

L'œuvre commence comme une partie de tennis de table. Le changement de jeu du second violoncelle équivaut à un « manqué » que sanctionne une intervention du percussionniste, puis le jeu reprend sur ce nouvel élément. Un peu plus loin, un trémolo de caisse claire donnera lieu, de la part des instrumentistes, à une démonstration périlleuse de virtuosité qu'on pourrait assimiler au « saut de la mort »; l'intervention du percussionniste a créé cette fois une situation dramatique inattendue. Comme tout meneur de jeu, le percussionniste est sujet à l'erreur : il lui arrive d'indiquer de fausses entrées aux violoncellistes perturbés dans leur jeu, et qui s'y opposent alors verbalement.

Kagel a voulu se livrer ici à une caricature de certaines techniques d'improvisation de groupe, étant entendu qu'en dépit des apparences, cette fausse improvisation est scrupuleusement notée. Le percussionniste utilisera également des dés pour donner le départ à l'un ou à l'autre. On peut dire que l'œuvre tire sa substance des rapports fructueux d'intelligence et de mauvaise compréhension qui brisent ou consolident l'entente des trois partenaires. Gé. C.

MATHÉMATIQUES. L'idée de relier la musique aux mathématiques remonte à l'école pythagoricienne. Elle s'appuie sur une observation fondamentale attribuée à Pythagore lui-même (VIe s. av. J.-C.) constatant que les consonances de base admises de son temps (octave, quinte et quarte) correspondaient aux longueurs de cordes vibrantes déterminées par les 4 premiers nombres ou *tetractys*. Pythagore aurait vu dans cette correspondance une image des proportions régissant l'univers et aurait ainsi promu la musique au rang d'une véritable *imago mundi*, ce qui explique le rôle important tenu par elle jusqu'au XVIIe siècle dans la spéculation philosophique. Les pythagoriciens faisaient en conséquence de l'étude de la musique une science numérique soumettant le jugement esthétique au contrôle de la raison et du calcul, opinion contre laquelle au IVe siècle av. J.-C. s'éleva avec vigueur Aristoxène de Tarente, qui prônait la suprématie du jugement de l'oreille ; les deux écoles ne cesseront de coexister, mais le développement de l'aristotélisme, fortement teinté de pythagorisme, ne fut pas sans en favoriser les doctrines.

Le *De musica* de Boèce (Ve s. apr. J.-C.), ouvrage de référence de toute la théorie musicale du Moyen Âge, est la continuation de son *De arithmetica*, et l'enseignement à Oxford de Robert Grosseteste (XIIe s.), dont l'influence fut considérable, en plaçant les mathématiques à la tête de toutes les connaissances humaines, n'en exceptait pas la musique, qui prit place dans le *Quadrivium**, division supérieure des 7 arts libéraux, parmi les « arts mathématiques » avec l'arithmétique, la géométrie et l'astronomie. Les rapports des mathématiques avec la musique dans le pythagorisme n'ont jamais débordé du domaine de la spéculation ; ils concernaient à peu près exclusivement le calcul numérique des proportions correspondant aux intervalles, exprimé en rapports de longueurs de cordes vibrantes, mesurées sur le *monocorde* ou *sonomètre* inventé, disait-on, par Pythagore lui-même ; la légende attribuait aussi à ce dernier d'autres modes de calcul reconnus aujourd'hui faux, et qui n'en ont pas moins été enseignés jusqu'au XVIIe siècle, tels que le poids sur l'enclume de marteaux fréquemment représentés dans son iconographie ; Haendel dans *l'Harmonieux Forgeron* y fait une pittoresque allusion. Ces calculs, qu'on ne peut exposer ici, accordaient une importance spéciale à deux éléments : la *superparticularité*, forme de proportion exprimée par N + 1 sur N (exemple : 2/1 = octave, 3/2 = quinte, 9/8 = ton, etc.) et la *médiété* ou manière de diviser l'octave, première des consonances puisque formée par les 2 premiers nombres. On reconnaissait la *médiété arithmétique* $x = \frac{a+b}{2}$ divisant l'octave en quarte + quinte (exemple : 12 - 9 - 6) et son inversion la *médiété harmonique* $x = \frac{2\,ab}{a+b}$ divisant l'octave en quinte + quarte (exemple : 12 - 8 - 6) ; une troisième médiété, dite géométrique $x = \sqrt{ab}$, divisant l'octave en deux intervalles égaux de triton, ne correspondant pas à la structure de la gamme, n'était pas prise en considération. Au XVIe siècle, le principe des médiétés fut étendu à la quinte par Zarlino, qui pensa ainsi en justifier la division en tierces majeure + mineure (division harmonique, accord parfait majeur) ou mineure + majeure (division arithmétique, accord parfait mineur). Ces opérations étant loin de résoudre toutes les difficultés soulevées par une pratique qui se souciait peu de ces spéculations, Descartes en 1618 tenta de transférer la discussion sur un plan plus sensible (« Le son est au son comme la corde est à la corde ») qui permit à Rameau en 1722 d'édifier son monumental *Traité de l'harmonie réduite à son principe naturel*, point de départ de la théorie classique. Le traité de 1722 est exclusivement un travail de monocordiste. Rameau y affirme, dès la première page, que le principe de la musique ne peut nous être connu que par le secours des mathématiques, ce qui a fortement contribué à en implanter l'idée. Rameau, pourtant, devait changer d'opinion, ou du moins la nuancer, lorsqu'il connut les travaux du physicien Sauveur sur la nature du son et le décompte des vibrations. A partir de la *Génération harmonique* (1737), il déclare la recherche des éléments fondamentaux de la musique une science « physico-mathématique » et restreint de plus en plus la part des calculs au bénéfice des expérimentations. Cette voie a été suivie depuis lors par la quasi-totalité des chercheurs en la matière.

On peut rattacher accessoirement aux mathématiques musicales l'usage de la *combinatoire numérique* héritée de la kabbale hébraïque, introduite en Occident par Raymond Lulle au XIIIe siècle et reprise par Leibniz au XVIIe. Elle consiste surtout dans l'usage de nombres cachés (par exemple, le numéro des lettres dans l'alphabet signifié par le nombre des notes) pour introduire une allusion ; on en trouve de nombreux exemples chez J.-S. Bach (par exemple, B + A + C + H = 2 + 1 + 3 + 8 = 14 : le nombre 14 tient un rôle privilégié chez Bach). On a relevé chez Scriabine, ou chez Bartók, la présence de calculs fondés sur le nombre d'or pour déterminer les proportions d'architecture de l'œuvre ; enfin, avec Stockhausen, Pierre Barbaud et quelques autres, Iannis Xenakis préconise de nos jours l'emploi des mathématiques (principalement du calcul des probabilités) et de l'ordinateur pour la composition musicale elle-même, ce qui est très différent des emplois précédents, et il a fondé dans ce but un groupe de recherche universitaire dit C. E. M. A. M. U. (Centre d'études de mathématique et d'automatique musicales). J. C.

MATHER (*Bruce*), compositeur canadien (*Toronto 1939*). Il a fait ses études musicales à Toronto et à Paris avec Darius Milhaud, Olivier Messiaen et Lazare Lévy, et suivi les cours de direction d'orchestre de Pierre Boulez à Bâle en 1969. Depuis 1966, il enseigne à la faculté de musique de l'université McGill de Montréal. Dans un style résolument néoclassique influencé par Berg et Debussy mais aussi par Scriabine, Delius et Sjymanowski, il a écrit notamment *Élégie* pour saxophone et orchestre à cordes (1959), *Orphée* pour soprano, piano et percussion, d'après Valéry (1963), *Ombres* pour orchestre (1967), *Musique pour Rouen* pour orchestre à cordes (1971), *In memoriam Alexandre Uninsky* pour piano (1974) et *Musigny* pour grand orchestre (1979-80). C'est aussi un excellent pianiste. A. G.

MATHIS LE PEINTRE (en all. *Mathis der Maler*). Opéra en 7 tableaux de Hindemith sur un livret du compositeur, écrit en 1934-35 et créé le 28 mai 1938 à Zürich.

L'action se déroule pendant les guerres de religion et la révolte paysanne bavaroise de 1525, et la figure de Mathis est à rapprocher de celle du peintre Mathias Grünewald. Le prélude expose le volkslied Es sungen drei Engel ein süsses Lied, *qui donne le ton général de l'œuvre. Le rideau s'ouvre sur Mathis (bar) en train de peindre une fresque murale ; il se demande si cette activité est suffisante pour accomplir la tâche qui lui est assignée en tant qu'homme, lorsque arrive Schwalb (t), le chef de la révolte paysanne, poursuivi par l'officier Sylvestre de Schauenberg. Schwalb incite Mathis à passer concrètement à l'action et à se joindre à lui. Au 2ᵉ tableau, Mathis rompt avec son maître, le cardinal Albrecht von Brandenburg, et au 3ᵉ avec Ursula (s), la fille de Riedinger (b), un riche bourgeois de Mayence. Au 4ᵉ, on assiste aux affrontements entre catholiques, et protestants, tandis que les livres calvinistes sont jetés au bûcher (rôle des chœurs). Mais les démêlés de Mathis avec les paysans ne lui apportent que désillusions. Le 5ᵉ tableau est centré sur les combats intérieurs et le destin plus particulier d'un seul des personnages, le cardinal Albrecht, qui se retire finalement de la vie séculière. Pendant ce temps, au 6ᵉ tableau, Mathis fuit avec Regina (s), la fille de Schwalb qui vient d'être tué au cours de la révolte. À la nuit tombée, elle chante en s'endormant le lied* Es sungen drei Engel ; *le peintre reste alors seul avec les tentations qui l'assaillent sans répit, sous les traits des différents personnages de l'opéra. Des démons tourmentent Mathis, comme plus tard ils le feront sur le retable d'Isenheim. Au 7ᵉ tableau, ayant peint le retable, Mathis renonce au monde et, sa mission accomplie, se retire à son tour pour attendre la mort.*

À travers cette fresque historique, Hindemith pose le problème du rôle de l'artiste face au monde contemporain et aux événements politiques. Comme dans son opéra précédent, *Cardillac*, il utilise des formes instrumentales indépendantes qui évitent toute dramatisation excessive ; mais elles se font ici très discrètes et laissent agir plus librement la force attractive d'une ligne mélodique stylisée, malgré un ensemble très fragmentaire dû à la dispersion des lieux d'action et au grand nombre des personnages mis en jeu. Les lignes de la polyphonie, auxquelles est assimilée sans raideur la partie vocale, se dessinent clairement ; l'harmonie fait preuve d'un dosage équilibré entre consonances et dissonances, les instruments sont traités par groupes relativement étanches les uns par rapport aux autres, avec une préférence pour les cordes, ce qui dénote une certaine indépendance vis-à-vis des courants les plus tapageurs de la mode. Mais l'élément décisif est certainement le rôle conféré au volkslied et au choral (choral *Lob Gott Ihr Christen allzugleich*), en particulier au 3ᵉ tableau dans le duo entre Mathis et Ursula. Cet élément volkslied, conjugué aux traits de la musique baroque et romantique que le compositeur assimilait alors de plus en plus volontiers à sa musique, guide l'auditeur à travers l'héritage musical allemand traditionnel, et le conduit aux « sources » de l'esprit germanique. D'où le succès auprès des autorités politiques nouvelles de la symphonie qui tint lieu d'esquisse à cet opéra, alors que l'opéra lui-même et de nombreuses autres œuvres du compositeur se voyaient interdits. *Mathis le peintre* constitue un point de départ vers les recherches plus idéologiques et intériorisées qui devaient mener Hindemith au dernier volet de son triptyque lyrique, *l'Harmonie du monde*. E. L.

MATIN (LE), LE MIDI, LE SOIR. Titres portés respectivement par les symphonies n° 6 en *ré* majeur, n° 7 en *ut* majeur et n° 8 en *sol* majeur de Haydn, composées en 1761. Seul l'autographe de la symphonie n° 7 a survécu : on y trouve aussi bien la date de 1761 que l'appellation (en français) *le Midi*, ce qui semble garantir d'autant mieux l'année de composition et la dénomination des deux autres que, de toute évidence, ces ouvrages furent conçus comme un groupe de trois. La tradition veut, et il n'y a aucune raison de la mettre en doute, qu'il s'agisse des premières symphonies composées par Haydn après son entrée au service des Esterházy, et que les titres aient été suggérés par le prince lui-même. Haydn écrivit cette trilogie non seulement pour confirmer sa valeur au prince, mais aussi pour faire briller devant lui les membres de son orchestre, qui, comme lui, venaient pour la plupart d'être engagés, et du même coup se gagner leur amitié et leur estime. D'où les nombreux solos que contiennent ces trois symphonies, qui font d'elles, par l'esprit sinon par la lettre, de véritables concertos grossos (genre à l'époque déjà moribond). En fait, la trilogie de 1761 possède un visage de Janus qui la rend particulièrement fascinante. Se rattachent au passé baroque non seulement les instruments solistes à cordes (contrebasse y compris) et à vent, mais de nombreux traits d'écriture (basses en notes répétées, séquences, rythmes pointés), et l'on a pu voir dans les dernières mesures adagio du mouvement lent du *Matin* une sorte d'hommage à Corelli. Mais ces traits, Haydn ne devait jamais les abandonner complètement. Surtout, on constate que sur le plan formel (maîtrise de la forme sonate) comme sur ceux de l'orchestration et de la densité de pensée, *le Matin*, *le Midi* et *le Soir* constituent un énorme bond en avant, qui, d'un coup, plaça Haydn bien au-dessus de ses contemporains. Il avait vingt-neuf ans, âge aux environs duquel, quand on est un génie, ce phénomène se produit d'ordinaire. D'un point de vue programmatique, on peut noter que l'introduction lente du *Matin* représente fidèlement un lever de soleil ; que l'adagio du *Midi*, où interviennent soudain deux flûtes restées silencieuses jusqu'alors, rend admirablement la chaleur du milieu du jour ; et que le finale du *Soir* est intitulé *La Tempesta*, cette tempête se déchaînant un soir d'été, sans doute.
M. V.

MATINES. Première partie de l'office de nuit, suivie par les *laudes*, et se divisant elle-même en 3 nocturnes. Chacun de ceux-ci comportait principalement une lecture chantée collective de psaumes avec antiennes et la lecture psalmodiée par un lecteur soliste de « leçons », translittération du mot latin *lectio* («lecture»), coupée de répons, en nombre variable selon les cas. L'office se terminait par le chant d'un hymne et par le *Te Deum* (que l'on retrouve dans les drames liturgiques chantés à ce moment de l'office).

Dans le bréviaire séculier, l'office de matines, très abrégé, se lisait sans obligation horaire. La récente réforme liturgique ne laisse plus grand-chose de l'office traditionnel.
J. C.

MATSUDAIRA *(Yoritsune)*, compositeur et pianiste japonais *(Tokyo 1907)*. Après avoir étudié la littérature française, ainsi que la composition avec Kosuke Komatsu (et plus tard, avec Alexandre Tcherepnine), il passe par une période néoclassique et debussyste, qu'illustre une œuvre comme *Pastorale* (1935). Ses *Chants populaires de Nanbu* (1928-1936), pour voix et piano, obtiennent en 1936 un prix de composition. Il commence à s'intéresser à l'ancienne musique de cour japonaise, le *gagaku*. En 1937, il entre dans l'équipe de direction de la Société japonaise de musique contemporaine. Ses œuvres d'après la Seconde Guerre mondiale proposent une synthèse de la technique d'écriture sérielle avec le style du gagaku, par exemple, dans *Thème et Variations* (1951) pour piano et orchestre, ou dans *Métamorphoses sur le thème Sabaira* (1953) pour soprano et orchestre de chambre. La Société internationale de musique contemporaine (I. S. C. M.) diffuse ses œuvres en Occident, faisant de lui le premier compositeur japonais connu dans les cercles d'avant-garde occidentaux, et son œuvre *Dialogue chorégraphique*, pour quintette à vent, harpe, 2 pianos et percussions, est créée au festival de Royan en 1967. Ses œuvres tardives intègrent les techniques aléatoires, mais le gagaku demeure pour son écriture une référence esthétique et stylistique, par exemple dans *Junkansuru gakusho* (1971), pour 2 orchestres de chambre.
M. C.

MATTHESON *(Johann)*, compositeur et théoricien allemand *(Hambourg 1681 - id. 1764)*. Organiste dès l'âge de neuf ans, il bénéficia d'une très solide éducation, et se produisit comme chanteur (1696), puis comme chef d'orchestre et compositeur (1699) à l'Opéra de sa ville natale, où en 1703 il fit la connaissance de Haendel, qu'il faillit tuer en duel. Secrétaire de l'ambassadeur britannique à Hambourg (1706), directeur de la musique à la cathédrale (1718-1725), maître de chapelle du duc de Holstein (1719), il composa à cette époque beaucoup d'œuvres pour la plupart restées manuscrites : 6 opéras, plusieurs oratorios, des cantates, 12 sonates à 2 et 3 flûtes sans basse (Amsterdam, 1708), suites pour clavecin (Londres, 1714). Dans son *Manuel du parfait organiste* (1719), il employa les 24 tonalités majeures et mineures, annonçant par là le *Clavier bien tempéré* de Bach. En 1728, une complète surdité, dont les premiers signes s'étaient manifestés dès 1705, l'obligea à se retirer de la vie publique. Il se consacra alors à des écrits théoriques qui le font apparaître comme une sorte de pape dans les affaires musicales de son temps tout en constituant en quelque sorte le point de départ de la musicologie allemande. Son esprit vif et belliqueux et sa plume acérée, mais aussi ses attaches avec les goûts plutôt conservateurs de l'Allemagne du Nord se manifestent notamment dans ses deux principaux écrits : *le Parfait Maître de chapelle* (Der Vollmommene Kapellmeister, Das ist Gründliche Anzeige aller derjenigen Sachen, die einer wissen... muss, der einer Capelle... vorstehen will, 1739 ; réed., 1954), et *Fondement d'un arc de triomphe* (Grundlage einer Ehren-Pforte, 1740 ; réed., 1769), source inépuisable de renseignements biographiques sur les musiciens. Il signa près de 120 ouvrages littéraires, parmi lesquels, en 1761, une traduction commentée de la biographie offerte par un livre (parue sans nom d'auteur) de Haendel par Mainwaring (réed., 1976). M. V.

MATTHUS (Siegfried), compositeur allemand (Mallenuppen, R. D. A., 1934). Il est l'une des plus éminentes personnalités du monde musical de la République démocratique allemande. Élève de R. Wagner-Regeny et de H. Eisler, il travaille à l'Opéra-Comique de Berlin, où il connaît le succès avec ses premiers opéras : *Lazarillo von Tormes* (1963-64 ; création, 1964), *Der Letzte Schuss* (1967) et *Noch Ein Löffel Gift, Liebling ?* (1971 ; création, 1972), charmante comédie policière. Adepte des techniques d'écriture sérielles, *Inventionen* pour orchestre (1964), il s'intéresse également aux possibilités offertes par les procédés électroacoustiques, *Galilei*, pour 1 voix, 5 instruments et bande (1966). Il a écrit pour la scène et pour la télévision, et, après avoir connu d'assez fréquentes exécutions hors des frontières de la R. D. A., il semble, aujourd'hui, souffrir de l'isolement culturel de son pays. H.-C. F.

MATURANA (Eduardo), compositeur chilien (Valparaiso 1920). Il fit ses études à l'université de Santiago. Altiste à l'Orchestre philharmonique du Chili, il est commentateur musical des programmes de la radio. Initié au dodécaphonisme par les écrits de Leibovitz et par Křenek, Juan Carlos Paz et Herbert Eimert, il écrit ses premières pièces (pour piano) en 1947 suivant cette technique qu'il est le premier Chilien à utiliser. Son évolution le conduit ensuite vers la musique concrète et aléatoire. Plus que des œuvres symphoniques (Gamma I, 1962 ; *Responso para el commandante Che Guevara*, 1968, avec bande enregistrée), son catalogue comprend des partitions de musique de chambre (quatuors, quintette de cuivres, quintette à vent, musique pour flûte et alto, sonates et sonatines pour différents instruments), des pièces pour piano (*Aforisticas*, 1947-48) ; *Valses*, 3 pièces brèves sur un air chilien, 1947-48) et de la musique vocale (*Canciones*, 1969 ; *Retrato, balada y muerte del poeta Teofilo Cid*, 1966). A. G.

MAUDUIT (Jacques), compositeur français (Paris 1557- id. 1627). Mersenne, qu'il aida dans la préparation de la partie musicale de ses ouvrages, nous a laissé sa biographie. Mauduit ne se consacra à la musique qu'après des études de lettres et de philosophie. Il fit de nombreux voyages, notamment en Italie. Sa formation initiale, son amitié pour Ronsard — il écrivit le *Requiem* chanté à ses obsèques en 1585 — le conduisirent à s'intéresser à la tentative d'union de la poésie et de la musique et à l'expérience d'une musique mesurée à l'antique proposée par l'Académie de poésie et de musique de Jean-Antoine de Baïf, dont, avec Claude Le Jeune, il devint le principal collaborateur à la mort de Thibaut de Courville en 1581.

Lors de cette continuation de l'Académie, il mit l'accent sur la recherche des différents moyens d'exécution et écrivit ses *Chansonnettes mesurées* sur les poésies de De Baïf, une des réussites du genre. Mais ce compositeur se double d'un animateur, dont les qualités d'organisation furent très vite appréciées dans les cérémonies de la semaine sainte du Petit-Saint-Antoine ou dans les fêtes musicales de Notre-Dame pour la Sainte-Cécile. Il joua, d'autre part, un rôle actif dans les ballets de cour sous Henri IV et Louis XIII, y dirigeant notamment des ensembles vocaux et instrumentaux importants. Il composa également des pièces instrumentales pour ces spectacles, par exemple, pour le *Ballet de la délivrance de Renaud*, auquel collabora aussi Pierre Guédron. On prête à Mauduit d'avoir introduit en France les premières compositions pour un ensemble de violes, et, peut-être, aussi le théorbe, sorte d'archiluth.

Si l'on croit Mersenne, Jacques Mauduit fut un compositeur fertile. Mais on ne conserve aujourd'hui que 1 fragment de messe de *Requiem* à 5 voix, 5 psaumes de De Baïf, 4 motets latins, 2 pièces religieuses sur des paroles françaises, les *Chansonnettes mesurées* (Le Roy et Ballard, 1586), 2 airs publiés dans le 5e *Livre* de G. Bataille (1614). Les psaumes, motets et chansonnettes ont été réédités par H. Expert. M.-C. L. M.-M.

MAUERSBERGER (Rudolf), compositeur et chef de chœur allemand (Mauersberg, Erzgebirge, 1889- Dresde 1971). Il étudia le piano et l'orgue au conservatoire de Leipzig (1912-1914 et 1918-19), occupa divers postes à Aix-la-Chapelle (1919-1925) et en Thuringe, où il donna à l'interprétation de Bach un nouvel essor, et de 1930 à sa mort, fut maître de chœur à la Kreuzkirche de Dresde. À la tête du célèbre Kreuzchor de cette ville, il effectua en Europe et aux États-Unis de nombreuses tournées, donnant de mémorables interprétations de pages contemporaines de Distler ou de Pepping, mais surtout de l'œuvre de Heinrich Schütz, dont il a laissé des enregistrements, en particulier de la *Geistliche Chormusik* de 1648. Comme compositeur, Mauersberger a écrit notamment une *Passion selon saint Luc* (1947) et un *Dresdner Requiem* pour 3 chœurs a cappella, voix de garçons solistes, instruments à vent et orgue (1948), donné tous les ans par le Kreuzchor le 13 février, jour anniversaire du bombardement de Dresde en 1945. M. V.

MAUGARS (André), violiste français (Paris v. 1580- id. v. 1645). En 1620, il se rendit en Angleterre et entra à la musique du futur roi Charles Ier. Revenu en France en 1625, il fut engagé par Richelieu et devint bientôt l'un des violistes virtuoses les plus célèbres de France. Il voyagea en Espagne, puis en Italie, où il écrivit sa *Réponse faite à un curieux sur le sentiment de la musique d'Italie*, datée à Rome le 1er octobre 1639. Ce violiste, dont Mersenne et Jean Rousseau vantèrent la virtuosité, ne composa aucune œuvre pour son instrument. S. W.

MAULWERKE. Série ouverte de pièces ou plutôt de « processus de production » *(Produktionsprozesse)* [1968-] de Dieter Schnebel*. Pour plusieurs organes d'articulation et appareils de reproduction : 3 à 8 vocalistes, musiciens et non-musiciens, microphones, amplificateurs, caméras de télévision.

La réalisation sonore de *Maulwerke* situe l'activité productrice aux racines mêmes du vocal, dans l'articulation. Le rapprochement de l'activité artistique et du fonctionnement du corps passe nécessairement par la suppression du «savoir-faire» et de l'art autoritaire élitiste. La musique devient activité corporelle, jeu des organes d'articulation et exploration de leurs possibilités d'émission vocale. Le processus de composition-réalisation de *Maulwerke* s'insère dans la vie quotidienne, en commençant dans le quotidien, pour constituer un monde appartenant à tous. *Maulwerke* ne compose pas les sons, les bruits ou les paroles, mais les processus corporels qui produisent des sons, des bruits ou des paroles sans définir d'avance un résultat sonore voulu. La musique de *Maulwerke* ne se veut aucunement «belle» : *Maulwerke* — «œuvres pour la gueule», «bouches bavardes» — est la dénomination globale, proposée par H. K. Metzger, d'un ensemble comprenant *Atemzüge* («Souffles respiratoires»), où les bruits de respiration dans le jeu gestuel collectif deviennent musique ; *Kehlkopfspannungen* («Tensions du larynx») et *Gurgelrollen* («Roulement du gosier»), où la région active du corps est le gosier ; *Mundstücke* («Pièces pour la bouche», «Embouchures») où l'on joue avec l'espace clos-ouvert de la cavité buccale ; et enfin, *Zungenschläge* («Coups de langue») et *Lippendienst* («Emploi», «Service des lèvres»).

Maulwerke envisage aussi l'addition-superposition de processus articulatoires différents, ainsi que la mise en évidence du fonctionnement corporel à travers une projection d'images. Constitués d'*Exerzitien* («Exercices»), où les participants explorent le fonctionnement de leurs propres organes d'articulations, de *Produktionen* («Productions»), où les matériaux sonores isolés sont reliés en un processus continu, et de *Kommunizieren* («Communiquer»), où l'on élabore les modalités d'une communication a-verbale, les processus productifs de *Maulwerke* ont deux fonctions fondamentales : d'expérimentation-essai *(probieren)* et d'exploration-connaissance *(erfahren)*, qui suppriment, l'une et l'autre, les relations régissant l'œuvre musicale dans la tradition occidentale.

La partition comporte des descriptions verbales des actions, ainsi que des graphismes qui visualisent les exercices des organes d'articulation et le déroulement des actions dans le temps. «Somme» (D. Schnebel) de processus articulatoires multiples, *Maulwerke* ne propose aucune solution définitive pour les réalisations sonores. L'exploration des activités corporelles dans *Maulwerke* permet toujours l'intervention du public.
I. S.

MAURANE *(Camille)*, baryton français *(Rouen 1911)*. Il fut l'élève de Claire Croiza au Conservatoire de Paris. Doué d'une voix de baryton claire et légère, il a surtout fait carrière au concert, où sa musicalité, son intelligence, sa diction parfaite lui ont affirmé comme un des meilleurs interprètes de la mélodie française, tout de suite après la guerre. Au théâtre, il fut un interprète remarqué du rôle de Pelléas, auquel son registre vocal et son expressivité convenaient particulièrement.
J. B.

MAUREL *(Victor)*, baryton français *(Marseille 1848-New York 1923)*. Il étudia au Conservatoire de Paris, et fit ses débuts à l'Opéra dans *les Huguenots* en 1868 (rôle de Nevers). Il s'éleva peu à peu aux rôles importants et commença une carrière internationale : Saint-Pétersbourg, Le Caire, Venise, puis Milan. Il débuta à la Scala en 1870, dans *Il Guarany* de Gomez. En 1887, Verdi le choisit pour créer Iago dans *Othello* et *Falstaff* en 1893. Entre-temps, il aborda Wagner, créant Telramund de *Lohengrin* et le Hollandais du *Vaisseau fantôme* à Londres en 1875 et 1878.

Sa voix n'était pas exceptionnelle, mais il s'en servait avec un art extrême et son talent d'acteur était considérable. Il termina d'ailleurs sa carrière dans le théâtre parlé. A partir de 1909, il enseigna le chant à New York. Il a écrit plusieurs ouvrages sur le chant, la mise en scène, ainsi qu'une autobiographie, *A propos de la mise en scène du drame* (Rome, 1888), *Dix Ans de carrière* (Paris, 1897 ; rééd., 1977). J. B.

MAVRA. Opéra bouffe en 1 acte d'Igor Stravinski, sur un livret de Boris Kochno d'après *la Petite Maison de Kolumna* de Pouchkine, composé en 1921-22 et créé à Paris le 3 juin 1922.

Dans un bourg russe en 1800, une jeune fille, Paracha, est obligée de «remplacer» la cuisinière de sa mère, qui vient de mourir. Ces tâches ménagères l'empêchent de voir à sa guise son amoureux, le hussard Vassili. Afin de remédier à ce fâcheux état de choses, les deux jeunes gens inventent le stratagème suivant : on habille le hussard en cuisinière, et Paracha avertit sa mère qu'elle a trouvé une remplaçante. Mais voilà que la mère entre un jour aux cuisines au moment même où la «cuisinière» se rase! Cris, affolement, le hussard se sauve par la fenêtre. Paracha le suit. Et ni l'un ni l'autre ne reviendra...

En exergue de la partition, Stravinski a noté : «À la mémoire de Pouchkine, Glinka et Tchaïkovski». Ce qui éclaire le désir du compositeur de faire partie au même titre que ces trois Russes «de cette remarquable tribu, dont les origines remontent à Pierre Le Grand, et qui a eu le bonheur d'allier dans un amalgame commun tous les éléments les plus typiquement russes avec les richesses spirituelles de l'Occident» (I. Stravinski, *la Chronique de ma vie*). *Mavra* s'inscrit donc dans la lignée esthétique de Glinka, et adopte les structures occidentalisantes des opéras bouffes italien et français (airs et numéros séparés), ce qui est une façon de rendre hommage au plus occidentalisé des techniciens russes : Tchaïkovski.
A. F.

MAW *(Nicholas)*, compositeur anglais *(Grantham 1935)*. Il a étudié avec Lennox Berkeley à la Royal Academy of Music (1955-1958) et en France avec Nadia Boulanger et Max Deutsch (1958-59), ayant obtenu le prix Lili-Boulanger pour *Nocturne*, pour mezzo-soprano et orchestre de chambre (1958 ; rév., 1973). Soumis à la fois aux influences sérielles et à celles de Britten et Bartók, il en tenta une synthèse dans *Essay* pour orgue (1961, rév., 1963), puis, surtout, dans *Scenes and Arias*, pour 3 voix de femmes et grand orchestre (1961-62, rév., 1966). Suivirent, notamment, 1 *Sinfonia*, pour petit orchestre (1966), 1 *Sonate*, pour cordes et 2 cors (1967), l'opéra bouffe en 2 actes *One Man Show* (1964 ; rév., 1966) et l'opéra en 3 actes *The Rising of the Moon* (1967-1970). Puis s'ouvrit une période plus expérimentale, avec, notamment, *Life Studies I-VIII*, pour 15 cordes solistes (1973-1976), *Personae I-III*, pour piano (1973), et *Odyssey*, pour grand orchestre (1973-1979). Citons encore : une *Sérénade*, pour petit orchestre (1973 ; rév., 1977), *La Vita Nuova*, pour soprano et ensemble de chambre (1979) et *The Ruin*, pour double chœur et cor soliste (1980).
M. V.

MAXFIELD *(Richard)*, compositeur américain *(Seattle 1927 - Los Angeles 1969)*. Il fit ses études à Berkeley (Sessions), Princeton University (M. Babbitt), puis avec Křenek et Dallapiccola. Spécialisé dans le domaine électroacoustique, il a été professeur de musique expérimentale à New York et San Francisco et n'a réalisé la plupart de ses œuvres qu'avec des instruments électroniques (*Night Music, Amazing Grace, Pastoral Symphony, Piano concerto for David Tudor, Bacchanale*, etc.). Sa *Cough Music*, conçue à partir d'enregistrements de toux et d'effets sonores des bronches au cours d'un récital de danse, a été l'une des grandes attractions des *Essais musicaux dans le temps, l'espace et le son*, présentés par l'Union pour le progrès des sciences et des arts à New York (1961).
A. G.

MAXIME. Dans la notation proportionnelle des XIVe et XVe siècles, la plus longue des figures de note, d'emploi exceptionnel, valant 2 ou 3 longues, employée surtout en finale avec valeur de point d'orgue ; on dit aussi double longue.
J. C.

MAXIXE. Danse brésilienne, et plus particulièrement de Rio de Janeiro, non sans rapport avec le tango, et ayant assimilé par la suite les éléments mélodico-rythmiques de la polka et de la habanera, sur les syncopes caractéristiques de la musique populaire brésilienne. Elle gagna les autres pays d'Amérique latine, puis l'Europe, au cours de la Première Guerre mondiale. Gershwin (dans *Un américain à Paris*) fait une spirituelle allusion à la maxixe, qui avait alors conquis la France. A. G.

MAYR *(Johann Simon)*, compositeur allemand naturalisé italien *(Mendorf, Bavière, 1763-Bergame 1845)*. Fils d'un organiste d'Ingolstadt, il bénéficia de son enseignement, pratiqua divers instruments et étudia la théologie. Il fut ensuite l'élève de Lenzi à Bergame en 1789, puis se perfectionna à Venise avec Giuseppe Bertoni, élève du père Martini et successeur de Galuppi à Saint-Marc.
C'est là que Mayr fit exécuter ses premières œuvres de musique sacrée, puis son opéra *Saffo* (1794) et une farsa*, *Che originali* (1798), dont le succès détermina sa vocation théâtrale. Il succéda en 1802 à Lenzi comme maître de chapelle à Bergame, où il se fixa, refusant diverses offres flatteuses, dont celle de remplacer Lesueur à la tête du Conservatoire de Paris. Il fonda en 1805 un institut musical, où il eut notamment pour élève Donizetti, de 1806 à 1815. Il créa encore en 1822 une société philarmonique dédiée à la divulgation du répertoire classique allemand, et, frappé de cécité en 1826, dut cesser ses activités de façon prématurée.
Grâce à ses *opere serie*, Mayr occupe une place de premier plan dans l'évolution du genre, entre la disparition ou le retrait de Mozart, Cimarosa, Paisiello et l'apparition de Rossini. Au contraire de Cherubini, Spontini et Paër, qui avaient quitté leur pays, il assimila le style vocal et les structures lyriques de l'Italie et leur joignit une science de l'orchestration acquise à l'ombre de l'école de Mannheim, et grâce à sa connaissance de Haydn, de Mozart et de Gluck, puis de Cherubini. Continuateur de Hasse, il parvint néanmoins à ébranler l'édifice de l'opéra métastasien par l'emploi plus fréquent du récitatif accompagné, par le choix de structures ouvertes, qui incorporaient parfois le chœur à l'action elle-même, par une harmonie dérivée de celle de Mozart et par l'élargissement de l'effectif orchestral, où, avant Spontini et Rossini, et bien avant Berlioz, il incorpora le cor anglais, la harpe, certaines percussions, etc., accordant une attention particulière aux bois, et leur confiant de nombreux traits de virtuosité. Si nous y ajoutons l'usage du crescendo orchestral, nous constatons que Mayr fut le plus important des prédécesseurs de Rossini, et un auteur ouvert aux courants les plus variés ; il s'inspira de Goldoni, de Voltaire, des auteurs français de style larmoyant. Sa science fit oublier ce que son inspiration mélodique avait de trop traditionnel. Outre de nombreuses œuvres de musique sacrée et une production instrumentale originale et variée dans le choix des instruments, on doit à Mayr environ 70 opéras, parmi lesquels *Lodoïska* (1796), *Ginevra di Scozia* (1801), qui fut tenu pour son chef-d'œuvre, *I Misteri Eleusini* (1802), *L'Amor conjugale* (1805), d'après le livret de Bouilly à l'origine du *Fidelio* de Beethoven, *Adelasia e Aleramo* (1806), *Raoul de Créquis* (1809), *La Rosa rossa e la Rosa bianca* (1813), *Medea in Corinto* (1813), qui éclipsa longtemps l'œuvre homonyme de Cherubini, *Fedra* (1820) et *Demetrio* (1824).
Mayr écrivit aussi une monographie sur Joseph Haydn (Bergame, 1809). R. M.

MAYR *(Richard)*, basse autrichienne *(Salzbourg 1877-Vienne 1935)*. D'abord orienté vers la médecine, il se tourna vers une carrière de chanteur sous l'influence de Mahler, chanta le rôle de Hagen, dans le *Crépuscule des Dieux*, à Bayreuth en 1902, et fit ensuite ses débuts à l'Opéra de Vienne, où il se produisit plusieurs années sous la direction de Mahler. Grand interprète de Strauss, en particulier du rôle du baron Ochs du *Chevalier à la rose*, il chanta Barak lors de la création de *la Femme sans ombre* (1919), et participa à tous les festivals de Salzbourg de 1921 à 1934. Son timbre était riche et sonore, et il possédait un grand sens de la déclamation. M. V.

MAYUZUMI *(Toshiro)*, compositeur japonais *(Yokohama 1929)*. Il a fait ses études à Tokyo, puis avec Tony Aubin à Paris (1951-52), où il se familiarisa aussi avec l'univers de Messiaen et de Boulez. De retour au Japon, il introduisit et utilisa dans ce pays les techniques de l'avant-garde occidentale : sérialisme, aléatoire, musique concrète (*X, Y, Z*, 1955), musique électronique (*Shusaku I*, 1955), instruments préparés (*Pièces* pour piano préparé et quatuor à cordes, 1957). Parallèlement, il s'intéressa de près aux musiques de son pays (à leurs sonorités, à leurs rythmes). Dans la *Nirvana Symphony* pour chœur d'hommes à 12 voix mixtes et orchestre (1958), il s'inspira de la sonorité des cloches de temples bouddhistes. La *Mandala Symphony* pour orchestre (1960) trouve ses racines dans la philosophie bouddhiste. *Bugaku* pour orchestre (1962) reprend les sonorités et les rythmes des anciennes danses de cour portant ce nom. Citons encore le poème symphonique *Samsara* (1962), *Showa Tenp yoraku* pour ensemble de gagaku (1970), et le poème symphonique *Tateyama* (1974). M. V.

MAZEPPA. Poème symphonique de Franz Liszt évoquant, dans la perspective de l'œuvre du même nom de Victor Hugo (laquelle fait partie des *Orientales* publiées en 1829), le personnage historique (1644-1709), qui, à la cour du roi de Pologne Jean-Casimir, séduisit l'épouse d'un certain comte Palatin, fut attaché sur un cheval sauvage qui l'emporta en Ukraine et devint hetman des Cosaques. Ce thème, auquel Byron n'était pas resté insensible, avait déjà inspiré au compositeur la quatrième *Etude d'exécution transcendante*. A partir de ce fougueux morceau pour piano et en en conservant les éléments thématiques essentiels, Liszt réalisa une magnifique « chevauchée » orchestrale donnée en première audition — sous sa propre direction — le 16 avril 1854 au théâtre de la cour de Weimar (soit un peu moins de deux mois après la première exécution des célèbres *Préludes*).
L'ouvrage s'ouvre, *ex abrupto*, par un allegro agitato à 6/4 traduisant sans la moindre ambiguïté la fuite cauchemardesque du héros dans les immensités désertiques. Aux triolets de croches des archets s'ajoutent la clameur des cuivres et les stridents éclairs de la petite flûte. Après un brusque poco ritenuto, 6 coups de timbales à découvert marquent la chute de l'homme blessé et épuisé... Et c'est précisément cette hébétude douloureuse que traduit le bref andante de 33 mesures précédant le triomphe final. J. D.

MAZURKA. Danse populaire à 3 temps, originaire de la province de Mazurie (Pologne). Très complexe sur le plan chorégraphique, car elle comporte un grand nombre de figures, cette danse de caractère galant, du moins à l'origine, n'a jamais connu la popularité de la valse ou de la polka. Mais elle a conquis toute l'Europe en tant que genre musical, à l'époque romantique, grâce à Frédéric Chopin et quelques autres grands compositeurs. M. T.

MAZZOCCHI, famille de compositeurs italiens.
— 1. **Domenico** *(Civita Castellana 1592-Rome 1665)*. Après des études dans sa ville natale, il entra dans les ordres et s'installa à Rome, où en 1621, probablement, il entra au service du cardinal Ippolito Aldobrandini, ce qui marqua le début d'une longue association avec divers membres de la famille de cet homme d'Église. Protégé par les papes Urbain VIII et Innocent X, il fut essentiellement un compositeur de musique vocale. Un seul de ses opéras a survécu, *La catena d'Adone* (1626), dédié au prince Giovanni Giorgio Aldobrandini, frère du cardinal. On lui doit notamment 7 oratorios latins, publiés dans ses *Sacrae concertationes* (Rome, 1664), mais datant vraisemblablement des années 1630 ; l'oratorio italien *Coro di profeti* (av. 1638) ; et divers recueils comme ceux des *Poemata* (Rome, 1638), sur des textes latins d'Urbain VIII, des *Dialogui e sonetti* (Rome, 1638), dont 2 sur des textes latins tirés de l'*Énéide* de Virgile, des *Madrigali* (Rome, 1638), sur des poèmes des XVIe et

XVIIe siècles et des *Musiche sacre, e morali* (Rome, 1640), également d'après des poètes contemporains ou presque, dont le Tasse.
— 2. **Virgilio**, compositeur, frère du précédent *(Civita-Castellana 1597-* id. *1646)*. Après avoir renoncé à continuer sa carrière ecclésiastique, il part à Rome étudier avec son frère. Il est ensuite maître de chapelle successivement à la *Chiesa del Gesù* du Collegio romano en 1628, à Saint-Jean-de-Latran en 1628-29 et, enfin, à la Cappella Giulia de Saint-Pierre jusqu'à sa mort. Comme tout bon musicien, il maîtrise parfaitement les différents styles de son temps, mais fait partie de l'avant-garde dans plusieurs domaines. De par ses fonctions, il compose beaucoup de musique sacrée et sa célébrité provient surtout de ses grandes œuvres polychorales. Il est un des pionniers de ce style polyphonique grandiose, qui devait faire la renommée de l'école romaine par la suite. Il ne néglige pas pour autant des genres plus intimes et écrit un certain nombre de cantates et d'oratorios pour des effectifs réduits. Enfin, il compose plusieurs opéras pour les Barberini, dont *Chi soffre speri* (1637; rév., 1639), écrit en collaboration avec Marco Marazzoli, et qui est considéré comme la première comédie musicale.

D. H. et M. V.

MÉCANIQUE (MUSIQUE). Technique de reproduction mécanique du son d'un instrument. L'un des principes de base de la musique mécanique est le rouleau, ou cylindre, percé de trous dans lesquels viennent s'emboîter des chevilles, ou taquets.

Il apparaît dès le XIVe siècle dans les carillons mécaniques du nord de la France et des Flandres. Le XVIe siècle voit le développement des orgues mécaniques hydrauliques à jeux de flûte, domaine dans lequel règnent pendant deux siècles les maîtres allemands, en particulier ceux d'Augsburg. Au XVIIIe siècle, se multiplient les instruments mécaniques sous forme d'automates (ceux de Vaucanson sont restés célèbres, comme le *Flûteur* et le *Provençal*), de montres, de tabatières, et apparaissent des pendules à musique, avec carillon et automates. Ces instruments, créés en Suisse par les Jaquet-Droz, peu après 1750, se répandent dans tout le pays, puis en France et en Allemagne (plus particulièrement dans la Forêt-Noire), où on préfère, peu à peu, au système du carillon celui du jeu de flûte des orgues. Leur succès est tel que des musiciens comme Mozart et Haydn composent des pièces pour ces horloges. On voit fleurir, à la même époque, nombre d'ouvrages théoriques sur la musique mécanique, en particulier *la tonotechnie ou l'art de noter les cylindres et tout ce qui est susceptible de notage dans les instruments de concert mécaniques* du père Engramelle (Paris, 1775).

On commence alors à voir des mécanismes imitant non plus un instrument, mais tout un groupe et parfois même un petit orchestre. L'instrument le plus important à cet égard est le *panharmonikon* (ou *panmelodikon*) du Viennois J. N. Maelzel, destiné à remplacer une harmonie entière (42 instruments à vent et à percussion), et pour lequel Beethoven composera la *Bataille* de Vittoria*. Le XIXe siècle voit se développer deux types de mécanismes. Les premiers orgues de Barbarie (du nom de leur inventeur Barberi) apparaissent en Italie et se répandent, en particulier, à Paris après l'arrivée en 1845 de la famille Gavioli. Cette maison révolutionna la technique en remplaçant, en 1892, le cylindre par un système de cartons perforés pliés sur eux-mêmes et passant par les becs d'un clavier, ce qui permet de graver des pièces très longues. Parmi les facteurs les plus importants, citons les Limonaire, les Mareughi et les Gasparini.

À la même époque, l'industrie des pendules à musique à jeux de flûte de la Forêt-Noire, en voie de disparition, laisse la place à celle des orchestrions. Leur inventeur, Michael Welte, produit en 1848 un orchestrion géant de 524 tuyaux d'orgue, reproduisant tous les timbres et toutes les nuances possibles. On commence alors à se préoccuper de plus en plus de problèmes d'enregistrement et de reproduction du son.

Le piano pneumatique, ou *pianola*, permet, au moyen d'un rouleau de carton se déroulant sous le clavier, d'enregistrer une œuvre en perforant le carton lors de l'exécution, et de reproduire l'interprétation en repassant le rouleau et en actionnant la soufflerie. L'instrument de ce type le plus élaboré est le piano Welte-Mignon.

L'invention du phonographe par Edison en 1877 va révolutionner l'industrie de la musique mécanique. Elle bénéficie encore d'une certaine vogue, au début du siècle, avec les grands orgues de foire et les violons mécaniques *(violina)*, mais sera vite détrônée par l'évolution très rapide des moyens modernes de reproduction du son.

D. H.

MÈCHE. Ensemble des crins de l'archet* (provenant souvent d'étalons blancs), que l'on passe sur les cordes*. On tend la mèche au moyen d'une vis* placée dans la hausse*.

A. et M. P.

MÉDÉE. Tragédie lyrique de Marc-Antoine Charpentier, sur un livret de Thomas Corneille, créée à l'Académie royale le 4 décembre 1693. C'est l'unique tentative de Charpentier dans le domaine de l'opéra (à l'exception de *David et Jonathas*, tragédie sacrée écrite pour les jésuites). Il fallut, en effet, attendre la mort de Lully (1687) pour qu'un compositeur autre que le Florentin puisse prétendre composer une œuvre lyrique et la faire jouer à Paris. Le relatif insuccès de *Médée* (l'œuvre fut jugée par le public comme « une musique très difficile », et, malgré l'appui de Louis XIV, à qui elle est dédiée, ne réussit pas à s'imposer) est sans doute la raison pour laquelle Charpentier, déjà âgé, n'a pas renouvelé sa tentative.

ACTE PREMIER. *La magicienne Médée, épouse de Jason, conquérant de la Toison d'or, soupçonne celui-ci d'aimer Creüse, fille du roi Créon, dont Oronte convoite la main.*

ACTE II. *Jason, puis Oronte déclarent leur amour à Creüse; le roi promet sa fille à Jason.*

ACTE III. *Acte particulièrement dramatique, culminant en un grand air où Médée exprime sa jalousie. La magicienne invoque les forces infernales, et, en une remarquable scène, avec chœur et symphonies descriptives (tremblement de terre), prépare le poison dont elle enduit une robe destinée à Creüse.*

ACTE IV. *Creüse se pare de la robe empoisonnée. Médée apprend à Oronte la tromperie dont ils sont l'un et l'autre victimes et décide le meurtre des enfants qu'elle a eus de Jason. En une série de scènes dramatiques, Médée ensorcelle les gardes de Créon, fait apparaître la Fureur qui fait perdre au roi la raison.*

ACTE V. *Médée fait agir magiquement le poison, qui provoque la mort de Creüse, et, s'élevant dans les airs sur un dragon, annonce à Jason la mort de ses enfants, tandis que des démons, surgissant par l'effet de ses incantations, détruisent le palais sous une pluie de feu.*

Médée est une œuvre hors série, en marge de la tradition lullyste et sans véritable postérité. Bien que Th. Corneille, pour l'élaboration du livret, ait suivi d'assez près la structure de l'opéra de Lully, il a très nettement accentué le caractère baroque de l'œuvre. La magicienne, personnage essentiellement baroque, que Lully dans *Armide* avait maintenu dans les limites d'un relatif classicisme, est menée par le librettiste jusque dans les conséquences extrêmes impliquées par le rôle : à la fois dans les sens d'un pittoresque dramatique (évocation des Enfers, tremblement de terre, apparition de démons, destruction du palais) et dans celui d'un pathétique accentué (violence des sentiments — la jalousie de Médée en particulier —, folie de Créon, succession d'événements catastrophiques à l'acte V).

Musicalement, *Médée* se trouve également isolée. La marque lullyste reste évidente, notamment dans le divertissement des actes I et II, dans certains ensembles vocaux et dans la conception du récitatif. Mais l'écriture instrumentale et vocale (récitatif excepté), beaucoup plus italianisante, son harmonie plus riche et plus diverse, la vigueur de certaines scènes descriptives tranchent fortement sur la relative simplicité du modèle lullyste.

P. B.

MÉDÉE. Opéra-comique en 3 actes de Cherubini, sur un livret de François-Benoît Hoffmann, d'après Corneille, créé à Paris au théâtre Feydeau le 13 mars 1797.

Parmi les nombreuses versions musicales de la tragédie antique, l'opéra français de Cherubini a conquis un vaste public. La trame classique y est respectée :

Médée, qui avait naguère aidé Jason à conquérir la Toison d'or et avait eu de lui deux enfants, vient menacer son infidèle amant, qui doit épouser Dircé, fille de Créon. Bannie de Corinthe, elle obtient néanmoins de ce dernier un délai d'un jour, délai qui lui permet de préparer la tunique empoisonnée offerte à sa rivale et de tuer ses enfants pour se venger de Jason, avant de disparaître dans les airs sur son char de flamme.

Les conventions particulières passées entre les diverses scènes parisiennes conduisirent Cherubini à donner à son œuvre la forme de l'opéra-comique, avec ses dialogues parlés entrecoupés d'airs et de scènes d'ensemble. L'œuvre fut bientôt éclipsée par le succès de l'opéra de Simon Mayr, *Médée à Corinthe* (1813), puis reparut en Allemagne dès 1855, en Angleterre et en Italie (1909), modifiée par l'adjonction de récitatifs chantés écrits en allemand par Franz Lachner, ou adaptés à l'italien par Carlo Zangarini. Même dans sa version initiale, la partition, admirée par Beethoven et par Wagner, dénotait un étonnant modernisme, par sa force tragique, l'importance accordée aux leitmotive et le frémissement très nouveau de l'orchestre. A ces innovations, il faut ajouter une écriture vocale, qui, en unissant le meilleur de l'héritage gluckiste à l'inspiration italienne de son auteur, peut, à juste titre, faire considérer *Médée* comme le premier opéra romantique.
R. M.

MÉDIANTE. Dans le système tonal ou modal, c'est la troisième note de la gamme. C'est la tierce de l'accord parfait construit sur la tonique (par exemple, en *do* majeur, la médiante est le *mi*, tierce de *do-mi-sol*). Son nom vient de ce qu'elle est à « mi-chemin » entre la tonique et la dominante.
M. P. P.

MÉDITATIONS SUR LE MYSTÈRE DE LA SAINTE-TRINITÉ. Cycle monumental en 9 volets pour orgue d'Olivier Messiaen, composé en 1969 et créé par l'auteur, trois ans plus tard, à la faveur d'un voyage outre-Atlantique, à la National Shrine of the Immaculate Conception.

Nouveauté radicale : le « langage communicable ». Partant du principe qu'on peut communiquer avec autrui parfois au moyen du toucher (braille) et souvent grâce à la voix (diverses langues), l'auteur a élaboré ici un véritable alphabet sonore beaucoup plus complexe que l'abécédaire musicalisé auquel se réfèrent en certaines occasions les compositeurs. Ici, les lettres sont groupées par genres de productions phoniques en tenant compte, pour chacune d'elles, du son, du registre et de la durée. Articles, pronoms, adverbes et prépositions en ont été bannis pour ne retenir que noms, adjectifs et verbes, d'où le recours à des déclinaisons. Les auxiliaires acquièrent une valeur symbolique : « être » y est souligné par une formule descendante « parce que tout ce qui est vient de Dieu », « avoir » par une formule ascendante « parce que nous avons toujours plus en nous élevant vers Dieu ».

Quant au nom de Dieu, il y est précisé par un véritable thème sous deux formes, l'une droite et l'autre rétrograde, selon qu'il exprime l'immensité ou l'éternité du Créateur et sert à figurer les états du Père, du Fils et du Saint-Esprit. Thème qui domine tout le cycle, tandis que des motifs passagers désignent la sainteté du Créateur (n° 2), son immensité, son éternité, son immutabilité (n° 8), voire sa simplicité (n° 8) et que des phrases plus éphémères sillonnent la partition : thème des étoiles (n° 1), motifs de plain-chant divers et, bien sûr, chants d'oiseaux parmi lesquels se remarque celui d'un oiseau noté lors d'un voyage en Iran, dont personne ne connaît là-bas le nom et que Messiaen a baptisé *Oiseau de Persépolis*.

La rigueur du « langage communicable » est contrebalancée par la multiplicité des éléments permanents du langage du maître, utilisés ici avec la plus grande liberté, et on remarquera encore l'usage d'un procédé nouveau qui consiste dans des clusters trillés. Aussi, les *Méditations* s'imposent-elles comme l'une des œuvres prédominantes de sa production pour l'orgue.
A. P.

MÉDIUM. Registre moyen — une octave environ — de la voix d'un chanteur. Ce devrait être aussi le meilleur, puisqu'il correspond à la tessiture naturelle, mais il est parfois gâté par des efforts inconsidérés vers le grave ou, surtout, l'aigu.
M. T.

MÉDIUM (LE). Opéra de chambre en 2 actes, musique et livret de Gian Carlo Menotti. Créé à New York, à l'université Columbia, le 8 mai 1946, repris en 1947 dans une salle de Broadway, il a connu 211 représentations consécutives (prolongées par une tournée européenne) et s'est, depuis lors, maintenu au répertoire. Menotti en a tiré un film en 1951 et en a réalisé une version pour la télévision française.

Le livret met en scène une fausse voyante, Mme *Flora (c), qui organise, contre argent comptant, des séances au cours desquelles elle fait voir et entendre à ses clients leurs chers disparus. Elle est aidée par sa fille Monica (s), âgée d'une quinzaine d'années, et par Toby (rôle mimé), un Bohémien muet, lui aussi à peine adolescent.*

ACTE PREMIER. *Les deux enfants préparent le salon de M*^{me} *Flora pour la séance qui doit avoir lieu le soir même, tout en s'interrompant pour jouer avec les accessoires qui traînent un peu partout dans la pièce. Furieuse de leur retard, M*^{me} *Flora les réprimande durement. Bientôt les clients arrivent. Chacun s'installe, on éteint les lumières et la séance commence. On entr'aperçoit une forme blanche, on entend une voix dans laquelle une des clientes croit reconnaître celle de sa fille Doodly. Et, soudain, M*^{me} *Flora pousse un cri : elle vient de sentir sur sa gorge le contact d'une main glacée. En proie à une peur hystérique, elle rallume la lampe, renvoie les clients, puis, se tournant vers Toby, l'accuse de l'avoir volontairement effrayée. Le Bohémien se refuse à faire le moindre signe d'aveu ou de dénégation. Pour calmer sa mère, Monica chante une complainte que Toby accompagne sur son tambourin, tandis que le médium égrène superstitieusement son chapelet.*

ACTE II. *L'action se déroule quelques jours plus tard. Cette fois encore, les deux enfants, en train de jouer, sont interrompus par l'arrivée de M*^{me} *Flora, mais une M*^{me} *Flora hagarde, qui s'efforce de noyer dans l'alcool le souvenir qui l'obsède. Cette main qui s'est posée sur elle venait-elle de l'au-delà, ou bien s'agissait-il d'un simple jeu de Toby ? De nouveau, elle interroge le Bohémien, de nouveau, celui-ci demeure impénétrable. M*^{me} *Flora implore, puis elle s'emporte et fouette l'adolescent jusqu'au sang. Lorsque reviennent les clients, elle leur annonce qu'il n'y aura plus de séances. Elle essaie de les persuader qu'elle les a trompés, elle leur montre les voiles dont se parait Monica, les fils qui faisaient mouvoir la table et que tirait Toby, dissimulé derrière un petit théâtre de marionnettes. En vain, ils ont la foi et veulent continuer de croire. M*^{me} *Flora les chasse et enferme Monica dans sa chambre, tandis que Toby s'enfuit hors de la maison. Restée seule, assommée par l'alcool, elle croit entendre les voix des « fantômes » qu'elle évoquait pour ses clients. A ce moment, Toby revient subrepticement. Dans son demi-sommeil, M*^{me} *Flora a conscience d'une présence insolite. Le Bohémien n'a que le temps de se glisser derrière le théâtre de marionnettes. M*^{me} *Flora se dresse et s'empare d'un revolver : « Qui est là ? » hurle-t-elle. Comme Toby esquisse un mouvement pour se faire reconnaître, elle tire. Drapé dans les plis du rideau sur lequel s'épanouit une tache écarlate, le corps du Bohémien roule aux pieds du médium, qui cherche dans ses yeux sans rien pouvoir y lire une réponse qu'elle ne connaîtra jamais.*

Sous son apparence grand-guignolesque, le *Médium* est, en fait, une pièce d'idées. Menotti y aborde un thème qui l'obsède : celui du pouvoir créateur de la foi. Mais il a su éviter l'écueil du débat philosophique en musique ; il écrit un livret vivant, constamment humain et chargé d'émotion. Du point de vue musical, il s'est efforcé de caractériser ses personnages en attribuant à chacun une forme d'expression vocale particulière : chansons pour Monica, phrases pucciniennes pour les clients, grandes scènes de déclamation lyrique pour Mme Flora. Cependant, toutes ces formes sont amalgamées dans un récit musical sans cassure. Par ailleurs, le compositeur a su éviter la grandiloquence en utilisant un orchestre réduit à 13 instruments. Ro. T.

MEDTNER (Nicolas), pianiste et compositeur russe (*Moscou 1880 - Londres 1951*). Il fit ses études au conservatoire de Moscou avec Pabst, Sapelnikov, puis Safonov (piano), Taneiev (contrepoint et fugue), Arensky (composition). Il entreprit une carrière de virtuose, enseigna au conservatoire de Moscou (1909-10, puis 1914-1921), avant d'émigrer en 1921. Il continua ses tournées en Occident et en Amérique du Nord. A partir de 1936, il vécut en Angleterre, en partie à cause de l'accueil médiocre fait à sa musique en France. La majeure partie de son œuvre est écrite pour piano : nombreuses sonates, contes (œuvres recelant un programme non formulé), pièces diverses (improvisations, arabesques, thèmes et variations), 3 concertos. Il a aussi composé de nombreuses mélodies.

Influencé par les romantiques allemands (Schumann et Brahms surtout), opposé aux recherches modernistes, Medtner possède un langage qui lui est particulier et qui privilégie les enchaînements harmoniques inattendus à l'intérieur du système tonal. Sans avoir une personnalité aussi caractérisée que celle de Rachmaninov (auquel son style pianistique s'apparente parfois), ni *a fortiori* celle de Scriabine, Medtner peut être nommé à leur suite pour son apport à la musique de clavier russe. Son œuvre connaît depuis quelques années un regain d'intérêt en U.R.S.S. Medtner a laissé plusieurs enregistrements de ses œuvres. Son ouvrage d'esthétique musicale *Mouza i moda* (« la Muse et la mode », Paris, 1935 ; rééd., 1978) est un pamphlet contre la musique contemporaine. Il est également l'auteur d'un ouvrage didactique, *Travail quotidien du pianiste et du compositeur* (Moscou, 1963). A. L.

MEERESSTILLE UND GLÜCKLICHE FAHRT. Œuvres de Beethoven et de Mendelssohn. V. *Mer calme et heureux voyage*.

MEESTER (Louis de), compositeur belge (*Roeselare 1904*). Autodidacte, il travaille avec Absil. Directeur du conservatoire de Meknès, puis collaborateur de la radio belge, il est directeur du studio de musique électronique de l'université de Gand. Parti d'un néoromantisme haut en couleur où l'ironie, la farce et le sérieux sont souvent frôlé l'expressionnisme, il a évolué vers les techniques plus modernes (dodécaphonisme et musique concrète). Ses œuvres comprennent des pièces d'orchestre (dont 2 concertos pour piano), 3 quatuors, des mélodies et cantates et 1 opéra radiophonique, *la Grande Tentation de saint Antoine*, d'après De Ghelderode (prix Italia 1957). A. G.

MÉFANO (Paul), compositeur français (*Bassora, Irak, 1937*). Il a fait ses études d'abord à l'École normale de musique de Paris dans la classe d'Andrée Vaurabourg-Honegger, puis au Conservatoire de Paris, notamment avec Darius Milhaud (composition) et Olivier Messiaen (analyse), de 1960 à 1964. Il a aussi suivi l'enseignement de Pierre Boulez à l'Académie de musique de Bâle (composition, analyse et direction d'orchestre), de Karlheinz Stockhausen et de Henri Pousseur. Ses premières œuvres témoignent d'une assimilation en profondeur de l'esthétique de Pierre Boulez. Ce sont *Incidences* pour orchestre et piano (1960 ; rév., 1966, création à Paris, 1967) ; *Quadrature* pour chœurs et orchestre (1960-61) ; *Madrigal* pour 3 voix de femmes et petit ensemble, d'après Paul Eluard (1962, création à Royan, 1972) ; *Mélodies* pour soprano et divers ensembles de chambre (1962-63, création à Royan, 1974) ; et *Paraboles* pour soprano dramatique et ensemble de chambre, d'après Yves Bonnefoy (1964, création à Paris, 1965). Suivirent *Interférences* pour cor principal, piano et ensemble de chambre, ouvrage dédié à Olivier Messiaen (1966, création à Royan la même année) ; *Aurelia* pour 70 amateurs (1970), et *Lignes* pour voix de basse noble, cuivres, percussions, basson et contrebasse amplifiée, sur un texte du compositeur (1968, création la même année à Royan). De 1966 à 1968, Méfano fut artiste en résidence aux États-Unis, ce qui lui permit d'étudier la musique javanaise et balinaise à l'université de Californie (Los Angeles), et, en 1968-69, il séjourna à Berlin. Revenu en France, il composa *la Cérémonie* pour haute-contre, baryton, soprano, 3 groupes d'orchestre et chœurs parlés (1970, création à Royan la même année). Suivirent *Old Œdip*, œuvre théâtrale pour 2 récitants et bande magnétique (1970), *Intersection*, musique électronique à 6 pistes (1970, création aux Semaines de musique contemporaine d'Orléans, 1971), *Bi-Function* pour 2 musiciens, appareillage électroacoustique, bande magnétique et modulateur à anneaux (1971), *la Messe des voleurs... les voleurs de messe* pour 4 voix solistes, 3 cuivres, 3 bois, 3 cordes, 3 percussions, orgue Hammond, magnétophone à 6 pistes, appareillage électroacoustique et modulateur à anneaux (1972, création à Royan la même année), *Would you like it* pour 12 instrumentistes (1972), et *Signes/Oubli* pour 20 musiciens (1972, création à Metz la même année). En 1971, Méfano participa à la création du Collectif* musical international 2e2m, ce qui lui a permis de mener depuis, en tant qu'animateur, professeur et chef d'orchestre, de multiples actions en faveur de la musique contemporaine, notamment à Champigny. A la tête de cet ensemble, il a joué un rôle essentiel pour imposer à Paris et à l'étranger de jeunes compositeurs qui avaient été révélés au festival de Royan à partir de 1973, comme Brian Ferneyhough, Giuseppe Sinopoli, Hugues Dufourt ou Philippe Manoury. Parallèlement, il a poursuivi ses activités de créateur avec, entre autres, *N* pour flûte seule, appareillage électroacoustique et modulateurs à anneaux (1973, création la même année à Champigny), *They* pour un chanteur (enregistrement d'une voix seule superposée en 12 pistes magnétiques, 1974), *Ondes/Espaces mouvants* pour 10 instrumentistes (1975, création à Metz la même année ; rév., 1976), *Eventails* pour flûte basse amplifiée (1976), *Mouvement calme* pour quatuor à cordes (1976), *Placebo Domino in regione vivorum*, motet à 6 voix (1976), *À Bruno Maderna* pour cordes et bandes magnétiques (1974 ; création 1977), *Périples*, pour saxophone(s), œuvre écrite pour les soixante-dix ans d'Olivier Messiaen (1978), *Gradiva*, pour flûte octobasse et bande magnétique (1978), *Micromégas*, opéra de chambre (1979, inédit), et *Traits suspendus*, pour flûte contrebasse amplifiée (1980). M. V.

MEFISTOFELE. Opéra en 1 prologue, 4 actes et 1 épilogue d'Arrigo Boito, également auteur du livret, inspiré de Goethe. Créé à la Scala de Milan, le 5 mars 1868, dans sa version primitive. Très largement remanié, l'opéra fut représenté à Bologne, le 4 octobre 1875, puis dans sa version définitive à Milan, le 25 mai 1881.

De toutes les versions musicales du *Faust* de Goethe, celle-ci bénéficie du meilleur livret, Boito s'étant inspiré des deux *Faust*, précédé du prologue dans le ciel, où l'Esprit du mal défie Dieu. Le pari ne porte pas sur le rajeunissement de Faust, mais sur la possibilité qui lui est offerte par « l'esprit qui nie » d'atteindre à l'idéal de bonheur qu'il envisage pour l'humanité : Faust, lui, abandonnera son âme lorsqu'il atteindra à l'extase devant « l'instant si beau ». L'épisode de la séduction de Marguerite est bref, et le sabbat des sorcières sur le mont Brocken précède la scène de la mort de Marguerite. Nous assistons ensuite à l'évocation de la Grèce antique et à l'union de Faust et d'Hélène. Au terme d'une vie de bienfaits, Faust est sauvé par Dieu.

Admirateur de Wagner, imbibé de l'esprit du romantisme philosophique européen, poète plus que musicien, Boito n'avait pas, à vingt-cinq ans, un talent musical à la hauteur de ses ambitions philosophiques, et l'œuvre initiale, comportant cinq heures de musique, ne se maintenait pas au niveau de l'admirable prologue, d'un audacieux chromatisme. Réduite, affinée, l'œuvre trouva un meilleur écho auprès du public plus progressiste de Bologne en 1875, mais la sublime scène de la prison ne connut sa forme définitive qu'en 1881. Le rôle de Mefistofele, qui fut l'une des plus extraordinaires incarnations de Chaliapine, dépasse de très loin les créations similaires des opéras de Gounod et de Berlioz. R. M.

MEHTA (*Zubin*), chef d'orchestre indien (*Bombay 1936*). Renonçant à une première vocation de médecin, il se tourne vers la musique, initié par son père, Mehli Mehta, violoniste et fondateur de l'Orchestre symphonique de Bombay. En 1954, il étudie à l'Académie de musique de Vienne le piano, la contrebasse, la percussion et la direction d'orchestre (avec Hans Swarowsky). Il fait ses premiers pas de chef, en 1958, à la tête de l'orchestre de l'Académie. Lauréat, la même année, du concours de Liverpool, il est, pour un an, chef assistant du Royal Philharmonic Orchestra. Il parfait sa formation à l'Academia musicale Chigiana de Sienne, avec C. Zecchi et A. Galliera, et au Berkshire Music Center de Tanglewood, avec E. de Carvalho. En 1959, il dirige l'Orchestre philharmonique de Vienne. Amené à remplacer au pied levé I. Markevitch à la tête de l'Orchestre symphonique de Montréal, il en devient le directeur musical de 1960 à 1967, et succède en 1962 à Fritz Reiner à la tête de l'Orchestre philharmonique de Los Angeles. Il participe à de nombreux festivals (Hollande, Prague, Vienne, Spolète, Salzbourg, Orange) et se produit sur les scènes du Metropolitan Opera de New York (1965), de la Scala de Milan (1966) et du Mai musical florentin (1969). Depuis 1970, conseiller musical de l'Orchestre philharmonique d'Israël, avec lequel il entretient des relations privilégiées (il est le premier à avoir osé en 1981 diriger du Wagner en Israël), il succède en 1978 à Pierre Boulez à la tête de l'Orchestre philharmonique de New York. Déroutant par sa fringale musicale et l'éclectisme de ses choix, Mehta se montre plus convaincant en concert, où son goût d'une certaine volupté sonore trouve un juste emploi, surtout dans le répertoire postromantique, que dans les disques qu'il accumule. Il se consacre de plus en plus au répertoire lyrique, et, notamment, au *Ring* de Wagner, qu'il est appelé à diriger dans les années 80 à la fois à Florence et à Vienne. M. W.

MÉHUL (*Étienne-Nicolas*), compositeur français (*Givet 1763 - Paris 1817*). Dès l'âge de dix ans, il fut organiste suppléant aux orgues de l'église des franciscains de Givet, puis, en 1776, à celles du couvent de Laval-Dieu, où il fut élève de Wilhelm Hanser. En 1778, il se rendit à Paris, où, soigneusement recommandé, il put trouver des places de maître de musique. Son *Ode sacrée*, exécutée au Concert spirituel en 1782, attira l'attention sur lui. Il fut présenté à Gluck, qui décela ses talents dramatiques, le fit travailler et l'orienta vers le théâtre. En 1790, l'Opéra-Comique représenta son *Euphrosine*, dont la vigueur dramatique lui valut un franc succès, qui se renouvela l'année suivante à l'Opéra avec *Alonzo et Cora*, composé depuis 1785. Dès lors, Méhul se consacra essentiellement à l'opéra, à l'opéra-comique et au ballet. Lors de la Révolution française, bien que moins engagé que Gossec, il apporta sa contribution aux fêtes patriotiques avec quelques œuvres pleines de feu comme le célèbre *Chant du départ*, entendu le 4 juillet 1794, ou le *Chant du 25 Messidor*, exécuté le 14 juillet 1800 aux Invalides et utilisant 3 chœurs, 2 orchestres et 1 chœur de femmes accompagné de harpes. Il fut l'un des quatre inspecteurs du Conservatoire, lors de sa fondation en 1795. En 1795, il fut le premier musicien à entrer à l'Institut. Malgré toutes ces activités, il ne cessait de composer, avec des succès inégaux. Le *Jeune Henri*, représenté en 1797, vit son ouverture bissée dans l'enthousiasme, et le premier acte sifflé avec colère, car le héros de l'ouvrage est un roi. *Ariodant* et *Adrien*, en 1799, furent deux grands succès. En revanche, *Joseph*, en 1807, fut accueilli assez froidement, et ne connut la faveur qu'après s'être imposé en Allemagne. Primé par Napoléon comme le meilleur ouvrage lyrique de l'année, *Joseph* resta l'œuvre maîtresse de Méhul, avec l'*Irato* (1801), cette étourdissante bouffonnerie présentée comme un pastiche de Paisiello. Tous les ouvrages de Méhul, dont aussi *Uthal* (1806), font preuve de sa science de l'instrumentation, de son sens d'un romantisme naissant et de son invention mélodique. Cependant, son étoile pâlit rapidement face aux succès de Spontini. Atteint de phtisie, il se rendit à Hyères, espérant y guérir, mais mourut peu après son retour à Paris, laissant à son neveu Daussoigne le soin de terminer son dernier ouvrage, *Valentine de Milan*, que l'Opéra-Comique représenta en 1822. Ses 2 symphonies en *sol* mineur (1809) et en *ré* majeur (1809), la seconde surtout, sont de remarquables spécimens du genre à l'époque de Beethoven. A. L. et S. W.

MEISTERSANG (ou **MEISTERGESANG**). Ce terme désigne la production poético-musicale des *Meistersinger*. Ceux-ci, réunis en corporation, ont exercé leur art du XIVe au XVIIIe siècle, principalement dans les villes impériales d'Allemagne du Sud. Les plus anciennes écoles furent celles de Mayence (1315), d'Augsbourg (1449), de Nuremberg (1550) et de Strasbourg (1492). Les Meistersinger formaient ainsi dans ces divers centres des associations comparables à celles des confréries pieuses du Moyen Âge tardif. Chaque école conservait une « tablature », qui consignait l'ensemble des règles de versification et d'interprétation auxquelles les chants étaient soumis lors de concours.

Le Meistersang se présente comme un chant monodique non accompagné, dont la déclamation est le plus souvent syllabique. La strophe (*Bar*) comprend généralement trois parties : les deux *Stollen* de facture mélodique identique, l'*Abgesang* dont le caractère métrique diffère en principe du *Stollen* et, enfin, la reprise mélodique du *Stollen* ou la fin de celui-ci. La majeure partie des poèmes s'inspire de motifs théologiques, tandis que les thèmes profanes à contenu moralisant traduisent une conception du monde teintée d'un profond pessimisme. Parmi les représentants les plus illustres du Meistersang figurent Michel Behaim (1416-1474) et H. Sachs (1494-1576). C. M.

MELBA (*Nelly*), soprano australienne d'origine écossaise (*Melbourne 1861 - Sydney 1931*). Elle étudia à Paris avec la célèbre Mathilde Marchesi, dont elle devait devenir la plus brillante élève. Elle fit ses débuts à la Monnaie de Bruxelles en 1887, dans le rôle de Gilda de *Rigoletto* de Verdi. L'année suivante, elle parut à Londres, dans celui de Lucia di Lammermoor de Donizetti. Ses triomphes furent tels que, pendant près de quarante ans, elle fut « prima donna assoluta » à Covent Garden, décidant de l'engagement des artistes et de la distribution des rôles. Cela ne l'empêcha pas de mener une carrière internationale qui la conduisit aux États-Unis, en France, en Italie et même en Russie. Le répertoire de Melba était essentiellement italien (*Lucia di Lammermoor, La Traviata, Rigoletto, la Bohème, Otello*), et français (*Faust, Roméo et Juliette, Hamlet*). Elle aborda pourtant *Lohengrin* et même *Siegfried* de Wagner (ce dernier ouvrage une fois seulement). Sa voix était d'une beauté exceptionnelle et sa technique prodigieuse tant du point de vue de l'émission que de l'agilité qui lui permettait d'admirables fioritures. Son goût musical, la pureté de son style, une diction parfaite compensaient la froideur de son jeu d'actrice. J. B.

MELCHIOR (*Lauritz*), ténor danois (*Copenhague 1890 - New York 1973*). Il débute comme baryton à Copenhague en 1913 (Silvio dans *Paillasse*) et continue de chanter ces emplois pendant quatre ans. Après encore un an de travail, il fait ses seconds débuts comme ténor dans *Tannhäuser* en 1918. De 1921 à 1929, il poursuit ses études de chant avec Anna Bahr-Mildenburg ; et, en 1924, il incarne Siegmund et Parsifal à Bayreuth. Il y reviendra chaque année jusqu'en 1931.

Entre-temps, Lauritz Melchior devient le plus célèbre ténor wagnérien de l'époque. Il abandonne peu à peu ses autres rôles, Radamès, Paillasse, Jean dans *le Prophète*, Florestan dans *Fidelio*, où il a pourtant triomphé, afin de se consacrer plus exclusivement à Tristan et à Siegfried, qui seront les personnages de prédilection de sa maturité. A partir des années 30, le Metropolitan Opera de New York est son principal port d'attache. Il y fait ses adieux en 1950 dans *Lohengrin*.

Avec le recul, Melchior apparaît comme le plus grand ténor wagnérien que le monde ait connu. Sa voix était prodigieuse d'ampleur et de facilité, parfaitement égale sur toute l'étendue de son registre, avec un timbre d'une richesse sans égale. Ses demi-teintes forçaient l'admiration aussi bien que ses éclats de vaillance, et ses interprétations étaient toujours passionnantes, malgré un physique peu crédible. J. B.

MÉLISMATIQUE. Caractère d'un morceau dont l'usage systématique de mélismes* d'une certaine ampleur est l'une des caractéristiques essentielles. Le chant mélismatique s'oppose au chant syllabique, dans lequel à chaque syllabe correspond en principe une note et une seule, sauf à y glisser de temps à autre un court mélisme de faible amplitude. Ces deux styles de chant sont particulièrement tranchés dans le grégorien*, où le style mélismatique culmine dans les graduels, répons, alléluias, et le style syllabique dans les antiennes ordinaires et les cantillations* psalmodiques. J. C.

MÉLISME (gr. *melisma*, dérivé de *melos* à travers *melizo*, « chanter sans paroles », le plus souvent avec un instrument). Terme désignant, dans une pièce chantée, un groupe de notes réunies sur une même syllabe et rappelant ainsi la mélodie instrumentale. Le *mélisme* se distingue de la *vocalise* par son caractère occasionnel et sa dimension plus restreinte ; en outre, il n'inclut pas, comme souvent la vocalise, de notion de virtuosité, bien qu'il présente parfois lui aussi un caractère ornemental.

Par analogie, on appelle aussi mélisme, dans la musique instrumentale, un groupe de notes ornementales venant agrémenter la mélodie sans en altérer la structure. J. C.

MELKUS (*Eduard*), violoniste autrichien (*Baden, près de Vienne, 1928*). De 1943 à 1953, il étudie le violon à l'Akademie für Musik und darstellende Kunst, et la musicologie à l'université de Vienne. Il travaille ensuite le violon à Paris avec F. Touche, à Zurich avec Schaichet et à Winterthur avec Peter Rybar. Il est alto solo dans l'orchestre du Tonhalle de Zurich (1955-56), dans l'orchestre du Winterthur (1957), et premier violon dans le nouveau Quatuor à cordes de Zurich. En 1958, il est nommé professeur de violon à l'Akademie (actuellement Hochschule) für Musik und darstellende Kunst de Vienne. En 1965, il fonde la Capella academica de Vienne, dont les musiciens utilisent uniquement des instruments d'époque. Il a publié des articles sur le violon et le livre *le Violon* (Lausanne, 1972). A. et M. P.

MELLERS (*Wilfrid*), compositeur et musicologue anglais (*Leamington 1914*). Élève à l'université de Cambridge (1933-1938), il étudia en même temps la composition à Oxford avec E. Wellesz et E. Rubbra. Il fit ensuite une carrière d'enseignant, débutant à Dartington Hall avant d'être nommé à Downing College (Cambridge), puis à l'université de Birmingham et à celle de Pittsburg (États-Unis). En 1964, il fut nommé professeur de musique à l'université de York, et il y resta jusqu'en 1981, année où il devint directeur de la Britten-Pears School à Aldenburgh (Suffolk).

Réputé pour ses écrits, W. Mellers s'est particulièrement intéressé aux musiques anglaise et française du XXe siècle (*Studies in Contemporary Music*, 1948), mais aussi au phénomène social que la musique peut refléter, qu'il s'agisse de musique classique, de musique folklorique, de jazz ou de pop music.

Son œuvre de compositeur s'est orientée dans une direction analogue : attiré initialement par le style baroque, Mellers semble avoir été marqué par son expérience des États-Unis, et il mêle volontiers au diatonisme de ses débuts les techniques d'écriture les plus variées. N. C.

MELLNÄS (*Arne*), compositeur suédois (*Stockholm 1933*). Élève de E. von Koch, L.-E. Larsson et K.-B. Blomdahl à Stockholm, B. Blacher à Berlin et M. Deutsch à Paris, puis stagiaire à San Francisco et à Utrecht, où il approfondit ses recherches de musique électronique, Mellnäs est un moderniste raisonnable qui possède une remarquable maîtrise de son langage. Parmi ses œuvres il faut retenir *Dagsfjärd och natthärbärge* (1960), *Färgernas hjärtä* (1961), *Collage* (1962), *Aura* et *Gestes sonores* (1964), *Quasiniente* (1968), l'étonnant *Aglepta* pour chœurs d'enfants (1969), *Capricorn flakes* (1970) et les œuvres électroniques *CEM 63* (1963), *Intensity 6.5.* (1966) et *Far out* (1970). H.-C. F.

MÉLOCHORD. Instrument électronique réalisé par Bode, comme variante du trautonium. Tout comme un autre perfectionnement du trautonium, dû à Oscar Sala (le mixtur-trautonium), le mélochord est un instrument polyphonique grâce au couplage de générateurs. Les diverses lutheries électroniques ont pour précurseur, dès 1920, L. Theremine. P. S.

MÉLODIE. — 1. **Notion très générale,** dont le concept est plus particulièrement **propre à la musique occidentale** traditionnelle, en ce sens qu'elle repose sur une certaine distinction du point de vue des hauteurs entre l'aspect *horizontal* de la musique, la succession dans le temps de différents degrés de hauteur formant une courbe, la *mélodie*, et son aspect vertical, simultané, représenté par les accords, l'*harmonie*. Dans ce contexte, la mélodie se définit comme une « ligne de sons successifs en hauteur et durée » (Edmond Costère). Mais cette mélodie « sous-entend » très souvent son harmonie, c'est-à-dire la succession des accords qui la soutiennent. On a essayé d'étendre la notion de mélodie, c'est-à-dire de courbe de variation dans le temps, à d'autres aspects que la hauteur, c'est-à-dire à la durée, aux intensités, au timbre (la *Klangfarbenmelodie* de Schönberg, « mélodie de timbre »), mais il reste que cette notion ne fonctionne pleinement que pour la valeur de hauteur.

On est rarement parvenu à créer des « mélodies de timbres » ou des « mélodies d'intensité » qui soient à la fois perceptibles en tant que telles et pas trop simplistes. La hauteur est, en effet, dans la musique occidentale le caractère dominant, celui qui fait l'objet, dans son système, de l'élaboration la plus efficace et la plus raffinée. Si la notion occidentale de mélodie peut être appliquée à d'autres musiques, il faut se garder de l'« européanocentrisme », consistant à croire que les successions de hauteur, dans ces musiques, sont entendues comme dans la nôtre, puisqu'elles ne sont pas perçues selon les mêmes relations avec le timbre, le rythme, etc. D'où l'impression fréquente, à nos oreilles d'Occidentaux, de « mélopée », c'est-à-dire de mélodie interminable et sans point d'appui.

Dans le cadre de la musique occidentale, la mélodie répond à certaines caractéristiques : d'abord, elle est une *forme*, une « Gestalt », au sens de la « psychologie de la forme », qui prend d'ailleurs souvent comme exemple de « Gestalt » la mélodie musicale. En d'autres termes, c'est une structure caractéristique, globalisée dans la conscience, et non réductible à l'addition des éléments qui la composent, pris séparément. Ainsi une mélodie transposée, c'est-à-dire transportée sur des degrés de hauteur tout à fait différents, est-elle perçue comme identique puisqu'on y perçoit la même relation d'intervalles ; de même, si on la dilate ou la contracte modérément dans le temps. On peut aller jusqu'à modifier sensiblement les rapports de durée à l'intérieur de la mélodie (en passant, par exemple, d'un rythme à 4/4 à un rythme à 3/4) sans pour autant la défigurer ; pourvu que l'on conserve les mêmes rapports longues/brèves. Cette « Gestalt » qu'est la mélodie comporte des notes faibles et des notes « fortes », c'est-à-dire des points d'appui de l'harmonie, qui sont souvent les degrés caractéristiques du ton : tonique, dominante, etc. La dialectique mélodie/harmonie consiste justement en ce que les notes de passage, ornements, broderies, variations, retards, anticipations, appogiatures, bref toutes les notes « faibles » *en plus* des notes de base solidaires du squelette harmonique, sont souvent celles qui donnent à la mélodie sa personnalité. D'autre part, la mélodie occidentale est perçue comme une forme *fermée*, qui doit se clore au bout d'un temps assez court, en parvenant au repos sur la tonique. Comme l'a formulé Sartre, une mélodie porte en elle fièrement sa propre mort. Le trajet qu'elle parcourt, souvent du type tonique-dominante-tonique (sous l'angle harmonique) est tel qu'il la ramène au point de départ ; tout l'art est de rendre neuf et intéressant ce parcours fermé. Si l'on parle de « mélodie infinie » chez Wagner, qui souvent recule très loin sa résolution par des cascades de cadences évitées, c'est bien parce que la mélodie est dans notre musique classique censée se clore dans un délai assez court ; par rapport à la musique indienne, par exemple, où le flux mélodique semble avoir l'éternité devant lui pour s'écouler.

La mélodie occidentale est aussi supposée être « logique », et « prégnante », c'est-à-dire identifiable et mémorisable. Quand les détracteurs de Bizet, Wagner ou Debussy leur reprochaient de manquer de mélodie, ils voulaient dire par là qu'ils n'y trouvaient pas leurs repères habituels pour percevoir la logique des relations d'intervalles, pour en discerner et en mémoriser les contours ; toute « prévisibilité » du destin de la mélodie leur était refusée, alors que la possibilité de prévoir et de reconnaître un tant soit peu est à la base de la mélodie classique. Celle-ci a d'ailleurs ses règles implicites, son « canon » ; dans la mélodie idéale, les notes sont souvent liées ou légèrement distantes, mais pas trop ; des notes de passage, des appogiatures, des notes « à côté » de l'harmonie en adoucissent les contours (à tel point que l'on considère comme peu mélodique une phrase formée de notes appuyées trop fermement et trop directement sur l'harmonie sous-entendue) ; la courbe générale ne doit être ni trop plate, ni trop accidentée, ni trop anguleuse, ni trop discontinue. « Ce n'est pas mélodique », dit-on souvent quand les intervalles sont très grands ou très petits. La dialectique de la mélodie réside aussi dans sa liberté surveillée par rapport à son schéma harmonique. Par ailleurs, dans la forme sonate à 2 thèmes, le premier thème, dit « masculin », est souvent plutôt dynamique et rythmique, et le second, dit « féminin », plutôt chantant et mélodique. La « mélodique » et le « rythmique » s'opposent ainsi souvent comme deux principes complémentaires. Enfin, la notion de « mélodie », même dans la musique instrumentale, renvoie toujours plus ou moins au chant, à la voix humaine et à sa modulation.

— 2. Le terme de *mélodie* désigne également un **genre musical** : il s'agit d'un chant, accompagné ou non, sur des paroles généralement empruntées à des textes poétiques. Plus spécifiquement, la *mélodie française* est généralement considérée comme le genre correspondant en France au *lied* allemand, avec toutes les différences dues au contexte musical, linguistique, esthétique. Alors que le lied n'est souvent pas très éloigné, dans sa structure, de la simplicité de la chanson populaire, la mélodie française, genre raffiné, tend à couper ses racines avec la chanson populaire, et même avec la romance, dont elle est issue. Les *Nuits d'été* de Berlioz, publiées en 1841, seraient le premier grand cycle de mélodies françaises rompant avec la fadeur de la « romance » ; très raffinées et complexes dans leur ligne mélodique, elles ont cependant une ampleur lyrique que retrouvera rarement ce genre dans la musique française. Charles Gounod composa environ 200 mélodies, à couplets, dans l'esprit sentimental de la romance, souvent sur des textes de grands romantiques lyriques (Hugo, Lamartine), de même que Saint-Saëns, alors que les Fauré ou les Debussy préférèrent une poésie plus « impaire » et moins tonitruante. Si Bizet, Massenet, Franck, Lalo et, plus tard, Roussel ont donné des mélodies de valeur, c'est Chabrier qui a introduit dans ses romances de salon et ses airs parodiques *(Ballade des gros dindons)* une dimension autocritique et même autoparodique, qui se retrouve chez Ravel et Poulenc : pas de grands épanchements vocaux où l'on s'oublie et où le texte n'est que prétexte phonétique. Dans ce monde de pudeur et de « quant à soi », les rares mélodies d'Henri Duparc sont une exception, avec leur lyrisme profond et direct. Fauré, quant à lui, dans sa centaine de mélodies, cultive un art de nuances, évitant les rythmes trop marqués, assujettissant étroitement la ligne mélodique à une harmonie à la fois fluide et imprévisible, qui dilue les relations fortes tonique-dominante-sous-dominante. En contrepartie de ce gain en finesse et en clair-obscur : une moins grande facilité à s'inscrire dans la mémoire ; cette mélodie ne se chantonne pas, ne se transcrit pas, reste solidaire de son harmonie et de son texte, cherchant comme une impossible fusion verbe/musique pour laquelle, respectant l'esprit des poèmes qu'elle illustre, elle devrait renoncer à « prendre ses grands airs ». D'où, peut-être, la relative discrétion d'expression des mélodies, même les plus lyriques de Debussy (sur des poèmes de Baudelaire, de Verlaine, et de lui-même), par rapport aux accents plus forts et directs de son opéra *Pelléas*. L'extrême raffinement y va de pair avec le refus des abandons sentimentaux. Cette ligne vocale à la fois fluide et émiettée, souple et complexe, se retrouve aussi dans les mélodies de Ravel *(Schéhérazade, Histoires naturelles)*, mais dans un esprit différent, plus sec, nerveux, graphique. Après Debussy et Ravel, le genre se perpétue sans trouver son second souffle, sauf peut-être chez Poulenc, qui écrivit de très nombreuses mélodies à partir de 1912 jusqu'à sa mort, s'affrontant aux poètes modernes (Apollinaire, Eluard, Louise de Vilmorin). Malgré les tentatives de cycles mélodiques pour chant et piano comme l'*Harawi* de Messiaen, la mélodie française tend à quitter ce cadre intimiste pour transporter ses ambitions dans les cadres plus vastes de cantates, avec effectif instrumental (cycles de Boulez, Barraqué, sur Mallarmé). Par ailleurs, on peut ranger dans le genre des « mélodies » les cycles espagnols de De Falla, norvégiens de Grieg, russes de Glinka, Borodine, Rimski-Korsakov et surtout Moussorgski *(Sans soleil, la Chambre d'enfants, Chants et danses de la mort)*, qui sut être aussi grand et direct que possible dans ce cadre concis et intime de la mélodie accompagnée.
M. C.

MELODIEN. Pièce pour petit orchestre de György Ligeti, écrite en 1971 et créée le 10 décembre 1971 à Nuremberg par l'Orchestre philharmonique de cette ville placé sous la direction de Hans Gierster. Durée : environ 13 minutes. L'orchestre réunit 1 flûte (aussi flûte piccolo), 1 hautbois (aussi hautbois d'amour), 1 clarinette, 1 basson, 2 cors, 1 trompette, 1 trombone ténor, 1 basse-tuba, 1 piano (aussi célesta), des percussions (1 ou 2 exécutants) et le quintette à cordes (cordes solistes ou en *tutti*). « Le titre de *Melodien* (« mélodies ») vient de ce que les lignes mélodiques autonomes, fermées sur elles-mêmes, jouent dans cette œuvre un rôle déterminant. Il s'agit de mélodies très différentes, hétérogènes, qui ne sont retenues ensemble que par la structure harmonique qui les ordonne (la succession des champs harmoniques). De nombreuses configurations et lignes mélodiques résonnent en même temps ; elles sont de vitesse et d'articulation métrique et rythmique différentes (la polyrythmique a été rapportée pour ainsi dire au dénominateur commun et notée selon une mesure uniforme — sinon l'exécution aurait nécessité plusieurs chefs) » (G. Ligeti).

Melodien, page de transition par excellence, marque une évolution dans l'écriture de Ligeti ; ce ne sont plus les couleurs sonores, le statisme acoustique ni le continuum chromatique qui sont les supports premiers de la forme, mais un type de polyphonie plus traditionnel, où la substance thématique redevient nettement différenciée. P. S.

MÉLODRAME (étym. ; « drame chanté »). Si l'on s'en tient à l'étymologie, l'expression *melodramma per musica*, qui qualifia les premiers opéras italiens jusqu'à Monteverdi, relève du pléonasme. Il est d'autant plus paradoxal que le mot « mélodrame » ait désigné par la suite une forme de spectacle d'où le chant est exclu : plus précisément un ouvrage unissant un texte déclamé à un accompagnement musical.

Si le premier mélodrame, proprement dit, fut le *Pygmalion* de Jean-Jacques Rousseau, joué en 1770, l'idée d'associer la symphonie à la déclamation parlée n'était pas nouvelle. La tragédie antique était accompagnée de musique, de même que les « mistères » du Moyen Âge, la *commedia dell'arte*, les comédies-ballets de Molière et certaines tragédies classiques comme *Esther* et *Athalie* de Racine, sans compter les scènes parlées introduites dans des genres lyriques tels que la pastorale, la mascarade et le ballet de cour. Cette dernière tradition a été longtemps perpétuée en France par l'opéra-comique et en Allemagne par le *Singspiel*, dont *l'Enlèvement au sérail* et la *Flûte enchantée* de Mozart, ainsi que le *Freischütz* de Weber sont les exemples les plus connus.

Quant au mélodrame — l'« opéra sans chanteurs » ou presque —, son grand maître au XVIIIe siècle fut J. A. Benda, avec *Médée* (1775) et *Ariadne auf Naxos* (1775). Citons à ses côtés le *melologo* de l'Espagnol Iriarte intitulé *Guzman el Bueno* (1791). Relèvent plus ou moins du mélodrame le *Pierrot lunaire* de Giraud et Schönberg (1912), *l'Histoire du soldat* de Ramuz et Stravinski (1918) et *Jeanne au bûcher* de Claudel et Honegger (1935). Contiennent aussi des passages en mélodrame *Zaïde* de Mozart (1779), *Egmont* de Beethoven (1811) et *Manfred* de Schumann (1847).

On peut également rattacher au genre « mélodrame » des drames ou comédies enrichis de ce qu'on appelle, improprement, une « musique de scène ». C'est le cas notamment du *Songe d'une nuit d'été* de Shakespeare et Mendelssohn (1843), de *l'Arlésienne* de Daudet et Bizet (1872), de *Peer Gynt* d'Ibsen et Grieg (1875), des *Érinnyes* de Leconte de Lisle et Massenet (1873), ou encore du *Pelléas et Mélisande* de Maeterlinck et Gabriel Fauré (1898).

On appelle enfin mélodrame, dans certaines partitions d'opéra ou d'opéra-comique, une sorte d'intermède orchestral pendant lequel les chanteurs se taisent. Il en existe plusieurs exemples dans l'œuvre de Massenet. Et nous ne citerons que pour mémoire, car elle est sans rapport avec la musique, l'acception la plus répandue du mot « mélodrame » : drame populaire, dont les personnages conventionnels et les péripéties rocambolesques s'adressent à la sensibilité la plus élémentaire du public. Malgré l'hommage célèbre d'Alfred de Musset — « *Vive le mélodrame où Margot a pleuré !* » — ce genre, qui fit fureur à l'époque romantique, n'est plus guère pris au sérieux, ainsi qu'en témoigne le diminutif « mélo », nettement péjoratif.
M. T.

MÉLOGRAPHE. Appareil électronique analysant et représentant sous forme graphique la hauteur et l'intensité du son dans le temps. Étant donné qu'il n'indique, par définition, que la mélodie, c'est-à-dire la fréquence des sons fondamentaux, il est assez peu employé en acoustique et on lui préfère le *sonographe*, qui reproduit intégralement le spectre sonore. Il se révèle, en revanche, d'une grande utilité en ethnomusicologie, par exemple, car il retranscrit les moindres variations de hauteur et d'intensité du son (micro-intervalles, vibrato, glissando), parfois difficilement perceptibles de l'oreille seule. D. H.

MELOLOGO (gr. *melos*, « musique » et *logos*, « parole »). Mot espagnol désignant un genre dramatique très en faveur en Espagne à la fin du XVIIIe siècle et au début du XIXe. Il s'agissait d'une forme de mélodrame à un seul personnage (monodrame) monologuant en vers de 11 syllabes, avec des séquences orchestrales, qui venaient couper et prolonger sa déclamation parlée. Le « mélodrame » à un seul personnage de Jean-Jacques Rousseau, *Pygmalion*, créé en 1770 à Lyon et représenté à Madrid en 1790, serait l'inspirateur de ce genre, dont Yvan Ignacio Gonzales del Castillo fut l'un des pionniers en Espagne. L'année suivante, Tomas del Iriarte créait son melologo *Guzman el Bueno*, 1791 (créé à Cadix, 1790), un classique du genre, et plusieurs centaines de melologos furent composés, entre autres, par Blas de Laserna, Pablo del Moral, Manuel García, ainsi que par l'Allemand Georg Benda (*Ariane à Naxos*, *Médée*). C'est, sans doute, à partir de ce mot espagnol que Berlioz a forgé le terme de « mélologue » pour désigner son mélodrame à un seul personnage, *Lelio* (1831-32), dans lequel le compositeur lui-même se met en scène et suscite les interventions orchestrales (v. MÉLODRAME).
M. C.

MÉLOPÉE (gr. *melopoieia*, de *melopoios*, « qui fait de la mélodie »). — 1. Dans la musique de la Grèce antique, la *mélopée* était soit la théorie musicale de la mélodie, soit la pratique de cette théorie (par opposition à la *rythmopée*, « action d'ordonner le rythme »), soit enfin la mélodie elle-même. Voltaire rapproche ainsi le récitatif italien de la mélopée des Anciens.
— 2. On appelle couramment mélopée une mélodie qui sonne à nos oreilles comme longue, monotone et ondulante (telles les lignes mélodiques des musiques arabes ou indiennes), dont l'oreille occidentale souvent ne sait percevoir la logique). M. C.

MELOS (gr. ; « membre »). Transcription en caractères romains du mot grec qui signifie aussi par analogie « membre de phrase musicale », chant, rythme, mélodie chantée, ou encore, chez Platon, l'ensemble formé par les notes, le rythme et les paroles, conçus comme indissociables. Au pluriel, *ta mélé* signifiait la « poésie lyrique », par opposition à la poésie épique ou dramatique ; elle est à dominante rythmique ou agogique.

Dans les écrits anciens sur la musique, le melos est souvent opposé, en tant que concept, au « rythme », pour désigner l'essence mélodique de la musique, sa part « féminine ». M. C.

MEMBRANOPHONE. Tout instrument de musique utilisant une membrane comme résonateur de la voix modulée de l'exécutant. C'est notamment le cas du mirliton* et du bigophone*. M. T.

MENDELSSOHN (*Félix, Jakob, Ludwig*, ou MENDELSSOHN-BARTHOLDY), compositeur, chef d'orchestre et pianiste allemand *(Hambourg 1809 - Leipzig 1847)*. Il était le deuxième enfant d'une famille bourgeoise, riche et de grande culture, d'origine juive. Son père Abraham, fils du célèbre philosophe Moses Mendelssohn (« le Platon moderne ») et banquier fort avisé, se plaisait à dire : « Avant j'étais le fils de mon père, maintenant je suis le père de mon fils. » Il décida de faire baptiser à leur naissance ses 4 enfants (Fanny, Félix, Rebecca, Paul) dans la religion luthérienne et d'ajouter à son patronyme le nom de Bartholdy, d'après une ferme appartenant au frère de sa femme Léa, née Salomon. Après s'être installés à Berlin (1813), lui-même et Léa se convertirent en 1822. Ils donnèrent à leurs enfants, outre un foyer uni et chaleureux, une éducation stricte, mais propre à épanouir leurs dons précoces.
Une éducation intelligente. Quoiqu'il fût sensible aux arts, Abraham n'était pas musicien, et c'est sans doute à Léa et à son ascendance (sa tante Sara Lévy avait été l'élève favorite de Wilhelm Friedmann Bach) que les enfants Mendelssohn durent leur fibre musicale : Fanny fut une excellente pianiste (avec des dons de composition certains, écrasés par ceux de Félix), Rebecca chantait et Paul jouait remarquablement du violoncelle. Leur mère fut le premier professeur de

Fanny et de Félix, qu'une profonde tendresse unit toute leur vie. Emmenés par leur père à Paris en 1816, Fanny (onze ans) et Félix (sept ans) y prirent des leçons de piano avec Marie Bigot, interprète préférée de Beethoven.

Après leur retour à Berlin, leur éducation fut confiée à des hommes de premier plan, tant pour la culture générale (Heyse) et le grec que pour la musique (Henning, puis Rietz, violon ; L. Berger, piano ; Zelter, harmonie et composition) et que pour le dessin (Rösel), où Félix excellait (il a laissé de nombreux paysages et dessins charmants réalisés au cours de ses multiples voyages). Le 28 octobre 1818, Félix Mendelssohn participa, au piano, à un premier concert public, et entra en 1819 à la Singakademie.

Les premières compositions. Elles datent de 1820. En 1821, après une rencontre marquante avec Weber, il fut emmené à Weimar par Zelter qui le présenta à Goethe. Deuxième visite au poète l'année suivante, au cours d'un voyage en Suisse avec toute sa famille. Le rythme des compositions s'accéléra (symphonies, motets, études pour piano, lieder, etc.) que Félix eut la chance de pouvoir entendre et diriger lors des concerts du dimanche donnés chez ses parents, où chacun participait, et qui attiraient tous les artistes résidents ou de passage.

Les débuts d'une brillante production. De 1824 date sa 13e *Symphonie* (connue comme sa *Ire Symphonie*). Zelter le considéra comme arrivé à maturité et fit copier pour lui la *Passion selon saint Matthieu* de Bach. Mendelssohn rencontra le jeune et déjà célèbre pianiste Moscheles (avec qui il travailla et qui devint un de ses plus fidèles amis) et Spohr, avant un nouveau séjour à Paris en 1825 (excellent contact avec le peu indulgent Cherubini) et une troisième visite à Goethe sur le chemin du retour à Berlin — où ses parents venaient d'acquérir une vaste demeure avec une grande salle de musique. Avec son *Octuor* en mi bémol majeur pour cordes op. 20, dédié à Rietz en octobre 1825, commença sa véritable production, ce que confirme l'éblouissante musique pour le *Songe d'une nuit d'été* d'après Shakespeare, composée en quelques semaines l'été suivant (première exécution publique de l'ouverture à Stettin, 20 février 1827). De 1826 à 1828, Mendelssohn était à l'université (parmi ses maîtres, Hegel et C. Ritter), où il brilla dans toutes les disciplines (littérature ; poésie ; langues : italien, français, anglais ; etc.), sauf les mathématiques et la physique. Très sportif (gymnastique, équitation, natation), danseur excellent, il menait une vie brillante, à la fois studieuse et mondaine ; ce fut la naissance de nombreuses amitiés essentielles (E. Magnus, peintre, K. Klingemann, poète et diplomate, A. B. Marx, musicologue, E. Devrient, chanteur, etc.).

À sa sortie de l'université, son père accepta qu'il consacrât sa vie à la musique ; après des mois de répétitions, et malgré l'hostilité des musiciens de Berlin (Zelter compris), Mendelssohn monta et dirigea, avec un succès imprévisible, le 11 mars 1829, la *Passion selon saint Matthieu*, qui n'avait plus été jouée depuis la mort de Bach en 1750. Puis trois ans de voyages à travers l'Europe encouragés (et financés) par son père pour élargir sa culture : premier séjour en Angleterre en avril 1829. Il dirigea et joua à Londres avec un immense succès (il fut élu membre de la Société philharmonique le 29 novembre 1829), visita l'Écosse et l'Irlande avant de rentrer à Berlin — où il refusa et fit attribuer à Marx la classe de musique qui venait d'être créée à son intention — et de repartir en mai 1830, via Weimar (quatrième et dernier séjour près de Goethe), pour Munich, Vienne et l'Italie. Venise, Bologne, Florence, Rome (1er novembre 1830 - 10 avril 1831), Naples, Milan, Genève, Lucerne, Interlaken et retour à Munich (septembre 1831) : approfondissement enthousiaste de la peinture et de la musique italiennes, travail personnel intense (« un producteur infatigable », selon Berlioz qu'il rencontra, ainsi que de nombreux autres artistes). Fin 1831, nouveau séjour à Paris, où il se lia avec Chopin, Meyerbeer, Liszt ; mais le refus par la Société des concerts de sa symphonie *Réformation* et une épidémie de choléra lui firent quitter Paris sans regrets pour Londres (23 avril 1832). Son séjour a été en outre attristé par les nouvelles successives de la mort de Rietz (23 janvier 1832), de Goethe (22 mars 1832) et de Zelter (15 mai 1832), qui l'affectèrent profondément. Rentré à Berlin en juillet, (15 janvier 1833) de la succession de Zelter à la Singakademie, ce qui acheva de le détacher de cette ville. Après un premier contact prometteur avec l'orchestre du Gewandhaus à Leipzig (février-mars 1833), il accepta la direction du festival des pays du Bas-Rhin, puis, après un troisième séjour à Londres (première de la *Symphonie italienne* le 13 mai 1833), signa un contrat de trois ans pour diriger la musique à Düsseldorf (où son oratorio *Paulus* fut créé le 22 mai 1836). Mais, à l'automne 1835, il prit la direction du Gewandhaus de Leipzig ; il y reçut Chopin, rencontra Clara Wieck et se lia d'amitié, à vie, avec Schumann. Au hasard de concerts à Francfort (où la direction du Cäcilien-Verein lui a été confiée), il rencontra la jeune Cécile Jeanrenaud (d'ascendance huguenote française) qu'il épousa le 28 mars 1837, qui lui donna 5 enfants, et qu'il aima profondément jusqu'à ses derniers jours. Puis ce fut la création anglaise de *Paulus* à Birmingham au cours de son cinquième séjour en Angleterre (août 1837).

Une vie active, un travail fécond. Composition, concerts, comme chef ou comme soliste (piano et orgue), voyages, réceptions, correspondance, etc., la vie de Mendelssohn était alors débordante d'activité et heureuse (naissance de son premier fils Carl Wolfgang Paul, 7 février 1838 ; puis de Marie, 2 octobre 1839). En septembre 1840, sixième séjour en Angleterre, avant de devoir déférer au vœu du nouveau roi de Prusse, Frédéric-Guillaume IV, qui entendait s'attacher le compositeur à Berlin : réticent mais respectueux, Mendelssohn devint en 1841 maître de chapelle du roi de Prusse, puis, l'année suivante, directeur général de la musique à Berlin. Après un septième séjour en Angleterre avec sa femme (ils furent reçus à deux reprises par la reine Victoria), retour à Leipzig où le conservatoire, dont il était le maître d'œuvre, fut inauguré au début de 1843 : il y enseigna la composition (Schumann également) et le piano, d'où d'incessants va-et-vient avec Berlin. Le 18 octobre 1843, première de la musique intégrale du *Songe d'une nuit d'été*, à Potsdam. En 1844, il obtint enfin du roi de Prusse la réduction de sa charge et surtout le libre choix de sa résidence : à Francfort (où il décida de se reposer pendant un an), il acheva le *Concerto pour violon* op. 64 — mais sa santé l'empêcha d'assister à la première audition le 13 mars 1845 (par F. David, à qui il était dédié) à Leipzig, où Mendelssohn se fit seconder par le compositeur danois Niels Gade. Période cependant féconde : 6 sonates pour orgue, trio en ut mineur, quintette en si majeur, 6e livre de *Lieder ohne Worte*, et, en 1846, l'oratorio *Elias* (première à Birmingham, 26 août 1846). En avril 1847, dixième et dernier séjour en Angleterre : il y dirigea plusieurs fois *Elias* et joua superbement le 4e *Concerto* de Beethoven (« Mon vieux cheval de bataille », disait-il en français). Après avoir assisté aux débuts, à Londres, de la jeune cantatrice suédoise Jenny Lind (avec qui il s'était lié à Berlin en 1844), il rentra à Francfort pour apprendre la mort brutale de sa sœur Fanny : sous l'empire de la douleur et de la révolte, il composa le *Quatuor à cordes* en fa mineur op. 80, puis, un peu plus tard, le superbe *Nachtlied* et encore quelques fragments d'un nouvel oratorio, *Christus*. Il voyagea, dessina, peignit, toucha encore de temps à autre le clavier, mais sa santé déclinait, il eut de longues périodes d'apathie. Rentré à Leipzig, il entendit son concerto pour violon splendidement joué le 3 octobre 1847 par le jeune Joachim (l'un des premiers élèves, à douze ans, de son conservatoire) et y mourut le 4 novembre 1847.

À tous égards, un musicien à part. L'homme, exceptionnellement doué, d'une mémoire remarquable, hypersensible, brillant, charmeur, aimant la vie, d'une vaste culture et travailleur acharné, a toujours su allier son goût de la fantaisie et de la liberté avec des règles de vie bourgeoises qui ne semblaient pas lui peser. On le découvre grâce au volumineux courrier échangé avec ses amis (Magnus, Klingemann, Moscheles, etc.) et bien que sa femme Cécile, avant de mourir en 1853, détruisit leur correspondance intime. S'il a fui autant qu'il a pu l'atmosphère empoisonnée du Berlin musical de l'époque et si Paris l'a déçu, il fut partout adulé de son temps, comme compositeur, comme chef d'orchestre, comme pianiste. Ses interprétations des concertos de Beethoven et surtout de Bach et de Mozart ont suscité des commentaires qui sont venus jusqu'à nous. Au pupitre, il électrisait les musiciens d'orchestre auxquels il communiquait l'amour d'œuvres de ses contemporains, mais aussi du passé, oubliées ou méconnues : ce fut à lui essentiellement que l'Allemagne devait de redécouvrir J.-S. Bach, dont il fit revivre l'œuvre. Mais il créa aussi des œuvres nouvelles de ses amis, notamment de Schumann — grâce à qui il put donner, après la mort du compositeur, la première audition de la 9e *Symphonie* de Schubert (22 mars 1839). Cette curiosité, cette ouverture d'esprit alliées à l'amour du passé, au goût du classicisme et du travail bien fait, se retrouvent dans sa propre musique, que son insatisfaction lui faisait éternellement remettre sur le métier ; dans ses vingt années de production on trouve à tout moment la marque du génie à côté d'œuvres médiocres, au demeurant souvent de circonstance. Sa réputation en a injustement souffert : il est encore courant de considérer Mendelssohn comme un musicien mineur, à qui on ne pardonne peut-être pas la facilité matérielle de son existence à toutes les époques. La discutable appellation française des *Lieder ohne Worte* (« romances sans paroles ») traduit bien la mièvrerie prêtée du même coup à toute sa musique. Pourtant, à côté d'œuvres aussi connues que le *Songe d'une nuit d'été*, le *Concerto pour violon* en *mi* mineur ou ses *Symphonies italienne et écossaise*, bien d'autres pages sont du plus haut niveau, et certaines annoncent Brahms. Nul doute que le temps viendra où des œuvres comme l'*Octuor* op. 20, les *Quatuors* op. 12, 13, 40, 80, le *Quintette* op. 87, les *Variations concertantes pour violoncelle et piano* op. 17, une vingtaine de lieder, etc., retrouveront la place qu'elles méritent dans la faveur du public. L'inspiration profondément originale, l'aisance de la technique, le raffinement de l'écriture (et de l'orchestration), la variété de la production font incontestablement de Mendelssohn l'un des grands compositeurs romantiques, dont la culture germanique a su puiser en Italie et surtout en Angleterre (sa seconde patrie) des adjuvants précieux.

Œuvres principales. Seuls les 72 premiers numéros d'opus proviennent de Mendelssohn. Les suivants ont été attribués à titre posthume. — *Piano. Sonate* en *sol* mineur op. 105 (1820-21), *3 Fugues* (1822), *Fantaisie* en *ut* mineur (1823), *Fantaisie* en *ré* mineur à 4 mains (1824), *Capriccio* en *fa* dièse mineur op. 5 (1825), *Sonate* en *mi* majeur op. 6 (1826), *7 Pièces caractéristiques* op. 7 (1827), *Sonate* en *si* bémol majeur op. 106 (1827), *Rondo capriccioso* en *mi* majeur op. 14 (1827), *Fantaisie sur une chanson irlandaise* op. 15 (1827), *3 Fantaisies* op. 16 (1829), *Scherzo* en *si* mineur (1829), *Romances sans paroles*, 1er recueil op. 19 (1830), *6 Préludes et fugues* op. 35 (1832-1837), *Romances sans paroles*, 2e recueil op. 30 (1833), *Fantaisie* en *fa* dièse mineur op. 28, op. 26 (1833), *Duo concertant pour 2 pianos sur la marche de Preciosa* de Weber, écrit avec I. Moscheles (1833), *3 Caprices* op. 33 (1833-1835), *Romances sans paroles*, 7e recueil op. 85 (1834-1845), *Scherzo capriccioso* en *fa* dièse mineur (1835-36), *3 Préludes et 3 études* op. 104 (1836), *Étude en fa* mineur (1836), *Romances sans paroles*, 3e recueil op. 38 (1836-37), *Feuillet d'album* en *mi* mineur op. 117 (1837), *Capriccio* en *mi* majeur op. 118 (1837), *Chanson de gondolier* en *la* majeur (1837), *Andante cantabile et presto agitato* en *si* majeur (1838), *Romances sans paroles*, 4e recueil op. 53 (1841), *17 Variations sérieuses* en *ré* mineur op. 54 (1841), Variations en *mi* bémol majeur op. 82 (1841), *Variations* en *si* bémol majeur op. 83 (1841), *Variations* en *si* bémol majeur op. 83 arrangées à 4 mains (1841), *Allegro brillant* en *la* majeur à 4 mains op. 92 (1841), *Prélude et fugue* en *mi* mineur (1841), *6 Pièces enfantines* op. 72 (1842), *Romances sans paroles*, 5e recueil op. 62 (1842-1844), 8e recueil op. 102 (1842-1845), 6e recueil op. 67 (1843-1845).
Orgue. Minuetto (1820), *Fugue en sol mineur* (1820), *Fantaisie en sol mineur* (1820), *Prélude en ré mineur* (1820), *Fugue en ré mineur* (1820), *Fugue en ré mineur* (1821), *Andante en ré majeur* (1823), *Pièce en ut mineur* (1823), *Choral et variations* (1823), *Préludes et fugues* op. 37 (1837), *Fugues en mi mineur et en fa mineur* (1839), *Prélude en ut mineur* (1841), *Andante et variations en ré majeur* (1844), *6 Sonates* op. 65 (1844-45), *Allegro en si bémol majeur* (1844-45), choral *Austiefer Not* (?).
Duos avec piano. En *fa* mineur pour violon op. 4 (1825), *ut* mineur pour alto (1823-24), en *mi* bémol majeur pour clarinette (1824), *Variations concertantes* en *ré* majeur pour violoncelle op. 17 (1829), en *fa* majeur pour violon (1838), en *si* bémol majeur pour violoncelle op. 45 (1838), en *ré* majeur pour violoncelle op. 58 (1842-43), *Romances sans paroles*, 1er recueil, transcription pour violoncelle op. 109 (1845).
Musique de chambre. Trios pour piano, violon et violoncelle en *ré* mineur op. 49 (1839), en *ut* mineur op. 66 (1845); *Trio pour piano, violon et alto* en *ré* mineur (1820); *Quatuors pour piano, violon, alto et violoncelle* en *ut* mineur op. 1 (1822), en *fa* mineur op. 2 (1823), en *si* mineur op. 3 (1824-25); *Quatuors à cordes* en *mi* bémol majeur (1823), en *la* majeur op. 13 (1827), en *mi* bémol majeur op. 12 (1829), en *mi* mineur, *mi* bémol majeur, en *ré* majeur op. 44 (1837-38), en *fa* mineur op. 80 (1847); *15 Fugues pour quatuor à cordes* (1821); *Andante, scherzo, capriccio et fugue pour quatuor à cordes* op. 81 (1827-1847); *Quintettes à cordes* en *mi* majeur (1823), en *la* majeur op. 18 (1826-1832), en *si* bémol majeur op. 87 (1845); *Sextuor pour piano, quatuor à cordes et contrebasse* en *ré* majeur op. 110 (1824); *Octuor* en *mi* bémol majeur pour 4 violons, 2 altos et 2 violoncelles op. 20 (1825); *2 Morceaux de concert pour clarinette, cor de basset et piano* en *fa* majeur op. 113 et en *ré* mineur op. 114 (1833).
Symphonies. 12 Symphonies pour cordes (1821-1823); *Symphonies no 1* en *ut* mineur op. 11 (1824), *no 5* en *ré* mineur *Réformation* op. 107 (1829-30), *no 4* en *la* majeur *Italienne* op. 90 (1833), *no 2* en *si* bémol majeur *Lobgesang* op. 52 (1840), *no 3* en *la* mineur *Écossaise* op. 56 (1842).
Concertos. Pour piano et cordes en *la* mineur (1822), pour violon et cordes en *ré* mineur (1822), pour 2 pianos en *mi* majeur (1823) et en *la* bémol majeur (1824), pour piano, violon et cordes en *ré* mineur (1823), pour piano no 1 en *sol* mineur op. 25 (1830-31), no 2 en *ré* mineur op. 40 (1837), pour violon en *mi* mineur op. 64 (1844); *Capriccio brillant* en *si* mineur op. 22 (1832), *Rondo brillant* en *mi* bémol majeur op. 29 (1834), *Sérénade et allegro giocoso* en *si* mineur op. 43 pour piano et orchestre (1838).
Musique orchestrale diverse. Ouvertures pour *le Songe d'une nuit d'été* op. 21 (1826), *les Hébrides* ou *la Grotte de Fingal* op. 26 (1830), *Mer calme et heureux voyage* op. 27 (1828), *la Belle Mélusine* op. 32 (1833), *Ruy Blas* op. 95 (1839). *Trompeten-Ouvertüre* op. 101 (1826); *Ouverture pour orchestre d'harmonie* op. 24 (1826-1838); musiques de scènes pour *le Songe d'une nuit d'été* op. 61 (1842), *Antigone* op. 55 (1841), *Athalie* op. 74 (1845), *Œdipe à Colonne* op. 93 (1845); *Marche funèbre* en *la* mineur op. 103 (1836); *Marche* en *ré* majeur op. 108 (1841).
Œuvres vocales profanes. Lieder op. 8 (1824-1828), op. 9 (1827-1830), op. 19a (1830-1832), op. 34 (1832-1836), op. 47 (1832-1839), op. 57 (1839-1842), op. 71 (1842-1847), op. 84 (1831-1839), op. 86 (1826-1847), op. 99 (1841-1845); *Duos* op. 63 (1836-1844), op. 77 (1836-1847); *Chœurs pour voix mixtes* op. 41 (1834), op. 59 (1837-1843), op. 48 (1839), op. 88 (1839-1844), op. 100 (1839-1844), *Chœurs pour voix d'hommes*

op. 120 (1837-1847), op. 50 (1839-40), op. 75 (1844-1847), op. 76 (1844-1847); opéras *Die Hochzeit des Camacho* op. 10 (1824-25), *Die Heimkehr aus der Fremde* op. 89 (1829), *Loreley* op. 98 (inachevé); *5 Singspiels* (1820-1823); *Cantate de mariage* (1820); *la Première Nuit de Walpurgis* op. 60 (1re vers. 1831-32; 2e vers. 1842-43); *Infelice*, air de concert pour soprano op. 94 (1834-1843); *Musique de fête* pour le jubilé de Dürer (1828); *Gutenberg Kantate* (1840); *Festlied* (1843).

Œuvres vocales sacrées. Oratorios *Paulus* op. 36 (1836), *Elias* op. 70 (1844-1846), *Christus* op. 97 (inachevé); cantates *Christ, du Lamm Gottes* (1827), *O Haupt voll Blut und Wunden* (1830), *Von Himmel hoch* (1831), *Wir glauben all* (1832), *Ach Gott, von Himmel* (1832), *Lauda Sion* (1846); *Psaumes* 19 op. 66 (1821), 115 op. 31 (1830), 42 op. 42 (1837), 95 op. 46 (1838), 114 op. 51 (1839), 2, 22 et 43 op. 78 (1843), 55 et 100 (1843-44); *Te Deum* en ré majeur (1826), en la majeur (1832); *Gloria* (1822); *Magnificat* (1822); *Jesus mein Zuversicht* (1824); *Salve Regina* (1824); *Tu es Petrus* op. 111 (1827); *Ave Maris Stella* (1828); *O Beata* (1830); *3 Pièces d'église* op. 23 (1830); *3 Motets* op. 39 (1830); *Verleih um Frieden* (1831); *Responsorium et Hymnus* op. 121 (1833); *Hymne* op. 96 (1840-1843); *Choral Herr Gott dich loben wir* (1843); *6 Hymnes* op. 79 (1844); *Denn er hat seinen Engeln befohlen* (1844); *2 Chœurs d'hommes* op. 115; *Chant funèbre* op. 116; *3 Motets* op. 69 (1847). J. S.

MENDÈS (Catulle), écrivain et critique français (*Bordeaux 1841-Saint-Germain-en-Laye 1909*). Poète et romancier, animateur du premier Parnasse, critique dramatique et musical au *Journal*, cet écrivain exerça une influence due davantage à son dynamisme et à sa verve qu'à un talent original. Époux de Judith Gautier, il fut, lui aussi, un défenseur ardent de l'œuvre de Wagner. Il a écrit des livrets pour Chabrier (*Gwendoline*), Massenet (*Ariane, Bacchus*), Messager (*Isoline*), Debussy (*Rodrigue et Chimène*), Reynaldo Hahn (*la Carmélite*). J. R.

MÉNESTREL. V. Jongleur.

MENGELBERG (Willem), chef d'orchestre hollandais (*Utrecht 1871-Sent, Engadine, 1951*). Il étudia à Utrecht avec R. Hol et M. W. Petri, puis au conservatoire de Cologne avec Wüllner, I. Seiss et G. Jensen. Il débuta en 1890 comme pianiste à Utrecht. Directeur de la musique à Lucerne de 1891 à 1895, il fut, de 1895 à 1945, chef de l'orchestre du Concertgebouw d'Amsterdam, qui acquit avec lui une renommée mondiale. A partir de 1897, il conduisit le chœur du Toonkunst Vereniging d'Amsterdam, notamment lors des exécutions annuelles de la *Passion selon saint Matthieu*. Avec l'orchestre du Concertgebouw et le chœur du Toonkunst, il fit des tournées en Italie, en Russie, en Norvège, en Angleterre et en France. De 1907 à 1920, il fut directeur de la Museumgesellschaft et, à partir de 1908, du Cäcilienverein de Francfort. Il fit de nombreuses tournées, notamment en Amérique, où il dirigea régulièrement la philharmonie de New York de 1921 à 1929. Entre 1911 et 1914, il se rendit à plusieurs reprises à Londres, où il conduisit le London Symphony Orchestra et la Royal Philharmonic Society. En 1934, il fut nommé professeur à l'université d'Utrecht. En 1945, à cause de sa conduite pendant la guerre, il dut se retirer en Suisse, où il resta jusqu'à sa mort.

Chef d'orchestre doté d'une forte personnalité, il possédait une compréhension profonde de chaque instrument, maîtrisait l'orchestre de manière superbe et obtenait de lui la perfection technique, la plénitude de la sonorité, la vigueur, l'impulsion vitale et la couleur, en même temps que la souplesse. Ses interprétations se caractérisaient par leur ardeur, leur éloquence, leur intensité expressive. Sa conception des œuvres était parfois discutable, il prenait quelquefois certaines libertés, mais l'originalité de son tempérament fascinait.

C'était un interprète privilégié de Mahler, dont il était l'ami, de Richard Strauss, qui lui dédia son *Heldenleben (Une vie de héros)*, de Tchaïkovski et même de certains musiciens français comme Debussy. Il a dirigé à Amsterdam un festival consacré à Mahler en 1920, un festival de musique française en 1922, un festival Richard-Strauss en 1924 et des festivals de musique néerlandaise en 1902, 1912 et 1935.

A. et M. P.

MENNIN (Peter), compositeur américain (*Erie, Pennsylvanie, 1923*). Il fit ses études à l'Eastman School of Music de Rochester avec B. Rodgers et H. Hanson. Il fut, dès 1947, professeur à la Juilliard School, puis devint son président et directeur du conservatoire de Peabody.

L'un des plus sérieux représentants de la tendance néoclassique dans la jeune école américaine, Peter Mennin est avant tout symphoniste, dans un style séduisant et décoratif, qui consent volontiers aux effets spectaculaires, mais atteste un généreux tempérament contrapuntique. Vigueur, sensibilité et émotion caractérisent son œuvre, déjà abondante et d'une belle variété. On lui doit notamment 8 symphonies, d'autres pages orchestrales (*Fantaisie, Folk-Ouverture, Allegro symphonique, Concerto pour orchestre, Concertino pour flûte*), de la musique de chambre (3 quatuors et différentes sonates) et la *Cantate de Noël*, dont il a lui-même écrit le texte et qui est son œuvre la plus populaire. A. G.

MENOTTI (Gian Carlo), compositeur, librettiste, metteur en scène italien (*Cadegliano 1911*). Il commence ses études au conservatoire Verdi de Milan, et, à dix-sept ans, sur les conseils de Toscanini, il quitte l'Italie pour s'inscrire au Curtis Institute of Music de Philadelphie, dont il sort diplômé en 1933. Il reviendra dans cet établissement au cours des années 40-50 pour y enseigner la composition.

En 1937, Menotti donne à Philadelphie un opéra bouffe en 1 acte, *Amelia al Ballo* (« Amélie va au bal »), repris dès l'année suivante au Metropolitan Opera de New York. Cette réussite lui vaut la commande, par la chaîne NBC, du premier ouvrage lyrique spécialement destiné à la radio : *The Old Maid and the Thief* (« la vieille fille et le voleur », 1939). C'est encore un succès, mais, trois ans plus tard, le compositeur connaît l'échec avec *The Island God* (« le dieu de l'île »), qui disparaît de l'affiche du Metropolitan après deux représentations. Menotti se détourne alors, pour un temps, du théâtre lyrique. Il y revient avec *The Medium**, drame musical en 2 actes, qui marque dans sa carrière une date capitale. S'il avait, jusqu'alors, écrit lui-même ses livrets, à partir de *The Medium*, il se fait aussi metteur en scène et sera désormais le maître d'œuvre absolu, à la fois concepteur et réalisateur, de tous ses opéras. De plus, *The Medium*, créé le 8 mai 1946 à l'université Columbia, va être exploité d'une façon inhabituelle : à partir de l'année suivante, on le joue tous les soirs dans un théâtre de Broadway, comme une pièce de boulevard. Il va ainsi toucher directement le grand public et (accompagné par *The Telephone*, 1947, un lever de rideau que Menotti a composé pour la circonstance) il connaîtra 211 représentations consécutives. En 1950, *The Consul*, drame musical en 3 actes, exploité selon la même formule, tient l'affiche neuf mois à New York, puis, traduit en une quinzaine de langues, est joué dans le monde entier. Menotti devient alors une vedette internationale et connaît pendant une dizaine d'années une destinée assez semblable à celle des compositeurs lyriques à succès de la première moitié du XIXe siècle. Au cours de cette riche période, il donne successivement (pour nous borner ici à l'œuvre lyrique) : le 24 décembre 1951, *Amahl and the Night Visitors* (« Amahl et les visiteurs de la nuit », premier opéra commandé pour la télévision, et qui demeure longtemps un classique des programmes de Noël des chaînes américaines); en 1954, *The Saint of Bleecker Street* (« la Sainte de Bleecker Street », trois mois de représentations à Broadway, première européenne à la Scala de Milan);

en 1956, *The Unicorn, the Gorgon and the Manticore* (« la licorne, la gorgone et la manticore », une fable-madrigal pour chœur, 10 danseurs et 9 instruments); enfin, dans le cadre de l'Exposition universelle de Bruxelles, en 1958, *Maria Golovin,* opéra en 3 actes.

Cette même année, Menotti fonde à Spoleto le festival des Deux-Mondes, et son existence prend un tour nouveau. De cette petite ville d'Ombrie, il a décidé de faire un carrefour où se rencontreront, célèbres et débutants, des musiciens, des peintres, des metteurs en scène et des chorégraphes de tous les pays. Il déploie dans cette tâche une activité considérable et tout à fait fructueuse, au détriment sans doute de son œuvre de création proprement dite. Sa production demeure abondante, mais, à l'exception de *Help ! Help ! the Globolinks !* (« Au secours, les Globolinks ! », Hambourg, 1968), ses nouveaux opéras — *The Labyrinth,* ouvrage destiné à la télévision (1963), *le Dernier Sauvage,* opéra bouffe en 3 actes commandé par l'Opéra de Paris (Opéra-Comique, 21 octobre 1963), *Martin's Lie* (« le mensonge de Martin », 1964), *The Most Important Man* (« l'homme le plus important », 1971), *Tamu-Tamu* (1973), *The Hero* (1976) et *The Egg* (« l'Oeuf », 1976) — reçoivent un accueil mitigé, ou sont déchirés par la critique. Celle-ci, à vrai dire, a toujours été partagée à l'égard de Menotti, compositeur dont on ne peut dire qu'il soit féru de modernité.

S'il est surtout connu comme compositeur d'opéras, Menotti a également produit une œuvre orchestrale et instrumentale, qui comprend notamment 2 ballets, 1 concerto pour piano, 1 concerto pour violon, 1 *Triplo concerto a tre,* 1 suite d'orchestre *(Apocalypse),* la *1re Symphonie,* 2 *Cantates,* 1 cycle de mélodies, etc. Il est aussi l'auteur du livret de l'opéra de Samuel Barber *Vanessa,* ainsi que de 2 pièces de théâtre, et poursuit aujourd'hui une carrière internationale de metteur en scène lyrique.

En 1974, il a abandonné les États-Unis, où il résidait depuis les années 30, pour s'installer dans le domaine de Yester House, à Gilford (Ecosse). Ro. T.

MENTONNIÈRE. Dans les instruments à cordes frottées — violon et alto —, petit appareil en bois ou en matière synthétique fixé sur le côté gauche du cordier et dont la forme est adaptée à celle de la mâchoire inférieure. La mentonnière permet un meilleur appui du menton sur l'instrument, protège le vernis et la table et améliore la sonorité en libérant la table du contact avec le menton. A. et M. P.

MENUET. Danse d'origine française de rythme ternaire et de tempo plutôt lent. Ses origines restent discutées. La théorie la plus courante, selon laquelle il descendrait du branel de Poitou et son nom du vocable *menu* ou *mener* (« branel à mener »), est actuellement remise en question, sans pour autant qu'on puisse la rejeter entièrement.

Le menuet apparut officiellement à la cour de Louis XIV, avec Lully, qui l'introduisit dans *Cadmus et Hermione* (1673), puis à partir d'*Atys* (1676) dans tous ses opéras. Il s'intégra aussi dans le genre de la suite, et, de France, se répandit dans toute l'Europe, prenant en Italie une allure plus rapide.

On a trop coutume d'associer l'Ancien Régime au menuet, alors que celui-ci n'en fut que la dernière danse caractéristique, celle qui se maintint le plus longtemps. Comme danse de société, le menuet conserva un rôle de premier plan durant tout le XVIIIe siècle. Ce fut également la seule danse du genre suite qui fut reprise par les genres nouveaux (quatuor, sonate, symphonie) illustrés dans la seconde moitié du même siècle par Haydn et Mozart. Le pas du menuet, danse aristocratique, comprenait en 2 mesures à 3 temps 4 mouvements de pied : souvent sur la première, la troisième, la quatrième et la cinquième des 6 pulsations ainsi définies :

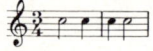

parfois sur la première, la troisième, la quatrième et la sixième :

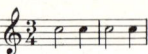

ou encore sur la première, la deuxième, la quatrième et la sixième (menuet du *Bourgeois gentilhomme* de Lully) :

D'où, sur le plan rythmique, une sorte de « 3 contre 2 », n'ayant rien à voir avec la banalité de tant de sous-produits des XIXe et XXe siècles (une exception de taille est le remarquable menuet d'*Orphée aux enfers* d'Offenbach. A noter qu'au congrès de Vienne (1814-15), il ne se trouvait, paraît-il, aucun maître à danser capable de se rappeler et d'enseigner le menuet, danse bien vivante un quart de siècle auparavant. Rien n'illustre mieux les bouleversements qui allèrent de pair avec la Révolution française.

Le menuet était, en principe, en 2 parties, dont chacune répétée (A-A-B-B). En principe aussi, il était suivi d'un double (plus tard appelé trio) adoptant la même coupe (C-C-D-D), puis d'une reprise du menuet proprement dit, chaque partie n'étant alors jouée qu'une fois (A-B), ce qui donnait globalement A-A-B-B-C-C-D-D-A-B. Cette structure globale est à peu près « de règle » dans les symphonies, quatuors ou sonates de Haydn et Mozart. Dans les suites baroques (Bach), le menuet se trouvait en général vers la fin, parmi les « galanteries ». Dans les œuvres de Mozart et de ses contemporains relevant de l'esprit du divertissement, on en trouve d'ordinaire plusieurs (2 ou même 3). Dans les symphonies ou quatuors de la seconde moitié du XVIIIe siècle, où il ne s'imposa pas sans résistance, et jamais complètement (la symphonie *Prague** de Mozart n'a, par exemple, pas de menuet), il tient lieu en général de troisième mouvement (vif-lent-menuet-vif), parfois, comme dans la symphonie *Funèbre** de Haydn ou dans la plupart de ses quatuors op. 9, 17 et 20, de deuxième mouvement (vif-menuet-lent-vif). Le type menuet de cour assez lent subsista jusque dans les dernières œuvres de Haydn et de Mozart, et même chez Beethoven, mais on assista parallèlement chez eux à un allongement et à une accélération du menuet, ainsi qu'à sa pénétration d'une part dans l'esprit symphonique, ce qui par-delà la préservation du schéma de base A-A-B-B-C-C-D-D-A-B défini plus haut rendit sa structure interne beaucoup plus complexe, d'autre part par l'esprit populaire (phénomène en réalité plus ancien). Outre ceux de leurs symphonies ou de leurs quatuors, Haydn et Mozart écrivirent des menuets expressément destinés à être dansés : les 2 catégories ne sont pas toujours interchangeables. Au moment où Mozart, dans le finale du premier acte de *Don Giovanni* (1787), faisait briller le menuet en tant que danse aristocratique d'une ultime splendeur, lui-même et surtout Haydn écrivaient des pages intitulées menuet, mais qui n'en avaient que le nom, la structure et la mesure à 3 temps, et pratiquement rien d'autre. Le « menuet » du quatuor op. 71 no 1 (1793) de Haydn est une robuste danse paysanne, celui en *ré* mineur tiré de ses 24 menuets à danser Hob. IX.16 a des accents de carmagnole, celui de son quatuor op. 76 no 1 (1797) est un scherzo beethovénien avant la lettre. Le scherzo tel qu'il devait être développé par Beethoven fut l'aboutissement naturel de l'accélération et de la « popularisation » du menuet. A cet aboutissement correspondit une rupture illustrée par un fait significatif : la disparition du menuet rapide. Chez Beethoven et ses successeurs, les pages intitulées menuet (troisième mouvement du *Septuor* op. 20 de Beethoven) relèvent toutes du type lent, au point que, parfois (*Sonate* op. 31 no 3 de Beethoven), elles vont jusqu'à tenir lieu de mouvement lent. M. V.

MENUET ANTIQUE. Œuvre pour piano de Maurice Ravel, composée en 1895 et dédiée à Ricardo Viñes, qui en donna les premières auditions. Légèrement postérieure à la *Sérénade grotesque* (1893) et à la *Ballade de la reine morte d'aimer* (1894), cette brève partition doit son archaïsme quelque peu superficiel à l'altération de la sensible (*mi* naturel au lieu de *mi* dièse) et du second degré (*sol* naturel au lieu de *sol* dièse) de sa tonalité fondamentale de *fa* dièse mineur. De forme tripartite, elle oppose l'impétuosité et les brusques accentuations de ses volets extrêmes (tonique mineure) au lyrisme chaleureux et fluide de son trio central (tonique majeure).

Inscrit dans la perspective du *Menuet pompeux* d'Emmanuel Chabrier, le *Menuet antique* compte, avec la *Habanera* pour piano, parmi les premières œuvres publiées de Ravel. Ultérieurement, celui-ci en réalisa une version pour orchestre.   J. D.

MENUET SUR LE NOM DE HAYDN. Œuvre pour piano de Maurice Ravel, datant de 1909 et donnée en première audition en mars 1911, à la Société nationale. Écrite à l'instigation de Jules Écorcheville pour le centenaire de la mort de Joseph Haydn, cette page très courte s'inscrit dans la perspective d'un hommage collectif, auquel s'associèrent également Claude Debussy, Paul Dukas, Reynaldo Hahn, Vincent d'Indy et Charles-Marie Widor. Son thème de départ utilise les lettres H, A et D : *si* naturel, *la* et *ré* dans la notation allemande. Il retient aussi les lettres Y et N, qui, par équivalences (obtenues en répétant la série A, H, C, D, E, F, G - *la, si, do, ré, mi, fa, sol* — sous les 26 lettres de l'alphabet), correspondent respectivement à D et G, c'est-à-dire à *ré* et *sol*. D'où le thème *si, la, ré, ré, sol*, générateur d'un élégant pastiche fort éloigné, à vrai dire, des robustes véhémences haydniennes, et que Ravel mobilise tel quel, en rétrogradation (*sol, ré, ré, la, si*) ou en lecture renversée (*ré, sol, sol, do, si*).
   J. D.

MENUHIN (Yehudi), violoniste et chef d'orchestre américain (New York 1916). Ses parents, d'origine russe, s'étaient d'abord rencontrés en Palestine, où ils avaient émigré à quelques années d'intervalle ; puis ils s'étaient retrouvés à New York, où fut célébré leur mariage. L'aîné de leurs enfants, Yehudi, manifesta très tôt d'étonnantes dispositions pour la musique et le violon en particulier. La famille s'étant transportée de New York à San Francisco, où Moshe Menuhin a été appelé à enseigner l'hébreu, le bambin écoute avec passion le violoniste Louis Persinger et, à cinq ans, devient son élève. A sept ans, il débute en soliste avec l'orchestre de San Francisco dans la *Symphonie espagnole* de Lalo, mais son père n'ignore pas les périls qui guettent un enfant prodige. Sacrifiant sa propre carrière, il s'embarque avec les siens pour l'Europe où Yehudi aura les plus éminents professeurs : George Enesco à Paris, Adolf Busch à Bâle. Au cours de cette période d'apprentissage, le jeune garçon ne fait que de rares apparitions en public, mais elles sont retentissantes ; citons notamment son premier concert à Carnegie Hall en novembre 1927, où il joue le *Concerto* de Beethoven sous la direction de Fritz Busch, et celui du 12 avril 1929 consacré à Bach, Beethoven et Brahms, avec l'Orchestre philharmonique de Berlin, sous la direction de Bruno Walter. A douze ans, il commence à entreprendre des tournées. De 1930 à 1935, la famille trouve son port d'attache à Ville-d'Avray, et Yehudi travaille volontiers avec sa sœur Hephzibah, de quatre ans sa cadette, qui restera sa partenaire au piano jusqu'à sa mort, en 1980. Entré dans la légende à peine adolescent, Yehudi Menuhin restera, grâce à d'innombrables concerts et enregistrements, le plus illustre violoniste du monde contemporain. Si sa virtuosité a été égalée, sinon dépassée, il n'a guère de rivaux quant à l'interprétation en profondeur d'un immense répertoire, tant classique que moderne.

Un film lui a été consacré par François Reichenbach en 1971.

La musique est pour Menuhin une sorte de religion universelle, un message de paix entre les hommes et les peuples. Lui-même se veut missionnaire de cette religion et citoyen du monde. Aussi a-t-il prodigué son talent, pendant et après la guerre, devant tous les publics et dans les pires conditions, au risque d'un surmenage qui a failli compromettre sa maîtrise de l'instrument. Bravant au besoin l'opinion de ses coreligionnaires et de ses compatriotes, il a courageusement tendu la main à Wilhelm Furtwängler, accusé de sympathies pronazies, joué en Allemagne avant d'affronter le public israélien, et donné des concerts à Moscou en pleine guerre froide. En revanche, il s'est accordé une « année sabbatique » à l'occasion de son soixantième anniversaire qu'il a mise à profit pour rédiger un important ouvrage autobiographique — *le Voyage inachevé* — qui révèle l'étendue de son ouverture d'esprit et explique, par exemple, son attirance pour la musique et la philosophie de l'Inde.

Un certain nombre d'œuvres contemporaines, telles que la *Sonate pour violon seul* de Bartók, un *Duo pour deux violons* de Darius Milhaud, un *Trio* pour violon, violoncelle et piano d'Alexander Goehr, ont été écrites pour lui. Également virtuose de l'alto, il a abordé la direction d'orchestre dans les années 50 au festival de Bath, dont il venait d'être nommé directeur artistique, et a poursuivi cette activité au festival de Gstaad qu'il a lui-même fondé en 1956. Enfin, il a créé en 1962, dans une petite ville du Surrey, Stoke d'Abernon, une école où sont enseignés le piano et les instruments du quatuor parallèlement aux disciplines classiques. La pédagogie tient en effet une grande place dans ses préoccupations : il dirige à Londres une collection de *Musical Guides*, où il s'est réservé le violon et l'alto, attachant une importance primordiale à la décontraction, obtenue en ce qui le concerne par la pratique du yoga.   M. T.

MER (LA). Ensemble de 3 « esquisses symphoniques » pour grand orchestre composées par Claude Debussy entre 1903 et 1905. Successivement : *De l'aube à midi sur la mer, Jeux de vagues, Dialogue du vent et de la mer*. La première audition en fut donnée le 15 octobre 1905 à Paris, sous la direction de Camille Chevillard, et elle fut redonnée aux concerts Colonne le 19 janvier 1908, sous la direction de l'auteur. La période de conception et de composition fut une des plus agitées dans la vie privée de Debussy. L'auteur tenait évidemment beaucoup à cette œuvre, dont le titre est on ne peut plus ambitieux dans sa nudité. Évidemment, certains « debussystes » n'y retrouvèrent ni la mer ni Debussy.

Le titre du premier mouvement, *De l'aube à midi sur la mer*, a suscité l'ironie de Satie (qui disait à peu près : « J'aime bien le passage entre onze heures et demie et midi moins le quart »). Il ne s'agit pourtant pas là d'une précision triviale. Comme tants tableaux de Monet, beaucoup d'œuvres de Debussy sont *situées* précisément à un moment de la journée, dont elles cherchent à capter l'essence, à saisir la part d'éternité dans l'éphémère. Le début de ce premier mouvement, avec ses quintes à vide successives, dans le grave, est cosmogonique, comme le début de *l'Or du Rhin* de Wagner, il fait naître le monde de la nuit et de l'élément primitif. Mais, contrairement à Wagner, on a le sentiment, non du matin en général, mais d'une matinée particulière entre toutes les autres, unique : le sentiment général, cosmique, émerge du détail, de l'éphémère, du contingent et du passager, au lieu de gouverner le détail et d'être premier par rapport à lui. Comme au début du dernier mouvement d'*Iberia*, une volonté d'éveil doit lutter contre la pression de la nuit ; un éclat de lumière révèle le mouvement de la mer « toujours recommencé ». Tout ce mouvement est ordonné, jusque dans la structure thématique, par des jeux de flux et de reflux qui se colorent différemment. Un retour surprenant du silence fait sombrer toute cette activité dans le néant. C'est alors un nouveau départ, dans un élan d'enthousiasme presque romantique, qui vient peu à peu se diluer et se perdre dans l'indifférence éternelle du flux et du reflux naturels. Des changements de couleurs subits, des déchaînements de force, des moments de condensation rassemblent par moments ces énergies éparses, comme, par exemple, à la fin de ce premier mouvement, un grand tutti ensoleillé qui sonne l'apothéose de midi.

Après cette « vue générale », le deuxième mouvement, *Jeux de vagues*, semble se consacrer à des phénomènes énergétiques plus petits, observés de près, comme des gros plans sur l'activité de la mer vue en détail. C'est une fantaisie joyeuse, comme rarement chez Debussy. Ici, l'auditeur est emporté sur une espèce de balançoire musicale, où tout glisse sur tout. Le travail des motifs est incroyablement fin et détaillé, décomposé prismatiquement. La fin du mouvement est une dissolution dans le néant, ou dans la lumière, comme la conclusion de l'*Après-midi d'un faune*. Le troisième mouvement introduit une nouvelle rupture, encore plus radicale. Le titre même, *Dialogue du vent et de la mer*, suggère une personnification mythologique des éléments peu coutumière à Debussy (malgré *Ce qu'a vu le vent d'ouest*, titre d'un des *Préludes* pour piano). Le ton devient plus dramatique, et un grand thème avec une alternance « expressive » de secondes mineures et majeures, un thème qu'on a presque envie de chanter, ce qui est rare chez notre auteur, s'énonce majestueusement. La fin évoque une bataille de thèmes dans la tradition beethovénienne (thème ample du vent, thème tourmenté de la mer?) et la façon dont l'apothéose finale est ménagée, faisant triompher le « vent », rappelle les développements wagnériens.

Finalement, *la Mer* présente une grande variété de tons et de registres. La finesse des détails dissimule ce qu'a de composite et d'éclaté sa conception d'ensemble. N'oublions pas que Debussy parlait lui-même d'« esquisses symphoniques », et qu'il a pu donc se laisser aller ici à des élans plus spontanés, plus capricieux, que dans mainte autre page plus homogène et « parfaite ». Et du même coup la grandeur s'est ouverte à lui comme rarement, par exemple, dans le déploiement final du thème chantant, à la fin du troisième mouvement. Mais ce thème reste une exception. Les motifs musicaux de *la Mer* sont fréquemment en arche : une partie descendante suivie d'une partie montante, ou, inversement, le pur mouvement alternatif et dépourvu de sens des phénomènes naturels, ce qui rend cette musique antiromantique — mis à part le finale, « expressif », où l'on sent une conquête de la joie sur le marasme, dans un sauvage effort de volonté, très beethovénien. Ici, Debussy, pour lequel le « je » musical était haïssable, s'est permis d'écrire « à la première personne ».

Mais *la Mer*, dans sa variété, reste une « auberge espagnole » où chacun vient remarquer ce qui lui plaît. Ainsi Boulez et les postsériels portent-ils leur admiration particulière au deuxième mouvement, *Jeux de vagues*, pour sa réussite d'élégance, de concision, d'ellipse » et sa « perfection formelle atteinte à travers une sorte de divisionnisme structurel ». D'autres, dont peut-être le grand public, seront plus touchés par les accents quasi romantiques du dernier mouvement. Au total, *la Mer* semble plaire à tout le monde par au moins une de ses parties, ce qui n'est pas la moindre originalité de cette œuvre. M. C.

Mer calme et heureux voyage (en all. *Meeresstille und glückliche Fahrt*).
— 1. Œuvre pour chœur et orchestre en *ré* majeur op. 112 de Beethoven, composée entre la fin de 1814 et l'été de 1815, créée à Vienne le 25 décembre 1815 et publiée en 1822. Sont mis en musique 2 poèmes de Goethe. Du premier (*Mer calme*), les paroles commencent par *Tiefe Stille herrscht im Wasser* (Un profond silence règne dans l'eau); du second (*Heureux Voyage*), par *Die Nebel zerreisen* (Les nuages déchirent). Le premier épisode (*Mer calme*) est lent, le second (*Heureux voyage*) rapide (respectivement poco sostenuto à 2/2 et allegro vivace à 6/8).
— 2. Titre donné par Mendelssohn à son ouverture de concert pour orchestre op. 27 en *ré* majeur, composée en 1828, créée d'abord en audition privée le 7 septembre 1828 à Berlin sous la direction du compositeur, puis reprise le 1er décembre 1832 à la Singakademie de la même ville. Le titre fait référence aux mêmes poèmes de Goethe, reproduits au début de la partition. La partie *Mer calme* donne lieu à un court adagio introductif, la partie *Heureux Voyage* à un allegro beaucoup plus développé et doté de fanfares conclusives. M. C. et M. V.

Mercadante (Saverio), compositeur italien (*Altamura, prov. de Bari, 1795 - Naples 1870*). Élève de Zingarelli, pour la composition, à Naples, où il fut le condisciple de Bellini, il apprit en outre le violon et la flûte et acquit un solide métier qui lui permit de percevoir les courants nouveaux du romantisme naissant, tout en restant fidèle aux principes essentiels et aux schémas de la vieille école. C'est ainsi qu'il sut mêler une écriture vocale encore belcantiste aux nécessités d'une instrumentation où le choix des timbres acquérait une fonction dramatique.

C'est à Naples qu'il donna son premier opéra, *L'Apoteosi d'Ercole* (1819), avant de se faire connaître à Rome dès 1820, puis à Bologne et enfin à Milan, où, en 1821, triompha *Elisa e Claudio*, une de ses œuvres maîtresses. Turin, Vienne, Madrid, Lisbonne accueillirent ensuite ses opéras nouveaux avec des fortunes diverses, et, en 1833, Mercadante succéda à Generali comme maître de chapelle à Novarre. Après avoir dirigé ses *Briganti* à Paris en 1836, il retrouva Naples, au sommet de sa maturité, et y donna successivement *Il Giuramento* (1837), qui, en moins de vingt ans, fut joué de Russie en Amérique, puis *Le Due Illustri Rivali* (1838), et *Il Bravo* en 1839, cependant qu'il succédait à Zingarelli à la tête du conservatoire, triomphant ainsi de son rival Donizetti. Il n'en poursuivit pas moins une féconde activité créatrice que marquèrent notamment *La Vestale* (1840), *Il Reggente* (1843), *Pelagio* (1857) et, malgré une cécité devenue totale dès 1862, *Virginia* (1866).

Sa longue carrière fit de Mercadante le contemporain de Rossini et de Bellini, dont il subit l'influence, puis de Donizetti et de Verdi, qui, à son tour, s'inspira de certains de ses procédés. Écrasé par ce redoutable voisinage, Mercadante n'en demeure pas moins plus qu'un compositeur « élégant »; il fut l'un des rares auteurs italiens qui sut assumer une difficile transition entre l'héritage rossinien (et pérrossinien) et l'esprit nouveau qui imprima à son œuvre une force dramatique inconnue; d'autre part, resté à l'écart des aspirations du Risorgimento et fidèle au public napolitain, il persévéra à traiter la voix en héritier du bel canto, fidélité qui lui vaut actuellement un regain de faveur. Compositeur fécond, il laissa une soixantaine d'ouvrages lyriques, des compositions religieuses, des hymnes, de la musique de chambre et plusieurs concertos qui révèlent une connaissance de Haydn et de Mozart acquise plus sûrement par son instinct de musicien que durant ses études avec Zingarelli. R. M.

Mercure. Titre porté par la symphonie n° 43 en *mi* bémol majeur de Haydn, composée vers 1771. Les raisons de cette dénomination, qu'on ne trouve sur aucun manuscrit d'époque, sont obscures. Peut-être fait-elle référence à l'agilité des 2 mouvements extrêmes, comparable à celle du dieu romain du Commerce, des Voleurs et des Voyageurs. A moins, ce qui est peu probable étant donné sa facture et ses sonorités « de chambre », que l'œuvre n'ait été conçue à l'origine comme musique de scène pour une pièce de théâtre faisant intervenir ce dieu. M. V.

Mercure (Pierre), compositeur canadien (*Montréal 1927 - Avallon 1966*). Il fit ses études musicales au conservatoire du Québec et à Paris (avec Nadia Boulanger), puis fut bassoniste dans les orchestres de Montréal. Son œuvre, commencée sous le signe d'un éclectisme néoclassique, s'est orientée peu à peu vers les techniques nouvelles et une prospection intelligente de l'électronique. Prématurément disparu à la suite d'un accident d'automobile en France (il est mort dans une ambulance entre Avallon et Auxerre), il laissait alors différentes pièces symphoniques (*Kaléidoscope*, 1947-48, fantaisie symphonique, *Triptyque*, 1959, *Divertimento*, pour quatuor à cordes solo et orchestre à cordes), des compositions pour ensembles de chambre (*Pantomime*, 1948, pour 14 instruments à vent et percussion, *Lucretia Borgia*, pour trompette, clavecin, et percussions, *Emprise*, pour clarinette, basson, violoncelle et piano) et des compositions pour bande ou sons électroniques (*Incandescence*, ballet, *Structures métalliques*, 1961, *Répercussions*). une grande cantate radiophonique, *Psaume pour abri*, unit l'orchestre et les chœurs à des éléments de musique électronique.

A. G.

MERIKANTO, famille de compositeurs finlandais.
— 1. **Oskar** (*Helsinki 1868-Oitti 1924*). Auteur de 3 opéras (*Pohjan neiti*, 1899 ; *Elinan surma*, 1910 ; *Regina von Emmeritz*, 1920), de 150 mélodies, 55 chœurs, 60 pièces pour piano, 100 chorals pour orgue. Dans l'ombre de Sibelius, O. Merikanto, mélodiste imaginatif, sut construire un œuvre, qui, pour appartenir, à l'origine, surtout, à la musique de salon, n'en devint pas moins une part importante du patrimoine vivant de son pays. Ses mélodies sont aujourd'hui populaires, connues, appréciées et chantées dans tous les milieux.
— 2. **Aarre**, fils du précédent (*Helsinki 1893*-id. *1958*). Il étudia à Helsinki, Leipzig et Moscou. Pionnier de la musique contemporaine finlandaise, il s'oppose radicalement à son père ; moderniste, ouvert aux mouvements musicaux européens de son temps, il se heurte à l'établissement musical qui refuse de diffuser ses œuvres les plus originales (il n'entendit jamais son opéra *Juha*, aujourd'hui considéré comme l'opéra national finlandais). Après avoir subi les influences de Reger, dont il possède la solidité formelle, de R. Strauss et de Scriabine pour l'orchestration et parfois l'harmonie, il côtoie l'impressionnisme et admire l'exemple viennois (*Concert pour 9 instruments*). Malgré sa remarquable technique, est-il probable que les contraintes sociales n'ont pas permis à ses dons évidents de s'épanouir pleinement, et qu'elles furent l'une des causes de l'échec de l'évolution de son esthétique.

H.-C. F.

MERILÄINEN (*Usko*), compositeur, pianiste et chef d'orchestre finlandais (*Tampere 1930*). Élève de A. Merikanto et L. Funtek à Helsinki et V. Vogel en Suisse, il se fait connaître par un concert de ses œuvres à Helsinki en 1957. Symphoniste, il adopte tout d'abord le langage dodécaphonique tout en restant, de tempérament, un néoclassique (*Epyllion*, pour orchestre, 1963). On peut considérer qu'il atteint la pleine possession de son langage en 1964 avec sa 2ᵉ *Symphonie* et qu'il l'affirme encore avec sa 2ᵉ *Sonate* pour piano (1966). Depuis cette œuvre, le style de Meriläinen n'a pas cessé d'évoluer, et ses œuvres les plus importantes sont le 2ᵉ *Concerto pour piano* (1969), la 3ᵉ *Symphonie* (1971) et *The Avril* (1975) qu'il dénomme *Symphonie électronique*.

H.-C. F.

MERKLIN. Société de facture d'orgues française. Fondée par l'Allemand Joseph Merklin (*Oberhausen 1819-Nancy 1905*), qui s'établit à Bruxelles en 1843 et à Paris en 1855, elle devint en 1894 la Manufacture lyonnaise Michel Merklin et Kuhn, et subit de nombreuses transformations jusqu'à nos jours. La maison Merklin a construit de très nombreux instruments, principalement dans le centre de la France, de style romantique et symphonique.

G. C.

MERLE NOIR (LE). Brève pièce pour flûte et piano d'Olivier Messiaen, écrite sur commande du Conservatoire de Paris en 1951, pour le concours de flûte. Il s'agit surtout dans cette page d'accumuler traits de haute voltige, détachés rapides, voire multiples attaques de la flûte, plus que de respecter à la lettre l'identité de l'oiseau retenu, mais y alternent déjà les strophes du merle en question et des paysages « croqués » par le piano accompagnateur. Pièce secondaire dans la production de Messiaen, mais non moins annonciatrice du cheminement qu'il va désormais parcourir.

A. P.

MERRILL (*Morris Miller*, dit ROBERT), baryton américain (*Brooklyn, New York, 1919*). Il étudia le chant, d'abord avec sa mère Lillian Miller Merrill, elle-même chanteuse, puis avec Samuel Margolis à New York. Il débuta à Trenton dans le rôle d'Amonasro de *Aïda* (1944) et, l'année suivante, remporta le concours radiophonique organisé par le Metropolitan Opera, où il fit sa première apparition dans Germont de *La Traviata*.
Il tourna à Hollywood plusieurs films (dont des comédies musicales) et chanta dans le monde entier avec les meilleures formations, mais poursuivit l'essentiel de sa carrière au Metropolitan Opera, dont il fut sociétaire.
Une voix ample, sonore et très assurée lui fit assumer tous les rôles de baryton du répertoire italien (et la plupart de ceux du répertoire français). Il fut choisi par Toscanini pour interpréter les rôles de Germont et de Renato lorsque celui-ci enregistra *La Traviata* et *Un Ballo in maschera*.

A. de B.

MERSENNE (père *Marin*), philosophe et théoricien français (*La Soultière, Maine, 1588-Paris 1648*). Il commence ses études à partir de 1604 au collège des jésuites à La Flèche et les poursuit à Paris, où il s'installe en 1609. En 1611, il devient membre de l'ordre des Minimes et entre au monastère de la place Royale à Paris. Mis à part ses voyages à travers la France, puis aux Pays-Bas et en Italie, Mersenne passe la majeure partie de sa vie dans la capitale. En dehors de son œuvre de philosophe, de sa correspondance avec Descartes et bien d'autres penseurs, sa contribution la plus importante à la musique reste le vaste ouvrage *Harmonie universelle*, publié à Paris en 1636-37 (rééd. en fac-similé par le C. N. R. S., 1963, nouv. rééd., 1972). Organisée en 19 *Livres de musique*, l'*Harmonie universelle* traite de la nature des sons, de l'acoustique, de la voix, des ornements du chant, des consonances et dissonances, des modes et de la composition. Enfin, une grande partie de l'ouvrage est consacrée aux instruments. Les exemples musicaux sont nombreux et sagement tirés de l'œuvre d'éminents auteurs : ceux du passé (Le Jeune, Mauduit), ceux du présent (Moulinié, A. Boesset). Cela reflète le respect de Mersenne pour les anciens et pour la tradition zarlinienne, en même temps que son acceptation des idées nouvelles. Comme il a servi de lien entre les différents philosophes, Mersenne se situe en musique au carrefour de la Renaissance et de l'époque baroque.

C. W.

MERULA (*Tarquinio*), organiste et compositeur italien (*Crémone v. 1590*-id. *1665*). En 1624, il fut organiste à la cour de Varsovie. En 1626, de retour à Crémone, il fut organiste à l'église Sancta Agatha, puis fut, en 1631, maître de chapelle à Sancta Maria Maggiore de Bergame. En 1643, il collabora, à Venise, au mélodrame *La Finta Savia* de Strozzi. Il revint définitivement à Crémone en 1652. Il fut l'un des premiers à pratiquer la sonate à trois, avec basse continue. Dans ses madrigaux, il se montre un précurseur de la cantate par l'alternance des arias et des récitatifs. Outre des sonates et madrigaux, il a laissé une messe concertante, des motets et des œuvres pour orgue.

M. P. P.

MERULO (*Claudio*), organiste et compositeur italien (*Correggio 1533-Parme 1604*). Ses activités dans le domaine musical furent très diverses. Organiste, il exerça à la cathédrale de Brescia (1556), à Saint-Marc de Venise (1557), puis à Mantoue (1584) et à Parme (1586), où il fut organiste de la cathédrale et de la chapelle ducale. Expert en facture d'orgues, on lui doit un positif construit par lui-même. Il fut également éditeur de musique à Venise, en collaboration avec

Betanio (1566-1571). En tant que compositeur, on lui doit 4 *Livres de madrigaux* (à 5 voix en 1566 et 1604, à 4 voix en 1579, à 3 voix en 1580), 7 volumes de *Motets* et de *Sacrae cantiones*, de 4 à 12 voix, plusieurs *Messes*, des *Litanies de la Vierge* avec orgue (1609). Pour l'orgue, il a écrit des *Ricercari* (1567), 1 *Messe* (1568), 3 livres de *Canzoni fatte alla francese* et 2 livres de *Toccate* (1598 et 1604), où s'opposent des passages de style improvisé, propres à la toccata, et des segments fugués à la manière du ricercare. Il a également écrit 3 livres de *Ricercari da cantare a 4 voci*, pour groupes instrumentaux. Il composa encore des intermèdes et des musiques de scène, mais ses partitions sont pour la plupart perdues. Merulo édita lui-même une partie de ses œuvres. D'autres pièces figurent dans des recueils collectifs ou ont été éditées par son arrière-petit-neveu **Giacinto** (*Parme 1595*- id. *v. 1650*), lui-même organiste et compositeur.　G. C.

MÉSOPOTAMIE. La région comprenant les vallées du Tigre et de l'Euphrate, ainsi que tout le pays intermédiaire, et constituant ainsi la majeure partie de l'Iraq actuel fut le berceau d'une des plus vieilles civilisations, y compris sur le plan musical. Notre connaissance pratique de cette musique se limite aux représentations d'instruments et de scènes de musique sur des bas-reliefs de pierre, sur des tablettes de terre cuite et sur des sceaux-cylindres et, par ailleurs, à quelques écrits qui éclairent parfois sur la théorie et même sur la notation de cette musique.

Le degré de perfection des plus anciens instruments de musique permet d'évaluer à la fois la qualité et l'importance de cette musique, faute d'autres témoignages. Ainsi, de très anciennes représentations d'instruments de musique sumériens figurent sur une empreinte de sceau de la seconde moitié du IVe millénaire avant Jésus-Christ, montrant des musiciens jouant de la harpe, du tambour à membrane et des cornes courbées.

La famille des idiophones comprend des bâtons entrechoqués, soit bien droits, soit taillés en faucille, parfois tenus d'une seule main comme les crotales grecs et représentés depuis le IIIe millénaire av. J.-C. Les cymbales sont, elles, représentées depuis l'époque babylonienne (IIe millénaire av. J.-C.) et peuvent être plates, ou, pendant l'époque assyrienne (Ier millénaire av. J.-C.), coniques. On rencontre aussi des cloches en argile ou en métal, de la même époque, ayant une signification magique. Enfin des hochets reproduisant de petits animaux ou sous forme de disques creux, montés sur un manche et des sistres en étrier ou sous forme de cadre rectangulaire complètent cette famille d'instruments qui servaient de support rythmique à la musique et à la danse.

La famille des membranophones comprend plusieurs variétés de tambours, dont le rôle et la fonction sont intéressants. Ainsi, pendant l'époque néosumérienne (v. 2150-1850 av. J.-C.) apparaissent le tambourin utilisé par les danseurs dans leurs danses rituelles ainsi que le gigantesque tambour sur cadre percuté par deux joueurs à mains nues. Pendant l'époque babylonienne, le tambour portatif était très usité ; on le tenait contre l'épaule gauche de la main gauche et on le frappait de la droite. On pouvait également le tenir devant soi ou bien sous l'aisselle. Il accompagnait la danse et, plus tard, il fera partie des ensembles instrumentaux. Le tambour en forme de gobelet (*lilissu*) ayant une peau de taureau était un instrument important du culte jusqu'à la fin des époques babylonienne et assyrienne. Pendant le Ier millénaire av. J.-C. existaient deux types de tambours très usités ; l'un était cylindrique à deux peaux et soutenu par une courroie, l'autre avait la forme d'un carquois et comportait une peau.

Les cordophones sont les instruments les plus perfectionnés et ceux qui mettent le plus en évidence le degré d'évolution et l'importance de cette musique. La harpe fut représentée dès le IVe millénaire av. J.-C. ; elle est en forme d'arc ouvert vers l'avant et la caisse de résonance est soit creusée dans tout le bois, soit dans la partie inférieure. Elle est tenue verticalement et a jusqu'à 6 cordes pincées par les mains de l'exécutant qui tient l'instrument devant lui, le bois de l'arc dirigé contre l'épaule. Les harpes de la première période d'Ur (v. 2600-2350 av. J.-C.) étaient similaires mais avaient de 11 à 15 cordes et étaient d'une grande taille. À l'époque babylonienne apparaît la harpe angulaire jouée soit verticalement, soit horizontalement ; dans ce cas, l'instrumentiste tenait la caisse de résonance sous le bras gauche et pinçait les cordes avec un plectre tenu de la main droite, tandis que les doigts de la gauche pouvaient toucher également les cordes. Un type de harpe ronde d'origine incertaine, jouée horizontalement comme la harpe angulaire, se rencontre dès la première moitié du IIIe millénaire av. J.-C. Enfin, l'époque assyrienne offre de nombreux témoignages de harpes angulaires verticales ou horizontales jouées les unes à mains nues, les autres avec un plectre. Mais le nombre de cordes, considérablement augmenté, varie de 8 à 22.

La cithare était l'autre instrument important des Sumériens, qui l'associaient au taureau, symbole de fertilité et de puissance divine. Elle est représentée dès l'époque de Djemdet-Nasr (v. 3100-2800 av. J.-C.). La caisse de résonance avait d'abord la forme d'un taureau ; ultérieurement la tête seule de l'animal fera saillie à l'avant. L'instrument était soit portatif, car de taille réduite, soit posé par terre, car de grande taille ; les cordes, jusqu'à 11 pendant la première période d'Ur, étaient pincées par les doigts de l'instrumentiste. De la caisse de résonance, de forme variable, partent deux montants égaux ou asymétriques réunis par une barre transversale sur leur extrémité supérieure. Les cordes s'y attachent et passent parallèlement à la caisse de résonance pour être fixées dans leur extrémité inférieure à une pièce en saillie à la base de la caisse. Des tiges en bois fixées entre les nœuds des points d'attache des cordes et du joug permettaient la tension variable de celles-ci et des accords différents. À l'époque babylonienne, l'instrument n'est plus orné de la tête d'un taureau et devient petit à petit de taille plus réduite encore ; un vase hittite du XIVe siècle av. J.-C., conservé au musée d'Ankara, montre une énorme cithare dépassant la taille de l'homme et jouée par deux musiciens simultanément ; les cordes sont pincées avec un plectre tenu d'une main, tandis que l'autre, comme pour les harpes horizontales de même époque, pouvait toucher aussi les cordes. À l'époque assyrienne, on tenait l'instrument plus ou moins incliné et on en jouait avec ou sans plectre ; il avait de 5 à 7 cordes.

Le luth à manche long et caisse de résonance petite et ovale ou ronde parut en Mésopotamie dès la seconde moitié du IIIe millénaire av. J.-C., mais devint un instrument usuel à partir de l'époque babylonienne. Une peau était tendue sur la caisse, et les 2 ou 3 cordes étaient pincées avec un plectre. Un autre type d'instrument avait le manche moins long et la caisse plus grande et plus rectangulaire. Enfin, un troisième type avait une caisse cintrée et un manche à frettes ; il était en faveur chez les Hittites.

Des aérophones étaient sûrement en usage dès le IVe millénaire av. J.-C., mais c'est seulement l'époque babylonienne qui en fournit pour la première fois des représentations sans équivoque. Le type aulos double (à anche double) existant depuis l'époque d'Akkad (v. 2350-2150 av. J.-C.) en devint l'instrument principal. La corne courbe déjà mentionnée, la trompette et la flûte de Pan étaient également en usage.

Tous les instruments mentionnés servaient essentiellement à l'accompagnement du chant et de la danse ; dès l'époque sumérienne existaient aussi des ensembles instrumentaux, particulièrement variés à l'époque assyrienne, qui ne pratiquaient sûrement pas la polyphonie, mais le principe de l'hétérophonie.

La pratique musicale avait une signification essentiellement religieuse et servait pour louer les dieux et accompagner les prières. Elle suivait l'homme du berceau à la tombe et même au-delà. Les musiciens faisaient partie du personnel des temples, étaient très hiérarchisés et intervenaient pendant la liturgie quotidienne du temple, lors de festivals annuels ou pendant des occasions précises, comme la construction d'un temple ou des rites funéraires. La musique vocale chorale ou en solo était très répandue et les instruments de musique qui l'accompagnaient étaient choisis selon l'usage rituel de l'occasion. L'apprentissage suivait les règles de la tradition orale même s'il existait des écoles dans les temples et les palais royaux qui formaient des élèves selon des critères rigoureux appliqués sur trois ans. Dans toutes ces pratiques, le sumérien demeura largement employé longtemps après son extinction comme langue courante.

La théorie musicale était en rapport avec les mathématiques et remonte probablement à l'époque sumérienne. L'heptatonisme diatonique, un système de sept modes désignés par les mêmes termes qui servaient aussi pour les noms de différents aspects de quarte (4) et de quinte (3). Enfin, la découverte récente de tablettes hourrites du XIVe siècle av. J.-C. permet de conclure à l'existence d'une notation musicale ; toutes ces données témoignent du degré d'évolution de la musique en Mésopotamie, notamment à partir du IIe millénaire av. J.-C.   H. M.

MESPLÉ *(Mady),* soprano coloratura française *(Toulouse 1931).* Elle étudia le piano et le chant au conservatoire de Toulouse, et travailla aussi à Paris, notamment avec Jeanine Micheau. Elle débuta à l'Opéra de Liège dans le rôle de *Lakmé* (1952), dont elle est restée l'une des plus célèbres interprètes, puis se produisit à la Monnaie de Bruxelles dans *Lucia di Lammermoor,* rôle dans lequel (après des débuts à l'Opéra-Comique en 1956) elle devait triompher à l'Opéra de Paris en 1960. Elle parut ensuite à l'étranger et dans les principaux festivals (dans *Zémir et Azor* à Aix-en-Provence en 1966). Elle a créé la version française d'*Élégie pour de jeunes amants* de Henze, et des œuvres contemporaines ont été écrites pour elle *(Quatuor II* de Betsy Jolas, *Poèmes de Sappho* de Charles Chaynes).* Elle a chanté à Londres l'*Échelle de Jacob* de Schönberg sous la direction de P. Boulez, mais reconnaît volontiers que sa carrière tourne autour de 6 ou 7 opéras : *Rigoletto, le Barbier de Séville, Lakmé, les Contes d'Hoffmann, la Flûte enchantée, Lucia di Lammermoor.*   A. de B.

MESSA DI VOCE (ital. ; « émission de la voix »). Une voix bien posée, bien émise, peut soutenir un son qui commence pianissimo et dont l'intensité augmente petit à petit jusqu'au forte avant de diminuer à nouveau. Cette note tenue se trouve ainsi exécutée avec un contrôle parfait du souffle et sans le moindre fléchissement. Caccini, dans la préface des *Nuove Musiche* (1602), appelle la messa di voce *il crescere e scemare della voce.* C'était, à l'origine, un ornement sur des valeurs longues, notamment en fin de phrases, qui devint, à l'époque du *bel canto* au XVIIIe siècle, une des qualités les plus recherchées dans l'art de bien chanter. Tous les grands maîtres italiens du chant en parlent, tels Tosi et Mancini, ce dernier allant jusqu'à écrire que toute valeur longue devait faire l'objet de cet embellissement.   C. W.

MESSAGER *(André),* compositeur et chef d'orchestre français *(Montluçon 1853-Paris 1929).* Il fit ses études classiques, tout en travaillant le piano depuis l'âge de sept ans. À seize ans, il vint à Paris étudier la musique à l'école Niedermeyer dans les classes de Loret (orgue) et de Gigout (harmonie). Il s'y lia avec Saint-Saëns et Fauré. Il succéda à ce dernier à l'orgue de chœur de Saint-Sulpice, dès sa sortie de l'école en 1874. L'année suivante, sa *Symphonie en « la »* reçut le prix de la Société des compositeurs. En 1876, il obtint le prix de la Ville de Paris pour sa scène dramatique *Prométhée enchaîné.* Il fut successivement chef d'orchestre aux Folies-Bergère (1878), à l'Éden-Théâtre de Bruxelles (1880), mais il revint bientôt à Paris pour occuper les postes d'organiste à l'église Saint-Paul-Saint-Louis (1881) et de maître de chapelle à l'église Sainte-Marie des Batignolles (1882). En 1883, à la demande de l'éditeur Enoch, il termina une opérette inachevée de Firmin Bernicat, *François les Bas-bleus.* Son succès amena Messager à s'intéresser au répertoire lyrique. En 1885, il fit représenter à Paris *la Fauvette du temple,* et, en 1886, le ballet *les Deux Pigeons,* premiers ouvrages d'une longue série qui devait connaître certains succès comme *la Basoche* (1890), *les P'tites Michu* (1897), *Véronique* (1898), restée la plus populaire de nos jours, ou *Fortunio* (1907), partitions claires, élégantes, et possédant un charme réel. Parallèlement à son activité créatrice, il poursuivit sa carrière d'interprète. Il fut directeur de la musique à l'Opéra-Comique (1898-1904), puis à Covent Garden de Londres, avant de prendre, à Paris, la direction de la Société des concerts du Conservatoire (1908), puis celle de l'Opéra, en association avec Broussan. Il y dirigea les représentations du *Crépuscule des dieux,* de *Salomé* et de *Parsifal.* En 1919, il revint, pour deux saisons, seille Favart pour y créer *la Rôtisserie de la reine Pédauque* de Lévadé. Comme chef d'orchestre, il possédait les qualités précieuses pour le théâtre : la netteté, la sûreté et le souci de l'accompagnement nuancé. Il collabora avec Sacha Guitry pour l'opéra *l'Amour masqué* (1923) et écrivit la musique de scène pour sa pièce *Debureau* (1926). Son catalogue, très important, aborde tous les genres scéniques : opéra, opéra-comique, opérette, pantomime, musique de scène, ballet. Il est également l'auteur de nombreuses mélodies. Toutefois, peu de ses œuvres sont passées à la postérité. Membre de l'Institut (1926), Messager fut plusieurs fois président de la Société des auteurs et compositeurs.
A. L. et S. W.

MESSE. Principale cérémonie du culte catholique, articulée autour des deux moments essentiels, qui sont la « consécration » et la « communion » (V. ITE MISSA EST). Jusqu'au concile Vatican II, qui a conservé la structure en assouplissant la mise en œuvre, devenue aujourd'hui assez indécise, la messe, du point de vue musical, pouvait être basse (sans musique), chantée (avec seulement plain-chant et orgue) ou solennelle (avec polyphonie et éventuellement instruments, voire depuis le XVIIe siècle avec orchestre dans certaines grandes églises). Les parties chantées de la messe se divisent en deux grandes catégories imbriquées l'une dans l'autre : le *commun* ou *ordinaire,* immuable sauf aménagements (n° 2 *kyrie*,* n° 3 *gloria*,* n° 7 *credo*,* n° 9 *sanctus*,* parfois scindé en 2 parties, *sanctus** et *benedictus*,* n° 10 *agnus Dei,* n° 12 *ite missa est** ou *benedicamus Domino*)* ; et le *propre** variable d'une fête à l'autre (n° 1 *introit*,* n° 4 *graduel*,* n° 5 *alleluia** ou *trait*,* n° 6 *séquence*,* éventuellement, n° 8 *offertoire*,* n° 11 *communion*).*

Alors que le propre est relativement stable dans le répertoire grégorien, le commun n'a cessé de donner lieu à nombreuses mélodies interchangeables, dont plusieurs ont été regroupées tardivement pour former des ensembles affectés chacun à un usage liturgique déterminé : on a ainsi obtenu 18 messes, désignées soit par un numéro, soit par un nom conventionnel (par ex. messe XV : *de angelis* ou « messe des Anges », déformation probable de *Angles* ou *Anglais*), soit par l'incipit du trope introduit jadis leur *kyrie* (par ex. XVIII : messe *Cunctipotens*). Les pièces non regroupées sont dites *ad libitum.* Le credo (4 mélodies seulement) n'est pas compris dans le regroupement, et le choix de sa mélodie en reste indépendant. La réforme du plain-chant consécutive au concile de Trente, ayant créé un style différent dans l'exécution du chant liturgique, entraîna au XVIIe siècle la composition de *messes en plain-chant* dans ce nouveau style (H. Dumont, Lully fils), mais ce mouvement fut de courte durée. La messe de Dumont du premier ton, dite *Messe royale,* est restée très populaire dans les paroisses jusqu'au concile Vatican II.

C'est par l'organum à vocalises que, vers la fin du XIe siècle, la polyphonie s'introduit dans la messe avec pour objectif d'en rendre certaines pièces plus solennelles, la polyphonie se greffant sur la mélodie liturgique conservée comme *teneur* ou *cantus firmus* avec plus ou moins d'aménagements symphoniques. On « organisa » d'abord de préférence les graduels et les *benedicamus Domino*, puis, à partir du XIIIe siècle, les pièces du commun, dont peu à peu on délaissa le *cantus firmus* liturgique pour la composition libre. A la fin du XIIIe et au début du XIVe siècle, on commença à grouper des pièces d'origine différente pour former des communs polyphoniques complets, généralement à 3 voix (messes dites de Tournai, de Barcelone, de Toulouse, de Besançon). G. de Machaut fut le premier, avec sa *Messe Notre-Dame* à 4 voix, probablement écrite comme messe votive pour la confrérie Notre-Dame de Reims (et non, comme on l'a dit au XIXe s., pour le sacre de Charles V), à composer intégralement une messe comprenant tout le commun (y compris *Ite missa est* abandonné par la suite), et à insérer d'une pièce à l'autre des éléments communs assurant à l'ensemble une certaine cohérence. Au siècle suivant, Guillaume Dufay imagina, pour renforcer cette cohérence, de donner à tous les morceaux d'une même messe un thème commun, emprunté soit à la liturgie (messe *Ave maris Stella*), soit même au répertoire profane (messes *Se la face ay pale*, *l'Homme armé*). L'exemple se généralisa et motiva durant deux cents ans une énorme efflorescence de *messes à titre*, où s'illustrèrent les plus grands compositeurs (105 messes pour le seul Palestrina). Elles peuvent se classer en 3 grandes catégories : les messes à teneur (audition intégrale du thème donné, souvent au ténor), les messes paraphrases (développement libre du thème donné), les messes parodies (adaptation de modèles existants). Vers la fin du XVIe siècle, l'influence du concile de Trente, hostile à l'emploi de thèmes profanes, et l'abandon du style a cappella entraînèrent la disparition des messes à titre au bénéfice des messes avec orgue ou avec orchestre.

Aux XVIIe et XVIIIe siècles, l'habitude nouvelle de faire dialoguer chœur et orgue, ce dernier remplaçant un verset sur deux de certaines pièces, motiva une importante littérature de messes pour orgue, consistant en une série de courtes pièces correspondant à ces interventions dialoguées (elles ne sont donc pas faites pour être jouées à la suite). On y ajoute souvent des morceaux non dialogués correspondant aux moments dont disposait l'organiste pour jouer librement (entrée, offertoire, élévation, communion, sortie). Au XIXe siècle disparut à peu près l'usage de l'alternance, et les messes pour orgue se limitèrent aux morceaux ci-dessus, moins l'élévation pour laquelle fut prescrit un silence de recueillement. Au milieu du XXe siècle, la messe conciliaire, dite de Paul VI, a tout aplani avec des paroles ininterrompues, qui ont à peu près mis fin à toute possibilité d'expression organistique valable.

En revanche, la messe avec orchestre, comportant également chœurs et solos, prit de plus en plus d'ampleur dans les grandes chapelles ou cathédrales et finit au XVIIIe siècle, sous l'influence de l'opéra, par devenir un véritable oratorio, avec ensemble, solos, duos, etc. Elle gagna l'église luthérienne, qui avait conservé en certains cas l'usage du latin (ou du grec pour le kyrie), mais sous forme abrégée, le plus souvent limité au kyrie et au gloria sous le nom de missa brevis (Bach en a écrit plusieurs). La *Messe en « si »* de Bach fut d'abord une *Missa brevis*, puis fut complétée après coup selon l'usage catholique, à destination de la cour catholique de Dresde (Bach n'y esquive pas, dans le *Credo*, les mots *Et unam catholicam ecclesiam*, mais les traite avec discrétion).

Jusqu'à la fin du XVIIIe siècle (par ex. pour Haydn, Mozart), la messe avec orchestre recule au maximum, sans les déborder, toutefois, les limites de temps et de style d'une liturgie assez tolérante. Des traditions s'établissent, comme, par exemple, de traiter en chœur fugué la dernière partie du gloria et du credo. A partir de la *Messe en « ré »* de Beethoven, les limites sont élargies à tel point que la tolérance n'est plus possible et que la messe avec orchestre devient pratiquement un oratorio de concert, inutilisable à l'office. Liszt la réintègre de justesse avec sa *Messe de Gran*, mais retrouve à peu près les normes liturgiques dans d'autres messes qui redonnent une place au plain-chant de l'office. La scission ne s'établit pas moins, vers la fin du XIXe siècle, entre la messe de concert et la messe fonctionnelle, dite « de maître de chapelle ». Cette dernière, malgré l'apport de quelques grands compositeurs (C. Franck, Bruckner, Fauré) semble avoir eu quelque peine à surmonter la médiocrité générale de l'ensemble des productions. Elle semblait, à l'approche du concile, connaître en France un certain renouveau (Caplet, Poulenc, Langlais, Chailley), mais celui-ci est aujourd'hui remis en question par les incertitudes liturgiques de la nouvelle liturgie. Quant à la messe de concert, elle n'apparaît plus guère au XXe siècle que de façon exceptionnelle (Janáček, messe « glagolitique » en dialecte slavon, 1926, messe de Stravinski, 1948). Il faut mettre à part la messe de *Requiem*, qui groupe le propre et le commun et constitue un genre distinct.
J. C.

MESSE. Œuvre de Stravinski, écrite en 1947 pour chœur mixte et double quintette à vent (2 hautbois, cor anglais, 2 bassons, 2 trompettes, 3 trombones). Bien qu'étant de religion orthodoxe, Stravinski a choisi d'écrire une messe catholique, destinée à être exécutée durant le service, dont elle conserve la forme traditionnelle (kyrie, gloria, credo, sanctus, agnus Dei), ainsi que la langue latine, déjà employée par le compositeur dans sa *Symphonie des Psaumes*.

Pour un musicien, la messe catholique présente évidemment l'avantage de permettre l'usage des instruments, ceux-ci étant proscrits par la religion orthodoxe. « La musique est un moyen de communiquer avec son prochain et avec la Réalité supérieure », a dit Stravinski. Sa *Messe*, remarquable par son dépouillement et son laconisme — elle ne dure que dix-sept minutes —, traduit le sentiment religieux dans ce qu'il possède d'universel et d'intemporel. Le langage en est une fusion du modalisme médiéval et de l'esprit des messes de la Renaissance avec les harmonies du XXe siècle et la variabilité rythmique propre à Stravinski. L'origine grégorienne de la messe catholique est rappelée par la citation de la mélodie grégorienne traditionnelle sur les mots *Credo in unum Deum* prononcés par le prêtre.

Les instruments à vent, auxquels Stravinski s'est limité, sont choisis pour la rigueur abstraite de leur sonorité, excluant toute recherche de coloris. Les parties instrumentales sont d'ailleurs peu développées par elles-mêmes, et servent surtout à soutenir et à ponctuer le chant. Le chœur est traité presque constamment de façon syllabique et homophone (les voix à l'aplomb les unes des autres), avec parfois de brèves phrases solistes vocalisées (début du *Sanctus* notamment), ce qui renforce le caractère incantatoire de l'œuvre.
A. L.

MESSE À L'USAGE ORDINAIRE DES PAROISSES, MESSE PROPRE POUR LES COUVENTS DE RELIGIEUX ET RELIGIEUSES. Double recueil de pièces pour orgue, composées par François Couperin et publiées par lui, non sous couverture imprimée, mais en manuscrit, en 1690. Longtemps attribuées à son oncle François, les deux messes ont été restituées au jeune titulaire de l'orgue de Saint-Gervais. Toutes deux ressortissent au genre, particulier à l'école française, de la « messe d'orgue » : suite de versets destinés à alterner avec les versets de plain-chant, obéissant à un certain nombre de règles ou d'habitudes qui déterminent avec une relative précision le caractère et parfois le type d'écriture de chacun d'eux. Ainsi le kyrie est-il constitué habituellement d'un plein-jeu sur motif grégorien, d'une fugue, d'un récit, d'un dialogue et d'un nouveau plein-jeu, correspondant aux versets impairs des neuf invocations.

La *Messe à l'usage ordinaire des paroisses* est écrite expressément « pour les fêtes solennelles » ; elle demande un instrument à pédalier. Elle est composée partiellement sur les thèmes de la messe *Cunctionteus*. On y trouve, sous la plume du très jeune compositeur, une grande richesse d'invention : des grands pleins-jeux sur cantus firmus grégorien, dont le style sévère, mais riche et dense, se situe dans l'ancienne tradition polyphonique illustrée par Titelouze, aux duos et trios plus légers, qui, parfois, évoquent la danse et l'art délié des clavecinistes (duo sur les tierces du gloria); des récits lyriques (chromorne en taille du benedictus) ou élégiaques (tierce en taille du gloria) aux courtes fugues et aux brillantes basses de trompette, l'œuvre a une infinie diversité de tons, et un intérêt sans cesse renouvelé.

La *Messe propre pour les couvents de religieux et religieuses*, plus intime, moins grave que la précédente, a plus de grâce et un lyrisme plus léger. Elle ne prend appui sur aucun motif grégorien.

Ces deux messes sont les seules œuvres pour orgue de François Couperin. P. B.

MESSE AU CHAMP D'HONNEUR (*Messe militaire*). Œuvre pour baryton solo, chœur d'hommes et ensemble instrumental de Bohuslav Martinů, composée à Paris en 1938-39 et créée à Prague en 1946 par un ensemble de l'Orchestre philharmonique tchèque dirigé par Rafael Kubelik. Dédiée à la division tchécoslovaque combattant dans les rangs français en 1939-40, elle est conçue pour une exécution en plein air, avec un effectif instrumental réduit excluant les cordes et comprenant 2 flûtes, 2 clarinettes, 3 trompettes, 3 trombones, 1 piano, 1 orgue pouvant être remplacé par un harmonium, plusieurs percussions. Le texte du poète Jiri Mucha alterne avec les prières traditionnelles tchèques et la liturgie latine. Plus qu'une messe au sens propre, Martinů nous a livré une sorte de service sacré, chrétien, à l'aspect typiquement slave, comme un pendant moderne aux vieilles liturgies orientales. Le ton en est le plus souvent recueilli, angoissé, toutefois résolu : l'homme y affirme sa dignité face à la barbarie ; il exprime en même temps l'extase devant l'espoir de la Résurrection et l'apaisement dans le choral final louant Jésus et sa lumière. Entre les parties chantées, de délicats interludes instrumentaux à l'ossature rythmique très caractéristique sont des évocations de la patrie lointaine. Dans cette création poignante d'une très grande pureté de style, Martinů a encore une fois usé de moyens très simples pour atteindre à la plus authentique grandeur. P. V.

MESSE DE GRAN. Œuvre de Franz Liszt, composée en 1855 pour la consécration de la nouvelle basilique de Gran (Esztergon) en Hongrie et donnée en première audition le 31 août 1856. Contemporaine de plusieurs poèmes symphoniques, de la *Faust-Symphonie* et de la *Dante-Symphonie*, cette magnifique partition mobilise, outre 4 solistes vocaux et 1 chœur à 4 parties, 1 orchestre très fourni réunissant 3 flûtes, 2 hautbois, 2 clarinettes, 2 bassons, 4 cors, 4 trompettes, 3 trombones et 1 tuba, timbales, cymbales, tam-tam, grosse caisse, harpe, orgue et quintette à cordes. D'une ferveur authentique, associant, dans son inspiration, l'heureuse influence des anciens maîtres (Palestrina, Bach) aux flamboiements romantiques d'un catholicisme résolument affirmé, elle utilise quelques thèmes fondamentaux qui en assurent l'unité et en marquent les pôles essentiels : le motif implorant du *Christe eleison*, par exemple, qui reviendra pour le *Qui tollis* et le *Benedictus*.

Andante solenne, le « kyrie » est inauguré par quelques mesures d'orchestre préfaçant la supplication des fidèles. Avec sa désinence chromatique, le *Christe eleison* (ténor solo) évolue dans un climat de douceur ineffable. Le *Gloria* s'ouvre sur un allegro ma non troppo clair, joyeux, presque pastoral, cède le pas au *Qui tollis* de la basse et s'achève, après la fugue du *Cum sancto Spiritu* par un *Amen* sur lequel le chœur s'attarde longuement. Le *Credo* est majestueux, le *Qui propter no homines* d'une rare tendresse (andante con divozione, ténor solo), le *Crucifixus* magistralement évocateur de l'horreur perpétrée. Les notes cristallines de la harpe se font entendre dans le *Et in Spiritum Sanctum Dominum* du ténor, dans le *Sanctus* (andante solenne) essentiellement réservé au chœur et dans le *Benedictus* (andante con pietà), que chantent les solistes. Après l'*Agnus Dei* (adagio non troppo), l'œuvre s'achève dans l'apothéose d'un *Tempo del gloria*.

A propos de cette *Missa solemnis*, Liszt devait écrire, le 2 mai 1855, à Richard Wagner : « Je ne sais quel effet elle produira, mais je puis bien dire qu'en y travaillant j'ai plus prié que composé. » Par-delà l'exaltation typiquement romantique qu'elle suppose, une telle déclaration n'en est pas moins révélatrice d'une foi sincère, profonde, qui s'exprime sans ambiguïtés dans chaque mesure de la *Messe de Gran*. J. D.

MESSE DE LA PENTECÔTE. Messe pour orgue en 5 volets d'Olivier Messiaen, écrite en 1950 à Paris, créée par l'auteur dans l'anonymat, à « ses » grandes orgues de la Trinité, à la Pentecôte 1951, et très souvent rejouée à l'occasion de cette fête. « Résultat de vingt années d'improvisations », elle est destinée à s'insérer au culte liturgique de la fête du Saint-Esprit. *Entrée, Offertoire, Consécration, Communion* et *Sortie* portent des sous-titres respectivement inspirés par *les Actes des Apôtres* (nos 1 et 5), le *Symbole de Nicée* (no 2), l'*Évangile de saint Jean* (no 3) et le *Cantique des trois enfants* (no 4), soit : *les Langues de feu, les Choses visibles et invisibles, le Don de sagesse, les Oiseaux et les sources, le Vent de l'Esprit*. Le compositeur y a « traité les rythmes hindous en personnages rythmiques, les rythmes grecs en valeurs irrationnelles, des interversions sur cinq durées chromatiques et des mélodies de timbres ».

Mais tout cet arsenal technique y est poétiquement contrebalancé par ses modes colorés et des neumes de plain-chant, voire des notations prélevées dans la nature. Et la *Sortie*, fondée sur la double combinaison de durées chromatiques, les unes progressives et les autres dégressives, dont les plus longues tenues sont embellies par des chants d'oiseaux stylisés, annonce directement le finale du *Livre d'orgue*, où cette trouvaille sera étendue à ses plus ultimes conséquences. Ce n'est pas sans raisons que la *Messe de la Pentecôte* est considérée comme « le chef-d'œuvre de la musique d'orgue de Messiaen ». A. P.

MESSE DE LIVERPOOL. Œuvre de musique électroacoustique de Pierre Henry, commandée pour les cérémonies d'inauguration de la cathédrale futuriste de Liverpool, où elle fut créée, dans une première version incomplète (*Prologue, Kyrie, Sanctus, Agnus Dei, Épilogue*), le 26 mai 1967. Puis le compositeur la reprit, l'augmenta (notamment du grand *Credo*), pour aboutir à la version définitive, créée en concert le 5 décembre 1970 à Toulouse.

Cette version *ne varietur* comprend 6 mouvements, *Kyrie, Gloria, Credo, Sanctus, Agnus Dei, Communion*, dont seul le *Credo* (récité dans l'extrême grave par la voix superbe de Jacques Alric) utilise le texte liturgique dans sa forme originale. Pour les autres mouvements, et en mettant à part la *Communion*, mouvement sans texte développant un son unique, Pierre Henry a demandé au poète lettriste Jacques Spacagna une adaptation désarticulée du texte original, l'étirant en une succession volubile de syllabes dépourvues de sens (par exemple : Kan-Krisone-Krel, Kirie Klog-Kerison-Elehi, etc.), et c'est Spacagna lui-même qui récite son adaptation, comme une litanie aigre et monotone, accompagnée d'un « petit chœur » et de quelques sons concrets volontairement « pauvres » et comme éparpillés.

Mais, ici, la « pauvreté » choisie et assumée réussit à l'auteur moins bien que dans beaucoup de ses œuvres antérieures, et l'on peut préférer à ce cérémonial à la fois plaintif et guindé qui décolle rarement, la splendeur de vitrail du *Credo*, incrusté dans cette œuvre comme la perle dans l'huître, et qui constitue pratiquement une œuvre à lui seul, n'ayant de commun avec le reste de la *Messe* que le cadre liturgique.

Les cinq minutes de ce *Credo*, ferventes, recueillies, magiques, sont d'une tout autre inspiration, celle de l'*Apocalypse de Jean* que Pierre Henry achevait à la même époque (printemps-été 1968). Ici, pas d'autre manipulation du texte que sa lecture décalée par

2 voix (celle d'Alric superposée à elle-même), procédé employé mille fois dans toute la littérature chorale de l'Occident, mais qui, ici, reprend une vigueur nouvelle d'être utilisé sur du parlé et sur la même voix, ce qui produit un effet troublant de dislocation de l'identité, comme dans les éclats d'un miroir brisé. Harmonieuse et hiératique, cette musique du *Credo* serait peut-être une des plus belles introductions à l'univers de la musique électroacoustique. M. C.

Messe de Notre-Dame. Messe polyphonique de Guillaume de Machaut. On rejette maintenant l'hypothèse, longtemps accréditée, selon laquelle elle aurait été composée pour le sacre de Charles V (1364). C'est la première fois dans l'histoire de la musique que l'on possède une messe intégrale d'un compositeur identifié. Avant Machaut on ne connaît que des fragments de messes épars, ou des messes anonymes, comme la *Messe de Tournai*. Les différentes parties de la *Messe de Notre-Dame* sont le *Kyrie*, le *Gloria*, le *Credo*, le *Sanctus*, l'*Agnus Dei* et l'*Ite missa est*. Elle est entièrement écrite à 4 voix. Machaut est le premier à utiliser cet effectif : triplum, motettus, ténor et contraténor. La *Messe* fait usage de toutes les techniques d'écriture connues de son temps. Certaines de ses parties sont écrites sur une teneur liturgique isorythmique (*Kyrie, Sanctus, Agnus Dei, Ite missa est*) : un fragment de chant grégorien, correspondant aux premiers mots de la prière, est confié à la troisième voix (ténor) et se répète tout au long du morceau avec des variantes mélodiques différentes, mais toujours suivant le même schéma rythmique. Il sert ainsi de noyau central à tout l'ensemble polyphonique. Les autres parties (*Gloria, Credo*) sont composées d'après le principe du conduit : les 4 voix possèdent chacune leur mélodie propre, mais sont écrites syllabiquement, à l'aplomb l'une de l'autre. Dans quelques passages, notamment dans l'*Amen* du *Gloria* et du *Credo*, on retrouve le « hoquet », formule typique du style de Machaut : les voix chantent chacune une note en alternance. A certains moments, l'écriture polyphonique est entrecoupée d'accords prolongés, qui font apparaître pour la première fois la notion d'une esthétique harmonique, et non contrapuntique. On constate, d'autre part, chez Machaut une utilisation fréquente de notes altérées. Bien que la musique médiévale ne comporte habituellement aucune indication quant à une éventuelle participation des instruments, la *Messe de Notre-Dame* indique, en plus des voix, l'usage d'instruments auxquels sont confiées quelques notes de raccord entre les paroles chantées. Au XXe siècle, la *Messe de Notre-Dame* a donné lieu à de nombreuses transcriptions, de la part de F. Ludwig, L. Schrade, G. de Van, A. Machabey, J. Chailley, B. Gagnepain, par exemple. A. L.

Messe des Pauvres. Esquisse d'une messe pour orgue et chœurs rédigée par Erik Satie en 1895, époque durant laquelle on estime que, déçu par l'expérience ésotérique des Rose-Croix de Péladan, il se tourna quelque temps vers l'Église romaine. Des souvenirs de mélodies grecques et grégoriennes y contrarient expressivement une tendance évidente à s'en tenir à des accords successifs. Ce sera pour Satie la fin d'une période « mystique » à laquelle appartiennent ses pages les plus connues. Après un silence de deux ans, il changera de direction et, avec *Pièces froides**, se tournera définitivement vers une musique essentiellement parodique. M. Mt.

Messe du pape Marcel. Messe à 6 voix de Palestrina, faisant partie de son 2e livre de *Messes* publié en 1567. Bien qu'étant sans doute l'œuvre la plus connue de son auteur, elle a donné lieu à de nombreuses discussions quant à la date et aux circonstances de sa composition et à la nature de son matériel thématique. Elle a, vraisemblablement, été écrite plusieurs années avant sa publication (1562-63).

Cependant, le pape Marcel II, dont elle porte le nom, est mort en 1555, après trois semaines seulement de règne. Le jour du vendredi saint, il avait rassemblé ses musiciens — dont Palestrina — afin de leur notifier que la musique de ce jour devait en observer le caractère de gravité et permettre l'intelligibilité des paroles chantées. À la même époque, ce problème avait été également posé au concile de Trente. Tout en rendant hommage à la mémoire du pape, Palestrina donne dans la *Messe* une réponse positive à la possibilité de conserver la clarté du texte dans la musique polyphonique.

A travers une écriture contrapuntique souvent complexe, il observe autant que possible une prononciation simultanée des paroles par les diverses voix. L'autre litige est celui des thèmes utilisés par Palestrina : la mélodie du premier *Kyrie* rappelle le début de la chanson *l'Homme armé*, souvent utilisée par les compositeurs des XVe et XVIe siècles, et sur laquelle Palestrina écrira deux autres messes. Cette observation, avancée par Joseph Samson, a cependant été contestée par d'autres musicologues : certains ont cherché des ressemblances avec des mélodies grégoriennes, d'autres, enfin, considèrent que les thèmes de la *Messe du pape Marcel* sont d'invention libre. A. L.

Messe en « ré ». Œuvre de Beethoven. V. *Missa solemnis*.

Messe en si. Œuvre de J.-S. Bach BWV 232, portant cette dénomination (non authentique) à cause de la tonalité (*si* mineur) de son morceau initial (le chœur initial du *Kyrie*). Cette tonalité réapparaît plus tard dans certaines pages du *Gloria* et du *Credo*, ainsi que pour le *Benedictus*, mais de la première mesure du *Gloria* à la dernière du *Dona nobis pacem*, c'est autour de *ré* majeur (relatif de *si* mineur) que s'organise la partition.

La *Messe en «si»* ne fut pas composée par Bach d'un seul trait, et il ne la dirigea jamais intégralement au sens où nous l'entendons aujourd'hui. L'œuvre l'occupa pendant près de vingt-cinq ans. Il semble que, en 1733, Bach ait composé un *Kyrie* en *si* mineur à la mémoire de Frédéric Auguste Ier dit « le Fort », Électeur de Saxe, et un *Gloria* en *ré* majeur pour l'avènement de son successeur, Frédéric Auguste II. Il se peut que, dès 1724, pour le jour de Noël, ait été écrit un *Sanctus* en *ré* majeur. Dans les derniers mois de sa vie sans doute, Bach conçut l'idée d'ajouter à ces pages d'autres morceaux, un *Credo* et les sections finales de l'ordinaire à partir de l'*Osanna*, pour aboutir à une messe complète. On sait, en outre, que pour beaucoup de sections, il eut recours, comme il en avait l'habitude, à des ouvrages antérieurs : non en les reprenant tels quels, bien sûr, mais en se livrant à partir d'eux à un véritable travail de recomposition. Globalement, la *Messe en « si »* relève du genre de la « messe napolitaine » ou messe cantate : elle se divise en effet en un nombre important de sections (par ex. 8 pour le *Gloria* et autant pour le *Credo*), dont chacune est conçue, du moins en principe, comme un morceau indépendant. La succession des morceaux suit évidemment un plan d'ensemble très élaboré. Musicalement, ces morceaux se divisent en 3 grands groupes. Il y a, d'une part, les chœurs s'inspirant plus ou moins de l'ancien style contrapuntique, avec, cependant, dans la plupart des cas un chromatisme typique de Bach ; d'autre part, les chœurs traités dans le style concertant ; enfin, les morceaux avec voix solistes (airs ou duos).

Quatre mesures clamées par le chœur ouvrent le premier *Kyrie* (*si* mineur). Suit une ritournelle orchestrale de vingt-cinq mesures, dont le thème est un sujet de fugue. Le chœur à 5 voix commence comme une exposition de fugue à 5 voix, la dernière voix à faire son entrée étant la basse. Sur quoi les seconds sopranos amorcent une réexposition chorale, à la dominante, de toute la ritournelle. A un interlude orchestral succède, amorcée par les basses, une seconde exposition de fugue. Le mouvement se termine par une ultime reprise chorale, à la tonique, de toute la ritournelle. Le *Christe* est un duo en *ré* majeur pour 2 sopranos, accompagné par la basse continue et les 2 parties de violon (les références au Christ, deuxième élément de la Sainte-Trinité, sont toujours traitées en duo). Le second *Kyrie* est une fugue stricte en *fa* dièse mineur, où l'orchestre, sauf dans les basses, se borne à soutenir les voix.

Avant le chœur en *ré* majeur *Gloria in excelsis deo*, les trompettes énoncent un thème jubilatoire de ritournelle. Le chœur le reprend, à la tonique, puis à la dominante. La tonique une fois réaffirmée, une fugue à 5 voix amorcée par les premiers sopranos s'enchaîne directement (la mesure passe de 3/8 à 4/4) pour l'*Et in terra pax*. Le *Laudamus te* est un air en *la* majeur pour soprano avec solo de violon. Le *Gratias* en *ré* majeur, fugue stricte en strettes d'un bout à l'autre, est une transcription du premier chœur de la cantate BWV 29 *Wir danken dir, Gott*. Les paroles allemandes et latines ayant la même signification, l'intention est claire. A la fin, on ne trouve pas moins de 13 entrées du premier sujet empilées les unes sur les autres à la tonique et à la dominante. Le *Domine deus* est un duo en *sol* majeur pour soprano et ténor avec accompagnement de flûte traversière et de cordes avec sourdine (la voix reprend en augmentation libre le thème de la ritournelle). Le *Qui tollis* est un chœur à 4 voix en *si* mineur en canon presque strict, avec 2 parties de flûtes, elles aussi, différentes canoniques. Il s'agit d'un arrangement (original en *ré* mineur) du début de la cantate BWV 46 *Schauet doch und sehet*. Toujours en *si* mineur, le *Qui sedes* est un air d'alto avec accompagnement de hautbois d'amour. Suit le *Quoniam*, air pour basse en *ré* majeur. Sans interruption surgit le *Cum sancto spiritu*, toujours en *ré* majeur. Il n'y a pas de ritournelle orchestrale. Bientôt les ténors énoncent un long sujet de fugue. Un des traits saillants de cette fugue est la fréquente allusion au sujet à d'autres voix une mesure avant et une mesure après les entrées véritables.

Le *Credo in unum Deum* est traité en fugue à 7 voix, dont 5 vocales et 2 instrumentales (violons), cela sur une basse progressant en noires régulières. Cette fugue initiale dans le mode myxolydien sert d'introduction à une autre, quant à elle nettement en *ré* majeur. Elle reprend les paroles de la précédente et se poursuit jusqu'à *Et invisibilium*. Suit pour *Et in unum dominum* un duo en *sol* majeur pour soprano et alto avec accompagnement de hautbois d'amour, et où l'unité du Père et du Fils se traduit par une écriture librement canonique. A l'origine, l'*Et incarnatus est* faisait partie du duo précédent. Bach se reprit et écrivit pour le point central de la doctrine un chœur en *si* mineur insurpassable par sa simplicité, sa profondeur et son mystère. Du *Crucifixus*, un chœur en *mi* mineur, la version originale est le chœur initial de la cantate BWV 12 *Weinen, Klagen, Sorgen, Zagen*. La basse est une descente chromatique, procédé typique de la musique baroque pour exprimer la douleur. Contraste total avec la jubilation du chœur en *ré* majeur *Et resurrexit* : il n'y a pas de fugue, mais quelques épisodes en imitation. *Et in spiritum sanctum* est un air pour basse en *la* majeur avec accompagnement de hautbois d'amour et au rythme avenant de sicilienne. Le *Confiteor*, une extraordinaire fugue à 5 voix en *fa* dièse mineur avec pour tout accompagnement la basse continue. Sans que la fugue s'interrompe, le texte est aussi déclamé en intonations grégoriennes par les voix de basse et d'alto en canon, puis par les voix de ténor en valeurs doubles, en quelque sorte selon la technique du cantus firmus. A la fin, les paroles *Et exspecto resurrectionem mortuorum* sont entendues en une succession de modulations mystérieuses évoquant une attente angoissée. Cette attente fait place à la certitude et à la joie avec le chœur en *ré* majeur *Et exspecto resurrectionem mortuorum*, arrangement du chœur initial de la cantate BWV 129 *Gott, man lobet dich in der Stille*. De brefs passages fugués, dont le dernier sur les paroles *Et vitam venturi saeculi*, viennent s'intercaler.

Le *Sanctus* proprement dit est un chœur antiphonaire à 6 voix en *ré* majeur. Le chœur en *ré* majeur *Pleni sunt cœli* suit sans interruption. Il s'agit d'une fugue dont le contre-sujet peut se doubler à la tierce (ou à la sixte) avec le sujet. Au début, 2 voix sont introduites en même temps. L'*Osanna* (*ré* majeur), qui, lui aussi, suit sans interruption, est un chœur à 8 voix à facture de double chœur, l'orchestre tenant lieu de troisième chœur. C'est un arrangement du chœur initial de la cantate profane BWV 215 *Preise dein Glücke, gesegnetes Sachsen*. La ritournelle de la cantate manque au début, mais on la trouve à la fin comme transition vers le *Benedictus*, air pour ténor en *si* mineur suivi d'une reprise de l'*Osanna*.

L'*Agnus Dei*, air pour alto en *sol* mineur avec accompagnement de 2 violons, est une profonde adaptation de l'air *Ach bleibe doch* de la cantate BWV 11 *Lobet Gott in seinen Reichen* (« Oratorio de l'Ascension »). Dans la cantate, l'air est nettement plus long que dans la messe et fait pour ses deux tiers d'un matériau différent. Le *Dona nobis pacem*, chœur en *ré* majeur, est identique au *Gratias* du *Gloria* : conjonction significative, qui fait de cette dernière section ni une supplication ni une demande impérieuse, mais un chant de remerciements, d'action de grâce.

M. V.

MESSE EN « UT » MINEUR. Dénomination portée habituellement par la messe K.427 de Mozart, commencée sans doute dans la seconde moitié de 1782 à Vienne et créée à Salzbourg le 25 août 1783. Mozart, à en croire une de ses lettres à son père (4 janvier 1783), aurait conçu l'ouvrage comme un remerciement au ciel pour avoir pu épouser Constance Weber. Toujours est-il que cette lettre est le plus ancien document faisant mention de la messe, et que cinq mois s'étaient alors écoulés depuis le mariage de Mozart (4 août 1782). Le 31 juillet 1783, Mozart arriva avec sa femme à Salzbourg pour son dernier séjour dans cette ville, et le 25 août, lors de la création de la messe dans l'église Saint-Pierre, Constance chanta une des parties de soprano.

Dans une lettre du 31 mai 1800 à l'éditeur André, qui s'enquérait de l'ouvrage dans l'intention de le publier, Constance écrivit notamment : « Quant à la messe qui servit ultérieurement pour *Davidde* Penitente*, renseignez-vous à Salzbourg, où elle fut composée, ou du moins exécutée. » Or André trouva un manuscrit incomplet. Manquaient, outre certaines voix du *Sanctus*, la fin du *Credo* (après l'*Incarnatus*, plus précisément à partir du *Crucifixus*) et tout l'*Agnus Dei*. On s'est souvent demandé pourquoi Mozart avait laissé inachevée la *Messe en « ut » mineur*. Raisons d'ordre psychanalytique, qui semblent avoir condamné à l'avortement toutes ses œuvres en rapport avec Constance ? Manque d'intérêt pour la musique religieuse, surtout après la mise en chantier, en fin 1782, des 6 quatuors plus tard dédiés à Haydn ? Reste aussi la question de savoir ce qu'on entendit à Salzbourg le 25 août 1783. Sûrement pas une messe incomplète. Sans doute Mozart eut-il recours (en admettant que la *Messe en « ut » mineur* n'ait effectivement jamais été terminée) pour les épisodes qui manquaient à certaines de ses partitions ultérieures du même genre. L'œuvre, publiée par André en 1840 telle qu'il l'avait trouvée, fit d'ailleurs l'objet en 1901 d'une tentative d'achèvement de cette nature : Alois Schmitt la fit paraître alors avec un complément des pages tirées de diverses partitions d'église de Mozart (dont une en réalité d'Eberlin). Il n'est plus question, aujourd'hui, de tels expédients.

Telle quelle, incomplète sur le plan liturgique plutôt qu'inachevée, la *Messe en « ut » mineur* (la dernière de Mozart si l'on ne tient pas compte du *Requiem*) reste un grand monument de la musique religieuse. C'est une messe cantate (v. MISSA CELLENSIS), avec un *Gloria* ne comprenant pas moins de 7 sections. Elle témoigne aussi de la découverte que venait de faire Mozart des œuvres de J.-S. Bach et de Haendel. Le poignant *Kyrie* (*ut* mineur), ancré dans le baroque par ses séquences harmoniques et sa facture rythmique homogène, n'en possède pas moins un réel développement thématique avec un sommet d'une indicible grandeur. Inoubliable est l'entrée, pour le *Christe*, de la soprano solo au ton relatif de *mi* bémol majeur. Des 7 sections du *Gloria*, seules les 2 extrêmes sont en *ut* majeur, et 4 adoptent le mode mineur. Le chœur initial (*Gloria in excelsis*) évoque davantage Haendel que Bach avec ses accords puissants et massifs. Suivent les sections *Laudamus te* (air pour soprano en *fa* majeur), *Gratias* (chœur à 5 voix en *la* mineur), *Domine deus* (duo pour 2 sopranos en *ré* mineur), *Qui tollis* (âpre double chœur en *sol* mineur), *Quoniam* (trio en *mi* mineur pour 2 sopranos et ténor), et *Cum sancto spiritu* (fugue en *ut* majeur qui débute comme du Haendel pour ensuite évoquer de plus en plus Bach). Le *Credo* s'ouvre par un autre grand chœur en *ut* majeur, mais à 5 voix et de facture plus homophone. L'*Incarnatus*, air pour soprano en *fa* majeur, est unique par son écriture de chambre et ses ambiguïtés harmoniques mises en valeur par l'orchestration (flûte, hautbois et basson solos). Le *Sanctus*, dont l'autographe a de nouveau disparu depuis l'époque d'André, éclate en *ut* majeur, et sert d'introduction à l'*Osanna* fugué. Le *Benedictus* en *la* mineur pour quatuor de solistes (deux sopranos, ténor et basse) reprend en guise de ritournelle orchestrale le contre-sujet de cette fugue. La messe se termine par une reprise de l'*Osanna*. M. V.

MESSE GLAGOLITIQUE. Messe pour chœurs, solistes et orchestre, composée en 1926 par Leoš Janáček, à l'intention d'une « exposition de la culture contemporaine », et créée le 5 décembre 1927 à Brno, sous la direction de Jaroslav Kvapel. La liturgie utilisée est celle des traditions moraves, en langue généralement croate. Le terme « glagolitique » désigne l'écriture qui permit aux apôtres Cyrille et Méthode de Salonique de traduire en langue slavonne (vieux bulgare) les idiomes slaves. Janáček avait été, dans sa jeunesse, enfant de chœur au monastère de Brno, puis organiste et maître de chœurs de ce monastère. L'écriture archaïsante de sa *Messe glagolitique*, sur des thèmes d'allure populaire et massive, utilise fréquemment des quartes et des quintes parallèles, comme dans beaucoup de musiques traditionnelles. L'orchestre est utilisé par touches franches, comme un grand orgue, dans une esthétique de vitrail, en « à plat » : un même motif est souvent répété sur divers degrés, mais la déclamation vocale est très dramatique. L'œuvre, pensée pour l'espace le plus large, évoque parfois un *Parsifal* slave, ou un *Boris Godounov* wagnérien, à cause de l'ampleur phénoménale des perspectives musicales et du dramatisme exacerbé de certaines séquences, qui tiennent plus de l'opéra que de la messe (*Slava*, c'est-à-dire *Gloria*), mais un *Parsifal* lumineux, robuste, païen. Il y a une étrange mixture de rudesse archaïque et de fébrilité romantique dans cette *Messe*, qui, par moments, semble vouloir faire s'écrouler les voûtes sous les accents du désespoir (cœur du *Credo*), à côté des élans mystiques et des ferveurs douloureuses. Janáček retourne aux sources de la musique en tirant le plus beau parti des plus simples répétitions (*Veruju*, « je crois », cellule répétée sur tous les tons, avec chaque fois un accent différent). Sa musique semble puiser ses forces dans la terre, dans l'enracinement ethnique, pour lancer au ciel des appels religieux qui ont parfois l'accent de la révolte ou du doute cosmique (*Agnece Bozij* : *Agnus Dei*). Mais le mélange déconcertant des techniques d'écriture n'empêche pas l'unité de conception la plus authentique. M. C.

MESSE POUR LE TEMPS PRÉSENT. Titre, dû à Maurice Béjart, sous lequel le compositeur de musique électroacoustique Pierre Henry réunit en 1968, sur disque, une « anthologie » de ses musiques créées pour les ballets de Béjart, notamment les fameux *Jerks électroniques*, au nombre de 4 (*Too fortiche, Psyché Rock, Teen Tonic, Jericho Jerk*) composés spécialement, avec la collaboration de Michel Colombier, pour le ballet *Messe pour le temps présent* créé en août 1967 au festival d'Avignon. La *Messe pour le temps présent*, du point de vue musical, n'est donc pas une œuvre, mais une espèce de pot-pourri de la production de Pierre Henry pour Béjart, parmi lequel on retient surtout les *Jerks*, qui sont de la très classique musique de discothèque sur les rythmes de l'époque, mais truffée d'effets électroniques voyants et carrés, très efficaces. C'était une des premières fois où le son électronique était employé de manière aussi directe et provocante dans la musique de variété. Ces *Jerks* pleins d'entrain, repris dans les juke-boxes, les indicatifs de radio et de télévision, etc., transformèrent en best-seller de vente (du disque... classique) ce 33 tours qui comportait, par ailleurs, des extraits d'autres musiques électroacoustiques de Pierre Henry chorégraphiées par Béjart (*le Voyage, les Variations pour une porte et un soupir, la Reine verte*) et d'un style moins « grand public ». Ce succès immense et durable, basé sur un certain malentendu, contribua à faire connaître Pierre Henry dans sa production plus personnelle, mais aussi à intéresser un plus large public à la musique électroacoustique, comme il encouragea les éditeurs de disques à l'éditer, et les programmateurs à la programmer. Paradoxalement, ce sont ces *Jerks*, d'un style volontairement « bal de province » (dixit Pierre Henry), qui furent le Cheval de Troie de la musique élecroacoustique « sérieuse » au sein de la société musicale française, qui lui avait fait jusqu'alors barrage. On peut donc considérer la *Messe pour le temps présent* comme un événement de l'histoire de la musique contemporaine. M. C.

MESSIAEN (Olivier), compositeur français (*Avignon 1908*). Il naît dans un milieu cultivé, fils d'un professeur d'anglais, traducteur éminent de Shakespeare, et de la poétesse Cécile Sauvage. Sa mère, enceinte de lui, avait écrit, sous le titre l'*Ame en bourgeon*, d'étonnants poèmes d'amour maternel prémonitoires de la destinée de son fils, et qui devaient marquer ce dernier.
Les parents d'Olivier Messiaen s'installent en 1914 à Grenoble, dans le Dauphiné, qui restera son domaine d'élection, où il se retire pour écrire presque toutes ses œuvres. Élevé par sa mère et sa grand-mère pendant la guerre de 1914-1918 (le père étant mobilisé), il commence à étudier le piano avec Mlle Chardon, et se montre très précocement intéressé par la lecture des grandes partitions classiques (il compose déjà, en 1914, une petite pièce pour piano). Pour son dixième anniversaire, son premier professeur d'harmonie, Jehan de Gibon, lui offre en cadeau la partition d'orchestre de *Pelléas et Mélisande*, qui est pour lui une révélation. Puis la famille s'installe à Paris, et Olivier Messiaen est inscrit au Conservatoire de Paris, où il étudiera pendant onze ans, avec Noël et Jean Gallon (harmonie), Maurice Emmanuel (qui lui révèle la richesse de modalité et la métrique grecque), Paul Dukas, A. Estyle, Marcel Dupré (orgue) et Falkenberg (piano). Sa première page pour orgue, publiée en 1928, *le Banquet céleste*, adaptation d'une pièce pour orchestre, contient déjà certains de ses procédés d'écriture favoris, entre autres l'emploi d'un mode qui devait devenir son deuxième « mode à transpositions limitées ». Il s'agit de modes où la succession des intervalles est telle, par sa régularité, qu'en les transposant sur d'autres degrés, on retrouve rapidement les mêmes notes qu'on trouve dans la forme originale. C'est ce que Messiaen appelle le « charme des impossibilités ». Le sensualisme exacerbé de l'harmonie, l'étirement de la courbe mélodique et le sujet discrètement religieux (car Messiaen est un catholique fervent) sont des traits « messiaenesques » que l'on trouve aussi, d'emblée, dans ce premier opus publié.
Les *Préludes* pour piano (1929) valent à Messiaen un second prix de composition, et, malgré leurs titres « postdebussystes » (*Cloches d'angoisse, les Sons impalpables du rêve*), ils annoncent son écriture par « pans » très découpés, où les motifs sont *juxtaposés* verticalement ou dans le temps, au lieu de s'enchevêtrer (au contraire d'un Richard Strauss), ainsi que son

utilisation de l'accord comme « touche de couleur ». L'audition colorée des sons, en couleurs rutilantes de vitrail, ne procède pas chez lui d'une image poétique, ou d'une correspondance diffuse : c'est « à la lettre », qu'il déclare voir les sons en couleurs, c'est un phénomène que l'on appelle « synopsie » et dont la médecine reconnaît l'existence. Ses compositions suivantes, *3 Mélodies* pour soprano et piano, *la Mort du nombre* pour soprano, ténor, violon et piano, *Diptyque*, 1930, à vingt-deux ans. C'est là — à cette tribune qu'il va tenir pendant plus de trente ans — qu'il a certainement développé, dans l'improvisation à l'orgue, une grande partie de ses trouvailles. Avec ses couleurs qui se juxtaposent, ses oppositions de masse, ses changements abrupts de registre et l'ampleur de sa ligne sonore, le grand orgue est un modèle sous-jacent dans son écriture orchestrale ; de même, cet instrument offre un « banc d'essai » pour ses recherches d'expression, de modalité, d'harmonie, de rythme, étant le dernier instrument de la musique occidentale « sérieuse » à perpétuer la tradition des compositeurs-improvisateurs.

En 1931, le triptyque symphonique des *Offrandes oubliées* lui vaut un certain succès. Passionné d'étude, il continue, sorti du Conservatoire, à apprendre à toutes les sources. Il étudie ainsi l'accentuation chez Mozart, le rythme chez les modernes, Debussy, Stravinski (dont il analyse *le Sacre du printemps* sous un angle rythmique qui est une révélation pour beaucoup de ses élèves) ; il recherche, avec le peintre suisse Blanc-Gatti, des rapports précis entre la couleur et le son ; enfin, et surtout, il étudie la métrique grecque, les neumes grégoriens et le système rythmique hindou (les *deci-tâlas*, qu'il est le premier à adapter dans la musique occidentale ; il s'agit de périodes rythmiques complexes). Dans ces études, il approfondit sa plus originale préoccupation : celle d'une nouvelle « durée ». Si, en effet, son harmonie et son système modal sont déjà personnels et tout de suite identifiables, ils n'en procèdent pas moins directement d'une tradition française (Fauré, Franck, Debussy) ; mais son sens particulier du rythme, comme le contraire d'une pulsation régulière, lui appartient complètement, et c'est bien dans un grand *Traité du rythme*, commencé depuis longtemps et pas encore achevé en 1981, qu'il compte tracer le bilan de sa recherche. Ainsi son style se cristallise-t-il assez rapidement, dans des œuvres comme *Apparition de l'Église éternelle* (1932) pour orgue et la suite symphonique de l'*Ascension* (1932) en quatre méditations, adaptée pour l'orgue en 1933. Olivier Messiaen, à une ou deux exceptions près, a toujours refusé de couler son inspiration religieuse dans le moule des genres liturgiques traditionnels : messes chantées, requiems, cantates, motets, etc. De même, s'il emprunte à tous les genres (concerto, symphonie, sonate), il n'en adopte jamais le cadre tout préparé. Chaque œuvre est unique, et il évite instinctivement tout cycle, renouvelant le même effectif instrumental (quatuor, trio, etc.). Il compose son premier cycle d'orgue important, en 1935, *la Nativité du Seigneur*, qui systématise l'emploi des modes à transpositions limitées (qu'il a très vite répertoriés et classés), des rythmes inspirés des *tâlas* hindous et des « valeurs rythmiques ajoutées », qui, comme le dit Alain Périer, « prolongent dans le temps ce que la note ajoutée à un accord prolonge dans l'espace (des hauteurs) ». Ces innovations n'empêchent pas ces pièces d'offrir un « plaisir d'écoute », et ce sera une des originalités de Messiaen que d'avoir su « séduire » des auditeurs de tous bords, en faisant cohabiter la recherche formelle et l'hédonisme musical, en dépassant l'antinomie qui, à ce moment-là, divisait en France les compositeurs en « sensualistes » et en « spéculateurs ». Aussi, avec son exigence musicale, il est bien placé, en cette année 1936, pour former, avec André Jolivet, Daniel-Lesur et Yves Baudrier (l'instigateur de cette réunion), le groupe Jeune France, dont le programme est de contribuer à « régénérer » spirituellement et esthétiquement la musique française, qui oscille souvent entre la facilité paresseuse, le néoclassicisme exsangue et la cérébralité. La guerre séparera ce groupe, après qu'il eut délivré son message par des concerts en commun accueillis avec faveur. La même année, 1936, Messiaen est nommé professeur à l'École normale de musique et se marie avec la violoniste Claire Delbos, dont il aura un fils, Pascal, né en 1937. Sous le surnom de « Mi », son épouse lui inspirera plusieurs pièces, dont les *Poèmes pour Mi* (1936) pour soprano et piano, où le sentiment religieux cherche à épouser l'amour humain — de même que plus tard, dans son cycle « tristanesque » (*Harawi, Turangalîla-Symphonie, 5 Rechants*), il cherchera à sauver cet amour humain de la malédiction.

La *Fête des belles eaux*, pour ondes Martenot, commandée pour l'Exposition universelle de 1937, lui donne l'occasion d'expérimenter pour la première fois un instrument dont il a su s'approprier la beauté presque vulgaire de timbre, en l'utilisant dans une fonction délibérément « décorative ». La naissance de son fils Pascal lui inspire un autre cycle mélodique pour soprano et piano, les *Chants de terre et de ciel* (1938), dont il écrit le texte, comme pour répondre à ces poèmes que sa mère lui dédiait quand il était encore dans son ventre. Ce cycle peu connu révèle une face rarement soulignée de Messiaen : le doute. C'est qu'il n'est pas si facile, si l'on est exigeant envers ses croyances, de « dédramatiser » l'état d'enfance et de rédimer l'amour humain. Ici, comme dans les *Poèmes pour Mi*, comme plus tard dans les *5 Rechants*, les *Petites Liturgies, Harawi*, Messiaen ne laisse à personne d'autre le soin d'écrire le texte ; un texte où l'on retrouve les mêmes procédés que dans sa musique, de juxtaposition d'éléments hétérogènes : onomatopées (en référence au babil enfantin), interrogations religieuses, images « surréalistes » (ces « oiseaux buvant du bleu », qui, curieusement, indisposaient si fort, au début, des gens avisés comme le critique Claude Rostand). Mais le texte, ici, n'a d'autre prétention que de donner matière au chant ; un chant destiné à la *voix de femme*, comme toujours chez lui, ou presque.

Quand la Seconde Guerre mondiale éclate, Messiaen achève un de ses plus beaux cycles d'orgue, les *Corps glorieux* (créés après la guerre), qui utilisent souvent une écriture monodique. Mobilisé, il est capturé par les Allemands, déporté au camp de Görlitz en Silésie. C'est là que, dans des conditions de vie extrêmes, dans la faim et le froid qui lui donnent des hallucinations « synoptiques » d'auditions colorées, il écrit, pour le jouer avec trois compagnons de captivité, l'étonnant *Quatuor pour la fin du temps* (1941) pour piano, violon, violoncelle et clarinette. La « fin du temps » telle que l'annonce l'*Apocalypse*, texte inspirateur de cette œuvre magique, est représentée ici par l'emploi de rythmes non rétrogradables, assimilant le temps à un espace, puisqu'ils forment la même figure qu'on les lise dans un sens ou dans l'autre, en remontant le temps. Le premier mouvement notamment, *Liturgie de cristal*, avec ses superpositions de parties instrumentales tournant chacune indépendamment dans son aire, illustre génialement cette véritable « suspension du temps », cette giration complexe qui pourrait se prolonger dans l'éternité — étant conçue comme une combinaison d'ostinatos portant indépendamment sur l'harmonie, la mélodie et le rythme —, de telle façon que l'on perçoive une périodicité, mais insaisissable. On y rencontre aussi, pour une des premières fois, clairement désignés comme tels, mais non encore transcrits d'après nature, les *chants d'oiseaux* qui domineront une partie de son œuvre future. L'œuvre est créée au stalag dans ces extraordinaires circonstances, le 15 janvier 1941. Mais l'auteur est rapatrié en 1942 à Paris. Là, Claude Delvincourt le fait nommer professeur d'harmonie au Conservatoire de Paris.

Ses *Visions de l'amen* pour deux pianos, créées par Yvonne Loriod et lui-même en 1943, marquent sa rentrée dans la vie musicale « normale ». Et, en 1944, il se sent assez sûr de son langage pour publier un des plus étranges recueils que compositeur ait jamais publié : sa *Technique de mon langage musical*, qui est un inventaire, avec des exemples musicaux à l'appui, de tous les procédés qu'il utilise librement, modes à transposition limitée, accords avec notes ajoutées, emploi de rythmes avec valeurs ajoutées, ou « non rétrogradables », structures rythmiques empruntées à la Grèce ancienne, ou à la musique indienne, ainsi qu'aux neumes du plain-chant — une des sources les plus importantes dans son inspiration. Chez Guy-Bernard Delapierre, il donne un cours de composition non officiel, dont les premiers élèves — qui adoptent comme nom de tribu « les Flèches » — se nomment Pierre Boulez, Serge Nigg, Yvonne Loriod, Jean-Louis Martinet, Maurice Le Roux. En 1943-44, il écrit coup sur coup deux de ses œuvres les plus importantes, qui deviendront parmi les plus populaires et les plus souvent jouées ; leur style est devenu plus rapidement classique, plus immédiatement saisissable que celui de ses œuvres ultérieures : il s'agit de ses *Trois Petites Liturgies de la présence divine* (1944) pour chœur féminin, piano, ondes Martenot et orchestre, et des *Vingt Regards sur l'Enfant Jésus* (1944), vaste cycle pour piano solo. Cette dernière œuvre, dynamique et massive, colorée, orchestrale, s'appuie sur des leitmotive brefs et caractérisés. Une fois de plus, on y trouve la référence à l'« enfant merveilleux » qu'il fut lui-même pour sa mère, qui écrivait avant sa naissance : « Je souffre d'un lointain musical que j'ignore. » Quant aux *Trois Petites Liturgies*, dont il écrit lui-même le texte jubilatoire, si elles apparaissent aujourd'hui comme du pur Messiaen « tel qu'en lui-même », quelles discussions, quelles colères n'ont-elles pas déclenchées après leur création le 21 avril 1945 à Paris, lors de leur création à l'un des concerts de la Pléiade, devant un public prestigieux ! Comme dans beaucoup d'autres « scandales » musicaux, ici la contestation n'attaque pas de front la musique, mais un élément secondaire : le texte et sa sensualité religieuse, son prétendu « charabia ». Devant l'incompréhensible violence de certaines attaques, on peut penser pourtant que la *musique* aussi, et surtout, était en cause, parce qu'elle gênait par son insolite fusion de la sensualité et du mysticisme, de l'hédonisme et de l'abstraction, comme un défi aux catégories communes, et, enfin, par son affirmation totale d'un tempérament unique et « violent » (la violence est, en effet, un des aspects les moins soulignés et pourtant les plus sensibles de l'art de Messiaen).

C'est après cette consécration doublée d'une contestation agressive, après cette reconnaissance de son œuvre dans toutes ses dimensions que Messiaen aborde directement le thème de l'amour humain asocial, non conjugal, à travers le mythe de Tristan et d'Isolde. Il s'agit de « sauver » Tristan et de conjurer, de toute la force d'une foi, la présence de l'instinct de mort inscrit au cœur de la plus grande histoire d'amour — de proclamer que cette mort qui est, apparemment, l'issue fatale du désir est, en fait, la porte d'une renaissance vers un amour plus élevé. Pour illustrer ce thème, il y met les grands moyens : un grand cycle de mélodies pour soprano et piano, *Harawi, chant d'amour et de mort* (1945), une gigantesque symphonie en 10 mouvements pour grand orchestre avec piano solo et ondes Martenot, la *Turangalîla-Symphonie* (1946-1948), commande de Serge Koussevitski, et les *5 Rechants* (1948), pour ensemble vocal mixte à 12 voix réelles — cette dernière œuvre se référant à la polyphonie française (Claude Le Jeune en particulier), dont elle retrouve avec succès la fraîcheur et la vie. Trois œuvres on ne peut plus différentes de proportions malgré quelques traits communs (référence à la langue « quechua » dans *Harawi* et les *Rechants* ; mélange singulier de luxuriance et de simplicité absolue). Il est indiscutable que, après cet énorme triptyque, Messiaen meurt et renaît, qu'il laisse derrière lui, tel le serpent, une de ses peaux successives, et qu'il fera son deuil d'une certaine immédiateté hyperexpressive, dont la *Turangalîla* jette les derniers feux. Il entre, dès lors, à quarante ans passés, dans une période de recherches techniques, où certains voient la partie la plus aride de sa production. Quand il dira, plus tard, que la nature et les oiseaux, ces « petits serviteurs de l'immatérielle joie », l'ont ressourcé, l'ont sauvé de la stérilité artistique, on doit le prendre au sérieux et cesser de croire qu'il a pu créer ce qu'il a créé avec une tranquille assurance protégée du doute.

1947 : une date importante. N'ayant pu être nommé professeur de composition au Conservatoire de Paris, par refus du ministère, Messiaen obtient de Claude Delvincourt une classe « spéciale » créée à son intention, baptisée « classe d'analyse » ou d'« esthétique », et où passeront certains des plus grands noms de la jeune musique internationale : Pierre Boulez, Yannis Xenakis, Jean-Pierre Guézec, Jacques Charpentier, Pierre Henry, Karlheinz Stockhausen, et, aussi, plus tard, Tristan Murail, N'guyen Tien Dao, Paul Méfano, Michèle Reverdy, etc. Le plus grand hommage que lui aient jamais rendu ses élèves, ce fut de dire qu'il avait su, tout en analysant avec passion et acuité Mozart, Stravinski, Berlioz, Webern, etc., révéler chaque personnalité à elle-même et faire éclore en chacun ce qu'il avait à dire — si bien que si l'on a fait du siml-Messiaen, ce fut temporairement et par admiration. C'est la même année qu'il commence son *Traité du rythme* et qu'il commence à être accueilli à l'étranger pour donner des cours qui marqueront cette période de recherche et de rénovation intense de la musique d'après-guerre : à Darmstadt, Sarrebrück, Tanglewood, etc. Peut-être ces rencontres avec les compositions nouvelles, fort préoccupées d'abstraction, ont-elles contribué à la naissance de pages comme les *Quatre Études de rythme* (1949-50) pour piano (dont le très célèbre *Modes de valeur et d'intensité*, par ses recherches d'une détermination intégrale des paramètres du son, a tant fait fantasmer ses jeunes élèves sur une « maîtrise totale » de la composition). Sa *Messe de la Pentecôte* (1950) pour orgue et son *Livre d'orgue* (1951) marquent un retour à l'instrument de ses premières œuvres. Mais une étape est franchie, depuis les cycles très « sensuels » de l'avant-guerre : le travail rythmique est tendu, serré, la ligne plus abstraite.

Peu après, en 1952, Messiaen tente un unique essai dans le domaine de la musique concrète, *Timbres-Durées*, « modeste étude de rythme » qu'il estime être un échec. C'est alors que, en pleine efflorescence de recherches abstraites et techniques, il trouve le modèle, la source qui va lui inspirer une nouvelle série d'œuvres : le chant des oiseaux. Il les étudie systématiquement, se postant dans la nature, avec son papier à musique et son crayon, et, armé de connaissances en ornithologie, il s'immerge dans ce monde immense que la musique avant lui n'ignorait pas, mais qu'elle abordait d'une manière stylisée et simplifiée. Au contraire, il cherche à transcrire ces chants d'oiseaux le plus exactement, le plus « objectivement » possible, pour en faire la matière d'œuvres descriptives dotées seulement d'évocations imitatives des bruits de la nature. Rarement, on aura poussé aussi loin une esthétique de « mimesis », et il y a quelque chose d'émouvant à cet acharnement d'un compositeur, maître de son expression, à s'effacer derrière le « rendu » d'une réalité du monde sonore. Et ce sont des partitions naturalistes comme *le Merle noir* (1951) pour flûte et piano, le *Réveil des oiseaux* (1953) pour piano et orchestre (sous-titré *Poème symphonique*), les *Oiseaux exotiques* (1955-56) pour piano, 2 clarinettes, percussions et orchestre à vent, et la vaste suite pour piano solo du *Catalogue d'oiseaux* (1956-1958). C'est naturellement Yvonne Loriod qui tient le piano dans ces œuvres très difficiles d'exécution, à la sonorité piquante et précise — aussi éloignées que possible du « flou artistique » où se tiennent souvent les évocations naturelles. Cet homme qui avait su, avec une apparente facilité, faire de la musique à la « première personne », et qu'on pourrait croire si sûr de sa manière, ne dissimule pas que les oiseaux lui ont rendu un « chemin perdu », lui « ont redonné le droit d'être musicien » — aveu grave et courageux d'une période de désarroi et de passage à vide. Même une œuvre comme *Chronochromie* (1960) pour orchestre (« couleur du temps »), si elle pousse à l'extrême le travail abstrait sur les durées, intègre dans son tissu musical un grand nombre de chants d'oiseaux. Certains y voient une tentative inquiète de concurrencer le travail de la jeune génération sérielle montante. Cette même année 1960, sa première femme, Claire Delbos, meurt après une longue maladie. Invité au Japon en 1962, avec Yvonne Loriod qu'il vient d'épouser, il y trouve l'inspiration de ses *Sept Haï-Kaï*, esquisses japonaises pour ensemble instrumental et piano solo. Mais c'est en 1963 qu'il renoue avec la série abandonnée des œuvres théologiques, à l'occasion d'une commande d'Heinrich Strobel : ce sont les *Couleurs de la cité céleste*. Dès lors, l'inspiration naturelle et l'inspiration religieuse semblent se réconcilier ; son style devient plus massif, plus épuré, plus simple — comme dans *Et exspecto resurrectionem mortuorum* créé au Domaine musical (1965), nouvelle commande, pour une cérémonie à la mémoire des victimes de la guerre. Une œuvre qui évoque Berlioz, quand celui-ci se fait direct, évident, dépouillé.

En même temps, des honneurs divers ne cessent de couronner Messiaen : festivals, prix, fondation d'un concours de piano qui porte son nom au festival de Royan, poste enfin concédé de professeur de composition au Conservatoire de Paris, nomination à l'Institut en 1967, etc. La fondation Gulbenkian lui commande un colossal ensemble orchestral et choral sur la *Transfiguration de Notre-Seigneur Jésus-Christ* (1965-1969), sorte de grande tapisserie qui est l'apothéose de sa dernière manière. Ses *Méditations sur le mystère de la Sainte-Trinité* (1969, créées à Washington, 1972) pour orgue renouent dans certaines parties avec le vieux rêve d'une « langue musicale », par un système de transcription en notes et en durées des lettres de l'alphabet et des catégories grammaticales. Il s'agit d'une des œuvres les plus directement théologiques de Messiaen, autour d'un sujet qui est un des mystères les plus secrets du dogme catholique. Enfin, après un appendice au *Catalogue d'oiseaux*, la *Fauvette des jardins* (1970), il s'acquitte d'une nouvelle commande, pendant monumental aux *Sept Haï-Kaï* précieux et ouvragés inspirés par le Japon. Ici, ce sont les paysages des États-Unis qui dilatent son inspiration aux dimensions d'une vaste symphonie cosmique, plus berliozienne que jamais, et cependant pénétrée de sentiment religieux : *Des canyons aux étoiles* (1970-1974), œuvre apaisée aux admirables paysages.

Si, pour parler de la musique de Messiaen, on reprend souvent les termes de son auteur (« un arc-en-ciel théologique », une musique du « son-couleur »), on a tendance à la considérer comme un bloc, sans la moindre faille. C'est tout à fait le contraire, et les différentes couleurs de cet arc-en-ciel ont été réunies à travers une certaine somme de doutes, de choix, de renoncements. Dans cette recherche, c'est le problème de la « durée » qui tient une place centrale. Dès le début de son œuvre, ses recherches ont assez vite « saturé » les domaines de l'harmonie et de la modalité — évidemment parce que, avant lui, la musique occidentale avait déjà beaucoup exploré ces dimensions.

Du côté des durées, en revanche (par opposition au rythme pulsé, régulier, mesuré, qui est pour lui le contraire du rythme), il n'a cessé d'explorer, d'essayer. Quant à la « couleur », si importante dans son œuvre, elle n'est pas, comme chez d'autres, créée par des alliages raffinés et insaisissables, c'est une véritable couleur franche, qui peut être créée par des « accords » aussi bien que par des timbres bruts d'instruments. La « durée » et la « couleur » sont bien parmi les dimensions les plus secrètes de la musique occidentale.

Pour caractériser son esthétique, on peut reprendre une notion qu'il utilise souvent quand il parle de sa technique : celle de « valeur ajoutée ». Ce musicien, qui prend partout son bien, n'a garde de fondre tous ses procédés dans un creuset d'où ils ressortiraient complètement agglomérés, fusionnés, indistincts. Là où d'autres confondent et mélangent, il « ajoute », ostensiblement : chez lui, le « décoratif », en tant que procédé qui consiste à « ajouter », devient un principe esthétique, qui cesse d'être antinomique avec le « structurel ». Messiaen assume pleinement les guirlandes saint-sulpiciennes des ondes Martenot, le brillant pailleté de l'aigu du piano, la virtuosité instrumentale dans ce qu'elle a de plus ostensible, l'effet de « richesse » accumulative des notes ajoutées dans l'harmonie — d'où le rapprochement malintentionné fait par certains entre son esthétique et celle d'un Gershwin. Combien il a raison pourtant de suivre ici son goût — car il a toujours su s'exprimer en vrai et grand musicien avec les moyens qui lui convenaient, et que d'autres pouvaient mépriser. Ce n'est d'ailleurs pas sans avoir essuyé l'ironie, le mépris ou le refus, qu'il est devenu le musicien universellement estimé qu'il est aujourd'hui.

Œuvres. (Sauf mention particulière, ces œuvres sont éditées chez Alphonse Leduc.) — *Pour orgue.* Le *Banquet céleste* (1928); *Diptyque* (Durand, 1929); *Apparition de l'Eglise éternelle* (Lemoine, 1931); *l'Ascension* (1933); 4 méditations symphoniques : 1. *Majesté du Christ demandant sa gloire à son Père*, 2. *Alléluias sereins d'une âme qui désire le ciel*, 3. *Transports de joie d'une âme devant la gloire du Christ qui est la sienne*, 4. *Prière du Christ montant vers son Père*; la *Nativité du Seigneur* (1935); 9 méditations : 1. *la Vierge et l'enfant*, 2. *les Bergers*, 3. *Desseins éternels*, 4. *le Verbe*, 5. *les Enfants de Dieu*, 6. *les Anges*, 7. *Jésus accepte la souffrance*, 8. *les Mages*, 9. *Dieu parmi nous*; *les Corps glorieux* (1939); 7 visions brèves de la vie des ressuscités : 1. *Subtilité des corps glorieux*, 2. *les Eaux de la Grâce*, 3. *l'Ange aux parfums*, 4. *Combats de la mort et de la vie*, 5. *Force et agilité des corps glorieux*, 6. *Joie et clarté des corps glorieux*, 7. *le Mystère de la Sainte-Trinité*; *Messe de la Pentecôte* (1950) : 1. entrée *(les Langues de feu)*; 2. offertoire *(les Choses visibles et invisibles)*, 3. consécration *(le Don de sagesse)*; 4. communion *(les Oiseaux et les sources)*, 5. sortie *(le Vent de l'esprit)*; *Livre d'orgue* (1951) : 1. reprises par interversion, 2. pièce en trio (pour le dimanche de la Sainte-Trinité), 3. *les Mains de l'abîme* (pour les temps de pénitence), 4. *Chants d'oiseaux* (pour le temps pascal), 5. pièce en trio (pour le dimanche de la Sainte-Trinité), 6. *les Yeux dans les roues* (pour le dimanche de la Pentecôte), 7. *Soixante-Quatre Durées*; *Verset pour la fête de la Dédicace* (1960), *Méditations sur le mystère de la Sainte-Trinité*, avec une préface explicative, 9 pièces (1969).

Pour piano solo. Préludes (Durand, 1929) : 1. *la Colombe*, 2. *Chant d'extase dans un paysage triste*, 3. *le Nombre léger*, 4. *Instants défunts*, 5. *les Sons impalpables du rêve*, 6. *Cloches d'angoisse et larmes d'adieu*, 7. *Plainte calme*, 8. *Un reflet dans le vent*; *Fantaisie burlesque* (Durand, 1931); *Pièce pour le tombeau de Dukas* (Revue musicale, 1936); *Rondeau* (morceau de concours, 1943); *Vingt Regards sur l'Enfant Jésus* (Durand, 1944) : 1. *Regard du Père*, 2. *Regard de l'étoile*, 3. *l'Échange*, 4. *Regard de la Vierge*, 5. *Regard du Fils sur le Fils*, 6. *Par Lui, tout a été fait*, 7. *Regard de la Croix*, 8. *Regard des hauteurs*, 9. *Regard du temps*, 10. *Regard de l'esprit de joie*, 11. *Première Communion de la Vierge*, 12. *la Parole toute-puissante*, 13. *Noël*, 14. *Regard des anges*, 15. *le Baiser de l'Enfant-Jésus*, 16. *Regard des prophètes, des bergers et des mages*, 17. *Regard du silence*, 18. *Regard de l'onction terrible*, 19. *Je dors, mais mon cœur veille*, 20. *Regard de l'Église d'amour*; *Cantéyodjâya* (Universal, Vienne, 1948); *Quatre Études de rythme* (Durand, 1949) : 1. *Ile de feu I*, 2. *Modes de valeurs et d'intensités*, 3. *Neumes rythmiques*, 4. *Ile de feu II*; *Catalogue d'oiseaux* (1956-1958) : 1. *le Chocard des Alpes*, 2. *le Loriot*, 3. *le Merle bleu*, 4. *le Traquet Stapazin*, 5. *la Chouette hulotte*, 6. *l'Alouette Lulu*, 7. *la Rousserolle effarvate*, 8. *l'Alouette calandrelle*, 9. *la Bouscarle*, 10. *le Merle de roche*, 11. *la Buse variable*, 12. *le Traquet rieur*, 13. *le Courlis cendré*; *la Fauvette des jardins* (1970).

Musique de chambre. **Thème et variations** pour violon et piano (1932); *Quatuor pour la fin du temps*, pour

piano, violon, violoncelle, clarinette (Durand, 1941) : 1. *Liturgie de cristal*, 2. *Vocalise pour l'ange qui annonce la fin du temps*, 3. *Abîme des oiseaux*, 4. *Intermède*, 5. *Louange à l'éternité de Jésus*, 6. *Danse de la fureur pour les sept trompettes*, 7. *Fouillis d'arcs-en-ciel pour l'ange qui annonce la fin du temps*, 8. *Louange à l'immortalité de Jésus ; Visions de l'amen*, pour 2 pianos (Durand, 1943) : 1. *Amen de la création*, 2. *Amen des étoiles, de la planète à l'anneau*, 3. *Amen de l'agonie de Jésus*, 4. *Amen du désir*, 5. *Amen des anges, des saints, du chant des oiseaux*, 6. *Amen du jugement*, 7. *Amen de la consommation* ; *le Merle noir*, pour flûte et piano (1952).
Pour chant et piano. *Trois mélodies*, pour soprano et piano (Durand, 1929) : 1. *Pourquoi?* 2. *le Sourire*, 3. *la Fiancée perdue* ; *la Mort du nombre*, pour soprano, ténor, violon, piano (1929), *Vocalise-Étude* pour voix élevée et piano (Durand, 1935) ; *Poèmes pour Mi*, pour soprano et piano (Durand, 1936) : 1. *Action de grâces*, 2. *Paysage*, 3. *la Maison*, 4. *Épouvante*, 5. *l'Épouse*, 6. *Ta Voix*, 7. *les Deux Guerriers*, 8. *le Collier*, 9. *Prière exaucée* ; *Chants de terre et de ciel*, pour soprano et piano (Durand, 1938) : 1. *Bail avec Mi*, 2. *Antienne du silence*, 3. *Danse du bébé pilule*, 4. *Arc-en-ciel d'innocence*, 5. *Minuit pile et face*, 6. *Résurrection ; Harawi, chant d'amour et de mort*, pour soprano et piano (1945) : 1. *La ville qui dormait, toi* ; 2. *Bonjour toi, colombe verte*, 3. *Montagnes*, 4. *Doundou tchil.* 5. *l'Amour de Piroutcha*, 6. *Répétition planétaire*, 7. *Adieu*, 8. *Syllabes*, 9. *l'Escalier redit, gestes du soleil*. 10. *Amour, oiseau d'étoile*, 11. *Katchikatchi les étoiles*, 12. *Dans le noir*. (Les textes de toutes ces mélodies sont d'Olivier Messiaen ; *Harawi* utilise également des textes empruntés à la tradition quechua, langue des Indiens du Pérou.)
Musique avec chœur. *O Sacrum convivium* pour chœur à 4 voix mixtes a cappella (Durand, 1937) ; *Trois Petites Liturgies de la présence divine* pour chœur de femmes, piano, ondes Martenot, orchestre (Durand, 1944) : 1. *Antienne de la conversation intérieure*, 2. *Séquence du verbe, Cantique divin*, 3. *Psalmodie de l'ubiquité par amour* (texte d'Olivier Messiaen) ; *Cinq Rechants*, pour 12 voix mixtes a cappella (Rouart-Lerolle, texte d'O. Messiaen, 1948) ; *la Transfiguration de Notre-Seigneur Jésus-Christ* pour chœur mixte (100 chanteurs minimum), grand orchestre, piano, violoncelle, flûte, clarinette, xylorimba, vibraphone, marimba (1969).
Pour orchestre. *Offrandes oubliées* (Durand, 1930) : 1. *la Croix*, 2. *le Péché*, 3. *l'Eucharistie* ; *le Tombeau resplendissant* (Durand, 1931) ; *l'Ascension* (1932) ; 4 méditations symphoniques : 1. *Majesté du Christ demandant sa gloire à son Père*, 2. *Alléluias sereins d'une âme qui désire le ciel*, 3. *Alléluia sur la trompette*, *Alléluia sur la cymbale*, 4. *Prière du Christ montant vers son Père* ; *Hymne au Saint-Sacrement* (Broude, New York, 1932) ; *Poèmes pour Mi*, pour version soprano et orchestre (Durand, 1937) ; *Turangalîla-Symphonie*, pour grand orchestre, ondes Martenot, piano solo (Durand, 1946-1948) : 1. Introduction, 2. *Chant d'amour I*, 3. *Turangalîla I*, 4. *Chant d'amour II*, 5. *Joie du sang des étoiles*, 6. *Jardin du sommeil d'amour*, 7. *Turangalîla II*, 8. *Développement de l'amour*, 9. *Turangalîla III*, 10. Final ; *Réveil des oiseaux*, poème symphonique pour piano et orchestre (Durand, 1953) : 1. *Minuit*, 2. *Quatre Heures du matin*, 3. *Chants de la matinée*, 4. *Midi* ; *Oiseaux exotiques*, pour piano, 2 clarinettes, xylophone, percussions, orchestre à vent (Universal, Vienne, 1935) ; *Chronochromie* pour grand orchestre (1960) : 1. Introduction, 2. Strophe I, 3. Antistrophe I, 4. Strophe II, 5. Antistrophe II, 6. *Épôde*, 7. Coda ; *Sept Haï-Kaï*, esquisses japonaises pour piano solo, xylophone, marimba solos, petit orchestre (1962) : 1. *Introduction*, 2. *le Parc de Nara et les lanternes de pierre*, 3. *Yamanaka cadenza*, 4. *Gagaku*, 5. *Miyajima et le torii bors la mer*, 6. *les Oiseaux de Karuizawa*, 7. *Coda* ; *Couleurs de la cité céleste* pour piano, orchestre à vent, percussions (1963) ; *Et exspecto resurrectionem mortuorum* pour bois, cuivres, percussions métalliques, cinq pièces (1964) : 1. *Des profondeurs de l'abîme je crie vers toi, Seigneur : Seigneur écoute ma voix !* 2. *Le Christ, ressuscité des morts, ne meurt plus ; la mort n'a sur lui plus d'empire*, 3. *L'heure vient où les morts entendront la voix du Fils de Dieu*, 4. *Ils ressusciteront, glorieux, avec un nom nouveau dans le concert joyeux des étoiles et les acclamations des fils du ciel*, 5. *Et j'entendrai la voix d'une foule immense* ; *Des canyons aux étoiles*, pour piano, cor, xylorimba, glockenspiel, orchestre (1970-1974) : 1. *le Désert*, 2. *les Orioles*, 3. *Ce qui est écrit sur les étoiles*, 4. *le Cossyphe d'Heuglin*, 5. *Cedar Breaks et le don de la crainte*, 6. *Appel interstellaire*, 7. *Bryce-Canyon et les rochers rouge-orange*, 8. *les Ressuscités et le chant de l'étoile Aldébaran*, 9. *le Moqueur polyglotte*, 10. *la Grive des bois*, 11. *Omao, Leiothrix, Elepaio, Shama*, 12. *Zion Park et la cité céleste*.
En préparation : opéra en 3 actes et 8 tableaux sur saint François d'Assise, poème et musique d'Olivier Messiaen (commande de l'Opéra de Paris). Improvisation enregistrée à l'orgue : l'*Ame en bourgeon*, sur les poèmes de Cécile Sauvage.
Écrits : *Vingt Leçons d'harmonie* (1939) ; *Technique de mon langage musical* (2 vol., 1944) ; *Conférence de Bruxelles* (1958) ; *Conférence de Notre-Dame*, (Alphonse Leduc éd., 1977) ; en cours : *Traité du rythme*.

M. C.

MESSIE (LE) [en angl. *Messiah*]. Oratorio de G. F. Haendel, composé sur un livret de Charles Jennens du 22 août au 14 septembre 1741, donné en première audition à Dublin, au Music Hall de Fishamble Street, le 13 avril 1742 (en Angleterre, au Covent Garden de Londres, le 23 mars 1743). C'est, sans aucun doute, l'œuvre vocale la plus universellement connue et, par là même, la plus « populaire » de Haendel.

En composant le texte de leur *Messie*, Jennens et Haendel n'ont pas voulu récrire — comme tant de leurs prédécesseurs ou contemporains, de Lassus à Schütz et Jean-Sébastien Bach — une nouvelle vie du Christ à travers sa Nativité, sa Passion, sa Résurrection, mais, bien mieux, retrouver, à travers une fervente méditation, le sens profond du christianisme. En font foi les mots inclus dans l'introduction à la première édition (posthume, d'ailleurs, puisque Haendel avait toujours refusé de publier son œuvre afin de conserver aux exécutions — 69 de son vivant — leur but spécifiquement charitable) : « Grand est le mystère de la divinité (...) En Lui (Dieu) est tout le trésor de la sagesse et de la connaissance. » En fait foi également le choix des textes, puisés non point dans les Évangiles, comme traditionnellement, mais basés sur les Psaumes (XXII, LXIX, XVI, XXIV, LVII) dans les deux premières parties, sur les prophètes (Isaïe, Jérémie, Malachie) et saint Paul (Épître aux Corinthiens I, XV) dans la troisième, enfin, sur l'Apocalypse de saint Jean à la fin de la troisième partie. Le *Messie* apparaît donc moins comme une nouvelle *historia Christi*, mais plus sûrement comme un hymne à la gloire du Fils de l'Homme, à la gloire de Dieu lui-même. Mais Haendel va également plus loin et passe, dans une réflexion complémentaire, de la contemplation de la vie à la justification même de la vie. Ainsi donne-t-il à cette « chronique » — fût-elle sainte — une dimension universelle, éternelle, où l'Homme se trouve absorbé dans un monde dont le Christ devient à la fois le centre, l'emblème et le phare. Ce qu'avait précisément voulu faire entendre, déjà, Michel-Ange en sa célèbre fresque de la chapelle Sixtine, que le musicien avait contemplée lors de son séjour en Italie.

Moins « mystique » que « prophétique » donc, le *Messie* emprunte dès lors tout naturellement le ton de l'épopée pour proclamer dans la certitude vécue une ferveur tout à la fois raisonnée et passionnée.

D'où dans la partition un style, tour à tour empreint de piété naïve (symphonie pastorale — « pifa » — qui retrouve le souvenir des pifferari entendus à Naples en 1709) ou de visualisation dramatique (« En écrivant l'*Hallelujah*, dira Haendel, j'ai cru voir le ciel s'ouvrir et Dieu paraître devant moi. »). Ainsi le compositeur réagit-il de tout son génie — et de tout son être le plus profond — devant une « histoire » ressentie douloureusement, qui le fait frissonner et sangloter en écrivant l'air d'alto *He was despised and rejected*.

On comprend mieux, dans ces conditions, la technique compositionnelle utilisée : peu de récitatifs, sinon courts, afin de ne point morceler la narration ; équilibre entre les interventions des solistes et des chœurs, les uns et les autres étant d'évidents « porte-parole » du musicien ; enfin, une longue ascension spirituelle, qui, partant de la joie grave de la Nativité (*mi* mineur, puis majeur, *sol* et *ré* majeurs), se mue en une sombre perspective de la Passion, et débouche sur la mort de la Mort qui provoque l'Hosannah du fameux *Hallelujah* (*ré* majeur, deuxième partie), préludant lui-même à la méditation confiante du troisième volet qui s'ouvre sur l'affirmation lumineuse (*mi* majeur) *Je sais que mon rédempteur vit* et se termine sur un amen aussi clair que grandiose (*ré* majeur) — à la dimension même de la nouvelle universellement proclamée. A la dimension aussi de cette œuvre bouleversante, car surgie du tréfonds de l'âme. J. G.

MESTRES-QUADRENY (*Joseph*), compositeur espagnol (*Manresa 1929*). Il fait ses études à l'université de Barcelone (1950-1955), mais apprend en autodidacte les techniques modernes. Depuis l'établissement du laboratoire de musique électronique de Barcelone, il y travaille régulièrement (1968), ayant, dès 1965, incorporé des bandes magnétiques au matériel orchestral traditionnel. Se situant, après 1957, dans la tendance postsérielle, il a évolué, vers 1960, en faveur de l'aléatoire et a collaboré avec des écrivains espagnols et des artistes pour des œuvres théâtrales et des « objets d'art ». En dehors de quelques partitions conçues pour instruments (*Tramesa a Tapies*, pour violon, alto et percussion ; trio ; *Ibernia*, pour orchestre de chambre ; *Double Concert*, pour ondes Martenot, percussion et orchestre, 1970), toute sa production utilise l'électroacoustique : *3 Canons en homenatge a Galileu* (piano et équipement électronique), *Suite bufa* (voix, piano et équipement électronique), *Concert per a representar* (voix, 6 instruments et bande), etc. A. G.

MESURE. Unité rythmique, elle-même divisée en temps*. Cette unité rythmique est placée entre deux barres*. La mesure s'indique en début d'œuvre ou de fragments d'œuvre par une fraction dont le dénominateur représente une division de la ronde, prise arbitrairement comme valeur de référence, et le numérateur le nombre de ces divisions par mesure (par ex. : 3/4 = *mesure* formée par 3 quarts de ronde, soit 3 noires). À l'origine, des années 500 à 1200 approximativement, il n'y avait pas de *mesure* (par ex. dans le chant grégorien), de 1200 à 1450 environ, il y eut des modes rythmiques (V. MAJEUR, MINEUR), de 1450 à 1600, une *mesure*, dite libre, sans accentuation des premiers temps, et, vers 1600, apparut véritablement la *mesure* telle qu'elle est décrite ici. M. P. P.

MESURÉE À L'ANTIQUE (MUSIQUE). Nom donné à un style particulier de composition, en honneur à la fin du XVIe siècle, dans lequel la valeur rythmique des notes n'était pas déterminée par une mesure régulière, mais par la longueur des syllabes chantées, selon des schémas prosodiques par longues et brèves calqués sur la métrique gréco-latine.

La musique mesurée à l'antique avait résulté de la fusion de deux courants distincts, tous deux reliés aux recherches humanistes de la Renaissance. L'un, purement littéraire, était né en Italie au milieu du XVe siècle ; il gagna la France (1497), puis l'Espagne (1540), les Pays-Bas (1548), la Suisse alémanique (1555), enfin l'Angleterre (1570) et l'Allemagne (1578). Son objet était de rénover la poésie en appliquant à la langue vernaculaire la prosodie et la métrique des poètes gréco-latins (cf. *vers mesurés*). Le second courant, né dans les écoles allemandes, était d'essence pédagogique. Il consistait à initier les élèves aux vers latins en les leur faisant chanter sur des mélodies composées à cet effet dans le rythme du vers ; le prototype en était une ode d'Horace mise en musique vers 1507 par P. Tritonius. Ce fut en France, vers 1570, que les deux courants se réunirent et donnèrent à la musique d'œuvre d'art grâce au poète J. A. de Baïf, qui proclama la valeur musicale des vers mesurés vernaculaires et provoqua la collaboration de musiciens tels que Thibaut de Courville, du Faut et surtout Jacques Mauduit et Claude Le Jeune, faisant à la musique mesurée une place de choix dans son Académie de poésie et de musique (1570). La musique mesurée trouva en Claude Le Jeune un compositeur de génie et avait également parfois tenté Eustache du Caurroy, puis avait été abandonnée au-delà des premières années du XVIIe siècle. Son existence fut donc éphémère, mais son influence considérable. Elle contribua à assouplir la rythmique, à développer la prosodie musicale, à rapprocher la musique de la parole, et, à ce titre, elle ne fut pas étrangère au mouvement qui aboutit en 1600 à la révolution musicale qu'avait été la création de l'opéra. J. C.

MÉTABOLES. Œuvre commandée à Henri Dutilleux en 1959 par The Musical Arts Association à l'occasion du quarantième anniversaire de l'Orchestre de Cleveland, qui la créa le 14 janvier 1965, sous la direction de George Szell. L'orchestre de *Métaboles* comprend 2 flûtes piccolos, 2 flûtes, 3 hautbois, 1 cor anglais, 1 clarinette piccolo en *mi* bémol, 2 clarinettes en *si* bémol, 1 clarinette basse en *si* bémol, 3 bassons, 1 contrebasson, 4 cors, 4 trompettes, 3 trombones, 1 tuba, 4 timbales, 1 importante percussion, 1 xylophone, 1 glockenspiel, 1 célesta, 1 harpe et 1 quintette à cordes fourni en proportion.

L'œuvre, en 5 parties enchaînées (*Incantatoire, Linéaire, Obsessionnel, Torpide* et *Flamboyant*), dure dix-sept minutes et affirme la prédilection du compositeur pour le maniement des timbres, le langage étant déterminé par une conception particulière du principe de la variation. Dutilleux précise que « les cinq parties constituant *Métaboles* s'enchaînent sans interruption et ne peuvent, en aucun cas, donner lieu à des exécutions fragmentaires ». Il ajoute : « *Métaboles*. Ce terme de rhétorique, adopté à propos de formes musicales, trahit la pensée de l'auteur de ces cinq pièces : présenter une ou plusieurs idées dans un ordre ou sous des aspects différents, jusqu'à leur faire subir, par étapes successives, un véritable changement de nature. Il y a « métabole » à l'intérieur de chacune de ces pièces, mais le même phénomène s'applique à l'ensemble de l'ouvrage... Je l'avoue, ces *Métaboles* sont pour moi une étape importante, mais qui ne brise pas cependant avec mes recherches symphoniques précédentes. C'est un pas, voilà tout, vers une expression orchestrale que je souhaite, que j'imagine globale sans facilité, multiple sans confusion. »

Incantatoire expose un thème court et caractéristique qui se répète à la manière d'une incantation magique ; la mélodie initiale oscille autour de la note *mi*, prolongée par une pédale de résonance. Les bois prédominent, parfois de manière stridente. *Linéaire* ne fait appel qu'aux cordes divisées à l'extrême et développe un contrepoint assez savant, dont les lignes engendrent une très riche polyphonie (jusqu'à 14 parties réelles). La tonalité y est souvent diluée et imprécise. *Obsessionnel*, au tempo rapide, fait surtout appel aux cuivres et adopte la forme d'une passacaille basée sur une série de 12 sons. L'orchestration est vive et éclatante. *Torpide* met en valeur les percussions et s'établit entièrement sur les métamorphoses d'un accord unique formé de 6 sons, à l'exclusion de toute idée thématique mélodique. La percussion met en scène de nombreux instruments à sons indéterminés. *Flamboyant* récapitule les éléments précédents en une sorte de brillant scherzo où tous les groupes instrumentaux, selon un éclairage savamment ordonné, sont tour à tour mis en valeur. L'œuvre conclut en un immense tutti sur la note *mi* précédé d'un accord superposant quartes justes et quartes augmentées. Pièce très virtuose, presque expérimentale par sa

technique d'écriture, *Métaboles* est aussi une des pages les plus immédiatement poétiques et envoûtantes d'Henri Dutilleux.
P. S.

MÉTALLOPHONE. Tout instrument à percussion dont les corps sonores sont métalliques : carillon*, célesta*, etc. C'est, plus particulièrement, un instrument à percussion extrême-oriental en tout point semblable au xylophone*, mais dont les lames de bois sont remplacées par des lames métalliques.
M. T.

MÉTAMORPHOSES (en all. *Metamorphosen*). Œuvre instrumentale de Richard Strauss, écrite du 13 mars au 12 avril 1945 et donnée en première audition à Zurich, le 25 janvier 1946, sous la direction de Paul Sacher. Sous-titrée *Étude pour vingt-trois cordes solistes* (10 violons, 5 altos, 5 violoncelles et 3 contrebasses), cette admirable partition est d'un compositeur octogénaire, qui, n'ayant rien perdu de son génie créateur, traduit en un immense et pathétique mouvement lent les sentiments de douleur et de mélancolie que lui inspire l'apocalyptique destruction à laquelle il assiste en Allemagne, début 1945. C'est le temps de la désolation, des ruines, de l'épouvante. Vienne, Dresde, Munich, Berlin sont détruites, ou fortement endommagées, et, avec elles, les grands théâtres lyriques, où tant d'opéras de Strauss avaient été représentés. Tout un monde, toute une civilisation s'écroulent, auxquels l'auteur du *Chevalier à la rose* rend un suprême hommage dans cette musique de deuil inspirée de la *Marche funèbre* de la *Symphonie héroïque*. À l'adagio assai de celle-ci, Strauss emprunte, en particulier, le thème descendant des mesures 3 et 4, qu'il confie d'abord aux altos, et qui, à l'issue d'un long et magnifique travail polyphonique, sera présenté dans sa nudité originelle — sous l'indication autographe *In memoriam* — par 3 violoncelles et 3 contrebasses.

Strauss n'a donné aucune information précise sur la signification qu'il convenait d'accorder au titre, quelque peu énigmatique, de *Métamorphoses*. Ce dernier se réfère-t-il à l'extraordinaire et permanente transformation organique que subit le matériau thématique de cette déchirante méditation ? Concerne-t-il l'ère nouvelle, encore inconnue mais porteuse d'espoir, qui doit naître de la métamorphose d'un monde en train de disparaître ? Ce qui est sûr, en tout cas, c'est que, avec leur somptuosité harmonique et mélodique, leur richesse contrapuntique et leur constante noblesse d'expression, les *Métamorphoses* constituent l'un des sommets de la production straussienne. On peut, sans hésiter, les mettre sur le même plan que les sublimes *Vier letzte Lieder* (*Quatre Derniers Lieder**), qui les suivent de très près dans l'ordre chronologique, et par lesquels le compositeur allait mettre un terme définitif à sa carrière.
J. D.

MÉTAMORPHOSES SYMPHONIQUES SUR DES THÈMES DE KARL MARIA VON WEBER. Pièce pour grand orchestre composée par Hindemith en 1943 et créée à New York en 1944.

En 4 mouvements suggérant une brève symphonie, le compositeur traite avec brillance des thèmes empruntés à l'opéra *Turandot* et à l'œuvre pour piano à 4 mains de Weber. Mais ces thèmes ou ces motifs n'apparaissent jamais dans leur forme originale : ils sont modifiés dès le départ par le langage particulier à Hindemith. Son style bien affermi lui permet de laisser courir avec aisance les lignes de la polyphonie et de mettre en valeur tour à tour les différents instruments par des traits de virtuosité. Il accorde une importance nouvelle à l'orchestration et utilise dans les percussions des instruments, tels que le wood-block, le petit gong, le tambourin, le triangle ou les cloches, qui donnent une couleur locale au deuxième mouvement construit sur un thème exotique de *Turandot*. L'écriture alerte de l'ensemble, ancrée solidement, toutefois, dans la tradition germanique classique, souligne le lien de parenté des *Métamorphoses* avec les *Quatre Tempéraments*, ballet conçu, lui aussi, en Amérique à la même époque (1940), dans ce même ton qui rappelle encore une fois la fraîcheur humoristique du musicien des années 20.
E. L.

METASTASIO (*Pietro Trapassi, dit*) [en fr. MÉTASTASE], poète italien (*Rome 1698 - Vienne 1782*). Métastase est sans doute le poète dont le style et les conceptions dramatiques ont le plus profondément marqué l'histoire de l'opéra. Issu d'un milieu modeste, il fut élevé dans la maison de son parrain, le cardinal Ottoboni, puis fut recueilli par le grand érudit Gian Vincenzo Gravina, qui transforma son nom, en l'hellénisant, de Trapassi en Metastasio. Il fut membre de l'Académie d'Arcadie, à Rome, puis alla s'établir à Naples, où il fréquenta le cercle du compositeur et pédagogue Porpora. C'est là qu'il écrivit son premier livret d'opéra *Didone abbandonata* (1724). Il se trouvait à nouveau à Rome lorsque la cour d'Autriche lui proposa l'une des fonctions les plus enviées de son temps : celle de poète impérial, comme successeur d'Apostolo Zeno. Il s'installa à Vienne en 1730 et ne quitta plus l'Autriche jusqu'à sa mort, en 1782.

Mais cet enracinement dans un pays étranger ne doit pas faire illusion : Métastase n'écrivit jamais que dans sa langue maternelle, et sa volumineuse correspondance montre que c'est vers ses compatriotes (en particulier le castrat Farinelli) que restaient tournées ses sympathies. La postérité de ses œuvres dramatiques, elle, s'étendit à tout le monde occidental : à peine un de ses livrets d'opéra ou d'oratorio avait-il été mis en musique (pour la plupart à Rome, puis à Vienne) qu'il se propageait dans tous les grands théâtres d'Europe, de Palerme à Stockholm, de Lisbonne à Londres et à Saint-Pétersbourg — à l'exception de la France. Cette vogue se poursuivit en plein XIXe siècle, avec, par exemple, la *Semiramide* de Meyerbeer (Turin, 1819), ou l'*Ipermestra* de Mercadante (Naples, 1825). L'esthétique de l'opéra métastasien procède de l'Académie d'Arcadie, qui fleurit à Rome à la fin du XVIIe et au début du XVIIIe siècle. En réaction contre le mélange des genres, qui caractérisait en particulier l'opéra vénitien, les arcadiens préconisèrent une intrigue plus dépouillée, à l'exemple de la tragédie classique française.

Les 27 livrets d'opéra de Métastase sont presque tous tirés de l'Antiquité gréco-romaine et représentent les traditionnels conflits entre l'amour et le devoir, l'ambition politique et le respect d'autrui, entre la haine et la vertu du pardon. L'éventail formel de l'opéra s'y réduit à sa plus simple expression : l'alternance entre l'air et le récitatif, avec un ensemble à la fin de chaque acte. Mais la richesse des images poétiques et une répartition harmonieuse des mots clefs font des textes de Métastase le support idéal d'un style musical lui aussi chargé de rhétorique. Parmi la première génération de compositeurs qui illustrèrent ses livrets, citons Vinci (*Didone abbandonata*, 1726), Hasse (*Artaserse*, 1730), Pergolèse (*Olimpiade*, 1735). L'adéquation des livrets aux exigences des compositeurs diminue avec une nouvelle génération de musiciens, au premier rang desquels Traetta, Galuppi, Jommelli et Piccinni. Il devient alors de plus en plus fréquent de retoucher les textes de Métastase, par exemple en les réduisant de 3 à 2 actes et en ajoutant des ensembles (*Il Re pastore* de Mozart, 1775) et des chœurs (*La Clemenza di Tito* de Mozart, 1791).
M. N.

METASTASIS. Œuvre pour orchestre de 61 instruments de Xenakis, composée entre 1953 et 1954, dédiée à Maurice Le Roux et créée au festival de Donaueschingen en 1955, sous la direction de H. Rosbaud. Signification du titre : « dialectique de la transformation » ; du grec *méta*, « après » ; *statis*, « station ». Dans cette page clé, le compositeur a voulu synthétiser la musique « classique », la musique sérielle (seule faiblesse de l'ouvrage selon lui) et la musique formalisée (dont c'était là le premier témoignage).

Les innovations sont nombreuses, avec, par exemple, la division extrême des 61 parties instrumentales en autant de parties réelles, la systématisation des glissandos de masse (cordes), l'intégration des progressions géométriques (nombre d'or) au langage musical (intervalles, durées, timbres, dynamiques) et l'apparition déjà assez nette du calcul des probabilités (classement et corrélation des événements sonores par caractéristiques propres).

Historiquement, il s'agissait également de prouver que l'orchestre « traditionnel » était au moins aussi riche en sonorités nouvelles et en subtilité de timbres que la musique électroacoustique naissante. Les glissandos sont calculés individuellement quant à leurs pentes, créant ainsi des espaces sonores fort proches dans leurs concepts de surfaces et volumes engendrés en architecture par des droites se déplaçant. *Metastasis* correspond d'ailleurs, selon Xenakis lui-même, « assez précisément à l'architecture du pavillon Philips de [l'Exposition de] Bruxelles », dont lui-même fit les plans et pour lequel Varèse composa le *Poème* électronique*. A. F.

MÈTRE (du gr. *metros,* « mesure »). Terme de versification parfois employé par analogie en théorie musicale. En versification, on appelle poésie métrique celle fondée non sur le nombre des syllabes, mais sur leur groupement en pieds, déterminé par une alternance définie de longues et de brèves. Elle s'oppose à la poésie syllabique, fondée sur le seul nombre des syllabes.

Le mètre est, dans la première catégorie, la combinaison type prise pour base du schéma de versification. On dira, par exemple, qu'une poésie est en mètre dactylique quand elle emploie une série de vers dont le dactyle (1 longue, 2 brèves) est l'élément de base sans en être forcément l'unique composant. Les multiples du mot « mètre » (dimètre, trimètre, etc.) se réfèrent, selon les cas, soit au nombre de pieds inclus dans un tel vers, soit à la moitié de ce nombre, certains pieds étant parfois, pour le décompte, groupés arbitrairement deux par deux (ainsi un trimètre iambique comportera non pas 3 mais 6 iambes — c'est-à-dire brève plus longue — tandis qu'un hexamètre dactylique compte effectivement 6 dactyles, ou leurs équivalents).

Le mot « mètre » n'a pas de signification définie en musique, mais on l'emploie parfois par analogie en se référant aux formules rythmiques correspondant à celles de la versification ci-dessus. Ainsi l'allegretto de la *7ᵉ Symphonie* de Beethoven peut être dit de « mètre dactylique ». J. C.

MÉTRONOME. C'est à Paris, en 1816, que l'Allemand J. N. Maelzel fit breveter ce petit appareil à battre la mesure qu'il conçut d'après un modèle vu à Amsterdam, fabriqué par Winkel. Le métronome est formé essentiellement d'une réglette verticale, dont le mouvement de balancier est entretenu par un mécanisme d'horlogerie. Un curseur coulissant permet de régler sa vitesse de 40 à 208 battements à la minute, et l'ensemble tient dans un coffret de bois d'une forme pyramidale caractéristique. Grâce au métronome, les exécutants peuvent travailler un morceau rigoureusement en mesure, et les compositeurs sont à même d'indiquer avec précision le tempo qu'ils souhaitent. Beethoven, ami de l'inventeur, fut le premier à s'en servir. M. T.

METZ (RENCONTRES INTERNATIONALES DE MUSIQUE CONTEMPORAINE DE). Festival de musique contemporaine se déroulant tous les ans à Metz durant trois ou quatre jours à la fin de novembre. C'est le plus important du genre en France depuis la disparition du festival de Royan* en 1977.

Lorsque Claude Lefebvre* crée en 1972 ses premières rencontres de musique contemporaine, il a à l'esprit un projet ambitieux, et, dès le départ, pose un principe d'action : « Échapper aux consommations hâtives de trop nombreuses créations mondiales. » Ni saturation, ni dispersion, donc. Pour « ouvrir » ce nouveau festival, il établit une programmation dans laquelle des noms célèbres (Boulez, Stockhausen) voisinent avec des compositeurs plus jeunes (Méfano, Dao). En 1973, les concerts sont axés sur deux valeurs sûres : Messiaen (avec *les Vingt Regards de l'Enfant Jésus,* les *Visions de l'amen,* les *Oiseaux exotiques,* et les *Méditations sur le mystère de la Sainte-Trinité*) et Stockhausen, à qui un cycle est consacré avec, notamment, une de ses grandes œuvres, *Hymnen,* et aussi une conférence.

La troisième Rencontre, en 1974, inaugure des séances « jeune public », où des adolescents peuvent avoir un premier contact avec un compositeur, et, éventuellement, dialoguer avec lui. Cette fois, les feux sont braqués sur Berio, à qui est réservée une journée. Deux autres personnalités se dégagent : Stockhausen, avec son œuvre pour 2 pianos *Mantra,* et Kagel qui bénéficie de deux soirées précédées d'une conférence. 1975 représente peut-être un tournant dans la programmation du festival : on s'oriente vers des musiciens moins connus, qui ont déjà été joués à Royan, et dans les concerts spécialisés, mais qui vont connaître une plus large audience grâce à Metz et dont la plupart des concerts sont retransmis par la radio. Parmi ceux-ci : Decoust, Boucourechliev et, également, Globokar. On n'a pas négligé les auteurs de « référence », Ives et Stravinski, sans oublier Messiaen avec sa grande fresque *Des canyons aux étoiles.* Les Rencontres de 1976 se caractérisent par la présence de la musique électroacoustique, avec la participation, d'une part, du G. R. M., d'autre part, du Studio de musique électronique de Cologne, et, enfin, chose inhabituelle, d'un ensemble instrumental de synthétiseurs. Le festival étant placé sous le signe des sons « artificiels », rien de surprenant à ce que Stockhausen y figure en bonne place avec *Sirius;* mais on y entend également des musiques de Xenakis et de Mâche, et on y aborde la question de « la musique et l'ordinateur » (Risset, Barbaud, Xenakis).

En 1977, Lefebvre adopte une formule plus ramassée, en centrant l'intérêt, d'une part, sur des soirées réservées à tel ou tel compositeur (Kagel, Xenakis, Alsina, Amy, Globokar), d'autre part, sur la musique d'un pays, le Québec. Par ailleurs, le principe des séances « jeune public » est maintenu : il y en a une consacrée à Berg, où l'on donne en répétition générale le programme du soir. Dans les Rencontres de 1978, on met l'accent sur les conférences, cela avec deux compositeurs qui ne sont pas des familiers de Metz, Pousseur et Malec. Notons également la présentation d'un opéra-théâtre de Bancquart : *l'Amant déserté,* ainsi que plusieurs séances « jeune public ». Le festival de 1979 se signale par la présence de l'I. R. C. A. M. et, comme en 1976 mais de façon plus marquée, de Boulez, qui se manifeste par une conférence, un film, un concert. On revient au problème des relations entre musique et machines, au cours de plusieurs exposés faits par les membres de l'I. R. C. A. M. D'autre part, le pays à l'honneur est la Suisse, avec l'orchestre de Radio-Bâle, qui présente cinq de ses compositeurs. On remarque la présence de Michael Levinas et Pascal Dusapin, sans oublier celle des Percussionnistes de Strasbourg.

En 1980, les Rencontres sont plus éclatées, et on approfondit notamment le domaine de l'électroacoustique avec le G. R. M. et les exposés très clairs de F. Bayle. En 1981, retour de Stockhausen et de Kagel (*Mitternachtstük*), et création française de *Tiento* de Cristobal Halffter. Un bilan de dix années et de 11 festivals (2 en 1976) montre qu'on ne peut séparer les Rencontres de la création parallèle de l'Orchestre philharmonique de Lorraine et du Centre européen pour la recherche musicale, ainsi que du travail d'animation réalisé auprès des populations scolaires tout au long de l'année. Encore faudrait-il que ce travail de longue haleine fût réalisé par une équipe permanente et compétente, car une action ponctuelle ne constitue, dans ce domaine, qu'un saupoudrage et non une formation. L'avenir du festival de Metz réside, non seulement, dans la programmation, mais aussi dans la tâche indispensable qu'est la formation des plus jeunes. M. G.

METZLER. Manufacture d'orgues suisse, fondée en 1890 et fixée à Zurich. Exerçant surtout en Suisse, Metzler a réalisé, en style classique, les instruments des cathédrales de Zurich, de Schaffhouse et de Genève, et restauré l'orgue Silbermann* d'Arlesheim.
G. C.

MEULEMANS *(Arthur)*, compositeur belge *(Aerschot 1884 - Bruxelles 1966)*. Il fait ses études à l'institut Lemmens de Malines (avec Edgar Tinel), où il est ensuite nommé professeur. Directeur de l'école d'orgue et de chant du Limbourg, à Hasselt (1916-1930), chef de l'orchestre de l'I. N. R., président de l'Académie royale flamande des sciences, lettres et beaux-arts, il fut le père spirituel de la génération née entre 1880 et 1890.

Son œuvre, très abondante, est restée fidèle à l'esthétique néoromantique, mais en opérant la synthèse de la subtilité harmonique des impressionnistes français et de la solide base franckiste. Son art coloré, reflet d'une inspiration chaleureuse, et servi par une très grande virtuosité de l'écriture orchestrale, émane d'un théoricien qui a, par ailleurs, exposé l'essentiel de ses idées dans 3 traités d'une extrême importance. A. G.

MEXIQUE. Les vestiges des musiques antiques (« l'expression la plus profonde de l'âme mexicaine », selon Carlos Chavez) et des chants et danses de l'époque précortésienne constituent un fonds d'une inestimable richesse auquel la plupart des compositeurs mexicains se sont référés pour personnaliser leur école nationale.

A cet art indigène, les différents témoignages d'un folklore néo-espagnol se sont intégrés à partir du XVIe siècle, tandis que les premiers centres musicaux étaient fondés sous l'impulsion d'un franciscain, Fray Pedro de Gante. On trouve, dès cette époque, quelques essais polyphoniques de compositeurs locaux influencés par les Espagnols et, un peu plus tard, par l'opéra italien. Au XVIIIe siècle, la musique instrumentale prend son essor, toujours dans le goût italien (Vivaldi), et la cathédrale de Mexico dispose d'un orchestre qui devient de plus en plus indépendant à l'égard des voix : Manuel de Sumaya et surtout Antonio Sarrier *(1710-1775)* et José Aldana *(1758-1810)* sont les meilleurs compositeurs de l'âge baroque, coïncidant avec les dernières décennies de la période coloniale. Les premières réalisations d'une musique nationale sont cependant postérieures à l'indépendance. José Mariano Elizaga *(1786-1842)* fonde alors le conservatoire de Mexico et la Société philharmonique, qui révèle les grandes symphonies classiques. Aniceto Ortega *(1823-1875)* écrit le premier opéra s'inspirant du sujet mexicain *Guatimotzin*, et Melesio Morales *(1838-1908)*, auteur de 5 opéras (dont *Roméo et Juliette*) et de nombreuses pages religieuses, exalte le progrès scientifique dans sa *Locomotive*. Ses disciples ne manquent pas de reconnaître en lui un professeur émérite, un technicien sérieux et le promoteur de toute la musique mexicaine.

C'est à la fin du siècle que cette musique prend sa place hors des frontières géographiques, grâce à des compositeurs qui exploitent les découvertes folkloriques et ethnomusicologiques. Mais alors que Herrera de la Fuenta, José Rolon, Luis Sandi, Eduardo Hernandez-Moncada ou Antonio Gomezanda s'en tiennent à un style traditionnel, quatre personnalités de premier plan tentent de concilier cet héritage autochtone avec les différentes disciplines d'écriture de leur génération : Julian Carillo *(1875-1965)*, pionnier du microtonalisme et de nouveaux moyens d'expression sonore ; Manuel Ponce *(1882-1948)*, créateur du symphonisme folklorique ; Silvestre Revueltas *(1899-1940)*, prospecteur intrépide de la polytonalité ; Carlos Chavez *(1899-1978)*, styliste éclectique et défenseur autorisé de la véritable musique mexicaine dans ses synthèses historiques.

La génération suivante a manifesté plus d'indépendance à l'égard de ces références nationalistes, au bénéfice d'une esthétique se réclamant de la tendance postsérielle, de l'électroacoustique ou de l'aléatoire. Au groupe des Quatre (Daniel Ayala, Blas Galindo, Salvador Contreras et José Pablo Moncayo), fondé en 1935 et qui fait aujourd'hui figure de néoclassique, ont succédé le groupe Nueva Música (fondé en 1957 par Joaquin Gutierrez-Heraz) et un certain nombre de compositeurs aux techniques éclectiques, qui constituent aujourd'hui l'avant-garde de l'école mexicaine : Carlos Jimenez-Mabarak (1916), Manuel Enriquez (1926), Francisco Savin (1929), Armando Lavalle-Garcia (1924), Mario Kuri Aldana (1931), Manuel Jorge de Elias (1939), Eduardo Mata (1942), Mario Lavista (1943), etc.
A. G.

MEYER *(Krzysztof)*, compositeur polonais *(Cracovie 1943)*. Il a étudié le piano, la théorie et la composition (avec Penderecki) à l'École supérieure de musique de Cracovie, où il enseigne depuis 1966, et travaillé également à Paris avec Nadia Boulanger. En 1960, il écrivit 24 préludes et fugues qu'il envoya à Chostakovitch, auquel il devait consacrer une monographie en 1973. Il s'orienta d'abord vers les recherches de timbre, en particulier avec son quatuor à cordes no 1 (1963), sa symphonie no 1 (1964) et ses sonates pour piano no 2 (1963) et no 3 (1966), puis vers le sérialisme et l'aléatoire, avec, notamment, ses symphonies no 2 (1967) et no 3 (1968), sa sonate pour piano no 4 (1968), ses quatuors à cordes no 2 (1969) et no 3 (1971), son opéra *Cyberiada* (1970) et son concerto de chambre pour hautbois, percussion et cordes (1972). D'une période que l'on pourrait qualifier d'expressionniste relèvent sa symphonie no 4 (1973), son quatuor à cordes no 4 (1974), un concerto pour trompette et grand orchestre (1975) et *Fireballs* pour orchestre (1976). Suivirent le quatuor à cordes no 5 (1955), 24 préludes pour piano (1978), la symphonie no 5 pour cordes (1978-79), 1 concerto pour piano et orchestre (1979), 1 trio avec piano (1980), 1 sonate pour flûte seule (1980).
M. V.

MEYERBEER (JAKOB LIEBMANN BEER, dit *Giacomo*), compositeur allemand *(Vogelsdorf, près de Berlin, 1791-Paris 1864)*. Issu d'un milieu cultivé, il étudia le piano avec Franz Lauska, qui fut l'élève de Clementi, et révéla des dons précoces de pianiste virtuose : il donna son premier récital à l'âge de neuf ans. Zelter, puis B. A. Weber lui enseignèrent la composition, puis il se rendit à Darmstadt pour travailler avec l'abbé Vogler. Il y resta de 1810 à 1812 et eut pour compagnon d'études Carl Maria von Weber, dont les conceptions théâtrales allaient s'opposer aux siennes par la suite. Pendant ces deux années, Meyerbeer écrivit la première de ses œuvres qui fut représentée, *Der Fischer und das Milchmädchen*, divertissement sur un sujet de Lauchery, le maître de ballet de l'Opéra royal, donné à Berlin en 1810, ainsi que 2 opéras, *Der Admiral* et *Jephtas Gelübde ;* seul le second fut joué, sans aucun succès, à Munich en 1812. Grâce à l'appui de son ancien maître, le jeune compositeur fut nommé à la cour du grand-duc de Hesse au début de 1813. Toutefois, malgré ses échecs à l'Opéra et tandis que sa renommée de pianiste continue à croître, il fut toujours attiré par une carrière de compositeur dramatique, dont il savait qu'elle ne pouvait être couronnée qu'à Paris. C'était dans l'espoir de réaliser ce projet qu'il suivit les conseils de Salieri, rencontré à Vienne, et décida de poursuivre ses études en Italie.

Il s'y rendit en 1816 et obtint, dès 1817, avec *Romilda e Costanza*, ses premiers succès au théâtre. Le public italien l'acclama à chaque nouvelle œuvre, mais le triomphe remporté par *Il Crociato in Egitto*, l'opéra qui avait clos son séjour en Italie en 1824, le décida à tenter sa chance à Paris. Il s'y installa en 1825 et commença à discuter du livret de *Robert le Diable* avec Scribe, en 1827. Mais il persistait à penser que le remaniement de ses partitions italiennes allait assurer son succès parisien. Puis il décida de changer la forme de *Robert le Diable* et d'en faire un grand opéra plutôt qu'un opéra-comique. La première représentation eut lieu le 21 novembre 1831 et sa réussite fut telle que Meyerbeer apparut dès ce moment comme une personnalité capitale.

On attribue à la célébrité naissante de Meyerbeer l'abandon définitif de l'opéra par Rossini ; célébrité, en tout cas, confirmée par le nombre imposant d'arrangements, de variations ou de fantaisies sur *Robert le Diable* qu'écrivirent alors les Chopin, Thalberg, Liszt, etc., et aussi par les louanges de la presse et les multiples représentations de l'œuvre, en France comme à l'étranger. *Robert le Diable* scella aussi le commencement de la collaboration de Meyerbeer avec Scribe.

Le style des opéras français de Meyerbeer est désormais fixé, mélange habile d'innovations et de conventions (structure en 5 actes avec un ballet, types d'airs convenus, répartition des voix selon le caractère auquel se rattache chaque rôle), que l'on retrouvera encore plus accentué dans *les Huguenots*. Avec cette dernière œuvre, dont la représentation eut lieu le 29 février 1836, l'Opéra de Paris a vécu l'un des plus brillants succès de son histoire. Le public apprécia manifestement sans réserve la recherche du détail réaliste ou historique autant que le « monumentalisme expressif », selon l'expression de Baker, obtenu tant par les trouvailles d'orchestration que par les mouvements imposants des masses chorales ou le traitement des voix ; celui-ci est typique en ce qu'il met en avant soit les caractères vocaux les plus immédiatement et brutalement expressifs, soit les immenses prouesses techniques dont sont capables les chanteurs. Le décor, nettement réaliste lui aussi, et les machineries participent de plein droit à ce parti pris de grandiose d'où le sentimentalisme n'est cependant pas exclu. Ce sont, en effet, les bons sentiments que Scribe et Meyerbeer exaltent dans les livrets qu'ils élaborent, et, notamment, le sentiment religieux très souvent présent, s'adressant par là, manifestement, à la haute société habituée des spectacles de l'Opéra.

Parmi les traits dominants du grand opéra conçu par Meyerbeer, le plus remarquable est sans doute la place faite aux interprètes. Dans toute son œuvre, le choix de ces derniers est capital et même déterminant pour l'élaboration du livret. Le compositeur consacrait la plupart de ses voyages à l'audition de nouveaux chanteurs et si l'un de ceux qu'il avait engagés rompait son contrat, il n'hésitait pas à remanier le rôle concerné pour l'adapter au nouvel interprète, voire à interrompre son travail sur un opéra si aucun acteur ne lui paraissait convenir. Ainsi en fut-il, par exemple, pour *le Prophète* et pour *l'Africaine*. C'est peut-être cette extrême dépendance de la dramaturgie et du chant qui rend si problématique aujourd'hui toute représentation des opéras de Meyerbeer ; nombreux furent, en tout cas, les grands chanteurs dont le talent fut associé à la carrière du compositeur, tels Adolphe Nourrit, Cornélie Falcon, la basse Levasseur, Gilbert Duprez, Jenny Lind, Pauline Viardot, Tichatchek, Julie Dorus Gras.

Ayant acquis une stature internationale, Meyerbeer fut nommé directeur général de la musique à Berlin après le départ de Spontini, en 1842, à la mort de Friedrich Wilhelm III. Il ne garda ce poste que jusqu'en 1848, mais demeura compositeur de la cour royale jusqu'à sa mort. A ce titre, il composa des œuvres de commande pour la famille royale, parmi lesquelles un singspiel, *Ein Feldlager in Schlesien*, en 1844 (repr. Vienne, 1847, dans une forme remaniée, sous le titre de *Vielka*), qui était destiné à marquer la réouverture de l'Opéra de Berlin. Meyerbeer n'oubliait pas pour autant que ses plus fervents admirateurs étaient à Paris bien plus qu'en Allemagne, et, après avoir écrit la musique de scène d'une pièce de théâtre, *Struensee*, dont l'auteur était son propre frère, Michael Beer, il se remit à travailler sérieusement sur *le Prophète* (projet qu'il avait envisagé avec Scribe depuis 1836), encouragé par la découverte de la cantatrice Pauline Viardot-García. La première représentation eut lieu le 16 avril 1849 et valut une nouvelle fois au compositeur les louanges de la presse, notamment celles de Berlioz et de Théophile Gautier, ainsi que la décoration de commandeur de la Légion d'honneur.

Jusqu'à la fin de sa vie, Meyerbeer connut le succès et la célébrité ; sollicité par de nombreux projets et attaché à maintenir sa réputation, il fit alterner les contrats rompus et les œuvres accomplies. En 1854, l'Opéra-Comique présente *l'Étoile du Nord*, sur un livret de Scribe, qui reprenait en partie la partition d'*Ein Feldlager in Schlesien*, puis *le Pardon de Ploërmel*, en 1859, sur un livret de Barbier et Carré. Enfin, en 1860, il décida d'achever *l'Africaine*, qu'il avait entreprise avec la collaboration de Scribe en 1837 ; mais la mort de celui-ci en 1861, ainsi qu'une surcharge de travail et sa propre maladie l'empêchèrent de terminer ce dernier opéra avant avril 1864, c'est-à-dire peu de jours avant sa mort. Fétis fut finalement chargé des révisions finales de l'œuvre pour sa création à l'Opéra le 28 avril 1865.

L'importance du succès de Meyerbeer et l'influence qu'il eut pendant plusieurs années à l'opéra n'étaient pas dues au hasard ou au seul effet d'une mode passagère. Dans son œuvre apparaît une conception soigneusement élaborée d'un type d'opéra particulièrement grandiose dans lequel tous les rapports d'équilibre sont savamment pesés. Ainsi se retrouve d'un opéra à l'autre l'association de l'orchestration massive, voire compacte, aux seules scènes chorales, créant un volume sonore imposant, tandis que l'instrumentation laisse à découvert les terrifiantes difficultés techniques des parties solistes et leur écriture essentiellement et typiquement vocale.

On passe sous silence ses œuvres non lyriques, parmi lesquelles figurent des compositions de musique sacrée aussi bien que de musique instrumentale. Mais il est vrai que si la connaissance de ses œuvres pour piano (non publiées) peut être utile pour évaluer son jeu pianistique et si celle de ses mélodies permet de comprendre qu'il a fait évoluer le genre vers la scène dramatique, c'est bien son œuvre théâtrale qui domine, et de très loin, l'ensemble de sa production.   N. C.

MEZZA VOCE (ital. ; « à mi-voix »). Expression qui s'applique à la musique instrumentale aussi bien qu'à la musique vocale.   C. H.

MEZZO (fém. *mezza*, plur. *mezzi*, ital. ; « à moitié »). Mot employé dans diverses locutions telles que *mezzo*-*soprano*, *mezzo* forte*, *mezza* voce*, etc.   J. C.

MEZZO FORTE. Terme marquant la nuance intermédiaire entre le *forte* et le *piano*. Il est, du fait de son caractère neutre, assez fréquemment employé.   C. H.

MEZZO-SOPRANO (ital. ; « à demi soprano »). Catégorie vocale féminine située entre le soprano et le contralto. Si l'on considère que la voix chantée féminine se répartit essentiellement en deux types extrêmes, l'alto et le soprano, le mezzo-soprano apparaît comme une catégorie intermédiaire, assez tardive à s'imposer (v. CONTRALTO), et rendue plus nécessaire lorsque la raréfaction des castrats entraîna une reconsidération totale des tessitures vocales. A la fin du XVIIIe siècle, le mezzo-soprano était essentiellement un soprano grave, employé principalement dans l'opéra semi-seria (notamment pour incarner des adolescents masculins, comme le Chérubin des *Noces de Figaro*) et dans les comédies sentimentales (cf. Nina, dans l'opéra de Paisiello, Fidalma dans *le Mariage secret* de Cimarosa). Avec Rossini et ses successeurs immédiats, au début du XIXe siècle, la suprématie du contralto laissa le mezzo-soprano en retrait, mais le romantisme, dont l'écriture vocale avait entraîné un déplacement de toutes les tessitures vers l'aigu, favorisa à nouveau cette voix (étendue si bémol$_2$ - si bémol$_4$, voire la_2 - si_4), qui incarna les amantes malheureuses, jalouses, les mères, les sorcières, notamment dans les opéras de Verdi (Azucena, Amneris), de Wagner (Ortrud, Vénus), de Massenet (Hérodiade), etc. Les cantatrices authentiquement douées de ce type vocal embrassent à la fois soit les répertoires de mezzo-soprano et de contralto, soit ceux de mezzo-soprano et de soprano, de nombreux rôles étant eux-mêmes intermédiaires entre ces deux dernières catégories : chez Berlioz les rôles de Marguerite et de Didon ; ceux de Kundry, Charlotte, Marina, de nombreux emplois dans les opéras de Richard Strauss, et, en général, dans l'opéra allemand, l'école germanique (v. CHANT) ne faisant pas appel à un clivage aussi strict que celui des écoles latines. Pour nous limiter au XXe siècle, citons d'authentiques mezzo-sopranos tels que E. Stignani, G. Simionato, M. Klose, R. Gorr, cependant que, dans une époque plus récente, s'affirme de plus en plus souvent leur osmose avec les emplois de soprano (C. Ludwig, T. Berganza, F. Cossotto, G. Bumbry, S. Verrett, etc.). Il est à noter que, au contraire du contralto dont le registre grave opulent est volontiers sollicité par les compositeurs, c'est l'aigu très brillant du mezzo-soprano qui est requis par les compositeurs et apprécié du public. La voix de mezzo-soprano se prête aussi au théâtre aux rôles travestis, au concert à l'interprétation du lied, et, notamment au disque, à l'interprétation des rôles écrits naguère pour les castrats.

R. M.

MI. La troisième des 7 syllabes qui, dans les pays latins, désignent actuellement les notes de la gamme diatonique. Elle est placée un ton au-dessus de la note *ré* et correspond à la lettre E du système alphabétique anglo-saxon.

Dans l'ancienne solmisation à 6 syllabes, la syllabe *mi* pouvait correspondre, selon l'hexacorde, aux lettres clefs A (*la-mi-ré*), B (*fa-mi*) ou E (*la-mi*). Le mécanisme de la transformation est abordé dans l'article *ut*, et la valeur ésotérique de la syllabe, dans l'article *Ut queant laxis*.

L'importance de la note *mi* dans ce système était considérable, car c'était par rapport au demi-ton *mi-fa* que se déterminait l'emplacement des autres syllabes, *mi* désignant essentiellement la note inférieure du demi-ton, et *fa* sa note supérieure : l'expression *mi-fa* ou *fa-mi*, souvent associée à la lettre B, désignait donc le demi-ton lorsqu'on l'entendait à l'intérieur d'un même hexacorde. Mais, si on prenait *mi* dans un hexacorde et *fa* dans un autre, on aboutissait à des intervalles différents, d'où l'expression *mi* contra *fa* (intervalle de triton*). C'est pour cette raison, par exemple, qu'une messe d'Ockeghem fondée sur l'intervalle de quarte porte le nom de *Messe mi-mi* : le premier *mi* est pris en effet dans l'hexacorde, dit « naturel », que nous avons seul conservé, et correspond bien par conséquent à E et à notre *mi* actuel, mais le second est pris dans l'hexacorde « par bémol » aujourd'hui disparu ; il correspond donc à A et à notre *la* actuel.

J. C.

MIASKOVSKI (*Nikolaï*), compositeur et pédagogue soviétique (*Novoguéorguievsk 1881 - Moscou 1950*). Fils d'un ingénieur du génie, destiné primitivement à la carrière militaire, il étudia la musique avec Glière et Kryzanovski (1902-1904) avant de devenir l'élève de Liadov, de Rimski-Korsakov et de Vitol au conservatoire de Saint-Pétersbourg (1906-1911). Il fut nommé en 1921 professeur de composition au conservatoire de Moscou. Il devait y jouer un rôle pédagogique important jusqu'à la fin de sa vie, malgré une interruption en 1948. Kabalevski, Khatchaturian, Chébaline, Mouradeli, entre autres, comptèrent parmi les élèves.

Essentiellement ancré dans le classicisme russe, influencé par Tchaïkovski, Miaskovski s'est très tôt déterminé comme symphoniste. Les Soirées de musique contemporaine (créées à Leningrad en 1901 et à Moscou en 1909) lui avaient donné l'occasion, avant même qu'il ait terminé ses études, de faire entendre ses œuvres qui étaient alors controversées. Il fut l'un des fondateurs de l'Association pour la musique contemporaine. Avant sa mobilisation en 1914, il avait déjà écrit 3 symphonies et d'autres œuvres pour orchestre, comme les poèmes *Silence* (1909-10) d'après E. Poe et *Alastor* (1912-13) d'après Shelley, pages dont il attribuait le pessimisme à sa fréquentation des cénacles symbolistes. Il ne fut néanmoins reconnu comme un compositeur majeur que dans les années 20, après la création de sa *5e Symphonie*. Un nouvel état d'esprit s'y manifeste, fait de sérénité sinon d'optimisme, où le style populaire joue un certain rôle, ainsi que les images inspirées par la terre natale et la révolution. La *6e Symphonie*, quant à elle, est directement tournée vers le thème de la révolution et traite de l'itinéraire spirituel des intellectuels qui y sont indirectement liés. Dans le finale, Miaskovski emploie, avec le thème du *Dies irae* et un vieux chant russe sur la séparation de l'âme et du corps, deux chants révolutionnaires, *la Carmagnole* et *Ça ira*, qui introduisent l'image du peuple.

Surnommé « la conscience musicale de Moscou », Miaskovski allait être pendant trente une des personnalités les plus importantes de la vie musicale moscovite. Nombre de ses œuvres sont étroitement liées à l'histoire et à la littérature russes : la *8e Symphonie* est inspirée de Stenka Razine, la *10e* par le trouble intérieur d'Eugène, le héros du *Cavalier de bronze* de Pouchkine. D'autres fois, il écrivit de la musique sur des thèmes de l'actualité : par exemple, sa *12e Symphonie, Kolkhoze*, ou sa *16e Symphonie, Aviation*, lors de la perte de l'avion géant *Gorki* (1931). La *13e Symphonie*, en un seul mouvement, représente un essai d'atonalisme. Néanmoins, Miaskovski a toujours recherché un langage accessible, ce qui explique le succès de sa *18e Symphonie*, composée pour le vingtième anniversaire de la Révolution, et popularisée par une transcription pour orchestre militaire. La *21e Symphonie*, l'une des plus mûres, fut commandée par l'Orchestre symphonique de Chicago, dont le chef, F. Stock, fut un défenseur infatigable de Miaskovski. La *22e Symphonie* (*Symphonie-ballade*) est inspirée par la guerre (1942). La *23e Symphonie* est écrite sur des danses caucasiennes, la *26e* sur d'anciens thèmes populaires russes (1948).

Néanmoins, la purge antiformaliste de 1948 n'a pas épargné Miaskovski. Sa réhabilitation n'intervint qu'après la création posthume de sa *27e Symphonie*, consacrée au thème de la vie et de la mort et s'achevant sur une note débordante d'optimisme par un cortège du peuple et le chant *Gloire*. Miaskovski a, d'autre part, participé dès les années 30 à la renaissance de la musique de chambre russe sur la base d'un langage mélodique alliant clarté, émotion et emprunts folkloriques, dans ses 13 quatuors et ses sonates. Une de ses œuvres les plus populaires reste son *Concerto pour violoncelle* (1944).

En 1946, Miaskovski avait reçu le titre d'artiste du peuple de l'U. R. S. S.

M.-C. L.-M.-M.

MÍCA, famille de musiciens tchèques. — 1. **František Václav**, chanteur et compositeur (*Třebíč 1694 - Jaroměřice 1744*). Cinquième fils de l'organiste Mikuláš Míča, František Václav fut à partir de 1722 le maître de chapelle du comte Jean Adam Questenberk au château de Jaroměřice en Moravie (1717-1744). Les récents travaux du professeur Helfert ont redonné à Míča la paternité de deux manuscrits d'opéras, *L'Origine di Jaromeritz in Moravia* (1730) et *Operosa terni Colossi Moles* (1735). Mais la magnifique symphonie en *ré* majeur publiée à Prague sous son nom en 1946, et devenue célèbre à cause de ses traits considérés à tort ou à raison comme d'avant-garde, est en toute probabilité de son neveu, et donc plus tardive qu'on ne l'avait cru.

— 2. **František Adam Jan**, compositeur tchèque, neveu du précédent (*Jaroměřice 1746 - Lwów 1811*). Il fit des études de droit à Vienne, s'ouvrant ainsi une carrière dans l'administration impériale autrichienne, il écrivit de nombreuses œuvres de chambre. Secrétaire de province à Graz, il devint un des compositeurs favoris de l'empereur Joseph II, pour lequel il composa de nombreux quatuors à cordes (14 manuscrits actuellement retrouvés). Il fit la connaissance de Mozart à Vienne, lequel appréciait fort ses compositions. La fraîcheur mélodique, presque mozartienne, de son œuvre le fit comparer avec F.-X. Richter. Sa modestie semble avoir été la cause de l'absence de toute édition, de son vivant, d'un catalogue non négligeable. Il termina sa vie en Pologne dans un relatif isolement.

P.-E. B.

L'ÉCRITURE MUSICALE

◀ Un des premiers trémoignages d'écriture musicale : les neumes.
Antiphonaire mozarabe (xe s.).
Cathédrale de León.
Phot. Hirmer.

▲
Tropaire de la région d'Auch (v. 1050).
Autre exemple d'écriture neumatique.
Bibliothèque nationale.
Phot. B. N.

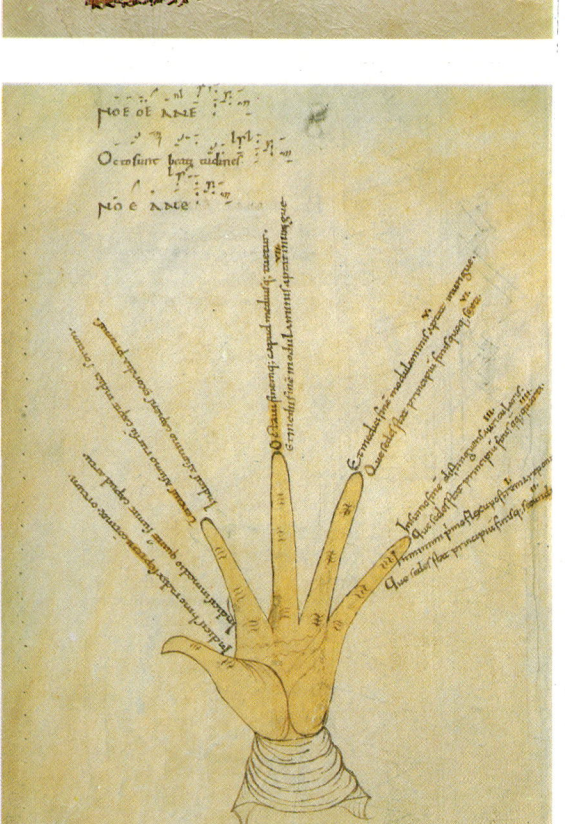

◀ Main harmonique, dite « main guidonienne », car attribuée à Guido d'Arezzo.
Ces mains étaient placées dans les traités comme indicateur universel.
À chaque doigt et à chaque phalange correspondait une note différente (xie s.).
Bibliothèque nationale.
Phot. B. N.

◀ Exemple d'écriture neumatique.
Graduel de Nevers (v. 1060).
Bibliothèque nationale.
Phot. B.N.

Adam de La Hal
chansons et jeux de Robin et Marion (XIIIe s
Bibliothèque nationa
Phot. B.

Manuscrit latin 1121. ▶
Bibliothèque nationale.
Phot. B. N.

qui folie tant bele pour esguarder que chose
on die ne men puist deseurer comment
metcroie en oubli si grant ualour que ie di
male gent haie qui atort men uoles si
destourner·

E ni puis merchi trouuer ciest chou qui
maigrie pour chou le ton esperer ne perde
iai mie ie ne sauoie ou tourner car puis
que premiers le ui ma tenu le cors toli le
grant biaute que iai dun resgart en li re
couurer·

E nchois uoit on refuser chelui qui rp
pue que chelui desamonter qui plus su
melie pour chou suefir sans touier en
espoir dauoir merchi et bien ucl qui soit
ensi car a signerie a on mainte fois falli
par hster·

C his me ueut bien destourner de ie iense
me qui men oire a desamer dame si iolie
et qui tant fait a loer mais si nouuelle
li pu conques tel gent ne seu tant il sar
teuine quele ait uolente teuir conforter·

i a canchon ucel presenter ma dame en
uoirsic bien le uaurra escouter espoirs le
maitre qui me fait asseurer et se grant sua
louirs aussi de mainte amie parler noi
car en courtoisie sont deli maint enui
chi par anter·

L iolis maus que ie sens ne doit
nue que de chanter me tomie plus tenir

Scène de danse. ▶
Manuscrit de Guillaume de Machaut :
*le Remède de Fortune
et de Dit du Lion* (XIVᵉ s.).
Bibliothèque nationale.
Phot. B. N.

Roman de Fauvel,
la fontaine de Jouvence.
Manuscrit du XIIIᵉ siècle.
Bibliothèque nationale.
Phot. B. N.

Chansonnier de Jean de Montchenu,
recueil de chansons italiennes et françaises
(v. 1460-1476).
Bibliothèque nationale.
Phot. B. N.
▼

Codex Squarcialupi, ▶
recueil de madrigaux
du XIVᵉ siècle.
Bibliothèque Laurentienne,
Florence.
Phot. Giraudon.

Madrigaux et Motets
d'Orlando Gibbons,
partition pour chant
avec accompagnement de viole.
British Museum.
Phot. Eileen Tweedy.
▼

Symphonie n° 31 en ré majeur ▶
(KV 297/300 a) de W. A. Mozart.
Autographe,
début du premier mouvement.
Staatsbibliothek,
Preussischer Kulturbesitz,
département musique, Berlin.

◀ Partition originale autographe de la sonate
dite *Au clair de lune* de Beethoven.
Beethovenhaus, Bonn.
Phot. Roger-Viollet.

« La basse continue est prise avec ruse ▶
au dépourvu et vaincue dans ses lignes ».
Caricature anonyme de Franz Liszt.
Coll. Haags Gemeentemuseum, La Haye.

◀ *Troisième sonate pour piano* de Pierre Boulez : *Constellation-Miroir*
© 1963 by Universal Édition (London) Ltd., London.
Phot. G. Meguerditchian.

Exemple d'écriture musicale contemporaine :
Artikulation de G. Ligeti
© B. Schott's Söhne Mainz, 1970
par autorisation des éditions B. Schott's Söhne, Mayence
Phot. G. Meguerditchian
I.R.C.A.M
▼

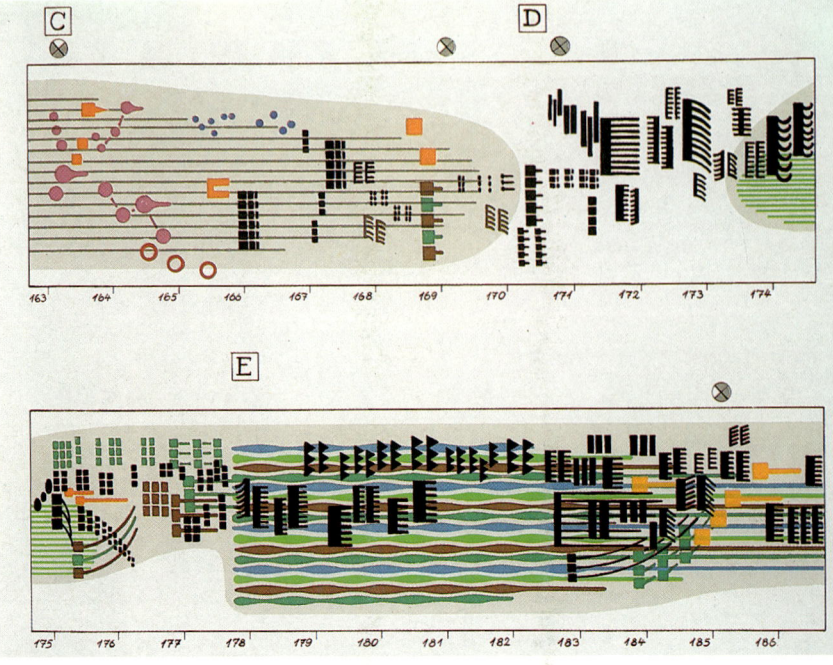

MICHEAU *(Janine),* soprano française *(Toulouse 1914-Paris 1976).* Elle fut découverte par Pierre Monteux, qui la dirigea dans le rôle de Mélisande à Amsterdam en 1935. Engagée à l'Opéra-Comique, elle y chanta les rôles lyriques légers du répertoire : Lakmé, Mireille, Philine (dans *Mignon*), Leïla (dans *les Pêcheurs de perles*). Elle créa en 1940 *Médée* de Darius Milhaud (rôle de Créuse) à l'Opéra, puis, en 1950, *Bolivar* (rôle de Manuela) que ce même compositeur écrivit spécialement pour elle. Depuis la guerre et jusqu'en 1965, Janine Micheau s'est partagée entre l'Opéra et l'Opéra-Comique dans un triple répertoire français, italien et allemand. Parmi ses rôles italiens, citons Gilda de *Rigoletto*, dont elle fut une des meilleures interprètes mondiales. Parmi ses rôles allemands Zerbinetta dans *Ariane à Naxos* de Richard Strauss, qu'elle créa à Paris, et Pamina de *la Flûte enchantée*.

Janine Micheau fit également une carrière internationale et enseigna au Conservatoire de Paris jusqu'à sa mort. J. B.

MICHNA D'OSTRADOVICE *(Adam Václav),* connu également sous le nom d'ADAMUS WENCESLAUS MICHNA DE OTTRADOWICZ, poète et compositeur tchèque *(Jindřichuv Hradec, Neuhaus en allemand, v. 1600 - id. 1676).* Il est le fils de l'organiste d'une petite ville de Bohême du Sud, Jindřichuv Hradec ; il y passa toute sa vie, d'abord misérable, puis progressivement aisée, en tant qu'aubergiste et organiste. Il fut le plus brillant représentant de l'école baroque tchèque resté au pays. Il fit imprimer un recueil de chants religieux, *la Musique mariale tchèque* (1647), un répertoire, *le Luth tchèque* (1653), puis *Musique de l'année sainte* (1661). Il avait le don de pédagogie et créa de nombreuses chorales dans sa région. Son œuvre tient compte de cette activité et se répartit en deux groupes distincts : chansons populaires, faciles à chanter, en langue tchèque (berceuses, danses, chansons à boire...), qui font partie du répertoire bohémien depuis trois siècles ; musique sacrée sur des textes latins. P.-E. B.

MIDI (LE). Symphonie de Haydn. V. *Matin (le), le Midi, le Soir*.

MIDSUMMER MARRIAGE (THE). Opéra en 3 actes de Michael Tippett, écrit de 1946 à 1952, sur un livret du compositeur, créé le 27 janvier 1955 par l'Opéra royal de Covent Garden dirigé par John Pritchard.

La scène représente la clairière d'un bois. Au loin, un ancien temple grec abritant des prêtres et des danseurs chargés de fonctions rituelles. À droite, un escalier de pierre semble disparaître dans le ciel. À gauche, un autre escalier descend vers une grotte fermée de grilles.

ACTE PREMIER. *C'est le jour de la Saint-Jean. Jenifer (s), fille d'un riche homme d'affaires King Fisher, s'est enfuie du domicile paternel, rencontre son fiancé Mark (t) et lui révèle qu'elle ne recherche pas l'amour, mais souhaite se détacher du monde matériel et découvrir la « Vérité » : « Pour moi la Lumière, pour toi, l'Ombre. » Jenifer et Mark disparaissent, l'une vers le ciel, l'autre dans la caverne.*

King Fisher, qui désapprouve le mariage de Jenifer et de Mark, est sûr de les retrouver dans la clairière. Il essaye de faire forcer par Jack (t), le fiancé de sa secrétaire Bella (s), les grilles de la grotte. Les prêtres du temple et le chœur le mettent en garde : la caverne n'est pas accessible aux non-initiés. Apparaissent tour à tour Jenifer, transfigurée, chantant sa joie d'être libérée par la lumière des pressions du monde, puis Mark, exprimant son exaltation d'avoir acquis la Connaissance... Après leur disparition, King Fisher reste incapable de comprendre la signification de la recherche des deux jeunes gens.

ACTE II. *Les néophytes effectuent trois danses rituelles, associées aux trois éléments (terre, eau, air) et aux trois saisons (automne, hiver, printemps), ayant pour thème la poursuite du mâle par la femelle, qui s'accomplit en causant la mort de cette dernière (la chienne chasse le lièvre, la loutre le poisson, etc.).*

ACTE III. *Persuadé de la responsabilité des prêtres dans la disparition de sa fille, King Fisher essaye d'utiliser les services d'une voyante, M*me *Sosostris (a), afin de découvrir où elle se trouve. Sosostris voit, dans sa boule de cristal, Jenifer, couchée dans un pré fleuri ; un lion ailé, ayant le visage et les bras d'un jeune homme, s'avance vers elle. Bella, pressentant le drame, s'enfuit avec Jack dans le bois. King Fisher chasse Sosostris et la foule, puis découvre les voiles noirs recouvrant un bourgeon incandescent, qui se dépouille de ses pétales et laisse apparaître Jenifer et Mark, unis, se contemplant. Il ne peut supporter la vérité ; après avoir tiré sur Mark, il s'effondre, terrassé par l'émotion. Sa mort précipite la quatrième danse rituelle : celle du feu en été, célébration de l'amour charnel, transfiguré en amour divin. Revêtus de leur tenue nuptiale, Jenifer et Mark entrent dans la clairière et se saluent avec amour. La joie règne. Un jour nouveau se lève...*

Dès son premier opéra, Tippett unifie, comme dans ses trois autres opéras, les références les plus diverses : à Jung (la présence de symboles, d'« archétypes », le thème de la recherche personnelle de la plénitude spirituelle ou « individuation ») ; à Mozart (le parallélisme intentionnel de ses personnages avec ceux de *la Flûte enchantée* (Mark-Tamino, Jenifer-Pamina, Sosostris-Sarastro, King Fisher-la Reine de la Nuit ; le thème du couple initié à la Connaissance) ; à Shakespeare (l'allégresse, la poésie, l'interpénétration du monde naturel et du monde surnaturel du *« Songe d'une nuit d'été »*) ; à la Grèce antique ; aux Celtes. Ce sujet ésotérique est magnifié par une musique intensément joyeuse, enthousiaste, d'un lyrisme cosmique ; elle est tonale, fondée sur une connaissance approfondie de la polyphonie. Il faut notamment admirer la majesté et la puissance des chœurs (commentateurs de l'action, à la manière antique), dans la grande tradition des madrigalistes anglais et de Purcell. J.-J. M.

MIEG *(Peter),* compositeur suisse *(Lenzburg, Aargau, 1906).* Outre la musique, il a étudié l'histoire de l'art, l'histoire de la littérature et l'archéologie à Zurich, Bâle et Paris, et s'est largement consacré à la peinture. Après avoir travaillé la composition avec Frank Martin (1942-1945), il s'est tourné, pour l'essentiel, vers ce type d'activité à partir des années 50. Dans un style traditionnel, il a écrit de la musique de chambre et d'orchestre, ainsi que des œuvres vocales parmi lesquelles la cantate *Der Frühling* (1956). M. V.

MIEREANU *(Costin),* compositeur français d'origine roumaine *(Bucarest 1943).* Il a fait des études de piano (1954-1960) et de composition (1960-1966) à Bucarest, suivi les cours de Darmstadt avec Stockhausen, Ligeti et Karkoschka (1967-1969), participant notamment sous la direction de Stockhausen à l'œuvre collective *Musik für ein Haus*, et arrive à Paris en 1968. Il a travaillé à la Schola cantorum et avec Jean-Étienne Marie (1969-70), et, depuis 1973, enseigne au département de musique de l'université de Paris-VIII (transformations de la notation musicale actuelle, rapports entre image et son, organologie des timbres, analyse, composition). Professeur à l'École nationale supérieure des arts décoratifs (1977-78), il a obtenu successivement un doctorat de 3e cycle sur la sémiologie musicale et un doctorat ès lettres et sciences humaines (1979). Il recherche des formes polyartistiques unissant son, geste et image, et fait souvent appel dans ses œuvres à l'électroacoustique. On lui doit notamment *Couleur du temps* (1966-1968), première version orchestre à cordes, deuxième version quatuor à cordes et bande magnétique, troisième version double quatuor à cordes et contrebasse ; *Espaces II* pour orchestre à cordes, piano et bande magnétique (1967-1969) ; *Night Music* pour une ou plusieurs bandes magnétiques (1968-1970) ; *Rosario* pour grand orchestre et 2 chefs (1973-1976) ; *Luna Cinese* pour une ou plusieurs électrophones, un exécutant et un récitant (1975) ; *Planetarium* pour piano, 2 flûtes, un trombone, un vibraphone (1975) ; *Musique tétanique* pour un ou plusieurs claviers acoustiques ou électroniques (1977) ; *Musique climatique* pour 2 actants, un commentateur polyartistique, claviers acoustiques et/ou électroniques, bande magnétique et film 16 mm *ad libitum* (1979) ; *Musique climatique no 2* (1980) ; *L'avenir est dans les œufs*, opéra pour 9 chanteurs, 15 instruments et bande magnétique d'après E. Ionesco (1980) ; et *Rosenzeit* pour orchestre (Metz, 1982). Il est également l'auteur de plusieurs écrits, dont *De la Textkomposition au Poly-Art. Sémiotique de la partition*, thèse de doctorat ès lettres (Paris, 1979). Il est directeur artistique des éditions Salabert. M. G. et M. V.

MIGNON. Opéra-comique en 3 actes d'Ambroise Thomas, sur un livret de Jules Barbier et de Michel Carré, d'après Goethe *(les Années d'apprentissage de Wilhelm Meister)*, créé à l'Opéra-Comique le 17 novembre 1866.

L'histoire se passe en Allemagne, à la fin du XVIIe siècle.

ACTE PREMIER. (Dans la cour d'une auberge.) *Se trouvent réunis Lothario (b), un vieux chanteur itinérant qui s'accompagne à la harpe, l'étudiant Wilhelm Meister (t), Philine (s) et Laerte (t), vedettes d'une troupe de comédiens qui se prépare à jouer le Songe d'une nuit d'été dans un château voisin, le Bohémien Jarno (b) et une très jeune fille, Mignon (ms), qu'il exhibe comme une bête curieuse. Pour obliger la fillette à danser, Jarno la menace de son bâton, mais Lothario et Wilhelm s'interposent. Mignon reconnaissante raconte à Wilhelm son enfance au «pays où fleurit l'oranger». Ému, bien qu'il s'intéresse aussi à la blonde Philine, le jeune homme décide de libérer Mignon en la rachetant à son bourreau. Lothario, qui doit reprendre la route, fait ses adieux à Mignon, tandis que Philine, courtisée par un certain Frédéric (t), lui préfère visiblement Wilhelm. Lothario voudrait bien emmener Mignon avec lui, mais Wilhelm, qui lui trouve l'esprit quelque peu dérangé, refuse, à la grande joie de la jeune fille résolue à ne pas quitter son sauveur. Son amour et sa jalousie éclatent quand Philine invite ce dernier au spectacle.*

ACTE II. Premier tableau. (Au château, dans une chambre qui sert de loge.) *Philine pense à Wilhelm, qui, justement, entre accompagné de Mignon qui se retire discrètement dans un coin et fait semblant de dormir. Témoin du marivaudage des deux jeunes gens, Mignon attend qu'ils soient sortis pour revêtir un costume de sa rivale et se maquiller comme elle. Puis elle passe dans la pièce voisine, laissant la place à Frédéric qui vient roucouler dans le boudoir improvisé, bientôt interrompu par l'arrivée de Wilhelm. Les rivaux s'affrontent et vont se battre, quand Mignon les sépare. Son accoutrement fait bien rire Frédéric, puis Philine quand elle se présente à son tour, mais embarrasse fort Wilhelm qui signifie son congé à la pauvre fille. Il sort au bras de Philine, laissant Mignon désespérée.* Deuxième tableau. (Dans le parc du château.) *Mignon, en proie à une fureur jalouse, va se jeter à l'eau. Le son de la harpe de Lothario la retient de justesse, mais son émouvant duo avec le vieillard n'apaise pas sa haine pour Philine et tout ce qui l'entoure, qu'elle voudrait voir disparaître dans les flammes. Quand Philine, fière de son succès, régale ses admirateurs d'un «bis» improvisé,* Je suis Titania la blonde, *le château s'embrase soudain. Wilhelm, qui a vu Mignon y entrer, se précipite à sa recherche et la rapporte évanouie dans ses bras.*

ACTE III. (En Italie, dans le palais Cipriani.) *Wilhelm y a conduit Lothario et Mignon encore convalescente; il se révèle que le nom de Cipriani prononcé par Mignon dans son délire est justement celui de Lothario, frappé d'amnésie lors de l'enlèvement de sa fille. Le palais est le sien, et Mignon est son enfant! Il n'en fallait pas moins pour rendre la raison au vieillard et la santé à Mignon.*

On peut se demander pourquoi ce chef-d'œuvre est aujourd'hui pratiquement ignoré. Il a eu, sur la scène de sa création, quelque 1 900 représentations (plus que *Werther* inspiré du même Goethe), et les airs célèbres y abondent.

Est-ce parce que la deuxième salle Favart fut détruite par le feu lors de la 745e représentation de *Mignon* le 25 mai 1887? M. T.

MIGOT *(Georges),* compositeur français *(Paris 1891-Levallois 1976).* D'ascendances franc-comtoises, ouvert à toutes les formes de la culture, il s'éveilla très tôt à la musique, composant un *Noël* à quinze ans. Admis au Conservatoire en 1909 dans la classe de composition de C. M. Widor, il assista en auditeur à toutes les classes instrumentales et suivit les cours d'histoire de la musique de M. Emmanuel.

Mobilisé en 1914, il fut grièvement blessé dès le mois d'août et, après une longue convalescence, reprit ses études que vinrent couronner les prix Lily-Boulanger (1918), Lepaulle (1919) et Halphen (1920). Enfin, en 1921, le prix de la fondation Blumenthal pour la Pensée et l'Art français lui fut décerné pour l'ensemble de son œuvre, qui comprenait déjà quelques-unes de ses partitions les plus importantes de musique de chambre *(Trio, Quintette)* et de musique symphonique *(les Agrestides).* Son ballet *Hagoromo* fut créé à l'Opéra de Monte-Carlo (1922). Ses *Deux Stèles*, sur des poèmes de Segalen (1925), confirmèrent l'intérêt qu'il portait alors aux arts de l'Extrême-Orient. Mais la tradition française demeura pour lui essentielle, et il l'affirma non seulement en écrivant un livre sur *Jean-Philippe Rameau* (1930), mais en composant son *Livre des danceries* pour orchestre (1929). L'œuvre de Georges Migot atteignit sa pleine maturité avec le *Zodiaque*, 12 études de concert pour piano (1931-32), les 17 *Poèmes de Brugnon*, du poète Klingsor, pour chant et piano (1933) et le *Trio pour violon, violoncelle et piano* (1935). La musique religieuse prit ensuite chez lui une place prépondérante : en témoignent *le Sermon sur la montagne* (1936), *la Passion* (1941-42) et *Saint-Germain d'Auxerre*, oratorio a cappella pour solos et 3 chœurs mixtes (1947). Suivirent le *Petit Évangéliaire* (1952), le *Psaume 118* (1952) et le *Requiem* (1953). Son langage ne cessa de tendre vers une écriture plus souple, plus transparente, plus dépouillée et plus libre à la fois.

Spiritualiste, il fut aussi un indépendant. Son seul poste officiel fut celui de conservateur du Musée instrumental, qui lui fut confié en 1949 et qu'il occupa jusqu'en 1961. Ses dernières années furent éclairées par la ferveur de quelques disciples, mais on le joue assez peu. En 1973, la ville de Besançon lui rendit hommage en exposant ses tableaux et ses œuvres graphiques (car il fut aussi peintre, et peintre de talent) au Musée des beaux-arts.

L'art de Georges Migot est celui d'un humaniste qui n'a jamais dissocié la pensée de la technique. Le langage personnel qu'il s'est forgé en usant de modes mélodiques libres et d'harmonies qui recherchent l'apaisement plus que la tension, la couleur instrumentale qu'il emploie avec le souci de l'unité de ton (au sens pictural du terme), le recours à des formes musicales qui excluent les contrastes trop affirmés, tout cela s'inscrit dans une vision religieuse, sereine et sensible de l'univers. Il y a aussi, chez lui, le poète : sa musique possède une délicatesse de touche, une grâce souriante qui la situent dans la meilleure tradition française. J. R.

MIHALOVICI *(Marcel),* compositeur français d'origine roumaine *(Bucarest 1898).* Il a fait ses études à Bucarest, de 1908 à 1919, avec Fr. Fischer et B. Bernfeld (violon), D. Cuclin (harmonie) et R. Cremer (contrepoint), puis à la Schola cantorum de Paris, de 1919 à 1925, avec V. d'Indy (composition, direction d'orchestre), Saint-Réquier (harmonie), A. Gastoué (chant grégorien) et N. Lejeune (violon). En 1928, Mihalovici, Martinů, C. Beck et T. Harsanyi, rejoints par N. Tcherepnine, décidèrent de donner ensemble un concert de leurs œuvres; les critiques regroupèrent sous le nom d'école de Paris ces compositeurs d'origine étrangère, résidant en France, mais aux esthétiques très différentes. De 1959 à 1962, Mihalovici enseigna à la Schola cantorum. Il a le goût des structures solides, allié à une influence des modes et de la rythmique du folklore roumain. On lui doit notamment l'opéra *Phèdre*, d'après Racine (1949), le ballet *Thésée au labyrinthe* (1956) et de nombreuses pages instrumentales et vocales. Il a obtenu le grand prix de la S. A. C. E. M. en 1979. A. et M. P.

MIHALY *(Andras),* compositeur hongrois *(Budapest 1917).* Il a étudié le violoncelle avec Adolf Schiffer, la musique de chambre avec Leo Weiner et Imre Waldbauer, et la composition en leçons privées avec Pal Kadosa et Istvan Strasser. Violoncelle solo à l'Opéra de Budapest (1946-1950), puis professeur de musique de chambre à l'Académie de musique de Budapest (1950), il devint conseiller musical à la radio hongroise (1962) et fonda l'Ensemble de chambre de Budapest (1968) destiné à faire connaître la musique contempo-

raine. Son *Concerto pour violoncelle* (1953) reflète l'influence de Kodály, mais celle de Bartók devint prépondérante avec le *Concerto pour piano* (1954) ou encore la *Fantaisie* pour quintette à vents et orchestre (1955). La *3ᵉ Symphonie* (1962), l'opéra *Ensemble et seul* (1964-65), fondé sur des expériences vécues lors de la Seconde Guerre mondiale, ou encore *Monodia pour orchestre* (1970) relèvent, au contraire, de l'avant-garde internationale.
P.-E. B.

MIKROKOSMOS. Cycle pour piano à destination largement pédagogique de Béla Bartók, regroupant 153 pièces réparties en 6 cahiers. Quelques pièces remontent à 1926, mais Bartók ne travailla vraiment à *Mikrokosmos* qu'à partir de 1932. Il écrivit environ 40 pièces cette année-là, 40 autres en 1933-34, et encore une vingtaine dans les années qui suivirent. Environ 100 pièces existaient en 1938, et le reste (en particulier la seconde moitié du cahier nº 1) fut ajouté en 1939.

Les 153 pièces, accompagnées de 33 exercices en appendice ainsi que de 23 notices explicatives, parurent à Londres en 1940, puis à Budapest en 1951. Bartók mentionna pour la première fois *Mikrokosmos* dans sa correspondance le 12 janvier 1937 et joua pour la première fois 27 pièces (dont 17 qualifiées de « faciles ») lors d'un concert à Londres le 9 février 1937. Il redonna 16 de celles-ci à Budapest le 7 mai suivant, et, au moment de son départ définitif pour les États-Unis en octobre 1940, il en avait joué 52 en 17 occasions différentes (ce total fut porté en Amérique à 55). Les 6 cahiers contiennent respectivement 36, 30, 30, 25, 18 et 14 pièces, et dans la préface de la première édition, Bartók précisa : « Les quatre premiers cahiers de ces pièces pour piano ont été écrits pour mettre à la disposition des débutants — jeunes ou vieux — un matériau embrassant dans la mesure du possible tous les problèmes qu'ils rencontreront durant leurs premiers pas. Les cahiers nᵒˢ 1, 2 et 3 sont destinés à la première ou aux deux premières années. Ces trois cahiers diffèrent d'une méthode de piano, au sens traditionnel, par l'absence de toute description et de toute instruction sur le plan technique et théorique... Souvent, plusieurs pièces traitent du même problème, pour que le professeur et l'élève aient le choix. Il est inutile d'étudier l'ensemble des 96 pièces. » Cette phrase de Bartók ainsi que l'origine et la nature des 55 pièces, dont on sait qu'il les exécuta lui-même, permettent de diviser le cycle dans son ensemble en plusieurs catégories.

Les cahiers nᵒˢ 5 et 6 (Bartók joua lui-même 15 des 18 pièces du 5ᵉ et le total des 14 du 6ᵉ) furent conçus essentiellement pour la salle de concert, alors que les quatre premiers, surtout les nᵒˢ 1, 2 et 3, eurent un but plus spécifiquement pédagogique, les deux premiers pouvant même être considérés comme une sorte de méthode de piano (Bartók ne joua aucune des 36 pièces du nº 1, 2 seulement des 30 du nº 2, 12 des 30 du nº 3 et 13 des 25 du nº 4). On peut également considérer comme des pièces pour débutants celles des cahiers nᵒˢ 1 et 2 et quelques-unes du nº 3 ; comme des pièces faciles de concert l'ensemble du nº 3, le nº 4 dans son entier et une partie du nº 5 ; et comme des pièces difficiles de concert le reste du cahier nº 5 et le nº 6 dans son entier. À noter que pour ses exécutions, Bartók regroupa fréquemment diverses pièces sous forme de suites.

La valeur musicale des pièces de *Mikrokosmos* est aussi éminente que leur valeur pédagogique et technique, et on ne saurait leur trouver d'équivalent que chez Jean-Sébastien Bach (*Orgel-Büchlein*, *Clavier-Büchlein* pour Wilhelm Friedemann, *Douze Petits Préludes* pour les débutants), d'autant qu'à l'origine *Mikrokosmos* fut destiné à faire progresser au piano Peter Bartók, fils du compositeur, rôle que deux siècles plus tôt le *Clavier-Büchlein* avait rempli auprès de Wilhelm Friedemann Bach. Le titre du cycle se justifie entièrement : les pièces sont courtes, voire très courtes, mais l'ensemble est un univers à part entière reflétant tous les aspects de l'art de Bartók en tant que compositeur. Les titres se réfèrent soit à des problèmes de technique pianistique ou compositionnelle, soit à divers folklores, soit à des formes musicales anciennes ou à des états d'esprit, soit à des programmes plus ou moins précis.

Un des problèmes techniques auquel Bartók s'attacha le plus, et ce dès le début du cahier nº 1, fut l'indépendance des mains l'une par rapport à l'autre. L'important est que les questions techniques, dans *Mikrokosmos*, restent inséparables de problèmes purement musicaux. L'invention du compositeur y est foisonnante à tous les niveaux : des 153 pièces, 3 seulement sont des arrangements de chansons populaires.

« *Mikrokosmos* embrasse tout le folklore vivant de l'Europe orientale, ainsi que le passé et le présent de l'histoire de la musique européenne. Il s'agit, en même temps, d'un résumé des traits de style et de langage de toutes les œuvres de Bartók, des plus modestes aux plus vastes. Dans les miniatures de *Mikrokosmos*, on retrouve la musique de Bartók dans ses dimensions universelles, comme macrocosme » (Janos Breuer).
M. V.

MIKROPHONIE I. Œuvre de Karlheinz Stockhausen, écrite en 1964 et créée le 9 décembre 1964 à Bruxelles par Aloys Kontarsky et Christoph Caskel (tam-tam), Johannes G. Fritsch et Bernard Kontarsky (microphones), Hugh Davies, Jaap Spek (filtres, régulateurs ou potentiomètres) et Karlheinz Stockhausen (régie générale). Durée : environ 29 minutes.

Dans cette œuvre, le compositeur applique une technique de « microphonisation » synthétisant la pratique électroacoustique et le jeu purement instrumental. Trois couches d'événements se superposent : deux exécutants mettent l'instrument (un très grand tam-tam) en vibration, le frappent, le frottent, le sondent avec les matériaux les plus divers (objets de métal et de bois, cylindres de carton de différents diamètres, vibro-masseur, etc.) ; deux autres exécutants balayent le tam-tam avec des microphones, explorant toute sa surface tout comme un médecin ausculterait un corps avec son stéthoscope, l'éloignement relatif du microphone du point d'impact, le rythme même de son mouvement déterminant la hauteur du son, l'intensité, le timbre, la présence du son dans l'espace ; deux autres encore actionnent chacun un filtre électrique et deux potentiomètres, et façonnent à leur tour le timbre, les hauteurs, l'intensité et la présence spatiale des sons, le rythme des structures.

Ces trois couches d'événements ou processus de structuration sonore interdépendants réagissent les uns aux autres, qu'ils soient synchrones, rythmiquement indépendants, en évoluant de la simple homophonie à une stricte polyphonie à six voix. La partition de *Mikrophonie I* comprend 33 structures musicales indépendantes, combinées par les interprètes selon un schéma donné pour chaque exécution nouvelle.

« La division du procédé musical en trois domaines autonomes (production, réception, transformation du complexe sonore) permet de constituer un continuum entre toutes les expériences de la technique instrumentale traditionnelle et celles de la technique sonore électroacoustique. De cette façon, on peut intégrer toutes les sources sonores que l'on veut (instruments traditionnels, événements sonores de n'importe quelle nature) dans une composition de timbres tendant vers la cohérence, et l'on constate que le dualisme entre musique instrumentale et musique électronique s'évanouit. De plus le titre *Mikrophonie I* indique que des vibrations (celles du tam-tam) normalement inaudibles peuvent être perçues grâce au procédé actif de l'écoute ; contrairement à sa fonction jusqu'ici parfaitement passive d'instrument destiné à la reproduction la plus fidèle possible le *microphone* est utilisé activement, en tant qu'instrument de musique » (Karlheinz Stockhausen).
P. S.

MIKROPHONIE II. Œuvre pour chœur, orgue électronique Hammond et 4 modulateurs en anneau composée par Karlheinz Stockhausen en 1965 et créée le 11 juillet 1965 à Cologne, par les Solistes des chœurs de

Radio-Cologne, placés sous la direction d'Herbert Schernus, Alfons Kontarsky (orgue Hammond), Johannes G. Fritsch (chronométreur), Jaap Spek et Karlheinz Stockausen (régie sonore). Durée : 15 minutes et demie.

Mikrophonie II crée un continuum entre musique vocale et musique électronique. Les voix de 12 chanteurs (6 sopranos et 6 basses) — qui sont disposés en demi-cercle sur la scène, le dos tourné au public — sont transformées à l'aide de modulateurs en anneau. Chaque groupe de 3 chanteurs (3 premiers sopranos, 3 seconds sopranos, 3 premières basses, 3 secondes basses) dispose d'un microphone placé devant lui. Le chef du chœur est assis au centre du demi-cercle, face au public et dirige des couches isolées de cette musique constamment polyphonique. Il a à ses côtés un chronométreur, qui, par des gestes de la main, indique au chœur les différentes durées des 33 moments musicaux qui composent la pièce. Les 4 microphones sont reliés à 4 modulateurs en anneau ; de même la sortie électrique de l'orgue Hammond est reliée à ces quatre modulateurs.

A l'intérieur de ces modulateurs en anneau les voix des choristes et le son de l'orgue Hammond se modulent réciproquement, de telle sorte que les fréquences qui entrent sont étouffées et que les sommes et les différences des fréquences sortent des modulateurs. Il en résulte des spectres sonores aux timbres harmoniques et subharmoniques tout à fait nouveaux. Le son mixé à l'intérieur des 4 modulateurs passe par des potentiomètres dont les sorties sont reliées à quatre groupes de haut-parleurs.

Les haut-parleurs sont placés derrière le chœur sur la scène, ce qui permet au son original du chœur et de l'orgue de se mélanger avec le son modulé qui sort simultanément de ces haut-parleurs. Le texte chanté utilisé s'appuie sur des phrases tirées d'exercices grammaticaux (extraits d'un ouvrage de Helmut Heissenbütel, *Méditations grammaticales*), ainsi que sur des inserts libres et des séries d'expressions de la vie quotidienne. La notation des parties vocales laisse une certaine part de liberté et d'improvisation aux chanteurs, qui peuvent utiliser plusieurs styles vocaux hétérogènes (par ex. « baroque », « affecté », « jazz-slow », etc.). A travers certaines « fenêtres sonores » qui interviennent au cours de l'œuvre, un cinquième haut-parleur diffuse, au loin, des citations préenregistrées d'œuvres antérieures du compositeur (*Gesang der Jünglinge, Carré, Momente*).
P. S.

MILA (*Massimo*), critique musical italien (*Turin 1910*). Il termina ses études à l'université de Turin par une thèse sur Verdi qu'il soutint en 1931 : *Il Melodramma di Verdi* (Bari, 1933). Membre de l'académie Sainte-Cécile en 1956, il a été également professeur d'histoire de la musique au conservatoire de Turin, de 1953 à 1973, et à l'université de la même ville à partir de 1960. De 1955 à 1968 il fut critique musical de *L'Espresso* et, de 1968 à 1974, à *La Stampa*. L'influence des théories esthétiques de B. Croce apparaît dans ses écrits, et notamment, dans *L'Esperienza musicale e l'Estetica* (Turin, 1950), tandis que ses derniers ouvrages sont consacrés à Maderna (1976), à Mozart (1979, 1980) et à Verdi (1980).
N. C.

MILÁN (*Don Luis*), compositeur espagnol (*Valencia v. 1500- ? apr. 1561*). Il fut l'un des plus remarquables vihuelistes du Siècle d'or espagnol. D'origine noble, il était au service de Don Hernando de Aragón, vice-roi de Valence, quand il publia en 1535 le premier recueil connu de musique pour vihuela, ou chant et vihuela, intitulé *El Maestro*, qui contient 72 pièces, *Villancicos, Fantasias*, d'un style à la fois léger et grave et d'une rare perfection d'écriture. On lui doit, par ailleurs, un recueil de chroniques romancées sur la vie à la cour de Valence, *El Cortesano*, publié en 1561.
P. M.

MILAN. Cette ville s'inscrivit dans l'histoire musicale dès la fin du IVe siècle, grâce à son évêque saint Ambroise, dont la réforme liturgique s'accompagna de la création d'un répertoire vocal (dit « chant ambrosien ») encore teinté d'influences byzantine et gréco-syrienne, mais s'imposant comme le meilleur achèvement occidental né parallèlement à l'élaboration du chant dit « grégorien ». Pour la pratique de ce répertoire, une schola cantorum fut instituée, puis développée par les successeurs d'Ambroise. Plus tard, la musique religieuse demeura au cœur du duché de Milan sous les Visconti, sans que la ville se plaçât au premier rang de l'avènement des nouvelles formes polyphoniques. Il fallut attendre l'accession au pouvoir de la famille Sforza (1450) pour que la musique religieuse et profane connaisse une période faste.

Galeazzo Maria Sforza fit venir les meilleurs chanteurs et compositeurs franco-flamands (notamment Josquin et Compère), puis son frère Ludovico il Moro favorisa la musique de la Cour et l'enseignement théorique. Mais la chute de la dynastie des Sforza (1535) et la domination espagnole marquèrent le déclin de la vie musicale milanaise, rendue plus austère par le rigorisme avec lequel le cardinal Carlo Borromeo (archevêque de Milan de 1560 à 1584) appliquait à la musique religieuse les recommandations du concile de Trente. En revanche, Milan devint au XVIe siècle le centre de florissantes écoles de luth, violon et viole, dont la renommée se répandit en Europe jusqu'au XVIIe siècle. La fable pastorale avec intermèdes *Armenia* (1599) marqua la première apparition en cette ville du drame en style récitatif, mais l'opéra ne s'introduisit qu'en 1644 (*L'Andromeda* de Manelli) et se maintint presque jusqu'à la fin du siècle sous l'influence de l'opéra vénitien.

La domination autrichienne, à partir de 1708, ouvrit les portes à la frivolité, favorisant ainsi l'essor de la musique profane. Le Regio Ducal Teatro fut achevé en 1717, et les genres comiques envahirent la scène lyrique milanaise. Mais la personnalité du maître symphoniste G. B. Sammartini — qui occupa également diverses fonctions de maître de chapelle dans sa ville — suscita un riche épanouissement de la musique orchestrale, ainsi que l'institution de l'Accademia Filarmonica (1758), et influença d'aussi illustres visiteurs que Gluck, J. Chr. Bach, ou l'enfant Mozart. Johann Christian Bach (que l'on surnomme d'ailleurs le Bach de Milan et de Londres) devint le protégé du comte Litta et put ainsi composer dans les meilleures conditions tout en s'imprégnant du style ambiant. Quant à Mozart, au cours de ses voyages à Milan de 1770 à 1773, il donna, outre des symphonies, airs de concert, sonates et quatuors, *Mitridate Rè di Ponto* (opera seria), *Ascanio in Alba* (sérénade théâtrale), puis *Lucio Silla* (opera seria).

En 1776, le Regio Ducal Teatro prit feu, et la construction d'un nouvel édifice fut alors décidée et confiée à l'architecte Piermarini. On choisit l'emplacement de l'ancienne église Santa Maria alla Scala (elle-même ainsi dénommée d'après la femme de Bernabò Visconti : Beatrice della Scala), et le Teatro alla Scala, d'une conception admirable sur le plan pratique et sur le plan acoustique, fut inauguré le 3 août 1778 avec un opéra, *L'Europa riconosciuta*, et 2 ballets de Salieri. En 1779 ouvrit le Teatro alla Canobbiana, œuvre du même Piermarini et encore inauguré avec 2 ballets de Salieri (alors compositeur « officiel » de la cour d'Autriche), qui allait devenir en 1894 le Teatro Lirico. Malgré l'activité d'autres théâtres, comme le Teatro Carcano (construit en 1803 par Giuseppe Carcano), le Teatro Re (qui servit l'opéra de 1813 à 1872 et qui fut remplacé à sa démolition par le Teatro Manzoni), ou, plus tard, le Teatro Dal Verme (né de la reconstruction par le comte Francesco Dal Verme d'un ancien théâtre privé, qui rouvrit en 1872 et s'illustra notamment dans le répertoire vériste), le prestige de Milan se confond tout au long des XIXe et XXe siècles avec le Teatro alla Scala, non seulement parce qu'il accueillit des créations de tous les grands compositeurs lyriques italiens, de Rossini à Luigi Nono en passant par Donizetti, Bellini, Verdi, Boito, Ponchielli, Catalani, Puccini, Giordano, Pizzetti, mais aussi parce que les interprétations des chefs-d'œuvre de ces musiciens prirent valeur de critère.

La première raison en est l'engagement régulier, au fil des générations, des plus parfaits chanteurs, au point que ce théâtre ait été surnommé « le temple du bel canto » et que le fait d'y avoir chanté soit considéré comme une consécration nécessaire dans une carrière de notre siècle. A cela s'ajoutent le faste et le sens pictural des présentations scéniques, bénéficiant de l'incessant perfectionnement des équipements techniques (dont l'éclairage électrique en 1883) et de la grande largeur du plateau, faste qui ne se dément pas à l'époque moderne grâce à l'intelligence des Visconti, Zeffirelli, Strehler, Ponnelle, Ronconi. L'épanouissement musical du Teatro alla Scala repose, en outre, sur les épaules des grands chefs qui s'y sont succédé : Mazzucato, Franco Faccio, Toscanini, De Sabata, G. Cantelli, C. M. Giulini, Cl. Abbado. Faccio, Toscanini et Abbado ont donné les plus énergiques impulsions à l'élargissement du répertoire (notamment en direction des compositeurs étrangers) et au développement de saisons de concerts symphoniques avec l'orchestre de la Scala, dont l'effectif a été considérablement augmenté par ces deux derniers, l'agrandissement de la fosse d'orchestre ayant suivi cette évolution.

Bombardée pendant la Seconde Guerre mondiale, la Scala fut reconstruite en sauvegardant sa légendaire acoustique et rouvrit en 1946 sous la direction de Toscanini. Moins d'une décennie s'écoula avant qu'elle ne s'adjoigne la Piccola Scala, salle de modestes dimensions, plus particulièrement réservée à l'opéra baroque ou à des œuvres modernes écrites pour un effectif réduit. De nos jours, la Scala est devenue un modèle d'ouverture sociale (décentralisation, concerts dans les usines, cycles de représentations et concerts pour les ouvriers et les étudiants), grâce à l'impulsion de Claudio Abbado et Paolo Grassi.

Parmi les autres institutions animant la vie musicale milanaise, il faut citer l'Orchestre symphonique de la RAI (qui consacre une part de sa programmation à la musique contemporaine), l'Angelicum, la Società del Quartetto, tandis que l'enseignement est dispensé au conservatoire, institué en 1803 par un décret napoléonien sur le modèle du Conservatoire de Paris et baptisé en 1901 « Conservatorio di Musica G. Verdi ». Dans le domaine de la recherche compositionnelle, le Studio di fonologia musicale de la RAI ouvrit en 1955 et fut dirigé par Bruno Maderna et Luciano Berio.

Milan est aussi la capitale de l'édition musicale italienne : la Casa Ricordi, tout au long de sa prestigieuse histoire si intimement liée au Teatro alla Scala, n'a guère connu beaucoup de concurrence puisqu'elle détient l'essentiel du patrimoine italien (elle a même absorbé certaines maisons rivales) et sait aujourd'hui promouvoir le répertoire le plus actuel en même temps que de nouvelles éditions musicologiques de ses fonds anciens. Cependant, la maison Sonzogno s'est imposée dans l'édition des partitions véristes (encore que Ricordi ait su s'attacher Puccini !), et Suvini Zerboni partage avec Ricordi la publication des principales œuvres contemporaines. S. F.

MILANAIS (QUATUORS). Appellation collective donnée aux 6 quatuors à cordes K.155-160 (en *ré, sol, ut, fa, si* bémol et *mi* bémol majeur) de Mozart, parce qu'ils furent sans doute composés pour l'essentiel à Milan (fin 1772 et début 1773) lors du troisième et dernier voyage de Mozart en Italie. Exception faite d'un ouvrage isolé en *sol* majeur (K.80, 1770), ce sont là les premiers quatuors à cordes de Mozart. Leur ordre actuel (voulu par le musicien) n'est pas nécessairement celui dans lequel ils furent écrits, mais il obéit à une logique certaine : les tonalités se succèdent selon le cycle des quintes, en direction de la sous-dominante, les 2 quatuors extrêmes (K.155 en *ré* et K.160 en *mi* bémol) sont les plus symphoniques d'écriture, les 4 du milieu (K.156 en *sol*, K.157 en *ut*, K.158 en *fa* et K.159 en *si* bémol) ont tous un mouvement central en mineur.

À noter enfin que ces œuvres se limitent toutes à 3 mouvements. L'influence italienne transparaît donc parfois, et les frontières entre le style de chambre et le style orchestral ne sont pas toujours nettement définies, ce qui avait déjà été le cas des 3 divertissements pour 2 violons, alto et basse K.136-138 (Salzbourg, déb. 1772). Haydn, fin 1772, avait déjà écrit ses 3 séries de quatuors op. 9, op. 17 et op. 20 (*Quatuors du soleil**), mais ce n'est qu'avec ses 6 quatuors suivants (*Quatuors viennois**) que Mozart devait en tenir compte.
M. V.

MILHAUD (*Darius*), compositeur français (*Aix-en-Provence 1892 - Genève 1974*). Né le 4 septembre 1892 à Aix-en-Provence, où son père dirigeait une maison de commerce et était administrateur de la synagogue, le musicien s'est défini dans ses Mémoires, *Notes sans musique*, comme un « Français de Provence, de religion israélite ». Ses ancêtres paternels étaient, en effet, originaires du comtat Venaissin, où ils s'étaient fixés depuis des siècles. Du côté maternel, ses parents descendaient de juifs séfardim établis de longue date en Italie. Sa mère était née à Marseille. Les dons de Darius Milhaud se manifestent dès sa troisième année : il reproduit au piano un air entendu dans la rue. Passionné de musique, amateur de talent, son père en est ravi. Bientôt il fait donner des leçons de violon à son fils. A dix ans, Darius Milhaud entre au lycée, mais il poursuit l'étude du violon, et, sous la direction de son professeur, Léo Bruguier, s'initie à la musique de chambre. Il découvre en 1905 le *Quatuor* de Claude Debussy, qui est pour lui une révélation. Il étudie l'harmonie avec un chef de musique militaire dont l'enseignement le rebute et, par réaction, compose des œuvres assez peu orthodoxes. Pressé d'obtenir son baccalauréat, clé de sa liberté, il travaille avec acharnement et termine en 1909 ses études secondaires.

Au lycée d'Aix-en-Provence, il s'est lié avec Armand Lunel, qui deviendra un de ses librettistes, et avec Léo Latil, poète sensible, délicat, qui admire Maurice de Guérin et Francis Jammes. Il est admis au Conservatoire de Paris, où il a pour professeurs Berthelier (violon), Xavier Leroux (harmonie), Gédalge (contrepoint), Dukas (orchestre). Il se lie avec Jacques Ibert, Henri Cliquet, Arthur Honegger, Jean Wiener. Entre 1910 et 1912, il compose des mélodies sur les poèmes de Jammes, une *Sonate pour piano et violon*, qu'il reniera, et son premier quatuor à cordes. Il obtient de Francis Jammes l'autorisation de mettre en musique *la Brebis égarée*, et, au cours de l'été 1912, se rend à Orthez, avec Léo Latil, pour rencontrer le poète. Il montre à Jammes des mélodies qu'il vient d'écrire sur des poèmes de Claudel. Et c'est Claudel lui-même qui, à l'automne, vient voir le musicien : l'entente entre eux est immédiate et totale. En 1913, Claudel fait venir Milhaud à Hellerau, où l'on joue *l'Annonce faite à Marie*, lui demande d'écrire la musique d'*Agamemnon* et lui fait lire *Protée*, dont la bouffonnerie poétique excite la verve du compositeur. Cette même année, Milhaud écrit une œuvre pour piano et chant, *Alissa*, sur un texte extrait de *la Porte étroite* d'André Gide. Le langage violent d'*Agamemnon* et la subtilité, la tendresse d'*Alissa* définissent déjà les deux pôles du lyrisme de Darius Milhaud. Dès 1913 — il a vingt et un ans —, sa personnalité s'est entièrement forgée. En 1914, sa mauvaise santé l'ayant dispensé d'être appelé sous les drapeaux, le musicien s'emploie à secourir les réfugiés dont s'occupe le foyer Franco-Belge. Il continue à suivre les cours du Conservatoire, dans les classes de Gédalge et de Widor.

Il étudie systématiquement le problème de la polytonalité, et applique ses recherches à la composition des *Choéphores* (1915). Il écrit en 1916 un de ses plus beaux recueils de mélodies, les *Poèmes juifs*, et un *Quatuor à cordes* avec chant, le troisième, à la mémoire de son ami Léo Latil, tué sur le front l'année précédente. Et voici que s'annonce un tournant décisif dans sa vie et dans son œuvre : en novembre 1916, Claudel, qui vient d'être nommé ambassadeur de France à Rio de Janeiro, demande à Milhaud de l'accompagner en qualité de secrétaire. Claudel et Milhaud arrivent au Brésil le 1er février 1917. Ils y resteront jusqu'à la fin de la guerre, et, après un détour par la Martinique et New York, le musicien ne reviendra en France qu'au début de 1919. Milhaud reconnaîtra que les tropiques l'ont marqué profondément : « Les deux ans passés à Rio de Janeiro ont exalté en moi toute ma latinité naturelle, et cela jusqu'au paroxysme. » C'est au Brésil qu'il a trouvé définitivement son langage, son style, et qu'il a poussé jusqu'à leurs conséquences extrêmes les principes de la polytonalité, composant la cantate *le Retour de l'enfant prodigue*, le ballet *l'Homme et son désir*, la *Sonate pour piano, flûte, clarinette et hautbois* et son *Quatrième Quatuor à cordes*. Il y a entrepris la série des *Petites Symphonies* pour orchestre de chambre, et mis sur le chantier *les Euménides*, un immense opéra d'après Eschyle dans la traduction de Claudel. Revenu à Paris, Milhaud participe aux activités du groupe des Six. Les titres de ses œuvres, *le Bœuf sur le toit* (1919), *Machines agricoles* (1919), *Catalogue de fleurs* (1920), égarent les esprits superficiels. On n'y voit pas provocation, modernisme, humour : alors que ces œuvres, simplement, répondent à sa nature profonde, gaieté, lyrisme, amour de la nature. Le Milhaud du groupe des Six n'est pas un autre Milhaud. Avec ses *Cinq Études* pour piano et orchestre (1920), il poursuit ses recherches dans le domaine de la polytonalité et achève, en 1922, les *Euménides*. Les *Choéphores* sont jouées aux concerts Delgrange en 1919. La première audition de la suite symphonique de *Protée* provoque un scandale aux concerts Colonne en 1920. *L'Homme et son désir* est créé par les Ballets suédois en 1921. Contesté par certains, honni par Saint-Saëns, Milhaud est devenu célèbre. En 1922, il se rend à Vienne avec Francis Poulenc et la cantatrice Marya Freund. Il rencontre Alban Berg, Anton Webern et Arnold Schönberg, dont il vient de diriger aux concerts Wiener le *Pierrot lunaire* (première exécution à Paris). La même année, il donne des concerts aux États-Unis, et, pendant son séjour à New York, découvre le jazz dans sa pure tradition de La Nouvelle-Orléans. Des bruits de la forêt vierge était né *l'Homme et son désir*, des rythmes brésiliens *le Bœuf sur le toit*; et dans la *Création du monde*, ballet sur un argument de Blaise Cendrars créé en 1923 par les Ballets suédois, dans les décors de Fernand Léger, le jazz est source d'inspiration, le jazz, ou plutôt l'esprit du jazz.

En 1924, Milhaud écrit deux ballets, *Salade*, *le Train bleu*, et un ouvrage lyrique qui renoue avec la tradition de l'opéra de chambre, *les Malheurs d'Orphée*. L'année 1925 est celle de son mariage avec sa cousine Madeleine Milhaud et d'un grand voyage autour de la Méditerranée. Voyages et compositions se poursuivent. Le musicien se rend en Russie et, de nouveau, aux États-Unis. Il écrit en 1926, sur un livret de Jean Cocteau, *le Pauvre Matelot*. Quelques mois après la naissance de son fils Daniel, *Christophe Colomb*, un grand opéra dont le livret a été établi par Claudel, est créé à l'Opéra de Berlin (5 mai 1930). Le succès est très vif. Milhaud est un musicien comblé. Malheureusement, sa santé s'est altérée. Les crises de rhumatismes qui l'affectent sont douloureuses. Désormais, ne lui laisseront guère de répit. Surmontant ce handicap, le musicien ne renoncera ni aux voyages ni à aucune de ses activités. L'hostilité qui rencontre *Maximilien*, créé en 1932 à l'Opéra de Paris, ne le découragé pas : entre 1933 et 1938, Milhaud compose de nombreuses musiques de scène. Deux de ses œuvres les plus populaires, la *Suite provençale* (1936) et *Scaramouche* (1937) en sont issues. Les *Quatrains valaisans* (1939), le *Voyage d'été* (1940), la *Cheminée du roi René* (1939) sont des musiques de paix et de bonheur. Mais la guerre vient interrompre les représentations de *Médée* à l'Opéra, où l'ouvrage, joué d'abord à Anvers, venait d'être créé le 8 mai 1940. Après l'armistice, Milhaud s'embarque pour les États-Unis, où on lui offre une chaire de composition à Mill's College, en Californie. Il ne revient en France qu'à la fin de 1947, ayant, pendant ces sept années, composé un nombre impressionnant d'œuvres, parmi lesquelles figurent *Bolivar*, la *Suite française*, le *Service sacré*. Nommé professeur de composition au Conservatoire de Paris, mais conservant sa chaire de Mill's College, de 1947 à 1971, le musicien partage sa vie entre la France et les États-Unis, où il donne également des cours d'été, à Aspen, dans le Colorado. Entre 1952 et 1962, il écrit 68 œuvres, dont quelques-unes, et ce ne sont pas les moins significatives, sur des musiques de circonstance, le *Château de feu*, à la mémoire des déportés, la *Cantate de la croix de charité*, pour célébrer le centenaire de la fondation de la Croix-Rouge. Munich, Berlin, Bruxelles et Paris fêtent son soixante-dixième anniversaire. L'Opéra de Berlin met pour la première fois en scène la trilogie de l'*Orestie*. En 1967, une plaque est posée sur sa maison natale à Aix-en-Provence. En 1971, le ministère des Affaires culturelles lui décerne le grand prix national de la musique. L'année suivante, il est reçu à l'Académie des beaux-arts. Milhaud peut désormais jeter un regard en arrière sur sa vie, une vie extraordinairement remplie par son activité créatrice et par les contacts humains qu'il a multipliés à travers les continents. *Ma vie heureuse* : tel est le titre qu'il choisit pour la nouvelle édition de ses *Notes sans musique*. Il s'éteint paisiblement à Genève, à l'âge de quatre-vingt-un ans, durant l'été de 1974, et il est inhumé à Aix-en-Provence sa ville natale, celle dont il a dit qu'elle représentait pour lui « l'essentiel de sa source et de son cœur ».

Les œuvres les plus fréquemment jouées de Darius Milhaud, *le Bœuf sur le toit*, la *Création du monde*, les *Saudades do Brazil*, la *Suite provençale*, *Scaramouche*, proposent l'image d'une musique mordante, trépidante, ensoleillée, empreinte d'un charme très particulier qui est fait de naturel, d'abandon, de gaieté et de tendresse. Mais c'est loin d'être là tout Milhaud. Il y a le Milhaud âpre et tragique de l'*Orestie*. Il y a le musicien de *Christophe Colomb*, dont le langage traduit l'immensité de l'océan, l'amertume des querelles humaines et la lumière surnaturelle du paradis. Il y a aussi le novateur, qui, dans *l'Homme et son désir*, ajoute à la polytonalité la polyrythmie et l'indépendance des groupes instrumentaux. Mais le novateur est motivé par son lyrisme. La polytonalité est, en effet, pour lui le langage qui correspond à son désir de traduire la pluralité des impressions qu'il reçoit du monde extérieur. L'ouverture sur tous les êtres, sur toutes les choses, devient chez lui, selon l'expression de Claudel dans son *Art poétique*, « co-naissance » du monde. La polytonalité est l'instrument privilégié de cette « co-naissance ». Mais elle permet aussi à sa musique de nouer les gerbes de mélodies qui fusent en elle. Lyrique, le génie de Milhaud est essentiellement mélodique. Des cantates aux opéras, des quatuors aux symphonies, c'est là une constante qu'aucun exemple ne vient démentir. Milhaud a abordé tous les genres. Son œuvre est immense, très riche, très variée, elle parcourt une gamme infinie d'émotions, et s'il fallait la définir d'un seul mot, ce serait par celui d'universalité.

Œuvres principales. — *Musique instrumentale.* a) Piano : *le Printemps*, 2 cahiers op. 15 et 66 (1915-1920); *Saudades do Brazil* op. 67 (1920-21); *l'Automne* op. 115 (1932); *Scaramouche* pour 2 pianos op. 165b (1937). b) Musique de chambre : *1er Quatuor à cordes* op. 5 (1912); *2e Quatuor à cordes* op. 16 (1915); *3e Quatuor à cordes avec chant, à la mémoire de Léo Latil* op. 32 (1916); *2e Sonate pour piano et violon* op. 40 (1917); *4e Quatuor à cordes* op. 46 (1918); *Sonate pour piano, flûte, clarinette et hautbois* op. 47 (1918); *5e Quatuor à cordes* op. 64 (1920); *6e Quatuor à cordes* op. 77 (1922); *7e Quatuor à cordes* op. 87 (1925), *8e Quatuor à cordes* op. 121 (1932); *9e Quatuor à cordes* op. 140 (1935); *la Cheminée du roi René* pour flûte, hautbois, clarinette, cor et basson, op. 205 (1939); *10e Quatuor à cordes* op. 218 (1940); *11e Quatuor à cordes* op. 232 (1942); *2e Sonate pour alto et piano* op. 244 (1944); *12e Quatuor à cordes* op. 252 (1945); *13e Quatuor à cordes* op. 268 (1946); *Trio à cordes* op. 274 (1947); *Octuor* : *14e et 15e Quatuors à cordes* op. 291 (1948-

49) ; *16ᵉ Quatuor à cordes* op. 303 (1950) ; *17ᵉ Quatuor à cordes* op. 307 (1950) ; *18ᵉ Quatuor à cordes* op. 308 (1950) ; *1ᵉʳ Quintette pour piano et quatuor à cordes* op. 312 (1950) ; *2ᵉ Quintette pour 2 violons, alto, violoncelle et contrebasse* op. 316 (1952) ; *3ᵉ Quintette pour 2 violons, 2 altos et violoncelle* op. 325 (1953) ; *4ᵉ Quintette pour 2 violons, alto et 2 violoncelles* op. 350 (1956) ; *Sextuor à cordes* op. 368 (1958) ; *Sonate pour violoncelle et piano* op. 377 (1959) ; *Septuor à cordes* op. 408 (1964) ; *Quatuor pour piano et cordes* op. 417 (1966) ; *Trio pour piano, violon et violoncelle* op. 428 (1968).
Orchestre. a) ORCHESTRE SYMPHONIQUE : *2ᵉ Suite symphonique*, d'après *Protée* op. 57 (1919) ; *Cinq Études pour piano et orchestre* op. 63 (1920) ; *Sérénade en 3 parties* op. 62 (1921) ; *Suite provençale* op. 152b (1936); *1ʳᵉ Symphonie* op. 210 (1939) ; *2ᵉ Symphonie* op. 247 (1944) ; *Suite française* op. 248 (1944) ; *3ᵉ Symphonie (Te Deum),* orchestre et chœur, op. 271 (1946) ; *4ᵉ Symphonie* op. 281 (1947-48) ; *5ᵉ Symphonie* op. 322 (1953) ; *6ᵉ Symphonie* op. 343 (1955) ; *7ᵉ Symphonie* op. 344 (1955) ; *8ᵉ Symphonie (« Rhodanienne »)* op. 362 (1957) ; *9ᵉ Symphonie* op. 380 (1959) ; *10ᵉ Symphonie* op. 382 (1960) ; *11ᵉ Symphonie (Romantique)* op. 384 (1960) ; *12ᵉ Symphonie (Rurale)* op. 390 (1961) ; *Musique pour l'univers claudélien* op. 427 (1968) ; b) ORCHESTRE DE CHAMBRE : *1ʳᵉ Symphonie (le Printemps)* op. 43 (1917); *2ᵉ Symphonie (Pastorale)* op. 49 (1918) ; *3ᵉ Symphonie (Sérénade)* op. 71 (1921) ; *4ᵉ Symphonie pour 10 instruments à cordes* op. 74 (1921) ; *5ᵉ Symphonie pour 10 instruments à vent* op. 75 (1922) ; *6ᵉ Symphonie pour quatuor vocal, hautbois et violoncelle* op. 79 (1923) ; *Aspen Sérénade* op. 361 (1957) ; *Musique pour Ars nova* op. 432 (1969). c) CONCERTOS : *Concerto pour alto et orchestre* op. 108 (1929) ; *Concerto pour batterie et petit orchestre* op. 109 (1930) ; *1ᵉʳ Concerto pour piano et orchestre* op. 127 (1933) ; *Concertino de printemps pour violon et orchestre de chambre* op. 135 (1934) ; *1ᵉʳ Concerto pour violoncelle et orchestre* op. 136 (1934) ; *Concerto pour flûte, violon et orchestre* op. 197 (1939) ; *2ᵉ Concerto pour piano et orchestre* op. 225 (1941) ; *Concerto pour 2 pianos et orchestre* op. 228 (1941) ; *Concerto pour clarinette et orchestre* op. 230 (1941) ; *2ᵉ Concerto pour violon et orchestre* op. 263 (1946) ; *3ᵉ Concerto pour piano et orchestre* op. 270 (1946) ; *4ᵉ Concerto pour piano et orchestre* op. 295 (1949) ; *Concertino d'automne pour piano et 8 instruments* op. 309 (1950) ; *Concertino d'été pour alto et orchestre de chambre* op. 311 (1950) ; *Concertino d'hiver pour trombone et cordes* op. 327 (1953) ; *2ᵉ Concerto pour alto et orchestre* op. 340 (1955) ; *5ᵉ Concerto pour piano et orchestre* op. 346 (1955) ; *Concerto pour hautbois et orchestre* op. 365 (1957).
Musique vocale. a) MÉLODIES : *Alissa* (Gide) op. 9 (1913 ; rév. 1931) ; *Quatre Poèmes de Léo Latil* op. 20 (1914) ; *Poèmes juifs* op. 34 (1916) ; *Machines agricoles,* chant et 7 instruments, op. 56 (1919) ; *Catalogue de fleurs,* chant et 7 instruments, op. 60 (1920) ; *Six Chants populaires hébraïques,* op. 86 (1925) ; *Prières journalières à l'usage des juifs du comtat Venaissin,* op. 96 (1927) ; *Liturgie comtadine,* op. 125 (1933) ; *le Voyage d'été* (Paliard) op. 216 (1940) ; *Quatre Chansons de Ronsard* op. 223 (1940) ; *Chants de misère* (Paliard) op. 265 (1946) ; *Fontaines et sources* (Jammes) op. 352 (1956) ; *Tristesse* (Jammes) op. 355 (1956). b) CHŒURS : *Deux Poèmes* (Léger, Chalupt), pour quatuor vocal op. 39 (1916-1919) ; *la Mort du tyran,* chœurs et instruments, op. 116 (1932) ; *les Amours de Ronsard* pour chœur et petit orchestre, op. 132 (1934) ; *Cantique du Rhône* (Claudel) op. 155 (1936) ; *Quatrains valaisans* (Rilke) op. 206 (1939). *Six Sonnets composés au secret* (Cassou), op. 266 (1946). c) CANTATES, ORATORIOS : *le Retour de l'enfant prodigue* (Gide) op. 42 (1917) ; *Cantate pour louer le Seigneur* op. 103 (1928) ; *Panet Syrinx* (Claudel) op. 130 (1934) ; *Cantate de la paix* (Claudel), op. 166 (1937) ; *Cantate nuptiale,* op. 168 (1937) ; *les Deux Cités* (Claudel) op. 170 (1937) ; *Cantate de l'enfant et de la mère* (Carême) op. 185 (1938) ; *Cantate de la guerre* (Claudel) op. 213 (1940) ; *Naissance de Vénus* (Supervielle) op. 292 (1949) ; *le Château du feu* (Cassou) op. 338 (1954) ; *la Tragédie humaine* (d'Aubigné) op. 369 (1958) ; *Cantate de la croix de charité* (Loys Masson) op. 381 (1960) ; *Invocation à l'ange Raphaël* (Claudel) op. 395 (1962) ; *Pacem in terris* op. 404 (1963) ; *Cantate des Psaumes* (Claudel) op. 425 (1967) ; d) MUSIQUE LITURGIQUE : *Service sacré* op. 279 (1947) ; *Service pour la veille du sabbat* op. 345 (1955).

Musique pour le théâtre. a) OPÉRAS : *la Brebis égarée* (Jammes) op. 4 (1910-1915) ; *les Euménides* (Eschyle, Claudel) op. 41 (1917-1922) ; *les Malheurs d'Orphée* (Lunel) op. 85 (1924) ; *Esther de Carpentras* (Lunel), opéra bouffe, op. 89 (1925) ; *le Pauvre Matelot* (Cocteau) op. 92 (1926) ; *l'Enlèvement d'Europe, l'Abandon d'Ariane, la Délivrance de Thésée* (Hoppenot), opérasminutes, op. 94, 98, 99 (1927) ; *Christophe Colomb* (Claudel) op. 102 (1928) ; *Maximilien* (Werfel, Hoffman, Lunel) op. 110 (1930) ; *Médée* (Madeleine Milhaud) op. 191 (1938) ; *Bolivar* (Supervielle) op. 236 (1943) ; *David* (Lunel) op. 320 (1952). b) MUSIQUE DE THÉÂTRE : *Agamemnon* (Eschyle, Claudel) op. 14 (1914) ; *les Choéphores* (Eschyle, Claudel) op. 24 (1915) ; *la Sagesse* (Claudel) op. 141 (1935). c) BALLETS : *l'Homme et son désir* op. 48 (1918) ; *le Bœuf sur le toit* op. 58 (1918) ; *la Création du monde* op. 81a (1923) ; *Salade* op. 83a (1924) ; *le Train bleu* op. 84 (1924) ; *les Songes* op. 124 (1933) ; *Adame miroir* op. 283 (1948).
Écrits : Études (les Horizons de France, 1927) ; *Entretiens avec Claude Rostand* (Julliard, 1952) ; *Correspondance Paul Claudel-Darius Milhaud* (Gallimard, 1961) ; *Ma vie heureuse* (réed. augmentée des *Notes sans musique,* Belfond, 1974) ; *Polytonalité et atonalité* (la Revue musicale, févr. 1923).

J. R.

MILITAIRE. Titre porté dès le lendemain de sa première audition (Londres, 31 mars 1794) par la symphonie n° 100 en *sol* majeur de Haydn, commencée en Autriche en 1793 et terminée en Angleterre début 1794, à cause des instruments à percussion inhabituels (grosse caisse, cymbales, triangle) utilisés dans son deuxième mouvement et dans les ultimes mesures de son finale. Cette œuvre spectaculaire valut à Haydn le plus grand succès public de sa carrière avant l'oratorio *la Création.* « Encore ! Encore ! entendait-on de chaque siège : les dames elles-mêmes ne pouvaient se retenir. C'est le départ pour la bataille ; et la marche des soldats, la sonnerie de la charge, le tonnerre de l'assaut, le heurt des armes, le gémissement des blessés, et ce qu'on peut bien appeler le rugissement infernal de la guerre se gonfle et culmine en mêlant l'horrible et le sublime ! Tout ceci, d'autres peuvent le concevoir, mais lui (Haydn) seul peut le réaliser ; lui seul du moins a jusqu'ici accompli de tels prodiges » (*Morning Chronicle,* 9 avril 1794). « (Les) cymbales du mouvement militaire... nous informent qu'une armée marche à la bataille, et, en évoquant les sentiments de terreur d'une telle scène, la transforment en réalité. Des sons discordants en deviennent sublimes ; car quoi de plus discordant pour le cœur que des milliers d'hommes s'avançant les uns vers les autres pour s'entre-tuer » (*Morning Chronicle,* 5 mai 1794). Faut-il préciser que, début 1794, la guerre menée par l'Angleterre contre la France révolutionnaire battait son plein, et pas sous les meilleurs auspices ? De la symphonie n° 100, Haydn écrivit le « mouvement militaire » (le deuxième) et le menuet en Autriche, puis les deux mouvements extrêmes à Londres. Pour le « mouvement militaire » avec « percussion turque », marqué allegretto et au rythme de marche, il transcrivit pour grand orchestre, non sans enrichir les voix médianes, la romance du *3ᵉ Concerto* pour deux lyres, composé par lui en 1786 pour le roi de Naples, et y ajouta quelques phrases de transition et surtout une impressionnante coda inaugurée par une fanfare de trompettes et un roulement de timbales à découvert sur la note *ut,* tonique du morceau : la tonalité éloignée de *la* bémol fait alors irruption. De l'extraordinaire popularité de la *Symphonie militaire* témoigne aussi le fait que le thème principal du finale, un presto à 6/8, parut au début du

xixe siècle dans divers recueils mêlé à des danses populaires anglaises, et avec comme titres *Lord Cathcart*, *Lord Cathcart's Welcome* ou encore *Lord Cathcart's Welcome to Scotland*. Il semble bien que cette « mélodie populaire » ait eu comme origine celle de Haydn, et non l'inverse.
M. V.

MILITAIRE (MUSIQUE). La présence de la musique dans les armées remonte à la plus haute Antiquité. Vocalement, d'abord sous forme de chœurs martiaux martelant les marches et les assauts, puis avec l'appui d'instruments du genre tambour et trompette. Il s'agissait — il s'agit toujours — d'apporter un stimulant au courage du guerrier, de coordonner ses mouvements, d'enrichir ses parades, de meubler ses moments de détente. Le roi David s'accompagnait au combat d'une harpe, et ce furent les sonneries de trompes qui permirent aux Hébreux de vaincre Jéricho. Dans l'Antiquité, les soldats se battaient au son des tubas et des buccins. Les Grecs adoptèrent la syrinx, les Germains préférèrent les tambours importés de Chine.

La musique militaire s'appuie essentiellement sur le rythme, et elle exige, pour être entendue, de larges sonorités. Aussi abandonna-t-elle très vite les harpes, les cithares et les divers instruments à cordes tellement en honneur au début de l'ère chrétienne. A la fin du Moyen Age, elle utilisait les cors, les cornets, les trompes, les tambours, les trompettes, les timbales. C'est sous François Ier que le fifre apparut dans les armées françaises. Peu à peu, la musique militaire s'enrichit d'instruments nouveaux au fur et à mesure de l'évolution de la facture. Les hautbois apparurent sous Louis XIII, et Louis XIV ajouta les violons pour les grandes solennités, celles qui étaient assurées en plein air par la Grande Ecurie. Au demeurant, les musiques militaires se développaient, et chaque régiment eut à cœur d'en posséder une, aussi bien en France qu'à l'étranger où l'on découvrit la cornemuse chez les Ecossais, le basson chez les Russes et le flageolet chez les Turcs.

La première institution régulière d'orchestres militaires eut lieu en France en 1762 dans les régiments de gardes françaises et de gardes suisses. Mais ce n'est qu'au lendemain de la Révolution qu'elles prirent peu à peu leur physionomie actuelle. La musique de la garde nationale étant devenue en 1795 l'amorce de notre Conservatoire, il fut possible de former les instrumentistes nécessaires aux phalanges régimentaires. En 1875, la musique militaire française fut réorganisée par une loi : dans l'infanterie et le génie, une musique par régiment ; dans la cavalerie, une par brigade ; et, couronnant le tout, la musique de la garde républicaine, qui recrutait ses membres par concours, aussi bien ses soldats que parmi les artistes civils. Les musiques d'infanterie, elles, comprenaient 1 chef, 1 sous-chef et 38 musiciens : 1 petite flûte, 1 grande flûte en *ut*, 1 hautbois en *ut*, 2 petites clarinettes en *mi* bémol et 6 grandes en *si* bémol, 1 saxophone soprano en *si* bémol, 2 saxophones altos en *mi* bémol, 2 saxophones ténors en *si* bémol, 2 saxophones barytons en *mi* bémol, 1 trompette à pistons en *ut*, 2 cornets à pistons, 1 trombone alto en *mi* bémol, 2 trombones en *ut*, 1 saxhorn soprano en *mi* bémol, 2 saxhorns contralto en *si* bémol, 3 saxhorns alto en *mi* bémol, 1 saxhorn baryton en *si* bémol, 4 saxhorns basse en *si* bémol, 1 contrebasse en *mi* bémol, 1 contrebasse en *si* bémol, 1 caisse claire plus 1 grosse caisse et une paire de cymbales. Dans les bataillons de chasseurs à pied et les régiments de cavalerie, il n'existait que des fanfares.

Considérées souvent comme un art mineur, les œuvres musicales militaires doivent cependant répondre à certaines obligations. Devant être interprétées parfois par des profanes, leurs qualités principales seront la clarté, la simplicité. Elles seront des cris de guerre, des chants patriotiques, des hymnes. Elles devront rythmer le pas des combattants, transmettre les ordres, les signaux de manœuvre, entretenir enfin psychologiquement les énergies. Leurs airs, d'abord spontanément issus des chansons populaires, durent être véritablement composés lorsqu'il s'est agi de réaliser des marches, des pas redoublés, des charges et, comme en Allemagne, des lieder patriotiques. Ce furent d'abord des maîtres de chapelle attachés à des princes qui s'en chargèrent. Ainsi Lully composa-t-il de nombreuses marches militaires qui furent réunies en un recueil en 1705. Mais le répertoire des musiques militaires devait bientôt s'enrichir de polkas, de mazurkas, de galops, de quadrilles, voire de grandes œuvres symphoniques réservées aux concerts de galas. Ce furent évidemment les chefs de musique qui les composèrent le plus souvent, mais dès la Révolution de grands musiciens les secondèrent : Catel, Gossec, Berton, Spontini, Cherubini écrivirent après Rouget de l'Isle maintes pages d'esprit guerrier. Le *Chant du départ* est de Méhul, le *Régiment de Sambre-et-Meuse* de Planquette, la *Marche lorraine* de Louis Ganne. Aujourd'hui, cependant, les musiques militaires ont pratiquement disparu en France, où ont été néanmoins conservées les solides phalanges que sont la musique de la garde républicaine, celle de la flotte nationale, celle de l'armée de l'air et celle de la Légion étrangère.
S. W.

MILLE (SYMPHONIE DES). Titre porté parfois, à cause de ses très grands effectifs, par la symphonie n° 8 en *mi* bémol majeur de Mahler, terminée en août 1906 et créée à Munich sous la direction du compositeur le 12 septembre 1910. Pour voix et orchestre d'un bout à l'autre, l'œuvre est écrite pour 2 sopranos, 2 altos, ténor, baryton, basse, chœur d'enfants, double chœur et grand orchestre. Mais son titre fut « trouvé », pour des raisons de publicité, par l'imprésario qui organisa la première audition, Emil Gutmann, et non par Mahler lui-même, qui protesta violemment contre cette idée. Il y a 2 parties, fondées respectivement sur l'hymne *Veni Creator Spiritus* et sur la scène finale du *Second Faust* de Goethe. Mahler conçut et réalisa l'ensemble en deux mois, et dédia l'ouvrage à sa femme Alma (ce fut la seule dédicace à laquelle il consentit jamais).

Mahler commença par mettre en musique le *Veni Creator*, et l'idée de lui associer le *Second Faust* ne lui vint qu'en cours de travail. Si l'on se réfère à la structure traditionnelle de la symphonie, le *Veni Creator* tient lieu de premier mouvement, et la *Scène de Faust*, trois fois plus longue, de mouvement lent, de scherzo et de finale. Les deux textes, écrits en des langues différentes (latin et allemand), ne furent pas réunis par hasard : entre leurs messages existent des liens dont étaient conscients Mahler et sans doute aussi Goethe, qui, en son temps, avait traduit en allemand le *Veni Creator* et attiré l'attention de son conseiller musical Zelter sur son aptitude à être mis en musique.

Par l'ampleur de ses effectifs, la *Huitième Symphonie* marque la fin d'une époque, comme par exemple les *Gurre* Lieder* de Schönberg, à peu près contemporains. Mais ces effectifs sont souvent, en particulier dans la *Scène de Faust*, mis en jeu discrètement, sans effets de masse, dans une orchestration annonçant celle du *Chant* de la terre*, la partition suivante de Mahler. Mais ce qui frappe aussi, c'est l'optimisme, la confiance en soi manifestés ici par Mahler deux ans après la tragique *Sixième*, et un an avant les « coups du destin » de 1907 (décès de la fille aînée de Mahler, perte de son poste de directeur de l'Opéra de Vienne, découverte de sa maladie de cœur). « Cette symphonie est un don à la nation. Toutes les précédentes n'étaient que des préludes à celle-ci : mes œuvres sont tragiques et subjectives, celle-ci est une immense dispensatrice de joie » (Mahler à son ami et futur biographe Richard Specht). Il est difficile aujourd'hui de considérer les symphonies précédentes de Mahler comme autant de préludes à la *Huitième*, et il est même fort probable que les paroles du compositeur dépassèrent sa pensée. Restent le caractère unique de la *Huitième*, et le fait (bien dans l'ordre des choses) que le concert du 12 septembre 1910, le dernier dirigé par Mahler en Europe, non seulement attira l'élite musicale et intellectuelle de l'époque, mais valut au musicien, qui devait mourir moins d'un an plus tard, son plus grand triomphe. Sans doute Mahler voulut-il, notamment, avec la *Huitième*, provoquer la reconnaissance officielle de ses activités de créateur. Rassurant pour une fois, il y parvint largement. Il n'y a lieu de le regretter ni pour lui, ni pour nous. M. V.

MILLE HUIT CENT QUATRE-VINGT-DIX-HUIT (1898). Œuvre de Mauricio Kagel, composée en 1973 pour voix d'enfants enregistrées et pour un ensemble instrumental variable à l'occasion de l'anniversaire de la Deutsche Grammophon Gesellschaft. Elle se présente comme une symphonie en 2 parties. Cette division, intervenant au beau milieu d'un accord, voudrait rappeler les changements de face qui brisaient impitoyablement les plus beaux adagios sur les disques 78 tours, mais ne parvenaient pas à en rompre le charme, preuve que la faculté de synthèse dont est doué l'auditeur l'emporte sur les aléas de la technique. Cette faculté cependant a des limites, et c'est l'un des aspects les plus intéressants du projet de Kagel dans cette œuvre que de les mettre en évidence. En effet, *1898* est tout entier écrit à 2 voix seulement, mais, du fait de la liberté laissée aux exécutants de déterminer librement, lors des répétitions, les fragments qu'ils joueront dans une tessiture qu'ils auront choisie, il se produit des mélanges de timbres fugitifs, des doublures à l'octave ou à l'unisson qui brouillent si efficacement les choses que l'oreille en déroute se révèle incapable de suivre clairement la polyphonie la plus simple du monde : un contrepoint à 2 voix.

Comme Kagel voulait également recréer cette instabilité acoustique caractéristique des premiers enregistrements qui n'empêchant pourtant pas de reconnaître la musique, il a choisi, en plusieurs endroits, de soumettre à de constants changements de timbre des formules stéréotypées caractéristiques de la musique tonale. L'ambiguïté d'une telle démarche, où l'on pouvait voir une attitude passéiste, se trouve démentie par la richesse d'invention des variations auxquelles donnent lieu ces références tonales purement abstraites ; les voix d'enfants — rires, chansons — enregistrées sur le vif et qui surgissent inopinément ajoutent une couleur claire à une œuvre assez austère dans son ensemble. Gér. C.

MILLÖCKER (Karl), chef d'orchestre et compositeur autrichien *(Vienne 1842 - Baden, près de Vienne, 1899)*. Après avoir fait ses études au conservatoire de Vienne, il débute comme flûtiste au théâtre in der Josephstadt. Il est ensuite chef d'orchestre au Landestheater de Graz (1864), au théâtre allemand de Budapest (1867), au théâtre an der Wien de Vienne (1869-1883). Il est l'un des principaux représentants de l'opérette viennoise, après J. Strauss Jr et Fr. von Suppé.
A. et M. P.

MILNER (Anthony), compositeur britannique *(Bristol 1925)*. Il a étudié au Royal College of Music de Londres ainsi qu'en privé avec Matyas Seiber, et enseigné d'abord à Morley College (1947), puis à l'université de Londres (1954) et au Royal College of Music. Son œuvre est le reflet aussi bien de sa foi catholique que de sa connaissance approfondie de la musique médiévale. Parmi ses œuvres instrumentales, des *Variations* pour orchestre (1958), 1 *Divertimento pour cordes* (1961), *Quintette à vents* (1964), 1 *Quatuor à cordes* (1975) et 2 symphonies (n° 1 commencée en 1964 et créée en 1973, n° 2 écrite en 1977-78). Dans le domaine vocal, il a écrit notamment 1 messe (1951), *The City of Desolation* pour soprano, orchestre et chœur (1955), *Motet for Peace* pour 2 ténors, 2 basses et 9 cuivres (1973) et *Cantata for Christmas « Emanuel »* pour voix et orchestre de chambre (1974-75).
M. V.

MILONGA. Annonciatrice du tango, cette forme musicale se rencontre en Uruguay, au Paraguay, en Argentine et au Chili. On la trouve comme moyen expressif dans des duos vocaux, où les textes, de caractère léger, sont en forme de questions et de réponses. La mélodie procède par gammes descendantes, en mesures binaires contrastant avec l'accompagnement de guitare à 6/8. Lorsque des refrains sont ajoutés, ils sont harmonisés en tierces parallèles. P. V.

MILSTEIN (Nathan), violoniste américain d'origine russe *(Odessa 1904)*. Il commence l'étude du violon à quatre ans et suit, de 1911 à 1914, l'enseignement de P. Stoliarski (également le maître de D. Oïstrakh). Il joue à dix ans le *Concerto* de Glazounov, sous la direction du compositeur, mais ses véritables débuts prennent place à Odessa en 1920, après avoir terminé ses études auprès de L. Auer, à Saint-Pétersbourg. Seul ou en duo avec V. Horowitz, il fait à partir de 1925 des tournées en U.R.S.S. et en Europe. Il s'installe à Berlin (1925), joue à Paris (1926) et à Bruxelles, où Ysaye, devant sa maîtrise, renonce à le prendre comme élève. La même année, il fonde un trio avec Horowitz et G. Piatigorski, avec qui il part pour les États-Unis (1929). Il y fait ses débuts avec l'Orchestre de Philadelphie (dirigé par L. Stokowski). Naturalisé américain (1942), il réapparaît en Europe après-guerre, notamment aux festivals de Lucerne (1949), de Salzbourg (1954) et de Berlin (1966). Il donne des cours de perfectionnement au Muraltengut de Zurich et à la Juilliard School de New York. La carrière de Milstein offre un exemple unique de longévité violonistique ; sa sonorité s'est même épanouie avec le temps. Doué d'une main gauche exceptionnelle, d'un tempérament impétueux et entier, il ne conçoit la virtuosité que comme porteuse de vérité musicale et la pureté du son que comme révélateur de la charge poétique des œuvres. Celles-ci, peu nombreuses et souvent revisitées, vont des sonates de Bach aux concertos de Prokofiev en passant par les grands concertos romantiques, pour lesquels il écrit ses propres cadences. Il a composé également des *Paganiniana* (jouées à New York en 1954), en hommage au père des violonistes. Il joue sur un stradivarius de 1716. M. W.

MIMAROGLU (Ilhan), compositeur turc *(Istanbul 1926)*. D'abord critique musical dans son pays d'origine, il réside à New York depuis 1955 et y a réalisé, dans les studios de l'université Columbia Princeton, une production électroacoustique abondante et suivie. Il est un des rares compositeurs vivant aux États-Unis à s'être investi entièrement dans la musique pour bande magnétique, et à en avoir une conception engagée et personnelle, la considérant comme un art analogue au cinéma, qu'il oppose à la musique instrumentale, plus proche, elle, du théâtre. Dans une grande partie de son œuvre (*Préludes, Études visuelles, Hyperboles, les Ailes du démon délirant, la Ruche, Coucou Bazar,* pour l'exposition de son ami Dubuffet, etc.), il joue surtout avec les couleurs et les textures sonores, en plasticien et en rythmicien séduisant, mais ses productions récentes se présentent comme de la musique politique, de l'« agit-pop-music », mêlant des éléments de musique vocale et instrumentale enregistrés (et écrits par l'auteur) à des sons électroacoustiques et à des textes de Mao, Allende, Che Guevara, etc., en une fusion audacieuse, sur le support unique de la bande magnétique, des matériaux et des styles. Comme exemple de cette tendance citons : *Sing me a song of Song My*, avec le quintette de jazz de Freddie Hubbard (1971), *Tract* (1972-1974) et *To Kill a Sunrise* (1974). Dans le genre difficile de la « musique à message », Miraroglu sait atteindre, notamment avec son *Tract*, à une grande puissance d'émotion, à un souffle lyrique et chaleureux. M. C.

MIMODRAME. Action mimée accompagnée de musique descriptive, proche de la pantomime, mais sans les ambitions chorégraphiques de celle-ci. Généralement incorporée à un opéra, comme l'entrée de Beckmesser au troisième acte des *Maîtres chanteurs*, elle constitue parfois une œuvre autonome, comme l'*Orphée* de Roger-Ducasse (1913, 1re repr., Paris 1926). C. H.

MINEUR. — 1. Se dit d'un intervalle qui, par référence à sa note inférieure considérée comme tonique, appartiendrait à une tonalité « mineure » (par ex. : *ré-fa* = tierce mineure, car *fa* appartiendrait à *ré* mineur).
— 2. Se dit d'un accord parfait quand sa tierce est « mineure » (par ex. : *do-mi* bémol-*sol*). Se dit aussi des accords de septième et de neuvième quand ces derniers intervalles sont « mineurs » sans que la tierce le soit forcément (par ex. : *ré-fa-la-do* = accord de septième mineure ; *do-mi-sol-si* bémol-*ré* bémol = accord de neuvième mineure). L'accord de septième mineure avec tierce majeure dont la fondamentale est la dominante est dit accord de septième de dominante.
— 3. Se dit d'une tonalité quand elle est dans le mode mineur (par ex. : *do* mineur).
— 4. Se disait, au Moyen Âge, d'un mode rythmique, ou d'une division rythmique binaire. En ce sens, mineur était parfois synonyme d'« imparfait », *imperfectus* (V. INTERVALLE, ACCORD, MODE, TONALITÉ, BINAIRE, TERNAIRE). M. P. P.

MINGUS (Charles, dit CHARLIE) contrebassiste, chef d'orchestre et compositeur de jazz américain (*Nogales, Arizona, 1922 - Cuerna Vaca, Mexico, 1979*). Élève du bassiste Red Callender, il se perfectionne avec Herman Rheinschagen du New York Philharmonic, fait ses classes avec Louis Armstrong (1941-1943), Kid Ory (1944) et Lionel Hampton (1946-1948), il travaille ensuite avec C. Parker, S. Getz, Bud Powell et Art Tatum avant de décider de jouer sa propre musique (1956). Instrumentiste puissant et imaginatif, servi par une impressionnante technique, sa très forte personnalité, son tempérament irascible et la volonté quelque peu envahissante qu'il a d'imposer sa propre pulsation rythmique à tous ses partenaires font de lui, malgré la beauté de son jeu, un bassiste relativement peu demandé et pratiquement condamné, à quelques exceptions près (*Money Jungle*, en trio avec Ellington et M. Roach, 1962) au rôle de chef d'orchestre.

Musicien engagé, homme passionnément épris de justice, il exprime dans sa musique ses revendications sociales et politiques (*Fables of Faubus*, 1959), mais aussi sa volcanique émotivité individuelle (*All The Things You Could Be By Now If Sigmund Freud's Wife Was Your Mother*, 1960). Compositeur autodidacte aux conceptions personnelles, épris de contrastes, d'expressionnisme, d'atmosphères troubles et de désordres contrôlés (*Pithecanthropus Erectus*, 1956), il aime aussi rendre hommage à ses deux idoles, Ellington (*Mood Indigo*, 1959, 1963) et Parker (*Reincarnation of a Lovebird*, 1957). On peut le considérer, avec Eric Dolphy qui joua souvent avec lui, comme un de ceux qui ouvrirent la voie au *free jazz*. Certains de ses concepts, en effet, permettent d'introduire dans le carcan structurel répétitif des thèmes de jazz une liberté à laquelle tous aspiraient plus ou moins consciemment à l'époque. La « perception rotative » consiste à se représenter mentalement chaque temps comme existant au sein d'un cercle, ce qui « donne l'impression de disposer d'un plus grand espace ». De même, les *extended forms*, ou « extensions formelles », et les « accords prolongés », qui introduisent des sortes de points d'orgue dans le cadre du morceau joué, s'ils ne suppriment pas à proprement parler la contrainte de la carrure, contestent et aèrent celle-ci de façon provocante et féconde. Mingus est aussi un pianiste sensible (*Mingus Plays Piano*, 1964), et il a écrit, avec l'aide de Nel King, une intéressante biographie, dont les implications dépassent de beaucoup l'histoire individuelle de l'auteur (*Beneath The Underdog*, 1971 ; trad. fr. *Moins qu'un chien*, Laffont, 1973). J. B. H.

MINIME. Dans la notation proportionnelle du XIVᵉ au XVIᵉ siècle, c'est la valeur de note inférieure à la semi-brève (1/2 ou 1/3 selon les cas), obtenue en ajoutant une queue au losange de la semi-brève. Variablement, la minime pouvait être blanche (évidée) ou noire (losange plein), avec des valeurs différentes. En se transformant et en arrondissant le losange, la minime noire est devenue la noire, la minime blanche est devenue la blanche. En notation blanche, la forme de la minime noire a parfois été employée comme semi-minime, ce qui n'a pas été sans entraîner diverses confusions. J. C.

MINNESANG. Nom donné à la poésie allemande de cour des XIIᵉ et XIIIᵉ siècles. La lyrique des Minnesänger s'est développée sous le règne des Staufen, en Bavière, en Autriche, dans la vallée du Rhin, en Thuringe et en Suisse, parallèlement à celle des grands troubadours. Elle a subi fortement, dans sa thématique et dans ses formes, l'influence de la poésie d'oc, mais s'en est rapidement différenciée au contact de l'épopée (*Nibelungenlied*), du roman celtique et de la tradition cléricale des vagants.

Aussi les Minnesänger ont-ils dépassé en variété et en éloquence leurs homologues provençaux. Ils demeurent faibles sur un plan : celui de la musique. Les mélodies conservées (fragments de Münster, manuscrits d'Iéna et de Colmar) sont douteuses ou tardives, quand elles ne sont pas empruntées ou réduites à de courtes formules de récitation, inlassablement répétées, selon un procédé traditionnel dans le lai. L'originalité du Minnesang est le Spruch, qui a permis à Walther et, après lui, Alexander et Frauenlob, d'élever la chanson morale, religieuse et politique bien au-dessus du *sirventès* des Provençaux. Le Minnesang proprement dit peut être rattaché à la tradition de la *fin'amor*, mais préfère souvent à la mystique du « service d'amour » tel que Reinmar l'a codifié (*hohe minne*) le naturel et la sincérité (*niedere minne*).

La thématique courtoise reste donc l'apanage des poètes du « printemps » et de l'« été » du Minnesang : Heinrich von Veldeke, Friedrich von Hausen, Rudolf von Fenis, Heinrich von Morungen et, surtout, Reinmar et Walther von der Vogelweide. Neidhart et Tannhäuser tenteront ensuite d'innover dans le sens d'un plus grand réalisme, mais les Meistersinger, aux XIVᵉ et XVᵉ siècles, ne recueilleront, après Hugo von Montfort et Oswald von Wolkenstein, que la tradition et les artifices du Minnesang. M.-D. A.-P.

MIOLAN CARVALHO (Marie), soprano française (*Marseille 1827 - Château-Puys, Dieppe, 1895*). Elle étudia au Conservatoire de Paris avec Duprez et fit ses débuts à l'Opéra-Comique en 1849 dans *Lucia di Lammermoor* de Donizetti. Elle fut la créatrice de Marguerite de *Faust* et de Mireille dans les ouvrages de Gounod. Elle parut avec succès à Berlin et à Saint-Pétersbourg. Sa voix était celle d'un grand soprano lyrique coloratura. L'imprésario Léon Carvalho fut son mari. J. B.

MI-PARTI. Pièce orchestrale de Witold Lutoslawski, composée en 1976 à la suite d'une commande de l'orchestre du Concertgebouw d'Amsterdam. Son titre désigne un costume du Moyen Âge, composé de parties égales, mais de différentes couleurs, et se réfère à la façon d'enchaîner les pensées musicales. Les phrases se répètent mais chaque répétition est différente parce qu'une nouvelle phrase intervient. L'écriture n'est ni tonale, ni dodécaphonique, ni sérielle ; la forme est en un seul mouvement d'un quart d'heure, comprenant au moins 3 actions, avec une partie lente au début, une partie très animée au milieu et des passages *ad libitum* (aléatoire contrôlé). Cette page, à l'expression concentrée, poétique, est apparue comme la synthèse de l'évolution du compositeur dans sa maturité. P. V.

MIRACLE. Genre théâtral médiéval, à participation musicale très variable, en honneur surtout aux XIIᵉ et XIIIᵉ siècles, mettant en scène un événement extraordinaire attribué par l'histoire ou la légende à un saint, ou à la Vierge.

Rattaché par ses origines au drame liturgique (le *Jeu de Daniel* peut être considéré comme un miracle), le miracle peut être soit latin et entièrement chanté (ms. 218 d'Orléans), soit vernaculaire et parlé (*Jeu de saint Nicolas* de Jean Bodel, *Miracle de Théophile* de

Rutebeuf) et s'achève habituellement par le chant du *Te Deum* qui clôt l'office des matines*. Le terme s'applique également à des récits en vers, ou en prose, sur des sujets analogues : les plus célèbres sont, au XIIIe siècle, les *Miracles de Notre-Dame* de Gautier de Coincy, où sont insérées des chansons pieuses parodiées* sur des conduits* ou des chansons de trouveurs* profanes.
J. C.

MIRACLE (LE). Titre porté par erreur par la symphonie n° 96 en *ré* majeur de Haydn, composée et créée à Londres dans les premiers mois de 1791 : le soir de sa première audition, un chandelier se serait détaché du plafond et écroulé dans la salle sans, « par miracle », blesser personne. L'incident eut bien lieu, mais seulement quatre ans plus tard, le 2 février 1795 lors de la création de la symphonie n° 102 en *si* bémol majeur. « Le dernier mouvement (de la symphonie n° 102) a été bissé ; et malgré une interruption malencontreuse due à la chute d'un chandelier, il n'a pas produit moins d'effet » (*Morning Chronicle*, 3 février 1795). Première en date des 12 symphonies *Londoniennes**, la symphonie n° 96 se distingue notamment par un premier mouvement ne comportant pratiquement pas de répétition textuelle, *durchkomponiert* (conçu selon le principe du développement perpétuel) au sens schönbergien du terme. Elle eut particulièrement à souffrir des éditeurs du XIXe siècle, qui atténuèrent fortement l'agressivité des parties de trompettes du premier mouvement, ajoutèrent une partie de timbale (non prévue par Haydn) dans l'introduction, tout en supprimant celle (prévue par Haydn) du mouvement lent, et transformèrent en *sol* dièse le *sol* naturel à caractère quelque peu modal du dernier temps de la troisième mesure du menuet. Pour le finale, Haydn recommanda lui-même « la nuance la plus *piano* et un tempo très rapide ».
M. V.

MIREILLE. Opéra en 5 actes de Charles Gounod, sur un livret de Michel Carré, d'après la *Mireio* de Mistral (1859), créé au Théâtre-Lyrique de Paris le 19 mars 1864. Il fut réduit par la suite, à la demande de l'imprésario Carvalho, à 3 actes, avec textes intercalaires parlés. En 1899, à l'Opéra-Comique, Albert Carré rétablit l'ordre primitif des tableaux et les récits musicaux. La vraie création de *Mireille*, telle que l'avait voulue Gounod, eut lieu, dans la version primitive, le 6 juin 1939 à l'Opéra-Comique de Paris. Elle était due aux soins de Reynaldo Hahn et de Henri Büsser, lequel dut réorchestrer la scène de la Crau et la mort de l'héroïne (le manuscrit de ces deux fragments ayant brûlé dans l'incendie du théâtre en 1887).

Dans l'enclos d'une magnanerie, de jeunes Arlésiennes se moquent des propos étrangement maléfiques de la « sorcière » Taven et rient à la pensée d'être aimées par des princes. Plus sage, Mireille, fille du riche fermier Ramon, pense à l'amour vrai et désintéressé d'un « jeune homme pauvre et timide », à savoir Vincent, humble bouvier avec qui elle s'est fiancée en secret et à qui elle a demandé d'aller en pèlerinage aux Saintes-Maries-de-la-Mer s'il arrivait quelque malheur à l'un d'entre eux. Aux arènes d'Arles, filles et garçons entourent le couple (Chanson de Magali), tandis que Taven avertit Mireille : son père la destine à Ourrias, dompteur de taureaux. Mireille clame alors son amour pour Vincent. Ourrias se présente, sûr de lui, et Ramon le rassure tandis que le père de Vincent tente une démarche pour son fils et que Mireille vient plaider — en vain — sa propre cause. Au Val d'Enfer, Ourrias demande un philtre d'amour à Taven, et, face à Vincent, frappe ce dernier, le blessant durement. Mais il sera précipité lui-même dans le Rhône par un « batelier de l'Enfer ». Pour obtenir la guérison de Vincent, Mireille décide alors d'aller aux Saintes-Maries, et, traversant le désert de la Crau, est frappée d'insolation. C'est une mourante que Vincent — qui l'a devancée au pèlerinage — recueillera dans ses bras. (Ici, Carvalho imposa à Gounod une « happy end ».) *Mireille est sauvée et son père vient in extremis bénir son amour pour Vincent !*

Pour donner à sa pièce son véritable cachet, une authentique dimension « provençale », Gounod s'établit à Maillane, près de Mistral — dont la collaboration lui fut amicalement assurée — puis à Saint-Rémy. La musique de *Mireille* est charmante, sincère, directe. L'écriture vocale, mélodieuse, d'un lyrisme ingénu, ne parvient pas toutefois à mettre en relief les caractères assez monolithiques des personnages : bons (Vincent, Mireille), ou méchants (Ourrias). Cependant certaines scènes méritent de retenir l'attention : l'émouvante simplicité de l'air *Et moi si par hasard quelque jeune garçon* au 1er acte, le duo *Vincenette à votre âge*, les fameuses *Chansons de Magali*, puis de Taven, l'air de Mireille *Trahir Vincent*, surtout la scène du désert de la Crau avec le chant *Heureux petit berger* et, à la fin, la cavatine de Vincent.
J. G.

MIRLITON. Instrument populaire, à vent, formé d'un roseau ou d'un tube de carton garni d'une ou deux membranes (pelure d'oignon, baudruche ou papier de soie) qui résonnent à l'unisson de la voix de l'exécutant. C'était autrefois un article typique de bazar, vendu surtout aux enfants. Souvent, des poèmes rudimentaires étaient imprimés sur des bandes de papier, enroulées en spirale autour du tube : des « vers de mirliton ».
M. T.

MIROGLIO (Francis), compositeur français (Marseille 1924). Il a fait ses études au conservatoire de Marseille, puis à celui de Paris avec Darius Milhaud (composition), et participé aux cours de Darmstadt. Il a passé une année à Berlin comme boursier de la fondation Ford (1967), et fondé le festival de musique et d'art contemporain « Nuits de la fondation Maeght » (1965), dont il a été directeur artistique jusqu'en 1971. Depuis 1976, il est directeur artistique des Semaines musicales internationales d'Orléans. De tendance post-sérielle, il s'est orienté vers la forme ouverte et vers l'aléatoire, et, en collaboration avec des plasticiens comme Calder ou Miro, a élaboré des œuvres intégrant des composantes sonores et visuelles. On lui doit notamment *Pierres noires* pour ondes Martenot et 2 percussions (1958), *Espaces I à V* pour diverses formations (1961-62), *Projections* pour quatuor à cordes avec diapositives de peintures de Joan Miro *ad libitum* (1966-67), *Tremplins* pour orchestre et voix (formations variables de 15 à 32 musiciens) sur un texte de Jacques Dupin (1968-69), *Insertions* pour clavecin (1969), *Extensions* pour 6 percussions et grand orchestre (1970-1972), *Extensions 2* pour 6 percussions (1970), *Extensions 3* pour grand orchestre (1972), *Il faut rêver dit Lénine*, spectacle musical sur un texte de Roger Pillaudin (1972), *Éclipses* pour 12 cordes et clavecin *ad libitum* (1972), *Strates éclatées* pour orchestre (1973), *Reflex*, œuvre de théâtre musical (1973-74), *Fusions* pour grand orchestre (1974), *Gravités* pour orgue (1975), *Brisures* pour flûte solo (1977), *Horizons courbes* pour ensemble instrumental variable (1977-78), *Rumeurs* pour harpe celtique ou harpe diatonique (1978), *Magnétiques* pour violon solo, violon et piano, violon et ensemble instrumental, ou violon et grand orchestre (1978-79), *Triade*, musique pédagogique pour 1, 2 ou 3 violons (1980), *Trip through Trinity* pour percussion solo (1981), et *Inferno di gelo*, œuvre de théâtre musical d'après Dante (1981-82). Pour lui, la démarche aléatoire doit rester sous le strict contrôle du compositeur et constituer un enrichissement, non une démission.
M. G. et M. V.

MIROGLIO, famille de musiciens italiens. — 1. **Pierre**, violoniste et compositeur (*dans le Piémont v. 1715-Paris v. 1763*). Il étudie le violon avec son oncle G. B. Somis, chez lequel il se lie avec le célèbre Jean-Pierre Guignon. Comme beaucoup d'autres Piémontais de renom à cette époque, les deux musiciens gagnent Paris en 1738 pour entrer dans l'orchestre du prince de Carignan. Il y reste jusqu'à la mort du prince en 1741, puis travaille pour le fermier général de La Pouplinière jusqu'à la mort de ce dernier en 1762. Il meurt peu de temps après, car son frère Jean-Baptiste abandonne en 1764 son épithète « Le cadet » ou « Le jeune ». Instrumentiste de grande renommée, il n'est l'auteur que d'un recueil de 6 *Sonates pour violon et basse* op. 1, dédiées à Geminiani et publiées en 1741.

— 2. **Jean-Baptiste,** violoniste, compositeur et éditeur de musique, frère du précédent *(dans le Piémont v. 1725 - Paris v. 1785).* Venu très jeune à Paris, il étudie sans doute le violon avec son frère et J. P. Guignon, mais préfère se consacrer à l'enseignement et à la composition. Sa production, dans ce domaine, est inégale. Ses pièces pour violon n'ont pas les qualités de celles de son frère et ses œuvres symphoniques, bien que plus intéressantes, sont loin d'être remarquables. Elles ne sont, le plus souvent, qu'une mixture d'éléments stylistiques de l'époque (les 6 *Symphonies à grand orchestre* op. 10, par exemple, 1764). Il serait certainement oublié à l'heure actuelle s'il n'avait, en 1765, pratiquement abandonné la composition pour se consacrer à une activité paramusicale tout à fait originale à l'époque. Il s'associe alors avec le peintre flamand Antoine de Peters pour fonder un *Bureau d'abonnement musical* qui prête à ses abonnés, en échange d'une cotisation mensuelle, une grande variété d'ouvrages musicaux de toute sorte. C'est la première entreprise de ce genre à Paris et elle permet de mieux faire connaître aux Parisiens un grand nombre d'œuvres. Son succès énorme ne manque pas d'inquiéter les éditeurs de musique qui, menés par La Chevardière, entament une cabale. Le Bureau d'abonnement obtient gain de cause en 1767 et poursuit ses activités jusqu'à la Révolution. D. H.

MIROIR. Genre d'écriture sophistiqué, employé par certains contrapuntistes à titre de démonstration de virtuosité, consistant à écrire un morceau qui puisse être lu à volonté soit normalement soit en renversement. Ce dernier correspond alors au morceau lu dans un « miroir » horizontal sur lequel le papier serait tenu verticalement, les seuls changements autorisés concernant l'ordre des voix, les clefs et les altérations. *L'Art de la fugue* de J.-S. Bach contient 2 fugues miroir de grande dimension, dont l'une a été transcrite librement par lui pour une exécution à 2 claviers.
J. C.

MIROIRS. Suite de 5 pièces pour piano écrites par Maurice Ravel en 1905 et données en première audition à la Société nationale, le 6 janvier 1906, par Ricardo Viñes.

Contemporains de la classique *Sonatine* avec laquelle ils forment le contraste le plus saisissant, les *Miroirs* révèlent, par leur titre même, des intentions descriptives que Ravel allait confirmer. L'auteur des *Oiseaux tristes* (deuxième pièce du recueil) ne précisa-t-il pas, en effet, qu'il avait voulu évoquer des oiseaux perdus dans la torpeur d'une forêt très sombre aux heures les plus chaudes de l'été ? Pourtant c'est, non la réalité elle-même, mais un reflet quelque peu déformé qui nous est présenté. La liberté des structures et des rythmes, le « flou impressionniste » de certains coloris, la nouveauté d'une écriture harmonique dont Ravel estimait qu'elle correspondait, chez lui, à « un changement assez considérable » comptent parmi les caractéristiques dominantes de la partition. Tout en ruissellements et en mystérieux bruissements, les *Noctuelles* (très léger) cèdent rapidement le pas aux *Oiseaux tristes* (très lent) et à leur *ré* dièse obsédant obtenu par enharmonie. Aux arpèges singulièrement berceurs d'*Une barque sur l'Océan* (d'un rythme souple — très enveloppé de pédales) succède l'hispanisme débridé, sec et parfois angoissant de l'*Alborada del gracioso* (« l'aubade du bouffon ») et le lyrisme intense de *la Vallée des cloches* (très lent). Ravel dédia les *Noctuelles* à Léon-Paul Fargue, les *Oiseaux tristes* à Ricardo Viñes, *Une barque sur l'Océan* à Paul Sordes, l'*Alborada del gracioso* à M. D. Calvocoressi et *la Vallée des cloches* à Maurice Delage. D'*Une barque sur l'Océan*, il réalisa une version orchestrale, qu'il désavoua par la suite, et qui fut jouée pour la première fois aux concerts Colonne, le 3 février 1907, sous la direction de Gabriel Pierné.

Son orchestration de l'*Alborada del gracioso* fit l'objet d'une première audition aux concerts Pasdeloup, le 17 mai 1919. J. D.

MISE EN ONDES. Expression à peu près complètement passée d'usage en 1980, et qui servait à désigner la « réalisation » d'une émission radiophonique, principalement dans le sens de « captation » et de « restitution » d'une réalité musicale ou sonore (par exemple, un orchestre jouant). La mise en ondes consiste alors à disposer un ou plusieurs microphones à des emplacements qu'il convient de choisir et à doser ensuite le rapport des modulations pour restituer un certain « équilibre » des différents pupitres. L'art de la mise en ondes radiophonique, lié aux moyens plus restreints, mais souvent mieux maîtrisés, de la radio des années 40, 50 et 60, est un art de musicien aussi bien que de technicien, supposant la connaissance du matériel aussi bien que de la musique. Mais l'expression de « mise en ondes » s'est étendue à toutes les étapes de la « réalisation radiophonique » : choix et montage des éléments, direction artistique des opérations techniques.

L'abandon de la notion de *mise en ondes* correspond peut-être à l'arrivée de perfectionnements et d'automatismes techniques, mais aussi à l'instauration d'une certaine routine de la retransmission radiophonique, tendant à dévaloriser ce métier. L'intérêt et la fascination du public s'étant tournés vers les techniques, non plus de restitution, mais de manipulation et de recomposition de la réalité, une musique enregistrée sur disque est très souvent le fruit de mélanges, de « corrections » techniques, d'opérations sur le son. Il semble tout naturel de retransmettre un simple concert symphonique : l'écoute des anciens documents radiophoniques nous révèle pourtant que des « secrets » ou des tours de main de metteur en ondes pouvaient donner une image sonore parfois plus séduisante et vivante qu'aujourd'hui. M. C.

MISE EN SCÈNE (LYRIQUE). La fonction de metteur en scène n'existe officiellement, dans les théâtres lyriques, que depuis le début du XIXe siècle et le rôle de celui-ci a varié avec les époques. Aussi une partie de cet article (notamment celle qui concerne les XVIIe et XVIIIe siècles) traite-t-elle de ce que l'on appelle la *scénographie* (art du décor et des éclairages, machines, etc.). Dans une perspective historique, les termes de mise en scène et de scénographie se recoupent souvent, et il a paru plus logique de les réunir sous une seule rubrique.
De la naissance de l'opéra à la fin du XVIIe siècle.
Quand, dans les toutes dernières années du XVIe siècle, les membres de la *Camerata fiorentina* « inventèrent » l'opéra, la « mise en scène » s'inspira, par la force des choses, des pratiques et des genres théâtraux du temps (notamment du ballet de cour et du théâtre des jésuites). Représenté à l'origine dans les palais des princes et des grandes familles ecclésiastiques (les Gonzague à Mantoue, les Barberini à Rome), souvent commandé au compositeur pour célébrer un événement, l'opéra ne pouvait être qu'un spectacle de grand luxe. Lorsqu'il devint accessible au public bourgeois (la première salle, le théâtre San Cassiano, s'ouvrit à Venise en 1637), il conserva sa scénographie fastueuse, avec de multiples changements de décors et des machines compliquées. En fait, le public du XVIIe siècle venait à l'opéra autant pour l'émerveillement de l'œil que pour le plaisir de l'oreille.

Les décors. Qu'ils représentassent un palais, un jardin ou un lieu sauvage, leur dessin suivit les règles de la perspective à point de fuite central et de la symétrie. Pour accentuer l'effet d'éloignement, on disposait parfois au dernier plan de petites figurines découpées. Ce parti pris présentait au moins un inconvénient : il interdisait aux chanteurs de « remonter », de quitter le devant de la scène, sous peine de détruire l'illusion optique. Latéralement, la scène était bordée par des *telaris*, prismes triangulaires dont chaque face supportait un élément de décor différent, et que l'on faisait pivoter tous ensemble pour obtenir un changement rapide, ou, plus souvent, par des *coulisses* plates, châssis mobiles garnis de toile peinte que l'on glissait et que l'on enlevait facilement (placées de biais par rapport à la rampe, ces coulisses permettaient d'obtenir un effet de mur fermé). Grâce aux coulisses et aux toiles de fond interchangeables, on pouvait réaliser, au cours du même spectacle, de multiples changements de décors (parfois à vue, ce dont le public était très friand). La décoration des premiers opéras intéressa des peintres comme le Bernin (décors du *Sant'Alessio* de Landi) et, en France, un décorateur comme Bérain. Un des maîtres de la scénographie au XVIIᵉ siècle fut l'architecte italien Giacomo Torelli *(1604-1678)*, renommé dans toute l'Europe, et que Mazarin fit venir à Paris en 1645. Torelli perfectionna le système des coulisses et sut jouer en virtuose de la verticalité de l'espace en faisant grand usage des trappes et des « gloires ».

Les machines. À la magnificence des décors, vint s'ajouter l'emploi d'une machinerie ingénieuse, qui, par poids, contrepoids, poulies, trappes et balançoires interposés, fit mouvoir les nuages, courir le char de Phaéton et s'écrouler le palais d'Armide. Une machine à peu près obligée fut la « gloire », véhicule préféré des dieux de l'Olympe pour descendre parmi les mortels. Les machines n'étaient pas apparues avec l'opéra : déjà, dans les mystères du Moyen Âge, on voyait voler des anges et une gueule de monstre cracher dans les flammes de l'Enfer. Pendant la Renaissance, Léonard de Vinci et Bruneleschi s'étaient intéressés à ces appareils, qui étaient abondamment utilisés dans le théâtre des jésuites et les ballets de cour. Cependant, ils devinrent un élément tellement primordial du spectacle d'opéra que l'on construisait parfois avant même que l'ouvrage auquel ils étaient destinés fût composé. En France, où pourtant, sous l'influence de Lully, on en faisait un usage relativement modéré, les machines suscitèrent un débat d'intellectuels. Certains écrivains, tel Saint-Évremond, critiquaient la gratuité de leur emploi, tandis que La Bruyère estimait qu'« elles augmentent et embellissent la fiction ». En 1637, l'architecte italien Niccolo Sabbatini fit paraître une théorie des machines, *Pratica di fabbrica, scene e machine di teatri*, où sont dévoilés des procédés dont beaucoup sont encore en usage.

Les costumes et l'éclairage. Les costumes, comme ceux de tout le théâtre de l'époque, ignoraient superbement la vérité historique : les héros et les rois portaient des casques empanachés et des cuirasses à la romaine. On reconnaissait les dieux à certains attributs stéréotypés : la foudre pour Jupiter, un arc et un carquois pour Diane, par ailleurs vêtue en costume de cour. Tous les vêtements étaient luxueux, que le personnage fût riche ou misérable. Les étoffes brillantes, les couleurs vives, les bijoux contribuaient à l'éclat du spectacle et permettaient d'accrocher la lumière. L'éclairage, en effet, était pauvre ; il était fourni par des lampes à mèche *(biscuit)* qui brûlaient de l'huile de pied de bœuf et dont la fumée irritait la gorge des chanteurs. Ces lampes, ainsi que des bougies, étaient disposées le long de la rampe, dans les coulisses et dans les cintres. Cependant, depuis déjà un siècle, on savait colorer les éclairages en plaçant devant les sources lumineuses des bocaux remplis d'un liquide rouge ou bleu, et en varier l'intensité en utilisant des caches.

Le jeu et la place des chanteurs. Les chanteurs, gênés par le poids et l'ampleur de leurs costumes, avaient un comportement statique. Ils faisaient toujours face au public et se tenaient à l'avant-scène, à la fois pour des raisons pratiques (la faiblesse de l'éclairage aussi bien que la perspective frontale des décors leur interdisaient de « remonter ») et pour des raisons d'étiquette : lorsque le roi, ou le prince, était présent, il était assis au milieu du premier rang ou dans sa loge, face à la scène, et c'était à lui que l'on était censé s'adresser. Les chœurs étaient placés en général des deux côtés de la scène, alignés obliquement par rapport à la toile de fond, de façon à en souligner la perspective. Plus rarement, ils étaient disposés en croissant.

Les compositeurs, qui furent leurs propres « metteurs en scène » pour ce qui concerne l'interprétation (et parfois leurs propres interprètes, tels Peri et Caccini), essayaient pourtant d'obtenir des chanteurs une certaine expressivité tant musicale que gestuelle. Dans la préface de *Dafne*, Marco da Cagliano donnait des indications sur la façon dont ses interprètes devaient entrer en scène, marcher, et il leur demandait d'accorder leurs gestes et leurs pas au mouvement de l'orchestre et du chant. Il semble que les compositeurs soient rarement parvenus à faire passer leurs intentions dans les faits, à la notable exception de Lully, dont les « tragédies en musique » sacrifiaient moins à la virtuosité vocale que les opéras italiens et qui, grâce à la force exceptionnelle de sa personnalité et à l'expérience acquise auprès de Molière, avait pu former une troupe de chanteurs-comédiens.

Le XVIIIᵉ siècle. Au début du XVIIIᵉ siècle, le spectacle d'opéra s'était déjà installé dans la routine : par la faute des librettistes et des compositeurs, qui choisissaient toujours les mêmes sujets héroïques ou mythologiques ; par la faute aussi du public, qui se soumettait avec délices à la dictature des castrats et des sopranos.

En continuant de puiser leur inspiration auprès des dieux de l'Olympe et des héros des romans de chevalerie, les librettistes contraignirent les décorateurs à représenter indéfiniment les mêmes lieux : une grotte, un palais, un enfer, etc. À l'époque de Rameau, la liste de ces lieux était suffisamment restreinte pour que les théâtres puissent disposer d'un fonds de décors servant à la représentation de tous les opéras. La décoration, cependant, suivit l'évolution de la peinture et de l'architecture. À la place de la perspective frontale, on vit apparaître la « scène d'angle » à nombreuses perspectives obliques, dont on attribue l'invention à Ferdinando Galli-Bibiena (1656-1743). En France, François Boucher fut nommé décorateur de l'Opéra en 1737 ; avec lui, le décor était surtout une peinture de chevalet agrandie aux dimensions de la scène. À la même époque, le Florentin Servandoni étonna le public parisien par la monumentalité de ses décors. Ce fut au XVIIIᵉ siècle que s'instaura l'habitude, qui se prolongea jusqu'aux débuts du XXᵉ, de confier la décoration de chaque acte à un peintre différent.

Le goût des machines, s'il s'était quelque peu atténué, ne disparut pas. D'ailleurs, plus que jamais, l'opéra était un spectacle qui cherchait à plaire, à étonner, à éblouir le spectateur. Les costumes étaient toujours aussi somptueux et toujours aussi éloignés de la vérité archéologique : les héroïnes portaient d'immenses perruques poudrées et des robes à crinoline. Les héros masculins, coiffés d'un casque à panache, portaient désormais des costumes à tonnelet. Les personnages de l'opéra bouffe et ceux de l'opéra-comique n'étaient guère habillés de façon plus réaliste : les bergères étaient enrubannées et les paysannes chaussées d'escarpins.

Les conditions qui empêchaient les déplacements des chanteurs (règles de l'étiquette, lourdeur des costumes, faiblesse de l'éclairage) demeuraient les mêmes, et ce n'était pas l'avènement des castrats et des sopranos belcantistes qui allait apporter plus de vérité à la gestuelle et à la mimique. Non seulement les chanteurs continuaient à se tenir invariablement sur le devant de la scène, mais ils établirent une hiérarchie des places qui faisait en quelque sorte pendant à l'étiquette régnant dans la salle : le côté « jardin » (côté gauche de la scène vue de la salle), considéré comme noble, était réservé aux *prime donne* et aux ténors, tandis que les basses occupaient le côté « cour », quelles que fussent les exigences du livret. Les spectateurs, d'ailleurs, n'avaient cure de la vraisemblance. En Italie, les salons commençaient à devenir ce qu'elles furent au temps de Stendhal : des salons où l'on se rendait visite. En France, dans la seconde moitié du siècle, des tendances naturalistes se firent jour. Les chanteurs voulaient prendre modèle sur les acteurs du théâtre dramatique et montrèrent un plus grand souci de l'interprétation, non sans tomber souvent dans l'outrance et le cabotinage. Mais comment leur reprocher de « tirer de leur côté », lorsqu'ils étaient livrés à eux-mêmes, dans un spectacle où le maître d'œuvre — le metteur en scène — n'existait pas encore ?

Des personnalités du spectacle s'efforçaient pourtant de faire évoluer l'esthétique de la représentation scénique. En 1760, le maître de ballet Jean-Georges Noverre exposait dans ses *Lettres sur la danse et sur les ballets* une théorie de la scénographie à certains égards prophétique. Pour lui, tous les éléments d'un spectacle lyrique ou chorégraphique devaient être liés. Il s'insurgeait contre l'inconfort des costumes, contre l'éclairage par la rampe et voulait que le décorateur utilisât des tons dégradés pour permettre aux costumes de se détacher sur la toile de fond.

Ces idées demeurèrent pure théorie et il fallut attendre le séjour parisien de Gluck (qui, à Vienne, avait eu Noverre pour collaborateur) pour assister à une réforme effective du spectacle lyrique. Cette réforme portait, mis à part le côté purement musical, sur l'interprétation des chanteurs et sur la cohésion générale du spectacle ; en ce sens, on peut dire que Gluck fut, comme Lully, un compositeur-metteur en scène. Ses partitions étaient émaillées d'indications très précises (« avec surprise », « hésitant », « soucieux ») concernant la nature et l'intensité des sentiments qu'il s'agissait d'exprimer. Ce réalisme et cette vérité psychologiques, Gluck sut les obtenir de ses interprètes parisiens : Sophie Arnould, Mme Saint-Huberty, Mlle Laguerre. Au ténor Legros, créateur de la version française d'*Orphée*, il demanda, pour déplorer la mort d'Eurydice, de « crier » son désespoir « comme si on lui arrachait une jambe ». Gluck attachait aussi beaucoup d'importance à l'animation des chœurs, qu'il voulait voir participer à l'action comme ceux de la tragédie antique, et à l'intégration des ballets dans le drame (dans *Orphée*, à l'entrée des Enfers, c'étaient les danseuses et les danseurs qui lançaient au héros le célèbre « Non ! »). En revanche, il s'intéressait peu à la décoration et son influence sur la scénographie proprement dite fut minime. On nota pourtant, à son époque, un pas timide vers l'exactitude historique dans les costumes : dans *Iphigénie en Aulide*, par exemple, l'héroïne portait une robe dont la ligne se rapprochait de celle du vêtement grec. Mais cette transformation était dans l'air du temps, Gluck n'en était pas responsable.

Le XIXe siècle et la première moitié du XXe. Au début du XIXe siècle, le mouvement romantique toucha l'opéra comme les autres arts : les librettistes abandonnèrent peu à peu l'Antiquité et la mythologie pour les sujets « gothiques » ou historiques, et ce changement de lieux et de temps impliqua un nouveau style décoratif. Les toiles de fond évoquaient une nature luxuriante, ou des ruines au clair de lune, et ressemblaient de plus en plus à de la peinture de chevalet. Le monumentalisme s'imposait définitivement, et sa vogue était encore renforcée par l'intérêt que suscitèrent les nouvelles découvertes archéologiques faites pendant la campagne d'Égypte (sphynx et obélisques encombraient les productions de *la Flûte enchantée* réalisées en Allemagne dans les années 1810). Les décorateurs les plus en vogue furent Pietro Gonzaga, un disciple de Galli-Bibiena, et Alessandro Sanquiriquo (qui signa notamment les décors de *la Vestale* de Spontini.

À cette époque, on avait déjà abandonné les coulisses « à la Serlio » pour les remplacer, lorsqu'il s'agissait de représenter un intérieur, par des murs pleins. De même, on voyait apparaître de « véritables » plafonds pour fermer le haut des décors.

Le souci d'exactitude archéologique, dont désormais faisaient montre les décorateurs, n'avait pas atteint les costumiers. Non seulement ceux-ci faisaient fi de la vraisemblance historique, mais ils ne cherchaient pas à habiller les personnages d'un même opéra dans un style uniforme. Une telle désinvolture ne choquait guère les spectateurs. Le *bel canto* exerçait une royauté absolue et, au moins pendant le premier tiers du siècle, surtout en Italie, le public percevait l'opéra moins comme un spectacle que comme un concert en costumes.

L'ère des reconstitutions historiques. Ce furent les Français qui, avec le « grand opéra » et ses somptueuses reconstitutions historiques, allaient redonner au côté visuel de la représentation lyrique la place qu'il avait perdue. A partir des dernières années 1820 et des années 1830, l'Opéra de Paris avait une spécialité des « grandes machines », dont l'intrigue, située dans un contexte historique précis et jugé pittoresque (la révolte des anabaptistes dans *le Prophète*, le concile de Constance pour *la Juive*), donnait prétexte à de multiples cortèges et défilés, à des déploiements de foule, voire à la représentation d'événements sanglants mais spectaculaires (le massacre de la Saint-Barthélemy dans *les Huguenots*). Il s'agissait d'éblouir le spectateur à la fois par l'ampleur des moyens mis en œuvre et la fidélité de la reconstitution. Les décors, surchargés de détails architecturaux, d'éléments de paysage, visaient à l'authenticité archéologique et géographique. Ils jouaient sur les effets de perspective et sur le trompe-l'œil, mais, quelle que fût l'habileté de décorateurs comme Cicéri, Despléchin, Séchan ou Cambon, l'illusion disparaissait lorsque les figurants se rapprochaient de la toile de fond (et comment éviter qu'ils ne s'en rapprochassent lorsqu'ils étaient plus de cent, dont certains à cheval ?).

La même volonté de reconstitution réaliste se retrouvait dans les costumes, dont on multipliait à plaisir le nombre et la diversité (dans une foule, tous les corps de métier, toutes les classes sociales, tous les âges étaient représentés ; dans une procession, tous les ordres religieux, toutes les dignités ecclésiastiques).

Bien entendu, le « grand opéra » exploita les progrès technologiques au fur et à mesure de leur apparition. Dès 1822, l'Opéra de Paris avait remplacé les lampes à huile par l'éclairage au gaz, qui permettait d'obtenir des effets réalistes de jour et de nuit et même de reproduire des phénomènes atmosphériques (au dernier tableau de *Guillaume Tell*, les nuages qui recouvraient le lac des Quatre-Cantons se dissipaient et l'on apercevait les montagnes couronnées de glaciers, que venaient frapper les rayons du soleil). A partir de 1849 et de la première représentation du *Prophète*, l'électricité allait permettre de « faire encore plus vrai ».

La mise en place d'un « grand opéra » était si complexe, elle mobilisait des énergies si nombreuses qu'il fallait un personnage pour coordonner tous les efforts. C'est ainsi qu'apparut officiellement, au début du XIXe siècle, la fonction de « metteur en scène ». Celui-ci veillait à la plantation des décors, décidait du groupement des chanteurs dans les duos et les ensembles, disposait les chœurs et mettait au point les éclairages. Mais il ne s'occupait absolument pas de la direction d'acteurs. Dans ce domaine, les interprètes étaient livrés à eux-mêmes. Ceux qui avaient des dons de comédien tiraient leur épingle du jeu, par exemple le ténor Nourrit ou Cornélie Falcon ; les autres se contentaient de quelques gestes stéréotypés, ou bien s'égaraient dans un réalisme brouillon. Les metteurs en scène de cette époque écrivaient des sortes de scénarios détaillés à l'usage de leurs futurs imitateurs : ainsi se sont créées des traditions et se sont perpétués, parfois jusqu'à nos jours, nombre de clichés.

Le style « à grand spectacle » des représentations de l'Opéra de Paris s'étendit peu à peu au reste de l'Europe, à la Scala de Milan comme aux théâtres allemands. Il demeura en usage même après la révolution wagnérienne.

Richard Wagner metteur en scène. On aurait pu s'attendre qu'un réformateur radical comme Richard Wagner, après avoir bouleversé l'architecture théâtrale dans son Festspielhaus, révolutionnât la mise en scène, au moins celle de ses propres drames lyriques. Il n'en fut rien : Wagner, à Bayreuth, demeura fidèle à l'illusionnisme naturaliste qui caractérisait la scénographie de son époque. Sans doute utilisa-t-il les procédés les plus modernes en matière d'éclairage, notamment les « poursuites », inventées en 1875, qui lui permettaient d'isoler Wotan ou Erda dans un faisceau de lumière colorée. Pour la décoration et la machinerie, il s'en tint aux procédés traditionnels : toiles peintes, coulisses découpées, « balançoires » pour les filles du Rhin, etc.

En revanche, Wagner fut un metteur en scène novateur en ce qui concerne l'interprétation et le jeu des acteurs. Pour obtenir l'expression juste, il demandait à ses chanteurs de « réciter » d'abord le texte de leur rôle. Il voulait que leurs gestes et leur mimique soient synchronisés avec la musique, qu'ils chantent en faisant face à leurs partenaires et que, dans les monologues, ils lèvent ou baissent les yeux plutôt que de regarder devant eux.

Vérisme et naturalisme. Hors du sillage wagnérien et des célébrations de Bayreuth, on vit se dessiner, au tournant du siècle, une tendance à plus de réalisme dans la mise en scène lyrique, sans doute sous l'influence des travaux d'Antoine et de Stanilavski pour le théâtre dramatique. A la recherche de la vérité « comme dans l'histoire » du grand opéra, allait succéder la recherche de la vérité « comme dans la vie ». Mais le naturalisme ne pouvait vraiment trouver son application que dans les drames lyriques de Puccini et ceux des véristes italiens, ou encore dans un « roman musical » comme la *Louise* de Charpentier. Pour le reste, c'est-à-dire le « répertoire » et les ouvrages nouveaux qui ne relevaient pas de l'esthétique vériste, on se contenta d'aménager — donc de perpétuer — les traditions scénographiques du XIXe siècle (ainsi fit Albert Carré pour la création de *Pelléas et Mélisande*). Et les conditions d'exploitation des théâtres lyriques étaient telles, entre les deux guerres, que, dans la plupart des cas, la perpétuation l'emportait sur l'aménagement. Conséquence de la plus grande rapidité des moyens de transport, rançon de la crise économique, les troupes attachées en permanence aux théâtres disparurent presque partout : on engageait des vedettes itinérantes qui devaient pouvoir s'intégrer, après quelques « raccords », dans une production conforme aux traditions dont le « metteur en scène » (en général, un chanteur à la retraite) était le dépositaire. Dans les théâtres de province, un fonds commun de décors, dont on combinait différemment les éléments selon les besoins, servait pour tous les opéras du répertoire, et les chanteurs invités fournissaient leurs costumes (ils possédaient un « vestiaire »). L'opéra, encore une fois, cessa d'être un spectacle. La masse du public se détourna d'un genre qui se mourait doucement devant une poignée d'amateurs qui venaient comparer les mérites des différentes distributions d'un même ouvrage.

Appia, Craig et les autres. Ce fut de Bayreuth que revint la lumière, lorsque, en 1951, Wieland Wagner prit en main les destinées du festival ressuscité et renouvela totalement l'esthétique qui, jusque-là, avait marqué la représentation des opéras de son grand-père. La révolution scénographique de Wieland Wagner a été rendue possible par la réflexion théorique et les réalisations isolées de quelques précurseurs. En premier lieu, celles du Genevois Adolphe Appia (1862-1928). À l'âge de vingt ans, Appia avait assisté à Bayreuth à une représentation de *Parsifal*. La déception qu'il avait éprouvée devant la réalisation scénique fut le point de départ d'une réflexion exprimée six ans plus tard dans son livre *la Musique et la mise en scène* (1888). Pour Appia, la mise en scène est un « moyen d'expression » : son but n'est pas l'illusion, aussi doit-on refuser l'archéologisme et la trompe-l'œil. « La mise en scène, dit Appia, doit se construire à partir de la seule "réalité" du théâtre : le corps humain. » La musique, qui commande à tous les éléments du spectacle, impose à l'acteur ses évolutions, et ces évolutions, à leur tour, conditionnent l'espace scénique. La lumière, considérée comme un élément expressif et « actif », viendra vivifier à la fois le corps de l'acteur et l'espace scénique — ce que ne peut faire la peinture, qui, par sa surcharge décorative, détourne à son profit l'attention du spectateur. C'est ainsi qu'Appia établit sa fameuse hiérarchie : « acteur, espace (disposition de la scène), lumière, peinture ». Pour décupler le pouvoir expressif du corps de l'acteur, il préconise une « architecturation » de l'espace grâce à une série de praticables (escaliers, plans inclinés, pans de mur) qui seront autant de points d'appui et d'obstacles à contourner.

Appia n'a guère eu l'occasion de mettre ses théories en pratique. Éconduit par Cosima Wagner, il a cependant monté, en 1923, un *Tristan* mal accueilli à la Scala de Milan. Pour l'institut Jaques-Dalcroze, à Hellereau, il a créé des « espaces rythmiques » « destinés à la mise en valeur du corps humain sous les ordres de la musique » et mis en scène l'*Orphée* de Gluck.

Vers la même époque, l'Anglais Edward Gordon Craig (1872-1966) émettait des théories assez voisines. Ennemi du naturalisme aussi bien dans le jeu des acteurs que dans les décors et les costumes, il recommandait la recherche d'un symbolisme suggestif et d'une « convention noble ». Il a lui-même mis en scène des opéras de Haendel et de Purcell.

Des tentatives éparses eurent lieu, avant la Seconde Guerre mondiale, pour tirer les représentations wagnériennes de l'ornière naturaliste. La plus importante fut celle de Gustav Mahler qui, directeur de l'Opéra de Vienne, monta avec le décorateur Alfred Roller *Tristan*, puis *l'Or du Rhin* et *la Walkyrie*, dans un style dépouillé, où la lumière, conformément aux principes d'Appia, avait une fonction dramatique. On peut signaler aussi le *Ring* mis en scène par Wallerstein à Francfort en 1925. Ces efforts furent arrêtés net par l'avènement du nazisme.

Wieland Wagner et le nouveau Bayreuth. Lorsqu'il rouvrit ses portes en 1951, le festival de Bayreuth se devait de marquer une rupture totale avec le passé. Le changement s'imposait pour des raisons politiques évidentes et aussi pour des motifs économiques (le « miracle allemand » n'avait pas encore eu lieu). Wieland Wagner en fut l'agent et, paradoxalement, en brisant la tradition scénographique imposée par son grand-père, il a parachevé l'œuvre de celui-ci. Il a su établir, entre l'esthétique musicale et poétique des opéras de Richard Wagner et le nouveau style de leur représentation scénique, une harmonie qui, jusqu'alors, n'existait pas. Se plaçant dans une perspective symboliste et optant, au moins dans ses premières réalisations, pour un dépouillement extrême, Wieland Wagner a respecté la hiérarchie indiquée par Appia : acteur, espace, lumière. Tout est voulu, dans ses scénographies, pour que le spectateur concentre son attention sur l'acteur : la nudité de la scène fermée par le cyclorama (c'est-à-dire ouverte sur l'infini) ; l'organisation de l'espace à partir d'une forme simple et monumentale (dans la *Tétralogie*, une sorte de galette inclinée qui occupe tout le plateau et donne l'impression de flotter dans l'espace ; dans le *Tristan* de 1962, un immense monolithe, une pierre plate dressée) ; et surtout les éclairages, qui complètent les gestes du chanteur, sculptent plus profondément ses attitudes, soulignent un moment de tension et dont l'enchaînement constitue une véritable partition lumineuse. Wieland Wagner donnait à la couleur (pas seulement à celle de ses éclairages) un rôle signifiant particulier : c'est pourquoi, dans *Tristan*, chaque acte avait « sa » teinte (vert glauque pour le 1er, bleu nuit pour le 2e, bleu azur pour le 3e).

A ses acteurs, il imposait un jeu hiératique, inspiré de la tragédie grecque, et une gestuelle réduite, de façon à pouvoir souligner les temps forts par des mouvements plus appuyés effectués au bon moment.

Entre 1951 et 1966 (année de sa mort), Wieland Wagner a sans cesse repris, remis en chantier, renouvelé ses interprétations scénographiques en fonction de son évolution personnelle et des distributions dont il disposait. Il a mis en scène non seulement tous les opéras importants de son grand-père, y compris *Rienzi*, mais aussi une dizaine d'ouvrages du répertoire : *Carmen, Aïda, Salomé, Fidelio, Wozzeck*, etc.

L'ère du metteur en scène roi. Dans les années 50, le retentissement du travail accompli à Bayreuth par Wieland Wagner et le rayonnement d'une Maria Callas, sur qui étaient alors braqués les projecteurs de l'actualité, incitèrent des hommes de théâtre, des cinéastes, des chorégraphes à se tourner vers la scène lyrique. Ainsi commença une « re-théâtralisation » de l'opéra et s'instaura l'ère du metteur en scène roi.

Ce furent d'abord, en Italie, Luchino Visconti et Franco Zeffirelli, qui réalisèrent notamment plusieurs mises en scène pour Maria Callas (*la Traviata* et *la Somnambule* par Visconti, *la Tosca* et *la Norma* par Zeffirelli). Sans adopter une approche symboliste, ils abandonnèrent le réalisme archéologique en faveur d'un esthétisme raffiné, s'essayant parfois à des évocations picturales « au second degré » (dans *le Duc d'Albe*, opéra posthume de Donizetti créé en 1882 et repris au festival de Spolète en 1959, Visconti a cherché à reconstituer le XVIe siècle flamand vu par les décorateurs et les costumiers de la fin du XIXe).

Les premières années 60 virent s'essayer dans la mise en scène lyrique Jean Vilar (*Macbeth* à la Scala de Milan), Jean-Louis Barrault (*Wozzeck* à l'Opéra de Paris) et Maurice Béjart, qui, notamment dans sa *Veuve joyeuse* de la Monnaie de Bruxelles, introduisait une distanciation brechtienne.

Entre 1965 et 1975 vont s'imposer en Allemagne Walter Felsenstein, fondateur du Komische Oper de Berlin-Est et Goetz Friedrich, et en Italie Giorgio Strehler et Luca Ronconi. En France, les personnalités dominantes de cette décennie sont Jorge Lavelli (*Idoménée* à Angers, *Faust*, *Pelléas et Mélisande* à Paris, etc.), qui déclare vouloir « mettre en scène la musique », et Patrice Chéreau, à qui est revenu l'honneur de mettre en scène à Bayreuth le *Ring* du centenaire (1976). A ces noms, il convient d'ajouter celui du scénographe tchèque Josef Svoboda, qui, par la rigueur avec laquelle il architecture l'espace scénique, par son art magique des éclairages, se montre le disciple d'Appia et de Wieland Wagner.

Ce foisonnement de personnalités se traduit par autant d'approches et de styles. Chacun apporte une esthétique (symboliste, néonaturaliste, etc.) ou sa vision (marxiste, freudienne, etc.) du théâtre lyrique. Certaines attitudes communes se dégagent pourtant :
— les metteurs en scène d'aujourd'hui aiment « resituer » l'opéra dans le temps. A l'époque indiquée par le librettiste pour le déroulement de l'action, ils préfèrent souvent celle où l'œuvre a été composée ;
— dans la direction d'acteurs, ils tendent à attacher plus d'importance à l'expression corporelle qu'à l'interprétation psychologique ;
— ils font souvent équipe avec le même décorateur (Chéreau avec Peduzzi, Lavelli avec Bignens), et c'est parfois à partir des propositions de ce dernier qu'ils imaginent leur mise en scène ;
— ils se livrent, sur les œuvres du répertoire, à un dépoussiérage d'autant plus radical que l'œuvre est censée être plus connue. Soucieux d'offrir une interprétation personnelle, ils effectuent une « relecture » du livret et de la partition — une analyse de ses lignes de force, une réinterprétation des situations — et se font parfois aider dans cette tâche par un « dramaturge ». Certains voudraient aller plus loin et faire acte de création, ou de re-création, en pratiquant des coupures et des interpolations, en intervertissant les actes, etc. Cela pose le problème de la marge de liberté dont dispose le metteur en scène. La discussion est ancienne. Au début du siècle, Albert Carré affirmait à l'occasion de la création de la *Pénélope* de Gabriel Fauré : « Le metteur en scène ne peut être que le très humble serviteur de l'auteur. » Tandis que, quelques années plus tard, le directeur du palais Garnier, Jacques Rouché, déclarait : « J'ai toujours réclamé la plus grande liberté pour le metteur en scène. » Que le débat passionne aujourd'hui l'ancien et le nouveau public des salles d'opéra est un signe encourageant pour l'avenir de l'art lyrique. Ro. T.

MISERERE. Incipit du Psaume L, *Miserere mei, Deus* (« Dieu, ayez pitié de moi »), considéré comme le prototype des chants de pénitence et souvent mis en musique. Parmi les principaux *Miserere* figurent celui de Josquin Des Prés au début du XVIe siècle et un grand motet de Lalande réservé à ce Psaume, etc. Un faux-bourdon d'Allegri réservé à ce Psaume a connu la célébrité par l'anecdote selon laquelle la chapelle Sixtine, pour s'en réserver l'exclusivité, en avait interdit la copie ; Mozart adolescent l'avait alors pris en dictée au fond de son chapeau pour transgresser l'interdiction. J. C.

MISERERE DES JÉSUITES. Grand motet de Marc-Antoine Charpentier écrit pour chœur à 6 voix, soliste et orchestre. Charpentier fut maître de chapelle des jésuites de la rue Saint-Antoine à partir de 1684 et jusqu'à sa nomination à la Sainte-Chapelle en 1698 : c'est dans ce laps de temps qu'il faut situer ce motet, dont le titre indique la destination, situé au livre 7 des *Meslanges*, avec un prélude indépendant au livre 23, sans doute à l'occasion d'une reprise. L'œuvre appartient à la maturité du compositeur, et son ampleur en fait un des monuments de la musique sacrée en France au Grand Siècle. Ses 20 parties contrastées sont d'inégale dimension : le *miserere* initial est, à lui seul, monumental, sorte de grand triptyque (symphonie, solo de basse, grand chœur avec solo) sur un thème unique. Les différents versets, confiés aux 6 voix solistes et au chœur tour à tour, sont remarquablement variés ; la science harmonique de Charpentier s'y déploie, mais on y retrouve de très rares exemples d'un style authentiquement lullyste. Œuvre de synthèse par excellence, ce motet manifeste de manière éminente à la fois l'inspiration noble et religieuse de Charpentier, la complexité de son langage, et sa puissance.

Charpentier a composé 3 autres *Miserere*, moins amples, 2 pour voix solistes, 1 pour 4 voix et orchestre. P. B.

MISSA BREVIS SANCTI JOANNIS DE DEO. Titre donné par Haydn à sa messe en *si* bémol majeur Hob.XXII.7, composée (sans doute en 1777) pour l'église des frères de la Miséricorde d'Eisenstadt (saint Jean de Dieu était le fondateur et patron de cet ordre). L'orgue du XVIIIe siècle de cette église existe toujours : pour lui fut conçue la partie d'orgue obligé qui valut à l'ouvrage son autre appellation de *Kleine Orgelmesse* (« Petite messe avec solo d'orgue ») : cela par opposition à la messe plus vaste de Haydn (Hob.XXII.4), dite parfois *Grosse Orgelmesse* (« Grande messe avec solo d'orgue »), mais dont la dénomination exacte est *Missa* in honorem beatissimae Virginis Mariae*. La *Missa brevis sancti Joannis de Deo*, d'une belle ferveur intime, se termine *perdendosi* (en se perdant), donc aux limites du silence, et relève du genre de la messe brève surtout en son gloria, d'une durée de moins d'une minute et où les paroles se télescopent (les diverses voix énoncent en même temps des paroles différentes). Il existe, de ce gloria, plusieurs versions rallongées, dont une de Michael Haydn (*Gloria del Sr. Giuseppe Haydn, un poco più prolungato dal suo Fratello G : Michele*, Salzbourg, 16 juillet 1795). M. V.

MISSA CELLENSIS. Titre authentique porté par 2 messes de Haydn, et indiquant qu'elles furent destinées à l'église de Mariazell (Cell = zell) en Styrie, lieu de pèlerinage le plus célèbre d'Autriche, où le compositeur lui-même s'était rendu dans sa jeunesse. Il s'agit des messes en *ut* majeur Hob.XXII.5 et Hob.XXII.8 (1766 et 1782).

La première, dont le titre complet est *Missa Cellensis in honorem beatissimae Virginis Mariae*, est plus connue sous la dénomination incorrecte de *Missa sanctae Caeciliae*, apparue au XIXe siècle seulement. L'identification à la fin des années 60, à Bucarest, des vingt premières pages de son manuscrit autographe, a permis de lui restituer non seulement son appellation véritable, qui fait d'elle la première messe de Haydn dédiée à la Vierge (l'autre étant la *Missa* in honorem beatissimae Virginis Mariae* Hob.XXII.4 de 1768-69), mais aussi sa vraie date de composition, qu'auparavant on estimait bien plus tardive. Il est néanmoins possible que l'œuvre, commencée en 1766, n'ait été terminée que quelques années après. C'est la seule messe cantate de Haydn (cf. les messes en *si* mineur de Bach et en *ut* mineur de Mozart), et d'autres termes un ouvrage de vastes dimensions (le gloria ne contient pas moins de 7 sections), très baroque d'esprit (le Quoniam est un air pour soprano avec trompettes et timbales), avec à la fin du credo une fugue qui semble vouloir prendre le ciel d'assaut. Significatif est le fait que

Haydn ait entrepris cette première partition religieuse d'envergure l'année de la mort de son prédécesseur au poste de maître de chapelle des Esterházy, Gregorius Werner, qui en principe s'était réservé ce genre de musique. Il disposait dans la tradition autrichienne, pour la messe cantate, de plusieurs modèles parmi lesquels la *Missa in honorem sanctificationi Joannis Nepomucensis* de Caldara (1726), la *Missa sancti Caroli* de son ancien maître Reutter (1734) et la *Missa sanctae Caeciliae* de Florian Gassmann (v. 1765).

La seconde, plus connue sous la simple dénomination de *Messe de Mariazell*, et dont l'autographe porte la mention *Missa Cellensis Fatta per il Signor Liebe de Kreutzner* (ce signor l'avait commandée pour les cérémonies de son anoblissement), précède de quelques mois les édits de Joseph II ayant trait notamment à l'usage des instruments à l'église : quatorze ans devaient s'écouler avant que Haydn ne revînt au genre de la messe (*Heiligmesse* et *Missa in tempore belli* de 1796). La *Missa Cellensis* de 1782 termine en beauté le premier groupe des messes de Haydn, en particulier par sa synthèse magistrale de ferveur populaire et de grandeur polyphonique, et ses dimensions ainsi que sa facture fixent déjà les normes de celles du second groupe (les 6 messes de 1796-1802). A noter que son benedictus en *sol* mineur reprend l'air *Qualche volte non fa male* de l'opéra *Il Mondo* della Luna* (1777).
M. V.

MISSA CHORALIS. Œuvre pour chœur mixte à 4 voix et orgue de Franz Liszt, composée en 1865 et dédiée au pape Pie IX. Très différente de la monumentale *Messe de Gran*, rédigée dix ans plus tôt, cette partition d'une relative brièveté correspond, de la part de son auteur, à une volonté d'authenticité, voire de rigueur dogmatique, dans le traitement de la musique religieuse. Conçue à l'époque où Liszt venait de recevoir les ordres mineurs, elle emprunte certains de ses thèmes au plain-chant, au grégorien, et témoigne d'une sévérité de ton qu'on n'associe pas systématiquement au responsable des *Rhapsodies hongroises*. A l'andante à 3/4 du *Kyrie* succèdent l'*un poco più moderato* du *Christe Eleison* puis, de nouveau, le *Kyrie* empli de ferveur. Le *Gloria* est *animato*, le *Credo Maestoso* quasi *allegro* (avec un émouvant *adagio* à 2/2 sur *Descendit de coelis*). Après le bref *Sanctus* (marqué solenne), les sopranos entonnent, *andante quieto*, un *Benedictus* des plus dépouillés conclu, *un poco più di moto*, par des impressionnantes vagues sonores de l'*Hosanna lento assai*, inauguré par les ténors, l'*Agnus Dei* retrouve le climat de supplication « agenouillée » du *Qui tollis*. Le *Dona nobis pacem* adopte le *Tempo del kyrie*.
J. D.

MISSA IN ANGUSTIIS. Titre donné par Haydn à sa messe en *ré* mineur Hob.XXII.11, composée du 10 juillet au 31 août 1798, créée à Eisenstadt le 23 septembre 1798, et plus connue sous le nom de *Nelsonmesse*. Le titre original peut se traduire librement par « Messe pour un temps d'angoisses ». Ces « angoisses » provenaient, sans doute, du sentiment d'insécurité qui régnait alors en Europe, plus précisément peut-être des rumeurs dues à l'expédition d'Égypte de Bonaparte. La bataille d'Aboukir, victoire navale décisive remportée par Nelson sur Bonaparte, eut lieu du 1er au 3 août, alors que Haydn travaillait à sa messe, mais la nouvelle n'en parvint à Vienne que vers le 15 septembre, alors que l'œuvre était déjà terminée. La messe ne put donc, comme on l'affirme souvent, avoir été inspirée par les péripéties de la bataille. Quant à son surnom de *Nelsonmesse*, il provient du fait que Haydn la dirigea en présence de l'amiral et de lady Hamilton lorsque deux ans plus tard, en septembre 1800, ceux-ci séjournèrent à Eisenstadt. La tradition veut que, en échange de sa messe, Haydn ait alors reçu de Nelson la montre en or que ce dernier portait à Aboukir. Il reste que de toutes les messes de Haydn, la *Missa in angustiis* (ou *Nelsonmesse*) est la plus âpre, la plus chargée de tension. C'est dû en particulier à son orchestration, limitée aux cordes (avec basson doublant la ligne de basse), à 1 orgue, aux timbales et à 3 trompettes. Ce chef-d'œuvre d'une grandeur épique contient un épisode célèbre, pendant haydnien de la scène du Commandeur de *Don Giovanni* de Mozart : la fin du benedictus, où de puissants triolets martelés aux trompettes, puis aussi aux timbales, soutiennent l'ultime *Benedictus qui venit in nomine domini* clamé par le chœur.
M. V.

MISSA IN HONOREM BEATISSIMAE VIRGINIS MARIAE. Titre donné par Haydn à sa messe en *mi* bémol majeur Hob.XXII.4, composée vers 1768-69. C'est la seconde messe dédiée par le compositeur à la Vierge, la première étant la *Missa* Cellensis in honorem beatissimae Virginis Mariae* Hob.XXII.5 de 1766. La messe de 1768-69 fait usage d'un orgue obligé : d'où son autre appellation de *Grosse Orgelmesse* (« Grande messe avec solo d'orgue »), cela par opposition à une autre messe de Haydn (Hob.XXII.7) de dimensions plus restreintes, connue sous le nom de *Kleine Orgelmesse* (« Petite messe avec solo d'orgue »), mais dont le titre exact est *Missa* brevis sancti Joannis de Deo*.
M. V.

MISSA IN TEMPORE BELLI (« Messe pour un temps de guerre »). Titre donné par Haydn à sa messe en *ut* majeur Hob. XXII.9, composée en 1796, créée dans l'église des Piaristes à Vienne le 26 décembre 1796, puis donnée à Eisenstadt le 29 septembre 1797. En août 1796, alors que Bonaparte menait en Italie la brillante campagne que l'on sait, le gouvernement autrichien avait proclamé la mobilisation générale et interdit de parler de paix tant que l'ennemi ne serait pas « refoulé dans ses anciennes frontières ». La messe de Haydn reflète cette atmosphère générale d'insécurité non seulement par son titre, mais par l'éclat guerrier de sa tonalité d'*ut* majeur et surtout par les inquiétants solos de timbales du *agnus dei* : d'où son autre surnom de *Paukenmesse* (« Messe des Timbales »). Au début du Dona nobis pacem, des fanfares de trompettes dont Beethoven devait se souvenir pour l'épisode correspondant de sa *Missa solemnis*. Haydn ne fut alors pas le seul à manifester, par sa musique, ses sentiments patriotiques. Süssmayer, l'ancien élève de Mozart, contribua à une pièce intitulée *les Volontaires*, et Beethoven, au moment de la bataille d'Arcole (nov. 1796), composa pour une levée de volontaires son *Chant d'adieu aux citoyens de Vienne*. Et le 12 février 1797 devait retentir pour la première fois, en présence de l'empereur François, l'immortel *Gott* erhalte*, ou *Hymne autrichien*, de Haydn.
M. V.

MISSA SANCTAE CAECILIAE. Titre incorrect d'une messe de Haydn (v. MISSA CELLENSIS), porté également, entre autres, et en hommage à la patronne de la musique, par des messes d'Alessandro Scarlatti, Florian Gassmann et Charles Gounod *(Messe de sainte Cécile)*.
M. V.

MISSA SANCTI BERNARDI DE OFFIDA. Messe de Haydn. V. *Heiligmesse*.

MISSA SANCTI NICOLAI. Titre donné par Haydn à sa messe en *sol* majeur Hob.XXII.6, composée en 1772 pour la fête de son patron le prince Nicolas Esterházy (6 déc.). La Saint-Nicolas est l'équivalent, dans certains pays germaniques, de notre fête de Noël : d'où le caractère pastoral (dû notamment à sa mesure à 6/4) du kyrie de l'ouvrage, d'ailleurs repris tel quel comme Dona nobis pacem.
M. V.

MISSA SOLEMNIS *(Messe solennelle)*. Titre sous lequel fut publiée, et reste connue, la messe n° 2 en *ré* majeur op. 123 pour solistes, chœurs et orchestre, de Ludwig van Beethoven, composée entre 1818 et 1823, et primitivement destinée à la cérémonie d'intronisation de l'archiduc Rodolphe, protecteur de Beethoven, à Olmütz. Mais cette cérémonie eut lieu en mars 1820 alors que la messe n'était pas achevée, car Beethoven y travailla longuement, surtout dans des périodes d'été et parallèlement à la *9e Symphonie*, en plaçant aussi haut son ambition. Ce n'est que vers la fin de 1822 que fut terminé un premier manuscrit complet de l'œuvre, qui subit diverses retouches jusqu'en 1823. Ensuite, Beethoven s'occupa d'obtenir de différentes cours d'Europe qu'elles consentent à souscrire pour cinquante ducats à l'édition gravée de cette messe ; une dizaine de princes répondirent favorablement à cette requête. Finalement, les éditeurs Schott de Mayence acquirent en 1824 les droits de cette partition, qu'ils firent paraître en mars-avril 1827, après la mort de Beethoven.

La *Missa solemnis* aurait été donnée une première fois le 7 avril 1824 à Saint-Pétersbourg, par la Société philharmonique, dans un concert de bienfaisance, mais Beethoven voulut la créer à Vienne, au même concert que la *Neuvième*. Mais la censure s'opposa à ce que l'on donnât un ouvrage sacré dans un concert profane, et on n'exécuta donc pour ce concert que 3 des 5 numéros de l'œuvre, le kyrie, le credo, et l'agnus Dei, rebaptisés pour la circonstance *Trois Grands Hymnes avec solos et chœurs*. C'est ainsi que la messe fut partiellement créée le 7 mai 1824 au Théâtre de la Cour impériale et royale, à Vienne, sous la direction d'Ignaz Umlauf. Le kyrie fut redonné seul, à la reprise de la *Neuvième*, le 23 mai.

Beethoven avait voulu faire la messe de son cœur, dans le même esprit que la *Neuvième*, ainsi que le *Chant de reconnaissance* en mode lydien du *Quinzième Quatuor*. C'est pour cela qu'il voulait retourner à la source, en s'inspirant des anciens chorals et du plain-chant. Mais si on trouve dans sa messe achevée quelque trace de ce projet initial, c'est surtout du côté de son modèle vénéré, Haendel, qu'il puisa son inspiration, se référant explicitement au *Messie*. Il cherchait aussi, non pas tant à décorer chaque mot de figures imitatives (dans la tradition du choral orné), mais surtout à exprimer « musicalement » le sens sacré, à « faire passer le texte dans les sons » (projet fou qui était aussi un peu celui de la *Neuvième*). Nous savons qu'il s'était fait établir la liste des mots latins de la messe catholique, avec leur traduction allemande. De la sorte, on peut dire que dans cette messe, les reprises de mots, les insistances expressives (sur *homo*, par exemple, dans le verset *et homo factus est* du *Credo*) sont calculées précisément, et ne sont pas seulement un procédé de répétition litanique destiné à « alimenter » le chant en phonèmes. Tout est significatif, y compris l'« escamotage », relevé par beaucoup, du verset « je crois en une seule Église catholique, apostolique et sainte », chanté par les ténors seuls, *recto tono*, ou presque, dans un vacarme qui le couvre.

L'œuvre comporte 5 numéros, dans le ton principal de *ré* majeur (avec son relatif *si* mineur) — nombre propice à la symétrie ; et de fait, Beethoven place au centre de sa messe, comme troisième mouvement, le credo, que sa tonalité de *si* bémol majeur met à part (d'autant plus que ce rapport particulier de tonalité, entre *ré* majeur et *si* bémol majeur, fait du ton de *si* bémol une sorte de fondation sous-jacente, souterraine, du *ré* majeur). Cette symétrie se reflète aussi dans la structure de certains mouvements particuliers : comme premier mouvement, le kyrie, avec son *Christe* central au relatif mineur, plus lyrique et tendre. Beethoven l'annota ainsi « Venu du cœur, puisse-t-il y retourner ! » (*Vom Herzen ! Möge es wieder zu Herzen gehen.*) Le gloria qui suit, en *ré* majeur, lui aussi, est caractérisé par les trois temps dynamiques de son thème principal, avec ses rebondissements d'accent tonique bien marqués, sorte de giration éternelle. Quant au credo, qui porte en épigraphe ces mots : « Dieu par-dessus tout. Dieu ne m'a jamais abandonné », c'est peut-être la page la plus extraordinaire. Schindler a rapporté les transes de création dans lesquelles cette page est née — comme un combat incroyable pour faire passer tout entier l'acte de foi dans le geste musical, « virer » tout entier le signifiant verbal au compte du signifiant musical. D'autant plus que le mot clé, répété indéfiniment, c'est le verbe « je crois », où s'expose à nu, avec tout son pathétique, le « volontarisme » beethovénien. Comment faire une musique qui ne se borne pas à « habiller » d'harmonies un texte où déjà tout est dit, mais qui s'investisse elle-même complètement dans le « verbe », suivant le vieux rêve platonicien d'une unité mythique entre musique et langage — tel est le pari. De fait, le thème principal, en 4 notes, sur credo deux fois répété, est comme un carillon archaïque, qui semble venu du fond des âges, de ces âges où vivait encore la « langue primitive ». Ici encore, un plan symétrique : 2 parties d'actes de foi qui carillonnent le mot « credo », encadrant l'habituelle partie narrative sur la Passion du Christ. Dans le *Cujus regni non erit finis* (« Et son règne n'aura pas de fin »), la négation *non* est tragiquement mise en valeur, dans son côté dénégateur et conjuratoire de la mortalité. Là encore, Beethoven laisse apparaître les traces de son combat pour croire, qui se confond avec son combat pour investir la musique avec l'« idée ». Le quatrième mouvement, sanctus (avec un benedictus qui lui est greffé), revient au *ré* majeur, et son motif rude sonne, lui aussi, comme une sorte de « langage musical » originel. Un *praeludium* instrumental fait la transition jusqu'au benedictus, où un violon solo, par-dessus le texte psalmodié *recto tono* par les basses, semble reprendre le flambeau du chant pour le sublimer dans une effusion instrumentale dont l'ambitus va bien au-delà des possibilités de la voix humaine. Enfin, comme l'avait noté Romain Rolland, l'agnus Dei s'achève sur une note de doute et d'interrogation. Au reste, Beethoven, qui parlait de sa *Missa solemnis* comme de sa « plus belle œuvre », envisageait déjà une troisième messe en *ut* dièse mineur, interrompue par la mort.

M. C.

MISSA « SUNT BONA MIXTA MALIS ». Titre donné par Haydn à sa messe en *ré* mineur pour chœur mixte a cappella Hob.XXII.2, composée vers 1768-1770 et perdue. En 1829, l'éditeur anglais Vincent Novello acheta chez Artaria à Vienne l'autographe du kyrie et d'une partie du gloria, mais même ce fragment demeure aujourd'hui introuvable.

M. V.

MITROPOULOS (*Dimitri*), chef d'orchestre, pianiste et compositeur américain d'origine grecque (*Athènes 1896 - Milan 1960*). Il a étudié au conservatoire d'Athènes avec Wassenhoven (piano) et Marsick (harmonie), et, en 1920, son opéra *Sœur Béatrice*, d'après Maeterlinck, fut donné dans cet établissement. Il fut ensuite l'élève de Paul Gilson au conservatoire de Bruxelles (1920-21) et de Busoni à Berlin (1921-1924). En même temps, il fut répétiteur à l'Opéra de cette ville. Il fut ensuite chef d'orchestre et professeur de composition à Athènes, obtint en 1930 un engagement à la tête de la Philharmonie de Berlin, et, peu après, remplaça au pied levé Egon Petri comme pianiste dans le *3e Concerto* de Prokofiev, qu'il interpréta ce jour-là à la fois comme pianiste et comme chef. Invité par Koussevitski, il fit ses débuts aux États-Unis en 1936, succéda l'année suivante à E. Ormandy à la tête de l'Orchestre symphonique de Minneapolis en 1937-1949, et, de 1949 à 1958, succédant à Leopold Stokowski, fut chef de la Philharmonie de New York. A sa démission, il eut comme successeur Leonard Bernstein. On le vit également, à partir de 1954, à la tête de l'orchestre du Metropolitan Opera. D'un tempérament à la fois ascétique et ardent, il excella dans les classiques mais aussi dans Scriabine ou Vaughan Williams, et fit énormément pour l'introduction et la diffusion aux États-Unis de la musique de Mahler, Berg, Webern et Schönberg. Beaucoup de ses interprétations ne devaient être révélées pour le disque qu'une vingtaine d'années après sa mort. C'est à lui qu'on doit le premier enregistrement de *Wozzeck*.

M. V.

MIXOLYDIEN (étymologiquement « mélangé de lydien* »). Terme propre à la musique grecque antique, repris artificiellement au Moyen Age et jusqu'à nos jours avec des significations souvent divergentes.

— 1. En **musique grecque**, le mixolydien est essentiellement l'un des tropes* de hauteur qui servaient à l'échelonnement des tons déterminant l'accent des instruments. Alors que les trois tropes primitifs (dorien, phrygien, lydien) se suivaient à un ton de distance, le mixolydien se plaçait à 1/2 ton seulement du lydien, d'où son nom (cette explication donnée par Ptolémée est la seule des nombreuses théories émises à ce sujet qui repose sur une base solide). Par voie de conséquence, comme pour tous les autres tropes, on a donné le nom d'« octave mixolydienne » à la répartition d'intervalles obtenus en diatonique selon ce trope sur l'octave de tessiture moyenne (*fa* à *fa* selon le barème fixe de la notation). Cette répartition (*fa-sol* bémol-*la* bémol-*si* bémol-*do* bémol-*ré* bémol-*mi* bémol-*fa*) donne les mêmes intervalles qu'une octave sans altération de *si* à *si*, ce qui a fait, à tort, considérer par certains (notamment Westphal et l'école de Gevaert) le mixolydien comme un mode de *si*. Selon Platon et son exégèse par Aristide Quintilien († IIe s.), on a aussi donné le nom de mixolydien à un mode archaïque irrégulier du genre enharmonique (*mi-mi* demi-dièse-*fa-sol-la-la* demi-dièse-*si* bémol-*mi*) sans doute parce que ce mode fut, au dire de Plutarque, transformé plus tard par l'Athénien Lamproclès pour rejoindre l'octave mixolydienne définie ci-dessus (en transposition *si-si* demi-dièse-*do-ré-mi-mi* demi-dièse-*fa-si*, que Lamproclès transforma en transportant le ton *ré-mi* au-dessous du *si* aigu, d'où *si-si* demi-dièse-*do-mi-mi* demi-dièse-*fa-la-si*, forme enharmonique conjointe de l'octave de *si*).

— 2. Au **IXe siècle**, le contresens généralisé qui, à partir du traité anonyme dit *Alia musica*, fit prendre les noms des tons grecs pour ceux des modes grégoriens, attribua arbitrairement au mixolydien, n° 4 de la nomenclature, le nom du n° 4 grégorien, tétrardus authente » ou 7e ton (finale *sol*, dominante *ré*), de sorte que l'on a souvent attribué depuis lors au mixolydien le sens de mode de *sol* (majeur sans sensible). Ce sens est encore enseigné actuellement dans d'assez nombreux traités.

— 3. Enfin, **certains auteurs médiévaux**, abusés par la description des tons grecs plaçant le mixolydien en haut d'un demi-ton, décrivent le mixolydien comme un mode de *fa* : cette interprétation abusive se retrouve en 1573 dans la nomenclature de Zarlino, qui la transmet à Mersenne, Jumilhac et quelques autres.

Le terme mixolydien n'est plus guère employé aujourd'hui que par pédantisme, mais on le trouve encore de temps à autre dans l'une ou l'autre des acceptions ci-dessus prises au petit bonheur, pour désigner tantôt le 7e mode grégorien, tantôt l'un des modes de *fa*, de *sol* ou de *si*.

— 4. Le **mode mixolydien** existe aussi en musique byzantine et s'applique comme en grégorien au tétrardus authente, numéroté cette fois 4e mode et non 7e ; le contenu musical en est encore différent.   J. C.

MIXTUR (*Mixtures*). Pièce pour grand orchestre et transformations électroacoustiques du son, composée par Karlheinz Stockhausen en 1964, dédiée à la mémoire de Serge et Nathalie Koussevitski, et créée à Hambourg le 9 novembre 1965 par l'Orchestre radio-symphonique NDR de Hambourg, sous la direction de Michael Gielen. Durée : 28 minutes.

L'orchestre de *Mixtur*, réparti en 5 grandes familles de timbres, réunit les bois par 3, 5 cors, 3 trompettes, 3 trombones, 1 bass-tuba, 1 harpe, 3 percussions, 12 premiers violons, 12 seconds violons, 10 altos, 8 violoncelles et 6 contrebasses. Les familles de timbres sont : percussions, bois, cuivres, cordes en pizzicati, cordes dotées de toutes les façons de jouer à l'exception du pizzicato. À chacune des familles d'instruments mélodiques est affecté un microphone d'ensemble, et chaque instrument soliste dispose en outre d'un microphone individuel. Les percussions sont seulement pourvues de microphones de contact. Quatre exécutants supplémentaires répartis dans chacune des familles d'instruments mélodiques (bois, cuivres, et les 2 groupes de cordes) utilisent un générateur sinusoïdal et les microphones de ces familles sont reliés à 4 modulateurs en anneau ; ces derniers sont eux-mêmes reliés à 4 potentiomètres fixés sur une table de contrôle se situant au milieu de la salle ; les 4 potentiomètres contrôlent 4 groupes de haut-parleurs.

Mixtur est divisé en 20 « moments » aux caractéristiques très nettement différenciées : 1. *Mixtur*; 2. *Schlagzeug*; 3. *Blöcke*; 4. *Richtung*; 5. *Wechsel*; 6. *Ruhe*; 7. *Vertikal*; 8. *Streicher*; 9. *Punkte*; 10. *Holz*; 11. *Spiegel*; 12. *Translation*; 13. *Tutti*; 14. *Blech*; 15. *Kammerton*; 16. *Stufen*; 17. *Dialog*; 18. *Schichten*; 19. *Pizzicato*; 20. *Hohes C*. Ces 20 « moments » peuvent être joués dans un ordre différent, mais toujours sans interruption.

« Les sorties des 4 tables de mixage sont reliées à 4 modulateurs en anneau. Quatre musiciens jouent sur des oscillateurs de fréquence, dont les sons sinusoïdaux modulent les sons instrumentaux dans les modulateurs en anneau. Le produit de cette modulation passe par 4 groupes de haut-parleurs. De chaque son instrumental résulte, d'après la partition : une « mixture » (par « mixture » on entend, pour la registration d'orgue ou dans les formations chorales et orchestrales, l'accouplement d'une mélodie avec des intervalles parallèles, il s'agit donc d'une influenciation de la texture des timbres par les intervalles parallèles harmoniques, subharmoniques ou chromatiques). Dans le cinquième groupe jouent les 3 percussionnistes munis chacun seulement d'une cymbale et d'un tam-tam et pourvus de microphones de contact directement reliés à 3 haut-parleurs séparés du reste du dispositif. Ainsi une composition de timbres, différenciée, que je n'aurais pu obtenir jusqu'à présent que dans le domaine de la musique électronique, est également réalisable par l'utilisation d'instruments habituels de l'orchestre. Indépendamment de la transformation des timbres, on peut obtenir en outre des rapports de hauteurs aussi fins que l'on désire, bien au-delà de la division en octave de douze degrés égaux jusqu'ici utilisée. Une « transformation rythmique » des sons instrumentaux est obtenue quand ils sont modulés par des fréquences sinusoïdales très basses. Un nouveau développement me paraît désormais ouvert à la musique instrumentale, du fait que ses qualités irremplaçables — avant tout sa mobilité dans l'histoire, sa « vie » — se combinent avec les acquisitions de la musique électronique en une nouvelle unité. Le fait qu'un tel processus exige une espèce toute différente de composition, de mise en forme, de notation, etc., m'a été une occasion bienvenue, lors de la composition de *Mixtur*, de me tenir constamment disponible pour l'« impensé », l'« inouï ». J'écrivis cette partition assez vite et sans interruption (juill.-août 1964), en n'obéissant seulement qu'à l'intuition du moment, puisque l'expérience me manquait ; j'espère que cette musique a conservé quelque chose de la fraîcheur et de l'atmosphère de bonheur de ces jours d'aventure » (K. Stockhausen).

En 1967 Stockhausen conçoit une nouvelle version de *Mixtur*, destinée à un petit ensemble (1 flûte [aussi piccolo], 1 hautbois, 1 clarinette [aussi clarinette piccolo, clarinette basse], 1 basson [aussi contrebasson], 2 cors, 1 trompette, 1 trombone, 3 percussions, 4 premiers violons, 4 seconds violons, 4 altos, 2 violoncelles, 2 contrebasses). Cette version « de chambre » de *Mixtur* fut créée par l'ensemble Hudba Dneska de Bratislava, sous la direction de Ladislav Kupkovic, le 23 août 1967, à Francfort.   P. S.

MIXTURE. Ensemble de jeux de l'orgue, dans lesquels à chaque note correspondent plusieurs tuyaux à bouche très aigus, faisant généralement entendre des octaves et des quintes du son fondamental, parfois aussi des tierces. Le rôle des jeux de mixture est de donner de la lumière et de la légèreté à la registration, donc d'empêcher la compacité sonore d'une polyphonie. L'époque baroque et classique en fit un large usage, alors que les facteurs de l'ère romantique, préoccupés d'imiter l'orchestre, tendirent à les abandonner. Les principaux jeux de mixture sont la fourniture*, la cymbale* et le plein-jeu*. L'association des fonds* et des mixtures constitue le plenum* de l'orgue. On désigne parfois par « mixture » l'ensemble des jeux de mutations, simples et composées, et les mixtures proprement dites.   G. C.

MLADI. Suite en 4 mouvements pour flûte (piccolo), hautbois, clarinette, cor, basson et clarinette basse, composée en 1924 par Leos Janáček. Le titre signifie « jeunesse » et Janáček célébrait son soixante-dixième anniversaire quand il l'écrivit. Elle fut créée le 21 octobre 1924, à Brnó, en Tchécoslovaquie. Ses 4 mouvements (allegro, andante sostenuto, vivace, allegro animato) respirent la vie et le plein air : des trilles de chants d'oiseaux, des mélodies simples d'allure populaire, des modulations franches et savoureuses s'y relaient dans un bondissement perpétuel, qui coule comme une langue mélodieuse. M. C.

MOCQUEREAU (dom André), moine bénédictin français, restaurateur du chant grégorien (*La Tessoualle, Maine-et-Loire, 1849 - Solesmes 1930*). Il entre à l'abbaye bénédictine de Solesmes en 1875, prononce ses vœux en 1877 et est ordonné prêtre en 1879. Il devient très vite l'élève, puis l'assistant, de dom Pothier, chargé de préparer une nouvelle édition des chants liturgiques. Pour défendre les théories de son maître, en particulier son *Liber Gradualis* (1883), violemment critiqué par les partisans de l'édition néomédicéenne (publiée chez Pustet, Ratisbonne, 1868), il entreprend de réunir une collection abondante de manuscrits qu'il reproduit en fac-similé dans la *Paléographie musicale*, publiée en plusieurs volumes à partir de 1889 (13 vol. publiés de son vivant). Cet ouvrage comprend, outre les reproductions de manuscrits, des commentaires et études de dom Mocquereau sur les textes présentés. Cette publication achève de gagner le Vatican à la cause de dom Pothier, qui se voit confier par Pie X, en 1904, la rédaction d'une édition vaticane de chant grégorien, avec l'aide de dom Mocquereau. Les deux hommes sont rapidement en désaccord, et, dès 1905, dom Pothier continue seul ce travail. En 1911, dom Mocquereau fonde la *Revue grégorienne*, et ce n'est qu'en 1913 qu'il reprend, avec son équipe de Solesmes, la rédaction de l'édition de dom Pothier.

La grande innovation de dom Mocquereau et la cause de son différend avec dom Pothier étaient sa conception du rythme grégorien. Par opposition au rythme oratoire de son maître, il préconisait l'emploi d'un rythme libre, déterminé par la mélodie (consistant en une alternance d'*arsis*, ou élans, et de *thesis*, ou repos) et non plus par le texte (longues et brèves). Il développa ses théories dans ses recueils de *Paléographie musicale* et surtout dans le *Nombre musical grégorien ou Rythmique grégorienne* (1908). D. H.

MODALITÉ. Terme employé, par opposition à « tonalité* », pour désigner une syntaxe musicale utilisant d'autres gammes que le majeur-mineur classique, et, plus particulièrement, le mineur sans sensible (mode de *la*). Jusqu'au XIXᵉ siècle, on considère également comme modales les tournures harmoniques fondées sur des cadences autres que la succession classique tonique* dominante (degrés II, III, VI, ainsi que IV en cadence plagale, c'est-à-dire lorsqu'il est hors de proximité du degré V). J. C.

MODE. Dans les gammes (à l'exception de la gamme chromatique qui est faite de douze demi-tons égaux), les notes sont séparées par des intervalles inégaux. La répartition de ces intervalles, le plus souvent le ton et le demi-ton, caractérise le « mode ». Dans la musique tonale traditionnelle, nous connaissons le « mode majeur », dont l'alternance des intervalles est (en demi-tons) : 2, 2, 1, 2, 2, 2, 1 ; et le « mode mineur » dont l'une des formes est : 2, 1, 2, 2, 1, 2, 2. Dans les musiques archaïques, anciennes, européennes et extraeuropéennes, il existait et il existe de nombreux modes. Les plus fréquemment cités sont les modes grecs, les modes grégoriens, les modes hindous. En dehors des modes traditionnels, le compositeur a la faculté d'inventer lui-même des modes avec lesquels il pourra écrire sa musique (par exemple, Messiaen). M. P.

MODE DE VALEURS ET D'INTENSITÉS. Œuvre de Messiaen. V. *Quatre Etudes de rythme.*

MODERATO. Mot italien correspondant au français « modéré » souvent employé lui aussi. Accolé à un terme de mouvement (allegro, andante, etc.), il en tempère les caractéristiques, comme son équivalent « non troppo », et s'oppose à « assai », qui, au contraire, exagère ces particularités. Employé seul, « moderato » désigne un mouvement moyen, ni trop lent ni trop rapide, et généralement de caractère calme. J. C.

MODERN JAZZ QUARTET, *v. Lewis (John).*

MODES (HISTOIRE DES). La définition du mot « mode* » est rendue difficile par la confusion qui règne dans son emploi. Le terme en soi est vague : il traduit le latin *modus*, traduction lui-même du grec *tropos*, qui signifie simplement « manière d'être ». Appliqué aux échelles musicales, il a donné lieu aux usages les plus divers.

Dans l'ancienne théorie de la musique grecque, *tropos* servait de synonyme au mot plus technique *tonos*, abréviation de *tonos systematicos*, c'est-à-dire « tension des cordes à appliquer pour mettre en place le système ». Ce qui peut se traduire par « hauteur réelle à donner aux structures intervalliques », ces dernières s'exprimant en hauteur relative et constituant l'« harmonie* » proprement dite. Contrairement à l'usage ultérieur, le mot s'appliquait donc sinon à la hauteur absolue (qu'on ne pouvait encore déterminer), du moins aux procédés de transposition d'une hauteur à une autre. En traduisant la théorie de grec en latin, Boèce (vᵉ s. apr. J.-C.) conserva les termes *tropos* et *tonos* en les latinisant (*tropus, tonus*), et leur adjoignit la traduction latine du premier, *modus*, qui en devint un troisième synonyme. La nomenclature topique des « modes » (dorien, phrygien, etc.) s'applique donc principalement, jusqu'à ce stade, à la notion de hauteur absolue et non à la structure des intervalles, qu'elle ne concerne qu'indirectement. Elle en devient au contraire l'élément déterminant à partir du Moyen Âge.

La confusion provint du fait que, de leur côté, et sans se préoccuper en rien de théorie grecque, les chantres grégoriens classèrent leur propre répertoire selon huit *tons* sur des critères différents, fondés essentiellement sur la récitation psalmique sans aucune référence à la hauteur absolue. L'analogie des termes devait amener au IXᵉ siècle l'auteur anonyme d'un traité latin, dit *Alia musica*, à mélanger les deux notions, introduisant un véritable imbroglio dont toute la théorie ultérieure devait se ressentir. Sous l'autorité d'un Boèce mal compris, « mode » devint synonyme de « ton » au sens grégorien en s'annexant tant bien que mal la nomenclature des « tons » grecs : on parla donc désormais de « ton » (ou « mode ») dorien (= ton de *ré* ou *protus*, 1ᵉʳ ton), phrygien (= ton de *mi* ou *deuterus*, 3ᵉ ton), etc. Vers la fin du XIXᵉ siècle, « trope » étant depuis longtemps tombé en désuétude, le mot « mode » supplanta « ton ». Il s'applique aujourd'hui, de manière quelque peu anarchique, à un nombre considérable de notions contradictoires, dont le seul lien est qu'elles concernent toute la structure générale du système mélodique ou harmonique, considérée principalement sous le rapport des intervalles et de leur organisation.

Peu employé dans cette acception avant le XIXᵉ siècle, le mot « mode » connut à la fin du siècle une vogue rapide et devint préférentiel dans le système de Solesmes, qui le différencia du « ton » en limitant ce mot à la détermination des timbres psalmiques. En musique classique, en revanche, « ton » et « mode » étaient encore synonymes dans la théorie de Rameau. Ils s'individualisèrent au XIXᵉ siècle, où « ton » (d'où *tonalité*) tendit à désigner la référence à la tonique (qui devint la « hauteur absolue » après l'adoption d'un diapason normalisé en 1859-1885), tandis que « mode » se référait à la répartition des intervalles autour de cette tonique.

Dans ce nouveau sens, on n'envisagea d'abord que deux modes, le « majeur », héritier des quatre tons grégoriens à tierce majeure (5 - 6 - 7 - 8), et le « mineur », héritier des quatre tons grégoriens à tierce mineure (1 - 2 - 3 - 4), les différences entre les membres de chaque groupe s'étant progressivement estompées du XIIIe au XVIIIe siècle. Ce système à deux modes, dont les éléments les plus déterminants sont le rôle cadenciel de la dominante de quinte et l'attraction mélodique de la sensible vers la tonique, constitue la base de la « tonalité classique ». Tout-puissant au XIXe siècle, il perdit son exclusivité à la fin du siècle lorsque commencèrent à se développer d'autres « modes » au sens de « structure intervallique », sous la triple influence d'un regain d'intérêt pour la musique populaire, de la restauration du plain-chant, sans oublier les incidences de son harmonisation et des recherches relatives aux échelles de l'Antiquité et des musiques non européennes. Cette extension est souvent désignée par le mot impropre de « modalité » (musique « modale » opposée à musique « tonale »), bien que ce mot s'applique surtout aux échelles diatoniques non classiques (appelées à tort « modes grégoriens »), c'est-à-dire à des gammes sans altération (do excepté), prises sur le clavier de tonique à tonique et recevant un traitement harmonique plus ou moins calqué par analogie sur celui des deux modes classiques (obligation de la sensible exceptée). Entre-temps, les humanistes des XVIe et XVIIe siècles s'étaient penchés sur la théorie des « modes grecs ». Ne la comprenant pas, nombre d'entre eux avaient cru y déceler des anomalies qu'ils avaient tenté de rectifier, chacun à sa manière. La confusion était déjà très avancée lorsque, à la fin du XIXe siècle, le philologue R. Westphal proposa une nouvelle interprétation des noms topiques de la théorie grecque, fondée sur l'assimilation des « modes » aux « aspects d'octave » produits par les « tons systématiques » des théoriciens grecs. Largement diffusée chez les musiciens par l'enseignement de Gevaert, que suivit Maurice Emmanuel, et aujourd'hui fortement contestée, cette théorie introduisit une nouvelle confusion en proposant des définitions différentes pour des termes déjà très en usage (dorien = mode de mi et non plus mode de ré, etc.). Enfin le mot « mode » a pris, depuis quelques années, de nouveaux sens contradictoires du fait, d'une part, de l'extension des recherches d'ethnomusicologie, d'autre part, des confusions fréquentes avec la notion d'« échelle », confusions auxquelles n'est pas étranger l'emploi par Olivier Messiaen du terme « mode » dans le sens d'« échelle », notamment à propos de ses « modes à transpositions limitées ». J. C.

MODES ECCLÉSIASTIQUES. Modes* en usage dans le plain-chant depuis ses origines, codifiés vers le IXe siècle et dotés au XIe d'une théorie due en partie à Guy d'Arezzo. Cette théorie connaît 4 modes couplés numérotés en grec latinisé d'après leur finale (1 = « protus » ré, 2 = « deuterus » mi, 3 = « tritus » fa, 4 = tetrardus sol), divisés chacun en un « authente » et en un « plagal », d'où une nouvelle nomenclature de 8 modes où alternent les authentes impairs et les plagaux pairs (protus = 1 et 2, deuterus = 3 et 4, tritus = 5 et 6, tetrardus = 7 et 8). Les authentes sont construits autour d'un noyau mélodique situé au grave de la tessiture et atteignant au moins une quinte ; les plagaux ont un noyau mélodique plus court, situé cette fois au centre de la tessiture. Ces noyaux sont déterminés au grave par la finale du mode et, à l'aigu, par une « corde de récitation » ou « teneur », qu'on appellera « dominante » à partir du XVIIe siècle.
Dans les modes authentes, la dominante est en principe à la quinte de la finale, mais comme elle ne peut se placer sur la note si qui est « mobile », elle a été déplacée et montée au do pour le 3e ton à finale mi. Dans les modes plagaux, la dominante est en principe une tierce sous celle du plagal correspondant, avec même exception pour le si, de sorte que les dominantes plagales sont à la tierce pour les modes 2 et 6 (finales ré et fa), à la quarte pour les modes 4 et 8 (finales mi et sol).
On donne aussi parfois aux modes ecclésiastiques le nom des tropes grecs, qui leur a été attribué par erreur au IXe siècle : 1, « dorien » ; 3, « phrygien » ; 5, « lydien » ; 7, « mixolydien », les plagaux correspondants devenant les hypos : 2, « hypodorien » ; 4, « hypophrygien » ; 6, « hypolydien » ; le 8, d'abord appelé « hypermixolydien » comme le trope correspondant, fut corrigé au XIe siècle en « hypomixolydien » par analogie avec les précédents.
La musique byzantine connaît également 8 modes, qui portent les mêmes noms que les modes ecclésiastiques, mais se répartissent différemment et ne se confondent pas avec eux. J. C.

MODINHA. Chant typique, sentimental, dérivé de la moda qui désignait, au Portugal, des arias ou des romances de salon. Grâce à la renommée du poète brésilien Domingo Caldas Barbosa (1738-1800), les modinhas les plus en vogue à la fin du XVIIIe siècle, dans les salons de Lisbonne et de Rio de Janeiro, étaient celles du Brésil. Elles étaient publiées avec accompagnement de clavecin, de piano, ou d'une basse chiffrée généralement jouée à la guitare. Marcel Beaufils a rappelé que, au Brésil, la modinha représentait « la voix la plus sincère du cœur national ». Dolente, volontiers gémissante, elle a pris, sur cette terre, une couleur qu'elle n'aurait jamais pu acquérir ni au Portugal ni en Italie. P. V.

MÖDL (Martha), mezzo-soprano allemande (Nuremberg 1912). Elle fit ses débuts en 1942 à Remscheid dans le rôle de Hansel. De 1945 à 1949, elle chanta les grands emplois de mezzo-soprano à l'opéra de Düsseldorf : Orphée, Carmen, Eboli. A partir de 1949, elle fut engagée à l'opéra de Hambourg, mais parut fréquemment à Vienne. Elle remporta cette même année un succès considérable dans le rôle de Carmen à Londres. Elle incarna en 1951 Kundry à Bayreuth dans la célèbre mise en scène de Parsifal par Wieland Wagner, et, pendant les dix années suivantes, aborda Brunehilde et Isolde, rôles auxquels son timbre vocal particulier communiqua un caractère convaincant bien qu'inusuel. Elle incarna d'une façon inoubliable Leonore de Fidelio, sous la direction de Karl Böhm, lors de la réouverture du Staatsoper de Vienne reconstruit en 1955. Dans les années 60, elle reprit les emplois de mezzo, s'illustrant particulièrement dans les Klytemnestra de l'Elektra de Richard Strauss. Martha Mödl possédait une voix fascinante et une des plus fortes personnalités lyriques de l'après-guerre. J. B.

MODULATION. — 1. **Changement de tonalité** au cours d'un morceau. L'impropriété apparente du terme (la modulation s'applique au « ton » plus qu'au « mode ») s'explique par la confusion ancienne entre les deux notions, qui n'ont été nettement distinguées que vers la fin du XVIIIe siècle. Certains théoriciens récents ont proposé de réserver « modulation » au changement de mode et d'employer « tonulation » pour le changement de ton.
— 2. Terme employé **en électromagnétisme** pour déterminer le tracé des ondes sonores : la radiodiffusion emploie deux sortes de modulation, dites modulation d'amplitude et modulation de fréquence, d'où découle le mode de transmission du son. J. C.

MOERAN (Ernest), compositeur anglais (Heston 1894-près de Kenmare, Irlande, 1950). Elève de John Ireland, d'abord assez fortement influencé par Delius, il débuta par des mélodies et des œuvres de musique de chambre : trio avec piano (1920), quatuor à cordes (1921), sonate pour violon et piano (1923). Son trio à cordes (1931) amorça une évolution qui se traduisit par des œuvres plus vastes et plus ambitieuses telles que la symphonie en sol mineur (1934-1937), dans la descendance de Sibelius, le concerto pour violon (1942), la rhapsodie pour piano et orchestre (1943), la Sinfonietta (1944) et le concerto pour violoncelle (1945). Une sonate pour violoncelle et piano date de 1947, une sérénade pour orchestre de 1948. Au cours de sa seconde période créatrice, il continua à écrire des mélodies, ce genre étant un de ses domaines d'élection, mais leur nombre diminua fortement. M. V.

MOESCHINGER (*Albert*), compositeur suisse (*Bâle 1897*). Il a fait ses études à Berne, Leipzig et Munich, et a enseigné la théorie et le piano de 1937 à 1943 (au conservatoire de Berne). A partir de 1954, il s'est largement tourné vers le dodécaphonisme sériel. On lui doit de la musique de chambre, des concertos, des œuvres symphoniques, dont 5 symphonies, le ballet *Amor und Psyche* (1955), de la musique vocale religieuse et profane, et la cantate dramatique *Die kleine Seejungfrau (la Petite Sirène)*, d'après Andersen (1947).

M. V.

Moïse (Mosè). Opéra de Rossini, résultant de plusieurs élaborations :
— 1. *Mosè in Egitto*, action tragique sacrée en 3 actes sur un livret d'Andrea Leone Tottola, créée à Naples le 5 mars 1818, puis dotée d'un troisième acte nouveau en 1819 ;
— 2. *Moïse et Pharaon ou le Passage de la mer Rouge*, opéra en 4 actes, sur un livret de Luigi Balocchi et d'Étienne de Jouy, créé à Paris le 26 mars 1827 ;
— 3. *Mosè*, melodramma sacro en 4 actes, version italienne de Calisto Bassi : c'est, parmi les différentes versions italiennes, celle qui s'est le mieux imposée, et qui fut créée, soit à Rome en décembre 1827, en version de concert, soit à Pérouse en 1829.
L'action se situe en Égypte, en 1500 av. J.-C. environ.
ACTE PREMIER. (A Memphis.) *Hébreux et Madianites pleurent leur captivité. Moïse (b) apprend de son frère, ici Eliezer (t), que Pharaon a libéré sa sœur Marie (ms), dont la fille, Anaï, est aimée d'Aménophis (t), fils et héritier du Pharaon. Moïse prend les tables de la Loi sur le Buisson ardent, tandis qu'une voix ordonne aux Hébreux d'aller vers Pharaon. Anaï (s) et Aménophis se redisent leur amour impossible, et lorsque Pharaon (bar), malgré les prières de sa femme Sinaïde, veut se saisir de Moïse, celui-ci éteint la lumière du soleil et déchaîne sur les Égyptiens un cataclysme de lave.*
ACTE II. (Le palais de Pharaon.) *L'obscurité règne toujours. Pharaon, sa famille et son peuple se lamentent* (N. B. Ce chœur ouvrait le premier acte de la version initiale.) *Moïse se présente, et Pharaon jure de reconnaître son dieu s'il fait renaître la lumière : dès* l'Invocation de Moïse *(Arbitre suprême), le jour reparaît, et, dans le quintette qui suit* (O toi, dont la clémence), *les Égyptiens et les Hébreux font part de leurs sentiments opposés. Pharaon jure de libérer les Hébreux, mais le duo* Cruel moment *l'oppose à son fils, anxieux du départ d'Anaï. Sinaïde tente d'apaiser la colère d'Aménophis.*
ACTE III. (Le temple d'Isis.) *La fête d'Isis est célébrée par le grand prêtre Osiris (b), qui ordonne aux Hébreux de s'incliner devant lui : à cet outrage, Moïse répond en déchaînant la crue sanglante du Nil, puis fait jaillir l'arche sainte. Chacun exprime sa stupeur* (Je tremble et soupire, *en ital.* Mi manca la voce), *et Pharaon ordonne que les Hébreux soient enchaînés avant leur départ.*
ACTE IV. (Près de la mer Rouge.) *Aménophis ramène Anaï : il veut l'obtenir des mains mêmes de Moïse et des siens, mais la jeune fille ne veut point trahir son dieu. Aménophis décide alors d'exterminer le peuple de Moïse. Celui-ci ayant conduit ses fidèles aux abords de la mer Rouge entonne avec eux sa célèbre prière* (Des cieux, où tu résides), *et, lorsque les troupes de Pharaon apparaissent, les flots s'écartent, laissant passer les Hébreux, puis se referment sur l'armée égyptienne. L'œuvre se termine par une longue page instrumentale.*

D'une élaboration assez complexe, cet opéra occupe une place à part dans la production de Rossini et de son époque, par l'absence d'airs isolés, par l'abandon des structures dites « fermées » au profit des grands ensembles, et par la beauté hiératique due à l'importance de la masse chorale qui, ici, n'est plus décorative comme dans l'opéra de Gluck, mais participe à l'action, inaugurant une formule que reprendront notamment Verdi dans *Nabucco*, puis Moussorgski dans *Boris Godounov*. C'est cette conception d'une grande fresque biblique animée qui a souvent conduit à l'exécution de l'œuvre en oratorio, ainsi que la difficulté de sa mise en scène.

Balzac, dans *Massimila Doni* (1839), fait de cet opéra le sujet d'une très longue et très perspicace étude.

R. M.

Moïse et Aaron. Opéra en 3 actes d'Arnold Schönberg sur un livret du compositeur. Le texte de l'ouvrage, d'abord prévu comme oratorio, fut adapté de l'Ancien Testament, et entièrement écrit entre le 3 et le 16 octobre 1928, puis plusieurs fois remanié. La première esquisse musicale porte la mention « Berlin, 7 mai 1930 ». Le premier acte, commencé à Lugano le 17 juillet 1930, fut interrompu à mi-chemin le 30 septembre, puis achevé à Territet, près de Montreux, du 15 mai au 14 juillet 1931. Commencé le 20 juillet 1931, le deuxième acte fut terminé à Barcelone le 10 mars 1932. Le troisième acte, dont le livret existe en deux rédactions (New York 21 juin 1934 et Hollywood 5 mai 1935), ne fut jamais composé. Schönberg espéra toujours le mener à bien. L'épisode de la *Danse autour du Veau d'or* fut joué à Darmstadt le 2 juillet 1951, onze jours avant la mort de Schönberg, sous la direction de Hermann Scherchen. Le 12 mars 1954, à Hambourg, *Moïse et Aaron* était enfin donné intégralement, mais en version de concert, sous la direction de Hans Rosbaud. La première représentation scénique a eu lieu le 6 juin 1957 à Zurich, toujours sous la direction de Hans Rosbaud.

ACTE PREMIER. Scène I : la vocation de Moïse. *La voix de Dieu explique à Moïse (rôle parlé), devant le Buisson ardent, sa mission : révéler à son peuple le Dieu unique qui le fera sortir d'Égypte. Moïse implore Dieu de ne pas lui imposer cette mission, invoquant son âge avancé et l'absence chez lui du don d'éloquence. Mais Dieu lui répond : « Aaron sera ta bouche. »* Scène II : *Moïse rencontre Aaron dans le désert. Aaron (t) est enthousiasmé à l'idée d'assumer sa mission. Sa religion se veut inséparable du bonheur humain, alors que Moïse se réclame toujours de conceptions surhumaines.* « Que leur conversation soit un vaste malentendu doit sauter aux yeux » (Schönberg). Scènes III et IV : *Moïse et Aaron délivrent au peuple le message de Dieu. Apparaît le troisième personnage de l'opéra : le peuple, ballotté entre deux extrêmes, méfiant ou tout disposé à croire, réservé ou enflammé, haineux ou animé des sentiments les plus pieux, sceptique ou fanatique. Ce peuple en tant que personnage agissant fait penser à la turba des passions de Bach. De la masse se détachent un prêtre (b), tenant des anciennes croyances, et à l'opposé trois fanatiques de la nouvelle foi, une jeune fille (s), un jeune homme (t) et un autre homme (bar). La scène 3 représente l'arrivée de Moïse et d'Aaron, les deux frères, parmi le peuple, la scène 4 (à elle seule la moitié de l'acte), les grandes difficultés qu'éprouve le peuple à comprendre et à accepter un Dieu invisible et immatériel. Pour persuader le peuple, Aaron concrétise en prodiges — transformation d'un bâton en serpent, guérison de la main de Moïse attaquée par la lèpre, transformation de l'eau du Nil en sang — les paroles abstraites de Moïse. Sa victoire est totale. Un hymne d'extase religieuse, de nationalisme fanatique et d'espérance trompeuse termine l'acte.*

ACTE II. *Moïse s'est retiré seul sur le mont Sinaï, et, dans un intermède, un petit chœur chante les incertitudes et le désespoir du peuple.* Scène I : *Aaron et les soixante-dix Anciens devant la Montagne de la Révélation. Les Anciens accablent Aaron de questions et de reproches. Le peuple s'impatiente et se révolte, et exige qu'on lui rende ses anciens dieux. Aaron cède.* Scène II : *Aaron fabrique le Veau d'or.* Scène III : *le Veau d'or et l'Autel* ou Danse autour du Veau d'or *(cette célèbre danse, exécutée à Darmstadt le 2 juillet 1951, fait à elle seule un peu plus du quart de l'opéra. On y trouve les seuls épisodes purement orchestraux de l'ouvrage. Cette scène d'idolâtrie, cette fête païenne se terminant en orgie, se déroule sous la forme d'une symphonie en 5 parties pour solistes, chœurs et orchestre.)* Scène IV : *Moïse redescend de la montagne, tenant les tables de la Loi ; interrompant brutalement la danse, il détruit le Veau d'or. Le peuple effrayé prend la fuite.* Scène V : Moïse et Aaron. *C'est la grande confrontation entre les deux frères. En hésitant, Aaron tente de se justifier : il n'a fait que remplir sa tâche, « accomplir devant leurs yeux un miracle, alors que ta pensée n'engendrait pas la parole, ni ma parole l'image ». Puis il finit par retourner la situation à son profit, déclarant que si le Veau d'or est une image, le geste de sa destruction par Moïse en est une autre, tout comme ces tables qu'il rapporte du Sinaï. Dans un accès de désespoir, incapable de reconnaître ce qui sépare parole de Dieu et magie, Moïse brise les tables de la Loi et conclut dans l'accablement :* « Ô parole, parole, toi qui me manques... » *Il a perdu confiance en lui-même, mais pas sa foi en Dieu, et trouvera donc la force de poursuivre sa mission.*

ACTE III. *Il n'aurait dû comporter qu'une seule scène :* la Mort d'Aaron. *Moïse a fait lier Aaron et lui demande une seconde fois des comptes, en présence des soixante-dix Anciens. Il lui reproche d'avoir asservi le peuple à des images et à des symboles matériels de l'existence de Dieu. Les gardiens d'Aaron demandent s'il faut l'exécuter. Sans répondre, Moïse poursuit son accusation, mais en s'adressant aux Anciens, et par leur intermédiaire, au peuple d'Israël : « Vous êtes élus pour pouvoir combattre pour la pensée de Dieu. Si vous vous mêlez aux autres peuples et gaspillez vos dons à des fins erronées et futiles, vous serez précipités à nouveau dans le désert. » Après ces paroles prophétiques, Moïse ordonne de détacher Aaron : « S'il le peut, qu'il vive. » Aaron, libre, se lève et tombe mort.*

Loin de former un cas particulier dans l'œuvre de Schönberg, *Moïse et Aaron* en constitue au contraire la clé de voûte. S'y rencontrent les tenants et aboutissants non seulement de son évolution artistique et spirituelle, mais aussi de ses conceptions politiques et de ses relations avec le peuple juif, puis avec l'État d'Israël. Un examen des textes, qui lui serviront pour ses différents ouvrages, qu'il écrivit lui-même ou auxquels il s'intéressa, montre que, toute sa vie, Schönberg fut préoccupé par les questions religieuses : ce n'est pas pour rien qu'il déclara une fois n'avoir jamais été antireligieux, ni même non religieux. Les partitions religieuses ou à résonance religieuse jalonnent toute sa production, du chœur a cappella *Friede auf Erden (Paix sur la terre)* op. 13 (1907) jusqu'aux dernières paroles qu'il mit en musique : *Und trotzdem bete ich (Et malgré tout je prie),* du *Psaume moderne* op. 50c (1950). Il aborda pour la première fois directement le monde de l'Ancien Testament avec un drame toujours inédit, *Der biblische Weg (la Voie biblique),* écrit en 1926-27. Max Aruns, le personnage principal de ce drame, échoue dans sa tentative de fonder une nouvelle Palestine. Il représente le peuple juif et réunit en lui les futures personnalités de Moïse et Aaron, que l'opéra devait séparer : la Pensée et la Parole. Dans une lettre à Alban Berg écrite de Paris le 16 octobre 1933, peu après son retour officiel à la religion judaïque, Schönberg devait préciser : « Comme tu l'as certainement remarqué, mon retour à la religion juive est accompli depuis longtemps, et on peut l'observer dans ma production, même dans ce qui en est publié... et aussi dans *Moïse et Aaron,* dont tu as entendu parler dès 1928, mais dont les origines sont au moins de cinq ans antérieures ; et spécialement dans mon drame *Der biblische Weg,* conçu lui aussi au plus tard en 1922 ou 1923, mais terminé seulement en 1926-27. » Ces données dans leur ensemble éclairent les multiples aspects sous lesquels Schönberg aborda le sujet de *Moïse et Aaron,* à la fois drame religieux, drame national et drame de la communication comme préalable de la communion. On y trouve aussi l'idée fondamentale de la foi en un Dieu unique et immatériel, et, chose aussi fondamentale, l'idée de l'élection que représente l'allégeance à cette foi.

Musicalement, l'œuvre entière repose sur une seule série de douze sons et sur les multiples transpositions, renversements et rétrogradations. Le conflit qui oppose les deux frères se reflète dans l'opposition de leur débit vocal : la puissante mais austère voix de basse de Moïse s'exprimant en *Sprechgesang* fait contraste avec la séduction de la voix de ténor lyrico-dramatique incarnant le personnage d'Aaron, et cette opposition se retrouve au niveau des chœurs. Ceux-ci jouent un rôle encore plus important que les solistes, et dès la première scène de l'acte I, un sextuor de solistes (personnifiant le Buisson ardent) se superpose à un chœur parlé. De même, le bref et mystérieux intermède entre les deux premiers actes fait entendre en contrepoint un chœur mi-chanté, mi-parlé. La scène du Veau d'or comprend aussi bien des épisodes d'une polyphonie rigoureuse et digne de Bach que des effets de masse, tant orchestraux que vocaux. Du murmure au cri, la diversité sonore et formelle de *Moïse et Aaron* est sans exemple. Cette partition capitale rappelle opportunément, pour autant qu'on soit tenté de l'oublier, que Schönberg reste une des grandes sources de la musique d'aujourd'hui. M. V.

MOLDAU (LA). Œuvre de Smetana. V. *Ma patrie.*

MOLIÈRE (Jean-Baptiste Poquelin, dit), auteur dramatique et acteur français *(Paris, 1622*- id. *1673).* Homme de théâtre s'il en fut, il comprit très vite l'importance de la musique dans les spectacles en général, et dans les comédies en particulier. Louis XIV lui ayant présenté Lully en 1664, celui-ci lui confia les partitions qu'il désirait voir enrichir ses ouvrages. Avec lui, il créa la « comédie-ballet » qui devait enchanter les fêtes de Chambord et, plus tard, nombre de celles de Versailles. Tous deux tendent peu à peu vers le spectacle total qui, précédant l'opéra, réunit déjà la parole, le chant, la danse, la symphonie et les machines. *Les Amants magnifiques* (1670) et *Psyché* (1671) en sont de parfaits exemples.

Cependant, les deux collaborateurs se brouillent en 1672 et Molière fait alors appel à Marc-Antoine Charpentier, qui signe en particulier les intermèdes du *Malade imaginaire.* Par la suite, le théâtre de Molière intéresse plus d'un compositeur qui soit réalisent de nouveaux divertissements, soit créent de véritables opéras-comiques dont plusieurs se maintiennent au répertoire.

Œuvres de Molière qui bénéficièrent de musique. *Les Amants magnifiques* : Lully (Saint-Germain, 1670) ; *l'Amour médecin :* Lully (1665), F. Poise (Opéra-Comique, 1880), Wolf-Ferrari (New York, 1914), Herbergis (Gand, 1920) ; *Amphytrion :* Grétry (Opéra, 1786), M. Bertrand (« Amphytrion 38 », Opéra-Comique, 1944), Oboussier (1950) ; *l'Avare :* Burghauser (1950) ; *le Bourgeois gentilhomme :* Lully (1670), Hasse (« Larinda et Vanesio », Naples, 1726), Esposito (Moscou, 1905), R. Strauss (Ariane à Naxos, Berlin, 1913), Gargiulo (1947) ; *la Comtesse d'Escarbagnas :* Lully (1671), M. A. Charpentier (1672) ; *le Dépit amoureux :* Gérard (Marseille, 1947) ; *l'École des femmes :* R. Liebermann (Louisville, Etats-Unis, 1955) ; *l'École des maris :* E. Bondeville (Opéra-Comique, 1935) ; *les Fâcheux :* Beauchamps (1661) ; *Georges Dandin :* Lully (1668), Mathieu (1877), d'Ollone (Opéra-Comique, 1930) ; *l'Impromptu de Versailles :* Lully (1664) ; *la Jalousie du Barbouille :* F. Fourdrain (Paris, 1914) ; *le Mariage forcé :* Lully (Chambord, 1664), M. A. Charpentier (1672), F. Hart (1928), J. Aubin (1957), P. Gabaye (1955), L. Guérinel (Marseille, 1972) ; *le Malade imaginaire :* M. A. Charpentier (1673), Napoli (1939), H. Haug (*le Malade immortel,* Lausanne, 1946) ; *le Médecin malgré lui :* Desaugiers (th. Feydeau, 1793), Ch. Gounod (Théâtre-Lyrique, 1858), Kaufmann (1958) ; *Monsieur de Pourceaugnac :* Lully (1669), Hasse (1727), Jadin (th. Montansier, 1792), Mengozzi (th. Feydeau, 1793), Castil Blaze, utilisant les musiques de Rossini et Weber (Odéon, 1827), J. Alary *(les Trois Noces,* 1851), Fanchetti (Milan, 1897), P. Bastide (Vichy, 1921), F. Martin (Metz, 1973) ; *les Plaisirs de l'île enchantée,* Lully (Versailles, 1664) ; *les Précieuses ridicules.* Devienne (th. Montansier, 1791), P. Meriel (Toulouse, 1875), Zich (1926), Lattuada (Milan, 1929) ; *la Princesse d'Élide :* Lully (1664), Galuppi (Alcimena, Vienne, 1749) ; *Psyché :* Lully (1671) ; *le Sicilien ou l'Amour peintre :* Lully (1667), Joncières (1859), Weckerlin (1887), K. H. David (1924), O. Letorey (Opéra-Comique, 1930) ; *Tartuffe :* H. Haug (Bâle, 1937), Kosa (1952), A. Benjamin (1960), Malipiero (Venise, 1970).

Des poésies de Molière ont été mises en musique par Beauchamps, La Barre, M. Lambert, Lully. S.W.

MOLTO (ital. ; « très », « beaucoup »). Adverbe qui renforce le sens de certaines indications relatives à l'exécution d'une pièce musicale, par exemple *allegro molto.* M. T.

MOMENTE *(Moments).* Œuvre de Karlheinz Stockhausen pour soprano solo, 4 groupes de chœurs (3 sopranos, 3 contraltos, 3 ténors, 3 basses chacun) et 13 instrumentistes (4 trompettes, 4 trombones, 2 orgues électriques, 3 percussions). Les *Momente,* dont le projet initial remonte à 1961, ont connu plusieurs états successifs jusqu'à la version définitive achevée en 1969 et donnée en création publique le 8 décembre 1972 à la Beethovenhalle de Bonn par Gloria Davy (soprano), Harald Bojé et Roger Smalley (orgues électriques), les cuivres et les percussions de l'ensemble Musique vivante de Paris, les chœurs de la radio de Cologne (WDR), le tout placé sous la direction du compositeur. Cette version définitive de *Momente*, qui dure cent treize minutes, fut précédée de créations partielles : *Momente I* (d'une durée d'environ vingt-cinq minutes), créé le 20 mars 1962 à Cologne par Martina Arroyo (soprano), Alfons et Aloys Kontarski (orgues électriques), les chœurs et les instrumentistes de Radio-Cologne sous la direction du compositeur ; puis *Momente II* (d'une durée de soixante et une minutes), créé par les mêmes interprètes le 16 octobre 1965 au festival de Donaueschingen.

Vaste composition conçue en 3 grands volets, *Momente* s'articule sur la combinaison — mobile — de 3 groupes principaux de « moments » : les *moments K* (en allemand *Klang*, c'est-à-dire le « son », où dominent la verticalité, l'homophonie, la régularité rythmique, les percussions, les voix d'hommes), qui occupent dans chaque version possible la position centrale, le rôle pivot de l'ouvrage ; les *moments M* (c'est-à-dire « mélodie », où dominent l'horizontalité, la monophonie, l'hétérophonie, le hasard, les cuivres, la soprano solo) ; les *moments D* (en allemand *dauern*, c'est-à-dire la « durée », où dominent la diagonalité — alliance du vertical et de l'horizontal —, la polyphonie, l'irrégularité et les syncopes rythmiques, les orgues électriques, les voix de femmes). Entre ces trois groupes principaux circulent les *I-Momente* (« moments » relativement indéterminés, informels), qui articulent les différentes parties et obéissent à d'autres lois structurelles. Chacun de ces groupes de « moments purs » peut s'interférer avec d'autres, s'insérer, se déplacer dans l'architecture interne de l'œuvre. Chaque « moment » est une entité centrée sur elle-même, attirée en même temps par le « devenir formel » de la totalité des *Momente*. Certaines parties peuvent être ainsi répétées avec différentes relations.

« Les différents "moments" de l'œuvre sont plus ou moins mis en relation les uns avec les autres par des sortes d'"enclaves" dans l'épaisseur de chacun d'eux. Ces "enclaves" ne sont en fait que de courts "extraits" d'autres "moments" passés ou à venir et dont la structure va subir de puissantes métamorphoses selon le caractère du moment où ces extraits se trouvent enclavés. Toute une gradation de rapports s'établit ainsi entre des moments très forts, qui ne comportent absolument aucune enclave, et certains autres, dont la personnalité, peu à peu dévorée, ne se laisse plus qu'à peine deviner. Quatre langues interviennent à chaque exécution : la plupart des textes sont dans la langue du pays des interprètes, quelques autres — indiqués comme tels dans la partition — sont dans une, deux ou trois langues étrangères. [...] *Momente* n'est pas une œuvre déterminée, avec un début, un développement et une fin nettement définis, mais une composition à plusieurs couches de significations, faite d'éléments autonomes. Son unité, sa cohésion lui viennent moins de quelque ressemblance extérieure que d'une concentration immanente, continue, vers le devenir formel » (K. Stockhausen).

Momente ressortit à la « forme momentanée » ou *moment-form*, centrée sur l'« ici » et le « maintenant » (*cf. Carré, Kontakte*). Les textes utilisés mêlent des strophes du *Cantique des cantiques* de Salomon (Ancien Testament), des passages d'une lettre de Mary Bauermeister, la seconde femme du compositeur, quelques exclamations des indigènes des îles Tobriand en Nouvelle-Guinée, une citation de William Blake, des noms extraits de contes, des noms de personnes, des appels, des invocations imaginées, des réactions du public (acclamations, phrases, salves d'applaudissements intégrées à la composition), des onomatopées imaginées, des syllabes sans signification, formées de façon purement phonétique, des rires, des clameurs, des vocalises, etc. Les choristes disposent d'instruments annexes, tubes de carton, paires de claves, morceaux de tuyau d'acier, boîtes remplies de billes de plomb, etc. Les choristes doivent produire tout un éventail d'effets sonores de manière à créer toutes sortes d'alliages entre sons corporels, instrumentaux et vocaux, du souffle, du chuchotement jusqu'au cri et au chant pur.

Splendide bloc dramatique à la grandiose pensée compositionnelle, « cantate » célébrant tout à la fois l'amour divin et humain, les frayeurs, les angoisses et les joies du quotidien, musique d'une invention prodigieuse, frappée d'une vitalité et d'une profusion éblouissantes, les *Momente* peuvent être considérés jusqu'à ce jour — avant même les *Klavierstücke, Gruppen, Carré, Hymnen* ou *Mantra* — comme le sommet absolu de toute l'œuvre de Karlheinz Stockhausen.
P. S.

MOMENT MUSICAL. Genre musical illustré, apparemment, par un seul exemple, les *Moments musicaux* op. 94 D.780 de Franz Schubert, cycle de 6 brèves pièces pour piano de forme ternaire (ABA) ou rondo, publiées en 1828 par l'éditeur Leidesdorf, sous le titre français de *Momens musicals* (sic), lequel semble dû entièrement à l'imagination commerciale de cet éditeur. Par extension, on pourrait ranger toute pièce de caractère de style simple, feuillet d'album, esquisse, ou autre pièce inclassable, dans le genre du *Moment musical*, qui est, comme son titre le suggère, à la fois esquisse et microcosme.

Les six *Moments musicaux* de Schubert n'ont certainement pas été composés, au départ, comme un cycle ou un ensemble cohérent. Le nº 3 avait été publié en 1823 isolément sous le titre d'*Air russe* (en *fa* mineur), et le nº 6, en 1824, sous celui de *Plainte d'un troubadour*. L'ensemble n'en forme pas moins une espèce de petite anthologie schubertienne, à laquelle son style facile et concis a valu une popularité plus rapide que les longues *Sonates* pour piano. Le nº 1, en *ut* majeur, à 3/4, placé comme une ouverture, utilise le ton le plus simple et claironnant pour énoncer un motif de fanfare construit sur l'arpège de l'accord parfait majeur. C'est une espèce de « chasse », de « bataille », faisant référence aux instruments de plein air, avec des appels, des réponses, des blocs d'accords homorythmiques sonnant clair — mais dans un esprit allusif et léger. L'épisode central dilue cette assurance martiale dans un rythme plus fluide. Le deuxième moment, andantino, en *la* bémol majeur, de forme rondo (ABACA), évoque le lied, la voix, avec son phrasé calqué sur la respiration humaine, son style mélodique berceur et suspendu, qui laisse souvent la résonance d'un accord s'éteindre comme pour en faire pénétrer plus profondément l'expression. Le premier épisode, en *fa* dièse mineur, est une de ces mélodies simples et déchirantes qui livrent le Schubert le plus limpide et le plus vulnérable. Le second en reprend la substance fragile pour lui donner l'expression martelée d'une révolte, mais cette violence se calme et, par des modulations étonnantes qui sont comme autant de sauts légers dans l'abîme, on rejoint le ton et la mélodie initiale. Le nº 3, l'*Air russe* est une sorte de pièce de genre à la hongroise, très populaire et dansante. Le nº 4, moderato, en *ut* dièse mineur, est souvent rapproché des préludes du *Clavier bien tempéré* de Bach, dont il a la verve du mouvement perpétuel, construit sur des arpèges brisés. L'épisode médian en interrompt le débit inexorable pour proposer un motif chantant, tronqué et obsessionnel assez proche de Schumann. Le cinquième moment musical, allegro vivace, en *fa* mineur, est une chevauchée, un rondo farouche sur le rythme deux brèves - une longue, une espèce de course à la mort dans l'esprit du finale du quatuor *la Jeune Fille et la Mort*, avec les mêmes éclaircies subites de modulations en majeur. Enfin, le nº 6 et dernier du recueil, *la Plainte du troubadour*, allegretto en *la* bémol majeur, retrouve, comme le nº 2 dans le même ton, l'esprit du lied, un phrasé plein de suspensions et de respirations. Schubert y pousse à l'extrême le sentiment de la

« fragilité » du fil musical, à tout moment prêt à se rompre. M. C.

MOMIGNY (DE), famille de musiciens français. — 1. **Joseph,** théoricien et compositeur *(Philippeville, Pays-Bas, 1762 - Charenton 1842).* Précocement doué, il s'installa en 1785 comme organiste à Lyon. Lors de la Révolution, il dut changer de métier. Royaliste convaincu, il participa à la résistance lyonnaise contre la Convention, et fut bientôt obligé de se réfugier en Suisse. Il revint à Lyon en 1795. En 1800, il s'installa à Paris, et y fonda une maison d'éditions musicales, publiant notamment ses propres compositions (romances, sonates, œuvres lyriques). Mais il se consacra surtout à des études et écrits théoriques : *Cours complet d'harmonie et de composition* (3 vol., 1803-1806), *Nouveau Solfège* (1808), *la Seule Vraie théorie de la musique* (1821). Il écrivit également les articles du 2ᵉ volume, et fut la partie « musique » de la *Grande Encyclopédie méthodique.* Il songeait à une réforme de la gamme, et développa une conception originale de la formation des tonalités, s'opposant aux théories de Rameau. Malheureusement, ses principes de base se révélèrent faux. Mais ses définitions de la consonance et de la dissonance sont assez intéressantes, et ses positions sur l'enharmonie devaient trouver des applications inattendues chez les compositeurs du XXᵉ siècle. Ami de Grétry, il se brouilla avec lui sur des questions théoriques. En 1814, il composa la cantate *le Retour des Bourbons et de la paix,* et plus tard des *Couplets à Sa Majesté Charles X.* Il composa trois opéras : *le Baron de Felsheim* (avant 1800), *la Nouvelle Laitière* (1809), *Arlequin Cendrillon* (1800).

En 1810 il céda sa maison d'éditions à son associé Charles Rifaut, et en 1828 il se retrouva complètement ruiné. Grâce à l'appui de Cherubini et d'Auber, il put obtenir une pension, mais mourut à l'asile de Charenton. — 2. **Georges Joseph,** organiste et compositeur, fils du précédent *(Vire 1812 - id. 1875).* Il fit ses études musicales au Conservatoire de Paris dans les classes de Zimmermann et de Reicha. Nommé organiste à la chapelle Saint-Denis, il conserva ce poste toute sa vie. Il composa des motets, des cantiques, qui furent adoptés par certaines maîtrises parisiennes, mais surtout des romances et des pièces pour piano ou orgue.
A. L. et S. W.

MOMOPRÉCOCE. Fantaisie pour piano et orchestre d'Heitor Villa-Lobos, composée en 1929 et créée la même année à Amsterdam par sa dédicataire Magda Tagliaferro et l'Orchestre du Concertgebouw dirigé par Pierre Monteux. Le titre signifie « Môme précoce », mais « Momo », au Brésil, est également le roi du Carnaval. Le matériau musical, tiré d'un recueil de huit pièces pour piano de 1920, *le Carnaval des enfants brésiliens,* contient de charmantes mélodies populaires. *Momoprécoce* se présente comme une série de tableaux particulièrement enjoués, évoquant des enfants déguisés se jetant à corps perdu dans les festivités. P. V.

MOMPOU *(Federico),* compositeur espagnol *(Barcelone 1893).* Encouragé dans sa vocation dès son enfance, il suivit les leçons du fameux Liceo de sa ville natale avant de se rendre à Paris (1911) où il paracheva sa formation de pianiste et de compositeur (notamment auprès de Marcel Samuel-Rousseau). Rentré à Barcelone durant la Première Guerre mondiale, il revint à Paris en 1921 ayant surtout composé pour le piano selon une devise annonçant bien quelle sera la rareté de l'œuvre : « Recommencer ». De ces années passées en Espagne datent donc les *Impressions intimes* (1911-1914), les *Scènes d'enfants* (1915-1918), les *Crèches* (1914-1917), *Suburbis* (1916-17), les *Cantos mágicos* (1917-1919), les *Fêtes lointaines* (1920), *Charmes* (d'après Valéry, 1920-21), enfin les *Trois Variations* (1921), ainsi que les trois premiers éléments du cycle *Canço i dansa* (I-IV, 1921-1928). Le critique Émile Vuillermoz, découvrant cet ensemble exceptionnel, proclama le génie de Mompou et imposa son nom aux curieux des « années folles ». Mompou ne rentra en Espagne (mais définitivement) qu'en 1941. Une bonne part de sa musique naquit donc à Paris, dans l'orbite d'Erik Satie puis du groupe des Six.

Après son retour à Barcelone, Mompou confia encore au piano huit *Canço i dansa,* trois *Paisajes* (1942-1960), *Cançon de cuna* (berceuse, 1951), *Dix Préludes* (1927-1951), auxquels devait s'ajouter un onzième (1960), enfin quatre cahiers de quelque vingt pièces chacun de *Música callada* (« Musiques du silence », 1959-1974). Il écrivit, en outre, *Cinq Chansons sur des textes de Paul Valéry* (1973) ainsi que plusieurs œuvres chorales (dont un oratorio, *Improperios*), tendant à renouer avec la tradition grégorienne.

Cette attitude est caractéristique de l'esthétique de Mompou, soucieux de s'exprimer dans un langage hors du temps et des modes, selon la « simplicité » qui apparut comme un idéal à nombre d'artistes au lendemain du symbolisme. Mompou put se dire « primitiviste », mais au sens où Gauguin aussi se voulut « primitif » : avec tout l'acquis de la culture occidentale, seule susceptible de nous faire complices de tous les vertiges et de toutes les magies. Une bonne part de l'art de Mompou a été confiée au piano dans ce but : l'instrument familier devait sonner chez lui comme nulle part ailleurs, et faire preuve de délicatesses, de nuances inouïes. Mompou supprima la barre de mesure pour donner à son mélodisme une ductilité absolue et harmonisa la ligne très pure de ses mélodies (pratiquement aucun « ibérisme » en sa musique) avec une générosité toujours naturelle mais cependant surprenante, son souci primordial restant la sonorité, enrichie notamment par des phénomènes de résonance, à la fois sollicités et dominés.

Avec Déodat de Séverac, Mompou fait partie de ces musiciens qui, sans chercher à révolutionner, ont su faire entendre une voix dont les inflexions, sitôt perçues, nous deviennent volontiers nécessaires, irremplaçables. M. Mt.

MOND (DER) [all. ; « la Lune »]. Opéra en 3 actes de Carl Orff (livret et musique) d'après un conte des frères Grimm, créé à Munich en 1939.

Quatre jeunes garçons habitaient un pays où les nuits étaient particulièrement noires, la lune n'y paraissant jamais. Aussi furent-ils émerveillés de la trouvaille qu'ils firent, dans un autre pays, d'une grosse boule lumineuse accrochée à un arbre. Ils l'emportèrent et l'installèrent dans un arbre de chez eux. Beaucoup plus tard, sentant venir la mort, les quatre vieillards se partagent la boule pour la transporter dans l'au-delà. Mais voilà que la lune reconstituée par leurs soins illumine le séjour des morts, qui se remettent à vivre. Pour mettre bon ordre à cette situation anormale, saint Pierre confisque l'objet et va le suspendre dans le ciel.

La partition est d'une naïveté voulue qui correspond parfaitement à l'esprit du conte. M. T.

MONDO DELLA LUNA (IL). Opéra en trois actes (du genre dramma giocoso) Hob.XXVIII.7 de Haydn sur un livret d'après Carlo Goldoni, créé à Esterháza le 3 août 1777.

ACTE PREMIER. *Sur la terrasse de sa maison, à minuit et par un ciel étoilé, le faux astrologue Ecclitico (t) et quatre disciples chantent un hymne à la lune. Entre le vieux barbon Buonafede (bar), qui demande à se servir du télescope d'Ecclitico. Grâce à cet instrument, Buonafede contemple des merveilles censées se dérouler sur la lune. Il s'éloigne enchanté. Ecclitico confie alors à ses disciples que ce n'est pas l'argent de Buonafede qui l'intéresse, mais sa fille Clarice (s). Entrent son ami Ernesto (a), amoureux de Flaminia (s), l'autre fille de Buonafede ; et Cecco (t), valet d'Ernesto et amoureux de Lisetta (ms), servante de Buonafede. Ecclitico leur annonce un plan infaillible pour parvenir à leurs fins, à condition qu'ils aient de l'argent prêt. (Une chambre chez Buonafede.) Pour échapper à leur père, Clarice et Flaminia aspirent au mariage. Flaminia craint qu'il ne s'agisse d'un nouvel esclavage, Clarice estime au contraire qu'Ecclitico sera si occupé à observer la lune qu'il laissera à sa femme la plus grande liberté. De son côté, Buonafede promet à Lisetta, qui n'est pas dupe, toutes les merveilles du télescope. Arrivée d'Ecclitico, qui annonce que l'empereur de la lune vient* de l'inviter à sa cour, qu'il gagnera grâce à un breuvage magique. Eclitico ayant consenti à lui laisser la moitié du breuvage, et l'ayant assuré que l'empereur acceptera de recevoir également ses filles et sa servante, Buonafede porte la coupe à ses lèvres, croit s'envoler vers la lune, et en réalité s'endort profondément. Clarice et Lisetta, d'abord inquiètes, car elles le croient mort, se consolent à la pensée de l'héritage.

Acte II. (Un jardin fantastique [chez Ecclitico] soi-disant situé sur la lune). *Buonafede s'éveille : des danses sont exécutées devant lui, on lui apporte de somptueux habits, Ecclitico lui annonce que ses filles et sa servante le rejoindront bientôt. Arrivée de l'empereur de la lune, qui n'est autre que Cecco déguisé. Il accepte de faire venir Clarice et Flaminia, mais exige Lisetta pour lui-même. Ernesto explique à Buonafede comment, sur la lune, on parvient à dompter les femmes. Buonafede, resté seul, tombe en extase devant tant de merveilles. Lisetta arrive les yeux bandés, et malgré les protestations de Buonafede, Cecco la proclame impératrice de la lune. Flaminia et Clarice arrivent à leur tour dans une machine volante : l'empereur confie la première à Ernesto, la seconde à Ecclitico. La cérémonie des noces de l'empereur et de l'impératrice commence. Par ruse, Buonafede est amené à donner ses filles à leurs soupirants respectifs. Il finit, mais trop tard, par comprendre ce qui s'est passé.*

Acte III. (Une salle chez Ecclitico.) *Celui-ci et Ernesto exigent de Buonafede, comme prix de sa liberté, la dot de leurs femmes. Le barbon finit par céder. Duo d'amour entre Ecclitico et Clarice et réconciliation générale.*

Opéra typiquement bouffe, *Il Mondo della luna* est une œuvre ciselée dans le détail. Le livret est une comédie de situation, une pièce à démonstration relevant de la même tradition que celui de *Cosi fan tutte*, Ecclitico ayant ici à peu près la même fonction qu'Alfonso chez Mozart : celle d'un savant utilisant ses semblables comme objets d'expérience, voire comme victimes. La lune elle-même a son rôle dans cette vision scientifique du monde, celui d'un *deus ex machina* gouvernant les hommes et les choses, qui n'ont plus qu'à se comporter et à agir comme prévu. C'est à la lune considérée comme puissance tutélaire et comme bienfaitrice qu'à la fin de l'ouvrage il est rendu hommage, et son omniprésence se manifeste dans l'opéra au niveau non seulement des paroles, mais de la musique. Deux tonalités lui sont particulièrement attachées : *mi* bémol majeur et *ré* majeur, qui la décrivent respectivement comme objet de désir et comme environnement dans lequel on baigne. L'aérien finale du premier acte, au cours duquel Buonafede prend son vol, est en *mi* bémol, celui du deuxième acte, plus heurté, plus franchement comique aussi avec ses onomatopées du genre *Luna, lena, lino, lana, lana, lino, lunala,* en *ré.*

Il Mondo della luna fut un des premiers ouvrages scéniques de Haydn ressuscités au XXe siècle sous une forme authentique. Ses représentations aux festivals de Hollande et d'Aix-en-Provence en 1959 marquèrent le début de la renaissance de Haydn comme compositeur d'opéras. A noter qu'existent pour les rôles d'Ecclitico, d'Ernesto et de Lisetta des variantes transformant ces personnages de ténor en alto, d'alto en ténor, et de mezzo (voire alto) en soprano. M. V.

MONDONVILLE *(Jean-Joseph Cassanéa de),* violoniste et compositeur français *(Narbonne 1711-Belleville, près de Paris, 1772).* On suppose qu'il fut formé par son père, organiste de la cathédrale de Narbonne. Venu à Paris, il y publia en 1733-34 ses premières œuvres instrumentales (sonates pour violon et basse continue op. 1, sonates en trio op. 2, pièces de clavecin en sonates op. 3). Il fit un bref séjour à Lille, où il composa ses premiers motets, puis revint à Paris. A partir de 1734, il apparut au Concert spirituel, où il joua un rôle de plus en plus important, d'abord comme violoniste, puis comme compositeur. Ses motets, exécutés à partir de 1739, assurèrent sa réputation : *Dominus regnavit, Jubilate Deo, Lauda Jerusalem, Venite exultemus,* etc. Mais il continua à se produire comme violoniste, souvent en duo avec le flûtiste Blavet, le violoniste Guignon, la soprano Marie Fel. Le *Mercure de France* publia sur lui des comptes rendus élogieux. En 1752, lors de la Querelle des bouffons*, il prit vigoureusement parti pour la musique française et représenta le « coin du roi ». De 1755 à 1762, il fut le directeur du Concert spirituel.

En même temps que compositeur religieux, il se révéla comme compositeur d'opéras et de ballets, et obtint deux succès importants avec le ballet héroïque *le Carnaval de Parnasse* (1749) et surtout avec l'opéra *Titon et l'Aurore* (1753), par lequel il affirma, aux côtés de Rameau, les traditions de la tragédie lyrique française. Toutefois son *Thésée* (1765) fut un échec : on lui reprocha d'avoir utilisé le livret de Quinault déjà mis en musique par Lully. Il composa également trois oratorios : *les Israélites au mont Horeb* (1758), *les Fureurs de Saül* et *les Titans.*

Dans le domaine instrumental, Mondonville réalisa d'intéressantes expériences tendant à élaborer un traitement instrumental de la voix *(Concert de violon avec voix* sur des textes de Psaumes, 1747). Si ses œuvres instrumentales continuent à être jouées de nos jours, c'est surtout grâce à ses motets, qui poursuivra la tradition versaillaise de Delalande, que Mondonville est passé à la postérité. A. L.

MONIUSZKO *(Stanisław),* compositeur polonais *(Ubiel, Biélorussie, 1819-Varsovie 1872).* Il fait ses études d'harmonie et de composition au conservatoire de Varsovie et à Berlin, puis s'installe à Vilno et y enseigne la composition. En 1858, au moment du succès de son opéra *Halka,* il se rend à Varsovie où il séjournera jusqu'à la fin de sa vie. Il est nommé directeur de l'opéra de cette ville. Il est incontestablement considéré comme le plus grand compositeur polonais d'opéras et de mélodies. *Halka,* le premier opéra national polonais, le rendit célèbre, et synthétise en quelque sorte les intentions esthétiques et les moyens techniques que des compositeurs comme Elsner, Stefani ou Kamienski avaient commencé à explorer, en particulier dans leurs œuvres basées sur des livrets en langue polonaise.

Si l'influence de l'opéra italien est indéniable, notamment dans les œuvres de jeunesse que sont les opérettes comme *Une nuit dans les Apennins* et le *Nouveau Don Quichotte,* Moniuszko ne recherche pas moins un style spécifiquement polonais susceptible de toucher l'âme populaire à travers une réactualisation de ses traditions. C'est donc bien l'essence de la mythologie polonaise qui se trouve impliquée dans les opéras *la Comtesse* (1858-59), *The Raftsman* (1858), *Paria* (1859-1869), ou les cantates *Milda* (d'après un roman de J. I. Kraszewski) et *Nijola.*

Plus globalement, Moniuszko n'a cessé de s'adresser, à travers son œuvre, au tempérament musical polonais, notamment dans ses mélodies (12 fascicules d'environ 400 chants qui connurent un vif succès auprès des couches moyennes de la société polonaise). Tandis que Chopin dépasse toute spécificité nationale, Moniuszko peut prétendre représenter, au cœur même de son pays, la Pologne du XIXe siècle. Sa popularité fut telle que soixante-dix mille personnes assistèrent à ses funérailles. J.-Y. B.

MONK *(Thelonious),* pianiste et compositeur de jazz américain *(Rocky Mount, Caroline du Nord, 1920-Englewood, New Jersey, 1982).* Il fut, en 1941-42, le pianiste attitré du Minton's Playhouse, à New York, et, de ce fait, il participa activement, aux côtés de Dizzy Gillespie, Charlie Christian et Kenny Clarke — et, plus tard, de Charlie Parker —, aux fameuses *jam sessions* où s'élabora le langage de l'école *bop.* En 1942, il accepta un engagement dans l'orchestre de Lucky Millinder ; et, en 1944, il entra dans l'ensemble de Coleman Hawkins à l'Onyx Club et enregistra avec lui son premier disque. Ce furent là les seuls chefs d'orchestre avec lesquels collabora ce grand individualiste. Paradoxalement, lorsque le style *bop* connut une flambée de succès après la guerre, Monk fut tenu à l'écart de la célébrité. On voulut bien reconnaître en lui l'un des initiateurs de la nouvelle école ; on le baptisa même, peut-être ironiquement,

« Grand prêtre du be-bop » ; mais pendant douze ans on ne l'entendit guère. Quelques disques (*Misterioso*, *Criss-Cross*) restent de cette période où il joua parfois, en solo ou en trio, dans de petits clubs. Cette traversée du désert prend fin lorsque, en 1957, Monk, engagé au Five Spot Café, voit y affluer public et musiciens. On le redécouvre. Il a donné, depuis lors, d'innombrables concerts, dont le plus fameux reste celui de Town Hall (1959), auquel participait un orchestre que dirigeait l'arrangeur Hall Overton.

Pianiste aux ressources techniques très limitées, Thelonious Monk est l'un des artistes les plus originaux de l'histoire du jazz. On lui doit d'importantes innovations dans les domaines du solo, de l'accompagnement et de la thématique. Soliste, Monk s'impose par un son d'une dureté exceptionnelle, une attaque incisive et virile, une accentuation abrupte, qui favorise le *swing*, et par une invention mélodique souvent déconcertante, quelquefois marquée au coin d'un humour corrosif. Utilisant, comme les autres musiciens de sa génération, des structures fixes telles que le blues de douze mesures, il les articule dans un esprit d'asymétrie qui leur confère un équilibre nouveau. Accompagnateur, il contribue au moyen d'un système de figures sonores isolées ou enchaînées, opposées les unes aux autres par des changements de registre abrupts, à créer une texture discontinue d'une grande complexité. Il sait admirablement calculer le poids d'une dissonance et la densité d'une attaque pour les combiner et les projeter ensemble au point précis de l'espace musical où l'impact sera le plus sensible, relativement à une certaine longueur qu'il se propose de donner au son, et surtout au silence qui l'entoure. Ce type d'accompagnement, qui ne convient pas à tous les solistes — Miles Davis, entre autres, l'a récusé — se conjugue avec une vision très personnelle du système tonal, que l'on retrouve dans les principaux thèmes de Monk : *Epistrophy*, *Eronel*, *Off Minor*, *Little Rootie Tootie*, *Straight No Chaser*, et même dans le très simple *Blue Monk*.

Auteur d'un ensemble thématique considérable — sans aucun doute le plus riche que l'on puisse trouver dans le jazz en dehors d'Ellington —, Monk reste une figure solitaire, presque marginale : ses thèmes ont été le plus souvent rejetés par ses contemporains, à l'exception de la très belle ballad *Round'bout Midnight*, devenue l'une des plus célèbres pièces du répertoire jazzistique. A. H.

MONN (à l'origine MANN), famille de musiciens autrichiens. — 1. **Matthias Georg,** organiste et compositeur *(Vienne 1717 - id. 1750).* Il s'appelait Johann Georg Matthias, mais changea son prénom pour éviter toute confusion avec son frère. Organiste à la Karlskirche à partir de 1738, il fut avec Wagenseil le principal représentant de l'école préclassique viennoise. Il est l'auteur de la plus ancienne symphonie connue en quatre mouvements avec menuet en troisième position (1740), mais cette œuvre constitue dans sa production un cas isolé : toutes ses autres symphonies sont en trois mouvements. On lui doit aussi de la musique de chambre dont six quatuors à cordes faits chacun d'un mouvement lent et d'une fugue, des pages religieuses, et des concertos dont sept pour clavecin (l'un d'eux fut « recomposé » par Schönberg en 1932 pour violoncelle et orchestre) et un pour violoncelle (édité par Schönberg en 1911-12). — 2. **Johann Christoph,** pianiste et compositeur, frère du précédent *(Vienne 1726 - id. 1782).* Il fut surtout connu en son temps pour ses œuvres pour clavier. Des symphonies publiées en 1912 sous le nom de Monn dans la série *Denkmäler der Tonkunst in Oesterreich* avec une attribution globale à Matthias Georg, certaines sont en réalité de lui. M. V.

MONNET *(Marc),* compositeur français *(Paris 1947).* Après des études au Conservatoire de Paris, il a travaillé à l'École supérieure de musique de Cologne avec Mauricio Kagel et a suivi les cours d'été de Darmstadt (avec Stockhausen, Ligeti, Xenakis, Kagel) ; il a été pensionnaire de la Villa Médicis à Rome (1976-1978). Son écriture se caractérise par l'emploi, pour chaque partition, de systèmes originaux poussés à l'extrême et se traduisant parfois par une rugosité de la matière sonore. Par leur rejet de l'idée de développement, certaines partitions *(Musiques en boîte)* créent une forte obsession auditive, alors que d'autres *(Fantasia Semplice)* sont d'une écriture plus subtile et éphémère. Globalement, il fait montre d'un tempérament inventif et ne craignant pas la contradiction. On lui doit notamment : *Pour six pianistes* (1974) ; *Dialectique,* pour guitare (1976) ; *Pour bouche et quelques objets,* pour un acteur et quelques objets (1976) ; *Éros Machina,* pour 2 guitares électriques et bande (1978) ; *Musiques en boîte,* ensemble de trois partitions formé de *Boîtes en boîte à musique à système,* pour 2 pianos (1977), de *Musique(s) en boîte(s) à retour à* (1977) et de *Succédané spéculatif de boîte,* pour clavecin (1978) ; *Du bas et du haut ou du haut et du bas,* pour 13 instruments (1978-79) ; *Fantasia semplice,* pour violoncelle solo (1980) ; *Membra disjecta* (1978-1980), ensemble de six partitions comprenant *Solos de trios,* pour 3 percussionnistes, *les Accrocs devant les accords,* pour luth, *Du soleil et de la lune,* pour soprano, lecteur, piano et petit ensemble, *la Joie du gaz devant les croisées,* pour piano, *Roue lubrique,* pour monocorde de Poussot, et *Livre fragile,* pour 16 voix solistes (les quatre premières ont été créées à Metz en 1980) ; *la Scène,* pour 16 musiciens (1981-82). M. V.

MO-NO. *(Musik zum Lesen,* all. ; « Musique à lire »). Livre de Dieter Schnebel (1969) comportant des textes, des bribes de notation conventionnelle et des graphismes symboliques destinés à solliciter l'imagination du lecteur-auditeur pour l'élaboration de « cheminements auditifs » *(Gehörgänge).* Le lecteur lit seul — d'où le titre. Le compositeur attire l'attention du lecteur sur les sons-bruits de l'environnement quotidien, ainsi que sur la musique imaginaire qui surgit perpétuellement en nous, à partir des sons réels ou irréels. I. S.

MONOCORDE. Instrument à archet, constitué par une caisse de résonance prolongée d'un long manche et monté d'une seule corde. D'origine très ancienne, et cela dans presque toutes les civilisations, il n'a plus droit de cité qu'au cirque après avoir été la « trompette marine » chère au Bourgeois gentilhomme de Molière. M. T.

MONODIE. (gr. ; *monos,* « seul », et *ôdê,* « chant »). Au sens propre, chant sans accompagnement. Monodie s'oppose parfois à polyphonie*, et dans cette acception peut englober des chants collectifs à l'unisson, ainsi que des chants accompagnés s'ils ne sont pas à voix différentes. J. C.

MONOPHONIE. Mode de propagation de l'information, selon lequel le message musical est capté, enregistré et reproduit par un unique canal de transmission de l'information. En matière de disque, la monophonie a été la seule technique utilisée depuis les débuts de l'enregistrement jusque vers 1960, date à laquelle sont apparus les disques gravés en stéréophonie. La chaîne d'enregistrement se compose, en monophonie, d'un microphone permettant de graver, soit directement, soit par l'intermédiaire d'une inscription magnétique à une seule piste, le sillon d'un disque dont les deux flancs reçoivent une déformation identique. A la reproduction, on utilise une seule chaîne électronique et un seul transducteur électroacoustique (haut-parleur ou enceinte acoustique). Lors de la transmission d'une information stéréophonique à deux canaux (ou davantage), il suffit qu'un seul des maillons de toute la chaîne soit monophonique pour que la restitution soit également monophonique.

D'un phénomène sonore situé dans l'espace (donc à trois dimensions), la monophonie donne une image uniquement ponctuelle, et par conséquent dépourvue

de relief, qu'il est impossible de localiser en largeur, en profondeur ni en hauteur dans l'espace acoustique. Cette image ponctuelle est située au centre du haut-parleur. Par ailleurs, la monophonie ne rend pas compte exactement de la perception du son par les deux oreilles de l'auditeur, avec les déphasages que cela implique entre les deux informations parvenant aux tympans ; cette limitation entraîne une altération dans la qualité de la reproduction des timbres musicaux.
G. C.

MONSIGNY (*Pierre Alexandre*), compositeur français (*Fauquembergues 1729 - Paris 1817*). Des circonstances matérielles difficiles ne permirent pas à Monsigny d'exercer le seul métier de musicien. Après des études au collège jésuite de Saint-Omer, il prit en 1749 un emploi chez M. de Saint-Julien, receveur général du clergé en France. On ne sait rien de sa formation musicale, sinon qu'il fut quelques mois l'élève de Gianotti, contrebassiste à l'Opéra et au Concert spirituel. Plus déterminante pour son développement artistique fut la bienveillance du duc d'Orléans, chez qui Monsigny put s'ouvrir aux courants musicaux et dramatiques les plus récents. Son premier opéra, *les Aveux indiscrets* (1759), le plaça d'emblée au même niveau que Duni et Philidor — ce dernier représenta la même année son *Blaise le savetier*. Monsigny fut cependant moins prolifique que ses pairs, et ne fit jouer que douze opéras-comiques et un ballet héroïque, *Aline reine de Golconde* (Académie royale de musique, 1766). Il est encore plus remarquable de le voir abandonner la composition à quarante-huit ans, après *Félix ou l'Enfant trouvé* (1777), sans doute en raison d'une cécité croissante. Après avoir exercé la charge de maître d'hôtel du duc d'Orléans, Monsigny devint en 1785 inspecteur des canaux d'Orléans. La Révolution lui fit perdre ses revenus fixes et Monsigny connut la pauvreté en dépit des fréquentes reprises de ses œuvres et de leur grande diffusion à l'étranger.

Le rythme de production relativement lent de Monsigny est probablement imputable à ses activités non musicales, car son style mélodique laisse supposer au contraire une inspiration facile et une imagination aux registres très variés. Dans la veine de l'opéra-comique traditionnel, son principal succès fut *Rose et Colas* (1764), sur un livret de Sedaine ; le naturel des lignes vocales y est relevé par un recours occasionnel à une écriture plus complexe (trio fugué « Mais ils sont en courroux », quintette « Ceci me paraît fort »). Mais l'originalité de Monsigny apparaît surtout dans les œuvres à caractère sentimental, qui contribuèrent de manière décisive à l'évolution de l'opéra-comique français : *le Roi et le Fermier* (1762), *le Déserteur* (1769), *la Belle Arsène* (1773), *Félix* (1777), tous sur des textes de Sedaine.

Une collaboration étroite avec son poète permit à Monsigny de réaliser des expériences d'une grande nouveauté, en particulier dans le domaine de la continuité musicale. Le duo entre Jenny et Richard (*le Roi et le Fermier*, acte I, sc. 10) est interrompu par des bruits d'orage, se prolonge par un entracte descriptif, lequel introduit à son tour le duo de Rustaut et de Charlot, au début de l'acte II. Le procédé est poussé beaucoup plus loin à la fin du *Déserteur* (acte III, sc. 11 à 15), où la musique nous fait passer de la prison d'Alexis à une place publique, et emporte dans un même mouvement la catastrophe et le dénouement de la pièce.
M. N.

MONTAGE. Technique utilisée dans l'enregistrement sonore sur magnétophone. Elle consiste, comme au cinéma avec la pellicule photographique, à choisir et à raccorder entre elles les meilleures « prises » d'une exécution musicale pour établir une bande définitive correspondant à l'interprétation idéale de l'artiste ou de la formation enregistrée. Sur une bande magnétique défilant à 38 cm/s, une noire d'un morceau marqué *andante* (60 à la noire) occupe 38 cm de bande, et une double croche dans le même mouvement occupe donc 9,5 cm. C'est dire à quel point est grande la latitude d'intervention du technicien pour couper ou retoucher dans la matière sonore inscrite sur la bande. Ainsi, l'art du montage s'étant développé, on en est venu à pouvoir isoler une seule note inexacte pour la remplacer par la même, bien exécutée, empruntée à une autre prise ; ou à « nettoyer » la bande d'imperfections, de bruits parasites, etc.

Une question se pose, cependant : la bande ainsi montée est-elle représentative de la réalité musicale d'une exécution, et ne risque-t-on pas, de la sorte, d'aboutir à une sorte de perfection abstraite et glacée, sans rapport avec la communication « à chaud » qui est le propre de l'exécution en concert ? Poussé trop loin, en effet, le montage d'épisodes et de fragments enregistrés en des moments différents mène à la création d'une sorte d'« art fictif » qui perd tout rapport avec la réalité, avec pour conséquence le désappointement de certains mélomanes discophiles lorsqu'ils se retrouvent en contact avec la musique vivante au concert ; il risque aussi de contribuer à créer de fausses valeurs artistiques d'interprètes qui donnent ainsi mieux qu'ils ne sont capables de le faire dans la continuité d'une exécution. C'est pourquoi certains musiciens préfèrent enregistrer par longues séquences, et n'en appeler au montage que pour quelques « raccords » indispensables. De même, bien des amateurs de disques, suivis en cela par les éditeurs, préfèrent aujourd'hui revenir aux prises « sur le vif », au cours de concerts publics, lesquelles, malgré leurs imperfections techniques éventuelles, sont bien davantage un témoignage de l'art des interprètes ainsi photographiés en « instantané ».

A l'actif du montage, cependant, il faut retenir la possibilité, qu'ont un directeur artistique et un ingénieur du son dotés de sensibilité musicale et de respect de l'artiste qu'ils enregistrent, d'en donner un portrait sinon idéal, du moins correspondant au mieux à son art d'interprète.
G. C.

MONTAGNANA (*Domenico*), luthier vénitien (*Lendinara v. 1690 - Venise 1750*). Sa vie est assez mal connue, en particulier ses années de formation. Il semblerait qu'il ait été, en fait, l'élève puis l'assistant de Matteo Goffriller, avant de travailler indépendamment à Crémone vers 1711-12, puis de s'établir définitivement à Venise en 1721. Peu de ses instruments sont signés et leur ressemblance avec certains stradivarius rend leur identification encore plus difficile. Ses altos sont encore des instruments de référence à l'heure actuelle et ses violoncelles lui valurent une renommée qui n'a pas faibli aujourd'hui. Il est considéré, avec Stradivarius et Amati, comme l'un des plus grands luthiers de cette époque.
D. H.

MONTE (*Philippe de*), compositeur flamand (*Malines 1521 - Prague 1603*). Nous ignorons tout de sa vie avant 1542, date à laquelle il est au service de Cosme Pinelli à Naples. Après ses années de formation et de jeunesse en Italie, il entre (1554-55) dans la Chapelle anglaise de Philippe II d'Espagne (qui avait épousé Marie Tudor) à Londres, s'y liant d'amitié avec William Byrd. Puis il passe trente-cinq ans (1568-1603) à Vienne ou à Prague comme maître de chapelle de la cour impériale sous Maximilien II et Rodolphe II. Il maintient néanmoins des rapports suivis avec son pays où il recrute des musiciens, est nommé trésorier (1572) puis chanoine de la cathédrale de Cambrai (1577).

On a souvent comparé Monte et Lassus : tous deux ont la même formation nordique et italienne, la même destinée (Lassus restera trente-huit ans à la cour de Munich) ; tous deux maîtrisent à merveille cette technique contrapuntique de la tradition franco-flamande et ont subi l'influence du madrigal. Mais Monte est peu attiré par l'expression symbolique, la peinture du détail et le chromatisme. Plus de 1 000 madrigaux témoignent de son goût de la clarté et d'une émotion retenue. Notons, d'autre part, la publication en 1575 d'un livre des *Sonnets* de Ronsard, bien éloigné des chansons du style nouveau et des tentatives humanistes. L'importance de ses œuvres et de ses apports personnels, mais aussi l'habileté avec laquelle il sait tirer parti des modèles traditionnels, notamment dans le genre du motet et de la messe*-parodie, à laquelle il donne une nouvelle dimension, lui confèrent une place de choix aux côtés de Palestrina et de Lassus.

M.-C. L. M.-M.

MONTÉCLAIR (Michel Pignolet de), compositeur français (*Andelot, Haute-Marne, 1667 - Paris 1737*). Il reçoit sa première formation auprès de Jean-Baptiste Moreau à la cathédrale de Langres, où il est chantre dans la maîtrise. En 1687, il s'installe à Paris et entre au service du prince de Vaudémont. Il séjourne ensuite en Italie en compagnie de son maître pendant plusieurs années. Il en profite pour étudier la contrebasse, encore absente de l'orchestre de l'Opéra en France. De retour à Paris vers 1700, il devient maître de musique et trouve un emploi comme « basse du petit chœur de l'Orchestre de l'Opéra ». Il y joue de la contrebasse dans la célèbre « Tempête » de l'acte IV d'*Alcyone* de Marin Marais, et y fait représenter deux ouvrages de sa composition : le ballet *les Fêtes de l'été* (1716) et la tragédie biblique *Jephté* (1732). Cet opéra, outre ses grandes qualités musicales, marque une date importante dans l'histoire. Écrit sur un livret de l'abbé Pellegrin, il est à l'origine de la décision de Rameau de s'engager à son tour dans la voie de compositeur lyrique, d'abord en 1733 avec *Hippolyte et Aricie* et avec le même librettiste. Après le *David et Jonathas* (1688) de Marc Antoine Charpentier, composé pour le collège des jésuites, *Jephté* est en outre le second opéra sur un sujet tiré de l'Écriture sainte à nous être parvenu.

Les autres œuvres de Montéclair sont de dimensions plus réduites : concerts pour divers instruments (flûte, hautbois, violon) et, surtout, de remarquables cantates françaises. Comme l'écrit Sébastien de Brossard en 1703 : « Il règne dans la composition des cantates une certaine liberté qui flatte agréablement le génie de notre nation... » Ses trois livres de cantates ont paru vers 1709, vers 1717 et en 1728 à Paris. Montéclair a également écrit des méthodes et des ouvrages théoriques (*Nouvelle Méthode pour apprendre la musique...*, 1709 ; *Méthode facile pour apprendre à jouer du violon*, v. 1711-12 ; *Principes de musique*, 1736, rééd. Genève, 1972).

C. W.

MONTEMEZZI (Italo), compositeur italien (*Vigasio, province de Vérone, 1875 - Vérone 1952*). Élève de Saladino et de Ferroni à Milan, il obtint son diplôme avec *Bianca*, opéra en un acte qui le situa aussitôt dans un courant postérieur au vérisme, dont il retint néanmoins la force, subissant par ailleurs l'influence de l'harmonie wagnérienne assortie d'une orchestration et d'une conscience dramatique dignes de celles de Puccini. Turin accueillit favorablement *Giovanni Gallurese* (1905), mais son chef-d'œuvre, *L'Amore dei tre re*, déconcerta le public de la Scala de Milan (1913). Cette œuvre puissante, où passent trop d'échos de *Tristan* de Wagner, mais qui contient de merveilleux caractères (notamment celui, fascinant, du vieux roi aveugle Archibaldo), connut une meilleure fortune aux États-Unis où l'auteur se fixa en 1939.

R. M.

MONTEUX (Pierre), chef d'orchestre français naturalisé américain en 1942 (*Paris 1875 - Hancock Maine, 1964*). Il prend ses premières leçons de violon à six ans et dirige à douze ans un concert de charité auquel participe également le jeune Alfred Cortot. De 1885 à 1894, il fait ses études au Conservatoire national supérieur de Paris, dans les classes de Garcin et Berthelier (violon), Lavignac (harmonie) et Lenepveu (contrepoint et fugue). Avant même de remporter son premier prix de violon, il travaille comme second violon aux Folies-Bergère (1889-1892), puis, en 1893, comme premier altiste à l'Opéra-Comique, et bientôt également comme chef assistant aux concerts Colonne (jusqu'en 1912), participant aux créations de *Pelléas et Mélisande* et de *la Mer* de Debussy. Encouragé par B. Godard à faire de la musique de chambre, il devient en 1894 l'altiste du quatuor Geloso, puis du quatuor Tracol. De 1908 à 1914, il dirige l'été l'Orchestre du casino de Dieppe et fonde les concerts Berlioz, puis en 1914 la Société des concerts populaires (dits concerts Monteux).

Choisi par Diaghilev pour remplacer G. Pierné, il dirige de 1911 à 1914 l'Orchestre des Ballets russes, créant nombre de partitions majeures : *Petrouchka* (1911), *Daphnis et Chloé* (1912), *Jeux* (1913), *le Sacre du printemps* (1913), *le Rossignol* (1914). Une tournée entreprise en 1916 aux États-Unis avec les Ballets russes est suivie par son engagement au Metropolitan Opera de New York (1917-1919), où il dirige tout le répertoire français et crée aux États-Unis *le Coq d'or* de Rimski-Korsakov. Appelé à la tête de l'Orchestre symphonique de Boston (1920-1924), il y poursuit son action en faveur de la musique française. De retour en Europe, il partage son temps entre le Concertgebouw d'Amsterdam, où il devient l'assistant de W. Mengelberg (1924-1934), et l'Orchestre symphonique de Paris, qu'il fonde en 1929 et qu'il dirige jusqu'en 1938. Il crée notamment à Amsterdam la *Troisième Symphonie* de Pijper et à Paris la *Troisième* de Prokofiev (1929) et le *Concerto pour violoncelle* de Honegger (1930). Il fonde également en 1932 une première école de direction d'orchestre. Invité en 1934 par Klemperer à diriger l'Orchestre symphonique de Los Angeles, il prend en main, de 1936 à 1952, l'Orchestre de San Francisco. Il se consacre de plus en plus à l'enseignement dans l'école de direction d'orchestre qu'il fonde en 1941 à Hancock, dans le Maine. Il dirige encore la saison 1953-54 du Met et signe en 1961 un contrat de vingt-cinq ans avec l'Orchestre symphonique de Londres. En 1963, il dirige dans cette ville *le Sacre du printemps*, qu'il avait créé cinquante ans plus tôt à Paris : l'événement est à l'image d'une carrière trop éloignée de son pays natal.

Artisan rigoureux et passionné, Pierre Monteux a joué la sobriété plutôt que l'effet, la clarté plutôt que la séduction. Ses interprétations de Berlioz, de Stravinski et de Brahms chantent avec une tendresse inégalée.

M. W.

MONTEVERDI (Claudio), compositeur italien (*Crémone 1567 - Venise 1643*). Fils d'un médecin crémonais, Monteverdi est initié à la musique, ainsi d'ailleurs que son frère cadet Giulio-Cesare, dès son plus jeune âge, puis reçoit l'enseignement d'un maître réputé, Marcantonio Ingegneri, l'un des premiers polyphonistes de son temps. Remarquable pédagogue, Ingegneri sait donner une formation complète à l'adolescent, au point que, en 1582, Monteverdi publie son premier opus, un recueil de vingt motets à trois voix, les *Sacrae Cantiunculae*, suivi des *Madrigali spirituali* à quatre voix (1583) et des *Canzonette d'amore a tre voci* (1584).

En 1587, le *Premier Livre de madrigaux à cinq voix* marque le véritable début de la carrière publique du musicien, s'agissant de la première œuvre qui ne se ressent plus de l'influence d'Ingegneri, mais laisse parler un style entièrement personnel.

Trois ans plus tard, le *Deuxième Livre de madrigaux* apporte au musicien un début de notoriété. Grâce à la protection d'un noble milanais, le seigneur Ricciardi, Monteverdi peut obtenir un poste de joueur de viole à la cour du duc de Mantoue, Vincenzo Gonzague. Il trouve là un maître exigeant et imprévisible, mais aussi un milieu très favorable à la musique. Malgré un maigre salaire, il participe activement au travail de la chapelle ducale et s'y fait un noyau d'amis sincères comme le conseiller Striggio (qui sera le librettiste de son *Orfeo*).

En 1592, nouveau succès avec le *Troisième Livre de madrigaux*. Troublée par un intermède militaire durant lequel il accompagne son maître parti servir l'empereur Rodolphe II contre l'envahisseur turc puis par un voyage en Flandre, son existence à Mantoue le met en contact avec les premiers musiciens de l'époque et, en particulier, avec le mouvement des *Cameratas* florentines, d'où naîtra l'opéra.

À la mort du Flamand Jacques de Werth, c'est le

médiocre Pallavicino qui est nommé maître de la chapelle ducale : en fait, la direction en est assumée par Monteverdi. Marié à Claudia Cattaneo, fille d'un musicien du duc, le compositeur mène une vie rendue difficile par les soucis matériels et les besoins d'argent.

En 1600, il assiste à la création de l'*Euridice* de Peri, premier mélodrame connu, et doit soutenir une polémique avec le chanoine Artusi qui critiquait âprement les modernismes de son style de madrigaliste. A la mort de Pallavicino, il est enfin nommé maître de la chapelle ducale et publie en 1603 son *Quatrième Livre de madrigaux à cinq voix* où, pour la première fois, il propose aux interprètes l'accompagnement d'une *basse continue*. Le succès rencontré par ce recueil est grand, mais sa situation matérielle demeure mauvaise et sa femme ne se remet pas de la naissance d'un second enfant. En 1605, la publication du *Cinquième Livre de madrigaux* est accompagnée d'une préface qui répond d'une manière définitive aux attaques d'Artusi et précise l'esthétique de la « seconde pratique », fondement de ce que doit être la musique nouvelle.

Puis, à la demande du duc Vincenzo, il écrit son premier drame lyrique, *Orfeo*, représenté en février 1607 à Mantoue. L'ouvrage remporte un succès retentissant et du même coup impose Monteverdi comme le premier musicien dramatique de son temps. Malgré la mort de Claudia, survenue en septembre 1607, Monteverdi entreprend, toujours à la demande de son maître, la composition d'un nouvel opéra (ou plutôt d'un *dramma per musica*, comme on disait alors) : *Arianna* qui est représentée, en mai 1608, au mariage du fils aîné du duc, Francesco Gonzague.

Complétée par deux autres ouvrages lyriques (*Il Ballo delle ingrate* et *L'Idropica*), *Arianna* confirme le succès d'*Orfeo* et la maîtrise de Monteverdi dans l'utilisation du *stile nuovo*, c'est-à-dire du récitatif et de la déclamation accompagnée.

Pourtant, l'avarice du duc n'apporte toujours pas l'aisance matérielle au musicien. Soucieux d'assurer son avenir, Monteverdi écrit une *Messe* et des *Vêpres de la Sainte Vierge*, qu'il offre lui-même, dans l'espoir d'une charge, au pape Paul V, en 1610. Déçu, là aussi, dans ses espoirs, il retourne résigné à Mantoue, jusqu'à la mort du duc Vincenzo, survenue en février 1612, mais ne peut s'entendre avec son successeur, le duc Francesco, brutal et emporté, qui licencie la chapelle quelques mois plus tard.

Revenu dans sa ville natale avec, pour tout bagage, « vingt écus après vingt et un ans de service », Monteverdi ne tarde pas à briguer la charge, glorieuse entre toutes et laissée vacante à la mort de Martinengo, de maître de chapelle à Saint-Marc de Venise. Désigné par les Seigneurs Procurateurs en août 1613, il entre en fonctions presque immédiatement, heureux de connaître enfin, à quarante-six ans, l'aisance matérielle avec la célébrité.

A Saint-Marc, il commande à une maîtrise très importante (l'une des premières d'Europe), mais est également sollicité par de nombreux services et commandes privés. Témoins de ces années fécondes : le *Sixième Livre de madrigaux*, publié en 1614, mais, en fait, écrit tout à la fin du séjour à Mantoue, et le *Septième Livre* de 1619, un recueil essentiel où le musicien abandonne la stricte écriture madrigalesque pour se faire le champion de la monodie expressive (*La Lettera amorosa*) et du style concertant. Puis, toute une série d'ouvrages malheureusement perdus, comme le *Requiem* de 1621 qui semble avoir beaucoup impressionné les contemporains.

En 1624, nouveau chef-d'œuvre : *le Combat de Tancrède et Clorinde*, que Monteverdi écrit pour le chevalier Mocenigo, noble vénitien, « comme passe-temps en veillée de Carnaval ». Le musicien est à présent célèbre jusqu'en Allemagne, et en 1628 c'est à lui que s'adresse Heinrich Schütz, soucieux de se familiariser avec le nouveau style vocal et dramatique de l'école italienne.

Les soucis et les deuils l'éprouvent pourtant à nouveau dans sa vie familiale. Il doit ainsi tirer son fils Massimiliano, compromis dans une affaire de sciences occultes, des prisons du Saint-Office. Puis, en 1631, lors de la grande épidémie de peste qui ravage Venise, il a la douleur de perdre son fils Francesco, qui appartenait à la chapelle de Saint-Marc. Et sans doute, ces chagrins ne sont pas étrangers à sa décision d'entrer dans les ordres en 1632. De grandes œuvres témoignent cependant dans le même temps de la constance de son inspiration. Outre une *Proserpina rapita* écrite à nouveau pour le seigneur Mocenigo en 1630, il compose à la fin de l'épidémie de 1631 une *Messe* d'action de grâces dont l'admirable *Gloria à sept voix* nous a été conservé. Puis, en 1632, il publie un recueil de *Scherzi musicali* dans le style récitatif et, six ans plus tard, le *Huitième Livre de madrigaux guerriers et amoureux*, parfaite synthèse de musique profane où polyphonie, déclamation lyrique et langage concertant se fondent en une suite de pages superbes qui sont autant de scènes d'opéra.

Précisément, c'est le théâtre lyrique qui reste la grande préoccupation du vieux maître, jusqu'à sa mort survenue à soixante-seize ans. Et *le Retour d'Ulysse dans sa patrie* (1640) comme *le Couronnement de Poppée* (1642), même au cas où ils ne seraient pas entièrement de lui, témoignent génialement de cet intérêt persistant, *le Couronnement de Poppée* surtout, modèle d'opéra historique et réaliste où drame et humour interfèrent dans une ambiance quasi shakespearienne. Monteverdi y atteint à une perfection expressive et formelle qui n'a jamais été surpassée depuis. Tout comme dans ses dernières œuvres religieuses (le monumental recueil de *la Selva morale e spirituale* de 1641, puis l'édition posthume de la *Messa a quattro voci e Salmi*, en 1650) qui « ne cessent de parler à l'homme, tout en s'adressant à Dieu ».

« Ariane m'émouvait parce que c'était une femme, et Orphée m'incitait à pleurer parce que c'était un homme et non pas le vent. » Cet aveu de Monteverdi, clé de sa poétique musicale, indique que, chez lui, l'émotion commande toujours à l'imagination (à ceci près qu'elle ne cesse d'être contrôlée par une esthétique exigeante).

L'autre composante du musicien est sa *modernité*, trait que lui reconnaissaient déjà ses contemporains et dont témoigne la théâtralité d'une œuvre qui invite toujours l'auditeur à suivre le cours de quelque représentation scénique, ne serait-ce que par la pensée, et qui fait passer le souffle de la vie avec la vérité des sentiments (« car », précise-t-il dans sa fameuse réponse à Artusi, « le compositeur moderne bâtit ses œuvres en les fondant sur le vrai »).

Compositeur moderne, expressif et réaliste, Monteverdi l'est donc à chaque étape de sa production et dans tous les genres qu'il a abordés, du madrigal au drame lyrique.

La madrigaliste d'abord, qui se libère progressivement des strictes règles d'écriture pour annexer, à partir du *Cinquième Livre*, toutes les conquêtes de la « seconde pratique » (sans verser cependant dans les *stravaganze* harmoniques chères à Gesualdo). Et qui œuvre ainsi au mariage de toutes les techniques de chant connues, de la polyphonie à l'opéra, dans le jaillissement exemplaire du *Huitième Livre*, triomphe du genre « représentatif » et miroir profond des passions humaines, où théâtre et musique s'interpénètrent continuellement.

Le musicien religieux ensuite, qui suit pratiquement le même parcours, partant des modes ecclésiastiques et du style *osservato* pour devenir le champion de la nouvelle manière dans la fastueuse liturgie du *Vespro*, qui fait voler en éclats la tradition et où passe le souvenir d'*Orfeo* avec son riche orchestre.

Le musicien lyrique enfin, qui n'a pas créé l'opéra à partir de rien (comme on a pu l'écrire trop souvent, dans le passé), mais qui, au contraire, a su profiter au maximum des essais des mélodramatistes — qui pensaient retrouver les secrets de la tragédie grecque par la monodie — pour atteindre d'emblée, avec *Orfeo*, à un équilibre miraculeux entre la magie du chant et les nécessités du verbe. Dans les trois cas, Monteverdi apparaît comme l'un des génies les plus inventifs de l'histoire musicale, comme l'un des plus actuels et *présents* à notre époque, et aussi comme un grand humaniste, épris de dignité et de liberté, le premier sans doute à avoir compris que pour être investie d'un pouvoir dramatique exemplaire, la musique devait être totalement rendue au monde des sentiments et se faire la servante inconditionnelle de la parole.

Œuvres principales (ne figurent ici que les œuvres qui sont parvenues jusqu'à nous). — *Œuvres dramatiques.* Orfeo, opéra (1607). Arianna, opéra (1608) [Musique de cette dernière œuvre perdue à l'exception du célèbre *Lamento*.]. *Il Ballo delle ingrate*, ballet (1608). *Tirsi e Clori*, ballet (1616). *Il Combattimento di Tancredi e Clorinda*, cantate dramatique (1624). *Volgendo il cielo*, ballet dédié à l'empereur Ferdinand d'Autriche (1636). *Il Ritorno di Ulisse in patria*, opéra (1640). *L'Incoronazione di Poppea*, opéra (1642).

Œuvres madrigalesques. Canzonette a tre voci (1584). *Il Primo Libro di madrigali a cinque voci* (1587). *Il Secundo Libro di madrigali a cinque voci* (1590). *Il Terzo Libro di madrigali a cinque voci* (1592). *Il Quarto Libro di madrigali a cinque voci* (1603). *Il Quinto Libro di madrigali a cinque voci* (1605). *Scherzi musicali a tre voci* (avec la collaboration de Giulio-Cesare Monteverdi, 1607). *Il Sesto Libro di madrigali a cinque voci, con uno dialogo a sette* (1614). *Concerto. Settimo Libro di madrigali a 1, 2, 3, 4 e 6 voci, con altri generi di canti* (1619). *Scherzi musicali cioè Arie e Madrigali in stile recitativo, con una ciacona a 1 e 2 voci...* (1632). *Madrigali guerrieri e amorosi con alcuni opuscoli in genere rappresentativo, che saranno per brevi episodii i canti senza gesto, Libro ottavo* (1638). *Madrigali e canzonette a due e tre voci, Libro nono* (1651).

Œuvres religieuses. Sacrae Cantiunculae tribus vocibus (1582). *Madrigali spirituali a quattro voci* (1583). *Sanctissimae Virgini Missa senis vocibus ad ecclesiarum choros A Vespere pluribus decantandae cun nonnullis sacris concentibus ad Sacella sive Principum cubicula accomodata* (« Messe et Vêpres de la Sainte Vierge », 1610). *Selva morale e spirituale* (1641). *Messa a quattro voci e Salmi a una, due, tre, quattro, cinque, sei, sette e otto voci, concertati e parte da cappella, e con le Letanie della B. V.* (1650).   R. T.

MONTRE. Jeu d'orgue de la famille des principaux, dont tout ou partie de la tuyauterie se trouve placé en façade, ou « en montre ». Cette disposition en privilégie la puissance sonore sur tous les autres jeux de fond. Les grands instruments disposent, outre une montre de 8 pieds, sonnant à l'unisson de la voix, d'une montre de 16 pieds, sinon même de 32 pieds ; quant au buffet de positif, plus petit, il est doté d'une montre de 4 pieds. L'ensemble des tuyaux ainsi montrés à l'auditoire prend le nom générique de montre. Mais les dispositions prévues par les architectes ou constructeurs de certains buffets d'orgue imposent parfois de placer en façade des tuyaux factices ; on leur donne alors, par dérision, le sobriquet de « chanoines ».   G. C.

MONUMENT, ÉDITION MONUMENTALE. En musicologie, publication d'œuvres musicales dotée d'un apparat critique, se référant aux sources (manuscrit, première édition). Le terme « monument » est apparu dans cette acception au XIXe siècle lors de la redécouverte des « monuments de la culture », et qualifie donc la valeur des œuvres et non le volume de l'édition. Il existe deux types d'éditions monumentales, selon qu'elles se présentent sous forme de collection consacrée à une époque ou à un genre donné (par exemple, *Corpus mensurabilis musicae, Denkmäler deutscher Tonkunst, Musica Britannica*, etc.), ou sous forme d'édition intégrale des œuvres d'un auteur (par exemple, *Neue Bach Ausgabe, Joseph Haydn Werke, New Berlioz Edition*, etc.).   A. L.

MONUMENT, SELBSTPORTRAIT, BEWEGUNG (all. ; « Monument, Autoportrait, Mouvement »). Ensemble de trois pièces pour deux pianos composées par György Ligeti au début de l'année 1976, et créées le 15 mai 1976 à Cologne par Alfons et Aloys Kontarsky. D'une durée d'environ dix-sept minutes, ce triptyque reste jusqu'à ce jour la seule œuvre purement pianistique composée par Ligeti depuis son émigration de Hongrie en 1956. « On joue exclusivement sur les touches, et les possibilités de l'instrument et des mains sont exploitées comme dans Scarlatti, Schumann ou Chopin, ceci d'un point de vue strictement pianistique. Stylistiquement, ces pièces ont peu de chose à voir avec la musique de piano traditionnelle — excepté dans la troisième pièce, *Mouvement*, quelques allusions au romantisme de Schumann et de Brahms. Le point de départ conceptuel est le fait que deux pianistes jouent. D'un côté donc, l'existence de deux instruments de même timbre, qui peuvent s'unir pour donner une sonorité commune — les structures musicales naissent justement de cette symbiose des deux pianos —, d'un autre côté la possibilité de créer une polyrythmie complexe et des décalages métriques du fait de l'indépendance mutuelle des deux interprètes. Dans *Monument* la tâche technique principale est la différentiation des intensités. Les pianistes jouent en une succession dense et abrupte *fortissimo, piano, forte, mezzopiano, pianissimo*, etc., dans une permutation sans cesse renouvelée et pourtant, pour l'auditeur, tous les *fortissimos* apparaissent comme une couche, tous les *forte* comme une seconde couche (comme en arrière de la couche précédente), jusqu'à la couche la plus reculée, *pianissimo*. Lors de la réalisation exacte de cette différentiation dynamique, la musique semble être tridimensionnelle, comme un hologramme dans un espace imaginaire. Cette illusion spatiale confère à la musique un caractère statuaire, immobile, d'où le titre *Monument*. Dans *Autoportrait*, j'ai utilisé la technique du blocage des touches qui vient de Karl-Erik Welin et de Henning Siedentopf et je l'ai transformée en "blocage mobile des touches" : une main appuie sur les touches sans bruit et en les changeant, l'autre main joue aussi bien sur les touches qui fonctionnent que sur celles qui sont bloquées, d'où il résulte des configurations rythmiques d'un type absolument nouveau. Les deux pianistes ne représentent ici au fond qu'un seul pianiste à deux mains » (G. Ligeti).

Mouvement est une étude de vélocité assez virtuose, emplie de réminiscences de l'écriture pianistique traditionnelle (Schumann, Brahms, Debussy). La pièce s'achève sur un étrange canon réversible à huit voix, qui se contracte de plus en plus, comme de manière « télescopique ».   P. S.

MOORE (Gerald), pianiste anglais (*Watford 1899*). Il fut l'élève du pianiste M. Hambourg à l'université de Toronto. Il regagna l'Angleterre en 1919. Une première tournée au Canada préluda à une carrière entièrement consacrée à l'accompagnement des plus grands instrumentistes et chanteurs de son temps : Y. Menuhin, E. Feuermann, E. Schumann, E. Schwarzkopf, H. Hotter, D. Fischer-Dieskau. Il a donné ses lettres de noblesse à une discipline jusque-là méprisée. Par sa compréhension intuitive des textes et la beauté de son legato, il est devenu le partenaire idéal convoité par les plus grands. Son activité de concertiste (interrompue en 1967) s'est doublée et prolongée de cours et de conférences sur l'art de l'accompagnement donnés dans le monde entier. Il en a recueilli l'essentiel en deux ouvrages : *The Unashamed Accompanist* (Londres, 1943) et *Singer and Accompanist : the Performance of 50 Songs* (Londres, 1953). Il a également écrit ses mémoires, *Am I too loud ? Memoirs of an Accompanist* (New York, 1962), et *The Schubert Song Cycles* (Londres, 1975).   M. W.

MOOSER (R. Aloys), musicologue et critique musical suisse (*Genève 1876* - id. *1969*). Descendant d'une grande famille de facteurs d'orgues suisses par son père, et de mère russe, il étudia l'orgue avec Otto Barblan à Genève, puis part à Saint-Pétersbourg en 1896. Organiste titulaire de l'Église réformée française durant tout son séjour (1896-1909), il étudie la composition avec Balakirev et l'orchestration avec Rimski-Korsakov, tout en étant critique musical au *Journal de Saint-Pétersbourg*, périodique français. De retour à Genève en 1909, il est critique musical au quotidien *la Suisse* (jusqu'en 1962) et crée en 1915 les *Auditions du jeudi*, consacrées à la musique contemporaine, qu'il anime jusqu'en 1921. Il continue à exprimer son intérêt pour la musique moderne dans la revue musicale indépendante *Dissonances*, qu'il fonde en 1923 et édite jusqu'en 1946. Dans ce périodique et dans une série de publications (*Regards sur la musique contemporaine*, 1921-1946 ; *Panorama de la musique contemporaine*, 1947-1953 ; *Aspects de la musique contemporaine*, 1953-1957 ; *Visage de la musique contemporaine*, 1957-1961), il affirme ses opinions sur la musique de son temps, et son témoignage est encore, à l'heure actuelle, très précieux. Opposé, en général, aux expériences dodécaphoniques et sérielles auxquelles il préfère un genre plus traditionnel (A. Honegger, F. Martin), il admet néanmoins l'importance de compositeurs comme Berg et Webern, et reste ouvert à tous les courants. Il a, en outre, grandement contribué à notre connaissance de la diffusion de la musique européenne en Russie au XVIIIe siècle. D. H.

MORALES (*Cristobal de*), compositeur espagnol (*Séville v. 1500 - Málaga* ou *Marchena 1553*). Il fit ses études à Séville (Escobar, Fernandez de Castilleja, Peñalosa, Guerrero) et fut enfant de chœur à la cathédrale. Il fut maître de chapelle à Avila (1526-1528), puis à Plasencia et Salamanque. Admis comme chanteur à la chapelle pontificale à Rome (1535) et protégé du pape Paul III, il composa des messes et des motets qui lui assurèrent rapidement la célébrité et que les éditeurs se partagèrent entre Venise, Milan, Rome, Anvers, Nuremberg, Augsbourg, Wittenberg et Lyon. Sa cantate *Jubilate Deo omnis terra*, commande de Paul III pour la trêve conclue entre Charles Quint et François Ier, fut chantée à Nice en 1538, et il écrivit un motet pour le cardinalat d'Hippolyte d'Este, à Rome en 1539. De retour en Espagne (1545), il fut nommé maître de chapelle de la cathédrale de Tolède (1545), puis du duc d'Arcos (1548) et de la cathédrale de Málaga (1551). Cette brillante carrière qui lui avait valu une renommée internationale devait s'achever dans la tristesse des humiliations et de la misère, alors que sa gloire ne cessait de s'étendre jusqu'au Nouveau Monde (une messe de Morales y fut la première polyphonie imprimée).

Chef de l'école andalouse, humaniste distingué et le plus grand maître de la musique sacrée précédant la génération de Victoria, Morales unit la richesse d'une écriture polyphonique digne de Palestrina à la justesse de l'expression, dans un esprit profondément religieux, même si les thèmes de ses messes sont empruntés à des mélodies profanes (*l'Homme armé*) et si les textes de ses motets sont d'un ton dramatique dont il peut accuser le relief par des effets harmoniques particulièrement audacieux. A. G.

MORDANT. *Gruppetto* extrêmement rapide et réduit à deux notes précédant la note principale. Le mordant peut être supérieur (*do-ré-do*) ou inférieur (*do-si-do*). M. P. P.

MÖRDER, HOFFNUNG DER FRAUEN (all. ; « Assassin, espoir des femmes »). Opéra en un acte op. 12 de Hindemith, composé en 1919 sur une pièce du peintre et écrivain Oskar Kokoschka et créé en 1921 à Stuttgart sous la direction de Fritz Busch.

Le jeune compositeur a choisi pour cette première approche du domaine lyrique un texte profondément expressionniste qui exprime de façon abrupte les forces érotiques mises en jeu par deux protagonistes auxquels se joignent les voix de trois guerriers et de trois filles. Dans un décor moyenâgeux, il déploie une musique mouvementée riche en chromatismes et en accords augmentés qui fait un digne pendant à l'esprit visionnaire de Kokoschka. Mais il ne va pas au fond des tensions exacerbées et de la symbolique touffue de l'expressionnisme : ce mouvement est plus pour lui un courant contemporain qu'une façon de percevoir intérieurement les choses, et l'on discerne, au-delà d'un éclatement apparent, une volonté de structurer la forme par l'élément musical même et de réduire le matériau à ses lignes forces. Cet esprit opposé à Wagner relève déjà de l'esprit « constructiviste » de l'après-guerre allemande et laisse pressentir en Hindemith un jeune novateur. E. L.

MOREAU (*Jean-Baptiste*), compositeur français (*Angers 1656 - Paris 1733*). Il fit ses études musicales à la maîtrise d'Angers. En 1682-83 il fut maître de chapelle à la cathédrale de Langres (où il eut comme élève Michel Pignolet de Montéclair), puis à Dijon (1683-1686). En 1686, il fut introduit à la cour par la dauphine Victoire de Bavière, et attaché à la musique personnelle de Louis XIV. A cette date, il avait déjà composé des motets, des psaumes, un requiem et une *Idylle sur la naissance de Notre-Seigneur*. En 1687, à la commande du roi, il écrivit un divertissement de cour, *les Bergers de Marly*. Le succès lui valut d'être nommé professeur de musique à l'école de Saint-Cyr, que dirigeait Mme de Maintenon. Il y fit la connaissance de Racine, à qui son nom reste associé comme ceux de Lully et de Charpentier à Molière. Il mit en musique trois *Cantiques* de Racine, avant d'écrire les chœurs de la tragédie *Esther*, qui fut créée à Saint-Cyr en 1689 en présence du roi. Racine écrivit que « ces chants ont fait l'un des plus grands agréments de la pièce ». Il commanda ensuite à Moreau les chœurs d'*Athalie* (1691), qui n'atteignent toutefois pas à la qualité de ceux d'*Esther*. Moreau écrivit encore les chœurs de deux tragédies de l'abbé Boyer, *Jephté* (1692) et *Judith* (perdu, 1695), ayant de partir comme intendant de la musique des Etats du Languedoc. Revenu à Saint-Cyr, il écrivit les musiques de scène de trois tragédies de Duché de Vancy : *Jonathas* (1700, perdu), *Absalon* (1702) et *Debora* (1706). Il fut à partir de 1700 un professeur de composition et de chant fort réputé, et eut parmi ses élèves Jean-François Dandrieu et Clérambault. A. L. et S. W.

MORESCA. Danse espagnole d'origine mauresque, c'est-à-dire arabe. Sans rythme déterminé, elle fut très en faveur à l'époque de la Renaissance, jusqu'en Italie où l'opéra l'annexa pour servir de conclusion aux intermèdes chantés. La dernière pièce d'*Orfeo* de Cl. Monteverdi (1607) est une brillante « moresca ». M. T.

MORESCHI (*Alessandro*), castrat italien (*Montecompatri, près de Rome, 1858 - Rome 1922*). Dernier grand castrat connu, surnommé « l'ange de Rome », il chanta à la chapelle Sixtine de 1883 à 1913. On a de lui des enregistrements datant de 1902. G. M.

MORI (*Kraudo*), compositeur japonais (*Ashiya, Japon, 1950*). Elève d'Akira Miyoshi, il obtient en 1973 un prix de composition de la Radiotélévision japonaise (NHK) et du journal *Mainichi*, pour un *Quatuor à cordes*. Comme beaucoup de ses contemporains, il mêle souvent dans ses œuvres les instruments japonais et occidentaux. On lui doit notamment *Modifications symphoniques* (1974), pour orchestre, *Kasane* (1975), pour koto et orchestre de 17 cordes, *Trimorphisme* (1977), pour flûte, violoncelle et piano. M. C.

MORIN (*Jean-Baptiste*), compositeur français (*Orléans 1677 - Paris 1745*). Il fit ses études musicales à Orléans, à la maîtrise de l'église Saint-Aignan où il fut un temps organiste. Puis il entra dans la musique de Philippe d'Orléans et, en 1715, fut nommé maître de chapelle de l'abbesse de Chelles, fille du régent de France. Il écrivit des *Motets* à une et deux voix et basse continue, publiés en deux livres (1704, 1709). Il fut le premier en France à écrire un grand nombre de cantates, les premiers exemples du premier livre (1706) étant très inspirés de l'art italien. Il jeta ensuite les bases de la cantate typiquement française, élégante et dépourvue de sentiments violents, une forme mineure certes, mais qui offrait aux compositeurs un terrain d'essai où ils pouvaient s'exprimer plus librement tout en s'efforçant de réunir les deux goûts. Deux autres livres de cantates françaises, à une ou deux voix et avec ou sans symphonie, parurent en 1707 et 1712. Son œuvre la plus célèbre est restée *la Chasse du cerf*, divertissement pour solos, chœur à 3 voix et basse continue, créé à Fontainebleau en 1709. C. W.

MORLEY (Thomas), compositeur anglais *(Norwich 1557 ou 1558 - Londres 1602).* Egalement théoricien et éditeur, il fut le plus influent, et le plus marqué par l'Italie, de tous les madrigalistes anglais de la fin du XVIe siècle et du début du XVIIe. Choriste à Norwich, élève de William Byrd, diplômé d'Oxford (1588), il devint (sans doute en 1591) organiste à Saint-Paul de Londres, et en 1592 fut fait gentilhomme de la chapelle royale. En 1598, il obtint le monopole de l'édition musicale. Ses œuvres les plus anciennes (1576) sont deux motets, *Domine, Dominus noster* et *Domine, non exaltatum cor meum*. Il écrivit aussi de la musique religieuse anglicane et de la musique pour clavier influencée par Byrd, mais c'est comme madrigaliste qu'il atteignit le tout premier rang.

Musicien brillant, il ne parvint jamais à la profondeur d'un Byrd, ni à la mélancolie d'un Weelkes, mais resta sans rival dans le madrigal léger. Il introduisit le style italien en Angleterre non seulement comme compositeur, mais comme traducteur, comme arrangeur, et même comme propagandiste. Il édita par exemple deux anthologies de musique italienne (1597 et 1598), ainsi que des arrangements de *Canzonette* de Felice Anerio et de *Balletti* de Giovanni Gastoldi. De même, *A Plaine and Easie Introduction to Practicall Musicke* (1597) apparaît à la fois comme l'un des plus importants ouvrages de théorie musicale en langue anglaise et comme une œuvre de propagande en faveur de la musique italienne.

Sans doute Morley connut-il Shakespeare, car deux de ses *Ayres* font appel à des textes du dramaturge : *O Mistress mine (Twelfth Night)* et *It was a Lover and his Lass (As you like it).* De 1593 à 1601 parurent de lui onze publications parmi lesquelles *Canzonets to 3 Voices* (1593), *Canzonets to 2 Voices* (1595), *Madrigals to 4 Voices* (1595), première publication anglaise à porter explicitement le titre de « madrigaux », *Canzonets to 5 and 6 Voices* (1597), et *Ballets to 5 Voices* (1600). Citons également *The First Book of Ayres* (1600), avec luth et basse de viole et dont les 21 pièces sont suivies d'une pavane et d'une gaillarde, et *The First Book of Consort Lessons* (1599), magnifique recueil de 23 pièces (toutes ne sont pas de lui) pour luth, guitare basse, cistre, flûte à bec basse et dessus et basse de viole. Morley fut également à l'origine de *The Triumphes of Oriana* (1601), recueil de madrigaux (dont deux de lui) de 23 compositeurs différents destiné à honorer aussi bien la reine Élisabeth que le genre musical dont il s'était fait le champion. M. V.

MOROI, famille de musiciens japonais. — 1. **Saburo**, compositeur *(Tōkyō 1903 - id. 1977).* Élève de l'université des Beaux-Arts de Tōkyō (1926-1929) et de l'École supérieure de musique de Berlin (1932-1934), il fonda en 1927 le groupe d'interprétation de musiques nouvelles Suruya. A Berlin, il composa ses premières œuvres importantes, avant de revenir au Japon comme « ambassadeur » de la tradition tonale germanique (rigueur de forme, méfiance pour la musique « à programme »). Figure importante de la musique de concert « occidentalisée » dans son pays, il occupa divers postes officiels : inspecteur de la musique pour l'Éducation nationale (1946-1964), directeur de l'Orchestre symphonique du Metropolitan de Tōkyō (1965-66), directeur de l'académie de musique Senzoku-Gakuen (1967-1977). Il a également publié de nombreux écrits musicologiques et musicographiques (théorie musicale, travaux sur la forme chez Beethoven). Ses œuvres rentrent souvent dans les moules classiques : *Concerto de piano* en ut (1933), 5 *Symphonies* (1934, 1938, 1944, 1951, 1970), *Concerto pour violon* (1939), *Deuxième Concerto pour piano* (1977), sans oublier sa musique de chambre *(Sextuor à cordes*, 1939), pour piano seul (2 *Sonates*, 1933 et 1940, *Preludio ed Allegro Giocoso*, 1971), l'« oratorio fantastique » *Une visite du soleil* (1968), pour baryton, chœur de femmes, piano et orchestre, et plusieurs mélodies. — 2. **Makoto**, compositeur *(Tōkyō 1930).* Fils du précédent, il étudia la composition avec son père et avec Tomojiro Ikenouchi, fut élève à l'université des Beaux-Arts de Tōkyō (1948-1952), et, comme d'autres jeunes compositeurs japonais, il assimila aussi bien la musique sérielle (Webern) que la tradition japonaise. En 1953, il reçoit le premier prix de composition au concours de la Reine-Élisabeth de Belgique, et s'initie à la musique électroacoustique en 1956, à l'occasion d'une invitation du studio de musique électronique de la NHK (Radiotélévision d'État) à Tōkyō.

Parmi ses œuvres assez nombreuses et diverses de style comme de technique, on peut citer : *4 Compositions pour orchestre* (1953, 1958, 1960), *Variations sur le principe numérique du chiffre 7*, pour bande magnétique (1956, en collaboration avec Toshiro Mayuzumi), *Développements raréfiants*, pour soprano et ensemble instrumental, sur un texte de K. Kitasono (1957), *les Étoiles de Pythagore*, drame musical pour orchestre de chambre, chœur, narrateurs et bande magnétique (1959), *Yamamba, la sorcière de la montagne*, opéra-ballet sur des légendes japonaises pour voix, orchestre et bande (1962), *Suite concertante* pour violon et orchestre (1963), *5 Pièces pour shakuhachi* (1964), *Phaeton*, drame musical pour voix, instruments et bande (1965), *Concerto pour piano n° 1* (1966), *Symphonie* avec bande *ad libitum* (1968), *Sho sanke* (1968), pour bande magnétique (sur la cérémonie bouddhique de l'eau), *Mon « Izumo »*, pour solistes, chœurs, instruments traditionnels japonais, orchestre et bande, (1970), *3 Mouvements concertants*, pour shakuhachi, percussion et cordes, (1970-71), *Contradictions 1 et 2*, pièce de chambre pour instruments japonais (1972), *Kokan*, pour percussions japonaises, piano et orchestre (1973), *Hanafuda denki*, pour chœurs et instruments japonais (1972-1976), *Phantasie und Fugue*, pour orgue (1978). M. C.

MORRIS DANCE. Danse folklorique anglaise qui faisait partie autrefois des processions et autres fêtes célébrant le mois de mai. Les « morris dancers », incarnant des personnages légendaires tels que Robin des Bois, se distinguaient par des costumes où abondaient rubans et grelots. Il semble que le terme « morris » soit une simple déformation de l'espagnol « moresca », désignant une danse d'origine mauresque. M. T.

MORT À VENISE. Opéra en deux actes de Benjamin Britten, dédié à Peter Pears, sur un livret de Myfanwy Piper, d'après la nouvelle de Thomas Mann, composé en 1972 et créé pendant le festival d'Aldeburgh le 16 juin 1973 par l'English Opera Group, dirigé par Stewart Bedford.

ACTE PREMIER. *Gustav von Aschenbach (t), écrivain célèbre, se sent incapable de créer. Les mots lui font défaut. Une marche à travers la banlieue de Munich le conduit à un cimetière, où il rencontre un Voyageur (bar b), qui l'invite à se diriger vers le Sud. Sur le bateau voguant vers Venise, au milieu d'un groupe de jeunes gens chantant une barcarolle, un Vieux Beau (bar b) s'adresse à Aschenbach ironiquement. Tel Charon, un vieux Gondolier (bar b) le conduit au Lido. Après avoir débarqué, il disparaît mystérieusement, comme le Voyageur de Munich. Aschenbach voit en lui un symbole de la Mort. L'obséquieux directeur de l'hôtel (bar b) conduit l'écrivain à sa chambre, dont il lui révèle la vue splendide sur la mer. Au dîner, il est fasciné par la beauté d'un jeune garçon polonais : « Quelle mystérieuse harmonie entre l'Individuel et l'Universel peut engendrer une telle perfection de forme?» Sur la plage, indisposé par le sirocco brûlant et les relents nauséabonds de la lagune, Aschenbach apprend le nom du jeune garçon : Tadzio, qu'il regarde jouer avec ses amis. Oppressé, puis soudain pris de panique, il décide de quitter précipitamment Venise ; mais, troublé par la vue de*

Tadzio, et découvrant que ses bagages ont été mis par erreur dans le mauvais train, il saisit ce prétexte pour retourner au Lido. L'imagination d'Aschenbach transpose les jeux de plage de Tadzio et de ses amis dans le monde de l'Antiquité grecque : ils deviennent des Olympiades, dont Tadzio sort vainqueur. Une soudaine panique, qu'il attribue au soleil, empêche Aschenbach de le féliciter. Le jeune garçon lui sourit. Aschenbach ne réussit à murmurer que ce qu'il considérera lui-même comme un cliché : « Je t'aime. »

ACTE II. *Le coiffeur de l'hôtel (bar b) inquiète vivement Aschenbach en faisant allusion à une maladie. A Venise, il voit ses craintes confirmées : une affiche conseille à la population de prendre diverses précautions sanitaires, un journal allemand fait état de rumeurs concernant une épidémie de choléra. Aschenbach suit la famille de Tadzio à Saint-Marc, où se déroule un service. Tadzio semble prendre conscience de la présence d'Aschenbach. Ce dernier le suit jusqu'à la porte de sa chambre à coucher. Il tente de se déculpabiliser en se référant à l'Antiquité : « Ah ! Tadzio, Éros, Ganymède ! » Après avoir vainement tenté de faire parler le chef des musiciens ambulants (bar b), Aschenbach apprend d'un agent de voyages anglais (b) que le choléra asiatique a gagné Venise. Il tente alors de prévenir la mère de Tadzio. Au dernier moment, les mots lui manquent. Entendant les voix de Dionysos (bar b) et d'Apollon (ct), il participe en rêve à une noire orgie dionysiaque, pleine de cris bestiaux. Aschenbach réalise alors que sa passion pour Tadzio est une trahison de l'idéal de sa vie : une Beauté ordonnée, libre des excès d'une passion débridée. Il se rend aux Dieux. Lors de sa dernière visite à Venise, Aschenbach, qui s'est fait teindre les cheveux et poudrer le visage, suit la famille polonaise. Tadzio s'en détache et regarde l'écrivain bien en face. Celui-ci détourne : « Il m'a vu, il m'a vu, il ne m'a pas trahi ! ». Il se souvient alors des paroles de Socrate : « La beauté conduit-elle à la sagesse, Phèdre ? oui, mais à travers les sens. » La famille polonaise se prépare à partir. Tadzio joue encore, avec ses amis, sur la plage déserte. Il est jeté à terre et humilié. Aschenbach crie, dans une vaine tentative pour l'aider. Tandis que Tadzio marche vers la mer et semble lui faire signe, Aschenbach s'effondre, mort. La silhouette de Tadzio s'éloigne...*

Britten s'est acharné sur la composition de *Mort à Venise*, car il savait que cet opéra serait son testament musical, et le rôle d'Aschenbach sa dernière création pour Peter Pears, le plus écrasant qu'il ait jamais fait peser sur un chanteur ! Il a brillamment résolu, à l'aide du livret remarquablement intelligent de Myfanwy Piper, les délicats problèmes d'adaptation posés par le récit de Mann : les expériences mentales d'Aschenbach sont traduites en des monologues lyriques, seulement accompagnés d'un piano quelque peu ironique, et dont la méthode compositionnelle révèle l'influence de Schütz ; les messagers du Destin, chargés de conduire l'écrivain vers sa mort, sont interprétés par le même chanteur (bar b) ; l'incommunicabilité entre les protagonistes, au centre du drame, est symbolisée par le mutisme du catalyseur de l'action, Tadzio ; l'idée de Beauté qu'il représente, son monde étranger sont créés par le mouvement rituel de la Danse et du Mime, ainsi que par le son désincarné d'un vibraphone, coloré par les sons exotiques d'une large percussion.

Le climat obsessionnel, morbide et fascinant de l'œuvre de Mann, les préoccupations métaphysiques qui en sont le cœur, sont exprimés par Britten en un langage musical essentiellement traditionnel, où se remarquent les influences de Purcell, Schubert, de son ballet *le Prince des pagodes*, et surtout, tant dans les techniques musicales que dans la présentation dramatique, de ses *Paraboles d'Église* (Curlew River, The Burning Fiery Furnace, The Prodigal Son). Le magnifique postlude orchestral, qui amène Tadzio et Aschenbach dans leur relation musicale la plus proche (le thème de l'écrivain devient une inversion de celui du jeune homme), apparaît comme le chant funèbre tant d'Aschenbach que de Britten lui-même. J.-J. M.

MORT DE CLÉOPÂTRE (LA). « Scène lyrique » pour soprano solo et orchestre, composée en 1829 par Hector Berlioz. Sur un poème imposé de P. A. Vieillard, cette « scène » représentait sa quatrième tentative, malheureuse, pour obtenir un prix de Rome qu'il ne devait arracher que l'année suivante, avec la *Mort de Sardanapale*. Selon le récit de Berlioz (dans ses *Mémoires*), il était si sûr d'obtenir son prix avec *Cléopâtre* qu'il se laissa aller à être plus personnel qu'il n'aurait fallu. Mais le jury, cette année-là, ne décerna aucun premier prix. Berlioz tenait beaucoup à cette partition, d'un élan passionné et original. Après un *Allegro* qui démarre l'œuvre en flèche (comme dans *Roméo et Juliette*) et un *Récitatif*, le premier air de Cléopâtre (« Ah ! qu'ils sont loin, ces jours... »), avec son thème à la large courbe mélodique déjà très berliozienne, annonce les accents tourmentés et obsessionnels de la *Symphonie fantastique* ; le deuxième air (« Grands pharaons, nobles Lagides... »), soutenu par un rythme ostinato, avec des modulations hardies et des ruptures brutales, est un morceau « dramatique » d'esprit assez gluckiste. Berlioz, qui l'affectionnait, le transcrira pour chœurs d'hommes pour en faire un *Chœur d'ombres* dans le monodrame lyrique *Lelio* : privé de son contexte, il perdit ainsi beaucoup de sa nécessité dramatique et de sa force d'expression. Débordant de souffle et de jeunesse et d'une haute tenue musicale, *la Mort de Cléopâtre* ne mérite pas d'être reléguée dans les « raretés » de jeunesse. M. C.

MORT DE DANTON (LA) [en all. *Dantons Tod*]. Opéra en 2 parties et 6 tableaux de Gottfried von Einem. Livret de Boris Blacher d'après la pièce de Georg Büchner (1938). Création le 6 août 1947 au festival de Salzbourg sous la direction de Ferenc Fricsay.
L'action se situe en 1794.

ACTE PREMIER. *(Un salon parisien.) Camille Desmoulins (t) et Philippeau apportent les dernières nouvelles de la Révolution : vingt victimes sont encore tombées, on a envoyé les hébertistes à l'échafaud. Le dialogue qui s'ensuit entre Camille et Danton (bar) révèle celui-ci comme un personnage désabusé, qui laisse transparaître son scepticisme dans le récitatif qui clôt le premier tableau. Une scène de rue avec chœurs sert de toile de fond, dans le deuxième tableau, à la présentation de Robespierre (t), figure de meneur qui harangue la foule alors qu'elle s'en prenait à un jeune aristocrate. Après une entrevue houleuse avec Danton, jugé trop modéré dans son attitude révolutionnaire, il décide avec Saint-Just (b) d'en finir avec les indulgents et constate avec amertume sa solitude avant de quitter la scène. Un interlude sur rythme de marche à la française vient interrompre ce premier acte. Le troisième tableau nous conduit à nouveau devant Camille, Lucile, sa femme (s), et Danton, qui connaissent maintenant le sort qui leur est réservé. Mais Danton rejette avec lassitude l'éventualité d'une fuite, et Lucile exprime son anxiété dans un monologue qui achève l'acte.*

ACTE II. *Sans musique, le rideau se lève sur les cachots où sont détenus Danton et Camille, dont le dialogue occupe toute la scène 11, ainsi que d'autres prisonniers formant un chœur. Le peuple se presse sur la place devant la Conciergerie et, mené par Simon (bar bouffe), acclame et hue tour à tour Danton, puis Robespierre : c'est l'occasion ici pour le compositeur d'exprimer à travers le chœur toute la véhémence instinctive et contradictoire du peuple. Le cinquième tableau constitue l'élément central de l'opéra : c'est la grande scène du tribunal, où alternent les interventions pleines de suffisance de Herman (bar) et la plaidoirie brillante de Danton, ponctuée de brèves sanctions du chœur dont la force dramatique charpente là aussi le déroulement de l'action. La scène culmine lorsque Danton en appelle au peuple pour sauver la République, instant où le chœur est utilisé, où le musicien pour la première fois prête à l'orchestre de petites valeurs rythmiques serrées. Un interlude précède le sixième tableau. La foule déchaînée attend l'exécution de Danton et de ses partisans dansant la carmagnole, pendant que les condamnés entonnent la Marseillaise. Après l'exécution de Danton, une stupeur envahit le peuple, dans une écriture soudain verticale. L'opéra s'achève dans une couleur sombre, laissant un sentiment d'inéluctabilité confirmé par les mots que Lucile chante au pied de l'échafaud : « Il est un moissonneur qui se nomme la mort... »*

À travers les événements de la Révolution française, ce sont des types humains que G. von Einem campe avec fermeté devant le spectateur : Danton, Robespierre, Camille, Lucile. Il élague pour cela dans la pièce de Büchner tout ce qui n'est pas essentiel. Il a dans sa musique la même façon d'aller droit au but, sans sentimentalisme aucun. Partie vocale et partie instrumentale évoluent parallèlement, indépendamment l'une de l'autre. La voix suit les inflexions du texte dans un style arioso de tonalité élargie proche de la manière de Hindemith et de son propre maître Blacher. L'orchestre, de son côté, commente et intensifie l'action en la transposant dans un langage purement instrumental, divisé en numéros qui chacun constitue un tout ; il y adjoint une introduction et deux interludes, également autonomes, qu'il arrange ultérieurement en suite orchestrale. L'écriture est linéaire, clairement conçue, bâtie sur des rythmes simples et efficaces, riches en syncopes, fréquemment soutenus par des ostinatos et des notes de pédale, et trahit l'influence de Stravinski et du jazz. Mais ce sont les chœurs qui constituent le principal élément dynamique de l'œuvre — on a parlé d'«opéra de chœurs» —, réussite dramatique prouvant la maîtrise du jeune compositeur qui n'hésite pas à aborder des sujets aussi délicats scéniquement que cette pièce historique sans unité structurelle réelle, ou plus tard le roman psychologique dans son opéra le Procès d'après Kafka. Le succès de ce premier opéra inscrit dès lors Gottfried von Einem dans la lignée de Busoni, Hindemith ou Krenek, qui tous croyaient comme lui en un nouvel opéra.   E. L.

Mort de Jésus (la) [en all. Der Tod Jesu]. Cantate pour la Passion de Carl Heinrich Graun sur un poème de C. W. Ramler, créée à l'Opéra royal de Berlin le 26 mars 1755. Produit typique de l'*Empfindsamkeit**, cette œuvre est écrite pour quatre solistes vocaux, chœur à quatre voix et orchestre, et comprend deux parties faites respectivement de dix et de huit morceaux. Il y a en tout six chorals, cinq chœurs, et sept récitatifs et airs. Der Tod Jesu, publié par Breitkopf en 1760, obtint à l'époque un succès énorme qui se prolongea, à Berlin en tout cas, plus d'un siècle. De 1807 à 1858, puis de 1866 à 1884, l'ouvrage fut donné presque chaque vendredi saint par l'Académie de chant de Berlin, jusqu'à ce qu'enfin elle dût céder la place à la Passion selon saint Matthieu de J.-S. Bach.
   M. V.

Mort de Virgile (la). V. Barraqué.

Mort et Transfiguration (en all. Tod und Verklärung). Poème symphonique de Richard Strauss, composé en 1889 et donné en première audition à Eisenach, le 26 juin 1890, dans le cadre du Festival des compositeurs (Tonkünstlerfest). Le programme du concert incluait également la création de Burlesque*, œuvre pour piano et orchestre rédigée pendant l'hiver de 1885-86.

Postérieure de quelques mois au célèbre Don Juan exécuté à Weimar le 11 novembre 1889, Mort et Transfiguration illustre le concept métaphysique des souffrances de l'homme, des luttes inutiles pour la vie et de la délivrance par la mort. C'est la mort, justement — détestée mais toujours victorieuse —, qui, par la transfiguration qu'elle implique, couronnera la quête d'idéal à laquelle l'homme s'est vainement livré durant toute son existence. Dans le silence et l'obscurité de son dernier refuge, l'agonisant qu'évoque la musique de Strauss se remémore son enfance, ses passions et ses aspirations, ses déceptions peut-être. La mort le guette, contre laquelle il va soutenir un combat sans espoir mais courageux et qui, finalement, lui apportera l'apaisement et la joie idyllique. D'une merveilleuse plastique, admirablement instrumentés, les thèmes de la partition mettent en pleine lumière l'extraordinaire génie mélodique du compositeur. On remarquera, en particulier, celui de l'enfance (si joliment énoncé par la flûte) et celui de l'Idéal (ou de la Transfiguration) qui termine l'œuvre en apothéose et que Strauss reprendra, quelque soixante ans plus tard, dans le sublime Im Abendrot (« Dans la rougeur du couchant »), l'un de ses Quatre Derniers Lieder.

Il n'est d'ailleurs pas nécessaire de connaître en détail l'argument analogique, après coup, la musique (un texte d'Alexandre Ritter) pour apprécier comme il convient cette grandiose fresque sonore aux paroxysmes électrisants, dans laquelle l'expressionnisme flamboyant de Richard Strauss se manifeste avec une noblesse et une grandeur épique qui forcent l'admiration.   J. D.

Mortelmans (Lodewijk), compositeur belge (Anvers 1868 - id. 1952). Il fit ses études à Anvers (Blockx et Benoît), et obtint le prix de Rome belge (1893, cantate Lady Macbeth). Professeur de fugue et contrepoint au conservatoire d'Anvers (1902), il fut directeur du même conservatoire (1924 à 1933), puis directeur et chef d'orchestre des Nouveaux Concerts d'Anvers. L'un des meilleurs disciples de Peter Benoît comme représentant de la musique flamande, il a particulièrement réussi le lied dans une nuance de recueillement fervent. On lui doit également des pages orchestrales d'une solide facture néoromantique.

Son fils **Ivo-Oscar** (Anvers 1901), professeur de théorie musicale au conservatoire d'Anvers, chef d'orchestre et critique musical, est l'auteur de 2 opéras dont De Krekel en de mier, d'un oratorio (Lutgart), de pages orchestrales et de musique de chambre.   A. G.

Mortensen (Finn), compositeur norvégien (Oslo 1922). Cet élève de Klaus Egge et Niels Viggo Bentzon est l'un des représentants de la tendance moderniste de la musique norvégienne. Son langage allie certains idiomatismes néoclassiques et les techniques sérielles. Parmi ses œuvres, il faut retenir la Fantaisie pour piano et orchestre op. 27 (1965-66), le Quintette pour vents op. 4 (1951), la Sonate pour 2 pianos (1964) et la Symphonie op. 5 (1953).   H.-C. F.

Morthenson (Jan W.), compositeur suédois (Örnsköldsvik 1940). Élève de I. Lidholm, M. Koenig et M. Deutsch, il est un intéressant expérimentateur dans le domaine de la matière sonore, et s'intéresse particulièrement au «temps musical» (Pour Madame Bovary, 1962 ; Coloratura II, 1962, III, 1962-63, et IV, 1964). Depuis 1963, il se consacre à la musique électroacoustique (Epsilon Eridami, 1967 ; Ionosphère et Zéro, 1969) avec de fréquents mélanges vocaux (Chairs Mirror, 1961) ou instrumentaux (Unisono, 1974).   H.-C. F.

Morton (Ferdinand Joseph LA MENTHE, dit Jelly Roll), pianiste et chef d'orchestre de jazz américain (Gulfport, Louisiane, 1885 - Los Angeles 1941). À dix-sept ans, il joue du piano dans les maisons closes de La Nouvelle-Orléans. Par la suite, il exerce différents métiers, sans jamais abandonner la musique. S'installant en 1922 à Chicago, alors capitale du jazz, il y enregistre en 1923 les premiers disques des «Red Hot Peppers», série qui se poursuivra à New York de 1928 à 1930. Victime de la dépression financière, Morton, comme la plupart des musiciens de La Nouvelle-Orléans, disparaît de la scène du jazz. En 1938, toutefois, la Librairie du Congrès lui fait enregistrer ses mémoires, mi-parlés, mi-musicaux. Les prémices du New Orleans Revival lui permettent de graver ses derniers disques en 1939-40.

Jelly Roll Morton est l'une des figures les plus controversées de l'histoire du jazz. Génie selon les uns, imposteur selon les autres, il a lui-même soigneusement entretenu sa légende. Il n'hésitait pas à s'attribuer la paternité d'une grande partie du répertoire thématique en honneur à La Nouvelle-Orléans. Sur ses cartes de visite figurait la mention : « créateur du jazz ». Ce musicien, à certains égards attachant, semble avoir été un marginal. Pianiste de ragtime, il s'est moins intégré au jazz qu'il ne s'y est adapté. Son jeu, techniquement très limité, ne peut être comparé à celui des pianistes de la génération suivante ; et le meilleur de ses disques, c'est, en général, à ses partenaires qu'on le doit. Mais il avait des dons de mélodiste, ainsi qu'en témoignent des thèmes tels que King Porter Stomp ou Shoe Shiner's Drag, et, sans doute, le sens de l'organisation ; il n'est pas impossible qu'il ait guidé certaines improvisations de Johnny Dodds, Albert Nicholas et Omer Simeon.   A. H.

MORTON (Robert), compositeur anglais (? v. 1430-? 1476 ou plus tard). Seul un document de la cour de Bourgogne le désigne comme anglais et aucune des rares informations que nous possédons sur sa vie ne permet d'affirmer sa présence en Angleterre à une époque donnée. Il fut chantre à la chapelle du duc de Bourgogne où il servit d'abord Philippe le Bon de 1457 à 1467, puis Charles le Téméraire de 1467 à 1475, qui le nomma chapelain vers 1471-72. On ne conserve de lui que de la musique profane et huit rondeaux seulement lui appartiennent de source sûre. Un certain nombre de pièces sont d'attribution douteuse, parmi lesquelles deux ballades et un « Motectus ». Toutes ces pièces sont à trois voix. D. H.

MOSCHELES (Ignaz), pianiste, compositeur et chef d'orchestre allemand (Prague 1794-Leipzig 1870). Élève à Prague de Dionys Weber, puis à Vienne d'Albrechtsberger et de Salieri, il résida surtout dans cette ville de 1808 à 1820, réussissant finalement à approcher Beethoven, qui en 1814 le chargea de réduire pour piano la version définitive de *Fidelio*. Après avoir fait à Berlin, lors d'une de ses tournées comme pianiste, la connaissance de Mendelssohn (1824), il vécut à Londres pendant vingt ans (1826-1846), y jouant un grand rôle comme professeur et comme organisateur de concerts. C'est à lui que le 18 mars 1827, une semaine avant sa mort et en remerciement d'une aide financière venue de la Société philharmonique de Londres, Beethoven adressa sa dernière lettre. Il termina sa vie à Leipzig, où Mendelssohn l'appela en 1846 pour diriger l'enseignement du piano au conservatoire.

Son vaste catalogue (environ 150 numéros d'opus) est dominé par le piano mais non limité à lui. L'époque anglaise est surtout celle des concertos pour piano (huit de 1819 à 1838), des études pour piano et de diverses pages d'orchestre dont une symphonie en *ut* (1829). De la période de Leipzig datent presque tous les lieder. Certaines *Études* rejoignent curieusement Schumann (opus 95 n°s 4 et 6) et même Brahms (opus 70 n° 5). Il fut considéré par le critique Hanslick à la fois comme « un des derniers représentants de l'ancienne virtuosité » et comme « le début d'une nouvelle époque », et par Schumann comme se situant « au premier rang des compositeurs contemporains pour piano ». M. V.

MOSCOU. Capitale de l'U.R.S.S. depuis 1918, Moscou fut aussi la capitale de l'Empire russe entre les XVe et le début du XVIIIe siècle. Les premiers vestiges de la vie musicale à Moscou remontent à la fin du XVe siècle avec la création d'un chœur de clercs attaché à la cour, qui est à l'origine de la future chapelle impériale (transférée au XVIIIe siècle à Saint-Pétersbourg). Au cours du XVIe siècle, les premiers orgues positifs, importés d'Occident, apparaissent à la cour et chez les nobles. Le règne d'Ivan le Terrible (1530-1584), qui débute en 1547, voit l'un des premiers compositeurs connus, Fedor Krestianin, auteur de chants religieux très ornés. Au cours de la seconde moitié du XVIIe siècle, une véritable école de compositeurs se crée autour de Nicolas Diletsky, qui développe l'art du chant « partesny », vastes œuvres chorales. Mais, en même temps, l'Église part en guerre contre la musique instrumentale populaire, pratiquée par les *skomorokhs* (bouffons, baladins), et considérée comme païenne. Des charrettes entières d'instruments populaires sont brûlées sur la place Rouge. À la même époque ont lieu des représentations de drames sacrés, les *deistva* (jeux, actes) à l'image des mystères et miracles occidentaux. Le *Pestchnoïe Deistvo* (« Jeu de la fournaise ») est représentée à Moscou au début des années 1670. En 1672, le pasteur allemand Johann Gregori fait jouer l'*Action d'Artaxerxès*. Sous le règne de Pierre le Grand, la priorité est donnée aux grands chœurs panégyriques (*kanty*) célébrant les victoires et les fêtes patriotiques. Au début du XVIIIe siècle, Moscou reçoit la visite de la troupe théâtrale allemande de Johann Kunst, et de plusieurs ensembles musicaux italiens. À la fin des années 1750, l'entrepreneur italien Giovanni Locatelli fait représenter des opéras bouffes.

Le règne de Catherine II centralise la vie culturelle à Saint-Pétersbourg. Cependant Moscou participe activement au développement social de la musique. Le Tchèque Kerzelli crée la première école de musique ; un éditeur moscovite publie les premières anthologies de musique imprimée. L'année 1776 voit la construction du théâtre Petrovsky, sur la base duquel sera édifié par la suite le théâtre Bolchoï. En 1779, c'est là qu'est représenté le premier opéra-vaudeville russe, *le Meunier sorcier, fourbe et marieur* de Sokolovski. Jusqu'au milieu du XIXe siècle Moscou continue à céder le pas à Saint-Pétersbourg. Néanmoins les plus prestigieux musiciens étrangers ne manquent pas d'y venir au cours de leurs tournées en Russie : Liszt, Clara Schumann, Berlioz. Le théâtre Bolchoï crée les opéras de Verstovsky (*le Tombeau d'Askold*, 1835) ; d'autres opéras y sont représentés quelques années après leur création pétersbourgeoise : *la Vie pour le tsar* (1842) et *Rousslan et Ludmilla* (1846), de Glinka.

C'est avec la création du conservatoire de Moscou par Nicolas Rubinstein en 1866 que la ville va rapidement reconquérir une place de premier rang dans l'actualité musicale. Face à l'école de Saint-Pétersbourg, issue du groupe des Cinq, une école de Moscou se crée. Sans renier ses origines nationales, elle est cependant nettement plus occidentalisée. Tchaïkovski en est le principal représentant. Il enseigne au conservatoire de 1886 à 1878. Son élève Serge Taneiev forme nombre de compositeurs de la génération suivante, dont Scriabine et Rachmaninov. Entre 1889 et 1905, le conservatoire est dirigé par Safonov, qui fait agrandir l'établissement.

Dans la seconde moitié du XIXe siècle, l'Institut synodal de Moscou entreprend un vaste travail de recherche et de restauration de l'ancien chant religieux, sous la direction de musicologues comme Smolenski, puis Kastalski (début XXe s.). Dans ce domaine, Moscou réalise le retour aux sources nationales, prenant le pas sur l'occidentalisme implanté à la chapelle impériale de Saint-Pétersbourg. En 1885, l'entrepreneur Savva Mamontov fonde le Théâtre d'opéra privé, qui reprend les plus grands opéras du répertoire russe (*le Convive de pierre* de Dargomyjski, 1886 ; *la Khovanchtchina* et *Boris Godounov* de Moussorgski, 1897-98) et crée plusieurs des derniers opéras de Rimski-Korsakov (*la Pskovitaine*, version définitive 1896 ; *Sadko*, 1897 ; *la Fiancée du tsar*, 1899). C'est au théâtre de Mamontov que Fedor Chaliapine fait ses débuts et que Rachmaninov se produit comme chef d'orchestre. Mamontov fait faillite en 1904, mais le flambeau est repris par l'Opéra privé de Zimine, qui se maintient jusqu'en 1924.

Après la Révolution, Moscou, redevenue capitale, centralise naturellement toutes les forces musicales. C'est là que se développent dans les années 20 les principales tendances de la nouvelle musique soviétique : l'Association pour la musique contemporaine et l'Association russe des musiciens prolétariens. À Moscou se trouve le siège de l'Union des compositeurs soviétiques, fondée en 1932, et la rédaction de la revue *Sovietskaïa Mouzyka*. Parmi les principaux établissements et organismes musicaux créés sous le régime soviétique, il faut citer : l'Orchestre d'État d'U.R.S.S. (1936), le Théâtre musical (1941), dont le répertoire est souvent plus original que celui du Bolchoï, le Chœur académique russe de Svechnikov (1942), le musée Glinka (1943), l'Institut Gnessine (1944). Le conservatoire de Moscou a compté ou compte actuellement parmi ses pédagogues des personnalités comme Miaskovski, Chostakovitch (composition), Neuhaus, Oborine, Richter, Guilels (piano), Oïstrakh, Kogan (violon), Rostropovitch (violoncelle), Keldych, Protopopov, Kandinski (musicologie), Gauk, Khaïkine (direction d'orchestre). La documentation musicale est conservée en grande partie à la Bibliothèque du conservatoire ou à la bibliothèque Lénine.

L'après-guerre est marquée par le Ier congrès de l'Union des compositeurs soviétiques, qui élit comme président Tikhon Khrennikov. C'est aussi la période d'un sévère rappel à l'ordre des compositeurs considérés comme «formalistes» : Prokofiev, Chostakovitch, Kabacevski, Khatchatourian.

A partir des années 50, Moscou voit la création de nombreux ensembles et organismes musicaux : l'Orchestre symphonique de la philharmonie de Moscou (1953), l'Orchestre de chambre de Moscou (1956), le Théâtre musical pour enfants (1965). En 1958, est fondé le concours Tchaïkovski d'interprétation musicale, ayant lieu tous les quatre ans. Parmi les créations ou les reprises de grandes œuvres scéniques, il faut signaler *l'Histoire d'un homme véritable* (1960, Bolchoï), *le Joueur* (1974, id.), la version définitive de *Guerre et Paix* (1957, th. Stanislavski) de Prokofiev ; la reprise de *Lady Macbeth de Mzensk* de Chostakovitch sous le nouveau titre *Katerina Ismailova* (1963, th. Stanislavski) ; le ballet *Spartacus* de Khatchatourian (1958, Bolchoï). La création du Théâtre musical de chambre (1970), dirigé par le metteur en scène Boris Pokrobski, a permis la reprise de l'opéra *le Nez* de Chostakovitch, après plus de quarante ans d'oubli.

Depuis la guerre, Moscou et Leningrad se partagent les grands noms d'une nouvelle génération de compositeurs. Parmi les Moscovites, il faut citer Rodio Chtchedrine (1932), Alfred Schnitke (1934), Youri Boutzko (1938).
A. L.

MOSER, famille de musiciens allemands. — 1. **Andreas**, violoniste, pédagogue et théoricien *(Semlin, près de Belgrade, 1859-Berlin 1925)*. En 1878, il abandonne ses études d'ingénieur et d'architecte pour étudier le violon à Berlin avec Joseph Joachim. Par suite d'une blessure au bras, il fut obligé d'interrompre en 1883 la carrière de chef d'orchestre qu'il venait d'entamer à Mannheim, et se consacre alors à l'enseignement. A partir de 1888, il exerce à la Musikhochschule de Berlin où il est nommé professeur en 1900, et y reste jusqu'à sa mort. Professeur de violon réputé, il fut profondément influencé par son maître, non seulement dans sa pédagogie, mais aussi dans ses écrits théoriques : *Methodik des Violinspiels* (1920), *Geschichte des Violinspiels* (1923), *Technik des Violinspiels* (1925) et surtout *Violinschule*, publié en 1905 en collaboration avec son ancien professeur. Il édita par ailleurs la correspondance de Joachim (1911), en particulier celle du maître avec Brahms (1908), et écrivit sa biographie (*Joseph Joachim*, 1898). — 2. **Hans Joachim**, musicologue, fils du précédent *(Berlin 1889- id. 1967)*. Il reçoit une éducation très complète, étudiant notamment la musique aux universités de Marburg, Leipzig et Berlin, où il travaille successivement avec Schiedermair, Riemann, Schering, Kretzschmar et Wolf, tout en suivant des cours de composition et de chant. Il obtient son doctorat à l'université de Rostock en 1910 et commence à enseigner après la guerre, d'abord à l'université de Halle à partir de 1919, puis à l'université de Heidelberg (1925) et enfin à l'université de Berlin (1927-1934). Il dirige en outre la Staatliche Akademie für Kirchen und Schulmusik. Mis à la retraite en 1934 par le nouveau gouvernement, il s'occupe pendant la guerre de la Reichsstelle für Musikbearbeitung. Il reprend ses cours en 1947 à Iéna et Weimar, puis revient se fixer à Berlin en 1950 où il dirige le conservatoire jusqu'en 1960.

Ses recherches et publications sont essentiellement consacrées à la musique allemande. Il a écrit notamment des ouvrages de caractère général (*Geschichte der deutschen Musik*, 1920-1924, éd. augm. 1968 ; *Musiklexikon*, 1932-1935 ; 4e éd. 1955, suppl. 1963 ; *Kleine deutsche Musikgeschichte*, 1938 ; 3e éd. 1949 ; *Die Musikleistung der deutschen Stämme*, 1954), de nombreuses biographies de musiciens allemands (P. Hofhaimer, Bach, Schütz, Gluck, Weber, Haendel, Buxtehude...) et s'est spécialisé dans la musique sacrée (*Die mehrstimmige Vertonung des Evangeliums*, 1931, rééd. 1968 ; *Die evangelische Kirchenmusik in Deutschland*, 1953) et la musique vocale, en particulier le lied (*Technik der deutschen Gesangkunst*, 1911, avec O. Noë ; *Die Ballade*, 1930 ; *Die Melodien der Luther-Lieder*, 1935 ; *Das deutsche Lied seit Mozart*, 1937, 2e éd. révisée 1968 ; *Das deutsche Volkslied in der Kunstmusik*, in *Hausmusik*, 1954). Son œuvre se caractérise par une grande originalité de conception et de style et un sens de l'humour très prononcé (*Der Humor in der Musik*, in *Neues Musikblatt*, 1941). Il a en outre composé de nombreux lieder et a édité plusieurs recueils de musique allemande (lieder d'Adam von Fulda, J. P. Krieger, Luther, anthologies de lieder et ballades) ainsi que les œuvres complètes de Weber.
D. H.

MOSER (Roland), compositeur suisse *(Berne 1943)*. Il fit ses études au conservatoire de Berne (1962-1966), puis à Fribourg (avec W. Fortner) et au studio de musique électronique de Cologne. Il fut auditeur à Darmstadt (1967-68), puis professeur aux conservatoires de Wintherthur et de Lausanne, et membre de l'ensemble de musique contemporaine Neue Horizonte. Son œuvre reflète l'influence de ce groupe et de son leader Urs Peter Schneider, autant que celle de Webern, Feldman et Donatoni. Elle comprend des pages instrumentales comme *Pezzo* pour flûte et piano (1967), *Ritornelle und Dialoge* pour 8 instrumentistes (1968), *Arbeit* pour violoncelle et bande magnétique (1969-70), *Neigung* pour quatuor à cordes (1969-1972) les *Heinelieder* (1970), des compositions pour bande magnétique comme *Stillleben mit glas* (1970), et *Ding* pour orchestre (1973).
A. G.

MOSONYI (*Mihály*) [Michael Brand, dit], compositeur hongrois *(Boldogasszonyfálva, aujourd'hui Frauenkirchen, Autriche, 1815-Pest 1870)*. Descendant d'une famille d'immigrés allemands fixés dans le comtat de Wieselburg ou Moson, d'où le nom hongrois qu'il se choisit en 1859, il se fixe à Pest en 1842 et compose dans le style viennois classique. En 1856, il compose pour Liszt le Graduel et l'Offertoire de la *Messe d'Esztergom*, dite *Messe de Gran*. Il se lie alors avec Liszt et évolue vers une synthèse du langage «hungarisant» d'époque et de l'art wagnérien. Esprit analytique et formel, il est le premier à tenter d'organiser et de bien définir «la manière hongroise» en la défendant contre le cosmopolitisme d'époque. Tête pensante de ses amis Erkel et Liszt, il disparaît trop tôt pour jouer un véritable rôle doctrinaire.
P.-E. B.

MOSSOLOV (*Alexandre Vassilievitch*), compositeur soviétique *(Kiev 1900-Moscou 1973)*. Étudiant au conservatoire de Moscou (1921-1925), il fut l'élève de Glière et Miaskovski pour la composition. Ses premières œuvres sont marquées par un certain avant-gardisme occidental (essentiellement celui d'Hindemith et de Prokofiev) qui lui assure la célébrité en 1927 avec *la Fonderie* d'acier* (ou *Zavod*), épisode symphonique tiré d'un projet de ballet. Il écrit là (*cf.* Honegger en 1923 avec *Pacific 231*), sur le plan sonore et rythmique, un véritable hymne à la machine et en fait le symbole de l'industrialisation soviétique du premier plan quinquennal. Mossolov est alors reconnu comme l'un des meilleurs représentants de la nouvelle Russie, et deux de ses œuvres sont programmées aux festivals de la S. I. M. C. : un *Quatuor à cordes* (Francfort, 1927), *la Fonderie d'acier* (Liège, 1930). En 1936, il est accusé de formalisme et exclu de l'Union des compositeurs, qu'il réintègre par la suite sans jamais retrouver une place significative. Il est vrai que Mossolov, à l'issue de voyages en Asie centrale, s'est inspiré du folklore kirghiz, turkmène et tadjik et a également donné une coloration nationaliste à ses œuvres. M.-C. L. M.-M.

MOTET (lat. ; *motulus, motettus*, diminutif de *motus*, «texte»). Genre de musique dont la définition a beaucoup évolué. Au Moyen Âge, le motet désigne d'abord une voix de la polyphonie, puis l'ensemble de la composition où figure cette voix. Le motet médiéval est exclusivement polyphonique, et le terme se réfère principalement à la forme, de sorte qu'il s'applique indifféremment à la musique religieuse ou profane. A partir du XVIe siècle au contraire, il se réfère principalement à sa destination religieuse, et comme tel peut faire appel aux formes les plus diverses, y compris monodiques.

— 1. Au sens premier, le terme *motet* désigne un **texte mis sur les parties vocalisées de l'organum**, et par extension la voix munie de ce texte, avant de s'étendre à l'ensemble de la composition. Ce sens a été longtemps conservé, et jusqu'à la fin du XIVe siècle au moins, on a continué à appeler *motet*, dans une polyphonie, la partie située immédiatement au-dessus du ténor, de même que *triple* et *quadruple* les voix situées au-dessus du motet, même quand cette numérotation ne correspondait plus à la réalité.

— 2. En tant que **genre**, le motet médiéval se caractérise par l'indépendance rythmique de chacune des voix, contrepointée à une *teneur* (lat. *tenor*) d'abord préexistante et d'origine liturgique, plus tard indifféremment profane ou religieuse et enfin librement composée selon des règles assez strictes.

À l'exception de la teneur, chaque voix est munie d'un texte indépendant qui se chante en même temps que les autres, de sorte que chaque voix chante un texte différent. A partir du XIVe siècle, on adjoint fréquemment à la teneur une *contre-teneur* (lat. *contratenor*, ou en abrégé *contra*) de même style qu'elle, qui deviendra plus tard le *bassus* ou partie de basse, repoussant le ténor dans la position qui est restée la sienne. Au XIIIe siècle se développe un motet profane analogue au motet religieux, et l'indépendance des voix s'accentue au point que l'on trouve souvent, surtout à la fin du XIIIe siècle, une teneur d'origine liturgique, une voix de motet latine de caractère moralisateur et un triple vernaculaire profane et galant. A partir du XVe siècle, le mélange des textes n'est plus pratiqué qu'exceptionnellement, le motet profane tombe en désuétude, la différence d'écriture entre teneur, contre-teneur et les autres voix s'amenuise, et le motet prend peu à peu l'acception qui restera la sienne ensuite (voir 3.)

— 3. En perdant ses caractéristiques musicales formelles et une fois disparu le motet profane, le motet finit par n'être plus considéré que comme un **morceau polyphonique religieux** sans autre spécificité que la liberté de ses paroles, généralement latines dans l'usage catholique, indifféremment latines ou vernaculaires dans l'usage protestant (motets de J.-S. Bach), en excluant celles textuellement empruntées à l'Écriture sainte. Le terme s'est étendu même aux *chants monodiques* répondant à cet unique critère (par exemple *O salutaris*).

— 4. Au XVIIe siècle, une nouvelle extension de sens s'est manifestée à partir d'un nouvel office, dit *salut* (ou bénédiction) *du Saint-Sacrement*, consistant essentiellement dans l'ostension de l'Hostie et le chant de motets (au sens n° 3), suivis du *Tantum ergo*, d'une bénédiction silencieuse et d'un chant de sortie. Le mot *motet* a alors désigné les morceaux de musique exécutés à cette occasion, quelle que soit l'origine de textes pourvu qu'ils soient latins. Le motet pris dans ce nouveau sens a connu une grande efflorescence à la cour de Versailles, où il s'est divisé en deux grandes catégories, selon le degré de solennité de l'office : le *petit motet*, pour 1 à 3 solistes accompagnés par l'orgue (plus, éventuellement, quelques instruments en petit nombre), qui faisait entendre le texte d'un bout à l'autre, avec peu de répétitions de paroles, et le *grand motet* ou *motet à grand chœur*, généralement consacré à un psaume ou à un cantique de grande longueur, dont chaque verset était traité individuellement en faisant alterner solos, ensemble (duos, trios, etc.) et chœurs, avec l'orgue et un orchestre parfois important, incluant de larges développements et de fréquentes répétitions de paroles. Le maître du grand motet versaillais a été M. R. Delalande, et le *Magnificat* de Bach est exactement traité dans la forme du grand motet français.
J. C.

MOTIF. Terme de décoration transporté au XIXe siècle dans le vocabulaire musical comme synonyme de thème*, mais quelquefois avec une acception plus analytique (on considère alors le motif comme un groupement d'éléments plus courts ou « cellules »). Le mot a été surtout vulgarisé par son composé allemand *Leitmotiv* (motif conducteur) substitué par von Wolzogen, l'un des premiers commentateurs de Wagner, au terme *Grundthema* (thème fondamental) qu'employait celui-ci.
J. C.

MOTTL (Felix), chef d'orchestre et compositeur autrichien *(Unter-St. Veit, près de Vienne, 1856 - Munich 1911).* Il entra à la chapelle de la cour puis au conservatoire de Vienne, où il fut l'élève d'A. Bruckner (théorie), O. Dessoff (composition) et J. Hellmesberger (direction d'orchestre). Il fut en poste à Karlsruhe de 1881 à 1903, dirigea *Tristan* à Bayreuth en 1886, et en 1903 fut appelé comme directeur de la musique à Munich, où il devint aussi directeur de l'Académie royale de musique (1904) et de l'Opéra royal (1907). C'est sous sa direction que furent donnés pour la première fois intégralement à la scène, en allemand, *les Troyens* de Berlioz (1890, Karlsruhe). Il dirigea également la première représentation, au Metropolitan Opera de New York, de *Parsifal* de Wagner (1903).
M. V.

MOULINIÉ (MOULINIER, MOLINIÉ), famille de musiciens français. — 1. **Antoine**, chanteur *(Languedoc, fin du XVIe s. - Paris 1655).* Il devint, en qualité de basse-contre, « chanteur ordinaire de la chambre du Roy » en 1619, et « officier de musique de la Reyne » en 1634. Il jouit, jusqu'à sa mort, d'une très grande renommée à la cour, ce qui lui permit d'aider son frère au début de sa carrière. — 2. **Étienne**, chanteur et compositeur, frère cadet du précédent *(Languedoc v. 1600 - id. apr. 1669).* Il est d'abord enfant de chœur à la cathédrale de Narbonne, puis, en 1624, rejoint son frère aîné à Paris. En 1628, il obtient le poste de « maître de la musique » de Gaston d'Orléans, frère du roi Louis XIII, qu'il conserve jusqu'à la mort de son maître (1660). Il est en outre, de 1634 à 1649, maître de musique de sa fille, Mlle de Montpensier. Enfin, il est nommé en 1661 « maître de musique des Estats du Languedoc », position qu'il occupera jusqu'à sa mort. Ces différents postes ne l'empêchent pas de mener une vie très active, enseignant, voyageant, dirigeant et composant beaucoup. Il est l'auteur d'un grand nombre d'airs de cour (cinq livres avec tablature de luth et cinq livres à 4 et 5 parties), parmi lesquels se trouve sa musique de ballet *(Ballet du monde renversé, Ballet de Mademoiselle : les Quatre Monarchies chrétiennes,...)* d'une *Missa pro defunctis* à 5 voix et de pièces sacrées contenues dans les *Meslanges de sujets chrétiens, cantiques, litanies et motets*, de 2 à 5 voix avec basse continue.

Ses airs sont traditionnels, le plus souvent assez simples et syllabiques, mais parfois d'une grande richesse mélodique et rythmique, en particulier ses airs espagnols et italiens. Ils eurent un immense succès à l'époque et subirent différentes adaptations, y compris à l'étranger. Ils servirent même de matériel thématique à quelques chants sacrés (dans la *Despouille d'Égypte*, 1629, et *la Philomèle séraphique*, 1632). Son style est assez différent dans sa musique sacrée. Alors que sa *Missa pro defunctis* est plutôt sobre et d'une facture archaïque typique des messes du XVIIe siècle, ses motets, par contre, représentent un changement dans son écriture puisqu'il y utilise le style concertant et la basse continue. Ils n'ont cependant rien de nouveau et Moulinié se situe bien, par son œuvre, dans la tradition des musiciens de cour du XVIIe siècle. Sa renommée, à l'époque, est indiscutable.
D. H.

MOULU (Pierre), compositeur franco-flamand *(? v. 1480-1490 - ? v. 1550).* On ne sait rien de précis sur sa vie, mais on peut déduire certaines de ses activités de ses compositions. Il était actif au début du siècle, puisqu'il écrivit une déploration sur la mort d'Anne de Bretagne *(Fiere attropos mauldicte et inhumaine)*, décédée en 1514.

En outre, le texte de quelques pièces semble prouver l'appartenance de Pierre Moulu à la chapelle royale, à

Paris, dans le premier quart du XVIe siècle. C'est en particulier le cas du motet *Mater floreat florescat*, écrit en l'honneur des grands musiciens de France (Agricola, Busnois, Compère, Dufay, de La Rue, Obrecht), et dont une bonne partie est consacrée à des musiciens du début du siècle (Brumel, les frères Févin, Isaac, Mouton, Ninot le Petit). La place privilégiée accordée à Josquin Des Prés peut donner raison à Ronsard, qui prétend que Pierre Moulu fut élève du grand musicien dans sa dédicace au *Livre des meslanges* (1560). Cette thèse semble être corroborée par les emprunts que Moulu a faits à Josquin (messe *Missus est Gabriel*, par exemple) et par les similitudes de style entre les deux musiciens (similitudes sensibles en particulier dans la déploration déjà citée).

Moulu a écrit dans les trois genres de l'époque : messes, motets et chansons. Son écriture est assez conservatrice et se caractérise par un style note contre note fréquent et par de nombreux emprunts, non seulement dans ses messes (messes parodies), mais aussi dans ses chansons qui puisent souvent dans le répertoire populaire. Son œuvre la plus célèbre est la messe *Alma redemptoris mater*, écrite de façon à pouvoir être exécutée telle quelle, ou en omettant à toutes les voix les silences supérieurs à la minime.

La renommée de Moulu à l'époque est certaine, car ses œuvres furent publiées par Attaingnant, qui transcrivit pour orgue le motet *Sicut malus*, dont s'inspira Palestrina dans sa messe *In illo tempore*.   D. H.

MOURADELI (Vano), compositeur soviétique (*Gori, Géorgie, 1908 - Tomsk 1970*). Il fit ses études de composition et de direction d'orchestre au conservatoire de Tbilissi, puis se perfectionna à Moscou auprès de Miaskovski (1934-1938). Il composa en 1947 l'opéra *la Grande Amitié*, qui déplut à Staline. Les critiques qui s'ensuivirent furent à l'origine de la célèbre campagne « anti-formaliste » de 1948, qui atteignit de nombreux compositeurs soviétiques (tels Chostakovitch, Prokofiev, Khatchatourian). Son opéra *Octobre* (1962 ; créé à Moscou, 1964) met en scène le personnage de Lénine. Une de ses mélodies est restée particulièrement populaire : *le Glas de Buchenwald*. Les œuvres de Mouradeli montrent son attachement à l'enseignement académique et au folklore géorgien.   A. L.

MOURET (Jean-Joseph), compositeur français (*Avignon 1682 - Charenton 1738*). Son père était violoniste amateur. Mouret fit ses études musicales à la maîtrise de Notre-Dame-des-Doms à Avignon, où Rameau fut organiste pendant quelques mois en 1702. Arrivé à Paris en 1707, Mouret devint maître de la musique chez le maréchal de Noailles, et bientôt surintendant de la musique à la cour de Sceaux, chez Mme du Maine. Il participa aux divertissements musicaux des Nuits de Sceaux avec Marchand, Bernier et Clin de Blamont (1714-15). En 1714, son opéra *les Festes ou le Triomphe de Thalie* fut représenté à l'Opéra avec succès. La même année, Mouret y fut nommé chef d'orchestre, poste qu'il occupa jusqu'en 1718. Il devint en 1716 directeur de la musique au Théâtre-Italien, qui venait de rouvrir ses portes. En 1720, il entra comme chantre à la Chambre du roi. En 1722, il fut chargé d'organiser les fêtes musicales pour le couronnement de Louis XV. De 1728 à 1731, il fut directeur du Concert spirituel des Tuileries. Malgré cette carrière bien remplie, Mouret mourut dans la misère et la folie chez les pères de la Charité à Charenton.

Ses œuvres, de tradition française, ont connu des fortunes diverses : échec pour la tragédie *Ariane* et le ballet *les Grâces* ; succès pour *les Festes* et pour les ballets *les Amours des dieux* et *le Triomphe des sens*. Surnommé le « musicien des grâces », Mouret représente, entre Lully et Rameau, une musique plus divertissante, marquée par une recherche de la synthèse entre les goûts français et italien, qui s'exprime en particulier dans les nombreux *Divertissements pour le Théâtre-Italien*. Il excella dans les *Airs sérieux et à boire*, ainsi que dans les cantates et les cantatilles, à l'instar de son contemporain Campra.   A. L.

MOUSSORGSKI (*Modeste*), compositeur russe (*Karevo 1839 - Saint-Pétersbourg 1881*). Il naît dans une « bonne famille » de petits propriétaires terriens (sa grand-mère était serve). Sa mère, musicienne, lui donne ses premières leçons de piano (qu'il continuera d'apprendre à Saint-Pétersbourg avec Anton Herke), et sa nourrice le berce de contes populaires. Ainsi boit-il d'emblée à deux sources : celle de la culture musicale occidentale, et celle du génie populaire russe.

A neuf ans, il est assez bon pianiste pour jouer en public un concerto de Field. Elevé « à l'européenne » dans une école de Saint-Pétersbourg dirigée par des Allemands, il entre ensuite à l'école militaire, dont il sort lieutenant en 1856 pour être incorporé à la garde de Preobrajenski. La mort de son père en 1853 l'a rapproché de sa mère. Malgré de grandes ambitions musicales et l'étude des grands compositeurs classiques, il compose encore peu (quelques pièces de « musique pure », transcriptions de Berlioz, mélodies). Mais il fait la connaissance de César Cui, de Balakirev et de Vladimir Stassov, journaliste-animateur, qui donnera au futur groupe des Cinq son impulsion et son inspiration progressiste. Moussorgski est alors un « petit lieutenant », beau, mondain, élégant et affecté, recherché dans les salons pour jouer du piano. L'année 1857 est celle de sa première mélodie marquante, la *Petite Étoile*, qui contribue à l'orienter vers la musique vocale et dramatique. Mais, l'été de cette même année, il subit une première « crise » décisive, dont on ne sait si elle fut de dépression, d'alcoolisme ou d'épilepsie.
Une vie consacrée à la musique. En 1859, il quitte l'armée et décide de consacrer sa vie à la musique, projetant un opéra d'après *la Nuit de la Saint-Jean* de Gogol, étudiant les classiques allemands et passant par des phases de dépression et de mysticisme. Ces « crises », mal connues, ont certainement contribué à dégager de la chrysalide mondaine du « petit lieutenant » européanisé le Moussorgski tourmenté que nous connaissons. Amours de jeunesse dont la rupture l'a laissé brisé ? Mort d'une femme aimée ? Epilepsie ? Tendances homosexuelles ? Sublimation d'une impuissance sexuelle en vocation de chasteté créatrice ? Toujours est-il qu'il se détermine alors comme un homme qui a tiré un trait sur la vie « normale ». Il étudie beaucoup, en autodidacte méticuleux, la musique occidentale (Schumann, notamment), les penseurs, les philosophes. L'abolition du servage en 1861 par Alexandre II le plonge dans des affaires de famille qui l'occupent deux ans et l'amènent à chercher un emploi pour vivre. C'est l'époque où se forme le groupe des Cinq, avec Balakirev, César Cui, Borodine, Rimski-Korsakov et lui-même, avec le concours de Stassov. Le groupe publie, sous la plume de César Cui, un manifeste dramatique, ouvre une école musicale contre le conservatoire officiel et répand ses conceptions généreuses. Moussorgski s'installe avec des amis et entre à l'Office des ingénieurs des ponts et chaussées (dont il sera congédié en 1867, pour entrer l'année suivante comme fonctionnaire dans l'administration des Eaux et Forêts).

Il commence à travailler à un opéra, *Salammbô*, d'après Flaubert, qui ne sera pas achevé, mais dont les matériaux seront reversés dans des œuvres futures telles que *Boris Godounov*. Sa doctrine esthétique — traduire la « vérité fût-elle amère » dans une langue musicale « hardie et sincère » — se forme alors. Il produit des mélodies pour chant et piano, dont, souvent, il écrit lui-même le texte et dans lesquelles il emploie un style de chant inspiré des inflexions du parlé, mais qui n'a rien à voir avec le *Sprechgesang* allemand et qui est plutôt une musicalisation très franche des intonations de la parole. Ce « récitatif », qui est beaucoup plus mélodique que ce que l'on entend d'habitude par ce terme, c'est-à-dire avec des intervalles plus grands et une courbe plus ample, peut lui avoir été inspiré par les tentatives dans ce sens de Dargomyjski, dont il a fréquenté le salon. Mais c'est Moussorgski qui l'impose, et qui réussit à « incorporer le récitatif dans la mélodie », effaçant en même temps les barrières qui les séparent.

Une œuvre de grande envergure. À la mort de sa mère, en 1865, Moussorgski est dépossédé de ses biens familiaux, et il entre plus avant dans une vie presque solitaire. En 1868, Vladimir Nikolski lui suggère de tirer un opéra du *Boris Godounov* de Pouchkine : pour la première fois, tout en continuant de produire des mélodies et après une nouvelle tentative inachevée d'opéra sur le *Mariage* de Gogol, il va mener à bien une œuvre de grande envergure. Dans cette féconde période, de 1868 à 1870, il utilise aussi son élan créateur pour ébaucher en même temps un autre opéra, *Bobyl*, et écrire le cycle mélodique des *Enfantines*, qui est sa première œuvre dont la réputation franchit les frontières, suscitant notamment l'admiration de Liszt. Moussorgski, qui a une grande admiration pour ce dernier, se voit offrir en 1873 par Stassov l'occasion de faire un voyage pour rencontrer Liszt en Europe, mais il décline l'offre, peut-être par timidité. En 1870, le théâtre Marie de Saint-Pétersbourg refuse de monter *Boris Godounov*, dont une première version lui a été soumise, en alléguant l'absence d'un rôle féminin important et le style trop « moderne » de la musique. Le groupe des Cinq commence à se défaire : les uns se marient, les autres changent de vie, Rimski-Korsakov (avec lequel Moussorgski partage une chambre meublée en 1871) s'« académise » et Moussorgski s'enfonce dans l'alcoolisme et la solitude, retravaillant *Boris* dans les temps que lui laisse son travail de bureau : il ajoute le personnage de Marina et l'« acte polonais ». Plusieurs fois remanié, bousculé, *Boris* est joué par extraits, puis dans sa totalité, dans des auditions privées. Après un deuxième refus, il sera finalement accepté par le théâtre Marie, par l'entremise d'un mécène haut placé. *Boris Godounov* est finalement créé le 8 février 1874, avec un certain succès public, notamment, comme le remarque Rimski-Korsakov, auprès des gens simples, mais la critique s'en prend parfois aux « défauts » de l'ouvrage, à sa trahison envers Pouchkine.

Moussorgski, sujet à des crises d'éthylisme, passe de plus en plus pour un illuminé, dont les dons musicaux, incontestés, s'égarent dans des constructions incohérentes. Entre-temps, il s'est attelé à un autre gigantesque projet d'opéra à sujet politique, *la Khovanchtchina*, sur un canevas donné par Stassov : l'histoire complexe d'une conspiration, d'une lutte de clans. Cette œuvre, dont il semble que Moussorgski lui-même n'ait jamais voulu avoir une vision nette et globale, sans interminablement remaniée, réorchestrée, pour être « terminée » en 1879, à l'aide de coupures et de renoncements. Moussorgski s'est lié, en 1873, avec le poète Arsène Golenischev-Koutouzov, partageant avec lui sa vie et s'enthousiasmant pour sa sincérité et son authenticité. C'est sur des textes de ce poète qu'il compose deux cycles mélodiques, les mélodies, les deux *Voyages d'hiver : Sans soleil* (1874), accueilli par l'incompréhension de ses confrères pour sa « discontinuité », et *Chants et Danses de la mort* (1875-1877). Le départ précipité de Golenischev-Koutouzov le laisse seul. Résolu de plus en plus à abandonner la corvée du travail de bureau et à gagner sa vie comme pianiste de concert et accompagnateur, il finit par démissionner en 1879, sans réussir à se créer une carrière musicale glorieuse et lucrative. En fait, il devra surtout donner des cours dans l'école de chant de la cantatrice Daria Leonova, qui devient sa « protectrice ». En 1874, il a commencé un opéra populaire d'après Gogol, *la Foire de Sorotchinski*, une nouvelle fois destiné à l'inachèvement (il veut y intégrer, moyennant certains remaniements, une pièce d'interlude qui deviendra, dans l'adaptation de Rimski-Korsakov, *Une nuit sur le mont Chauve*). Au début de 1881, des attaques cardiaques l'obligent à se faire admettre dans un hôpital militaire, où ses amis viennent le visiter. Il commence à se rétablir, mais, ayant bu de l'alcool en cachette dans l'hôpital en croyant fêter son anniversaire — qui, en réalité, a eu lieu une semaine plus tôt, — il meurt d'un arrêt du cœur le 16 mars 1881. Sa mort laisse inachevée, pour une grande part, une série d'œuvres que Rimski-Korsakov va orchestrer, adapter, avec beaucoup de conscience ; sans lui, Moussorgski aurait pu rester très longtemps dans la pénombre et le succès d'estime.

Une carrière singulière. Il est peu de musiciens qui ont été autant imités ponctuellement. Chacun a trouvé son compte et de quoi alimenter sa propre esthétique dans les œuvres de ce compositeur, de Debussy à Janáček, de Berg à Poulenc. Et un grand nombre de musiciens se sont également dévoués pour arranger ces œuvres, pour les rendre « présentables » à l'orchestre : à commencer par Rimski-Korsakov qui a consacré beaucoup de temps à en faire briller la musique sombre et sourde, à la parer, à lui donner l'orthodoxie d'écriture et les séductions orchestrales qui la rendraient plus assimilable. En même temps, les œuvres ainsi « dénaturées », repeintes, deviennent cohérentes, émouvantes, plausibles. Comme si ce côté brillant qu'ont donné un Ravel et un Rimski-Korsakov à la musique de Moussorgski était enfermé en elle comme une potentialité. Mais cette sonorité sombre, pauvre, sans harmoniques a été incontestablement voulue et choisie, et l'on ne peut plus parler d'incapacité à faire sonner la musique. L'accompagnement souvent décharné, dur, des mélodies pour piano est là pour le prouver. Il n'eût pas fallu beaucoup de savoir-faire au pianiste expérimenté qu'était Moussorgski pour rendre tout cela « joli » et brillant. S'il écrit les *Tableaux d'une exposition* apparemment « contre » le piano, c'est par fidélité avec ce qu'il « entend ». Son esthétique, il l'a souvent rappelé, n'est pas le « beau » en soi, encore moins l'« habile », mais le « vrai ». Il renoue avec la vieille ambition platonicienne et montéverdienne de la *mimesis*, de l'imitation, mais d'après nature, sans recourir au répertoire codé des formules musicales « expressives ». Comme Flaubert fuyait la phrase toute faite, il ne se permet pas un cliché musical. Obsédé par le projet de traduire musicalement la vérité du parlé, il ne dit ne plus pouvoir entendre un discours sans le transcrire dans sa tête en notes : non pas en quelque *parlando* languide, mais en des mélodies fermes, diatoniques, dont se dégage, épurée, stylisée, la vérité d'un mouvement de l'âme. Son harmonie, critiquée pour l'« illogisme » de ses enchaînements, est une harmonie d'intonation : elle donne une certaine intonation à la note chantée qu'elle soutient. Car la voix est le centre de sa musique, et le piano, ou l'orchestre, accompagnateur en est entièrement solidaire ; ils ne tissent pas une symphonie parallèle, ils ne courent pas la poste indépendamment de la voix, comme dans les lieder de Schubert, ils n'assurent même pas un mouvement perpétuel servant d'assise, mais ils soulignent et ponctuent.

Épileptique, alcoolique et sujet à des crises nerveuses, Moussorgski avait de bonnes dispositions à l'hallucination — l'hallucination la plus forte étant celle qui naît du réel vu autrement, l'inquiétante étrangeté du familier. Ainsi, Moussorgski est le musicien du réalisme halluciné ; chacun de ses personnages — même, dans les *Enfantines*, l'enfant qui minaude et dont les intonations sont transcrites avec vérité — semble vu à travers le prisme d'une espèce de transe hallucinée. Comme certains peintres tendus vers le réel, il fait passer son regard avec sa vision. Comme Flaubert, toujours, il s'est réfugié dans le réalisme par réaction contre une propension naturelle à se perdre corps et âme dans des visions mystiques, mais ce regard fou reporté sur le réel donne au réalisme plus de force encore et de vérité.

Moussorgski, musicien sauvage ? On parle un peu trop de son génie comme d'un phénomène de génération spontanée à partir de la seule influence de la musique populaire russe, comme s'il avait été un analphabète inspiré. Or, s'il n'avait pas de formation académique très poussée — il avait reçu quelques leçons de Balakirev —, il avait fréquenté et assimilé profondément le répertoire européen, dont celui de Schumann, et l'avait dans le sang. C'est un homme très cultivé, occidentalisé, plus intellectuel que bien des musiciens académiques. Cette culture, il a su l'utiliser, non pas comme système repris globalement, mais par des références ponctuelles, comme amenées par un besoin d'expression. En ce sens, il semble manier le langage musical, qu'il utilise hardiment, comme il manierait une arme : c'est-à-dire, en définitive, comme un instrument. Il ne pense pas dans son système : il empoigne la musique telle qu'il la connaît, il en fait quelque chose de fort et de nouveau.

On reconnaît aussi la musique de Moussorgski, dans ses pages les plus personnelles, à son débit : ce n'est pas le flux régulier de la poésie ; c'est celui, brisé, discontinu (on le lui a beaucoup reproché) d'une « prose ». De la « musique en prose », c'était rare et ce n'est toujours pas très courant. Mais, comme par compensation, il est très courant dans sa musique qu'une phrase musicale soit redoublée immédiatement après avoir été énoncée. La répétition, qui n'affecte pas la forme d'ensemble, apparaît dans le fil du discours, dans son présent, à travers ces « redoublements », dont Debussy, après lui, systématisa l'emploi (mais César Cui reprochait déjà ce procédé à la musique de Rimski-Korsakov — ce qui laisse penser qu'un tel procédé était dans l'air, autour de Moussorgski). Ainsi, cette musique semble avancer vers l'inconnu en s'assurant à chaque fois du pas qu'elle vient de faire, un pas ferme, large, mais en même temps risqué, nouveau. Si on ne doit à Moussorgski aucune de ces « innovations » précises, dénommables que l'histoire de la musique, comptable ordonnée, aime enregistrer au crédit de chaque « grand musicien », on lui doit peut-être bien plus : une aventure, une échappée, dont il a payé le prix lourdement, et dont des musiciens rangés et sérieux ont, après lui, largement profité. Il est un de ces courageux qui, à certaines époques, assument cette tâche nécessaire : renouveler l'alliance de la musique avec le vrai.   M. C.

MOUTON (Charles), luthiste et compositeur français (? 1626 - ? apr. 1699). Sans doute élève de Denis Gaultier, il est d'abord luthiste à la cour de Turin, de 1670 à 1678, puis se fixe à Paris où sa virtuosité et son enseignement assurent très rapidement sa renommée. Parmi ses élèves les plus célèbres, citons Le Sage de Richée et surtout le fameux Milleran, interprète du roi. Deux de ses livres de pièces pour luth, publiés en 1699, ont été conservés. Ils contiennent 9 suites, de 4 à 11 morceaux, débutant le plus souvent par un prélude suivi d'une allemande et finissant par une sarabande, l'ensemble de la suite évoluant, en général, dans une même tonalité. Ses pièces ont souvent des titres descriptifs, en particulier les préludes (la Promenade, le Rêveur). La plus remarquable, en la matière, est une pavane, les Amants brouillés, dont le style brusqué et désordonné est très évocateur. D'autres pièces sont conservées dans divers manuscrits, en particulier des transcriptions pour luth d'extraits d'opéras de Lully (menuets de Bellérophon, Proserpine, le Triomphe de l'amour, gavottes de Psyché et d'Isis). Par ses dons d'interprète exceptionnels, il est considéré comme l'un des derniers grands luthistes français du XVIIe siècle.   D. H.

MOUTON (Jean de Hollingue), compositeur franco-flamand (Haut-Wignes, Hollingue, près de Samer, 1459 ou plus tôt - Saint-Quentin 1522). D'après Ronsard, il aurait été élève de Josquin Des Prés. Il fut enfant de chœur à Notre-Dame de Nesle (1477-1483), maître de chapelle à Nesle (1483), maître des enfants à la cathédrale d'Amiens (1500) et à Saint-André de Grenoble (1501-1502), avant d'entrer à la chapelle d'Anne de Bretagne (1509) ; il publia alors un motet pour la mort de cette dernière en 1514. Il servit ensuite Louis XII et François Ier, pour le sacre duquel il composa un Domine selvum fac regem et un Exalta regina Galliæ pour la victoire de Marignan. À la fin de sa vie, il fut chanoine du Thérouanne et de Saint-Quentin. Il fut le maître de Willaert à Paris et l'ami de Févin, dont il écrivit la déploration Qui ne regretterait le gentil Févin. Gláréan, qui l'a rencontré à la cour entre 1517 et 1522, a vanté le caractère coulant de son chant. L'essentiel des compositions de Mouton est constitué d'œuvres religieuses : 120 motets environ, qui ont été au cours du XVIe siècle fréquemment transcrits pour luth ou orgue ; 10 magnificat ; 15 messes à 4 ou 5 voix basées la plupart sur un cantus firmus, traité en parodia. Si quelques motets gardent encore la vieille tradition isorythmique héritée du XIVe siècle (Missus est Gabriel), Mouton adopte plus volontiers un traitement canonique de toutes les voix. Il sait faire un emploi judicieux des silences (motet Nesciens mater). Parfois il laisse éclater une joie sans réserve (Gaude, virgo Katherina). Dans ses motets sur des psaumes, il serre de près le texte dans son articulation comme dans son contenu, tout en conservant une ligne mélodique nette et concise. Le musicologue A. Pirro fait remarquer la « singulière unité de son style », sa « simplicité travaillée » et le « mouvement paisible de l'harmonie », qui s'ajoute à l'habileté de son écriture contrapuntique.
A. L. et M.-C. L.M.-M.

MOUVEMENT. — 1. Degré de rapidité donné à une exécution musicale. On emploie fréquemment l'équivalent italien tempo. L'expression « dans le mouvement » équivaut à l'italien a tempo, c'est-à-dire sans modifier le mouvement, ou en revenant au mouvement précédent s'il a été modifié précédemment.
— 2. Aspect linéaire d'un intervalle ou d'une suite d'intervalles (mouvement montant, descendant). Un mouvement est dit « parallèle », ou « direct », lorsque deux voix ou davantage sont simultanément montantes ou descendantes ; « oblique » lorsqu'une des voix reste en place ; « contraire » si l'une monte quand l'autre descend et vice versa. En harmonie scolaire, certains mouvements parallèles (surtout octaves et quintes) sont sévèrement prohibés ou réglementés (V. PARALLÈLES).
— 3. Chacun des morceaux indépendants et contrastés, dont l'ensemble constitue une sonate, une symphonie ou tout autre pièce instrumentale analogue.
J. C.

MOUVEMENT-RYTHME-ÉTUDE. Titre d'une œuvre de musique électroacoustique de Pierre Henry, composée en 1970. Dédiée à Maurice Béjart et constituée d'une vingtaine de mouvements reprenant — comme les Variations pour une porte et un soupir du même auteur — un nombre limité de sources sonores, l'œuvre est sous-titrée Barre-Fiction et fait explicitement référence aux exercices et aux figures de la danse classique. Il ne s'agit pas ici de la danse comme envol, exhibition, rite érotique ou mystique, mais comme gymnastique quotidienne du geste et de l'attitude, exercice ascétique et asexué. Plutôt que sur des grandes formes en développement continu (comme dans son Voyage ou son Apocalypse), l'auteur joue ici sur des petites formes brèves et tendues, pleines de « micro-suspenses ». Il utilise fréquemment des superpositions de cellules cycliques de sons secs et précis, créant des contrepoints rythmiques en équilibre instable, dont la variété et l'invention ont fait l'admiration d'Olivier Messiaen. Trois mouvements à part, les 3 adagios, tranchent sur l'ensemble par leur matière sonore plus ample, leur espace plus vaste et leur tension dramatique qui touche, dans le troisième, à l'insoutenable : terrifiante image d'agonie où le corps semble se vider de son souffle par l'intérieur, cet adagio no 3 conclut sur un grandiose cérémonial de mort (comme dans le Voile d'Orphée) une œuvre qui est, par ailleurs, une des plus épurées et des plus classiques de son auteur.   M. C.

MOUVEMENTS POUR PIANO ET ORCHESTRE. Œuvre d'Igor Stravinski (1958-59), créée à New York le 10 janvier 1960. D'une complexité harmonique et métrique presque sans précédent chez l'auteur, cette partition est aussi, de toutes celles qu'il écrivit, la plus proche de Webern. Cinq pièces courtes d'essence sérielle forment ces Mouvements, qui sont, dans tout ce que j'ai composé, la musique la plus avancée du point de vue de la construction » (I. Stravinski).   A. F.

MOYEN ÂGE. Période de l'histoire du monde occidental que l'on situe communément entre la fin du

Ve siècle (chute de l'Empire romain) et celle du XVe siècle (début de la Renaissance). Par commodité, on distingue donc une période « médiévale » de l'histoire de la musique occidentale, bien que ces dix siècles ne forment pas spécialement une homogénéité par rapport à cette fausse cohérence que constituerait la Renaissance musicale. En effet, le renouveau de la Renaissance a été préparé et mûri de longue date, pendant ce « Moyen Âge » qui ne fut en aucune façon une ère de stagnation.

Ce qui nous reste de plus ancien de la musique médiévale provient de la tradition du « chant grégorien* », du nom de saint Grégoire Ier, pape de 590 à 604, qui aurait réglementé le chant liturgique en posant les bases de cette expression musicale. Même s'il existait des musiques profanes et instrumentales, c'est la musique vocale religieuse qui nous est la plus connue, par les manuscrits et par la tradition liturgique qui s'est transmise. En outre, les monastères (monastère de Saint-Gall, abbaye Saint-Martial de Limoges) étaient alors les plus grands foyers de culture et de développement musical.

Le Moyen Âge voit se développer des formes nouvelles, outre celles propres au chant grégorien (séquences, tropes, proses, etc.), lesquelles sont basées sur la monodie. L'écriture polyphonique naît à travers des formes religieuses comme le conduit, le déchant, la copula, le gymel, l'organum, et, plus tard, le motet isorythmique, codifié par Philippe de Vitry. Au domaine du religieux se rattachent d'abord des formes comme le « jeu », représentation dramatique sacrée (*Jeu de Daniel, Jeu d'Adam*), qui se tourne ensuite vers des histoires profanes (*Jeu de Robin et Marion* d'Adam de la Halle). Les formes profanes lyriques sont représentées par la chanson (monodique) des trouvères, troubadours, ménestrels, Minnesänger et aussi par la ballade, le rondeau, le lai, le virelai et, plus tard, par la villanelle, la frottole, le madrigal florentin. La musique instrumentale existe déjà, appliquée surtout à la danse et au divertissement. Si l'orgue a été admis à l'église, c'est d'abord pour soutenir le chant, avant d'avoir son répertoire spécifique.

La polyphonie naissante constitue ses règles et sa tradition à travers des écoles : l'école de Notre-Dame, à Paris, avec Léonin et Pérotin, représentant la « vieille manière », l'*Ars antiqua* ; ensuite l'*Ars nova* avec Philippe de Vitry, Guillaume de Machaut, Francesco Landini, etc. ; puis l'école franco-flamande avec Dufay, Binchois ; et, à la faveur de la personnalisation de l'activité de composition, une riche floraison de créateurs portant la polyphonie vers toujours plus de complexité, de foisonnement (les réformes liturgiques de la Renaissance essaieront parfois de ramener cette luxuriance à plus de simplicité) : Josquin Des Prés, Ockeghem, Obrecht, Juan del Encina, etc.

Le développement des systèmes de « notation musicale écrite », avec les travaux de Hucbald, Otger, Guy d'Arezzo, est au cœur de l'évolution de la musique, depuis les neumes fixés vers le VIIIe siècle. C'est, d'abord, une notation mnémotechnique qui se perfectionne dans le sens de la précision par l'emploi de lettres, puis de lignes, en allant vers la « notation carrée » au XIVe siècle, et la « notation proportionnelle » des durées au XVe siècle. La notation contribue à fixer les traditions musicales, à les propager par l'écrit, ainsi qu'à développer les notions d'« œuvre » et d'« auteur » et à favoriser une polyphonie plus complexe qu'on ne peut maîtriser qu'en passant par un stade d'écriture. Par contrecoup, la polyphonie aurait elle-même favorisé le passage de la pensée « modale » à la pensée « tonale » (afin d'éviter certains intervalles proscrits dans les superpositions, comme le triton).

La notation de la musique instrumentale, avec les systèmes de « tablature », favorise plus tard l'émancipation de cette musique. Ainsi, tout un vaste territoire musical se détermine, évolue, fixe ses règles, se communique en fonction de la notation écrite, ce qui n'empêche pas par ailleurs les musiques orales de continuer d'exister. Par définition, la tradition de ces dernières s'est perdue, ou a tellement évolué qu'il ne reste aujourd'hui rien de ce qu'elles étaient alors. Entre autres conséquences, la notation et la propagation écrite favorisent aussi la notion de « compositeur » en fixant son œuvre (cette notion existait depuis longtemps dans des arts tels que la littérature ou la peinture, qui produisaient déjà, eux, des œuvres durables et tangibles).

Enfin, malgré le cliché persistant qui veut que le Moyen Âge ait été une période de total obscurantisme, on n'attend pas la Renaissance pour réfléchir sur la musique et pour publier des traités de théorie et de spéculation musicale (cf. Boèce, Aurélien de Réomé, plus tard Philippe de Vitry, et le platonicien Marsile Ficin), qui ouvrent la voie aux spéculations des musiciens de la Renaissance sur une musique « à l'antique ». Ces ouvrages se réfèrent souvent, en effet, aux Grecs et aux Romains, non à leur musique, complètement disparue, mais à leurs écrits théoriques.

Un certain arbitraire dans la division de l'Histoire en « périodes » ramasse sous l'appellation de « Moyen Âge musical » dix siècles de nombreuses et complexes évolutions. Dans l'imaginaire de la musique occidentale, le Moyen Âge fait office de période des « origines » : les notions d'œuvre, d'auteur, de notes, de tonalité, de polyphonie, de musique instrumentale, etc., sont toutes nées dans ce temps-là. Mais seul l'éloignement, qui en écrase les perspectives, nous fait percevoir cet espace de mille ans comme continu et linéaire.
M. C.

MOYSE (Marcel), flûtiste français (*Saint-Amour 1889*). Ses études effectuées au Conservatoire national supérieur de Paris avec Paul Taffanel, Adolphe Hennebains et Philippe Gaubert sont sanctionnées en 1906 par un premier prix de flûte. Il suit également la classe de musique de chambre de Lucien Capet.

Il est nommé, en 1918, flûte solo des concerts Pasdeloup et des concerts du Conservatoire, puis des concerts Straram (1922-1938). De 1913 à 1938, il fait partie de l'orchestre de l'Opéra-Comique. Il succède à Philippe Gaubert comme professeur au Conservatoire de Paris (1932-1949). Il fonde en 1933 le trio Moyse, en compagnie de son fils Louis (deuxième flûte) et de sa bru Blanche Honegger-Moyse (violon et alto). Il crée la même année le *Concerto pour flûte* que Jacques Ibert lui dédia.

Comme soliste, Marcel Moyse joue sous la direction des plus grands musiciens : Bruno Walter, Toscanini, Mengelberg, Klemperer, Richard Strauss et Adolf Busch ; avec ce dernier, il réalise de mémorables enregistrements de Bach. Venu s'installer aux États-Unis, il participe avec Busch à la fondation du collège musical de Marlboro, où il enseigne. Il ne quittera pratiquement plus le Vermont, sauf pour donner des cours, spécialement au Japon et tous les étés à Boswil (près de Lucerne).

Marcel Moyse laisse de nombreux traités pédagogiques. Il a ouvert à la flûte, jusque-là condamnée à une joliesse purement instrumentale, de nouvelles voies expressives, privilégiant le chant et la plénitude musicale plus que la volubilité.
M. W.

MOZARABE (arabe *mosté-arab*). Mot désignant dans la péninsule Ibérique les chrétiens soumis à la domination arabe. Il est donné abusivement, depuis le XVe siècle environ, à l'ensemble des rites de la liturgie catholique propres à la péninsule, et particulièrement à l'ensemble de ses chants. Le chant mozarabe ancien, très antérieur à l'arrivée des premiers Arabes en Espagne (711), puisqu'il s'est organisé à partir du IVe siècle, fait partie du groupe dit « gallican » et avait été fixé pour l'essentiel vers le milieu du VIIe siècle.

Mais le chant mozarabe reste, dans l'ensemble, mal connu, car les livres anciens, lorsqu'ils ont survécu, sont, pour la plupart, écrits dans une notation spéciale, dite « wisigothique », dont on ne possède pas la clef. On a pu en reconstituer partiellement des morceaux par des copies postérieures en d'autres notations, du XIe au XIIIe siècle ; ou par des livres récents au XIXe ou même au début du XXe siècle, supposés en refléter les traditions. Cette quasi-disparition est surtout imputable à l'action du pape Grégoire VII, continuée par les clunisiens, visant à l'abolition des particularismes locaux et à l'alignement sur la liturgie romaine, en reprenant à son compte les efforts unificateurs des Carolingiens, auxquels l'Ibérie, extérieure à l'Empire, avait pu jadis se soustraire (v. GRÉGORIEN), mais auxquels elle ne put alors échapper.

Au début du XVIe siècle, le célèbre cardinal de Tolède, Jiménez, décida une « restauration » du chant tolédan traditionnel et fit procéder, sans craindre d'inventer lorsqu'on manquait de documents, à l'élaboration d'un nouveau livre de chants, encore en usage à la cathédrale de cette ville, dont la maîtrise fut appelée *Capilla mozarabe*. C'est cette « restauration » qui est à la base de ce que l'on continue à appeler le « chant mozarabe », mais dont le caractère d'authenticité est souvent discutable.   J. C.

MOZART *(Leopold)*, compositeur, théoricien et pédagogue allemand *(Augsbourg 1719 - Salzbourg 1787)*. Passé à la postérité essentiellement comme père de Wolfgang Amadeus, il reçut au collège des jésuites de sa ville natale une solide formation humaniste et, sur le plan musical, de violoniste, d'organiste et de théoricien. Entré au service du comte de Thurn et Taxis (1740), il devint grâce à lui, à Salzbourg, quatrième violon de la chapelle du prince-archevêque (1743), compositeur de la cour et de la Chambre (1757), et, enfin, vice-maître de chapelle (1763). Ayant reconnu vers 1760 le talent, voire le génie, de son jeune fils, il consacra à sa formation, jusque vers 1773, le meilleur de son temps. Sa femme, qu'il avait épousée en 1747, étant morte à Paris en 1778, et son fils s'étant installé à Vienne en 1781, il passa ses dernières années à Salzbourg dans un relatif isolement. Il se consacra entièrement à ses charges dans cette ville, sans jamais accéder aux toutes premières, et mourut quelque peu aigri. On lui doit une grande quantité de musique instrumentale et vocale, dont certaines, de caractère pittoresque, ont acquis de nos jours une nouvelle célébrité : *Musikalische Schlittenfahrt* (« Promenade en traîneau », 1755), *Die Bauernhochzeit* (« Noces paysannes », 1755), *Divertimento militare* (v. 1765). La *Symphonie des jouets* longtemps attribuée à J. Haydn est de lui (3 mouvements tirés d'une œuvre plus vaste). Il est surtout l'auteur d'une méthode de violon *(Versuch einer gründlichen Violinschule,* 1756, rééd. 1976), comptant parmi les écrits théoriques de base de l'époque. Fortement influencée par les traités rédigés respectivement par Quantz (1752) et par Carl Philipp Emanuel Bach (1753) pour la flûte et le clavier, cette méthode transmit aux Allemands les principes artistiques de virtuoses italiens comme Tartini ou Locatelli tout en témoignant, de la part de son auteur, d'une connaissance surprenante de théoriciens des alentours de l'an 1500.   M. V.

MOZART *(Wolfgang Amadeus)*, compositeur allemand *(Salzbourg 1756 - Vienne 1791)*. Fils de Leopold Mozart *(1719-1787)* et de Anna Maria Pertl *(1720-1778)*, il fut baptisé Johannes Chrysostomus Wolfgang Theophilus, mais ce dernier prénom fut rapidement transformé en Gottlieb, son équivalent allemand, puis en Amadeus, traduction italienne de Gottlieb. Par son père, violoniste dans l'orchestre du prince-archevêque de Salzbourg, Mozart descendait d'un relieur d'Augsbourg, Johann Georg Mozart (1679-1736). Du côté maternel, il était petit-fils d'un fonctionnaire, Wolfgang Nicolaus Pertl († 1724), ancien étudiant en droit de l'université de Salzbourg, qui appréciait la musique et avait même été professeur de chant et choriste.

Des sept enfants de Leopold Mozart et Anna Maria Pertl nés entre 1749 et 1756, cinq moururent en bas âge. Seuls survécurent une fille, prénommée Maria Anna Walburga Ignatia (1751-1829), et Wolfgang Amadeus, qui était le dernier. Dès l'âge de trois ans, celui-ci manifesta une attirance et des dons exceptionnels pour la musique. Il en avait quatre lorsque son père lui donna ses premières leçons de clavecin.

Les voyages de l'enfant prodige. En 1762, Leopold inaugura par un premier voyage à Munich l'invraisemblable série de tournées européennes qu'il allait effectuer, pendant plusieurs années, avec ses enfants. Au cours de ce séjour à Munich — pendant le carnaval —, le frère et la sœur se produisirent devant Maximilien III, Électeur de Bavière. À cette époque, Wolfgang composait déjà de petits morceaux *(Menuets* K.2, 4 et 5 ; *Allégro* K.3) que son père transcrivait sur le papier. Le 18 septembre 1762, la famille au complet se mit en route pour Vienne, où elle arriva le 6 octobre — lendemain de la « première » de *l'Orfeo* de Gluck — et elle y demeura jusqu'au 10 décembre. Wolfgang et sa sœur Nannerl (ainsi appelait-on la petite fille) furent reçus par la comtesse de Thun, par l'ambassadeur de France et, à Schönbrunn, par l'impératrice Marie-Thérèse.

Au début de 1763, Sigismond von Schrattenbach, prince-archevêque de Salzbourg, s'occupa de la réorganisation de sa chapelle. Il nomma Giuseppe-Francesco Lolli Kapellmeister en remplacement de Johann-Ernst Eberlin, décédé le 21 juin 1762, et confia le poste de vice-Kapellmeister à Leopold Mozart. Celui-ci, qui avait espéré mieux, sollicita un congé que son employeur accorda ; ce qui lui permit d'entreprendre, avec sa femme et ses enfants, une longue tournée de trois ans dans plusieurs pays européens. Partie de Salzbourg le 9 juin 1763, la famille passa par Munich, où elle fit la connaissance de Luigi Tomasini, ami de Joseph Haydn, et Konzertmeister, à Eisenstadt, de Nicolas Esterházy ; par Augsbourg, où les enfants donnèrent 3 concerts et que la famille quitta le 6 juillet ; par Schweitzingen, non loin de Mannheim, où Wolfgang eut un premier contact avec le célèbre orchestre de l'Électeur palatin Karl Theodor ; par Francfort, où eut lieu l'unique rencontre entre Goethe et Mozart ; par Bruxelles enfin, ville atteinte le 4 octobre et qui était alors, sous le gouvernement de Charles de Lorraine, frère de l'empereur François Ier, capitale des Pays-Bas autrichiens.

Le 18 novembre 1763, les Mozart arrivèrent à Paris, où ils restèrent pendant cinq mois, et où, grâce aux talents de claveciniste de Nannerl et — surtout — au côté « enfant prodige » de Wolfgang, ils suscitèrent la curiosité, puis l'engouement. Il est vrai qu'à leur propos, Friedrich Melchior Grimm, qui résidait dans la capitale française depuis 1748 et qui assurait les fonctions de secrétaire du duc d'Orléans, allait, par un article publié dans sa *Correspondance littéraire* (1er décembre 1763), se livrer à ce qu'on appellerait maintenant une efficace opération publicitaire. A Paris, les Mozart furent reçus, fêtés par les notabilités : entre autres, par le comte Van Eyck, ambassadeur de Bavière, chez qui ils demeurèrent, et par Mme de Pompadour. Ils eurent même l'honneur d'être invités à Versailles, où l'on exhiba le très jeune Wolfgang, comme on l'aurait fait d'un aimable singe savant. Tout cela eût été de peu de poids pour la formation artistique du futur auteur de *Don Giovanni* s'il n'y avait eu, durant ce séjour parisien, la rencontre avec des musiciens tels que Eckard, Le Grand, Hochbrucker et, surtout, Schobert, claveciniste et compositeur du prince de Conti. De cette époque datent les 2 *Sonates pour clavecin avec accompagnement de violon* K.6 et 7 dédiées à Mme Victoire de France, fille de Louis XV, ainsi que les 2 *Sonates* K.8 et 9 — pour la même formation — dédiées à Mme de Thésé.

Le 10 avril 1764, la famille Mozart partit, via Calais, pour Londres, où elle arriva le 23 avril, et où elle fut reçue, dès le 27, par le roi et la reine à Saint James Park. Elle y resta pendant seize mois et Wolfgang s'y fit un ami et un conseiller en la personne de Johann Christian Bach, dernier fils du cantor de Leipzig et fondateur, avec Karl Friedrich Abel, des célèbres concerts Bach-Abel. Il s'y exerça dans le genre, nouveau pour lui, de la symphonie, avec une œuvre en *si* bémol majeur K.17, dont Abel était le véritable auteur et qu'il se contenta de recopier, puis avec la partition en *mi* bémol majeur K.16, portant le numéro 1 dans la liste officielle de ses propres symphonies. Il participa aux concerts, par souscription, de Johann Christian Bach et rédigea, en novembre 1764, les six *Sonates* K.10 à 15 pour clavecin et violon ou flûte traversière, dédiées à la reine Charlotte.

Le 24 juillet 1765, les Mozart quittèrent Londres pour la Hollande. Ils passèrent par Douvres, Calais, Lille, Gand, Rotterdam, et arrivèrent le 11 septembre à La Haye, où, après Nannerl, Wolfgang tomba très sérieusement malade. L'espèce de fièvre cérébrale dont il fut atteint et dont il ne se remit que fin 1765-début 1766, résultait vraisemblablement, pour une large part, du surmenage insensé imposé, pour des raisons nettement mercantiles, à un enfant de moins de dix ans. Leopold, dont les dons de pédagogue ne sauraient être mis en doute, n'était sans doute pas l'être obtus et étriqué que fustigent les biographies. Mais il eut certainement une importante part de responsabilité dans la disparition prématurée de son fils. A peine rétabli, en tout cas, celui-ci dut se remettre en route. Toujours accompagné de sa famille, il revint à Paris, où il arriva le 10 mai 1766, il y assista aux réceptions organisées par le prince de Conti, et chez qui il fit la connaissance de Philidor et de musiciens allemands comme Raupach, Honnauer, Becke et Cannabich. De ce deuxième séjour parisien, qui dura jusqu'au 9 juillet, date le *Kyrie en fa majeur* K.33 (12 juin 1766). Ce fut ensuite le retour à Salzbourg par Dijon, où l'on rencontra le président de Brosses, par Lyon, Genève, Lausanne, Berne, Zurich, Winthertur, Ulm, Dillingen et Augsbourg. Dans la ville du prince-archevêque, les Mozart ne demeurèrent que neuf mois. Wolfgang en profita pour étudier Fux, Eberlin, pour composer l'« opérette spirituelle » *Die Schudilgkeit des ersten Gebotes* K.35 *(le Devoir du premier Commandement),* la comédie latine *Apollo et Hyacinthus seu Hyacinthi Metamorphosis* K.38 *(la Métamorphose de Hyacinthe),* ainsi que les quatre *Concertos pour clavecin* K.37, 39, 40 et 41 tirés d'œuvres de Carl Philipp Emanuel Bach, Raupach, Schobert, Honnauer, Eckard.

L'année 1768 fut, à compter du 10 janvier, celle du second séjour à Vienne. Ce fut également celle de *La Finta Semplice* K.51, opera buffa en 3 actes sur un livret de Marco Coltellini (auteur italien dont Joseph Haydn allait, cinq ans plus tard, mettre *L'Infedeltà delusa* en musique) et de *Bastien und Bastienne* K.50, singspiel en 1 acte commandé par le docteur Anton Messmer et monté, chez ce dernier, le 1er octobre. Par suite d'intrigues diverses et malgré les démarches de Leopold Mozart, *La Finta Semplice* ne fut pas représentée à Vienne, mais à Salzbourg le 1er mai de l'année suivante. Le 5 janvier 1769, les Mozart rejoignirent une fois de plus la ville archi-épiscopale. Wolfgang y écrivit plusieurs œuvres instrumentales relevant du genre divertimento *(Cassations nos 1 et 2* K.63 et 99 ; *Sérénade en ré majeur* K.100), la *Messe en ut majeur* K.66. le *Te Deum* K.141.

Le périple en Italie. Ayant obtenu un nouveau congé du bienveillant Schrattenbach, Leopold décida de partir avec son fils pour l'Italie. Ce périple, qui débuta le 11 décembre 1769, dura une quinzaine de mois et fournit à Wolfgang l'occasion de fréquenter des représentants essentiels du monde musical. Parmi ceux-ci : Giambattista Sammartini, que les deux Mozart rencontrèrent à Milan chez le comte Firmian et, surtout, le Padre Martini, dont ils firent la connaissance à Bologne, fin mars 1770. Le voyage se poursuivit par Florence, Rome, Naples, Rome de nouveau, où, le 8 juillet, Leopold et Wolfgang furent reçus par le pape Clément XIV ; par Bologne encore, où le jeune compositeur se vit proposer le livret, dû à Vittorio Cigna-Santi, de *Mitridate, re di Ponto* K.87. Après Bologne, où ils eurent aussi la possibilité de connaître l'excellent compositeur Joseph Myslivecek, Mozart père et fils se rendirent à Milan pour la création de *Mitridate.* L'événement se produisit le 26 décembre 1770 et suscita, selon Leopold (lettre du 2 janvier 1771 au Padre Martini), un « accueil des plus favorables ». En février 1771, les voyageurs atteignirent Milan. En mars ils étaient à Padoue, où Wolfgang se vit confier la commande de *La Betulia liberata,* oratorio en 2 parties, qui allait représenter son unique contribution dans un genre si magnifiquement exploité par Haendel et Haydn.

Par Vicence et Vérone, Leopold et Wolfgang regagnèrent Salzbourg, où ils arrivèrent le 28 mars 1771 et d'où ils repartirent le 13 août pour un deuxième voyage en Italie qui n'allait durer que quatre mois. A Milan, où ils séjournèrent, fut donnée, pour le mariage de l'archiduc Ferdinand (fils de Marie-Thérèse) et de la princesse Marie-Béatrice de Modène, la « première » de la sérénade théâtrale *Ascanio in Alba* K.111. Les Mozart se retrouvèrent à Salzbourg le 16 décembre, jour de la mort de Sigismond von Schrattenbach. Elu le 14 mars 1772, solennellement intronisé le 14 avril, Hieronymus Colloredo *(1732-1812),* le nouveau prince-archevêque, allait se montrer, vis-à-vis de ses employés, beaucoup moins compréhensif et beaucoup moins facile à vivre que son prédécesseur. Il nomma Domenico Fischietti au poste de Kapellmeister que Leopold briguait en vain depuis longtemps. Le 15 août, Wolfgang devint Konzertmeister titulaire, avec des honoraires de 150 florins. Cette année-là, qui vit naître la *Symphonie no 15* K.124, la *no 16* K.128, la *no 17* K.129, la *no 18* K.130, la *no 19* K.132, la *no 20* K.133 et la *no 21* K.134, fut celle du troisième et dernier voyage en Italie, lequel eut lieu du 24 octobre 1772 au 13 mars 1773. Ce fut aussi celle de l'opera seria *Lucio Silla* K.135, créé à Milan le 28 décembre 1772.

Mozart à Salzbourg. Se limiter aux faits strictement matériels de la biographie de Mozart, c'est un peu, comme dans le cas de Brahms, énumérer une interminable suite de voyages. Il y eut pourtant, de 1773 à 1777, une relative accalmie. Avec, néanmoins, deux nouvelles « excursions » : l'une à Vienne, de juillet à fin septembre 1773 ; l'autre à Munich, de décembre 1774 à mars 1775. Lors du séjour dans la capitale autrichienne, Mozart composa l'importante *Sérénade* K.185 pour les noces du fils d'Ernst Andretter, lequel était, à Salzbourg, conseiller aulique pour la guerre, et, surtout, les six *Quatuors à cordes* K.168 à 173 (nos 8 à 13 de la classification habituelle), dits *Quatuors viennois* et manifestement influencés par le nouveau style instrumental de Joseph Haydn. A cette époque, le Kapellmeister d'Esterháza — qui avait écrit les deux magnifiques séries de quatuors op. 17 (1771) et op. 20 (1772) — situait la majorité de ses créations dans la perspective passionnée, mélancolique et formellement insolite du Sturm und Drang. Chez Mozart les caractéristiques essentielles du nouveau climat préromantique allaient se retrouver dans la *Symphonie no 25* K.183 en *sol* mineur de décembre 1773.

De la production de l'année 1774, il convient d'isoler, en priorité, la très importante *Symphonie no 29 en la majeur* K.201, le *Concerto pour basson en si bémol majeur* K.291, la *Sérénade en ré majeur* K.203 et les cinq premières *Sonates pour piano* K.279 à 283. Toujours accompagné de son père, Wolfgang se rendit à Munich, où, le 13 janvier 1775, eut lieu la « première » de *La Finta Giardiniera.* Le 6 mars, il reprit la route de Salzbourg, où il demeura jusqu'en septembre 1777. Pour la visite de l'archiduc Maximilien-Franz, dernier fils de Marie-Thérèse et futur patron de Beethoven, Colloredo lui commanda la festa teatrale *Il Re pastore* (livret de Métastase), qui ne fut représentée qu'une fois, le 23 avril 1775.

Au catalogue mozartien de cette année 1775, il convient d'inscrire, outre *Il Re pastore,* plusieurs chefs-d'œuvre : la *Sonate pour piano no 6* K. 284, *Sonate Durnitz* ; la *Sérénade en ré majeur* K.204 ; et les cinq *Concertos pour violon et orchestre* K.207, 211, 216, 218 et 219 composés d'avril à décembre. L'année 1776, que Wolfgang vécut tout entière à Salzbourg, fut celle de plusieurs divertissements et sérénades (dont la délicieuse *Serenata notturna* K.239 et l'imposante *Sérénade Haffner* K.250), des *Concertos pour piano no 6* K.238, *no 7* K.242 (3 pianos) et *no 8* K.246, de la *Missa longa* K.262, de la vigoureuse *Messe du Credo* K.257 et de la *Messe de Spaur* K.258. Jusqu'alors, le genre concerto pour piano, que Mozart allait mener à son plus haut point de perfection, n'avait pas inspiré au compositeur de pages véritablement « définitives ». Tout changea avec l'extraordinaire *Concerto n° 9 en mi bémol majeur* K.271 terminé en janvier 1777, pour l'auteur lui-même, ou, plus probablement, pour Mlle Jeunehomme, pianiste française de passage à Salzbourg. Dans l'histoire de la musique instrumentale, cet ouvrage prémonitoire occupe une position charnière aussi « fondamentale » que les *Quatuors* op. 20 de Haydn et la *Symphonie héroïque* de Beethoven. Avec lui, s'ouvrait, quant au contenu affectif et aux relations entre le soliste et l'orchestre, l'ère du grand concerto « moderne », tel que nous le concevons encore de nos jours.

Mannheim et Paris. En mars 1777, Leopold sollicita, pour son fils et lui-même, un congé que Colloredo refusa. Le 1er août, Wolfgang envoyait une lettre de démission. Exaspéré, le prince-archevêque fit répondre par son secrétaire que le père et le fils pouvaient aller chercher fortune ailleurs. Leopold se soumit et resta. Mais Wolfgang profita de la liberté qui lui était brutalement accordée pour quitter Salzbourg le 23 septembre et pour entreprendre, en compagnie de sa mère, un voyage qui allait le mener à Munich, Augsbourg, Mannheim et Paris. Chez l'Électeur de Bavière, où il aurait aimé se fixer, il n'y avait pas de poste vacant. Du moins se dispensa-t-on de lui en proposer un. A Augsbourg, où, le 22 octobre, il donna un unique concert (avec, notamment, le *Concerto pour trois pianos* et la *Sonate Durnitz*), il rencontra le facteur d'orgues et de pianos Johann-Andreas Stein, qu'il avait déjà vu en 1763. Le 30 octobre, il arriva à Mannheim et y resta jusqu'au 14 mars 1778, avec, cependant, un bref séjour à Kircheim-Boland (janvier 1778) chez la princesse d'Orange. Ce fut à cette époque qu'il fit la connaissance de la jeune cantatrice Aloysia Weber, dont il tomba amoureux et dont, renouvelant l'erreur commise par Joseph Haydn, il épousa la sœur quelques années plus tard.

Le 23 mars 1778, après douze ans d'absence, Mozart foulait de nouveau le pavé parisien. Mis en rapport, par Grimm en particulier, avec Jean Le Gros, directeur du Concert spirituel et avec Jean-Georges Noverre, maître de ballet de l'Opéra, il écrivit, pour le premier, la *Symphonie n° 31* K.297 et la *Symphonie concertante* K.297b ; pour le deuxième, le ballet des *Petits Riens* K.299b. Parmi les principales compositions mozartiennes rédigées à Paris, figurent également le *Concerto pour flûte et harpe* K.299 commandé par le duc de Guisnes, la pathétique *Sonate pour piano en la mineur* K.310 (une des plus denses et des plus poignantes), la très célèbre — grâce à sa marche turque terminale — *Sonate pour piano en la majeur* K.331.

Anna Maria Mozart mourut le 3 juillet 1778. Seul, désormais, pour poursuivre son voyage, Mozart quitta, le 26 septembre, une Paris qu'il n'aimait décidément pas. Le retour à Salzbourg s'effectua par Nancy et par Strasbourg, où le jeune compositeur s'arrêta près d'un mois et où il put rencontrer Franz-Xaver Richter, l'un des principaux représentants de l'école de Mannheim.

Dans la chronologie de la vie de Mozart, il faut maintenant évoquer, parmi les faits méritant d'être cités, la nomination du compositeur (17 janvier 1779) au poste d'organiste de la cour. Wolfgang reprenait donc du service auprès d'un maître copieusement détesté — non sans raisons —, et avec lequel, de toute façon, la rupture définitive ne pouvait qu'intervenir un jour ou l'autre. Colloredo n'avait sans doute pas tous les défauts que lui prêtent les biographes. Mais il était sûrement moins intelligent, cultivé et diplomate qu'un Nicolas Esterházy, chez lequel Joseph Haydn allait, sans trop de problèmes, vivre quelque trente ans.

La rupture avec Colloredo. À la fin de l'été 1780, Mozart reçut du prince-électeur Karl Theodor la commande d'un opera seria pour le carnaval de Munich. Telle fut l'origine de *Idomeneo, re di Creta* K.366, représenté pour la première fois le 29 janvier 1781. A cette occasion, le compositeur dut naturellement entreprendre de nouveau un voyage à Munich. Il s'y rendit dès novembre 1780 et en repartit en mars 1781 pour rejoindre, sur ordre, Colloredo à Vienne. En mai et juin, divers incidents se produisirent, qui envenimèrent les rapports déjà fort tendus entre l'employeur et l'employé. Mozart quitta alors définitivement le service de Colloredo et choisit de rester à Vienne comme musicien indépendant. Chez la veuve Weber, où il s'installa, il y avait la sœur cadette de cette Aloysia — qui avait mis un terme à ses projets matrimoniaux en épousant l'acteur Joseph Lange —, Constance ; il ne tarda pas à s'enflammer pour elle et l'épousa le 4 août 1782. Constance devait être une bonne fille... Mais pas très futée, dépensière, et qui aurait eu besoin d'être gentiment, mais fermement, dirigée par un mari doté, pour les questions financières et administratives, d'un solide sens pratique. Ces qualités, Mozart ne les possédait pas, contrairement à Georg Nikolaus Nissen, lequel, dix-huit ans après la mort du compositeur, allait officialiser ses relations avec Constance et faire de celle-ci une épouse modèle.

De 1781 datent le *Rondo pour violon et orchestre* K.373 (probablement composé pour le violoniste Brunetti) ; 4 *Sonates pour piano et violon* K.176 à 179 ; l'ample *Sonate en ré majeur* K.448 pour deux pianos. Au second semestre de cette année se rattachent les premiers travaux sur *Die Entführung aus dem Serail* K.384 (*l'Enlèvement au sérail*), opéra allemand commandé par l'empereur Joseph II et dont le livret était dû à Gottlieb Stephanie, dit Stephanie le Jeune.

La première de *l'Enlèvement* eut lieu, le 16 juillet 1782, au Burgtheater et suscita des réactions assez contradictoires. Joseph II reprocha-t-il vraiment à Mozart d'avoir mis trop de notes dans sa partition ? Pour le *Magazine de la musique* de Cramer, en tout cas, l'œuvre regorgeait de beautés (ce qui était strictement vrai), tandis que pour le comte Karl Zinzendorf, c'était tout simplement « un ramassis de choses volées » !

Les succès à Vienne. En 1782, Mozart commença de fréquenter, à Vienne, la maison du baron Van Swieten, futur librettiste des deux derniers oratorios de Haydn (*la Création* et *les Saisons*), et qui, contrairement à la quasi-totalité de ses contemporains, se passionnait pour Bach et pour Haendel. Chez lui, Wolfgang découvrit les fugues des Bach, « aussi bien de Sébastien que d'Emanuel et de Friedemann ». C'est précisément au début de cette année 1782 que se rattache, chronologiquement, le *Prélude et fugue pour piano en ut mineur* K.394. C'est le 31 décembre que fut achevé, avec son merveilleux finale en fugato, le premier des six *Quatuors à cordes en sol majeur* K.387, dédiés à Joseph Haydn. Avec, entre ces deux œuvres capitales, des pages aussi importantes que la *Sérénade en ut mineur* K.388, la *Symphonie n° 35* « *Haffner* », les *Concertos pour piano n°s 11, 12* et *13* K.413, 414 et 415.

Il y a lieu d'évoquer, ici, les relations privilégiées, qui, dans les années 1780, s'établirent entre Joseph Haydn et Mozart. On ne connaît pas la date précise à laquelle ces deux génies, foncièrement différents, mais d'égales statures, se virent pour la première fois. Ce qu'on sait, en revanche, c'est que l'amitié sans arrière-pensées et l'admiration qu'ils éprouvèrent l'un pour l'autre — sans rien abdiquer de leur propre personnalité — constituent l'un des chapitres les plus sympathiques et les plus « exemplaires » de l'histoire de la musique. Mozart avait été vivement impressionné par la « densité expressive » des *Quatuors* op. 20 du Kapellmeister d'Esterháza. Il le fut tout autant, sinon davantage, par la modernité des *Quatuors* op. 33 de 1781. Et l'hommage somptueux qu'il offrit à son aîné par la dédicace des 6 *Quatuors* K.387, 421, 428, 458, 464 et 465 représente tout à la fois un témoignage d'estime respectueuse et une réponse au « défi artistique » qui lui avait été lancé. Ces quatuors furent longuement, soigneusement élaborés. Avant leur achèvement, plus de deux années s'écoulèrent, qui, dans la vie de Mozart, correspondent à la naissance de nombreux chefs-d'œuvre : *Messe en ut mineur* K.427, *Symphonie n° 36* « *Linz* », *Fugue pour deux pianos* K.426 (1783) ; *Concertos pour piano n° 14* K.449, *n° 15* K.450, *n° 16* K.451, *n° 17* K.453, *n° 18* K.456, *n° 19*

K.459, *Sonate pour piano et violon* K.454, *Sonate pour piano n° 14* K.475 (1784).

Pour assurer sa vie matérielle et celle de sa famille, Mozart n'avait d'autres possibilités que de donner des leçons et des concerts (qu'on appelait alors des « académies »). D'élèves et, par conséquent, de leçons, il n'y eut jamais pléthore. Trois noms pour janvier 1782 : la comtesse Rumbeck, Mme von Trattner, la comtesse Zichy. Inaugurées le 23 mars 1783 par un concert dont on a conservé le copieux programme (10 numéros, dont la nouvelle *Symphonie pour Haffner*, 2 concertos pour piano, des extraits de la *Posthorn-Serenade* !), les académies furent, au début, plus rentables. Pour s'y produire comme virtuose du clavier (aspect de son talent que les Viennois appréciaient le plus), le compositeur rédigea, de février 1784 à décembre 1786, l'admirable série des 12 *Concertos pour piano* numérotée 14 à 25 dans la classification couramment adoptée. Le *Concerto n° 14* K.449 est d'ailleurs la première partition inscrite — à la date du 9 février 1784 — dans le catalogue que Mozart allait tenir de ses œuvres, jusqu'au 15 novembre 1791.

Il y avait aussi, avec les amis, des séances privées de musique de chambre. Au cours de l'une d'elles on exécuta — avec Dittersdorf au premier violon, Joseph Haydn au second, Mozart à l'alto et Vanhal au violoncelle — trois des nouveaux quatuors dédiés à Haydn. Leopold Mozart, qui, en février 1785, rendit visite à son fils et eut la chance d'assister à l'événement, fut tout fier de rapporter à Nannerl (lettre du 14 févr.) les paroles élogieuses de Haydn sur Wolfgang : « Le samedi soir Joseph Haydn et les deux barons Tindi sont venus chez nous ; on a joué les nouveaux quatuors, mais seulement les trois nouveaux que Wolfgang a ajoutés aux trois autres que nous avons déjà. Ils sont un peu plus faciles mais remarquablement composés. M. Haydn m'a dit : Je vous le dis devant Dieu, en honnête homme, votre fils est le plus grand compositeur que je connaisse, en personne ou de nom. Il a du goût et, en outre, la plus grande science de la composition. »

Comme le Kapellmeister d'Esterháza — et comme beaucoup d'esprits cultivés de l'époque —, Mozart adhéra à la franc-maçonnerie. Il le fit en 1785, année où il écrivit la *Maurische Trauermusik* K.477 *(Musique maçonnique funèbre)*, laquelle fait partie des nombreuses compositions de premier plan nées d'un choix philosophique beaucoup plus important pour lui que pour Haydn.

Mozart travaillait aux *Noces de Figaro* (sur un livret de Lorenzo da Ponte tiré du *Mariage de Figaro* de Beaumarchais), lorsque, début 1786, il reçut de Joseph II la commande d'un singspiel en 1 acte destiné à être donné dans le cadre des festivités en l'honneur d'Albert de Saxe, gouverneur des Pays-Bas. Ce *Schauspieldirektor* K.486 *(le Directeur de théâtre)*, dont Stephanie le Jeune avait rédigé le livret, fut représenté à l'Orangerie du palais de Schönbrunn, le 7 février 1786.

Moins de trois mois plus tard, le 1er mai, eut lieu, au Burgtheater, la « première » des *Noces de Figaro*. Relativement bien accueilli, représenté neuf fois à vienne en 1786, ce chef-d'œuvre fut repris l'année suivante, à Prague, avec un succès beaucoup plus affirmé. Ce fut justement pour Prague que Mozart écrivit ce qu'on peut, sans doute, considérer (sans rien ôter à *Tristan*, à *Pelléas*, à *la Flûte enchantée*) comme l'opéra des opéras : l'immortel *Don Giovanni*.

A Prague, où il avait été invité dès la fin de 1786 et où il arriva le 11 janvier 1787, Mozart assista, le 17 janvier, à la reprise des *Noces*. De retour à Vienne le 10 février, il se consacra à la composition de *Don Giovanni*, travail qui l'occupa presque entièrement durant les mois de juillet et août. Entre-temps, le 28 mai, Leopold Mozart était mort presque subitement à Salzbourg à l'âge de soixante-huit ans.

Contemporaine de *Don Giovanni* — lequel fut créé à Prague le 29 octobre 1787, et pour cette circonstance, Mozart avait de nouveau effectué le voyage —, la célèbre *Kleine Nachtmusik* K.525 *(Petite Musique de nuit)* est, dans le catalogue du compositeur, répertoriée à la date du 10 août. Neuf mois plus tôt (déc. 1786), Mozart avait offert aux mélomanes de Prague la primeur de sa monumentale *Symphonie n° 38* K.504. Avec la *Symphonie n° 86* de Haydn (écrite la même année), cet ouvrage marquait l'un des sommets de l'art symphonique, non seulement avant Beethoven, mais de tous les temps. A 1787 encore, se rattachent le *Quintette à cordes en ut majeur* K.515, le *Quintette en sol mineur* K.516, la *Sonate pour piano à quatre mains* K.521 (dernière du genre chez Mozart), la *Sonate pour piano et violon n° 42* K.526.

Des années difficiles. Mozart revint à Vienne à la mi-novembre 1787. Le 7 décembre, Joseph II lui conféra, assorti d'un traitement de 800 florins, le titre de « compositeur de la chambre impériale et royale ». Pour le même emploi Gluck en avait eu 2 000. De plus en plus incompris des Viennois, de plus en plus assailli par des problèmes d'argent, Mozart vécut dans la capitale autrichienne la totalité de l'année 1788. Pour survivre, il dut se livrer à des travaux alimentaires : réorchestration, pour le baron Van Swieten, d'*Acis et Galatée* et du *Messie* de Haendel (tâche achevée en mars 1789 pour ce qui concernait ce dernier oratorio). En juin, juillet et août, il composa — apparemment sans espoir véritable de les faire exécuter — ses trois ultimes symphonies : n° 39 K.543, n° 40 K.550, n° 41 *Jupiter* K.551. C'est un des épisodes les plus tristes, mais aussi les plus significatifs de l'histoire de la musique que cette mise à l'écart, par une société frivole, d'un génie de première grandeur, qui, sur le plan de l'esprit, est pourtant l'une des gloires de son siècle. Joseph Haydn s'indignait à ce titre lorsque, répondant à Franz Roth qui lui demandait un opéra (lettre de décembre 1787), il formula l'avis très net selon lequel c'était à Mozart et non à lui-même qu'il fallait s'adresser. « Si seulement, écrivit-il, je pouvais graver dans l'esprit de tout ami de la musique, mais surtout dans l'esprit des princes de cette terre, les inimitables travaux de Mozart, les leur faire entendre avec la compréhension musicale et l'émotion que j'y apporte moi-même, par Dieu, les nations rivaliseraient pour avoir ce joyau chez elles... Je m'étonne que Mozart, cet être unique, ne soit pas encore appointé dans une cour royale ou impériale. Pardonnez-moi si je m'échauffe : c'est que j'aime tant cet homme ! »

Le 8 avril 1789, Mozart entreprit, dans la voiture de son élève le prince Karl von Lichnowski, un nouveau voyage qui le mena à Prague, Dresde, Leipzig, Potsdam. A Leipzig, où Jean-Sébastien Bach avait vécu pendant de nombreuses années, il « fut invité à entrer gratuitement sur l'orgue de la Thomaskirche » et joua « une heure entière devant un nombreux auditoire d'une manière pleine de bonté et d'art » (déclaration d'un contemporain citée par Reichardt). À Potsdam, il fut reçu par Frédéric-Guillaume II, bon violoncelliste amateur pour lequel il écrivit, en juin 1789, mai et juin 1790, les trois *Quatuors à cordes* K.575, 589 et 590 (pour le roi de Prusse, Haydn avait composé ses *Quatuors* op. 50).

Après son retour à Vienne, le 4 juin 1789, Mozart reçut, de la cour impériale, la commande d'un nouvel opéra pour le prochain carnaval. À l'époque, il affrontait les pires difficultés matérielles, ainsi qu'en témoigne la poignante lettre du 12 juillet adressée à Michaël Puchberg : « Me voici dans une situation telle que je ne peux la souhaiter même à mon pire ennemi ! Et si vous, mon excellent ami et frère, vous m'abandonnez, je suis « aussi maheureusement qu'innocemment » perdu, moi, ma pauvre femme malade et mon enfant. » On imagine ce que, d'un tel désarroi moral, un compositeur romantique eût tiré d'exhibitionnisme complaisant... Chez Mozart, comme chez tout « honnête homme » de la fin du XVIIIe siècle, il n'était pas question d'exposer ses sentiments personnels sur la place publique. C'est pourquoi il composa un *Così fan tutte* plein de fraîcheur, de tendresse et dont les aspects tragiques (car, dans l'argument bâti par Da Ponte, il y en a !) ne nous sont jamais crûment et violemment présentés. La première répétition avec orchestre de *Così fan tutte* eut lieu le 21 janvier 1790 en présence de Puchberg et de Joseph Haydn. Donnée, cinq jours plus tard, en « première mondiale », l'œuvre obtint un succès correct, sans plus... Cette fois-ci, le comte Zinzendorf, qui, sept ans et demi auparavant, n'avait pas apprécié *l'Enlèvement au sérail*, alla jusqu'à noter dans son journal que « la musique (était) charmante et le sujet fort amusant ».

La fin. Nous en arrivons à cette année 1791 au cours de laquelle Mozart écrivit tant de chefs-d'œuvre — comme si des forces nouvelles et inépuisables lui avaient été accordées — et dont, pourtant, il ne vécut pas les derniers jours. Le *Concerto pour piano et orchestre* K.595, le *Quintette à cordes en si bémol majeur* K.614, l'*Ave verum* K.619, *la Clémence de Titus*, *la Flûte enchantée*, le *Concerto pour clarinette* K. 622, le *Requiem inachevé* K.626 : tel est, réduit à ses composantes essentielles, le bilan de cette étape ultime sur le chemin de la beauté et de la vérité. Au printemps, Mozart commença à travailler à *la Flûte enchantée (Die Zauberflöte)*, dont le livret avait été rédigé par Emmanuel Schikaneder, directeur du théâtre *Auf der Wieden, im Freihaus*. Début août, le Théâtre national de Prague lui commanda, sur le sujet imposé de *La Clemenza di Tito* (livret de Métastase), un opera seria pour les fêtes du couronnement de Léopold II comme roi de Bohême. La « première » devant avoir lieu le 6 septembre, par conséquent, disposant d'un très court délai, il se fit aider, dans la rédaction des récitatifs, par son élève Franz Xaver Süssmayer. C'est avec ce dernier, qui, quelques mois plus tard, allait terminer le *Requiem*, qu'il se rendit à Prague, où il resta peu de temps. L'histoire anecdotique veut que, au moment du départ pour Prague, certain inconnu l'ait abordé pour lui demander où en était la messe de requiem qu'il lui avait récemment demandée. On sait maintenant — depuis pas mal de temps, d'ailleurs — que les histoires mystérieuses sur l'origine du *Requiem* relèvent de la légende et que la commande de l'œuvre en question (laquelle émanait du comte Walsegg) fit l'objet d'un contrat en bonne et due forme passé par-devant notaire.

Le 30 septembre 1791, *la Flûte enchantée* était représentée pour la première fois à Vienne avec, notamment, Schikaneder dans le rôle de Papageno. Le premier acte déconcerta les auditeurs, mais la suite déchaîna les applaudissements. Et pourtant, selon le *Berliner Musikalische Zeitung* (1793) : « L'admirable musique de Mozart fut massacrée à tel point qu'elle vous aurait fait fuir de dégoût. On ne pouvait y entendre ni un seul chanteur ni une seule chanteuse qui sortît seulement de la médiocrité. » Ces déplorables conditions d'exécution — à supposer qu'elles fussent aussi mauvaises ! — n'influèrent pas négativement, semble-t-il, sur le succès qui, au contraire, se confirma les jours suivants.

Mais de ce succès, qui aurait pu relancer sa carrière, Mozart ne profita pas beaucoup. Car, le 5 décembre 1791, à minuit cinquante-cinq, il avait cessé de vivre. L'événement fit peu de bruit, l'enterrement fut des plus modestes. Le temps n'était pas mauvais, mais seuls quelques amis suivirent le corbillard, et l'on égara, dans l'anonymat de la fosse commune, le corps de cet homme exceptionnel. Haydn était à Londres lorsqu'il apprit la nouvelle. Il mesura aussitôt, lui, la perte irréparable que l'humanité venait de subir. « Pendant quelque temps, écrivit-il en janvier 1792 à Michaël Puchberg, je fus hors de moi à cause de sa mort. Je ne pouvais croire que la Providence eût si tôt repris la vie d'un homme aussi indispensable. Par-dessus tout, je regrette qu'avant sa mort il n'ait pu convaincre les Anglais, qui marchent dans les ténèbres à ce propos, de ce que je leur prêche jour après jour... Soyez assez aimable, mon cher ami, pour m'envoyer une liste de ses œuvres encore inconnues ici : je consacrerai tous mes efforts à les promouvoir au bénéfice de sa veuve. J'ai écrit, il y a trois semaines, à la pauvre femme et lui ai dit que lorsque son fils préféré atteindrait l'âge nécessaire, je consacrerais toutes mes forces à lui donner des leçons de composition, gratuitement, de telle sorte qu'il puisse, d'une certaine manière, remplacer son père. »

De Constance Weber, Mozart avait eu six enfants, quatre garçons et deux filles. Quatre d'entre eux, Raymond-Leopold, Thomas Johann-Thomas-Leopold, Thérèse, Anna-Maria, étaient morts en bas âge, ce qui n'avait rien d'étonnant compte tenu de l'effroyable mortalité infantile de l'époque. Après la disparition de Wolfgang, Constance se retrouva avec un fils de sept ans, Karl Thomas, et un tout petit Franz Xaver né le 26 juillet 1791. Par la suite, le premier devint fonctionnaire à Milan, où il mourut en 1858. Quant au second (c'est probablement à lui que Joseph Haydn fait allusion dans sa lettre à Puchberg), il eut des maîtres tels que Neukomm, Hummel (ancien élève de son père), Albrechtsberger, Vogler, Salieri, vécut comme musicien professionnel — pianiste et compositeur — et termina sa vie à Karlsbad, le 29 juillet 1844. Ce fut, semble-t-il, un créateur estimable, que la postérité eût peut-être mieux traité si le génie paternel ne l'avait doté d'un terrible handicap.

Dans sa musique, Mozart n'a rien d'un révolutionnaire comme Schönberg ou d'un expérimentateur comme Haydn. A l'instar de Schubert, quelques années plus tard, il se satisfait des formes et des structures établies par ses devanciers ou par ses contemporains. Mais, par la perfection de son écriture, la richesse, l'originalité, le renouvellement quasi permanent de son inspiration, l'acuité d'une sensibilité toujours en éveil, il « transcende » tous les schémas, toutes les organisations à l'intérieur desquels il se meut. Contrairement à Joseph Haydn, grand magicien de la musique instrumentale, il trouve dans le théâtre chanté l'expression la plus directe, la plus pure de son génie dramatique. Mais il partage aussi, avec Jean-Sébastien Bach, le privilège de réussir souverainement dans tous les genres qu'il aborde. La symphonie, par exemple, n'est pas vraiment au centre de ses préoccupations principales. Mais il écrit des symphonies sublimes qui, pour l'époque, sont les seules qu'on puisse mettre en parallèle avec celles du Kapellmeister d'Esterháza.

De Haydn, dont la pensée discursive et poétique tout à la fois le remplit d'admiration, il apprend l'art du développement thématique, des enchaînements logiques et irréfutables. Mais, plus que Haydn qui, pour échafauder une construction grandiose, se contente souvent d'un thème, voire d'un motif banal, Mozart compte aussi sur le pouvoir expressif, sur la puissance de séduction du beau chant, du cantabile souple, généreux, tel qu'il l'a découvert en Italie. C'est pourquoi, sans doute, il a tant d'estime pour Johann Christian Bach (le Bach de Londres) et pour sa délicieuse musique « galante ». L'inconvénient avec lui — si l'on peut dire ! — c'est qu'il n'a pas de véritable descendance. Sans Joseph Haydn et sa prodigieuse évolution esthétique, Beethoven et — quoi qu'on en ait dit — une bonne part du romantisme sont inexplicables, impensables. Mozart, auquel d'aucuns se sont longtemps référés pour évoquer les notions restrictives de grâce, de raffinement, de « joliesse », demeure unique, inclassable. Est-ce cela qui nous le rend si précieux ?
J. D.

Œuvres principales. Chacune est identifiée par son numéro dans le catalogue Köchel (K.), suivi éventuellement du numéro de substitution (chronologiquement plus exact) attribué par Alfred Einstein en 1937. — *Symphonies.* N° 1 en *mi* bémol K.16 (1764-65) ; en *la* mineur K.16a (1765) ; 4 en *ré* K.19 (1765) ; en *fa* K.19a ; 5 en *si* bémol k.22 (1765) ; 43 en *fa* K.76 (42a) [1767] ; 6 en *fa* K.43 (1767) ; 7 en *ré* K.45 (1767) ; en *sol* (1768) ; en *si* bémol K.45b (1768) ; 8 en *ré* K.48 (1768) ; 9 en *ut* K.73 (1772) ; 44 en *fa* K.81 (73l) [1770] ; 47 en *ré* K.97 (73m) [1770] ; 45 en *ré* K.95 (73n) [1770] ; 11 en *ré* K.84 (73q) [1770] ; 10 en *sol* K.74 (1770) ; 42 en *fa* K.75 (1771) ; 12 en *sol* K.110 (75b) [1771] ; en *ré* K.120 (111a) [1771] ; 46 en *ut* K.96 (11b) [1771] ; 13 en *fa* K.112 (1771) ; 14 en *la* K.114 (1771) ; 15 en *sol* K.124 (1772) ; 16 en *ut* K.128 (1772) ; 17 en *sol* K.129 (1772) ; 18 en *fa* K.130 (1772) ; 19 en *mi* bémol K.132 (1772) ; 20 en *ré* K.133 (1772) ; 21 en *la* K.134 (1772) ;

50 en *ré* K.161 et 163 (141a) [1773-74]; 26 en *mi* bémol K. 184 (161a) [1773]; 27 en *sol* K.199 (161b) [1773]; 22 en *ut* K.162 (1773); 23 en *ré* K.181 (162b); 24 en *si* bémol K.182 (173dA) [1773]; 25 en *sol* mineur K.183 (173dB) [1773]; 29 en *la* K.201 (186a) [1774]; 30 en *ré* K.202 (186b) [1774]; 28 en *ut* K.200 (189k) [1774]; 31 en *ré* K.297 (300a) *Paris* (1778); 32 en *sol* K.318 (1779); 33 en *si* bémol K.319 (1779); 34 en *ut* K.338 (1780); 35 en *ré* K.385 *Haffner* (1782); 36 en *ut* K.425 *Linz* (1783); 37 en *sol* K.444 (425a) : introduction lente pour la symphonie P.16 de Michael Haydn ; 38 en *ré* K.504 *Prague* (1786); 39 en *mi* bémol K.543 (1788); 40 en *sol* mineur K.550 (1788); 41 en *ut* K.551 *Jupiter* (1788).

Cassations, sérénades, divertimentos. En *ré* K.32 *Galimathias musicum* (1766); en *ré* K.100 (62a) [1769]; en *sol* K.63 (1769); en *si* bémol K.99 (63a) [1769]; en *mi* bémol K.113 (1771); en *ré*, *si* bémol et *fa* K.136-7-8 (125a-c) [1772]; en *ré* K.131 (1772); en *ré* K.205 (167A) [1773]; en *ré* K.185 (167a) *Andretter* (1773); en *ré* K.203 (189b) *Colloredo* (1774); en *ré* K.204 (213a) [1775]; en *ré* K.239 *Serenata notturna* (1776); en *fa* K.247 (1776); en *ré* K.250 (248b) *Haffner* (1776); en *ré* K.251 (1776); en *ré* K.286 (269a) [1776-77]; en *si* bémol K.287 (271H) *Lodron* (1777); en *ré* K.320 *Posthorn* (1779); en *ré* K.334 (320b) *Robinig* (1779); en *ut* mineur K.477 (479a) *Ode funèbre* (1785); en *fa* K.522 *Plaisanterie musicale* (1787); en *sol* K.525 *Petite Musique de nuit* (1787).

Œuvres pour instruments à vent seuls. Divertimentos en *si* bémol K.186 (159b) [1773], en *mi* bémol K.166 (159d) [1773], en *fa* K.213 (1775), en *si* bémol K.240 (1776), en *mi* bémol K.252 (240a) [1776], en *ut* K.188 (240b) [1773], en *fa* K.253 (1776), en *si* bémol K.270 (1777), en *mi* bémol K.289 (271g) [1777]. Sérénades en *si* bémol K.361 (370a) *Gran partita* (1784?), en *mi* bémol K.375 (1781), en *ut* mineur K.388 (384a) [1782 ou 1783]. 5 divertimentos K.439b (1783 ou après). Adagios en *si* bémol K.411 (484a) et en *mi* bémol K.410 (440d) [1785]. 12 *Duos* K.487 (496a) [1785].

Marches. En *ré* K.290 (167AB) [1772], en *ré* K.189 (167b) [1773], en *ré* K.237 (189c) [1774], en *ré* K.215 (213b) [1775], en *ut* K.214 (1775), en *fa* K.248 (1776), en *ré* K.249 (1776), en *ré* K.335 (320a) [1779], en *ré* K.445 (320c), en *ut* K.408/1 (383e) [1782], en *ut* K.408/3 (383f) [1782], en *ré* K.408/2 (385a) [1782], en *ré* K.544 (1788, perdue).

Danses. 19 *Menuets* K.103 (61d) [1772], 6 K.104 (61e) [1770-71], 1 K.122 (73t) [1770], 6 K.164 (130a) [1772], 15 K.176 (1773), 3 K.363 (v. 1782-83), 1 K.409 (383f) [1782], 6 K.461 (448a) [1784], 2 K.463 (448c) [1784], 1 K.568 (1788), 12 K.585 (1789), 6 K.599 (1791), 4 K.601 (1791), 2 K.604 (1791). 6 *Danses allemandes* K.509 (1787), 6 K.536 (1788), 6 K.567 (1788), 6 K.571 (1789), 6 K.600 (1791), 4 K.602 (1791), 3 K.605 (1791), 6 K.606 (1791), 1 K.611 (1791). 1 *Contredanse* K.123 (73g) [1770], 4 K.267 (271c) [1777], 6 K.462 (448b) [1784], 2 K.463 (448c) [1784], 1 K. 534 (1788), 1 K.535 (1788), 3 K.535a (1788), 1 K.587 (1789), 3 K.106 (588a) [1790], 2 K.603 (1791), 1 K.607 (605a) [1791], 4 K.609 (1791), 1 K.610 (1791).

Concertos pour piano. Nos 1-4 en *fa*, *si* bémol, *ré*, *sol* (K.37 et 39-41), arrangements d'après Raupach, Honnauer, Schobert, C. P. E. Bach, Eckard. K/107/1-3 en *ré*, *sol*, *mi* bémol (d'après J. C. Bach). N° 5 en *ré* K.175 (1773), 6 en *si* bémol K.238 (1776), 7 en *fa* pour 3 pianos K.242 (1776), 8 en *ut* K.246 (1776), 9 en *mi* bémol K.271 *Jeunehomme* (1777), 10 en *mi* bémol pour 2 pianos K.365 (316a) [1776], 12 en *la* K.414 (385p) [1782], 11 en *fa* K.413 (387a) [1782-83], 13 en *ut* K.415 (387b) [1782-83], 14 en *mi* bémol K.449 (1784), 15 en *si* bémol K.450 (1784), 16 en *ré* K.451 (1784), 17 en *sol* K.453 (1784), 18 en *si* bémol K.456 (1784), 19 en *fa* K.459 (1784), 20 en *ré* mineur K.466 (1785), 21 en *ut* K.467 (1785), 22 en *mi* bémol K.482 (1785), 23 en *la* K.488 (1786), 24 en *ut* mineur K.491 (1786), 25 en *ut* K.503 (1786), 26 en *ré* *Couronnement* K.537 (1788), 27 en *si* bémol K.595 (1791). *Rondos* en *ré* K.382 (1782) et en *la* K.386 (1782).

Œuvres concertantes diverses. Concertone pour 2 violons en *ut* K.190 (186e) [1774]. *Concertos pour violon* n° 1 en *si* bémol K.207 (1775), 2 en *ré* K.211 (1775), 3 en *sol* K.216 (1775), 4 en *ré* K.218 (1775), 5 en *la* K.219 (1775). *Adagio pour violon* en *mi* K.261 (1776), *Rondo pour violon* en *si* bémol K.269 (261a) [1776], *Rondo pour violon* en *ut* K.373 (1781). Symphonie concertante en *mi* bémol pour violon et alto K.364 (320d) [1779]. *Concertos pour flûte* n° 1 en *sol* K.313 (285c) [1778], 2 en *ré* K.314 (285d) [1778]. *Concerto pour hautbois* en *ut* K.271k (1777). Concerto pour flûte et harpe K.299 (297c) [1778]. Concerto pour clarinette en *la* K.622 (1791). *Concerto pour basson* en *si* bémol K.191 (186e) [1774]. *Rondo pour cor* en *mi* bémol K.371 (1781). *Concertos pour cor* n° 1 en *ré* K.412 (386b) [1782], 2 en *mi* bémol K.417 (1783), 3 en *mi* bémol K.447 (1783-1787?), 4 en *mi* bémol K.495 (1786). Symphonie concertante pour hautbois, clarinette, cor et basson K.297b (1778).

Musique de chambre pour cordes et vents. Duo en *si* bémol pour violoncelle et basson K.292 (196c) [1775]. *Quatuors avec flûte* n° 1 en *ré* K.285 (1777), 2 en *sol* K.285a (1778), 3 en *ut* K.285b (1781-82?), 4 en *la* K.298 (1786-87). Quatuor avec hautbois en *fa* K.370 (368b) [1781]. Quintette avec cor en *mi* bémol K.407 (386c) [1782]. Quintette avec clarinette en *la* K.581 (1789).

Musique de chambre pour cordes. *Quintettes à cordes* n° 1 en *si* bémol K.174 (1773), 2 en *ut* K.515 (1787), 3 en *sol* mineur K.516 (1787), 4 en *ut* mineur K.406 (516b, transcription de K.388) [1788], 5 en *ré* majeur K.593 (1790), 6 en *mi* bémol K.614 (1791). *Quatuors à cordes* n° 1 en *sol* K.80 (1770), nos 2-7 en *ré*, *sol*, *ut*, *fa*, *si* bémol, *mi* bémol K.155-160 *Milanais* (1772-73), 8-13 en *fa*, *la*, *ut*, *mi* bémol, *si* bémol, *ré* mineur K.168-173 *Viennois* (1773), nos 14-19 *À Haydn* K.387 en *sol* (1782), 421 en *ré* mineur (1783), 428 (421b) en *si* bémol *la Chasse* (1784), 458 en *mi* bémol (1785), 464 en *la* (1785), 465 en *ut* *les Dissonances* (1785), 20 en *ré* K.499 *Hoffmeister* (1786), nos 21-23 *Prussiens* K.575 en *ré* (1789), 589 en *si* bémol (1790), 590 en *fa* (1790). Adagio et fugue pour quatuor à cordes en *ut* mineur K.546 (1788). Trio à cordes en *mi* bémol K.563 (1788). Duos pour violon et alto en *sol* K.423 et en *si* bémol K.424 (1783).

Musique de chambre avec piano. Quintette pour piano et vents en *mi* bémol K.452 (1784). Quatuors avec piano en *sol* mineur K.478 (1785), en *mi* bémol K.493 (1786). Trios pour piano, violon et violoncelle en *si* bémol K.254 (1776), *ré* mineur K.442 (douteux sous cette forme, 1783-1790?), *sol* K.496 (1786), *si* bémol K.502 (1786), *mi* K.542 (1788), *ut* K.548 (1788), *sol* K.564 (1788). Trio en *mi* bémol pour piano, alto et clarinette K.498 (1786). Adagio et rondo avec harmonica de verre en *ut* mineur K.617 (1791). Sonates pour piano (clavecin) et violon K.6-9 en *ut*, *mi*, *si* bémol, *sol* (1763), K.10-15 en *si* bémol, *sol*, *la*, *fa*, *ut*, *si* bémol (violon ou flûte) [1765], K.26-31 en *mi* bémol, *sol*, *ut*, *fa*, *si* bémol, *ut* (1766), K.301-303 et 304 (293a-d) en *sol*, *mi* bémol, *ut*, *la* (1778), K.296 en *ut* (1778), K.304 (300c) en *mi* mineur (1778), K.306 (300l) en *ré* (1778), K.378 (317d) en *si* bémol (1779 ou 1781), K.372 en *si* bémol (1781), K.379 (373a) en *sol* (1781), K.376 (374d) en *fa* (1781), K.377 (374e) en *fa* (1781), K.380 (374f) en *mi* bémol, K.403 (385c) en *ut* (1782), K.404 (385d) en *ut*, K.402 (385e) en *la* (1782), K.454 en *si* bémol (1784), K.481 en *mi* bémol (1785), K.526 en *la* (1787), K.547 en *fa* (1788). Variations pour piano et violon en *sol la Bergère Célimène* K.359 (374a) [1781], en *sol* mineur *Hélas, j'ai perdu mon amant* K.360 (K.374b) [1781].

Œuvres pour piano seul. Sonates K.279-283 (189d-h) en *ut*, *fa*, *si* bémol, *mi* bémol, *sol* (1775), K.284 (205b) en *ré* (1775), K.309 (284b) en *ut* (1777), K.311 (284c) en *ré* (1777), K.310 (300d) en *la* mineur (1778), K.330 (300h) en *ut* (1778), K.331 (300i) en *la Marche turque* (1778), K.332 (300k) en *fa* (1778), K.333 (315c) en *si* bémol (1783), K.457 en *ut* mineur (1785), K.533 en *fa* (1786), K.545 en *ut* (1788), K.570 en *si* bémol (1789), K.576 en *ré* (1789). Sonates pour piano à 4 mains K.19d en *ut* (1765), K.381 (123a) en *ré* (1772), K.358 (186c) en *si* bémol (1773-74), K.497 en *fa* (1786), K.521 en *ut*

(1787). *Sonate pour 2 pianos* K.448 (375a) en *ré*.
Variations pour piano en sol sur un chant hollandais K.24 (1766), en *ré* sur *Willem Van Nassau* K.25 (1766), en *sol* sur *Mio caro Adone* K.180 (173c) [1773], en *ut* sur un menuet de Fischer K.179 (189a) [1774], en *mi* bémol sur *Je suis Lindor* K.354 (299a) [1778], en *ut* sur *Ah vous dirai-je maman* K.265 (300e) [1781-82], en *mi* bémol sur *la Belle Françoise* K.353 (300f) [1781-82], en *ut* sur *Lison dormait* K.264 (315d) [1778], en *fa* sur *Dieu d'amour* K.352 (374c) [1781], en *fa* sur *Salve tu, Domine* K.398 (461e) [1783], en *la* sur *Come un agnello* K.460 (454a) [1784], en *sol* sur *les Hommes pieusement* (ou *Unser dummer Pöbel meint*) K.455 (1784), en *si* bémol K.500 (1786), en *fa* K.54 (547b) [1788], en *ré* sur un menuet de Duport K.573 (1789), en *fa* sur *Ein Weib ist das herrlichste Ding* K.613 (1791). *Variations pour piano à 4 mains en sol* K.501 (1786), *Andante en ut* K.1a (1761), *Allégros en ut et en fa* K.1b-c (1761), *Menuet en fa* K.1d (1761), *Menuets en sol et en ut* K.1e-f (1761-62), *Menuet en fa* K.2 (1762), *Allégro en si bémol* K.3 (1762), *Menuets en fa* K.4 et 5 (1762), *Allégro en ut et andante en si bémol* K.9a-b (5a-b) [1763], *Capriccio en ut* K.395 (300g) [1777], *Prélude et fugue en ut mineur* K.394 (383a) [1782], *Fantaisie en ré mineur* K.397 (385g) [1782 ou 1786-87], *Suite en ut* K.399 (385i) [1782], *Marche funèbre en ut mineur* K.453a (1784), *Fantaisie en ut mineur* K.475 (1785), *Rondo en ré* K.485 (1786), *Rondo en fa* K.494 (1786), *Rondo en la mineur* K.511 (1787), *Adagio en si mineur* K.540 (1788), *Gigue en sol* K.574 (1789), *Menuet en ré* K.355 (576b) [1786-87?]. *Fugue en ut mineur pour 2 pianos* K.426 (1783).
Œuvres pour orgue mécanique. *Adagio et allégro en fa mineur* K.594 (1790), *Fantaisie en fa mineur* K.608 (1791), *Andante en fa* K.616 (1791).
Messes et fragments de messes. *Kyrie en fa* K.33 (1766). Messes en *ut mineur* K.139 (47a) *Waisenhausmesse* (1768), en *sol* K.49 (47d) [1768], en *ré mineur* K.65 (61a) [1769], en *ut* K.66 *Dominicus* (1769), en *ut* K.167 *Trinitatis* (1773), en *fa* K.192 (186f) [1774], en *ré* K.194 (186h) [1774]. *Kyrie en sol* K.196a (1775). Messes en *ut* K.220 (196b) *des Moineaux* (1775), en *ut* K.262 (1775), en *ut* K.257 *du Credo* (1776), en *ut* K.258 *Spaur* (1776), en *si bémol* K.275 (272b) [1777], en *ut* K.317 *du Couronnement* (1779), en *ut* K.337 (1780). *Kyrie en ré mineur* K.341 (368a) [v. 1789?]. *Messe en ut mineur* K.427 (417a) [1782-83]. *Requiem en ré mineur* K.626 (1791).
Œuvres religieuses diverses. *Scande cœli limina en ut* K.34 (1767), *Veni Sancte Spiritu en ut* K.47 (1768), *Benedictus sit Deus en ut* K.117 (66a) [1768], *Te Deum en ut* K.141 (66b) [1769], *Miserere en la mineur* K.85 (73s) [1770], *Regina cœli en ut* K.108 (74d) [1771], *Litaniæ Lauretanæ en si bémol* K.109 (74e) [1771], *Inter natos mulierum en sol* K.72 (74f) [1771], *Litaniæ de venerabili altaris sacramento en si bémol* K.125 (1772), *Regina cœli en si bémol* K.127 (1772), *Exultate, jubilate en fa* K.165 (158a) [1773], *Litaniæ Lauretanæ en ré* K.195 (186d) [1774], *Dixit Dominus* K.193 (186g) [1774], *Misericordias Domini en ré mineur* K.222 (205a) [1775], *Litaniæ de venerabili altaris sacramento en mi bémol* K.243 (1776), *Venite populi en ré* K.260 (248a) [1776], *Alma Dei creatoris en fa* K.277 (272a) [1777], *Sancta Maria en fa* K.273 (1777), *Regina cœli en ut* K.276 (321b) [1779?], *Vesperæ de Dominica en ut* K.321 (1779), *Vesperæ de confessore en ut* K.339 (1780), *Ave verum corpus en ré* K.618 (1791).
Sonates d'église. En *mi bémol* K.67 (41h) [1772], *si bémol* K.68 (41i) [1772], *fa* K.69 (41k) [1772], *ré* K.144 (124a) [1774], *fa* K.145 (124b) [1774], *si bémol* K.212 (1775), *sol* K.241 (1776), *fa* K.224 (241a) [1780], *la* K.225 (241b) [1780], *fa* K.244 (1776), *ré* K.245 (1776), *ut* K.263 (1776), *sol* K.274 (271d) [1777], *ut* K.278 (271e) [1777], et *ut* K.329 (317a) [1779], *ut* K.328 (317c) [1779], *ut* K.336 (336d) [1780].
Œuvres dramatiques religieuses, cantates. *Die Schuldigkeit des ersten Gebots* (1re partie) K.35 (1767), *Grabmusik* K.42 (35a) [1767], *La Betulia liberata* K.118 (74c) [1771], *Dir, Selle des Weltalls* K.429 (468a) [1785], *Davidde penitente* K.469 (1785), *Die Mauerfreude* K.471 (1785), *Die ihr des unermesslichen Weltalls Schöpfer ehrt* K.619 (1791), *Laut verkünde unsre Freude* K.623 (1791).
Opéras et œuvres dramatiques profanes. *Apollo et Hyacinthus* K.38 (1767), *La Finta Semplice* K.51 (46a) [1768], *Bastien et Bastienne* K.50 (46b) [1768], *Mitridate* K.87 (74a) [1770], *Ascanio in Alba* K.111 (1771), *Il Sogno di Scipione* K.126 (1772), *Lucio Silla* K.135 (1772), *La Finta Giardiniera* K.196 (1775), *Il Re pastore* K.208 (1775), *Thamos* K.345 (336a) [1776-1779?], *Zaide* K.344 (336b) [1779], *Idomeneo* K.366 (1781), *Die Entführung aus dem Serail* K.384 (1782), *L'Oca del Cairo* K.422 (1783, inachevé), *Il Sposo deluso* K.430 (424a) [1783, inachevé], *Der Schauspieldirektor* K.486 (1786), *Le Nozze di Figaro* K.492 (1786), *Il Dissoluto punito, ossia il Don Giovanni* K.527 (1787), *Così fan tutte* K.588 (1790), *Die Zauberflöte* K.620 (1791), *La Clemenza di Tito* K.621 (1791), *les Petits Riens*, ballet K.299b (1778).
Œuvres pour ensemble vocal et orchestre ou piano. *Dite almeno in che mancai* K.479 (1785), *Mandina amabile* K.480 (1785), *Mi lagnero tacendo* K.437 (1783-1786), *Se lontan ben mio* K.438 (1783-1786), *Due pupille amabile* K.439 (1783-1786), *Luci care, Luci belle* K.346 (439a) [1783-1786], *Liebes Mandel, wo is's Bandel* K.441 (1783), *Caro mio Druck und Schluck* K.571a (1789).
Airs et scènes pour une voix et orchestre. POUR SOPRANO : *Conservatevi fedele* K.23 (1765), *A Berenice* K.70 (61c) [1766], *Per pietà, bel idol mio* K.78 (73b) [1766?], *Fra cento affani* K.88 (73c) [1770], *O temerario Arbace* K.79 (73d) [v. 1766], *Misero me* K.77 (73e) [1770], *Si ardire, e speranza* K.82 (73o) [1770], *Se tutti i mali miei* K.83 (73p) [1770], *Non curo l'affetto* K.74b (1771), *Voi avete un cor fedele* K.217 (1775), *Ah, lo previdi* K.272 (1777), *Alcandro, lo confesso* K.294 (1778), *Basta vincesti* K.486a (295a) [1778], *Popoli di Tessaglia* K.316 (306b) [1778-79], *Ma che vi fece* K.368 (1779-80), *Misera ! dove son* K.369 (1781), *A questo seno* K.374 (1781), *Nehmt meinen Dank* K.383 (1782), *Mia speranza adorata* K.416 (1783), *Vorrei spiegarti, oh Dio* K.178 (417e) [1783], *No, che non sei capace* K.419 (1783), *Non più, tutti ascoltai* K.490 (1786), *Ch'io mi scordi di te* K.505 (1786), *Bella mia fiamma* K.528 (1787), *Ah se in ciel, benigna stella* K.538 (1788), *Il quali eccessi* K.540c (1788), *Ohne Zwang, aus eigenem Triebe* K.569 (1789), *Al desio di chi ch'adora* K.577 (1789), *Alma grande e nobil core* K.578 (1789), *Un moto di goia* K.579 (1789), *Schon lacht der holde Frühling* K.580 (1789), *Chi sa qual sia* K.582 (1789), *Vado, ma dove ?* K.583 (1789). POUR ALTO : *Ombra felice.* K.255 (1776). POUR TÉNOR : *Va dal furor portata* K.21 (19c) [1765], *Or che il dover* K.36 (33i) [1766], *Si mostra la sorte* K.209 (1775), *Con ossequio, con rispetto* K.210 (1775), *Clarice cara* K.256 (1776), *Se al labbro mio non credi* K.295 (1778), *Müsst'ich auch durch tausend Drachen* K.435 (416b) [1783], *Per pietà non ricercate* K.420 (1783), *Misero ! o sogno* K.431 (425b) [1783], *Dalla sua pace* K.540a (1788). POUR BASSE : *Così dunque tradici* K.432 (421a) [1783], *Alcandro, lo confesso* K.512 (1787), *Mente ti lascio* K.513 (1787), *Ich möchte wohl der Kaiser sein* K.539 (1788), *Un bacio di mano* K.541 (1788), *Rivolgete a lui lo sguardo* K.584 (1789), *Per questa bella mano* K.612 (1791), *Io ti lascio* K.621a (1791).
Lieder. *An die Freude* K.53 (47e) [1767], *Wie unglücklich bin ich mit* K.147 (125g) [1775-76?], *Lobgesang auf die feierliche Johannisloge* K.148 (125h) [1775-76?], *Oiseaux, si tous les ans* K.307 (284d) [1777-78], *Dans un bois solitaire* K.308 (295b) [1777-78], *Verdankt sei es dem Glanz* K.393 (340a) [1781-82], *An die Einsamkeit* K.391 (340b) [1781-82], *An die Hoffnung* K.390 (340c) [1781-82], *Die Zufriedenheit* K.349 (367a) [1780-81], *Komm, liebe Zither* K.351 (376b) [1780-81], *Der Zauberer* K.472 (1785), *Die Zufriedenheit* K.473 (1785), *Die betrogene Welt* K.474 (1785), *Das Veilchen* K.476 (1785), *Zerfliesset heut' geliebte Brüder* K. 483 (1785), *Ihr unsre neuen Leiter* K.484 (1785), *Lied der Freiheit* K.506 (1785), *Die Alte* K.517 (1787), *Die Verschweigung* K.518 (1787), *Das Lied der Trennung* K.519

(1787), *Als Luise die Briefe* K.520 (1787), *Abendempfindung* K.523 (1787), *An Chloe* K.524 (1787), *Des kleinen Friedrichs Geburtstag* K.529 (1787), *Das Traumbild* K.530 (1787), *Die kleine Spinnerin* K.531 (1787), *Beim Auszug in das Feld* K.532 (1788), *Sehnsucht nach dem Frühlinge* K.596 (1791), *Im Frühlingsanfang* K.597 (1791), *Das Kinderspiel* K.598 (1791).
Canons. 32 canons, dont *Leck mir in Arsch* K.231 (382c) [v. 1782], *Leck mir in Arsch* K.233 (382d) [v. 1782], *Bei der Hitz' im Sommer ess ich* K.234 (282e) [v. 1782], *Lieber Freistädtler, lieber Gaulimauli* K.232 (509a) [1787], *Alleluia* K.533 (1788), *Ave Maria* K.554 (1788), *Lacrimoso son'io* K.555 (1788), *Grechtelt enk* K.556 (1788), *Nascosto è il mio sol* K.557 (1788), *Gehn wir im Prater* K.558 (1788), *Difficile lectu* K.559 (1788), *O du eselhafter Peierl!* K.560a (559a) [1788], *Bona nox! bist a rechta Ox* K.561 (1788), *Caro bell'idol mio* K.562 (1788).
Arrangements. 5 fugues du *Clavier bien tempéré* de J.-S. Bach, arrangées pour 2 violons, alto et basse K.405 (1782). Orchestrations d'*Acis et Galatée* K.566 (1788), du *Messie* K.572 (1789), du *Festin d'Alexandre* K.591 (1790) et de l'*Ode à sainte Cécile* K.592 (1790) de Haendel.　　　　　　　　　　　　　　　M. V.

MOZARTIANA. Suite pour orchestre n° 4 op. 61 de Tchaïkovski, composée en 1887 et créée à Moscou le 15 novembre de cette même année sous la direction de l'auteur, ainsi nommée parce qu'elle est fondée sur des thèmes de Mozart, le seul compositeur allemand que Tchaïkovski aimait sans restriction aucune. Il y a 4 parties : *Gigue*, d'après la *Gigue pour piano en sol majeur* K.574 ; *Menuet*, d'après un menuet sans trio de 1780 ; *Ave verum*, d'après non pas l'original mozartien, mais une transcription pour piano réalisée par Liszt ; et *Thème et variations*, d'après celles écrites par Mozart en 1784 sur *Unser dummer Pöbel meint* des *Pèlerins de la Mecque* de Gluck. L'instrumentation, sans atteindre les dimensions habituelles à Tchaïkovski, dépasse celle de l'orchestre mozartien normal.
　　　　　　　　　　　　　　　　　　　　M. V.

MRAVINSKI (*Evguéni Alexandrovitch*), chef d'orchestre soviétique (*Saint-Pétersbourg 1906*). Après des études au conservatoire de Leningrad, il devint répétiteur à l'école de ballet de cette ville de 1921 à 1930, puis chef d'orchestre principal au théâtre Kirov de 1932 à 1938. Lauréat du concours des chefs d'orchestre de Moscou en 1938, il accéda au poste de premier chef de l'Orchestre philharmonique de Leningrad. Grâce aux tournées effectuées en dehors de l'U.R.S.S., le monde musical a pu mesurer le niveau d'homogénéité et d'efficacité atteint par la formation qui a bénéficié des soins attentifs de son chef au cours de nombreuses années de travail en commun.
Des interprétations de Mravinski se dégage une émotion spontanée, nullement contrecarrée par la minutie de leur préparation. Aux côtés d'un vaste répertoire allant de Beethoven à Tchaïkovski, il reste un interprète de premier ordre dans le répertoire soviétique. Il conduisit les premières auditions de la *Cinquième*, *Sixième*, *Huitième*, *Neuvième* et de la *Dixième Symphonie* de Chostakovitch. Sa conception de la *Huitième Symphonie*, que le musicien lui a dédiée, fait date dans l'histoire de l'interprétation de la musique du XXe siècle.　　　　　　　　　　　　　　P. V.

MUCK (*Karl*), chef d'orchestre allemand (*Darmstadt 1859 - Stuttgart 1940*). Il étudia la composition et la direction d'orchestre avec C. Kissner à Würzburg et la philologie aux universités de Heidelberg et Leipzig. Après avoir débuté comme pianiste, il occupe différents postes de chef d'orchestre à Zurich, Salzbourg, Brno, Graz, au Théâtre allemand de Prague (à partir de 1886) et à l'Opéra de Berlin (à partir de 1892). En 1912, il est nommé chef d'orchestre permanent de l'Orchestre symphonique de Boston. De 1922 à 1933, il dirige la Philharmonie de Hambourg. Il fut particulièrement apprécié comme interprète des œuvres de Wagner.　　　　　　　　　　　　　　　A. et M. P.

MUE. Transformation de la voix humaine à l'âge de la puberté. Ce phénomène physiologique n'a que peu d'incidences en ce qui concerne les filles, dont la voix ne fait que gagner en puissance et en volume moyennant un léger déplacement vers le grave. Il est, en revanche, lourd de conséquences pour les garçons, qui, de sopranos ou altos, deviennent normalement ténors ou basses. Autrement dit, leur registre baisse en quelques mois d'une octave ou davantage, et la couleur vocale change en conséquence. De sévères précautions s'imposent alors pour ne pas compromettre irrémédiablement cette voix d'homme en pleine formation, la plus simple et la plus sûre consistant à ne pas chanter du tout tant que dure la période de la mue.　　　　　　　　　　　　　　　　　　　M. T.

MUETTE DE PORTICI (LA). Opéra en 5 actes de Daniel F. E. Auber, sur un livret d'Eugène Scribe et Germain Delavigne, créé à l'Opéra de Paris le 29 février 1828.
L'action se déroule à Naples et dans le port voisin de Portici, au XVe siècle. Fenella (rôle muet, tenu par une danseuse), sœur du pauvre pêcheur Masaniello (t), a été séduite par le fils du duc d'Arcos, vice-roi de Naples, Alphonse (t), qui doit aujourd'hui épouser sa noble fiancée, Elvire (s). Fenella, que le duc avait fait emprisonner, ayant réussi à s'enfuir vient implorer la protection d'Elvire. Cette dernière, comprenant soudain quels liens unissaient la malheureuse à son époux le repousse. Masaniello, apprenant l'infortune de sa sœur, jure de découvrir son séducteur pour le venger. Cependant, la nouvelle duchesse, ayant enfin pardonné à Alphonse, veut maintenir sa protection sur la muette, qu'elle envoie quérir. Entre-temps, Masaniello a fomenté une révolte contre les Espagnols, révolte qui, dépassant son objet, a livré Naples à des hordes incontrôlables. Lorsque Masaniello, devenu chef, prône l'apaisement, il n'est plus obéi ; c'est avec peine qu'il parvient à protéger Alphonse et Elvire, qui, ayant fui leur palais, sont, par hasard, venus chercher un asile dans sa cabane ; Fenella lesesy cache. En tentant d'apaiser la révolte, Masaniello tombera frappé par les siens, tandis que, sous les yeux d'Alphonse et d'Elvire, Fenella se précipite dans l'abîme au moment où le Vésuve entre en éruption.
Cet opéra fut le premier véritable triomphe d'un auteur de quarante-six ans, qui, après avoir déjà donné une quinzaine d'œuvres, se démarquait enfin du style de ses prédécesseurs. La musique dénote une maîtrise qui valut à l'œuvre de demeurer au répertoire, malgré l'accueil défavorable réservé d'abord au fait d'avoir attribué le rôle principal à une danseuse. Celui de Masaniello, créé par Adolphe Nourrit, contient de fort belles pages, notamment la romance dite « du sommeil » et le duo de révolte qu'il entonne avec son ami Pietro, *Amour sacré de la patrie*, qui fut aussi le signal de la révolution belge, lors d'une représentation donnée à Bruxelles en 1830. Notons que l'œuvre a été parfois donnée à l'étranger sous le titre de *Masaniello* et que son ouverture a été parodiée par Offenbach dans *le Pont des soupirs*.　　　　　　　　　　　R. M.

MUFFAT, famille de musiciens autrichiens. — 1. **Georg**, organiste et compositeur (*Megève 1653 - Passau 1704*). D'origine française, il travailla à Paris avant de se rendre en Autriche, à Ingolstadt et à Vienne, puis en Bohême, à Prague. Nommé organiste de l'archevêque-électeur de Salzbourg en 1678, il devient maître de chapelle du prince-évêque de Passau en 1690 et resta jusqu'à la fin de sa vie. En 1682, il était allé à Rome, travaillant auprès de Corelli et de Pasquini. Ainsi fut-il marqué par les grands styles européens de son temps, français, italien et autrichien, ce que reflète une importante musique instrumentale qui devait à son tour influencer J.-S. Bach. Son œuvre majeure est l'*Apparatus musico-organisticus* (1690), recueil d'œuvres pour orgue consistant principalement en 12 toccatas. Pour ensemble orchestral, il a laissé notamment *Armonico tributo cioè sonate di camera* (1682) et deux livres intitulés *Suavioris instrumentalis hyporchematicae* (1695, 1698), dans lesquels Haendel a puisé plusieurs thèmes de ses *Concertos grossos*. — 2. **Gottlieb**, organiste et compositeur, fils du précédent (*Passau 1690 - Vienne 1770*). Élève de Fux, organiste de la chapelle impériale, il fut le professeur de musique de

Marie-Thérèse et de François Ier d'Autriche. Il a laissé une abondante production d'œuvres pour l'orgue et pour le clavecin, et principalement *72 Versetlsammt 12 Toccaten* (1726) et *Componimenti musicali per il cembalo* (v. 1739). G. C.

MUMMA (Gordon), compositeur américain *(Framingham, Massachusetts, 1935)*. Il fit ses études à Detroit (1949-1952), puis à l'université de Michigan (1952-53). Il travaille au studio de musique électronique de Ann Arbor (Michigan), et fut codirecteur du festival et assistant du département acoustique de l'Institut. Attaché comme compositeur à la compagnie de danse Merce-Cunningham et au Sonic Arts Group de New York, il s'est fait rapidement une réputation d'expérimentaliste, tant dans le domaine de l'électronique que dans une répartition personnelle des éléments sonores. Dans *Meanwhile* (1961), pour piano, percussion, sons électroniques préenregistrés et « un autre instrument sur lequel un des exécutants est expert », la notation ne concerne que les gestes accompagnant le rôle qu'ils jouent quand ils passent d'un instrument à l'autre, afin, dit-il, de rendre tout son sens à l'aspect visuel de l'exécution que l'usage de la musique enregistrée a compromis. Il est également l'inventeur d'un système « cybersonic » en fonction duquel un contrôle semi-automatique permet d'intégrer à l'ensemble d'une composition tout ou partie des éléments du son musical. Il reconnaît ici l'influence des compositeurs, danseurs et artistes de la compagnie Merce-Cunningham.

En dehors de *Gestures II* pour 2 pianos (1962), toute la production de Gordon Mumma est une synthèse entre musique instrumentale et musique électronique : *Megaton for William Burroughs, Music for the Venezia Span Theatre, The Dresden Interleaf 13 February 1945, Le Corbusier, Hornpipe, Digital Process, Swarm, Runway, Beam, Conspiracy 8.* A. G.

MUNCH (Charles), chef d'orchestre et violoniste français *(Strasbourg 1891 - Richmond, Virginie, 1968)*. Fils de l'organiste et chef de chœur alsacien Ernst Münch, il étudia le violon au conservatoire de Strasbourg et vint se perfectionner à Paris avec Lucien Capet (1912); plus tard il prendra des leçons avec le célèbre violoniste Carl Flesh, à Berlin. En tant qu'Alsacien, il ne devint citoyen français qu'en 1918. Professeur de violon au conservatoire de Strasbourg (1919), il fut chef assistant de l'orchestre municipal de cette ville (1919-1926), puis du Gewandhaus de Leipzig, secondant ainsi Wilhelm Furtwängler (1926-1933). Il débuta à Paris avec l'orchestre Straram (1932), et dirigea ensuite les orchestres Lamoureux et Straram ainsi que les concerts Siohan, puis créa son propre orchestre à Paris, l'orchestre de la Société philharmonique (1935-1938). Nommé directeur de la Société philharmonique de Paris (1935), puis de la Société des concerts du Conservatoire (1937), il poursuivit durant les quinze années où il résida à Paris une politique d'innovation, introduisant dans les programmes de plus en plus d'œuvres françaises contemporaines.

Après de nombreuses tournées en Europe, il débuta aux Etats-Unis avec le Boston Symphony Orchestra (1946), dont il devint le chef permanent à partir de 1948, succédant à Koussevitski. Il poursuivit la politique de Pierre Monteux dans les années 20, qui consistait à faire du Boston Symphony Orchestra l'agent principal de propagande en faveur de la nouvelle musique française auprès du public américain. Il démissionna en 1962 pour revenir à Paris, et fut le premier directeur de l'Orchestre de Paris (1967), avec lequel il était en tournée aux Etats-Unis lorsqu'il mourut.

Né Allemand, mort Français, Charles Munch était déchiré entre ses deux patries. Il fut un personnage à la fois bouillant, brillant et tourmenté, doté d'un sens de l'ampleur et de l'architecture sonores peu commun, mais aussi d'une subtilité d'oreille, d'une connaissance des timbres et de leurs chatoiements qui firent de lui l'un des plus grands chefs de notre temps. A. de B.

MÜNCHINGER (Karl), chef d'orchestre allemand *(Stuttgart 1915)*. Il fit ses études musicales à l'Ecole supérieure de musique de Stuttgart et au conservatoire de Leipzig. Après avoir été organiste et maître de chœur à Stuttgart, il fut nommé chef de l'Orchestre symphonique de Hanovre (1941-1943). Aussitôt après la Seconde Guerre mondiale, il fonda l'orchestre de chambre de Stuttgart, l'un des plus célèbres de notre temps, et avec lequel il acquit rapidement une réputation internationale. Ceci grâce aussi bien à de nombreuses tournées qu'à ses enregistrements d'œuvres alors peu connues de Bach, Vivaldi, Haydn, Mozart. Pour renforcer son orchestre de chambre dans les grandes œuvres du répertoire, il créa en 1966 la Stuttgarter Klassische Philharmonie. L'élégance et la sobriété de sa direction sont célèbres dans le monde entier. A. de B.

MUNCLINGER (Milan), chef d'orchestre et flûtiste tchèque *(Kosice 1923)*. Il suit les cours de V. Talich au conservatoire de Prague et étudie également à l'université. Il a fondé en 1951 l'ensemble de chambre Ars rediviva de Prague, spécialisé dans l'interprétation de la musique baroque. A. et M. P.

MUNDSTÜCKE (« Pièces pour la bouche », « Embouchures »). Processus de production de Dieter Schnebel*, faisant partie de *Maulwerke** (1968 -). I. S.

MUNICH. Capitale de la Bavière, Munich connut, à partir du milieu du xve siècle, une floraison des arts et des sciences, et une intense activité musicale. L'un des premiers musiciens répertoriés fut Konrad Paumann, organiste de la cour. Parmi les maîtres de chapelle de la cour figurèrent au xvie siècle L. Senfl et L. Daser. Roland de Lassus, qui entra comme chantre à la chapelle du duc Albert V, en 1557, fut nommé maître de chapelle en 1563 et exerça cette fonction jusqu'à sa mort. Grâce à lui, Munich devint un centre musical d'importance européenne ; Andrea et Giovanni Gabrieli y séjournèrent. Mais le grand essor de la musique religieuse coïncide avec l'inauguration de l'église jésuite Saint-Michel à la fin du xviie siècle. Il existait déjà à Munich un théâtre jésuite, qui avait fait représenter des drames bibliques, *Esther* (1567), *Samson* (1568), et qui joua un rôle important durant deux siècles.

En 1653, l'Opéra de cour italien fut inauguré ; on y joua des œuvres de Kerll, de Bernabei, de Steffani. La musique religieuse à la fin du xviie et au début du xviiie siècle était représentée principalement par Franz Xaver Murschhauser, qui fut directeur de la musique *(regens chori)* à la Frauenkirche. Un nouveau théâtre apparut en 1753, le Residenztheater, construit par Cuvilles, l'un des maîtres du style rococo. Ce fut là que furent créés *La Finta Giardiniera* et *Idoménée* de Mozart (1775, 1781).

En 1778, le Kurfurst de Mannheim, Karl Theodor, transfère son orchestre à Munich, amenant avec lui des musiciens comme Cannabich, Toeschi et Fränzl. Parmi les étrangers de passage à Munich au xviiie siècle, il faut citer les Français Loeillet, les Italiens Porta, Ferrandini, Traetta, Sacchini. L'inauguration de la Nationalschaubühne (1778) allait marquer le début du règne du singspiel allemand, au détriment de l'opéra italien. A la fin du xviiie siècle, Cannabich créa et dirigea les Concerts d'amateurs de l'orchestre de la cour, ouverts au public citadin.

Deux théâtres s'ouvrirent au début du xixe siècle : le théâtre Am Isartor (1812) et le Hofund Nationaltheater (1818), devenu plus tard le Bayerisches Staatstheater. Ce fut grâce à l'initiative de Lachner à partir de 1836 que l'opéra allemand s'imposa définitivement au répertoire munichois avec des œuvres de Spohr, Marschner, Lortzing. Mais c'était surtout en devenant, dans la seconde moitié du siècle, la principale ville wagnérienne (avant la construction du théâtre de Bayreuth) que Munich se trouva être l'un des grands centres musicaux de l'Occident. Louis II de Bavière voulait faire construire à Munich un théâtre spécialement réservé à Wagner, projet qui n'aboutit pas.

Mais c'était à Munich, au théâtre de la Cour que furent créés *Tristan et Isolde* (1865), *les Maîtres chanteurs de Nuremberg* (1868), *l'Or du Rhin* (1869) et *la Walkyrie* (1870). Un rôle important dans la vie musicale munichoise fut joué par Hans de Bülow, qui réforma considérablement l'enseignement à l'École royale de musique. Un autre grand compositeur allemand, dont le nom est lié à Munich, est Richard Strauss, qui y fut chef d'orchestre (1886-1889) et qui y fit par la suite représenter ses opéras *Friedenstag* (1938) et *Capriccio* (1942). Il faut citer encore les noms de Max Reger, Felix Mottl, Hans Pfitzner, dont l'opéra *Palestrina* fut créé à Munich en 1917.

La musique symphonique a connu un grand développement avec la fondation du Kaimorchester en 1893, devenu en 1924 l'Orchestre philharmonique de Munich. En 1949, l'Orchestre symphonique de la radio bavaroise est créé par Eugen Jochum.

Le Prinzregententheater, ouvert en 1901, a vu se succéder une pléiade de chefs d'orchestre de renommée mondiale : B. Walter, F. Leitner, G. Solti, F. Fricsay, R. Kempe et, depuis 1971, W. Sawallisch. Parmi les représentants de la musique allemande du xxe siècle, il ne faut pas omettre Karl Orff, qui fit à Munich la quasi-totalité de sa carrière musicale.

Dans le domaine de l'enseignement musical, les principales institutions sont la Musikhochschule, descendante de l'École royale de musique, le conservatoire Richard-Strauss et la section de musicologie de l'université. D'importantes recherches musicologiques sont faites sur la musique médiévale, dans l'interprétation de laquelle s'est rendue célèbre la Capella antiqua de Munich, dirigée par Konrad Ruhland. Le principal organisme musicologique est la Gesellschaft für Bayerische Musikgeschichte, fondée en 1958. A. L.

MUNROW (David), flûtiste, musicologue et animateur musical britannique (*Birmingham 1942 - Chesham-Bois 1976*). Dans sa jeunesse, il séjourna en Amérique du Sud, où il étudia les instruments populaires. Après avoir étudié la musique de la Renaissance à l'université de Birmingham, il devint en 1967 professeur à l'université de Leicester. La même année, il fondait le Early Music Consort, ensemble d'instruments anciens avec lequel il enregistra de nombreux disques de musique du Moyen Âge et de la Renaissance, et effectua des tournées aux États-Unis et au Canada. Il fit plus de 700 émissions à la BBC, dont la série *Pied-Piper*, destinée aux enfants (1971-1976), et fut chargé fréquemment de la documentation musicale pour les films historiques. Il possédait une collection d'instruments anciens et écrivit un ouvrage, *Instruments of the Middle Age and Renaissance* (Londres, 1976), accompagné d'un disque d'exemples musicaux. A. L.

MURAIL (Tristan), compositeur français (*Le Havre 1947*). Il a fait à Paris des études universitaires (licence ès sciences économiques, Institut d'études politiques, École nationale des langues orientales) et musicales, travaillant les ondes Martenot avec Jeanne Loriod et Maurice Martenot, et entrant en 1967 dans la classe de composition d'Olivier Messiaen (premier prix en 1971). Pensionnaire à l'Académie de France à la villa Médicis, à Rome, de 1971 à 1973, il participa en 1973 à la fondation de *l'Itinéraire**, dont il est toujours l'un des responsables, et en 1977 à celle du Collectif de recherche instrumentale et de synthèse sonore. Dès ses premières œuvres, il s'opposa radicalement au sérialisme postwebérnien, ce qui se traduisit par un style parfois proche de celui de Ligeti et qui devait s'accuser par la suite. Récusant toute analyse « hors temps » de la musique ainsi que la découpe en « paramètres » de ses éléments, il affirme une conception unitaire et continue du phénomène sonore, et s'efforce de travailler le « son-durée » de l'intérieur, dans le contexte d'un temps uniforme et linéaire excluant toute discontinuité du discours. D'où des ouvrages dans lesquels les événements apparaissent et se transforment progressivement, sans césures ni silences, et dont les processus formels s'inspirent souvent des manipulations électroacoustiques (échos, bandes de réinjections, distorsions).

On lui doit notamment : *Couleur de mer* pour 15 instruments (1969), *Antigravité* pour 10 instruments (1969), *Altitude 8000* pour petit orchestre (1970), *Mach 2,5* pour 2 ondes Martenot (1971), *Lovecraft* pour bande magnétique (1972), *Au-delà du mur du son* pour grand orchestre (1972 ; créé à Rome la même année), *l'Attente* pour 7 instruments (1972), *les Nuages de Magellan* pour 2 ondes Martenot, guitare électrique et percussion (1973), *Cosmos privé* pour grand orchestre (1973 ; créé à Rome la même année), *la Dérive des continents* pour alto solo et 12 cordes (1973 ; créé à Royan, 1974), *Sables* pour grand orchestre (1974-75 ; créé à Royan, 1975), *Emeth* pour viole d'amour et dispositif électroacoustique (1975), *Mémoire/Érosion* pour cor solo et 9 instruments (1975), *Échos/Mémoire* pour alto et piano, plus violon et violoncelle ad libitum (1976), *Territoires de l'oubli* pour piano solo (1976-77), *Tellur* pour guitare solo (1977), *Éthers* pour 6 instruments plus continuo de maracas (1978), *Treize Couleurs du soleil couchant* pour 5 instruments et dispositif électroacoustique ad libitum (1979), *les Courants de l'espace* pour ondes Martenot, synthétiseur et petit orchestre (1979), *les 7 Paroles du Christ en croix* pour chœur et orchestre (1980), *Gondwana* pour orchestre (1980), et *Désintégrations* pour 17 instruments et bande synthétisée (1982). P. M. et M. V.

MUSETTE. — 1. **Instrument** à anche proche de la cornemuse, comportant habituellement 2 chalumeaux et 4 bourdons. L'alimentation en air est assurée par un soufflet que le joueur presse avec son bras. La musette est, le plus souvent, dans le ton de *sol*. Elle s'est répandue en France au xviie-xviiie siècle, appréciée pour son caractère pastoral. Plusieurs traités de musette apparurent à cette époque.

La « musette du Poitou », d'une facture totalement différente, est un instrument populaire semblable à un hautbois court. Possédant un son strident, elle était indiquée pour les musiques de plein air. Elle fut utilisée dans l'orchestre de la Grande Écurie du roi.

— 2. On appelle également musette une **danse** des xviie-xviiie siècles, d'un rythme binaire, proche de la gavotte, dont elle formait souvent la partie centrale. Sa mélodie « naïve et douce » (J.-J. Rousseau), de caractère champêtre, se déroulait sur un fond de note de basse tenue, à l'instar du bourdon de l'instrument. On en trouve de nombreux exemples dans la musique instrumentale de l'époque, le plus typique étant certainement celui de la troisième *Suite anglaise* (BWV 808 en *sol* mineur) de Bach.

— 3. Le terme « musette » sert enfin à désigner un **registre de l'orgue**, faisant partie du groupe des anches. Son timbre rappelle celui du cromorne, mais toutefois un peu atténué. C'est un jeu de 8 pieds (octave réelle). A. L.

MUSGRAVE (Thea), femme compositeur écossaise (*Barnton, Midlothian, 1928*). Elle a fait ses études à l'université d'Édimbourg et à Paris, avec Nadia Boulanger (1950-1954), et a enseigné à l'université de Londres (1958-1965), ainsi qu'à Santa Barbara en Californie (1970). Elle a d'abord écrit dans un style diatonique, dont témoignent notamment le ballet *A Tale for Thieves* (1951) et l'opéra de chambre *The Abbot of Drimrock* (1955), puis évolua vers le sérialisme. L'opéra *The Decision* (1964-65 ; créé en 1967) marqua dans son évolution une étape essentielle. Elle en tira la matière musicale de *Nocturnes and Arias* pour orchestre (1966). De la même année datent les *Concertos de chambre n° 2* et *n° 3*, œuvres « asynchroniques », où toutes les parties sont écrites mais non coordonnées avec précision. On lui doit encore une *Sinfonia* pour orchestre, un concerto pour clarinette (1967), un pour cor (1971) et un pour alto (1973), le ballet *Beauty and the Beast* (1968-69) et les opéras *The Voice of Ariadne* (1972-73 ; créé en 1974), *Mary, Queen of Scots* (1977) et *A Christmas Carol* (1978-79 ; créé en 1979). M. V.

MUSICI (I). Orchestre de chambre formé de 11 instruments à cordes et de 1 clavecin. Les Musici, qui jouent sans chef, ont donné leur premier concert à Rome en 1952, sous les auspices de l'académie Sainte-Cécile. Ils se sont spécialisés dans l'interprétation des œuvres italiennes des XVIIe et XVIIIe siècles, notamment celles de Vivaldi. A. et M. P.

MUSIC OF CHANGES. Œuvre de John Cage (1951) dans laquelle celui-ci utilisa pour la première fois le *I Ching* (célèbre recueil d'oracles de la Chine ancienne) en tant que méthode compositionnelle. Il fallut à Cage 9 mois pour réaliser les tirages au sort préalables à l'élaboration de cette œuvre par les procédés de hasard tirés du *I Ching*. Avec *Music of Changes*, le hasard intervint en musique au niveau de la composition, plus seulement de l'exécution. A. F.

MUSICOLOGIE. Discipline, à multiples compartiments, dont l'objet est l'étude scientifique de la musique dans son histoire, sa théorie, ses formes. Cette discipline, et le nom qui la désigne, s'est constituée comme telle à la fin du XIXe siècle, notamment en Allemagne, où l'on parlait de *Musikwissenschaft* (« science de la musique »). Bien que le domaine de la musicologie couvre en principe tous les aspects du phénomène musical pouvant faire l'objet d'une investigation systématique (jusqu'à l'acoustique et la psychophysiologie de l'oreille), elle se consacre le plus souvent à une sorte d'inventaire et de reconstitution historique du « passé » musical, surtout pour les périodes les plus reculées, comme le Moyen Âge et la Renaissance occidentale, dont les traditions d'exécutions s'étaient perdues et dont les monuments écrits étaient rares ou peu accessibles. Il n'est pas étonnant que le développement de la science musicologique, en Occident, coïncide avec un culte grandissant et une perpétuation exhaustive du passé, un passé que, dans les périodes précédant le romantisme, on laissait beaucoup plus facilement sombrer dans l'oubli.

La musicologie fait à présent, dans le monde entier, l'objet d'un enseignement officiel (*cf.* Institut de musicologie, à Paris). Il va de soi que, devant l'énormité des connaissances que son champ de travail suppose, tout musicologue se spécialise rapidement dans un domaine : la musique pour luth, le « Moyen Âge » ou les musiques africaines.

Les musicologues se distinguent des simples musicographes par le fait que, contrairement à ces derniers qui s'adonnent à l'« écriture sur la musique » (compilation biographique, journalisme, vulgarisation, critique, etc.), ils font, eux, un travail de « première main », pour reprendre l'expression d'Armand Machabey. Ils recherchent les manuscrits, les documents, étudient les partitions, les redécouvrent, les restituent, etc., dans une investigation systématique. Parfois, ils font aussi de la musicologie de terrain, en allant étudier sur place des civilisations musicales, enregistrer leurs manifestations pour les étudier ensuite, etc. C'est l'objet, en particulier, d'une des sous-disciplines musicologiques, l'« ethnomusicologie », qui se propose, de manière très ambitieuse, de collecter tout ce qui concerne les musiques orales (et, plus rarement, écrites) de toutes les civilisations, en dehors de la musique occidentale savante, naturellement privilégiée par la musicologie traditionnelle.

Parmi les autres domaines de recherche musicologique, on peut encore citer l'« organologie », étude systématique des instruments dans leurs principes et leurs innombrables variétés ; l'« acoustique musicale », qui s'attache aux rapports entre les vibrations sonores et la perception musicale « brute » ; la « psychologie de la perception musicale », plus récemment apparue, et concernant, elle, la perception des « structures » musicales (et pas seulement la perception des éléments : hauteurs, durées, etc.). On a vu également naître ces dernières années, plus ou moins comme branches spécialisées des « sciences humaines », selon l'expression en vigueur, des courants comme la « sociologie musicale », et surtout, à la faveur du développement des disciplines linguistiques, dont elle s'inspire, selon l'axiome que la musique est une « sorte de langage », la « sémiologie musicale », c'est-à-dire l'étude de la musique comme système de signification. On peut citer encore les travaux, menés parfois dans des buts thérapeutiques, sur les « effets » de la musique, et constater enfin que toute nouvelle science humaine tend à développer une branche plus spécialement consacrée au fait musical : psychologie, sociologie, ethnologie, sémiologie, épistémologie, etc., de la musique.

Cependant, et même si en Allemagne avec des fondateurs comme Hugo Riemann on a vu se développer une tradition musicologique axée sur des problèmes d'esthétique, d'analyse des styles et des formes, l'objet principal de la musicologie, c'est encore l'inventaire de l'« ailleurs » : l'ailleurs dans le temps (le passé), et dans l'espace (les autres civilisations). Par goût, par habitude, on « oublie » toujours plus ou moins de faire la musicologie du présent musical, de l'ici et maintenant. Alors que, dans le domaine contemporain, les travaux musicologiques sont rares, et souvent, paradoxalement, mal informés (malgré l'accessibilité des sources), la musicologie du passé est souvent sérieuse, exhaustive, scrupuleuse. Le retentissement de ces recherches sur la vie musicale n'est pas mince, il est même de plus en plus important. Ces recherches contribuent beaucoup à ressusciter des répertoires oubliés, et à en rénover le style d'interprétation, par l'étude des partitions, le recoupement des textes et des traités de l'époque. Ce travail est d'ailleurs souvent le fait d'interprètes qui se forment ou s'improvisent musicologues pour fouiller les documents d'époque. On connaît aujourd'hui, mieux que la plupart de leurs contemporains, ces musiques du passé, avec leur génie propre, leur style d'interprétation, et le « champ de fouilles » ouvert depuis plus de cent ans paraît encore inépuisable.

Dans le domaine des musiques non européennes, particulièrement menacées de disparition par le choc de l'industrialisation, par la pénétration des modèles occidentaux (avec le transistor), et aussi par l'absence, le plus souvent, d'une transmission autre qu'orale, la musicologie a eu pour effet d'aider à leur survie le plus souvent, bien sûr, sous la forme de « pièces de musée » et d'enregistrements. Mais aussi, elle a donné l'occasion à certains musiciens de ces pays non européens de faire connaître et apprécier leur tradition musicale et leur identité culturelle.

Il va de soi que la musicologie n'est pas une discipline officiellement confinée dans une définition, et que ses diverses branches suivent étroitement l'évolution des méthodes de recherche et des multiples courants de la connaissance, dans la mesure où elle se rapporte à tout ce qui est « discours » et « savoir » sur la musique. M. C.

MUSICOTHÉRAPIE. Art de guérir les maladies par la musique. Déjà pour Platon la musique était capable de rétablir l'harmonie de l'âme perturbée par le corps. Mais plus près de nous Florimond Hervé, lorsqu'il était en 1841 organiste de Bicêtre, jouait de l'harmonium pendant les récréations des aliénés de l'établissement dès que certains malades amorçaient une invective. Les motifs calmes, ou gais, exerçaient une action indéniable sur leur humeur. Entre les deux guerres mondiales, des chercheurs isolés se penchèrent sur les possibilités thérapeutiques de la musique. Ils constatèrent d'heureux effets sur les alcooliques, les toxicomanes, et dans la préparation de soins chirurgicaux. En 1960, ils arrivèrent à conclure que des musiques enregistrées, judicieusement choisies en fonction de chaque cas particulier, pouvaient permettre d'explorer l'univers affectif et émotionnel d'un individu. Il s'agit de créer chez le malade un climat de sécurité, de réveiller son imagination et ses énergies constructives afin de réorganiser sa vie intérieure ou sociale. Aujourd'hui, il existe à Paris l'Association de recherches et d'applications des techniques psychomusicales, dont l'activité, en s'imposant, obtient des résultats de plus en plus positifs. S. W.

MUSIK IM BAUCH (all.; « Musique dans le ventre »). Œuvre pour 6 percussionnistes et boîtes à musique écrite par Karlheinz Stockhausen en 1974-75 et créée le 28 mars 1975 au Festival de Royan par les Percussions de Strasbourg. D'une durée d'environ une demi-heure, *Musik im Bauch* — inspirée par une anecdote de la vie familiale du compositeur avec sa fille Julika et par la mythologie musicale de sa propre enfance — met en scène un rituel théâtral assez naïf et quelque peu surréaliste. Les instrumentistes utilisent exclusivement des percussions à résonances métalliques (marimbas, glockenspiel, crotales, cloches-plaques). Puis 3 d'entre eux font vibrer de longues baguettes flexibles dans l'air, avant de fouetter un pantin suspendu au centre de la scène, symbolisant un grand homme-oiseau, *Miron*, personnage tiré du récit de Jakob Lorber (1842); et de lui ouvrir le ventre pour en extraire 3 boîtes à musique. L'élément mélodique de *Musik im Bauch* repose sur un choix préalable de 3 parmi les 12 mélodies composées par Stockhausen pour chacun des signes du Zodiaque (*cf. Tierkreis*). Une de ces mélodies résonne au marimbaphone durant toute la durée de l'exécution pendant que les 3 mélodies sonnent, l'une après l'autre, aux cloches-plaques et que toutes les autres percussions interprètent des motifs, des sons isolés ou des variantes de ces 3 mélodies, en différents tempos superposés. *Musik im Bauch*, tout comme *Trans, Alphabet, Herbstmusik* ou *Jahreslauf* est une des pièces de Stockhausen où l'élément visuel et théâtral intervient de façon complexe. P. S.

MUSIK ZUM LESEN (all.; « Musique à lire »). Terme de Dieter Schnebel, qui désigne ses recherches de musique et notation multiples (*cf. Mo-No*, 1969; *Ki-No*, 1963-1967). Des textes écrits, totalement ou partiellement compréhensibles, des signes de notation relativement traditionnelle, qui évoquent certains événements sonores, ainsi que des graphismes symboliques sans système précis de lecture constituent le langage synthétique, proposé à l'imagination créatrice du lecteur-auditeur. Les bribes de notation conventionnelle reconnaissable sur les pages de la *Musik zum Lesen* ne sont pas plus « musicales » que les gestes visuels du graphisme typographique ou symbolique. La musique à lire procède par fusion de dispositifs différents et rejette toute hiérarchie des langages traditionnellement séparés de la musique, de la littérature et de l'art graphique. Sollicité par la partition multiple, le lecteur-auditeur invente ses propres « cheminements auditifs », qui se jouent « dans la tête » (D. Schnebel), comme d'habitude dans un casque d'écoute. Les interventions vocales et/ou instrumentales de la part du lecteur-auditeur ne sont pas obligatoires. La *Musik zum Lesen* vise la création de « la musique de notre vie qui accompagne toujours, sans être entendue, la musique qu'on écoute » (D. Schnebel). I. S.

MUSIQUE D'ACCOMPAGNEMENT POUR UNE SCÈNE DE FILM (en all. *Begleitmusik zu einer Lichtspielszene*). Œuvre pour orchestre op. 34 de Schönberg, composée à Berlin entre le 15 octobre 1929 et le 14 février 1930, et créée dans cette ville le 6 novembre 1930 sous la direction de Otto Klemperer. Elle répondit non à une commande ferme, mais à une suggestion de l'éditeur Heinrichshofen, qui avait demandé à plusieurs compositeurs de « faire comme s'ils composaient pour le cinéma ». La « scène de film » suggérée par le titre de Schönberg est purement imaginaire, et il n'y a aucun scénario concret. Mais les trois parties de l'œuvre ont chacune un titre : *Drohende Gefahr (Danger menaçant), Angst (Angoisse), Katastrophe (Castastrophe)*. Ces titres évoquent irrésistiblement le cinéma expressionniste allemand de l'époque (de Lang, Murnau, Wiene), et, de fait, la partition de Schönberg, quoique de stricte obédience dodécaphonique sérielle, renoue avec le climat de violence et de tension expressionnistes de sa période « atonale libre » (*Erwartung*, Cinq* Pièces pour orchestre*). D'une durée totale de moins de dix minutes, l'op. 34 nous fait assister à une accumulation graduelle de tension qui se décharge soudain, pour ensuite refluer en un accablement total, proche de l'extinction. M. V.

MUSIQUE DE TABLE (en all. *Tafelmusik*). Titre original d'un ensemble important, en 3 parties dites « productions », de pièces de musique instrumentale de Georg Philipp Telemann, publiées par celui-ci en 1732 à l'intention des festivités données par les nobles ou les riches bourgeois. À l'offre de souscription lancée par Telemann depuis Hambourg répondirent de nombreux amateurs de l'Europe entière, parmi lesquels Quantz et Haendel. L'auteur avait voulu synthétiser dans cet ensemble, avec la « science » allemande, le goût français et le goût italien. La *Musique de table* comprend 3 « productions », qui sont des sortes de programmes complets comprenant des pièces pour ensemble instrumental et des pièces pour solistes, tous trois bâtis sur le même modèle : une ouverture à la française (comprenant elle-même un grave introductif, un allégro fugué, et de 4 à 7 danses), puis un quatuor, un concerto, un trio, une sonate en solo, et enfin une conclusion, reprenant la formation instrumentale de l'ouverture, c'est-à-dire le tutti. Parmi les instruments employés en solistes dans ces ouvertures, suites, et sonates, on peut compter la flûte traversière et la flûte à bec alto (que Telemann se plaît à opposer l'une à l'autre), le hautbois, le violon, le basson, la trompette, et pour le *Concerto* en *« mi »* bémol, deux « tromba selvatica » que l'on considère habituellement comme des cors de chasse. M. C.

MUSIQUE FUNÈBRE. Œuvre pour orchestre à cordes de Witold Lutoslawski, composée en 1955 à 1958 en hommage à Béla Bartók et créée le 26 mars 1958 à Katowice, par l'Orchestre de la radio polonaise dirigé par Jan Krenz. Cette composition utilise un orchestre à cordes normal de 44 à 66 musiciens, divisé en 10 parties. L'auteur n'a pas cherché à s'inspirer de la musique même de Bartók, et les ressemblances qui peuvent apparaître ne résultent d'aucune intention préalable : « Si ces ressemblances existent réellement, a-t-il précisé, cela prouve encore une fois le fait indéniable que l'étude de l'œuvre de Bartók a été une des leçons fondamentales qu'il fut donné de prendre à la plupart des compositeurs de ma génération. »
La *Musique funèbre* est le seul morceau du compositeur utilisant méthodiquement une série de 12 sons. L'unique et vaste mouvement peut se subdivise en 4 sections : *Prologue, Métamorphoses, Apogée, Épilogue*. La série est utilisée dans la première et la dernière, sur le principe du canon. Les *Métamorphoses* commencent au rythme lent du *Prologue* pour parvenir à un presto violent ; la composition trouve un point culminant avec l'*Apogée*, dont la structure harmonique est basée sur des accords comportant chacun les 12 sons de l'échelle. L'*Épilogue* débute fortissimo et ramène le rythme initial lent ; les canons s'y présentent à 8 parties, puis à 6, à 4 et à 2 parties ; le violoncelle solo a le dernier mot. Le caractère funèbre de l'œuvre n'est sensible que dans le *Prologue* et l'*Épilogue*, les *Métamorphoses* et l'*Apogée* ayant une expression différente. Premier fruit d'une longue période de recherche qui devait le conduire à une nouvelle manière d'organiser le temps et la hauteur du son, la *Musique funèbre* a assuré, dès sa création, la renommée internationale du compositeur.
P. V.

MUSIQUE POUR CORDES, PERCUSSIONS ET CÉLESTA. Œuvre de Béla Bartók datant de 1936 et créée le 21 janvier 1937 à Bâle sous la direction de Paul Sacher. Une de ses originalités est d'avoir prouvé que la série n'était pas alors le seul système d'écriture capable de faire « reculer les limites de l'impossible acte créateur » (Jean Barraqué). En effet, le système en arche de l'harmonie bartokienne élargit les fonctions tonales (la série les abolit) tout en s'en échappant. Ici, Bartók crée une écriture nouvelle, qui lui est d'ailleurs imposée par le choix même de ses effectifs orchestraux, en particulier par le fait que pour la première fois chez lui, la batterie est employée comme soliste. Outre les timbales, tam-tams, tambours et cymbales sont utilisés le célesta, le xylophone, la harpe et le piano, instruments auxquels viennent s'adjoindre deux quintettes de cordes.

La partition débute par une fugue utilisant les 12 sons du total chromatique (sans se référer pour autant à la technique sérielle) : son thème se retrouvera dans le deuxième mouvement. Le troisième, écrit « à l'écrevisse », fait appel à des éléments entrecoupés, lors de leur énoncé « rétrograde », de réminiscences des cellules thématiques et rythmiques antérieures. Quant au finale, il baigne dans une atmosphère de danse populaire. A. F.

MUSIQUE POUR UN FEU D'ARTIFICE ROYAL. Œuvre de Haendel. V. *Feu d'artifice (musique pour cor).*

MUTATION. Famille de jeux de l'orgue faisant entendre des harmoniques du son fondamental, et, particulièrement, outre les octaves, les sons de quinte (nasard* et larigot*) et de tierce*. On trouve parfois la septième, ou harmonique 7. Intervenant isolément, ces jeux sont alors dits « mutations simples » et se combinent avec la fondamentale pour donner des sonorités richement timbrées, propres aux récits et aux dialogues. Réunis entre eux, en « mutations composées », ils constituent principalement les jeux de cornet* et de sesquialtera*. G. C.

MUTATIONS. Titre d'une œuvre de musique électroacoustique composée en 1969 par Jean-Claude Risset, et commandée par le Groupe de recherches musicales. Outre ses qualités intrinsèques de finesse et d'invention, elle présente l'intérêt historique d'être une des premières œuvres musicalement convaincantes créées à l'aide de l'ordinateur utilisé comme synthétiseur de sons.

Composée à l'aide du programme *Music V* de Mathews (un des plus utilisés), *Mutations* intègre les effets d'illusion acoustique créés par l'auteur : par exemple, un son qui monte ou descend indéfiniment tout en faisant de la « surplace ». Mais, au-delà, c'est aussi une tentative pour utiliser les ressources propres de l'ordinateur (précision infinitésimale), afin de composer la musique, comme dit l'auteur, « au niveau même du son », dans la molécule qui le constitue.

Le titre fait référence au jeu d'orgue dit de « mutation », caractérisé par ses harmoniques aigus, mais aussi à certains processus de transformation graduelle, d'un état sonore dans un autre, que seul l'ordinateur permet de contrôler dans leurs moindres détails et qui sont expérimentés ici (comme ils le seront encore, de façon encore plus frappante, dans des procédés développés par John Chowning). Mais, d'abord, par sa fraîcheur dépourvue d'académisme, cette œuvre plaide plus efficacement pour une recherche discutée que bien des essais laborieux. M. C.

MUTI *(Riccardo)*, chef d'orchestre italien *(Molfetta, près de Naples, 1941)*. Après un essai infructueux au violon, il étudie le piano au conservatoire San Pietro a Majella de Naples, avec V. Vitale, puis la direction d'orchestre et la composition au conservatoire Verdi de Milan, respectivement avec A. Votto et B. Bettinelli, tout en poursuivant à l'université de cette ville des études de littérature et de philosophie. Avant même de remporter son diplôme de fin d'études, il dirige, en 1966, son premier opéra. L'année suivante, il remporte le prix Guido-Cantelli, qui lui apporte ses premiers engagements : Orchestre de la RAI (1968), Mai musical florentin, dont il devient chef permanent (1969), débuts lyriques à Naples et à Rome (1970). Il fait une entrée remarquée au Festival de Salzbourg, en dirigeant en 1971 *Don Pasquale* de Donizetti, puis aux États-Unis (en 1972) avec l'Orchestre de Philadelphie. La même année à Florence, il est le premier à diriger le *Guillaume Tell* de Rossini dans une version véritablement intégrale.

Riccardo Muti se fait connaître par sa curiosité pour les ouvrages méconnus de Paisiello, Cherubini, Spontini et du jeune Verdi, son auteur de prédilection. Il remporte avec *Aïda* un grand succès aussi bien à l'Opéra de Vienne (1973) qu'au Covent Garden (1977), où il est invité régulièrement. On le voit diriger également les orchestres philharmoniques de Berlin et de Vienne (par exemple au cours d'une tournée au Japon avec Karl Böhm), le New Philharmonia (où il succède en 1973 à O. Klemperer) et l'Orchestre de Philadelphie, dont il devient successivement principal chef invité en 1975 et directeur musical en 1980. Il défend un vaste répertoire (de Meyerbeer à Ligeti) et possède l'intuition créatrice et la dimension lyrique qui font les grands chefs. M. W.

MY LADYE NEVELLS BOOKE. Recueil de 42 pièces pour clavier de William Byrd, publié en 1591, copié et transcrit par les soins de John Baldwin de Windsor, en deux cahiers de 27 et 17 pièces. La « lady Nevell », à laquelle est dédié le recueil (les 2 pièces ouvrant chaque cahier portent son nom), est mal connue, et il pourrait s'agir d'une élève et protectrice de l'auteur. Ce recueil se présente comme une anthologie byrdienne, reprenant entre autres des pièces publiées dans d'autres ensembles, tel le *Fitzwilliam Virginal Book*, mais aussi des pièces inédites. On y trouve aussi bien des pavanes (pièces 10, 12, 14, 16, 18, 22, 23, 25) que des gaillardes, souvent liées aux pavanes qu'elles suivent (5, 7, 11, 13, 15, 17, 19, 21, 25, 40), des *voluntaries* (28, 29, 42), 2 batailles, un genre typique de l'époque (3, 4), et diverses pièces placées sous l'égide d'un personnage du temps. M. C.

MYRTEN. Recueil de 26 lieder de Schumann op. 25, sur des textes de Rückert (1, 11, 12, 25, 26), Goethe (2, 5, 6, 8, 9), Mosen (3), Burns (4, 10, 13, 14, 19, 20, 22, 23), Heine (7, 21, 24), Byron (15, 16), Moore (17, 18). Composé durant l'été 1840, ce cycle — l'un des plus nobles qu'ait écrits le musicien — s'impose par sa qualité en même temps que par sa diversité. Il reflète avec vérité les différents aspects du cœur et de l'esprit, soit par la multiplicité des auteurs retenus, qui, tous, apportent une vision différente et spécifique, soit plus encore par la multiplicité des thèmes explorés : s'y trouvent en effet réunis des chants de nonchaloir, d'absence, de fiançailles, d'amour transposé en images intenses, en communion, le plus souvent, avec la nature. Passant avec art d'une mélancolie très romantique à une exaltation fébrile, l'on perçoit vite que, derrière chaque lied, un seul et même visage se cache : celui de Clara, devant lequel Schumann se met à genoux en lui offrant ce bouquet de myrtes, emblème, chez les Anciens, de la gloire et de l'amour. Ainsi le cycle s'ouvre-t-il précisément par *Widmund* (« Dédicace »), le plus beau lied, peut-être, de ce cahier exceptionnel. J. G.

MYSLIVECEK *(Josef)*, compositeur tchèque *(Horni Sarka, près de Prague, 1737 - Rome 1781)*. Fils d'un meunier, il étudia l'orgue et le contrepoint avec Frantisek Habermann et Josef Seeger. Il fit paraître 6 symphonies sans nom d'auteur (1760), et décida de se consacrer entièrement à la musique (1762). Il se rendit à Venise (1763) et son premier opéra, *Medea*, fut donné à Parme (1764). Dès lors, il vécut principalement en Italie, séjournant cependant à Vienne et à Munich (1772), puis de nouveau à Munich (1777). Sa vie dissolue hâta sans doute sa fin. Mozart, qui le rencontra à Bologne en 1770 et à Munich en 1777, l'appréciait fort. On lui doit de la musique de chambre (dont une série de quintettes à cordes) souvent teintée de folklore tchèque, des pièces pour instruments à vent, des oratorios, dont l'un, *Isacco figura del Redentore* (Florence, 1776 ; donné à Munich, 1777, avec comme titre *Abramo ed Isacco*), fut attribué à Mozart, et surtout des opéras, parmi lesquels *Il Bellerofonte* (Naples, 1767), *Il Demofoonte* (Venise, 1769), *Erifile* (Munich, 1773), *Armida* (Milan, 1779), et *Antigono* (Rome, 1780). M. V.

MYSTÈRE (OU MISTÈRE) [étymologie contestée, certains la rattachant au sens actuel dérivé de *mysterium*, d'autres à celui de *ministerium*, « office »; les deux orthographes ont eu cours]. Nom donné aux xve et xvie siècles à des représentations théâtrales de plein air (places publiques ou parvis d'églises), avec un déploiement de moyens important et un texte en vers pouvant en certains cas nécessiter plusieurs journées. Le sujet en est généralement religieux et emprunté soit à l'Ancien Testament (Mystère de Job) soit au Nouveau (Mystères de la Passion, débordant parfois largement leur titre), mais il pouvait aussi y avoir des sujets profanes (Mystère de la délivrance d'Orléans). Au xixe siècle, le terme fut indûment généralisé et parfois confondu avec le drame liturgique, dont le mystère constitue une dérivation, mais dont il reste fortement distinct.

Contrairement au drame liturgique, le mystère, toujours en langue vulgaire, n'a pas de caractère musical propre, mais il peut faire appel à des illustrations musicales, vocales ou instrumentales, à titre d'intermède ou de musique de scène. Son seul lien avec l'office réside dans le *Te Deum*, qui le clôt souvent par tradition, en souvenir de celui qui concluait le drame liturgique de matines, en se confondant avec le chant final de cet office.   J. C.

MYSTÈRE DES SAINTS INNOCENTS. Oratorio pour chœur, baryton, récitant et orchestre, composé en 1946-47 par Henri Barraud, sur un poème de Charles Péguy, et créé en 1947 aux concerts de la Pléiade par l'Orchestre national de la R. T. F., les chœurs et la maîtrise de la Radiodiffusion française sous la direction de Manuel Rosenthal.   M. C.

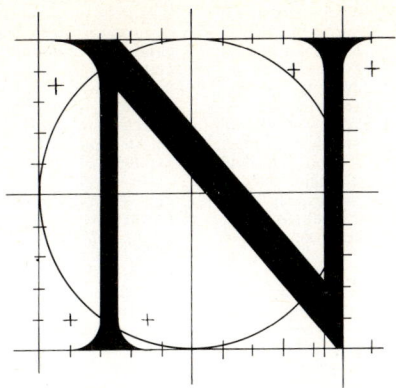

NABOKOV *(Nicolas)*, compositeur américain d'origine russe *(Lubcza, région de Minsk, 1903 - New York 1978)*. Il était le cousin de l'écrivain Vladimir Nabokov. Il a fait ses études musicales à Saint-Pétersbourg avec Rebikov (1911-12), à Yalta, à Berlin avec Busoni (1922-23), à Strasbourg et à Paris (1926-1933). Son premier ouvrage important, le ballet-oratorio *Ode*, fut créé aux Ballets russes de Diaghilev à Paris en 1928. Il émigra en 1933 aux États-Unis, où il fut successivement professeur au Wells College, au Saint John's College, au Peabody Conservatory de Baltimore, à la City University de New York et à la State University de Buffalo. Son ballet *la Vie de Polichinelle* lui fut commandé par l'Opéra de Paris en 1934 ; un autre ballet, *Union Pacific*, créé à Philadelphie en 1934, fut représenté dans le monde entier.

Son attachement à la culture russe se manifeste à travers ses références à Pouchkine (*The Return of Pushkin* pour solistes et orchestre, 1948), à Pasternak (*4 Poèmes* pour voix et piano, 1961), à Anna Akhmatova (*6 Lyric Songs*, 1966), ainsi que dans son opéra *la Mort de Raspoutine* (1958-59). Son livre *Old Friends and New Music* (Boston, 1951) contient des souvenirs sur Diaghilev, Nijinski, Stravinski, Prokofiev, Chostakovitch. A. L. et A. et M. P.

NABUCCO. Opéra en 4 actes de Giuseppe Verdi, créé le 9 mars 1842 à la Scala de Milan avec Giuseppina Strepponi et Giorgio Ronconi. Livret de Temistocle Solera sur l'histoire du roi Nabuchodonosor.

ACTE PREMIER : « JÉRUSALEM ». *Le rideau découvre l'intérieur du Temple de Jérusalem, en l'an 586 avant Jésus-Christ. Les Hébreux rassemblés se lamentent sur la défaite que vient de leur infliger Nabuchodonosor (Nabucco), roi de Babylone. Le prophète Zacharie (b) leur enjoint de croire en la miséricorde de Jéhovah. Au jeune Ismaël (t), il confie Fenena (ms), la fille de Nabucco, que les Hébreux ont capturée. Le prophète ignore que les deux jeunes gens sont épris l'un de l'autre. Fenena a aidé Ismaël alors qu'il était prisonnier à Babylone et en proie aux entreprises amoureuses de sa sœur Abigaïl (s). Maintenant, Ismaël projette de faire évader Fenena. Mais ils sont surpris par Abigaïl, à la tête d'une troupe de Babyloniens qui envahissent le temple. Nabucco (bar) les suit de peu. Zacharie menace celui-ci de poignarder Fenena, mais Ismaël lui arrache son couteau. Nabucco ordonne à ses soldats de piller le Temple et de le brûler.*

ACTE II : « L'IMPIE ». *A Babylone, où les juifs prisonniers sont en exil, Nabucco a confié le gouvernement à Fenena pendant qu'il fait la guerre. Abigaïl cependant a découvert un document selon lequel elle n'est pas la fille légitime du roi, mais une esclave qu'il a adoptée. Profitant de rumeurs selon lesquelles Nabucco aurait péri, elle projette de s'emparer du pouvoir.*

Le deuxième tableau nous montre la conversion de Fenena à la foi hébraïque. Abigaïl survient, exigeant de Fenena qu'elle lui remette la couronne. La scène entre les deux femmes est interrompue par le retour inopiné de Nabucco, qui, dans un mouvement d'orgueil insensé, se proclame à la fois roi et dieu. Zacharie le menace alors de la colère de Jéhovah. Et soudain, en effet, la foudre éclate et fait tomber la couronne, tandis que Nabucco perd la raison. Abigaïl ramasse la couronne et s'en coiffe.

ACTE III : « LA PROPHÉTIE ». *Le premier tableau nous montre Abigaïl assise sur le trône de Babylone, affrontant Nabucco, dont l'esprit divague. La scène s'achève sur la condamnation à mort des juifs, parmi lesquels Fenena, et l'emprisonnement du roi.*

Le second se passe sur les bords de l'Euphrate, où les Hébreux exilés pleurent leur patrie lointaine. C'est le fameux chœur « Va pensiero » que couronne la prophétie de Zacharie, prédisant la chute prochaine de Babylone.

ACTE IV : « L'IDOLE BRISÉE ». *Le premier tableau découvre la prison où Nabucco repentant retrouve peu à peu la raison. Se rappelant la condamnation de Fenena, il invoque le dieu des juifs promettant de reconstruire le Temple de Jérusalem. À ce moment un groupe de partisans pénètre dans la prison et le délivre. À leur tête, Nabucco se précipite pour sauver la vie de sa fille.*

Le second tableau est situé dans les jardins suspendus de Babylone, où l'exécution de Fenena et des juifs doit avoir lieu. Mais Nabucco arrive avec ses soldats. Comme il ordonne la destruction de l'idole représentant le dieu Baal, celle-ci s'effondre d'elle-même. Fenena sera unie à Ismaël et les Hébreux recouvriront la liberté. L'acte s'achève sur la mort d'Abigaïl qui s'est empoisonnée et vient demander le pardon de tous.

La création de *Nabucco* fut un des événements artistiques les plus importants de l'époque. La vigueur, la concision du style de Verdi, étaient une nouveauté dans l'opéra et aussi le mouvement de l'action. Il s'agit, en outre, du premier des opéras patriotiques, exaltant la liberté, par lesquels Verdi allait devenir le musicien officiel du Risorgimento. J. B.

NACHTSTÜCKE. Composition pour piano de Robert Schumann op. 23 (1839). Sans doute parmi les plus dépressives du musicien. Car ici la nuit recèle des odeurs de mort : en les écrivant, en effet, des pressentiments tragiques hantaient Schumann jusqu'à lui faire entendre un choral funèbre de trombones, il devait apprendre, peu après, que son frère Édouard était précisément mort à cet instant-là. Étonnante télépathie qui le frappa vivement. Chaque pièce revêtait à l'origine un titre descriptif funèbre. Le nom général de *Pièces nocturnes*, emprunté aux contes tragiques d'E. T. A. Hoffmann, leur fut finalement attribué, de préférence également au trop expressionniste *Leichenfantasie* (« Fantaisie macabre ») hérité du jeune Schiller.

La première pièce (plutôt lent ; en retenant souvent) se présente comme une marche accablante aux modulations nombreuses reflétant, malgré sa forme de rondo, l'inquiétude et l'instabilité psychologique du compositeur. Le *Marqué et animé* suivant exprime par contraste un éclat de rire bref, nerveux, presque démoniaque et obéit à la forme alternée en six sections. *Avec vivacité* — en ré bémol — oppose un mouvement de valse à deux trios assez démoniaques. Enfin, l'*Einfach* («Simplement») — dont les deux mesures initiales seront reprises par Mahler dans sa 7e *Symphonie*, déploie une marche aux aspects funèbres mais sublimés, qui s'éteindra par l'*Adagio decrescendo*, laissant ainsi la nuit envelopper de son noir manteau les pensées et les êtres. J. G.

NAMOUNA. Ballet d'Édouard Lalo, composé entre novembre 1881 et février 1882 (l'orchestration finale est due à Gounod, Lalo, surmené, ayant eu une congestion cérébrale). Créé à l'Opéra de Paris le 6 mars 1882 (décors : Rube, Chaperon, Lavastre ; chorégraphie : Lucien Petipa ; interprètes principaux : Rita Sangelli et Louis Merante).

La partition suit d'assez près le poème homonyme de Musset et montre la fine musicalité de Lalo. Sans être une œuvre révolutionnaire, *Namouna* offre maintes qualités (clarté de l'orchestre, rythmique précise, mélodies délicatement ciselées, nombreuses trouvailles harmoniques ; tableaux hauts en couleur), qui ont été salués par les vrais musiciens (Debussy en tête, mais aussi Reyer, Chabrier, Ravel) et méritaient mieux que l'ignoble cabale, qui, dès avant sa création, accabla l'œuvre de sarcasmes et la fit tomber au bout de quinze représentations. Par la suite, Lalo tira de sa partition une suite d'orchestre — celle que l'on joue généralement aujourd'hui — et réutilisa certaines pages dans sa *Fantaisie-Ballet* pour violon et orchestre écrite à l'intention de Sarasate.

Sur des extraits de *Namouna*, Serge Lifar a réglé, le 23 juillet 1943, son ouvrage *Suite en blanc*. J. G.

NAPLES. Par l'importance de sa population, son évolution politique particulière et la richesse de ses traditions culturelles, Naples fut, dès le Moyen Âge, un des principaux centres de la vie musicale de la péninsule. Elle dut aussi cette position à ses conservatoires, à ses nombreux théâtres, puis à son rôle dans la renaissance de la musique de chambre.

On sait qu'en 1283 *le Jeu de Robin et Marion* fut créé à Naples, mais les spectacles qui suivirent furent longtemps, comme celui-ci, plus ouverts à la danse et à la récitation qu'à la musique. Avec la domination des Bourbons, la situation s'inversa : l'imprimerie musicale s'installa à Naples dès 1516 et, en 1537, paraissaient 250 *canzoni villanesche alla napoletana*, ce genre intermédiaire entre le madrigal et la future chanson napolitaine authentique, cependant que la polyphonie jetait ses derniers feux avec, entre autres défenseurs, Gesualdo da Venosa. Dès le XVIe siècle, naissaient à Naples les «hospices», embryons des futurs conservatoires, les plus anciens et les plus célèbres de la péninsule : Santa Maria di Loreto (1537), où enseignèrent plus tard Provenzale, A. Scarlatti, Fr. Mancini, Durante, Sacchini, Fenaroli, et où se formèrent Cimarosa et Zingarelli ; le conservatoire dei Poveri di Gesù Cristo, fondé en 1589, se consacra à la musique dès 1633, Durante y enseigna également, et la tradition veut que Pergolèse en ait été l'élève, peu avant sa fermeture en 1744 ; San Onofrio a Capuana fut particulièrement actif de 1669 à la fin du XVIIIe siècle, on y relève encore le nom de Durante, ceux de Porpora et Feo ; enfin, Santa Maria della Pietà dei Turchini (1583) occupa, dès 1600, le premier poste dans la vie musicale, et fut aussi réputé dans la formation des chanteurs, Provenzale y enseigna, puis Leo, Sala, Jommelli et S. Mattei. À la fin du XVIIIe siècle, Piccinni fut nommé inspecteur des conservatoires de Naples, mais l'administration française remplaça ces écoles par un seul établissement, le collège royal de musique de San Sebastiano (1806), confié à la gestion de Paisiello, Fenaroli et Tritto. En 1813, Zingarelli en assumait seul la direction, se voulant le dépositaire de la tradition antique, contre les innovations révolutionnaires de Rossini. Après 1820, le conservatoire s'établit définitivement à San Pietro a Majella. Bellini et les frères Ricci en furent les élèves, Donizetti y enseigna, mais la direction en échut à Mercadante en 1840. Parmi ses successeurs, notons Lauro Rossi en 1870, puis, entre autres, Giuseppe Martucci et Francesco Cilea.

Dès le XVIIe siècle, Naples fut donc le premier centre pour la formation des instrumentistes — ses orchestres furent sans rivaux pendant deux siècles — et des chanteurs, notamment des castrats ; et cette suprématie, notable dans l'œuvre instrumental des Leo, Durante, Pergolèse, etc., se doubla par la création de l'opéra dit napolitain, qui, succédant aux expériences florentine, romaine et vénitienne, devint en fait l'archétype de l'opéra italien international. Mais Naples vit également, au début du XVIIIe siècle, le développement de l'intermezzo* et la naissance de l'opera buffa*, où apparut le dialecte napolitain, un usage qui se perpétua un siècle plus tard dans les œuvres de Paisiello ou Fioravanti, cependant qu'en 1818 en joua *Cenerentola* de Rossini avec le rôle de Don Magnifico chanté en dialecte. Sans qu'il soit possible de définir un style autochtone particulier, il n'en reste pas moins que le terme d'école napolitaine est demeuré appliqué à la tradition des Provenzale, Fr. Mancini, Pergolèse, Leo, Piccinni, Paisiello et Cimarosa. Il faut rappeler que vers 1780, Naples était, avec ses quatre cent mille habitants, la deuxième ville d'Europe après Londres, avant Paris, et loin devant Rome, Venise ou Milan, qui comptaient moins de cent cinquante mille âmes.

Son intense activité reposa sur ses nombreux théâtres, qui donnèrent vite la priorité à l'opéra sur la comédie : si l'on compte les salles privées, on atteint le chiffre de 44 salles, où furent créées des œuvres lyriques, dont 23 furent des théâtres permanents. C'est en 1651 qu'on joua pour la première fois un opéra à Naples : le San Bartolomeo (1621-1737) fut voué à l'opéra dès 1654 et on y donna les meilleurs opéras des Vénitiens et des Romains, plus tard ceux de Haendel et de Bononcini, cependant que les meilleurs chanteurs y créaient les œuvres de Provenzale, A. Scarlatti, Mancini, Pergolèse, Leo ou Vinci, et qu'y était donné en 1724 le premier drame de Métastase, mis en musique par Sarro. En dehors du San Carlo, qui, en 1737 devait remplacer le San Bartolomeo, et qui est aujourd'hui la seule salle virtuellement en activité permanente, de nombreuses scènes ont animé la vie musicale de Naples. Le Teatro dei Fiorentini, ouvert en 1618 (détruit par les bombes en 1941) accueillit des opéras dès 1705, lorsque Serino fut, pour des motifs personnels, contraint d'abandonner la direction du San Bartolomeo, et décida d'en faire un théâtre rival. Tout en jouant l'opera seria, ce théâtre fut le berceau de l'opera buffa napolitain, et on y créa jusqu'en 1817 maintes œuvres d'Orefice, Sarro, Lotti, Vinci, Leo, Piccinni, Paisiello, Guglielmi, Fioravanti et Mosca, avec une troupe de chant de premier ordre.

Le Teatro nuovo (1724-1935), autre théâtre rival, accueillit les œuvres sérieuses et comiques de tous les compositeurs italiens, et introduisit en Italie les opéras bouffes d'Offenbach (*la Belle Hélène*, 1869). Le Teatro Fondo (1779, devenu Teatro Mercadante en 1892), bien que de moindres dimensions, fut également renommé et créa des œuvres de Cimarosa, Paisiello, Fioravanti, Paër et Mayr, donnant les premières locales de *Don Giovanni* et des *Noces de Figaro* de Mozart. C'est là que fut créé l'*Otello* de Rossini durant la réfection du San Carlo. Après 1892, l'éditeur Sanzogno y fit jouer les œuvres des jeunes musiciens français et italiens, et c'est là que Caruso connut ses premiers succès.

Mais parmi ces théâtres (auxquels on doit ajouter le San Carlino, le San Ferdinando, les scènes très actives des conservatoires, etc.), c'est le San Carlo - baptisé du nom du roi bourbon - qui, dès son inauguration en 1737, fut le centre de la vie musicale napolitaine. Disposant d'une scène de 33,10 m sur 34,10 m, avec son vaste parterre et ses 184 loges, il peut accueillir 3 500 spectateurs ; il fut longtemps le plus vaste, et sans doute le plus somptueux de l'Italie, reconstruit sur les mêmes plans après l'incendie du 12 février 1816. Dès sa fondation, il disposa, grâce à Sarro, d'un orchestre de 42 exécutants, qui s'accrut sans cesse, et demeura sans rival jusqu'en 1840. Tous les plus grands chanteurs internationaux y parurent aussitôt, et les plus grands compositeurs y eurent des premières, depuis Leo, Hasse et Jommelli, jusqu'à Mayr, Rossini, Donizetti et Verdi. Sa période la plus brillante fut celle de la direction de Domenico Barbaja *(1778-1841),* qui, regroupant plusieurs théâtres à Naples, régna sur le San Carlo de 1810 à 1824 et de 1832 à 1840, développa le ballet, fit représenter les nouveautés étrangères de Gluck, Mozart ou Spontini, intronisa Rossini de 1815 à 1822 lui offrant la première troupe vocale du monde, lança Bellini et fit triompher Donizetti.

Ayant vu, avec l'unité italienne, son renom éclipsé par celui de la Scala de Milan, le San Carlo reprit, dès l'après-guerre de 1945 une place éminente dans la vie musicale italienne, grâce à Pasquale di Costanzo, qui ouvrit largement le théâtre aux grands compositeurs étrangers du XXe siècle, œuvrant d'autre part pour la résurrection des œuvres oubliées de Scarlatti, Mayr, Rossini, Donizetti, Mercadante, Verdi, etc. C'est dans le même esprit que la Radio italienne de Naples a rendu vie à maints chefs-d'œuvre du passé, tandis que l'Orchestre Alessandro-Scarlatti s'assurait une renommée mondiale.

En marge des créations lyriques, de la part importante jouée par Naples dans la renaissance de la musique instrumentale italienne à la fin du XIXe siècle, il faut rappeler combien l'activité vocale est restée primordiale à Naples depuis le temps des castrats jusqu'à celui des chanteurs plus récents qui y virent le jour, dont E. Caruso, ou F. De Lucia, qui y fut le maître du ténor français Georges Thill. Mais cet instinct du chant eut une large résonance dans la chanson napolitaine, un authentique fait culturel, dont Marcello Conati fait remonter les sources au XIIIe siècle et note la continuité jusque dans l'opéra du XVIIIe siècle. Mais sa naissance véritable eut lieu lors de la fête de Piedigrotta du 7 septembre 1835, où le poète Raffaele Sacco écrivit *Te voglio bene assaje,* dont la musique, signée par Battista, est peut-être, en fait, de Donizetti. Dès 1880, le genre attira les plus grands poètes napolitains (Di Giacomo, Bracco, G. B. De Curtis, E. Murolo, etc.) ou non — D'Annunzio écrivit en dialecte la fameuse *A vucchella* —, qui furent mis en musique par E. Di Capua, E. De Curtis, P. Tosti (auteur de *A. Marechiare* et de la *Vucchella),* Barthélemy, S. Gambardella, etc. Mais il faut noter que le célèbre *Core'ngrato* fut écrit aux États-Unis par deux émigrés napolitains, et que *Santa Lucia,* versifiée par Enrico Cossovich, fut mise en musique par Teodoro Cottrau, fils d'un Français venu à Naples avec Murat.

La chanson napolitaine est caractérisée par la qualité de ses vers, magnifiant le dialecte local, et par l'étroite union de la poésie et de la musique, celle-ci généralement de caractère strophique ; elle connut de grands spécialistes de la chanson, aux talents non négligeables, mais elle fut diffusée dans le monde entier par des chanteurs d'opéra de renom, napolitains (Caruso et De Lucia), italiens (Gigli, Schipa, Di Stefano) et même étrangers (Josef Schmidt, Jussi Bjorling, etc.). Mais qu'il s'agisse de la chanson, de l'art des chanteurs d'opéra, de la personnalité des compositeurs, qu'ils fussent napolitains de naissance ou d'adoption, la situation géographique de la ville, son climat, sa langue, l'immensité de ses paysages ont contribué de façon sensible à imprimer un même besoin de communication immédiate avec le public, un phénomène que l'on ne rencontre dans aucune autre ville italienne.

R. M.

NARDINI *(Pietro),* violoniste et compositeur italien *(Livourne 1722 - Florence 1793).* Élève de Tartini, avec lequel il travailla six ans à Padoue, il visita Vienne et diverses villes d'Allemagne (1760-1766), puis retourna dans sa ville natale. Après avoir assisté Tartini durant sa dernière maladie (1769-70), il devint directeur musical de la cour de Florence, poste qu'il devait occuper jusqu'à sa mort. Comme violoniste, il excella surtout dans les mouvements lents, moins dans la virtuosité : d'où la relative facilité technique de ses concertos, qui comme ceux de Tartini adoptent souvent la coupe lent-vif-lent. Ses 6 concertos op. 1 parurent à Amsterdam vers 1765. On lui doit aussi des sonates pour violon (op. 2, op. 5), des sonates pour violon et flûte, des quatuors à cordes. Un catalogue thématique de ses œuvres a été dressé par C. Pfäfflin (Stuttgart, 1930 ; 2e éd., 1936). M. V.

NARVAEZ *(Luis de),* vihueliste espagnol *(né à la fin du XVe s. à Grenade).* Il fut successivement musicien du commandeur de Léon, puis du futur Philippe II. On lui doit un remarquable recueil de tablatures, *El Delfín de música,* comprenant un grand nombre de fantaisies, variations, *villancicos,* et des transcriptions pour vihuela de pièces vocales, publié à Valladolid en 1538, qui témoigne d'une extraordinaire maîtrise dans l'art de la variation *(Differencias).* Il fit paraître également deux livres de motets en 1539 et 1543 à Lyon. P. M.

NASARD. Jeu de mutation de l'orgue, de la famille des flûtes, faisant entendre l'harmonique 3 du son fondamental, c'est-à-dire sonnant à la douzième, soit une octave et une quinte au-dessus de lui. La hauteur du nasard est de 2 2/3 pieds pour une fondamentale de 8 pieds (ou de 5 1/3 pieds pour une basse de 16 pieds). Le nasard est utilisé seul avec la fondamentale, dans des récits, ou en composition dans le cornet*. G. C.

NAT *(Yves),* pianiste et compositeur français *(Béziers 1890 - Paris 1956).* Il fait ses études de piano, de solfège et d'harmonie dans sa ville natale (avec C. Bourgeois) et donne son premier concert à l'âge de sept ans. Une fantaisie pour orchestre de sa composition qu'il dirige trois ans plus tard lui vaut d'être remarqué par Fauré et Saint-Saëns. En 1907, il obtient un premier prix de piano au Conservatoire national de Paris (classe de L. Diémer). Encouragé par Debussy et Ysaye, il entre dans la carrière de concertiste, qu'il mènera jusqu'en 1934, date de sa nomination comme professeur de piano au Conservatoire de Paris. Dès lors, il ralentit une activité de concertiste menée malgré sa hantise de la foule et du « tapage », selon ses propres termes, pour se consacrer à l'enseignement et à la composition. Doté d'une main à large paume et aux doigts courts, Yves Nat se bâtit, à partir de doigtés non conformistes, une technique novatrice qu'il met au service de ses élèves. Le respect de la vérité expressive et une ferveur nourrie par la familiarité des œuvres restent les maîtres mots d'un art aux dimensions quasi métaphysiques. Extrêmement scrupuleux, ce n'est qu'à l'avènement du microsillon que Yves Nat s'est résigné à enregistrer quelques témoignages de son génie interprétatif : une intégrale des sonates de Beethoven et des pages de Schumann, Chopin, Brahms et Schubert. La sincérité est également la marque dominante d'une œuvre principalement dédiée au piano — des préludes, une sonatine, un concerto (qu'il a enregistrés lui-même) — et à la voix — des mélodies et son chef-d'œuvre, *l'Enfer* (1942), vaste fresque pour chœur et orchestre. M. W.

NATIONS (LES). Ensemble de 4 sonates et suites en trio de François Couperin, publié par celui-ci en 1726. Le titre exact en est *Sonates et suites de symphonies en trio, en quatre livres séparés pour la commodité des académies de musique et des concerts particuliers.* Elles s'intitulent respectivement *la Françoise, l'Espagnole, l'Impériale* et *la Piémontoise.* Bien que le titre général laisse supposer une caractérisation des différents styles nationaux, on n'y trouve rien de ce genre. En fait, pour constituer 3 de ces 4 sonates suites, Couperin avait repris des sonates en trio de « jeunesse » non éditées, mais appréciées des amateurs,

pour les réviser et les faire suivre de mouvements de danse — la sonate initiale, de type *da chiesa*, servant de prélude à l'ensemble. C'est ainsi que *la Pucelle*, composée vers 1692 et qui aurait été la première sonate française inspirée du modèle de celles de Corelli, devint *la Françoise*. De même, *la Visionnaire* et *l'Astrée*, composées entre 1692 et 1695, devinrent respectivement, avec la suite que Couperin leur ajouta, *l'Espagnole* et *la Piémontoise*. Seule *l'Impériale* était de composition récente (1725, probablement) et fut conçue dès le départ sur ce moule sonate suite qui donne une œuvre d'une dimension assez considérable (environ une demi-heure chacune). Chacun des 4 livres comporte, après la sonate, une série de pièces ou reviennent d'abord, dans un ordre à peu près fixe : une allemande, une courante, une deuxième courante, une sarabande, une gigue (avec, entre ces deux derniers morceaux, une bourrée dans *l'Impériale* et un rondeau dans *la Piémontoise*). Ensuite *la Françoise* se poursuit par une chaconne ou passacaille, une gavotte et un menuet ; *l'Espagnole*, par une gavotte, un rondeau, une bourrée, un double de la bourrée précédente, et une passacaille ; *l'Impériale*, par un rondeau, une chaconne et un menuet, tandis que la *Piémontoise* se termine par sa gigue comme il est fréquent dans les suites.
M. C.

NATIVITÉ DU SEIGNEUR (LA). Neuf méditations pour orgue d'Olivier Messiaen, écrites à Grenoble en 1935, et créées par trois organistes-compositeurs, Daniel-Lesur, Jean Langlais et Jean-Jacques Grünenwald, dans le cadre d'un concert des « Amis de l'orgue ».

Messiaen estime que cette « œuvre avec ses rythmes hindous, constituait un grand changement dans la musique d'orgue à une époque où Franck représentait le summum du modernisme ». Pour la toute première fois, il dévoile, en une vaste préface avec exemples musicaux à l'appui, ses secrets de compositeur, et l'introduit par ce cri du cœur : « L'émotion, la sincérité d'abord. » Ainsi met-il l'accent sur ses sources théologiques, les procédés techniques qu'il a, peu à peu, élaborés au gré de ses partitions depuis les *Préludes pour piano* et les formes diverses auxquelles il a recours ainsi que les registrations exceptionnelles qu'il réclame de l'orgue, notamment la fonction de la pédale appelée à chanter à l'aigu. Les neuf pièces du cycle honorent les trois naissances : éternelle du Verbe, temporelle du Christ, spirituelle des chrétiens. A. P.

NATUREL. Outre son sens général (« conforme à l'instinct »), qui s'applique ici, le mot « naturel » a en musique plusieurs acceptions particulières. L'une d'elles fait référence aux intervalles fournis par la « nature » dans le phénomène dit « de résonance », d'où découle le tableau des harmoniques.

En terme de *physique*, on considère comme naturel un intervalle défini par un rapport figurant sur le tableau des harmoniques soit entre une fondamentale et l'un de ses harmoniques, soit entre deux harmoniques d'une même fondamentale. Théoriquement, si on pousse à l'infini le tableau des harmoniques, tous les intervalles peuvent être naturels ; en fait, ce tableau n'est utilisable qu'à condition de ne pas dépasser un seuil d'assimilation variable, que l'on peut évaluer à l'heure actuelle aux 16 premiers harmoniques au maximum, dont 10 seulement de façon usuelle. On peut ainsi considérer comme naturel tout intervalle exprimé par une fraction dont aucun des deux termes n'excède 10, ou 16 à la rigueur (par ex., octave 2/1, ton 9/8, 7e mineure 7/4, etc.).

En terme d'*harmonie*, on considère comme naturels les intervalles ou les accords correspondant à la définition physique ci-dessus. Toutefois, comme aucun des intervalles du tempérament égal, aujourd'hui généralisé, n'est rigoureusement conforme (octave exceptée) au modèle naturel, on en étend l'application, grâce au phénomène de tolérance*, aux intervalles usuels reproduisant par approximation les véritables intervalles naturels. On dira ainsi qu'une tierce majeure tempérée (100, 343 savarts) est un *intervalle naturel* bien que ne coïncidant qu'à peu près avec la vraie tierce majeure naturelle des harmoniques 4 et 5 (intervalle 4/5, soit 97 savarts), parce qu'il la représente par approximation dans la pratique des musiciens.

En ce qui concerne les accords (3 sons ou plus), on considère comme naturels, avec la même approximation de tolérance, les accords dont on retrouve tous les intervalles, sur le même tableau et dans la même limite, à partir d'une fondamentale ou de l'une de ses octaves (coeff. 1, 2, 4 ou 8). La tierce mineure (harmoniques 5 et 6, d'où rapport 6/5) n'est donc un intervalle naturel que si on la considère dans l'ensemble 1 à 6 dont font partie ces deux nombres, c'est-à-dire en prenant *mi-sol* comme fragment de l'accord de *do* majeur (*do-mi-sol*) et non de celui de *mi* mineur (*mi-sol-si*). C'est pourquoi, même si les intervalles de l'accord parfait mineur se retrouvent sur le tableau (ex., *sol-si* bémol-*ré*, n°s 6, 7, 9), ils ne peuvent en rien concerner le véritable accord mineur, celui de *sol*, puisqu'ils n'y existent que comme fragment de l'accord de 9e naturelle du son n° 1 ou de l'une des octaves (*do-mi-sol-si* bémol-*ré*). C'est pourquoi l'accord parfait mineur est artificiel, tandis que l'accord majeur, appuyé sur la fondamentale ou l'une de ses octaves (par ex., *do-mi-sol*, harmoniques 4, 5, 6 de n° 1), est un accord naturel. Il en est de même de l'accord de 7e, *do-mi-sol-si* bémol, formé, en ramenant les sons à leur hauteur tempérée, des harmoniques 4, 5, 6, 7, d'où son nom d'accord de 7e *naturelle*. Il en est de même de l'accord de 9e *naturelle*, formé des mêmes harmoniques augmentés de l'harmonique suivant n° 9 (*ré*, d'où *do-mi-sol-si* bémol-*ré*). Les accords de 7e et de 9e naturelle prennent les noms de 7e et de 9e de dominante lorsqu'on les emploie tonalement sur le 5e degré, dit « dominante », mais seulement dans ce cas, à moins de contresens caractérisé. Le XXe siècle connaît également un accord de 11e naturelle formé de l'accord de 9e naturelle auquel s'ajoute dans les mêmes conditions la 11e augmentée naturelle (*fa* dièse), et même un accord de 12e naturelle formé du précédent plus la 12e augmentée naturelle (*sol* dièse de l'harmonique 13). Contrairement aux précédents accords naturels, ces deux derniers n'ont, par eux-mêmes, aucune valeur tonale privilégiée. Ce n'est peut-être pas un hasard si leur apparition coïncide précisément avec la période d'affaiblissement de la tonalité que constitue notre XXe siècle.

Pour les *instruments à vent*, on appelle *sons naturels* ceux obtenus par le seul jeu des sons harmoniques, c'est-à-dire par la pression des lèvres, sans intervention de doigtés (trous, clefs ou pistons), et *instruments naturels* ceux qui ne comportent pas une telle intervention (par ex., le cor de chasse). On appelle aussi sons naturels ceux obtenus par ces instruments sans intervention d'artifices spéciaux comme le sont sourdines, sons d'écho, etc.

Pour les *instruments à cordes*, au contraire, on oppose les *sons naturels*, obtenus par vibration normale de la corde non divisée (entre le chevalet d'une part et le sillet où le doigt appuie à fond d'autre part), aux sons obtenus en divisant la corde en plusieurs fuseaux par effleurement en un endroit déterminé, et que l'on appelle *sons harmoniques* (ou *harmoniques* tout court). Ces sons harmoniques sont eux-mêmes divisés en harmoniques *naturels*, qui sont ceux de la corde à vide, et en harmoniques *artificiels*, qui sont ceux de la corde doigtée : la distinction est arbitraire et ne touche en rien à la nature du phénomène.

Une autre utilisation du mot « naturel » fait référence non plus au mode de production des sons, mais à l'ancien solfège médiéval qui donnait ce nom aux syllabes de l'hexacorde* *ut-la* ne comportant pas la « note mobile » qu'était le futur *si*. D'où, par extension, depuis la disparition de ce système, l'emploi du mot *naturel* pour désigner toute note non altérée (touches blanches du clavier ; exemple *do* naturel, *si* naturel) [v. ÉTAT]. J. C.

NAUMANN (Johann Gottlieb), compositeur allemand (Blasewitz, près de Dresde, 1741 - Dresde 1801). Après des études à la Kreuzschule de Dresde, il se rendit en Italie (1757) et y reçut les conseils de Tartini, du Padre Martini et de Hasse. Recommandé par ce dernier, il devint compositeur d'église, puis maître de chapelle (1776), à la cour de Dresde. A partir de 1777, il contribua à réorganiser la chapelle musicale de Stockholm, donnant notamment les opéras *Cora och Alonzo* (1782) et, surtout, *Gustaf Wasa* (1786), longtemps considéré comme l'opéra national suédois. Il se rendit aussi à Copenhague, où fut représenté en 1786 *Orpheus og Eurydyke*, et, la même année, se fixa de nouveau à Dresde, effectuant ultérieurement d'importants séjours à Berlin. Outre des œuvres instrumentales, on lui doit, entre autres, 12 oratorios (dont 1 français et 11 italiens) et 25 ouvrages pour la scène. Les premiers, parmi lesquels *La Clemenza di Tito* (1769), s'inscrivent dans la descendance de Hasse. Les suivants, dont *La Dama soldato* (1791), témoignent aussi de l'influence de Gluck et de l'opéra français, en particulier par leur usage du récitatif accompagné et du chœur. M. V.

NAVARRA (André), violoncelliste français (*Biarritz 1911*). Un premier prix remporté à treize ans au conservatoire de Toulouse lui ouvre en 1926 les portes de celui de Paris, où il étudie le violoncelle avec J. Loëb et la musique de chambre avec Ch. Tournemire. Nanti, l'année suivante, d'un nouveau premier prix, il fait partie du quatuor Krettly, de 1929 à 1935, et fait ses débuts de soliste en 1931, avec l'orchestre des concerts Colonne dirigé par Gabriel Pierné. Sa carrière est jalonnée de tournées importantes aux États-Unis, au Japon et, surtout, à Londres, où il triomphe avec le *Concerto* d'Elgar, qu'il inscrit à son répertoire. En France, Navarra provoque et crée de nouvelles œuvres pour son instrument, en particulier des concertos que lui dédient A. Jolivet (1962) et H. Tomasi (1970). Il joue et enregistre avec les plus grands chefs, Ch. Munch, K. Ancerl, A. Cluytens, C. Silvestri, mais consacre le plus clair de son temps à l'enseignement depuis sa nomination en 1949 au Conservatoire de Paris. Il donne également des cours d'été à l'Accademia Chigiana de Sienne (à partir de 1954), au conservatoire de Vienne et à l'Académie musicale de Detmold (à partir de 1958). L'art et la pédagogie de Navarra ont en commun une conception chaleureuse de l'instrument, visant à tisser des sonorités idéales et émouvantes. M. W.

NÃY ou NEY. Flûte oblique orientale (arabo-iranoturque).
La flûte oblique orientale, *nãy* ou *ney*, est un instrument très ancien, dont le nom provient du mot persan *ney* (roseau). Son essor est lié à celui de la civilisation islamique au sein de laquelle le *nãy* est un instrument traditionnel à la fois populaire, savant et sacré. Il exprime alors aussi bien la rêverie du berger, le raffinement esthétique classique ou le souffle mystique des derviches, soufis et initiés de diverses congrégations de l'Islām, dont les « mevlevis-tourneurs » de Turquie.
Le *nãy* arabe est constitué d'un simple roseau ouvert aux deux extrémités, dépourvu d'embouchure ou d'encoche, dont les caractéristiques sont constantes et indépendantes de la dimension, du timbre ou du registre. Le roseau doit être, de préférence, constitué de neuf segments séparés par huit nœuds. Un trou postérieur est percé à mi-longueur, soit dans le cinquième segment et six trous antérieurs répartis en deux groupes similaires de trois sont percés dans le sixième, septième et huitième segments. Le *ney* turc comporte une embouchure en ivoire, en os, ou en écaille et quelques bagues de décoration. Le *ney* iranien comporte souvent une « embouchure » de métal qui en facilite le jeu.
Les flûtistes orientaux, pour éviter les transpositions par les doigtés, disposent en général d'une bonne dizaine de *nãy*, dont chacun donne un fondamental et un registre différents. Ils peuvent ainsi transposer en conservant leurs doigtés et jouer de concert avec différents instruments et chanteurs. Pour jouer du *nãy*, on dispose l'extrémité supérieure contre sa lèvre inférieure (parfois ses dents en Iran), et on incline la tête et le roseau selon deux obliquités différentes. Le souffle se brise sur l'extrémité supérieure et donne le son.
Le fondamental et les divers degrés (trois octaves moins une note) sont obtenus par la disposition des doigts et la force du souffle qui donne la quinte et les deux octaves des notes graves. Les mini-intervalles dépendent de l'inclinaison relative tête-roseau et de l'obturation partielle des trous. La maîtrise du *nãy* est donc le fruit d'une longue expérience.
Le timbre du *nãy*, voilé et blessé, doit être respecté. Il est symbolique du souffle vital. Les inflexions sont riches en harmoniques et provoquent des effets dépassant la mélomanie conventionnelle, d'où les succès actuels des *nãy* et *ney*. J.-C. C.

NEEFE (Christian Gottlob), compositeur allemand (*Chemnitz 1748 - Dessau 1798*). Il étudia à Leipzig le droit à l'université et la musique avec J. A. Hiller, et, vers 1780, s'établit à Bonn, où il devint organiste de la cour (1782) et eut comme élève Beethoven (piano, orgue, basse continue, composition). Il perdit ses postes lors de l'occupation française (1794), mais, en 1796, fut nommé directeur musical du théâtre de Dessau. Bon pédagogue, il s'illustra, surtout, comme compositeur, dans le domaine du lied et dans celui du singspiel. Il collabora avec Hiller pour *Der Dorfbarbier* (1771) et écrivit lui-même, entre autres, *Die Apotheke* (1771, d'après Goldoni), *Die Zigeuner* (1777) et, surtout, *Adelheit von Veltheim* (1780), au sujet proche de celui de *l'Enlèvement au sérail* de Mozart. Ses lieder et ses odes d'après Klopstock ont souvent un ton de ballade.
On lui doit aussi le monodrame *Sophonisbe* (1778). M. V.

NEEL (Boyd), chef d'orchestre anglais (*Black Heath, Kent, 1905 - Toronto, Canada, 1981*). Il fit ses études au Royal Naval College de Dartmouth, puis étudia la médecine à Cambridge et à Londres. En 1932, il fonda le Boyd Neel Orchestra, composé de 18 instrumentistes à cordes, qui donna son premier concert en 1933. Benjamin Britten composa pour cet ensemble ses *Variations sur un thème de Franz Bridge*.
Durant la guerre, Neel reprit ses fonctions de médecin, n'abandonnant pas pour autant la musique. A partir de 1945, il dirigea l'orchestre du Sadler's Wells Opera (1945-46) et les Robert Mayer Children's Concerts (1946-1952). En 1953, il forma au Canada le Hart House Orchestra, et devint en 1962 directeur du conservatoire de Toronto. A. de B.

NEGRO SPIRITUAL. Chant religieux négro-américain, d'inspiration chrétienne, en langue anglaise. Le spiritual, probablement apparu au XVIIIe siècle, est né de la fusion de certains éléments de la tradition musicale africaine et d'éléments empruntés aux cantiques occidentaux.
Créés collectivement, dans l'excitation des « camp meetings » — ces vastes assemblées où sermons et chants alternaient —, ou individuellement, par des « bardes » qui les transmettaient ensuite de plantation en plantation, les premiers spirituals résultèrent sans doute d'une subtile déformation du matériau musical qui leur était fourni par les évangélisateurs. Par la suite (fin du XIXe s.), une tradition de spiritual « savant » se substitua peu à peu à la tradition populaire. L'université Fisk, à Nashville, l'Institut Hampton, en Virginie, entreprirent de discipliner le spiritual, de créer les bases d'un répertoire ; on se mit à chanter le spiritual à plusieurs voix, au prix, parfois, d'un renoncement à l'essentiel : les inflexions, les clameurs, les syncopes, la variabilité des *blue notes*, éléments qui sont à la base du style négro-américain et qui se retrouvent dans le blues (équivalent du spiritual sur le plan profane) et, plus tard, dans le jazz. A. H.

NELSONMESSE. Messe de Haydn. *V. Missa in angustiis*.

NÉOCLASSICISME. Expression apparue vers la fin du XIXe siècle pour désigner en musique, ainsi que dans les autres formes d'arts (poésie, peinture), certaines esthétiques traduisant la volonté affichée d'un « retour à » : retour à une musique équilibrée, stylisée, pure, « apollinienne », inspirée des maîtres classiques (Bach, notamment), par réaction contre l'expressivité débridée du romantisme, ses formes parfois hypertrophiées ou rhapsodiques et sa tendance à soumettre la musique au drame ; mais parfois aussi, retour par réaction contre l'atonalisme et l'« avant-gardisme », etc. Déjà, le romantisme portait en lui le néoclassicisme comme son double et son envers. Naturellement, tout néoclassicisme se réclame d'un passé, et c'est Jean-Sébastien Bach qui en fut, le plus souvent, élu père, comme « classique des classiques ».

Une première vague néoclassique apparut au XIXe siècle, parallèle au romantisme et à ses développements, notamment dans les œuvres de Johannes Brahms et Max Reger et dans les conceptions antiwagnéristes du critique Hanslick. Ces musiciens se réclamaient de la tradition germanique de contrepoint compact, de choral varié, etc., et c'est Felix Mendelssohn qui avait amorcé ce courant, en ressuscitant la musique de Bach et en concevant des œuvres bâties sur les vieux moules de la tradition allemande (notamment dans sa production de musique religieuse, un domaine d'élection du néoclassicisme).

Une seconde vague de néoclassicisme s'affirma dans les débuts du XXe siècle, en réaction contre l'expressionnisme, l'atonalité, l'impressionnisme, etc. : en Allemagne avec Paul Hindemith, par exemple. En France, il y eut le néoclassicisme « aimable » des compositeurs du groupe des Six, qui voulait restaurer l'idée de la musique comme art d'agrément, en faisant référence aux musiques de spectacle, mais aussi à Mozart (chez Poulenc, notamment). Le néoclassicisme plus grinçant et « cubiste » de Stravinski, dans les années 20, travestissait en « complet-veston » des thèmes ou des styles musicaux empruntés à Pergolèse (*Pulcinella*, 1919-20), à l'opéra-comique du XIXe siècle (*Mavra*, 1922), à Bach (*Octuor*, 1923 ; *Concerto pour piano et orchestre d'harmonie*, 1923-24 ; *Dumbarton Oaks Concerto*, 1937, « distorsion » moderne du troisième *Concerto brandebourgeois*), à l'opéra italien (*Œdipus rex*, 1927) et même à Tchaïkovski (*le Baiser de la fée*, 1928). Dans la troisième de ses *Satires*, pour chœur mixte (1925), Schönberg se plut à railler le petit « Modernsky » qui se met la perruque du « papa Bach ». Mais lui-même sera à son tour taxé de « néoclassique », pour ses œuvres tardives, par Pierre Boulez, qui y relèvera une inspiration « brahmsienne » et une volonté réactionnaire de réintégrer la tonalité dans le système sériel. Il y eut aussi le néoclassicisme « méditerranéen » de Malipiero (qui remontait aux maîtres italiens du passé), Casella et Respighi ; le néoclassicisme « français » de Ravel (*Tombeau de Couperin*, 1914-1917) et d'Albert Roussel — qui se réclame souvent des vieux maîtres français comme Rameau ; le néoclassicisme, d'occasion, de Prokofiev (*Symphonie classique*, 1917, en référence à Haydn), etc.

D'une manière générale, le néoclassicisme a été souvent combattu en termes violents par les jeunes « ultras » de diverses tendances, comme une fuite devant la nécessité de réinventer la musique. Quelle que soit la référence classique — Bach, période préclassique ou opéra italien du XVIIIe siècle —, le néoclassicisme se réclame souvent d'une esthétique « objective » : la musique doit tirer son sens du seul jeu des valeurs musicales et des proportions. Naturellement, il s'applique souvent à « moderniser » les styles qu'il reprend, d'où une impression grinçante, parfois délibérément cultivée (chez Prokofiev et Stravinski, par exemple ; on pense au travail de Picasso sur les toiles de Velázquez). Tentation esthétique des époques baroques et troublées, le néoclassicisme a souvent une dimension ironique de « second degré » ; c'est la musique de gens qui ne veulent pas être dupes de leurs procédés de style et qui maintiennent avec leur expression une certaine distance. Vers la fin des années 60, on a vu, au contraire, par réaction contre l'abstraction de l'après-guerre, un courant néoromantique très prononcé, dans les œuvres mêmes de ceux qui avaient commencé par se réclamer de Webern. M. C.

NERI (saint *Philippe*), religieux italien (*Florence 1515 - Rome 1595*). Fils de notaire, il fut ordonné prêtre en 1551. Il organisa des réunions dans son logement de l'église San Girolamo della Carità à Rome pour prier et pour discuter des problèmes religieux. Bientôt ces assemblées devinrent trop importantes et furent contraintes à trouver d'autres locaux : au-dessus de la nef. Le groupe fut reconnu par le pape Grégoire XIII en 1575, et la Congregazione dell' Oratorio transféra ses activités à la Chiesa Nuova. Philippe Neri introduisit le chant des *laude* (laudes) à ses offices afin d'attirer un plus grand nombre de fidèles. Son premier maître de chapelle fut Giovanni Animuccia et il semble que Victoria et Palestrina se mêlèrent aussi au mouvement. Sur une musique généralement simple, les textes que chantait la congrégation possédaient parfois un caractère dramatique. Pour cette raison, l'opéra sacré de E. de' Cavalieri, *Rappresentazione di Anima e di Corpo*, donné à l'oratoire de la Chiesa Nuova en 1600, fut souvent considéré comme étant à l'origine de la forme de l'oratorio. Cette théorie se discute aujourd'hui. Philippe Neri fut canonisé en 1622.
C. W.

NEUES VOM TAGE (all. ; « Actualité du jour »). Opéra en 3 actes de Paul Hindemith sur un texte de M. Schiffer (1928-29). Création en 1929 au Kroll-Oper à Berlin. Seconde version en 1953, sur un livret en 2 actes arrangé par l'auteur. Création en 1954 à Naples.

La pièce présente un fait d'actualité banal en une succession de sketches confiés à des personnages types de la société moderne : Édouard (b) et Laura (s), pour trouver une raison officielle à leur divorce, font appel à la compétence d'un spécialiste, le bel Hermann (t), qui noue une intrigue avec Laura. Mais Édouard, soudain jaloux, brise la Vénus du musée où le couple avait rendez-vous. L'événement fait la une des journaux, et l'on propose au couple de jouer son histoire sur la scène d'un cabaret. Le public refuse, par la suite, qu'ils se réconcilient, ce qui les ferait sortir de leur rôle de « fait divers ».

Ce *Zeitoper* (opéra d'actualité) allie avec habileté des éléments stylistiques extrêmement disparates. Aux effluves de musique de cabaret (acte III), en vogue à cette époque à Berlin, se mêlent les échos de la vie moderne — machines à écrire, sonneries électriques — et un esprit parodique, qui vise non seulement la musique du XIXe siècle (*Kitsch-Duett*, acte I), mais aussi sa propre époque, assoiffée de sensations et manipulée par des media de plus en plus envahissants, (duo de divorce *Wir lassen uns scheiden*, acte I, et air à la gloire des chauffe-bain à gaz, acte II).

Mais ce patchwork d'influences diverses est unifié par un style polyphonique instrumental d'une grande clarté, qui marque une étape dans l'évolution du style de Hindemith entre l'écriture encore rigide de *Cardillac* et le style de maturité des années 30. La musique, au lieu d'être un simple commentaire des plaisanteries de Schiffer, transpose l'esprit du texte en une musique « absolue » ; à chaque numéro de la pièce correspond une forme musicale indépendante dans laquelle la voix s'insère comme une ligne instrumentale parmi les autres. Les tensions psychologiques sont traduites au niveau de l'écriture elle-même, et non de la dynamique, par l'accumulation de petits membres de phrases mélodiques ou rythmiques brefs, ainsi que par l'instrumentation (rôle des cuivres). L'orchestration est particulièrement intéressante pour son utilisation peu habituelle des deux pianos — allure « motorique » du fugato serré dans la scène du bain, mouvement mécanique de la scène avec machines à écrire (acte II) —, et il ne faut pas négliger l'influence du jazz, incorporé de façon toujours personnelle à la musique (air du divorce, air de cabaret). La stylisation de la musique et la distanciation demandée à l'auditeur face aux personnages et aux situations distinguent cette œuvre de tous les *Zeitoper* uniquement centrés sur les gadgets modernes et les effets comiques, et ont fait de *Neues vom Tage* un véritable manifeste de la nouvelle « musique objective ». E. L.

NEUKOMM *(Sigismund)*, compositeur et pianiste autrichien *(Salzbourg 1778 - Paris 1858)*. Sa mère était parente de la femme de Michael Haydn, et il étudia avec ce dernier avant de partir en mars 1797 pour Vienne, où il devait rester jusqu'en mai 1804, à la fois comme élève et disciple de Joseph Haydn, comme compositeur et pianiste, et comme professeur (notamment de la soprano Anna Milder, créatrice du rôle de Léonore dans *Fidelio* de Beethoven, et du second fils de Mozart). Certains arrangements de chants écossais et gallois officiellement réalisés par Haydn le furent en fait par lui. Jusqu'en juin 1808, il fut maître de chapelle au Théâtre allemand de Saint-Pétersbourg.
En route vers la France, il s'arrêta à Vienne de novembre 1808 à février 1809, et, durant ces trois mois, visita presque quotidiennement Haydn, qu'il vénérait. A son départ, il reçut en cadeau du maître, qui devait mourir trois mois et demi plus tard, le manuscrit autographe de la *Harmoniemesse**. En novembre 1809, Neukomm arriva à Paris, qui, pendant un demi-siècle, devait être sa résidence principale. Mais il voyagea toujours beaucoup, séjournant de nouveau à Vienne dans la suite de Talleyrand lors du congrès de 1814-15, puis au Brésil de 1816 à 1821 (il y fit connaître des œuvres de Haydn et de Mozart). On vit ce perpétuel voyageur plusieurs fois en Angleterre, et en Algérie en 1834-35. En 1842, il participa à Salzbourg aux cérémonies en l'honneur de Mozart.
En 1804, Neukomm commença un catalogue de ses œuvres qu'il tint à jour jusqu'à sa mort : y sont inscrits 1 265 ouvrages qui ne constituent d'ailleurs pas la totalité de sa production. Celle-ci recouvre à peu près tous les genres : œuvres pour la scène, dont *Der Nachtwächter* (1804) et une musique de scène pour *Athalie* (1822), œuvres sacrées, dont plusieurs oratorios et cantates, symphonies, ouvertures, concertos, musique de chambre et de piano. Son *Esquisse biographique*, rédigée par lui-même (en français), parut à Paris en 1859 (rééd., Munich, 1977). M. V.

NEUMANN *(Vaclav)*, chef d'orchestre tchèque *(Prague 1920)*. Il étudie le violon avec Josef Micka et la direction d'orchestre avec Pavel Dedecek et Metod Dolezil, au conservatoire de Prague, de 1940 à 1945. Cofondateur, en 1945, du quatuor Smetana, il y tient la partie de premier violon, puis d'alto, instrument dont il joue également dans les rangs de l'Orchestre philharmonique tchèque. En remplaçant inopinément Rafael Kubelik pour un concert de la Philharmonie, il est engagé comme chef assistant en 1948. Premier chef de l'Orchestre symphonique de Karlovy Vary (1951-1954), chef de l'Orchestre régional de Brno (1954-1956), il connaît soudainement en 1956 la consécration internationale grâce au succès démesuré (215 représentations à Berlin, Wiesbaden et Paris, au Théâtre des Nations) de *la Petite Renarde rusée*, opéra de Janáček, qu'il dirige à la demande de Walter Felsenstein, metteur en scène et directeur de l'Opéra-Comique de Berlin. Il en est nommé chef assistant de 1956 à 1962, puis principal de 1962 à 1964. Il dirige en même temps l'Orchestre symphonique de Prague, puis, de 1964 à 1968, la Philharmonie tchèque en qualité de second chef, l'orchestre du Gewandhaus de Leipzig et l'Opéra, dont il obtient la direction musicale. En 1968, il est nommé premier chef de la Philharmonie tchèque et se voit chargé, de 1970 à 1973, de la direction musicale du Staatsoper de Stuttgart. En digne successeur des grands aînés, Vaclav Talich et Karel Ancerl, Vaclav Neumann défend avec enthousiasme les œuvres-phares de la musique tchèque, jouant et enregistrant les principaux opéras de Janáček et toutes les symphonies de Dvořák et de Martinů (cette dernière intégrale en première mondiale). Il est également un chef mahlérien de haut lignage et ses enregistrements des symphonies de Mahler comptent certainement parmi les meilleurs réalisés à ce jour. M. W.

NEUME (du lat. médiév. *neuma*, déformation du gr. *pneuma*). Formule mélodique caractéristique d'un mode ecclésiastique donné. J. C.

NEUME (n. masc., du gr. *pneuma*, « souffle », d'où par extension « passage mélodique exécuté d'un seul souffle »). Le terme appartient exclusivement à la terminologie grégorienne.
— 1. Conformément à l'étymologie, groupe mélodique vocalisé d'un seul souffle sur une même syllabe. Dans cette acception, *neume* est à peu près équivalent de *mélisme*.
— 2. Par extension, formule mélodique vocalisée, plus ou moins longue, susceptible d'être ajoutée par centonisation* sur la dernière ou l'avant-dernière syllabe d'une pièce préexistante.
— 3. Signe de notation composé groupant en un graphisme unique, dans les diverses notations grégoriennes, un ensemble de plusieurs notes chantées à la suite sur une même syllabe : le podatus*, le torculus*, etc., sont des neumes.
— 4. Par extension du sens précédent, qui a fait appeler notation neumatique la notation grégorienne utilisant des neumes au sens n° 3, on appelle parfois neumes tous les signes de cette notation, même non composés. J. C.

NEUPERT. Manufacture allemande d'instruments à clavier fondée à Münchberg en 1868 par Johann-Christoph Neupert *(1842-1921)* et transférée à Bamberg. Plusieurs filiales furent ensuite fondées à Nuremberg, Munich et Berlin. La firme fut successivement dirigée par Fritz *(1872-1952)*, Reinhold *(1874-1955)*, Julius *(1877-1970)*, Alfred *(1900-1970)*, puis, à partir de 1928, par Hanns Neupert *(1902-1980)*, auteur de nombreux ouvrages sur le clavecin, dont *Das Cembalo* (1933), et aujourd'hui par Wolf Dieter *(né en 1937)*. Fabricants de pianos à l'origine, les Neupert furent parmi les premiers artisans allemands à se consacrer également, dans les premières années du XXᵉ siècle, à la fabrication de clavecins, de piano-forte, et de pianos pédaliers. A. L. et M. P.

NEUSIDLER, famille de luthistes et de compositeurs allemands.
— 1. **Hans** *(Presbourg v. 1508-1509 - Nuremberg 1563)*. Arrivé à Nuremberg en 1530, il en devint citoyen l'année suivante, et, entre 1536 et 1549, y publia 8 livres de luth, qui rassemblent l'essentiel du répertoire des luthistes allemands de cette époque. Les plus difficiles des pièces témoignent d'un art exceptionnel de l'ornementation, proche de celui des organistes. L'introduction du premier livre est une sorte de méthode, qui, par ses indications de doigté, éclaire l'agencement polyphonique des pièces. Avec Hans Judenkönig et Hans Gerle, Hans Neusidler fut le principal représentant en Allemagne de la musique pour luth en ses débuts.
— 2. **Melchior**, fils du précédent *(Nuremberg 1531-Augsbourg 1590)*. Il s'installa en 1551 à Augsbourg, où il fut en relation avec la famille Fugger. Ses trois livres, publiés pour les deux premiers à Venise (1566), pour le troisième à Strasbourg (1574), traduisent l'influence des luthistes italiens et contribuèrent à la diffusion de la fantaisie pour luth.
— 3. **Conrad**, frère du précédent *(Nuremberg 1541-Augsbourg 1604 ou après)*. Il s'installa à Augsbourg en 1562 et n'a laissé comme musique que quelques danses contenues dans un même manuscrit. C. M.

NEUVIÈME. — 1. Intervalle produit entre les extrêmes d'un groupe de 9 notes consécutives, prises sur une gamme diatonique, départ et arrivée compris. La neuvième est le redoublement* de la seconde, et peut être majeure (octave + 1 ton), mineure (octave + 1/2 ton) ou augmentée (octave + seconde augm.).
— 2. L'*accord de neuvième* est celui formé de 5 notes pouvant s'énoncer par tierces juxtaposées, exemple do-mi-sol-si-ré (mais non forcément disposées dans cet ordre). L'accord est *naturel** quand ses intervalles

correspondent à ceux formés par les sons 1 à 9 de la résonance *(do-mi-sol-si* bémol-*ré)*, et prend en ce cas le nom de *neuvième de dominante* s'il est placé sur le 5e degré, ce qui se produit normalement en majeur et en mineur* ascendant. Il est *majeur* si tous ses intervalles (à partir de la fondamentale) sont justes ou majeurs (ex. *do-mi-sol-si-ré*), *mineur* si la septième est mineure au-dessus d'un accord de septième naturelle (c'est le cas de la neuvième de dominante en mineur* harmonique, dite *neuvième de dominante mineure*). Les autres accords de neuvième portent des noms variables d'un auteur à l'autre (on en dénombre 11), la nomenclature la plus rationnelle étant sans doute celle du *Traité historique d'analyse harmonique* de J. Chailley.

— 3. *Jeu de mutation de l'orgue*, d'introduction récente et non généralisée, faisant entendre la neuvième ou la seizième du son fondamental.   J. C.

NEVEU *(Ginette)*, violoniste française *(Paris 1919-San Miguel, Açores, 1949)*. Enfant précoce — à onze mois elle fredonnait les airs qu'elle entendait —, Ginette Neveu reçoit de sa mère, professeur de violon, ses premières leçons, avant d'être acceptée, à cinq ans, dans le cours de Line Talluel. A sept ans, elle fait ses débuts Salle Gaveau en jouant le *Concerto en « sol » mineur* de Max Bruch, avec l'orchestre Colonne, dirigé par Pierné. En 1928, elle reçoit coup sur coup une médaille au concours Léopold-Bellan, le premier prix de l'École supérieure de musique et le prix d'honneur de la Ville de Paris, et joue le *Concerto* de Mendelssohn, sous la direction de Gaston Poulet. Elle entre en novembre 1930 au Conservatoire de Paris, dans la classe de Jules Boucherit, et en sort — fait sans précédent — huit mois plus tard avec le premier prix. Enesco, stupéfait de tels dons, lui prodigue ses leçons. En 1931, elle participe au concours international de Vienne ; elle ne reçoit qu'une mention d'honneur, mais Carl Flesch la remarque et la fait étudier pendant quatre années. Elle remporte, en 1935, à Varsovie le concours Wieniawski, devant David Oïstrakh. Célèbre en quelques heures, Ginette Neveu entreprend la même année une tournée en Pologne et en Allemagne, suivie en 1936 d'une tournée en Union soviétique et, en 1937, au Canada et aux États-Unis (où elle joue en duo avec Rudolf Serkin). Elle réduit volontairement son activité pendant la guerre, se refusant à toute compromission. Elle interprète à Paris le *Concerto* de Beethoven, sous la direction de Paul Paray (1941), crée la *Sonate pour violon et piano* que Poulenc lui a dédiée (1943), et, à Bordeaux, le *Concerto pour violon* d'Elizade (1944). Devant l'enthousiasme soulevé par ses premiers concerts londoniens en 1945 (en particulier par son interprétation du *Tzigane* de Ravel), elle passe toute l'année 1946 en Angleterre, et y enregistre le *Concerto* de Sibelius. De 1947 à 1949, elle rencontre le même succès en Amérique du Sud et aux États-Unis. Après un dernier concert donné Salle Pleyel le 20 octobre 1949, elle trouve la mort dans l'accident d'avion qui la ramène une nouvelle fois en Amérique. Parmi les victimes : son frère Jean, son accompagnateur de toujours, et le champion de boxe Marcel Cerdan. Sur le stradivarius (qui ne fut jamais retrouvé), Ginette Neveu jouait avec une précision confondante, soumettant son vibrato à l'expression recherchée, modelant le son de la main droite, créant la mélodie à coups d'archet et de sensibilité, en une tension constante entre le respect du style de chaque œuvre et le besoin violent de donner une interprétation digne de la flamme qui l'habitait.   M. W.

NEW ORLEANS (angl. de La Nouvelle-Orléans). L'école new orleans est la plus ancienne de l'histoire du jazz. Son style est caractérisé par la prépondérance de l'improvisation collective, le jeu « sur le temps » de l'instrument meneur (trompette ou cornet) et le soubassement rythmique à deux temps *(two beats)* comportant une mise en valeur de l'*afterbeat*.

New Orleans Revival : mouvement qui, vers 1940, réunit autour de vétérans louisianais, pour la plupart redécouverts à cette occasion (Bunk Johnson, Jelly Roll Morton, etc.), de jeunes musiciens blancs américains (Bob Wilber) ou européens (Claude Luter) soucieux de conserver l'esprit des premiers temps du jazz.
                A. H.

NEW YORK. Dès la première moitié du XVIIIe siècle, New York, qui, pourtant n'était encore qu'une petite ville, connut une vie musicale active grâce à l'arrivée d'artistes européens immigrants. Le premier concert dont nous ayons connaissance y fut donné en janvier 1736 par Karl Theodor Pachelbel, fils du compositeur de Nuremberg et organiste comme lui. En 1793, le chanteur anglais d'opéra-comique Benjamin Carr fonda une maison d'édition musicale et, sept ans plus tard, un hebdomadaire, le *Musical Journal*. Au XIXe siècle, les activités culturelles suivirent l'évolution économique et démographique foudroyante de la ville.

Si 1817 est l'année de l'ouverture de la Bourse, 1823 est celle de la fondation de la New York Music Society, qui donna, en 1831, la première exécution intégrale, en Amérique, du *Messie* de Haendel. Vers 1850, les chemins de fer apparurent et New York dépassa 500 000 habitants : c'est l'époque où fut inauguré le premier théâtre permanent d'opéra, l'Astor Place Opera House, remplacé en 1854 par l'Academy of Music, qui reçut, entre autres, la Patti, la Grisi et le ténor Mario. Devenue aujourd'hui une capitale culturelle mondiale, New York a regroupé ses principales institutions concernant la musique et les arts du spectacle dans le vaste ensemble du Lincoln Center for the Performing Arts, édifié dans le West Side, près de Broadway.

Orchestres symphoniques. Fondé en avril 1842 par Urelli Corelli-Hill, le New York Philharmonic est le plus ancien orchestre des États-Unis, et l'un des trois plus anciens du monde. Au cours de son histoire, il a absorbé diverses formations (le National Symphony en 1921, le City Symphony en 1923) et a fusionné en 1928 avec le New York Symphony Orchestra, créé en 1878 par Leopold Damrosch. Au XXe siècle, il a eu pour chefs permanents Vassili Safonoff (1906-1909), Gustav Mahler (1909-1911), Josef Stranski (1911-1923), Willem Mengelberg (1921-1929), Arturo Toscanini (1929-1936), John Barbirolli (1937-1942), Artur Rodzinski (1943-1947), Bruno Walter (1947-1949), Dimitri Mitropoulos (1949-1957), Leonard Bernstein (1957-1969, demeuré chef honoraire) et Pierre Boulez (1971-1978). Depuis 1978, Zubin Mehta occupe le poste de directeur musical. Le New York Philharmonic donne une saison de trente-trois semaines, au cours de laquelle il reçoit une dizaine de chefs invités. Il assure, en outre, chaque été, une série de concerts gratuits dans les parcs de New York et fait de fréquentes tournées. Pendant de nombreuses années, il s'est produit au Carnegie Hall. Depuis 1962, son port d'attache est le Philharmonic Hall, au Lincoln Center. New York compte d'autres formations symphoniques, dont The American Symphony Orchestra (fondé par Leopold Stokowski en 1962 ; concerts au Carnegie Hall et au Philharmonic Hall) ; The New Little Orchestra Concerts (fondé en 1947 par Thomas Scherman) ; The Brooklyn Philharmonia (fondé en 1954).

Théâtre lyrique. The Metropolitan Opera Company, première institution lyrique des États-Unis, occupe au Lincoln Center une salle pouvant accueillir 3 973 spectateurs ; c'est le plus grand théâtre d'opéra du monde. Entreprise privée fondée en 1883 (The Metropolitan Opera Association, Inc.), son statut est aujourd'hui celui d'une société à but non lucratif, financée en grande partie par le mécénat. La direction de la compagnie est assurée par un administrateur général élu par le conseil d'administration et responsable devant lui. Le titulaire actuel de ce poste, Schuyler Chapin, a eu pour prédécesseurs Giulio Gatti-Casazza (1908-1935), Edward Johnson (1935-1950) et Rudolf Bing (1950-1972). Dès les premières saisons, la troupe compta dans ses rangs des étoiles de première grandeur. Caruso en fut la vedette incontestée de 1903 à 1920 et, aujourd'hui encore, la compagnie fait appel aux plus grands chanteurs. On a parfois reproché au

Metropolitan un manque d'audace dans son répertoire, en particulier en matière de créations ; on lui doit cependant celles de *la Fille du Far West* et du *Triptyque* de Puccini, ainsi que de plusieurs opéras américains. Depuis 1960, le Metropolitan possède un *Opera Studio*, où de jeunes chanteurs peuvent acquérir l'expérience scénique nécessaire à leur carrière. Le New York City Opera, institué en 1944 par la ville de New York, s'efforce de donner leur chance à de jeunes artistes, de préférence américains. Il occupe au Lincoln Center une salle de 2 779 places et propose, à des tarifs populaires, une saison d'automne de onze semaines et une saison d'hiver et de printemps de dix semaines. Le New York City Opera est connu pour l'excellent travail d'ensemble qu'il accomplit. Son répertoire fait une large place aux œuvres peu connues ou contemporaines. Il a donné d'importantes premières américaines, celles notamment de *l'Ange de feu* de Prokofiev, d'*Ariane à Naxos* et de *la Femme silencieuse* de Richard Strauss. Le chef d'orchestre Julius Rudel, qui en est le directeur depuis 1957, partage ses fonctions depuis 1980 avec la chanteuse Beverly Sills.

Institutions d'enseignement et de recherche. La Juilliard School, créée en 1920 grâce au legs d'Augustus Juilliard, un riche marchand de coton new-yorkais, est un conservatoire de musique auquel ont été adjoints récemment un département d'art dramatique (1968) et un département de danse (1975). Depuis 1969, la Juilliard School est installée au Lincoln Center. Elle possède une chorale, un ensemble vocal, un orchestre de chambre, 3 orchestres symphoniques et un atelier d'opéra. Le fameux Quatuor Juilliard est un ensemble d'instruments à cordes fondé en 1946 par le compositeur William Schuman, alors président de la Juilliard School.

Les bibliothèques musicales de New York, particulièrement riches, sont des auxiliaires précieux de l'enseignement, de l'édition et de la recherche. La plus importante d'entre elles, la New York Public Library Music Division, fut fondée en 1924 et a été intégrée au complexe du *Lincoln Center* en 1963. Avec plus de 100 000 livres, 5 000 périodiques, 145 000 partitions et 275 000 disques, sa collection est une des plus vastes du monde. La Juilliard Music Library possède plus de 12 000 livres et 26 000 partitions. La bibliothèque de la Beethoven Society est spécialisée dans les éditions historiques et les livrets d'opéra des XVIIIe et XIXe siècles. New York Pro Musica, à la fois institution d'enseignement et ensemble de concert, fondé en 1952, possède une des plus importantes collections d'instruments du Moyen Âge, de la Renaissance et des débuts de l'époque baroque.   Ro. T.

NEY (*Elly*), pianiste allemande (*Düsseldorf 1882-Tutzing 1968*). Elle fit ses études musicales à Cologne et à Vienne (notamment avec Leschetiski et Sauer). De retour à Cologne, elle y enseigna le piano durant trois ans au Conservatoire national de musique, avant d'entreprendre une carrière de concertiste, où elle acquit bientôt une renommée internationale grâce à ses interprétations de Chopin, Brahms, Beethoven. Et ce fut par sa virtuosité et sa profondeur dans l'interprétation de l'œuvre de ce dernier qu'elle parvint, dans les années 30, au sommet de sa notoriété.

Elle donna à son jeu une dimension spirituelle tout à fait exceptionnelle. Son style, disait-on, égalait en puissance et en ampleur celui des plus grands interprètes masculins. Pendant la Seconde Guerre mondiale, elle se consacra exclusivement à des activités musicales en Allemagne. Mais, dès la fin du conflit, elle eut à cœur d'aider à la reconstruction de la maison de Beethoven à Bonn (détruite par des bombardements) en se produisant à titre gracieux dans de nombreuses salles européennes.

Ney enregistra un grand nombre de disques, dont les plus remarquables furent sans doute ceux de ses deux interprétations (1936, 1958) de l'opus 111 de Beethoven. Elle publia ses Mémoires, *Erinnerungen und Betrachtungen* (1957).   A. de B.

NEZ (LE). Opéra en 3 actes et 10 tableaux de Dimitri Chostakovitch, composé en 1927-28 et créé le 18 janvier 1930 au Petit-Théâtre de Leningrad, sous la direction de Samuel Samossoud. Inspiré de la nouvelle de Gogol, le livret est dû au compositeur, en collaboration avec E. Zamiatine, G. Iounine et A. Preis.

ACTE PREMIER. *Un matin, le barbier Ivan Iakovlevitch (b) fait une trouvaille inattendue dans le pain qu'il s'apprête à manger : le nez d'un de ses clients, le major Kovalev. Affolé, il court le jeter dans la Neva. Pendant ce temps, Kovalev (bar) cherche désespérément son nez. Il le rencontre par le plus grand des hasards à la cathédrale de Kazan, pour constater que ce nez, habillé en haut fonctionnaire, mène une vie indépendante. L'infortuné supplie le Nez (t) de reprendre sa place, mais l'autre le prend de haut et finit par s'éclipser.*

ACTE II. *En désespoir de cause, Kovalev veut alerter la police et se rend à la rédaction d'un journal afin de publier une annonce, mais l'employé qui le reçoit (b), craignant d'être accusé d'imprimer des sornettes, refuse l'insertion.*

ACTE III. *Le Nez est arrêté alors qu'il se trouve dans une diligence en partance pour l'étranger. Rossé par une foule stupide, implacable, il reprend son aspect initial. L'inspecteur de quartier (t) le rapporte à Kovalev qui s'empresse de convoquer le docteur (b) pour le prier de lui recoller son précieux appendice. Le praticien renonce à l'opération, l'affaire s'ébruite dans la ville, tous les journaux en parlent. Suit une nouvelle scène de foule, livrée à une psychose collective. Tout le monde veut voir le Nez, et lorsque l'hystérie est à son comble, les pompiers doivent arroser la foule afin de ramener le calme. Au cours de l'épilogue, Kovalev se réveille un matin avec son nez qui a repris sa place habituelle ! Il peut ainsi recommencer à courtiser les femmes et à mener sa petite existence.*

Fantastique, inquiétante, la nouvelle de Gogol était une description réaliste, humoristique, de la vie de la petite bourgeoisie, des petits fonctionnaires russes, des hauts personnages de l'État. Elle ne pouvait suffire, dans sa brièveté, à fournir, à elle seule, la matière d'un opéra d'une soirée entière, ce qui a poussé les librettistes à faire des emprunts à d'autres écrits de Gogol comme *les Âmes mortes*, *Tarass Boulba*, *la Nuit de mai*. Ils y ont également inclus la chanson de Smerdiakov, extraite des *Frères Karamazov* de Dostoïevski. La distribution réunit soixante-dix personnages ; si certains ne font que passer, d'autres qui, chez Gogol, n'étaient que des masques deviennent de véritables caractères. Les frontières entre réalité et imaginaire s'en trouvent abolies, comme souvent chez E. T. A. Hoffmann. Malgré l'exploitation d'une veine satirique et grotesque, le compositeur a indiqué que sa conception du *Nez* en faisait une histoire non pas drôle, mais effrayante. Il a actualisé Gogol, en insistant, par exemple, sur la psychose de masse, et nous fait prendre en pitié aussi bien Kovalev, privé de son nez, que le Nez battu par une foule en délire.

Ce premier opéra appartient aux années de recherche de Chostakovitch, mais aussi à une période où les compositeurs vivant en Occident — Stravinski, Křenek, Berg, Schönberg, Hindemith, Schrecker, Milhaud — faisaient les beaux soirs de Leningrad. Chostakovitch adhéra à ces voies nouvelles avec toute la passion dont il était capable, et, à vingt et un ans, il livra avec *le Nez* sa création la plus audacieuse, sa plume trempée dans le vitriol.

Éblouissant de virtuosité, l'orchestre ne réunit qu'un seul représentant de chaque sorte d'instrument, avec adjonction d'une balalaïka, et participe à des effets illustratifs des plus inattendus. Les percussions se voient confier tout un interlude, entre les deuxième et troisième actes du premier acte. L'harmonie se situe, la plupart du temps, en dehors de toute tonalité. Le traitement des voix oscille entre le parlé, les onomatopées et le chant ; elles sont parfois superposées. Les facultés de renouvellement du jeune musicien sont telles qu'on passe avec une aisance déconcertante du burlesque au lyrique, des séquences purement instrumentales au chant liturgique, des scènes intimes à celles de place publique, sur ce rythme endiablé, cinématographique, que l'on retrouvera, quelques années plus tard, dans *Lady Macbeth de Mzensk*.

Injuste est le sort qui fut réservé au *Nez* dans le pays de Chostakovitch, puisqu'il fut longtemps mis sous le boisseau, au même titre que son second opéra. Une année avant sa mort, en 1974, il eut le bonheur d'assister à sa triomphale réhabilitation à Moscou, alors que ce spectacle avait entrepris une carrière internationale des plus brillantes, depuis un certain nombre d'années. Abasourdi, le monde musical put alors réviser et compléter son jugement sur un musicien dont la jeunesse avait été si fertile en trouvailles que cet opéra, insolite sous tous ses angles, conservait encore un caractère de nouveauté, près d'un demi-siècle après sa composition. P. V.

NICOLAI (Otto), compositeur et chef d'orchestre allemand *(Königsberg 1810 - Berlin 1849)*. Fuyant l'éducation tyrannique de son père, il travailla à Berlin avec Zelter, puis devint en 1833 organiste à l'ambassade de Prusse à Rome, ce qui lui permit de se familiariser avec la musique italienne ancienne. Après un court séjour à Vienne, il fit représenter en Italie plusieurs opéras. De retour à Vienne en 1841, il y devint premier chef d'orchestre de l'Opéra impérial (poste qu'il devait occuper jusqu'en 1847) et y fonda les Concerts philharmoniques. N'ayant pu faire représenter son opéra d'après Shakespeare, *les Joyeuses Commères de Windsor*, il démissionna de son poste à l'Opéra impérial. La création de cette œuvre humoristique et très gaie, qui, seule, devait sauver son nom de l'oubli, eut lieu à Berlin (où il venait d'être nommé maître de chapelle à l'Opéra) le 9 mars 1849, deux mois avant sa mort. En dépit de l'écrasante concurrence du *Falstaff* de Shakespeare, cette œuvre s'est maintenue jusqu'à nos jours au répertoire des théâtres allemands. Il s'agit d'un des meilleurs ouvrages bouffes qu'ait produit l'Allemagne au XIXe siècle. On doit aussi à Nicolai de la musique d'église, des chœurs, des lieder et quelques pages instrumentales, dont 2 symphonies respectivement en *ut* mineur (1831) et en *ré* majeur (1835 ; rév., 1845). J. B. et M. V.

NICOLO (*Nicolas* ISOUARD, dit NICOLO DE MALTE), compositeur français *(Malte 1775 - Paris 1818)*. Fils d'un homme de finance, il voyagea très tôt pour s'initier à cette spécialité, mais en profita surtout pour étudier la musique avec Azzopardi, Amendola, Guglielmi et Sala. Il avait dix-neuf ans quand son premier opéra, *Avviso ai maritati*, fut joué à Florence, à la suite d'un concert qu'il avait brillamment dirigé au pied levé. De retour à Malte, il fut nommé organiste de Saint-Jean-de-Jérusalem, puis maître de chapelle de l'ordre de Saint-Jean-de-Malte, mais la dissolution de cet ordre, à la suite de l'occupation française, le priva de son emploi et il se tourna vers le théâtre, faisant représenter à La Valette de petits ouvrages de son cru. En 1799, il suit à Paris le général Vaubois, et, patronné par Rodolphe Kreutzer, débute dès l'année suivante au théâtre Feydeau avec *le Petit Page*. Curieusement, il a attendu d'être fixé en France pour italianiser son prénom et c'est sous le pseudonyme de Nicolo, ou Nicolo de Malte, qu'il sera jusqu'à sa mort prématurée l'un des principaux fournisseurs de l'Opéra-Comique, qui faisait alors une énorme consommation de nouveautés. Doué d'une prodigieuse fécondité, il a signé quantité d'opéras-comiques, dont plusieurs, il est vrai, en collaboration avec Kreutzer, Boieldieu ou Cherubini. Signalons au moins *Michel-Ange* (1802), *les Rendez-Vous bourgeois* (1807), *Cendrillon* (1810), *Lully et Quinault* (1812), *Jeannot et Colin* (1814). Des messes, cantates, motets et romances témoignent également de son talent facile, mais d'un incontestable charme mélodique. S. W.

NICULESCU (Stefan), compositeur et musicologue roumain *(Moreni 1927)*. Après des études au conservatoire de Bucarest, il suit les cours d'été internationaux de Darmstadt. Recevant en 1962 le prix de composition George-Enesco, il devient professeur de composition au conservatoire de Bucarest, à partir de 1966. Musicologue, il a publié divers travaux, dont une monographie sur Enesco. D'abord située dans la tradition folklorisante inspirée de Bartók et Enesco, sa musique intègre dans les années 60 des techniques nouvelles. Dès sa *Symphonie* de 1957, il utilise le concept d'hétérophonie, telle qu'elle est pratiquée dans certaines musiques extraeuropéennes auxquelles il s'est intéressé. Les techniques aléatoires sont utilisées dans *Eteromorfie* (1967), pour orchestre, et *Formanti* (1968) ; il a recours également au calcul des probabilités et à la loi des grands nombres, toujours dans le but de constituer des sortes d'organismes musicaux vivants échappant à la rigidité habituelle des œuvres écrites ; dans ce même esprit, que développent ses œuvres ultérieures (*Unisonos* pour orchestre, 1970-71 ; *Ison I* pour 14 instruments, 1971 ; *Triplum II* pour clarinette, violon et piano, 1972 ; et un opéra pour enfants, *Cartea cu Apolodor*, 1975), il donne parfois une certaine liberté définie d'improvisation à ses interprètes.
M. C.

NIEDERMEYER (Louis), compositeur et pédagogue français d'origine suisse *(Nyon 1802 - Paris 1861)*. Élève à Vienne de Moscheles (piano) et de E. A. Förster, puis en Italie de Fioravanti et de Zingarelli, il donna dans ce pays son premier opéra, *Il Reo per amore* (Naples, 1820). À Paris, où il se fixa en 1823, ses ouvrages dramatiques n'obtinrent qu'un succès limité. Il se tourna alors vers la musique d'église, fit revivre l'institut de musique religieuse fondé en 1818 par Choron, et lui donna le nom d'école Niedermeyer. Elle se développa rapidement. Devaient en sortir, entre autres, Eugène Gigout, Gabriel Fauré et André Messager. Parmi les professeurs, Camille Saint-Saëns. En collaboration avec Joseph d'Ortigues, Niedermeyer rédigea un *Traité théorique et pratique de l'accompagnement du plain-chant* (Paris, 1857), qui fit époque malgré ses lacunes, et fonda *la Maîtrise*, journal de musique religieuse avec suppléments musicaux qui parut de 1857 à 1861. Comme compositeur, Niedermeyer s'illustra particulièrement dans le domaine de la mélodie, mettant notamment en musique des poèmes de Lamartine et de Victor Hugo. M. V.

NIEHAUS (Manfred), compositeur allemand *(Cologne 1933)*. Il suit les cours de B. A. Zimmermann et Fr. J. Maier à la Hochschule für Musik de Cologne (1957-1963) et étudie la philologie à l'université de cette ville. De 1961 à 1963, il est assistant au Dörpfeld Gymnasium de Wuppertal, de 1963 à 1965, il est régisseur à la Württembergische Landesbühne à Esslingen et, de 1964 à 1965, au Kellertheater de Cologne. Depuis 1967, il travaille à la radio de Cologne. Il appartient au « Gruppe 8 », association de compositeurs à Cologne, et a réalisé avec lui la composition collective *Oktabus* (1969). On lui doit notamment un concerto pour violon (1965), une symphonie de chambre (1974), et plusieurs œuvres de théâtre et de plein air, dont *Tartarin von Tarascon*, opéra pour enfants d'après Daudet (1975-76).
A. et M. P.

NIELSEN (Carl), compositeur danois *(Nørre Lyndelse, île de Fionie, 1865 - Copenhague 1931)*. Il étudie le violon à Copenhague entre 1884 et 1887, puis effectue plusieurs voyages en Allemagne, Autriche, France et Italie. Violoniste au Théâtre royal de 1889 à 1905, puis chef d'orchestre au même théâtre de 1908 à 1914 et au Musikforeningen de 1915 à 1927, il est nommé professeur au Conservatoire royal en 1915 et en devient le directeur en 1931. Sa carrière et sa vie ressemblent à son œuvre, dominé par le sens du réel, par une grande logique de pensée, par une intuition remarquable de l'équilibre des formes, de l'organisation des plans sonores et de la dynamique.

Nielsen commence à composer en 1888 (*Petite Suite pour cordes* op. 1), à une époque où la vie musicale danoise est étouffée par le conservatisme de Niels Gade. Ce point de départ et le refus de la décadence postromantique, qui triomphe alors en Allemagne, vont lui permettre de construire un œuvre parfaitement original qui, toutefois, en fait un solitaire dont l'apport ne sera compris que lorsque se sera retirée la vague postsérielle née après la Seconde Guerre mondiale. Aujourd'hui, il est possible d'évaluer plus justement les apports respectifs de compositeurs qui, tels Sibelius ou Nielsen, ont ouvert des voies, longtemps méconnues, notamment par leurs principes de composition.

L'évolution de Nielsen peut se suivre dans les 6 symphonies, créées parallèlement aux 7 de J. Sibelius. Les deux premières comportent déjà les caractéristiques rythmiques élémentaires qui domineront l'ensemble de ses créations ; influencées par J. Svendsen et N. Gade, elles sont d'un formalisme qui disparaît pratiquement avec la 3e Symphonie, *Espansiva*. Le dynamisme des rythmes caractérise la 4e, *l'Inextinguible* ; tandis que la 5e Symphonie, peut-être la plus riche, est l'aboutissement des recherches que le compositeur avait commencées avec la 2e Symphonie y établissant ses principes de composition organique, avec tonalité-pivot et développement cellulaire. La 6e Symphonie, enfin, se caractérise par son expression contemplative et son refus de l'effet.

Mais, à côté des symphonies, il est absolument nécessaire de connaître les pièces instrumentales et concertantes, qui, surtout dans les ouvrages pour le piano et pour le violon, comptent quelques-uns des chefs-d'œuvre de la littérature musicale du XXe siècle : d'une part, la *Chaconne*, le *Thème et variations* et la *Suite* pour piano ; et, d'autre part, la *Sonate* op. 35 et le *Prélude et thème avec variations* pour violon et piano. Citons également, parmi ses œuvres les plus marquantes, outre les concertos pour divers instruments, les deux opéras et le très exceptionnel *Quintette* pour vents, de nombreuses pièces pour petits ensembles qui ne sont pas sans évoquer la démarche de Leoš Janáček, les recueils vocaux *En Snes danske Viser* destinés au chant scolaire et les pièces pour orgue comme l'étonnant *Commotio*.

Jusqu'à sa mort, Nielsen domine la vie musicale danoise, mais à l'inverse de Gade il ne l'étouffe pas et facilite au contraire la remarquable éclosion de compositeurs à laquelle on assiste aujourd'hui dans ce pays. Sans imposer une esthétique ni un formalisme desséchant, les principes techniques de Nielsen permettent, en effet, un renouvellement du langage, qui autorise l'épanouissement de la personnalité hors de tout système d'école.

L'œuvre. (Le catalogue a fait l'objet d'un classement par Dan Fog et Torben Schousboe, FS, encore aujourd'hui incomplet. C'est donc la référence originale que nous conservons ici, elle aussi inachevée.)

Orchestre. 6 SYMPHONIES : n° 1 op. 7 en *sol* mineur (1890-1892) ; n° 2 op. 16 *De fire Temperamenter* (1901-1902) ; n° 3 op. 27 *Espansiva* (1910-11) ; n° 4 op. 29 *Det uudslukkelige* (1914-1916) ; n° 5 op. 50 (1921-22) ; n° 6 *Semplice* (1924-25). PIÈCES DIVERSES : *Helios*, ouverture op. 17 (1903) ; *Saga Drøm*, poème symphonique op. 39 (1907-1908) ; *Pan og Syrinx* op. 49 (1917-18) ; *En Fantasirejse til Faerøerne* (1927). CONCERTOS : pour violon op. 33 (1911), flûte (1926) et clarinette op. 57 (1928).

Musique instrumentale et de chambre. PIANO : *Symfonisk Suite* op. 8 (1894) ; *Chaconne* op. 32 (1916) ; *Thema med Variationer* op. 40 (1917) ; *Suite* op. 45 (1919-20) ; *3 Pièces* op. 59 (1928) ; *Musique pour piano pour petits et grands* op. 53 (1930). VIOLON ET PIANO : *Sonates* n° 0 en *sol* majeur (1881) ; n° 1 op. 9 en *la* majeur (1895) et n° 2 op. 35 en *sol* mineur (1912) ; *Praeludium og Thema med Variationer* op. 48 (1923) ; *Preludio e presto* op. 52 (1927-28). QUATUORS À CORDES : n° 0 en *ré* mineur (1882-83) ; n° 1 op. 13 en *sol* mineur (1887-88, rév. 1897-98) ; n° 2 op. 5 en *fa* mineur (1890) ; n° 3 op. 14 en *mi* bémol majeur (1897-98) ; n° 4 op. 44 en *fa* majeur (1907). MUSIQUE DE CHAMBRE, DIVERS : 1 *Quintette à cordes* (1888) ; *Ved en ung Kunstners Baare* (1910) ; *Serenata in vano* (1914) ; 1 *Quintette à vent* op. 43 (1922) ; *Moderen* (« la Mère », 1921), musique de scène. ORGUE : *29 Smaa Praeludier* op. 51 (1929) ; *Commotio* op. 58 (1930-31).

Musique lyrique et vocale. 2 OPÉRAS : *Saul og David* (1898-1901 ; 1re repr. nov. 1902) et *Maskarade* (1904-1906) ; *En Snes danske Viser* 1-2 (1914-1917) : 2 *Recueils pour chant et piano* ; *Hymnus amoris* op. 12 (1895-96) ; *Søvnen* (1903-1904) ; *Fynsk Foraar* op. 42 (1921) pour chœurs avec orchestre.

H.-C. F.

NIEMETSCHEK (Franz Xaver), critique et pédagogue tchèque (*Sadska, Bohême, 1766 - Vienne 1849*). Professeur de philosophie à l'université de Prague (1802), il compta parmi ses élèves le compositeur Jan Hugo Vorisek. Niemetschek s'intéressa spécialement à Mozart, et, après la mort de ce dernier, se chargea de l'éducation de son second fils, Carl Thomas. Grâce, notamment, à des documents fournis par Constance Mozart, il rédigea et fit paraître, avec une dédicace à Haydn, la première monographie indépendante consacrée à Mozart : *Leben des k.k. Kapellmeisters Wolfgang Gottlieb Mozart nach Originalquellen beschrieben* (Vie du maître de chapelle impérial et royal Wolfgang Amadeus Mozart décrite d'après des sources originales, Prague, 1798 ; trad. franç., Saint-Étienne, 1976).

M. V.

NIETZSCHE (Friedrich), philosophe allemand (*Rökken, près de Lützen, 1844 - Weimar 1900*). Dans l'histoire de la musique, le nom de Nietzsche reste indissolublement lié à celui de Wagner, en raison de l'amitié puis de la rupture entre les deux hommes, mais aussi à celui de Bizet, ce refuge pour ses blessures que Nietzsche (quel défi !) s'acharna à présenter comme une alternative, et à celui de Richard Strauss, qui crut mettre en musique *Ainsi parlait Zarathoustra*. On ignore cependant généralement que, avant de rencontrer Wagner, Nietzsche composa 7 lieder pour baryton et piano (sur des textes de Petöfi, Fallersleben, Pouchkine, Byron et Chamisso), plusieurs pièces pour piano, une fantaisie pour violon et piano, et diverses œuvres chorales, dont un oratorio de Noël et les fragments d'une messe. Profondément influencées par Schumann, ces partitions révèlent pourtant un sens inné de l'improvisation et de l'audace harmonique : sans posséder la maîtrise de notation d'un vrai professionnel, elles sont mieux que d'un dilettante doué. Mais, en dehors de ses ouvrages philosophiques, c'est, bien entendu, par son travail d'exégèse critique que Nietzsche retient aujourd'hui l'attention : encore, lorsqu'on sait la place occupée par la musique dans sa réflexion et celle tenue dans son cœur et dans ses écrits par Wagner (et ce bien au-delà de la mort du compositeur), philosophie et critique sont-elles fortement associées. L'histoire des relations entre Nietzsche et Wagner passe par trois périodes. Entre 1869 et 1872, à Tribschen, règnent l'amitié et l'harmonie intellectuelle. Les deux hommes (Wagner achève *Siegfried*, Nietzsche *la Naissance de la tragédie*) partagent un même intérêt pour Schopenhauer, un même amour de la Grèce antique, une même analyse de la décadence allemande, une même foi dans le rôle de rassembleur dévolu au poète tragique, une même volonté d'ennoblir l'homme. Bientôt, pourtant, Wagner va devenir ... wagnérien, cette sorte de récupération par la masse de l'œuvre de son ami va confirmer les soupçons qui se sont fait jour dans l'esprit de Nietzsche pendant les années d'intimité. Le premier festival de Bayreuth (1876) consomme la rupture. Nietzsche, sans cesser d'être fasciné par son aîné, va, dès lors, le dénoncer, non pour des motifs personnels (encore que le caractère morbide de Wagner ait été difficile à vivre), mais au nom de valeurs dont le philosophe considère que Wagner les a trahies : « Wagner, dit-il, s'est trompé sur lui-même — et a trompé les autres. » De ce mensonge organisé, Nietzsche ne se veut pas le porte-parole. Il comprend que le drame wagnérien n'affirme la vie avec force que pour donner plus de poids à son renoncement, incapable qu'il est de présenter positivement ce dernier (le choix de *Parsifal*, de préférence aux *Vainqueurs*, qui, sur un sujet voisin, prônaient sans ambiguïté la réconciliation fraternelle entre l'homme et la femme, est significatif à cet égard). Wagner est le témoin d'une décadence, non d'un renouveau ; son

épuisement de l'âme, la cyclothymie de ses héros, ses condamnations morales, trahissent une névrose. Nietzsche dénonce le « à ne pas dire » sur lequel s'appuie le dire wagnérien. Lui, qui insiste sur un ennoblissement individuel, presque ascétique, visant à transvaluer l'homme par-delà les notions actuelles du bien et du mal, combat l'obsession angoissée de Wagner cherchant à mettre l'individu à l'abri de tout mal, quel que soit le prix à payer pour cette sécurité. Il se dresse aussi contre le pangermanisme théiste de Wagner, qui gouverne par mensonges et illusions. Principale preuve : le théâtre de Bayreuth, devenu temple de l'art allemand officiel, accaparé par les Allemands décadents dont Wagner accepte l'hommage parce qu'il se dissimule derrière l'opinion qu'ils ont de son œuvre. Il faut donc comprendre que c'est toute la culture de l'Allemagne impériale que Nietzsche vomit, dans ses ouvrages *Nietzsche contre Wagner* et *le Cas Wagner* (écrits en 1888, soit cinq ans après la mort du musicien), culture dont l'hypocrisie séductrice du théâtre wagnérien lui paraît exemplaire. Anticipant sur les révoltes expressionnistes contre la morale bourgeoise, Nietzsche a su, avant Thomas Mann et Adorno, mettre le doigt sur l'essence du wagnérisme.
P. G.

NIGG (Serge), compositeur français (*Paris 1924*). Il étudie au Conservatoire de Paris, de 1941 à 1946, la composition et le piano dans les classes d'Olivier Messiaen et de Simone Plé-Caussade, et acquiert assez tôt une réputation prometteuse, avec des œuvres comme *Timour* pour orchestre (1944), et *Concerto pour cordes, piano et percussions* (1947). Après sa rencontre avec René Leibowitz en 1946, il étudie auprès de celui-ci (comme le firent Pierre Boulez et d'autres compositeurs) le système sériel schönbergien, qu'il cherche à appliquer dans des œuvres comme *Variations pour piano et 10 instruments* (1947), et deux *Pièces pour piano* (1947), qui sont parmi les premières œuvres sérielles françaises.

Mais, en 1949, Nigg se détourne de l'abstraction en créant avec Louis Durey et Charles Kœchlin l'Association des musiciens progressistes, qui s'inspire des idées du *Manifeste de Prague* pour remettre en cause le formalisme et l'abstraction de l'« art bourgeois ». Ses premières œuvres dans cette tentative courageuse pour réaliser une musique de témoignage progressiste, qui « parle au peuple », sont la cantate *le Fusillé inconnu*, avec récitant, chœurs et orchestre (1949), et l'œuvre *Pour un poète captif* pour orchestre (1950), d'après les textes du poète turc communiste Nazim Hikmet, persécuté pour ses opinions. Mais ce mouvement « progressiste » est un feu de paille, et, après des œuvres de transition comme *Billard*, ballet (1951), et la *Petite Cantate des couleurs* pour chœur de femmes a cappella (1952), Nigg finit par se trouver dans un style qu'on a appelé « néoromantique », luxuriant, dense, expressionniste, mais d'une écriture finalement assez tendue et concise, comparable au Webern des *Pièces pour orchestre* op. 6. On citera dans la période dite de la « maturité » : *Concerto pour violon et orchestre* (1957), la *Musique funèbre* pour orchestre à cordes (1959), la *Jérôme Bosch symphonie* pour orchestre (1960), le *Concerto pour flûte et orchestre à cordes* (1961), le *Chant du dépossédé* pour orchestre, récitant et baryton (1964), sur des textes intimes de Mallarmé relatifs à la mort de son fils Anatole (également utilisés par André Boucourechliev dans son œuvre électroacoustique *Thrène*, 1974), puis les *Visages d'Axel* pour orchestre (1967), sorte de poème symphonique inspiré par la pièce *Axel* de Villiers de l'Isle-Adam, *Fulgur* pour orchestre (1968-69), *Deuxième Concerto pour piano et orchestre* (1970-71), *Fastes de l'imaginaire* (1974), pour orchestre, *Scènes concertantes* pour piano et orchestre (1975), etc. Inspecteur de la musique pour la direction générale de la musique et de la danse au ministère des Affaires culturelles depuis 1967, Serge Nigg a contribué au renouveau lyrique français. C'est un musicien probe et secret, à l'écart de l'avant-garde officielle, aussi bien que de l'école française d'« agrément ».
M. C.

NIKISCH (Arthur), chef d'orchestre austro-hongrois (*Lebenyi Szent Miklos 1855 - Leipzig 1922*). Il montre, dès son jeune âge, des dons musicaux exceptionnels. Il entre en 1866 au conservatoire de Vienne, dans la classe de Hellmesberger (violon) et de Dessoff (composition). Il en sort en 1874 avec un prix de violon et un autre de composition (pour un sextuor à cordes).

Il participe à la *Neuvième Symphonie* de Beethoven dirigée par Wagner en personne, pour célébrer la pose de la première pierre du Festspielhaus de Bayreuth, et entre en 1874 comme violoniste à l'Orchestre de la cour de Vienne, où il joue sous la direction de Brahms, Verdi, Liszt et Bruckner, créant, en 1884, la *Seconde Symphonie* de ce dernier. Il est engagé en 1878 comme second chef d'orchestre du théâtre de Leipzig, puis comme chef principal en 1882. Il y aura comme second Gustav Mahler. Nikisch succède en 1889 à Gericke à la tête de l'Orchestre symphonique de Boston. Il rentre en Europe en 1893 pour prendre la direction musicale de l'Opéra de Budapest. Deux ans plus tard, il accepte de diriger en même temps deux des plus prestigieux orchestres du vieux continent, le Gewandhaus de Leipzig et l'Orchestre philharmonique de Berlin, fonctions qu'il occupera jusqu'à sa mort. Quand il n'emmène pas l'orchestre berlinois en tournées, Nikisch dirige les Concerts symphoniques de Hambourg, dont il a la charge depuis 1897, ou bien sous la direction du Concertgebouw d'Amsterdam, la Philharmonie de Vienne ou bien, encore, donne des concerts à Buenos Aires en 1921. Régulièrement invité, de 1902 à 1914, par le London Symphony Orchestra nouvellement créé, il l'emmène en tournée aux États-Unis en 1912. Insatiable, il dirige le *Ring* de Wagner au Covent Garden de Londres en 1913 et veille sur les destinées de l'Opéra de Leipzig (1905-1906) et du conservatoire de cette ville, où il s'occupe personnellement de la classe de direction d'orchestre. Si l'œuvre du compositeur est rapidement tombée dans l'oubli, la leçon du chef a fortement marqué l'art de la direction d'orchestre au long du siècle.

Faisant preuve d'une rare économie de gestes et d'une sérénité à toute épreuve, Nikisch possédait littéralement ses musiciens, obtenait d'eux, par l'exemple de sa propre concentration, un son et une respiration d'une beauté inégalée. Cette conception ample et mouvante convenait particulièrement aux grandes fresques postromantiques de Bruckner, de Tchaïkovski, de Richard Strauss ou de Mahler. Un écho lointain de son art nous a été transmis par son interprétation de la *Cinquième Symphonie* de Beethoven, qui a été la première œuvre importante à se voir fixée en 78 tours.
M. W.

NILSSON (Birgit), soprano suédoise (*Karup 1918*). Elle étudie, de 1941 à 1946, avec le ténor écossais Joseph Hislop, à l'Académie royale de musique de Stockholm. A la faveur d'un remplacement, elle débute en 1946 à l'Opéra royal dans le rôle d'Agathe du *Freischütz*. L'année suivante, elle remporte son premier succès personnel en incarnant lady Macbeth (sous la direction de Fritz Busch. Engagée dans la troupe de l'Opéra royal, en 1948, elle y chante les rôles de la Maréchale, Donna Anna, Senta, Aïda, Tosca, Brünnhilde et Salomé. Elle retrouve Fritz Busch pour sa première apparition à l'étranger, au festival de Glyndebourne 1951, où elle chante Electre dans *Idoménée* de Mozart. Mais c'est à Munich en 1954, au cours d'un *Ring* où elle est Brünnhilde, et à Bayreuth, dans le rôle d'Elsa, que se révèlent ses étonnantes qualités de soprano dramatique.

Invitée régulièrement au festival de Bayreuth de 1957 à 1970, elle y incarne Isolde, Sieglinde et Brünnhilde. Elle se produit également à San Francisco et à Chicago en 1956, au Metropolitan Opera de New York en 1959 (y chantant Isolde), au Covent Garden de Londres en 1957 (dans une production du *Ring*) et à l'Opéra de Paris dans *Tristan et Isolde* (1966), *Turandot* (1968), *Elektra* (1974). Elle est la première cantatrice à enregistrer sans coupures cette dernière œuvre, réputée pour sa difficulté. En 1975, elle inscrit à son répertoire le rôle de la femme du Teinturier dans *la Femme sans ombre* de Richard Strauss. Plus que dans le répertoire verdien, c'est dans l'univers de Strauss et de Wagner que peut le mieux s'épanouir une voix d'une opulence et d'une homogénéité rares, à l'aigu éclatant, que le temps ne semble pas atteindre. La puissance dramatique de la comédienne est à la dimension hiératique du personnage. M. W.

NILSSON (*Bo*), compositeur suédois (*Skellefteå 1937*). Il s'est révélé très tôt à Darmstadt et à Cologne; ses œuvres, généralement très brèves, possèdent une couleur très particulière due à l'emploi fréquent d'instruments à clavier. Parmi ses œuvres les plus marquantes, il faut retenir *Frequenzen* (1957), qui le fit connaître, *Quantitäten* (1958), *Brief an Gösta Oswald* (1959), *Szene 1-3* (1960-61), *Revue* (1967), *Déjà-vu* (1967), *Stenogram* (1959), *Déjà-connu* (1973) et *Déjà-vu, déjà-connu, déjà-entendu* (1976). H.-C. F.

NILSSON (*Torsten*), compositeur, organiste et chef de chœur suédois (*Höör 1920*). Élève de A. Heiler à Vienne, remarquable improvisateur qui s'orienta vers les techniques sérielles (*Introduction et Passacaille* pour orgue, 1963). Compositeur de musique religieuse, il a écrit depuis 1968 des œuvres qui ont été très remarquées, notamment l'opéra religieux *Ur jordens natt*, « Hors de la nuit de la terre » (1968), et l'oratorio de chambre *Non est Deus?* (1972). H.-C. F.

NIN (Y CASTILLANO, *Joaquin*), pianiste, compositeur et musicologue cubain, d'origine espagnole (*La Havane 1879*- id. *1949*). Élève de Carlos Vidiella à Barcelone, puis, à Paris, de Moskowski et de Vincent d'Indy, il fut professeur à la Schola cantorum de 1905 à 1908 et vécut ensuite à Bruxelles, puis à Paris, en marge de tournées qui le conduisirent en Europe et en Amérique latine. Son œuvre personnelle a beaucoup moins d'importance que les travaux de recherches et de publication de manuscrits oubliés, auxquels il a consacré la plus grande partie de sa carrière, interprétant en même temps les vieux maîtres espagnols, faisant des conférences et exposant ses principes artistiques dans des écrits et des articles de critique. Ses harmonisations de chants populaires anciens font également autorité, et sa polémique avec Wanda Landowska au sujet de l'interprétation de la musique ancienne au clavecin est restée célèbre.

Pour sa voix, il écrit notamment *20 cantos populares españoles* (1923), *Chant élégiaque* (1929), *le Chant du veilleur* (1937); *Dansa ibérica*, pour piano (1926), *Mensaje a Claudio Debussy* (1929), *« 1830 » variaciones* (1930). A. G.

NIN-CULMELL (*Joaquin Maria*), compositeur, pianiste et chef d'orchestre américain, d'origine cubaine (*Berlin 1908*). Fils de Joaquin Nin, il a étudié à Paris à la Schola cantorum et au Conservatoire — avec Paul Dukas —, ainsi qu'avec Manuel de Falla, Alfred Cortot et Ricardo Viñes. Il a enseigné au Williams College dans le Massachusetts (1940-1950) et à l'université de Californie à Berkeley (1950-1956). De tendances néoclassiques, il a écrit notamment un concerto pour piano (1946), le ballet *El Burlador de Sevilla* (1957-1965), l'opéra *La Celestina* (1965). M. V.

NIVERS (*Guillaume Gabriel*), organiste et compositeur français (*Paris 1632* - id. *1714*). Ancien élève de l'université de Paris et, pour la musique, de Chambonnières et de Du Mont, il fut organiste à Saint-Sulpice de 1654 à 1714, tout en occupant plusieurs charges officielles : organiste de la chapelle royale (1678), maître de musique de la reine (1682), organiste et maître de chant de la Maison royale de Saint-Louis à Saint-Cyr (1686).

La publication de son *1er Livre d'orgue* (1665) marque le début de la période majeure de l'histoire de l'orgue français, durant laquelle l'instrument se dégage de la stricte polyphonie sacrée pour devenir concertant, faisant la part belle à la monodie accompagnée.

Deux autres *Livres d'orgue* suivront, en 1667 et en 1675. Pour l'église, il publiera également de nombreuses pièces vocales et instrumentales, motets, chants d'église, *Lamentations de Jérémie*, pièces de circonstance, etc. Il édita aussi des livres liturgiques (graduel, antiphonaire), consacrant l'unification du chant grégorien en France, livres qui devaient rester en usage jusqu'à la Révolution. Il mit au point plusieurs ouvrages théoriques : *Traité de la composition de musique* (1667), *Méthode certaine pour apprendre le plain-chant de l'Église* (1699), *Dissertation sur le chant grégorien* (1683).

Ses conseils théoriques s'expriment aussi dans les traités et préfaces publiés avec certains de ses recueils, comme l'important *Art d'accompagner sur la basse continue*, édité avec les *Motets à voix seule accompagnée de la basse continue et quelques autres motets à 2 voix* (1689). G. C.

NŌ. Forme de drame lyrique japonais, qui a été créée et codifiée aux XIVe et XVe siècles par Kwan'ami Kiyotsugu et son fils Zeami Motokiyo, poète, musicien, danseur, metteur en scène. Le nō présente généralement des actions à deux personnages : le personnage principal, qui est fréquemment un esprit ou un fantôme (d'un guerrier mort, par ex.), et que joue le *shite*, exécutant central ; et un personnage secondaire, le *waki*, dont la présence permet au shite de se manifester. L'intervention de l'acteur consiste en récitatifs et en chants, avec une « danse » située rituellement au cœur de l'action, et des actions mimées de manière très codée et stylisée (un simple éventail servant à figurer divers accessoires, coupe, hache, filet de pêcheur). Tous les rôles sont tenus par des hommes, même les rôles féminins, et presque toujours sous un « masque » conventionnel, correspondant à un certain type de personnage. On voit déjà, par là, que le nō se définit comme un genre très abstrait et épuré, loin du réalisme ; d'origine religieuse, il agit par la suggestion de certains « états d'existence », et cherche à créer un certain sentiment du réel comme illusion (les personnages sont souvent « déjà morts », comme les fantômes, ou insubstantiels, comme les génies et les fées) qui le rattache à la pensée du bouddhisme zen.

L'exécution d'un nō fait également appel à un chœur de 8 à 10 hommes, chantant à l'unisson (leur rôle est différent de celui du chœur des anciennes tragédies grecques : commentaires de l'action et relais du chant de l'acteur principal, mais sans intervention dans l'action), et à un groupe de 4 instruments : la flûte traversière de nō à sept trous, le *nōkwan* ; et 3 tambours : le *ko-tsuzumi*, en forme de sablier, qui se tient sur l'épaule et se tend de différentes façons ; l'*ō-tsuzumi*, également en sablier, qui se frappe avec des dés au bout des doigts ; et le *taiko*, tambour à caisse plate frappé avec deux baguettes. Donc, un seul instrument mélodique, la flûte, jouant une partie indépendante du chant. Celui-ci, qui intervient entre des récitatifs, est construit sur un nombre limité de structures mélodiques de base, dérivées d'une échelle comportant des *notes principales* à distance de quarte et de quinte. Les nōs traditionnels (il en existe environ 600) ont été notés selon un système analogue à celui des neumes, sans hauteurs absolues. Le rythme, très souple, est compté par périodes de huit temps. Un spectacle comprend souvent 5 drames, chacun relativement court, qui peuvent être coupés d'intermèdes comiques joués par un acteur spécialisé (*kyōgen*).

La construction et la disposition du théâtre de nō sont également très codifiées : scène principale carrée couverte d'un toit incurvé ; arrière-scène et scène latérale pour les instruments et le chœur ; et, à gauche de la scène, un « pont » d'une douzaine de mètres conduisant à la loge, où l'artiste se recueille. Ce pont symbolise souvent le passage entre les mondes terrestre et divin, quand l'action s'y transporte. L'essence du nō tient dans cette rigidité conventionnelle, cette stylisation extrême, au moyen de laquelle il crée, en combinant un nombre limité de figures préexistantes, un sentiment de fragilité et d'illumination. M. C.

NOBILISSIMA VISIONE. Légende dansée en 6 tableaux de Hindemith. Elle fut créée en 1938 à Londres dans des décors et costumes de Tchelichow, avec une chorégraphie de Léonide Massine, et réduite la même année en une suite pour orchestre (Venise, 1938).

Frappé par la beauté des fresques de Giotto à Santa Croce (Florence), Hindemith décide de représenter dans un ballet les étapes de la vie de saint François d'Assise. Mais il le reprend presque aussitôt pour en faire une suite instrumentale qui ne conserve du ballet que 5 scènes enchaînées différemment, pour donner des formes musicales indépendantes et logiques.

Le premier mouvement débute par la méditation de saint François sur la montagne (ici, « introduction », de forme ABA), épisode serein confié aux cordes. À l'origine, le chant du trouvère Moniot d'Arras *Ce fut en mai*. Ce chant n'est jamais cité textuellement comme dans le ballet (introduction), mais il parcourt toute l'œuvre de son esprit. Vient ensuite le rondo, dont l'écriture polyphonique est entrecoupée de fanfares homorythmiques aux vents. Son thème enlevé est caractéristique du style que Hindemith vient d'exposer de façon théorique dans *Unterweisung im Tonsatz* (1937-38) — intervalles de quartes et de quintes, secondes qui suspendent la mélodie entre majeur et mineur.

La première partie du deuxième mouvement est une marche de forme ABA' (vie militaire), qui transporte l'auditeur dans une atmosphère médiévale évoquant l'époque de saint François (XIIe-XIIIe s.), par la couleur que donnent à l'instrumentation le triangle, la caisse claire et la flûte piccolo. Mais, en dehors de cet exemple, Hindemith ne cherche pas à faire de recherches d'instrumentation, par exemple en mélangeant les timbres ; il considère plutôt chaque groupe instrumental comme un bloc qu'il fait jouer à l'unisson. L'apparition des trois femmes (chasteté, soumission et pauvreté) fait succéder aux motifs plus sombres, mais le mouvement s'achève sur une pastorale confiante et légère qui fait pendant à la marche du début.

Le thème de la passacaille en 21 variations du dernier mouvement, le *Chant au soleil*, est exposé de façon triomphante aux cuivres et donne l'élan à une amplification rapide. Cette forme joue un rôle symbolique important chez Hindemith, et ce n'est pas fortuitement qu'on la retrouve dans des œuvres comme les opéras *Cardillac* ou *l'Harmonie du monde* : grâce à son équilibre entre le permanent (basse obstinée) et la fuite du temps (variation), elle est l'expression même du transcendental et réaffirme par là l'aspect éthique récemment manifesté dans l'opéra *Mathis le peintre*. Mais *Nobilissima visione* n'a rien d'une musique à programme, le compositeur fait preuve, au contraire, dans ces années 30, d'une maîtrise qui lui permet de traduire l'atmosphère de cette légende, tout en évoluant dans un univers de pures formes musicales, indépendant de toute contrainte annexe, très dépouillé et intériorisé. E. L.

NOCES (LES). Scènes chorégraphiques russes, avec chant et musique d'Igor Stravinski, sur des paroles adaptées par le compositeur à partir de textes populaires russes (trad. fr. de C. F. Ramuz). Commencée à Clarens en 1914, l'œuvre fut achevée à Morgues le 4 avril 1917, du moins en ce qui concerne la trame musicale proprement dite. Pour l'instrumentation, Stravinski hésita longtemps et ne se décida définitivement qu'à Garches en 1921. L'instrumentation fut menée à bien à Monaco le 6 avril 1923. Dédié à Serge de Diaghilev, l'ouvrage fut créé par les Ballets russes le 13 juin 1923 au théâtre de la Gaîté-Lyrique à Paris, sous la direction d'Ernest Ansermet.

Les Noces, cantate dansée, font appel à un chœur à 4 voix, à 4 solistes vocaux (soprano, mezzo-soprano, ténor et basse), et à 1 orchestre formé de 4 pianos et d'une importante percussion. Il n'y a aucun passage purement instrumental, exception faite, à la fin, d'une brève coda de 21 mesures. Il y a divers personnages, mais pas de scénario précis. Les différents solistes vocaux ne correspondent pas à tel ou tel personnage, et, inversement, un même personnage ne s'exprime pas toujours par le truchement du même soliste vocal : de ce point de vue, la démarche est la même que dans *Renard**. *Les Noces* sont une succession d'épisodes nuptiaux caractéristiques décrits par des bribes de conversation de tous les jours, l'atmosphère globale étant celle d'une noce paysanne en Russie au début du XIXe siècle. Dans la seconde partie surtout, plusieurs bribes de conversation se superposent en une sorte de contrepoint verbal.

Il y a 2 parties, jouées sans interruption. La première comprend les scènes 1 à 3 (*la Tresse, Chez le marié, le Départ de la mariée*) et la seconde la scène 4 (*le Repas de noces*). Les mélodies se caractérisent par leur diatonisme modal, et les rythmes retrouvent la variété et l'irrégularité des textes populaires sur lesquels ils s'appuient. Il y a profusion mélodique, mais aussi un fort courant rythmique d'une irrésistible puissance coordinatrice. Forme, écriture, orchestration, conception d'ensemble sont d'une singulière nouveauté et contribuent à faire des *Noces* une des partitions majeures de Stravinski et de toute la musique du XXe siècle. M. V.

NOCES DE FIGARO (LES). *Commedia per musica* en 4 actes de Mozart, sur un livret de Lorenzo Da Ponte, tiré de *la Folle Journée ou le Mariage de Figaro* de Beaumarchais. Créée au Burgtheater de Vienne le 1er mai 1786.

L'action se déroule, dans un laps de temps s'étendant du début de la matinée au milieu de la nuit, dans les appartements et les dépendances du château du comte Almaviva, aux environs de Séville. Cette action se développe à partir de trois intrigues initiales, en cours d'évolution au lever du rideau.

D'une part, le comte Almaviva s'est éloigné de sa jeune femme Rosine sans s'en détacher. Il est, pour l'instant, vivement épris de la camériste et confidente de la comtesse, Suzanne, et la poursuit en toutes occasions. Celle-ci est fiancée au valet Figaro, ancien barbier à Séville, jadis confident et complice du comte, mais entretenant maintenant avec son maître des rapports beaucoup plus conflictuels. Nous sommes tout justement au matin des noces de Figaro et de Suzanne.

D'autre part, Figaro a jadis emprunté une somme importante à Marceline, gouvernante complaisante du docteur Bartholo, notable de Séville, contre une promesse en mariage en cas d'insolvabilité aux échéances. Cette insolvabilité semblant patente, Marceline, appuyée par Bartholo, entre au château pour recueillir les agréments de la défaillance du débiteur et s'offrir le sémillant Figaro pour époux.

Enfin, le page et filleul de la comtesse, l'adolescent d'origine aristocratique Chérubin, s'est fait surprendre en trop galant entretien avec la jeune cousine de Suzanne, Barberine, petite paysanne dont le comte paraît, lui-même, poursuivre la séduction par pure dépravation.

ACTE PREMIER. (Une pièce, située entre les appartements du comte et ceux de la comtesse.) Figaro et Suzanne doivent y vivre après leurs noces. Les futurs époux travaillent à son aménagement. Suzanne (s) révèle à Figaro (bar ou b) la cour pressante que lui fait le comte, directement ou par l'entremise du jésuite Basile, maître de musique au château. Une dot offerte par le comte à Suzanne ne vise, en fait, qu'à obtenir d'elle, au soir des noces, une heure d'amour constituant, par ailleurs, un vieux droit féodal, que le comte prétend cependant avoir aboli. La fureur de Figaro à ces révélations est sans limites, et il décide d'engager un duel sans merci avec son maître. Voici ensuite Marceline (ms) et Bartholo (b), qui viennent demander au comte de saisir le tribunal civil afin d'obtenir la condamnation de Figaro à payer ou à épouser. La rencontre de Marceline et de Suzanne dégénère en « bataille de chattes ». Chérubin (rôle travesti, ms) informe Suzanne qu'après le scandale impliquant Barberine, le comte le chasse du château et que seule une intercession de la comtesse peut lui obtenir le pardon. L'adolescent apparaît aussi troublé par sa belle marraine que par Suzanne, Barberine ou toute autre femme imaginable — et non moins entreprenant envers chacune. Le comte (bar) survient, ne laissant au page que le temps de se dissimuler derrière le dossier d'un grand fauteuil ; Almaviva donne aussitôt l'assaut, et ne tarde pas à proposer crûment à Suzanne un rendez-vous pour le soir même. Suzanne se débat éperdument lorsqu'entre Basile (t). Le comte se glisse alors derrière le fauteuil sans voir que

Chérubin se coule furtivement sur le siège du même fauteuil, sous une draperie hâtivement jetée par Suzanne. Basile reprend ses immorales incitations à accepter immédiatement le comte pour amant au lieu de badiner avec Chérubin, ajoutant que le page dévore du regard la comtesse et aurait intérêt à se montrer plus discret. Chassé de sa cachette par un accès de subite fureur jalouse, le comte se déchaîne contre Chérubin, et, pour mieux raconter les conditions dans lesquelles il a surpris chez Barberine le page, dissimulé sous un rideau, il soulève la draperie recouvrant le fauteuil et y découvre à nouveau Chérubin lui-même. La fureur d'Almaviva est sans bornes, car le page se présente trois fois en tant que rival, auprès de Barberine, de la comtesse et de Suzanne. Cependant, comme il apparaît que Chérubin a entendu les propositions faites par le comte à Suzanne, Almaviva croit momentanément nécessaire un compromis, et offre à Chérubin un poste d'officier à Séville. Figaro commence sa guerre en essayant de forcer le comte à un consentement irréversible aux noces en amalgamant ce consentement avec les pieuses louanges d'un chœur de paysans introduit par le valet et remerciant Almaviva au sujet de l'abolition du si fâcheux droit de cuissage. Puis, resté seul entre Chérubin et Suzanne, Figaro rudoie le page en vouant le gracieux guerrier d'amour à la gloire militaire.

ACTE II. (La chambre de la comtesse.) Celle-ci (s) apparaît dans les langueurs d'une épouse ardente et délaissée. Suzanne lui rapporte les entreprises du comte, mais l'assure de sa répulsion et de l'appui de Figaro pour dénouer la situation. Figaro vient exposer un plan scabreux, compliqué et périlleux, dont l'un des éléments consiste à travestir Chérubin en « Suzanne » pour une rencontre nocturne avec le comte au jardin. Aussi Chérubin, retenu au château par Figaro, est-il convoqué pour revêtir les habits de Suzanne; il trouble aussi bien la camériste que sa marraine en adressant à cette dernière la chanson qu'il a composée à son intention du matin même. Suzanne sort de scène, et le tête-à-tête de la comtesse et de Chérubin devient de plus en plus tendre lorsque le comte frappe à la porte. Chérubin se réfugie dans un boudoir attenant, sans issue, et s'y enferme à clé. Mais un bruit et le trouble de la comtesse révèlent que comte une présence cachée. Faisant face, la comtesse réussit à obliger Almaviva à ressortir de la chambre avec elle pour se munir d'un outil à fracturer la serrure du boudoir. Suzanne peut alors en profiter pour faire s'échapper Chérubin par la fenêtre et se substituer à lui dans la pièce refermée, d'où la déconfiture du jaloux découvrant la soubrette au lieu de l'amant attendu, de la comtesse, non sans désarroi, ayant admis la présence de Chérubin. Figaro, qui survient en ignorant ces derniers développements, ne peut que répondre avec embarras au comte soupçonneux. Tout se détériore quand le jardinier Antonio vient dénoncer Chérubin qu'il a vu sauter de la fenêtre. Figaro rétablit péniblement un semblant d'apaisement entre les protagonistes lorsque Marceline, Bartholo et Basile, entrant en cortège pour réclamer au comte justice et mariage, paraissent porter le coup de grâce aux noces de Figaro.

ACTE III. (Une salle du château.) Après l'échec de la lourde conspiration de Figaro s'ourdit la conjuration des femmes, légère, simple, et montée à l'insu du valet. La comtesse demande à Suzanne de feindre la soumission et de donner au comte le rendez-vous qu'il implore. Le comte tombe dans le piège et promet de fournir la dot et d'autoriser le mariage, en échange d'un moment de volupté. Mais une phrase étourdie de Suzanne croisant ensuite Figaro est entendue du comte, qui se devine joué. Aussi l'audience du procès se réduit-elle à la sentence condamnant Figaro à épouser Marceline. Mais celle-ci reconnaît alors dans le valet le fils, disparu, qu'elle avait eu avec Bartholo ! Le comte, écœuré, renonce à tout, et une double noce (Marceline et Bartholo ayant résolu de régulariser leur situation) aura lieu. Antonio renvoie le comte à ses soupçons sur Chérubin en lui révélant que le page demeure toujours au château, choyé par Barberine.

Après avoir exhalé sa douleur et son espoir, la comtesse reprend le projet du faux rendez-vous en faisant écrire par Suzanne un billet pour le comte. Le pli est fermé par une épingle que le destinataire renverra en signe d'accord. Chérubin est reconnu parmi un groupe de paysannes, venu offrir des fleurs à la comtesse, mais une fine parade de Barberine (s) réduit le comte à s'en prendre aux dieux de ce qu'aucune de ses vilenies n'aboutit. Le cortège conduisant au mariage civil, célébré par le comte lui-même, s'avance. En recevant d'Almaviva la couronne nuptiale, Suzanne lui glisse le billet. Tout se termine dans la danse.

ACTE IV. (La nuit, dans le parc du château.) On voit Barberine à la recherche de l'épingle qu'elle a perdue dans l'obscurité alors qu'elle était chargée par le comte de la rapporter à Suzanne. Elle se heurte à Figaro, qui, induit en erreur par ses propos, a tout lieu de croire que quelque chose se prépare entre Suzanne et le comte. Il invective alors les femmes sur des thèmes faciles de philosophe de cabaret. La comtesse et Suzanne paraissent. Suzanne feint un état d'amoureuse langueur et appelle à travers la nuit tous les amants imaginables. Figaro croit boire la lie du calice. Ensuite, un échange de robe entre Suzanne et la comtesse trompe successivement Chérubin, le comte et Figaro ; c'est une suite de quiproquos ; Chérubin fait une cour hardie à la comtesse, qu'il croit être Suzanne ; le comte fait une déclaration d'amour à sa femme, qu'il prend également pour Suzanne ; Figaro, après s'être, dans son inquiétude, agité comme un fauve, perce l'identité de Suzanne sous le masque, feint néanmoins de continuer à la prendre pour la comtesse et lui fait une cour à la hussarde, mais tous deux finissent par rire de bonheur en ressaisissant le réel brûlant de leur amour vrai. Battant les buissons pour retrouver la comtesse pseudo-Suzanne, le comte avise Suzanne, la pseudo-comtesse, dans les bras de Figaro et va manifester sa colère contre tous lorsque apparaît dans son dos la vraie comtesse. C'est le moment de la reconnaissance et, pour Almaviva, de la confusion. La comtesse accorde un pardon solennel et un peu meurtri, et tous partent vers un festin qui ne peut être qu'un illusoire répit avant de futurs affrontements.

Nées d'une des plus fines machineries théâtrales de toute la littérature universelle, les Noces de Figaro sont pourtant d'un autre monde que le Mariage de Figaro de Beaumarchais. Le pas franchi, d'une œuvre à l'autre, apparaît à l'examen des principaux personnages. Suzanne, la « jeune personne adroite et rieuse », pour reprendre les notes de Beaumarchais pour l'édition du Mariage de 1785, devient une frôleuse énervée du déshabillage de Chérubin, une extasiée, un des personnages les plus fascinants de tout le théâtre lyrique, se situant au-dessus du mérite comme du péché ; par la musique, le bonheur s'écoule d'elle inépuisablement. Toujours d'après la même introduction, « la comtesse ne doit rien montrer qui dégrade aux yeux du spectateur son caractère aimable et vertueux ». De si bourgeoises références ne sauraient convenir à la comtesse mozartienne, à sa désespérance de l'amour perdu et du temps passé. Le comte prend chez Mozart une fulgurance démoniaque, et sa douleur est vibrante et profonde dans son désir bafoué. Pour Figaro, le décalage est inverse et le frémissant génie d'intrigue et de combat pour la défense des femmes et du peuple, né chez Beaumarchais, fait place à un simple, quoique énergique, facchino d'opera buffa aux ancêtres napolitains. Deux grandes scènes de Beaumarchais (scène 5 de l'acte III et monologue de la scène 3 de l'acte IV) lui font cruellement défaut.

Musicalement, l'œuvre ne sort pas du néant : elle vendange la récolte musico-dramatique, qui avait mûri à Vienne au cours des dix années précédentes, avec l'évolution du buffo vers le giocoso, la construction toujours plus savante et plus vaste des finales et l'utilisation grandissante du récitatif accompagné. Toutefois, les Noces transfigurent cet acquis buffo et giocoso en fin mouvement jusque dans un univers neuf, celui de la Komödie für Musik, dont seuls Verdi avec Falstaff et à un moindre degré Richard Strauss avec le Chevalier à la rose sauront recueillir les enchantements.

Les Noces de Figaro contiennent les plus beaux récitatifs secco de toute l'histoire : prompts ou lascifs, on doit s'attacher à leur beauté presque autant qu'à celle des parties accompagnées.

Le nombre exceptionnel des ensembles (14 numéros contre 14 solos ou même 12 si l'on exclut un air de Basile et un air de Marceline toujours coupés) reflète la marche souveraine du génie de Mozart vers le grand style de l'opéra moderne.

Enfin, la beauté orchestrale de la partition, dans sa profusion sans redondance, reste, sous un masque de pudeur, un joyau inégalé de prestesse et de concision, mais aussi de grandeur tragique et de mystère.

L'œuvre a triomphé sans effort dans toutes les

époques, mais plus que jamais la nôtre admire et pénètre ces jeux de l'inconstance et des passions désordonnées, mais aussi ce monde des jardins et de la nuit qui se révèle proche de celui des noces d'Obéron et de Titania, et enfin le puissant érotisme qui est le véritable chant profond de l'œuvre, en ce que le désir y est également réparti entre tous les personnages et en ce que ce désir y est presque constamment multiple et ambigu. J. T.

NOCES DE JEANNETTE (LES). Opéra-comique en 1 acte de Victor Massé, sur un livret de Jules Barbier et de Michel Carré, créé le 4 février 1853 à l'Opéra-Comique de Paris, où il obtint un succès durable. Située dans le milieu paysan, l'action raconte comment Jeannette (s), qui a vu son fiancé Jean (bar) s'enfuir par terreur du mariage au moment du « oui » fatidique, le reconquiert et le soumet en usant de ses qualités domestiques et de son charme paysan. Pleines d'une grâce simple, appartenant à une époque antérieure au développement de l'opérette second Empire, *les Noces de Jeannette* sont demeurées très populaires, et sont la seule œuvre lyrique de Victor Massé à avoir obtenu la consécration de la postérité. M. C.

NOCES DE SANG. Titre de 2 opéras de l'Allemand Wolfgang Fortner et du Hongrois Sandor Szokolay, d'après la pièce de Federico García Lorca, *Bodas de sangre* (1933).
— 1. L'opéra de Wolfgang Fortner *Bluthochzeit* (traduction littérale du titre original) suit d'assez près le texte de García Lorca dans une traduction d'Enrique Beck, et il fut créé le 8 juin 1957 à Cologne, sous la direction de Günther Wand, pour les fêtes d'inauguration du nouvel opéra. D'une écriture sérielle, il associe plusieurs rôles parlés aux rôles chantés, comme dans le *Moïse et Aaron* de Schönberg. Fortner avait déjà traité cette pièce dans une musique de scène en 1948 et dans une adaptation radiophonique en 1953. Il devait de nouveau mettre García Lorca sur la scène, avec *les Amours de Don Perlimplin avec Bélise*.
— 2. L'opéra de Sandor Szokolay, sous le titre *Vernasz*, fut écrit entre 1962 et 1964 et créé à Budapest en 1964. M. C.

NOCTURNAL. Dernière œuvre d'E. Varèse pour soprano, chœur d'hommes (basses) et orchestre. Commande de la fondation Koussevitski, l'œuvre a été commencée en octobre 1959 et achevée après la mort de Varèse d'après ses esquisses par son élève, le compositeur chinois Chou Wen-chung en 1968. Une audition fragmentaire a eu lieu en mai 1961 à New York.
Nocturnal utilise le texte du poème en prose *The House of Incest* d'Anaïs Nin, auquel Varèse ajoute des syllabes sans signification sémantique, mais porteuses d'une couleur phonique particulière. *Nocturnal* continue l'expérimentation varésienne dans le domaine des techniques vocales : les « syllabes d'intensité » (Varèse), c'est-à-dire des phonèmes asémantiques — connues d'*Étude pour espace* (1947) —, les glissandos, les quarts de ton, les sons-bruits, employés déjà dans *Équatorial* (1934), les hauteurs approximatives ou les accumulations verticales de sons vocaux sans hauteurs déterminées, élargissent considérablement les possibilités timbrales de l'ensemble vocal-instrumental. La partie vocale soliste (soprano) utilise toute l'étendue expressive du parlando aux courbes lyriques et extériorise, en suivant le texte d'Anaïs Nin, les fantasmes de la femme, ses angoisses et son attachement à la vie. Le chœur (basses) utilise exclusivement des onomatopées et des syllabes inspirées à Varèse par l'atmosphère poétique du texte. « La femme chante, parle, hurle, ulule, vocalise comme en rêve ou en transe. Les hommes : des voix de cauchemar entourent la femme dans son rêve » (Varèse). Après ses recherches électroniques dans ses œuvres précédentes (*Déserts, Procession de Vergès, Poème électronique*), Varèse revient dans sa dernière œuvre au dispositif relativement conventionnel, voix et instruments, employés avec une intensité expressive extraordinaire. Très probablement, l'œuvre a été initialement conçue pour voix, vents, grand ensemble de percussions et sons électroniques, auxquels le compositeur a dû renoncer par la suite. L'orchestre de la partition publiée comporte bois, cuivres, percussions (une trentaine, joués par six instrumentistes), piano et cordes. La partie du piano utilise des clusters, c'est-à-dire des agrégats de sons joués soit avec la main à plat, soit avec l'avant-bras, dont la sonorité compacte cherche à assurer la fusion des timbres. *Nocturnal*, dans l'état actuel de la partition publiée, est constitué de deux parties d'une durée globale presque égale : la première écrite par Varèse (qui se termine sur le texte *dark, dark, asleep, asleep*) et la seconde par Chou Wen-chung à partir du matériau musical principal et du matériau puisé aux esquisses du compositeur. I. S.

NOCTURNE. — 1. Terme désignant, **dans le rite catholique romain**, l'ensemble des textes que l'on chante à l'office de la nuit (*cf*. Psaume XCIV, dit « Invitatoire », hymnes, psaumes, antiennes, répons et leçons).
— 2. Au XVIIe siècle, le *nocturne*, ou *notturno*, est une **suite de pièces de divertissement**, conçue pour l'exécution en plein air par un petit ensemble comprenant souvent des instruments à vent (*Notturni* K.239 et 286 de Mozart, et aussi sa *Kleine Nachtmusik* K.525, « Petite Musique de nuit », pour cordes seules, *Notturni* de Joseph Haydn), mais pouvant aussi faire intervenir les voix (5 *Notturni* K.346, et K.436-439 de Mozart). Le notturno est alors un genre comparable à la sérénade, à la cassation ou au divertimento.
— 3. Au XIXe siècle, le « nocturne » désigne plus spécialement une **courte pièce isolée** (et non une suite), écrite le plus souvent pour piano solo, et souvent regroupée en séries. John Field *(1782-1837)* est considéré comme le créateur du genre avec ses 18 nocturnes, de caractère intimiste, écrits à partir de 1814, et influencés par le bel canto italien. Mais c'est Frédéric Chopin qui, avec ses 19 *Nocturnes* pour piano, écrits entre 1827 et 1847, impose et magnifie le genre, créant une référence, un modèle dont d'autres auteurs de nocturnes pianistiques comme Gabriel Fauré (13 *Nocturnes* écrits entre 1883 et 1921), Borodine, Scriabine, Satie, Sauguet, Poulenc, Georges Migot, pourront difficilement faire abstraction. Les 19 *Nocturnes* de Chopin ont été écrits et publiés par ensembles de 2 ou 3, sur une période de vingt ans. Si les premiers d'entre eux, ceux de l'opus 9, sont encore assez simples et proches de Field dans leur style de mélodie accompagnée, et si progressivement Chopin va en raffiner la formule, celle-ci ne varie pas sensiblement pour l'essentiel : il s'agit toujours de pièces de forme ABA' (plus rarement ABA'CA''), donc de forme lied. La partie principale A, reprise à la fin, est presque toujours d'essence mélodique, dans un esprit de bel canto très orné, transposé au clavier (traits perlés, vrilles, agréments divers), cette mélodie souple et palpitante étant accompagnée par une main gauche « maître de chapelle » assez régulière, qui évite les basses trop lourdes ou trop martelées, et qui, souvent, au lieu de plaquer ses accords, ondule en arpèges ascendants et descendants de grande amplitude. Le rythme de base est toujours modéré. Même dans les moments les plus chargés en notes d'ornements, l'allure n'est jamais hâtive, et les indications de mouvement vont du lento à l'allegretto, en passant par l'andante et l'andantino. Quant à l'épisode central B, il n'amène pas un thème concurrent, mais un autre état de la musique : le tissu en est plus compact, plus serré, soit par précipitation et agitation rythmique qui évite de se condenser en une mélodie formée (par ex. dans les *Noctunes* n°s 3, 4, 5, 7, 10, 15, 18); soit par condensation harmonique et intervention d'une sorte de choral en accords très ramassés, homorythmiques (*Nocturnes* n°s 6, 11, 13) contrastant avec l'étalement mélodique et harmonique des épisodes qui l'encadrent.
Le *Nocturne 12* introduit dans l'épisode médian B une espèce de fanfare qui est mise en opposition avec le thème fluide de A et se trouve traitée presque comme

un « second thème » de forme sonate. Mais c'est là une exception, dans ce genre d'essence monothématique. Le retour à la mélodie initiale, de B à A', correspond donc, généralement, dans les *Nocturnes* à une sorte de résorption, d'apaisement, de relâchement d'une tension, comme si un « événement » avait traversé l'indifférence de la nuit pour finalement s'y fondre. Le temps, malgré la brièveté des proportions, semble dilaté, infiniment disponible pour le déploiement du chant. La nuit est en effet le moment où le temps est délié de l'activité humaine, et ouvert pour la contemplation, comme en suspension, laissant flotter une promesse d'éternité. Les mélodies des *Nocturnes*, étalées sur de longues périodes, semblent avoir devant elles un champ d'expansion infini (immenses intervalles, cascades d'ornements effleurés, rythme très fluide).

D'un certain point de vue, le *Nocturne* de Chopin est l'antithèse du mouvement de forme sonate à la Beethoven : contrairement à ce qui se passe chez ce dernier, le thème mélodique féminin est ici premier et prédominant, le thème affirmatif viril d'essence rythmique étant confiné dans l'épisode central, et voué à disparaître devant le chant sans limite du thème féminin. Les 19 Nocturnes de Chopin se répartissent ainsi : op. 9 (1830-31), n° 1 en *si* bémol mineur *larghetto* ; 2 *mi* bémol majeur *andante* et 3 *si* majeur *allegretto* ; op. 15 (1830-31), n° 1 en *fa* majeur *andante cantabile*, 2 *fa* dièse majeur *larghetto* et 3 *sol* mineur *lento* ; op. 27 (1834-35), n° 1 *ut* dièse mineur *larghetto* et 2 *ré* bémol majeur *lento sostenuto* ; op. 32 (1836-37), n° 1 *si* majeur *andante sostenuto* et 2 la bémol majeur *lento* ; op. 37 (1838-39), n° 1 *sol* mineur *andante sostenuto* et 2 *sol* majeur *andantino* ; op. 48 (1841), n° 1 *ut* mineur *lento* et 2 *fa* dièse mineur *andantino* ; op. 55 (1843), n° 1 *fa* mineur *andante* et 2 *mi* bémol majeur *lento sostenuto* ; op. 62 (1845-46), n° 1 *si* majeur *andante* et 2 *mi* majeur *lento* ; op. 72 (1827), n° 1 *mi* mineur *andante*, nocturne de jeunesse.

— 4. Au XIX° siècle et pendant le XX° siècle, le mot *nocturne* sert de titre à toutes sortes de **pièces vocales et orchestrales** très diverses : le *Nocturne* du *Songe d'une nuit d'été* de Mendelssohn, les *Nocturnes* pour orchestre (et chœur féminin) de Debussy, étudiés par ailleurs, le *Nocturne* pour ténor et petit orchestre de Benjamin Britten, le *Notturno* électronique, pour bande magnétique, de Bruno Maderna. Et combien de pièces instrumentales, sans revendiquer textuellement ce titre, sont aussi des « nocturnes » : *la Nuit transfigurée* pour cordes de Schönberg, l'introduction de la seconde partie du *Sacre du printemps* de Stravinski, les *Parfums de la nuit* de l'*Iberia* pour orchestre de Debussy, les *Nuits dans les jardins d'Espagne*, pour piano et orchestre, de Manuel de Falla, mais aussi certains mouvements de symphonies, certains préludes d'opéra (celui du deuxième acte du *Siegfried* de Wagner) ; et encore la scène d'amour du *Roméo et Juliette* de Berlioz, la scène du jardin de *l'Enfant et les Sortilèges* de Ravel, la séquence nocturne de la *Suite scythe* de Prokofiev, la pièce *Musiques de nuit* de la suite pour piano *En plein air* de Bartók, et de ce dernier des mouvements lents de ses quatuors, l'adagio de son *Divertimento* ; plus récemment encore le *Nocturnal* de Varèse, les *Nuits* de Xenakis pour ensemble vocal, la pièce pour bande magnétique *Presque rien* n° 2 de Luc Ferrari, etc. Le nocturne n'est-il pas un des rares genres musicaux occidentaux liés au sentiment d'un moment de la journée, comme dans la musique indienne, avec ses « ragas du soir » ?

Quelques constantes tendent à revenir dans les nocturnes orchestraux : emploi fréquent des cordes divisées avec sourdines, effets de trémolo, sonorités légères, scintillantes dans l'aigu, ou immatérielles, mais jamais dures (peu de basses lourdes, de cuivres très en dehors). La nuit n'est pas seulement une suggestion psychologique : c'est le moment où les bruits de l'activité humaine se taisent et où ceux de la nature reprennent leurs droits, nous ramenant à un stade archaïque ; celui où l'obscurité semble amplifier ces bruits en les rendant « acousmatiques » (invisibles) et faire le vide autour du son ; celui enfin, où la vue cède à l'ouïe sa prééminence. Comme l'ont noté certains, la musique et la nuit ont un rapport profond et secret. Le nocturne peut être aussi déchaînement des forces irrationnelles, et ce sont les sabbats de Moussorgski *(Nuit sur le mont Chauve)*, Berlioz *(Nuit de sabbat* de la *Symphonie fantastique)*, Mendelssohn *(Première Nuit de Walpurgis)*. Suspendant les règles du temps diurne, mesuré et rationalisé, le nocturne réveille la part féminine, peut-être, de la musique.

M. C.

NOCTURNES. Œuvre pour orchestre en 3 parties, *Nuages, Fêtes* et *Sirènes*, composée entre 1897 et 1899 par Claude Debussy. Si *Nuages* et *Fêtes* utilisent l'orchestre seul, *Sirènes* lui ajoute un chœur de femmes chantant des mélismes et des vocalises sur la voyelle « A ». Le titre des *Nocturnes* serait inspiré des tableaux du peintre anglais Whistler, ami de Mallarmé, et l'histoire de la gestation de cette œuvre célèbre est assez complexe. Le projet date de 1892, sous le titre de *Trois Scènes au crépuscule*, mais le premier mouvement de l'œuvre achevée, *Nuages*, sera seul situé au crépuscule, un moment que Debussy affectionne, comme tout ce qui est *passage* d'un état à un autre (lever du jour, fin d'après-midi, etc.). Puis le projet devint celui de 3 *Nocturnes* pour orchestre et violon principal, écrits expressément pour le violoniste Eugène Ysaye, et lui seul. Cette version, aujourd'hui disparue, aurait été achevée, mais une brouille de Debussy avec Isaye mit fin à ce projet et « enterra » l'œuvre. De cette formule « concertante », pour soliste et orchestre, qui était celle de la première version, il est impossible de retrouver la moindre trace dans les *Nocturnes*, tels qu'ils furent réécrits, et finalement livrés au public. Les deux premiers, c'est-à-dire *Nuages* et *Fêtes*, furent créés le 9 décembre 1900, aux concerts Lamoureux, avec grand succès, recevant des critiques élogieuses de Paul Dukas, Alfred Bruneau, Gaston Carraud. L'ensemble de ces 3 nocturnes, comprenant les *Sirènes*, fut créé dans le même cadre le 27 octobre 1901. En fait, la plupart des exécutions actuelles des *Nocturnes* négligent *Sirènes*, parce qu'il demande la participation d'un chœur de femmes, et qu'il n'est pas assez « spectaculaire » — ce qui est dommage.

Debussy a expliqué les images et les impressions qui l'avaient guidé pour la composition des *Nocturnes*, dans un texte où abondent les notations visuelles. Par exemple, à propos de *Nuages* : « C'est l'aspect immuable du ciel avec la marche lente et mélancolique des nuages, finissant dans une agonie grise doucement teintée de blanc. » Le mot « agonie » n'est pas ici simple rapprochement poétique. Il apparaît que la pulsion de mort, la tendance au repos, à la désintégration, à l'inertie, joue un rôle important dans le premier et le troisième *Nocturne*, se traduisant, entre autres, par des motifs musicaux presque toujours dépressifs, attirés vers le grave — soit descendants, soit suivant un profil ascendant-descendant. Les 3 *Nocturnes* se terminent d'ailleurs de la même façon, comme le *Prélude à l'après-midi d'un faune*, par une dilution de la musique dans le silence, une désagrégation, un « émiettement » des thèmes, qui semblent mourir « de mort naturelle ». Ainsi glisse lentement et inéluctablement vers le grave le célèbre motif berceur de rythme binaire, qui ouvre *Nuages* — cette alternance de quintes à vide et de tierces à propos de laquelle certains ont cité Moussorgski, et qui installe tout de suite une ambiance légendaire rappelant le début de *Pelléas et Mélisande*. Ce climat archaïque, légendaire, universel, baigne d'ailleurs tout *Nuages* et *Sirènes*, à moindre titre le mouvement central, *Fêtes*. Il se traduit par l'emploi fréquent de l'intervalle de quinte, et par des procédés de répétition textuelle de motifs musicaux réduits à leur plus simple expression.

Après ce motif du glissement, le cor anglais énonce un thème typiquement debussyste dans sa façon d'être « replié sur lui-même », comme dit Heinrich Strobel : il se compose d'un bref mélisme ascendant et lié de 4 notes, suivi d'une descente lente et résignée, note à note, vers le grave. Ce thème se répétera de multiples fois, toujours au cor anglais, « immuable », sur un fond orchestral variable, sans jamais « progresser » ni prêter à développement. A la fin il mourra, démembré et dissocié, d'extinction naturelle, sans avoir jamais bougé. Ce n'est pas un hasard si Debussy refuse le développement de type classique, issu de Beethoven, qui procède par dilatation, expansion, progression. Son propos est ici contraire : répéter jusqu'à usure, laisser mourir. Après toute une première séquence installée dans cette « immobilité changeante », axée sur ce thème du cor anglais, vient un épisode dramatique et angoissé, lui plutôt tiré vers le haut (tropisme ascendant), qui rappelle fortement l'ambiance de *Pelléas*. Le troisième épisode de *Nuages* amène un thème céleste et chantant, dans l'aigu, ponctué par la harpe, et construit sur la gamme pentatonique : il rappelle aussi bien le fameux thème cyclique de « promenade » des *Tableaux d'une exposition* de Moussorgski, que la deuxième partie du thème principal de l'*Après-midi d'un faune*. Enfin *Nuages* se termine par une reprise tronquée et mutilée des motifs du début, où le thème du cor anglais s'éteint et résonne dans le vide, entouré d'accents sourds de menaces aux cordes graves, qui évoquent nettement, eux, la conclusion du troisième mouvement, *Scène aux champs*, de la *Symphonie fantastique* de Berlioz. Toutes ces références musicales ne sont pas là pour diminuer le génie et l'originalité de Debussy dans cette pièce, au contraire. Si elle éveille tant d'échos, c'est qu'elle contient quelque chose qui touche à l'essence même de la musique, en tant qu'elle peut porter le mouvement même de la mort, et nous en bercer.

La nuit installée, mille lampions s'allument, pour l'épisode *Fêtes*, d'un caractère plus particulier, plus humain que les deux qui l'encadrent. « *Fêtes*, disait Debussy, c'est le mouvement, le rythme dansant de l'atmosphère avec ses éclats de lumière brusque, c'est aussi l'épisode d'un cortège (vision éblouissante et chimérique) passant à travers la fête, se confondant en elle ; mais le fond reste, s'obstine et c'est toujours la fête et son mélange de musique, de poussière lumineuse participant à un rythme total. » Ce texte admirable dans sa concision fournit en outre une analyse musicale très précise de ce mouvement de coupe ternaire ABA'. D'abord le premier épisode construit sur le thème de « fêtes », en triolets serpentins qui montent, puis retombent comme des fusées lumineuses. Ce thème n'est pas « travaillé » ni exploité, mais répété sur divers degrés, transportant le mouvement perpétuel de triolets que les pupitres se transmettent comme un élan vital, qu'il s'agit de ne pas interrompre (ce « rythme total » dont parle Debussy et qu'il a traduit dans de multiples toccatas (ici pour orchestre, ailleurs pour piano). Puis c'est le « cortège », admirable épisode central conçu comme une progression dramatique sur un thème de fanfares en tierces parallèles, soutenu par les joyeux « battements de cœur » binaires à l'orchestre — ce thème d'abord énoncé *sotto voce* par les trompettes bouchées gagnant peu à peu d'enthousiasme tout l'orchestre, comme un grand feu de joie, pour se mélanger finalement au thème de « fêtes » en triolets (« se confondant en elle »). Puis, reprise du thème initial et de son mouvement perpétuel, qui finit par se dissiper, se vaporiser en éclats de « poussière lumineuse », gagné à son tour par l'entropie, mais sans tristesse, comme les dernières lueurs d'un feu d'artifice. Admirable conclusion, où le noir de la nuit se reconstitue, cependant que l'oreille perçoit encore, comme si elles étaient l'effet d'une rémanence lumineuse, quelques dernières « poussières » thématiques. Tout *Fêtes* est ainsi baigné dans une ambiance de merveilleux, qui semble prendre sa source dans des impressions d'enfance. *Fêtes* aurait été écrit « en mémoire des anciennes réjouissances populaires du bois de Boulogne, illuminé et envahi par la foule ; le trio des trompettes bouchées correspondrait au souvenir de la garde républicaine jouant la retraite » (propos de Debussy).

Le troisième mouvement, *Sirènes*, est une gageure, puisqu'il s'agit de faire une musique immobile, toujours changeante et toujours la même : « C'est la mer et son rythme innombrable ; puis parmi les vagues argentées de lune, rit et passe le chant mystérieux des sirènes. » Ces sirènes, auxquelles un chœur de femmes vocalisantes (8 sopranos, 8 mezzos) prête sa voix, chantent le motif le plus simple du monde : un appel de 2 notes sur un intervalle de seconde majeure *descendante*, toujours (dans un second thème dévolu au chœur, ce caractère descendant est encore plus marqué). Ici, le rythme n'est plus celui d'un mouvement perpétuel régulier, mais une espèce de flux et de reflux clapotant, fait d'une dentelle de petits rythmes doux. Un des aspects les plus importants de *Sirènes*, pourtant peu souvent relevé, est son caractère à la fois *légendaire* et *religieux*. « Je me suis fait une religion de la mystérieuse nature », dira Debussy en 1911, et on peut entendre *Sirènes* comme un « office » nocturne célébré par les voix de la mer, incitant au repos — voix berceuses, séduction de la mort et du repos éternel. On peut aussi entendre les 3 « esquisses symphoniques » de *la Mer*, écrites quelques années plus tard, comme le pendant diurne de *Sirènes* (commençant à l'aube pour aller vers midi), et comme une « revanche » solaire, une reconquête de la vie, après le triomphe de la « mort douce » chanté par les *Nocturnes*.

M. C.

NOCTURNES POUR LE ROI DE NAPLES. Dénomination globale attribuée à 8 œuvres composées par Haydn en 1790 pour le roi de Naples Ferdinand IV, qui séjournait alors à Vienne : n° 1 en *ut* (Hob.II.25), 2 en *fa* (Hob.II.26), 3 en *ut* (Hob.II.32), 4 en *ut* (Hob.II.31), 5 en *ut* (Hob.II.29), 6 en *sol* (Hob.II.30), 7 en *fa* (Hob.II.28), 8 en *sol* (Hob.II.27). Toutes ces œuvres ont 3 mouvements (avec introduction lente pour les n°^{s} 2 et 8), sauf le n° 1, qui en a 4, et le n° 6, qui en a 2 (son finale s'est sans doute perdu). Il est probable que les 6 premiers nocturnes furent conçus comme un tout, et que les 2 derniers forment le début d'une nouvelle série de 6 qui ne fut jamais achevée.

Ces ouvrages de haute maturité ont entre autres caractéristiques celle d'avoir été conçus pour un ensemble d'instruments solistes : 2 *lire organizzate*, 2 clarinettes (2 violons pour les n°^{s} 7 et 8), 2 cors, 2 altos et basse. La *lira organizzata* était une sorte de vielle dotée d'une série de petits tuyaux d'orgue. On jouait de cet instrument, dont la forme ressemblait à celle d'une guitare, en tournant de la main droite une manivelle, tandis que la main gauche manipulait une série de clés. La manivelle faisait tourner une roue de bois agissant comme un archet sur diverses cordes, et actionnait également les soufflets fournissant l'air pour les tuyaux. Le son produit n'était pas fort, mais perçant et aigu, deux octaves au-dessus de la note écrite : il ressemblait, selon les cordes mises en jeu, à celui d'un chalumeau ou d'un violon sans vibrato. La *lira organizzata* — ou vielle à roue, ou encore vielle avec orgue — atteignit le sommet de sa popularité vers 1780. Ferdinand IV en jouait avec passion. Il avait déjà commandé à Haydn, en 1786, 5 concertos pour 2 *lire organizzate* (Hob.VIIh.1-5), s'était également adressé dans le même but à des compositeurs tels que Johann Sterkel, Ignaz Pleyel et Adalbert Gyrowetz. A noter que, quand Haydn, en 1791-92, fit jouer à Londres certains de ces nocturnes, il remplaça les deux parties de *lira organizzata* par une partie de flûte et une partie de hautbois (par deux parties de flûte dans le cas du n° 3) et les deux parties de clarinette, quand il y en avait, par deux parties de violon ; de plus, il modifia quelque peu, dans certains cas, la partie de basse. Fut, en outre, composée à Londres (1792) l'introduction lente du n° 8.

Contemporains de la symphonie *Oxford** et des quatuors *Tost**, les *Nocturnes pour le roi de Naples* baignent dans la sérénité automnale des dernières années de Haydn à Esterháza et unissent de façon miraculeuse les ressources du style classique à son apogée à la légèreté de touche de l'esprit du divertimento.

M. V.

NOËL (du lat. *natalis*, « jour de naissance »). Nom populaire donné à la fête célébrant la naissance du Christ, et, par extension, aux chants non liturgiques de caractère populaire relatifs à ce même événement, ainsi qu'à leurs dérivés ; le mot « noël » devient même une interjection de caractère joyeux.

C'est à partir du IXe siècle que commencèrent à se développer des noëls presque toujours latins, mais qui, vers la fin du Moyen Âge, utilisèrent souvent le bilinguisme, latin vernaculaire (surtout français, allemand ou flamand). Les coutumes liées à la fête de Noël, notamment les quêtes d'enfants de chœur, ont, elles aussi, donné naissance à des chants spéciaux, dont le plus ancien connu (XIIIe s.) est sans doute un rondeau virelai d'Adam de la Halle, *Dieu soit en cette maison*. Les noëls proprement dits sont des chansons en langue vulgaire ou même en patois local, souvent parodiés sur des timbres préexistants, célébrant de façon imagée la naissance de l'Enfant divin en y mêlant volontiers des personnages familiers ou des allusions au temps présent. Ils se développèrent rapidement à partir du XVe siècle, d'autant plus que l'Église tolérait exceptionnellement la présence de ces chants joyeux au cours de la messe de minuit ou de la veillée qui la précédait souvent dans l'église. Pour la même circonstance, les organistes étaient autorisés, même à l'office, à sortir du style sévère qui leur était habituellement imposé et à jouer ou improviser des variations sur les noëls, quel qu'en soit le timbre original. Cela a donné lieu, surtout en France, aux XVIIe et XVIIIe siècles, à une ample littérature, où ils aimaient mettre en valeur, à cette occasion, les jeux de leur instrument.

De nombreuses provinces eurent leurs noëlistes dont plusieurs sont restés célèbres : Lucas Le Moigne à Paris, Nicolas Martin à Besançon, Nicolas Saboly à Avignon, etc. Le noël devint volontiers satirique au XVIIIe siècle, avec le Dijonnais Bernard de la Monnoye, faussement littéraire au XIXe avec Placide Cappeau (*Minuit chrétien*, mis en musique par Adolphe Adam), symbolique au XXe (Marie Noël). Les polyphonistes de la Renaissance ont également écrit des noëls, souvent à partir des modèles monodiques. J. C.

NOËLS POUR ORGUE. À la fin du XVIIe et durant tout le XVIIIe siècle, les organistes français eurent coutume d'improviser et d'écrire des variations sur des thèmes populaires de chansons de Noël. Le thème lui-même était d'abord exposé une première fois, accompagné de façon très simple ; puis des variations successives le reprenaient, en mettant en valeur les ressources sonores de l'orgue et la virtuosité de son exécutant. Les thèmes de noëls véhiculaient avec eux toute la saveur, essentiellement rustique, de la fête et du temps de Noël, la principale fête de l'année, et les organistes ne manquaient pas de glisser dans leurs variations des effets d'échos agrestes ou des imitations d'instruments pastoraux. Cette évocation, jointe au plaisir admiratif suscité par les prouesses des virtuoses, explique la vogue considérable dont ont joui ces œuvres, à l'éloquence parfois un peu creuse. Certains musiciens se sont fait une spécialité du noël pour orgue, et ont reçu de ce fait le nom de « noëlistes ». Lebègue est le premier à avoir composé des noëls pour orgue (publiés dans son 3e *Livre d'Orgue*, 1685 ?). Peu après, Gigault est le premier à consacrer un recueil exclusivement à des noëls (*Livre de noëls variés*, 1682). Après Raison, Dornel, Pierre et Jean-François d'Andrieu, c'est Louis-Claude d'Aquin qui apparaît comme le maître du genre, avec son *Nouveau Livre de noëls pour l'orgue et le clavecin, dont la plupart peuvent s'exécuter sur les Violons, Flûtes, Hautbois*, etc. (v. 1740), dont les douze pièces demeurent les plus populaires. Le genre se poursuivra avec des musiciens de moindre talent, Michel Corrette, Balbastre et, à la fin du siècle, Beauvarlet-Charpentier, Lasceux et Séjan. G. C.

NOIRE. — 1. **Valeur de note** immédiatement inférieure à la blanche*, dont elle représente la moitié. Elle est la transformation de l'ancienne *minime* noire et se marque dans le chiffrage* des mesures par le dénominateur 4 (= 1/4 de ronde), ou l'un de ses équivalents (v. C).

— 2. On appelle **notation noire**, jusqu'au XVIIIe siècle environ, la première notation mensurale dans laquelle toutes les valeurs sont noircies, alors qu'elles sont évidées dans la notation blanche ultérieure (XVe s.). En *notation noire*, la semi-brève (losange noirci) se divise en minimes noires (losange noirci avec queue), tandis que dans la *notation blanche*, conservée pour les mouvements lents jusqu'au XVIIIe siècle, la même semi-brève (losange évidé, future « ronde ») se divise en minimes blanches (losange évidé à queue, future « blanche ») et celles-ci en semi-minimes crochues (aspect d'une croche évidée ayant la valeur de notre noire). Dans la *notation mixte*, la plus fréquente, on adopte la notation blanche pour les valeurs longues jusqu'à la minime blanche (future blanche), et la notation noire en dessous, de sorte que la minime noire (future noire) divise la minime blanche (future blanche) en faisant fonction de semi-minime. Nous avons conservé le même principe en faisant de la noire la moitié de la blanche.

— 3. Dans la **notation proportionnelle du XVIe siècle**, dont il est resté des traces jusqu'au XVIe siècle, on employait parfois simultanément notes noires ou notes évidées quelle que soit la valeur. En ce cas, on convenait que la note noire vaudrait les 2/3 de la note blanche correspondante (*dénigration**). De là, le mot « dénigrer » est passé dans le langage courant pour y signifier « présenter une personne ou un fait en lui ôtant une partie de sa valeur réelle ». J. C.

NOME. Terme de musique grecque antique (signifiant « règle »), désignant des morceaux instrumentaux ou vocaux, dont le caractère et les circonstances d'exécution étaient fixés par la tradition et ne devaient donc pas être modifiés. Chaque nome portait un nom (nome pythique, nome orthien, etc.). J. C.

NOMOS-ALPHA. Œuvre pour violoncelle seul de Xenakis, composée entre 1965 et 1966 et créée à Brême en mai 1966 par Siegfried Palm. Le titre signifie : règles, lois, mélodie musicale particulière, mode. L'œuvre relève de la musique symbolique, et Xenakis investit là encore une structure hors temps faisant référence à la théorie de groupes de transformations, à la théorie des cribles et aux congruences modulo « z ».

Nomos-Alpha se veut un hommage aux travaux du philosophe musicien et mathématicien Aristoxène de Tarente, qui créa une axiomatique de la musique, à ceux du mathématicien Évariste Galois, qui fonda la théorie des groupes, et à ceux de Félix Klein, son successeur. Dans un avertissement, le compositeur écrivit néanmoins : « Ne me demandez pas de définir la musique par seule référence aux mathématiques. Ces deux "arts" ne s'identifient pas, ne peuvent se superposer, ils se recoupent seulement, certaines parties étant communes, mais il n'y a ni implication, ni égalité.... » A. F.

NOMOS-GAMMA. Œuvre de Iannis Xenakis pour 98 instrumentistes éparpillés dans le public, le chef se trouvant au centre de l'ensemble orchestre-assistance, composée en 1967-68 et créée en avril 1969, au festival de Royan. Aux 98 instrumentistes correspondent le plus souvent autant de parties réelles.

Musique puissante se terminant dans l'apothéose d'une importante percussion, *Nomos-Gamma* poursuit « l'organisation par un combinatoire hors temps et finie des ensembles d'éléments du son (expression voulant dire ici) ensembles de façons anciennes déjà et originales de jouer, ensembles de timbres, ensembles de constructions déjà plus élaborées à partir de relations d'équivalence entre caractéristiques du son (...), ensembles d'opérations à l'intérieur d'un ensemble (...) ou enfin des ensembles issus de produits d'ensembles par toutes sortes de mises en correspondance (...) Ces mises en correspondance sont comptabilisées, classées et organisées à l'aide des principes de la structure des groupes. Ainsi, des groupes variés sont exploités, leurs structures internes et leurs interdépendances sont mises en relief musicalement (...) Les isomorphismes sont établis de diverses façons (...) On obtient ainsi des structures de plusieurs étages d'abstraction (...) Ainsi, une puissante machinerie déterministe et finie est promulguée. Est-ce le symétrique des machineries stochastiques et probabilistes déjà proposées ? (...) *Nomos-Gamma* représente l'envers nécessaire de la médaille. Les deux pôles, l'un le hasard pur, l'autre déterministe, sont dialectiquement confondus dans l'esprit de l'homme (peut-être dans la nature aussi comme l'avait déjà voulu Épicure), qui doit pouvoir circuler dans un va-et-vient constant, avec aisance et élégance à travers le mur fantastique du désarroi devant l'irrationnel, qui sépare l'indéterminé (s'il existe) du déterminé. Indicatrices sans doute d'un destin » (Iannis Xenakis, Bloomington, Indiana, 1967). A. F.

NONE (du lat., « neuvième »). Le dernier des 4 offices, dits « petites heures », répartis primitivement tout au long de la journée (prime, tierce, sexte, none). Il correspondait à la 9e heure romaine (environ 15 h de l'horloge actuelle), d'où son nom (v. HEURES). J. C.

NONES. Œuvre pour orchestre de Luciano Berio (1954), d'abord conçue comme un oratorio et dont le titre signifie « la neuvième heure » (3 heures de l'après-midi). Prenant prétexte d'un poème de W. H. Auden décrivant la Passion du vendredi saint, dans un contexte d'indifférence et de quotidienneté, elle utilise une série de 13 sons fondée notamment sur des successions de tierces majeures et mineures. Cette série se divise en 2 parties qu'enchaîne une note-pivot centrale (*la* bémol), et comprenant à leur tour 2 sous-parties de 3 notes chacune. Les 2 sous-parties extrêmes ont la même note centrale, *ré*. Affirmant sa filiation avec Webern et Dallapiccola, Berio « emprunte » au premier sa concision et sa poétique, et au second la caution d'une liberté reconquise sur les rigueurs du système sériel et d'une expression tournant le dos aux spéculations purement intellectuelles.

Nones, partition néanmoins extrêmement structurée, utilise avec une rare finesse et une grande subtilité expressive la « mélodie de timbres ». Le « thème » est suivi de 5 variations en forme globale d'arche, divers moments de détente encadrant la tension médiane. Au niveau sériel, il y a, en outre, 7 durées de base, 7 intensités différentes, 5 modes d'articulation, et enfin l'alternance de passages tendus aux rythmes rapides et de moments plus détendus d'un chromatisme dense et se polarisant plus ou moins sur une note. *Nones* est une pièce courte et ascétique, mais puissante et sensuelle. On peut parler à son sujet d'épanouissement méditerranéen de la pensée sérielle. A. F.

NONET ou **NONETTO**. Pièce musicale écrite pour 9 instruments. Les « nonets » sont assez rares. On connaît le *Nonetto* de Ludwig Spohr, pour violon, alto, violoncelle, contrebasse, flûte, hautbois, clarinette, cor et basson, et celui de Naumann, pour la même formation combinant un quatuor de cordes et un quintette de vent ; plus récemment, des nonets de Bohuslav Martinů, Aloïs Haba et Carlos Marina. Ils adoptent généralement la forme de la sonate. Le mot « nonet » peut aussi désigner la formation instrumentale réunie pour l'exécution de ces pièces. M. C.

NONETTO (*Impression rapide de tout le Brésil*). Œuvre pour flûte, hautbois, clarinette, saxophone, basson, célesta, harpe, piano, chœur mixte et batterie d'Heitor Villa-Lobos, composée en 1923, donnée en première audition à Paris le 30 mai 1924, par un ensemble dirigé par le compositeur. Cette puissante création justifie pleinement son sous-titre en évoquant différents aspects de la musique brésilienne en un canevas très dense d'un quart d'heure. Elle est bâtie à partir de cellules mélodiques et rythmiques travail-lées en textures où le langage harmonique conserve une entière liberté. La diversité instrumentale est génératrice de timbres très colorés ; le chœur, considéré comme instrument indépendant, émet des syllabes dénuées de signification, utilisées pour l'effet de sonorité, et hurle de surprenantes onomatopées. La vie rythmique est soutenue par un ensemble de percussions variées, où l'apport d'instruments typiquement brésiliens est destiné à rendre des sonorités primitives. P. V.

NONO (*Luigi*), compositeur italien (*Venise 1924*). Il commença le piano dès l'âge de douze ans pour l'abandonner deux ans plus tard. Ce n'est qu'à dix-sept ans, grâce à sa rencontre avec Malipiero, que s'ouvrirent à lui « tous les horizons de la musique ». Ses véritables études musicales débutèrent en 1941. Nono n'a guère gardé de souvenirs de son passage en « auditeur libre » au conservatoire Benedetto-Marcello de Venise. Cinq années passèrent avant sa rencontre décisive avec Bruno Maderna, avec qui il reprit ses études « depuis leurs débuts ». En 1946, il obtint, en outre, ses diplômes de droit à l'université de Padoue. Devenu élève de Scherchen à Zurich en 1948, Nono découvrit Schönberg et Webern, deux compositeurs qui exercèrent alors sur lui une grande influence. En témoigne sa première œuvre, les *Variations canoniques* sur la série de l'opus 41 (*Ode à Napoléon*). L'œuvre, créée en 1950 par Hermann Scherchen, fit scandale. Nono venait pourtant de signer là une page transparente et lumineuse, d'une expressivité toute méditerranéenne. Suivirent plusieurs œuvres se réclamant de ce style, tôt qualifié par la critique de pointillisme postdodécaphonique : *Polifonica-monodica-ritmica* (1951), *Composizione per orchestra I* (1951), *España en el corazón*, pour soprano, baryton, petit chœur mixte et orchestre (1952), *Y su sangre ya viene cantando*, pour flûte, cordes et percussions (1952), *Romance de la guardia civil española*, pour récitant, chœur parlé et orchestre (1953), *Due espressioni per orchestra* (1953), *la Victoire de Guernica*, pour chœur mixte et orchestre (1954), *Canti*, pour 13 instruments (1955), *Incontri*, pour 24 instruments (1954). Autant d'œuvres usant d'une technique sérielle souple qui ne renonce jamais ni à l'expressivité ni au lyrisme lumineux et ensoleillé qui sont les marques stylistiques du langage de Nono. Déjà, on peut remarquer son intérêt pour l'instrument le plus humain, le plus direct, le plus brut : la voix. Cette passion ne devait jamais le quitter. Toujours dans l'esprit de Webern, *Il Canto Sospeso* (1955) marqua cependant un tournant à la fois esthétique et idéologique dans la démarche de Nono, qui, désormais, allait plier son art aux exigences de son engagement social et politique comme membre du P. C. I.

En 1955, Nono épousa Nuria, fille d'Arnold Schönberg. Pendant deux années consécutives (1958 et 1959), il donna des cours à Darmstadt, puis, après 1959, à Darlington (Angleterre). En 1960 eut lieu la création d'*Intolleranza*, action scénique (opéra) en 2 actes et 11 tableaux ayant pour sujet l'histoire d'un émigrant, qui, aux prises avec l'oppression fasciste, découvre à la fois l'horreur et l'amour dans les camps de concentration. L'œuvre fut diversement accueillie.

Or, si Nono n'est ni « un compositeur à manifestes, ni un musicien politique » (Martine Cadieu), il se veut témoin, et témoin à charge, d'une société corrompue, injuste, violente et destructrice. Aussi s'insurgea-t-il aussi bien contre l'antisémitisme et les camps de la mort que contre les guerres d'Algérie, du Viêt-nam et contre les dictatures d'Amérique latine. Il fut actif aussi sur le terrain, apportant le concert dans les usines, la musique contemporaine dans les halls ou les grands magasins, et il lui arriva de refuser les circuits de diffusion officialisés (par ex. les festivals), ce qui, par exemple, le conduisit en 1968 à décliner l'invitation qui lui était faite de participer à la Biennale de Venise. Cette prise de position caractérisa surtout les années 60. C'est pourquoi Nono consacra alors une grande partie de son activité créatrice à la musique électroacoustique, celle-ci, une fois réalisée sur bande, étant facilement transportable dans la rue ou dans les usines. Nono n'en continua pas moins à pratiquer un art sans concessions. D'où un hiatus, absurde mais logique, entre utopie et pratique concrète. Dans ce contexte idéologique se situent notamment *Un volto del mare*, pour 2 voix, chant et bande magnétique (1968), et *Non Consumio Marx*, montage de non-musique avec slogans et sons électroniques (1969), diptyque écrit contre la Biennale de Venise de 1968 à laquelle il avait refusé de participer.

En rapport avec ses conceptions politiques apparaît son traitement des masses chorales. Pour lui, un chœur n'est pas fait de musiciens réunis pour chanter « de concert », mais représente plutôt des individualités soudées en une équipe de travail et dont les différences font la richesse de l'expérience vécue par le collectif ainsi formé. Ainsi faut-il percevoir déjà *Cori di Didone*, pour chœur et percussion (1958). En 1964, Nono dédia sa *Fabricca* Illuminata* aux ouvriers en grève de l'Italsider de Gênes, affirmant par ce geste son désir de demeurer de plain-pied dans la vie sociale de son propre pays. Refusant l'élitisme, il tenta d'insérer sa musique dans le tissu social, dans les lieux non sacralisés par la notion de concert-spectacle. Dans *Ricordi cosa ti hanno fatto in Auschwitz*, pour bande magnétique, il fit un usage poétique et lyrique d'un matériau ingrat préenregistré en studio. En 1966, *A Floresta e Jovem e cheja de Vida*, pour bande magnétique, voix, clarinette et percussion, fut dédié au Front national de libération du Viêt-nam, et, en 1971, *Ein Gespenst geht um die Welt (Un fantôme rôde de par le monde)*, pour soprano, chœur et orchestre, le fut à Angela Davis.

Depuis la fin des années 60, Nono a donné une série de partitions de grande envergure, qui le font apparaître, envers et contre tous, comme un créateur puissant, profondément humain et chaleureux. Sa musique n'est jamais sèche, étriquée. Elle ne se contente pas d'être « belle », elle interroge. Là aussi réside assurément sa grandeur de créateur.

Œuvres principales. *Variations canoniques* sur une série de Schönberg, pour orchestre de chambre (1950); *Polifonica, Monodia, Ritmica*, pour 6 instruments et percussion (1951); *Composizione per orchestra I* (1951); *España en el corazón*, 3 études pour soprano, baryton, chœur mixte et instruments, sur des textes de García Lorca et de Neruda (1952); *Y su sangre ya viene cantando*, pour flûte, cordes, percussion (1952); *Romance de la guardia civil española*, pour récitant, chœur parlé et orchestre sur un texte de García Lorca (1953); *Due espressioni*, pour orchestre (1953); *le Manteau rouge*, ballet (1954); *la Victoire de Guernica*, pour chœur, voix et orchestre sur un texte d'Eluard (1954); *Liebeslied*, pour chœur, harpe et percussion (1954); *Canti*, pour 13 instruments (1955); *Incontri*, pour 24 instruments (1955); *Il Canto Sospeso*, pour soprano, contralto, ténor, chœur et orchestre d'après les lettres d'adieu de résistants condamnés à mort (1956); *Varianti*, pour violon solo, cordes et bois (1956); *La Terra e la Compagna*, pour soprano, ténor, vents et percussion sur un texte de Pavese (1958); *Cori di Didone* pour chœur et percussion sur un texte de Ungaretti (1958); *Diario Polacco*, « composition » pour orchestre nº 2 (1959); *Omaggio a Emilio Vedova*, musique électroacoustique (1960); *Intolleranza 60*, action scénique sur les textes de Brecht, Eluard, Sartre, etc. (1960); *Sul Ponte d'Hiroshima : Canti di Vita e Amore*, pour soprano, ténor et orchestre (1960); *Canciones a Guiomar*, pour soprano, chœur et ensemble instrumental sur un texte de Machado (1963); *La Fabbrica Illuminata*, pour voix et bande magnétique sur des textes de Scabia et de Pavese (1964); *Ricordi Cosa ti Hanno Fatto in Auschwitz*, pour bande magnétique électroacoustique (1965); *A Floresta e Jovem e cheja de Vida*, pour voix, clarinettes, plaques, bande magnétique (1966). *Per Bastiana Tai-Yang*, pour bande magnétique et instruments (1967); *Contrappunto Dialettico Alla Mente*, composition stéréophonique d'après le manifeste féministe de Harlem (1968); *Un volto del mare*, pour voix et bande magnétique sur un texte de Pavese (1969); *Non Consumio Marx*, pour voix et bande magnétique sur des textes de mai 68 (1969); *Y Entonces comprendio*, pour voix et bande magnétique (1970); *Ein Gespenst geht um die Welt*, pour soprano, chœur et orchestre dédié à Angela Davis (1971); *Como Una Ola de Fuerza y Luz*, pour soprano, piano, orchestre et bande magnétique (1972); *Canto per il Viet-Nam*, pour chœur mixte (1972); *Al Gran Sole Carico d'Amore*, action scénique (1975). *Sofferte Onde Serene*, pour piano « live » et enregistré (1976); *Con Luigi Dallapiccola*, pour percussion (1979); *Fragmente Stille an Diotima*, pour quatuor à cordes (1980); *Das atmende Klarsein*, pour flûte basse, petit chœur et live électronique (1981); *Io, Frammento dal Prometeo*, pour 3 sopranos, petit chœur, flûte basse, clarinette, contrebasse et live électronique (1981), *Diarao Polacco nº 2* pour voix, instruments et amplification électronique (Venise, 1982). A. F.

NORDGREN (Pehr Henrik), compositeur finlandais (Helsinki 1944). Elève de J. Kokkonen, il poursuit des études à l'université d'Helsinki (musicologie), puis à l'université de Tokyo (musique traditionnelle) et vit maintenant dans le village de Kaustinen, en Finlande, au milieu des *pelimannit* (« ménétriers ») comme *läänintaiteilija*, « artiste régional ».

Dans son œuvre, il a réussi à opérer une synthèse de styles entre les musiques folkloriques finnoise et japonaise et un langage contemporain, lui-même extrêmement composite. Cette réussite apparaît notamment dans le *Concerto pour clarinette, instruments populaires et petit orchestre* op. 14, œuvre originale et ambitieuse (1970); le *Concerto d'automne*, pour instruments traditionnels japonais et orchestre op. 18 (1974); les *Pelimannimuotokuvia* op. 26, pour cordes (« Portraits de ménétriers », 1976). Ce dernier ouvrage précède et annonce le *Quatuor nº 1*, pour instruments traditionnels japonais op. 19 (1974) et *Seita* op. 42 (1978), pour 2 kotos et jushichige.

Parallèlement, Nordgren a commencé, en 1972, ses *Ballades d'après les histoires japonaises de fantômes* de Lafcadio Hearn (10 pièces pour piano). A côté de ces œuvres, il faut également retenir ses nombreuses œuvres pour orchestre : les 3 *Euphonies* (1967 et 1975); 2 *Concertos pour alto*, 1 *Pour piano*, 1 *Agnus dei* op.15 (1970); *The Turning Point* op. 16 (1972); la *Symphonie* op. 20 (1974); *Summer Music* op. 34 (1977); la *Symphonie pour cordes* op. 43 (1978); 3 *Quatuors à cordes*, un *Quintette avec piano* (1978). H.-C. F.

NORDHEIM (Arne), compositeur norvégien (Larvik 1931). Il a étudié à Oslo, puis à Copenhague avant d'effectuer un stage de musique électronique à Paris. Ses premières œuvres importantes sont *Aftonland* (1957), puis *Canzona*, pour orchestre (1960), qui annonce une période créatrice extrêmement prolifique et riche. « Tout doit chanter » est la règle de conduite de ce compositeur, qui rejoint vite l'avant-garde musicale et se tourne de plus en plus vers les moyens électroniques : *Katharsis*, 1962; *Epitaffio*, 1963; *Favola*, 1965; *Response* I-III, 1966, musique électroacoustique; *Eco*, 1967-68; *Colorazione, Solitaire* et *Warszawa*, 1968; musique pour le pavillon norvégien de l'exposition d'Osaka, 1970; *Pace* et *Lux tenebrae*, 1970. Depuis cette date, il combine une technique d'écriture orchestrale en larges clusters et des procédés contrapuntiques : *Floating*, 1970; *Greening*, 1973; puis les œuvres plus complexes : *Forbindelser* (Connexions, 1975), *Doria* et *Spur* (1975), *Ariadne* (1977).

Le succès de Nordheim dans son pays a trouvé un écho à l'étranger, où il est aujourd'hui le compositeur norvégien vivant le plus joué. H.-C. F.

NORDIQUE (STYLE MUSICAL). Il existe un style musical commun à la Finlande (civilisation finno-ougrienne) et aux pays scandinaves (civilisation viking) : Danemark,

Islande, Norvège et Suède, qui est le produit d'un fonds commun ou devenu tel (fonds historique, politique et sociologique, mais aussi ethnographique et ethnomusicologique). Pour le définir, on n'utilise pas le terme de style *scandinave*, incomplet et restrictif, mais celui de *nordique*, qui correspond à la réalité historique de l'unité politique des 5 pays (en scandinave : *Norden*, en finnois : *Pohjoismaat*). Il est important de noter qu'il ne s'agit pas seulement de ce qu'on appelle un style « nationaliste », mais d'un phénomène esthétique beaucoup plus riche et complexe.

Il faut attendre le XIXe siècle et la naissance des mouvements romantiques et nationaux-romantiques pour que l'interpénétration structurelle et politique entre la Suède, le Danemark, la Norvège et la Finlande aboutisse, dans ces pays, à l'élaboration d'œuvres musicales dans lesquelles certaines caractéristiques stylistiques communes laissent apparaître, en dehors de toute idée d'école, une convergence esthétique et expressive (*cf.* articles MUSIQUE dans le domaine danois, finlandais, islandais, norvégien, suédois). Issu du mouvement littéraire en Suède, Danemark et Norvège, cet embryon de style commun est renforcé en Finlande par un fort mouvement nationaliste et indépendantiste. Il apparaît tout d'abord dans les ouvrages lyriques (*Elverhøj* de Kuhlau en 1828), puis, par le biais de l'ouverture d'opéra, dans le domaine symphonique (ouverture d'*Yrsa* de J. P. E. Hartmann en 1883, symphonies de N. Gade). Ce style commun se définit surtout par un coloris orchestral assez sombre et proche de celui de Brahms, tandis que la forme et le style s'accommodent encore de ceux prônés par Mendelssohn, musicien de tempérament nordique et classique. On introduit des mélodies populaires ou folkloriques dont les références littéraires sont trouvées chez les Danois Oelenschläger et B. S. Ingeman et dans l'œuvre des Norvégiens Bjørnsson et Ibsen. Parallèlement, la mélodie se caractérise au Danemark tout d'abord avec C. F. E. Weyse *(1774-1842)*, puis avec P. Heise *(1830-1879)* et P. E. Lange-Müller *(1850-1925)*; mais c'est E. Grieg, suivi par A. Backer-Grøndahl *(1847-1907)*, qui va réellement libérer le genre des influences germaniques. Les caractéristiques de la mélodie nordique sont, outre le thème littéraire qui traite généralement de l'être humain devant la nature et face à sa destinée, un style musical qui comporte de brutales oppositions majeur-mineur (par l'action de la tierce flottante, empruntée au folklore norvégien, mais qui existe également en Finlande), une prédominance de septièmes majeures et mineures et de quartes justes et augmentées, l'utilisation d'échelles modales et un accompagnement de style impressionniste ; on retrouve également ce dernier dans les pièces pour piano (*Lyriske Stykker* de Grieg) et il deviendra l'une des caractéristiques du style nordique.

Les derniers apports stylistiques importants seront le fait de J. Sibelius, notamment dans ses mélodies, dont beaucoup ont été écrites sur des textes suédois, et dans ses poèmes symphoniques, où il introduit l'impressionnisme (*En saga*, 1892-1901 ; *les Océanides*, 1914 ; *Tapiola*, 1926). Deux innovations vont également s'insérer dans les caractérisations du style nordique. Tout d'abord, Sibelius crée une nouvelle forme issue de la cantate et de la ballade, deux genres appréciés, alors, dans les pays nordiques (*Tulen synty*, 1902 ; *Luonnotar*, 1910). Si le style de l'œuvre doit beaucoup à la langue finnoise et à la mélodie kalevaléenne, formellement, elle crée un genre qui sera repris par maints compositeurs (par ex. T. Kuula en Finlande, I. Lidholm en Suède et surtout E. Bergman). D'un autre côté, nous sommes redevables aussi bien à Sibelius qu'à Nielsen de l'élaboration du renouvellement des méthodes d'écriture par un principe organique de composition aujourd'hui dénommé la *métamorphose*, et qui joue actuellement un rôle aussi important que celui des techniques sérielles dans les années 50.

Depuis Grieg, Nielsen et Sibelius, les caractéristiques du style nordique, qui ont influencé sous des formes diverses presque tous les compositeurs du XXe siècle, n'ont que peu évolué et seuls, en Finlande, E. Bergman et, au Danemark, P. Nørgård ont réussi à aller au-delà, l'un de la forme cantate-ballade sibelienne, l'autre des principes de la métamorphose ; néanmoins l'adoption quasi unanime d'aspects du style nordique n'a toutefois pas tué les caractéristiques musicales nationales, notamment en Islande. Plus européanisés, les Danois et les Suédois se sont généralement rattachés à un certain classicisme germanique longtemps représenté par l'école de Leipzig ; les Norvégiens, impressionnistes et romantiques, et les Finlandais, plus introvertis, sont moins attachés à la technique qu'aux problèmes existentiels de la composition ; les Islandais, tard venus dans le concert nordique, apparaissent, tel leur volcan Hekla, comme des romantiques explosifs.

Enfin, il faut signaler, et ce n'est pas le moins important, que, depuis 1888, date du premier festival de musique nordique, organisé à Copenhague, la coopération internordique a porté systématiquement sur tous les domaines musicaux (diffusion, création, éducation, édition, interprètes) et facilite plus encore les échanges et la connaissance de ce qui se fait dans chacun des cinq pays du *Norden*. H.-C. F.

NORDRAAK *(Richard)*, compositeur norvégien *(Oslo 1842 - Berlin 1866)*. Il reste peu d'œuvres de ce compositeur, mort de la tuberculose à vingt-trois ans. On connaît une musique de scène pour la pièce *Marie Stuart* (1864-65) de son cousin B. Bjørnson, une autre pour *Olav Trygvason* (1865), des romances et quelques pièces pour piano. Mais son rôle aura été essentiel lors de sa brève rencontre en 1865 à Copenhague avec E. Grieg, car, à cette occasion, alors que Grieg était encore sous l'influence de l'enseignement de N. Gade, il lui communiqua sa foi en la possibilité de créer une musique nationale norvégienne (*cf.* le groupe *Euterpe* avec C. Horneman et G. Matthison-Hansen). Il est l'auteur de l'hymne national norvégien, *Ja, vi elsker dette landet...* (« Oui, nous aimons ce pays-ci... »).
H.-C. F.

NØRGÅRD *(Per)*, compositeur danois *(Copenhague 1932)*. Après des études dirigées par V. Holmboe et F. Høffding à Copenhague puis par N. Boulanger à Paris, il fit, très tôt, preuve d'une incontestable personnalité et ses premières œuvres (*Sonate pour piano no 1*, 1952, rév. 1956 ; *Sinfonia austera*, 1954 ; *Triptychon*, 1957 et surtout la *2e Sonate pour piano*, 1957, et *Constellations* pour 12 cordes, 1958) se caractérisent par la densité d'écriture et du rythme. Dans les années 60, son style s'épure et la canalisation de ses recherches et de ses idées produit des œuvres d'une grande intensité comme *Fragment VI* (1959-1961), l'oratorio *Dommen* (« Le Jugement », 1962), l'opéra *Labyrinten* (1963) et le ballet *Den unge mand skal giftes* (1964). On peut considérer que Nørgård atteint une maîtrise totale de son système d'écriture à la fin des années 60 et presque toutes les œuvres qu'il écrit alors témoignent non seulement de la possession de son langage mais de la force de l'expression. En 1967 et 1968 il compose une trilogie orchestrale : *Iris, Luna et Voyage à travers l'écran d'or* qui établit la base de son langage, sans qu'il y ait d'ailleurs rupture avec ses œuvres précédentes. Viennent ensuite la 2e symphonie (1970), l'opéra-épopée *Gilgamesh*, en 6 jours et 7 nuits (1971), la *3e Symphonie* (1973-1976), *Nova Genitura* (1975) et *Seadrift* (1978).

Per Nørgård s'est lui-même considéré, dans les années 50, comme un compositeur « nordique » ; il réunit, en fait, une double tendance non contradictoire : la première est d'essence spirituelle et fait appel aux sources de l'existence, à l'appartenance de l'homme à un monde cosmique, à la spiritualité ; la seconde se réfère aux réalités mathématiques, au nombre d'or, aux séries numérales, à l'expérimentation sonore, à l'analyse des phénomènes naturels, physiques ou chimiques.

Il est la plus forte personnalité que le Danemark ait connue depuis C. Nielsen. H.-C. F.

NORMA. Opéra en 2 actes de Vincenzo Bellini, sur un livret de Felice Romani, d'après la tragédie d'Alexandre Soumet (1831) inspirée de Chateaubriand, créé à la Scala de Milan le 26 décembre 1831.

ACTE PREMIER. (La forêt sacrée des druides, près du chêne d'Irminsul, en Gaule.) *Oroveso (b), père de la druidesse Norma, convie les siens à se rendre sur les collines* (Ite sul colle) *pour interroger la lune nouvelle qui doit dicter l'heure de la rébellion. Après leur départ, le proconsul romain Pollione (t) révèle à son ami Flavio (t) qu'il est las de Norma, dont il eut secrètement deux enfants : il aime désormais la jeune vestale Adalgise. Mais un songe funeste* (Meco all'altar di Venere) *l'inquiète. Il s'éloigne, et Norma (s) s'avance avec son père, les druides et le peuple : d'une voix terrible elle annonce que l'heure du combat n'a pas encore sonné* (Sediziose voci), *puis elle entonne une invocation à la lune* (Casta diva), *que suit un brillant aparté* (Ah, bello a me ritorni) *dans lequel elle dit son amour pour l'infidèle. C'est maintenant Adalgise (s ou ms) qui paraît* (Sgombra è la sacra selva), *avouant son amour coupable pour Pollione, qui la rejoint, et l'adjure de le suivre à Rome* (duo : Vieni a Roma). [La demeure de Norma.] *La druidesse confie son inquiétude à sa suivante Clotilde (ms) : Pollione, réclamé à Rome, ne l'en a pas avertie. Paraît Adalgise qui lui confesse sa passion encore pure* (duo : Sola, furtiva, al tempio) *pour un Romain : par son arrivée, Pollione se trahit, et, dans un superbe trio, Norma met en garde Adalgise* (Oh ! di qual sei vittima), *puis maudit Pollione, cependant que la jeune fille jure de rendre à Norma son ancien amant.*

ACTE II. (Chez Norma.) *Norma lève le poignard sur ses enfants endormis, puis les contemple avec tendresse* (Teneri figli — cette superbe cantilène sera reprise par Chopin dans la 7ᵉ étude de l'op. 25), *et, poussant un cri rauque, jette son arme. On amène Adalgise, et, en un long duo, Norma la supplie de conduire ses enfants à Pollione* (Deh, con te gli prendi), *car elle doit expier son désir criminel. Mais Adalgise lui réaffirme son serment* (Mira, o Norma) *et les deux femmes se jurent fidélité* (Si, fino all'ore estreme). [Près du bois des druides.] *Oroveso conseille aux siens de se préparer en secret au combat* (Ah ! del Tebro). [Près du temple d'Irminsul.] *Norma, confiante, attend le retour de Pollione, mais on apprend que celui-ci a tenté en vain d'enlever Adalgise qui veut désormais prononcer ses vœux. Norma appelle alors les Gaulois au combat. Puis, au moment de frapper le coupable, elle hésite, et, demeurée seule avec Pollione* (In mia man, alfin tu sei), *lui demande d'oublier Adalgise. Sur son refus, elle jure vengeance, appelle les siens et leur annonce le sacrifice d'une prêtresse infidèle à ses vœux. Mais, après un dernier combat intérieur, c'est elle qu'à la stupeur de tous elle dénonce comme coupable. Elle confie alors ses enfants à son père* (Deh, non volerli vittime), *puis, comme transfigurés, Norma et Pollione s'avancent vers le bûcher purificateur.*

La création de cet opéra ne fut pas exactement le fiasco souvent décrit : plusieurs numéros en furent appréciés — notamment l'entrée de Pollione et les duos de l'acte II —, Bellini vint saluer quatre fois, et l'opéra fut joué trente-quatre fois consécutives. Mais deux cabales avaient été fomentées ce soir-là : l'une contre Bellini par l'amie du compositeur Pacini (intime de Rossini, ce qui éveilla chez Bellini une méfiance injustifiée envers son aîné), l'autre contre Giuditta Pasta *(1797-1865)*, pour qui le compositeur avait modelé le rôle de Norma, et qui, bien que célèbre de longue date, débutait seulement à la Scala, irritée, et fatiguée par les répétitions dont la dernière avait eu lieu le matin même.

Considérée comme le chef-d'œuvre de son auteur, mais aussi comme le prototype de l'opéra romantique italien, n'ayant jamais quitté l'affiche depuis cent cinquante ans, l'œuvre fut pourtant écrite avec une hâte inhabituelle à son auteur : c'est le 23 juillet seulement que Bellini avait choisi cette pièce récente d'Alexandre Soumet *(1788-1845)*, représentée à l'Odéon, à Paris, le 6 avril précédent ; *Norma ou l'Infanticide* évoquait encore les sujets romains, de mise sous Napoléon, et se réclamait au moins de trois sources : le livret de *la Vestale* dû à Étienne de Jouy et mis en musique par Spontini à Paris en 1807, l'épisode de Velléda des *Martyrs* de Chateaubriand (1809), et enfin le mythe de Médée, remis en mémoire aux Parisiens par le récent opéra de Cherubini (1797).

Mais Felice Romani *(1788-1865)* n'était guère partisan du délire romantique. Il bâtit ici une véritable tragédie à l'antique, avec de superbes vers, mais dont il exclut toute déraison, consentant exceptionnellement à une conclusion de caractère tragique parce qu'elle représentait la catharsis des héros et non la condamnation d'un innocent. Quant à Bellini, pressé par le temps, il utilisa très à propos des fragments d'un *Ernani* inachevé, cita son propre opéra *Bianca e Fernando*, et emprunta au moins deux fois au *Moïse* de Rossini, dont la mélodie initiale de *Casta diva*, cette cavatine qu'il dut, dit-on, reprendre une dizaine de fois pour contenter son interprète. R. M.

NORMAN *(Jessye)*, soprano américaine *(Augusta, Géorgie, 1945)*. Elle étudie l'opéra et le lied à l'université Howard de Washington auprès de Carolyn Grant (1967), au conservatoire Peabody de Baltimore et à l'université du Michigan (1968), auprès d'Elisabeth Mannion et de Pierre Bernac. Premier prix du Concours international de Munich (1968), elle entreprend une tournée en Europe qui la mène à l'Opéra allemand de Berlin : elle y chante son premier rôle, Elisabeth de *Tannhäuser* (1969). Engagée dans la troupe, elle incarne la Comtesse des *Noces de Figaro*. De 1971 à 1972, elle se produit sur les scènes italiennes, chantant *Idoménée* à Rome, Selika de *l'Africaine* de Meyerbeer au Mai musical florentin, Aïda à la Scala de Milan. Pour ses débuts au Covent Garden, elle chante Cassandre dans *les Troyens* de Berlioz (1972). C'est en Allemagne qu'elle retrouve la scène, incarnant Ariane à Naxos à Hambourg (1980) et à Francfort (1981). Mais elle se produit principalement en concert ou en récital. Dotée d'une palette vocale riche en coloris et en nuances, elle en joue avec raffinement, utilisant au mieux un médium et un grave d'une étendue inhabituelle chez une soprano. Cela confère à ses interprétations de lieder et de mélodies françaises une force d'émotion peu commune. M. W.

NORVÈGE. Les origines musicales norvégiennes se confondent avec celles de la Suède et du Danemark. Les *lurerna* (sing. lur*), « trompettes » recourbées de l'âge de bronze — il y a trois mille ans —, rejoignent la harpe, le *gige* et le *fele* (instruments à cordes frottées) mentionnés dans les sagas du premier millénaire *(Edda, Yngling saga)* et il est aujourd'hui difficile de connaître les rôles respectifs exacts et l'évolution des musiques instrumentale et vocale (ballades). Les plus anciennes formes d'expression musicale connues sont liées à l'élevage du bétail et à l'agriculture : *huvning, taling, kauking, hjuringlåt* et *bukkhornlåt*. Tandis que les plus vieilles chansons disparaissaient au cours du XIXᵉ siècle, la musique instrumentale de danse : *bygdedansar (springar, pols, gangar, rull* et *halling)*, introduite en Norvège vers 1200, s'enrichissait au XVIIᵉ siècle *(ril, figaro, fransese, sekstur, firetur)*, puis au XVIIIᵉ *(kvadrilje, anglais, lancier, vals, galopp, polka)*. Les instruments populaires les plus usités ont pour noms : *bukkehorn, neverlur, munnharpe, selje-flöyte, langeleik* (longue harpe), *sälgpipa, mungiga, fiol* et plus tard le *hardingfele** (vers 1650) ou violon de Hardanger, également appelé *gigja*. La musique instrumentale est principalement une musique de danse *(slåtter)* mais peut aussi être de la musique pure *(lyarslåttar)*. Les chansons populaires regroupent les légendes (tel *Draumkvaedet*), les poésies épiques et lyriques et les variations sur des chorals religieux. Sur le plan musical, nous retiendrons l'utilisation de gammes non tempérées incluant des 3/4 de ton.

La musique savante des origines à 1800. Le *tvisöngur*, chant parallèle et antiparallèle cité dans les sagas islandaises, prend probablement son origine en Norvège. C'est à cette forme musicale que se heurte le chant grégorien lors de la christianisation du pays (le *Magnushymne*, dédié en 1100 à Magnus Orkenøyjarl, est noté en tierces parallèles), et, si les missionnaires viennent d'Angleterre, c'est l'influence française qui prévaut. Mais la Norvège, depuis 1380 sous la domination du Danemark, est politiquement et géographiquement isolée, et les seuls musiciens du pays furent jusqu'à la fin du XVIIIe siècle presque exclusivement de simples paysans. La première institution musicale profane remonte au XVIIe siècle avec les « musiciens de ville », association populaire qui existera jusqu'en 1840, animée notamment par F. C. Groth, par A. Flintenberg *(1735-1813)*. On doit à l'Église d'avoir permis l'éveil d'un courant musical savant.

Ce n'est qu'après 1500 que l'on assiste à la réforme culturelle protestante (H. Thomissøn : *Den danske Psalmebog*, 1569, et N. Jesperssøn : *Graduale*, 1573) et les premières œuvres savantes connues sont le *Cor mundum crea in me Deus* pour chœur à 4 voix attribué à C. Ecchienus (vers 1600) et le motet *Gott der Herr sprach* de J. Nesenus *(apr. 1550 - 1604)*.

Avec l'époque baroque apparaît la première floraison de compositeurs. Georg Bertouch *(1668-1743)* est né en Allemagne ; commandant de la forteresse de Christiania (Oslo), il écrit d'intéressantes cantates et 24 sonates dans tous les tons du tempérament alors nouveau. Johan Daniel Berlin *(1714-1787)* est né en Lituanie ; organiste à Trondheim, ingénieur, architecte, mathématicien, il eut plusieurs fils qui furent également musiciens, notamment Johan Henrik *(1741-1807)*, qui développa en Norvège le style de l'école classique viennoise. Johan Henrik Freithoff *(1713-1767)* fut surtout un remarquable virtuose du violon, tandis qu'Israel Gottlieb Wernicke *(1755-1836)*, élève de P. Kirnberger, pianiste et théoricien, fut un créateur fidèle toute sa vie à son idole : J.-S. Bach.

Plus importante apparaît la lignée des Lindeman qui commence avec Ole Andreas *(1769-1857)*, éditeur en 1838 du premier livre choral norvégien. En l'absence de cour en Norvège, les sociétés musicales sont d'origines bourgeoise et intellectuelle, tout comme en Finlande : en 1765, la société *Harmonien* est créée à Bergen, en 1786 c'est le tour de *Det Trondhjemska Musikalske Selskab*, mais il faut constater que, malgré quelques personnalités notables, la Norvège, à l'aube du XIXe siècle, a un très important retard culturel et notamment musical à combler pour que sa vie artistique soit comparable à celle de ses voisins scandinaves.

De 1800 à 1918. Après une brève période d'indépendance, la Norvège passe sous la domination suédoise (1814). Deux immigrants danois, H. H. Falbe *(1772-1830)* et L. Møller Ibsen *(1786-1846)*, règnent sur la vie musicale norvégienne avec L. Roverud *(1776-1850)*, auteur de l'hymne national *Sønner av Norge*, et surtout Waldemar Thrane *(1790-1828)*, Ludvig Mathias, chercheur et folkloriste, le pianiste Hans Skramstad *(1797-1839)*, le violoniste virtuose Ole Bull *(1810-1880)* et, dans le domaine religieux, les quatre Lindeman, Ole Andreas et ses fils Christian Andreas *(1803-1868)*, Jacob Andreas *(1805-1846)* et Ludvig Mathias *(1812-1887)*.

On peut considérer la période qui commence en 1840 comme celle où s'épanouit pleinement le mouvement national-romantique. Quatre personnalités dominent : Halfdan Kjerulf *(1815-1863)*, prédécesseur direct de Grieg, auteur de mélodies, chœurs et pièces pour piano, Rikard Nordraak *(1842-1866)*, mort trop jeune, Johan Svendsen *(1840-1911)* et surtout Edvard Hagerup Grieg *(1843-1907)*. A leurs côtés, il y a Gottfried Conradi *(1820-1897)*, directeur du *Det norske Theater* de Christiania, le pianiste Thomas Dijke Aucklans Tellefsen *(1823-1874)*, élève de Chopin, Edmund Neupert *(1842-1888)*, Ludvig Mathias Lindeman, collecteur de mélodies populaires, Johan Peter Selmer *(1844-1910)* et la reine de la mélodie nationale, Agathe Backer-Grøndahl *(1847-1907)*. Les héritiers de cette tendance furent Christian Sinding *(1856-1941)*, Catharinus Elling *(1858-1942)*, Johan Halvorsen *(1864-1935)*, Gerhard Schelderup *(1859-1933)*, Hjalmar Borgstrøm *(1864-1925)*, Per Larsson *(1859-1883)*, Halfdan Cleve *(1879-1952)*, Johan Backer Lunde *(1874-1958)*, Arne Eggen *(1881-1955)* et Alf Hurum *(1882-1972)*. Mais il ne faut toutefois pas mésestimer les nombreuses influences extérieures qui, réduites à l'origine à celle de la seule école de Leipzig, par l'intermédiaire de son porte-parole, le compositeur danois N. Gade, vont s'étendre peu à peu à celles de Brahms et Bruckner pour qu'enfin le XXe siècle ouvre la Norvège à l'éclatement des styles qui va révolutionner l'Europe musicale.

Le XXe siècle. Il commence avec un précurseur, Fartein Valen *(1887-1952)*, le premier modernisme qui osa adopter les principes dodécaphoniques. Mais, comme en Finlande avec Sibelius et au Danemark avec Nielsen, l'ombre de Grieg étouffe quelque peu ces velléités révolutionnaires, d'autant qu'au début du siècle règnent encore les derniers représentants de la tendance nationale-romantique, tels Arne Eggen et ses cadets David Monrad Johansen *(1888-1974)*, Eivind Groven *(1901)*, Sparre Olsen *(1903)*, Geirr Tveitt *(1908)*, Ludvig Irgens Jensen *(1894-1969)* et, peut-être moins importants, Marius Moaritz Ulfrstad *(1890-1968)*, Olav Kielland *(1901)* et Øisten Sommerfeldt *(1919)*.

Plus complexe est l'attitude de Bjarne Brustad *(1895)*, Harald Saeverud *(1897)* et Klaus Egge *(1906)*, qui ont dominé le deuxième tiers du siècle ; tous trois sont norvégiens, mais leur conception est plus large que celle de leurs prédécesseurs. On peut leur adjoindre Harald Lie *(1902-1942)*, Sverrre Jordan *(1889-1972)*, Karl Andersen *(1903-1970)*, Erling Kjellsby *(1901-1976)*, Conrad Baden *(1908)*, Edvard Fliflet Braein *(1924-1976)*, Tor Brevik *(1932)*, Finn Arnestad *(1915)*, Joseph Kvandal *(1919)*, Hallvard Johnsen *(1916)*, Knut Nystedt *(1915)* et Edvard Hagerup Bull *(1922)*. A leurs côtés il faut placer la très originale Pauline Hall *(1890-1969)*, qui représente dans les années 20 l'attitude la plus indépendante vis-à-vis de la tradition norvégienne. Elle permit ainsi à Bjørn Fongaard *(1919)*, Finn Mortensen *(1922)*, Egil Hovland *(1924)*, Arne Nordheim *(1931)*, Alfred Janson *(1937)*, Sigurt Berge *(1929)* et, d'une certaine manière, à Antonio Bibalo *(1922)* de créer une œuvre personnel et d'imposer leur langage propre.

Plus jeunes, Kåre Kolberg *(1936)*, qui a participé au mouvement né à Darmstadt, Folke Strøholm *(1941)*, qui hésite entre la tonalité et le style postwebernien, et Ragnar Søderlind *(1945)*, élève de J. Kokkonen, et E. Bergman, représentent la nouvelle génération.

En annexe, nous devons citer Aril Sandvold *(1895)*, Ludvig Nielsen *(1906)* et Per Hjort Albertsen *(1919)*, tous trois organistes et compositeurs de musique religieuse et, dans un autre domaine, Gunnar Sønstevold *(1912)*, Sverre Bergh *(1915)* et Finn Ludt *(1918)* qui ont consacré leur talent à des formes d'expression musicale plus légères.

La vie musicale actuelle. Quatre orchestres symphoniques à Oslo (fondé en 1871, réorganisé en 1919), Bergen (1765), Trondheim (1909) et Stavanger et un opéra à Oslo (1959) sont la face la plus visible d'une vie musicale très active, surtout depuis 1945. Des festivals de musique sont organisés à Harstad, Bergen, Molde (jazz), et, parmi les nombreuses organisations musicales, il faut citer *Ny Musikk*, adhérent à la Société internationale de musique contemporaine, la Société nationale de concerts (1968) et l'association des Amis de la musique. La Norvège a également donné au monde musical des interprètes nombreux dont la plus célèbre est la soprano Kirsten Flagstad, et parmi lesquels on peut citer également le chef d'orchestre Øivin Fjelstad.

Il faut enfin signaler que la Norvège est le premier pays non socialiste à avoir adopté une législation qui fasse des compositeurs des salariés de l'État.

H.-C. F.

NOSKE (Frits Rudolf), musicologue néerlandais *(La Haye 1920)*. De 1939 à 1945, il étudie le violoncelle et la théorie aux conservatoires d'Amsterdam et de La Haye, puis, de 1945 à 1949, la musicologie à l'université d'Amsterdam avec Bernet Kempers et Smits Van Waesberghe. Il travaille l'année suivante avec Paul Masson à la Sorbonne et enseigne à partir de 1950 l'histoire de la musique à la Musikschule zur Gesang de Bussum (jusqu'en 1953) et au conservatoire d'Amsterdam (jusqu'en 1965). En 1954, il soutient sa thèse de doctorat à l'université d'Amsterdam *(la Mélodie française de Berlioz à Duparc)*, où il succède à Bernet Kempers en 1968. Il est, parallèlement à ces fonctions pédagogiques, particulièrement actif dans les bibliothèques musicales. Conservateur à la Bibliothèque musicale d'Amsterdam dès 1951, il en devient directeur en 1954. Il est en outre secrétaire général de l'A. I. B. M. (Association internationale des bibliothèques musicales) de 1955 à 1959 et vice-président de 1959 à 1965.

À côté d'un certain nombre d'études sur la mélodie française et le lied en général *(Das ausserdeutsche Sololied, 1500-1900,* Das Musikwerk XVI, 1958), il a particulièrement orienté ses recherches vers la musique néerlandaise baroque et vers un genre particulier d'analyse musicale (le *Principe structural génétique dans l'œuvre instrumentale de Joseph Haydn,* RBM XII, 1958 ; *Forma, formans : een structuuranalytische methode, toegepast op de instrumentale muziek van Jan Pieterszom Sweelinck,* 1969). Enfin, il s'est surtout penché, ces dernières années, sur les opéras de Mozart et de Verdi. D. H.

Nostalgie *(Visible Music II).* Solo pour un chef (1962) de Dieter Schnebel. Fait partie de *Abfälle I* (1960-1962). Cette pièce compose les différents types de comportements gestuels du chef : ses gestes traduisent les particularités des hauteurs, des durées et des intensités des sons ; ils transposent en gestes tridimensionnels le graphisme symbolique de la partition ; ils sont directement inspirés par la musique qu'on imagine ; ils ont un caractère explicitement autoritaire et suggestif ; ils sont aussi des gestes de plaisir et d'autosatisfaction du jeu. Le compositeur souhaite que le chef imagine sa propre musique en jouant la partie purement gestuelle. Le titre *Nostalgie* implique le regret de ne plus avoir ce qu'on avait, le regret qui accompagne toujours « la recherche de la musique perdue » (D. Schnebel). Pour des versions cinématographiques ou télévisées, le compositeur prévoit de brèves interventions sonores préenregistrées. La version préférée par lui est la version « muette », qui ne comporte, en tant que musique audible, que des événements acoustiques prescrits pour le chef, ainsi que des sons-bruits imprévus lors de l'exécution.
I. S.

NOTATION MUSICALE. La plus ancienne notation musicale déchiffrable avec certitude, celle de la Grèce antique, probablement plus récente qu'on ne le croyait jadis, remonte sans doute au milieu du IIIe siècle av. J.-C., mais il est vraisemblable qu'elle a eu de nombreux prédécesseurs. À mesure qu'on les déchiffre, les écritures des anciennes civilisations du Moyen-Orient font apparaître, spécialement dans les textes qui se prêtent au chant (hymnes, prières, etc.), l'existence de signes irréductibles aux normes connues, et qu'on présume représenter une notation musicale. Plusieurs procédés de déchiffrement ont été proposés (le plus récent, 1977, est celui de Mme Duchesne-Guillemain pour l'écriture cunéiforme) mais ne sont encore que des hypothèses. En Grèce même, la notation classique a sans doute eu des prédécesseurs.

Sous réserve d'éventuelles découvertes, et en se limitant à la hauteur des sons, on peut classer en 5 catégories principales les principes utilisés :
— 1. la **méthode globale,** la plus rudimentaire, et s'appliquant exclusivement aux musiques, généralement de caractère liturgique, procédant par centons ou par variations sur des formules mémorisées. Elle consiste à cataloguer ces formules et à attribuer à chacune un signe conventionnel. Elle a été pratiquée notamment dans les manuscrits hébraïques ponctués de signes musicaux additifs *(taamim) ;* leur déchiffrement reste évidemment tributaire d'une connaissance préalable des formules qu'ils représentaient. Cette connaissance est actuellement minime, et de récentes « restitutions » de musique biblique lancées à grand renfort publicitaire ne présentent malheureusement aucune garantie scientifique ;

— 2. la **méthode intervallique,** consistant, le système modal et le point de départ mélodique étant fixés, à représenter par un signe conventionnel non les sons eux-mêmes, mais l'intervalle séparant chacun du précédent ; c'est le principe de certaines notations byzantines ;
— 3. la **tablature,** indiquant non les sons eux-mêmes, mais la manière de les produire sur un instrument donné (position des doigts). C'est probablement à ce principe que répondait la « notation instrumentale » de la Grèce antique ; réinventé à la fin du Moyen Âge et devenu usuel du XVIe au XVIIIe siècle pour certains instrumentistes (organistes, luthistes, guitaristes), il est encore parfois pratiqué actuellement en tout ou en partie à côté des notations usuelles (accordéon) ;
— 4. la **traduction abstraite** de chaque son et sa figuration graphique. Telle était la « notation vocale » grecque, à l'origine simple numérotation des sons de la tablature, ultérieurement développée sur des bases analytiques indépendamment des contingences instrumentales. Bien que transmise comme la précédente par les écoles médiévales, elle n'a pas davantage survécu dans la pratique à la disparition de la musique grecque antique vers le IVe siècle de notre ère ;
— 5. le **graphisme visuel,** assimilant le mouvement mélodique à un mouvement dans l'espace et évoquant celui-ci par un tracé approprié. Un tel principe ne pouvait être conçu que par la métaphore qu'il matérialise, à savoir que les aigus sont « hauts » et les graves « bas » : cette métaphore n'a pris naissance que vers le IXe siècle de notre ère, et a engendré dès cette époque des graphismes correspondants ou *neumes,* d'où, par transformations successives, a pris naissance notre notation occidentale usuelle.

Les premiers témoins de ce nouveau procédé apparaissent sporadiquement sous forme de petits traits aide-mémoire tracés de temps à autre au-dessus du texte pour indiquer la direction montante, descendante ou étale du mouvement mélodique ; bientôt on matérialisera le son en dessinant un point à l'extrémité de ce trait qui deviendra une simple queue ou *haste,* et on placera lesdits points plus ou moins haut en dessinant à peu près le mouvement mélodique *(diastématie,* Xe s. env.). Certains neumes composés de traits à valeur mélodique resteront toutefois en usage jusqu'au XVIe siècle *(ligatures).*

Au XIe siècle, certains scribes facilitèrent leur travail en préparant sur le parchemin, à la pointe sèche, une ligne-repère de signification variable : ce fut l'amorce de la *portée.* Progressivement, on renforça le rôle de cette ligne en la traçant à l'encre et en précisant au moyen d'une lettre *(clavis)* le nom de la note qui lui est affectée : ces lettres deviendront nos *clefs ;* on ajouta une seconde ligne, à distance de quinte, puis une troisième divisant ces deux par le milieu : on s'aperçut alors que chaque note disposait désormais d'un emplacement précis, par ligne et interligne successifs, et on ajouta d'autres lignes selon le même principe. Leur nombre était variable, mais l'usage les normalisa à peu près à 4 au cours du XIIe siècle, puis au XIIIe siècle à 5 pour la musique non liturgique.

L'usage de la « clef » fixait une fois pour toutes l'intervalle séparant les notes ; mais un degré, le *si,* dénommé B, était mobile, formant demi-ton tantôt avec *do* et tantôt avec *la.* On donna deux formes différentes à ce B : carré dans le premier cas *(bécarre),* rond dans le second *(bémol)* et on précisa, s'il y avait lieu, lequel des deux B convenait en écrivant ce B soit après la clef (origine de nos *armatures),* soit en cours de texte peu avant son emploi (origine de nos *altérations accidentelles).* Plus tard, pour mieux distinguer ces deux formes, on ajouta un trait au bécarre, qui prit tantôt sa forme actuelle, tantôt, les traits débordant, celle qu'a gardée notre *dièse ;* les deux formes dièse et bécarre ne furent différenciées que tardivement et l'usage actuel, lié à la transformation parallèle du solfège, n'est guère fixé que depuis le XVIIIe siècle.

Mais, dès le XIIIe siècle, on commença à utiliser les deux signes bémol et bécarre-dièse pour d'autres notes que le *si* : *fa* et *do* dièses au XIIIe siècle, *sol* et, exceptionnellement, *ré* dièses au XIVe, *mi* bémol au début du XVIe. À la fin du XVIe siècle, avec l'invention du chromatisme, il n'y eut plus de limitation. Au XVIIe siècle, un arrondissement général du graphisme lié au mode d'écriture donna à peu près aux notes leur aspect actuel. La notation classique fut alors fixée et ne subit plus guère de changements par la suite.

L'écriture du rythme se développa parallèlement à celle de la mélodie. La musique grecque la connaît, sous forme de signes spéciaux ad libitum ajoutés à la notation mélodique. Ces signes sont employés encore aujourd'hui par les métriciens, mais furent abandonnés des musiciens : les notations neumatiques les ignorent, même si certaines d'entre elles notaient parfois par des traits incorporés *(épisèmes)* ou des lettres suscrites des détails d'allongement, d'accélération, etc. C'est seulement à la fin du XIIe siècle, à l'école de Notre-Dame de Paris, que les polyphonistes eurent l'idée, par une manière différente de grouper les neumes *(ligatures)*, de préciser la valeur des notes dans les mélismes en rythme ternaire ; cette valeur n'était pas fixe, mais déterminée par le contexte : 1 ou 2 temps selon le cas pour la brève, 2 ou 3 temps pour la longue *(notation proportionnelle)*.

Cette façon de faire fut élargie et codifiée de manière de plus en plus complexe à partir du XIIIe siècle ; on donna une valeur rythmique à la direction des hastes et aux détails de tracé des points (à gauche, à droite, etc.), en même temps qu'à la forme des points pour les notes isolées (notation dite *franconienne*). De la combinaison de ces éléments naquit une classification en *longues*, *brèves* et *semi-brèves* qui n'allait cesser de s'étendre en évoluant et en créant sans cesse de nouvelles valeurs (minime, semi-minime, fusa, etc.) et de nouvelles formes de notes (rondes ou carrées, pleines ou évidées) ou de queues (adjonction de crochets, etc.). Notre nomenclature en rondes, blanches, etc., en est directement issue par transformations successives.

A partir du XIVe siècle, la création de rythmes de plus en plus complexes entraîna de profondes modifications et une débauche de signes dont la valeur parfois contradictoire *(temps, modes, prolations)* était codée par des figures conventionnelles (encres de couleur, figures évidées, signaux combinés de ronds, points, etc.) dont certaines ont été conservées (C, C barré), ou encore par des combinaisons de chiffres qui sont devenues nos fractions de mesure. A la fin du XIVe siècle, la notation atteignit le maximum de complication *(notation maniérée)*, puis se simplifia progressivement.

La barre de mesure s'imposa au XVIIe siècle modifiant la façon de compter en solfiant (on comptait auparavant non pas 1 - 2 - 3 - 4, mais 1 - 1 - 1 - 1...) et par là le sens du chiffrage : la valeur rythmique des signes cessa de dépendre du contexte et chaque valeur de note acquit une durée fixe en fonction du chiffrage de mesure. Il subsista néanmoins certaines ambiguïtés qui existent encore de nos jours ; de nombreux essais d'amélioration ont été proposés depuis le XVIIe siècle, mais se sont toujours heurtés à la force de l'habitude acquise, et l'ensemble de la notation est restée pratiquement sans changement jusqu'aux musiques non harmoniques du XXe siècle dont les expériences, reprenant la question sur des bases nouvelles, sont encore en cours.   J. C.

NOTE. Signe essentiel de l'écriture musicale, représentant à la fois la hauteur et la durée d'un son. Par extension, ce son lui-même.   M. T.

NOTE CONTRE NOTE. Mode d'écriture polyphonique dans lequel en même temps que chaque note d'une voix est exécutée une note d'une autre voix.   J. C.

NOTE DE PASSAGE. Se dit d'une ou deux notes qui, formant dissonance ou n'appartenant pas à l'harmonie (accord), réunissent, par mouvement conjoint, les notes formant consonance ou appartiennent à l'harmonie. Par exemple, la ligne mélodique *do-si-la* au-dessus de la basse *do* a le *si* comme note de *passage*. Lorsqu'il y a simultanément plusieurs notes de *passage*, elles peuvent former une harmonie dite également de *passage*.   M. P. P.

NOTE ÉTRANGÈRE. On désigne ainsi en analyse harmonique les notes entendues en même temps qu'un accord sans en faire partie, soit qu'elles servent de liaison ou d'ornementation, soit qu'elles préparent l'arrivée sur l'une des notes de l'accord. Les notes étrangères peuvent être *simultanées* (entendues en même temps qu'est frappé l'accord) ou *de transition* (entendues entre la frappe d'un accord et le suivant) et, en harmonie classique, appellent une *résolution*, c'est-à-dire l'aboutissement de leur mouvement mélodique sur une *note réelle* faisant cette fois partie intégrante d'un accord. Les traités recensent un grand nombre de notes étrangères : notes de passage, broderies, appoggiatures, pédales, etc. (voir chacun de ces mots).   J. C.

NOTE RÉELLE. Se dit, en analyse harmonique, par opposition aux notes étrangères* ou altérées*, des notes d'un accord qui appartiennent effectivement à la définition de cet accord.   J. C.

NOTES INÉGALES. Règle en usage jusque vers 1770 environ, selon laquelle les valeurs de division du temps (par ex. les croches pour une battue en noires) ne devaient pas, hormis certains cas définis, être interprétées de manière égale, bien qu'écrites avec les mêmes valeurs de notes. La manière d'interpréter l'inégalité échappait aux règles du solfège et dépendait du « goût » de l'interprète, pouvant en certains cas aller jusqu'à faire interpréter deux croches comme s'il y avait croche pointée/double croche. Il est aussi abusif d'ignorer l'existence de cette règle dans une interprétation de musique ancienne que d'appliquer mécaniquement un barême d'équivalence solfégique qui serait contraire à l'esprit de cette tradition aujourd'hui perdue.   J. C.

NOTES MODALES, NOTES TONALES. Dans la théorie de la musique classique occidentale, on qualifie de notes modales les degrés caractéristiques qui, dans le mode majeur et le mode mineur d'un même ton, ne sont pas les mêmes, en d'autres termes ne forment pas le même intervalle avec la tonique, et caractérisent donc chacun des deux modes par rapport à l'autre. Il s'agit de la *médiante* (3e degré), de la *sus-dominante* (6e degré) et de la *sensible* (7e degré), lesquelles forment avec la tonique, en majeur, des intervalles respectifs de tierce majeure, sixte majeure et septième majeure, et, en mineur, de tierce mineure, sixte mineure, septième mineure.

On appelle par ailleurs notes tonales d'un ton les trois degrés principaux qui interviennent le plus fréquemment dans l'affirmation de cette tonalité, et sur lesquels on peut bâtir les trois accords parfaits générateurs des sept degrés de la gamme. Elles sont les mêmes quel que soit le mode. Il s'agit de la *tonique* (1er degré), de la *sous-dominante* (4e degré) et de la *dominante* (5e degré). Par exemple, en *do* majeur, les trois accords parfaits générateurs construits sur les notes tonales sont *do-mi-sol*, *fa-la-do*, *sol-si-ré* ; et en *do* mineur, *do-mi* bémol-*sol*, *fa-la* bémol-*do*, *sol-si* bémol-*ré*. On constate par la même occasion que les trois notes modales d'un ton se situent toutes à la tierce supérieure de ses notes tonales : tierce majeure dans le ton majeur, tierce mineure dans le ton mineur.

Pour résumer, on dira que ces deux séries de notes se complètent pour affirmer, l'une le *mode*, et l'autre le *ton*, c'est-à-dire les deux critères réunis dans une indication telle que *fa* majeur, ou *do* dièse mineur. A noter que certains traités ne mentionnent que deux notes tonales (4e et 5e degrés) et de même deux notes modales (3e et 6e degrés).   M. C.

NOTKER II BALBULUS (« le Bègue »), moine bénédictin *(Saint-Gall 840 - id. 912)* de l'abbaye de Saint-Gall, qui était à l'époque un centre culturel et musical important (alors en Allemagne, aujourd'hui en Suisse). Poète, copiste et bibliothécaire, il est connu dans l'histoire de la musique pour avoir transcrit un certain nombre de *séquences* (environ 40) suivant la notation « saintgallienne » (notation chironomique, sans portée), en adaptant des paroles sur les longues vocalises d'*Alleluia*, dans un but essentiellement mnémotechnique. On lui attribue aussi, sous réserve, des fragments d'écrits théoriques (*De octo tonis, De tetrachordis, De octo modis, De mensura fistularum organicarum*), et une *Lettre à Lambert de Metz*, où l'on trouve des renseignements précieux sur l'utilisation, à l'époque, de lettres dans la notation neumatique du chant grégorien, pour donner de vagues indications tonales. Béatifié en 1512, il ne doit pas être confondu avec Notker III, dit « le Lippu » (Labeo), érudit et écrivain. M. C.

NOTRE-DAME (ÉCOLE DE). Nom donné à l'ensemble des compositeurs qui, entre 1160 et 1270 environ, ont illustré la prédominance parisienne dans le domaine de la polyphonie et de la lyrique latine chantée, en s'appuyant sur l'exemple des déchanteurs* de Notre-Dame de Paris, dont les plus célèbres furent les maîtres Albert vers 1140, Léonin vers 1160 et surtout, avant 1199, Pérotin, dit le Grand, peut-être surnom d'un préchantre Pierre qui mourut en 1236. Les œuvres de l'école de Notre-Dame comportent un riche répertoire d'organa*, de conduits* à une ou plusieurs voix, et plus tardivement de motets*, conservés dans une dizaine de manuscrits, dont les principaux sont à Florence, Madrid, Wolfenbüttel, Saint Andrews (Écosse) et Burgos (Las Huelgas, copie tardive du XIVe s.). Des débris d'un manuscrit qui devait avoir plus de 700 pages ont été retrouvés à Châlons-sur-Marne. J. C.

NOTTEBOHM (*Martin Gustav*), musicologue allemand (*Lüdenscheid, Westphalie, 1817 - Graz 1882*). Après avoir étudié à Berlin (1838-39) et à Leipzig (1840-1845), il s'établit à Vienne en 1846, où il commence par enseigner, puis se consacre de plus en plus à la recherche musicologique. Par ses méthodes d'investigation systématique, il a développé une nouvelle approche des problèmes musicaux, en particulier en ce qui concerne les biographies de musiciens et l'édition musicale (publication des œuvres de Beethoven et de Mozart, en particulier, et préparation de celles de Bach et de Schubert). Il publia le catalogue thématique des œuvres de Beethoven (1868) et de Schubert (1874). Il se spécialisa avant tout sur Beethoven dont il étudia attentivement les manuscrits et esquisses : *Beethoveniana* (1872), *Beethovens Studien I* (1873), *Zweite Beethoveniana* (1887). Il est incontestablement l'une des grandes autorités de la musicologie allemande au XIXe siècle. D. H.

NOURRIT (*Adolphe*), ténor français (*Paris 1802-Naples 1839*). Il débute en 1821 dans *Iphigénie en Tauride* de Gluck à l'Opéra de Paris où il succéda à son père, ténor lui aussi, mais qu'il devait surpasser. Adolphe Nourrit fut sans doute un des plus grands chanteurs français de tous les temps. Élève de García, il utilisa sa formation italienne pour créer un style de chant spécifiquement français qui atteignit son apogée au milieu du XIXe siècle : déclamation lyrique très nuancée visant à une expression profonde des sentiments. Il créa *Robert le Diable* et *les Huguenots* de Meyerbeer, *Guillaume Tell* de Rossini, *la Juive* de Halévy, *la Muette de Portici* d'Auber. Sa technique utilisait au maximum la « voix mixte » qui lui permettait une souplesse exemplaire et un contrôle parfait des demi-teintes. En 1837, il quitta l'Opéra de Paris, à la suite de l'engagement de Gilbert Duprez et du succès que celui-ci obtenait avec sa technique de la « voix sombrée » où le registre de poitrine était utilisé pour des effets nouveaux de vaillance dans l'aigu. Pendant les deux années qui suivirent, Nourrit obtint de grands succès en Italie. Il se suicida à Naples, dans un accès de neurasthénie, en se jetant de la fenêtre de son hôtel. J. B.

NOUVEAU MONDE (SYMPHONIE DU). Sous-titre de la symphonie n° 9 op. 95 en *mi* mineur d'Anton Dvořák, esquissée dans l'hiver 1892-93 et terminée en mai 1893, lors d'un séjour aux États-Unis, puis créée le 16 décembre 1893, au Carnegie Hall de New York, par le New York Philharmonic sous la direction d'Anton Seidl. La création européenne eut lieu le 13 octobre 1894 au Théâtre national de Prague, sous la direction de l'auteur. Le titre original était *Z noveho sveta* (From the New World), et le « du » du titre français signifie bien « à partir de », « depuis », et non « sur le Nouveau Monde ». Si elle a été inspirée par la découverte des espaces américains et de la vitalité du Nouveau Monde, ainsi que par l'audition de musiques populaires noires et indiennes (probablement entendues, pour la plupart, à travers des transcriptions et adaptations de compositeurs américains blancs), l'œuvre n'est pas tant une description des étendues américaines, ou une composition folklorique, que le résultat de l'impression bouleversante produite par l'Amérique sur un musicien profondément tchèque. Dvořák se défendit d'ailleurs contre l'insinuation d'avoir utilisé de véritables mélodies indiennes et noires (même si on reconnaît des accents de « negro spirituals »), et le piquant est que les thèmes d'allure populaire qui parcourent cette œuvre ont été rapprochés par certains de la musique populaire... tchèque.

Un souffle à la fois populaire, terrien et universel se dégage de l'œuvre. Cette impression tient sans doute à l'emploi privilégié, pour énoncer les thèmes, d'instruments solistes ayant conservé leur résonance archaïque et populaire : flûte, hautbois, cors, qui sonnent comme venus du fond de l'histoire, le chœur des violons n'intervenant que comme collectivité pour développer les thèmes ; et d'autre part, à l'utilisation fréquente d'échelles modales ou « déponentes », ne comportant pas les 7 degrés de la gamme occidentale, et se rapprochant du modèle antique et universel de la gamme pentatonique. Ainsi, pour le thème principal du deuxième mouvement lent, les esquisses de Dvořák témoignent qu'il a peu à peu « pentatonisé » une mélodie d'allure classique en supprimant des notes de passage sur les 4e et 7e degrés (sensible). La comparaison des deux versions est éloquente sur l'effet d'archaïsme obtenu : c'est comme si une porte s'ouvrait dans la salle de concert sur de vastes étendues. D'autres thèmes utilisent un mode hypolydien, avec sensible abaissée, tels le deuxième thème du premier mouvement, ou le fameux premier thème du finale. M. C.

NOUVELLE BABYLONE (LA). Musique d'accompagnement, op. 18, composée par Dimitri Chostakovitch pour le film muet de Grigori Kozintsev et Leonid Trauberg, réalisé dans les studios de Leningrad en 1928 et présenté pour la première fois le 18 mars 1929 dans cette même ville.

L'action se déroule dans le Paris de 1870-71, pendant le Siège et la Commune. La famine règne ; l'héroïne du film, Louise, modeste vendeuse du magasin « la Nouvelle Babylone », rencontre dans la rue un soldat affamé, Jean, et l'emmène chez ses parents pour le nourrir. Les notables ont peur des ouvriers qui refusent de livrer Paris aux Prussiens, et tentent de reprendre au peuple les canons qu'il a fabriqués. Les Parisiens résistent, la Commune est proclamée. Dans le sillage des bourgeois en fuite à Versailles, se trouvent des soldats, dont Jean, que Louise avait voulu retenir. La lutte des Versaillais contre les ouvriers parisiens commence. Les Versaillais déferlent et forcent les barricades. Louise est prisonnière, Jean tente vainement de la sauver, mais les prisonniers sont conduits au Père-Lachaise. Jean retrouve Louise, mais, agissant sur ordre, il doit creuser sa tombe. « Vive la Commune », lit-on sur un mur, dans le dernier plan du film.

Destinée à être jouée dans la fosse d'orchestre, pendant le déroulement du film, la partition est conçue pour une petite formation : quatre bois, quatre cuivres, cordes, timbales et percussions. P. V.

Novák (Jan), compositeur tchèque *(Nova Rise 1921).* Il est l'élève à Brno de V. Petrželka (1940), puis vient à Prague travailler dans la classe de Bořkovec. En 1947, il se rend aux États-Unis et étudie la composition au Berkshire Music Center de Tanglewood avec A. Copland, puis à New York avec B. Martinů. À son retour en Tchécoslovaquie, la scène musicale s'est modifiée, et il épouse une pianiste avec laquelle il fait connaître la musique pour deux pianos de Poulenc, Stravinski. Il étudie la musique tchèque ancienne *(Chant de Záviš* pour ténor et orchestre, 1957), s'intéresse aux poètes latins *(Passer Catulli,* jeu musical pour basse et 9 instruments, 1954; *Carmina Horratii* pour mezzo et piano, 1959). Son œuvre reste pendant dix ans dans le sillage de Martinů, jouant d'une écriture virtuose aussi transparente sur le plan de la couleur harmonique que rythmiquement proche du Stravinski des années 30. Puis vient l'influence de l'école française et de Boulez. Novák vit en Italie, ayant quitté la Tchécoslovaquie au lendemain des événements d'août 1968. P.-E. B.

Novák *(Vítězslav)* [*Viktor*], compositeur tchèque *(Kamenice 1870 - Skuteč 1949).* Fils d'un médecin de campagne, il décide sa mère, veuve depuis 1881, à venir s'installer à Prague pour qu'il puisse suivre simultanément les cours de l'université de droit et du conservatoire. Il y reçoit l'enseignement de K. Knittl, puis de Strecker, qui réussit à faire entrer Novák dans la classe de Dvořák. Ce dernier lui fait reprendre sept fois sa *Sonate pour violon et piano,* que Novák donne pour son concert de sortie du conservatoire le 8 juillet 1892 avec K. Hoffmann au violon. De 1892 date également son ouverture *le Corsaire.* Jusqu'en 1896, Novák travaille le piano avec Josef Jiránek et la composition avec le successeur de Dvořák, K. Bendl. Parallèlement paraissent le *Trio en «sol» mineur* op. 1 et la *Sérénade en «fa» majeur* pour petit orchestre.

Puis Novák découvre pendant l'été 1896 la Valaquie morave, et discute folklore morave avec Janáček. La rencontre de ces deux tempéraments va conduire à l'essor de la musique tchèque et slovaque des vingt années à venir (1900-1920). Novák vit désormais à Brno et compose successivement divers tableaux de ces contrées dominées par le massif des Tatras : *Quintette avec piano en la mineur* op. 12 (1897), le *1er Quatuor à cordes* op. 22, le poème symphonique *Dans les Tatras* (*V Tatrách* op. 26), la *Sonate héroïque* op. 24, la *Sonatine des brigands* op. 54/55 pour piano, enfin la *Suite de Slovaquie morave* op. 32.

Mais cette intense activité créatrice ne l'empêche pas de sombrer dans des crises de dépression. Il nous conte ces moments de crise sentimentale et d'isolement baudelairien dans le *Trio quasi una ballata* op. 27 et dans le *2e Quatuor à cordes en ré majeur* op. 27, esquisse autobiographique très personnelle. Il s'affirme ensuite à l'orchestre avec le diptyque *Désir et Passion,* juxtaposant la poésie impressionniste d'Andersen (*l'Éternel Désir*) à l'expression d'une passion dévorante *(Toman et la Fée),* se confirmant comme un contemporain de Reger et de Schönberg.

Pour le 50e anniversaire de la fondation de la Société philharmonique de Brno, il écrit *la Tempête,* «fantaisie maritime» (première, Brno, 17 avr. 1910 par Rudolf Reissig), cantate étrange dont le flot mêle une suite de petits poèmes symphoniques à des scènes grandioses pour chœur et solistes. Puis vient *Pan,* poème musical pour piano, où il laisse éclater ses quatre passions : la montagne, la mer, la forêt et la femme.

Novák revient fréquemment à Prague où il a succédé à Dvořák comme professeur de composition. Il écrit *Chemises de noce,* mais réussit mieux le conte lyrique *la Lanterne* (1923). Mais la scène musicale est occupée par Janáček, et Novák doit attendre la fin de la mode debussyste pour retrouver une certaine audience. Il écrit successivement sa *Symphonie d'automne* op. 62, comparable à l'*Épilogue* de Suk, la *Jihočeska suita* op. 64, enfin des œuvres patriotiques célébrant la mémoire des héros morts pendant la dernière guerre. Cette période d'occupation, de résistance, semble lui donner de nouvelles forces. Il écrit des *chansons* (op. 74/75), *légendes* (op. 76), *mélodies* (op. 77), *berceuses* (op. 78), des *chœurs* (*Domov, Pét smíšených sborů, Máj* [«Mai»], *Hvězdy* [«les Étoiles»])... Kubelík crée à Prague la *Symphonie de mai.* Désormais, Novák peut prendre une retraite remplie d'honneurs.

Sur le plan de l'harmonie, l'héritage laissé par Novák est essentiel pour l'école tchèque moderne. Parti de Debussy, il a su extraire de l'alchimie impressionniste les arêtes, les couleurs adaptées à sa palette, adapter son tempérament violent, lapidaire, à un sens mélodique inné, mais profondément travaillé. Il a littéralement créé le genre de la « symphonie vocale », que la génération actuelle utilise abondamment. Polyphoniste remarquable, il devait retrouver progressivement une audience qu'un Janáček lui avait ravie au lendemain de la guerre. Sur le plan pédagogique, il a réussi la liaison entre les tendances occidentales (Suk, Martinů) et orientales (lui-même et A. Hába) de la musique tchèque du xxe siècle. P.-E. B.

Noveletten *(Novelettes).* Œuvre pour piano de Robert Schumann (1838) op. 21, dédiée à Adolph Henselt, vaillant pianiste du temps. « Longues histoires excentriques, écrivait le compositeur, mais d'un seul tenant d'un seul mouvement de l'âme, en général heureuses et portées vers les cimes — sauf quand çà et là j'ai touché le fond. Les combats que j'ai dû livrer pour Clara en sont presque la seule source. » C'est donc, une fois de plus, un hommage à la bien-aimée lointaine qu'écrit Schumann ; ce qui explique l'ardente évolution de ces pages pratiquement sans mouvement lent, écrites dans une parenté tonale exceptionnelle — cinq en *ré* majeur, les autres dans des tonalités proches — et révélatrices d'un drame intérieur mais qui déjà pressent une issue heureuse : le mariage de 1840.

A la première novelette, «énergique et mâle», en forme de rondo à trois couplets, succède une sorte de joyeuse toccata qui enchantait Liszt ; dans la 3e, l'humour se dispute aux sarcasmes mais aussi l'émotion, avec une furtive évocation des sorcières de *Macbeth* («Quand nous retrouverons-nous toutes les trois / Dans la foudre, l'éclair et la pluie?»). La 4e dépeint un bal d'où monte une valse précipitée. La 5e, rondo à quatre couplets, sauvage, presque désarticulée mais s'infléchissant vers une rêverie nocturne, prélude, en un vivant contraste, aux huit thèmes et douze tonalités de la 6e, la plus riche, exultante de joie, aux octaves tourbillonnantes de la 7e, à la superbe construction de la 8e organisée en deux morceaux soudés : le premier passionné, avec atmosphère de fête mais aussi de détresse ; le second, en forme d'alerte scherzo, un instant traversé lui aussi de sombres pressentiments.

Œuvre difficile, longue et délicate d'interprétation, les *Noveletten* ne méritent pas l'ostracisme dont font preuve trop de pianistes à leur égard. En fait, elles s'imposent comme une des pages les plus troublantes mais aussi les plus caractéristiques — et éloquentes — de Schumann. J. G.

Novello, famille anglaise d'origine italienne qui a donné à l'histoire de la musique plusieurs figures importantes.
— 1. **Vincent** (*Londres 1781 - Nice 1861*), compositeur, organiste et pianiste virtuose. Il fonda en 1811 la maison d'édition musicale Novello and Co, qui commença par éditer des œuvres de musique sacrée (Purcell, Mozart, Haydn, Beethoven). Des onze enfants qu'il eut de son épouse Mary Sabilla Hehl, un certain nombre se firent un nom dans la musique. Parmi eux, on citera :
— 2. **Clara Anastasia** (*Londres 1818 - Rome 1908*). Elle fut une soprano réputée au concert comme à la scène, créant notamment des rôles de Rossini, Bellini, Donizetti.

En 1829, ayant appris que la sœur de Mozart était dans le besoin, Vincent Novello organisa une collecte et, pour en remettre le produit à «Nannerl», entreprit avec sa femme Mary un voyage qui le mena à

Salzbourg et à Vienne. Leurs notes et leur journal ayant trait à ce voyage, très intéressants, ne devaient être découverts et publiés que plus d'un siècle plus tard (*A Mozart Pilgrimage*, Londres 1955, rééd. 1975).
M. C. et M. V.

NUAGES. Œuvre de Debussy. V. *Nocturnes*.

NUANCE. — 1. Au **sens actuel** usuel, degré de force ou de ténuité du son, correspondant pour le musicien à ce qu'est pour le physicien l'amplitude de la vibration (par ex., la nuance piano). S'emploie surtout au pluriel dans une acception globale impliquant la variabilité de ces « nuances » (faire des nuances). Jusqu'au XVIIIe siècle, sous l'influence d'instruments tels que l'orgue ou le clavecin, dont le degré de sonorité était indépendant de la force d'attaque des touches, on pratiquait surtout les nuances par plans successifs ou superposés, sans véritable oscillation au cours d'une phrase ou d'un morceau. Avec l'avènement du pianoforte, la conception a changé, et la pratique des fluctuations de nuances en fonction du phrasé est devenue l'un des éléments essentiels de l'interprétation. L'école de Mannheim, vers 1770, a joué un grand rôle dans cette transformation du goût, qui n'a toutefois gagné le domaine du chant que vers le deuxième tiers du XXe siècle.
— 2. En **musique grecque antique**, on traduit habituellement par « nuance » le mot *chrôa* qui désigne les infimes variations de hauteur imposées aux notes mobiles selon le gré de l'exécutant à partir des hauteurs théoriques fixées par les harmoniciens en fonction du genre.
J. C.

NUIT DE MAI (LA) [en russe *Maiskaya Noch*]. Opéra en trois actes de Nicolaï Andréïevitch Rimski-Korsakov, sur un livret du compositeur, d'après une nouvelle tirée des *Veillées du hameau* de Gogol. Commencé en hiver 1877, il fut terminé en 1879 et créé le 9 janvier 1880 à Saint-Pétersbourg, avec un succès mitigé, notamment pour le troisième acte comportant des scènes fantastiques. L'œuvre est dédiée à la femme du compositeur, qui comme lui affectionnait tout particulièrement cette nouvelle de Gogol associant des éléments réalistes et fantastiques (remontant aux vieilles traditions païennes du merveilleux paysan), avec des références au culte du Soleil, thème qui passionnait Rimski-Korsakov (v. *Snegourotchka*, *Mlada*, *la Grande Pâque russe*, etc.). Bien plus tard, en 1894-95, il devait composer une *Nuit de Noël*, opéra d'après Gogol qui est le pendant de la *Nuit de mai*.
L'action se déroule pendant la semaine qui précède la Pentecôte russe, la semaine Russalka, et raconte les amours de Levko (t) fils du Maire (b) et de sa fiancée Anna (m). Autour d'eux, des figures humaines pittoresques, un clerc de mairie (b), un bouilleur de cru (t), et des personnages féeriques, les trois ondines ou « Roussalka », dont l'une, Pannochka (s), est une jeune fille noyée transformée en ondine.
Avec la *Nuit de mai*, un de ses premiers opéras, Rimski-Korsakov estimait avoir réalisé « une orchestration d'opéra transparente », perfectionné son écriture vocale et allégé son style, moins lourdement contrapuntique et intégrant d'anciens modes populaires.
M. C.

NUIT D'ÉTÉ À MADRID. Fantaisie espagnole de Glinka. Commencée en 1848 sous le titre *Souvenir de Castille*, elle fut reprise et achevée en 1851. Après la *Jota aragonaise* (1845), c'est un nouvel hommage de Glinka à la musique espagnole, qu'il était allé étudier sur place en 1845-1847.
A. L.

NUITS. Œuvre pour douze voix mixtes de Yannis Xenakis, créée au festival de Royan le 7 avril 1968 par les solistes des chœurs de l'O.R.T.F. sous la direction de Marcel Couraud. Elle porte en dédicace : « Pour vous, obscurs détenus politiques, Narcisso Julian depuis 1946, Costas Philinis depuis 1947, Hélène Erythriadou depuis 1950, Joachim Amaro depuis 1952, et pour vous, milliers d'oubliés dont les noms même sont perdus. » Œuvre humaniste et poétique emplie des cris, des plaintes et de la solitude des prisons ainsi que de tous les bruits de la nuit, œuvre de chair et de sang, œuvre impressionniste autant que réaliste, *Nuits* est l'un des chefs-d'œuvre de la musique vocale du XXe siècle. Nuages de quarts de ton glissant tantôt brusquement, tantôt imperceptiblement, sons rauques et tragiquement humains, onomatopées, effets de nasalité : toutes les techniques vocales sont utilisées pour rendre palpable et concret ce qui n'est vécu qu'au niveau le plus subtil de l'être intérieur.
A. F.

NUITS DANS LES JARDINS D'ESPAGNE. Titre français des *Noches en los jardines de España* de Manuel de Falla, 3 « impressions symphoniques » pour piano et orchestre composées entre 1911 et 1915, et créées le 9 avril 1916 au Teatro Real de Madrid avec au piano José Cubiles, sous la direction de F. Arbos (commandataire de l'œuvre), en même temps que la suite tirée de *l'Amour sorcier*. Ces 3 pièces « impressionnistes », écrites ou du moins esquissées dans la maison du peintre catalan Santiago Rusiñol, et où l'on a remarqué l'influence de Ravel et Debussy, furent reprises par les pianistes Ricardo Viñes (à qui elles sont dédiées) et Arthur Rubinstein.
Il ne s'agit pas d'un concerto, puisque le piano, écrit dans un style inspiré de la guitare, plein d'arpèges et de trilles, fait entendre des sonorités liquéfiées qui se dissolvent dans le frémissement de la masse orchestrale. Les cordes y sont sujettes à un trémolo persistant, surtout dans le premier mouvement. L'auteur a créé ainsi une atmosphère orchestrale indécise qui évite les sonorités trop larges ou trop dures, sauf dans le dernier mouvement. L'« allegro tranquillo e misterioso », *En el Generalife* (« Au Generalife », résidence maure à Grenade), pose ainsi le climat nocturne et magique que va respecter l'« allegretto giusto » *Danza lejana* (« Danse lointaine »), qui fait entendre des éclats et des fragments de la danse imaginée. Mais le « vivo » brillant, à 3 temps, *En los jardines de la sierra de Córdoba* (« Dans les jardins de la sierra de Cordoue »), de forme « rondo » à refrain, allume enfin tous les feux de l'orchestre pour une « fête de nuit » que l'on dit inspirée des « zambras » gitanes. C'est pour ce finale que l'auteur a réservé les sonorités claires du triangle et des cymbales, alors que les timbales seules constituent la percussion des deux premiers mouvements.
Moins sensuelle, plus mystique que le volet central de l'*Iberia* de Debussy, les *Parfums de la nuit* (1910), ou que le « nocturne » de la *Rhapsodie espagnole* de Maurice Ravel (1907), l'œuvre de Falla, qui leur est postérieure, conjure comme ces deux œuvres une attirance manifeste du vide et de la mort, un vertige du « nada » espagnol, par l'irruption soudaine et spectaculaire de la fête.
M. C.

NUITS D'ÉTÉ. Cycle de 6 mélodies pour voix accompagnée composés par Hector Berlioz sur des poèmes de Théophile Gautier (extraits des *Poésies diverses*) : d'abord dans une version pour voix (mezzo-soprano ou ténor) et piano, dédiée à Louise Bertin et publiée en 1841 ; ensuite dans une version orchestrée publiée en 1856 par l'éditeur suisse Cornelius sous le titre *Die Sommernacht*. Cette seconde version avait été commandée par l'éditeur à la suite de l'orchestration par Berlioz en 1843 de la mélodie du recueil *Absence* à l'intention de Maria Recio.
D'une version à l'autre, l'auteur a opéré quelques changements de tonalité, transformant l'accompagnement pianistique extrêmement simple et nu (souvent réduit à des lignes d'accords dignes d'un devoir d'harmonie) en une somptueuse vêture orchestrale digne de ses ouvertures ou de ses symphonies. Les poèmes de Théophile Gautier, souvent courts, inspirés parfois de la tradition populaire, chantent l'amour, le printemps, la mort de l'aimée, son absence, le voyage. Avec cette poésie sans prétention, Berlioz tenait à peu près l'équivalent de la matière première de mots et de thèmes qui servit à Schubert pour la plupart de ses lieder. Successivement, on entend : une *Villanelle* en

la majeur, pour mezzo-soprano ou ténor, de forme strophique, dont les tournures mélodiques bizarres relèvent du même « folklore imaginaire » que la *Chanson du roi de Thulé* de la *Damnation de Faust* (« Quand viendra la saison nouvelle ») ; l'admirable *Spectre de la rose*, en *si* majeur, pour contralto (« Je suis le spectre de la rose/Que tu portas hier au bal ») ; *Sur les lagunes*, en *fa* mineur, pour baryton, contralto ou mezzo-soprano, barcarolle funèbre sur la mort de la bien-aimée ; *Absence* en *fa* dièse mineur, pour mezzo ou ténor ; *Au cimetière*, pour ténor, en *ré* majeur, et *l'Ile inconnue*, pour ténor, en *ré* majeur.

Bien que destiné par l'auteur, dans l'idéal, à des voix différentes, ce cycle est fréquemment chanté aujourd'hui par des contraltos ou des mezzos, auxquelles il demande une grande ampleur de tessiture. En effet, même si ces *Nuits d'été* s'inscrivaient dans le genre, alors encore bien vivant, de la romance *française*, leur inspiration mélodique est d'une originalité et d'une ampleur saisissantes, quasi wagnériennes, avec de vastes mouvements descendants (« Ah ! sans amour s'en aller sur la mer »), des virages surprenants de la mélodie refusant de se plier aux cadres cadentiels conventionnels, un phrasé immensément large, comme la musique vocale française en connaît peu. M. C.

NUIT TRANSFIGURÉE (LA) [en all. *Verklärte Nacht*]. Sextuor à cordes op. 4 d'Arnold Schönberg, composé en trois semaines en septembre 1899 (la date d'achèvement portée sur le manuscrit est néanmoins celle du 1er décembre), et créé en 1903 à Vienne par le quatuor Rosé et deux membres de l'Orchestre philharmonique. Schönberg en réalisa lui-même deux versions pour orchestre à cordes, datées respectivement de 1917 et de 1943. Comme certains des lieder opus 1, 2 et 3, l'œuvre fit scandale : on se plaignit entre autres d'un renversement d'accord de neuvième « qui n'existe pas. Et donc pas d'exécution non plus, puisqu'on ne peut évidemment pas exécuter quelque chose qui n'existe pas » (Schönberg). Il s'agit de la première grande partition de Schönberg, et, dans sa version originale, elle a ceci de particulier d'unir la musique de chambre et la musique à programme.

Schönberg s'inspira d'un poème de Richard Dehmel *(1863-1920)*. Deux personnages marchent seuls dans un bois au clair de lune. La femme raconte que, par suite de sa nostalgie du bonheur et de l'accomplissement, elle porte l'enfant d'un étranger : la vie ensuite s'est vengée en lui faisant rencontrer l'homme qu'elle aime. L'homme lui ôte tout sentiment de culpabilité, répliquant que leur amour les lie, eux et l'enfant qu'il accepte comme le sien. Ils marchent dans la nuit claire, « transfigurée ». Les cinq parties (jouées sans interruption) de l'ouvrage, et ses nombreux éléments thématiques, reflètent fidèlement ce programme, en s'appuyant sur la tonalité principale de *ré* (mineur puis majeur), et en une atmosphère dynamique et instable lorsque les deux personnages s'expriment, tonalement plus fixe lorsque seule est présente l'idée de lieu.

Schönberg fut le premier grand compositeur à « réconcilier » Wagner et Brahms. *Verklärte Nacht* découle autant qu'on voudra de Wagner, mais ses tournures mélodiques sont toutes personnelles, avec leurs grands sauts d'intervalles et leur quasi-absence de référence à l'accord parfait. Et il reste l'essentiel, à savoir que « les innovations décisives de Schönberg n'auraient pas été possibles s'il ne s'était pas détourné de la pompe des poèmes symphoniques de son temps pour prendre modèle sur l'écriture obligée des quatuors de Brahms » (Adorno). Avec *Verklärte Nacht* s'estompent, sous le signe de la musique à programme, les limites entre musique de chambre et musique « symphonique », et l'œuvre s'inscrit par là dans la descendance de *Siegfried Idyll* de Wagner tout en frayant la voie à la symphonie de chambre op. 9 (1906) de Schönberg lui-même.

Partition de la période encore « tonale » du compositeur, *Verklärte Nacht* devint rapidement, après les malentendus du début, une de ses œuvres les plus jouées et les plus appréciées. Schönberg en était conscient : « Cet ouvrage n'illustre ni action ni drame, mais se borne à dépeindre et à exprimer des sentiments humains. Il semble que de ce fait, (il) puisse être apprécié comme musique pure. Ce qui peut faire oublier un poème que d'aucuns, à l'heure actuelle, trouveront peut-être repoussant. Il faut se rappeler qu'à sa première audition à Vienne, (il) fut sifflé, et cause de tumulte et de batailles à coups de poing. Mais il obtint rapidement un très grand succès » (1950). Il n'en réalisait pas moins que de ce succès avaient surgi d'autres malentendus : « Quand on me demande pourquoi je ne compose plus comme du temps de *Verklärte Nacht*, je réponds en général que c'est justement ce que je fais, mais que je n'y peux rien si les gens ne s'en aperçoivent pas » (1927). M. V.

NUNES *(Emmanuel)*, compositeur portugais *(Lisbonne 1941)*. Il a fait ses études d'harmonie et de contrepoint à l'Académie de musique de sa ville natale, puis est venu s'établir à Paris en 1964, recevant au Conservatoire national l'enseignement de Marcel Beaufils (esthétique), et obtenant dans cette classe un premier prix. Entre 1963 et 1965, il a participé en outre aux cours d'été de Darmstadt, et, de 1965 à 1967, fréquenté les cours de la Rheinische Musikschule de Cologne, travaillant ainsi avec Stockhausen et Pousseur (composition), Jaap Spek (musique électronique) et Georg Heike (phonétique). Il s'impose une discipline stricte au niveau de la forme.

Il a écrit notamment *Degrés*, pour trio à cordes (1965), *Seuils*, pour grand orchestre (1966-67, rév. 1977), *le Voile tangent*, pour quatuor à cordes (1967), *Litanies du feu et de la mer n° 1* (1969), et *n° 2* (1971), pour piano, *Omens*, pour 9 instruments (1972, rév. 1975), *Fermata*, pour orchestre et bande magnétique (1973), *Nachtmusik*, pour alto, violoncelle, clarinette basse, cor anglais, trombone et 3 synthétiseurs (1973-1977), *Voyage du corps* (1re partie), pour 28 voix mixtes en 7 quatuors, 3 × 2 modulations d'amplitude et bande magnétique (1973-74, création à Royan en 1975), *Ruf*, pour orchestre et bande magnétique (1974-1976, création à Royan en 1977), *Es webt*, pour 21 cordes et 13 vents avec 2 chefs (1973-1975), *Minnesang*, pour 12 voix mixtes (1976), *73 Oeldorf 75*, pour 3 bandes magnétiques et 2 orgues électriques (1975), *73 Oeldorf 75 II*, pour 6 groupes à 3 voix mixtes et 3 bandes magnétiques (1976), *Einspielung I*, pour violon seul (1979), *II*, pour violoncelle seul (1980) et *III*, pour alto seul (1981), *Nachtmusik II* pour orchestre (Donaueschingen, 1981). M. G. et M. V.

NUOVE MUSICHE (LE). Œuvre principale de Giulio Caccini, publiée en 1602. Elle consiste en un recueil de douze madrigaux et dix airs strophiques pour voix solo et basse continue, une partie d'une musique écrite pour la pastorale *Il Rapimento di Cefalo* (1600), et surtout une *préface* illustrée d'exemples musicaux. Dans cette préface, le chanteur et professeur de chant qu'était Caccini définit la technique du nouveau style « recitativo », dont il revendique l'invention (et notamment le nouveau style d'ornementation). Il y fit également imprimer certains ornements « en toutes notes », ce qui était une nouveauté. Ce recueil fut suivi d'un autre de seize madrigaux et de treize airs, *Nuove Musiche e nuova maniera di scriverle* (« Nouvelles musiques et nouvelle manière de les écrire »). Ces deux recueils suscitèrent un grand nombre de recueils d'airs monodiques, sur le même modèle. M. C.

NYERT *(Pierre de)*, chanteur et compositeur français *(Bayonne v. 1597 - Paris 1682)*. Après avoir étudié le chant et le luth en France, il accompagne le maréchal de Créquy en Italie (1633). C'est là qu'il s'informe des techniques les plus avancées dans le domaine du chant. De retour dans son pays, ce gentilhomme qui, selon le violiste André Maugars, « a si bien ajusté la méthode italienne avec la françoise... » procède à une réforme du chant français. Sa méthode qui « fait tout, même pour ceux qui n'ont pas de belles voix » (Tallemant des Réaux), ouvre la voie du développement de l'air et du ballet de cour vers un style beaucoup plus orné, virtuose, tout en conservant à la musique française sa douceur caractéristique. On peut étudier cette évolution dans les « doubles » de Lambert (le livre d'*Airs* de 1666 est d'ailleurs dédié à « Monsieur de Nyert, Premier Valet de Chambre du Roy »). De Nyert lui-même, nous ne conservons qu'un air à voix seule dans un recueil collectif manuscrit (Paris, B. N.).

C. W.

NYSTROEM *(Gösta)*, compositeur suédois *(Silverberg 1890 - Säro 1966)*. Il est le créateur de quelques-unes des œuvres orchestrales les plus remarquables de la musique suédoise du xxe siècle. Ses études le mènent en Espagne, puis à Paris où il travaille la peinture avec F. Léger, subit l'influence de Braque et poursuit parallèlement ses études musicales avec V. d'Indy et Sabanaijev de 1919 à 1931. En contact avec le groupe des Six et I. Stravinski il combine habilement les caractéristiques de l'impressionnisme et de l'expressionnisme français avec son tempérament de postromantique nordique. Son œuvre comprend 6 monumentales symphonies (*Breve*, 1929-1931 ; *Espressiva*, 1932-1935 ; *Del mare*, 1947-48 ; *Shakespeariana*, 1952 ; *Seria*, 1963 ; *Tramontana*, 1965), une symphonie concertante avec violoncelle (1945), 1 concerto de violon (1956), 1 *Concerto ricercante* pour piano (1960), 2 quatuors à cordes, un opéra radiophonique, *Herr Arnes penningar* (1958), et de la musique vocale, domaine dans lequel il retrouve la même réussite que dans ses symphonies ; en particulier les mélodies *Angest* (« Angoisse », 1923-1928), *Sånger vid havet* (« Mélodies au bord de la mer », 1942), *På reveln* (« Sur le rocher », 1949) et *Själ och landskap* (« Ame et Paysage », 1952) font partie des chefs-d'œuvre de la mélodie nordique.

H.-C. F.

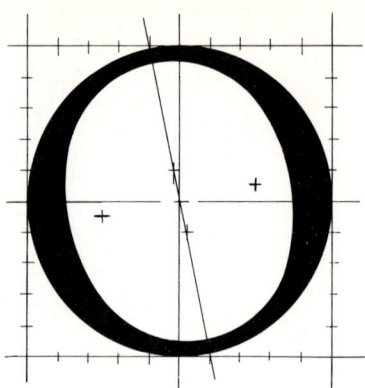

OBBLIGATO (it. ; « obligé »). Associé à un nom propre sur une partition (violon, violoncelle, etc.), ce terme indique que la présence de cet instrument est requise par le compositeur. Il n'est pas question de le remplacer ou de le supprimer. L'emploi d'un instrument obligé à l'époque baroque pour accompagner un air de soliste est fréquent. Une partie de clavecin obligé est une partie écrite en toutes notes par opposition à une basse chiffrée* à « réaliser ». Un exemple des deux types de composition figure dans la cantate profane attribuée à J.-S. Bach, *Amore traditore* (BWV 203). La mention *obbligato* est le contraire de *ad libitum**.
C. W.

OBERON. Opéra en 3 actes de Carl Maria von Weber, sur un livret de James Robinson Planché, d'après le poème épique de Wieland, traduit en allemand par Theodor Hell, créé au Théâtre royal de Covent Garden, à Londres, le 12 avril 1826.

ACTE PREMIER. Scène I. (Le jardin féerique d'Oberon, le roi des elfes.) *Puck (ms) et Droll (rôle parlé), esprits sujets d'Oberon (t), se désolent de la dispute que leur maître a eue avec son épouse Titania (s), à la suite de laquelle ces derniers ont juré de ne plus s'aimer tant qu'ils n'auraient pas trouvé un couple d'humains capables d'être fidèles l'un à l'autre jusqu'à la mort. Droll propose deux noms à Oberon : le duc Huon de Bordeaux, sujet de Charlemagne, et la princesse Rezia, fille du calife de Bagdad, Haroun al-Rachid. Par sortilège, Oberon attire en son domaine Huon (t) et son écuyer Cherasmin (bar); il inspire au héros la vision de Rezia (s). Huon, éperdu d'amour, accepte l'aide d'Oberon qui lui donne un cor et une coupe magiques, qu'il utilisera en cas de danger. Après avoir assisté à un ballet de fées et de génies (scène II), les deux amis se mettent en route.* Scène III. *A Bagdad, Rezia apprend toute joyeuse de sa servante Fatime (ms) l'approche du chevalier qu'elle a vu en rêve et qui doit la délivrer d'un mariage dont elle ne veut pas.*

ACTE II. Scène I. (Le palais du calife.) *Alors que Rezia allait être livrée à l'époux choisi par son père, Huon et Cherasmin font irruption. Huon sonne du cor, transformant l'assistance en statues. Il s'enfuit avec Rezia.* Scène II. *Cherasmin entraîne Fatime. Tous quatre s'embarquent pour la France.* Scène III. *Cependant Puck, obéissant à Oberon qui veut éprouver la constance des amants, déchaîne une effroyable tempête qui brise le navire des fuyards sur une plage rocailleuse. Huon part explorer la contrée, mais des pirates profitent de son absence pour enlever Rezia. Bien que Huon ait perdu le cor enchanté au cours de la tempête, Oberon se déclare prêt à l'aider, une fois qu'il aura apaisé les flots par un ballet d'ondines, de nymphes et de sylphides.*

ACTE III. Scène I. *Par magie, Droll transporte Huon dans le jardin du palais de l'émir Almansor (rôle parlé) à Tunis. Le héros y retrouve Cherasmin et Fatime, vendus comme esclaves au jardinier du palais. Ces derniers lui apprennent que l'émir est tombé amoureux fou d'une captive amenée par les pirates, laquelle pourrait bien être Rezia.* Scène II. *C'est elle, en effet, qui se refuse à l'émir par amour pour Huon. Mais Roxane (rôle parlé), la femme d'Almansor, s'éprend de son côté de Huon. L'attirant dans le harem, elle tente de le séduire : il la repousse, mais, surpris dans cet endroit interdit, est condamné au bûcher.* Scène III. (Sur une place de Tunis, le jour de l'exécution.) *Almansor, furieux contre le chef des pirates, Abdallah (rôle parlé), qui lui a vendu la rétive Rezia, lui offre par dérision un cor que la mer a rejeté sur le sable. Abdallah, voulant rendre l'insulte, jette le cor au premier esclave venu, qui n'est autre que Cherasmin. Pendant ce temps, Rezia et Huon affirment leur amour devant l'émir et se déclarent prêts à périr ensemble. Alors Cherasmin, soufflant du cor, fait danser toute la cour sur un rythme endiablé. Oberon apparaît, enfin réconcilié avec Titania, et met fin aux épreuves du couple. Huon et Rezia sont accueillis triomphalement à la cour de Charlemagne.*

Après le succès du *Freischütz*, Weber, très populaire en Angleterre, accepta la commande de Charles Kemble, directeur du Covent Garden, d'un opéra « authentiquement germanique ». Il délaissa le thème de Faust au profit de celui d'Oberon, sans se douter qu'en donnant son accord il signait lui-même un pacte infernal : tenaillé par la maladie, grugé financièrement par son commanditaire, il se vit contraint de collaborer avec un librettiste de langue anglaise qu'il ne rencontra jamais et qui, d'un sujet héroïco-fantastique, fit un singspiel absurde et mal ficelé. En dépit de ses efforts patients, Weber ne put donc disposer d'un livret lui permettant d'explorer, vingt ans avant *Lohengrin*, les voies du drame musical qu'il avait ouvertes avec son ouvrage précédent, *Euryanthe*.

La fécondité de son inspiration musicale n'en est que plus remarquable ; l'efficacité dramatique, la subtilité psychologique font défaut à l'œuvre, mais la peinture d'une nature foisonnante et changeante, ainsi que des rapports qu'entretiennent les personnages avec elle, est réalisée avec une finesse, une richesse inventive (de thèmes, de couleurs), voire une audace chromatique, dont Wagner se souviendra pour son *Vaisseau fantôme*. L'originalité de la partition ne suffit pas toutefois à sauver d'un oubli quelque peu méprisant un opéra dont la structure, bâtarde de Rameau et Mozart, datait terriblement.
P. G.

OBJET SONORE. Notion due principalement à Pierre Schaeffer, et qui désigne un phénomène sonore perçu dans le temps comme un tout, une unité, quels que soient ses causes, son sens, et le domaine auquel il appartient (musical ou non). En un sens, la notion d'objet sonore généralise la notion de *note* (en tant qu'unité combinatoire) à tout l'univers sonore, en incluant les sons qui n'ont pas de hauteur définie, où dont le profil, les caractères, ne rentrent pas dans les critères habituels de la musique traditionnelle. La note de musique devient alors un cas particulier d'objet sonore.

Cette notion a été élaborée par Pierre Schaeffer à partir de ses premières expériences de musique concrète entre 1948 et 1952, et fit l'objet d'une première définition avec le concours d'Abraham Moles. Reprise et approfondie dans les années 60, elle vit sa théorie considérablement développée et étayée par un travail de recherche collectif du G. R. M. autour de Schaeffer, qui trouva son aboutissement dans l'important *Traité des objets musicaux*, paru en 1966. Cet ouvrage propose un « solfège des objets sonores », qui est un essai de classification de tout l'univers sonore sur la base de critères de l'écoute complètement redéfinis pour être applicables à n'importe quel phénomène audible.

Par une confusion fréquente, on a tendance à appliquer cette expression d'« objet sonore » à tout objet matériel susceptible de produire des sons — ce que, dans le vocabulaire proposé par Schaeffer, on appelle plutôt « corps sonore ». Or, l'objet sonore, en tant que phénomène perceptif, doit être absolument distingué de l'idée d'une cause matérielle, anecdotique ; défini sous un angle phénoménologique, il est une perception dont le siège exclusif est la tête — l'oreille et le cerveau de l'auditeur ; il n'y a pas d'objet sonore en dehors d'un sujet percevant. Musicalement, l'intérêt de la notion d'objet sonore est de suppléer à la défaillance de la notion traditionnelle de note au sens occidental pour discriminer des unités dans les musiques nouvelles, et même dans les musiques d'autres civilisations ; elle aide à en définir en termes nouveaux les matériaux et les unités structurelles.

Il est clair que les agrégats, masses, clusters, processus globaux utilisés par la musique contemporaine ne peuvent plus être réduits à de simples « paquets » de notes traditionnelles dont ils ne seraient que des extensions ; ils demandent un vocabulaire nouveau, de nouveaux critères d'analyse. L'intérêt de cette notion est donc comparable à celui de la notion de *plan* au cinéma, en permettant de segmenter la continuité en éléments qu'on peut analyser, écouter, etc.

Un objet sonore peut être écouté selon trois intentions différentes : ou bien, on cherche à y reconnaître la cause dont il est l'indice (« c'est un coup de frein de voiture »), ou bien, à comprendre le sens qu'il véhicule (notamment dans le cas de l'expression verbale, ou des codes sonores) ; ou enfin, faisant abstraction de ces deux niveaux, on peut s'arrêter à sa matière, sa texture auditive, sa forme : c'est l'attitude dite d'*écoute réduite* dont Schaeffer a également fait la théorie dans son *Traité des objets musicaux*, véritable bouleversement de l'écoute. Selon Schaeffer, l'objet sonore n'accède au stade d'*objet musical* que s'il répond à certains critères qui le rendent « convenable » à l'utilisation musicale, et s'il est employé dans un contexte, une structure susceptibles d'en faire émerger des valeurs musicales abstraites (de hauteur, de durée, mais aussi de « grain », d'« allure », c'est-à-dire de vibrato).

La notion d'objet sonore est donc, pourrait-on dire, « prémusicale », mais indispensable, selon l'auteur du *Traité*, pour définir lucidement la possibilité d'un nouveau langage musical. Par ailleurs, elle s'est répandue peu à peu dans les disciplines liées à l'acoustique, la psychoacoustique, la musicologie, dont elle peut renouveler la démarche. Elle représente un des rares acquis théoriques authentiques de la recherche musicale au XXe siècle. M. C.

OBRECHT (Jakob), compositeur néerlandais (*Bergen op Zoom* [?] v. 1450-*Ferrare* 1505). Il fut maître de chœur vers 1476 à Utrecht, où il eut sans doute Érasme pour élève, puis à Sainte-Gertrude et à la confrérie de Notre-Dame de Bergen op Zoom (1479-1484), où il fut ordonné prêtre (1480). Après avoir été maître de chapelle à Cambrai (1484-85) — poste qu'il quitta pour mauvaise gestion et négligence —, il devint succentor à Saint-Donatien de Bruges (1487-1492). Une autorisation d'absence de six mois (1488) lui permit de séjourner chez le duc de Ferrare, Hercule Ier. De 1492 à 1496, il occupa les fonctions de maître de chant à Notre-Dame d'Anvers où il composa vraisemblablement les messes *Maria Zart*, *Sub tuum praesidium* et le *Salve Regina III*. Bruges l'accueillit à nouveau de 1498 à 1500, mais des raisons de santé l'amenèrent à se retirer à Berg op Zoom puis à Anvers avant d'entreprendre un second voyage à Ferrare (1504), où il mourut de la peste.

On possède actuellement de lui 88 œuvres, plus 11 douteuses. Exception faite de 28 courtes pièces profanes, pour la plupart des chansons (dont certaines publiées par O. Petrucci) sur des textes français et surtout néerlandais, et de 3 tablatures de luth, l'essentiel de son œuvre relève du domaine religieux : 29 messes, 28 motets. L'Italie n'ayant eu sur lui que des influences superficielles, Obrecht peut être considéré comme un solide représentant de la grande tradition polyphonique néerlandaise, basée sur la maîtrise de la technique du contrepoint avec un sens aigu de la conduite des lignes mélodiques des voix, toutes de valeur égale (cf. le *Pleni sunt caeli* de la messe *Salve Diva Parens*).

Ses grandes compositions religieuses sont fondées sur un cantus firmus, tantôt profane (ex. *Je ne demande* de Busnois, *Malheur me bat* d'Ockeghem), tantôt religieux (grégoriens pour *Beata viscera*, *Salve diva parens*, *Sicut spina*, *O quam suavis est*, *Subtuum praesidium*), utilisant les différentes voix en imitation. Il est vrai que Jakob Obrecht ne réserve plus le cantus firmus pour le seul « ténor », allant parfois jusqu'à la technique de la messe-parodie. Ainsi le cantus n'est plus un guide, mais un vrai réseau d'irrigation qui donne à l'œuvre une richesse et une souplesse toutes nouvelles. La séquence est le procédé de développement favori du compositeur, donnant à ses œuvres un caractère vivant. Mais il faut y ajouter l'ostinato (répétition très rapprochée d'un court motif), le plus souvent à la voix de basse, ce qui donne à l'ensemble une couleur très marquée ainsi qu'un emploi plus grand de la cadence reprise à Dufay.

On trouve aussi chez Obrecht un sens aigu de l'architecture qui repose sur des préoccupations mathématiques (cf. Marcus Van Crevel). Il va plus loin, en la matière, que Dunstable ou Ockeghem, et se montre vrai disciple des néopythagoriciens, dont les spéculations mathématiques l'ont influencé et conduit aux frontières de l'ésotérisme gnostique. La messe *Super Maria Zart* ne peut se comprendre sans cela.

Pourtant, Obrecht évite toute froideur et rigidité : il a en effet un sentiment fort de la tonalité et le goût de la clarté harmonique qui le font apparaître comme le protagoniste de la fusion de la polyphonie simultanée des Pays-Bas et de l'harmonie simultanée de l'Italie. L'évidente facilité d'Obrecht a permis à Glaréan d'affirmer que celui-ci pouvait composer une messe en une seule nuit mais, ajoute-t-il, « personne n'a dans ses chants si parfaitement exprimé les sentiments de l'âme humaine ». M.-C. L. M.-M.

OCARINA. Instrument populaire, à vent, né à Florence vers 1867. Construit en terre cuite, plus rarement en métal, il a approximativement la forme et les dimensions d'une tête d'oie, d'où son nom en italien. Il est percé de huit trous, plus celui de l'embouchure, et produit des sons comparables à ceux de la flûte dans l'aigu. M. T.

OCÉANIDES (LES) [en finnois *Aallottaret*]. Poème symphonique op. 73 de Sibelius, composé dans l'hiver 1913-14 et créé dans sa version définitive et seule publiée, le 4 juin 1914, au festival de Norfolk (Connecticut), lors de l'unique tournée du compositeur aux États-Unis. Le titre original était « Rondo des vagues », et *Aallottaret*, en finnois, signifie « Nymphes de l'océan ». L'œuvre se réfère non au Kalevala, mais à la mythologie homérique, où les Océanides sont les nymphes de la mer et des eaux.

La partition, d'une durée de dix minutes seulement, est par certains aspects la plus impressionniste de Sibelius. En fait, on y observe d'une part une tendance particulière à fondre les timbres, par doublures ou par exemple en faisant intervenir un motif aux violons sur un fond très semblable de cordes graves, et d'autre part une sensualité de timbres non moins exceptionnelle : admirablement dosée, l'instrumentation est une synthèse rare de fondu et d'individualisation, et on a là une musique d'une beauté obsédante, soucieuse des nuances et des détails, avec un seul et extraordinaire sommet d'intensité, situé, comme souvent chez Sibelius, juste avant la fin.

La tonalité principale est *ré* majeur, et le début, énoncé par les cordes soutenues par deux timbaliers, est d'une parenté frappante avec celui de l'*Étude pour les cinq doigts* de Debussy. Il est impossible de ne pas songer également à *la Mer* du même compositeur. Mais il existe, entre *la Mer* et *les Océanides*, la même différence qu'entre une expérience vécue et respirant l'air du large certes, mais cependant assez civilisée, et la « chose » elle-même. Chaque fois que dans *les Océanides* se taisent les jeux de nymphes suggérés par les bois, l'auditeur se retrouve plongé, sans ménagement ni intermédiaire d'aucune sorte, dans l'élément (trémolos de cordes avec sourdines, glissandos et harmoniques de harpes). A ce titre surtout, l'œuvre annonce directement *Tapiola**. M. V.

OCKEGHEM *(Johannes)*, compositeur franco-flamand *(Hainant v. 1410 - Tours 1497)*. Mentionné parmi les chantres de la cathédrale Notre-Dame d'Anvers (juin 1443 - juin 1444), ce Flamand fit de la France sa terre d'élection. Juste retour des choses. D'abord au service du duc de Bourbon Charles Ier, qui avait établi sa cour à Moulins, de 1446 à 1448, il parvint au sommet de la réussite professionnelle dès son entrée (1452) à la chapelle royale de France, alors installée sur les bords de la Loire. Jusqu'à sa mort (1497), il devait y servir successivement Charles VII, Louis XI et Charles VIII, comme chantre (« maître de la chapelle du chant du roy »). L'estime en laquelle on le tint lui valut maintes prébendes, et notamment sa nomination comme trésorier de l'abbaye Saint-Martin de Tours (entre 1456 et 1459). A l'encontre de Dufay ou de Josquin, il ne fut pas un grand voyageur (même s'il se rendit en 1470 en Espagne et en 1484 en Flandre) ; surtout, il n'a jamais tenté l'aventure italienne, bien que ses œuvres aient souvent été reproduites dans des manuscrits italiens (*cf.* aussi son *Prendrez sur moi* reproduit dans la marqueterie du cabinet d'Isabelle d'Este).

C'est que sa réputation dépassa vite les limites du royaume, ce dont témoignent les compositions auxquelles ont donné lieu sa mort. « Acoutrez vous d'habitz de deuil : Josquin, Brumel, Pinchon, Compère... », c'est en ces termes que Guillaume Cretin invite dans sa *Déploration* ses confrères à manifester leur douleur de la mort de leur « maître et bon père ». Jean Molinet, écrivant deux épitaphes dont l'une devait être mise en musique par Josquin, l'appela *Sol lucens super omnes*, et Erasme lui dédia sa complainte *Ergo ne conti cuit* que Johannes Lupi devait mettre en musique. Mais de son vivant déjà, Binchois lui avait dédié son motet *In hydraulis*, Compère l'avait nommé dans son motet *Omnium bonorum plena*, et Tinctoris lui avait dédié son livre *De natura et proprietate tonorum* (1476), le qualifiant avec Busnois de « prestantissimi ac celebrissimi artis musicae professores ».

Ockeghem est sans doute l'un des premiers compositeurs à avoir traité dans un esprit différent musique profane et musique religieuse. Peut-être le cadre de la chanson fut-il trop étroit pour lui. Toujours est-il qu'il respecte dans ce domaine la tradition à 3 voix, évitant généralement les imitations, maintenant volontiers (*Petite Camusette*) le contraténor dans un rôle subalterne (à la différence de Busnois), ne réalisant l'équilibre des voix que dans *Prendrez sur moi votre exemple amoureux*, canon figuraliste. Mais c'est à la musique religieuse qu'il a réservé la première place, et là, ses œuvres dégagent une réelle impression de grandeur et de puissance. Son habileté contrapuntique y éclate : un *Deo gratias* à 36 voix (mais est-ce bien celui qui nous est parvenu, et qui se présente plutôt comme un quadruple canon à 9 voix ?) lui valut une extraordinaire réputation de sorcier du contrepoint, tout comme d'ailleurs la *Missa cujusvistoni*, qui, par changements de clefs appropriés, peut être transposée dans n'importe quel ton (d'où son nom) sans modification du texte musical. Un autre tour de force est constitué par la *Missa Prolationum*, où les 4 voix sont groupées 2 par 2 en 2 canons différents, la basse suivant le ténor en augmentations, l'alto le supérius.

Mais ces virtuosités techniques, cette mathématique transcendante ne sauraient gêner sa spontanéité et son goût de l'expression. L'intérêt intellectuel ne va de pair chez lui avec l'émotion immédiate. D'ailleurs, Ockeghem est un compositeur qui « n'a jamais de système » (Ch. Van den Borren), c'est ce qu'il veut exprimer qui conditionne le choix de ses moyens. Ainsi passe-t-il dans ses messes de l'usage du cantus firmus (*Missa Caput, l'Homme armé*) à la messe-parodie (*Fors seulement*) et à la composition libre (*Prolationum, Cujusuis toni, Missa Mi-mi*). Ainsi utilise-t-il la dissonance avec une hardiesse qui contraste avec sa condamnation par Tinctoris. Un des premiers, il chercha à établir un rapport étroit entre le texte et la musique. Krenek a relevé dans ses œuvres des exemples frappants de ce figuralisme dont Monteverdi ou Bach seront plus tard tributaires. Son œuvre religieuse progresse nettement dans le sens de l'équilibre des voix et de la souplesse des lignes ; il y a chez lui un idéal de clarté : s'il conserve la linéarité de la polyphonie, il sait tisser un réseau qui donne un sentiment de verticalité. C'est là une notion moderne.

On possède de lui 13 messes, un requiem (le plus ancien ayant survécu), un credo isolé, une dizaine de motets et une vingtaine de chansons, auxquels il faut ajouter quelques œuvres douteuses quant à leur signature. M.-C. L. M.-M.

OCTANDRE. Pièce d'Edgard Varèse pour flûte, hautbois, clarinette, basson, cor, trompette, trombone et contrebasse, composée en 1923 à New York et donnée en première audition dans cette ville le 13 janvier 1924. La création française eut lieu à Paris le 2 juin 1927 sous la direction de V. Golschmann. Le titre indique un effectif de « huit hommes », de huit instrumentistes. La sérénité joyeuse d'*Octandre* contraste avec la tension déchaînée des œuvres plus agressives de Varèse comme *Hyperprism, Intégrales* ou *Ionisation. Octandre* est sa seule composition instrumentale sans instruments à percussion, et sa seule œuvre se divisant en mouvements distincts (d'ailleurs pratiquement enchaînés et unis par des relations thématiques à distance).

Le premier, *assez lent*, est une forme tripartite avec reprise (vers la fin, retour du solo de hautbois initial). Au centre, un martèlement rythmique obstiné et pesant. La parenté des intervalles verticaux (harmoniques) et horizontaux (mélodiques) rappelle la technique dodécaphonique, élaborée à la même époque. Le deuxième, *très vif et nerveux*, ouvert par un solo de petite flûte dans son registre le plus grave et terminé par un immense crescendo en *flatterzunge* (trémolo dental) de tous les instruments à vent, développe avec beaucoup d'imagination des matériaux sonores issus du premier. Le troisième, marqué d'abord *grave* (huit mesures d'introduction) puis *animé et jubilatoire*, offre la surprise d'une véritable exposition de fugue. Sa conclusion est sonore et stridente, comme de coutume chez Varèse. I. S.

OCTAVE. L'*octave* est, dans nos gammes, l'intervalle qui sépare deux notes qui portent le *même nom*, quoiqu'elles soient de hauteurs différentes. Cet intervalle est perçu par l'auditeur non exercé comme une similitude totale entre les deux notes. Acoustiquement, il correspond à une fréquence double, ou à une division par deux de la longueur de la corde vibrante (le violoniste place son doigt au milieu de la corde pour faire entendre l'*octave* de cette corde à vide). Toutes

nos gammes et nos modes ont été conçus, jusqu'à ce jour, pour que les notes se répartissent à l'intérieur d'une *octave*.
M. P. P.

OCTAVE BRISÉE, OCTAVE COURTE. On désigne indifféremment par l'un de ces termes une particularité de certains claviers anciens d'orgue ou de clavecin. L'octave la plus grave, réduite de *mi* 1 à *ut* 2, y avait l'apparence habituelle, mais était accordée différemment de son aspect visuel :

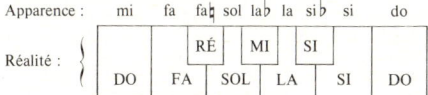

ce qui raccourcissait l'écart de la main et permettait de jouer rapidement une gamme de *do* majeur par simple glissement des doigts sans déplacement de main ni passage de pouce. Ce passage était rendu difficile par l'exiguïté des touches, de sorte qu'il est resté peu pratiqué jusqu'à l'allongement de celles-ci, généralisé au début du XIX° siècle.
J. C.

OCTOBRE. Titre donné par Dimitri Chostakovitch à sa deuxième symphonie op. 14, pour orchestre et chœurs, composée en 1927 pour célébrer le dixième anniversaire de la révolution d'Octobre, créée le 6 novembre de la même année par l'Orchestre philarmonique de Leningrad, dirigé par Nikolaï Malko. Conçue en une seule coulée de vingt minutes, elle contient des éléments de structure en quatre mouvements. Les mots finaux : « Octobre ! La Commune ! Lénine ! » ne sont pas chantés, mais déclamés, sur une pédale de tambour. Contemporaine de l'opéra *le Nez*, cette symphonie montre le jeune compositeur au faîte de ses audaces d'écriture.
P. V.

OCTONAIRES DE LA VANITÉ ET INCONSTANCE DU MONDE (LES). Importante composition chorale à quatre voix de Claude Le Jeune, sur un vaste poème en strophes de huit vers dû à Antoine de la Roche-Chandieu (protestant comme le musicien). L'ouvrage a d'abord surtout une fonction spirituelle, un rôle « moral » à remplir auprès de l'auditeur : avertir le « mondain » que tout, sur cette terre, est leurre et fragilité (l'un des thèmes favoris de la rhétorique calviniste). Mais c'est la haute valeur de cette musique qui frappe aujourd'hui l'amateur, le religieux comme le non-croyant. Le texte — malgré les excès du style métaphorique des temps — n'est certes pas sans vigueur, mais c'est sa mise en musique qui force l'admiration.

Composés peut-être dans les derniers mois de l'existence de Le Jeune (mort en 1600), les *Octonaires* sonnent comme une œuvre de la pleine maturité et du plein accomplissement du compositeur. Chronologiquement, ils sont postérieurs à sa production « mesurée à l'antique » (la seule, à vrai dire, qui ait éveillé jusqu'à ce jour la curiosité des spécialistes), mais, comme l'a remarqué son excellent exégète et interprète Jacques Feuillie, un examen attentif de la partition « permet de comprendre qu'il ne s'agit pas là d'un retour pur et simple à la tradition polyphonique antérieure, mais que précisément les recherches rythmiques de la musique mesurée à l'antique ont profondément renouvelé en France cette tradition, en fondant beaucoup plus lucidement qu'avant l'élaboration rythmique des différentes parties sur la combinaison des valeurs longues et brèves ».

De plus, au plan harmonique, il y a la volonté structurelle de l'auteur qui use à fond de toutes les possibilités modales de la fin de la Renaissance, avec une alternance de modes authentes et plagaux permettant de jouer des couleurs sonores fortement contrastées (comme un peintre joue de sa palette). Et le parcours que réussit Le Jeune dans l'exploration de cet ordre modal ressemble assez, toutes proportions gardées, au génial inventaire de l'ordre tonal auquel se livrera Bach dans le *Clavier bien tempéré*.

Enfin, il y a la mise en œuvre expressive du texte, le frémissement de vie qui anime les *Octonaires* de la première à la dernière note, avec cette irremplaçable impression de mobilité et de sensibilité qui prouve bien que Le Jeune était concerné par le renouvellement du langage et le rajeunissement des styles.

Les *Octonaires* — en fait laissés inachevés, comme nous renseigne la sœur du musicien dans sa préface de l'édition originale — sont de la dimension des chefs-d'œuvre qui marquent une époque et un répertoire, l'une des « sommes » de la polyphonie française dans son âge d'or.
R. T.

OCTUOR. — 1. **Formation instrumentale** de musique de chambre comprenant huit instruments, à vent ou à cordes, et souvent une combinaison des deux (ex. : clarinette, cor, basson, deux violons, alto, violoncelle et contrebasse, pour l'œuvre *Anaktoria* de Yannis Xenakis, composée en 1969 à l'intention de l'Octuor de Paris). On dit aussi parfois, par anglicisme, « octette ».
— 2. **Pièce musicale** écrite pour huit instruments. On peut citer comme octuors les sérénades KV 375, 1781 et KV 388, 1782 de Mozart, l'*Octuor* op. 103 de Beethoven, pour instruments à vent, 1792 (deux hautbois, deux clarinettes, deux cors, deux bassons), l'*Octuor* en *fa* majeur D. 803 pour cordes et vents de Schubert, 1824 (quintette à cordes, cor, basson, clarinette), et celui pour cordes seules, *mi* bémol op. 20, 1825, de Mendelssohn. Et aussi, parmi les octuors modernes, ceux de George Enesco, 1900, Igor Stravinski, 1923 (pour vents seuls), Darius Milhaud (1948-49, formé de la superposition de deux quatuors à cordes jouables simultanément !), Paul Hindemith, 1958, Dimitri Chostakovitch, Claude Ballif, Yannis Xenakis, etc. L'octuor peut adopter la forme du divertissement en plusieurs mouvements ou de la sonate.
— 3. **Dans un opéra ou une cantate**, air ou passage écrit pour huit voix distinctes : le troisième acte de *la Walkyrie* de Wagner, par exemple, contient des octuors de Walkyries.
M. C.

ODE (grec *ôdé*, chant, puis, plus particulièrement : poésie lyrique). Ce terme désigne en général un poème destiné à être chanté, ou une œuvre musicale lyrique (par opposition à dramatique), dont le style est large et noble, et dont l'objet est souvent la célébration ou la commémoration d'un héros, d'une circonstance, etc. Chez les Grecs anciens, l'ode était un genre chanté, en chœur ou en solo, où poésie et musique étaient conçus ensemble, par des poètes-musiciens comme Alcée, Sapho et Pindare (v. 518 - v. 438 av. J.-C.), avec ses quatre livres d'odes triomphales qui célébraient par exemple les vainqueurs des jeux Olympiques. Le genre de l'ode fut repris par des poètes latins, comme Horace, qui publie entre 30 et 13 av. J.-C. quatre livres de *Carmina* (odes) inspirés plus souvent par l'ode légère et méditative d'Alcée et Sapho que par l'ode grandiose de Pindare, comme il le confesse lui-même. L'ode pindarique a une forme très nette, en trois parties, introduite par Stésichore : strophe et antistrophe, sur une mélodie commune, puis épode, sur une musique différente. Celles d'Horace ont des formes assez variées par strophes de quatre vers, mais ont en commun la recherche d'une certaine complexité métrique.

Le genre de l'ode survit au Moyen Âge, avec le souvenir de l'ode antique, mais c'est au XVI° siècle qu'il fait l'objet d'une véritable entreprise de résurrection : à travers lui, on veut notamment retrouver cette fameuse union primitive du verbe et de la musique, qui était à la base de la musique des Anciens. Ces odes mesurées à l'antique sont harmonisées à trois ou quatre voix homorythmiques, sur des textes allemands ou latins, et fleurissent avec les œuvres de Sethus Calvisius, Ludwig Senfl, Claude Goudimel. Avec ses thèmes religieux, humanistes ou solennels, l'ode est par excellence le genre savant et noble. Plus tard se développe l'ode de forme libre, qui se libère des jeux métriques complexes et devient un genre de célébration et d'hommage, pour les mariages, les fêtes, les anniversaires ou les funérailles (*Ode à sainte Cécile*, 1692, de Purcell, *Ode à sainte Cécile*, 1739, de Haendel, *Ode funèbre*, BWV 198, 1727, de Jean-Sébastien Bach). On ne trouve plus ensuite, aux XVIIIe et XIXe siècles, que des odes isolées, souvent en référence à l'antiquité et de forme très variable (*Ode anglaise*, 1789, perdue, de Philidor, *Ode à la musique*, 1890, de Chabrier, quelques essais de mise en musique des odes d'Horace, et l'*Ode à Napoléon*, 1942, de Schönberg, d'après Byron).

M. C.

ODE À NAPOLÉON. Œuvre pour quatuor à cordes, piano et récitant op. 41 de Schönberg d'après l'*Ode to Napoleon Buonaparte* de lord Byron, composée du 12 mars au 12 juin 1942 et créée dans une version pour orchestre à cordes (op. 41b) le 23 novembre 1944 par Eduard Steuermann (piano), Mack Harrel (récitant) et la Philharmonie de New York dirigée par Artur Rodzinsky. Le texte récité est celui de l'ode écrite par Byron, en quelques heures, en 1814, à la nouvelle de l'abdication à Fontainebleau de Napoléon, héros qui, avant de devenir l'objet du mépris et de la haine du poète, avait été celui de son admiration. Un peu plus tard, Byron avait ajouté aux 16 strophes de 9 vers chacune trois nouvelles strophes opposant à celle du dictateur déchu la figure « positive » de George Washington. En reprenant ce texte, Schönberg visait non plus Napoléon, mais Hitler.

L'œuvre est strictement sérielle, mais la série choisie permet certaines réminiscences tonales et en particulier, à la fin, un puissant accord de *mi* bémol majeur (tonalité de l'*Héroïque* de Beethoven, œuvre que celui-ci avait à l'origine voulu dédier à Bonaparte). Globalement, l'*Ode à Napoléon* évoque un vaste mouvement symphonique, l'ensemble instrumental venant renforcer le sens des paroles et se livrant aussi à des préludes, interludes et postludes autonomes.

Dans une lettre du 15 janvier 1948 au critique H. H. Stuckenschmidt, Schönberg devait préciser : « Je crois que pour l'*Ode*, il faut absolument comme récitant un chanteur au sens musical très sûr. La déclamation n'est pas aussi difficile que celle de *Pierrot* (lunaire), mais il est indispensable que partout où il n'est pas *colla parte*, le récitant respecte scrupuleusement la mesure. La musique dépeint, souligne et illustre sans cesse, et resterait en grande partie incompréhensible, voire dénuée de sens, si la parole et le son n'étaient strictement coordonnés... Lord Byron, qui auparavant avait fort admiré Napoléon, fut si déçu par sa simple abdication qu'il l'accabla de tout son mépris. C'est précisément cela que j'estime ne pas avoir manqué dans mon œuvre. »

M. V.

ODE À SAINTE CÉCILE. Titre de deux œuvres de Henry Purcell. En hommage à la patronne des musiciens, Purcell a composé principalement deux *Odes* à la demande de la Musical Society de Londres (qui, tous les ans, organisait un concert le jour de la sainte, soit le 22 novembre) : l'*Ode Welcome to all the pleasure* (1683) et la grande *Ode*, *Hail, bright Cecilia* (1962).

Malgré les beautés de l'*Ode* de 1683 (écrite pour cordes et *continuo*, avec, comme voix solistes, deux sopranos, un contre-ténor, un ténor et une basse), il est indéniable que la grande œuvre est ici l'*Ode* de 1692, considérée aujourd'hui par les spécialistes comme l'un des sommets de la production chorale du maître anglais.

La partition, qui recourt à un livret de Nicholas Brady, est richement orchestrée : deux hautbois (ou flageolets), deux trompettes et éventuellement trois flûtes à bec, outre les timbales, les cordes et le *continuo* (partagé entre l'orgue et le clavecin). Cette instrumentation somptueuse a une double fonction : d'une part, rehausser la puissance et la gloire, en d'autres termes le côté festif de l'ouvrage ; d'autre part, participer à la vocation descriptive du chant, pour mieux détacher et éclairer certains mots clés du texte comme « le violon aérien » ou « le fifre et toute la fanfare guerrière », etc.

Après la brillante *ouverture* (découpée en six sections et où triomphent, bien entendu, les trompettes), un court *solo* de basse prélude au chœur initial d'acclamations à la sainte (« Salut ! radieuse Cécile ! »), rythmé par une métrique assez singulière (chaque note étant jouée sur un contre-temps après un temps de repos), puis travaillé en une fugue serrée. Le duo « Écoute, chaque arbre... » oppose le soprano (voix d'enfant, de préférence) à la basse. Puis, le contre-ténor entre en scène pour l'épisode « C'est la voix de la Nature... » où Purcell impose un rare don descriptif en un chapelet d'images parlantes, toutes plus expressives les unes que les autres (les ornements aux mots *moving*, *mighty*, *rejoice*, les chromatismes sur *we grieve*).

Le grand chœur « Âme du monde » vient ensuite, qui a fait justement comparer Purcell à Haendel et qui culmine en une fugue magistrale, digne des plus grands contrapuntistes. Le morceau suivant, « Tu mets ce monde en musique », exposé par les hautbois, puis repris par les voix aiguës et les chœurs, vaut surtout par l'irrégularité de ses phrasés (qui varient de quatre à six mesures). Se succèdent alors une série d'épisodes pour voix solistes (du trio au duo et à l'air solo), sans que jamais la moindre baisse de régime n'affecte la qualité de la musique. Bien au contraire, l'épisode pour contre-ténor « le fifre et toute la fanfare guerrière » est prétexte, comme il est dit plus haut, à un extraordinaire déferlement descriptif, les appels du soliste étant répercutés en écho par les fanfares de la trompette et le roulement des timbales, dans le meilleur esprit des « batailles » chères au XVIIe siècle. Quant au chœur *Hail, bright Cecilia !*, il termine l'*Ode* en apothéose, dans l'éclat des cuivres et timbales, et offre un nouvel exemple de la maîtrise contrapuntique de l'auteur, sa seconde partie étant un *fugato* magnifiquement travaillé à partir d'un sujet proche du célèbre choral luthérien *Lass uns erfreuen*.

R. T.

ODE FOR ST. CECILIA'S DAY (angl. ; « Ode à sainte Cécile »). Ode religieuse de G. F. Haendel, composée sur le poème de Dryden du 15 au 24 septembre 1739 et créée au Lincoln's Inns Fields Theater de Londres, le 22 septembre 1739. Les *Acta* de sainte Cécile, vierge et martyre romaine vers 230, relatent qu'elle unissait souvent le son des instruments à sa voix, pour chanter la louange du Seigneur. C'est la raison pour laquelle les musiciens l'ont choisie pour patronne, à partir du XIVe siècle, notamment. En Italie, en France et Angleterre se formèrent alors des congrégations, sociétés (Londres, 1683) qui commandèrent en son honneur soit des tableaux (Raphaël, le Dominiquin), soit des hymnes latines (Santeuil), soit des partitions musicales (Purcell, Jeremieh Clark, Thomas Clayton). En 1687, Dryden composa son *Ode* que devait précisément mettre en musique Haendel.

Le texte de Dryden, dans une progression savante, chante l'Harmonie d'où naquit le monde et qui, sous tous les aspects de la musique et de ses timbres (lyre céleste, trompette guerrière, flûte funèbre, violon passionné, orgue souverain, roi des instruments) permet d'entrevoir les harmonies des sphères ou les appels cuivrés du Jugement dernier. Heureusement découpé en couplets bien rythmés et rimés, destinés à des solistes — ténor, soprano — ou à des chœurs, le poème de Dryden s'impose par son ordonnance logique, sa belle architecture interne, une concision toute classique, propre à susciter les meilleures trouvailles musicales : ce que sut justement apporter Haendel.

La partition reflète la joie qu'eut Haendel à la composer. Visiblement séduit par le support littéraire, il a sculpté, illustré « musicalement » chacune des strophes, tout en respectant la progression générale du poème et le plan des tonalités symboliques employées. Ainsi la première partie évolue de *ré* à *ré* — avec incursion en *sol* (air : *What passion cannot Music raise*) —, tandis que la seconde, commencée dans la même tonalité, module plus subtilement vers *si* mineur, *la*, *fa*, avant de revenir au ton initial dans le chœur conclusif. L'orchestration, extrêmement légère, transparente et suggestive, met en valeur certains symboles clés : par exemple, accord parfait et contrepoint rigoureux sous le mot « Harmony », admirable hornpipe en hommage à Purcell (auteur lui aussi, d'une *Ode à sainte Cécile*); construction en répons, dans le style de l'anthem, à l'intérieur du dernier chœur proclamant de toute ses voix que « the trumpet shall be heard on high ». Dans cette œuvre de dimension restreinte, mais néanmoins de vastes conception et portée, Haendel fait ainsi, à la fois, œuvre de concettiste et de peintre de fresques. J. G.

ODE FUNÈBRE (ou *Musique maçonnique funèbre*; en all. *Maurerische Trauermusik*, sur l'autographe *Trauer Musik*). Œuvre en *ut* mineur K. 477 (479 a) de Mozart pour 2 violons, alto, basse, clarinette, cor de basset, contrebasson et 2 bassons (ou 2 cors de basset), composée en 1785. Marqué *adagio*, cet ouvrage d'exception aurait été écrit (si l'on en croit le catalogue de ses œuvres tenu par Mozart lui-même) dès juillet 1785 pour une circonstance inconnue, et non en novembre (comme on l'affirme le plus souvent) à la suite de la mort du duc Georg-August von Mecklembourg-Strelitz et du comte Franz Esterházy von Galantha, frères en maçonnerie du compositeur, décédés respectivement le 6 et le 7 novembre. Ce qui est sûr, c'est qu'il fut exécuté lors d'une tenue de loge à la mémoire des deux défunts. Sa destination première fut peut-être un rituel de maîtrise. Typiques des compositions maçonniques de Mozart sont ici la tonalité d'*ut* mineur (avec trois bémols à la clé), la prédominance des instruments à vent (en particulier de la clarinette et du cor de basset) sur les cordes, l'utilisation faite du choral liturgique, et aussi le soudain accord d'*ut* majeur de la fin, symbole *des* lumières plus encore que de *la* lumière. M. V.

ODE POUR L'ANNIVERSAIRE DE LA REINE MARY « COME, YE, SONS OF ART AWAY ». Ode de cérémonie composée par Henry Purcell en 1694, à l'occasion du 33e anniversaire de la reine d'Angleterre Mary II (il faut noter que de 1689 à 1695 le musicien devait composer six odes de circonstance pour l'anniversaire de cette souveraine). Malgré la médiocrité du livret, Purcell a signé ici l'un de ses chefs-d'œuvre caractéristiques, une admirable composition où poésie, invention et mobilité d'un discours toujours imprévu (malgré les symétries de la forme en sept mouvements) se donnent libre cours de la première à la dernière note. La symphonie d'ouverture, en trois sections, est rehaussée des traits agiles de la trompette solo. Mais, dans l'adagio très expressif pour cordes seules, la mélancolie tend à l'emporter sur le climat festif. L'ode proprement dite débute sur le chant entraînant des hautbois et cordes, en *ré* majeur. Cette mélodie est reprise par le contre-ténor solo pour les premiers vers du poème (« Allons, fils des muses... »), puis par le chœur et l'orchestre au complet.

Toujours dans la tonalité de *ré* suit l'un des airs les plus célèbres du musicien. Les deux contre-ténors se lancent dans un éblouissant duo fleuri de vocalises virtuoses, aux mots « sonnez de la trompette » et « jouez du gai hautbois », réussissant à la lettre une étonnante imitation de ces instruments, sur les rythmes incisifs de la basse continue. La ritournelle et le chœur d'entrée reviennent après par souci de symétrie.

Puis l'air de haute-contre, « Faites retentir la viole », exhorte tous les instruments à se joindre au concert pour célébrer les mérites de la reine, sur le contrechant suave des deux flûtes à bec et des cordes. Après un chœur central très rythmé, introduit par la basse solo (« Le jour qui fit naître une telle bénédiction »), le soprano solo chante une très belle et très sereine mélodie en *la* mineur, sur le soutien du hautbois et du continuo (cette fois-ci très discret). Un brillant épisode pour basse solo chante ensuite les entreprises guerrières du roi William (époux de la reine Mary) sur les temps fortement rythmés de la basse continue, dans le meilleur esprit de la nouvelle école italienne. Enfin, l'ouvrage conclut dans le climat de gloire requis, avec un autre de ces *tunes* (mélodies) avec trompette dont Purcell semble avoir eu le secret. Présenté par les solistes, puis travaillé par les chœurs et l'orchestre (avec timbales) au grand complet, cet hymne vibrant porte la marque inimitable de son auteur. R. T.

ODE SUR LA MORT DE HENRY PURCELL. Cantate de chambre de John Blow écrite en 1696, à l'occasion de la mort de celui qui, avant de devenir le plus grand musicien anglais de son époque, fut le plus doué des élèves du même Blow. Écrite sur un texte de John Dryden (l'un des librettistes favoris de Purcell) pour deux voix de contre-ténors, deux flûtes à bec et basse continue (viole de gambe et clavecin), l'œuvre, qui baigne dans un climat autant élégiaque que funèbre, exprime cependant à merveille la douleur profonde ressentie par l'auteur à la mort de son illustre cadet et ami. Le ton prévalant ici est celui de la déploration intimiste plutôt que du drame intense, tandis que les sonorités discrètes de l'accompagnement instrumental favorisent, dans la même optique, le sentiment à mi-voix et l'expression en demi-teinte.

En fait, dans la lignée de Purcell (notons, à ce propos, qu'on a souvent comparé les rapports entre Blow et Purcell à ceux qui unissaient Haydn à Mozart), John Blow — dont il faut reconnaître le très grand talent, sinon le véritable génie — a réussi là un « tombeau » qui n'est pas indigne de son modèle. Le ton ne s'y hausse pas au pathétique, mais la mobilité des rythmes, l'heureuse alternance des solos, duos, airs et récits évitent tout ennui à l'auditeur d'aujourd'hui. Et à défaut de contraste saisissant, la musique, qui témoigne aussi de la rare science d'écriture du compositeur, est porteuse d'une émotion et d'une poésie intérieure tout à fait appropriées à une mort que Blow, répétons-le, a ressentie ici comme un deuil quasi personnel. R. T.

ODINGTON (Walter), savant et théoricien anglais (*actif de 1298 à 1316 env.*). Moine à Evesham, abbaye bénédictine près de Worcester, il écrivit un traité, *Summa de speculatione musicæ*, comparable au *Tractatus de musica* de Jérôme de Moravie, et qu'on peut considérer comme le plus important et le plus complet alors rédigé en Angleterre. M. V.

ODON DE CLUNY, abbé de Cluny (*Maine v. 879 - Tours 942*). Il reste de lui trois hymnes et douze antiennes pour l'office de Saint-Martin du 11 novembre, ainsi que des écrits. On lui a également attribué un certain nombre de « tonaires », en fait sensiblement postérieurs. M. C.

ŒDIPE. Opéra en quatre actes de George Enesco, composé de 1921 à 1931 sur un livret d'Edmond Fleg, et créé le 13 mars 1936, à l'Opéra de Paris, sous la direction de Philippe Gaubert.

ACTE PREMIER. *Dans le palais royal, le peuple de Thèbes — guerriers, bergers, femmes — danse pour fêter la naissance d'Œdipe, le fils du roi Laios (t). Le prêtre d'Apollon asperge le nouveau-né avec l'eau de Dircé. L'atmosphère d'allégresse est brutalement interrompue par la prédiction du vieil aveugle Tirésias (b)* : « *Sache donc le destin de ce fils, engendré malgré les dieux du monde... il sera l'assassin de son père. Et pour multiplier, dans l'impudicité, sa race meurtrière, il sera l'époux de sa mère ! le frère de ses filles ! le père de ses frères !* »

Laios, effrayé, décide de se séparer de son fils. Il le confie à un berger, qui doit tuer Œdipe dans la montagne.

ACTE II. Tableau I. *Vingt ans après. À Corinthe, où Œdipe (b) a été accueilli par Polybos et Mérope, il ne se mêle pas à la liesse du peuple, en proie à de funestes pensées. Il déclare à Mérope (ms), inquiète, qui lui jure d'être sa mère, que l'oracle de Delphes lui a révélé son destin. Pour lui échapper, il décide de partir.*

Tableau II. *À un carrefour où trois routes se croisent, dans une atmosphère lourde, orageuse, Œdipe hésite* : « *Morne carrefour de ma vie... trois chemins... Par lequel échapperai-je à mon destin !* » *puis maudit le Destin. Le char de Laios apparaît. Pour lui faire libérer la route, le roi veut frapper la tête d'Œdipe de son sceptre. De sa massue encore levée contre le Destin, Œdipe tue Laios. Un berger, témoin terrifié du drame, constate la mort du roi.*

Tableau III. *Devant l'une des portes de Thèbes, la Sphinge (ms), monstre à figure de femme, corps de lion, et ailes d'oiseau, terrorise la ville. Elle dévore tous ceux qui ne peuvent résoudre les énigmes qu'elle leur pose. Œdipe réveille la Sphinge et répond à la question : « Nomme quelque chose qui soit plus grand que le Destin !» « L'homme est plus fort que le Destin. » La Sphinge, vaincue, disparaît. « L'avenir te dira si la Sphinge, en mourant, pleure sa défaite... ou rit de sa victoire. » Thèbes, sauvée, couronne Œdipe, et lui offre comme épouse Jocaste (ms), sa propre mère.*

ACTE III. *Thèbes est décimée par la peste. Créon (bar), le frère de Jocaste, envoyé à Delphes pour apprendre d'Apollon comment sauver la cité, annonce sa réponse : il faut découvrir et punir l'assassin de Laïos, qui se trouve entre ses murs. Œdipe demande que tout soit mis en œuvre à cette fin. Le vieux Tirésias, questionné par Œdipe, avoue : « Ce coupable que tu cherches, ce meurtrier de Laïos, c'est toi ! » Croyant à un complot contre lui, Œdipe chasse Tirésias et Créon. Pour calmer sa colère, Jocaste lui dévoile les circonstances dans lesquelles Laïos a été tué ; ses propos sont confirmés par le berger (t) qui a assisté au meurtre. Lequel, harcelé par Œdipe, lui dévoile les événements qui ont suivi sa naissance. Jocaste se suicide. Sous le choc de la pénible révélation (il est parricide et incestueux !), Œdipe se crève les yeux. Le peuple de Thèbes exige son départ. Profondément affligé, Œdipe quitte la ville, accompagné de sa fille préférée Antigone (s).*

ACTE IV. *Œdipe, devenu un vieillard, toujours aveugle, et Antigone, qui lui sert de guide, ont erré dans l'Attique. Créon et les Thébains le supplient, puis cherchent à le contraindre à revenir à Thèbes. Mais chassés par Thésée (bar), roi d'Athènes, qui accompagne Œdipe vers un bois sacré, où il disparaîtra près d'une grotte baignée brusquement d'une immense et éblouissante lumière.*

En 1910, Enesco assista à une représentation d'*Œdipe roi* de Sophocle, à la Comédie-Française, avec Mounet-Sully : « J'étais halluciné, possédé, une idée fixe s'empare de moi : composer un *Œdipe*. » Son opéra évoque la totalité de la vie d'Œdipe : le livret de Fleg intègre les deux tragédies de Sophocle (*Œdipe roi* et *Œdipe à Colone*). Dans leur conception, Œdipe a tout fait pour échapper à sa prédiction, il a essayé de vaincre le Destin, dont il est la victime. Lors de l'épilogue, son innocence est proclamée, et il disparaît comme transfiguré.

Si Enesco se réfère à la tragédie antique (dans le traitement du chœur, commentateur de l'action), son *Œdipe* est un opéra français (l'influence de Fauré y est décelable), écrit en langue française ; néanmoins sa profonde originalité est due à son langage musical, imprégné de la Roumanie natale de son auteur, spécialement en ce qui concerne la reconstitution des inflexions du « parlando-rubato », typique du chant populaire roumain (qui a nécessité l'usage, avant-gardiste pour l'époque, du quart de ton). L'hallucinante scène de la Sphinge (« j'ai dû inventer son cri, imaginer l'inimaginable »), et l'acte III, d'une hauteur tragique émouvante, constituent le « chef-d'œuvre », (selon D. Oistrakh) de George Enesco.   J.-J. M.

ŒDIPUS REX. Opéra-oratorio en 2 actes pour voix, récitant, chœur d'hommes et orchestre d'Igor Stravinski et Jean Cocteau, sur un texte latin de Jean Daniélou d'après la pièce de Sophocle, composé en 1926-27 et créé comme oratorio à Paris, le 30 mai 1927, comme opéra à Vienne, le 23 février 1928. Sur le plan harmonique, l'œuvre est sans doute la plus faible de toute la production stravinskienne. Sur le plan de l'orchestration, c'est au contraire l'une des plus puissantes. Fondée sur le modèle haendelien et de tendance néoclassique, la partition use de procédés propres à la musique baroque et reste un délicieux pastiche où l'auteur ne se prend jamais tout à fait au sérieux. Mais cet humour à froid n'empêcha nullement Stravinski de faire du Stravinski.

Fidèle à lui-même, Cocteau conserva ses distances vis-à-vis du sujet, la poésie s'alliant au délire onirique. Celui-ci immobilise en fait la progression du drame, donné à regarder comme une action d'autant plus statique (antique ?) que la langue utilisée est le latin et qu'à chacune de ses apparitions le speaker (récitant) en habit de soirée vient saper les rêves naissants des spectateurs-auditeurs.   A. F.

OFFENBACH (*Jacques*, JACOB EBERST, dit), compositeur français d'origine allemande (*Cologne 1819 - Paris 1880*). Connu comme le plus grand compositeur d'opérettes, le roi des divertissements du second Empire, le « Mozart des Champs-Élysées » (Wagner), il a été pour cela aussi fêté d'un côté que mésestimé de l'autre. Parce qu'on s'amuse à *la Belle Hélène*, ou à *Orphée aux Enfers*, on tend à considérer la musique de ces œuvres comme indigne d'être mesurée à celle des grands — alors que, comme l'a relevé René Leibowitz, c'est une véritable musique d'opéra ample et inventive.

Jacob Eberst était le fils d'un cantor de la synagogue de Cologne, qui était originaire de la localité d'Offenbach-sur-le-Main. De là vient le pseudonyme qu'il prit par la suite. Il apprend le violon avec sa mère, ainsi que le violoncelle, instrument où il deviendra un virtuose. C'est par des récitals de violoncelle dans les salons qu'il commencera à entrer dans la carrière en 1834, avec un répertoire de pièces qu'il écrivit pour cet instrument (duos, romances, danses) et qui restent les seules pièces de « musique pure » dans sa production. En 1833, il est amené à Paris, et accepté, par Cherubini comme élève au Conservatoire de Paris, malgré son origine étrangère (qui, selon les règles en usage, devait lui en interdire l'accès).

Particulièrement indiscipliné, il n'y reste qu'un an, dans la classe de violoncelle de Veslin, et finit par être engagé comme violoncelliste de fosse dans des orchestres d'opéra-comique, d'abord à l'Ambigu-Comique, puis à l'Opéra-Comique, salle Favart. Il travaille la composition avec Jacques Fromental Halévy, oncle de Ludovic Halévy, qui devait collaborer avec lui comme librettiste. Sa première œuvre, *Pascal et Chambord*, est créée en 1839 sans succès. Pendant huit ans, il n'en compose pas d'autre, et gagne sa vie comme violoncelliste en tournée, en Allemagne, en Autriche, en Angleterre. En 1844, il épouse Herminie d'Alcain, après s'être converti au catholicisme ; il aura d'elle cinq enfants.

Après d'autres tentatives dans l'opérette, il finit par accepter, sur la proposition d'Arsène Houssaye, le poste de chef d'orchestre à la Comédie-Française. Il a sous sa baguette un petit ensemble qui joue pendant les entractes et accompagne d'éventuelles romances et chansons introduites dans l'action. Celle qu'il compose pour *le Chandelier* de Musset (la « Chanson de Fortunio ») ne peut être chantée par l'acteur Delaunay, trop inhabile au chant.

Devant la difficulté de faire jouer et réussir les opérettes qu'il se remet à écrire (comme *Pepito*, 1853 ; *Oyayaie ou la Reine des Îles*, 1855), il prend en 1855, l'année de l'Exposition, la gestion d'un minuscule théâtre situé aux Champs-Élysées et qu'il baptise Bouffes-Parisiens. C'est là que ses opérettes, œuvres de petite dimension (comme le règlement lui en faisait obligation pour son théâtre), commencent à obtenir un succès qui se répand à l'étranger. Il cumule les rôles de compositeur, directeur de troupe, répétiteur de l'orchestre, intervient dans la mise en scène, etc., manifestant son tempérament d'infatigable travailleur. Les Bouffes-Parisiens déménagent dans un théâtre plus grand, passage Choiseul. Ses librettistes sont de Forges et Riche, Jules Moineaux (*les Deux Aveugles*, 1855), Hector Crémieux (*Elodie*, 1856), Ludovic Halévy (à partir de *Ba-Ta-Clan*, 1855), Michel Carré (à partir de *la Rose de Saint-Flour*, 1856), Meilhac, Tréfeu, Scribe, etc.

Après une série de succès obtenus par des opéras bouffes en un acte, il fait donner ses pièces dans des théâtres plus importants, pour s'attaquer à des entreprises de plus grande dimension. *Orphée aux Enfers* (1858, livret de Crémieux et Halévy), avec ses deux actes, inaugure la série des grandes opérettes parodiques et frondeuses, et lui fait passer ce cap décisif. Suivent une multitude de créations, dont on retiendra *Monsieur Choufleuri restera chez lui le...* (1861, livret de Crémieux, Halévy, Lépine et du duc de Morny),

Barkouf (1860, opéra-comique écrit par Scribe et Boisseau), *la Belle Hélène* (1864, livret de Meilhac et Halévy), *Barbe-Bleue* (1866), *la Vie parisienne* (1866), et *la Grande-Duchesse de Gerolstein* (1867), avec la même équipe, *Robinson Crusoë* (1867), opéra-comique où il prouve son art dans le style « sérieux », *la Périchole* (1868, livret de Meilhac et Halévy), etc.

Il devient la vedette du second Empire et de sa cour. Son interprète favorite, celle pour qui fut écrite *la Belle Hélène,* est Hortense Schneider. Il aime, tout en travaillant, vivre en société, s'occuper des autres, et sa réputation est immense. La guerre de 1870, avec la fin du second Empire, interrompt cette période heureuse, et l'expose à des attaques xénophobes, bien qu'il se soit fait naturaliser français en 1860. Il doit quitter Paris quelque temps, puis après les événements de 1870 et 1871, il tente de repartir avec *le Roi Carotte* (1872, livret de Sardou), *le Corsaire noir* (créé à Vienne, 1872, sur un livret de lui-même) et *Fantasio,* d'après Musset (1872).

Il prend en 1872 la direction de la Gaîté-Lyrique, où il monte ses œuvres avec plus de fastes et de machineries (nouvelle version d'*Orphée* en 1874, *le Voyage dans la lune*, 1875, que suivirent *le Docteur Ox*, 1877, *Madame Favart*, 1878, *la Fille du tambour-major*, 1879). Mais cette entreprise le ruine, et, en 1876, il doit abandonner le théâtre, vendre une partie de ses biens et entreprendre une tournée (triomphale) aux Etats-Unis pour rétablir sa situation.

Tourmenté par la « goutte » (diathèse), il revient encore plus souffrant, mais toujours en activité, écrivant sur un livret des frères Barbier les *Contes d'Hoffmann,* vieux projet d'opéra-comique dans lequel il voulait mettre le meilleur de son inspiration fantasmagorique. Mais il meurt le 3 octobre 1880 avant de les avoir achevés. La première des *Contes d'Hoffmann,* orchestrés par Ernest Guiraud, a lieu le 10 février 1881, dans une atmosphère de consécration posthume.

Comme on l'a dit, Offenbach est un musicien dont la réputation a eu à souffrir de l'absurde hiérarchie des genres : souvent seul l'humour des paroles et des situations place ses opérettes sous le signe du divertissement sans prétention. La musique d'*Orphée aux Enfers,* ou de *la Belle Hélène* égale ou surpasse en invention, en qualité mélodique, en sens dramatique bien des opéras sérieux. S'il pastiche l'opéra, ce n'est pas pour singer un genre dont il ne posséderait pas l'étoffe ; c'est en grand musicien doué d'une certaine vertu d'intelligence, d'ironie et de goût pour l'humour, qui lui fait facilement voir toute chose sous l'angle drôle. De surcroît, il travaille souvent avec des librettistes de grand talent, extrêmement efficaces dans leur humour de parodie et de « nonsense ». On a relevé cependant dans maint passage de son œuvre une mélancolie à peine cachée — non pas mélancolie romantique, « spleen » cultivé avec amour, mais mélancolie très humaine et sans pose. On peut le rapprocher des burlesques géniaux du cinéma muet (Chaplin, Langdon, Keaton), ou d'un Boris Vian dont on ne connaîtrait que le visage de l'amuseur. M. C.

OFFERTOIRE. Pièce chantée ou jouée à la messe entre le credo et la préface. Elle est ainsi nommée en raison des offrandes qu'autrefois les fidèles apportaient solennellement à ce moment, et qui comportaient souvent le pain et le vin destinés à être consacrés. Liturgiquement, l'offertoire est un fragment scripturaire s'appliquant à la fête du jour, lu par le prêtre au début du canon ; il comportait autrefois une antienne assez longue encadrant un ou plusieurs versets de psaume ; le verset a disparu, sauf en certaines circonstances (messe de requiem), laissant subsister la seule antienne. Dans les messes en plain-chant, cette antienne était chantée pendant que le prêtre, après l'avoir lue à voix basse, continuait la messe par la lecture silencieuse du canon. Si le chant était trop court, l'orgue continuait à jouer, et le morceau gardait le nom d'offertoire.

Souvent aussi on supprimait le chant, et l'orgue (exceptionnellement l'orchestre dans certaines messes très solennelles) jouait pendant tout le temps disponible. L'offertoire devenait ainsi le temps le plus long laissé à la disposition du musicien pendant la messe proprement dite, et en outre le seul moment où il n'était tenu par aucune obligation particulière de style, de sorte que, dans les messes d'orgue des XVIIIe et XIXe siècles, il est, avec la sortie, le morceau le plus développé et souvent le plus brillant.

Dans la messe postconciliaire de Paul VI, l'offertoire musical se voit très réduit et parfois supprimé par la récitation du canon à voix haute. J. C.

OFFICE. Nom générique donné à l'ensemble des célébrations du culte ou à chacune d'elles. L'office catholique comprend, outre la messe, le chant ou la récitation des heures* et diverses cérémonies ou réunions pieuses plus ou moins codifiées par l'usage, telles que salut du saint sacrement, récitations de chapelet, etc., ainsi que des cérémonies particulières propres à certaines fêtes (ex. le lavement des pieds le jeudi saint). A l'exception des vêpres et complies, auxquelles les fidèles étaient souvent conviés sans obligation les dimanches et fêtes, l'office des heures concerne surtout la liturgie monacale, les prêtres séculiers se contentant de le lire à voix basse dans le bréviaire. J. C.

OFFICE DES ORACLES (L'). Conçu non pas comme une œuvre pour le concert mais comme une cérémonie collective, *l'Office des oracles* de Maurice Ohana, réunissant 3 groupes instrumentaux et 3 groupes vocaux (quatuor de solistes et 2 chœurs mixtes), a été créé le 9 août 1974 aux Fêtes musicales de la Sainte-Baume. Il comporte des parties vocales accessibles à des amateurs et les groupes instrumentaux sont répartis de manière à supprimer la frontière entre les exécutants et le public, ce dernier étant appelé à participer lui-même à l'exécution. L'*Office* se déroule en douze séquences qui mettent en scène, avec un sens du merveilleux teinté d'humour poétique, différents aspects de la prédiction et de l'oracle à travers les âges : *Alpha, Oniracle, Dragon à trois têtes, Minotaure aux miroirs, Son Changó, Météoracle, Tarots, Interrogation des oiseaux, Écriture automatique, Oroscope, Pythie, Oméga.* La cinquième séquence, *Son Changó,* se réfère aux cérémonies afro-cubaines, et la neuvième, *Écriture automatique* (surréaliste) fait intervenir l'aléatoire. J. R.

OFFICE DES TÉNÈBRES (RÉPONS POUR LA SEMAINE SAINTE). Suite de répons à six voix pour les jeudi, vendredi et samedi saints de Carlo Gesualdo (1611). Le recueil est le plus impressionnant de toute la production sacrée du compositeur, car il met en musique l'un des rituels les plus dramatiques de la liturgie catholique. Tout concourt ici à une violente émotion mystique : le tragique qui se dégage du texte de Jérémie, mais plus encore l'engagement personnel de l'auteur et son souci de suivre à la lettre les consignes du concile de Trente prescrivant à l'office un style musical en harmonie totale avec les principes de clarté et d'intelligibilité du texte « afin que sa splendeur et son caractère religieux puissent agir sur le spectateur qui en serait le témoin fortuit ».

Au plan de l'écriture, les *Responsoria* ne sont pas marqués par le même délire, la même obsession de *stravaganze* que les madrigaux. Les effets chromatiques, la touche intense de pathos et de tragédie qui sont comme la signature de Gesualdo musicien profane y restent cependant assez fréquents, avec des contrastes de registres et de sonorités que l'on chercherait en vain dans les motets du même.

A cet égard, il faut souligner combien le chromatisme reste l'arme favorite du compositeur, son agent expressif permanent. Par lui, Gesualdo nous émeut et s'émeut lui-même. Au point que l'on retrouve les images parlantes du madrigaliste en des chapelets de figures sonores d'une étonnante sûreté de touche (les incroyables dissonances sur « vinaigre » et « amertume » dans la *feria quinta, répons* 1 et 3). En fait, moins subjectif et introspectif que Monteverdi, Gesualdo éprouve le besoin irrépressible de communiquer ses impressions spirituelles, tout comme il le faisait pour ses impressions profanes, établissant souvent par une cantillation étrangement suspensive une sensation de stabilité précaire qui préluderait à un effondrement général (et imminent) de tout l'édifice. Mais c'est le parfait serviteur des consignes de la Contre-Réforme qui réagit quand il projette sa propre douleur avec ses états d'âme dans l'évocation des souffrances du Christ en agonie (les jésuites du temps ne recommandaient-ils pas aux fidèles, dans le même esprit, de participer non seulement à la reconstitution des scènes de la Passion, mais d'en éprouver au plus profond d'eux-mêmes les horreurs).

Dans cette perspective, les *Répons* sont bien une mise en scène mystique, un retable sonore, en quelque sorte, du drame du Golgotha. Et Gesualdo œuvre ici en visionnaire exalté, dépassant dans le tragique et l'*affekt* les plus brûlants témoignages, sur le même sujet, de Victoria. R. T.

OFFICE DE TÉNÈBRES. Office de matines des trois jours de la semaine sainte (jeudi, vendredi, samedi) correspondant à la Passion et à la mort du Christ, dans la liturgie catholique romaine. Chacun des trois offices comprenait trois *antiennes*, trois *leçons* (ou *lectures*) et trois *répons*. Les leçons étaient extraites des *Lamentations de Jérémie*, et une très ancienne tradition voulait que la première lettre de chaque verset en soit chantée : le poème hébraïque était acrostiche, la première lettre de chaque verset correspondant à une lettre de l'alphabet. On a ainsi continué, dans la version grégorienne, à vocaliser aleph, beth, ghimel...

L'*office de ténèbres* commençait à minuit et se déroulait primitivement jusqu'à l'aube. Un symbolisme de la lumière accompagnait son déroulement, les luminaires étant éteints progressivement (d'où le nom de *ténèbres* donné à la cérémonie). On prit ultérieurement, par commodité, l'habitude de célébrer l'office dans l'après-midi du jour précédent, l'office du jeudi devenant « ténèbres du mercredi » et ainsi de suite.

Cet office, en raison de la beauté dramatique de son texte poétique et du caractère un peu spectaculaire de la liturgie, fut toujours très suivi, mais à partir de la Renaissance, il donna lieu à une floraison d'œuvres, d'abord polyphoniques (Dufay, Arcadelt, Sermisy, Cr. de Morales, Victoria, Lassus, Palestrina, W. Byrd, Tallis, Gesualdo...) puis monodiques (Galilei, Carissimi, Cesti, Frescobaldi, Allegri, Stradella...). En France, le compositeur d'airs de cour Michel Lambert donna aux *Leçons de ténèbres* un caractère particulier, mêlant déclamation musicale et profusion ornementale : ce caractère reste attaché aux œuvres de M. A. Charpentier, Couperin, Brossard, Delalande, Nivers. P. B.

OFFRANDE MUSICALE (L') [en all. *Das musikalische Opfer*]. Œuvre de J.-S. Bach (BWV 1079), dont l'origine fut la rencontre à Potsdam, le 7 mai 1747, du compositeur et du roi de Prusse Frédéric II. Après que Bach eut improvisé sur divers instruments de clavier, le roi lui proposa un thème de son cru en lui demandant d'improviser sur lui une fugue à 3 voix (Bach s'exécuta), puis à 6 voix (Bach se récusa, faisant remarquer que le thème s'y prêtait peu, mais improvisa une fugue à 6 voix sur un autre thème). Le 7 juillet, cependant, de Leipzig, Bach expédia à Frédéric II, sur le fameux « thème royal », une fugue à 3 voix intitulée *Ricercar* (probablement une mise au net de la première improvisation de Potsdam), 6 canons et 1 fugue canonique. Suivirent encore 1 sonate en trio, 1 fugue à 6 voix également nommée *Ricercar*, et 3 autres canons. L'ensemble était gravé aux frais du compositeur et accompagné d'une lettre de dédicace.

Rien dans l'édition n'indiquait l'ordre des morceaux, et l'instrumentation n'était pas précisée, sauf dans deux cas. En outre, l'œuvre n'était pas présentée dans un état permettant une exécution immédiate : les canons étaient notés à une seule voix, sous une forme, dite énigmatique, avec seulement quelques pistes permettant de saisir les intentions de Bach : au royal dédicataire et aux déchiffreurs s'il pouvait ! Ainsi, dans ces canons-énigme*, deux clés différentes se succédant indiquaient l'intervalle de l'imitation (quinte, par ex.), une clé à l'envers, un renversement* mélodique, un clé en fin de parcours, une rétrogradation*. Le tout ponctué par des annotations pleines d'humour, comme celle du canon par renversement : *Quaerendo invenietis* (« cherchez et vous trouverez ») ; ou rendant hommage au souverain dans le style du temps, comme celle du canon par mouvement contraire avec augmentation : *Notulis crescentibus crescat fortuna regis* (« qu'avec les notes qui augmentent s'accroisse la fortune du roi »). Cela sans oublier la phrase du début, acrostiche sur le mot « ricercar » : *Regis iussu cantio et reliqua canonica arte resoluta* (« sur ordre du roi l'air et le reste sont traités selon l'art du canon »).

Le « thème royal » n'est pas neutre, comme celui de l'*Art* de la fugue*, et se prête facilement à un traitement expressif. Frédéric II l'inventa-t-il tel quel, s'empara-t-il d'une idée de Bach improvisant au clavier ? Est-ce, au contraire, Bach qui tint à parfaire une idée royale ? En ses huit mesures se succèdent les trois notes *ut, mi* bémol, *sol* de l'accord parfait d'*ut* mineur, la septième diminuée descendante (*la* bémol-*si*) entourant ces trois notes, une chute chromatique, une remontée et une cadence parfaite. Des 10 canons (parmi lesquels la fugue canonique), 5 sont à 2 voix, avec à une troisième voix le thème royal plus ou moins varié en cantus firmus distinct. Dans les 5 autres, c'est le thème royal lui-même qui, toujours plus ou moins varié, est traité en canon. Un ordre possible pour exécuter l'*Offrande musicale* est donc le suivant : la sonate en trio au centre, précédée des 5 canons avec le thème royal en cantus firmus et suivie des 5 autres, 1 ricercar à chacune des deux extrémités. Cette solution, fréquemment adoptée, n'en est qu'une parmi de nombreuses autres.

De la sonate en trio, les 2 mouvements lents ne citent le thème royal que par allusion, alors que les 2 mouvements rapides (dont le dernier est une gigue) lui réservent un rôle essentiel. Ici, Bach spécifia l'emploi d'une flûte, d'un violon et d'un continuo.

Les 5 canons avec thème royal en cantus firmus traitent chacun différemment les 2 voix canoniques. Ces voix sont séparées par une mesure et par un intervalle de 2 octaves (*Canon perpetuus super thema regium*), se répondent exactement à une mesure d'intervalle (*Canon a 2 violini in unisono*), sont en mouvement contraire (renversement) à une demi-mesure d'intervalle (*Canon a 2 permotum contrarium*), se suivent à une demi-mesure d'intervalle, la seconde étant le renversement augmenté (valeurs doublées) de la première (*Canon a 2 per augmentationem contrario motu*, avec l'annotation *Notulis crescentibus crescat fortuna regis*), sont en canon à la quinte avec, au bout de huit fois, la même démarche reprise un ton plus haut (*Canon a 2 per tonos* avec l'annotation *Ascendeteque modulatione ascendat gloria regis*).

Parmi les 5 canons traitant en canon le thème royal lui-même, on trouve 1 *Canon a 2* (canon à l'écrevisse : la partie imitative est la rétrogradation exacte de la première), 1 *Fuga canonica* (fugue canonique : le thème est traité à la fois en fugue et en canon à la quinte), 1 autre *Canon a 2* (avec l'annotation *Quaerendo invenietis* : la voix imitative est le renversement de la première), 1 *Canon a 4* (4 voix), et 1 *Canon perpetuus* (même instrumentation que pour la sonate en trio : flûte et violon sont en renversement exact, ce qui produit dès l'entrée de savoureux frottements, le continuo les soutient et 4 mesures avant la fin s'empare à son tour du thème royal).

Le *Ricercar* à 3 voix est assez proche du style improvisé. Le *Ricercar* à 6 voix est la plus grande de toutes les fugues de Bach (et la seule à 6 voix). Ses dimensions humaines et spirituelles vont de pair avec une intemporalité confirmée par la valeur extraordinaire de l'orchestration que, près de deux siècles plus tard, devait en donner Anton Webern. M. V.

OFFRANDES. Œuvre d'Edgard Varèse pour soprano solo et orchestre — « Un tout petit bout d'œuvre, quelque chose de purement intime » — constituée de deux chants : *Chanson de là-haut*, dédiée à Louise Varèse, la femme du compositeur, et *la Croix du Sud*, dédiée au harpiste Carlos Salzedo, qui dirigea la première exécution (sous le titre de *Dédications*) le 23 avril 1922. La création française eut lieu le 14 mars 1930 à Paris, sous la direction du compositeur.

Le style vocal des deux chants s'inscrit dans la filiation de Debussy *(Chansons de Bilitis, Pelléas et Mélisande)*, mais la complexité transparente de la texture timbrale, tout en suivant la tradition impressionniste, annonce les recherches de l'écriture postsérielle. *Chanson de là-haut*, sur un poème du poète chilien Vicente Huidobro, fait fusionner une partie vocale fidèle à la prosodie du texte et une partie orchestrale très subtile et transparente, faite de sons répétés, de trames fluides ininterrompues, de lignes mélodiques entrelacées, de glissandos enveloppants de la harpe et d'un tissu polychrome des percussions. Un motif de cinq sons, typiquement varésien, s'y détache au début, énoncé par la trompette avec sourdine en valeurs rythmiques complexes et avec une intensité fluctuante. Le tissu sonore et les tempos se transforment en fonction du texte poétique. Dans *la Croix du Sud*, sur un poème du poète mexicain José Juan Tablada, la courbe mélodique de la partie vocale, sobre, dépouillée d'ornements, suit à nouveau strictement la prosodie. La texture instrumentale de cette pièce, beaucoup plus dense, plus massive, plus contrastée que la première, utilise les ressources timbrales de « la batterie dans un sentiment de monotonie et de somnolence » (Varèse). Des superpositions inhabituelles de percussions produisent des résultats sonores très nouveaux pour l'époque, et qui préfigurent non seulement *Ionisation* (1929-1931), mais aussi les recherches les plus récentes de renouvellement radical de la matière sonore.
I. S.

OFFRANDES OUBLIÉES (LES). Méditation symphonique pour orchestre en 3 volets enchaînés d'Olivier Messiaen, composée en 1930 et créée le 19 février 1931 par Walther Straram, au Théâtre des Champs-Élysées. Le jeune maître s'y dégage nettement de toute influence, et y évoque « l'oubli de l'homme devant le sacrifice du Christ » par *la Croix* et sa mélodie douloureuse, puis *le Péché* et sa course haletante et effrénée, et, enfin, *l'Eucharistie* et sa lente et longue phrase expressive qui déroule un élément thématique antérieurement amorcé et dont se remarque l'orchestration soyeuse, diaphane, impalpable, avec sa mélodie des premiers violons délicatement posée sur les accords de 4 seconds violons et de 5 altos en sourdine, « tapis harmonique d'une telle douceur qu'on l'entend à peine ».
A. P.

OHANA *(Maurice)*, compositeur français *(Casablanca 1914)*. Sa famille était originaire d'Espagne — Ohana est le nom d'un village andalou. Initié par sa mère au cante jondo, il a, aussi, tout enfant, au Maroc, écouté les improvisations des musiciens berbères. Ce furent là ses premiers contacts avec la musique : il ne devait jamais les oublier.

De 1927 à 1931, il reçoit à Bayonne sa première formation musicale en même temps qu'il poursuit ses études secondaires. En 1932, il étudie l'architecture à Paris, travaille le piano sous la direction de Lazare Lévy, et dès 1936, donne son premier récital. De 1937 à 1940, il est, à la Schola cantorum, l'élève de Daniel-Lesur, qui lui enseigne à la fois l'harmonie et le contrepoint, ces deux disciplines qui, selon son maître, ne doivent pas être séparées. L'art de Maurice Ohana devra beaucoup à cette méthode. En 1940, la guerre interrompit ses travaux. Maurice Ohana retrouve en 1944, à Rome, un milieu musical, celui de la jeune école italienne, groupée autour d'Alfredo Casella. Cette année-là, il compose ses premières œuvres pour piano, la *Sonatine monodique* (1945) et le premier des *3 Caprices* (1944-1948), *Enterrar y callar*, dont le titre est emprunté à Goya. Revenu à Paris en 1947, il fonde avec quelques amis, Stanislas Skrovatcheski, Sergio de Castro, Pierre de la Forest Divonne, Alain Bermat, le groupe du Zodiaque, qui se donne pour objectif de défendre la liberté du langage contre tous les esthétismes tyranniques.

A une époque où la musique sérielle a encore force de dogme, Maurice Ohana affirme son indépendance dans le *Llanto por Ignacio Sanchez Mejias*, qui est créé en 1950 sous la direction de Georges Delerue. On y reconnaît deux points d'ancrage : Manuel de Falla pour l'économie orchestrale, le cante jondo pour l'expressivité de la partie vocale ; mais Maurice Ohana, en communion étroite avec le poème de Federico García Lorca, découvre les éléments d'un langage personnel qu'il ne fera, dès lors, qu'approfondir, enrichir, diversifier. Il écrit en 1952, pour Maurice Béjart, son premier ballet, *les Représentations de Tanit* (créé en 1956), et sa première musique de scène pour *Monsieur Bob'le*, de Georges Schéade (*Suite pour un mimodrame*). Les *Cantigas* (1953-54) et les *Études chorégraphiques*, pour percussion (1955) confirment son attachement à la tradition espagnole la plus ancienne et aux rythmes africains, en même temps que son aversion pour un intellectualisme où la sensualité sonore et l'engagement corporel n'auraient pas de part. Dans une musique radiophonique pour *les Hommes et les autres* d'Élio Vittorini (1955), Maurice Ohana utilise pour la première fois les tiers et les quarts de ton, et, en illustrant *le Guignol au gourdin* (1956), une farce pour marionnettes de Federico García Lorca, il est un des premiers à découvrir la poétique de ce qu'on nommera bientôt le « théâtre musical ». Une autre étape est franchie avec *le Tombeau de Claude Debussy*, écrit en 1962, une œuvre où les micro-intervalles et les sonorités qui donnent à l'orchestre de Maurice Ohana sa couleur originale s'agencent et se fondent, définissant une écriture, un style.

Dans les *Cinq Séquences pour quatuor à cordes*, le compositeur poursuit, en 1963, son exploration de l'univers sonore compris entre les notes de la gamme tempérée, puis, utilisant une guitare à 10 cordes plus riche en sons harmoniques que la guitare classique, il écrit en 1964, à l'intention de Narciso Yepes, 1 suite de 5 pièces, dont le titre, *Si le jour paraît*, est, une nouvelle fois, emprunté à Goya. *Signes*, pour une petite formation instrumentale (1965), *Synaxis*, pour 2 pianos, percussion et orchestre (1966), le *Syllabaire pour Phèdre*, opéra de chambre (1967), s'inscrivent dans le même domaine de recherches. *Cris*, pour chœur a capella, inaugure, en 1968, une nouvelle étape créatrice à laquelle l'expérience de la musique électroacoustique n'est pas étrangère, étape marquée également par la marge de liberté laissée aux interprètes. *Autodafé*, créé en 1971 aux choralies de Vaison-la-Romaine et représenté l'année suivante à l'Opéra de Lyon, est une fresque historique, qui bouscule l'ordre chronologique et qui apparaît, en définitive, comme un jeu où l'on brûlerait « tout ce qui contraint, menace et emprisonne, pour entrevoir un moment la vie telle qu'elle pourrait être ». Tout bascule, tout sombre dans cet univers que surplombe une lumière très intense, mais cette vision tragique de la vie, à laquelle s'oppose un humour salubre, est tout le contraire d'un pessimisme morose. Hommage à Frédéric Chopin, les *Vingt-Quatre Préludes pour piano* apparurent, lors de leur création le 20 novembre 1973, par Jean-Claude Pennetier, comme une des œuvres majeures de Maurice Ohana, de même que, en 1976, l'*Anneau de Tamarit*, pour violoncelle et orchestre, inspiré par le dernier recueil de poèmes de Federico García Lorca, et le *Lys de madrigaux*, pour voix de femmes et ensemble instrumental. Créée à Avignon en 1977, la *Messe*, pour chœur, solistes et ensemble instrumental restitue, dans un langage de notre temps, l'esprit de la liturgie des premiers âges de la chrétienté. L'année suivante, les *Trois Contes de l'Honorable Fleur* témoignent de la liberté poétique du compositeur, plus que jamais à l'aise dans l'imaginaire ainsi que le confirme, en 1979, mais aux dimensions de grand orchestre, *le Livre des prodiges*. Et, c'est encore une œuvre d'une vitalité poétique intense, un *Concerto pour piano et orchestre,* qui illustre l'année 1981.

En 1975, le grand prix national de la musique était décerné à ce compositeur, dont l'œuvre, issue de sources lointaines (l'ancienne musique andalouse, la liturgie byzantine, les chants médiévaux) ou proches (Debussy et Manuel de Falla), a trouvé son unité et sa vérité dans un amour passionné de la vie, dans un attachement indéfectible à la liberté. Et, ce qui, peut-être, caractérise le mieux l'originalité de Maurice Ohana, sa vision personnelle de l'univers, c'est ce sens de l'émerveillement, cet esprit d'enfance, miraculeusement préservé, que l'on rencontre aussi chez Federico García Lorca, le poète que, entre tous, il admire.

Œuvres principales. — 1. *Musique instrumentale.* a) PIANO : *Sonatine monodique* (1945), *3 Caprices* (1944-1948), *24 Préludes* (1972-73) ; b) 2 PIANOS : *Sôron-Ngô* (1969-70) ; c) CLAVECIN : *Carillons pour les heures du jour et de la nuit* (1960) ; d) GUITARE : *Tiento* (1955 ; créé en 1961), *Si le jour paraît* (1963-64) ; e) FLÛTE : *4 Improvisations* (1961) ; f) HAUTBOIS : *Sarc* (1973) ; g) MUSIQUE POUR PLUSIEURS INSTRUMENTS : *Études chorégraphiques,* pour percussion, ballet (1955), *5 Séquences,* pour quatuor à cordes (1963), *Neumes,* pour hautbois et piano (1965), *Syrtes,* pour violoncelle et piano (1970), *Sacral d'Ilx,* pour hautbois, cor et clavecin (1975), *Satyres,* pour 2 flûtes (1976), *2ᵉ Quatuor à cordes* (1979-80). — 2. *Orchestre : Tombeau de Claude Debussy,* pour cithare, piano, voix de soprano et orchestre (1962), *Signes,* pour ensemble instrumental, piano et percussions (1965), *Synaxis,* pour 2 pianos, 4 percussions et orchestre (1965-66), *Silenciaire,* pour 6 percussions et 12 cordes (1969), *T'hâran-Ngô* (1974), *le Livre des Prodiges* (1979). — 3. *Musique concertante.* *Concerto* (trois graphiques), pour guitare et orchestre (1957), *Chiffres,* pour clavecin et 23 instruments (1968), *Anneau de Tamarit,* pour violoncelle et orchestre (1976), *Concerto,* pour piano et orchestre (1981). — 4. *Musique vocale. Llanto por Ignacio Sanchez Mejias,* oratorio (1950), *Cantigas,* pour solistes, chœur et ensemble instrumental (1954), *Sibylle,* pour soprano, percussion et bande magnétique (1968), *Cris,* pour 12 voix mixtes (1968), *Stream,* pour basse et trio à cordes (1970) ; l'*Office des Oracles,* pour 3 groupes vocaux et 3 groupes instrumentaux (1974), *Lys de madrigaux,* pour chœur de femmes, solistes et ensemble instrumental (1976), *Messe,* pour chœur, solistes et ensemble instrumental (1977). — 5. *Musique pour le théâtre. Le Guignol au gourdin,* musique de scène (1956), *Syllabaire,* pour Phèdre, opéra de chambre (1967), *Autodafé,* opéra (1972). *Trois Contes de l'Honorable fleur,* théâtre musical (1978). J. R.

OISEAU (L') [en all. *Vogelquartett*]. Titre porté par le quatuor à cordes en *ut* majeur op. 33 nº 3 (Hob. III. 39) de Haydn à cause des ornements et surtout des trilles du premier violon caractérisant respectivement le thème principal du premier mouvement et le trio du scherzo. L'œuvre fait partie d'un groupe de six quatuors composé en 1781 et connu sous la dénomination globale de *Quatuors russes**. M. V.

OISEAU DE FEU (L'). Conte dansé en 2 tableaux d'Igor Stravinski, d'après un conte national russe, composé en 1909-10 et créé le 25 juin 1910 à l'Opéra de Paris par la compagnie des Ballets russes, dans une chorégraphie de Michel Fokine.

ARGUMENT : *le tsarévitch Yvan ayant capturé l'Oiseau magique, le relâche après que ce dernier lui ait offert une de ses plumes-talisman. Rencontrant 13 jeunes filles, près du château de l'horrible géant aux doigts verts Kaschtchéi, Yvan s'éprend de l'une d'elles et décide de «les» suivre dans la demeure de ce terrible roi-magicien (doté du pouvoir de pétrifier les hommes). Grâce à la plume-talisman, Yvan ne peut être atteint par les maléfices du sorcier. Cependant, pour vaincre le géant, Yvan aura recours aux services de l'Oiseau de feu qui, par l'intermédiaire d'une musique magique, fera danser les protagonistes jusqu'à épuisement. L'oiseau endormi alors Kaschtchéi grâce aux artifices d'une berceuse, Yvan profitant de ce laps de temps pour chercher l'œuf contenant l'âme satanique du magicien et le briser. Kaschtchéi meurt alors, et les captifs retenus dans sa demeure sont libérés de l'envoûtement.*

Encore postromantique, l'orchestration découle de Strauss et de Rimski-Korsakov, alors que l'harmonie, plus novatrice, se tourne vers Scriabine, Dukas et Debussy. Ouvrage de transition et de synthèse, *l'Oiseau de feu* est à Stravinsky ce que les *Gurre-Lieder* sont à Schönberg : un point frontière, une œuvre-pivot, un aboutissement ultime de l'esthétique de la fin du xixᵉ siècle. Cette musique exacerbée, au chromatisme proliférant, pleine de souvenirs et d'influences, ne met le rythme à l'honneur que dans la *Danse infernale de roi Kaschtchéi,* qui préfigure génialement l'éclosion du *Sacre du printemps.* A. F.

OISEAUX EXOTIQUES. Fresque pour piano, 2 clarinettes, xylophone, percussions et orchestre à vent d'Olivier Messiaen, écrite en 1955 sur commande de Pierre Boulez et créée le 10 mars 1956 au petit Marigny dans le cadre du Domaine musical par Yvonne Loriod et un ensemble de solistes, sous la direction de Rudolf Albert.

Cette partition, plus ramassée que *le Réveil des oiseaux,* est confiée à un effectif plus restreint, d'où sont bannies les cordes et dont les sources diffèrent en ce sens que l'auteur y a rassemblé « artificiellement des oiseaux de mœurs, de pays, de continents différents, des artistes qui s'ignorent et ne se rencontreront jamais ». Mais au diable l'authenticité quand le résultat sonore culmine dans le foisonnement de chants épars et innombrables, jaillissant de toutes parts, en alternance avec des cadences du piano qui annoncent le prochain *Catalogue d'oiseaux.* A. P.

OISTRAKH, famille de violonistes soviétiques. — 1. **David** (*Odessa 1908 - Amsterdam 1974*). Il étudie le violon dans sa ville natale auprès de Pyotr Stoliarski, et quitte le conservatoire en 1926, où il s'est également initié à la pratique de l'alto. Il y donne, à seize ans, son premier concert, jouant et dirigeant en même temps, accompagné par l'Orchestre symphonique d'Odessa. En 1927, il joue à Kiev le *Concerto* de Glazounov sous la direction du compositeur. Il fait ses débuts à Leningrad en 1928 et, l'année suivante, à Moscou, où il vit désormais. Il remporte successivement les premiers prix du concours de l'Ukraine (1930) et du concours des Républiques soviétiques (1935), le second prix du concours Wieniawski de Varsovie (1935), derrière Ginette Neveu, et, enfin, le concours Ysaye de Bruxelles (1937).

Il participe à l'effort de guerre de son pays en jouant pour les soldats, les malades et les ouvriers, et célèbre la paix revenue aux accents du *Double Concerto* pour violons de Bach, en compagnie de Menuhin, premier musicien étranger à revenir en Union soviétique (Moscou, 1945). Il met ses deux stradivarius au service de la nouvelle musique, créant les *Concertos* de Miaskovski (1938), de Khatchaturian (1940), le premier de Chostakovitch (1955), qu'il joue pour sa première visite à New York et maintes autres pages de Kabalevski, Rakov, Vainberg, etc. Il crée également la *Deuxième Sonate,* pour violon et piano, de Prokofiev (1944), qu'il a transcrite de l'original pour flûte avec l'assentiment du compositeur, et la *Sonate* pour piano et violon de Chostakovitch (1969), avec S. Richter. Nommé professeur au conservatoire de Moscou en 1934, il forme plusieurs générations de violonistes, dont son fils Igor, Valery Klimov, O. Krysa, Victor Pikaisen, Liana Issakadze, Oleg Kagan, Gidon Kremer, etc. La passion du dialogue et celle de la musique de chambre l'ont conduit à jouer avec des partenaires prestigieux, Julius Katchen, Paul Badura-Skoda, Mstislav Rostropovitch, Pierre Fournier, Pablo Casals, ainsi qu'avec ses compagnons habituels, le pianiste Lev Oborine et le violoncelliste Sviatoslav Knouchevitski. Il était également doué pour la direction d'orchestre qu'il pratiqua souvent. Violoniste à la sonorité rayonnante, il a évolué graduellement vers une plus grande intériorité, vers une sérénité oublieuse de toute virtuosité.

— 2. **Igor,** violoniste, fils du précédent *(Odessa 1931).* Il apprend le violon avec son père et suit les cours du conservatoire de Moscou jusqu'en 1955. Auréolé des premiers prix du festival des jeunesses démocratiques à Budapest en 1949 et du concours Wieniawski de Poznan en 1952, il suit son père dans la carrière, jouant fréquemment en duo avec lui et l'assistant dans son enseignement au conservatoire, à partir de 1958, avant d'enseigner lui-même dès 1965. C'est un artiste probe, au jeu peut-être plus objectif que celui de son père. M. W.

OLAH *(Tiberiu),* compositeur roumain *(Arpasel 1928).* Il étudia aux conservatoires de Cluj (1946-1949) et de Moscou (1949-1954), enseigna au conservatoire de Bucarest à partir de 1954, et suivit les cours de Darmstadt en 1968 et 1969. Il s'attacha d'abord à la musique vocale, puis se tourna vers le domaine instrumental et surtout vers la musique de film, domaine dans lequel il a acquis, dans son pays, une position prédominante. En ses débuts, il s'est montré influencé par Bartók, puis a donné libre cours à un généreux tempérament romantique. Il a écrit notamment un quatuor à cordes (1952), une symphonie (1956) et *Geamgii din Toledo,* opéra pour la télévision (1970).
M. V.

OLIFANT. Instrument ancien à embouchure, formé parfois d'une défense creuse d'éléphant (d'où son nom), mais plus fréquemment d'une corne de bovidé, ou construit en métal. Trop court pour émettre plusieurs harmoniques, ce cor primitif était surtout un instrument d'appel et de reconnaissance, utilisé à des fins militaires ou cynégétiques. M. T.

OLIVER *(Joseph,* dit « KING »), cornettiste de jazz américain *(La Nouvelle-Orléans 1885 - Savannah 1938).* Il fut, dans sa ville natale, l'une des figures majeures de la préhistoire du jazz, prenant, dit la légende, le meilleur sur ses concurrents, Emmanuel Perez et Freddie Keppard, et succédant à Buddy Bolden en tant que « king ». Après la fermeture de Storyville (1917), il émigra à Chicago, où, après avoir joué chez Lawrence Dewey et Bill Johnson, il forma, en 1920, le Creole Jazz Band, auquel collaborèrent quelques musiciens venus de Louisiane; entre autres, Bigard, Dutray, Nicholas, Noone, Ory et les frères Dodds.
En 1922, il fit venir son protégé, le jeune Louis Armstrong, et lui confia le poste de second cornet. Le Creole Jazz Band triompha au Lincoln Gardens Café, attirant la foule de ceux que sensibilisait le jazz naissant. En 1923-24 eurent lieu les enregistrements historiques dans lesquels le « king », déjà détrôné en fait par son disciple, se taille encore la part du lion *(Dippermouth Blues).* Le départ d'Armstrong pour New York, l'année suivante, annonça le déclin d'Oliver, qui se vit peu à peu abandonné par le succès. Après avoir échoué, en 1928, dans sa tentative de conquérir New York, il tomba dans la misère et mourut oublié.
Il est difficile de juger King Oliver au vu de ses enregistrements, les premiers étant de mauvaise qualité technique, et, pour les plus récents, Oliver lui-même n'étant plus en possession de ses moyens. La sonorité, au vibrato assez prononcé, semble puissante ; le style a le mérite de la simplicité ; l'invention mélodique et rythmique paraît limitée ; et les ensembles improvisés sont conduits avec maîtrise. Louis Armstrong a salué, en Joe Oliver, un grand précurseur, à juste titre sans doute. A. H.

OLIVEROS *(Pauline),* femme compositeur américaine *(Houston, Texas, 1932).* Entre 1960 et 1966, elle compose plusieurs œuvres de musique électroacoustique, sur bande et en direct, au San Francisco Tape Music Center, ainsi qu'au studio du Mills College d'Oakland, en Californie : *Time Pespectives,* 1960 ; *Pieces for Eight,* 1965 ; la série des *Mnemonics ;* etc. En 1972, elle fonde le Sonic Meditation Research Group, pour lequel elle réalise des compositions orales de musiques méditatives, traduisant son intérêt, fixé dans les dernières années, pour l'investigation des « modes de conscience mis en jeu dans la composition et l'exécution d'une œuvre ».
Certaines de ses œuvres récentes, telles que *Crow* et *Crow To,* sont des « cérémonials » conçus pour de grands ensembles de musiciens soumis à une mise en condition par la méditation en commun. Pauline Oliveros travaille comme professeur de composition et comme programmatrice à l'université de Californie, à San Diego. M. C.

OLSEN *(Carl Gustaf Sparre),* compositeur norvégien *(Stavanger 1903).* Il appartient à la tradition de Grieg. Harmoniste avant tout, il continue de puiser, non sans réussite, dans le riche fonds musical populaire de son pays. Parmi ses ouvrages les plus marquants, il faut retenir *Draumkvaedet* op. 22 (1937) et *Fra Telemark* n° 1 et n° 2 (1940-41). H.-C. F.

OLSEN *(Poul* ROVSING ou ROVSING OLSEN, *Poul),* compositeur et ethnomusicologue danois *(Copenhague 1922-* id. *1982).* Il a travaillé avec N. Boulanger et Olivier Messiaen et écrit une œuvre qui doit beaucoup à la culture française. Il s'inspire des musiques hindoues et arabes *(A Song of Mira Bai* op. 69, *Shangri La* op. 64) et, plus récemment, utilise le langage sériel et dodécaphonique *(Symfoniske variationer* op. 27, *Prolana* op. 33, *Inventions dodécaphoniques* pour piano op. 38 et *Passacaglia* op. 45). H.-C. F.

OMAGGIO A JOYCE. Œuvre pour bande magnétique de Luciano Berio, réalisée en 1958 au Studio de phonologie de Milan. Conçue sur un extrait d'*Ulysse,* elle est une recherche vocale par le biais de l'électronique. Mais rien n'y est véritablement électronique, car même les sons, semblant à l'audition relever de cette catégorie, sont en fait d'essence vocale. À ces sons se mêlent des phrases atomisées, des paroles éclatées, des phonèmes isolés, des consonnes dissociées, des cris, etc. La voix, génératrice de l'ensemble, est fixée par la bande magnétique, une fois traitée par manipulation.
A. F.

OMAYYADE. Relatif à la dynastie des califes omayyades de l'Islām, ayant régné de 660 à 750. (Pour les omayyades de l'Espagne musulmane, v. ARABO-ANDALOU, NAWBA ou NOUBA.) Sous les califes omayyades, une musique reposant sur une confluence artistique arabo-irano-byzantine se développe au sein de l'Islām en fonction du mécénat de l'État. C'est l'époque de célèbres chanteurs et chanteuses, à La Mecque et à Médine, comme Nashīṭ, Sā'ib Khāthir, Azza-t-al-Mayla, Jamīla, Ibn Misjaḥ, Ibn Surayj, Ibn Muḥrīz, Ṭuways, Ma'bad. Il faudra cependant attendre l'époque abbasside pour assister à une codification précise des structures modales et des rythmes et à un développement de la technique des instruments, dont le *'ūd.* J.-C. C.

ONDES MARTENOT. Instrument de musique de conception électrique (plutôt qu'électronique), conçu par Maurice Martenot* dès 1918 et présenté dans sa forme définitive dix ans plus tard, à l'Opéra de Paris. À la différence des instruments dits électroniques, qui affectionnent les mixtures, l'instrument de Martenot respecte la tradition musicale du registre harmonique dans ses deux variantes : l'une à clavier accordé sur le tempérament, l'autre à ruban, permettant, comme un instrument à cordes ou comme la voix, toutes les intonations. L'instrument dispose d'une pédale d'intensité, au registre étendu, et d'un jeu de combinaisons harmoniques permettant de réaliser de nombreux timbres originaux, dont certains s'apparentent à ceux des instruments traditionnels.
De nombreux compositeurs ont écrit pour ces ondes Martenot, notamment Honegger et Milhaud, Jolivet et Messiaen. Maurice Martenot n'a cessé de perfectionner son instrument avant et après la Seconde Guerre mondiale. P. S.

ONDŘÍČEK *(František)*, violoniste et compositeur tchèque *(Prague 1857 - Milan 1922)*. Après avoir étudié avec A. Bennewitz au conservatoire de Prague (1873-1876), il se perfectionne pendant deux ans à Paris avec Massart. Il est soliste des concerts Pasdeloup (1879), et donne la première audition du concerto de Dvorak (1883). En 1907, il s'établit à Vienne, où il forme un quatuor. Il devient directeur du conservatoire de Vienne (1910-1919), puis professeur au conservatoire de Prague. Ondříček a composé des pièces pour violon et piano, des études pour violon seul et de la musique de chambre, éditées à Prague. A. et M. P.

ONSLOW *(Georges)*, compositeur français d'origine anglaise *(Clermont-Ferrand 1784 - id. 1853)*. C'est à Londres qu'il commence très jeune à étudier le piano, instrument pour lequel Hüllmandel, Dussek et Cramer seront ses maîtres, avant de retourner dans sa ville natale, où il se consacre comme violoncelliste à la musique de chambre. Il voyage en Allemagne et en Autriche, puis vient parfaire son éducation musicale avec Reicha, à Paris, en 1808. En 1842, il entre à l'Institut, dans la section « musique », où il succède à Cherubini, qui venait de mourir. Quelques pièces de musique de chambre sont encore jouées aujourd'hui parmi ses 10 trios avec piano, ses 34 quintettes à cordes, ses 36 quatuors, et on le considère comme un artisan de l'école française de musique de chambre. Il composa aussi des drames lyriques, l'*Alcade de la Vega* (1824), *le Colporteur ou l'Enfant du bûcheron* (1827), *Guise ou les États de Blois* (1837), opéra historique, qui obtint un certain succès. M. C.

ON WENLOCK EDGE. Cycle de 6 mélodies pour ténor, quatuor à cordes et piano de Vaughan Williams, sur des poèmes tirés de *A Shropshire Lad* de Alfred Edward Housman. Les poèmes datent de 1896. L'œuvre de Vaughan Williams, terminée en 1909, fut créée à Londres le 15 novembre de la même année. D'une grande beauté mais d'un goût amer, elle reflète l'attraction exercée par le pessimisme et le cynisme de Housman sur les jeunes compositeurs anglais d'avant la Première Guerre mondiale. M. V.

ONZIÈME. — 1. **Intervalle** produit entre les extrêmes d'un groupe de 11 notes consécutives prises sur une gamme diatonique, départ et arrivée compris. La onzième est le redoublement* de la quarte et peut, comme elle, être juste ou augmentée.
— 2. L'**accord** de onzième est celui formé de 6 notes pouvant être énoncées par tierces juxtaposées (par exemple, *do, mi, sol, si, ré, fa*), mais non forcément disposées dans cet ordre. L'accord de onzième est exceptionnel avant le XXᵉ siècle ; il fait son apparition avec C. Debussy sous forme de l'accord de onzième naturelle (v. NATUREL), formé de celui de neuvième naturelle *(do, mi, sol, si* bémol, *ré)* auquel s'ajoute une onzième augmentée *fa* dièse transcrivant par approximation de tolérance* l'harmonique 11, intermédiaire entre *fa* et *fa* dièse. D'autres accords de onzième, analogiques, n'ont pas jusqu'à présent pris place dans l'harmonie. L'accord de onzième naturelle n'a pas de fonction tonale définie ; Stravinski a essayé dans *Petrouchka* un accord de onzième de dominante *(sol, si, ré, fa, la, do)*, mais l'exemple n'est pas probant, car la onzième *do* peut s'y comprendre soit comme une pédale supérieure, soit comme une appoggiature non résolue du *si* de l'accord de neuvième. J. C.

OPÉRA. De façon générique, ce terme recouvre les divers types d'expression unissant le théâtre à la musique, comportant un texte en partie ou totalement chanté. On lui donne diverses dénominations (dont les définitions sont rappelées ici aux termes concernés) selon le caractère de l'action, le genre des structures et du livret, selon les époques, les pays, etc. Mais, ce mot, pris comme abréviation de *opera in musica*, peut s'appliquer au *singspiel*, à la tragédie lyrique, à l'opéra-comique, *buffa, seria*, etc., genres qui ont en commun de rassembler à une même fin des chanteurs, des instrumentistes, parfois des danseurs, des acteurs (avec de possibles interférences entre leurs disciplines réciproques), dans un espace défini dont l'ordonnance se réclame aussi des arts plastiques et du jeu théâtral.

Pour retracer l'évolution d'une forme qui comporte plus de 25 000 titres (dont près de la moitié de langue italienne), il convient de distinguer cette évolution propre de celle de l'écriture musicale. Leurs influences réciproques furent parfois déterminantes, parfois nulles. D'autre part, des compositeurs mineurs jouèrent souvent un rôle décisif dans l'histoire de l'opéra, alors que de très grands musiciens n'abordèrent pas ce genre, se satisfirent de structures traditionnelles, ou bien ne signèrent que des chefs-d'œuvre isolés, sans portée historique. Enfin, cette évolution repose sur de nombreuses querelles tendant à accorder la priorité au verbe ou au son, au rationnel ou à l'irrationnel (parfois à l'œil ou à l'oreille), ainsi que Nietzsche l'a rappelé en 1872, inscrivant ces choix dans l'antique schéma de l'antagonisme entre Apollon et Dionysos.

Des origines à la naissance de l'opéra. En dehors du drame grec, modèle souvent invoqué, on relève, du XIIᵉ au XVIᵉ siècle, diverses ébauches de ce genre, mais n'ayant pas nécessairement contribué à son éclosion ; ainsi *le Jeu de Robin et Marion*, au XIIIᵉ siècle, où la musique n'occupait qu'une place insignifiante, les drames liturgiques, joc partits, masks, etc. De même, dans les *canti carnascialeschi* florentins, les mascarades romaines et les diverses fêtes princières (*cf. le Paradis d'amour* en 1572 et *le Ballet comique de la Reyne* en 1581 en France, et en Italie *la Pellegrina*, en 1589), l'intérêt dramatique importait moins que le chant, le spectacle ou la machinerie. En revanche, l'*Orfeo* de Poliziano, donné à Mantoue en 1471 avec une musique collective, repris et mis en scène par Léonard de Vinci, puis *Feba e Pitone* (1486) seraient déjà plus proches du genre défini ci-dessus, mais ils ne semblent pas avoir influencé sa naissance. Celle-ci apparaît plus directement liée aux représentations sacrées, organisées par la Contre-Réforme, aux mises en scène des madrigaux dramatiques, à leurs transcriptions pour une voix soliste accompagnée et aux pastorales inspirées du Tasse. On note, dès 1573, des représentations chantées de l'*Aminta*, puis de divers poèmes épiques de la *Jérusalem délivrée*.

En 1590, le poète Guarini *(1538-1612)* transformait cette *Aminta* en tragicommedia pastorale que mettait en musique Emilio De'Cavalieri. Constituée d'une succession d'arias, elle nous semble aujourd'hui plus proche d'un opéra que la première œuvre habituellement reconnue comme telle, *Dafne*, composée entre 1594 et 1598 par le Florentin Jacopo Peri *(1561-1633)* sur un poème d'Ottavio Rinuccini *(1562-1621)*. Rinuccini, comme les Romains De'Cavalieri et Giulio Caccini, appartenait à ces cénacles, qui, dans le bouillonnement intellectuel de la fin de la Renaissance, réunirent les humanistes, poètes, musiciens, chanteurs et scientifiques dans le but de ressusciter l'art grec ; rappelons les fameuses *camerate* du comte Bardi (Florence, 1576) et de Jacopo Corsi — chez qui fut créée *Dafne* — qui jouèrent un rôle décisif dans la création du genre. C'est dans cet esprit qu'on doit situer la reprise d'*Œdipe roi* de Sophocle au théâtre du Palladio de Vincence en 1585 avec une « musique de scène » d'Andrea Gabrieli. De même, Vincenzo Galilei *(v. 1520-1591)*, père de l'astronome et membre de la camerata Bardi, dans son *Dialogo della musica antica e della moderna* (1581), traita d'acoustique et s'en prit violemment au madrigal à 5 voix, lui opposant l'art « pur » de la poésie grecque, art monodique seul capable de rendre justice à la théorie platonicienne de l'ethos. Or, une action scénique à fins morales, tendant à l'union de tous les arts (en particulier ceux de la poésie et de la musique), était désormais réalisable, le chant soliste accompagné, mieux apte à se marier au vers que la polyphonie, ayant alors atteint une perfection absolue.

C'est dans ce contexte que naquirent *Dafne* et, enfin, *Euridice*, écrite en 1600 pour les noces de Marie de Medicis et de Henri IV par Rinuccini et Peri, secondé par Caccini, qui, plus soucieux du chant que du drame, reprit entièrement à son compte le même poème en 1602. Ces œuvres, entrecoupées de danses, éliminaient presque tout aria et se fondaient essentiellement sur le *recitar cantando**; leur monotonie était peut-être moins imputable au principe du « style représentatif » florentin qu'au très modeste talent de leurs premiers auteurs : Marco da Gagliano *(1582-1643)*, qui reprit en 1608 le poème de *Dafne*, et composa jusqu'en 1637 des « fables en musique », alors influencées par Monteverdi et par les auteurs romains (v. infra); puis Giacobbi, Belli et Boschetti qui ne pouvaient prétendre rivaliser avec les derniers grands polyphonistes, de Palestrina à Gesualdo. En outre, ces spectacles de divertissement offerts au public princier des palais florentins ne répondaient plus guère à l'idéal vanté de la tragédie grecque. Avec son *Orfeo* (Mantoue, 1607), Monteverdi sauva le genre de l'impasse, bien que l'œuvre fût destinée au même cadre élitaire et hédonistique. On y trouve pourtant réunis tous les éléments dont se réclamera l'opéra deux siècles plus tard : le rôle expressif dévolu à l'orchestre, l'ouverture liée à l'action, une notion de timbre répondant à celle de l'éthos, une ébauche du leitmotiv, un juste équilibre entre voix et instruments, entre récitatif et aria, entre l'œil et l'oreille, et, surtout entre le verbe et le chant, celui-ci tour à tour sobre ou virtuose en fonction de l'action même. Mais le librettiste avait substitué au mythe une mythologie décorative, sans catharsis, avec un dénouement heureux. Et, excepté une timide tentative de caractérisation vocale, ce premier chef-d'œuvre de l'opéra instituait déjà cette dramaturgie abstraite, qui allait, deux siècles durant, reposer sur la voix asexuée du castrat, incarnant ici Orphée.

L'opéra en Italie au XVIIe siècle. On divise habituellement son évolution en trois étapes (opéra romain, opéra vénitien, puis opéra napolitain), classification commode, due au rôle prédominant joué successivement par ces trois centres, mais tenant mal compte des interférences entre leurs styles, leurs époques, et de la diffusion du genre dans diverses autres villes. Rome fut un important foyer de création de 1619 à 1643 et de 1660 à 1685, Venise de 1637 à la fin du siècle, Naples dès 1650, tandis que des salles accueillaient l'opéra à Bologne (1605), à Turin (1608), Parme (1628), Venise et Pesaro (1637), Ferrare (1638), etc. Privés ou publics, selon l'exemple fourni par Venise, ce sont plus de 40 théâtres qui s'ouvrent bientôt dans les grandes villes, une centaine dans toute l'Italie.

L'opéra romain. Rome, après avoir fourni plusieurs de ses artisans à l'école florentine, allait reprendre le flambeau, grâce à ses mécènes, et, notamment, les princes Barberini, alliés au pape Urbain VII. Or, déjà en 1600, De'Cavalieri avait mis en scène à l'oratoire della Vallicella de Rome sa *Rappresentazione di Anima e Corpo*, qui n'empruntait pas à la mythologie, mais comportait des personnages allégoriques (le Temps, la Fortune, le Vice, la Vertu, etc.). Avec son instrumentation étoffée, son récitatif assez richement orné, cette œuvre (dont on peut tenir l'oratorio* et la cantate* pour des branches rapportées), contenait en germe les principales caractéristiques du genre romain. Dès 1606, ce nouveau type de style représentatif s'épanouit dans les œuvres profanes de Paolo Quagliati *(Il Carro di fedeltà d'amore)*, et d'Agostino Agazzari *(Eumelio)*, et il allait inspirer Stefano Landi *(v. 1590-1639)*, Filippo Vitali *(env. 1590-1653)* et Domenico Mazzocchi *(1592-1665)*.

Véritable creuset des futurs opéras italien et français, cet opéra romain fourmilla d'inventions qu'on ne peut juger pleinement d'après les rares documents conservés, car ce furent plus de 100 œuvres qui furent exécutées dans les palais princiers, pour un public guère plus soucieux de mythe grec que de sémantique. Après quelques tentatives en dialecte, on prisa fort un genre où les personnages allégoriques côtoyaient des héros mythologiques ou historiques et ceux de la commedia dell'arte, tous confrontés à l'actualité, dans ce même esprit parodique qu'allait retrouver un Offenbach deux siècles et demi plus tard. Le comique, le sérieux et le sacré s'y mêlaient intimement, dans un luxe de costumes et de décors propre à satisfaire les goûts d'une aristocratie particulièrement dépravée. La musique ne jouait souvent qu'un rôle accessoire dans ces sortes d'opérettes à grand spectacle, dont le récitatif demeurait la base essentielle : *la Morte d'Orfeo* (1619), de Landi, une œuvre parodique, ne contient que 3 arias, et l'*Aretusa* (1620) de Vitali, un seul. En revanche, ce récit allait peu à peu tendre vers un arioso plus mélodique et inclure des passages de haute virtuosité — par exemple, *la Galatea* (1639), œuvre du castrat L. Vittori —, à moins que n'apparaisse une césure entre récitatif secco et aria, celui-ci comportant des couplets ou reprises, comme dans le *Palazzo d'Atlante* (1642) de Luigi Rossi *(1598-1653)*. Le schéma de ces œuvres demeurait celui adopté par Monteverdi dans son *Orfeo*, en 5 actes avec chœurs et ballets, qu'il s'agisse de fable pastorale (*la Catena d'Adone*, 1626, de Mazzocchi), de tragicommedia (*Diana schernita*, 1629, de Giacinto Cornacchioli) ou du *Sant'Alessio* de Landi, qui, en 1632, osait porter à la scène la vie d'un personnage historique, faisant précéder l'œuvre d'un prologue allégorique où la ville de Rome s'adressait aux spectateurs. Notons encore que dans *Erminia sul Giordano* (1633), sorte de revue à grands tableaux, son auteur, M. A. Rossi, exécutait des solos de violon sur la scène; dans le somptueux *Palazzo d'Atlante*, L. Rossi instituait cette ouverture bipartite, que copiera aussi Lully; enfin, dans *Del Male, il Bene* (1653), de Marazzoli et d'Abbatini, tous les acteurs se trouvaient réunis dans les finales concertants.

Destinées aux palais princiers des Conti, des Corsini, plus tard des Colonna, etc., ces œuvres eurent bientôt pour cadre le splendide théâtre de 3 000 places bâti par les Barberini, inauguré par *Sant'Alessio*, avec des décors du Bernin. Mais la personnalité dominante de cette période demeure Giulio Rospigliosi, le futur Clément IX, qui, formé en Espagne, y avait puisé son goût pour ce théâtre réaliste et comique qu'il transposa sur les scènes romaines par le truchement de ses livrets, perpétuant ainsi la tradition des madrigaux de Banchieri. On trouve en effet des scènes comiques même dans les sujets religieux *(cf. Sant'Alessio)*, où, toutefois, la part comique ne concerne que certains personnages, notamment les valets. Dès 1637, Rospigliosi écrivit une œuvre entièrement comique, *il Falcone* (ou *Fiammetta*), remaniée en 1639 sous le titre *Chi soffre, speri*, avec une musique de Virgilio Mazzocchi *(1597-1646)* et de Marco Marazzoli *(1602 ou 1608-1662)*. Or, à Florence, cet élément burlesque dominait déjà largement dans *La Flora* (1626) de Gagliano, et c'est là que Jacopo Melani *(1623-1676)* fit jouer en 1656 une *Tancia* (1612), d'après Buonarotti, puis d'autres œuvres du même type sur des livrets de G. A. Moniglia. Les Barberini ayant été chassés de Rome par Innocent X, en 1644, leurs musiciens émigrèrent quelque temps à Venise ou à Paris (Mazarin avait été l'intendant de ces princes), où Luigi Rossi donna avec succès un *Orfeo* (1647).

La réhabilitation des Barberini, en 1653, signait la naissance d'une seconde période de l'opéra romain, désormais en étroit contact avec Venise, et dominé par le mécénat des Colonna et Christine de Suède, fixée à Rome après sa conversion. Déjà, en 1653, Rospigliosi avait adapté de Calderón *Del Male, il Bene* (musique de Abbatini et de Marazzoli), une « comédie musicale », où l'alternance du récitatif secco et de l'aria s'imposait. Ce schéma n'évoluera plus sensiblement, alors qu'après la mort de Clément IX, en 1671, la papauté se montrera souvent hostile à l'existence de théâtres publics (v. ROME), une expérience tentée dès 1667. Les ouvrages comiques abondent désormais, notamment avec Alessandro Stradella *(1644-1682)*, fixé à Rome jusqu'en 1677, et Bernardo Pasquini *(1637-1710)*. Ce dernier, tout en restant attaché au vieux style d'écriture, insère de remarquables finales collectifs dans *Tirinto* (1672) et l'*Alcaste* (1673), et enrichit l'orchestre dans *Lisimaco*, dramma eroico où la virtuosité vocale se donne libre cours dans une longue suite de morceaux isolés ou *pezzo chiuso* («structures fermées») : 13 duos et 58 arias ; en effet, au type d'aria dit «romain», de forme ABB, se substitue l'aria da capo (ABA'), dont le chanteur ornemente les reprises à son gré, un usage mis en vogue par le castrat B. Ferri, protégé de la reine Christine. Stradella, novateur d'une autre trempe, s'efforça d'éviter cette césure trop brutale entre récit et aria, utilisant la forme intermédiaire de l'arioso.

En outre, dans *La Forza dell'amore paterno* (1678) le récit et l'aria participent également à l'action (au XVIIIe siècle, l'aria interrompra le récit pour exprimer un état d'âme), et 17 seulement des 49 arias adoptent la forme du da capo, une proportion qui s'inverse ensuite dans *Moro per amore*. Enfin, *Trespolo Tutore*, véritable opera buffa avant la lettre comporte une ouverture reliée à l'action, une suite de 63 arias, et confirme la typologie vocale du XVIIe siècle : basse, ténor, soprano, castrat y incarnant respectivement le barbon, la vieille femme, la soubrette et l'amoureux. En 1688, les théâtres de Rome excluent définitivement cantatrices et danseuses (cet interdit ne sera levé qu'en 1798), laissant ainsi se développer un opéra de pure virtuosité vocale, abandonné sans les castrats, contribuant par là à éloigner de cette ville des musiciens tels que A. Scarlatti ou G. Bononcini (qui sera le rival de Haendel à Londres). Et c'est à Rome que s'ouvre en 1690 l'Académie des Arcadiens au sein de laquelle devaient se former tous les librettistes de l'opéra «moralisant» du siècle suivant.

L'opéra à Venise. C'est à Venise qu'apparut en 1571 le terme de libretto, c'est-à-dire petit livre, le spectateur pouvant ainsi suivre le texte complet de l'action chantée, intercalée dans les divertissements allégoriques donnés dans les théâtres privés. Or, lorsque le Teatro Nuovo, propriété de la famille Tron, disparut en 1629, la Sérénissime décida de le remplacer par un théâtre public et payant, innovation absolue dans l'histoire des arts. Ce Teatro San Cassiano fut inauguré en 1637 avec *Andromede* de Fr. Manelli *(1595-1667)*, dont on apprécia surtout les splendeurs orchestrales et scéniques. Une dizaine de salles furent en effet ouvertes durant le siècle à un public populaire, peu soucieux de mythologie, marquant aussitôt sa préférence pour la comédie d'intrigues aux ressorts complexes, avec ses nombreux personnages, ses travestissements et sa tendance à l'exotisme facile. Comme dans l'opéra romain, les personnages du «quotidien» y côtoyaient ceux de la mythologie ou de l'histoire, en une totale imbrication de comique et de sérieux. Le vieux Monteverdi y scella néanmoins la marque de son génie, et c'est par la musique qu'il traduisit le burlesque de certains personnages du *Retour d'Ulysse* (1641) et du *Couronnement de Poppée* (1642), partition vraisemblablement collective, écrite sur l'excellent texte de Busenello, qui, à la fin morale de rigueur, substitua le triomphe du vice sur la vertu, mais maintint une constante dignité littéraire aux poèmes qu'il fournit également au successeur de Monteverdi, Fr. Cavalli *(1602-1676)*, notamment *La Didone* (1641), où il osa porter à la scène un dénouement tragique.

La typologie vocale semblait, à Venise, plus abstraite qu'à Rome, le castrat incarnant indifféremment héros ou déesses. La somptuosité de décors signés Bibiena, Torelli ou Tacca, compensait la maigreur d'un orchestre utilisé essentiellement pour l'ouverture, les ballets et scènes descriptives (chasses, orages, tempêtes, etc.), mais quasi absent dans l'accompagnement de l'aria et du récitatif. Comme Monteverdi, Cavalli adopta dans ses tragédies le schéma romain avec son prologue allégorique, et maintint une certaine osmose entre un récitatif issu du style représentatif mais largement ornementé, un arioso expressif, et des arias variées et riches, excellant en particulier dans le genre du lamento. Mais, peu à peu, l'opéra vénitien tendait aussi à séparer plus nettement le récit et l'aria, une conséquence de la baisse de qualité des livrets: G. Faustini *(v. 1619-1651)*, qui écrivit pour Cavalli les comédies *L'Ormindo* et *La Calisto*, estimait que la valeur du livret n'importait guère, et son successeur A. Aureli versa dans une certaine trivialité, de même que G. A. Cicognini, qui cultiva le grotesque dans *Giasone* (1649), un chef-d'œuvre que Cavalli sauva par la musique, et notamment par la scène de folie de Médée, un modèle imité durant tout le siècle. Enfin, si avec *Ercole amante* (Paris, 1662), Cavalli suggéra à Lully le schéma du futur opéra français, il n'eut guère à Venise de successeur à sa mesure.

Seule personnalité authentique de l'époque, Giovanni Legrenzi *(1626-1690)* souscrivit néanmoins à l'esthétique du spectacle en présentant sur scène des éléphants et 150 trompettes dans *Totila* (1677), opéra dont il sut toutefois varier à l'infini les 80 arias, faisant preuve de sa maîtrise et d'une grande sensibilité (notamment dans *Il Giustino*, 1683), et demeurant l'idéal de toute la génération suivante. Plus cosmopolite, Pietro (dit Marc'Antonio) Cesti *(1623-1669)* démontra sa facilité dans les aimables ariettes qui entrecoupent un morne récit *(Orontea*, 1656 et 1666, dont la musique sauve un livret ridicule), et il mit en musique pour Vienne en 1667 un fastueux *Pomo d'oro*, longue parodie du jugement de Pâris, dont on acclama surtout les 24 superbes décors.

On peut, en résumé, estimer qu'à Rome, comme à Venise, la variété des structures, le mélange souvent heureux des genres, la beauté d'un chant assez longtemps vierge de tout excès de virtuosité avaient su créer un opéra séduisant, qui avait sans doute manqué d'avocat très éloquent, et que sa fantaisie et sa déraison même rapprochaient de l'esthétique du baroque. L'opéra lullyste, d'une part, l'extrême rationalisation du XVIIIe siècle italien, de l'autre, allaient saper ce bel équilibre, qui, beaucoup plus tard, devait redevenir l'objet de bien des vœux.

L'opéra à Naples. L'analyse moderne a renoncé à définir un type «napolitain» relatif à cette époque. En fait, les compositeurs de la péninsule se retrouvèrent à Naples parce que trop d'interdits frappaient l'opéra à Rome, et qu'à Venise le genre sombrait dans la médiocrité. En outre, Naples, plus peuplée que Rome, Venise et Milan réunies, affirmait une tradition culturelle due à sa langue, ses fêtes théâtrales, et un rayonnement acquis grâce à la domination ibérique et à ses conservatoires uniques en Europe et propres à attirer compositeurs, musiciens et interprètes.

Francesco Provenzale *(v. 1627-1704)*, longtemps considéré comme le père de l'école napolitaine, sut avant tout «associer sa parfaite connaissance du style vénitien à l'art de la villanelle», et, auteur d'une douzaine d'opéras, mit le meilleur de son talent dans ses comédies *Lo Schiavo di sua moglie* (1672) et *Stellidaura vendicata* (1678), utilisant parfois d'excellents livrets napolitains de A. Perucci. Mais la démocratisation des théâtres ne créa pas pour autant un style vraiment propre à cette ville où se côtoyaient les œuvres en dialecte, l'héritage du théâtre espagnol (jusqu'aux opéras de langue ibérique de Coppola), les spectacles de la commedia dell'arte et les drames sacrés.

Plus tard, le Sicilien A. Scarlatti, formé à Rome, imposera à Naples certains archétypes de l'opéra italien.

Naissance de l'opéra français. Dans un pays où l'esprit s'opposait «au genre le plus irrationnel qui soit», l'opéra n'apparut pas, ainsi qu'en Italie, comme un fait culturel inéluctable. Né, lui aussi, dans le cadre aristocratique de la cour, il eut, certes, pour objectif d'exalter la grandeur du règne de Louis XIV, mais il devait, en fait, consacrer les retrouvailles du vers et de la musique, qui, quelques siècles plus tôt, s'étaient séparés sur le parvis des églises, et avaient, par des voies autonomes, atteint à un même stade de perfection qui exigeait de nouvelles épousailles. On trouve donc à la base du genre naissant un certain nombre d'éléments complémentaires, juxtaposés plutôt que fondus entre eux : la tragédie de Corneille et le vers de Racine, une capacité orchestrale plus riche qu'en Italie, un goût du spectacle en soi, un vieil engouement pour le ballet, autant d'éléments susceptibles de compenser le niveau très modeste de l'école de chant française.

La France avait connu sous Louis XIII des ballets chantés solidement structurés, puis des pastorales, plus prisées par la noblesse que l'opéra italien, importé par Mazarin. Malgré un réel succès public, cette dernière tentative échoua, brisée aussi par les cabales politiques (en partie justifiées par les intrigues du castrat A. Melani, espion des Médicis). Lorsque fut créée une Académie royale de musique et de danse (plus tard Académie impériale, puis Opéra de Paris, nom que nous lui conserverons ici, quelle qu'en soit l'époque), le privilège en échut à l'abbé Perrin et à son musicien, Robert Cambert *(env. 1628-1677)*, dont la *Pastorale d'Issy* (1659) avait connu un réel succès. Leur *Pomone*, spectacle d'inauguration de l'Opéra en 1671, malgré un galbe musical et littéraire assez faible, imposait néanmoins toutes les structures d'un genre qu'allait cultiver Jean-Baptiste Lully *(1632-1687)*, Florentin naturalisé français. C'est lui qui fixa le cadre immuable de ce que les historiens nommeront plus tard la tragédie lyrique, avec son ouverture, son prologue allégorique et ses 5 actes, faisant une large part à la danse et à l'élément visuel, et dans laquelle, malgré le support mythologique, le roi était le véritable protagoniste, soit directement présent, soit par héros interposé. Saisissant avec habileté ce qu'il convenait d'adopter ou de rejeter du modèle italien, Lully tira la leçon des représentations parisiennes d'*Ercole amante* de Cavalli, où ses propres intermèdes dansés avaient eu plus de succès que le style de chant, qu'il convenait donc d'adapter au goût français.

Or, si l'on critique justement le principe du récitatif arioso de Lully, il faut se souvenir qu'il n'était pas l'élément majeur de l'édifice, et qu'il devait au moins autant à l'assimilation des formules de l'opéra romain qu'à la déclamation des comédiens de l'Hôtel de Bourgogne. Les véritables modèles du genre furent, en fait, plus que les ballets et pastorales de cour, plus que les comédies-ballets de Molière auxquelles il avait collaboré, une *Andromède* de Corneille et de D'Assoucy (1650) — elle-même démarquée des spectacles italiens —, et les opéras de Rossi, Cavalli et quelques autres qu'il avait connus. Témoins l'ouverture créée par L. Rossi — rebaptisée ouverture à la française —, la présence des ballets à chaque acte comme dans *Sant'Alessio* de Landi, le prologue allégorique et les chœurs déjà présents chez Mazzocchi, jusqu'aux effets d'écho, pris de *La Vita humana* de Marazzoli, et aux interventions du violon sur la scène, procédé employé par M. A. Rossi. Enfin, la merveilleuse de la machinerie était l'œuvre de Torelli, et les danseurs de formation italienne. Mais alors que les opéras italiens du xviie siècle tombèrent dans l'oubli, éclipsés par l'attrait de la nouveauté, ceux de Lully subsistèrent et passèrent longtemps pour des créations originales. En outre, la pauvreté même de l'harmonie lullyste concourut à donner à son orchestre cette pompe insolite et caractéristique, partie intégrante d'un ensemble qui, moins « lyrique » que l'opéra italien, n'en était guère plus « tragique » pour autant, et cela explique que des musiciens tels que Couperin et Charpentier se soient désintéressés d'un genre qui leur parut mineur. Car si les vers de Quinault *(1635-1688)* sont beaux, ses tragédies, comme celles des auteurs vénitiens, empruntent à une mythologie décorative, surchargée, où, dès *Alceste* (1674), la trame puisée chez Euripide s'efface devant les intrigues de maints personnages secondaires. Malgré ses paradoxes, il faut s'incliner devant la rare unité de cet opéra français, sa logique et son infaillible perception d'une esthétique idoine aux buts de « l'opéra versaillais ».

La mort prématurée de Lully, qui avait régné par monopole de fait sur la scène française, causa un vide que ne comblèrent ni Lalande et Couperin, engagés sur d'autres voies, ni Marc Antoine Charpentier *(v. 1636-1704)*, élève de Carissimi à Rome, auteur de 8 opéras, dont seule *Médée* fut donnée à l'Opéra (1693) et dérouta le public par ses subtilités harmoniques, mais aussi par un manque certain de ce sens architectural qu'avait possédé Lully. Deux de ses fils — Jean Louis *(1667-1688)* et Louis *(1664-1734)* Lully — ne purent s'affirmer, alors que les chanteurs et instrumentistes italiens, appréciés du public, étaient de retour ; et les véritables successeurs du Florentin furent d'abord son ancien collaborateur Pascal Collasse *(1649-1709)*, auteur de 12 œuvres lyriques, son élève Henry Desmarets *(1661-1741)*, harmoniste raffiné et auteur d'une *Vénus et Adonis* (1697), André Cardinal Destouches *(1672-1749)*, l'auteur d'*Omphale* (1701) et de *Callirhoé* (1712), dont le récitatif et le chœur témoignent d'une belle ampleur, enfin François Rebel *(1701-1775)*, qui, notamment dans *Pyrame et Thisbé* (1726), collabora avec François Francœur *(1698-1787)*, un directeur de l'Opéra.

En marge de cette école, la claveciniste Élisabeth Jacquet de La Guerre et le violiste Marin Marais *(1656-1728)* s'intéressèrent au genre : *Alcyone* (1706), de ce dernier, contient une « tempête » restée célèbre. Il faut réserver une place à part à André Campra *(1660-1744)* et à Jean-Joseph Mouret *(1682-1738)*, tous les deux d'origine provençale, qui furent les instigateurs d'un esprit nouveau et insérèrent même des ariettes italiennes dans leurs œuvres. Le premier a été auteur de belles tragédies (*Tancrède* en 1702, *Idoménée* d'après Danchet en 1712). Le second fut plus à l'aise dans le style léger exigé par la Régence ; tous deux furent aussi les artisans essentiels du nouvel opéra-ballet*, né à la disparition de Lully, et ne différant vraiment de l'opéra français que par le renoncement à l'unité d'action (et de lieu). On doit à cet opéra-ballet de nombreux chefs-d'œuvre, de *l'Europe galante* (1697) et des *Fêtes vénitiennes* (1710) de Campra aux *Fêtes de Thalie* (1714) de Mouret, jusqu'aux *Éléments* créés aux Tuileries (1721) de Lalande et Destouches. Enfin, il faut créditer Mouret de la création de l'opéra-pastorale, et Michel Pignolet de Montéclair *(1667-1737)* de l'introduction du thème biblique, avec une *Jephté* (1732) d'une puissance inattendue par la richesse de ses chœurs et de sa déclamation. L'année suivante, l'accès de Rameau à la scène lyrique allait éclipser tous ces musiciens.

L'opéra en Europe au xviie siècle. L'opéra italien ayant débordé ses frontières, précédant en cela son rival français, rares furent, ailleurs, les tentatives originales.

En Angleterre. Si la musique avait joué un large rôle dans les masks* et dans les drames et comédies de Ben Jonson et de Shakespeare, le terme opéra ne fut employé que lors de la création d'un *Siège de Rhodes* (1656), d'après D'Avenant, dont Matthiew Locke *(1631-1677)* assura l'essentiel de la musique. La réouverture du Duke's Theater, en 1671, après les troubles, puis les représentations françaises stimulèrent la création, en 1674, d'une sorte d'opéra tiré de *la Tempête*, dont Locke et G. B. Draghi écrivirent la partition sur le canevas fourni par D'Avenant et Dryden. Avec sa *Vénus et Adonis* (v. 1684), John Blow *(1649-1708)* se rapprocha davantage de l'opéra véritable, bénéficiant en outre du haut niveau de l'école de chant anglaise. Quant à Purcell *(1659-1695)*, dont les nombreuses musiques de scène firent largement appel au chant, son *Didon et Aenée* (1689) répondit seul aux critères d'un opéra proprement dit. La mort de Purcell, l'implantation à Londres des premières troupes italiennes, bientôt soutenues par l'autorité d'un Haendel, allaient freiner longtemps la création d'un véritable opéra de langue anglaise.

L'opéra baroque allemand. Malgré leurs luttes religieuses, les pays de langue allemande avaient parfois perpétué un type de « spectacle éducatif », parent lointain des *sacre rappresentazioni* ; mais, pour créer un opéra allemand digne de ce nom, il fallut que Heinrich Schütz allât étudier à Venise. *Dafne* (1627), composé sur une traduction du poème de Rinuccini, et *Orphée et Eurydice* (1638), deux partitions perdues, se référaient, l'une au modèle italien, l'autre au ballet de cours français. Jusqu'en 1680, diverses autres tentatives furent encore effectuées par Heinrich Abert, J. J. Löwe, Ph. Stolle, et surtout par Johann Philipp

Krieger *(1649-1725)*, formé en Italie comme Schütz. Mais ces auteurs se contentaient souvent de rabouter des airs de type français ou italien, sans conscience dramatique véritable. Krieger participa, néanmoins, à la première entreprise nationale, celle de «l'opéra baroque allemand», une épithète adoptée par les historiens avant que ce terme n'ait acquis les sens multiples qui lui sont donnés de nos jours. Alors que toutes les cours — notamment celle de Vienne — avaient adopté l'opéra italien, porté à son apogée par Steffani à Munich et Hanovre, on inaugurait à Hambourg en 1678 un Théâtre du marché aux oies avec *Adam und Eve* de Johann Theile *(1646-1724)*, qui y donnait aussitôt également *Orontès*.

Outre ceux de Theile, Strung ou Krieger, on peut retenir les noms de J. W. Franck *(v. 1644-1710?)*, auteur d'*Aeneas* (1680), *Vespasian* (1681), *Diokletian* (1682), etc., de Sigismond Küsser *(Erindo*, 1694), mais surtout celui de Keiser, qui laissa 60 opéras, dont *Croesus* (1711, 1730), dont s'inspira largement Haendel, et *Ulysse*, créé à Copenhague en 1722. Attentif aux inflexions du langage, s'inspirant de la pompe lullyste, il sut écrire de beaux finales concertants, et influença également J.-S. Bach, dont il ne faut pas oublier que certaines cantates profanes, telles que *Éole pacifié* (1725), *Hercule à la croisée des chemins* (1733), etc., sous-titrées *dramma per musica*, sont de véritables opéras de concert (dont il réutilisa souvent des fragments dans ses œuvres sacrées).

Haendel, dès 1705, avait écrit pour le Théâtre du marché aux oies *Almira* et *Nero*, assez pâles imitations des modèles de Keiser, cependant que l'expérience s'étendait aux villes de la Hanse, où l'on donna les œuvres créées à Hambourg, puis des créations autochtones, et jusqu'à Darmstadt (*cf. Dido*, de Ch. Graupner, 1707), Nuremberg et Leipzig. Enfin, en dehors même de cet opéra baroque, dont la véritable histoire prit fin avec la fermeture du théâtre hambourgeois (1738), l'attrait d'un opéra national avait séduit des musiciens d'horizons divers, comme Mattheson, qui écrivit *Cleopatra* en 1704, et *Boris Godunov* en 1710, puis Telemann, qui embrassa tous les genres, depuis le drame médiéval (*Adelheid*, 1724), la traduction de livrets français (*Omphale*, 1724), jusqu'à l'intermezzo italien (*Pimpinone*, 1725), et qui, suivant le modèle de certains des opéras baroques, mêla le français, l'italien et l'allemand dans *Orphée* (1729) ; il persévéra, même lorsque l'opéra italien eut à nouveau assuré sa suprématie dans toute l'Allemagne, jetant ainsi un pont entre ce premier effort national et la création du singspiel.

Le XVIIIe siècle : du baroque au rococo. L'héritage de son passé une fois surmonté, le théâtre lyrique devait refléter les préoccupations nouvelles du siècle de la raison et des lumières. Siècle libre penseur, dont l'illuminisme prescrira un théâtre moral, siècle de rationalisme, qui, en clarifiant une situation confuse, se donnera des chaînes. Siècle d'une esthétique hédonistique, dont, en son extrême fin, seul Mozart saura pressentir une recharge sacrale. Siècle, enfin, où, peu à peu, le réalisme d'un théâtre comique populaire triomphera des formules sclérosées d'une tragédie vidée de contenu humain. Et siècle où la riche surcharge du baroque le cédera à la décoration d'un rococo souvent gratuit. Des débats passionnés sur l'opéra y fleuriront, animés par des philosophes traitant du genre du livret, mais toujours résolus par des musiciens : au-delà des principes d'éthique et de structures, c'est par leur génie musical que Vivaldi, Haendel et Gluck triomphèrent de formules discutables, et que Rameau comme Mozart devaient donner leurs solutions à tous les problèmes en les asservissant à une conscience musicale et dramatique rigoureuse.

L'opéra italien avant 1750. Il triomphe désormais sans partage à Naples comme à Londres, mais plus encore autour d'un axe, qui, parti de Bologne, passe par Venise, Vienne et Saint-Pétersbourg. C'est à Vienne que résident les poètes d'opéra dits «césariens», et que les meilleurs auteurs et interprètes viennent chercher la consécration. Dans cette internationale d'un genre, il faut renoncer à classer quelques musiciens qui, comme Steffani, Scarlatti, Haendel, Fux ou Caldara, assumèrent des positions clefs à la charnière de deux mondes. Fixé à Munich en 1677, Agostino Steffani *(1654-1728)* y diffusa un style appris chez Legrenzi (*cf. Niobe, reine de Thèbes*, 1688) avant de jouer un rôle capital à Hanovre, de *Henrico il Leone* (1689) à *Tassilone* (1709) et exerça une influence déterminante sur Haendel. Un autre musicien cosmopolite, Antonio Caldara *(1670-1736)*, propagea à Vienne le style vénitien.

Enfin, c'est à tort qu'on voit parfois en Alessandro Scarlatti *(1660-1725)* un fondateur de cette insaisissable école napolitaine. Ses premières œuvres créées à Rome (*cf. L'Honesta negli amori*, 1680), tributaires du vieux style contrapuntique, ne peuvent rivaliser avec les chefs-d'œuvre de Stradella, mais son talent lui permit ensuite d'épouser aussi bien le faste vénitien (*Mitridate Eupatore*, 1707) que la comédie (*Il Trionfo dell'Onore*, Naples 1718) ou cet opéra devenu un simple récital de chant, dont il donne de beaux exemples par *Il Tigrane* (Naples, 1715) et *La Griselda* (Rome, 1721).

À VENISE. Dans cette ville, où 4 conservatoires le disputent en valeur à ceux de Naples, le castrat n'est pas maître absolu, et l'instrument se joint largement à la voix dans un faste sonore et visuel où l'irrationnel domine encore. L'opéra demeure indifférent à la séparation des genres, à la schématisation des structures, et apparaît encore tributaire du vieux style, ce qu'explique la position géographique de la ville, favorisant en outre les échanges avec le Nord. C'est donc encore l'orchestre, plus que le clavecin, qui soutient le récitatif chez Fr. Gasparini *(1668-1727)*, formé par Corelli à Bologne, puis maître de Benedetto Marcello. La tradition de Legrenzi revit encore chez le très remarquable Antonio Lotti *(v. 1666-1740)*, dont la colorature se fait déjà plus expressive. Et c'est une même «veine mélodique douce», qui fait merveille dans les opéras d'Albinoni, qui ne se soucia guère plus de formes que Vivaldi, lequel, de 1713 à 1739, déploya une intense activité lyrique à Venise et à Vérone.

Chez ce dernier prime la qualité de la musique, et il est significatif que *Tito Manlio*, où l'on peut discerner une tentative de caractérisation vocale, ne soit qu'un pasticcio d'œuvres antérieures.

Et, si l'on mesure le triomphe sans précédent obtenu par Haendel à Venise avec *Agrippina* (1709), c'est bien de cette même source que naît le langage de ce musicien allemand, langage forgé à Hambourg auprès de Keiser, puis, avec Steffani, à Rome, à Naples et à Hanovre. Haendel, opérant à Londres pour le compte d'une aristocratie traditionaliste (*Rinaldo*, 1711), se contenta d'appliquer son formidable génie à un genre déjà agonisant, que seuls les plus fabuleux virtuoses du chant qu'il sut attirer à prix d'or soutinrent de tout leur talent. Malgré son anachronisme, l'opéra haendélien s'impose encore aujourd'hui — après une très longue éclipse — par sa richesse musicale reposant sur un important effectif instrumental et sur l'inépuisable variété des arias da capo. Son écriture devait ensuite s'accorder davantage à l'oratorio, surtout face au succès réel remporté par son rival napolitain Porpora, tenant du style moderne.

L'OPÉRA NAPOLITAIN. Le terme «panitalien» convient davantage au genre qui se développe dans toute la péninsule, et dont on peut tenter de relever les principes éthiques et esthétiques communs. L'ouverture de l'immense Teatro di San Carlo, à Naples en 1737, ne modifia pas les lois d'un type d'opéra reposant d'abord sur le charme mélodique. Le castrat et l'aria da capo deviennent les clefs de voûte de l'édifice. Aux longs récitatifs supportant toute l'action s'opposent les différents types d'arias exprimant les *affetti*, sortes d'abstractions métaphysiques — répondant à l'abstraction de la typologie vocale — aisément interchangeables d'un opéra à l'autre, et dont la place au sein de l'action pouvait varier, dans la mesure où l'on ménageait au chanteur le mieux payé les arias les mieux situées au cours de ces longues soirées.

Le nouveau type de livret devait se plier à ces exigences. L'Académie des Arcadiens, à Rome, en fixa les normes, récusant les « trivialités » de ses prédécesseurs, exaltant les passions « nobles », dans un style aimablement pastoral. Les premiers disciples de cette « réforme » furent Silvio Stampiglia *(1664-1725)* et surtout Apostolo Zeno *(1668-1750)*, mais aussi Antonio Salvi (mort en 1742), qui, dès 1702, n'hésite pas à puiser dans l'histoire récente, tirant un livret du *Comte d'Essex* de Thomas Corneille. Cette éthique sera portée à son plus haut point d'expression par Antonio Trapassi, dit Pietro Metastasio, ou Métastase *(1698-1782)*; successeur de Zeno à la cour de Vienne en 1730, il laissa 27 drames en 3 actes (sans compter les poèmes sacrés, les sérénades en 1 acte, les comédies, ariettes, etc.), qui engendrèrent plus de 800 opéras, sans cesse adaptés et remis en musique, parfois par un même compositeur. On dit même avoir dénombré jusqu'à 107 versions de son *Artaserse*.

Formé à Rome par le poète arcadien Gravina, Métastase avait connu ses premiers succès à Naples, où les leçons de Porpora — et sa liaison avec la cantatrice Marianna Benti Bulgarelli — achevèrent de l'initier à la pratique du chant et de la composition. Son premier drame, *Didone abbandonata*, fut mis en musique par Domenico Sarro en 1724 à Naples, d'où l'assimilation possible des notions d'opéra napolitain ou métastasien. Mais cet idéal s'incarne mieux encore chez le Saxon Adolfe Hasse *(1699-1783)*. Il est significatif que l'opéra métastasien (avant sa réforme inéluctable) n'ait lié son nom qu'à des auteurs étrangers, aux grands castrats — dont Farinelli, avec qui le poète échangea une intéressante correspondance —, et qu'aucun nom de grand musicien italien — hormis celui de Pergolèse, dont la disparition prématurée a bien auréolé la légende — ne reste attaché à cette époque. Le principal défaut de l'opéra métastasien nous semble de n'être qu'une suite d'arias sans duos, ni ensembles, ni chœurs, éléments qui précisément sont les atouts majeurs de l'opéra Face au théâtre parlé.

A Naples, Francesco Mancini *(1672-1737)* avait, presque seul, assuré la transition entre les deux époques, et il fut, avec Bononcini, le premier auteur italien joué à Londres, en 1710. A sa suite, tous les auteurs « napolitains » s'illustrèrent avec un égal bonheur dans le genre seria, l'intermezzo et l'opera buffa, mais il faut retenir le rôle joué par Sarro *(1679-1744)*, dont le style dénota, dès l'abord, le refus du baroque pour adhérer à une veine lyrico-sentimentale, dont hérita Pergolèse. Sarro fut choisi pour l'inauguration du San Carlo, avec son œuvre *Achille in Siro*, 1737. Nicola Porpora *(1686-1768)*, qui fut le plus célèbre maître de chant de tous les temps, soigna pourtant la partie instrumentale à l'égal de ce chant. Comme Sarro et Porpora, Leonardo Leo *(1694-1744)* — qui fut le maître de Piccinni et de Jommelli — témoigna de cette anticipation de « l'ère de l'*Empfindsamkeit* », et Leonardo Vinci *(1690* ou *1696-1730)* avait su imposer dans toute l'Europe, malgré sa trop brève existence, la perfection de ce nouveau style, avant même Hasse. On doit encore citer Fr. Feo *(1691-1761)*, P. Auletta *(1698-1771)*, N. Logroscino *(1698 - apr. 1765)*, et naturellement Pergolèse *(1710-1736)*, dont la veine mélodique, très personnel, convenait peut-être mieux au genre léger qu'à son *Olimpiade* métastasienne ou à son très intéressant *Adriano in Siria* (1734). Avec Davide Perez, Domenico Terradellas et Rinaldo da Capua *(v. 1705 - v. 1780)*, qui dénotaient un sens mélodique décidément moderne, semble se clore une première manière de l'opera seria italien, auquel les courants réformistes et la vogue de l'opera buffa allaient imprimer une direction nouvelle.

INTERMEZZO ET OPERA BUFFA. Bien que de naissances sensiblement différentes, ces deux formes eurent la mission commune de rendre au public l'élément comique que récusait désormais l'opera seria. Le même but apparaît dans l'opera buffa, dont le catalyseur fut, à Naples, le besoin d'exalter le dialecte par des comédies dont la musique ne fut d'abord qu'un faible complément.

Grâce à des auteurs tels que Leo, Vinci, Hasse, Porpora, ces genres, qui permettaient d'écrire des duos, des trios et surtout les fameux finales concertants, connurent une gloire rapide, et, si l'intermezzo de Pergolèse, *La Serva padrona* (1733), fut appelé à un grand retentissement, son auteur avait manifesté un talent plus évident dans l'opera buffa en 3 actes *Lo Frate'nnamorato*, donné en 1732 et comportant un orchestre plus riche et de beaux finales collectifs. Nicola Logroscino devait porter ce final concertant à une dimension dont se souviendra Mozart, mais c'est à Venise que l'opera buffa évolua rapidement vers la comédie, notamment grâce à Goldoni, qui, après avoir servi, comme simple librettiste, Vivaldi et Gluck (par exemple, *Tigrane*, 1743), adapta ses œuvres antérieures en livrets et surtout écrivit directement des comédies destinées à être mises en musique. Il avait trouvé en Baldassare Galuppi *(1706-1785)*, claveciniste réputé, le collaborateur idéal pour « drames comiques », moins remarquables pour leur langue que pour le choix des thèmes qui s'évadaient de la farce paysanne pour atteindre à la satire dans *L'Arcadia in Brenta* (1749) et *Il Filosofo di campagna* (1754), au fantastique aimable dans *Il Mondo della luna* (1750) que reprendra Haydn, et surtout au sentimental avec *La Buona figliuola* (1756) de Duni, cependant que ses héros n'étaient plus des valets ni des soubrettes, mais les bourgeois ou les aristocrates du théâtre de Marivaux. On peut estimer que lorsque, en 1760, Piccinni reprit cette *Buona figliuola* (tirée de la *Pamela* de Richardson), le genre s'orientait définitivement vers la comédie sentimentale ou « larmoyante » que les musiciens servait désormais avec tous les artifices de l'opera seria, ses coloratures et ses castrats, ouvrant ainsi à l'opéra italien une nouvelle ère, tributaire également de l'influence française.

L'opéra en France après 1730. En abordant le genre à cinquante ans, avec sa grande maîtrise de musicien et de théoricien, Rameau *(1683-1764)* bouleversa immédiatement les traditions. Avec *Hippolyte et Aricie* (1733), « tragédie en musique » dans laquelle Campra vit « la matière de dix opéras », puis avec les *Indes galantes* (1735), il avait, malgré l'approfondissement qui le conduira aux étonnantes *Boréades* (1764, inachevées), déjà dit l'essentiel : leurs difficultés d'exécution empêcheront d'ailleurs la représentation intégrale de ces deux œuvres après lesquelles Rameau dut se montrer plus prudent, et, par conséquent, moins audacieux. Plus tard, le culte toujours porté à Lully, et l'oubli conscient dans lequel Gluck et ses disciples firent tomber l'œuvre de Rameau ont laissé dans l'ombre le rôle joué par cet immense musicien, timidement redécouvert à l'aube du XXe siècle. Pratiquement inchangé depuis Lully, l'opéra avait néanmoins, sous la Régence, inspiré à Mouret un langage plus « gracieux » et cherché de nouveaux thèmes d'inspiration : en témoignent un divertissement allégorique de Clérambault, *le Soleil vainqueur des nuages* (1721), *la Reine des Péris* (1725), comédie persane de Jacques Aubert sur un livret de Fuzelier, ainsi qu'une représentation d'intermèdes italiens en 1729, et, la même année, un pastiche de divers auteurs français *(le Parnasse)*. Enfin, le remarquable *Jephté* (1732) de Montéclair étant demeuré sans lendemain, on n'eut à opposer à Rameau que les dernières œuvres de Colin de Blamont (*les Caractères de l'amour*, 1738), de Mouret, Rebel et Francœur, ou celles de musiciens de second ordre comme Niel, Duplessis, Royer, Brassac, Mion, etc. Et les incursions au théâtre de Mondonville, de Boismortiers ou même de Jean-Marie Leclair (*Scylla et Glaucus*, 1746) ne constituèrent aucune prise de position déterminante.

Ce qui, dans l'œuvre de Rameau, dérouta d'instinct le public, dérangé dans sa quiétude, fut le « vacarme sans précédent » de son orchestre, et la subtilité d'harmonique, qui le fit taxer d'italianisme. On ne put, à leur création, exécuter ni le trio des Parques d'*Hippolyte et Aricie*, ni le tremblement de terre des *Indes galantes*. Mais, au-delà de ces apparences immédiates, la réforme ramiste était d'une autre ampleur, en dehors même de la richesse rutilante de son langage, richesse qu'il dispensait avec la même prodigalité dans les scènes tragiques et les plus insignifiantes ariettes de pastourelles, sachant s'accommoder sans démériter de la frivolité ambiante. On peut en dire autant de ses librettistes, Pellegrin, Fuzelier, Marmontel ou Cahuzac, dont les vers avaient peu à envier à ceux de Quinault, justement jugé par Boileau.

En outre, démontrant péremptoirement que « la tragédie conte l'opéra montre », Pellegrin bâtit son drame comme un négatif de *Phèdre* de Racine, tirant de trois vers l'acte superbe de la descente aux Enfers, et « visualisant » de la même façon le récit de Théramène. Démentant le titre même de l'opéra, Rameau sut faire de Thésée et de Phèdre deux très grandes figures tragiques de l'histoire de l'opéra, créant pour elles un langage sans commune mesure avec celui de Lully. Ajoutons enfin que Rameau sut démontrer sa disponibilité à un comique musical (*Platée*, 1745), créer une ouverture thématiquement liée à l'action (*Zoroastre*, 1749), pour souligner encore que son œuvre contenait déjà tout ce que le XIXe siècle croira, de bonne foi, avoir découvert.

LA QUERELLE DES BOUFFONS ET LA NAISSANCE DE L'OPÉRA-COMIQUE. Lorsque, en 1752, la troupe des « bouffons » de Bambini donna à l'Opéra de Paris des *intermezzi* de da Capua, de Latilla, de Jommelli, et *La Serva padrona* de Pergolèse, dans une production très soignée, cette dernière œuvre, passée inaperçue six ans plus tôt à la Comédie-Italienne de Paris, fut à l'origine d'une querelle littéraire restée fameuse, mais reposant sur un profond malentendu. Croyant opposer le « naturel » du genre buffa italien à la « science » de l'opéra de Rameau, les pamphlétaires exaltèrent la musique italienne contre la musique française en général, sans prendre garde que le débat n'opposait que le choix des thèmes, et que leurs conclusions auraient été différentes si le hasard avait mis en présence un opera seria italien et un vaudeville chanté français. En fait, Rousseau, humilié dans ses ambitions musicales et jaloux des succès de Rameau (succès artistiques et succès mondains), usa d'arguments qui n'honoraient pas l'expert musical de l'*Encyclopédie*. Il ne comprit guère qu'un public de bon sens avait d'abord ressenti la perfection du spectacle présenté par les Italiens dans cette même salle de l'Opéra, où régnait habituellement une affligeante médiocrité au niveau de l'exécution musicale. Mais, pour absurde que fût cette querelle, qui permit aux encyclopédistes d'acquérir un regain de faveur dont ils avaient grand besoin, elle n'en permit pas moins de mettre en lumière la nécessité de créer un véritable opéra-comique français de qualité.

Deux hommes devaient coordonner au mieux, en ce domaine, diverses tentatives éparses, le directeur Monnet et Charles Simon Favart *(1710-1792)*. Librettiste, acteur, homme de théâtre complet et époux d'une excellente cantatrice et actrice, ce dernier dut se limiter, jusque vers 1750, au genre très en vogue de la parodie (Rameau se réjouissant du renfort de publicité que lui valait un *Hippolyte* comique), avant de trouver en Duni un musicien apte à mettre en partitions d'authentiques livrets.

Or, entre-temps, le véritable opéra-comique était né des suites de la Querelle des bouffons. En effet, après avoir écrit « qu'il ne saurait y avoir de musique française, sinon de très mauvaise », Rousseau composa en français un *Devin du village* (1752), véritable opéra-comique, à cette différence près que, au lieu d'y être parlés, les dialogues de l'action étaient chantés à la façon du récitatif italien. Et l'œuvre fut donnée à Fontainebleau, chantée par les meilleurs interprètes de Rameau. Dès lors, l'Opéra afficha avec succès des pastiches d'operas buffas italiens, et Monnet eut l'idée de présenter à l'Opéra-Comique en 1753 *les Troqueurs*, faisant passer cette œuvre d'Antoine Dauvergne *(1713-1797)* — futur directeur de l'Opéra — pour la traduction d'un opera buffa italien. L'œuvre fut acclamée, et l'on rit de bon cœur une fois la supercherie révélée, donnant ainsi sa place à une véritable musique française, chantée en français ! Mais, d'abord, l'Opéra-Comique afficha une version française de *la Servante maîtresse* de Pergolèse, que Mme Favart chanta plus de 100 fois en 1754, Favart, lui-même, put y donner *Ninette à la cour*, puis, en 1757, *le Peintre amoureux de son modèle*, mis en musique par Egidio Romualdo Duni *(1709-1775)*, auteur de drames joués à Rome et à Florence, puis passé au service de la cour francophone de Parme. Et, seulement alors, des musiciens français se piquèrent au jeu. Philidor *(1726-1795)* et Monsigny *(1729-1817)* s'affirmèrent en 1759, le premier avec *Blaise le savetier*, que suivirent *Sancho Pança dans son île* (1762), puis *le Sorcier* (1764), *Tom Jones* (1765), etc. ; l'autre avec *les Aveux indiscrets*, puis *Rose et Colas* (1764).

Et, grâce à la fusion intervenue en 1762 entre l'Opéra-Comique et la Comédie-Italienne (sous cette dernière dénomination), les compositeurs bénéficiaient des meilleurs acteurs et cantatrices des deux troupes, pouvant ainsi écrire pour leurs héroïnes de difficiles arias à coloratures, mais ils purent également s'assurer de la collaboration de Sedaine, qui rédigea pour eux, non plus de simples livrets bouffons, mais de véritables pièces de théâtre, tout comme le faisait outremonts un Goldoni. Lorsqu'en 1769 parut *le Déserteur* de Sedaine et de Monsigny (l'œuvre fut jouée jusqu'en Amérique), c'en était fait des idylles villageoises prônées par Rousseau, l'opéra comique n'avait plus rien de comique et tournait au drame larmoyant (ou « pièce à sauvetage ») auquel l'Europe entière allait souscrire. La même année, soit cinq ans après la mort de Rameau, Grétry s'affirmait à Paris, y précédant de peu l'arrivée de Gluck. Un nouveau chapitre de l'opéra français allait alors s'ouvrir.

L'ère des réformes. *La réforme de l'opera seria.* La révélation de l'opéra français à Parme fut sans doute le catalyseur d'une remise en question de l'esthétique métastasienne, déjà amorcée depuis 1740 par divers compositeurs et critiques italiens.

L'intendant du Tillot avait engagé Duni à la cour française de Parme pour lui confier les livrets de Favart, puis convié Goldoni à adapter *Pamela* pour ce même musicien. Dès 1757, il fit jouer des opéras de Rebel et Francœur, puis de Rameau, qui suscitèrent des traductions italiennes, puis des adaptations originales conçues dans le même esprit, mais pour lesquelles les livrets dus à Frugoni laissèrent trop à désirer. Or, comme Jommelli quelques années plus tôt, Traetta avait déjà pressenti ce besoin de renouveau, et les œuvres qu'il donna à Parme (*Ippolito ed Aricia* en 1759, puis en 1760 *I Tindaridi*, d'après *Castor et Pollux* de Rameau) correspondaient à une conception mûrement réfléchie, et ces œuvres eurent un retentissement jusqu'à Vienne où Gluck les écouta avec attention.

Outre Traetta *(1727-1779)* et Jommelli *(1714-1774)*, d'autres musiciens italiens devaient s'engager sur la voie de ce renouveau. On peut citer, avant P. A. Guglielmi, Anfossi, Sacchini et Piccinni, Davide Perez *(1710 ou 1711-1778)*, et, plus encore, Domenico Terradellas *(1713-1751)*, l'un des meilleurs disciples de Pergolèse et qui fut particulièrement attentif au rôle de l'orchestre. On note déjà chez Terradellas le procédé du crescendo* dans *Bellerofonte* (1747). Enfin, Gian Francesco Di Majo *(1732-1770)*, un Napolitain, auteur de musique religieuse et d'*opere serie*, fut joué jusqu'à Vienne, et son style semble établir un pont entre Gluck et Mozart. D'autres innovations devaient compléter cette réforme de l'opera seria, dont on trouve l'écho chez un Mattia Verazzi, qui fournit des livrets à Jommelli, Traetta, Salieri, et chez Coltellini et quelques autres encore : celles de réintroduire la catastrophe finale toujours récusée par le public, d'instaurer la coupe en 2 actes du dramma seria (v. infra), et surtout de substituer au traditionnel défilé des arias de solistes des duos, trios, ensembles et interventions du chœur, comme on les trouve parfaitement intégrés dans *Antigona* de Traetta (Saint-Pétersbourg, 1772), qui y traite avec une grande maîtrise le récit dialogué et les arias bipartites ou tripartites.

La « réforme » de Gluck. Allemand formé à Milan, Gluck

fut, dès 1741, remarqué par Métastase pour son «feu insolite », mais bientôt condamné pour ses «bruyantes originalités ». Rompu au style italien, mais témoignant aussitôt de son intérêt pour l'orchestre et pour la coloratura aiguë, typique du goût allemand, il fut commissionné à Vienne pour y adapter les textes de Favart auxquels il conféra un galbe musical d'une tout autre ampleur que les musiciens d'opéra-comique français. Il y rencontra en 1761 Raniero de'Calzabigi *(1714-1795)*, poète arcadien, qui, à Paris, avait vécu la Querelle des bouffons et publié *la Lulliade*, satire raillant ce type de joutes littéraires. Auteur, en 1755, de l'essai à la gloire de Métastase (dont, vingt ans plus tard, il ne critiqua que la coupe des vers), chassé de Paris, où il avait fondé avec Casanova une loterie dans des conditions assez douteuses, Calzabigi découvrit à Vienne les courants réformistes grâce aux opéras de Traetta. S'attribuant leur paternité, il reprit mot pour mot dans la fameuse *Préface d'Alceste* (1768), qu'il fit prudemment signer par Gluck, les préceptes déjà résumés par Algarotti. Calzabigi avait trouvé en Gluck le collaborateur idéal, fortement hostile, comme lui, aux «abus» des chanteurs, et également intéressé par le ballet, le décor et l'importance à réserver au chœur. Leur commun *Orfeo ed Euridice* (1762) eut pour principal mérite d'exclure de la fable tous les personnages secondaires, et de parvenir, dans la scène des Enfers, à une osmose parfaite entre le chant soliste, le chœur et l'effet visuel.

Dans *Alceste* (1767), qui ne répondait en rien aux objectifs énoncés a posteriori dans la *Préface*, Gluck conservait les ritournelles d'introduction et « le disparate entre le récit et l'aria », dont le da capo, sans son ornementation, perdait toute raison d'être. Or, la puissance expressive de la musique masque les erreurs du livret de Calzabigi, sa mythologie anecdotique et désengagée, son dénouement heureux, ses chœurs demeurés témoins et non acteurs, son absence d'ensembles concertants. Et, si ce livret resserrait l'action, la musique «auxiliaire du poème» lui opposait sa lenteur hiératique. Après un retour aux formules traditionnelles, Gluck se fixa en France, en 1774, y donna des versions assez heureusement remaniées d'*Orphée* et d'*Alceste*, réalisa sur le vieux livret de l'*Armide* de Quinault un pastiche des meilleures pages de ses opéras antérieurs, et fut opposé à Piccinni dans une nouvelle «querelle» qui ne lui fit guère honneur. Il signa enfin avec *Iphigénie en Tauride* (1779) son chef-d'œuvre, dont la qualité musicale faisait derechef oublier les schémas traditionnels, cependant que l'ouverture était reprise d'un opéra-comique de 1758, et l'air tragique *Ô malheureuse Iphigénie* d'un opera seria de 1753. En résumé, Gluck s'était, lui aussi, imposé par son génie musical, éclipsant par là ses rivaux italiens, plus engagés que lui dans les courants réformateurs, alors qu'il était revenu aux stéréotypes de l'opéra lullyste, effaçant ainsi l'immense apport dramatique de Rameau.

Dramma giocoso et opera semiseria. On a longtemps attribué le triomphe du genre buffa sur la seria, au XVIIIe siècle, au «naturel» de ses personnages. Sans doute, le nouveau style galant et pathétique convenait-il mieux aux villageois et aux marquis de la comédie qu'aux héros empanachés de la tragédie. Mais c'est plus encore la souplesse et la variété de ses structures qui triomphèrent des formules sclérosées du vieil opera seria. Dès que les arias à coloratures et les castrats eurent acquis droit de cité dans la comédie lyrique, les publics aristocratiques goûtèrent, eux aussi, cette forme, que ses ensembles et ses finales pleins de vie rendaient autrement attrayante. En outre, l'opera buffa défini comme tel avait vécu lorsque, en 1760, Piccinni donna — et à Rome ! — sa *Cecchina* (autre titre de *La Buona figliuola*), une œuvre qui devait autant à la consistance musicale et vocale de l'opera seria qu'à la véracité de l'humeur du dramma giocoso. Pour sa part, Goldoni attira à Venise le méridional Gaetano Latilla *(1711-1788)*, qui utilisa le dialecte vénitien dans *L'Amore artigiano* (1761), et établit les lois de cette comédie d'intrigues, sentimentale et lyrique, dont les sept personnages venaient tirer la moralité devant le rideau — comme plus tard dans les opéras de Mozart. C'étaient, dans les deux cas, les prémices de ce drame larmoyant qui devait conduire jusqu'au *Fidelio* de Beethoven, en 1805 ; dès lors, au terme d'opera buffa se substituent le plus souvent ceux de commedia, dramma giocoso, ou, bientôt, semiseria.

C'est à tort que l'on souligne l'antithèse des épithètes «drame» et «joyeux», ce premier terme n'ayant, en italien, aucune implication tragique ; c'est d'abord le livret qui est ainsi défini, soulignant son ambition littéraire ou la classe sociale de ses personnages, et visant à une plus grande dignité que l'opera buffa, encore suspect pour l'aristocratie. C'est toutefois sa structure que l'opéra buffa légua à ses héritiers, avec son récitatif secco et ses ensembles, si bien que, de façon générique, le terme s'appliqua encore longtemps à la comédie, au dramma giocoso et à l'opera semiseria, bien que ce dernier genre — parfaitement défini par la *Nina* de Paisiello, en 1789 — impliquât un contexte social particulier. Nicola Piccinni *(1728-1800)* s'illustra dans ces genres, comme Guglielmi, Anfossi, Sarti, et plus tard Salieri (*v. infra*).

Mais les meilleurs représentants de ce nouveau style « napolitain» furent Giovanni Paisiello *(1740-1816)* et Domenico Cimarosa *(1749-1801)*, tous les deux d'origine méridionale, formés à la difficile discipline de l'opera seria et de la musique instrumentale, et tous les deux réclamés à Vienne et à Saint-Pétersbourg. Paisiello, demeuré célèbre pour son *Barbier de Séville* (Saint-Pétersbourg, 1782) et sa *Molinara* (1788), offrit, avec *Nina pazza per amore*, un premier type de scène de folie, souscrivit au découpage en 2 actes de l'opera seria *Fedra* (1788), donna, avec *Elfrida* (Naples, 1792), sur un livret de Calzabigi, le premier exemple de drame médiéval à fin tragique, et obtint son meilleur succès dans le genre eroicomico avec son *Re Teodoro in Venezia* (Vienne, 1784) sur un livret de Casti. Cimarosa, mieux connu aujourd'hui, laissa, comme lui, son nom attaché à ses comédies, dont le *Mariage secret* (Vienne, 1792), intitulé en fait melodramma (c'est-à-dire opera), et bien proche de ses structures, et *Giannina e Bernardone* (1781), mais il mania aussi bien le satirique (*L'Impresario in angustie*, 1786) et le tragique : son opera seria *Gli Orazi ed i Curiazi* (1796) est tenu pour l'achèvement le plus parfait du genre entre *la Clémence de Titus* de Mozart et les premiers drames de Rossini.

Mais c'est à Vienne, où vit précisément Mozart, que règne la plus intense activité lyrique et où se retrouvent, s'affrontent et se pillent effrontément les meilleurs poètes et musiciens. On s'y passionne pour le jeu esthétique, pirandellien avant la lettre, du «théâtre dans le théâtre», qui inspire à Mozart, Cimarosa et d'autres maint *Impresario*, et aboutira en 1814 au sarcastique *Turc en Italie* de Romani et de Rossini ; Calzabigi avait, en 1769, écrit pour Florian L. Gassmann *(1729-1774) L'Opera seria*, où le directeur se nomme Faillite, le poète Délire, le castrat Ritournelle, et la prima donna «Qui détonne». Ce jeu fut cultivé par Coltellini, et par Casti *(1724-1803)*, qui écrit *Prima la musica, poi le parole* (1786), mis en musique par Antonio Salieri *(1750-1825)*. Salieri, rival heureux de Mozart, auteur d'une quarantaine d'opéras de qualité, avait écrit, en 1778, *Europa riconosciuta* pour l'inauguration de la Scala de Milan, puis succédé à Gluck à Paris, mettant en musique Beaumarchais dans *Tarare* (1787), puis Shakespeare dans *Falstaff* (Vienne, 1799) ; il fut aussi l'un des collaborateurs de Da Ponte. Ce dernier, librettiste de Mozart, de Martin y Soler *(1754-1806)*, de Storace, etc., entra en conflit avec Giovanni Bertati *(1735-1815)*, l'un des poètes d'opéra les plus originaux de l'heure, s'appropria la paternité du *Mariage secret* et emprunta plus d'une de ses pages, de son *Don Giovanni* au *Convitato di pietra* ; ce dernier livret rédigé par Bertati en 1787 pour Giuseppe Gazzaniga *(1743-1818)*.

L'Allemagne et l'Autriche. Naissance du singspiel. D'ethnies et de religions différentes, les pays germaniques partageaient une même méfiance de leurs princes envers toute tentative nationale d'un art de langue allemande, ces princes soutenant l'opéra italien. Comme Hasse à Dresde et Graun à Berlin, Ignaz Holzbauer *(1711-1783)* fut à Stuttgart un excellent auteur italianisant, comme le furent à Vienne Gassmann, Gluck et Wagenseil *(1715-1777)*, auteurs qui influencèrent Sarti et Naumann, dont l'activité se déploya au Danemark, en Suède ou en Russie. Et si l'œuvre lyrique de Haydn nous paraît dominer l'opera seria et semiseria de son époque, de même que les premières tentatives de langue allemande, le cadre des représentations privées auquel il les destina lui refusa le rôle historique qu'il eût pu alors assumer.

Avant que le singspiel (pièce chantée) ne se définisse comme l'équivalent de l'opéra-comique, mais d'une singulière épaisseur orchestrale, ce terme avait recouvert les diverses tentatives d'opéra national héritées de l'opéra baroque et du ballad opera du Nord, où Gottsched, dédaignant la fiction inhérente au genre, vantait l'absolue priorité du texte, et où Johann Adolf Scheibe *(1708-1776)* baptisa singspiel dès 1749 des œuvres dont il écrivit livret et musique. À Vienne, vers 1750, le terme s'applique aux spectacles du fameux Bernardon, sortes d'équivalents de la commedia dell'arte, Haydn écrit *Der Krumme Teufel* (v. 1751-1753, perdu), et on joue des comédies lyriques de Josef Starzer, Franz Aspelmeyer, etc. D'autres types d'opéra allemand apparaissent aussi. A. Schweitzer *(1735-1787)* met en musique l'*Alceste* de Wieland (1773), adoptant les schémas ramistes, mais en négligeant totalement le chant, selon l'opinion de Mozart, qui vante au contraire *Gunther von Schwarzburg* (1776) de Holzbauer, influencé par Jommelli. On prise encore la forme du mélodrame (ou mimodram, tanzdrama, etc.), où la musique soutient un texte entièrement parlé, genre qu'illustra parfaitement Benda *(v. infra)*, pour lequel Goethe écrivit *Proserpine* (1777), et auquel collabora aussi Haydn (*Philemon und Baucis, Dido*, etc.), puis Neefe, Reichardt, Zumsteeg, ceux-là mêmes que l'on retrouve à la naissance du véritable singspiel et du lied. Retardé à Vienne par la divulgation des œuvres de Favart, ce singspiel naîtra au Nord, dès la fin de la guerre de Sept Ans : dans *Der Teufel ist los* (1766), Johann Adam Hiller *(1728-1804)* emprunte encore à divers musiciens, puis compose *Die Jagd* (1770), où apparaît l'influence de Hasse.

D'autre part, lorsque Reichardt écrit la partition de la *Claudine von Villabella* de Goethe (1773), créée en 1789, c'est le texte qui prévaut, et la musique devait donner ses lois au genre, grâce à Georg (Jiří) Benda *(1722-1795)*, qui usa de sa très riche orchestration dans *der Dorfjahrmarkt* (1775), où l'aria da capo se mêle aux couplets sentimentaux, aux airs de bravoure et aux chœurs populaires (dont Weber s'inspirera dans son *Freischütz* en 1821). Benda fit appel aux sources les plus variées (*Julie und Romeo* en 1776, *der Holzbauer* en 1778), et écrivit *Medea* (1775) et *Ariadne auf Naxos* (1775) dans la forme du mélodrame. Enfin, *Belmont und Constanze* de Johann André, donné à Berlin en 1781 sur un texte de Bretzner, servit de modèle à Mozart (*l'Enlèvement au sérail*, 1782), lorsque Josef II eut ouvert à Vienne un Singspiel Nazional Theater, inauguré en 1778 avec *die Bergknappen* de Ignaz Umlauf *(1746-1796)*, sur l'œuvre duquel Mozart modèlera ses personnages de singspiel Osmin et Papageno. Comme Mozart, Franz Teyber *(1758-1810)* et Josef Weigl *(1766-1846)* écrivirent aussi de difficiles arias à coloratures, afin d'attirer les cantatrices du Théâtre de cour, voué à l'opéra italien et à l'opéra français. Une fois le Théâtre du singspiel fermé pour « subversion », le Kärntnerthortheater, à Vienne, accueillit les singspiels très italianisants de Dittersdorf *(1739-1799)*, alors que, au contraire, pour un public plus populaire, Schikaneder, imprésario de petites salles, mêlait le couplet populaire à la féerie, comme dans *Oberon* (1789) de Wieland et de Wranitzky *(1756-1808)* et dans *la Flûte enchantée* de Mozart (1791). Mais les compositeurs de singspiel durent à nouveau collaborer avec le Théâtre de cour, lorsque, après la mort de Josef II et de Leopold II, les modèles étrangers s'imposèrent à nouveau. Or, c'est sous le règne de Josef II que Mozart avait réussi une synthèse des genres, à laquelle avait également contribué l'influence française.

La France après Rameau. La mort de Rameau, en 1764, avait ramené à l'Opéra Mondonville (dont il faut aussi signaler *Daphnis et Alcimaduro*, en langue d'oc, en 1754) et les compositeurs d'opéra-comique. Mais Gluck y ayant imposé un style différent, c'est aux compositeurs italiens que l'on demanda de venir perpétuer son action. Piccinni donna avec succès *Roland* (1778), puis *Atys* (1780), *Iphigénie en Tauride* (1781) et une superbe *Didon* (1783), Jean-Chrétien Bach vint de Londres écrire un *Amadis de Gaule* (1779) sur le livret de Quinault, Anfossi « renonça à écrire pour les chanteurs français », et Antonio Sacchini *(1730-1786)* donna *Renaud*, *Chimène* et *Dardanus* (1784), mais mourut sans connaître le succès réservé à *Œdipe à Colone* (1786), parfaite fusion du génie italien et français. Or, après *les Danaïdes* (1784), et *Tarare* (1787) de Salieri, l'arrivée de son rival Cherubini en 1788 allait apporter un sang nouveau à l'opéra français.

L'opéra-comique, était, dès 1769, un genre parfaitement adulte, non seulement digne de l'opéra, mais autrement représentatif de la culture française. Grétry *(1741-1813)*, dédaignant justement l'opéra, lui consacra un authentique talent acquis à Rome, et écrivit de véritables arias virtuoses pour les cantatrices de la Comédie-Italienne dans *Zemire et Azor* (1771) et *la Fausse Magie* (1775), puis, toujours avec la collaboration de Sedaine, s'orienta vers d'autres sujets (*Raoul Barbe-Bleue*, 1789) et aborda le thème historique avec *Richard Cœur de Lion* (1784), *Guillaume Tell* (1791), ou *Pierre le Grand* (1790) sur un livret de Bouilly, l'auteur de *Léonore*. A ces ambitions, Nicolas Dalayrac *(1753-1809)* opposa la sentimentalité de sa *Nina, folle par amour* (1786), pièce à sauvetage de Marsollier, que reprendra Paisiello et qui suscitera d'autres adaptations, comme il en fut de son *Renaud d'Ast* (1787), dont Mozart se souvint dans *la Flûte enchantée*.

Comme Grétry et Dalayrac, Gossec, Méhul, Lesueur et d'autres sacrifièrent aux sanscullotides de la Révolution, puis renouèrent avec la tradition, comme Cherubini, Paër, Henri Berton *(1767-1844)*, auteur de *Montano et Stéphanie* (1799) et *Aline, reine de Golconde* (1803), comme Jadin, Catel, Gaveaux et le Maltais Niccolo, dit Isouard *(1775-1818)*, auteur des *Rendez-vous bourgeois* (1807) et du *Billet de loterie* (1811). En outre, le genre de l'opéra-comique, contraint à l'alternance du parlé et du chanté par le fait du monopole de l'Opéra, n'en disposait pas moins de plusieurs salles parisiennes et étendait son domaine : la pièce à sauvetage (par exemple, la *Léonore* de Bouilly, mise en musique par Gaveaux, Paër, Beethoven et Mayr) recourut à l'exotisme (par ex. toutes les *Lodoiska*), ou céda au mythe avec *Médée* de Cherubini (1797) sur un livret de Fr. B. Hoffmann, qui s'inspira aussi de l'Arioste (*Ariodant*, de Méhul, 1798). Mais avec le Normand Boieldieu *(1775-1834)*, qui promena ses héros dans de nombreux pays, on assiste à un retour vers un opéra-comique plus traditionnel, dans une langue soignée. Après trente années de succès, il introduisait le romantisme dans le genre, avec *la Dame blanche*, inspirée de Walter Scott, qui triompha en 1825, l'année où *le Devin du village* quittait l'affiche. Son livret, signé Eugène Scribe, appartenait à une nouvelle époque de l'opéra-comique, déjà marqué par les premiers succès d'Auber et d'Hérold.

La synthèse mozartienne. L'opéra de Mozart, s'il domine à nos yeux toute la production de son époque, n'eut pas alors l'impact qu'on suppose, dans la mesure où il ne semblait pas apporter d'innovations formelles. La trop grande complexité de ses livrets ne plaidait guère en sa faveur, tous ses arguments avaient déjà été traités par d'autres musiciens (sauf celui des *Noces de Figaro*, trop récent) et ses emprunts aux auteurs de singspiels, à Traetta, Salieri, Paisiello, Dalayrac, etc., suivaient la coutume établie. Fidèle à la tradition du *lieto fine*, à l'emploi du castrat d'opera seria, Mozart semblait même en retrait sur ses prédécesseurs par les structures traditionnelles de ses *opere buffe* : le récit, rarement accompagné (sauf en des occasions significatives), demeure bien séparé de l'aria, aria avec da capo ornementé, cavatine ou aria tripartite sans participation du chœur. Peut-être aurait-on pu déjà s'inquiéter de la longueur inhabituelle de ses finales, de la présence du fantastique dans la scène du banquet de *Don Juan*, de la souplesse du discours dans *Idoménée* (opéra qui connut justement le succès), du surprenant premier finale de *la Clémence de Titus*, ou du ton grave d'un singspiel comme *la Flûte enchantée*. Mais c'est de l'intérieur que Mozart, plus subtilement, avait miné l'édifice. Dès l'âge de quatorze ans, il avait osé suggérer le choix d'un livret (il sera, dans sa maturité, le véritable co-auteur de ceux-ci), et c'est par la musique qu'il devait résoudre les véritables problèmes, jusqu'à objets de vaines querelles d'ordre littéraire, et affirmer une unité de pensée que ses contemporains ne pouvaient déceler.

A la proposition de Gluck de « réduire la musique à sa seule fonction de seconder la poésie », Mozart répondit que « la poésie devait être la fille obéissante de la musique », et réalisa l'osmose entre le verbe et le son, parce que sa musique épousait le tempo intérieur du livret, ce que n'avaient compris ni Gluck ni les Italiens, dont les tentatives de renouveau étaient ainsi vouées à l'échec. Pour réussir, Mozart tâta d'abord de tous les genres, du singspiel à la sérénade, de l'opéra-comique à l'opera seria, du buffa au dramma giocoso et à la comédie, puis réalisa enfin avec *Idoménée* une première synthèse des structures du seria, par son fréquent usage des ensembles, par la participation des chœurs à l'action, donnant ainsi raison à Traetta contre Gluck. Et, malgré le succès obtenu par *Idoménée*, son intuition lui dicta de refuser cette mythologie vidée de son contenu pour s'engager sur la voie autrement exigeante d'un « mythe de l'homme contemporain » (cf. M. Beaufils), choisissant précisément pour cela le langage plus accessible du singspiel (« Je me sens pris de fièvre à l'idée de créer l'opéra allemand », avait-il écrit), ou de l'opera buffa, dont il asservit les composantes à l'idée. C'est pour lui un jeu d'insuffler à ces formes « faciles » la densité du genre tragique, d'établir des rapports affectifs entre la tonalité des scènes et des arias, de mettre en situation les coloratures apparemment les plus traditionnelles, ou d'introduire dans un opera buffa des caractères d'opera seria (Donna Anna et Donna Elvira) et quelques rares récitatifs accompagnés d'une étonnante intensité.

Et c'est même en termes musicaux, presque anodins, que Mozart souligne l'univers manichéen de *la Flûte enchantée*, opposant le parlé au chanté, et situant le Bien et le Mal aux deux pôles inconciliables de la voix humaine, alors que, dans ses drames italiens, l'ambiguïté des diverses facettes du chant souligne les terrifiantes imbrications entre ce Bien et ce Mal, considérés comme les deux faces complémentaires d'un même univers, où « le langage du buffa se présente comme le masque du tragique » (cf. M. Beaufils), où la perfection esthétique voulue de *Cosi fan tutte* se distancie encore mieux d'une réalité plus tragique que celle de *Don Juan*. Enfin, héros du Sturm und Drang, engagé dans le combat pour l'émancipation de l'être, Mozart se place au centre d'une œuvre dont il fait une vivante et constante confession, en posant, dès *l'Enlèvement au sérail*, le problème de la revendication des droits de l'individu, qu'après les orages des trois opéras italiens il résout, en 1790, à nouveau, avec la langue allemande dans la sagesse ambiguë de sa *Flûte enchantée*, en 1791. Notons que, cette même année, avant de disparaître à trente-cinq ans, Mozart parvient aussi avec *la Clémence de Titus* à faire éclater les vieilles structures de l'opera seria. Et cette étonnante synthèse nous rappelle qu'il appartient en priorité à la musique de triompher des problèmes d'éthique et d'esthétique, fût-ce à l'aide des structures les plus traditionnelles.

L'opéra dans les autres centres européens. Les modèles italiens, français, puis allemands dominent dans toutes les cours, où s'amorce le même processus de traductions, puis de véritables créations autochtones.

La Russie. Pierre le Grand ayant imposé une culture de type franco-allemand, les comédiens français paraissent à Saint-Pétersbourg dès 1729, et c'est d'Allemagne que provient, en 1731, un Italien de la troupe de Hasse, Ristori, qui y présente un de ses *opere buffe*, *La Calandro*, cependant que des intermezzos italiens sont bientôt traduits en allemand et en russe. Mais, dès 1735, le Napolitain Francesco Araja (v. 1709-1770) y élit domicile, fait applaudir d'abord sa *Forza dell'amore e dell'odio*, puis écrit en 1737 *Il Finto Nino*, et se consacre à l'opéra métastasien et au ballet français. Bientôt traduites en russe, ses œuvres alternent en 1742 avec de nouveaux spectacles français. En 1755, c'est enfin sur une traduction préalable du livret qu'il écrit directement en russe *Céphale et Procris*, cependant que G. B. Locatelli produit une nouvelle troupe italienne en 1757, que Raupach donne en 1758 un *Alceste* en russe, et que les Français, revenus en 1762, conservent toujours les préférences de la cour. Pourtant, les meilleurs musiciens italiens y occuperont désormais sans interruption des charges officielles : Vincenzo Manfredini de 1758 à 1769, Galuppi de 1765 à 1768, Traetta jusqu'en 1775, Paisiello jusqu'en 1783, Cimarosa de 1787 à 1791, Martin y Soler de 1788 à 1794, tandis que Giuseppe Sarti *(1729-1802)* se fixe à Saint-Pétersbourg en 1784. Formé à Bologne, ayant triomphé à Venise et à Rome, Sarti avait séjourné vingt années à Copenhague, et il sut poser les bases d'un riche enseignement classique, préparant ainsi le terrain au Vénitien Cavos, qui, dès 1797, allait devenir le premier grand compositeur « russe ».

Parallèlement à cette culture aristocratique, on traduit des singspiels, et des opéras-comiques de Philidor, Duni, Grétry, Dalayrac, Dezède, etc. Des chanteurs russes se mêlèrent aussi à la troupe du Français Clairval, l'interprète fameux de Grétry, et, à Moscou, l'Anglais Michael Maddox organise des spectacles dès 1776, fonde en 1780 le théâtre Petrowsky, largement ouvert aux productions russes, cependant que, comme le fait Herder en Allemagne, on recense le vieux fonds païen national. Et, si l'opera buffa s'installe victorieusement à Saint-Pétersbourg, c'est surtout à Moscou et dans l'ancienne Russie que s'amorce un mouvement irréversible : durant une trentaine d'années, des musiciens russes allaient créer des vaudevilles faits de refrains populaires célèbres, parfois mâtinés d'influences étrangères, œuvres souvent composites et sans cesse modifiées et réadaptées. Un mystère plane toujours sur une éventuelle *Tanioucha* (1756?), un vaudeville de Volkov, et on ne peut affirmer non plus quel musicien (Dimitriewski, Pashkevitch ?) composa la partition de *Aniouta* (Tsarskoïe Selo, 1772), un acte de M. Popov, qui passe pour le premier « opéra » de fonds et d'auteurs russes.

Enfin, alors que *le Devin du village* de Rousseau fait fureur et suscite les pastiches et imitations de Kerzelli ou Zorine, le premier succès authentique du genre fut un *Meunier magicien*, écrit par Ablesimov, et les couplets arrangés par Sokolowski, joué à Moscou en 1779, puis aussitôt à Saint-Pétersbourg, et encore repris en 1784 par le très sérieux Fomine. De nombreux autres vaudevilles apparurent, dans les deux capitales, notamment *le Bazar de Saint-Pétersbourg* (créé en 1782), œuvre en 3 actes de Mikhaïl Matinski (un serf émancipé qui avait étudié en Italie), et, plus tard, Catherine II écrivit des livrets, où alternaient le fonds historique et le thème quotidien, livrets où se mêlaient parfois les musiques de Sarti, Cannobio, Martin y Soler, celles de Matinski et surtout celles de Pashkevitch *(v. 1742-1797)*, qui illustra son premier livret, *Fevey*, en 1786. Mais, à Saint-Pétersbourg surtout, le goût français reste dominant, et c'est dans cette langue que seront d'abord écrits certains opéras-comiques, dont peut-être *l'Avare (Skoupoï,* 1782) de Pashkevitch.

C'est toutefois grâce à leur formation acquise à Bologne ou Venise que trois musiciens russes devaient imposer une plus forte personnalité : Maxime Berezowski *(1745-1777),* qui, après avoir écrit des opéras métastasiens, revint organiser la chapelle impériale ;

son successeur Dimitri Bortnianski *(1751-1825)*, qui écrivit 7 opéras, encore bien cosmopolites (*le Faucon*, en 1786, comme *le Fils rival* [1787] sont composés sur textes français) ; et enfin Evgueny Fomine *(1761-1800)*, qui, après son retour d'Italie, en 1786, mit aussi en musique les livrets de l'impératrice, adhéra à la formule du mélodrame avec chœur (*Orphée et Eurydice*, créé 1792), dans une langue qui évoquait Mozart, Salieri et Gluck, puis, avec *les Américains* (1800) et *la Pomme d'or* (posth.), un véritable opéra, affirma un réel sentiment national. Et lorsqu'en 1798 Paul Ier interdit l'opéra italien, la relève semblait assurée.

L'Angleterre. Il fallut d'abord y effacer l'héritage national pour imposer d'abord des traductions d'intermezzos, dès 1705, et, peu à peu, le véritable opéra italien, chanté par des troupes italiennes. On applaudit d'abord des ouvrages anciens de Bononcini, de Mancini (*Idaspe fedele*, 1710), avant les créations originales de Haendel (*Rinaldo*, 1711) et de Porpora. C'est à cet opéra italien, autant qu'à l'aristocratie londonienne corrompue, que s'en prend en 1728 *The Beggar's Opera*, une satire assez féroce, arrangée selon la forme du ballad opera, par J. C. Pepusch *(1667-1752)*. Son succès confirma la virtualité d'un opéra anglais, ce dont Haendel tira la leçon, avec ses oratorios, puis Thomas Arne *(1710-1778)*, qui reprit la tradition du mask (*Alfred*, 1740, contient le fameux *Rule Britannia*), traduisit Métastase, adoptant toutefois les schémas haendéliens (*Artaxerxès*, 1762), et appliqua à son *Love in a Village* (1762) la formule du pasticcio. On peut citer encore les opéras-comiques de Charles Dibdin *(1745-1814)*, de Samuel Arnold *(1740-1802)*, de Michael Arne et de William Shield *(1748-1829)*, l'arrivée à Londres en 1787 de Stephen Storace, ami de Mozart, qui y fit rejouer ses œuvres italiennes, leur adaptant un texte anglais, puis, au xixe siècle, les opéras de H. Bishop, de culture cosmopolite, et de M. Balfe, un épigone de Rossini. Mais la fin du xviiie siècle fut essentiellement dominée à Londres par l'activité menée par Jean-Chrétien Bach *(1735-1782)*, formé à Milan, mentor, puis ami de Mozart, qui écrivit peu en anglais, mais fit régner un opéra italien de grande qualité.

La péninsule Ibérique. — ESPAGNE. Dans ce pays, marqué par la présence de Domenico Scarlatti, puis du castrat Farinelli, devenu conseiller politique et fondateur de l'opéra italien, on en vint néanmoins à traduire préalablement les poèmes de Métastase (José Durán, formé à Naples, écrivit *Antigono* en 1760), et Ramón de la Cruz réécrivit Goldoni pour Pablo Esteve, Manuel Pla, ou Antonio Rodriguez de Hita *(1704-1787)* : *La Buona figliuola* devint *La Buena hija* (Esteve) et *Gli Uccellatori* devinrent *Los Casadores*, zarzuelas ou tonadillas escénicas. Hita donna, en 1763, *Briseida*, zarzuela heroica, et la collaboration de Cruz et Hita produisit encore *Las Segadoras de Vallecas* (1768), tiré de la légende de Ruth, une zarzuela burlesca, comme en 1769 *las Labradoras de Murcia*, avec jotas et seguedilles, tambourins et castagnettes, consacrant aussi, comme en Italie, en un genre autonome les intermezzos espagnols, qui, dès 1758 (cf. *Los Ciegos*, de Luis Míson), furent intercalés dans les opéras italiens, lesquels continuaient sans peine à triompher de ces œuvrettes, modèles des futures espagnolades de l'opéra français.

PORTUGAL. Deux noms y marquèrent principalement l'implantation de l'opéra italien, ceux de l'Italien Davide Perez *(1710 ou 1711-1778 ?)* et du Portugais Francisco de Almeida. Ce dernier, formé à Rome, revint donner à Lisbonne en 1733 un dramma comico, *La Pazienza di Socrate*, que suivirent en 1735 *La Finta pazza*, et, surtout, en 1739 *La Spinalba*, étonnante anticipation du dramma giocoso. Perez, fort de son expérience acquise à Naples et à Palerme, écrivit dès 1752 des « opérettes » portugaises, et fonda en 1755 l'Opéra de Lisbonne, aussitôt détruit par le tremblement de terre. Parmi de bons musiciens autochtones, citons João de Sousa de Carvalho *(1745-1798)*, qui, formé à Naples, composa en italien (*L'Amore industrio*, 1769) et prit la succession de Perez, alors que, à l'inverse, Marcos Antonio da Fonseca Portugal écrivit d'abord en 1784 des œuvres d'un comique de qualité en portugais, puis s'en alla faire carrière en Italie sous le nom de Portogallo.

Les pays scandinaves. — DANEMARK. Ce pays avait, de longue date, accueilli les opéras français et joué les opéras baroques de Keiser. Sarti y implanta l'opéra italien de 1753 à 1775, puis le Viennois J. G. Naumann *(1741-1801)*, élève de Martini à Bologne, écrivit en danois des opéras métastasiens. Les thèmes nationaux furent ensuite exploités par T. C. Walter *(1749-1788)*, E. J. G. Hartmann *(1726-1793)*, et F. L. A. Kunzen *(1761-1817)*, auteur de *Holger Danske* (1789).

SUÈDE. L'opéra italien connut une intense activité sous Gustave III ; le Théâtre de Drottingholm ouvrit en 1754 sous la direction de F. Uttini *(1723-1795)*, qui écrivit d'abord en italien, puis composa en suédois *Thetis och Pelee* (1773), sur un texte du roi (l'oncle de Frédéric II, lui aussi féru de livrets). Naumann, quittant le Danemark pour la Suède, y écrivit *Cora och Alonso* en 1782 pour l'inauguration de l'Opéra royal, puis *Gustaf Wasa* (1786), alors que des auteurs suédois commençaient à s'imposer : Stenborg *(1752-1813)*, avec *Konung Adolfs jagt* (1777), puis J. M. Kraus *(1756-1792)*, d'origine allemande, qui réalisa la synthèse des divers styles européens avec *Proserpine* (1781) et *Aeneas i Carthago* (1790, créé en 1799). L'assassinat du roi, en 1792, interrompit pour quelque temps le développement de l'opéra suédois.

Le xixe siècle. Fait culturel et social, l'opéra fut le reflet du grand mouvement d'idées, dont était issue la Révolution française. Ouvert à un public nouveau, il avait, parfois, déjà modifié ses thèmes, contribuant à l'éveil des consciences nationales. En abolissant les frontières, l'aventure napoléonienne allait faire de l'opéra italien un opéra européen, fécondant et fécondé par ces échanges. En effet, ses formules trop anciennes se sclérosaient alors que les structures instrumentales, nées du siècle de la raison, étaient en plein essor. La disparition du castrat entraînant la mort du bel canto, art de plaisir fût-ce au sens fort du mot, conduira au drame romantique à forte implantation instrumentale, et le thème antique cédera définitivement au thème historique, conçu non plus comme prétexte anecdotique, mais comme fait politique, exaltant des héros d'un type nouveau. La comédie sentimentale, le drame « héroïque », ou buffa, et l'opéra-comique, tributaires de l'ère de la sensibilité, s'effaceront devant la tragédie, ou bien, perdant leur dignité musicale, céderont à une opérette nationale de qualité. Enfin, la notion d'école, qui avait jusque-là prévalu, fera place à un autre héros romantique, le compositeur, génie solitaire plus que meneur d'hommes.

La France entre deux révolutions. Un certain opéra-comique d'ancien régime s'y maintiendra jusqu'à la veille de 1830. Mais les frontières se faisant moins précises entre les genres, c'est sous toutes les formes et dans tous les pays que la pièce à sauvetage, devenue libertaire et romantique, va envahir l'Europe, où on ne compte plus les *Lodoïska*, *Léonore*, *Caverne*, *Porteur d'eau* ou *Raoul de Créqui*. Toutefois, avant que le thème médiéval s'impose seul, le Consulat et l'Empire avaient suscité quelques œuvres inspirées par la Gaule ou la Rome impériale. En France, où les Italiens s'étaient implantés avant même la Révolution, Cherubini *(1760-1842)* avait déjà su épouser la manière française, s'illustrant d'abord dans le genre « héroïque », puis dans le mythe : plus encore qu'*Elisa* (1794), *Médée* (1797) est romantique, par ses structures plus ouvertes, par son écriture vocale et chorale, par la justification même du geste meurtrier de l'héroïne ; avec *les Abencérages* (1813), Cherubini consacrait plutôt le fait historique, dans une tradition gluckiste enrichie, puis il abandonnait la scène lyrique. Auprès de lui, les meilleurs artisans de cet opéra franco-français avaient été Étienne Méhul *(1763-1817)* et Jean-François Lesueur *(1760-1837)*, grands inspirateurs de Berlioz ; le premier avec *Stratonice* (1792), *le Jeune Henry* (1797) [d'une écriture modale très prophétique], *l'Irato* et surtout *Uthal* (1806), *Joseph* (1807), puissants drames avec chœur et orchestre ; le second avec *Ossian ou les Bardes* (1804), largement déclamé, fourmillant de trouvailles instrumentales.

Mais Gasparo Spontini *(1774-1851)* avait porté plus haut ces ambitions, offrant avec *la Vestale* (1807) le prototype de la tragédie lyrique : au chant, très italien, se mêlent une harmonie audacieuse et une orchestration très présente, riche et diversifiée ; ses structures totalement ouvertes, héritées de l'*Œdipe à Colone* de Sacchini, abolissent toute fragmentation au cours d'un acte, et sont encore autant d'éléments dont se nourriront Berlioz et Wagner. On peut tenir pour négligeable l'apport de Rodolphe Kreutzer *(1766-1831)* — dont *la Mort d'Abel* (1810) enflamma pourtant un instant Berlioz — et celui de Jadin, Gardel, Miller, Candeille, Lefebvre, Porta, Kalkbrenner et même de Steibelt, Winter et Gyrowetz. Paris sut encore attirer Paisiello *(Proserpine,* 1803) et Ferdinando Paër *(1771-1839),* qui souscrivit au style Empire *(Numa Pompilio, Cleopatra,* 1810) et qui prit la direction du Théâtre-Italien. Désormais consacré aux œuvres étrangères, ce théâtre devint le pôle le plus actif de la capitale — l'Opéra semblait somnoler — au début de la Restauration jusqu'à l'arrivée de Rossini et d'Auber.

L'interrègne italien. Stendhal a justement baptisé ainsi cet apparent no man's land situé entre la mort de Mozart et le retrait de Cimarosa et Paisiello, d'une part, et l'avènement de Rossini en 1810, de l'autre. Quinze années qui voient ses meilleurs musiciens quitter l'Italie. Les quelques compositeurs restés fidèles à la péninsule, réduits aux yeux des historiens au rôle de « précurseurs de Rossini », furent en outre éclipsés par une sorte de quarteron cosmopolite, Cherubini, Spontini, Paër et Mayr, qui se partagèrent, excepté Mayr, entre l'Italie, la France et l'Allemagne. Paër donna le meilleur de son talent à Vienne (*Camilla,* 1799), à Dresde, où sa *Leonora* (1804) apparaît comme un trait d'union entre Mozart et Beethoven, et revint créer *Agnese di Fitz-Henry* en 1809 à Parme ; son *Maître de chapelle* (Paris, 1821) n'ajouta plus rien à son talent. En revanche, c'est l'Italie qui retint le Bavarois Mayr *(1763-1845),* qui y surclassa tous ses rivaux. Pédagogue, musicologue, découvreur de talents (il révéla le poète Romani en 1813), il reprit à son compte les apports de Traetta et de Salieri dans une langue qui évoquait Mozart et Beethoven, et il esquissa certaines formules auxquelles Rossini appliquera son génie : l'ouverture de forme sonate, le récitatif accompagné vocalisé, l'imbrication du récit et de l'aria, etc. Moins fait pour le semiseria que pour le drame, Mayr révéla son talent avec des sujets de type médiéval (*Ginevra di Scozia,* 1801 ; *Adelasia ed Aleramo,* 1806 ; *La Rosa rossa e la Rosa bianca,* 1813), et son nom reste attaché à sa *Medea in Corinto* (Naples, 1813), qui éclipsa longtemps l'opéra de Cherubini.

C'est seulement dans l'ombre de Mayr que survivent aujourd'hui les noms des très prolixes Tritto *(1733-1824),* pédagogue renommé à Naples, Trento *(1761-1833),* Portogallo *(1762-1830),* Nicolini *(1762-1842),* Nasolini *(1768-1806 ou 1816),* Farinelli *(1769-1836),* Orlandi *(1777-1848),* des Autrichiens Winter *(1754-1825)* et Weigl *(1766-1846),* que dominent toutefois quelques personnalités plus accusées : Guglielmi junior *(1763 ?-1817),* Giuseppe Mosca *(1772-1839)* et son frère Luigi *(1775-1824),* Valentino Fioravanti *(1764-1837).* C'est un fait important, mais plutôt négatif que joua Nicola Zingarelli *(1752-1837),* qui eut la haute main sur l'enseignement à Naples, entendant faire respecter les principes d'avant 1760 : estimant que « Mozart aurait pu bien faire s'il avait persévéré dans l'étude », il se dressa plus tard contre les innovations de Rossini. On décèle déjà certaines de ces innovations chez Stefano Pavesi *(1779-1850),* dont l'écriture vocale est plus humaine, plus moderne ; chez Carlo Coccia *(1782-1873)* et Pietro Generali *(1783-1832),* qui revendiquèrent puérilement « l'invention » du crescendo*, ce qui ne doit pas masquer leur talent réel ; et chez Francesco Morlacchi *(1784-1841),* qui eut la sagesse d'abandonner la place et s'en alla mettre sa veine assez riche au service de l'Opéra italien de Dresde. Enfin, Nicola Manfroce *(1791-1813),* disparu prématurément, avait démontré dans *Ecuba* (1812) un génie comparable à celui de Rossini sur le plan de l'écriture vocale et orchestrale.

La place de Rossini. Jamais aucun créateur n'aura pesé autant sur l'évolution de l'opéra. Il en reçoit l'héritage des mains de Cimarosa, et, en moins de vingt années, l'amène aux portes du drame historique romantique. Or, la critique romantique tardive n'a trop longtemps vu en lui qu'un excellent auteur d'*opere buffe,* sans prendre garde qu'il se détourna à moins de vingt-cinq ans d'un genre qui ne représente que moins du quart de son œuvre. Pur Italien, formé à la dure discipline instrumentale, il écouta, à la différence de ses compatriotes, la leçon venue du Nord et se nourrit de Haydn et de Beethoven, mais surtout de Mozart, alors réputé injouable en Italie. Il fit siennes les meilleures trouvailles de ses « prédécesseurs », les incorporant en un tout cohérent, mais il fut accusé, en son temps, d'écrire une musique trop audacieuse, trop bruyante, et de sacrifier le chant à l'instrument. Fidèle à la pensée de Winckelmann sur la virginité de l'art, il affirma que « la musique ne peut rien exprimer d'autre qu'elle-même », et fut, pour cela, rejeté par les romantiques qu'il avait pourtant annoncés, et seulement réhabilité à l'époque de Stravinski (cf. dans la *Poétique musicale).*

Comme Mozart, Rossini donna des solutions musicales aux problèmes soulevés par le livret, refusa une union du verbe et du son fondée sur le mot à mot, et, réaffirmant la vieille théorie des *affetti* (l'aria exprimant un sentiment, dont seul le texte suggère la signification), il put, l'un des derniers après Bach, Haendel, Gluck ou Mozart, transposer une même phrase musicale d'une situation à une autre, qu'elle fût comique ou sérieuse. Témoin de son époque, Rossini avalise dès 1810 la mort du vieil opera buffa. Dans cette forme, il donne désormais la thématique à l'orchestre qu'il traite avec humour et tendresse, reléguant le chant des personnages buffo à une sorte de parlando rythmique, et il donne au couple amoureux une effusion purement lyrique, détachée de tout contexte comique. En 1813, *l'Italienne à Alger* conclut en feu d'artifice l'histoire de l'opera buffa et la *vis comica* de l'auteur s'abritera désormais derrière la satire *(le Turc en Italie),* ou la comédie sentimentale *(le Barbier de Séville, Cendrillon),* où les caractères comiques et pathétiques sont nettement définis. Dès 1813, aussi, avec *Tancrède,* d'après Voltaire, il avait confirmé son désir d'émanciper le dramma seria : il en enrichira progressivement l'harmonie *(Otello,* 1816), élargira considérablement son orchestre *(Ermione),* ses chœurs *(Mosè),* et assouplira l'ancien schéma mozartien (récit-aria-cabaletta) par de fréquentes imbrications entre les divers types de récit (récit simple ou largement vocalisé, secco ou dialogué avec l'orchestre), le chœur, et l'aria dont il rajeunit aussi la formule du da capo, dans une rigoureuse unité musicale, tonale et souvent thématique.

De même, Rossini juxtapose des structures fermées, mais très variées, et de vastes architectures « ouvertes » dans lesquelles il insère parfois de brefs arias ou duos (ainsi que de fréquents ensembles a capella) exprimant l'affetto. Alors que Mozart avait insufflé une grandeur tragique à la formule du buffa, c'est au seria que Rossini donne toute la richesse et la liberté des structures de l'opera buffa, avec ses ensembles et finales concertants, audace qui eût été impensable dix ans plus tôt. Agissant également sur le matériau, il utilise une instrumentation souvent insolite et redistribue les emplois, dans un chant* où l'expression ne néglige pas une très riche ornementation qu'il fixe en grande partie lui-même ou qu'il modifie pour mieux l'assortir aux qualités de ses interprètes successifs. Embrassant tous les types de sujet — antique, médiéval, religieux, historique, fantastique, shakespearien et même romantique (*La Donna del Lago,* d'après W. Scott), Rossini demeure indifférent au vers, mais s'attache à la construction du livret : l'opéra devient un drame en 2 actes, dont l'action atteint son maximum de complexité dans le finale du premier acte, qui rassemble tous les participants, puis se dénoue en laissant la conclusion (où, plus d'une fois, il essaya d'imposer à un public réticent la fin tragique nécessaire), soit à l'héroïne, soit même à l'orchestre seul.

Fixé en France en 1825, Rossini s'adapta au genre glucko-spontinien, puis instaura, avec *Guillaume Tell* (1829), d'après Schiller, un nouveau type d'opéra français, drame politique, romantique, orchestral et choral plus que virtuose, peu adapté à sa nature profonde, mais dont la formule allait, avec plus ou moins de bonheur, être reprise par plusieurs générations. Enfin, ayant agi sur le chant avec la même détermination que Beethoven sur la technique du piano, il avait, au contraire de Gluck, Wagner et Debussy, dont les a priori ne convinrent qu'à eux-mêmes, posé les bases d'un langage et de structures parfaitement viables, mais dont la leçon allait être balayée par le vent de la grande tourmente romantique.

Naissance de l'opéra allemand. Le vieux rêve de Mozart s'était réalisé après sa mort, avec le succès de sa *Flûte enchantée*, succès qui découragea toute imitation, à l'heure précisément où les souverains, effrayés par la Révolution française, soutenaient plus que jamais un opéra hédonistique, et alors que les plus grands compositeurs allemands accordaient tous leurs soins aux formes instrumentales et au lied. Wranitzky, Weigl et Winter plièrent donc le singspiel à la coloratura belcantiste, ainsi que Beethoven dans sa malheureuse version initiale de *Fidelio* (1805), opéra dont il fit en 1814 un autre chef-d'œuvre, l'ayant profondément remanié, mais où, tirant l'anecdote vers le mythe, il n'imposa pas pour autant de formule nouvelle. C'est également au singspiel que souscrivirent Weber *(1786-1826)* dans ses premières années, ainsi que Schubert : ses 12 opéras écrits de 1813 à 1823 demeurent étrangers à l'esprit du Sturm und Drang, dont ses lieder furent à la fois la plus haute expression et l'idée dont devait surgir le drame wagnérien. Meyerbeer *(1791-1864)*, élève comme eux de Salieri, abandonna vite la langue allemande (*la Fille de Jephté*, et *Abimelech*, 1813) pour l'opéra italien ; on ne trouve ni romantisme ni nationalisme chez E. T. A. Hoffmann, que ce soit en musique, avec ses propres *Contes*, mais Goethe (*Scherz, List und Rache*, 1801-1802, perdu) et surtout La Motte Fouqué (*Undine*, 1816), non plus que chez le violoniste Ludwig Spohr *(1784-1859)*, qui demeura un classique dans *der Zweikampf mit der Geliebten* (1811), *Faust* (1816), et même dans *Jessonda* (1823), un drame de plus larges proportions.

En revanche, avec son *Freischütz* (1821), Weber avait mieux saisi l'essence d'un véritable « folklore » spirituel national, grâce aux chœurs et danses populaires, aux couplets de singspiel qui s'y mêlent à l'aria tripartite à coloratures et au « diabolisme » facile de quelques scènes, tandis qu'il peut justifier son sous-titre d'opéra romantique par l'utilisation parfaitement inouïe de l'orchestre, dans la scène magique de la *Gorge aux loups*. Son *Euryanthe* (1823), apprivoisa à la langue allemande un type de grand opéra de forte implantation franco-italienne, tandis qu'*Obéron* (écrit primitivement en anglais) offrit, en 1826, un excellent retour à un singspiel mêlé de féerie, où la coloratura voisinait au mieux avec un orchestre aux fins descriptives étonnantes. C'est d'un singspiel beaucoup plus simple que se réclament les opéras d'extrême jeunesse de Mendelssohn *(1809-1847)*, avant l'apparition de cet « opéra-biedermeyer », sorte de singspiel colossal et bourgeois qu'illustrèrent K. Kreutzer, Lortzing et Flotow (*v. infra*). Une étape décisive vers le véritable opéra romantique fut franchie par Spontini, qui, fixé à Berlin, puisa dans le fonds nationaliste avec *Agnes von Hohenstaufen* (1829 et 1837), et atteignit, par l'épaisseur et la durée de l'œuvre, à la dimension du « grand opéra », puis par Heinrich Marschner *(1795-1861)*, qui allia le populaire à l'historique dans *Henri IV et d'Aubigné*, d'après Kleist (1820), dans *le Templier et la Juive* (1829), dans *Hans Heiling* (1833), et qui approcha le fantastique dans son chef-d'œuvre, *le Vampire* (1828), autre trait d'union entre Weber et Wagner.

Les générations de 1830. De 1825 à 1829 Boieldieu avait posé la plume, Weber, Beethoven et Schubert disparaissaient, et Rossini se retirait l'année même où, à Londres, un castrat parut encore sur scène. En 1830 Paris assiste soudain à la bataille d'*Hernani*, à la Révolution de Juillet, et à la création de la *Symphonie fantastique* d'Hector Berlioz. La littérature russe naît, réaliste avant l'heure, les nationalismes s'embrasent, et le piano moderne transpose les fureurs orchestrales de Berlioz, tandis que Duprez lance son « *ut* de poitrine », que le violon de Paganini acquiert une dimension de fantastique, et que la danse sur pointes suggère, au théâtre, un nouvel irréel. On conteste dès lors aux chanteurs une virtuosité « gratuite » qu'on acclame sans réserve chez pianistes et violonistes. Une génération s'éveille dans un monde nouveau, où Chopin, Schumann et Liszt, qui s'apprêtent à bouleverser les lois de l'écriture, ont juste vingt ans, comme, à peu d'années près, Berlioz, Bellini, puis Verdi, Wagner et Dargomyjski, nés en 1813, ainsi que Kierkegaard, Büchner et Claude Bernard. L'esthétique du spectaculaire s'impose à nouveau en France, et, à Paris en 1831, c'est sa mise en scène qui assure le triomphe de *Robert le Diable* de Meyerbeer — plus diabolique que fantastique — alors que l'ancien rapport entre le chant et l'orchestre tend à s'inverser, les émules de Duprez devant, en outre, compter avec un nombre croissant d'instruments. Avec son éthique, l'esthétique de l'opéra se modifie, dans la conception de ses structures (où l'acte continu se substitue peu à peu à la formule du *pezzo chiuso*) ; dans son langage où la théorie des *affetti* s'effacera peu à peu devant une illustration musicale de l'action épousant le mot à mot du texte ; enfin, dans son genre même qui impose de nouvelles lois au livret.

Alors que l'Europe entière achève de découvrir Shakespeare, les romantismes les plus divers s'entrechoquent : Scott et Byron, Schiller et Goethe — pour qui la Grèce n'est plus celle de Winckelmann, mais celle de la révolte de l'Homme contre les dieux et la nature —, Lamartine et Leopardi, Hugo enfin, plus accessible à la masse, qui crée l'image du héros romantique, damné de la terre, banni et proscrit par une société injuste ; au *lieto fine* métastasien succédera la mort violente ou cathartique du héros pur ou de l'héroïne virginale. Le théâtre historique sera définitivement engagé dans une historicité de type hégélien, et la déraison — ou, à un niveau plus élevé, la négation schopenhauerienne du vouloir-vivre — imposera aux thèmes nouveaux une langue nouvelle, où le mot sera sonorité autant que véhicule d'idée. Au néoclassicisme sublimé du poète Romani succédera la langue échevelée du livret de cape et d'épée de Cammarano, et aux grâces de Pixérécourt l'octosyllabe héroïque et ampoulé de Scribe, cependant que Wagner rédigera lui-même les poèmes d'opéra d'une langue hermétique, où le verbe est incantation plus que facteur d'action. Enfin naîtra la notion de répertoire : Mozart, Gluck et Rossini ne quitteront plus l'affiche, et, en 1832, Fétis fait jouer l'*Orfeo* de Monteverdi, première en date de toutes les « exhumations » à venir ; et cet aspect d'un conservatisme louable tendra à éloigner peu à peu certains publics du créateur, lui aussi héros et titan : en 1835, on compte encore plus de 100 créations lyriques, mais, en 1860, ce chiffre tombera à moins de 30. Dans cette époque aux nationalismes exacerbés, chaque pays devait apporter à ce chaos ses propres solutions propres.

L'Italie aux temps romantiques. Malgré tout leur talent, on peut tenir pour nul le rôle joué par les épigones de Rossini : Carafa *(1787-1872)*, qui vécut dans son ombre, Michele Costa *(1808-1884)*, fixé en Angleterre, l'excellent Carlo Coccia *(1782-1873)*, déjà nommé, qui chercha à se renouveler, et même Nicola Vaccai *(1790-1848)*, dont la *Giulietta e Romeo* (1825) rivalisa longtemps avec les *Capuleti e Montecchi* de Bellini. Plus original, un autre intime de Rossini, Giovanni Pacini *(1796-1867)* usa d'un langage assez neuf, mais s'en tint à des thèmes passés de mode (*la Vestale*, 1823 ; *Saffo*, 1840 ; *Médée*, 1843), tandis que Saverio Mercadante *(1795-1870)* marquait d'une per-

▲
La Passion à Valenciennes en 1536.
Bibliothèque nationale.
Phot. B.N.
▼

L'OPÉRA

Décor d'*Il Pomo d'Oro* d'Antonio Cesti, représenté à Vienne en 1668. Type de l'opéra baroque aux proportions délirantes (67 scènes, 24 décors, une machinerie considérable). Musée théâtral de la Scala, Milan. Phot. Giancarlo Costa.

◀ *Les Noces de Pélée et de Thétis,* de F. de Cavalli.
Décor de Torelli.
Bibliothèque de l'Opéra.
Phot. B. N.

◀ Costume de prince.
Aquarelle de Berain.
Bibliothèque de l'Opéra.
Phot. B.N.

Costume de Diane chasseresse. ▶
Aquarelle de Berain.
Bibliothèque de l'Opéra.
Phot. B.N.

◀ *Armide* de Lulli
et Quinault, 1677.
Décor de Berain.
Victoria
and Albert Museum.
Phot. E. Tweedy.

*Concert donné à Rome, le 26 novembre 1729,
à l'occasion de la naissance du Dauphin,
fils de Louis XV.*
Tableau de Pannini.
Musée du Louvre.
Phot. Giraudon.

Scène d'opéra.
Aquarelle de Boquet.
Bibliothèque de l'Opéra.
Phot. B.N.

Les Démons de l'air en enfer. Décor de Buontalenti.
Musée du Louvre, cabinet des Dessins.
Phot. Bulloz.

Portraits par Carmontelle. Musée Condé, Chantilly.
Phot. Giraudon.

La cantatrice Teresa Lanti.
Peinture de l'école de Bologne. XVIIIe s.
Musée théâtral de la Scala, Milan.
Phot. Giancarlo Costa.

L'Opera seria.
Peinture
de Giuseppe de Albertis.
Musée théâtral de la Scala,
Milan.
Phot. Giancarlo Costa.

Ci-dessous et page suivante, en bas.
Décors pour *la Flûte enchantée* de Mozart.
Gravures coloriées de Joseph et Peter Schaffer.
Salzbourg, Mozarteum.
Phot. Erich Lessing - Magnum.

Intérieur du théâtre de la Josefstadt à Vienne
Aquarelle anonyme
Historisches Museum der Stadt, Vienne
Phot. Erich Lessing - Magnum

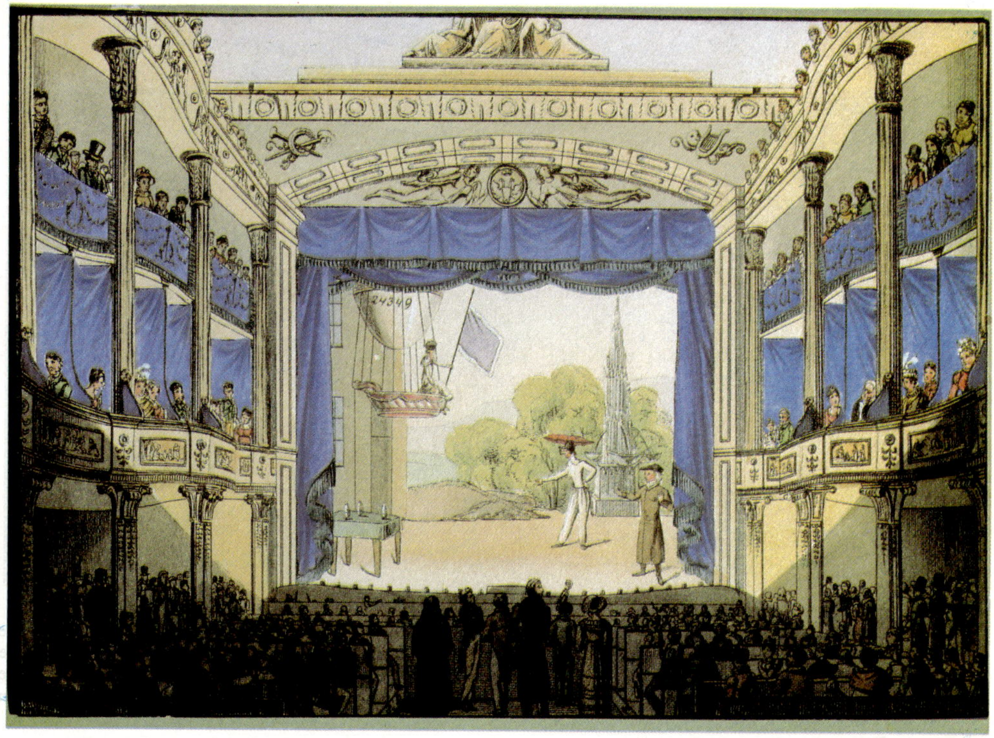

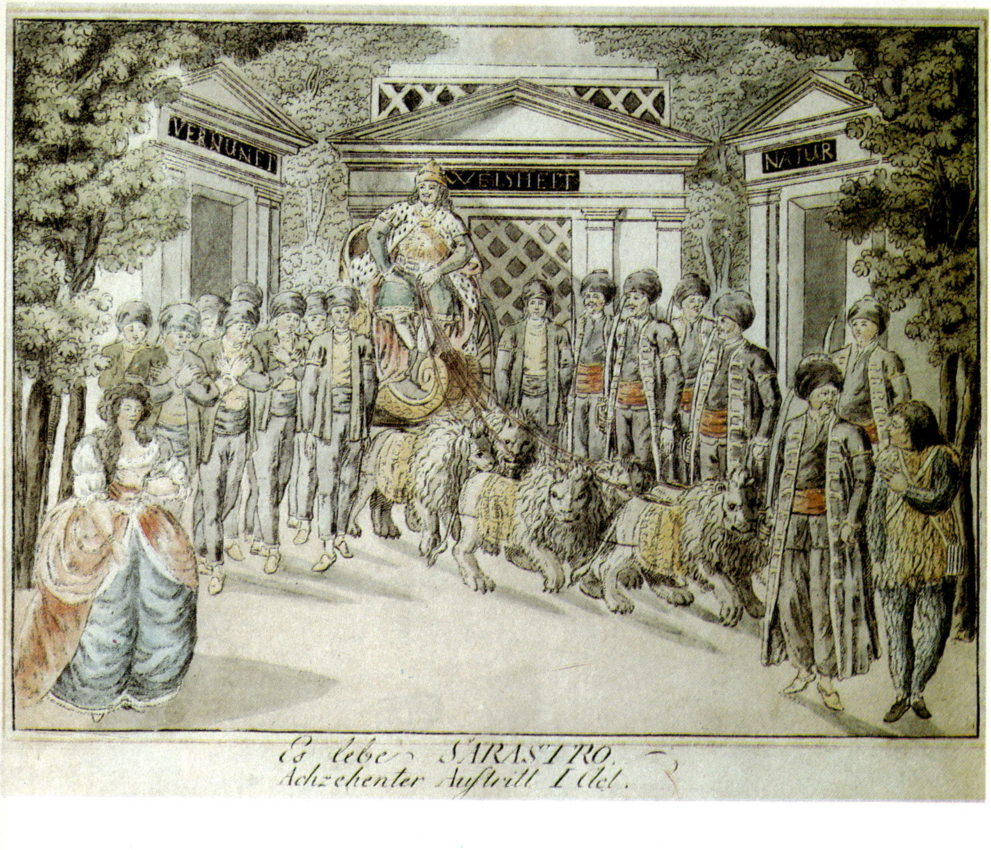
VERNUNFT
WEISHEIT
NATUR
Es lebe SARASTRO.
Achzehenter Auftritt I Act.

▲
Ossian ou les Bardes de Lesueur.
Dessins et costumes de Barthélemy.
Bibliothèque de l'Opéra.
Phot. B.N.

Fidelio de Beethoven.
Décor de Simon Quaglio.
Theatermuseum, Munich.
Phot. Blauel.
▼

sonnalité plus forte ses sujets, mieux adaptés aux temps nouveaux : *Il Giuramento* (1837), d'après Hugo, *Il Bravo* (1839), qui exploite le thème du proscrit, *Il Reggente* (1843) annoncent plus nettement Verdi que les œuvres d'un romantisme plus aristocratique de Bellini *(1801-1835)* et de Donizetti *(1797-1848).*

Ces deux musiciens avaient, avant même 1830, compris quel langage il fallait désormais prêter à ces héros poursuivis par une inexorable fatalité : Bellini, disparu en 1835 sans avoir donné sa pleine mesure, sut réaliser un équilibre idéal entre le monde de la poésie désespérée de Leopardi et l'univers sonore de Chopin. Romantique de vocation, original dès la première note, il opta naturellement pour l'architecture continue de l'acte et chercha un type de chant incantatoire (*Norma* et *Sonnambula*, en 1831), incantation renforcée par l'usage du leitmotiv et dont l'entière liberté rythmique rappelait l'antique *sprezzatura* de Caccini et de Monteverdi, et qui influença Chopin. Décantant avec grand soin son harmonie, Bellini confia à ce chant, plus tendu vers l'aigu que celui de Rossini, l'essentiel du message affectif. Et cette osmose entre le vocal et le contenu dramatique lui permit de tracer des portraits terriblement humanisés de ses héroïnes languides ou vengeresses, de ses héros, consumés, comme lui, par le mal du siècle, témoins ceux des *Puritains* (1835), un chef-d'œuvre « lunaire » avec scène de déraison, malheureusement compromis par un banal dénouement heureux. Excepté ce dernier cas, Bellini avait marié son chant au vers noble du poète Felice Romani *(1788-1865),* lié à l'esthétique néoclassique italienne.

Mais, cette même année 1835, Donizetti, qui avait, jusque-là, collaboré avec lui, se détourna de cette théorie du sublime, et, en écrivant *Lucia di Lammermoor,* d'après Walter Scott, souscrivait à l'esthétique du nouveau livret, dont Cammarano *(1801-1852)* donnait là l'archétype absolu, avec le « rêve clef », avec amours impossibles, scènes de folie et morts violentes. Il avait longtemps subi l'influence de Rossini, jusque dans *l'Élixir d'amour* (1832), dernier chef-d'œuvre du semiseria, et souvent démarqué Bellini, comme dans *Anna Bolena* (1830) ; ayant dégagé une personnalité plus marquée avec *Lucrèce Borgia,* d'après Hugo (1833), il réussit à assurer ce difficile équilibre entre l'ancien bel canto et un type de chant plus immédiat, délimitant mieux les caractères, instituant une sorte de manichéisme élémentaire des schémas vocaux dans cet antagonisme entre un ténor, incarnation du bien, et un baryton « vilain » ; antagonisme auquel souscrira l'opéra européen du XIXᵉ siècle. Mais, à l'heure ou Donizetti tentait avec *Don Pasquale* (1843) l'impossible résurrection du vieil opera buffa, il appartenait déjà à la puissante personnalité de Verdi d'opposer, en plein Risorgimento, une violence toute plébéienne à l'art aristocratique de ses prédécesseurs.

Éclipsant sans peine les Rastrelli, Marliani, Gordigiani, Lauro Rossi, Persiani, Coppola, Saldari, Nini, Speranza, Buzzi, Cagnoni, Foroni, Raimondi, etc., pourvoyeurs habituels des scènes italiennes, Verdi s'attache plus aux « situations fortes » qu'à la qualité du vers, traite la voix sans ménagement, truffe ses drames historiques d'allusions à peine voilées à la lutte contre l'Autriche (*Nabucco*, 1842 ; *Attila*, 1846), se réclame de Hugo (*Ernani, Rigoletto*), de Schiller (*I Masnadieri, Luisa Miller,* plus tard *Don Carlos* en 1867), et, dès 1847, de Shakespeare (*Macbeth*). Moins soucieux de structures que d'efficacité, il se contente d'enchaîner habilement les scènes et les airs, mais asservit la forme à chaque situation particulière. A partir de 1850, il délaisse le politique pour le social, ou l'humain (*Rigoletto* en 1851, *Traviata* cn 1853), et s'attache à de nouveaux thèmes, ceux de l'amitié ou de la solitude du pouvoir, notamment avec *Simon Boccanegra, Un bal masqué* (1859), puis *Don Carlos,* 3 opéras qui témoignent aussi de recherches nouvelles sur le plan de l'écriture, et contiennent de grands ensembles vocaux d'une profonde efficacité psychologique, dans un théâtre où le chant n'est plus la raison d'être du drame. Sentant la situation lui échapper, il triomphe aisément de ses jeunes rivaux avec *Aida*

(1871), où la trame fait la place belle au spectaculaire et au chant, puis, presque octogénaire, il renouera avec Shakespeare, à l'aide des livrets plus élaborés mais moins fonctionnels de Boito, ce transfuge de la jeune scapigliatura : *Otello* (1887), un drame lyrique, et *Falstaff* (1893), une comédie ironique, ne seront plus que des chefs-d'œuvre hautainement solitaires, inscrits hors des aspirations des classes nouvelles. Cette glorieuse suprématie exercée pendant un demi-siècle avait, de ce fait, rejeté dans l'ombre le comique de qualité de *Crispino e la comare* (1850) de Federico et Luigi Ricci, et quelques talents plus souples qu'originaux : ceux d'Errico Petrella *(1813-1877),* auteur de *Jone* (1858) et des *Promessi sposi* (1869), d'après Manzoni, et de Filippo Marchetti *(1831-1902),* dont le triomphe de *Ruy Blas* (1869) demeura sans lendemain. Plus tard seulement, le véritable « après-Verdi » sera amorcé par Boito, Ponchielli et Catalani, avant l'éclosion du vérisme musical.

L'Allemagne. Un divorce s'accentue bientôt entre un art moribond entretenu dans les cours, et celui, trop difficile, de Wagner. La parenté avec l'opéra-comique français est indéniable chez Konradin Kreutzer *(1780-1849),* auteur du *Veilleur de nuit de Grenade* (1834), une solide « opérette » bourgeoise, et chez Friedrich von Flotow *(1812-1883),* qui, formé à Paris, s'essaie à l'opéra romantique (*Alessandro Stradella,* 1844) et assure son succès dans le monde entier avec l'aimable et habile *Martha* (1847) ; l'influence de Mendelssohn est notable, d'autre part, chez Albert Lortzing *(1801-1851),* auteur fécond et inspiré de *Tzar et Charpentier* (1837), *l'Armurier,* et de *Undine* (1845), où il aborde le fantastique, et plus encore chez Otto Nicolaï *(1810-1849),* auteur des brillantes *Joyeuses Commères de Windsor* (1849). Après 1850, c'est l'influence de Liszt et de Wagner qui se fera aussi sentir chez Peter Cornelius *(1824-1874),* dont le *Barbier de Bagdad* (1858) fit scandale à sa création, puis celle de Brahms chez Max Bruch.

Pourtant, auprès de ces professionnels de l'opéra-biedermeyer, on ne peut que mentionner l'effort isolé de Schumann. Sa *Genoveva* (1850) manque d'une rigueur dramatique qui fût à la hauteur de son inspiration musicale ; elle se situe plutôt dans la lignée de ses opéras de concert tels que *Faust,* ou *le Paradis et la Peri,* chefs-d'œuvre appartenant plus à la musique « pure ». Wagner *(1813-1883),* lui, possédait à fond ce professionnalisme : aussitôt joué, adulé ou haï, il rédige ses propres livrets, dès ses opéras de jeunesse inspirés par Auber, Weber, Spontini, puis Meyerbeer. Malgré le triomphe de *Rienzi* (1842) écrit dans le style de ce dernier, il renonce, comme Mozart après *Idoménée,* au succès facile, fondé sur des structures périmées, et préfère suivre une voie différente en donnant, par son œuvre, une réponse aux problèmes métaphysiques de l'heure. Dès 1843, *le Vaisseau fantôme* refuse toute concession à l'anecdote et fait du surnaturel la substance même d'un langage où l'orchestre est le protagoniste absolu, ne concédant aux chanteurs — symboles plus que personnages d'opéra — que des airs et ariosos parfaitement intégrés à la continuité du discours musical, dont le leitmotiv est à la fois la clef et un signal incantatoire. En outre, comme Mozart, Wagner se présente sous les traits du héros — ici, le Hollandais en quête de rédemption — portant à la dimension du mythe l'héritage de la vieille pièce à sauvetage.

Mesurant l'échec de conceptions aussi hardies, Wagner plaquera ce surnaturel sur un fonds historique (et nationaliste) dans *Tannhäuser* (1845) et *Lohengrin* (créé en 1850), retournant au découpage en airs, scènes et cortèges, et laissant ainsi l'auditeur mieux satisfait et libre de s'intéresser ou non au message rédempteur. Et c'est parce qu'il n'en escompte même pas la représentation scénique qu'il peut se livrer à la pure spéculation philosophique de *Tristan et Isolde* (créé en 1865), dont le thème même (l'essence profonde de l'amour, plus que la contingence sociale, le rend irréalisable) engendre un langage particulier aux modulations infinies, au discours sans solution de continuité, où le leitmotiv est plus explicite que le mot, simple prétexte à une effusion lyrique incantatoire, une solution quasi idéale au problème de l'androgyne originelle du verbe et du son. Wagner, qui n'avait pas cherché à créer un système, mais avait usé du seul langage qui convînt ici, retrouve néanmoins quelques-uns de ces postulats en composant les 4 longs drames qui constituent l'*Anneau du Nibelung* (1849-1874, créé en 1876), épopée et critique sociale, où la mythologie, redevenue mythe, ne sert que de toile de fond à une remise en question de l'humanité, sauvée de la volonté de puissance par le geste rédempteur de «l'héroïne».

En outre, Wotan, le dieu des dieux, c'est encore Wagner lui-même, qui, en se peignant sous les traits d'un «voyageur», souligne par là cette affinité profonde avec Schubert, dont le lied, par ses thèmes mais aussi par sa technique, avait été la source véritable de son inspiration. Le piano, qui, avec Schubert, était acteur et témoin du drame, est ici porté à la dimension d'un orchestre multiforme, reflet du cosmos, pour cela écartelé de l'extrême grave à l'extrême aigu, et fonction incantatoire permanente. Reprenant instinctivement les options de Rameau, Wagner insère dans ce discours apparemment continu de véritables monologues d'action ou de réflexion, mêle récit et aria dans la formule presque unique de l'arioso, mais, par ailleurs, se prive des ensembles vocaux, raison d'être de l'opéra, à moins de n'en faire que des éléments du «décor» orchestral (cf. *les Filles du Rhin*). Sa colossale comédie pangermaniste *les Maîtres chanteurs*, puis l'ultime message de *Parsifal* (1882) n'apportaient désormais plus de renouvellement au langage de l'opéra, qui avait déjà pris d'autres directions. Mais, au-delà du possible «système», maintes fois dénoncé et maladroitement imité par des cohortes de médiocres, l'œuvre demeure davantage par sa remise en question de l'éthique même de l'opéra, et plus encore par l'originalité du langage musical, qui, sur le plan de l'écriture, avait définitivement rendu caduc tout retour au passé.

La France. Réservé à l'aristocratie et à la grande bourgeoisie, l'opéra ne peut alors s'y prêter à la revendication politique, viser au sacral, ni appeler au même consensus populaire que Verdi et Wagner. En outre, le Français, méfiant envers la fiction opéristique, fermé au surnaturel et peu soucieux d'exploiter son propre fonds merveilleux ne désire ni surhomme, ni héros, mais un théâtre accessible, que Faust soit un homme de 1859. Le Paris de 1830, s'il attire les artistes du monde entier, n'est plus un foyer de création, mais un gigantesque lieu de consommation, où l'on célèbre le grand opéra, l'opéra-comique, l'opéra bouffe, l'opéra italien, l'opérette, la musique symphonique et la musique de chambre, chacun en un lieu bien précis, et pour des publics réservés, quasi incompatibles — une situation presque inchangée de nos jours. Et c'est pourquoi les meilleurs musiciens du règne de Louis-Philippe ne tentèrent pas l'aventure lyrique — Boëly et Alkan —, s'y frottèrent à peine, ou en vain, comme Onslow et Berlioz. Le clivage de principe se poursuivra jusqu'à l'absurde entre opéra et opéra-comique, lorsque cette dernière forme aura renoncé aux dialogues parlés et repris à son compte la véritable tragédie humaine.

Plus tard, comme *Carmen* (1875), c'est à son public et non à celui, hautainement traditionnel, de l'Opéra que seront offerts *Werther* puis *Pelléas et Mélisande*. Car, avec sa formule, l'opéra-comique avait servi les audaces des encyclopédistes, celles de Méhul et de Cherubini; plus tard, de véritables novateurs comme Gounod et Bizet s'en accommoderont, et, plus encore, Offenbach dont l'œuvre parodique, mais d'une exceptionnelle qualité théâtrale et musicale, triomphera sans peine des productions rétrogrades de l'opéra officiel. Le vieil individualisme français condamnera aussi bientôt la spécialisation du compositeur, telle qu'elle avait été pratiquée de tout temps. Sans lien d'école, l'opéra français sera alors défendu, soit par quelques fidèles au talent trop modeste, soit par les plus grands compositeurs, mais qui ne lui accorderont qu'une parcelle de leur talent, sans se pencher sur ses problèmes spécifiques. Aussi bien le panorama qui suit ne peut-il que tenter d'ordonner quelques tendances, sans s'attarder sur la personnalité de chaque auteur.

L'OPÉRA-COMIQUE. Le meilleur des successeurs de Boieldieu, Louis Ferdinand Hérold *(1791-1833)*, admiré par Schubert, disparaît jeune à l'aube du règne de Louis-Philippe; la place sera dominée pendant un demi-siècle par D. F. E. Auber *(1782-1871)*, qui, après le succès du *Maçon* (1825), tenta de se démarquer de l'influence italienne, notamment avec *Fra Diavolo* (1830); collaborateur attitré de Scribe, il sut soigner son écriture vocale, approfondit les structures de ses opéras-comiques (que rien ne distingue de ses opéras), mais demeura indifférent à toute évolution de l'harmonie. Adolphe Adam *(1803-1856)* fut plus sensible à un discret romantisme, de même que le très traditionnel Ambroise Thomas *(1811-1896)*, successeur d'Auber à la direction du Conservatoire en 1871, et, qui, malgré sa prolixité, attendit longtemps le succès que lui apportèrent *le Caïd* (1849) et surtout l'anachronique *Mignon* (1866). Et, s'il faut mentionner le talent original d'Hippolyte Monpou *(1804-1841)*, les œuvres françaises de l'Anglais Balfe, de l'Allemand Flotow et de l'Italien Donizetti *(la Fille du régiment*, 1840), on peut dire que la pauvreté musicale de leurs rivaux et successeurs explique qu'une opérette de qualité, l'opéra bouffe d'Offenbach, et les œuvres plus audacieuses qu'accueillera Carvalho sur la scène du Théâtre-Lyrique aient pris le relais d'un genre moribond qu'entretinrent A. L. Clapisson *(1808-1866)*, Albert Grisar *(1808-1869)*, François Bazin *(1816-1878)*, Louis Aimé Maillart *(1817-1871)*, Victor Massé *(1822-1884)*, Ferdinand Poise *(1828-1892)*, Fr. A. Gevaert *(1828-1908)* jusqu'à Benjamin Godard *(1849-1895)*, qui, à la veille de l'éclosion naturaliste, pouvait encore écrire un *Jocelyn* (1888), dont la musique semble se référer à l'époque du poème de Lamartine.

L'OPÉRA. En raison de leur trop faible audience, les chefs-d'œuvre de Berlioz *(1803-1869)* demeurèrent en marge de toute évolution : c'est essentiellement sa difficulté d'exécution qui fit échouer *Benvenuto Cellini* (1838), qui sublimait sans peine le genre, et c'est au public de concert que le musicien préféra offrir sa *Damnation de Faust* (1846), seule authentique expression du romantisme musical français, dont les maladresses de l'écriture vocale comptent moins que la richesse de l'orchestration et du poème, dû également à Berlioz. *Les Troyens* (composés en 1856-1858) — qui ne furent même pas joués alors intégralement, malgré un lyrisme bouleversant — ne constituaient plus qu'un hommage superbe au néoclassicisme de type glucko-spontinien, en dehors des courants nouveaux. Quant au «grand opéra», il apparaît surtout comme un domaine réservé au spectaculaire, à la danse, et aux livrets d'Eugène Scribe *(1791-1861)*, dramaturge habile à brosser de grands tableaux et des situations fortes à l'aide d'alexandrins et d'octosyllabes sonnant admirablement, malgré leur syntaxe souvent défectueuse : on a surnommé «opéra Franconi» (du nom du fameux directeur de cirque) ce genre pompeux, pour lequel les Auber et Adam n'avaient guère les épaules assez larges, mais auquel satisfirent les productions de Meyerbeer, savamment écrites pour la voix, bien orchestrées : élagués d'inutiles effets extérieurs, *les Huguenots* (1836) et *le Prophète* (1849) sont beaucoup mieux que de témoignages d'époque, cependant que *l'Africaine* (1865, posth.) démontrait une grande capacité de renouvellement.

Meilleur musicien, J. F. Halévy *(1799-1862)*, le maître de Bizet, laissa, avec *la Juive* (1835), le chef-d'œuvre de ce genre auquel souscrivirent encore Donizetti (*la Favorite*, 1840 ; *Dom Sebastien de Portugal*, 1843, etc.) et Verdi (*les Vêpres siciliennes*, 1855), mais aussi Louis Niedermeyer *(1802-1861)* et Félicien David *(1810-1876)*, égarés dans un monde peu accordé à leur nature sensible, et plus tard Gounod, Saint-Saëns et Massenet, qui ne livreront pas là non plus le meilleur d'eux-mêmes. La formule tentera davantage avec A. Thomas, dont *Hamlet* (1868) offre un effort de renouvellement, puis avec les obscurs Auguste Mermet *(1810-1889)*, auteur de *Roland à Roncevaux* (1864) et Labarre, Duprato, Joncières, Eugène Diaz, Paladilhe (*Patrie*, 1887), mais surtout avec Ernest Reyer *(1823-1909)*, qui, dans *Sigurd* et *Salammbô*, sut encore, au-delà de 1870, combiner avec talent l'héritage de Berlioz et de Meyerbeer.

LE RENOUVEAU ET L'OPÉRA LYRIQUE. Léon Carvalho, après avoir ouvert la salle du Théâtre-Lyrique aux chefs-d'œuvre étrangers du passé, sut y accueillir David et Berlioz, puis Saint-Saëns, Delibes, Bizet (*v. infra*), mais surtout Charles Gounod *(1818-1893)*. Ayant su écouter la leçon venue d'Allemagne, cet authentique musicien avait dérouté les spectateurs de l'Opéra (*Sapho*, 1851), mais révéla sur cette scène une veine intime plus heureuse avec *le Médecin malgré lui*, *Faust* (1859, écrit avec dialogues parlés, et sans ballet), *Mireille* (1864) et *Roméo et Juliette* (1867), ouvrages dont le chant tout en demi-teintes, allié au type de livret « petit-bourgeois », délimitait parfaitement un opéra lyrique de demi-caractère, authentiquement français, justement exalté par Debussy, et dont, après 1870, Massenet offrira une image rassurante.

L'éveil des nationalismes. En Italie, en Allemagne et même en France, l'opéra fut, à sa manière, « national ». Mais les nationalismes qui s'éveillèrent ailleurs, liés à l'émancipation de nouvelles ethnies, devaient naturellement être édifiés sur un folklore épique ou musical, limitant ainsi une expérience à laquelle seule la Russie saura donner une portée universelle.

L'Espagne. La tonadilla avait survécu avec Laserna, Moral et Manuel García (l'interprète de Rossini), plus tard avec F. Sors, et Gomis, cependant que J. C. de Arriaga, mort à vingt ans, donnait à Bilbao en 1820 les *Esclavos felices*, qui évoquaient plutôt Schubert. Dès 1830, le vieux processus du XVIIIe siècle se reproduisit : on traduisit des opéras italiens, puis des Italiens vinrent écrire en espagnol, alors que, au contraire, Tomas Genovès *(1806-1861)* donnait *el Rapto* (1832), puis se fixait en Italie. Les poèmes de Métastase, traduits, furent mis en « zarzuelas » par Baltasar Saldoni *(1807-1889)*, Ramón Carnicer *(1789-1855)* et Don Hilarion Eslava y Elizondo *(1807-1878)*, auteur de *las Treguas de Ptolemeida* (1842). Ce genre composite se perpétuera avec Francisco Gomès, Ignacio Ovejero, puis Cuyas, Rovira, Gironella, Grassi, Sariols, et Joaquin Espin Guillén (*Padilla o el asedio de Medina,* 1845), lorsqu'en 1856 s'ouvrit à Madrid le Teatro de la zarzuela, réservé au théâtre espagnol authentique, comique ou sérieux.

A l'origine, la zarzuela grande était en fait un opéra en 3 actes, plus proche de celui d'Auber ou de Donizetti que de l'ancienne tonadilla, comme en témoigne *Jugar con fuego* (1851) de Francisco Asenjo, dit Barbieri *(1823-1894)*. De même, Emilio Arrieta *(1823-1894)* obtint plus de succès en transformant sa *Marina* en grand opéra (1871) — ce que Gounod venait de réaliser avec *Faust* —, dont le style évoquait plus Verdi que celui des véritables auteurs nationaux. C'est dans la zarzuela authentique qu'excella un Joaquin Gaztambide *(1822-1870)*, auquel succédèrent les auteurs de zarzuelas pequeñas Ruperto, Chapi, Giménez, et Tomas Breton *(1850-1923)*, qui lui-même écrira même un opéra de trempe vériste (*la Dolorès*, 1895), au moment où Albéniz, Granados et De Falla s'essayent au contraire à la musique populaire avant d'élargir leurs horizons. Face à la toute-puissance de l'opéra italien, il faudra longtemps pour imposer un véritable opéra national. Felipe Pedrell *(1841-1922)*, qui fut avec Asenjo-Barbieri le père de la musicologie espagnole, écrivit en catalan *le Dernier Abencérage* (1874) et *les Pyrénées* (1902), qu'on créa à Barcelone... en italien.

La Pologne. Des vaudevilles y avaient paru dès le XVIIIe siècle, mais la *Misère rendue heureuse* (1778) de Kamiensky *(1734-1821)*, *le Miracle supposé* (1794) de Jan Stefani, les œuvres de Jan Holland, puis de Josef Elsner *(1769-1854)*, le maître de Chopin, se référaient plus au style galant de Mannheim qu'au fonds national. Celui-ci se dégagera grâce à Stanislas Moniuszko *(1819-1872)*, qui fit de *Halka* (1847) la première œuvre autochtone véritable, puis utilisa largement le chœur dans *Hrabina* (1860) et dans *Straszny Dwor* (1865), sans toutefois faire école.

La Hongrie. Il est aisé de comprendre qu'un opéra magyar ne pouvait naître avant longtemps, et, encore au XIXe siècle, c'est à l'étranger que Liszt, Goldmark, Heller, Remenyi, Kalmán, Lehar, etc., recherchèrent le succès. Parmi les plus anciennes tentatives nationales on retient, en 1793, *Pikko Herceg* et *Jutka Perzsi* de Josef Chudy, puis *Béla Futása* (*la Fuite de Béla*) de Ignác Ruzitska en 1822, avant l'affirmation d'une véritable école, née avec Ferenc Erkel *(1810-1893)*, qui donna *Báthory Mária* en 1840, et surtout *Hunyadi Laszlo* (1844) et *Bánk Bán* (1861). Grâce à son action, Mihaly Mosonyi *(1815-1870)* put renoncer à écrire en allemand, et tira de l'épopée nationale *Szép Ilon* (1861) et *Almos* (1862, créé en 1934), où il eut recours au folklore verbunkos et aux chœurs populaires.

La Tchécoslovaquie. Avant que des frontières ne puissent aussi y définir une école, les musiciens originaires de Bohême avaient donné une vaste activité autour de l'école de Mannheim : Benda, Kohut, Vorišek, Vranicky (devenu Wranitzky à Vienne), Tomašek écrivirent en allemand, ou en italien comme Myslivecek *(1737-1781)*, que sut apprécier Mozart. Si les premiers essais en langue nationale remontaient à 1737, le chemin fut long avant la traduction en tchèque d'un opéra de cour viennois (*la Famille suisse*, de Weigl, en 1823) et l'ouverture de l'Opéra national, en 1826, avec *Dráteník* de František Skroup *(1801-1862)*. La langue allemande y alterna longtemps avec le tchèque, et si Smetana choisit d'emblée l'épopée nationale (*les Brandebourgeois en Bohême*, 1866) et s'illustra dans la tragédie comme dans la comédie (*la Fiancée vendue*, 1866), il n'aborda guère plus les problèmes de la langue que Dvořák, dont *Alfred* (1870) fut écrit en allemand, et qui ne changea en rien son style dans *Rousalka* (1900) et *Armide* (1902), alors que Fibich, Foerster et déjà Janáček (*v. infra*) avaient virtuellement résolu la question.

L'opéra russe. À la mort de Fomine, on se souciait encore peu que l'opéra fût ou non l'expression profonde de la langue, mais Boieldieu devait pourtant être, de 1803 à 1811, le dernier hôte étranger qui l'ignorât. Parmi de nombreux Italiens venus encore tenter l'aventure, Catterino Cavos *(1776-1840)*, après avoir abordé d'une même plume l'opéra-comique français et l'opérette russe, s'inspira dès 1803 du véritable fonds merveilleux slave, avec *le Prince invisible, Ilya le bogatyr, l'Oiseau de feu* et même *Ivan Soussanine* (1815), faisant preuve d'une science que ne pouvaient posséder les Alabiev, Titov, Varlamov et autres auteurs de romances à la mode. Si l'excellent Degtiarov *(1766-1813)* réserve au genre oratorio de véritables épopées populaires, et qu'Alexis Lwov *(1799-1870)*, auteur de l'hymne russe, continue jusqu'à sa mort à écrire en italien et en allemand, Alexis Vierstowsky *(1799-1862)*, dans un romantisme un peu naïf, dépasse largement les données du vieux vaudeville, et pose avec son *Tombeau d'Askold* (1835), demeuré longtemps à l'affiche, les bases mêmes des structures de l'opéra national.

C'est grâce à sa naissance aristocratique que Glinka *(1804-1857)* put acquérir une vaste culture cosmopolite, puis se faire ouvrir toutes les portes : sa *Vie pour le Tsar* (1836), qui reprend le sujet de *Soussanine* traité par Cavos et exalte un thème patriotique par excellence (la fondation de la dynastie des Romanov), ne s'en coule pas moins — malgré ses nombreux chœurs assez originaux — dans les moules franco-italiens, assortis d'un discret emprunt aux échelles modales slaves. Ces audaces, plus évidentes dans *Rousslan et Lioudmila*, d'après Pouchkine (1842), firent condamner l'œuvre par l'aristocratie pétersbourgeoise, qui la jugea trop slave; pourtant, Glinka qui s'était contenté d'adapter a posteriori des paroles à sa musique n'avait pas même songé aux problèmes de la phonétique. Dargomyjski *(1813-1869)* les résoudra magistralement avec sa *Rousalka* (1855) et surtout son *Convive de pierre* (inachevé), mis en musique sur le texte même de Pouchkine, sans l'intermédiaire d'un livret (v. LITTERATŮR-OPER). Mais si elles épousent toutes les inflexions du langage, ces deux œuvres se dégagent encore mal des structures fermées traditionnelles ; c'est pourtant avec un réalisme sans précédent (le réalisme étant, depuis deux siècles, l'apanage du genre comique) qu'il traduit dans sa *Rousalka* la folie d'un meunier, par une déclamation haletante et non plus au moyen des coloratures italiennes.

Cette même « quête de vérité », Moussorgski *(1839-1881)* lui donna d'emblée toute sa force dans son acte unique *le Mariage* (1868), d'après le texte de Gogol, réalisant ainsi l'union absolue du vers et de la musique — tant chantée qu'instrumentale — dans un langage absolument « inouï », où la conversation musicale n'est brisée par aucune césure et ne contient aucune aria. Le génie de l'auteur, l'un des plus étonnants précurseurs qui fût jamais, n'explique pas tout : la Russie, nation neuve, n'avait eu à surmonter ni héritage classique, ni romantisme, ce courant s'avérant lettre morte pour la nature réaliste de Moussorgski, qui fonde sa sémantique sur le rythmique de la langue, sur les modes et les accords de la vieille liturgie, procédés « barbares » qui deviendront la base des langages de Ravel, Bartók et Stravinski. Moussorgski magnifia aussitôt ses découvertes dans *Boris Godounov* (1869 et 1872), opéra fait de courts tableaux en structures ouvertes, riche en chœurs d'une puissante originalité, où les rares citations du folklore s'incorporent sans hiatus à la langue générale, langue sans équivalent dans toute l'Europe, et où la peinture des caractères et l'emploi du leitmotiv sont poussés beaucoup plus loin que chez Verdi et Wagner qu'il se targuait d'ignorer. Et c'est pour marquer davantage son désengagement vis-à-vis de la tradition qu'il baptise ensuite sa *Khovanchtchina* « drame musical populaire ».

Son message demeura pourtant lettre morte (sauf pour Debussy qui en eut connaissance), ses œuvres ayant été divulguées longtemps plus tard dans les arrangements très occidentalisés de Rimski-Korsakov *(1844-1908)*. Ce dernier, compagnon d'armes des premières années de Moussorgski, avait d'abord conçu une puissante *Pskovitaine* (1873) dans un esprit assez proche de *Boris*, avant de retourner aux schémas traditionnels dans un merveilleux assez naïf, réussissant enfin une meilleure synthèse du langage et de la forme dans *Mlada* (1892), *Sadko* (1898), et plus encore dans *Katschei l'immortel* (1899) et *le Coq d'or* (1907), deux œuvres qui annoncent respectivement Debussy et Stravinski et qui représentent certainement ce que l'opéra européen pouvait offrir de plus avancé sur le plan de l'écriture musicale. S'il faut aussi saluer dans *le Prince Igor* de Borodine une intéressante opposition entre folklores russe et oriental, mais dans un cadre dépassé, on peut oublier les opéras de César Cui, moins russe que français (cf. *Angelo*, d'après Hugo, 1876), cependant que l'influence allemande laissait des traces dans *Doubrowsky* (1895) de Napravnik *(1839-1916)*, et même chez Anton Rubinstein *(1829-1894)*, dont *le Démon* (1875) et *le Marchand Kalashnikov* (1880) contiennent néanmoins quelques beaux exemples de réalisme. Et, malgré sa prédilection pour Wagner, dont il traduisit et divulga l'œuvre, A. Serov *(1820-1871)* s'était parfois rapproché de l'idéal réaliste, dans *Judith et Holopherne* (1863) et *Rogneda* (1865), œuvres demeurées en deçà de leurs ambitions. Tchaïkovski *(1840-1893)*, enfin, sans chercher à briser les moules traditionnels, s'inspira de Gounod et de Schumann, mais n'en donna pas moins de très émouvants portraits de la bourgeoisie russe dans le slavisme authentique d'*Eugène Onéguine*, d'après Pouchkine (1879), où l'introspection psychologique débouche sur un lyrisme pathétique que l'on retrouve dans *la Dame de pique* (1890) et jusque dans l'épopée (*Mazeppa*, 1884).

Le tournant du siècle. L'abolition du servage en Russie (1861), la fin des luttes intestines en Italie et en Allemagne, le désastre de Sedan et les conséquences de l'industrialisation avaient bouleversé l'échiquier social européen. De nouvelles classes aspiraient à un théâtre qui ne fût plus celui de l'aristocratie, avec ses opéras-fleuves, son cortège de dieux, héros casqués et empereurs moyenâgeux. Récusant le romantisme, la littérature éclatait vers les deux pôles opposés du symbolisme élitaire, d'une part, du naturalisme et du vérisme, de l'autre. Ces derniers thèmes, plus aisément accessibles à la scène lyrique que les courants symbolistes, devaient trouver un écho immédiat auprès d'un public largement populaire, mais il est intéressant de noter que, au même instant, la peinture impressionniste devait jouer un rôle d'intermédiaire en nappant d'irréel les thèmes les plus « quotidiens ». Daudet, Zola, Verga, Rodin, Monet, Cézanne ont quarante ans en 1880, comme Moussorgski et Chabrier.

L'Italie. La suprématie de Verdi avait voué à l'échec tout effort de renouvellement. Comme Petrella et Marchetti *(v. supra)*, Carlo Pedrotti *(1817-1893)* et Giovanni Bottesini *(1821-1889)* tentèrent sans illusion l'aventure, et c'est en vain que Bologne, foyer progressiste et « wagnérien », fit aux *Goti* (1873) de Stefano Gobatti *(1852-1913)* un triomphe qui resta sans lendemain. C'est avec un talent plus docile que se faufilèrent dans l'ombre du géant le Brésilien A. C. Gomèz *(1836-1896)*, qui fut acclamé à Milan dès 1870, et surtout Amilcare Ponchielli *(1834-1886)*, qui, avec un sens dramatique certain, sut dénouer les ficelles hugoliennes de *Gioconda* (1876) et de *Marion Delorme* (1885). Mais le mérite en revenait peut-être à Arrigo Boito *(1842-1918)*, in *scapigliato*, librettiste et compositeur d'un *Mefistofele* inégal, mais fascinant (1868 et 1875), mais plus encore agitateur culturel, émule de Victor Hugo, tour à tour disciple et ennemi de Wagner, contempteur, puis collaborateur de Verdi, librettiste aussi de Ponchielli, de Faccio, et de Catalani. Alfredo Catalani *(1854-1893)*, un trop éphémère génie écartelé entre le romantisme germanique et le renouveau naturaliste, qu'il rassembla dans le climat de violence vocale et orchestrale de *la Wally* (1892), s'étant montré par ailleurs capable des plus tendres inflexions belcantistes dans *Loreley* (1890). A sa suite, le wagnérien Antonio Smareglia *(1854-1929)* put, en pleine carrière, s'inspirer des courants nouveaux pour y inscrire ses intuitives *Nozze istriane* (1895) : le vérisme* musical avait, en effet, éclaté en 1890 avec le triomphe réservé à Rome à *Cavalleria rusticana* de Pietro Mascagni *(1863-1945)*, que suivit à Milan en 1892 celui de *Paillasse* de Leoncavallo *(1857-1919)*.

C'est qu'au lendemain du succès élitaire de Verdi, qui, avec *Otello*, avait en 1887 pris congé de son ancien public, il fallait d'autres thèmes à une génération nouvelle, coupée de toute racine, amère et déçue par le virage à droite de la jeune Italie, si durement bâtie. Dépassant les objectifs de la *scapigliatura* milanaise, encore teintée d'un relent de romantisme (et dont devaient toutefois sortir tous les librettistes de la jeune école), Giovanni Verga, un romancier sicilien mâtiné de Daudet et de Zola, avait triomphé avec *Cavalleria rusticana* (un épisode de son recueil *la Vie des champs*, 1880) porté à la scène pour la Duse, qui, jouant sans maquillage, avait encore renforcé l'immédiateté de cette « tranche de vie » paysanne, témoin des aspirations de tout un public. Or, le transfert de ce sujet sur une scène lyrique apparaît comme un triple calcul si l'on comprend qu'il fallait à la nouvelle capitale un succès digne de ceux de la Scala de Milan, à l'éditeur Sanzogno des noms à opposer à celui de Verdi, exploité par son rival Ricordi, et une bannière au parti socialiste italien qui se structura précisément en 1890 et 1892. Ce qui explique mieux le peu d'intérêt porté à la branche napolitaine du vérisme, où l'on utilisa les beaux drames de Di Giacomo, et l'oubli réservé ensuite aux véristes mineurs tels que Fara-Musio, Cusinati, Tasca, Coronaro, Spinelli, Florida, Samara, Bucceri, Collini, Brunetti et Bimboni. Avec Mascagni et Leoncavallo, c'est donc Giordano *(1867-1948)* qui compléta la triade initiale du vérisme, grâce à sa *Mala vita* donnée aussi en 1892.

Ces trois musiciens avaient su oublier leur wagnérisme et leurs ambitions de jeunesse pour souscrire à une mode payante. Dès qu'ils eurent à nouveau affiné leur art, produisant des chefs-d'œuvre plus accomplis, ils ne retrouvèrent plus la même faveur populaire et « déçurent leur gauche, sans pour autant conquérir leur droite », sauf Giordano dont *André Chénier*, en 1896, connut le succès sans emprunter exactement son thème à l'esthétique du « coup de couteau » et du fait divers d'actualité, esthétique qu'il retrouvera avec un certain génie dans *Fedora* (1898). En réalité, les composantes initiales du vérisme — la fameuse tranche de vie paysanne, sa violence orchestrale et sa vocalité sommaire refusant toute complaisance belcantiste — disparurent peu à peu lorsque les sujets furent puisés soit dans un monde paysan sans violence (*l'Ami Fritz* de Mascagni, 1891), soit dans le XVIIIe siècle, la Renaissance, le Moyen Âge ou la mythologie, dans l'exotisme, le mythe rédempteur, le symbolisme (*Iris*, de Mascagni, 1898) et jusqu'au d'annunzianisme décadent ! En outre, il serait difficile de réduire à un même dénominateur l'art délicat, voire naïf de Francesco Cilea *(1866-1950)* et la violence savante d'un Franchetti. Et pourtant, ce courant cahotique produisit ses chefs-d'œuvre dans un même souci de sincérité et d'exaltation du « mot », porteur de vérité. Et c'est cette erreur fondamentale (la priorité trop absolue accordée au texte) qui conduisit les véristes à ces maladresses d'écriture vocale, qui autorisèrent les chanteurs des générations suivantes à déformer singulièrement leur message. (V. CHANT).

Il appartint à Puccini *(1858-1924)* de coiffer vite l'éphémère expérience vériste : musicien d'église, puis attiré par le renouveau symphonique, romantique dès ses premières œuvres, il n'emprunta au vérisme que quelques formules, quelques personnages, imposant partout un génie dramatique et musical plus universel, se préoccupant de maintenir un chant pur dans le savoureux mélange d'un lyrisme classique (*cf. la Bohème*, 1896) et d'une écriture harmonique et orchestrale très largement en avance sur son époque (par ex., *Tosca* en 1900, *La Fanciulla del West*, créée à New York en 1910), tout en demeurant attaché à l'esthétique de l'opéra sentimental de la bourgeoisie de culture française. Par l'impressionnisme du *Tabarro*, l'humour de *Gianni Schichi* et les audaces de son ultime *Turandot*, inachevé, Puccini avait déjà largement dépassé ses « successeurs » les plus doués, Alfano et Zandonai, qui ne cachèrent plus le wagnérisme inavoué de leurs pairs, l'assortiment de l'influence ravélienne, et Montemezzi *(1875-1952)*, qui dans *l'Amour des trois rois* (1913) démarqua *Tristan* sans détours. Mais à cette époque, le mouvement néoclassique était déjà apparu, et dès le début du siècle, un Wolf Ferrari l'avait compris en retournant avec esprit à Goldoni.

En France. Les courants les plus divergents s'y affrontent, et Massenet *(1842-1912)* s'y impose, parlant un langage accessible aux publics bourgeois et populaires, qui applaudiront une même veine lyrique et sentimentale mise au service du grand opéra, du drame historique, du fantastique, de l'opéra-comique, du vérisme ou du mystère médiéval. Alors qu'il aurait pu asseoir son succès sur les chefs-d'œuvre bien français que sont *Manon* (1884) et *Werther*, créé à Vienne en 1892), où l'admiration pour Wagner se fait aussi sentir, il sut perpétuellement se renouveler, et recourut même, dans son ultime *Don Quichotte* (1910) à la déclamation debussyste. Pourtant, ces genres mixtes, tenant de l'opéra et de l'opéra-comique et joués indifféremment dans l'une ou l'autre salle, n'en appartenaient pas moins au passé. Moins, d'ailleurs, que le « grand opéra », sorte de vaste épopée, où, comme pour venger Sedan, on fit enfin appel à l'épopée nationale, d'ailleurs teintée de la notion wagnérienne de rédemption. Au-delà de l'impossible *Jeanne d'Arc* de Mermet (1876) et des efforts plus méritoires de Paladilhe et surtout de Reyer, et alors que *Carmen* et *Boris* étaient déjà parus, ce « drame lyrique » d'essence symphonique, sans caractérisation vocale ni dramatique, conjugua étrangement la densité de l'opéra allemand et le chant vériste. Voulant trop tard introduire en France le romantisme absent jusque-là des scènes lyriques, il se condamna à l'échec, même s'il se donna des allures d'avant-garde auprès d'un public encore inaverti de Beethoven.

Certes, les meilleurs musiciens d'alors évitèrent ces pièges : Saint-Saëns *(1835-1921)*, qui, dans *Samson et Dalila* (1877), le mieux venu d'une douzaine d'opéras, sut tempérer son admiration pour *Tannhäuser* par sa redécouverte de Rameau, le symphoniste Édouard Lalo *(1823-1892)*, dont *le Roi d'Ys* fut accueilli par l'Opéra-Comique (1888), Chabrier *(1841-1894)*, dont *Gwendoline* (1886) semble une oasis d'originalité dans une formule trop souvent mal défendue, et essentiellement annexée par les élèves de César Franck, lui-même auteur peu habile de deux drames meyerbeeriens, *Hulda* et *Ghisèle* (écrits de 1882 à 1890). Mais aucun de ces auteurs ne possédant le sens dramatique d'un Reyer, on devrait plutôt qualifier d'opéras de concert ces drames sans action, reflets isolés du génie de chaque compositeur : Chausson *(1855-1899)*, qui, dans *le Roi Arthus* (1899) avoue son admiration pour *Tristan et Isolde ;* d'Indy, qui démarque *Parsifal* dans *Fervaal* (créé en 1897), puis écrit *l'Étranger* (1903) ; Rabaud *(1873-1949)* [*la Fille de Roland*, 1904], Ropartz *(1864-1955)* [*le Pays*, 1912], etc. On doit réserver une place à part à Albéric Magnard *(1865-1914)*, qui, ayant déjà sublimé le genre avec *Guercœur* (1900, créé en 1931), s'inspira avec dignité de Racine (*Bérénice*, 1909), et à Max d'Ollone *(1875-1959)*, qui déclara « vouloir enlever au drame lyrique ses abstractions et lui rendre ses airs et duos », et y réussit notamment dans *le Retour* (1909), une heureuse synthèse du drame, du symbolisme et du naturalisme, éléments contradictoires qui se retrouvent mêlés autour de livrets parfois grandiloquents dans *le Miracle* de Georges Hue (1910), dans les œuvres de Bachelet, Mariotte, Le Flem, Busser, etc., jusqu'au *Vercingétorix* de Canteloube (1933).

C'est dans un esprit totalement différent, au-delà d'une sage tradition qui avait encore valu l'opéra fantastique d'Offenbach *les Contes d'Hoffmann* (1881, posth.) et la fine mais désuète *Lakmé* de Léo Delibes (1883), qu'avait commencé le véritable renouveau. Les premiers opéras de Georges Bizet *(1838-1875)* ne pouvaient laisser pressentir l'originalité de *Carmen* (1875), qui, rejeté par la critique officielle, fut apprécié des musiciens, du public, et triomphalement accueilli hors de France. Il fut souvent méjugé par la suite, en raison même de sa large popularité, et des dialogues parlés qui le confinaient à un genre « moins noble », et de ce meurtre sur scène, véritable révolution dans le monde de l'opéra-comique, geste qui ne le fit passer pour l'ancêtre du vérisme, alors que ce drame véritable retrouvait précisément l'antique fusion de tous les éléments. Moderne par son écriture, son orchestre impressionniste, sa finalité tragique et la très remarquable introspection de ses caractères, non moins lyrique pour cela, *Carmen*, « seule antidote au philtre wagnérien » (*cf.* Nietzsche), influença Chabrier et Debussy. Chabrier *(1841-1894)*, un véritable Moussorgski français, cachant ses audaces sous la sensibilité, l'humour et la finesse de son orchestre, donna ses lettres de noblesse au genre bouffe avec *l'Étoile* (1877), *Une éducation manquée* (1879) et avec *le Roi malgré lui* (1887), que Ravel tenait pour le chef-d'œuvre du XIXe siècle, cependant que Debussy se déclarait inapte à terminer la très impressionniste *Briséïs*.

Or, Moussorgski et Chabrier se retrouvent au berceau de *Pelléas et Mélisande* de Debussy (1902), un « drame lyrique », dont on ne sait encore s'il lui appartint de renouveler la forme de l'opéra ou s'il projeta seulement sur scène le rêve intérieur de son auteur, qui avait trouvé dans la pièce de Maeterlinck (dont il utilise le texte original) cet irréel et ces personnages « sans lieu ni époque », transparents comme l'harmonie de son orchestre, par ailleurs très présent. Mais Debussy n'en rejoint pas moins encore Wagner, en confiant à cet orchestre un jeu de leitmotive plus explicite que le langage des acteurs du drame, auxquels il prête un récit dont la déclamation rythmique se veut calquée sur la parole « naturelle », entendant par là renouer avec Rameau, qu'il opposait à Gluck, justement responsable à ses yeux de la convention du drame meyerbeerien.

Le naturalisme. Les créateurs de *Pelléas*, et jusqu'à son décorateur Jusseaume, se mirent au service des auteurs naturalistes, dont les ambitions recoupaient souvent celles de Debussy, et qui, pourtant, surent rarement donner à leurs personnages ce langage aussi « naturel ». Or, ce courant naturaliste n'eut pas en France un Puccini qui sût en dépasser les données initiales. Comme en Italie, il fit d'abord souche chez un musicien de forte implantation romantique, Alfred Bruneau *(1857-1934)*, dont *Kerim* (1887) ne pouvait laisser prévoir sa rencontre avec Zola, dont il met en musique *le Rêve* (1891) et l'*Attaque du moulin*, en 1893, une des nouvelles des *Soirées de Médan* (et donc la contemporaine de *Cavalleria rusticana* de Verga). Il commit néanmoins l'erreur de passer par le truchement d'un livret aux alexandrins prétentieux, avant de collaborer directement avec Zola pour *Messidor*, *l'Ouragan*, etc., ouvrages dont les attaches naturalistes se résument à une écriture vocale maladroite, mais qui comportent encore des scènes allégoriques et symbolistes — comme *Iris* de Mascagni. Massenet *(1842-1912)*, malgré des livrets trop élégants, avait peut-être mieux compris l'essence de ce naturalisme dans *la Navarraise* (1894) et dans *Sapho* (1897), mais Gustave Charpentier *(1860-1956)*, refusant précisément ce type de livret, réalisa, avec un autre talent, une fusion totale des composantes du réalisme dans son roman musical *Louise* (1900, l'année de *Tosca*), modèle absolu d'une école qui témoigna dès lors d'une écriture plus recherchée que celle des véristes italiens, mais à laquelle fit défaut cette présence instinctive des tenants de « l'esthétique du coup de couteau ».

Un grand nombre d'œuvres témoignent du talent d'auteurs qui surent allier la tragédie à une sentimentalité populiste : *le Juif polonais* (1900), de Camille Erlanger *(1863-1919)*, *le Chemineau* (1907), de Xavier Leroux *(1863-1919)*, dont l'écriture évoque aussi Fauré et fait appel au folklore, comme celle de Bruneau, cependant que les alexandrins sentencieux et faussement argotiques de Jean Richepin conviennent mal à l'humanité des personnages. Citons encore la très remarquable *Habanera* (1908) et *la Jota* (1911) de Raoul Laparra *(1876-1943)* ; *Monna Vanna*, d'après Maeterlinck (1909) et *Gismonda* (1919) d'Henry Février *(1875-1957)* ; *la Lépreuse* (écrit en 1902) de Silvio Lazzari *(1857-1944)*, un élève de Franck ; enfin, *le Cœur du moulin* (1909), œuvre plus tendre du Languedocien Déodat de Séverac *(1873-1921)*, semble réconcilier d'Indy et Debussy, loin du chromatisme wagnérien qui influença toute l'école naturaliste.

C'est en dehors de toute école qu'il faut laisser *Ariane et Barbe-Bleue* (1907) de Paul Dukas *(1865-1935)*, une des plus belles pages de la musique française de tous les temps, mais l'œuvre d'un musicien hostile aux exigences du théâtre lyrique auquel elle n'apporte pas de solution que *Pelléas*, dont elle découle, et que *Pénélope* (1913), chef-d'œuvre solitaire où Fauré *(1845-1924)* adopte la formule du grand opéra dans un langage délicat qui en est l'antithèse, rompant totalement avec Wagner. Cette même langue, André Messager *(1853-1929)* la manie avec un métier consommé dans un opéra-comique de qualité (*la Basoche* en 1890, *Fortunio* en 1907), voire légèrement grivois (*Véronique*, 1898), avant de s'adonner à la comédie musicale (*l'Amour masqué*, de Sacha Guitry, 1923). Enfin, tenant aussi de l'opéra-comique et de l'opérette, la très fine *Ciboulette* de Reynaldo Hahn en 1923 et *Moineau* de Louis Beydts *(1895-1953)*, en 1931, appartenaient encore, par leur esthétique, au xixe siècle aristocratique.

L'Allemagne et l'Autriche. Plus qu'ailleurs, il convenait d'assumer ou de refuser l'héritage wagnérien. Le problème ne se posa pas encore à Max Bruch *(1838-1920)*, auteur de 3 opéras romantiques, dont *Loreley* (1863), ni au Hongrois Carl Goldmark *(1830-1915)*, auteur d'une *Reine de Saba* (1875) très réussie, qui renoua avec le singspiel dans *le Grillon du foyer* (1896). Fr. von Suppé et Johann Strauss reçurent l'héritage de Lortzing, puis créèrent, après 1870, la grande opérette, cependant que Kienzl *(1857-1941)* optait pour la comédie lyrique avec *l'Évangéliste* (1895). Engelbert Humperdinck *(1854-1921)*, comme eux, donna de très vastes proportions au singspiel *Hansel und Gretel* (1893), où se joint le fantastique, puis esquisse le sprechgesang dans la version de 1910 de ses *Enfants de roi*. Ce mélange de féerie et de comédie se retrouve chez Cyrill Kistler, Julius Bittner, Albert Ritter, Ludwig Thuile, Hans Sommer, Anton Urspruch, et, enfin, chez E. N. Reznicek *(1860-1945)*, dont l'agréable *Dona Diana* (1894) est restée au répertoire plus facilement que *le Corregidor* (1896), comédie de mœurs convenant assez mal au romantisme tourmenté de Hugo Wolf.

Presque tous ces musiciens avaient également sacrifié au « système » wagnérien, dont chacun crut déceler un aspect essentiel. Son thème mythologique ou rédempteur, sa densité orchestrale, sa démesure vocale, son abus du leitmotiv, du chromatisme, etc. Rien ne pouvait naître de ces imitations maladroites : Siegfried Wagner *(1869-1930)* semble s'inspirer de Mendelssohn plus que de son père dans *Bärenhäuter* (1899), *Der Kobold* (1904), etc., et de trop grandes ambitions sont évidentes dans *Gudrune* (1884) et *Herrat* (1892) de Felix Draeseke *(1835-1913)*, dans une tétralogie sur *l'Odyssée d'Ulysse* (1896-1903) d'August Bungert *(1845-1915)*, dans une *Genèse* (1892) et la trilogie *Oreste* (1902) du chef d'orchestre Felix von Weingartner *(1863-1942)*, etc. On décèle, en revanche, un sens dramatique plus sûr chez Eugène d'Albert *(1864-1932)*, ce brillant pianiste, élève de Liszt, et auteur d'une vingtaine d'opéras, dont 3 survécurent, et notamment *Tiefland* (1903), drame vériste de la rédemption tiré d'une pièce catalane (*Terra baixos*), qui s'est imposé au répertoire international. Se voulant étranger à toute influence, Hans Pfitzner *(1869-1949)* ignora superbement Wagner et aborda tous les genres, du singspiel au drame (*Das Herz*, 1931), s'imposant dans son excellent *Palestrina* (1917), symbole de la résistance aux courants nouveaux, mais œuvre séduisante par son romantisme contenu, ses austères monologues d'une durée inusitée et le contrapuntisme audacieux des scènes d'ensemble.

Au carrefour de ces tendances, rappelons encore Max von Schillings *(1868-1933)*, auteur de *Mona Lisa* (1915) et du curieux mimodrame *Das Exenlied* ; Franz Schmidt *(1874-1939)*, qui se rattache au romantisme tardif dans *Notre-Dame*, d'après Hugo (1914) ; et surtout Erich Korngold *(1897-1957)* pour *le Voile d'Heliane* (1927) et l'étonnante *Ville morte* (1920), où il sut mêler symbolisme et fantastique dans l'heureuse influence de Puccini et de Richard Strauss. En fait, Richard Strauss *(1864-1949)* fut le seul des véritables successeurs de Wagner (avec Mahler, Reger et Wolf), qui révélât une vocation théâtrale, encore que tardive. Après deux tentatives hésitantes, il poussa, jusqu'à la limite du possible, dans *Salomé* (1905) et *Élektra* (1909) un chromatisme sensuel et exacerbé, ramassant l'action en un acte unique, où la démesure vocale et orchestrale, la tension du langage avaient atteint, à ses yeux, leur point extrême. C'est pourquoi le regard qu'il porte ensuite vers le passé, avec le poète « décadent » Hofmannsthal *(1874-1929)*, débouche dès lors sur un prodigieux néobaroquisme, embrassant tous les horizons, depuis la colossale comédie viennoise du *Chevalier à la rose* (1910) au fantastique de *la Femme sans ombre* (1919), jusqu'à la réflexion esthétique de *Capriccio* (1942) où Clemens Krauss reprend, dans son livret, les thèmes du *Prima la musica, poi le parole* de Casti. Malgré les intéressantes innovations de ces chefs-d'œuvre tardifs, Strauss avait, au-delà de 1910, laissé le flambeau de la recherche aux représentants de l'expressionnisme.

Le renouveau tchèque. Influencé par Wagner, Zdenek Fibich *(1850-1900)* avait déjà abordé les problèmes du langage, que devait résoudre, dès sa *Jenufa* (1901), Leos Janáček *(1854-1928)*, contemporain de Fauré et de Puccini. À l'instar de Moussorgski, la phonétique pure l'intéresse moins que la sémantique d'une langue qui lui fournit un vocabulaire harmonique et rythmique fait de brèves cellules non répétitives. Dans *Jenufa*, c'est encore la musique qui, par sa richesse, sublime un thème vériste à fin rédemptrice. Affrontant ensuite tous les thèmes, du satirique au fantastique (*l'Affaire Makropoulos*, 1926) et au tragique (*Katia Kabanova* en 1921, *De la maison des morts*, en 1928), Janáček, par son écriture moderne et son lyrisme indéfectible, sut jeter un pont entre deux générations, et influença à son tour son cadet Vitezslav Novak *(1870-1949).*

En Espagne. L'opéra demeura assez marginal dans la production de la jeune école nationale. Manuel de Falla *(1876-1946)* s'essaie à la zarzuela populaire, qu'il élargit ensuite au tragique dans *la Vie brève* (1905), une réplique andalouse de *Cavalleria rusticana* mâtinée d'impressionnisme. L'œuvre fut créée en France, où le musicien espagnol subit l'influence de Stravinski dans *les Tréteaux de maître Pierre* (1923), une âpre tentative de néoclassicisme, avant le renoncement sublime de son grand drame épique inachevé, *Atlantida*. Albéniz *(1860-1909)* glissa insensiblement de la zarzuela grande *Pepita Giménez* (1896) au véritable opéra-comique (*Merlín*, 1906), cependant que Granados *(1867-1916)* évolua sagement de sa *Maria del Carmen* (1898) jusqu'à ses *Goyescas*, créées à New York en 1916, où les éléments de la tonadilla se mêlent à sa sève romantique franco-germanique. Enfin, Joaquín Turina *(1882-1949)*, élève de D'Indy, écrivit *Margot* (1914) et *Jardín de Oriente* (1923), également tributaires de la tradition du xixe siècle.

Les perspectives du xxe siècle. Il est encore difficile de dresser le bilan de ce premier demi-siècle, né seulement avec la Première Guerre mondiale. Le divorce s'avère irrémédiable entre le public d'opéra et l'artiste créateur, dont il est malaisé de mesurer l'impact, faute d'une audience suffisante. Les auteurs y sont rares à savoir conserver, tels Poulenc ou Britten, un langage lyrique perceptible sans pour autant renier leur époque, plus rares encore à se consacrer exclusivement à l'art lyrique, comme Menotti. Chaque compositeur écrit pour le théâtre dans la langue qui lui est propre, sans infléchir les lois du genre, et les chefs-d'œuvre les plus significatifs, de *Wozzeck* aux *Diables de Loudun*, doivent surtout à leur valeur musicale. Ce n'est pas un des moindres paradoxes de ce siècle de constater qu'un théâtre qui aspire à la réflexion plus qu'au plaisir fasse appel à de grands auteurs passés ou présents (Bélazs, D'Annunzio, Cocteau, Claudel, Gertrud Stein, mais aussi Poe, Pouchkine, Gogol, Shakespeare et Euripide) pour en rendre finalement le texte imperceptible, soit par maladresse d'écriture, soit par indifférence envers l'interprétation, trop fréquemment confiée — en France notamment — à de médiocres chanteurs, ou à des réalisateurs (chefs d'orchestre, metteurs en scène) peu familiarisés avec le théâtre lyrique.

On peut, néanmoins, tenter de dégager quelques tendances communes à ce demi-siècle : un souci de qualité du texte, par le biais du litteratür-oper (souvent peu fonctionnel) et de la tendance des compositeurs à rédiger eux-mêmes leurs textes ; une attention privilégiée accordée à l'orchestre plus qu'à la voix, à moins qu'un travail en profondeur ne soit entrepris en ce domaine (témoins les *songs* de Weill, ou la décantation du mot, opération néobaroque fréquente après 1950) ; un « retour » au sacral, vers des structures fermées, opérations liées au néoclassicisme autant qu'au rejet des opéras-fleuves du romantisme ; un retour enfin aux valeurs musicales pures et objectives, par réaction contre le subjectivisme romantique. Et on ne peut omettre ici les conséquences d'un affairement hostile à la création, managers, interprètes et publics se satisfaisant plus aisément d'un répertoire parfois bicentenaire que d'un langage neuf, fût-il aussi aisément accessible que ceux de Janáček, Berg, Weill, Milhaud, Dallapiccola ou Prokofiev.

En France. Ce théâtre très accessible sera longtemps entretenu par Rabaud (*Marouf*, 1914, jusqu'à *Martine*, posthume), Louis Aubert, A. Wolff, Fl. Schmitt, Roussel (*Padmâvati* allie le drame lyrique et la chorégraphie), Hahn (*le Marchand de Venise*, 1935), Ibert et Honegger (*l'Aiglon*, 1937), Sauguet (*la Chartreuse de Parme*, 1939), Jean Rivier, Henri Tomasi (*l'Atlantide*, 1953 ; *Miguel de Manara*, 1952 ; *Sampiero Corso*, 1956), Bondeville, Barraud, etc., et Poulenc qui réussit en 1956, créé en 1957 à la Scala de Milan, un chef-d'œuvre de lisibilité en reprenant le texte de Bernanos pour ses *Dialogues des carmélites*. D'autre part, l'héritage de Chabrier se retrouve dans l'« opérette des musiciens » (comme l'a surnommée José Bruyr) de Ravel, Roussel, Rosenthal, Ibert, Thiriet, Roland-Manuel, Delvincourt, Claude Arrieu, plus tard Damase et Semenoff, rares joyaux parmi lesquels brillent *les Mamelles de Tirésias* d'Apollinaire auxquelles Poulenc, en 1945 (création en 1947), sut donner un humour particulier. C'est d'une esthétique plus exigeante que se réclamèrent, d'autre part, dès 1910, Milhaud, puis Honegger, qui, par leur phonétique et leur appareil instrumental, refusèrent la tradition, collaborant, entre autres, avec Claudel et Cocteau.

Auteur essentiellement lyrique, Milhaud *(1892-1974)* fit d'abord appel à Francis Jammes, demanda à Claudel une nouvelle mise en forme de *l'Orestie* (1913-1922), défendit un naturalisme redimensionné au mythe (*les Malheurs d'Orphée* en 1924, créé en 1926 ; *le Pauvre matelot*, 1926), aborda l'épopée avec *Christophe Colomb* (1928), *Maximilien* (1930), le bouleversant et multiforme *Bolivar* (1943, créé en 1950), et plus tard *David*, pour rejoindre, au terme d'un périple d'un demi-siècle, Beaumarchais dans *la Mère coupable* (1966). Attiré par le sacral, Honegger tendit également à l'incantation lyrique dès sa difficile *Antigone*, d'après Cocteau (1927), de même que dans ses oratorios scéniques *Judith*, puis *Jeanne d'Arc au bûcher*, avec Claudel (1935, créé en 1938), tandis que son disciple Marcel Landowski *(né en 1915)* atteint au mythe moderne et utilise toutes les techniques nouvelles dans *le Fou* (1940-1956), et qu'à l'inverse, Gilbert Bécaud tente avec *l'Opéra d'Aran* (1963) une expérience de naturalisme, à la façon de Britten et Menotti, sans toutefois maîtriser suffisamment son écriture orchestrale.

Allemagne et Autriche. C'est en marge de l'expressionnisme viennois et berlinois, dont l'écrivain Franz Wedekind *(1864-1918)*, héritier de Büchner, fut le catalyseur, qu'il faut situer l'expérience isolée de Ferruccio Busoni *(1866-1924)*, sarcastique et philosophique dans *Arlecchino* (Zurich, 1917) et *Doktor Faust* (posthume, Dresde 1925). Cependant, le romantisme exacerbé de Franz Schrecker *(1878-1934)* — son *Ferne Klang* (1912) influença le *Wozzeck* de Berg — et celui d'A. von Zemlinsky *(1872-1942)* avaient déjà conduit Arnold Schönberg *(1874-1951)* sur la voie de l'expressionnisme et de l'atonalisme dès son bref monodrame *Erwartung* (1909, créé en 1924 à Prague), dont le sujet vériste est traduit dans un éparpillement sonore, et un climat de violence inconcevable même chez un Strauss. Ses travaux sur les diverses expressions de la voix, chantée ou parlée, se retrouveront dans *Moïse et Aaron* (1931, inachevé, représenté sur scène à Zurich en 1957), sans proposer pourtant de solution d'avenir. Plus foncièrement lyrique, Alban Berg réunit dans *Wozzeck* (1921, créé à Berlin en 1925), écrit sur le texte prophétique du poète maudit Büchner *(1813-1837)*, toutes les composantes du chant, celles du théâtre lyrique et des structures instrumentales du passé et du présent. Sublimant, lui aussi, un sordide fait divers en un puissant mythe d'une immédiate séduction lyrique, il signa là une partition considérée comme le chef-d'œuvre le plus caractéristique du demi-siècle. L'œuvre fut jouée avec succès à Berlin, où Hindemith avait fait un instant scandale (*Assassin, espoir des femmes* en 1921 ; *Das Nusch-Nuschi*, 1921), avant de se tourner vers le néoclassicisme austère de *Cardillac* (1926) et de *Mathis le peintre* (1938).

Dans cette ville, toujours, la police doit intervenir lorsque la critique politique éclate, sans équivoque cette fois, dans l'œuvre de Kurt Weill *(1900-1950)*, qui, pour mieux servir les textes explosifs de Brecht, renie le sérialisme élitaire de ses débuts, et bâtit son *Opéra de quat'sous* (1928) à l'aide de *songs* écrits dans le style du cinéma expressionniste berlinois, insérés dans une partition de haute valeur musicale. Il porte ces procédés à la dimension du grand opéra dans son féroce *Mahagonny* (1929), un authentique chef-d'œuvre, mais retourne à son style austère dans *la Caution* (1932). Brecht inspira encore Hanns Eisler *(1898-1962)* et Paul Dessau *(1894-1980)*, qui donna en 1951 *le Procès de Lucullus*. A tous ces auteurs, écartés par le nazisme, Carl Orff *(1895-1982)* avait opposé un comique rassurant, avec *Der Mond* (1939) et *Die Kluge* (1943); il évoqua avec sensibilité le Moyen Âge dans ses *Trionfi* (1937-1943) — qui contiennent les fameux *Carmina Burana* — où il a recours à l'incantation et à la percussion, qui deviennent la base du langage de *Antigone* et *Œdipe roi* (1949-1959), un essai de reconstitution de la technique du drame grec.

On peut situer au carrefour de ces diverses tendances les œuvres d'Ernst Krenek *(né en 1900)*, un élève de Schreker, au langage plus dur, marqué par l'expressionnisme dans *Orpheus und Eurydike* (1926), par le jazz dans son original *Jonny spielt auf* (1927), et qui recherha la réunion des langages de Berg et de Hindemith — en même temps que des procédés inhabituels de présentation scénique — dans son colossal *Charles Quint* (1933), où un postromantisme latent le dispute à un strict sérialisme; à cette dernière technique souscriront aussi Boris Blacher *(1903-1975)*, Karl A. Hartmann *(1905-1963)*, et, plus tard, H. W. Henze *(né en 1926)*, qui embourgeoisera le système sériel, avant que Bernd Alois Zimmermann *(1918-1970)* ne réalise une synthèse plus audacieuse de toutes ces tendances dans *les Soldats* (1960), un opéra qui marque aussi l'un des retours les plus significatifs de notre époque à la coloratura féminine suraiguë. A citer aussi *Staatstheater** (1967-1971) de Mauricio Kagel. Enfin, quelques compositeurs avaient su mettre une science indéniable au service d'un langage plus largement ouvert au public : ainsi Werner Egk *(né en 1901)* dans *Peer Gynt* (1938) et *le Revizor* (1957), Wolfgang Fortner *(né en 1907)* dans *Noces de sang* (1957) et surtout Gottfried von Einem *(né en 1918)*, dont *la Mort de Danton* (1947), d'après Büchner et *le Procès* (1953), d'après Kafka, s'imposèrent sans peine.

En Italie. Dépasser l'expérience vériste sans combattre non plus Puccini sur son terrain fut la préoccupation des nouvelles générations, qui devancèrent les ultimes interrogations de *Turandot* (1926), de l'austère *Néron* de Boito (1924, posthume), et ne se virent opposer que cet autre dérisoire *Néron* (1935) de Mascagni, qui voulut son œuvre « résolument antimoderne ». Wolf Ferrari *(1876-1948)* avait, dès 1903, trouvé une ingénieuse solution en mettant son talent subtil au service des comédies de Goldoni, première manifestation du siècle à la dimension un comique de qualité (*Le Donne curiose*, 1903 ; *I Quattro rusteghi*, 1906 ; *Il Segreto di Susanna*, 1909, etc., jusqu'au *Campiello*, 1936) ; Respighi *(1879-1936)* en proposa d'autres, faisant rutiler une palette orchestrale héritée de Rimski-Korsakov dans le climat vériste et fantastique de *Belfagor* (1923) et de *La Fiamma* (1934), souscrivant au dépouillement néoclassique dans *Marie l'Égyptienne* (1932). Mais c'est plus à une sorte de néogrégorien qu'allait aspirer la « génération de quatre-vingt » : Pizzetti *(1880-1968)* recherha un nouveau *recitar cantando* dans ses puissants drames, de *Phèdre* (1915, d'après D'Annunzio) à *Meurtre dans la cathédrale* (1958) ; G. F. Malipiero *(1882-1973)* joua de langages divers à l'ombre du plain-chant, dans ses « opéras à panneaux », étrangement lyrique dans *La Favola del figlio cambiato* (1933), presque extroverti dans *Giulio Cesare* (1936).

Enfin, Alfredo Casella *(1883-1947)*, marqué par ses contacts avec la France et avec Stravinski, rejeta tout romantisme dans *La Donna serpente* comme dans *La Favola d'Orfeo* (1932). Citons encore Arrigo Pedrollo *(1878-1964)*, Mario Castelnuovo Tedesco *(1895-1968)* et surtout G. F. Ghedini *(1892-1965)*, qui signa son dernier chef-d'œuvre en 1956 *(Lord Inferno)*, ayant su faire éclater la matière sonore sans jamais négliger les prérogatives du théâtre, alors qu'une plus jeune génération démarquait encore tranquillement Puccini : Menotti, émigré aux États-Unis, et Renzo Rossellini *(1908-1982)*, qui appuyait un sens théâtral aigu sur les excellents sujets du *Vortice* (*le Tourbillon*, 1958), de *Vu du pont* (1961) et de *l'Annonce faite à Marie* (1970). Autrement exigeant, Gioffredo Petrassi *(né en 1904)* demeurait, lui aussi, profondément lyrique dans *Il Cordovano* (1949), tout en adoptant le sérialisme ; cette technique inspira encore à Dallapiccola *(1904-1975)* des chefs-d'œuvre tels que *Vol de nuit* (1940), le très intense *Prisonnier* (1950), *Ulysse*, etc. Cette même opposition se retrouve entre Nino Rota *(1911-1979)*, qui mit son talent multiforme au service de savoureux pastiches appréciés de tous les publics, et le langage difficile mais aussi immédiat de Berio *(né en 1925)*, de Luigi Nono *(né en 1924)*, auteur notamment de *Intollerenza* (1961) et de *Al gran sole carica d'amore* (1975), de Vlad *(né en 1919)*, de Bussotti *(né en 1931)*, de Maderna *(1920-1973)* et de Luciano Chailly *(né en 1920)*, auteur très lyrique du *Manteau*, de *l'Idiot*, *Procédure pénale*, etc.

En Russie. Située à l'avant-garde à la fin du XIXe siècle, l'école russe marqua un temps de réflexion. Le folklore épique ou merveilleux fut encore exploité, mais d'autres thèmes apparurent avec *Raphaël* (1894) d'Arensky *(1861-1906)*, avec la très belle *Orestie* (1895) du docte Serge Taneev *(1856-1915)*, ou se modifièrent, comme dans *Dobrynia Nikititch* (1903) de l'aimable Gretchaninov *(1864-1956)*. L'influence française se fit sentir chez Rebikov (*Dans la tempête*, 1894) et Nicolas Tcherepnine, tandis que les particularismes locaux se reflétaient chez Ippolitov Ivanov *(1859-1935)*, auteur de *Ruth* (1887) et *Atya* (1900), chez Vassilenko, Korostchenko, Lissenko, Soloviev, et chez le Géorgien Paliashvily (*Absalon et Eteri*, 1919). Tchaïkovski influença davantage Kalinnikov (*Tsar Boris*, 1897) et Serge Rachmaninov *(1873-1943)*, dont *Aleko* (1892) fut suivi de drames plus audacieux, *le Chevalier avare* (1899-1904) et *Francesca da Rimini* (1906). Mais c'est en marge de tous ces courants que se développe le génie multiforme et plus cosmopolite de Stravinski et de Prokofiev. Le premier se réfère partiellement à Rimski-Korsakov dans *le Rossignol* (Paris, 1914), allie Glinka à Dargomyjski dans sa farce *Mavra* (1922), son œuvre favorite, puis fait créer en anglais à Venise, en 1951, son *Rake's Progress*, savoureux pastiche de tous les langages du passé. Prokofiev *(1891-1953)*, quittant la Russie révolutionnaire après avoir écrit *le Joueur*, donne en français à Chicago son satirique et cocasse *Amour des trois oranges* (1921) d'après Gozzi, et termine en 1927 le dramatique *Ange de feu*, donné bien plus tard en Italie et en France. Rentré en Union soviétique, il y glorifie l'homme du peuple dans *Simeon Kotko* (1939), retourne à l'humour des *Fiançailles au couvent* (1940), et révèle son talent épique dans *Guerre et Paix* (1941-1952), fidèle durant quarante ans à une même veine mélodique naturelle, doublée d'une très riche palette orchestrale qui fit de lui l'un des grands classiques du XXe siècle, auprès de Puccini, Janáček et Strauss.

Mais la Russie soviétique, privée dès sa naissance de ses plus authentiques musiciens, ne pouvait compter sur le docile mais trop anachronique R. Glière *(1875-1956)*. Elle dut donc se forger une génération nouvelle, aussitôt dominée par le génie sans concession de Chostakovitch *(1906-1975)*, auquel, en 1928, *le Nez*, de Gogol, inspire une partition satirique, d'une audace inouïe à l'échelon européen. Staline ayant plus tard condamné *Lady Macbeth* (1934), chef-d'œuvre d'une grande intensité lyrique, Chostakovitch dut remanier sa partition (*Katerina Ismailova*, 1959), se retourna vers l'opérette humoristique, puis renonça à achever son *Joueur*. En fait, les directives officielles ne donnèrent ni n'enlevèrent de talent à quiconque, et la meilleure œuvre inspirée par le nouveau régime demeura *Pauline Goebel* (1925) de Youri Shaporine *(1889-1966)*, antérieure aux consignes draconiennes de démocratisation, et rebaptisée *les Décembristes* en 1938, comme on le fit pour maintes œuvres du passé, des *Huguenots* à *Tosca !*

Cependant que Pachtchenko, Triodine, Gladkowski et Prussak souscrivaient à cette esthétique du « naïf », aussitôt caduque, une tentative de dépayser les thèmes d'inspiration réussit mieux, avec les opéras de Shishov, Potoski, Krein, Vassilenko, et surtout avec le *Vent du Nord* (1930) de Lev Knipper *(1898-1974),* mais un académisme de rigueur édulcorait le très officiel *Don paisible* (1935) de Dzerjinski, le *Potemkine* (1937) de Shishko, *la Mère* (1939) de Jelobinski, et même *Dans l'orage* (1939) du solide Tikhon Khrennikov *(né en 1913).* Après que *Colas Breugnon* de Dimitri Kabalevski *(1938)* eut encore mieux affirmé ce folklore sentimental, le retour à la musique instrumentale devait, pendant la guerre, permettre aux meilleurs musiciens d'esquiver les normes imposées aux livrets, avant qu'une très relative libéralisation du langage ne permît à la nouvelle génération une timide émancipation.

L'Europe centrale. — HONGRIE. Béla Bartók, dans son *Château de Barbe-Bleue* (1911), écrit sur le texte même de Bélazs, recourt, comme Debussy dans son *Pelléas* (dont il fut la réplique nationale), à de brefs commentaires symphoniques reliant les scènes isolées de cet acte unique, mais exalte une phonétique plus riche, témoignant d'une intensité lyrique plus efficace. On peut ne voir qu'un aimable singspiel national dans *Harry Janos* (1926) de Zoltán Kodály *(1882-1967),* son succès éclipsant tous ses autres opéras. Quant à Ernö Dohnanyi *(1877-1960),* son *Voile de Pierrette* (1910) n'était guère qu'une pantomime de style berlinois. C'est seulement après 1960 que naîtra une école plus véritable, sur laquelle pèse la double influence de Bartók et de Laszlo Lajtha *(1892-1963),* moins pour l'unique opéra bouffe de ce dernier *(le Chapeau bleu,* 1948) que pour ses liens étroits avec la France. A cette école se rattachent notamment Emil Petrovics, Sandor Szokolaï et Sandor Balassa.

TCHÉCOSLOVAQUIE ET ROUMANIE. De peu le cadet de Novák, Otakar Ostrčil *(1879-1935)* était resté fidèle à une esthétique romantique (*la Mort de Vlasta,* 1904) ; après les Balatka, Chubna, Polascek, Suda et Zelinka, Alois Habá *(1893-1973)* apporta sa personnalité de chercheur infatigable, utilisant le quart de ton dans *la Mère* (1931), œuvre dont l'intensité tragique approche celle de *Wozzeck,* et le sixième de ton dans *Que ton règne arrive* (1940-1942). A la même époque, l'école de Paris regroupa, au côté du Hongrois Tibor Harsanyi et du Polonais Al. Tansmann, le Tchèque Bohuslav Martinů *(1890-1959),* qui écrivit en français *Juliette ou la Clef des songes* (1938), intéressante tentative de surréalisme, puis *la Passion grecque* (1958). L'œuvre lyrique du Roumain Marcel Mihalovici *(né en 1898)* appartient également au répertoire français, mais l'opéra roumain reste dominé par la personnalité de George Enesco *(1881-1955),* dont l'audacieux *Œdipe,* opéra atonal utilisant aussi le quart de ton, commencé en 1914, fut créé à Paris en 1936.

POLOGNE. Elle sortit de l'ombre grâce à Karol Szymanowsky *(1882-1937),* qui, dans *le Roi Roger* (1926), sut allier un langage chanté très accessible à une écriture influencée par Berg, Bartók et Janáček. C'est de lui, et non de Lutoslawski, que se réclamera la jeune école dont sortiront le sérialiste Taddeusz Baird *(1928-1981),* auteur d'un drame lyrique *Demain* (1966), à la vocalité très décantée, et le pointilliste Penderecki *(né en 1933),* qui, avec ses *Diables de Loudun* (1969), donna au théâtre lyrique une œuvre fascinante, aux nombreux tableaux habilement enchaînés, dont l'avant-gardisme sembla représenter le meilleur effort de renouvellement depuis *Wozzeck* et qui connut aussitôt une audience internationale.

En Angleterre. Malgré le triomphe de l'opéra italien aux XVIIIe et XIXe siècles, l'adulation portée ensuite à Grieg et à Tchaïkovski, la création lyrique tenait bon, entretenue par Henry Bishop *(1786-1855),* J. Barnett, Ed. Loder et par Michael Balfe *(1808-1870),* qui écrivit — enfin — en anglais sa célèbre *Bohemian Girl* (1843),

cependant que l'ambitieux Julius Benedict *(1804-1885)* et Arthur Sullivan *(1842-1900)* n'aspiraient pas toujours aux genres les plus nobles. La fin de l'ère victorienne vit renaître une école véritable, mais n'inspira à Elgar aucun opéra. On note, en revanche, ceux d'Ethel Smith *(1858-1944),* de Frederick Delius *(1862-1934),* qui vécut en France où il écrivit en 1907 *A Village Romeo and Juliet,* et ceux de Ralph Vaughan Williams *(1872-1958),* dont *Sir John in love* (1929) renouait le vieil opera ballad folklorique ; Gustav Holst *(1874-1934)* souscrivit aussi à cette forme, puis s'en démarqua dans son spirituel *Perfect Fool* (1923) ; et c'est d'une très digne tradition que se réclama Arthur Benjamin *(1893-1960)* dans *Prima Donna,* et *A Tale of Two Cities* (1950), tandis que l'opéra n'intéressait que tardivement Arthur Bliss et William Walton *(Troilus and Cressida,* 1954), deux romantiques invétérés.

La création de l'opéra anglais moderne revient à Benjamin Britten *(1913-1976),* qui, dès 1945, réalise une grande épopée de la mer dans son puissant *Peter Grimes,* puis rassemble en 1947 l'English Opera Group, dont les effectifs réduits s'adaptaient autant à l'éthique qu'aux possibilités pratiques du théâtre contemporain. Cachant une écriture savante sous les dehors d'un chant lyrique dont il connaît tous les secrets, apprécié de tous les publics, Britten aborde alors la comédie, le drame et même le grand opéra (*Gloriana,* 1953), apporte sa fine introspection au monde de l'enfance *(le Tour d'écrou, Curlew River),* utilise la voix de falsettiste dans *le Songe d'une nuit d'été* (1960), écrit pour Alfred Deller, et révèle enfin, dans *Mort à Venise* (1973), son souci d'un langage plus moderne ; souci dont témoignent encore Lennox Berkeley et Michael Tippett *(né en 1905)* avec son parodique *Midsummer Marriage* (1955) et son solennel *King Priam* (1962), puis avec *The Knot Garden* (1970) et *The Ice Break* (1977).

Aux États-Unis. Les premières tentatives lyriques y remontent à 1735, où fleurissent à Charleston et à Philadelphie des opera ballads, véritables ancêtres de la comédie musicale (témoin *The Disappointment,* de Andrew Barton, 1767). Le fonds indien fut exploité dès 1794 avec *Tammany* de l'Anglais J. Hewitt *(1770-1827),* non sans arrière-pensée politique, dans *The Archers* (1796) de Benjamin Carr *(1769-1831),* un très authentique musicien également de naissance anglaise, puis, en 1808, dans *The Indian Princess* de John Bray. La divulgation de l'opéra italien et français en 1825, puis celle de l'opéra wagnérien cinquante ans plus tard devaient se refléter d'une part dans *Leonora* (1845-1858) de W. H. Fry, un intime de Berlioz, de l'autre dans *Azara,* de Paine *(1901).*

Des influences de Wagner et d'Elgar sont encore perceptibles chez quelques élèves de Chadwick : Converse, qui réussit à se faire jouer au Metropolitan Opera *(The Pipe of Desire,* 1909) et même Horatio Parker *(Mona* en 1912, *Fairyland* en 1915). Mais on s'étonne surtout que l'opéra soit pratiquement absent des préoccupations de la jeune école américaine, et que les grandes influences qui pesèrent sur celle-ci (Dvořák, l'enseignement de Nadia Boulanger, le néo-classicisme) n'aient pas eu grand écho à la scène. C'est en fait presque par hasard que naissent *Madeleine,* de Victor Herbert (1914), des opéras de Cadman, et surtout, en 1933, *Emperor Jones* de Louis Gruenberg *(1884-1964),* demeuré au répertoire. Virgil Thomson fit montre d'audace en destinant à des noirs *Quatre Saints en trois actes* (1934), puis en écrivant un opéra féministe *Notre Mère à tous,* d'après Gertrud Stein (1947). Mais déjà, le dramatique *Porgy and Bess* (1935) de Gershwin *(1898-1937)* avait ouvert des voies autrement authentiques qui, après *le Diable et Daniel Webster* (1938) de Douglas Moore, conduisirent au savant opéra-jazz de Marc Blitzstein *Regina* (1949) et au *West Side Story* (1957) de Leonard Bernstein. On ne peut naturellement relier à aucun courant national l'œuvre de Giancarlo Menotti *(né en 1911),* l'auteur lyrique le plus célèbre de son époque, en qui le librettiste et le metteur en scène éclipsent parfois le

compositeur, disciple avoué mais tardif de Puccini, habile dans le comique, dans le drame (*la Sainte de Bleecker Street*, 1958), mais surtout dans un vérisme affirmé, dont *le Medium* (1946) et *le Consul* (1950) sont encore de remarquables fruits. Mais les vrais classiques de l'opéra américain du siècle demeurent plutôt le très lyrique *Vanessa* (1958) et le solennel *Antoine et Cléopâtre* (1966, revu en 1980) de Samuel Barber *(1910-1980)*, mieux que *The Second Hurricane* (1947) et *The Tender Land* (1954) du populaire Aaron Copland *(né en 1900)*. Il est d'ailleurs significatif que Roger Sessions *(né en 1896)*, après avoir donné *le Procès de Lucullus* en 1947, ait dû aller présenter son opéra sériel *Montezuma* (entrepris en 1955) à Berlin, en 1964.
R. M.

OPÉRA-BALLADE ou **BALLAD OPERA**. Forme de théâtre musical ainsi nommé en Angleterre au début du XVIIIe siècle, consistant à inclure dans une comédie des couplets populaires assortis ou non de paroles nouvelles. L'exemple le plus fameux en est demeuré *The Beggar's Opera*, arrangé par Pepusch en 1728. Ce genre, qui a également fleuri en Allemagne du Nord, aux États-Unis, en Russie, etc., était l'équivalent du « vaudeville entremêlé d'ariettes » qui a donné naissance à l'opéra-comique français. Le procédé a été parfois repris au XXe siècle, notamment par Ralph Vaughan Williams et Benjamin Britten.
R. M.

OPÉRA-BALLET. Nom donné à une forme particulière de l'opéra français du XVIIIe siècle. L'opéra-ballet mêle au chant une importante participation chorégraphique, mais diffère essentiellement de l'opéra en ce qu'il n'implique pas d'unité d'action : un prologue y présente un thème général, auquel succèdent des « entrées » exposant chacune une action différente (les âges, les saisons, les éléments, etc.). On fait généralement remonter la création du genre à *l'Europe galante* de Campra (1697), bien que l'œuvre fût seulement nommée ballet. J.-B. Lully avait, en 1681, sous-titré « ballet en vingt entrées » son *Triomphe de l'amour*, et le terme « opéra-ballet » apparut en 1688 avec *Zéphyr et Flore*, sur une musique des deux fils de Lully, puis fut repris par Michel de La Barre (*le Triomphe des arts*, 1700). Quelle qu'en soit la dénomination exacte — ballet héroïque, ballet-opéra, comédie-ballet, etc. —, on range dans ce genre les œuvres correspondantes de Campra, Mouret, Colin de Blamont, Destouches, Rebel, etc., et surtout Rameau (*les Indes galantes*, 1735 ; *les Fêtes d'Hébé*, 1739, etc.). On a, par la suite, appliqué ce terme à diverses œuvres (*cf. Armide* de Rossini, *Padmâvati* d'Albert Roussel, etc.), sans définir par là un type précis de genre ou de structures.
R. M.

OPÉRA BOUFFE. Nom donné en France (par opposition à opérette) aux œuvres parodiques d'Offenbach, qui, pour cette raison, appela Bouffes-Parisiens le théâtre qu'il fonda en 1855. Cette appellation a été reprise par Chabrier (*l'Étoile*, 1877) et parfois employée par certains compositeurs du XXe siècle pour désigner des œuvres de caractère bouffon, mais comportant une musique de qualité, avec ou sans dialogues parlés (*cf. les Mamelles de Tirésias* de Francis Poulenc, 1945).
R. M.

OPERA BUFFA. Opéra italien de sujet comique, mais défini principalement par ses structures. Généralement en 2 actes, il est bâti sur l'alternance du récitatif secco et de l'aria, mais comporte aussi des duos, ensembles, et au moins un finale concertant, qui, à l'origine, le différenciait de l'opera seria. Le terme n'apparut que lorsqu'une séparation nette fut établie entre les genres comique et tragique, intimement mêlés dans l'opéra au XVIIe siècle, durant lequel des œuvres entièrement comiques virent le jour à Rome ou Florence. Né à Naples au début du XVIIIe siècle (v. OPÉRA), l'opera buffa utilisa d'abord le dialecte, sollicita les plus grands compositeurs et emprunta de nombreux caractères à l'intermezzo*, offrant néanmoins plus de variétés de structures grâce au nombre important de ses personnages. Plus réaliste que l'opera seria par le choix de sujets « quotidiens », il présenta en outre une typologie vocale moins abstraite, bien qu'il ait eu recours au travesti (plus tard au castrat), et il remporta un très grand succès. Dès 1750, il fit appel à des livrets d'une plus haute ambition, et donna naissance aux genres de la comédie, du dramma giocoso (*Don Giovanni* de Mozart) et du semiseria, conservant en commun avec ceux-ci le principe essentiel d'un grand finale concertant nouant l'intrigue au milieu de l'action. Réduit à un acte seul, il prenait le nom de burletta ou de farsa (giocosa, par opposition à la farsa sentimentale, issue du semiseria). Rossini mit un terme à la carrière du véritable opera buffa, lui substituant le dramma buffo ou comédie (*cf. le Barbier de Séville*, 1816) ou le genre semiseria, qui survécut au travers de quelques tentatives de résurrection, notamment avec *Don Pasquale* (1843) de Donizetti, qui réutilisait le livret du *Ser Marcantonio* (1810) de Anelli et Pavesi.
R. M.

OPÉRA-COMIQUE. En France, type d'opéra où alternent le parlé et le chanté. Né en 1714 des spectacles de tréteaux des foires (v. OPÉRA), il consista d'abord à tourner en dérision les opéras en vogue, d'où son nom. Mais, en raison du monopole exclusif exercé par l'Opéra de Paris sur les œuvres entièrement chantées, ce terme s'appliqua bientôt aux œuvres jouées dans toute autre salle, qu'elles fussent de caractère gai, sentimental ou même tragique (*cf. Médée* de Cherubini, 1797), obligation leur étant faite de comporter des dialogues parlés. D'abord conçu comme un « vaudeville mêlé d'ariettes », le genre se structura vers 1750, grâce notamment aux efforts de Charles S. Favart (qui laissa son nom au théâtre de l'Opéra-Comique), et connut une heureuse fortune durant un siècle avec les œuvres de Monsigny, Philidor, Grétry, Boieldieu, Hérold, Adam, Auber, Thomas, etc. L'opérette ayant repris l'héritage du véritable opéra-comique, celui-ci se tourna vers des sujets plus nobles, voire tragiques : en 1875, *Carmen* de Bizet n'avait plus de commun avec sa formule que ses dialogues parlés. Cet usage devint dès lors assez rare, et seule l'habitude fit que l'on nommât encore opéra-comique les œuvres jouées à Paris dans ce théâtre, fussent-elles entièrement chantées, ou de caractère tragique (*cf. Werther, Louise, Pelléas et Mélisande*). Si on peut lui assimiler le singspiel, l'opera buffa et leurs équivalents européens, il est erroné de nommer opéra-comique des œuvres telles que *Paillasse, la Vie brève, Tosca*, etc., simplement parce qu'elles furent d'abord jouées au théâtre de l'Opéra-Comique.
R. M.

OPÉRA DE QUAT'SOUS (en all. *Dreigroschenoper*). Opéra en 1 prologue et 8 tableaux de Kurt Weill sur un livret de Bertolt Brecht, créé le 31 août 1928 à Berlin au Schiffbauerdamm, dans une mise en scène de Erich Egel et des décors de K. Neher.
Le texte de l'opéra est une adaptation du *Beggar's Opera* de John Gay (musique de Pepusch), œuvre satirique jouée en 1728 à Londres, qui s'inscrit dans la tradition anglaise du *ballad opera* et où alternent dialogues et airs, qu'ils soient populaires ou bien empruntés à des opéras contemporains connus du public. La structure en tableaux du livret permit à Brecht de relater « objectivement » les faits en les éclairant crûment dans les diverses phases de leur déroulement, les *songs* et les passages musicaux n'intervenant que pour insister sur les points forts de l'action scénique.
Après une brève ouverture musicale, la *Complainte de Mackie le Surineur*, truand notoire nommé en réalité Macheath et présenté sous des apparences bourgeoises, plante le décor de l'œuvre sur un rythme de blues et un air de rengaine. Le premier tableau débute par une parodie de choral, seule réminiscence de la musique de Pepusch ; elle met en scène Peachum, directeur de la « Société de l'ami du mendiant », à travers lequel Brecht dénonce de façon cynique l'exploitation capitaliste infiltrée jusque dans le monde de

la pègre. Nous le voyons tout de suite contrarié dans le fond même du personnage qu'il veut et doit paraître lorsqu'il apprend que sa fille veut se marier avec Macheath (song *Au lieu de*), le mariage se déroule illégalement dans une grange ; il est entrecoupé de *songs*, parmi lesquels le célèbre *Jenny des lupanars* et le vigoureux *Chant des canons* qui révèle l'amitié paradoxale unissant Macheath et Brown, le chef de la police, venu honorer ce simulacre de cérémonie de sa présence. Polly et Mackie chantent ensuite un duo d'amour sur un rythme hésitant de boston qui introduit une sorte de doute dans l'esprit de l'auditeur ; il est suivi du *Song de Barbara* et du premier finale.

Dans la seconde partie, Macheath, poursuivi par la police, se voit trahi par Jenny, une prostituée, non sans avoir chanté avec elle la très belle *Ballade du souteneur*. Il faut remarquer, à partir de ce moment-là, le parallèle assez net qui s'esquisse entre la Passion biblique et la pièce, parallèle que l'on peut considérer comme une manifestation du côté expressionniste qui persiste toujours chez Weill et chez Brecht, mais aussi de cet aspect moralisateur un peu simpliste que revêt le théâtre engagé. Encore quelques péripéties et Macheath s'évade, obligeant Peachum à menacer le chef de la police d'une intervention massive des mendiants de la ville au couronnement de la reine : Brecht invite par ce biais à une prise de conscience de la puissance du peuple et de son utilisation possible. Second finale. Le bandit ne veut pas se rendre et chante sa « nuit au mont des Oliviers » : trahi encore une fois par les prostituées, il chante avant de marcher à la potence une *Ballade de merci* inspirée de Villon. Mais l'auteur ne va pas laisser échapper l'occasion d'une œillade à l'opéra traditionnel et fait intervenir l'inévitable *deus ex machina*, qui apparaît sous les traits d'un héraut du roi, messager de la grâce royale. L'œuvre s'achève sur une leçon de morale suivie du *Choral des plus déshérités des déshérités*, qui rappelle au public une réalité certes triste, mais qui pourrait être améliorée.

Gigantesque parodie d'opéra donc, pour laquelle Weill adopte des techniques musicales très personnelles. En premier lieu, il opère une « distanciation » critique de la musique vis-à-vis du texte en lui conférant un caractère qui vient souvent contredire le contenu effectif des paroles. Il parfait en second lieu le style du *song*, chant à la mélodie simple que peuvent interpréter les acteurs eux-mêmes, et dont le débit syllabique laisse percevoir clairement le sens du texte. La musique de ces *songs* doit beaucoup à la chanson allemande telle qu'elle s'était développée depuis 1880, à la chanson de cabaret et de revue berlinoises, et aux *Moritaten*, ces rengaines désabusées de chanteurs ambulants. L'accompagnement orchestral, qui participe lui aussi au commentaire de l'action scénique par ses accents vulgaires et ses insinuations ironiques, est confié à ce petit orchestre inspiré de la formation de jazz familier depuis l'*Histoire du soldat* de Stravinski, auquel viennent s'ajouter des instruments à connotation populaire comme l'harmonium, le bandonéon ou la guitare hawaiïenne. Weill réunit en fait ici tous les éléments d'un *Zeitoper*, genre caractéristique des années 20, qui concilie les techniques classiques et d'avant-garde avec les truquages de la mode. La musique prend l'auditeur à partie en le dépaysant par des accents mal équarris, des fausses basses, des ruptures harmoniques rendues d'autant plus sensibles que l'harmonie, très tonale, aurait pu facilement devenir un élément rassurant de cette épopée âpre des bas-fonds de la ville. E. L.

Opéra du gueux (L') [en angl. *The Beggar's Opera*]. Opéra-ballade en 3 actes de Christoph Pepusch sur un livret de John Gay, créé à Londres le 28 janvier 1728.

Un gueux, plus précisément un mendiant (beggar), décide d'écrire un opéra dont les protagonistes ne seront pas de nobles personnages comme dans l'opéra italien traditionnel, qui faisait alors fureur à Londres, mais des truands de son espèce appartenant à la pègre du quartier de Soho : le fripier Peachum, chef du syndicat des mendiants, sa femme et leur fille Polly, le séduisant Macheath, bandit doublé d'un souteneur, le gardien de prison Lockit et sa fille Lucy, etc. Tout ce beau monde est bouleversé par les amours tumultueuses de Macheath, que s'arrachent Polly et Lucy. Il épouse la première sans, pour autant, renoncer à la seconde, plongeant dans l'embarras son beau-père qui est, accessoirement, indicateur de police. A la suite d'une intrigue compliquée, et d'ailleurs variable selon les versions de l'œuvre, Macheath est arrêté, jugé et pendu... à moins qu'il n'en réchappe, puisqu'il s'agit d'une farce imaginée par le gueux, que le titre original anglais désigne clairement comme l'auteur supposé de l'« opéra ».

The Beggar's Opera connut un succès foudroyant, dû en grande partie aux allusions à l'actualité dont il est nourri. John Gay, qui fut peut-être conseillé par le célèbre pamphlétaire Jonathan Swift, se cache à peine de peindre les mauvaises mœurs de la classe dirigeante sous couleur de dénoncer celles de la pègre. Le compositeur allemand Christoph Pepusch a servi ses intentions satiriques et parodiques en empruntant presque tous ses thèmes à des chansons populaires de diverses provenances ou à des airs d'opéras à la mode : sa contribution se limita en fait à l'ouverture et aux basses. Le chœur des truands, par exemple, est une marche tirée du *Rinaldo* de Haendel. Entré au répertoire de l'opéra de Covent Garden dès 1732, l'ouvrage a été plusieurs fois remanié depuis, notamment par Benjamin Britten en 1948. Et il a été très librement interprété par Bertolt Brecht et Kurt Weill sous le titre *Dreigroschenoper (Opéra de quat'sous).* M. T.

Opera semiseria (ou *dramma semiseria*). Type d'opéra italien tenant de l'opera buffa et de l'opera seria. Il a la structure du premier, mais emprunte au second certains caractères dramatiques et vocaux, mêlant des personnages typiques de l'opera buffa (notamment la basse bouffe) à ceux de l'opera seria. Son action, sentimentale, parfois tragique, comporte un dénouement heureux : on y voit généralement un personnage innocent, souvent d'humble condition (servante, jeune fille) injustement accusé ou contraint, et sauvé in extremis par un coup de théâtre (*La Vera* Costanza* de Haydn, 1778-79). Il reprend donc le cadre du drame larmoyant français, et *la Pie voleuse* de Rossini (1817) en est considérée comme l'archétype. Il peut se confondre avec le dramma giocoso dont il a de nombreux caractères, mais sa naissance, liée au mouvement néoclassique italien, fut plus tardive, et on le nomma également héroïque, héroï-comique, tragicomedia, etc. En 1774, Paisiello sous-titre *Dardane* « commedia semiseria », puis utilise le terme exact pour sa *Nina, pazza per amore* (1789), inspirée d'une pièce française de Marsollier, déjà mise en musique par Dalayrac, et contenant une scène de folie. Utilisé durant un demi-siècle, le terme parut encore au-delà de 1850, notamment dans *Elena di Tolosa*, de Petrella (1852) et *Belfagor*, de Giovanni Pacini (1861). R. M.

Opera seria. En Italie, type d'opéra ne comportant ni personnages, ni scènes comiques, et dont le sujet est puisé dans la mythologie, l'Antiquité ou l'histoire. Né de la séparation des genres, au début du XVIIIe siècle (v. OPÉRA), l'opera seria correspondait alors à un type bien précis de livret et de structures, dont le modèle se trouve dans les drames de Zeno et de Métastase, drames à fin morale et dénouement heureux : l'action y reposait sur le récitatif (secco ou obbligato) tandis que l'aria exprimait des affetti (sentiments ou états d'âme), ou présentait des réflexions abstraites. Ces arias, très diversifiées, faisaient appel à toutes les ressources du bel canto. Après 1750, l'opera seria « réformée » inclut également des duos et ensembles, et en 1792 l'*Elfrida* de Calzabigi et Paisiello, qui fut le premier opéra de sujet médiéval comportant une fin « tragique » (c'est-à-dire la mort du héros, ou de l'héroïne vertueuse), fut sous-titrée « tragedia seria ». Au XIXe siècle, Rossini appliqua à l'opera seria, souvent réduit à deux actes, la structure de l'opera buffa, avec finale concertant, et multiplia les dénouements tragiques. Au-delà de 1830, le terme, bien que survivant jusqu'au XXe siècle, se confondra avec ceux de drame ou tragédie. R. M.

OPÉRETTE. Au sens où nous l'entendons aujourd'hui, l'opérette est une variété d'opéra-comique plus légère dans son sujet et dans sa musique, où tout finit bien, et qui a hérité de ses origines disparates et multiples un charme, une grâce à la fois élégante et populaire. Les frontières exactes entre opérette, opéra-comique, opéra-bouffe ou opérette bouffe, puis, plus tard, entre opérette et comédie musicale sont bien difficiles à déterminer. C'est ainsi qu'Offenbach nommait souvent ces œuvres opéras bouffes, malgré leur alternance de parties chantées et de scènes de comédie, et que, chez Messager, *Véronique* porte le titre d'opéra-comique et les *P'tites Michu* celui d'opérette. Souvent, la désignation des œuvres était faite en fonction du genre auquel était voué le théâtre dans lequel elles allaient être créées.

Une des meilleures définitions de l'opérette semble être celle du compositeur Claude Terrasse : « L'opéra-comique est une comédie en musique, tandis que l'opérette est une pièce musicale comique. »

Au début du XIXe siècle, l'opéra-comique eut tendance à s'enfler, et la musique à y prendre une place de plus en plus importante par rapport aux scènes parlées. C'est alors que, par réaction, le vieux genre gai du vaudeville, davantage axé sur la grosse farce que sur la musique, se renforça puis s'émancipa. Les véritables débuts de l'opérette eurent lieu en France avec Florimond Rongé, dit Hervé *(1825-1892)*, auteur notamment de *l'Ours et le Pacha* (1842), de *Don Quichotte et Sancho Pança* (1848), puis de la grande « trilogie cocasse » *l'Œil crevé* (1867), *Chilpéric* (1868) et *le Petit Faust* (1869), et avec Jacques Offenbach* *(1819-1880)*. Charles Lecocq *(1832-1918)*, dans *la Fille de Madame Angot* (1872) ou *le Petit Duc* (1878), ne chercha plus à parodier les grands musiciens, mais à faire de l'opérette la digne héritière de l'opéra-comique.

En 1856, Bizet avait donné *le Docteur Miracle*. Emmanuel Chabrier suivit son exemple avec *l'Étoile* (1877) puis *Une éducation manquée* (1879). A la même époque, Edmond Audran *(1842-1901)* avec *la Mascotte* (1880), Robert Planquette *(1848-1903)* avec *les Cloches de Corneville* (1877), Louis Varney *(1844-1908)* avec *les Mousquetaires au couvent* (1880), reviennent à un genre plus populaire. Puis vinrent Victor Roger *(1853-1903)* avec *Les Vingt-Huit Jours de Clairette* (1892), Louis Ganne *(1862-1923)* avec *les Saltimbanques* (1899), Gaston Serpette *(1846-1904)*, ou encore Léon Vasseur *(1844-1917)*.

Après André Messager* *(1853-1929)*, qui éleva l'opérette à un haut niveau musical tout en restant gai et séduisant, deux voies étaient possibles en France : trouver des musiciens et des librettistes joyeux, capables de sortir l'opérette de sa torpeur ; s'inspirer de nouveautés étrangères. Les deux solutions devaient se révéler fructueuses, avec, entre autres, Claude Terrasse *(1867-1923)*, qui revint à la cocasserie et au rire franc dans *les Travaux d'Hercule* (1901) ou *le Sire de Vergy* (1903), Henri Christiné *(1867-1941)*, qui connut avec *Phi-Phi*, créé le 12 novembre 1918, un des plus grands triomphes de l'histoire du genre, et Maurice Yvain* *(1891-1965)*. Élève de Massenet, Reynaldo Hahn* *(1874-1947)* s'attacha à réagir contre l'opérette américanisée et à restituer au genre sa dignité musicale. Il en alla de même de Louis Beydts *(1895-1953)*.

À leur suite, il faut citer Joseph Szulc *(1875-1956)*, Moïse Simons *(1888-1945)*, Raoul Moretti *(1893-1954)*, Vincent Scotto *(1874-1952)*, Jacques-Henri Rys *(1909-1960)*, Paul Misraki, Francis Lopez, dont *la Belle de Cadix* (1945) remporte dans le genre le plus grand triomphe depuis *Phi-Phi*, Guy Lafarge. À noter également qu'ont honoré le genre de l'opérette des compositeurs tels que Léo Delibes (*l'Omelette à la Follembûche*, 1859), Henri Sauguet (*le Plumet du colonel*, 1924), Arthur Honegger (*les Aventures du roi Pausole*, 1930), Albert Roussel (*le Testament de tante Caroline*, 1936).

Tout comme à Paris Hervé avait précédé Offenbach, à Vienne Franz von Suppé* *(1819-1895)* précéda Johann Strauss* fils *(1825-1899)*. Dans le sillage de ce dernier, Karl Millöcker *(1842-1899)* et Carl Zeller *(1842-1898)*. Au XXe siècle, l'opérette viennoise fut illustrée par Franz Lehar* *(1870-1948)*, Oscar Straus *(1870-1954)*, Leo Fall *(1873-1925)*, Emmerich Kalman *(1882-1953)*, Ralph Benatzky *(1887-1957)*, auteur de *l'Auberge du cheval blanc* (1930), Robert Stolz* *(1880-1975)*. En Angleterre, il faut citer, outre Arthur Sullivan *(1842-1900)*, Edward German et Noel Coward ; en Allemagne, Eduard Künneke et Jean Gilbert, auteur de *la Chaste Suzanne* (1910) ; en Italie, Giuseppe Pietri et Carlo Lombardo ; en Russie, Boris Alexandrov (*les Noces à Malinovka*, 1937). En Espagne, l'opérette se confond dans la pratique avec la zarzuela* ; parmi les œuvres se rapprochant néanmoins des canons de l'opérette véritable, on peut retenir *Romance au Portugal* de José Padilla (1948), créée sous le titre de *Symphonie portugaise* en 1949. Quant à l'opérette américaine, elle eut d'abord pour principaux compositeurs Reginald Dekoven, Victor Herbert, John Philip Sousa. Rudolf Friml exporta le premier grand succès du genre, *Rose-Marie* (1924). Suivirent Sigmund Romberg, Jérome Kern (*Show Boat*, 1927), Irving Berlin (*Annie du Far-West*, 1946), George Gershwin (*Tip-Toes*, 1925), Richard Rodgers (*Oklahoma*, 1943 ; *South Pacific*, 1949), Frederick Loewe (*My Fair Lady*, 1956).
V. COMÉDIE MUSICALE. J. R.

OPHICLÉIDE. Étymologiquement, « serpent à clés ». Cet instrument à vent, élaboré vers 1800, est, en effet, directement issu du serpent*, bien qu'il soit en métal et non en bois, que sa forme soit complètement différente et qu'il soit pourvu, pour fermer les trous, d'un mécanisme de plateaux commandés par des clés. La disposition adoptée est à peu près celle du basson*, le gros tube étant replié en U et le pavillon dirigé vers le haut. Très en faveur à l'époque romantique malgré sa sonorité rauque, l'ophicléide a été peu à peu délaissé au profit du sarrusophone*, du contrebasson (V. BASSON), du saxophone* baryton et du saxhorn* contrebasse. M. T.

OPUS. Mot latin signifiant « œuvre », souvent abrégé en « op. ». Suivi d'un numéro, il désigne un ouvrage (ou un ensemble d'ouvrages du même auteur) dans son ordre de publication, qui ne correspond pas nécessairement à l'ordre chronologique de sa composition. Et il n'est pas rare que le numéro d'opus, consacré par l'usage, s'impose comme un véritable titre (exemple : l'opus 111 de Beethoven). C'est à la fin du XVIIIe siècle, alors que les éditeurs commençaient à jouer un rôle prépondérant dans la diffusion de la musique, que ce procédé de classement a pris naissance. M. T.

ORAL. Œuvre pour orchestre et récitant, écrite en 1967 par Ivo Malec. L'auteur a tenté le difficile pari de traiter musicalement le livre d'André Breton *Nadja* en gardant quelques phrases isolées, que récite la voix en direct, amplifiée par micro mais non manipulée, d'un comédien, en l'occurence Pierre Rousseau, remarquable. L'« écriture » de la partie parlée, consistant en indications de rythme, de phrasé, d'intonation, de couleur de voix, s'inspire des procédés d'enregistrement radiophoniques, des techniques de grossissement et d'éloignement de la voix. Celle de la partie pour orchestre « imite » certains procédés de traitement de la substance sonore introduits par l'électroacoustique (boucles, accélérations, « filtrages », etc.). Mais la réusite d'*Oral* tient en un grand pouvoir de suggestion poétique. C'est une des rares musiques contemporaines à jouer le jeu « surréaliste », poussant à fond un parti pris de construction musicale sans répétitions, développements ou symétries, fondée sur une discontinuité totale, par « collage » des séquences en « cadavres exquis ». Comme dans *Mavena* pour bande magnétique (1957), la *Cantate pour elle* (1966) ou le spectacle *Un contre tous* (1970), Ivo Malec explore un domaine où peu se sont aventurés : celui de la *musique du parlé*, en échappant complètement aux clichés de la déclamation auxquels le « parlé » est souvent réduit dans la musique contemporaine, d'Honegger à Penderecki. C'est du « parler intime », quotidien, sans emphase, qu'il tire l'« inquiétante étrangeté » dont il pare les phrases arrachées au livre d'André Breton. M. C.

ORATORIO. Genre de musique vocale dramatique à sujet religieux, ne faisant pas, en général, l'objet de représentations scéniques.

L'oratorio italien. Si profondes que soient les racines musicales de l'oratorio, c'est un phénomène d'ordre essentiellement politique — la Contre-Réforme — qui amena la cristallisation du genre au cours de la première moitié du XVIIe siècle. Parmi les répercussions musicales du renouveau de l'Église catholique, on connaît bien les recommandations du concile de Trente (1545) concernant l'intelligibilité des paroles et condamnant les éléments profanes dans les œuvres sacrées. Mais la Contre-Réforme eut aussi pour conséquence la fondation d'ordres religieux nouveaux et combatifs, dont l'un au moins, l'ordre des Oratoriens, fit de la musique un véhicule privilégié dans la diffusion de la foi. Vers le milieu du XVIe siècle, Filippo Neri, fondateur des Oratoriens, organisa de vastes rassemblements à caractère non liturgique, où l'on entendait des sermons agrémentés de morceaux de musique vocale. Un rapport de Neri adressé au pape indique on ne peut plus clairement la fonction de ces morceaux : « La pratique démontre que l'alternance des exercices spirituels sérieux, accomplis par des personnes sérieuses, et des plaisirs de la musique spirituelle [...] permet d'attirer une assistance plus vaste et plus variée. »

Le succès de ces intermèdes musicaux fut tel que les réunions de fidèles organisées par les oratoriens prirent progressivement l'allure de concerts, et que le mot « oratoire » en vint, dans le deuxième quart du XVIIe siècle, à désigner non seulement le lieu de ces assemblées, mais aussi le genre de musique que l'on y jouait. Un voyageur français de l'époque, Maugars, nous en relate le déroulement : « Les voix chantoient une histoire du Vieil Testament, en forme d'une comédie spirituelle, comme celle de Suzanne, de Judith et d'Holoferne, de David et de Goliat. Chaque chantre représentoit un personnage de l'histoire et exprimoit parfaitement bien l'énergie des paroles. Ensuite, un des plus célèbres prédicateurs faisoit l'exhortation, laquelle finie, la Musique récitoit l'Évangile du jour, comme l'histoire de la Samaritaine, de la Cananée, du Lazare, de la Magdelaine et de la Passion de Nostre Seigneur : les Chantres imitant parfaitement bien les divers personnages que rapporte l'Évangéliste. » À la pratique décrite par Maugars se substitua l'habitude d'exécuter un seul oratorio en deux parties (une avant le sermon, l'autre après), afin de retenir jusqu'au bout l'attention des fidèles. Mais les sujets cités dans sa description se maintinrent pendant toute l'histoire de l'oratorio : l'Ancien et le Nouveau Testament étaient des mines inépuisables de livrets, à quoi s'ajoutaient encore l'hagiographie et la tradition allégorique.

Le premier oratorio qui mérite considération pose, cependant, d'emblée le problème de la définition du genre : la *Rappresentazione di Anima e di Corpo* de Cavalieri, donnée en 1600 à la Chiesa Nuova, fut présentée sous une forme scénique, contrairement à ce qui devait devenir l'usage de l'oratorio italien baroque. Mais cette œuvre avait un caractère expérimental et ne peut encore être placée dans aucune catégorie précise. Cavalieri avait longuement séjourné à Florence, où il avait participé aux recherches qui aboutirent à la création de l'opéra : sa *Rappresentazione* constitue donc, à Rome, l'équivalent de l'*Euridice* de Peri, dont elle est exactement contemporaine. Les deux œuvres partagent les mêmes procédés musicaux, en particulier, la « déclamation chantée », et démontrent d'entrée de jeu que l'opéra et l'oratorio étaient voués à employer un langage identique tout au long de leur histoire.

Le genre se mit véritablement à fleurir dans les années 1660 avec, comme principaux compositeurs, Mazzocchi et, surtout, Carissimi (v. JEPHTÉ). Leurs œuvres se caractérisent essentiellement, comme les opéras vénitiens ou romains de la même époque, par une grande souplesse formelle, qui permet la juxtaposition ou l'enchaînement de courts morceaux de styles différents : récitatifs, ariosi, airs et chœurs souvent monumentaux.

Mais l'oratorio ne tarda pas à sortir du contexte paraliturgique des églises ou des oratoires : les grands aristocrates et les cardinaux romains virent le prestige que pouvait leur apporter ce genre musical nouveau, et organisèrent chez eux de somptueux concerts. Citons le prince Ruspoli, patron de Caldara, et le cardinal Ottoboni, employeur d'Alessandro Scarlatti, chez qui l'oratorio perd toute attache avec la prière et la prédication, et devient une manifestation purement musicale. C'est dans leurs palais que Haendel fit exécuter *La Resurrezione* et *Il Trionfo del Tempo e del Disinganno* (1708) avec une magnificence bien éloignée de la simplicité des premiers oratorios. Le faste de ces occasions ne s'étendait cependant qu'aux décors, à l'exclusion de tout costume analogue à celui des chanteurs d'opéra : les oratorios italiens, comme parallèlement les oratorios allemands, ne furent joués sur scène qu'à de très rares exceptions. Cet élargissement du cadre social de l'oratorio s'accompagna de profonds bouleversements dans sa structure dramatique et musicale : la fluidité du discours, typique de l'époque de Carissimi, fit place, au cours de la seconde moitié du XVIIe siècle, à une polarisation progressive entre l'air et le récitatif, pour aboutir à une alternance régulière des deux formes. La participation orchestrale augmenta, la ritournelle initiale s'allongea, le style vocal se fit de plus en plus virtuose ; parallèlement disparurent les parties narratives, tandis que les morceaux choraux se bornaient à réunir les différents personnages dans un ensemble final. Cette transformation de l'oratorio s'effectua certainement en relation avec son entrée dans des lieux profanes, de même que l'importance accordée au brillant de l'exécution correspondait, à la même époque, à une forte ascension des chanteurs dans le monde musical. Il ne faut cependant pas en conclure à une sécularisation de l'oratorio : l'opéra et la cantate participaient eux aussi à la même évolution formelle, hors de tout contexte religieux, et les musiciens ne firent qu'étendre des techniques de composition semblables à tous leurs domaines d'activité, l'écriture chorale mise à part. Les principaux compositeurs de cette période sont Legrenzi, à Venise, Colonna, à Bologne, et, à Rome, Stradella, Caldara et surtout A. Scarlatti, qui composa plus de trente oratorios. La *Juditha triumphans* de Vivaldi (1716) constitue un cas exceptionnel, tant par les caractéristiques propres au style de Vivaldi que par les circonstances particulières de sa création : le contexte de l'Ospedaletto, à Venise, entraînait l'emploi de la langue latine, l'exclusion de voix masculines et la présence de chœurs plus nombreux que chez les contemporains de Vivaldi. Tout aussi difficiles à classer sont les oratorios viennois de Fux, qui perpétuent, dans les années 1730, un style d'écriture contrapuntique que la plupart de ses contemporains avaient abandonné.

Plutôt que les termes de « galant », de « préclassique » ou de « napolitain », nous utiliserons l'expression « de type métastasien » pour qualifier l'oratorio de l'énorme production qui va des années 1720 à la fin du XVIIIe siècle, en passant par la *Betulia* liberata* de Mozart (1771), *Il Ritorno* di Tobia* de Haydn (1775) ou encore *Abramo e Isacco* de Myslivecek (1777). Comme l'opéra, en effet, l'oratorio a été dominé par Métastase, librettiste de génie, abbé de surcroît, dont chacun des sept livrets à thème sacré a été mis en musique plus d'une vingtaine de fois. Ce répertoire reste encore en grande partie inconnu, et l'on ne peut ici qu'en rapporter les caractéristiques principales : la prééminence de l'air da capo, l'abondance des passages de virtuosité vocale, le nombre de chœurs plus élevé que dans l'opéra de la même époque. Un des rares représentants de l'oratorio de type métastasien que l'on joue encore, la *Betulia liberata*, composée par Mozart à l'âge de quinze ans, contient des morceaux d'une beauté un peu archaïque ; mais c'est là une œuvre correspondant à un stade tardif du genre, qui porte déjà trop nettement l'empreinte personnelle de Mozart pour que l'on puisse en tirer des conclusions sur le style général de la période. Le livret d'*Il Ritorno di Tobia* de Haydn n'est pas de Métastase, mais il est de type métastasien.

Haendel et l'oratorio anglais baroque. Quelques œuvres à sujet biblique mises à part, l'oratorio anglais naquit avec *Esther* de Haendel (1718), oratorio composé pour le « grand salon » du duc de Chandos. Le sort du genre en Angleterre se joua quatorze ans plus tard, lorsque Haendel décida de reprendre son oratorio au King's Theatre de Haymarket. L'évêque de Londres s'opposa à la représentation d'une œuvre à sujet religieux sur une scène profane, et Haendel fit exécuter *Esther*, comme tous ses oratorios ultérieurs, en version de concert (en « nature morte », comme l'avait remarqué un de ses contemporains). Une tradition moralisante a fait accréditer la légende que c'est par piété que Haendel avait délaissé le domaine de l'opéra italien pour l'oratorio anglais. Il est maintenant bien établi que Haendel a longtemps composé dans les deux genres à la fois, et que seules des contraintes d'ordre financier l'ont obligé, en 1741, à abandonner l'opéra. De 1742 (*le Messie*) à 1752 (*Jephté*), Haendel donna un nouvel oratorio par an en moyenne, en général au Théâtre royal de Covent Garden ou au Haymarket. Bien qu'il eût écrit deux oratorios en italien lors de son séjour à Rome, ses oratorios anglais se situent sur un tout autre plan que ceux que l'on représentait en Italie à la même époque. A l'alternance d'airs et de récitatifs s'ajoute une participation chorale massive, rendue possible par l'absence d'action scénique : il n'y avait plus, dès lors, le moindre inconvénient à reléguer les solistes au second plan, derrière des chœurs souvent très développés, combinant ou alternant l'écriture contrapuntique ou le style homophonique. Le chœur intervient souvent dans *le Messie*, en raison de sa nature non dramatique, et, plus encore, dans *Israël en Égypte*, où l'élément soliste est presque inexistant. Les airs eux-mêmes se ressentent d'un contexte différent de la scène d'un théâtre : les schémas da capo sont en minorité dans tous les oratorios de Haendel, sauf *Esther* (son premier essai dans le genre), et dans des œuvres aux implications particulièrement profanes, *Susanna* et *Theodora*. Cette caractéristique s'explique en partie par l'absence d'« airs de sortie » pour les personnages, en partie par l'abandon progressif des chanteurs italiens : pour des raisons à la fois financières et linguistiques, les vedettes de l'opéra ont progressivement cédé la place à des chanteurs anglais, moins épris de virtuosité vocale mais capables d'une communication plus directe avec le public.

Haendel eut des émules en Angleterre, comme Greene, Boyce et Arne. L'oratorio anglais resta cependant un genre peu représenté au XVIIIe siècle : les divertissements royaux et aristocratiques étaient plus rares et moins somptueux que ceux des cours continentales et séparaient nettement les cérémonies solennelles (avec *anthems*) des réjouissances profanes. En l'absence de grandes fêtes religieuses comme en Italie, l'oratorio se trouva, en général, relégué au contexte exclusivement laïc des concerts et des théâtres. Le premier oratorio à avoir été joué dans un lieu consacré est *le Messie*, que Haendel reprit en 1750 dans la chapelle du Foundling Hospital à des fins charitables. Un tournant capital fut la grande « Haendel Commemoration » de 1784 à l'abbaye de Westminster : ce festival a assuré aux oratorios de Haendel une continuité d'exécution qui ne s'est jamais arrêtée jusqu'à ce jour.

L'oratorio en France jusqu'à la Révolution. Le genre semblait avoir pris, au XVIIe siècle, un départ prometteur : Marc Antoine Charpentier, maître de chapelle de plusieurs églises parisiennes, séjourna à Rome dans les années 1660 et donna, à son retour, une série d'oratorios latins aux dénominations diverses (canticum, historia, dialogus, méditation) qui montrent une forte influence de Carissimi. A la mort de Charpentier, l'oratorio français ne réussit pas cependant à s'implanter, pour des raisons à la fois musicales et sociologiques. Contrairement à l'Italie, l'opéra n'était pas un pôle de créativité capable d'entraîner dans son sillage la composition de drames musicaux à thème religieux. La France ne comptait pas non plus, à la différence des pays luthériens, une multiplicité de grandes villes au public bourgeois pieux et épris de musique. Ce n'est qu'à l'arrivée de Mondonville à la direction du Concert spirituel, en 1755, que l'oratorio en français fit son entrée dans la vie musicale parisienne ; il ne subsiste malheureusement presque aucune partition de cette période. L'oratorio ne devint une composante régulière du Concert spirituel qu'à partir de 1774, date à laquelle Gaviniès, Leduc et Gossec assumèrent la direction de l'institution. La seule œuvre de cette période qui ait fait l'objet d'une reprise moderne est le *Carmen seculare* de Philidor (1779-80), dont la composition a cependant été suscitée par les milieux littéraires et musicaux de Londres. Les quatre « messes-oratorios » de Lesueur, exécutées à Notre-Dame en 1786 et 1787, constituent des expériences formelles intéressantes, mais elles sont restées sans descendance.

L'oratorio allemand jusqu'à Haydn. Si l'on met à part un certain nombre de « dialogues », tels le « Vater Abraham » de Schütz (v. 1625) ou les œuvres dramatiques de Buxtehude exécutées à Lübeck (seconde moitié du XVIIe siècle), les débuts de l'oratorio allemand se confondent avec les développements de la Passion. Sans doute faut-il voir là un effet de la religion luthérienne, car l'épisode de la Passion met l'accent à la fois sur la solitude du Christ et sur la responsabilité personnelle du pécheur devant la souffrance de Jésus. L'implication du fidèle dans les événements de la Passion est matérialisée par les nombreux chorals qui viennent en rythmer la narration : plus que dans les pays catholiques se trouvaient ainsi mêlées la représentation d'un drame et l'entreprise d'édification (le service divin) qui lui servait de cadre. La première Passion de ce type est *la Passion selon saint Jean* de Thomas Selle (1643), qui comporte trois « intermèdes » employant un chœur, des instruments et des solistes vocaux. Le plus grand représentant du genre fut d'abord Heinrich Schütz. Mais c'est dans la première moitié du XVIIIe siècle que la Passion connut son développement le plus important, sans doute sous l'impulsion de l'opéra en vogue à Hambourg dans les dernières années du XVIIe siècle. La postérité a retenu les deux Passions existantes de Jean-Sébastien Bach, mais de nombreuses œuvres importantes ont été perdues, de la plume de Mattheson ou de Telemann, qui composa une Passion par an entre 1722 et 1767. Comme en Italie, l'oratorio allemand passa rapidement des églises aux salles de concerts ou à tous lieux permettant de grands rassemblements, comme le Drillhaus (caserne) de Hambourg. Un texte de Carl Philipp Emanuel Bach, en préface aux *Israélistes dans le désert* (1769), exprime clairement ce processus de désacralisation : « Cet oratorio a été composé de telle façon que l'on puisse l'exécuter dans toutes les communautés chrétiennes, non seulement à l'occasion de quelque festivité, mais à tous les moments que l'on voudra, dans l'église ou hors de l'église, pour la seule louange de Dieu, mais aussi sans incitation particulière. »

Le courant religieux du XVIIIe siècle avait ainsi débordé le cadre de la prédication pour se teindre de préromantisme et devenir une des composantes de la nouvelle identité allemande dans le domaine littéraire et artistique. C'est ainsi que *le Messie* de Klopstock trouve un écho chez Telemann (*Sing, unsterbliche Seele*, 1759), *l'Enfance du Christ* et *la Résurrection de Lazare* de Herder sont mis en musique par Johann Christoph Friedrich Bach. Mais c'est le poète Ramler dont les œuvres religieuses eurent le plus de succès auprès des musiciens (Graun, J. Chr. Fr. Bach, Reichardt, Zelter), et, comme pour Métastase, furent même mises en musique plusieurs fois par des compositeurs différents. Quelques phrases de sa *Mort de Jésus* (musique de Graun, 1755) montreront le ton lyrique et exalté de cette période : « Je vois les meurtriers : ah ! c'en est fait de Lui ! Mais Lui, impavide, s'approche de ses ennemis. Magnanimement, Il parle : me cherchez-vous ? alors laissez mes amis en paix. » On est loin du récit évangélique original, qui se départit rarement, même pour relater l'arrestation de Jésus, d'une certaine objectivité. Les traits dominants des oratorios allemands restent donc la prééminence du commentaire sur l'action, l'intériorisation du drame vécu par la conscience du chrétien. Les oratorios à intrigue sont rares, à la différence de l'oratorio italien, et semblent avoir surtout été cultivés par Rolle, un compositeur de Magdebourg (une forte participation chorale rattache cependant sans équivoque ses œuvres à la tradition allemande). Le type le plus courant, en revanche, est l'oratorio contemplatif et narratif, représenté par exemple par *le Jour du Jugement* de Telemann (1762). Les personnages sont des allégories (Raison, Religion, Recueillement, Croyance, Incroyance), dont les diverses méditations sont reliées à un fil conducteur narratif : l'arrivée du Christ et de l'Ange de la Vengeance, la résurrection des morts, la damnation des incroyants, la jubilation des élus. Telemann évite cependant le risque de la moralisation par un langage musical vigoureux, tirant le meilleur parti d'un texte contrasté et riche en images.

Les deux grands oratorios de Haydn, *la Création* (1798) et *les Saisons* (1801), pour être en langue allemande, plongent leurs racines dans des traditions bien plus variées que celle de la musique d'inspiration luthérienne. Ils suivirent de près la version vocale des *Sept* Paroles du Christ* (1796). L'influence de Haendel est particulièrement sensible dans *la Création*, composée sur un texte adapté de l'anglais par le baron Van Swieten. Mais ce sont surtout les caractéristiques du langage musical classique qui font la grandeur de cette œuvre, à la fois monumentale dans ses proportions et d'une extrême raffinement dans les détails. La trame de *la Création* est constituée par des récitatifs, tantôt simples, tantôt accompagnés (avec d'abondants effets descriptifs). Le récit des six jours de la Création est commenté par les solistes représentant trois archanges (Gabriel [s], Uriel [t], Raphaël [b]), et par un chœur, dont les interventions forment la charpente de l'édifice musical. Les airs sont d'une diversité formelle étonnante, comparable à celle des airs d'opéra de Mozart ; l'héritage de ce dernier se manifeste également par un style vocal proche de *la Flûte enchantée*, en particulier dans les parties de soprano (Gabriel-Pamina) et de ténor (Uriel-Tamino). La troisième partie est consacrée à Adam et Ève (bar-s), et constitue un hymne à l'amour dont les diverses péripéties sont déterminées par des raisons d'ordre purement musical. *Les Saisons* ajoutent aux caractéristiques relevées dans *la Création* une atmosphère qui rappelle parfois tout autant l'opéra-comique allemand (le Singspiel) que l'oratorio proprement dit. Le sujet n'en est pas spécifiquement religieux : le poème de Van Swieten, inspiré de Thomson, est mi-descriptif mi-moralisant, et brode sur le cycle de la nature et les beautés de la vie à la campagne. Les solistes ne représentent plus des archanges, mais des paysans : Lucas (t), Simon (b) et sa fille Hanne (s). Mais ces personnages ne prennent à aucun moment une vie autonome : même le duo d'amour de Lucas et de Hanne, par exemple, n'est rattaché à aucune intrigue, à aucun arrière-plan dramatique cohérent. Les chœurs ont ici une double fonction, caractéristique de tant d'oratorios : tantôt ils représentent l'ensemble des fidèles, comme dans *la Création*, tantôt ils assument un rôle purement profane et mettent en scène un groupe de chasseurs, de vendangeurs ou de fileuses. Les chœurs d'inspiration religieuse sont relativement peu nombreux (n°s 6, 9, 12 et 44), mais marquent très fortement l'atmosphère de l'œuvre tout entière, tant par leur longueur que par la masse d'exécutants qu'ils mobilisent. Le chœur final propose une grandiose méditation sur la vie éternelle et laisse l'auditeur sur une note solennelle qui, comme les chœurs conclusifs des trois autres parties, vient nuancer *a posteriori* ce que d'autres morceaux avaient de subtilement populaire.

L'oratorio aux XIXe et XXe siècles. Il est malaisé d'expliquer pour quelles raisons l'oratorio est entré en décadence au début du XIXe siècle, à partir du *Christ au mont des Oliviers* de Beethoven (1803). Non que les compositeurs s'en soient entièrement détournés : la production d'oratorios continua à un rythme assez élevé dans toute l'Europe ; mais les musiciens de théâtre, qui s'illustraient souvent jusque-là dans les deux genres, semblent avoir désormais manifesté une préférence presque exclusive pour l'opéra. C'est en Allemagne que l'oratorio s'est le mieux maintenu, grâce à une profonde tradition chorale et symphonique ; mais, si l'on excepte quelques œuvres au langage résolument novateur, comme *Christus* (1856-1866) et *la Légende de sainte Élisabeth* de Liszt (1862), l'ensemble de la production reste marqué par un certain académisme, voire par un archaïsme délibéré. Les œuvres les plus célèbres du romantisme allemand sont *Saint Paul* (1836) et *Élie* (1846) de Mendelssohn, qui connurent leur plus grande vogue en Angleterre. Le culte de Haendel dans ce pays, combiné à l'organisation de gigantesques festivals de musique chorale (Three Choirs, Leeds, Birmingham), a assuré à l'oratorio une place centrale dans la vie musicale anglaise, même si la créativité n'y était guère stimulée. Des œuvres originales apparurent avec le renouveau de l'école nationale anglaise, illustré essentiellement par Edward Elgar (*The Dream of Gerontius*, 1900 ; *The Apostles*, 1903). Les générations suivantes prirent le relais, avec *Belshazzar's Feast* de Walton (1931) et *A Child of our Time* de Tippett (1941). Bien qu'un assez grand nombre de compositeurs français se soit essayé au genre dans le courant du XIXe siècle, seules sont restées au répertoire *l'Enfance du Christ* de Berlioz (1854) et *les Béatitudes* de César Franck (1879), auteur également de *Ruth* (1846). Citons encore *Rédemption* de Gounod (1882). Les deux principaux oratorios français du XXe siècle, *le Martyre de saint Sébastien* de Debussy (1911) et *Jeanne d'Arc au bûcher* d'Honegger (1934) sont des commandes d'Ida Rubinstein et ont d'abord été conçus pour la scène ; cependant, on ne les joue plus guère qu'en version de concert, en « oratorio ». Le terme en est, en effet, arrivé à désigner l'exécution d'une œuvre musicale dramatique sans représentation scénique. C'est ainsi que l'on qualifie, faute d'un meilleur terme, certaines compositions profanes de Haendel (*Ode à sainte Cécile*, par exemple), l'*Œdipus Rex* de Stravinski (1927) ou de nombreuses œuvres officielles de Chostakovitch, Prokofiev, Sviridov (*Oratorio pathétique*, 1960) ou Kabalevski, dénuées de toute référence sacrée. Le sentiment religieux continue cependant à inspirer des oratorios jusqu'à nos jours, avec, par exemple, *le Roi David* d'Honegger (1921), *le Mystère des Innocents* de Barraud (1946), *la Transfiguration* de Messiaen (1969) ou *Dies irae* (1967) et *Utrenja* (1969-1971) de Penderecki.
M. N.

ORATORIO DE L'ASCENSION. Œuvre de Jean-Sébastien Bach (BWV 11) créée à l'église Saint-Thomas de Leipzig le 19 mai 1735. Bien que cette œuvre, par sa durée et sa structure, soit analogue à une cantate, Bach lui a donné le titre d'oratorio afin de marquer la présence d'une composante originale : alors que les récitatifs des cantates sont de nature méditative, quatre récitatifs de l'*Oratorio de l'Ascension* ont un contenu narratif. Les n°s 2, 5, 7 et 9 de la partition sont tirés de l'Évangile de saint Luc (XXIV, 50-52) et des Actes des apôtres (I, 9-12). L'oratorio est organisé de manière remarquablement symétrique : ses deux parties, séparées par un choral en *ré*, sont flanquées d'une introduction et d'une conclusion chorales, également en *ré* (avec trompettes), et comptent chacune un air et trois récitatifs. En dépit d'un premier chœur jubilatoire, la première partie de l'oratorio n'est pas placée sous le signe de la réjouissance : le récitatif et l'air n° 4 mettent l'accent non pas sur la joie des apôtres, comme dans l'argument biblique, mais sur leur douleur ; l'air *Ach ich bleibe doch,* avec ses intervalles disjoints, deviendra l'*Agnus Dei* de la *Messe en « si »*.

Le choral *Nun liegt alles unter* illustre par la tessiture exceptionnellement grave du soprano l'éloignement du monde au regard de Jésus. Par contraste, l'air de la deuxième partie, *Jesu, deine Gnadenblikke* doit son caractère aérien à l'absence de ligne de basse. Il est précédé d'un récitatif narratif en duo, selon une procédure héritée de l'oratorio du XVIIe siècle. Le chœur final, d'une grande complexité d'écriture, utilise une mélodie de choral en cantus firmus.   M. N.

ORATORIO DE NOËL. Ouvrage composé par Jean-Sébastien Bach pour les fêtes de Noël de 1734-1735 à Leipzig (BWV 248). Cet ensemble de six cantates relate successivement la nativité du Christ (I), l'annonce aux bergers et leur arrivée à Bethléem (II et III), la circoncision de Jésus (IV), la visite des Rois mages à Jérusalem et l'éveil des craintes d'Hérode (V), l'adoration des mages à Bethléem (VI). L'unité de l'oratorio dans son entier est assurée par plusieurs facteurs : le plan tonal, d'abord, centré sur *ré* majeur (parties I, III et VI), avec deux cantates dans les tons voisins de *sol* (II) et de *la* (V), la quatrième étant dans le ton pastoral de *fa*. Les trois premières parties, données trois jours de suite, forment à elles seules une grande subdivision, tant par leurs tonalités (*ré-sol-ré*) que par la cohérence de leur texte, tiré exclusivement de l'Évangile de saint Luc. Un autre élément unificateur est l'emploi, pour le premier et le dernier choral (nos 4 et 64) de la même mélodie, qui est également identique à celle de *O Haupt voll Blut und Wunden* de la *Passion selon saint Matthieu* : on peut voir là un symbole, Bach inscrivant dans la naissance du Christ une allusion au martyre qu'il subira pour racheter l'humanité pécheresse. Comme dans beaucoup d'autres œuvres composées par Bach dans les années 1730, l'*Oratorio de Noël* contient un grand nombre de morceaux « parodiés », c'est-à-dire réutilisant une musique déjà écrite, à laquelle on adapte des paroles nouvelles. C'est le cas de neuf airs sur dix (à l'exception du no 31, pour alto), de six morceaux choraux (1, 24, 36, 45, 54, 64), du duo no 29 et du trio no 51. Les deux sources principales des parodies, les cantates BWV 213 et 214, sont des cantates profanes écrites pour des fêtes d'anniversaire, dans un style exubérant qui correspondait bien au caractère festif de l'*Oratorio de Noël*. La trame de l'*Oratorio de Noël*, comme celle des Passions, est constituée par les récitatifs de l'Évangéliste (t), avec continuo. En un point, cependant (no 50), Bach transforme le récitatif simple en arioso, afin de mettre musicalement entre guillemets une citation des prophètes, sur les mots « Und du Bethlehem » : la basse s'engage dans une marche harmonique et la partie vocale se fait soudain plus mélodique. L'intervention de l'Ange annonciateur est signalée par un accompagnement au quatuor à cordes (no 13), comme pour le Christ dans la *Passion selon saint Matthieu*, mais, curieusement, après l'interruption d'un récitatif de basse et d'un air de ténor, Bach reprend le récitatif de l'Ange avec le seul continuo. Hérode, personnage négatif, n'a droit, lui, qu'au récitatif simple. Par opposition aux chœurs introductifs et conclusifs des différentes cantates, trois chœurs sont composés sur des textes en prose, tirés des Évangiles. Le premier d'entre eux, un chœur d'anges (no 21), met en musique les paroles qui constituent aussi la première phrase du *Gloria* de la messe (Gloire à Dieu au plus haut des cieux). Les deux autres, mettant en scène des bergers (no 26) et les Rois mages (no 45), sont analogues aux chœurs de « turba » dans les Passions : ils concluent sur une demi-cadence, et adoptent une scansion fortement syllabique du texte. Les chorals, qui représentent le troisième type de chœur, sont en majorité harmonisés à quatre parties, l'orchestre doublant les voix.

Mais Bach utilise encore d'autres techniques de présentation originales : tantôt le choral est enchâssé dans un grand mouvement concertant avec orchestre (nos 23 et 64), tantôt il alterne avec des interludes instrumentaux (nos 34 et 42), tantôt il est confié à une simple voix de soliste (soprano, nos 7 et 38).   M. N.

ORATORIO DE PÂQUES. Œuvre de Jean-Sébastien Bach (BWV 249), composée vraisemblablement en 1725 et remaniée plusieurs fois vers 1732-1735. L'*Oratorio de Pâques* est le seul oratorio de Bach où n'intervienne pas d'évangéliste ; ce sont ici les quatre voix solistes qui donnent à l'œuvre son caractère dramatique, en représentant quatre personnages de l'Évangile : Marie, mère de Jacques (s), Marie-Madeleine (a), Pierre (t), Jean (b). L'action y est réduite à l'extrême : Pierre et Jean d'abord, puis les deux Marie se rendent sur la tombe de Jésus le matin de Pâques, et découvrent qu'il est ressuscité. Les moments les plus remarquables de l'œuvre sont trois récitatifs traités en ensembles vocaux (nos 4, 6 et 8). Le no 8, pour soprano et alto, *Indessen seufzen wir*, se transforme en arioso au bout d'un vers, avec un jeu d'imitation d'une voix à l'autre. Mais ces morceaux dialogués sont trop courts et leur caractérisation dramatique trop rudimentaire pour que l'*Oratorio de Pâques* prenne de véritables dimensions théâtrales et se différencie nettement des cantates du même compositeur.   M. N.

ORCHESTRATION. Littéralement, art d'écrire pour l'orchestre en tenant compte des possibilités de chaque instrument, des effets de leurs sonorités opposées ou combinées, et d'une certaine logique musicale dans la façon d'associer les couleurs instrumentales, d'amener et de varier leurs interventions, etc. Plus spécifiquement, on appelle orchestration l'étape de la composition musicale consistant à déterminer et à spécifier la répartition du discours musical entre les différents instruments selon une optique où ce discours musical peut s'écrire et se concevoir d'abord dans une version « réduite », sur deux ou trois portées, comme une partition de piano, avant d'être déployé dans l'orchestre. En fait, la plupart du temps, même dans la musique classique, où le compositeur écrit sa partition à grands traits avant de l'orchestrer, les choix d'orchestration sont déterminés explicitement ou implicitement au stade même de la conception de l'œuvre ; et on aurait tort de croire que le compositeur ne se pose la question de l'orchestration qu'au moment où il passe à l'étape qui porte ce nom.

Ce terme s'applique aussi à la réalisation de la version orchestrale d'une œuvre primitivement écrite pour un ou des solistes : orchestration par Ravel des *Tableaux d'une exposition* de Moussorgski (l'œuvre est originellement pour piano), du *Ricercare* de l'*Offrande musicale* de Bach par Webern, de l'*Invitation à la valse* de Weber par Berlioz, etc. En ce sens, l'inverse de l'orchestration, c'est la *réduction*, qui adapte l'œuvre d'orchestre pour la rendre jouable par un ou deux solistes (réductions-transcriptions pour piano de Liszt).

Par ailleurs, on appelle aussi orchestration le résultat de ce travail, c'est-à-dire la qualité et l'originalité orchestrale d'une œuvre quelconque. Dans la musique occidentale, certains compositeurs sont considérés comme de grands « orchestrateurs », c'est-à-dire comme de grands inventeurs de solutions et de trouvailles dans ce domaine : Berlioz, Richard Strauss, Ravel, Tchaïkovski, Rimski-Korsakov, Stravinski, Bartók — par opposition à ceux que l'on considère, à tort ou à raison, comme des orchestrateurs médiocres (Schumann) ou banals et fonctionnels, soucieux seulement de bien « faire entendre » les parties musicales (Brahms, Franck). C'est dire que l'orchestration est une étape particulière de la composition, qui n'a cessé de gagner en importance avec l'évolution de la musique occidentale. Les compositeurs contemporains considèrent généralement que l'acte d'orchestrer ne doit pas être le dernier stade de la composition et que le choix des timbres revêt une telle importance qu'il doit être décidé d'emblée.

On distingue couramment, à l'intérieur du travail d'orchestration, deux niveaux : l'*instrumentation*, étape « technique », qui correspond à l'art d'écrire pour chaque instrument d'une façon qui respecte ses possibilités propres et qui tienne compte de ses impossibilités (trilles impraticables, traits ou tenues périlleux, émission difficile ou laide), pour le faire sonner au mieux, en fonction de l'équilibre général ; et d'autre part, l'orchestration proprement dite, qui serait l'art de « composer » le choix des timbres en vue d'un résultat global, en faisant appel à l'imagination pour trouver des combinaisons efficaces et originales. Même si les définitions respectives de ces deux domaines varient selon les auteurs et les pratiques, il reste qu'on distingue toujours un niveau technique, celui de l'instrumentation, qui peut s'apprendre comme une sorte de « code de la route », et un niveau créatif, celui de l'orchestration, qui est complètement empirique et laissé à l'imagination. Mais les *traités d'orchestration* — dont les plus célèbres sont ceux de Berlioz (revu par Richard Strauss), Rimski-Korsakov, Charles Kœchlin —, sont, en grande partie, des traités d'instrumentation (c'est d'ailleurs le titre original de l'ouvrage de Berlioz), avec une sorte de répertoire pratique des possibilités de chaque instrument. Pour ce qui est de l'art d'orchestrer, ils ne peuvent livrer que des exemples ponctuels, anecdotiques, empruntés aux classiques. L'orchestration est en effet, dans la musique occidentale et par opposition à l'harmonie ou à la fugue, une discipline tout à fait empirique et apprise au coup par coup, à partir de l'exemple des classiques. Bien des histoires de l'orchestration ne sont que des compilations de trouvailles ponctuelles, comme si on n'avait pas su ou voulu en dégager explicitement les lois. Ces lois existent pourtant ; ce sont en partie des lois psycho-acoustiques, que l'expérience enseigne plus que la théorie, et qui font que telle combinaison d'instruments sonne bien et telle autre mal ; que tel instrument, dans tel registre, masque tel autre dans tel autre registre ; que telle formation instrumentale apparaît déséquilibrée. Mais ces lois varient selon les critères d'écoute propres à chaque culture. Dans les appréciations sur l'orchestration, on peut néanmoins lire en filigrane une certaine norme, qui est loin d'être arbitraire.

On postule d'abord souvent qu'une bonne orchestration doit être transparente ; autrement dit, qu'elle doit, dans le contexte polyphonique qui est celui de la musique orchestrale, laisser percevoir distinctement le texte écrit, la ligne de chaque partie. On recommande donc d'éviter les combinaisons instrumentales amenant l'écrasement d'un pupitre par un autre ; on met en garde l'élève contre les sonorités trop concentrées, serrées, et compactes, qui « bloquent » tout le tissu musical dans une région étroite de la tessiture (certains reprochent, par exemple, à l'orchestration de Brahms sa lourdeur, sa façon d'appuyer le trait par des doublures, et de concentrer la substance sonore dans le médium). Il ne faut pas oublier qu'une grande partie de l'art d'orchestrer consiste à savoir étager les parties dans les différents registres, répartir les instruments selon leurs sonorités claires ou sombres, etc., pour éviter la confusion ou l'engorgement, et pour donner un certain effet d'aération ou de concentration, toujours lisible. Mais les exemples les plus contradictoires peuvent être proposés à l'admiration, tant qu'ils apparaissent comme la réalisation d'une volonté, d'un propos, et non comme la conséquence d'une incapacité. Chez Stravinski, par exemple *(Symphonie de Psaumes)*, on souligne telle façon inhabituelle de disposer les notes d'un accord parfait final, avec la tierce majeure perchée tout en haut au piccolo, et un grand vide dans le médium de l'accord, créé par le choix des instruments et des registres. La sonorité qui en résulte, creuse, rude et vrillante, renverse les notions habituelles d'équilibre.

Ce critère d'équilibre est en effet souvent évoqué. L'orchestre est considéré, à juste titre, comme un ensemble de forces, d'énergies acoustiques qu'il s'agit de faire concourir ou d'opposer en les maîtrisant, car elles sont toujours à la limite soit de se brouiller mutuellement, de se contrarier, soit de faire chavirer toute la sonorité de l'orchestre dans un extrême ; ou, enfin, de se disperser de façon anarchique. Une orchestration équilibrée tient compte de ce jeu de forces, pour occuper l'espace sonore d'une manière qui satisfasse à cette exigence implicite de compensation et d'équilibre des énergies et des couleurs, sauf déséquilibre voulu, qui est toujours temporaire. En règle générale, l'orchestration classique, harmonieuse, évite de privilégier trop longtemps tel pupitre, telle sonorité, telle zone de la tessiture. Cette exigence n'est pas absurde : l'orchestre traditionnel ne fonctionne comme orchestre — c'est-à-dire non pas comme une addition linéaire de sonorités, mais comme un tout structuré et logique — que si l'on respecte au minimum ces lois implicites de compensation, qui donnent le dernier mot à l'ensemble, par rapport aux velléités d'expression individuelle de chaque partie. Défense est faite à l'instrument de jouer trop longtemps en « cavalier seul », ce qui assure aux éventuels « effets spéciaux » une efficacité accrue.

Un art de l'effet, c'est précisément l'orchestration classique. Même si, aujourd'hui, on a tendance à mépriser tout ce que représente ce mot d'« effet », on le retrouve sans cesse dans les traités et les jugements d'autrefois : « telle combinaison est du meilleur effet ». Dans la mesure où l'orchestration est l'art de mettre en œuvre les timbres, donc la substance incarnée des sons (alors que le contrepoint, voire l'harmonie, sont d'abord des jeux de valeurs abstraites), elle est un moyen d'investir directement la sensibilité, le corps de l'auditeur. Quand Beethoven réduit tout l'orchestre à une seule pulsation de timbales, ou fait rentrer en force, par surprise, les trombones dans le finale d'une symphonie, quelque chose se joue au niveau de la résonance corporelle des sons, et pas seulement d'un effet dramatique codé. Il s'agit donc que tel effet, comme on dit, porte, agisse. Le critère de la musique « bien sonnante » correspond non seulement à une exigence de clarté et de transparence (idéal classique de lisibilité du discours), mais aussi à un désir de déploiement de la sonorité, d'impact sur le corps. Les effets d'orchestration sont souvent décrits à l'aide d'analogies sensorielles. Mozart savait ainsi, lui qui, dit-on, n'aimait pas la flûte, amener quatre notes arpégées de flûte d'une manière bouleversante à la fin d'un mouvement lent de concerto.

Les procédés d'orchestration. On évoquera ici quelques-uns des procédés de l'orchestration classique :

— les *doublures* : c'est le procédé le plus simple, qui consiste à associer deux instruments de timbres différents pour composer une sonorité « mixte » : ainsi la sonorité créée par l'unisson des violons et de la flûte dans la *Scène aux champs* de la *Symphonie fantastique* de Berlioz. Doublure on ne peut plus banale dans la musique baroque et classique, mais qui tire ici son efficacité expressive du contexte (elle est précédée des soli du hautbois et du cor anglais, instruments à nu, dont le timbre cru et nasal met en valeur, par contraste, sa rondeur veloutée). Les traités citent à l'envi des trouvailles de doublures à l'unisson, souvent comparées à des expériences de « chimie ». Mais tandis que certains compositeurs savent mettre en valeur des doublures d'instruments soli, d'autres aiment systématiquement doubler l'ensemble des cordes par un ensemble de vents, créant une sonorité compacte. On a reproché à Schumann ou à Brahms leurs doublures systématiques. Mozart, dit-on, n'aimait pas doubler à l'unisson et préférait garder chaque sonorité pure et sans mélange ; par contre, il aimait les doublures à l'octave, plus légères et aérées (début de la *Quarantième Symphonie en « sol » mineur*). Encore faudrait-il distinguer les fonctions de la doublure dans l'orchestre classique (colorer, souligner la ligne mélodique des cordes par une ligne de hautbois ou de flûte) et dans l'orchestre impressionniste, où il s'agit de créer une nouvelle sonorité plutôt que d'en marquer une par une autre.

— les *divisions* : ce sont surtout les *cordes*, avec leur effectif nombreux, qui font l'objet de ces recherches (les vents, eux, par deux, trois ou quatre, sont d'emblée naturellement divisés). La division d'un pupitre peut-être comparée à une ramification d'un tronc commun en une multitude de branches. Elle crée un effet de foisonnement et de multiplicité, surtout quand le compositeur sait habilement « ouvrir » comme un éventail les cordes en en divisant les parties, pour refermer ensuite cet éventail sur un unisson. Mais la pratique systématique de la division des pupitres a pour effet, à la longue, de briser l'idée même de pupitre.

— les *ponctuations* : cette fonction est naturellement dévolue, dans la musique classique, à des instruments comme les timbales, qui marquent les temps importants. Les pizzicati des cordes, les attaques sforzando, aussitôt adoucies, de cors ou de trompettes, les tintements de harpe et d'autres effets constituent tout un vocabulaire de ponctuations dont le rôle, par rapport à la composition, est souvent très important.

— la *répartition des nuances* : Berlioz fut un des premiers à donner des nuances individuelles à chaque pupitre, sachant qu'un « forte » de cor n'est pas la même chose qu'un « forte » des violoncelles.

— l'*accompagnement* : innombrables sont les formules par lesquelles les pupitres s'accompagnent mutuellement : arpèges, vagues montantes et descendantes des cordes, pizzicati en contretemps, arpèges des bois, tout un vaste vocabulaire de décoration, de soutien, d'enrobage, est créé dès la fin du xviii siècle, en tout empirisme et sans que personne n'en fasse le relevé systématique.

Naturellement, les compositeurs de la fin du xix siècle et du xx siècle multiplient les recherches d'utilisations des instruments en dehors de leurs sonorités « standards » : cordes jouées « col legno » (avec le bois de l'archet), débauches de sourdines et de glissandi, « flatterzunge » des flûtes, jusqu'aux recherches plus récentes qui, en faisant éclater la notion même d'unité du timbre instrumental, font éclater le concept d'orchestration. Les expériences de *Klangfarbenmelodie** manifestent la préoccupation de certains compositeurs d'arracher l'orchestration à l'empirisme pour « composer » avec les timbres d'une manière systématique. Cependant, ces tentatives furent assez localisées et peu suivies, malgré le prestige des exemples qu'on cite toujours en ce cas (*Offrande musicale* de Bach-Webern, *Farben* de Schönberg, etc.). L'orchestration est redevenue plus que jamais une pratique empirique. Cependant, l'idée de l'orchestration comme revêtement d'une pensée musicale abstraite est assez généralement repoussée par les compositeurs d'aujourd'hui, qui tendent à incorporer de plus en plus le travail sur les timbres, sur le son, dans le travail même de composition. On ne peut plus alors parler d'orchestration, puisque c'est tout le processus même de composition qui est engagé totalement dans ce choix des instruments et des sonorités. Il est vrai qu'il subsiste toujours des tendances, des manières instrumentales, et l'art de l'orchestration classique se perpétue dans des œuvres qui se défendent parfois d'en être le fruit (chez Pierre Boulez, par exemple — un remarquable orchestrateur).

M. C.

ORCHESTRE. Au sens le plus général, et particulièrement dans la musique occidentale, réunion d'instruments fonctionnant comme une « masse », comme ensemble, et non comme addition de solistes, ce qui est le cas dans les formations « de chambre ». A partir de cette définition, le problème du nombre minimum d'instruments nécessaire pour qu'on parle d'un orchestre, et non d'une formation de solistes, devient secondaire : des œuvres pour huit instruments, comme l'*Octuor* de Schubert, sont de la musique de chambre, tandis que des œuvres pour un nombre égal d'instruments, mais pensées « orchestralement », c'est-à-dire en jouant systématiquement sur le total instrumental (comme le *Concerto pour clavecin* de Falla) sont déjà des œuvres d'orchestre.

Le mot orchestre vient du grec « orchestra » qui désigne d'abord un lieu : celui situé, dans le théâtre, entre scène et spectateurs, où évoluait le chœur dans la tragédie antique. On a donc appelé de même nom la formation musicale installée sur cet endroit, puis toute espèce de formation comportant un effectif important. Le terme a conservé, dans la langue d'aujourd'hui, le double sens de lieu et de groupe instrumental, « collection de tous les symphonistes », comme écrivait Jean-Jacques Rousseau. On parlait encore, au xviii siècle, pour désigner cet ensemble, de symphonie.

Les différents types d'orchestre. On distingue dans la musique occidentale : *a*) le *grand orchestre symphonique*, composé en majorité de cordes et de vents, et dont la composition, entre le xviii siècle et le début du xx a varié de vingt instrumentistes à cent, cent cinquante, deux cents, voire, exceptionnellement, plusieurs centaines chez Berlioz ou Mahler ; *b*) l'*orchestre de chambre*, plus réduit (aujourd'hui il peut aller jusqu'à trente instrumentistes). Là encore, la définition en est très relative ; c'est plus une question d'écriture, de proportions et de contexte, qu'une question mathématique d'effectif ; *c*) les orchestres utilisant une famille délimitée d'instruments : l'*orchestre à cordes*, composé du quintette traditionnel ; l'*orchestre d'« harmonie »*, utilisant les vents et les percussions et issu des orchestres militaires et de plein air. On a également constitué des orchestres d'accordéons, des orchestres de guitares, de flûtes à bec, etc.

Par analogie, on donne le nom d'orchestre à ces formations assez fournies qu'on trouve dans les musiques extra-européennes : gamelan balinais (la musique balinaise étant la plus proche de notre conception orchestrale), ou ensemble de gagaku japonais. La musique de jazz a su constituer un orchestre original, à base de cuivres ; on parle encore d'orchestres de variétés, de danse. Mais on s'attardera ici plutôt sur l'orchestre symphonique traditionnel de la musique occidentale.

Cet orchestre, au sens moderne, s'est constitué à partir de son noyau central, l'orchestre à cordes, à quatre pupitres (violons 1, violons 2, altos, violoncelles) ou à cinq (les mêmes, plus un pupitre de contrebasses qui au départ se contentent de doubler les violoncelles à l'octave inférieure dans une fonction de renforcement). Les *24 Violons du Roy* de Lully sont souvent considérés comme un des premiers orchestres au sens d'aujourd'hui. A partir de là s'est constitué l'orchestre symphonique, centré sur les cordes et peu à peu enrichi des interventions des bois, utilisés généralement « par deux » (deux hautbois, deux bassons, deux cors, la flûte restant souvent solitaire dans la musique de l'époque classique).

C'est au xviii siècle, en effet, que se stabilise le concept d'orchestre, lequel repose (c'est une évidence, mais que l'on souligne rarement) sur une certaine dialectique, une certaine répartition des fonctions entre deux sous-ensembles qui ne sont pas interchangeables : les cordes (qu'on appelle aussi souvent le quatuor, ou le quintette), où chaque pupitre doit être très fourni (cinq, dix, vingt instrumentistes pour chaque poste), et, de l'autre côté, les vents, que l'on appelle souvent l'harmonie, où les pupitres sont moins garnis (par un, deux, ou trois, plus rarement par quatre). Quant aux timbales et aux harpes (introduites, elles, au xix siècle), elles n'ont le plus souvent qu'un rôle de ponctuation et de décoration très délimité. Par essence, l'orchestre fonctionne donc sur une certaine dissymétrie hiérarchisée : la masse des cordes, qui est le « noyau dur » de l'orchestre, et le groupe des vents, bois et cuivres, qui en est le satellite. Pourquoi un tel partage des rôles ?

Il faut d'abord rappeler que, dès les débuts de l'orchestre, et en mettant à part les instruments à clavier et à cordes pincées, les instruments qui offrent le plus de possibilités de virtuosité, de traits, de souplesse, de lié, de phrasé, de variétés de modes d'attaque (avec l'archet, en pizzicato, etc.), et de capacités de jouer dans tous les tons, ce sont, de loin, les cordes. Les vents, eux, ont dû attendre, pour la plupart, les efforts des luthiers des xviii et xix siècles, qui les équipèrent de clefs, de soupapes et de pistons, pour conquérir à peu près la même virtuosité, la même capacité modulante, la même souplesse de jeu, la même justesse et homogénéité d'émission.

D'autre part, il est significatif que les cordes seules, ou presque, aient conservé jusqu'à nos jours le principe, cher à la musique de la Renaissance, d'une famille de timbres homogène du grave à l'aigu (contrebasse, basse, ténor, alto, soprano). Pendant la Renaissance, un grand nombre d'instruments, des flûtes à bec aux violes, en passant par les cromornes, étaient construits par familles de plusieurs tailles, couvrant tous les registres et formant des ensembles complets. Au XVIIIe siècle, il n'y avait plus de telle famille pour les instruments à anches ou les flûtes. On reconstruisit ensuite des flûtes basses, des clarinettes basses, des contrebassons, qui restèrent d'un emploi assez rare. Si les vents de l'orchestre symphonique classique forment, du basson au piccolo, une petite famille, c'est dans une hétérogénéité voulue de timbres.

C'est à partir de cette autosuffisance du quatuor que l'intervention des *vents*, d'abord très circonscrite et limitée, prend tout son sens. À l'époque classique, la flûte, le hautbois, le basson, le cor ou la trompette sont bien loin, surtout pour les cuivres, d'atteindre à la même facilité de jeu, dans tous les tons, que les cordes. Par contre, ils sonnent plus nettement, avec une couleur plus franche. Alors que les cordes doivent être assez nourries pour former une certaine masse efficace, l'instrument à vent, même en solo, porte et marque plus facilement. La répartition des rôles est donc la suivante : les cordes donnent le dessin, le trait, la trame, la structure ; tandis que l'harmonie (les vents) pose sur ce dessin ses touches de couleurs, souligne, ajoute du liant par ses tenues, fait miroiter ses oppositions de couleurs sur la base dessinée par le quintette à cordes. Parfois, les vents ont l'initiative temporaire du chant, de la mélodie ; ils peuvent même reformer un petit orchestre à l'intérieur du grand (comme dans certains mouvements lents des concertos de Mozart), mais c'est toujours pour le moment, entre parenthèses ou en introduction comme par autorisation spéciale — ce qui n'empêche pas, bien au contraire, ces interventions d'être d'un charme particulier, celui de l'éphémère, de l'allusif, du passager. Cependant, la plupart du temps, l'harmonie a une tâche plus humble et discrète : elle colore la masse des cordes par des doublures, ponctue et renforce par des notes isolées, relie par des tenues (qui en même temps affirment les « notes tonales »). Ce rôle peut paraître accessoire, mais supprimons d'une symphonie de Haydn ou de Mozart ces interventions de l'harmonie : souvent, le discours musical, le dessin mélodique et harmonique ne changent pas beaucoup, mais ce n'est plus un orchestre. Quelque chose de très important a été perdu, comme dans un vitrail qui cesse d'être éclairé par la lumière.

À partir de là, sur cette base hiérarchisée, où les cordes conservent le dernier mot et ont à charge la conduite du discours musical, une expansion très large devient possible, qui ne compromet pas l'unité du corps orchestral tant qu'est respectée une certaine répartition des rôles. De Haydn à Mahler et même à Richard Strauss, l'orchestre peut décupler son effectif, s'incorporer de nouveaux instruments (du côté des vents), c'est toujours le même orchestre, qui ne fait que progresser par addition, enrichissement, ornementation, sur une base immuable qui reste bien visible. On « émancipera » les vents en leur donnant un rôle plus important et des interventions plus en vue ; on augmentera le nombre d'instruments et de parties, portant les flûtes à trois, les cors à cinq ou à sept ; on introduira de nouveaux pupitres (tubas, clarinettes), et même des invités d'occasion, harmonium ou célesta, sarrusophone ou saxophone ; on divisera même à l'excès les pupitres de cordes (deux, trois, quatre, cinq, dix parties indépendantes d'altos ou de violoncelles) — mais, en général, on compensera ces moments de pulvérisation du corps orchestral par d'autres moments où ce corps se rassemble, réaffirme la masse des cordes, fait jouer sa force et son ensemble organisé : ce balancement entre les moments éclatés et les moments rassemblés est sensible chez tous les grands « orchestrateurs », de Beethoven à Berlioz, de Wagner à Debussy.

L'orchestre, ainsi, peut évoluer sur deux siècles d'une manière purement additive, linéaire : de plus en plus d'instruments, qui peuvent jouer de plus en plus de notes ; de plus en plus de couleurs, de combinaisons orchestrales, de parties séparées. Mais le noyau primitif du quintette à cordes reste intact. Tant que l'on conserve ce quintette comme centre de gravité (ce qui est le cas chez Debussy, et même chez Stravinski jusqu'à *Pétrouchka*), l'édifice tient bon, il semble qu'on puisse ajouter indéfiniment sur ses fondations de nouveaux étages ; mais dès que l'on s'attaque à ce centre de gravité, dès qu'on pulvérise de manière trop constante, trop systématique les interventions du quintette, alors, la hiérarchie classique disparaît ; et, notamment, les vents reprennent leurs avantages naturels. Par rapport aux cordes, ils se mettent à sonner mieux, plus clairs, plus vifs. Devant cette loi de la jungle, qu'il a instaurée en cassant la hiérarchie garantissant aux cordes la conduite du discours, le compositeur n'a plus qu'un moyen de continuer lui-même à régner : il lui faut diviser toujours plus, créer un poudroiement de cellules musicales, de sonorités. Ce poudroiement mène aux recherches de *Klangfarbenmelodie* (mélodie de timbres), lesquelles supposent une égalité de principe entre ces timbres ; ou bien à un impressionnisme total. On peut reprendre le terme pictural de divisionnisme, au sens propre, pour parler de cette façon de pulvériser l'orchestre et de casser la ligne instrumentale, au profit d'un travail sur la matière lumineuse.

Ainsi, ce ne sont pas les « orgies de cuivre » de l'orchestre wagnérien et postwagnérien qui ont cassé l'orchestre ; pas même l'impressionnisme debussyste des *Nocturnes* ou de *la Mer* : c'est plutôt une certaine écriture divisionniste, dans tous les sens du mot : dans le temps (la ligne mélodique est cassée et distribuée entre les parties), et dans l'espace (il n'y a plus de masse, de noyau central, mais des éclats). Une œuvre transparente et discrète, comme la *Symphonie* op. 21 de Webern, n'a besoin, pour briser d'un coup la hiérarchie du corps orchestral, que de répartir la ligne musicale à part égale entre tous les instruments, rendant tous les timbres à leur singularité, à leur solitude : chez Webern, un son de violoncelle est aussi éloigné d'un son d'alto qu'il l'est d'un son de hautbois ; l'esprit de caste, de solidarité des cordes est complètement nié. Significativement, c'est aux cordes que s'en est prise la révolution orchestrale du XXe siècle : soit qu'on s'en passe agressivement (groupe des Six, Stravinski), pour se limiter aux vents et pour refaire un orchestre plus tranché, plus individualisé, « sans la caresse des cordes » (Cocteau) ; soit qu'on leur ôte le pouvoir, qu'on leur retire le chant pour leur donner des traits et des matières — à moins qu'on ne mélange toutes les couleurs de la masse orchestrale pour assembler les timbres par mosaïques, sans souci de la répartition des pupitres en familles (*Farben*, de Schönberg, dans les *Cinq Pièces*), ou qu'on ne fasse « donner » contre les cordes l'escadron des percussions et des cuivres, qui les fait paraître soudain grêles, menues et miaulantes. La musique orchestrale contemporaine témoigne très concrètement de cette dissolution de la structure traditionnelle de l'orchestre : pour chaque œuvre donnée dans un même concert, on voit s'affairer tout un branle-bas de déménagement, qui tente à chaque fois une nouvelle disposition, une nouvelle répartition des rôles ; chaque œuvre prétend devenir un cas particulier. Les modèles sont cependant assez limités, même si leurs réalisations varient à l'infini : modèle égalitaire et dispersé ; modèle décomposé en groupes, constituant eux-mêmes des petits ensembles complets ; modèle massif et tachiste, etc. Cependant, dans les mains de créateurs comme Dutilleux, l'orchestre traditionnel prouve qu'il peut fonctionner encore admirablement (*Métaboles*). Un compositeur comme Olivier Messiaen a su se recréer un nouveau complexe orchestral, personnel et cohérent, dont le centre de gravité s'est déplacé franchement des cordes vers les vents, bois et cuivres, qui deviennent, dans beaucoup de ses œuvres, le « noyau dur » de son orchestre.

La composition de l'orchestre. Un orchestre traditionnel fonctionne par pupitres, c'est-à-dire par « postes instrumentaux ». Chaque pupitre correspond en principe à une partie d'orchestre autonome, mais il peut lui-même se diviser temporairement en deux, trois parties ou plus, qui jouent de manière indépendante. Ce que l'on appelle communément la nomenclature d'un orchestre, c'est la composition de ses pupitres, qui ne préjuge pas du nombre d'instrumentistes (jouant du même instrument) qui vont occuper chacun d'eux (surtout pour les cordes), mais simplement du nombre et de la nature des « rôles » à tenir. Cette nomenclature, c'est-à-dire cette composition de l'orchestre, varie légèrement selon les œuvres à l'époque classique, avec un invariant qui est la présence obligatoire du quintette : violons 1, violons 2, altos (on dit aussi alti), violoncelles et contrebasses. Du côté des vents, on a tantôt deux hautbois et deux cors, tantôt une flûte, deux hautbois, deux clarinettes, tantôt les mêmes instruments plus deux trompettes et deux timbales, etc., ainsi que les timbales, généralement par deux (accordées sur la tonique et la dominante) et, s'ajoutant à l'orchestre à l'époque romantique, les trombones, les tubas, le cor anglais, les harpes, etc. Cette nomenclature est souvent figurée par des abréviations conventionnelles, issues des noms que ces instruments portent en italien, en allemand ou en anglais. *Violon 1* et *violon 2* s'écrivent Vl ou Vl 1, et V2 ou Vl 2 ; *alto* : A ou Vla (de l'italien *viola*) ; *violoncelle* : Vc ou Vlc ; *contrebasse* : Cb ou Kb ; *flûte* : Fl. ; *piccolo* : Picc. ; *hautbois* : Hb ou Ob. ; *clarinette* : Cl. ou Kl. ; *cor* : cor ou Hr ; *trompette* : Trp. ou Tr. ; *trombone* : Trb. ou Pos. (de *Posaunen*, mot allemand) ; *tubas* : Tb ; *timbales* : Timp. ou P. (de l'allemand *Pauken*) ; *harpe* : Arpa ou Hf. ; *cor anglais* : Engl. H. ou Cor. ingl.

La disposition de l'orchestre. La disposition des instruments dans l'orchestre traditionnel est motivée par des raisons d'acoustique, ainsi que par des nécessités de commodité de vision. Elle met au premier plan, une sorte de demi-cercle autour du chef, la masse des cordes, handicapée par la faible portée naturelle de son timbre — cette disposition favorisant en outre une certaine intimité du chef avec les cordes comme noyau du discours musical. Dans un deuxième plan, les bois (de gauche à droite : flûte, hautbois, clarinette, basson, éventuellement contrebasson) ; au troisième plan, les cuivres (de gauche à droite : cors, trompettes, trombones et tubas). En principe, les cordes comme pour les bois, les pupitres se déploient de gauche à droite comme en éventail, dans un sens qui va de l'aigu vers le grave.

Les sociétés orchestrales. On appelle aussi couramment *orchestre* une société orchestrale permanente, attachée à un lieu, un théâtre, une institution, comme l'Orchestre philharmonique de Berlin. Pour avoir une idée des principaux orchestres qui sont actuellement ou qui ont été en activité dans le monde, on se référera aux notices concernant les villes importantes et leur activité musicale. M. C.

ORDINATEUR. L'utilisation de l'ordinateur en musique date à peu près de la fin des années 1950. Elle a fait un bond fulgurant dans les années 70, surtout dans le domaine de la synthèse sonore, en liaison avec l'apparition de mini-ordinateurs, dits microprocesseurs, qu'on utilise par ailleurs de plus en plus pour les fonctions les plus diverses dans la vie quotidienne. Comment la musique pourrait-elle être épargnée par une nouvelle technologie qui pénètre absolument tous les domaines de la vie humaine ?

Plus ou moins artificiellement, on peut répartir les utilisations de l'ordinateur en musique sous trois rubriques : la musicologie, la composition, et la synthèse de sons nouveaux — ces deux derniers domaines communiquant étroitement.

Ordinateur et musicologie. De même qu'il est utilisé dans toutes sortes de recherches linguistiques, archéologiques, historiques, pour archiver et traiter du savoir, opérer des regroupements, des constantes, faire des statistiques, des analyses, l'ordinateur a été rapidement mis au service de la musicologie. On a essayé de s'en servir, par exemple, pour analyser les composantes statistiques du « style » d'un compositeur ou d'une tradition musicale (recherches de Fucks, Lincoln, Bowles, et, dans les pays de l'Est, de Zaripov, Havass), et, parfois, pour recomposer des « simulations » de styles musicaux (fausses musiques traditionnelles générées par l'ordinateur). Il faut préciser que l'utilisation de l'ordinateur ne garantit en rien l'« objectivité » ou la pertinence de telles analyses. L'ordinateur ne fait que traiter ce qu'on lui donne, et les critères d'analyse choisis peuvent être hautement contestables. En d'autres termes, l'intervention de l'ordinateur n'est en aucune manière une garantie scientifique *ipso facto*.

Ordinateur et composition. Cette direction d'utilisation est celle qui a fait couler le plus d'encre, comme si on avait pu trouver effectivement le secret pour remplacer Beethoven ou Schubert par une machine. En fait, là encore, les machines ne font que traiter des informations qu'on leur donne, délivrer des masses de chiffres au hasard, ou appliquer des lois. Une des premières, peut-être même la première recherche dans ce sens, fut celle de Lejaren Hiller et Leonard Isaacson, qui s'amusèrent, au studio de l'université de l'Illinois, aux États-Unis, à établir des programmes de composition reproduisant sous forme de contraintes les règles harmoniques et contrapuntiques traditionnelles. Ces programmes fonctionnaient plus ou moins comme des « filtres » servant à sélectionner des solutions entre les milliers de sons (codés en chiffres) générés au hasard par l'ordinateur. La *Suite Illiac* (1957), pour quatuor à cordes (car la « composition » ainsi créée fut transcrite en notation traditionnelle), est considérée comme la première œuvre « calculée » par ordinateur, mais c'est d'abord une œuvre de « simulation » de musique traditionnelle. D'autres démarches, qui ont voulu non seulement, comme celle-ci, analyser et reproduire le mécanisme de la composition classique, mais aussi s'essayer à exploiter l'ordinateur pour s'essayer à penser différemment l'acte de composition, furent celles de Pierre Barbaud, Frank Brown, Geneviève Klein (réunis à Paris dans le groupe BBK) et Janine Charbonnier (musique « algorithmique »), de Michel Philippot (technique de « machine imaginaire »), de Yannis Xenakis, inaugurée par celui-ci dans la série de ses « ST » : *ST-4* (1959-1962), pour quatuor à cordes, *ST-10, ST-48*, etc. ; de Gottfried-Michael Koenig à l'institut de sonologie d'Utrecht (*Projekt* 1 et 2) — démarches tellement divergentes qu'elles pourraient rassurer ceux qui s'inquiètent d'une « uniformisation » de la musique par les machines.

Ordinateur et synthèse sonore. C'est en 1958 que Max Mathews a réalisé ses premiers essais de synthèse de sons par ordinateur, dans les laboratoires de la Bell Telephone, à Murray Hill, dans le New Jersey. Ce principe de synthèse directe de l'onde sonore consiste à faire calculer par la machine, selon un programme mis au point par les chercheurs, un nombre considérable d'informations (cinquante mille par seconde, dans certains cas) définissant les coordonnées de l'onde sonore en question — ces coordonnées étant transmises aux bornes d'un haut-parleur en passant obligatoirement par un appareil nommé convertisseur (« converter »), qui, dans ce sens, « convertit » les informations discontinues en un signal continu. Le convertisseur peut aussi fonctionner dans l'autre sens, celui de l'enregistrement « digital » d'un son concret, par exemple, en convertissant une onde sonore continue en informations discontinues susceptibles d'être mises en mémoire par l'ordinateur.

Les techniques conçues par Mathews entouré de chercheurs comme Guttman, Pierce et le Français Jean-Claude Risset (qui poursuivra ses recherches en France à l'I.R.C.A.M., puis à son laboratoire de Marseille-Luminy) aboutissent à la création de plusieurs programmes, parmi lesquels *Music V*, qui a été le plus repris et utilisé dans le monde. Au début, on a cherché à reconstituer des sons naturels (sons de trompette, Risset), à partir d'une analyse préalable, afin de comprendre ce qui créait le timbre et la vie propre d'un son. Ces essais ont confirmé les intuitions anciennes de Pierre Schaeffer sur le rôle important joué par certains microdétails de matière, contrairement à l'opinion de ceux qui avaient voulu reconstruire tous les sons comme sommes d'harmoniques. Après quoi, on a cherché à synthétiser des sons réellement « nouveaux », ce qui pose le problème de l'inouï (illusions acoustiques, sons « impossibles », transformations « à vue », etc.). Cette direction d'utilisation de l'ordinateur est celle qui a connu le plus large développement dans les années 60 et 70, et les techniques de synthèse par modulation de fréquence inventées par John Chowning au laboratoire de Stanford, en Californie, leur ont donné un élan nouveau. Différents procédés ont ainsi vu le jour, souvent en intégrant l'acquis des recherches de Mathews et de ses collaborateurs. A côté de la synthèse « directe », dépendant des calculs lourds, on s'est préoccupé de créer des systèmes de synthèse dite « hybride », où l'ordinateur, au lieu de tout déterminer à partir de zéro, commande un synthétiseur classique analogique (programme EMS de Wiggen à Stockholm, recherches de Don Buchla et de Peter Zinovieff, programme Groove de Mathews et Moore, etc.). Cette technique hybride a l'avantage de permettre le « temps réel », c'est-à-dire une réaction immédiate, par des sons, de la machine aux ordres de l'expérimentateur, au lieu des quelques minutes, quelques heures, voire quelque jours ou quelques mois demandés parfois par l'ordinateur (surtout dans les années 60), pour effectuer son calcul et rendre son résultat ! Ce n'est pas seulement pour gagner un temps considérable, permettant un aller et retour plus rapide entre l'homme et les machines qu'on a mis au point ces techniques, c'est aussi pour retrouver un certain type d'accès aux appareils, qui reconstitue plus ou moins les conditions naturelles de production du son par des gestes, au lieu d'ordres tapés sur un clavier (système de « touches » sensibles à la variation de pression, de manches à balais, de claviers devant transmettre à la machine, sous forme d'ordres, les irrégularités vivantes du geste humain). D'autre part, on a mis au point des systèmes dits « mixtes » utilisant, pour gagner du temps et de l'espace, des sous-programmes prédéterminés, également commandés en temps réel (système VOCOM, *Synclavier* de Alonso, Al, et John Appleton). Il est impossible de citer tous les centres s'adonnant à ces recherches dans le monde, aux États-Unis, mais aussi au Canada (E. Regener à Montréal, Barry Truax à Vancouver), en Italie (Rampazzi), en Belgique (Küpper) et en France, où l'on peut énumérer divers centres explorant des techniques diverses, avec des équipements naturellement très disproportionnés : l'I. R. C. A. M. (David Wessel, et la machine de synthèse 4X mise au point par di Giugno), le G. R. M. (lequel bénéficie, à côté de systèmes de synthèse en temps réel étudiés par Allouis, des techniques de manipulation, par ordinateur, de sons concrets enregistrés, mises au point par Mailliard, Geslin, etc.), le C.E.M.A.M.U., fondé par Xenakis (système U.P.I.C., où les ordres sont donnés sous forme de graphismes, ce qui met la machine à la portée immédiate de tous), le Groupe de la faculté de Vincennes et ceux qui en sont proches (Arveiller, Audoire, Englert, Battier, Dalmasso), le G.M.E.B., le G.M.E.M. (Redolfi), le Laboratoire d'informatique et d'acoustique musicale de Marseille-Luminy, attaché au C.N.R.S. et à la faculté des sciences (Risset, Arfib), l'A.C.R.O.E. de Grenoble (Cadoz), et d'autres encore, parmi lesquels des « indépendants » en nombre croissant, puisque les appareils qui permettent ces recherches sont de plus en plus accessibles. M. C.

ORDOÑEZ (Carlos d'), compositeur autrichien (Vienne 1734 - id. 1786). Né sans doute d'une mère espagnole, il fut fonctionnaire du gouvernement de Basse-Autriche à Vienne. Ses premières œuvres furent diffusées dans les années 1750. Ce fut surtout un auteur de symphonies, genre dans lequel il précéda Haydn. Sous son nom en ont circulé au moins 78, dont 5 perdues et 6 au moins douteuses ou apocryphes, ce qui laisse un total de 67. L'une de ces 67, en *la* majeur (n° A8 du catalogue thématique publié en 1978 par A. Peter Brown), est la seule œuvre qu'au début des années 1950, avant la découverte de son véritable auteur, on fut sur le point d'ajouter à la liste des 104 symphonies de Haydn. Parmi les autres ouvrages d'Ordoñez, une sérénade pour 31 instruments à vent (1779, perdue), 12 menuets pour orchestre, un concerto pour violon, 27 quatuors à cordes, 21 trios à cordes, un ballet, la cantate d'après G. Werner *Der alte wienerische Tandelmarkt* (1779, perdue), et deux opéras parodiques : *Alceste* (Esterháza, 1775, sous la direction de Haydn d'après le sujet traité par Gluck) et *Diesmal hat der Mann den Willen* (Vienne 1778, d'après *le Maître en droit* de Monsigny). Ses symphonies et ses quatuors comptent parmi les plus intéressants de l'école viennoise du troisième quart du XVIIIe siècle. M. V.

ORDRE. Le mot est connu surtout pour avoir été employé par F. Couperin pour les pièces de clavecin qu'il destinait à être réunies en un même volume. C'est donc une collection de pièces dans la même tonalité. Commençant généralement par quelques pièces de style *(allemande, courante* ou *sarabande), l'ordre* contenait aussi des pièces descriptives ou divertissantes. M. P. P.

OR DU RHIN (L'). Prologue en 4 tableaux de l'*Anneau du Nibelung*, livret et musique de Richard Wagner, créé contre la volonté de l'auteur sur ordre du roi Louis II le 22 septembre 1869 au Théâtre de la cour à Munich. L'œuvre se joue sans entracte. Mieux sans doute que les trois autres drames de l'*Anneau*, le prologue respire l'atmosphère légendaire des récits mythologiques dont Wagner tira la trame générale de son œuvre. Seuls s'affrontent en effet des nains, des géants et des dieux, dont le combat commence bien avant le lever du rideau.

A l'origine, le Monde vivait sans maître. Mais un jour, un être à la peau claire, le dieu Wotan — qui n'est pas créateur, mais occcupant de l'Univers — résolut de conquérir le pouvoir. Il se rendit au pied de l'Arbre du Monde et à la source qui coule entre ses racines, laissant un œil en paiement du savoir ainsi obtenu. Puis il brisa une branche du frêne, s'en fit une lance et y grava les traités par lesquels désormais il asservissait la Nature et les autres races. Cet acte insensé eut une conséquence immédiate : l'arbre devint sec, la source tarit. Dès lors, le cours des événements était tracé : le Monde, enchaîné aux lois, courait inévitablement à sa perte. Cependant, ignorant délibérément cette lointaine échéance, Wotan organisait son empire : il réserva les nuées aux dieux, accorda la terre aux géants et refoula les nains à la peau sombre, les « Nibelungen », dans les entrailles du sol. Puis il désira mettre un terme à l'errance des Divins et passa commande aux géants Fasolt et Fafner d'un château orgueilleux, capable de symboliser sa puissance aux yeux de tous ; en échange, il leur promit la main de la déesse Freia, gardienne des pommes de jouvence éternelle qui assurent aux dieux la permanence de leur pouvoir. Trop heureux de gagner ce qui donne aux dieux leur éclat, les géants acceptèrent.

1er TABLEAU. *Le prélude, construit sur une longue tenue de l'accord parfait de* mi *bémol, introduit dans les profondeurs du Rhin. Le lieu, habité par les trois filles du Rhin (s, s, ms), ondines à la peau brillante peu avares de leurs charmes, abrite un joyau inestimable dont on sait seulement que la conquête est chose terrible : aussi Wotan lui-même ne s'y est-il pas aventuré. C'est là que parvient Alberich (bar), un de ces nains chassés de la surface, avide de revoir la lumière et la beauté. Après bien d'autres, il succombe à la tentation des ondines, mais elles rient des désirs du gnome qu'elles exaspèrent savamment. L'aube fait étinceler l'or du Rhin ; Alberich apprend des trois filles que, forgé en anneau, le métal rouge donnerait à qui abjurerait l'amour une puissance sans borne. Sans hésiter, il maudit l'amour (il gardera le plaisir !) et s'empare de l'or, osant pour racheter sa condition ce que nul n'avait osé.*

2e TABLEAU. (*Un paysage bordé de sommets montagneux où dorment les dieux.*) *Le château est achevé et Fricka (ms) s'inquiète auprès de son époux du salaire promis aux géants. Devant eux, Wotan (bar) essaie de présenter le marché comme une plaisanterie : mais les frères restent inébranlables, Fasolt (b), par amour pour Freia (s), Fafner (b), animé du désir de* porter un coup décisif à la puissance du dieu. La situation s'envenime avec l'intervention des frères de Freia, Froh (t) et Donner (bar), lorsque surgit Loge (t), dieu du feu, être à part, bâtard de dieu et de nain, méprisé, mais craint, aussi, par les divins qui redoutent son astuce, son caractère fuyant... et l'influence dont il jouit auprès de Wotan. Ce dernier, qui ne peut enfreindre un traité conclu sous peine de voir sa lance se briser, l'a chargé de parcourir le monde pour trouver un salaire convenant aux géants. Peine perdue : rien ne semble meilleur que les joies de l'amour. Un seul, pourtant, y a renoncé, et Loge narre l'aventure d'Alberich. Chacun se met à désirer l'or merveilleux, à tel point que les géants doivent emmener Freia en otage pour que Wotan, effrayé des premiers effets du vieillissement consécutif au départ de Freia, accepte d'aller conquérir le trésor du nain. Accompagné de Loge, il descend à Nibelheim, en évitant bien de passer par le Rhin.

3e TABLEAU. Un interlude très descriptif — on entend des enclumes — conduit au royaume des nains, devenu un vaste camp de travail. Alberich vient d'inventer le Tarnhelm, heaume magique permettant d'emprunter n'importe quelle apparence ou de se rendre invisible. Wotan et Loge surviennent et se présentent à Mime (t), qui rêve de détrôner son frère Alberich, en libérateurs des asservis. Alberich revient et défie sauvagement les dieux, dénonce leurs débauches et annonce le jour de la vengeance. Habilement, Loge feint de douter des pouvoirs du nain : ce dernier se transforme alors en dragon, puis en crapaud, que les dieux capturent aisément. Ils regagnent la surface.

4e TABLEAU. (Même décor qu'au 2e tableau.) Alberich est contraint de livrer l'or et le heaume, qui fascine Loge. Mais Wotan réclame aussi l'anneau. Terreur d'Alberich qui accuse : ce que, dans sa détresse, il a osé, ne servirait qu'à la joie des puissants qui rêvaient du joyau sans oser le conquérir ? Wotan, non sans audace, car il ne songe nullement à leur rendre leur bien, se fait l'avocat des filles du Rhin et arrache la bague au nain. Ce dernier profère une nouvelle malédiction : que l'anneau ne procure à son détenteur nulle joie, mais attache aux pas de celui-ci la haine meurtrière des envieux ; voué à la mort, qu'en soit esclave celui qui s'en croit le maître. Le Nibelung disparu, reviennent les géants, qui obtiennent tout le trésor, le heaume et exigent même l'anneau. Prêt à défendre son bien à n'importe quel prix, Wotan ne recule que devant Erda (c), déesse-mère du Savoir, porte-parole du destin de l'Univers, venue rappeler l'imminence du crépuscule des dieux. Saisi d'angoisse, Wotan cède la bague aux géants. La malédiction opère aussitôt : Fafner tue son frère et rafle le trésor. Donner, provoquant un orage, dégage des nuées la forteresse que Wotan baptise Walhalla. Il ne s'explique pas le sens de ce nom, mais l'orchestre fait sonner le thème de l'épée Nothung, anticipant sur la Walkyrie. L'enjeu est, en effet, très simple désormais : il faut reprendre l'anneau à Fafner avant Alberich. Mais Wotan, qui ne peut revenir lui-même sur le don fait au géant, songe à créer une race de héros qui servira son dessein. Faisant la sourde oreille aux plaintes des ondines, les dieux entrent au Walhalla au son d'une marche curieusement heurtée, à 3 temps, tandis que Loge songe à déserter les rangs de ceux que leur puissance aveugle.

Exposition des données du drame, l'Or du Rhin en présente aussi, à l'état brut, les principaux leitmotive, dont l'usage est systématisé (une trentaine, contre dix dans Lohengrin), mais reste volontairement indicatif. Le langage musical, très discursif, aéré, rapide, ne s'embarrasse d'aucun développement orchestral susceptible de ralentir l'action.

Wagner, pour la première fois, fait éclater la structure traditionnelle de l'opéra. P. G.

OREILLE. Organe de l'audition et de l'équilibre, dont une partie seulement est visible, les autres éléments étant situés dans la boîte crânienne. L'ensemble de cet organe est destiné à transformer les différences de pression aérienne qui le frappent en des influx nerveux qui seront, à leur tour, interprétés par le cerveau comme des sensations sonores. On distingue trois parties bien distinctes dans l'oreille : l'oreille externe, l'oreille moyenne et l'oreille interne.

L'**oreille externe** capte les variations de pression de l'air ambiant au moyen du pavillon, dont les circonvolutions semblent destinées à assurer la détermination de la direction des sons qui le frappent. Le pavillon est associé au conduit auditif externe, qui intervient comme résonateur et dirige l'énergie acoustique vers la membrane du tympan, qui isole l'oreille moyenne de l'extérieur.

L'**oreille moyenne** poursuit la transmission des informations sous une forme purement mécanique. C'est une petite cavité pleine d'air occupée par trois osselets, le marteau, l'enclume et l'étrier. Le marteau est solidaire du tympan, qui lui transmet ses vibrations ; celles-ci sont à leur tour transmises aux deux autres osselets, la platine de l'étrier obstruant la fenêtre ovale qui s'ouvre sur l'oreille interne. Une autre ouverture, la fenêtre ronde, fermée par une membrane, fait communiquer directement l'oreille moyenne avec l'oreille interne, sans passer par la chaîne des osselets. Enfin, une troisième ouverture marque l'aboutissement de la trompe d'Eustache, canal qui relie l'oreille moyenne au pharynx et assure son alimentation en air sous pression normale. Les muscles du marteau et de l'étrier en limitent les déplacements et protègent ainsi l'oreille interne du danger de saturation acoustique.

L'**oreille interne.** C'est elle qui assure la transformation de l'énergie mécanique transmise par l'oreille moyenne (au travers des deux fenêtres) en influx nerveux. Partie la plus complexe de l'organe de l'audition, son mode de fonctionnement n'est pas encore connu avec une parfaite précision. L'oreille interne est une très petite cavité (un quart de cm^3 environ), le labyrinthe, emplie de liquide. Elle se compose principalement des canaux semi-circulaires, siège de l'équilibre, et du limaçon. C'est le limaçon, et plus précisément l'organe de Corti, qui est le centre du mécanisme de l'audition. Le limaçon osseux contient un long tube, le canal cochléaire, habité par la cochlée. Le canal cochléaire est bordé par la membrane basilaire, sur laquelle repose l'organe de Corti. Ce dernier est constitué d'environ 24 000 cellules sensorielles, accordées à des fréquences différentes, du grave à l'aigu. Les ondes de pression qui se propagent dans le liquide lymphatique du canal cochléaire mettent en vibration les cils des cellules sensorielles, dont seules une ou quelques unes entrent en résonance avec cette stimulation. Celles-ci génèrent alors des influx nerveux qui sont recueillis par les extrémités du nerf auditif, ou nerf cochléaire.

Le nerf cochléaire dirige alors les influx nerveux vers les centres de l'audition du cerveau (dans le cortex), qui, à partir de ces informations, élaborent la sensation auditive. G. C.

ORFEO. Drame musical en cinq actes de Claudio Monteverdi sur un livret d'Alessandro Striggio, créé à Mantoue le 24 février 1607.

L'Orfeo, « favola in musica di Claudio Monteverdi, maestro di Cappella della S. A. S. Vincenzo Gonzaga, sopra le parole di Alessandro Striggio », s'ouvre sur une brillante toccata, jouée par un riche orchestre, rehaussé des timbres des flûtes, cornetti et trombones (et dont l'instrumentation a été précisée par l'auteur lui-même). Puis, le personnage allégorique de la Musique annonce au spectateur le sujet de l'œuvre, qui met en scène Orphée, « dont les bêtes sauvages suivaient le chant »...

ACTE PREMIER. Le rideau se lève sur un paysage pastoral. Orphée et Eurydice célèbrent leurs noces dans la joie générale et bergers et nymphes amis du couple chantent le bonheur de vivre, sur une musique d'intermezzo que le génie de Monteverdi arrache aux conventions du genre.

ACTE II. Orphée apparaît sur les rythmes entraînants d'une sinfonia instrumentale, célébrant les beautés familières de son pays natal dans une gracieuse chanson mesurée à l'antique. Survient soudain Sylvia, qui jette la nouvelle fatale : Eurydice vient de mourir, mordue par un serpent, alors qu'elle cueillait des fleurs pour s'en faire une couronne. Cette annonce laisse le héros anéanti par la douleur tandis que ses compagnons maudissent le mauvais destin qui l'accable.

ACTE III. Après une sinfonia aux accents solennels, Orphée se présente à la porte des Enfers, bien décidé à ramener sa bien-aimée parmi les vivants. Confiant dans le pouvoir de son chant, il s'efforce de séduire le passeur Charon, qui s'endort rapidement. Orphée traverse alors seul le Styx et arrive devant

Pluton, à qui il demande la permission de revenir sur terre avec Eurydice.

ACTE IV. Ayant trouvé un avocat en la personne de Proserpine, le héros obtient satisfaction sans grande difficulté, mais le dieu y met la condition connue : Orphée ne devra pas se retourner sur sa femme avant d'avoir quitté le royaume souterrain. Dévoré d'impatience, le malheureux ne peut attendre la lumière du jour et perd définitivement Eurydice qui suivait ses pas.

ACTE V. Revenu sur terre, Orphée se montre inconsolable. Mais Apollon, son père, ne reste pas insensible à sa douleur et lui propose de partager le sort des dieux dans « les régions célestes ». Orphée accepte et l'ouvrage se termine sur un dernier chœur de bergers enlevé sur un rythme de moresca.

Venant après les tentatives de Peri et de Caccini, entre autres, l'*Orfeo* n'est pas le premier *dramma per musica* connu. Mais si, avec lui, Monteverdi n'a pas tiré « l'opéra du néant », comme cela a été écrit trop souvent dans le passé, il est évident que c'est là la première œuvre lyrique qui frappe par sa modernité d'accents et sa vocation réaliste, malgré les conventions du mythe. Le grand mérite de Monteverdi est d'abord d'avoir compris qu'il ne suffisait pas de « faire de la musique la servante de la parole » — selon les recommandations des *Cameratas* florentines — pour réussir un bon mélodrame. Aussi bien lui rend-il, dans l'*Orfeo*, toute sa liberté, tout en respectant scrupuleusement le pouvoir du mot. Par le biais du récitatif, « la mythologie est ici vaincue par l'humanité des personnages ». D'ailleurs, Monteverdi n'a pas hésité à orner ce récitatif d'amples vocalises et à recourir à tous les nouveaux modes de chant, de l'*arioso* à l'*air* virtuose (l'*aria* strophique d'Orphée au IIIe acte, constellée de traits décoratifs dans l'aigu et soutenue par les ritournelles des *cornetti* et violons à la française). Ensuite, il y a la merveilleuse plasticité des chœurs, transposés de la manière madrigalesque, excellent à exprimer la vie rythmique ou la douleur, la révolte, voire le morne accablement. Puis, l'étonnante nouveauté de l'orchestre, instrumenté, comme il est dit plus haut, par Monteverdi lui-même et qui commente les situations et anticipe, en plus d'un endroit, sur les fonctions du *leitmotiv* wagnérien, insistant sur les sentiments et éclairant les motivations des personnages. Un orchestre qui, joint au génie des voix, explique pourquoi l'*Orfeo* doit être considéré comme le véritable point de départ des temps modernes de la musique, le premier ouvrage, en tout cas, dans lequel « la musique est empreinte et nourrie totalement de l'idée dramatique ». Par l'équilibre exemplaire qu'il ménage entre les impératifs expressifs et les nécessités du chant, Monteverdi porte d'emblée l'aventure de l'opéra à un niveau que bien peu, de Mozart à Berg, atteindront après lui.

R. T.

ORFEO ED EURIDICE. Opéra (« festa teatrale ») en trois actes de Gluck sur un livret de Raniero de Calzabigi ; création au Burgtheater de Vienne le 5 octobre 1762. La version française de cet opéra, *Orphée et Eurydice* (« drame héroïque »), dans l'adaptation de Pierre-Louis Moline, fut créée à l'Académie royale de musique de Paris le 2 août 1774. *Orfeo*, le premier opéra « réformateur » de Gluck, réalise un certain nombre d'exigences formulées depuis longtemps dans le monde des lettres sans avoir trouvé jusque-là un milieu artistique qui leur fût propice. Les innovations de Gluck et de son librettiste Calzabigi se traduisent par la simplicité de l'intrigue, le modelage de la musique sur l'action dramatique, le refus de la virtuosité vocale gratuite et l'exigence d'un jeu scénique naturel. Le choix de la légende d'Orphée prenait donc le sens d'un double manifeste esthétique, en revalorisant le drame antique, grandiose et élémentaire, et en effectuant un retour aux sources de l'opéra, débarrassé des sédimentations d'une pratique décadente. Les retouches apportées par Gluck à son œuvre lors de sa reprise à Paris sont dues essentiellement à des contraintes d'ordre extérieur : la transposition du rôle d'Orphée vers le grave, le remodelage du récitatif pour accorder la musique à la langue française, et l'ajout de plusieurs morceaux vocaux et instrumentaux afin de donner à *Orphée* les dimensions d'une tragédie lyrique. Cependant, aucune des deux versions ne peut être retenue sans problèmes : la version originale, conçue pour un castrat, peut bien être chantée par un mezzo-soprano, mais reste trop courte pour constituer un spectacle d'une soirée ; l'inconvénient majeur de la version française est la tessiture très aiguë du rôle d'Orphée, qui le rend difficilement accessible aux ténors modernes. On se rabat donc souvent, de nos jours, sur une partition hybride élaborée par Berlioz, qui prend pour base la version française en retransposant dans les tons originaux les passages adaptés pour le ténor ; nos commentaires portent sur l'*Orfeo* de Vienne, sauf référence explicite aux modifications de 1774.

ACTE PREMIER. *Scène 1* : la déploration d'Orphée et de ses compagnons, devant la tombe d'Eurydice, a la solennité de ton d'une œuvre religieuse. Le statisme de l'harmonie et l'élongation de la durée amenée par la reprise du chœur initial lui donnent le caractère d'un large portique, qui représente le véritable ouverture de l'opéra. La majesté du chœur ne fait que mieux ressortir, par contraste, l'humanité déchirante de la triple interjection d'Orphée (« Euridice ! ») : Gluck trouvait là, pour la première fois, l'équivalent musical de cette douleur élémentaire dont les philosophes avaient tant déploré l'absence dans l'opéra traditionnel, qu'il fût italien ou français. La pantomime instrumentale maintient le même climat tourmenté, par l'insistance de son chromatisme et par ses modulations dans des tonalités chargées en bémols. *Scène 2.* Le premier air d'Orphée, « Chiamo il mio ben cosi », est une remarquable combinaison de simplicité mélodique et d'audace formelle. Les trois strophes de l'air proprement dit sont séparées par deux récitatifs accompagnés (le « secco » n'apparaît jamais dans *Orfeo*), mais partagent avec eux un effet d'écho répercuté par un petit orchestre : cette intégration des deux styles témoigne déjà de l'intention, explicitée dans la préface d'*Alceste*, de « supprimer la barrière entre l'air et le récitatif ». Mais cet écho possède des résonances qui ne s'arrêtent pas à ce seul morceau : par-delà les plaintes d'Orphée dans le premier chœur, il renvoie à toute la noble tradition de la pastorale italienne, et, implicitement, aux origines florentines de l'opéra. Le récitatif qui suit est interrompu par l'arrivée du personnage d'Amour *(scène 3)*, qui vient annoncer à Orphée les conditions sous lesquelles il pourra retrouver son épouse. L'intervention de cette allégorie se justifie essentiellement dans la perspective de la « fin heureuse », au IIIe acte, où Amour réapparaîtra pour faire revivre Eurydice une deuxième fois ; sa participation au cours même de l'opéra vise à faire oublier le caractère conventionnel et, dans le cadre d'*Orfeo*, un peu désuet du dénouement. Musicalement, Gluck fait de nécessité vertu, et compose pour Amour deux airs qui semblent venir en droite ligne d'un opéra comique français. La romance « Soumis au silence », ajoutée à la version française de 1774, contient une répétition des paroles sans *da capo* de la musique ; le deuxième air, « Gli sguardi trattieni », qui sera raccourci dans la version française, fait alterner deux tempi, adaptés à chaque strophe du texte. Après un nouveau récitatif, le premier acte se termine, dans la version de Vienne, par un court morceau instrumental, et dans l'adaptation française, par un air d'Orphée, virtuose et banal, placé là pour satisfaire les exigences d'un ténor : Gluck n'en était alors qu'au début de ses tentatives réformatrices à Paris.

ACTE II. Contrairement au parti pris par Monteverdi avec l'air « Possente spirto », le protagoniste de la grande confrontation entre Orphée et les divinités infernales n'est pas le demi-dieu musicien, mais le chœur, sorti de son rôle passif de commentateur pour prendre l'initiative du discours musical. Car ce sont bien les Furies qui donnent le ton à toute la scène, avec leur impressionnante attaque à l'unisson et à l'octave (« Chi mai dell'Erebo »). Au bout de dix mesures, le chœur poursuit en harmonie à quatre parties, sans toutefois abandonner la scansion lancinante qu'il tient de son mètre poétique : chaque vers se termine par une syllabe longue fortement accentuée, suivie de deux brèves. Le premier solo d'Orphée, « Deh placatevi », est caractérisé par le calme, agissant avant tout par contraste avec la musique qui précède, et avec les violentes interruptions homophoniques des Furies (« No »). Il a pour effet d'amener le chœur sur sa propre tonique (le relatif majeur), et de le plonger un instant dans la nuance pianissimo. La plus remarquable des interventions d'Orphée est la troisième (« Men tiranne »), avec son débit haletant, l'écho de l'orchestre après « se provaste », et l'expressive harmonie « napolitaine » sur « cosa *sia* languir ». Les Furies ont cette fois été apaisées, et laissent Orphée pénétrer dans les Enfers. Cette scène tout entière est considérée à juste titre comme d'une importance capitale dans l'histoire de l'opéra ; non seulement pour l'immédiateté de son pouvoir évocateur, mais aussi pour la subtilité de procédés moins facilement décelables, en particulier l'agencement de son schéma tonal. Les transpositions nécessaires à l'adaptation du rôle d'Orphée à un ténor, qu'ayant été effectuées par Gluck lui-même pour les représentations parisiennes de 1774, ont eu ici des conséquences négatives, qui affectent l'une des caractéristiques les plus remarquables de l'œuvre. Suivant une logique du contraste déjà observée au premier acte, Gluck nous transporte sans transition des Enfers aux champs Élysées. Après quelques morceaux instrumentaux et choraux, dont certains furent ajoutés afin d'allonger la version française, Orphée chante son grand récitatif obligé « Che puro ciel ». L'innovation de Gluck consistait ici à reprendre une forme essentiellement dramatique non pour exprimer au contraire le repos, par une extension de la durée musicale. L'émerveillement d'Orphée s'y exprime moins par son texte, déclamé en style récitatif, que par une large mélodie du hautbois solo, énoncée en périodes régulières ; le reste de l'orchestre imite des chants d'oiseaux et l'écoulement tranquille d'un ruisseau. Après cette page d'une grande poésie, l'acte se termine par des pièces instrumentales et chorales de caractère essentiellement décoratif.

ACTE III. Le troisième acte commence sur le conflit, d'une violence croissante, que suscite l'interdiction pour Orphée de regarder son épouse. Les longs récitatifs de la première scène ne retrouvent pas, malgré leur véhémence, le mouvement dramatique des pièces à forme rencontrées jusqu'ici. L'air d'Eurydice « Che fiero momento », qui se rapprochait encore d'une structure *da capo*, a été modifié dans la version française pour en accuser l'originalité : la section médiane est transformée en duo, sans se départir d'une certaine raideur. Orphée, pour un instant fatal, « perd la raison », et regarde Eurydice, qui meurt une deuxième fois. Vient alors, après les premières explosions de douleur d'Orphée, l'air célèbre « Che farò » (« J'ai perdu mon Eurydice »), qui a pour fonction de rendre compte d'un état d'âme contrôlé et assumé par le personnage. Si le refrain est d'une beauté plutôt abstraite, les deux couplets, en mineur et en tempo ralenti, apportent au morceau le même élément de pathétique que les plaintes d'Orphée entendues au début de l'opéra, et qui trouvent dans ses cris d'« Eurydice » leur dernier écho. Mais Amour intervient à nouveau, et ramène Eurydice à la vie ; après un trio mélancolique ajouté pour Paris (« Tendre Amour »), l'opéra se termine dans la joie générale.   M. N.

ORFEO ED EURIDICE (ou *L'Anima del filosofo*). Opéra en quatre (cinq ?) actes de Haydn sur un livret de Carlo Francesco Badini, composé à Londres entre janvier et mai 1791, exécuté pour la première fois intégralement en décembre 1950 pour un enregistrement discographique, créé à la scène au Mai musical florentin de 1951, avec Maria Callas dans le rôle d'Euridice et sous la direction de Erich Kleiber.

ACTE PREMIER. *Pour échapper à un mariage avec Arideo arrangé par son père Creonte, Euridice (s) s'enfuit dans une forêt. Le chœur l'avertit que les habitants de la forêt sont des monstres encore plus terribles que ceux qu'elle fuit, mais cela ne change pas sa résolution. Le chœur appelle Orfeo (t) pour la sauver. Il joue de sa lyre, ce qui apaise les monstres de la forêt. Dans son palais, ayant appris qu'Orfeo a sauvé Euridice, Creonte (bar) se sent dégagé de sa promesse envers Arideo, et consent au mariage d'Orfeo et Euridice. Un duo des deux amants termine l'acte.*

ACTE II. *Le mariage a eu lieu, Orfeo et Euridice sont entourés par un chœur d'Amorini divini chantant leur bonheur. On entend un bruit dehors. Orfeo va voir, mais, pendant son absence, un émissaire d'Arideo, membre du chœur, tente d'enlever Euridice. Celle-ci est mordue par un serpent et meurt. Orfeo revient, et donne libre cours à sa douleur. Un autre membre du chœur raconte ces derniers événements à Creonte, qui jure de tirer vengeance d'Arideo.*

ACTE III. *Autour de son tombeau, et en présence d'Orfeo et de Creonte, le chœur déplore la mort d'Euridice. Désespéré, Orfeo va consulter une sibylle. Un génie (s) apparaît et, tout en conseillant à Orfeo d'accepter son destin avec philosophie, lui révèle qu'il pourra descendre aux Enfers et tenter d'en ramener Euridice. Creonte exprime sa sympathie envers Orfeo. Le génie accompagne Orfeo aux portes des Enfers, tandis que le chœur l'assure de la bienveillance des dieux.*

ACTE IV. *Aux Enfers, Orfeo est assailli par un chœur d'Ombres et de Furies, mais le génie l'assure qu'il n'a rien à craindre. Effectivement, Pluton libère Euridice, qui apparaît dans un chœur d'esprits bienheureux. Le génie rappelle à Orfeo que, sur le chemin du retour, il ne doit pas se retourner pour contempler Euridice. Mais celle-ci, qui ignore tout de cette interdiction, se place face à lui. Le génie abandonne Orfeo à son sort. Euridice est perdue une seconde fois. Un groupe de bacchantes invite Orfeo à les suivre, mais celui-ci refuse, déclarant renoncer pour toujours à toute compagnie féminine. Furieuses, les bacchantes tendent à Orfeo une coupe de poison. Il la boit, et meurt. Les bacchantes se préparent à mettre son corps en pièces quand un orage s'élève sur le fleuve Léthé. Les Furies sont noyées, et le corps d'Orfeo, porté par les eaux, trouvera le repos dans l'île de Lesbos.*

Haydn appela l'ouvrage *L'Anima del filosofo* sur l'autographe, *Orfeo ed Euridice* dans son catalogue d'œuvres. Composé pour le King's Theatre, alors dirigé par Sir John Gallini, cet opera seria ne put y être représenté, le roi George III, qui soutenait une entreprise rivale (celle du Pantheon Theatre), n'ayant pas accordé sa licence à Gallini. Les répétitions d'*Orfeo* furent abandonnées, et l'œuvre ne fut jamais montée du vivant de Haydn. L'opera seria était alors un genre moribond, et le livret de Badini n'est pas des meilleurs : l'ensemble est plutôt statique, et la seconde mort d'Euridice, par exemple, est « expédiée » en quelques instants (acte IV), maladresse parmi d'autres. Cet opéra a un côté oratorio, en particulier à cause de la présence du chœur. Mais ce chœur contribue grandement à la beauté de l'œuvre. Il intervient à de nombreuses reprises, soit pour commenter l'action, soit pour y participer. Ainsi le chœur initial en *ut* mineur *(Ferma il piede),* celui qui, au début de l'acte II, accompagne les funérailles d'Euridice en un *mi* bémol mozartien, le brillant chœur en *ré* de la fin de ce même acte, ou encore, au début de l'acte IV, le *Coro di infelici ombri* en *fa* mineur et le *Coro di furie* en *ré* mineur, violemment dissonant et où, pour la première fois de sa vie, Haydn fait usage des trombones. Le dernier numéro de la partition est un autre chœur en *ré* mineur, qui se termine dans la nuance piano. Des trois airs de Creonte, le deuxième (fin de l'acte II) est un brillant « air de vengeance ». Les deux autres, le premier surtout *(Il Pensier),* expriment, au contraire, la sagesse et la noblesse du personnage. Autre sommet de la partition : l'air d'Euridice à sa première mort *(Dove l'amato bene),* d'une émotion retenue et où les cors anglais descendent jusqu'en leur registre le plus bas. Cette page est suivie du grand air en *fa* mineur d'Orfeo *(In un mar d'acerbe pene),* ancêtre direct de l'air de concert *Berenice* che fai* de 1795. La difficulté du rôle d'Orfeo s'explique notamment par le fait que Haydn l'écrivit pour un des plus grands ténors internationaux de l'époque, Giacomo Davide. À noter que l'*Orfeo ed Euridice* de Haydn fut écrit la même année que *la Clémence de Titus*, dernier opera seria de Mozart.   M. V.

ORFF (Carl), compositeur allemand (*Munich 1895-id. 1982*). D'abord chef d'orchestre à Munich, Mannheim et Darmstadt, il met un certain temps à trouver sa voie de compositeur. Entre 1920 et 1935, il compose des opéras, des poèmes symphoniques, des lieder, des cantates sur des textes de Franz Werfel et Bertolt Brecht. Dès les années 20, il met au point un système d'éducation musicale fondé sur le rythme, et, en 1925, fonde avec Dorothée Gunther la Guntherschule, école de gymnastique rythmique et de danse classique. Il conçoit pour les élèves un orchestre où dominent les petites percussions (xylophones, métallophones en réduction, accordés sur la gamme pentatonique), orchestre encore utilisé aujourd'hui dans l'éducation musicale, en liaison avec la méthode qu'il proposait dès 1933 dans son ouvrage *Schulwerk*. Si cette méthode est très critiquée aujourd'hui par certains, elle eut le mérite, avec la méthode Dalcroze, d'être une des rares méthodes actives créées pour les enfants et offrant une alternative au solfège traditionnel. En même temps, dans les années 20 et 30, il se penche sur des musiques alors presque oubliées, Byrd, Lassus, Schütz, Monteverdi (dont il adapte l'*Orfeo*) et dégage sa conception personnelle d'une musique revenant à ses sources « primitives », liées au corps, à l'apprentissage de la maîtrise et de la coordination corporelle, mais aussi à une certaine idée de la musique comme rite. C'est en 1937 qu'il connaît, dans l'Allemagne du IIIᵉ Reich, son premier grand succès, dont le retentissement sera mondial : ce sont les *Carmina Burana*, cantate scénique d'esprit « païen » où il cherche à retrouver la force des genres dramatiques primitifs, avec leur écriture martelée et simplifiée. Dès lors, reniant et détruisant ses compositions antérieures, il ne va cesser de suivre cette voie où une « nouvelle simplicité » (répétition mécanique d'accords parfaits, déclamation souvent *recto tono*, réduction des éléments mélodiques et rythmiques à leur niveau minimum de complexité), se met au service d'une volonté d'envoûtement dramatique. Les *Catulli Carmina* (1943) et le *Trionfo di Afrodite* (1953) complètent ce triptyque païen des *Trionfi*, exaltation d'un Éros jeune, viril, fort et collectif. Dans les « mystères » *Der Mond* (1939), sur une légende bavaroise, *Die Kluge* (1943), *Die Bernauerin* (1947), en dialecte bavarois, il cherche une forme de théâtre musical populaire allemand. Mais à la fin du Reich, dont il a été un des musiciens officiels, il se tourne plutôt vers des thèmes grecs (*Antigonae*, 1949, et *Œdipus der Tyrann*, 1959, d'après Sophocle, dans la version allemande d'Hölderlin, et un *Prometheus*, 1966, en grec ancien) et chrétiens (*Comoedia de Christe resurrectione*, 1957 ; *Ludus de Nato Infante mirificus*, 1960 ; *De temporum fine comœdia*, 1973). Dans ces œuvres scéniques, les instruments à cordes sont réduits au minimum, au profit d'instruments plus utilisables dans un esprit « archaïsant » comme les vents, et, surtout, les percussions. Car cet archaïsme, chez lui, passe par un renoncement implacable à toute forme de nuance, d'écart, de fantaisie, hors des normes fixées au départ. Son succès s'explique facilement par cette recherche d'efficacité, mais aussi par le talent du compositeur à la mettre en œuvre. On peut y trouver plus qu'une esthétique ou une expression individuelle. Il s'agit d'une conception globale porteuse d'une certaine pensée : fascination pour les mythes vus sous un angle « archaïsant », exaltation « païenne » de la force et de la maîtrise, idéal collectif.
M. C.

ORGAD (Ben-Zion), compositeur israélien (*Gelsenkirchen, Allemagne, 1926*). Habitant en Palestine à partir de 1933, il y fait des études de violon avec Y. Kinari et R. Bergman, jusqu'en 1947, et de composition avec Ben-Haim, à Jérusalem. Puis il se rend aux États-Unis pour y étudier avec Aaron Copland, en 1949, année où est créée sa symphonie biblique *Hatzevi Israël*, pour baryton et orchestre, d'après un texte du deuxième livre de Samuel, sous la direction de Leonard Bernstein. Sa cantate *Sippur hameraglim*, pour orchestre et chœur, d'après le livre des Nombres (épisode des espions envoyés reconnaître le « pays de lait et de miel »), reçoit le prix du concours international Koussevitski en 1950 à Tanglewood, où il fait trois séjours (1945, 1952, 1961) pour étudier et composer. En Israël, il devient inspecteur (1956-1974), puis inspecteur en chef de l'éducation musicale au ministère de la Culture et de l'Éducation, ainsi que professeur. L'inspiration biblique domine son œuvre, qui comporte un nombre important d'œuvres chorales et vocales (*Vision d'Isaïe*, 1953, chœur et orchestre ; *Min he'afar*, 1956, pour mezzo-soprano, flûte, basson, alto, violoncelle ; *Mizmorim*, 1966-1968, pour quatuor vocal et orchestre de chambre ; *Sippuro shel alil*, 1972, pour 3 chanteurs solistes, chœur et orchestre ; *Yissurei geula*, « souffrances pour la rédemption », 1974, pour mezzo-soprano, chœur de femmes et orchestre).

Mais Orgad a aussi composé des œuvres pour orchestre (*Esquisses chorégraphiques*, 1953 ; *Music*, 1961 ; *Kaléidoscope*, 1965 ; *Dialogues mélodiques sur les 3 rouleaux*, 1969, pour violon, hautbois, percussion et cordes ; *Dialogues sur le premier rouleau*, 1975, pour orchestre de chambre), ainsi que des œuvres pour instruments solistes et formations de chambre (*Taksim*, 1962, pour harpe ; *Nofim*, « Paysages », 1969, pour quintette à vent ; *Romances sans paroles*, 1970, pour 6 instruments).
M. C.

ORGANOLOGIE. Branche de la musicologie traitant particulièrement de l'histoire et de la technique des instruments. Si le terme est récent, la chose est fort ancienne : dès l'Antiquité, des traités ont été consacrés à divers instruments ou familles d'instruments. Mais c'est Marin Mersenne (1588-1648) qui peut être considéré comme le père de l'organologie moderne avec son *Harmonie universelle*, parue en 1636, qui contient la description détaillée de tous les instruments connus à cette époque, et l'explication de leur fonctionnement selon les lois de l'acoustique.
M. T.

ORGANUM. Mot latin (pl. *organa*) signifiant « instrument » au sens général, musical ou non, et, parmi les instruments de musique, affecté principalement à l'orgue. Non traduit, il s'applique particulièrement à un genre de polyphonie médiévale qui se divise lui-même en deux branches principales :
— 1. L'**organum primitif** ou **parallèle,** attesté du IXᵉ au XIIᵉ siècle, consistant à superposer deux ou plusieurs voix chantant simultanément la même mélodie sur des intonations différentes, à la quinte, quarte ou octave l'une de l'autre, soit intégralement, soit avec des aménagements au début et à la fin des phrases pour rejoindre la voix principale (v. GYMEL). L'organum parallèle s'oppose ainsi au déchant*, où règne le mouvement contraire.
— 2. L'**organum à vocalises,** en honneur surtout du milieu du XIIᵉ au milieu du XIIIᵉ siècle, consistant à superposer au chant liturgique très ralenti ou *teneur* (peut-être joué à l'orgue, d'où son nom), une ou plusieurs voix solistes vocalisant librement et parfois très longuement. De l'organum doté de paroles dérivera le motet* (v. NOTRE-DAME [école de]).
J. C.

ORGELBÜCHLEIN (all. ; « Petit livre d'orgue »). Recueil d'orgue de J. S. Bach comprenant quarante-cinq chorals composés à Weimar, vraisemblablement entre 1710 et 1717. Le projet original était plus important, puisqu'il prévoyait non moins de cent soixante-quatre chorals dont Bach avait dressé une liste des titres. L'*Orgelbüchlein* a été conçu dans un but pédagogique. Bach l'a muni de la préface suivante : « Petit livre d'orgue dans lequel il est donné à un organiste débutant une méthode pour exécuter en toutes sortes de manières un choral, et conjointement pour se perfectionner dans l'étude de la pédale, celle-ci étant obligatoire dans les chorals qui y ont trouvé place. A l'unique Dieu suprême pour l'honorer. Au prochain pour en faire son éducation. »

Une partie des quarante-cinq chorals se rapporte aux principales fêtes religieuses et événements de l'année : un choral pour l'Avent (*Nun komm der Heiden Hei-*

land), treize chorals de Noël, trois chorals pour le Nouvel An, deux chorals pour la fête de la Purification de la Vierge, sept chorals pour la Passion, six chorals de Pâques, un choral de Pentecôte *(Komm Gott schöpfer, heiliger Geist).* Douze autres chorals, sans se rattacher à aucune fête particulière, ont pour sujets divers points fondamentaux de l'enseignement religieux, par exemple les Dix Commandements *(Dies sind die heil'gen Zehn Gebot'),* ou le péché originel *(Durch Adams Fall ist ganz verderbt).* Les chorals de l'*Orgelbüchlein* sont des pièces brèves, condensées souvent en quelques lignes. L'écriture la plus fréquente est celle du choral en canon ou en contrepoint libre; parfois, plus rarement, celle du choral orné : *Das alte Jahr vergangen ist* (pour le Nouvel An) ou *O Mensch bewein dein' Sünde gross* (pour le temps de la Passion). La plupart des chorals contiennent des formules musicales figuratives courantes chez Bach, tels que le symbole de la croix, le rythme de la joie, le mouvement de la chute ou de l'ascension, etc.　　A. L.

ORGUE. Instrument à vent dans lequel les sons sont émis par des tuyaux commandés à partir d'un ou de plusieurs claviers, le vent les mettant en vibration étant fourni par une soufflerie. L'orgue est le plus ancien des instruments à clavier. Au fil des siècles, il est devenu l'un des plus riches et des plus complexes de tous les instruments de musique savante, celui susceptible de la plus grande étendue du grave à l'aigu et de la plus grande puissance. Ces caractéristiques, jointes à la diversité de ses timbres et à son emploi fréquent dans les lieux de culte, l'ont fait surnommer « le pacpe des instruments » (Berlioz).
Les variétés. Il n'existe pas deux orgues semblables, à l'exception des petits instruments d'étude fabriqués aujourd'hui en séries de quelques unités. Chaque instrument est bâti selon des principes généraux communs à tous les orgues et souvent fort anciens, mais possède une individualité propre. Il est conçu et « composé » en fonction des desiderata, des goûts et des possibilités financières de son acquéreur, toujours sur mesures. De plus, l'organier donne aux différents jeux choisis pour l'instrument qu'il construit un caractère sonore (attaque, timbre, puissance), qui dépend de son propre style, mais aussi des mélanges de jeux possibles sur cet instrument (afin de réaliser des ensembles et un plénum cohérents) et de l'acoustique du lieu où ce dernier aura à se faire entendre. C'est ce que l'on appelle l'« harmonie » de l'instrument.
Depuis l'instrument primitif et rudimentaire de l'Antiquité, l'*hydraule,* l'orgue a considérablement évolué. L'instrument traditionnel à tuyaux et à claviers s'est lui-même diversifié en plusieurs formes : le *grand orgue,* celui que l'on rencontre dans les églises, le *petit orgue* ou *positif,* de dimensions et de possibilités plus modestes, et le tout petit instrument portable ou *portatif.* Au XIXe siècle ont été conçus et réalisés de nouveaux instruments : un orgue mécanique, mû par un cylindre tournant remplacé plus tard par des feuilles de carton perforé, l'*orgue de Barbarie* (souvent appelé du nom de son principal constructeur français, *limonaire*); et un instrument à anches libres, appelé alors « orgue expressif » et connu aujourd'hui sous le nom d'*harmonium.* Le XXe siècle a vu naître à son tour l'*orgue électronique,* dans lequel les tuyaux sont remplacés par des oscillateurs électriques, des amplificateurs et des haut-parleurs, et la forme la plus évoluée de l'orgue électronique, le *synthétiseur,* qui, lui, se démarque radicalement de l'orgue à tuyaux traditionnel.
Les fonctions de l'orgue. L'orgue de l'Antiquité apparaît dans les jeux du cirque, où il assure une fonction d'appel et de signalisation. Chez les Romains, on le trouve aussi associé aux banquets dont il rehausse l'éclat par ses sons très puissants. Dans l'Occident chrétien, il est d'abord toléré dans les monastères et les églises, comme guide-chant, mais avec réticence, en raison de ses origines païennes. Il parvient cependant à s'imposer, au point d'exclure toute autre forme de musique instrumentale pendant plusieurs siècles et de devenir l'instrument par excellence de la liturgie chrétienne. En effet, généralisé dans l'Église catholique, il est également adopté par les luthériens, les anglicans et même les calvinistes, en dépit de la méfiance de ces derniers à l'égard de la musique. Chez eux, il sera relégué au rang d'accompagnateur des cantiques, tandis que, pour les catholiques et les luthériens, il fait partie intégrante de la liturgie : accompagnement des mouvements des fidèles (entrée, communion, sortie, processions), paraphrase des textes chantés (chorals, versets de psaumes, de magnificat, d'hymnes), prière et méditation en musique (offertoire, élévation). Dans les régions comme l'Autriche ou la Bavière, qui pratiquent encore la grand-messe baroque avec orchestre et chœurs, ou pour les cantates exécutées dans les églises luthériennes, l'orgue se joint à l'ensemble orchestral ; il est, entre autres, chargé d'accompagner le récitatif et d'exécuter la basse chiffrée. Le retour massif de la participation chantée de l'assemblée dans l'Église catholique depuis le concile Vatican II, la disparition de la tradition chorale en France et l'introduction dans les lieux saints de musiques nouvelles, d'inspiration profane et exécutées sur la guitare électrique, le synthétiseur ou les percussions, ont considérablement réduit la fonction liturgique de l'orgue, en France particulièrement ; et les orgues d'église de quelque intérêt se font davantage entendre dans des concerts qu'à la messe ou à l'office.
Mais on trouve aussi l'orgue hors de l'église ou du temple. Dans les salles de concert ou de spectacle, où il se fait entendre soit comme soliste en récital, soit dans des œuvres orchestrales requérant sa participation. Au cinéma, où, à l'époque du film muet (et principalement entre 1920 et 1930), l'organiste exécutait des illustrations sonores sur les images, ou bien agrémentait le temps de l'entracte sur des instruments au caractère adapté à cette fonction (jeux ondulants, jeux de percussion, forte pression d'air, etc.). L'orgue a même pris place dans des grands magasins : le plus volumineux instrument du monde se trouve aux magasins Wanamacker, à Salt Lake City (États-Unis), où il a quotidiennement à distraire les chalands ou à les inciter à l'achat (le talent de l'organiste doit s'y révéler d'une importance décisive).
Les orgues mécaniques accompagnent les fêtes populaires, les bals publics ou les manèges de chevaux de bois, ou font entendre dans les rues et les guinguettes des refrains connus. Quant à l'orgue électronique, s'il sert de succédané à l'orgue à tuyaux auprès des paroisses peu fortunées, il s'est surtout répandu dans les orchestres de variétés et les ensembles de musique pop.
La structure de l'orgue. L'ensemble des commandes accessibles à l'exécutant est réuni en un meuble *(console),* indépendant ou encastré dans le bâti de l'orgue. Ces commandes sont dirigées vers les organes de production sonore par des éléments de transmission mécanique, pneumatique ou électrique. Le vent destiné à faire sonner les tuyaux est produit par une soufflerie (à moteur électrique de nos jours, mais mécanique jadis, animée par un ou plusieurs souffleurs), puis mis en réserve et sous pression convenable dans les soufflets. Quant aux divers tuyaux, dont le nombre peut aller de quelques unités à plusieurs milliers, ils se trouvent placés sur différents sommiers dans lesquels arrivent l'air sous pression et les différentes commandes. Tuyaux et sommiers sont enfermés dans le buffet, qui joue un rôle à la fois décoratif, protecteur et acoustique.
La *console* met à la disposition de l'exécutant le ou les claviers (appelés grand orgue, positif, récit, écho et parfois encore solo, grand-chœur ou bombarde), ainsi que le pédalier. On y trouve aussi un certain nombre de registres, boutons ou tirettes étagés en gradins ou disposés verticalement de chaque côté des claviers, registres qui appellent en fonctionnement les divers jeux de l'instrument. D'autres commandes, mises en œuvre à la main ou au pied, régissent les accouplements et les tirasses, et les éventuelles combinaisons fixes ou ajustables. Ces combinaisons per-

mettent, par l'intermédiaire de dispositifs mécaniques, pneumatiques, électriques et aujourd'hui électroniques, de programmer à volonté diverses registrations (ou mélanges de jeux) ; qu'elles soient préparées par le facteur d'orgues ou ajustables à volonté par l'organiste, elles seront introduites d'un seul coup, au cours de l'exécution, par simple pression sur un bouton ou une pédale. Ce dispositif évite à l'exécutant d'avoir à s'entourer, comme jadis, de tireurs de jeux installés à ses côtés, dont le rôle était de modifier au moment opportun les sonorités requises par le morceau interprété. Les pieds de l'exécutant peuvent encore commander, depuis la console, l'ouverture ou la fermeture des jalousies de la boîte expressive (pédale d'« expression »), et éventuellement un crescendo progressif, faisant intervenir tous les jeux du plénum dans un ordre croissant d'intensité.

L'emplacement longtemps considéré comme le plus logique pour la console a été celui dit « en fenêtre », les organes de commande étant encastrés dans le soubassement du buffet, ce qui réduisait de ce fait la longueur des organes de transmission, génératrice de retards, de dureté de manœuvre et d'incidents. Mais à partir du XIXe siècle, on a généralement préféré construire des consoles séparées, placées en avant du buffet et permettant à l'organiste de diriger ses regards vers le lieu du culte dans lequel il a à intervenir. Grâce à la transmission électrique, on peut réaliser aujourd'hui des consoles mobiles, reliées au buffet par un gros câble contenant tous les fils de commande électrique (plusieurs centaines). Cette disposition se révèle particulièrement appréciable dans les salles de spectacle, puisqu'elle permet à l'organiste d'intervenir aussi bien sur la scène, depuis la coulisse ou dans la fosse d'orchestre.

La *transmission* des commandes des touches des claviers et du pédalier peut se faire par système mécanique, pneumatique ou électrique, avec possibilité de mêler ces procédés entre eux (par exemple, transmission mécanique des touches et électrique des registres). Mécanique, elle fait appel à des vergettes qui prolongent l'action de l'enfoncement de la touche au sommier ; ce mouvement est relayé par des équerres et un dispositif démultiplicateur appelé abrégé. Dans la transmission pneumatique (dite aussi « tubulaire »), les pièces mécaniques sont remplacées par de petites conduites d'air comprimé ; mais ce type de commande met un certain temps à entrer en action (celui du déplacement de l'air dans les tubes), et les retards parfois très gênants occasionnés ainsi à l'exécution ont conduit à abandonner ce procédé qui, par ailleurs, était beaucoup plus sujet à incidents et pannes que la transmission mécanique. Quant à la transmission électrique, parfaitement au point de nos jours, elle permet de réaliser des consoles mobiles ou éloignées du buffet, et simplifie les commandes dans les très grands instruments. Elle consiste à placer des contacts électriques à toutes les commandes de la console (notes, registres, appels d'accouplements, de tirasses et de combinaisons) ; des câbles véhiculent instantanément le courant jusqu'aux sommiers, où il actionne des électroaimants. On a, un temps, imaginé une combinaison de la transmission pneumatique avec des sommiers à électroaimants ; mais cette transmission « électro-pneumatique » a cédé le pas devant les possibilités du système électrique. Il faut cependant souligner que, malgré ses incontestables avantages, la transmission électrique présente le lourd inconvénient de dépersonnaliser le toucher du clavier, l'attaque et la pression des doigts de l'organiste sur les touches demeurant sans effet correspondant sur le mode d'ouverture de la soupape.

Pour alléger la transmission mécanique dans les grands instruments (et en particulier dans ceux dont la mécanique avait été mal réglée ou peu entretenue, voire mal conçue), l'organier Barker a imaginé, en 1839, une machinerie de leviers pneumatiques qui prennent le relais de la commande manuelle et constituent en quelque sorte des amplificateurs de puissance à la traction mécanique. Ainsi, l'organiste éprouve moins de difficultés à enfoncer les touches, surtout lorsque les claviers sont accouplés entre eux et qu'il y a une mécanique importante à faire mouvoir. Mais la machine Barker entraîne les mêmes inconvénients sur le toucher que la transmission électrique.

La *soufflerie* est assurée par un ventilateur électrique, qui envoie de l'air dans de grands réservoirs à soufflets recouverts de poids. Leur but est de régulariser le débit d'air et de mettre cet air à pression convenable. Il peut alors être dirigé sans à-coups vers les sommiers par l'intermédiaire de tubes porte-vent.

Les *tuyaux* de l'orgue peuvent être de deux types, à bouche ou à anche, selon le mode d'émission du son. A bouche, ils composent les jeux de fond ou les jeux de mutation et de mixtures. Ces tuyaux sont rangés par séries, correspondant aux jeux, sur les sommiers. Certains d'entre eux, trop volumineux, sont placés à l'écart, et des tubes porte-vent les alimentent individuellement depuis leur emplacement théorique sur le sommier : ont dit qu'ils sont « postés ». Il en va de même pour les tuyaux placés en façade du buffet, ou en montre, qui ne reposent pas directement sur le sommier, mais sont également postés. Quoique le matériau dans lequel sont fabriqués les tuyaux n'ait pas d'influence sur le timbre du son produit, il peut favoriser la réalisation du sifflet proprement dit qui engendre le son (bouche et biseau), et donc jouer sur l'attaque du son. Les organiers ont de tout temps choisi l'étain, mêlé à un taux variable de plomb, pour réaliser les tuyaux : cet alliage présente en effet la double propriété d'être très malléable pour être travaillé avec précision, et suffisamment solide pour que les plus grands de ces tuyaux ne se tassent pas sous leur propre poids. On construit également des tuyaux en bois, de section carrée, surtout pour les jeux de bourdon. La hauteur des sons émis par les tuyaux est fonction de leur partie active, de la bouche à l'extrémité supérieure ; et c'est la forme et la section des tuyaux qui sont responsables du timbre du son.

Les *sommiers* assurent la répartition du vent dans les tuyaux que l'organiste veut faire sonner : la soupape correspondant à la note introduit l'air à la base de tous les tuyaux que cette note est susceptible de faire jouer sur le clavier considéré ; mais seuls seront entendus les tuyaux dont l'admission n'est pas obturée par le registre, c'est-à-dire ceux pour lesquels l'organiste aura tiré le registre du ou des jeux qu'il souhaite faire entendre.

L'histoire de l'orgue. Le plus ancien orgue connu est dû à Ctesibios d'Alexandrie, au IIe siècle av. J.-C. C'est l'hydraule, qui ne comporte que quelques tuyaux mis en œuvre par l'intermédiaire de touches grossières. En Occident, l'orgue apparaît à l'époque carolingienne, où il est importé de Byzance. Il se développe assez lentement d'abord : du IXe au XIIe siècle, son étendue passe de une à deux octaves, l'unique rangée de tuyaux se double d'une seconde.

Du XIIe au XVe siècle, l'orgue se développe considérablement : les tuyaux se multiplient, le clavier s'étend et devient chromatique, la soufflerie se fait plus puissante. Dès la fin du XIVe siècle, l'instrument, placé en tribune dans les églises, est suffisamment important pour nécessiter qu'on lui adjoigne un autre orgue, plus petit, pour accompagner les chanteurs. C'est le positif, installé sur le devant de la tribune. Au XVe siècle, les sommiers se perfectionnent, et la possibilité apparaît d'isoler et de mélanger les jeux par tirage de registres, jeux qui, jusqu'à présent, ne pouvaient fonctionner que tous en même temps.

Le grand orgue classique est alors constitué. Il va désormais connaître diverses évolutions, selon les pays et les écoles de facture qui se multiplient, mais tout en restant fidèle aux grands principes de base qui sont maintenant établis. En Italie, c'est un instrument souvent à un seul clavier, dont le plénum se décompose en de nombreux jeux de principaux qui permettent d'en faire varier la couleur et le caractère. Le plus grand représentant de cette facture est l'organier Antegnati.

Mais c'est surtout en France, en Allemagne et en

Flandres que l'orgue va se développer en coloris, en plénitude et en contrastes. En France, il présente deux claviers accouplables au début du XVIIe siècle ; à la fin du même siècle, il en compte trois, parfois quatre et même jusqu'à cinq, conçus pour s'opposer et se répondre. Il s'enrichit de jeux de détail, destinés à chanter en solistes — jeux d'anches, notamment — et son plénum s'étoffe de nombreuses mixtures qui donnent de la légèreté et de la transparence à ses tutti. Son apogée se situe au début du XVIIIe siècle. Les principaux représentants de la facture française des XVIIe et XVIIIe siècles sont les Thierry et les Clicquot. Les théoriciens en sont le père Mersenne et surtout Dom Bédos, dont le monumental traité, *l'Art du facteur d'orgues* (1766-1778), unique en son genre, consacre tout le savoir-faire acquis au cours des siècles précédents.

En Flandre et en Allemagne du Nord, l'orgue se singularise par ses jeux de flûte et ses batteries d'anches et ses amples proportions, tandis qu'en Allemagne du Centre et du Sud, l'instrument, moins développé, subit l'influence française et réalise un harmonieux équilibre des diverses tendances. Il est représenté par Fritzsche et Compenius pour le nord, les Schnitger et les Silbermann pour l'ensemble du monde allemand. Les orgues d'Allemagne ont la particularité de posséder un pédalier à touches qui favorise la virtuosité, alors que la France reste encore fidèle à son ancien pédalier à chevilles ; l'adoption par la facture française du pédalier à l'allemande ne se fera que vers 1860 seulement.

D'autres pays possèdent une école et un style originaux, comme la péninsule Ibérique, avec ses grands chœurs d'anches et ses tuyaux en chamade, et ses claviers coupés permettant des registrations différentes (Brebos). Les Anglais ont également développé un style spécifique, influencé par les écoles française et flamande (Dallam, Harris).

Au XIXe siècle, après une période de stagnation et même de régression (en France surtout, du fait de la Révolution et du profond changement des goûts et des mœurs), l'orgue va se trouver doublement marqué par la recherche d'améliorations techniques d'une part, et par l'influence du style symphonique d'autre part. Il va sacrifier son caractère propre (jeux de détail fortement typés, mixtures) à une imitation approximative des instruments de l'orchestre et des procédés de l'écriture symphonique ; à la poésie de timbres subtils, il préférera la puissance massive et une virtuosité évidemment calquée sur celle du piano qui triomphe alors. Sur le plan technique, l'orgue symphonique améliore la distribution du vent dans les sommiers, introduit la machine Barker, perfectionne la mécanique. Musicalement, il est plus puissant, mais aussi plus rond, plus grave, plus épais et dense, moins diversement coloré que l'orgue classique ou baroque. Procédant par grandes masses, il use d'effets de crescendo par renforcement de la sonorité en camaïeu et non par enrichissement du coloris ; souffrant d'une sorte de complexe du piano et de son impossibilité à faire varier l'intensité du son en fonction de la frappe de la touche, il cherche un nouveau type d'expressivité par l'usage de la boîte expressive. À côté d'un Cavaillé-Coll, qui réalise les chefs-d'œuvre de l'orgue symphonique, et de facteurs comme Callinet, Abbey ou Harrison, bien des organiers moins doués ont bâti des instruments de moindre intérêt sonore, souvent même en modifiant des instruments anciens à jamais défigurés.

Un mouvement de contestation de l'orgue symphonique s'est développé vers 1920, sous l'impulsion de Victor Gonzalez avec, bientôt, la caution du musicologue Norbert Dufourcq et des instances officielles (commission des orgues du secrétariat des Beaux-Arts). Ce mouvement a abouti en France à un instrument baptisé « néoclassique », qui pratiquait un sain retour à une esthétique ancienne plus spécifiquement propre à l'orgue, mais enrichie d'éléments techniques et sonores ultérieurs. Ainsi s'est concrétisé un instrument de style hybride assez mal défini, présentant un échantillonnage varié de jeux basé sur les compositions d'orgues classiques, tout en maintenant des jeux de l'orgue symphonique et en adoptant des techniques nouvelles, comme la transmission électrique pour les instruments importants. Cet idéal d'orgue à tout jouer a été appliqué non seulement à des instruments neufs, mais aussi à bien des instruments anciens — y compris les meilleurs représentants de la facture symphonique, qui se sont trouvés de ce fait dénaturés.

Ce mouvement de retour aux sources devait se poursuivre après 1950 par des recherches plus approfondies sur les divers types d'instruments, classiques et baroques, dont il n'existe pas un seul prototype, mais un certain nombre de types très différenciés par le style, la composition et la réalisation technique. Il a abouti à la construction (ou à la restauration) d'instruments d'esthétique beaucoup plus pure et univoque, véritables copies d'orgues baroques allemands ou classiques français — orgues « à la Dom Bédos », « à la Silbermann », « à la Clicquot », etc., par exemple. Ce mouvement salutaire a permis d'accroître les exigences en matière de mécanique et de sonorité. On ne peut cependant nier qu'il ne s'agit là que d'un travail d'archéologie, si réussi soit-il (Kern).

Depuis 1970 environ, et sous la pression de quelques organistes compositeurs, se font jour, en Allemagne principalement, des recherches de sonorités nouvelles et de dispositifs de jeu inédits : harmoniques supplémentaires dans les jeux de mutation, tuyaux ou émetteurs de sons inexplorés encore, programmation ajustable de sonorités et de mélanges sur des notes isolées, accords transposables automatiquement d'une note à l'autre pour permettre l'exécution de clusters, etc. Reste à savoir si des instruments réalisés sur de telles données permettront ou non l'exécution d'œuvres anciennes, ou s'ils devront se spécialiser dans les œuvres écrites à leur intention. Peut-être, en tout cas, ces recherches mèneront-elles un jour à la création d'un type d'orgue véritablement nouveau, comme le XXe siècle n'en a pas encore réalisé.

La musique pour orgue. Jusqu'au XVIe siècle, l'orgue, comme d'ailleurs les autres instruments à clavier, ne possède pas de répertoire propre. On y exécute des pièces polyphoniques, sacrées (motets, versets) ou profanes (multiples danses, canzone, variations), soit pour accompagner des chanteurs, soit pour dialoguer avec eux en répons, soit encore pour faire danser ou participer aux fêtes. Il est vraisemblable que, dès cette époque, une part importante était faite à l'improvisation (préludes, fantaisies). Quant à la musique écrite, elle l'était sous forme de tablatures.

Au XVIe siècle, apparaissent l'édition musicale et les premières pièces spécifiquement instrumentales. Les œuvres destinées à l'orgue ne se différencient d'ailleurs pas toujours de celles que l'on joue à l'épinette, au virginal, voire au luth. Mais des organistes écrivent des œuvres qu'ils destinent expressément à leur instrument, principalement en Italie, en Flandres et en Espagne, la France se montrant plus en retard en ce domaine. Le siècle est dominé par les figures de l'Espagnol Cabezón, spécialiste des variations, du Flamand Sweelinck, auteur de fantaisies, toccatas et variations, et d'une riche école italienne, où l'on peut relever les noms de Cavazzoni, Merulo, A. et G. Gabrieli, Banchieri, Luzzaschi, Palestrina. Les Italiens multiplient toccatas « per l'elevazione » ou « sopra i pedali », ricercari, canzone, pastorales, etc., sans que ces pièces aient toujours une forme, une attribution instrumentale et une fonction bien précises.

Le XVIIe et le XVIIIe siècle voient à la fois l'apogée de l'instrument classique et baroque et de la fonction liturgique de l'orgue, et la consécration de l'autonomie de la musique instrumentale. C'est aussi un temps traversé de courants mystiques profonds (mystiques français du XVIIe siècle, piétistes allemands du XVIIIe, etc.), courants qu'illustreront des compositeurs de génie. En Espagne fleurissent tientos et variations sous la plume de Correa de Arauxo, puis de Cabanilles, ainsi que des « battaglie » qui font sonner les batteries d'anches en chamade des instruments ibériques. L'Italie, après avoir jeté ses feux au XVIe siècle, ne produit plus d'œuvres marquantes, et l'Angleterre développe ses voluntaries avec Blow, Purcell, Boyce ou Stanley. Mais les deux pays dominants sont alors la France et l'Allemagne.

En France, une première génération, au début du XVIIe siècle, celle de Titelouze et de Racquet, pratique les versets contrapuntiques et les fantaisies polyphoniques. Avec Roberday et Louis Couperin (1650), le style se fait moins sévère, sous l'influence de l'art italien. Mais c'est ensuite que l'orgue français connaît ses plus grandes heures. C'est alors le triomphe des grandes pièces faisant sonner le riche plénum de l'instrument classique (grand jeu, plein jeu, préludes, fantaisies), encadrant des pages de caractère poétique, mettant en valeur un ou plusieurs des jeux de détail dont l'orgue français abonde : récits, basses et dessus, duos, trios, dialogues, etc. Telle est l'ordonnance type de ces *Livres d'orgue* qui vont éclore à profusion en une centaine d'années, de Nivers (1665) à M. Corette (1734), en passant par Lebègue, Jullien, Gigault, Raison, Boyvin, Guilain, Du Mage, Clérambault, Marchand, les sommets du genre étant les deux messes de François Couperin (1690) et le *Livre d'orgue* de Grigny (1699). Dès 1730, cependant, l'orgue est envahi par les frivolités de style et les coquetteries de virtuoses, empruntées au genre mondain du clavecin, étalant à profusion les variations brillantes (Daquin), paraphrasant les chansons populaires (noëls), et, à la fin du siècle, introduisant des effets descriptifs (orage, tonnerre, oiseaux) dans des pièces imitatives d'un goût douteux et d'une substance musicale extrêmement indigente.

En Allemagne, les musiciens du sud sont influencés par l'Italie, dans leurs chorals, leurs fantaisies ou leurs préludes, d'un caractère volontiers serein et méditatif : Froberger, Muffat, Fischer, Pachelbel. Au nord, au contraire, se développe un art puissant, à la fois dans le développement polyphonique (fugues, chorals variés) et dans la virtuosité proprement organistique (toccatas), en des architectures sonores solidement charpentées. C'est la manière des disciples de Sweelinck, Scheidt, Scheidemann, puis de Boehm, Bruhns, Hanff, Lübeck et surtout Buxtehude. Tous les éléments sont réunis pour que le prodigieux génie synthétique de J. S. Bach les rassemble, les fonde et les développe en une œuvre unique en son genre, qui résume les deux siècles précédents et semble en épuiser toute la sève : ni les frères Haydn ni Mozart n'apporteront à la musique d'orgue d'éléments majeurs (les deux admirables *Fantaisies* de Mozart, que l'on joue à l'orgue, étaient destinées à un instrument mécanique).

Le XIXe siècle et la première moitié du XXe, tout entiers tournés vers la symphonie et l'opéra, négligent d'abord l'orgue, et pour plusieurs décennies. En Allemagne, les œuvres de Schumann, de Mendelssohn, de Brahms et de Reger coulent un langage et une pensée romantiques dans des formes héritées de Bach (préludes et fugues, préludes de chorals); seules les quelques pages de Liszt font entrevoir un monde expressif résolument neuf. En France, après un siècle d'effroyable décadence que couronne un Lefébure-Wély, la double influence des organistes demeurés fidèles à la grande tradition germanique (Lemmens, Hesse) et de l'effort de curieux et de chercheurs pour retrouver la musique ancienne et renouer avec le plain-chant, va aboutir à un renouveau d'abord marqué par Boëly, puis par Saint-Saëns et Franck, dont les premières pièces datent de 1862. Le rayonnement personnel de Franck amène à l'orgue de nombreux disciples. Mais c'est Widor qui va former au Conservatoire de Paris la plus réputée des écoles d'organistes, plaçant la France au premier rang mondial. Widor crée la symphonie pour orgue, grande fresque qui fait valoir les instruments de Cavaillé-Coll, et prône une improvisation en style rigoureux (sonate, choral, fugue, etc.). Parmi ses disciples, Vierne, Tournemire, Dupré sont les meilleurs représentants du style symphonique, qui se tourne aussi vers la paraphrase des motifs grégoriens. Mais la musique d'orgue reste le fait d'organistes-compositeurs. Ni Debussy ni Stravinski n'écrivent pour l'orgue, et les œuvres que lui consacrent un Ives ou un Schönberg sont trop peu nombreuses pour être significatives. Deux compositeurs renouvellent le langage de l'orgue et l'extirpent de son épaisse gangue symphonique : Jehan Alain, trop tôt disparu, et Olivier Messiaen, dont l'œuvre profondément originale ouvre à l'orgue des chemins nouveaux. Auprès d'eux, ni Heiller ou David en Autriche, ni Hindemith en Allemagne, ne font figure de novateurs.

Depuis les années 60, les compositeurs portent un intérêt nouveau à l'orgue. Ce ne sont plus exclusivement des organistes confinés dans le langage de leur chapelle, mais des musiciens qui entrevoient des possibilités expressives nouvelles sur l'instrument à tuyaux : Kagel, Ligeti, Yun, Darasse, Pablo, Zacher, Boucourechliev ouvrent des voies qui pourraient mener, avec un instrument mieux adapté à leur imagination, à une renaissance de l'orgue. G. C.

ORGUE DE BARBARIE. Orgue mécanique, portatif, dont l'élément moteur est un cylindre à picots mû par une manivelle. Chaque picot déclenche au passage une soupape correspondant à un ou plusieurs tuyaux, alimentés en air par un jeu de soufflets. Cet instrument forain ne doit évidemment rien à quelque pays réputé barbare. Son nom populaire n'est qu'une déformation de celui de son inventeur, un facteur de Modène qui s'appelait Barbari ou Barberi. M. T.

ORGUE ÉLECTRONIQUE. Instrument moderne, à un ou plusieurs claviers, dont la source sonore consiste en une batterie de haut-parleurs alimentée par un jeu plus ou moins complexe de transistors. Les semi-conducteurs peuvent en effet fournir des fréquences d'une précision mathématique, et par conséquent des sons d'une hauteur donnée, dont diverses combinaisons permettent de modifier le timbre. Les orgues électroniques les plus perfectionnés parviennent ainsi à reproduire la plupart des jeux de l'orgue classique à tuyaux, plus quelques effets douteux de vibrato ou autres, sans parler des modèles qui fournissent un accompagnement préfabriqué sur des rythmes de valse, de tango, etc. La réputation de l'orgue électronique souffre évidemment des excès de certains fabricants, qui basent leur publicité sur la paresse ou l'ignorance de l'acheteur éventuel. Mais elle mérite mieux, qu'il s'agisse de l'instrument économique à quatre octaves sur un seul clavier, destiné aux enfants et aux amateurs débutants, ou du grand modèle à deux claviers et pédalier qui permet de jouer tout le répertoire classique. La qualité du son n'est certainement pas celle d'un orgue à tuyaux, mais l'encombrement et le prix de revient sont tellement moindres que de nombreuses paroisses l'ont sagement adopté de préférence au vieil harmonium, dont les ressources sont beaucoup plus limitées. M. T.

ORLANDO. Opéra de G. F. Haendel sur un livret de Grazio Braccioli d'après l'*Orlando furioso* de l'Arioste, terminé le 20 novembre 1732 et créé au King's Theater de Londres le 27 janvier 1733. Si la légende carolingienne avait fait de Roland, neveu de Charlemagne, un preux « champion de Dieu », le XVe siècle en devait faire un chevalier de légende, assez ingénu en face d'Angélique. L'*Orlando furioso* de l'Arioste (1532) lui confère en revanche une dimension nouvelle en le faisant devenir « fou par amour » et en laissant entendre qu'un excès d'idéalisme prépare mal à affronter les réalités quotidiennes. C'est ce personnage haut en couleur, fortement contrasté dans ses variations psychologiques et par là même éminemment « dramatique » que devaient peindre en musique des compositeurs comme Lully (1685), Scarlatti (1717), Vivaldi (1727), Haendel (1732) — ces deux derniers en s'appuyant sur un texte dû au même librettiste, Braccioli — et Haydn (1782). L'œuvre de Haendel est sans doute une des plus saisissantes qu'il ait destinées à la scène. Fertile en rebondissements tragiques ou féeriques, naturels ou fantastiques, le livret lui a permis de développer à l'envi ses qualités de dramaturge, de peintre psychologique. À tel point que la folie d'Orlando finit par constituer à elle seule une « pièce dans la pièce » comme aimaient à en écrire certains auteurs baroques — ou classiques (cf. Corneille, *l'Illusion comique*, ou Rotrou, *le Véritable saint Genest*). Ce dédoublement permet alors des oppositions typées : le mage Zoroastre, par exemple, face aux deux couples de protagonistes, maîtres et confidents. Il permet surtout de brosser des situations dramatiquement intenses où les héros se trouvent enfermés par un destin qui les dépasse et dont les mobiles se résumeraient assez bien en cette proposition : l'amour clair face à l'amour fou.

La qualité première de cette musique reste bien sa sincérité, son intensité, sa vérité. Car, au-delà d'une œuvre « magique » — veine abandonnée par Haendel depuis *Amadigi* (1715) —, *Orlando* se présente comme une œuvre mûre, où chaque détail s'intègre à l'ensemble et en amplifie la valeur, la beauté, la signification : fluidité et polychromie de l'orchestre, indépendance des récitatifs, liberté compositionnelle des différents airs directement liés à l'action et d'une surprenante peinture psychologique (air d'Angelica « Ritornava al suo bel vivo » ; de Dorinda : « Amor è qual vento »), folie d'Orlando tout entière, impressionnante à force de vérité et de puissance suggestive, commentaires des petits ensembles — trios et quatuor —, conception large et nouvelle enfin des chœurs, peu nombreux mais hautement suggestifs et qui laissent, dès cette époque, présager les futurs — et proches — grands ensembles des oratorios. Autant d'éléments — et de qualités — qui font d'*Orlando* un des meilleurs opéras de G. F. Haendel.   J. G.

ORLANDO FURIOSO (ital. ; « la Folie de Roland »). Drame en musique en trois actes de Vivaldi, sur un texte de Grazio Braccioli d'après le poème du même nom de l'Arioste, écrit en 1516. *Orlando furioso* fut créé en 1727 au théâtre Saint-Ange à Venise. Auparavant, un opéra sur le même sujet avait été écrit par Giovanni Alberto Ristori. Vivaldi avait commencé par écrire une œuvre intitulée *Orlando finto pazzo* (« le faux fou »), dont l'insuccès l'incita à reprendre l'œuvre de Ristori en y apportant divers arrangements. Ce ne fut qu'en 1727 qu'il écrivit sa version originale définitive.

ACTE PREMIER. *Roland (ms) veut retrouver Angelica (s), qui de son côté pleure sur la dépouille du chevalier sarrasin Medoro (t), qu'elle aimait. Alcine (ms), amie d'Angelica, rend la vie à Medoro par des incantations. L'arrivée de Roland provoque une scène de jalousies réciproques entre lui et Medoro. Alcine exerce son charme sur le chevalier Ruggiero (bar), qu'elle ravit à l'amour de Bradamante (c).*

ACTE II. *Bradamante réussit à désenvoûter Ruggiero. Un autre paladin, Astolfo (b), essaie vainement de séduire Alcine. Angelica veut se débarrasser de Roland et lui tend un piège dans lequel il tombe. Roland décide de se venger ; perdant la raison, il se laisse aller à une crise de folie destructrice.*

ACTE III. *Ruggiero, Astolfo et Bradamante veulent venger Roland. Mais il réapparaît, en proie à la folie. Dans le temple d'Hécate, il jette bas la statue de l'enchanteur Merlin, ce qui provoque l'écroulement du temple et la destruction des sortilèges d'Alcine. Angelica et Medoro sont épouvantés, mais Roland, retrouvant sa raison, leur pardonne et bénit leur noces.*

Selon l'usage de l'époque baroque, le rôle de Roland est travesti, chanté par un mezzo-soprano. La particularité de l'opéra est le nombre relativement réduit d'airs, tandis que les passages importants scéniquement sont confiés à de longs récitatifs avec un accompagnement instrumental élaboré, contrairement à la sécheresse qu'ils présentent souvent à l'époque. Ceux d'*Orlando furioso* s'apparentent souvent au *recitar cantando* de Monteverdi.   A. L.

ORLANDO PALADINO. Opéra *(dramma eroicomico)* en trois actes de Haydn sur un livret de Carlo Francesco Badini, arrangé et complété par Nunziato Porta, composé en 1782 et créé à Esterháza le 6 décembre de la même année.

ACTE PREMIER. *Dans un paysage montagneux, la bergère Eurilla (s) et son père Licone (t) voient arriver Rodomonte (bar), roi de Barbarie, à la recherche d'Orlando (t), qu'il veut provoquer en combat singulier. Tous deux sont en effet amoureux de la reine de Cathay, la belle Angelica (s). Mais celle-ci aime Medoro (t), un guerrier sarrasin, et en est aimée. Eurilla apprend à Rodomonte que Roland « furieux » rôde dans les parages, à la recherche d'Angelica, et qu'Angelica et Medoro se sont réfugiés dans un château isolé. Dans le château, Angelica appelle à l'aide la magicienne Alcina (ms), qui promet de la prendre sous sa protection. Medoro a vu un homme en armes qui n'est autre que Pasquale (bar), l'écuyer d'Orlando. Celui-ci ne peut donc être loin, et Angelica supplie Medoro d'aller chercher refuge en un lieu encore plus sûr. Pasquale, après avoir été provoqué par Rodomonte, fait la cour à Eurilla. Scène d'adieux entre Angelica et Medoro. Orlando découvre sur une fontaine les noms gravés des deux amants : furieux, il détruit la fontaine, et, dans un grand air, chante son amour pour Angelica et sa jalousie envers Medoro. Orlando (finale d'acte) se saisit d'Eurilla, qui lui révèle tout ce qu'elle sait sur Angelica et Medoro. La fureur d'Orlando ne connaît plus de bornes. Pasquale et Eurilla préviennent Angelica de l'arrivée imminente d'Orlando. Tous trois s'enfuient, et rencontrent d'abord Rodomonte, toujours à la recherche d'Orlando, puis Medoro, et enfin Alcina. Rodomonte se déclare prêt à protéger tout le monde, mais Alcina, après lui avoir déclaré qu'il en serait bien incapable, le métamorphose en scarabée. Entrée d'Orlando. Tous sont saisis de frayeur, mais Alcina sauve la situation en enfermant Orlando dans une cage de fer.*

ACTE II. *Dans une forêt, Orlando et Rodomonte se rencontrent pour leur combat singulier. Ils se battent, mais Eurilla les interrompt en leur annonçant qu'Angelica et Medoro sont en fuite. Rodomonte puis Orlando se lancent à leur poursuite. Medoro, seul dans un lieu désert, est découvert par Pasquale, qu'il charge d'aller faire en son nom ses adieux à Angelica. En chemin, Eurilla rencontre Pasquale, et, pour se moquer de lui, se fait passer pour Alcina. Tout s'explique, et Pasquale et Eurilla tombent dans les bras l'un de l'autre. Seule de son côté, Angelica est sur le point de se jeter à la mer, mais grâce à Alcina, elle retrouve Medoro. La joie des deux amants est troublée par l'arrivée d'Orlando. Alcina les protège de la fureur de celui-ci.*

Pour se débarrasser d'Alcina (finale d'acte), Orlando envoie Pasquale dans sa grotte avec mission de lui tendre un piège. Alcina paraît, se heurte à Orlando, et le métamorphose en pierre. Arrivée d'Angelica et de Medoro, puis d'Eurilla, et enfin de Rodomonte. Alcina leur explique que c'est elle qui a transformé Orlando en rocher, mais chacun, pour des raisons diverses, souhaite le voir reprendre sa forme normale, ce à quoi Alcina consent. Après un vif échange de paroles avec Rodomonte, Orlando suit Alcina dans sa grotte, mais celle-ci s'écroule et l'emprisonne.

ACTE III. *Alcina a conduit Orlando sur les rives du fleuve Léthé, et demande à Charon (b) de le baigner dans les eaux du fleuve pour que sa fureur s'apaise. Charon obéit. Orlando revient à lui, ayant tout oublié des événements précédents. Il porte secours, avec Rodomonte, à Angelica attaquée par des brigands dans une forêt et qu'a dû abandonner Medoro blessé. C'est en fait ce dernier qui a mis en fuite les brigands. Orlando et Rodomonte prétendent chacun avoir accompli l'exploit, et se battent. Pasquale, guéri par Alcina, les sépare. Orlando, n'ayant plus le moindre souvenir de son amour pour Angelica, lui offre ses services de chevalier. Angelica tend la main à Medoro, Eurilla à Pasquale. Réjouissances générales.*

Orlando paladino est l'opéra de Haydn qui, de son vivant, obtint le plus de succès hors d'Esterháza. C'est assurément le plus complexe quant à son livret et le plus varié quant à la musique. *Orlando paladino* occupe un peu dans l'ensemble des opéras de Haydn la même place que *la Flûte enchantée* dans ceux de Mozart. Les deux ouvrages foisonnent en quelque sorte « dans tous les sens », ce à quoi correspond dans celui de Haydn la dénomination de *dramma eroicomico*, déjà utilisée dix ans auparavant par Salieri. Les trois aspects principaux — tragique, héroïque et comique — d'*Orlando paladino* débouchent sur un large éventail expressif, rendu possible aussi par le nombre et la diversité des personnages. Les rôles de Licone et de Charon ne sont pas qu'épisodiques (l'air de Charon au début de l'acte III est pourtant un des plus beaux de la partition), mais il en reste sept qui tous, y compris celui de la sorcière Alcina, ont leur caractère propre.

Angelica et Medoro, personnages plutôt passifs, relèvent de l'opéra sérieux, et se voient attribuer de grandes scènes avec récitatifs accompagnés, ainsi qu'un magnifique duo au deuxième acte. D'Angelica, la tonalité principale est *ré*. Orlando tend à se fixer en *mi* bémol, tonalité « héroïque » qui est celle de sa furie, en *la*, tonalité plus « humaine » et proche de celle d'Angelica, et aussi en *ut*, aux moments où il tombe au pouvoir d'Alcina (dont c'est la tonalité principale). Rodomonte (tonalité principale *si* bémol) et, surtout, Eurilla et Pasquale illustrent le style bouffe. Rodomonte et Pasquale ont un côté vantard, accentué chez le second par une couardise certaine. Son air en *ut* majeur « Vittoria, Vittoria » témoigne chez Haydn d'une veine parodique prenant également pour cible Rodomonte et aussi, à l'occasion, Orlando. Il y a chez Pasquale du Leporello, du Papageno, et même du Masetto. A l'acte II, son duo avec Eurilla « Quel tuo visetto amabile » évoque d'avance le couple Masetto-Zerline plus encore que le couple Papageno-Papagena. Significatif est le fait qu'en 1794 à Londres, Lorenzo Da Ponte inséra ce duo, après l'avoir doté de nouvelles paroles (« Quel cor umano e tenero »), dans l'opera pasticcio *Il Burbero di buon core* de Martin y Soler.

A noter également, dans *Orlando paladino*, les grands finales des deux premiers actes, respectivement dans les tonalités principales de *la* et d'*ut* (le premier fait se succéder sans transition une section en *si* bémol et une autre en *si*). Avec cette œuvre, Haydn prit glorieusement congé, non sans l'intégrer dans une entité plus vaste, de la sphère de l'*opera buffa*. Tout bien pesé, *Orlando paladino* apparaît comme son plus grand opéra.   M. V.

ORMANDY (*Eugène*), chef d'orchestre américain d'origine hongroise (*Budapest 1899*). Il entre à cinq ans à l'Académie royale de Budapest, pour y apprendre le violon, et donne, deux ans plus tard, ses premiers concerts. Ayant achevé ses études auprès de Jenö Hubay à quatorze ans, il enseigne lui-même trois ans plus tard. Il quitte l'Europe avec une place de premier violon dans l'orchestre Blüthner (obtenue en 1917) pour une tournée aux États-Unis qui tourne court. Devenu premier violon au Théâtre du Capitole de New York, établissement voué au cinéma muet, il remplace en 1924 le chef d'orchestre. D'orchestres de musique légère en concerts radiodiffusés, il en vient à diriger en 1930 les concerts d'été de l'Orchestre de Philadelphie et, l'année suivante, remplace trois fois Toscanini dans des programmes classiques. Minneapolis lui offre, de 1931 à 1936, la direction de son orchestre, avec lequel il se fait connaître par ses premiers enregistrements. Rappelé par l'Orchestre de Philadelphie pour diriger en alternance avec Leopold Stokowski, il en devient directeur musical unique de 1938 à 1980.

Proche par goût personnel du répertoire postromantique du tournant du siècle, Ormandy a créé de nombreuses partitions relevant de cette esthétique : danses symphoniques de Rachmaninov, troisième concerto pour piano de Bartók (avec G. Sandor, en 1946), *Diversions* pour la main gauche de Britten, des pages de Roger Sessions, Samuel Barber, etc. Il a également réalisé d'importants enregistrements, dont le premier de la symphonie n° 10 de Mahler reconstituée par Deryck Cooke. Son style, mélange de virtuosité et de perfectionnisme, a transformé le Philadelphia Orchestra en une des plus remarquables phalanges des Etats-Unis.   M. W.

ORMINDO (L'). Opéra en deux actes de Francesco Cavalli, sur un livret de Giovanni Faustini, créé en 1644 à Venise, deux ans après *le Couronnement de Poppée* de Monteverdi. L'action met en scène une intrigue amoureuse située dans un cadre exotique, à Fez, au Maroc.

ACTE PREMIER. *Ormindo* (t), prince de Tunis, amoureux d'*Érispe*, reine du Maroc (ms), qui est mariée au vieux roi *Ariadeno* (b), rencontre son ami *Amida*, prince de Trémisène (b). Celui-ci est aussi fou d'amour pour une belle. Apprenant l'un de l'autre qu'ils aiment la même femme, ils se querellent, et décident de la laisser choisir entre eux deux. Arrivent, déguisées en Égyptiens, la princesse *Sicle* (s) avec sa suivante et sa vieille nourrice *Érice*. Sicle était l'amante d'Amida, qui l'a abandonnée pour courtiser Érispe, et elle veut le reconquérir. Érispe se plaint à sa suivante *Mirinda* (ms) d'être mariée à un vieux roi ; elle aime également Amida et Ormindo, sans pouvoir choisir entre eux. Chacun des deux manifeste sa jalousie, après avoir assisté depuis une cachette aux déclarations passionnées d'Érispe pour l'autre rival. Érispe leur demande de ne pas être jaloux l'un de l'autre, chacun d'eux peut espérer ! (« Ambo sperate »).

Après le retour du vieil Ariadeno, qu'Érispe persuade qu'elle a mal supporté son absence, Sicle arrive, se présentant comme Égyptienne, avec des talents de devineresse et de chiromancienne. Dans les mains d'Amida, qui ne la reconnaît pas, elle prétend lire la traîtrise envers une princesse, et attise son remords. Voyant cela, Érispe décide de trancher en faveur d'Ormindo, et de le suivre en quittant son époux.

ACTE II. *Dans une scène de magie, Érice, la vieille nourrice, déguisée, prétend à Amida qu'elle* « voit » *Sicle se suicider par douleur d'avoir été abandonnée ; il s'agit par cette ruse de réveiller les sentiments amoureux d'Amida. Celui-ci voit arriver Sicle qui a quitté son déguisement, et la prend pour un fantôme. Il lui déclare son amour. Ariadeno demande à son capitaine Osmano* (b) *de faire mourir Ormindo avec une boisson empoisonnée : ce dernier, qui avait voulu s'enfuir avec Érispe en bateau, a été rejeté par les vents sur le rivage, et se trouve entre ses mains. Osmano décide de désobéir au roi pour sauver Ormindo, qui est son ami. Il lui annonce qu'il a reçu l'ordre de lui faire boire une potion mortelle. Les deux amants se disputent pour mourir le premier, et Érispe boit la première le fatal breuvage. Ils tombent tous deux dans l'inconscience, après un chant d'amour. Ariadeno, ne sachant qu'inanimés, se laisse toucher par la compassion, et regrette son inhumanité. Osmano lui révèle sa ruse : ce n'était qu'un somnifère. Ariadeno le félicite de lui avoir désobéi. Les deux amants se réveillent, Ariadeno leur pardonne, et cède son trône à Ormindo, tandis que Sicle et Amida, réconciliés, se joignent à la réjouissance générale : l'amour justifie tout !*   M. C.

ORNEMENTS, ORNEMENTATION (en all. *Verzierungen*, en angl. *ornaments*, en it. *abbellimenti*). Dans la musique vocale et instrumentale, les ornements constituent toute une gamme d'embellissements destinés à agrémenter les lignes mélodiques d'une composition. Ils doivent toujours conserver le caractère d'une improvisation spontanée même lorsque ces ornements ont été notés avec précision par le compositeur. C'est à l'époque baroque, au moment où le *bel canto* atteint son apogée sous le règne des castrats, que l'art des ornements connaît une période de virtuosité éblouissante en même temps que des abus inévitables. L'interprète, de nos jours, redécouvrir d'abord la technique instrumentale ou vocale qui lui permet d'improviser librement, voire aisément, mais il doit surtout y prendre plaisir et être conscient qu'un trop grand respect de la note écrite revient à trahir les intentions du compositeur. Celui-ci, aux XVIIe et XVIIIe siècles, soutenu par les théoriciens qui étaient souvent eux-mêmes des instrumentistes, considérait les ornements (écrits ou improvisés) comme un élément indispensable à sa musique et ne s'indignait que contre les excès.

Avant l'invention de la notation musicale, les ornements improvisés autour d'un chant ont certainement existé, tant ils sont naturels. On peut d'ailleurs en relever des exemples dans les musiques traditionnelles d'un grand nombre de pays extra-européens encore aujourd'hui. Lorsque la notation neumatique (v. NEUMES) est employée au IXe siècle pour codifier le répertoire de l'Église, les fioritures sont indiquées au moyen de neumes d'ornement tels que le « quilisma », l'« ancus » et le « torculus ». Avec l'avènement de la notation mesurée au XIIIe siècle, la plique (barre verticale ajoutée à une note) appelle un ornement qui est une sorte d'appoggiature*.

Pendant tout le Moyen Age et la Renaissance, la pratique des ornements est très répandue. Suivant l'exemple des improvisations des chanteurs, les instrumentistes à leur tour introduisent des ornements. C'est ainsi que, chez G. Gabrieli par exemple, un simple thème de chanson française est transformé, grâce aux ornements écrits et ajoutés, en une *canzona* instrumentale aux traits souvent virtuoses dans chacune des parties de la polyphonie.

Vers la fin du XVIe siècle apparaissent des traités exposant les diverses techniques de l'ornementation, sans doute pratiquées depuis longtemps déjà (les instrumentistes Ganassi, Ortiz et Dalla Casa; les chanteurs Maffei, Conforto et Bovicelli). Le talent pour exécuter toutes sortes de passages (« passaggi ») dans chacune des voix d'un madrigal italien s'est cultivé au fil des années et offre un témoignage de la maîtrise technique atteinte par les chanteurs qui nous semble redoutable à l'époque actuelle. Le traité de Dalla Casa *(Il vero modo di diminuir,* 1584, rééd. 1970) contient un madrigal de C. de Rore *(Tanto mi piaque)* où les quatre voix sont ornées de diminutions. La même méthode transforme une pièce vocale en pièce de clavier; de là découle la variation, où les valeurs des notes sont progressivement réduites au cours de la série. C'est une forme souvent employée par les virginalistes anglais (J. Bull, W. Byrd, G. Farnaby, etc.).

A la « fancy » des Anglais répond la « fantasia » et le « ricercare » des maîtres italiens. En France, l'instrument polyphonique préféré demeure le luth; pour lui sont adaptés des chansons, des motets et airs de cour.

G. Zarlino, reprenant Platon, précise que l'harmonie et le rythme doivent être les serviteurs de la parole *(Istitutioni armoniche,* 1558) : idée humaniste fondamentale et point de départ d'une réaction contre les complexités de la musique polyphonique qui rendaient le texte inintelligible. Ses partisans estimaient que la parole serait mieux servie par une voix seule déclamant en musique, avec une certaine liberté rythmique, les passions exprimées dans le texte. Ces passions (« affetti », mouvements de l'âme) se rehaussaient de tout un choix d'ornements que G. Caccini expose dans la préface de ses *Nuove Musiche* (1601) : « trillo » (répétition de plus en plus rapide d'une seule note), « gruppo » (notre trille habituel), « cascata » (trait rapide descendant), « ribattuta di gola » (inégalisation des croches ou doubles croches pour rendre le chant plus gracieux). Il suffit d'analyser les œuvres de l'époque pour les retrouver.

Monteverdi, *Orfeo,* extrait de l'air d'Orfeo, « Possente spinto », acte III :

Si en Italie, au cours du XVIIe siècle, l'ornementation devient de plus en plus le domaine de l'interprète (voix et violon surtout), la France préfère un système mieux défini. Afin d'agrémenter la mélodie, on se sert de signes, introduits d'abord par les luthistes, ou alors on prend soin d'écrire la version ornée d'un air de cour par exemple. Celle-ci, la seconde strophe, prend le nom de « double » et les ornements contribuent à effacer les difficultés créées par la prosodie. Le chanteur Michel Lambert a laissé de fort beaux exemples notés de cet art.

Air de M. Lambert, *Je goustais cent mille douceurs,* poésie de F. Sarrasin (ms. fr. XVIIe s.).

Chez les clavecinistes français, le terme « double » est synonyme de variation. Un genre particulièrement original caractérise leur musique : le prélude non mesuré que F. Couperin qualifie de « composition libre où l'imagination se livre à tout ce qui se présente à elle ». Sur un vague schéma en valeurs longues accompagnées de quelques dessins mélodiques, l'interprète orne à son gré afin de se chauffer les doigts. Quant au chant français de cette époque, B. de Bacilly, dans son ouvrage *Remarques curieuses sur l'art de bien chanter* (1688, rééd. 1971), décrit les ornements les plus usuels (port de voix, accent ou plainte, tremblement, cadence et double cadence, soutien de la voix, expression ou souci des passions exprimées dans le texte, doublement d'une note, diminution) mais ne donne pas d'exemples notés. Le choix de tel ou tel ornement par le chanteur est déterminé par le texte poétique et par le bon boût. En revanche, les luthistes, clavecinistes et organistes français ont rédigé des tables d'agréments pour embellir la mélodie, sans doute à l'imitation des chanteurs, mais aussi afin de prolonger les sons des instruments à cordes pincées. Les auteurs ne sont pas toujours d'accord au sujet de la nomenclature ni de la manière d'exécuter certains ornements. Voici quelques exemples tirés du premier livre de clavecin de F. Couperin (1713) :

Coulés, dont les points marquent que la seconde note de chaque temps doit être plus appuyée.

Située à mi-chemin entre les styles français et italien, l'école allemande adopte une attitude modérée à l'égard des ornements improvisés. J.-S. Bach va jusqu'à noter lui-même ses fioritures, notamment les mouvements lents, ce qui a entraîné une certaine réticence de la part des interprètes modernes, par exemple devant la possibilité d'exécuter un trille sous-entendu à une cadence.

Au XVIIIe siècle, et surtout en Italie, on assiste à la véritable soumission des compositeurs aux caprices des chanteurs tout-puissants. C'est l'époque de l'aria à *da capo*, avec ses maîtres A. Scarlatti, Bach, Haendel et Hasse. Cette forme ternaire offre aux chanteurs, au moment de la reprise, l'occasion de se distinguer, d'éblouir et, parfois, d'épuiser le public par les exploits du gosier. Les mouvements lents des sonates et concertos sont souvent des improvisations libres très ornées à partir d'une simple esquisse de quelques notes (Haendel, concertos pour orgue ; Corelli, *Sonates*, op. 5). Depuis le siècle précédent, les compositeurs français indiquent la place d'un ornement à l'aide d'une petite croix (+ : « faites un ornement ici, selon vos moyens techniques et [dans le cas de la musique vocale] selon le sens du texte »). Mais ils les écrivent aussi, par exemple autour d'un mot imagé tel que « voler ».

Les nombreuses critiques qui affirmaient qu'une ornementation excessive rendait totalement méconnaissable la composition originale ont amené plusieurs réformes. Dans l'opéra, d'abord celles de Gluck, qui s'applique à épurer la mélodie de ses fioritures abusives ; ensuite celles de Rossini, qui n'interdit pas les ornements — ce serait contre la nature de sa musique — mais prend la précaution de les écrire lui-même à l'exclusion de tout autre. L'époque romantique, héritière en cela du style instrumental classique, demeure en faveur d'une ornementation écrite et strictement au service de l'expression. Cependant, le XIXe siècle abandonne la plupart des ornements du *bel canto* pour ne garder que le trille, les appoggiatures, les traits et arpèges décoratifs (par exemple, dans la musique de piano de J. Field et Chopin), le mordant, et le « gruppetto » cher à Schumann et à Wagner pour ne citer que le plus émouvant qui en est fait dans le prélude de *Parsifal*. Chez Verdi puis chez R. Strauss, les ornements écrits sont riches et travaillés à travers l'œuvre. Il n'en faut pas moins constater que l'ornementation, afin d'embellir véritablement, doit éclore librement. C. W.

ORPHÉE (*Orpheus*). Poème symphonique de Franz Liszt, originellement conçu comme prologue à l'*Orfeo ed Euridice* de Gluck. Datée de 1854, donnée en première audition, au théâtre de la cour de Weimar, le 16 février de la même année, cette œuvre brève mais dense traduit le désir qu'avait le compositeur de « rendre le caractère sereinement civilisateur des chants qui rayonnent de toute œuvre d'art, leur suave énergie, leur auguste empire, leur sonorité noblement voluptueuse à l'âme, leur ondulation douce comme les brises de l'Elysée... ». D'où le climat paisible, voire extatique établi dès les immatérielles premières mesures (tenues de cors puis de bois, mélodie enchanteresse des archets) et maintenu tout au long de la partition. Schématiquement, celle-ci peut être « réduite » à trois sections enchaînées, avec *andante moderato* initial, épisode central plus véhément (mais sans la moindre violence — *sempre un poco accelerando*) et *andante con moto* se dissolvant, *poco ritenuto* et *poco rallentando*, en un *pianissimo* ineffable (*ppp*) très discrètement souligné par les timbales. Harmoniquement et mélodiquement, les deux parties de harpe sont, dans *Orphée*, d'une importance primordiale. L'œuvre, qui fait notamment usage de deux harpes, est contemporaine des célèbres *Préludes*. J. D.

ORPHÉE. Cantate française de J.-P. Rameau, pour soprano, violon ou flûte et basse continue. La copie qui nous en a été conservée porte la date de 1721. C'est la plus élaborée des six cantates de Rameau, celle qui, visiblement, se pose en opéra miniature.
P. B.

ORPHÉE. Ballet en trois tableaux d'Igor Stravinski, composé à Hollywood en 1947 (terminé le 23 septembre), et créé à New York le 28 avril 1948 dans une chorégraphie de George Balanchine. L'argument correspond à la version du mythe dans laquelle Orphée, après la seconde mort d'Eurydice, est déchiré par les Furies. M. V.

ORPHÉE AUX ENFERS. Opéra-féerie en 2 actes et 4 tableaux de Jacques Offenbach, sur un livret d'Hector Crémieux et Ludovic Halévy, composé en 1858 et créé le 21 octobre 1858 aux Bouffes-Parisiens, dont Offenbach était le directeur. L'action est une parodie de la légende d'Orphée, ce qui en scandalisa quelques-uns, mais le succès, au début lent à venir, et finalement éclatant (228 représentations consécutives), entraîna Offenbach à récidiver plus tard, notamment avec *la Belle Hélène*. L'ouverture jouée en concert sous le titre d'« ouverture d'*Orphée aux Enfers* » est souvent un arrangement réalisé par Carl Bihder à Vienne, qui met bout à bout l'ouverture originale d'Offenbach (introduction, menuet, canon), avec le solo de violon du premier acte et le cancan final.

ACTE PREMIER. Premier tableau. (Chambre d'Eurydice.) *L'Opinion Publique (ms), personnifiée en un seul rôle tenant lieu de chœur antique, présente les protagonistes. Eurydice (s) chante son amour extra-conjugal pour un certain Aristée, qui n'est autre que Pluton déguisé ; son mari Orphée (t), insupportable violoniste qu'elle ne peut plus souffrir, joue par protestation son dernier concerto. Pluton (t) apparaît en berger Aristée, charme Eurydice d'une chanson et l'entraîne aux Enfers pour l'avoir à lui. Orphée en est ravi, mais l'Opinion Publique le prévient du scandale qui le menace s'il ne la suit pas aux Enfers.*

Deuxième tableau. (Sur l'Olympe.) *Les dieux et déesses se réveillent et se présentent les uns aux autres, se plaignant de la tyrannie de Jupiter (b), qui a changé Actéon en cerf, sans demander son avis à Diane (s), sous prétexte de préserver sa réputation ; Jupiter critique aussi Pluton, pour l'enlèvement d'Eurydice. Les dieux et déesses chantent l'« ennui mortel de l'immortalité », et, aux accents de la Marseillaise, se révoltent contre « Jupin » l'hypocrite, qui est le premier à faire des frasques. Orphée arrive et réclame Eurydice avec la phrase bien connue de Gluck (« J'ai perdu mon Eurydice ») que tout l'Olympe connaît et reprend ; Jupiter ordonne à Pluton de rendre Eurydice, et l'Olympe se transporte aux Enfers, dans une parodie de finale d'opéra (« Partons, marchons !»).*

ACTE II. Troisième tableau. (Le boudoir de Pluton.) *Eurydice est gardée par le valet de chambre de Pluton, John Styx (rôle tragi-comique écrit spécialement pour l'acteur Blache), un fou mélancolique (« Quand j'étais roi de Béotie »). Jupiter, intéressé par la belle captive, se transforme en mouche pour pénétrer dans sa chambre par le trou de la serrure, et engage avec elle un duo amoureux.*

Quatrième tableau. (Les Enfers.) *Déguisée en Bacchante par Jupiter, Eurydice chante un air bachique, avant le déchaînement du cancan. Orphée est sommé de reprendre Eurydice, avec la consigne bien connue de ne pas la regarder ; Jupiter s'arrange pour le faire se retourner, et Orphée perd définitivement Eurydice, à son grand contentement, et à la satisfaction générale, qui s'exprime dans un dernier cancan de réjouissance.*

Plein de verve, avec ses accents frondeurs, mais aussi une certaine qualité d'émotion (rôle de John Styx), *Orphée aux Enfers* fut le premier très grand succès d'Offenbach. M. C.

ORPHÉE 53. Opéra « concret » de Pierre Schaeffer et Pierre Henry, sur un livret de Pierre Schaeffer, pour chanteurs solos, instruments et bande magnétique, créé le 10 octobre 1953 au festival de Donaueschingen. Cette œuvre bâtarde, pour l'époque d'une incroyable bigarrure de tons et de styles (mélange de bel canto à l'italienne et de sons électroacoustiques), déclencha un scandale. Initiateur du projet, Pierre Schaeffer avait voulu exprimer, à travers le personnage d'Orphée, son propre déchirement devant la musique concrète, dont il était l'inventeur (et avec Pierre Henry, le pionnier), et d'une manière plus générale le drame de l'artiste « ironique », en perpétuel dédoublement et moquerie de soi-même. Cet opéra était une nouvelle version, très amplifiée et refondue, d'une première tentative, l'*Orphée 51* des mêmes auteurs, pour sons électroacoustiques et soprano solo (Maria Ferrès), créé le 8 juillet 1951 au Théâtre de l'Empire à Paris, où il avait reçu un accueil mitigé.

Pour l'*Orphée 53*, Pierre Henry composa seul trois grandes séquences pour bande magnétique, entièrement de son cru, qu'il réunit plus tard pour en tirer l'œuvre électroacoustique intitulée *le Voile* d'Orphée* qui est la première grande pièce « orchestrale » pour bande magnétique. Aujourd'hui que le mélange dissonant des styles est beaucoup plus facilement admis et même recherché dans l'« avant-garde musicale », ces choses indéfinissables et surréalistes qu'étaient les deux *Orphée, 51 et 53*, mériteraient peut-être l'hommage d'une reconstitution. M. C.

ORTIGUE *(Joseph Louis d')*, musicologue et critique français *(Cavaillon 1802 - Paris 1866)*. On retient de son activité de musicologue ses travaux sur la musique d'église. En 1857, Joseph d'Ortigue fonda avec Niedermeyer *la Maîtrise* qui devint en 1862, sous sa direction, *le Journal des maîtrises, revue du chant liturgique et de la musique religieuse*. Son ouvrage le plus remarquable est son *Dictionnaire liturgique, historique et théorique de plain-chant*, écrit en collaboration avec Nisard. Appartenant à un milieu royaliste et conservateur, Joseph d'Ortigue a été l'ami de Berlioz et de Liszt, dont il fut le compagnon à La Chênaie, chez Lamennais. Disciple de Ballanche, adepte de l'esthétique spiritualiste de ce dernier, croyant à la « religion de cœur », à la musique comme « langage universel », ainsi qu'à la mission rédemptrice de l'art, il s'est trouvé en communion d'idées avec Liszt. Il fut le fidèle défenseur et souvent le porte-parole de Berlioz, à qui il succéda en 1863 comme critique musical au *Journal des débats*. Malheureusement, vers la fin de sa vie, il revint à des opinions conservatrices et ne put comprendre la *Messe de Gran* de Liszt lorsqu'il l'entendit à l'église Saint-Eustache en 1866. J. R.

ORTIZ *(Diego)*, musicien, organiste et théoricien espagnol *(Tolède v. 1510 - Naples ? v. 1570)*. Il était à Naples dès 1553, et, en 1558, il était vice-maître de chapelle du duc d'Albe, vice-roi d'Espagne. La plupart de ses compositions sont demeurées en manuscrits, à l'exception d'un *Musices Liber I*, édité en 1565. Mais il est surtout connu comme théoricien, pour avoir publié un traité d'exécution sur les instruments à cordes et le clavecin, indiquant notamment la réduction de la polyphonie et la composition des *ricercari** et des *glosas** (variations). Intitulé *Trattado de glosas sobre Cláusulas y otros generos de puntos en la Música de Violones nuevamente puertos en luz*, ce traité a été édité en 1553 à Rome. G. C.

OSTENDORF *(Jens-Peter)*, compositeur allemand *(Hambourg 1944)*. Il étudie la théorie et la composition à l'École supérieure de musique de Hambourg de 1964 à 1969. Comme boursier de la ville de Hambourg, il collabora en 1968 au Studio de K. Stockhausen et participa à la composition collective *Musik für ein Haus* à Darmstadt. Particulièrement intéressé par le théâtre musical contemporain, il dirigea à partir de 1969 le département Musique de scène au Thalia Theater à Hambourg, fonda en 1970 le groupe *Hinz und Kunzt*, et entreprit en 1972 des études en phonétique expérimentale à l'université de Hambourg. Ayant obtenu le prix de Rome, il séjourna en 1973-74 à la villa Massimo. Après avoir étudié en 1979 la musique des Touaregs du Sahara et des juifs de l'île de Djerba, il effectua un stage à l'I.R.C.A.M. en 1980. Ses recherches les plus récentes sont orientées vers la live electronic et vers l'opéra. I. S.

OSTINATO (ital. ; « obstiné »). Ce terme désigne un élément mélodique ou rythmique plus ou moins court se répétant périodiquement et « obstinément », cependant que d'autres éléments (voix superposées, rythmes simultanés, etc.) se modifient simultanément. La *basse répétée*, ou *basse contrainte* (basso ostinato), qui est un dessin mélodique de basse de quatre à huit mesures se répétant indéfiniment, est un cas particulier d'ostinato ; elle est le principe de genres comme le « ground » des virginalistes anglais, la chaconne, la passacaille, les danses variées sur des basses obstinées comme la « folia », et elle apparaît également dans les airs d'opéras (air de Didon mourante dans *Didon et Énée* de Purcell). La forme « variation » en est l'extension.

On applique aussi le terme d'ostinato à la répétition insistante d'une brève cellule rythmique ou rythmico-mélodique, dans la musique africaine par exemple. Les musiques répétitives de Steve Reich ou Philipp Glass sont faites souvent entièrement d'ostinatos superposés. La « boucle », en musique électroacoustique, est une forme moderne d'ostinato, chez Pierre Henry notamment. L'ostinato, dans le *Boléro* de Ravel, est double : un bref ostinato rythmique d'accompagnement, et le thème lui-même, très développé, mais que sa répétition textuelle, dix-sept fois de suite, transforme en un ostinato de grande envergure. M. C.

OTELLO, OSSIA IL MORO DI VENEZIA. Opéra en trois actes de Rossini, sur un livret de Francesco Berio di Salsa, d'après Cinthio et Shakespeare, créé au théâtre Fondo de Naples le 4 décembre 1816.

Le sujet reprend, dans ses grandes lignes, la trame connue, modifiant certains détails, et faisant de Desdémone le personnage central : Elmiro (b), le père de Desdémone (s), reçoit avec faste Otello (t) qui a chassé les Turcs de Chypre ; mais, redoutant sa puissance soudaine, il désire néanmoins unir sa fille à Rodrigo (t), le fils du doge de Venise. Or, Desdémone sait que le gage d'amour qu'elle adressa à Otello (une mèche et un billet) a été intercepté, et que l'anonymat de son destinataire permettrait de laisser supposer qu'il était destiné à Rodrigo, qu'elle refuse néanmoins d'épouser, lui affirmant qu'elle est déjà unie à Otello.

Cependant, Iago (t), naguère éconduit par Desdémone, convainc le More de l'amour de Desdémone pour Rodrigo. Rejetée par Otello qui refuse de l'entendre, maudite par son père, Desdémone, dans le superbe dernier acte, écoute le chant mélancolique d'un gondolier (sur les vers fameux de Dante : « Nessun maggior dolore »), et chante la triste complainte du saule qu'elle ne peut achever, brisée par l'émotion. Un orage éclate, Otello entre et poignarde Desdémone, après un dialogue tragique. Lorsqu'il apprend la machination de Iago et reçoit la bénédiction trop tardive d'Elmiro, il se tue et tombe sur le corps de son innocente victime.

La faiblesse possible du livret provient de ce que Rossini, fixé depuis un an à Naples, n'avait plus auprès de lui les excellents librettistes des théâtres du Nord, et qu'en s'adressant à Berio (1765-1820) il sollicitait un érudit et non un dramaturge. De toute façon, ce livret ne peut être jugé avec les mêmes critères que celui que réalisera Boito pour Verdi soixante-dix ans plus tard dans un contexte social et artistique très différent, non plus qu'il ne peut être taxé d'infidélité à Shakespeare. En faisant du superbe troisième acte un bloc ininterrompu de plus de 700 mesures, Rossini témoignait d'une audace jamais vue. Et de même, en présentant sur une scène italienne une fin tragique (avec un meurtre sur la scène), conclusion que refusèrent d'autres villes italiennes, substituant à la conclusion originale une fin heureuse, dont la musique fut empruntée à *Ricciardo e Zoraide* ou à *Armide*, cependant que d'autres théâtres imposèrent un Otello blanc. Mais c'est le rôle tragique de Desdémone qui frappa les générations romantiques, et il faut rappeler que, dans ses *Stances à la Malibran*, Musset chanta précisément la « pâle Desdémone ». R. M.

OTELLO. Drame lyrique en quatre actes de Verdi, sur un livret d'Arrigo Boito d'après la pièce de Shakespeare, créé à la Scala de Milan le 5 février 1887.

ACTE PREMIER. (Le port de Chypre.) *Malgré la tempête, un*

navire accoste, ramenant Otello (t), un général maure, qui, acclamé par la foule, annonce sa victoire sur les musulmans (Esultate). *Son enseigne Iago (bar) confie à Roderigo (t) sa haine pour le Maure, motivée par sa jalousie envers le capitaine Cassio (t), et partagée par Roderigo, amoureux de Desdémone, la jeune épousée d'Otello. Tandis que la foule danse autour d'un feu de joie, Iago entonne un « brindisi » et fait boire Cassio, qui se querelle avec l'ancien gouverneur, Montano. Le vacarme attire Otello : sa colère redoublant lorsqu'apparaît Desdémone (s), tirée de son sommeil, il dégrade Cassio, à la joie secrète de Iago. Renvoyant la foule, il unit sa voix à celle de Desdémone* (Già nella notte densa) *en un duo d'extase amoureuse, tandis que Vénus resplendit à l'horizon.*

ACTE II. *Iago va tout mettre en œuvre pour conduire Cassio à sa perte définitive, en distillant le venin de la jalousie dans l'âme d'Otello. Face au public, il dévoile son credo, cynique, puis, d'un ton détaché, interroge Otello sur la nature de leurs relations passées avec Cassio :* « Veillez », *lui conseille-t-il. A cet instant, Desdémone accueille les hommages des femmes et des enfants de l'île, puis présente à son époux la requête de Cassio. Le Maure l'éconduit brutalement, et lui arrache le fin mouchoir avec lequel elle tentait de rafraîchir ses angoisses : Emilia (ms), la femme de Iago, ramasse le linge, mais Iago s'en empare et lui ordonne de se taire; son plan est simple : dissimuler le mouchoir chez Cassio et convaincre Otello qu'il s'agit d'un gage donné par son infidèle épouse. Mais Otello, déjà rongé par le doute, clame un adieu désespéré à sa gloire passée* (Ora e per sempre, addio). *Feignant de le calmer, Iago insinue que des propos tenus en rêve par Cassio auraient éveillé ses soupçons* (Era la notte). *Il ne lui reste qu'à évoquer le mouchoir « entrevu chez Cassio » pour déchaîner la colère implacable et le désir de vengeance d'Otello* (duo : Si, pel ciel).

ACTE III. (Une grande salle au palais.) *On annonce la délégation vénitienne tandis que Iago conseille à Otello de se dissimuler pendant qu'il fera parler Cassio. Desdémone intercédant à nouveau, Otello la traite de courtisane, puis, en un pathétique monologue* (Dio, mi potevi scagliar), *avoue qu'il aurait préféré la ruine de sa carrière à celle de son amour. Iago, alors, en une scène très réussie, introduit Cassio, qui, en riant, évoque ses amours avec Bianca, Iago faisant en sorte que jamais Otello ne puisse entendre ce dernier nom, puis exhibe le mouchoir, demandant à voix basse à Iago la raison de ce mystère. Iago éconduit rapidement Cassio à l'approche des dignitaires vénitiens, puis conseille à Otello d'étouffer Desdémone sur sa couche, lui, Iago, se chargeant de Cassio... Les parlementaires entrent, Desdémone et les notables se rassemblent, et l'ambassadeur Lodovico (b) tend un édit à Otello : le doge le rappelle à Venise et nomme à sa place Cassio : la rage d'Otello ne connaît plus de frein, et il jette Desdémone à terre. En un ensemble grandiose* (A terra), *chacun exprime ses sentiments contradictoires. Il faut agir vite : Iago laisse entendre à Roderigo qu'il détournera les soupçons du meurtre de Cassio sur le Maure, celui-ci maudit Desdémone, puis la foule se disperse, et Otello tombe, inanimé. Iago se croit déjà vainqueur.*

ACTE IV. (La chambre de Desdémone.) *En exposant son angoisse et ses pressentiments funèbres à sa suivante, Desdémone se fait dévêtir en fredonnant la romance du saule, dit adieu à Emilia, puis chante un triste* Ave Maria : « *A l'heure de la mort...* » *Dans un demi-silence, ponctué par un sinistre ensemble de contrebasses, Otello s'avance vers la couche où repose son épouse, hésite et l'embrasse trois fois. Desdémone s'éveille, proteste de son innocence, mais, implacable, Otello l'entraîne vers son lit et l'étouffe. Survient Emilia : Cassio a tué Roderigo ! Desdémone expirante s'accuse elle-même de sa mort, mais Otello explique son geste. Devant les dignitaires accourus, Emilia révèle le vol du mouchoir, et la machination de Iago, que confirme Montano : Iago s'enfuit, et Otello, en un ultime monologue* (Niun mi tema), *jetant son épée, évoque la pureté de Desdémone, puis se poignarde et s'affaisse sur le corps de sa bien-aimée, chantant le thème du baiser qui avait scellé leur union au premier acte.*

Le dernier chef-d'œuvre dramatique de Verdi conquit le monde artistique à l'heure même de l'emprise wagnérienne, alors qu'une certaine élite, acquise tardivement au romantisme, posait pour critère absolu le subjectivisme, et en matière d'opéra le drame lyrique* wagnérien érigé en principe absolu. *Otello* fut adopté, selon l'évangile nouveau, par une certaine frange de la critique qui rejetait désormais les schémas de *La Traviata* et du *Trouvère*, écrits trente-cinq ans plus tôt, alors que le public d'opéra gardait sa préférence à la « trilogie populaire », boudant l'œuvre nouvelle, à moins qu'elle n'eût pour protagoniste quelque ténor de renom : le portrait vocal dessiné par Verdi semblait d'ailleurs ratifier ce choix dans la mesure où rares furent les ténors italiens qui osèrent se mesurer au souvenir du créateur du rôle, Tamagno, dont l'auteur lui-même avait pourtant récusé l'excessive générosité vocale peu adaptée à l'éventail de couleurs souhaité pour traduire les états d'âme du fruste guerrier.

Il est également symptomatique de relever parmi les interprètes passés à la légende nombre de ténors wagnériens (Slezak, Melchior ou Lorenz, Ralf, Vinay, Beirer et Vickers, dont beaucoup avaient débuté comme barytons. La même élite tressa une couronne de lauriers à Boito dont les vers semblaient infliger un flagrant démenti à la « pauvre » poésie fonctionnelle des Piave et Cammarano, librettistes des premiers triomphes de Verdi ; on ne saisit pas immédiatement que la savante alchimie du langage de Boito, beaucoup plus proche de Rimbaud ou de Mallarmé que Shakespeare, trahissait singulièrement l'original anglais dont il avait gommé la vie grouillante et le langage si souvent ordurier, pour en tirer une intrigue policière de tout premier ordre, mais guère plus conforme au modèle que celle tracée par Berio pour Rossini soixante-dix ans plus tôt.

Hors de toute querelle de préséance, il n'en demeure pas moins une partition singulièrement riche, fruit de huit années d'efforts, et dressant des portraits autrement crédibles que ceux naguère dessinés dans *les Lombards* ou *Aida*, en particulier celui de Iago, sous sa double face légère et démoniaque, le seul personnage (créé de façon, semble-t-il, mémorable par le Français Victor Maurel) qui soit doublé d'un leitmotiv musical efficace, de dérivation wagnérienne : certes, Verdi était trop personnel, trop entier pour imiter son rival allemand, trop intelligent pour ne pas faire siennes des conceptions qui, avec ou sans l'apport de Wagner, avaient conquis l'Europe depuis une génération. Ainsi est-il normal que l'écriture et les schémas soient ceux de tout opéra nouveau d'alors, mais il faut bien reconnaître une parenté spirituelle entre le duo d'amour de *Tristan et Isolde* et celui d'Otello et Desdémone, par certains choix harmoniques, mais surtout parce que le thème du baiser, thème d'amour et de mort, ne peut qu'évoquer le philtre de *Tristan*, lui aussi porteur de cette double et indissociable finalité.

Que, pour ces raisons, *Otello* soit davantage goûté par un public fidèle à Wagner ou Debussy que par celui, plus charnel, des opéras du Risorgimento, cela est possible : quoi qu'il en soit, il eût été impossible à Verdi, quarante-cinq ans après le succès de *Nabucco*, de s'en tenir aux principes esthétiques de ses premières œuvres. R. M.

OTHELLO. Ouverture de concert op. 93, en *fa* dièse mineur, d'Anton Dvořák, composée entre novembre 1891 et janvier 1892, et créée le 28 avril 1892 dans la salle du Rudolfinum de Prague, au cours d'un concert d'adieux donné par le compositeur avant son voyage aux Etats-Unis. Elle forme le troisième volet d'un cycle de trois ouvertures pour orchestre consacrées respectivement à la Nature, la Vie et l'Amour : ce sont les œuvres *Solitude, Carnaval* et *Othello*. Pour cette dernière, la référence à la tragédie de Shakespeare n'existait primitivement que dans le sous-titre (le titre initial étant *Amour*), et on peut se demander dans quelle mesure Shakespeare fut ou non l'inspirateur direct de cette peinture de l'amour-passion. M. C.

OTTE (Hans), compositeur allemand *(Plauen, Saxe, 1926)*. Elève de Johann Nepomuk David et de Paul Hindemith (composition) ainsi que de Walter Gieseking (piano), il séjourna à la villa Massimo comme prix de Rome (1959), puis fut nommé à la tête du département de la musique de la radio de Brême, ville où en 1961 il fonda les festivals Pro Musica Nova et Pro Musica Antiqua. De 1969 à 1972, il présida le *Deuts-*

cher *Musikrat* (Conseil allemand de la musique). On lui doit notamment *Momente* pour orchestre (1958), *Interplay* pour 2 pianos (1962), *Nolimetangere* pour actrice, piano, film et bande sonore (1966-67), *Terrain* pour orchestre (1974), *Singular : plural* pour 16 haut-parleurs et piano (1975). A. et M. P.

Ours (L'). Titre en français porté par la symphonie n° 82 en *ut* majeur de Haydn, composée en 1786, à cause du grondement de cornemuse et de la « chorégraphie volontairement pesante » qui caractérisent son prodigieux finale, et qui évoquent bien le plantigrade que certains colporteurs exhibaient jadis. L'œuvre est la première dans l'ordre actuel de numérotation (quoique sans doute la dernière composée) d'un groupe de six passé dans l'histoire sous la dénomination de *Symphonies parisiennes**. M. V.

Ouvert et clos. Termes employés par un théoricien du XIIIe siècle, Jean de Grouchy, pour caractériser, dans l'estampie*, un refrain formé de deux phrases semblables, mais modifiant leur terminaison pour la rendre suspensive la première fois, conclusive la seconde. Le terme a été souvent généralisé depuis lors : on peut dire, par exemple, que le thème initial de l'« Hymne à la joie » de la *9e Symphonie* est un thème par ouvert et clos. J. C.

Ouverture. Dans son sens le plus général et le plus commun, ce terme désigne le morceau d'orchestre joué à rideau fermé avant une représentation d'opéra, voire avant tout spectacle (ouverture de *Coriolan* de Beethoven, écrite pour précéder une pièce de théâtre). Le premier exemple connu en est sans doute la courte fanfare intitulée *toccata* précédant l'*Orfeo* de Monteverdi, et, pendant plus d'un demi-siècle, on devait trouver au début des opéras de brèves pages appelées *toccata*, *sinfonia*, *sonate* ou *canzone* n'ayant d'autre fonction que d'annoncer le spectacle. Lully composa pour ses opéras de véritables ouvertures orchestrales dont la forme particulière, sous le nom d'ouverture à la française, allait envahir toute l'Europe : première partie lente et majestueuse, seconde partie rapide et de style fugué, reprise abrégée de la première partie. Les quatre suites d'orchestre de J.-S. Bach débutent par de telles ouvertures, et se poursuivent par des danses. Le vocable « ouverture » en arriva ainsi à désigner la suite dans son ensemble, en d'autres termes une partition instrumentale indépendante en plusieurs morceaux de caractères différents.

Une évolution analogue eut lieu au XVIIIe siècle du côté de l'Italie. L'ouverture typique de l'opéra bouffe italien était alors très différente de celle dite « à la française » : en trois parties également, mais selon le schéma vif-lent-vif, et dans un style mélodique aux rythmes simples, fuyant toute polyphonie. Or il arriva que de telles ouvertures furent jouées indépendamment, ou que furent composés des ouvrages isolés en adoptant l'esprit et la structure, ce qui explique par exemple que certaines symphonies de jeunesse de Mozart ne se distinguent en rien des ouvertures qu'à la même époque il destinait à ses premiers opéras italiens, ou que la « symphonie » op. 18 n° 2 de Jean-Chrétien Bach ne soit autre que l'ouverture de son opéra *Lucio Silla*.

Au milieu du XVIIIe siècle commença à se poser sérieusement le problème des rapports musicaux et dramatiques entre l'ouverture et l'ouvrage lyrique qu'elle précède. Rameau n'y fut pas indifférent (*Zoroastre*). Gluck s'y attaqua très consciemment (*Alceste*, *Iphigénie en Aulide*), Mozart également. Beethoven alla si loin en ce sens qu'avec *Leonore III* il écrivit en fait, sans l'avoir voulu, moins une ouverture qu'un véritable morceau de concert indépendant, se suffisant à lui-même. De ce nouveau type d'ouverture, proche du poème symphonique, la descendance devait être nombreuse (*Ouverture sur des thèmes académiques* et *Ouverture tragique* de Brahms). D'autres ouvertures de Beethoven ont avec le drame qui suit des liens très étroits, en particulier celle d'*Egmont* (premier volet d'une musique de scène pour le drame de Goethe).

Poursuivant en ce sens, le XIXe siècle aboutit soit à une manière de pot-pourri sur les thèmes de l'opéra (Rossini), soit à une sorte de résumé thématique (Weber), ce qui de toute façon produisit des musiques dont le succès comme pièces de concert isolées se trouva assuré (Mendelssohn, Berlioz, *Manfred* de Schumann) ; ce siècle développa aussi la notion de prélude, l'orchestre participant alors dès ses premières notes à l'action elle-même, et ce non seulement au premier acte, mais à tous les actes d'une œuvre (*Lohengrin*, *les Maîtres chanteurs* ou *Parsifal* de Wagner) : le prélude de *Tristan* en est l'exemple le plus célèbre, mais le premier en date est sans doute le prélude de *la Création* de Haydn. De cette évolution, le terme logique devait paradoxalement être la suppression de toute ouverture, la projection immédiate du spectateur-auditeur dans le feu non seulement de l'action, mais du dialogue (*Salomé* et *Elektra* de Richard Strauss, *Wozzeck* d'Alban Berg).

Les modèles anciens n'en subsistent pas moins aujourd'hui, soit comme références ou pastiches (*Ariane à Naxos* de Richard Strauss), soit dans un contexte plus ou moins dénué de prétentions (opérettes), soit par suite de l'éclatement de la musique. La notion d'ouverture est à la fois une des plus précises et des plus diverses qui soient. L'ouverture de concert, en toute logique, ne devrait s'inscrire qu'en tête de programme (c'est le plus souvent le cas) ; or c'est parfois à l'extrême fin qu'elle se révèle le plus efficace, le mieux mise en valeur, le mieux à sa place.
M. V.

Ouverture académique. Œuvre composée durant l'été 1880 par Johannes Brahms pour remercier les autorités de l'université de Breslau (Wrocław) de l'avoir fait docteur honoris causa au mois de mars de l'année précédente. L'*Ouverture pour une fête académique* (titre qui ne satisfera jamais le compositeur) est écrite pour un grand orchestre réunissant une flûte piccolo, deux grandes flûtes, deux hautbois, deux clarinettes, deux bassons, un contrebasson, quatre cors, trois trompettes, trois trombones, un tuba, trois timbales, une grosse caisse, des cymbales, des triangles et le groupe des cordes en proportion. Elle comprend quatre indications de mouvement qui correspondent à quatre épisodes nettement différenciés : *allegro* en *ut* mineur à C barré, *un poco maestoso* en *ut* majeur à 4/4, *animato* en *mi* mineur à 2/4, *maestoso* en *ut* majeur à 3/4.

L'œuvre, d'une stricte exigence contrapuntique sous son aspect joyeux, possède une multiplicité de thèmes, dont six motifs originaux et quatre empruntés au répertoire des chansons d'étudiants (*Wir hatten gebaut ein stattliches Haus* ; *Melodie des Landesvaters* ; *Was kommt dort von der Höh* ? et pour finir le célèbre *Gaudeamus igitur*). D'un agencement formel fort habile et d'une orchestration inhabituellement brillante, cette *Ouverture* apparaît comme un exemple de l'humour et — malgré son titre — de l'anticonformisme de Brahms qui s'y moque un peu des pompes académiques. Le compositeur dirigea lui-même la création de l'*Ouverture académique* op. 80 le 4 janvier 1881 à Breslau.
P. S.

Ouverture cubaine. Brève page pour orchestre composée par George Gershwin après un séjour effectué à La Havane en 1932. Au départ il s'agissait d'une œuvre avec piano concertant intitulée « Rumba » mais, séduit par l'arsenal de percussions exotiques des orchestres « typiques », le compositeur fit un si large usage de ces effets (encore peu utilisés dans la musique officielle) que le piano en fut abandonné. Créée le 16 août 1932, l'*Ouverture cubaine*, tout de suite populaire aux États-Unis, n'a jamais véritablement conquis le public européen, malgré le pittoresque et l'habileté de son instrumentation, l'extrême faculté qu'y manifeste Gershwin de s'approprier tout ce qui l'intéressait : la réussite absolue de *Porgy and Bess* est en germe ici. M. Mt.

OUVERTURE 1812. Opus 49 de Tchaïkovski. En 1880, le compositeur avait reçu la commande d'écrire une ouverture pour l'une des trois occasions suivantes : 25e anniversaire du couronnement d'Alexandre II, consécration d'une cathédrale, ou inauguration d'une exposition à Moscou. Il opta pour la dernière, sans guère d'enthousiasme. Finalement l'*Ouverture* fut exécutée indépendamment, en 1882. C'est le type de l'œuvre patriotique de circonstance. Les armées russes y sont représentées par le choral orthodoxe « Dieu sauve ton peuple », par l'hymne impérial russe, ainsi que par un thème de chant populaire, tandis que des fragments de la *Marseillaise* évoquent l'armée française. Brillante, mais emphatique et extérieure, l'*Ouverture* connut un regain de popularité en U.R.S.S. lors du second conflit mondial. A. L.

OUVERTURE, SCHERZO ET FINALE. Œuvre pour orchestre de Robert Schumann (op. 52) composée immédiatement après la *Ire Symphonie « Printemps »*, op. 38, soit dès la mi-avril 1841. Terminé le 8 mai, l'opus 52 se présente comme une symphonie privée de mouvement lent (Schumann pensa d'ailleurs l'intituler « Suite », puis « Symphonette »). C'est une œuvre ensoleillée, pleine de fantaisie, « légère et cordiale » comme il l'écrit lui-même du premier volet où le thème de l'introduction lente *(andante con moto)* va dominer le développement de l'ouverture *(allegro)* bâti sur deux thèmes énergiques. Le scherzo *(vivo)* à trios offre un visage typiquement schumannien et, avec son rythme de chevauchée, rappelle les gambades sylvestres du jeune Robert, tandis que la réapparition du thème de l'allégro précédent souligne la volonté d'unité comme le souci formel du musicien. Quant au finale *(allegro molto vivace)*, il combine la forme sonate et la fugue, annonçant ainsi le dernier mouvement de la *Symphonie en « ré » mineur*, créée dans sa version première, en même temps que l'opus 52, en décembre 1841 au Gewandhaus de Leipzig. J. G.

OUVERTURES ITALIENNES. Surnom donné (peut-être par l'éditeur) à deux « ouvertures de concert » pour orchestre composées par Franz Schubert en novembre 1817 : respectivement ouvertures D.590 en *ré* majeur, et D.591 en *do* majeur. L'une d'elles (probablement la première) fut créée le 1er mars 1818 dans l'hôtellerie « Zum römischen Kaiser » (« A l'empereur romain ») à Vienne, et obtint un certain succès critique et public. La seconde fut créée à Vienne le 21 mars 1830, après la mort de l'auteur. En décembre 1817, Schubert les arrangea toutes deux pour piano à 4 mains, et c'est sous cette forme qu'il les exécuta lui-même le 12 mars 1818 au « Römischen Kaiser ».

Les titres se justifient par un parti pris évident de pasticher le style de Rossini, qui venait de remporter des succès à Vienne. L'exercice de style est très convaincant. On notera la parenté, avec ces œuvres, de la *6e Symphonie* en *do* majeur, composée pendant la même période. M. C.

OUVERTURE TRAGIQUE. Œuvre de Johannes Brahms composée durant l'été 1880 à Bad Ischl (Salzkammergut), parallèlement à l'*Ouverture académique*. On pense qu'elle fut originellement destinée à une musique de scène pour le *Faust* de Goethe. Malgré son polythématisme (deux thèmes principaux, dix thèmes secondaires) et sa surabondance mélodique, c'est une des œuvres orchestrales de Brahms les plus violentes et les plus concentrées. La forme est celle d'un allégro de symphonie dans la tonalité principale de *ré* mineur. Le premier grand thème, héroïque et combatif, est immédiatement exposé. S'ensuit un discours dramatique à l'ample rhétorique expressive où apparaissent et s'opposent six idées mélodiques secondaires. Le second grand thème, doux et chantant, amène trois nouvelles idées secondaires. Le développement fait rentrer le thème principal puis un dixième thème secondaire lui-même longuement exploité et développé. La réexposition, écourtée, n'utilise que les deux grands thèmes principaux et les septième, huitième et neuvième idées secondaires. La coda est encore plus libre sur le plan du travail des thèmes.

D'une durée d'un peu moins d'un quart d'heure, l'*Ouverture tragique* concilie à un haut degré de complexité le principe classique du développement thématique et celui — plus spécifiquement brahmsien — de la « variation évolutive ». C'est une œuvre symbolisant la révolte et une série d'états d'âme contradictoires, une des plus strictes et des plus puissamment suggestives de Brahms, à l'atmosphère essentiellement sombre et nordique (proche des *Ballades* pour piano op. 10 et de la *Troisième Symphonie*). Elle comporte nombre de trouvailles orchestrales (notamment l'utilisation originale, *pianissimo*, des trombones et du tuba, souvent sur un support très nuancé des bois et des cordes). L'orchestre réunit une flûte piccolo, deux grandes flûtes, deux hautbois, deux clarinettes en *si* bémol, deux bassons, quatre cors, deux trompettes, trois trombones, un tuba, les timbales et les cordes. Publiée sous le numéro d'opus 81, l'*Ouverture tragique* fut créée le 26 décembre 1880 à la Philharmonie de Vienne sous la direction de Hans Richter. P. S.

OXFORD. Cette ville située au confluent de la Tamise et du Cherwell est un haut lieu de l'activité musicale en Grande-Bretagne, en partie à cause de sa grande université, fondée au XIIe siècle. Cette université connaît, depuis le XVIe siècle, un enseignement musical important, qui fut notamment assuré par Robert Fayrfax, organiste et compositeur de musique religieuse. Une chaire de musique y a été fondée en 1626. A partir du XVIIe siècle se tiennent à Oxford des réunions musicales hebdomadaires, sortes de concerts pour habitués suivis avec beaucoup de ferveur : les premières auraient eu lieu en 1656 chez l'organiste William Ellis. Ces manifestations se développent et prennent une certaine extension, notamment en 1733, avec cinq concerts donnés par Haendel. Joseph Haydn vient en 1791 à l'université d'Oxford pour y recevoir un diplôme de docteur honoris causa.

L'activité musicale tend à se restreindre au début du XIXe siècle, pour reprendre avec le développement d'importantes sociétés musicales : la *Philharmonic Society*, fondée en 1865 par sir John Stainer et l'*Oxford Choral Society*, inaugurée en 1819 par Crotch, et refondue en 1869. Dans le répertoire de ces deux sociétés, qui fusionnèrent en 1890 sous le nom de *Choral and Philharmonic Society*, on trouvait des œuvres comme la *Fantaisie*, pour piano, chœur et orchestre, de Beethoven, le *Chant de Mirjam*, de Schubert, *le Paradis et la Péri*, de Schumann, l'oratorio *Israël en Égypte*, de Haendel. A la faveur de la redécouverte croissante de Bach, Harwood fonda en 1896 l'*Oxford Bach Choir* qui présenta notamment la *Passion selon saint Jean* et des cantates, et y amalgama en 1905 l'*Oxford Choral and Philharmonic Society*. En 1902, H. P. Allen fonda l'*Oxford Orchestral Society*. On peut citer aussi l'*Oxford University Musical Club*, fondé en 1872 par C.-H. Lloyd, et l'*Oxford Musical Union*, créée en 1884 par J.-H. Mee, et ressuscitée après la Seconde Guerre mondiale par le professeur Westrup.

Depuis le XVIIe siècle, les collèges d'Oxford abritent et développent des activités musicales (concerts au Balliol College, inaugurés en 1885). C'est aussi dans le cadre de l'université que se forme l'*Oxford University Opera Club*, dont les premières manifestations contribuèrent à faire connaître Monteverdi, alors très mal connu, avec l'*Orfeo*, en 1925, la première année, et le *Couronnement de Poppée* en 1927. La célèbre maison d'édition Oxford University Press a consacré une grande partie de ses publications à des éditions de Bach, Purcell, et de musique d'orgue. M. C.

OXFORD. Titre porté par la symphonie n° 92 en *sol* majeur de Haydn, composée pour Paris en 1789 (v. PARISIENNES), parce que le compositeur la dirigea à Oxford le 7 juillet 1791, veille du jour où il fut fait par l'université de cette ville docteur honoris causa. Il y eut alors à Oxford trois concerts les 6, 7 et 8 juillet, dont le troisième le soir de la cérémonie en l'honneur de Haydn. La symphonie n° 92, d'autant plus célèbre en Angleterre que Haydn avait inauguré avec elle sa première saison londonienne le 11 mars précédent, avait été prévue pour celui du 6, mais Haydn n'étant pas arrivé à temps pour faire répéter l'orchestre, on la remplaça par une autre plus ancienne que dirigea Wilhelm (William) Cramer. Le 8, Haydn dirigea en robe de docteur une troisième de ses symphonies.

Dernière symphonie écrite par Haydn à Esterháza, l'*Oxford* est incontestablement une de ses plus grandes. Ses thèmes sont unis d'un mouvement à l'autre par des relations motiviques remarquables et subtiles, et son allégro spiritoso initial est régi, jusque dans ses recoins les plus cachés, par le nombre d'or. Ce premier mouvement donne une impression d'ampleur due notamment au fait que, lorsque intervient la réexposition*, plus de la moitié du parcours reste encore à faire. En d'autres termes, la réexposition et la coda réunies sont ici plus longues que l'exposition et le développement réunis. L'exposition fait 62 mesures, le développement 42, la réexposition 76 et la coda 32. La réexposition intervient après 104 mesures alors qu'il en reste 108. Or une réexposition plus longue que l'exposition contient forcément, par rapport à elle, des événements nouveaux. Ces nouveautés dans la réexposition du premier mouvement de l'*Oxford* sont d'autant plus frappantes que, loin de se limiter à 14 mesures supplémentaires, elles en couvrent 42. Faut-il voir là un « second développement », exactement de même longueur que le développement « officiel », et, si oui, comment concilier ce que ce terme de développement implique avec la fonction de résolution des fins de mouvement ?

De cette contradiction, Haydn tint compte en incluant dans son « second développement » plusieurs sommets d'intensité à la tonique, mais sans pour autant pouvoir mener la résolution à son terme : d'où, pour assumer cette fonction, la coda. A noter que ce « second développement » de 42 mesures intervient, au sein de la réexposition, après 24 mesures de répétition textuelle du début de l'exposition, et qu'il débouche sur le retour du « second thème », répété à son tour textuellement pendant 10 mesures, jusqu'au début des 32 mesures de coda. Le « second thème » se trouve donc à 42 mesures de la fin, c'est-à-dire, au sein de la réexposition, exactement à même distance du moment où cette réexposition devient irrégulière et de la fin du mouvement.

On est loin ici du schéma théorique de la forme sonate* tel qu'il devait être mis sur pied au XIXᵉ siècle. Une structure organique apparaît sous la forme scolaire, et les deux sont liées. Rien n'illustre mieux que le premier mouvement de l'*Oxford*, dont on n'a ici qu'une ébauche d'analyse, la maîtrise qu'avait Haydn de cette forme en tant que mode de pensée vivant.

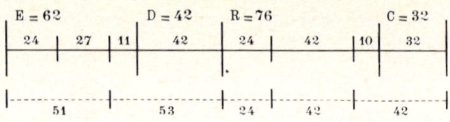

E — Exposition de 62 mesures, dont les 24 premières seront reprises textuellement. Le « second thème » y intervient 11 mesures avant sa fin.
D — Développement de 42 mesures.
R — Réexposition de 76 mesures, dont les 24 premières reprennent textuellement celles de l'exposition. Le « second thème » y intervient 10 mesures avant sa fin, après un nouveau développement de 42 mesures.
C — Coda de 32 mesures.
De chaque côté des 24 mesures de reprise textuelle, deux ensembles de, respectivement, 104 et 84 mesures, avec chaque fois au centre le « second thème ».

M. V.

OZAWA (*Seiji*), chef d'orchestre japonais (*Hoten, Mandchourie, 1935*). Il commence l'étude du piano à sept ans, qu'il parfait à l'école de musique Toho de Tokyo (1951). S'étant cassé les deux index en jouant au rugby, il abandonne le piano pour la composition et la direction d'orchestre, qu'il étudie avec Hideo Saito. Encouragé par ses premiers concerts avec l'Orchestre de la radio NHK et la Philharmonie du Japon, il se présente au Concours international de jeunes chefs d'orchestre de Besançon qu'il remporte (1959). Charles Munch lui facilite l'accès au Berkshire Music Center de Tanglewood, où il remporte la bourse commémorative Serge-Koussevitski, ce qui lui vaut de diriger l'Orchestre symphonique de Boston (1960). Nanti d'une bourse, il va travailler avec Karajan à Berlin, puis accompagne la Philharmonie de New York dans une tournée au Japon, dont il revient assistant de Bernstein (1961-62).

Invité à diriger régulièrement l'Orchestre de la radio NHK, il devient directeur musical du festival de Ravinia organisé par l'Orchestre symphonique de Chicago (1964-1968) et prend possession de son premier orchestre, le symphonique de Toronto (1968-1970). La même année, il fait ses débuts à Londres et à Paris (avec l'orchestre Lamoureux). Il succède à Josef Krips à la tête de l'Orchestre symphonique de San Francisco (1970-1975) et partage avec Gunther Schuller la responsabilité du festival de Tanglewood, y dirigeant lui-même l'Orchestre de Boston, qui l'engage comme directeur musical en 1973. Il est l'invité des festivals d'Édimbourg, de Prague, de Vienne et de Salzbourg (où il fait ses débuts lyriques en 1969 avec *Cosi fan tutte*) et du New Philharmonia Orchestra à Londres.

Ozawa défend un vaste répertoire, allant des maîtres classiques à Xenakis et Messiaen.

M. W.

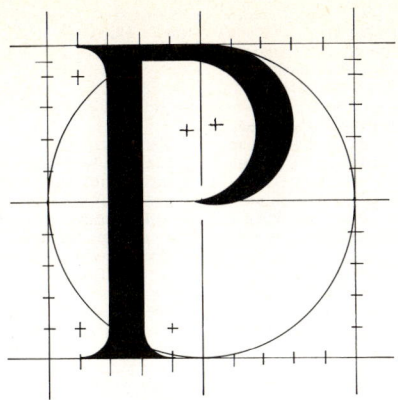

P. Abréviation usuelle de l'indication de nuance « piano ». M. T.

PABLO *(Luis de)*, compositeur espagnol *(Bilbao 1930)*. Installé à Madrid en 1939, il y mena de front des études musicales et de droit, mais, pour la composition, il se forma essentiellement en autodidacte, grâce notamment aux livres de René Leibowitz et d'Olivier Messiaen *(Technique de mon langage musical)* et au *Doktor Faustus* de Thomas Mann. Il fit jouer ses premières pièces en 1955, et, en 1957, participa à la fondation du *Grupo Nueva Música*. En 1958, il fut à l'origine de la série de concerts *Tiempo y música*, destinés à promouvoir la musique contemporaine, et la même année participa aux cours de Darmstadt. Président des Jeunesses musicales d'Espagne de 1960 à 1962, il séjourna au Mexique en 1963, devint directeur artistique de la Biennale de musique contemporaine de Madrid en 1964, et en 1965, remplaça les concerts *Tiempo y música* par ceux du groupe *Alea*, qu'il devait dissoudre en 1973, à peu près au moment de la disparition de ceux du Domaine musical à Paris. En 1965 également, il fonda à Madrid un petit studio électronique. Il a séjourné à Berlin en 1967, en Argentine en 1969, et a donné des cours d'analyse aux universités d'Ottawa et de Montréal en 1974.

Il a fait partie sur le plan européen de l'avant-garde sérielle et postsérielle. Préoccupé par les problèmes de la forme, il n'a jamais renoncé à l'écriture : sa musique n'est jamais aléatoire, mais « mobile » parfois : elle laisse alors aux interprètes, par exemple dans la série des *Modulos*, une certaine liberté de parcours. On lui doit notamment *Elegía* pour orchestre à cordes (1956), *Tombeau* pour orchestre (1963), *Modulos I* pour 11 instruments (1964), *IV* pour quatuor à cordes (1965), *II* pour 2 orchestres avec 2 chefs (1966), *III* pour 17 instruments (1967) et *V* pour orgue (1967), *Iniciativas* pour orchestre (1966), *Imaginarios I* pour clavecin et 3 batteurs (1967) et *II* pour grand orchestre (1967-68), *Por diversos motivos*, action pour soprano, petit chœur, 3 pianos et acteurs (1969-70), *Je mange, tu manges* pour orchestre et bande avec synthétiseur (1972), *Éléphants ivres I-IV*, 4 sections pour diverses formations instrumentales jusqu'au grand orchestre (1972-73), *Affettuoso* pour piano (1973), *Masque*, ouvrage audiovisuel avec flûte, clarinette, percussion et piano (1973), *Very Gentle* pour soprano, contre-ténor, clavecin, célesta, orgue, violoncelle et tanpura (1973-74), *Berceuse*, ouvrage audiovisuel pour 3 flûtes, 2 percussionnistes, soprano et un chef-acteur (1973-74), *Vielleicht* pour 6 percussionnistes (1973), *A modo de concierto* pour percussion et instruments (1976),

Bajo el sol pour 49 voix mixtes (1977), *Tiniebla del agua* (« Ténèbre de l'eau ») pour orchestre (1977-78), *Trio* pour violon, alto et violoncelle (1978), *Concerto* pour piano et orchestre (1978-79), *Concerto da camera* pour piano et 18 instruments (1979). *Retratos de la Conquista* pour 4 groupes choraux (1980), l'opéra *Kiu* (Madrid, 1983). En 1982, il a succédé à Maurice Fleuret comme conseiller artistique du festival de Lille. M. G. et M. V.

PACCAGNINI *(Angelo)*, compositeur italien *(Castano Primo, près de Milan, 1930)*. Après avoir étudié au conservatoire de Milan, il travailla entre 1956 et 1960 aux côtés de Luciano Berio au Studio de phonologie de la RAI, dont il devient le directeur en 1968, sans parvenir à ranimer l'activité de ce studio, qui décline au début des années 70. Il a également enseigné la musique électronique au conservatoire de Milan. Il est parti des techniques sérielles pour finalement nourrir son œuvre de thèmes politiques, écrivant souvent pour la radio et la télévision. C'est ainsi que, chez lui, les œuvres conçues autour d'un texte ou d'un argument tiennent une grande place.

On citera *Brevi canti*, sur des poèmes d'Eluard (1958), pour mezzo-soprano et piano, l'opéra en un acte *Le Sue Ragioni* (1959), l'œuvre *Actuelles* (1963-64) pour soprano, chœurs chantant et parlant, l'opéra radiophonique *Mose* (1963), pour solistes, bande magnétique, chœurs et orchestre, le *Concerto nº 3* (1965), pour soprano et orchestre, l'opéra en trois actes *Tutti la vogliono, tutti la spogliano* (1967), *Actuelles* (1968) pour soprano, bande magnétique et orchestre, *La Misura il mistero* (1970), pour soprano, bande, acteurs, sur un texte de Giuseppe Ungaretti, *C'era una volta un re* (1974), musique pour bande magnétique destinée à la télévision, *Underground* (1975), pour un ballet télévisé, ainsi que plusieurs œuvres pour bande magnétique. Il a également fondé et dirigé l'ensemble d'instruments anciens Ars antiqua, de Milan, où il joue lui-même. M. C.

PACHELBEL, famille d'organistes et compositeurs d'Allemagne centrale, des XVIIe et XVIIIe siècles. Le plus illustre représentant de la famille est **Johann** *(Nuremberg 1653 - id. 1706)*. Il fit ses études musicales dans sa ville natale auprès du compositeur Heinrich Schwemmer et sans doute aussi de l'organiste Georg Caspar Wecker, ainsi qu'à l'université d'Altdorf. Il étudia ensuite à Ratisbonne, au Gymnasium Poeticum. Il exerça toute sa vie comme organiste, d'abord à Altdorf (1669-70), puis à Vienne (cathédrale Saint-Étienne, 1673-1677), à la cour d'Eisenach (1677-78), à Erfurt (1678-1690), à Stuttgart (1690-1692), à Gotha

(1692-1695), avant de revenir à Nuremberg en 1695, comme organiste de l'église Saint-Sebald. À côté de quelques pages de musique de chambre, ses œuvres sont principalement destinées au culte, avec 26 motets, 7 cantates, 13 magnificat, et surtout des pièces pour orgue consistant en chorals, variations, préludes et fugues, chaconnes, sonates en trio. En partie publiées, on les trouve dans ses principaux recueils, *Acht Chorāle zum Präambulieren* (« 8 Chorals pour préluder », Nuremberg, 1693) et l'*Hexachordum Apollinis* (Nuremberg, 1699). Une de ses œuvres instrumentales, le *Canon a 3 con suo Basso und Gigue*, connaît de nos jours une fortune posthume considérable, sous de multiples arrangements.

Mais c'est principalement comme précurseur de J.-S. Bach qu'il est connu des musiciens. Lui-même lié d'amitié avec Johann Ambrosius Bach, le père de Jean-Sébastien, lorsqu'il séjournait à Eisenach, il contribua à tempérer ce que l'art de Bach, marqué dans sa jeunesse par les maîtres du Nord, pouvait avoir de trop fougueux et d'insuffisamment structuré. C'est que, en effet, mettant à profit les déplacements que lui imposait la nécessité, il sut faire la synthèse des éléments stylistiques du centre avec ceux du sud de l'Allemagne, apportant dans une polyphonie assez claire des harmonies simples, « tombant » bien et soutenant efficacement le chant liturgique. C'est par ses chorals qu'il marqua Jean-Sébastien Bach, lui montrant comment orner le prélude de choral en restant fidèle à sa ligne mélodique.

Son fils aîné, **Wilhelm Hieronymus** (*Erfurt 1686-Nuremberg 1764*) fut lui aussi organiste. Élève de son père, il fut titulaire des orgues de Wöhrd, puis de Saint-Jacob de Nuremberg (1706) et de Saint-Sebald de Nuremberg, où il succéda à son père. Il a aussi écrit quelques pages pour l'orgue et le clavecin. **Karl Theodor**, fils cadet de Johann (*Stuttgart 1690 - Charleston, États-Unis, 1750*), également organiste, se rendit en Amérique vers 1730. Organiste de l'église Saint-Philippe de Charleston, il contribua à implanter la musique allemande aux États-Unis.   G. C.

PACHMANN (Vladimir de), pianiste russe d'origine autrichienne (*Odessa 1848 - Rome 1933*). Il reçoit ses premières leçons de piano de son père, professeur à l'université d'Odessa et violoniste amateur, et complète sa formation auprès de J. Dachs au conservatoire de Vienne (1866-1868), où il remporte une médaille d'or. Sa carrière fulgurante le mène de sa ville natale — il y fait ses débuts en 1869 — dans toute l'Europe et en Amérique, où il fait sensation autant par les apartés dont il accompagne de plus en plus fréquemment avec l'âge son jeu (embrassant par exemple sa main droite après un trait réussi en s'exclamant « Bravo, Pachmann ! ») que par la virtuosité et le toucher infiniment nuancé qu'il prodigue dans ses interprétations de Chopin. En début de carrière, il provoqua l'admiration de Liszt en personne.   M. W.

PACIFIC 231. Sous-titrée *Mouvement symphonique n° 1*, cette œuvre qui a été longtemps la plus populaire d'Arthur Honegger a été composée en 1923 et créée, le 8 mai 1924, à l'Opéra de Paris, sous la direction de Serge Koussevitski. Mouvement symphonique abstrait ou poème symphonique ? Les déclarations du musicien se contredisent. En 1924, Honegger suggère le schéma du poème symphonique : « tranquille respiration de la machine au repos, effort de démarrage, accroissement progressif de la vitesse pour aboutir à l'état lyrique, au pathétique du train de 300 tonnes, lancé en pleine nuit, à 120 à l'heure ». En 1951, il confesse qu'il a d'abord appelé cette pièce *Mouvement symphonique*, qu'à la réflexion il a trouvé cela assez terne et que, l'ouvrage achevé, il a inscrit le titre *Pacific 231*, « indice des locomotives pour trains lourds de grande vitesse ».

La vérité est que le compositeur, ainsi qu'il l'a reconnu, a poursuivi une idée purement musicale en « donnant le sentiment d'une accélération mathématique du rythme, tandis que le mouvement lui-même se ralentit ». C'est ainsi que *Pacific 231* est, en fait, un grand choral figuré, dans la tonalité d'*ut* dièse, dont la construction rythmique est conçue de telle sorte que, de la ronde à la double croche, la valeur de la durée diminue constamment jusqu'à ce que, dans la coda, s'établisse le processus inverse.   J. R.

PACINI (Giovanni), compositeur et théoricien italien (*Catana 1796 - Pescia 1867*). Il étudia le chant, puis la composition avec le père Mattei, connut son premier succès à dix-sept ans (*Annetta e Lucindo*, Milan, 1813) et composa dès lors plusieurs opéras chaque année, y démontrant une rare facilité ; avant parfois collaboré avec Rossini (notamment pour *Cenerentola e Matilde*), il ne s'affirma véritablement qu'après le retrait de celui-ci et le départ de l'Italie de Bellini et Donizetti, ses cadets, avec notamment *Furio Camillo* (1839) et surtout *Saffo* (1840) qui n'a jamais quitté l'affiche.   R. M.

PADEREWSKI (Ignacy Jan), pianiste et compositeur polonais (*Kuryłowka, Podolie, 1860 - New York 1941*). Il manifeste des dons précoces qui le font admettre en 1872 au conservatoire de Varsovie. Il y étudie le piano avec Juliusz Janotha, Rudolf Strobl, Jan Sliwinski et Pavel Schlözer, la théorie musicale avec Karol Studzinski, l'harmonie et le contrepoint avec Gustaw Roguski. À peine diplômé, il enseigne lui-même à Vienne de 1878 à 1883, et à Strasbourg en 1885. Il poursuit ses études à Berlin, puis à Vienne avec Friedrich Kiel (1881), Heinrich Urban (1883) et surtout Leschetizky (1884), qui se montrent déjà effrayés par son style peu orthodoxe. Son premier récital important, donné à Paris salle Érard, le 3 mars 1883, marque le début d'une renommée, qui va se répandre dans toute l'Europe et bientôt en Amérique. Il crée aux États-Unis une fondation Paderewski (1896) pour venir en aide aux jeunes compositeurs, et, à Varsovie, deux concours de composition musicale et de théâtre (1898).

De 1889 à 1909, il compose durant les mois d'été la majeure partie de son œuvre, fortement inspirée par le folklore polonais, *Danses polonaises*, *Tatra Album*, *Fantaisie polonaise* pour piano et orchestre, l'opéra *Manru*, pages d'obédience postromantique. Le virtuose défend un répertoire limité aux grands romantiques comme Chopin, dont il réalise une nouvelle édition, Liszt et Beethoven, préférant le récital au concert avec orchestre, pour lequel il ne joue que neuf concertos différents.

La prestance et l'allure aristocratique de Paderewski entraient pour beaucoup dans la fascination qu'il exerça sur les foules, au même titre que sa technique transcendante et sa manière très personnelle de résoudre les problèmes de rubato et de pédale, avec comme but premier la fidélité à l'expression, sinon au texte lui-même. Homme d'engagement, il le fut également envers son pays, la Pologne, qu'il servit jusque dans son effondrement de la Seconde Guerre mondiale, jouant pour appeler à sa libération. Ambassadeur à Washington (1918), puis Premier ministre et ministre des Affaires étrangères (1919-20), il représenta son pays ressuscité à la signature du traité de Versailles. Il fut aussi, au début de la Seconde Guerre mondiale, président du gouvernement polonais en exil.   M. W.

PADMÂVATÎ. Opéra-ballet en deux actes, op. 18, d'Albert Roussel, composé en 1913-1918, créé le 1er juin 1923 à l'Opéra de Paris sous la direction de Philippe Gaubert.

L'action se situe aux Indes et reprend une légende du XIIIe siècle.

ACTE PREMIER. *Padmâvatî* (c) est la belle et vertueuse épouse de Ratan-Sen (t), roi de Tchitor, qui se trouve en guerre contre son voisin Alaouddin (bar), sultan des Mogols. Celui-ci se rend à Tchitor afin de conclure une alliance. Ratan-Sen le reçoit avec tous les honneurs, dont une danse de jeunes esclaves. Insatisfait, Alaouddin souhaite voir l'épouse du roi. Le Brahmane (t) qui accompagne Alaouddin lui avait vanté la beauté de la reine dont il s'était naguère épris, ce qui lui avait valu d'être chassé de la ville. Il s'était ainsi mis au service de l'ennemi de Ratan-Sen. Appelée par le roi, Padmâvatî apparaît, « image vivante du lotus céleste ». Le sultan s'en éprend, et se retire. Mais il envoie bientôt le Brahmane porter un message : si Padmâvatî ne lui est pas livrée, il détruira Tchitor. Reconnu par la foule, le Brahmane est massacré. L'appel de guerre résonne, les hommes se préparent au combat, alors même que Padmâvatî, en un chant pathétique, déplore le crime commis contre le Brahmane et supplie les dieux de ne pas la séparer de son époux, dans la vie comme dans la mort.

ACTE II. (Dans le temple de Śiva où Padmâvatî s'est réfugiée.) La résistance de la ville a été vaine, le sultan accorde une trêve jusqu'à l'aube. Ratan-Sen, blessé au combat, pénètre dans le temple et demande à la reine de se livrer pour sauver la ville et le peuple. Ne pouvant se résoudre à pareil sacrifice ni charger son époux d'un tel crime, elle n'hésite pas à le poignarder. La cérémonie funèbre commence, Padmâvatî va suivre son époux dans la mort, sur le bûcher. Après avoir défoncé la porte du temple, Alaouddin apparaît à la tête de son armée ; il regarde, immobile, la fumée qui monte de la crypte.

Le sujet de *Padmâvatî* avait séduit Roussel au cours d'un voyage en Inde et il demanda à l'orientaliste Louis Laloy de lui écrire le livret de ce qui devint cet opéra-ballet, renouant ainsi avec une forme délaissée. Le musicien s'y est éloigné de la déclamation debussyste de *Pelléas et Mélisande*, proche des inflexions du langage parlé, afin de conserver à la voix humaine ses possibilités expressives et instrumentales. Les modes hindous participent à l'enrichissement de sa palette et l'orchestre est somptueux, chatoyant ; les chœurs représentent la foule agissante, leur rôle est très important puisqu'ils sont traités comme un ensemble instrumental. L'action est ici continue, contrairement à ce qui se passait dans l'opéra-ballet traditionnel, le texte chanté servant de lien entre toutes les parties, participant à l'unité de l'œuvre.

Les accents si nobles de l'héroïne principale, la grandeur tragique des scènes chorales, en particulier dans l'impressionnante scène funèbre, font de *Padmâvatî* l'œuvre lyrique la plus puissante parmi celles conçues en France depuis *les Troyens* de Berlioz.

P. V.

PAER (Ferdinando), compositeur italien *(Parme 1771 - Paris 1839)*. Formé à Parme où il donna à vingt ans un *Orphée et Eurydice*, il devint maître de chapelle à Venise, puis en 1797 chef d'orchestre du théâtre de la Porte de Carinthie à Vienne ; il occupa diverses responsabilités à Prague et à Dresde avant d'être appelé à Paris par Napoléon en 1807, succédant en 1811 à Spontini à la direction du Théâtre-Italien, poste qu'il dut, en 1826, céder à Rossini dont il avait, dit-on, mal défendu la cause. Décoré de la Légion d'honneur, il fut ensuite nommé directeur de la musique de la Chambre de Louis-Philippe. Alors que les premières œuvres de Paer se rapprochent de celles de Cimarosa, sa découverte des opéras de Mozart, à Vienne, modifia profondément son style (*Camilla, ossia Il Sotterraneo*, 1799). Sa *Leonora* (1804) précéda de peu le *Fidelio** de Beethoven.

Parmi les prédécesseurs de Rossini, Paer se distingue par son cosmopolitisme, son adroite fidélité au bel canto, assortie d'un goût mélodique rare et enrichie d'une harmonie originale et d'une instrumentation assez soignée, fait rare à l'époque parmi ses compatriotes, et dont il est certain qu'il trouva l'inspiration à Paris autant qu'à Vienne : c'est à Paris qu'il donna sa remarquable *Agnese* en 1809. Plus heureux dans le genre léger que dans le genre sérieux, Paer a néanmoins laissé une œuvre importante pour l'église, de la musique de chambre et des concertos pour piano, orgue, etc. Parmi ses cinquante opéras, on peut noter encore *Achille* (Vienne, 1801, joué dans toute l'Europe), et son aimable *Maître de chapelle* (Paris, 1821) dont un acte est demeuré au répertoire.

R. M.

PAGANINI (Niccolo), violoniste, altiste, guitariste et compositeur italien *(Gênes 1782 - Nice 1840)*. Il prit ses premières leçons de musique avec son père, mandoliniste amateur, puis étudia avec Servetto, violoniste dans l'orchestre du théâtre de Gênes et avec Costa, maître de chapelle de la cathédrale San Lorenzo. A neuf ans, il fit ses débuts à Gênes en jouant ses variations sur la *Carmagnole*. Il travailla quelques mois avec Rolla, puis avec Ghiretti, maître de Paer. En 1797, accompagné de son père, il fit une tournée de concerts en Lombardie. De 1801 à 1804, il se consacra à la guitare puis étudia les compositions de Locatelli. Sur quoi il devint à Lucques directeur de la musique de la princesse Bacciochi, sœur de Napoléon (1805-1813). Il rencontra Rossini à Bologne en 1813. De 1828 à 1834, il parcourut l'Europe, suscitant partout l'enthousiasme ; il se rendit successivement à Vienne, où l'empereur le nomma « virtuose de la cour », en Allemagne, Autriche, Bohême, Saxe, Pologne, Bavière, Prusse, et dans les provinces rhénanes. En 1831, il arriva à Paris, où il donna son premier concert à l'Opéra le 9 mars, et où il resta jusqu'en mai. Ayant fait ses débuts à Londres le 3 juin 1831, il resta en Angleterre jusqu'en juin 1832. En janvier 1834 il rencontra Berlioz à qui il demanda d'écrire un solo pour alto ; ainsi naquit *Harold en Italie* que Paganini cependant ne devait jamais jouer. Le 27 mai 1840, il mourut à Nice où il s'était rendu dans l'espoir de rétablir sa santé.

Bien que n'appartenant pas à leur génération, Paganini a fasciné les artistes romantiques, violonistes, pianistes, compositeurs, peintres ou écrivains : Chopin, Schumann, Liszt, Th. Gautier, Goethe, Heine. Sa silhouette méphistophélique, le halo de mystère qui entoure sa vie, la légende d'un pacte noué avec le diable et sa virtuosité spectaculaire rejoignent un des aspects de l'art romantique, qui veut surprendre. Les mots « prodigieux », « fantastique », « surnaturel » reviennent toujours à son propos sous la plume de ses contemporains. Fétis écrivit par exemple dans la *Revue musicale* du 12 mars 1831 : « Le violon entre les mains de Paganini n'est plus l'instrument de Tartini ou de Viotti ; c'est quelque chose à part qui a un autre but. » Personnage hoffmannesque, Paganini souleva par son jeu un enthousiasme proche de l'envoûtement. Après l'avoir entendu à Paris en 1832, Liszt se retira pour parfaire une technique pianistique pourtant déjà considérable. Plus d'un siècle après sa mort, il reste le symbole du violoniste virtuose, se jouant des difficultés les plus ardues qu'il crée à son propre usage.

En fait, il n'a pas inventé la technique du violon mais, personnalité dotée d'un extraordinaire pouvoir de synthèse, il réunit en un tout artistique, convenant à la manière de penser et de sentir de la première moitié du XIXe siècle, ce qui avant lui existait déjà dans cette technique. Il donna à celle-ci un nouvel élan, et lui apporta l'épanouissement grâce à son talent créateur formé en dehors de l'académisme des écoles. Il explora les virtualités acrobatiques du violon, exaltant l'instrument, mettant en valeur ses possibilités expressives et ses positions* les plus élevées, et usant du démanché avec hardiesse, passant sans transition du registre grave au registre aigu et vice versa ; il fut le premier à utiliser au maximum les ressources de la 4e corde, à laquelle il destina de nombreuses compositions (sonates *Maria-Luisa, Napoléon, Militaire, Majestueuse Sonate sentimentale*, 3 thèmes variés) ; il pratiqua la scordatura*, écrivit de longs passages en chromatisme*. Grâce à une extensibilité exceptionnelle de la main, il se joua des extensions* les plus périlleuses et donna les premiers exemples de trilles* à l'octave et à l'unisson. Il utilisa avec audace le staccato* jeté, les doubles, triples, quadruples cordes* et les accords*, dans des combinaisons réclamant souvent des doigtés délicats, des croisements de doigts ou extensions rendus plus difficiles encore par la rapidité du tempo. Il étendit l'emploi des sons harmoniques*, inventa de nouvelles combinaisons, utilisa aux deux mains le pizzicato* en traits rapides, en le mêlant aux sons coll'arco*, comme accompagnement du chant joué avec l'archet.

Les difficultés techniques de ses œuvres, « point solsticial de la virtuosité » (selon Schumann), et notamment celles des *24 Caprices*, ont inspiré de nombreux compositeurs parmi lesquels Schumann, Liszt, Brahms, Rachmaninov, Casella, Castelnuovo-Tedesco, Lutoslawski et Dallapiccola. Paganini a composé uniquement de la musique instrumentale, destinée à ses instruments de prédilection : la guitare, l'alto et surtout le violon.

Œuvres principales. — *Violon et orchestre.* Sonate *Napoleone* pour la 4e corde (1807). *Le Streghe* (« les Sorcières ») op. 8 (1813). Sonate *Maria-Luisa* pour la 4e corde (1816). Variations sur *Non più mesta* de la *Cenerentola* de Rossini, op. 12 (1819). Variations sur l'air *Di tanti palpiti* de *Tancrède* de Rossini op. 13 (1819). Concerto n° 1 en *mi* b maj. (*ré* maj.) op. 6 (1817 ?). Concerto n° 2 en *si* b min. op. 7 (1826). Polonaise avec variations en *la*. *La Tempête* (1828). Variations sur *Dal tuo stellato soglio* du *Moïse* de Rossini (1819 ?). *Majestueuse sonate sentimentale* (Variations sur l'hymne national autrichien, 1828). Concerto n° 3 en *mi* (1826). *Le couvent du mont Saint-Bernard* (1828-1830). *Sonata appassionata* (ms BC). Sonate avec variations en *mi* (1828). Concerto n° 4 en *ré* min. (v. 1830). Variations sur l'hymne *God save the King* op. 9 (1829). Sonate *Varsovie* en *la* (1829). Concerto n° 5 en *la* (v. 1830). *Sonate amoureuse et galante* (1831). *Saint Patrick's Day* (1831). *Sonatina e polaccheta* (1831) (ms BC). Sonate *La Primavera* (1838 ?). Concerto n° 6 en *mi* min. (posthume). *Violon solo ou violon et piano.* 24 Caprices pour violon solo op. 1 (v. 1805). Duo-merveille pour un seul violon (v. 1808). Sonate en *do* maj. (ms BC). Introduction et variations sur *Nel cor più non mi sento* (v. 1820). *Violon et guitare.* Sonate concertante en *la* maj. (1804). *Duetto amoroso* (v. 1807). 12 sonates (v. 1805). 60 variations sur *Barucaba* op. 14 (1835). *Autres compositions de musique de chambre.* 3 quatuors à cordes en *ré* min., *mi* b, *la* min. (v. 1800). 21 quatuors pour violon, alto, guitare et violoncelle (v. 1806-1820). 3 duetti concertants pour violon et violoncelle (v. 1802). Trio pour violon, violoncelle et guitare (1833). M. P.

PAILLARD (Jean-François), chef d'orchestre et musicologue français (*Vitry-le-François 1928*). Licencié en mathématiques, il étudia au Conservatoire de Paris l'histoire de la musique avec Norbert Dufourcq et la direction d'orchestre avec Igor Markevitch au Mozarteum de Salzbourg. En 1953, il fonda l'ensemble instrumental Jean-Marie-Leclair qui devint en 1959 l'orchestre de chambre J.-F.-Paillard (12 cordes et 1 clavecin), et avec lequel il fit de nombreuses tournées (Europe, Amérique, Japon, Corée, etc.). Il joua avec son orchestre, au concert et au disque, un rôle déterminant pour la résurrection de la musique baroque, exhumant des grandes bibliothèques musicales d'Europe de nombreux « chefs-d'œuvre oubliés ». La musique baroque constitue le fond de son répertoire, mais il interprète également des œuvres des XIXe et XXe siècles. A. de B.

PAILLASSE (en ital. *Pagliacci*). Opéra en un prologue et deux actes, texte et musique de Ruggero Leoncavallo, créé au théâtre Del Verme de Milan le 21 mai 1892, sous la direction d'Arturo Toscanini.

La scène est en Calabre, près de Montalto, vers 1865. Avant le début de l'action, l'un des acteurs, Tonio (bar), chante un prologue, sorte de manifeste du théâtre vériste : « l'auteur, dit-il, a voulu « peindre une tranche de vie » et rechercher le vrai. « Plus que nos costumes, considérez nos âmes... »

ACTE PREMIER. *Le jour de l'Assomption, une troupe de forains vient installer ses tréteaux pour la représentation du soir. On acclame Canio (t), le patron, qui, dans la pantomime, sera Paillasse. A la pensée que sa jeune femme, Nedda — Colombine —, pourrait mener une intrigue amoureuse dans la vie réelle, il met en garde chacun contre l'issue d'une telle entreprise (Un tal giuoco) car, dit-il, « le théâtre et la vie ne sont pas même chose »... Tous s'éloignent, la procession s'ébranle, et, demeurée seule, Nedda (s) songe avec effroi aux menaces de Canio, puis évoque la liberté des oiseaux (Stridono lassù) en un chant plein de séduction, que Tonio (bar), le bouffon de la troupe, pitoyable et difforme, écoute, ravi. Nedda, à laquelle il avoue son amour (So ben che difforme) le frappe au visage d'un fouet, et Tonio jure de se venger, lorsque survient Silvio (bar), l'amant de Nedda, qui la presse de quitter sa vie misérable et de fuir avec lui ce soir (duo : Decidi il mio destino). Averti par Tonio, Canio entend les derniers mots de sa femme « A cette nuit, et pour toujours... ». Canio se jette sur Nedda, mais Beppe (t), l'Arlequin de la troupe, le désarme à temps : il faut désormais préparer le spectacle. Dans son monologue fameux, Canio clame son désespoir : blessé à mort, l'homme doit s'effacer devant le comédien et rire malgré ses larmes (recitar : Vesti la giubba).*

ACTE II. *C'est la nuit, Tonio bat la caisse, et la foule se bouscule. La pantomime commence, avec accents volontairement archaïques : Arlequin chante au loin sa sérénade (O Colombina), Taddeo — joué par Tonio — fait sa cour dérisoire à la belle, et s'efface devant son rival ; comme prévu, Paillasse entre et surprend les derniers mots de Colombine « A cette nuit, et pour toujours», ceux-là mêmes dits le matin à son véritable amant. Dès lors, fiction et réalité se mêlent intimement, et la musique fait alterner le pastiche et les accents plus modernes. Le public acclame la vérité du jeu de Paillasse lorsque, cessant précisément de jouer la comédie, il pleure sa condition d'époux bafoué (No, Pagliaccio non son). C'est Canio qui, cette fois, exigeant le nom de son rival, poignarde Nedda avec un vrai couteau, éventre Silvio accouru, et, hébété, annonce d'une voix blanche : « La comédie est finie. »*

Traduit en douze langues en moins de trois ans, aussitôt joué sur toutes les scènes internationales, l'opéra essuya le mépris d'une certaine musicologie, notamment en France, mépris à la mesure d'une popularité toujours croissante. Mais cette popularité dépendait d'un fait de société, celui qui permit l'éclosion du naturalisme, et de son corollaire italien, le vérisme littéraire et musical, rejetant le romantisme, à l'heure où Verdi lui-même renonçait aux thèmes historiques pour se tourner vers Shakespeare, et, au lendemain du succès de *Paillasse*, mettre en musique un épisode des *Joyeuses Commères de Windsor*.

Il est sûr que le succès triomphal de la *Cavalleria rusticana* du jeune Mascagni, en 1890, fut déterminant pour Leoncavallo qui ravala ses prétentions littéraires et se tourna vers ce genre nouveau que soutenait l'éditeur Sanzogno, grand rival de Ricordi, qui régnait sur plusieurs théâtres de la péninsule. On ne peut nier l'extraordinaire qualité du livret : Leoncavallo, qui fut toujours son propre poète, sut créer avec art cette perpétuelle osmose entre fiction et réalité, mettant en scène le paradoxe du comédien, et introduisant sur la scène lyrique (tout au moins dans le genre tragique) la notion de théâtre dans le théâtre. Il s'inspira, en la circonstance, d'un fait divers authentique, naguère jugé sur son propre père, le mêlant à divers sujets en vogue : Catulle Mendès lui intenta — en vain — un procès en plagiat de sa *Fille de Tabarin*.

L'idée du prologue, véritable manifeste du vérisme, lui fut suggérée par son interprète, le baryton Victor Maurel, qui y gagnait ainsi un air à succès, et la musique, plus savante mais moins spontanée que celle de son jeune rival Mascagni, s'inscrivait dans les divers courants d'obédience wagnérienne qui se répandaient en Europe, avec son jeu très subtil de leitmotive, son important volume orchestral, et surtout ses tessitures vocales assez centrales, exemptes de toute référence au bel canto : c'est cet aspect qui prévalut bientôt, permettant à nombre de chanteurs médiocres de traduire la partition de façon sommaire. R. M.

PAINE (John), compositeur américain (*Portland, Maine, 1839 - Cambridge, Massachusetts, 1906*). Il fit ses études à Berlin, et, de retour aux États-Unis (1861), devint directeur musical de l'université de Harvard et titulaire de la première chaire de musique en Amérique. Il y forma de nombreux disciples et la plupart des maîtres de la génération suivante (F. Converse, D. G. Mason et J. A. Carpenter). Son rôle a été également décisif dans la constitution de l'école de Boston, qui devait revaloriser la condition de musicien aux États-Unis et permettre, en grande partie, l'essor du début du XXe siècle. Malgré sa couleur germanique, son œuvre n'est pas sans originalité, et apparaît comme l'expression la plus achevée de la période avant-première de la musique américaine. A. G.

PAISIELLO (Giovanni), compositeur italien (*Roccaforrata*, près de *Tarente*, 1740-*Naples* 1816). Il fut l'élève de Durante, et se fit connaître comme auteur d'opéras-comiques ou sérieux, inspirés tant par Goldoni que par Métastase, avant de triompher véritablement à Naples, sa ville d'adoption, avec *L'Idolo cinese* (1767) et *Don Quichotte* (1769), œuvres révélatrices d'un frémissement encore inconnu chez Piccinni ou chez Anfossi. Après un très original *Socrate imaginaire* (1775), il fut appelé à succéder à Traetta comme maître de chapelle de Catherine II à Saint-Pétersbourg, où il donna notamment *I Nitetti*, d'après Métastase (1777) et *le Barbier de Séville* (1782). A son retour, il donna à Vienne *Il Re Teodoro in Venezia* (1784), drame héroïcomique, sur un poème de l'abbé Casti, œuvre dont les ensembles concertants firent une forte impression et qui demeura à l'affiche plus de cinquante ans, puis il rejoignit Naples, où il composa ses deux chefs-d'œuvre, *La Molinara* (1789) et *Nina ossia La Pazza per amore* (1789), écrits pour la célèbre Coltellini.

Il adopta par la suite des attitudes politiques souvent maladroites, prenant tour à tour parti pour les Bourbons ou pour Napoléon, qui l'appela à Paris, et pour lequel il écrivit un *Te Deum* et une *Messe du sacre*. Il fut ensuite honoré par le roi Joseph Bonaparte, à Naples, mais retomba en disgrâce lors du retour des Bourbons. En 1816, le succès du *Barbier de Séville* de Rossini et le grave affront que lui infligea Ferdinand IV hâtèrent sa fin.

Avec Cimarosa, Paisiello se situe à un carrefour important dans l'évolution de l'opéra entre Piccinni et Rossini. Sa veine mélodique, son harmonie raffinée, firent hautement apprécier par ses contemporains puis par Beethoven, et la sentimentalité dont il sut doter les héros de ses œuvres comiques, leur sincérité d'accents marquèrent toute une époque.

Comme Cimarosa, il se distingua également dans la musique sacrée (*Requiem*, une *Passion de Jésus-Christ* en 1783), dans la musique de chambre — on lui doit de remarquables quatuors — et surtout dans ses concertos pour clavecin et orchestre. Certaines scènes, comme celle de la folie de Nina, respirent une atmosphère préromantique. Paisiello témoigne aussi d'une belle originalité dans ses scènes d'ensemble, par l'importance qu'il attribua à l'orchestre, par son goût pour les onomatopées vocales (*Socrate imaginaire*), ce qui annonce Rossini, et par le réalisme d'un langage dont on lui attribua à tort la paternité, mais dont il donna de magnifiques exemples. R. M.

PALÉOGRAPHIE. Au sens général, science des anciennes écritures. La paléographie musicale, qui étudie les anciennes notations, en est une branche, divisée en autant de ramifications qu'il existe de familles de notation. Par extension, on a donné le nom de *paléographie grégorienne* à une importante édition de manuscrits liturgiques du Moyen Age avec facsimilé, entreprise en 1889 par les moines de Solesmes à l'instigation de Dom Mocquereau, et actuellement encore en cours de publication. J. C.

PALESTER (Roman), compositeur polonais (*Sniatyn* 1907). Il a fait des études de piano au conservatoire de Lvov, et des études de composition au conservatoire de Varsovie avec K. Sikorski. A partir de 1931, il a fait des séjours en France, où il a été en contact avec le groupe des Six. Après la guerre, il a enseigné au conservatoire de Cracovie, puis partagé sa vie entre la France et l'Allemagne. Son importante production témoigne d'une grande variété de références, et cherche à faire la part entre l'évolution du langage musical et l'attachement aux racines nationales. Il a été influencé successivement par Szymanowski, par Stravinski et par la musique sérielle. Parmi ses œuvres de la première période se distinguent la *Danse d'Osmoloda* (1933) et le ballet *Piesno ziemy* (« le Chant de la terre », 1937), et parmi les œuvres de sa maturité, les cinq symphonies (1935, 1942, 1948, 1951 et 1970-1972), le *Requiem* (1945), certaines œuvres de musique de chambre dont le 2e trio à cordes (1958), l'opéra *la Mort de Don Juan* (1959-60) et un *Concerto pour alto* (1977-78). A. L. et J.-Y. B.

PALESTRINA (Giovanni PIERLUIGI, dit «*da Palestrina*»), compositeur italien (*Palestrina, ex-Préneste*, v. 1525-*Rome* 1594). Il est connu par le nom de sa ville natale, près de Rome. Quand meurt sa mère, en 1536, on le fait admettre comme enfant de chœur dans la maîtrise de Sainte-Marie-Majeure, à Rome. Sous la direction de plusieurs maîtres de chapelle, dont Firmin Lebel, il étudie les maîtres des écoles franco-flamande et italienne, Josquin Des Prés, Pierre de la Rue, Jean Mouton, etc. En 1544, il est reçu comme organiste et maître de chant de sa ville natale. Il épouse en 1547 Lucrezia Gori, dont il aura trois fils. Il a la chance de voir son cardinal-évêque, à Palestrina, être élu pape en 1551, sous le nom de Jules III, et celui-ci le fait venir à Rome comme « maître des enfants » de la basilique Saint-Pierre, puis comme chanteur de sa chapelle particulière. En 1555, le pape Paul IV (succédant à Marcel II, le pape de la fameuse *Missa papae Marcelli*, qui meurt vingt-deux jours après son élection), décide de rayer de sa chapelle tous les hommes qui sont mariés, ou qui ont écrit des œuvres profanes. Concerné à double titre par cette mesure, Palestrina doit se retirer, mais parvient à se faire nommer maître de chapelle à Saint-Jean-de-Latran, une des églises les plus importantes de Rome. Il y reste jusqu'en 1560, avant de devenir, en 1561, maître de chapelle à Sainte-Marie-Majeure, où il avait été enfant de chœur.

Parallèlement, il s'occupe de régler les divertissements musicaux du cardinal Hippolyte d'Este à Tivoli (entre 1567 et 1571). Il dirige également l'enseignement musical au Séminaire romain fondé par Pie IV en 1563, après la clôture du concile de Trente, qui cherche à redéfinir le culte et le dogme, dans le mouvement de la Contre-Réforme. Palestrina aurait été chargé de la tâche d'épurer et de régénérer la musique liturgique (critiquée pour ses tendances à la complexité polyphonique et à la complaisance décorative), en rétablissant l'authenticité du chant grégorien d'origine. Il ne semble pas que cette tâche ait été menée à bien. En tout cas, il contribua à rendre à nouveau *intelligibles* les paroles latines dans la musique religieuse.

En 1571, il est réintégré comme maître de musique à Saint-Pierre de Rome, où il exercera sa fonction jusqu'à sa mort. Mais une épidémie de peste, à Rome, emporte sa femme, ses frères, et deux de ses trois fils entre 1572 et 1580. Après avoir envisagé de rentrer dans les ordres et en avoir obtenu l'autorisation, il se remarie finalement en 1581 avec Virginia Dormuli, la riche veuve d'un fourreur, dont il va gérer les affaires fructueuses. Dans les dernières années de sa vie, il obtient une grande réputation à l'échelle de l'Europe. Il est l'ami de Philippe Neri, le fondateur de la congrégation de l'Oratoire, qui sera plus tard canonisé. En 1590, il fonde une association corporatiste de musiciens, la *Vertuosa Compagnia dei musici*, dont sortira la congrégation de Sainte-Cécile, noyau primitif de l'académie Sainte-Cécile (actuel conservatoire de Rome). Quand il meurt en 1594, il est enterré solennellement dans la Cappella Nuova de la basilique Saint-Pierre — chapelle démolie plus tard, si bien que ses restes n'ont pas été retrouvés.

Après sa mort, Palestrina s'imposa dans la mémoire de la musique occidentale comme une sorte de « Père de la musique », garant de la tradition, synthétisant dans son œuvre, essentiellement vocale et religieuse, tout l'art contrapuntique du XVIe siècle, pour l'offrir en modèle et en repère aux générations futures. Son esthétique impavide et apollinienne (que l'on oppose souvent au dramatisme d'Victoria) privilégie l'équilibre, la logique, la beauté des lignes. Il applique les consignes pontificales d'intelligibilité du texte, et de soumission de la musique au message liturgique. Une légende a longtemps couru sur sa *Messe du pape Marcel*, qui aurait « sauvé » la musique liturgique et l'art polyphonique de la proscription ecclésiastique qui les menaçait, en prouvant aux cardinaux et au Concile qu'elle pouvait être à la fois simple, respectueuse du texte, intelligemment figurative, et savamment composée.

Cette image d'un Palestrina « sauveur de la musique », et maître d'un style « antique » devenant la référence de toute musique liturgique « à l'ancienne », a parcouru les siècles jusqu'à l'époque romantique, alimentée par la biographie de Giuseppe Baini. En 1917, Hans Pfitzner créait son opéra *Palestrina*, écrit autour de ce thème (la musique sauvée devant l'Église par un homme de bien). Aujourd'hui, une connaissance plus large de la musique de son époque nous permet de resituer Palestrina dans son contexte, où il ne fut pas le seul, mais s'imposa comme un grand compositeur classique et solide — homme de synthèse plutôt que d'aventure.

Malgré une centaine de madrigaux profanes (1555-1594), dont certains ont été écrits pour les Anglais, la musique religieuse domine de loin dans l'abondante production de Palestrina. On citera d'abord quelque cent messes, de 4 à 8 voix, publiées entre 1554 et 1601 (*Messe du pape Marcel, Aeterna Christi, Lauda Sion, Assumpta est Maria, Iste Confessor, Ecce Sacerdos Magnus, Sine Nomine*, etc.). Un grand nombre de ces messes (quarante-trois) adoptent comme « cantus firmus », c'est-à-dire comme thème cyclique traité en imitations variées, un bref thème tiré du plain-chant. Une trentaine d'autres tirent leur cantus firmus d'un fragment de motet, et quatre seulement d'une chanson populaire, selon l'usage que justement le concile de Trente réprouvait et voulait extirper. C'est le cas de la *Messe du pape Marcel*, imprimée en 1567 et bâtie sur le fameux thème de *l'Homme armé* (que Palestrina reprit plus tard, dans une autre messe, publiée en 1570 au sein d'un recueil dédié à Philippe II d'Espagne, explicitement titrée cette fois *Messe de l'Homme armé*). La chanson *Je suis déshéritée* devait également lui inspirer une messe. Ces messes adoptent un moule très stable (un *Gloria* souvent homorythmique, un *Credo* de style sévère et syllabique, un *Benedictus* plus transparent allégé des voix graves, etc.).

Ses motets (plusieurs centaines, de 4 à 12 voix) traitent le texte membre de phrase par membre de phrase, chacun étant l'occasion d'une phrase musicale, que les voix énoncent en entrées successives, pour la traiter en imitations (*Sicut cervus desiderat, Super flumina Babylonis*, un *Stabat Mater* à huit voix réparties en deux chœurs se répondant, un cycle du *Cantique des Cantiques*, etc.). On lui doit aussi 66 *Offertoires* à cinq voix, publiés en 1593, 8 litanies (trois à huit voix), 15 *Lamentations de Jérémie* à quatre voix (1588), 14 *Psaumes et Cantiques* (quatre à huit voix), 52 *Hymnes* à quatre voix (1589), 56 *Madrigaux spirituels* (1581-1594) et 9 *Ricercari* pour orgue.

Le « Palestrina-stil », comme disent les Allemands, dégagé à travers cette œuvre très homogène, et considéré comme le style de référence de la musique religieuse a cappella, fut consigné et codifié par Berardi (*Arcani Musicali*, 1690) et Johann Joseph Fux, dans son *Gradus ad Parnassum* (1725). Durant le XIXe siècle, on vit même un courant musical néo-palestrinien en Allemagne, sous l'impulsion d'un certain juriste de Heidelberg, nommé Thibaut, auteur d'un ouvrage *Über Reinheit des Tonkunst* (« sur la pureté de l'art des sons »), publié en 1825. Ainsi élue par la postérité comme parangon de l'art religieux polyphonique, l'œuvre de Palestrina reste une source de plénitude harmonieuse et de transparence dans l'abstraction des lignes. M. C.

PALESTRINA. Légende musicale en trois actes de Hans Pfitzner, achevée en 1915, sur un livret de l'auteur lui-même, et créée le 12 juin 1917 à Munich.

ACTE PREMIER. (La maison de Palestrina à Rome.) *Scilla (ms), un jeune élève de Palestrina, s'essaie à une chanson galante dans le nouveau style monodique florentin. Son compagnon Ighino (s), le fils de Palestrina, reste pensif, affecté par la perte d'enthousiasme créateur de son père. A ce moment-là entrent Palestrina (t) et le cardinal Borromeo (bar), venu commander au maître une messe qui devra sauver la musique polyphonique des attaques dont elle est l'objet au concile de Trente. Palestrina, désabusé, repousse la tâche et se perd dans une méditation sombre. Peu à peu prennent forme alors les silhouettes des compositeurs du passé et de sa défunte femme, qui tous l'exhortent à assurer la continuité de la tradition polyphonique. Comme en rêve, ainsi que le veut la légende de la Missa papae Marcelli du Palestrina historique, dont on retrouve ici quelques fragments très modifiés, le compositeur écrit sous la dictée des anges une messe complète, que trouvent ses élèves au petit matin.*

ACTE II. (Le palais épiscopal à Trente.) *Congrégation générale avant la session solennelle du Concile (1563). Les prélats de tous pays s'installent peu à peu sous la direction du maître de cérémonie, Severolus (b). Le ton monte rapidement, de par les enjeux particuliers de chacun, et le long discours solennel d'ouverture du cardinal-légat Morone (bar) est constamment interrompu par des interjections vitupérantes. A la fin de l'acte, les gardes interviennent à main armée pour disperser les serviteurs qui se querellaient à leur tour.*

ACTE III. *Libéré de la prison où l'avait fait jeter le cardinal Borromeo, Palestrina accueille d'une âme égale le succès de sa messe, dont les derniers accords résonnent encore au Vatican. Honoré et fêté par tous, maître à nouveau de la musique à la chapelle Sixtine, il laisse les musiciens à leur joie et, seul, se met à improviser à l'orgue.*

Pfitzner a pensé durant quinze années à cet opéra, véritable triptyque musical qui repose sur l'opposition de la vie intérieure de l'artiste (actes I et III) et de l'agitation du monde extérieur (acte central). Il tira amplement parti des ressources expressives du romantisme allemand, mais rejoignit l'école moderne par la sobriété de son écriture linéaire et ses affinités avec les styles anciens, ainsi que par le thème de son opéra : le dilemme de l'artiste confronté à la tradition et au tourbillon du monde contemporain. Ces traits font de *Palestrina* le pendant du *Doktor Faust* de Busoni et de *Mathis le peintre* de Hindemith. E. L.

PALM (Siegfried), violoncelliste allemand *(Wuppertal 1927)*. Son père, violoncelle solo de l'orchestre de Wuppertal, est son premier professeur (1933-1945). A dix-huit ans, Siegfried devient violoncelle solo de l'orchestre de Lübeck (1945-1947), poste qu'il occupe également dans l'orchestre symphonique de la radio de Hambourg (1947-1960), puis de celui de la radio de Cologne (1962-1967). Il a entre-temps suivi l'enseignement de Enrico Mainardi à Salzbourg (1950-1953) et a fait partie du quatuor Hamann, spécialiste de la musique de notre temps (1951-1962), avant de se consacrer lui-même à l'enseignement, d'abord comme titulaire d'une classe supérieure de violoncelle à la Staatliche Hochschule für Musik de Cologne (1962), puis comme directeur de ce même établissement (1972). Il a également enseigné à Darmstadt, au Dartmouth College (Etats-Unis) et au Conservatoire royal de Stockholm, et été l'invité d'honneur du festival de Royan en 1976. De 1976 à 1981, il a dirigé le Deutsche Oper de Berlin-Ouest.

Il a beaucoup contribué à l'élargissement du répertoire et de la technique du violoncelle. Il est le premier à avoir interprété, dans les années 60, des œuvres jusque-là réputées injouables, telles la sonate de Zillig (1958), celle de Penderecki (1964), *Nomos Alpha* de Xenakis (1966), et il a suscité de nouvelles pages de Zimmermann (*Canto de speranza*, 1952-1957; Concerto « *en forme de pas de trois* », 1966), Kagel (*Match*, 1964; *Unguis incarnatus est*, 1972), Blacher (concerto, 1965), Ligeti (concerto, 1966), Kelemen (*Changeant*, 1968), Penderecki (*Capriccio per Siegfried Palm*, 1968; *Con certo*, 1972), Engelmann (*Mini-Music to Siegfried Palm*, 1970). Il a également créé des œuvres de Feldman, Delas, Beckers, Benguerel, Fortner, Brown, Isang Yun. M. W.

PALMGREN (Selim), compositeur, pianiste et chef d'orchestre finlandais *(Pori 1878 - Helsinki 1951)*. Il connut au début de ce siècle une grande célébrité internationale, qui lui valut le surnom de « Chopin du Nord ». Elève de F. Busoni, pianiste virtuose, il a surtout laissé plus de 100 œuvres pour son instrument,

dont 5 concertos pour piano et orchestre écrits entre 1904 et 1940. Son style élégant et plein de charme est directement issu du postromantisme et du style de salon. À partir de 1923, il a été professeur de composition à l'Eastman School of Music de Rochester puis, à partir de 1936, à l'académie Sibelius de Helsinki.
H.-C. F.

PANDORE. Instrument ancien à cordes pincées, souvent confondu avec d'autres instruments de la famille du luth portant des noms voisins : pandora, pandûra, pandûr, bandurria, bandoura, mandore, etc. Au XVIIe siècle, la pandore se distinguait du luth par sa caisse plate, ses cordes et ses frettes métalliques, et surtout son chevalet oblique. Ce dernier dispositif permettait d'allonger les cordes graves, devenues ainsi plus sonores, mais nuisait à la justesse de l'ensemble.
M. T.

PANERAI (Rolando), baryton italien (Campi Bisenzio, près de Florence, 1924). Il fit ses études à Florence avec Raoul Frazzi, et débuta dans le rôle d'Enrico de *Lucia di Lammermoor* à Campi Bisenzio en 1946. L'année suivante, après avoir remporté le concours de Spoleto, il chanta dans *Mosè* de Rossini au théâtre San Carlo de Naples. Interprète des plus grands rôles du répertoire français et italien du XIXe siècle, mais également de Mozart, Richard Strauss et Busoni, Panerai s'intéressa aussi à l'opéra contemporain. Il créa notamment Ruprecht dans *l'Ange de feu* de Prokofiev à la Fenice de Venise en 1955, et Schweik du *Brave Soldat Schweik* du Turchi à la Scala de Milan en 1962. Ses dons d'acteur et sa virtuosité vocale (il chanta tour à tour Don Alfonso et Guglielmo dans *Cosi fan tutte*) lui ont permis d'aborder des styles et des musiques très différents.
M.-L. S.

PANIGEL (Armand), critique musical français (Brousse, Turquie, 1920). Ses études de mathématiques à la faculté de Montpellier le destinaient à l'enseignement. Son goût pour la musique et sa connaissance du cinéma devaient bientôt l'orienter dans une autre direction. Au cours de la Seconde Guerre mondiale, il devient producteur d'émissions radiophoniques et de films pour les Forces françaises libres au Proche-Orient et en Afrique ; il se familiarise ainsi avec les techniques de l'audiovisuel. En octobre 1946, il crée à la Radiodiffusion française une émission de critique comparative des enregistrements de musique classique qui deviendra la *Tribune des critiques de disques* et qui conserve, aujourd'hui encore, une audience très importante. En 1947, il fonde la revue *Disques* qu'il éditera et dirigera jusqu'à sa disparition en 1964. Ses activités ne se bornent pas à la musique. Il dirige les *Éditions de la cinématographie française* (1962-1965) et réalise, pour la télévision, des séries d'émissions sur le cinéma : *Thème et variations du cinéma* (1964-1970), *Au cinéma ce soir* (1969-1975), *Histoire du cinéma français* (1973-1975), *Portraits de cinéastes et de comédiens* (1975-1982). Ses ouvrages : *l'Œuvre de Frédéric Chopin* (1949) et *les Écrits d'Eisenstein* (1976) témoignent, eux aussi, de cette double vocation critique, unifiée sous le signe de l'audiovisuel.
J. R.

PANNI (Marcello), compositeur et chef d'orchestre italien (Rome 1940). Après des études musicales classiques (piano, composition et direction d'orchestre) à l'académie Sainte-Cécile à Rome, il étudia la direction d'orchestre chez M. Rosenthal au Conservatoire de Paris, et, en 1967, obtint le prix Gabriel-Fauré au concours de direction d'orchestre à Besançon. Comme chef d'orchestre, il se consacre à la fois à la musique classique, à l'opéra et à la musique contemporaine, participe en tant que chef et que compositeur aux festivals les plus importants de musique contemporaine. Depuis 1980, il enseigne la composition comme successeur de Milhaud et de Berio au Mills College (Oakland, Californie). Il est auteur d'œuvres exclusivement instrumentales et vocales-instrumentales. Son style compositionnel est marqué par l'influence des postsériels, des néoclassiques italiens, de Cage et des postcagiens. Sa connaissance profonde des recherches musicales contemporaines lui a permis d'élaborer un langage personnel particulièrement raffiné, tenant compte de toutes les acquisitions de l'écriture musicale occidentale.

Œuvres principales. — *Quattro Melodie* (1963-64) pour soprano, hautbois, mandoline et violoncelle sur des textes de W. C. Williams et W. Goethe. *Pretexte (in memoriam P. Hindemith)* [1964] pour orchestre. *Empedokles Lied* (1965) pour baryton et orchestre sur un texte de F. Hölderlin. *Après tout, Sinfonia concertante in 5 figure* (1967) pour trio à cordes et 32 instruments. *Che cosa apparirà ?* (1968) pour orchestre de chambre indéterminé. *Inventario da concerto* (1972) pour orchestre de chambre indéterminé. *A Pair o'Dice* (1972) pour orchestre. *Klangfarbenspiel* (1973), projet scénique. *Divertimento* (1973) pour orchestre de chambre. *Allegro brillante* (1975), étude de concert pour piano et petit orchestre. *La Partenza dell'Argonauta*, opéra sur un livret de Savinio (1976). Transcriptions : *Giasone*, opéra en 3 actes de Fr. Cavalli (1970) ; *Three Songs and Four Dances (with an echo)* de *The Fairy Queen* de H. Purcell, pour mezzo-soprano et orchestre de chambre (1969).
I. S.

PANTOMIME. Spectacle généralement accompagné de musique, basé sur les moyens d'expression de l'art du mime : l'attitude, le geste et les jeux de physionomie. Contrairement au ballet qui peut être abstrait et ne faire appel qu'aux figures de la danse pure, la pantomime est obligatoirement narrative. Ayant sur les autres disciplines théâtrales l'avantage de se passer de la parole, la pantomime a connu une grande popularité dès l'Antiquité gréco-romaine. Elle s'est ensuite confondue ou mêlée avec les genres voisins pour renaître à l'état pur au XVIIe siècle en Angleterre (où elle n'a pas cessé d'être pratiquée) et au XVIIIe en France.

À Paris, elle se trouva favorisée par la réglementation des théâtres, qui réservait à quelques troupes officielles le monopole du chant et de la déclamation : les petites compagnies foraines, pour se mettre à l'abri des procès, eurent volontiers recours au jeu muet, c'est-à-dire à la pantomime. Tandis que Noverre, dans la seconde moitié du siècle, établissait les règles du ballet-pantomime, futur « ballet d'action », les baladins de la Foire accommodaient à leur manière, en les actualisant, les données de la commedia dell'arte.

À l'époque romantique, la pantomime continua de faire fureur sur le « Boulevard du crime », notamment aux Funambules, avec le célèbre Pierrot créé par Gaspard Deburau. Puis la mode passa de ce théâtre muet. De nos jours, les efforts et le talent de Georges Wague, Étienne Decroux, les Sakharoff, Jean-Louis Barrault, et surtout Marcel Marceau n'ont pu le ressusciter que de façon épisodique.

Sur le plan musical, la pantomime traditionnelle se contentait le plus souvent de pots-pourris d'airs célèbres. Elle n'a pas inspiré de chefs-d'œuvre, à moins qu'on ne rattache au genre un ballet tel que *le Mandarin merveilleux* de Béla Bartók.
M. T.

PANUFNIK (Andrzej), compositeur anglais d'origine polonaise (Varsovie 1914). Il a étudié la composition avec Sikorski au conservatoire de Varsovie (1932-1936) et la direction d'orchestre avec Félix Weingartner à Vienne (1937-38), puis travaillé à Paris et à Londres. Il rentra en Pologne à la veille de la guerre. Toutes ses œuvres furent détruites durant l'insurrection de Varsovie en 1944, mais il en reconstitua trois, dont l'*Ouverture tragique*, l'année suivante. Après avoir dirigé la Philharmonie de Cracovie (1945-46) puis celle de Varsovie (1946-47), il s'installa en Angleterre en 1954, et en devint citoyen en 1961. Il dirigea l'Orchestre symphonique de Birmingham (1957-1959), puis se consacra de plus en plus à la composition. Sa musique ne fut redonnée en Pologne qu'à partir de 1977.

Ses deux principales périodes créatrices se situent avant 1948 et après 1960. Il a écrit notamment huit symphonies dont n° 1 *Sinfonia rustica* (1948), n° 2 *Symphonie de la paix* (1951, rév. *Sinfonia elegiaca* 1957, rév. 1966), n° 3 *Sinfonia sacra* (1963, pour le millénaire de la Pologne), n° 5 *Sinfonia di sfere* (1975), n° 6 *Sinfonia mistica* (1977, basée sur les propriétés du nombre 6), et n° 8 *Sinfonia votiva* (1981-82, pour le centenaire de l'Orchestre symphonique de Boston) ; un concerto pour piano (1962, rév. 1972) et un pour violon (1971) ; deux quatuors à cordes (n° 1 de 1976, n° 2 *Messages* de 1980) ; *Universal Prayer* pour chœur et orchestre, d'après Pope (1968-69) ; *Concerto festivo* pour orchestre (1979) ; *Concertino* pour percussion et piano à quatre mains (1980). M. V.

PANZERA (Charles), baryton suisse (*Genève 1896-Paris 1976*). Il fit ses débuts à l'Opéra-Comique en 1918 dans le rôle de Pelléas, mais renonça vite au théâtre pour se consacrer au concert et au récital. Gabriel Fauré lui dédia son cycle de mélodies *l'Horizon chimérique*, et, entre 1920 et 1940, il créa de nombreuses œuvres contemporaines, parmi lesquelles *les Euménides* de Darius Milhaud ainsi que *le Roi David* et *la Danse des morts* d'Arthur Honegger. Considéré comme un des meilleurs chanteurs français de son époque, il s'illustra particulièrement comme Méphisto dans *la Damnation de Faust*, interprétant ce rôle plus de cent cinquante fois au concert. A défaut de moyens vocaux spectaculaires, Panzera possédait le raffinement de l'expression, une superbe musicalité et une articulation exemplaire. J. B.

PAON (LE). Variations pour orchestre sur un chant populaire hongrois de Zoltán Kodály. L'œuvre, écrite pour le 50ᵉ anniversaire de la fondation de l'Orchestre du Concertgebouw d'Amsterdam, fut créée dans cette ville le 23 novembre 1939. Kodály avait noté le chant populaire *Le paon s'est posé* en 1937, et ses paroles avaient inspiré au poète hongrois Endre Ady un poème faisant du paon un symbole de liberté. En 1937 également, Kodály avait mis en musique ce poème pour chœur d'hommes. Dans *le Paon*, la mélodie est suivie de 16 variations, l'ensemble se divisant assez clairement en trois parties. M. V.

PAPAÏOANNOU (Yannis A.), compositeur grec (*Cavalla 1911*). Il étudia le piano et la composition au Conservatoire hellénique d'Athènes (1922-1934), mais se considère comme un autodidacte. En 1949-50, il obtint une bourse de l'Unesco qui lui permit de travailler à Paris avec Arthur Honegger. En 1953, il fut nommé professeur de contrepoint et de composition au Conservatoire hellénique ; par ailleurs, il créa sa 3ᵉ symphonie qui lui valut un prix au concours international de composition Reine-Elisabeth-de-Belgique. De 1964 à 1975, il présida la section grecque de la Société internationale pour la musique contemporaine (S. I. M. C.). Il fut aussi président de l'Association hellénique de musique contemporaine (1965-1975).

Au nombre de ses œuvres, on compte celles créées pour orchestre : *O Vassilis o Arvanitis*, légende symphonique (1945), cinq symphonies (1946, 1947, 1953, 1963, 1964), un concerto pour orchestre (1953), un concerto pour violon et orchestre de chambre (1971) et un concerto pour violon, piano et orchestre (1972-73) ; celles pour musique de chambre et musique instrumentale : 24 préludes pour piano (1938), une sonate pour violon et piano (1947), 12 inventions (1958) et une sonate pour piano (1958), un trio à cordes (1963), *Syneirmoi* (« Associations ») pour hautbois, clarinette, cor, violon, alto, violoncelle, contrebasse, piano et percussions (1973) et un trio avec piano (1977) ; enfin, celles de musique vocale : *Daphnis et Chloé* pour chœur et orchestre (1934), des mélodies, des œuvres pour chœur a cappella, de la musique de scène pour des tragédies, etc.

Papaïoannou est probablement le seul en Grèce à enseigner les techniques modernes de composition ; ainsi, il a formé un grand nombre de compositeurs de la nouvelle génération. Les tendances postimpressionnistes et néoclassiques de sa jeunesse cédèrent la place à partir de 1950 à l'atonalité, au dodécaphonisme, à la technique sérielle et, récemment, aux techniques post-sérielles et avant-gardistes. Ces tendances apportent à son œuvre une certaine austérité et le contrepoint serré de ses premières œuvres se transforme souvent en jeu dialogué de notes isolées créant ainsi une polyphonie éparse. H. M.

PAPILLONS. Œuvre pour piano de Robert Schumann, op. 2, composée en 1829-30, publiée en 1831, inspirée des *Flegeljahre* de J.-P. Richter et dédiée par le musicien à ses trois belles-sœurs (Thérèse, Rosalie, Émilie). Partition déjà très révélatrice du génie de Schumann, les *Papillons* décrivent un bal fantastique, fortement imbriqué au réel et où deux frères, Walt et Vult — anticipation des futurs Florestan et Eusébius —, échangent leurs masques pour éprouver une jeune fille, Wima, dont ils sont l'un et l'autre amoureux. Ainsi, les sentiments se font contradictoires, les illusions ambiguës, les aspirations évanescentes : on entre de plain-pied dans le domaine du rêve puisque le masque devient ici la possibilité matérielle de s'aliéner et de se découvrir ainsi une âme inhabituelle, sinon inconnue. Thème romantique par excellence qui part à la recherche angoissée du « double » et thème déjà typiquement schumannien.

L'écriture reflète une merveilleuse liberté. Des thèmes masculins, impétueux (*fa* dièse min. dans le n° 3 ; *ré* min. dans le n° 6) s'opposent à des thèmes d'essence féminine, tendres et coquets (*la* bémol du n° 2 ; *fa* min. du n° 7) ; dans le finale, une fanfare d'aurore mêle ses sons clairs à d'évanescents rappels du motif des masques cependant qu'au beffroi de l'imaginaire petite cité allemande sonnent les six coups annonciateurs de la clarté diurne retrouvée. Faisant suite aux brumes fantastiques de la nuit, s'impose alors la rayonnante sûreté du jour. Autant de symboles sur lesquels Schumann ne cessera d'exercer son génie. J. G.

PAPINEAU-COUTURE (Jean), compositeur canadien (*Montréal 1916*). Petit-fils de Guillaume Couture, qui, formé à l'école française, avait été l'un des pionniers de la musique au Québec, il travailla le piano et étudia plusieurs années (1940-1945) aux États-Unis, en particulier avec Nadia Boulanger, qui l'initia à Stravinski. De retour à Montréal, il se consacra à l'enseignement et à la composition, jouant un rôle actif dans la vie musicale de son pays comme président de l'Académie de musique de Québec (1961-1963), président du Conseil canadien de la musique (1967-68), président de la Ligue canadienne des compositeurs (1957-1959 et 1963-1966), membre fondateur et premier président de la Société de musique contemporaine du Québec (1966-1973), doyen de la faculté de musique de Montréal (1968-1973), ou encore vice-président du Conseil canadien sur les humanités (depuis 1976).

Dans un esprit néoclassique orienté à partir des années 60 vers les recherches de timbres, il a écrit notamment une *Symphonie* en *do* (1948, rév. 1956), un *Concerto* pour violon et orchestre de chambre (1951-52), *Psaume CL* (1954), *Contraste* pour voix et orchestre (1970), *Chanson de Rahit* pour voix, clarinette et piano (1972), *Slano* pour violon, alto et violoncelle (1976). C'est une des personnalités les plus importantes de la musique canadienne actuelle. A. G.

PAQUE (Désiré), compositeur belge (*Liège 1867-Bessancourt, Val d'Oise, 1939*). Il fit ses études au conservatoire de Liège et, immédiatement après, fut nommé professeur de composition dans cet établissement. Il fut professeur de composition au conservatoire d'Athènes (1900) et professeur d'orgue à celui de Lisbonne (1904), où, après plusieurs années de voyage, se fixa à Paris (1914). Il fut naturalisé français en 1927. Parti du chromatisme franckiste, il s'orienta (avant Schönberg) vers l'atonalité qui pourtant ne l'éloigna pas d'une esthétique postromantique et des formes les plus traditionnelles. Ses œuvres, en grande partie inédites, comprennent notamment l'opéra en un acte *Vaima*

(1903, créé en 1904), 8 symphonies (1895-1936), 2 concertos pour piano (1888 et 1935), 10 quatuors à cordes (1892-1939) et 20 leçons de lecture musicale atonale.
A. G.

PARABOLES (LES). Triptyque orchestral de Bohuslav Martinů, composé en 1957-58 et créé à Boston le 13 février 1959 par le Boston Symphony Orchestra, sous la direction de Charles Munch, dédicataire de l'œuvre. Les deux premiers mouvements sont inspirés de *Citadelle* de Saint-Exupéry : l'andante pastoral initial évoque la parabole du Sculpteur où l'homme est transfiguré par l'œuvre d'art ; le poco moderato qui lui fait suite illustre la parabole du Jardin et la succession des saisons, allusion au renouveau perpétuel de la nature. La partie finale, la parabole du Labyrinthe (poco allegro) est tirée du *Voyage de Thésée* de Georges Neveux, tout comme l'opéra *Ariane* composé quelques mois plus tard. Thésée, vainqueur du Minotaure, est vaincu par la femme. Cette partition (H.367), testament orchestral du compositeur, appartient au style qui devait marquer son évolution finale, comme les *Fresques de Piero della Francesca* et les *Fantaisies symphoniques*, fait de néo-impressionnisme lyrique et de luxuriance orchestrale, où la forme connaît une liberté pouvant aller jusqu'à la fantaisie et à la rapsodie.
P. V.

PARABOLES. Œuvre pour soprano et orchestre de chambre de Paul Méfano (1964) sur des poèmes extraits de *Hier régnant désert* d'Yves Bonnefoy. Quatre parties — *la Mémoire, Que l'oiseau se déchire en sables, Une voix, l'Éternité du feu* — dont la dernière, antérieure puisque composée dès 1960, et plus que les trois autres influencée par P. Boulez, est le « lent développement par extension d'*Incidences** : la modification géographique déplace les ombres, ce qui est réel devient virtuel et vice versa... dans l'écriture même » (Méfano). Cette œuvre traite des problèmes inhérents à la perception du temps, elle cherche à travers différentes techniques d'écriture à cerner plusieurs qualités temporelles.
A. F.

PARADE. Ballet d'Erik Satie sur un argument de Jean Cocteau, écrit à l'intention des Ballets russes de Diaghilev qui le créa au Châtelet à Paris le 18 mai 1917 dans des costumes et des décors de Picasso et sur une chorégraphie de Léonide Massine. L'œuvre entendait réagir contre le réalisme poétique et le luxe de *Petrouchka* en faisant ressortir la condition sans cesse menacée des saltimbanques. À l'amer argument de Cocteau (les spectateurs se contentent du spectacle donné par la « parade » et n'entrent pas dans le cirque) répondait le choix de Satie dont la musique dépouillée à l'extrême, utilisant des bruits restitués tels quels (moteur d'avion, sirène, coups de pistolet, machine à écrire), devait rendre compte de ce « plus vrai que le vrai » (c'est dans un compte rendu de *Parade* que Guillaume Apollinaire utilisera pour la première fois l'expression « sur-réalisme ») auquel devait, selon les auteurs, atteindre le grand art. Un prélude solennel et divers épisodes (dont un *fugato* académique) rendent compte des dérisions de l'art officiel.

Satie a signé là son chef-d'œuvre tant par la verve et l'unité donnée à l'ensemble que par la puissance expressive de ce quart d'heure de musique d'orchestre qui contribuera à faire de lui le maître à penser d'une bonne part de la musique française d'après 1918 et notamment du groupe des Six.
M. Mt.

PARADIES (PARADISI, [*Pietro*] *Domenico*), compositeur et professeur italien (*Naples 1707 - Venise 1791*). On sait peu de chose de ses années de formation et on le prétend élève de Porpora. Après avoir fait quelques tentatives malchanceuses dans le domaine lyrique en Italie (opéra *Alessandro in Persia* à Lucques en 1738 et serenata *Il Decreto del fato* à Venise en 1740), il part s'établir à Londres vers 1746-47. Sa première production dans cette ville est aussi un échec (*Fetonte*, 1747). De 1753 à 1756, il compose des airs pour les productions pastiches du King's Theatre au Haymarket, puis consacre la majeure partie de son séjour à Londres à l'enseignement du chant et du clavecin, ce qui assure sa célébrité. Il compte en particulier parmi ses élèves Gertrude Schmeling, la future Mme Mara. Il rentrera en Italie à la fin de sa vie.

Il a composé, outre son œuvre pour la scène, des symphonies-ouvertures, un concerto pour orgue ou clavecin, assez typique du concerto pour orgue anglais, et 12 sonates pour clavecin, qui ont été unanimement louées à l'époque et souvent rééditées.
D. H.

PARADIS UND DIE PERI (DAS) [*le Paradis et la Péri*]. Oratorio profane de Robert Schumann, op. 50, inspiré de *Lalla-Rookh* de Thomas Moore (1817), composé en 1843 et créé le 4 décembre sous la baguette du musicien, au Gewandhaus de Leipzig. Il eut un accueil réservé, l'orientalisme et le romantisme de la pièce ayant été insuffisamment compris (en raison, notamment, de la conduite hésitante de Schumann).

Chassée du paradis, une Péri n'y pourra revenir que porteuse de la plus rare offrande. Elle explore donc les richesses de l'Orient, recueillant d'abord la dernière goutte de sang d'un patriote indien tombant sous les coups du tyran Gazna ; puis le dernier soupir d'une jeune Égyptienne mêlant son haleine à celle de son fiancé atteint par la peste ; enfin la larme d'un bandit syrien touché de repentir à la vue d'un enfant s'agenouillant pour la prière. Cette dernière offrande — vision rédemptrice des pleurs — sera enfin agréée par les dieux qui ouvrent à nouveau leur porte à la Péri.

Sur ce schéma assez monotone dans son déroulement et d'un exotisme assez conventionnel, Schumann a greffé une musique dont le romantisme apparaît curieusement assagi (airs n°s 12 et 21), d'où émergent cependant plusieurs passages révélateurs de son génie lyrique et harmonique (airs n°s 15 et 22, annonciateurs de Wagner). On y sent surtout planer la grande bonté, la générosité si sûre du musicien — qui l'amènent à s'intéresser à l'œuvre de Moore d'abord et lui dictent des accents inoubliables (tels que les airs n°s 20 et 21, « Verstossen » et « Jetzt sank des Abends goldner Schain »). Au total, l'opus 50 s'impose donc comme une œuvre majestueuse, humaine et forte malgré sa tendresse, et qui apporte un intéressant éclairage sur l'œuvre et la personnalité de Schumann (cf. également : *Der Rose Pilgerfahrt*).
J. G.

PARAPHRASE. Littéralement, désigne une œuvre musicale dérivée, par transformation, d'une œuvre existante.

— 1. On a eu tendance à appeler ainsi toute œuvre polyphonique des xve et xvie siècles (messes et motets), écrite sur un thème emprunté servant de cantus firmus. C'est le cas, en particulier, des nombreuses messes *l'Homme armé*, qui sont en fait des messes à teneur. La paraphrase nécessite un travail du thème à toutes les voix, se présentant le plus souvent sous forme d'un développement par sections : la mélodie utilisée est divisée en sections qui sont tour à tour développées et ornées, la pièce se terminant après le développement de la dernière section. Cette technique fut plus particulièrement mise au point par Josquin (messes *Pange lingua, Ave maris stella*, ...) et devint par la suite une composante du style de Palestrina, qui a écrit environ 36 *messes-paraphrases* (la *Messe du pape Marcel*, par exemple). Il faut également se garder de confondre ce type d'écriture avec la parodie, qui n'est qu'une adaptation assez libre d'un modèle polyphonique existant (la moitié des messes de Palestrina sont des *messes-parodies*).

— 2. Désigne au xixe siècle des pièces instrumentales basées sur des mélodies célèbres de l'époque, souvent tirées (mais pas toujours) d'un opéra, et développées très librement de façon à permettre à l'interprète d'exhiber sa virtuosité. Elles portent également le nom de transcriptions, fantaisies, etc., et ont surtout été écrites pour le piano (une grande partie de l'œuvre de F. Busoni est constituée de paraphrases, comme celle sur la *Chaconne* de J.-S. Bach). Les plus réussies sont sans aucun doute celles de Fr. Liszt, qui paraphrase des opéras (*Rigoletto, Tannhäuser, Lucia di Lammermoor*, etc.), des lieder de Schubert (*la Truite, le Roi des aulnes*, etc.) et diverses pièces instrumentales célèbres.　　　　　　　　　　　　　　　　D. H.

Paray (*Paul*), chef d'orchestre et compositeur français (*Le Tréport 1886 - Monte-Carlo 1979*). Il étudia l'orgue à Rouen avec son père, puis entra au Conservatoire de Paris en 1910. L'année suivante il obtint le grand prix de Rome pour sa cantate *Yanitza*. Mobilisé à la Première Guerre mondiale et prisonnier jusqu'en 1918, il débuta en 1920, à la faveur d'un remplacement, à la tête des concerts Lamoureux, dont il devint le chef en 1923, au départ de Camille Chevillard. En 1928 il s'installa à Monte-Carlo où il fut chef titulaire. Il dirigea également les orchestres de la radio de Marseille, de Strasbourg et de Vichy. Gabriel Pierné lui proposa ensuite la direction de l'orchestre Colonne, dont il devint président en 1932. Jusqu'à la Seconde Guerre mondiale, Paul Paray partagea son temps principalement entre Monte-Carlo et Paris. A la demande de Jean Rouché, alors directeur de l'Opéra de Paris, il eut l'occasion d'y diriger quelques représentations de *Siegfried* de Wagner. En 1945, il partit pour les Etats-Unis où, comme chef invité, il conduisit les orchestres de Boston, Philadelphie, Chicago, Pittsburgh. En 1950, J. B. Ford lui offrit un poste de chef permanent de l'Orchestre de Detroit, qui devait avoir sous sa direction une renommée mondiale.

Le répertoire de Paul Paray fut principalemet symphonique (il n'a dirigé que quelques opéras : *Tristan et Isolde, Siegfried, Ariane et Barbe-Bleue*). Tous les grands compositeurs de la fin du XIXe siècle y figurent : Saint-Saëns, Wagner, Franck. Il sut, pendant son séjour à Detroit, faire connaître la musique française la plus récente : Debussy, Ravel, Fauré, Dukas, Roussel. On retiendra de lui, comme compositeur, une messe pour le 500e anniversaire de la mort de Jeanne d'Arc (1931), le ballet *Artémis troublée* (Paris, 1922), 2 symphonies et des mélodies.　　　　　　M.-L. S.

Paris. On ne peut parler de la vie musicale parisienne sans aborder le problème du centralisme français. Ce qui ne veut pas dire qu'il n'y a de vie musicale en France qu'à Paris. Ainsi, curieusement, c'est dans un domaine qui implique de grands moyens, mais où la lourdeur du système parisien a paralysé longtemps le renouvellement — l'*opéra* — que, dans les années 1960-1970, des villes comme Lyon, Strasbourg, Marseille, etc., ont pris un certain avantage sur la capitale dans les productions nouvelles d'opéras, et dans la création d'un nouveau répertoire.

Ce centralisme n'est pas même battu en brèche par la multiplication des festivals locaux dans toute la France, pendant les mois d'été, puisqu'ils sont souvent conçus pour un public d'estivants venant en grande partie de la région parisienne. Il semble donc que l'histoire de la musique à Paris pourrait sembler se confondre avec l'histoire de la musique française : quel grand compositeur français, de Rameau à Berlioz, en passant par Fauré, Ravel et Messiaen, n'a pas vécu principalement à Paris ou dans la région parisienne une bonne partie de sa carrière, et n'y a pas recherché sa consécration ? Le cas d'un indépendant comme Déodat de Séverac, refusant complètement ce centralisme pour s'installer à demeure dans son Roussillon natal, demeure assez rare.

Et pourtant, Paris n'a pas toujours été le lieu où se créait, où se pensait la musique, loin de là ; mais plutôt le lieu où cette musique venait faire ses preuves. La « société » parisienne, puisque Paris est d'abord une ville sociale, a souvent été jugée trop frivole pour le mûrissement des grandes œuvres et sans doute plus favorable à la création littéraire (par l'importance qu'y prend le *langage*, non seulement la discussion et l'échange des idées, mais aussi le maniement du discours) qu'à la conception musicale « sérieuse ». Si bien que le sol de Paris n'est pas fertile en soi pour la création musicale.

Alors que l'on parle volontiers d'un esprit « viennois » dans la musique (Schubert, Mahler) au sens noble, quand on parle d'esprit « parisien », c'est seulement au sens frivole, ou bien péjoratif : on pense à *la Vie parisienne* d'Offenbach et à ses opérettes, à Chabrier, aux musiques « canailles » du groupe des Six, à un art d'agrément tout en surface, à une certaine façon de ne rien prendre au sérieux. Mais la part de mélancolie et de tragique que l'on trouve aussi dans ces musiques (dans le rôle de John Styx d'*Orphée aux Enfers*, par exemple) n'est jamais portée au compte de l'esprit « parisien ».

Sans doute cela est-il lié à un manque d'enracinement de la pratique musicale dans toutes les classes de la société. Quand Schubert, à Vienne, compose aussi bien des grandes symphonies que des « ländler », il n'y a pas de rupture profonde d'inspiration, et sa musique s'intègre bien dans le répertoire populaire de fêtes, de brasserie. Mais, quand un compositeur français vivant à Paris compose pour la « société », ce ne peut être que pour les salons. Il y a à Paris une coupure plus nette entre la pratique populaire de la musique (beaucoup moins répandue qu'ailleurs) et la musique savante ou élégante. La musique de Schubert ou de Mahler « habite » Vienne, se mélange bien à l'air de la ville. La musique française, ou bien n'habite que l'air des salons, ou bien puise son inspiration dans la nature, dans la France dite « profonde ». Et quand les compositeurs du groupe des Six, ou de l'école d'Arcueil, au début du XXe siècle, ont voulu intégrer dans leur musique l'inspiration populaire parisienne — accordéon, valse musette —, c'était souvent creux, artificiel et condescendant. Stravinski, un Russe, se montrait plus habile pour intégrer dans son *Petrouchka* une chansonnette des pavés (« Elle avait une jambe de bois »), d'une manière qui soit émouvante et sans dérision, que les compositeurs français eux-mêmes.

Aux yeux des étrangers, et des Français eux-mêmes, Paris, la capitale, a souvent été considérée comme une femme frivole, au goût déplorable (telle l'Odette de Proust), mais que l'on veut à tout prix séduire. Elle a attiré un grand nombre de tendances musicales conçues ailleurs — mais qui venaient s'éprouver devant elle, séduire le public parisien. De Mozart à Wagner, de Gluck à Meyerbeer, la liste est longue de tous ces compositeurs qui ont tenté avec ou sans succès, mais avec acharnement, sa conquête. Même Wagner, qui y a subi les échecs que l'on sait, écrivait encore en 1870 : « J'ai toujours eu l'idée de l'érection à Paris d'un théâtre international où seraient données, dans leur langue, les grandes œuvres de diverses nations. Seule la France, et Paris en particulier, sauraient relier en un faisceau des productions hétérogènes en apparence. » En quelque sorte, Paris fut souvent pour l'Europe la capitale, non de la création, mais de la *représentation* musicale.

Mais en même temps qu'ils critiquaient la légèreté de cette femme frivole qu'était Paris, les compositeurs reconnaissaient qu'elle était prête à se laisser séduire par qui saurait y faire, sans considération de nationalité, dans la mesure même où, sur place, il n'y avait pas de théâtre lyrique indigène profondément enraciné. « Votre public », disait encore Meyerbeer à un correspondant parisien, « accueille indistinctement tous les genres de musique, s'ils sont traités avec génie. Il y a donc un champ bien plus vaste pour la composition qu'en Italie. » Et en effet, l'éclectisme parisien, corollaire de son caractère changeant, attira les expériences, les révolutions du goût : c'est à Paris que s'installèrent les Ballets russes, imposant des musiques nouvelles ; et que Gluck fit triompher sa révolution dramatique annonciatrice de celle de Wagner.

Le plus curieux, c'est que ces étrangers d'origine, Lully, Gluck, tenaient souvent plus que les Français eux-mêmes à l'identité nationale de l'opéra français — notamment contre les Italiens, qui, à partir du moment où la cour des Valois les avait fait venir à Paris, restèrent longtemps les idoles du goût parisien. Ainsi, pendant des siècles, la musique italienne triompha à Paris, peut-être plus qu'ailleurs, un peu à la manière dont le cinéma américain règne aujourd'hui sur le goût cinématographique. Pour beaucoup de Parisiens, il n'y avait de belle et bonne musique qu'italienne.

Au cours du XIXe siècle, les Allemands disputèrent peu à peu cette place aux Italiens : ils la conquirent vite dans le domaine symphonique (avec le répertoire beethovenien), plus lentement dans le domaine théâtral, jusqu'au triomphe de Wagner à la fin du siècle.

Ainsi, si l'on peut risquer des formules péremptoires, Paris, en tant que centre musical, est plus centripète que centrifuge : il attire à lui plus qu'il ne rayonne, du point de vue de la création, s'entend. C'est là qu'on vient faire ses preuves, s'affronter au public. Il est plus une scène qu'un cabinet de travail. Un Berlioz, un Debussy, un Messiaen s'allant isoler au sein de la nature pour écrire ou trouver leur inspiration, mais venant faire consacrer dans la capitale, sur les scènes ou dans les salles, le fruit de leur travail, voilà une situation typiquement française.

Le Moyen Age. C'est évidemment par ses institutions religieuses, la profusion de ses églises, de ses abbayes, que Paris a commencé par être un centre musical. Notre-Dame de Paris n'était pas loin de la Sorbonne, les lieux du culte voisinaient ceux d'étude et de création. Les abbayes de Saint-Germain-des-Prés, de Sainte-Geneviève, de Saint-Victor, étaient des lieux d'étude et de pratique musicales. Enfin la Sainte-Chapelle, construite entre 1241 et 1248, fut un centre musical de première importance. Mais c'est à l'église de la Bienheureuse Vierge Marie, devenue Notre-Dame de Paris, qu'a fleuri ce qu'on a appelé depuis l'*école de Notre-Dame*, avec des compositeurs comme les maîtres de chapelle Léonin et Pérotin, tous deux compositeurs d'*organum*, et leurs élèves. C'est là que serait née la polyphonie religieuse.

Mais le « Moyen Age » n'est pas une époque sans racines et sans culture, la spéculation musicale sur les thèmes légués par les écrits des Anciens va bon train. À l'époque, la musique fait partie des sept arts libéraux, à côté des mathématiques, et des écrits comme le *Tractatus de musica* (fin XIIIe s.) par Jérôme de Moravie, le *De arte discantandi*, de Franco de Paris, le *Speculum musicae* de Jacques de Liège, le *Musica speculativa secundum Boetium* nous renseignent à la fois sur la pratique musicale de l'époque et sur des « recherches musicales » qui, avant la Renaissance, ont cherché à ressusciter la musique des Anciens (Boèce, Platon).

Évidemment, les musiques qui nous sont restées sont presque toutes des musiques d'église, où s'élabore le langage polyphonique (*Planctus* de Peter Abelard, *Séquences* d'Adam de Saint-Victor, polyphonies d'Albertus Parisiensis), mais l'activité musicale à Paris était également représentée par une pratique musicale *profane* de danses, de musiques de rue et de festivités, dont nous restent des traces moins nombreuses (le *Roman de Fauvel*, de Gervais de Bus, vers 1310-1314, œuvre allégorique et morale, contient non seulement des œuvres religieuses, alléluia, séquences, mais aussi des rondeaux, ballades et chansons). Les musiciens de rue, pour défendre leurs intérêts et leur travail, s'associent en une *Confrérie de Saint-Julien des ménétriers*, fondée en 1321, sorte de syndicat de regroupement de tous ceux qui jouent dans les banquets, les sérénades, les fêtes, etc., qui va se maintenir sur une longue durée.

La Renaissance. À partir du moment où Paris redevient la résidence principale des rois de France, la musique y fait partie du train de vie des rois, qui entretiennent des *solistes*, luthistes ou chanteurs, qui émargent comme « valets de chambre extraordinaires », et des *ensembles*, destinés à accompagner les solennités et les divertissements : ils sont répartis en plusieurs groupes, la *Musique de la Chambre*, fondée en 1530, la *Musique de l'Écurie* (1515) et, pour les cérémonies religieuses, la *Chapelle royale*, divisée par François Ier en *Chapelle de plain-chant* et en *Chapelle de musique*. Une lignée de grands musiciens comme Ockeghem, Jean Mouton, Claudin de Sermisy, Arcadelt, Costeley, dirigèrent cette chapelle.

Avoir son propre ensemble de musiciens, comme c'était le cas de Jean Cardinal de Lorraine, qui habitait l'hôtel de Cluny dans la première moitié du XVIe siècle, et qui entretenait une bande de violonistes italiens, c'était donc vivre sur le pied d'un prince ou d'un roi. C'est aussi au XVIe siècle, en 1548, que s'édifie le premier théâtre officiel de Paris (on sait que Paris sera d'abord, musicalement, une *scène*), qui est primitivement destiné aux représentations accompagnées de musique des *mystères* par les *Confréries de la Passion* : il s'agit de l'hôtel de Bourgogne, situé près des Halles. Ces mystères tendirent à devenir un spectacle populaire avec des farces et des intermèdes, ce qui les exposait aux critiques indignées de l'Église. Ils furent bientôt concurrencés sur le terrain du divertissement par les troupes italiennes (qu'Henri III contribua à introduire à la fin du XVIe siècle). Désormais, dès qu'il s'agira de musique dramatique à Paris, les Italiens seront en jeu, ce qui retardera en France l'implantation de l'opéra.

C'est aussi pendant cette période dite de la « Renaissance » que se développe à Paris, à la faveur de l'invention de l'imprimerie, l'*édition musicale*. Le recteur de la Sorbonne fait venir en 1470 des imprimeurs allemands, pour répandre l'usage de ce procédé. Au début du XVIe siècle, Paris devient un centre de publications, avec des éditeurs comme Michel Toulouze, le célèbre Pierre Attaingnant (qui édite de la musique liturgique mais aussi des compilations de danses diffusées dans toute l'Europe), ainsi que Duchemin, Le Roy, et la dynastie des Ballard.

Le XVIIe siècle. Ce siècle voit entre autres la création d'un certain nombre d'*académies royales* qui sont plus que des *chapelles*, puisqu'elles marquent un souci de faire de cette époque un grand siècle de « goût », où les arts florissent comme au temps des Anciens : ainsi, l'*Académie royale de musique* fondée par Lully en 1672. On voit le pouvoir se préoccuper de plus en plus de goût et d'esthétique. Certes la musique sacrée, gardienne de la tradition, est toujours la base de l'activité musicale, et on cherche à la préserver de toute contamination par le goût moderne du dramatique et du spectaculaire : mais les grands motets de Lalande, Campra, Bernier sont marqués par une pompe très séculaire, où le pouvoir centralisé se manifeste à lui-même autant qu'il rend à Dieu son dû. Les messes, les sermons, les représentations sacrées tendent à devenir de véritables opéras. Une riche école d'organistes se développe à Saint-Louis-des-Invalides, à Saint-Merri, à Saint-Gervais. C'est la grande époque de l'orgue liturgique français, avec Nivers, Dumont, Lebègue, François Couperin, Louis Marchand, et plus tard Dandrieu et Daquin qui, eux, marqueront une certaine sécularisation de l'orgue d'église (on vient entendre leurs improvisations pittoresques et imitatives). La facture d'orgue connaît aussi sa période classique, avec les Clicquot, Pierre Desenclos, Claude de Villiers, etc.

À l'ère des précieuses et des salons parisiens, faire donner chez soi de la musique est un signe de distinction — même et surtout si l'on est de souche bourgeoise comme Colbert, ou comme le Bourgeois gentilhomme de Molière (« Au moins ne manquez pas de tantôt m'envoyer des musiciens pour chanter à table »). À côté de cette utilisation de la musique dans un cadre privé, dans une fonction d'ameublement, pour égayer et décorer les circonstances de la vie, il faut mentionner aussi les *concerts privés*, où l'on vient pour écouter : les premiers « concerts spirituels » (avant la société fondée officiellement sous ce nom par Philidor au début du XVIIIe s.) sont donnés chez eux par l'organiste Pierre de la Barre, l'abbé Mathieu, Jacques Champion de Chambonnières.

Le « Grand Siècle » voit la naissance à Paris de l'opéra, de la comédie-ballet. Les théâtres dépendent du soutien officiel du pouvoir — d'où des intrigues, des rivalités, pour s'assurer des privilèges, occuper les rares lieux de théâtre, écraser la concurrence, notamment celle des théâtres populaires de la Foire, dont sortira pourtant, un siècle plus tard, un des rares genres spécifiquement français : l'opéra-comique. Ces troupes de foire doivent souvent ruser avec les lois qui leur interdisent l'usage de la déclamation et limitent le nombre de leurs musiciens.

Dans le théâtre officiel, les tragédies données à l'hôtel de Bourgogne sont souvent accompagnées d'intermèdes et de numéros musicaux, dont Charpentier, Lalande, Mouret, Raison fournissent les musiques. Beaucoup plus riche en éléments musicaux et chorégraphiques, la comédie-ballet naît avec la collaboration de Lully et Molière. Les salles sont encore en nombre limité. Au *théâtre du Marais*, on représente entre 1634 et 1673 des pièces « à machines » ou des opéras comme l'*Ercole amante* de Cavalli, donné en 1662.

Encouragé par l'appui de Mazarin, jusqu'à la mort de ce dernier en 1661, le librettiste Pierre Perrin demande l'autorisation de créer une *Académie d'opéra* française pour « représenter des pièces en vers et en musique, avec danses et machines ». Le privilège est finalement accordé en 1669, et l'œuvre que l'on considère comme le premier opéra français, *Pomone*, musique de Cambert, livret de Perrin, est créée en 1671 dans la salle dite « de la Bouteille », près de la rue de Seine, sur la rive gauche. Lully reprendra à Perrin son privilège, et, investissant une nouvelle salle rue de Vaugirard (salle du Bel-Air), il crée en 1673 son *Cadmus et Hermione*. La mort de Molière lui donne l'occasion de reprendre à la troupe de celui-ci la salle du Palais-Royal (l'ancienne, aujourd'hui disparue) que Molière avait partagée avec les Comédiens-Italiens.

Entre 1674 et 1687, Lully y fait représenter sa production, et le Palais-Royal devait rester la « maison de l'opéra » jusqu'à sa destruction par un incendie en 1763, après qu'elle a accueilli une centaine de créations de Lully, mais aussi de Collasse, Campra, Destouches, Mouret, et plus tard Rameau. Les *Comédiens-Italiens*, d'abord installés au Petit Bourbon, partagent ensuite le Palais-Royal avec Molière, puis, à la création de la *Comédie-Française* en 1680, ils obtiennent le vieil hôtel de Bourgogne (haut lieu de la tragédie française) pour y représenter des spectacles avec de la musique, parfois des parodies d'opéras, malgré les limitations d'effectifs imposées par les privilèges de Lully. Ils seront chassés en 1697 pour avoir brocardé Mme de Maintenon, mais un nouveau théâtre s'installe au Palais-Royal en 1716 sous le nom de Nouveau Théâtre-Italien.

Évidemment, il n'y a alors de vie orchestrale que dans la dépendance de l'Opéra : c'est l'orchestre de l'Opéra, conduit par Lully, puis, après la mort de celui-ci, par Marais, Mouret, Jean Ferry Rebel, qui donne des concerts publics variés, gratuits, souvent composés de pots-pourris d'opéras, d'ouvertures, de danses. Mais les musiciens de rue, regroupés dans la *Confrérie de Saint-Julien des ménétriers*, forment un réservoir d'instrumentistes qui sont plus ou moins absorbés par les orchestres officiels, les *Vingt-Quatre Violons*, l'orchestre de l'Écurie, celui de l'Opéra.

Ajoutons qu'à l'Opéra fut adjointe une école de chant et de danse qui put former les professionnels dont l'opéra français, contraint jusque-là souvent d'importer ses interprètes, avait besoin.

Le XVIIIe siècle. Le XVIIIe siècle est notamment marqué par la naissance de la première association de concerts, et le développement d'un public d'amateurs — avec le *Concert spirituel*, fondé en 1725 par Anne Danican de Philidor (v. FRANCE. XVIIIe s.), association qui contribue à faire connaître à Paris la musique instrumentale italienne, avec ses virtuoses (Boccherini, Viotti), mais aussi la musique de l'école de Mannheim puis les symphonies de Haydn. C'est l'orchestre de l'Opéra qui y joue en principe (d'autant que ces concerts sont primitivement destinés à offrir de la musique pendant les jours de fête religieuse où les représentations d'opéra sont interdites). C'est au Concert spirituel que Mozart destine sa symphonie K.297, écrite en 1778, lors de son dernier séjour dans la capitale. D'autres associations voient le jour, comme le *Concert italien*, le *Concert des amateurs*, le *Concert de la loge olympique* (qui, fin 1784 ou début 1785,

commande à Haydn ses six *Symphonies parisiennes**), sans compter les concerts organisés par les riches mécènes (comme Riche de la Pouplinière, protecteur de Rameau, dans sa résidence à Passy).

La vie musicale à Paris est agitée par les querelles autour de la musique française, par comparaison avec les Italiens (Querelle des bouffons). C'est naturellement l'opéra qui est l'enjeu de cette querelle, plus que la musique symphonique (encore en développement) ou la musique religieuse — encore que celle-ci tende parfois à s'italianiser. Après la destruction en 1763 de la salle du Palais-Royal, l'Opéra va occuper temporairement l'ancienne salle des fêtes des Tuileries, gigantesque local appelé « salle des machines » et qui se révélera d'une acoustique impossible malgré des travaux d'aménagement. Elle doit être remplacée par une seconde salle dite « du Palais-Royal » (dans la rue Saint-Honoré) en 1770. C'est là que Gluck présenta ses opéras qui ranimèrent la querelle des musiques italienne et française, et que Mozart redonna ses *Petits Riens* en 1778, jusqu'à ce qu'elle brûle en 1781. Une dernière salle, à la porte Saint-Martin, abrita les représentations de l'Académie royale jusqu'à la Révolution.

Issu des vaudevilles joués dans les foires (les deux principales étant la foire Saint-Germain, sur la rive gauche, et la foire Saint-Laurent sur la rive droite), l'opéra-comique s'affirme, et achète à l'Opéra le droit de chanter. Le théâtre de l'Opéra-Comique s'installe en 1716 à l'hôtel de Bourgogne ; la Comédie-Française le fait fermer en 1742, mais il rouvre en 1752. En 1762, bien qu'étant composé en majorité de Français, l'Opéra-Comique prend le nom de Comédie-Italienne (toujours sous référence au « label » italien), et cette compagnie s'installe en 1793 dans une nouvelle salle près de l'hôtel de Choiseul. À signaler enfin le fait que, de 1760 à 1790, Paris fut la capitale européenne de l'édition musicale (Chevardière, Boyer, Sieber, Imbault, Le Duc). C'est à Paris qu'en 1764 fut imprimée pour la première fois une œuvre de Haydn.

La Révolution et le XIXe siècle. La Révolution est l'occasion d'énormes fêtes civiques où les églises sont réquisitionnées, notamment comme lieu de culte pour l'Être suprême (juin 1794). Les nombreux bouleversements politiques et successions de régimes qui marquent le passage d'un siècle à l'autre donnent lieu à d'immenses cérémonies publiques, où la musique, interprétée par des formations instrumentales et chorales colossales, joue un rôle important (sacre de Napoléon en 1804). La Révolution a naturellement brisé le cours de la pratique musicale religieuse, mais aussi elle rénove tout le système d'enseignement, avec la fondation, en 1795, par la Convention nationale, du *Conservatoire* (dans les locaux dits aujourd'hui de l'« Ancien Conservatoire »), à partir du personnel de l'ancienne École royale de chant. 351 élèves y rentrent en octobre 1796, étudiant sous la direction de 115 professeurs. Fermé par la Restauration, le premier Conservatoire rouvre en 1816 comme École royale de musique.

À côté du Conservatoire seront créés d'autres écoles, d'autres enseignements privés : celui d'Antonin Reicha (qui introduit en France la tradition allemande) ; l'école de Choron, qui fonde en 1817 son école basée sur la redécouverte de la musique ancienne ; et en 1853, l'école de musique religieuse Niedermeyer, qui sera fréquentée par Fauré, Gigout, Messager, et qui, soutenue par une aide officielle, s'inscrit dans tout un programme de résurrection des traditions musicales et religieuses.

En effet, le « choc » de la Révolution retentit dans tout le siècle, déclenchant par contrecoup un vaste mouvement pour renouer avec le passé : cet effort pour recréer les traditions poussera plus loin son investigation dans le passé qu'on ne l'avait jamais fait (jusqu'ici, le seul passé faisant référence, c'était le passé mythique des Anciens, des Grecs et des Romains, avec leur musique dont il ne restait plus grand-chose, mais qu'on cherchait si souvent à recréer). Le facteur d'orgues Cavaillé-Coll reconstitue (à sa manière) les orgues de Notre-Dame de Paris, de Sainte-Clotilde, Saint-Sulpice, la Trinité. De nouvelles lignées d'organistes liturgiques, se ressourçant dans la musique ancienne, apparaissent, avec Boëly à Saint-Germain-l'Auxerrois, Louis Lefébure-Wély à Saint-Sulpice, Gigout à Saint-Augustin, Saint-Saëns à la Madeleine, César Franck à Sainte-Clotilde. À partir de cette renaissance, et toujours en référence à la tradition, s'affirme la seconde lignée, celle des Widor à Saint-Sulpice, de Guilmant à la Trinité, de Tournemire à Sainte-Clotilde, de Louis Vierne à Notre-Dame, etc. Et la continuité en a été gardée jusqu'à aujourd'hui.

Même si la Révolution avait vu se poursuivre plus ou moins les concerts (société par souscription des Concerts de la rue de Cléry, de 1798 à 1805), le XIXe siècle voit un grand développement des orchestres et des concerts symphoniques, parallèlement à la découverte de la musique symphonique allemande. La première salle de concert officielle (jusque-là, les concerts symphoniques se donnaient surtout dans des théâtres) aurait été celle du Conservatoire (aujourd'hui de l'Ancien Conservatoire) réputée pour son acoustique, et qui abrita les concerts dirigés par Habeneck. Donnés d'abord entre 1806 et 1826 avec une phalange composée de lauréats du Conservatoire, ces concerts sont bientôt organisés au sein d'une société que Habeneck fonde en 1828, la *Société des concerts du Conservatoire*, qu'inaugure un concert où Beethoven, avec l'*Héroïque*, tient la vedette, et qui va être une des sociétés les plus durables (presque 150 ans d'activité). Après Habeneck, différents chefs d'orchestre dirigent ses programmes : Narcisse Girard (à partir de 1849), Théophile Tilmant (1861), Hainl (1861).

À la suite de cette société, et à la faveur d'un goût croissant pour le genre symphonique, dont Beethoven est considéré comme le père et le maître, fleurissent les sociétés des *Concerts historiques* de Fétis, l'éphémère *Société philharmonique* de Berlioz (1850-51), la *Société Sainte-Cécile* (1849-1856), fondée par François Seghers, etc. Un des plus grands noms dans le développement de la musique symphonique à Paris au cours du XIXe siècle est celui de Jules Pasdeloup, qui, en 1852, fonde d'abord la *Société des jeunes artistes du Conservatoire* (qui joue les Allemands, mais aussi Saint-Saëns, Gounod), et en 1861 les *Concerts populaires de musique classique*, qui s'arrêteront en 1881 pour revivre en 1920 sous le nom de *Concerts Pasdeloup*. Georges Hartmann fonde en 1873 le *Concert national* qui deviendra plus tard, au théâtre du Châtelet, les *Concerts Colonne*, du nom de leur premier chef. Lamoureux, en 1881, fonde la *Société des nouveaux concerts*, devenue en 1897 les *Concerts Lamoureux* (on y fera découvrir plus qu'ailleurs la musique nouvelle, celle de Debussy par exemple). La *Société nationale de musique*, née en 1871, est plus spécialement consacrée au répertoire contemporain.

La musique de chambre et la musique de solistes mettent plus longtemps à devenir populaire, à attirer un large public. La *Société de musique de chambre*, fondée en 1835 par Delphine Allard, violoniste, et le violoncelliste Franchomme, devait en 1848 former un quatuor réputé. Autre société : la *Trompette*, créée en 1860 à partir du Quatuor Dancla (c'est pour elle que Saint-Saëns écrivit son *Sextuor*). De telles sociétés se multiplient à la fin du siècle, comme le Quatuor Capet en 1893. Et le chant choral se développe, souvent à partir de la découverte du répertoire religieux ancien : ainsi la *Société pour la musique vocale religieuse et classique*, créée en 1843 par le prince de la Moskova. L'*Association des concerts de Saint-Gervais* de Charles Bordes (1892) est à l'avant-garde du mouvement de découverte de la musique de la Renaissance. La plus grande chorale populaire est l'*Orphéon*, qui compte, en 1846, 1 600 membres.

Dans le développement de ces associations, les institutions et la « libre entreprise » jouent un certain rôle, mais aussi les mécènes comme l'éditeur Maurice Schlesinger, la famille Érard, etc. Et c'est dans les salons musicaux des riches, plus que dans les salles de concert, que se font entendre au début les grands virtuoses du clavier, Liszt, Chopin, Thalberg. Mais c'est évidemment l'*opéra* qui est au cœur de cette vie musicale et qui attire d'abord l'attention de la société et de l'Europe ; et c'est dans l'opéra qu'un compositeur doit avant tout réussir. La Révolution a permis légalement à chacun d'ouvrir un théâtre public et, même si Napoléon a réduit en 1807 le nombre des théâtres à huit, on s'est rattrapé depuis, et la vie lyrique est particulièrement intense.

Naturellement, le fonctionnement de l'Opéra a suivi les nombreux changements politiques concentrés entre 1790 et 1820. Successivement *théâtre de l'Opéra* en 1791, *théâtre des Arts* en 1794, *Académie impériale de musique* en 1804, *Académie royale de musique* en 1814, etc., l'Opéra est administré par le pouvoir, et par la Ville de Paris. Il occupe successivement différentes salles, le théâtre Montansier en 1794, la première salle Favart et le théâtre Louvois en 1820-21, un théâtre situé rue Le Peletier en 1821. Parmi ses nombreux directeurs, on peut citer Jean-Baptiste Rey, Rodolphe Kreutzer, Habeneck et Valentino, Véron (1831-1835), Duponchel (1835-1841), Pillet (1841-1847), Roqueplan (1847-1854), Crosnier (1854-1856), Royer (1856-1862) ; puis, après la construction du palais Garnier inauguré en 1875 (pour remplacer l'Opéra détruit par l'incendie en 1873), Halanzier (jusqu'en 1879), Vaucorbeil (1879-1884), Ritt et Pierre Gailhard (1884-1891), Bertrand (1891-1900), Gailhard (à partir de 1900), etc. Des chanteurs aussi réputés que la Malibran, Pauline Viardot, Adolphe et Louis Nourrit, en firent la gloire. Et les chefs en furent, entre autres, Habeneck (1831-1846), Narcisse Girard (1846-1860), Dietsch (1860-1863), Hainl (1863-1872), Lamoureux (1877-1885), Colonne (1892-1894), etc.

C'est le siècle le plus brillant pour l'Opéra de Paris, qui propage les modes successives de Spontini (*la Vestale*, 1807), de Rossini (*le Siège de Corinthe, Moïse*, 1826 ; *Guillaume Tell*, 1828), d'Auber (*la Muette de Portici*, 1827), puis celle, dévastatrice, de Meyerbeer, avec *Robert le Diable* (1831), *le Prophète* (1849), mais qui voit aussi les échecs cruels de Berlioz (*Benvenuto Cellini*, 1838) et Wagner (*Tannhäuser*, version de Paris, 1861). Des ballets comme *Giselle* (1841), d'Adam et *Coppélia* (1870), de Delibes, sont très populaires, avec de grands danseurs comme Jules Perrot ou Marius Petipa. La fin du siècle est marquée par la revanche écrasante de Wagner, à partir de la création de *Lohengrin*, en 1891.

Durant le XIXe siècle, l'opéra-comique est cultivé dans un certain nombre de salles, et ce genre n'est pas, contrairement à aujourd'hui, considéré comme inférieur. Au début, deux salles sont en concurrence : le *Théâtre-Italien*, dit aussi *Théâtre Favart*, qui joue Grétry, Dalayrac, Méhul, Boieldieu, et le *théâtre Feydeau*, dit aussi *Théâtre de Monsieur*, créé en 1789 juste avant la Révolution, qui se spécialisait d'abord dans l'opéra italien (Pergolèse, Paisiello), mais jouait aussi Lesueur, Cherubini. En 1801, les deux compagnies fusionnent pour former le *Théâtre national de l'Opéra-Comique*, créé par le gouvernement, et doté d'un statut officiel en 1807. Il occupe différents lieux. Quand il est installé salle Feydeau, on donne Spontini et les opéras-comiques de Méhul (*Joseph*, 1807) et Boieldieu (*la Dame blanche*, 1825). En 1825, il déménage salle Ventadour, puis, en 1832, au théâtre des Nouveautés, ensuite dans la deuxième salle Favart (1840), qui brûlera en 1887.

La grande époque de l'Opéra-Comique commence, avec des œuvres divertissantes et enlevées comme *Fra Diavolo* (1830), d'Auber, *Zampa* (1831), d'Hérold, *le Postillon de Longjumeau* (1836), d'Adam, *la Fille du régiment* (1840), de Donizetti, jusqu'à la naissance de l'opérette, avec *les Noces de Jeannette* (1853), de Victor Massé.

Des directeurs comme Carvalho (1876-1887) et May (1891-1898) marquent la seconde époque de l'Opéra-Comique, avec une seconde vague d'œuvres, d'un style plus complexe, plus élaboré, en général : *Carmen* (1875) de Bizet, les *Contes d'Hoffmann* (1881) d'Offenbach, *Lakmé* (1883) de Delibes, *le Roi malgré lui*

(1887) de Chabrier, *le Roi d'Ys* (1888) de Lalo, *Louise* (1900) de Charpentier, etc. La troisième salle Favart, celle d'aujourd'hui, est inaugurée en 1898. *Pelléas et Mélisande* (1902), qui n'a plus rien de l'opéra-comique, y trouve place plus facilement qu'à l'Opéra.

Parmi les autres salles, on peut citer le *Théâtre-Italien* appelé aussi *Opéra-Bouffes*, créé grâce au goût de Napoléon pour la musique italienne, et qui eut comme directeurs, entre autres, Spontini (1810-1812) et Rossini (1824-1826), qui y avait donné *le Barbier de Séville* — cette salle révéla aux Parisiens notamment Bellini et Donizetti, et fit applaudir des grands noms du chant comme Grisi, Lablache, Tamburini ; ou encore le *Théâtre lyrique*, fondé en 1851 par Edmond de Seveste, dirigé notamment par Carvalho et Pasdeloup, où Gounod créa la version parlée de *Faust* (1859), *Mireille* (1864), *Roméo et Juliette* (1867) — ce théâtre s'installa en 1862 au théâtre Sarah-Bernhardt, actuel théâtre de la Ville ; ou encore l'*Ambigu-Comique*, théâtre pour mélodrames ; le *théâtre de la Porte-Saint-Martin*, qui présentaient au début du siècle pantomimes, mélodrames et ballets ; puis, dans la seconde moitié du XIXe siècle une floraison de théâtres lyriques qui donnaient souvent des opérettes et vaudevilles : le *théâtre de la Gaîté* (1872-1876), les *Folies-Montholon* (1874-1878), le *Trianon lyrique*, le *théâtre Beaumarchais*, le *théâtre des Capucines* (1892-1898), le *théâtre du Château-d'Eau* (1883-1903), l'*Éden-Théâtre* (1883-1894), les *Bouffes-Parisiens* d'Offenbach, etc.

Toute cette activité, qui fait de Paris un des centres mondiaux de l'art lyrique, s'accompagne d'une prospérité de l'édition musicale, avec des maisons dont un certain nombre survit encore : Sieber, Gaveaux, Erad, Imbault, et plus tard Choudens, Costallat, Durand, Hamelle, Schlesinger, Leduc. Dans la facture instrumentale parisienne, également réputée, on peut citer : Érard pour les pianos et les harpes, Pleyel pour les mêmes instruments ; pour les bois, Buffet et Tribert, ainsi que Savary ; pour les cuivres, Sax (l'inventeur du saxophone) ; Lupot, Pique et Vuillaume pour les cordes.

Le XXe siècle. Au tournant du XXe siècle, Paris est plus que jamais un centre de diffusion et de rencontre pour les arts, mais de moins en moins un centre de création dramatique. Le début du siècle est marqué par le phénomène des Ballets russes qui se produisent au théâtre du Châtelet (en 1909), puis au tout neuf théâtre des Champs-Élysées, en 1913, année de la création du *Sacre du printemps* et de *Jeux* ; enfin au théâtre Sarah-Bernhardt. Dans cette période des Ballets russes, Paris accueille un « melting pot » international et brillant de peintres, d'écrivains, de musiciens. Prokofiev, Stravinski, Martinů vivent un temps à Paris, qui est alors un cercle d'attraction international, mais qui sera de moins en moins un centre d'*innovations*. Après *Pelléas* (en 1902), on créera peu d'opéras marquants français (on peut citer *Padmâvatî* de Roussel, 1923 ; *Amphion*, d'Honegger, 1931 ; *Maximilien*, de Milhaud, 1932), et les jeunes compositeurs semblent se détourner de ce genre. *Wozzeck*, représenté en 1925 à Berlin, ne sera créé à l'Opéra de Paris qu'en 1965.

De fait, si l'on joue beaucoup la musique « néoclassique », les compositeurs plus agressivement modernes, comme Bartók, ou les trois Viennois, restent ignorés : seul Jean Wiener (et plus tard Pierre-Octave Ferroud) essaie alors de les faire connaître. Et contre le parisianisme qui sévit dans les années 20 et 30 dans la composition musicale et qui suscite des œuvrettes sans conséquences et sans ambition, certains musiciens, comme Olivier Messiaen, s'insurgent. Les concerts du groupe *Jeune-France* et du *Triton* lèvent l'étendard d'une régénération de la musique. Les formations symphoniques, Colonne, Lamoureux, Pasdeloup vivent sur un répertoire déjà bien fourni. On peut leur ajouter l'*Orchestre national de la R. T. F.* (dirigé dans ses débuts par Inghelbrecht), premier élément d'un ensemble très riche de formations qui, dans les années 50 et surtout 60, vont faire de la Radio française le foyer de diffusion musicale le plus riche et le plus éclectique de l'après-guerre.

Dans sa position dominante sur l'enseignement musical, le Conservatoire national se voit, au cours de la première moitié du siècle, largement concurrencé par la *Schola cantorum*, fondée en 1894 par d'Indy, Guilmant, Bordes (et dont une branche dissidente s'est formée en 1934 sous le nom d'*école César-Franck*). *L'École normale de musique*, prise en main par Alfred Cortot jusqu'en 1962, fait également figure d'alternative au Conservatoire, d'autant que celui-ci tendait à devenir un gardien immobiliste de la tradition (mais il a su rattraper ce retard très vigoureusement, depuis le début des années 60, en s'ouvrant à toutes les innovations nécessaires).

La Seconde Guerre mondiale amène une redistribution des cartes. De nouvelles sociétés de concert se forment après la Libération, au service de la musique dite d'« avant-garde », ignorée par les associations traditionnelles ; le fossé se creuse dès lors, de plus en plus, entre les différents secteurs de la diffusion musicale. Ainsi, les *Concerts de la Pléiade* fondés en 1945 par Roger Désormière (en association avec l'Orchestre national de la R. T. F.), le festival *l'Œuvre du XXe siècle* (1952), et surtout le *Domaine musical*, qui donne ses premiers concerts en 1954 et ne cessera ses activités qu'en 1973 : fondé et dirigé par Pierre Boulez, puis repris par Gilbert Amy, il diffuse activement un répertoire que l'on n'entend nulle part ailleurs. Ces associations de musique nouvelle seront continuées par d'autres, l'ensemble *Musique vivante* de Diego Masson, l'ensemble *Ars nova* de Marius Constant, l'E. I. M. C. P. (Ensemble international de musique contemporaine de Paris) de Konstantin Simonovitch, et plus tard encore les ensembles *2E-2M* (Paul Méfano), *Musique Plus*, l'*Itinéraire*, etc. La musique dite « contemporaine » devient de plus en plus, à Paris, l'affaire d'un cercle hélas restreint, à l'intérieur d'une vaste activité de conservation d'un répertoire éprouvé, dont la répétition intensive met de plus en plus en valeur l'interprète plutôt que les œuvres, trop connues.

Mais il faut remarquer que la France a su, après la Seconde Guerre mondiale, reconquérir une place importante dans la création et la diffusion des œuvres nouvelles. En 1948, il est même né, au Studio d'essai de la R. T. F., une musique nouvelle inventée par Pierre Schaeffer, la *musique concrète*. Non seulement cette recherche sera à l'origine d'un répertoire nouveau, et d'un groupe de création et de diffusion de musique électroacoustique d'une longévité surprenante, le *Groupe de recherches musicales* (fondé sous son nom actuel en 1958, dirigé à partir de 1966 par François Bayle, et encore en activité en 1980) ; mais aussi, elle servira de référence et de repère, fût-ce pour la critiquer, à de nombreux centres dans le monde (v. MUSIQUE ÉLECTROACOUSTIQUE). D'autres studios se sont d'ailleurs créés à Paris comme le studio privé de Pierre Henry, *Apsome*, le studio du Centre international de recherches musicales, fondé dans les années 70 par Jean-Étienne Marie, au sein de la Schola cantorum, le Studio du Centre américain, celui du Conservatoire de Pantin, etc. Depuis 1968, l'enseignement donné par le G. R. M. est officiellement accueilli par le Conservatoire de Paris, à partir d'une classe confiée à Pierre Schaeffer.

D'autres centres de recherche musicale fondamentale se sont créés dans les années 60 et 70 : le C. E. M. A. M. U., fondé en 1967 autour de Yannis Xenakis, et l'*Institut* de recherche et de coordination acoustique/musique* (I. R. C. A. M.), dirigé par Pierre Boulez, et en activité depuis 1976, dans le cadre du Centre d'art et de culture Georges-Pompidou du Plateau Beaubourg. À l'I. R. C. A. M. est associé un ensemble orchestral voué à la diffusion du répertoire contemporain, l'*Ensemble intercontemporain*.

Quant aux associations symphoniques traditionnelles, elles ont poursuivi leurs programmes de plus en plus routiniers, jusqu'à un effort récent de renouvellement et d'ouverture. Dans ce domaine de la « gestion » du répertoire classique, la fin des années 60 et le début des années 70 sont marqués par un grand nombre de réorganisations qui visent en général à redonner un certain lustre, un retentissement international, perdus depuis longtemps, à la vie musicale parisienne qui s'était mise à ronronner : dans ce but, on a souvent choisi une politique du prestige et de l'action spectaculaire et massive, plutôt que l'action patiente et discrète dans l'infrastructure de la vie musicale (bien qu'un effort ait été fait pour le développement des écoles de musique et de tout le tissu de l'activité musicale « quotidienne »).

Ainsi, en 1967, est inauguré l'*Orchestre de Paris* (phalange qui sera dirigée successivement par Munch, Karajan, Solti, et Barenboïm) qui ambitionne ouvertement de concurrencer les grands orchestres allemands ou américains. L'Opéra de Paris, qui ne donnait plus qu'un répertoire usé, dans des conditions de moins en moins bonnes, est agité par un nombre considérable de remaniements, de conflits, de fermetures pour travaux, qui aboutissent à sa réouverture en 1973 sous la direction de Rolf Liebermann, pour sept années de programmes prestigieux, dans des distributions de luxe, pour des exécutions rares et coûteuses, bien que souvent retransmises par la télévision. Liebermann a eu comme successeurs Bernard Lefort (1980-1983), puis Massimo Bogianckino (à partir de 1983).

Il n'existe toujours pas, à Paris, de salle de répertoire lyrique accessible, ce que souhaiterait plus ou moins devenir le *Théâtre musical de Paris*, ouvert en 1981 dans le cadre de l'ancien théâtre du Châtelet. Quant à l'Opéra-Comique, un peu défavorisé par rapport à son encombrant grand frère, l'Opéra, il a fait l'objet d'une intéressante tentative de renouvellement, vite interrompue, avec l'Opéra-Studio animé par Louis Erlo, qui devait être une école de jeunes artistes lyriques en même temps qu'un centre de production de spectacles.

Dans les années 60 et 70, à la faveur d'un mouvement massif d'intérêt, chez les Français, pour la musique, le nombre et la variété des concerts à Paris ont considérablement augmenté : certains festivals, d'abord conçus pour combler le vide des mois d'été, comme le *Festival du Marais* (créé en 1961 par Michel Raude), et le *Festival estival de Paris* (Bernard Bonaldi, 1965) y ont contribué dans une large mesure. On peut citer aussi, plus spécialement consacrés à la création contemporaine, les *Journées de musique contemporaine de Paris* (qui ont connu leur apogée entre 1968 et 1973) et le *Festival d'automne*. Cette création n'est plus soutenue par le mécénat, mais surtout par le ministère de la Culture (au moyen de commandes) et la société Radio-France, qui commande et diffuse, avec ses formations, un nombre très important de nouvelles musiques. Dans une moindre mesure, les éditeurs, les organisateurs de festivals et la S.A.C.E.M. (Société des auteurs, compositeurs et éditeurs de musique) contribuent à « produire » les manifestations de musique nouvelle. M. C.

PARIS (THE SONG OF A GREAT CITY). Nocturne pour orchestre de Frederick Delius, composé en 1899 et créé à Elberfeld le 14 décembre 1901. Ce « chant d'une grande ville », première œuvre orchestrale importante du compositeur, s'inscrit dans le voisinage des poèmes symphoniques de Richard Strauss, mais la personnalité de Delius, qui, avant son installation à Grez-sur-Loing en 1897, vécut douze ans dans la capitale française, y est évidente d'un bout à l'autre. Les premières mesures évoquent une Seine brumeuse et voilée. M. V.

PARIS. Titre porté par la symphonie n° 31 en *ré majeur* K.297 (300a) de Mozart, terminée à Paris, au plus tard le 12 juin 1778, et exécutée au Concert spirituel le 18 du même mois. Elle avait été commandée à Mozart par Jean Le Gros, directeur du Concert spirituel. Dans cette œuvre brillante en 3 mouvements, Mozart s'adapta aux goûts du public parisien de l'époque : coups d'archet au début, oppositions de nuances, crescendos à la manière de Mannheim, atmosphère solennelle. À la demande de Le Gros, Mozart remplaça, comme deuxième mouvement, l'andante à 3/4 entendu le 18 juin par un andantino à 6/8, sans doute donné lors d'une deuxième audition de la symphonie, le 15 août, et encore remanié par la suite. C'est cet andantino qui devait rester attaché à l'ouvrage. M. V.

PARISIENNES (SYMPHONIES). Titre porté globalement par les 6 symphonies n°s 82 en *ut* (*l'Ours**), 83 en *sol mineur* (*la Poule**), 84 en *mi bémol*, 85 en *si bémol* (*la Reine* de France*), 86 en *ré* et 87 en *la* de Haydn, composées en 1785-86, parce qu'elles lui furent commandées par le concert de la Loge olympique de Paris. L'ordre de numérotation actuel ne correspond pas à l'ordre de composition. Les n°s 83, 87, et, peut-être, 85 furent composés en 1785, les n°s 82, 84 et 86, en 1786. L'éditeur parisien Imbault* publia les 6 œuvres dans l'ordre 83, 87, 85, 82, 86, 84, l'éditeur londonien Forster dans l'ordre 82, 87, 85, 84, 83, 86. À l'éditeur viennois Artaria*, Haydn indiqua l'ordre 87, 85, 83, 84, 86, 82.

L'orchestre de la Loge olympique était bien plus fourni que celui de Haydn à Esterháza : il comprenait notamment 40 violons et 10 contrebasses. Les premières exécutions publiques des 6 symphonies eurent sans doute lieu durant la saison de 1787 (Haydn les ayant probablement envoyées en 1786). Bientôt, on les entendit également au Concert spirituel. Parmi les violonistes de l'orchestre, le jeune Luigi Cherubini, qui en fut profondément marqué. Le *Mercure de France* devait écrire : « On a exécuté à tous les concerts (de l'année dernière) des symphonies de M. Haydn. Chaque jour on sent mieux, et par conséquent on admire davantage, les productions de ce vaste génie qui dans chacun de ses morceaux sait si bien, d'un sujet unique, tirer des développements si riches et si variés ; bien différent des compositeurs stériles, qui passent continuellement d'une idée à l'autre, faute d'en savoir présenter une sous des formes variées, et entassent mécaniquement des effets sur des effets, sans liaison et sans goût » (V. GUÉNIN).

Les *Parisiennes* inaugurèrent chez Haydn, qui venait d'abandonner la composition d'opéras, une nouvelle période créatrice : celle des grandes œuvres instrumentales de la fin des années 1780 (ceci avant celles de la période londonienne). Écrites non pour la cour du prince Esterházy, mais pour des foules anonymes et distantes, elles commencèrent à lui ôter sa livrée d'Ancien Régime tout en lui donnant une première idée de ce que le XIXe siècle devait appeler la liberté de l'artiste. De 1791 à 1795, les deux voyages à Londres (v. LONDONIENNES [SYMPHONIES]) devaient officialiser et concrétiser ces changements. La symphonie n° 82 (*l'Ours**) est puissante et rigoureusement organisée. La 83e (*la Poule*) est, à cause de son surnom, une des plus célèbres des six. La 84e est au contraire, de nos jours, la moins jouée. Elle ne le cède pourtant en rien à ses voisines, et possède, en particulier dans ses deux mouvements extrêmes, une vigueur intellectuelle bien à elle. L'allégro initial est une de ces pages monothématiques dont Haydn avait le secret et qu'appréciait tant la critique du *Mercure de France*. La 85e (*la Reine* de France*) a toujours compté parmi les œuvres de Haydn les plus connues. La 86e apparaît comme la plus grande du groupe : c'est le pendant haydnien de la symphonie *Prague** de Mozart, composée la même année. L'introduction lente ne fait que 21 mesures, mais est d'une ampleur rare. L'allegro spiritoso débute curieusement sur le sixième degré (la note *si*), avec un de ces thèmes qui, comme devait le remarquer le compositeur Simon Mayr dans sa brochure sur Haydn, semblent commencer « en leur milieu ». Au bout de 4 mesures, un tutti à la tonique avec un martèlement de trois croches antimozartien au possible, mais d'un genre dont Beethoven devait se souvenir. Ce martèlement dominera le mouvement, avec cependant, comme contrastes, un second thème bien net et de fréquents accents à contretemps. Le mouvement lent en *sol* est marqué capriccio largo, ce qui est tout un programme, « largo » indiquant un tempo vraiment lent et une grande profondeur de sentiments, « capriccio » une structure formelle libre, presque *sui generis*. Le menuet est un des plus vastes de Haydn. Dans le finale, on n'entend plus un martèlement de trois notes, mais de six. La 87e, enfin, est particulièrement homogène et réussie : à noter un bel adagio en *ré*, au thème principal à caractère d'hymne, de structure quasi rhapsodique et merveilleusement orchestrée.

Après les 6 *Parisiennes* proprement dites, et avant d'entreprendre la série des 12 *Londoniennes*, Haydn fit encore parvenir dans la capitale française cinq symphonies : les nos 88 et 89, en 1787, par l'intermédiaire du violoniste Johann Tost*, les nos 90 et 91 en 1788, et la no 92 (*Oxford**) en 1789. Les trois dernières (nos 90, 91, 92) furent expressément destinées au comte d'Ogny.
M. V.

PARKER (Charlie Christopher, dit BIRD ou YARDBIRD), saxophoniste alto et compositeur américain de jazz *(Kansas City 1920- New York 1955)*. Il est une des plus grandes figures du jazz noir américain. Sa révélation à New York, dans les années 40 et 50, coïncide avec le renouveau apporté dans le jazz par le style « be-bop », dont il est le plus grand pionnier.

De 1935 à 1939, il commence à jouer dans sa ville natale, Kansas City, dans des orchestres de jazz traditionnel (Harlan Leonard, Jay Mac Shann, Lawrence Keyes), puis il « monte » à New York en 1939, et, désireux de trouver « quelque chose d'autre » dont il a l'intuition, il commence à mettre au point son style personnel : « J'ai trouvé qu'en utilisant pour la ligne mélodique des grands intervalles formés par les notes des accords de base (arpégées), et en modulant convenablement, je pouvais arriver à jouer les choses que j'avais entendues en moi. » A partir de là, il crée un style nouveau d'improvisation au saxophone alto, mélodiquement très disloqué, à base d'intervalles très petits (chromatiques), ou très grands, d'une rythmique complexe et très peu « assise », d'une sonorité « ascétique, tranchante, nette » (Lucien Malson). En 1942, il rejoint l'orchestre du pianiste Earl Hines, où jouait aussi le trompettiste Dizzy Gillespie. L'année 1945 est pour lui un tournant, coïncidant avec l'affirmation du style bop. S'associant avec Gillespie, il fonde son propre groupe.

Parker est hospitalisé une première fois en 1946 pour troubles somatiques et nerveux liés à l'abus d'alcool et de drogue. En 1947, il forme un nouveau quintette (comprenant entre autres le trompettiste Miles Davis) et de 1947 à 1951 connaît une période de gloire et d'activité intense (tournées, enregistrements, expériences multiples). Mais, en 1951, sa licence lui est retirée par la brigade des stupéfiants, avec l'injonction de se désintoxiquer et de s'amender. Ses dernières années sont tragiques : il tente de se suicider, entre en hôpital psychiatrique, et, après une tentative heureuse de « come back » dans un club de Manhattan baptisé « Birdland » en son honneur, meurt prématurément vieilli le 12 mars 1955.

Il entre rapidement dans la légende comme une sorte de Rimbaud du jazz, fulgurant et secret, voué à ne jamais connaître dans la très grand public la popularité d'un Bechet ou d'un Armstrong. Son style est souvent « amélodique » (selon les canons traditionnels), contrasté, imprévisible, inspiré, ignorant le « dansant » et le « joli ». Ses improvisations, basées sur les structures harmoniques du thème, pulvérisent la mélodie originale et la dispersent dans toute la tessiture. Ses enregistrements (dont les plus célèbres sont *Groovin'High, Bird of Paradise, Night in Tunisia, Loverman, Koko, Ornithology*) perpétuent la magie d'un style qui a eu beaucoup d'imitateurs dans le jazz.
M. C.

PARKER (Horatio), compositeur américain *(Auburndale, Massachussetts, 1863- Cedarhurst, Long Island, 1919)*. Élève de Chadwick, puis de Rheinberger à Munich où il séjourna pendant trois ans, il fut ensuite organiste, professeur au conservatoire de New York et directeur musical de la Saint Paul School et, enfin, jusqu'à sa mort, professeur à l'université de Yale, où il eut comme élève Charles Ives. On le rattache généralement à l'école de Boston, bien qu'il n'ait pas été un élève de Paine et que son activité se soit principalement localisée à New York. Sa musique chorale demeure l'une des plus remarquables de toute la production américaine, et sa cantate *Hora novissima* lui valut le grade de « docteur honoris causa » de l'université de Cambridge. Outre ses cantates (*Wanderer's Psalm, Star Song, The Legend of St Christopher*), il a écrit des pièces symphoniques et instrumentales ainsi que deux opéras (*Mona* et *Fairyland*).
A. G.

PAR LES PRÉS ET LES BOIS DE BOHÈME. Œuvre de Smetana. V. **Ma patrie.**

PARMEGIANI (Bernard), compositeur français *(Paris 1927)*. D'abord ingénieur du son à la télévision française, il s'intègre en 1959 au Groupe de recherches musicales récemment fondé par Pierre Schaeffer au sein de la R. T. F. Il deviendra l'un des compositeurs les plus importants de ce groupe, consacrant l'essentiel de sa production à la musique électroacoustique, mais a d'abord travaillé comme assistant technique d'autres compositeurs (dont Xenakis), avant de réaliser lui-même des musiques, pour la radio, la télévision, le cinéma, etc., puis, tout en continuant de consacrer à la « musique appliquée » une grande partie de sa production (il a collaboré à des films de Pierre Kast, Peter Foldès, Valerian Borowcyk, Jacques Baratier, Robert Lapoujade, etc.), il commence à composer des œuvres de musique pure.

Sa première réalisation marquante dans ce domaine est *Violostries* (1964), pour violon et bande magnétique, une œuvre dont la partie instrumentale est due au soliste Devyh Erlih, qui l'a créée, et dont la bande fut réalisée à partir de quelques sons de violon que des manipulations successives et complexes agrandissent aux dimensions d'une véritable masse « orchestrale ». Dans cette technique de composition (que reprendra *Outremer*, 1969, pour ondes Martenot et bande) et qui consiste à générer par les manipulations du studio des masses évoluantes et des lignes entrecroisées issues de quelques rares sons de base produits par une source définie, Parmegiani révèle son habileté sa verve, de même que dans l'*Instant mobile* (1966), une des premières œuvres faites au G. R. M. à employer des sons électroniques, et surtout dans *Capture éphémère* (1967-68), peut-être son chef-d'œuvre, grande réussite de musique électroacoustique « en rond » (sur quatre pistes indépendantes), faisant vivre et vibrer l'espace sonore avec un dynamisme irrésistible. Les œuvres suivantes sont marquées par l'utilisation des nouveaux appareils de synthèse électronique dont vient de se doter le G. R. M., et, avec leurs cycles répétitifs, leurs pédales ronflantes et leur caractère volontiers consonant, elles l'amènent aux confins de la musique pop, avec laquelle il tient pourtant à garder ses distances : l'*Œil écoute* (1970), *la Roue Ferris* (1971), et enfin *Pour en finir avec le pouvoir d'Orphée* (1971-72), une somme qui, comme l'indique son titre, veut faire culminer et exorciser en même temps cette tendance à l'« envoûtement » de la répétition et de la continuité.

Parmegiani amorce ensuite un difficile virage, cherchant un style plus concentré, voire plus sévère. Son *Enfer* (1972-73), dont il existe plusieurs versions, avec ou sans texte, traduit plusieurs épisodes du poème de Dante avec une éloquence puissante et lourde. Il a été conçu pour former, avec un *Purgatoire* composé par François Bayle et un *Paradis* dû à la collaboration des deux compositeurs, une *Divine Comédie* suscitée par le danseur-chorégraphe Vittorio Biagi, qui en fit un spectacle. *De natura sonorum* (1974-75), suite en deux parties, et son « complément » *Dedans-Dehors* (1976), œuvre à base de sons « naturalistes » qu'elle cherche à transcender, manifestent une recherche acharnée d'« écriture sonore », où le ciseau intervient à tout moment pour casser la continuité, tordre son cou à l'éloquence du « pouvoir d'Orphée », et articuler le discours musical par un montage serré. Après ces œuvres-bilan, la production récente de Parmegiani explore un certain nombre de directions depuis longtemps sous-jacentes chez lui : « théâtre musical » créant une dramatisation de la diffusion par haut-parleur (*Trio*, 1973 ; *Mess Media Sons*, 1978-79) ; rapports entre les sons et les images, avec des œuvres « vidéoacoustiques », dont il signe l'image aussi bien que la musique (l'*Écran transparent*, 1973 ; *Jeux d'artifice*, 1979, pièces qui utilisent des images manipulées électroniquement par les moyens vidéo) ; enfin, imbrication du texte et des sons, avec deux pièces dont le texte est conçu comme une « spirale » revenant sur elle-même et se retournant, à la manière paradoxale des figures du graveur Max Escher, une de ses sources d'inspiration favorites : *Des mots et des sons* (1977), et l'*Écho du miroir* (1981) — cette dernière œuvre renouant avec un certain lyrisme moins contraint.

Les meilleures œuvres de Parmegiani se distinguent par un souffle large et puissant, animant des matériaux sonores compacts, d'une plénitude quasi orchestrale. Si elles manifestent souvent une grande virtuosité, teintée d'humour, c'est le fruit d'un grand travail d'architecte, dont l'art se révèle souvent dans les transitions, les métamorphoses et les jointures de la forme. On peut seulement regretter que, à vouloir épurer son écriture, Parmegiani ampute souvent son expression de sa dimension lyrique, et aussi souhaiter que le Parmegiani sérieux et « abstrait » sache réintégrer ce qu'il y avait de plus authentiquement populaire dans l'inspiration de ses premières œuvres. M. C.

PARNASSE (LE). Œuvre de Couperin. V. *Apothéose de Corelli.*

PARODIE (du gr. *para* et *odos*, « chemin parallèle »). Ce terme a été employé depuis le XVIe siècle, sans aucune idée péjorative ou ironique, pour désigner toute adaptation d'une œuvre musicale qui en change la destination, et s'il y a lieu les paroles, en la laissant reconnaissable, avec ou sans aménagements de détail en vue de la nouvelle utilisation. De nombreuses messes de la Renaissance sont des parodies de motets ou de chansons polyphoniques profanes, et le répertoire de l'opéra-comique s'est d'abord constitué avec des parodies d'opéra. On emploie aussi le terme latin *contrafactum*, plus rarement sa francisation *contrafacture*. Ce n'est que récemment que, décalquant l'évolution générale du terme, on emploie également le terme pour désigner les déformations volontaires d'un modèle donné dans un esprit d'amusement ou de dérision ; on peut dire ainsi que les opérettes d'Offenbach sont des parodies de l'opéra de son temps, sans qu'il y ait forcément correspondance textuelle d'une opérette donnée à un opéra donné. J. C.

PAROLES TISSÉES. Œuvre pour ténor, cordes, harpe, piano et percussions de Witold Lutoslawski, composée en 1965, créée le 20 juin de la même année au festival d'Aldeburgh par le ténor Peter Pears, son commanditaire, et l'orchestre Philomusica de Londres dirigé par le compositeur. La musique des 4 parties qui la composent illustre les *Quatre Tapisseries pour la châtelaine de Vergy* du poète Jean-François Chabrun, dans une remarquable adéquation entre le texte français et la matière sonore. Le musicien reste fidèle à ses conceptions aléatoires et l'orchestre à cordes est totalement divisé : 10 parties différentes de violon, 3 d'altos, 3 de violoncelle, 1 de contrebasse ; la percussion est très variée. L'audition des *Paroles tissées* laisse une impression d'équilibre parfait, d'art racé, dans une gamme expressive variée allant du recueillement, de la contemplation, jusqu'à des phases nerveuses et dramatiques. P. V.

PARRY (sir *Charles Hubert Hastings*), compositeur et musicologue britannique (*Bournemouth 1848 - Rustington, Oxfordshire, 1918*). Il fut un de ceux avec qui enfanta une renaissance de la musique anglaise.

En 1861, à Eton, il s'acquit une renommée dans le collège comme baryton, compositeur de chansons, et pianiste. En 1867, à Oxford, la musique fut quelque peu reléguée pour les études générales et les sports, mais il reçut des leçons de composition de Sterndale Bennett et de Macfarren, avant de partir retrouver Pierson à Stuttgart. De retour à Londres, Parry eut la chance de trouver un ami et un conseiller en Edward Dannreuther, chez qui, lors de concerts privés, la musique de chambre du musicien était jouée sitôt composée. Malheureusement, beaucoup de ces ouvrages ont été perdus ou égarés. L'année 1880 marque le début d'une plus large renommée. Dannreuther joua un concerto pour piano à Crystal Palace, et la première œuvre chorale importante de Parry, *Scenes from Prometheus Unbound*, fut donnée au festival de Gloucester. D'autres suivirent désormais régulièrement. La première symphonie date de 1882, la deuxième de 1883, la troisième et quatrième de 1889 et la cinquième de 1912. Ce n'est pas la meilleure part de son œuvre.

Ses chœurs marquent, eux, un nouveau type de composition, avec le maniement de grandes masses vocales avec une très grande simplicité dans les effets et dans l'utilisation des voix. Ils unissent une grandeur souvent appelée « haendelienne » à une grande délicatesse et à un grand raffinement des moyens. Chef des chœurs, en 1883, à l'université d'Oxford, il y succéda à Stainer comme professeur de musique, de 1900 à 1908. En 1894, il devint, après Grove, directeur du Royal College of Music, auquel il se consacra essentiellement durant les dernières années de sa vie. Comblé d'honneurs, anobli en 1898, président d'un nombre exhaustif de sociétés musicales : sa puissance de travail, son idéal artistique et son solide bon sens lui conférent un rôle fondamental dans l'évolution de la musique anglaise, en sus de ses propres œuvres.
G. M.

PARSIFAL. Jeu solennel scénique sacré (*Bühnenweihfestspiel*) en 3 actes, livret et musique de Richard Wagner, créé le 26 juillet 1882 pour le deuxième festival de Bayreuth.

La première « rencontre » de Wagner avec le sujet de son ultime tragédie remonte à 1845, alors qu'il découvrait les récits du Graal dans la version de Wolfram d'Eschenbach. En 1857, il esquissa rapidement le drame en partant de l'idée du vendredi saint ; il songea un moment faire intervenir son héros au 3e acte de *Tristan*, présentant dans le neveu de Marke la figure du roi Amfortas ; en 1865, il rédigea une première version en prose du poème ; le manuscrit original du livret vit le jour en 1877, mais la composition traîna jusqu'au début de l'année 1882. Cet incroyable temps de gestation a longtemps fait dire que *Parsifal* était la somme, le testament de l'œuvre wagnérien. Rien n'est plus faux. Certes, le Wagner de 1880 bénéficie de tout l'acquis, tant littéraire que musical, de *Tristan* et des *Maîtres* ; il sait le son que rend son Festspielhaus de Bayreuth, inauguré avec l'*Anneau* ; mais la sérénité de Wagner et celle de son œuvre ne sont qu'apparentes. Avec moins de feu que *Tristan*, moins de dégoût cosmique que l'*Anneau*, moins de certitudes politiques que les *Maîtres*, *Parsifal* goûte la morbidesse et le sang plus que l'espérance. Jamais autant les personnages n'ont parlé douleur, mort, malheur, néant, désespoir, péché, blessure, poison. Jamais le rôle exact de la femme n'a autant été pesé, dans la défiance. Surtout, Wagner a dans ses bagages un projet aussi vieux que *Parsifal*, *les Vainqueurs*, esquissé en 1856, et qui, sur un sujet voisin, en est philosophiquement l'antithèse. Jusqu'à sa mort, il songera à mettre en chantier ce nouvel opéra et entamera pour en nourrir le sens la rédaction de l'essai *Du féminin dans l'humain*, désaveu des théories de *Parsifal*.

Comme toujours chez Wagner, l'action s'est nouée avant le lever du rideau. Les anges ont confié jadis au preux Titurel les Saintes Reliques : le Graal, vase dans lequel but le Christ au jour de la Cène et qui recueillit son sang coulant de la croix ; la lance qui perça son flanc. Titurel a construit pour elles le sanctuaire de Montsalvat, dont les chemins sont introuvables par qui n'est pas marqué de la grâce divine. Il a réuni, pour les veiller, une communauté de chevaliers très purs, auxquels il a imposé, outre le respect de toute vie animale, une chasteté draconienne. Une seule femme, Kundry, foule le domaine sacré, une pauvre folle que Titurel trouva là au moment où il édifia Montsalvat et que la confrérie utilise comme messagère et servante. Or voici qu'un chevalier, Klingsor, se disant lassé de sa vie de péchés, voulut s'intégrer dans la communauté. Mais, incapable de faire taire en lui les désirs de la chair et donc de respecter les lois de Titurel, il s'est émasculé dans une crise de désespoir. Horrifié par ce geste, Titurel l'a chassé. Klingsor, alors, a créé face à Montsalvat un domaine magique : en ses jardins croissent des filles-fleurs chargées de débaucher les chevaliers du Graal et de leur faire oublier Montsalvat. Voulant mettre fin aux succès du sorcier, Amfortas, le fils de Titurel, qui a reçu la couronne de son père trop vieux pour la porter, s'est armé de la Sainte Lance et a marché vers le château enchanté. Mais là, il a succombé au charme d'une femme à la beauté infernale ; Klingsor s'est emparé de la Lance et a fait au flanc d'Amfortas une blessure, qui, depuis, ne se referme pas. Bien plus, elle a rendu le roi impuissant au service de Dieu : à chaque fois qu'il célèbre la Cène, le seul acte par lequel se nourrissent, spirituellement et physiquement, les chevaliers, la plaie saigne, béante, tandis qu'Amfortas crie sa honte et sa douleur. Un jour pourtant qu'il priait pour sa délivrance, Dieu lui a adressé une promesse : « Attends celui que j'ai choisi, le pur dépourvu de malice dont la compassion éveillera l'esprit. » Il vit, depuis, dans cet espoir, ce qui n'empêche pas les chevaliers du Graal de se lancer en des quêtes insensées pour découvrir des baumes capables d'adoucir — et peut-être guérir — les souffrances de leur roi.

ACTE PREMIER. 1er tableau. (Une clairière près d'un lac.) Kundry (s) rapporte à Gurnemanz (b), vieil écuyer de Titurel, un baume destiné à Amfortas (bar). Mais ce dernier ne se raccroche plus qu'à l'idée d'une mort prochaine. Pendant que le roi va tenter d'apaiser ses chairs ulcérées dans le lac sacré du domaine, Gurnemanz enseigne l'histoire de Montsalvat à quatre jeunes pages qui haïssent Kundry : chaque malheur de la confrérie a coïncidé avec une des absences de la femme, que l'on retrouve après, endormie comme morte, en quelque coin de forêt. On amène soudain un adolescent (t) qui vient de tuer un cygne. Le jeune homme, qui ne connaît même pas son nom, avoue ne savoir distinguer le Bien du Mal ; mais les reproches de Gurnemanz le touchent profondément. Kundry, brutalement, lui révèle que sa mère est morte : il défaille. Pressentant que le jeune sauvage pourrait être l'élu, Gurnemanz décide de le conduire au sanctuaire tandis que Kundry lutte, en vain, contre un sommeil magique qu'elle redoute. (Le changement de décor s'opère à vue pendant un interlude musical.) 2e tableau. (Au temple du Graal.) Amfortas est contraint par Titurel (b), son père, qui vit dans une crypte mortuaire, à célébrer la Cène. Sa blessure se ravive : malgré ses tortures, il obéit. Comme l'inconnu, à la fin de la cérémonie, reste muet, Gurnemanz le chasse rudement sans percevoir son trouble.

ACTE II. (Le domaine de Klingsor.) Le magicien Klingsor (bar) invoque Kundry ; pécheresse précipitée dans l'errance à travers les âges, elle est devenue l'esclave du sorcier qui a su en percevoir la nature. Ainsi s'expliquent ses mystérieuses disparitions hors de Montsalvat. Klingsor raille : seul la délivrera qui lui résistera ; qu'elle tente donc sa chance avec le jeune inconnu ! (Le décor se transforme.) L'adolescent, après avoir mis en déroute les chevaliers déchus, débouche dans les jardins enchantés. Mais les jeux troubles des filles-fleurs l'effraient ; il veut fuir lorsque Kundry, devenue très belle, l'appelle « Parsifal » ! Pétrifié, il demeure ; ainsi le nommait jadis sa mère. C'est en messagère de cette dernière que se présente Kundry : que l'enfant apprenne d'elle l'amour dans lequel le conçurent ses parents. Elle l'embrasse mais il la repousse soudain. Il revoit Amfortas souffrant, il réalise le rôle de Kundry, il comprend que le désir d'amour qui l'a fait naître peut aussi le damner. Comment racheter cette faute ? Confondant en un même traumatisme son départ vers le monde et l'oubli de sa mère, la mort de celle-ci et le malheur du roi blessé, le meurtre du cygne et l'appel de la chair, il veut retourner à Montsalvat et promet le salut à Kundry si elle l'y conduit. Mais elle, qui, pour avoir ri du Christ souffrant, a été condamnée à se donner à tous ceux qui ne lui résisteraient pas, veut posséder son sauveur par amour, dût-elle y perdre son salut. Comme Parsifal la repousse, elle lui promet l'errance jusqu'à ce que leurs routes se croisent à nouveau. Klingsor surgit, brandissant la Sainte Lance. Parsifal s'en saisit et, d'un signe de croix, dissipe les sortilèges. Le sorcier est anéanti et le héros s'éloigne.

ACTE III. 1er tableau. (Une clairière.) Quelques années plus tard ; c'est le vendredi saint. Gurnemanz, devenu ermite, découvre Kundry endormie. Il l'éveille et remarque sa démarche plus libre : peut-être un effet du saint jour ? Mais voici qu'avance un étranger en armure noire. Gurnemanz le reconnaît et reconnaît la Lance. Il apprend à Parsifal que, follement désireux de mourir, Amfortas ne célèbre plus la Cène. La confrérie erre, misérable, et Titurel, privé de la vue du Graal, est mort en simple mortel. Pour les funérailles, Amfortas a accepté de découvrir le calice une dernière fois, en expiation. Gurnemanz purifie le héros, le sacre roi du Graal et lui enseigne la magie du vendredi saint, où toute créature se régénère au contact du Sauveur qui monte au sacrifice. Kundry pleure, et Parsifal, supposant les désirs de la jeune femme apaisés, la baptise en cachette de Gurnemanz. Tous trois montent vers Montsalvat (tandis que le décor se modifie comme à l'acte I). 2e tableau. (Au temple du Graal.) Amfortas refuse brutalement de célébrer la Cène et tente de s'empaler sur les glaives des chevaliers. Mais Parsifal survient, bénit la douleur du roi et touche la plaie du fer de l'arme sainte. La blessure se referme. Le Graal s'illumine tandis que Kundry est happée par la mort. Délivrée de toute renaissance, elle débarrasse le domaine d'une présence féminine néfaste.

Musicalement, *Parsifal* marque l'ultime étape de l'écriture wagnérienne. Les leitmotive, le chromatisme sont ici employés de manière presque symbolique, comme dépouillée. Pourtant, la transparence du cadre harmonique général se nourrit de nombreuses cellules mélodiques courtes, faisant largement appel aux notes de passage et aux altérations, plus tourmentées que la couleur d'ensemble, dominée par les bois et le quatuor des cordes, ne le laisse deviner à première audition. La langue elle-même, dont la liberté, la fluidité et le rythme sont souverainement maîtrisés, conduit une élocution musicale à la fois simple et ample, par comparaison avec les opéras antérieurs. Encore cette volonté manifeste de l'auteur d'atteindre à une austérité passionnée prête-t-elle toujours le flanc à une lecture plus inquiète et moins univoque. P. G.

PÄRT (Arvo), compositeur estonien (Paide, Estonie, U.R.S.S., 1935). Travaillant d'abord comme ingénieur du son à la radio, entre 1957 et 1967, tout en étudiant au conservatoire de Tallin (notamment avec Heino Eller), il gagne un prix de composition en 1962 avec la cantate pour chœur d'enfants *Meie Aed* et l'oratorio *Maailma Samm*, de style encore traditionnel ; puis il passe par une période mathématique et sérielle (*Perpetuum Mobile*, 1963, pour orchestre ; *Diagrammid*, 1964, pour piano ; *Première Symphonie*, 1964), avant de commencer à réintégrer dans son écriture la tradition, d'abord par des techniques de « collage » (*Collage teemal Bach*, 1964, pour orchestre ; *Pro et Contra*, 1966, pour violoncelle et orchestre ; *Credo*, 1968, pour piano solo, chœur et orchestre) pour finalement créer un style syncrétique, où l'ancienne polyphonie et les références grégoriennes s'associent à l'emploi de sonorités nouvelles (cantate *Laul armastatule*, « Chant pour les bien-aimés », 1973, texte de S. Rustaveli ; *Troisième Symphonie*, 1971).

Son évolution est caractéristique de ce besoin de renouer avec la tradition, dont témoigne la musique d'« avant-garde » dans la fin des années 60 et dans les années 70 (voir les évolutions parallèles de Penderecki, Ligeti, Berio, Stockhausen, etc.). Depuis 1980, Arvo Pärt a vécu à Vienne, puis, à Berlin (1982). Parmi ses dernières œuvres, un *Concerto de Noël*, pour violon, violoncelle et orchestre de chambre (1980) et une *Passion selon saint Jean*, pour 4 voix d'hommes, chœur et orgue (1980). M. C. et M. V.

PARTCH (Harry), compositeur-interprète américain (Oakland, Californie, 1901 - San Diego, Californie, 1976). À tous égards, il est hors des sentiers battus : fils de missionnaires, élevé dans l'Arizona, il décide très jeune, après quelques essais classiques, de s'écarter de tous les modes conventionnels de production et d'écriture de la musique. Ainsi, entre 1923 et 1928, il conçoit une démarche entièrement personnelle, aussi bien dans son système de hauteurs et de rythmes — adoption d'une échelle non tempérée basée sur une division de l'octave en 43 parties égales; polyrythmie basée sur des divisions rationnelles des durées — que dans la lutherie utilisée (il construit de nouveaux instruments accordés sur cette échelle et n'utilise qu'épisodiquement les instruments existants, européens ou «exotiques»). Sa conception des œuvres et de leur présentation est aussi originale (musiques autour de textes parlés, pour ensembles d'instruments Partch, dont l'aspect même, ainsi que les actions des exécutants, forment à eux seuls un spectacle).

Comme beaucoup d'autres «rénovateurs» occidentaux, Partch base sa théorie et sa pratique sur l'idée d'un «retour aux sources» de la musique (résonance et consonance naturelles, fonction rituelle et magique de la musique) et puise ses influences un peu partout (musiques de sorcières, berceuses, musiques des Indiens, des Orientaux, des Africains... et le *Boris Goudounov* de Moussorgski), mais il a l'audace et l'opiniâtreté de l'extrémiste dans sa recherche d'une «autre musique». Créant un ensemble instrumental, le *Gate 5 Ensemble*, destiné à jouer sa production, il parvient à vivre de ses concerts, de «bourses» données par des fondations, et de postes de chercheurs dans des universités.

Les «instruments Partch», formant un orchestre où domine la sonorité des percussions et des cordes pincées, se divisent en 3 grandes familles : les *chordophones*, instruments à cordes pincées ou frappées avec des maillochés (par ex., «guitare adaptée», «blue rainbow», «Castor et Pollux», «crychord»); les *idiophones*, percussions accordées («gourd tree», marimbas de verre, bois, métal, «cone gongs», «cloud chamber bowls» en verre); et les *aérophones* (dont un orgue accordé à la Partch, le «chromélodéon»). Parmi les œuvres du compositeur, on citera : *By the Rivers of Babylon* (1931); *Dark Brother* (1943); *US Highball*, œuvre dramatique avec chœur (1943); *2 Settings from Finnegans Wake* d'après Joyce (1944); *Œdipus*, œuvre dramatique d'après Sophocle (1951); *The Mock Turtle Song and Jabberwocky* d'après Lewis Carroll (1952); *The Bewitched*, œuvre dramatique (1955); et l'œuvre qui lui acquit une certaine réputation, *The Delusion of the Fury*, avec chanteurs solos et chœurs (1969).

Injouable, par définition, sur d'autres instruments que les siens, l'œuvre de Partch ne s'est répandue que par quelques enregistrements. Il en a exposé la théorie — impliquant une conception globalisante de la pratique musicale, qu'il appelle lui-même «corporéalisme» — dans son livre *Genesis of a Music by Harry Partch* (1949, rééd. 1974). Par son esprit sincère et individualiste, l'œuvre de Partch s'oppose à celle d'un Carl Orff, qu'on pourrait croire basée sur les mêmes partis pris de départ (régénération de la musique par un retour aux sources magiques, proscription des instruments à archet, importance des percussions, etc.). Alors qu'un Orff se voulait pédagogue agissant sur la collectivité, Partch a vécu sa révolution et l'a incarnée pour lui-même. M. C.

PARTIE. Dans une composition destinée à une formation vocale ou instrumentale, élément concertant exécuté par un même chanteur ou groupe de chanteurs, un même instrument ou groupe d'instruments (par ex., la partie de ténor, la partie de second violon). L'ensemble des parties constitue la partition. M. T.

PARTIEL. Terme d'acoustique employé dans deux acceptions voisines, mais sensiblement différentes. Au sens ancien, le plus large et, aujourd'hui encore, le plus généralement utilisé, partiel tend à se confondre avec harmonique. En soufflant plus fort dans un instrument à vent ou dans un tuyau d'orgue, on lui fait donner des sons plus élevés que le son fondamental : l'octave, puis la douzième, la double octave, etc. Ces sons apparaissent dans l'ordre naturel des harmoniques, ce qui explique qu'en les appelant partiels, les musiciens les confondent avec ceux-ci — sans d'ailleurs commettre de grave erreur.

Mais, en fait, les harmoniques sont des fréquences contribuant à former tout son musical complexe, et dont la hauteur se définit par rapport à ce son par une relation simple : 2/1, 3/1, 4/1, etc. Or la fréquence des sons que l'on obtient en forçant un tuyau sonore, ou en immobilisant une corde à la moitié ou au tiers de sa longueur, n'est pas dans un rapport simple avec la fondamentale, et ne correspond pas rigoureusement à un harmonique : c'est un partiel, dans son second sens, le sens strict des physiciens, c'est-à-dire un son constitutif d'un son musical complexe, mais dont la fréquence n'est pas un multiple entier de ce son. Tel est le cas, notamment, des sons qui composent les sons musicaux des percussions ou des cloches, qui sont typiquement des partiels. Il n'empêche que, dans les instruments à vent en particulier, les facteurs d'instruments s'efforcent d'obtenir des partiels qu'ils se rapprochent le plus possible des harmoniques, de façon à donner la plus grande justesse lorsque l'on change d'octave en soufflant plus fort. G. C.

PARTIMENTO. Nom donné en Italie, à la fin du XVIIe et au XVIIIe siècle, à des basses chiffrées présentées sans leur réalisation, le plus souvent à titre d'exercice pédagogique, ou comme base d'improvisation ou de composition. J. C.

PARTITA (ou *partie, parthie, partia, parthia*). Terme dérivé de l'italien *partire* («partager») et employé avec des sens divers («variation», «série de variations», «pièce isolée», «suite de pièces ou de danses», «œuvre en plusieurs mouvements») en Italie et en Allemagne aux XVIIe et XVIIIe siècles.

Les plus anciens exemples se rapportent à la danse (*partite di passaggi di gagliarda* parus chez Prospero Luzi en 1589) ou plus généralement à des œuvres instrumentales (*Partite strumentali*, perdus, de Gesualdo). Plus tard, *partite sopra* voulut dire «variations sur», et *partite di* «suite de pièces consistant en» (par ex., chez Froberger). Kuhnau utilisa le terme dans le sens «suite faisant partie d'un ensemble» (*Neuer Clavier Übung Erster Theil, Bestehend in Sieben Partien...*, 1689), Johann Krieger fit de même en 1697 (*Sechs musicalische Partien, Sei partite musicali*). L'ensemble des six œuvres pour violon seul de Bach comprend, d'une part, trois sonates (BWV 1001, 1003 et 1005) selon le modèle de la *sonata da chiesa* («sonate d'église»), d'autre part, trois *partitas* comprenant diverses danses (BWV 1002, 1004 et 1006), et donc proches par l'esprit de la *sonata da camera* («sonate de chambre»). Bach appela également *partitas* les six suites (ou suites allemandes) formant la première partie de la *Clavierübung** (BWV 825-830), et *partite diverse sopra...* certains des cycles de variations sur des chorals pour orgue BWV 766-771.

Haydn appela lui-même *partitas* certaines de ses sonates de jeunesse, en particulier la 13e, qui justement évoque plus ou moins l'ancienne suite par ses quatre mouvements dans la même tonalité majeure ou mineure, et ses divertissements pour instruments à vent seuls reçurent pour la plupart le nom de *Feldparthien*. À Vienne, dans les années 1750, le terme *parthia* s'appliquait très souvent à une œuvre relevant plus ou moins du genre symphonie de chambre.

M. V.

PARTITION. — 1. Terme général s'appliquant à toute mise par écrit d'un morceau de musique, mais impliquant généralement le fait que toutes les parties y soient représentées de manière synoptique : par exemple, un morceau à 4 mains sera dit «en partition» si les 4 portées sont figurées les unes sous les autres, mais non si elles sont réparties sur deux pages en vis-à-vis. On distingue principalement les partitions d'orchestre ou assimilées (musique de chambre) dans lesquelles sont reproduites en détail les parties de chaque exécutant, et les partitions «réduites» qui en donnent un résumé, généralement pour piano (piano et chant pour les opéras). On oppose également, se référant au format, la *grande partition*, utilisée par les chefs d'orchestre, et la *partition de poche*, qui en est une réduction, souvent photographique, destinée à l'étude.

Le mot «partition», qui signifie simplement «division, quadrillage», provient du début du XVIIe siècle, où l'usage alors nouveau de la barre de mesure fut considéré comme un auxiliaire de lecture précieux pour mettre ensemble plusieurs exécutants, d'où l'extension ultérieure du terme.

— 2. Manière dont procèdent les accordeurs pour régler la justesse des intervalles. Appareils encore employés par eux pour faciliter ce réglage (il existe notamment des «partitions» formées de lames vibrantes, ou plus récemment des partitions électroniques). L'usage n'en est pas généralisé, la plupart des accordeurs préférant se fier à leur oreille. J. C.

PAS D'ACIER (LE). Ballet «bolchevique» commandé par Diaghilev à Serge Prokofiev en 1925 et créé à Londres en 1927, sur une chorégraphie de Léonide Massine. Prokofiev ayant quitté la Russie dès 1918 ne savait rien de la nouvelle réalité soviétique et fournit donc au maître des Ballets russes un ballet «mécaniste» tel qu'il s'en monta plusieurs à l'époque, évoquant l'univers des machines et de la puissance industrielle, animé par un peuple d'ouvriers «conquérants-de-l'-avenir». L'œuvre est bruyante et très chorégraphique, mais peu convaincante au concert, malgré ce caractère «fort et joyeux» que le public russe reconnut à Prokofiev lorsqu'il fit, en 1927, sa première tournée en Union soviétique depuis son exil volontaire. M. Mt.

PASDELOUP (*Jules*), violoniste et chef d'orchestre français *(Paris 1819 - Fontainebleau 1887).* Fils de François Pasdeloup, chef d'orchestre à l'Opéra-Comique, il entra en 1829 au Conservatoire. Ayant obtenu un premier prix de violon en 1832, il fut violoniste dans divers orchestres, donna des leçons privées, et écrivit des valses et des polkas avant d'être nommé professeur de violon au Conservatoire. N'ayant pas réussi à se faire reconnaître comme compositeur, il fonda, en 1851, avec des élèves du Conservatoire la Société des jeunes artistes, remplacée en 1861 par les Concerts populaires, dont le but fut de mettre la musique classique à la portée des masses pour des prix modiques. Cette initiative obtint un énorme succès. Les Concerts populaires, donnés au Cirque d'Hiver, consacrèrent des programmes à Haydn, Mozart, Beethoven, Weber, Mendelssohn, révélèrent Schumann, Wagner, Tchaïkovski, créèrent des œuvres de Massenet, Lalo, Saint-Saëns.

Pasdeloup fut également directeur musical du théâtre de l'Athénée, et directeur des études au Conservatoire. En 1869, il prit la succession de Léon Carvalho à la tête du Théâtre-Lyrique. Il y dirigea les premières françaises de *Rienzi*, du *Bal masqué* et assura la reprise d'*Iphigénie en Tauride*. Après la guerre de 1870, il se trouva ruiné. Il organisa alors des tournées avec son orchestre, dont il assura la direction jusqu'en 1884. A sa mort, les Concerts populaires ne lui survécurent pas, faute de moyens. Ils ressuscitèrent en 1917 grâce à l'initiative de Sandberg, qui les réinstalla au Cirque d'Hiver sous le nom de «concerts Pasdeloup», et sous la direction de Rhené-Baton. A. L. et S. W.

PASQUIER, famille de musiciens français, fondateurs en 1927 du trio à cordes qui porte leur nom. — 1. **Pierre,** altiste *(Tours 1902).* Il étudia de 1919 à 1922 au Conservatoire de Paris, où il fut nommé professeur en 1943. Il enseigne également au Conservatoire américain de Fontainebleau.
— 2. **Jean,** violoniste *(Tours 1903).* Il fut l'élève d'E. Nadaud au Conservatoire de Paris, où il remporta son premier prix en 1922. Professeur au Conservatoire américain depuis 1952, il a publié en 1955 des *Exercices en forme d'études.*
— 3. **Etienne,** violoncelliste *(Tours 1905).* Il a suivi la même filière et obtenu son premier prix dès 1921. Il a appartenu comme soliste à l'orchestre de l'Opéra de 1930 à sa retraite.

A ce trio célèbre a récemment succédé le «Nouveau Trio Pasquier» formé de Régis Pasquier (violon), de Bruno Pasquier (alto), tous deux fils de Pierre, et de Roland Pidoux (violoncelle). A. et M. P.

PASQUINI (*Bernardo*), claveciniste, organiste et compositeur italien *(Massa di Valdinievole 1637 - Rome 1710).* Après des études dans sa région natale, il s'installa définitivement à Rome avant 1650. Il y travailla sans doute avec Antonio Cesti et Loreto Vittori, et devint, vers 1663, organiste de Santa Maria Maggiore, puis, en 1664, de Santa Maria in Aracœli, poste qu'il devait occuper jusqu'à la fin de sa vie. Son immense talent au clavecin et à l'orgue lui valut les faveurs de nombreuses personnalités romaines (la reine Christine de Suède, le prince Colonna, les cardinaux Ottoboni et Pamphili) et plus particulièrement du prince Giambattista Borghese, qui l'hébergea à partir de 1670 environ.

La production de Pasquini, assez considérable, comprend de la musique vocale sacrée et profane et de la musique pour clavier. Il a composé une quinzaine d'opéras, à peu près autant d'oratorios, et de nombreux motets, arias et cantates qui trahissent l'héritage de Cesti. Il est, dans ce domaine, un représentant non négligeable de l'école romaine, faisant figure d'intermédiaire entre Cesti et son cadet et contemporain A. Scarlatti.

La partie la plus importante de l'œuvre de Pasquini est néanmoins celle consacrée au clavier (en particulier au clavecin), et a été conservée en quatre volumes manuscrits. Elle comprend des *toccatas* (appelées parfois *tastatas*), de nombreuses danses et suites de danses, des partitas, passacailles et variations, et des sonates (4 pour orgue, 14 pour clavecin, 14 pour deux clavecins). Ses toccatas, bien que souvent conventionnelles et dans la tradition de Frescobaldi, ont parfois tendance à contraster mouvements de toccata et mouvements fugués, annonçant ainsi les futures toccatas et fugues. Ses sonates, écrites seulement en basse figurée, sont exceptionnelles en Italie à cette époque. Il semble être l'un des premiers Italiens à avoir écrit pour deux clavecins. Mais il est surtout remarquable dans ses suites de danses et ses variations. Là encore, il s'inspire de Frescobaldi et de ses danses groupées, mais il les organise en suites de même tonalité, comprenant de deux à cinq danses de forme binaire et dont la succession la plus courante est allemande-courante-gigue. Il est le premier Italien à avoir donné cette structure à la suite de clavier.

L'influence de la danse est également sensible dans ses variations et partitas (*Partite di bergamasca, Partite del saltarello, Partite diversi sopra alemanda*), et il fut particulièrement sensible, comme nombre de ses contemporains, au thème de la *folia* (*Partite diversi di folia, Variationi sopra la folia*). On lui doit aussi deux ouvrages théoriques : *Saggi di contrappunto* (1695) et *Regole per ben suonare il cembalo o organo* (1715, perdu). D. H.

PASSACAILLE. Forme musicale ancienne, apparue au XVIIe siècle dans la musique italienne (*passacaglia*), mais dont le nom est d'origine espagnole (*pasar*, «marcher» et *calle*, «rue»; «marcher dans la rue»), sans doute par allusion aux musiques instrumentales des processions qui répétaient sans cesse le même motif en le variant. Elle est caractérisée par une basse obstinée à 3 temps de 4 ou 8 mesures, habituellement construite selon un type caractéristique : mouvement régulier conjoint (diatonique ou chromatique) de tonique à dominante, généralement descendant, que suit parfois une cadence dominante-tonique extrêmement marquée. Cette basse se répète constamment sous les variations, dans un mouvement modéré, mais allant.

Généralisée dans toute l'Europe dans la seconde moitié du XVIIe et au XVIIIe siècle, elle s'y est souvent confondue avec la *chaconne**, mais elle semble s'être moins que cette dernière pliée à la véritable danse et aussi avoir conservé plus de rigueur qu'elle dans le maintien de l'ostinato : comparer à cet égard les deux pièces maîtresses que sont, de J.-S. Bach, la *Passacaille* pour orgue en *ut* mineur et la *Chaconne* en *ré* mineur pour violon seul. Tombée quelque peu en désuétude au XIXe siècle, la passacaille a trouvé un regain de faveur au XXe (Webern, Dutilleux, etc.) ; mais le terme est parfois employé abusivement pour s'appliquer à n'importe quelle basse obstinée, alors que la forme mélodique de cette basse fait, elle aussi, partie de la définition de la passacaille. J. C.

PASSACAILLE ET FUGUE EN « UT » MINEUR. Œuvre pour orgue BWV 582 de J.-S. Bach. Cette grande page fait appel, comme souvent dans le style baroque, aux données mathématiques, mais cela n'empêcha pas Bach d'aboutir à une immense courbe expressive, à un monument dont la perfection technique n'est que le reflet tangible de l'indicible dimension spirituelle. Le terme de passacaille désignait une forme de variation avec thème obstiné. Celui choisi par Bach, d'origine française, a non pas quatre mesures comme de coutume, mais huit. Il y a vingt variations divisées en deux groupes de dix, eux-mêmes subdivisés en deux sous-groupes de cinq. Dans chaque sous-groupe, la variation du centre (3e, 8e, 13e et 18e) se détache. Le troisième sous-groupe (variations 11 à 15) a ceci de particulier que le thème apparaît non à la basse, mais aux voix supérieures. Enfin, le quatrième (variations 16 à 20) est une récapitulation condensée des deux premiers (variations 1 à 10).

A tous les niveaux, et par-delà les symétries extérieures, on a donc une construction tripartite, l'ensemble tendant vers une conclusion majestueuse. La fugue qui suit n'utilise comme sujet que les quatre premières mesures du thème varié dans la passacaille, mais avec un contrechant l'accompagnant d'un bout à l'autre. M. V.

PASSACAILLE POUR ORCHESTRE. Première œuvre reconnue par Webern (1908), la *Passacaille*, op. 1, est aussi l'une de ses partitions les plus longues (un peu plus de 10 minutes). Elle est également la dernière de la période d'études avec Schönberg et reste marquée par l'« impression colossale » que lui causa, selon ses propres termes, la *Symphonie de chambre* de Schönberg (1906), mais aussi la suspension des fonctions tonales du *2e Quatuor à cordes* (1907-1908).

Le choix d'une forme ancienne, la passacaille, fondée sur le principe de la variation sur une basse obstinée est significatif. La variation qu'il utilise à plusieurs reprises (*cf. Variations pour piano* op. 27, *pour orch.* op. 30) est d'ailleurs pour lui l'affirmation d'une option fondamentale du nouveau langage, la non-répétition que l'on peut considérer comme la quintessence de la variation. Le recours à une forme traditionnelle n'est toutefois pas chez Webern, à la différence de Berg, un moyen de rattacher le présent au passé. Certes, Webern n'est pas encore ici détaché de Brahms, de Wagner et de Mahler, et il a gardé la générosité lyrique de leurs discours, mais son choix s'inscrit dans une optique d'expérimentation. La rigueur de la forme unifie et resserre l'invention motivique si variée, si riche. Déjà apparaît son sens de l'économie avec un thème de 8 notes en *ré* mineur, dont seule la tonique et la finale seront répétées et dont l'organisation interne fait usage avant la lettre des principes de construction dodécaphonique : les sons 4, 5, 6 étant la récurrence des trois premiers, le 7e et le 8e formant une sorte de cadence. De plus, quelle que soit l'imprégnation postromantique et expressionniste de ces pages, on sent déjà dans la volonté contrapuntique de Webern un souci certain du dépouillement. La transparence orchestrale est remarquable. Enfin l'utilisation du silence est discrète, mais présente.
M.-C. L. M.-M.

PASSAGE. *V. note de passage.*

PASSAMEZZO. Danse d'origine italienne, proche de la pavane, de rythme binaire et de mouvement modéré, qui se développa en Europe, soit individuellement, soit dans le cadre d'une suite, au XVIe et au début du XVIIe siècle. L'origine du terme demeure vague et les musicologues le font en général dériver soit de sa mesure *alla breve* (₵), soit d'une figure de danse (« pas et demi »). D. H.

PASSEPIED. Danse populaire française d'origine bretonne, de caractère vif et enjoué. Exécuté à pas glissés sur un rythme tout d'abord binaire, puis ternaire à partir du XVIIe siècle qui l'avait adopté comme danse de cour, le passepied a eu les honneurs du théâtre et du concert au même titre que les autres danses devenues classiques, qui entrent dans la composition de nombreuses « suites » instrumentales, de Couperin à Debussy. M. T.

PASSEREAU, compositeur français, actif de 1509 à 1547 environ. On le prétend prêtre et présent à Saint-Jacques de la Boucherie au début du siècle, mais aucun document ne permet de justifier cette affirmation. Il est chantre à la chapelle du duc d'Angoulême (futur François Ier) en 1509 et sans doute à la cathédrale de Cambrai de 1525 à 1530. Il a surtout composé des chansons (les dernières datent de 1547) et a été publié dans divers recueils anthologiques d'Attaingnant, dont un lui est exclusivement consacré ainsi qu'à Janequin.

Passereau fait partie de cette génération de compositeurs qui ont développé la chanson polyphonique parisienne, et son style est assez proche de celui de Janequin. Ses pièces sont en général descriptives ou grivoises, d'inspiration populaire ou de style syllabique, et multiplient les rythmes animés et les imitations figuratives. La plus célèbre, *Il est bel et bon*, a subi de nombreuses adaptations et a été transcrite pour divers instruments un peu partout en Europe. D. H.

PASSION. Chant, au cours de l'office, de l'Évangile relatant la Passion du Christ durant la semaine sainte. Dès le Xe siècle, ce chant revêtit une solennité particulière en utilisant des timbres de récitation différents de ceux des Évangiles ordinaires ; au XVe siècle s'introduisit la coutume de récitations dramatiques, où le rôle du Christ était chanté par le prêtre, l'évangéliste narrateur par le diacre, les autres personnages (turba, dite familièrement « canaille »), par le sous-diacre. A partir du XVe siècle, ce dernier rôle fut parfois confié à la maîtrise, et donna lieu à des compositions polyphoniques d'abord simples (faux-bourdons), puis de plus en plus développés (passion-répons). Au début du XVIe siècle, on écrivit en polyphonie non plus seulement la partie de turba, mais le récit entier, dont le texte fut souvent reconstruit par centonisation (passion-motet).

La réforme luthérienne transporta ces différents genres en langue allemande, et, peu à peu, s'y adjoignirent des cantiques en intermède (chorals), des chœurs d'introduction et de conclusion, plus tard enfin des ariosos ou des arias traduisant la méditation du chrétien devant les faits évoqués (passion-oratorio). L'orchestre s'y étant joint, la passion devint ainsi chez les réformés du XVIIIe siècle tantôt une sorte de cantate agrandie encadrant comme celle-ci le sermon des vêpres (*Passions* de Bach), tantôt un oratorio sur modèle théâtral (*Passions* de Haendel), tandis que les catholiques (*cf.* A. Scarlatti) s'en tenaient à la seule récitation évangélique.

Parmi les nombreuses passions écrites du XVIe au XVIIIe siècle, les plus connues sont sans doute celles de Victoria (passion-répons à récitatif liturgique), de H. Schütz (passion-répons à récitatif composé) et surtout de J.-S. Bach. Ce dernier, outre ses deux célèbres *Passion selon saint Jean* (1724) et *Passion selon saint Matthieu* (1729), a écrit au moins deux autres passions, dont l'une, selon saint Marc, est un arrangement de cantates sans grand intérêt, et l'autre, sur un texte libre de Picander conservé, est malheureusement perdue. Une cinquième passion, selon saint Luc, nous est parvenue ; elle est médiocre et très probablement apocryphe.

Au XIXe siècle, la passion a cessé de former un genre musical particulier, et les rares passions écrites depuis lors (Jean Langlais, Frank Martin, Krzysztof Penderecki), ne se distinguent en rien, sinon par leur sujet, des oratorios de concert habituels.　　　　　J. C.

Passion (la). Titre porté depuis le début du XIXe siècle par la symphonie n° 49 en *fa* mineur de Haydn, composée en 1768. Rien n'indique qu'elle fut écrite pour la semaine sainte, mais on a là une des partitions les plus sombres, les plus désolées, les plus tragiques de Haydn. Ses quatre mouvements sont en *fa* mineur, tonalité qui eut toujours pour le compositeur une signification bien spéciale, comparable au *sol* mineur chez Mozart, et c'est chronologiquement la dernière d'une série de symphonies de Haydn débutant par un mouvement lent suivi de deux mouvements vifs encadrant un menuet, en d'autres termes inversant l'ordre traditionnel des deux premiers mouvements et s'inscrivant par là dans la tradition de la sonate d'église.

La symphonie *la Passion* respire une unité profonde qui ne provient pas seulement de son climat tragique maintenu d'un bout à l'autre et de son constant *fa* mineur : les quatre premières notes de l'adagio initial se retrouvent, variées mélodiquement et rythmiquement, au début des trois mouvements suivants. Il s'agit là moins d'une pensée cyclique au sens du XIXe siècle que d'une organisation quasi sérielle du matériau.　　M. V.

Passion grecque (la). Opéra en 4 actes de Bohuslav Martinů, composé de 1956 à 1959 sur un livret du compositeur tiré de la traduction anglaise du roman *le Christ recrucifié* de Nikos Kazantzákis ; donné en première audition le 9 juin 1961 au théâtre municipal de Zurich, sous la direction de Paul Sacher.

ACTE PREMIER. (Un village grec d'Asie Mineure, un dimanche de Pâques, à la sortie de la messe.) *Le pope Grigoris (bar-b) informe les habitants du village que l'on représentera, l'an prochain, le grand jeu de la Passion et que les acteurs ont été choisis parmi les villageois. Le cafetier Kostandis sera l'apôtre Jacques ; le marchand ambulant Yannakos, l'apôtre Pierre ; Michelis, fils du riche maire Patriarcheas, l'apôtre Jean. La veuve Katerina, prostituée du village, jouera le rôle de Marie-Madeleine, et le forgeron Panaït celui de Judas. Enfin, au jeune berger Manolios, être simple au cœur pur, échoit l'honneur écrasant d'incarner le Christ. Manolios (t), Kostandis (bar), Yannakos (t) et Michelis (s) s'entretiennent de la difficulté de leur tâche exaltante. Demeuré seul, Manolios est accosté par sa fiancée Lenio (s) qui lui demande quel sera le jour tant attendu de leurs noces. Il reste évasif, tout à sa mission. Soudain, un lamentable cortège approche : ce sont les survivants d'un village grec incendié par les Turcs. Sous la conduite de leur prêtre, Photis (bar), ils errent à la recherche de terres nouvelles. Le pope Grigoris s'avance et, d'une voix dure, demande aux réfugiés quel lourd péché ils ont sur la conscience pour avoir été pareillement châtiés par Dieu, ce Dieu de vengeance que lui et le seul que ce mauvais prêtre connaît. C'est au nom du Dieu de miséricorde que Manolios intercède en faveur des malheureux. Kostandis et Manolios leur indiquent un asile provisoire dans la montagne voisine, la Sarakina, vers laquelle ils se dirigent.*

ACTE II. *Katerina (s), qui a rêvé de Manolios, ne peut plus en détacher ses pensées. Le vieil avare Ladas (rôle parlé) aborde Yannakos resté seul et lui propose un marché qu'il accepte : qu'il aille racheter leurs bijoux aux réfugiés de la Sarakina en échange de nourriture ; il recevra une belle quantité de pièces d'or qu'ils partageront. Sur les pentes rocailleuses, les réfugiés, que la foi seule soutient, posent les fondations d'un nouveau village. Caché derrière un roc, Yannakos assiste à la scène ; bouleversé par ce qu'il voit, il vient se jeter aux pieds de Photis, confesse sa faute et fait don aux réfugiés de l'or que Ladas lui a remis en gage de leur marché. L'âme illuminée, il dévale les pentes de la montagne.*

ACTE III. *En songe, Manolios voit successivement Lenio qui lui reproche de remettre sans cesse leurs noces, le pope Grigoris, la veuve Katerina et Yannakos. Tous trois lui font des remontrances : il veut incarner le Christ, mais il pense sans arrêt à Lenio ou à Katerina. Il s'éveille en transes : Lenio est là, elle a gravi les pentes de la montagne pour avoir enfin la réponse de Manolios. Celui-ci, épouvanté, prend la fuite. Le père Nikolios fixe intensément la jeune fille demeurée seule, se jette sur elle et l'étreint. Manolios va supplier Katerina de ne plus penser à lui, mais il lui dit le mot libérateur de « sœur », qu'aucun homme ne lui a jamais dit à elle, la prostituée, la pécheresse. Elle voit en Manolios son sauveur, décide de faire pénitence, comme celle qu'il lui est appelée à incarner dans la Passion. Les notables du village, conduits par Grigoris, expriment leur courroux devant les agissements de Manolios, ce fou prétendant être inspiré par le Christ, qui ébranle l'ordre établi en mettant en cause la sacro-sainte propriété, entouré par un groupe d'amis gagnés à sa cause, ceux-là mêmes qui seront chargés de jouer les apôtres. Il faut en finir avec eux. Au même moment, Manolios, suivi de ses « disciples », passe devant eux, prêchant la vraie charité de l'Évangile. À la grande colère de Grigoris, qui les met en garde contre les faux prophètes, de nombreux villageois font cercle autour de lui.*

ACTE IV. *Les villageois fêtent les noces de Nikolios et de Lenio. Les chants et les danses sont brutalement interrompus par le pope Grigoris qui annonce qu'il a décidé d'excommunier Manolios. Aussitôt, le petit groupe des « apôtres » se déclare solidaire de Manolios. Manolios, ignorant tout de cette excommunication. Dans un grand air, il s'accuse d'orgueil et de vanité. Il reconnaît à présent ne pas être le fils de Dieu, mais attend avec humilité que le Seigneur l'éclaire. Il vient de la Sarakina. Poussés à bout par la faim et le désespoir, les réfugiés ont décidé de descendre en masse sur le village. Une dernière fois, Manolios intercède en leur faveur, suppliant les villageois nantis de faire don aux malheureux de leur superflu. En vain ! Fanatisés par leur mauvais prêtre, ils se ruent sur lui. Dans la mêlée, Panaït — celui-là même qui devait jouer le rôle de Judas — poignarde Manolios. Au milieu d'un silence atterré, les réfugiés arrivent sur la place du village et se joignent à la foule, autour du corps qui gît sur le parvis de l'église. Katerina chante une déchirante plainte funèbre en l'honneur du jeune berger, puis le prêtre Photis rassemble ses ouailles, les incitant au courage. La longue marche errante doit reprendre. Au son du Kyrie eleison, le cortège s'éloigne lentement.*

Fruit de la collaboration entre Martinů et Kazantzákis, l'élaboration de cet opéra (H.372), qui connut deux versions successives, fut particulièrement longue. Pour répondre aux exigences du théâtre lyrique, le musicien a adapté ou réduit certains épisodes de la vaste épopée, supprimant les aspects qu'il jugeait accessoires, réalisant l'unité dramatique en une version d'une durée de moins de deux heures, dense et concentrée. La partition, riche mélodiquement, possède cette couleur orchestrale chère au Martinů des dernières années. La forme est généralement rhapsodique ; quelques formules harmoniques et rythmiques tiennent lieu de motifs conducteurs. On est frappé à la fois par le souffle qui domine l'œuvre, et par la simplicité, l'humilité avec lesquelles le musicien a abordé ce sujet religieux.　　　　　　　　　P. V.

Passions. Œuvres de Heinrich Schütz. Schütz a écrit trois passions a cappella dans les vingt dernières années de son existence : la *Passion selon saint Luc* (vers 1653), les *Passions selon saint Jean et saint Matthieu* (publiées en 1666). Guidé par des coutumes liturgiques qui voulaient, entre autres, que les instruments se taisent pendant les cérémonies religieuses de la semaine sainte (*die Stille Woche*, la semaine silencieuse, comme disent parfois les luthériens), le musicien revient ici à un style intentionnellement archaïque, s'appuyant sur les anciens tons ecclésiastiques (*fa* lydien pour la *Lukas-Passion* ; *mi* phrygien pour la *Johannes-Passion* et *sol* dorien pour la *Matthäus-Passion*) et sur la polyphonie traditionnelle à 4 voix pour les *turbae* (chœurs de foule). Mais, malgré ce retour au passé (et aussi une sobriété expressive commandée par l'austérité des sujets mis en musique), la liberté du vieux maître reste évidente, quoique enfermée dans un cadre strict. Ainsi la récitation de l'évangéliste — plain-chant retrouvé — n'est plus coulée dans le moule rigide du *lektionston*, mais calquée sur les rythmes et les accents de la parole même, et la vigueur de l'écriture chorale est plus annonciatrice de Jean-Sébastien Bach que nostalgique du XVIe siècle.

Aussi bien, chaque passion a son climat et sa tonalité spécifiques, qui la différencient sensiblement des autres. La *Passion selon saint Luc* est celle qui respire la ferveur la plus populaire et la plus accessible à un auditeur du XXe siècle (ce qui explique qu'elle soit la plus jouée de nos jours). La *Passion selon saint Jean*, en comparaison, est d'un archaïsme très médité, mettant l'accent sur le signe et le symbole plutôt que sur l'image visuelle ou descriptive, en conformité, au reste, avec le caractère du texte, et cet aspect hautement spirituel transparaît au premier chef dans la récitation de l'évangéliste, encore plus sobre et laconique — du grégorien « roman » en quelque sorte — que dans les autres partitions.

Enfin, la *Passion selon saint Matthieu* est celle qui répond le mieux aux aspirations communautaires du croyant Schütz, nous dirions aujourd'hui à son œcuménisme. Comme chez Bach, la musique à partir du texte sacré atteint à une dimension véritablement universelle, devenant cette dramaturgie du verbe et de la parole tant dans le néogrégorien du récitant que dans l'intensité stylisée des chœurs de foule qui préfigurent souvent avec une concision poignante le sentiment tragique et l'humaine compassion du cantor de Leipzig. Et, par-delà la signification théologique de l'ouvrage, le plus étonnant, du point de vue technique, est peut-être qu'avec le seul concours de la voix le *Sagittarius* parvienne à nous donner l'illusion du style concertant et de l'écriture instrumentale.   R. T.

PASSION SELON SAINT JEAN. Œuvre de Jean-Sébastien Bach (BWV 245), créée à l'église Saint-Thomas de Leipzig le vendredi saint de 1724. Parmi les diverses configurations possibles de la passion allemande, Bach choisit une formule qui s'appuie sur un respect scrupuleux du texte biblique, tout en laissant le champ libre à d'abondants commentaires lyriques et choraux. Contrairement à d'autres compositeurs de son temps, qui mirent en musique des adaptations versifiées des Évangiles, comme celle du poète Brockes, Bach suivit l'Écriture à la lettre pour toutes les parties narratives de l'œuvre : le texte biblique est déclamé par un évangéliste, ténor, auquel s'ajoutent trois basses (Jésus, Pierre, Pilate), une soprano (Servante), un ténor (Serviteur), et un chœur représentant les grands prêtres et la foule des Juifs. Sur ce texte de référence repose un édifice musical d'une grande complexité, où alternent airs de solistes, airs avec chœur, ariosos et chorals, l'œuvre entière étant encadrée par deux chœurs monumentaux. L'histoire de la Passion ne donne donc pas lieu chez Bach à une mise en scène de ses différents personnages, comme dans la *Passion* de Brockes ou dans la *Passion selon saint Matthieu* de Telemann, où Judas a droit à un air de soliste : une telle dramatisation aurait été jugée exagérément profane dans une ville aussi strictement luthérienne que Leipzig. En maintenant ses ajouts dans un registre purement méditatif, Bach accentuait au contraire le caractère exemplaire et universel de la souffrance et de la mort de Jésus, pour en faire le support d'une grandiose réflexion sur la figure du Christ et sur l'humanité pécheresse.

Mais, comme toujours chez Bach, la déférence pour le texte sacré s'accompagne de l'exploitation la plus poussée de ses potentialités musicales. La longueur de la scène du jugement, qui constitue l'une des caractéristiques essentielles du récit de Jean, devient le prétexte d'une construction architecturale à grande échelle ; ce n'est pas la richesse théologique du dialogue entre Jésus et Pilate qui attire ici le compositeur, mais le nombre des interventions de la foule, beaucoup plus élevé que dans les autres Évangiles. Le point de départ des parallélismes musicaux est la récurrence des mêmes paroles dans plusieurs chœurs : « Crucifie-le ! » (nos 36 et 44), « le roi des Juifs » (nos 34 et 50), ou encore le caractère légaliste des nos 38 et 42 (« Nous avons une Loi » et « Si tu le relâches, tu n'es pas ami de César »). Bach ne se contente pas d'employer, pour ces morceaux, une musique semblable (avec toutes les adaptations nécessitées par les différences textuelles) ; il renforce la symétrie de cette « scène » par la disposition de deux ajouts lyriques (l'arioso et air nos 31 et 32, et l'air avec chœur no 48) à égale distance du sommet de la pyramide, le choral no 40. Mis à part ces deux pauses dans l'action, qui marquent la flagellation du Christ (nos 31, 32) et son cheminement jusqu'au Golgotha (no 48), Bach s'est abstenu d'interrompre davantage cette tragique confrontation mettant aux prises Pilate (dont Jean a soin de diminuer la responsabilité), Jésus et la foule des Juifs. Par sa recherche d'une structure musicale qui vient souligner une action dramatique, Bach rejoint les préoccupations de plusieurs compositeurs d'opéra de l'époque baroque (Monteverdi, Purcell), et préfigure les ambitions architecturales de Gluck et de Mozart. Le schéma ci-dessous, emprunté à K. Geiringer, explicite la physionomie de l'ensemble (Jésus devant Pilate - crucifiement) :

	A	B	C	D	E	D	C	B	A
nos	27	29, 31-32, 34	36	38	40	42	44	46 (= 29), 48, 50 (= 34)	52

(les numéros intermédiaires sont les récitatifs de l'évangéliste)

Le texte évangélique est à l'origine d'une autre caractéristique de cette *Passion selon saint Jean* : ses dimensions relativement courtes, surtout si on la compare à la *Passion selon saint Matthieu*, dont le déroulement commence avec le dernier repas. Mais les chapitres correspondants chez Jean, qui relatent également la Cène, contiennent un long entretien théologique de Jésus avec ses disciples qui en rendraient la mise en musique trop ingrate (chapitres 13 à 17) ; en revanche, Jean omet l'épisode du jardin de Gethsémani, et le récit de la Passion ne commence donc qu'avec l'arrestation de Jésus. Ainsi s'explique également l'inégalité entre les deux parties de l'œuvre : comme il est vraisemblable que Bach voulut éviter une interruption après la scène du jugement, il lui fallait nécessairement faire intervenir la coupure après le reniement de saint Pierre, approximativement au tiers de l'œuvre — mais la richesse musicale de la première partie, préfacée par un chœur d'une longueur exceptionnelle, estompe aisément cette disproportion.

Les récitatifs de l'évangéliste mettent en jeu un très large arsenal de moyens expressifs : variété du débit, emploi de nombreux intervalles diminués ou augmentés, dissonances avec la basse, recours fréquent à la tessiture aiguë de la voix, mélismes sur certains mots particulièrement douloureux (*geisselte* [« flagella »], ou *gekreuziget* [« crucifié »]). Les moments les plus intenses de la partie d'évangéliste sont atteints dans deux passages qui ne se trouvent pas dans le texte de Jean : les pleurs de saint Pierre (no 18) et le déchirement du voile du temple, suivi du tremblement de terre (no 61), tous deux empruntés à l'Évangile de saint Matthieu. C'est sur les mots « puis il sortit et pleura amèrement » que Bach a placé sa vocalise la plus déchirante, deux fois répétée, à côté de laquelle la même phrase, dans la *Passion selon saint Matthieu*, paraîtra d'une émotion plus intériorisée. Si l'on retrouve une inspiration tout aussi tourmentée dans les chorals (en particulier le choral final, d'une harmonie étrangement archaïque), les chœurs de foule, appelés communément « chœurs de turba », constituent les épisodes les plus violents de la partition. Tantôt Bach joue sur la répétition impitoyable d'une même formule dactylique (*kreuzige* au no 36), tantôt le chœur se cantonne dans un syllabisme brutal (nos 3, 29, 46), tantôt, au contraire, il s'étale dans une polyphonie complexe correspondant au dogmatisme des grands prêtres (nos 38 et 42).

Les morceaux pour soliste sont relativement peu

nombreux, surtout en regard de la *Passion selon saint Matthieu*; ils se caractérisent par des textes poétiques à l'imagerie torturée, dont les plus « précieux » sont empruntés plus ou moins librement au livret de Brockes (n°s 11, 31-32, 48, 62-63). La diversité des accents est assurée par un constant renouvellement du dispositif vocal et instrumental : deux airs de basse, par exemple, font intervenir le chœur, l'un avec des interrogations inquiètes (*Wohin ?*, n° 48), l'autre dans la sérénité d'un choral lentement déroulé. La ferveur religieuse culmine dans l'air *Es ist vollbracht*, où l'alto solo médite sur la mort du Christ. La structure da capo abrégée (ABA') y devient l'image même du mystère de cette mort : une longue désolation, dialoguée molto adagio par la viole de gambe et la voix *(Tout est consommé)*, puis la transfiguration de la mort en victoire (vivace, dans *Le héros de Judas triomphe avec puissance*), enfin le retour au deuil exprimé dans la première partie.   M. N.

PASSION SELON SAINT LUC. Œuvre pour soli (soprano, baryton, basse), récitant, chœur d'enfants, 3 chœurs mixtes et orchestre de Krzysztof Penderecki, composée en 1965-66 et créée à Münster le 30 mars 1966, sous la direction de Henryk Czyz. Son titre exact est *Passio et mors Domini nostri Iesu Christi secondum Lucam*. D'une durée totale de quatre-vingts minutes, elle comprend deux parties, dont chacune est jouée sans interruption, mais divisées respectivement en 13 et en 14 numéros. L'influence des passions de Bach se reflète non seulement dans cette structure globale, mais aussi dans l'alternance d'épisodes narratifs et contemplatifs, dans certains détails musicaux, et dans l'utilisation audible du motif B.A.C.H. Le texte est néanmoins en latin, l'évangéliste ne chante pas, mais se borne à parler, et les airs sont peu nombreux et relativement brefs. Par sa concision et son dramatisme, l'ouvrage de Penderecki rappelle la *Passion selon saint Jean* de Bach, mais ses vastes effectifs sont ceux de la *Passion selon saint Matthieu*.

Sur le plan stylistique, la *Passion* présente un panorama complet des diverses techniques développées par Penderecki dans les années précédentes, tout en réactualisant les étapes essentielles de l'histoire de la musique occidentale. L'élément mélodique, l'élément linéaire et polyphonique, l'élément harmonique, l'élément timbre dominent tour à tour. L'élément bruit n'est pas oublié, en particulier dans les scènes de foule. Les chœurs jouent un rôle important. Le chœur d'entrée et le chœur conclusif font intervenir tous les effectifs, avec, en outre, dans le chœur conclusif les 3 solistes vocaux. Mais il y a aussi 4 chœurs a cappella : 3 psaumes et le *Stabat Mater* composé isolément par Penderecki dès 1962. Une série de 12 sons, faite uniquement d'intervalles de seconde mineure et de tierce mineure, domine la partition : sa seconde moitié est la transposition de la première à intervalle de triton. Une autre série de 12 sons, proche de la première mais utilisant également les intervalles de seconde majeure et de tierce majeure, cite en ses 4 derniers sons le motif B.A.C.H. *(si bémol - la - do - si)*. La *Passion* de Penderecki, ouvrage d'une grande force expressive, réussit une synthèse exceptionnelle d'éléments au départ plutôt hétérogènes.   M. V.

PASSION SELON SAINT MATTHIEU. Œuvre de Jean-Sébastien Bach (BWV 244), créée à l'église Saint-Thomas de Leipzig le vendredi saint de 1729. Les textes libres sont du poète Picander. Si la conception générale de la *Passion selon saint Matthieu* est la même que celle de la *Passion selon saint Jean**, les deux œuvres présentent des différences profondes. La rédaction de l'Évangile, tout d'abord, donne à la *Passion selon saint Matthieu* des proportions immenses, auxquelles seule peut se comparer la *Messe en « si »*. La version de Matthieu, comme celle des autres évangiles synoptiques, est d'une cohérence narrative qui permet de faire remonter le récit de la Passion à la prédiction que Jésus fait à ses disciples de sa propre mort (chap. 26) : l'arrestation de Jésus est donc précédée de l'onction à Béthanie, de l'annonce de la trahison de Judas, de la Cène et de la prière à Gethsémani. En outre, le goût de Matthieu pour le détail et l'anecdote entraîne la multiplication des personnages mis en scène jusqu'au reniement de saint Pierre : aux interventions rapportées par Jean s'ajoutent celles de Judas (b), un grand prêtre (b), une deuxième servante (s), deux prêtres (b), la femme de Pilate (s) et deux témoins (a et t).

Sur le plan proprement musical, la *Passion selon saint Matthieu* s'écarte de la passion précédente dans deux domaines : les récitatifs de Jésus et le dispositif instrumental et orchestral. Le fait d'accompagner les solos du Christ par des instruments mélodiques (ici le quatuor à cordes) n'était pas, à proprement parler, une innovation : on en trouve des exemples dans *les Sept Paroles du Christ* de Schütz et dans une *Passion selon saint Matthieu* de J. Meder (v. 1700) ; mais ce procédé entoure ici la figure de Jésus d'une sorte de halo, qui lui donne un relief grandiose. En un point de la partition, Bach abandonne même le style récitatif pour l'arioso : l'institution de l'Eucharistie (« Prenez, mangez, ceci est mon corps ») n'est pas déclamée sur les formules et les notes répétées du récitatif, mais se fond dans une longue coulée mélodique, tant à la voix qu'aux instruments. A l'inverse, la voix du Christ retentit dans toute la nudité du continuo sur les mots *Eli ! Eli ! Lama asabthani ?* (« Mon Dieu ! Mon Dieu ! Pourquoi m'as-tu abandonné ? »). Bach a peut-être voulu souligner que ce n'était plus le Fils de Dieu qui s'exprimait là, mais Jésus, en proie à une angoisse tout humaine. Le quatuor d'accompagnement et le continuo de l'évangéliste appartiennent à l'orchestre principal, désigné comme le « chœur I » dans la partition ; mais l'effectif complet de cette passion fait appel à deux orchestres, deux chœurs et deux groupes de solistes qui étaient disposés, à l'église Saint-Thomas de Leipzig, sur des tribunes séparées (cette configuration n'est aujourd'hui presque plus jamais respectée : on place en général les deux orchestres et les deux chœurs côte à côte, et on confie les airs de soliste à un seul chanteur par type de voix). L'effet de cet énorme potentiel instrumental et choral est double : il donne d'abord à la masse des exécutants une extraordinaire puissance dynamique lorsqu'elle est utilisée au complet ; c'est le cas, par exemple, des chœurs décoratifs placés à la fin de la première partie (n°s 33 et 35), ou d'un grand nombre de chœurs de turba dont la densité polyphonique rend admirablement la frénésie de la foule. Mais Bach ne manque pas d'exploiter toutes les ressources antiphoniques de son espace musical : tantôt les deux chœurs se répondent en écho (*Ruhe sanfte* dans le chœur final), tantôt un soliste de la première tribune dialogue avec le chœur de la deuxième (n°s 25-26, 33, 77), parfois sous forme de question et de réponse (n°s 36, 70). Le chœur initial utilise d'abord les deux forces chorales en opposition (*Sehet ! / Wen ? Wie ? Was ? Wohin ?*), puis les fond ensemble dans une dernière partie ; mais il se distingue principalement par l'intervention d'un troisième groupe vocal, composé uniquement de sopranos à l'unisson, qui énonce les sept périodes d'un choral. Cette accumulation des effectifs choraux, combinée à une écriture orchestrale très fouillée, annonce d'emblée l'échelle monumentale sur laquelle est écrite l'œuvre tout entière.

La particularité du « double chœur » mise à part, les morceaux choraux reprennent des procédés d'écriture identiques à ceux déjà relevés dans la *Passion selon saint Jean*. Signalons encore le figuralisme contenu dans le n° 15, où les disciples réunis pour la Cène demandent à Jésus : « Seigneur, est-ce moi ? » ; les onze entrées des voix sur *Herr, bin ich's ?* reproduisent fidèlement les interrogations adressées au Christ par les onze apôtres, étant entendu que Judas garde le silence. Là-dessus s'enchaîne un choral qui fournit la réponse de la manière la plus dramatique : « C'est moi, et je devrais, pieds et poings liés, expier dans les Enfers. » Ce lien intime de certains chorals avec les paroles bibliques se double de la récurrence de la même mélodie dans cinq chorals différents (n°s 21, 23, 53,

63, 72). C'est dans le n° 63 que coïncident mélodie et texte de référence : *O Haupt voll Blut und Wunden* («Ô tête pleine de sang et de blessures»), là encore en réaction aux paroles que vient de prononcer l'évangéliste («ils lui en frappèrent la tête»). Bach choisit ce choral célèbre (mélodie de Hassler, paroles de Gerhardt) pour son thème central, la souffrance du Christ ; la mélodie retentit une dernière fois après l'annonce de la mort de Jésus, mais Bach y reviendra encore dans d'autres œuvres, notamment dans le finale serein de l'*Oratorio de Noël*.

La longueur extrême du texte évangélique n'a pas empêché Bach d'interrompre l'action par des morceaux de soliste aussi fréquents que dans sa *Passion selon saint Jean* ; on le voit même briser le rythme de la narration avec une liberté qu'il s'était interdite dans sa première passion. La question de Pilate : « Quel mal a-t-il fait ? » n'est pas suivie de la réponse tonitruante que l'on attendait, mais fait place à un arioso («Il nous a fait le bien à tous»), puis à un air de soprano (n° 58) précédé et suivi d'une longue ritournelle de flûte. Le commentaire prend ainsi nettement le pas sur la continuité dramatique, et l'auditeur est ensuite tiré d'une profonde méditation lorsque l'évangéliste, puis la turba, reprennent brutalement la parole : « Plus haut encore, ils crièrent et dirent : Qu'il meure sur la croix ! » L'air n° 58, *Aus Liebe*, est d'ailleurs, malgré sa tonalité mineure, d'une sérénité que l'on aurait du mal à trouver dans la *Passion selon saint Jean ;* la différence de ton entre les deux œuvres apparaît particulièrement bien dans les airs qui suivent le reniement de saint Pierre. L'air de ténor, dans la *Passion selon saint Jean*, consiste en une série de questions angoissées («Ah mon âme, où vas-tu finalement aller ? ») traduites par une ligne vocale accidentée et un orchestre aux rythmes brisés. L'air correspondant dans la *Passion selon saint Matthieu* se présente au contraire comme une prière d'une grande douceur, d'une émotion tout intérieure («Aie pitié de moi, mon Dieu, au nom de mes larmes »). Le violon solo déroule une immense cantilène sur un accompagnement rythmé par la basse en pizzicato, puis se combine à la voix d'alto solo dans des arabesques très expressives, mais d'une beauté nettement stylisée. L'apaisement qui marque souvent les airs de cette passion est lié à un recours fréquent au récitatif accompagné, aussi dénommé arioso en raison de ses caractéristiques formelles. En effet, sans organiser ses morceaux de manière aussi complexe que les airs, Bach y combine plusieurs procédés musicaux avec une cohérence qui leur confère une physionomie toute particulière ; les ariosos ont droit, comme les airs, à un dispositif instrumental unique (où interviennent généralement les instruments à vent) et à une idée thématique clairement définie. La répétition fréquente de la même formule en ostinato laisse le champ libre à la déclamation vocale et permet des épanchements lyriques d'une grande intensité (voir, par exemple, les n°s 18, pour soprano, 60-69, pour alto, et 74 pour basse). Si l'agitation persiste dans un certain nombre d'airs, ceux-ci se meuvent, la plupart du temps, dans un climat moins tendu, où prédomine la continuité mélodique : le dernier solo de la partition traduit admirablement ce passage d'un récitatif fragmenté *(Am Abend)* à un air largement phrasé, souplement rythmé comme une berceuse (n° 78). M. N.

PASTA *(Giuditta* NEGRI, *dite),* soprano italienne *(Saronno, près de Milan, 1798 - Blevio 1865).* Cette figure légendaire de l'opéra romantique italien attacha son nom à la création du rôle de Norma dans l'opéra de Bellini. Elle étudia à Milan, débuta à Brescia en 1815, puis à Londres en 1817, sans grand succès. Elle obtint son premier triomphe à Paris en 1821 dans le rôle de Desdémone de *Otello*, de Rossini. Son grand talent d'actrice et l'intensité de ses interprétations firent sensation, au même titre que l'ampleur et la couleur de sa voix. Mais, même à l'apogée de ses moyens, on lui reprochait le manque d'homogénéité de son timbre. Elle résolut avec une facilité plus ou moins grande les problèmes vocaux posés par les rôles de Rossini, de Donizetti et de Bellini, dans lesquels elle était pourtant acclamée. Outre *Norma* de Bellini, elle créa *Anna Bolena* de Donizetti, et excella dans *Otello* de Rossini, où elle faisait, paraît-il, oublier Colbran, sinon sa rivale Malibran. Elle chanta régulièrement à Londres, Paris et Saint-Pétersbourg jusqu'en 1837, puis dut espacer ses prestations. J. B.

PASTICHE (ital. *pasticcio*, «pâté»). — 1. Au sens ancien, employé surtout aux XVIIᵉ et XVIIIᵉ siècles, le pastiche est une œuvre formée de morceaux soit composés par des auteurs différents, soit empruntés, avec ou sans remaniements, à des ouvrages différents dans un ordre autre que celui de primitif. C'est ainsi que *le Jaloux corrigé* de Blavet se compose d'une ouverture de Blavet et d'airs adaptés en français et empruntés à divers intermèdes de Pergolèse, reliés par des récitatifs de Blavet. *Pulcinella* de Stravinski, formé de divers morceaux empruntés à ce même Pergolèse et transformés par Stravinski, peut être considéré comme une forme moderne du pasticcio (V. FRAGMENTS).
— 2. Au sens actuel, on appelle *pastiche* un morceau original écrit par un auteur dans le style d'un autre. Le pastiche peut être volontaire et devient alors une sorte de jeu : c'est ainsi que Ravel et Casella ont composé une série de «À la manière de ... » formant un pendant musical au célèbre recueil littéraire de Reboux et Muller. Il peut être aussi involontaire, et constitue alors souvent un aveu d'impuissance.

Pour éviter la confusion entre les deux acceptions, on conserve habituellement la forme italienne *pasticcio* dans le premier sens, réservant le mot français *pastiche* au second. J. C.

PASTORALE. Genre dramatique qui relate les exploits amoureux de bergers et de bergères, situés dans un cadre naturel, un havre idyllique de bonheur et de paix, comme celui d'Arcadie, où habitent Pan, le dieu des bergers, et Alphée, celui des fleuves. La poésie de la pastorale est la première à s'agrémenter entièrement de musique, pour être chantée, dansée et non pas parlée. Dans son *Dictionnaire de la musique* (1703), S. de Brossard définit la pastorale comme un «Chant qui imite celuy des Bergers, qui en a la douceur, la tendresse, le naturel, etc. C'est aussi souvent une pièce de musique faite sur des paroles qui parlent des mœurs, ou qui dépeignent les amours des Bergers, etc. ». Cette définition sera reprise et quelque peu amplifiée par J.-J. Rousseau (1777), après avoir été illustrée par son opéra champêtre *le Devin du village* (1752).

En souvenir de l'Antiquité, des *Idylles* de Théocrite et des *Églogues* de Virgile, la pastorale a survécu tout au long du Moyen Âge, notamment en France (troubadours, trouvères) sous forme de pastourelle, chanson aristocratique, allégorique, courtoise, la bergère étant l'objet désiré et le cadre, un pré bordé d'une haie dorée. Mais le *Jeu de Robin et Marion* d'Adam de la Halle constitue déjà une véritable pastorale mise en musique. L'époque à laquelle la pastorale dramatique va devenir la *favola in musica*, nom usuel des premiers opéras, remonte à la fin de la Renaissance en Italie. Dès la fin du XVᵉ siècle, la poésie pastorale se transforme en pièce dramatique pour être ensuite mêlée de musique. Selon Gian Battista Guarini, la nouvelle forme est née à Ferrare en 1554, avec la représentation de la pièce d'Agostino Beccari *Il Sacrificio*, dotée de musique par Alfonso Della Viola. La popularité de la pastorale sera bientôt assurée grâce à deux œuvres théâtrales majeures, traduites dans toutes les principales langues d'Europe : *Aminta* de Torquato Tasso (1573), encore assez proche de l'églogue et, surtout, *Il Pastor fido* (1581-1590) de Guarini, source des textes d'un très grand nombre de madrigaux polyphoniques et monodiques. Au cours du XVIIᵉ siècle, ces deux modèles seront adaptés et imités jusqu'à épuisement de la matière littéraire. Pour les premiers opéras créés à Florence et si proches encore de la déclamation, O. Rinuccini, disciple du Tasse, écrit les livrets de *Dafne* (1597) et d'*Euridice* (1600) sur des contes mythologiques tirés d'Ovide, et notamment mis en musique par Jacopo Peri. A. Striggio reprend le thème du second pour l'*Orfeo* de Monteverdi en 1607. A ses débuts, l'opéra est exclusivement un spectacle de cour, donné à l'occasion d'un mariage princier ou d'une visite mémorable. Le prologue sert à honorer les principales personnalités présentes et les lie à l'action qui doit se terminer par le triomphe du bien sur le mal. Le rôle allégorique des personnages ici et dans la pastorale est, comme toujours, important. Ainsi la pastorale proprement dite restera un spectacle essentiellement aristocratique. En revanche, les éléments de la pastorale peuvent se mélanger librement à d'autres genres (*Oratorio de Noël*), chez Haendel *(le Messie)* et chez Corelli (*Concerto de Noël).*

En France, après une tentative intitulée le *Triomphe de l'amour* (1654) de Michel de La Guerre, sur une série de chansons de Charles de Beys, Pierre Perrin appelle sa *Pastorale d'Issy* (1659) « Première comédie française en musique représentée en France ». La pastorale française (sans musique) atteint un premier sommet au début du XVIIᵉ siècle avec le roman pastoral de H. d'Urfé, *Astrée* (1607-1628). Le genre est ensuite développé par les poètes précieux, par Racan (*les Bergeries*, 1619), puis par Gombauld (*Amaranthe*), Segrais (*Églogues de M. de Segrais*) et Gilbert, qui écrivait des pastorales pour la reine Christine de Suède, dont il était le secrétaire. La poésie pastorale des « précieuses » appelait la musique, mais jusqu'alors n'a réussi qu'à inspirer d'innombrables airs et ballets de cour. Quant aux spectacles d'opéra, ils sont italiens, imposés par Mazarin à la cour de France. A partir des éléments du ballet de cour, le ton pastoral de la poésie précieuse, le goût pour les chœurs, pour la danse, et quelques éléments italiens (déclamation en musique adaptée à la langue française), Lully peut créer un opéra français. Au sujet de la pastorale, R. Rolland déclare : « Il n'y a presque pas d'opéra de Lully où cette poésie de la nature, de la nuit, du silence ne s'exhale. » C'est aussi en raison des lois de la pastorale que la nouvelle tragédie lyrique possède un prologue allégorique et une fin heureuse, source caractéristique de tant de livrets maladroits. La liste des opéras de Lully comprend en fin avec deux vraies pastorales : *les Fêtes de l'Amour et de Bacchus* (1672) et *Acis et Galathée* (1686).

Éloigné de la cour, Marc-Antoine Charpentier compose un nombre non négligeable de petites pastorales religieuses ou profanes, destinées en grande partie à être représentées chez la princesse de Guise, dans son hôtel du Marais. Encore une fois, on y retrouve le thème des premières pastorales avec *la Descente d'Orphée aux Enfers* (v. 1685). A cette époque, un seul opéra italien est donné en France : il s'agit d'une pastorale, *Nicandro e Fileno* de P. Lorenzani (Fontainebleau, 1681). Quant à l'Académie royale de musique, l'opéra pastoral ou la pastorale héroïque y figurent assez souvent à l'affiche (*Issé*, de Destouches, 1697 ; *Aréthuse*, de Campra, 1701 ; *Zaïs*, de Rameau, 1748 ; *Acanthe et Céphise*, de Rameau, 1751 ; *Daphnis et Églé*, de Rameau, 1753, sans oublier une pastorale en langue d'oc de Mondonville, *Daphnis et Alcimadure*, 1754). En fait, la pastorale ne cessera d'exercer son influence sur l'opéra qu'à la Révolution. Pendant environ deux siècles, elle a régné sur la musique vocale profane et marqué la musique religieuse et instrumentale. Presque tous les compositeurs, à un moment ou un autre de leur carrière, ont contribué à son développement. De l'époque romantique à nos jours, le terme *pastorale* a été employé dans une œuvre lorsque y apparaît une atmosphère champêtre.

Avec l'ouverture des premiers théâtres publics à Venise (1637), la pastorale subit un déclin en faveur de l'opéra héroïque ou historique (Cavalli/Busenello : *La Didone*, 1641 ; Monteverdi/Busenello : *L'Incoronazione di Poppea*, 1643). Le rôle des chœurs, essentiel dans les premiers opéras-pastorales, se modifie ; s'ils demeurent toujours présents, leur participation devient progressivement muette et, fréquemment, seul le livret indique qu'ils participent à une scène (*cori de soldati, di cacciatori, di ninfe*, etc.). Vers la fin du XVIIᵉ siècle, A. Scarlatti, grâce à l'Accademia degli Arcadi (fondée en 1689), qui relance la forme, peut composer un nouveau type de pastorale intime caractérisée par un effectif vocal et instrumental réduit, sans chœurs, et donné chez des particuliers. Ainsi, en 1690, *La Rosaura* est représentée pour fêter un double mariage dans la famille Ottoboni. Ce genre d'ouvrage sera exploité par Haendel dans ses pastorales *Il Pastor fido* (1712) et *Acis et Galatea* (1720). Tout au long de cette période, la cantate profane porte le flambeau de la pastorale, même lorsque cette dernière est délaissée par le théâtre.

Enfin, il faut constater l'existence en Italie de la pastorale dans la musique religieuse, traitant en particulier l'histoire de la Nativité du Seigneur, notre sauveur et « bon pasteur », et dont les premiers exemples sont les œuvres vocales du Sicilien F. Fiammengo (*Pastorali concenti al presepe*, 1637). Cette tradition se poursuivit en Autriche (Werner, Haydn), et les œuvres de ce type citent volontiers des mélodies populaires. La pastorale s'adapta par la suite à la musique instrumentale (« Symphonies pastorales » de Bach ou du *Messie* de Haendel). Quelquefois les compositeurs ont été tentés par la pastorale proprement dite (R. Strauss : *Daphne*, 1938 ; B. Britten, *le Songe d'une nuit d'été*, 1960). L'élément pastoral dans la musique est un vaste sujet ; dans ses rapports avec cet art, il reste encore en France aujourd'hui en grande partie inexploré.

C. W.

PASTORALE. Titre non authentique porté par la sonate pour piano nᵒ 15 en *ré* majeur op. 28 de Beethoven, composée en 1801 et publiée en août 1802 au Bureau d'arts et d'industrie avec une dédicace à Joseph von Sonnenfels. L'œuvre, de caractère avenant et serein, reçut cette dénomination de l'éditeur Cranz, de Hambourg, en 1838.

M. V.

PASTORALE. Titre authentique porté par la symphonie nᵒ 6 en *fa* majeur op. 68 de Beethoven, composée entre l'été 1807 et l'été 1808, créée à Vienne sous la direction du compositeur le 22 décembre 1808 et publiée en mai 1809 par Breitkopf et Härtel avec une double dédicace au prince Lobkowitz et au comte (futur prince) Rassoumovski. Au concert du 22 décembre 1808 fut également créée la 5ᵉ *Symphonie*, et la numérotation des deux ouvrages était alors l'inverse de celle qui devait en définitive être adoptée. La première édition portait comme titre *Symphonie pastorale, ou souvenir de la vie champêtre (plutôt expression de la sensation que peinture)*. Ces derniers mots — « plutôt expression de la sensation que peinture » — se retrouvent à plusieurs endroits du manuscrit autographe. Diverses esquisses contiennent des annotations allant dans le même sens : « Il faut laisser à l'auditeur le soin de s'orienter. *Sinfonia caracteristica* — ou souvenir de la vie à la campagne... Tout spectacle perd à vouloir être reproduit trop fidèlement dans une composition musicale. *Sinfonia pastorella* — les titres explicatifs sont superflus... La description est inutile, s'attacher plutôt à l'expression du sentiment qu'à la peinture musicale... La *Symphonie pastorale* n'est pas un tableau, on y trouve plutôt exprimées, en nuances particulières, les impressions de l'homme goûte à la campagne. »

Tout cela n'empêcha pas Beethoven de donner à chacun des 5 mouvements, dont les 3 derniers s'enchaînent sans interruption, un titre précis : *Éveil d'impressions joyeuses en arrivant à la campagne* (nᵒ 1), *Scène au bord du ruisseau* (nᵒ 2), *Réunion joyeuse des paysans* (nᵒ 3), *Orage, Tempête* (nᵒ 4), *Chant des pâtres, sentiment de contentement et de reconnaissance après l'orage* (nᵒ 5). Peut-être s'était-il souvenu du *Portrait musical de la nature ou grande symphonie* (1784), dû au compositeur Justin Heinrich Knecht et dont les titres des différentes parties étaient fort proches des siens. Toujours est-il que la *Symphonie pastorale*, conformément à l'argument qui lui donna naissance, est la plus calme, la plus lyrique, la plus détendue, des 9 symphonies de Beethoven. Seul son 4ᵉ mouvement *(Orage, Tempête)* fait à cet égard exception : c'est le seul à comporter de véritables explosions, à faire usage des timbales et aussi à renoncer à toute forme définie. Ce dernier point s'explique notamment par le fait que, dans la structure globale, il sert de transition entre les 3ᵉ et 5ᵉ mouvements.

En utilisant, à propos de la *Pastorale*, l'expression *Sinfonia caracteristica*, Beethoven la rangeait dans une catégorie bien spéciale, celle des œuvres possédant certains traits relevant d'un genre ou d'un type particulier, en l'occurrence celui de la « pastorale ». D'où, dans la *Pastorale*, des éléments de « style pastoral » que les auditeurs ne pourraient manquer de remarquer : cris d'oiseaux (fin du 2ᵉ mouvement), danses de paysans (3ᵉ mouvement), ranz des vaches (thème principal du 5ᵉ mouvement), hymnes, basses de musette, orage, etc. D'autres traits de style, sans doute plus importants en soi, distinguent la *Pastorale* des autres symphonies de Beethoven : répétitions incessantes non de courts motifs mais d'entités mélodiques, effets cumulatifs (répétitions mélodiques associées à un crescendo), oppositions rythmiques entre mélodies et accompagnements. On trouve ces traits de style dans les autres symphonies (*cf.* les effets cumulatifs du 2ᵉ mouvement de la *Septième* ou de l'*Hymne à la joie* dans la *Neuvième*), mais ici, ils donnent largement à l'œuvre son unité. Et la *Pastorale* est aussi une *Sinfonia caracteristica*, dans la mesure où d'un bout à l'autre y domine nettement un seul caractère expressif.

Cela dit, la *Pastorale* n'est pas une musique à programme au sens XIXᵉ siècle. Elle satisfait toutes les exigences de la symphonie telle que l'avaient développée Haydn et Beethoven, et ne se perd jamais en route. L'*Orage*, par-delà son côté « improvisé », est un morceau concentré fondé sur un seul thème, et il y a lieu de remarquer, dans ce contexte, l'étroit parallélisme dans la succession des 3 derniers mouvements de la *Pastorale* et des 2 derniers (eux aussi enchaînés) de la *Cinquième*, l'*Orage* jouant dans la *Pastorale* le même rôle que dans la *Cinquième* l'épisode mystérieux ponctué par les timbales et conduisant au finale.

M. V.

Pastorale d'été. Poème symphonique d'Arthur Honegger, créé à Paris le 27 février 1921, sous la direction de Vladimir Golschmann. L'épigraphe empruntée à Rimbaud (*J'ai embrassé l'aube d'été...*) indique le caractère de cette page composée dans les Alpes bernoises, au mois d'août 1920. Lumière naissante, bonheur paisible, communion avec la nature : telles sont les impressions qui se dégagent de la *Pastorale d'été*, laquelle se veut plus expressive que descriptive.

L'œuvre comporte 3 volets, de durée égale : calme, vif et gai, calme. On relève dans le deuxième des allusions à la *Symphonie pastorale* de Beethoven ; dans le troisième se superposent les éléments des deux premiers. Cette construction volontaire, qui sera une des constantes du style d'Arthur Honegger, ne fait pas obstacle à la limpidité, à la fraîcheur de la *Pastorale d'été*. C'est à ces qualités autant qu'à sa facilité d'exécution et à l'économie de l'effectif instrumental (quintette à cordes, flûte, hautbois, clarinette, basse, cor) que l'œuvre doit son succès, qui fut immédiat et ne s'est pas démenti.

J. R.

Pastoral Symphony (A). Symphonie n° 3 de Vaughan Williams. *V. A Pastoral Symphony.*

Pastor Fido (Il) [ital. ; « le Berger fidèle »]. Opéra de G. F. Haendel, composé à l'automne 1712 (terminé le 24 octobre) sur un texte de Giacomo Rossi, d'après Battista Guarini et créé au Queen's Theater de Londres, le 22 novembre 1712. Cette « conversation pastorale » imitée de l'Italie, rebaptisée *The Faithful Shepherd* et présentée par Haendel aux Londoniens peu de temps après son arrivée définitive sur le sol anglais, ne rencontra guère de succès — au contraire du précédent opéra, *Rinaldo*, présenté lors de son premier séjour.

Ce fut sans doute à cause du livret, assez banal et extrêmement traditionnel. Car la musique, même si elle emprunte souvent à des œuvres antérieures — ce que les Londoniens ne pouvaient savoir —, reste fort aimable et, en de nombreux endroits, parfaitement descriptive et suggestive.

L'orchestre, peu fourni, sonne avec une grande lisibilité dès l'ouverture, dont le dernier mouvement utilise un thème repris maintes fois par le compositeur (*cf.* dans *Sonate pour flûte à bec* op. 1 n° 7 ; plusieurs pièces pour clavecin ; *Concerto grosso* op. 3 n° 6 ; *Concerto pour orgue* op. 7 n° 4, notamment). Plusieurs airs, plus ou moins retravaillés, sont également empruntés à des ouvrages antérieurs (par exemple, l'air de Mirtillo, *Augelletti*, est celui de Cléofe dans *La Resurrezione*). Mais la partition contient d'heureuses trouvailles également ; ainsi de l'accompagnement en pizzicati de l'air d'Eurilla, *Occhi belli*, formule déjà expérimentée avec succès dans l'air *Vo' far guerra* de Rinaldo. Enfin, on note certaines modulations heureuses qui viennent, çà et là, épicer l'harmonie (ainsi dans l'air d'*Amarilli*).

Opéra sans prétention, mais non point sans beauté, *Il Pastor fido* fut repris, modifié, en 1734, au King's Theater de Haymarket à Londres, précédé alors d'une suite de ballet intitulée *Terpsicore*.

J. G.

Pastor Fido (Il). Titre porté par l'opus 13 de Vivaldi, paru à Paris en 1737 et consistant en *6 Sonates pour la musette, vièle, flûte, hautbois, violon avec la basse continue*. Ces sonates, jouées le plus souvent à la flûte, présentent une grande variété de structure. Le nombre des mouvements va de 4 (n° 2 en *ut*, n° 4 en *la* et n° 6 en *sol* mineur) à 5 (n° 1 en *ut* et n° 3 en *sol*) et même à 6 (n° 5 en *ut*), et elles ne relèvent vraiment ni du type *da chiesa*, ni du type *da camera*. Toutes juxtaposent des mouvements de danse à d'autres avec une simple indication de tempo, et ce ne sont jamais tout à fait les mêmes. On n'y retrouve pas davantage l'ordre classique de la suite (allemande-courante-sarabande-gigue) que celui de la *sonata da chiesa*.

M. V.

Pastourelle. — 1. Genre en honneur au XIIIᵉ siècle dans les chansons de trouveurs, dont le sujet est la rencontre d'une bergère avec un chevalier qui lui fait la cour, et parfois cherche à l'enlever ; tantôt la bergère consent, tantôt elle résiste, appelant à l'aide son ami et d'autres paysans. La première partie du *Jeu de Robin et Marion* d'Adam de la Halle (v. 1282) est une adaptation théâtrale parlée du thème de la pastourelle, avec insertion de « refrains » chantés empruntés au répertoire de l'époque. On attribue au roi Saint Louis une « pastourelle pieuse » adaptant ce même thème par parodie* à la rencontre mystique du chrétien avec la Vierge.

— 2. Genre populaire de représentation théâtrale, parfois chantée en tout ou en partie, mettant en scène des bergers recevant des anges l'annonce de la naissance du Christ. La tradition, très répandue, surtout dans les pays méridionaux, en est certainement très ancienne, mais difficile à dater, et les textes conservés peuvent remonter à des époques très variables. On dit aussi *pastorale*.

J. C.

Pathétique. Titre authentique porté par la *Sonate pour piano n° 8 en ut mineur op. 13* de Beethoven, composée en 1798-99. Elle parut à l'automne 1799 chez l'éditeur Joseph Eder comme *Grande Sonate pathétique / Pour le Clavecin ou Piano-Forte / Composée et dédiée / À Son Altesse Monseigneur le Prince / Charles de Lichnowsky*. C'était déjà la deuxième sonate écrite par Beethoven dans la tonalité si significative pour lui d'*ut* mineur (*cf.* opus 10 n° 1), et qu'il devait réutiliser dans l'opus 111.

Elle comporte 3 mouvements (vif-lent-vif) précédés d'une introduction lente, et a ceci de particulier : l'introduction lente réapparaît deux fois, plus ou moins modifiée, au cours du mouvement vif initial (avant le développement et avant la coda). En soi, cette démarche n'était pas sans précédents (*Quintette à cordes*

K.593 de Mozart, *Symphonie nº 103* de Haydn), mais Beethoven, comme pour d'autres traits de style, lui donna un poids psychologique accru. Par sa force dramatique, la sonate op. 13 devint rapidement, en son temps, une de ses œuvres les plus appréciées. Beaucoup d'autres compositeurs s'en inspirèrent, en particulier Ludwig Berger* dans sa sonate op. 7, dédiée à Muzio Clementi. M. V.

PATHÉTIQUE. Titre donné à la *Symphonie nº 6* en *si* mineur op. 74 de Tchaïkovski. Composée en 1893, elle fut exécutée à Saint-Pétersbourg le 16 octobre de la même année sous la direction du compositeur, qui mourut neuf jours après. C'est à son frère Modeste que la symphonie doit son titre. Son caractère paroxystique et les circonstances de son exécution ont donné lieu à de nombreuses interprétations littéraires, psychanalytiques, et souvent fantaisistes.

Mais il est exact que ses 4 mouvements rassemblent toute la gamme des sentiments humains les plus intenses, exprimés avec une maîtrise totale au niveau de l'architecture et de la technique, et une absence voulue de retenue au niveau de l'énonciation. L'introduction adagio du premier mouvement, grave et pleine d'une inquiétude latente, amène la partie principale allegro ma non troppo. Ses trois idées dominantes sont l'angoisse manifestée, d'un thème en rythme précipité et haletant, l'épanchement lyrique d'une ample mélodie « féminine » et la conscience de l'inéluctabilité du destin, dont les notes puissantes retentissent aux cuivres. La coda, au contraire, apporte l'apaisement et la sérénité d'une transfiguration. Dans le deuxième mouvement, allegro con grazia, on retrouve le Tchaïkovski des ballets, avec la plastique et l'élégance d'une mélodie à 5/4, rythme dont il réussit à estomper totalement l'irrégularité ; ce mouvement fait office de divertissement après un long moment de tension. Le scherzo qui suit, allegro molto vivace, est une page d'une impétuosité dionysiaque qui semble vouloir faire office de conclusion. Mais intervient un finale qui, contrairement à l'usage, est un mouvement lent, adagio lamentoso. C'est donc le pessimisme qui a le dernier mot. Critiquée par les uns pour son emphatisme, appréciée des autres pour sa sincérité, la *Pathétique* est la plus populaire des 6 symphonies de Tchaïkovski. A. L.

PÂTRE SUR LE ROCHER (LE) [en all. *Der Hirt auf dem Felsen*]. Air de concert pour soprano, avec accompagnement de piano et de clarinette, composé en novembre 1828 par Franz Schubert, dont c'est la dernière œuvre, sur des textes de Wilhelm Müller et Helmina von Chezy. Cette pièce avait été demandée par la cantatrice Anna Milder-Hauptmann, qui la créa deux ans plus tard, à Riga, en mars 1830. Le texte, en allemand, amalgame deux poèmes parfaitement distincts de l'auteur de *la Belle Meunière* et de la poétesse de *Rosamonde*, qui l'un et l'autre chantent l'arrivée du printemps *(Der Frühling will kommen)*. Le style vocal, très différent de celui des lieder, fait briller l'aigu de la soprano par des gammes, des roulades italianisantes. L'ambitus mélodique est extrêmement large et ouvert. La clarinette, chaude ou lumineuse, ici utilisée dans la diversité bigarrée de ses registres, serre de près la voix, lui fait écho (le poème faisant lui-même allusion au *Wiederhall*, à l'écho des montagnes). On trouve aussi une imitation du « jodel » tyrolien et de ses effets de passage en voix de tête à l'octave supérieure, dans le jeu de la clarinette. Cette œuvre gaie et claire est donc l'antithèse absolue des œuvres souvent considérées comme « testamentaires » dans la production de Schubert, comme le *Voyage d'hiver* ou les *Heine-Lieder* du *Chant du cygne*. Et pourtant c'est bien la « dernière », et sa gaieté n'a rien de forcé ou de mortuaire... M. C.

PATRIE. Ouverture de concert de Georges Bizet, composée durant l'hiver 1873-74 et créée à Paris le 15 février 1874 sous la direction de Jules Pasdeloup, qui l'avait commandée. Son thème principal provient d'une marche de l'acte V de l'opéra inachevé (quant à l'orchestration) *Don Rodrigue*. L'œuvre n'a rien à voir avec la pièce du même nom de Victorien Sardou. On a suggéré, en ce qui concerne le titre, une allusion à la Pologne, mais il fait vraisemblablement référence à la toute récente guerre de 1870-71. M. V.

PATTI *(Adelina)*, soprano italienne *(Madrid 1843 - château de Croig-y-Nos, pays de Galles, 1919)*. C'est la plus ancienne cantatrice dont on possède des disques, réalisés il est vrai alors qu'elle avait soixante ans, et aussi, peut-être, celle qui fit la carrière la plus longue, puisqu'elle débuta à New York dans le rôle de Lucia di Lamermoor en 1859 et paraissait encore dans un concert de charité en 1910. Adelina Patti connut une célébrité inouïe dans le monde entier. Sa voix allait du *do* grave au contre *fa* aigu, et elle vocalisait avec une extrême agilité, ce qui lui permit d'aborder avec un même bonheur des rôles *coloratur*, comme Lucia ou Amina dans *la Somnambule* de Bellini, et dramatiques, comme Aïda ou Leonora d'*Il Trovatore* de Verdi. Elle excellait aussi dans Juliette et Marguerite de Gounod. Son timbre était admiré, pour sa richesse autant que pour sa clarté. C'est pour la jeune Adelina Patti que Rossini adapta la partie de Rosine du *Barbier de Séville*, primitivement écrit pour un mezzo-soprano. Son émission était d'une égalité parfaite, mais ses détracteurs lui reprochaient de manquer de tempérament artistique. J. B.

PATZAK *(Julius)*, ténor autrichien *(Vienne 1898-Rottach-Egern, Bavière, 1974)*. Il étudia à Vienne avec Guido Adler et E. Mandyczewski, mais fut autodidacte en ce qui concerne le chant. Après ses début en 1926, il chanta à l'opéra de Munich de 1928 à 1945, puis à l'opéra de Vienne de 1946 à 1959, et fut également invité au festival de Salzbourg (1943 et 1945). Son répertoire, très étendu, incluait aussi bien l'opéra que l'oratorio et le lied. Considéré comme un spécialiste de Mozart, il interpréta également Bach, Haydn, Beethoven, Moussorgski, Verdi, Mahler et Puccini. Il enseigna à l'Académie de musique de Vienne et au Mozarteum de Salzbourg. A. et M. P.

PAUKENMESSE. Messe de Haydn. *V. Missa in tempore belli.*

PAULUS. Oratorio pour chanteurs solistes, chœurs et orchestre op. 36 de Felix Mendelssohn, composé entre 1834 et 1836, et créé le 22 mai 1836 à Düsseldorf, au festival du Bas-Rhin, le jour de la Pentecôte. L'argument, tiré de la Bible, rapporte la vie de l'apôtre Paul, l'épisode de la conversion tenant une place prédominante.

Comme celui de l'oratorio *Elias*, le texte n'est pas une création originale, mais une mosaïque de citations des Écritures saintes (*Actes des apôtres*, *Épîtres*, mais aussi *Psaumes*, etc.) réalisée par les pasteurs Bauer et Schubring. L'oratorio obtint un grand succès, et, dans les années 1837 et 1838, il fut joué une cinquantaine de fois dans différents pays, ce qui était exceptionnel à l'époque pour une œuvre de cette dimension. Malgré cette faveur populaire, Mendelssohn retoucha sévèrement son œuvre, dans laquelle il voulait affirmer sa confession protestante, et marier la tradition ancienne de l'oratorio (notamment celle de Haendel, qu'il avait contribué à faire redécouvrir dans sa forme originale) et les acquis de l'écriture moderne. Il semble que la figure paternelle d'Abraham Mendelssohn, homme attachant et cultivé, qui avait quitté la religion judaïque pour embrasser la religion réformée, a joué un certain rôle dans le choix de ce sujet, consacré à un juif converti. La première partie évoque la période d'avant la conversion, où Paul, sous le nom de Saül, assiste, passif et approbateur, à la lapidation de saint Étienne le martyre. La deuxième partie est consacrée à la conversion sur le chemin de Damas, et la troisième à la vie chrétienne, aux activités apostoliques et à la captivité de Paul. Mendelssohn avait voulu introduire dans son œuvre des « chorals ornés » dans la tradition de Bach, tels que les fameux *Wachet auf* et *Aus tiefer Noth*, et on critiqua cette « parure » sur ces thèmes vénérables. Dans un article écrit en 1837, Robert Schumann prit la défense de l'auteur sur ces critiques de principe, qui refusaient de voir dans cette œuvre un « oratorio protestant » et voulaient la réserver au concert. Tout en convenant que l'œuvre était dramatiquement déséquilibrée au profit des deux premières parties, il saluait cet « air de paix et d'amour » qui la baignait, l'union intime de la parole et de la musique, la fraîcheur de l'instrumentation et la maîtrise de sa composition. M. C.

PAUMANN (Conrad), organiste, luthiste, compositeur et pédagogue allemand (*Nuremberg v. 1415 - Munich 1473*). Aveugle de naissance, il fit toute sa carrière comme organiste, à Nuremberg d'abord (1446-1450), puis à Munich, au service des ducs de Bavière. Considéré comme le plus fameux musicien allemand de son siècle, il connut une grande gloire ; ayant joué avec succès devant les grands de ce monde, plusieurs souverains cherchèrent à l'attirer à leur cour, mais il demeura en Bavière, qu'il ne quitta que pour un voyage en Italie qui le fit séjourner à Mantoue en 1470. Il a peu composé, et l'on ne connaît guère de lui que quelques pièces figurant dans le *Buxheimer Orgelbuch* (« Livre d'orgue de Buxheim »).

Mais c'est surtout par son enseignement et par sa théorie de la musique qu'il a exercé une influence profonde sur ses successeurs. On doit à la rédaction de l'un de ses élèves le *Fondamentum organisandi Magistri C. P. Ceci de Nuremberga* (« Bases de l'art de l'orgue, de Conrad Paumann l'aveugle de Nuremberg ; 1452). Paumann y montre les façons d'improviser à deux et à trois voix à partir d'un chant donné, et de l'orner de manières très variées. On lui doit aussi vraisemblablement l'invention de la tablature de luth allemande. Ses exemples musicaux sont d'ailleurs notés dans l'ancienne tablature d'orgue allemande, mettant en œuvre une portée à sept lignes et faisant appel à une notation par lettres pour les notes situées au-dessous de cette portée. G. C.

PAUMGARTNER (Bernhard), chef d'orchestre, musicologue et compositeur autrichien (*Vienne 1887-Salzbourg 1971*). Il fait ses études à Vienne avec B. Walter (théorie et direction d'orchestre), R. Dienzl (piano) et K. Stiegler (cor). Il obtient un doctorat de droit en 1911 et est alors répétiteur à l'opéra pendant un an. Il dirige le *Wiener Tonkunstlerorchester* de 1914 à 1917 (tout en travaillant au ministère de la Guerre), puis part à Salzbourg, où il devient l'une des grandes personnalités musicales. Directeur du Mozarteum de 1917 à 1938, puis de 1945 à 1953, il fonde en 1952 la *Camerata academica* et dirige de 1960 jusqu'à sa mort le festival de Salzbourg dont il est l'un des cofondateurs. La plupart de ses publications concernent Mozart. Il écrit en 1927 une biographie du compositeur et édite plusieurs de ses œuvres ainsi que la correspondance de Leopold Mozart avec sa fille (1936). Il est, en outre, l'auteur de biographies de Schubert (1943) et Bach (1956), et a également fait des recherches sur la musique baroque italienne. Enfin, il a composé de la musique pour la scène et des opéras, et joué un rôle pédagogique certain à Salzbourg, où H. von Karajan a été de ses élèves. D. H.

PAUSE. Signe indiquant un silence d'une mesure entière, quelle que soit la longueur de celle-ci. Sa représentation graphique est un tiret épais et court, appuyé sur la troisième ligne de la portée. M. T.

PAUVRE MATELOT (LE). Complainte en 3 actes de Darius Milhaud, sur un livret de Jean Cocteau, créée à l'Opéra-Comique le 16 décembre 1927. L'action se situe dans un port et se déroule dans un décor unique : la salle d'un petit bar que fréquentent les matelots.

ACTE PREMIER. *La femme qui tient le bar (s) attend depuis quinze ans le retour de son mari, un matelot parti chercher fortune. Malgré les conseils de son beau-père (b), elle refuse d'épouser le voisin (bar). Le matelot (t) revient à l'improviste et frappe d'abord à la porte du voisin qui a du mal à le reconnaître.*

ACTE II. *Le matelot a couru toutes sortes d'aventures ; il en est revenu couvert de richesses. Mais pour « voir son bonheur du dehors », il imagine de se présenter à sa femme comme un compagnon de celui qu'elle attend. Il est en route, dit-il, il est très pauvre et se cache pour échapper à ses créanciers. La femme héberge le matelot pour la nuit.*

ACTE III. *Le destin s'accomplit. La femme s'approche du matelot endormi, le frappe sur la tête avec un marteau et le dévalise, croyant ainsi qu'elle pourra sauver son époux de la misère. Avec l'aide de son beau-père, elle emporte le cadavre pour le jeter dans une citerne.*

Le décor, les personnages sont réalistes, mais rien n'est plus éloigné du vérisme que cet ouvrage, qui, en harmonie avec le texte de Jean Cocteau, a adopté la forme poétique d'une complainte populaire. L'orchestre (orchestre normal ou petit orchestre de 13 instruments solistes) ne se prête pas à des effets de couleurs ou de masses. Simplement, sur un fond rythmique presque uniforme, il s'éclaire ou s'assombrit, et, presque sans rupture, conduit à la conclusion dramatique. J. R.

PAVANE. Danse de cour de rythme binaire (à 4 temps) et d'allure marchée, très répandue au XVIᵉ et au début du XVIIᵉ siècle, et qui aurait remplacé la basse-danse (en déclin au milieu du XVIᵉ s.). Son nom vient de l'italien *paduana* ou *padovana*, adjectif signifiant « qui vient de Padoue ». Un recueil de 1508 (contenant les plus anciennes pavanes attestées) comprend des pavanes *alla venetiana* et *alla ferrarese*.

Connue aujourd'hui comme une danse lente, grave et compassée (d'où l'étymologie douteuse qui la fait dériver de l'espagnol *pavon*, « paon »), la pavane était sans doute au départ une danse assez rapide. Toinot Arbeau, dans son *Orchésographie*, la décrit comme « facile à danser », avec deux pas simples et un double en avant (commençant par le pied gauche) et les mêmes pas en arrière, en commençant par le pied droit. C'est la célèbre pavane *Belle qui tient ma vie* qu'il donne en exemple, avec un rythme d'accompagnement d'une blanche et de deux noires. Souvent prise pour une danse d'origine espagnole, la pavane était dansée en procession marchée, pour l'ouverture des bals. Dans les recueils du temps, elle introduit chaque suite, et se trouve fréquemment suivie d'un saltarello, ou d'une gaillarde à 3 temps basée sur le même matériel thématique, par changement de rythme et de tempo (dite pour cela « gaillarde de la pavane »). Ainsi dans les recueils de Pierre Attaignant (à partir de 1530), d'Adrian Le Roy, de Thomas Morley, d'Alonso Mudana (1546, où elle est caractérisée comme danse assez rapide) et de William Byrd (*My Ladye Nevell's Booke*, 1591, qui contient des pavanes à titres expressifs comme la *Melancholy Pavan*). Les fameuses *Lachrymae* de John Dowland, à 4 parties, variations sur le thème *Flow my tears*, sont des pavanes.

La pavane réapparaît au début du XVIIᵉ siècle, comme danse d'introduction des suites de Scheidt et Schein (*Banchetto musicale*, 1617), puis disparaît peu à peu. Quelques pièces musicales du début du XXᵉ siècle ont repris le titre de pavane, dans une intention archaïsante, et en l'interprétant comme une danse espagnole lente et mélancolique (*Pavane*, 1887, de Fauré, *Pavane pour une infante défunte* de Ravel, 1899 ; *Pavane* de Vaughan Williams dans *Job**, 1930, etc.). M. C.

PAVANE POUR UNE INFANTE DÉFUNTE. Écrite en 1899 pour la comtesse Edmond de Polignac, cette courte pièce pour piano de Maurice Ravel renoue avec une danse de cour florissante au XVIᵉ siècle et qu'on ignora presque complètement à partir du XVIIIᵉ. Ricardo Viñes en donna la première audition à la Société nationale, le 5 avril 1902. C'est une page nostalgique, sinon mélancolique, dont l'« archaïsme » délibéré va de pair avec une harmonie des plus fines et à propos de laquelle Ravel fit preuve, par la suite, d'une sévérité peut-être excessive : « Je n'éprouve aucune gêne à en parler. Elle est assez ancienne pour que le recul la fasse abandonner du compositeur au critique. Je n'en vois plus les qualités de si loin. Mais, hélas ! j'en perçois fort bien les défauts : l'influence de Chabrier, trop flagrante, et la forme assez pauvre. »

Orchestrée par son auteur en 1910 (pour deux flûtes, un hautbois, deux clarinettes, deux bassons, deux cors simples en *sol*, une harpe et le quintette à cordes avec sourdines), la *Pavane pour une infante défunte* fut, sous cette nouvelle forme, exécutée pour la première fois aux concerts Hasselmans, le 23 décembre 1911, sous la direction d'Alfredo Casella.   J. D.

PAVAROTTI *(Luciano),* ténor italien *(Modène 1935).* En 1961, il gagna le concours de chant de Parme, et fit ses débuts la même année dans Rodolphe de *la Bohême.* Son succès détermina des engagements dans toute l'Italie, puis à l'étranger : Edgardo dans *Lucie de Lammermoor* à Amsterdam en 1963, Idamante dans *Idoménée* de Mozart à Glyndebourne en 1964. Sa voix de ténor lyrique est d'une grande richesse, avec un aigu d'une facilité extrême. Dans les années 75, il a abordé des rôles un peu plus corsés, tels Manrico dans *Il Trovatore* et Calaf dans *Turandot.* Mais sa parfaite technique semble capable de les surmonter sans dommage. Son art réalise de façon accomplie l'équilibre entre des qualités vocales superlatives et une excellente musicalité faisant de Pavarotti un des meilleurs chanteurs de l'époque actuelle.   J. B.

PAYS-BAS. La musique aux Pays-Bas (les Flandres et la Hollande actuelle) avait connu une période glorieuse pendant la Renaissance *(Li Paesi Bassi sono oggi il fonte della musica).* Mais, dès la seconde moitié du XVIe siècle, un déclin s'amorçait qui devait se prolonger jusqu'aux environs de 1880, en dépit d'une activité musicale toujours intense, entretenue par les grands virtuoses-compositeurs étrangers, qui y trouvaient des possibilités d'édition inconnues dans le reste de l'Europe, et de plusieurs générations de luthiers et facteurs d'instruments, à la pointe du progrès. Seul, pendant ces trois siècles de silence, Jan Pieterszoon Sweelinck *(1562-1621),* organiste à Amsterdam, brillant improvisateur et compositeur de premier rang, put maintenir le prestige de l'école hollandaise dans le domaine instrumental et vocal. Héritier de la tradition contrapuntique franco-flamande, mais habile à réaliser la plus magistrale fusion des styles italien et britannique, il fut, par le tour personnel donné à ses *Fantaisies,* le véritable créateur de la fugue monothématique dont l'influence, à travers ses nombreux disciples allemands (S. Scheidt, Jakob Praetorius, H. Scheidemann, M. Schildt, P. Siefert), devait s'étendre jusqu'à J.-S. Bach. Par ailleurs, ses psaumes, motets et chansons, respectueux de l'ancien style polyphonique, occupent une place importante dans la production de son temps.

A sa génération et aux suivantes appartiennent cependant d'autres compositeurs comme Cornelius Schuyt, Jan Tollius, Mathias Mercker, Cornelius Conradus *(1557-1603),* Benedictus Burns *(1642-1716)* ou Carel Rosier *(v. 1640-1725),* ainsi que des amateurs de grand talent comme Constantin Huyghens, père du mathématicien et auteur de 800 œuvres, mais l'absence de cours princières et des maîtres de chapelle qui s'y trouvaient attachés, comme en Allemagne et en Italie, n'a pu au XVIIIe siècle encourager les vocations. Citons Pieter Hellendaal *(1721-1799),* Johann Nicolaas Lentz *(v. 1720-1782),* Jean Gabriel Meder *(v. 1735-1805)* et, au début du XIXe siècle, Johannes Bernardus von Bree *(1801-1857)* et surtout Carel Anton Fodor *(1768-1846).* Ceci sans oublier la mystérieuse figure de Unico Graf Van Wassenaer *(1692-1766),* récemment (1980) identifié comme l'auteur des 6 *Concerti armonici* attribués d'abord à Pergolèse, puis à Ricciotti.

Il faut néanmoins attendre le dernier quart du XIXe siècle pour rencontrer les artisans d'une renaissance correspondant à la prise de conscience de la puissance et du patrimoine artistique du pays. John Wagenaar *(1862-1941)* et Alphonse Diepenbrock *(1862-1921)* sont les pionniers de ce renouveau amorcé par Bernard Zweers *(1854-1924)* et Julius Röngten *(1855-1932),* et en demeurent les figures de proue en dépit des influences qui n'ont cessé de peser sur leur style, celle de Schumann et de Brahms, plus tard celle de Mahler et des compositeurs français, notamment Debussy. Alors que le vigoureux tempérament de Wagenaar le porte à des pièces d'orgue, à l'opéra *(le Doge, le Cid),* à l'orchestre et à la cantate humoristique *(De Schipbrenk),* l'humanisme de Diepenbrock lui inspire peut-être les pages les plus fortes qu'un Hollandais ait écrites depuis Sweelinck avec ses *Geistliche lieder,* son *Te Deum* et ses poèmes de Nietzsche. A sa mort, c'est pourtant en Willem Pijper *(1894-1947)* que la Hollande pouvait voir son plus grand compositeur et son esprit le plus original, malgré les talents audacieusement avant-gardistes d'un Daniel Ruyneman *(1886-1963)* et surtout d'un Matthijs Vermeulen *(1888-1967).*

Willem Pijper a aidé l'école hollandaise à se dégager des influences étrangères et à conquérir une physionomie personnelle, fondée principalement sur une technique de composition visant à la priver de thèmes élaborés au bénéfice de cellules très brèves développées en marge de toute discipline classique. Ce principe d'écriture se retrouvera chez la plupart de ses disciples — Henk Badings *(né en 1907),* Guillaume Landré *(1905-1968),* Piet Ketting *(né en 1904),* Kees Van Baaren *(1906-1970)* —, alors que l'impulsion qu'il a donnée à l'école contemporaine a fini par établir une véritable tradition capable d'accéder à toutes les formes d'expression et d'offrir un terrain favorable à leur épanouissement.

Parallèlement à son action, il faut signaler celle de Sem Dresden *(1881-1957),* passionné de culture française, et surtout celle d'Henryk Andriessen *(1892-1981),* beaucoup plus traditionaliste au départ, mais venu librement à la technique sérielle et qui représente l'esthétique catholique face au rigoureux calvinisme de Pijper. Ces deux fortes personnalités à peu près contemporaines endiguent les différents courants de la musique d'aujourd'hui représentés par trois générations de compositeurs.

La première, qui groupe ceux qui sont nés avant 1910, est surtout représentée par des néoclassiques comme Alexander Voormolen *(né en 1895),* Marius Monnikendam *(1896-1977)* ou Badings à ses débuts, mais aussi par les pionniers de la technique sérielle (Ruyneman, Van Baaren et Guillaume Landré) et de l'électronique (Henk Badings avec son ballet *Caïn et Abel).*

La deuxième génération (compositeurs nés entre 1910 et 1940) retrouve le même éventail de styles avec des néoclassiques comme Hans Henkemans *(né en 1913),* Lex Van Delden *(né en 1919)* ou Marius Flothuis *(né en 1914),* des créateurs attentifs aux ressources expressives des techniques contemporaines et se situant dans la descendance de l'école viennoise comme Rudolf Escher *(né en 1912),* Luctor Ponse *(né en 1914),* Ton de Leeuw *(né en 1926),* Jurriaan Andriessen *(né en 1925),* Jan Wisse *(né en 1921),* Otto Ketting *(né en 1935),* ou Jan Van Vlijmen *(né en 1935),* et des chefs de file internationaux comme Peter Schat *(né en 1935)* ou Louis Andriessen *(né en 1939),* ou attirés par l'électronique comme Will Eisma *(né en 1929),* Enrique Raxach *(né en 1932),* Ton Bruynel *(né en 1934)* ou David Rowland *(né en 1939).* Citons encore Robert Heppener *(né en 1925),* Theo Lovendie *(né en 1930),* Hans Kox *(né en 1930),* Carel Brons *(né en 1931),* Joep Strasser *(né en 1934),* Bob du Bois *(né en 1934),* Misha Mengelberg *(né en 1935),* Jos Kunst *(né en 1936),* Ton de Kruyf *(né en 1937),* Reinbert de Leeuw *(né en 1938),* Jan Vriend *(né en 1938)* et Willem Frederik Bon *(né en 1940).*

La dernière génération (compositeurs nés après 1940) a souvent concilié l'héritage romantique et les techniques d'écriture les plus modernes : en témoignent les références subtiles au lyrisme d'inspiration poétique des *Saisons de Verlaine* de Willem Frederik Bon, *De*

Zangen van Maldoror de Peter Jan Wagemans *(né en 1952)*, les effets sonores insolites de *Musica ars subtilior* de Wim Laman *(né en 1946)*, ou *Palesta* de Robert Nasveld *(né en 1955)*. Parallèlement, l'activité des studios d'Eindhoven, de Delft, de Bilthoven et d'Utrecht a considérablement développé les réalisations électroacoustiques. C'est à Eindhoven que Varèse a composé son *Poème électronique* destiné au pavillon Philips de l'Exposition internationale de Bruxelles (1958). Équipé quatre ans après celui d'Eindhoven, le studio de l'université d'Utrecht, rebaptisé Institut de sonologie, est l'un des plus actifs, à la fois pour la composition, la recherche et l'enseignement. Nombreux sont donc les compositeurs qui, tels Wim de Ruiter *(né en 1943)*, Jacques Bank *(né en 1943)* ou Bernard Van den Bogaard *(né en 1952)*, se consacrent à des réalisations en ce domaine. Citons encore, parmi les représentants de la dernière génération, Klaas de Vries *(né en 1943)*, Ronald Kok *(né en 1944)*, Diderik Wagenaar *(né en 1946)*, Tristan Keuris *(né en 1946)*, David Porcelijn *(né en 1947)*, André Douw *(né en 1951)*, Huib Emmer *(né en 1951)*, Guus Janssen *(né en 1951)*, Jacques Goosen *(né en 1952)*, Ronald Halier *(né en 1952)*, Jan Willem Van Dormolen *(né en 1956)*, Ed de Boer *(né en 1957)*. A. G. et M. V.

Pays du sourire (le) [en all. *Das Land des Lächelns*]. Opérette romantique en 3 actes de Franz Lehar, sur un livret de Ludwig Herzer et Fritz Löhner d'après Victor Léon. Elle fut représentée à Berlin en 1929 et, en version française, à Gand en 1932.
Acte premier. *La comtesse Lisa (s) est courtisée par l'officier Gustl (t); mais elle lui déclare préférer se limiter avec lui à des relations simplement amicales, tandis qu'elle se prend d'un amour réciproque pour le prince chinois Sou-Chong (t).*
Acte II. *Arrivé en Chine avec Lisa, Sou-Chong est rappelé à l'ordre par son oncle Tschang (b). Lisa, cependant, a une complice en la personne de Mi (s), la sœur de Sou-Chong. Gustl, arrivé lui aussi en Chine, s'éprend de Mi.*
Acte III. *Lisa se rend compte qu'elle restera toujours étrangère en Chine, et, malgré l'amour de Sou-Chong, elle décide de partir. Elle s'en va avec Gustl, qui quitte Mi éplorée. Sou-Chong, qui console sa sœur, lui rappelle le précepte fondamental de leur religion : garder la dignité dans le malheur et l'accepter avec le sourire.*
La valse viennoise voisine, dans *le Pays du sourire*, avec des imitations de musique chinoise (thèmes pentatoniques, emploi du gong, du célesta). Le 2ᵉ acte, surtout, comporte des scènes d'une incontestable originalité (chœur chinois) et d'une certaine invention harmonique. A. L.

Paz (Juan Carlos), compositeur argentin *(Buenos Aires 1901 - id. 1972)*. Il fit ses études en autodidacte, puis travailla à Buenos Aires avec Roberto Nery, Jules Beyer et Constantino Gaito. Il fut membre fondateur du groupe Renovación musical (1929) et fondateur des Conciertos de la nueva musica (1937), organismes destinés à assurer une plus grande diffusion à la musique contemporaine et dodécaphonique en Argentine. Professeur, musicologue et critique, il a été l'un des animateurs les plus efficaces de l'activité musicale dans son pays. Son évolution de compositeur l'a conduit du néoclassicisme (style harmonique tonal, chromatique), à la polytonalité, puis au dodécaphonisme et, après 1955, à une investigation personnelle de nouveaux moyens d'expression (formes ouvertes). Il a écrit des œuvres pour orchestre (concertos et poèmes symphoniques), pour piano *(Inventions)* et des compositions dodécaphoniques pour différentes combinaisons instrumentales. Il est également l'auteur de plusieurs ouvrages — *Schönberg ou la fin de l'ère tonale, la Musique aux États-Unis, Introduction à la musique de notre temps* — et de plus de 200 essais sur la musique contemporaine. A. G.

Pears (Peter), ténor anglais *(Farnham 1910)*. Après avoir chanté dans les chœurs de la BBC, il débuta à Londres en 1942, dans le rôle d'Hoffmann. Après avoir chanté Mozart et le répertoire italien, il fut plus particulièrement associé, à partir de 1945, à la musique de Benjamin Britten, dont il créa la plupart des œuvres lyriques, tant au théâtre *(Peter Grimes)* qu'au concert. Si les moyens vocaux de Peter Pears n'étaient pas exceptionnels, il était un musicien remarquable, un styliste parfait (d'où son triomphe comme évangéliste dans les passions de Bach) et un acteur doué d'une personnalité certaine. J. B.

Péchés de ma vieillesse (les). Dénomination globale donnée par Rossini à un ensemble de plus de 150 pièces pour piano, mélodies, chœurs, ouvrages de musique de chambre, datant de 1857-1868. La grâce, le charme, l'esprit et la veine parodique du compositeur se donnent libre cours dans ces pages qui sont loin de n'être que de simples pochades. L'élément le plus important et le plus émouvant en est la *Petite Messe solennelle* pour 12 voix, 2 pianos et harmonium, appelée *Dernier Péché de ma vieillesse*, écrite en 1863 pour la comtesse Louise Pillet-Will, et créée lors de la consécration de la chapelle privée de cette dernière en mars 1864. De peur qu'un autre ne le fît à sa place, Rossini en réalisa plus tard une orchestration. M. V.

Pêcheurs de perles (les). Opéra en 3 actes de Georges Bizet sur un livret d'Eugène Cormon et de Michel Carré, créé au Théâtre-Lyrique (salle du Châtelet) le 30 septembre 1863.
Acte premier. *(Dans un village côtier de l'île de Ceylan.) Zurga (bar) se fait acclamer comme chef par les pêcheurs de perles assemblés sur la plage. Il est bientôt rejoint par le chasseur Nadir (t), son ami d'enfance. Les deux hommes ne se sont pas vus depuis longtemps, ayant failli s'entretuer pour les beaux yeux de la prêtresse Leila (s). Mais ils sont maintenant décidés à oublier le passé et célèbrent leur amitié retrouvée. Cependant, un navire vient d'accoster, transportant une vierge inconnue, qui doit, par ses prières, attirer sur les pêcheurs la bénédiction des dieux. La jeune fille débarque, accueillie par Zurga qui lui rappelle les termes de son contrat : elle ne doit se laisser voir ou approcher par personne, sous peine de mort. Or, malgré ses voiles, elle a déjà été reconnue par Nadir. Il n'est autre que Leila ! La voyant gagner son poste sur la falaise en compagnie du vieux prêtre Nourabad (b), puis l'entendant invoquer Brahma, Nadir resté seul laisse éclater son trouble.*
Acte II. *À Nourabad qui lui en met la garde, Leila répond qu'elle n'a jamais failli à sa parole, et qu'elle a déjà risqué sa vie pour sauver un homme traqué par ses ennemis. Le collier qu'elle porte au cou ne lui a-t-il pas été donné par cet inconnu ? Ce n'est pourtant pas à celui-là qu'elle pense en chantant l'amour, mais à Nadir, qui, justement, vient lui donner la sérénade. Elle le supplie de partir et il va s'y résigner, quand les amants sont surpris par Nourabad qui crie au sacrilège et ameute la foule. Zurga arrive à temps pour sauver les coupables du lynchage, mais sa fureur ne connaît plus de bornes quand il reconnaît enfin Leila, dont Nourabad a arraché le voile.*
Acte III. *Retiré sous sa tente, Zurga déplore la trahison de Nadir. Leila qui lui a demandé audience vient lui dire qu'elle accepte de mourir, mais plaide la cause de son complice. Cette démarche réveille la jalousie de Zurga, qui, désormais, ne songe plus qu'à se venger. Leila en est réduite à solliciter, comme dernière faveur, que son collier soit remis à sa mère. Zurga accepte de se charger de l'objet, dont la vue le plonge dans une grande perplexité.*
Au deuxième tableau, Leila et Nadir sont traînés vers le bûcher sous les imprécations d'une foule en délire quand surgit Zurga, qui attire l'attention de ses sujets sur une proche lueur d'incendie. Tous s'éloignent en hâte, et Zurga en profite pour délivrer les deux condamnés. C'est lui qui a mis le feu au village pour faire diversion, car l'affaire du collier lui a révélé qu'il devait la vie à Leila. Suit un émouvant trio. Las ! Tandis que les amants fuient la côte inhospitalière, Zurga dénoncé par Nourabad meurt poignardé.
On peut reprocher aux *Pêcheurs de perles* la consternante puérilité du livret et d'abondantes réminiscences musicales. Bizet, à vingt-cinq ans, ne s'était pas encore dégagé de l'influence de Gounod. Mais presque tous les airs, duos, trios et chœurs brillent par une grâce et une invention qui expliquent sa popularité tant à l'étranger qu'en France. M. T.

PÉDALE — 1. Levier existant sur certains instruments et qui s'actionne avec le pied, permettant d'accomplir certaines opérations sans interrompre le jeu avec les mains. Sur l'orgue, la pédale peut servir à faire sonner des tuyaux graves (c'est le *pédalier**, qui est un clavier de pédales plus ou moins fourni) et aussi à opérer certains changements de registration (accouplement, par exemple). Sur le piano, elle sert à agir sur le timbre et la résonance (pédale « forte » qui éloigne les étouffoirs des cordes, et ainsi prolonge la résonance et augmente l'intensité ; pédale « douce », ou « sourdine », qui déplace le marteau par rapport à la corde — ou inversement — pour ne lui faire frapper qu'une ou deux cordes, d'où atténuation du timbre et de la résonance ; une troisième pédale, dite « tonale » ou « de prolongation », équipe certains grands pianos, servant à prolonger certains sons et non les autres). Sur la harpe moderne, plusieurs pédales permettent de faire les altérations chromatiques en modifiant la tension des cordes. Sur de grands clavecins de fabrication moderne, la pédale sert à enclencher des registres. Les instruments électrifiés ou électroniques comportent souvent des pédales permettant de modifier le timbre d'une manière continue (pédale « wah-wah » sur les guitares électriques). Les timbales modernes en ont pour établir ou faire varier l'accord, etc.

— 2. Dans le vocabulaire de l'**harmonie**, la pédale est une note tenue longuement à l'une des parties, cependant que les autres parties continuent d'évoluer, produisant des accords qui peuvent créer avec elle des dissonances assez dures, ou bien au contraire l'intégrer à leur harmonie globale. Ce procédé est issu des instruments tels que la cornemuse ou la vielle à roue, qui émettent un « bourdon » sur les notes de tonique et de dominante. Mais son nom lui vient de l'orgue, car c'est une touche de pédalier qui servait sur cet instrument à tenir ces notes à la manière de *basse*. La pédale est en effet couramment une note de *basse*, sur la tonique ou la dominante du ton, servant à l'affirmer ou à le réintroduire. Ainsi, la musique classique utilise couramment des *pédales de dominante* aux moments « stratégiques » de certaines formes, pour préparer notamment la rentrée du ton principal (fin d'une fugue, fin du développement, dans une forme sonate, avant la réexposition)... Dans les genres lyriques et scéniques, la pédale est souvent utilisée pour son effet dramatique de « suspension du temps » (pédales de basse dans le début du récit de Wotan à Brünnhilde, au deuxième acte de *la Walkyrie*). Par extension, Olivier Messiaen a appliqué le terme à la répétition textuelle et systématique d'une brève formule mélodique, rythmique, ou harmonique (ce que l'on nomme aussi parfois « ostinato »), procédé qu'il a employé assez souvent dans ses œuvres (*Quatuor pour la fin du temps*). M. C.

PÉDALIER. Clavier d'orgue dont les touches sont actionnées par les pieds de l'exécutant. La forme, l'étendue et les ressources du pédalier ont beaucoup évolué. D'abord constitué de quelques « marches » venant au secours des claviers manuels pour les notes les plus graves, il connut, aux XVIIe et XVIIIe siècles, deux types de réalisation : le pédalier « à la française » (celui de Couperin et de Grigny), plancher d'où font saillie les chevilles correspondant aux notes, et le pédalier « à l'allemande » (celui de Buxtehude et de Bach), série de lames de bois rangées comme les touches du clavier. Permettant une virtuosité bien plus grande que celui à la française, le pédalier à l'allemande survécut seul au XIXe siècle. Perfectionné par le relèvement de ses touches extrêmes et parfois une disposition en éventail, il compte aujourd'hui 32 notes (*ut-sol*) correspondant à la partie grave des claviers manuels. Initialement accouplé aux claviers par une tirasse*, le pédalier a acquis progressivement sa personnalité de plan sonore indépendant auquel sont confiées les parties de basse et certaines voix de ténor. C'est donc au pédalier que sont placés les jeux les plus graves de l'orgue, qui servent de soutènement à la polyphonie instrumentale.

Le jeu du pédalier fait appel à la pointe et au talon de chacun des deux pieds, ce qui permet d'exécuter des traits rapides et de lier ou de détacher les notes dans un phrasé comparable à celui des doigts aux claviers manuels. Depuis Bach, qui en jouait en virtuose, le pédalier se voit confier des parties musicales autonomes et indépendantes — voix de fugue ou de sonate en trio, mélodie de choral — au même titre qu'une main sur un clavier.

Des pédaliers en tirasse ont été adaptés sur d'autres instruments que l'orgue, tels le clavecin, l'harmonium ou le piano, principalement en vue de l'étude de l'orgue. On utilise un pédalier dans les carillons. G. C.

PEDRELL (Felipe), compositeur, folkloriste et musicologue espagnol (*Tortosa, Catalogne, 1841 - Barcelone 1922*). Presque autodidacte, il suivit les classes d'histoire et d'esthétique musicale au conservatoire de Madrid, et écrivit d'abord des opéras (*le Dernier des Abencérages, Quasimodo*) et des poèmes chantés (*le Chant de la montagne, Invocation à la nuit*). Dès 1891, son essai *Pour notre musique* attira l'attention des musiciens sur la haute tradition polyphonique de l'Espagne et l'immense richesse de ses chants populaires. La même année, il termina sa trilogie *les Pyrénées*. Plus qu'à la composition, c'est à son œuvre de folkloriste qu'il se consacra désormais, avec compétence et prosélytisme : en témoigne sa contribution à la résurrection de Tomas Luis de Vittoria, dont il édita les œuvres complètes (8 vol., Leipzig, 1902-1913).

Professeur d'esthétique musicale au conservatoire de Madrid, Pedrell enseigna également l'harmonie et la composition à Albéniz, Granados, Vivès et De Falla. Le *Cancionero popular español*, qu'il devait laisser inachevé, est la synthèse de toutes ses recherches. Cet important travail d'érudition et de réalisation de musique ancienne a mis au second plan l'œuvre de Pedrell comme compositeur. Il en conçut une grande amertume que l'enthousiasme de quelques admirateurs (dont De Falla) ne put dissiper.

Promoteur et chef de l'école moderne espagnole, Pedrell a réussi à l'intégrer dans le mouvement musical européen. A. G.

PEER GYNT. Musique de scène op. 23 de Grieg pour la pièce de H. Ibsen (création à Christiana le 25 février 1876 avec un succès énorme). Peer Gynt, chasseur norvégien des années 1600, était devenu un personnage littéraire populaire avant d'être adopté par Ibsen. Plusieurs compositeurs se sont intéressés au héros. Grieg, le plus connu, fut sollicité par Ibsen lui-même (lettre du 23 janvier 1874). Dans un moment de découragement, il écrivit (lettre du 13 août 1877 à Matthison-Hansen) : « J'ai fait tant d'ouvrages de circonstance, *Peer Gynt, Sigurd Jorsalfar* et autres vilaines choses. » Il composa à la fois dans l'enthousiasme et la difficulté (« C'est un sujet intraitable », lettre à F. Beyer du 27 août 1874), et son travail se transforma vite en cauchemar.

Peer Gynt d'Ibsen, dont la première représentation avait eu lieu en 1867, est une pièce populaire, « image d'allure débraillée du caractère norvégien avec son goût du fantastique et de la fanfaronnade » (Prozor). Pour la représentation de 1876 et des reprises ultérieures, Grieg composa en tout 23 numéros, mais les 2 *Suites de concert* pour orchestre n'en conservent que 8, de valeur très inégale. La *Suite n° 1* op. 46 (1888) comprend *Impressions du matin, Mort d'Aase, Danse d'Anitra, Dans le palais du roi de la montagne*, et la *Suite n° 2* op. 55 (1891), *Enlèvement d'Ingrid, Danse arabe, Retour de Peer Gynt au pays* et *Chanson de Solveig*. Si Grieg a été gêné par le caractère farouche et immoral de la pièce d'Ibsen, qui convenait peu à son inspiration, la nostalgie des personnages et leur difficulté de vivre sont parfaitement dépeintes avec une grande liberté de démarche et une puissance émotive exceptionnelle. Parmi les nombreux compositeurs ayant traité le même sujet, notons W. Egk (opéra, 1938) et A. Nordheim (musique de scène électroacoustique, 1969). H.-C. F.

Peeters (Flor), organiste, compositeur et pédagogue belge (Tielen 1903). Élève de l'Institut Lemmens de Malines, puis, au Conservatoire national supérieur de Paris, de Marcel Dupré et de Charles Tournemire, il est depuis 1923 titulaire des orgues de la cathédrale de Malines. Professeur à l'Institut Lemmens (1923-1952), au conservatoire de Gand (1931-1948) et à celui de Tilburg (1935-1948), il a été nommé professeur au Conservatoire flamand d'Anvers en 1948, avant d'en devenir le directeur de 1952 à 1968. Il a écrit de nombreuses pièces pour orgue, de la musique religieuse, de la musique de chambre et symphonique, et publié des recueils de musique ancienne et des méthodes d'orgue. G. C.

Peire Vidal, troubadour provençal (? v. 1170-? v. 1210). Sa vie, dont certains points restent imprécis, donna lieu à de nombreuses légendes. Il mena un mode d'existence itinérant, qui le conduisit successivement à la cour de Raimon II de Toulouse, à celle de Barral de Marseille, du roi Alphonse II d'Aragon, et de Boniface de Montferrat. Il séjourna également à Pise et à Gênes, fit un voyage en Hongrie, et participa peut-être à la 3e croisade. Il vécut quelque temps à Malte, et mourut vraisemblablement à Salonique. On a retrouvé une cinquantaine de ses chansons, dont 12 avec la musique notée, parmi lesquelles *Anc no mori per amour, Bem pac d'ivern e d'estieu, Quant hom es en autrui poder*; elles montrent un esprit à la fois sensible, imaginatif et ironique, et révèlent une invention mélodique originale. A. L.

Peixinho (Jorge), compositeur et pianiste portugais (Montijo 1940). Il a étudié la composition et le piano à Lisbonne et à l'académie Sainte-Cécile de Rome, avec Petrassi et Nono. Bénéficiant d'une bourse de la fondation Gulbenkian, il a suivi de nombreux cours d'été et stages (avec Boulez, Koenig, Stockhausen, etc.), qui ont complété sa formation. Ses premières œuvres sont d'inspiration postwebernienne, mais il a peu à peu évolué vers un style plus libre, intégrant l'improvisation collective. Il fonde en 1970 le *Grupo de música contemporânea de Lisboa*, où il expérimente ces techniques. On lui doit notamment *Políptico* (1960), pour orchestre ; *Collage* (1962), pour 2 pianos ; *Cromomorfose* (1963-1968), pour 12 instruments ; *Diafonia 2* (1963-1965), pour ensemble instrumental ; *Recitativo III* (1966-1969), pour flûte, harpe et percussion ; *Euridice reamada* (1968), pour chanteur soliste, chœur et orchestre ; *Ma fin est mon commencement* (1972), pour 7 instruments ; *Morrer em Santiago* (1973), pour 6 percussions ; *Succecões simétricas 3* (1974), pour orchestre de chambre ; *Con-sequências* (1974-75), en collaboration avec le Groupe de musique contemporaine de Lisbonne ; *Madrigal* (1975), pour chœur. M. C.

Pèlerinage de la Rose (Le) [en all. *Der Rosen Pilgerfahrt*]. Conte musical op. 112 (1851) de Robert Schumann, d'après un poème de Moritz Horn. Sur un texte gentiment sentimental et dénué de vraie grandeur, Schumann a composé une musique non dénuée de qualités, à la fois savante et de veine populaire. Une rose voulant vivre l'aventure humaine, une fée la transforme en jeune fille, et lui donne un talisman porte-bonheur : une rose. Diverses péripéties la mènent dans un cimetière, où le fossoyeur creuse la tombe d'une jeune morte par amour. Rose est prise pour cette dernière, se marie, meurt en donnant à son enfant la fleur magique. Des séraphins l'emportent au Ciel.
Si le ténor jalonne ce conte d'interventions proches des récitants de passions, si certains airs relèvent franchement de l'art lyrique (*Nimm hier mein Glück*, par exemple), l'essentiel reste cependant simple, direct et parfois populaire de contour, notamment les chœurs qui retrouvent la veine des chansons du répertoire quotidien, avec leur métrique propre, leur mélos si typiques et la décantation littéraire de leurs strophes. Sans nul doute, Schumann a été sensible à l'argument poétique (cf. *Das Paradis und die Peri*), car profondément attaché aux valeurs familiales et bourgeoises, volontiers *Biedermaier*. Mais il ne renie pas pour autant ses droits de compositeur, et la richesse mélodique de ce conte reste grande et variée. S'il s'attache assez peu à « illustrer » le livret (pas de violon au premier plan, par exemple, lorsque le chœur narre la scène du bal ; tout au plus un trait de flûte pour souligner le mot « orage » dans le 3e solo du ténor), sa rythmique en revanche s'avère fortement diversifiée et la façon de traiter musicalement le texte par enjambement des vers ou par syllabe laisse présager certaines recherches ultérieures (de Wagner à Lili Boulanger et Honegger). J. G.

Pelléas et Mélisande. Opéra de Claude Debussy, tiré de la pièce de Maurice Maeterlinck, créé à l'Opéra-Comique de Paris le 30 avril 1902.
Debussy hésita longtemps avant de choisir, en 1893, le sujet de son unique opéra : Edgar Poe, Balzac, le disputèrent longtemps à des projets mélodramatiques truffés de scènes d'horreur. Finalement, Maeterlinck l'emporta. Debussy voyait en effet dans *Pelléas* la possibilité de concilier son goût pour le « fantastique social » et sa méfiance envers toute action trop précisément située dans l'Histoire. De ce constant jeu de balance entre l'onirisme le plus impalpable et le réalisme le plus violent, on n'a longtemps retenu qu'une naïveté un peu précieuse. Or, si le texte de Maeterlinck peut prêter à sourire — mais pas plus que celui de bien d'autres livrets —, le ton morbide et apeuré que Debussy a su mettre en relief démontre assez que *Pelléas* est une œuvre non pas floue mais ambiguë, tirant son mystère de l'inachèvement constant des situations musicales et théâtrales. La construction dramatique n'obéit plus ici en effet à la cyclothymie d'un Wagner, qui procédait par vastes plages de tension et de détente : bien au contraire, l'économie des moyens, mise au service de la fugacité des atmosphères, permet au compositeur de créer la frustration et donc l'inquiétude.
Ainsi, soucieux de n'imposer à la musique aucune structure théâtrale codifiée (l'œuvre reprend la division en 5 actes de la pièce de Maeterlinck, mais se présente en réalité comme une succession de 13 tableaux reliés par des interludes orchestraux, l'unique entracte s'intercalant à la fin du 10e tableau), soucieux aussi de n'imposer à l'action aucun commentaire orchestral susceptible de ralentir l'enchaînement des événements, Debussy chercha une alchimie du mot et de la note adaptée à la langue française et à la sensibilité particulière de ses héros. Si, comme Wagner, il a employé le procédé du motif conducteur, il ne lui a pas asservi pour autant les variations du rythme ou de l'orchestration. La souplesse du langage harmonique, d'autre part, a sans aucun doute tiré les leçons de *Tristan* et *Parsifal* : accords altérés ou incomplets (de 7e et de 9e surtout), intervalles indéterminés, ambiguïté tonale, emploi de notes de passage conduisent à une modulation permanente du discours musical.
Mais Debussy a refusé de plier la prosodie française au maniement paroxystique de la voix utilisé par Wagner : il exige, au contraire, des chanteurs une élocution lyrique opposée à toute déclamation du chant. A cet effet, il leur a épargné une tessiture trop large ou de brusques sauts de registre : en revanche, l'emploi presque constant du récitatif mélodique leur impose un respect très fin du phrasé et des accents. Or, à une époque entièrement dominée par l'esthétique wagnérienne, cette rupture de ton et d'intentions provoqua sinon un scandale, du moins une incompréhension hilare. On oublia donc que l'on assistait à la peinture d'une société en décadence, repliée sur elle-même, visitée par une vérité différente : une autre image de la mort, fascinante parce qu'elle prend les traits de l'amour. On oublia aussi que, au-delà de l'apparente gratuité du langage, la symbolique de l'œuvre n'était pas un pur bric-à-brac de conte de fées. Debussy avait d'ailleurs supprimé tout ce qui, dans la pièce, pouvait s'en rapprocher. Il demeure que *Pelléas* interdit toute lecture linéaire : lieux, phrases, gestes,

objets se répondent, tissent entre eux un réseau complexe d'interactions magiques. Ils renvoient à la fois à une action réaliste, somme toute banale, et à un vocabulaire que Maeterlinck estimait chargé d'émotions sollicitant l'inconscient des spectateurs. Du retour des mêmes expressions dans des contextes chaque fois différents naît ainsi une sorte de rituel initiatique, et c'est de la mise en lumière des signes secrets qui trament le quotidien que *Pelléas* tire sa dimension mythique et son énergie dramatique.

ACTE PREMIER 1er tableau. (Dans une forêt.) *Le prince Golaud* (bar), petit-fils du vieux roi d'Allemonde *Arkel* (b), a été envoyé à l'étranger pour arranger son mariage avec l'héritière d'un royaume ennemi. Au cours d'une chasse solitaire, il est entraîné dans la forêt par une bête blessée et s'y perd. Là, mis au contact de forces qu'il ne soupçonnait pas, il va se trouver dans une situation que la sagesse d'Arkel n'avait pas prévue. Il découvre en effet, au bord d'une fontaine, une toute jeune fille en pleurs (s). L'inconnue semble avoir une grande épouvante des hommes. Elle réagit violemment dès que Golaud, fasciné par sa beauté, fait mine de la toucher ; elle interdit au chasseur de ramasser une couronne qui a roulé dans l'eau, emportant avec elle le secret de sa souffrance ; elle ne répond pas plus à ses questions et refuse l'aide qu'il propose comme si elle refusait d'assumer un destin fatal. Mais dès qu'elle a avoué son nom — *Mélisande* — le froid gèle sa résistance. Elle accepte de suivre Golaud, tandis que l'orchestre nous introduit au château d'Allemonde. 2e tableau. (Un appartement dans le château.) *Par lettre, car il craint une colère d'Arkel, Golaud annonce à son jeune demi-frère Pelléas* (t ou bar) son mariage avec Mélisande et son proche retour. *Geneviève* (ms), mère de Golaud et de Pelléas, lit la missive à Arkel, et ce dernier, par peur de l'imprévu, s'obstine dans un fatalisme rassurant. Il interdit à Pelléas de partir assister un de ses amis mourant : le père de l'adolescent n'est-il pas lui-même entre la vie et la mort dans une des chambres du château ? (La présence invisible de ce mort-vivant, notons-le, semble avoir fasciné Debussy.) Pelléas est chargé d'allumer la lanterne qui autorise Golaud à revenir. 3e tableau. (Un jardin devant le château.) *La nuit tombe.* Au moment où Pelléas rejoint Geneviève et Mélisande, des phares s'allument sur la mer. Le navire qui a conduit Mélisande sort du port, affrontant la tempête qui se lève : devant ce départ vers l'inconnu, Pelléas et Mélisande se rapprochent inconsciemment. Mais comme la jeune femme refuse sa main à l'adolescent qui propose de la guider, il lui annonce, pour la première fois, son désir de partir, d'être guidé lui-même.

ACTE II. 1er tableau. *Pelléas a conduit Mélisande au bord d'une fontaine qui ouvrait jadis les yeux des aveugles, mais où l'on ne vient plus depuis qu'Arkel a presque perdu la vue.* Ému par la beauté des cheveux de Mélisande, qui plongent dans le bassin, Pelléas demande à la jeune femme comment Golaud a fait pour la conquérir. Mais, en lui mentant, elle met fin à ses questions ambiguës et joue avec la bague de ses noces. La jetant trop haut vers le soleil (c'est-à-dire vers Pelléas, auquel se symbolise de l'œuvre attache toutes les images solaires), elle la laisse tomber dans la fontaine. Midi sonne. 2e tableau. (Une chambre dans le château.) *Golaud est couché : au douzième coup de midi, son cheval l'a brusquement jeté à terre.* Pour justifier la disparition de la bague, Mélisande prétend l'avoir perdue dans une grotte. Furieux, Golaud lui ordonne d'aller la chercher. 3e tableau. *Accompagnée de Pelléas, Mélisande entre dans la grotte qu'illumine la clarté des étoiles. Les deux jeunes gens découvrent trois pauvres venus dormir là, attendant que la mer, qui va envahir la grotte, les noie dans leur sommeil et les emporte ainsi loin de la famine qui ravage le pays.*

ACTE III. 1er tableau. (Une des tours du château.) *Pelléas surprend Mélisande penchée à sa fenêtre. En un jeu très trouble, tous deux vivent à distance une véritable nuit d'amour, Mélisande laissant Pelléas s'enivrer de ses cheveux qui descendent jusqu'au pied de la tour. Mais Golaud survient et met fin à leur rencontre.* 2e tableau. *Golaud conduit Pelléas dans des souterrains où l'eau dégage une fade odeur de mort. Un instant, la tentation du meurtre semble l'habiter.* 3e tableau. *À la sortie des souterrains, Golaud avertit Pelléas : Mélisande est enceinte, il convient de l'éviter.* 4e tableau. (Devant la tour de Mélisande.) *Golaud, rongé par le doute et la jalousie, fait espionner sa femme par Yniold* (s), le fils qu'il a eu d'un premier mariage. Il surprend ainsi Pelléas et Mélisande immobiles dans la chambre. La violence le submerge, mais, effrayé par sa propre colère, il n'intervient pas.

ACTE IV. 1er tableau. *Pelléas fixe pour le soir même un dernier rendez-vous à Mélisande. Suivant le conseil de son père, il a décidé de partir, et se sent déjà loin. Il fuit lorsque entre Arkel. Le vieillard, abandonné par ses certitudes, se raccroche à l'espoir d'une génération nouvelle. Fasciné à son tour par Mélisande, il cherche à se rapprocher d'elle : mais Golaud paraît, le cœur ravagé d'être encore attiré par le corps rayonnant d'innocence de sa jeune femme. Sous les yeux d'Arkel, il la brutalise, à la fois dérisoire et menaçant : s'il obtient une preuve, il tuera parce que c'est l'usage.* 2e tableau. *Yniold, qui joue au bord de la fontaine des aveugles, a soudain peur du soir qui tombe autrement que les autres jours. Il s'enfuit. Pelléas apparaît. Il a jusque-là redouté l'absolu et refusé de le reconnaître en lui-même, mais ses yeux se sont enfin ouverts. Mélisande le rejoint : dans un souffle, ils avouent leur amour. La jeune femme laisse l'adolescent oublier toute prudence : elle le sait déjà ailleurs. Ils échangent un baiser avec l'émerveillement de deux enfants, mais Golaud est là, armé. Aiguillonné par l'approche de la mort, leur désir s'enflamme. Golaud tue Pelléas ; Mélisande s'enfuit.*

ACTE V. (La chambre de Mélisande.) *La jeune femme vient d'accoucher. Golaud, qui doute toujours, essaie de lui faire avouer son adultère, passant des pleurs à la violence. Brutalement, il finit par lui apprendre qu'elle peut mourir. Dès lors, sans plus répondre, elle demande à contempler le soleil couchant* (Pelléas sanglant) *et meurt doucement. Arkel prend le bébé dans ses bras et dit : « C'est au tour de la pauvre petite. »*   P. G.

PELLÉAS ET MÉLISANDE. Musique de scène op. 80 de Gabriel Fauré pour la pièce de Maurice Maeterlinck, créée à Londres le 21 juillet 1898. La suite d'orchestre tirée de la musique de scène fut donnée en première audition à Paris le 3 février 1901 par l'orchestre Lamoureux dirigé par Camille Chevillard. Cette suite comprenait alors le *Prélude*, la *Fileuse* et la *Mort de Mélisande*. La version de Londres, pour un orchestre réduit de 2 flûtes, 1 hautbois, 2 clarinettes, 1 basson, 2 cors, 2 trompettes, timbales, harpes et cordes, comprenait en outre quelques entractes et interludes très brefs, ainsi qu'une version orchestrée de la *Sicilienne* op. 78, écrite en 1893, pour violoncelle et piano (à l'origine pour une musique de scène pour le *Bourgeois gentilhomme* demeurée inachevée). Quelques années plus tard, Fauré intégra la *Sicilienne* dans la suite d'orchestre (entre la *Fileuse* et la *Mort de Mélisande*). Par manque de temps, Fauré avait demandé à son élève Charles Kœchlin l'orchestration de la version de Londres, tout en surveillant lui-même ce travail de très près.

Pour la version de Paris, Fauré s'inspira d'assez près de ce qu'avait réalisé son élève, mais en apportant à l'original londonien de nombreuses modifications allant dans le sens d'une amplification, substituant à une formation réduite une grande formation symphonique. Dans divers enregistrements de la suite, on a pris depuis peu l'habitude d'insérer entre la *Sicilienne* et la *Mort de Mélisande* la *Chanson de Mélisande* sur les paroles *The King's Three Blind Daughters* (les *Trois Sœurs aveugles*), ignorées par Debussy, mais également mises en musique par Sibelius dans sa musique de scène op. 46.   M. V.

PELLÉAS ET MÉLISANDE. Poème symphonique op. 5 d'Arnold Schönberg, d'après le drame de Maurice Maeterlinck, composé du 4 juillet 1902 ou 28 février 1903 et créé à Vienne le 26 janvier 1905 sous la direction du compositeur. L'œuvre fut écrite à Berlin, où Schönberg vécut de décembre 1901 à juillet 1903. C'est Richard Strauss qui lui suggéra d'écrire sur le sujet de *Pelléas et Mélisande* un opéra. Schönberg préféra le genre du poème symphonique, mais ce ne fut pas à cause de l'existence de l'opéra de Debussy (créé à Paris le 28 avril 1902), car il semble bien que ni lui ni Richard Strauss n'en avaient entendu parler.

Pelléas et Mélisande, qui relève de la période encore « tonale » de Schönberg, est sa première partition achevée faisant appel à l'orchestre. Cet orchestre comprend notamment 5 clarinettes, 8 cors, 4 trompettes, 5 trombones et un tuba. D'une durée d'environ quarante-cinq minutes, l'œuvre est d'une grande densité polyphonique, thématique et sonore, avec tant de détails qu'il faut un chef de premier plan pour en faire ressortir les grandes lignes. En 1950, Schönberg devait déclarer : « Je regrette encore aujourd'hui de n'avoir pas réalisé mon intention initiale (un opéra). Cela aurait été très différent de Debussy. Peut-être n'aurais-je pas réussi à capter le merveilleux parfum du poème, mais j'aurais rendu mes personnages plus chantants. Mais, d'autre part, le poème symphonique m'aida, m'apprenant à exprimer des états d'âme et des caractères en unités formulées de manière précise, technique qu'un opéra n'aurait peut-être pas pu promouvoir de manière aussi efficace. Ainsi, mon destin m'a évidemment guidé avec une grande clairvoyance. »

Schönberg s'astreignit à suivre dans les moindres détails les péripéties du drame de Maeterlinck, tout en se soumettant aux exigences architecturales de la musique « pure ». Dans une analyse très fouillée parue en 1920, Alban Berg fit apparaître *Pelléas et Mélisande* comme une vaste symphonie en 4 mouvements, mais se déroulant d'un seul bloc, comme le futur *Quatuor à cordes n° 1* op. 7. Il y cite non moins de 20 thèmes différents, mais nombre d'entre eux résultent de la transformation ou de la combinaison de quelques cellules de base. En outre, le travail sur ces thèmes est permanent, se poursuit d'un mouvement à l'autre : ce qui explique d'une part que le premier des quatre ne comprend pas de « développement » autonome, et que le « finale » n'est autre qu'une réexposition profondément modifiée de tout ce qui précède. La tonalité de base est *ré mineur*.

La première partie s'ouvre par une mystérieuse introduction lente dont la densité polyphonique et le statisme semblent symboliser la « forêt ». A la clarinette basse, le « destin », et au hautbois, le thème chantant de « Mélisande ». Parmi les 9 thèmes distingués par Alban Berg dans cette première partie, citons encore ceux de « Golaud » (au cor en *fa* majeur) et de « Pelléas » (à la trompette en *mi* majeur), respectivement premier et second thème de la « forme sonate », et un thème conclusif à la clarinette correspondant à « l'éveil de l'amour chez Mélisande ». On trouve dans ce thème, destiné à accompagner les grands sommets d'extase amoureuse de la troisième partie, un saut de septième caractéristique.

La deuxième partie, qui tient lieu de scherzo tout en continuant à développer les thèmes précédents, qu'elle mêle à de nouveaux, comprend 3 volets. Le premier volet, le seul à posséder un véritable caractère de scherzo, évoque la rencontre de Pelléas et Mélisande auprès de « la fontaine dans le parc » (presto en *la* majeur à 3/8). Mais Golaud n'est pas loin (on entend son thème aux cuivres), et l'interlude qui suit dépeint sa jalousie. Le deuxième volet, curieusement proche de Debussy, est la « scène de la tour », et le troisième la « scène des souterrains » : on y admire des innovations orchestrales extraordinaires pour l'époque (glissandos de trombones avec sourdines, trémolo dental ou *flatterzunge* généralisé à l'ensemble des bois).

La troisième partie, « scène d'amour et d'adieu de Pelléas et Mélisande », tient lieu de mouvement lent. Elle est dominée par une vaste mélodie chantant aux violons dans leur registre grave (*mi* majeur) et entraînant peu à peu dans son flux tous les thèmes associés aux deux amants. La scène est brutalement interrompue par le meurtre de Pelléas par Golaud et par la fuite éperdue de Mélisande.

La quatrième partie débute par une reprise presque méconnaissable de l'introduction de la première, suivie du thème de « Golaud » et de la vaste mélodie de la troisième partie, eux aussi fortement métamorphosés (la mélodie se déroule en accéléré). La « mort de Mélisande », à l'atmosphère spectrale et blafarde, tient lieu de coda. Suit encore un ample épilogue évoquant une dernière fois les trois personnages. C'est néanmoins le thème du « destin » qui, dans une virulente exclamation, a le dernier mot. M. V.

PELLÉAS ET MÉLISANDE. Musique de scène composée par Jean Sibelius pour la représentation donnée le 17 mars 1905, au Théâtre suédois d'Helsinki, de la pièce de Maurice Maeterlinck, et dont il tira, la même année, une suite d'orchestre en 9 mouvements (op. 46). Restèrent inédits un prélude pour la scène II de l'acte IV et la version vocale de la complainte des *Trois Sœurs aveugles*, chantée par Mélisande à la scène II de l'acte III (n° 5 de la suite d'orchestre, où deux clarinettes jouant en sixtes remplacent la voix).

Moins « engagée » que celles déjà écrites sur le même sujet par Fauré, Debussy et Schönberg, la musique de Sibelius donne à la pièce un décor sonore discret et efficace, en particulier avec le lapidaire *Au bord de la mer* (n° 3), les bouffées d'air frais au sein de ce drame si sombre que sont l'exquise *Pastorale* (n° 6) et l'allègre *Entr'acte* (n° 8), l'admirable *Mélisande au rouet* (n° 7), qui, par sa justesse psychologique, évoque irrésistiblement *Marguerite au rouet* de Schubert, et aussi *Mort de Mélisande* (n° 9), tragédie rendue ici de façon quelque peu distanciée, mais avec une grandeur presque hiératique. Chez Sibelius comme déjà chez Fauré et Schönberg, l'héroïne de Maeterlinck meurt en *ré mineur*. M. V.

PELLEGRIN (Simon-Joseph, dit L'ABBÉ), librettiste, poète et écrivain français *(Marseille 1663 - Paris 1745)*. Après être entré dans les ordres, il devient aumônier de la marine et effectue alors deux voyages en Orient. A son retour en 1703, il se met à écrire et remporte divers prix littéraires, dont celui de l'Académie française en 1704, ce qui lui attire la protection de Mme de Maintenon. Elle le fait entrer à Cluny et, à partir de cette époque, il mène de front ses fonctions religieuses et ses activités littéraires, fournissant livrets d'opéras et pièces à tous les théâtres parisiens, et composant pour l'école de Saint-Cyr psaumes, cantiques et noëls sur des airs d'opéras célèbres, sa prolixité étant souvent au détriment de la qualité de ses vers. Il finit par être excommunié par le cardinal de Noailles, jugeant ces deux activités incompatibles.

Son premier livret d'opéra, *Renaud, suite d'Armide*, est mis en musique par Desmarets en 1705. Il collabore ensuite avec Destouches, Campra, Colin de Blamont, Montéclair et Rameau, entre autres, essayant de rénover la tradition fixée par Lully. Enfin, en 1732, il crée le premier opéra biblique avec *Jephté*, mis en musique par Montéclair. La même année, sa collaboration avec Rameau (pour lequel il écrira plus tard *les Fêtes d'Hébé*) aboutit à *Hippolyte et Aricie* (1733), qui provoque la fameuse querelle des ramistes et des lullystes. Son talent, bien qu'un peu dispersé, était certain et particulièrement bien adapté à la création musicale. Il jouit d'une très grande célébrité dans la première moitié du XVIIIe siècle. D. H.

PENDERECKI (*Krzysztof*), compositeur polonais *(Debica 1933)*. Il étudia la composition à l'École supérieure de musique de Cracovie avec Franticzek Skolyszewski, Artur Malawski et Stanislaw Wiechowicz, et, dès 1959, reçut de l'Union des compositeurs polonais un prix couronnant ses trois premières œuvres importantes : *Psaumes de David*, pour chœur mixte, cordes et percussions (1958) ; *Émanations*, pour 2 orchestres à cordes (1959) ; et *Strophes* pour soprano, récitant et 10 instruments (1959). Ces pièces contenaient déjà les futures caractéristiques du compositeur. Suivirent *Miniatures*, pour violon et piano (1959) ; *Anaklasis**, pour 42 instruments à cordes et groupes de percussion (1959-60), qui révéla Penderecki sur le plan international à Donaueschingen en 1960 ; *Dimensions du temps et du silence*, pour chœur mixte, cordes et percussions (1959-60 ; rév. 1961) ; *Threnos*, pour 52 cordes (1960) ; *Quatuor à cordes n° 1* (1960) ; *Fonogrammi*, pour flûte et orchestre de chambre (1961) ; *Psaume*, musique électronique (1961) ; *Polymorphie*, pour 48 cordes (1961) ; *Canon* pour orchestre à cordes et bande magnétique (1962) ; et *Fluorescences*, pour grand orchestre (1962).

Toutes ces œuvres témoignent de l'intérêt de Penderecki pour le timbre instrumental, et de son prolongement dans le traitement des voix. Cet intérêt se manifesta tout d'abord dans l'écriture des cordes : clusters, nuages de micro-intervalles, multiplication des parties solistes, importance donnée à la notion de densité, d'épaisseur, recherche de nouvelles sonorités grâce à des techniques inhabituelles de la corde et de l'archet. Ces éléments conduisirent le compositeur à concevoir une écriture schématique qui devint rapidement purement graphique. Cela sans faire oublier une exploration systématique de toutes les ressources instrumentales, du son au bruit (coups frappés sur la caisse de résonance des instruments à cordes). Cette démarche devait aboutir dans *Fluorescences* à l'intégration dans le discours musical d'éléments timbriques et bruitistes (sirènes d'alarme, machines à écrire, morceaux de bois, de verre ou de fer).

Dans les *Psaumes de David* avait été tentée une première synthèse entre le sérialisme et la technique du chant grégorien. Cette voie fut poursuivie plus avant dans le *Stabat Mater*, pour 3 chœurs mixtes a cappella, plus tard intégré dans la *Passion selon saint Luc*. Suivirent *Todesbrigade*, musique électronique pour une pièce radiophonique (1963) ; la *Cantata in honorem Amae Matris universitatis Jagellonicae*, pour chœur et orchestre (1964) ; une *Sonate* pour violoncelle et orchestre (1964) ; un *Capriccio* pour hautbois et cordes (1965) ; la *Passion* selon saint Luc* (1965-66) ; *De natura sonoris*, pour grand orchestre (1966) ; *Dies irae*, oratorio à la mémoire des victimes d'Auschwitz, pour chœur mixte et orchestre (1967) ; la *Pittsburgh Ouverture*, pour orchestre d'instruments à vent, percussion, harpe et piano (1967) ; le *Capriccio* pour violon et orchestre (1967) ; le *Capriccio per Siegfried Palm*, pour violoncelle seul (1968) ; le *Quatuor à cordes nº 2* (1968) ; et l'opéra en 3 actes *les Diables* de Loudun* (1968-69).

Dans les années 70, Penderecki continua à exploiter ses trouvailles sonores tout en évoluant de plus en plus dans une sorte de néoromantisme teinté de germanisme. Naquirent alors *Utrenja* (ou *Messe russe*), vaste fresque chantée en vieux slavon et en 2 parties ; *la Mise au tombeau* (1969-70) et *la Résurrection* (1970-71) ; *De natura sonoris*, pour orchestre (1970) ; *Kosmogonia* pour solos, chœur mixte et orchestre (1970), commande de l'O.N.U. pour son vingt-cinquième anniversaire ; *Prélude*, pour vents, percussion, instruments à clavier et contrebasses (1971) ; *Actions*, pour orchestre de jazz (1971) ; *Partita*, pour clavecin, guitare, guitare basse électrique, harpe, contrebasse et orchestre (1971-72) ; *Concerto*, pour violoncelle et orchestre (1972) ; *Ecloga VIII*, pour 6 voix d'hommes (1972) ; *Canticum canticorum Salomonis*, pour chœur mixte à 16 voix et orchestre (1970-1973) ; *Symphonie nº 1* (1972-73) ; *Intermezzo*, pour 24 cordes (1973) ; *Magnificat*, pour basse, 7 voix d'hommes, 2 chœurs mixtes, chœur d'enfants et orchestre (1973-74) ; *Quand Jacob s'est éveillé*, pour orchestre (1974) ; *Concerto* pour violon et orchestre (1976-77) ; *Paradise Lost*, opéra (*sacra rappresentazione*) en 2 actes (1976-1978) ; *Te Deum*, pour solos, chœur et orchestre (1979) ; *Capriccio per tuba* (1980) ; *Symphonie nº 2* (1979-80) ; et un *Concerto* pour violoncelle (Berlin, 1983).

Prix Arthur-Honegger en 1979, Penderecki a été fait docteur honoris causa par l'université de Rochester en 1972 et par celle de Bordeaux en 1979. Depuis 1972, il est recteur de l'École supérieure de musique de Cracovie.   A. F. et M. V.

Pénélope. Drame lyrique en 3 actes de Gabriel Fauré sur un livret de René Fauchois, d'après *l'Odyssée*. Créé à l'Opéra de Monte-Carlo le 4 mars 1913.

ACTE PREMIER. *Dans son palais d'Ithaque, Pénélope (s) répond noblement à ses suivantes, qui admirent sa patience et sa fidélité, ainsi qu'à ses prétendants, qui affirment que son royal époux, Ulysse, ne reviendra jamais de la guerre de Troie, achevée depuis vingt ans. Elle demande qu'on la laisse tranquille tant qu'elle n'aura pas fini de tisser le linceul destiné à son beau-père Laerte. Mais Eurimachus (bar) et les autres prétendants flairant un stratagème exigent qu'elle travaille désormais sous leur surveillance. En désespoir de cause, Pénélope invoque le secours de l'absent. Une voix lui répond : celle d'un vieux mendiant (t) qui n'est autre qu'Ulysse déguisé. La reine l'accueille sans le reconnaître et le confie à Euryclée (ms), la vieille nourrice d'Ulysse. Celle-ci l'identifie aussitôt, mais n'en dit rien. Pénélope restée seule défait, comme chaque soir, la toile qu'elle a tissée pendant le jour. Les prétendants la surprennent dans cette occupation et la mettent en demeure de choisir entre eux dès le lendemain. Le mendiant reparaissant réconforte la reine : il l'accompagnera sur la colline d'où l'on découvre la mer et les vaisseaux qui s'approchent. Ulysse bouleversé dit son émotion avant de rejoindre Pénélope et Euryclée.*

ACTE II. *Au sommet de la colline, Pénélope rencontre le vieux berger Eumée, qui lui suggère une ruse : qu'elle feigne d'accepter pour époux celui des prétendants qui réussira à bander l'arc d'Ulysse. Elle s'y décide sans conviction et repart, tandis qu'Ulysse se fait connaître des bergers et sollicite leur aide.*

ACTE III. *Pénélope fait connaître ses conditions aux prétendants réunis. Tour à tour, chacun s'empare de l'arc et s'efforce de le tendre, mais aucun n'y parvient. Le vieux mendiant sollicite alors la faveur de tenter sa chance et l'obtient malgré les sarcasmes de ses rivaux dépités. Il fait mouche du premier coup et, tournant son arme contre les prétendants, en fait un massacre. La longue patience de Pénélope est enfin récompensée.*

En dépit des beautés qu'il contient et des cantatrices éminentes qui interprétèrent le rôle-titre (Lucienne Bréval à la création et, quelques mois plus tard, au théâtre des Champs-Élysées ; Germaine Lubin à l'Opéra-Comique en 1919 et à l'Opéra en 1943 ; Régine Crespin à Bordeaux en 1957 et à Buenos Aires en 1962), l'unique opéra de Gabriel Fauré n'est jamais entré dans le répertoire courant. Tout au plus le donne-t-on encore quelquefois en version de concert. En fait, Fauré n'était pas doué pour le théâtre et le savait très bien. Il avait atteint la cinquantaine quand il se décida à mettre en chantier *Pénélope*, et mit plus de six ans à en venir à bout.   M. T.

PENTACORDE. Fragment d'une gamme formé de cinq notes conjointes. Se dit surtout quand il s'agit d'aller de la tonique à la dominante (*do-ré-mi-fa-sol*) ou de la sous-dominante à la tonique (*fa-sol-la-si-do*) : respectivement premier et deuxième pentacordes.   M. P. P.

PENTATONIQUE. Dans la progression des échelles produites par le cycle des quintes, et qui va du ditonique (2 notes par octave) à l'heptatonique (7 notes), le stade dit pentatonique (5 notes) est l'un des plus importants. Répandu sur toute la surface du globe (on l'appelait autrefois à tort « gamme chinoise »), présent jusque dans l'infrastructure modale du grégorien, il correspond à une gamme sans demi-tons (dite anhémitonique*), dont le modèle est donné par les touches noires du piano.

Selon la note prise pour tonique, on distingue 5 modes pentatoniques diversement numérotés selon les musicologues : la seule nomenclature qui ne prête pas à confusion est celle qui emploie non des numéros, mais des indications de notes (pentatonique *fa*, pentatonique *sol*, etc.). La convention admise est d'identifier les degrés du pentatonique aux notes comportant des touches noires comme dièses, soit une gamme sans *mi* ni *si* divisée en deux groupes (*do-ré*, *fa-sol-la*) que sépare un intervalle de *trihémiton* (un ton et demi) incomposé, c'est-à-dire analogue aux intervalles « conjoints » de la musique classique. Certains donnent à ces groupes le nom de *pycnon*, empruntant le terme à la musique grecque antique, mais dans cette dernière ce même mot possède une définition incompatible avec cet emploi. De même certains musicographes emploient abusivement le mot *pentatonique* pour désigner n'importe quelle échelle à 5 sons, ce qui introduit parfois d'inutiles et regrettables confusions.

À côté du pentatonique anhémitonique figurent parfois des pentatoniques hémitoniques, c'est-à-dire pourvus de demi-tons résultant d'un déplacement attractif de notes, et non plus uniquement, comme le précédent, d'une suite de sons s'engendrant par quintes ou quartes. On les trouve surtout dans la musique japonaise ou balinaise (par ex., en descendant : *mi-do-si-la-fa-mi*).   J. C.

Penthesilea (« Penthésilée »). Poème symphonique de Hugo Wolf *(1883-1885)*, d'après le drame de Heinrich von Kleist *(1777-1811)*. Ce drame, écrit en 1808 et considéré en son temps comme injouable, car foulant aux pieds toute morale, n'atteignit vraiment le public qu'à la fin du siècle. Il inspira deux grands musiciens : Hugo Wolf pour son unique œuvre symphonique de maturité (1883-1885) et Othmar Schoeck pour un opéra en 1 acte créé à Dresde en 1928. Mais, tandis que l'œuvre du musicien suisse est plutôt celle d'un bon artisan que d'un vrai novateur, celle de son prédécesseur est l'un des poèmes symphoniques les plus géniaux de tout le répertoire ; et seules les circonstances de sa création manquée en 1886 (il fut tourné en dérision par le chef d'orchestre Hans Richter au cours d'une lecture des nouveautés par la Philharmonie de Vienne) expliquent la relative méconnaissance qui se poursuit aujourd'hui encore.

Entreprise sous l'impulsion de sa rencontre avec Franz Liszt en avril 1883, l'œuvre de Wolf met à profit non seulement les modèles qu'il pouvait trouver chez son grand aîné, mais également le principe berliozien d'une orchestration foisonnante, qui emploie des procédés de stéréophonie avant la lettre à l'instar des trompettes du *Requiem*. Mais le génie de Wolf (qui ne disposait en ce domaine, pour tout travail préalable, que de l'esquisse d'une petite symphonie incomplète) réside surtout dans une conception formelle qui parvient à faire coïncider miraculeusement la donnée littéraire touffue et quasi délirante de Kleist avec les exigences d'une forme sonate rigoureusement respectée, mais amplifiée aux proportions du drame.

Les deux premières sections, *Départ des amazones pour Troie* (3/4, *Lebhaft*, wuchtig, animé, massif) et *Penthésilée rêvant de la fête des roses* (3/2, *Sehr gehalten*, très retenu) coïncident respectivement avec les deux groupes contrastés de l'exposition. La troisième section, *Combats, Passions, Furie, Anéantissement* (2/4 puis 3/4), recouvre à elle seule un double développement, une reprise et une très brève coda. L'illustration est précise au point que chacune de ces quatre dernières sous-parties répond à l'un des termes du titre, et que, dans le second développement en particulier, on entend littéralement les chiens de la reine des amazones s'acharner à dévorer Achille vaincu ! En outre, l'unité thématique résulte du fait que toutes les données essentielles comportent une base chromatique : c'est le cas du merveilleux *Rêve de Penthésilée* et surtout du « thème d'anéantissement », qui apparaît dans le développement pour dominer la fin (en extase) du poème. P.-G. L.

Pentland (Barbara), femme compositeur canadienne *(Winnipeg 1912)*. Elle a fait ses études musicales à Paris (1929-30), à la Juilliard School de New York (1936 à 1938) et au Berkshire Music Center (1941-42), notamment avec Copland. Professeur au conservatoire de Toronto (1943), membre de la faculté de musique de l'université de Colombie britannique (1949-1963), elle est partie d'une esthétique néoclassique ouverte à toutes les sonorités nouvelles. Elle a écrit ensuite quelques œuvres sérielles et aléatoires.

Son rôle d'éducatrice est également important. On lui doit notamment *The Lake*, opéra de chambre en 1 acte (1952), 4 symphonies (1945-1959), *Variations concertantes*, pour piano et orchestre (1970), *Sung Songs 1-3* (1964) et *4-5* (1964-65), *Disaster of the Sun* pour bande et 9 exécutants (1976), ainsi que de nombreuses pièces pour piano. A. G.

Pépin (Clermont), compositeur canadien *(Saint-Georges de Beauce, Québec, 1926)*. Il fit ses études musicales à Québec et à Montréal, au Curtis Institute de Philadelphie (1941), au conservatoire de Toronto et, enfin, à Paris, où il travailla avec Honegger, Jolivet et Messiaen (1949-1955). De 1955 à 1964, il enseigna au conservatoire de Montréal.

Son style vigoureux a assimilé les syntaxes les plus modernes, y compris l'électroacoustique. Il semble cependant que la technique sérielle soit plus conforme à sa nature et à son esthétique. On lui doit notamment 3 symphonies (1948, 1957, 1967), 2 concertos pour piano, les poèmes symphoniques *Guernica* (1952) et *le Rite du soleil noir* (1955), *Nombres*, pour deux pianos et orchestre (1962), les ballets *les Portes de l'Enfer* (1953), *l'Oiseau-Phénix* (1956) et *le Porte-Rêve* (1957-58), des pièces pour piano, 4 quatuors à cordes, et en musique vocale *Cantique des cantiques* (1950), *Hymne au vent du Nord* (1960), et 7 mélodies sur des poèmes de Paul Eluard (1949). A. G.

Pepusch (Johann Christian), compositeur allemand *(Berlin 1667 - Londres 1752)*. D'abord employé à la cour de Prusse, il partit vers 1700 pour Londres, où il composa des masques* (*Venus et Adonis*, 1715) et devint directeur de la musique du futur duc de Chandos. Outre l'*Opéra* du gueux*, il écrivit plus de 100 sonates pour violon et de très nombreuses pour flûte, de la musique religieuse, des cantates profanes. Grand connaisseur de musique ancienne, il laissa aussi un ouvrage théorique, *A Treatise on Harmony* (1730). M. V.

Pepys (Samuel), écrivain anglais *(? 1633 - Londres 1703)*. Tout en travaillant comme secrétaire à l'Amirauté, il était passionné de musique, avait étudié le chant, jouait de divers instruments (violon, luth, théorbe, flageolet), et avait constitué chez lui un véritable musée instrumental. Il était également compositeur, auteur de quelques airs. Le principal intérêt qu'il représente pour l'histoire de la musique tient à son *Journal (Diary)*, qu'il a tenu régulièrement neuf années durant (1660-1669), et qui donne un témoignage vivant de la vie musicale en Angleterre à l'époque de la Restauration des Stuarts. A. L.

Percussion. Instruments qui résonnent sous l'effet d'un choc, à l'exception du piano (encore que certains compositeurs modernes, à l'exemple de Stravinski, traitent parfois le piano en instrument à percussion). Nombre d'entre eux (tronc d'arbre, blocs, gourdes, guero, claves, etc.) étant des corps sonores naturels à peine modifiés, on peut en déduire que les instruments à percussion sont les plus anciens de tous. Mais ils connaissent depuis quelques dizaines d'années un développement considérable, en raison de deux phénomènes indépendants l'un de l'autre : la tendance de la musique moderne à favoriser le rythme aux dépens de la mélodie, sous l'influence du jazz*, et la recherche de sonorités nouvelles, qui a conduit les compositeurs à adopter de nombreux instruments exotiques à percussion. Le « batteur » d'une formation de jazz est un personnage au moins aussi important que la trompette ou le saxo solo, et il n'est pas rare que les percussionnistes d'un grand orchestre symphonique s'en détachent pour donner des concerts, avec un répertoire de pièces spécialement écrites à leur intention. Car les instruments à percussion offrent aujourd'hui une gamme très étendue de sonorités graves, aiguës ou neutres, de timbres et même de ressources mélodiques.

On distingue 4 familles d'instruments à percussion :
— 1. les *peaux*, qui comportent une ou deux peaux tendues sur un « fût » (tambour, timbales, grosse caisse, caisse claire, toms, tumbas, bongos, etc.) ;
— 2. les *bois* (troncs d'arbre, blocs plats, ronds ou cylindriques, claves, mokubios, fouet, etc.) ;
— 3. les *métaux* (cloches, grelots, triangle, cymbales, enclume, gongs et tam-tams ;
— 4. les *claviers*. (Cette dernière appellation, impropre dans la mesure où elle désigne des instruments dépourvus de clés ou de touches, s'applique en principe aux jeux de lames de bois ou de métal [xylophone, marimba, vibraphone, glockenspiel] ; il serait logique de l'étendre à tous les corps sonores réunis par jeux chromatiques d'une octave ou davantage [cencerros, crotales, etc.].)

Il faut également distinguer les instruments à hauteur de son définie, qui donnent une note déterminée : timbales, cloches, enclumes et naturellement tous les « claviers ». A l'opposé, la hauteur de son du tambour, de la grosse caisse, des instruments de bruitage tels que les grelots, les fouets et la plupart des « bois » est à peu près indiscernable. Entre ces deux extrêmes, les cymbales, les gongs, les tam-tams, les cloches de vache, certains blocs et plusieurs « peaux » sonnent plus ou moins haut, sans qu'il soit possible de leur assigner une place précise dans l'échelle des sons.

Il est impossible de citer tous les instruments à percussion qui ont existé — ou existent encore de par le monde — depuis que les hommes primitifs rythmaient leurs danses avec tout ce qui leur tombait sous la main. La plupart n'ont d'ailleurs même pas de nom. Un terme générique tel que *tambour* s'applique à une foule d'instruments très différents et, pour d'autres, on a souvent recours à des onomatopées du type *tam-tam* ou *tom-tom*. Il convient toutefois de mentionner à part le cas des *tin-pan bands* (litt. : « musiques de plaques à tarte »), qui reconstituent au XX⁰ siècle, grâce aux sous-produits de la civilisation industrielle, le phénomène préhistorique des origines de la musique. Les jeunes Noirs d'Amérique (et de certains pays d'Afrique), qui n'ont pas d'argent pour se procurer des instruments élaborés, se débrouillent avec les moyens du bord. Comme ils n'ont pas non plus les corps sonores naturels (troncs d'arbre, bambous, crânes, etc.) dont disposaient leurs ancêtres, ils font appel à la batterie de cuisine usagée (moules à pâtisserie, poêles à frire et casseroles), aux boîtes de conserves, bidons d'essence et fûts de pétrole vides, formant ainsi d'étonnants ensembles qui doivent tout à leur ingéniosité et à leur instinct musical.   M. T.

PERCUSSION DANS LA MUSIQUE OCCIDENTALE (LA). La place de la percussion dans l'histoire de la musique « savante » occidentale n'est importante que depuis le XX⁰ siècle, mais elle a toujours été significative. Des instruments comme la timbale ou le tambour ont une origine lointaine, biblique. Le goût et la variété des percussions commença peut-être à se développer durant le Moyen Âge, à la faveur de l'influence sarrasine. Les percussions étaient d'abord des instruments de guerre, associés à la trompette. Praetorius (*Syntagma musicum*, 1614-1620) et Toinot Arbeau (*Orchésographie*, 1589) évoquent les timbales de guerre utilisées par les Allemands et les Polonais. Au siècle de Louis XIV, la timbale est souvent utilisée pour les musiques de guerre, ou pour les festivités, militaires ou non, et on commence à la trouver dans les grandes cantates et motets religieux, souvent en association avec les trompettes. C'est Lully qui, l'un des premiers, aurait introduit la timbale dans l'orchestre d'opéra. Cet instrument relativement discret et susceptible de s'accorder est le seul instrument de percussion communément utilisé dans le répertoire symphonique des époques classique et romantique, pendant lesquelles il ponctue certains passages *forte*, surtout dans les mouvements rapides, et sur les notes de tonique et de dominante (timbales la plupart du temps, jouées par un seul timbalier). Quant aux cymbales, on ne les sort que pour les grandes occasions et pour les effets pittoresques de turquerie.

Haydn (symphonies nᵒˢ 100 et 103) et Beethoven (adagio de la symphonie nᵒ 4) furent les premiers à employer dans leurs symphonies la timbale à découvert, en solo, et dans un passage en style de « marche » de la *Neuvième* Beethoven (comme déjà Haydn dans sa *Militaire**) mobilise une petite percussion militaire, avec, en plus des timbales, les cymbales, le triangle et le tambour. Au cours du XIX⁰ siècle, les percussions, autres que les timbales, ne sont généralement utilisées dans l'orchestre symphonique, au concert ou à l'opéra, que pour des effets spéciaux localisés : effets évocateurs (de la guerre, des éléments), imitatifs, ou pittoresques. Les grosses percussions sont naturellement, pendant les grandes festivités de plein air qu'affectionnait la Révolution française dont reprend le XIX⁰ siècle, employées lourdement, mais dans le même rôle de soutien rythmique que les timbales pour les marches notamment. Reicha et Berlioz ne sont plu à multiplier dans l'orchestre symphonique le nombre des timbales, et de 2 ils les portent parfois à 3, 4, voire à 8 paires

(*Requiem* de Berlioz) pour faire des accords, des effets de grondements, etc.

Berlioz, dans ses orchestrations, cherche souvent un usage ingénieux des percussions. L'orchestre idéal qu'il « rêve tout haut », dans son *Traité d'orchestration*, comprendrait timbales (8 paires), tambours, grosses caisses, cymbales, triangles, jeux de timbre, cymbales antiques « en différents tons », cloches graves, tamtams et pavillons chinois : donc une variété réduite par rapport à l'arsenal des musiques contemporaines. Il a beaucoup expérimenté avec les percussions (emploi imitatif du tambour de basque et du triangle dans le *Carnaval romain* ; cloches graves accordées sur *do* et *sol* dans la *Symphonie fantastique* ; mais il fallait souvent, dans certaines exécutions, se contenter de faire exécuter leur partie par le piano joué dans l'extrême grave ; effets de cymbales suspendues percutées avec des baguettes de timbale, etc.), cherchant plus ou moins à dépasser la fonction de ponctuation, de renforcement, et de « point sur les I » habituellement dévolue aux percussions dans la littérature symphonique de l'époque : Berlioz s'est assez moqué des effets répétitifs de cymbale et de grosse caisse chez Rossini ! Cependant, durant tout le XIX⁰ siècle et le début du XX⁰, la percussion ne sortira guère de cet emploi sauf pour des effets ponctuels (percussion évocatrice de marche militaire, chez Mahler, tambour de basque chez Ravel, Debussy, pour la couleur espagnole, et, aussi, le fameux ensemble d'enclumes dans l'*Or du Rhin*, évocateur du travail industriel). Et on comprend bien pourquoi : les percussions produisent, pour la plupart, des sons que l'on appelle, dans le système occidental, des *bruits*, des sons non accordés, que ce système tolère à faible dose.

Ce n'est pas pour rien que la saturation (passagère) et la crise du système tonal, dans la musique contemporaine, s'accompagnent d'une mise en vedette des percussions, gagnant le terrain que la tonalité est en train de céder peu à peu. Dans une œuvre comme *le Sacre du printemps* (1913), de Stravinski, la percussion est très « présente », mais les instruments utilisés ne sont pas très nombreux et variés : 2 timbales, grosse caisse, tam-tam, triangle, tambour de basque, guero (râpe) et 2 cymbales antiques : guère plus que chez Berlioz. Cependant, *le Sacre du printemps* étant construit sur des structures rythmiques, la fonction structurelle des interventions de percussion est très évidente : non seulement elle ponctue, mais encore elle découpe des durées. Edgar Varèse est un des premiers, en 1931, dans *Ionisation*, à écrire une œuvre pour percussions uniquement : encore n'utilise-t-il pas dans cette œuvre les instruments « mélodiques » récemment importés dans la famille percussive, xylophones (employé comme curiosité par Saint-Saëns dans la *Danse macabre*), marimbas, vibraphones, etc., et qui permettent à cette famille de s'approprier toutes les possibilités musicales.

Au début du siècle, la musique symphonique sérieuse emploie abondamment les percussions, dans un esprit impressionniste et évocateur (de l'Espagne, de l'Orient, de l'Afrique), ou par référence aux musiques populaires, jazz, samba, etc. De fait, cette musique occidentale se libérera difficilement, dans l'emploi des percussions, d'un certain côté « bric-à-brac », et « bazar exotique ». Cela se voit bien, même aujourd'hui, dans le répertoire d'une formation de grande qualité comme les *Percussions de Strasbourg*, avec ses centaines d'instruments collectionnés aux quatre coins du monde. En leur écrivant un répertoire spécifique, beaucoup de compositeurs n'ont pas résisté à la tentation de les utiliser tous, ou presque (comme André Jolivet dans *Cérémonial*), ce dont il résulte un effet de surcharge décorative et de grand magasin des sonorités. Seuls ont évité le piège du pittoresque soit ceux qui, comme Messiaen, assument et transcendent dans leur style cette dimension décorative ; soit ceux qui, comme Xenakis, ont su limiter leurs palettes de percussions et ne pas se perdre dans un bariolage de sonorités.

L'inflation de la percussion au sein des œuvres symphoniques fut un trait caractéristique de la musique d'avant-garde des années 60 et 70 : on avait couramment une grande formation de cordes et de vents, littéralement cernée, assiégée par 3, 4, 5 percussionnistes armés chacun d'une douzaine d'instruments, et souvent pour un effet orchestral bien mince. Naturellement, dans ce style d'instrumentation, les cordes cessaient d'être la base, le noyau dur de la pâte orchestrale, tandis que la percussion restait obstinément hétérogène aux sonorités de l'orchestre, l'auteur échouant à créer une nouvelle *syntaxe* de sonorités, et se bornant à répéter un vocabulaire vite épuisé de couleurs percussives. Une fusion plus heureuse de la percussion et de l'instrument classique a été atteinte par quelques œuvres de musique de chambre, comme les *Kontakte* de Stockhausen, ou les *Circles* de Berio (deux œuvres dans lesquelles a brillé le talent de remarquables percussionnistes comme Jean-Pierre Drouet, Sylvio Gualda, Gaston Sylvestre, etc., interprètes auxquels le répertoire contemporain pour percussion a dû souvent de n'être pas insignifiant). À la fin des années 70, une évolution se dessine dans le sens d'une nouvelle concentration du son, et d'un abandon de cette esthétique de « magasin de sonorités », au profit d'un choix plus restreint et plus étudié.

Dans la mesure où elles sont au carrefour du « bruit » et de la « note » (deux notions sur lesquelles, malgré ses dénégations, continue de fonctionner la musique occidentale d'avant-garde), les percussions continuent de tenir une place symptomatique dans l'histoire de notre musique, une musique que l'on pourrait analyser et éprouver par rapport à cette place, rarement « équilibrée », qu'elle a donnée aux percussions. Puissamment impressionnée par la force des percussions dans les musiques d'autres cultures (comme les ponctuations incisives du nô japonais, par exemple), notre musique savante n'a pas toujours su que cette force venait d'une étroite délimitation et concentration dans l'emploi des sonorités percussives : lesquelles, dépensées et éparpillées dans un étalage complaisant, perdent d'un coup ce qui fait leur force et leur valeur. Bien peu ont su, comme Xenakis dans *Pithoprakta*, tirer des simples ponctuations d'un *wood-block* une force expressive, un rôle structurel. M. C.

PERCUSSIONS DE STRASBOURG (LES), formation de 6 solistes percussionnistes créée en 1961, en relation avec l'orchestre de Strasbourg, dont ses membres étaient issus, sous le nom de Groupe instrumental à percussion de Strasbourg. Constitué pour interpréter et susciter un répertoire contemporain pour la percussion, ce groupe a pris, en 1966, son nom définitif, peu avant de connaître un large succès public, notamment par le disque. Il fut initialement composé de Jean-Paul Batigne, Gabriel Bouchet, Jean-Paul Finkbeiner, Detlev Kieffer (lequel est également compositeur et animateur musical), Claude Ricou et Georges Van Gucht. Il joue non seulement de l'ensemble des instruments à percussion occidentaux, mais aussi de nombreux instruments non européens rassemblés aux quatre coins du monde (plus de 140).

Vers la fin des années 60 et au début des années 70, il connaît une grande popularité en interprétant un répertoire presque entièrement composé de pièces composées pour lui et, la plupart du temps, pour percussions seules : il a ainsi contribué d'une manière importante à développer et à faire connaître le répertoire contemporain. On lui doit aussi une « méthode » d'enseignement de la percussion moderne, avec certains instruments spécifiques, la méthode *Percustra*. On citera, dans son répertoire, des œuvres de Maurice Ohana *(Quatre Études chorégraphiques, Silenciaire)*, Miloslav Kabelac *(Huit Inventions)*, Roman Haubenstock-Ramati *(Jeux 6)*, Gilbert Amy *(Cycle)*, Alain Louvier *(Candrakala, Shima)*, Peter Schat *(Signalement)*, Serocki *(Continuum)*, André Boucourechliev *(Archipel III)*, Yannis Xenakis *(Persephassa)*, Ivo Malec *(Actuor)*, André Jolivet *(Cérémonial)*, Detlev Kieffer *(Félix)*, Karlheinz Stockhausen *(Musik im Bauch)*, Tona Scherchen *(Shen)*, Georges Aperghis *(Kryptogramma)*, Hugues Dufourt *(Erewhon)*, etc. M. C.

PERFECTION. Terme employé dans le solfège de la fin du Moyen Âge pour désigner la division d'une valeur en trois ; la division en deux étant dite « imparfaite », par référence à la perfection de la Sainte Trinité. Dans la notation mensurale de la même époque, une ligature* était dite « avec » ou « sans » perfection selon que, par la position de sa dernière note, celle-ci était ou non allongée ; la même notion appliquée au début de la ligature était dite « propriété ». J. C.

PERGOLESI (Giovanni Battista, ou GIAMBATTISTA DRAGHI, dit), compositeur italien *(Jesi 1710-Pozzuoli, Naples, 1736)*. Fils d'un expert agronome de Pergola, il révéla une intelligence précoce, apprit le violon dans sa ville natale, et sans doute, fin 1723, fut envoyé à Naples, où il fut élève aux Poveri de Gesù Cristo. On ne sait s'il bénéficia véritablement d'un mécénat, ou s'il put aussitôt subvenir à ses besoins grâce à son talent de violoniste, confirmé dès 1729. Élève de De Matteis et de Gaetano Greco, il semble avoir achevé ses études avec Vinci et avec Francesco Durante, et les avoir couronnées avec l'exécution d'un drame sacré *(La Conversione di San Guglielmo d'Aquitania, contenant des scènes comiques)* et avec l'oratorio *La Morte di San Giuseppe*. Il affronta sans succès le véritable public au San Bartolomeo avec *Salustia* (1732), puis triompha la même année aux Fiorentini avec une comédie en 3 actes en dialecte napolitain due à G. A. Federico, *Lo Frate'nnamurato*. En 1733, l'opera seria *Il Prigionier superbo* contenait l'intermezzo *La Serva padrona* qui, repris isolément dès 1738, ne devait plus jamais quitter l'affiche. De même, *Livietta e Tracollo* fut détaché de l'opera seria *Adriano in Siria* (1734), sur un poème de Métastase. Ce dernier lui fournit encore une *Olimpiade*, donnée à Rome en 1735. Dès 1732, Pergolesi avait occupé des fonctions de maître de chapelle à Naples, cependant que Rome le réclamait souvent. En 1735 se situe la légende de son amour, partagé mais contrarié, avec Maria Spinelli, d'origine princière. Miné par une tuberculose déjà ancienne, il se retira au couvent des Capucins de Puozzoli, où il acheva son *Stabat Mater* et mourut à vingt-six ans.

La vie trop brève de Pergolèse est encore très mal connue, et la fortune extraordinaire de sa *Serva padrona*, qui, malgré sa valeur, n'est pas sa plus grande œuvre, devait conduire maints éditeurs à publier sous son nom d'innombrables ouvrages de Hasse, Vinci, Logroscino, etc. Des ariettes célèbres, comme *Se tu m'ami* et *Tre giorni son che Nina*, sont peut-être apocryphes, et il en va de même de la plupart de la musique instrumentale qui lui fut attribuée : on ne peut en retenir avec certitude que 1 ou 2 concertos et moins de 10 sonates. Les 6 *Concerti Armonici*, qui circulèrent sous son nom puis sous celui de Carlo Ricciotti, ont été attribués récemment (1980) à un mystérieux Hollandais, Unico Graf Van Wassenaer *(1692-1766)*. Une meilleure connaissance de Durante, de Leo et même de Hasse permettra un jour de mieux situer Pergolèse, dont la place apparaît néanmoins exceptionnelle en son temps. Il se montra traditionnel dans l'*opera seria*, où son écriture vocale reste surchargée de tournures baroques, déjà reniées par Alessandro Scarlatti, mais son orchestre y est riche et original. Plus heureux dans le domaine léger, il y fit preuve d'une inspiration mélodique expressive et tendre, due à la grâce inhabituelle de courtes formules peu développées. Ses succès posthumes en la matière *(La Serva padrona* fut à l'origine de la Querelle des bouffons) le firent passer à tort pour l'inventeur de l'*opera buffa* et de l'intermezzo. Mais c'est peut-être sa musique religieuse et ses cantates qui révèlent le mieux son génie. Les 2 ou 3 messes qui lui reviennent avec certitude, ses *Salve Regina* et surtout son *Stabat Mater* annoncent parfois Haydn, bien qu'antérieurs aux grandes partitions de Haendel (mais il ne faut pas oublier que Pergolèse était un contemporain de Gluck et de Carl

Philipp Emanuel Bach). La mort prématurée de Pergolèse contribua à entretenir sa légende, mais il reste un des plus grands représentants de l'école napolitaine du XVIII siècle. R. M.

PERI *(Jacopo)*, chanteur et compositeur italien *(Rome 1561 - Florence 1633)*. Venu très jeune à Florence, il étudie la musique avec Cristofano Malvezzi, puis commence une carrière d'organiste dès 1579 et de chanteur dès 1586. Il est sans doute, pendant cette période, en contact avec la Camarata du comte Bardi, bien qu'aucun document ne permette de l'attester. Il a déjà acquis, à cette époque, une certaine renommée pour ses qualités de chanteur, d'organiste et de compositeur. À partir de 1588, il est au service des Médicis et participe chaque année suivante au divertissement de G. Bargagli *(La Pellegrina)*, donné à l'occasion du mariage du duc Ferdinando et de Christine de Lorraine. Dans les années qui suivent, il appartient au cénacle de poètes et musiciens, dominé par E. de Cavalieri, qui se réunissent chez Jacopo Corsi et tentent d'établir un prototype de drame musical conforme à l'idéal antique des humanistes. Il y rencontre le poète Ottavio Rinuccini et de cette époque date une longue collaboration qui devait très tôt porter ses fruits. Leur première œuvre commune est la pastorale *Dafne* (1598), où Peri met pour la première fois en pratique sa conception du style récitatif. Deux ans plus tard, en 1600 donc, leurs efforts réunis aboutissent à *Euridice* (premier opéra complet de l'histoire de la musique), à laquelle G. Caccini apporte sa contribution musicale et qui est exécutée lors du mariage d'Henri IV et de Marie de Médicis. Peri continue, par la suite, à travailler pour les Médicis, mais en tant que compositeur plus que chanteur. Il entretient également des relations étroites avec la cour de Mantoue et en particulier avec le prince Ferdinando de Gonzague. En 1618, il est nommé *camarlingo generale dell'Arte della Lana* à Florence. Il ne chante déjà plus, mais continue à composer, quoique modérément, jusqu'à la fin de sa vie. La majeure partie de son œuvre a été perdue, en particulier les nombreux ballets et intermèdes composés pour les cours de Florence et de Mantoue. Sa fréquente collaboration avec M. et G. B. da Gagliano et avec Francesca Caccini a fait croire qu'il était devenu le spécialiste du style récitatif et a éclipsé ses dons musicaux réels. S'il est vrai que son récitatif convient merveilleusement bien à sa fonction narrative, Peri a d'autre part opéré avec *Euridice* une réforme totale du drame musical, où la musique est subordonnée au texte. Ses mélodies sont très expressives, lyriques même parfois, et il n'hésite pas à user du chromatisme et de l'ornementation pour souligner le sens de la phrase. Il donne enfin aux instruments un rôle de soutien, limité à une improvisation sur la basse continue. Peri développera d'ailleurs ce type d'écriture dans son recueil de chansons et madrigaux, *Le Varie Musiche* (1609) à 1, 2 et 3 voix avec basse continue. *Euridice* est l'aboutissement des années de recherche des cénacles florentins, et l'œuvre porte en elle le ferment du nouveau style *(stile moderno)* que Monteverdi allait porter à sa perfection. D. H.

PÉRI (LA). Poème dansé de Paul Dukas d'après une antique légende persane. Destinée à la ballerine N. Trouhanova, l'œuvre fut créée par elle au théâtre du Châtelet à Paris le 22 avril 1912.

Iskender (nom persan d'Alexandre le Grand), en quête de la fleur d'immortalité, finit par la découvrir à l'extrémité de la Terre, dans la main d'une Péri endormie (les péris étaient des fées au service du dieu de lumière Ormuzd). Iskender s'empare de la fleur, et, à son réveil, la Péri pousse un cri d'effroi, car sans la fleur elle ne peut plus remonter vers la lumière d'Ormuzd. Mais Iskender est fasciné par sa beauté, et dans ses mains la fleur devient rouge comme la face du désir. La Péri danse alors sa danse de séduction, jusqu'à ce que son visage touche celui d'Iskender, qui lui rend la fleur sans regret. La Péri saisit la fleur, qui a acquis l'éclat de la neige et de l'or, et disparaît lentement en s'élevant dans une lumière éblouissante. Iskender comprend que sa fin est proche et sent l'ombre l'entourer.

Précédé d'une célèbre fanfare, le ballet (dans la tonalité principale de *mi* majeur) se déroule en une seule gradation ascendante, aboutissant à un bref sommet suivi d'une descente rapide. M. V.

PÉRICHOLE (LA). Opéra bouffe d'Offenbach, sur un livret de Meilhac et Halévy d'après *le Carrosse du saint sacrement* de Mérimée. Elle fut créée dans sa première version en 2 actes au théâtre des Variétés à Paris le 6 octobre 1868, et reprise dans une version remaniée en 3 actes le 25 avril 1874.

ACTE PREMIER. (À Lima, sur une place devant le cabaret des Trois Cousines.) *Grande animation à l'occasion de la fête du vice-roi Andres de Ribeira (b). Or celui-ci, déguisé en homme du peuple, se trouve dans la foule, incognito, du moins le croit-il. Une chanteuse des rues, la Périchole (s), et son amant Piquillo (t) chantent une complainte* (l'Espagnol et la Jeune Indienne), *puis une séguedille. Le vice-roi s'éprend de la Périchole et lui propose de devenir demoiselle d'honneur dans son palais. Elle accepte et écrit une lettre à Piquillo pour lui expliquer son geste tout en lui demandant pardon. Or une demoiselle d'honneur doit nécessairement être mariée. On va donc marier la Périchole au premier venu, qui se trouve être Piquillo, lui-même, complètement ivre et incapable de comprendre ce qui se passe.*

ACTE II. (Au palais.) *Raillé par les dames de la cour, Piquillo se rend compte du subterfuge. Il maudit la Périchole et met le vice-roi en garde contre elle. Cela lui vaut d'être arrêté et jeté au cachot.*

ACTE III. (Au cachot.) *La Périchole vient retrouver Piquillo et lui affirme son amour. Le vice-roi vient les rejoindre déguisé en geôlier. Ils réussissent à l'enfermer dans la prison et à s'échapper. Mais le vice-roi, conscient de la situation illégale dans laquelle il s'était mis, leur pardonnera, et ils pourront retourner à leur vie de gens du peuple, moins misérable désormais grâce aux richesses dont ils auront été comblés.*

Restée l'une des œuvres les plus populaires d'Offenbach, *la Périchole* contient des airs d'une belle invention mélodique (*Lettre de la Périchole* à l'acte Ier, *Air de Piquillo* à l'acte III) et de nombreuses pages chorales d'allure populaire. Mais l'extrait le plus célèbre reste incontestablement la complainte de l'acte Ier, avec son refrain *Il grandira car il est espagnol*, repris en chœur à la fin de l'œuvre. A. L.

PÉRIODE (du gr. *peri* et *odos*, « chemin autour de »).
— 1. Par analogie avec l'analyse littéraire, on appelle souvent *période*, en musique, un groupement de phrases constituant un ensemble sémantique cohérent et séparé du groupement suivant par une respiration ou une ponctuation cadentielle. Pour d'autres, au contraire, la période se situe en deçà de la phrase et en constitue l'un des éléments. La terminologie en cette matière n'a jamais été fixée avec précision.
— 2. En physique acoustique, on appelle *périodique* un phénomène constitué par la répétition régulière d'éléments identiques, chacun d'eux constituant une période. Ainsi l'oscillation d'une corde vibrante est par rapport au temps un phénomène périodique. J. C.

PERLE *(George)*, compositeur et musicologue américain *(Bayonne, New Jersey, 1915)*. Il a fait ses études à l'université DePaul (1935-1938) et avec Ernst Krenek (1939-1941), et fut, dès les années 30, le premier compositeur américain attiré par l'école viennoise. Il enseigne depuis 1961 au Queen's College de New York. Spécialiste d'Alban Berg, il a écrit de nombreux articles sur les œuvres de ce musicien (en particulier *Lulu*). Comme compositeur, il a surtout écrit de la musique de chambre ou pour petites formations. On lui doit également le traité *Serial Composition and Atonality* (1962 ; rév., 1968 et 1972 ; 4e éd., 1978).
 A. G. et M. V.

PERLEMUTER *(Vlado)*, pianiste français *(Kowno, Pologne, 1904)*. Élève du Conservatoire de Paris, où il obtient un premier prix, il apprend de Moszkowski les bases techniques du piano et de Cortot sa science du phrasé et du toucher. Ravel, qu'il rencontre en 1925 et avec qui il travaillera toute l'œuvre pianistique, lui transmet son amour de la retenue, sa haine de l'effet.

Que ce soit Chopin, Fauré, Liszt, Mozart ou Ravel, ses interprétations, avec leurs vertus d'économie des moyens utilisés, de subtilité des rythmes et des nuances, d'équilibre entre conception d'ensemble et minutie du détail, sont sans doute trop secrètes pour susciter l'admiration du plus grand nombre. Tout aussi remarquable, le pédagogue a enseigné à partir de 1950 au Conservatoire de Paris, ainsi que lors de différents cours au Collège royal de musique de Londres, à l'Académie d'été de Dartington, au Canada et au Japon. M. W.

PERLMAN *(Itzhak)*, violoniste israélien *(Tel Aviv 1945)*. Un an après avoir perdu l'usage de ses jambes à la suite d'une attaque de poliomyélite, il commence, à cinq ans, l'étude du violon, et donne à dix ans ses premiers concerts avec l'orchestre de la radio israélienne. En 1958, grâce à un concours lancé par le producteur Ed Sullivan, il passe à la télévision américaine et gagne une bourse pour continuer ses études à la Juilliard School de New York, avec I. Galamian et D. Delay. Il débute au Carnegie Hall en 1963 (avec le premier concerto de Wieniawski) et remporte l'année suivante le concours Leventritt, ce qui le fait inviter par les grandes formations américaines, la Philharmonique de New York en tête. Après une rentrée triomphale en Israël, il fait ses débuts européens à Londres, en 1968, avec le London Symphonic Orchestra, et rencontre, lors des concerts d'été de musique de chambre du Queen Elizabeth Hall, D. Barenboim, J. Du Pré, P. Zukerman et V. Ashkenazy, avec qui il noue des liens musicaux et humains privilégiés.

Une autre amitié, celle d'André Previn, lui ouvre les horizons du jazz : ils enregistrent ensemble plusieurs disques, dont un hommage à S. Joplin. Sur son stradivarius de 1714, Perlman interprète et enregistre les œuvres préférées de ses maîtres, Kreisler, Milstein et, surtout, Heifetz, avec qui il partage un goût immodéré pour les pièces de virtuosité et les concertos fin de siècle, ceux de Korngold et de Conus en particulier. Dans le même esprit, il enregistre en 1982 deux concertos écrits pour lui par R. Starr et E. Kim, des pièces d'un lyrisme sans prétention. Refusant un enseignement officiel et routinier, il dirige volontiers des classes dans les académies d'été américaines, à Aspen, par exemple. Comme Heifetz, Perlman détient le pouvoir de transfigurer le moindre morceau de musique en chef-d'œuvre, grâce à un phrasé d'une grande pureté et à une sonorité rayonnante. M. W.

PERNET *(André)*, basse française *(Rambervilliers, Vosges, 1894 - Paris 1966)*. Il étudia à Paris avec Gresse et débuta à Nice en 1921. Engagé à l'Opéra de Paris, il y chanta régulièrement de 1928 à 1947. Pernet était un artiste lyrique d'une classe exceptionnelle, très représentatif de l'école de chant française à son meilleur niveau. Sa voix n'était pas d'une puissance exceptionnelle, mais la qualité de son timbre était inoubliable, et il possédait une absolue maîtrise des colorations les plus subtiles. Sa diction exemplaire, son talent d'acteur en firent un des grands tragédiens lyriques de son époque. Il créa de nombreux opéras contemporains, dont *Maximilien* de Darius Milhaud et *Œdipe* de George Enesco. André Pernet était aussi extrêmement apprécié dans les rôles de Méphisto, de Boris Godounov et de Don Juan. J. B.

PÉROTIN, dit **PÉROTIN LE GRAND** *(magister Perotinus,* PEROTINUS MAGNUS*)*, le dernier et le plus célèbre des trois principaux déchanteurs qui illustrèrent, à la fin du XIIe siècle ou au début du XIIIe, l'école dite de Notre-Dame de Paris, les deux premiers étant maître Albert et maître Léonin. Les œuvres conservées de Pérotin, organa et conduits, parmi lesquelles les deux imposants « quadruples » *Viderunt omnes* et *Sederunt principes*, composés avant 1199, figurent à la place d'honneur dans les principaux manuscrits de l'école, mais le nom de leur auteur ne nous est connu que par un auteur anglais dit l'Anonyme IV de Coussemaker (nom du premier éditeur du texte) ; cet auteur écrivait au début du XIVe siècle et on en parle encore avec admiration. On a supposé qu'il pouvait s'agir d'un préchantre Pierre, mort en 1236, mais l'attribution reste hypothétique. Outre ces deux quadruples, l'Anonyme IV cite encore comme œuvres de Pérotin les conduits *Salvatoris hodie* et *Beata viscera*, des organa triples sur les alléluias *Nativitas* (dont *Diffusa est* est une seconde version) et *Posui adjutorium*. Aucune des autres œuvres, parfois mises sous son nom, ne présente de garantie d'attribution. Outre ses œuvres propres, Pérotin avait également remanié plusieurs organa de son prédécesseur Léonin, dont il avait, selon l'Anonyme IV, rédigé une version abrégée. J. C.

PÉROU. Les premiers témoignages de la vie musicale péruvienne remontent, comme pour les autres pays d'Amérique latine, au XVIe siècle et concernent surtout la musique religieuse, directement influencée par l'école espagnole. La cathédrale de Lima, en héritant des rites privilégiés de celle de Séville dans le domaine de la polyphonie vocale, devint rapidement l'un des grands centres de la culture musicale religieuse. Le premier compositeur péruvien connu est José de Orejón y Aparicio *(1706-1765)*, organiste et maître de chapelle, dont les messes, cantates et passions attestent une grande noblesse d'inspiration.

L'évolution fut cependant assez lente au Pérou, malgré un courant de nationalisme musical, dont José Bernardo Alzedo *(1788-1878)*, auteur de 3 messes solennelles et de la *Passion pour le dimanche des rameaux*, puis José Maria Valle Riestra *(1859-1925)* et Daniel Alomia Robles *(1871-1942)* ont été les promoteurs.

L'Académie nationale de musique n'a été fondée qu'au début du XXe siècle, et c'est grâce à l'activité de son directeur, Federico Gerdes, que les grandes symphonies classiques ont été entendues, pour la première fois, à Lima. Entre les deux guerres, la vie musicale s'est notablement développée et la plupart des compositeurs ont eu le souci d'incorporer aux structures européennes les mélodies traditionnelles du folklore inca. Citons Ernesto Lopez Maindreau, auteur des opéras *Nueva Castilla* et *Francisco Pizarro*, Pablo Chavez Aguilar, Alfonso de Silva et surtout Theodore Malcarcel *(1900-1942)*, dont le ballet *Sacsahaman* est l'une des œuvres les plus populaires au Pérou. Les compositeurs de la jeune génération, indifférents à cette esthétique relevant du folklore, admettent les techniques sérielles (César Bolanos, Celso Garnja Lecca, Olga Pozzi Escot, Luis Iturrizaga) et la musique concrète (Enrique Pinilla, Leopoldo la Rosa). A. G.

PERSEPHASSA. Œuvre de Yannis Xenakis pour 6 percussionnistes, composée en 1969 et créée le 9 septembre 1969 au Festival de Chiraz-Persépolis par les Percussions de Strasbourg, qui en sont les dédicataires. Pour l'exécuter, les percussionnistes doivent être placés « en anneau » autour du public, cette disposition étant utilisée aussi bien pour une utilisation « géométrique » de l'espace sonore, que pour certains effets de « giration » de la musique autour du public. Au lieu d'employer, comme la plupart des compositeurs qui écrivirent pour les Percussions de Strasbourg, l'ensemble des instruments à percussion, l'auteur se limita à un nombre très restreint de corps sonores (évitant notamment les percussions à clavier), mais y ajoutant les « simandres » *(simantra)*, pièces de bois ou de métal utilisées dans les couvents grecs, et qu'il avait déjà ressuscitées dans l'*Orestie*. Le titre fait allusion à un nom archaïque de la déesse Perséphone ou Coré. M. C.

PERSÉPHONE. Mélodrame en 3 scènes pour ténor, récitante, chœur mixte, chœur d'enfants et orchestre d'Igor Stravinski, sur un texte d'André Gide, composé à Voreppe et à Paris de mai 1933 au 24 janvier 1934, et créé le 30 avril 1934 à l'Opéra de Paris par les ballets Ida-Rubinstein, sous la direction de l'auteur.

SCÈNE PREMIÈRE. (Perséphone ravie.) *Perséphone (ou Proserpine, ou Coré), fille de Zeus et de Déméter, se laisse persuader* par Eumolpe, prêtre du temple d'Éleusis, de descendre aux Enfers pour apporter la consolation aux âmes des morts et y devenir l'épouse de Pluton. Perséphone ayant le don de faire naître autour d'elle un éternel printemps, son départ pour l'au-delà provoque sur la terre un éternel hiver.

SCÈNE II. (Perséphone aux Enfers.) *Perséphone, qui ignorait que son destin était de rester aux Enfers, en arrive à regretter l'éternel printemps de la terre. Mais elle apprend que sa mère Déméter, après l'avoir recherchée en vain, a adopté l'enfant Démophon, à qui elle compte conférer l'immortalité ; que celui-ci, devenu Triptolème, apprendra aux hommes à cultiver le sol ; et que, elle-même, revenue à la lumière, l'épousera et régnera avec lui dans un printemps éternel.*

SCÈNE III. (Perséphone renaissante.) *Perséphone est unie à Triptolème. Malgré sa joie, elle réalise que rien ne pourra plus arrêter le cycle des saisons et que son destin sera de redescendre aux Enfers, ce gouffre à misères humaines, et d'en revenir chaque année apporter le printemps à une terre rendue féconde uniquement par le travail des hommes.*

L'œuvre est essentiellement un oratorio profane avec des intermèdes chorégraphiques. Le seul rôle soliste chanté est celui d'Eumolpe (t) : lui et le chœur racontent et commentent l'action. Eumolpe a plusieurs airs, et les chœurs sont nombreux. Les rôles de Pluton ou encore de Mercure sont muets. Le rôle de Perséphone est le plus important : personnifié par une danseuse-actrice (à la création, Ida Rubinstein), il est à la fois parlé (la récitante), mimé (la danseuse-actrice) et chanté (le chœur). *Perséphone* est la seule partition importante composée par Stravinski sur un texte français. Le mythe de Déméter, déesse des Moissons, contrainte de donner sa fille Perséphone à Pluton six mois de l'année, ne pouvait qu'attirer l'auteur du *Sacre du printemps*. Ici, le printemps ne peut renaître que si le grain consent à mourir (thème cher à Gide). Mais alors que le *Sacre* s'achevait sur une vision de sacrifice, *Perséphone* prend fin sur la réconciliation de l'homme et de la nature. Ce triomphe de la raison et de l'intelligence fait de *Perséphone* le sommet de la manière « grecque » du compositeur. M. V.

PERTILE (*Aureliano*), ténor italien (*Montagnana 1885 - Milan 1952*). Il débuta en 1911 à Vicenza dans *Martha* de Flotow. Engagé à la Scala de Milan en 1921, il y fut le principal ténor lyrico-dramatique pendant quinze ans. Toscanini l'appréciait particulièrement pour sa rigueur musicale, à laquelle venait s'ajouter une grande puissance d'expression. Sa voix au timbre incisif avait davantage d'éclat que de beauté véritable, mais il s'en servait avec un art consommé. Ses interprétations de Radames dans *Aïda* et de Manrico dans *Il Trovatore* de Verdi étaient remarquables par l'intensité aussi bien que par la subtilité des nuances. En 1924, il créa *Nerone*, l'opéra posthume de Boito, et y remporta un succès considérable. A la fin de sa vie, il était professeur de chant au conservatoire de Milan. J. B.

PESCATRICI (LE). Opéra en 3 actes Hob.XXVIII.4 de Haydn sur un livret d'après Carlo Goldoni, commencé en 1769 et créé à Esterháza le 16 septembre 1770, à l'occasion du mariage de la comtesse von Lamberg, nièce du prince Esterházy, avec le comte Poggi.

Lindoro (b), prince de Sorrente, a entrepris un voyage sur mer à la recherche de l'héritière du trône, dont on raconte qu'elle vit parmi un peuple de pêcheurs. Il débarque chez ce peuple et annonce la raison de sa venue. A cette nouvelle, les pêcheuses Lesbina (s) et Nerina (s) se sentent du sang princier dans les veines et se comportent en conséquence vis-à-vis de leurs amants respectifs Frisellino (t) et Burlotto (t). Burlotto et Nerina, d'une part, Burlotto et Lesbina, d'autre part, sont frères et sœurs. Le vieux pêcheur Mastricco (b) avoue au prince que sa fille présumée Eurilda (a) est en réalité celle qu'il cherche, mais qu'elle ignore tout de ses origines. Lindoro souhaite d'abord démasquer les deux intrigantes, mais celles-ci se montrent si adroites que le prince commence à douter. Il fait apporter par sa suite des trésors, de l'or, des bijoux, mais aussi un précieux poignard, et demande aux trois jeunes filles de faire leur choix. Seule Eurilda choisit sans hésiter le poignard, qu'elle brandit avec enthousiasme. Lindoro la reconnaît à ce geste, la prend pour épouse et s'embarque avec elle sous les acclamations des pêcheurs.*

Le Pescatrici (« les Pêcheuses ») est un ouvrage à échelle nettement plus vaste que l'opéra précédent de Haydn, *l'Apothicaire*. C'est aussi le premier où se mêlent caractères sérieux (le couple Eurilda-Lindoro) et bouffes (les couples Nerina-Burlotto et Lesbina-Frisellino), tandis que Mastricco n'est plus le barbon habituel, mais une sorte de sage nourri par l'expérience. Cette dualité se reflète dans la musique. C'est, en outre, une partition particulièrement riche en ensembles, qui tire de l'usage des cors anglais une chaleur bien spéciale, et où l'on trouve même une sorte de saveur méditerranéenne. Le livret a survécu en entier, mais malheureusement, un quart environ de la musique a disparu. Les parties manquantes ont été « recomposées » — pour la représentation de 1965 au festival de Hollande, la première depuis 1770 — par H. C. Robbins Landon, et c'est avec ces ajouts (indiqués dans la partition chant et piano, mais capables à l'audition de passer inaperçus, à moins qu'on n'y remarque des échos du style plus tardif de Haydn) que l'œuvre a été donnée depuis. M. V.

PETER GRIMES. Opéra en 1 prologue et 3 actes de Benjamin Britten, sur un livret de Montagu Slater, d'après le poème de George Crabbe *The Borough*, composé en 1944-45, et créé le 7 juin 1945 au Sadler's Wells Opera dirigé par Reginald Goodall.

PROLOGUE. *Vers 1830, dans la salle des assemblées d'Aldeburgh, village de pêcheurs du Suffolk, Swallow (b), maire et coroner du bourg, interroge le pêcheur Peter Grimes au sujet de la mort, jugée suspecte, de son jeune apprenti. Celle-ci est due à l'épuisement et au froid, indique Grimes, alors qu'ils avaient dérivé trois jours en mer, à la suite d'un coup de vent contraire. Le coroner déclare cette mort « accidentelle », mais d'une manière tellement ambiguë que Grimes ne s'estime pas blanchi. La maîtresse d'école, Ellen Orford (s) réussit à le réconforter par la confiance qu'elle lui témoigne dans l'avenir de ses activités.*

ACTE PREMIER. *Grimes demande un coup de main pour haler son bateau que seuls Balstrode (bar), capitaine retraité de la marine marchande, et Keene (bar), le pharmacien, lui accordent. Keene annonce à Grimes qu'il lui a trouvé un nouvel apprenti à l'hospice. Ellen est la seule à accepter d'aller le chercher, à la désapprobation générale. Une tempête éclate, d'autant plus redoutée par les villageois qu'elle accompagne la grande marée d'équinoxe. Balstrode essaye de comprendre la solitude de Grimes et de l'entraîner à l'abri, mais ce dernier, après avoir évoqué l'horreur de la pêche tragique (« Seul, seul, seul, avec la mort d'un enfant »), se rebiffe et reste immobile dans le vent. Le soir, au pub le Sanglier, Grimes, indifférent au mépris général, évoque des croyances d'un ordre presque magique : il lira dans les étoiles (« Voici que la Grande Ourse et les Pléiades aspirent les nuages de la détresse humaine »), il transformera les poissons en argent. Lorsqu'Ellen entre avec le nouvel apprenti, Peter décide de l'emmener immédiatement à sa cabane, à travers la tempête qui se déchaîne.*

ACTE II. *Alors que les villageois assistent à un office religieux, Ellen remarque que la veste du jeune apprenti est déchirée, et qu'il porte la trace d'un coup. Grimes, qui a aperçu un banc de poissons, vient le chercher pour partir en mer. Ellen tente de le raisonner : « Ce travail acharné, ce labeur gris et sans repos, quel but, quel avenir vise-t-il ? » « Ils nous achèteront maison, estime... » Peter pense vaincre l'antipathie des gens par la richesse que lui procurera l'argent de ses prises. Lorsqu'Ellen le met en face de leur échec, Peter la frappe : « Que Dieu ait pitié de moi ! » La scène a été entendue. A la sortie de l'église, tout le bourg hurle que « Grimes a recommencé ». Un groupe d'hommes, menés par Swallow et le recteur (t), part enquêter dans sa cabane. D'un côté, Peter rêve longuement au bonheur qu'il pourrait vivre avec Ellen. La procession approche : il rend responsable les bavardages d'Ellen et du jeune apprenti. Il l'oblige à descendre du bateau par le chemin de la falaise, pour éviter les villageois. Le petit glisse, tombe et se tue. Grimes se précipite à sa recherche. Le groupe trouve la cabane vide, et, à sa surprise, en ordre et raisonnablement tenue. Seul Balstrode s'inquiète de la porte ouverte, donnant sur la falaise, et des vêtements du petit, éparpillés sur le sol.*

ACTE III. *Un bal se déroule dans la salle des assemblées. Mrs. Sedley (ms), une dangereuse commère acharnée à perdre*

Grimes, erre dans l'ombre du port et surprend Ellen révélant à Balstrode que la marée a rejeté le tricot qu'elle avait tricoté au jeune apprenti.

Tous deux concluent à l'impossibilité d'aider Peter, désormais. Alerté par Mrs. Sedley, et ayant constaté la présence au port du bateau de Grimes, Swallow déclenche la chasse à l'homme, dans une atmosphère d'hystérie et de brutalité sauvages (« Lui qui nous méprise, nous le détruirons »). La nuit, dans le brouillard, Grimes, hagard, bête traquée, se livre à un monologue, long délire, ponctué par les appels des villageois, à sa recherche, et les soupirs lancinants et lugubres d'une corne de brume. Des lambeaux de souvenirs tragiques lui reviennent, il s'identifie à la mer (« Qu'est-ce, la maison ? Calme comme l'eau profonde. Où est ma maison ? Profonde dans l'eau calme. L'eau boira tous mes chagrins, et la marée changera. »). Devant Ellen, effondrée, Balstrode demande à Grimes de partir en mer et de couler son bateau. A l'aube, Swallow annonce, dans l'indifférence générale, qu'un naufrage se produit au large. Alors que la mer engloutit Grimes, la vie quotidienne reprend au bourg, comme si rien ne n'était passé.

Premier volet de la trilogie britténienne des drames de la mer (avec *Billy Budd* et *The Golden Vanity*), *Peter Grimes* développe le thème de la marginalité, cher à son auteur. A la différence de George Crabbe, qui trace le portrait impitoyable d'un pêcheur sadique, Britten crée un Grimes inadapté, entêté, fier, incompris, dont il dépeint musicalement la condition avec une évidente sympathie (ses solos sont des monologues lyriques de nature rhapsodique) ; il est rejeté par le bourg parce qu'il est différent : un visionnaire, dont l'esprit oscille en permanence entre le rêve et la réalité, et dont le fragile équilibre est ébranlé, lorsqu'il est pris dans un engrenage d'événements tragiques. Au cœur de l'œuvre : l'impossibilité de coexister entre l'univers fermé du bourg et l'univers ouvert de Grimes, symbolisée par l'opposition entre les tonalités de la majeur et de *mi* bémol majeur.

Pour son premier grand opéra, Britten fait preuve d'un sens inné de la progression dramatique, déploie de vastes ensembles choraux, culminant dans le sauvage « Peter Grimes » lancé par la foule malfaisante de la chasse à l'homme, dans laquelle se sont fondus les bigots du bourg, dépeints avec une ironie tragique. La tension est constamment maintenue par l'orchestre, auquel Britten confère également une riche poétique et évocatrice, spécialement dans les 6 préludes et interludes, véritables poèmes symphoniques, dont 4 ont été regroupés sous le titre *Sea Interludes*, pouvant être joués séparément.
J.-J. M.

PETERS, firme allemande d'édition musicale. Son origine remonte à 1800, quand F. A. Hoffmeister et A. Kühnel ouvrirent à Leipzig un « bureau de musique », qui publia notamment des œuvres de Bach, Haydn et Mozart, ainsi que dix opus inédits de Beethoven. Le libraire Carl Friedrich Peters racheta l'entreprise en 1814 et lui donna son nom, que ses nombreux successeurs ont conservé. Ce fut d'abord, en 1828, Carl Gottfelf Böhme. Julius Friedländer, qui le remplaça, lança en 1867 la fameuse collection de musique classique Édition Peters à laquelle contribuèrent Liszt, Wagner et Brahms.

La réputation de la maison C. F. Peters était déjà universelle quand Max Abraham en prit la direction en 1880. C'est lui qui fonda en 1894 la Musikbibliothek Peters, institut musicologique richement doté, qui, légué à la ville de Leipzig, publia jusqu'en 1941 une revue annuelle. A la mort d'Abraham en 1900, son neveu Henri Hinrichsen lui succéda. Il négocia l'acquisition des droits des œuvres les plus marquantes de Richard Strauss, Hugo Wolf et Max Reger, mais n'échappa pas à la persécution antisémite et dut se retirer ; il mourut d'ailleurs dans un camp de concentration ainsi que son fils Hans Joachim. En 1939, les éditions Peters étaient aux mains de Johannes Petschull, qui racheta la célèbre maison Litolff. Peu après, bombes et obus détruisirent en majeure partie les ateliers et magasins de Peters, et c'est un établissement très appauvri que le gouvernement de l'Allemagne de l'Est nationalisa en 1949. Dès l'année suivante, Petschull transféra le siège de la firme à Francfort, où elle retrouva sa prospérité. Cependant, les fils survivants d'Hinrichsen avaient émigré et créé deux filiales : la première à Londres sous le nom de Hinrichsen Edition Ltd, la seconde à New York, C. F. Peters Corporation.
M. T.

PETERSON (Oscar), pianiste de jazz canadien (Montréal 1925). Musicien professionnel à quinze ans, il fut découvert en 1949 par le producteur Norman Granz qui, par la suite, en fit une vedette inamovible des concerts du Jazz at the Philharmonic. Le style de Peterson est disparate, mais il a de l'imagination et, sur le plan de la virtuosité comme sur celui du *swing*, nul ne le surpasse.
A. H.

PETIT (Pierre), compositeur et critique musical français (Poitiers 1922). Il a étudié avec G. Dandelot (analyse), N. Boulanger (harmonie), N. Gallon (fugue) et H. Büsser (composition), obtenu en 1945 un premier prix de composition et l'année suivante un premier grand prix de Rome. Nommé en 1951 professeur d'histoire de la civilisation au Conservatoire, il fonda la *Revue du Conservatoire* et mena de front des activités de compositeur, de pédagogue (directeur de l'École normale de musique de Paris depuis 1963 et maître de conférence à l'École polytechnique depuis 1973) et d'animateur musical, notamment à la radio et à la télévision. On lui doit des pièces pour piano, de la musique de chambre, quelques pièces pour orchestre (*Garden Party*, 1958 ; *Tarentelle*, 1965 ; *Storia*, 1971), des mélodies, de nombreux ballets (*Zadig*, 1948 ; *Romanza romana*, 1950), et des ouvrages lyriques, en général comiques. Depuis 1975, il est critique musical au *Figaro*.
D. H.

PETIT DUC (LE). Opéra-comique en 3 actes de Charles Lecocq sur un livret de Meilhac et Halévy. Créé au théâtre de la Renaissance le 25 janvier 1878.

L'action se situe à Versailles, sous le règne de Louis XV.

ACTE PREMIER. *Le jeune duc de Parthenay (s) — seize ans — vient de faire un mariage d'amour avec une non moins jeune demoiselle. Mais c'est pour l'instant un mariage blanc, les familles ayant jugé que l'éducation des tourtereaux était encore à faire. Le petit duc est confié à un précepteur militaire nommé Montlandry (bar) et à un précepteur civil surnommé Frimousse (t), tandis que la petite duchesse est expédiée dans un pensionnat de Lunéville. Fort mécontent d'être séparé de celle qu'il aime, M. de Parthenay se rappelle qu'il est colonel et décide de partir pour Lunéville à la tête de son régiment.*

ACTE II. *Le petit duc a déjà un complice dans la place : son précepteur Frimousse, qui s'est fait engager comme professeur au pensionnat de Lunéville. Apprenant que son établissement est cerné par une troupe de dragons, la directrice fait enfermer la petite duchesse (s) dans sa chambre. Le jeune colonel, déguisé en paysanne, n'en réussit pas moins à la rejoindre. Mais, au moment où il va l'enlever, la directrice le convainc de se rendre plutôt à la frontière, où l'on se bat.*

ACTE III. *Tout va s'arranger, car l'intervention du petit duc et de ses dragons a décidé du sort de la bataille, les jeunes mariés iront récompense. En guise de voyage de noces, les jeunes mariés iront porter à Versailles la nouvelle de la victoire.*

Ce charmant ouvrage, dont le succès fut considérable, est aujourd'hui fort démodé. Il en reste au moins la célèbre *Leçon de solfège* du deuxième acte.
M. T.

PETITE MESSE SOLENNELLE. Œuvre de Rossini. *V. Péchés de ma vieillesse.*

PETITE MUSIQUE DE NUIT (en all. *Eine kleine Nachtmusik*). Titre authentique porté par la sérénade n° 13 en *sol* majeur K.525 pour 2 violons, alto, violoncelle et contrebasse de Mozart, datée du 10 août 1787. Il y a 4 mouvements, allegro, romance (andante), menuet (allegretto) et rondo (allegro), mais, entre les deux premiers, se trouvait à l'origine un menuet qui a disparu. De cet ouvrage très célèbre, on ignore les circonstances de composition. Le thème du début (une sorte de fanfare), le titre et la structure d'origine en

5 mouvements relèvent du genre « sérénade », mais l'instrumentation et la facture donnent à l'œuvre un côté intime, un côté « musique de chambre », qui font d'elle une des grandes synthèses mozartiennes de deux genres en principe à l'opposé l'un de l'autre.　　M. V.

PETITE RENARDE RUSÉE (LA). Opéra en 3 actes de Leos Janáček (musique et livret en langue tchèque). Créé à Brno le 6 novembre 1924.

ACTE PREMIER. *Le Forestier (bar) fait la sieste dans la forêt, bercé par le chant des insectes. Réveillé par une grenouille qui vient atterrir sur son nez, il aperçoit la petite Renarde (s) et réussit à la capturer. Plus tard, devant la maison du Forestier, qui voudrait l'apprivoiser pour amuser ses enfants, la Renarde mélancolique se trouve en compagnie d'un chien basset (ms) qui lui conseille la résignation tout en lui faisant la cour. Attachée, parce qu'elle s'est rebiffée contre le gamin qui la taquinait, elle se transforme, le soir venu, en une jeune fille qui ressemble étrangement à la Tzigane Terinka, jadis aimée du Forestier. A l'aube, elle tient aux poules de la basse-cour un discours révolutionnaire. Devant leur indifférence, elle fait la mort, puis les étrangle l'une après l'autre. La femme du Forestier (ms) intervient trop tard : la Renarde a rompu sa laisse et s'est échappée.*

ACTE II. *Dans la forêt, la Renarde attire le Blaireau (b) hors de son terrier et s'installe à sa place. La scène suivante se situe dans l'auberge du village, où le Forestier dispute avec l'Instituteur (t) une partie de cartes qu'arbitre le Curé (b). L'ambiance est à la plaisanterie, mais une allusion de l'Aubergiste (t) à la Renarde vexe le Forestier, qui s'en va. Nous voici de nouveau dans le bois, en pleine nuit. L'Instituteur, puis le Curé, passablement ivres, rencontrent la Renarde et la prennent pour la fameuse Terinka, qui, décidément, hante leurs rêves à tous. Le Forestier, survenant à son tour, dissipe leurs illusions. Cependant la Renarde file le parfait amour avec un congénère (s) en présence de la Chouette (ms). Elle fait venir un prêtre, le Pivert (b), qui célèbre le mariage.*

ACTE III. *Dans la forêt, le colporteur Harasta (b) rencontre le Forestier et lui annonce qu'il va épouser Terinka. Le Forestier, que cette nouvelle ne réjouit guère, tend un piège près du cadavre d'un lièvre visiblement saigné par des renards. Les petits de la Renarde viennent jouer autour du piège et la Renarde elle-même provoque Harasta, qui la tue d'un coup de fusil, par le plus grand des hasards. Plus tard, à l'auberge, le Forestier et l'Instituteur trinquent en déplorant leur malchance : c'est aujourd'hui le mariage de Terinka et c'est elle qui aura droit à un manchon de renard. Le tableau final ramène le Forestier sur les lieux où il a pris la Renarde, et où la vie continue. Il se promet de faire mieux la prochaine fois.*

La Petite Renarde rusée est à peu près à l'opéra ce que le *Chantecler* d'Edmond Rostand est au théâtre : injouable selon les normes traditionnelles. Faire parler ou chanter des animaux, à plus forte raison s'ils côtoient des êtres humains, pose des problèmes de mise en scène qui n'ont été résolus de façon vraiment satisfaisante que par Walter Felsenstein, en 1956, au Komische Oper de Berlin-Est. Cette version allemande a révélé sur le plan mondial un ouvrage à tout point de vue exceptionnel, d'une incomparable poésie musicale et dramatique.　　M. T.

PETITE RUSSIENNE. Titre donné parfois à la symphonie n° 2 en *ut* mineur op. 17 de Tchaïkovski. Elle fut composée en 1872 en Ukraine (« Petite Russie »), à Kamenka, propriété des Davidov, qui étaient des parents du compositeur. Exécutée avec succès en 1873 sous la direction de N. Rubinstein, elle fut remaniée en 1879. Sans être la plus originale des symphonies de Tchaïkovski, la *Petite Russienne*, moins dramatique que les autres, est sans doute celle qui dégage le plus d'entrain et de fraîcheur populaire.　　A. L.

PETITE SUITE. Œuvre pour piano à 4 mains de Claude Debussy, composée en 1889 (après les *Ariettes oubliées*). Elle fut orchestrée par Henri Büsser pour un petit ensemble. Légère d'esprit, avec un côté « miniature », qui rappelle le Tchaïkovski de *Casse-Noisette*, elle évoque aussi tour à tour le Fauré de *Dolly* (premier mouvement *En bateau*, avec ses ondulations régulières et rassurantes), le Bizet des marches joyeuses (*Cor-*

tège, avec ses tierces parallèles sagement alignées), les menuets archaïsants des ballets romantiques (*Menuet*), et, enfin, les danses bonhommes de Chabrier, dans le *Ballet* final, de forme ABA', encadrant une valse entre deux reprises d'une espèce de bourrée.　　M. C.

PETITS CHANTEURS DE VIENNE (en all. *Wiener Sängerknaben*). Chorale de jeunes garçons, dont les fonctions furent légalisées par un décret de l'empereur Maximilien Ier en 1498. Cette très ancienne institution fut étroitement associée à l'histoire de l'empire autrichien. Lorsque la cour perdit le monopole de la vie musicale, les Petits Chanteurs élargirent le domaine de leurs activités et participèrent notamment aux nouveaux concerts d'oratorios de la Gesellschaft der Musikfreunde, apportant, par exemple, leur concours à l'exécution de *Thimotheus* de Haendel en 1812 et de *Elias* de Mendelssohn en 1847. C'est en 1925 qu'ils donnèrent leur première représentation d'opéra avec *Bastien et Bastienne* de Mozart, suivi en 1926 de *l'Apothicaire** de Haydn. C'est en 1926 également qu'ils commencèrent à faire des tournées de concerts. Depuis 1928, ils sont installés dans le palais de l'Augarten, où ils reçoivent une double formation, générale et musicale. Parmi les musiciens les plus célèbres associés à l'histoire des Petits Chanteurs de Vienne figurent Franz Schubert, lui-même petit chantre à partir de 1808, et Anton Bruckner, nommé en 1875 professeur et organiste des Sängerknaben. La chorale est scindée en deux groupes, l'un assumant les tournées de concerts, l'autre se faisant entendre chaque dimanche dans la chapelle du château.　　A. et M. P.

PETITS CONCERTS SPIRITUELS (en all. *Kleine Geistliche Konzerte*). Œuvres de Heinrich Schütz. Celui-ci a publié 2 livres de *Petits Concerts spirituels* à 1, 2, 3, 4 et 5 voix avec accompagnement de basse continue, le premier, comprenant 24 concerts, à Leipzig en 1636, le second, 31 concerts, à Dresde en 1639. Il s'agit, avant tout, de pièces nées de la guerre de Trente Ans et « de son cortège d'angoisses et de privations ». Dans un État ravagé par les combats, et avec une chapelle réduite à quelques rares chantres et instrumentistes, le musicien est obligé de restreindre ses moyens et de se limiter aux seules ressources du *Petit Concert spirituel*. Quelques voix solistes, le continuo d'un orgue et d'une basse d'archet suffisent à présent à l'auteur pour écrire deux suites de chefs-d'œuvre, qui sont également des documents irremplaçables sur la spiritualité luthérienne dans l'Allemagne du temps.

L'un et l'autre livre utilise des textes allemands ou latins. Malgré la sobriété des moyens mis en œuvre et des références épisodiques au style polyphonique traditionnel, l'ensemble porte toujours l'empreinte de la monodie expressive venue d'Italie (qui marquait déjà le *1er Livre de symphonies sacrées*). Et, sous le seul angle musical, Schütz fait essentiellement œuvre de compositeur « moderne » tourné vers l'avenir et usant de tous les nouveaux modes de déclamation...

A cet égard, c'est peut-être dans les morceaux à 1 voix que le génie du Sagittarius se manifeste avec le plus d'intensité subjective. Ainsi du *Concert n° 3* du *Livre I*, *O süsser, o freundlicher, o gütiger Herr Jesu-Christe*, extraordinaire monologue, dramatique et pathétique comme le Monteverdi le plus inspiré et passant d'un type de chant à l'autre, de l'arioso au parlando, pour conclure sur le cri lyrique, *Ô comme mon âme se languit de toi !* Ainsi encore du *n° 5* du *Livre II*, *Ich liege und schlafe*, solo pour basse qui évoque quasi visuellement le repos et le réveil du juste, tandis que, du côté des duos, il faut distinguer avant tout le *n° 12* de ce même second livre, *Meister, wir haben die ganze Nacht gearbeitet*, autre sommet expressif et spirituel des *Petits Concerts*, qui met en musique la réponse que Simon-Pierre fait à Jésus, lors du miracle de la pêche miraculeuse au lac de Tibériade. Autant de pages où Schütz excelle à planter un décor sonore, à brosser un tableau d'histoire sacrée, en ne négligeant aucune ressource du style concertant, ni aucune image du nouveau parler musical.　　R. T.

Petits Riens (Les). Ballet de Noverre, donné à l'Académie royale de musique de Paris le 11 juin 1778 avec une musique partiellement composée par Mozart (K.299b). Grâce à Noverre, Mozart avait espéré obtenir de Devisme de Valgay, nouveau directeur de l'Académie royale de musique, la commande d'un opéra. C'est sans doute cet espoir qu'il composa *les Petits Riens*, mais la commande ne vint jamais. Mozart déclara alors n'avoir accompli ce travail que « par complaisance », que « pour rendre à Noverre un service amical ». Les indications de régie de Noverre ont disparu. On connaît simplement, grâce au *Journal de Paris* du 12 juin, quelque chose de l'argument, en trois tableaux et dans le plus pur style bergerie. La musique, elle aussi, disparut pour un siècle : en 1872 seulement, Victor Wilder en découvrit une copie dans les archives de l'Opéra de Paris. Cette copie comprenait une ouverture et 20 morceaux, dont on estime généralement que les 6 premiers et le dernier ne sont pas de Mozart. Des doutes ont même été émis quant à l'authenticité de certains des 13 autres.

L'ouverture, d'authenticité certaine malgré une orchestration assez épaisse, a ceci d'unique chez Mozart qu'elle ne quitte jamais la tonique (*ut* majeur). Le premier groupe (6 morceaux, dont les 3e et 4e enchaînés) évolue d'*ut* majeur à *fa* majeur, le deuxième groupe (cinq morceaux) de *ré* majeur à *la* majeur, le troisième groupe est fait de deux morceaux en *si* bémol majeur. Certains morceaux, comme les nos 5 et 8, ont une saveur tellement française qu'on serait tenté de les attribuer à quelque émule de Grétry. Mais dans le no 3, on entend déjà *la Flûte enchantée*, à ceci près que « c'est une seconde flûte qui répond à Tamino, comme si Pamina avait appris à jouer elle aussi » (E. Smith). M. V.

Pétrarque (en ital. Francesco Petrarca), poète et humaniste italien *(Arezzo 1304 - Arqua, Padoue, 1374)*. Connu surtout de son vivant comme lettré et écrivain en langue latine, il ne manquait pas de musiciens parmi ses amis. Mais il nous reste peu d'œuvres musicales sur des textes de lui réalisées durant son siècle *(Non al suo amante* de Jacopo de Bologna). Ce n'est qu'au xvie siècle que furent composés, sur ses vers, de très nombreux madrigaux, parmi lesquels ceux de Willaert et de l'école de Venise. Outre les madrigaux de Luca Marenzio, on citera encore le recueil de 1545 *Musica sopra di alcuni canzoni del divini poeta F. Petrarca*. En 1798, Haydn composa, sur un sonnet de Pétrarque, l'air de concert *Solo e pensoso* Hob.XXIVb.20. Les romantiques ne se sont intéressés à la poésie de Pétrarque, surtout pour ses sonnets amoureux dédiés à Laure, sa bien-aimée. Schubert, en 1818, mit en musique 3 sonnets (D.626, 629 et 630) dans les traductions de Schlegel et Gries. Liszt composa également des lieder sur ces sonnets, et il évoqua Pétrarque par le piano seul, dans les 3 *Sonnets de Pétrarque* des *Années de pèlerinage* (1838-1849) : *Sonetto 47 del Petrarca, Sonetto 104 del Petrarca, Sonetto 123 del Petrarca*. Au xxe siècle, Schönberg mit en musique un sonnet de Pétrarque dans sa *Sérénade* op. 24. M. C.

Petrassi *(Goffredo)*, compositeur et pédagogue italien *(Zagarolo 1904)*. Il fit ses premières études musicales à la Schola cantorum di San Salvatore de Lauro (1913-1919), puis étudia le piano avec A. Bustini, dont il devint en 1928 élève de composition au conservatoire Sainte-Cécile de Rome. Il y suivit également la classe d'orgue de F. Germani, puis la classe de direction d'orchestre de B. Molinari. De 1934 à 1936, il fut professeur d'écriture à l'académie Sainte-Cécile, puis de 1939 à 1959, professeur de composition au conservatoire de Rome. Il a également été professeur invité au Mozarteum de Salzbourg (1951) et à Tanglewood (1956). Trois années durant (1937-1940), il fut directeur du théâtre de la Fenice à Venise. En 1944, il fonda le groupe Musica Viva, consacré à la propagation du répertoire contemporain.

L'œuvre multiforme de Petrassi l'a souvent fait comparer à Stravinski. Dès le début, il a manifesté son attachement à l'héritage de la Renaissance et du baroque *(Partita, 1926 ; Toccata, 1930)* ; mais son langage harmonique porte l'influence de Casella, dont il fut l'ami, et de Hindemith. Cette union de l'esprit du passé et de la technique du présent est particulièrement sensible dans le *Psaume IX* (1936), très apparenté à Stravinski, dans le *Magnificat* (1940), dans le madrigal *Coro di morti* (1941) et dans la *Sonata da camera* pour clavecin et dix instruments (1948). Ses ballets *La Follia di Orlando* (1943), *Il Ritratto di Don Chischiotte* (1945), son opéra *Il Cordovano* (1949) sont des regards personnels sur le néoclassicisme. La cantate *Noche oscura* (1951), sur un texte de saint Jean de la Croix, œuvre à la fois grave et sensuelle, contient en germe l'écriture sérielle, à laquelle Petrassi est arrivé avec quelques réticences, mais qu'il va désormais développer. Au centre de son œuvre instrumentale se trouvent les 8 concertos pour orchestre, échelonnés entre 1934 et 1972. Le genre fait évidemment référence à Bartók, et à une conception particulière de l'écriture orchestrale. Toutefois, seul le 4e concerto, pour orchestre à cordes (1954), s'apparente réellement à Bartók. Dans l'ensemble, le langage des concertos marque une affirmation du dodécaphonisme, à partir du 3e (1951) et tout particulièrement dans le 6e (1957). L'étape suivante de Petrassi fut le renoncement au principe thématique, dans la *Sérénade* (1958) et le *Concerto pour flûte* (1960), où la dislocation du matériau musical et du rythme s'inscrit dans l'héritage webernien. Dans ses œuvres des années 1960-1970, (7e concerto pour orchestre, *Propos d'Alain*, pour voix et 12 instruments, *Estri, Octuor*, pour trompettes et trombones), il s'adonne surtout à une recherche de timbres et de registres. Le 8e concerto, *Orationes Christi*, pour chœur mixte, vents, altos et violoncelles (1974-75), *Poema*, pour cordes et 4 trompettes (1977-1980), marquent un certain assagissement et une tendance à renouer avec l'esthétique de *Coro di morti* et de *Noche oscura*. Petrassi a également composé de la musique de film et s'est fait connaître par des articles de réflexion et de critique musicale.

Il est, aux côtés de Dallapiccola, le compositeur italien le plus marquant de sa génération. A. L.

Petri *(Egon)*, pianiste américain d'origine allemande *(Hanovre 1881 - Berkeley 1962)*. Descendant d'une famille de musiciens hollandais, il reçoit ses premières leçons de son père, Henri, violoniste réputé, élève lui-même du grand Joachim. En dehors du violon, il étudie également l'orgue, le cor, la théorie musicale avec Draeseke, le piano avec Buchmayer et T. Carreño. Mais, sans l'intervention de Busoni, ami de la famille Petri, Egon aurait continué une carrière de violoniste, commencée en 1899 dans l'orchestre de l'Opéra de Dresde et comme second violon du quatuor paternel. Élève de Busoni et interprète zélé de son œuvre, il débute comme pianiste en 1902 et se produit en duo avec son professeur, avec qui il réalise une nouvelle édition de l'œuvre pour clavier de Bach. Il se partage entre la carrière de soliste — il est particulièrement admiré pour ses interprétations de Bach et de Liszt —, et de pédagogue, enseignant successivement au Collège royal de musique de Manchester (1905-1911), en Pologne (1917-1920), à Bâle (1920-21), à la Berliner Hochschule (1921-1926), de nouveau à Zakopane en Pologne (1926) et ensuite aux États-Unis, où il émigre : à l'université Cornell (1940-1946), au Mills College d'Oakland (1947-1957) et, enfin, au conservatoire de Bâle (1957-58). Comme son maître Busoni, Egon Petri tablait sur son intuition personnelle pour revivifier l'héritage lisztien. Armé d'un toucher limpide et rigoureux, il donnait des œuvres des interprétations sobres et profondément analytiques. M. W.

Petrouchka. Ballet d'Igor Stravinski et Alexandre Benois, composé en 1910-11 et créé par la compagnie des Ballets russes le 13 juin 1911 au théâtre du Châtelet, à Paris, dans une chorégraphie de Fokine. C'est le deuxième des trois grands ballets d'avant-guerre d'Igor Stravinski, qui en a raconté lui-même la genèse : «(En Suisse en 1910), je voulus me divertir à une œuvre orchestrale où le piano jouerait un rôle prépondérant... J'avais nettement la vision d'un pantin subitement déchaîné, qui par ses cascades d'arpèges diaboliques exaspère la patience de l'orchestre, lequel à son tour lui réplique par des fanfares menaçantes. Il s'ensuit une terrible bagarre, qui, arrivée à son paroxysme, se termine par l'affaissement douloureux et plaintif du pauvre pantin. Ce morceau bizarre achevé, je cherchai pendant des heures... le titre qui exprimerait en un seul mot le caractère de ma musique, et conséquemment la figure de mon personnage. Un jour, je sursautai de joie. Petrouchka ! L'éternel et malheureux héros de toutes les foires, de tous les pays ! C'était bien ça, j'avais trouvé mon titre !» L'œuvre définitive comprend 4 tableaux, le morceau pour piano et orchestre ci-dessus constituant la matière musicale du deuxième, et l'action se déroule à Saint-Pétersbourg, vers 1830 et en plein hiver, au plus fort des réjouissances populaires de la « semaine grasse ». Les 4 tableaux sont :

ACTE PREMIER. (Sur la place.) *Trois épisodes : fête populaire, le tour de passe-passe, danse russe.* a) *Journée ensoleillée d'hiver, fête foraine, foule bigarrée, orgues de Barbarie jouant des rengaines que le tumulte de la foule finit par couvrir.* b) *Au centre, un petit théâtre de marionnettes. Il s'ouvre, la foule se tait. Le vieux charlatan qui l'exploite montre trois automates, Petrouchka, un Maure, une Ballerine. Au son de sa flûte, les automates s'animent progressivement.* c) *Devenus vivants, ils entrent dans la foule en exécutant une danse pittoresque.*

ACTE II. (La cellule de Petrouchka.) *La magie du charlatan a communiqué aux automates non seulement la vie, mais les sentiments et les passions. Par sa pantomime, Petrouchka exprime combien il se sent laid, chétif, ridicule : ce sort lui pèse d'autant plus qu'il aime la Ballerine. Celle-ci vient le voir, mais il l'effraie et elle s'enfuit. Désespéré, Petrouchka se précipite à travers le mur de son réduit et disparaît.*

ACTE III. (Chez le Maure.) *Couché sur un sofa, le Maure, bête mais imposant, joue avec une noix de coco. Il a conquis la Ballerine, qui, sortant de chez Petrouchka, accourt vers lui. Elle danse légèrement, puis tous deux valsent et s'avouent leur passion mutuelle. Petrouchka surgit, dévoré de jalousie. Il n'est malheureusement pas de taille à se mesurer avec le Maure, qui a tôt fait de le jeter dehors.*

ACTE IV. (Sur la place.) *L'aventure des trois marionnettes semble totalement oubliée.* a) *Nous sommes le lendemain, l'animation de la foire est à son comble. Mais alors que le premier tableau avait restitué le mouvement collectif de la foule, ce sont des groupes caractérisés qui, maintenant, peuplent la scène : nourrices enrubannées, paysan exhibant un ours, fêtard jetant des billets de banque par poignées, cochers solidement bottés, masques grotesques.* b) *Soudain, le mouvement se fige. Les trois automates font irruption hors du petit théâtre, Petrouchka et le Maure se disputant la Ballerine. Ils combattent un instant, puis, d'un coup de sabre, le Maure fend le crâne de Petrouchka.* c) *Tandis que Petrouchka rend le dernier soupir, le crépuscule arrive et la neige commence à tomber. La foule s'est tue, émue, mais le charlatan la rassure : il n'avait animé ses marionnettes que pour un moment. En effet, sous sa main, Petrouchka redevient une poupée de son à la tête en bois. Mais est-ce bien vrai ? Tandis que la foule se disperse, le spectre de Petrouchka apparaît au-dessus du théâtre, et nargue son maître effaré.*

Dans *Petrouchka*, Stravinski fit œuvre de précurseur en introduisant l'esthétique de foire que quelques années plus tard Cocteau devait encenser dans *le Coq et l'Arlequin*, et aussi en employant le procédé du collage (chansons françaises et russes, valse de Lanner), en traitant son sujet par la distanciation. Formellement, l'œuvre résulte de la succession-juxtaposition de divers épisodes indépendants, et cette discontinuité se retrouve au niveau sonore : l'orchestre est devenu ensemble de solistes. *Petrouchka* tire sa variété et son mouvement d'une part, son équilibre d'autre part, d'une oscillation constante entre deux centres de gravité : le réalisme d'un décor (fête foraine, réjouissances populaires) et le merveilleux d'une fiction (l'aventure des trois marionnettes). Mais le décor de la fête foraine ne donne pas lieu à un pittoresque de détail. Ne sont retenus que les éléments universels de toute foire : un mouvement grouillant et désordonné (d'où des superpositions complexes de rythmes différents), des couleurs vives (d'où une orchestration claire et contrastée avec rôle important dévolu au piano), des traits populaires (d'où des instruments tels que le cornet à piston ou le tambour, des évocations d'orgue de Barbarie et des citations de rengaines comme *Elle avait un' jamb' de bois*). De même, la fiction n'est pas traitée comme une féerie : les marionnettes prennent vie par la magie du charlatan, mais aussi, et surtout, par la puissance créatrice de l'âme enfantine ou populaire, elles ne cessent jamais d'être des marionnettes et, pourtant, s'auréolent du merveilleux de la vie que leur prête l'imagination d'une foule « bon public ». Œuvre clé du XXe siècle, *Petrouchka* est une des plus grandes réussites d'Igor Stravinski.
M. V.

PETROV (Ivan), basse soviétique (*Irkoutsk 1920*), Il a étudié au collège Glazounov de Moscou en 1938-39, chanté des rôles mineurs à partir de 1939 et débuté au Bolchoï en 1943. Célèbre dans le monde entier pour sa voix à la grande richesse de timbre et pour la force dramatique de son jeu, il a triomphé notamment dans les rôles de Boris Godounov, où on l'a comparé à Chaliapine, de Méphisto (du *Faust* de Gounod) et de Rouslan (de *Rouslan et Ljudmilla* de Glinka).
M. V.

PETROV (Ossip Afanassievitch), basse russe (*Elisavetgrad 1807-Saint-Pétersbourg 1878*). Partiellement autodidacte, il perfectionna son art vocal avec Cavos à Saint-Pétersbourg (1830) et débuta dans le rôle de Zarastro (*la Flûte enchantée*). Tout en se produisant dans les opéras français, italiens et allemands de l'époque (Meyerbeer, Rossini, Bellini, Weber), il se rendit surtout célèbre par sa participation aux opéras de ses contemporains russes, de Glinka (*Ivan Soussanine, Rouslan*) à Moussorgski (Varlaam dans *Boris*) en passant par Dargomyjski (le Meunier dans *la Roussalka*, Leporello dans le *Convive de pierre* et Rimski-Korsakov (Ivan le Terrible dans *la Pskovitaine*). C'est lui qui établit la tradition des grandes basses russes. Glinka écrivit à son intention des *Exercices pour le perfectionnement de la voix* (1836).

Son épouse **Anna Vorobieva-Petrova** (Saint-Pétersbourg 1816 - id. 1901), contralto, fut également une cantatrice célèbre dans le répertoire russe et étranger.
A. L.

PETROVICS (Emil), compositeur hongrois d'origine yougoslave (*Nagybecskerek 1930*). Il vécut jusqu'en 1941 à Belgrade, étudia la composition avec Férenc Farkas à l'Académie de Budapest, dirigea de 1960 à 1964 la musique au théâtre Petöfi, et enseigne depuis à l'Académie des arts dramatiques. Comme compositeur, il est particulièrement à l'aise dans les grandes formes dramatiques, et s'est imposé sur la scène musicale internationale avec son opéra *C'est la guerre* (1961). Suivirent *le Livre de Jonas* (1966) et *Crime et Châtiment* (d'après Dostoïevski, 1969). Son écriture vigoureuse, s'appuyant sur la rythmique propre de la langue hongroise, masque l'emploi de libres procédés sériels qui retrouvent leur harmonie naturelle dans un fond typiquement hongrois.
P.-E. B.

PETRUCCI (Ottaviano), imprimeur italien (*Fossombrone 1466-Venise 1539*). Il se familiarise avec la technique et les premiers imprimés allemands à la cour du duc Guidobaldo Ier Malatesta, à Urbino, puis part pour Venise vers 1490, où il met au point le principe des caractères mobiles appliqué à l'impression de la musique mesurée. Ayant obtenu en 1498 un premier privilège de vingt ans pour l'impression de la musique et des tablatures de luth et d'orgue (il n'imprimera pourtant jamais de musique d'orgue), il fait paraître le 15 mai 1501 le premier volume de musique imprimée, *Harmonice musicae Odhecaton*. Les recueils vont ensuite se succéder très rapidement, mais, en 1511, il quitte Venise pour Fossombrone, où, associé à Francesco da Bologna, il ouvre un atelier de typographie.

Sa production musicale, moins élégante que celle de Venise, se fait plus rare et laisse peu à peu la place à des ouvrages de littérature, pour cesser complètement en 1520. Rappelé à Venise en 1536, il part y reprendre ses activités d'éditeur littéraire. Son énorme production (au moins 45 recueils), qui comprend des messes, motets, chansons des plus grands compositeurs de l'époque (Josquin Des Prés, Brumel, Isaac, Obrecht, Pierre de la Rue, Mouton, Agricola et beaucoup d'autres), a eu une importance considérable dans la diffusion des styles et a profondément influencé l'évolution de la musique en Europe.   D. H.

PETTERSSON (Allan), compositeur suédois (*Västra Ryd 1911-Stockholm 1980*). Compositeur solitaire et introverti, Pettersson est, peut-être, le dernier grand symphoniste du XXe siècle dans une filiation qui part de Mahler et passe par Vaughan Williams, Chostakovitch, Honegger et Martinů. Après une enfance difficile, il étudie le violon et l'alto, entre à l'Orchestre de Stockholm, puis étudie la composition avec K.-B. Blomdahl et, en 1950, va à Paris pour travailler avec R. Leibowitz et A. Honegger. En 1953, il quitte sa place de musicien d'orchestre pour se consacrer à la composition; jusqu'à la fin de sa vie, ses souffrances physiques et morales vont prendre de plus en plus d'importance. Pettersson est, avant tout, un compositeur autobiographique qui a transposé la tragédie de sa vie en une musique souvent violente, parfois naïve, dans un style qui utilise, avec un grand souffle et un remarquable sens de l'équilibre formel, une forme de métamorphose des motifs de base. De ses 16 symphonies, écrites à partir de 1949, les 7e (1967) et 8e (1969) sont peut-être les plus remarquables, et ont beaucoup fait pour la connaissance et le succès de son œuvre hors de la Suède. A leurs côtés, il faut retenir les *7 Sonates pour 2 violons* (1951), 3 concertos pour cordes, des mélodies, et *Vox humana* pour solistes, chœurs et orchestre (1973-74).   H.-C. F.

PEZEL (Johann Christoph), instrumentiste et compositeur allemand (*Glatz 1639-Bautzen 1694*). On possède peu de données sur sa formation. Il apparaît en 1664 à Leipzig, comme violoniste, dans un groupe de musiciens municipaux (« Ratsmusiker »). Également joueur de clarino, il entre en 1670 dans l'ensemble des « Stadtpfeifer ». La même année, il publie son recueil de sonates *Hora decima* pour ensemble de vents (cornets, trombones) ou de cordes. Plusieurs de ses recueils ultérieurs seront constitués de pièces de danse formant des suites. (*Delitiae musicales*, 1678 ; *Fünfstimmige blasende Musik*, 1685). Pezel brigua le poste de cantor à Saint-Thomas de Leipzig, mais sans succès. En 1681 il s'installa à Bautzen, où il poursuivit la même activité, doublée de celle de compositeur religieux. Son œuvre religieuse, restée à l'état de manuscrits, a été perdue. Mais sa musique instrumentale montre les possibilités qu'un compositeur habile peut tirer d'un genre apparemment ingrat.   A. L.

PFITZNER (Hans), compositeur et chef d'orchestre allemand (*Moscou 1869-Salzbourg 1949*). Sa famille s'étant installée à Francfort en 1872, il fit ses études au conservatoire de cette ville avec Knorr (théorie) et Kwast (piano) entre 1886 et 1890, et s'y lia avec J. Grun, son futur librettiste. Nommé professeur au conservatoire de Coblence (1892), puis chef d'orchestre au théâtre de Mayence (1894), il fit représenter dans cette ville, en 1895, son premier opéra, *Der arme Heinrich*. Il fut ensuite professeur au conservatoire Stern de Berlin, séjourna à Munich, puis se fixa à Strasbourg en 1908, où il cumula les postes de directeur du conservatoire, des concerts symphoniques et de l'opéra. En 1917, son œuvre dramatique la plus importante, *Palestrina*, fut créée à Munich sous la direction de Bruno Walter. Cette œuvre, dans la tradition de l'opéra wagnérien en même temps qu'hommage à la polyphonie de la Renaissance et à l'un de ses plus illustres représentants, Palestrina, est un manifeste d'opposition aux recherches de Schönberg

et de Busoni. Le thème en est la solitude morale et la lutte du compositeur défendant ses principes artistiques. La même année, Pfitzner écrivit son pamphlet polémique *Futuristengefahr (le Danger futuriste)*, dirigé contre Busoni. En 1919, il rédigea *Die neue Aesthetik der musikalischen Impotenz*, s'opposant ainsi aux idées exprimées par Paul Bekker dans son *Beethoven*. De 1929 à 1934, il enseigna à l'Académie musicale de Munich, puis effectua des tournées comme pianiste et chef d'orchestre. Après sa mort fut fondée la *Hans Pfitzner Gesellschaft*.

Homme d'opinions conservatrices, se considérant « comme le dernier survivant de la musique dans un monde devenu fou » (C. Rostand), Pfitzner poursuivit la tradition du romantisme allemand issue de Schopenhauer, Schumann et Wagner. Outre ses œuvres scéniques, parmi lesquelles *Die Rose vom Liebesgarten* (1901), il a écrit notamment de la musique de chambre, des œuvres symphoniques, des concertos pour piano, pour violon et pour violoncelle, la cantate *Von deutscher Seele* (1921), et la fantaisie chorale *Das dunkle Reich* (1929).   A. L. et A. et M. P.

PHAÉTON. Poème symphonique op. 39 composé en 1873 par Camille Saint-Saëns. Deuxième des quatre qu'il écrivit, il a le même thème que le précédent, *le Rouet d'Omphale*, et que, plus tard, *Samson et Dalila* : l'échec du héros. Dédié à Mme Berthe Pochet, il fut créé le 7 décembre 1875 aux Concerts Colonne. Phaéton est ce fils du Soleil, qui, voulant conduire le char de son père, déclencha par sa maladresse des catastrophes, jusqu'au moment où Zeus dut le foudroyer pour sauver la Terre. Comme *le Rouet d'Omphale*, l'œuvre s'appuie sur un ostinato rythmique frappant (ici le rythme anapestique du *galop* : deux brèves, une longue), qui s'exacerbe et va jusqu'à un « climax » et à une explosion qui ramène le calme. L'orchestration par touches larges, sans divisions de l'orchestre et avec beaucoup de « doublures », l'écriture rythmique simple et massive, tout marque une volonté ostensible de simplification et de mesure. Dans cette œuvre, le thème de l'action impossible, des « limites », rentre parfaitement dans le cadre du poème symphonique tel que le pratique Saint-Saëns : un antidrame, ou un petit drame, dont la morale est l'inutilité de l'action, s'exprimant dans une forme close et circulaire.   M. C.

PHALESE (Pierre), imprimeur de musique flamand (*Louvain v. 1510-id. v. 1573*). Membre de l'université de Louvain depuis 1542, il est d'abord « libraire juré » et obtient son premier privilège d'imprimeur en 1551. Sa réussite lui permet d'établir sa propre imprimerie musicale à caractères mobiles. Il s'associe pendant peu de temps avec Martin Rotaire, puis, à partir de 1570, avec Jean Bellère. Il s'est surtout spécialisé dans la musique de luth (*Hortus Musicus*, 1552-53 ; *Thesaurus Musicus*, 1573-74), mais a également imprimé 10 recueils de chansons et 8 de *cantiones sacrae*. La qualité de ses impressions n'a rien à envier à celle de ses célèbres contemporains (Susato, Ballard, etc.), et sa firme, à la tête de laquelle lui succèdent ses fils Pierre et Corneille, puis ses petites-filles Magdalene et Maria, reste prospère jusqu'à sa fermeture, en 1674.
                                  D. H.

PHÈDRE. Musique de ballet de Georges Auric, sur un argument de son ami Jean Cocteau, d'après la pièce de Racine, créé en 1950 à l'Opéra de Paris, dans des décors de Jean Cocteau. De la part d'un musicien très discret qui avait surtout composé pour le cinéma, on salua cette partition vigoureuse, cuivrée, polytonale et charpentée. L'auteur en tira une suite symphonique pour le concert.   M. C.

PHILADELPHIE. Pendant la période coloniale et jusqu'au début du XIXe siècle, la prééminence politique et culturelle de Philadelphie sur ses voisines de la côte atlantique fut incontestable. Dès 1794, on y inaugurait un théâtre d'opéra et, à partir de 1820, la Music Fund Society organisait des concerts de musique de chambre tout en s'occupant d'aider les artistes nécessiteux. Puis son rayonnement a décru à mesure que celui de New York s'affirmait; cependant, elle occupe encore une place importante dans la vie musicale.

Fondé en 1900 par Fritz Scheel, le Philadelphia Orchestra a invité dès les premières années des chefs aussi prestigieux que Richard Strauss ou Felix Weingartner. Mais c'est sous les longs règnes de Leopold Stokowski (1912-1938) et d'Eugene Ormandy (1938-1980), qu'il a acquis la virtuosité et la richesse de sonorité qui le classent parmi les grands ensembles mondiaux. En 1980, Riccardo Muti, déjà « principal chef invité » depuis trois ans, a pris la succession d'Ormandy. Le Philadelphia Orchestra se produit à l'Academy of Music, un théâtre d'opéra construit en 1857 et célèbre pour son acoustique. Outre sa saison régulière, il assure tous les ans le festival d'Ann Arbor, celui de Saratoga et, à Philadelphie même, les « Robin Hood Dell Concerts », une série de 18 concerts gratuits, qui rassemblent chaque été, de la mi-juin à la fin juillet, quelque 425 000 auditeurs.

La Philadelphia Lyric Opera Company, fondée en 1956, propose chaque année 8 ou 10 opéras du répertoire courant, au long d'une saison de 8 mois. Les représentations ont lieu à l'Academy of Music, avec des vedettes invitées.

Philadelphie compte aussi d'importantes institutions d'enseignement. La Philadelphia Musical Academy, fondée en 1870, a fusionné en 1962 avec le Philadelphia Conservatory of Music; elle possède un atelier d'opéra, un ensemble d'instruments à cordes, un ensemble d'instruments à vent et un groupe de musique contemporaine. Depuis 1924, le Curtis Institute of Music enseigne toutes les disciplines musicales et réunit un corps professoral prestigieux. Son orchestre a été dirigé successivement par Stokowski, Fritz Reiner et Eugene Ormandy. Sa classe d'opéra monte deux productions annuelles. Ro. T.

PHILÉMON ET BAUCIS. Opéra pour marionnettes Hob.XXIXa.1 de Haydn sur un livret d'après le poète alsacien Gottlieb Konrad Pfeffel, créé à Esterháza le 2 septembre 1773 en présence de l'impératrice Marie-Thérèse. Le titre exact est *Philémon et Baucis ou le Voyage de Jupiter sur la Terre* (en all. *Philemon und Baucis oder Jupiters Reise auf die Erde*), et seul le livret a survécu. Il y avait un prélude intitulé *Der Götterrath* (« le Conseil des dieux »), dont seuls ont survécu l'ouverture (futurs deux premiers mouvements de la symphonie n° 50) et un très court extrait instrumental. Une version singspiel de *Philémon et Baucis*, quelque peu différente de l'opéra pour marionnettes de 1773, fut donnée à Esterháza vers 1777 (on y trouve un arrangement de l'air *Se la mia stella* de *Il Mondo della luna*). La musique de cette version singspiel (Hob.XXIXb.2), elle aussi longtemps disparue, fut découverte en 1950 dans la bibliothèque du Conservatoire de Paris, qui l'avait acquise vers 1935. Une œuvre du même titre est due à Charles Gounod (1860). M. V.

PHILHARMONIE. Terme signifiant « amour passionné de la musique ». D'où la dénomination de « philharmonique » portée par de nombreux orchestres ou sociétés de musique. M. T.

PHILIDOR (*François André* DANICAN), compositeur français (*Dreux 1726 - Londres 1795*). Membre d'une célèbre dynastie de musiciens dont le patronyme était Danican et dont l'un des représentants, son demi-frère Anne Danican Philidor (*1681-1728*), avait fondé le Concert spirituel en 1725, il bénéficia de l'instruction musicale la plus sérieuse qui fût alors dispensée en France : il entra comme enfant de chœur à la chapelle de Versailles, dès l'âge de six ans, et y reçut jusqu'en 1740 l'enseignement de Campra. Contrairement à la plupart de ses contemporains, il mena une existence totalement indépendante : ses dons exceptionnels de joueur d'échecs lui permirent de passer quelques années de bohème à Paris, puis de séjourner longuement en Allemagne et à Londres. Il mit à profit ces neuf ans de vie cosmopolite pour acquérir une expérience musicale bien plus riche que ne le permettait à Paris la dictature du style français. Ses contemporains ne s'y étaient pas trompés, puisqu'on le considérait alors comme un compositeur italianisant : compliment chez les uns, moyen de l'éloigner des postes officiels pour les autres. Heureusement pour Philidor, son retour d'Angleterre, en 1754, le plonge dans un milieu musical en pleine révolution, à la suite notamment de la Querelle des bouffons. Après quelques expériences comme arrangeur dans les théâtres de la Foire, il fait représenter en 1759 son premier opéra-comique, *Blaise le savetier*, qui constitue, avec *les Aveux indiscrets* de Monsigny, la première grande œuvre du genre. L'opéra-comique est resté la forme de prédilection de Philidor : il en écrivit 19, de 1759 à 1788; les plus marquants sont, outre *Blaise*, *le Jardinier et son seigneur*, également sur un texte de Sedaine (1761), *le Sorcier*, sur un argument original de Poinsinet (1764), et *Tom Jones* (1765), d'après le roman de Fielding. Philidor fut moins heureux dans la tragédie lyrique, et seule *Ernelinde* (remaniée plusieurs fois de 1767 à 1773) connut un véritable succès; on commence aujourd'hui à apprécier la valeur de cette œuvre, qui représente, avec *Aline* de Monsigny, la première tentative de redonner vie à un genre alors totalement sclérosé. L'originalité de Philidor se manifesta également dans le domaine de l'oratorio : son *Carmen seculare* (1779), composé à l'instigation du milieu littéraire de Londres, constitue en France un essai qui préfigure les grandes fêtes néoclassiques de la Révolution.

L'écriture musicale de Philidor varie considérablement à l'intérieur même de ses opéras, selon de subtiles lois d'alternance; les morceaux les plus frappants sont les airs à caractère narratif ou descriptif (chasse, tempête, bataille), qui brillent par leur écriture orchestrale. Mais le sens dramatique de Philidor et son habileté technique transparaissent tout autant dans les duos (souvent placés au début des opéras), et par de grands « ensembles de confusion » dignes de l'opéra bouffe italien : quintette dans *Blaise* et dans *le Jardinier*, sextuor dans *le Sorcier*, septuor dans *Tom Jones*. M. N.

PHILIPPE DE VITRY, théoricien français (*Vitry ? 1291-Meaux 1361*). Fils d'un noble attaché à la maison du roi Philippe le Bel, il appartenait à l'état ecclésiastique, fut « chanoine en expectative », puis « clerc de notaire » auprès de Charles IV le Bel, membre du Conseil des réformateurs en 1357, après avoir été intronisé évêque de Meaux en 1351. Parallèlement à ces fonctions, il vécut surtout à Paris, dans l'entourage immédiat des Valois (Philippe VI et Jean II le Bon). En août 1350, à la mort de Philippe VI, il paraît avoir milité dans les rangs du prévôt des marchands Étienne Marcel, car en 1357 il fait partie de la commission des neuf « généraux réformateurs » désignés par les états généraux. Humaniste réputé, il était lié à Pétrarque, entre autres, qu'il rencontra en Avignon, puis à Paris, et qui, comme lui, avait le culte de la nature, des lettres latines et le goût des voyages.

Comme compositeur, il a laissé une quinzaine de motets, mais c'est surtout comme réformateur de la notation musicale qu'il est resté célèbre. Dans son traité de l'*Ars nova* (v. 1320), le musicien champenois révise les principes de la notation dite franconienne, donne à la nouvelle valeur *minima* — introduite par Pierre de La Croix vers 1280 — son rôle et, alors que le rythme ternaire avait dominé tout au long du XIIIe siècle, « accorde au rythme binaire une égale importance et applique cette division binaire à toutes les notes dans les différentes mensurations, c'est-à-dire dans leurs rapports les unes avec les autres » (Paule Chaillon). Ainsi sont définis le *mode* ou division de la longue en brèves, le *temps* ou division de la brève en semi-brèves, la *prolation* ou division de la semi-brève en minimes. Par ailleurs, pour compléter le nouveau système de notation, Philippe de Vitry définit le rôle des « points » : le *punctum divisionis*, qui joue le rôle de barre de mesure, et le *punctum additionis*, semblable au point dans notre notation moderne. Pour rendre cette notation plus claire, il est recommandé, enfin, de joindre aux notes noires des notes rouges indiquant le passage temporaire d'une mensuration parfaite à une mensuration imparfaite. Les manuscrits de Guillaume de Machaut, conservés à la Bibliothèque nationale de Paris, font usage de ladite notation française.

Le succès des réformes proposées par Philippe de Vitry explique leur diffusion dans toute l'Europe du temps, à ceci près que, en Italie, l'école florentine des *caccie*, qui se développa à Florence aux environs de 1350 auprès de Francesco Landino, imagina un système mixte qui mariait quelques-uns des principes majeurs de la notation française au mode de notation, spécifiquement transalpin, de Marchettus de Padoue. Celui-ci imaginait une notation plus proche du XIIIe siècle dans son *Pomerium artis musicae mensuratae* (v. 1325), avec, néanmoins, une innovation majeure : la division de la brève en groupes de notes de valeur moindre, comme la semi-minime, mieux adaptée à la cantillation rapide du style de chant italien, plus déclamatoire et plus orné.

Comme poète et, surtout, comme musicien, Philippe de Vitry a été célébré de son vivant. Ses motets, en effet, apportent des trouvailles décisives dans la forme comme dans le ton. L'isorythmie du ténor tend à gagner les voix supérieures. Les cellules rythmiques sont bien souvent courtes, et les changements de « temps » et de « modes », générateurs de couleur sonore et de diversité.

Œuvres. 14 ou 15 motets dans l'édition des œuvres complètes de Léo Schrade. Celui-ci y ajoute 2 *Motets* et des pièces à 1 voix du *Roman de Fauvel*. Comme théoricien, Philippe de Vitry s'est vu attribuer 4 traités de composition. Mais seul l'*Ars nova*, avec la doctrine de la nouvelle notation, est authentique. Enfin, comme poète, il a laissé une ballade, le *Dit de Franc Gontier* et le *Chapel des fleurs de lys*.   R. T.

PHILIPPOT (Michel Paul), compositeur français *(Verzy 1925).* Ses études scientifiques ayant été interrompues en 1942 à la suite de son arrestation par la police de Vichy, il entreprit des études musicales au Conservatoire de Paris et avec R. Leibowitz. Sa double formation, musicale et scientifique, l'amena à exercer à l'O.R.T.F. les fonctions les plus variées, de celle d'ingénieur du son à celle de conseiller scientifique. Il y fut aussi responsable de l'ensemble des services musicaux. Professeur de composition au Conservatoire de Paris depuis 1970, chargé de cours à l'université de Paris-IV, il a également une intense activité d'enseignement. Il est actuellement doyen de la faculté de musique de l'université d'État de São Paulo, au Brésil. Il est l'auteur d'un certain nombre de travaux scientifiques sur la cybernétique, et d'études sur l'acoustique et l'esthétique.

Venu de l'école sérielle, il s'efforce, comme compositeur, en s'aidant de sa culture scientifique, d'en découvrir la suite logique. Il a écrit des œuvres pour orchestre, pour piano, pour divers ensembles de chambre, ainsi que de la musique électroacoustique. Citons *Sonate pour piano n° 1* (1947), *Étude de musique concrète n° 1* (1952), *n° 2* (1958) et *n° 3* (1962), *Composition pour orchestre à cordes n° 1* (1959), *Composition pour double orchestre* (1960), *Sonate pour orgue* (1971), *Sonate pour piano n° 2* (1973), *Passacaille pour 12 instruments* (1973), *Pièce pour violon seul n° 1* (1965), *n° 2* (1975) et *n° 3* (1976), *La, toute la, rien que la,* pour soprano, clarinette, percussions et bande magnétique (1976), *Quatuor à cordes* (1976), *Pièce pour alto et piano* (1978). Il a écrit un livre sur *Igor Stravinski* (1965) et *Diabolus in musica,* analyse des *Variations Diabelli* de Beethoven (1978).
         M. P. P et M. V.

PHILOSOPHE (LE). Titre porté dès la fin du XVIIIe siècle, mais sans qu'il provienne du compositeur lui-même, par la symphonie n° 22 en *mi* bémol majeur de Haydn, composée en 1764. Ce surnom est, pour une fois, assez subtil. L'œuvre est une des symphonies de Haydn débutant par 1 mouvement entièrement lent suivi de 2 mouvements vifs encadrant un menuet, les 4 étant écrits dans la même tonalité. Le caractère de gravité du début, dû à l'inversion de l'ordre traditionnel des 2 premiers mouvements, est accru ici par l'utilisation, dans l'adagio initial, d'une mélodie de choral, et par le remplacement, dans l'orchestre, des 2 hautbois habituels par 2 cors anglais (hautbois graves), ce dernier trait concernant, bien sûr, la partition tout entière. L'orchestre comprend donc 2 cors anglais, 2 cors et les cordes. Aucune autre symphonie de Haydn — de l'époque classique ? — n'utilise le cor anglais ou une mélodie de choral. L'adagio initial intègre cependant à merveille l'esprit du choral — énoncé dès la première mesure par les vents fortissimo, alors que les cordes avec sourdines qui les soutiennent ont la nuance piano — et celui de la forme sonate. Les 2e et 4e mouvements, indiqués « presto », sont en contraste total non seulement avec le 1er mouvement, mais aussi avec le menuet, de tempo modéré, et dans le trio duquel la combinaison des 2 cors et des 2 cors anglais est particulièrement séduisante. À noter qu'au XVIIIe siècle les sonorités et la structure du *Philosophe* semblèrent trop bizarres à certains. En 1773, l'éditeur parisien Venier publia cette symphonie sans son 1er mouvement ni son menuet, mais avec, pour compenser, entre les 2 mouvements vifs qui restaient, un nouvel andante grazioso composé par on ne sait qui, et, par-dessus le marché, en remplaçant les 2 cors anglais par 2 flûtes. Une symphonie de Haydn en 4 mouvements avait donc été transformée, avant d'être offerte aux Parisiens, en sous-produit en 3 mouvements, dont 2 seulement de lui-même, et aux sonorités bien plus conventionnelles. De toutes ses manipulations, Venier ne souffla évidemment jamais mot.   M. V.

PHONOTHÈQUE. Établissement conservant les *phonogrammes,* c'est-à-dire les enregistrements sonores sur quelque support qu'ils soient fixés, cylindres, disques de divers standards, bandes magnétiques, ainsi que cylindres pointés, bandes perforées, disques de carton ou de métal des instruments de musique mécanique. Dès 1899, à Vienne, puis en de nombreux pays, des phonothèques nationales ont été créées pour assurer un archivage officiel de tous les nouveaux documents sonores enregistrés et réunir les plus anciens, publics ou privés.

En France, la Phonothèque nationale est aujourd'hui un département de la Bibliothèque nationale ; elle reçoit et gère le dépôt légal de tous les phonogrammes publiés dans le pays. Elle est issue de l'Institut de phonétique, créé en 1911 par l'université de Paris, et des Archives de la parole de la Sorbonne, animées par le professeur Brunot, qui réalisa un grand nombre d'enregistrements de folklore, de linguistique, d'orateurs, d'acteurs dramatiques, etc. La loi du 19 mai 1925 institue le dépôt légal obligatoire pour tous les imprimés, incluant l'édition phonographique ; mais ce n'est qu'en 1938 qu'un décret porte création de la Phonothèque nationale, destinée à recevoir le dépôt légal institué treize ans plus tôt. Entre-temps (1928), les Archives de la parole sont devenues musée de la Parole et du Geste. Enfin, en 1963, le dépôt légal est étendu à l'enregistrement magnétique.

La Phonothèque nationale est également un musée de l'enregistrement et de la reproduction sonores (plus de 600 appareils), en même temps qu'un lieu de consultation publique des phonogrammes et un service de documentation phonographique (fichiers à entrées multiples, catalogues). Plus de 150 000 disques différents y sont conservés depuis 1938, en double exemplaire (un pour consultation, un pour archivage), ainsi que 80 000 phonogrammes provenant du musée de la Parole, 40 000 disques 78 tours issus de la discothèque de la Radio, plusieurs milliers de cylindres remontant aux origines, etc.   G. C.

PHOTOPTOSIS. Prélude pour grand orchestre, de Bernd Aloïs Zimmermann, composé en 1968, et créé le 14 février 1969 à Gelsenkirchen par l'orchestre de cette ville, sous la direction de Lubomir Romanski.

Cette partition, d'une durée de treize minutes, inspirée à Zimmermann par les surfaces murales monochromes d'Ives Klein, au foyer du théâtre de Gelsenkirchen, adopte la forme d'un prélude et sera la dernière que le compositeur des *Soldats* écrira pour orchestre seul. Elle appartient à son ultime période d'activité créatrice, qui s'ouvre avec la pièce électronique *Tratto I*, et se poursuit avec *Intercomunicazione* pour violoncelle et piano : la phase qu'Harry Halbreich caractérise comme étant celle du « statisme », développant une nouvelle notion du temps musical. L'effet de « statisme » est obtenu par la fusion de sons tenus et étirés et de microstructures infinitésimales très rapides.

Si le climat de l'œuvre évoque le Ligeti de *Lontano* ou d'*Atmosphères*, la structure dynamique en est différente : commençant dans une pâle lueur, Zimmermann la conduit, en un immense crescendo, vers un point culminant écrasant de puissance tonale, l'invasion éclatante de la lumière (le mot grec « photoptosis » signifie : irruption de lumière). Zimmermann utilise à nouveau la technique de la citation et du collage ; il transforme le temps en musique grâce à la juxtaposition de couches sonores différentes, souvent opposées à l'extrême par le style et la chronologie : ainsi dans *Photoptosis* entend-on, en de très courts épisodes, des extraits du finale et du scherzo de la *Neuvième* de Beethoven, du mouvement lent du *Premier Concerto brandebourgeois* de Bach, de *Casse-Noisette*, du *Veni creator* grégorien, et de deux autres grandes partitions ayant pour thème la lumière, le *Poème de l'extase* de Scriabine et *Parsifal*. Cette explosion de lumière apparaît comme l'un des rares havres de paix et de calme spirituels dans l'œuvre tourmentée de ce grand musicien angoissé.
J.-J. M.

PHRASE. On considère en musique qu'une phrase musicale est constituée dès lors qu'elle présente par elle-même un sens autonome complet et cohérent, de préférence (mais non toujours) avec terminaison conclusive. La phrase peut souvent se décomposer en cellules, celles-ci non soumises à l'obligation ci-dessus, et, si elle est longue, en périodes ; mais ce mot peut aussi désigner un groupement de phrases s'il s'en trouve plusieurs analogues de suite (v. PÉRIODE).
J. C.

PHRASÉ. Art de grouper les sons de manière intelligente en dosant judicieusement les liaisons, les respirations et les accentuations. Considéré de tout temps comme un des éléments les plus importants de l'interprétation, le phrasé a été longtemps laissé à l'initiative des exécutants, sauf à les juger en fonction de lui. Il n'apparaît qu'exceptionnellement dans l'écriture graphique, et encore de manière fragmentaire (courbes de liaison) avant le XIXe siècle ; sa théorie, sans doute esquissée pour la première fois par J.-J. de Momigny en 1803, et encore assez confuse, à l'exception du chant grégorien solesmien, où elle a été remarquablement codifiée par Dom Mocquereau en 1908.
J. C.

PHRYGIEN. — 1. En **musique grecque antique**, le terme phrygien, faisant référence au peuple barbare de ce nom situé au nord du monde grec (Thraces et Daces de la Roumanie actuelle), a désigné successivement :
a) une ancienne « harmonie » (échelle *ré, mi, mi* demi-dièse, *fa, la, si, si* demi-dièse, *do, mi*) de genre enharmonique, propre, selon Platon, à exciter les vertus guerrières ;
b) un « ton de transposition » désignant à l'origine une tessiture moyenne, entre le dorien grave et le lydien aigu, puis inséré avec ses hypos et ses hypers dans un système plus complexe (v. DORIEN) ;
c) un « aspect d'octave » en vue de l'accord des instruments, correspondant, en genre diatonique, aux intervalles de l'octave de *ré* à *ré*, dans les genres chromatique et enharmonique à l'octave sur l'échelle correspondante des notes qui y remplacent le *ré* diatonique (*do* dièse en chromatique, *do* bécarre en enharmonique).
— 2. Au **Moyen Âge**, le terme a été indûment appliqué au 3e mode grégorien (deuterus authente), soit un mode de *mi* à dominante *do* (anciennement *si*).
— 3. En **1573**, Zarlino lui a donné le sens de *mode de ré*, devenu pratiquement *ré* mineur, qui a coexisté selon les auteurs avec celui de *mode de mi* (ou *mi* mineur) conservé en simplification de sens médiéval no 2. Pour des raisons différentes (extension abusive du sens no 1 *c*), l'école de Gevaert, au début du XXe siècle, a également appelé *phrygien* (ou *phrygisti*), en l'appliquant à sa théorie des modes grecs, l'octave de *ré* sans altération, le rapprochant ainsi du dorien des nomenclatures médiévales (1er ton grégorien), pour qui le phrygien était le mode de *mi* (3e ton).
— 4. En dépit de nombreux flottements, le sens actuellement le plus employé reste, par extension du sens no 2, celui d'un mode de *mi* sans altération *(mi, fa, sol, la, si, do, ré, mi).*
J. C.

PIANISSIMO. Indication de nuance d'origine italienne signifiant « très doux », « très doucement ».
M. T.

PIANO. Indication de nuance d'origine italienne signifiant « doux », « doucement ».
M. T.

PIANO. Instrument de musique à cordes frappées et à clavier.
Un cas unique dans l'histoire des instruments de musique. En effet, sa naissance entre les mains de Bartolomeo Cristofori, facteur des clavecins du grand-duc Côme III de Médicis, à Florence en 1698, ne correspond en rien au goût musical de l'époque. Le public italien de ce temps est attiré par l'opéra et par une musique instrumentale fondée sur la basse continue où le clavecin est roi. Cet instrument brille encore dans les grandes œuvres solistes de Domenico Scarlatti, Bernardo Pasquini, François Couperin ou Jean-Philippe Rameau et bien d'autres. Le piano ne répond pas non plus au désir particulier d'un compositeur ou d'un interprète avide de sonorités nouvelles. Son apparition est seulement liée au génie d'un homme capable de l'avoir porté dès sa création à un point de perfection, car le piano de Cristofori est irréprochable en son genre. Après le prototype de 1698, le luthier construit d'autres exemplaires jusqu'en 1720, mais le manque d'acheteurs le contraint à retourner rapidement au clavecin pour éviter la ruine. Le succès du piano auprès du public devra attendre environ cinquante ans, jusqu'en 1770.

Le principe fondamental en est la percussion des cordes au moyen de petits marteaux, par l'intermédiaire d'une mécanique appropriée et d'un clavier. L'organologue trouve donc ses racines dans le tympanon médiéval fait à l'image du santur oriental, et dans le clavicorde connu en Europe du XIVe au XVIIIe siècle, car les cordes de ces instruments sont frappées.
Les développements au XVIIIe siècle. L'invention de Cristofori, qui consiste donc à placer sous les cordes non pas un sautereau de clavecin, mais un petit marteau poussé par un pilote fixé à l'extrémité de la touche du clavier, s'intitule « Gravicembalo col pian'e forte » (clavecin à clavier pouvant jouer doux et fort), et marque ainsi l'innovation par rapport au clavecin : selon le toucher, le musicien peut passer de la nuance piano à la nuance forte, d'où le terme diminutif « piano-forte ».

Par la suite, oublié à Florence, le système mécanique en est décrit en 1709 par le marquis Scipione di Maffei dans son *Giornale dei letterati d'Italia* publié en 1711, et cette publication vient entre les mains d'un organier allemand de Freiberg, Henry Silberman. A partir de là, le piano-forte réalise un véritable « tour d'Europe » avant de s'imposer au public musical, particulièrement en France. Plus que celle de tout autre instrument de musique, l'histoire du piano nécessite pour une bonne compréhension un regard attentif sur l'aspect sociologique inhérent à son implantation dans la société européenne entre 1750 et 1850, alors en pleine mutation.

Henry Silberman, d'esprit assez commerçant, entreprend de fabriquer l'instrument en série vers 1750, tout en simplifiant la mécanique de Cristofori par souci d'économie. Il présente à Jean-Sébastien Bach âgé ses pianos « en forme de clavecin », mais on ignore précisément l'avis du grand musicien sur la nouveauté. D'ailleurs, l'idée d'« améliorer » le clavecin est généralement sous-jacente, car d'autres facteurs y songent, et en revendiquent la paternité : Jean Marius présente plusieurs projets en 1716 à l'Académie des sciences de Paris, et Johann Schrœter demande des subsides en 1721 à l'Électeur de Saxe, afin de réaliser un instrument dans le même esprit. L'originalité de Henry Silberman consiste à poursuivre opiniâtrement sa petite production, et surtout à former bon nombre d'ouvriers qui essaiment en Europe vers les années 1750-1770.

Parmi ceux-ci, Frederici, installé à Géra, impose vers 1758 l'idée de placer la mécanique-piano-forte dans une caisse de virginal, de forme rectangulaire : la construction en est moins délicate et le gain de place est judicieux. Ainsi le piano-forte dit « carré » peut-il intéresser une nouvelle clientèle bourgeoise aux intérieurs moins spacieux que ceux de l'aristocratie, et son prix de revient est beaucoup moins élevé.

Signalons au passage que le piano carré n'est pas la seule forme de caisse de piano-forte inaugurée alors. En effet, le public amateur désire inclure l'esthétique de l'instrument au style de mobilier en vigueur : ainsi verra-t-on, particulièrement en Europe du Nord (Suisse, Belgique, Allemagne et pays scandinaves), jusqu'à la fin du XIXe siècle, des pianos aux contours plus qu'évocateurs : piano-armoire, piano-table, piano-secrétaire, piano-pyramide, piano-lyre, piano-girafe, etc.

Andreas Stein, autre ouvrier de Silberman, se fixe à Augsbourg où il invente une mécanique différente dite « viennoise », que nous retrouverons un peu plus tard avec Mozart. Zumpe, également disciple de Silberman, part vers 1760 pour Londres, où il assure au piano carré un succès considérable, et en propage un grand nombre. Son collaborateur Tschudi s'associera plus tard au célèbre facteur et inventeur anglais John Broadwood. Ainsi s'établissent les premières filiations de maître à disciples spécialisés dans la facture du piano-forte, transmettant les principes d'un art en pleine évolution.

Ce tour d'Europe du piano-forte au XVIIIe siècle s'achève donc par la France, toujours attachée au clavecin. Nicolas Sejan, Johann Schobert, Jean-François Tapray, Étienne Nicolas Méhul ou Adrien Boieldieu composent toutefois pour le piano-forte sonates, concertos, duos avec le clavecin, ou encore une grande quantité d'accompagnements de romances. C'est sous la « forme clavecin » que le piano-forte fait sa première apparition publique à Paris en 1768 au Concert spirituel. Vers 1790, la majorité des piano-forte vendus en France est importée d'Angleterre ou d'Allemagne, et la quasi-totalité des facteurs de pianos à Paris (en province il n'y en a pratiquement pas) sont des Allemands.

La Révolution de 1789 a ici valeur de symbole : en détruisant et brûlant les clavecins des aristocrates, les sans-culottes vont consacrer l'engouement pour la « nouveauté », et en conséquence la fondation d'une véritable facture nationale. Cette longue gestation du piano-forte entre 1710 et 1800 explique les incertitudes du répertoire et de la technique de jeu. Personne ne peut affirmer ni infirmer que telle fugue de Jean-Sébastien Bach, telle suite de Jean-Philippe Rameau, ou surtout telle sonate de Domenico Scarlati soit écrite dans l'ignorance absolue du piano-forte.

Dans un second temps, grâce à la propagation relative de l'instrument, les éditeurs de musique trouvent intérêt à préciser sur la page de titre d'une œuvre : « Pour le clavecin ou le forte-piano », car il gagnent un double public. Cette habitude, persistante jusqu'à la publication de la sonate *Au clair de lune* de Beethoven en mars 1802, concerne les productions de Carl Philipp Emanuel Bach, Joseph Haydn et Wolfgang Amadeus Mozart entre autres. A la similitude du répertoire se superpose celle des interprètes, passant naturellement d'un instrument à l'autre. Cependant une écriture spécifique apparaît peu à peu au piano-forte : indication des nuances, vélocité habituelle des traits à la main droite, voire à la main gauche, octaves, sauts du registre aigu au grave, trémolo préromantique.

Lors de son passage à Augsbourg en 1777, W. A. Mozart, âgé de vingt et un ans, s'enthousiasme pour les piano-forte du facteur Andreas Stein, au point qu'il décide d'abandonner le clavecin ; cette date peut être représentative, dans la mesure où il s'agit du plus grand musicien de l'époque. Andreas Stein est un des meilleurs facteurs de piano-forte viennois, et nous pourrions observer l'un de ses instruments.

Les dimensions restreintes de ce piano-forte nous surprendraient si nous le placions à côté de l'un de nos pianos modernes. Les pianos viennois sont en général aisément reconnaissables, par la forme de leur caisse, dont l'éclisse ne décrit pas une arête vive comme celle du clavecin, mais marque la belle sinuosité d'une courbe suivie d'une contrecourbe. Cet instrument n'a pas de pédales : il possède parfois deux genouillères placées sous le clavier, l'une soulevant les étouffoirs pour permettre aux cordes de vibrer, l'autre intercalant un feutre entre cordes et marteaux pour adoucir la sonorité. Le clavier ne comprend que cinq octaves, de fa_1 à fa_5. Le corps sonore est formé d'une charpente entièrement en bois appelée *barrage*, qui supporte seule la tension des cordes. Sur le barrage est posée la *table d'harmonie*, en épicéa (variété de sapin), qui amplifie les sons de l'instrument. Cette table épaisse de quatre millimètres environ (c'est-à-dire deux fois moins que l'épaisseur de nos tables d'harmonie modernes) est souvent laissée à nu, n'étant pas ornée comme celle des clavecins, et le vernissage n'intervenant qu'au début du XIXe siècle.

La sonorité de ce piano-forte est délicate, claire, voire transparente, et ses basses ont une légèreté qui explique les accords « compacts » écrits pour la main gauche dans le grave jusqu'à Beethoven, accords si lourds lorsqu'ils sont joués sur les pianos modernes.

Les cordes sont tendues entre les deux extrémités formées par le sommier d'accroche et le sommier de chevilles. Le *sommier d'accroche* est une pièce de bois dur, qui épouse la forme de la caisse depuis la pointe du piano-forte jusqu'à l'avant, en suivant l'éclisse. Dans ce sommier d'accroche sont enfoncées des pointes autour desquelles on passe les boucles pratiquées à l'extrémité des cordes. Sur le devant de la caisse, au fond du clavier et au-dessus de la table d'harmonie, est fixé le *sommier de chevilles,* dans lequel les chevilles en acier sont enfoncées et plus ou moins vissées, ce qui permet l'accordage. Le plan des cordes est surélevé au-dessus de la table d'harmonie : par un *sillet* côté chevilles, qui sert à les répartir avec précision sur le lieu de leur percussion, et par un *chevalet* côté accroche, vissé et collé sur la table d'harmonie, à laquelle il transmet les vibrations des cordes. Celles-ci, au nombre de deux par note, sont choisies en différents matériaux : acier mou pour l'aigu et le médium, laiton pour le bas médium, et cuivre ou cuivre filé sur acier pour le grave.

La mécanique viennoise, ou « Prellmechanik », est placée sous le plan des cordes, et attaque celles-ci par en dessous ; quelques essais ont été faits pour réaliser une mécanique attaquant les cordes par au-dessus, afin d'en renforcer la puissance (pour Beethoven notamment), mais ils ont été abandonnés. Le marteau possède un manche assez court, à petit angle de rotation, et la chasse (distance du repos à la corde) n'est pas grande : l'élan ou force de percussion du marteau est faible. La tête du marteau, petite, recouverte de cuir (pas encore de feutre), est légère : un demi à un gramme (le quadruple sur un piano moderne). La pièce principale de la mécanique, dite « pilote », fixée à l'extrémité de la touche du clavier, envoie le marteau contre la corde.

L'inconvénient des mécaniques primitives est de « tambouriner » si le pianiste joue trop fort (répétition de la même note, par rebond du marteau), ou de ne pas atteindre la corde si le pianiste cherche à jouer pianissimo. En outre, il arrive à certains pianos de céder sous la tension des cordes, et de se détruire. Mais on peut tout de même admirer l'équilibre de construction de ces piano-forte construits avec grand soin : leur structure entièrement en bois, sans l'apport d'aucun métal, résistait à une tension de cent vingt cordes, et la simplicité de leur mécanisme leur conférait une grande légèreté. D'où un piano-forte à sonorité sans grande ampleur, mais assez pure, permettant les traits les plus rapides et transparents de la vélocité.

Une époque charnière : 1790-1830. L'orée du XIXe siècle, et les années 1790-1830 en particulier, voient un bond extraordinaire dans l'évolution de la facture de l'instrument, au point qu'il y a peu de rapports entre le gracile piano-forte que nous venons de décrire et le robuste instrument des romantiques, assez proche de notre piano. Deux raisons s'imposent à cette constatation : d'une part les interprètes désirent un champ de nuances beaucoup plus large pour exprimer tant le déferlement de leurs passions que l'intimité d'une douce confidence ; d'autre part, le concert n'est plus réservé à quelques invités des salons aristocratiques, mais l'ouverture de grandes salles de concert à un vaste public bourgeois exige des pianos plus sonores. Tous les efforts des facteurs se concentrent maintenant sur la construction de pianos robustes et puissants.

Au milieu d'innombrables petits inventeurs à la recherche d'un brevet, et excités par la formidable émulation des médailles et des prix attribués lors des expositions industrielles, John Broadwood et Sébastien Érard sont les deux grands artisans de la naissance du piano moderne. A partir d'une percussion plus nerveuse, opérée par un marteau plus lourd sur une corde de diamètre plus fort (on place alors jusqu'à quatre cordes pour une même note), il faut épaissir la table d'harmonie et renforcer toute la caisse de l'instrument, sa charpente en bois recevant l'aide de l'acier pour équilibrer les tensions. Peu à peu l'expression « pianoforte » disparaît du langage courant, pour céder la place à celle, plus rapide et commode, de « piano ». Quelques pianistes romantiques, dont Johann Nepomuk Hummel se fait le porte-parole, vantent le léger piano-forte viennois, et critiquent le nouveau piano jugé trop lourd de toucher.

Les virtuoses Daniel Steibelt, Jan Ladislas Dussek, Ignaz Moscheles, John Field, Jean-Baptiste Cramer doivent modifier considérablement leur technique de jeu, apprise auprès de professeurs formés au clavecin : l'articulation des doigts et de l'avant-bras ne suffit plus à faire parler le piano selon ses nouvelles possibilités : il faut utiliser le poids du bras entier depuis l'épaule. Cet élargissement permet d'ouvrir un horizon infini de combinaisons techniques : accords répétés, doubles trilles, gammes en tierces chromatiques, glissandos, octaves staccato ne sont qu'une faible partie des éléments pianistiques apparus chez Beethoven, et amplifiés par Chopin, Liszt et leurs émules... ou adversaires.

Sébastien Érard est à l'origine du succès du piano en France : il fonde son atelier à Paris en 1780, soit à l'époque où presque tous les pianos sont importés de l'étranger, et réalise une magnifique percée commerciale en fabriquant à partir du Consulat une moyenne de deux cents pianos par an, chiffre comparable aux plus grandes firmes du temps (Broadwood à Londres, Streicher à Vienne). Ses pianos carrés bénéficient des améliorations apportées à la facture de ses grands pianos « en forme de clavecin », présentés dès 1794. Sébastien Érard étudie la mécanique anglaise à échappement de John Broadwood : dans celle-ci, le pilote n'est plus fixé à la touche du clavier, mais il est mobile, et s'échappe après avoir imprimé un élan au marteau, rendu de ce fait plus libre, précis et nerveux.

A partir de cette mécanique, Érard conçoit la sienne, puis dépose plusieurs brevets, jusqu'à l'invention en 1823 du système dit « à double échappement ». Ici, le but est de rendre la mécanique très rapide pour les traits, les trilles et surtout les notes répétées : un premier échappement lance le marteau contre la corde, et tandis que le second échappement le maintient très près de celle-ci, il suffit de relever la touche de deux millimètres pour que le premier échappement soit apte à relancer le marteau. Cette prodigieuse mécanique est finalement adoptée par tous les facteurs concurrents, et c'est celle qu'on utilise encore de nos jours.

L'apogée à l'époque romantique. Le nouvel instrument appelle une nouvelle musique pour le clavier, et le double don fait par Sébastien Érard d'un grand piano au Conservatoire de musique de Paris en 1809 et à Beethoven à Vienne en 1803 paraît hautement symbolique. Créé en 1795, le Conservatoire abandonne très vite l'enseignement du clavecin, et, telle une école d'avant-garde, se livre à celui du piano qu'il va propager dans la société grâce à son renom, ses professeurs, ses lauréats, favorisant la création d'un répertoire musical et d'un public mélomane averti : en 1812, la moitié des élèves de l'établissement (en particulier des jeunes filles) sont des élèves de piano !

En offrant à Beethoven l'un des pianos les plus perfectionnés de son temps, Sébastien Érard satisfait un des compositeurs les plus exigeants envers les facteurs de pianos, car Beethoven désire tirer de l'instrument le maximum de possibilités, techniques et surtout expressives. En se consacrant au « genre sérieux » par ses sonates et ses concertos, il donne au piano ses lettres de noblesse ; après lui, et suivant son influence, tous les compositeurs voulant s'imposer se feront une obligation d'écrire pour le piano. L'Allemagne inaugure l'ère du pianiste-compositeur, virtuose brillant : ainsi Carl Maria von Weber, Felix Mendelssohn, Robert Schumann, plus tard Johannes Brahms, et, dans un autre style, Franz Schubert.

L'habitude étant alors de mêler le chant et divers instruments dans un même concert, l'apparition du récital pour un interprète unique est une nouveauté qui échoit en premier lieu au piano, avec un détail significatif : le pianiste romantique extraverti souhaite s'exprimer et se montrer ; ses mains jusque-là cachées dans le clavier du clavecin ou du piano-forte seront visibles, grâce au clavier à découvert.

L'influence de Frédéric Chopin est profonde sur la technique de jeu du piano, car il en attend une grande variété d'attaques et de touchers, et une souplesse que ses contemporains Frédéric Kalkbrenner, Alkan ou Ferdinand Hiller ne connaissent pas toujours. Le style musical plus que la manière harmonique de Chopin a marqué son siècle : ses pièces d'évocation (*Nocturnes, Préludes, Berceuse*) et ses danses stylisées (*Valses, Mazurkas, Polonaises*) suscitent bien des émules.

Franz Liszt occupe dans l'histoire du piano une place prépondérante ; créateur de la très grande virtuosité, il continue la tradition des duels pianistiques en luttant publiquement contre certains de ses contemporains, sa rivalité contre Sigismond Thalberg étant la plus célèbre. Il rassemble un nombre d'élèves considérable, et l'influence de sa pédagogie (en partie codifiée par sa disciple Marie Jaëll) demeure très importante. Franz Liszt donne les premiers récitals de piano, et l'on peut avancer qu'il est l'inventeur du « grand piano », par ses *Études* transcendantes, ses *Rhapsodies*, sa *Sonate*.

Liszt fait encore du piano le propagateur de la musique dans la société, par un nombre impressionnant de transcriptions, permettant aux amateurs de pratiquer eux-mêmes les œuvres entendues dans les concerts symphoniques. Cet exemple est suivi : de multiples éditeurs font travailler des transcripteurs, le plus souvent dans la version piano « à quatre mains ». Enfin, en abandonnant l'improvisation pianistique vers 1850, Liszt sonne le glas de cette activité sauvegardée de nos jours par les seuls organistes, et confère au texte musical écrit une valeur inconnue jusque-là, mais que les générations suivantes lui reconnaîtront.

Le piano, né sous l'Empire et la Restauration, entre vers 1830 dans l'ère industrielle : jamais un instrument de musique n'aura été fabriqué en telle quantité. Des musiciens (Pleyel, Herz), ou d'anciens ouvriers facteurs (Blanchet, Pape) ne s'y trompent pas, et fondent leur propre atelier, parfois assorti, pour montrer les qualités de leurs pianos, de salons qui deviendront nos grandes salles de concerts parisiennes encore actuelles : Ignaz Pleyel en 1807, Joseph Emmanuel Gaveau en 1847, et, à l'étranger, Friedrich Bechstein à Berlin en 1853, Ignaz Bösendorfer à Vienne en 1828, Heinrich Steinweg à Brunswick en 1835 (qui en 1853 se rebaptise Steinway à New York).

L'industrie du piano veut aussi la division du travail, requise par certaines spécialités : fabricants de mécaniques, de claviers, de barrages ou de cadres en fonte ; cela explique le nombre élevé d'assembleurs et de revendeurs, notamment dans les provinces. À cet épanouissement de la facture correspond l'abandon du vieux piano carré vers 1860-1880, concurrencé par le piano droit dès les années 1830-1850, et des autres formes de piano dont nous avons déjà parlé. Depuis 1880, la facture du piano connaît des progrès de détail, mais aucun changement fondamental ; elle poursuit son évolution vers un instrument plus sonore et plus souple à la fois. Le piano à queue moderne s'est agrandi jusqu'à 2,90 mètres pour les grands modèles de concert ; la caisse renforcée contient en dessous un robuste barrage en bois qui supporte une grande table d'harmonie de huit millimètres d'épaisseur, vernie, elle-même surplombée du plan des cordes, puis du barrage en fonte recouvrant toute la surface de la caisse. À l'extrémité du piano, le sommier d'accroche en bois est remplacé par des pointes directement fondues sur le barrage. À l'avant, le même barrage en fonte est moulé en forme de plaque percée de trous au travers desquels les chevilles tendant les cordes rejoignent au-dessous du sommier en bois.

Le croisement des cordes sur deux plans différents permet un appréciable gain de place, sans modifier les proportions des cordes graves, modification qui leur ôterait leurs belles résonances. Les cordes sont au nombre de trois par note pour l'aigu, deux pour le médium, et une pouvant atteindre huit millimètres de diamètre pour chaque note grave. Le clavier s'étend à sept octaves, de la_1 à la_6. Dans la mécanique à double échappement, les facteurs cherchent surtout à faciliter le travail des articulations, afin de ne pas la rendre trop fatigante aux doigts du pianiste ; le manche du marteau est allongé, et sa tête recouverte de feutre peut peser jusqu'à cinq grammes. La chasse agrandie permet une percussion franche.

Le son des pianos modernes a une durée beaucoup plus longue que celui des anciens piano-forte, dans lesquels il s'éteignait rapidement après la percussion. Cette continuité du son est le résultat d'une époque de recherches patientes, et d'améliorations de la facture, afin de permettre l'interprétation de mélodies romantiques, et de transformer le piano d'instrument-percussion en instrument-mélodie. Jusqu'à la Seconde Guerre mondiale, chaque marque tient à cœur de produire des pianos dont la sonorité particulière réponde à l'esthétique du fabricant, et aux désirs de sa clientèle. Depuis lors, nous assistons à une évolution vers un « piano international », unifié par les associations commerciales entre les facteurs, le commerce international, et le souhait des grands virtuoses voyageant dans le monde entier de retrouver des pianos semblables dans les différents pays.

Le piano depuis un siècle. En explorant les zones d'influence liées à la carrière prodigieuse de Franz Liszt, et en rappelant le lien établi par Beethoven entre les carrières de compositeur et de pianiste, nous tenons les clefs de l'histoire pianistique à la fin du XIXe siècle et au XXe siècle.

En effet, le piano s'est inséré à tel point dans la vie musicale que son histoire est celle du style de composition de l'époque considérée. L'école française renaissante après le désastre de 1870 en est un bon exemple. Camille Saint-Saëns, Georges Bizet, César Franck, Ernest Chausson, Emmanuel Chabrier composent pour un piano oscillant entre la virtuosité de Franz Liszt, l'évocation de Frédéric Chopin, la simple description d'agrément, ou plus rarement la méditation de type beethovénien. Ces termes indiquent bien que le piano est devenu un moyen du discours musical, tant est parfaite son adéquation à la société bourgeoise qui l'a adopté.

À la génération suivante, nous constatons, sous une présentation différente, la même relation entre l'instrument et l'évolution du style musical : Gabriel Fauré, Paul Dukas, Maurice Ravel, Gabriel Pierné, Albert Roussel, Erik Satie, Florent Schmitt sont pianistes parce qu'ils sont compositeurs. Claude Debussy lui-même apporte un renouveau considérable en tant que pianiste, et plus encore en tant que compositeur, car il enrichit le langage du piano, comme il enrichit celui de l'orchestre : la virtuosité de *Feux d'artifice* évoque Liszt, comme l'infinie délicatesse de toucher des *Pas sur la neige* rappelle Chopin.

Si, à la génération romantique, les pianistes virtuoses jouaient eux-mêmes leurs œuvres, l'époque que nous venons de retracer assiste à une scission entre compositeur et interprète, et à l'apparition des premiers virtuoses, chevaliers servants des productions d'autrui, eux-mêmes n'étant pas (ou très peu) créateurs : ainsi Anton Rubinstein, Ricardo Viñes et beaucoup d'autres.

L'extraordinaire fortune du piano consiste à avoir happé dans son sillage l'expression des écoles nationales : il a attiré les Espagnols Isaac Albéniz, Enrique Granados, José Turina et Manuel de Falla, comme le Hongrois Béla Bartók, les Italiens Ferruccio Busoni, Ottorino Respighi, Alfredo Casella, comme le Norvégien Edvard Grieg, ou le Polonais Karol Szymanowski, les Tchèques Leoš Janáček, Bohuslav Martinů, comme les Américains George Gershwin, Aaron Copland et Charles Ives. L'école russe est particulièrement brillante : si les auteurs du renouveau, comme Piotr Ilitch Tchaïkovski, Alexandre Glazounov ou Alexandre Balakirev s'intéressent peu au piano, leurs successeurs Serge Rachmaninov, Alexandre Scriabine, Serge Prokofiev, Dimitri Chostakovitch exigent une grande virtuosité, dans l'expression d'un répertoire alliant un fond de romantisme à d'originales recherches d'écriture.

Le piano est partout. Le moindre théâtre, la moindre salle de concert se doivent d'en posséder, il est l'auxiliaire pédagogique des écoles de musique : pour l'accompagnement de tous les instruments, de la danse, pour le solfège, l'harmonie, le contrepoint, voire la composition ; le jazz lui réserve une place toujours importante, et on le retrouve même au Théâtre national de Pékin. En 1975, on a vendu 15 000 pianos en France, tandis que les facteurs en fabriquaient environ 700 000 de par le monde ; une marque japonaise se targue même de fabriquer un piano toutes les deux minutes.

Le piano a-t-il un avenir ? Le milieu du XXe siècle lui a fait perdre la fonction, jusque-là répandue, de prolonger le concert en interprétant soi-même les transcriptions ou des réductions d'œuvres pour orchestre symphonique. Le piano s'est d'abord adapté au désir de reproduction automatique du son, dans ses modèles de « piano mécanique », « auto-piano », ou plus tard « piano pneumatique », modèles de plus en plus destinés à une musique de divertissement. Mais l'enregistrement discographique ou magnétique, moins exigeant et plus fidèle, lui retire cette activité.

Il n'est pas sûr, non plus, que le piano maintienne sa position privilégiée dans l'arsenal pédagogique : les moyens télématiques et les nouvelles méthodes apporteront bientôt des résultats au moins semblables.

Quant à la fortune des récitals pianistiques, il est à remarquer que les derniers grands virtuoses au sens romantique du mot sont mûrs ou âgés, et que leurs jeunes successeurs ne conçoivent plus leur carrière de la même façon, ne serait-ce que par la disparition d'un répertoire pianistique contemporain, analogue à celui qui a été créé jusque-là. Les œuvres récentes de Henri Dutilleux, Olivier Messiaen, Pierre Boulez ou John Cage font rarement partie des récitals traditionnels, composés le plus souvent des noms de Bach, Mozart,

Beethoven, des romantiques et des compositeurs du début du XXe siècle, comme Debussy, Ravel, et parfois Bartók ou Prokofiev. Nos créateurs contemporains sont défendus par de courageux interprètes, qui leur vouent des récitals « spécialisés », attirant en conséquence un public plus restreint.

Le piano survit parce que le grand public s'intéresse surtout à la musique du passé, mais lorsqu'un jeune public s'éveillera à la musique de son temps avec des moyens nouveaux, le piano aura vécu, ou il devra subir, à l'image d'autres instruments de musique, une profonde métamorphose actuellement imprévisible.

F. L. G.

PIANO PRÉPARÉ (en angl. *prepared piano*). Nom donné à une certaine technique de modification des sons naturels du piano (essentiellement par insertion d'objets divers dans la caisse et entre les cordes); et aussi nom donné au piano quand celui-ci fait l'objet de ce traitement. On attribue l'invention du piano préparé à John Cage, avec une *Bacchanale* (1938), musique pour un ballet de Syvilla Fort. Il s'agit moins, avec cette technique, d'une « destruction » ou d'une « profanation » de l'instrument (qui, pour peu qu'on y prenne garde, n'est pas le moins du monde détérioré de l'opération) que d'une façon nouvelle de lui faire produire des sonorités et des timbres. Quels que soient les « corps étrangers » introduits dans les cordes (gommes, vis, élastiques, objets de bois, de métal, de plastique, etc.), leur rôle est de modifier le son naturel de l'instrument quand on appuie sur la touche du clavier et que le marteau frappe la corde : on produit ainsi des timbres et des hauteurs différentes, des sons plus complexes, voilés, percussifs, mats ou au contraire stridents. De plus la préparation n'étant pas uniformément répartie sur tout l'instrument, on dispose d'une espèce de gamme de timbres différents, d'une sorte de petit orchestre jouable avec deux mains.

Dans les partitions pour piano préparé, la préparation demandée peut être rigoureusement décrite et spécifiée (nature des objets insérés, indication des cordes à préparer, et des endroits précis où introduire ces objets), mais l'œuvre est écrite dans une notation traditionnelle, qui, dès lors, rend compte plus des touches à enfoncer que du résultat auditif.

L'œuvre pour piano préparé la plus importante est celle de John Cage, avec notamment le cycle remarquable des *Sonates et Interludes* (1946-1948), qui imitent des sonorités de certaines musiques orientales, notamment balinaises. Mais dès 1948, Pierre Henry utilise le piano préparé comme source sonore prédominante de structures musicales *enregistrées* dans ses œuvres de musique concrète et électroacoustique (*Bidule en « ut »*, 1950; *Symphonie pour un homme seul*, 1949-50, ces deux œuvres avec Pierre Schaeffer; plus tard le *Concerto des ambiguïtés*, 1950; le *Microphone bien tempéré*, 1950-51; *la Reine verte*, 1963; *Dieu*, 1977, etc.). Aujourd'hui, le piano préparé fait partie d'une certaine panoplie instrumentale moderne, mais rares sont encore les compositeurs qui l'utilisent en dehors du modèle cagien : citons parmi eux, Michèle Bokanovski, avec sa pièce *Pour un pianiste* (1974), pour piano préparé et bande magnétique, dédiée à Gérard Frémy, son inspirateur, un des rares virtuoses français à pratiquer cette technique. M. C.

PIANO-RAG-MUSIC. Œuvre pour piano seul d'Igor Stravinski, composée à Morges le 28 juin 1919, dédiée à Arthur Rubinstein et créée par José Iturbi à Lausanne le 8 novembre de la même année (ou à Zurich le 20 novembre). D'une durée d'environ trois minutes et d'une facture quasi improvisée, l'œuvre met en relief les possibilités percussives du piano. M. V.

PIATIGORSKI (*Gregor*), violoncelliste américain d'origine russe (*Ekaterinoslav 1903 - Los Angeles 1976*). Il commence l'étude du violoncelle à sept ans et entre, deux ans plus tard, au conservatoire de Moscou, dans la classe d'A. von Glehn, et prend par ailleurs des leçons avec Brandukov. Membre du quatuor Lénine (1919) et violoncelle solo de l'Orchestre du Bolchoï, il quitte l'Union soviétique en 1921 pour Leipzig, où il étudie auprès de J. Klengel. Il est engagé, de 1924 à 1928, par Furtwängler comme violoncelle solo de l'Orchestre philharmonique de Berlin et se produit en duo avec A. Schnabel, en trio avec ce dernier et C. Flesch. Il joue également, à partir de 1930, avec ses compatriotes Horowitz et Milstein, surtout aux États-Unis, où il fait ses débuts de soliste en 1929 (avec l'Orchestre philharmonique de New York). Il met ses deux stradivarius (le Batta de 1714 et le Baudiot de 1725) au service de la musique de son temps, créant les concertos de M. Castelnuovo-Tedesco (1935, avec Toscanini), d'Hindemith (1941) et de Walton (1957), et des pages de Martinů, Milhaud, Prokofiev, Webern, etc. Il réalise, en collaboration avec Stravinski, la version pour violoncelle de la *Suite italienne* de *Pulcinella* (1934). À partir de 1949, il joue en trio avec Rubinstein et Heifetz, et organise avec celui-ci, en 1961 à Los Angeles, les concerts de musique de chambre Heifetz-Piatigorski, auxquels participe également W. Primrose. Il se produit jusqu'en 1974 aux États-Unis et en Europe, sauf en France d'où il se tint éloigné vingt ans durant après avoir été éreinté par un critique du *Figaro*. Il enseigne au Curtis Institute de Philadelphie de 1941 à 1949, à l'université de Boston en 1957, et à partir de 1962 à l'université de Los Angeles (où est créée à son intention une chaire de musique en 1975). Son art, bâti sur une sonorité plantureuse, fait cohabiter la grandeur et l'élan. M. W.

PICANDER (*Christian Friedrich* HENRICI, dit), poète et librettiste allemand (*Stolpen, près de Dresde, 1700 - Leipzig 1764*). Arrivé à Leipzig en 1720, il y publia, de décembre 1724 à décembre 1725, une série de poèmes d'inspiration religieuse intitulée *Sammlung erbaulicher Gedancken* et devint à cette époque librettiste de Bach pour certaines de ses cantates. Cette collaboration devait durer près de vingt ans et concerner principalement les grandes œuvres sacrées de Bach (*Passion selon saint Matthieu, Passion selon saint Marc*, probablement aussi *Oratorio de Pâques* et *Oratorio de l'Ascension*), ainsi que ses œuvres de circonstance. Picander joua un rôle moins important pour les cantates d'église proprement dites de Bach, bien que son cycle de poèmes sacrés, *Cantaten auf die Sonn-und Fest-Tage* (1728), ait de toute évidence été destiné au cantor. Il se fit également un nom comme auteur de poèmes satiriques. M. V.

PICCINNI (*Nicola*), compositeur italien (*Bari 1728 - Passy 1800*). Élève à Naples de Leo et de Durante, il donna dans cette ville son premier opéra, *Le Donne dispettose* (1754). Suivirent, à Rome, *Alessandro nell'Indie* (1758), de style « seria » sur un livret de Métastase, et en 1760 *La Cecchina ossia La Buona figliuola*, sur un livret d'après Goldoni et consacrant la naissance du genre « semiseria ». Une cinquantaine d'opéras, dont *L'Olimpiade* (1761) et *La Molinarella* (1766), furent ensuite écrits en une dizaine d'années. La popularité de Piccinni pâtit de l'étoile naissante d'Anfossi et, à l'invitation de Marie-Antoinette, il accepta de venir à Paris, où il arriva en 1776 et où il fit notamment jouer *Roland* (1778), sur un livret de Marmontel.

Gluck venait de donner son *Armide*, et bientôt se déclencha la fameuse Querelle des gluckistes et des piccinnistes, envenimée par les nombreux écrits des partisans respectifs des deux compositeurs, dont les relations personnelles restèrent toujours cordiales. Piccinni, qui représentait la musique italienne, se vit confier la direction d'une troupe transalpine. Deux ans après l'*Iphigénie en Tauride* de Gluck, il fit représenter son opéra du même nom (1781). On lui opposa alors un nouveau rival en la personne de Sacchini : ce dernier donna *Chimène* (1784), et Piccinni *Didon* (1783). Peu après, il prononça l'éloge de Sacchini devant sa tombe ouverte (1786), et, à la mort de Gluck (1787), il tenta en vain d'organiser à Paris des cérémonies commémoratives.

Au début de la Révolution, Piccinni retourna à

Naples, puis se réfugia à Venise, où il écrivit *La Griselda* (1793). Accueilli de nouveau par la France en 1798, il fut nommé peu avant sa mort inspecteur de l'enseignement du Conservatoire. Maître incontesté de l'opéra « semiseria », dont les innovations devaient également porter leurs fruits dans l'opéra-comique français, il prodigua aussi son talent dans sa musique sacrée et sa musique instrumentale.   R. M. et M. V.

PICCOLO (ital. ; « petit »). — 1. Adjectif souvent employé en musique dans son sens original. Il a existé, par exemple, un « violon piccolo ». Substantivement, il désigne aujourd'hui la « petite flûte » traversière, qui sonne à l'octave supérieure de la grande, avec le même doigté. Il lui manque toutefois l'*ut* et l'*ut* dièse graves, qui manquaient d'ailleurs aussi à la grande flûte jusqu'à l'invention de la « patte d'*ut* » à la fin du XVIIIe siècle. Sa sonorité perçante, qui traverse aisément la masse de l'orchestre, a été amplement utilisée par les symphonistes. Mais le piccolo a été également traité en instrument soliste, notamment par Vivaldi.   M. T.
— 2. À l'orgue, jeu le plus aigu, parfois aussi appelé sifflet. De la famille des principaux, il sonne à la triple octave de la fondamentale (vingt-deuxième, ou harmonique 8). Son tuyau le plus grave mesure 1 pied de haut, et le corps sonore du plus petit 7 mm seulement. Le piccolo est surtout utilisé dans le plenum*, au même titre qu'un jeu de mixture*.   G. C.

PICHL (Vaclav), compositeur et violoniste tchèque (*Bechyne, près de Tabor, 1741 - Vienne 1805*). Après des études en Bohême, il fut engagé par Dittersdorf comme violoniste à Grosswardein (1765-1769). En 1777, il partit pour l'Italie comme directeur de la musique de l'archiduc Ferdinand, gouverneur de la Lombardie et dont la résidence était Milan, et y resta jusqu'en 1796. L'archiduc ayant été cette année-là chassé de sa province par les Français, Pichl le suivit à Vienne, où il demeura à son service. Apprécié de Haydn, qui fit exécuter des quatuors de lui à Esterháza, il écrivit des symphonies et des concertos ainsi que de la musique de chambre, en particulier pour violon. Dans ses dernières années, il se consacra beaucoup à la musique religieuse.   M. V.

PIÈCES DE CLAVECIN EN CONCERT. Ensemble de pièces de musique de chambre pour clavecin, avec accompagnement de violon ou flûte et de basse de viole, publié par Rameau en 1741. La structure de ces pièces est radicalement différente de la traditionnelle sonate avec basse chiffrée, dans laquelle le ou les instruments mélodiques ne sont accompagnés que d'une ligne de basse, sur laquelle le clavecin (ou tout autre instrument harmonique) improvise un accompagnement. Ici, le titre le dit, le clavecin est l'instrument principal, *accompagné* par deux instruments mélodiques. Ce type de composition apparaît en France avec les sonates de Mondonville (1734). Chez Rameau, la partie de clavecin se suffit à elle-même et peut être jouée seule (le compositeur le souligne dans la préface), et sa densité d'écriture dépasse souvent celle des pièces de clavecin composées précédemment par le musicien. Les deux instruments qui l'accompagnent ont une grande importance, et la partie de viole, en particulier, présente des caractères de virtuosité.
L'œuvre se répartit en cinq *concerts*, composés chacun de trois mouvements (vif, lent, vif) à la manière italienne, à l'exception du 2e concert auquel s'ajoutent deux menuets : la structure peut ainsi être rapprochée de celle du concerto à l'italienne, le clavecin faisant parfois des échappées brillantes. Les différents mouvements portent, suivant la tradition française, des titres évoquant un tableau (*la Pantomime*, 4e concert), un portrait abstrait (*la Timide*, 3e concert ; *l'Agaçante*, 2e concert, etc.), ou une allusion à un personnage contemporain (*la La Poplinière* [mécène, protecteur de Rameau], *la Livri* [bienfaiteur de Rameau], *la Forqueray* et *la Marais*, 5e concert, pièces dédiées sans doute aux deux virtuoses de la viole, cette partie y étant particulièrement mise en valeur).

Les *Pièces de clavecin en concert* de Rameau, unique incursion du compositeur dans le domaine de la musique de chambre, à une époque où il triomphe à l'opéra, constituent l'un des plus remarquables apports de la musique française de ce temps à ce type de composition. Plusieurs de ces pièces, orchestrées, sont reprises dans certains opéras par le compositeur lui-même. Un manuscrit les présente, transcrites en sextuor, sous le titre de *Concerts en sextuor* : il est peu probable que cette adaptation maladroite soit due à Rameau.   P. B.

PIED. — 1. **Ancienne unité de longueur** (324 mm) qui participe à l'identification des différents jeux de l'orgue et du clavecin. « Jeu de 8 pieds » (on écrit 8′) signifie que le tuyau le plus grave de la série, donc le plus long, mesure environ 2,60 m. Les jeux s'échelonnent selon la progression géométrique 1, 2, 4, 8, 16 et 32, en sorte que chacun d'eux sonne à l'octave inférieure du précédent. En fait, cette classification ne correspond à la réalité qu'en ce qui concerne les tuyaux ouverts ; comme les tuyaux fermés sonnent une octave plus bas, le « 8′ » de cette catégorie ne mesure que 1,30 m. Elle est encore plus arbitraire dans le cas du clavecin, qui ne comporte évidemment pas de cordes longues de plusieurs mètres ; c'est par analogie qu'on l'a appliquée aux jeux du clavecin, limitée toutefois à 4, 8 et 16 pieds.
— 2. Par ailleurs, on appelle « pied » le **bas d'un tuyau d'orgue** et celui d'une harpe, ainsi que le tuyau mélodique de la cabrette (par opposition aux bourdons à sons fixes).   M. T.

PIERLOT (Pierre), hautboïste français (*Paris 1921*). Formé au Conservatoire national supérieur de musique, il est membre fondateur du Quintette à vents français (1942) et de l'Ensemble baroque de Paris (1950), et remporte en 1949 le premier prix du Concours international de Genève, qui lui ouvre une brillante carrière de concertiste. Hautbois solo de l'Opéra-Comique, puis de l'Opéra jusqu'en 1981, Pierre Pierlot n'en participe pas moins à de nombreux concerts et enregistrements avec divers orchestres et ensembles de musique de chambre, notamment le Quintette à vents de Paris où il a pour partenaires Jean-Pierre Rampal (flûte), Jacques Lancelot (clarinette), Gilbert Coursier (cor) et Paul Hongne (basson). Professeur au Conservatoire depuis 1969, il poursuit actuellement son activité de virtuose et de pédagogue, fait partie de plusieurs jurys internationaux et enseigne aussi à l'Académie de Nice. La réputation de l'école française moderne de hautbois lui doit beaucoup.   M. T.

PIERNÉ (Gabriel), compositeur et chef d'orchestre français (*Metz 1863 - Ploujean, Finistère, 1937*). Dès l'âge de cinq ans, il étudie le solfège au conservatoire de Metz. En 1871, il entre au Conservatoire de Paris dans les classes de Lavignac (solfège), Marmontel (piano), Durand (harmonie), Franck (orgue) et Massenet (composition). Il obtient de nombreuses récompenses, en attendant le grand prix de Rome en 1882. Auparavant, il a écrit plusieurs œuvres, dont la *Sérénade* pour piano, devenue célèbre. À Rome, il termine son premier opéra-comique, *le Chemin de l'amour*, et une légende dramatique pour chœur et orchestre, *les Elfes*, dont un des numéros, « Je maudis ma puissance », entrera au répertoire de nombreuses chorales françaises. Il compose des mélodies, des chœurs, des pages instrumentales ou symphoniques (*Fantaisie-ballet* pour piano et orchestre, 1885), des scènes lyriques. En 1891, il écrit *le Collier de saphir*, pantomime de Catulle Mendès. Successeur de Franck aux orgues de Sainte-Clotilde (1890), il occupe ce poste jusqu'en 1898.
Musicien aux abondantes trouvailles mélodiques, orchestrateur raffiné, Gabriel Pierné se fait apprécier pour ses musiques de scène (*la Samaritaine*, 1897), ses ouvrages lyriques ou dramatiques (*la Coupe enchantée*, 1895, création à Paris en 1905 ; *Vendée*, 1897). En 1905, les concerts Colonne présentent sa *Croisade des*

enfants, oratorio utilisant à merveille les voix enfantines. *Les Enfants à Bethléem* (1907) et *Saint François d'Assise* (1912) expriment également sa foi lumineuse transmise par César Franck. En 1908, il écrit la musique de scène pour la pièce de P. Loti, *Ramuntcho*, créée au théâtre de l'Odéon. En 1910 il devient chef d'orchestre des concerts Colonne, en remplacement d'Édouard Colonne, qu'il secondait depuis 1903. Il met volontiers cette nouvelle activité au service de ses contemporains, et crée un grand nombre d'œuvres nouvelles, parmi lesquelles les siennes figurent rarement. Mais il ne cesse pas d'écrire : en témoignent le ballet *Cydalise* et le Chèvrepied* (1923), la comédie lyrique *Sophie Arnould* (1927), l'opérette *Fragonard* (1934), *Trois Pièces en trio* (1936). Dans ses œuvres scéniques, Pierné reflète l'influence de son maître Massenet.

Parallèlement à ses activités de chef d'orchestre et de compositeur, Pierné s'est penché sur l'enseignement musical en France. Il a été directeur des Ensembles musicaux des lycées de jeunes filles de Paris, et président de la commission chargée de la réforme de l'enseignement musical. En 1924, il a été élu membre de l'Académie des beaux-arts. A. L. et S. W.

PIERRE ET LE LOUP. Partition didactique (op. 67), mise au point par Serge Prokofiev à l'issue de toute une série d'œuvres destinées aux enfants, et conçue en 1935-36. Il s'agissait de faire reconnaître les principaux instruments de l'orchestre à de jeunes auditeurs en faisant représenter par les timbres de l'orchestre les divers personnages d'une histoire lapidaire (texte de Prokofiev), dans laquelle on ne manqua pas de lire une fable politique : le petit Pierre (cordes) capturant le méchant loup (cors) a toutes les vertus de l'homme soviétique face à la couardise du canard (hautbois), à l'étourderie de l'oiseau (flûte), à la fourberie du chat (clarinette). Quant aux chasseurs (timbales) qui arrivent après la bataille, ils sont ceux qui tirent les marrons du feu. Le charme et l'habileté de la musique, ses thèmes étonnamment aptes à hanter la mémoire, ont plus que tout assuré le succès mondial d'une œuvre sans prétention devenue, avec ou sans récitant, la plus jouée de son auteur. M. Mt.

PIERROT LUNAIRE. Œuvre d'Arnold Schönberg intitulée *Trois fois sept poèmes tirés du «Pierrot lunaire» d'Albert Giraud* (version allemande d'Otto Erich Hartleben). Pour une voix parlée, *piano, flûte* (également piccolo), *clarinette* (également clarinette basse), *violon* (également alto) *et violoncelle*. (*Mélodrames*.) Schönberg entreprit son travail de composition le 12 mars 1912 et le mena à bien le 30 mai, à l'exception du 14e des 21 morceaux, *Kreuze* («Croix»), terminé le 9 juillet seulement. Après quarante répétitions et une générale privée (9 octobre), la création eut lieu le 16 octobre 1912 à Berlin. L'actrice viennoise Albertine Zehme, qui avait commandé l'ouvrage, déclamait en costume de Pierrot, devant une tenture noire de style espagnol masquant Schönberg et les musiciens qu'il dirigeait. En exergue, une voix parlée, le programme distribué, un texte significatif de Novalis : «On peut imaginer des histoires sans continuité, associatives comme un rêve, des poésies se bornant à bien sonner et à contenir de belles paroles, elles aussi sans signification ni logique apparente, avec tout au plus quelques strophes compréhensibles, comme des débris épars de provenances diverses. Cette poésie authentique peut avoir tout au plus un sens allégorique d'ensemble, et un effet indirect comme la musique.»

Le *Pierrot lunaire* du Belge Albert Giraud (pseudonyme pour Albert Kayenberg), regroupant cinquante poèmes, avait paru en 1884, l'adaptation (il ne s'agit pas d'une traduction) allemande de Hartleben en 1892. La sélection des poèmes, l'adoption pour eux d'un ordre nouveau et leur répartition en trois groupes de sept furent le fait de Schönberg lui-même. En 1912, *Pierrot lunaire* apporta à Schönberg sinon la consécration, du moins une célébrité «par-delà le bien et le mal».

L'œuvre respire entre autres une atmosphère de parodie mordante et d'humour macabre dont le compositeur, depuis dix ans, était déjà familier, et qu'on peut résumer en un mot : cabaret. Schönberg n'avait-il pas été, en 1901 à Berlin, «maître de chapelle» d'un établissement célèbre, l'Uberbrettl ? Un des animateurs du lieu, le poète Bierbaum, avait ainsi préfacé un recueil publié en 1900 sous le titre de *Deutsche Chansons (Brettl Lieder)* : «Nous voulons des poésies destinées à être non seulement lues dans la solitude d'une chambrette, mais aussi chantées à la face d'une foule avide de plaisir.» Schönberg lui-même avait composé des *Brettl Lieder*, et, à l'Uberbrettl, il y avait des diseuses dont il fallait, par des sortes de mélodrames, accompagner les paroles plus ou moins corrosives.

Quatre traits de vocabulaire peuvent définir *Pierrot lunaire* : l'atonalité, la courte durée de chacune des 21 pièces (une minute et demie en moyenne), la modestie de l'effectif instrumental, qui en outre varie chaque fois (seule la dernière pièce fait appel à l'ensemble des protagonistes), et le traitement de la voix selon le principe du *Sprechgesang**. Une des raisons pour lesquelles, parmi les grandes œuvres vocales (et *a fortiori* instrumentales) de l'école de Vienne, *Pierrot lunaire* eut une diffusion relativement rapide fut certainement l'intelligibilité du texte et la clarification de l'expression qui en résulta pour l'auditeur. A cela vint s'ajouter l'agencement des poèmes, toujours le même : treize vers, avec les deux premiers revenant comme septième et huitième, et le premier de nouveau comme treizième.

Les personnages de la commedia dell'arte étaient à l'ordre du jour : Stravinski s'en inspira dans *Petrouchka** (1911), Strauss dans *Ariane* à Naxos* (1912-1916), Busoni dans *Arlecchino** (1917). Seul Schönberg osa faire évoluer Pierrot, le pâle dandy bergamasque, dans un climat de sadomasochisme sanglant et de perversité maladive à base de crachats sanguinolents. On sait que Stravinski, après avoir assisté à une répétition de *Pierrot lunaire*, se déclara gêné par son «esthétique à la Beardsley». L'œuvre ne se limite pas là, mais la remarque est fondée. Les artistes de 1890, écrivains comme Oscar Wilde, dessinateurs comme Beardsley, avaient cherché en vain une musique équivalente. Plus tard seulement surgirent *Salomé** et *Elektra**, puis le *Martyre* de saint Sébastien* et *Pierrot lunaire*. Dans ces ouvrages, le sang coule à flots. Dans *Pierrot lunaire*, pratiquement sans arrêt : des maigres mamelles de la Madone des Hystéries (n° 6 *Évocation*), d'une horrible et rouge hostie (n° 11 *Messe rouge*), de rouges rubis souverains (n° 10 *Pierrot voleur*), des lèvres d'un malade (n° 5 *Valse de Chopin*), du corps des poètes crucifiés à leurs propres vers (n° 14 *les Croix*). Cela dans un climat de messe noire tout nouveau. Avec *Pierrot lunaire*, le fantôme du lied allemand et du piano de Brahms heurta celui de la décadence franco-anglaise. Du choc jaillit une expression se réclamant d'Edgar Poe et de Baudelaire.

Que parallèlement à un monde fin-de-siècle Schönberg ait su en affirmer un autre, fait d'ironie et même de fantaisie, que les deux continuellement s'interpénètrent sans se fondre (malgré leur dénominateur commun du côté du macabre), est un des miracles de la partition. L'exemple de Mahler fut sans doute décisif. Le premier groupe de sept poèmes est surtout satirique, ironique, le deuxième démoniaque et le troisième d'un humour grotesque. Mais l'ambiguïté est partout. Faut-il rire ou frémir de *Pierrot cruel* (n° 16), qui dans le chef poli de Cassandre, dont les cris percent le tympan, enfonce le trépan d'un air hypocritement tendre ? Sommes-nous en présence d'un de ces «merveilleux cauchemars» dont parla Debussy ? Paradoxes de Schönberg, esprit hypersensible mais intellectuellement trop honnête pour se réfugier dans une quelconque tour d'ivoire : dans des formes parfois très strictes — *Papillons noirs* (n° 8) est une passacaille et *Parodie* (n° 17) un canon —, il sut couler un contenu libertin ; il mit sa virtuosité technique au service d'une affectivité exacerbée, et ce avec un minimum de moyens. On le retrouve de façon inattendue : le mouvement rétrograde de *Lune moqueuse* (n° 18), qui démarre au moment où Pierrot se découvre une tache de lune blanche par derrière, n'est pas sans rapports avec le portrait qu'en, vers 1910, Schönberg avait peint de lui-même vu de dos. A la fin de *Parfums de Bergame* (n° 21), alors que sont évoqués les parfums d'antan, la musique retrouve ses assises tonales.

Pierrot lunaire fit date. En témoignèrent rapidement les *3 Poèmes de Mallarmé* de Ravel, ou les *3 Poésies de la lyrique japonaise* de Stravinski. Mais il y aurait encore davantage à dire de sa descendance plus lointaine, des opéras de Kurt Weill au *Marteau* sans maître* de Boulez et à certaines intonations brechtiennes d'*Epifanie** de Berio.   M. V.

PIFFARO (ou **PIFFERO**). Terme italien extrêmement vague qui désigne aussi bien une petite flûte sans clés qu'un petit instrument à anche, également dépourvu de clés. Dans la région des Abruzzes, les bergers se muaient en « pifferari » pour célébrer Noël. Le nom de « piffaro » est également donné à un jeu de l'orgue, proche de la « voix humaine », que caractérise une sorte de vibrato.   M. T.

PIGEON DES BOIS (LE) [ou *la Colombe sauvage*] (en tchèque *Holoubek*). Poème symphonique op. 110 d'Antón Dvořák composé à l'automne 1896, créé le 20 mars 1898 à Brno sous la direction de Leoš Janáček, et repris à Vienne le 3 décembre 1899 sous la direction de Gustav Mahler. Cette œuvre poursuit le cycle orchestral d'adaptations musicales des ballades de Karel Jaromir Erben, *la Guirlande*, à partir desquels l'auteur avait déjà composé, au début de la même année 1896, la trilogie comprenant *l'Esprit des eaux*, *le Rouet d'or* et *la Sorcière de midi*. L'histoire en est, comme les trois premières, quelque peu tragique : une jeune femme, qui a empoisonné son mari et s'est remariée avec un beau jeune homme, se trouve poussée au remords et au suicide par le chant d'une colombe sauvage qui roucoule au-dessus du tombeau de l'époux assassiné (on retrouve là le thème de la voix ensorceleuse et porteuse d'appel à la mort, le vieux mythe des sirènes). Le roucoulement obsessionnel est ici confié principalement aux flûtes. Un thème unique, leitmotiv du crime ou de la « malédiction », sert ici de base à toute la construction musicale, à travers une multiplicité de variations relatant les épisodes du drame. Dans les accents « défaitistes » de ce thème en mineur, on peut trouver quelque ressemblance avec les leitmotive de la *Tétralogie* de Wagner, liés à la malédiction et à la mort.   M. C.

PIJPER (Willem), compositeur néerlandais *(Zeist 1894 - Leidschendam 1947)*. Élève de Johan Wagenaar à Utrecht, il lui dédia sa première œuvre importante, le *Quatuor à cordes n° 1* (1914), assez influencé par Wagner et Brahms, mais utilisant déjà d'audacieuses superpositions polytonales. Dans le sillage de la musique française s'inscrivirent au contraire les *Fêtes galantes* pour mezzo-soprano et orchestre (1916), d'après Verlaine, et la *Romance sans paroles* pour soprano et orchestre (1918). L'influence de Mahler est sensible dans la *Symphonie n° 1* (1917), dédiée à Willem Mengelberg et d'une durée d'une quinzaine de minutes seulement. Celle de Debussy ne tarda pas à s'y superposer, et Pijper fut un des premiers, en Europe, à réaliser une harmonieuse synthèse de ces deux maîtres si dissemblables.

Cette synthèse se manifesta nettement vers 1920, et tout d'abord dans plusieurs ouvrages de musique de chambre : *Sonate pour violon n° 1* (1919), *Sonate pour violoncelle n° 1* (1919), *Septuor* pour 5 instruments à vent, contrebasse et piano (1920), *Quatuor à cordes n° 2* (1920), *Trio pour piano n° 2* (1921). Dans ces partitions, Pijper développa également une technique très personnelle de croissance organique à partir d'une brève cellule mélodico-harmonique. Depuis 1918, il avait exercé diverses activités d'enseignement et de critique qui devaient aboutir à sa nomination comme professeur de composition au conservatoire d'Amsterdam (1925-1930), puis comme directeur de celui de Rotterdam (1930-1947). Il forma ainsi beaucoup de compositeurs de la génération suivante, parmi lesquels Henk Badings et Kees Van Baaren, et exerça par ses écrits (plus de six cents dont beaucoup réunis en volumes) une forte influence sur la vie musicale de son pays.

En 1922 fut donnée, sous la direction de Mengelberg, la *Symphonie n° 2*. Suivirent la *Sonate pour violon n° 2* (1922), le *Sextuor* pour 5 instruments à vent et piano (1923), le *Quatuor à cordes n° 3* (1923), la *Sonate pour violoncelle n° 2* (1924), la *Sonate pour flûte* (1925) et les *Sonatines* pour piano. En 1926 fut composée la *Symphonie n° 3*, dédiée à Pierre Monteux, qui la créa la même année : œuvre encore plus concentrée, écrite pour un orchestre moins nombreux, que les deux symphonies précédentes. Elle n'a qu'un seul mouvement, subdivisé en 5 courtes sections dont la dernière porte en exergue l'inscription, tirée de Virgile : *Flectere si nequeo superos, Acheronta movebo* (Si je ne puis fléchir les dieux, je mettrai en mouvement l'Achéron). En 1927, Monteux créa aussi le *Concerto pour piano*, en sept brefs mouvements. En 1928, pour le 40ᵉ anniversaire de l'Orchestre du Concertgebouw fut donnée une autre partition essentielle, les *Six Épigrammes symphoniques*, d'une concision évoquant Webern et portant cette fois en exergue une phrase du 2ᵉ acte d'*Hamlet* de Shakespeare : *Since brevity is the soul of wit... I will be brief* (La brièveté étant l'âme de l'esprit... je serai bref).

Ensuite, Pijper se tourna de nouveau vers la musique de chambre : *Trio* pour flûte, clarinette et basson (1927), *Quatuor à cordes n° 4* (1928), *Quintette à vents* (1929), *Sonate* pour 2 pianos (1935). Il y eut également une musique de scène pour *la Tempête* de Shakespeare (1930), un concerto pour violoncelle (1936) et un pour violon (1939), les *Six Adagios* pour orchestre (1940), ainsi que deux opéras, *Halewijn* (1932-1934) et *Merlijn* (1939-1946). Le second de ces opéras et le *Quatuor à cordes n° 5* demeurèrent inachevés.

Après la tension des années 1920-1933, la musique des dernières années de Pijper devint plus lyrique, plus apaisée. Excellent pédagogue, critique avisé, harmoniste raffiné, esprit intéressé à tout, ce calviniste rigoureux reste le plus grand compositeur néerlandais de la première moitié du XXᵉ siècle.   M. V.

PILARCSYK (Helga), soprano allemande *(Schöningen, près de Helmstedt, 1925)*. Elle a fait ses études à Brunswick et à Hambourg, et a été membre de la troupe de l'opéra de Hambourg de 1954 à 1957. Sa réputation lui est venue surtout de ses interprétations des œuvres de Berg (*Lulu*, *Wozzeck*) et de Schönberg (*Erwartung*, *Pierrot lunaire*). Elle a enregistré *Erwartung* sous la direction de Hermann Scherchen et *Pierrot lunaire* sous celle de Pierre Boulez, et, en 1959, dans le cadre du Théâtre des nations, a été la première à interpréter à Paris le rôle de Lulu.   M. V.

PINCÉ (ou **BRISÉ**). Ornement dont usaient les clavecinistes français, et qui consiste en un battement simple ou double au ton ou au demi-ton inférieur. Également employé pour les autres instruments et même pour le chant, c'est en fait une amorce de trille qui ne se distingue guère du « mordant » inférieur.   M. T.

PINCHERLE (Marc), musicologue et critique français *(Constantine 1888 - Paris 1974)*. Élève de Romain Rolland et d'André Pirro, Marc Pincherle a consacré à partir de 1913, l'année de sa thèse en Sorbonne sur Vivaldi, l'essentiel de ses travaux à la musique instrumentale française et italienne des XVIIᵉ et XVIIIᵉ siècles. Ses ouvrages sur Jean-Marie Leclair et Corelli, son étude sur Vivaldi, à laquelle est joint un catalogue thématique resté inachevé, font autorité. Critique musical du *Progrès de Lyon* et des *Nouvelles littéraires*, président de la Société française de musicologie de 1948 à 1956, président de l'académie Charles-Cros depuis sa

fondation en 1948, secrétaire général du Festival d'Aix-en-Provence de 1950 à 1963, Marc Pincherle exerçait un rayonnement considérable. Ses ouvrages, dont l'argumentation s'appuie sur des faits concrets, hors de tout parti pris théorique, sont des modèles d'esprit critique, de liberté et d'indépendance.
Ouvrages principaux. *Les Violonistes compositeurs et virtuoses* (Paris, 1922) ; *Feuillets d'histoire du violon* (Paris, 1927) ; *Corelli* (Paris, 1933) ; *Musiciens peints par eux-mêmes* (Paris, 1939) ; *Antonio Vivaldi et la musique instrumentale* (2 vol., Paris, 1948 ; 2ᵉ éd., 1968) ; *l'Orchestre de chambre* (Paris, 1948) ; *les Instruments du quatuor* (Paris, 1948, 3ᵉ éd. 1970) ; *J.-M. Leclair* (Paris, 1952) ; *Corelli et son temps* (Paris, 1954) ; *Albert Roussel* (Genève, 1957) ; *Histoire illustrée de la musique* (Paris, 1959) ; *le Monde des virtuoses* (Paris, 1961) ; *le Violon* (Paris, 1966). J. R.

PINOŠ *(Alois),* compositeur tchèque *(Vyskov 1925).* Il a étudié la musique avec Vilem Blazek, puis au conservatoire de Brno avec Vilem Petrzelka et à l'académie Janáček avec Jaroslav Kvapil et Theodor Schäfer. En 1953, il a été nommé professeur de composition et d'orchestration à l'académie Janáček. Marqué au début par le chant populaire, et influencé par Janáček, Prokofiev, Bartók, il s'est ensuite tourné vers la musique sérielle, puis, dans les années 60, vers la musique électronique. En 1965, il a suivi un stage à Munich avec Mauricio Kagel. En 1967, il s'est associé avec Parsch, Ruzicka et Stedron pour la création d'œuvres collectives.
Parmi ses compositions, il faut citer, outre des chants sur des textes populaires, des chœurs et des danses tchèques pour orchestre qui marquent sa première période, *Caricatures* pour flûte, clarinette basse et piano (1962), *Conflits* pour clarinette basse, violon, piano et percussion (1964), un concerto pour orchestre et bande magnétique, *Gesta Macchabeorum* pour chœur et instruments (1967-68), la symphonie *Apollo I* (1970), *Composition pour 3* (flûte, clarinette et marimbaphone) [1975]. Il a écrit un ouvrage théorique, *Tonovy skupine* (« Groupes de notes »), publié à Prague en 1971. A. L.

PINS DE ROME (LES). Poème symphonique de Respighi, composé en 1923-24. Il comprend quatre parties enchaînées, présentant un mouvement rapide, deux mouvements lents et un rythme de marche : *les Pins de la villa Borghèse, les Pins près d'une catacombe, les Pins du Gianicolo, les Pins de la via Appia.* Cette œuvre s'inscrit naturellement à la suite des *Fontaines de Rome,* écrites huit ans auparavant suivant des modèles analogues. Par leur caractère paysagiste, leur sens de la cantilène et la luxuriance de leur coloris orchestral, *les Pins de Rome* reflètent le tempérament chaleureux et exubérant du compositeur. A. L.

PINZA *(Ezio),* basse italienne *(Rome 1892 - Stanford 1957).* Il fit ses débuts en 1914 à Soncino dans Oroveso de *Norma* de Bellini, mais la guerre interrompit une carrière qu'il reprit en 1920 à Rome dans le roi Marke de *Tristan et Isolde.* De 1921 à 1924, il fut pensionnaire de la Scala de Milan, et créa *Nerone* de Boito sous la direction de Toscanini. En 1926, il s'installa aux États-Unis, et se partagea entre Verdi et Mozart au Metropolitan Opera de New York, où il chanta jusqu'en 1948. Ce qui ne l'empêcha pas de paraître dans les principaux théâtres d'Europe et au Festival de Salzbourg, où Bruno Walter, puis Toscanini, le choisirent pour interpréter Figaro et Don Giovanni. Son nom est resté attaché à ce dernier rôle, qu'il chanta plus de deux cents fois. En 1949, il aborda la « musical comedy » avec *South Pacific.* Sa voix de basse chantante était d'une grande qualité. Excellent dans les styles les plus différents, Pinza fut un des chanteurs les plus accomplis de son époque. Ses dons d'acteur et sa séduction physique contribuèrent à son succès. J. B.

PIPEAU. À l'origine, petite flûte rustique, généralement confectionnée avec les moyens du bord par le paysan qui s'en servait, pour imiter le chant des oiseaux. Le terme désigne aujourd'hui les flûtes à bec de mauvaise qualité, vendues à bas prix au rayon de jouets. M. T.

PIPKOV, famille de musiciens bulgares. — 1. **Panaïot,** compositeur *(Plovdiv 1871 - Sofia 1942).* Chef de chœur à l'opéra de Sofia, il est considéré comme un des premiers compositeurs nationaux bulgares. Il a écrit des opérettes et des pièces pour piano.
— 2. **Lubomir,** compositeur et pédagogue, fils du précédent *(Lovech 1904 - Sofia 1974).* Il travailla avec son père, puis termina le conservatoire de Sofia en classe de piano (1926). Il vint ensuite à Paris travailler avec Paul Dukas, Yvonne Lefébure et Nadia Boulanger. De retour dans son pays, il fonda en 1932 à Sofia la société *Musique contemporaine.* De 1944 à 1948, il fut directeur de l'opéra de Sofia, puis devint professeur au conservatoire. Ses compositions reflètent l'influence des chants populaires bulgares, des compositeurs expressionnistes et de Moussorgski. Il est l'auteur de 3 opéras, *les Neuf Frères de Jonas* (1937), *Momtchil* (1948) et *Antigone-43* (1963), de 4 symphonies et d'une symphonie concertante (1963), de 3 quatuors dont le dernier (1966) avec timbales, de plusieurs cantates, dont *Svatba* (« la Noce ») pour chœur et orchestre, de musiques de films et de nombreux chants patriotiques et populaires. A. L.

PIQUÉE (NOTE). Plus brève et plus accentuée que la note simplement détachée, la note piquée se résume en quelque sorte à l'attaque du son et s'isole ainsi des notes voisines. On ne saurait mieux la comparer qu'à un coup sec frappé sur un instrument à percussion.
M. T.

PIRATA (IL) (ital. ; « le Pirate »). Opéra en 2 actes de Vincenzo Bellini sur un livret de Felice Romani. Créé à la Scala de Milan le 27 octobre 1827 par Henriette Méric-Lalande, G. Rubini et A. Tamburini. L'action se passe en Sicile, au XIIIᵉ siècle.
ACTE PREMIER. *Une violente tempête a jeté à la côte, non loin du château de Caldora, les restes d'une flottille de pirates aragonais que vient de battre Ernesto, duc de Caldora. L'ermite Goffredo (b) reconnaît parmi les rescapés son ancien pupille Gualtiero (t), comte de Montalto, devenu chef des pirates à la suite de ses démêlés avec le duc, qui lui a pris sa fiancée Imogène (s). Celle-ci vient en personne accueillir les naufragés qu'Itulbo (t), lieutenant de Gualtiero, lui présente collectivement. Gualtiero réussit à préserver son incognito, mais son trouble n'a pas échappé à la jeune femme. Au tableau suivant, sur la terrasse du château où les pirates font ripaille, Gualtiero se fait reconnaître d'Imogène ; il s'attendrit en apprenant qu'elle a été contrainte d'épouser Ernesto pour sauver son père, puis crie vengeance en apprenant qu'elle a un fils de son rival. Nous sommes maintenant dans la grande salle du château où Ernesto (bar) et ses hommes célèbrent leur victoire. Le duc, toutefois, ne sait pas ce qu'est devenu le chef des pirates et s'en inquiète. Il presse de questions Itulbo, puis le menace, mais Imogène intervient et l'acte s'achève sur un sextuor qui ne résout rien.*
ACTE II. *Adèle (s), la suivante d'Imogène, s'efforce de rassurer sa maîtresse dont le moral est bas. Alors surgit Ernesto, qui accuse sa femme de le tromper ; elle se défend mal qu'il éclate de fureur, d'autant plus qu'on vient l'informer de la présence de Gualtiero au château. Il se cache en attendant l'arrivée de celui-ci, que rien n'a pu dissuader de revoir Imogène. À l'issue du rendez-vous amoureux (que les conventions de l'opéra permettent de transformer en trio vocal), les deux hommes se trouvent face à face et décident de vider leur querelle l'épée à la main. Nous passons ensuite des appartements d'Imogène dans la grande salle, où les chevaliers d'Ernesto jurent de venger leur maître tué en duel. Mais Gualtiero lui-même s'offre à leur justice et, avant de s'entendre condamner à mort, fait à Imogène de bouleversants adieux. La raison de la jeune femme ne résiste pas à cette dernière épreuve, et une très classique « scène de la folie » met fin à l'opéra.*
Bellini avait vingt-six ans quand il composa *Il Pirata*, son troisième ouvrage lyrique, et le premier qui ait fait le tour du monde. Son génie de mélodiste y éclate déjà dans toute sa splendeur, surtout au bénéfice du pre-

mier rôle féminin, véritable festival de « bel canto ». Mais, bien que Bellini soit réputé piètre symphoniste, sa partition comporte aussi d'heureuses trouvailles orchestrales, faisant appel notamment à trois trombones et au cor anglais.　　　　　　　　　　M. T.

PIRRO (André), musicologue français *(Saint-Dizier 1869 - Paris 1943).* Venu à Paris en 1889, il y étudie le droit à la Sorbonne et suit parallèlement des cours de musique, assistant, en particulier, aux cours d'orgue de César Franck, puis de Charles-Marie Widor au Conservatoire de Paris. Il est, à la même époque, organiste et maître de chapelle au collège Stanislas. Il participe en 1896 à la fondation de la Schola cantorum, où il enseigne l'histoire de la musique et l'orgue. Organiste à Saint-Jean-Baptiste de Belleville (1900-1904), il est professeur à l'École des hautes études jusqu'en 1914 et, en 1907, soutient sa thèse à la Sorbonne, *l'Esthétique de J.-S. Bach* (avec un complément, *Descartes et la Musique*). En 1912, il succède à Romain Rolland à la chaire d'histoire de la musique à la Sorbonne ; il y restera jusqu'à sa retraite en 1937, après avoir été nommé professeur titulaire en 1930.

Venu à la musique par l'orgue, il consacre la plus grande partie de ses recherches aux organistes. Il écrit plusieurs notices biographiques pour les *Archives des maîtres de l'orgue des XVIe, XVIIe et XVIIIe siècles* de A. Guilmant (1897-1909), puis collabore par de nombreux articles à la *Tribune de Saint-Gervais* (études sur Titelouze, Schütz, Marchand, Roberday, F. Couperin, N. de Grigny). Dès 1895, il exprime son intérêt pour Bach avec un premier ouvrage, *l'Orgue de Jean-Sébastien Bach*, qui sera suivi en 1906 de *J.-S. Bach* et l'année suivante de sa thèse remarquable. S'étant penché, au cours de ses recherches, sur les prédécesseurs du musicien, il publie en 1913 *Dietrich Buxtehude* et la même année *Schütz*. Il écrit ensuite un certain nombre d'articles sur la musique du XVIIe siècle et collabore en particulier à l'encyclopédie de Lavignac avec *la Musique en Allemagne pendant le XVIIe siècle et la première moitié du XVIIIe siècle, l'Art des organistes, la Musique religieuse allemande depuis les Psaumes de Schütz (1619) jusqu'à la mort de Bach (1750).* Il publie *les Clavecinistes : étude critique* (1926), *la Musique à Paris sous le règne de Charles VI, 1380-1422* (1930), *Histoire de la musique de la fin du XIVe siècle à la fin du XVIe* (1940).

Il a, par ses méthodes de recherches très rigoureuses et ses publications très documentées, véritablement lancé la nouvelle école de musicologie française, qu'a contribué à développer intensivement son enseignement à la Sorbonne. On compte en effet, parmi ses élèves, d'éminents musicologues, parmi lesquels N. Bridgman, P. H. Lang, A. Machabey, M. Pincherle, D. Plamenac, Y. Rokseth, G. Thibault.　　D. H.

PIRROTTA (Nino), musicologue italien *(Palerme 1908).* Après avoir fait ses débuts au conservatoire de Palerme, il part en 1927 pour Florence où il étudie l'orgue, la composition et l'histoire de l'art. Professeur d'histoire de la musique au conservatoire de Palerme (1936-1948), il dirige alors la bibliothèque musicale Sainte-Cécile de Rome jusqu'en 1956 et, en 1951, est l'un des cofondateurs de l'*Association internationale des bibliothèques musicales* (dont il est vice-président jusqu'en 1955). Après une série de cours dans les universités américaines (Princeton, UCLA, Columbia), il est professeur à Harvard de 1956 à 1972, puis rentre en Italie pour enseigner l'histoire de la musique à l'université de Rome.

La plupart de ses recherches et publications portent sur le XIVe siècle et l'*Ars nova* italienne. En 1935, il écrit en collaboration avec E. Li Gotti, *Il Sacchetti e la tecnica musicale del trecento italiano*, puis se penche avec le même chercheur sur le codex de Lucca. Il étudie également la caccia et le madrigal du trecento, commence à éditer en 1954 *The Music of Fourteenth-Century Italy* et publie une série d'articles sur le même sujet : *Cronologia e denomiziane dell'Ars nova italiana* (*l'Ars nova : Wegimont II*, 1955), *Marchettus da Padua and the Italian Ars nova* (MD IX, 1955)*, *l'Ars nova italienne* (in *Histoire de la musique* de Roland-Manuel, 1960), *Ars nova e stil novo* (RIM I, 1966). Il consacre aussi une grande partie de ses études à l'origine et aux débuts de l'opéra : *Tragédie et comédie dans la Camerata Fiorentina* (in *Musique et Poésie au XVIe siècle*, 1953), *Temperaments and Tendencies in the Florentine Camerata* (MQ XL, 1954), *Early Opera and Aria* (*New Looks at Italian Opera : Essays in Honor of Donald J. Grout*, 1968), et s'intéresse plus particulièrement à Cesti, Monteverdi et Stradella.

Son examen de sources souvent inconnues a grandement contribué au renouveau des connaissances sur la musique en Italie aux XIVe et XVe siècles et il a, par sa culture littéraire et artistique, donné une nouvelle vision de la naissance de l'opéra.　　　　D. H.

**Pado da Firenze in un nuovo frammento dell'Ars nova* (MD X, 1956).

PISARONI (Benedetta), soprano puis contralto italienne *(Piacenza 1793 - id. 1872).* Elle fit ses débuts en 1811 à Bergame dans *La Rosa bianca e la rosa rossa* de Giovanni Simon Mayr, chanta du Cimarosa et du Rossini à Padoue (1814), et parut à Bologne (1815) ainsi qu'à Venise (1816). En 1818-19, elle créa à Naples trois opéras de Rossini. On l'entendit à Paris en 1827 et à Londres en 1829. Elle se retira de la scène peu après son apparition à la Scala de Milan (1831). En début de carrière, l'étendue de sa voix lui permit d'exceller dans les rôles nobles et tragiques. Une maladie contractée en 1813 lui fit perdre son registre aigu, et elle devint la première contralto italienne.
　　　　　　　　　　　　　　　　　　　M. V.

PISTE MAGNÉTIQUE. Zone longitudinale explorée pour l'enregistrement et la lecture des sons sur une bande magnétique de magnétophone. Elle n'a pas d'existence physique par elle-même, mais est déterminée par la largeur de l'entrefer des têtes magnétiques qui y inscrivent un champ magnétique pour l'enregistrement, ou l'explorent pour la lecture : c'est une trace, une empreinte sur un support sensible et non pas un guide, une sorte de rail matérialisé. La stéréophonie (à deux canaux d'information) oblige à explorer deux pistes magnétiques simultanément, pour l'inscription des informations émanant des canaux de gauche et de droite. Sur les magnétophones à bobines traditionnels (bande d'un quart de pouce, ou 6,25 mm de largeur), on utilise généralement soit deux pistes (enregistrement en stéréophonie sur toute la largeur de la bande), soit quatre pistes (enregistrement stéréophonique sur la moitié de la largeur de la bande, et sur l'autre moitié par retournement de la bobine). Sur les magnétophones à cassette (bande de 3,81 mm de largeur), on utilise quatre pistes ; celles-ci mesurent que 0,6 mm de largeur, et sont séparées entre elles par des espaces de 0,3 mm, pour éviter tout risque d'interférence d'une piste à l'autre. Plus les pistes sont larges, et plus le niveau sonore susceptible d'y être enregistré est élevé, ce qui indique les limitations de la réduction de leur largeur. Sur les magnétophones destinés à l'enregistrement professionnel (bandes dites de 1/2 pouce, 1 pouce ou 2 pouces, c'est-à-dire respectivement 12,7, 25,4 ou 50,8 mm de largeur), on inscrit quatre, huit, seize ou même vingt-quatre pistes explorées simultanément, de façon à pouvoir enregistrer séparément les informations émanant des divers microphones utilisés pour la prise de son et à mélanger ces signaux, à volonté, après leur enregistrement et non pas avant. Cette technique, dite « multipiste », permet également de procéder à l'enregistrement en plusieurs étapes, par parties ou groupes instrumentaux séparés, et de reconstituer ultérieurement le morceau musical dans son ensemble. Lorsque le son est enregistré sur un magnétoscope, destiné principalement à l'enregistrement des images, les pistes ne sont pas longitudinales, mais transversales, l'exploration de la bande se faisant par des têtes animées d'un mouvement hélicoïdal. G. C.

PISTON (Walter), compositeur américain *(Rockland, 1894 - Belmont, Massachusetts, 1976).* Élève de l'uni-

versité Harvard et, à Paris, de Nadia Boulanger, il écrivit dès son retour aux États-Unis, en 1926, quelques œuvres dans lesquelles sa curiosité des techniques modernes (contrepoint dissonant et dodécaphonisme) se mêla à des tentatives d'assimilation du jazz comme l'une des forces vives de l'expression de son temps. Mais, dès 1938, avec son ballet The Incredible Flutist, il affirma une position néoclassique et conservatrice tendant vers la simplicité, la clarté des thèmes et le style direct. Puis, toujours sous le signe de la sobriété et de la discrétion, un lyrisme plus chaud et plus coloré inspira une troisième manière, et ce dès la 2e symphonie (1943). Élégante synthèse de tout ce que la musique cosmopolite des années 20 et 30 pouvait offrir comme moyens d'expression, son œuvre rachète par la grâce de son écriture mélodique ce qu'une telle position pouvait avoir d'académique et d'impersonnel. Professeur à l'université Harvard (1926-1959), il fut, par son culte de la musique pure, le « Brahms américain » de sa génération. On lui doit notamment 8 symphonies (1937-1965), des concertos (piano, violon, alto, clarinette), des variations pour violoncelle et orchestre (1966), 5 quatuors à cordes (1933-1962), 2 quintettes, 1 trio, 1 sextuor, ainsi que des traités de contrepoint, d'harmonie et d'analyse.
A. G.

PISTON. Les « cuivres » simples souffrent d'un défaut qui les rend impropres à l'exécution d'une mélodie normale : ils ne peuvent émettre que quelques harmoniques naturels du son fondamental (cinq notes seulement dans le cas du clairon moderne, inégalement réparties sur une octave et une quinte). Différentes solutions ont été expérimentées au cours des siècles pour remédier au moins partiellement à cet inconvénient. La plus logique — celle de la coulisse qui modifie de façon continue la longueur du tube — n'a pu s'appliquer qu'au trombone. Le système de trous et de clés emprunté aux « bois » n'a donné de résultats à peu près satisfaisants qu'en ce qui concerne le serpent et l'ophicléide, instruments bâtards qui ont d'ailleurs disparu.

La pratique des « sons bouchés », adoptée à la fin du XVIIIe siècle, est limitée au cor d'harmonie. Quant à l'usage des « tons » de rechange — tubes de différentes longueurs intercalés entre l'embouchure et l'instrument —, il changeait la tonalité de celui-ci sans pour autant permettre de moduler au cours d'une phrase. Le problème n'a été résolu qu'à partir de 1813 grâce à l'invention du facteur silésien Blühmel, perfectionnée dès l'année suivante par H. Stölzel. En voici le principe : sur le tube principal sont soudés un certain nombre de pistons à ressort dont chacun, quand on l'enfonce, ouvre un circuit supplémentaire de longueur appropriée. Le cor, la trompette, le cornet à pistons, le trombone à pistons (tombé en désuétude) et la plupart des saxhorns sont munis de trois pistons. Le premier abaisse la tonalité d'un ton, le deuxième d'un demi-ton et le troisième d'un ton et demi, d'où six combinaisons couvrant toute la gamme chromatique à partir des harmoniques naturels. La petite trompette en si bémol aigu, ainsi que les saxhorns basse et contrebasse, sont munis d'un quatrième piston transpositeur. Mais il existe aussi des instruments à cinq ou même six pistons, comme certains tubas et le trombone spécial, moins encombrant que le modèle à coulisse, qui fut construit à l'usage des fanfares de scène.

L'invention des pistons a joué un rôle déterminant dans le formidable essor des cuivres à l'époque romantique. Non seulement elle a fait du cor ou de la trompette des instruments solistes à part entière, mais elle a donné naissance à la grande famille des saxhorns. Notons enfin que le mot « piston », au singulier, désigne communément le cornet à pistons, qui fut au XIXe siècle l'instrument populaire par excellence.
M. T.

PITHOPRAKTA. Œuvre de Xenakis pour un orchestre de 50 instrumentistes (46 cordes, 2 trombones, 1 xylophone et 1 wood-block), composée entre 1955 et 1956 et créée en mars 1957 aux concerts Musica Viva de Munich sous la direction d'Hermann Scherchen, son dédicataire. Son titre signifie « actions par les probabilités », et elle utilise les lois des grands nombres (Laplace-Gauss, Maxwell-Boltzmann, Poisson, Pearson, Fisher), ce par quoi elle relève de la musique stochastique. Xenakis parvient ici à des nuages de sons, le son individuel se noyant dans la masse de l'ensemble, dès lors perçu comme un bloc et non comme une suite d'événements pointillistes. Divisés à l'extrême, les instruments à cordes allient à des glissandos et pizzicatos traditionnels de nouvelles façons de produire le son (cordes frappées avec le bois de l'archet, caisse frappée avec la main) : d'où un nouveau matériau au spectre sonore considérablement élargi et à la densité véritablement « en mouvement ».
A. F.

PITZ (Wilhelm), chef d'orchestre et chef de chœur allemand (Breinig 1897 - Aix-la-Chapelle 1973). Il étudia le piano, la théorie (avec Fr. Busch) et le violon à Aix-la-Chapelle, où il fut ensuite premier violon dans l'orchestre symphonique (1913-1933), maître de chapelle (à partir de 1933) et chef de chœur. À partir de 1949 il dirigea la Société chorale de Cologne, à partir de 1957 le chœur de l'orchestre New Philharmonia de Londres et, de 1951 à 1971, le chœur du Festival de Bayreuth. À tous ces titres, il joua pendant plus de vingt ans un rôle de premier plan dans la vie musicale internationale.
A. et M. P.

PIZZETTI (Ildebrando), compositeur italien (Parme 1880 - Rome 1968). Issu d'une famille de musiciens, marqué par l'enseignement de Giovanni Tebaldini, attaché au chant grégorien et à la polyphonie médiévale, il remporta ses premiers succès de compositeur à dix-huit ans, mais fut surtout révélé par sa musique de scène pour La Nave, de D'Annunzio (1908), pour qui il composa encore Fedra (1912, créée en 1915). Professeur, puis directeur du conservatoire de Florence, il fut nommé directeur du conservatoire G.-Verdi de Milan en 1924, puis enseigna la composition à Rome de 1946 à 1958, année où il donna également Meurtre dans la cathédrale. Il a déployé, sa vie durant, une vaste activité de critique, de chef d'orchestre et de musicologue, éditant notamment les madrigaux de Gesualdo.

Cadet de Respighi, il constitua, avec Malipiero et Casella, cette « triade des années 1880 » qui œuvra pour la renaissance d'une musique nationale qui tournât le dos au vérisme et au romantisme. Pizzetti apparaît plus orienté vers le théâtre que ses deux condisciples, mais on trouve également dans son importante production instrumentale et dans sa musique de chambre un refus du chromatisme germanique et une adhésion à un diatonisme ou un modalisme trahissant des préoccupations semblables à celles de ses contemporains Bartók, de Falla, et même Debussy (concertos avec piano, harpe, violoncelle, violon).

Au théâtre, il écrivit lui-même ses poèmes, et usa d'un lyrisme dépouillé se combinant avec une orchestration de dérivation vériste. Outre son éloquente Fedra et Meurtre dans la cathédrale, on peut retenir Debora a Jaele (Milan, 1922), Fra Gherardo (id., 1928), Orsoleo (Florence, 1935), La Figlia di Jorio, d'après D'Annunzio (1954), Il Calzare d'argento (1961) et Clitennestra (1965) ; parmi les musiques de scène, outre La Nave, mentionnons La Pisanella (D'Annunzio, Paris, 1913), la Représentation sacrée d'Abraham et Isaac (1917), Agamemnon (1930), les Trachiniennes (1933), Œdipe à Colone (1936) et Il Campiello (1957).
R. M.

PIZZICATO. Dans les instruments à cordes frottées, technique consistant à pincer la corde avec le doigt au lieu de la frotter avec l'archet. On peut le faire de la main droite, de la main gauche, en notes simples ou en accords, mêlé à des notes coll'arco, seul ou comme accompagnement à un chant coll'arco.
A. et M. P.

PLAIN-CHANT. Terme employé dès le Moyen Âge (contrairement à *grégorien* qui est d'introduction récente) pour opposer le chant ecclésiastique monodique, dont les notes sont de durée égale (*planus cantus*), au chant dit mesuré (*cantus mensuratus*) soumis à la mesure en valeurs différenciées et incluant la polyphonie. En préconisant le terme « chant grégorien » pour le plain-chant restauré selon sa méthode, l'école de Solesmes a quelque peu limité l'acception du mot plain-chant à la forme qu'il revêtait avant sa propre réforme, notamment depuis la réforme médicéenne qui avait suivi le concile de Trente à la fin du XVIe siècle. Paradoxalement, on appelle *plain-chant mesuré* une forme de plain-chant issue des séquences mesurées des XIIe-XIIIe siècles, et qui, sans pratiquer une mesure régulière battue, introduit par allongement de certaines notes une notion de longues et de brèves qui, dans certaines pièces (séquences), peut aller jusqu'à provoquer un rythme approximativement ternaire. Plusieurs écoles mensuralistes avaient, au XIXe siècle, préconisé un plain-chant mesuré selon le solfège usuel ; aucune d'elles n'a survécu.

Dans la pédagogie du contrepoint traditionnel, on emploie parfois le terme *plain-chant*, même s'il n'appartient pas au répertoire de celui-ci, pour désigner le « chant donné » en valeurs longues égales sur lequel l'élève doit rédiger les autres parties selon des règles conventionnelles fixées à l'avance. J. C.

PLAINTES DE JOB (LES) (en all. *Die Klagen des Hiob*). Cycle de motets de Roland de Lassus qui, comme *les Prophéties des Sibylles* dont il est, à peu d'années près, contemporain, s'attache au-delà de la signification immédiate du chant à exalter le pouvoir du mot, à faire passer sa charge de symbole et de mystère sous le cheminement de la prière. Dans l'optique des pages les plus secrètes de la *Musica reservata* où s'illustrèrent tant de polyphonistes des pays sud-allemands et tchèque, durant le même XVIe siècle, *les Plaintes de Job* s'efforcent donc avant tout de donner à l'auditeur « une figure tangible de l'insondable », en d'autres termes une représentation aussi fidèle que possible, par les moyens du chant, de la désespérance du patriarche éprouvé dans sa foi par la volonté divine. L'époque, avec son cortège de guerres religieuses et civiles et de ruines, s'accordait, plus qu'une autre il est vrai, à cette évocation des misères du corps et de l'âme, souvent à la limite du subconscient.

Par le moyen d'une écriture para-madrigalesque d'une rare plasticité et que traverse parfois un chromatisme rappelant les hardiesses du *Livre des Sibylles*, Lassus réussit ici une saisissante peinture de la révolte et de l'amertume de Job. L'ensemble du cycle est cependant marqué par un style volontiers homophone et plus sobre que celui du recueil précité. Mais une fois de plus, le génie expressif et l'intense spiritualité du polyphoniste éclatent dans les élans visionnaires du discours comme dans la toute-puissance du sentiment intérieur. R. T.

PLAISANTERIE (LA). Titre porté par le quatuor à cordes en *mi* bémol majeur op. 33 n° 2 (Hob.III.38) de Haydn, composé en 1781 et faisant partie d'une série appelée *Quatuors russes**, à cause des ultimes mesures de son dernier mouvement.

Ce finale, marqué *presto*, est fondé sur un thème de huit mesures en quatre périodes (a, b, c, d) de deux mesures chacune :

|_a_|_b_|_c_|_d_|

Ce thème, plus ou moins modifié, domine le mouvement. À la fin, après un silence, il est entendu une dernière fois, mais chaque période est alors séparée de la suivante par un silence de même durée qu'elles (deux mesures). Tout se passe, si l'on veut, comme si chaque période était répétée, la répétition n'intervenant toutefois que mentalement, dans l'esprit de l'auditeur. Après la quatrième période, un silence deux fois plus long, équivalant à deux périodes. Sur quoi on entend encore la première période dans la nuance *pianissimo*, et c'est tout :

|_a_| |_b_| |_c_| |_d_| |_a_|

À l'auditeur de poursuivre, dans son imagination, le processus d'augmentation perpétuelle ainsi engagé. L'articulation de la phrase classique est ici poussée jusqu'à ses plus extrêmes limites, puisqu'il y a brisure, et une pensée laconique parvient, par une démarche apparentée à certaines préoccupations scientifiques de l'époque, à ouvrir des horizons infinis. M. V.

PLAISIR D'AMOUR. V. *Martini (Jean Paul Egide)*.

PLANÇON (Pol), basse française (Fumay, Ardennes, 1854 - Paris 1914). Il étudia à Paris avec Duprez, et fit ses débuts à Lyon dans Saint-Bris des *Huguenots* de Meyerbeer en 1877. Engagé à l'Opéra de Paris, il y chanta régulièrement pendant dix ans. Après quoi, le Metropolitan Opera de New York se l'attacha à prix d'or. Également à l'aise dans les répertoires français, allemand et italien, Plançon fut un des plus grands chanteurs de basse du XIXe et du XXe siècle. Son timbre de basse était puissant et d'une grande beauté. Son étendue vocale lui permettait d'aborder avec autant de bonheur les emplois de basse chantante et ceux de basse profonde. Sa diction possédait une grande noblesse et son phrasé était exemplaire. L'émission toujours naturelle de Plançon reposait sur une virtuosité technique qui lui permettait de vocaliser avec la plus extrême agilité (il possédait un « trille » célèbre). Ses dons d'acteur n'étaient pas moins admirés que ses dons de musicien, et il brilla dans le rôle de Méphisto. J. B.

PLANCTUS (planh, plainte, complainte). Poème de lamentation chanté du Moyen Âge, qui se développe en Europe du IXe au XIIe siècle environ. Écrit tantôt en latin, tantôt en langue vernaculaire, et de forme proche de la séquence, il semble avoir été tout d'abord profane. Le genre le plus répandu est la lamentation sur la mort d'un personnage important, dont fait partie l'un des plus anciens plancti conservés, *A solis ortus usque ad occitua*, sur la mort de Charlemagne (814). Le planh des troubadours, sorte de *sirventès*, appartient à ce type, le plus célèbre étant certainement la lamentation sur la mort de Richard Cœur de Lion de Gaucelm Faidit (*Fortz chausa es que tot lo major dan*). Ce genre est sans doute à l'origine des déplorations des XIVe et XVe siècles. Le planctus de thème biblique se développe surtout à partir du XIIe siècle, avec en particulier les six plancti de Pierre Abélard. C'est à cette époque qu'apparaît le *Planctus beatae Virginis Mariae*, dont les exemples sont nombreux aux XIIe et XIIIe siècles. Bien que non liturgique, il était sans doute néanmoins exécuté à l'église et a joué un rôle important dans le drame liturgique. D. H.

PLANÈTES (LES). Suite pour grand orchestre op. 32 de Gustav Holst, composée entre 1914 et 1917 et créée en 1918 sous la direction de sir Adrian Boult. Les sept parties en sont *Mars, celui qui apporte la guerre* (rythme implacable à 5/4), *Vénus, celle qui apporte la paix* (atmosphère féerique et fantastique), *Mercure, le messager ailé* (scherzo rapide et agile), *Jupiter, celui qui apporte la gaieté* (climat dansant et populaire), *Saturne, celui qui apporte la vieillesse* (page mystérieuse et amère), *Uranus, le magicien* (humour et retrait en soi), et *Neptune, le mystique* (musique d'un autre monde s'éteignant progressivement au son d'un double chœur sans paroles). M. V.

PLANQUETTE (Robert), compositeur français (Paris 1848 - id. 1903). D'une famille de musiciens — sa mère chantait à l'Opéra —, il entra au Conservatoire de Paris où il obtint les prix de solfège et de piano et travailla l'harmonie avec Duprato. Il débuta comme pianiste dans les cafés-concerts. Ses premières compositions ont été des transcriptions pour piano, des chansons, des marches et des chants militaires. Il est l'auteur du *Régiment de Sambre et Meuse* devenu célèbre. Le succès dans le domaine de l'opérette lui est venu soudainement avec *les Cloches de Corneville*, représenté au théâtre des Folies-Françaises le 19 avril 1877, et qui connut une vogue exceptionnelle. Planquette, qui partageait son activité entre Paris et Londres, produisit par la suite une vingtaine d'autres ouvrages qui n'eurent cependant jamais la même notoriété, même si certains ont survécu jusqu'à nos jours : *Rip Van Winckle* (1882) et *Surcouf* (1887), tous deux représentés à Londres. Parmi les œuvres de ses dernières années, un titre est à retenir : *Mam'zelle Quat' Sous* (1897). Possédant solidement son métier, Planquette ne prétend certes pas à une grande originalité, mais fait parfois montre d'une agréable imagination mélodique et d'une certaine verve.

A. L. et S. W.

PLAQUÉ. Se dit, dans le domaine des instruments à clavier, d'un accord dont toutes les notes se font entendre simultanément, et non successivement comme dans le cas des accords arpégés. M. T.

PLATÉE. Comédie lyrique en 3 actes et 1 prologue de J.-Ph. Rameau, sur un livret de Jacques Autreau modifié par Le Valois d'Orville, et jouée à Versailles le 31 mars 1745. Le compositeur lui a donné le sous-titre de *ballet bouffon*. Cette œuvre, la seule comique de Rameau avec *les Paladins*, n'a aucun des caractères de l'opéra-comique qui va paraître avec Favart quelques années plus tard. Elle se rattacherait plutôt au genre parodique, mais avec des proportions et une qualité musicale qui la laissent à peu près unique en son genre.

PROLOGUE. *L'invention de la comédie. Thespis, aidé par Thalie, Momus et l'Amour, se propose de créer un spectacle qui, « pour corriger les défauts des humains », tournera les dieux mêmes en ridicule.*

ACTE PREMIER. *Pour guérir Junon de sa jalousie, Cithéron suggère à Mercure que Jupiter feigne d'être amoureux de Platée, la ridicule nymphe des grenouilles. Émois de la sentimentale Platée. Tempête dans les marécages.*

ACTE II. *Jupiter descend sur un nuage successivement sous la forme d'un âne, d'un hibou, puis d'un homme. Il déclare sa flamme, ordonne une fête, organisée par la Folie.*

ACTE III. *Colère de Junon. Mercure lui conseille d'observer en secret les noces de Jupiter et de Platée. Divertissement nuptial. Junon en colère dévoile Platée et découvre sa laideur grotesque. Jupiter et Junon remontent sur l'Olympe, tandis que Platée est la proie des moqueries.*

Œuvre parodique, à deux niveaux : parodie de l'opéra lui-même, dont tous les poncifs se retrouvent, retournés (orages, vols des dieux, invocations, métamorphoses, scènes amoureuses, abandon de l'héroïne, etc.) ; parodie du personnage amoureux et du style galant ; parodie du style musical, par une utilisation systématique du contresens (faux accents, emphase à vide, harmonie déstructurée, etc.). Mais simultanément, œuvre cruelle, dans la mesure où, du personnage grotesque de la nymphe bafouée, se dégage par moments un véritable pathétique.

Très appréciée des contemporains de Rameau, *Platée* garde son pouvoir humoristique, bien que l'opéra du XVIIIe siècle soit trop peu familier aujourd'hui pour que toutes les allusions restent perceptibles. P. B.

PLATON, philosophe grec *(Athènes 429 - id. 347 av. J.-C.).* Il est resté célèbre chez les musiciens pour avoir professé une certaine conception éthique de la musique, notamment dans ses deux ouvrages « utopiques », *la République* et *les Lois*, où il édicte les règles auxquelles la musique doit se plier pour contribuer à maintenir l'ordre et la vertu dans la Cité. Une telle conception de la musique était courante à l'époque, et il s'agissait chez Platon des spéculations d'un homme sans pouvoir, qui parlait en défenseur de vieilles valeurs tombant en désuétude. Si Platon entend mettre de l'ordre dans la musique, c'est qu'il lui attribue une haute mission éducative et morale, presque à égalité avec la philosophie, avec laquelle il la compare souvent (la philosophie, dit-il dans le *Phédon*, est la plus grande des musiques).

De son temps, elle est une des disciplines auxquelles sont formés les « hommes de bien », et à ce titre elle intéresse les pédagogues. La musique, dit Platon, doit être inspirée par la droiture (« orthotès ») et la simplicité, et pour cela on proscrira de la Cité l'usage des « modes » musicaux qui n'incitent pas à la vertu pour ne conserver finalement que les modes dorien et phrygien (cela en référence à la théorie de l'« ethos », qui attribuait à chaque mode, ou « harmonie » un effet spécifique sur les mœurs) ; la bonne musique doit être une « imitation » (« mimesis ») des mouvements et des accents de l'homme de bien ; elle doit accompagner un chant et un texte, car la musique purement instrumentale n'est qu'un divertissement émollient. Dans *la République*, Platon propose de bannir de la Cité idéale les joueurs d'aulos* (instrument du satyre Marsyas, jugé orgiaque et dionysiaque), au profit de la cithare, de la lyre, instrument d'Apollon, et de la flûte accompagnant le chant (mais les « aulètes » sont admis à nouveau dans l'autre utopie de Platon, *les Lois*, ouvrage de vieillesse). Enfin la simplicité est requise dans l'accompagnement du chant à l'unisson (pas trop d'ornementation et d'hétérophonie).

On tiendra compte de la différence des sexes pour concevoir une musique « qui a de la grandeur et entraîne au courage » (pour les hommes), et « qui entraîne à la modestie et à la sagesse » (pour les femmes). Les concours musicaux seront jugés sous la présidence d'hommes âgés et avisés. Ainsi la musique, traitée en « affaire d'État », peut-elle, selon Platon, restaurer l'ordre et l'entente chez l'homme, ce qui est sa vocation primitive *(Timée*, dialogue faisant état des théories pythagoriciennes du nombre) et honorer les divinités.

Platon n'était certes pas le seul, de son temps, à identifier le point de vue esthétique et le point de vue moral : le préfixe « eu », dans les notions d'« eurythmia » (eurythmie) et « euharmonia » (euphonie), signifie à la fois « bien » et « bon », convenable. On est fondé à croire que quand Platon spéculait ainsi sur une musique idéale, c'était dans une période d'abandon des modes traditionnels et de développement de la musique de divertissement, et peut-être de contamination de la musique grecque par des influences orientales. Pour lui, comme pour un Bach, la musique a un sens religieux profond, elle s'identifie notamment au chant *(Timée, Philèbe)*, et donc elle a bien à un certain contenu qui ne peut être « neutre » moralement.

Les idées platoniciennes, notamment sur l'« ethos » des modes, ont influencé certains Pères de l'Église. La conception de la musique comme « mimesis » (imitation) des mouvements de l'âme a été reprise par Zarlino et Monteverdi. Le XVIe siècle italien, féru d'Antiquité, a cherché souvent à appliquer les théories platoniciennes en reconstituant tant bien que mal les modes et les rythmes anciens. Le mythe de l'« harmonie des sphères » a nourri l'imaginaire de la musique occidentale jusqu'à nos jours. Même un compositeur contemporain, sincèrement démocrate, mais utopiste, comme Yannis Xenakis, avoue la profonde impression faite sur lui par les thèses de Platon. Il est vrai que celles-ci représentent, dans la culture occidentale, une des rares visions de la musique qui aient une certaine ampleur morale et mythique. Platon a d'ailleurs repris et synthétisé les théories et les idées qui avaient cours de son temps : aussi bien la théorie pythagoricienne de la musique, que les thèses d'un certain Damon, dont s'inspireraient largement les spéculations de *la République*. Aujourd'hui, les écrits de Platon restent une mine d'idées et de renseignements sur la musique dans la Grèce antique, tout en continuant de propager une conception utopiste de la musique, qui n'a pas perdu son pouvoir de faire rêver. M. C.

PLATTI *(Giovanni Benedetto)*, compositeur italien *(Venise v. 1700 - Würzburg 1763)*. On ne connaît rien sur le début de sa vie ni sur sa formation. En 1722, il est présent à la cour de Würzburg, où il était sans doute venu avec un groupe de musiciens vénitiens, et y travaille jusqu'en 1761 au moins. Engagé en qualité d'hautboïste, il fait également office de professeur de chant, ténor de chambre et violoniste, et, à l'occasion, de violoncelliste et claveciniste. Il a composé de la musique sacrée (six messes, *Requiem, Stabat Mater*), un opéra et quelques pièces vocales profanes, mais s'est surtout consacré à la musique instrumentale : deux recueils de six sonates pour clavecin op. 1 et 4 (1742 et 1745), six concertos pour clavecin et cordes op. 2 (1742), six sonates pour flûte avec violoncelle op. 3 (1743), ainsi qu'un certain nombre de sonates et pièces inédites pour clavecin, hautbois, violon et violoncelle. Bien que ses œuvres (surtout les premières) se rattachent encore, d'une certaine façon, à l'époque baroque par leur usage de divers procédés polyphoniques (en particulier celui du *fugato*), ses dernières sonates, dont la recherche mélodique est évidente et où se fait sentir l'influence de C. Ph. E. Bach, permettent de le considérer comme un compositeur préclassique. D. H.

PLÉ-CAUSSADE *(Simone)*, femme compositeur française *(Paris 1897)*. Après de brillantes études au Conservatoire de Paris avec Alfred Cortot, Henri Dallier et Georges Caussade, elle prend en 1928 la succession de son mari Georges Caussade à la tête de la classe de fugue. Elle a composé de la musique sacrée, des mélodies, des pièces pour orgue, de la musique de chambre (sonate pour violon et piano, quatuor) et deux recueils de pièces de piano pour enfants. Parmi ses élèves, Gilbert Amy et Betsy Jolas. D. H.

PLECTRE. Petit morceau de matière variable (écaille, bois, ivoire, métal, plastique) servant à pincer les cordes sur quelques instruments comme la cithare, la mandoline et certaines guitares. Se nomme également parfois « médiator ». P. M.

PLEIN-JEU. Jeu de mixture de l'orgue, qui consiste en la réunion de la cymbale* et de la fourniture. L'exécutant compose lui-même le plein-jeu en appelant ces deux registres, ou un registre spécial portant ce nom. Le plein-jeu compte 3 à 10 tuyaux aigus par note.
Le terme de plein-jeu désigne également l'ensemble des jeux de fond et de mixtures d'un orgue, terme auquel on préfère aujourd'hui celui, moins équivoque, de plenum*. Par extension, les organistes français des XVIIe et XVIIIe siècles ont appelé plein-jeu des pièces mettant en œuvre le plenum de l'instrument ; un « grand plein-jeu » en accords, au clavier de grand orgue, s'y opposait généralement à un « petit plein-jeu », plus léger et plus rapide, au clavier de positif. G. C.

PLENUM. Terme employé par les organistes pour désigner une registration particulière, qui fait sonner l'ensemble des jeux de fond du type principal* (montres, principaux, prestant, doublette) et du type bourdon*, de toutes hauteurs, avec jeu d'anche. Plenum se dit pour « organum plenum », l'orgue en son plein ; on parle aussi, en italien, de « pleno » (pour « organo pleno ») ou de ripieno*. G. C.

PLEYEL, famille de musiciens français d'origine autrichienne. — 1. **Ignaz**, compositeur, éditeur et facteur de pianos *(Ruppersthal, Basse-Autriche, 1757 - Paris 1831)*. D'abord élève de Vanhal, il fut envoyé par son protecteur, le comte Ladislas Erdödy, auprès de Haydn à Esterháza, et y resta de 1772 à 1777. Il fut ensuite maître de chapelle du comte Erdödy, puis voyagea en Italie, en particulier à Naples, où fut représenté en 1785 son opéra *Ifigenia in Aulide*. En 1783 ou 1784, il devint assistant de Franz Xaver Richter à la cathédrale de Strasbourg, lui succédant comme maître de chapelle en 1789. De décembre 1791 à mai 1792, il séjourna à Londres, appelé par le Professional Concert pour concurrencer son ancien maître Haydn. Les relations des deux compositeurs restèrent néanmoins très cordiales. De retour en Alsace, il échappa de peu à la guillotine, et, en 1795, il s'installa à Paris, où il fonda une maison d'édition qui devait poursuivre ses activités jusqu'en 1834, et en 1807 une fabrique de pianos qui devait fusionner en 1961 avec Gaveau-Érard, l'ensemble devant être racheté en 1976 par Schimmel, de Brunswick. Comme éditeur, Pleyel publia en 1801 la première collection complète des quatuors de Haydn, et en 1802 les premières partitions de poche, inaugurées avec quatre symphonies de Haydn. Comme compositeur, il écrivit assez peu de musique vocale (*Die Fee Urgele*, Esterháza, 1776), et cultiva essentiellement le domaine instrumental (symphonies, concertos, symphonies concertantes, œuvres de musique de chambre du duo au septuor). Ses symphonies et quatuors le firent souvent comparer à Haydn, dont il fut l'élève le plus célèbre, et Mozart, après avoir pris connaissance du deuxième opus paru de Pleyel, *Sei quartetti composti e dedicati al celeberrimo e stimatissimo fu suo Maestro il Signor Gius. Haydn in segno di perpetuo gratitudine*, alla jusqu'à écrire : « Il serait bon et heureux pour la musique que Pleyel puisse être en mesure, avec le temps, de nous remplacer Haydn » (24 avril 1784).
L'apogée de la carrière créatrice de Pleyel correspondit aux années de Strasbourg, ce dont témoigne notamment un contrat avantageux qu'il signa le 20 décembre 1786 avec l'éditeur parisien Imbault. A noter que deux de ses trios furent longtemps attribués à Haydn (Hob. XV. 3 et 4). Un catalogue thématique de ses œuvres a été dressé par Rita Benton (New York, 1977).
— 2. **Camille**, compositeur, pianiste et homme d'affaires *(Strasbourg 1788 - Paris 1855)*. Fils du précédent, il l'accompagna à Vienne en 1805 et devint son associé en 1815. Plus tard, il se lia d'amitié avec Chopin.
— 3. **Marie**, née MOKE, pianiste, pédagogue et compositrice *(Paris 1811 - Saint-Josse-ten-Noode, près de Bruxelles, 1875)*. Elle épousa Camille Pleyel après avoir été fiancée à Berlioz, mais s'en sépara au bout de quatre ans (1835). M. V.

PLI SELON PLI. Œuvre de Pierre Boulez, pour soprano et orchestre (version définitive, 1957-1960). Durée : une heure environ. *Pli selon pli*, « Portrait de Mallarmé » ainsi que l'indique également son titre, se compose de 5 parties :
— 1. *Don*, pour orchestre, avec inscriptions chantées. Édition UE 13 614 ;
— 2. *Improvisation sur Mallarmé I* : « Le vierge, le vivace, et le bel aujourd'hui ». Soprano et sept instrumentistes (petite version). UE 12 855 ;
— 3. *Improvisation sur Mallarmé II* : « Une dentelle s'abolit ». Soprano et neuf instrumentistes. UE 12 857 ;
— 4. *Improvisation sur Mallarmé III* : « À la nue accablante tu ». Soprano et petit orchestre ;
— 5. *Tombeau*, soprano et orchestre. UE 13 616.
Il ne serait pas surprenant qu'avec le recul de l'histoire *Pli selon pli* apparût comme le point d'aboutissement et de clôture d'un « premier Boulez », celui qui, de 1945 à 1960, aura bouleversé les données de la pensée, de l'écriture et de l'écoute musicales plus qu'aucun autre compositeur de sa génération. Synthèse d'une conception très ouverte du sérialisme et de goûts littéraires tendus vers l'accomplissement du vocabulaire et de la forme, l'œuvre imposante, d'une totale perfection logique et sensible à la fois, authentifie toute la démarche précédente de son auteur et marque d'une certaine façon son « classicisme ».
La genèse de l'œuvre est complexe, et témoigne à la fois d'une incertitude et d'une ambition. On ne rappellera ici que les données d'une chronologie :
— 1. en 1957, Boulez compose *Deux Improvisations sur Mallarmé*, pour soprano et ensemble de percussions : « Le vierge... » et « Une dentelle s'abolit ». Ces deux œuvres sont éditées à part et peuvent être jouées séparément sous cette forme ;
— 2. en 1959, il ajoute une troisième improvisation (« À la nue... »), écrite pour soprano, petit ensemble instrumental et ample percussion ;

— 3. la même année, il commence *Tombeau*, sur un poème également de Mallarmé : « Tombeau de M. à Verlaine ». La pièce est écrite pour soprano et grand orchestre ;
— 4. en 1960, une création de *Pli selon pli* présente *Don* (une pièce pour piano d'après le *Don du poème* de Mallarmé), les trois *Improvisations* de 1957 et 1960, et enfin *Tombeau* pour grand orchestre ;
— 5. un remodèlement est alors effectué dès 1960 : *Don* devient une pièce pour orchestre avec soprano (comme *Tombeau*) ; la première improvisation est alors revue pour équilibrer la troisième, dans le sens d'un accroissement d'effectifs (C'est la « grande version » de l'*Improvisation I*, utilisée lorsqu'on donne l'œuvre en entier).

Le sous-titre comme le matériau poétique le souligne : *Pli selon pli* est un « portrait de Mallarmé ». Le titre de l'œuvre, emprunté au sonnet *Remémoration d'amis belges*, évoque la cathédrale de Bruges, dont au matin la brume se levant découvre *pli selon pli la pierre veuve* : ainsi de l'œuvre musicale elle-même, qui découvre « au fur et à mesure du développement des cinq pièces, pli selon pli, un portrait de Mallarmé » (Boulez).

On sera tenté d'ajouter que, par l'effet de synthèse de son art que la partition semble offrir à notre écoute, *Pli selon pli* propose un portrait de Boulez lui-même, le plus fidèle peut-être, y compris dans ses contradictions.

Il faut avant tout noter que *Pli selon pli* émerge dans le temps sur la résonance de la *3e Sonate*, qui déjà se voulait traduction sonore du *Livre* mallarméen. Si les traces d'ouverture de l'œuvre sont moins évidentes dans *Pli selon pli* que dans l'œuvre pour piano, elles manifestent au même degré toute l'ambiguïté féconde qui traverse l'œuvre entier de Boulez (Mallarmé) : fantasme d'ouverture et perfection de l'énonciation musicale (poétique) ; œuvre unique et inscriptions multiples de la partition (des écrits) ; œuvre infinie et limites pratiques du support, ce qui amène soit à éluder l'objet (le *Livre* ne sera pas réalisé), soit à « trahir » le projet : la partition est un numéro parmi d'autres dans le catalogue bouézien, un disque de durée et de disposition unique, une œuvre dans la contingence d'un concert. Sans doute est-ce dans ces contradictions même que réside le secret de la fascination qu'on peut éprouver à l'étude et l'écoute de cette page magnifique.

Don. Un violent accent *tutti* instaurateur, presque « géniteur ». La voix chantée (ou parlée, à son choix) énonce sur un murmure orchestral le vers initial du poème mallarméen : « Je t'apporte l'enfant d'une nuit d'Idumée ! » (Idumée : ville antique où naît l'enfant sans mère.) Passée cette page de garde, la première pièce peut alors, pour la commodité de l'exposition, se diviser en quatre phases successives :

a) dans la première (environ 6′), trois sous-ensembles instrumentaux dialoguent d'une manière asynchronique, sur un matériau de longues tenues. Cette section se clôt sur un long silence ;

b) la deuxième section est inaugurée par un intervalle de triton (*fa* dièse-*do*) important dans toute la pièce, où les groupes se coordonnent davantage jusqu'au tutti (vers la huitième minute) ;

c) la troisième section voit la voix intervenir pour énoncer, à trois reprises et selon un dispositif à options, certains mots empruntés aux poèmes des trois improvisations à venir, « entrevues au futur » (Boulez) ;

d) la dernière partie (vers la onzième minute) oppose en antiphonie deux groupes orchestraux selon une procédure d'enchaînements à six possibilités, chacune d'elles se terminant toutefois de la même façon. La pièce entière se clôt sur un *la*, « moyenne » du triton dont on a parlé.

Improvisation I : « Le vierge, le vivace, et le bel aujourd'hui ». Écrite (« grande version ») pour voix de soprano et ensemble instrumental (37 musiciens, dont sept percussionnistes), elle chante un poème qui est évocation symbolique de la difficulté de l'acte créateur pour le poète, « fantôme qu'à ce lieu son pur éclat assigne », tel le cygne pris dans des glaces. Les quatre strophes du sonnet sont en position 1, 3, 5 et 7, suivies d'un commentaire instrumental plus ou moins développé en position 2, 4, 6 et 8. Les formations instrumentales varient de section en section, construisant des symétries deux à deux (1-5, 2-6, etc.). Le chant épuise les différentes nuances entre syllabisation (une note par syllabe : énoncés 1 et 7) et « mélismatisation » (plusieurs notes par syllabes : énoncés 3 et 5). La forme est ainsi donnée par celle même du poème, comme d'ailleurs pour les deux autres improvisations.

Improvisation II : « Une dentelle s'abolit ». Avec ce poème qui s'enchaîne assez logiquement au précédent comme l'ébauche d'une « naissance » (le dernier mot) à une gésine contrariée, Boulez contrarie la forme limpide qu'il adopte — un plan adéquat à celui même du sonnet — par un ensemble de variables complexes, qui touchent :
— aux paramètres instrumentaux, qui changent selon les différentes parties ;
— aux paramètres de vocalisation, qui introduisent la notion de temps physique : la soliste doit chanter certaines séquences de notes longues sans tempo fixe, qui est délimité par l'économie même de son souffle ;
— aux autres paramètres de tempo, extrêmement fluctuants.

Le miracle de cette deuxième improvisation — qui est restée distribuée à un petit ensemble où le jeu de maracas, en particulier, sert de refrain fascinant — est que cette complexité ne s'entend pas et que la pièce est certainement une des plus directement prenantes de l'œuvre entière.

Improvisation III : « À la nue accablante tu ». Cette troisième improvisation amplifie la durée et prolonge le parti des improvisations précédentes, mais étend les principes de variabilité aussi bien aux modèles instrumentaux qu'à l'emplacement exact des séquences chantées (au demeurant optionnelles : la soliste a toujours le choix entre deux lignes de chant).

Cette variabilité ne s'entend naturellement pas à une première écoute... et même légèrement au-delà ! Il faut retenir d'autres points :
— le compositeur ne prend du texte mallarméen (1895) que les trois premiers vers : « À la nue accablante tu/Basse de basalte et de laves/À même les échos esclaves ». Ces trois énoncés déterminent quatre interventions instrumentales, le premier énoncé donnant lieu à une longue cadence de caractère « jubilatoire » (Stoianova) ;
— l'économie des mots et la parcimonie avec laquelle ils sont donnés distend leur occurrence et fait échapper tout rôle proprement sémantique au texte : c'est le point extrême des formes mélismatiques employées dans la première *Improvisation* ;
— à noter l'importance des conflits entre percussions sèches et percussions résonnantes ;
— les instrumentistes, comme la soliste, disposent de nombreuses possibilités de jeu, qui font de l'ensemble de l'œuvre, telle que la coordonne le chef, un « concerto pour chef d'orchestre » à la manière — bientôt — d'*Éclat*.

Tombeau. La dernière pièce du cycle est un grand poème orchestral d'où est bannie toute idée de variabilité. Commentaire, méditation, amplification sonore du principe du sonnet (quatrain/tercet), il se présente en deux parties, l'introduction de plus en plus pressante des cuivres partageant assez nettement à l'oreille les deux moments de cette méditation.

A la fin, dans une grande souplesse du tempo, la voix énonce un seul vers : *Un peu profond ruisseau calomnié...* Commence alors la coda aux longues tenues résonnantes. La voie reprend : *la...*, et, sur une reprise ultime des instruments, exhale le dernier mot sans le chanter : *mort...*, au moment où un très violent tutti orchestral redonne comme note ultime l'accord même par lequel *Don* s'était inauguré. D. J.

PLUS-MINUS. Œuvre de Karlheinz Stockhausen de durée et d'instrumentation indéterminées, sous-titrée *2 × 7 pages pour élaborations*, et conçue à Palerme durant l'été 1963 pour le cours de composition que le musicien devait inaugurer le 1er octobre suivant à la Kölner Schule für Neue Musik. La partition comprend d'une part sept pages contenant chacune un schéma formel noté symboliquement, chaque schéma étant fait lui-même de 53 « moments » se succédant dans un ordre fixé ; et d'autre part sept pages de notes de musique constituant un réservoir de hauteurs pour les schémas formels. A ce stade, on a en quelque sorte des formes sans contenu. À partir de ces 14 (2 × 7) pages — et sachant que chaque « moment » contient comme paramètres-éléments un son central définissant la forme, un groupe de notes accessoires en relation ornementale avec le son central et définissant le timbre, et des « accidents » relevant plutôt du domaine du bruit —, un ou plusieurs interprètes élaborent diverses textures musicales et les combinent selon certaines règles. L'idée maîtresse de l'ouvrage — d'où son titre — est de faire croître (ou de contracter éventuellement jusqu'à disparition) les divers « moments » par augmentation-addition ou diminution-soustraction de leurs paramètres-éléments. D'autres transformations affectent la hauteur, la durée, l'intensité, des paramètres-éléments, déterminant ainsi plus spécialement la substance musicale des « moments ». L'ouvrage est une espèce de jeu pour compositeurs-interprètes, basé sur la tension intrinsèque entre forme et contenu, entre processus fixe et expression variable.

M. V.

POCHETTE. Petit violon dont se servaient les maîtres à danser pour accompagner les exercices de leurs élèves. Son manche était de proportions normales, mais sa caisse si courte et étroite qu'il pouvait se transporter dans une poche de l'habit, d'où son nom. La pochette, dont le son était nécessairement grêle et nasillard, a été abandonnée au cours du XIXe siècle au profit du piano. S. W.

POÈME. Œuvre pour violon et orchestre, op. 25, d'Ernest Chausson, conçue vers la fin de 1892, entreprise à la mi-avril 1896 et terminée à Glion le 29 juin suivant. Son élaboration reflète bien l'évolution esthétique de Chausson au cours de cette période. Si, en effet, la première esquisse retient le titre de la nouvelle de Tourgueniev dont elle s'inspire (le Chant de l'amour triomphant, poème symphonique pour violon et orchestre), la deuxième s'affranchit déjà du substratum littéraire (Poème pour violon et orchestre), tandis que la troisième ne conserve plus que les seuls mots de Poème op. 25 : il y a là le reflet d'une esthétique qui cherche à dépouiller la réalité extérieure pour ne retenir que l'essence même des choses et qui se reflétera précisément dans les dernières pages du musicien (dans le Quatuor avec piano op. 30 et le Quatuor à cordes op. 35).
Bâti sur deux thèmes essentiels (l'un, dès l'entrée, au violon à découvert, rêveur et contenu et qui pourrait être le motif de Valeria ; le second, sensuel et violent — thème de Mucius ? —, ne prenant sa forme définitive que dans la quatrième section de l'œuvre), architecturé comme une tragédie classique, en cinq actes ou sections nettement précisées, le Poème de Chausson suit d'assez près, certes, l'œuvre du romancier russe — dont le musicien était ami —, mais cherche beaucoup mieux encore à en recréer l'atmosphère magique, envoûtante, étrange, sinon maléfique. Réussite exceptionnelle sur tous les plans, doté d'un pouvoir incantatoire prodigieux, jusqu'à provoquer chez l'auditeur une sorte de malaise qui, tel un philtre, s'insinue jusqu'au tréfonds de l'âme, le Poème de Chausson ne connut qu'un accueil mitigé lors de sa création (par Ysaÿe) à Nancy, le 27 décembre 1896, puis à Paris, le 4 avril 1897, chez Colonne. Il a depuis triomphé de toutes les réserves, étant même devenu un des chevaux de bataille préféré des grands violonistes. J. G.

POÈME DE LA FORÊT. Titre donné par Albert Roussel à sa première symphonie, op. 7, composée en 1904-1906 et créée à Bruxelles le 22 mars 1908 (dédiée à Alfred Cortot). Elle est divisée en quatre parties : prélude, *Forêt d'hiver*; allegro, *Renouveau*; adagio, *Soir d'été*; finale, *Faunes et Dryades*. Dans cette première grande composition orchestrale à caractère cyclique, les qualités propres à Roussel se dessinent déjà, malgré quelques influences de Debussy et de la Schola. Le *Poème de la forêt* fait partie des œuvres où le musicien fait montre de son intense sentiment de la nature et de ses qualités poétiques. P. V.

POÈME DE L'AMOUR ET DE LA MER. Mélodie pour voix et orchestre op. 19, d'Ernest Chausson, composée de l'été 1882 à juin 1893, dédiée à Henri Duparc et créée à Bruxelles par Désiré Demest et Chausson au piano, avec orchestre, à la Société nationale de musique le 8 avril 1893. Si le poème de Maurice Bouchor a séduit Chausson, c'est sans doute moins en raison de ses qualités littéraires (il abonde en faiblesses et platitudes) que de son atmosphère de camaïeu faite d'ennui bleu, de tristesse nonchalante, d'amours frustrées, qui convenait bien au tempérament nostalgique de Chausson et reflète la littérature symboliste du temps (cf. les *Serres chaudes* de Maeterlinck ou la *Chanson perpétuelle* de Charles Cros, également mis en musique par Chausson).
Écrit sous forme de triptyque (I : *la Fleur des eaux*, III : *la Mort de l'amour*, que relie un magnifique *Interlude* confié au seul orchestre), l'opus 19 reflète certaines influences (Franck, Wagner, Moussorgski), mais annonce également le *Poème* op. 25, le *Quatuor avec piano* op. 30, voire *la Mer* de Debussy. Par sa conception — lyrique d'atmosphère, cyclique de forme —, par son écriture sensuelle, d'une rare puissance incantatoire, dont le célèbre « Temps des lilas » final reste une des pages les plus connues, le *Poème de l'amour et de la mer* se range au nombre des grandes pages pour voix et orchestre, précédant ainsi Debussy, Richard Strauss et Mahler. J. G.

POÈME DE L'ENFANT ET DE SA MÈRE. Œuvre pour soprano, flûte, clarinette et violoncelle d'Heitor Villa-Lobos, composée en 1923, créée à Paris le 14 mars 1930. Les instruments plantent le décor de ce tableau vivant. Un coucher de soleil un soir d'été. L'étoile du berger scintille ; une tempête menace à l'horizon. Bébé ne veut pas dormir et commente tout ce qu'il voit avec sa mère : le ciel rouge, les étoiles... La voix unique de la soprano représente les deux personnages. Cette brève scène ne dure pas plus de six minutes et offre un raccourci saisissant de l'expression propre au compositeur lorsqu'il miniaturise, avec ingéniosité, sur le plan instrumental, rythmique et mélodique. Quand l'enfant est prêt à s'endormir, la musique se pare d'une grande beauté d'expression où la flûte, la clarinette et le violoncelle, unis à la voix de la mère, participent à une berceuse émouvante. Ainsi cette brillante réussite, née d'une plume légère et poétique, se trouve-t-elle parachevée. P. V.

POÈME DE L'EXTASE. Poème symphonique op. 54 de Scriabine, composé en 1907 et créé à New York en 1908 sous la direction de M. Altschuler. Le programme de l'œuvre est exposé dans un texte poétique rédigé par le compositeur. La forme musicale est celle d'un vaste premier mouvement de symphonie, avec prologue et épilogue. Se ressentant encore de l'influence wagnérienne, le *Poème de l'extase* inaugure la dernière période créatrice de Scriabine, où la musique sera porteuse de son message philosophico-mystique et où s'élaborera son style harmonique personnel, affranchi de la tonalité (poème symphonique *Prométhée*, dernières sonates). Le *Poème de l'extase* cherche à retracer l'évolution d'une « conscience cosmique », et chaque thème musical est un leitmotiv caractéristique et symbolique (thème du désir, thème de la volonté, thème de l'affirmation, etc.). Le terme « extase » est transcendé depuis sa signification érotique de base jusqu'à celle d'un accomplissement universel. À travers le tempérament extérieurement exalté du compositeur, son intérêt pour la doctrine théosophique et ses aspirations panthéistes ont trouvé ici leur expression sonore. Pour ceux, nombreux, qui refusent d'accorder foi à son prétexte philosophique, le *Poème de l'extase* n'en garde pas moins sa valeur musicale, par l'originalité de ses structures harmoniques et mélodiques, et par la variété d'une instrumentation qui sait tirer parti des instruments solistes (violon, trompette) au sein d'un immense effectif orchestral. A. L.

POÈME DIVIN. Titre de la 3e symphonie de Scriabine, composée en 1903-1904 et exécutée à Paris en 1905 sous la direction d'Arthur Nikisch. C'est l'œuvre dominante de la période « intermédiaire » de Scriabine. Il vient de s'affranchir de l'influence de Chopin, qui a marqué jusque-là son œuvre pianistique, et recherche le langage personnel et révolutionnaire de sa maturité. La 3e Symphonie se compose d'un prologue et de trois mouvements allegro, lento, allegro, intitulés respectivement *Luttes, Volupté* et *Jeux divins*, mais enchaînés sans interruption. Les trois parties, tout en possédant leurs thèmes individuels, sont unies par le principe cyclique : des embryons de thème, exposés dans un mouvement, sont développés dans le mouvement suivant. Les tendances exaltées et mystiques du compositeur, qui domineront bientôt le *Poème de l'extase, Prométhée* et les dernières sonates pour piano, sont déjà sensibles ici, dans le titre et dans certaines indications d'interprétation : « divin, grandiose », « mystique », « avec ravissement et transport », etc. La principale influence subie par Scriabine dans sa période intermédiaire fut celle de Wagner, ce qui ici se ressent dans le langage harmonique, le caractère de certains thèmes et les procédés d'instrumentation. A. L.

POÈME DU FEU ou **PROMÉTHÉE.** Poème symphonique op. 60 de Scriabine (1909-10). C'est la dernière œuvre symphonique du compositeur, parvenu à sa maturité. Sa création à Moscou en 1911 sous la direction de Koussevitski fut un des grands événements musicaux de l'année. Le plan global est celui de la forme sonate, mais le *Poème du feu* ne peut se comparer qu'aux œuvres précédentes de Scriabine (*Poème de l'extase* notamment). Scriabine y développe son système harmonique, qui rompt définitivement avec les lois classiques, et dont l'essence est contenue dans le premier « accord mystique » qui ouvre l'œuvre. Porteur d'un message messianique, le *Poème du feu* devait, dans l'esprit de son auteur, constituer un aboutissement esthétique en réalisant la fusion des perceptions sensitives. Écrit pour un orchestre immense grossi d'un orgue, d'un piano et d'un chœur, il devait en théorie être accompagné d'un « clavier de lumières », projetant sur un écran des couleurs censées correspondre aux coloris des harmonies. Cette expérience n'a évidemment pu être effectuée. Le système musical de Scriabine et son idéologie messianique n'ont guère été suivis en leur temps, mais le *Poème du feu* n'en est pas moins une œuvre prophétique, annonçant les recherches harmoniques et acoustiques du XXe siècle. A. L.

POÈME ÉLECTRONIQUE. Musique électronique d'Edgar Varèse, réalisée au studio Philips à Eindhoven (Pays-Bas) de septembre 1957 à fin avril 1958, et donnée en première audition mondiale le 2 mai 1958 lors de l'Exposition universelle de Bruxelles, à l'inauguration du pavillon Philips conçu par Le Corbusier et réalisé par Xenakis. La création au concert a eu lieu à New York le 9 novembre 1958. Le pavillon Philips avait la forme extérieure d'une tente de cirque à trois sommets et la forme intérieure d'un estomac de ruminant, et le *Poème électronique* y était projeté à partir de 400 sources sonores réparties autour de 500 visiteurs. Le *Poème électronique* est donc non seulement la seule œuvre de Varèse uniquement réalisée en studio, mais la seule également où il put concrétiser son rêve de musique spatiale et de projection de faisceaux sonores. Elle répond au besoin, toujours ressenti par le compositeur, d'instruments nouveaux : « Vitesse et synthèse sont les caractéristiques de notre époque. Nous avons besoin d'instruments du XXe siècle pour nous aider à les réaliser en musique » (1920). Lors de la diffusion spatiale du *Poème électronique* dans le pavillon Philips, on projetait des images, mais sans chercher de synchronisation avec la bande-son. Le pavillon Philips ayant été détruit à la fin de l'Exposition de 1958, on ne peut plus entendre le *Poème électronique* qu'en réduction en stéréophonie simple à deux pistes. L'œuvre — « une charge contre l'inquisition sous toutes ses formes » — intègre aux sonorités proprement électroniques des voix, des cloches et un orgue. Malgré le progrès technique considérable des studios depuis 1958, le *Poème électronique* reste un des ouvrages les plus importants de la recherche électroacoustique contemporaine, et une de ses plus grandes réussites sur le plan esthétique. I. S.

POÈMES POUR MI. Premier grand cycle de 9 mélodies pour soprano et piano d'Olivier Messiaen, écrit en 1936 et créé le 28 avril 1937 à la Schola cantorum, dans le cadre des concerts de la Spirale, par la cantatrice Marcelle Bunlet, dont la voix malléable et très étendue allait conduire l'auteur à envisager une partition redoutable de difficulté vocale, orchestrée en 1937 et reprise, dans cette nouvelle version, neuf ans plus tard au théâtre des Champs-Élysées, sous la direction de Roger Désormière avec le concours de la même chanteuse.

Pourquoi 9 mélodies ? Tout simplement parce qu'il s'agit du chiffre de la maternité. L'auteur y fait part de son expérience de la vie à deux, à base de textes de son cru et y utilise, au niveau du chant, aussi bien la psalmodie, sorte de récitatif mi-chanté, mi-parlé, que la vocalise destinée à mettre en relief les mots essentiels, et même, à l'occasion, le cri ! Quant au piano, il est diversifié à l'extrême et prend part à la psychologie de poèmes où il n'y a pas de sentiments humains qui ne soient aussitôt hissés au plan de la théologie. La version d'orchestre met en relief les complexes colorés des accords employés par Messiaen. A. P.

POÈME SYMPHONIQUE. Genre de composition musicale pour orchestre seul, généralement en un seul mouvement, inspiré directement et explicitement par un thème, un personnage, une légende, un poème, et très souvent par un *texte*. Ce genre est apparu dans le milieu du XIXe siècle, et il dérive de plusieurs genres déjà existants comme l'« ouverture de concert » (*les Hébrides* de Mendelssohn, 1829-1832), la « symphonie à programme » (*Symphonie pastorale,* de Beethoven, 1808 ; *Symphonie fantastique,* de Berlioz, 1830) et aussi la musique de ballet ou d'opéra. On peut considérer que les initiateurs de ce genre furent Berlioz et Liszt : le premier, implicitement, par ses symphonies à programme et ses ouvertures ; le second, explicitement, en définissant le genre, et en l'illustrant par une longue série de treize œuvres. On parle en allemand de *symphonische Dichtung* ou de *Tondichtung* (« poésie en sons »), et les grands auteurs du genre furent, outre Liszt et Berlioz, Richard Strauss, Smetana, Dvořák, Sibelius et les compositeurs russes.

Genre traditionnellement ramassé de proportions, le poème symphonique peut s'amplifier en une grande « symphonie à programme » en plusieurs mouvements, comme les *Dante-Symphonie* et *Faust-Symphonie,* de Liszt, ou bien donner lieu à des « cycles » regroupant plusieurs poèmes symphoniques distincts et brefs autour d'un thème central (cycle patriotique de Smetana, héroïque de Richard Strauss, romain de Respighi, etc.). La forme musicale du poème symphonique, en principe assujettie à la narration dont elle s'inspire, reprend souvent des moules formels traditionnels qui correspondent à un trajet dramatique particulier : la forme sonate à deux thèmes, ABA', exprime en elle-même, musicalement, le concept d'exposition (d'un point de départ), lutte, et de retour ; la forme thème et variations (dans le *Don Quichotte* de Strauss, par exemple) est tout indiquée pour servir à illustrer les aventures d'un personnage qui persiste dans son choix initial ; la ballade de Goethe qui inspira à Paul Dukas son *Apprenti sorcier* lui suggéra aussi la forme légère et répétitive d'un scherzo libre ; la gaieté picaresque et populaire des malices de Till l'Espiègle est idéalement traduite dans la plus universelle des formes, le rondo *(Till Eulenspiegel,* de Richard Strauss).

D'autres poèmes symphoniques adoptent la forme rhapsodique d'une succession de tableaux reliés entre eux par des motifs conducteurs, des «leitmotive». En effet, la mise au point du leitmotiv par Berlioz, Liszt, Wagner, n'est pas étrangère à l'essor du genre, puisque cette «trouvaille» du leitmotiv consiste à personnaliser un motif (plus court, ouvert, mobile et malléable qu'un thème complet) pour l'investir d'un rôle à la fois formel et symbolique : le genre du poème symphonique est en ce sens caractéristique d'une époque où l'on a cherché à faire «penser» la musique, à lui faire véhiculer des idées et des messages. Ainsi beaucoup de poèmes symphoniques sont architecturés autour de leitmotive très caractéristiques *(Ein Heldenleben,* «Une vie de héros», de Richard Strauss, en comporte au moins 70) plutôt qu'autour de thèmes fermés se concluant par une cadence. L'écriture de ces poèmes, souvent dégagée des moules traditionnels, en devient souvent plus mobile, souple, discursive, inattendue, fantasmagorique, pulvérisée. Le style «pointilliste» (pour l'époque) des tableaux symphoniques de Debussy et des premières pièces pour orchestre de Schönberg et Webern découle plus du poème symphonique romantique que des grandes symphonies postromantiques aux amples arches.

Autre caractéristique du poème symphonique romantique, inscrite dans son appellation même : malgré l'exception de «poèmes symphoniques» pour instruments solistes (version originale pour piano des *Tableaux d'une exposition,* de Moussorgski, il s'affirme surtout avec le développement du *grand orchestre* de Berlioz à Wagner. Un orchestre démonstratif, dramatique, pictural, pittoresque, où les pupitres se divisent et se mélangent entre eux, quittant leur «plan de table» traditionnel pour former toute sortes de figures et d'associations. Aux instruments solistes est souvent donné un rôle symbolique ou évocateur. En quelque sorte, le poème symphonique prolonge dans la salle de concert, sous une forme condensée et comme «chiffrée» (non explicitée par un texte chanté), l'opéra, ses images et ses évocations, pour un public féru de musique théâtrale et narrative. Il témoigne aussi d'une nouvelle espèce de compositeurs qui se veulent artistes complets, écrivent, pensent, se réclament de la «grande littérature», et non des services de librettistes professionnels plus soucieux d'efficacité que de «poésie». Souvent, le compositeur de poèmes symphoniques, en connivence culturelle avec un public de concert, lui propose en dioramas musicaux spectaculaires les «grands thèmes», les «grands auteurs» et les «grands mythes» qui l'intéressent. Et souvent, comme on le verra, ces thèmes sont ceux qui agitaient la société de l'époque : l'identité nationale, la révolution, etc.

Hector Berlioz est le fondateur du poème symphonique, bien qu'il n'ait jamais usé de cette expression pour désigner ses œuvres. L'idée-force de la *Symphonie fantastique* (1830), de son *Harold en Italie* (1834), d'après Byron, de son *Roméo et Juliette,* d'après Shakespeare (1839) [avec des interventions vocales et chorales épisodiques] est d'utiliser les seuls pouvoirs de l'orchestre pour traduire une dramaturgie inspirée de ses «grands hommes» : Gluck, Shakespeare. L'orchestre symphonique, avec lui, est dans sa texture même, sa pâte, remué par des idées, des sensations, des mouvements, plus profondément que chez ses devanciers. En même temps, il développe le caractère pictural de l'orchestre, chez lui moins «fonctionnel» et plus souple, plus mêlé, à chaque fois renouvelé, personnalisé.

Après Berlioz, Franz Liszt, également passionné de «grande littérature», codifie en quelque sorte et développe le poème symphonique. Esprit complet et cultivé, curieux de tout, trait d'union de tous les aspects du romantisme, il fait du poème symphonique, à travers ses treize incursions dans le genre, le lieu de rencontre de multiples intérêts poétiques, esthétiques, métaphysiques. Sa *Dante-Symphonie* (1855-56) et sa *Faust-Symphonie* (1854-1857) sont au croisement du poème symphonique et de la symphonie à programme. Son *Il Tasso* (1856), en hommage à Goethe (auteur d'une pièce sur le poète), mais d'après un texte de Byron, fait se rencontrer trois de ses écrivains favoris, de trois grandes nations romantiques (Italie, comme référence, Angleterre et Allemagne). Mais c'est le Français Victor Hugo qui lui inspire *Ce qu'on entend sur la montagne* (1857) et *Mazeppa* (1856); de la lecture de Shakespeare provient un *Hamlet* (1861); Herder inspire un *Prométhée* (1856), Lenau la *Procession nocturne* (1865), Schiller *les Idéaux* (1858) et *Fêtes* (1861), et le poète Joseph Autran (et non Lamartine, comme on l'a cru) les célèbres *Préludes* (1854-1856), méditation sur la destinée. L'*Héroïde funèbre* (1857), *Hungaria* (1857), *la Bataille des Huns* (1861), se rattachent à la vieille tradition de la «bataille» musicale (de Janequin à Beethoven), et il faut citer encore un *Orphée* (1856), et *Du berceau à la tombe* (1883).

Certes, quand Liszt se réfère à Hugo, Shakespeare, Dante, etc., il s'agit pour lui non seulement de littérature, mais aussi de l'humanité, de la destinée des hommes et des peuples. Par opposition avec la musique religieuse baroque et classique, qui dresse un temple à l'Éternel en laissant au second plan le drame humain (ou en le sublimant), le poème symphonique, chez Liszt et certains de ses successeurs, se plaît à illustrer une métaphysique humaniste et «laïque» de la destinée, du héros «prométhéen», du progrès de la race humaine : en ce sens, c'est un genre caractéristique de l'âge «critique» du romantisme. Cette vocation métaphysique sera reprise par Richard Strauss dans *Mort et Transfiguration* (1888-89) et *Also sprach Zarathustra* («Ainsi parlait Zarathoustra», 1896), d'après Nietzsche, «tableau du développement de la race humaine». Mais ses portraits de destinées, *Macbeth* (1886-1888), *Don Juan,* d'après Lenau (1888), *Till Eulenspiegel* (1894-95), *Don Quichotte* (1897), débouchent sur une autobiographie en musique sobrement intitulée *Ein Heldenleben,* «une vie de héros» (1898). Ses deux symphonies à programme, *Sinfonia domestica* (1903), et *Symphonie alpestre* (1915), se rattachent à la tradition descriptive des *Quatre Saisons* et de la *Symphonie pastorale.*

Il est amusant de mettre en regard des biographies straussiennes, conquérantes et colorées, les trois poèmes symphoniques antiprométhéens de Saint-Saëns, néoclassiques d'écriture, d'orchestration et de forme, *le Rouet d'Omphale* (1873), *Phaéton* (1873), *la Jeunesse d'Hercule* (1877) : tous trois illustrent en effet, avec un autre point de vue que le héros germanique, celui du «parnassien» sceptique, la même thématique de l'«ubris» grecque, de la prétention condamnée, du héros enchaîné. Du même Saint-Saëns, la fameuse *Danse macabre* (1874) s'inscrit dans toute une série de tableaux symphoniques pittoresques, où se rangent des poèmes symphoniques de César Franck *(les Éolides,* 1876, d'après Leconte de Lisle ; *le Chasseur maudit,* 1882, d'après Bürger ; *les Djinns,* 1884, d'après Hugo), Paul Dukas (*l'Apprenti sorcier,* 1897, d'après Goethe), Vincent d'Indy *(la Forêt enchantée,* 1878, d'après Uhland), Henri Rabaud *(la Procession nocturne,* 1899, d'après Lenau), Henri Duparc *(Lénore,* 1875, d'après une ballade de Bürger), Ernest Chausson *(Viviane,* 1882). Vincent d'Indy s'attachera à toutes les possibilités du poème symphonique, légende narrative *(Sauge fleurie,* 1884), tableau descriptif *(Jour d'été à la montagne,* 1906, en 3 parties ; *Poèmes des rivages,* 1919-1921, en 4 parties), destinée héroïque d'un «perdant» (trilogie de *Wallenstein,* 1874-1880, d'après Schiller).

Le poème symphonique sera aussi l'occasion, en particulier dans les nations de l'Est et du Nord, d'illustrer l'identité nationale, à travers ses légendes, ses dates, ses traditions, ses mythes : on citera le cycle *Ma patrie,* de Smetana (1874-1879), en 6 poèmes symphoniques dont *la Moldau*, les « légendes tchèques » de Dvořák d'après Erben *(l'Esprit des eaux, le Rouet d'or, la Sorcière de midi)*, le « cycle nordique » de Sibelius avec la *Suite de Lemminkainen* (1896), *En Saga* (1901), *la Fille de Pohjola* (1906), *Chevauchée nocturne et Lever de soleil* (1907), *le Barde* (1913), *les Océanides* (1914) et surtout *Tapiola* (1926), la trilogie romaine de Respighi *(Pins de Rome, Fontaines de Rome, Fêtes romaines)*. L'école russe affectionnait le poème symphonique, forme souple, plus propice que les cadres européens traditionnels pour traduire sa pensée, et pour évoquer les paysages de la Russie et les thèmes historiques ou légendaires (*Thamar*, 1882, de Balakirev ; *Dans les steppes de l'Asie centrale*, 1880, de Borodine ; *Schéhérazade*, 1888, de Rimski-Korsakov ; *Nuit sur le mont Chauve*, 1867, de Moussorgski et Rimski-Korsakov), tandis que l'« européanisé » Tchaïkovski s'inscrit plutôt dans la tradition de l'ouverture de concert romantique avec *Roméo et Juliette* (1869), *Manfred* (1885), *Hamlet* (1888).

On peut considérer, ou non, comme poèmes symphoniques les œuvres plus récentes qui n'en revendiquent pas le titre, comme *la Mer* de Debussy ou ses trois *Images* pour orchestre, le *Pelléas et Mélisande* de Schönberg (1903), le *Pacific 231* (1924) ou le *Rugby* (1928) de Honegger. Ces œuvres tendent souvent à abandonner les thèmes héroïques et les grandes interrogations sur la destinée humaine pour revenir à une tradition naturaliste, mais avec un regard nouveau sur le réel : la mer de Debussy n'est plus celle, brossée à gros traits, d'un Wagner dans son *Vaisseau fantôme* ou d'un Rimski-Korsakov dans *Schéhérazade*, qui est encore une mer de théâtre, de coulisses. On pourrait aussi s'amuser à pourchasser dans le répertoire contemporain, chez Messiaen, Xenakis, Bayle, la continuation du poème symphonique. Leurs musiques, pourtant, ne font que proposer des modes nouveaux de « mimesis » (imitation) de la nature et de l'homme, comme les Grecs et les Chinois d'antan. Il faut bien considérer le poème symphonique comme un genre historiquement daté (seconde moitié du XIXe siècle, début du XXe) correspondant à certains courants musicaux (et plus généralement idéologiques et esthétiques) propres à l'époque où ce genre prit son essor.   M. C.

POÉSIE POUR POUVOIR. Œuvre de Pierre Boulez (1958) pour voix d'homme parlée (sur un texte d'Henri Michaux), 3 orchestres et bande magnétique cinq pistes. Créée en octobre 1958 au Festival de Donaueschingen. Non éditée. Durée : environ une heure. Les 3 orchestres sont dirigés par deux chefs (à la création : Hans Rosbaud et Pierre Boulez). La voix parlée est enregistrée sur la bande magnétique.

La caractéristique majeure de cette pièce, qui ne connut qu'une unique présentation publique, est d'être une des premières partitions de musique contemporaine (avec le *Gesang der Jünglinge* de Stockhausen) à tenter la rencontre, connue plus tard sous le vocable « musique mixte », de sons instrumentaux *live* et d'un enregistrement magnétique (qui, ici, outre la voix, porte des sons électroniques). La percussion devait être le « médiateur » entre les deux ordres de sonorités.

Bien que cette pièce soit par instants très belle à entendre, et le texte de Michaux (violent et autodestructif) fort intéressant, le compositeur ne se déclara pas satisfait du résultat et retira la partition de son catalogue. Il envisagea dans *Explosante-Fixe* (1972) de la reprendre avec *Live Electronic Music*, sons par ordinateurs et chœurs.   D. J.

POHL (Carl Ferdinand), musicologue, organiste et compositeur allemand *(Darmstadt 1819 - Vienne 1887)*. Il s'installa à Vienne en 1841, y devint élève de Simon Sechter, de 1849 à 1855, y fut organiste de l'église protestante du faubourg de Gumpendorf. De 1863 à 1866, il vécut à Londres, et ce séjour fut à l'origine de son *Haydn und Mozart in London* (Vienne, 1867, réimpr. New York, 1970). Nommé en 1866 archiviste et bibliothécaire de la Société des amis de la musique, il s'intéressa à l'histoire de la vie musicale dans la capitale autrichienne, ce qui se traduisit notamment par *Denkschrift aus Anlass des hundertjährigen Bestehens des Tonkünstler-Societät... in Wien* (Vienne, 1871). Sa grande tâche fut sa biographie de Haydn, base de toutes les recherches ultérieures sur ce compositeur : *Joseph Haydn* (vol. I, Leipzig, 1875, 2e éd. 1878, réimpr. Wiesbaden, 1971 ; vol. II, Leipzig, 1882, réimpr. Wiesbaden, 1971). Le volume III fut rédigé après la mort de Pohl, et largement d'après ses notes, par Hugo Botstiber (Leipzig, 1927, réimpr. Wiesbaden, 1970).   M. V.

POINT (D'ARRÊT, D'ORGUE, PIQUÉ). — 1. Un point placé après une note augmente la durée de celle-ci de la moitié de sa valeur. La note est dite *pointée*.
— 2. Le **point d'orgue** est un signe conventionnel (⌒), qui, placé au-dessus ou au-dessous d'une note ou d'un silence, en augmente la durée autant que peut le souhaiter l'exécutant. Le point d'orgue est de durée indéterminée.
— 3. Le point d'arrêt remplit la même fonction que le point d'orgue, mais pour une durée plus brève. Il a souvent la valeur d'un ou deux temps. Il est beaucoup moins employé. Il se note parfois par le signe (⊓), ou, même, s'indique aussi par une simple virgule.
— 4. Un point placé au-dessus de la note indique que cette note doit être détachée (staccato). Certains théoriciens disent incorrectement que la valeur de la durée de cette note est diminuée de moitié. Ce point est dit **piqué**.   M. P. P.

POITRINE (VOIX DE). V. chant.

POLAK (*Jacub*, également JACOB REYS, ou RETZ, ou JACOB LE POLONAIS), luthiste et compositeur polonais *(Pologne v. 1540 - Paris v. 1605)*. Certaines parties de sa biographie restent obscures. On sait cependant qu'il a compté parmi les musiciens d'Henri III, qu'il a passé la fin de sa vie à la cour de France, et qu'il a fait un séjour à Tours vers 1593. Il était en relation avec le facteur d'instruments Robert Denis et l'éditeur Ballard. Jacub Polak est l'auteur de fantaisies, de préludes, de gaillardes pour luth, dans lesquelles les techniques d'imitation et l'improvisation jouent un grand rôle. Nombre de ses compositions s'apparentent au ricercar. Certaines de ses pièces se trouvent dans les tablatures de Besard *(Novus partus)* et de Van Hove *(Deliciae)*.   A. L. et J.-Y. B.

POLKA. À l'origine, danse paysanne tchèque (et non polonaise), à deux temps, caractérisée par le demi-pas qui lui a donné son nom (*pulka* signifiant « moitié »). Adoptée à Prague en 1837 comme danse de société, la polka gagna rapidement Vienne, puis Paris, où elle connut une vogue extraordinaire, largement entretenue par les compositions de Johann Strauss fils.   M. T.

POLLINI (*Maurizio*), pianiste italien *(Milan 1942)*. Manifestant des dons exceptionnels dès l'âge de cinq ans, il entreprend des études de piano avec C. Lonati et C. Vidusso, en marge de sa formation générale, et donne son premier concert à onze ans à Milan. Malgré un second prix (premier prix non attribué) au concours de Genève obtenu à quinze ans, un premier prix, en 1959, au concours E.-Pozzoli et un diplôme du conservatoire de Milan (où il apprend la composition et la direction d'orchestre), il choisit la carrière musicale seulement après avoir brillamment remporté en 1960 le concours Chopin de Varsovie. Encore ne répond-il à cette vocation tardive qu'à la fin d'une semi-retraite de quatre ans, consacrée à réfléchir sur son art et à mûrir son jeu au contact d'Arturo Benedetti Michelangeli.

Ce lent cheminement conforte une personnalité d'une grande richesse intérieure, qui, au lieu de se refermer sur elle-même, est profondément engagée dans son temps, comme le confirment ses choix politiques et artistiques. Il participe aux Concerts populaires organisés par Paolo Grassi à la Scala de Milan, aux côtés de Claudio Abbado et de Luigi Nono, ou bien, toujours en compagnie de ses amis, va au-devant des publics ouvriers dans les usines avec l'atelier Musica Realtà, fondé en 1972. Il met son piano au service des bonnes causes (reconstruction du Viêt-nam, lutte contre le fascisme renaissant) et des œuvres engagées de Luigi Nono, dont il crée *Como una ola de fuerza y luz* (Venise, 1972) et *Sofferte onde serene* (1976). Le répertoire contemporain — Boulez, Schönberg, Bartók, Webern, Stockhausen — lui fait redécouvrir la part de modernité des œuvres du passé. Il poursuit avec méthode et économie (pas plus de 80 concerts par an) une carrière exemplaire, arrêtée un temps en 1975 par un grave accident de voiture et jalonnée par quelques enregistrements d'une plénitude impressionnante, mais qui reflètent incomplètement la tension irremplaçable des concerts, où il fait toucher, à force de nudité et d'introspection poétique, la vérité de chaque œuvre. Il a donné des cours d'interprétation en 1972 à l'Accademia Chigiana de Sienne et a fait des débuts remarqués de chef d'orchestre à Paris en 1981.

M. W.

POLO. Chant et danse andalous, exécuté par les gitans. Traditionnellement écrit à 3/8 et en mineur, de mouvement modéré, le chant proprement dit est en général prédécé d'un prélude à la guitare et ponctué d'onomatopées («ay»). La danse consiste principalement en contorsions du corps, rappelant certaines danses orientales, et s'accompagne de castagnettes et du claquement des pieds et des mains. Le polo a inspiré plusieurs compositeurs, en particulier M. de Falla, qui en a fait le dernier de ses *Siete canciones españolas*.

D. H.

POLOGNE. Sise au cœur de l'Europe, la Pologne est le point de rencontre entre la culture slave et la culture occidentale. Le festival de musique contemporaine l'Automne de Varsovie en témoigne, attirant des artistes de toutes les nations.

C'est à la fin des années 50, lors de la déstalinisation (1956), qu'une formidable effervescence musicale éclata, avec toute la puissance que peut posséder un courant trop longtemps contenu. La création musicale polonaise se manifesta alors dans toute sa vigueur ; tous les principaux grands prix internationaux de composition furent remportés par des Polonais. À la *Tribune internationale des compositeurs* de l'Unesco, en quatre ans, trois fois le premier prix fut attribué à une œuvre polonaise (1958, 1959, 1961). Et de nouveau, en 1963, le premier et le second prix revinrent à des créations polonaises. Mais cette reconnaissance internationale est l'aboutissement d'une longue histoire.

Les origines. Officiellement christianisée en 966, la Pologne prit alors rang parmi les États européens qui prêtèrent allégeance à l'Église de Rome, alors que la Russie optait pour Byzance et l'orthodoxie (955). L'inventaire de la musique polonaise est encore tout récent ; la raison en est simple : l'histoire de la musique comme discipline scientifique s'est formée au XIXe siècle, à une période où la Pologne en tant qu'État indépendant avait cessé d'exister. Aussi commença-t-elle ses premières tentatives de recherches historiques avec un demi-siècle de retard ; or, l'étude approfondie de l'histoire de la culture musicale d'un pays exige un effort de plusieurs générations. Dès lors, il n'est sans doute prématuré de vouloir réaliser une synthèse. Ces vingt dernières années, ont été exhumées plus de 400 œuvres manuscrites, qui remontent au milieu du XIe siècle et témoignent de l'influence du chant grégorien dès le Xe siècle : les grands centres se situaient alors à Poznań, Wrocław et Cracovie.

Le premier chant polonais connu est le chant religieux et guerrier *Bogurodzica* (XIIIe s.), cantique à la Vierge, qu fut l'hymne de ralliement de la chevalerie polonaise au combat, notamment lors de la bataille de Grunwald-Tannenberg (1410) grâce à laquelle fut stoppé l'expansionnisme des chevaliers Teutoniques. On trouve aussi dans l'œuvre de l'ethnologue Oscar Kolberg *(1814-1890)* plus de 20 000 mélodies populaires des diverses régions de Pologne, dont certaines, fondées sur la gamme pentatonique (gamme commune aux cultures archaïques mongoles et indo-européennes), sont des cantiques préchrétiens (noëls, Saint-Jean d'Été, chants nuptiaux, etc.) encore chantés dans la région de Lublin.

La fin du Moyen Âge. L'université Jagellon, fondée en 1364 à Cracovie par Casimir le Grand, attirait érudits et artistes de toute l'Europe. Aussi, dès le début du XVe siècle, grâce à ce brassage, vit-on s'épanouir une école de chant polyphonique, dont le seul — et le premier — compositeur connu est Mikolaj de Radom (ou Radomski) ; il écrivit des œuvres à 3 voix d'un art consommé très influencé par la lyrique franco-flamande et un hymne pour voix et 2 instruments, dont le texte évoque la vie à la cour du roi Ladislas II Jagellon.

La Renaissance. À l'époque où l'imprimerie musicale faisait son apparition (début du XVIe s.), les musiciens polonais avaient acquis droit de cité au sein de l'Europe artistique et entretenaient d'actives relations avec les divers pays de cette vaste communauté culturelle : en témoignent les *Tablatures d'orgue de Jean de Lublin* (les plus importantes que l'on ait, à l'époque, publiées sur ce sujet, 1537 et 1548), la *Tablature d'orgue du monastère du Saint-Esprit* à Cracovie (1548) et la *Tablature de luth de Cracovie* (1555), où, à côté des compositions polonaises, figurent les œuvres des plus éminents polyphonistes de l'Europe occidentale. L'école de luth, illustrée par Dlugoray *(1550-1619)* et Polak († v. *1605)*, fut fondée par le luthiste hongrois Bakfark, qui séjourna en Pologne de 1549 à 1566. Parmi les compositeurs, retenons Mikolaj de Cracovie *(première moitié du XVIe s.),* dont malheureusement l'œuvre est parvenue essentiellement en transcriptions pour orgue. Mikolaj Gomolka *(v. 1535-1593)*, polyphoniste de grand renom, mit en musique, à 4 voix, le premier *psautier* polonais, cycle de 150 psaumes traduits par le poète Jan Kochanowski, publié en 1580. Waclaw de Szamotuly *(apr. 1520-v. 1560)*, musicien attitré du roi Sigismond Auguste, composa une œuvre déterminante pour l'évolution de la musique polonaise : utilisant abondamment le langage polyphonique avec une très grande aisance, il fut le premier à écrire pour 8 voix. Marcin de Lvov ou Leopolita *(1540-1589)* fut l'auteur de très belles messes tirées de noëls populaires et de motets à 5 voix. Quant à la danse, qui participe de l'être même de la nation polonaise (en atteste la terminologie internationale dès l'époque : *balletto polacco* ou *chorea polonica*), on en trouve l'une des expressions les plus accomplies dans la *mazurka*, qui apparaît vers 1550.

La période baroque. Dès l'aube du XVIIe siècle, la Pologne se prit d'engouement pour l'Italie. L'italianisme revêt une telle ampleur qu'il finit par occulter la veine nationale, qui ne se retrouva qu'avec Chopin. Un lent et progressif déclin de la personnalité polonaise commença alors, couvrant la seconde moitié du XVIIe et le XVIIIe siècle. Cependant, tout en n'égalant pas les grands compositeurs ouest-européens de l'époque, trois figures dominèrent en Pologne. À la charnière du XVIe et du XVIIe siècle, Mikolaj Zielenski *(1551-1615)* écrivit de très belles œuvres vocales et instrumentales fortement inspirées des Vénitiens (en particulier des Gabrieli), et publia à Venise en 1611 deux volumes de 121 pièces : *Offertoria et communiones totius anni*, le premier comprenant des œuvres à 7 ou 8 voix, le second de 1 à 5 voix. Il composa aussi un magnificat à 12 voix. Adam Jarzebski *(mort en 1649)*, qui connut parallèlement une véritable notoriété comme architecte, laissa une œuvre essentiellement instrumentale, de nombreux concertos et concertos de valeur et des arrangements des musiciens de la Renaissance. Quant à Marcin Mielczewski *(v. 1600-1651)*, avec plus de 40 pièces religieuses et quelques canzoni instrumentaux, quoique faisant preuve de grandes capacités techniques, il resta totalement sous l'influence des maîtres italiens. Il faut aussi citer Bartolomiej Pekiel *(mort en 1670)*, auteur d'un *Dulcis amor*, concerto pour voix et instruments, et de plusieurs messes, Stanislas S. Szarzynski et Grzegorz G. Gorczycki *(v. 1667-1734)*. Varsovie fut la première ville à fonder, vers 1625, un opéra en dehors des frontières de la péninsule italienne. Sans doute très atténué par cette véritable hégémonie italienne, l'élément polonais resta cependant inaltérable, et ce fut vers le milieu du XVIIe siècle que l'on vit se fixer dans son rythme et sa forme définitive cette danse spécifique, la *polonaise*.

Le XVIIIe siècle. Le « siècle des lumières » fut pour la Pologne un siècle d'obscurité. A l'extinction de la dynastie des Jagellon (1572), la couronne était devenue élective (1573) et passait de main en main, accélérant ainsi la ruine du pays. Après avoir successivement perdu la Livonie (1660), Smolensk et la rive gauche du Dniepr (1667), si l'on excepte le règne de Jean Sobieski (1674-1696), la Pologne fut plus que jamais soumise à des princes liges, tantôt inféodés au pouvoir russe, tantôt à la monarchie française — comme Stanislas Leszczyński (1704-1709). Le premier partage de la Pologne entre la Russie, la Prusse et l'Autriche eut lieu en 1772 ; le troisième fut définitif qui raya la Pologne de la carte du monde (1795). Trop occupés à mener une lutte épuisante pour leur survie, les Polonais reléguèrent les arts au second plan ; les talents se firent rares et de peu d'intérêt. Relevons toutefois l'apparition, au début du XVIIIe siècle, de la première sonate polonaise, œuvre de Szarzynski, et la fondation du premier théâtre d'opéra polonais à Varsovie (1766), ainsi que les noms de symphonistes comme Golabek ou Pietrowski.

Le XIXe siècle. A la fin du XVIIIe siècle et au début du XIXe, Felix Janiewicz *(1762-1848)*, Joseph Elsner *(1769-1854)*, fondateur du conservatoire de Varsovie, Karol Kurpinski *(1785-1833)*, qui eut le mérite d'organiser la vie musicale en Pologne et de créer la première revue musicale polonaise *Tygodnik Muzyczny* (« la Semaine musicale », 1821), et Michal Kleofas Oginski *(1765-1833)* furent, avec quelques autres, les premiers à avoir doté leur pays d'une musique symphonique et de chambre. Oginski écrivit aussi un opéra dédié à Napoléon et un cycle de polonaises auquel Chopin devait se référer. Phénomène à part de la musique internationale, quintessence de l'« âme polonaise », tout auréolé d'un patriotisme douloureux, résumé en cette phrase par le poète Norwid : « Il a élevé l'esprit populaire au niveau de l'humanité », Frédéric Chopin a su d'une manière inimitable s'emparer des rythmes et des mélodies populaires et les acheminer jusqu'au sommet de l'art musical le plus raffiné. En 1927, son nom fut donné au concours international de piano, qui a lieu à Varsovie tous les cinq ans. Parmi les lauréats de ce concours, citons : Chostakovitch, en 1927 ; Malcuzynski, en 1937 ; Maurizio Pollini, en 1960 ; Marta Argerich, en 1965 ; Krystian Zimmerman, en 1975.

Après Chopin. Il ne fut, certes, pas facile aux autres compositeurs polonais de se faire reconnaître après Chopin. Stanislas Moniuszko *(1819-1872)* n'en fut pas moins le créateur de l'opéra national, avec 8 opéras, dont *le Manoir hanté* et *Halka* (1858), qui figure toujours au répertoire polonais. Compositeur extrêmement fécond, il écrivit en outre plus de 250 mélodies et fit beaucoup pour répandre la culture musicale en Pologne. Citons encore W. Zelenski *(1837-1921)*, la famille Wieniawski, Adam, Josef, mais surtout Henryk *(1835-1880)*, le « Paganini polonais », qui donna son nom au Concours international de violon de Poznań (1935), concours fort réputé, qui, comme le concours Chopin, a lieu tous les cinq ans (en 1935, et, après l'interruption due à la Seconde Guerre mondiale, depuis 1952). Les premiers lauréats de ce concours, en 1935, furent Ginette Neveu et David Oïstrakh.

Mieczyslaw Karlowicz *(1876-1909)* composa quelques œuvres marquantes, dont les *Chants séculaires (Odwiszczna Piesni)* et une *Rhapsodie lituanienne (Rapsodia Litewska)*. Le premier président du Conseil de la République polonaise, en 1919, Ignacy Paderewski *(1860-1941)*, pianiste de renommée internationale, mais aussi compositeur, laissa, entre autres, sa *Grande Symphonie Polonia*, un concerto pour piano et un opéra, *Manru*.

Le XXe siècle. Au début de ce siècle, la création de la Philharmonie de Varsovie (1901) laissa espérer un souffle nouveau, mais la Philharmonie fut plus préoccupée d'une politique de prestige que de promouvoir la musique contemporaine. Contre cette tendance conservatrice, cinq jeunes musiciens se groupèrent alors sous le nom de Jeune Pologne (1906), dans le but de créer une musique novatrice : Mieczyslaw Karlowicz (déjà cité), Grzegorz Fitelberg *(1879-1953)*, également chef d'orchestre de renommée internationale, L. Rozycki, A. Szelüto et Karol Szymanowski *(1882-1937)*. Le style et l'esthétique restèrent communs jusqu'en 1914 ; puis chacun chercha sa voie, et ce fut Karol Szymanowski qui trouva celle du renouveau créateur. Virtuose du piano comme du violon, il développa l'écriture impressionniste de ce dernier instrument. Parti d'un style néoromantique (1905-1914), il fut influencé par Richard Strauss et Max Reger (par ses deux premières symphonies), en passant par l'impressionnisme (*Hagith*, opéra no 1 ; le concerto no 1 pour violon ; la symphonie no 3, *Chant de la nuit* ; le premier quatuor, etc.). Après 1920 commença pour lui une période nationaliste, où il se rapprocha du folklore de son pays (*Mélodies* op. 46 ; *le Roi Roger*, opéra, etc.) et y trouva son accomplissement (*Stabat Mater*, 1926 ; *Harnasie*, ballet, 1931). Puis, ayant totalement absorbé ce folklore, il usa d'un style classique très dépouillé (*Deuxième Quatuor, Concerto no 2* pour violon, *Quatrième Symphonie concertante* pour piano et orchestre). Sa dernière grande œuvre fut religieuse : *Litanies pour chœur et orchestre*.

La démarche et l'activité de Szymanowski imprégnèrent profondément la génération suivante ; sous son impulsion (il a été directeur du conservatoire de Varsovie de 1927 à 1932), les jeunes compositeurs polonais quittèrent leur pays, non seulement pour compléter leurs études de musique contemporaine à Paris, mais surtout pour découvrir et assimiler les grands courants qui animaient la vie musicale européenne. Et ce fut à la demande de Szymanowski que se créa à Paris en 1927 l'Association des jeunes musiciens polonais (1927-1950), regroupant sous la direction de Piotr Perkowski les étudiants du conservatoire de Varsovie (à souligner le rôle déterminant qu'exerça sur toute cette génération Nadia Boulanger). Au cours des années 30 quelques compositeurs donnèrent à la Pologne la possibilité de renouer le dialogue avec la musique internationale : à leur tête, Grazyna Bacewicz *(1909-1969)*, violoniste virtuose, femme compositeur d'une grande indépendance d'esprit et d'une surprenante vitalité ; Andrzej Panufnik *(né en 1914)* fut l'un des représentants les plus radicaux de l'avant-garde des années 40 (tous ses premiers manuscrits furent détruits durant la Seconde Guerre mondiale). A la même époque appartiennent J. Maklatiewicz *(1899-1954)*, Tadeusz Szeligowski *(1896-1963)*, Michal Kondracki et Kazimierz Sikorski *(né en 1896)*, qui, en dehors d'une production de valeur, se révéla un pédagogue de tout premier plan et l'un des grands promoteurs de la musique contemporaine. Notons que les premières compositions de Witold Lutoslawski *(né en 1913)* datent aussi des années 30 (*Sonate pour piano*, 1934 ; *Lacrimosa*, pour soprano, chœur et orchestre, 1937 ; *Variations symphoniques*, 1936). Mais, pour tous ces jeunes compositeurs, la guerre fut non seulement la cause de dégâts matériels immenses (la quasi-totalité des manuscrits et documents de l'histoire polonaise furent détruits), mais aussi celle de dégâts spirituels. « Les Polonais ne doivent avoir ni théâtres, ni cinémas, ni salles de concert qui puissent leur rappeler ce qu'ils ont perdu », telles furent les directives de Goebbels au gauleiter de Pologne, Hans Frank.

En 1945, Varsovie n'étant plus que ruines, la vie culturelle et musicale reprit à Cracovie où furent fondées les Éditions musicales polonaises (sigle PWM), vigoureuses propagatrices de la musique contemporaine polonaise, et dont le rôle fut, et reste, d'un grand mérite pour l'essor musical de ce pays. Le nouveau régime, favorable au développement de la culture, instaura alors un mécénat d'État, qui n'alla pas sans heurts. Car, si cette initiative donnait aux musiciens polonais de grandes possibilités de réalisation (en 1945, 12 orchestres symphoniques, 3 opéras et plusieurs conservatoires furent créés), les directives officielles impliquaient malheureusement des règles stylistiques telles que la liberté créatrice était totalement étouffée. De 1945 à 1948, on peut dénombrer 43 auditions mondiales d'œuvres polonaises. Ensuite vint un long silence : dès 1948, le rideau de fer tombait entre les deux Europe, paralysant tout véritable échange culturel, toute libre émulation (de 1948 à 1956, pas une seule audition d'œuvre polonaise, en Europe de l'Ouest). Mais la déstalinisation (1956) amorça le dégel, libérant bientôt les forces vives. Dès lors, la vie musicale reprit avec une vigueur étonnante, et ce fut la création du festival de musique contemporaine, l'Automne de Varsovie, par Tadeusz Baird et Kazimierz Serocki. Précieux terrain d'échanges pour la musique de notre temps, ce festival eut le privilège de révéler au public un large éventail de talents (Penderecki, Gorecki, etc.) et de propager auprès du public polonais, et des auditeurs étrangers, la musique du XXe siècle (Stravinski, Webern, Varèse, Boulez, etc.). Ainsi vit-on s'ouvrir « la période la plus faste de l'histoire de la musique polonaise, dont on n'a pas encore, aujourd'hui, vu s'épuiser l'étonnante vitalité » (J. P. Couchoud). En témoignent W. Lutoslawski, Krzysztof Penderecki, Tadeusz Baird, Henryk Gorecki, Kazimierz Serocki.

Witold Lutoslawski *(né en 1913)*, après une période néoclassique, puis folklorique (concerto pour orchestre, *Triptyque silésien*, etc.), se forgea une technique personnelle de composition fondée sur la recherche de l'organisation des hauteurs et du son *(Musique funèbre, Jeux vénitiens)*. Cette méthode originale, aux effets sonores très élaborés, est fort différente des systèmes connus (sauf en ce qui concerne l'utilisation des séries de 12 sons), et ne ressemble en rien à la technique sérielle. Comblé de titres et de prix, W. Lutoslawski est considéré comme un maître classique de la musique contemporaine.

Krzysztof Penderecki* *(né en 1933)* se rendit célèbre en remportant — les trois premiers prix (le premier et 2 seconds prix) du concours des jeunes compositeurs contemporains organisé par l'Union des compositeurs polonais (1959), avec *Strophes, Psaumes de David* et *Émanations*. Depuis, ce compositeur aux préoccupations humanistes et mystiques poursuit une démarche personnelle, où les influences littéraire et sacrée sont prépondérantes *(Stabat Mater ; Thrène à la mémoire des victimes d'Hiroshima ; Anaklasis ; la Passion selon saint Luc ; Dies irae ; les Diables de Loudun ; les Matines*, etc.).

Tadeusz Baird *(1928-1981)* est cofondateur, avec Kazimierz Serocki, du festival d'Automne de Varsovie. Très slave par le climat de ses œuvres, il est un compositeur de tempérament romantique, qui ne dédaigne pas cependant les prospectives les plus avant-gardistes ; comme Penderecki, il est fortement inspiré par la littérature : 4 *Essais* pour orchestre, commentaire du *Henri IV* de Shakespeare (1956) ; *Colas Breugnon* (1951) ; *Variations sans thème* ; *Symphonie n° 3* ; *Demain*, opéra en 1 acte ; *Lettres de Goethe* ; *Concerto lugubre* (1975), etc. Il confesse que sa musique n'est autre que son « autobiographie écrite en sons ».

Les œuvres de Henryk Gorecki *(né en 1933)*, souvent brèves, indiquent une démarche à la recherche de l'origine même du son. Néanmoins, il semble plus préoccupé d'utiliser le matériau sonore à des fins émotives réelles qu'à des recherches de pures spéculations : *Chant à la joie et au rythme* (1957) ; *Symphonie 1959* ; *Genesis* (1963) ; *Ad matrem* ; *Symphonie copernicienne* ; *Euntes ibant et flebant* (1972) ; etc.

Kazimierz Serocki *(1922-1981)*, le cofondateur du festival d'Automne de Varsovie, et avant-gardiste reconnu, est l'un des premiers, après la guerre, à avoir utilisé le système dodécaphonique, mais dans un contexte thématique et sous une forme lyrique : *Musica concertante* ; *les Yeux de l'air* (1957) ; *Forte-piano* (1968) ; *Segmenti* (1962) ; *Continuum* (1976) ; *Fantasia elegica* (1973) ; etc. Il faut aussi citer Augustyn Bloch *(né en 1929)*, Zbigniew Bujarski *(né en 1933)*, Edward Boguslawski *(né en 1940)*, Andrzej Dobrowolski *(né en 1921)*, Roman Haubenstock-Ramati *(né en 1919)*, Wojciech Kilar *(né en 1932)*, Zygmunt Krauze *(né en 1939)*, Wlodzimierz Kotonski *(né en 1923)*, Jan Kranz *(né en 1926)*, Juliusz Luciuk *(né en 1927)*, Bernadetta Matuszczak *(née en 1937)*, Krzysztof Meyer *(né en 1943)*, Zbigniew Penherski *(né en 1935)*, Zbigniew Rudzinski, Boguslaw Schäffer, Tomasz Sikorski, Michal Spisak *(né en 1914)*, S. Skrowaczewski *(né en 1923)*, Witold Szalonek *(né en 1927)*, Marek Stachowski *(né en 1936)*, Romuald Twardowski *(né en 1930)*, Adam Walacinski *(né en 1928)*, Stanislas Wislocki. Il faut également citer trois compositeurs nés en 1951 : Eugeniusz Knapik, Andrzej Krzanowski et Aleksander Lason. Dans le domaine de la musique expérimentale, soulignons la création du Studio expérimental de la radiodiffusion polonaise, à la fin des années 50, celle du Grupa Krakowska, qui réunit des compositeurs comme Walacinski, Brzozowski, Kantor, Tchorzewski et Boguslaw Schäffer, l'un des pionniers de l'avant-garde polonaise et théoricien fort connu, la création de l'Ensemble de chambre MW.2 de Cracovie (1962) par Adam Kaczynski, celle de l'Atelier de musique de Varsovie (1963) par Zygmunt Krauze, celle, plus récente (1976), de la Galerie de musique de Varsovie, qui promeut par des « vernissages » musicaux de jeunes compositeurs, enfin le groupe varsovien de musique électroacoustique KEW, dont les principaux tenants sont Elzbieta Sikora et Krzysztof Knittel. A. de B.

POLONAISE. Danse de cour à trois temps, de caractère solennel. Si cette sorte de marche, d'une grande noblesse, est effectivement d'origine polonaise, ce sont les compositeurs allemands du XVIIIe siècle, dont Telemann et J.-S. Bach, qui ont le plus contribué à la répandre en tant que genre musical. Ils ont été relayés au concert par Chopin et par Liszt, puis, au théâtre, par Tchaïkovski et Rimski-Korsakov, notamment.

M. T.

POLONAISE. Titre donné parfois à la 3e symphonie de Tchaïkovski (1875), exécutée la même année à Moscou sous la direction de N. Rubinstein. Tchaïkovski en donna lui-même l'estimation suivante : « Elle ne contient aucune trouvaille particulière, mais marque un progrès pour ce qui est de la facture. » En effet, ses 5 mouvements sont d'une architecture remarquablement équilibrée, tandis qu'on ressent une certaine disparité entre leurs esthétiques respectives. Le premier mouvement, après une introduction sombre *(tempo di marcia funebre)*, développe trois idées, l'une rythmico-harmonique, l'autre mélodique, récitative, la troisième s'apparentant à une danse populaire. Le *alla tedesca* qui suit est une valse qui crée une atmosphère de bal romantique. Le troisième mouvement, *andante elegiaco* préfigure à certains moments les scènes lyriques d'*Eugène Onéguine*. Un scherzo fantasmagorique lui succède, avant le final *alla polacca*, auquel la symphonie doit son titre, et dont la pompe rappelle le goût du compositeur pour les musiques de cour. A. L.

POLYCHORALITÉ. Réunion en polyphonie de plusieurs chœurs personnalisés. Le terme est peu usuel. J. C.

POLYEUCTE. Ouverture de concert de Paul Dukas, d'après la pièce de Corneille, achevée en 1891 et créée aux concerts Lamoureux le 23 janvier 1892. C'est la première œuvre du compositeur qui ait survécu. Encore placée sous le signe de Wagner et de Franck, elle adopte une coupe en 5 sections, tenant à la fois de la variation et du rondo, et évolue de *fa* mineur à *la* bémol majeur. M. V.

POLYNÉSIE. La musique polynésienne est très difficile à définir, car elle a presque complètement disparu au cours de la rapide mutation culturelle qui s'est opérée au XIXe siècle lors de la colonisation (et plus particulièrement sur l'initiative des missionnaires interdisant toute manifestation du paganisme).

La musique polynésienne était presque exclusivement vocale, le rôle des instruments étant limité à l'accompagnement ou au signal sonore (langage tambouriné). Ces instruments avaient une très petite tessiture, ne dépassant pas la quarte juste. On rencontrait des aérophones, quelques membranophones et de nombreux idiophones. Le seul instrument à corde semble avoir été un arc musical, assez proche de la guimbarde (*ukéké* à Hawaii, *utété* aux îles Marquises). Les aérophones comprenaient surtout des flûtes droites et traversières, nasales ou buccales et en bambou généralement (*vivo*, flûte nasale assez répandue, *ohe*, *hokio*, ainsi que le *koauau* des Maoris, souvent fait d'os humain), des flûtes de Pan, des sifflets, utilisés en général par les enfants (*ute* à Tahiti, *ki* aux Marquises, *pu-a* à Hawaii, *réhu* en Nouvelle-Zélande) et des trompes faites, le plus souvent, de conques marines et destinées à la signalisation, très développées chez les Maoris (*pu-muana, pu-taino,* trompe de guerre *putura-putura*). On rencontrait également à Hawaii et en Nouvelle-Zélande des rhombes et des diables (*oeoe* à Hawaii). Il est intéressant de noter que les instruments à anches semblent avoir été inconnus des Polynésiens. Parmi les membranophones, on trouvait presque exclusivement des tambours de toute taille, dont la membrane était constituée d'une peau de requin et dont le nom était, la plupart du temps, *pahu* (*pahu-ute-ari'i, pahi-nui, pahu-nui a te toa, pahu-'upa'upa...* à Tahiti, *pahu méae, pahu ua, pahu topeté* aux îles Marquises, *pahu hula* à Hawaii).

Il faut aussi citer le *to'ere* tahitien, réservé aux sacrifices humains, et le petit tambour *tutu* des îles Marquises. Ces tambours étaient presque toujours battus des deux mains. On rencontrait aussi à Hawaii une petite timbale en noix de coco, le *puniu*. Il existait des idiophones en tout genre, en particulier à Hawaii : bâtons entrechoqués (*o le polutu* aux Samoa et Tonga, *ka'la'au* et *ka'éké'éké* à Hawaii), claquettes (*pu'ili* hawaiien), xylophones (*pahu kou hau* marquisien, *ihara* tahitien), gong de guerre (*pahu* maori), calebasses jetées par terre (*hula ipu* hawaiien, *ka'ara* des îles Cook) ou remplies de gravier (*ulili* et *uli-uli* hawaiiens), pierres entrechoquées ou frappées du pied (*hula-ili-ili* hawaiien et *macas* de l'île de Pâques). La guimbarde se rencontrait dans toute la Polynésie (*titapu* marquisien, *utété* à Tonga, Samoa et Futuna, *niau-kani* à Hawaii, *mokena* ou *tofakofe* à Tonga, *roria* en Nouvelle-Zélande).

Cette musique s'accompagnait très souvent de mouvements du corps au moins, sinon de danses, et les danses étaient toujours chantées.

Elle se caractérisait en outre par un ambitus mélodique très petit. On peut dégager trois types de mélodies dans les chants traditionnels : un premier qui gravite autour d'une note centrale (*oro*), un autre évoluant dans les limites d'une quarte et favorisant la tierce mineure (de loin le plus fréquent) et un troisième type, plus rare, établi par la superposition de tierces. Le caractère imprécis de la mélodie était accentué par l'accord des instruments, tout à fait empirique (les Polynésiens, en effet, ne connaissaient pas le procédé de division de l'octave), et par l'importance extrême accordée au timbre (usage fréquent du falsetto, sons caverneux, soupirs, sanglots, râles, gémissements, aspirations et expirations violentes et rauques). Certains chercheurs ont donc cru pouvoir y déceler la présence de micro-intervalles. La musique polynésienne étant vocale et liée au langage, elle accordait en conséquence un rôle prépondérant au rythme, issu de la prosodie polynésienne et qui épousait les moindres inflexions du discours verbal. L'accompagnement se caractérisait par des formules rythmiques binaires ou ternaires très brèves, répétées inlassablement et constituant une sorte de base ou bourdon rythmique. On comprend donc l'importance des instruments à percussion. La polyphonie existait principalement sous forme d'antiphonie (dans les îles Marquises, en particulier) entre deux groupes choraux, un soliste et un chœur ou deux solistes (chez les Pascuans, par ex.) et on pouvait observer quelques procédés de tuilage. Les bourdons sont fréquents, surtout dans les himénés, et peuvent se présenter sous forme de pédale rythmique ou mélodique.

À l'heure actuelle, la musique polynésienne constitue un genre hybride destiné à satisfaire les touristes en quête de sensations exotiques sans toutefois les choquer trop. Ainsi le *tamouré*, sorte de danse érotique assez récente, jouit d'un succès indiscutable. Il est intéressant de noter que les instruments « folkloriques » actuels sont surtout des instruments à corde, genre pourtant très peu développé auparavant en Polynésie. L'*hukulélé* hawaiien, par exemple, est une sorte de mandoline d'origine portugaise. Il est, malheureusement, à craindre que ce phénomène ne soit irréversible, car cette musique, dite néopolynésienne, est la seule enregistrée et diffusée sur les ondes, et les caractéristiques culturelles purement indigènes sont de plus en plus rares.   D. H.

POLYPHONIE. Par opposition à *monodie**, se dit en principe de toute musique où se font entendre simultanément plusieurs parties différentes. Toutefois, le terme s'emploie surtout lorsqu'on veut mettre en relief le fait que ces parties, qu'elles s'accordent ou non harmoniquement, sont mélodiquement indépendantes, ce qui oppose *polyphonie* à *hétérophonie*, où l'une des voix n'est qu'une variante d'une autre, ou bien dont la polyphonie résulte d'accidents d'exécution, conscients ou non, sans qu'il y ait vraiment conception d'une voix différente. Le terme implique aussi que toutes les voix ont une valeur mélodique individuelle, ce qui oppose la polyphonie à la monodie accompagnée.

Le terme est très employé en ethnomusicologie ; en musique classique, on l'emploie surtout pour les périodes où le contrepoint avait prééminence sur l'harmonie, c'est-à-dire pour celles qui ont précédé la basse continue (Moyen Âge et Renaissance). Au-delà, son emploi devient exceptionnel et ne s'applique plus guère qu'aux passages écrits dans un style particulièrement contrapuntique.

À ses origines écrite (IXe s.), la polyphonie n'était guère qu'un artifice quelque peu fonctionnel de solennisation ou d'ornementation des textes monodiques préexistants, liturgiques ou non. Sans abandonner cette fonction, elle n'a cessé de progresser jusqu'à devenir une œuvre d'art d'abord (la mutation se produit à peu près avec l'école de Notre-Dame de Paris, à la fin du XIIe s.), un art autonome ensuite, dont la musique occidentale, contrairement à d'autres, a fait le fondement même de sa technique et la base de son développement, qui lui assure l'essentiel de sa spécificité, face notamment aux musiques primitives ou orientales pour lesquelles, lorsqu'elle existe, la polyphonie ne joue qu'un rôle secondaire et souvent négligeable.   J. C.

POLYPHONIE X POUR 18 INSTRUMENTS. Œuvre de Pierre Boulez (1951), créée en octobre 1951 au Festival de Donaueschingen, avec les instrumentistes du Südwestfunk de Baden-Baden, sous la direction de Hans Rosbaud, et non éditée. *Polyphonie X* appartient, avec les *Structures*, pour 2 pianos (1er livre), et les *Deux Études*, pour bande magnétique, à la trilogie auto-didactique de Boulez, autour du début des années 50, lorsque celui-ci explora systématiquement le nouveau monde musical qui s'ouvrait à lui (v. STRUCTURES) — au détriment peut-être de préoccupations purement esthétiques ou stylistiques. L'œuvre musicale s'accompagne d'ailleurs d'une recherche écrite, l'article *Éventuellement* (1951), qui y fait allusion.

Cette partition de « laboratoire » est basée sur le développement et l'organisation sérielle de petites cellules rythmiques. « X, c'est X, écrit Boulez, non pas comme la lettre de l'alphabet, ni comme chiffre, ni comme symbole algébrique. C'est plutôt un symbole graphique. J'ai intitulé cette œuvre *Polyphonie X*, parce qu'elle contient certaines structures qui se croisent dans le sens d'augmentation et de diminution venant à la rencontre les unes des autres, de montées en descentes sonores conçues dans un même esprit, de séries de cellules rythmiques, enfin, se croisant de la même façon. » A noter que c'est à la même époque que K. Stockhausen conçoit son *Kreuzspiel** (« Jeu en croix »).

Boulez n'entendit pas son œuvre à la création, mais seulement sur enregistrement magnétique. Cette création avait été houleuse, les musiciens et la critique (et Boulez lui-même par la suite) s'accordant à trouver cette œuvre trop peu euphonique et sensible. Elle ne « sonne » pourtant pas plus mal que bien d'autres œuvres contemporaines. Il est certain, en revanche, que la familiarité des instrumentistes avec cette écriture n'était pas telle qu'une exécution pût être très convaincante. Boulez retira la pièce de son catalogue, interdit qu'on la redonnât, et se promit d'y revenir un jour : elle est toujours dans ses tiroirs. D. J.

POLYRYTHMIE. Superposition de plusieurs parties ayant chacune un rythme différent et dont les accents d'appui ne coïncident pas entre eux. Le terme est surtout employé en ethnomusicologie. J. C.

POLYTONALITÉ. Procédé consistant à superposer deux ou plusieurs fragments appartenant chacun à une tonalité différente. On trouve de fréquents exemples de polytonalité dans l'ethnomusicologie et aussi dans la musique polyphonique du Moyen Âge ou de la Renaissance. Dans une réponse en strette, par exemple, chaque partie semble souvent se mouvoir dans sa propre tonalité. Bach présente des exemples analogues (par ex. dans la fugue 8 de l'*Art de la fugue*, numérotation de l'éd. Leduc, mesures 23-31, le « grand sujet » apparaît au ténor en *fa* majeur dans un ensemble harmonique en *ré* mineur. Elle n'en est pas moins « cachée » par une harmonie monotonale, qui la fait passer inaperçue à l'audition superficielle. Les premiers exemples apparents, encore que toujours analysables monotonalement, apparaissent chez Beethoven, puis chez Wagner, et plus nettement encore chez Debussy et Richard Strauss. C'est à partir du *Sacre du printemps* de Stravinski (1913) que la polytonalité s'évade franchement de la consonance et de l'analyse monotonale (*cf*. D. Milhaud, Honegger), pour connaître, vers 1925, une période d'apogée qui durera jusque vers 1945 ; ensuite, elle cédera peu à peu la place aux tendances atonales prônées par l'école de Schönberg. J. C.

POMP AND CIRCUMSTANCE. Ensemble de 5 marches militaires, pour orchestre, d'Edward Elgar : n° 1 en *ré* majeur et n° 2 en *la* mineur, composées en 1900 et créées à Liverpool le 19 octobre 1901 ; n° 3 en *ut* mineur, composée en 1904 et créée à Londres le 8 mars 1905 ; n° 4 en *sol* majeur, composée en 1907 et créée à Londres le 24 août 1907 ; n° 5 en *ut* majeur, composée en 1930 et créée à Londres le 20 septembre 1930. M. V.

PONCE (*Manuel*), compositeur et pianiste mexicain (*Fresnillo, Zacatecas, 1882 - Mexico 1948*). Il étudia au conservatoire de Mexico, puis à Bologne et à Berlin, où il donna un récital en 1906. Il devint professeur de piano au conservatoire de Mexico en 1909, vécut comme critique musical à La Havane, de 1915 à 1917, puis reprit son enseignement au conservatoire de Mexico. De 1925 à 1933, il vécut à Paris, où il travailla avec Paul Dukas. En 1934-35, il dirigea le conservatoire de Mexico, où il eut comme élève Carlos Chavez. Il essaya dès lors de concilier dans ses œuvres les techniques modernes et les éléments folkloriques.

Sa recherche d'un art authentiquement national l'amena à recueillir de nombreuses mélodies populaires. On lui doit notamment un concerto pour piano (1912), la *Balada mexicana* pour piano et orchestre (1914), *Chapultepec*, 3 esquisses symphoniques (1929 ; rév., 1934), *Poema elegiaco* pour orchestre de chambre (1935), *Concierto del Sur*, pour guitare et orchestre (1941), destiné à A. Segovia, et de nombreuses chansons. Sa dernière grande œuvre, le *Concerto pour violon* (1943), contient en son deuxième mouvement des échos d'*Estrellita*, une chanson publiée par lui en 1914 et qui était devenue le plus grand succès d'Amérique latine. A. G. et M. V.

PONCHIELLI (*Amilcare*), compositeur italien (*Paderno Fasolaro, Cremone 1834 - Milan 1886*). Il entra à neuf ans au conservatoire de Milan (où il fut plus tard le professeur de Puccini et de Mascagni), se fit remarquer avec une opérette et de la musique de chambre, puis, en 1856, avec ses *Promessi Sposi* (rév. en 1872) et s'affirma avec *I Lituani* (Scala de Milan, 1874), d'après Praga, l'un des pionniers du vérisme littéraire. Boito lui fournit l'excellent livret de sa *Gioconda*, d'après *Angelo tyran de Padoue* de Hugo (1876). Dans cet opéra, dont le succès ne s'est jamais démenti, Ponchielli réussit habilement à jeter un pont entre les dernières exigences du grand opéra, avec ses ensembles de type verdien, et le chant plus déclamé qu'adoptera bientôt la « jeune école ».

Désormais célèbre, il put se consacrer à la musique instrumentale ou sacrée, revenant parfois au genre lyrique, avec notamment *le Fils prodigue* (1880), drame intérieur d'une belle sobriété, et *Marion Delorme* (1885), sorte de retour à un romantisme méditatif. D'une personnalité discrète et trop modeste, Ponchielli a parfois plié son inspiration aux goûts du public, ce qui ne doit pas faire négliger son très réel talent dramatique ni son rôle efficace en cette période charnière entre le dernier Verdi et le vérisme naissant. R. M.

PONGRACZ (*Zoltán*), chef d'orchestre et compositeur hongrois (*Dioszeg 1912*). Il étudia la composition avec Zoltán Kodály à l'académie F.-Liszt de Budapest, puis la direction d'orchestre avec Rudolf Nilius à Vienne en 1935-1938 et Clemens Kraus à Salzbourg en 1941. Après un séjour à Berlin (université Humboldt), il rentra en Hongrie en 1941 comme chef-assistant à l'Opéra de Budapest. Depuis 1964, il est professeur au conservatoire de Debrecen.

Pionnier de la musique électroacoustique dans son pays, Zoltán Pongracz a travaillé à Darmstadt, Cologne et Bilthoven, et a été à l'origine de la création des studios de musique électronique de Bratislava et de la Mafilm à Budapest. P.-E. B.

PONS (*Lily*), soprano américaine, d'origine française (*Draguignan 1898 - Dallas 1976*). Elle étudia d'abord le piano au Conservatoire de Paris, puis se tourna vers le chant, et fit ses débuts en 1928 à Mulhouse dans le rôle de Lakmé. C'est dans ce rôle, ainsi que dans celui de Lucia de Lammermoor, avec lequel elle débuta en 1931 au Metropolitan Opera de New York, qu'elle remporta ses plus grands triomphes. Elle possédait une voix de coloratura très agile, qui lui permettait de monter très haut dans l'aigu. M. V.

PONSELLE (*Rosa*), soprano américaine (*Merifen 1897 - Baltimore 1981*). De parents immigrants napolitains, elle commença sa carrière en duo avec sa sœur Carmella, comme attraction dans les cinémas locaux. Découverte par Caruso, qui la fit engager au Metropolitan Opera de New York, pour le rôle de Leonora de *La Forza del destino* de Verdi, elle y débuta aux côtés du célèbre chanteur en 1918. Son succès fut immédiat, et elle devint, jusqu'en 1937, la principale vedette du répertoire italien au Metropolitan. De nombreuses reprises furent effectuées pour elle dans ce théâtre, et, en particulier, *la Vestale* de Spontini, *Norma* de Bellini, *La Gioconda* de Ponchielli. Dans le même temps, elle chanta à Londres en 1929, 1931 et 1935, et à Florence en 1931.

Sa voix, profonde et dramatique, était d'une égalité absolue, sa musicalité parfaite et son style superbe. De plus, Rosa Ponselle était belle et possédait une présence scénique considérable. Elle fut probablement la plus grande soprano verdienne du XXe siècle. Elle se retira à l'âge de quarante ans, au sommet de ses capacités, parce que son interprétation de Carmen avait été discutée. J. B.

PONT. Désigne, dans l'analyse traditionnelle, la section de transition reliant le premier au second thème dans l'exposition d'un mouvement de forme sonate. Il permet, le plus souvent, de moduler de la tonique, ton du premier thème, à la dominante, ton du second thème. D. H.

POOT *(Marcel)*, compositeur belge *(Vilvorde, près de Bruxelles, 1901)*. Il fit ses études aux conservatoires de Bruxelles (Lunssens, de Greef) et d'Anvers (Mortelmans), puis avec Paul Gilson et Paul Dukas. Professeur à l'Académie de musique de Vilvorde, puis au conservatoire de Bruxelles (contrepoint), il fonda avec Paul Gilson la *Revue musicale belge* en 1925, appartient au groupe des Synthétistes, et devint directeur du conservatoire de Bruxelles en 1949.

Son langage, traditionnel et généralement tonal, ignore les problèmes qui dépassent celui de la polytonalité, mais sert une expression toujours directe, vivante, souvent pleine d'humour et d'un lyrisme profondément humain. Son œuvre la plus célèbre est l'*Ouverture joyeuse* (1934). A. G.

POP MUSIC. Terme issu par abréviation de l'anglais *popular music* («musique populaire»), et qui a servi, en France, à désigner certains courants dans la musique de «variété», qui se sont développés au cours des années 60 et 70, à partir d'une souche commune : le *rock and roll* des années 50 (avec ses grandes vedettes : Elvis Presley, Bill Haley, Vince Taylor, Eddy Cochran, Chuck Berry, etc.). Parmi les racines de la pop music, on peut citer aussi le *blues* et le *rhythm and blues* (eux-mêmes, à l'origine du rock and roll), et le *folksong**. Les plus grands noms de la musique pop sont anglo-saxons (parmi lesquels les trois groupes les plus réputés, même chez les non-amateurs : les *Beatles*, les *Rolling Stones* et les *Pink Floyd*), mais la pop music est un phénomène mondial, et un très grand nombre de pays dans le monde, de l'Islande à la Pologne, ont leurs groupes de musique pop, qui, souvent, prennent modèle sur les groupes anglais et américains.

La musique de Bob Dylan, une des figures légendaires d'aujourd'hui, est souvent classée dans la pop music, à cause de ses incursions dans le *folk rock*, mais elle relève en fait directement du folksong. Il faut préciser aussi que l'expression «pop music», telle qu'elle est utilisée en France, correspond à peu près à ce qu'on nomme aux États-Unis «rock music» : comme elle, elle est un vaste fourre-tout, où sont regroupées pêle-mêle une multitude de tendances. Malgré tout, on essaiera d'abord de dégager les constantes de la pop music (en se servant du jazz comme domaine de comparaison), avant d'esquisser un bref inventaire de ses grands courants et de ses grands noms.

Pop music et jazz. La pop music ne se définit pas contre le jazz, mais certainement en contraste avec lui. Du reste, s'il arrive que les deux courants se rencontrent, notamment dans le courant nommé «jazz-rock» (*cf.* les guitaristes Larry Corryel et John Mac Laughlin, le trompettiste Miles Davis, le groupe Chicago, etc.), il y a cependant une nette coupure de génération et de culture entre les publics du jazz et ceux de la pop. Nés, en général, dans les années 40 et 50, les amateurs de pop fréquentent peu le jazz (jugé par eux «trop sérieux»), et les amateurs de jazz méprisent souvent la pop, qu'ils trouvent sommaire, grossière avec sa lourde pulsation binaire, et souvent entachée de mauvais goût. Malgré quelques grands *jazzmen* blancs, le jazz est une musique essentiellement faite par des Noirs, issue de leur culture et de leurs racines (les États-Unis, l'Afrique). La pop music, elle, si elle reprend souvent le style vocal et le schéma harmonique du blues noir, est illustrée en grande majorité par des musiciens blancs. Les Anglais, en particulier, ont joué un rôle important dans le développement de la pop music, plus que tout autre pays européen.

Le jazz est représenté par des petites et grandes formations, mais c'est une musique conçue de manière à mettre en valeur le soliste, ou chaque soliste tour à tour ; la pop music, elle, si elle laisse souvent au chanteur une place prépondérante, tend souvent à absorber le talent de l'instrumentiste dans le *groupe*, un petit groupe en général. Le «miracle» des Beatles, par exemple, a été dû autant, et même plus, à leur extraordinaire homogénéité qu'au talent individuel de chacun de ses membres dans son domaine, dans lequel aucun d'eux n'était un soliste exceptionnel. Rythmiquement, le jazz est basé sur le léger décalage du *swing*, et il a tendu de plus en plus à briser la régularité de la pulsation, pour aboutir à la fluidité et à l'éclatement rythmique du jazz moderne, où souvent on ne perçoit plus de pulsation régulière — ce qui a contribué à détourner un certain public en quête de «musique à danser», vers des genres tels que le rhythm and blues, le rock and roll, la pop music, le disco, etc. La pop music, elle, même quand elle est «prospective» et «expérimentale», maintient le plus souvent les repères rassurants d'une basse à la pulsation régulière et d'une référence tonale sans ambiguïté. Le jazz tend à dissoudre la ligne dans la variation ; la pop music maintient la ligne au sein de l'accumulation (car c'est un genre baroque et accumulatif).

Au niveau du son, on peut considérer le jazz et la pop music comme des grands laboratoires de la sonorité, mais à des niveaux très différents. Dans le jazz, c'est la sonorité brute, non manipulée électroniquement, de l'instrument en contact direct, corporel avec l'instrumentiste, corps et âme dans son instrument. Les cuivres (saxophone, trombone, trompette), qui sont parmi les instruments les plus «oraux», les plus corporels, sont affectionnés par le jazz, mais négligés par la pop music, à quelques exceptions près. Cette dernière fait porter ses recherches sur le son manipulé, électrique, mélangé et dosé en studio. Exception faite des chanteurs et de quelques solistes réputés (comme les guitaristes Eric Clapton ou Jimi Hendrix), le son pop n'est pas le son d'un individu, mais souvent un son plus global, enveloppant, indistinct. C'est toute la différence entre la sonorité coupante comme un rasoir de certains saxophonistes de jazz et le son gras et massif d'une guitare électrique basse, qui est un des instruments de base de la pop. Ainsi, le son de la pop music ne renvoie pas à un individu, mais à un sentiment plus diffus, plus cosmique de l'environnement de l'énergie, de la nature — d'autant plus qu'il est souvent élargi et «grossi» par des manipulations qui le répandent dans un espace acoustique flottant et diffus.

Cette différence se retrouve dans les rôles que les deux genres accordent au disque : dans le jazz, il est d'abord témoignage, qui se veut fidèle, d'un moment vécu de musique orale, d'une réalité acoustique ; dans la pop, le disque est souvent une œuvre recomposée, qui est le fruit de montages, de mélanges et de manipulations en studio et qui fait référence pour le concert, et non l'inverse (le disque *Sergent Pepper's* des Beatles est considéré comme un de ces premiers «disques-œuvres»). D'ailleurs, la technologie électronique et électroacoustique a tenu souvent une place considérable dans cette musique, y compris dans sa présentation scénique (lasers et *light-shows* dans les concerts à grand spectacle d'Alice Cooper, du Grand Funk Railroad, des Pink Floyd, alors que le jazz se tient généralement dans une sorte de distance par rapport à l'électronique. En résumé, la pop music tend à l'accumulation syncrétique des moyens et des références stylistiques (musique indienne, blues, musique classique, etc.), par opposition au jazz, qui tend souvent à l'épure, à l'individualisation. Ses «tentations», à elle, sont plutôt du côté du mauvais goût (parfois assumé avec humour et talent), du pompiérisme, de la grandiloquence dans ses prétentions «culturelles» (influence de Carl Orff dans la musique de Christian Vander pour son groupe *Magma*, genre du «rock-opéra», etc.).

On a souvent souligné — et exagéré aussi — la dimension «expérimentale» de la pop music, ses élaborations en studio, son emploi du synthétiseur, tantôt comme « orgue électronique » perfectionné, tantôt comme générateur de processus sonores en dérive. Mais, au lieu de mener, comme dans la musique électroacoustique, à un genre et une écriture nouveaux, ici tous ces moyens se greffent sur une base musicale traditionnelle et tonalement, harmoniquement et rythmiquement très affirmée, à part quelques mémorables escapades des Pink Floyd, des Beatles ou de Kraftwerk, hors de la « musique de notes ».

Le « message » de la pop music. Naturellement, devant des phénomènes aussi gigantesques que la « Beatlemania » des années 60, ou les immenses festivals de pop music rassemblant des milliers de jeunes auditeurs, on ne s'est pas privé de porter des verdicts sociologiques. Il n'était pas très difficile de diagnostiquer dans cette musique un aspect commercial (on pouvait en dire autant du cinéma et de ses stars dans les années 20, 30 et 40, avant que les « idoles » musicales ne prennent le relais). Mais il est vrai que la pop music transmet des messages, tout simplement au niveau de ses textes, parce qu'elle conserve souvent le cadre de la chanson, et que ses textes contiennent, à côté des thèmes éternels (l'amour, la vie quotidienne), les grands thèmes des nouvelles générations : contestation contre les pouvoirs, perception planétaire du monde comme rassemblement d'humanité en route vers un avenir inquiétant, idéologie pacifiste du *Peace and Love* (« paix et amour »), vision et perception hallucinée du monde à travers les expériences de la drogue et des nouveaux media *(Nothing is real).* Parfois, il y a inversion, retournement, et à l'optimisme de la génération hippie succède le nihilisme du courant « punk » *(no future).* Par son inspiration, la pop music puise largement dans l'imaginaire d'une certaine culture de masse pour public adolescent : bande dessinée *underground*, science-fiction héroïque, imagerie « décadente », qui va parfois jusqu'à une certaine fascination pour les diverses formes de l'interdit sexuel, social et moral. Par sa vitalité écrasante, généreuse et parfois brumeuse, encore un peu informe, la pop music est plus qu'une musique pour adolescents ; elle est comme une adolescence de la musique.

Quelques courants dans la pop music. Trop nombreux pour être tous cités, ces courants vont être évoqués à travers quelques regroupements plus ou moins artificiels.

Le phénomène « Beatles ». Certains font dater la formation du courant « pop music » à partir des Beatles, groupe de quatre musiciens anglais de Liverpool, définitivement formé en 1962 (John Lennon, Paul McCartney, George Harrison, Ringo Starr). Ce quatuor de rock and roll acquit en 1963 une célébrité mondiale avec des chansons de *teenagers*, de coupe encore traditionnelle, mais extrêmement bien exécutées. Au fur et à mesure que leur légende se forme et qu'ils deviennent une « institution », leur musique se raffine, se diversifie. Leurs chansons, écrites presque toutes par Lennon et McCartney, atteignent la perfection dans de courtes durées ; perfection mélodique, poétique et, aussi, sonore, avec des « arrangements » souvent très neufs dans ce domaine (emploi des cordes, du clavecin, du sitar indien, du son manipulé), et qui sont dus à leur producteur George Martin. La délicatesse douce-amère de leurs compositions rappelle souvent la musique anglaise ancienne *(Yesterday, Eleanor Rigby, She's leaving home).* Introduisant, parmi les premiers, l'électroacoustique dans la musique rock, ils réussissent, en se faufilant dans tous les styles (hard rock, folk, musique classique) à garder une étonnante unité, et un contact populaire direct et authentique, malgré leur sophistication portée avec humour. Formant, initialement, une sorte de chorale très homogène, ils se sont peu à peu individualisés, et quand le groupe s'est séparé en 1969-70 (l'assassinat de John Lennon, en 1980, éternisant leur séparation, que certains espéraient toujours provisoire), ils ont poursuivi chacun une carrière indépendante, avec un bonheur inégal. Mais on ne saurait oublier qu'ils étaient, au départ, issus d'un courant de rénovation de la musique rock en Angleterre, où l'on trouvait aussi d'autres groupes non dénués de talent comme les Moody Blues (dont l'album *Days of future passed*, en 1968, ouvrit la voie à une certaine musique pop symphonique et grandiloquente), Procol Harum, The Kinks, etc.

Tendance californienne et « acid rock ». Développée surtout sur la côte ouest des États-Unis, surgit la musique des *good vibes* (« bonnes vibrations »), au style influencé par le folk rock, où s'affirmait à la fois le pacifisme hippie, le goût de la drogue et de l'expérience individuelle, le culte ambigu de la vie et de l'instinct de mort, à la manière romantique. Mais cette étiquette couvre des groupes aussi différents que le Grateful Dead, Jefferson Airplane, Quicksilver Messenger Service et les Mamas and Papas, quatuor qui par ses belles harmonies vocales rapprochent de l'éphémère groupe formé par Crosby, Still, Nash et Young, qui atteint parfois la perfection et l'homogénéité des Beatles. La chanteuse Janis Joplin *(1943-1970)* trouva une mort tragique par « overdose » d'héroïne, qui la rend légendaire, dans sa recherche désespérée pour atteindre à l'expression des grandes chanteuses noires comme Bessie Smith ou Billie Holiday. Deux autres brèves destinées, également devenues l'objet d'un culte post-mortem, furent celles du chanteur Jim Morrison († *1971*), qui se produisit chez le groupe californien des Doors, et du guitariste noir Jimi Hendrix *(1945-1970),* pionnier de la guitare électrique pop.

Pop et blues. Musique essentiellement blanche, la pop affirme ses racines du côté du blues noir avec des individualités de chanteurs comme Janis Joplin, déjà citée, et aussi avec John Mayall, Eric Burdon, Joe Cocker, Johnny Winter, Christian (dit Captain) Beefheart, et des groupes comme Canned Heat, Fleetwood Mac, Jethro Tull. Moins authentique et enraciné que le blues noir, ce courant produisit pourtant d'assez belles réussites, avec cette fuite en avant à laquelle la référence au blues obligeait ces chanteurs blancs pour être digne de leurs modèles noirs, tels B. B. King, ou Muddy Waters.

Hard rock (angl. ; « rock dur »). Ce « label » s'est surtout affirmé à la fin des années 60. Il s'applique au rock qui, en se réclamant des origines du genre, joue sans fioritures ni joliesses des sonorités de base du rock (« riffs » de guitare, percussions lourdes, voix), pour créer une musique urbaine, révoltée, violente, carrée. A cette tendance, on pourrait rattacher une grande partie de la musique des fameux Rolling Stones, considérés par certains comme le plus grand groupe de rock, et en tout cas par son endurance et sa longévité. Malgré leurs incursions dans le domaine électroacoustique et des jolies ballades (où ils concurrençaient les Beatles, leurs contemporains et rivaux dans les années 60), ils sont surtout grands dans l'âpreté et la révolte, celle qu'incarne notamment leur chanteur Mick Jagger. Le groupe anglais des Who (qui imposa avec *Tommy* le genre de l'« opéra-rock »), fut souvent considéré comme une « relève » des Rolling Stones, bien que ceux-ci n'aient jamais cessé de fonctionner, malgré des vicissitudes nombreuses, depuis 1962 jusqu'en 1981.

On citera parmi les groupes « hard rock », AC/DC (groupe australien), Black Sabbath, Deep Purple, Blue Oyster Cult, Led Zeppelin (le plus fameux d'entre eux), Motor City 5 (issu de la ville américaine de Detroit, creuset du hard rock), Motorhead, Steppenwolf, Ten Years After, Van Halen, le Grand Funk Railroad, les chanteurs Alice Cooper, Rory Gallagher...

Pop music cosmique, prospective, planante, robotique, etc. Le groupe « prospectif » le plus connu du grand public, en France du moins, est celui des Pink Floyd, dont le double album *Ummagumma*, paru en 1969, contenait de longues plages musicales où la voix s'effaçait pour laisser la place à des séquences électroacoustiques réalisées en studio. Ils sont les classiques de la musique « planante » des années 60, avec leurs méditations électroniques extrêmement bien construites, dont le charme envoûtant a résisté au déferlement des musiques synthétiques réalisées plus ou moins dans leur sillage. La musique pop, avec eux, touchait de nouvelles couches d'auditeurs, et aussi tous ceux pour qui le « rock dur » était trop violent. Ils contribuèrent avec leurs recherches, sans l'avoir voulu, à donner un brevet de respectabilité culturelle à la musique pop.

Le label de *kosmische musik* (« musique cosmique ») apparut dans les années 70 pour désigner un nouveau courant représenté essentiellement par des groupes allemands, qui systématisaient les recherches des Pink Floyd dans l'utilisation « envoûtante » du synthétiseur : longs accords noyés dans la réverbération de studio, dérives répétitives de formules cycliques de synthétiseurs — tel est l'archétype de la musique pop « planante », incarnée par les groupes germaniques Tangerine Dream, Popol Vuh, Ash Ra Tempel, dont est issu le compositeur Klaus Schulze. Le Français Jean-Michel Jarre triompha dans la fin des années 70 avec ses deux albums *Oxygène* et *Équinoxe*, où il reprend, canalise et domestique pour tous les publics l'« énergie » de la musique planante. Le synthétiseur est ici utilisé comme une sorte de grand orgue-machine, dont les sons stimulent et bercent, pour de grands bains de sonorités consonantes où l'on s'abandonne. Ici, la voix rude du chanteur de rock n'a plus sa place. On a accusé cette tendance, non sans motifs parfois, de verser dans la banalité et la musique-papier peint.

A partir de cette utilisation du synthétiseur et des techniques de mélange en studio, s'est dégagée la tendance « machinique », où le caractère robotique et froid des rythmes et des sonorités synthétiques est accentué et revendiqué, avec humour souvent, au lieu d'être fui ou dénié (groupes Kraftwerk en Allemagne, Heldon en France).

Sophistiqués et décadents. « Bouillon de culture », la pop music est propice à tous les mélanges, toutes les hybridations, non point seulement de sonorités et de techniques, mais aussi de *styles*. Un des plus grands de ces artistes en hybridation est peut-être Frank Zappa, compositeur, chef d'orchestre, réalisateur et guitariste, qui composa avec son groupe les Mothers of Invention maints albums de style inclassable, et souvent parodique envers les genres qui l'ont inspiré. On peut citer aussi le groupe Soft Machine, dont partit le guitariste David Allen, pour fonder le Gong. Le Velvet Underground, fondé à New York dans l'orbite d'Andy Warhol, cultivait, lui, une thématique « décadente », qui se retrouve chez son chanteur Lou Reed, une fois que celui-ci a poursuivi sa carrière en soliste. Dans l'univers de ce chanteur-poète, la ville tient une grande place, et surtout New York et Berlin, métropoles-fétiches de la « décadence ». Comme Lou Reed, le chanteur David Bowie a su cultiver un personnage ambigu, et traverser avec détachement un certain nombre de tendances dites « d'avant-garde », sans jamais rompre totalement avec l'inspiration populaire (rhythm and blues, musique « prospective », etc.). Brian Eno, cofondateur du groupe Roxy Music, sophistiqué entre tous, a poursuivi seul ou avec d'autres compagnons son travail d'expérimentateur de sonorités insolites et jolies, travaillant un moment avec Robert Fripp, un des membres du King Crimson dissous en 1975, groupe qui fut également le lieu de recherches syncrétiques où se télescopent les styles. Plus lourd, mais parfois très inspiré, fut le trio Emerson/Lake/Palmer, dont l'âme était le pianiste Keith Emerson, et qui réussit quelques beaux exemples de rencontre entre l'écriture savante classique et le style pop.

Tendances nouvelles. La tendance dite « punk » (illustrée par des groupes comme les Sex Pistols et Clash, qui a fait beaucoup parler d'elle vers la fin des années 70, n'apportait pas tant un renouveau musical, avec son rock élémentaire, qu'une nouvelle « image de marque », une nouvelle thématique nihiliste, qui ne pouvait que passer vite, et se saborder. Diverses tendances modernes sont embrassées sous le nom peu compromettant de *new wave* (« nouvelle vague »). Ces tendances ont en commun de brasser tout le passé de la pop music, qui est entrée dans l'ère de l'autocitation, du retour sur soi (modes « rétro », reconstitutions et redécouvertes de ses propres primitifs, le ska, le *rockabilly*). Les nouveaux grands talents ne manquent pas (telle la chanteuse allemande Nina Hagen), et, sans pouvoir dégager quelques tendances dénombrables (d'ailleurs, les courants dits « hard rock », musique planante, et même le terme général de « pop music », sont des dénominations toujours apposées après coup, après que ce courant s'est affirmé, pour essayer de le circonscrire), il faut souligner que la pop music évolue avec le vieillissement des générations qui l'ont vu naître, et avec l'apparition de celles qui la « prennent en route » et qui, déjà, l'écoutent et la vivent dans une autre perspective. M. C.

PORGY AND BESS. Opéra en 3 actes de George Gershwin (1934-35), le premier (hors *Tremonisha*, opéra-jazz inachevé de Scott Joplin, 1911) à solliciter une troupe entièrement noire pour une œuvre « sérieuse ». Après diverses hésitations, le musicien s'était en effet convaincu de la nécessité de créer un opéra américain ne s'inspirant pas de la tradition épique des États-Unis (*Mayflower*, *Ruée vers l'or*, guerre de Sécession, etc.), mais, au contraire, d'une donnée réaliste qui resterait éternellement d'actualité : la difficulté des minorités à s'intégrer totalement à cette société se disant accueillante et démocratique.

Tiré d'un roman du Blanc Edwin DuBose Heyward (poète et écrivain naturaliste de talent), en collaboration avec Ira Gershwin (frère du compositeur, éblouissant parolier de quelque 500 chansons connues de tous : *Embraceable you, Do it again, I got rythm*, etc.), le livret sera l'un des meilleurs jamais dévolus à un opéra, tant par son efficacité dramatique que par une évidence symbolique, l'été. Après un prélude orchestral, l'air devenu le plus célèbre de la partition définit le ton général de celle-ci : attente passionnée d'avenirs plus heureux (*Summertime* est une berceuse chantée à un nourrisson). *A woman is a sometime thing* se mêle à une partie de dés et définit la part de hasard dans la réussite humaine. *I got a plenty o'nuttin* indique combien, pour un infirme (et un Noir), il n'y a d'issue que par le talent, dans la mesure où on lui donne le loisir de l'user. Or, pas plus que Bess (la belle droguée convoitée par le cul-de-jatte), l'Amérique n'est fidèle à ses promesses. De fugitives réussites et de rares bonheurs (*Bess, you is my woman now, I can't sit down*), l'audace révolutionnaire, voire blasphématoire (*It aint nessecerary so, A red headed woman*), aussi libérateurs soient-ils, n'excluent pas le poids du quotidien (la tempête, la jalousie et la mort de Crown, admirable passage des marchands des rues, inspiré de *Louise*) et poussent même les « jaunes » à ruiner une harmonie précaire (*There's a boat that's leaving soon for New York*). Porgy, trahi, restera seul, mais indomptable : il a, pour lui, l'amour et la foi, et que peut un monde médiocre contre ces forces (*O Lawd, I'm on my way*) ?

Curieux de toutes les ressources de la musique, Gershwin n'a pas craint d'habiller cette donnée rooseveltienne avec tout ce qui était à sa portée, du *negro spiritual* (*O Doctor Jesus*) à la polytonalité (chorals simultanés durant la tempête), à l'atonalisme (récitatif de Bess, lors du duo avec Crown), en passant par le mélodisme généreux, la cohésion entêtante du grand mélodrame puccinien, repensé selon des tournures purement américaines. Né d'une Amérique en crise, dont il restitue fidèlement le reflet (drogue, alcool, mendicité, chômage, banditisme), *Porgy and Bess* fait également le point sur le plan musical, en se mettant à l'intersection de tous les mouvements qui prétendirent s'approprier la musique durant l'entre-deux-guerres, qu'il s'agisse du style divertissement, prôné par le groupe des Six (tableau du pique-nique), du néoclassicisme (fugues plus ou moins exubérantes accompagnant les bagarres ou l'évocation du départ pour la « terre promise » : *O, the train is at the station*), des prétentions à une musique sauvage ou archaïsante (atmosphère du premier lever de rideau), sans compter les avant-postes de la polytonalité et de l'atonalisme : chacun de ces ingrédients n'est pas utilisé en soi, mais en fonction de l'effet dramatique à obtenir. Il fallait du génie pour donner vie à une œuvre aussi complexe et pour assurer son extraordinaire unité. Or, sur scène comme sur disque, *Porgy*, depuis sa création (30 septembre 1935 à Boston, première new-yorkaise le 10 octobre suivant, sous la direction d'Alexander Smallens et dans une mise en scène de Rouben Mamoulian), a su s'imposer à tous les publics par son évidence et par sa vitalité. M. Mt.

Porpora (*Nicola*), compositeur et pédagogue italien (*Naples 1686* - id. *1768*). Entré en 1696 au Conservatorio dei Poveri di Gesù Cristo de Naples, il y resta environ dix ans, puis fit représenter dans la même ville ses opéras *Agrippina* (1708), *Flavio Anicio Olibrio* (1711) et *Basilio re d'oriente* (1713). Il fut, à cette époque, maître de chapelle de l'ambassadeur du Portugal et du prince de Hesse-Darmstadt, général de l'armée autrichienne qui occupait la ville. En 1714 fut donné à Vienne *Arianna e Teseo*. Porpora s'imposa alors comme un remarquable professeur de chant, n'ayant pas son pareil pour déceler les possibilités d'une voix et l'amener au plus haut degré de perfection. De 1715 à 1721, il enseigna cette matière au Conservatorio di S. Onofrio de Naples. Il compta alors parmi ses élèves les deux futurs castrats Farinelli et Caffarelli, ainsi que le compositeur Hasse. En 1733, après quelques années à Venise, il se rendit à Londres, où il dirigea l'Opera of the Nobility, qui s'opposait à l'influence de Haendel, et donna, notamment, *Arianna in Nasso* (1733). Il quitta l'Angleterre en 1736 pour Venise, puis Naples (1739). Il séjourna à Dresde de 1747 à 1751, puis de la fin de 1752 ou du début de 1753 à Vienne, où il eut comme élève le jeune Haydn. En 1760, il était de nouveau à Naples, où, après avoir repris quelque temps ses anciennes fonctions au Conservatorio di S. Maria di Loreto, il mourut dans la misère. Il écrivit quelques œuvres instrumentales, mais l'essentiel de sa production relève du domaine vocal (opéras, cantates profanes, oratorios, ouvrages sacrés divers). Beaucoup de ses œuvres ont disparu. Sa connaissance de la voix lui servit énormément dans ses opéras, mais ceux-ci, en contrepartie, mettent parfois l'accent sur la virtuosité au détriment de la substance musicale. Un catalogue de ses œuvres instrumentales a été dressé par A. Mayeda (Vienne, 1967).
G. M. et M. V.

Portamento. Manière de lier deux notes en « portant » légèrement la première vers la seconde et en faisant entendre ainsi tous les sons intermédiaires très rapidement et avec moins d'intensité. Ce procédé est principalement employé par les instrumentistes à archet et par les chanteurs ; il peut être explicitement indiqué par le compositeur, mais il est généralement implicitement sous-entendu, notamment dans le contexte de l'écriture de certaines époques anciennes. Pour la technique vocale, les Italiens utilisent également le mot *legatura* (« liaison »). Cette pratique, essentielle dans l'émission vocale, a, malgré de sensibles variations au cours des siècles, toujours été recommandée depuis Caccini et Monteverdi jusqu'à nos jours, bien que l'école française semble l'avoir en partie proscrite au XXe siècle. Le portamento (ou « port de voix ») descendant est souvent déconseillé, mais, en mouvement ascendant, il donne une grande élégance au phrasé et évite les ruptures audibles entre les registres de la voix. Il doit être exécuté assez rapidement (dans le cas contraire le son est dit « traîné »), et toujours en haussant la première note vers la seconde, jamais en attaquant la seconde en dessous de la hauteur donnée. C'est d'ailleurs dans ce seul cas que le terme français « port de voix » prend une nuance péjorative, de même que le mot « glissade » désigne, pour les instruments à cordes, un portamento mal exécuté. R. M.

Portatif. Petit orgue de dimensions très réduites, aisément transportable. En usage pendant le Moyen Âge, il était joué de la main droite, tandis que l'autre main actionnait le soufflet placé à l'arrière de l'instrument ; il était soit porté en bandoulière, soit posé sur les genoux ou sur un meuble. Le clavier, court, faisait sonner les notes élevées de deux ou trois jeux de fond. Le portatif servait ainsi à accompagner le chant, à remplacer d'autres instruments ou à s'y mêler, en de très nombreuses circonstances de la vie quotidienne. G. C.

PORT DE VOIX. — 1. Synonyme d'**appoggiature** pour de nombreux auteurs français des XVIIe et XVIIIe siècles. Utilisé dans la musique vocale et instrumentale baroque, il était le plus souvent ascendant, par opposition à l'appoggiature descendante, appelée *coulement* (J. Hotteterre) ou *cheute* (C. Dieupart).
L'appoggiature étant très souvent suivie d'un mordant, le port de voix a fini par désigner l'ensemble « appoggiature-mordant » (Fr. Couperin), bien qu'on trouve parfois l'expression « port-de-voix et pincé » (Dandrieu).
— 2. De nos jours, synonyme de **portamento**. Il consiste à glisser légèrement d'un son à un autre, sans qu'il soit possible de distinguer les sons intermédiaires. Employé surtout en musique vocale, on le rencontre également appliqué à certains instruments (violon, trombone, etc.). Son abus est souvent d'un très mauvais effet. D. H.

Portée. Ensemble de lignes horizontales et équidistantes servant de points de repère pour indiquer la hauteur des notes. C'est à tort qu'on attribue à Guy d'Arezzo l'invention de la portée. Elle se fit par étapes successives. D'abord une seule ligne pour indiquer une note de référence, puis deux lignes de couleurs différentes pour le *do* et le *fa* (G. d'Arezzo), puis quatre lignes (tradition conservée dans la notation du chant grégorien), puis cinq lignes et, même, six lignes (surtout en Angleterre au XVIIe s.). Notre portée s'est stabilisée à cinq lignes, ce qui semble correspondre le mieux à la perception visuelle humaine. M. P. P.

Porter (*Cole*), compositeur américain (*Peru, Indiana, 1891* - *Santa Monica, Californie, 1964*). Après avoir fréquenté les universités de Yale et Harvard, il écrit à vingt ans une comédie musicale pour Broadway, avec si peu de succès qu'il s'engage dans la Légion étrangère de la France en guerre. C'est à Paris qu'il vit les « années folles », dans la société cosmopolite la plus en vue, tout en profitant de l'enseignement de Vincent d'Indy à la Schola cantorum. De retour aux États-Unis, il rend hommage à la Ville Lumière dans une opérette précisément intitulée *Paris* (1928). Puis c'est le triomphe de *Gay Divorce* avec Fred Astaire, suivi d'autres succès mémorables tels que *Kiss me, Kate* (1948), d'après *la Mégère apprivoisée* de Shakespeare. Le Paris de la Belle Époque inspirera son chant du cygne, *Cancan* (1953), honoré de mille représentations consécutives. M. T.

Porter (*Quincy*), compositeur américain (*New Haven, Connecticut, 1897* - *Bethany 1966*). Il fit ses études à l'université de Yale (avec Horatio Parker et D. S. Smith), puis à Paris (avec Vincent d'Indy), New York (avec Ernest Bloch) et Cleveland. Altiste du quatuor de Ribeaupierre, il enseigna tour à tour au College Vassar et à l'université de Yale avant d'être nommé doyen de la faculté de musique de Nouvelle-Angleterre à Boston, puis directeur du conservatoire de cette ville. Respectueux de la tradition, d'obédience néoclassique, il cultiva principalement le quatuor à cordes (8, de 1923 à 1959). A. G.

Portugal. L'existence d'une chaire de musique à l'université de Coïmbra dès 1290 atteste la place qui était assignée à cette discipline par le pouvoir royal et l'importance qu'elle avait prise au cours du règne d'Alphonse III (1248-1279). Depuis un ou deux siècles déjà, les innombrables monastères lusitaniens (Coïmbra, mais aussi Santa-Cruz, Alcobaça et Braga) étaient des foyers de culture musicale où le répertoire mozarabe venu de Tolède au VIIe siècle était, peut-être, influencé par la règle de saint Benoît (ce que confirmerait un voyage de moines à Cluny en 1120). Dès le

Xe siècle, on signalait des orgues à Lisbonne, et, si la musique religieuse attendit la fin du XIIIe siècle pour être régulièrement organisée, à la suite de la visite des évêques français à Coïmbra, Braga et Lisbonne, le rôle des pionniers qu'on rencontre au cours des siècles précédents est loin d'être négligeable. On sait notamment que le chant ecclésiastique y fut introduit dès le VIe siècle.

Dans le domaine profane, l'arrivée au Portugal des troubadours chassés de France pendant la guerre des Albigeois avait provoqué à la cour un intérêt pour les divertissements et la lyrique, « art de rimer en musique » et de chanter en s'accompagnant de la harpe, de la citole, du rebec, de la viole ou du psaltérion. Ainsi les premiers troubadours lusitaniens ont-ils pu s'inspirer de l'exemple français bien avant que le roi Denis, lui-même compositeur de 128 chansons et créateur de la chapelle royale, favorise l'essor d'un genre capable d'exalter les sentiments nationaux. Il ne nous est malheureusement parvenu aucun témoignage de la musique qui accompagnait les textes, aujourd'hui connus par les Cancioneros d'Ajuda et du Colloci-Brancuti. Seul le *Cançao do Figueiral*, réalisé au XVe siècle parmi les *cantigas* d'Alphonse le Sage, nous en apporte un écho, à travers la tradition orale entretenue jusqu'alors, ainsi que les *7 Chansons d'amour* de Martin Codax (XIIIe s.), notées dans le plus ancien manuscrit lusitanien.

Si les règnes troublés d'Alphonse IV, de Pedro Ier et de Ferdinand n'ont pas été favorables au développement des arts et de la musique, celui d'Alphonse V a pris, en revanche, une importance historique indéniable dans l'épanouissement de l'école musicale portugaise jusqu'à la fin du XVe siècle. C'est alors que le style vocal, introduit à l'aube de la Renaissance, connaît un essor particulier à partir des *Amables de la musica*, collection de chants commandés par le roi à Tristao da Silva (période active 1440-1475) et de l'office en plain-chant d'Alvaro dédié au roi pour célébrer la conquête d'Arzilla. En dehors de sa voisine, l'Espagne, dont il ne pourra pas toujours éviter l'influence, le Portugal a déjà des contacts avec d'autres pays, l'Angleterre, par exemple, où Alphonse V dépêche des informateurs pour organiser sa chapelle à la manière de celle d'Henry VI, ou la cour de Bourgogne, dont Jean II voudra retrouver les luxueux cérémonial. A partir de la même époque, les musiciens attachés à la Cour sont considérés comme les égaux des chanteurs et participent à la réalisation des villancicos, drames sacrés comportant des éléments populaires et qui ont alors une immense audience (la bibliothèque musicale fondée par Jean IV en comportera près de 3 000). C'est également au XVe siècle qu'on trouve les premiers virtuoses de la vihuela, dont les compositions constituent un ensemble de qualité comparable à celui des vihuelistes espagnols. Madeira, Pero Vaz, Aguiar, Peixoto da Cunho et Rodriguez da Covilha sont les principaux représentants de ce répertoire que les luthistes rejetteront dans l'ombre et qui demeure cependant le plus précieux visage de la musique instrumentale antérieure à la Renaissance.

L'âge d'or. La prospérité économique du royaume ouvre alors au Portugal une ère fastueuse, pendant laquelle les fêtes se succèdent et dans laquelle la musique a quotidiennement sa place, à la Cour comme à la ville. Tous les genres y connaissent un épanouissement exceptionnel sous l'impulsion des premiers grands compositeurs et en particulier de Manuel Mendès († 1605), « prince de la musique » et fondateur de l'école d'Evora. Parmi une soixantaine de compositeurs intéressants à des titres divers, la pépinière de polyphonistes qu'il a formés, faisant ainsi de sa cathédrale le centre le plus important de musique sacrée, mériterait d'être tirée de l'oubli, quand la fondation Gulbenkian entreprit la publication de leurs messes, motets et antiennes. Un Duarte Lobo (v. 1565-1646), un Felipe de Magalhaes (apr. 1648) et surtout le Fray Manuel Cardoso (1566-1650) y montrent une science à la hauteur de leur ferveur (les messes du F. Cardoso, et notamment *Miserere mihi Domine* à 6 voix, sont parmi les plus remarquables de sa génération. On y perçoit, comme dans celles de Duarte Lobo, l'écho de Palestrina).

A Vila Viçosa, autre foyer de la vie musicale et siège du palais ducal de la famille de Bragance, le duc fonde, peu après, l'école des Rois-Mages pour former les chanteurs de la chapelle royale. Un compositeur de talent en sortira, Marcos Soares Peirera († 1655), auteur de villancicos. Enfin, à Coïmbra, où le monastère de Sainte-Croix a encore plus d'activité et plus de rayonnement que la cathédrale, plusieurs représentants valeureux du style a cappella retiennent l'attention : Don Pedro de Cristo (?-1618), auteur de motets, le moine Heliodoro de Paiva, organiste, harpiste et chantre, surnommé « Orphée » pour la beauté de sa voix, ou Francisco de Santa Maria (1661-1721), qui n'écrivit que de la musique religieuse. Cette musique connaît ainsi un essor remarquable entretenu par ses interprètes (70 chantres à Odivellas) à la suite de la tradition créée par Damiao de Goes, diplomate et grand amateur de musique, de chanter les motets à 3 et 4 voix, avec ou sans accompagnement d'orgue, à la manière des musiciens franco-flamands, dont il avait précisément étudié les règles au cours de ses voyages.

Dans le domaine profane et instrumental, les progrès sont plus lents malgré l'importance accordée à la musique par l'auteur dramatique Gil Vicente dans ses monodrames tragiques ou comiques. La *modinha*, romance portugaise qui doit peut-être son origine à l'aria italienne, est alors consacrée par des compositeurs, comme M. Rodriguez Coelho (1583-1640?) dans ses *Flores de Musica* (1620), *aires* ou *pires*. Antonio Carreira (v. 1525-1599), auteur de *Lamentations* et de motets, se spécialise dans la musique de clavier (clavecin ou orgue), et Agostinho da Cruz dans les instruments à archet qui lui inspirent son traité *Lyra da Arco* (1639), l'un des plus anciens sur la technique du violon. En 1626, Antonio Fernandez, disciple de Duarte Lobo, avait fait éditer à Lisbonne son *Arte de Musica* (1626) qui fit beaucoup moins de bruit que la polémique entre Vicente Lusitano (1510?-1553) et l'Italien Nicola Vicentino au sujet de l'introduction dans la polyphonie du chromatisme de l'ancienne musique grecque, polémique d'où Lusitano sortit vainqueur. Dans le même domaine de la théorie musicale, le jésuite Tomas Pereira (1645-1708), qui passe pour avoir construit un orgue dans la chapelle des missionnaires de Pékin, est l'auteur d'un important traité dont l'empereur de Chine ordonna lui-même la traduction à l'usage de ses sujets.

Après les soixante ans d'occupation espagnole, le règne de Jean IV (1640-1656) marquera le point culminant de l'activité musicale. Elève de Lourenço Rebello (1610-1661) qui lui a dédié une messe à 39 voix, il était lui-même compositeur et théoricien et l'un des avocats les plus acharnés de l'art de son temps (*cf*. son traité *Défense de la musique moderne contre l'opinion erronée de l'évêque Cyrille Franco...*). On lui doit l'initiative d'une somptueuse bibliothèque musicale (détruite par le tremblement de terre de 1755), comportant d'innombrables partitions religieuses ou instrumentales. Aux compositeurs déjà cités, il convient d'ajouter Estevao Lopez Morago, auteur de motets, Francisco Martins (1620-1680) et Dias Melgaz (1638-1700), dernier des polyphonistes d'Evora et l'un des plus brillants (messes, motets, offertoires). Beaucoup de leurs œuvres franchissaient déjà les mers et devenaient populaires en Amérique latine.

Les préoccupations nationalistes, nuancées d'un certain mysticisme propre à l'esprit portugais du XVIIe siècle, ne sont pas exclues de la plupart des œuvres de cette époque. Ce qui les différencie des productions espagnoles contemporaines et des modèles franco-flamands qu'elles se sont efforcées de suivre, parfois avec des initiatives insolites (messes à 9 ou 12 chœurs allant de 35 à 48 voix ; audaces harmoniques concernant l'accord de neuvième, etc.). L'aspect le plus remarquable de l'évolution vers une expression spécifiquement portugaise est, cependant, le développement de la musique instrumentale, où la vihuela reste au premier plan, en utilisant déjà le principe de la variation *(diferencia)* sur un thème donné. Doizi de Velasco, édité à Naples (1645), aurait été le meilleur vihueliste de cette période.

La période italienne. C'est en 1682 que le premier opéra italien avait été présenté à Lisbonne. Un demi-siècle plus tard, son influence avait gagné tout le Portugal. Le roi Jean V, qui devait fonder une école de musique religieuse et ne cessa d'encourager l'activité musicale des couvents, était passionné d'italianisme au point d'envoyer les compositeurs les plus doués parfaire leur éducation musicale à Milan ou à Rome. Dès 1711, des représentations profanes, pastorales, *loas* et zarzuelas, succédaient aux villancicos, lesquels devaient être supprimés en 1723, et les premiers opéras portugais, conçus dans l'esprit et la forme des Italiens, étaient créés avec tout le luxe dont disposait la Cour. Francisco Antonio de Almeida *(v. 1702-1755)* peut être, ainsi, considéré comme le premier en date des compositeurs dramatiques avec *la Souffrance de Socrate* (1733). Nombreux sont ceux qui se feront, après lui, un nom dans l'opéra, J. Cordeirao da Silva, maître de chapelle à Ajuda, auteur de 10 opéras ; José de Sousa-Carvalho *(1745-1798)*, maître de musique de la Cour, lui aussi formé en Italie et auteur de 44 partitions à l'italienne ; David Perez *(1711-1778)*, napolitain de naissance, directeur de la chapelle royale ; Jeronymo Lima *(1741-1822)* ; Luciano dos Santos *(1734-1808)* ; Antonio Leal Moreira *(1758-1819)* ; ou Marcos Portugal *(1762-1830)*, auteur de 60 opéras triomphalement accueillis au Portugal, mais aussi en Italie, en Allemagne, en Russie et au Brésil quand, en 1811, il y suivit le roi. Beaucoup de leurs partitions, réalisées à coups de recettes et de formules directement empruntées à l'opéra napolitain, ont cependant une verve, une vigueur, une élégance et souvent une finesse psychologique qui les sauvent de la banalité.

Si de grandes villes comme Porto disposaient alors d'une scène lyrique, Lisbonne bénéficiait de 4 théâtres d'opéra (le San Carlo a été inauguré en 1793) aussi somptueusement subventionnés et qui pouvaient en donner des présentations exemplaires. C'est au Bairro Alto que la célèbre cantatrice Luisa Todi fit ses débuts (1770) avant de s'expatrier et de connaître des triomphes dans toutes les grandes capitales européennes. Cette prodigieuse activité dans le domaine de la musique vocale, tant religieuse que dramatique, n'a pas cependant paralysé les autres expressions. Entre 1721 et 1729, Domenico Scarlatti séjourna à Lisbonne comme maître de la chapelle royale et professeur de la princesse Maria Barbara, et son influence fut déterminante sur toute l'école portugaise de clavecin, en particulier sur Frei Jacinto et Carlos Seixas *(1704-1742)*, auteur d'innombrables pièces (700 toccate), qui font la synthèse entre le style napolitain et un lyrisme typiquement national. Dans le sillage de ce dernier, F. Xavier Baptista écrira des sonates, qui s'inspirent également de Haydn et de Mozart. Si les défenseurs des instruments à cordes sont alors plus discrets, organistes, guitaristes et harpistes ont également contribué à prolonger, pendant tout le XVIIIe siècle, l'âge d'or de la musique portugaise. Avec Cordeiro da Silva, Felipe de Annunciaçao et Joaquin de Sant'Anna en sont alors les organistes les plus réputés, la guitare se réclamant principalement d'Antonio de Abreu et Antonio da Silva Leita *(1759-1833)*, auteurs de sonates et de traités.

Vers une musique nationale. Pendant les premières décennies du XIXe siècle, l'influence italienne continue à s'étendre sur les productions lyriques, et l'opéra en demeure la forme suprême. Mais José Ferreira da Veiga *(1838-1903)*, Antonio Luis Miro *(1815-1883)*, Francisco de Sà Noronha *(1820-1881)* ou Xavier Migone *(1811-1861)* n'ont pas l'envergure de leurs prédécesseurs, et Rossini triomphe aisément de tels imitateurs. L'œuvre de Silvestre Serrao *(1801-1877)*, qui passe pour le rénovateur de la musique sacrée en l'écrivant dans le style italien de l'époque, ne bénéficie pas d'un long sillage. Beaucoup plus important est alors Joao Domingo Bontempo *(1775-1842)*, pianiste, chef d'orchestre, compositeur et le premier symphoniste que le Portugal a connu. Après l'invasion napoléonienne et le retour du roi, il a fondé la Société des concerts, puis le conservatoire de Lisbonne (1830), révélant ainsi les grandes partitions classiques.

De longues années s'écouleront cependant avant que le Portugal, tout comme l'Espagne à la même époque, puisse s'enorgueillir de créateurs originaux et puissants. Encore ne connaîtra-t-il jamais un Albeniz ou un de Falla, mais des artisans de bonne volonté persuadés qu'un courant nationaliste favorisé par des références aux thèmes populaires pourrait donner naissance à une musique universelle. Encouragés par les nombreux théoriciens qui exploitaient cette hypothèse, et préoccupés d'éviter les rapprochements avec l'Espagne, ils ont su dégager de l'héritage folklorique *(modinhas* et *cantigas)* un art cordial, familier et d'une saveur discrète qui inaugure la troisième période, qu'on a pu dire « éclectique », de la musique portugaise. Augusto Machado *(1845-1924)* en est l'un des pionniers avec ses opéras dans le goût de Massenet, tandis qu'Alfredo Keil *(1850-1907)* et Joao Arroio *(1861-1930)* insisteront, le premier surtout (son opéra *Serrana),* sur un esprit nationaliste s'inspirant du folklore. C'est dans le même esprit qu'on rencontre, peu après, Alexandre Rey Colaço *(1854-1928)*, Oscar da Silva *(1870-1958)*, élève de Clara Schumann, Francisco Lacerda *(1869-1934)* et Luis Costa *(1879-1960)*, attentifs aux raffinements de l'école française, et jusqu'à Ivo Cruz *(né en 1901)*, ainsi que José Vianna da Motta *(1868-1948)* dans ses pages symphoniques, virtuose de classe internationale qui se réfère, pour sa part, aux procédés de Wagner et de Liszt.

La domination italienne qui s'était maintenue pratiquement jusqu'en 1870 cède peu à peu devant l'influence française, celle de Debussy principalement, dont Luis de Freitas Branco *(1890-1955)* fut le promoteur au cours d'une double activité de compositeur et de pédagogue. C'est sous sa direction que plusieurs compositeurs se sont formés avant de devenir les plus brillants de leur génération : Francesco de Freitas *(né en 1902)*, F. Lopez Graça *(né en 1906)*, également élève de Koechlin, ou J. Braga Santos *(né en 1924)*. Au cœur d'une discipline commune, ils ont trouvé les éléments d'une évolution diamétralement opposée, de Freitas se faisant successivement le champion de la polytonalité, puis de la musique concrète et de l'électronique ; Lopez-Graça suivant les traces de Stravinski avant de revenir au folklore ; Braga Santos demeurant néoclassique à la manière de certains compositeurs britanniques (V. Williams ou W. Walton), qui sont ses maîtres à penser. L'influence française, qu'on perçoit encore chez certains disciples de Paul Dukas, Roger-Ducasse et Nadia Boulanger comme A. J. Fernandez *(né en 1906)* et J. Croner de Vasconcellos *(1910-1974)*, cédera alors devant celle de Hindemith, avec Maria de Sousa Martins *(née en 1926)*, Felipe Souza *(né en 1927)* et Luis Felipe Pires *(né en 1934)* ; puis devant celle des dodécaphonistes, dont les premiers adeptes furent Claudio Carneyro *(1895-1963)*, F. Correia de Oliveira *(né en 1921)* et Alvaro Cassuto *(né en 1938)*. Exceptionnellement, cette école éclectique se réclamera de Bartók, avec Victor Macedo Pinto *(né en 1917)* et de ses avant-gardistes ; R. Peixinho *(né en 1940)* ou Emmanuel Nunes *(né en 1941)* ne trahiront pas les grands courants internationaux où s'élabore la musique d'aujourd'hui.

Il faut ajouter que, depuis 1960, la fondation Gulbenkian fait un effort sans précédent pour la vie musicale portugaise, tant par l'exhumation et l'édition des maîtres anciens que pour le soutien qu'elle apporte aux compositeurs de la jeune génération. A. G.

POSITIF. Petit orgue, de dimensions modestes, plus petit qu'un instrument de tribune, mais plus important qu'un portatif*. Il est posé à même le sol ou sur un meuble (d'où son nom), mais peut être déplacé. Instrument à plusieurs jeux et un clavier d'étendue moyenne, il fait appel à un souffleur indépendant pour laisser l'organiste libre de jouer de ses deux mains.

Principalement destiné à l'accompagnement liturgique, on le trouvait dans les couvents ou à la tribune des églises, en avant du grand orgue. Dès le XVe siècle, on l'associa au grand orgue de tribune : c'est l'origine du petit buffet qui devance le buffet principal dans la disposition classique des grands instruments. La tuyauterie du positif est alors actionnée à partir d'un des claviers de l'orgue, qui prend le nom de positif. Par extension, l'appellation de positif a été systématiquement donnée, au XIXe siècle, à l'un des claviers des orgues de plus de deux claviers, même quand la tuyauterie en était logée dans le buffet du grand orgue.

Aujourd'hui, on construit à nouveau des positifs indépendants, soit à l'usage des communautés religieuses ou des chœurs d'églises, soit surtout comme instrument de réalisation de la basse chiffrée dans les formations orchestrales et vocales : aisément transportable en camionnette, il permet de donner des concerts en des lieux dépourvus d'orgue utilisable à cet effet.
G. C.

POSITION. Place que doit occuper la main gauche sur le manche d'un instrument à cordes pour assurer le doigté correct d'une série de notes. Dans le cas de la corde *mi* (chanterelle) du violon, la première position est définie par le placement du premier doigt (l'index) sur le premier degré après la note à vide, c'est-à-dire le *fa* ; les trois doigts suivants correspondent respectivement au *sol*, au *la* et au *si*. En « démanchant » d'un degré vers le chevalet, on passe à la deuxième position qui donne les notes *sol, la, si, do*, et ainsi de suite jusqu'à une treizième position assez acrobatique et fort peu utilisée (c'est seulement à la fin du XVIIIe siècle que les virtuoses dépassèrent la cinquième position). Chaque position donne des résultats correspondants sur les trois cordes voisines, d'où la possibilité de jouer deux octaves sans démancher. Le même système s'applique à l'alto, le violoncelle et la contrebasse moyennant des modifications (demi-positions) nécessitées par les intervalles plus grands, ainsi qu'aux instruments à cordes pincées. La notion de position s'applique également aux degrés d'allongement de la coulisse du trombone. La première s'applique à la tessiture la plus aiguë, instrument fermé, et la septième à l'allongement maximal de la coulisse.

Enfin, les musicologues emploient le même terme pour qualifier l'espacement des notes d'un accord (position plus ou moins large ou serrée), et sa situation par rapport à la basse fondamentale. M. T.

POSTHORN. Titre porté par la sérénade n° 9 en *ré* majeur K.320 de Mozart, datée du 3 août 1779 et composée à Salzbourg, à cause du solo de cor de postillon (*Posthorn*) du second trio de son second menuet. Que, par ce solo, Mozart ait voulu représenter musicalement le départ de quelqu'un est fort plausible. Selon certains exégètes comme Einstein et Massin, il avait en tête son propre départ de Salzbourg, ville où, après son escapade à Mannheim et à Paris, il venait de retomber en esclavage. Mais, avant ce départ, dix-huit mois devaient encore s'écouler. L'œuvre a 7 mouvements, et son concerto intercalaire (mouvements 3 et 4) a comme instruments solistes 2 flûtes, 2 hautbois et 2 bassons. M. V.

POSTILLON DE LONGJUMEAU (LE). Opéra-comique en 3 actes d'Adolphe Adam, sur un livret de Leuven et de Léon Brunswick. Créé au Théâtre royal de l'Opéra-Comique à Paris le 13 octobre 1836, sous la direction de Narcisse Girard.

Le seigneur de Corcy remarque la superbe voix du postillon Chapelou et l'engage à l'opéra le soir même où Chapelou doit épouser Madeleine. Il va faire une magnifique carrière de ténor et Madeleine mettra dix ans à le récupérer. Après plusieurs quiproquos, ils se retrouvent et se réconcilient.

Partagée entre les scènes parlées et chantées, l'œuvre est pleine d'entrain, mais musicalement inégale. On connaît bien la célèbre ronde du postillon *Oh ! oh ! qu'il est beau ;* quelques autres scènes sont également réussies : la scène du mariage et le rondeau de Madeleine *Mon petit mari* (1er acte), l'air bouffe de Biju (2e acte), et dans le 3e acte après le trio syllabique *Pendu, pendu,* le joyeux duo de réconciliation de Madeleine et de Chapelou.

Considéré comme le meilleur opéra-comique d'Adam, *le Postillon de Longjumeau* a joui d'une grande vogue jusqu'à la fin du XIXe siècle, mais n'a connu depuis que des reprises espacées.
A. L. et S. W.

POSTLUDE. Antonyme de prélude, ce terme désigne une pièce de construction assez libre et servant de commentaire à une cérémonie qui vient de s'achever ou à une œuvre musicale dont on vient d'entendre l'essentiel (*Postlude pour l'office de Complies* pour orgue de Jehan Alain, postlude pianistique des *Amours* du poète* de Schumann). M. T.

POTHIER (Dom Joseph), moine bénédictin français, restaurateur du chant grégorien (*Bouzemont, Vosges, 1835 - Conques, Belgique, 1923*). Ordonné prêtre en 1858, il prononce ses vœux à Solesmes en 1860. D. Guéranger le charge, la même année, d'aider D. Jausions à préparer une nouvelle édition des chants liturgiques à l'usage choral. Il termine seul ce travail après la mort de D. Jausions et, en 1880, paraît la première partie de ses recherches, *les Mélodies grégoriennes d'après la tradition,* suivie du *Liber gradualis* (1883), des *Processionale monasticum* et *Variae preces* (1888), *Liber antiphonarius* (1891), *Liber responsorialis* (1895) et *Cantus mariales* (1903).

Nommé prieur de l'abbaye de Ligugé en 1893, puis de Saint-Wandrille en 1895, il devient abbé de ce monastère en 1898. La suppression de cette abbaye l'oblige à partir en Belgique en 1912. Sa première publication souleva un vif enthousiasme lors du Congrès grégorien d'Arezzo de 1882, mais le *Liber gradualis* de 1883 provoqua des dissensions entre la nouvelle école de Solesmes et les partisans de l'édition néomédicéenne, publiée chez Pustet à Ratisbonne en 1868. Il lui fallut attendre 1904 pour s'imposer, lorsqu'il fut nommé à la tête d'une commission chargée par Pie X de réaliser une édition vaticane de chant grégorien et qu'il présidera jusqu'en 1913. Son travail fut capital pour la restauration du chant grégorien. Il donna, le premier, une transcription mélodique exacte des neumes et précisa l'accentuation de la phrase en fonction du mot latin. Il négligea, cependant, la valeur rythmique des neumes qui, pour lui, étaient égaux. Cette lacune fut rapidement comblée par son élève et successeur D. Mocquereau. D. H.

POT-POURRI. Expression dérivée de l'espagnol *olla potrida* (plat de viandes et légumes mélangés), et utilisée en France au XVIIIe siècle pour désigner, en musique, des collections de thèmes connus, notamment d'airs d'opéras en vogue. Aujourd'hui, on appelle pot-pourri (en anglais *medley,* en allemand *Potpourri*) une pièce de musique de style léger qui enchaîne rapidement, sans les développer, différents thèmes connus (airs d'une opérette, succès d'une vedette, airs classiques d'un certain genre — musette, viennois, etc.). Mais le pot-pourri est un genre ancien, né pour le seul plaisir de faire entendre et reconnaître en peu de temps une série de thèmes appréciés et évocateurs. Il joue sur la connivence, la nostalgie, le plaisir du « déjà connu », et il existe depuis longtemps sous les noms de « fricassée » (en France, XVIe s.), « quodlibet », c'est-à-dire « tout ce qu'on veut », « ce qui plaît » (en Allemagne, XVIe et XVIIe s., *cf.* le Quodlibet de 2 thèmes populaires dans la fin des *Variations Goldberg* de Jean-Sébastien Bach), *ensalada* en Espagne, et *misticanza* en Italie. Au XVIIIe siècle, Bonin publie des sélections de danses sous le titre de *Pot pourry Français.* Joseph Gelinek écrit des pots-pourris pour piano d'airs d'opéras de Mozart, et, au XIXe siècle, Diabelli s'attaque de la même manière aux œuvres de Beethoven. Chopin appelle « pot-pourri » sa *Fantaisie* op. 13 sur des airs polonais, et l'on publie beaucoup de « sélections » pour piano, orchestres de kiosque, bals, des airs des opéras en vogue. Aujourd'hui, le genre est bien vivant, que ce soit dans la musique de variété, ou dans la musique « sérieuse » où il revit à travers les musiques de « collage » (pot-pourri beethovénien du *Ludwig van* de Mauricio Kagel, et troisième mouvement de la *Sinfonia* de Luciano Berio [1968], qui est un grand pot-pourri de la musique occidentale construit autour du *scherzo* de la *Deuxième Symphonie* de Mahler). M. C.

POUCHKINE *(Alexandre Sergueiévitch),* poète et écrivain russe *(Moscou 1799- Saint-Pétersbourg 1837).* Un grand nombre de poèmes, pièces et nouvelles de Pouchkine ont servi de sujets d'opéras aux compositeurs russes : *Rouslan et Ludmilla* de Glinka (Pouchkine, ami du compositeur, avait projeté de faire lui-même l'adaptation de son poème, mais sa mort prématurée l'en empêcha), *la Roussalka, le Convive de pierre* de Dargomyjski, *Boris Godounov* de Moussorgski ; *Eugène Onéguine, Mazeppa* (d'après *la Poltava*) et *la Dame de pique* de Tchaïkovski ; *Mozart et Salieri, le Conte du tsar Saltan, le Coq d'or* de Rimski-Korsakov ; *Doubrovski* de Napravnik ; *Aleko* (d'après *les Tziganes*) et *le Chevalier avare* de Rachmaninov ; *Mavra* de Stravinski, d'après *la Petite Maison de Kolomna.* D'autres vers de Pouchkine ont servi à de nombreuses mélodies, chœurs ou cantates. A. L.

POUGIN *(Arthur),* musicologue et critique français *(Châteauroux 1834- Paris 1921).* Formé au Conservatoire de Paris, il fut chef d'orchestre et violoniste avant de se consacrer à la critique et à l'histoire de la musique. Chroniqueur de plusieurs journaux, rédacteur en chef du *Ménestrel* (1885-1914), il collabora au *Larousse universel,* rédigea le supplément de la *Biographie universelle des musiciens* de Fétis et publia une cinquantaine d'ouvrages. Ses connaissances étaient vastes, sa curiosité et son activité inlassables, mais son érudition n'était pas toujours sûre et le véritable sens critique lui faisait défaut ainsi que l'attestent ses jugements sévères sur *Carmen* et sur *Pelléas et Mélisande.*
Principaux écrits. *L. Kreutzer* (1868), *Meyerbeer* (1864), *Rode* (1874), *Viotti* (1888), *les Vrais Créateurs de l'opéra français : Perrin et Cambert* (1881), *Dictionnaire historique et pittoresque des théâtres et des arts* (1885), *Méhul* (1889), *l'Opéra-comique pendant la Révolution* (1891), *Hérold* (1906), *Massenet* (1914).
J. R.

POULE (LA). — 1. Pièce pour clavecin en *sol* mineur de Rameau, extraite de la suite dans la même tonalité (1731).
— 2. Titre en français porté par la symphonie n° 83 en *sol* mineur de Haydn, composée en 1785, à cause du caquètement de hautbois accompagnant le second thème de son allegro spiritoso initial. M. V.

POULENC *(Francis),* compositeur français *(Paris 1899- id. 1963).* Aujourd'hui considéré comme un des plus grands compositeurs français de la première moitié du XXe siècle, il a débuté dans la musique comme petit pianiste prodige. Instruit sur cet instrument par sa mère, elle-même excellente pianiste, puis par Ricardo Vines (« Je lui dois tout », dira-t-il plus tard), il rencontre, grâce à lui, Erik Satie et Georges Auric, dont la culture le fascine et qui sera un de ses grands amis, et se trouve rapidement introduit dans les milieux parisiens de la création musicale. Sa *Rhapsodie nègre,* gentiment provocatrice et « fauviste » en 1917, fait beaucoup entendre de ses dons remarquables. Mobilisé lors de la Première Guerre mondiale, il compose peu pendant cette période militaire, sauf *le Bestiaire* (1918-19), sur les poèmes d'Apollinaire, mélodies qui sont sa première réussite d'un genre où il fut reconnu comme très grand — celui de la mélodie. Il consolide sa formation musicale d'autodidacte avec Charles Koechlin. Quand le critique Henri Collet baptise et consacre en 1920 le groupe des Six, réuni autour de Cocteau (comme le groupe des Cinq russes l'était autour de Stassov), Poulenc est naturellement l'un deux, un des plus jeunes, des plus brillants.

Pendant quinze ans, il va satisfaire à cette réputation d'artiste agréable, français, léger. Les influences perceptibles à l'époque dans son style, sont celles de Satie, Auric, Chabrier. La création de ses *Biches* en 1924, par les Ballets russes, scelle sa renommée ; on retrouve dans cette partition la quintessence de l'esprit groupe des Six, clins d'œil, orchestre léger, thèmes d'allure « flon-flon », et savoir-faire. Des dates musicalement plus importantes sont celles de son *Concert champêtre* (1928), pour clavecin et orchestre, commandé par Wanda Landowska, et de son *Aubade* (1929), pour piano et 18 instruments, œuvres où se fait jour, derrière le badinage « galant », une certaine amertume et un certain sens du tragique. Le tournant décisif est amené par une œuvre modeste, sa première œuvre religieuse, les *Litanies de la Vierge Noire* (1936), où, tout d'un coup, il trouve sa dimension de grand musicien catholique. Il professe alors une espèce de « foi du charbonnier », qu'il se plaît à opposer à son côté « voyou » (Claude Rostand) et libertin. Toute sa carrière, désormais, surtout après la Seconde Guerre mondiale, va se structurer et se concentrer autour de la musique vocale et dramatique ; l'inspiration profane et l'inspiration religieuse assumées de manière parallèle se rejoindront dans une audacieuse tentative d'opéra moderne à sujet religieux (sans les séductions mythiques et fantastiques d'un sujet comme *Parsifal*), *Dialogues des carmélites* (1953-1956) ; créé à la Scala de Milan en 1957), d'après Bernanos. Même une œuvre de musique « pure », comme le *Concerto pour orgue et timbales* (1938), comporte des accents liturgiques.

Pendant la guerre, il a peu composé, sauf un ballet d'après La Fontaine, *les Animaux modèles* (1941) et la cantate *Figure humaine* (1943) sur un texte d'Eluard — un de ses auteurs favoris, auquel il a consacré plusieurs de ses cycles de mélodies. Son œuvre de rentrée est un essai dramatique burlesque sur la pièce d'Apollinaire *les Mamelles de Tiresias* (1944 ; 1re, Opéra-Comique en 1947), œuvre dont le thème (un homme devenant femme, se ressentant femme) court en filigrane dans son œuvre. Sa foi catholique lui inspire un *Stabat mater* (1950), auquel fera écho le *Gloria* (1959), une de ses dernières œuvres, dont il s'estimait très satisfait, et dans laquelle il essaie d'exprimer un sentiment religieux tour à tour grave et gai. Ses *Dialogues des carmélites* sont une œuvre ambitieuse, hantée par la mort. Le rôle principal de Blanche de La Force (à laquelle il n'est pas exagéré de dire qu'il s'identifiait) triomphe dans l'interprétation de Denise Duval, grande soprano pour laquelle il écrira aussi *la Voix humaine* (1959), d'après Cocteau. Il effectue un voyage musical couronné de succès aux États-Unis. Si les tendances d'avant-garde le troublent parfois (« Ma musique n'est tout de même pas si mal »), il les suit avec intérêt, et elles ne l'empêchent pas d'écrire selon son goût, naturellement éclectique (les *Dialogues* sont placés sous le signe de Moussorgski, Monteverdi, Debussy). Après 1945, il ne composera presque plus de « musique pure »). Il n'est pas l'homme des grandes constructions abstraites, mais il aime destiner ses œuvres à ses amis interprètes, Denise Duval, le pianiste Jacques Février (avec lequel il joue en duo), le baryton Pierre Bernac (qu'il accompagne au piano).

Poulenc aime aussi voyager, enregistrer, se réfugier dans sa maison de Noizay en Touraine, dans une « solitude peuplée de visites d'amis ». Célibataire jusqu'à sa mort, très discret dans sa vie privée, il saura toujours entretenir des liens profonds d'amitié. Peu de temps après avoir achevé ses *Répons sur les temps des ténèbres,* il meurt d'une attaque cardiaque, le 30 janvier 1963. Ses *Entretiens* avec Claude Rostand, publiés en volume, ont contribué à maintenir vivante sa figure, et il est l'un des rares compositeurs français de sa génération (sinon le seul) à avoir évité le « purgatoire » et à être encore abondamment joué et repris vingt ans après sa mort.

Certes, il savait plaire d'instinct, et quels que soient les risques pris au niveau du sujet, garder son public avec lui. Il est vrai que, si ses œuvres symphoniques et lyriques sont souvent reprises, sa musique de piano et ses mélodies, réputées, restent dans l'ombre. On n'insistera pas sur ses qualités reconnues de « musicien français » : clarté, sens de la mesure, sensualité, humour, etc. Tout son problème fut peut-être d'échapper à ses dons et à sa facilité incontestable. Son anodine *Rhapsodie nègre* de 1917 montre déjà à dix-huit ans, au complet, sa musicalité, son art de faire de la musique avec rien et de se faire écouter, son sens exact des timbres. Le succès avec lequel elle fut accueillie avec ses pareilles, dans une époque où cette « esthétique d'agrément » battait son plein, exposait Poulenc à répéter indéfiniment la même inspiration gracieuse et un peu courte. Heureusement, il sut devenir plus que ce qu'il était au départ, plus qu'un musicien avec tous les dons, mais qui, ayant reçu les qualités mêmes de ceux qu'il adorait, n'en possédait aucune à un point vraiment important : moins acéré que Satie, moins vivant que Chabrier, moins profond que Debussy, moins pur que Mozart, moins orchestrateur que Ravel, bien qu'il tînt des uns et des autres. Il avait aussi — et ceci, seul, fit son succès — un sens inné de la mélodie comme totalité, comme courbe, dans ses proportions et son phrasé. Cela même quand l'inspiration en est plate — ce qui lui arrive souvent —, et on ne sait pas toujours quand c'est « voulu ».

Un rien de vulgarité bourgeoise, de laisser-aller, de complaisance se retrouve même dans la très belle mélodie initiale de sa *Sonate pour piano et flûte*. Avec cette façon un peu suffisante de retomber sur ses pieds dans la cadence (moment où Poulenc laisse souvent sentir la facilité), elle n'emporte pas vraiment l'émotion, sa beauté est comme un masque, une parade. L'élément de risque, de frémissement, qui manquait à ce style si coulant, fut trouvé par Poulenc dans le domaine religieux et dramatique. Il ne voyait pas pourquoi, musicalement, il se fût « refusé » quelque chose, voulait ignorer ce que cela signifie, mais c'est avec une sympathique franchise qu'il citait ou imitait Mozart, Moussorgski ou Chabrier. Il s'est donc rajeuni et a été « sauvé » par l'Église et par la scène, toutes deux associées dans le projet insolite de ces *Dialogues des carmélites*, qui l'occupa trois ans. Même ses mélodies, sur des poèmes de Paul Eluard, Apollinaire, Louise de Vilmorin, dont la production ponctue à peu près régulièrement sa carrière, et que les connaisseurs apprécient pour leur concentration et la qualité de leur prosodie, sont restées un peu confinées dans leur « succès d'estime » et n'auraient pas, à elles seules, suffi à sortir l'œuvre de Poulenc du cercle où elle s'était elle-même enfermée, avec quel talent cependant : car une des grandes qualités de la musique de Poulenc, sa *lisibilité*, distingue des œuvres comme *les Biches* ou le *Concert champêtre* de tant de « musiques d'agrément », qui ont mal vieilli et sont devenues, pour nos oreilles modernes, pâteuses et informes. Reconnaissons donc, à travers toute son œuvre, un certain génie de la clarté qui n'a pas été donné à beaucoup. Et qu'on n'aurait pu imiter, si ce compositeur, qui sut prendre son bien partout, avait eu des imitateurs. Au moins la seconde partie de sa carrière lui a-t-elle permis de conquérir sa solitude. M. C.

Œuvres. Musique instrumentale. POUR PIANO : *3 Mouvements perpétuels* (1918), *Sonate* à 4 mains (1918), *Valse* (1919), *6 Impromptus* (1920), *Suite en ut* (1920), *Promenades* (1924), *Napoli* (1925), *Pastourelle* (1927), *2 Novelettes* (1927-28), *3 Pièces* (1928), *Hommage à A. Roussel* (1929), *8 Nocturnes* (1929-1938), *15 Improvisations* (1932-1959), *Villageoise* (1933), *Feuillets d'album* (1933), *2 Intermezzos* (1934), *Presto, Badinage* (1934), *Humoresque* (1934), *les Soirées de Mazelles* (1930-1936), *Bourrée au pavillon d'Auvergne* (1937), *Mélancolie* (1940), *Intermezzo* (1943), *Thème varié* (1951), *Sonate*, pour 2 pianos (1953), *Histoire de Babar, le petit éléphant* (1940-1945), *Sonate*, pour vl. et p. (1943), *Sonate*, pour vlc. et p. (1940-1948), *Sonate*, pour fl. et p. (1956), *Sonate*, pour htb. et p.,

clar. et p. (1962), *Élégie* pour cor et p. (1957), *Sonate*, pour 2 clar. (1918), *Sonate* pour clar. et basson (1922), *Sonate*, pour cor, trombone (1922), *Trio, pour htb* et basson et p. (1926), *Sextuor*, pour p., fl., htb., clar., basson et cor (1930-1940). POUR ORCHESTRE : *Concert champêtre* pour clav. et orch. (1928), *Concerto en sol mineur* : orgue et orch. (1938), *Concerto en ré mineur* pour 2 p. et orch. (1932), *Aubade*, concerto chorégr. pour p. et 18 instr. (1929), *Sinfonietta* (1947), *Concerto* pour p. et orch. (1949).

Musique vocale. POUR CHANT ET PIANO : *le Bestiaire ou Cortège d'Orphée* (G. Apollinaire) [1918-19] ; *Cocardes* (Jean Cocteau) [1919] ; *Poèmes de Ronsard* (1924-25) ; *Chansons gaillardes* (anonymes XVIIe s.) [1926] ; *Vocalise* (1927) ; *Airs chantés* (Jean Moréas) [1927-28] ; *Épitaphe* (Malherbe) [1930] ; *Trois Poèmes de Louise Lalanne* (1931) ; *Quatre Poèmes* (G. Apollinaire) [1931] ; *Cinq Poèmes* (Max Jacob) [1931] ; *Huit Chansons polonaises* (1934) ; *Cinq Poèmes* (Paul Eluard) [1935] ; *À sa guitare* (Ronsard) [1935] ; *Tel jour telle nuit* (Paul Eluard) [1937] ; *Trois Poèmes* (Louise de Vilmorin) [1937] ; *Deux Poèmes* (G. Apollinaire) [1938] ; *Miroirs brûlants* (Paul Eluard) [1938] ; *le Portrait* (Colette) [1938] ; *la Grenouillère* (G. Apollinaire) [1938] ; *Priez pour paix* (Charles d'Orléans) [1938] ; *Ce doux petit visage* (Paul Eluard) [1938] ; *Bleuet* (G. Apollinaire) [1939] ; *Fiançailles pour rire* (Louise de Vilmorin) [1939] ; *Banalités* (G. Apollinaire) [1940] ; *Chansons villageoises* (Maurice Fombeure) [1942] ; *Métamorphoses* (Louise de Vilmorin) [1943] ; *Deux Poèmes* (Louis Aragon) [1943] ; *Montparnasse* (G. Apollinaire) [1945] ; *Hyde Park* (G. Apollinaire) [1945] ; *le Pont* (G. Apollinaire) [1946] ; *Un Poème* (G. Apollinaire) [1946] ; *Paul et Virginie* (Raymond Radiguet) [1946] ; *Trois Chansons de F. Garcia Lorca* (1947) ; *... Mais mourir* (Paul Eluard) [1947] ; *Hymne* (Racine) [1947] ; *le Disparu* (Robert Desnos) [1947] ; *Main dominée par le cœur* (Paul Eluard) [1947] ; *Calligrammes* (G. Apollinaire) [1948] ; *Mazurka* (Louise de Vilmorin) [1949] ; *la Fraîcheur et le Feu* (Paul Eluard) [1950] ; *Parisiana* (Max Jacob) [1954] ; *Rosemonde* (G. Apollinaire) [1954] ; *le Travail du peintre* (Paul Eluard) [1956] ; *Deux Mélodies* (G. Apollinaire et Laurence de Beylié) [1956] ; *Dernier Poème* (Robert Desnos) [1956] ; *Une chanson de porcelaine* (Paul Eluard) [1958] ; *la Courte Paille* (Maurice Carême) [1960]. POUR CHANT ET INSTRUMENTS : *Rhapsodie nègre* (1917) ; *le Bestiaire ou Cortège d'Orphée* (G. Apollinaire) avec fl., clar., basson et quatuor à cordes (1918-19) ; *le Bal masqué* (Max Jacob), cantate profane pour baryton et orch. de ch. (1932) ; *Chansons villageoises* (Maurice Fombeure) av. orch. (1942) ; *la Dame de Monte-Carlo* (Jean Cocteau), monologue pour soprano et orchestre (1961). CHANSONS : *Toréador* (Jean Cocteau) [1918-1932] ; *Quatre Chansons pour enfants* (Jaboune) [1934-35] ; *les Chemins de l'amour* (Jean Anouilh) [1940]. POUR CHŒUR A CAPELLA : *Chansons à boire* (1922) ; *7 Chansons* (Apollinaire, Eluard) [1936] ; *Litanies de la Vierge Noire* (1936) ; *Petites Voix* (1936) ; *Messe en sol maj.* (1937) ; *4 Motets pour un temps de pénitence* (1939) ; *Exultate Deo, Salve Regina* (1941) ; *Figure humaine* (Paul Eluard) [1943] ; *Un soir de neige* (Paul Eluard) [1944] ; *Chansons françaises* (1945-46) ; *Quatre Petites Prières* (1948) ; *Ave verum corpus* (1952) ; *Quatre Motets pour le temps de Noël* (1952). POUR CHŒUR ET ORCHESTRE : *Sécheresses* (E. James) [1937] ; *Stabat Mater* (1950) ; *Gloria* pour p., soprano, chœur et orchestre (1959) ; *Sept Répons des Ténèbres* (1961, inédit).

Théâtre. *Les Mamelles de Tirésias* (Apollinaire) [1944, créées en 1947], opéra-bouffe Op. Com. 3.6. 1947 ; *Dialogues des carmélites* (Georges Bernanos) [créées en 1957], opéra ; *la Voix humaine* (Jean Cocteau) [créée en 1959], monodrame ; *ballets* : *les Biches* (1923, créées en 1924, Heugel) ; *les Animaux modèles* (1942, Heugel).

Écrits. *Entretiens avec Claude Rostand* (Paris, 1954) ; *E. Chabrier* (Paris-Genève, 1961) ; *Journal de mes mélodies* (Paris, 1964) ; *Correspondance 1945-1956* (Paris, 1967).

Pour Élise. Titre porté à tort par la bagatelle en *la* mineur WoO 59 de Beethoven, datée du 27 avril 1810. Il semble que l'autographe, aujourd'hui disparu, ait porté de la main du compositeur non pas ce titre *Pour Élise*, mais *Pour Thérèse*, et que l'œuvre ait été destinée à Thérèse Malfatti, que Beethoven avait espérée épouser au début de 1810. La dénomination de l'ouvrage résulterait tout simplement d'une erreur de lecture de Ludwig Nohl, qui la publia pour la première fois en 1867 après avoir vu l'autographe chez une demoiselle Bredl, de Munich, celle-ci l'ayant auparavant reçu en cadeau de Thérèse Malfatti. M. V.

Pour le piano. Titre donné par Claude Debussy à 3 pièces pour piano seul (*Prélude, Sarabande, Toccata*), qu'il composa entre janvier et avril 1901. Cette suite fut créée le 11 janvier 1902 par Ricardo Vines. L'œuvre est en filiation directe avec le style des vieilles suites françaises de Chambonnières et de Rameau, tout de simplicité, de virtuosité légère, de classicisme. Les effets de fondu et de flou s'effacent ici devant la clarté des lignes et du rythme. À noter que la *Sarabande* (que certains disent inspirée des *Sarabandes* d'Eric Satie composées en 1887) avait déjà paru dans une première version en 1896. M. C.

Pour une fête de printemps. Poème symphonique op. 22 d'Albert Roussel, composé en 1920, créé à Paris le 29 octobre 1921 par l'orchestre Colonne dirigé par Gabriel Pierné. Primitivement destiné à la *Deuxième Symphonie*, ce scherzo où alternent des épisodes lents et animés se rapproche des *Évocations* et de *Padmâvatî*, par sa puissance rythmique, sa conception enlevée, ses parfums et ses couleurs, mais aussi par ses âpretés harmoniques. Une ivresse sonore marque cette page heureuse, résumant, à elle seule, les aspects les plus divers de la pensée de son auteur. P. V.

Poussé. Mouvement de l'archet de la pointe vers le talon. Il permet d'attaquer la corde avec moins de vigueur, mais plus de souplesse que le « tiré », son contraire. M. T.

Pousseur *(Henri)*, compositeur belge *(Malmédy 1929)*. Il a fait ses études au conservatoire de Liège (1947-1952), où il obtint un premier prix d'harmonie et un second prix d'orgue, puis à celui de Bruxelles (1952-53), où il remporta un premier prix de fugue dans la classe de Jean Absil. À Liège, il se lia au groupe vocal Variations, organisé autour de Pierre Froidebise. Il rencontra Pierre Boulez dès 1951 et, en 1954, travailla au studio de musique électronique de Cologne. Il passa, en 1957, deux mois à celui de Milan et, en 1958, il fonda le Studio de musique électronique de Bruxelles.

Les premières œuvres de Pousseur témoignent de son admiration pour Webern : *Trois Chants sacrés*, pour soprano et trio à cordes (1951) ; *Symphonies à 15 solistes* (1954-55) ; *Quintette à la mémoire d'Anton Webern*, pour clarinette, clarinette basse, violon, violoncelle et piano (1955, joué à Donaueschingen la même année) ; *Mobile*, pour 2 pianos (1956-1958) ; *Madrigal I*, pour clarinette (1954). En 1954 fut réalisé à Cologne *Seismogrammes I et II*, pour bande à une piste, et en 1957, à Milan, *Scambi*, pour bande à 2 pistes. En 1960 suivit à Bruxelles le ballet électronique *Électre*, qui obtint la même année le prix Italia. Pousseur travailla, de 1961 à 1963, au Studio de musique électronique de Monaco, et en 1962 il fonda le centre d'études Musiques nouvelles, dans le cadre duquel il organisa des séries de concerts avec l'Ensemble musiques nouvelles dirigé par Pierre Bartholomée. Il enseigna, de 1962 à 1968, à l'École supérieure de musique de Cologne et, en 1963-64, à l'Académie de musique de Bâle. En 1965, il travailla au Studio de musique électronique de l'université de Gand. Cette même année ainsi qu'en 1967, il tint une série de séminaires au Centre de sociologie de la musique de l'université libre de Bruxelles et, en 1966-67, il fut invité à l'université de Buffalo. Entre 1957 et 1967, il enseigna à Darmstadt. Durant cette période, il s'intéressa de plus en plus aux matériaux extramusicaux, à l'aléatoire et aux multimedia. Il en résulta notamment *Rimes*, pour différentes sources sonores (1958-59 ; créé à Donaueschingen, 1959), *Ode*, pour quatuor à cordes (1960-61), *Madrigal II*, pour flûte, violon, viole de gambe et clavecin (1961), et *III*, pour clarinette, 2 percussions, piano, violon et violoncelle (1962), et *Trois Visages de Liège* (1961), œuvre pour bande à 2 pistes composée pour le spectacle Forme et Lumières de la ville de Liège.

En 1967, l'année de *Couleurs croisées*, pour orchestre, Pousseur acheva une de ses œuvres maîtresses, la fantaisie variable genre opéra *Votre Faust* (1960-1967), pour soprano, alto, ténor, basse, 5 acteurs, 12 instruments et bande et résultant d'une collaboration avec Michel Butor (création le 15 janvier 1969 à la Piccola Scala de Milan). Cet ouvrage, où le public a la possibilité d'intervenir et d'orienter l'action dans tel ou tel sens, fait du procédé de la citation littéraire et musicale un usage vaste et subtil et donna naissance à plusieurs « œuvres satellites » comme *Miroir de votre Faust* (1964-65), *Portail de votre Faust* (1960-1966), *Jeu de miroir de votre Faust* (1967), *Échos de votre Faust* (1967), *Ombres de votre Faust, Fresques de votre Faust*.

En 1970, Pousseur se réinstalla à Liège, où il fonda le Centre de recherches musicales de Wallonie, et fut d'abord chargé d'enseignement à l'université de cette ville. Au conservatoire de Liège, il fut chargé d'un séminaire de musique expérimentale, puis en 1971 de la classe de composition. En 1975, il devint directeur de cet établissement et s'attacha principalement à une tâche de rénovation pédagogique tout en dirigeant également la Société des concerts du Conservatoire (avec comme instrument principal l'orchestre dirigé depuis 1977 par Pierre Bartholomée*). Parmi les principales œuvres de cette période, *les Éphémérides d'Icare II*, pour piano et instruments, page se référant notamment à Michel Butor et, à travers lui, à Charles Fourier ; *Crosses of Crossed Colors*, pour voix de femme amplifiée, piano et 6 sources sonores (1970) ; *Invitation à l'utopie* (1970-71, version amplifiée des *Éphémérides d'Icare II*), pour récitant, 2 voix de femmes, chœur à 4 voix, une soliste principale, un concertino et un concerto grosso ; *Midi-Minuit*, déroulement ininterrompu de musiques (1971) ; *Stravinski au futur*, composition collective (1971), *Ex-Dei in machina memoria*, pour un instrument mélodique et appareillage électroacoustique (1971) ; *l'Effacement du prince Igor*, pour grand orchestre (1971) ; *Vue sur les jardins interdits*, pour quatuor de saxophones (1973, version pour orgue parue la même année) ; *Schönbergs Gegenwart* ou *les Épreuves de Pierrot l'Hébreu*, pour acteurs, chanteurs et instruments (1974, pour le centenaire de Schönberg, version française *Procès du jeune chien*, 1978) ; *Liège à Paris*, œuvre électroacoustique pour l'ouverture de l'I.R.C.A.M. (1977) ; *Chevelure du temps*, oratorio populaire en collaboration avec Michel Butor (1979) ; *les Îles déchaînées* pour ensemble de jazz, ensemble expérimental et orchestre symphonique (1980) ; *la Seconde Apothéose de Rameau*, pour ensemble (1981 ; créée à Paris par l'Ensemble intercontemporain, novembre 1981).

On doit également à Henri Pousseur de nombreux écrits, dont *l'Apothéose de Rameau (essai sur la question harmonique)* [Paris, 1968], *Fragments théoriques I sur la musique expérimentale* (Bruxelles, 1970), *Stravinski selon Webern selon Stravinski* (Paris, 1971) et *Musique, sémantique, société* (Paris, 1972). M. V.

Powell *(Earl, dit Bud)*, pianiste de jazz américain *(1924-1966)*. Élevé dans une famille de musiciens, il étudie le piano dès l'âge de six ans et, à quinze ans, fait ses débuts professionnels dans l'orchestre de son frère William. Fidèle auditeur — et bientôt acteur — des *Jam sessions* du Minton's, il reçoit les conseils de Th. Monk. Après un engagement chez Cootie Williams (1943-1945), il s'oriente, comme Monk, vers une autonomie à laquelle il accède en 1947, alors que son influence et son prestige dans les milieux musicaux, considérables, l'amènent enfin à publier des disques sous son nom (*I'll Remember April*). Il fonde un trio. C'est l'orée, semble-t-il, d'une brillante carrière ; mais la maladie mentale va le briser. Bud Powell fait dans les hôpitaux psychiatriques de longs séjours, entre lesquels il enregistre quelques disques, participe à des concerts ou se produit en night-club. On constate une certaine amélioration pendant son séjour en France, de 1956 à 1964, mais il y contracte la tuberculose et meurt quelques mois après son retour à New York.

Pour beaucoup, Bud Powell est le plus grand pianiste de l'école *bop*. Moins original que Thelonious Monk, mais bien meilleur instrumentiste, il s'est mieux intégré aux groupes formés au lendemain de la guerre ; et sa vitesse de pensée, jointe à sa vélocité d'exécution, lui a permis de fournir une contrepartie satisfaisante aux tumultueuses improvisations des Gillespie et des Parker. Un sens exact du tempo, du phrasé, de l'accent rythmo-harmonique, se conjugue, chez lui, avec une invention mélodique dont la cohérence, quelquefois, laisse à désirer. Bud Powell est aussi l'auteur de thèmes tels que *Parisian Thoroughfare, Glass Enclosure, Dusk in Sandi, I'll Keep Loving You, Budo, Dance of the Infidels, The Fruit* et *Un poco loco*. A. H.

PP. Abréviation usuelle de « pianissimo ». M. T.

PRADES (FESTIVAL DE). Il se tient, depuis 1950, dans ce chef-lieu d'arrondissement des Pyrénées-Orientales, où Pablo Casals avait choisi de s'exiler après l'établissement en Espagne du régime de Franco. L'initiative en revient au violoniste Alexandre Schneider, qui, venu rendre visite à Pablo Casals en 1949, lui proposa d'inviter chaque année à Prades des musiciens pour jouer avec lui. Pablo Casals accepta. Selon le vœu de son créateur, essentiellement consacré à la musique de chambre, et pris en charge depuis 1968 par la ville de Prades, le festival se déroule de la fin juillet à la mi-août dans l'abbaye romane de Saint-Michel-de-Cuxa, au pied du Canigou.

Se sont notamment produits au festival de Prades Clara Haskil, Rudolf Serkin, Wilhelm Kempff, William Primrose, Isaac Stern, Henryk Szeryng, Marcel Dupré, Pierre Fournier, Igor Oistrakh, Christoph Eschenbach, Yehudi Menuhin, Kurt Redel, et Alexandre Schneider. M. V.

PRAETORIUS, famille de musiciens allemands.
— 1. **Jacob,** organiste et compositeur (*Magdebourg v. 1530-Hambourg 1586*). Peut-être élève de Martin Agricola à Magdebourg, il fut, de 1558 à sa mort, premier organiste à Saint-Jacobi de Hambourg. Sa seule œuvre connue est un *Te Deum* à 4 voix.
— 2. **Hieronymus,** compositeur, organiste et éditeur (*Hambourg 1560-* id. *1629*). Fils du précédent, il fut son assistant à Saint-Jacobi, lui succéda en 1586 comme premier organiste et conserva ce poste jusqu'à sa mort. On lui doit des messes, des *Magnificat* et plus de 100 motets, dont la plupart en latin. Toutes ces œuvres sauf 5 furent publiées à Hambourg entre 1616 et 1625. Les messes sont toutes parodiques (4 d'après ses propres motets). Cinquante de ses motets sont des œuvres polychorales pour un nombre de voix allant de 8 à 20, et comptent parmi les premiers ouvrages inspirés du style polychoral vénitien à avoir été publiés en Allemagne du Nord. Il écrivit aussi quelques pages pour orgue.
— 3. **Jacob,** compositeur, organiste et pédagogue (*Hambourg 1586-* id. *1651*). Fils du précédent, il étudia l'orgue avec Sweelinck à Amsterdam et écrivit des motets, de la musique vocale profane, des œuvres d'orgue.
— 4. **Johannes,** organiste et compositeur (*Hambourg v. 1595-* id. *1660*). Frère du précédent, il fut comme celui-ci élève de Sweelinck à Amsterdam et occupa, de 1612 à sa mort, le poste d'organiste à la Nikolaikirche de Hambourg. M. V.

PRAETORIUS *(Michael)*, compositeur, organiste et théoricien allemand (*Creuzburg an der Werra v. 1571-Wolfenbüttel 1621*). Esprit encyclopédique, il étudia la musique, la philosophie et la théologie, principalement à Francfort-sur-l'Oder, où il fut organiste. On le retrouve ensuite à Gröningen et à Wolfenbüttel, où il se fixa dès 1593 et où il demeura jusqu'à sa mort, tout en remplissant diverses fonctions : maître de chapelle de la Cour à Wolfenbüttel, conseiller de la maison de Saxe et maître de chapelle (de 1613 à 1616) à Dresde, conseiller à Sandershausen, à Kassel, à Leipzig et à Nuremberg, sans jamais occuper de poste stable pendant longtemps. Il contribua à la fondation, en 1618, de la Concert music de la cathédrale de Magdebourg, avec Scheidt et Schütz.

Ses œuvres musicales sont très nombreuses et ont été presque toutes publiées de son vivant ; il en a donné lui-même la liste à la fin de son traité *Syntagma musicum*. Ce sont principalement, pour la musique religieuse, les motets, les hymnes et les psaumes contenus dans les 9 volumes des *Musae sioniæ* (de 2 à 12 voix ; 1605-1610), les *Motectae et psalmi* (de 4 à 16 voix ; 1607), la *Missodia sionia* (de 5 à 8 voix ; 1611), l'*Hymnodia sionia* (de 5 à 8 voix ; 1611), la *Kleine und Grosse Litaney* (de 5 à 8 voix ; 1613), la *Polyhymnia caduceatrix et panegyrica* (de 1 à 21 voix, avec basse continue ; 1619) et la *Polyhymnia exercicatrix* (de 2 à 8 voix, avec basse continue ; 1619) ; et, pour la musique profane, 9 volumes portant le titre général de *Musa aonia* et composés de *Terpsichore* (2 vol.), *Calliope* (2 vol.), *Thalia* (2 vol.), *Erato* (1 vol.), *Diana Teutonica* (1 vol.) et *Das Regensburgische Echo* (*l'Echo de Ratisbonne*, 1 vol.) ; ces recueils contiennent des danses et des chansons polyphoniques.

Le trait dominant qui caractérise les œuvres de Praetorius réside dans l'enrichissement qu'il a apporté au style musical pratiqué dans l'Allemagne du Centre de son temps par l'adjonction de plus en plus marquée d'éléments de langage empruntés à la musique italienne qu'il a beaucoup étudiée. Ses premières œuvres font encore appel à la polychoralité, plusieurs chœurs à plusieurs voix étant réunis, et, sur le plan de la forme, au motet fondé sur le choral harmonisé. Mais, rapidement, il fait évoluer ces formes anciennes et rigides en les marquant de la souplesse expressive du madrigal italien, puis en leur ajoutant des parties instrumentales qui contribuent, avec l'ornementation des parties chantées, à enrichir la polyphonie de sonorités nouvelles et plus variées. Cette évolution le mène à concevoir une véritable basse continue instrumentale, qui apparaît très nettement dans ses dernières œuvres (les recueils de *Polyhymnia* de 1619). Ainsi, en une époque de complète transformation du langage musical, Praetorius contribue puissamment, en Allemagne, à faire passer la polyphonie chorale héritée du XVIe siècle à la musique baroque qui va se développer au XVIIe siècle. A son actif, il faut également relever un nouveau mode de traitement du choral, dont la mélodie se voit accompagnée de voix polyphoniques empruntant leurs lignes à des motifs issus du thème même, selon une technique dont se souviendra J.-S. Bach.

Mais Praetorius eut également une profonde influence par ses écrits, dans lesquels il fit la synthèse des très nombreuses connaissances qu'il avait acquises. On connaît de lui un *Traité de l'orgue*, resté manuscrit ; mais son principal ouvrage est la grande somme des 3 tomes du *Syntagma musicum* (« Traité de la musique »), publié à Wolfenbüttel de 1614 à 1620. Écrit en latin et en allemand, il traite, dans son premier tome, de l'ancienne musique religieuse et des différentes musiques liturgiques connues (juive, grecque, égyptienne, latine, jusqu'aux formes pratiquées en Allemagne), ainsi que des musiques profanes anciennes, des compositeurs et des théoriciens. Le deuxième volume, intitulé *Organographia*, est un magistral traité d'organologie : nomenclature et description de tous les instruments connus, du passé et du présent, et de leur facture. Enfin, le troisième volume est consacré à la théorie de la musique : notation, solmisation, rythme, contrepoint.

On ignore jusqu'à présent quels liens de parenté pourraient exister entre Michael Praetorius et la famille de musiciens du même nom, Hambourgeois vivant et travaillant à la même époque. G. C.

Prague. Prague possède une tradition musicale que l'on peut faire remonter au IXe siècle. L'université — qui comprend une section de théorie musicale — est fondée en 1348. A la fin du XVIe siècle et au début du XVIIe siècle, la chapelle de la cour de Rodolphe II accueille Philippe da Monte et J. Gallus. Au XVIIe siècle, en raison du transfert de la cour à Vienne (1612), la vie musicale subit un certain ralentissement. Elle connaîtra une nouvelle activité avec B. Černohorský, dans le domaine de la musique pour orgue et de la musique religieuse, et F. X. Brixi, dans le domaine de l'opéra. L'opéra italien est introduit à Prague en 1627, mais c'est en 1723, avec la représentation de *Costanza e fortezza* de Fux, sous la direction de Caldara, qu'il acquiert une importance véritable. En 1787 fut créé à Prague le *Don Giovanni* de Mozart. Parallèlement à l'opéra italien, on cultive aussi le singspiel, à partir du milieu du XVIIIe siècle. Au XIXe siècle sont créées de nombreuses associations musicales, parmi lesquelles la Société des musiciens, fondée en 1803, qui organise régulièrement des concerts pour la première fois à Prague, et l'Association pour la promotion de l'art musical, fondée en 1808, à laquelle on doit le premier conservatoire de musique d'Europe centrale. De 1813 à 1816, Weber est chef d'orchestre au Théâtre national. Mais ensuite Prague va connaître une activité musicale typiquement tchèque, qui se différenciera de l'art allemand. En 1826 est représenté le premier opéra tchèque important : *Dráteník* («le rétameur») de F. Škroup. Plusieurs institutions sont liées au nom de B. Smetana, notamment le chœur Hlahol (fondé en 1861) qu'il dirigea de 1861 à 1865 et le Théâtre provisoire (inauguré en 1862), auquel il consacra une grande partie de son activité de 1866 à 1874. En 1881 le Théâtre national est inauguré avec l'opéra *Libuše* de Smetana. Parmi les chefs d'orchestre du Théâtre national figurent Adolf Čech (1876-1900), Karel Kovařovic (1900-1920), Otakar Ostrčil (1920-1935), Václav Talich (1935-1944 ; 1947-48) et Otakar Jeremiáš (1945-1947 ; 1948-1951). En 1888 est construit un nouvel édifice, le Théâtre allemand, qui, grâce à A. Zemlinsky qui en est le premier chef d'orchestre de 1911 à 1927, connaîtra une renommée internationale. Après la Seconde Guerre mondiale, toutes les institutions musicales allemandes sont supprimées. En 1948 est créé le festival du Printemps de Prague. Le principal orchestre de Prague est la Philharmonie tchèque, qui a donné son premier concert en 1896 sous la direction d'A. Dvořák et à la tête de laquelle se sont succédé Čelanský, O. Nedbal, K. Moor, F. Spilka, Vilém Zemánek, Václav Talich, R. Kubelík, K. Ančerl et V. Neumann. En 1924 est fondé l'Orchestre symphonique de la radio de Prague. Dans le domaine de la musique de chambre, 2 associations furent créées au XIXe siècle : l'Union de musique de chambre (fondée en 1876) et l'Union tchèque de musique de chambre (fondée en 1894). Le quatuor bohémien, le quatuor Ševčík-Lhotský, le quatuor Ondříček, le quatuor de Prague et le quatuor Smetana sont quelques-unes des nombreuses formations de musique de chambre qui ont acquis une réputation internationale. Le Conservatoire (fondé en 1811) a été réorganisé en 1920. Il compta parmi ses professeurs L. Janáček, V. Novák et J. Suk (composition), O. Ševčík, F. Ondříček et J. Kocian (violon) et V. Talich (direction d'orchestre). A l'université allemande ont enseigné les musicologues G. Adler, H. Rietsch et G. Becking ; à l'université tchèque, O. Hostinský, Z. Nejedlý et M. Očadlík.
A. et M. P.

Prague. Titre porté par la symphonie no 38 en *ré* majeur K.504 de Mozart, terminée à Vienne le 6 décembre 1786, parce qu'elle fut jouée à Prague le 19 janvier 1787, lors du premier séjour que le compositeur effectua dans cette ville. Il y avait été invité pour assister à une représentation des *Noces de Figaro*, œuvre qui n'avait plus de public à Vienne, mais qui avait été reprise à Prague avec un succès éclatant, et en repartit avec la commande d'un autre opéra qui devait être *Don Giovanni*. La représentation de *Figaro* à laquelle Mozart assista à Prague eut lieu le 17 janvier 1787. Certainement composée en vue de ce voyage, la symphonie no 38 n'a que 3 mouvements (pas de menuet) : elle n'en est pas moins, surtout en son premier mouvement, d'une ampleur inconnue chez Mozart jusqu'alors, et qu'il ne devait d'ailleurs jamais dépasser. Cet allegro initial et son introduction adagio respirent déjà le climat de *Don Giovanni*, et l'introduction lente, fort différente par son dramatisme de celles de Haydn ou de Mozart lui-même dans une œuvre comme la symphonie *Linz**, relève d'un type que Beethoven devait développer dans ses symphonies nos 2 et, surtout, no 7 (celles des symphonies nos 1 et 4 s'inscrivent, au contraire, dans la descendance de Haydn). M. V.

Pratella (Francesco Balilla), compositeur, théoricien et musicologue italien (*Lugo di Romagna 1880-Ravenne 1955*). Il fait ses études au Liceo musicale de Pesaro, où il travaille, notamment, avec P. Mascagni, puis dirige, de 1910 à 1929, le même établissement à Lugo di Romagna, et, de 1927 à 1945, celui de Ravenne. Il a composé quelques pièces instrumentales, de la musique de chambre, des chansons, des poèmes symphoniques et surtout des œuvres pour la scène (opéras, opérettes, musiques de scène, musiques de films, etc.). Il est surtout connu pour ses prises de position au début du siècle, lorsqu'il adhère au mouvement futuriste de Marinetti. Pratella publie alors 3 ouvrages (*Manifesto dei musicisti futuristi*, 1910 ; *Manifesto tecnico della musica futurista*, 1911 ; *La distruzione della quadratura*, 1912), dans lesquels il expose de nouveaux principes de composition (atonalité, entre autres).

Après quelques tentatives d'application souvent peu convaincantes (*Musica futurista* op. 30, composée en 1912 et rebaptisée peu après *Inno alla vita* ; *L'aviatore Dro* op. 33, 1911-1914), il se consacre plutôt à la recherche musicologique (*Musica italiana*, 1915 ; *L'evoluzione della musica : dal 1910 al 1917*, 1918-19...) et en particulier à l'étude de la musique folklorique italienne (surtout romagne) sur laquelle il publie un certain nombre d'ouvrages de valeur : *Saggio di gridi, canzoni, cori e danze del popolo italiano* (1919), *Etnofonia di Romagna* (1938), *Primo documentario per la storia dell'etnofonia in Italia* (1941). Il a, en outre, édité divers recueils de musique vocale : *Il terzo libro delle Laudi spirituali* (1916), *Il libro della musica e del canto in coro*, en trois volumes (1951). D. H.

Pré-aux-Clers (le). Opéra-comique en 3 actes de Hérold, sur un livret de Plantard d'après les *Chroniques du règne de Charles IX* de Mérimée. Créé à Paris à l'Opéra-Comique le 15 décembre 1832.

Le baron de Mergy (t) est envoyé à la cour de Charles IX par Henri de Navarre afin de libérer Marguerite de Valois (s), qui y est retenue. Mais Mergy vient surtout pour retrouver Isabelle (s), une suivante de la reine, dont il est amoureux. Or Charles IX a promis de la marier à son ami le comte de Comminges (t). Mais, par un subterfuge, avec l'aide du fourbe Cantarelli (t) sur lequel elle possède des moyens de pression, Marguerite de Valois réussit à marier Isabelle et Mergy. Le comte de Comminges provoque Mergy en duel. Le combat a lieu au Pré-aux-Clercs, habituellement réservé à cet effet. Mergy est victorieux et peut partir avec Isabelle.

Annonçant l'action des *Huguenots* de Meyerbeer, le *Pré-aux-Clercs*, représenté un mois avant la mort de son auteur, connut un immense succès. De fait, l'esthétique de l'ouvrage le situe à la frontière de l'opéra-comique et du grand opéra. La partition vaut autant par l'expressivité et la puissance des airs et des ensembles, que par une instrumentation brillante et ingénieuse. A. L.

PRÉLUDE. Genre musical qui a pris plusieurs formes dans l'histoire de la musique occidentale, avec certaines constantes. Normalement en et en mettant à part le prélude d'opéra traité à la fin de cet article, il s'agit d'une pièce musicale destinée à un instrument soliste (rarement à la voix ou à l'orchestre) qui a pour fonction d'*introduire* à une autre pièce de caractère plus composé (alors que la forme du prélude est souvent libre, et son style proche de l'improvisation). Le prélude, en tant qu'œuvre écrite, est d'ailleurs issu des improvisations introductives des luthistes, des organistes, quand ils essayaient leur instrument, se mettaient en train, affirmaient la tonalité, etc. L'équivalent du prélude se retrouve dans certaines musiques non européennes, la musique indienne, par exemple, avec ses *alaps*, improvisations de rythme fluide, où l'on « touche » l'instrument et où on dessine peu à peu la figure du « mode » utilisé *(raga)*. Le prélude est donc souvent, à maints égards, la musicalisation, l'intégration musicale de ce moment presque informel où l'interprète prend contact avec l'instrument, le prend en main, pour l'accorder (luthiste, guitaristes), l'essayer, le faire résonner, se le mettre en doigts, etc., et il utilise de manière privilégiée les modes de jeu spécifiquement instrumentaux : traits, accords arpégés, ornements. En quelque sorte, il *affirme l'instrument* et son accord déroule un discours musical abstrait.

A partir de la fin du XIXe siècle, le prélude est aussi devenu, avec Hummel et Chopin, un genre pianistique, consistant en une ou plusieurs pièces autonomes (qui ne préludent plus à... un autre mouvement), pièces assez brèves et de forme libre, souvent regroupées en cahiers et en recueils qui embrassent la totalité des 24 tons majeurs et mineurs (comme l'avait fait le cycle de Jean-Sébastien Bach, le *Clavier bien tempéré*, avec ses 48 préludes et fugues).

Howard Ferguson propose, avec pertinence, de distinguer 3 types de préludes : le prélude qui a une suite spécifique, c'est-à-dire intégrée dans un ensemble où il prélude à une autre pièce particulière (premier type) ; le prélude *unattached*, c'est-à-dire destiné à introduire toute pièce de même tonalité pour le même instrument — il est publié par recueils de plusieurs préludes et constitue le second type (les *Préludes de choral*, dans l'Église protestante, destinés à introduire le chant d'un choral en le paraphrasant, seraient une forme particulière de prélude *unattached*) ; et enfin, le prélude tout à fait indépendant, comme les préludes pianistiques de Chopin, Debussy, etc.

La littérature musicale du XVIe et du XVIIe siècle proposait de très nombreux préludes des deux premiers types, parfois sous le titre d'intonazione, de toccata, d'intrada, de ricercare, etc. On en trouve dans les *Fiori musicali*, pour orgue, de Frescobaldi (1635), dans le *Fitzwilliam Virginal Book* (1609-1619). Mais les premiers préludes notés sont apparus au début du XVe siècle (tablature d'orgue d'Adam Ileborgh, 1448), et, auparavant, ils étaient pratiqués couramment par les instrumentistes sans être notés (cf. chansons polyphoniques de la Renaissance).

Le *prélude non mesuré*, à la française, où ne sont notées que les notes de base de l'improvisation, en rondes sans barre de mesure, témoigne de cet état primitif : il serait né chez les luthistes, dont l'instrument nécessite un long accord, et la vérification de cet accord en faisant courir les doigts librement sur les cordes. Les premiers préludes non mesurés pour luth datent de 1630 environ. On en trouve, par la suite, pour la viole et, surtout, pour le clavecin, chez Louis Couperin, D'Anglebert, Nicolas Lebègue, Louis Marchand. Leur style est souvent proche de la « toccata », ou bien du « tombeau » en hommage à des sommités disparues. Leur partition se présente comme un canevas de notes « flottantes » (aucune durée n'étant marquée), qu'il s'agit d'arpéger, d'ornementer, de relier, de rythmer, d'harmoniser librement, dans un rythme *non pulsé* (ce caractère non pulsé du prélude non mesuré, comme dans l'*alap* indien, est à relever).

Au XVIIe siècle, et dans la première moitié du XVIIIe siècle, c'est le prélude du premier type qui prédomine, servant à introduire une fugue, ou une suite de danses. Chez Bach, les *Suites anglaises* se distinguent des *Suites françaises* par la présence d'un prélude avant les danses proprement dites. Dietrich Buxtehude contribue à développer le genre prélude et fugue, que Jean-Sébastien Bach va porter à son apogée (notamment avec les 48 préludes et fugues du *Clavier* bien tempéré*). La musique occidentale a connu peu de formes aussi expressives dans leur concision et leur juxtaposition brutale que les préludes et fugues de Bach.

Le XVIIIe siècle « galant » ayant généralement délaissé la fugue (sauf dans quelques œuvres isolées), on voit réapparaître le couple prélude et fugue surtout au XIXe siècle, mais déjà dans une optique néoclassique, en référence à Bach — père de la musique —, ainsi en est-il des 6 *Préludes et fugues* op. 35 de Mendelssohn (1832-1837), de la *Fantaisie et fugue* de Liszt sur les lettres B, A, C, H, des 2 *Préludes et fugues* de Brahms pour orgue (1856-57), ou du *Prélude, choral et fugue*, pour piano, de César Franck (1884). C'est au XIXe siècle que le prélude devient un genre plus spécifiquement pianistique : le prélude du second type (*unattached*) s'est perpétué avec les 50 *Préludes* op. 73 de Moscheles, écrits en 1827, et qui affichent un propos pédagogique, tout en cherchant, à l'instar du *Clavier bien tempéré*, à épuiser toutes les tonalités. Cette formule, inspirée de Bach, d'un cahier de 24 préludes parcourant tous les tons majeurs et mineurs et cherchant plus ou moins à exprimer un *ethos*, un climat propre à chaque ton, sera reprise dans l'op. 67 de Johann Nepomuk Hummel (1814-15), puis illustrée par Frédéric Chopin (24 *Préludes* op. 28, 1836-1839), Stephen Heller (op. 81, 1853), Charles-Valentin Alkan (op. 31, 1847), César Cui (op. 64, 1903), Ferrucio Busoni (op. 37, 1879-80), etc. Il s'agit alors de préludes indépendants, du troisième type : le prélude a coupé le cordon ombilical avec sa fonction primitive d'introduction.

L'édition française des *Préludes* de Chopin, pour piano, fut dédiée à Camille Pleyel, leur éditeur, à qui Chopin en avait vendu d'avance le projet. Chopin les écrivit sur une période assez longue, et les termina à Majorque (lors de son séjour sur cette île avec George Sand), assemblant les 24 pièces qui composent l'ensemble comme les pièces très disparates et variables d'une mosaïque dissymétrique et cependant très cohérente. Ils se souviennent très librement des préludes du *Clavier bien tempéré*, que Chopin se jouait quotidiennement. Schumann nota dans un article leur aspect d'« esquisses », de « commencements », parlant même de « ruines », de « plumes d'aigle détachées », alors qu'il s'attendait à retrouver l'esprit large et ample des *Études*. Liszt en souligna, lui, l'allure « improvisée » (« tout y semble du premier jet, d'élan, de soudaine venue »). De fait, avec ces 24 pièces ordonnées tonalement selon le cycle des quintes (de plus en plus de dièses, puis, dans les tons bémolisés, de moins en moins de bémols, chaque pièce dans un ton majeur étant suivie d'une pièce dans son relatif mineur), Chopin compose un microcosme de ses styles, de ses manières, de ses humeurs. On y trouve des « nocturnes », des « études », une esquisse de mazurka, une autre de marche funèbre, et quelques pièces assez inqualifiables d'un style sauvage et douloureux (*Prélude n° 2* en *ré* mineur, n° 24 en *ré* mineur). On sent qu'il a cherché à rendre chaque pièce aussi imprévisible et asymétrique que possible par rapport à la précédente.

Le prélude, avec Chopin et ceux qui l'ont suivi dans cet esprit, ne se définit plus comme un genre, une fonction, mais comme un concept, un état d'esprit, une inspiration : volontiers virtuose, lié au caprice du moment, mais ouvert sur un avenir dont la figure ne sera pas précisée ; non assujetti par une forme préétablie qui oblige la musique à retourner sur ses pas, à récapituler, à se refermer sur un appel, ce prélude « en soi », s'il introduit à quelque chose, c'est son prolongement imaginaire dans l'esprit de l'auditeur. Ainsi le *prélude n° 7* en *la* majeur, de 16 mesures seulement, semble n'être qu'un thème noté à la hâte sur un bout de papier à musique, en laissant à l'imagination le soin de le développer, de le traiter. Liszt avait raison de se référer à la littérature et à l'usage qu'elle fait de la note, du brouillon, du fragment, comme tremplin pour la rêverie. Par opposition aux formes classiques, pour la plupart, architecturées selon des arches plus ou moins symétriques, (selon le plan exposition-voyage-retour), le prélude est dans la musique occidentale, qu'il soit du premier, du second ou du troisième type, un genre fondamentalement *asymétrique*, comme le sont les organismes vivants ; il est le mouvement de la vie, ne revient pas sur ses pas, ne conclut pas et fuit en avant, ou, au contraire, trébuche rapidement. Chez Chopin, il est parfois à la limite d'être de la « musique conceptuelle », de la « musique imaginaire » : on sent bien comment la plupart de ses 24 préludes pourraient se développer, se boucler, et c'est par rapport à ce « possible » que nous écoutons certaines de ces esquisses, comme si elles étaient à compléter.

Qu'il soit de Bach ou de Chopin, le prélude s'autorise souvent de ce qu'il est situé dans l'« avant », de ce que ce n'est pas encore le moment d'être sérieux, définitif, pour s'offrir de grandes licences d'écriture ; il est comme un bouillonnement vital plus ou moins anarchique, celui d'une « libido » pas encore canalisée, structurée, et il renvoie à une espèce d'état d'enfance, d'irresponsabilité avant la loi des adultes. Il sera bien temps, plus tard, de faire quelque chose qui « se tienne » ; c'est le temps « non mesuré » (au figuré et, parfois, au propre), avant le temps compté et mesuré, symétrique, prévisible de la forme classique.

En même temps, chaque prélude de Chopin est unique, se situe dans une région particulière ; chaque prélude est comme un geste saisi dans son élan, et transcrit tel quel. C'est de l'aquarelle ou de la calligraphie japonaise : le geste doit être le bon, il n'y a pas de retouche possible. On peut aussi comprendre ces 24 préludes de Chopin comme une œuvre unique, une composition de gestes ou un « roman par lettres », dans lequel les vides, les sous-entendus comptent autant que ce qui est écrit.

Avec l'ensemble des 24 préludes pour piano de Chopin, l'ensemble des préludes de Debussy est le plus célèbre ; mais, au contraire des préludes de Chopin, ceux de Debussy sont moins célèbres comme « ensemble » que comme « collection » de pièces dont certaines sont très belles et sont connues indépendamment de l'ensemble. Ces préludes sont d'ailleurs parus en deux séries de douze, la première publiée en 1910, la seconde en 1913. On sait qu'ils comportent tous un titre imagé renvoyant à des impressions de nature, de plein air, des situations, des personnages, mais que ces titres, qui peuvent renvoyer à une sorte de « programme », ne trônent pas en tête de chaque morceau, mais sont renvoyés, selon le vœu de Debussy, à la fin de chaque morceau, où ils sont imprimés discrètement comme un point d'orgue ultime. Raison alléguée pour cette coquetterie : éviter de faire apparaître les préludes comme de la « musique à programme », illustrant un propos. Comme si, somme toute, la musique préludait ici à son titre ou, plutôt, aux échos de ce titre et de la musique mêlés dans l'imaginaire de l'auditeur. Seulement, on a eu vite fait de connaître, d'annoncer et d'entendre ces préludes sous leur post-titre, devenu titre conventionnel. Ici encore, l'ensemble se présente comme microcosme de l'univers du compositeur.

Le premier cahier des préludes de Debussy comprend : 1) lent et grave (*Danseuses de Delphes*); 2) modéré (*Voiles*); 3) animé (*le Vent dans la plaine*); 4) animé (*Les sons et les parfums tournent dans l'air du soir*), titre repris d'un vers de Baudelaire ; 5) vif (*les Collines d'Anacapri*); 6) triste et lent (*Des pas sur la neige*); 7) animé et tumultueux (*Ce qu'a vu le vent d'Ouest*); 8) très calme et doucement expressif (*la Fille aux cheveux de lin*), cette pièce serait issue d'une mélodie de jeunesse anciennement écrite pour Mme Vasnier ; 9) modérément animé (*la Sérénade interrompue*); 10) profondément calme (*la Cathédrale engloutie*); 11) capricieux et léger (*Danse de Puck*), allusion au lutin du *Songe d'une nuit d'été* de Shakespeare ; 12) nerveux et avec humour (*Minstrels*); allusion aux musiciens noirs des music-halls américains.

Le second cahier (1912-13) : 1) extrêmement égal et léger (*Brouillards*); 2) lent et mélancolique (*Feuilles mortes*), 3) mouvement de habanera espagnole (*La puerta del vino*), une porte de Grenade dont Manuel de Falla avait envoyé à Debussy la carte postale ; 4) rapide et léger (*Les fées sont d'exquises danseuses*); 5) calme (*Bruyères*); 6) dans le style et le mouvement d'un cake-walk (*General Lavine Eccentric*), allusion à une marionnette comique de music-hall présentée aux Folies-Bergère ; 7) lent (*la Terrasse des audiences au clair de lune*), titre emprunté à un livre de Pierre Loti sur l'Inde ; 8) scherzando (*Ondine*); 9) grave (*Hommage à S. Pickwick Esq.*), c'est-à-dire au héros de Dickens ; 10) très calme et doucement triste (*Canope*), une ancienne ville égyptienne sur le Nil ; 11) modérément animé (*Tierces alternées*); 12) léger, égal et lointain (*Feux d'artifice*).

Ces préludes sont souvent de grandes pièces assez développées, relativement symétriques et fermées sur elles-mêmes, et indépendantes chacune les unes des autres : la seule loi qui règle leur ordonnance est celle de diversité et de contraste. Le prélude, selon Debussy, ne garde de sa définition première que la liberté d'allure et de conception. Il en est plus ou moins de même des préludes pour piano de Rachmaninov op. 23 (1903) et 32 (1910), Scriabine (90 *Préludes*), Martinů, Chostakovitch, Olivier Messiaen (8 *Préludes*, 1929), Frank Martin (8 *Préludes*, 1948), Georges Migot, mais aussi Fauré, Florent Schmitt, Satie, etc. Marius Constant a présenté, en 1959, *24 Préludes pour orchestre*, qui essayaient d'appliquer à l'orchestre la conception chopinienne : grande concision, unité organique de l'ensemble conçu comme microcosme, recherche de variété et d'exploration imprévisible des possibles. Les préludes pour orchestre de Liszt (1854) sont en réalité un poème symphonique inspiré par des poèmes de Joseph Autran, et une citation de Lamartine.

Les préludes d'opéra, voire d'oratorio (cf. *la Création* de Haydn), sont un cas particulier d'ouverture. Par rapport à l'ouverture classique, ils ont pour caractéristique de participer déjà à l'action et d'échapper au moule classique. On emploie ce terme, dans l'opéra, surtout pour Wagner, dont le prélude de *l'Or du Rhin*, introduisant à toute la *Tétralogie*, peut être baptisé « prélude des préludes » : fondé sur les harmoniques de *mi* bémol, ce flux harmonique continu et originel, dont les principaux motifs de la *Tétralogie* sortiront par complexification et différenciation, ne se présente rien de moins que comme une genèse de la musique elle-même, une cosmogonie. On parle aussi de prélude pour les introductions symphoniques de tous les actes d'un opéra (par ex., prélude du troisième acte de *Lohengrin*). M. C.

PRÉLUDE À L'APRÈS-MIDI D'UN FAUNE. Œuvre pour orchestre de Claude Debussy, inspirée du poème de Stéphane Mallarmé *l'Après-midi d'un faune*, écrite entre 1892 et 1894, et créée le 22 décembre 1894 à la Société nationale de musique, à Paris, sous la direction de Gustave Doret. Presque contemporaine du *Quatuor*, si différent d'inspiration, l'œuvre obtint un grand succès, malgré l'originalité de son style et de sa forme. Il est vrai que le cadre du « poème symphonique » et l'orchestration suave et fondue aidaient à faire passer ces audaces, et que le thème caressant du *Faune* (d'abord présenté à nu, à la flûte) servait aux auditeurs de « fil conducteur » (Paul Landormy) pour s'y retrouver à l'aise dans cette succession si imprévue et apparemment éparpillée de moments musicaux. L'analyse musicale révèle pourtant, dans le *Prélude*, un souci de l'unité thématique presque aussi grand que dans le *Quatuor*, même s'il est moins évident. On peut presque dire que le thème initial du *Faune*, énoncé à la flûte (2 allers et retours chromatiques descendants et ascendants, suivis d'une grande courbe ascendante puis descendante sur de larges intervalles) contient déjà tout le matériel thématique de l'œuvre. À la fin de l'œuvre, ce thème se désagrège et s'évapore par élimination de ses notes, réduit à des miettes, à des intervalles isolés. Détail intéressant : la seconde partie du thème, cette courbe large à 5 tons, est identique, à une note près, au début du «thème des pâtres» joué par le hautbois et le cor anglais dans le second mouvement de la *Symphonie fantastique* de Berlioz, *Scène aux champs*.

Dans un petit quatrain de remerciement, Mallarmé parla de la «lumière» que Debussy avait su faire passer dans le souffle de la flûte. Les impressions lumineuses — chatoyantes, éparpillées, comme des taches de soleil dans un sous-bois — sont très importantes dans l'inspiration du *Prélude* : ce sont celles d'un après-midi d'été. Le moment de la journée est bien spécifié, et Debussy, si sensible aux évolutions de rythmes et de lumières déterminées par le cycle naturel, à l'éphémère quotidien, s'attaquera plus tard au matin sur *la Mer*, au matin d'un jour de fête (*Iberia*), à la tombée de la nuit (*Nuages*, *Jeux*), etc.

L'auteur a soigneusement évité le style concertant : si la flûte émerge souvent en soliste, l'orchestre ne l'accompagne jamais, mais la relaie et la prolonge, et reste toujours solidaire d'elle et réciproquement. *Le Faune* de Debussy n'est pas personnalisé, il est intimement uni à la nature.

Le thème «faunesque» cher à Debussy (il est prétexte à ces «arabesques», ces mouvements ondulants de lignes pures, en allers et retours, aux rythmes sinueux, qu'il prisait tellement) fut repris dans les œuvres *Syrinx*, pour flûte seule, *The little Sheperd* de *Children's Corner*, les *6 Épigraphes antiques*, etc. A signaler que Debussy avait prévu, initialement, et, même, esquissé un ensemble plus vaste, constitué d'un prélude, d'une interlude et d'une paraphrase finale du poème. Il s'en tint au prélude et choisit l'allusion, la concision. Mallarmé se serait montré au début récalcitrant à laisser «traiter» son poème. C'était une époque où la poésie et la musique se tenaient dans un tête-à-tête fasciné, dont l'admiration des symbolistes français pour Wagner est un exemple. Plus tard, Debussy devait mettre en musique directement 3 poèmes de Mallarmé, en 1913.   M. C.

PRÉLUDE, ARIA ET FINALE. Composition pour piano de César Franck (1887), créée le 12 mai 1888 à la Société nationale de musique par sa dédicataire, Mme Bordes-Pène. Dans ce triptyque, le prélude est lui-même articulé en trois sections. Son thème majestueux, chromatique, se pare peu à peu de sonorités riches, complémentaires, qui éclatent dans toute leur beauté et signification dans la péroraison. Quelques arpèges interrogateurs commencent, à la façon d'un rhapsode, d'une improvisation, l'*Aria* centrale, modèle de variation libre autour d'un élément essentiel, oscillant de *fa* mineur à *la* bémol, et tout empreinte d'une sérénité rayonnante que viendra un instant dramatiser un bref volet central, marqué d'une rythmique accélérée. Le finale apporte, allegro molto et agitato, un contraste à la fois sonore et rythmique, une longue ascension spirituelle typiquement franckiste, concrétisée à travers son premier motif exposé après une sorte d'effarement de sept mesures, puis son second thème, à la métrique carrée et claironnante ; à travers également une avante progression et récapitulation récurrente des différents thèmes utilisés dans les deux précédents volets.

D'une écriture parfois organistique (*Prélude*), riche en larges accords exigeant une main étendue, cette œuvre n'a pas recueilli lors de la première audition l'accueil que sa beauté méritait. Peu d'auditeurs surent percevoir son extrême sûreté d'écriture et la confession grave mais sereine qu'elle renferme, celle d'un musicien parvenu au faîte de sa pensée.   J. G.

PRÉLUDE, CHORAL ET FUGUE. Composition pour piano de César Franck (1884) créée par sa dédicataire, Marie Poitevin, à la Société nationale de musique le 24 janvier 1885. Le sujet du *Prélude*, enveloppé d'un dessin rythmique de doubles croches, est un hommage discret à J.-S. Bach et traduit une volonté ascensionnelle, entravée, certes, mais réaffirmée par trois fois (tonique : *si* mineur ; dominante : *fa* dièse mineur ; tonique) et forme un contraste vigoureux avec le second élément, modulant, rythmique et porteur de la cellule cyclique qui animera les trois volets du triptyque. Après une lumineuse modulation qui tranche sur la sourde angoisse du *Prélude*, s'élève le *Choral*, hissé au sommet de vastes accords arpégés et dont la courbe rappelle les cloches de Montsalvat dans *Parsifal*. Exposé, lui aussi, à trois reprises suivies d'un motif modulant à la démarche hésitante, ce choral semble se dissoudre en un long intermède de 42 mesures : en fait, il prépare, par mutation, le motif de la *Fugue* terminale, superbe composition superposant, en une architecture exemplaire et un raccourci saisissant, les thèmes fondamentaux de l'ouvrage.

Dès la première, cette œuvre de Franck connut un triomphe jamais démenti depuis. Sa beauté intrinsèque, sa conception audacieuse, son écriture riche en modulations expressives, son ascèse spirituelle enfin, qui, au-delà du doute et des angoisses, débouche sur la lumière et la joie, font bien de ce chef-d'œuvre, comme l'écrivait Cortot, «une des dix pages de la littérature pianistique que l'on emporte sur une île déserte».   J. G.

PRÉLUDE ET FUGUE. Diptyque formel ne portant pas nécessairement cette dénomination dans les sources, particulièrement employé dans la musique baroque de la fin du XVIIe siècle et du début du XVIIIe (Buxtehude, Bach), mais aussi plus tard (Monn, Albrechtsberger), et pouvant être destiné à l'orgue, au clavier, à un ensemble de cordes (V. CLAVIER BIEN TEMPÉRÉ, PRÉLUDE).   M. V.

PRÉLUDE POUR LA GENÈSE. Œuvre d'Arnold Schönberg (op. 44), dont le titre exact est *Prélude pour orchestre et chœur mixte*, terminé le 30 septembre 1945 et créée à Los Angeles le 18 novembre de la même année sous la direction de Werner Janssen. L'éditeur Nathaniel Shilkret avait commandé à plusieurs compositeurs résidant en Amérique une œuvre collective basée sur les premiers chapitres de la Genèse. Le 18 novembre 1945, on entendit donc 7 morceaux de 7 compositeurs différents. Schönberg avait composé le *Prélude*, Shilkret lui-même la *Création*, Alexandre Tansman la *Chute de l'homme*, Darius Milhaud *Caïn et Abel*, Mario Castelnuovo-Tedesco le *Déluge*, Ernst Toch l'*Alliance*, et Igor Stravinski *Babel*. D'autres épisodes auraient dû être écrits par Bartók, Hindemith et Prokofiev. Dans la page de Schönberg, d'une structure très complexe, le chœur est sans paroles, la *Création* n'ayant pas encore eu lieu.   M. V.

PRÉLUDES (LES). Poème symphonique de Franz Liszt, inspiré par 4 poèmes du Français Joseph Autran *(1813-1877)* et donné en première audition au Théâtre de la cour de Weimar, le 23 février 1854, sous la direction du compositeur. A l'origine, cette page justement célèbre devait servir d'ouverture à une œuvre chorale basée sur le texte d'Autran et intitulée *les Quatre Éléments*. Le titre qui lui fut donné provient des *Nouvelles Méditations poétiques* de Lamartine, avec lesquelles — et quoi qu'on en ait dit — la musique n'entretient que des rapports assez lointains.

Dans une préface en quelque sorte explicative, Liszt se demande si notre vie est «autre chose qu'une série de préludes à ce chant inconnu dont la mort entonne la première et solennelle note». A partir de cette idée assez vague, on peut voir dans la partition une sorte de «survol» plus philosophique que descriptif de l'existence humaine, avec tout ce que celle-ci implique d'espérance et d'amour, mais aussi de luttes, de déchirements et de renoncements. Les thèmes splendides et nettement dessinés, lyriques ou tumultueux, y sont admirablement mis en valeur par le truchement d'un orchestre somptueusement coloré.

Les Préludes débutent *piano* sur un premier *pizzicato* des archets et sur un délicieux dialogue de ces derniers avec les bois. Le ton s'enfle peu à peu jusqu'à un *andante maestoso* à 12/8 clamé par les trombones et les bassons. Après l'énoncé d'un thème de cor pas tellement étranger à une certaine « ambiance mendelssohnienne », on passe à un *allegretto pastorale* à 6/8, puis au puissant *allegro marziale* ponctué par les interventions véhémentes de la percussion. Le retour de l'*andante maestoso* fournit le prétexte d'une conclusion triomphale, terriblement exaltée certes, mais d'une singulière majesté.
J. D.

PRÉLUDES. Huit morceaux pour piano d'Olivier Messiaen, composés à Fuligny en 1929, sanctionnés la même année par un second prix de composition du Conservatoire de Paris et créés par leur dédicataire Henriette Roget en 1931 à la Société nationale. Ils ne forment pas une suite mais « un recueil d'états d'âme, de sensations personnelles ». On a voulu y déceler l'empreinte de Debussy contre laquelle s'insurge l'auteur, qui s'est seulement servi de procédés du maître de *Pelléas et Mélisande* à la lettre, mais non dans l'esprit. En y ajoutant ses éléments personnels tels que groupes de passage, pédales rythmiques, amples broderies de notes étrangères, canons par mouvements droits et contraires, superpositions de tempos, voire effets pianistiques par mains croisées, attaques diversifiées, ou encore sons piqués dans la résonance d'accords noyés par la pédale. Aujourd'hui, il considère ces *Préludes* comme de véritables « études de couleurs », déterminantes du cheminement qu'il empruntera par la suite. Enfin, à l'opposé de Debussy, il n'en dévoile pas les titres à la fin mais les place bien en tête des morceaux respectivement intitulés : *la Colombe, Chant d'extase dans un paysage triste, le Nombre léger, Instants défunts, les Sons impalpables du rêve, Cloches d'angoisse et larmes d'adieu, Plainte calme, Un reflet dans le vent.*
A. P.

PRÉLUDES ET FUGUE POUR TREIZE CORDES. Œuvre de Witold Lutoslawski, composée en 1972, créée à Weiz, au mois d'octobre de la même année, par l'Orchestre de chambre de la radiotélévision de Zagreb dirigé par Mario di Bonaventura. Cette composition monumentale de trente-cinq minutes se divise en deux parties, les sept courts préludes constituant le mouvement préparatoire de la fugue elle-même. L'auteur a laissé au chef d'orchestre la possibilité de ne jouer qu'une partie des préludes ou d'en changer l'ordre, chacun des préludes pouvant se relier au début de l'un quelconque des autres. Ils présentent peu de développements ou de points culminants ; la pensée de l'auteur se réalise complètement dans la fugue, construite sur un sujet et six éléments distincts, et contenant, ce qui semble paradoxal dans le cas d'une fugue, des éléments aléatoires. L'utilisation des seuls instruments à cordes a permis à Lutoslawski de développer des concepts d'écriture, comme l'emploi de micro-intervalles, déjà inaugurés dans ses créations antérieures comme le *Livre pour orchestre* ou le concerto pour violoncelle. L'impression générale est celle d'un art finement ciselé, contemplatif, mais pouvant atteindre à la ferveur, à la grandeur, communiquer un sentiment de plénitude.
P. V.

PRÉLUDES FLASQUES POUR UN CHIEN. Titre généralement donné à deux séries de pièces pianistiques d'Erik Satie, terminées en juin et août 1912 : *Quatre Préludes flasques,* puis *Trois Véritables Préludes flasques.* Satie y répondait, à sa manière, à la commande de « préludes pianistiques » passée par un éditeur espérant quelque succès commercial. Il prétendit avoir détruit les « quatres préludes » (qui semblent être des exercices effectués lors du passage de l'auteur à la Schola cantorum, 1905-1908) : on devait en retrouver le manuscrit après sa mort, mais le recueil important demeure celui des *Véritables Préludes flasques (pour un chien),* qui comporte *Sévère Réprimande* (parodie de choral baroque), *Seul à la maison* (contrepoint volontairement sinistre, à deux voix), enfin *On joue,* avalanche d'accords « prohibés », caractéristique du Satie « négatif », qui va s'exprimer de plus en plus exclusivement jusqu'à la fin de sa vie.
M. Mt.

PREMIER MAI. Titre donné par Dimitri Chostakovitch à sa troisième symphonie, op. 20, pour orchestre et chœurs, composée en 1929, créée le 21 janvier 1930 par l'Orchestre philharmonique de Leningrad dirigé par Alexandre Gauk. Cette œuvre expérimentale, dans laquelle l'auteur a cherché à exprimer la joie, l'enthousiasme des masses, spécialement de la jeunesse, le jour de la fête du Travail, demeure l'unique tentative de création d'une symphonie à partir de la dynamique des discours révolutionnaires. Elle relève plus de la technique de l'affiche de propagande que de l'œuvre d'art, son déroulement est rhapsodique, linéaire, le matériel thématique n'est pas développé, les formules rythmiques sont répétées. Un chœur, conçu sur un texte de S. Kirsanov, sert de conclusion à cette fresque primitive et superficielle.
P. V.

PREMIÈRE NUIT DE WALPURGIS (en all. *Erste Walpurgisnacht*). Ballade-cantate pour chœur et orchestre op. 60 de Felix Mendelssohn, composée entre 1831 et 1833, sur des textes tirés de l'intermède du premier *Faust* de Goethe (qui porte ce titre de « première nuit », car le *Faust* comporte une seconde nuit de Walpurgis). L'œuvre fut créée en janvier 1833 à Berlin, mais l'auteur la révisa et la réorchestra dix ans plus tard, et la version nouvelle fut créée en Allemagne, puis à Londres en version anglaise le 8 juillet 1844. La « nuit de Walpurgis » désigne traditionnellement la nuit précédant le premier mai, fête de sainte Walpurgis (ou sainte Walburge), pendant laquelle, selon les légendes, sorciers, sorcières et créatures diaboliques mènent le sabbat sur le Blocksberg. Dans le premier *Faust,* l'épisode où Faust et Méphistophélès « visitent » ce sabbat fut prétexte à Goethe pour trousser de courts poèmes, épigrammes, descriptions fantastiques, qui ne pouvaient que faire travailler l'imagination de l'auteur du *Songe d'une nuit d'été.* Pour écrire cette cantate, à laquelle il tenait beaucoup et qu'il voulait d'un « style nouveau », Mendelssohn obtint l'accord et la bénédiction du vieux maître (mort en 1832), dont l'œuvre était abondamment utilisée de son vivant déjà par les compositeurs, sans qu'il soit toujours au courant ou qu'il manifeste ses sentiments (ainsi à l'égard de Schubert, qu'il semble avoir négligé).
M. C.

PRÉPARATION. En harmonie classique, on considère une dissonance comme *préparée* lorsque la note formant dissonance appartenait déjà à l'accord précédent et y formait consonance. Les anciens traités étaient très stricts sur la nécessité de préparer les dissonances. Sous la pression des exemples contraires, la sévérité s'est beaucoup relâchée.
J. C.

PRESTI (*Ida*), guitariste française. **V.** Lagoya.

PRESTISSIMO (ital. ; « très vite »). Le terme a pris toute sa signification à partir du XIXᵉ siècle avec les progrès de la technique instrumentale et notamment pianistique. Il invite le virtuose à atteindre la limite de sa vélocité.
M. T.

PRESTO (ital. ; « vite »). Théoriquement plus rapide que l'allégro, le presto l'est souvent moins, notamment dans la musique baroque. Il s'applique en effet à des pièces écrites en noires et en croches, tandis que les doubles et triples croches abondent dans les allégros.
M. T.

PRÊTRE (*Georges*), chef d'orchestre français (*Waziers, Nord, 1924*). Il a étudié la trompette et la composition au Conservatoire de Paris, et la direction d'orchestre avec André Cluytens. Nommé en 1946 chef d'orchestre à l'Opéra de Marseille, il fut ensuite directeur artistique des théâtres de Lille, Casablanca et Toulouse, et fit ses débuts à Paris en dirigeant à l'Opéra-Comique la première représentation dans cette ville de *Capriccio* de Richard Strauss. Il resta attaché à ce théâtre jusqu'en 1959, et, en 1960, débuta à l'Opéra de Paris, où il fut plus tard directeur de la musique (1970-71). Il dirigea à Paris des représentations auxquelles participèrent Maria Callas et Tito Gobbi (*Tosca, Norma*), ainsi que Birgit Nilsson (*Turandot*), et attacha son nom à celui de Francis Poulenc, dont il créa *la Voix humaine* et le *Gloria*. Il a mené également une brillante carrière internationale. M. V.

PREVIN (*André*), pianiste, compositeur et chef d'orchestre américain (*Berlin 1930*). Fils d'un professeur de musique d'origine française, il fit des études musicales aux conservatoires de Berlin, puis de Paris, avant de suivre sa famille aux États-Unis en 1938. Il étudia la composition à l'université de Los Angeles, et la direction d'orchestre avec P. Monteux à San Francisco. C'est comme pianiste de jazz et comme musicien de cinéma qu'il se fit connaître. Engagé en 1949 par la Metro Goldwyn Mayer, il orchestra et dirigea un grand nombre de partitions de films avant d'en écrire lui-même, à partir de 1955 (*Beau fixe sur New York*, 1955 ; *la Belle de Moscou*, 1957 ; *Elmer Gantry*, 1960 ; *les Quatre Cavaliers de l'Apocalypse*, 1962 ; *Irma la Douce*, 1963 ; etc.). Comme pianiste de jazz, de tendance West Coast, il a enregistré avec Benny Carter, Benny Goodman, J. J. Johnson, Shelly Manne, Shorty Rogers, etc. A partir de 1962, sans quitter totalement le monde du jazz, il s'imposa comme pianiste et chef d'orchestre et succéda à sir John Barbirolli à la direction musicale de l'Orchestre symphonique de Houston (1967-1969), avant de devenir en 1972 le chef à vie de l'Orchestre symphonique de Londres, qu'il dirigeait depuis 1968. Il est également responsable de la saison musicale de l'Orchestre symphonique de Pittsburgh et dirige, depuis 1975, au Covent Garden. Il anime depuis 1971 des émissions musicales télévisées à la BBC et compose des comédies musicales (*Coco*, 1969 ; *The good companions*, 1974), des concertos (pour violoncelle, 1967 ; pour cor, 1968 ; pour guitare, 1971) des quintettes, une sonate pour violon et six préludes pour piano (*The invisible Drummer*) dédiés à V. Ashkenazy. M. W.

PREY (*Claude*), compositeur français (*Fleury-sur-Andelle, Eure, 1925*). Il a fait ses études au Conservatoire de Paris avec Darius Milhaud et Olivier Messiaen. Il est essentiellement un homme de théâtre : son important catalogue ne comprend pas une seule œuvre de musique « pure ». Il a toujours été son propre librettiste, sauf pour *le Cœur révélateur*, opéra de chambre sur un texte de Philippe Soupault (1962 ; *Italia*, 1963). Dans son théâtre, le langage joue un rôle prédominant, la même phrase pouvant avoir plusieurs sens suivant la notation de son intonation, de son rythme, de son ambitus, voire de son timbre. On lui doit *Lettres perdues*, opéra radiophonique (1960) ; *la Dictée* (1961) ; *le Cœur. révélateur* (1962) ; *L'Homme occis* (1963, créé à Paris en 1975) ; *Jonas*, opéra-oratorio (1964) ; *Mots croisés* (1965, créé à Paris en 1978) ; *Métamorphose d'Écho*, opéra de concert (1965) ; *Donna Mobile I* (1966) ; *la Noirceur du lait*, opéra-test (1967) ; *On veut la lumière ? Allons-y !*, opéra-parodie (1968) utilisant la série pour unifier des éléments très disparates et se livrant à une véritable analyse structuraliste de la musique de l'époque de l'affaire Dreyfus ; *Fêtes de la faim* (1969) ; *le Jeu de l'oie* (1970) ; *Théâtrophonie*, ouvrage pour 12 chanteurs et piano écrit à l'occasion de l'année Proust (1971) ; *Donna Mobile II* (1972) ; *les Liaisons dangereuses*, d'après Choderlos de Laclos (1973), opéra épistolaire créé à l'Opéra du Rhin et repris à Avignon, puis, en 1980, à Aix-en-Provence, et qui demeure sa partition la plus célèbre ; *Young Libertad* (1976, créé à Lyon par l'Opéra-Studio) ; *les Trois langages*, écrit pour des enfants (1978) ; *Utopopolis* (1980) ; *l'Escalier de Chambord*, créé à Tours en 1981 ; et *Paulina* (Tourcoing, 1983). D. C., M. G. et M. V.

PREY (*Hermann*), baryton allemand (*Berlin 1929*). Après avoir, tout enfant, chanté comme soprano solo au Mozart Chor de Berlin, il fit ses débuts à Wiesbaden en 1952, puis à Hambourg, où il chanta *les Aventures du roi Pausole*, un ouvrage bouffe d'Honegger. En 1957, il se produisit à Vienne et à Berlin, fit partie en 1959 de la reprise de *la Femme silencieuse* de Richard Strauss à Salzbourg, et, l'année suivante, chanta *Don Giovanni* à Cologne et à Hambourg.

Après avoir incarné Wolfram dans *Tannhauser* au Metropolitan Opera en 1960, il interpréta le rôle à Bayreuth en 1965. C'est pourtant dans les rôles de Mozart qu'il excelle, surtout à la scène (Papageno, Guglielmo et Figaro), mais il triompha aussi à Salzbourg comme Figaro de Rossini. Il mena également une carrière d'interprète de lieder qui le conduisit dans le monde entier. Doué d'une voix plus timbrée que vraiment dramatique, Hermann Prey est un des meilleurs barytons allemands de la période d'après-guerre. J. B.

PRIBAOUTKI. Quatre chansons plaisantes pour voix d'homme, flûte, hautbois (et cor anglais), clarinette, basson, violon, alto, violoncelle et contrebasse sur d'anciens textes populaires russes d'Igor Stravinski. L'œuvre, d'une durée globale d'environ cinq minutes, fut composée à Salvan en 1914 et créée à la salle Gaveau à Paris en mai 1919. Il existe une réduction pour piano due au compositeur. Dans le mot *pribaoutki*, *pri* équivaut à la préposition latine *prae* (« avant »), et *baout* dérive de l'infinitif « dire » en ancien russe. Dans la tradition populaire, les *pribaoutki* proviennent d'une sorte de jeu dans lequel quelqu'un prononce un mot auquel une deuxième personne, une troisième, puis une quatrième, et ainsi de suite, ajoutent quelque chose, cela le plus vite possible. Stravinski en donna une autre définition : espèce de chanson comique en partie sur des syllabes ne voulant rien dire, en partie parlée. Les textes des quatre chansons (traduction française de C. F. Ramuz) sont ici *l'Oncle Armand, le Four, le Colonel, le Vieux et le Lièvre*. M. V.

PRICE (*Leontyne*) soprano américaine (*Laurel, Mississippi, 1927*). Elle étudia à la Julliard School, débuta à New York en 1952 dans *Four Saints in Three Acts* de Virgil Thomson, et commença de se faire connaître dans le monde entier au cours de la fameuse tournée internationale de *Porgy and Bess* entre 1952 et 1954. Au Metropolitan Opera, où elle prit la succession de Zinka Milanov, elle devait s'affirmer par la suite comme la plus grande soprano verdienne de sa génération : Leonore de *Il Trovatore* et Aïda, qu'elle chanta dans le monde entier, furent sans doute ses plus grands triomphes. Elle créa aux États-Unis *Dialogues des carmélites* de Poulenc (rôle de Mme Lidoine) en 1957, fut Thaïs à Chicago et Donna Anna dans *Don Giovanni* de Mozart à Salzbourg. Son timbre aux colorations particulières est un des plus beaux qui soient. La musicalité et le style de ses interprétations font de Leontyne Price une des artistes majeures de notre temps. J. B.

PRIMA DONNA. Née vers le milieu du XVIIe siècle, cette expression signifie « première dame » et désigne la chanteuse titulaire du principal rôle féminin dans un opéra ou dans une troupe, ainsi que la chanteuse à qui reviennent de tels rôles. Ce titre honorifique et hiérarchique devint vite des plus recherchés, ce qui, au XVIIIe siècle, conduisit d'une part à une véritable culte de la *prima donna*, d'autre part à l'attribution de titres encore plus prestigieux tels que *prima donna assoluta*, voire *prima donna assoluta e sola*. Très souvent, les privilèges de telle ou telle *prima donna* furent fixés par contrat (dimension des lettres de leur nom sur les affiches, etc.). A la longue, l'expression fut utilisée également pour qualifier les cantatrices célèbres par leurs caprices, ainsi que, par extension, toute vedette au caractère insupportable, sans distinction de discipline ni même de sexe. Certaines œuvres littéraires (*Il*

Oberon de Karl Maria von Weber,
à l'Opéra de Munich.
Gravure anonyme.
Musée du théâtre, Munich.
Phot. Roger-Viollet.

L'OPÉRA :
XIXe et XXe SIÈCLES

◀ Le chanteur Giovanni David,
dans *l'Italienne à Alger* de Rossini.
David chantait la cavatine
Languir per una bella :
« Une des plus jolies choses
que Rossini ait jamais écrites
pour une voix de ténor » (Stendhal).
Musée théâtral de la Scala, Milan.
Phot. Giancarlo Costa.

▲ La *Norma* de Bellini, à la Scala, en 1832.
Décors d'Alessandro Sanquirico.
Musée théâtral de la Scala, Milan.
Phot. Giancarlo Costa.

Maria Malibran, dans le rôle de Desdémone d'*Otello* de Rossini.
Tableau d'Henri Decaisne. Musée Carnavalet.
Phot. Bulloz

◀ Costume pour *les Croisés en Égypte* de Meyerbeer,
dans une représentation à l'Opéra de Paris.
Bibliothèque de l'Opéra. Phot. B.N.

e Trouvère de Verdi,
écor.
usée théâtral
e la Scala,
ilan.
hot. Giancarlo Costa.

◀ Giuditta Pasta
dans *Anna Boleyn*
de Donizetti.
Musée théâtral de la Scala,
Milan.
Phot. Giancarlo Costa.

◀ *Les Filles du Rhin.* Tableau
de Herman Hendrich. Richard Wagner Museum, Bayreuth.
Phot. Giancarlo Costa.

Le Chevalier à la rose de Richard Strauss.
Costume d'Alfred Roller. Bibliothèque de l'Opéra.
Phot. B. N.
▼

Les Maîtres chanteurs de Nuremberg.
Aquarelle de von Echter. Theatermuseum, Munich.
Phot. Blauel.
▼

En haut, illustration d'Ivan Bilibine pour *le Coq d'or* de Rimski-Korsakov. Bibliothèque de l'Opéra. Phot. B.N.

En bas, costumes de Fedorowsky pour *Khovantchina* de Moussorgski. Bibliothèque de l'Opéra. Phot. B.N.

Mary Garden,
la créatrice de Mélisande
dans l'opéra de Debussy
Pelléas et Mélisande.
Phot. Reutlinger,
coll. M.R.,
cliché G. Meguerditchian.

Une représentation de *Siegfried* de Richard Wagner
au festival de Bayreuth, mise en scène de Wieland Wagner.
Phot. Festspielhaus Bayreuth.

Jenufa de Leos Janacek,
à l'Opéra de Paris,
en 1980.
Mise en scène
de Gotz Friedrich.
Phot. Bernand.

Lulu d'Alban Berg, à l'Opéra de Paris, en 1979.
Mise en scène de Patrice Chéreau.
Phot. Bernand.

Peter Grimes de Benjamin Britten,
à l'Opéra de Paris, en 1981.
Phot. Bernand.

▲
Le Grand Macabre
de Gyorgy Ligeti,
à l'Opéra de Paris,
en 1981.
Mise en scène
de Daniel Mesguich.
Phot. Bernand.

Le plafond ▶
de l'Opéra de Paris,
par Chagall,
peint à la demande
d'André Malraux (1964).
Phot. Ciccione-Rapho.
© by ADAGP 1982

teatro alla moda de B. Marcello, v. 1720) et de nombreux livrets (*La cantante e l'impresario* de Métastase, 1724) ont raillé plus ou moins subtilement la *prima donna*. La personnalité ou la voix de telle ou telle *prima donna* ont, en revanche, été déterminants pour la caractérisation musicale de nombreux personnages d'opéra.
M. T. et M. V.

PRIMA PRATICA. Terme employé par G. C. Monteverdi dans la préface des *Scherzi musicali* de son frère Claudio (1607), pour désigner le style d'écriture contrapuntique strict des xve et xvie siècles, tel qu'il avait été codifié par Zarlino. Il l'oppose à la *seconda pratica*, dans laquelle l'expression du texte prime, menant ainsi à une écriture plus monodique et autorisant de nombreuses licences harmoniques et rythmiques. Cette distinction correspond à peu près à celle entre le *stile antico* et le *stile moderno*. G. C. Monteverdi nomme, comme représentants de la *prima pratica*, les Franco-flamands, tels J. Ockeghem, Josquin, P. de La Rue, J. Mouton, Th. Crecquillon, Clemens non Papa, N. Gombert et, surtout, A. Willaert, par opposition aux Italiens, adeptes de la *seconda pratica*, tels C. de Rore, C. Gesualdo, E. de Cavalieri, G. Bardi, L. Marenzio, J. de Wert, J. Peri, G. Caccini, C. Monteverdi.
D. H. et C. W.

PRIMROSE (sir *William*), altiste écossais (*Glasgow 1903 - Provo, Ohio, 1982*). Il apprend le violon dans sa ville natale avec C. Richter, puis à la Guildhall School of Music de Londres, avant d'aborder l'étude de l'alto auprès de E. Ysaye (1925-1927). Il commence sa carrière comme violoniste, en 1923, et fait partie du London String Quartet (1930-1935). Il est premier alto de l'Orchestre de la NBC, créé à New York pour Toscanini (1937-1942), et fonde en 1939 son propre quatuor, avant de participer, en 1961, aux concerts Heifetz-Piatigorsky. Ardent propagandiste d'un instrument qu'il a contribué à faire mieux connaître, il a commandé et créé sur son andrea guarnerius plusieurs œuvres nouvelles, dont l'ultime concerto de Bartók (terminé par T. Serly et créé à Minneapolis en 1949, avec A. Dorati), et des concertos de Q. Porter, E. Rubbra, P. R. Fricker. Il enseigne à partir de 1961 à l'université de Los Angeles, à l'École de musique de Bloomington, et depuis 1972 à l'université des beaux-arts et de la musique de Tōkyō. C'est grâce au panache et à la conviction d'un Primrose que l'alto moderne a conquis ses lettres de noblesse.
M. W.

PRINCE DE BOIS (LE). Ballet de Béla Bartók sur un argument de Béla Balazs, composé en 1914-1916 et créé à l'Opéra de Budapest le 12 mai 1917, sous la direction d'Egisto Tango.

Le rideau se lève sur un décor symétrique. Deux châteaux se font face, habités l'un par un prince libre et aventureux, l'autre par une princesse esseulée et gardée par une fée. Une forêt coupée par un ruisseau sépare les deux domaines. Le prince voulant séduire la princesse, se dirige vers son château ; la fée lui oppose divers obstacles (la forêt, le ruisseau). Cette nature hostile ne décourage pas le prince, qui a recours à un subterfuge : habillant un mannequin de bois à son image, il lui confie sa couronne et même sa chevelure. La fée se fait complice, et la princesse, séduite par le « prince de bois », auquel la fée a donné vie, danse avec lui. Le vrai prince songe au suicide. La fée prend pitié de lui et, transformant les fleurs de la forêt en chevelure, en couronne, en manteau, lui rend toute sa beauté. La princesse a réalisé la vraie nature du prince de bois. Séduite par le vrai prince, elle doit à son tour affronter la forêt, le ruisseau, abandonner sa couronne et sa chevelure. Apitoyé, le prince vole à son secours, la nature autour d'eux retrouve sa forme originelle, et ils restent seuls ensemble.

Ce conte de fées fut transformé par Bartók en drame psychologique. L'idée de l'ouvrage est que, pour l'homme, le bonheur n'est accessible qu'une fois vaincues les apparences. La partition musicale, qui confie un rôle de soliste au xylophone, est d'une poésie intense. Incandescente, expressive, elle ne s'y caractérise pas moins par une rythmique riche et variée.
A. F. et M. V.

PRINCE DE HOMBOURG (LE) [en all. *Der Prinz von Hombourg*]. Opéra en 3 actes de Hans Werner Henze. Livret de Ingeborg Bachman d'après la pièce de Kleist. Composé en 1958, créé en 1960 à Hambourg.

ACTE PREMIER. *Le prince de Hombourg (bar), en proie à un accès de somnambulisme, se tresse au clair de lune une couronne de lauriers. L'Electeur de Brandenbourg (t) et sa Cour s'en amusent et lui retirent la couronne que Natalie, princesse d'Oranien et nièce de l'Electeur (s), va lui tendre à nouveau de ses propres mains ; mais tous s'esquivent avant qu'il n'ait pu la saisir, et la scène persiste dans l'esprit du prince. De retour au château, il ne prête guère attention aux ordres du maréchal Dörfling (bar) à propos de la bataille de Fehrbellin et poursuit son rêve au travers d'un interlude musical très calme. Lors de la bataille (scène 3), il lance avec fougue sa cavalerie contre l'ennemi, sans attendre les instructions officielles, et remporte la victoire ; on annonce la mort de l'Electeur, et il offre sa protection à Natalie. Coup de théâtre. L'Electeur vit et condamne à la peine de mort celui qui a enfreint ses ordres.*

ACTE II. *Jeté en prison, le prince ne réalise sa condamnation que lorsqu'il voit de ses yeux la tombe que l'on creuse pour lui (monologue de la scène 5, principale modification apportée à la pièce). Abandonnant toute fierté, il se précipite chez l'Electrice et déclare renoncer à la main de Natalie. Mais la princesse intercède pour lui auprès de l'Electeur (duo de la scène 6) et obtient la suppression de la sentence : il suffira au prince de Hombourg de reconnaître avoir été condamné injustement. Un tel appel à son honneur le pousse à demander lui-même sa condamnation à mort.* Suit un interlude qui est un des sommets contrapuntiques de l'œuvre.

ACTE III. *Les circonstances ont maintenant dévoilé à l'Electeur la véritable noblesse de caractère du prince, et la requête de divers personnages appelle sa grâce. Lorsqu'on lui retire le bandeau du condamné, ce n'est pas le bourreau, mais Natalie, qu'il voit s'avancer et lui remettre une couronne de lauriers, réalisation de sa vision initiale.*

Comme le prince de Hombourg lui-même, personnage évoluant constamment entre le rêve et la réalité, entre sa fantaisie et la discipline, héros passionné confronté à une raison d'État paralysante, Henze hésite entre un style fantaisiste et une manière plus rigoureuse. C'est cette dernière qu'il choisit dès le deuxième acte. Il se tourne vers un sérialisme plus affirmé, mais il sait y mêler la souplesse de l'opéra italien du début du xixe siècle, lui imprimer l'élan interne propre aux vers de Kleist, l'enrichir d'un expressionnisme certain qu'il veut non pas imitation du passé, mais moyen de régénération de l'opéra. Sur le plan formel, il attribue à chaque scène une forme instrumentale et une distribution orchestrale particulières, tout en cherchant à ne pas s'éloigner de la sphère de la musique de chambre, et conjugue habilement les moules contrapuntiques classiques et les techniques musicales modernes, traits qui le rattachent sans nul doute à la tradition musicale germanique des années 20, tout comme à Stravinski à qui il dédia plusieurs œuvres.
E. L.

PRINCE IGOR (LE). Opéra en 4 actes avec prologue de Borodine, sur un livret du compositeur, d'après le *Dit de l'armée d'Igor*, qui est une chanson de geste du Moyen Âge russe. Créé le 4 novembre 1890 au théâtre Marie de Saint-Pétersbourg, sous la direction de Kutchera.

PROLOGUE. *En 1185, Igor (b), prince de Poutivel, s'apprête à partir avec son armée pour combattre les Polovtsiens, peuplade orientale des steppes. Le peuple l'acclame. Mais il se produit une éclipse solaire, considérée comme un mauvais présage, qui le met en garde contre cette campagne. Il décide cependant de partir. Deux de ses guerriers, Skoula et Ierochka (t et b), désertent discrètement son armée.*

ACTE PREMIER. *Vladimir Galitski (b), beau-frère d'Igor, festoie en compagnie de ses partisans. Il espère qu'Igor ne reviendra pas de cette campagne et qu'il pourra gouverner à sa place. Arrive un groupe de jeunes filles qui demandent à Galitski de libérer une de leurs compagnes qu'il a fait enlever et enfermer chez lui. Elles sont éconduites. Iaroslavna (s), femme d'Igor et sœur de Galitski, pleure le départ de son mari. Les jeunes filles viennent la voir et lui demandent d'intercéder pour leur compagne. Après un affrontement avec Iaroslavna, Galitski finit par* céder. À cet instant, des boyards arrivent, apprenant à Iaroslavna le désastre de l'armée d'Igor. Le tocsin sonne, annonçant l'approche des troupes polovtsiennes.

ACTE II. *Au camp des Polovtsiens, où Igor et son fils Vladimir sont prisonniers. Après un chant et des danses de jeunes filles polovtsiennes, Kontchakovna (c), fille du khan Kontchak, chante son amour pour Vladimir (t). Leur duo est interrompu par l'arrivée d'Igor. Dans un grand air, celui-ci exprime son amertume, mais garde cependant confiance en l'avenir. Ovlour (t), un Polovtsien christianisé propose à Igor un moyen de fuite. Il s'éclipse devant l'arrivée de Kontchak (b), qui s'est pris d'estime pour Igor et qui organise, pour le divertir, les danses polovtsiennes.*

ACTE III. *Un détachement de Polovtsiens, conduit par le khan Gsak, rentre de campagne amenant des captifs russes qui supplient Igor de sauver la Russie. Igor réussit à s'échapper après qu'Ovlour a énivré les gardes. Mais Vladimir, retenu par son amour pour Kontchakovna, reste chez les Polovtsiens. Kontchak admire la bravoure et l'habileté d'Igor; il accepte aussitôt de marier sa fille à Vladimir. Néanmoins il rassemble ses troupes pour continuer sa campagne contre les Russes.*

ACTE IV. *A Poutivel, un groupe de villageois chante une complainte. Iaroslavna pleure son mari captif. Soudain, elle le voit arriver au loin, accompagné d'Ovlour. Skoula et Iérochka, les deux déserteurs, soucieux de se faire pardonner, se mettent à faire sonner les cloches à toute volée. Le peuple laisse éclater sa joie.*

Composé par bribes entre 1867 et 1887, *le Prince Igor* est resté inachevé. Après la mort de Borodine, Rimski-Korsakov et Glazounov se sont chargés de le terminer. Glazounov composa tout le troisième acte, et nota, de mémoire, l'ouverture qu'il avait souvent entendue jouer par Borodine. Rimski-Korsakov orchestra le tout et s'occupa de terminer certains détails des autres actes. Certaines coupures et déplacements qu'il fit sont en désaccord avec les autographes de Borodine. Néanmoins, c'est dans cette version que *le Prince Igor* s'est imposé.

Opéra épique, *le Prince Igor* est naturellement partagé entre les accents russes et orientaux. Les scènes les plus intéressantes sont heureusement de la main de Borodine, et, si elles se présentent sous forme de numéros séparés, elles n'en valent pas moins chacune par son caractère propre : chœur du peuple (prologue), scène d'ivresse de Galitski (1er acte), airs des quatre protagonistes (2e acte) et danses polovtsiennes, chœur des villageois et plainte de Iaroslavna (4e acte). Les airs de Galitski, d'Igor et de Kontchak sont parmi les plus prisés du répertoire des basses russes. Le chœur des villageois est considéré comme le meilleur exemple d'imitation de polyphonie populaire de tous les chœurs d'opéras russes. Mais ce sont évidemment les danses polovtsiennes, révélées en France aux concerts russes de 1889, qui ont fait la gloire de l'opéra. Souvent exécutées séparément, elles ont été immortalisées par les Ballets russes de Diaghilev. A. L.

PRINCIPAL. Famille de jeux de fond* de l'orgue, aux tuyaux de bois ou plus souvent de métal. Existant à toutes les hauteurs (du 32 pieds au 1 pied), il constitue la base de la matière sonore de l'instrument. La section des tuyaux est de taille moyenne, moins large que celle des flûtes*, moins étroite que celle des gambes*, ce qui confère aux principaux une sonorité à la fois ronde et franche. Selon sa hauteur, le jeu de principal peut porter d'autres noms : prestant* (4 minutes), doublette* (2 minutes), piccolo* (1 minute) ; placé en façade, il prend le nom de montre*. Les principaux servent à de nombreuses registrations, dont celles destinées aux ensembles polyphoniques. G. C.

PRINTEMPS. Suite symphonique composée en 1887 par Claude Debussy, pendant son séjour à la villa Médicis à Rome, et inspirée du tableau de Botticelli, *La Primavera*. L'auteur avait voulu représenter la « genèse lente et souffrante des êtres et des choses dans la nature », le printemps vu du point de vue humain. L'Académie des beaux-arts, dont Saint-Saëns, critiqua cette œuvre, qui faisait partie des « envois » que les lauréats du prix de Rome devaient lui faire, pour sa « recherche de l'étrange » et son « impressionnisme vague ». La première version de cette œuvre de jeunesse, pour orchestre et chœurs, fut détruite. Une seconde, pour 2 pianos et chœurs, fut imprimée en 1904, mais elle est connue, aujourd'hui, surtout dans sa version orchestrale, mise au point en 1908 et exécutée pour la première fois en 1913. Cette dernière version a été réalisée par Henri Büsser, sur les indications de Debussy, et sans doute sous la pression de l'éditeur, Debussy n'appréciant guère cette production de jeunesse, qui est sa plus ancienne œuvre orchestrale connue, en mettant à part la *Symphonie en si bémol* de 1880. Il devait reprendre le thème de l'éveil du *Printemps*, dans une tonalité plus mélancolique, avec ses *Rondes de printemps*, une des 3 *Images* pour orchestre, composées en 1910. M. C.

PRINTEMPS. Titre porté par la symphonie n° 1 en *si bémol* majeur op. 38 de Robert Schumann, esquissée en 4 jours, instrumentée fin janvier 1841, entièrement terminée le 20 février et acclamée par le public — sinon par la critique — le 31 mars lorsque Mendelssohn la créa au Gewandhaus de Leipzig. D'une facture classique (elle est, comme chez Haydn, précédée d'une introduction lente), l'opus 38 innove, d'une part, en traduisant en langage de feu, éminemment romantique, une pensée secrètement classique ; d'autre part, en brisant avec la forme traditionnelle : ainsi le premier thème de l'introduction (exposé aux trompettes et inspiré d'un vers de Böttiger *Im Tale blüht der Frühling auf*, d'où le titre *Printemps* donné à la symphonie) engendre celui de l'allégro et reparaît dans le finale. Par ailleurs, les deuxième et troisième mouvements sont enchaînés. D'une orchestration brillante ou délicate (emploi du triangle dans l'allégro), d'une facture qui révèle une pensée directrice sûre, l'œuvre reflète bien le bonheur paisible, mais court, que vivait Schumann à cette époque. J. G.

PRINTEMPS (LE). Titre non authentique porté par la sonate pour piano et violon n° 5 en *fa* majeur op. 24 de Beethoven, composée en 1800-1801 en même temps que la sonate n° 4 en *la* mineur op. 23. Les deux ouvrages parurent ensemble comme op. 23 en octobre 1801, puis séparément au printemps 1802 comme op. 23 et 24, dans un cas comme dans l'autre chez l'éditeur Mollo et avec une dédicace au comte Moritz von Fries. M. V.

PRINTEMPS (LE). Important recueil de Claude Le Jeune, publié en 1603 (soit trois ans après la mort du compositeur) et offrant 33 pièces mesurées à l'antique et 6 pièces écrites dans le style polyphonique traditionnel. Ce dualisme peut d'ailleurs expliquer que le livre ait été jugé « curieux et assez incohérent » par certains musicologues du XXe siècle comme le Suisse R. Bernard. Selon les usages de l'époque, *le Printemps* fait se succéder les modes authentes et plagaux de *do, ré, mi, fa, sol* et *la* (rappelons que la musique de la Renaissance connaissait douze modes). Mais, dans la mesure où Le Jeune est celui qui a tiré le meilleur parti des théories d'Antoine de Baïf (qui est à l'origine de la musique rythmée à l'ancienne), l'ouvrage prend valeur de référence dans toute la production du temps comme champ d'application de ces théories, au plan de la métrique, mais aussi au plan de l'expression.

Les pièces mesurées à l'antique. Baïf voulait soumettre, après Platon et Ficin, la musique à la signification des mots, et c'est en toute logique qu'il met ses pas dans ceux de ces deux illustres exemples, pour rythmer son vers à l'antique sur la découpe connue en dactyles (syllabes brèves) et spondées (syllabes longues) et en tirer ainsi des images et une émotion neuves. Nourri de ces idées progressistes, Le Jeune qui œuvrait pour une soumission totale de la musique à la poésie, a expliqué lui-même son propos dans la préface du recueil. Comme Baïf, il se réclame de la leçon de l'Antiquité, puisque, écrit-il, « les Anciens savaient émouvoir les hommes à telles passions qu'ils voulaient » (référence au mythe d'Orphée). Aussi bien, la liberté dans l'élaboration de sa rythmique est-elle une règle d'or dont devrait se souvenir ici tout exécutant. C'est qu'« à l'opposé des appuis symétriques de la mesure immuable de l'âge classique », les pages mesurées du *Printemps* vivent d'une mobilité et d'une intensité sonore résultant de la « juxtaposition de durées dissemblables » (Jacques Feuillie). De ce point de vue, Claude Le Jeune, outre l'influence de Baïf, rejoint les préoccupations de précurseurs comme les mélodramatistes florentins, bien que ces derniers aient travaillé dans un autre registre, attachés qu'ils étaient à une idée monodique de la musique nouvelle. Le Monteverdi de l'*Orfeo*, soucieux, lui aussi, de redonner aux rythmes et à la dynamique qui en émane leur vraie place dans la création musicale, n'est pas tellement éloigné du programme du Français (ainsi la fameuse chanson mesurée à l'antique qui ouvre le second acte du *dramma per musica*). Le verbe en mouvement, chez Le Jeune, « est porteur d'un extraordinaire influx dynamique et émotionnel » (J. Feuillie), générateur de captivants effets expressifs.

Les pièces polyphoniques. Si les pages mesurées du *Printemps* présentent d'indéniables constantes dans le domaine des modes et de la structure rythmique, les morceaux polyphoniques portent, pour leur part, la trace des recherches du rythmicien des chansons mesurées, ce qui prouve que, malgré les apparences, le livre obéit à un dessein unitaire qui devient évident dans le cadre d'une écoute intégrale.

Notons que, sous le strict angle de la forme, les chansons du *Printemps*, souvent d'amples proportions, font éclater le cadre habituel du genre. De plus, elles jouent de dispositifs et effectifs variés, font alterner *chants* et *rechants* (de 3 à 6 voix) dans un esprit et un style déjà profondément harmoniques (par suite de la valeur égale accordée aux syllabes). Ce qui n'empêche pas telle ou telle pièce d'être rehaussée d'arabesques à la fonction expressive autant que décorative. Ainsi Claude Le Jeune, musicien moderne à sa manière, évite, notamment, toute monotonie au système du langage mesuré à l'ancienne, tandis que son don mélodique, porteur d'avenir lui aussi, annonce l'*air de cour* de la première moitié du XVIIᵉ siècle.   R. T.

PRINTZ (Wolfang Caspar), compositeur et théoricien allemand (*Waldthurn 1641 - Sorau 1717*). Il a, lui-même, fourni d'abondants détails sur sa vie assez mouvementée dans deux biographies, l'une contenue dans son *Historische Beschreibung* (1690), l'autre terminée par son fils et insérée dans le *Grundlage einer Ehren-Pforte* de Mattheson (1740). Obligé d'arrêter ses études en 1661, il commença, à Vohenstrauss, une carrière de ministre luthérien, que la conversion au catholicisme des autorités locales l'oblige bientôt à interrompre. Il se tourne alors vers la musique et voyage en Italie.
De retour en Allemagne en 1662, il fut successivement employé à Sorau par le comte Erdmann Leopold von Promnitz, cantor à Triebel, puis à Sorau, et en 1682 directeur de la musique du comte Balthasar Erdmann von Promnitz. Presque aucune de ses œuvres n'a été conservée. Il est surtout connu pour ses traités, témoignages de grande valeur sur la musique en Allemagne à la fin du XVIIᵉ siècle. Son *Compendium musicae* (1668), qui s'appuie sur les observations de Descartes (*Compendium musicae*, 1618), est un traité de rythme tout à fait essentiel. Son *Phrynis Mitilenaeus, oder satyrischer Componist* (1690, publié antérieurement en 3 vol. séparés) présente, sous une forme de récits et de dialogues satiriques, un panorama complet des différents aspects de la musique et des musiciens de l'époque. Enfin, l'*Historische Beschreibung* est sans doute la première histoire importante de la musique en Allemagne. Printz annonce les grands théoriciens allemands du XVIIIᵉ siècle, en particulier Mattheson.   D. H.

PRISONNIER (LE) [en ital. *Il Prigioniero*]. Opéra en 1 prologue et 1 acte de Luigi Dallapicola, sur un livret du compositeur, inspiré d'une nouvelle de Villiers de l'Isle-Adam, *la Torture par l'espérance* (*Nouveaux Contes cruels*, 1883), ainsi que d'un livre de Charles de Coster sur *la Légende d'Ulenspiegel*. Conçu depuis 1939, écrit en 1943-44 et révisé en 1947, ce bref opéra d'une cinquantaine de minutes (qui mobilise cependant un grand orchestre, un chœur et un orgue, avec les solistes) fut créé en concert en novembre 1949, à la radio italienne, et sur la scène le 20 mai 1950 au Teatro Comunale de Florence, dans le cadre du Mai musical, sous la direction d'Hermann Scherchen.

PROLOGUE. *Dans une salle de l'Official de Saragosse, la Mère, qui attend de voir son fils, le Prisonnier, dit ses appréhensions et le rêve effrayant qu'elle a fait de Philippe II, sorte de « dieu-chouette »,* figure de mort.

PREMIER INTERMÈDE CHORAL. *Le chœur « off » de l'Inquisition supplie Dieu.*

SCÈNE PREMIÈRE. *Le Prisonnier dit à la Mère qu'il a recommencé à espérer depuis que son Gardien l'a appelé « frère »* (fratello, *mot qui donne lieu à un des motifs musicaux fondamentaux de l'ouvrage).*

SCÈNE II. *Le Gardien* (il Carceriere) *parle au Prisonnier de la révolte des Flandres et lui fait espérer la chute du Roi, dans une* Canzone dei Pezzenti *(« chanson des gueux »), ballade en 3 strophes qui se situe au cœur musical et dramatique de l'ouvrage. Il lui parle de la cloche Roelands, symbole de liberté, qui sera remise en place... et sur le mot « espère »* (spera) *part en laissant la porte du cachot ouverte.*

SCÈNE III. *Le Prisonnier tente l'évasion, trouve derrière la porte un corridor, se cache d'un moine tortionnaire et de deux prêtres qui parlent théologie sans le voir. Il croit voir la sortie, la liberté et entendre Roelands.*

SECOND INTERMÈDE CHORAL. *Chœurs de l'Inquisition.*

SCÈNE IV. *Deux bras sortent de l'ombre et le saisissent : c'est le Grand Inquisiteur, et le Gardien, qui ne font qu'une seule et même personne. Le Prisonnier comprend qu'il a été joué et se laisse, désespéré, conduire à la mort, tandis que les chœurs chantent une réminiscence de la* Prière de Marie Stuart *des* Canti di Prigliona.

Depuis ses *Canti di Prigliona* (« chants de captivité », 1938-1941), qui sont d'ailleurs « cités » à la fin de l'opéra, l'auteur s'était fixé sur le thème de l'emprisonnement, à partir de son expérience personnelle. Il a retracé lui-même l'étrange genèse de cet opéra : il explique comment il avait frappé, enfant, dans une lecture du poème de Victor Hugo, la *Rose de l'infante* (de *la Légende des siècles*), l'évocation de la figure effrayante de Philippe II roi d'Espagne, « dieu-hibou », sorte de statue du commandeur omnivoyant ; comment ce souvenir fut réveillé, en 1939, par la lecture de la nouvelle de Villiers de l'Isle-Adam, qui prend pour cadre les prisons de l'Inquisition espagnole ; comment, enfin, un voyage en Flandre lui donna l'idée de greffer sur cette trame une évocation de la lutte des habitants de Gand contre Charles Quint, père de Philippe II, lutte dont le symbole, figuré musicalement dans la partition, est la cloche Roelands, qui fut détruite par l'ordre de Charles. Ce curieux amalgame, qui fut à l'origine de la conception du *Prisonnier*, aboutit à rassembler dans cette œuvre les obsessions de l'auteur : la « captivité » (plus que la « liberté », évoquée comme repoussoir), la figure du « Père terrible » (comme dans le mystère *Job*, du même auteur), le catholicisme, la sonnerie des « cloches », la mort, et le « pouvoir ».

La nouvelle de Villiers raconte comment le rabbin Aser Abarbanel, dans les mains des Inquisiteurs de Philippe II, est soumis à la « torture par l'espérance » : on lui fait croire qu'il est libre, en laissant ouverte la porte du cachot ; il parcourt le palais dans la nuit, croit échapper à mille dangers d'être surpris, et, au moment où il pense être tiré d'affaire, est repris par l'Inquisition, qui connaissait et qui surveillait tous ses faits et gestes, pour être conduit au bûcher. Dallapicola décida de faire de ce rabbin un prisonnier anonyme, « le prisonnier » — n'a pas d'autre nom — pour rendre plus universelle la portée de son opéra.

Formellement, l'auteur a poussé à l'extrême la recherche de la symétrie : le début répond à la fin, 2 intermèdes choraux forment les sections 2 et 6, et la confrontation du Prisonnier et du Gardien-Grand Inquisiteur se trouve placée au centre (section 4). Le chiffre 3, propice à la symétrie, déjà dominant dans les *Canti di Prigliona*, se retrouve dans *le Prisonnier* à de multiples niveaux : dans le nombre des « séries de base » (puisque l'œuvre relève du « sérialisme tonal » propre à l'auteur) qui symbolisent respectivement la prière, l'espérance et la liberté ; dans le nombre des protagonistes, ramenés à 3 par « condensation » du Gardien et du Grand Inquisiteur, en une seule figure paternelle ; dans l'importance de l'intervalle de *triton* (trois tons) pour générer certains accords et motifs fondamentaux, etc. Ainsi, dans son délire de symétrie proche de celui d'un Bartók, Dallapicola a construit une espèce de forteresse musicale fermée, dans laquelle résonnent ses obsessions et où se déploie son symbolisme ascensionnel des hauteurs (vaste montée vers l'aigu dans la *Chanson des Gueux*), qui sont gravies inlassablement comme un escalier sans fin.

M. C.

PRIX DE ROME. Le concours de Rome était destiné, à l'origine, aux seuls peintres, sculpteurs et architectes. C'est Louis XIV qui décida de désigner annuellement les plus prometteurs d'entre eux pour les envoyer pour cinq ans à l'Académie de France que Colbert avait fondée à Rome en 1666. Le prix de Rome musical ne fut créé qu'en 1803 lorsque l'Académie des beaux-arts (créée en 1795) fut chargée de préparer, d'administrer et de contrôler l'épreuve de ce concours annuel ouvert à tous les Français célibataires de moins de trente ans. Les candidats devaient en un premier temps écrire une fugue et un chœur avec accompagnement d'orchestre. La section musicale de l'Académie (6 membres), sélectionnait 6 d'entre eux. Ceux-ci, enfermés en loge durant un mois devaient alors composer une scène dramatique à 3 personnages (appelée cantate), dont le sujet et le livret leur étaient imposés. La même section musicale, enrichie de 2 musiciens réputés, écoutait alors les cantates et en proposait un classement. Mais le jugement définitif revenait à l'Académie des beaux-arts réunie au grand complet. De ce fait, le premier grand prix de Rome de la musique était désigné par un aréopage de 40 membres, dont 6 seulement étaient musiciens. Cette situation devait évidemment provoquer des mécontentements. Berlioz, en particulier, en révéla un violent contestataire (dans ses *Mémoires*), bien qu'il fût lauréat en 1830, après trois tentatives infructueuses.

Le candidat désigné comme premier prix pouvait se rendre à Rome comme pensionnaire de la villa Médicis durant cinq ans, à charge d'envoyer chaque année à Paris une œuvre de sa composition.

Si l'on considère la liste des prix de Rome, on constate que près de la moitié des lauréats, surtout ceux du XIXe siècle, ont totalement disparu de l'histoire de la musique. Parmi les autres, on relève un certain nombre de compositeurs de second ordre, qui ont surtout fait carrière dans l'enseignement : Ambroise Thomas (1832), Ernest Guiraud (1859), Théodore Dubois (1861), Bourgault-Ducoudray (1862). Parmi les noms restés célèbres, il faut citer, outre Berlioz, Bizet (1857), Massenet (1863), Debussy (1884), Florent Schmitt (1900), et plus récemment, Dutilleux (1938). Quelques autres lauréats se sont rendus célèbres dans d'autres domaines musicaux : le chef d'orchestre Paul Paray (1911), l'organiste Marcel Dupré (1914). Plusieurs femmes ont obtenu le premier grand prix : Lily Boulanger (1913), Yvonne Desportes (1932), Adrienne Clostre (1949). Le ratage le plus célèbre fut celui de Ravel. Le dernier lauréat fut Alain Louvier. La désignation des prix ayant à plusieurs reprises provoqué des incidents, voire des scandales, le concours de Rome fut supprimé en 1968.

A. L. et S. W.

PROCESSION DE VERGÈS (LA). « Son organisé » sur bande magnétique d'une durée globale de deux minutes quarante-sept secondes, réalisé en 1955 par Edgar Varèse pour la séquence de la Procession de Vergès du film du réalisateur canadien Thomas Bouchard sur Joan Miró (*Around and about Joan Miro*). Ce film fut donné en première projection publique en octobre 1955.

I. S.

PROD'HOMME (*Jacques Gabriel*), musicologue français (*Paris 1871 - Neuilly-sur-Seine 1956*). En 1902, il fonda avec Lionel Dauriac et Jules Ecorcheville la section française de la Société internationale de musicologie, dont il devait être secrétaire de 1903 à 1913, et créa avec La Laurencie, en 1917, la Société française de musicologie. Il fut aussi bibliothécaire et archiviste de la bibliothèque de l'Opéra, à partir de 1930, et de celle du Conservatoire, à partir de 1934, postes qu'il devait garder jusqu'en 1940. Il collabora en outre à de nombreuses revues musicales françaises et étrangères, et écrivit plusieurs biographies de musiciens, surtout romantiques (*Hector Berlioz 1803-1869 : sa vie et ses œuvres*, 1905 ; *Paganini*, 1907 ; *Franz Liszt*, 1910 ; *Gounod*, en collaboration avec Dandelot, 1911, etc.). Il s'intéressa particulièrement à Beethoven (*les Symphonies de Beethoven (1800-1827)*, 1906 ; *la Jeunesse de Beethoven, 1770-1800*, 1921 ; *les Sonates pour piano de Beethoven, 1782-1832*, 1937, etc.) et à Wagner (*Guides analytiques de l'Anneau du Nibelung, Crépuscule des dieux*, avec C. Bertrand, 1902 ; *Richard Wagner et la France*, 1921, etc.). Il a traduit de l'allemand plusieurs ouvrages essentiels, entre autres des écrits de musiciens : *œuvres en prose* (13 vol., 1907-1925) et livrets de Wagner (1922-1927) ; *les Cahiers de conversation de Beethoven, 1819-1927* (1946) ; *les Écrits divers sur la musique et les musiciens* de Schumann (1946) ; le *Mozart* de A. Schurig (1925) ; les *Entretiens sur la musique de* W. Furtwängler (1953). Il a également publié des *Écrits de musiciens (XVe-XVIIIe s.)* [1912], *l'Opéra, 1669-1925* (1925), *Pensées sur la musique et les musiciens* (1926).

D. H.

PRODUKTIONSPROZESS (« Processus de production »). Terme de Dieter Schnebel désignant les recherches qu'il a effectuées dans *Maulwerke** (1968) et dans *Schulmusik* (1973). Le *Produktionsprozess* se définit par opposition à l'œuvre conventionnelle : il utilise plusieurs dispositifs (bruits, gestes, actions, images, lumières, graphismes, etc.), considérés traditionnellement comme extérieurs à la musique, il renonce aux schémas universels préétablis et aux limites temporelles et spatiales fixes, il cherche l'ouverture à tous de l'activité productrice musicale, en explorant « le fonctionnement physiologique, cérébral et psychologique lorsqu'on fait de la musique » (D. Schnebel). Le processus sonore résulte des modalités de production qui, en soi, intéressent beaucoup plus le compositeur que les aspects nouveaux du matériau utilisé ou que les particularités des développements composés. Le *Produktionsprozess* compose la production même de la musique dans le jeu des corps producteurs, ainsi que les processus de communication qui s'instaurent entre musiciens/non-musiciens et le public.

I. S.

PROGRAMME (MUSIQUE À). Terme général par lequel on a coutume de désigner toute musique d'essence narrative, évocatrice, descriptive ou illustrative, donc renvoyant à une donnée « extramusicale » ; cela par opposition à la musique « pure »*, qui ne ferait appel qu'à une perception « abstraite », sans référence à aucun élément extramusical. Définie ainsi, la musique à programme englobe les genres « appliqués » comme le ballet, la musique de scène et de ballet, les genres « à texte » comme le lied, la chanson, l'opéra, la cantate, etc., ainsi que le poème symphonique, l'ouverture de concert et toutes les musiques formant « tableau » pour l'auditeur par leurs titres, leurs évocations, etc. : de la *Symphonie pastorale* de Beethoven aux *Miroirs* de Ravel, de la *Danse macabre* de Liszt aux *Tableaux d'une exposition* de Moussorgski. L'arbitraire d'une distinction tranchée entre musique à programme et musique pure apparaît cependant, si l'on considère que beaucoup d'œuvres dites « à programme » ne sont telles que par leur titre évocateur d'images (*la Mer, Scènes d'enfant, Jeux d'eau à la villa d'Este*) et qu'elles possèdent une architecture musicale autonome, en soi, et sont justifiables et analysables du seul point de vue de la forme, du discours, des proportions, comme « musique pure ».

On peut entendre aussi le terme de « musique à programme » dans le sens plus restreint que lui donnait Franz Liszt, quand il introduisit cette notion : le « programme » désignait pour lui très concrètement un papier, un texte d'intention, pour une œuvre purement instrumentale (sans texte chanté), par lequel le compositeur explicite ses thèmes d'inspiration (lecture, mythe, légende, etc.), afin de « préserver son œuvre de l'arbitraire d'une explication poétique erronée et d'orienter par avance l'attention sur l'idée poétique du tout ou sur un point particulier ». C'était le cas, en 1830, de la *Symphonie fantastique* de Berlioz, et de son « programme » (très contesté par certains musiciens, dont Schumann) distribué aux auditeurs avant l'exécution pour guider leur écoute. Toujours conciliateur, Liszt s'efforçait ainsi de légitimer et de limiter l'usage d'un procédé que beaucoup taxaient de facilité et de racolage : donner à l'auditeur une trame narrative toute faite, lui permettant de « rêver » sur la musique et de se bercer d'images, au lieu d'en écouter la structure et le discours. Il insistait fortement sur l'idée que la musique à programme doit en même temps se justifier complètement comme musique pure dans ses « proportions, ordonnance, harmonie et rythme ».

Dans cette acception lisztienne de la musique à programme (illustrée par ses propres « poèmes symphoniques »), la forme musicale est subordonnée au propos, « le retour, le changement, les motifs et les modulations de ces motifs sont conditionnés par leur relation à une idée poétique », ce qui n'empêche pas que la musique doive toucher directement l'auditeur, sans la connaissance obligatoire de cette trame cachée. L'époque moderne, très puritaine sur ce point, tend à qualifier de « musique à programme » toute musique dès lors qu'elle est entachée d'un titre faisant image, ou d'une intention programmatique explicite.

Dans l'idée de « programme », il ne faut pas entendre seulement une inspiration descriptive ou évocatrice. Le mot implique aussi une histoire, une certaine évolution dans le temps, dont la musique s'efforce de suivre les phases successives : cela par opposition aux simples musiques descriptives statiques d'un animal (le *Coucou* de Daquin), d'une idée, d'un milieu naturel. Des musiques « à programme », comme le *Capprico sopra la lontananza* de Jean-Sébastien Bach, les *Métamorphoses* de Carl Ditters von Dittersdorf, les *Sonates bibliques* de Kuhnau, les *Quatre Saisons* de Vivaldi, les *Tableaux d'une exposition* de Moussorgski, le *Phaéton* de Saint-Saëns, racontent toutes une « succession » de phases ou d'événements. Sous cet angle, la musique à programme est aussi une manière d'entendre la musique, toute musique, comme narration, comme succession d'états moteurs, affectifs.

Ainsi Schumann s'amusant à entendre dans les *Variations* de Chopin sur *La Ci darem la mano* de Mozart le « *si bémol* » sur lequel Zerline succombe. Derrière ces fantaisies narratives, auxquelles se sont abandonnés les musiciens et mélomanes les plus sérieux, il ne faut pas oublier que toute forme musicale possède en même temps une dimension narrative, et toute séquence dramatique d'événements une dimension symbolique, formelle. Le nombre des situations dramatiques, des « modèles », n'est pas infini, on trouve un nombre limité de « schèmes » narratifs qui ont leur correspondance dans les formes musicales : la forme sonate à 2 thèmes raconte une sorte d'histoire qui constitue son « programme » (exposition, voyage et luttes des thèmes, retour au bercail du ton principal à la réexposition), de même que la forme rondo, la forme thème et variations, etc. Simultanément, ces formes peuvent être envisagées d'un point de vue purement « géométrique », en considérant le temps comme un espace (non orienté, susceptible d'être parcouru dans les deux sens).

La musique à programme serait ainsi la musique dans sa dimension « en temps », inscrite dans une durée irréversible et dramatique, tandis que la musique pure serait censée se justifier d'un point de vue « hors temps » comme traduction sonore de proportions, de relations d'intervalles. Toutes les musiques dites « formelles » ou abstraites (Ars nova, *Art de la fugue* de Bach, musique sérielle) insistent d'ailleurs sur l'utilisation de procédés d'écriture « en miroir » (rétrogradations), qui nient le temps dans son irréversibilité et le maîtrisent comme un espace où l'on passe et revient à volonté dans les deux sens. Selon cette perspective formelle, le principal péché de la musique « à programme » est d'inscrire la musique dans un temps dramatique, lourd de ses contingences mortelles, de son caractère événementiel, quotidien. Le débat sur le problème de la musique à programme et de la musique pure est essentiellement une question de « point de vue » sur la musique : toute musique est, en un sens, les deux à la fois, selon la manière dont on l'écoute.

M. C.

PROKOFIEV *(Serge)*, compositeur russe *(Sontsovka, Ukraine, 1891 - Nikolina Gora, près de Moscou, 1953)*. Ayant reçu de sa mère, pianiste, les premières notions musicales, Prokofiev montre des dispositions étonnamment précoces pour la composition : à cinq ans les premières mesures d'un *Galop indien*, pour piano, à neuf-dix ans de petites scènes lyriques, *le Géant* et *Sur les îles désertes*. En étudiant du conservatoire de Moscou, Youri Pomerantsev, puis le jeune compositeur Glière lui enseignent les bases de l'harmonie. Ses essais de composition sont encouragés par Serge Tanéiev. En 1904, il entre au conservatoire de Saint-Pétersbourg ; il y est l'élève de Liadov en harmonie, de Winckler puis de Essipova en piano, de Vitol en composition, de Rimski-Korsakov en orchestration et de Tchérepnine en direction d'orchestre. Il y fait la connaissance de Nikolaï Miaskovski, qui restera toute sa vie son plus proche ami. Peu fait par nature pour l'enseignement scolastique, Prokofiev s'intéresse de bonne heure aux compositeurs contemporains : Debussy, Strauss, Reger (tous mal vus au conservatoire) et Schönberg, dont il interprète les œuvres lors de ses premiers récitals. Il s'impose rapidement en tant que pianiste, impressionnant ou choquant le public par sa puissance et sa technique. Il a à peine vingt ans lorsque l'éditeur Jurgenson publie ses premières œuvres : sa première sonate pour piano, qui porte encore l'influence de Schumann, Reger et Rachmaninov, 4 études et 8 pièces pour piano. En 1914, il se présente avec succès au concours Rubinstein de piano, et joue lors de l'épreuve avec orchestre son propre premier concerto pour piano. Dans cette œuvre (1911-12), ainsi que dans sa 2e sonate pour piano, son style se précise : goût pour la carrure rythmique et la vigueur de frappe, pour les harmonies âpres et imprévues, et contrastes entre cette force manifestée et un lyrisme élégiaque, parfois douloureux, qui se ressent de la veine mélodique populaire. Contemporainement au *Manifeste des futuristes*, publié en 1912 par un groupe de poètes russes (dont Maïakovski) et intitulé *Gifle au goût du public*, Prokofiev écrit son 2e concerto pour piano, dont l'exécution en 1913 provoque un scandale mémorable. Ce concerto atteint les limites des possibilités physiques du soliste. À côté de cela, cependant, c'est un Prokofiev beaucoup plus fin et intimiste qu'on trouve dans les 10 pièces pour piano op. 12, preuve que les deux extrêmes constituent à part égale la nature du compositeur.

À l'occasion d'un voyage à Londres, en 1914, Prokofiev rencontre Diaghilev ; il espère l'intéresser à un projet d'opéra d'après *le Joueur* de Dostoïevski, mais Diaghilev lui commande un ballet « sur un sujet russe ou préhistorique ». Ce sera *Ala et Lolly*, sur un livret du poète symboliste Serge Gorodetski, tiré de la mythologie scythe. La partition déplait à Diaghilev, qui la refuse. Prokofiev la retravaille et en fait la *Suite scythe*. Œuvre d'une violence rarement atteinte, parcourue de visions fantasmagoriques, s'achevant sur un terrible crescendo évoquant le lever du soleil, la *Suite scythe* utilise un orchestre immense et s'inscrit dans la lignée du courant panmongoliste. C'est la réponse de Prokofiev au *Sacre du printemps* de Stravinski.

Le refus de Diaghilev n'a pas découragé Prokofiev d'une collaboration avec lui, et ils choisissent ensemble un nouveau sujet de ballet : *Chout* (« le bouffon »), extrait d'un recueil de contes russes. Mais ce projet ne trouvera sa concrétisation que six ans plus tard.

En 1916-17, Prokofiev compose dans les genres les plus divers : il achève *le Joueur* (1917), écrit ses 3e et 4e sonates pour piano, son 1er concerto pour violon, le cycle des vingt *Visions fugitives* (1915-1917), qui sont à la musique de leur époque ce que les *Préludes* de Chopin sont à la musique romantique. C'est aussi la date de deux œuvres aussi différentes que possible : la *Symphonie classique,* qui témoigne du goût de Prokofiev pour la forme pure, et la cantate *Ils sont sept* (1917-18 ; rév., 1933), sur un poème de Constantin Balmont, « invocation chaldéenne » écrite dans le pressentiment du bouleversement de la Révolution, et qui se rattache à l'esthétique de la *Suite scythe*. En même temps, il fait la connaissance de Maxime Gorki et de Maïakovski. Mais, dans les mois à venir, leurs chemins vont diverger. Révolutionnaire en musique, mais peu intéressé par la politique, Prokofiev ne voit guère de possibilités de faire carrière en Russie au lendemain de la Révolution, et demande à Lounatcharski, commissaire du peuple à l'Instruction, l'autorisation d'émigrer. En mai 1918, il part pour les États-Unis, en passant par le Japon, où il donne quelques récitals. Il s'impose assez rapidement aux États-Unis, malgré la malveillance de certains critiques. Le chef d'orchestre de l'Opéra de Chicago, l'Italien Campanini, lui propose un sujet d'opéra sur *l'Amour des trois oranges,* fable de Gozzi, auteur du XVIIIe siècle. Prokofiev écrit rapidement la partition, mais le décès subit de Campanini provoque le report de la représentation. En avril 1920, Prokofiev quitte les États-Unis pour la France. Il entre dans le cercle de Diaghilev, aux côtés de Stravinski, Poulenc, Milhaud, de Falla, Ravel. Entrecoupé de deux nouveaux voyages aux États-Unis, dont le second pour la création de *l'Amour des trois oranges* (décembre 1921), le séjour parisien de Prokofiev est marqué par la représentation de *Chout* (mai 1921). La même année voit naître le 3e concerto pour piano (commencé en 1917), d'une structure plus rationnelle et d'un dynamisme plus contrôlé que le précédent.

En 1922, Prokofiev s'installe à Ettal dans les Alpes bavaroises, où il travaille à un nouvel opéra, *l'Ange de feu,* d'après une nouvelle de Valéry Briussov ; le sujet en est un cas de « possession diabolique » au XVIe siècle. En même temps, le compositeur continue à donner des concerts dans les capitales occidentales (Londres, Berlin, Bruxelles). Son nom commence à être connu, tant grâce à ses propres efforts qu'à ceux du chef d'orchestre Koussevitski, récemment émigré, qui est un propagateur actif de la musique russe.

En 1923, Prokofiev revient à Paris. C'est l'année de son mariage avec Carolina Llubera-Codina, jeune femme d'origine mi-russe, mi-espagnole. De ce mariage naîtront deux fils, Sviatoslav et Oleg.

Avec la 2e symphonie (1924-25), Prokofiev aborde l'esthétique constructiviste, à laquelle Honegger a rendu hommage avec son *Pacific 231*. Deux ans plus tard, Diaghilev commande à Prokofiev un ballet constructiviste sur le thème des réalisations industrielles et de la nouvelle vie en Union soviétique. C'est le *Pas d'acier,* créé en 1927 avec des décors de Iakoulov sous la direction de R. Desormière. Depuis quelques années précisément, Prokofiev est de plus en plus attiré par l'Union soviétique, se sentant étranger aussi bien parmi les Occidentaux que parmi ses compatriotes émigrés, qu'il juge trop passéistes. Au début de 1927, il fait un premier séjour en U.R.S.S., où il retrouve avec ses anciens amis, dont Miaskovski, et où sa musique a déjà pénétré. Toutefois, le *Pas d'acier* est désapprouvé par les Soviétiques, et considéré comme caricatural.

Achevant *l'Ange de feu* en 1927, Prokofiev entreprend de composer à partir du matériau thématique de l'opéra sa 3e symphonie. L'année suivante, une nouvelle — et dernière — commande de Diaghilev est à l'origine du ballet *le Fils prodigue,* d'après la parabole évangélique, le rôle-titre est créé par Serge Lifar. Peu après Diaghilev meurt à Venise, ce qui rompt une des principales attaches de Prokofiev avec l'Occident. Pendant sept ans, Prokofiev va mener un mode de vie instable, partagé entre l'Occident et l'U.R.S.S. : en 1930, un nouveau voyage aux États-Unis est à l'origine de la composition de son *1er Quatuor* commandé par la Library of Congress. En 1932, le ballet *Sur le Borysthène,* élaboré avec Lifar, connaît un retentissant échec à l'Opéra de Paris. Une autre déception est celle du 4e concerto pour piano (1931), composé, comme le *Concerto pour la main gauche* de Ravel, à l'intention de Paul Wittgenstein, et refusé par le dédicataire. Le 5e concerto (1931-32), qui s'apparente au 2e et au 3e, connaîtra une meilleure fortune. Mais c'est en U.R.S.S., dont il n'est pourtant pas encore citoyen, que Prokofiev reçoit, dès 1933, les commandes les plus intéressantes, à commencer par la musique du film de Feinzimmer, *Lieutenant Kijé,* qui marque son retour à un style plus classique, afin de se mettre à la portée des masses. En 1936, il écrit pour les enfants *Pierre et le loup,* tout en élaborant avec le metteur en scène Radlov un grand ballet, *Roméo et Juliette* (créé à Brno en 1938), son premier ballet soviétique, et sa première grande référence à un thème de la littérature classique. Le ballet donne lieu, outre à une suite symphonique (ce que Prokofiev fait de la plupart de ses œuvres scéniques), à une série de pièces pour piano.

En 1937, Prokofiev prend la citoyenneté soviétique. Par malchance, il renoue avec son pays au moment où le contrôle du pouvoir s'étend à tous les domaines culturels : en 1932, création de l'Union des compositeurs soviétiques ; en 1936, célèbre affaire de l'opéra *Lady Macbeth de Mzensk* de Chostakovitch, qualifié de « galimatias musical ». Et, de plus en plus, les artistes qui déplaisent pour une raison ou une autre se voient taxés de « formalisme », tare suprême définie comme « le sacrifice du contenu social et émotionnel de la musique au profit de la recherche d'artifices avec les éléments de la musique : rythmes, timbres, combinaisons harmoniques ». Tandis que nombre de musiciens russes (Rachmaninov, Chaliapine, Tchérepnine, Medtner, Glazounov) ont choisi d'émigrer, refusant l'avenir soviétique, afin de conserver leur passé russe et leur liberté, Prokofiev fait le choix inverse : il sacrifie sa liberté pour revenir à la Russie comme à une source indispensable, et pour devenir un compositeur soviétique officiel, subissant tous les avantages et les inconvénients de ce statut.

En 1937, Prokofiev achève une *Cantate pour le 20e anniversaire de la Révolution* qu'il projette depuis plusieurs années. Il y met en musique des textes de théoriciens du marxisme, dont Lénine. Mais l'œuvre est refusée par la censure, ce type de textes « n'étant pas prévu pour être chanté ». La rencontre avec le cinéaste Eisenstein va donner lieu à une collaboration fructueuse. Prokofiev écrit la musique pour la grande fresque historique et patriotique *Alexandre Nevski* (1938), dans laquelle on reconnaît le style de la période occidentale du compositeur *(les Croisés dans Pskov, Bataille sur la glace)* à côté de pages dont l'inspiration populaire et épique correspond aux exigences de l'esthétique soviétique (*Chant sur Alexandre Nevski, Sur le champ de la mort,* finale). Prokofiev y renoue avec les traditions des opéras nationaux russes du XIXe siècle. En décembre 1939, pour le soixantième anniversaire de Staline, il se joint au chœur des panégyristes en écrivant la cantate *Zdravitsa* (« bonne santé »). La même année, il compose son premier opéra soviétique, *Siméon Kotko,* inspiré de la guerre civile en Ukraine. En même temps, il commence à travailler à trois nouvelles sonates pour piano (nos 6, 7 et 8, dites « les sonates de guerre »), œuvres monumentales qui constituent le sommet de sa production pianistique. Les deux premières sont créées par Sviatoslav Richter (1943), qui révèle également aux Soviétiques le 5e concerto ; la 8e sonate est jouée par Guilels (1944).

En 1940, Prokofiev fait la connaissance de la jeune poétesse Myra Mendelssohn qui devient sa nouvelle compagne, ainsi que sa collaboratrice. Elle lui suggère le thème d'un opéra-comique, *les Fiançailles au couvent*, d'après *la Duègne* de Sheridan; et ils élaborent ensemble le livret de *Guerre et Paix* d'après Tolstoï, opéra que Prokofiev commence en 1941 et auquel il travaillera jusqu'à la fin de sa vie.

Dès le début des hostilités germano-russes, Prokofiev est évacué au Caucase, avec nombre d'autres artistes et intellectuels. Il y reste pendant deux ans. Les œuvres les plus marquantes de cette période sont la *Ballade du garçon resté inconnu*, le 2e quatuor écrit sur des thèmes kabardes, la sonate pour piano et flûte (transcrite ensuite pour piano et violon à la demande d'Oïstrakh), qui frappe par sa limpidité, aux côtés d'œuvres pathétiques et tourmentées. Mais, surtout, Prokofiev va, dès 1942, retravailler avec Eisenstein pour un nouveau film historique, *Ivan le Terrible*. Le premier épisode, projeté en 1945, obtient le prix Staline, mais le second est interdit par la censure (il ne sera montré qu'à partir de 1958). La mort d'Eisenstein en 1948 mettra fin aux activités de Prokofiev dans le domaine de la musique cinématographique.

Les années 1945-1947 voient l'achèvement et la création de plusieurs œuvres ébauchées au cours des années précédentes : la 5e symphonie, le ballet *Cendrillon* (théâtre Bolchoï, novembre 1945), la première partie de *Guerre et Paix* (Leningrad, théâtre Maly, juin 1946). Simultanément à deux œuvres de circonstance pour le trentième anniversaire de la Révolution, *Poème de fête* et *Fleuris, pays tout-puissant*, il compose en 1947 sa 9e et dernière sonate, dédiée à Richter et qui marque un certain dépouillement du langage. La même année il obtient le titre d'artiste du peuple de la R.S.F.S.R. Mais cette distinction ne le met pas à l'abri des redoutables attaques qu'il subit l'année suivante, dans le cadre d'une campagne antiformaliste sans précédent, lancée par Andreï Jdanov, et qui atteint les plus grands noms de la musique soviétique : Chostakovitch, Khatchaturian, Miaskovski, Kabalevski. Toute une série d'œuvres de Prokofiev est condamnée, en particulier celles de sa période occidentale (*Chout, le Pas d'acier, le Fils prodigue, l'Ange de feu*), et même certaines œuvres soviétiques, dont la 8e sonate. Contraint de faire son autocritique, le compositeur attire cependant l'attention sur celles de ses œuvres qui ont échappé à la condamnation : *Roméo et Juliette, Alexandre Nevski*, la *5e Symphonie*. Mais, quelques mois plus tard, la censure refuse son nouvel opéra *Histoire d'un homme véritable*, inspiré pourtant de la vie héroïque d'un aviateur soviétique pendant la guerre.

Malgré un état de santé précaire (hypertension), Prokofiev consacre toute son énergie à la composition. En 1950, il écrit *la Garde de la paix*, œuvre avec laquelle il se rachète aux yeux du régime. Ses dernières œuvres importantes sont la sonate pour piano et violoncelle écrite pour Rostropovitch et Richter, la 7e symphonie, et surtout le ballet *la Fleur de pierre*; s'inspirant des légendes de l'Oural et créé à Moscou en 1954. C'est à Nikolina Gora, dans la banlieue de Moscou, où il vit depuis la fin de la guerre, que Prokofiev meurt le 5 mars 1953. Mais sa mort passe pratiquement inaperçue, car elle survient le même jour que celle de Staline.

Excepté la musique religieuse, Prokofiev a abordé tous les genres. Il a donné le meilleur de lui-même dans la musique pour piano (ses concertos, sonates et ses nombreuses miniatures sont au premier rang du répertoire pianistique du XXe s.), dans les œuvres chorégraphiques et cinématographiques, où il excelle à donner l'équivalent musical des mouvements et des scènes visuelles. Sa musique lyrique présente plus d'inégalités, en dépit de la puissance incontestable du *Joueur* ou de *l'Ange de feu*, et de certains épisodes de *Siméon Kotko* et de *Guerre et Paix* : Prokofiev est incomparablement plus novateur dans le domaine harmonique et instrumental que dans celui de l'écriture vocale, et il est davantage un illustrateur et un narrateur qu'un psychologue. Réaliste, volontaire, tourné vers le concret et vers l'avenir, caustique et dur, spirituel et provocateur, Prokofiev n'en est pas moins, à côté de cela, un lyrique, qui a toujours su adapter son invention mélodique aux divers styles qu'il a pratiqués. C'est aussi un héritier direct des classiques, par son sens de la forme et de la construction solide, et la discipline de son inspiration. Ce qui explique, dans une grande mesure, ses facilités d'adaptation et sa productivité.

Œuvres. — *Musique instrumentale.* POUR PIANO : 9 sonates, dont I (1907), II (1912), III (1917), IV (1917), V (1923 ; 2e vers., 1952-53), VI (1939-40), VII (1939-1942), VIII (1939-1944) et IX (1947); *Sarcasmes* (1912-1914); *Toccata* op. 11 (1912); *Visions fugitives* (1915-1917); *les Contes de la vieille grand-mère* (1918). POUR VIOLON SEUL : *Sonate* (1947). POUR 2 VIOLONS : *Sonate* (1932). POUR VIOLON ET PIANO : *5 Mélodies* (1925); 2 sonates, pour I (1938-1946) et II (arrangement d'une sonate, flûte et piano, 1943-1944). POUR VIOLONCELLE ET PIANO : ballade (1912), *Sonate* (1949), *Quatuor à cordes I* (1930) et *II* (1941), *Scherzo humoristique pour 4 bassons* (1915), *Quintette pour hautbois, clarinette, violon, alto et contrebasse* (1924), ouverture sur des thèmes juifs pour clarinette, quatuor à cordes et piano (1919). POUR ORCHESTRE : *Sinphonietta* (1909 ; 2e vers. 1915 ; 3e 1929); *Rêves* (1910, inéd.); *Automnale* (1910, rév. 1915 et 1934); *Ala et Lolli*, devenu *Suite scythe* (1915); 7 symphonies, dont I, dite «classique» (1916-17), II (1924-25) et III (1928), IV (1929-30, 2e vers. 1947, inéd.), V (1944), VI (1945-1947), VII (1951-52); *Chant symphonique* (1933, inéd.); *Suite symphonique*, tirée de la musique du film *Lieutenant Kijé* (1934), de la musique de scène pour les *Nuits égyptiennes* (1934) et de l'opéra *l'Amour des trois oranges* (1924); *Pierre et le loup* (1936), *Ouverture russe* (1936), les 2 suites de *Roméo et Juliette* (1936), *Marche symphonique* (1941, inéd.); *Un jour d'été* (1941); *l'Année 1941* (1941, inéd.), *Suite*, tirée de l'opéra *Siméon Kotko* (1941); *Ode sur la fin de la guerre* (1945, inéd.); *Valses* (1946), les 2 suites de *Cendrillon* (1946); *Trente Ans* (1947); 2 valses de Pouchkine (1949, inéd.); *Une nuit d'été, Suite*, tirée de l'opéra *Fiançailles au couvent* (1950, inéd.); *Suite nuptiale, fantaisie tzigane* et *rhapsodie de l'Oural*, tirées du ballet *Légende de la fleur de pierre* (1951); *Rencontre de la Volga avec le Don* (1951). POUR INSTRUMENTS SOLISTES ET ORCHESTRE : 5 concertos pour piano, dont I (1911-12), II (1912-13, 2e vers., 1923), III (1917-1921), IV, pour la main gauche (1931), V (1931-32); 2 concertos pour violon, I (1916-17) et II (1935); 3 concertos pour violoncelle, dont I (1933-1938), II, symphonie-concerto (1950-1952), III, concertino (1952), complété par Rostropovitch et Kabulewski. *Musique vocale.* Une trentaine de mélodies pour chœur et piano ; 6 chœurs (1935), chœur et piano ; 2 cahiers d'arrangement des chants populaires russes (1944); *Ils sont 7* (1917-18, 2e vers. 1933); cantate pour ténor, chœur et orchestre ; cantate pour le vingtième anniversaire de la révolution d'Octobre, pour 2 chœurs, orchestre symphonique, orchestre d'harmonie, orchestre d'accordéons et instruments de bruitage (1936-37, inéd.); *les Chants d'aujourd'hui*, suite pour solos, chœur et orchestre (1937); *Alexandre Nevski*, cantate pour mezzo-soprano, chœur et orchestre (1939); *Hymne à Staline* pour chœur mixte et orchestre (1939); 7 chansons pour chœur, voix et piano (1941-42); *Ballade du petit garçon resté inconnu*, soprano, ténor, chœur et orchestre (1942-43, inéd.); *Fleuris, pays tout-puissant*, cantate pour le trentième anniversaire de la révolution (1947); *Feu de camp en hiver*, suite enfantine pour récitant, chœur d'enfants et orchestre (1949-50); *la Garde de la paix* (1950), oratorio pour solos, récitants, chœur mixte, chœur de garçons et orchestre (1950). *Musique théâtrale.* BALLETS : *Chout* (1915-1920 ; créé à Paris, 1921); *Pas d'acier* (1925-26 ; créé à Paris en 1927); *l'Enfant prodigue* (1928-29 ; créé à Paris en 1929); *Sur le Borysthène* (1930-31 ; créé à Paris en 1932); *Roméo et Juliette* (1935-36 ; créé à Brno en 1938); *Cendrillon* (1940-1944 ; créé à Moscou en 1945); *la Légende de la fleur de pierre* (1948-1953 ; créé à Moscou en 1954). OPÉRAS : *Maddalena* (1911-1913), incomplet (première à Londres en 1979); *le Joueur* (1915-1917 ; rév. 1927-28 ; créé à Bruxelles en 1929); *l'Amour des trois* *oranges* (1919; créé sous la direct. du compositeur, Chicago, 1921); *l'Ange de feu* (1919-1927; créé à Paris en 1954); *Siméon Kotko* (1939; créé à Moscou en 1940); *les Fiançailles au couvent* (1940-41; créé à Leningrad en 1946); *Guerre et Paix* (1941-1952; créé à Moscou en 1957); *Un homme authentique* (1947-48; créé à Moscou en 1960). MUSIQUE DE SCÈNE : *Hamlet* (1937-38). MUSIQUE DE FILM : *Lieutenant Kijé* (1933); *la Dame de pique* (1936), 2 films non tournés; *Alexandre Newski* (1938); *Un partisan dans les steppes de l'Ukraine* (1942); *Ivan le Terrible* (1942-1945).   A. L.

PROLATION. Procédé « solfégique » de la notation proportionnelle en usage aux XIVe et XVe siècles, permettant de diviser une valeur tantôt en 2, tantôt en 3. D'abord terme général, le mot s'est progressivement limité à la division de la semi-brève (graphie de notre ronde actuelle) en minimes (graphie de notre blanche actuelle) : selon une convention fixée par le signe de « mesure » précédemment apposé, la semi-brève se divisait tantôt en 2 minimes (prolation mineure), tantôt en 3 (prolation majeure). La prolation constituait le troisième échelon de la progression *mode* (longues en brèves), *temps* (brèves en semi-brèves), *prolation* enfin (semi-brèves en minimes). L'expression n'est plus employée aujourd'hui, mais la prolation mineure n'en a pas moins été conservée, tandis que la prolation majeure s'est vue remplacer selon les cas soit par le système des triolets, soit par la division ternaire des mesures composées.   J. C.

PROLOGUE. Situé après l'ouverture (ou *sinfonia*), il s'agit de la première scène, rattachée ou non à l'action principale, qui sert d'introduction à un opéra. La majeure partie des opéras à l'époque baroque comporte un prologue. Une introduction apparemment banale peut, au moyen de l'allégorie, transformer le livret en un sujet d'actualité, comparant les exploits du héros à ceux du dédicataire de l'ouvrage, qui, le plus souvent, est l'objet même de sa création. C'est le cas des premiers opéras, ou *favole in musica*, créés à Florence ou à Mantoue. Le prologue, en imitation des deux pastorales dramatiques qui ont mené directement à l'opéra (*Aminta* du Tasse; *Il Pastor Fido* de Guarini) prend d'abord la forme d'un air strophique, chanté par une voix seule. Ainsi, dans l'*Euridice* de Rinuccini/Peri (1600), la tragédie s'adresse à Marie de Médicis, à l'occasion de son mariage avec Henri IV, et lui demande d'écouter le chant du Thracien Orphée. Au cours des années, le prologue se développe, incorporant d'autres personnages allégoriques qui veillent sur le déroulement de l'action (la Nature, l'Éternité, le Destin). Cependant, en Italie, le prologue, après l'ouverture des théâtres publics, et l'éloignement de l'opéra des cours princières (vers un nouveau public (Venise), ne jouera plus son rôle glorificateur. Désormais, il se lie davantage à l'action. Par exemple, dans le prologue de l'*Egisto* (1643) de Cavalli, la Nuit, puis l'Aurore introduisant la scène initiale de l'acte I et la rencontre baignée de soleil des amants : *Ecco l'alba, ecco Clori*.

En France, le prologue possède un rôle politique pendant plus d'un siècle. Celui d'*Ercole amante* (1662) associe les victoires glorieuses d'Hercule à celles de Louis XIV et bénit son mariage de paix avec Marie-Thérèse d'Autriche. Puis, à l'Académie royale de musique, les ouvrages lyriques de Lully et Rameau continueront cette tradition : le triomphe de l'amour et du pouvoir absolu de la monarchie sur toutes les adversités. Contrairement à ce qu'on a longtemps prétendu, le prologue possède toujours un rapport avec le sujet de l'opéra. *Zoroastre* (1749) de Rameau est le premier opéra français dépourvu de prologue mais, encore en 1777, J.-J. Rousseau précise que « les opéras français sont... les seuls où l'on ait conservé des *prologues* ». Sa description du terme mérite d'être citée : « Comme le sujet des *prologues* est ordinairement élevé, merveilleux, ampoulé, magnifique et plein de louanges, la musique en doit être brillante, harmonieuse, et plus imposante que tendre et pathétique » (*Dictionnaire de musique*).

La période classique (Gluck, Haydn, Mozart) abandonne le prologue presque entièrement. Au XIXe siècle, il réapparaît occasionnellement, mais, cette fois, il sera purement dramatique. Chez Wagner, l'*Or du Rhin* forme un prologue à l'ensemble du *Ring*. Puis, chez Leoncavallo, on retrouve le prologue sous forme de monologue, comme à ses débuts *Paillasse*. Les opéras avec un prologue ne sont pas rares au XXe siècle; citons, de R. Strauss, *Ariane à Naxos*, 1912; de Prokofiev, *l'Amour des trois oranges*, 1921; de Berg, *Lulu*; de Britten, *Peter Grimes*, 1945; de Poulenc, *les Mamelles de Tirésias*, 1947 et, de Dallapiccola, *Ulysse*, 1968.   C. W.

PROLONGATION. — 1. On appelle ainsi le fait de maintenir une valeur au-delà de sa durée écrite, soit par un signe spécial (point, point d'orgue, etc.), soit en la liant à une autre dont la durée s'additionne à la sienne sans donner lieu à une nouvelle attaque.
— 2. En harmonie, on appelle parfois prolongation le maintien d'une note au-delà de la consonance qui la justifiait; la prolongation prend le plus souvent le nom des diverses catégories de notes étrangères qu'elle engendre : retard, pédale, etc.   J. C.

PROMENADE EN TRAÎNEAU (LA) [en all. *Die Schlittenfahrt*]. Titre porté par le trio en *fa* majeur de la troisième des 3 danses allemandes (n° 1 en *ré* majeur, n° 2 en *sol* majeur, n° 3 en *ut* majeur) K.605 de Mozart, composées à Vienne le 12 février 1791, à cause de ses cors de postillon et de ses grelots. M. V.

PROMÉTHÉE. — 1. Œuvre de Beethoven. V. *Créatures de Prométhée*.
— 2. Œuvre de Scriabine. V. *Poème du feu*.

PROMÉTHÉE. Tragédie lyrique, op. 82, de J. Lorrain et A. F. Hérold, d'après le *Prométhée enchaîné* d'Eschyle, mise en musique par Gabriel Fauré, dédiée à F. Castelbon de Beauxhostes, et créée aux Arènes de Béziers par Fauré en 1900. L'œuvre est connue dans 2 orchestrations : l'une pour musique d'harmonie et orchestre à cordes et l'autre pour orchestre symphonique. Il s'agit, en fait, d'une musique de scène pour solos, chœurs et orchestre, dans laquelle se mêlent des éléments purement dramatiques. En raison de son instrumentation gigantesque, l'œuvre est difficile à exécuter et on la connaît beaucoup plus dans sa version de concert. Les amateurs de Fauré « intimiste » seront déçus par cette composition monumentale où l'influence de Wagner (orchestration, harmonie et éléments thématiques) surprend. Pourtant, Fauré chérissait *Prométhée*, par lequel il avait acquis le prestige qu'il souhaitait. Il fut d'ailleurs vivement encouragé par ses pairs, et on en rapporte que Saint-Saëns déclara, à la suite de la première audition : « Avec ton *Prométhée*, tu nous as tous enfoncés, tes confrères, y compris moi, et je n'en éprouve aucune peine, au contraire. »   M.-C. B.-P.

PROMÉTHÉE (en all. *Prometheus*). Œuvre de Franz Liszt, écrite en 1850 pour l'inauguration du monument de Johann-Gottfried Herder (1744-1803) et donnée en première audition au Théâtre de la cour de Weimar, le 28 août de la même année. Il s'agissait alors d'une musique de scène pour le *Prométhée délivré* du poète allemand, avec introduction orchestrale et 8 chœurs. Ultérieurement, et sur la demande du compositeur, Richard Pohl rédigea des prologues en vers, destinés à être lus avant l'exécution de chacune des parties chorales et devant permettre un meilleur éclairage de l'action dramatique. Sous cette forme, la partition fut exécutée pour la première fois en 1857. Entre-temps, Liszt avait retravaillé, amplifié l'introduction primitivement orchestrée par Joachim Raff et l'avait transformée en un poème symphonique créé, à Brunswick, le 18 octobre 1855.

Après l'épisode instrumental initial, la version chorale de l'ouvrage — cantate profane en quelque sorte — propose huit moments d'une narration qui, musicalement, ne saurait être considérée comme rigoureusement descriptive et précise. « Le mythe de Prométhée, devait noter le compositeur dans la préface du poème symphonique, est rempli d'idées mystiques, de sombres traditions, d'espérances mais aussi de doutes sur la justification de ces espérances, si vives qu'elles puissent être. Bien que plusieurs esprits à la fois savants et poètes, de convictions différentes, aient tenté de l'expliquer de diverses manières, ce mythe frappe toujours l'imagination parce que son symbolisme secret correspond à nos instincts les plus profonds. Il n'est pas nécessaire de choisir entre les explications qu'on en donne. Il suffit de suivre, en musique, les dominantes essentielles qui le caractérisent : courage, souffrance, endurance, salut, poursuite des buts les plus nobles accessibles à l'homme. »

Au bref *Chœur des Océanides* succèdent le *Chœur des Tritons* (beaucoup plus développé — intervention du soprano solo), puis le *Chœur des Dryades* (avec dramatique solo d'alto). À 3/4, souple, détendu, le *Chœur des Moissonneurs* cède le pas à un *Chœur des Vendangeurs*, beaucoup plus martial avec ses fanfares de trompettes et sa percussion incisive. Lugubre, sinueux en ses premières mesures (sinistres trémolos des cordes graves), le *Chœur des Habitants des profondeurs* s'élève peu à peu vers la lumière. Le *Chœur des Invisibles* commence par un mélodrame (récitant sur accompagnement musical), fait intervenir un quatuor de voix masculines, puis l'ensemble choral. Le *Chœur des Muses* glorifie Prométhée et l'humanité, dont ce dernier aura favorisé l'épanouissement. J. D.

PROPHÈTE (LE). Opéra en 5 actes de Giacomo Meyerbeer sur un livret d'Eugène Scribe, créé au théâtre de l'Opéra de Paris le 16 avril 1849. L'action s'inspire d'un épisode historique retrouvé par Scribe dans l'*Essai sur les mœurs* de Voltaire ; celui de la révolte des anabaptistes de la ville de Münster, en Westphalie, dirigée par l'aubergiste Jean de Leyde, qui se fit passer pour prophète et se fit couronner empereur dans la cathédrale de Münster, avant d'être vaincu et exécuté.

ACTE PREMIER. *Fidès (m), mère de l'aubergiste Jean de Leyde, arrive à Dordrecht pour venir chercher la fiancée de son fils, Bertha (s), et l'emmener au mariage. Bertha doit solliciter la permission du comte d'Oberthal (b), dont elle est la vassale. Trois fanatiques «anabaptistes», Zacharie (b), Jonas (t) et Mathisen (b) excitent les paysans à la révolte contre le comte. Celui-ci les fait arrêter, et, séduit par Bertha, lui refuse la permission de quitter la ville pour épouser Jean, et la séquestre.*

ACTE II. *Dans son auberge à Leyde, Jean est abordé par les trois anabaptistes, qui, frappés de sa ressemblance avec un portrait du roi David dans la cathédrale de Münster, veulent le reconnaître comme leur apôtre, et lui promettent le règne. Jean (qui a eu des rêves prémonitoires de gloire et de puissance religieuse) ne veut pourtant qu'épouser Bertha. Mais celle-ci, qui s'est échappée, accourt et tombe dans les bras de Jean. Le comte d'Oberthal, qui tient Fidès en son pouvoir, oblige Jean à lui livrer Bertha (qui s'est cachée), sans quoi il va tuer sa mère. Jean doit céder à ce chantage et rendre Bertha, que le comte emmène. Les trois anabaptistes profitent de la fureur de Jean pour le gagner à leur cause.*

ACTE III. *Devant Münster, assiégé par les anabaptistes et les soldats et paysans révoltés, on assiste à un ballet de patineurs sur l'étang glacé (la musique de cette scène, ainsi que des fragments de l'*Étoile du Nord *ont été utilisés pour la suite de ballet des Patineurs). Oberthal, prisonnier des assiégeants, révèle à Jean que Bertha, échappée de ses mains une nouvelle fois, est dans Münster. Jean projette de quitter les anabaptistes dont les cruautés lui répugnent, mais on l'avertit d'une révolte de ses troupes. Jean prêche aux soldats mutins, feint d'avoir une vision de gloire et ranime leur courage par ce cri : « A Münster ! »*

ACTE IV. *Dans Münster conquise par Jean, «le prophète», règne la cruauté. Fidès, déguisée en mendiante, croit son fils mort, et rencontre Bertha (déguisée en pèlerin), qui, comme elle, ne sait pas que le prophète, c'est Jean, et veut tuer ce tyran fanatique. Dans la cathédrale, on se prépare à couronner Jean empereur. La mendiante interrompt la cérémonie en interpellant « son fils » qu'elle a reconnu. Or Jean se fait passer pour le fils de Dieu ; on se prépare à l'exterminer devant cette trahison, mais il retourne la situation en disant que la vieille femme est folle : il va prier Dieu de lui rendre la raison ; sinon, qu'on le tue. Pour sauver la vie de son fils, Fidès prétend s'être trompée. La foule crie au miracle, et Fidès est emmenée.*

ACTE V. *Dans la prison du palais de Münster, les trois anabaptistes annoncent l'arrivée de l'empereur légitime, qui va reconquérir Münster, et décident de sauver leur vie en livrant le prophète. Fidès persuade Jean de renoncer à son rôle sacrilège et de revenir à elle ; il demande pardon à sa mère. Alors qu'ils vont partir, Bertha entre, prête à bouter le feu au palais pour détruire le prophète et ses adeptes ; il se réjouissent. Mais Bertha apprend que le prophète, c'est Jean. Maudissant son ancien fiancé («Ton sceptre fut un glaive, tes droits sont des forfaits»), elle se tue. Dans une salle du palais, les ennemis de Jean et ceux qui l'ont trahi mènent une bacchanale et ripaillent. Jean a fait fermer les portes du palais et met le feu à l'édifice. Le palais s'écroule. Fidès arrive échevelée et sanglante, la mère et le fils meurent ensemble dans cet incendie expiatoire.*

Cet opéra, attendu depuis longtemps par le public, reprenait le mélange de drame religieux, d'intrigue sentimentale, et de prétextes humanitaires (condamnation du fanatisme) qui avait fait le succès des *Huguenots*. Le ballet des *Patineurs* avait été prévu pour mettre en valeur l'invention récente du patin à roulettes. Le succès ne fut pas immédiat, mais il fut durable une fois établi. M. C.

PROPHÉTIES DES SIBYLLES (LES) [en lat. *Prophetiae Sibyllarum*]. Recueil de 12 motets à 4 voix de Roland de Lassus, publié en 1600, soit six ans après sa mort. En fait, ce chef-d'œuvre, surtout remarquable par les hardiesses chromatiques de l'écriture, n'appartient pas à la dernière période créatrice du maître montois, dans laquelle celui-ci était revenu à une polyphonie plus apaisée, mais aux années 1560, début de sa période de maturité. Une lettre de l'éditeur parisien Adrien Le Roy, adressée à Lassus en 1573, lui réclame en effet le recueil de la «petite chromatique» et des «Cibiles» (*sic*) pour le roi de France Charles IX, qui, l'ayant entendu, a été séduit «plus que personne ne pourrait le dire». Aussi n'est-il pas exclu que Lassus ait composé ces *Prophéties* dans les années 1550-1552, alors qu'il se trouvait à Naples, à proximité, précisément, de l'endroit où officiait la Sibylle de Cumes dans l'Antiquité.

Tel quel, l'ouvrage s'inscrit dans la grande tradition du motet franco-flamand, dont il marque l'un des sommets. Mais les préoccupations qu'y avoue Lassus ne sont pas celles de ses autres chefs-d'œuvre. W. Boetticher y voit «l'étrangeté du mystère» et la manifestation de la crise *Sturm und Drang* du génial polyphoniste. Lassus y use ainsi d'un mode de chant très éloquent (que les Allemands baptisent *deklamationstil*), où la phrase est comme animée d'un mouvement oratoire, où le cheminement des voix est rythmé par la signification du verbe, où les mots clés du texte sont éclairés d'accents expressifs intenses ou détachés sur des mélismes attentifs au symbole, à sa charge de prière et d'émotion (*veram, jam, ecce*). «Peintre des oreilles» (selon la terminologie chère aux madrigalistes), mais seulement épris de spiritualité, Lassus atteint ici à un véritable lyrisme dans la rêverie mystique ou, à l'«ésotérisme voulu de la sentence musicale», trace la voie aux champions de la *Musica reservata*, qui s'illustreront en Allemagne du Sud et en Bohême (Jacob Gallus) à la fin du XVIe siècle. De la même manière, les *Prophetiae Sibyllarum* anticipent sur ce que seront le *Madrigal spirituel* et la «seconde pratique d'inspiration religieuse» dans les communautés luthériennes germaniques, à l'époque de la guerre de Trente Ans et des trois «S», Schein-Scheidt et Schütz. R. T.

PROPORTION. — 1. Manière dont les parties d'un tout s'équilibrent entre elles et avec ce tout. C'est le sens usuel, valable en musique comme ailleurs.

— 2. En **acoustique**, rapport de nombres définissant un intervalle. Le rapport de 1 à 2, de 1 à 3, etc., s'appelle proportion double, triple, etc. ; le rapport de 2 à 3 s'appelle *proportion hémiole* ou *sesquialtère*. Une proportion est dite *superpartielle*, ou *superparticulière*, quand l'un de ses nombres est supérieur ou inférieur à l'autre d'une unité, ce qui est toujours le cas quand l'intervalle en cause correspond à deux harmoniques consécutifs d'une même fondamentale.

La théorie ancienne classait également les proportions en 3 catégories : arithmétique, harmonique, géométrique, principalement lorsqu'elle s'appliquait à la recherche des *médiétés*, c'est-à-dire de la manière dont, entre les sons A et B d'un intervalle connu, doit se placer un son *x* susceptible de le diviser rationnellement pour former deux intervalles nouveaux. Les sons sont, on le rappelle, définis sur le monocorde par un nombre représentant la longueur de corde qui les produit à partir d'un point commun d'origine de valeur zéro. Peu importe le choix du nombre initial et de l'unité de mesure, puisque seules comptent les proportions, c'est-à-dire les rapports. On peut également « tirer », c'est-à-dire faire résonner la corde, indifféremment à droite ou à gauche, à condition de compter à partir du même point zéro, puisque les proportions restent les mêmes.

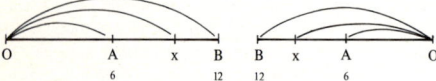

Soit par exemple une octave B = 2A, dont A = 6, B = 12. Selon la proportion arithmétique, *x* est donné par la formule $x = \frac{A+B}{2}$, soit $x = 9$. Elle divise l'octave, de bas en haut, en quarte + quinte. Selon la proportion harmonique, inverse de la précédente, *x* est donné par la formule $x = \frac{2AB}{A+B}$, soit $x = 8$. Elle divise l'octave, de bas en haut, en quinte + quarte. Selon la proportion géométrique, *x* est donné par la formule $x = \sqrt{AB}$, soit $x = \sqrt{72} = 8{,}4852\ldots$ Elle divise l'octave en deux intervalles égaux de ton. Cette dernière proportion, aux nombres irrationnels, est en général négligée par les anciens théoriciens. Ceux-ci ont d'abord considéré les deux premières comme de valeur équivalente, puis ont peu à peu découvert la prééminence de la proportion harmonique dans le mode naturel de formation des intervalles par la résonance, dont le phénomène des harmoniques* est l'expression privilégiée (d'où le nom qu'on leur a donné lors de leur découverte au début du XVIIIe s.).

— 3. Dans la **notation** des XIIIe-XVIe siècles, dite pour cette raison « proportionnelle », on appelait « proportion » la manière variable dont, selon les cas, une valeur pouvait se diviser tantôt en 2 (proportion double) tantôt en 3 (proportion triple). Selon qu'elle s'appliquait aux longues, brèves ou semibrèves, la proportion à partir du XIVe siècle prit le nom de mode, temps ou prolation*.

— 4. Par extension du sens précédent, on appelait proportion, aux XVe et XVIe siècles, le procédé consistant à signaler une augmentation* ou diminution* de valeur par simple changement de l'unité de battue sans en modifier l'écriture. La pratique des proportions a engendré un système compliqué de signes conventionnels, dont nous avons conservé des résidus tels que le demi-cercle (improprement appelé « lettre C ») et son dérivé C barré ; il y a, en effet, « proportion double » dans le fait que la même valeur (blanche) vaut 2 temps avec C et un seul avec C barré.   J. C.

PROPRE. Nom donné, dans la liturgie de la messe et de l'office des heures, par opposition au « commun » ou « ordinaire », à la partie dont le contenu, adapté à la fête célébrée, varie d'un jour à l'autre. On distingue le « propre du temps », ou temporal (de l'avent au dernier dimanche après la Pentecôte), qui retrace symboliquement les principales étapes de la vie du Christ, et le « propre des saints », ou sanctoral. En ce qui concerne les parties chantées, outre les lectures sur timbre (oraisons, épître, évangile), le propre de la messe comporte l'« introït », le « graduel », puis une partie variable où figurent selon les cas alléluia ou trait, et dans certaines fêtes « séquence » ; enfin « offertoire » et « communion ». Certaines circonstances comportent également des chants particuliers qui s'ajoutent aux chants habituels et parfois les remplacent (messe des morts, semaine sainte).

Jusqu'au XVIe siècle, propre et commun ont été souvent mis en musique (mais séparément) par les compositeurs ; depuis ce moment, le propre n'a plus été traité par eux qu'exceptionnellement, sauf pour la messe des morts (requiem), où l'emprunt au propre, variable d'une composition à l'autre, est resté traditionnellement mêlé aux pièces du commun.   J. C.

PROSE. — 1. Au sens courant, **texte** non soumis aux règles de la versification, sans qu'il soit pour autant exclu qu'y apparaissent des éléments de caractère poétique, notamment dans l'assonance et dans le rythme. La prose liturgique latine, surtout quand elle est destinée à la cantillation*, abonde en formules rythmiques cadencielles, qui ont été cataloguées sous le nom de *cursus** et dont plusieurs (mais non pas toutes) sont héritées de la rhétorique cicéronienne.

— 2. Synonyme de **séquence***. L'origine du mot dans ce sens est mal expliquée, d'autant plus qu'à partir du XIIe siècle la prose est généralement en vers. On a supposé qu'il pouvait s'agir d'une mauvaise lecture de l'abréviation fréquente *pro s^a*, c'est-à-dire *pro sequentia*, mais cette explication reste hypothétique. Il semble peu probable en tout cas qu'il faille rattacher le terme au sens usuel, dérivé de *prorsus* (*prorsa oratio*, « discours qui va de l'avant »), par opposition à *versus* (de *vertare*, « retourner en arrière »).   J. C.

PROSODIE. — 1. En **métrique antique,** la prosodie est la partie de la versification qui traite de la longueur des syllabes en vue de leur insertion dans les « pieds » qui définissent les vers. L'étymologie du mot est d'origine musicale (du gr. *pros-oidia*, « lié au chant ») et atteste le caractère chanté de la poésie primitive.
— 2. En **musique,** le mot a un sens plus large et définit, dans les textes mis en musique, l'art de régler correctement la longueur et l'accentuation des syllabes de manière à mettre en accord leur phrasé verbal et leur traitement mélodique.   J. C.

PROZESSION. Œuvre de Karlheinz Stockhausen composée en 1967, pour tam-tam, alto, elektronium, piano, deux microphones, deux filtres et régulateurs et nécessitant six exécutants. Chaque instrumentiste joue une suite d'événements trouvés dans des œuvres antérieures du compositeur : le tam-tam se base sur *Mikrophonie I* ; l'alto sur *Gesang der Jünglinge, Kontakte* et *Momente* ; l'elektronium sur *Telemusik* et *Solo* ; le piano sur le cycle des *Klavierstücke I à XI* et sur *Kontakte*. Les caractéristiques d'un événement (hauteur, intensités, durée, couleur sonore, nombre des cellules rythmiques) sont déterminées par la comparaison avec un événement précédemment joué, soit par le même exécutant, soit par les autres. Si l'un des exécutants estime, après l'entrée des autres, que le début de *Prozession* sonne de la même façon que lors d'exécutions précédentes, il peut jouer un signal d'arrêt : la pièce doit recommencer de nouveau. Cela peut se répéter jusqu'au moment où aucun des exécutants ne s'arrête. Une exécution quelconque peut être définitivement arrêtée après une durée d'environ vingt-trois minutes. Si l'un des interprètes estime que la fin est trop semblable à celle d'exécutions antérieures, il peut jouer un nouvel événement et tous les autres continuent en se basant sur cet événement. La tentative de terminer la pièce peut être répétée à volonté. « La partition de *Prozession* indique pour chaque exécutant les degrés de variabilité dont il peut réagir à l'événement précédent, joué par lui-même ou par un autre. C'est ainsi que se crée une "tradition orale" aussi bien entre une musique ancienne et *Prozession* qu'entre un interprète et un autre au moment de l'exécution. Alors que pendant les premières répétitions chacun ne réagissait dans la plupart des cas qu'à lui-même et faisait entrer sans cesse de nouveaux événements en jeu, nous avons atteint, après plusieurs exécutions, un jeu d'ensemble au cours duquel les musiciens réagissent très fortement les uns aux autres, de sorte que certains événements parcourent des réactions en chaîne d'imitations, de transformations et de mutations et que tous les exécutants s'unissent souvent pour des phases temporelles très longues en un seul entrelacs musical de réactions » (K. Stockhausen). P. S.

PRUNIÈRES (Henry), musicologue français *(Paris 1886 - Nanterre 1942)*. Il fait ses études à la Sorbonne sous la direction de Romain Rolland et soutient deux thèses de doctorat : *l'Opéra italien en France avant Lully* (1913) et *le Ballet de cour avant Bensérade et Lully* (1914), deux sujets qui sont loin d'être épuisés encore de nos jours par la recherche musicologique. Il a également signé, dans un style agréable, une étude sur *Monteverdi* (1924), une monographie romancée intitulée *la Vie illustre et libertine de J. B. Lully* (Paris, 1929 ; réédé., 1977), et un ouvrage sur *Cavalli et l'opéra vénitien* (Paris, 1931), à une époque où ce musicien était pratiquement inconnu. Il a en outre fondé la *Revue musicale* (1920) et organisé les concerts de la *Revue musicale* à partir de 1921. Il a commencé l'édition complète des œuvres de Lully. Dix volumes ont paru entre 1930 et 1939 ; ce travail n'a pas été repris depuis la mort du musicologue. C. W.

PRUSSIENNES (SONATES). Titre global porté par les 6 sonates pour clavecin Wq.48 (n° 1 en *fa* majeur, n° 2 en *si* bémol majeur, n° 3 en *mi* majeur, n° 4 en *ut* mineur, n° 5 en *ut* majeur, n° 6 en *la* majeur) de Carl Philipp Emanuel Bach, parues à Nuremberg en 1742, parce que leur dédicataire fut le roi de Prusse Frédéric II. Le compositeur était d'ailleurs au service du roi, et le texte exact de la dédicace est le suivant : *Sei Sonate per Cembalo, che all'Augusta Maestà di Frederico II ; Re di Prussia D. D. D. l'autore Carlo Filippo Emanuele Bach, Musico di camera di S. M.* Carl Philipp Emanuel Bach avait déjà composé des sonates pour clavier, mais celles-ci furent ses premières publiées, et elles devaient faire, ainsi que le recueil suivant (celui des *Wurtembergeoises**), une profonde impression, en particulier sur Haydn. M. V.

PRUSSIENS (QUATUORS). — 1. Dénomination globale portée par les 6 quatuors à cordes op. 50 Hob. III.44-49 (n° 1 en *si* bémol ; n° 2 en *ut* ; n° 3 en *mi* bémol ; n° 4 en *fa* dièse mineur ; n° 5 en *fa*, *le Rêve** ; n° 6 en *ré*, *la Grenouille**) de Haydn, composés en 1787, parce qu'ils parurent chez Artaria en décembre de la même année avec une dédicace au roi de Prusse Frédéric Guillaume II. Des six, le n° 5 fut achevé le dernier. Une des raisons de la dédicace fut que Frédéric Guillaume II, bon violoncelliste amateur, avait particulièrement apprécié les *Symphonies parisiennes**. Composés six ans après les 6 quatuors de l'opus 33, ou *Quatuors russes**, ceux de l'opus 50 constituent la première série de 16 écrite par Haydn après avoir entendu les 6 quatuors à lui dédiés par Mozart (v. QUATUORS À HAYDN).

Ce sont les premiers quatuors de Haydn à comporter des mouvements réalisant pleinement la synthèse classique entre contraction et expansion, et dorénavant, jusqu'en 1799, le compositeur devait se consacrer au genre du quatuor à cordes de façon continue, comme jamais auparavant.
— 2. Dénomination globale portée par les 3 quatuors à cordes en *ré* majeur K.575 (juin 1789), en *si* bémol majeur K.589 (mai 1790) et en *fa* majeur K.590 (juin 1790) de Mozart, parce qu'ils résultèrent d'une commande qui lui avait été passée par le roi de Prusse Frédéric Guillaume II, lors de son séjour à Berlin en avril-mai 1789. La commande avait porté sur 6 quatuors, comme d'usage à l'époque, mais Mozart ne put venir à bout que de 3, qui, d'ailleurs, devaient être ses derniers quatuors à cordes. Ce travail s'étala sur plus d'une année, avec, dans l'intervalle, il est vrai, 2 œuvres capitales : le quintette pour clarinette K.581 et *Cosi fan tutte*. Il reste que les dix-huit mois allant du milieu de 1789 à la fin de 1790 furent quantitativement, sur le plan créateur, une des rares périodes creuses de la vie de Mozart, qui, toutes proportions gardées, eut à subir un éprouvant passage à vide. Ces épreuves se reflètent notamment dans le quatuor en *fa*, le plus farouche, le plus brutal, et à propos duquel d'aucuns n'ont pas hésité à parler de désagrégation psychique, de désarroi total. Son finale est une véritable course à l'abîme. Chacune des 3 œuvres fait la part belle au violoncelle : hommage spécial au roi Frédéric Guillaume II, qui, en 1797, devait encore recevoir en dédicace les 2 sonates pour violoncelle et piano op. 5 de Beethoven. M. V.

PSALMODIE. — 1. En **musique grecque antique**, selon le sens étymologique strict, chant *(ôdé)* accompagné par un instrument à cordes pincées tel que lyre ou cithare *(psallein*, « pincer une corde »).
— 2. En **musique grégorienne**, manière de chanter les psaumes à l'office, en employant un timbre défini, comportant des règles particulières d'intonation, de repos et de terminaison à partir d'une « teneur » ou « corde de récitation », note principale sur laquelle se chante le corps du texte, et dont le rapport avec la note finale détermine le « mode » ou « ton de récitation ». La dérivation à partir du sens n° 1 s'explique par le fait que le roi David était censé chanter ses psaumes en les accompagnant sur la harpe, d'où leur nom. Celui-ci leur est resté, une fois l'habitude prise de chanter les psaumes sans accompagnement.
— 3. Par extension et analogie, on applique le mot « psalmodie » à tout chant qui, par son caractère de récitation sur une seule note, brodée ou non, évoque l'aspect répétitif et monotone du chant des psaumes à l'office. J. C.

PSALMUS HUNGARICUS. Œuvre (op. 13) pour ténor, chœurs et orchestre de Zoltán Kodály, composée en 1923 pour les célébrations du cinquantenaire de la réunion de Buda et de Pest. Son texte est le Psaume LV, dans une traduction libre du poète hongrois Mihaly Kecskemets Vegh. M. V.

PSALTÉRION. Désigne deux types d'instruments à cordes pincées.
— 1. On appelle ainsi la **harpe grecque**, de forme triangulaire et d'usage peu fréquent. Le terme est parallèlement employé au IV° siècle av. J.-C. dans le *Septuagint*, version grecque de l'Ancien Testament, comme dénomination de la harpe biblique triangulaire. Cette assimilation se perpétue jusqu'au Moyen Âge, en particulier dans la Vulgate, version latine de la Bible réalisée par saint Jérôme, et se retrouve dans toute la littérature chrétienne du Moyen Âge. Sous les Carolingiens, cependant, le psaltérion biblique est maintenant décrit comme un instrument rectangulaire. À partir de cette époque, il apparaît sous ces deux formes, triangulaire et rectangulaire, dans l'iconographie, en particulier sur les tympans des églises. On commence également à distinguer sous les cordes, une table de résonance, qui ôte à l'instrument sa qualité de harpe.
— 2. Au XII° siècle se répand en Europe, par l'intermédiaire des Maures espagnols, une **cithare** trapézoïdale, le *qânûn* ou *canon*. On ignore d'où provient son nom de *psaltérion*. Sans doute, du fait d'erreurs iconographiques successives, finit-on par identifier cet instrument à la harpe biblique ; en contrepartie, il influencera certainement les représentations de cette dernière (ce qui justifie peut-être l'apparition d'une table de résonance dans ses reproductions). Sa forme varie beaucoup selon les lieux et les époques, les plus répandues étant le trapèze avec chœurs de trois ou quatre cordes au sud de l'Europe, alors qu'au nord, on préfère un trapèze aux côtés incurvés, dit « tête de porc » (c'est ainsi que le décrit Praetorius en 1619 dans *Syntagma musicum*), avec une ou deux cordes par note. On trouve l'instrument sous ces deux formes

dans les *Cantigas de santa Maria* d'Alfonso El Sabio de Castille (XIIIe s.). En Europe de l'Est, en revanche, certains instruments combinent les caractéristiques de la harpe et du psaltérion et portent alors le nom de « psaltérions-harpes ». Malgré ces divergences de forme, l'instrument est fixé à la fin du Moyen Age. Il s'agit d'une table de résonance trapézoïdale, en général, s'ouvrant par de rosaces, sur laquelle sont tendues parallèlement des cordes de métal (au lieu de boyau), soit individuelles, soit par chœurs de 2 à 4 et de nombre variable (aux environs de 10, en général), qu'on pince avec les doigts ou à l'aide d'un plectre. Cet instrument, très répandu en Europe jusque vers 1500 environ, est utilisé soit en soliste, soit dans des ensembles, et n'a pas de répertoire qui lui est propre. Il subira diverses transformations par la suite : frappé avec des marteaux, il deviendra le *dulcimer* ou *tympanon*; et il suffira de le munir d'un clavier pour avoir le premier prototype de clavecin. Il s'est conservé sous sa forme originale dans la musique folklorique (*gusli* russe, *kantele* finlandais...). **D. H.**

PSAUME. Nom donné dans la Bible à un recueil de 150 poèmes moralisateurs ou religieux (livre des psaumes), dont la composition est en partie attribuée au roi David et à son fils Salomon. Le terme, qui évoque un instrument à cordes pincées (V. PSALMODIE), a été introduit au IIIe siècle av. J.-C. par la traduction grecque de la Bible due aux Septante (le mot hébreu est *mizmor*) et conservé latinisé par l'Église chrétienne. Il laisse entendre que ces poèmes étaient, à l'origine, chantés avec accompagnement d'un instrument de ce genre, ce qui valut au roi David d'être fréquemment représenté, dans l'iconographie chrétienne, sous l'aspect d'un roi harpeur. Cette étymologie fut assez vite oubliée du fait que les psaumes, dans la liturgie catholique, où ils tiennent une place considérable, se chantent sans accompagnement, même si, probablement au XVIIIe siècle, sinon au XIXe, on leur a adjoint un léger soutien d'orgue purement fonctionnel.

Non seulement la harpe s'est vu bientôt remplacée sur l'image par n'importe quel instrument, mais les dérivés musicaux du mot « psaume » se réfèrent tous, non pas au jeu de l'instrument étymologique, mais au mode spécial de cantillation* qui caractérise la psalmodie* : récitation sur une seule note dite « teneur » ou « corde de récitation », coupée si le verset est trop long par des inflexions de repos, ou « flexes », avec trois formules mélodiques liées au « ton » adopté : une formule d'« intonation » (souvent réservée au seul verset initial), une formule de « médiante » marquant la séparation des demi-versets (indiquée par un astérisque dans les livres de chant), une formule *conclusive* pour la fin du verset (chaque ton possède plusieurs formules conclusives de rechange). Les psaumes étaient chantés primitivement, comme à la synagogue, sous forme *responsoriale*, c'est-à-dire par un seul chantre récitant, auquel l'assemblée répondait par un court refrain de louange ou d'approbation. Cette forme a été supplantée vers le IVe siècle, à l'instigation de saint Ambroise de Milan, par une forme dite « antiphonique », c'est-à-dire en deux demi-chœurs alternés, encadrés par un court chant mélodique de même ton, généralement tiré de l'Écriture sainte, et dénommé par analogie « antienne » *(antiphona)*. On termine les psaumes, à l'office, par un couple de versets à la louange de la Sainte Trinité *(Gloria Patri...)*, appelé *doxologie*.

La Réforme du XVIe siècle a adopté également le chant des psaumes pour base de son répertoire, mais sous la forme d'adaptations versifiées en langue vulgaire. Les versets sont devenus des *strophes*, et un grand nombre de mélodies nouvelles ont été composées à leur intention. En Allemagne, les psaumes se sont plus ou moins confondus avec les autres cantiques de même type, sous le nom générique de « choral ». En France, ils ont constitué un répertoire propre, dit *Psautier huguenot*. La forme initiale en est presque toujours monodique, mais ils ont été fréquemment harmonisés ou développés du XVIe siècle à nos jours. Il y eut également des essais de psaumes en

langue vulgaire jusque chez les catholiques : Marot au XVIe siècle, Godeau au XVIIe siècle.

La numérotation des psaumes diffère partiellement d'un usage à un autre. L'usage catholique suit la version de la Vulgate dite « italique », établie d'après la traduction grecque des Septante (les psaumes furent exceptés de la révision de l'italique par saint Jérôme), qui a condensé en un seul les psaumes 9 et 10 et divisé en deux le psaume 147, de sorte que le nombre total reste le même, mais qu'il y a divergence d'un numéro entre les psaumes ci-dessus. L'usage réformé refuse la correction de la Vulgate et coïncide par conséquent avec l'usage hébraïque. La correspondance s'établit comme suit :

	Hébreu et réformé	Vulgate	
	1 à 8	1 à 8	
	9	9 début	
	10	9 fin	
Vulgate + 1	11 à 146	10 à 145	hébreu − 1
	147, V.I/II	146	
	147, V.12/20	147	
	148 à 150	148 à 150	

Indépendamment des harmonisations ou développements des psaumes réformés, le texte des psaumes a souvent été mis en musique et fournit une part importante des motets du XVIe au XVIIIe siècle, de Josquin Des Prés à Mozart en passant par l'important ensemble dû à Benedetto Marcello. Quelque peu négligé au XIXe siècle, malgré des exceptions comme Mendelssohn et Liszt, le psaume semble avoir connu un regain de vitalité dans la première partie du XXe siècle, surtout en France (cf. Lily Boulanger, Florent Schmitt, Albert Roussel, Arthur Honegger), pour culminer en 1930 avec la *Symphonie de psaumes* de Stravinski, réunion artificielle de 3 textes de psaumes formant les 3 mouvements d'une symphonie avec chœurs. **J. C.**

PSAUME 47. Œuvre pour soprano, chœur, orchestre et orgue op. 38 de Florent Schmitt. Écrit à Rome en 1904, il fut joué à Paris le 27 décembre 1906, sous la direction d'Inghelbrecht. Nécessitant un effectif instrumental immense, le *Psaume 47* se présente en 3 parties reliées, deux vastes volets tracés à grands traits encadrant un épisode plus intimiste. Le premier, *Gloire au Seigneur! Nations, frappez des mains!*, emprunte son plan au principe du prélude, choral et fugue de Franck : introduction (chœur et orchestre), choral (chœur et orgue), fugue (voix et instruments). La partie centrale, *Il a choisi dans son héritage la beauté de Jacob*, fait dialoguer le soprano avec un violon solo ; la mélodie laisse entendre quelques inflexions orientales. La dernière partie, *Dieu est monté au milieu des chants de joie*, est un grand crescendo animé d'une « idée religieuse ascensionnelle », selon l'expression par laquelle Charles Tournemire avait qualifié toute l'œuvre.

Fresque biblique au souffle puissant, le *Psaume 47*, auquel on a pu reprocher la lourdeur de son orchestration, peut se définir comme une réaction contre *Pelléas et Mélisande* de Debussy, auquel il oppose une carrure, un rythme et des contours bien définis. Tout en se situant dans la tradition des grands chœurs de Berlioz, de Franck et de Pierné, il annonce, par ses grands unissons vocaux, les oratorios de Honegger (*le Roi David*). Messiaen a reconnu l'influence de ce *Psaume 47* sur ses *Petites Liturgies de la présence divine*. **A. L.**

PSAUME 80. Œuvre pour ténor, chœur et orchestre op. 37 d'Albert Roussel, composée en 1928, dédiée à S. M. la reine Élisabeth de Belgique et créée à l'Opéra de Paris le 25 avril 1929. C'est dans sa version anglaise que Roussel a conçu cet ouvrage, qu'il adapta par la suite au texte français.

Il se divise en 3 parties, comme des mouvements de symphonie, l'unité étant assurée par l'enchaînement de ces parties et l'emploi d'un thème conducteur qui revient à plusieurs reprises et termine l'œuvre. Le premier mouvement, allegro, correspond à l'évocation de l'Éternel, durement scandée par le chœur, à l'adresse de celui « qui fait souffrir Israël ». L'andante, qui lui fait suite, contient le récit du ténor solo exposant la parabole de la vigne symbolisant le peuple d'Israël ; le chœur intervient progressivement, chantant à bouches fermées, augmentant en intensité expressive à mesure que se développe l'image de la vigne d'Israël couvrant le monde de son feuillage. Dans le finale, aux rythmes martelés, apparaît le désespoir d'un peuple persécuté, abandonné par les puissances célestes. L'expression, remplie de détresse, se fait de plus en plus pathétique, mais l'ouvrage se termine en une humble prière à genoux pour les voix seules, dans l'humilité et l'espoir.

« Le Psaume 80, devait écrire Henri Prunières, n'est pas seulement une œuvre d'art, c'est une grande œuvre humaine qui comptera, j'en ai la conviction, parmi les chefs-d'œuvre de la musique française. » Jamais le sens polyphonique de Roussel ne s'est développé de manière aussi réussie, dans une page haute en couleurs, à l'architecture équilibrée, mais aussi sincère et passionnée.
P. V.

PSAUMES DE DAVID. Recueil de 26 psaumes et motets, publié par Heinrich Schütz en 1619 et destiné à la chapelle électorale de Saxe. Ce livre que l'auteur déclare, dans sa préface, avoir écrit dans l'enthousiasme de la « manière italienne » qu'il était allé étudier auprès de son « cher et très-illustre *praeceptore*, Giovanni Gabrieli », comprend un certain nombre d'œuvres précisément composées lors du séjour à Venise. Au reste, c'est la totalité du recueil qui porte la marque du style polychoral vénitien.

Reprenant à son compte les effets de puissance — où le concert instrumental ajoute, avec ses *cornetti* et cuivres, à la splendeur du chœur — du motet gabrielien, Schütz enrichit ses *Psaumes de David* de toutes les acquisitions du langage concertant et, en premier lieu, de la pratique de la basse chiffrée. Mais, sous le luxe des sonorités, l'attitude du croyant reste la même, qui évite le piège de la « virtuosité pour la virtuosité » pour privilégier toujours l'élan de la prière.

Au plan de l'interprétation, Schütz innove en ce sens qu'il oppose, pour de nombreuses pages, un petit chœur de solistes *(favorit-sänger* ou *coro favorito)* au chœur principal *(Capellchor)*. De même, dans le cadre du double chœur, l'auteur suggère d'étudier avec le plus grand soin la « localisation » des chapelles et de jouer au maximum sur les effets d'intensité, afin d'exciter chez l'auditeur ce que l'on pourrait appeler aujourd'hui le réflexe stéréophonique. Toujours guidé par des soucis de couleur et de dynamique, il ajoute que lesdites chapelles doivent atteindre à la « plus grande force et gloire ». Un riche concert instrumental pourra donc soutenir le chant et rehausser de ses timbres (violons, violes, flûtes à bec, cornets, trombones, etc.) le discours vocal. Et, dans le même ordre d'idées, le *continuo* gagnera à être « varié » au maximum, afin d'offrir le plus large éventail de sonorités...

Recueil d'une qualité exceptionnelle dans une production qui, pourtant, ne compte guère de déchets, les *Psaumes de David* témoignent d'une incroyable curiosité d'esprit et, du *madrigal* à la déclamation lyrique, recensent pratiquement tous les styles de chant de l'époque. Le *Psaume 121 (Ich hebe meine Augen auf zu den Bergen)* obéit aux règles descriptives de la symbolique madrigalesque (le *mouvement* du regard vers les *montagnes*). Le *Psaume 84 (Wie lieblich sind deine Wohnungen)*, avec ses répétitions incisives et les figures en « carillons » alternées par chœur aigu et chœur grave, est un magnifique exemple de motet à la vénitienne, de même que le *Psaume 130 (De Profundis)*, pour l'ardeur de ses répliques, dialoguées par les deux chapelles. Dans le *Psaume 6 (Ach, Herr, strafe mich nicht in deinen Zorn)*, la musique se fait peinture du texte, se pliant admirablement à l'expression de la contrition et de l'attente, tandis que le *Psaume 23 (Der Herr ist mein Hirt)* vaut par la plasticité de ses mélismes. Pourtant, les uns et les autres sont dominés par les imposantes architectures du *Psaume 2 (Warum toben die Heiden)* et du *Psalm-Konzert : Jauchzet, dem Herren, alle Welt*, où l'ampleur de la conception et la splendeur des sonorités s'accordent à un exigeant esprit de prière. Le *Psaume 2* est balayé par un souffle furieux qui répond bien à l'interrogation du début, *Pourquoi les nations sont-elles en tumulte ?*, et qui ne cesse de s'exaspérer jusqu'au vacarme sublime des cornets et trombones doublant les chœurs au verset *Tu les briseras avec un sceptre de fer* et pour la doxologie.

Le *Psalm-Konzert, Jauchzet dem Herren* fait converser trois petits ensembles vocaux et instrumentaux avec un chœur principal plus éloigné. C'est le dramaturge sacré qui y triomphe, au gré d'un chant qui fuse en acclamations irrésistibles, en gerbes d'imitations ivres d'allégresse. Un grand spirituel et un grand lyrique de la musique s'exprime ici, qui porte l'art du concert polychoral à son suprême degré d'achèvement et qui surclasse de toute évidence les modèles qu'il s'est donnés dans ce répertoire.
R. T.

PSAUMES DE DAVID. Œuvre en 4 parties pour chœur mixte, 2 pianos et percussion de K. Penderecki (1958). Cette première partition sacrée du compositeur contient aussi sa première tentative de synthèse du sériel et du grégorien. Les 4 parties se regroupent en 2 paires contrastées. La troisième partie (sans doute la première composée) et la première sont apparentées, l'aspect « double chœur » de celle-là se transforment avec celle-ci en opposition entre chœur chanté et chœur parlé, et il en va de même de la deuxième et de la quatrième, qui font appel aux techniques sérielles (les séries étant choisies en fonction de leur aptitude à être chantées). C'est surtout dans la quatrième partie que se rejoignent par l'esprit le sérialisme et le grégorien. L'œuvre fait apparaître également ce qui allait devenir une constante stylistique de Penderecki : un intérêt marqué pour la couleur sonore.
A. F. et M. V.

PSAUMES DE LA PÉNITENCE (en lat. *Septem psalmi Davidis Poenitentiales*). Important recueil choral de Roland de Lassus, paru à Munich en 1584. On pense qu'une édition de l'ouvrage a été réalisée dès 1579, mais aucun exemplaire de cette première impression n'est parvenu jusqu'à nous.

Sept psaumes sont ici mis en musique : les n°s 6 *(Domine, ne in furore tuo miserere)*, 31 *(Beati, quorum remissae sunt)*, 37 *(Domine, ne in furore... quoniam)*, 51 *(Miserere mei, Deus)*, 101 *(Domine exaudi... non avertas)*, 129 *(De Profundis)*, 142 *(Domine exaudi... auribus percipe)*. Dans son avant-propos, l'auteur précise qu'il a composé ces psaumes vingt-cinq ans auparavant. Considérés comme propriété personnelle du duc de Bavière Albert V, ils avaient longtemps été tenus secrets à ce titre et ce n'est qu'à la mort du prince (1579) que Lassus eut la liberté de faire imprimer. Le motet à 5 voix *Laudate Dominum de coelis* y était joint. Mais, bien évidemment, c'est la musique pénitentielle qui est la partie la plus intéressante de l'édition et le fait qu'elle soit demeurée *in privatum usum* (c'est-à-dire à usage privé) explique peut-être, outre son amour du symbole et du mystère, le fait qu'elle ait été classée par un contemporain de Lassus comme parmi les plus beaux exemples connus de *musica reservata**.

Composés pour un chœur à 4 et 5 voix qui gagne à être rehaussé, selon les usages de la Renaissance tardive, d'un riche *complesso* instrumental mêlant la voix des violes aux *cornetti*, bombardes, sacqueboutes, flûte à bec et positif d'orgue (à cet égard, Lassus disposait à la cour de Bavière d'un véritable orchestre, s'agissant là de l'une des premières chapelles du temps), les *Psaumes de la Pénitence* peuvent être heureusement divisés, quant à l'interprétation, entre chœur de solistes et grand chœur, conformément, là encore, à l'esthétique de l'époque (dont Schütz se souviendra dans ses propres *Psaumes de David*).

Tout à la fois musique d'apparat (malgré l'insistant sentiment de contrition émané de la prière) et musique de l'âme parmi les plus intenses qui soient, avec cette soif obsédante de spiritualité qui caractérise le Lassus des grands recueils religieux de la maturité, les *Psaumes de la Pénitence* comptent parmi les chefs-d'œuvre du motet latin dont il représentent en quelque sorte l'accomplissement. La puissance et la majesté de la déclamation y ont durablement marqué la tradition polyphonique (aussi bien chez les protestants que chez les catholiques) et, pratiquement, c'est toute l'école sud-allemande, avec Lechner et Hasse, qui en a tiré profit. Aussi bien, l'œuvre a-t-elle suscité l'admiration unanime des contemporains du vivant du musicien (qui la considérait comme l'une de ses compositions majeures). Sous l'angle des techniques d'écriture, on ne décèle dans les *Psaumes de la Pénitence* aucune trace de ces madrigalismes, si nombreux par ailleurs dans la musique sacrée du temps. Des images parlantes viennent pourtant animer le cours d'un contrepoint à la grandeur un peu massive, à ceci près que les chromatismes en sont à peu près absents et qu'il ne faut, en aucune façon, leur attribuer une fonction descriptive précise. En fait, Lassus recherche non pas des correspondances visuelles comme tant d'auteurs du XVIe siècle, mais postule un climat essentiellement mystique qui transfigure les mots avec les notes. C'est que, comme l'a écrit W. Boetticher, la tragédie du repentir qui se joue ici ne pouvait souffrir qu'une représentation trop réaliste vienne ternir le rayonnement de cette musique d'éternité. Ce qui n'empêche pas que Lassus n'a rien laissé au hasard dans le savant enchaînement des tonalités utilisées (du mode phrygien au mode mixolydien, en passant par le lydien).

Aujourd'hui comme hier, les *Psaumes de la Pénitence* restent porteurs d'une émotion immédiate, ce que le contemporain Samuel Quickelberg saluait déjà dans le profil de la « mélodie lamentable et plaintive », littéralement calquée sur les inquiétudes du texte. C'est d'ailleurs avec leur redécouverte, en 1838, que le nom de Lassus a commencé à être tiré de l'oubli. Les romantiques y goûtaient tout ce qui faisait le prix de la musique sacrée à leurs oreilles : la présence presque tangible de l'âme, une rare douceur sonore, une expression transfigurée et aussi l'amertume d'une âme consciente de ses fautes (à ce sujet, c'est peut-être à cette époque qu'a pris corps la légende, selon laquelle le roi de France Charles IX, grand amateur des œuvres du maître montois, aurait commandé ces pages en souvenir expiatoire du massacre de la Saint-Barthélemy).

Quant à notre siècle, il perçoit mieux ce qui fait le prix et l'importance historique — hors de toute fonction liturgique précise — d'un recueil à la fois ancré dans son époque, comme temps fort de la glorieuse tradition du motet contrapuntique, et porteur d'avenir, jusqu'aux *Vêpres de la Vierge* de Monteverdi inclus. Tant il est vrai que Lassus, gardien scrupuleux du patrimoine, est, à certains moments, un novateur clairvoyant et prestigieux qui pressent, lui aussi, les libertés de demain, ce *Princeps musicorum* célébré dans toute l'Europe et qui, sans fausse modestie, pouvait écrire : « Je pense, et pense penser la vérité, que j'ai fait autant d'honneur au Seigneur-Duc (Albert V de Bavière) par tous les lieux où je me suis trouvé, que lui fera jamais serviteur qu'il ait. » R. T.

PSAUMES MODERNES (en all. *Moderne Psalmen*). Titre donné par Arnold Schönberg à une série de 16 poèmes à contenu religieux et philosophique qu'il rédigea entre le 29 septembre 1950 et le 3 juillet 1951. Les dix premiers, achevés le 9 février 1951, sont numérotés, les six derniers, entrepris le 28 mars, ne le sont pas, et le seizième est inachevé. Ces 16 poèmes, qui pour Schönberg exprimaient « les problèmes religieux de nos contemporains », étaient destinés à être mis en musique. Il commença la composition du premier — numéroté à l'origine 151, ce qui indique qu'il voyait l'ensemble dans la descendance des 150 psaumes bibliques — le 2 octobre 1950 (pour récitant, chœur mixte à 4 voix et orchestre), mais ce travail, son dernier en tant que compositeur, devait rester inachevé (op. 50 C). L'œuvre, dont le texte est en rapport étroit avec la fin du 3e acte de *Moïse* et Aaron*, s'interrompt sur les paroles *Und trotzdem bete ich* (« Et malgré tout je prie »). La première audition eut lieu à Cologne le 29 mai 1956 sous la direction de Nino Sanzogno. M. V.

PSAUTIER. Au sens usuel, recueil de psaumes. Par extension, on donne parfois le nom de psautier à l'antiphonaire ou à tout autre livre d'heures, mais ce terme n'appartient pas comme tel à la terminologie officielle.

On donne également le nom de psautier à l'ensemble des 150 psaumes considéré dans une version déterminée. Le psautier hébraïque a d'abord été, comme toute la Bible, traduit en grec avant l'ère chrétienne par les Septante, puis il connut diverses traductions latine de seconde main, généralement d'après la version grecque des Septante. C'est à celle de Rome et de l'Italie du Sud, dite « vieille italique », que sont empruntés la plupart des extraits de psaumes chantés à l'office hors de la psalmodie, d'où parfois des variantes de texte avec celle-ci. Quand saint Jérôme *(331-420)* refit d'après l'hébreu une nouvelle version diffusée sous le nom de *Vulgate*, certains pensent qu'il en excepta le psautier qui aurait été rédigé par saint Ambroise *(340-397)*, mais d'autres le lui attribuent également. Toujours est-il que celui-ci connut dans la Vulgate même 3 versions ; c'est la seconde, rédigée vers 386, qui fut adoptée pour la psalmodie de l'office. Elle prit le nom de « psautier gallican » après que les Carolingiens en eurent imposé l'usage en Gaule à la fin du VIIIe siècle, et, sauf à Saint-Pierre de Rome, est restée seule en usage après l'interdiction de l'italique par Pie V.

Le XXe siècle a connu plusieurs tentatives de révision du psautier : en 1945, celle du P. Béa, dite *Psautier de Pie XII* ; en 1969, celle des bénédictins de Saint-Jérôme à Rome, dite néovulgate ; depuis le concile Vatican II, de nombreux pays travaillent à un psautier dans leurs langues propres, et une commission interconfessionnelle prépare un psautier œcuménique qui serait commun aux trois religions catholique, orthodoxe et protestante. Cette dernière donne le nom de *Psautier huguenot* à la collection des 150 psaumes traduits en vers français strophiques par Clément Marot et Théodore de Bèze au XVIe siècle (avec adjonction de quelques cantiques, dont celui de Siméon), et qui est restée la base du chant collectif de l'église calviniste et de ses harmonisateurs. J. C.

PSAUTIER HUGUENOT. Recueil de 150 psaumes, traduits et adaptés en vers par Clément Marot, puis par Théodore de Bèze, en usage depuis le milieu du XVIe siècle dans l'Église protestante française.

Les premières traductions de Marot, datant de 1532-33, ont été faites sans but d'utilisation précis. Treize d'entre elles ont paru dans le recueil *Alcuns psaumes et cantiques mys en chant*, publié en 1539 à Strasbourg, où Calvin était pasteur depuis son départ de Genève l'année précédente. Un nouveau recueil, contenant 30 psaumes de Marot, était publié à Genève en 1542. À la demande de Calvin, qui souhaitait s'attacher à son service, Marot fit l'adaptation de 19 autres psaumes. Mais il mourut subitement en 1544, et ce n'est qu'à partir de 1550 que Théodore de Bèze, nommé par la suite recteur de l'Académie de Genève, poursuivit ce travail. Une nouvelle édition, *Octante trois psaumes*, parut en 1551. Le recueil complet fut finalement publié en 1562 à Genève. Une autre édition eut lieu à Lausanne, à l'initiative du chantre Guillaume Franc.

Les informations manquent en ce qui concerne les

mélodies des psaumes, surtout celles des premières éditions de Marot. On a trouvé des ressemblances avec des chants populaires et des chants de l'Église catholique. On suppose que l'un des auteurs fut Pierre Gindron, mais on ignore quelles sont les mélodies qui peuvent lui être attribuées. Plus évidente est la participation de Loys Bourgeois, qui s'était chargé de composer la musique des textes nouvellement versifiés de l'édition des *Octante trois psaumes*, et avait de plus modifié à son gré les mélodies des psaumes déjà existants. Cette dernière initiative fut d'ailleurs jugée inadmissible et lui valut une mise aux arrêts.

Au cours du XVIe et au début du XVIIe siècle, un grand nombre de compositeurs firent des harmonisations partielles ou intégrales du *Psautier huguenot*. Parmi les plus connus se trouvent Clément Janequin (1549 et 1555), Claude Goudimel (1551-1566, 1562-1564, 1568), Pierre Certon (1546 et 1554-55), Philibert Jambe de Fer (1564) et Claude le Jeune (1601, 1602-1610). Au XXe siècle, le musicologue suisse Pierre Pidoux s'est consacré au *Psautier huguenot* (*les Mélodies*, 1962 ; *Documents et bibliographie*, 1962 ; *les Psaumes de Clément Marot*, 1969). A. L.

PSYCHÉ. Poème symphonique pour orchestre et chœur de César Franck, composé durant l'été de 1887 jusqu'au début de 1888, d'après un texte de Sicard et Fourcaud emprunté aux *Métamorphoses* d'Apulée, et créé le 10 mars 1888 au Cirque d'Hiver sous la direction de Pasdeloup. Divisée en 3 parties (1. *le Sommeil de Psyché ; Psyché enlevée par les Zéphyrs* ; 2. *les Jardins d'Éros*, et chœur *Amour, amour, source de toute vie* ; *Psyché et Éros* ; 3. chœur, *Amour, elle a connu ton nom* ; *Souffrances et plaintes de Psyché* ; chœur, *Éros a pardonné*), l'œuvre de Franck modifie et le dénouement et la signification de la légende antique puisque Éros, ici, pardonne à son amante d'avoir cherché à découvrir son visage et l'enlève dans les cieux afin qu'elle puisse découvrir l'au-delà. L'allégorie primitive se trouve ainsi doublée d'une certaine mystique de la sublimation par l'Amour.

Dans cette partition frémissante, sensuelle, dans laquelle l'harmonie semble parfois même à un certain érotisme évident quoique contenu (*le Sommeil de Psyché ; Jardin d'Éros*), Franck a travaillé à pleines mains sa pâte orchestrale, remarquablement lumineuse, aérée (plus qu'en sa *Symphonie*, d'ailleurs) et vivifiée, malgré le fourmillement des mélodies, par quelques thèmes conducteurs aisément reconnaissables. Il est regrettable que cette œuvre soit aussi peu jouée aujourd'hui et, lorsqu'elle l'est, soit amputée de ses chœurs, d'une très grande richesse expressive. J. G.

PTOLÉMÉE, astronome, géographe, mathématicien et théoricien du IIe siècle après Jésus-Christ (Péluse ou Ptolémaïs, Égypte-Alexandrie). Dans ses 3 livres d'*Harmoniques* (*Harmonicorum libri tres*), il a donné, en s'appuyant sur la pratique, une théorie complète de la musique de son temps. M. V.

PUCCINI (*Giacomo*), compositeur italien (*Lucques 1858-Bruxelles 1924*). Issu d'une vieille famille de musiciens d'église — son grand-père Domenico écrivit aussi pour le théâtre —, il perdit son père en 1864, fit ses premières études au séminaire, puis entra à l'Institut musical de Lucques en 1874, y écrivant son *Prélude symphonique* (1876) et diverses œuvres religieuses, réunies plus tard en une messe (1880).

Fortement marqué par une représentation d'*Aïda* vue à Pise en 1876, il décida de se consacrer au théâtre et réussit brillamment un examen d'entrée à Milan en 1880. Doté d'une bourse exceptionnelle de la reine, il y étudia avec Bazzini et Ponchielli et obtint son diplôme en 1883 avec son *Caprice symphonique* (dont il réutilisera des fragments inaltérés treize ans plus tard dans *La Bohème*), ayant, en outre, composé des mélodies et un quatuor à cordes. L'originalité et le modernisme de son écriture éclatèrent dès son premier opéra, *le Villi*, d'après Heine et Th. Gautier, joué en 1884 au Del Verme de Milan. Dédaigné par le jury du concours organisé par la jeune Maison Sanzogno, cet opéra attira l'attention de l'éditeur Ricordi, qui accorda sa confiance et son aide financière au jeune musicien. Puccini put ainsi travailler durant quatre ans à *Edgar*, d'après *la Coupe et les lèvres* de Musset, créé sans succès à la Scala de Milan en 1889 ; réduit de 4 actes à 3, l'opéra reçut un meilleur accueil à Ferrare en 1892. Ricordi n'en avait pas moins conservé sa confiance à Puccini, qui, par ailleurs, menait une vie sentimentale difficile, vivant avec la femme d'un de ses amis, Elvira, qu'il ne put épouser qu'en 1904.

Ayant vu Sarah Bernhardt jouer *la Tosca* de V. Sardou en 1889, Puccini s'était enflammé pour ce sujet, mais ne pouvant en obtenir les droits, il décida, quatre ans après le succès de la *Manon* de Massenet, de traiter le même thème, et, au terme de longs démêlés avec plusieurs librettistes, fit représenter sa *Manon Lescaut* à Turin en 1893, huit jours avant la création du *Falstaff* de Verdi à Milan. Ce fut un triomphe, et l'œuvre fut jouée dans toute l'Italie, en Amérique du Sud, en Russie, en Espagne et en Allemagne l'année même, à Lisbonne, Budapest, Londres, Prague, Montevideo et Philadelphie en 1894, bientôt à Mexico, à Varsovie, New York, Athènes, etc., n'atteignant toutefois la France qu'en 1906 (à Nice et à Bordeaux).

La succession de Verdi semblait dès lors assurée, et, désormais célèbre, Puccini se fixa à Torre del Lago, près de Lucques. C'est là qu'il écrivit sa *Bohème*, d'après Murger ; cet opéra, créé à Turin en 1896 sous la baguette de Toscanini, connut un départ incertain, tant l'orchestration et l'harmonie en parurent révolutionnaires, contrastant avec le sentimentalisme postromantique de *Manon Lescaut*. L'œuvre s'affirma néanmoins rapidement, alors que, Franchetti lui en ayant abandonné généreusement les droits, Puccini put enfin écrire sa *Tosca*, qui, créée à Rome en 1900, fut jouée immédiatement dans le monde entier, triomphant devant les publics les plus traditionnels, malgré son langage extrêmement audacieux.

Après avoir traité cinq sujets d'inspiration française, c'est durant un voyage à Londres que Puccini découvrit le drame de John Luther Long qui lui inspira *Madame Butterfly*, dont l'achèvement fut retardé par son grave accident d'automobile de 1903, et qui, après son échec initial à la Scala de Milan en 1904, triompha à Brescia trois mois plus tard dans une version remaniée. Alors qu'il supervisait en Amérique la production de ses œuvres, il trouva dans une pièce de Belasco un nouveau thème de dépaysement, le Far West : *La Fanciulla del West* fut créée triomphalement au Metropolitan Opera en 1910 avec Caruso et E. Destinn, sous la baguette de Toscanini, et cette réussite rasséréna Puccini qui, d'une part, avait usé ici d'un langage très hardi et qui, d'autre part, venait de traverser une crise personnelle très grave, Elvira Puccini ayant été jugée responsable du suicide d'une jeune servante qu'elle avait injustement accusée d'être la maîtresse de son mari.

Au faîte de la gloire, bien que vilipendé par une certaine presse, notamment en France, Puccini entreprit des œuvres de caractères divers : un projet d'opérette à la viennoise, mais que les circonstances politiques durent modifier et dont il fit un opéra (*la Rondine*, créée à Monte-Carlo en 1917) ; 3 œuvres courtes réunies sous le titre de *Triptyque* (créées à New York en 1918) ; *la Houppelande*, drame vériste de Didier Gold, nimbé d'un climat musical impressionniste ; *Suor Angelica*, douloureuse tragédie sentimentale imaginaire située dans la Florence de la Renaissance ; *Gianni Schicchi*, tiré de *l'Enfer* de Dante et où Puccini renouait avec la grande tradition du comique remise à l'honneur par Verdi dans *Falstaff* et surtout par Wolf Ferrari au début du siècle, dans ses comédies lyriques inspirées par Goldoni. C'est à un autre Vénitien classique, Carlo Gozzi, que Puccini emprunta le thème de son dernier opéra, *Turandot*, dans lequel la fable exotique (un sujet chinois tiré d'une légende persane) s'effaçait devant la dimension du grand opéra auquel le musicien avait songé toute sa vie. Audacieuse dans son harmonie, d'une rare difficulté d'exécution, l'œuvre ne put être achevée par son auteur qui, victime d'un douloureux abcès à la gorge, s'éteignit dans une clinique de Bruxelles après une opération infructueuse. L'opéra fut achevé par son ami Alfano, qui récusa parfois les esquisses laissées par Puccini, et créé à la Scala de Milan en avril 1926 ; lors de la première, la représentation s'acheva par la scène de la mort de Liù, là où le compositeur avait posé la plume.

La célébrité de Puccini a longtemps reposé sur des malentendus, ses partisans et ses détracteurs ayant cru pouvoir apparenter son œuvre total au courant vériste, dont il s'était pourtant nettement démarqué ; en outre, cette célébrité s'appuya d'abord sur l'adhésion des amateurs traditionnels de l'opéra du XIXe siècle, amoureux des effusions lyriques contenues dans ses opéras, et séduits par son extraordinaire efficacité dramatique, mais parfaitement indifférents aux si importantes innovations de son théâtre et de son langage orchestral et harmonique. C'est pourquoi cette gloire fut jugée suspecte par une certaine « élite » de la musicologie, qui, il faut en convenir, ne s'était guère attardée à étudier ses partitions. Mais, si Debussy, Fauré ou Dukas ont émis des jugements qui ne leur font pas honneur, ce furent aussi, dès l'abord, des compositeurs tels que Mahler et Ravel qui clamèrent leur admiration pour Puccini, cependant que les premiers musicologues à avoir resitué ce musicien parmi les grands novateurs du siècle furent deux spécialistes de la musique moderne, l'Américain Mosco Carner et le Français René Leibowitz.

En fait, bien qu'élevé au sein de la *scapigliatura* milanaise, Puccini avait échappé à l'emprise du courant vériste, ses goûts le portant vers le romantisme (ses premiers inspirateurs furent Heine, Gautier et Musset), en même temps que sa formation sévère l'incitait à admirer à l'orchestre un rôle essentiel qu'avait négligé Verdi, créant, en outre, un climat harmonique nouveau, presque inconcevable en Italie. Enfin, son sens de la construction théâtrale, dont témoignent les incessants démêlés avec ses librettistes et l'extrême concision de ses livrets (pour ne pas parler de raccourcis excessifs) le portaient aux antipodes de la pompe romantique et des excès du vérisme. En même temps, son intimité avec la culture française lui dictait un langage harmonique apparenté à celui de Chabrier, et dont les audaces anticipèrent parfois celles de Debussy, tandis que son orchestration « éparpillée », axée sur l'individualité des timbres et la brièveté des cellules, précédait de plus de dix ans celle de Ravel : *la Bohème* est de douze ans antérieure à la première œuvre d'orchestre pur de Ravel. En outre, dans sa conception même de l'opéra, Puccini adoptait d'emblée les procédés récents de la mélodie continue (pour ne rien dire du chromatisme wagnérien de *Tosca*), en éliminant les airs séparés. Les quelques monologues contenus dans ses œuvres sont toujours en situation, plus brefs que ceux de l'opéra wagnérien, indispensables à l'action et toujours enchaînés dans le discours musical, et ils apparaissent de plus en plus rares au fur et à mesure de l'évolution du compositeur, pour ne même plus être assimilables à la notion d'aria dans ses dernières œuvres. Le génie de Puccini, dans sa conception du chant, fut d'avoir maintenu la pérennité de la voix chantée dans son intégrité, non seulement en confrontant une lignée mélodique « facile » à un langage orchestral complexe, mais en requérant de la voix toutes ses nuances sur toute son étendue, contrairement aux compositeurs véristes ; seuls les sujets de ses opéras sont parfois tributaires de l'esthétique de la « tranche de vie », encore que leur action soit trop souvent dépaysée dans le temps et dans la géographie pour y souscrire totalement. Enfin, si l'on excepte la grandiose tentative de *Turandot*, c'est à un phénomène de « raréfaction musicale », selon l'expression appliquée à l'œuvre de Webern, que l'on assiste dans son évolution, ses premiers opéras, jusqu'à *Manon Lescaut* se situant dans le postromantisme européen d'un Tchaïkovski, d'un Massenet, d'un Catalani, pour offrir dès *la Bohème* des audaces inconnues de ses contemporains (sinon du Rimski-Korsakov des dernières œuvres), auxquelles s'ajouteront l'utilisation du total chromatique (les accords de Scarpia au début de *Tosca*), l'utilisation de la gamme par ton (*La Fanciulla del West*), l'impressionnisme du *Tabarro* et la série du premier acte de *Turandot*. Outre ses opéras, tous cités ci-dessus, on doit encore notamment à Puccini une douzaine de mélodies, une messe (1880), diverses compositions religieuses, dont un *Requiem* à la mémoire de Verdi (1905), deux hymnes, le *Prélude symphonique* (1876), le *Capriccio sinfonico* (1883), un adagietto (1883) et une marche pour orchestre (1896), diverses pièces pour quatuor à cordes, dont *Crisantemi* (1890), etc.
R. M.

PUCELLE D'ORLÉANS (LA). Opéra en 4 actes et 6 tableaux de Tchaïkovski, sur un livret du compositeur, fondé sur le drame du même nom de Schiller et sur le drame *Jeanne d'Arc* de J. Barbier. Créé le 25 février 1881 au théâtre Marie de Saint-Pétersbourg sous la direction de Napravnik, à qui il est dédié.

ACTE PREMIER. *Thibaut d'Arc, le père de Jeanne, projette de la marier à Raymond. Mais voyant les invasions anglaises et apprenant que Paris est tombé entre leurs mains, Jeanne décide d'aller au combat.*

ACTE II. *Le roi Charles VII, obnubilé par son amour pour Agnès, et totalement inconscient de la situation politique, se divertit au château de Chinon. Appelé au combat, il s'apprête à fuir avec sa Cour, mais l'arrivée du peuple et d'un archevêque lui apprend une victoire sur les Anglais, due à Jeanne. Reçue au palais, celle-ci fait au roi le récit des circonstances qui l'ont incitée à se faire guerrière. Charles VII la nomme à la tête de ses armées.*

ACTE III. 1er tableau. *Sur le champ de bataille, un combat entre Jeanne et Lionel, un chevalier de Bourgogne. Jeanne le désarme, mais lui laisse la vie. Lionel s'éprend d'elle et décide de passer de son côté.* 2e tableau. *Devant la cathédrale de Reims, le peuple acclame Jeanne et le roi. Mais Thibaut d'Arc, qui n'a pas pardonné à sa fille son refus d'épouser Raymond, l'accuse de sorcellerie. Entendant un coup de tonnerre, le peuple prend peur et se désolidarise de Jeanne. Se sentant coupable de son amour pour Lionel, Jeanne renvoie ce dernier.*

ACTE IV. 1er tableau. *Dans la forêt, Jeanne, restée seule, médite sur son sort. Lionel la retrouve. Ils s'avouent leur amour réciproque. A ce moment, un détachement de soldats anglais survient. Lionel est tué, et Jeanne est capturée.* 2e tableau. *Sur la place de Rouen, Jeanne est conduite au bûcher, malgré les protestations du peuple.*

Bien qu'ayant eu du succès auprès des auditeurs, *la Pucelle d'Orléans* fut durement jugée par les critiques. Pour la première fois, Tchaïkovski avait choisi un sujet d'opéra non russe et composé une œuvre dans le style du grand opéra français, comportant de considérables entorses à la réalité historique. En dépit de pages d'une incontestable valeur (prière de Jeanne au 1er acte, son récit du 2e acte, les scènes avec Lionel aux 3e et 4e actes) et d'une orchestration somptueuse, *la Pucelle d'Orléans* ne s'est guère imposée au répertoire.
A. L.

PUCHBERG (DIVERTIMENTO À). Titre attribué au divertimento pour trio à cordes (violon, alto, violoncelle) en *mi* bémol majeur K.563 de Mozart (27 sept. 1788), parce que celui-ci l'écrivit pour son ami le négociant Michael Puchberg, dans le but à la fois de le remercier pour les prêts d'argent qu'il lui avait plus ou moins généreusement consentis au cours des mois écoulés et de mettre à sa disposition une œuvre nouvelle pour les soirées privées qu'il organisait dans sa résidence viennoise.

L'œuvre est postérieure non seulement aux 6 *Quatuors* à Haydn* et au quatuor *Hoffmeister**, mais aux 2 grands quintettes à cordes de 1787 (K.515 et K.516). Un de ses miracles est précisément de réussir à concentrer, dans les limites fixées par 3 voix seulement, la densité d'écriture des quatuors et les dimensions amples des quintettes précédents. Cela sans oublier ses relents d'opéra, ni l'hommage qu'elle rend, par sa dénomination et par sa structure en 6 mouvements (dont 2 menuets), au genre qu'on aurait pu croire révolu du divertimento. Hommage d'ailleurs des plus ambivalents, car les 3 premiers mouvements se meuvent dans les sphères de la musique de chambre la plus sérieuse. Avec le quatrième, un andante à variations, surgit pour commencer le monde de la sérénade et du divertissement, mais ce monde s'évanouit avec la variation III, en mineur, et la variation IV, où, entre des triples croches de violon et des doubles croches de violoncelle, la partie d'alto devient soudain un bouleversant *cantus firmus* en valeurs longues.

Mozart, en écrivant pour cordes solistes un ouvrage en 6 mouvements, ne fit pas qu'approfondir la démarche de ses anciens divertimentos salzbourgeois. Par le fait même de marquer du sceau de l'intimité et du sérieux une structure globale et des types de mouvements, qui, auparavant, avaient relevé du domaine public et mondain, et de s'inscrire sans équivoque aucune dans celui de la musique de chambre, le *Divertimento à Puchberg* regarde jusqu'aux derniers quatuors de Beethoven, en particulier vers celui en *si* bémol op. 130, également en 6 mouvements. A noter qu'à Bonn en 1792, Beethoven écrivit un trio à cordes en *mi* bémol en 6 mouvements fort proche du K.563 de Mozart. Cette œuvre du jeune Beethoven, parvenue en Angleterre dès la fin de la même année 1792, devait après révision être publiée à Vienne au printemps 1796 comme opus 3. M. V.

PUGNANI (*Gaetano*), violoniste et compositeur italien (*Turin 1731* - id. *1798*). Il effectue l'essentiel de ses études avec G. B. Somis, et, dès l'âge de dix ans, figure au dernier pupitre des seconds violons du Teatro Regio de Turin, où il est officiellement nommé en 1748. Ses débuts à Paris en 1754, où il joue un de ses concertos au Concert spirituel, assurent sa renommée. En 1763, il prend la tête des seconds violons à Turin, puis assure de 1767 à 1769 les fonctions de chef d'orchestre au King's Theatre de Londres, où son premier opéra, *Nanetta e Lubino*, obtient un vif succès (1769). Il est enfin nommé premier violon de l'orchestre de la cour de Turin en 1770, et, en 1776, premier virtuose de la chambre et directeur général de la musique instrumentale. De 1780 à 1782, il effectue une grande tournée de concerts à travers l'Europe, accompagné de son élève préféré, G. B. Viotti, dont le jeu puissant faisait l'admiration de toute l'Europe, et il influença probablement la conception de l'archet moderne. Comme compositeur, il s'imposa surtout par ses œuvres instrumentales (concerto, sonates avec basse continue, duos pour deux violons, sonates et menuets en trio). Il écrivit aussi de la musique de chambre (trios, menuets, quatuors et quintettes) et orchestrale (ouvertures, symphonies). Il contribua à l'établissement du classicisme en Italie, mais resta par certains côtés assez conservateur, comme le prouve le maintien de la basse continue dans une partie de sa musique de chambre. Comme violoniste, il fit le lien entre Corelli (qui avait formé son maître Somis) et Viotti, son élève. D. H.

PUGNO (*Stéphane Raoul*), pianiste et compositeur français (*Montrouge 1852 - Moscou 1914*). Il fit ses études musicales à l'école Niedermeyer et au Conservatoire de Paris. En 1870, il fut nommé organiste de l'église Saint-Eugène. Il y fut maître de chapelle dès 1872 et resta à ce poste pendant vingt ans. Mais parallèlement il aborda une carrière lyrique en écrivant une opérette *A qui la troupe* (1877), puis des opéras-comiques, des ballets, ainsi qu'un oratorio *la Résurrection de Lazare* (1879). Ce n'est qu'assez tardivement qu'il se fit connaître comme pianiste. C'était un musicien complet, émouvant et sensible, célèbre par la finesse de son toucher, la limpidité de sa technique et son art du déchiffrage. Avec le violoniste Eugène Ysaye il donna des concerts de musique de chambre restés historiques. Il fut nommé professeur d'harmonie en 1892, et, en 1896, professeur de piano au Conservatoire. Il collabora avec Nadia Boulanger pour la musique de scène de *la Ville morte* de D'Annunzio et pour les mélodies de Verhaeren *les Heures claires*. Il a laissé plusieurs enregistrements d'œuvres de Haendel, Scarlatti, Chopin, Liszt, Chabrier.

A. L. et S. W.

PULCINELLA. Ballet en 1 acte d'Igor Stravinski, d'après des thèmes et fragments de Pergolèse, composé en 1919-20 et créé au Théâtre des Champs-Élysées à Paris le 15 mai 1920. C'est Diaghilev qui, encouragé par le succès récent des *Femmes de bonne humeur*, sur une musique de D. Scarlatti arrangée et orchestrée par Tommasini, avait demandé à Stravinski d'écrire à son tour un ballet destiné à la fois à ressusciter un compositeur italien du XVIIIe siècle et à réactiver les principes de la commedia dell'arte. Œuvre clé dans l'évolution du compositeur, *Pulcinella* inaugura sa période dite « néoclassique ». En travaillant son matériau de base pergolésien ou supposé tel — tiré principalement de sonates en trio inédites, mais aussi des opéras *Adriano in Siria*, *Il flaminio* et *Lo frate innamorato* —, Stravinski l'a néanmoins, selon ses propres termes, fortement « stravinskisé ». Véritable récréation, le pastiche parvient ici au niveau de l'archétype et se transforme en squelette sur lequel le créateur va greffer sa chair, ses muscles et ses nerfs. L'œuvre est avant tout un divertissement, et, sur le plan technique, ne se veut autre chose qu'un « artisanat furieux ». Stravinski devait cependant se souvenir longtemps du procédé du collage et de la citation objective. *Pulcinella* prit deux formes différentes : l'originale, composée pour 33 instruments et 3 solistes vocaux, et son adaptation en suite d'orchestre en 8 mouvements et 11 parties. A. F.

PUNKTE (« Points »). Œuvre pour grand orchestre de Karlheinz Stockhausen, composée en 1952, puis révisée en 1962 et en 1966. La première version remaniée fut créée en octobre 1963 au festival de Donaueschingen. L'orchestre réunit 3 flûtes (aussi piccolo et flûte alto), 3 hautbois (aussi hautbois d'amour et cor anglais), 3 clarinettes (*mi* bémol, *si* bémol et clarinette basse), 3 bassons (aussi contrebasson), 3 cors, 3 trompettes, 3 trombones, bass-tuba, 3 percussionnistes (utilisant timbales, marimba, cloches tubes, glockenspiel, vibraphone), 2 harpes, 2 pianos (aussi célesta), 8 premiers violons, 8 seconds violons, 8 altos, 6 violoncelles, 4 contrebasses (toutes les cordes écrites en parties solistes, et jamais en tutti). Durée : environ 22 minutes.

Dans sa version initiale, c'est une étude sérielle utilisant le vocabulaire « pointilliste » propre à la musique postwébernienne. Lorsque le compositeur réécrit la partition en 1962, les « points sonores » deviennent le centre de groupes, de colonnes, d'essaims, de masses vibrantes, le noyau d'organismes micromusicaux. Pour différencier les points originaux, Stockhausen utilise quatre types de figures : un point s'élargit en montant ou en descendant ; ou bien un mélange sonore diminue en montant ou en descendant, jusqu'à ce que le tout se mêle en un point. Élargissements et resserrements ont des textures caractéristiques (sons continus, trémolo, trilles, staccato, portato, legato, glissandi, mélodies chromatiques, etc.), ainsi que des couleurs, des intensités et des vitesses caractéristiques. Les intervalles et les tempos dans lesquels s'effectuent ces mouvements sont constants pour des périodes plus ou moins longues et forment ainsi de plus grandes structures. Pareillement aux formes « positives » où se chevauchent plusieurs surfaces sonores en des effets de masse d'une violence extraordinaire, Stockhausen utilise des formes « négatives » : trous, pauses, fosses avec différentes figures dont les limites sont plus ou moins marquées. La composition oscille sans cesse entre des régions de grande turbulence sonore et des zones « en suspens » où les résonances sont comme projetées dans l'espace vide du silence. « Je vois un orchestre dans lequel chaque musicien joue la moindre note — apparemment dépourvue de sens — avec précision et amour et en étant conscient que chaque partie, si infime soit-elle, est indispensable à un "tout" vivant. Je vois un chef d'orchestre qui s'est imprégné des structures atomistiques avec tant de conscience qu'il laisse les plus hautes images formelles se mêler en un grand organisme au sein duquel les éléments isolés ne se perturbent plus mutuellement, mais au contraire s'enrichissent. Un chef d'orchestre qui connaît l'identité profonde des vibrations musicales et leur résonance dans toute la vie micro- et macrocosmique. Je vois un auditoire composé d'un public suffisamment sensible pour établir un parallèle entre chaque point musical et chaque moment de son existence : concevoir les parcelles de leur être et leur identité propre dans le cosmos. Les auditeurs doivent laisser les vibrations musicales s'immiscer jusqu'au fond de leur inconscient et exploiter la musique pour approfondir leur connaissance d'eux-mêmes et de leur propre identité au sein d'un tout. Humains, par cette œuvre, ils deviennent eux-mêmes musique » (K. Stockhausen).

P. S.

Purcell (Daniel), compositeur anglais (? v. 1663 ?-Londres 1717). Frère de Henry Purcell, il fut l'organiste de Magdalen College à Oxford de 1688 à 1695, date à laquelle il vint à Londres, probablement à cause de la maladie de son frère qui mourut cette même année. Ce fut à Londres que commença sa véritable carrière de compositeur, lorsqu'il écrivit le masque final de *The Indian Queen* (1696). Il devint un compositeur de théâtre très demandé et signa plus d'une quarantaine de partitions de musique de scène. En 1700, il participa à un concours et obtint le troisième prix (derrière Weldon et Eccles) pour sa musique du masque de W. Congreve, *The Judgement of Paris*. Il fut organiste à l'église de Saint-Andrew's, Holborn, de 1713 jusqu'à sa mort. Par ailleurs, il composa de la musique religieuse (antiennes, *Magnificat*), des pièces vocales profanes, dont 6 cantates à 1 voix et basse continue (1713), et de la musique instrumentale comprenant des sonates pour violon et pour flûte, des pièces de clavecin, ainsi qu'un recueil intitulé *The Psalms Set Full*, pour orgue ou clavecin (1718).

C. W.

Purcell (Henry), compositeur anglais (Londres ou Westminster 1659-Westminster 1695). Fils de Henry Purcell senior, « gentilhomme de la chapelle royale » et maître de chœur à Westminster, il est élevé dans un milieu très favorable de musiciens professionnels (son oncle Thomas était également membre de la chapelle royale) et initié très tôt à la pratique de son art. Admis sans doute très jeune à la chapelle de Charles II, dirigée par le célèbre capitaine Cooke, puis par Pelham Humfrey, il compose, dès 1670, une ode pour l'anniversaire du souverain. En 1673, un document atteste son départ de la maîtrise de la chapelle (à cause de la mue ?). Il parachève, la même année, sa formation chez John Hingeston, conservateur et restaurateur des orgues et instruments de la chapelle royale. Cependant que John Blow succède à Humfrey à la tête de la musique de Charles II, Purcell est nommé, en 1677, à la mort de M. Locke, compositeur « ordinaire » pour les violons de la chapelle. Deux ans plus tard, c'est précisément John Blow qu'il remplace aux orgues de Westminster, fonction qu'il gardera jusqu'à sa mort.

À la même époque (1680 ou 1681), il se marie à une certaine miss Frances, dont on ne connaît pas les origines, mais qui devait se montrer une compagne pleine de zèle et de compréhension. De ce mariage le musicien aura six enfants, dont deux seulement atteindront l'âge adulte.

Célèbre désormais dans toute l'Angleterre et jouissant d'une très bonne situation matérielle, Purcell est, en quelque sorte, le musicien officiel de la monarchie et reconnu par ses compatriotes comme le premier de son temps. L'histoire de sa vie — sans problèmes — se confond dès lors avec celle de sa carrière. Les chefs-d'œuvre, d'ailleurs, apparaissent dans les mêmes années (*Élégie à la mémoire de Matthew Locke*, écrite en 1677, *Fantaisies* et *In nomine*, pour violes, composés vers 1680, *Sonates en trio*, pour cordes, écrites sous l'influence du style italien et de Corelli et dont le premier recueil à trois parties paraît en 1683). À la fois respectueux de l'admirable tradition nationale et novateur ouvert à toutes les expériences du temps, Purcell ne va plus cesser, jusqu'à sa mort, d'être sollicité par les compositions de cour, les commandes privées et les théâtres publics, pour lesquels il laissera dans les dix dernières années de sa vie une imposante production : opéras, semi-opéras, *masques* et musiques de scène diverses, où triomphe son génie lyrique, l'un des premiers du XVIIe siècle.

À la chute de Jacques II, en 1688, Purcell, immédiatement rallié au nouveau régime, compose la musique du couronnement de Guillaume de Nassau et de Mary d'Angleterre. De la même époque date *Didon et Énée*, qui, composé au départ pour un collège de jeunes filles de Chelsea, en 1689, devait devenir comme le symbole de l'opéra anglais. Influencé par le *Vénus et Adonis* de John Blow, l'ouvrage consacre le ton dramatique de Purcell et, malgré certains emprunts formels à Lully et à sa tragédie lyrique, atteint à une intensité et à une vérité dans la confession des sentiments que seuls les plus grands égaleront par la suite.

Didon et Énée, chanté de bout en bout, était un véritable opéra. Dorénavant, le compositeur, sacrifiant au goût des Londoniens qui préféraient ce genre hybride à l'opéra à l'italienne, va s'orienter vers le *masque*, ou « semi-opéra », qui entrecoupe les épisodes chantés d'importants dialogues avec accompagnement instrumental. Les ouvrages majeurs se succèdent : *Dioclétien* (1690), *King Arthur* (1691), *The Fairy Queen* (1692), *The Married Beau* et *Timon d'Athènes* (1694), *The Tempest* et *The Indian Queen* (1695). Parallèlement à cette activité théâtrale, Purcell écrit une abondante et admirable musique liturgique (*Anthems, Hymnes*, psaumes et chants sacrés pour le service anglican) et profane (*Odes* et chants d'anniversaire comme l'*Ode pour l'anniversaire de la Reine Mary, Come ye, sons of Art* (1694) et l'*Ode à sainte Cécile, Hail bright, Cecilia* (1692). Et ce sont ces occupations multiples de compositeur, professeur, chanteur et instrumentiste (comme organiste et claveciniste) qui expliquent sa mort prématurée en 1695. La cause exacte de son décès n'est pas connue avec certitude (refroidissement ou tuberculose ?), mais ce qui est évident, c'est que le surmenage a fortement contribué à miner une santé qu'il semble avoir eu fragile. Sa célébrité incita les contemporains (qui avaient conscience qu'il s'était usé à la tâche) à l'honorer au cours d'une imposante cérémonie funèbre où furent exécutés les *Anthems* qu'il avait écrits, peu de temps auparavant, pour les obsèques de la reine Mary. Il fut enterré dans l'abbaye de Westminster au pied de l'orgue qui lui était familier.

Ce qui caractérise avant tout la production de « l'Orphée britannique », c'est son étonnante diversité. Musicien complet comme Mozart (et souvent, malgré les époques différentes et la divergence des styles, le rapprochement s'impose irrésistiblement entre les deux hommes), Purcell a abordé pratiquement tous les genres, pour y réussir pareillement. Cette diversité et ce bonheur rares dans l'inspiration, Purcell les doit à son génie qui a su tirer le meilleur parti des possibilités de son siècle. À l'époque où il vécut, la musique anglaise se trouvait engagée dans plusieurs voies et le grand mérite du compositeur est d'avoir su exploiter celles-ci à fond, sans en négliger aucune, mais aussi sans se décider à choisir, à trancher en faveur de l'une aux dépens d'une autre. Créateur moderne dans le sillage de l'école italienne (mais dans un ton et un style parfaitement personnels et immédiatement identifiables), Purcell, par-delà toute découverte, se souvient toujours de la tradition nationale et contrapuntique qui l'a formé et il se garde bien de la désavouer au nom de la musique nouvelle. Et, sans doute, une grande part de la fascination qu'exerce son œuvre sur l'auditeur d'aujourd'hui tient à cette ambiguïté — non résolue — entre deux conceptions de l'art musical : conception modale, héritée de la Renaissance, et conception tonale, favorisée par l'essor du style concertant, dans la seconde moitié du XVIIe siècle.

N'ayant donc jamais renié l'acquis de sa première éducation contrapuntique, malgré les nouveautés italiennes, et possédant une souplesse d'écriture qui s'accordait à un sens inné de la mélodie et « que ne gênait pas encore la rigide carrure de ce qui allait devenir très vite le style classique » (Suzanne Demarquez), Purcell a merveilleusement combiné, au long de sa musique — l'instrumentale comme la vocale, la profane comme la religieuse — trois composantes, caractéristiques de son art, en une synthèse sans équivalent dans toute l'histoire européenne : « Une polyphonie libre, la régularisation des formes et des tonalités de l'ère baroque et une compréhension profonde et sans précédent de la valeur poétique de la langue anglaise » (Henry Raynor).

Technicien hors pair, il a, toute sa vie durant, été attiré par les problèmes de composition pure et, à cet égard (et malgré son tempérament intuitif), il est le contraire d'un musicien « simple ». Chez lui, sous l'émotion poignante de l'expression, se cache souvent un art suprêmement complexe et subtil. Et, sans considérer la virtuosité comme une fin en soi, il ressent une joie évidente à résoudre au mieux les difficultés soulevées par l'emploi d'une basse obstinée, par exemple. C'est d'ailleurs dans le même esprit qu'il provoque de fréquentes — et inattendues — rencontres polyphoniques, en recourant simultanément aux gammes modales et tonales. Amoureux des fausses relations (qui sont à interpréter, avec lui, comme un archaïsme, hérité de ses grands prédécesseurs, et non comme un modernisme) et des dissonances laissées sans résolution, Purcell est aussi l'un des premiers maîtres de la modulation, avec des sauts continuels du majeur au mineur et inversement, et ce trait, joint à la grande beauté de sa ligne mélodique — toujours personnelle, toujours surprenante, toujours émouvante — en fait en quelque sorte un précurseur de Schubert.

Dans le domaine instrumental, outre les admirables *Fancies* et *In nomine* de 1680, nourris de la leçon polyphonique de l'âge d'or élizabéthain (mais les dernières pièces s'orientent vers une écriture homophone), il est l'auteur des *Sonates en trio* de 1683. La préface de ces pages nous dit que l'auteur y « a fidèlement tenté une imitation des plus célèbres maîtres italiens ». C'est-à-dire essentiellement Corelli, bien que son nom ne soit pas cité. Pourtant, Purcell tout en reprenant à son compte les trouvailles et séductions (surtout mélodiques) de la manière transalpine, ne cesse d'y faire œuvre de musicien typiquement national et « anglais », restant remarquablement lui-même dans le libre mouvement du discours instrumental, par exemple, dont les arêtes vives étonnent, si on les compare à l'équilibre déjà classique des *Sonates en trio* corelliennes.

Dans le domaine vocal (et choral), Purcell, attaché à l'abbaye de Westminster (remarquons en passant qu'il n'a pratiquement rien laissé pour le répertoire d'orgue et que le claveciniste, chez lui, n'a pas la même importance que chez Haendel), a évidemment beaucoup écrit pour le culte. Destinés, soit à Westminster, soit à la chapelle royale, ses *Anthems* sont, eux aussi, profondément marqués par la glorieuse tradition de l'école élizabéthaine et jacobéenne. L'influence de Byrd, Gibbons et des autres maîtres de la Renaissance anglaise y est déterminante, mais, bien entendu, Purcell adapte les modèles qu'il s'est choisis ici (et qu'il connaissait bien pour les avoir étudiés à fond durant ses années d'apprentissage auprès de Henry Cooke) au goût et aux mentalités du temps, en d'autres termes, aux exigences expressives nées en Italie de la nouvelle musique. Comme dans les odes et sa production lyrique, il y fait valoir un instinct prosodique très sûr et un sens de l'écriture syllabique qui s'adapte admirablement à l'accent tonique, si mouvant, de la langue anglaise. Écrits pour les effectifs les plus divers, de la voix seule au chœur avec orchestre, trompettes et timbales, outre la basse continue, les *Anthems* et chants sacrés sont d'un très grand musicien religieux, joignant l'élan spirituel à une expressivité intense, à un art de l'accent toujours générateur d'un décor sonore fascinant (*The Witch of Endor*). Dans les pages de circonstance, enfin, comme l'*Anthem* de couronnement pour Jacques II, *My heart is inditing* (1685), ou le *Te Deum et Jubilate* en *ré* de 1694, Purcell recourt à la puissance et à la gloire des sonorités et cède au plaisir de la virtuosité exubérante, avec des effets vocaux, des ornements et mélismes de la ligne de chant et des passages de trompette traités avec une agilité déjà haendélienne, à ceci près que, chez Haendel, ces procédés, sans être superficiels, ne participent qu'à des fins seulement musicales, alors que, chez son aîné, ils font partie intégrante de la structure profonde — musique et expression — de l'œuvre.

Parallèlement, mais cette fois comme auteur profane, Purcell a composé de nombreuses odes. Les premières ne sont pas sans défaut, dans le traitement des voix (solistes et chœurs) mais, à la fin de sa vie, le musicien a laissé une série de six chefs-d'œuvre : les odes écrites pour célébrer, chaque année, l'anniversaire de la reine Mary, femme de Guillaume III. Ainsi, *Come ye, sons of Art* aussi bien que *l'Ode à sainte Cécile* de 1692, nous montrent Purcell au sommet de son art, mariant l'élan dynamique à la mobilité des rythmes et à une vocation poétique dont témoignent d'abord l'éclat de l'accompagnement instrumental (la rutilance des trompettes et timbales), mais surtout l'incroyable liberté et le don mélodique de la ligne de chant où triomphe de nos jours, comme du reste à l'époque de Purcell (qui avait, nous disent les annales, ce type de voix), le timbre agile des haute-contres.

Outre les odes, Purcell a laissé de nombreux canons et *catches*, chansons de taverne, le plus souvent, qui se réfèrent, là encore, à l'art du passé et qu'anime une réjouissante veine populaire, dans le droit fil de la *Merry Old England (Come let us drink)*.

Puis dans un registre tout à fait différent, il y a les airs où Purcell fait montre de son immense savoir-faire, d'une élégance dans l'écriture qui égale, quand elle ne la dépasse pas, la maîtrise des plus habiles Italiens. Ses chansons sur un *ground* (basse obstinée) sont d'extraordinaires réussites, où l'art cache l'art, où le chant atteint à une intensité — et à une nudité — dans la confession intime, véritablement fabuleuse (*Ô Solitude*, immortalisé, au disque, par le regretté Alfred Deller).

Reste à parler du musicien de théâtre, c'est-à-dire du compositeur d'opéras, de masques et de semi-opéras, aussi bien que de l'auteur de nombreuses musiques instrumentales pour la scène (*Stage Music*), conformément aux modes du temps. Un seul opéra, dans cette production lyrique : *Didon et Énée*. Mais c'est là un extraordinaire chef-d'œuvre balayé du souffle et des contrastes de la vie et dont l'intense pouvoir tragique, la perfection musicale et formelle appellent irrésistiblement la comparaison avec Monteverdi, malgré le décalage de l'époque et du style. Écrit au départ pour un simple pensionnat, l'ouvrage échappe, en fait, à ses origines modestes — tout comme *la Flûte enchantée* de Mozart — pour atteindre à la dimension et à la vérité des musiques universelles, et l'opéra anglais aura là un modèle qui ne sera jamais égalé par la suite.

Le don mélodique et métrique est le trait dominant de *Didon et Énée*, avec un sens de la modulation et une intuition dans le rapport des tonalités qui témoigne du génie psychologique de Purcell. Comme chez Monteverdi, c'est « le grand théâtre de la vie » qui se trouve mis en scène ici, à travers l'histoire de la princesse carthaginoise délaissée. Musicien de l'étrange et du fantastique (une tradition du théâtre anglais depuis Shakespeare et les élizabéthains), Purcell a greffé en contrepoint sur la légende une sombre scène de sorcières sorties tout droit de *Macbeth*. Son inspiration s'accorde parfaitement aux exigences prosodiques de la poésie et le maître rythmicien, qu'il est, triomphe dans le traitement des chœurs et des danses qu'il manie avec une aisance suprême. Notons, à ce sujet, combien Purcell sera fasciné, dans toute sa production, par les possibilités d'irrégularité métrique offertes par les danses du folklore national, en particulier par le *Hornpipe* (à l'origine, pas de marin pour danseur seul, mesuré à 3/2 ou 3/4 et offrant toute une gamme de combinaisons de mesures), qui connut une grande popularité à la fin du XVIIe siècle. Quant au personnage de Didon, magistralement caractérisé, il appartient déjà à la galerie des grandes héroïnes qui jalonnent la carrière de l'opéra, de l'Ariane de Monteverdi à la Lulu de Berg, et sa déploration finale est l'une des plaintes les plus déchirantes qu'ait jamais poussées la musique. Après cet unique essai dans un genre qui n'avait pas, à Londres, le succès qu'il rencontrait alors en Italie, voire en France, Purcell ne compose plus pour le théâtre que des musiques de scène et des semi-opéras, ou masques.

Proches, au plan formel, de la suite instrumentale mise au point par le Stuttgartois Johann Jacob Froberger, sous l'influence de Frescobaldi et des clavecinistes français, les *Stage Music* — dont les plus connues sont *Abdelazer ou la Vengeance du More, The virtuous Wife, The Gordian Knot, The Double Dealer, The Old Bachelor* — témoignent de la maîtrise atteinte par l'auteur dans ce répertoire qu'il marque de sa griffe personnelle, malgré d'indéniables emprunts — dans les ouvertures notamment — au style de la suite lullyste. Cela dit, c'est peut-être dans les 5 semi-opéras que se tient le plus grand Purcell. *Dioclétien* (1690), musique de circonstance, destinée à fêter les victoires de Guillaume III sur les Irlandais, est un semi-opéra guerrier, tout comme *The King Arthur or the british Worthy* (le Roi Arthur ou la Valeur britannique), qui, représenté en 1691, brûle d'une ardente flamme patriotique (le chœur du 5e acte, *Old England*), mais où le fantastique, ou plutôt l'irréel, fait irruption sous la légende, au gré d'évocations saisissantes et quasi visuelles (au 3e acte, la scène du peuple du Froid, dont les incroyables chromatismes et trémolos — procédé alors nouveau en Angleterre — ont peut-être été transposés par Purcell, mais en plus convaincant, du chœur des Trembleurs tiré de l'*Isis* de Lully).

The Fairy Queen (1692), inspirée — mais très librement — du *Songe d'une nuit d'été*, est un autre sommet de la production lyrique de Purcell. Une musique de vent et d'eau, toute bruissante des rumeurs du monde comme dans le modèle shakespearien (dont elle devait illustrer la représentation). Le compositeur est à l'origine, ici, d'un climat poétique intimement accordé aux humeurs et à la fantaisie fondamentale du grand Will, malgré le regrettable manque de cohérence du livret de Settle. Enfin, à quelques mois de sa mort, Purcell écrit une musique pour *la Tempête* (celle de Shakespeare, bien entendu) et, sur un texte assez satisfaisant de Dryden et Howard, *The Indian Queen* (la Reine indienne), où il est également au plus haut de son inspiration, jouant du réalisme comme du merveilleux et réussissant à faire passer une véritable idée dramatique dans le développement musical. De proportions plus réduites que *The Fairy Queen*, *la Reine indienne* mêle sentiments et états d'âme les plus divers, avec, comme dans l'ouvrage précédent, l'inévitable, mais toujours impressionnante, intrusion du surnaturel dans le cours de l'action, tout en sauvegardant l'heureuse conception unitaire de l'ensemble.

Au terme de ce rapide parcours, on peut toujours s'interroger — comme pour Mozart d'ailleurs — sur ce qu'aurait encore donné Purcell à la musique, s'il avait vécu plus longtemps. Ce qui est évident, c'est que, bien que respectueux du patrimoine national et de l'héritage du passé, Purcell est en avance sur son temps, au niveau de l'imagination comme de l'expression pure, qu'il écrive pour l'Église, la Cour ou le théâtre.

Ce sens novateur éclate ainsi dans les derniers semi-opéras, ou masques, tant dans la facture des airs que dans l'écriture orchestrale, qui pourrait être d'un maître du XVIIIe siècle, par exemple signée Telemann, mais avec le génie en plus. Tout comme éclate l'autre trait dominant du musicien, son signe distinctif en quelque sorte : une rare vigueur d'accent qui fait de Purcell un grand dramaturge musical, de la même race que Monteverdi et Mozart, dont il partage l'exigeant idéal de beauté et de vérité et l'infaillible instinct scénique. Et c'est cette race qu'a bien reconnue notre époque qui se retrouve dans l'élan d'une œuvre vivant d'une jeunesse conquérante, dans la joie comme dans le cri ou le deuil, dans la plainte comme dans la fantaisie déchaînée, et allant droit au cœur.

Œuvres. — *Musique instrumentale. Fantaisies à 3 ou 4 parties* et *In nomine* (v. 1680); *Pavanes à 3 et 4 parties* (v. 1680); *Chaconne (à 3 sur un ground); 12 Sonates en trio* (publiées en 1683); *10 Sonates à 4; Sonate en sol mineur pour violon solo; Ouverture à 5 en sol mineur; March and Canzone; Pièces diverses* et *huit suites pour clavecin* (sol majeur, sol mineur, sol majeur, la mineur, ut majeur, ré majeur, ré mineur, fa majeur) [éd., 1689]; *Sonate en ré pour trompette et cordes* (1694).

Musique vocale religieuse. ANTHEMS : *Blow up the Trumpet of Zion* (1679); *Awake put on thy strength* (v. 1682-1685); *Behold, I bring you glad tidings* (1687); *Hear my prayer, o lord* (1680-1682); *Blessed are they fear thee Lord* (1688); *Hear me, o Lord* (v. 1680-1682); *In thee o Lord, do I put my trust* (v. 1682); *In the midst of Life* (av. 1682); *I will sing unto the Lord* (1679); *Let mine eyes run down with tears* (1682); *Man that is born of a woman* (v. 1680-1682); *My beloved spake* (av. 1678); *My song shall be alway* (sans doute 1690); *O give thanks unto the Lord* (1693); *My heart is inditing* (1685); *O God, thou art my God* (1680-1682); *O Lord, grant the King a long life* (1685?); *O sing, unto the Lord* (1688); *Praise the Lord, o my Soul* (v. 1682-1685); *Rejoice in the Lord alway* (v. 1682-1685); *The way of God* (1694); *O Lord, God of hosts* (v. 1682-1685); *The way of God* (1694); *O Lord, God of hosts* (v. 1680-1682); *They that go down to the sea in ships* (1685); *Thou knowest Lord the secrets of our hearts* (2 vers. av. 1683, 1 de 1695); *Why do the Heathen so furiously rage together* (v. 1682-1685); *The Witch of Endor.*

CANONS : *Alléluias*, « 4 in 2, recte et retro »; 2 *Gloria Patri et Filio I* « 3 in 1 », II « 4 in 1 per arsin and thesin »; *Miserere mei* « 4 in 2 » (1687).

HYMNES, PSAUMES ET CHANTS SACRÉS POLYPHONIQUES : *Ah! Few and full of sorrows* (v. 1680); *Beati omnes qui timent Dominum* (v. 1680); *Jehova, quam multi sunt hostes* (v. 1680), *Plung'd in the confines of despair* (v. 1680), *When on my sick bed I languish* (v. 1680); *In guilty Night* (1693).

CHANTS SACRÉS MONODIQUES ET DUOS : *Awake and with attention hear* (1688); *Close thine eyes and sleep secure* (1688); *Let the night perish* (v. 1688); *Now that the sun has veiled his light* (1688); *With sick and famish'd eyes* (v. 1688); *Tell me, some pitying angel* (v. 1693).

SERVICES SACRÉS : *Morning and Evening; Service en si bémol majeur* (v. 1682); *Evening Service en sol mineur; Te Deum and Jubilate en ré majeur* (1694); *Funerals of the Queen Mary* (1695).

Musique vocale profane. CATCHES ET CHANSONS DE TAVERNE (dates de publication) : *As Roger last night; To Jenny lay close; Christchurch bells upon Christchurch bells in Oxford; He that drinks; Is immortal* (1686); *Catch à trois voix; My lady's coachman John* (1688); *Sir Walter enjoying his damsel; Tom the Taylor; An ape, a lion, a fox and an ass* (1686); *Bring the bowl* (1693-94?); *Come my hearts; Full bags, a brish bottle; Come let us drink; Once, twice, thrice, I Julia tried; Room for th'express; The surrender of Lim'rick; To thee and to a maid; I gave her cakes and I gave her ale; Young John the gardner; Prithee ben't to sad and serious; The Miller's daughter; Young Collin cleaving of a beam; A Health to the nut brown lass.*

ODES ET CHANTS D'ANNIVERSAIRE : *Arise my muse* (1690); *Come ye sons of art away* (1694); *Ode à sainte Cécile, Hail bright, Cecilia* (1692); *Now does the glorious day appear* (1698); *Of old when heroes thought it base* (1690); *Swifter Isis, swifter flow* (1681); *Welcome to all the pleasures* (1683); *Who can from joy refrain?* (1695); *The Yorkshire feast song* (1690); *Welcome, welcome, glorious morn* (1691); *Love's goodness sure was blind* (1692); *Celebrate this Festival* (1693).

SOLOS : *Ask me to love no more* (1694); *Corinna is divinely fair* (1692); *Ah! How pleasant 'tis to love* (1688); *Fly swift, ye hours* (1692); *From silent shades* (1683); *Hears not my Phylis* (1695); *If music be the food of love* (3 vers. 1692-1695); *Incassum Lesbia rogas* (1695); *Onethe brow of Richmond Hill* (1692); *O Solitude, my sweetest choice* (1687); *Sawney is a bonny lad* (1694); *What a sad fate is mine*; *Lovely Albina's come ashore*; *While Thyrsis wrapt in downy sleep* (1685).
DUOS : *A grasshopper and a fly* (1686); *Fill the bowl with rosy wine* (1687); *Lost is my quiet for ever* (1691); *O divie Custos Auriacae domus* (1695); *Soft notes and gently raised accent* (1685).
ENSEMBLES VOCAUX : *How pleasant is the flow'ry plain* (1688); *In a deep vision's intellectual scene*.
OPÉRAS, SEMI-OPÉRAS, MASQUES : *Didon et Énée* (1689); *Dioclesian* (1690); *King Arthur or the british Worthy* (1691); *The Fairy Queen* (1692); *The Tempest* (v. 1695); *The Indian Queen* (1695).
MUSIQUE DE SCÈNE : *Abdelazer ou la Vengeance du More* (1695); *Amphitryon* (1690); *Bonduca* (1695); *Distressed Innocence* (1690); *Don Quixote* (1694-95); *Oedipus* (1692); *The double Dealer* (1693); *The Libertine* (1692); *The Married Beau* (1694); *The Old Bachelor* (1693); *The Virtuous Wife* (1694); *The Rival Sisters* (1695); *Timon d'Athènes* (1694). R. T.

PURITAINS (LES) [en ital. *I Puritani*]. Opéra en 3 actes de Bellini, sur un livret de Carlo Pepoli, d'après *Têtes rondes et Cavaliers* de Ancelot et Saintine (1833), inspiré de Walter Scott et créé au Théâtre-Italien de Paris le 24 janvier 1835.
ACTE PREMIER. (Le château de lord Walter Walton, en Angleterre vers 1650.) 1er tableau. Le gouverneur de la forteresse, lord Walton, a promis sa fille Elvire à sir Richard Forth, un autre allié de Cromwell, mais celle-ci a donné sa foi à leur ennemi lord Arthur Talbot, du parti des Stuarts. Richard (bar) chante sa douleur d'avoir ainsi perdu celle qu'il aimait (Ah per sempre). 2e tableau. George Walton (b), le frère du gouverneur, révèle à sa nièce Elvire (s) qu'elle va être unie à celui qu'elle aime (duo Sai com'arde in petto mio). 3e tableau. Arthur (t) chante sa tendresse pour Elvire (A te, o cara), cependant que lord Walton quitte la cérémonie nuptiale pour escorter une prisonnière, messagère des Stuarts, en laquelle Arthur reconnaît la reine Henriette (ms), veuve du roi Charles Ier. Pour la sauver, Arthur sacrifiera l'amour au devoir : lorsque Elvire, après avoir chanté une insouciante polacca (Son vergin vezzosa), pose son voile blanc sur le visage de la prisonnière, il réalise que la reine, ainsi masquée, pourra fuir à son bras, passant pour son épouse. Richard, qui, l'épée à la main, vient le provoquer, découvre le subterfuge, et, trop heureux, couvre la fuite des deux rebelles. Apprenant l'abandon de son fiancé, Elvire perd la raison, et, devant les invités, croit monter à l'autel avec Arthur (Ah vieni al tempio).
ACTE II. (Une salle du château.) George conte aux invités les épisodes de la démence d'Elvire (Cinta di fiori), cependant que Richard annonce la condamnation d'Arthur par le Parlement. Mais la jeune fille s'approche (O rendetemi la speme), et, l'air égaré, évoque le passé (Qui la voce), puis croit à nouveau célébrer ses noces (Vien diletto). George conjure Richard de sauver son rival, dont il a favorisé le délit, puis, à l'annonce du combat prochain, les deux hommes jurent de se battre jusqu'à la mort (duo, Suoni la tromba, démarqué d'une sonnerie militaire française).
ACTE III. (Devant le château.) Bravant le danger, Arthur est venu errer sous les fenêtres d'Elvire (Son salvo), qui, au loin, chante leur ancienne romance d'amour (A un fonte afflito); reprenant le même chant, il est rejoint par sa bien-aimée, et leurs voix s'unissent dans un duo d'amour (Vieni fra queste braccia). Lorsque, ainsi démasqué, Arthur doit être conduit au supplice, ce nouveau choc rend la raison à Elvire pour laquelle il implore en vain la clémence (Credeasi, misera). Mais, à l'instant où le bourreau va l'entraîner, on annonce la défaite des Stuarts et l'amnistie générale qui permet enfin l'union des amants infortunés.

Ultime opéra de Bellini, cette œuvre marque la fin d'une première vague romantique de l'opéra italien, où semblaient s'unir les thèmes chers à Walter Scott et le climat poétique de Leopardi, avec, pour la dernière fois, une absurde « fin heureuse » sans rapport aucun avec le style de la musique. R. M.

PUYANA (Rafael), claveciniste colombien (*Bogatá 1931*). Après des études de piano, en particulier à Boston (1949), il fut élève de Wanda Landowska pour le clavecin de 1951 à 1957, et devait rapidement s'imposer comme son plus grand disciple. On trouve chez lui la même précision, la même vigueur rythmique. Il a donné son premier récital à New York en 1957, et à Londres en 1966. De l'ampleur de son répertoire témoignent notamment ses nombreux enregistrements, dont un, justement célèbre, du *Fandango* de Soler. M. V.

PYGMALION. Acte de ballet de J.-P. Rameau sur un livret de Ballot de Sauvot, adapté d'un livret plus ancien de Houdar de la Motte mis en musique par M. de la Barre (1700). Créé en 1748, *Pygmalion* est l'exemple le plus accompli des ouvrages en un acte de Rameau.
Pygmalion, en extase devant la statue qu'il vient d'achever, se lamente d'éprouver pour elle une vaine passion. Céphise lui reproche de la délaisser au profit d'une figure de marbre. De nouveau plongé dans sa contemplation, Pygmalion voit la statue s'animer miraculeusement : l'Amour paraît, qui confie aux grâces l'éducation de la statue. Suite de danses, durant lesquelles celle-ci s'initie peu à peu au mouvement et au plaisir. Les peuples viennent constater le prodige et célèbrent l'amour et sa victoire.
La perfection de *Pygmalion* lui vient de la simplicité du sujet, de la parfaite intégration des éléments chantés et dansés et, surtout, de l'inspiration gracieuse de Rameau, qui a écrit là quelques-uns de ses récitatifs accompagnés les plus réussis (extase de Pygmalion, « Fatal Amour »). L'équilibre entre l'émotion discrète de ces pages et le caractère brillant de l'air de l'Amour et surtout de l'ariette finale de Pygmalion (« Règne Amour, lance tes traits ») est remarquable. Le ballet a une importance particulière, sous deux formes : la danse raffinée des Grâces et celle, plus naïve, du peuple. Cette courte œuvre contient en cinquante minutes un condensé contrasté des différentes manières de Rameau. Souvent reprise du vivant de Rameau, cette œuvre immédiatement populaire fut l'un des plus francs succès de sa carrière. P. B.

PYTHAGORE (vraisemblablement Samos v. 582 - Métaponte v. 496 av. J.-C.). On ne possède de lui aucun écrit, mais seulement des témoignages par l'intermédiaire de disciples, dont Platon. Sa philosophie préconisait une harmonie de l'âme et du corps, dans l'univers entier et dans le microcosme, basée sur des proportions simples telles qu'on les rencontre dans la musique. Ses théories musicales étaient donc essentiellement arithmétiques. Une légende (physiquement invraisemblable) veut qu'il ait découvert la loi des intervalles consonants (unisson, octave, quinte et quarte) en pesant les marteaux qui faisaient entendre ces intervalles sur une enclume (poids dans les rapports 1, 2, 3, 4).
Son système musical, développé par Nicomaque et Boèce, a donné lieu à la construction de la gamme dite « de Pythagore » et à la mise en évidence du *comma* dit « pythagoricien », qu'il est tout à fait invraisemblable qu'il ait pu découvrir. Pythagore fut appelé, au Moyen Age, *inventor musicae* (créateur de la science musicale). L'ensemble des théories pythagoriciennes imprègne encore fortement l'Europe et la musique européenne, quelquefois à l'insu de ceux mêmes qui les pratiquent. M. P. P.

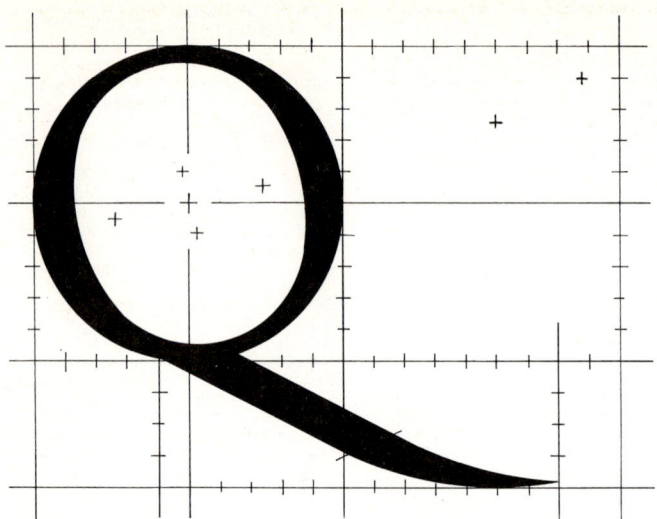

QÂNÛN. Cithare orientale. Psaltérion arabo-irano-turc.

Le *qânûn* est une cithare orientale de type psaltérion à cordes pincées. Ses origines semblent gréco-arabes et son essor est lié aux musiques savantes de la culture arabo-irano-turque et des cultures assimilables.

C'est une cithare de bois, plate et en forme de trapèze rectangle, dont les multiples cordes, enfilées par le petit côté perpendiculaire aux bases, franchissent un grand chevalet reposant sur quatre ou cinq membranes de peau et aboutissent à un grand sillet de bois disposé en diagonale avant d'être enroulées sur les chevilles. La table d'harmonie est faite de bois fin, ajourée d'ouïes et ornée d'incrustations (fort nombreuses et riches sur les *qânûn*-s fabriqués en Syrie).

Les cordes, autrefois en boyau, sont désormais en nylon. Elles sont au nombre de soixante-trois à quatre-vingt-dix. Regroupées par chœurs de trois lors de l'accordature, elles produisent de vingt et un à trente notes soit trois à quatre octaves. Les *qânûn*-s anciens devaient donc être accordés en fonction du mode *(maqâm)* prévu au programme et les modulations ou mini-intervalles n'étaient obtenus que par des artifices en cours de jeu (une main augmentant la tension des cordes). Depuis le début du XXe siècle, les *qânûn*-s comportent à côté du sillet principal une multitude de mini-sillets. Chaque chœur de trois cordes est ainsi commandé par quatre à neuf minisillets ajustables en cours de jeu et permettant les modulations au comma près par modification extemporanée de la longueur vibrante du chœur de cordes. Cette manipulation provoque des petits claquements audibles à l'enregistrement.

Le joueur de *qânûn* jouait autrefois accroupi, le *qânûn* disposé sur les genoux. Il dispose désormais d'une table et pince les cordes d'avant en arrière au moyen de deux onglets solidaires de ses index (à l'aide de petites bagues). Le *qânûn* se prête particulièrement bien aux jeux avec « pédales », échos d'octave, ou glissandos.

C'est donc un instrument propice aux ornements et aux effets spectaculaires renforcés par son timbre cristallin. J.-C. C.

QUADRILLE. Danse de société d'origine française (la contredanse) qui fit fureur pendant tout le XIXe siècle. Exécuté par quatre couples au moins, qui se faisaient vis-à-vis et évoluaient en carré (d'où son nom), le quadrille se composait généralement de cinq parties ou « figures » d'égale longueur, sur un rythme alternativement binaire et ternaire. La musique, particulièrement entraînante, était souvent empruntée à des airs à la mode arrangés pour les besoins de la cause, mais des compositeurs comme Offenbach et Johann Strauss n'ont pas dédaigné de sacrifier au genre. Adopté par toutes les classes sociales, des bals de cour aux bals populaires, le quadrille a pénétré jusque dans les campagnes américaines sous le nom de « square dance ».

En matière de danse classique, le même terme désigne un groupe de quatre danseurs et quatre danseuses. C'est aussi l'échelon le moins élevé dans la hiéracrhie traditionnelle du corps de ballet. M. T.

QUADRIVIUM (lat. ; « ensemble à 4 voies »). Terme désignant, dans la pédagogie du Moyen Age, selon une classification inspirée de saint Augustin et établie au Ve siècle par Martianus Capella, l'étage supérieur de l'ensemble des connaissances spéculatives groupées sous le nom des sept arts libéraux et préparant l'accession à la théologie, science suprême. Le quadrivium comprenait les quatre arts considérés comme mathématiques : arithmétique, musique, géométrie, astronomie. Il succédait au *trivium* (ensemble à 3 voies) qui groupait les arts « humanistes », c'est-à-dire relatifs à la science de l'homme : grammaire, dialectique et rhétorique.

La présence de la musique dans un ensemble auquel elle paraît aujourd'hui donner quelque disparate provient des conceptions pythagoriciennes héritées d'Aristote et transmises par Boèce, selon lesquelles, en raison des proportions numériques qui régissent les consonances, on voyait dans le système où elles prenaient place une véritable *imago mundi*, un reflet des lois régissant le cosmos sous l'autorité des Nombres, de sorte que l'étude de la théorie musicale apparaissait comme une voie détournée pour parvenir à la connaissance de l'Univers. C'est surtout cet aspect spéculatif qu'envisageait l'insertion de la musique dans le quadrivium. Son étude pratique appartenait à une discipline différente que l'on désignait souvent sous le nom de *cantus* et que les philosophes rangeaient non sans dédain dans une catégorie inférieure, estimant avec Boèce qu'« il est plus grand de savoir ce que les autres font que de faire ce que les autres savent ». J. C.

QUADRUPLE CROCHE. Note d'une durée égale au huitième d'une croche, soit le seizième d'une noire.
M. T.

QUANTZ *(Johann Joachim),* compositeur, flûtiste et théoricien allemand *(Oberscheden, Hanovre, 1697-*

Potsdam 1773). Fils d'un forgeron de village, il apprit dans sa jeunesse à jouer de tous les instruments à l'exception de celui qui devait devenir sa grande spécialité, la flûte traversière, étudia le contrepoint à Vienne en 1717, et en 1718, fut nommé hautboïste dans la chapelle polonaise d'Auguste II à Varsovie et à Dresde. De 1724 à 1727, il voyagea en Italie, en France et en Angleterre. Ayant accompagné Auguste II à Berlin en 1728, il y retourna ensuite deux fois par an pour donner des leçons de flûte au prince-héritier Frédéric de Prusse. Devenu Frédéric II, celui-ci appela Quantz à Berlin (1741) et en fit son musicien de chambre et son compositeur de cour. En trente ans, Quantz écrivit pour le roi environ 300 concertos et 200 partitions de musique de chambre pour flûte, auxquels il faut ajouter quelques airs et quelques lieder spirituels. On lui doit aussi divers écrits, parmi lesquels une autobiographie parue dans les *Historischkritische Beyträge* de Marpurg (1754) et surtout une méthode de flûte (*Versuch einer Anweisung die Flöte traversiere zu spielen*, Berlin, 1752) qui reste le témoignage le plus complet et le plus riche sur le jeu de cet instrument à la fin de l'époque baroque.   M. V.

QUART DE SOUPIR. Figure de silence dont la durée est égale à la valeur d'une double croche.

M. V.

QUART DE TON. Comme son nom l'indique, division du ton en 4 ou du demi-ton en 2 intervalles égaux. Mais la définition n'est simple qu'en apparence. Elle n'est en effet applicable telle quelle que dans le tempérament égal, le seul pour lequel tons et demi-tons forment des intervalles constants (ton = $\sqrt[6]{2}$, demi-ton = $\sqrt[12]{2}$). Ce tempérament, bien que connu dès le XVIIe siècle, n'est généralisé que depuis le XIXe siècle (V. TEMPÉRAMENT), et dans la musique occidentale seulement. Avant, et ailleurs, la division des intervalles s'opère selon divers procédés dont le plus important est le cycle des quintes et quartes (rapports 3/2 et 4/3), mêlé depuis le XVIe siècle à des rapports de tierces (5/4 et 6/5). Ils aboutissent à des catégories de tons différents entre eux et introduisent de l'irrégularité dans leurs divisions (demi-tons) et subdivisions (quarts de ton, etc.).

Cependant, comme il s'agit de très petits intervalles, et que les différences sont peu sensibles à une oreille moyenne, on a souvent donné le nom de quart de ton à tout intervalle divisant le ton, et de demi-ton (autrefois semi-ton) à tout intervalle divisant le ton en deux, que cette division soit égale ou non et quelle que soit la mesure exacte des intervalles des gammes qui en comportaient plusieurs variétés. Les Grecs anciens donnaient au quart de ton le nom de « diesis », mais ce terme était susceptible de valeurs très différentes, et la question de savoir s'il divisait l'intervalle en valeurs égales était l'un des problèmes d'école les plus controversés.

Sous ces réserves, et dans l'acception élargie mentionnée, le quart de ton reste exceptionnel dans les musiques étudiées par l'ethnomusicologie. Il apparaît parfois dans certaines échelles, mais presque toujours à titre de resserrement du demi-ton compensé par l'élargissement de l'intervalle voisin. La musique grecque antique est l'une des rares qui connaissent la succession de deux quarts de ton de suite, réservée au genre « enharmonique », mais la compensation n'y est pas moins présente, reportée sur l'intervalle différentiel (tierce majeure) créé par cette succession à l'intérieur de la quarte, de sorte qu'il s'agit moins de quarts de ton que d'un très fort resserrement attractif de degrés mobiles à l'intérieur d'un cadre fixe de quarte juste.

Au Moyen Age, le quart de ton disparaît de la musique occidentale (les rares indices qu'on a cru trouver de sa survie sont peu convaincants), puis certains humanistes du XVIe siècle tentent artificiellement de le réintroduire dans le cadre de leurs essais pour le « retour à l'antique », sous le nom d'enharmonique. La tentative échoue. Au XIXe siècle, les théoriciens proposeront dans le cadre du tempérament égal une nouvelle définition de l'enharmonie avec quarts de ton théoriques, en continuant le cycle des quintes jusqu'aux doubles altérations :

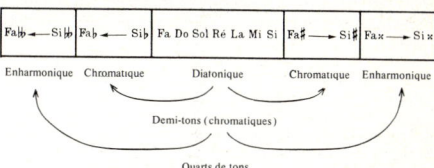

Cette explication, encore parfois enseignée, ne répond à aucune réalité, notamment dans le système tempéré égal auquel on prétend l'appliquer.

La musique du XXe siècle a parfois procédé à des essais de musique à quarts de ton par division égale du demi-ton tempéré (Hába, Wychnegradsky), et des instruments spéciaux ont été construits dans ce but, notamment des pianos à deux claviers décalés d'un quart de ton. Le plus ancien essai est sans doute tenté à Moscou en 1864. Le compositeur mexicain Julián Carrillo (1875-1965) utilise un clavier unique à l'aspect usuel, mais dont chaque touche est distante de sa voisine d'un seizième de ton, ce qui permet de jouer le quart de ton sous l'aspect d'une tierce majeure.

J. C.

QUARTE. Intervalle produit, dans la gamme diatonique, entre deux notes distantes de 4 degrés, départ et arrivée inclus. Employé absolument, le terme désigne la quarte « juste », c'est-à-dire répondant théoriquement à la définition acoustique du rapport 4/3 comme aux harmoniques n°s 3 et 4, différence logarithmique entre l'octave et la quinte, abstraction faite des très légères différences d'intonation introduites par les divers tempéraments. Selon les degrés où elle se présente ou les altérations dont elle est affectée, la quarte peut être juste ou déformée ; la quarte déformée (on disait jadis « fausse quarte ») peut être soit augmentée (intervalle de triton, soit 3 tons entiers, ex. *fa-si*), soit diminuée (1 ton entre 2 demi-tons, ex. *fa* dièse/*si* bémol). La quarte déformée est considérée comme créant une tension qui demande résolution.

L'intervalle de quarte (juste) partage avec la quinte le privilège d'être, après l'octave, la première des relations consonantiques établies par la nature dans le phénomène de la résonance : d'où son importance structurelle et sa présence d'une constance presque absolue dans la quasi-totalité des systèmes atteignant l'ambitus nécessaire, et cela à peu près dans tous les langages musicaux connus.

J. C.

QUARTE ET SIXTE. *V. sixte et quarte.*

QUARTOLET. Groupe de 4 notes dont la valeur est égale à celle de 3 notes de même espèce rythmique :

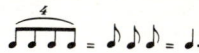

C. H.

QUASI UNA FANTASIA. Dénomination authentique portée par les sonates pour piano n° 13 en *mi* bémol majeur op. 27 n° 1 et n° 14 en *ut* dièse mineur op. 27 n° 2 de Beethoven, composées respectivement en 1800-1801 et en 1801 et publiées en mars 1802 chez Cappi avec des dédicaces à la princesse Joséphine von Liechstenstein (opus 27 n° 1) et à Giuletta Guicciardi (opus 27 n° 2). Le titre de *Clair de lune* porté également par l'opus 27 n° 2 est une invention de Ludwig Rellstab, poète qui connut Beethoven et qui écrivit les paroles de nombreux lieder de Schubert.

La dénomination *Quasi una fantasia* a fait couler

beaucoup d'encre, surtout en ce qui concerne la sonate opus 27 n° 2, qui a injustement éclipsé sa sœur jumelle. A noter que Beethoven n'appela pas ces œuvres *Fantasia*, mais *Quasi una fantasia* (« Comme une fantaisie »). Par fantaisie, on doit entendre dans le contexte des environs de 1800 quelque chose d'anormal (au sens fondamental et non pas simplement statistique du terme) par rapport au style classique viennois.

L'aspect fantaisie de l'opus 27 n° 1 provient de son architecture globale et de la façon dont elle traite la tonalité. L'œuvre débute andante avec un thème très simple dont les deux éléments (trois accords et une mélodie de doubles croches) sont confiés respectivement à la main droite et à la gauche. Plus tard, transformés, ces deux éléments se mêleront en contrepoint. L'harmonie est fort stable, et il n'y a pas de marche vers la dominante. Même les surprenants accords d'*ut* majeur du centre de l'épisode, simple changement d'éclairage vite suivi d'un retour à *mi* bémol, ne contredisent pas le statisme du discours. Soudain s'élance un allegro en *ut* majeur, ce qui à la fois introduit le dynamisme et justifie a posteriori les accords d'*ut* déjà évoqués. On trouve *mi* bémol, et le mouvement se termine sur une reprise abrégée (et sans incursion en *ut*) de l'andante. Suit (sans réelle interruption) un allegro vivace en *ut* mineur, en fait véritable scherzo dramatique par rythme syncopé et humoristique en *la* bémol. La fin du scherzo réintroduit *ut* majeur. Toujours sans véritable interruption, voici maintenant un adagio con espressione en *la* bémol, bref mais dense, s'enchaînant directement (après une sorte de cadence) au finale allegro vivace, vaste forme sonate en *mi* bémol. Un retour fugitif de l'adagio con espressione précède la coda, marquée presto.

Dans l'opus 27 n° 2, l'impression de fantaisie ne provient plus de la multiplicité des tempos et des tonalités, ni de structures formelles inhabituelles. Tonalement et formellement, l'œuvre est des plus orthodoxes. Débuter par un mouvement lent n'était à l'époque ni rare ni excentrique. Mais l'adagio sostenuto de l'opus 27 n° 2 tire d'une relative absence d'articulation dramatique, et aussi de ses sonorités, un caractère poétique unique et un climat de libre improvisation qui justifient la dénomination de *Quasi una fantasia*. On a l'impression que le temps s'abolit, ce qui à l'époque n'était pas courant. Le deuxième mouvement, un *allegretto* en *ré* bémol, conserve un ton de confidence lyrique, mais semble plus préoccupé des choses de ce monde. Et c'est le tourbillonnement déchaîné du finale presto agitato, page alors sans exemple par sa façon d'allier la plus grande rigueur à la passion la plus véhémente, et, comme dans le premier mouvement mais par des moyens radicalement différents, à un sentiment d'improvisation.   M. V.

QUATRE ÂGES DE LA VIE (LES). Titre de la sonate pour piano op. 33 d'Alkan, publiée en 1847. Il y a 4 mouvements, dont le premier *(Vingt Ans)* est un scherzo, le deuxième *(Quasi Faust)* un allégro, le troisième *(Un heureux ménage)* un andante et le quatrième *(Prométhée enchaîné)* un largo. L'œuvre, d'une extrême difficulté d'exécution, est une des grandes pages du romantisme et de celui qu'on appelle parfois « le Berlioz du piano », et Liszt s'en souvint peut-être (en particulier de son deuxième mouvement) en écrivant quelques années plus tard sa propre sonate en *si* mineur.   M. V.

QUATRE CHANTS SÉRIEUX (en all. *Vier ernste Gesänge*). Œuvre pour voix de basse avec accompagnement de piano (op. 121) de Johannes Brahms, composée au printemps de 1896, entendue fin mai de la même année à Bonn lors de concerts privés à la mémoire de Clara Schumann, et créée à Vienne le 9 novembre suivant par Anton Sistermann et le compositeur au piano. Le dédicataire en est Max Klinger, ami de Brahms et dont le père venait de mourir. Brahms tira lui-même les textes des Écritures. Les quatre chants sont : *Denn es gehet dem Menschen wie dem Vieh* (« Car il en va de l'homme comme de la bête »), texte de l'Ecclésiaste (III, 19-22) ; *Ich wandte mich und sah alles Unrecht das geschah unter der Sonne* (« Je me suis retourné et ai vu toutes les injustices qui se commettent sous le soleil »), texte de l'Ecclésiaste (IV, 1-3) ; *O Tod, wie bitter bist du* (« Ô mort que tu es amère »), texte des livres apocryphes ; et *Wenn ich mit Menschen* (« Quand même je parlerais les langues des hommes et des anges »), texte de la première épître de Paul aux Corinthiens (XIII, 1). Brahms devait mourir l'année suivante, et on a là un des plus poignants adieux au monde qui existent en musique.   M. V.

QUATRE DERNIERS LIEDER (en all. *Vier letzte Lieder*). Œuvres pour soprano et orchestre de Richard Strauss, composées en 1948 et données en première audition le 22 mai 1950, au Royal Albert Hall de Londres, par Kirsten Flagstad et le Philharmonia Orchestra sous la direction de Wilhelm Furtwängler. Dans l'ordre, d'ailleurs logique, qui a finalement prévalu, ce merveilleux cycle comprend *Frühling* (« Printemps »), *September* (« Septembre »), *Beim Schlafengehen* (« En s'endormant »), *Im Abendrot* (« Dans la rougeur du couchant »). C'est néanmoins à ce dernier dont le texte, d'Eichendorf, fait partie du recueil de poèmes intitulé *Frühling und Liebe*, que Strauss travailla d'abord. Il l'acheva le 6 mai à Montreux. Puis, sur des poèmes de Hermann Hesse qu'un admirateur lui avait envoyés, il se mit à *Frühling*, *Beim Schlafengehen* et *September* respectivement terminés les 18 juillet et le 4 août à Pontresina, le 20 septembre à Montreux. Un cinquième lied fut commencé, qui ne dépassa pas le stade des premières mesures et qu'on retrouva sur la table de travail du compositeur après la mort de celui-ci. Ce fut donc par *September* que l'auteur du *Chevalier à la rose* mit un terme à sa longue carrière.

Les *Quatre Derniers Lieder* sont d'un homme chargé d'ans et d'expérience qui, son génie aidant, a connu les plus grands honneurs, les plus grandes consécrations mais qui, par un épouvantable revirement du destin, vient d'assister à la destruction de son pays et à l'effondrement des valeurs spirituelles ayant gouverné toute sa vie. D'où le climat de résignation douloureuse dans lequel évoluent ces bouleversantes méditations. Celles-ci constituent tout à la fois le triomphe suprême de la mélodie et le plus bel hommage qui se puisse concevoir à la voix féminine si passionnément et si somptueusement servie par Strauss. Les riches envolées lyriques de *Frühling*, la miraculeuse intervention du cor dans *September*, l'angélique second thème (repris par le violon solo) de *Beim Schlafengehen*, les agrestes trilles de flûte de *Im Abendrot* comptent parmi les multiples moments privilégiés de ces pages exceptionnelles, déchirantes et sublimes. Le texte de *Im Abendrot* s'achève sur un *Ist dies etwa der Tod ?* (« Est-ce ceci la mort ? ») que le compositeur illustre par la citation du thème principal de *Mort et Transfiguration* (1889). Et cela, sans la moindre rupture de style.   J. D.

QUATRE ÉTUDES DE RYTHMES. Recherches techniques pour piano d'Olivier Messiaen, écrites en 1949-50 au gré de festivals et de cours d'été, créées par l'auteur à Tunis et reprises en juin 1951 par Yvonne Loriod à Toulouse. Publiées séparément, elles doivent toutefois être exécutées dans l'ordre édicté par le compositeur : *Île de feu I*, *Mode de valeurs et d'intensités*, *Neumes rythmiques*, *Île de feu II*. La première et la dernière, dédiées à la Papouasie, transcendent le folklore de Nouvelle-Guinée, simple prétexte, et le plongent au sein de multiples éléments, voire de chants d'oiseaux inventés ; la troisième relève du jeu de l'esprit et dresse des correspondances entre groupes rythmiques et figures mélodiques neumatiques ; alors que la deuxième propose non seulement un mode de valeurs et d'intensités mais aussi d'attaques et de hauteurs, touche à la philosophie du temps et se réfère aux principes d'Einstein quant à « l'influence de la vitesse sur l'appréciation des événements ». Cette dernière et, brève étude allait fortement impressionner, voire envoûter, toute une génération de jeunes compositeurs ardents à y observer la première exploration intégrale et méthodique de l'espace sonore. A. P.

QUATRE LÉGENDES POUR ORCHESTRE. Œuvre de Sibelius. V. *Suite de Lemminkainen.*

QUATRE MOTETS POUR UN TEMPS DE PÉNITENCE. Œuvre pour 4 voix mixtes a capella composée en 1938-39 par Francis Poulenc. Sévère, marquée par la gravité de l'époque, elle fait référence aux anciens polyphonistes, et notamment à Vittoria, pour traiter les textes *Timor et tremor* (« Crainte et tremblement »), *Vinea mea electa* (« Ma vigne élue »), *Tenebrae factae sunt* (« Les ténèbres tombèrent »), *Tristis est anima mea usque ad mortem* (« Mon âme est triste jusqu'à la mort »), dont les deux derniers se rapportent à la passion du Christ. M. C.

QUATRE PIÈCES POUR CLARINETTE ET PIANO. Œuvre d'Alban Berg, op. 5, composée en 1913 : 1. Modéré ; 2. Très lent ; 3. Très rapide ; 4. Lent, beaucoup plus allant. Dédiée à Schönberg en dépit de la tension latente de leurs rapports, cette œuvre ne fut jouée qu'en octobre 1919, lors d'un concert de la Société viennoise d'exécutions musicales privées fondée en 1919 par Schönberg afin de promouvoir la musique nouvelle et dont Berg rédigea le manifeste. Ces pièces constituent, avec les deux premiers lieder de l'opus 2 (ceux d'après Mombert) et les Altenberglieder op. 4, une des rares tentatives d'appropriation de la « petite forme » si éloignée du tempérament dramatique de Berg. L'influence de Webern (les *Bagatelles* sont de la même année) et de Schönberg est certaine. Il y a en effet entre l'opus 19 de ce dernier et les quatre *Pièces pour clarinette et piano* des parallélismes évidents : même caractère, même 6/8 dans les deux premières pièces ; même longueur (9 mesures) des pièces n° 2 avec un matériau, une tierce majeure, traité en ostinato au piano.

La limitation à 4 pièces est vraisemblablement un rappel des 4 mouvements de la sonate classique, car leur succession peut se ramener au schéma suivant : allégro, adagio, scherzo, rondo. Leur structure elle-même, malgré le style aphoristique, souligne bien le désir de Berg de rattacher le présent au passé. La première pièce se comprend alors comme une forme sonate avec exposition (mes. 1-6), développement (mes. 7-8), reprise (mes. 9), coda (mes. 10-12) ; la seconde comme une forme lied, la troisième comme un scherzo avec trio central, la dernière étant un rondo. Mais, évidemment mises à part des allusions tonales passagères — *ré* majeur du n° 2, *do* majeur au début et à la fin du n° 4 —, l'écriture est atonale. Berg semble même aller plus loin en tentant de procéder à la liquidation du matériau sur la base d'une écriture atomisée et d'une économie totale, les notes étant reprises souvent par l'autre instrument jusqu'à l'usure et la disparition. D'autre part, une grande liberté rythmique, qui ne saurait s'embarrasser du carcan de la barre de mesure, règne dans ces pièces (*cf.* n° 1). Elle va de pair avec son souci constant de la variation.

Le traitement de la clarinette retient particulièrement l'attention, car Berg cherche à explorer ses nouvelles possibilités : ambitus élargi à l'extrême, grands sauts, Flatterzungen, trilles dans le grave et fortissimo, jeux d'intensités groupées par séries, sons en écho, récitatif, mélange du staccato et du legato. La tension entre les deux instruments est extrême : ainsi les oppositions violentes des pièces d'encadrement, le contraste entre la pédale de tierce obstinée et l'arabesque de la clarinette dans la troisième pièce ou l'écriture en imitation (canon du trio central). Elle est révélatrice du tempérament dramatique de Berg qui le conduit ici à dépasser le cadre formel par l'intensité de l'expression. Et le déchirement de la conclusion n'est pas sans anticiper sur certaines pages de *Wozzeck*. M.-C. L.M.-M.

QUATRE PIÈCES SACRÉES (en ital. *Quattro pezzi sacri*). Ensemble de 4 œuvres religieuses constituant le testament musical de Verdi, et dont la création eut lieu les 7 et 8 avril 1898 à Paris sous la direction de Paul Taffanel. Cet ensemble comprend un *Ave Maria* pour chœur à 4 voix (1889), un *Stabat Mater* pour chœur et orchestre (1896-97), un *Te Deum* pour double chœur et orchestre (1895-96) et les *Laudi alla Vergine Maria* pour chœur de femmes à 4 voix (1898). Exception faite du *Te Deum*, ces pièces ne retrouvent pas la grandeur cataclysmique du *Requiem*, mais baignent dans une atmosphère contemplative et sereine. L'*Ave Maria*, bâti sur une gamme énigmatique débouchant sur un langage modal très modulant, mêle les audaces harmoniques au contrepoint le plus savant. Le *Stabat Mater* est plus décoratif, et fait alterner les recherches harmoniques et des tournures plus dramatiques. Les *Laudi*, au texte tiré du *Paradis* de Dante, forment une courte pièce d'inspiration palestrinienne. Le *Te Deum*, éclatant et contrasté, rappelle le plus les opéras du compositeur. M. V.

QUATRE PIEDS. On désigne ainsi, à l'orgue, tout jeu dont le tuyau donnant la note la plus grave (ut_2) mesure approximativement quatre pieds de hauteur. Les jeux de quatre pieds (on écrit aussi 4') sonnent à l'octave supérieure de la voix humaine et contribuent à enrichir en les éclaircissant les jeux de huit pieds qui sonnent, eux, à l'unisson de la voix. Les jeux de quatre pieds les plus fréquemment rencontrés sont, dans la famille des principaux, le principal 4', dit aussi prestant 4' ; dans la famille des flûtes, la flûte 4' ; et dans la famille des trompettes, le clairon 4'. Le prestant est le jeu de référence pour l'accord de l'orgue. Par extension, on emploie la même expression de quatre pieds au clavecin, pour les jeux donnant l'octave supérieure de la normale. G. C.

QUATRE SAISONS (LES) [en ital. *Le Quattro stagioni*]. Titre global porté par les quatre premiers des douze concertos pour violon formant l'opus 8 (*Il Cimento* dell'armonia e dell'invenzione*) de Vivaldi. Dans sa dédicace de l'opus 8 (paru vers 1724 à Amsterdam) au comte Morzin, Vivaldi nota avec reconnaissance que ce seigneur avait daigné, longtemps avant leur parution, écouter les *Saisons* avec bienveillance. Très rapidement, le *Printemps* connut une vogue spéciale. Cette page devait même survivre à l'oubli dans lequel, dès sa mort, tomba Vivaldi. En 1728, le Concert spirituel à Paris l'avait déjà programmée trois fois. Le 25 novembre 1730, à Marly, Louis XV demanda expressément qu'on la lui jouât. Elle figurait dans la bibliothèque musicale des princes Esterházy. En 1765, Michel Corrette en fit un motet à grand chœur intitulé *Laudate Dominum de Coelis*. En 1775 encore, Jean-Jacques Rousseau la transcrivit pour flûte seule.

Le choix des *Saisons* comme thème d'une composition purement instrumentale n'avait en soi rien de révolutionnaire, mais Vivaldi sut particulièrement bien concilier cette donnée avec les exigences de pur musicien. Dans l'édition, chaque saison est précédée d'un sonnet explicatif (peut-être dû à Vivaldi lui-même) en langue italienne, et des fragments de ces sonnets apparaissent ensuite aux endroits correspondants des parties instrumentales. Parfois, dans les mouvements lents, deux textes se superposent. Dans le mouvement lent du *Printemps*, la partie de violon évoque à un moment donné « le berger endormi », celle d'alto « le chien qui aboie ». Or le texte de la dédicace prouve que tous ces commentaires furent rajoutés après coup, une fois la musique composée. D'une façon générale, Vivaldi sut mettre au service de son « programme » les principes formels du concerto. Les détails pittoresques dans les mouvements vifs correspondent à la succession des épisodes distincts séparés par le retour périodique d'un thème principal confié à la masse orchestrale et exprimant la nuance dominante du morceau (insouciante gaieté du *Printemps*, langueur accablante de l'*Été*, danses pour fêter la récolte en *Automne*, grelottements de froid dans l'*Hiver*). Les tonalités sont significatives : luminosité du *mi* majeur du *Printemps*, douceur et mélancolie du *sol* mineur de l'*Été*, rusticité du *fa* majeur de l'*Automne*, désolation du *fa* mineur de l'*Hiver*.

D'énergiques unissons traduisent les éclairs et tonnerres du premier mouvement du *Printemps*, l'orage et la grêle du dernier de l'*Été*. A noter aussi les effets de légèreté obtenus par les instruments aigus (oiseaux du *Printemps*) ou par la suppression des violoncelles et contrebasses (mouvement lent du *Printemps*); les effets d'attente ou d'aération produits en réduisant l'accompagnement à une seule note tenue ou à un simple contre-chant des basses (chant du coucou de l'*Été* ou cheminement sur la glace du dernier mouvement de l'*Hiver*); les effets de demi-teinte obtenus par l'emploi des sourdines dans le mouvement lent (sommeil après la boisson) de l'*Automne*. Dans le mouvement lent (veillée au coin du feu) de l'*Hiver*, on entend simultanément une placide mélodie de violon (soirs tranquilles près du feu) et un accompagnement réaliste en pizzicato (la pluie qui bat au-dehors). Par-delà toute description cependant, on ne ressent aucune faille sur le plan du métier et de l'inspiration. La vérité de la peinture s'impose, mais c'est la beauté des sons qui émeut.   M. V.

QUATRE TEMPÉRAMENTS (LES). Titre donné par Carl Nielsen à sa seconde symphonie, op. 16, composée en 1901-1902, dédiée à Ferruccio Busoni et créée le 1er décembre 1902 à Copenhague, par la Société danoise de concerts dirigée par le compositeur. Fasciné par la diversité du monde vivant et par les êtres humains, Nielsen avait été frappé par une série de peintures populaires pleines d'humour, évoquant le colérique, le flegmatique, le mélancolique et le sanguin, ce qui l'amena à concevoir cette œuvre dont la suggestion programmatique ne devait d'ailleurs pas dépasser la limite des titres. Cette composition encore assez marquée par le modèle brahmsien comprend un *allegro collerico* en *si* mineur épousant la forme sonate — pour évoquer un caractère impétueux et emporté ; un *allegro commodo e flemmatico* en *sol* majeur — valse lente au charme subtil, à l'ambiance aussi éloignée que possible de l'énergie et de l'émotion ; un *andante malinconico* en *mi* bémol mineur — portrait d'un personnage enclin à la morosité et à la mélancolie ; un finale tumultueux, *allegro sanguineo* en *ré*, concluant en *la* majeur.   P. V.

QUATUOR À CORDES. Le genre du quatuor à cordes tel que le mirent sur pied, indépendamment l'un de l'autre, mais à peu près à la même date (v. 1760-1770), Haydn et Boccherini, implique des ouvrages sans basse continue, pour 4 instruments à cordes solistes de la même famille (2 violons, alto et violoncelle), traitant ces 4 instruments avec une dignité égale et obéissant, du moins à l'époque, aux principes de ce que plus tard on devait appeler la forme sonate. Les éléments de cette définition n'apparurent pas tous avec la même force au même moment, ni au même degré dans les mêmes œuvres, et c'est Haydn, bien plus que Boccherini, qui devait les maîtriser tous, mais aucun n'est en soi secondaire.

Constitué généralement dans le troisième quart du XVIIIe siècle, le quatuor à cordes apparut alors comme un genre tout à fait nouveau, aux origines très diverses mais relativement récentes, pas plus anciennes que l'époque (1720 environ) où les différents genres instrumentaux de la musique baroque s'étaient enfin clairement différenciés les uns des autres. Le nouveau genre du quatuor à cordes naquit peu à peu à partir d'éléments bien précis de différents genres de la fin du baroque, et en synthétisant ces éléments en une nouvelle unité : ceci sans négliger les actions personnelles et décisives, dans ce contexte, de Haydn et de Boccherini.

Le quatuor à cordes prit ses racines en Italie, ainsi qu'en France et surtout en Autriche et en Bohême. Il les prit dans la *sinfonia a quattro* (à cause du nombre de voix, mais il y avait plusieurs instruments par voix, ou partie) et dans la *sonata a quattro* italiennes, plus encore dans le *concerto* et le *concertino a quattro* (dans la mesure où là on tendait vers un seul instrument par partie) : il y eut une évolution directe du *concertino a quattro* au *quatuor concertant* (où les 4 instruments sont tour à tour traités en solistes par rapport aux 3 autres) tel que le pratiquèrent, à Paris, un Boccherini et surtout un Cambini et un Viotti, et il faut citer ici, parmi les ancêtres du quatuor à cordes, les *Six Quatuors* (Paris, 1736) ou les *Nouveaux Quatuors en six suites* (Paris, 1738) de Telemann ou encore les *Six Sonates en quatuors ou conversations galantes et amusantes entre une flûte traversière, un violon, une basse de viole et la basse continue* (Paris, 1743) de Louis-Gabriel Guillemain.

Le quatuor à cordes prit aussi ses racines dans l'école de Mannheim*, dans la mesure où ses membres distinguèrent de plus en plus nettement œuvres d'orchestre et œuvres de chambre, tout en accordant dans les deux catégories le même soin à la conduite des voix. Les œuvres des deux types furent éditées à Paris, les secondes un peu plus tard que les premières (à partir du début des années 1760), avec, d'une part, des titres comme *Sei sinfonie a più stromenti* ou *Six Symphonies à quatre parties* (op. 3 et op. 4 de J. Stamitz, v. 1757), d'autre part, des titres comme *Six Symphonies ou quatuors dialogués*. Ces quatuors dialogués furent le plus souvent à Paris, jusqu'à l'arrivée de Boccherini, des œuvres avec flûte et non des quatuors à cordes, mais l'idée de « dialogue », de « conversation » entre les solistes est à retenir. Le quatuor à cordes prit enfin ses racines dans le divertimento* autrichien, dont relèvent les 10 premiers « quatuors » (n° 0, op. 1 n°s 1-4 et 6, op. 2 n°s 1, 2, 4 et 6) de Haydn.

L'apparition d'une musique de chambre avec un seul instrument par partie et sans le soutien de la basse continue (à noter cependant que des éditeurs comme Hummel n'hésitèrent pas à doter d'une basse chiffrée des quatuors de Haydn postérieurs à l'opus 9) fut un des phénomènes les plus importants du début de la seconde moitié du XVIIIe siècle. A cause, notamment, du ton de confidence intime qui devait devenir le sien, le quatuor à cordes devint peu à peu synonyme de musique de chambre en soi et acquit un prestige qu'il n'a pas perdu de nos jours. Or ce prestige repose essentiellement sur les débuts de l'histoire du genre, sur la période d'un peu plus d'un demi-siècle séparant l'opus 20 de Haydn (1772) des derniers quatuors de Beethoven et de Schubert (1826). Ce n'est pas le fait du hasard. Qu'au développement du style classique et de ses structures globales dynamiques fondées sur le phénomène de dissonance par rapport à un accord parfait de trois notes ait correspondu celui d'un genre faisant appel à 4 instruments de même famille, propres à toutes les audaces d'écriture et dont l'un pouvait toujours servir de voix dissonante, est dans l'ordre des choses, tout comme l'est la concordance de la maîtrise du « style sonate » par Haydn et par Beethoven et de la position en flèche, au sein de leur musique de chambre, voire de leur production tout entière, du genre quatuor à cordes.

C'est à Vienne qu'il faut rechercher l'origine du style « quatuor à cordes » de Haydn. Le *divertimento a quattro* autrichien évolua, en particulier à partir de 1760, et bien qu'auparavant des exécutions à un seul instrument par partie aient été concevables, voire prévues, d'un style souvent « orchestral » à un style « de chambre » au niveau de l'écriture : évolution concrétisée par les différences chez Haydn entre, d'une part, les quatuors n° 0 op. 1 et op. 2 et, d'autre part, les quatuors à partir de l'opus 9, et qu'on retrouve, avec ses ambiguïtés, chez les compositeurs comme Franz Xaver Richter, Florian Gassmann ou Jan Krtitel Vanhal. Le style « de chambre » (le style « soliste ») se définit notamment par davantage d'indépendance pour chaque partie, par une dynamique plus différenciée, par des rythmes plus variés, par des dissonances plus audacieuses, par plus de complication dans le phrasé, par une exploration plus systématique des registres très aigus ou très graves, sans oublier l'identification de la ligne de basse avec le seul violoncelle (à l'exclusion non seulement de l'ancien *continuo*, mais aussi de la contrebasse). Son établissement fut à l'origine d'une extraordinaire floraison de quatuors à cordes, illustrée non seulement par ceux de Haydn à partir de l'opus 9, puis par ceux de Mozart, mais par ceux d'Albrechtsberger, d'Ordonez, de Michael Haydn, de Vanhal, de Luigi Tomasini, de Dittersdorf ou d'Ignaz Pleyel. M. V.

Haydn. Les investigations auxquelles on peut se livrer quant aux origines probables du quatuor à cordes montrent bien que, pas plus qu'en ce qui concerne la symphonie, Joseph Haydn n'est l'inventeur d'un genre totalement inconnu des contemporains de Bach et de Haendel. Mais ses activités, dans ce domaine, constituent l'un des chapitres les plus fondamentaux de l'histoire de la musique, tant par leur durée (toute la seconde moitié du XVIIIe s. et même un peu au-delà) que par la fantastique évolution esthétique qu'elles représentent. Les premières compositions de Haydn pour 2 violons, alto et violoncelle se situent, en effet, dans la perspective souvent aimable du divertimento. Par leur dialectique serrée, leur tension dramatique et leur densité émotionnelle, les dernières correspondent véritablement au quatuor idéal tel qu'on le conçoit encore à notre époque.

Il n'est pas inutile de préciser une donnée non négligeable : celle qui concerne le nombre de quatuors à cordes écrits par Joseph Haydn. L'édition Pleyel*, qui, pendant très longtemps, allait servir de référence, en compte 83. De cette liste chronologique, reprise telle quelle par Hoboken*, il faut retrancher l'opus 1 n° 5, qui est une symphonie, les opus 2 n°s 3 et 5 (sextuors avec deux cors), *les Sept Paroles du Christ* (transcription d'œuvres pour orchestre), et les *Six Quatuors* op. 3, sans doute dus au padre Romanus Hofstetter. Mais il faut ajouter le quatuor en *mi* bémol « n° 0 », ce qui permet de créditer Haydn de 68 quatuors.

La série s'ouvre sur les dix partitions (n° 0, op. 1 n°s 1, 2, 3, 4 et 6, op. 2 n°s 1, 2, 4, 6), rédigés avant 1760 (1757?) pour le baron Carl Joseph Edler von Fürnberg ou, plus exactement, pour les séances de musique d'ensemble données, au château de ce dernier (à Weinzierl), par deux violonistes (dont le compositeur), un altiste et un violoncelliste.

Les ouvrages — déjà importants — écrits pour le baron Fürnberg ne relèvent pas vraiment du genre quatuor tel qu'on l'entendra par la suite. De ce point de vue, ils sont même moins avancés que ceux de l'opus 2 de Boccherini (1762). Ils se situent plutôt dans l'optique du divertissement de plein air, dont la plupart d'entre eux (n° 0, op. 1 n°s 1, 2, 4 et 6 ; op. 2 n°s 1, 2 et 4) adoptent le schéma formel (vif-menuet-lent-menuet-vif). C'est dans le mouvement lent central, où le premier violon domine, que le côté sérénade des œuvres se manifeste avec le plus d'évidence. Dans l'Entwurf-Katalog, Haydn s'en tient, pour la désignation de ces pages, aux expressions « cassatio » ou « divertimento a quattro ». Publiée par Chevardière en 1764 (Paris), la première édition imprimée de quatre d'entre elles (op. 1 n°s 4 à 6, avec, en complément, deux quatuors avec flûte de Toeschi) concerne des « symphonies » ou « quatuors dialogués ». Déjà relativement équilibrés quant aux fonctions dévolues à chacun des interprètes (surtout dans les menuets et dans plusieurs mouvements rapides comme le presto initial de l'opus 1 n° 4 ou la finale de l'opus 2 n° 6), ces premiers essais n'impliquent jamais, lorsqu'on les exécute, la participation d'un instrument à clavier pour la réalisation d'un continuo. C'est là une caractéristique essentielle qui les situe dans une perspective résolument nouvelle.

Publiés pour la première fois en 1777 — et sous le nom de Haydn — par le Parisien Bailleux, acceptés par l'auteur de *la Création* pour l'édition complète d'Ignaz Pleyel, les 6 quatuors op. 3 sont-ils d'Hoffstetter ainsi que le prétendaient certains spécialistes (H. C. Robbins Landon, entre autres)? Ce moine d'Amorbach, en Allemagne, comptait parmi les admirateurs de Haydn, et nombreuses furent ses compositions qui, sous le nom de ce dernier, circulèrent en copies manuscrites. Aux considérations « pratiques » qui plaident en sa faveur quant à la paternité de l'opus 3 (aucune mention de celui-ci dans l'Entwurf-Katalog, par exemple) peut s'ajouter une appréciation d'ordre esthétique, pas totalement déterminante, certes, mais qui laisse tout de même planer un certain doute : il y a, dans ces quatuors (et spécialement dans le célèbre quatuor-sérénade n° 5 op. 3) une séduction mélodique « caressante », presque « italianisante » qu'on ne discerne ni dans les 10 quatuors op. 1 et 2, ni dans les 6 quatuors op.9.

À propos de cet opus 9 composé dans les années 1769-70, Haydn aurait déclaré, dans sa vieillesse, qu'il s'agissait de ses véritables premiers quatuors. Effectivement, nous avons affaire à des œuvres en 4 mouvements, qui, du point de vue de la densité expressive et pour l'émancipation des instruments graves (violoncelle mais, surtout, alto), marquent un progrès considérable sur les précédentes. Les premiers mouvements et les menuets (lesquels figurent toujours en deuxième position) sont plus amples, plus complexes, le côté « cassation » ou « musique de plein air » complètement éliminé, sauf dans certains mouvements lents. Seuls les finales, relativement brefs et légers — celui de l'opus 9 n° 6 n'a que 53 mesures — demeurent partiellement tributaires des anciennes formules. Datés de 1771, les 6 quatuors op.17 consolident et exploitent les acquis de l'opus 9. Ces menuets viennent toujours après les premiers mouvements, mais des principes d'écriture commencent à s'imposer (monothématisme, contrepoint), dont les quatuors de la maturité exploiteront magistralement l'extraordinaire potentiel dramatique. Ces *Divertimenti a quatro*, comme Haydn les appelle encore (et comme il appellera l'opus 20), sont bien des quatuors au sens moderne du mot.

Des 6 quatuors op. 20 de 1772 (année de la fameuse symphonie n° 45 *les Adieux*), on peut affirmer qu'ils sont aussi importants, aussi déterminants dans l'évolution du genre auquel ils se rattachent que le *Don Giovanni* de Mozart pour l'opéra ou l'*Héroïque* beethovénienne pour la symphonie. Avec cette série qui — fait exceptionnel — comporte deux partitions dans le mode mineur, chaque mouvement acquiert une densité (voire une gravité) qui n'a plus rien à voir avec les séductions immédiatement efficaces d'une musique de délassement. Ces quatuors de vaste envergure (certains resteront parmi les plus longs de Haydn) et fortement individualisés (cf. l'atmosphère tragique de l'opus 20 n° 5, l'ambiance « comédie légère et spirituelle » dans laquelle évolue l'opus 20 n° 6) consacrent l'émancipation « pleine et entière » de chacun des partenaires — émancipation du violoncelliste, entre autres, auquel est confié le soin d'exposer le thème initial de l'opus 20 n° 2. Ils montrent également que leur auteur maîtrise de mieux en mieux la forme sonate — schéma structurel d'avenir — et que, par le jeu des thèmes, des timbres, des tonalités et des rythmes, il sait magistralement approfondir le cheminement dramatique du discours. Ces *Quatuors du soleil**, ainsi qu'on devait les appeler à cause du frontispice de l'édition Hummel de 1779, se situent vraiment à l'aube d'une ère nouvelle. Avec eux, qui « suscitèrent » très probablement les quatuors « viennois » de Mozart, Haydn continue pourtant de se référer à un passé encore proche dont il n'estime pas avoir épuisé toutes les ressources. Pour donner plus de poids aux finales, pour les rendre mieux « compatibles » avec les 3 mouvements qui les précèdent, il revient (par trois fois, dans l'opus 20 n°s 2, 5 et 6, par ex.) à la fugue stricte de l'ère baroque.

Pendant les neuf ans qui s'écoulèrent entre la composition de l'opus 20 et celle de l'opus 33, Haydn rédigea de nombreuses symphonies et plusieurs opéras italiens. Ce fut aussi durant cette quasi-décennie qu'il incorpora, à sa musique instrumentale, ces éléments de style populaire qu'on trouve rarement chez Mozart et qui allaient constituer l'une des composantes essentielles des grands chefs-d'œuvre de sa vieillesse. Aussi bien, les 6 quatuors à cordes op. 33, composés en 1781 et publiés en 1782, sont-ils écrits — selon leur propre auteur — « d'une manière nouvelle et spéciale ». Plus brefs, plus détendus, plus souriants que ceux de l'opus 20 (au lyrisme profond de leurs mouvements lents s'associant parfois de comiques véhémences dans leurs épisodes vifs), ils synthétisent en un tout harmonieux et dialectiquement logique, le principe moderne de la mélodie accompagnée et les exigences « archaïques », mais toujours fructueuses, de l'écriture sévère... Cela, par le biais du travail thématique déjà plus qu'ébauché dans les 2 opus précédents, mais qui, dans la genèse de l'opus 33, devient une donnée fondamentale.

Dans ces quatuors, le mouvement de danse n'est plus intitulé *menuet* mais *scherzo*, ou *scherzando* (opus 33 n° 1). En fait — et sauf dans le cas de l'opus 33 n° 5 —, ces termes différents ne correspondent pas à une réelle modification de la nature des mouvements. Les vrais *scherzos* viendront beaucoup plus tard, dans les ultimes quatuors, mais ils conserveront le nom plus traditionnel de *menuets !*

Vivement impressionné par les nouveautés décisives qu'apportait l'opus 33 — en fait, ce dernier atteignait à l'essence même du genre quatuor —, Mozart écrivit, de 1782 à 1785, la série des 6 quatuors dédiés à Joseph Haydn. Et celui-ci, qui en admira d'emblée l'ampleur, la science, l'originalité, les richesses expressives, fit le point de ses propres recherches en ce domaine par le truchement d'un quatuor étrangement bref, apparemment simple mais qu'il n'aurait sûrement pas pu écrire à l'époque des opus 1 et 2. Cet énigmatique quatuor op. 42 en *ré* mineur faisait-il partie des quatuors destinés à l'Espagne, dont Haydn parle dans sa lettre du 5 avril 1784 à Artaria et dont on n'a jamais retrouvé la moindre trace ? Aux dires du compositeur, ces ouvrages fantômes devaient être très courts et en 3 mouvements seulement. L'opus 42 remplit la première condition, mais pas la seconde (il comporte 4 parties).

Les relations amicales qui unirent Haydn et Mozart constituent certainement l'un des chapitres les plus sympathiques, voire les plus émouvants de l'histoire de la musique. Ces deux créateurs s'apprécièrent, s'admirèrent et se louèrent mutuellement, en toute sincérité et sans rien abdiquer de leur propre personnalité. Ainsi, les quatuors op. 50 que Haydn écrivit en 1787 pour le roi de Prusse Frédéric Guillaume II procèdent-ils d'un monothématisme volontaire, diamétralement opposé au généreux lyrisme de Mozart. Cet opus ne renonce pas pour autant à la dualité tension-détente, aux contrastes dramatiques qu'implique le maniement de la forme sonate. Mais c'est par les mutations mélodiques, rythmiques ou harmoniques d'un même thème qu'il y parvient, plutôt que par la mise en jeu de motifs foncièrement différents. Dans l'opus 50, le violoncelle joue un rôle important, parfois essentiel (*cf.* le début de l'opus 50 n° 1). Aussi bien, le royal dédicataire le pratiquait-il en amateur éclairé. C'est, par contre, le premier violon que Haydn privilégie — sans, pour autant, rompre le nécessaire équilibre des 4 voix solistes — dans les 12 quatuors écrits pour Johann Tost vers 1788 (opus 54 et 55) et en 1790 (opus 64). Violoniste de l'orchestre Esterházy, futur commerçant prospère, ce Tost allait être également associé à l'histoire des symphonies n°s 88 et 89.

Des 3 quatuors op. 54, le plus étonnant, sinon le plus insolite, sur le plan structurel, est le second en *ut* majeur. Il comporte bien les trois premiers mouvements habituels, mais s'achève — cas unique pour l'ensemble des quatuors de Haydn — par un adagio momentanément et brièvement interrompu par un spirituel presto. En n° 2 de l'opus 55 figure le magnifique quatuor en *fa* mineur, dit *du Rasoir*, débutant par un mouvement lent et comportant un extraordinaire allegro à la rythmique agressive qui ne détonerait absolument pas dans un quatuor de Beethoven.

L'opus 64 est extrêmement raffiné (influence manifeste de Mozart), riche de sonorités captivantes et de modulations inorthodoxes. Dans un climat d'intimité n'excluant pas de nombreuses et robustes véhémences, ce recueil (qui comprend le célèbre quatuor op. 64 n° 5, *l'Alouette*) propose la musique de chambre esthétiquement idéale et telle qu'on a envie de la pratiquer entre amis, à l'abri des regards de la foule...

C'est, par contre, au concert public, à la salle de concerts, que sont, en priorité, destinés les 6 quatuors op. 71 et 74. Et cela, ce qui est nouveau — non seulement pour Haydn mais pour n'importe quel autre compositeur de son temps —, explique le caractère général de ces œuvres écrites en 1793, entre les deux séjours londoniens, et dédiées au comte Anton Georg Apponyi : sonorités plus « massives » que dans les quatuors précédents, accentuation des contrastes dynamiques ou de tempos (mouvements lents plus lents, mouvements rapides plus « déboutonnés »), préface — lente ou non — de quelques mesures pour les premiers mouvements. De tous les quatuors à cordes de Joseph Haydn, l'opus 71 n° 2 en *ré* majeur est le seul à comporter, à la manière des grandes symphonies, les *Londoniennes* de la même époque, une véritable introduction lente : en l'occurrence, un court adagio de 4 mesures. L'opus 74 n° 3 en *sol* mineur a été surnommé *le Cavalier*, à cause des rythmes bondissants de ses mouvements rapides. Quant à l'*Orchestral* op. 74 n° 1 en *ut* majeur (*allegro moderato* surtout), c'est celui qui témoigne avec le plus d'éloquence (*cf.* son andantino grazioso) de l'influence bénéfique de Mozart sur le cheminement, jamais prévisible, de la pensée haydnienne.

Avec l'opus 76 que Haydn composa en 1797, nous inaugurons la série des ultimes chefs-d'œuvre. L'historien de la musique Charles Burney* sut, d'emblée, discerner la grandeur exceptionnelle de ces pages sublimes, « pleines d'invention, de feu, de bon goût et d'effets nouveaux ». Liberté formelle, asymétrie, logique interne irréfutable, concision, expressivité « visionnaire » caractérisent ces pages extraordinaires, qui anticipent, à maints égards, sur les derniers quatuors de Beethoven et même sur des compositions chronologiquement très proches de notre temps (celles d'un Bartók, en particulier). Le *largo ma non troppo, cantabile e mesto* (noter la précision avec laquelle Haydn définit le climat affectif qu'il veut créer !) de l'opus 76 n° 5, la *fantasia* et le *finale* de l'opus 76 n° 6 n'appartiennent plus au XVIIIe siècle et se situent bien au-delà des canons éphémères du romantisme. De ces 6 quatuors, que leur auteur dédia au comte Joseph Erdödy, la postérité a retenu, en priorité, l'opus 76 n° 2 *les Quintes*, l'opus 76 n° 3 *l'Empereur*, l'opus 76 n° 4 *Lever de soleil*. Mais les quatuors en *sol* majeur, *ré* majeur et *mi* bémol majeur (op. 76 n°s 1, 5 et 6) sont tout aussi étonnants, aventureux et neufs. La série comporte, par ailleurs, de véritables scherzos (même s'ils ne sont pas expressément désignés comme tels, *cf.* dans opus 76 n°s 1 et 6), qui précèdent, par conséquent, ceux que Beethoven incorporera à ses propres quatuors.

Restent, outre le quatuor inachevé op. 103 de 1803, les deux quatuors op. 77 rédigés en 1799 pour le prince Lobkowitz*. Le recueil devait comprendre 6 partitions, mais pour des raisons de santé et aussi parce qu'il travaillait aux monumentales *Saisons*, Haydn ne put le terminer. Avec les 2 quatuors en *sol* majeur et en *fa* majeur, le vieux maître allait, une fois de plus, se surpasser... Et faire preuve d'une vitalité totalement renouvelée ainsi qu'en témoigne le scherzo dionysiaque de l'opus 77 n° 1 ou le vivace assai rythmiquement « échevelé » de l'opus 77 n° 2. Mais il dut pourtant se résoudre à poser la plume après n'avoir mené à bien que les 2 mouvements centraux d'un quatuor en *ré* mineur (tonalité du menuet) qu'il fit publier en 1806 et qui, pour Rosemary Hughs, évoque la « dernière incandescence d'une flamme désormais captive dans un corps défaillant ».

Mozart. Chronologiquement, les 23 quatuors à cordes de Mozart s'inscrivent tous à l'intérieur de la carrière de Haydn. Composé en mars 1770 lors du premier séjour en Italie, le premier d'entre eux (K.80 en *sol* majeur) n'a vraiment rien à voir avec les quatuors que Joseph Haydn écrivait à l'époque (*cf.* opus 9) et que, de toute façon, le futur auteur de *Don Giovanni* ne devait pas connaître. D'abord en 3 mouvements *(adagio, allegro, menuetto)*, complété — fin 1773, début 1774 — par un *rondo* reprenant le thème d'une ariette de Gluck (de l'opéra *l'Île de Merlin*), ce premier quatuor, œuvre de transition, aimable, ensoleillé, italianisant pour tout dire, se situe encore dans la perspective du divertimento, voire de la symphonie pour cordes. Et c'est aussi à cette esthétique souriante, mais prodigieusement raffinée, que se rattachent les 3 divertimenti pour quatuor à cordes (K.136, 137, 138), rédigés à Salzbourg dans le premier trimestre de 1772 et qui peuvent aussi bien être exécutés par un ensemble de cordes que par 4 solistes. Ces pages célèbres (K.136, surtout) ne font pas partie de la liste «officielle» des quatuors de Mozart... On serait en droit de les y inscrire, au même titre que les 6 *Quatuors milanais** (K.155 à 160), conçus d'octobre 1772 à mars 1773, et qui, eux aussi, ne comportent que 3 mouvements. A ce stade de ses travaux, Mozart ne semble pas vraiment participer à la mise au point du véritable genre quatuor que Haydn et Boccherini avaient déjà doté de nombreux chefs-d'œuvre. Tout va changer avec les *Quatuors viennois** de 1773, habituellement dédaignés par les commentateurs, mais qui marquent pourtant un progrès considérable sur tous ceux qui les précèdent.

Ces 6 partitions sont révélatrices d'une «remise en cause» totale, d'une réflexion approfondie sur la façon d'aborder, d'exploiter et d'enrichir une matière musicale dont toutes les potentialités n'étaient pas apparues jusqu'alors. Et cela — sans aucun doute né de la découverte des opus 17 et 20 de Haydn — allait déboucher sur des œuvres en 4 mouvements renouant, à l'exemple de l'opus 20 tout particulièrement, avec les vertus de l'écriture sévère. Seulement, alors que Haydn avait su ajouter la fantaisie, l'humour et l'émotion à ses constructions les plus «archaïquement» rigoureuses, Mozart ne parvint pas, dans ces quatuors K.168 à 173, à se débarrasser d'une certaine raideur dogmatique, d'une certaine «application scolaire» qui résultaient peut-être de l'imitation trop «respectueusement fidèle» des superbes modèles choisis. Si équilibrés soient-ils dans leur structure, leur architecture et les interventions confiées à chacun des protagonistes, les *Quatuors viennois* manquent, généralement, de naturel et de spontanéité... Qualités qu'on trouve en abondance dans les *Quatuors du soleil* — même parmi les plus «sérieux», sinon les plus mélancoliques — de Haydn. Détail significatif : des 13 premiers quatuors à cordes de Mozart, le quatuor K.173 est le premier à adopter le mode mineur dans ses mouvements rapides... Et, plus exactement, la tonalité de *ré* mineur à laquelle son auteur n'allait se rallier qu'une seule fois (K.421) dans les quatuors qui lui restaient à écrire... Pour l'heure — et toujours à l'exemple de Joseph Haydn — il se détourna d'un genre déjà parfaitement maîtrisé par son aîné mais dans lequel lui-même n'avait pas encore donné toute sa mesure. Et si, neuf ans plus tard, il revint au quatuor, c'est parce que Haydn avait montré, avec son opus 33 de 1781, le chemin nouveau qu'il fallait délibérément emprunter.

Le premier des quatuors dédiés à Haydn (K.387 en *sol* majeur) fut achevé le 31 décembre 1782, quelques mois après la composition de *l'Enlèvement au sérail*, de la sérénade en *ut* mineur K.388 et de la symphonie *Haffner**. Les deux derniers furent terminés presque simultanément, le 10 et le 14 janvier 1785, peu de temps avant l'imposant concerto pour piano K.466 en *ré* mineur. Mozart mit donc plus de deux ans à mener à bien une entreprise qu'il voulait aussi réussie que possible et dont le résultat allait, ainsi que nous l'avons déjà remarqué, susciter l'admiration enthousiaste de Joseph Haydn. De celui-ci, qui — sans le vouloir bien sûr — avait servi de guide et de maître à penser, la leçon était, cette fois, totalement assimilée, «magnifiée», «transcendée»... Les quatuors K.387, 421, 458, 464 et 465 reprennent à leur compte, dans le cadre d'une parfaite indépendance des voix instrumentales, le principe «moteur» du développement thématique définitivement mis au point par Haydn dans l'opus 33. Mais ils sont plus amples, plus généreusement mélodiques que ce dernier — et parce que cela correspond à la personnalité profonde du compositeur — plus ambigus quant aux émotions et aux sentiments qu'ils expriment.

L'un d'eux (K.465 en *ut* majeur) commence par l'étrange introduction lente de 22 mesures qui lui a valu le surnom de *Quatuor des dissonances**. Un autre (K.387) renoue avec le style fugué pour son finale, mais — contrairement à ce qu'on pouvait observer dans certains épisodes des *Quatuors viennois* — sans le moindre soupçon d'académisme. Un troisième (K.464) comporte, entre autres, un immense andante à variations d'une extraordinaire intensité expressive et un allegro non troppo terminal auquel un chromatisme persistant confère une sorte d'aura un peu trouble. En vérité, il faut serait à citer de ces chefs-d'œuvre auxquels n'allaient succéder, dans la partie du catalogue mozartien réservée au quatuor à cordes, que le *ré* majeur K.499 d'août 1786, le *ré* majeur K.575 de juin 1789, le *si* bémol majeur K.589 de mai 1790 et le *fa* majeur K.590 de juin 1790. Publié par l'éditeur Hofmeister*, le quatuor en *ré* majeur K.499 est contemporain — à quelques mois près — des *Noces de Figaro*, du *Concerto pour piano nº 25* et de la *Symphonie nº 38 Prague*. Quant aux trois derniers quatuors, dits *Quatuors prussiens**, ils sont postérieurs à l'exceptionnel *Don Giovanni* et à l'ultime trilogie symphonique. Mozart les écrivit pour le roi de Prusse Frédéric Guillaume II — lequel avait déjà reçu, en particulier, des œuvres de Haydn et de Boccherini — et veilla à ce que la partie de violoncelle (celle que pouvait exécuter le monarque, rappelons-le) y soit élégamment mise en valeur.

Un mot doit être dit, ici, des autres compositions mozartiennes pour quatuor, c'est-à-dire de celles qui mobilisent des formations différentes de l'ensemble constitué par 2 violons, 1 alto et 1 violoncelle. Il y a en particulier, datant de la période qui sépare les *Quatuors viennois* des quatuors dédiés à Haydn, 3 quatuors avec flûte, 1 quatuor avec hautbois. Les premiers, qui furent rédigés à Mannheim pour le flûtiste hollandais De Jean, renouent avec la distinction et le charme mélodique d'un Jean-Chrétien Bach. Destiné au hautboïste Ramm, ami du compositeur, le second est plus ambitieux, mais toujours situé dans l'optique d'une musique de divertissement soigneusement débarrassée de toute banalité et de tout élément superficiel. C'est tout le raffinement, tout l'esprit d'une époque dont les subtilités affectives nous échappent qui s'expriment dans cette partition ainsi que dans les quatuors pour piano, violon, alto et violoncelle, K.478 en *sol* mineur et K.493 en *mi* bémol majeur, respectivement terminés le 16 octobre 1785 et le 3 juin 1786. Reste le quatuor pour flûte et cordes K.298 en *la* majeur qu'Alfred Einsthein n'hésite pas à situer en 1778 (cette date figure effectivement, mais notée par une main étrangère, sur le manuscrit), alors que d'autres estiment contemporain de *Don Giovanni*, de *la Plaisanterie musicale* et de la *Petite Musique de nuit* (1787).

Beethoven. Contrairement à ce qu'on a trop tendance à croire, les réalisations admirables de Beethoven dans le domaine du quatuor à cordes ne relèvent ni du miracle ni de la génération spontanée. Pour les rendre possibles, il fallait une première condition : que le génie — cette caractéristique mystérieuse qui se constate après coup plus qu'elle ne se définit — participât à l'aventure. Mais il en fallait aussi une seconde, qui, précisément, se trouva remplie au bon moment : que l'acquis à partir duquel le compositeur allait travailler fût exceptionnellement riche. A la fin du XVIIIᵉ siècle, lorsque Beethoven commença la rédaction de son opus 18, le quatuor pour 2 violons, alto et violoncelle avait atteint, grâce à Haydn et à Mozart, un degré de perfection qui, pour les nouveaux créateurs, constituait une sorte de défi apparemment insurmontable. Imiter sans relâche — c'est-à-dire tourner en rond — ou découvrir des chemins nouveaux : tels étaient les termes d'une alternative qui, après les ultimes symphonies de Mozart et les *Londoniennes** de Haydn, s'appliquait également à la symphonie. La chronologie fit bien les choses, qui permit à Beethoven d'arriver au bon moment et d'enrichir, dans des proportions que personne n'eût osé imaginer, l'héritage de ses prédécesseurs.

Pour commencer, Beethoven se garda bien de s'éloigner de ses modèles. Sur le plan des idées et de leur mise en œuvre, les 6 quatuors op.18, dédiés au prince Lobkowitz et publiés chez Mollo (à Vienne) en 1801, doivent beaucoup aux deux premiers représentants de la première école viennoise. Dans son allegro initial et dans son troisième mouvement, par exemple, le quatuor n° 3 en *ré* majeur op. 18 n° 3 (le premier dans l'ordre chronologique de composition) rend très nettement hommage à l'auteur de *Don Giovanni*... Ainsi que l'opus 18 n° 5 en *la* majeur qui, dans son finale, présente une analogie thématique avec l'épisode correspondant du K.464. L'*allegro con brio* de l'opus 18 n° 1 en *fa* majeur est, tout entier, dominé par un bref motif que Haydn aurait très bien pu utiliser dans son opus 33 ou dans son opus 50 (dans ce dernier surtout, qui consacre le triomphe du monothématisme). L'*allegro molto presto* de l'opus 18 n° 2 en *sol* majeur (une œuvre à laquelle on a donné le surnom de *Complimenterquartett, Quatuor des compliments* ou *des révérences*) débute au violoncelle comme le premier mouvement de l'opus 20 n° 2 (un des *Quatuors du soleil*). L'*andante scherzo quasi allegretto* de l'opus 18 n° 4 en *ut* mineur traite, en fugato, un thème incisif et décidé « à la Haydn »... Et cela, dans une perspective humoristique, exempte de toute pédanterie, que l'auteur des *Saisons* n'eût probablement pas rejetée...

Il faut bien sûr signaler comme annonciatrice d'une orientation nouvelle et d'une démarche inédite, la poignante *Malinconia** (La Mélancolie), qui, adagio, inaugure le dernier mouvement de l'opus 18 n° 6 en *si* bémol majeur. Mais ce qui compte avant tout, dans ce finale, c'est moins l'inorthodoxe organisation architecturale (Haydn, lui aussi, s'étant montré des plus insolites dans son opus 54 n° 2) que la densité et l'efficacité des sentiments exprimés.

Après l'achèvement de l'opus 18, plusieurs années s'écoulèrent durant lesquelles Beethoven produisit, entre autres, de nombreux chefs-d'œuvre dans le domaine orchestral (*Deuxième* et *Troisième Symphonie*) et dans celui du piano (*Sonates* op. 31 n°s 1, 2 et 3 ; sonate *Waldstein* op. 53 ; *Quatrième Concerto* en *sol* majeur). Lorsqu'il revint au quatuor, l'auteur de *Fidelio* fut, désormais, le seul à assurer génialement la défense d'un genre éminemment difficile à traiter. Joseph Haydn vivait encore, mais ne composait plus...

Dédiés au comte André Razumowski*, ambassadeur de Russie à Vienne, les 3 partitions op. 59 de 1806 ont, comme première caractéristique évidente, d'être beaucoup plus développées que toutes celles qui les précèdent. C'est particulièrement vrai de l'opus 59 n° 1 en *fa* majeur, dont l'*allegretto vivace e sempre scherzando* (second mouvement) ne comporte pas moins de 476 mesures et qui enchaîne ses deux derniers mouvements (*adagio molto e mesto - allegro*) en une construction gigantesque digne des titanesques proportions de la *Symphonie héroïque*.

Parallèlement — et relativement à leur exécution — ces quatuors impliquent la fin de l'«amateurisme» (au sens noble du terme) tel qu'on le concevait au XVIIIe siècle, et nécessitent la participation de musiciens « professionnels ». Avec eux, nous entrons définitivement dans l'ère du concert payant, donné par des spécialistes et fréquenté par des mélomanes, qui, désormais, n'ont rien d'autre à faire que d'écouter.

Pour rendre hommage au dédicataire, Beethoven introduisit des thèmes russes dans son opus 59, en particulier dans le finale du n° 1 et dans le troisième mouvement du n° 2.

Contemporaines de la sonate pour piano op. 81 A *les Adieux*, du cinquième concerto pour piano et d'*Egmont**, les deux partitions op. 74 et 95 appartiennent à l'avant-dernière des quatre périodes au cours desquelles Beethoven s'intéressa plus particulièrement au quatuor. Publié en décembre 1810 chez Breitkopf et Härtel à Leipzig, dédié « à son Altesse le Prince régnant de Lobkowitz, duc de Raudnidz », le quatuor op. 74 en *mi* bémol majeur, baptisé *les Harpes** (à cause des pizzicati de son premier mouvement), est une œuvre d'un lyrisme intense, pourvu d'un *adagio ma non troppo* à la sérénité ineffable et s'achevant par un — souvent désinvolte — *allegretto con variazioni* !

Esquissé en mai 1810, terminé en octobre de la même année et publié par Steiner de Vienne en décembre 1816, l'opus 95 en *fa* mineur retrouve l'héroïsme fier et un peu hautain qui caractérisait la musique d'*Egmont*. L'auteur lui-même a donné le surnom de *Quartetto serioso* à cette page effectivement des plus sérieuses, mais qui, pour renoncer à toute séduction facile et immédiate, n'en verse pas pour autant dans la sécheresse.

Les cinq derniers quatuors ainsi que la *Grande* Fugue* sont postérieurs à la *Neuvième Symphonie*, à la *Missa* solemnis* et aux dernières sonates pour piano. Avec eux, qui, chronologiquement, débutèrent par la trilogie composée pour le prince Galitzine, Beethoven allait exploiter, jusqu'à leurs ultimes conséquences, les principes «compositionnels» définis par Haydn dans son opus 20 et dans son opus 33.

Ces quatuors « Galitzine » (n° 12 op. 127, n° 15 op.132, n° 13 op.130) furent respectivement donnés en première audition privée, par le quatuor Schuppanzigh, le 6 mars et le 9 septembre 1825, le 21 mars 1826. Dans sa forme originale, l'opus 130 s'achevait par la *Grande Fugue* qu'à l'instigation de l'éditeur viennois Artaria, Beethoven remplaça ultérieurement par un *allegro* plus détendu.

Avec l'opus 131 (n° 14 en *ut* dièse mineur), terminé en septembre 1826 et dédié au baron von Stutterheim, qui avait rendu service au neveu du compositeur, Beethoven proposait l'un de ses quatuors les plus insolites sur le plan de l'organisation architectonique : 7 mouvements apparemment sans vrai rapport les uns avec les autres, mais qu'un examen plus attentif permet néanmoins de regrouper en 4 parties principales correspondant à l'habituelle division structurale du genre.

Plus bref que ses prédécesseurs immédiats (au départ, il ne comportait même que 3 mouvements), dédié à Johann Wolfmayer à qui l'opus 131 était primitivement destiné, le quatuor n° 16 op. 135 en *fa* majeur est, par la précision, la netteté des idées qu'il contient et la logique concise qui préside à leur mise en œuvre, encore plus proche de Haydn que ne l'était l'opus 18. Les prodigieuses explorations beethovéniennes dans le domaine du quatuor à cordes n'ont jamais impliqué cette totale rupture avec le passé que d'aucuns préconisent dangereusement de nos jours.

Schubert. La numérotation couramment adoptée des quatuors de Schubert concerne quinze ouvrages et correspond, sauf pour le n° 10 (D.87), à l'ordre chronologique de composition. Sur ces quinze quatuors, treize sont en quatre mouvements. Inachevés, les quatuors n° 5 (D.68) et n° 12 (D.703) ne comportent, respectivement, que deux et un seul mouvement. A cette série « officielle », il faut ajouter diverses esquisses ou fragments tels que D.998 en *fa* majeur, D.87A en *ut* majeur, retrouvé par Christa Landon, les trois mouvements de D.3 (repris, pour deux d'entre eux, dans le quatuor n° 2 D.32). Pour être relativement complet, il faut aussi inclure des œuvres perdues comme les quatuors D.19, D.19A, D.40 et l'ouverture en *si* bémol D.20 pour quatuor à cordes. Ce bref inventaire d'une bonne vingtaine de partitions n'a d'autre but que de souligner l'intérêt soutenu porté par Schubert à un genre qu'il allait fortement marquer de son empreinte personnelle et mener sur des chemins très différents de ceux qu'avait choisis Beethoven.

A vrai dire, ce fut aux premiers quatuors de ce

dernier et, surtout, aux chefs-d'œuvre de Mozart et de Haydn qu'il se référa — et cela, pendant plusieurs années — pour l'élaboration de ses propres quatuors. Ceux-ci, qu'il écrivit à partir de 1810-11 (pour peu que l'on considère bien le *ré* majeur D.18 comme le véritable *premier*), étaient généralement exécutés en famille avec Franz à l'alto, ses frères Ferdinand et Ignaz au premier et au second violon, son père au violoncelle. De ces pages juvéniles, nombreux sont les passages qui mériteraient d'être mis en exergue... La sombre introduction lente sur motif chromatique descendant du quatuor n° 4 (D.46) par exemple... Ou encore le bref et vigoureux *Menuetto* du n° 7 en *ré* majeur (D.94) [manifestement tiré, sauf coïncidence extraordinaire, de la symphonie n° 56 de Haydn !], le pathétique *Andante sostenuto* en *sol* mineur du n° 8 (D.112), le finale très «haydnien» du n° 9 D.173, l'*Allegro vivace* conclusif du n° 11 D.353, dont le thème paraît avoir été emprunté au dernier mouvement de la symphonie n° 39 K.543 de Mozart...

Ce «onzième» quatuor en *mi* majeur par lequel s'achève, en quelque sorte, la série des «quators de jeunesse» doit dater de 1816 (on n'en est pas absolument sûr), ce qui le rend contemporains des trois sonatines pour piano et violon, des symphonies n°s 4 et 5, et de nombreux lieder. Jusqu'en 1820, Schubert n'écrivit plus pour deux violons, alto et violoncelle. En décembre de cette année-là, parallèlement à la composition de l'admirable *Chant des esprits au-dessus des eaux*, il s'essaya à un nouveau quatuor en *ut* mineur (D.703) qui, à l'instar de celui d'avril 1814 (D.103), allait être abandonné en cours de route. Mais le seul mouvement complet qui nous soit parvenu (l'*Allegro assai* à 6/8 dit *quartettsatz*) est, avec ses sinistres trémolos d'accompagnement, ses tragiques véhémences et ses oppositions de tonalités (*ut* mineur, *la* bémol majeur, *sol* majeur), d'une telle intensité dramatique qu'on sent immédiatement qu'avec lui le quatuor schubertien vient de franchir l'étape ultime des chefs-d'œuvre hautement personnels.

Composé en février et mars 1824, juste après le très séduisant mais beaucoup moins profond octuor en *fa* majeur D.803, le quatuor en *la* mineur D.804 (n° 13 de la liste «officielle») fut donné en première audition, dès le 14 mars, par la formation d'Ignaz Schuppanzigh qui avait créé la plupart des quatuors de Beethoven. Ce quatuor, le seul de Schubert publié du vivant de l'auteur, est une sorte d'immense «lied instrumental» et évolue dans un climat de résignation douloureuse qui le situe aux antipodes des conceptions beethovéniennes. Et cela, aussi bien dans son *Allegro ma non troppo* où la douceur domine, que dans son *Andante* basé sur un thème de *Rosamunde* (entracte après le troisième acte) et que dans son *Menuetto* sobrement poignant qu'inaugure la sombre et presque menaçante interrogation du violoncelle.

Cette volonté de «clair-obscur», de «demi-teinte» qui se manifeste dans tout le quatuor en *la* mineur (y compris dans l'*Allegro moderato* en *la* majeur faussement optimiste), nous ne la retrouvons absolument pas dans les deux quatuors suivants, les derniers de Schubert.

De mars 1824 également, mais joué pour la première fois deux ans plus tard (1er février 1826) chez le chanteur Joseph Barth, le quatuor en *ré* mineur D.810 est tout entier dominé par l'idée de la mort, dont, sans emphase ni subjectivisme outrancier, il analyse la révoltante fatalité. C'est le fameux quatuor *la Jeune Fille et la Mort* qui reprend, pour les variations de son second mouvement (*Andante con moto* en *sol* mineur), l'introduction et la conclusion du lied de ce nom. Avec l'*Adagio* en *mi* mineur du quintette à deux violoncelles (1828-D.959), son mouvement lent constitue l'une des méditations les plus désespérément tragiques qui aient jamais été conçues dans le domaine de la musique de chambre. Seul Schubert pouvait écrire des pages aussi totalement en marge des courants dominants imposés par les chefs-d'œuvre d'un Haydn et d'un Beethoven...

On a quelque peine à imaginer que l'immense et complexe quatuor en *sol* majeur D.887 ait pu être rédigé en moins de deux semaines (du 20 au 30 juin 1826) ! Cette fois-ci, c'est à une œuvre d'une puissance quasi orchestrale que nous avons affaire (notons, en particulier, les trémolos de doubles croches ou de croches qui «saturent» véritablement les trois premiers mouvements) et qui, dans un jeu permanent mais très sérieux d'ombre et de lumière, associe et juxtapose les véhémences les plus sauvages aux effusions les plus élégiaques. D'où, par exemple, la tendre mélodie de violoncelle par laquelle débute l'*Andante un poco moto*, et la violence qui se déchaîne après une quarantaine de mesures... D'où, également, le contraste extraordinaire entre un *scherzo* rageusement incisif (*Allegro vivace*) et un *trio* enchanteur (*Allegretto*) qui, momentanément, chasse les ténèbres maléfiques.

J. D.

Le quatuor après Schubert. Pour les compositeurs du XIXe siècle, le genre du quatuor à cordes a été fortement marqué par Beethoven, comme celui-ci avait aussi marqué la symphonie. Cependant, alors que toute symphonie ne pouvait qu'être post-beethovénienne et tenir compte du gigantesque travail d'expansion et d'affirmation du genre, le quatuor à cordes, lui, à quelque excès de recherches et à quelque distension de la forme et de l'expression que l'ait conduit le maître de Bonn, demeurera une forme accessible, qui ne suppose pas qu'on plane constamment dans les hauteurs. Pour preuve, Franz Schubert, qui avait mis du temps à trouver «son» expression, son ton propre dans la symphonie, mais qui s'était affronté au quatuor de plain-pied, de façon plus libre et dégagée.

L'évolution du genre est marquée, par ailleurs, par tout le contexte de la musique symphonique du XIXe siècle : à mesure que l'orchestre d'un côté, le piano de l'autre, c'est-à-dire les deux moyens d'expressions favoris du romantisme, voient s'élargir leur palette, s'enrichir leurs registres et leurs couleurs, le quatuor à cordes, lui, jusqu'à la fin du XIXe siècle, fonctionne sur les mêmes possibilités de jeu que le quatuor haydnien ou mozartien. Il devient peu à peu une forme sévère, intime, dépositaire d'une certaine tradition de «musique pure», puisqu'on n'y trouve plus les mêmes séductions sonores que dans le piano ou l'orchestre. En même temps, il se prête à la confidence, à l'autobiographie, chez quelques auteurs comme Smetana ou Janáček.

Un certain nombre de compositeurs du XIXe siècle, en «reconduisant» tel quel le quatuor, contribuent donc à en faire cette forme traditionnelle et réservée à la musique pure : ainsi Mendelssohn, avec ses six quatuors à cordes (op. 12, en *mi* bémol majeur, op. 44 n° 1 en *ré* majeur, n° 2 en *mi* mineur, n° 3 en *mi* bémol majeur, op. 80 en *fa* majeur, op. 81 en *mi* majeur). De même chez Robert Schumann, ses trois quatuors à cordes (op. 41 n° 1 en *la* mineur, n° 2 en *ut* majeur, n° 3 en *la* majeur) furent composés en 1842, mais n'ont pas atteint le même degré d'évidence et de popularité que les grands quatuors schubertiens, malgré leurs recherches pour renouveler le genre. Le Quatuor avec piano, en *mi* bémol, op. 47, atteste l'aisance de Schumann à faire de son instrument, le piano, le «primus inter pares» de la musique de chambre (voir le Quintette en *mi* bémol op. 44). Les quatuors de Johannes Brahms se répartissent en trois quatuors à cordes (op. 51 n° 1 en *do* mineur, n° 2 en *la* mineur — tous deux publiés en 1873 — et op. 67 en *si* bémol majeur) et trois quatuors avec piano (op. 25 en *sol* mineur, op. 26 en *la* majeur, op. 60 en *do* mineur — ce dernier achevé en 1874 et inspiré par l'histoire tragique de Werther, on dit aussi par l'attachement de l'auteur à Clara Schumann).

Parmi les quatuors de la fin du XIXe siècle, on citera les six quatuors de Max Reger (dont l'opus 74 en *ré* mineur, et l'opus 121 en *fa* dièse mineur), de Grieg (en *fa* majeur, inachevé) et de... Giuseppe Verdi, pièce à part dans la production de son auteur, composée en 1873 pour occuper un «moment creux» de son activité, et qui est sa seule pièce conservée de musique de chambre.

Il peut paraître exagéré et artificiel de parler d'une

« école d'Europe centrale » pour le quatuor : il reste que les Quatuors de Dvořák, Smetana, plus tard de Janáček ou de Bartók, ont en commun un enracinement dans la tradition violonistique de ces pays ; cette nouvelle jeunesse, cette nouvelle identité, cette bouffée d'air frais dans l'écriture pour archet, ce sens de la sonorité âpre et fraîche sont apportés par le violon populaire, lequel se trouvait déjà ici et là dans certains moments « tziganisants » des quatuors de Haydn, Mozart, Beethoven, Schubert. C'est peut-être pourquoi, par rapport à ces fleurs de serre que sont plus ou moins les quatuors allemands post-schubertiens, les quatuors à cordes d'Anton Dvořák (neuf quatuors à cordes dont l'opus 34 en *ré* mineur, l'opus 51 en *mi* bémol majeur, l'opus 61 en *do* majeur, l'opus 80 en *mi* majeur, l'opus 96 en *fa* majeur, surnommé *Quatuor américain*, l'opus 105 en *la* bémol majeur, l'opus 106 en *sol* majeur), de Bedřich Smetana (deux quatuors dont l'un, autobiographique, sous-titré *Ma vie*), du Russe Borodine (deux quatuors), ont une sève populaire, un allant que revigore le genre, mais aussi qui prolonge le sens schubertien du vagabondage. Quant aux deux quatuors à cordes de Leoš Janáček (dont le second, *Lettres intimes*, publié en 1928, est une déclaration d'amour à une jeune femme), leur totale liberté de forme et de pensée nous emmène loin des conventions d'austérité du genre. Il est vrai que Beethoven lui-même avait déjà donné l'exemple du quatuor autobiographique, comme confession pour quatre archets, avec des moments comme le *Chant de reconnaissance en mode lydien* du Quinzième Quatuor en *la* mineur op. 132.

A l'opposé de cette direction « slave », où le quatuor est un genre à la fois léger et familier, parfois tragique, mais toujours aéré, le quatuor français de la fin du XIXe siècle et du début du XXe est souvent une œuvre de haute intimité, méditée, serrée, sur laquelle pèse le poids de toute une tradition d'écriture : nulle inspiration populaire directement puisée dans le terroir (les violoneux français n'inspirent guère nos compositeurs), mais beaucoup de raffinement et de distinction, des coups de chapeau à Beethoven dans son inspiration la plus sévère, des exercices de composition très travaillés dont la spontanéité n'est pas la qualité première, mais qui sont souvent de la très belle musique.

Le *Quatuor à cordes* de César Franck est une œuvre de vieillesse : l'auteur s'y est repris à trois fois pour échafauder cette pièce, achevée en 1889, qui prend en compte les grands monuments beethovéniens (que l'on se mettait à découvrir — voir Proust — et autour desquels se développait un véritable culte) et qui cherche plus ou moins à en atteindre les hauteurs. On y retrouve également dans la fugue, par exemple, des références à Bach. Il comprend quatre mouvements : *allegro, scherzo, larghetto, allegro molto*, organisés autour d'un thème générateur, et, par la fermeté de sa composition très élaborée, il valut à l'auteur, à sa création, un bel accueil.

Le *Quatuor à cordes* de Claude Debussy — lui aussi quatuor unique amoureusement ciselé — fut écrit et créé en 1893. Obéissant au plan traditionnel, il comporte quatre mouvements : *animé et très décidé* (correspondant à l'allégro traditionnel), *assez vif et bien rythmé* (écrit comme un scherzo), *andantino, doucement expressif*, et enfin, après une introduction, le final, *très mouvementé et avec passion*. Il est amusant de relever que des critiques à l'époque trouvèrent ce quatuor « barbare, informe et truculent », alors qu'on en voit maintenant beaucoup mieux la fermeté de construction, et beaucoup moins la « truculence ».

Ce quatuor est resté une des œuvres les plus célèbres et les plus jouées de Debussy, tout en restant à part dans sa production : certains la trouveraient aujourd'hui plutôt sage et classique. Il est vrai que son « travail thématique », très appuyé, et sa conception cyclique le rapprochent de César Franck, et des conceptions formelles de la Schola, ici poussées jusqu'au bout, comme si Debussy avait voulu se prouver qu'il était capable, s'il le voulait, de tenir une forme toute entière dans une construction architecturée très visible. Le fameux thème cyclique, dynamique et affirmatif, énoncé dès la première mesure, apparaît très visible dans le second mouvement, plus déguisé et lointain dans le troisième, et enfin reparaît en fanfare dans le finale. Le second mouvement, ainsi, se contente de reprendre textuellement ce thème, d'en changer le rythme, de l'accélérer, et de « mettre en boucle » sa première mesure, comme thème de ronde, en y ajoutant une inflexion chromatique. Dans l'*andantino*, le gruppetto caractéristique de trois notes liées en rappelle la présence ; enfin l'introduction du quatrième mouvement réalise un véritable traitement beethovénien de ce thème, déformé chromatiquement, avec des marches harmoniques systématiques, et l'*animé* lui ménage une rentrée triomphale, en prenant pour premier thème une formule nerveuse et volontaire qui se trouvera ensuite utilisée comme prolongement, comme étendard dressé au-dessus du thème cyclique élargi. La dernière forme sous laquelle il apparaît le réduit à son essence, qui est un pur mouvement, très appuyé, de *seconde majeure descendante* (dont la variante est une seconde mineure descendante), la deuxième note étant fortement accentuée et prolongée. Si cette pièce est quasi beethovénienne et franckiste par la tension et le volontarisme affichés de sa forme (avec toute une dramaturgie de tension, d'opposition, née de la forme sonate, des rentrées, des combats de thèmes, et du « travail » sur les motifs pour en extraire la quintessence), en revanche, son harmonie, pleine, confortable, sensuelle, sonnant toujours bien, est proprement debussyste.

Cette plénitude est renforcée par la façon dont Debussy écrit pour le quatuor à cordes. Il le traite souvent comme un orchestre à cordes en réduction (*cf.* le tout début, tout à fait homorythmique et global), contrairement à un Bartók, par exemple, dont les quatuors sont conçus pour quatre instruments utilisés comme tels. On pourrait d'ailleurs transcrire facilement pour orchestre à cordes le quatuor de Debussy. Aucun des instruments n'y est très longtemps particularisé, même dans les rares solos que comporte l'œuvre (alto au début du second et du troisième mouvement ; violoncelle au début du quatrième). Le *Quatuor* de Debussy oppose et compose plus des lignes, des parties, des pupitres, que des individus. Le premier violon, ou l'alto, ne sont pas « personnalisés » comme tels. Cela peut étonner, chez un compositeur comme lui, qui passe pour un maître du timbre instrumental dans sa spécificité. Debussy évite ici ce qu'ont souvent tenté Bartók et même Beethoven : pousser l'instrument soliste à bout, dans ses limites (suraiguës, notamment), là où il est proche du cri et du vide, rendu à sa solitude. Or, il n'est que de jeter un coup d'œil sur la partition du *Quatuor* pour voir que Debussy fait jouer très souvent les quatre instruments tous ensemble, comme un même corps (particulièrement dans le premier mouvement, où par exemple le premier violon et le violoncelle, les deux extrêmes, jouent quasiment sans interruption). C'est une œuvre qui a horreur du vide et de la sonorité creuse, avec sa pâte harmonique tout à fait pleine et chaude. De là vient peut-être que ce quatuor de Debussy est un des quatuors, sinon le quatuor moderne le plus populaire — d'autant que Debussy n'y a pas laissé affleurer ses thèmes les plus secrets, son inspiration morbide, et ne s'est pas exposé comme il l'a fait ailleurs.

À l'opposé, le *Quatuor* de Ravel, qui passe pour une œuvre charmante, s'expose plus dans sa surface, est plus inquiet, moins confortable. Ce *Quatuor en « fa »*, autre œuvre de jeunesse (il fut achevé en 1902), ne fut pas jugé assez probant par l'Institut pour permettre à Ravel de concourir à nouveau pour le prix de Rome. Et pourtant l'œuvre avait été longuement travaillée par son auteur. Comme beaucoup de quatuors, sonates ou symphonies de l'époque, elle utilise des motifs cycliques. Cependant, elle n'a pas le côté « assis » et compact que conserve même le *Quatuor* de Debussy ; la substance en est plus agile, plus arachnéenne ; et le travail du quatuor à cordes comme « matière » y est plus poussé, plus évident, plus caractérisé que chez ses contemporains. Cette matière du quatuor est ramassée, variée dans sa texture, éparpillée, divisée, animée par des frémissements et des ondulations. Le thème qui ouvre le premier mouvement, comparé au thème inaugural de Debussy, manifeste la différence : plus diaphane, plus ondoyant. La tension thématique est moins sensible, mais les ruptures de rythme plus constantes ; le registre moyen de l'œuvre est plus déporté vers l'aigu, un aigu un peu écorché, suspendu. Ainsi, même dans la séduction et la légèreté, l'œuvre est plus chargée d'angoisse, par la simple façon dont elle accuse de subites variations de régime, et dont elle traduit des états du corps instables et inconfortables.

Ce quatuor de Ravel compte quatre mouvements : un *allegro* de forme sonate, un *assez vif* à variations, un *très lent*, dont la mélodie distendue, relancée par des soubresauts, des griffures, est déjà caractéristique du Ravel des grandes œuvres futures, et enfin un *vif* très brillant.

Gabriel Fauré, d'une génération plus ancienne, n'écrivit lui aussi qu'un Quatuor à cordes en *mi* mineur, œuvre de vieillesse (comme celui de Franck), achevée en 1924, année de la mort du compositeur, qui en confia la finition à Roger Ducasse. Il avait composé deux quatuors avec piano, le premier en *ut* mineur, en 1879, et le second en *sol* mineur, en 1887.

Dans cette école du quatuor français, on peut encore citer, en remontant en arrière, le quatuor à cordes de Charles Gounod, celui d'Albéric Magnard, les deux quatuors de Saint-Saëns, les trois de Vincent d'Indy, le Quatuor de Chausson avec piano ; plus récemment, l'unique Quatuor à cordes d'Albert Roussel, op. 42, en quatre mouvements, écrit en 1935 ; celui de Florent Schmitt, op. 112, composé en 1947, en quatre mouvements, *Rêve, Jeu, In memoriam, Élan* (très difficile, il demanda une longue mise au point au quatuor Calvet, qui le créa) ; le quatuor de jeunesse d'André Jolivet, en trois mouvements (*volontaire, allant, vif*), écrit en 1934 ; les deux premiers quatuors d'Henri Sauguet, premier Quatuor en *ré* majeur, 1941, et second Quatuor en quatre mouvements, 1948 (œuvre autobiographique comme celle de Smetana, mais qui fut écrite à la mémoire de la mère du compositeur, dont elle évoque la figure à travers un *andantino capricioso*, un *lento molto espressivo*, un *tempo di valse*, et un *andante espressivo* évoquant les derniers moments ; ce fut encore le Quatuor Calvet qui la créa) ; les trois quatuors à cordes d'Arthur Honegger, œuvres assez abstraites et contrapuntiques : un premier en 1919, marqué par l'atonalisme allemand, et auquel Honegger était très attaché, comme on peut l'être à une œuvre de jeunesse pleine d'audace qu'il avait dédiée à Florent Schmitt ; puis un deuxième quatuor commandé par la Biennale de Venise, écrit en 1934-1936, également en trois mouvements, comme le sera le troisième et dernier, composé en 1936-37, à la demande d'une mécène, Mrs. Sprague-Coolidge ; les trois quatuors de Charles Kœchlin ; le Quatuor de Jacques Ibert ; les trois de Georges Migot ; ceux de Daniel-Lesur (1941), de Louis Durey (deux quatuors à cordes), de Germaine Tailleferre, Guy Ropartz (cinq quatuors, dont le dernier, 1939-40, sous-titré *Quasi una fantasia*), de Robert Bernard, Suzanne Demarquez, Henri Martelli, Georges Dandelot, Jean Françaix, etc. L'abondant Darius Milhaud fit exception, avec sa fluviale production de dix-huit quatuors, dont le Cinquième, très polyphonique, fut dédié à Schönberg, et dont les Quatorzième et Quinzième ont été écrits pour être exécutés indépendamment l'un de l'autre, mais aussi pour être joués *ensemble*, formant par superposition un très volubile *octuor*.

En Europe, dans d'autres contextes musicaux, le quatuor se trouve illustré au début du siècle par Jean Sibelius (quatuor *Voces* intimae*, 1909), Alois Hába (seize quatuors dont beaucoup en micro-intervalles), Ernest Bloch (cinq quatuors), Gian Francesco Malipiero (huit), Paul Hindemith (sept), Dimitri Chostakovitch (quinze), tandis que le prolifique Heitor Villa-Lobos composait dix quatuors à cordes, et que Prokofiev n'en tentait que deux : le premier, op. 50, en 1930 (sur la commande de la Library of Congress de Washington) et le second, op. 92 en *fa* majeur, sur proposition officielle, en 1941, pour célébrer la culture populaire des « Bakar-Kabardines », une province de l'Union soviétique. « Il me semblait, devait écrire l'auteur, que la conjonction du folklore oriental original, totalement neuf, et de la plus classique des formes classiques qu'est le quatuor à cordes, pouvait donner des résultats intéressants et inattendus. »

Bartók. Le plus bel ensemble de quatuors composé au XXe siècle, et qu'on ait pu comparer à celui de Beethoven, est celui de Bartók. Son cas est unique, puisque ses six quatuors à cordes, composés sur une large période de temps (successivement en 1908, 1917, 1927, 1928, 1934, 1939) forment un véritable ensemble, à la fois dense, varié, uni et totalement engagé, concentrant le meilleur de ce compositeur. Alors qu'on voit d'autres grands auteurs « tâter » brillamment du quatuor, un peu comme s'ils sacrifiaient à un rite de passage (celui qui garantit l'entrée dans la professionnalisme et la science de l'écriture), Bartók s'approprie totalement, de l'intérieur, cette forme d'expression, la repense. D'abord en cassant le moule classique en quatre mouvements, pour recréer une forme originale qui soit entièrement sienne : ses six quatuors, sauf le dernier, ont grosso modo une forme en *arche* (trois à cinq mouvements, enchaînés ou non, construits autour d'une clé de voûte constituée par le mouvement central). Ensuite en en recréant le style. Le violon, l'alto, le violoncelle de Bartók sont âpres, appuyés, percussifs, rarement fluents, moelleux et détendus.

Bartók se réfère souvent à l'expressionnisme du violon tzigane, plutôt qu'à l'expressivité coulante du violon italien. C'est un violon *tellurique* plutôt qu'aérien ou aquatique. De plus, Bartók trouve dans le quatuor à cordes la formule instrumentale qui exprime le mieux son sens de la musique comme cri, effort arraché au silence, pris dans les limites de l'instrument poussées à bout. Nombre de moments de ces quatuors sonnent comme des conquêtes sur le vide, le noir. L'émission de l'instrument à archet est accusée dans son côté pénible, grinçant, « crincrin », dans ce qu'elle a de douloureux et d'antinaturel, au lieu d'être oubliée, comme chez Debussy, dans la plénitude de la sonorité. Plus même que certains musiciens d'« avant-garde » qui l'ont suivi, Bartók repense sa musique à partir de l'émission du son, dans ses inégalités, sa tension, ses retombées.

Comme le souligne Pierre Citron, les thèmes ne sont pas donnés d'emblée ; ils se forment souvent à partir d'une seule note, ou de deux, ressassées dans une genèse difficile. Les intervalles de hauteurs utilisés sont souvent très resserrés, Bartók se plaît à « économise », puisque son « unité thématique », celle avec laquelle il bâtit ses thèmes, est plus souvent le demi-ton que le ton. Le thème cyclique du *Quatrième Quatuor* s'énonce d'abord sous sa forme contractée, dans un ambitus minuscule d'une tierce mineure. Mais il se trouve tôt ou tard un moment où le ressort qui « compresse » la mélodie dans une zone aussi réduite se détend, où le thème subit une sorte d'expansion naturelle de ses intervalles, et adopte un contour diatonique, très franc, voire archaïque (début du dernier mouvement du même *Quatrième Quatuor*). Ce principe de resserrement, de condensation, guide aussi la façon d'écrire pour les quatre parties, qui ne sont pas harmonieusement étagées pour « couvrir » toute la tessiture, mais qui sont serrées, mises en boules les unes contre les autres, dans un véritable corps à corps contrapuntique. Les moments abondent où les parties « se marchent sur les pieds ». L'impression dominante est celle d'une lutte et d'un travail dans un espace de hauteur étroitement mesurée.

En revanche, Bartók varie considérablement les modes d'attaque, donc les timbres et les couleurs : harmoniques, pizzicati, pizzicati suivis de glissandi, pizzicati violents avec rebondissement de la corde sur la touche (quatrième et cinquième quatuors), vibrato ou non vibrato, archet « sul ponticello », ou jeu « col legno » — il joue de toute une palette entre le timbre plein et facile, le timbre rude et « arraché », et le timbre complètement blanc, mourant et décoloré (partie « senza colore », sans couleur, du Sixième Quatuor). L'émission du son traduit ainsi différents états de la force vitale, avec des alternances de dépression ou de fièvre.

Il ne faut pas oublier que Bartók était par ailleurs un pianiste virtuose, avec un goût et un talent certain pour le brillant. Il aborde le quatuor comme si, par ce genre, il voulait révéler l'autre face de lui-même, en réaction intime contre sa propension au brillant facile. Ainsi, à la vigueur lumineuse et perlée du piano, s'oppose dans son œuvre la rudesse terrienne des cordes, dans ses quatuors. Cependant, même dans ses quatuors les plus austères, il n'oublie jamais d'utiliser son sens dramaturgique de la forme, pour faire de ces œuvres de véritables aventures de sentiments et de sensations, des drames prenants : pour ménager des surprises, des repos, des pirouettes ; pour faire cadeau à l'auditeur d'un moment facile et distrayant ou d'un ostinato revigorant, au milieu d'un passage aride. Si bien que ces œuvres sont à la fois tendues et variées, denses, humaines et sévères : en un mot, de véritables microcosmes où le compositeur se donne tout entier, sans précaution et sans réserves.

Le *Premier Quatuor*, composé en 1908, reprend donc, comme l'a souligné Pierre Citron, le flambeau beethovénien : le travail architectural mis en œuvre dans cette pièce en trois mouvements, *lento, allegretto, allegro vivace,* tendu dans un mouvement d'accélération progressive du tempo, laisse peu de place à la séduction et au repos. Il débouche cependant, comme beaucoup d'œuvres de Bartók, sur un épanouissement dans la danse populaire.

Le *Deuxième Quatuor* (1916-17), contemporain de la *Suite* pour piano, enrichit son écriture de procédés d'émission variés (pizzicati, glissandos) et adopte toujours la forme « en arche » chère à l'auteur de la *Musique pour cordes, percussions et célesta : moderato, allegro molto capriccioso, lento,* le dernier mouvement traduisant la fascination de Bartók pour le silence toujours prêt à engloutir la musique ; certains passages semblent conquis sur l'« à quoi bon » de l'instinct de mort.

Le *Troisième Quatuor,* lui, composé dix années après, en 1927, obtint un prix de la Musical Fund Society de Philadelphia. Il poursuit le travail de forme des précédents quatuors, par l'adoption d'un parcours musical d'un seul tenant, avec ses quatre parties enchaînées, dont la dernière se présente comme « coda » : *prima parte* (moderato), *seconda parte* (allegro), *ricapitulazione della prima parte* (moderato), et *coda* (allegro molto, reprenant des éléments de la première partie). Ce fut le premier quatuor de Bartók à connaître une relative popularité ; sa rigueur étant tempérée par la brièveté et la netteté de sa forme. Il varie encore les procédés d'attaque de l'instrument. A partir de ce *Troisième Quatuor,* on peut dire que Bartók a « trouvé » son inspiration dans cette forme musicale, que celle-ci lui appartient ; et les trois quatuors suivants en tireront les conséquences : le *Quatrième* et le *Cinquième* étant les plus épanouis, les plus extravertis, cependant que le *Sixième* semble s'infléchir en pente douce vers la mort.

Dédié au Quatuor Pro Arte de Bruxelles, le *Quatrième Quatuor* amplifie et systématise, dans une durée assez large et détendue, le principe de la forme en arche, organisée autour d'un noyau, moment de suspension des contraintes, qui est ici le troisième mouvement. On a successivement un *allegro* de forme sonate (d'une densité et d'une énergie incroyables ; on pense à quatre travailleurs robustes, associés dans une tâche commune et urgente), puis un *prestissimo con sordino* constituant le premier scherzo (c'est un mouvement perpétuel de « fileuse », vertigineux et irréel, de forme symétrique ABA'), puis le *non troppo lento* (mouvement central, récitatif extatique avec des solos de violoncelle, de violon, d'alto, moment de félicité « cantabile », conquis de haute lutte, s'élevant du milieu de l'œuvre comme depuis un endroit élevé, inentamable par le temps), après quoi vient un *allegro pizzicato* (deuxième mouvement perpétuel et second scherzo ; de forme ABA', faisant écho au premier, dont il semble une version « solidifiée », avec ses pizzicati et reprenant de cet autre scherzo des éléments thématiques, qu'il renouvelle par un de ces procédés d'expansion diatonique dont nous avons déjà parlé), enfin un *allegro molto,* de forme ABA', débutant comme une de ces danses de village extrêmement dynamiques et telluriques (avec un thème procédant du thème cyclique initial, toujours par élargissement des intervalles) avant de revenir à l'écriture plus tendue et aux intervalles plus resserrés du premier mouvement, dont la fin va se trouver presque textuellement reprise pour conclure le quatuor tout entier.

On voit à quel degré Bartók a poussé ici la recherche de la symétrie. Ailleurs cette symétrie décrit souvent un cycle naissance-vie-mort ; tandis qu'ici le caractère général est dynamique et positif. C'est dans le sublime troisième mouvement que l'on trouve un des chants les plus ouverts et les plus aériens de Bartók. Une fois n'est pas coutume dans les quatuors, ce mouvement central est fait, avant tout, de solos accompagnés, où les solistes, soutenus par les accords du reste du quatuor, jouant comme « à bouche fermée », se livrent à l'extase du chant. Le violon est ici arraché à la pesanteur, à la terre, à son travail ingrat de labourage thématique, pour se laisser aller, sans arrière-pensée formelle, à l'effusion orale pure. Ce n'est pas pour rien qu'on a ici les sonorités les plus déliées du quatuor bartokien.

On peut dire du *Cinquième Quatuor* qu'il fait fond sur l'optimisme et la dynamique expansionniste du précédent, puisqu'on y retrouve la même ampleur et la même structure symétrique en cinq mouvements. Cependant Bartók a inversé les oppositions de tempos, et au lieu du schéma modéré-vif-lent-vif-modéré, on a ici le schéma rapide-lent-vif-lent-rapide, qui donne plus d'importance à l'allure lente. Les cinq mouvements sont : *allegro* (attaquant de manière claironnante et décidée, mais aussi déjà entrecoupée, guettée par une destructuration possible), puis un *adagio,* sur un ton général de murmure (musique de bruissements, que l'on peut rapprocher de la « Musique de nuit » de la *Suite en plein air,* ou d'autres nocturnes bartokiens), un *scherzo* central *alla bulgarese,* avec trio (et qui, avec ses rythmes 4 + 2 + 3, 2 + 2 + 2 + 3, représente cette part que Bartók accorde toujours, malgré tout, dans ses œuvres les plus tendues, à la danse) ; puis un *andante* faisant écho à l'*adagio* (mais moins « objectif », plus dramatique, voire romantique, avec ses appels en tierce mineure ascendante) et enfin un *final* très survolté, avec des ruptures de ton tout à fait étonnantes, comme ce petit thème insignifiant en *la* majeur venant couper une frénésie chromatique. C'est dans cette sorte de caprice soudain que, comme chez Beethoven, on ressent une espèce de délire d'exaltation formelle, qui entraîne à des gestes de provocation, comme ce brutal collage d'un *la* majeur idiot et redondant dans une musique très tendue.

Quant au *Sixième Quatuor,* le dernier, il a été composé en 1939, peu avant le départ de Bartók pour les États-Unis, et, dit-on, dans la mémoire de sa mère, qui venait de mourir. Cette musique désolée utilise un thème cyclique, tournoyant et désespéré, qu'il déploie peu à peu, dans un ralentissement constant du tempo. Le premier mouvement énonce le thème en question, chromatique et plaintif, pour introduire un *mesto vivace ;* le second mouvement est tiré *mesto marcia ;* le troisième est une *burletta,* un grotesque sans joie, et le quatrième et dernier, *mesto* tout court, « achève » l'œuvre dans une atmosphère sans espoir, où le puzzle formel, achevant de s'assembler, débouche sur la mort et l'atonie.

Ainsi, les *six quatuors* de Bartók forment un cycle complet où le travail d'écriture n'est jamais une brillante formalité, mais où l'homme s'expose tout entier. Après Bartók, on n'a plus trouvé de cycle équivalent. Certes, la musique d'avant-garde respecte toujours la forme prestigieuse et « sévère » du quatuor. Les trois Viennois eux-mêmes, dont l'œuvre a eu une telle influence sur la jeune musique d'après la Seconde Guerre mondiale, avaient honoré cette forme : Arnold Schönberg compose, outre un quatuor de jeunesse (1897), quatre quatuors officiellement enregistrés : un premier en *ré* mineur, op. 7, avec quatre mouvements cycliques, ne comportant aucune reprise (1904-1905) ; un deuxième quatuor en *fa* dièse mineur op. 10 (1907-1908), avec une voix soliste dans les deux dernières parties, chantant sur un poème de Stefan George ; un troisième quatuor op. 30, de langage dodécaphonique (1926), et enfin un quatrième quatuor op. 37, composé en 1936, bâti sur une série unique. Quant à Alban Berg, on lui doit le quatuor de 1910 (op. 3) et surtout la *Suite lyrique* (1925-26), en six mouvements, quatuor « autobiographique », plus encore qu'on ne l'avait imaginé, puisque les notes des motifs sur lesquelles il est construit sont des messages d'amour chiffrés. Enfin Anton von Webern dédia au quatuor à cordes ses *Cinq Mouvements* op. 5 (1909), ses *Six Bagatelles* op. 9 (1913), et son *Quatuor à cordes* op. 28 (1938), en trois mouvements.

Parmi les quatuors à cordes contemporains, souvent mais pas toujours marqués par l'abstraction postwébernienne, on peut citer des œuvres comme *ST-4* (1956-1962), de Yannis Xenakis, *Sincronie* (1962-1964), de Luciano Berio, les deux quatuors de Betsy Jolas, dont le second utilise une chanteuse soprano, pour des vocalises purement instrumentales, avec le pari d'intégrer la voix humaine dans cette famille jalouse et fermée du quatuor à cordes ; le *Livre pour quatuor* (1948), de Pierre Boulez, une de ses œuvres les plus sévères qu'il reprit, transcrivit et recréa pour en faire un *Livre pour cordes*; le quatuor d'Henri Dutilleux *Ainsi la nuit* (1976), l'*Archipel II* d'André Boucourechliev, écrit pour la formation du quatuor Parrenin (qui est un des meilleurs défenseurs du quatuor moderne), œuvre aléatoire aux limites du silence ; les quatuors « tachistes », pleins d'effets de sonorités, de Penderecki, mais aussi ceux de Lutoslawski, Durko, Elliott Carter, Ilhan Mimaroglu, et de très nombreux compositeurs. Ainsi le genre du quatuor à cordes reste-t-il un des plus stables dans l'histoire de la musique occidentale, avec sa formation canonique. Cependant, le répertoire moderne compte aussi des quatuors pour des formations uniques comme le sublime *Quatuor pour la fin du temps*, d'Olivier Messiaen. M. C.

QUATUOR POUR LA FIN DU TEMPS. Poème symphonique en miniature d'Olivier Messiaen, formé de 8 morceaux, réduit aux seuls instruments dont il disposait au camp de Görlitz en Silésie (violon, clarinette, violoncelle et piano), composé dans les pires conditions vu le froid et la faim qui le tenaillaient, et aussitôt créé le 15 janvier 1941 en présence de milliers d'autres prisonniers grâce au concours d'exécutants rencontrés au stalag pour lesquels il avait d'abord écrit un petit trio qui servira au quatuor d'*Intermède*. Pour la première fois, il tient une conférence, relative à l'Apocalypse de saint Jean, fort appréciée par des prêtres, compagnons d'infortune. Cette conférence devait décider du sujet du *Quatuor* et de son héros : l'Ange qui annonce la fin du Temps.

Pour la fin du temps indique « la fin des notions de passé et d'avenir, c'est-à-dire le commencement de l'éternité ». Les rythmes, souvent indépendants des mélodies, y acquièrent une importance capitale ; il y est notamment fait usage des rythmes non rétrogradables, correspondant aux palindromes et qui offrent à l'horizontale le même « charme des impossibilités » que les modes à transpositions limitées à la verticale. Et, comme le compositeur ne dispose que d'une formation restreinte, il se réfère non aux cataclysmes et aux monstres de l'Apocalypse, mais à des « silences d'adoration » et à « ses merveilleuses visions de paix ».

Enfin, chaque morceau fait appel à des dispositions différentes de la formation dont la plus saisissante est représentée par l'homophonie « granitique » de la *Danse de la fureur pour les sept trompettes* (n° 6) tandis qu'un solo de clarinette sans précédent use des trois registres aux timbres différents de cet instrument pour opposer l'« abîme » et le « désir de la lumière éternelle » parmi des chants d'oiseaux (n° 3).

Œuvre où le compositeur se révèle, plus que jamais présent, du début à la fin des morceaux respectivement intitulés : *Liturgie de cristal, Vocalise pour l'ange qui annonce la fin du temps, Abîme des oiseaux, Intermède, Louange à l'éternité de Jésus, Danse de la fureur pour les sept trompettes, Fouillis d'arc-en-ciel pour l'ange qui annonce la fin du temps* et *Louange à l'immortalité de Jésus*. A. P.

QUATUORS À HAYDN. Dénomination globale portée par les 6 quatuors à cordes n⁰ˢ 13-19 — K.387 en *sol* majeur (31 décembre 1782), K.421 en *ré* mineur (17 juin 1783), K.428 en *mi* bémol majeur (entre juillet 1783 et janvier 1784), K.458 en *si* bémol majeur *la Chasse** (9 novembre 1784), K.464 en *ut* majeur (10 janvier 1785), K.465 en *ut* majeur *les Dissonances** (14 janvier 1785) — de Mozart, parce que leur édition par Artaria fut précédée d'une lettre de dédicace du compositeur à Joseph Haydn datée du 1ᵉʳ septembre 1785. Les dates indiquées sont celles d'achèvement.

En février 1785, après avoir entendu les trois derniers quatuors de la série, Haydn avait déclaré à Leopold Mozart : « Je vous le dis devant Dieu, en honnête homme, votre fils est le plus grand compositeur que je connaisse, personnellement ou de nom ; il a du goût, et, qui plus est, la plus grande science de la composition. » Quant à Mozart, il devait déclarer que sa dédicace n'était que justice, « car c'est de lui (Haydn) que j'ai appris comment écrire des quatuors ».

Il est sûr qu'une des raisons qui poussèrent Mozart à entreprendre une série de quatuors à cordes, sa première depuis les *Quatuors viennois** de l'été 1773, fut la parution début 1782 des six quatuors op. 33 (*Quatuors russes**) de Haydn (celui-ci les avait lui-même annoncés comme « écrits d'une façon tout à fait nouvelle et spéciale »). Et de fait, il existe dans les *Quatuors à Haydn* des passages ou même des mouvements entiers où l'hommage au musicien d'Esterháza est évident et fort concret (emprunts thématiques directs par exemple). Mais il en est d'autres où, pour trouver une influence, il faut chercher en profondeur, et d'autres encore où l'on cherche en vain. Le quatuor en *la* majeur K.464 est à cet égard paradoxal, car c'est à la fois celui où le travail thématique est le plus poussé et celui qui, par son instabilité émotionnelle, sa richesse mélodique et ses ambiguïtés de toutes sortes, semble s'en soucier le moins.

À noter aussi qu'au moment où il entreprit le premier des six (*sol* majeur K.387) Mozart venait de découvrir Bach et Haendel : l'exemple de ces maîtres, du premier surtout, se discerne également dans les *Quatuors à Haydn*. Dans ces six chefs-d'œuvre, Mozart fit en définitive du plus grand Mozart, non du sous-Haydn (comme parfois dans ses *Quatuors viennois*) ou du sous-Bach (comme dans certains exercices contrapuntiques pour piano de l'été 1782).

Pour la publication, Mozart intervertit l'ordre des deux quatuors centraux, faisant passer celui en *si* bémol (K.458) avant celui en *mi* bémol (K.428) : cela pour des raisons psychologiques (la succession du *ré* mineur K.421, le plus dramatique, et du *si* bémol K.458, le plus léger, ménage un contraste saisissant, et laisse pour la fin des trois quatuors les plus denses), et peut-être parce que K.458, achevé le quatrième, fut commencé le troisième (Salzbourg, 1783).

Aujourd'hui, les six *Quatuors à Haydn* sont les plus prestigieux de Mozart, ce qui s'explique aussi bien par leur position historique (ce sont ses premiers grands quatuors) que par leur valeur esthétique. À l'époque, beaucoup de musiciens de Vienne les rejetèrent avec fureur. L'un d'eux, le compositeur Sarti, alla jusqu'à accuser Mozart d'avoir l'oreille détraquée et d'être « partisan du système qui divise l'octave en douze demi-tons ». Un correspondant italien renvoya à Artaria les exemplaires qu'il avait reçus de l'édition de septembre 1785 à cause des fausses notes qui, selon lui, y pullulaient. Haydn fut presque seul à saisir l'importance de l'événement, et ses propres *Quatuors prussiens** (op. 50) de 1787 devaient à leur tour tirer profit de ceux à lui dédiés par Mozart. M. V.

Querelle des Bouffons. *V. Bouffons (querelle des).*

Querelle des Gluckistes et des Piccinnistes. Elle se déroula pour l'essentiel à Paris, entre 1776 et 1779, et opposa moins les compositeurs Gluck et Piccinni que leurs partisans respectifs, et ce pour des motifs où la musique ne fut pas seule en cause. En 1776, Gluck, qui avait déjà donné à Paris en 1774 *Iphigénie en Aulide* (sur un livret de Du Roullet) et la version française d'*Alceste*, travaillait à Vienne à *Roland* et à *Armide*. Il apprit alors que l'administration de l'Opéra avait proposé le premier de ces deux sujets à Piccinni, arrivé à Paris (venant de Naples) le 31 décembre 1776 : d'où une longue lettre de Gluck à Du Roullet, dans laquelle il déclara renoncer à *Roland* tout en vantant par avance son *Armide*. L'*Armide* de Gluck fut représentée à Paris le 23 septembre 1777, le *Roland* de Piccinni le 27 janvier 1778. L'un et l'autre travaillèrent ensuite à une *Iphigénie en Tauride* : celle de Gluck fut donnée à Paris le 18 mai 1779, celle de Piccinni en 1781 seulement, alors que Gluck avait pris sa retraite à Vienne.

A la base de cette succession d'œuvres, le fait que les trois premiers opéras français de Gluck avaient partagé Paris en deux clans, les adversaires de Gluck, avec, à leur tête, La Harpe, Marmontel et d'Alembert, lui reprochant à la fois son origine étrangère (sans voir qu'il poursuivait dans une certaine mesure la tradition de Lully et de Rameau) et de s'être trop écarté de l'idéal italien. Piccinni, quand on fit appel à lui, se trouvait au sommet de sa gloire. Il ne se rendit d'ailleurs pas compte du rôle qu'on souhaitait lui faire jouer. L'entreprise, et c'est l'essentiel, se trouvait faussée au départ. Loin d'opposer à Gluck, en la personne de Piccinni, un représentant typique de l'ancien opéra italien, et donc d'essayer de prouver que l'*opera seria* n'avait pas été détrôné par les « réformes » de l'auteur d'*Alceste*, on le fit travailler, lui aussi, sur un livret français (*Roland*), dans une langue qu'il savait à peine. Le succès d'*Armide* dépassa nettement celui de *Roland*. Avec *Iphigénie en Tauride*, Gluck obtint son plus grand triomphe. Piccinni parvint à s'imposer, mais avec l'un de ses anciens opéras bouffes, *La buona figliola* (1760), et non avec sa propre *Iphigénie en Tauride*. La bataille entre l'opéra « dramatique » (Gluck) et l'opéra « musical » (Piccinni) ne fut donc pas livrée. Et c'est Mozart qui, sur ces entrefaites, sans proclamations ni manifestes, devait montrer comment la transcender. M. V.

Questo vuol dire che... Œuvre de Luciano Berio pour 3 voix de femmes, petit chœur et bande magnétique, composée entre 1968 et 1969 à la suite d'une commande de la radio italienne et créée au Festival de Royan en 1969. Le point de départ en fut la réalisation d'une bande magnétique prenant appui sur des recherches effectuées à la Bell Telephone. S'attardant sur la matière des phonèmes, Berio tente ici une synthèse acoustique de la linguistique. Ainsi la bande se combine-t-elle avec un exposé sur la nasalisation. Cette technique vocale particulière est alors prétexte à introduire des exemples musicaux qui détruiront la linéarité technico-esthétique de la notion d'œuvre.

On assiste ici à la naissance d'une nouvelle conception-appréhension de l'œuvre *ouverte* : conception accueillant dès lors l'apport expressif personnel de l'instrumentiste confronté volontairement à son passé musical propre. Aussi l'œuvre est-elle aussi diverse que ses destinations peuvent être multiples (radio, télévision, théâtre, concert). La version de concert est la plus élaborée : la bande magnétique y est composée de sons vocaux (à partir de 7 émissions vocales de types différents concernant 7 notes auxquelles s'ajoutent des sons électroniques) et de sons choraux. Dans cette partition scientifico-musicale, la polyphonie est réalisée par l'imbrication de codes et de langages que Berio passe au tamis des procédés de la variation et du commentaire analytique. A. F.

Quinault (Philippe), poète et librettiste français (*Paris 1635*-id. *1688*). Après avoir été le valet de Tristan l'Hermite et écrit sa première comédie, *les Rivales*, à l'âge de dix-huit ans, il entre en 1655 au service du duc de Guise. Introduit dans les salons des « précieuses », il compose d'élégantes strophes pour les airs de cour mis en musique par M. Lambert, M. Le Camus, B. de Bacilly, etc. Son association avec Lully, dont il devient le fidèle librettiste, commence en 1671 avec un divertissement de cour, *Psyché*, en collaboration avec Molière et Corneille. Entre 1673 (*Cadmus et Hermione*) et 1686 (*Armide*), excepté pendant trois années de disgrâce, Quinault fournit les livrets de douze tragédies lyriques pour l'Académie royale de musique et son surintendant Lully. Jamais ce dernier n'accepte un sujet de Quinault sans l'avoir montré d'abord au roi.

La manière du poète de mêler à des sujets fondamentalement héroïques les douceurs de la pastorale nécessite la musique pour trouver sa pleine expression. De plus, il sait choisir les mots qui se chantent bien. Ses successeurs s'en souviennent et la réputation de Quinault sera durable : le livret d'*Armide*, par exemple, sera mis en musique par Traetta (1767), Gluck (1777) et le compositeur tchèque Mysliveček (1779), sans parler de ceux qui ont servi de modèles à d'autres librettistes. C. W.

Quinta pars (*ou* **Quinta vox**). Nom donné au XVIe siècle à la 5e voix d'une polyphonie de plus de 4 voix. Cette voix, à l'emplacement variable (on la dénomme parfois *vagans*), ne possède pas de nom spécifique du fait qu'on la considérait comme surajoutée au cadre normal de la polyphonie à 4 voix (*superius, altus, tenor, bassus*). On possède effectivement plusieurs pièces dont il existe deux versions, l'une à 4 voix (qui se suffit comme telle), l'autre avec ajout ultérieur d'une quinta pars, parfois même composée par un autre musicien (par exemple, le *Chant de l'alouette* de Clément Janequin, avec une quinta pars ajoutée par Claude Le Jeune). Au-delà de 5 voix (sexta pars, septima pars, etc.), la définition reste la même. J. C.

Quinte. — 1. **Intervalle** produit, dans la gamme diatonique, entre deux notes distantes de 5 degrés, départ et arrivée inclus. Employé absolument, le terme désigne la quinte « juste », c'est-à-dire répondant théoriquement à la définition acoustique du rapport 3/2 correspondant aux harmoniques n°s 2 et 3, abstraction faite des très légères différences d'intonation introduites par les divers tempéraments. Selon les degrés où elle se présente ou les altérations dont elle est affectée, la quinte peut être juste ou déformée. La quinte déformée (on disait autrefois « fausse quinte ») peut être soit augmentée (4 tons entiers, par exemple *fa-do* dièse), soit diminuée (2 tons entre 2 demi-tons, par exemple *si-fa*). La quinte déformée est considérée comme créant une tension qui demande résolution. Ce qui a été dit de la quarte au sujet de son importance structurelle (v. quarte) est également valable pour la quinte, et pour la même raison.
— 2. En **harmonie**, on donne le nom d'accord de « quinte à vide » à un accord parfait dont la tierce n'est pas exprimée. Le terme « accord de quinte » est en général évité à cause de son ambiguïté : il peut désigner en effet soit l'accord de quinte à vide, soit l'accord parfait intégral avec quinte et tierce.
— 3. En **organologie**, on donnait autrefois le nom de « quinte » à l'instrument à cordes de la famille des violes ou des violons qu'on désigne aujourd'hui sous le nom d'alto.
— 4. En **facture d'orgue**, on donne le nom de « jeu de quinte » à une famille de jeux de mutation faisant entendre soit la quinte de la fondamentale, soit (le plus souvent) l'une des octaves de cette quinte. Le plus

courant des jeux de quinte est le « nasard » qui fait entendre la 12e (harmonique 3).

— 5. Dans **l'ancien tempérament inégal,** pour obtenir des tierces justes (5/4) et des quintes justes (4/3) sur les accords les plus employés, on sacrifiait ceux qu'on estimait d'un emploi moins fréquent. En principe on calculait les touches noires sous forme de 3 dièses *(fa-do-sol)* et 2 bémols *(si-mi),* de sorte qu'on jouait pour *la* bémol une note accordée en réalité comme *sol* dièse, ce qui rendait particulièrement faux les accords où se trouvaient mêlés un dièse et un bémol. Le maximum de discordance apparaissait entre les notes extrêmes de la chaîne, soit entre un *la* bémol qui était accordé comme *sol* dièse et un *mi* bémol qui était bien accordé comme *mi* bémol. Cette quinte *la* bémol/*mi* bémol portait le nom de « quinte du loup ».   J. C.

QUINTE ET SIXTE (ACCORD DE). On nomme ainsi, en harmonie, le 1er renversement de l'accord de 7e mineure du IIe degré, placé en conséquence sur le IVe degré (en *do, fa-la-do-ré,* renversement de *ré-fa-la-do*). Il portait autrefois le nom d'*accord de grande sixte,* et exigeait résolution sur la dominante (sur son analyse, v. SUBSTITUTION 2).   J. C.

QUINTES (LES). Titre porté par le quatuor à cordes en *ré* mineur op.76 n° 2 (Hob.III.76) de Haydn, composé en 1797, à cause des deux quintes descendantes successives (*la-ré* et *mi-la*) qui ouvrent son allégro initial et en constituent la matière thématique principale. En fait, c'est d'un bout à l'autre que ce quatuor est imprégné non seulement par l'intervalle de quinte descendants, canons à la quinte, successions à découvert des notes de tonique et de dominante, etc.

Le menuet, parfois appelé *Menuet des sorcières* à cause de son caractère sardonique, est un canon à deux voix avec à chaque voix deux instruments se doublant à l'octave, et son thème n'est autre qu'une sorte de renversement de celui de l'andante qui précède : la quinte descendante *mi-ré-do-si-la* de la troisième mesure de l'andante devient quinte ascendante *ré-mi-fa-sol-la* à la troisième mesure du menuet. En outre, la quinte de l'andante se trouve précédée, et celle du menuet suivie (sous une forme plus cachée) d'une autre quinte (respectivement *si-mi* et *la-mi*), ce qui donne dans les deux cas un intervalle total de neuvième — descendante *(si-la)* dans l'andante et ascendante *(ré-mi)* dans le menuet —, tout en rendant les relations entre ces deux mouvements d'autant plus nombreuses et subtiles. Le thème principal du vivace final, page nettement « à la hongroise », débouche en la soulignant fortement sur la quinte ascendante *la-mi* déjà mise en évidence dans le menuet. Justement célèbre, le quatuor des *Quintes* fait partie d'une série de six dédiée au compte Joseph Erdödy*.   M. V.

QUINTETTE. Cette appellation s'applique en principe à toute pièce écrite pour 5 parties harmoniques réelles, soit vocales, soit instrumentales. À la fin du XVIe siècle et au début du XVIIe en relèvent par exemple une des trois messes de Byrd (à 5 voix), les madrigaux de Gesualdo et de Monteverdi, ainsi que beaucoup de pièces pour ensemble de violes. Les combinaisons de voix les plus utilisées sont alors 2 sopranos, alto, ténor et basse, ou encore soprano, alto, 2 ténors et basse, et sur le plan instrumental 1 dessus de viole, 3 violes intermédiaires et 1 basse de viole.

Ultérieurement s'affirma surtout l'écriture à 4 voix, tant pour les chœurs que pour la musique de chambre pour cordes seules (avec le remplacement définitif de la famille des violes par celle des violons) : à partir de 1770-1780, la norme en ce dernier domaine devint le quatuor à cordes (qui, il est vrai, supplanta essentiellement le trio à cordes, et non le quintette). D'admirables quintettes à cordes n'en furent pas moins écrits à la fin du XVIIIe siècle, mais de façon plus ou moins marginale (ce qui n'implique aucun jugement de valeur) : quintettes à 2 violoncelles (un second violoncelle s'ajoutant au quatuor à cordes) de Boccherini, quintettes à 2 altos de Boccherini, Michael Haydn et surtout Mozart (6). Toujours comme quintettes à cordes, on trouve au XIXe siècle ceux à deux altos de Beethoven (1), Bruckner (1) et Brahms (2), ainsi que celui à 2 violoncelles de Schubert, tandis que les 34 quintettes d'Onslow et l'opus 77 de Dvořák ajoutent au quatuor à cordes une contrebasse. Parallèlement, écrivirent des quintettes avec piano (quatuor à cordes et piano) des maîtres tels que Schumann, Brahms, Dvořák, Franck, Fauré, Ernest Bloch, Chostakovitch. Celui de Schubert dit *la Truite** ajoute au piano un trio à cordes (violon, alto, violoncelle) et une contrebasse. À noter que, dans le quintette avec piano, le critère d'appellation n'est pas le nombre de parties harmoniques réelles, mais le nombre d'instruments. D'autres quintettes opposent au quatuor à cordes un instrument à vent, les plus connus et les plus remarquables étant ceux avec clarinette de Mozart, Weber, Brahms et Reger. Enfin, toujours dans le domaine instrumental, existent un certain nombre de quintettes à vent (Reicha, Onslow, Taffanel, Nielsen, Schönberg).

En matière d'opéra, on appelle quintette toute scène ou tout épisode faisant appel à 5 chanteurs, cela sans tenir compte du rôle spécifique de l'orchestre : ont acquis une célébrité particulière les trois quintettes de *la Flûte enchantée* de Mozart, celui des *Maîtres chanteurs* de Wagner, celui du *Bal masqué* de Verdi, et celui de *Carmen* de Bizet.   M. V.

QUINTOLET. Groupe de 5 notes dont la valeur totale est la même que le groupe normal de 4 notes ayant même graphie dans la division ordinaire : ainsi une noire qui se divise normalement en 4 doubles croches se divisera en 5 doubles croches de quintolet. Il en est de même pour la mesure composée, mais en ce cas le quintolet peut prendre la graphie soit de la valeur supérieure, soit de l'inférieure (ainsi, à 6/8, la croche pointée se divise normalement en 3 croches ou 6 doubles croches, mais si elle se divise en 5, le quintolet pourra s'écrire à volonté en croches ou en doubles croches). Le quintolet se note en inscrivant le chiffre 5 surmonté d'un crochet ou d'une courbe de liaison au-dessus du groupe concerné.   J. C.

QUODLIBET (lat. ; « ce que vous voulez »). Locution désignant un morceau vocal ou instrumental dans lequel sont insérées ou enchaînées des citations de chansons plus ou moins populaires à titre d'amusement ou de moquerie (d'où le terme usuel de « quolibet »). La dernière pièce des *Variations Goldberg* de Bach est un quodlibet. Le genre a été surtout en vogue du XVe au XVIIIe siècle, mais il en subsiste des traces au XIXe (*Carnaval* de Schumann, morceau final). Le terme est surtout employé en Allemagne, mais possède ses équivalents ailleurs (*fricassée* en France, *ensalada* en Espagne). Il diffère du *centon* en ce que ce dernier, qui est généralement sérieux, vise à une nouvelle cohérence en reliant entre eux des fragments empruntés dont il cherche à faire oublier les origines, alors que lui les accuse, et aussi du *pot-pourri* en ce que, dans ce dernier, les emprunts sont juxtaposés plus ou moins sommairement, tandis que le quodlibet les insère dans un contexte qui conserve sa propre structure, soit accordée au caractère gai des citations, soit au contraire contrastant comiquement avec lui.   J. C.

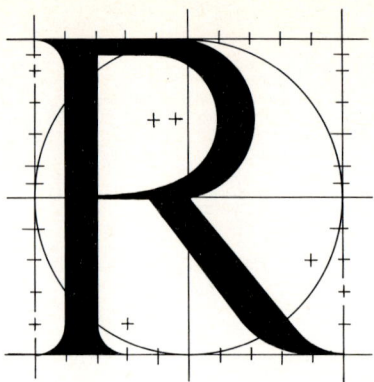

RABAUD *(Henri)*, compositeur et chef d'orchestre français *(Paris 1873 - Neuilly-sur-Seine 1949)*. Petit-fils du flûtiste Dorus et de la soprano Dorus-Gras, fils du violoncelliste Hippolyte Rabaud, il entra au Conservatoire de Paris en 1891 dans les classes de Taudon (harmonie), de Gédalge (contrepoint et fugue) et de Massenet (composition). Il obtint le prix de Rome en 1894 avec sa cantate *Daphné*.

Revenu de la villa Médicis, il organise avec Max d'Ollone des concerts de musique française à Vienne et à Rome, et se fait connaître comme compositeur avec *la Procession nocturne* jouée aux Concerts Colonne en 1899. Après avoir manifesté de la réticence envers Franck et Wagner, il commence à s'intéresser à eux, et cette double influence est sensible dans son oratorio *Job* (1900) qui porte l'empreinte du mysticisme franckiste et de celui de *Parsifal*. Quatre ans plus tard, l'Opéra-Comique crée son premier ouvrage lyrique, *la Fille de Roland* (1904), tiré de la tragédie d'Henri de Bornier : l'œuvre, d'une écriture souvent académique, n'obtient qu'un succès moyen.

De 1908 à 1914, Rabaud est chef d'orchestre à l'Opéra. En 1914, à la veille de la guerre, il connaît un triomphe avec *Marouf le savetier du Caire*, son œuvre maîtresse. De 1915 à 1917, il dirige les Matinées musicales de la Sorbonne, et en 1918 part pour les États-Unis comme chef d'orchestre du Boston Symphony Orchestra. Élu à l'Institut en 1919, il succède l'année suivante à Gabriel Fauré comme directeur du Conservatoire de Paris, poste qu'il conserve jusqu'en 1941. En 1924 et 1925, il signe respectivement les premières partitions originales écrites pour le cinéma muet : *le Miracle des loups* et *le Joueur d'échecs*, films de Raymond Bernard. 1938 le trouve en Amérique du Sud, où il dirige de nombreux concerts, et, de 1941 à 1946, il assure par intérim le poste de président-chef d'orchestre des Concerts Pasdeloup, en attendant le retour d'Albert Wolff, alors retenu en Argentine.

Rabaud a écrit de nombreuses musiques de scène, dont *Antoine et Cléopâtre* (1908), *le Marchand de Venise* (1917), adaptation de Népoty d'après Shakespeare, et *Pour Martine*, pièce de Jacques Bernard (1947). Son dernier ouvrage, *le Jeu de l'amour et du hasard*, un opéra-comique d'après Marivaux, resta inachevé et fut terminé par Max d'Ollone et Henri Busser. A. L. et S. W.

RAČEK *(Jan)*, musicologue tchèque *(Bucovive, Moravie, 1905 — Brno 1979)*. Il dirigea les archives musicales du Musée régional de Moravie (1930-1948) ainsi que le département d'ethnographie et de folklore de l'Académie des sciences à Brno (1948-1970). Il s'intéressa particulièrement à Smetana et à Janáček ainsi qu'à la musique tchèque des XVIIe et XVIIIe siècles, et fut le principal éditeur de la série *Musica antiqua bohemica*. M. V.

RACHMANINOV *(Serge)*, pianiste et compositeur russe *(Oneg 1873 - Los Angeles 1943)*. Manifestant de bonne heure des talents de pianiste, il entre à douze ans au conservatoire de Moscou dans les classes de Zverev (piano), Taneiev (contrepoint) et Arensky (composition). Il travaille également le piano avec son cousin A. Ziloti. En 1892, il obtient la médaille d'or du conservatoire pour son opéra *Aleko*. Il entame alors une brillante carrière de virtuose qui durera toute sa vie, et le fera reconnaître comme l'un des plus grands pianistes de son temps.

Son activité de compositeur, encouragée par Tchaïkovski, s'exprime dès 1892 dans des Pièces-fantaisies pour piano op. 3, une Fantaisie-tableau pour deux pianos op. 5 (1893), le poème symphonique *le Rocher* (1893), le *Trio élégiaque* (piano, violon, violoncelle ; 1892) à la mémoire de Tchaïkovski, ainsi que de nombreuses mélodies.

Mais, en 1897, l'échec de sa 1re symphonie paralysera sa créativité pendant près de trois ans. La même année, cependant, il est engagé comme chef d'orchestre à l'opéra privé de Mamontov à Moscou. Il s'y lie d'amitié avec Chaliapine. Ayant suivi un traitement de psychothérapie auprès du docteur Niels Dahl, il compose en 1901 son 2e concerto pour piano, qui reste son œuvre la plus populaire. La période 1901-1917 est la plus productive : Sonate pour piano et violoncelle (1901), *Variations sur un thème de Chopin* pour piano (1903), les opéras, *le Chevalier avare* écrit à l'intention de Chaliapine (1903-1905, créé le 24 janvier 1906), et *Francesca da Rimini* (1904-1905, créé le 24 janvier 1906), la 2e Symphonie (1907), le poème symphonique *l'Île des morts* (1909) d'après un tableau de Böcklin, le 3e Concerto pour piano (1909), et surtout des œuvres pour piano seul dont les deux cahiers de *Préludes* op. 23 et 32 (1901-1903 et 1910), les *Études-tableaux* op. 33 et 39 (1911 et 1916-17) et deux Sonates (1907 et 1913, rév. 1931).

Intéressé d'autre part par le renouveau qui s'élabore depuis la fin du XIXe siècle dans la musique religieuse, il compose pour solistes et chœur a cappella les deux cycles monumentaux de la *Liturgie de saint Jean Chrysostome* (1910) et des *Vêpres* (1915). En décembre 1917, profitant d'une tournée en Suède, il émigre. Il vit ensuite aux États-Unis jusqu'en 1928, puis en France et en Suisse, avant de retourner définitivement aux États-Unis en 1935.

Il ne s'adaptera jamais véritablement au mode de vie occidental et souffrira de la nostalgie jusqu'à la fin de ses jours. Son activité de concertiste lui assure pourtant la renommée et la fortune. Mais, au cours de ses vingt dernières années, ses œuvres s'espacent. Si le 4e concerto pour piano (1926, rév., 1941) porte l'empreinte de la musique américaine et apparaît moins personnalisé que les autres, c'est un Rachmaninov d'une incontestable originalité qu'on découvre dans la *Rhapsodie sur un thème de Paganini* pour piano et orchestre (1934), et dans les *Variations sur un thème de Corelli* (1931), qui sont un des sommets de ce genre dans la littérature pianistique. Sa 3e Symphonie (1936, rév., 1938) est traversée d'un souffle épique. Son testament musical est constitué par les *Danses symphoniques* (1940).

Contemporain de Scriabine, de Ravel et de Bartók, Rachmaninov, immuablement attaché au système tonal, est sans conteste le dernier compositeur romantique, dans la lignée de Chopin, de Liszt et de Tchaïkovski, ses trois principaux modèles. Si cela explique le peu d'estime que lui portent les musicologues, sa faveur auprès des mélomanes et des interprètes n'en a jamais souffert. Il serait inexact de voir en Rachmaninov un compositeur exclusivement imitatif. Son style pianistique en particulier et son invention mélodique possèdent un cachet indiscutablement personnel. Son lyrisme tourmenté, tumultueux, douloureux n'est pas une prise de position délibérée par rapport à un courant esthétique, mais le reflet direct de sa personnalité nerveuse, angoissée et introvertie.

La totalité de son œuvre pianistique a survécu, même si le succès démesuré du 2e Concerto ou du Prélude en *ut* dièse mineur a pu nuire à d'autres compositions non moins intéressantes. Parmi ses nombreuses mélodies, certaines font partie du répertoire courant des chanteurs *(les Eaux printanières, le Lilas, Chanson géorgienne, Le Christ est ressuscité, Vocalise)*. Ses opéras connaissent relativement peu les faveurs de la scène, en dépit de pages d'une incontestable puissance dans *le Chevalier avare* et dans *Francesca da Rimini*. De son œuvre symphonique, *l'Île des morts* est un chef-d'œuvre trop peu connu, dans lequel Rachmaninov se montre authentiquement symboliste. Le thème du *Dies irae* médiéval qui s'y profile a également trouvé place dans la *Rhapsodie sur un thème de Paganini* et dans les *Danses symphoniques*, ces diverses citations reflètent la crainte latente et constante de la mort. Le même pessimisme se retrouve dans la cantate *les Cloches* (1913) sur un poème de Balmont.

Rachmaninov a laissé un grand nombre d'enregistrements de ses œuvres et de celles d'autres auteurs, qui révèlent une interprétation fortement personnalisée, bien que contestable dans certains cas (la *Marche funèbre* de Chopin). Les œuvres pour piano et violon jouées avec Kreisler constituent des documents inoubliables.　　　　　　　　　　　　　　　　　A. L.

RACINE (Jean), poète dramatique français *(La Ferté-Milon 1639 - Paris 1699)*. C'est seulement vers la fin de sa carrière, et en liaison avec son retour à la religion, qu'il s'est rapproché de la musique. Jusque-là, diverses tentatives d'écrire des livrets d'opéras étaient restées sans suite marquante : vers 1674, à la suite d'une brouille entre Lully et Quinault, son librettiste attitré, Madame de Montespan aurait demandé à Racine d'écrire pour le maître italien. Avec l'aide de Boileau, il aurait ainsi esquissé une *Chute de Phaéton*. La réconciliation de Quinault avec Lully vint enterrer le projet. En 1677, il aurait travaillé de nouveau avec Boileau sur un sujet proposé par Louis XIV. Les mêmes, en 1683, écrivent pour une fête un petit opéra, dont apparemment on n'a pas de traces. En 1685, Racine rédige pour Lully le livret, celui-là conservé, mais assez anodin, d'une cantate, l'*Idylle de la paix*, destinée à une cérémonie offerte à Louis XIV, dans le château de Sceaux, et qui chante les louanges de ce roi guerrier, présenté comme un pacificateur.

L'*Iphigénie* de Racine avait été jouée en 1680 à Saint-Germain avec des interludes musicaux, mais son premier contact important avec la musique se produit quand il écrit, en 1688-89, *Esther*, un drame biblique pour les demoiselles de Saint-Cyr, qui le créent en janvier 1689 : il conçoit alors cette pièce sur le modèle de la tragédie grecque, réalisant un ancien projet, qui était « de lier (...) le chœur et le chant avec l'action, et d'employer à chanter les louanges du vrai Dieu cette partie du chœur que les Anciens employaient à chanter les louanges de leurs fausses divinités ». *Esther* comporte donc des airs et des chœurs de jeunes filles israélites, écrits pour ensemble vocal et voix solistes, et mis en musique par Jean-Baptiste Moreau, maître de musique du roi.

Ce fut le même compositeur qui devait faire la musique de la seconde pièce biblique de Racine, *Athalie*, écrite en 1691 pour la même destination que la première, à la demande de Madame de Maintenon. Dans la préface d'*Athalie*, l'auteur réaffirme son intention d'« imiter des Anciens (Grecs) cette continuité d'action qui fait que le théâtre ne demeure jamais vide », en se servant de la musique et des chœurs pour lier l'action. La pièce comporte notamment une scène de prophétie où le grand prêtre Joas, introduit par une « symphonie » de l'orchestre, prédit la ruine du Temple de Jérusalem et la venue du Sauveur. Cette scène, disait Racine, justifiait l'intervention d'interludes symphoniques par « la coutume qu'avaient plusieurs prophètes d'entrer dans leurs saints transports au son des instruments », et l'on y voit Joas lui-même inviter les instruments à jouer (« Lévites, de vos sons prêtez-moi les accords »).

En 1694, retiré de la carrière dramatique, Racine écrivit encore quatre très beaux *Cantiques spirituels* que Jean-Baptiste Moreau mettait en musique la même année *(A la louange de la Charité, Sur le bonheur des justes et le malheur des réprouvés, Plaintes d'un chrétien, Sur les vaines occupations des gens du siècle)*. Louis Marchand, Michel Richard de La Lande, Pascal Collasse, et d'autres, devaient après Moreau s'attaquer à ces textes très propices à la musique. Le *Cantique de Jean Racine*, de Gabriel Fauré, œuvre de ses débuts, utilise non pas un de ces cantiques, mais un des *Hymnes traduits du bréviaire romain*, écrits sans doute par Racine dans sa jeunesse à Port-Royal.

Le génie de Racine est tellement lié à sa langue, plutôt qu'à son « dramatisme », qu'on connaît peu d'opéras marquants qui ont été inspirés par ses tragédies (sauf injustice de la postérité). On citera l'*Andromaque* de Sacchini (1761), et celle de Paisiello (1797), l'*Athalie* de Gossec (1791), et celle de Boieldieu (1810) [ainsi que la musique de scène de Mendelssohn pour cette pièce, 1843], une *Bérénice* de Piccinni (1765), un *Britannicus* de Graun (1751), une *Esther* de Haendel (1720) et une adaptation de Darius Milhaud (*Esther de Carpentras*, 1937), des *Mithridate* de Porpora (1730), Graun (1750), Mozart (1770). On peut citer aussi, dans l'époque contemporaine le ballet *Phèdre* de Georges Auric (1950), sur un argument de Jean Cocteau d'après Racine, et la musique de scène de Pierre Schaeffer, musique « concrète » composée en 1960 pour la tragédienne Marie Bell.　　　　　　　　　　　　M. C.

RACZ (Aladar), virtuose du cymbalum et compositeur hongrois *(Jaszapati 1886 - Budapest 1958)*. Dès 1894, il joua dans des orchestres tziganes, en particulier dans celui de Laci Racz (simple homonyme), qui le décida à entreprendre une carrière de virtuose du cymbalum. Il se rendit à Paris et Genève, où il rencontra Stravinski *(Ragtime)* et Ansermet, et fit du cymbalum un instrument soliste dont il modifia complètement la technique. Il transcrivit pour lui de nombreuses pièces pour clavecin, écrivit lui-même des fantaisies ainsi que des danses ou rhapsodies hongroises, roumaines ou serbes, et forma toute l'école hongroise actuelle aux sortilèges du cymbalum.

　　　　　　　　　　　　　　　　　　　　P.-E. B.

RADAMISTO. Opéra de G. F. Haendel, sur un livret de Nicolo F Haym d'après un drame musical anonyme tiré de Tacite, composé à la fin de 1719 ou au début de 1720 et créé au King's Theatre de Haymarket à

Londres, le 27 avril 1720. Du vivant de Haendel, *Radamisto* connut une très belle carrière et la création valut à son auteur un véritable triomphe.

Le livret, qui peut apparaître quelque peu compliqué aujourd'hui, est un modèle de simplicité et d'efficacité pour le XVIIIe siècle.

Tiridate destitue sa femme, la douce reine Polisena et, afin de mieux séduire sa belle-sœur, Zenobia, femme de Radamisto, envahit les terres de ce dernier. Pour éviter de périr dans la bataille, Zenobia se jette dans l'Araxe ; la croyant morte — elle sera naturellement sauvée et reparaîtra à la fin —, Radamisto lui adresse un émouvant adieu (largo «Ombra cara»). Par amour pour son mari, Polissena adjure encore son frère Radamisto de faire taire ses désirs de vengeance. Mais lorsque Tiridate, dont il est devenu le prisonnier, se montre sourd aux prières qu'elle lui adresse, alors Polissena éclate, et, tandis qu'elle avait jusque-là fait preuve d'amour et de clémence, poursuit d'une haine inexorable celui qui l'a si ignominieusement bafouée.

La partition est l'une des plus réussies de Haendel à cette époque. En offrant soit de nombreux éléments purement descriptifs (la bataille du premier acte par exemple), soit, mieux encore, une étude et une évolution approfondie des caractères, le livret de Haym permettait au musicien de mettre ses dons en valeur. De fait, l'histoire, les mobiles, les réactions psychologiques sont crédibles, car plausibles, et vraies à force de vraisemblance. En abordant ses protagonistes doués d'une dimension véritablement humaine, Haendel s'est senti intéressé par eux et leur sort. D'où la sincérité marquée, évidente de sa musique, vivante, directe, émouvante.
J. G.

RADOM (*Nicolas de* ou RADOMSKI), claveciniste polonais *(première moitié du XVe s.).* Il entra au service de la reine Sophie vers 1422 et est aujourd'hui considéré comme l'un des tout premiers polyphonistes polonais particulièrement représentatif de l'Ars Nova. Neuf de ses œuvres ont pu être conservées, dont un *Magnificat*, un hymne à la ville de Varsovie, *Et in terra*, composition à 3 voix, et *Hystriographi aciem mentis*, d'une qualité d'écriture comparable aux plus grandes œuvres des centres musicaux européens les plus réputés.
D. et J.-Y. B.

RADULESCU (*Horatiu*), compositeur français d'origine roumaine (*Bucarest 1942*). Il fait ses études de composition à Bucarest (1er Prix nommé à l'Académie en 1969), puis suit les cours de Darmstadt et travaille notamment avec Stockhausen, Ligeti, Xenakis et Kagel. Dans sa pensée théorique comme dans sa musique, il remet radicalement en question le matériau et la forme, abolissant la notion d'échelle et de division égale et tempérée du continuum sonore. Le concept le plus général de sa démarche part du fait que l'art musical doit être tout autre chose que la réalité, c'est-à-dire qu'il doit créer un état plutôt qu'une action. Son système de pensée aborde plusieurs chapitres qui doivent être regardés comme des systèmes interdépendants : l'espace infini du son, de toute information auditive, se déployant entre les « points cardinaux » suivants : *N* (noise : bruit, qui représente l'apériodicité et le caractère nébuleux du spectre), *S* (sound : son, spectre «serein», cristallisation des composantes fréquentielles dans une géologie exponentielle, périodicité, composition du timbre, matière du son). Si les deux pôles *Noise* et *Sound* caractérisent la qualité de la matière sonore, deux autres pôles caractérisent la quantité de passage dans le temps qui, hors du temps, est aussi une qualité de densité : *W* (width : largeur, agglomération, grande densité spectrale) et à l'opposé *E* (élément, filtré jusqu'au faisceau sonore). Les sources globales du son qui sont, selon Radulescu, historiquement au nombre de cinq : *L* (langage articulé), *I/O* (instrument/objet sonore), *H* (source humaine abstraite, par exemple voix et sifflements simultanés), *N* (phénomènes acoustiques purement naturels) et *E* (sons électroniques, computers, etc.) : il s'agit pour le compositeur d'analyser les situations (les «points cardinaux» de l'espace infini du son) comme les sources globales du son, qu'elles soient intérieures à nous *(L* et *H)*, tangentes à nous *(I/O* et *E)* ou extérieures à nous *(N)* de telle manière que la cause et l'effet du résultat sonore soient sans cesse cachées. Si l'on réussit à les rendre effectivement non décelables, on arrive à créer un monde non-manufacturé, à dépasser l'état artisanal de l'art ainsi qu'à cerner les notions de plasma sonore et d'analyse spectrale infinitésimale.

« Savoir voyager dans un tel espace de son veut dire dépasser une vitesse terrestre, celle des quatre écritures historiques de la musique (monodie, polyphonie, homophonie, hétérophonie) qui étaient ancrées dans l'action sonore et le geste acoustique, pour créer un *état sonore* sur l'émanation de ces écritures, état qui ne pourra plus se réduire à une analyse quelconque de l'une de ces quatre écritures du passé. C'est pour cela que le rythme, aussi bien micro que macro-formel, ainsi que l'intense vie de la dynamique (intensité) deviennent le résultat de véritables *pulsations* spectrales... A la base de beaucoup de mes œuvres, les sons fondamentaux utilisés sont très souvent déduits eux-mêmes des composantes fréquentielles d'un spectre unique, c'est-à-dire des harmoniques naturelles, cellules du timbre qui sont émancipées elles-mêmes des organismes-sons, ce qui assure une grande soudure et une grande unicité à l'« être-musique ». La vie de la dynamique et du timbre de chacun des sons ainsi choisis est tellement intense qu'elle crée d'elle-même une pulsation spectrale originale. On déclenche et on dirige des micro-phénomènes sonores qui composent comme des vecteurs le macro-organisme de la partition entière » (H. Radulescu).

Radulescu a composé à ce jour 43 œuvres dont les plus révélatrices sont sans doute *Cradle to Abysses opus 5* pour piano (1967-68), *Vies pour les cieux interrompus opus 6* pour quatuor à cordes, deux «écho-pianos» et six bandes magnétiques (1966-1971), *Taaroa opus 7* pour orchestre (1968-69), *Credo opus 10* pour neuf violoncelles solistes (1969-1976), *Everlasting longings opus 13a* pour vingt-quatre cordes (1971), *Capricorn's Nostalgic Crickets opus 16* pour sept bois (sept flûtes ou sept hautbois ou sept clarinettes, etc.) [1973], *Wild Incantesimo opus 17b* pour neuf orchestres (1969-1978), *Lamento di Gesu* pour grand orchestre *opus 23* (1973-1975), *A doïni opus 24a* pour dix-sept musiciens jouant d'«icônes de sons» (pianos verticaux) [1974], *Doruind opus 27* pour 48 voix solistes a cappella (14 sopranos, 10 altos, 10 ténors, 14 basses) [1976], *Ecou Atins opus 39* pour flûte (aussi flûte-basse), cor, violoncelle, voix de soprano et cordes de piano (1979), *The outer time opus 42* pour vingt-trois flûtes solistes (1979-1980), *Iubiri opus 43* pour seize musiciens (deux flûtes piccolos, aussi flûte-basse et flûte-contrebasse, deux clarinettes piccolos, aussi clarinette-basse et clarinette en *si* bémol, deux contrebassons, aussi bassons, 1 cor, 1 trompette, 1 trombone, 2 percussions, 2 violons, alto, violoncelle, contrebasse) et bandes magnétiques (1980-81). En préparation : *Lucero* pour très grand orchestre, *«These occult-oceans»* pour 16 voix solistes a cappella, *«Incandescent serene»* pour vingt-trois musiciens ou plus, jouant de flûtes, cors, altos et contrebasses et huit canaux électro-acoustiques.
P. S.

RAGTIME (de l'angl. *ragged*, « heurté », « haché », « désordonné »). Style de piano en vogue entre 1896 et 1917, qui naquit dans le Missouri et fut, avec le blues*, un des éléments constitutifs du jazz. Musique écrite et publiée, jouée à l'origine en tempo modéré, le ragtime, qui, à la différence du blues, se veut gai et enjoué, se compose généralement de quatre parties ou « strains » (airs) de seize mesures avec reprise disposées selon le schéma AABBACCDD, avec modulation et parfois interlude de deux ou quatre mesures entre chaque partie. Cette coupe typiquement occidentale est inspirée de la polka et du quadrille, mais plus encore, certainement, des marches militaires jouées par les fanfares alors très répandues aux Etats-Unis, et qui finirent par inscrire elles-mêmes des cakewalks et des ragtimes à leur répertoire.

Rythmiquement, on fait dériver le ragtime d'une danse de plantation appelée « cakewalk » (le pas du gâteau) : sur un rythme à 2/4 fortement marqué par la main gauche (influence de la marche), la main droite joue une mélodie très syncopée basée sur une succession théorique de huit doubles croches accentuées selon un décalage ternaire.

Cette façon de diviser la mesure selon une constante qui relève plus de la métrique que de l'accentuation proprement dite trahit, selon Borneman, « une origine et une approche incontestablement africaines ». Ainsi, le plus européen des matériaux du jazz renvoie quand même, au-delà de l'harmonie occidentale, aux sources africaines.

Forme fixe à l'origine, le ragtime (on dit également : rag) évoluera rapidement, ne gardera plus que deux parties (dont, généralement, la troisième de la forme originale), se jouera en tempo plus rapide, intégrera les *blue notes* qui lui étaient étrangères à ses débuts et laissera une large place à l'improvisation. Ainsi se fera le passage au jazz et au style de piano *stride* illustré par l'école de New York avec James P. Johnson, Fats Waller, etc. J. B. H.

RAGTIME. Œuvre pour 11 exécutants et 14 instruments (flûte, clarinette, cor, cornet à piston, trombone, grosse caisse, caisse claire à corde, caisse claire sans corde, cymbales, cymbalum, 2 violons, alto et contrebasse) d'Igor Stravinski, composée à Morges en 1918 et créée à l'Aeolian Hall de Londres le 27 avril 1920 sous la direction d'Arthur Bliss. Sa durée est de 4 minutes, et le compositeur en réalisa une réduction pour piano. Stravinski poursuit ici la voie explorée dans le ragtime de l'*Histoire* du soldat*. Le cymbalum joue un rôle prédominant et, d'un bout à l'autre, la mesure reste à 4/4, ce qui donne aux perpétuelles syncopes une importance accrue. M. V.

RAIMBAUT DE VAQUEIRAS, troubadour provençal *(Vaqueiras, Vaucluse, 1150 - Salonique 1210)*. Il fut au service des princes d'Orange, des Baux et surtout de Boniface de Montferrat qu'il accompagna à la guerre de Sicile (1194) et à la croisade de 1202. Il s'éprit de Béatrice de Montferrat, sœur de Boniface, qui fut l'objet de plusieurs de ses chants, en particulier le *Calenda maia*, qui devint une célèbre danse de jongleurs. On lui doit une vingtaine de chansons d'amour, plus spirituelles que passionnées, et des sirventes étincelants de verve guerrière relatifs à la croisade de 1202. Il composa également des albas, des coblas, des descorts et des tensos, toutes pièces provençales, dont une trentaine ont été conservées. Il chanta enfin les fêtes qui saluèrent la nomination de son protecteur à la couronne du royaume de Salonique. S. W.

RAIMON DE MIRAVAL, troubadour de la région de Carcassonne *(actif v. 1180-1215)*. Son nom apparaît dans les documents allant de 1157 à 1213, mais ceux-ci ont probablement trait à plusieurs personnes différentes. Protégé par le comte Raymond VI de Toulouse, il perdit ses biens lors de la croisade des Albigeois et mourut peut-être au monastère de Lerida, en Espagne. Lui sont attribuées 47 pièces, dont 22 avec notation musicale. M. V.

RAISON *(André)*, compositeur et organiste français *(? v. 1640 - Paris 1719)*. En 1666, il fut nommé titulaire de l'orgue de l'abbaye de Sainte-Geneviève-du-Mont, où il avait fait ses études. Il conserva ce poste jusqu'en 1716, tout en étant organiste des jacobins de la rue Saint-Jacques à partir de 1687. Ses œuvres consistent en deux livres d'orgue, comme en publiaient alors les maîtres organistes. Son *Premier Livre d'orgue* (1688) se compose de *Cinq Messes suffisantes pour tous les tons de l'Église*, suivies de *Offerte du Ve Ton*, « *le Vive le Roy des Parisiens à son entrée à l'hostel de Ville le 30e janvier 1687* », à laquelle J.-S. Bach emprunta un fragment du thème de sa *Passacaille en « ut » mineur*. Dans sa préface, l'auteur indique que ses messes « peuvent aussi servir en *Magnificat* pour ceux qui n'ont pas besoin de Messe » ; il précise en outre que chaque morceau présente un rapport avec une danse donnée, et qu'il faut les jouer « avec le même air qu'au clavecin », mais plus lentement, « à cause de la sainteté du lieu ».

Brillant exécutant et improvisateur, il ne fait pas appel au plain-chant pour les différentes parties de ses messes, mais révèle un sens aigu de la couleur et de la registration, qu'il prend soin d'expliquer en préface. Son *2e Livre d'orgue* (1714), moins important, contient des pièces diverses « *sur les acclamations de la paix tant désirée* » (paix d'Utrecht ou de Rastatt), et des noëls variés ; il est précédé d'un avis donnant des conseils sur la registration à l'orgue. Raison eut pour élève Clérambault, qui lui dédia son propre *Livre d'orgue* en 1710. G. C.

RAITIO *(Väinö)*, compositeur finlandais *(Sortavala 1891 - Helsinki 1945)*. Il a tiré le meilleur parti de ses études à Moscou (1916-17), Berlin (1921) et Paris (1925-26), et on peut le considérer, à côté de A. Merikanto, comme le représentant dans son pays du mouvement radical des années 20, qui les situe à la charnière des tendances qui existent au même moment en France, en Russie et en Allemagne. Visionnaire de tempérament, Raitio est un impressionniste introverti qui excelle dans les tableaux symphoniques (*Joutsenet*, « les Cygnes », 1919 ; *Kuutamo Jupiterissa*, « Clair de lune sur Jupiter », 1922), œuvres d'une grande richesse, rattachées à l'esthétique impressionniste nordique, tout comme *Puistokuja* (« l'Avenue », 1926) pour soprano et orchestre. Son orchestre est particulièrement remarquable dans une tradition qui allie Scriabine, R. Strauss et Debussy. Dans les années 30, il se consacre à la scène et écrit des ballets et des opéras qui, à l'inverse de son œuvre orchestrale, n'ont pas franchi les frontières de son pays. H.-C. F.

RAKASTAVA *(l'Amant)*. Œuvre de Jean Sibelius (op. 14) écrite en 1893 pour chœur d'hommes a cappella (avec ténor solo) sur trois chants (173, 174 et 122) du *Kanteletar* qui donnèrent leurs titres respectifs — *Où est ma bien-aimée*, *le Chemin de ma bien-aimée* et *Bonsoir mon petit oiseau (ma bien-aimée), adieu* — à chacun des mouvements. Cette version originale, composée pour un concours où elle n'obtint que le second prix, fut créée à Helsinki le 28 avril 1894. Sibelius en réalisa un arrangement avec accompagnement d'orchestre à cordes en 1894, et un autre pour chœur mixte a cappella en 1898.

En 1911, il réécrivit complètement l'ouvrage sous une forme purement instrumentale (orchestre à cordes, triangle et timbales), faisant passer par la même occasion sa durée de huit minutes environ à une douzaine. Cette version instrumentale est de loin la plus connue, du moins hors de Finlande, mais la version originale pour chœur d'hommes est tout aussi remarquable : dans un cas comme dans l'autre, les effectifs choisis, pourtant fort différents, sont utilisés avec une maîtrise telle qu'on ne saurait en imaginer d'autres. M. V.

RAKE'S PROGRESS (THE) [angl. ; « le Libertin »]. Opéra en 3 actes et un épilogue d'Igor Stravinski sur un livret de Wystan Hugh Auden écrit en collaboration avec Chester Kallmann et inspiré de William Hogarth, composé entre 1948 et 1951 et créé au théâtre de la Fenice de Venise le 11 septembre 1951 sous la direction du compositeur et avec Elisabeth Schwarzkopf dans le rôle d'Anne.

L'action se déroule en Angleterre au XVIIIe siècle, et s'étend sur une année, du printemps au printemps.

ACTE PREMIER. Scène I. (Dans le jardin de la maison de Trulove, une après-midi de printemps.) *Tom Rakewell (t), fiancé à Anne (s), fille de Trulove (b), apprend d'un certain Nick Shadow (bar) qu'il a hérité d'une grosse fortune. Ayant rassuré Anne, Tom se met en route vers Londres accompagné de Nick, qui entre à son service sans rien demander en échange. Les deux compères conviennent de régler leurs comptes dans un an et un jour.* Scène II. (A Londres dans la maison close de Mother

Goose (ms), durant l'été.) *Tom s'y laisse aller à la débauche en compagnie de jouisseurs et de femmes de mauvaise vie.* Scène III. (Dans le jardin de la maison de Trulove, une nuit d'automne.) *Restée sans nouvelles, Anne, inquiète, part pour Londres sans que son père le sache, pour porter secours à Tom.*
ACTE II. Scène I. (Chez Rakewell à Londres, un matin d'automne.) *Rakewell a dilapidé sa fortune. Il se laisse persuader par Nick d'épouser, pour vivre vraiment en dehors de toute morale, Baba la Turque* (ms), *femme très riche mais monstrueuse, dotée d'une barbe fleurie et qui s'expose dans les fêtes foraines.* Scène II. (La rue devant chez Rakewell, au crépuscule à l'automne.) *Tom et Baba la Turque, devenue son épouse, passent en chaise à porteur. Anne arrive. Tom affecte l'indifférence, mais en réalité les paroles d'Anne le troublent profondément. Baba la Turque exhibe sa barbe aux applaudissements de la foule.* Scène III. (Chez Rakewell, un matin d'hiver.) *Tom s'est lassé de Baba la Turque, et souhaite se lancer dans les affaires. Nick lui procure une étrange machine capable de transformer toute pierre en pain. Tom s'imagine pouvoir, grâce à elle, abolir la pauvreté et la faim.*
ACTE III. Scène I. (Chez Rakewell, une après-midi de printemps.) *Tom a achevé de dilapider sa fortune, et sa maison est mise aux enchères par Sellem* (t). *Baba la turque révèle à Anne que Tom n'a cessé de l'aimer, puis retourne à ses fêtes foraines.* Scène II. (Dans un cimetière, le même soir.) *Tom apprend que Nick n'est autre que le diable, qui maintenant réclame son âme. Les deux décident finalement que le sort de Tom se jouera aux cartes. Grâce au souvenir d'Anne, c'est Tom qui gagne. Il conserve la vie sauve, mais Nick lui ôte la raison et le précipite dans une fosse.* Scène III. (L'asile de Bedlam.) *Tom s'imagine être Adonis, voit dans les autres pensionnaires de l'asile divers personnages mythologiques, et attend l'arrivée de Vénus. Anne arrive, feint d'être Vénus, et chante une berceuse à Tom, qui parvient à s'endormir. Elle s'éloigne avec Trulove. Tom se réveille, se souvient, appelle Vénus et meurt.*
ÉPILOGUE. *Anne, Baba, Trulove et Nick, sans perruques, tirent la morale de l'histoire : pour les cœurs et les mains oisifs, le diable trouve toujours une occupation.*

The Rake's Progress fut la dernière grande œuvre de la période néoclassique de Stravinski, et retrouve la division en numéros (airs, ensembles, récitatifs) de l'opéra du XVIIIe siècle. Les souvenirs de Mozart, en particulier de celui de *Don Giovanni* et de *Cosi fan tutte,* sont nets, mais ce sont aussi Rossini, Bellini et Donizetti qui se trouvent pastichés. Compte non tenu de *Babel,* cet opéra est le premier ouvrage de Stravinski en langue anglaise. M. V.

RAMEAU (Jean-Philippe), compositeur français *(Dijon 1683 - Paris 1764).* Il est fils de Jean Rameau, organiste à Saint-Bénigne, à Notre-Dame et à Saint-Étienne de Dijon. Après des études générales médiocres, il quitte Dijon à dix-huit ans pour l'Italie, où il ne reste que quelques mois, sans dépasser Milan : il le regrettera plus tard. La première partie de sa carrière est décousue et on a peine à le suivre à la trace : organiste à Notre-Dame-des-Doms d'Avignon (1702), puis de la cathédrale de Clermont (1702) pour six ans ; mais dès 1706, il est à Paris, organiste des jésuites de la rue Saint-Jacques et des pères de la Merci, et y publie son *Premier Livre de pièces de clavecin* (1706). Il succède à son père à Dijon (1709), se retrouve organiste des jacobins à Lyon (1713). Il semble avoir séjourné à Montpellier, avant qu'on ne le retrouve à Clermont, poste qu'il quitte à nouveau avant le terme pour se fixer à Paris (1723), où il restera jusqu'à sa mort : il y a été précédé par la publication de son *Traité de l'harmonie réduite à ses principes naturels* (1722) qui a fait sensation.

Organiste des jésuites et de Sainte-Croix-de-la-Bretonnerie, il publie un *Deuxième Livre de pièces de clavecin* (1724), se marie (à quarante-deux ans) avec une jeune fille de dix-neuf ans, Marie-Louise Mangot (1726), écrit un second ouvrage, *le Nouveau Système de musique théorique,* et travaille pour le théâtre de la foire Saint-Germain. Le fermier général La Pouplinière le prend sous sa protection et lui fait pénétrer le milieu intellectuel et artistique de son temps. Il tente en vain d'obtenir un livret d'opéra de Houdar de la Motte ; Voltaire écrit pour lui le livret de *Samson,* dont il commence la composition : mais la pièce est interdite. Enfin, l'abbé Pellegrin lui propose *Hippolyte et Aricie* qui est représenté à l'Académie royale en 1733 : Rameau a cinquante ans. Cette œuvre fait scandale par sa trop grande richesse musicale et la remise en cause de l'orthodoxie lulliste.

Désormais, la vie de Rameau se confond pratiquement avec celle de ses opéras. De 1733 à 1749, paraissent les six grands chefs-d'œuvre que sont *les Indes galantes* (1735), *Castor et Pollux* (1737), *Dardanus* et *les Fêtes d'Hébé* (1739), *Platée* (1745), *Zoroastre* (1749). Entre-temps, il publie, en 1728, un troisième volume de *Pièces de clavecin* et, en 1741, les *Pièces de clavecin en concert.* Depuis 1745, il est compositeur de la Chambre du roi, universellement admiré et comblé d'honneurs.

C'est alors qu'éclate la Querelle des bouffons, à l'occasion des représentations de *La Serva padrona* de Pergolèse (1752), au cours de laquelle les « philosophes » vont mener une attaque en règle contre la tradition française de l'opéra. Autour de Diderot, Grimm et Rousseau, qui a rédigé les articles musicaux de *l'Encyclopédie,* se constitue l'opposition à Rameau, d'où un échange de libelles, au premier rang desquels on trouve la *Lettre sur la musique française* de Rousseau (1754) et les *Erreurs sur la musique dans l'Encyclopédie* de Rameau (1755).

Rameau compose régulièrement durant ses dernières années, et ses dernières œuvres, *les Paladins* (1760) et *les Boréades* (en répétition à sa mort et jamais représenté) ne sont pas les moins puissantes. Il meurt plus qu'octogénaire en 1764. Il était immense et maigre, solitaire et taciturne ; ses contemporains l'ont exagérément dépeint comme sec, avare et rude. Il était plus sensible qu'ils ne l'ont dit, et ses collègues musiciens, dans la mesure où ils étaient compétents, n'ont jamais eu à se plaindre de lui.

La musique sacrée. Des nombreuses années durant lesquelles Rameau fut organiste et maître de chapelle, il ne reste que 4 motets, un cinquième douteux, et une petite œuvre à une voix qui peut lui être attribuée. Le *Deus noster refugium* (Lyon, av. 1716) est ample mais froid. *In convertendo* et *Quam dilecta* (Lyon, v. 1718-1720) sont, en revanche, des œuvres remarquables. Rameau reprend la tradition française du motet à grand chœur et petit chœur avec symphonie, mais déploie une science déjà consommée et, en particulier dans le dernier, une inspiration soutenue. *Laboravi* est une œuvre à cinq voix sans orchestre ni solistes, d'un seul tenant (Clermont, av. 1722).

Les cantates profanes. Composées entre 1720 et 1730, elles sont la préparation directe de Rameau à l'art dramatique. Elles ressortissent au genre de la *cantate française,* qui fleurit durant les trente premières années du XVIIIe siècle : opéra en miniature, généralement à une voix, avec une basse continue et parfois un ou deux instruments. Rameau a dû en composer plus que les six qui nous restent. On peut dater *les Amants trahis, Orphée, l'Impatience* d'avant 1722 ; *Thétis, Aquilon et Orithie* d'avant 1727 ; *le Berger fidèle* a été chanté en 1728. Composées d'une succession de récitatifs et d'airs, elles témoignent d'une parfaite maîtrise, mais d'un art encore impersonnel, fortement marqué par l'influence italienne : mais quelques pages sont remarquables. Rameau a inséré des fragments de ses cantates dans ses œuvres ultérieures (v. ORPHÉE et THÉTIS).

L'œuvre pour clavecin. Elle se répartit en trois *livres* auxquels s'ajoutent les *Pièces de clavecin en concert* (1706, 1724, 1728, 1741). L'évolution est assez claire. Dans le *Premier Livre,* un art assez traditionnel consistant en une suite précédée d'un prélude non mesuré : l'influence de Louis Marchand est assez évidente, malgré une écriture personnelle, austère et ferme. Le *Deuxième Livre,* dix-huit ans plus tard, marque une évolution très nette : la forme de la suite s'efface, et on a dix-huit pièces librement réunies en deux groupes. Les danses y alternent avec des pièces libres, descriptives, évocatrices ou pittoresques. D'écriture et de sensibilité plus légères, elles évoquent, avec une fermeté plus grande, Couperin. Dans le *Troisième Livre,* le langage s'élargit et s'intensifie, prend une totale possession du clavier (d'où une virtuosité accrue) et une ampleur de pensée admirables. Dans le quatrième recueil, le clavecin seul sera insuffisant, et Rameau le flanquera de deux instruments (v. LES PIÈCES DE CLAVECIN EN CONCERT). D'une manière générale, Rameau traite le clavier en symphoniste, et bon nombre de pièces figureront dans ses opéras en version orchestrale.

L'œuvre lyrique. C'est l'essentiel de l'œuvre de Rameau, avec 29 œuvres, soit 80 actes au total, étalés sur trente ans. C'est là que le compositeur donne sa pleine mesure, de mélodiste, de symphoniste, d'orchestrateur. Par sa structure d'ensemble, l'opéra de Rameau n'est pas novateur : il se situe dans la lignée lulliste, développée par Campra, et il continue, en les assouplissant et en les affirmant à la fois, les principes de l'opéra à la française, qu'il transfigure de l'intérieur sans modifier l'essentiel du cadre général. Cette œuvre dramatique recouvre les genres pratiqués en France de son temps :

— la *tragédie lyrique* en cinq actes, à intrigue suivie et à ton soutenu (*Hippolyte et Aricie*, 1733 ; *Castor et Pollux*, 1737 ; *Dardanus*, 1739 ; *Zoroastre*, 1749 ; *Abaris ou les Boréades*, 1764) ;

— la *pastorale héroïque* en trois actes, au ton plus léger, qui domine la production de Rameau autour de 1750 (*Zaïs*, 1748 ; *Naïs*, 1749 ; *Acanthe et Céphise*, 1751 ; *Daphnis et Églé*, 1753) et la *pastorale* (*Lysis et Délie*, 1753) ;

— l'*opéra-ballet*, œuvre à plusieurs sujets brièvement traités (un par acte) groupés autour d'un thème commun, et faisant très large place à la danse (*les Indes galantes*, 1735 ; *les Fêtes d'Hébé*, 1739 ; *les Fêtes de Polymnie*, 1745 ; *le Temple de la Gloire*, 1745 ; *les Fêtes de l'Hymen et de l'Amour*, 1747 ; *les Surprises de l'amour*, 1748) ;

— l'*acte de ballet*, pièce en un acte, au ton généralement léger (*Pygmalion*, 1748 ; *la Guirlande*, 1751 ; *les Sybarites*, 1753 ; *la Naissance d'Osiris*, 1754 ; *Anacréon*, 1754 et 1757 ; *Zéphire, Nélée et Myrtis, Io*) ;

— la *comédie-ballet* (*la Princesse de Navarre*, 1745).

On retrouve dans les opéras de Rameau la conception du chant caractéristique de l'art lyrique français depuis Lully, en particulier l'importance accordée au récitatif et à sa qualité mélodique. Plus encore que celui de ses prédécesseurs, celui de Rameau se situe aux confins de l'air, et le passage de l'un à l'autre est souvent insensible. Les pages les plus intenses de ses œuvres (lamentation de Phèdre dans *Hippolyte et Aricie*, air d'Iphise dans *Dardanus*, de Télaïre dans *Castor et Pollux*) affectent cette forme indécise qui suit de près une valeur mélodique : forme libre, indépendante de toute structure préétable. L'accompagnement par l'orchestre y est fréquent.

L'air proprement dit est du domaine du divertissement. Il affecte deux formes principales : celle de la danse (menuets, gavottes, sarabandes, musettes chantés) et celle de l'ariette, où se retrouve la structure de l'air de bravoure à l'italienne. L'importance accordée par Rameau à ce dernier genre constitue l'une des innovations les plus notables par rapport au schéma lulliste.

Comme toute œuvre lyrique depuis Lully, l'opéra de Rameau fait une large place au chœur et à la danse. Les premiers (qui peuvent apparaître sous la forme de trios [trio des Parques d'*Hippolyte et Aricie*]) ont fréquemment un aspect dramatique, s'insèrent dans les grandes scènes cérémonielles (hymne au soleil de l'acte des Incas dans *les Indes galantes*, cérémonies de *Zoroastre*). La danse est présente à chaque acte, et Rameau, par la richesse de son orchestration et son invention mélodique, fait d'elle une des parts les plus séduisantes de son œuvre, sous la forme du divertissement ou par le ballet figuré inséré dans l'action.

C'est cet orchestre ramiste qui est l'agent essentiel de la transformation essentielle apportée par le compositeur à l'opéra, et c'est lui qui frappa ses contemporains. Il accompagne le récitatif, souligne chaque intention ; il s'insère dans les scènes en de vastes symphonies chorégraphiques ou descriptives (tempête, éruption volcanique dans *les Indes galantes*, invocations magiques, apparition du monstre dans *Dardanus*). La richesse du tissu musical dense, la science de l'harmonie complexe, la recherche de la couleur instrumentale font de cette orchestration l'un des aspects les plus remarquables de l'opéra de Rameau.

Rameau théoricien. L'œuvre théorique de Rameau n'est pas moins considérable que son œuvre artistique. Le nombre de ses écrits est important et, à aucun moment, du *Traité de l'harmonie réduite à ses principes naturels* (1722) à sa mort, il n'a dissocié sa création de sa réflexion. D'abord sereine et purement didactique (*Nouveau Système de musique théorique*, 1726 ; *la Génération harmonique*, 1737 ; etc.), son œuvre est devenue polémique, à la suite des attaques dont il fut l'objet et de ses dissensions avec les Encyclopédistes et Rousseau (*Erreurs sur la musique dans l'Encyclopédie*, 1755 ; *Suite des Erreurs*, 1756 ; *Réponse de M. Rameau aux éditeurs de l'Encyclopédie*, 1757 ; *Lettre à d'Alembert*, 1760 ; etc.).

Complexe et minutieuse, souffrant parfois pour la clarté de l'exposé du manque de culture générale du musicien, cette œuvre théorique a une portée considérable. A la confusion héritée des siècles précédents, où la théologie, la métaphysique, les mathématiques et l'empirisme se mêlaient, Rameau substitue une pensée cohérente, qu'il fonde, en homme de son temps, sur la physique. La résonance et les harmoniques naturels sont les bases sur lesquelles il se fonde, justifiant l'harmonie sur un seul son et non plus sur les divisions de l'octave. C'est à partir de la *basse fondamentale* que se déduit « en raison » non seulement l'harmonie, mais aussi l'ensemble des effets psychologiques de la tonalité. P. B.

RAMIFICATIONS. Œuvre de György Ligeti composée en 1968-69 pour orchestre à cordes ou douze cordes solistes (7 violons, 2 altos, 2 violoncelles, 1 contrebasse). L'ensemble est écrit à douze parties réelles (solistes ou en *tutti*). Un premier groupe d'instruments (4 violons, 1 alto, 1 violoncelle) est accordé un quart de ton environ (*la* à 453 Hz) au dessus du second groupe (3 violons, 1 alto, 1 violoncelle, 1 contrebasse) [*la* à 440 Hz]. D'une durée de huit minutes et demie, *Ramifications*, comme beaucoup d'autres pages de Ligeti, fait alterner statisme acoustique global et agitation fébrile des intervalles, complexité des figures rythmiques et densité de la trame, indépendance polyphonique des parties et perpétuelle évolution des « tuilages » harmoniques. C'est une des partitions les plus accessibles de György Ligeti, une œuvre fort raffinée et très fascinante. La version pour grand orchestre à cordes fut créée le 23 avril 1969 par l'Orchestre Radio-Symphonique de Berlin dirigé par Michael Gielen. La version originale pour effectif restreint, peut-être préférable sur le plan acoustique, fut créée par l'Orchestre de chambre de la Radio sarroise, à Sarrebrück, sous la direction d'Antonio Janigro, le 10 octobre 1969. P. S.

RAMIN (*Günther*), organiste, chef de chœur et compositeur allemand (*Karlsruhe 1898 - Leipzig 1956*). Il chanta comme enfant dans le chœur de Saint-Thomas de Leipzig, étudia dans cette ville l'orgue avec Karl Straube, et lui succéda comme organiste à Saint-Thomas en 1918, quand Straube devint cantor. Il lui succéda comme cantor en 1940. Également célèbre comme claveciniste et comme accompagnateur de lieder, il dirigea aussi les chœurs du Gewandhaus de Leipzig (1933-34 et 1945-1951) et ceux de la Philharmonie de Berlin (1935-1943), et dirigea les festivals Bach à Leipzig en 1950, 1953 et 1955. Il fut un des plus grands et un des plus vigoureux interprètes de Bach, et a laissé de mémorables enregistrements de sa musique sacrée. M. V.

RAMPAL (*Jean-Pierre*), flûtiste français (*Marseille 1922*). Parallèlement à des études de médecine, il apprend la technique de son instrument auprès de son père, Joseph Rampal, au conservatoire de Marseille, puis à celui de Paris, où il remporte un premier prix. Il est successivement flûte solo de l'orchestre de l'opéra de Vichy (1946-1950), de celui de l'Opéra de Paris (1956-1962), avant d'entreprendre une carrière de soliste. Entre-temps, il a créé le Quintette à vent français (1945), puis l'Ensemble baroque de Paris (1953). En marge d'une brillante carrière de virtuose qui le mène régulièrement aux États-Unis et au Japon, il se consacre à l'enseignement, comme participant à l'Académie internationale d'été de Nice, et comme professeur depuis 1969 au Conservatoire de Paris. Il a contribué à remettre au premier plan toute la littérature baroque écrite pour son instrument et a suscité et créé des œuvres nouvelles, de Jolivet, Poulenc, Françaix, S. Nigg, H. Tomasi, et de compositeurs étrangers, comme les *Illuminations* d'Erik Norby. M. W.

RANGSTRÖM (Ture), compositeur suédois (Stockholm 1884 - id. 1947). Il est considéré comme l'un de ceux qui a le mieux su rendre l'« âme » de son pays, surtout par son attachement au monde du mot ; aussi, plus que dans ses symphonies (n° 1 *A. Strindberg in memoriam*, 1914 ; n° 2 *Mon pays*, 1919 ; n° 3 *Mélodie sous les étoiles*, 1929 et n° 4 *Invocatio*, 1935) ou dans sa musique instrumentale, c'est dans son œuvre vocal qu'il a su le mieux exprimer son lyrisme dramatique, notamment en utilisant les poèmes de Bo Bergman mais aussi ceux de Runeberg ou Strindberg. Son opéra *Kronbruden* (« la Fiancée couronnée »), 1915, créé à Stuttgart en 1919) sur un livret de Strindberg, qui possède de nombreux points communs avec la *Jenufa* de Janáček, est peut-être son chef-d'œuvre. H.-C. F.

RANZ DES VACHES (en all. *Kuhreihen*). Chant de plein air de caractère fonctionnel, qui servait dès le Moyen Age à rassembler les troupeaux dans les alpages, tout particulièrement en Suisse. Très en faveur à l'époque romantique (Rossini l'a introduit dans son *Guillaume Tell*), le ranz des vaches, souvent enrichi d'autres apports folkloriques de même origine (cor des Alpes, jodler), est devenu en quelque sorte le symbole musical de la Suisse. On en trouve une stylisation dans le dernier mouvement de la *Symphonie pastorale** de Beethoven. M. T.

RAPPRESENTATIVO (STILE) [style représentatif]. Mode de chant utilisé par Monteverdi et impliquant une volonté d'expressivité extrême, la recherche d'un dramatisme constant dans la déclamation monodique, avec le souci de décrire une action et de planter un décor, par les seuls moyens de la musique.

C'est surtout dans la célèbre *Lettre amoureuse* et sa « réponse » en quelque sorte, la *Partenza amorosa*, que Monteverdi joue en virtuose de toutes les ressources de ce procédé. Ces deux pages comptent d'ailleurs parmi les joyaux du 7ᵉ *Livre de madrigaux* (1619). Mais dès 1608, Monteverdi avait recouru au style représentatif avec le *Ballo dell'ingrate*, composé (avec l'opéra *Arianna*) à l'occasion du mariage du fils du duc de Mantoue, Francesco Gonzague. Et, en 1624, *le Combat de Tancrède et Clorinde* marie en une étonnante synthèse dramatique le même genre représentatif aux trouvailles du style *concitato* (agité), le plus propre à traduire la colère et le conflit des passions violentes.

Dans chaque cas, le compositeur se montre suprêmement attentif à l'accent qui doit détacher le mot clé, à tous les accidents expressifs du discours, à ses contrastes aussi, et à l'intensité du « geste verbal » qui vient appuyer l'action et amplifier le pouvoir du texte (dans *le Combat de Tancrède et Clorinde*, les interprètes, précise Monteverdi, mimeront au besoin cette action).

Il reste que la grande nouveauté du genre représentatif est avant tout de donner l'illusion du théâtre, de la vie et du visuel en dehors de toute représentation scénique. D'où l'importance primordiale que prend ici la conduite de la déclamation en soi, avec la volonté d'une parfaite diction jointe à l'ornementation d'une ligne de chant littéralement sculptée sur les paroles afin de rendre, selon le vœu des mélodramatistes florentins, la musique au monde des sentiments et de l'émotion. De ce point de vue, le style représentatif réussit la fusion parfaite du verbe et des notes. Une fusion dont Monteverdi, en créateur moderne qu'il est, équilibre au mieux les composantes dramatiques et mélodiques pour exalter les déchirements de la « guerre d'amour » dont il se fait le chantre dans ses derniers *Livres de madrigaux*, laissant finalement en suspens, comme au reste tout les grands de l'opéra, de Mozart à Alban Berg, l'éternelle question de la primauté des paroles sur la musique. R. T.

RAPPRESENTAZIONE DI ANIMA E DI CORPO (ital. ; « la Représentation de l'Âme et du Corps »). Oratorio d'Emilio de' Cavalieri considéré comme le premier oratorio connu de l'histoire de la musique. En fait, la réalité est plus nuancée. L'ouvrage de Cavalieri, prototype de la *représentation sacrée* de l'école italienne, n'a rien à voir avec ce que sera plus tard *l'oratorio* classique. Destiné à être joué, il se rapproche assez des premiers mélodrames comme l'*Euridice* (voire l'*Orfeo* de Monteverdi) qui, comme lui, recourent à la technique novatrice du *recitar cantando* (récitation chantée), laquelle va donner un tour résolument dramatique aux représentations musicales religieuses ou profanes.

Présentée au public romain à l'oratorio Santa Maria in Vallicella en février 1600, *la Représentation de l'Âme et du Corps* s'inscrivait dans le cadre de l'apostolat de la congrégation de l'Oratoire (fondée par saint Philippe Néri) qui se proposait de ramener les fidèles à la religion par le biais d'exercices spirituels faisant une large place au chant et à la musique, dans le droit fil des recommandations du concile de Trente.

Divisé en trois actes, l'ouvrage suit le plan du sermon oratoire, cher également à la Contre-Réforme. Ses chœurs à quatre, cinq et six voix, ont conservé, quant à la forme, la simplicité primitive de la *laude* (qui était la prière chantée à l'origine aux manifestations pieuses de l'Oratoire). S'y ajoute la nouveauté du *recitar cantando* qui fait avancer l'action et des interludes instrumentaux *(ritournello* et *sinfonia)* dont les rythmes quasi chorégraphiques créent précisément un climat de représentation scénique. Un décor sonore est ainsi planté, qui donne à la musique sa pleine dimension expressive.

Toujours dans l'esprit édifiant de l'époque, le texte du père Manni joue à loisir du contraste dramatique : le Corps et l'Ame d'abord, qui donnent son titre à l'œuvre ; le Temps, ensuite, qui mène à la Mort, et l'Intelligence, qui nous incite à la raison et à la vertu. Et encore : la Vie mondaine qui perd les hommes tandis que l'Ange gardien conduit au Salut, les âmes des réprouvés aux enfers face aux esprits bienheureux du Paradis, etc.

Dans la préface de l'édition originale (Nicolo Muti, Rome, 1600), Cavalieri donne des consignes très précises sur la mise en scène, les vêtements et les attitudes des acteurs et aussi la façon de jouer des instruments. La conduite et l'ornementation de la ligne mélodique sont indiquées aux chanteurs, tout comme la manière de réaliser la *basse continue* (dont la pratique était toute récente à l'époque).

Mariant la puissance et la gloire du *concert* festif à un indéniable esprit de prière, *la Représentation de l'Âme et du Corps* a sans doute contribué autant que l'*Orfeo* de Monteverdi à imposer l'*idée dramatique* et une sensibilité moderne dans la musique du temps et, à ce titre, doit être saluée comme l'une des « sources » de ce *stile nuovo* qui va régner triomphalement sur le XVIIᵉ siècle. R. T.

RAPPRESENTAZIONE SACRA (ital. ; « représentation sacrée »). Dans le cadre des activités spirituelles de la congrégation de l'Oratoire à Rome, à la fin du XVIᵉ siècle, la *représentation sacrée* naît de la *laude*, chant religieux homophone dont la tradition remonte à l'Italie médiévale. « Sous l'influence du mouvement mélodramatique qui devait aboutir à la création de l'opéra primitif, la *laude* tend à se dramatiser suivant les péripéties du dialogue mis en musique » (Adelmo Damerini). On emprunte alors des sujets à l'Ancien et au Nouveau Testament, tandis que le style monodique et le *recitar cantando* précipitent l'évolution du genre vers des horizons nouveaux. Cavalieri donne ainsi, en février 1600, *la Représentation de l'Ame et du Corps* qui admet l'élément scénique et visuel.

A la suite de Cavalieri, l'école romaine, avec Agazzari et Landi, devait continuer à s'illustrer dans la *représentation sacrée* (qui est en fait un véritable opéra spirituel). Mais, dans le même temps, certains musiciens s'éloignaient de la *représentation* et de sa dimension scénique pour imaginer l'*oratorio*. Celui-ci retient l'élément narratif et dramatique, mais se passe de l'aspect visuel et de l'élément représentatif proprement dit, et use d'un texte latin ou italien, avec le personnage essentiel du récitant (le *storico*, *testo* ou *storia* qui deviendra l'évangéliste des *Passions* de Bach). Aussi bien, c'est *l'oratorio* qui fera, au siècle suivant, la carrière glorieuse que l'on sait, opposant la monodie et le récitatif qui caractérisent les interventions des personnages solistes aux épisodes choraux qui mettent en scène le personnage collectif de la foule (*turba*), tandis que la *représentation sacrée* sera très vite oubliée des compositeurs comme du public.

R. T.

RAUGEL (*Félix*), musicologue et chef d'orchestre français (*Saint-Quentin 1881 - Paris 1975*). Premier prix d'alto au conservatoire de Lille, où il est élève de Charles Queste, il vient à Paris travailler l'orgue avec Decaux, le contrepoint avec Roussel et la composition avec Vincent d'Indy. Chef d'orchestre de la Société Haendel (1909-1914), il devient aussi maître de chapelle à Saint-Eustache en 1911. De 1912 à 1962, il est directeur de l'Orchestre philharmonique de Reims. Il est également maître de chapelle à Saint-Honoré-d'Eylau à partir de 1928, adjoint de Mme Octave Homberg à la tête de la Société des études mozartiennes (1930-1939), et chef des chœurs de la Radio (1934-1947). Il joue un rôle important dans la restauration de la musique sacrée.

Historien de l'orgue, il a écrit de nombreux ouvrages sur cet instrument, sur ses interprètes et ses compositeurs (*les Organistes*, 1923, rééd. 1961), sur les buffets d'orgue de la région parisienne, et sur les maîtres de l'ancienne facture française. Parmi ses autres ouvrages, il faut citer *Palestrina* (1930), *le Chant choral* (1948, rééd. 1966), *l'Oratorio* (1948). Il a été directeur musical des disques de l'Anthologie sonore, vice-président de la Société française de musicologie, et membre de la Commission des monuments historiques. Il a collaboré à de nombreuses revues.

A. L. et S. W.

RAUTAVAARA (*Einojuhani*), compositeur finlandais (*Helsinki 1928*). Elève de A. Merikanto, A. Copland, V. Persichetti, R. Sessions, V. Vogel et H. Petzold, il se fait connaître aux Etats-Unis en 1954 avec *A Requiem of Our Time* op. 3 (1953). Compositeur prolifique, esprit éclectique, Rautavaara est un maître du langage et des sonorités. Son style d'écriture englobe toutes les techniques de composition, qu'il aborde avec un égal bonheur, et il réussit souvent à apparaître comme un modérniste, même quand il traite un matériau musical académique. Esprit cultivé, Rautavaara est professeur de composition à l'Académie Sibelius. Parmi ses ouvrages les plus importants ou les plus joués, citons *Pelimannit* op. 1 pour piano (1952), *2 Préludes et fugues* op. 36 pour violoncelle et piano (1965), 4 symphonies (1956, 1957, 1961, 1964), 4 quatuors à cordes (1952, 1958, 1965, 1975), *Cantus articus* pour orchestre et bande (1972), des opéras dont *Kaivos* (« la Mine », 1963) et *Apollon contra Marsyas* (1970).

H.-C. F.

RAUZZINI (*Venanzio*), castrat et compositeur italien (*Camerino, près de Rome, 1746 - Bath 1810*). Il étudia à Rome et peut-être à Naples avec Porpora, et débuta comme chanteur à Rome en 1765. Son premier opéra, *Pirame e Tisbe*, fut écrit pour Munich en 1769. En janvier 1773, à Milan, Mozart composa pour lui son motet *Exsultate**, *jubilate*. A la fin de 1774, Rauzzini s'installa définitivement en Angleterre. Il chanta au King's Theatre de Londres jusqu'en 1777, date à laquelle il choisit comme résidence la ville de Bath. Là, il s'occupa de concerts dans le cadre desquels il joua et chanta ses propres œuvres. Il séjourna aussi à Dublin en 1778, et revint plusieurs fois à Londres. En août 1794, il reçut à Bath la visite de Haydn, qui composa à cette occasion son canon *Turk was a faithful dog and not a man* (« Turk était un chien fidèle et non un homme »).

M. V.

RAVALEMENT. Technique utilisée aux XVIIe et XVIIIe siècles, et consistant à prolonger en « aval », c'est-à-dire vers le grave, l'étendue normale du clavier d'un instrument, principalement clavecin et orgue. On pratiqua le petit ravalement (descente de l'*ut* au *sol*) ou le grand ravalement (extension d'une octave entière). A l'orgue, le ravalement s'exerça surtout sur les jeux d'anche du pédalier ; on trouve ainsi des jeux de 12 pieds (commençant au *sol* inférieur de l'*ut* de 8 pieds, et sonnant à l'octave normale), et même des jeux de 24 pieds (commençant au *sol* inférieur de l'*ut* de 16 pieds et sonnant à l'octave grave). La généralisation de l'extension des claviers au XIXe siècle a rendu inutile le procédé du ravalement.

G. C.

RAVEL (*Maurice*), compositeur français (*Ciboure 1875 - Paris 1937*). D'origine savoyarde et suisse du côté paternel, Maurice Ravel naît au Pays basque, qui est le pays de sa mère, le 7 mars 1875. Il a trois ans lorsque son père, un ingénieur qui joint à ses connaissances scientifiques une culture artistique des plus étendues, s'installe à Paris. Ce père avisé veille sur les premières études musicales de son fils. Maurice Ravel entre au Conservatoire de Paris en 1889, à l'âge de quatorze ans ; il a pour professeurs Charles de Bériot (piano), Émile Pessard (harmonie), André Gédalge (contrepoint et fugue), Gabriel Fauré (composition) et poursuit ses études jusqu'en 1900. En 1901, il remporte un second prix au Concours de Rome, avec la cantate *Myrrha*. En 1902 et 1903 il se présente à nouveau, sans succès, au Concours de Rome, et en 1905, une dernière fois, il tente sa chance. On lui refuse l'accès au concours car il a dépassé de quelques mois la limite d'âge. Jugé scandaleux, ce refus provoque une campagne de presse et finit par entraîner la démission du directeur du Conservatoire, Théodore Dubois, qui est remplacé par Gabriel Fauré. Défenseur d'une tradition figée, Théodore Dubois n'a vu en Maurice Ravel qu'un révolutionnaire. Le scandale est, selon lui, qu'un élève du Conservatoire ait osé proclamer son admiration pour Emmanuel Chabrier, fréquenter Erik Satie et commettre dans ses devoirs des « incorrections terribles d'écriture ».

Gabriel Fauré, au contraire, a jugé Maurice Ravel avec bienveillance, découvrant en lui un « très bon élève, laborieux et ponctuel » et « une nature musicale très éprise de nouveauté, avec une sincérité désarmante ». Il faut préciser qu'en 1905 Maurice Ravel est déjà un compositeur connu et discuté. Dès 1895, sa personnalité s'est affirmée avec le *Menuet antique* et la *Habanera*; elle s'est définitivement confirmée en 1901 avec les *Jeux d'eau*, en 1903 avec le *Quatuor en « fa »* et *Schéhérazade*.

Enfin délivré des soucis du prix de Rome, entre 1905 et 1913, Maurice Ravel compose la part la plus importante de son œuvre : la *Sonatine*, les *Miroirs*, les *Histoires naturelles*, la *Rhapsodie espagnole*, l'*Heure espagnole*, *Ma mère l'Oye*, *Gaspard de la nuit*, les *Valses nobles et sentimentales*, *Daphnis et Chloé*, les *Trois Poèmes de Stéphane Mallarmé*. En 1910, il est un des fondateurs de la S.M.I. (Société musicale indépendante) qui s'oppose à la Société nationale de musique, soumise à l'influence de Vincent d'Indy et devenue trop conservatrice. En 1911, il fait entendre à la S.M.I., sans nom d'auteur, ses *Valses nobles et sentimentales*, et le public, décontenancé, ne sait à qui l'attribuer. L'Opéra-Comique monte, en 1911, *l'Heure espagnole* qui n'est guère mieux accueillie que ne l'ont été, en 1907, *les Histoires naturelles*. Ni l'exacte prosodie qu'adopte le musicien, ni son humour, ni sa poésie qui se situe entre le familier et le féerique ne sont compris du public.

En 1912, *Daphnis et Chloé*, commandé par Diaghilev, est créé aux Ballets russes dans les décors de Bakst et la chorégraphie de Fokine, avec Nijinski et Karsavina dans les deux premiers rôles; Pierre Monteux est au pupitre. L'année suivante, Ravel rencontre Stravinski qui vient d'écrire ses *Poèmes de la lyrique japonaise* et lui parle du *Pierrot lunaire* de Schönberg. Utilisant une formation instrumentale analogue à celle de ces deux ouvrages, il compose alors ses *Trois Poèmes de Mallarmé*. Il vient de terminer, en 1914, un *Trio pour piano, violon et violoncelle* lorsque la guerre survient. Maurice Ravel, à force de démarches, d'être engagé comme conducteur de camion. Envoyé sur le front, du côté de Verdun, il tombe malade en 1916 et il est démobilisé en 1917. Cette année-là, il termine le *Tombeau de Couperin*, suite de six pièces pour piano dédiées à des amis morts au combat.

Sa santé est ébranlée; la mort de sa mère, au début de 1917, l'a profondément affecté. Maurice Ravel ne reprend qu'en 1919 un projet qui lui tient à cœur, la composition d'un poème chorégraphique, *la Valse*, auquel il pense depuis 1906 et qui n'est créé qu'en 1928. Promu chevalier de la Légion d'honneur en 1920, Maurice Ravel refuse cette distinction. Son style évolue. Il recherche maintenant un art dépouillé, sans surcharges ni enjolivures. Cette esthétique, à vrai dire, a toujours été la sienne. Lorsqu'il s'est approché de l'impressionnisme *(Jeux d'eau, Miroirs)*, c'est moins en coloriste qu'en graveur au trait parfois acéré. Quant au droit à la dissonance, les *Valses nobles et sentimentales* l'ont déjà revendiqué.

La *Sonate pour violon et violoncelle* (1920-1922) marque toutefois un tournant dans la carrière du musicien, tournant qu'il caractérise lui-même en ces termes : dépouillement poussé à l'extrême, renoncement au charme harmonique, réaction de plus en plus marquée dans le sens de la mélodie. Il n'en reste pas moins que les chefs-d'œuvre de la dernière période de sa vie créatrice, *l'Enfant et les Sortilèges* (créé à Monte-Carlo en 1925) les deux *Concertos pour piano et orchestre* (1929-1931), en échappant aux impératifs d'une esthétique trop caractérisée, libèrent le lyrisme et l'imagination du compositeur.

Une tournée de concerts aux États-Unis, en 1928, une autre en Europe centrale, en 1932, après la création du *Concerto en « sol »* par Marguerite Long, permettent à Maurice Ravel de mesurer sa célébrité à l'étranger; mais, en 1933, la maladie le frappe. Les médecins diagnostiquent une affection cérébrale. Diminué, condamné à l'inaction, mais demeuré lucide, le musicien survivra quatre ans encore. Une intervention chirurgicale est tentée en vain. Maurice Ravel meurt le 28 décembre 1937. Il est inhumé au cimetière de Levallois et sa maison de Montfort-l'Amaury, où il vécut de 1921 à sa mort, est maintenant un musée.

Maurice Ravel est aujourd'hui considéré comme un « classique ». Son œuvre est aimée, admirée, non seulement pour son lyrisme et pour la féerie qui s'en dégage, pour ses paroxysmes maîtrisés, pour sa limpidité, sa pureté, mais aussi pour la perfection de l'écriture et de l'instrumentation. Ce musicien, extraordinairement, exceptionnellement « artiste », possède un sens esthétique aiguisé que l'on prendrait, si l'on s'en tenait à la surface, pour un certain goût de l'artificiel. Ravel voit la nature à travers Jules Renard *(Histoires naturelles)*, la nuit romantique à travers Aloysius Bertrand *(Gaspard de la nuit)*, la Grèce à travers Paul-Louis Courier *(Daphnis et Chloé)* : pourtant il n'y a rien de littéraire, d'anecdotique dans sa musique.

S'il admire la « préciosité pleine de profondeur » de Mallarmé, c'est parce qu'il s'y reconnaît. Sa démarche, qui s'oriente d'abord vers la préciosité, retrouve vite le lyrisme des profondeurs. De même que Mallarmé, ce « précieux » s'impose de sévères contraintes; l'ascèse corrige le sensualisme, interdit la facilité. Debussy a dit un jour qu'il fallait chercher la discipline dans la liberté. À l'inverse, Ravel trouve sa liberté dans la discipline.

S'il ne l'a pas bouleversé, Maurice Ravel a toutefois singulièrement assoupli et enrichi le langage harmonique de son époque. Il s'est forgé un vocabulaire extrêmement personnel en employant, avec un tact prodigieux, les modes médiévaux et les échelles défectives de l'Extrême-Orient, avec toutes les implications que cela pouvait amener sur le plan harmonique, mais sans rupture avec le système tonal. C'est à l'intérieur du langage classique que s'opère la rénovation. Son écriture pianistique et son orchestration sont des modèles d'invention à la fois raisonnée et féerique. Dans ses œuvres vocales, sa prosodie est un modèle d'audacieuse intelligence. À ce point de perfection, de raffinement, d'art maîtrisé, apparaît l'invention de l'artisan qui rejoint celle de l'artiste et transcende les règles.

Copiant la nature avec l'exactitude d'un Hokusai, Ravel ne la reproduit pas, mais en révèle les aspects merveilleux. Il franchit la ligne invisible qui nous sépare d'un univers où tout devient possible. C'est en ce sens qu'il faut comprendre le classicisme de Ravel. Son art poétique est celui d'un Edgar Poe, d'un Charles Baudelaire. La souveraine maîtrise du langage n'est chez lui qu'un moyen plus efficace de provoquer la surprise, d'appréhender le mystère, d'ouvrir les portes de l'inconnu.

Œuvre. — *Musique instrumentale.* PIANO : *Sérénade grotesque* (v. 1893, inéd.), *Menuet antique* (1895), *Pavane pour une infante défunte* (1899), *Jeux d'eau* (1901), *Sonatine* (1903-1905), *Miroirs* (1904-1905), *Gaspard de la nuit* (1908), *Menuet sur le nom d'Haydn* (1909), *Valses nobles et sentimentales* (1911), *Prélude* (1913), *À la manière de ...* (1913), *le Tombeau de Couperin* (1914-1917). PIANO À 4 MAINS : *Ma mère l'Oye* (1908-1910). DEUX PIANOS : *Frontispice* (1919) ; *les Sites auriculaires* (1895-1897, inéd.). MUSIQUE DE CHAMBRE : *Quatuor à cordes* (1902-1903), *Introduction et allégro pour harpe, quatuor à cordes, flûte et clarinette* (1905), *Trio pour piano, violon et violoncelle* (1914), *Sonate pour violon et violoncelle* (1920-1922), *Berceuse sur le nom de Fauré, pour violon et piano* (1922), *Tzigane, rhapsodie de concert pour violon et piano luthéal* (1924), *Sonate pour violon et piano* (1923-1927).

Orchestre. Schéhérazade, ouverture de féerie (1898, inéd.) ; *Rhapsodie espagnole* (1907-1908) ; *Daphnis et Chloé*, symphonie chorégraphique en 3 parties (1912) ; *la Valse*, poème chorégraphique (1919-20, créé à Paris en 1928) ; *Fanfare de l'éventail de Jeanne* (1927, créé en 1929) ; *Boléro* (1928) ; *Tzigane*, rhapsodie de concert pour violon et orchestre (1924) ; *Concerto pour la main gauche, piano et orchestre* (1929-30), *Concerto pour piano et orchestre* (1929-1931). ORCHESTRATIONS D'ŒUVRES POUR PIANO : *Menuet antique* (1895), *Pavane pour une infante défunte* (1899), *Une barque sur l'Océan* et *Alborada del gracioso* (extraits de *Miroirs*, 1905), *Ma mère l'Oye* (1908-1912), *Adélaïde ou le Langage des fleurs* (orchestr. des *Valses nobles et sentimentales*, 1911), *le Tombeau de Couperin* (1919).

Musique vocale. Ballade de la reine morte d'aimer, chant et piano (v. 1893, inéd.) ; *Un grand sommeil noir* (Verlaine), chant et piano (1895) ; *Sainte* (Mallarmé), chant et piano (1896) ; *Deux Épigrammes* (Marot), chant et piano (1896-1899) ; *Si morne* (Verhaeren), chant et piano (1898, inéd.) ; *Myrrha*, cantate pour le concours de Rome (1901, inéd.) ; *Alcyone*, cantate pour le concours de Rome (1902, inéd.) ; *Alyssa*, cantate pour le concours de Rome (1903, inéd.) ; *Manteau de fleurs*, chant et piano, orchestré (1903) ; *Schéhérazade* (Tristan Klingsor), chant et orchestre (1903) ; *le Noël des jouets*, chant et piano, orchestré (1905) ; *les Grands Vents venus d'outre-mer* (H. de Régnier), chant et piano (1907) ; *Histoires naturelles* (Jules Renard), chant et piano (1906) ; *Sur l'herbe* (Verlaine), chant et piano (1907) ; *Vocalise en forme d'habanera* (1907) ; *Cinq Mélodies populaires grecques,*

chant et piano, orchestrées (1904-1906); *Tripatos*, mélodie populaire grecque, chant et piano (1909); *Sept Chants populaires*, chant et piano (dont 3 inéd., 1910); *Trois Poèmes de Stéphane Mallarmé*, chant et piano, quatuor à cordes, 2 flûtes et 2 clarinettes (1913); *Deux Mélodies hébraïques*, chant et piano, orchestrées (1914); *Trois chansons*, chœur mixte à capella (1915); *Ronsard à son âme*, chant et piano (1923-1924); *Chansons madécasses* (Parny), chant, flûte, violoncelle et piano (1926); *Rêves* (Fargue), chant et piano (1927); *Don Quichotte à Dulcinée*, chant et piano, orchestré (1932-1933).
Musique pour le théâtre. *L'Heure espagnole*, comédie musicale en un acte, livret de Franc-Nohain (1907, créé à Paris en 1911); *l'Enfant et les sortilèges*, fantaisie lyrique en 2 parties, livret de Colette (1924, créé à Monte-Carlo en 1925).
Orchestrations. Satie : *Prélude du Fils des étoiles* (1913, inéd.); Debussy : *Sarabande, Danse*; Chabrier : *Menuet pompeux*; Moussorgski : *Tableaux d'une exposition* (1922).
Écrits. « Réponse à une enquête sur Wagner » (*la Grande Revue*, 10 mai 1909); « A propos des *Images* de Claude Debussy » (*les Cahiers d'aujourd'hui*, févr. 1913); « les Mélodies de Gabriel Fauré » (*la Revue musicale*, 1922); « Esquisses autobiographiques » (*la Revue Musicale*, déc. 1938); *Ravel au miroir de ses lettres*, correspondance réunie par Marcelle Gérar et René Chalupt (1956).
J. R.

RAVENSCROFT (*Thomas*), compositeur et théoricien anglais (*? v. 1582-? v. 1633*). Petit chanteur à la cathédrale Saint-Paul de Londres, il y eut pour maître Edward Pearce. Il devint Bachelor of Music à Cambridge vers 1607 et enseigna la musique au Christ's Hospital de Londres de 1618 à 1622. Il a publié trois recueils de pièces vocales, le plus souvent à trois ou quatre voix : *Pammelia* (1609, premier des rounds et des catches imprimés en Angleterre), *Deuteromelia* (1609) et *Melismata* (1611). Ces volumes contiennent des *catches*, des *rounds*, des ballades, des chansons à boire, la plupart de caractère humoristique et populaire, bien que quelques pièces de *Pammelia* soient écrites sur un texte sacré latin ou anglais dans le genre du psaume métrique. Il est aussi l'auteur d'un *Brief Discourse* (1614) où, traitant de la musique mesurée, il déplore les libertés prises en ce domaine par les musiciens contemporains et prône un retour au système médiéval. Il doit aussi sa célébrité à sa publication d'une centaine de psaumes assez pauvrement harmonisés (dont 48 par lui-même), connue sous le titre de *Ravenscroft Psalter* et encore en usage à l'heure actuelle.
D. H.

RAWSTHORNE (*Alan*), compositeur anglais (*Haslingden, Lancashire, 1905-Cambridge 1971*). Il a étudié à partir de 1925 au Royal College of Music de Manchester, puis à Berlin avec Egon Petri. Il a enseigné ensuite quelque temps, à partir de 1932, à la Darlington Hall School. En 1939, ses *Études symphoniques* furent jouées au Festival de la S.I.M.C. à Varsovie. D'une œuvre assez abondante, surtout dans le domaine instrumental, on retiendra notamment 3 symphonies dont la 2e pour soprano et orchestre (1950, 1959, 1964), 2 concertos pour piano (1939, rév. 1942, 1951) et 2 pour violon (1948, 1956), de la musique de chambre, la cantate *A Canticle of Man* (1952).
M. V.

RAXACH (*Enrique*), compositeur néerlandais d'origine espagnole (*Barcelone 1932*). Élève de Nuri Aymerich de 1949 à 1952, il s'installa à Paris en 1958 pour y rencontrer Pierre Boulez, puis à Munich, Zurich et Cologne (jusqu'en 1962). De 1959 à 1966, il suivit les cours de Darmstadt. Installé aux Pays-Bas en 1962, il en devint citoyen en 1969. Il a écrit de la musique d'orchestre comme *Metamorphose I* (1956), *II* (1958) et *III* (1959), *Syntagma* (1964-65), *Equinoxial* (1967-68), *Figuren in einer Landschaft* (1975), *Erdenlicht* (1975), de la musique de chambre comprenant notamment 2 quatuors (1961 et 1971, le second avec équipement électronique), *Aubade* pour quatuor de percussion (1978) et *Cadenza* pour timbales (1979, rév. 1980), de la musique vocale dont *Paraphrase* pour mezzo soprano et 11 exécutants (1969), *Sine nomine* pour soprano et orchestre (1973) et *Soirée musicale* pour clarinette basse, chœur de femmes et orchestre (1978).
M. V.

RAZUMOVSKI (Quatuors). Dénomination globale portée par les trois quatuors à cordes nos 7 à 9 (op. 59 nos 1 à 3) en *fa* majeur, *mi* mineur et *ut* majeur de Beethoven, composés en 1805-1806 et publiés en janvier 1808 au Bureau des arts et d'industrie, parce qu'ils furent dédiés au comte André Razumovski (*Saint-Pétersbourg 1752-Vienne 1836*), ambassadeur de Russie à Vienne depuis 1792.
Le comte Razumovski, grand amateur de quatuors (en témoigne notamment une lettre qu'il écrivit en 1795 à propos de l'opus 71-74 de Haydn), fonda en 1808, pour la première fois dans l'histoire, un quatuor à cordes permanent et salarié par lui, et dont le premier violon était Ignaz Schuppanzigh*. Il cessa d'être ambassadeur en 1807, mais représenta son pays au congrès de Vienne, ce pour quoi il fut fait prince. Le 31 décembre 1814, son palais de Vienne brûla complètement : complètement ruiné, il dut notamment dissoudre son quatuor à cordes que, selon Schindler, il avait entièrement mis à la disposition de Beethoven.
Pour rendre hommage à la patrie du dédicataire, Beethoven introduisit dans les *Quatuors Razumovski* des mélodies populaires russes : thème principal du finale du quatuor en *fa* majeur, thème du trio central de l'allegretto du quatuor en *mi* mineur (ce dernier thème se retrouve dans *Boris Godounov* de Moussorgski).
M. V.

RÉ. La deuxième des sept syllabes qui, dans les pays latins, désignent aujourd'hui les notes de la gamme diatonique. Elle est placée un ton au-dessus de la première (*do* ou *ut*) et correspond au D du système alphabétique anglo-saxon.
Dans l'ancienne solmisation, la syllabe ré pouvait correspondre, selon l'hexacorde, aux lettres clefs D (*sol-ré-la*), G (*sol-ré-ut*) ou A (*la-mi-ré*) [sur le mécanisme de la transformation, v. UT, et sur la valeur ésotérique de la syllabe *ré*, v. UT QUEANT LAXIS].
J. C.

RÉALISATION. Se dit de l'opération qui consiste, soit par écrit, soit directement à l'instrument, à compléter une notation abrégée, principalement s'il s'agit d'un signe d'ornement ou d'une basse de continuo, chiffrée ou non.
J. C.

REANEY (*Gilbert*), musicologue anglais (*Sheffield 1924*). Il étudie le français et la musique à l'université de Sheffield, où il est reçu Master of Arts en 1951 avec une thèse sur Guillaume de Machaut (*The Ballades, Rondeaux and Virelais Set to Music by Guillaume de Machaut*), puis obtient une bourse du gouvernement français pour mener à bien une étude sur le *Roman de Fauvel* à la Sorbonne (1950-1953). Il enseigne ensuite successivement aux universités de Reading (1953-1956), Birmingham (1956-1959), Hambourg (1959-60) et, depuis 1960, à UCLA (University of California at Los Angeles).
Gilbert Reaney s'est entièrement consacré à l'étude de la musique du Moyen Âge et du début de la Renaissance et a publié un très grand nombre d'articles sur Machaut, mais aussi sur l'Ars nova, sur la musique médiévale anglaise et sur plusieurs points de théorie épineux (modes, altérations, formes musicales médiévales). Il a également réalisé les deux volumes du *RISM* sur les sources de la musique polyphonique du xie au xive siècle, coédité la revue *Musica disciplina* et a aussi édité la série *Corpus scriptorum de musica* de l'American Institute of Musicology, se chargeant lui-même des traités de Philippe de Vitry et de Francon de Cologne.
D. H.

REBEC. Petit instrument à cordes frottées, vraisemblablement issu du *rebēb* maghrébin, qui fut très populaire au Moyen Age et est encore en usage dans les pays balkaniques. Assez semblable à la vièle quant à l'aspect extérieur, tandis que la forme brisée de son manche évoque le luth, il annonce le violon par sa touche dépourvue de frettes et l'accord par quintes de ses trois cordes. Les bois durs employés à sa construction ne favorisent pas la vibration dans l'aigu, d'où un son étriqué caractéristique. L'étendue de l'instrument, joué avec un court archet courbe, dépasse à peine deux octaves.   M. T.

REBEL, famille de musiciens français des XVIIe-XVIIIe siècles. — 1. **Jean** (?-*Versailles v. 1692*). En 1661, il entra en qualité de « haute-taille » à la chapelle royale. Par la suite, il chanta dans de nombreux divertissements royaux, et dans des opéras de Lully (*Cadmus et Hermione, Alceste*).
— 2. **Jean-Ferry (Baptiste),** violoniste, claveciniste et compositeur, fils du précédent (*Paris 1666*-id. *1747*). Élève de Lully, membre des 24 Violons du roi en 1705, il devint en 1713 claveciniste accompagnateur à l'Opéra, puis compositeur de musique de la Chambre en 1718. Auteur de la tragédie lyrique *Ulysse* (1703), il a surtout joué un rôle important dans la musique instrumentale, et a été l'un des premiers en France à écrire des sonates pour violon (Recueil de 12 sonates, composé en 1695, publié en 1712-13). Il est également l'auteur de symphonies instrumentales, dont *les Caractères de la danse* (1715), où se révèle son souci du choix des timbres, et du ballet *les Élémens* (1737).
— 3. **Anne-Renée,** cantatrice, sœur du précédent (*Paris 1663* - *Versailles 1722*). Elle épousa en 1684 Michel Richard Delalande.
— 4. **François,** violoniste et compositeur, fils de Jean-Ferry (*Paris 1701* - id. *1775*). Il fut musicien à l'Opéra dès l'âge de treize ans. Couvert d'honneurs et de gratifications, il devint surintendant de la musique de la Chambre (1733-1753) et inspecteur de l'Académie royale de musique, conjointement avec son ami Francœur, avec lequel il écrivit en collaboration la musique de nombreux spectacles (le *Ballet de la paix*, 1738 ; *les Augustales*, 1749 ; *Zelindor le roi des Sylphes*, 1745). En dépit des nombreuses difficultés qu'il avait rencontrées à l'Académie royale, il en devint administrateur général en 1772.   A. L.

RÉCIT. Nom d'un des claviers de l'orgue, auquel sont dévolus les jeux de détail propres aux solos, aux récits ou aux dialogues, par opposition aux larges plans sonores du clavier de grand-orgue. Le terme de récit désigne également les mélodies ornées et accompagnées qui abondent dans les livres d'orgue des maîtres français de l'âge classique : récits de cornet, de tierce, de cromorne, etc.   G. C.

RÉCITAL I. Œuvre de Luciano Berio pour mezzo-soprano et 17 instrumentistes écrite en 1972 pour Cathy Berberian. Mettant en scène une cantatrice et son double, elle ne relève ni de la musique théâtrale, ni du théâtre musical, mais ne prend toute sa puissance, toute son ampleur que sur scène.
Une cantatrice monte sur le « plateau » sans s'apercevoir de l'absence de son pianiste accompagnateur (qui ne la rejoindra que vers le milieu de la pièce). Prisonnière de son univers professionnel, cette soliste entrecoupe son monologue de résurgences-souvenirs de son répertoire. Sa schizophrénie finit par basculer entièrement vers son double théâtral : son habilleuse l'étouffe alors sous le poids de ses propres costumes de scène.
Récital I est une œuvre brillante, virtuose, transparente, émaillée de citations couvrant quatre siècles de musique.   A. F.

RÉCITANT. Ce terme désignait, à l'origine, le chantre chargé de psalmodier les passages narratifs au cours de la lecture de la Passion. Il fut, par la suite, appliqué à l'Évangéliste des Passions-oratorios et au narrateur (« historicus » ou « testo ») des premiers oratorios. Ce rôle tend à être supprimé dès la seconde moitié du XVIIe siècle, dans un effort d'assimilation de l'oratorio à l'opéra, et jusqu'au XIXe siècle, on appelle récitant tout soliste qui se détache du chœur.
On assiste, au XIXe siècle, à un renouveau du rôle du récitant (qui est soit chanté, soit déclamé), en particulier chez Berlioz qui redonne au narrateur sa place au sein de l'oratorio (*l'Enfance du Christ*) et en fait même l'unique protagoniste d'un drame où la partie du héros est parlée (*Lélio ou le Retour à la vie*).
L'usage du récitant se généralise au XXe siècle sous sa forme traditionnelle avec Honegger (*le Roi David*), mais surtout par la multiplication des rôles parlés (*Un survivant de Varsovie* de Schönberg). Cette tendance est particulièrement sensible chez Stravinski, que ce soit dans *Histoire du soldat*, écrite pour plusieurs récitants, *Œdipus Rex* (interventions d'un speaker entre les scènes) ou *Perséphone*. Dans cette œuvre, la partie récitée de l'héroïne contraste avec le rôle chanté du personnage secondaire (Eumolpe), créant ainsi de curieux dialogues.   D. H.

RÉCITATIF. Partie d'une œuvre vocale, ou manière de chanter un texte en se rapprochant de la déclamation parlée ; le tempo et le rythme exact du récitatif ne peuvent généralement pas être notés strictement. A l'origine de la monodie accompagnée, on différenciait peu le récitatif (ou récit), parfois orné, et l'aria* presque déclamée (v. RECITAR CANTANDO), mais peu à peu, le récitatif devint un genre en soi sur lequel reposait l'essentiel de l'action et des dialogues dans l'opéra, la cantate ou l'oratorio, une action interrompue par l'aria où s'exprimait un état d'âme.
On distinguait, en Italie, le récitatif *secco*, soutenu par le clavecin (ou le continuo) et le récitatif *obbligato*, soutenu par l'orchestre : J.-J. Rousseau, dans son dictionnaire, séparait plus précisément le récitatif accompagné, où l'orchestre se substituait seulement au continuo, du véritable récitatif obbligato où l'orchestre dialoguait avec le chanteur. Le récitatif secco, au débit souvent très rapide, se maintint dans l'opera buffa jusque vers 1830, mais dans l'opera seria, il s'effaça progressivement devant le récitatif obbligato, notamment avec Jommelli, Traetta, Anfossi puis avec Gluck et Mozart, ces deux derniers le distinguant encore assez nettement de l'aria. Après eux, Rossini amplifia le genre du récitatif pour une ornementation qui le rapprochait de l'aria, avec laquelle il finit peu à peu par se confondre au cours du XIXe siècle.
En Allemagne, le récitatif était parfois chanté et très lyrique (notamment chez J.-S. Bach), ou simplement parlé, comme parfois dans le singspiel*, mais Beethoven et ses successeurs adopteront bientôt une attitude conforme à celle de Rossini. En France, Lully avait aussi créé un récitatif calqué sur la déclamation de l'alexandrin, soutenu par les instruments, et différant d'abord assez peu de l'air proprement dit. Avec Rameau s'opéra une fusion presque totale entre un récitatif très chanté, dialoguant avec l'orchestre, et les airs ou fragments d'airs souvent inclus au sein du récitatif, l'ensemble tendant vers l'arioso. Avec Gluck, le récitatif se sépara à nouveau de l'aria ; ce clivage s'estompa avec Cherubini, Spontini, Berlioz et Gounod, mais ne disparut qu'à la fin du XIXe siècle. Pour sa part, l'opéra-comique ne comportait généralement pas de récitatifs chantés, mais un dialogue parlé.
Dans les derniers opéras de Wagner et de Verdi, et de façon générale à la fin du XIXe siècle, le récitatif fut pratiquement confondu avec l'aria (son emploi chez certains auteurs du XXe siècle ne fut que référence au passé), et c'est pour réagir contre la subordination presque totale du texte au chant pur que certains compositeurs (à l'image de Dargomyjski et de Moussorgski qui furent les précurseurs du genre nouveau) en vinrent au contraire à rechercher une expression chantée qui plus proche du récit que de l'arioso, notamment en France, où on assista à diverses tentatives de récitatifs mesurés se superposant au discours orchestral (cf. Honegger et Milhaud) ; le Sprechgesang* proposait aussi en 1911, une solution de « chant parlé » propre à la langue allemande.

Il faut encore noter que, dans les traductions d'œuvres lyriques, il est fréquent que le récitatif secco italien soit remplacé, en français, par des dialogues parlés (dits alors récitatifs parlés), comme dans *les Noces de Figaro* ou *le Barbier de Séville*, alors qu'au contraire les opéras-comiques français comportent des récitatifs chantés dans leurs versions traduites, ou pour leur adaptation au genre de l'opéra, entièrement chanté ; ces transformations furent parfois réalisées par les auteurs eux-mêmes (Gounod pour son *Faust*, notamment) ou par des adaptateurs, après la mort du compositeur (*Carmen*, *les Contes d'Hoffmann*, etc.).

Il faut également mentionner que, dans la musique instrumentale, il est fait parfois mention d'un style récitatif, tel que Beethoven l'employa dans son quinzième quatuor, sa neuvième symphonie, etc. R. M.

RÉCITATIF, AIR ET VARIATION. Œuvre de Gilbert Amy pour 12 solistes vocaux, composée en 1970 pour les Solistes des chœurs de l'O. R. T. F. et créée le 5 avril 1971 au Festival de Royan. Elle tire son essence d'un poème de René Daumal (*le Contre-Ciel*) envisagé par le compositeur pour ses possibilités d'éclatement phonétique, et se réfère en ses trois parties à la succession classique vif-lent-vif. Celles-ci s'enchaînent grâce à une note-pivot (*si* bémol) qui s'étire en un impalpable pianissimo, envahissant les voix de femmes.

« Récitatif : c'est le rêve non formulé mais haché et violent du poème, de la parole non "ex-primable" (...) Air : la vocalisation comme limite poétique de la profération. Transfert illimité et illuminant de la porteuse de son qu'est la voix humaine (...) Variation : variation n'est point ici pluriel, variant-ce-que-l'on-vient-d'énoncer, mais définit le devenir d'une matière qui se varie elle-même dans sa progression, n'admettant pas de retour. Les phonèmes seuls sont utilisés, les mots absents ou presque (...)» (G. Amy). A. F.

RECTO TONO (lat. ; « sur un ton droit, uni »). Expression désignant un chant modulé sur une seule note sans aucune inflexion mélodique, telle qu'on l'emploie notamment pour la partie de la psalmodie placée sur la corde de récitation. J. C.

RÉCURRENCE. La récurrence (on dit aussi : la forme rétrograde, ou la *rétrogradation*) d'un thème, d'une ligne mélodique ou d'une « série » (dans la musique sérielle), est sa forme inversée dans le sens du temps, c'est-à-dire lue de la dernière note à la première. Le procédé qui consiste à faire réapparaître un thème par sa récurrence, ne se rencontre presque uniquement dans les musiques écrites savantes (où les notes sont visualisées comme une structure spatiale autant que temporelle, ce qui suggère des procédés d'inversion en miroir, de symétrie, qu'on rencontre plus souvent dans les arts plastiques).

En particulier, on la trouve dans la forme ancienne du *canon à l'écrevisse* pratiqué par les contrapuntistes (« Krebskanon », en allemand), où une voix se superpose à sa récurrence ; et dans la musique sérielle, où la récurrence est une des quatres formes de base que peut prendre la série (forme originale ; récurrence ; renversement des intervalles, qui montent au lieu de descendre et inversement tout en gardant les mêmes valeurs ; et enfin renversement de la récurrence).

Cette quatrième forme, qui consiste à combiner deux inversions (l'une dans le sens du temps, horizontal, l'autre dans le sens vertical de l'espace des hauteurs), comme si on utilisait deux fois un miroir, se trouvait aussi dans la musique contrapuntique ancienne, avec les *canons à l'écrevisse au miroir* (« Spiegelkrebskanon »). Dans la symphonie n° 47 de Haydn, la seconde moitié du menuet est la récurrence de la première, et il en va de même dans son trio. M. C.

REDA (Siegfried), compositeur et organiste allemand (*Bochum 1916 - Mülheim 1968*). Élève de Ernst Pepping et de Hugo Distler, il enseigna à Essen et à Mülheim, et contribua grandement à l'évolution de la musique d'église protestante après la Seconde Guerre mondiale. Il a écrit des œuvres pour orgue et des œuvres chorales dont la principale est un *Requiem* (1963). M. V.

REDEL (Kurt), chef d'orchestre, flûtiste et musicologue allemand (*Breslau 1918*). Il étudia la flûte, le violon, l'histoire de la musique, la composition et la direction d'orchestre au conservatoire de Breslau, débuta comme chef et comme soliste en 1938 et, la même année, fut nommé professeur au Mozarteum de Salzbourg. En 1952, il fonda l'orchestre Pro Arte de Munich. Chef d'orchestre avant tout, mais aussi éminent flûtiste, il a récemment enregistré plusieurs concertos inédits, pour flûte, de Frédéric II, roi de Prusse. Fondateur et directeur du festival de Pâques de Lourdes, consacré à la musique sacrée, il a reconstitué et enregistré la *Passion selon saint Marc* de Telemann. A. de B.

RÉDEMPTION. « Poème-symphonie » pour mezzo-soprano, chœur mixte et orchestre de César Franck, composé en 1871-72 sur un texte d'Édouard Blau. La première partie (« Autrefois ») dépeint l'humanité païenne, puis un chœur d'Anges annonçant la venue du Messie ; la seconde partie retrouve les hommes retournés à la bestialité, mais que la prière des Justes sauvera. L'œuvre s'achève alors sur un cantique de fraternelle charité. Sur ce schéma d'Éd. Blau, simpliste, indigent et emphatique, Franck écrivit une musique sincère, non dénuée de valeur qui, toutefois, tomba aussi bien à la première, le 10 avril 1873 (dirigée dans des conditions impossibles par Colonne, adversaire de l'œuvre), qu'ultérieurement, lorsque le musicien en eut remanié maints passages (forme et tonalité). Il fallut attendre le 20 décembre 1896 pour que l'œuvre triomphe : soit six ans après la mort de Franck.

Aujourd'hui, seul est pratiquement joué l'interlude orchestral, qui s'appuie sur le propre schéma du compositeur, passant de la Rédemption matérielle à la Rédemption spirituelle de l'homme. Pour n'être pas exempte de défauts (orchestration assez lourde, réminiscences nombreuses, traces de « wagnérisme » qui la condamnaient aux oreilles des contemporains), la partition de Franck n'en est pas moins importante par tout ce qu'elle présente de nouveautés (chœur en canon des Anges, modulations audacieuses) et laisse pressentir : une nouvelle étape, à la fois spirituelle et musicale, qui mène droit aux futurs « poèmes symphoniques », à la *Symphonie* de 1888 et aux ultimes *Trois Chorals*. J. G.

REDLICH (Hans Ferdinand), musicologue anglais d'origine autrichienne (*Vienne 1903 - Manchester 1968*). Tout en suivant une formation universitaire à Vienne, puis à Munich, il étudia la musique en privé avec Paul Weingarten (piano) et Hugo Kauder (théorie) à Vienne, puis Carl Orff (composition) à Munich. Après avoir occupé les postes de chef d'orchestre à Berlin (1924-25) puis à Mayence (1925-1929), il poursuivit ses études à Francfort (1929-1931) et obtint son doctorat de philosophie en 1931 avec une thèse sur les madrigaux de Monteverdi (*Das Problem des Stilwandels in Monteverdis Madrigalwerk*). En 1939, il émigra en Angleterre, dont il devint citoyen en 1947. De 1941 à 1955, il fut chargé de cours à la *Workers' Educational Association* et aux universités de Cambridge et de Birmingham. Il enseigna l'histoire de la musique à l'université d'Édimbourg à partir de 1955, puis fut nommé professeur de musique à l'université de Manchester en 1962.

Il a joué un rôle important comme musicologue et comme éditeur, centrant surtout son activité autour de Monteverdi (*La Favola d'Orfeo*, 1936 ; *Vespro della Beata Vergine*, 1949 et 1958 ; *L'Incoronazione di Poppea*, 1958 ; messes, 1952 et 1962, et madrigaux, 1954), Haendel (12 *concerti grossi* op. 6, *Water Music et Fireworks Music*, 1962) et Mozart (*L'Oca del Cairo*, 1940, ainsi que de nombreuses œuvres instrumentales).

Il a également édité un recueil de musique sacrée, *Meister des Orgelbarock* (1931), et beaucoup écrit sur Monteverdi (*Claudio Monteverdi : Leben und Werk*, 1949) et sur la musique viennoise (*Gustav Mahler : eine Erkenntnis*, 1919 ; *Bruckner and Mahler*, 1955 ; *Alban Berg*, 1957). D. H.

REDOLFI (Michel), compositeur français (*Marseille, 1951*). Il est un des membres fondateurs du Groupe de musique expérimentale de Marseille, auquel il apporte son expérience très poussée de la technique de synthèse informatique des sons, acquise en grande partie lors des séjours aux États-Unis (où il réside une partie de son temps), ainsi que son dynamisme innovateur : on lui doit la conception d'un système de diffusion par « homo-parleur », ainsi que des expériences de musiques « sous l'eau » (projet WET). Sa musique est marquée par un sens cosmique de l'énergie naturelle, notamment marine, qui donne beaucoup de puissance à des œuvres comme *Instant blanc*, pour flûte et bande magnétique (1973), *Pacific Tubular Waves* (1979), *Immersion* pour bande magnétique (1980). M. C.

REDOUBLEMENT. Se dit habituellement (et par impropriété de terme) lorsque la note supérieure d'un intervalle se trouve répétée à une octave plus élevée. Ainsi, le *redoublement* de la quinte devient une douzième. Se dit aussi beaucoup plus rarement (mais plus justement) lorsqu'un intervalle est doublé. Dans ce dernier cas, le *redoublement* de la quinte est deux quintes, soit une neuvième. M. P. P.

RÉDUCTION. — 1. Opération consistant, soit par écrit, soit à vue, à ramener une partition d'orchestre aux dimensions d'une partition de piano ou d'un instrument analogue, pour en permettre soit l'exécution par un seul instrumentiste, soit une lecture plus aisée, tout en renonçant à signaler les détails de l'instrumentation.
— 2. **Réduction d'orchestre :** partition écrite en fonction de l'opération précédente.
— 3. **Réduction de valeurs :** opération consistant, sans modifier l'exécution, à remplacer dans l'écriture une mesure donnée par une autre ayant une moindre unité de mesure ; par exemple, un C barré (deux blanches) par 2/4 (deux noires). J. C.

REESE (Gustave), musicologue américain (*New York 1899 - Berkeley 1977*). Il fit ses études à l'université de New York et c'est là qu'il enseigna, presque sans interruption, à partir de 1927. Il s'imposa au premier rang de la musicologie américaine par deux ouvrages fondamentaux : *Music in the Middle Ages* (1940) et *Music in the Renaissance* (1954), complétés par un certain nombre d'articles publiés dans diverses revues de musicologie.
Cofondateur, en 1935, de l'AMS (American Musicological Society), dont il s'occupa pendant plus de vingt ans, membre durant de longues années de l'IMS (International Musicological Society), coéditeur (1933-1944), puis éditeur (1944-45) du *Musical Quarterly*, il fut aussi cofondateur et membre de plusieurs sociétés de musique ancienne (Plainsong and Mediaeval Music Society, Renaissance Society of America). Dans le domaine de l'édition musicale, il a dirigé les publications des firmes G. Schirmer (1940-1945) et C. Fischer (1945-1955). Il a enfin formé toute une nouvelle génération de musicologues. D. H.

RÉEXPOSITION. Dans le plan d'un morceau classique basé sur une présentation initiale des thèmes dite *exposition* que suit leur *développement*, démarche consistant à faire entendre à nouveau les thèmes qu'avait présentés l'exposition, sous une forme soit identique, soit très voisine, comme pour donner un poids supplémentaire à son discours avant d'en achever. La réexposition est l'un des éléments essentiels de la forme sonate*, mais on la trouve aussi dans nombre d'autres formes, notamment dans la fugue. Dans la sonate dite *dithématique*, la réexposition obéit à un principe tonal consistant à ramener au ton principal tous les thèmes réexposés, pour en affirmer la signification conclusive. J. C.

RÉFORMATION. Titre porté par la Symphonie n° 5 (la 2ᵉ dans l'ordre de composition) en *ré* mineur op. 107 de Mendelssohn, entreprise en 1829 et destinée à l'origine aux fêtes du tricentenaire de la Confession d'Augsbourg (1530) : d'où la présence, dans son finale, du fameux choral de Luther *Ein' feste Burg ist unser Gott* (« C'est un rempart que notre Dieu »), utilisé par Bach un siècle auparavant, pour la même célébration, dans sa Cantate n° 80. L'œuvre, pour des raisons politiques et religieuses, ne put être donnée en 1830. Sa création eut lieu à Berlin le 15 novembre 1832 seulement. Privée de son contexte, elle n'eut qu'un succès limité, et Mendelssohn devait ensuite s'en désintéresser complètement. La *Réformation* ne devait être rejouée et éditée que bien après sa mort, en 1868.
Seuls les mouvements extrêmes illustrent le sujet choisi. L'introduction *andante* utilise sur sa fin le célèbre motif liturgique dit « Amen de Dresde », que Wagner devait immortaliser comme motif du Graal dans *Parsifal*. Ce motif revient au centre de l'*allegro con fuoco* (*ré* mineur). Après un scherzo (*allegro vivace*) en *si* bémol tout de légèreté, avec trio en *sol* majeur très chantant, l'*andante* en *sol* mineur (sorte de chant sans paroles élégiaque) sert surtout à introduire le finale. La transition vers ce dernier est fournie par le choral de Luther, entendu aux flûtes puis à tout l'orchestre. Puis éclate le finale proprement dit (*allegro maestoso* en *ré* majeur). Le choral y apparaît aux basses dans le développement central de style fugué, aux vents dominés par les trombones dans la réexposition, et constitue enfin à lui seul l'apothéose terminale. M. V.

REFRAIN. Phrase musicale, instrumentale ou vocale, accompagnée ou non d'un texte, et qui, au cours d'une pièce de musique, se trouve textuellement répétée à certains intervalles, et coupée par des épisodes plus ou moins variés que l'on nomme « couplets » (dans les suites de Louis Couperin, le refrain se nomme « grand couplet », par opposition aux couplets proprement dits). Le principe du refrain est quasi universel, et se retrouve dans un grand nombre de cultures musicales. Ce refrain peut être plus ou moins court, intervenir dans les chansons comme vers isolé à la fin des strophes, ou bien être constitué d'une strophe entière.
Le refrain est fondé sur le principe structurel le plus simple de la musique : la répétition textuelle. Une phrase musicale, si courte soit-elle, devient refrain par le fait qu'elle est un élément répété textuellement par rapport à d'autres éléments qui, eux, varient. Mais, s'il y a uniquement une répétition textuelle qui s'enchaîne à elle-même, il n'y a pas de refrain proprement dit. Il faut que cette répétition soit brisée, coupée par des épisodes, que le refrain soit le retour de quelque chose qu'on a momentanément quitté (dans les rondos des sonates et des concertos classiques, le retour au refrain est en même temps le retour à la tonalité principale du morceau) et qui constitue le vif du sujet. En ce sens, le refrain est un peu l'inverse de la ritournelle instrumentale de l'opéra monteverdien — laquelle est également une phrase instrumentale (assez courte) répétée textuellement, mais servant à couper le chant, à reposer du « vif du sujet » pour nous y replonger ensuite.
Dans de nombreuse formes musicales, liturgiques, symphoniques, etc. qui opposent un individu soliste à une communauté dont il émane, le refrain est très souvent dévolu à la communauté, à la collectivité, et les épisodes, ou couplets, à l'individu. Même quand les rondos des concertos classiques débutent par le refrain attaqué par le soliste, ce refrain est aussitôt repris par le tutti, consacrant les retrouvailles, la fusion du soliste avec la collectivité.
Dans la chanson à couplet, le refrain et le couplet ont souvent une musique spécifique — et du point de vue strictement musical, puisque la musique du cou-

plet se répète textuellement elle aussi, un point de vue faussement naïf pourrait envisager couplet et refrain comme identiques de nature, et délimités seulement par une convention. En réalité, le refrain s'identifie comme tel, non seulement parce qu'il comporte généralement les mêmes paroles sur la même musique (alors que les couplets sont faits de paroles qui se renouvellent sur la même musique), mais aussi parce qu'il est souvent rythmiquement et mélodiquement plus marqué, plus dessiné, plus incisif et mémorisable que le couplet — lequel est souvent plus proche d'un récitatif, avec un dessin mélodique plus fluide, mois prégnant. C'est un peu la définition du refrain que d'être un élément conçu pour s'imprimer fortement dans la mémoire, avec un sorte d'évidence de sa forme et de son dessin.

Transposée musicalement, la structure refrain/couplet est à la base de la forme la plus stable de la musique occidentale : la forme rondo, qui repose sur des couplets variés de virtuosité, avec un refrain vigoureux et entraînant qui commence et parfois termine le mouvement.
M. C.

RÉGALE. Sorte de petit orgue portatif à un jeu unique d'anche battante, sans tuyau résonateur, en vogue à la Renaissance. Son clavier, étendu parfois jusqu'à quatre octaves, permettait de jouer en polyphonie et d'accompagner le chant. En usage en Angleterre, en Allemagne et en Italie, on en connaît bien le timbre âpre et nasillard par l'emploi qu'en fit Monteverdi pour soutenir dans *l'Orfeo* (acte III) le chant de Charon et les personnages du monde souterrain en général (Pluton). La régale tomba en désuétude au XVIIIᵉ siècle.

Le terme de régale désigne également un jeu d'orgue à anche et à tuyau raccourci, de caractère proche du jeu de voix* humaine.
G. C.

REGAMEY (Constantin), compositeur et philologue suisse (Kiev 1907 - Lausanne 1982). Après des études à Varsovie et à l'École des hautes études à Paris, c'est en autodidacte qu'il vint à la musique et qu'il commença à composer en 1942. Chargé de cours à Varsovie (philologie indienne) de 1935 à 1939, puis professeur de linguistique à Fribourg (1946) et Lausanne (1949), cet humaniste à l'esprit brillant et distingué a admis les disciplines les plus diverses à condition qu'elles correspondent à une véritable nécessité créatrice. A partir de 1963, il s'est dirigé vers une synthèse des musiques tonales, atonales, dodécaphoniques et autres, ceci sans exclure la musique indienne, et certaines de ses œuvres sont ainsi alternativement tonales et sérielles.
A. G.

REGER (Johann-Baptist-Joseph-Max[imilian]), pianiste, organiste et compositeur allemand (Brand, Oberpfalz, 1873 - Leipzig 1916). Aîné des cinq enfants d'un instituteur installé à Weiden en 1874, Joseph Reger, et de Philomena Reichenberger, qui lui apprennent très jeune à jouer de divers instruments, il est ensuite, pendant huit ans, l'élève de l'organiste Adalbert Lindner, qu'il remplace, dès l'âge de treize ans, à l'orgue de la paroisse catholique de Weiden. En 1888, pour récompenser la réussite scolaire de son fils, Joseph lui offre un voyage à Bayreuth qui va confirmer sa vocation de compositeur. Mais ce n'est qu'à dix-neuf ans qu'intervient la décision définitive. En secret, Lindner a envoyé de ses œuvres du son disciple au célèbre maître Hugo Riemann qui, honneur insigne, l'accepte comme élève, tout d'abord à Sondershausen, puis à Wiesbaden (1890-1893). Là, Reger se lie d'amitié avec Ferrucio Busoni et obtient d'enseigner l'orgue et la théorie au conservatoire Freudenberg (1893-1896).

A l'âge de vingt-trois ans, Reger fait la connaissance de Brahms à qui il voue depuis longtemps une vive admiration et il lui dédie la *Suite d'orgue* op. 16. Subjugué, le vieux maître lui donne sa photo avec une dédicace où il déclare lui transmettre le flambeau de la musique allemande, après l'avoir lui-même reçu des mains de Schumann.

Après un an de service militaire, Reger rentre dans sa famille, qu'il suivra trois ans plus tard à Munich. C'est là qu'il épouse Elsa von Bercken, née von Bagensky (1902). A partir de cette date et jusqu'à sa mort, il ne cessera plus de composer chaque jour. En 1905, il est nommé professeur d'orgue et de composition à la Königliche Akademie der Tonkunst de Munich. Ses récitals d'orgue attirent l'attention de Karl Straube, célèbre organiste, qui désormais interprétera régulièrement les œuvres de Reger en public. En 1902, Straube est nommé organiste à Saint-Thomas de Leipzig, puis en 1907 professeur au conservatoire de cette ville. Reger finit par le rejoindre pour y enseigner la composition (1907).

A Munich, ses œuvres ont déchaîné l'hostilité violente des membres de la « Nouvelle Allemagne » (Ludwig Thuille, Rudolf Louis et Max von Schillings), mais Reger entretient avec son chef de file, Richard Strauss, des liens d'amitié et d'admiration mutuelles. C'est avec l'accord de Strauss qu'il publie alors une série d'articles sur l'esthétique de la nouvelle musique et les droits sacrés du compositeur moderne. A Leipzig, Reger sera peu à peu submergé de distinctions universitaires et honorifiques venues de toute l'Allemagne.

Cependant, il continue ses tournées d'organiste et de musique de chambre, notamment à Londres à 1909. À Dortmund, en 1910, un premier festival Reger est organisé. Deux ans plus tard, Reger se voit confier la direction du célèbre orchestre de la Meininger Hofkapelle, fondé par Hans von Bülow. Pendant trois ans, il effectua avec lui de nombreux voyages et compose à son intention quelques grandes partitions orchestrales. Il n'en conserve pas moins son poste au conservatoire de Leipzig.

En 1914, une grave affection nerveuse consécutive à l'abus d'alcool le contraint à plusieurs mois de repos. Il abandonne l'orchestre de Meiningen et s'installe à Iéna, d'où il poursuit ses tournées et donne des cours à Leipzig une fois par semaine. C'est là, dans un hôtel, qu'il sera terrassé par une crise cardiaque à l'âge de quarante-trois ans.

L'œuvre de Reger n'est comparable en abondance qu'à celle des grands maîtres classiques. Elle est, aussi, incontestablement inégale, comme il le reconnaissait lui-même. Il a abordé tous les genres sauf le théâtre. Mêlant la « force baroque » à la « tendresse romantique », une parfaite maîtrise de l'écriture à une mobilité harmonique toute moderne, sa musique reste très personnelle. Les principales références en sont Beethoven et Schumann, mais le chromatisme wagnérien n'en est pas moins sous-jacent. Le modèle le plus proche et le plus accepté demeure celui de Brahms pour la synthèse entre l'inspiration et le métier, la subjectivité et l'objectivité, la rigueur néoclassique et l'expressivité romantique. L'expérience de l'organiste, interprète de Bach, conditionne toute la production pour orgue : on a même parlé de lui comme d'un « second Bach ». Surmontant le style quelque peu « confus » et « chaotique » de ses premières œuvres, Reger tend, surtout à la fin de sa vie, vers un nouvel idéal fait d'économie des moyens, de simplicité et de transparence. Il faut reconnaître cependant que certaines de ses œuvres les plus célèbres, qui datent de « l'époque d'Iéna », comme les *Variations et Fugue sur un thème de Telemann* op. 134 (1914) et les *Variations sur un thème de Mozart* op. 132 (1914), sont en réalité moins caractéristiques que ses partitions néobaroques et surchargées de la période munichoise.

Principales œuvres. *Piano.* Valses, Pièces, Canons, Improvisations, Aquarellen, Intermezzi, Silhouetten, Episoden, Préludes & Fugues, etc., *Variations & Fugue*, sur Bach op. 81 (1904) ; sur Telemann op. 134 (1914) ; sur Beethoven op. 86 (2 pianos, 1904) ; *Aus meinem Tagebuch* (35 pièces) op. 82 (1904-1912). ORGUE : *2 Sonates, 2 Suites, Fantaisies, Pièces, Trios, Chorals-Préludes, Variations,* sur them orig. op. 73 (1903), etc. *Lieder.* Nombreux recueils, dont *Schlichte Weisen* op. 76 (1903-1912). **Musique de chambre.** *11 Sonates pour violon solo, 3 Suites pour violoncelle solo, 7 Sonates,* des pièces diverses pour piano et violon, *2 Trios pour* cordes, 2 Trios avec piano, 5 Quatuors pour cordes, 2 Quatuors avec piano, 2 Quintettes avec piano, 2 Quintettes av. clarinette, Sextuor pour cordes. **Orchestre.** Sinfonietta op. 90 (1904-1905), Variations et fugue sur Hiller op. 100 (1907), sur Mozart op. 132 (1914), Symphonischer Prolog zu einer Tragödie op. 108 (1908), Eine Lustspielouvertüre op. 120 (1911), Konzert im alten Stil op. 123 (1912), Eine Ballet-suite op. 130 (1913), 2 Romances et Concerto pour violon et orchestre, Concerto pour piano op. 114 (1910). **Chœur.** 2 Requiems, dont un inachevé, 5 Cantates, Psaume 100 op. 106 (1908-1909), etc., nombreux chœurs a cappella.

H.-L. G.

REGISTRATION. Art, pour un organiste (ou un claveciniste), de composer choix, mélanges et oppositions de sonorités en fonction de l'œuvre à exécuter et des ressources de l'instrument utilisé. Comparable à l'orchestration, la registration a fait, depuis le XVIIe siècle, l'objet de nombreuses indications de la part des compositeurs et des théoriciens, en France surtout. Mais l'absence de notation de registration (chez les classiques allemands comme Bach, particulièrement), l'évolution des timbres désignés par des termes identiques, le style de chaque instrument et la limitation de ses ressources rendent parfois la registration très délicate, sinon impossible à réaliser. Après une éclipse, l'art de bien registrer est redevenu aujourd'hui un élément d'interprétation important des organistes.

G. C.

REGISTRE. En musique, toutes les acceptions du mot registre semblent dériver du latin médiéval registrum campanae, corde pour tirer la cloche (du verbe regerere, « tirer »). À partir de là, le mot a pris des sens concrets (mécanismes servant à « tirer » un jeu, à en sélectionner un, pour les instruments basés sur différents jeux, comme l'orgue et le clavecin), ou plus abstraits : le registre se met à désigner le « jeu » lui-même, sa sonorité particulière, ou encore, dans une voix ou un instrument, les « zones » caractéristiques correspondant à une couleur particulière.

— 1. **Registre d'orgue :** dans les orgues à transmission mécanique, on appelle registre, au sens le plus concret, une sorte de réglette mobile et coulissante (entre deux lattes fixes, nommées « faux-registres » ou « registres dormants »), laquelle, percée de trous, permet ou non d'établir la communication entre les embouchures des tuyaux d'un même jeu et l'air arrivant de la soufflerie — suivant que ces trous coïncident ou non avec les trous du sommier. Le registre est donc d'abord la pièce qui permet de faire « parler » tel jeu — mais, par métonymie, on appelle également registre (ou « bouton de registre ») le tirant manuel installé sur la console, à portée de main de l'organiste, et qui lui permet, à raison d'un registre par jeu, en l'enfonçant ou en le tirant, d'actionner la réglette dans un sens ou dans l'autre, donc de faire parler ou taire le jeu choisi.

Enfin, par glissement de sens, on appelle souvent aussi registre le jeu d'orgue lui-même — d'où le nom de registration* donné au choix des jeux qui sont utilisés pour jouer une partition ou une improvisation.

— 2. **Registre de clavecin :** par analogie avec l'orgue, on appelle registres, sur les clavecins qui comportent plusieurs, les différentes séries de cordes, à l'octave les unes des autres, correspondant à des jeux différents, ainsi que différents modes d'attaque ou de résonance de la corde, pour créer des timbres différents. Comme pour l'orgue, ces jeux sont actionnés par des tirants ou des pédales, et par analogie encore avec l'orgue, les trois registres principaux sont appelés jeu de huit pieds (8'), registre de base, jeu de seize pieds (16') à l'octave inférieure, et jeu de quatre pieds (4') à l'octave supérieure.

— 3. **Registre instrumental** ou **vocal :** on appelle encore registre, dans toute l'étendue d'une voix ou d'un instrument, les zones caractéristiques correspondant à un certain type de sonorité, de timbre, d'émission : ainsi, on distingue souvent les registres grave, médium et aigu d'un instrument ou d'une voix.

Dans le domaine vocal, plus précisément, on a longtemps distingué le registre de poitrine (ou voix de poitrine) et le registre de tête (ou voix de tête) — en nommant parfois registre mixte une zone dans laquelle le chanteur mélangerait les deux types d'émission. Le « passage » d'un registre à l'autre, pour masquer la différence de timbre et de couleur, était enseigné au chanteur, auquel on apprenait à localiser, dans sa voix, les notes sur lesquelles ce passage devait s'opérer. Ce passage se fait, pour les femmes, de la voix de tête, vers la voix de poitrine, donc vers le grave ; et inversement pour les hommes, de la voix de poitrine vers la voix de tête, donc vers l'aigu, et c'est ainsi qu'il est encore enseigné dans de nombreux cours de chant. D'autres apprennent à homogénéiser la voix sur toute l'étendue, par un mélange des différents types d'émission, et certains nient la spécificité des registres « de tête » et « de poitrine ».

On parle aussi de registre pour les timbres propres au médium, au grave et à l'aigu de l'instrument. Ces registres reçoivent parfois des noms, comme c'est le cas pour la clarinette, aux registres effectivement bien différenciés : registre grave, ou « chalumeau », registre médium, ou « clairon », et registre aigu. On peut aussi caractériser les registres aigus du basson, grave de la flûte traversière, etc.

M. C.

REIBEL (Guy), compositeur français (Strasbourg 1936). Nanti d'une formation d'ingénieur, et après des études musicales chez Serge Nigg et Olivier Messiaen, il entre en 1963 au Groupe de recherches musicales de Paris, où il commence par collaborer aux recherches de Pierre Schaeffer sur la perception du son et l'objet sonore. Il s'affirme ensuite comme compositeur, avec une production d'œuvres où la voix humaine (traitée en général collectivement : chœurs, groupes, et ensembles vocaux) ainsi que les moyens électroacoustiques tiennent une place importante. Il a acquis une certaine réputation dans le milieu des chorales d'amateurs, avec un grand nombre de pièces musicales et de jeux musicaux, écrits à leur intention, dans une notation et une conception modernes, mais accessibles à tous. Il n'a pas délaissé pour autant les chanteurs professionnels, auxquels il a destiné des pièces pour ensemble vocal, où des textes poétiques sont parfois utilisés comme prétextes phonétiques, réservoirs de mots et de sonorités à faire éclater dans tous les sens : Chanson de Geste (1971, sur des textes de poètes contemporains) et Ode à Villon (1972), entre autres.

Une certaine superficialité, quand il s'agit d'aborder un texte ou de traiter un propos explicite, se révèle avec la Suite pour Edgar Poe (1972), pour bande magnétique, ou dans l'opéra choral Rabelais en liesse (1974). Ses œuvres « abstraites » sont plus convaincantes, comme Antinote (1967), pour bande, et les Variations en étoile (1967), pour bande magnétique avec percussion en direct ad libitum, essai plutôt réussi dans un genre classique en musique électroacoustique : celui qui consiste à créer une œuvre entière à partir de quelques sons de base soumis à de nombreuses manipulations, qui en tirent la plus grande variété possible de dérivés. Avec Vertiges (1969), pour guitare électrique et bande, se manifeste son goût pour les sons aigus, crissants, spasmodiques, goût dont témoignent aussi les Granulations-Sillages (1976), œuvre électroacoustique « multi-pistes ». Dans son important Triptyque électroacoustique (Signal sur bruit, Cinq Études aux modulations, Franges du signe, 1973-74), Reibel donne peut-être le meilleur de lui-même, mettant sa faconde et son habileté au service d'un propos plus inspiré, plus médité, canalisé dans une forme plus puissante et plus efficace.

Professeur associé au Conservatoire de Paris (classe de composition électroacoustique et de recherche musicale, en liaison avec le G. R. M.), créateur d'un Atelier vocal expérimental, concepteur de « jeux musicaux », assurant depuis 1981 des responsabilités importantes dans la chaîne France-Musique (notamment pour la réalisation et la programmation d'émissions pédagogiques, et de celles consacrées au répertoire contemporain), chef d'orchestre et chef de chœur, etc., Guy Reibel se révèle un animateur très actif, même si l'on peut trouver plutôt restrictive et normative sa pédagogie de la musique électroacoustique. M. C.

REICH *(Steve)*, compositeur américain *(New York 1936)*. Avec son compatriote Phil Glass, il est le plus talentueux représentant de la tendance « répétitive », qu'il a inventée, et qui a connu beaucoup d'imitateurs. Sa musique est en effet fondée, en général, sur le traitement par répétition, emboîtement, superposition, décalage, de motifs plus ou moins brefs — ces motifs de base possédant toujours une *pulsation rythmique* très affirmée et régulière, et un *centre d'attraction tonale* également très défini (accord parfait, gamme diatonique, etc.). Sur ces deux points, la musique de Steve Reich s'est toujours radicalement opposée à la tendance atonaliste postsérielle.

C'est à l'âge de quatorze ans que Steve Reich commence à découvrir la musique classique : notamment Bach et la musique baroque, Stravinski, Bartók, Webern, qui, avec le jazz et les musiques africaines et balinaises, et, plus tard, avec la cantillation hébraïque, seront ses principales sources d'inspiration. Durant ses études de philosophie, sa vocation musicale se cristallise : il entre en 1958 à la Juilliard School. Au Mills College (Californie), il étudie avec Berio et Milhaud tout en cherchant dans des directions nouvelles. C'est à travers l'œuvre pour bande magnétique, *It's Gonna Rain* (1965), basée sur le simple « déphasage » et « rephasage » d'une boucle de voix humaine superposée à elle-même sur deux magnétophones tournant simultanément, qu'il découvre la technique de *déphasage* (c'est-à-dire de décalage entre des phénomènes périodiques superposés), qui commandera sa musique jusqu'en 1971. Il en déduit le principe d'une musique conçue comme « processus graduel », c'est-à-dire construite comme le déroulement implacable et très pur d'une loi simple qui commande à la fois « l'ensemble des détails note après note (son après son) et la totalité de la forme (comme dans un canon *ad infinitum*) ». La vieille structure du canon, ainsi que le procédé de développement par augmentation, sont deux des bases de son écriture qui appartiennent au fond ancestral de la musique traditionnelle occidentale.

En effet, s'il a étudié, en interprète autant qu'en compositeur, les musiques africaines (tambourinage africain, étudié au Ghāna, en 1970) et balinaises (apprentissage du jeu de gamelan balinais, en 1973 et 1974, aux États-Unis), il se réclame sans gêne d'une continuité avec la tradition occidentale. Dans le même sens, il abandonne rapidement l'utilisation des moyens électroacoustiques, après *Come Out* (1966), et *Melodica* (1966), deux œuvres pour bande magnétique dans la lignée de *It's Gonna Rain*, pour faire réaliser ses projets de composition par des instrumentistes jouant en direct. En effet, si sa musique, dans sa rigueur « mathématique » de rythme et de structure, semble demander aux interprètes une précision de machines, cette précision demeure toujours, comme chez les Balinais, une précision humaine, et sensible comme telle, et non la précision indifférente d'un mécanisme, d'autant que Steve Reich affirme son attachement à la beauté du son instrumental traditionnel, franc et lumineux. Ses premières œuvres « répétitives » pour instruments explorent de manière assez didactique et systématique des processus simples de déphasage : *Piano Phase* (1967), pour deux pianos ; *Violin Phase* (1967), pour quatre violons (ou pour violon et une bande magnétique diffusant l'enregistrement des autres parties) ; *Four Organs* (1969), pour quatre orgues électriques et maracas ; *Phase Patterns* (1970), pour quatre orgues électriques. Installé à New York depuis 1965, il y a collaboré avec des chorégraphes et rencontré des cinéastes, sculpteurs et vidéo-artistes d'« avant-garde ». Enfin, il a fondé son propre ensemble, Steve Reich and Musicians, pour expérimenter et exécuter sa musique, et y joue lui-même (piano, percussions, etc.), jugeant indispensable de s'investir comme interprète dans sa création.

De son étude du tambourinage au Ghāna, il tire une longue œuvre nommée *Drumming* (1971), pour différentes percussions, sifflet, piccolo, et voix utilisées « instrumentalement ». Cette œuvre introduit des techniques nouvelles chez lui de changement graduel de timbre, et de « substitution progressive des temps aux pauses », et l'amène à abandonner les techniques de déphasage et sa conception antérieure de la composition comme développement d'un processus unique. *Music for Mallet Instruments, Voices and Organ* (1973), *Music for 18 Musicians* (1974-1976), *Music for Large Ensemble* (1978), *Octuor* (1979), *Variations for Winds, Strings and Keyboard* (1981) sont les étapes successives d'une évolution qui le mène à la fois vers un certain succès public, vers l'utilisation d'ensembles de plus en plus importants et différenciés dans leurs timbres, et vers l'emploi de structures musicales plus variées, inattendues, contrastées, colorées (jeu sur les timbres et sur des motifs beaucoup plus nombreux, utilisation, dans *Music for 18 Musicians*, au lieu d'un seul accord de base, d'un large « cantus firmus » harmonique de onze accords, etc.).

Sa musique est également marquée par sa redécouverte de la cantillation hébraïque (*Tehillem* [1981], pour trois voix de femme et ensemble instrumental, œuvre qui met en musique des textes tirés de psaumes bibliques très connus, comme le Psaume 19 et le Psaume 150).

La musique de Steve Reich s'impose par sa beauté apollinienne et rigoureuse, très dynamique cependant, et par la qualité de sa réalisation. Si, comme celle de Phil Glass, elle a été beaucoup imitée, elle est le fruit d'une grande indépendance d'esprit, notamment vis-à-vis de l'influence, grande aux États-Unis, de John Cage. Par rapport à ce dernier, Reich a toujours souhaité une musique très déterminée, mais qui ne soit pas pour autant une effusion personnelle (il s'agit, dit-il, de « détourner son attention du *lui*, du *elle*, du *toi* et du *moi* pour le projeter en dehors, à l'intérieur du *ça* »). Il cherche à créer une beauté objective, où l'homme trouve une certaine extase qui n'est pas sans résonances religieuses.

Par ailleurs, Reich a toujours été convaincu que sa musique participait d'un certain mouvement plus général de réaction face à l'atonalité, et où il s'agit pour le compositeur occidental de se réapproprier et de réinventer sa propre tradition, ce qui ne l'empêche pas de s'inspirer de la tradition des autres civilisations.

M. C.

REICHA, famille de musiciens tchèques.
— 1. **Josef,** violoncelliste, chef d'orchestre et compositeur *(Chudenice, près de Klatovy, 1752 - Bonn 1795)*. Après plusieurs années à Prague, il fut successivement premier violoncelle de l'orchestre du prince d'Oetinngen-Wallerstein à Harburg (1774), et violoncelliste et premier violon de l'Orchestre électoral de Bonn (1785). Il prit la direction de cet ensemble en 1789. Ses œuvres influencèrent le jeune Beethoven.
— 2. **Antonin** *(Antoine)*, compositeur et théoricien, neveu du précédent *(Prague 1770 - Paris 1836)*. Orphelin de père de bonne heure, il fut accueilli à Bonn par son oncle. Après l'occupation de la Rhénanie par l'armée française, il s'installa à Hambourg (1794-1799), à Paris (1799-1802), puis à Vienne (1802-1808), où il fréquenta Haydn et Beethoven (il avait connu ce dernier à Bonn). Ses *36 Fugues* pour piano (1803) furent dédiées à Haydn.

Fixé définitivement à Paris en 1808, Antonin Reicha devint professeur de composition au Conservatoire en 1818. Naturalisé en 1829, il succéda à Boieldieu à l'Institut en 1835, et il eut comme élèves Berlioz, Liszt, Franck et Gounod.

On lui doit des opéras, de la musique religieuse, des symphonies, des concertos, de la musique de chambre pour cordes, des pièces pour piano, mais c'est surtout par ses quintettes à vent que ce musicien parfois étrange, aux trouvailles harmoniques et rythmiques souvent prophétiques, voire tout à fait expérimentales, s'est maintenu au répertoire. M. V.

REICHARDT *(Johann Friedrich)*, compositeur et musicographe allemand *(Königsberg 1752 - Giebichenstein, près de Halle, 1814)*. Fils d'un luthiste, il s'inscrivit à l'université de Königsberg en 1767, et en 1771, entreprit le premier de ses nombreux voyages (Allemagne du Nord et Bohême). Il en rapporta une monographie sur l'opéra-comique allemand *(Über die deutsche comische Oper,* Hambourg, 1774, rééd. 1974) et des notes publiées en 2 volumes, dans le but notamment de répondre aux attaques de Burney* contre la musique en Allemagne *(Briefe eines aufmerksamen Reisenden die Musik betreffend,* 1774 et 1776). En 1775, il succéda à Agricola comme maître de chapelle de l'Opéra royal de Berlin, et y dirigea des opéras à l'italienne de Graun et Hasse. En 1776, il épousa en premières noces Juliana Benda*, et sa maison devint vite un lieu de rencontre pour artistes et intellectuels. Des congés lui permirent de se rendre à Vienne et en Italie (1782-83), puis en Angleterre et à Paris (1785). Confirmé dans ses fonctions de maître de chapelle par Frédéric Guillaume II de Prusse (1786), il noua des liens étroits avec Goethe et Schiller, et en 1789, collabora avec Goethe pour le singspiel *Claudine von Villa Bella,* qu'il présenta à Berlin. En 1790-1792, il voyagea de nouveau en Angleterre et à Paris, où il sympathisa avec les idées révolutionnaires. A son retour à Berlin, il publia sous un pseudonyme ses *Vertraute Briefe über Frankreich* (1792-93), ce qui en 1794 lui valut de perdre sa place de maître de chapelle.

Il s'installa à Giebichenstein, et en 1796, fut nommé par Frédéric Guillaume II directeur des mines de sel de Halle. En 1802-1803, il était de nouveau à Paris, et en 1806, Giebichenstein fut ruiné par l'occupation française. Il devint en 1808 directeur général des théâtres et de l'orchestre du roi Jérôme Bonaparte à Cassel (le poste devait bientôt être offert, mais en vain, à Beethoven), Reichardt effectua durant l'hiver 1808-1809 un voyage à Vienne, en principe pour y recruter des chanteurs. Il y rencontra Haydn, Beethoven et d'autres musiciens, et publia ses souvenirs de séjour dans l'intéressant volume intitulé *Vertraute Briefe geschrieben auf einer Reise nach Wien und den österreichischen Staaten zu Ende 1808 und zu Anfang 1809* (Amsterdam, 1810).

Comme compositeur, son importance réside surtout dans ses lieder (environ 1 500 sur des textes de plus de 120 poètes différents) et dans ses ouvrages pour la scène, en particulier ses singspiels. Il abandonna définitivement l'opera seria italien et les imitations de Hasse et de Graun à partir de *Tamerlan* et *Panthée* (1785-86), ouvrages inspirés de Gluck et *Claudine von Villa Bella* marqua l'introduction de la langue allemande sur la scène lyrique berlinoise. Dans ses œuvres instrumentales, il se montra plutôt conservateur, plus proche des disciples de Carl Philipp Emanuel Bach que de Haydn. On lui doit aussi de la musique sacrée. Comme écrivain, il publia notamment, outre ses souvenirs de voyage, d'intéressants programmes explicatifs pour le Concert spirituel de Berlin, et édita divers journaux et revues : *Musikalisches Kunstmagazin* (Berlin, 1782-1791); *Musikalischer Almanach* (Berlin, 1796); *Berlinische musikalische Zeitung* (Berlin 1805-1806). M. V.

REIMANN (Aribert), compositeur allemand *(Berlin 1936).* Il a mené de front une carrière de pianiste et une carrière de créateur. Après des études à l'École supérieure de musique de Berlin, il a séjourné à Vienne (1958) puis travaillé en autodidacte. Il a d'abord suivi la voie ouverte par l'école de Vienne, en particulier par Webern, puis a abandonné la technique sérielle en 1967. Il s'est, en revanche, familiarisé avec les musiques d'Asie, de l'Inde notamment, en a tiré de nouvelles sources d'inspiration. Comme pianiste, il a accompagné les plus grands chanteurs de lieder. On lui doit notamment *Ein Totentanz,* suite pour baryton et orchestre de chambre (1960); *Fünf Gedichte von Paul Celan* pour baryton et piano (1960); 2 concertos pour piano (1961 et 1972); *Hölderlin-Fragmente* pour soprano et orchestre (1963); *Ein Traumspiel,* opéra d'après Strindberg (1964); *Verrà la morte,* cantate d'après Pavese (1966); *Einführung* pour ténor et piano, texte de Paul Celan (1967); *Loqui* pour orchestre (1969); *Die Vogelscheuchen,* ballet de Günter Grass (1970); *Melusine,* opéra (1970); *Zyklus* pour baryton et orchestre, textes de Paul Celan (1971); *Wolkenloses Christfest,* requiem pour baryton, violoncelle et orchestre (1974); *Variations* pour orchestre (1975); *Lear*,* opéra d'après Shakespeare (1976-1978); *Nachtstück II* pour baryton et piano, d'après Eichendorff (1978); *Invenzioni* pour 12 exécutants; et un *Requiem* créé à Kiel en 1982.
M. G. et M. V.

REINE DE FRANCE (LA). Titre français (en général abrégé en celui de *la Reine*) porté dès l'édition Imbault de 1788 par la Symphonie n° 85 en *si* bémol majeur de Haydn, composée sans doute en 1785, parce qu'elle aurait été, du groupe des six *Symphonies parisiennes*,* la préférée de Marie-Antoinette. Il semble que celle-ci en ait eu un exemplaire avec elle à la Conciergerie. De cette œuvre célèbre, le deuxième mouvement est une série de variations sur la romance française *la Gentille et Jeune Lisette.* M. V.

REINE DES FÉES (LA) [en angl. *The Fairy Queen*]. Semi-opéra de Henry Purcell, représenté pour la première fois au théâtre de la Reine, à Londres, le 2 mai 1692. Le livret, tiré du *Songe d'une nuit d'été* de Shakespeare, présente de notables altérations par rapport au texte original, l'élément féerique devenant le moteur principal de l'ouvrage. Dans la version de 1692, *The Fairy Queen* est découpée en quatre parties ou *masks* séparés, chacun offrant un ensemble de traits différents des autres. L'exotisme y fait une entrée poétique au Ve acte, lors de l'épisode « chinois », où un homme et une femme chantent l'état parfait du monde, avant que l'humanité ne fût gâtée par l'esprit de lucre, l'ambition et le culte du pouvoir. Accueillie avec succès, l'œuvre fut présentée à nouveau en 1693 et quelques pages de musique lui furent ajoutées, dont le très bel air, à l'acte V, *O let me ever, ever weep.*

Recourant à un grand nombre d'interprètes, dont seize rôles parlés et de nombreux chanteurs et danseurs, *The Fairy Queen* est peut-être le chef-d'œuvre de Purcell dans le domaine du semi-opéra (ou opéra à dialogues), la partition où son génie de la langue anglaise s'exprime avec une éclatante jeunesse et qui impose, dans les danses, une vigueur rythmique irremplaçable. En outre, le sens de la couleur sonore, voire du *timbre* instrumental, transparaît à l'orchestre (quatuor de cordes, soutenu par un *continuo* de clavecin et luth et renforcé, pour les besoins de l'expression, de flûtes, hautbois, trompettes) et fait de Purcell, dans ce domaine comme en d'autres, un grand précurseur. De nos jours, hors des conventions de la représentation scénique, *The Fairy Queen* est assez souvent donnée en version de concert et a joué autant que le dramatisme intense de *Didon et Énée* dans la résurrection de « l'Orphée britannique ». R. T.

REINE INDIENNE (LA) [en angl. *The Indian Queen*]. Musique de scène composée par Henry Purcell en 1695 et terminée par son frère Daniel à l'occasion de la reprise d'une tragédie du même titre, de John Dryden et Robert Howard. Selon la tradition anglaise, lors des représentations dramatiques, des divertissements (« masks ») étaient insérés entre les actes ou à l'intérieur de l'action, comportant des épisodes chantés et dansés. *The Indian Queen* est l'un des meilleurs exemples de ce genre, qui constitue l'essentiel de la musique dramatique de Purcell.

La tragédie héroïque de Dryden et Howard (première représentation en 1664) comporte une action d'un caractère romanesque et baroque assez marqué et d'une grande complexité, autour de la guerre des Incas et des Aztèques, secourus les uns après les autres par un guerrier inconnu, Montezuma. La musique de Purcell s'insère très librement dans cette trame, quoique mieux liée à l'action que dans d'autres œuvres du même type, *The Fairy Queen* ou *King Arthur.*

PROLOGUE. *Duo d'un jeune Indien et d'une jeune Indienne à l'aurore, annonçant l'arrivée des guerriers de Montezuma.*

ACTE PREMIER. *Divertissement offert à la reine des Aztèques pour célébrer sa récente victoire contre les Incas : la Renommée dialogue avec l'Envie.*

ACTE II. *Le traître Zempoalla a fait un rêve, dont il demande l'explication à son magicien Ismeron. La musique intervient alors et, après un angoissant récitatif, chante une incantation magique : la scène musicale correspond avec le moment le plus intense de l'œuvre, et s'ouvre sur un duo, des chœurs et danses des esprits.*

ACTE III. *Beau chant d'amour d'Orazia, emprisonnée et se languissant de son amant Montezuma.*

ACTE IV. *Grande cérémonie sacrée, où dialoguent le grand prêtre et le chœur.*

La scène finale, « Mask of Hymen », n'a pas été composée par Purcell. Le manuscrit porte laconiquement : « Dernier acte de M. Daniel Purcell, M. Henry Purcell étant décédé ». La musique de *The Indian Queen* comporte de très belles pages, tant vocales (récitatifs pathétique d'Ismeron, lamento d'Orazia) qu'instrumentales (ouverture, *trumpet overture* de l'acte III) et chorales (duo et chœur des esprits). P. B.

REINER (*Fritz*), chef d'orchestre hongrois naturalisé américain (*Budapest 1888 - New York 1963*). À l'Académie Franz-Liszt de Budapest, il étudie le piano avec Istvan Thoman et la composition avec Hans Koessler (qui furent également les professeurs de Bartók), tout en poursuivant des études de droit. Il débute à l'opéra-comique de Budapest en dirigeant en 1909 *Carmen*. Il est successivement chef d'orchestre du Landestheater de Laibach en 1910 (aujourd'hui Ljubljana), du Volksoper de Budapest (1911-1914), où il donne la première audition hongroise de *Parsifal*, et du Hofoper de Dresde, où il succède à Ernst von Schuch comme chef principal (1914-1921).

Quelques rencontres le marquent profondément : celles des chefs d'orchestre Nikisch et Muck, des compositeurs Richard Strauss (il dirige en 1919 la première allemande de *la Femme sans ombre*) et Mahler, qu'il s'attachera à faire connaître aux États-Unis où il émigre en 1922, pour succéder à Ysaye à la tête de l'Orchestre symphonique de Cincinnati. Il y donne notamment les premières américaines de la *Suite de danses* (1925), de la suite du *Mandarin merveilleux* (1926) et du Premier Concerto pour piano (1928) de Bartók, avant d'être en 1943 le créateur auprès du compositeur et de sa femme du Concerto pour deux pianos, percussion et orchestre, tiré de la Sonate pour deux pianos et percussion.

Se consacrant essentiellement à l'enseignement de 1931 à 1938, au sein du Curtis Institute de Philadelphie (Leonard Bernstein compte parmi ses élèves), il se produit régulièrement avec l'orchestre symphonique local, celui de Chicago et le Philharmonique de New York. Il dirige en 1937 à Philadelphie la création d'*Amelia au bal* de Menotti. De 1938 à 1948, il prend en main les destinées de l'Orchestre symphonique de Pittsburgh, dirige au Metropolitan Opera de New York de 1948 à 1953 (notamment, en 1953, la première américaine du *Rake's Progress* de Stravinski), et, à partir de 1953, l'orchestre symphonique de Chicago, qui devient sous sa baguette l'un des meilleurs du monde. M. W.

REINE VERTE (LA). Musique de scène pour bande magnétique composée en 1963 par Pierre Henry pour accompagner un spectacle parlé et dansé de Maurice Béjart, qui fut créé en octobre 1963 au théâtre Hébertot, avec Maria Casarès dans le rôle de la Reine (la Mort) et Jean Babilée dans celui du Jeune Homme. Il s'agit en effet d'une pièce sur le thème ancestral de l'homme et la mort. Si le spectacle de Béjart, qu'il avait lui-même écrit, fut très critiqué, peut-être injustement, et ne fut, semble-t-il, jamais joué, le disque nous a conservé la musique de Pierre Henry en une sélection, faite par l'auteur lui-même, de quelques-uns des « tableaux musicaux » qui soutenaient ce spectacle en continuité.

Le thème de la Mort, familier à Pierre Henry, lui a inspiré de très belles séquences, souvent bruissantes et peuplées d'images (paysages pittoresques et mélancoliques à la manière de Berlioz) ou bien sourdes et fœtales. Au milieu de sons concrets et vocaux, d'une pâte dense et colorée, il a intégré souvent des sons d'instruments traditionnels utilisés mélodiquement et harmoniquement, et plus ou moins transformés, créant ainsi un univers musical trouble et marécageux où semble se promener, sorti de ses salons pour affronter une autre planète, hagard, déconcerté, le fantôme même de la musique romantique. Quelques-unes de ces séquences, dont le curieux *Rock électronique*, furent reprises dans le disque anthologique de la *Messe pour le temps présent*. M. C.

REINHARDT (*Jean-Baptiste*, dit DJANGO) [*Belgique, 1910 - Fontainebleau 1953*], guitariste de jazz français. Il mène tout d'abord la vie errante des Manouches, tout en s'initiant au violon et à la guitare selon les traditions en honneur chez les Tziganes. Gravement brûlé, en 1928, dans un incendie de roulotte où il perd l'usage de deux doigts de la main gauche, il réussit à reconstruire une technique instrumentale exceptionnelle. Fasciné par le jazz, qui lui permet de mettre en œuvre ses dons d'improvisateur, il participe à quelques-uns des premiers ensembles français. En 1934, c'est, sous l'égide de Pierre Nourry, la fondation du premier Quintette du Hot Club de France avec Stéphane Grappelli, un ensemble à cordes (violon, contrebasse, trois guitares), qui durera jusqu'en 1939.

Occasionnellement, Reinhardt joue et enregistre aux côtés de grands solistes noirs tels que Coleman Hawkins, Barney Bigard ou Rex Stewart (*Solid Old Man*). En 1940, il forme le second Quintette du Hot Club de France, dans lequel la clarinette et la batterie remplacent le violon et la troisième guitare. Il devient une vedette du « show business » et ses thèmes (*Nuages*) ont, pour un temps, la faveur du grand public. Après la guerre, il est engagé par Duke Ellington pour une tournée aux États-Unis. Rentré en France en 1947, abandonné par le succès, il n'a plus qu'une activité restreinte.

Django Reinhardt est un cas particulier dans l'histoire du jazz. On décèle, dans son style très personnel, l'influence de la culture à laquelle il appartient ; mais il a su s'intégrer au monde du jazz de son temps, et influencer en retour plus d'un musicien américain. Il a prouvé que la guitare pouvait être un instrument mélodique efficace. Virtuose à la musicalité et à la créativité également développées, il a dominé le jazz européen de 1938-39, époque à laquelle son style vient à maturité, à la fin de la Seconde Guerre mondiale. Par la suite, l'adoption de la guitare électrique et une influence mal assimilée de l'école bop* tendirent à gâter son jeu. A. H.

REINKEN ou **REINCKEN** (*Johann Adam*), compositeur et organiste allemand (*? 1623 - Hambourg 1722*). Après un séjour en Hollande, à Deventer, il s'établit à Hambourg où il devint l'élève de Scheidemann*, avant d'être son assistant (1658), puis son successeur (1663) à l'orgue de l'église Sainte-Catherine, l'un des plus beaux et des plus riches de toute l'Allemagne.

Lorsqu'il était élève de la Michaelisschule de Lüneburg (1700-1703), Jean-Sébastien Bach vint à plusieurs reprises écouter celui qu'avec Buxtehude on considérait alors comme le plus grand organiste de son temps. Il se fit plus tard entendre de lui, en 1720, quand il postula le poste d'organiste de l'église Saint-Jacques ; Reinken, âgé de quatre-vingt-dix-sept ans, lui déclara, après l'avoir écouté improviser sur le choral *An Wasserflüssen Babylons*, que lui-même avait traité : « Je croyais cet art mort, mais je vois qu'il vit encore en vous » — témoignage qui montre bien l'influence des maîtres du Nord sur le jeune Bach. Mais celui-ci put aussi entendre à Hambourg les ouvrages lyriques représentés sur la scène de l'opéra du Gänsemarkt (ou « marché aux oies »), fondé en 1678 par Reinken et Johann Theile, puis dirigé par Reinhardt Keiser.

L'essentiel de l'œuvre connue de Reinken a été publié en un recueil, *Hortus musicus* («Jardin musical») en 1687, pièces de musique de chambre pour deux violons, viole de gambe et basse continue. On possède aussi de lui des variations instrumentales *(Partite diverse)*, des pièces d'orgue (deux fantaisies et des variations sur des chorals, deux toccatas, quelques fugues) et une cantate d'église, *Es erhub sich ein Streit*. Reinken est l'un des plus brillants représentants de l'école d'orgue de l'Allemagne du Nord, caractérisé par sa virtuosité des mains et des pieds et la richesse de ses registrations. G. C.

RELIEFS POLYCHROMÉS. Œuvre de Jean-Pierre Guézec pour douze voix solistes a cappella, composée en 1968-69 et créée le 30 mars 1969 au festival de Royan. Faite de neuf courts épisodes chantés sans interruption, elle témoigne de l'intérêt du compositeur pour les arts plastiques, la forme cherchant à transposer sur le plan sonore la technique de structuration de l'espace de Mondrian. On peut y voir «un certain climat de fébrilité, (...) un reflet de l'agitation et de l'inquiétude du monde dans lequel nous vivons» (Guézec).
M. V.

RENAISSANCE. Période de l'histoire des arts en Europe que l'on situe à peu près, en ce qui concerne la musique, dans la seconde moitié du XVᵉ siècle et au XVIᵉ siècle. Comme son nom l'indique, on la considère comme une ère de floraison, de réveil des idées et d'humanisme, après ce couvre-feu obscurantiste qu'aurait été le Moyen Age. La réalité n'est pas si simple et bien des traits que l'on considère comme caractéristiques de la Renaissance étaient annoncés depuis longtemps.

Plusieurs traits dominants caractérisent la période de la Renaissance du point de vue musical. D'abord, ce qui justifie le nom donné à cette période, c'est un renouveau d'intérêt pour l'Antiquité grecque et latine, et notamment pour les écrits de théorie musicale légués par ces cultures : Platon, Aristote, Aristoxène de Tarente, Aristide, Quintilien, Boèce, etc. On spécule beaucoup sur ce que ces écrits laissent entendre quant aux «effets» moraux ou magiques liés à l'emploi de certains modes et de certains rythmes, et on essaie plus ou moins de faire revivre la lettre ou l'esprit de cette musique mythique, dont il ne reste pratiquement aucune trace musicale directe. Le célèbre Marsile Ficin *(1433-1499)*, prêtre helléniste, platonicien déclaré, élabore une théorie sur les «effets» de l'art des sons, qui aura une certaine influence sur ses contemporains (traité *De Triplici Vita*, 1489). Cette théorie reprend aux Anciens le principe de l'«ethos», c'est-à-dire de l'effet moral attribué à chaque mode en particulier, et prêche pour les retrouvailles d'une unité «perdue» entre texte et musique, comme du temps de Platon. On publie ainsi de nombreux traités théoriques (V. Galilei, *Dialogo della musica antica e moderna*, 1581, et surtout Gioseffo Zarlino, 1517-1590, auteur des *Institutioni harmoniche*, 1558, dont le travail contribuera à la définition de la gamme tempérée). Quelques-uns tentent même de refaire de la musique «à l'antique» : Ludwig Senfl, Paul Hofhaimer (1459-1537), qui s'attaque à la mise en musique des *Odes* d'Horace, comme le feront aussi Claude Goudimel (1555) et P. T. Tritonius.

Avec Jacques Mauduit et Claude Le Jeune, Goudimel est le plus grand chercheur dans le domaine de la musique «mesurée à l'antique», s'efforçant de retrouver les mètres de la musique ancienne, fondés sur des alternances de longues et de brèves, et parfois ses modes particuliers, tout en visant une étroite fusion du texte et de la musique. Ce projet «volontariste» et savant (on peut le comparer au courant français sériel d'après la Seconde Guerre mondiale) aboutit à un nombre limité d'œuvres plutôt expérimentales, qui en raison de leur difficulté et de leur caractère dissymétrique et tourmenté seront sans postérité directe, mais contribueront à assouplir la rythmique de la musique française (le *Printemps*, de Claude Le Jeune). Dans cette entreprise, l'Académie de poésie et de musique, fondée vers 1570 par Jean-Antoine de Baïf et Thibault de Courville, a joué un certain rôle, en se donnant pour objectif de «renouveler l'ancienne façon de composer des vers mesurés pour y accommoder le chant, pareillement mesuré selon l'art métrique» ; il s'agit aussi de mettre au point une métrique spécifique à la langue française, et non calquée sur le chant italien. C'est pendant la Renaissance qu'on situe l'apparition d'une conscience verticale de la musique, non plus seulement comme superposition de lignes, mais aussi comme enchaînements d'accords — ceci en liaison avec des recherches «expressives» souvent accrochées au mot à mot du texte. De cette naissance de la *mélodie accompagnée*, les Italiens, en favorisant le chant du soprano, auraient été les principaux responsables.

La primauté de l'Italie s'affirme, qui vole à la Flandre son sceptre de «patrie de la musique» en Europe, et qui s'impose comme le centre de la création musicale, comme elle l'est aussi pour les arts plastiques. Au début du XVIᵉ siècle, l'Italie importe beaucoup d'étrangers, des Français, des Allemands, des Flamands, possédant la prestigieuse science polyphonique, mais qui, au contact de la musique populaire italienne, et surtout de cette langue si propice au chant, créent un style plus coulant et plus «cantabile» : le Flamand Willaert, maître de Zarlino et de Gabrieli, est élu maître de chapelle de Saint-Marc à Venise en 1527, et c'est là qu'il fonde l'école vénitienne, développant (avec d'autres, comme Philippe Verdelot, à Florence) le genre du madrigal, et aussi celui du ricercar. Lancé par des non-Italiens, le *madrigal*, forme savante issue de la chanson populaire italienne, ou *frottole*, croisée avec la chanson polyphonique franco-flamande, trouve en Italie son apogée, en tant que genre expressif, inspirant, pour coller au texte et provoquer de l'effet sur l'auditeur, des chromatismes échevelés et des accords très marqués comme tels. Après les madrigalistes de la «deuxième génération», comme Ingegneri, Merulo, Palestrina, de Monte, c'est la frénésie expressive des madrigalistes de la «troisième génération» : Luca Marenzio, Monteverdi, Gesualdo. Le modèle du madrigal sera repris et adapté par les Anglais à la fin du XVIᵉ siècle (Byrd, Gibbons, Dowland, Wilbye, etc.) et sera à l'origine des différents genres de chant accompagné. Par ailleurs, la musique italienne commence à se diffuser et à s'exporter à l'étranger, s'implantant dans les capitales étrangères, Paris, Londres.

L'*imprimerie* se développe au cours du XVᵉ et du XVIᵉ siècle, avec des éditeurs comme Pierre Attaingnant, Adrien le Roy en France, Susato et Phalèse en Flandre, Schöffer en Allemagne, et plus tardivement Tallis en Angleterre. Un des grands faits liés à la floraison de musique imprimée est l'invention de la *tablature* pour noter les parties destinées à l'exécution instrumentale, par le luth, l'orgue, la viole de gambe, la guitare, etc., favorisant l'émergence d'une musique spécifiquement instrumentale, émancipée de sa fonction de doublure ou de substitut du chant. Dans ces tablatures, en effet, la partie supérieure est souvent seule destinée au chant, les autres devant être exécutées en accompagnement par l'instrument, qui d'instrument accompagnateur (et plus seulement doubleur) deviendra bientôt «soliste» à part entière. Les premières tablatures de luth et d'orgue datent du début du XVIᵉ siècle. Parallèlement, se développe la facture instrumentale ; on élargit le registre des instruments, on en diversifie les formes, en fabriquant systématiquement par «familles» de quatre (nommées aujourd'hui : basse, ténor, alto, soprano) : c'est le cas des flûtes à bec, des violes, des cromornes, etc. Le *luth* devient au XVIᵉ siècle l'instrument domestique le plus utilisé, comme plus tard le clavecin, et plus tard encore le piano. Des genres spécifiquement instrumentaux, qui s'appuient plus ou moins sur la virtuosité, le toucher, commencent ainsi à naître : le *ricercar*, le *prélude*, la *variation*, etc.

La *Réforme* religieuse suscite un renouveau, voire un bouleversement de la musique religieuse, notamment par le choix de la « langue vulgaire » pour célébrer les rites. Luther, contrairement à d'autres, est favorable à l'emploi de la musique et du chant ; il répand l'usage du cantique populaire en langue allemande, ou *choral*, ce choral dont Walther, Senfl, Dietrich, et, dit-on, Luther lui-même ont créé le répertoire de base, et qui sera le soubassement de la musique religieuse germanique pendant des siècles. En France, Calvin fait mettre en musique des psaumes en vers français de Marot et Théodore de Bèze, par les compositeurs Janequin, Goudimel, Philippe Jambe de Fer, etc., qui constituent un répertoire de psaumes harmonisés ou polyphoniés (Psautier genevois, 1562, publié par Calvin), lequel sera très loin d'avoir le même retentissement populaire et historique que le choral luthérien ; là encore, on retrouve les problèmes typiquement français de créer une tradition en langue vulgaire, et de faire le lien entre musique religieuse savante et musique populaire.

Dans le monde catholique, le concile de Trente répond aux innovations liturgiques des protestants par un effort pour assainir sa propre liturgie, et pour la rendre en même temps plus proche des vraies sources et plus efficace : ainsi, il préconise une simplification de la luxuriance polyphonique, pour rendre son intelligibilité au texte et son rang premier à la parole sacrée, que noient les arabesques d'écriture. On encourage ainsi le style « note contre note », homorythmique, dont sortira une conscience harmonique plus forte. Cependant, même si Palestrina, Lassus, en Espagne Juan del Encina, en Angleterre Byrd et Dowland évoluent vers un style plus simple, il reste que, dans la tradition musicale catholique, c'est le « stilo antico » sévère, apollinien et parfaitement horizontal du contrepoint palestrinien qui sera définitivement consacré comme style classique, comme source à laquelle s'efforceront de revenir les vagues successives de « retour à la tradition » dans la musique religieuse, au XVIIe, au XVIIIe, au XIXe et même au XXe siècle, pour combattre les dégénérescences mondaines, théâtrales ou expressionnistes de la musique religieuse catholique.

La circulation des textes et des hommes et le développement des échanges commerciaux et culturels contribuent à la fois à propager des styles (comme le style italien), et à faire se cristalliser, par réaction, des tendances nationales. Roland de Lassus est considéré comme le type du grand musicien cosmopolite reconnu et demandé dans toute l'Europe, et qui prend son bien où il le trouve. En même temps, les genres nationaux s'affirment, comme le *madrigal italien*, ou le *madrigal anglais*, d'un autre style (Byrd, Morley, Dowland, Gibbons), dont le développement est contemporain de l'âge d'or élisabéthain ; la *chanson française* (Janequin, Costeley, Certon, Sermisy, etc.) ; les genres religieux, comme le choral luthérien, et les genres instrumentaux, évoqués plus haut. A travers ces formes, qui tendent souvent vers le style « note contre note », l'équilibre initial entre contrepoint et harmonie est subtilement dérangé en faveur de l'harmonie : de la prise de conscience harmonique, et du style « mélodie accompagnée » sortira naturellement l'opéra comme genre expressif et dramatique polarisé sur des héros individuels.

La coupure définie par le découpage traditionnel entre un « Moyen Âge » et une « Renaissance » reprenant la musique plus ou moins à zéro est complètement fausse : les préoccupations savantes platoniciennes, par exemple, existaient depuis longtemps dans la culture du Moyen Âge, et rien ne se produit dans la Renaissance qui n'ait sa source dans la période précédente. Mais il faut bien envisager l'histoire de la musique selon une perspective dynamique, et pas seulement énumérative. M. C.

RENARD. Histoire burlesque chantée et jouée dont Igor Stravinski a signé le texte et la musique, composée en 1915-16 et créée le 18 mai 1922 à l'Opéra de Paris par la compagnie des Ballets russes. Elle témoigne de la collaboration du compositeur avec Ch. F. Ramuz, qui réalisa la version française d'un texte adapté à l'origine de contes populaires russes. On y retrouve le traitement prosodique de *Noces* et l'écriture virtuose et satirique de l'*Histoire du soldat*. Stravinski sacrifie ici à l'esthétique âpre et dure de l'imagerie populaire, la musique se teinte d'accents rustiques, campagnards, qui mettent d'autant mieux en valeur les personnages et l'action (tirés du célèbre *Roman de Renart*). Archaïsmes obligeant, les sonorités sont volontiers acides et crues, le ton est parodique et ironique, et le tout emporté par un courant de gaieté, par une ambiance de farce mi-bouffonne, mi-tragique.

Comme dans l'*Histoire du soldat*, l'action est dansée et mimée, mais les personnages visibles sont muets et les chanteurs (2 ténors et 2 basses) invisibles, Stravinski ayant prévu de les placer dans la fosse, avec l'orchestre de 17 solistes. A noter l'emploi particulier et inusité du cymbalum. *Renard*, fort habile psychologue, va faire sa dupe de Monsieur Coq, le vaniteux. Frères Chat et Bouc interviendront alors, et comme la morale l'exige, Renard sera puni à la dimension de sa roublardise : il mourra sous les coups. Stravinski retrouva la veine traditionnelle des « skomorochi » (troubadours russes). Le texte, bien mince, n'existe (comme dans *Noces*) que grâce à la musique, qui s'en empare pour lui donner une signification au-delà des paroles (ce qui justifie le délire verbal de la fin). André Boucourechliev a fort bien exprimé l'essence de *Renard* : « C'est LE conte, son archétype. » A. F.

RENOSTO (Paolo), compositeur italien (*Florence 1935*). Il a étudié au conservatoire de sa ville natale (1949-1962), à l'Accademia Chigiana de Sienne (1956-57) et à Salzbourg avec Bruno Maderna pour la direction d'orchestre (1969). Il a enseigné à Pescara de 1974 à 1977 et, depuis cette date, est professeur à Pesaro. Il a utilisé librement les techniques modernes aussi bien dans ses opéras (*La Camera degli sposi*, 1971-72) que dans ses œuvres d'orchestre (*Nachtblau* pour clarinette et orchestre, 1973 ; *Soli*, 1974), ses œuvres vocales (*Love's Body*, 1972) et ses œuvres de chambre (*Gesta* pour 11 cordes, 1973-74). M. V.

RENVERSEMENT. — 1. Se dit (par impropriété de terme) d'un **accord** qui n'est pas dans sa position fondamentale.
— 2. Se dit d'un **intervalle** qui, restant égal à lui-même, est d'une direction inversée. Par exemple, *do-fa* quinte descendante est le *renversement* de *do-sol* quinte ascendante.
— 3. Se dit d'une **ligne mélodique** ou d'un accord dont tous les intervalles sont *renversés* (les intervalles ascendants devenant descendants et vice versa).
— 4. Se dit d'un **contrepoint** dans lequel l'ordre des voix est interverti, par exemple la basse devenant le soprano et vice versa. Lorsque le contrepoint est prévu pour que cette interversion soit possible, il est dit *renversable*. M. P. P.

RÉPÉTITIVE (MUSIQUE). Phénomène spécifiquement américain connu aux États-Unis sous l'appellation de *new music* ou *spaced out music*, et en France, sous le nom de *musique répétitive* car basée sur l'énoncé itératif d'une caractéristique. Ce mouvement a pris naissance à la fin des années 50 et au début des années 60 à un moment où Cage, Brown, Feldman et Wolff tentent sous l'influence de la peinture, notamment de l'école de New York, de donner aussi à la musique des racines américaines, en rompant avec les orientations postsérielles européennes. L'influence de Cage fut déterminante.

Les procédés utilisés par les principaux représentants de ce type de musique strictement élaborée dans ses moindres détails (seul La Monte Young improvise autour d'une fréquence-bourdon) et leurs orientations sont divers, mais complémentaires. La Monte Young, le pionnier, travaille sur le son continu et ses effets de dérive ainsi que sur l'action du temps dans la modification de notre perception. Terry Riley procède par étagements utilisant, d'après la technique du *loop* (ou boucle), un système d'échos retardés constamment réinjectés. Steve Reich travaille sur le déphasage graduel de deux ou plusieurs séries et la substitution des battements aux silences. Phil Glass, pour sa part, travaille sur la progression additive dans le temps de figures répétées. Leur musique n'est ni narrative ni directionnelle (« Pas de début, pas de fin », Glass), et renonce à tout schéma préexistant. De plus, le processus itératif n'est pas conçu comme un jalon, comme un repère sécurisant qui serait de l'ordre du souvenir : dans la musique répétitive, l'écoute est de l'ordre de l'observation. À la fois passé, présent et futur, elle propose une nouvelle perception du temps. Et l'énoncé itératif a pour but l'organisation et la configuration du mouvement répétitif comme tel, au point que l'on peut parler de désobjectivisation de l'acte musical.

Ces 4 musiciens prennent tous en considération les effets du son sur les auditeurs et son pouvoir magique. Écouter le son pour ce qu'il est en lui-même (« un être vivant, complexe et actif »), voir comment le son agit à l'intérieur de nous, vibre en nous, ou inversement faire pénétrer l'auditeur dans le son (La Monte Young), tel est aussi leur but. De la disponibilité d'esprit de chacun dépend la fascination ou l'agacement. Leur musique exige une nouvelle écoute, une nouvelle appréhension de l'espace temporel. L'Orient n'est guère éloigné : tous se sont initiés à la musique de l'Inde, et Reich à celles de Bali et du Ghāna. Mais, si des influences techniques sont sensibles dans leurs compositions, c'est surtout sur le plan philosophique que celles-ci se situent. M. L.

RÉPONS. Pièce liturgique de style orné faisant suite à une « leçon » ou lecture chantée *(lectio)*. Elle se compose habituellement d'un texte principal, dit *corps du répons*, suivi d'un ou plusieurs *versets* de soliste *(versus, versiculus)* après lequel chaque fois on reprend en partie le corps du répons *(réclame)*. Sauf cas particuliers, le verset est chanté, avec les adaptations requises par le texte, sur une mélodie type, chacun des 8 tons du plain-chant possédant son timbre spécifique ; on préfère aujourd'hui, plutôt qu'à un soliste, le confier à un petit chœur. On distingue les *répons brefs* (aux petites heures) et les *répons prolixes* (à matines). Le graduel de la messe appartient également à la catégorie des répons (on l'appelle parfois répons-graduel). Les répons de la Semaine sainte ont été souvent mis en musique polyphonique, surtout au XVIᵉ siècle (Ingegneri, Victoria). J. C.

RÉPONS. Œuvre de Pierre Boulez, pour solistes, ensemble instrumental, et dispositif électroacoustique (1981-...). Création partielle le 17 octobre 1981 à Donaueschingen, avec les solistes et Ensemble intercontemporain, dispositif électronique réalisé à l'I. R. C. A. M., l'ensemble sous la direction du compositeur. Durée à la création : 19′. Dès la création (partielle), l'œuvre semble se placer aux tout premiers rangs de la production boulézienne. Elle marque son époque, au-delà de tant d'expériences décevantes de l'électroacoustique, et permet d'imaginer un avenir des rapports du musicien et de la machine.

Dès 1958 *(Poésie pour pouvoir)*, Pierre Boulez, peu friand des « concerts de haut-parleurs », s'était intéressé à l'interface d'un groupe instrumental et d'une bande magnétique préenregistrée : expérience sans suite immédiate, « la technologie étant en deçà du projet », selon les dires de l'auteur. En 1972, nouvelle tentative, cette fois-ci en *live electronic music*, consistant à travailler sur les transformations du son instrumental, sa modulation d'un instrument à un autre, le déplacement du son tout autour de l'espace de jeu : ce sera *Explosante-Fixe*, réalisé d'ailleurs avec l'aide d'une installation reprise dans *Répons* (le Halaphone, v. ci-dessous), et alors qu'une tentative de reprise, en 1979 à l'I. R. C. A. M., allait conduire son auteur plutôt vers une œuvre nouvelle : *Répons*.

Le terme « répons », qui manifeste également le dernier état d'une inclination de l'auteur envers les procédés d'écriture lointainement dérivés de la musique médiévale (cf. « Trope », de la 3ᵉ Sonate), s'applique principalement au jeu antiphonique qui se déroule entre l'ensemble instrumental et les solistes, dont le son est manipulé électroniquement. L'alternance du jeu individuel et du jeu collectif — jeu d'échange et de miroir — est une donnée de base de l'œuvre.

Celle-ci met donc en jeu trois instances distinctes :
• **un ensemble instrumental** de 24 solistes (bois par deux plus clarinette basse, cuivres en formation 2-2-2-1, cordes 3-2-2-2-1) dont le son n'est pas transformé. Il joue sous la direction du chef, sur un podium placé au milieu de l'espace de jeu, qui doit être assez grand ;
• **six solistes** prenant place à six points de cet espace, le plus éloignés possible de l'Ensemble : cymbalum, vibraphone, xylorimba, piano, piano avec orgue électrique, harpe.

Les sons produits sont des sons résonnants, dont « l'entretien » n'est pas assuré (le son décroît une fois émis) sinon par subterfuge instrumental (trille) ou par manipulation électroacoustique : ce seront les solistes qui feront essentiellement l'objet du traitement électronique.

Il faut ajouter que ces solistes ne sont pas seuls. Ils disposent d'une part chacun d'un instrument-bis dont ils doivent également jouer (dans la version de la création, cet instrument-bis n'est pas encore en place, sauf pour le 2ᵉ piano), d'autre part d'un magnétophone, dont le déclenchement est régi par un « processeur » spécial relevant de la troisième instance.
• **une installation électroacoustique**, comprenant essentiellement deux machines : la Machine 4 X et le Halaphone.

La Machine 4 X, inventée et mise au point à l'I.R.C.A.M. dans le Département électroacoustique initial de L. Berio par l'ingénieur italien Giuseppe di Giugno, est un ordinateur extrêmement puissant et rapide, dont les possibilités (220 millions d'opérations par seconde) permettent un travail « en temps réel ». Cet ordinateur est à la fois un producteur et un transformateur de son. Il peut synthétiser n'importe quel son, et le transformer selon les procédures classiques (oscillation, modulation, filtrage) ou plus nouvelles (génération d'« enveloppes sonores » sélection de hauteurs, etc.), tout ceci à partir d'un programme manipulé en direct. Une des possibilités les plus spectaculaires à l'écoute de la machine 4 X appliquée au jeu des solistes sont les procédés de retard et de déphasage destinés à créer des motifs rythmiques complexes.

La Machine 4 X a également produit les bandes magnétiques placées sur les magnétophones des solistes, dont la texture d'informations musicales est de faible densité, véritable fond sonore ou, pour reprendre l'expression de Boulez, « papier peint » qui se déclenche et se manifeste en fonction d'une indication de programme (par exemple : à chaque fois que le soliste atteint une certaine intensité). Ce déclenchement est général aux six solistes pour la partie terminale de la pièce.

Le Halaphone (du nom de son inventeur Hans-Peter Haller, de Fribourg, Allemagne fédérale) est utilisé pour contrôler les interconnexions entre les solistes et la Machine 4 X, ainsi que pour renvoyer le son sur les 6 grands haut-parleurs disposés entre les solistes, le cas échéant pour faire circuler le son tout autour de l'espace de jeu.

L'ensemble de cette machinerie compliquée pouvait *a priori* laisser sceptique sur les résultats esthétiques d'une telle mobilisation, et apparaître un peu comme une œuvre de démonstration des possibilités de l'I.R.C.A.M. C'était oublier chez le musicien la primauté toujours accordée au projet et à l'orientation esthétique sur les séductions et les pouvoirs de la machine.

De fait, *Répons* propose à la fois une qualité du son instrumental et électronique, ainsi qu'une fermeté de structure et de « ligne » agogique, qui auront été sensibles immédiatement à tous les auditeurs des premières exécutions de l'ouvrage (à Donaueschingen, puis Bobigny). L'envoi initial (qui fait penser à son analogue de *Pli selon pli*), la première partie pour l'Ensemble seul, où les grands crescendos de cuivres font «figure» sur le «fond» constitué par les beaux trémolos de cordes, l'entrée saisissante, superbe, des six solistes à la fois (minute 7), le jeu des échanges et des transformations jusqu'au grand tutti instrumental (minute 12), la coda enfin (minute 15) qui voit le grand déchaînement sonore des différentes instances mises en jeu avec une véhémence et un lyrisme admirables, tout concourt à faire de *Répons*, partition expressément expérimentale, un grand classique, déjà, de notre fin de siècle. D. J.

RÉPONSE. Motif mélodique qui, dans la *fugue*, est l'imitation du *sujet* (thème). Dans la *réponse*, les fonctions de tonique et de dominante sont interverties par rapport à ce qu'elles étaient dans le sujet. On a les cas suivants :
— sujet dans le ton principal : réponse dans le ton de la dominante ;
— sujet allant de la tonique à la dominante : réponse allant de la dominante à la tonique ;
— sujet allant de la dominante à la tonique : réponse allant de la tonique à la dominante. M. P. P.

REPRISE. Répétition intégrale d'une partie d'une œuvre musicale. La *reprise* est souvent indiquée par une double barre de mesure, dite *barre de reprise*, précédée de points. Parfois, la *reprise* n'est pas textuelle, mais laisse place à diverses modifications (variations) qui laissent cependant reconnaissable la forme originale déjà entendue. Elle est dite, dans ce cas, *reprise variée*. M. P. P.

REQUIEM. Premier mot de l'introït de la messe des morts (*Requiem aeternam dona eis, Domine*, «donnez-leur, Seigneur, le repos éternel»), et par extension l'ensemble de cette messe elle-même. On dit aussi «messe de requiem».
Dans la liturgie, la messe de requiem est l'une des plus complètes de l'ordo, ayant conservé des parties souvent disparues telles que la séquence (*Dies Irae*, composé au XIIIe siècle par Thomas de Celano, mais dont il existe des modèles dès le IXe siècle) et les versets d'offertoire et de communion. On y joint parfois aussi divers rites mortuaires tels que l'absoute, ou bénédiction du corps, avec ses chants particuliers (*Libera me, In paradisum*). Elle ne s'est du reste uniformisée que tardivement, vers le XVIe siècle.
La messe de requiem a souvent été mise en polyphonie depuis le XVe siècle. Dufay (sa messe est perdue), Ockeghem, Certon, R. de Lassus, Palestrina, Victoria, etc. ont écrit des requiem. Celui d'Eustache du Caurroy, édité en 1633, a été longtemps de tradition aux obsèques des rois de France. D'un Requiem en musique mesurée écrit par J. Mauduit pour le service de «bout de l'an» de Ronsard (1586), ne subsiste qu'un fragment, conservé par Mersenne.
Jusqu'à la fin du XVIe siècle, la messe de requiem en polyphonie ne se distingue que peu des autres pièces empruntées à l'office, et en développe le plus souvent les thèmes liturgiques sans dramatisme particulier. L'entrée en scène de l'orchestre la transforme au XVIIe siècle en matière à composition d'ampleur. Lully traite la séquence *Dies Irae* en motet à grand chœur. Au XVIIIe siècle, on exécute des «requiem en musique» dont chaque morceau est traité comme un «grand motet», avec symphonies, solos, ensembles, chœurs. En raison de sa longueur, il est rare que le propre y figure en entier : le compositeur fait généralement un choix variable de l'un à l'autre, mais le requiem restera jusqu'à nos jours la seule messe en musique où le propre soit habituellement intégré aux côtés du commun. Les requiem de Gilles, Campra, Mozart, sont les plus célèbres. Le Requiem de Mozart, inachevé, est l'une de ses dernières œuvres. Terminé par son élève Süssmayer, il a donné lieu à bien des légendes.
Le romantisme a profondément transformé l'esprit du requiem. Le considérant plutôt comme un livret d'oratorio que comme un élément du culte, il en a surtout développé les parties dramatiques, centrées autour des terreurs du Jugement dernier (Berlioz, Verdi). Fauré réagira en 1888 en rendant au requiem ses dimensions de l'office et en remettant en lumière l'idée pacifiante que contient son titre même, ce que reprendra et accentuera en 1947 le Requiem de Maurice Duruflé, synthèse entre l'art de Fauré et celui du grégorien.
Depuis le concile Vatican II, l'office des morts a presque partout perdu son unité, et rien de valable sur le plan musical ne semble encore être sorti d'essais multiples sans cohérence visible. J. C.

REQUIEM. Œuvre d'Hector Berlioz pour chœurs, ténor solo et orchestre (avec un vaste effectif de cuivres et de timbales pour le *Tuba Mirum*), composée en 1837. Berlioz en a primitivement reçu la commande, en vue d'une cérémonie nationale à la mémoire des victimes de Fieschi (ce conspirateur avait fait exploser le 28 juillet 1835 à Paris, jour anniversaire des trois Glorieuses, une bombe visant le roi, et causant, à défaut de le tuer, dix-neuf morts). L'œuvre doit donc être créée le 28 juillet 1837 aux Invalides, et, la commande ayant été passée en mars, Berlioz compose l'œuvre en un seul élan, sans délai, obligé de reprendre textuellement, pour aller plus vite, l'*Hostias* de son *Offertoire* dans l'*Agnus Dei* final. Peu de temps avant la création, la cérémonie est décommandée, mais Berlioz parvient peu après à obtenir une nouvelle occasion de faire jouer son œuvre, lorsque le commandant en chef de la prise de Constantine, Damrémont, est tué au champ d'honneur et qu'on organise une cérémonie à sa mémoire. L'œuvre est donc créée avec un énorme effectif sous la direction de l'auteur, aux Invalides, le 5 décembre 1837. La veille, a lieu une répétition publique à laquelle assistent des personnalités du monde parisien et artistique, dont Alfred de Vigny, qui estime l'œuvre «belle et bizarre, sauvage, convulsive et douloureuse». Berlioz juge «foudroyante» l'impression produite par le passage à effet de son *Tuba Mirum*, traduisant le Jugement dernier par des éclats de trompette et des grondements de timbales suivant des formations disposées aux quatre points cardinaux, en plus de l'orchestre central.
Le *Requiem* de Berlioz comprend dix numéros : Introït (*Requiem* et *Kyrie*), *Dies Irae* et *Tuba Mirum*, *Quid sum miser, Rex tremendae majestatis, Quaerens me, Lacrimosa, Offertoire, Hostias, Sanctus, Agnus Dei*. Berlioz a naturellement donné la vedette à l'orchestre et aux chœurs, et limité les interventions de l'unique soliste. D'où un climat foisonnant et tendu, avec parfois des moments où la forme générale se perd et où l'effusion du moment devient à elle-même son propre horizon. C'est l'une des œuvres les plus originales de Berlioz. M. C.

REQUIEM. Titre d'une œuvre de musique électroacoustique composée en 1973 par Michel Chion au Groupe de recherches musicales. Elle reprend les principaux moments du requiem classique, le texte étant parlé (plus rarement chanté) en grec, latin et français par un chœur et une dizaine de «lecteurs», tous non-professionnels. Renouant avec l'expressionnisme des débuts de la musique concrète, cette œuvre que le critique Jacques Longchampt a caractérisée comme une «fresque de la dérision» à la manière de Jérôme Bosch, est délibérément conçue à la première personne», comme certaines œuvres de Berlioz. En même temps, elle se réclame d'influences cinématographiques diverses (Fellini, Welles) pour brosser des tableaux très contrastés où les «personnages» (les voix) évoluent dans des décors de sons tentaculaires et foisonnants, ou au contraire rares et suspendus.
Le thème est abordé, selon Jean-Jacques Nattiez, avec passion et ironie à la fois, sans volonté de démonstration ou de message. La forme générale est celle d'une arche symétrique, bâtie autour d'un centre constitué par une «cassure symbolique» de l'œuvre, une échappée fugitive vers un paradis hors du temps. L'utilisation des voix (souvent jeunes et pas «placées») cherche à échapper aux académismes de diction

et de jeu qui sévissent dans la musique contemporaine, mais le texte reste toujours intelligible, et les voix sont à peine manipulées. M. V.

REQUIEM. Œuvre pour chœur mixte, mezzo-soprano, baryton, orchestre et orgue de Maurice Duruflé, achevée en 1947. Cette œuvre, très proche de la liturgie catholique, « entièrement composée sur les thèmes grégoriens de la messe des morts », dit l'auteur, comporte neuf parties, parmi lesquelles, comme chez Fauré, ne figure pas la séquence du *Dies Irae*, avec tous ses développements : *Introït, Kyrie, Domine Jesu Christe, Sanctus, Pie Jesu, Agnus Dei, Lux aeterna, Libera me, In paradisum*. L'œuvre est recueillie et suave, mais aussi ornementale, souple et sensuelle, par la manière dont elle entoure les mélodies grégoriennes de motifs d'accompagnements en guirlandes et d'harmonies tonales ou modales, et dont elle se plie à la rythmique non mesurée du grégorien.

Initialement, ce *Requiem* était prévu comme une suite de paraphrases pour orgue seul des textes de la messe des morts, en l'honneur d'un défunt proche de l'auteur. Finalement, l'orgue ne joue plus qu'un rôle limité dans cette œuvre qui prolonge avec bonheur l'esthétique « consolante » et antidramatique des Requiem de Fauré et, peut-être, de Brahms. M. C.

REQUIEM. Œuvre pour quatre chanteurs solistes, chœurs et orchestre op. 89 d'Antón Dvořák, composée en 1890 et créée sous la direction du compositeur le 9 octobre 1891, au Festival de Birmingham. L'auteur était déjà célèbre en Angleterre pour des œuvres religieuses comme le *Stabat Mater*, et *Sainte Ludmilla*, et son *Requiem*, placé sous le signe du succès, est un beau requiem de concert, qui emploie avec beaucoup de couleur et d'invention la rhétorique dramatico-romantique du genre, sans la renouveler. Il comprend treize sections : *Requiem aeternam* (avec les quatre solistes et le chœurs), *Graduale (Requiem aeternam*, avec soprano et chœur), *Dies Irae* (chœurs seuls), *Tuba Mirum* (solistes), *Quid sum miser* (id.), *Recordare* (sans les chœurs), *Confutatis* (chœurs seuls), *Lacrimosa* (solos et chœurs), *Offertorium* (solistes et chœurs), *Hostias* (id.), *Sanctus, Pie Jesu* et *Agnus Dei* (id.). M. C.

REQUIEM. Œuvre de Gabriel Fauré, pour chœurs, soprano et baryton solo, orchestre et cordes, composée en 1887, et créée en 1888 à l'église de la Madeleine à Paris. Parmi tous les grands requiem du répertoire, celui-ci passe pour intimiste et recueilli. Fauré a cherché à lui donner une tonalité sourde et anxieuse, en employant rarement les premiers et seconds violons, en mobilisant discrètement les cuivres, cors, trompettes et trombones dans leurs sonorités les moins criardes, en utilisant l'orgue dans ses registres sourds et « pauvres » (fonds de 8') pour doubler les parties instrumentales dans une sorte de « basse continue » presque permanente, qui tire la sonorité de l'ensemble vers le grave et le médium, en recourant prudemment au fortissimo, en limitant les interventions de solistes (baryton pour l'*Hostias* de l'*Offertoire* et pour le *Libera me*, soprano — parfois un soprano enfant — pour le *Pie Jesu*), en traitant ces interventions plutôt comme des solos détachés du chœur, dans un style simple et sans effets vocaux de bravoure, et enfin en « sautant » l'épisode dramatique du *Dies Irae* (mais le début de ce texte est traité dans une partie du *Libera me*, le mouvement le plus « extériorisé » et le plus démonstratif de l'ensemble).

Toute sa dramatisation, Fauré la crée dans les demi-teintes, par des effets de changements de couleur harmonique très subtils, éclaircissement ou assombrissement amené par un accord, par une cadence non conventionnelle, et où se concentre le pouvoir « théâtral » de l'œuvre.

Car c'est dans à une œuvre dramatique qu'on a affaire, même si sa théâtralité joue dans le clair-obscur, dans une indécision entre le tonal et le modal, dans de subtils frémissements ou variations de couleur instrumentale. L'harmonie, malgré de nombreux passages contrapuntiques, est l'axe de sa conception musicale ; tout s'appuie sur elle, tout aboutit à elle. Peu d'œuvres sont aussi fortement marquées par l'empreinte d'un catholicisme français « fin de XIXe siècle », où l'émotion religieuse et la sensualité harmonique se marient en des effusions dans lesquelles il est bon de s'abîmer. De plus, le génie de Fauré a trouvé ici un lieu pour se communiquer à l'ensemble des hommes, et ce *Requiem* est incontestablement devenu largement plus populaire que ses œuvres de « musique pure », ou que ses mélodies. M. C.

REQUIEM. Œuvre pour soprano, mezzo-soprano, chœurs et orchestre, de György Ligeti, composée en 1963-1965, et créée le 14 mars 1965 à Stockholm, sous la direction de Michael Gielen. L'œuvre comprend quatre mouvements : *Introït, Kyrie, Dies Irae* (rassemblant une grande partie des textes de la « séquence », habituellement traités en mouvements séparés par les compositeurs de requiem), et *Lacrimosa*. L'esthétique des premier, deuxième et quatrième mouvements est celle qu'on retrouve dans des œuvres orchestrales comme *Atmosphères* et *Lontano*, avec des masses lentement évoluantes et se transformant comme de l'intérieur, mais l'application de ces procédés aux voix donne un résultat saisissant et pathétique. Quant au *Dies Irae*, il relève plus de l'esthétique baroque et disloquée qui devait lui inspirer plus tard *le Grand Macabre*. Ce très beau *Requiem* est devenu l'une des œuvres modernes les plus populaires, en partie à cause de l'usage que le réalisateur Stanley Kubrick fit du *Kyrie* dans la bande sonore de son film *2001 Odyssée de l'espace*, où il devient comme une marée chorale symbolisant l'éveil dramatique de l'humanité à la conscience. M. C.

REQUIEM. Œuvre de Wolfgang Amadeus Mozart (K.626) pour quatre chanteurs solistes, chœurs, orchestre, et continuo, composée en 1791, l'année de sa mort, laissée inachevée par l'auteur à cause de sa maladie, et terminée selon ses instructions par son élève et disciple Süssmayer. Tout le monde connaît l'histoire, évoquée par Mozart dans une de ses lettres de septembre 1791, de cet homme mystérieux et muet, vêtu de gris, qui était venu le voir pour lui porter une lettre lui passant commande d'un requiem, moyennant une forte contribution, à la condition qu'il ne dît rien de cette œuvre et des conditions de sa réalisation. Mozart y vit un signe du destin et s'y consacra comme à son propre « chant funèbre ».

Le muet en question était un domestique du comte de Walsegg, amateur fou de musique, qui « achetait » les œuvres dont il passait commande à des compositeurs émérites, pour les faire ensuite exécuter sous son nom. Le travail de Mozart fut naturellement arrêté et brisé par ses ennuis de santé. On ne sait pas exactement quelle part précise (mais elle est importante) attribuer à Süssmayer, auquel Mozart communiqua ses instructions précises jusqu'au dernier moment. Selon certains, des douze morceaux que comporte l'œuvre, seul le premier, *Requiem* et *Kyrie*, est entièrement de Mozart. Les ébauches et notes qui sont restées des huit suivants *(Dies Irae, Tuba Mirum, Rex tremendae, Recordare, Confutatis, Lacrimosa, Domine Jesu, Hostias)* établissent que Mozart en aurait écrit les principales parties et prévu l'orchestration, et que Süssmayer les aurait seulement orchestrés et complétées. Enfin les trois derniers morceaux *(Sanctus, Benedictus, Agnus Dei)* seraient entièrement de Süssmayer, sauf quand il y reprend des éléments empruntés au début de l'œuvre.

L'instrumentation particulière évite les instruments clairs tels que la flûte, les hautbois, la clarinette, mais fait appel aux « cors de basset » (ténor de la clarinette), des bassons, des trompettes et des trombones par deux, et des timbales. Le travail de Süssmayer est remarquable, semble-t-il, d'homogénéité et de fidélité. Ainsi on ne sent pas tout au long de l'œuvre, à mesure qu'elle est de moins en moins de Mozart et de plus en plus de son disciple, tant une « chute » de niveau évidente qu'une lente perte de souffle, un manque de liberté et d'invention (mais comment pouvait-il en être autrement, puisqu'il était demandé à Süssmayer de respecter la pensée d'un autre, et non de se laisser aller à la sienne). De là, sans doute, le caractère à la fois dramatique et impersonnel, déshabité, « désindividualisé », comme dit Jean-Victor Hocquart, de cette œuvre qui n'est réellement de Mozart que jusqu'au début du *Lacrimosa*. Süssmayer, quand il écrivit aux éditeurs de l'œuvre pour préciser sa contribution, ne revendiqua que la fin du *Lacrimosa*, l'ensemble du *Sanctus* et du *Benedictus*, et le début de l'*Agnus Dei* puisque la fin reprend des fragments du début, mais aujourd'hui, on aurait tendance à lui attribuer beaucoup plus.

Naturellement, la grosse « tache » dont l'incongruité frappe tous les auditeurs est l'intervention mélodique, dans le *Tuba mirum*, du trombone solo sur un air suave, après ses arpèges solennels : on pourrait avec certains, comme Arthur Hutchings, y voir l'effet d'un doute ou d'un malentendu de Süssmayer sur les intentions de Mozart, tant il apparaît que la mélodie en question, quasi clownesque au trombone, aurait dû être « passée » à un autre instrument. Le *Requiem*, à part cela, est plein de moments superbes, mais dégage une impression étouffante, énigmatique, qu'expliquent suffisamment les circonstances de sa création.　　　　　　　　　　　　　　　　M. C.

REQUIEM. Œuvre de Heinrich Schütz. C'est à la demande du prince Posthumus de Reuss que Schütz a écrit ses *Musikalische Exequien* (du latin *exequiae* : obsèques), publiées à Dresde en 1636. Douze prières et sentences tirées de la Bible composent ce service funèbre assez particulier que le prince, ami et protecteur du *Sagittarius*, put entendre, au demeurant, lors d'une audition privée peu de temps avant sa mort.

Malgré les difficultés résultant de la guerre de Trente Ans, le *Requiem* est une œuvre d'apparat recourant, en sa seconde partie, à la technique vénitienne du double chœur. La coupe de l'ouvrage — qui associe les voix à un riche accompagnement instrumental — est tripartite. La première section, appelée « Concert en forme de messe de funérailles allemande », est traitée comme une messe brève avec *Kyrie* et *Gloria* en langue vulgaire. Les sentences confiées aux solistes et alternent avec les interventions du chœur à six voix, Schütz usant volontiers pour les sentences de ce style imitatif en « duo » qui est l'une des caractéristiques de sa période de maturité.

Le motet *Herr, wenn ich nur dich habe* reprend le verset du Psaume 3 qu'utilisait déjà la septième section du *Gloria*. Le retour à la manière « dialoguée », imitée des Gabrieli, s'accompagne cependant d'un changement de climat significatif. Auparavant, comme dans les *Psaumes de David* de 1619, le double chœur tendait à la joute spectaculaire ; mais, dans le cas présent, Schütz, placé devant la réalité de la mort, songe seulement à souligner le caractère grave et *liturgique* en quelque sorte de la musique. C'est à un office que l'auditeur est avant tout convié, à un office de deuil (mais sans tristesse) où les exécutants prient pour le repos d'une âme et la plus grande gloire de Dieu.

La conclusion du *Requiem*, empruntée au Cantique de Siméon (« Seigneur, tu peux laisser maintenant ton serviteur partir en paix »), est chantée par le chœur (à cinq voix) « des enfants des hommes ». Au-dessus de ce chant, un *chorus secundus* à trois voix évoque les joies des justes après leur mort. Deux séraphins (sopranos) et « l'âme bienheureuse » (baryton) répondent à la prière collective du « Capellchor » sur une mélodie d'une ineffable douceur.

Par-delà les styles et les époques, et nonobstant le fait que l'ouvrage gagne, bien entendu, à être réalisé dans l'esprit du temps et avec des instruments anciens (l'auteur s'étant montré, pour une fois, avare de renseignements dans l'édition de 1636), Schütz annonce ici, en plus d'un endroit, la spiritualité du *Requiem allemand* de Brahms.　　　　　　　　　　R. T.

REQUIEM (MESSA DA). Œuvre pour quatre chanteurs solistes, chœurs et grand orchestre de Giuseppe Verdi, dont le projet initial date de 1868, et qui fut achevée en 1873. Verdi, bien que passant pour anticlérical, voulait d'abord, en 1868, rendre hommage à Rossini qui venait de mourir, en collaborant à une messe de requiem écrite collectivement par un certain nombre de compositeurs italiens. Il écrivit dans ce but un *Libera me*, mais le projet n'aboutit pas, à cause de problèmes matériels, et d'un manque de dévouement et d'initiatives pour cette entreprise. L'éditeur Ricordi, et un ami de Verdi, Mazzucato, lui firent de grands éloges de son *Libera me*, ce qui l'encouragea dans le projet de mener à bien, un jour, l'ensemble de la composition de la messe de requiem.

Il n'alla pas jusqu'au bout du premier coup, et ce fut une nouvelle circonstance nécrologique, la disparition du grand poète national Manzoni, qui lui fit achever l'œuvre, laquelle fut créée pour commémorer le premier anniversaire de la mort du poète, le 22 mai 1874 à l'église San Marco de Milan, avec des grands solistes de la Scala et sous la direction de l'auteur. Le succès fut grand, mais, tout de suite, commença à se répandre la réputation d'une œuvre de « théâtre », d'un « opéra en costumes ecclésiastiques » (Hans de Bülow). Ce rapprochement s'impose par le style vocal large et le dramatisme de certains épisodes. Cependant, il peut se faire dans l'autre sens : l'inspiration musicale de certains moments des opéras de Verdi dégage une incontestable ferveur mystique et religieuse (cf. *Othello*), et Verdi, ici, n'est pas plus dramatique ou « opératique » que dans les autres grands Requiem.

Alors que la plupart des requiem connaissent dans leur courbe et dans leur forme, des moments de flottement et de grisaille, celui-ci est extraordinairement bien construit, toujours humain et chaleureux, d'une variété inépuisable de tons et de climats, empruntant aussi bien ses tournures et son style au vieux style fugué ou au récitatif d'opéra, en passant par la transposition moderne du plain-chant, avec des périlleux moments de chœur a capella, etc. Toute la tradition religieuse est brassée dans cette œuvre, qui sans doute a bénéficié de la proximité entre la langue liturgique (latine) et la langue maternelle du compositeur : du point de vue vocal et lyrique, Verdi semble penser directement en latin, et rendre à cette vieille langue la verdeur d'une langue vivante.

Le *Requiem* de Verdi comporte un grand nombre de sections, regroupées en six grands mouvements, suivant le rite : *Requiem*, *Dies Irae* (mouvement très développé, avec des airs pour différents solistes), *Offertoire* (*Domine Jesu*, avec un *Hostias* très proche de Fauré), *Sanctus* (un *Sanctus* choral bref et cinglant, bâclé, ont dit certains), *Agnus Dei* et enfin *Libera me*, contenant le noyau primitif, qui par contagion et par extension, a suscité le reste de l'œuvre (Verdi réutilisant dans les mouvements précédents, composés ensuite, certains motifs majeurs, lesquels donnent ainsi l'impression de se donner rendez-vous tout naturellement dans cette vaste prière terminale).
　　　　　　　　　　　　　　　　　M. C.

REQUIEM CANTICLES. Œuvre d'Igor Stravinski pour voix de contralto et voix de basse solistes, chœur et orchestre, commencée en 1965, terminée à Hollywood le 13 août 1966 et créée à l'université de Princeton le 8 octobre 1966 sous la direction de Robert Craft. D'une durée de 15 minutes, de structure sérielle mais avec deux séries, elle n'utilise que fragmentairement les paroles de la messe de requiem traditionnelle et comprend neuf mouvements, dont six vocaux et trois instrumentaux, ces derniers se trouvant au début, au centre et à la fin. La succession en est : *Prélude* (cordes), *Exaudi* (chœur et orchestre), *Dies Irae* (chœur et orchestre), *Tuba Mirum* (basse et orchestre), *Interlude* (vents et timbales), *Rex tremendae* (chœur et orchestre), *Lacrimosa* (contralto et orchestre), *Libera me* (quatuor vocal, chœur et orchestre) et *Postlude* (flûtes, cor, piano, harpe, célesta, cloches et vibraphone).　　　　　　　　　　　　　M. V.

REQUIEM (POUR) FÜR MIGNON. Œuvre de Robert Schumann, op. 98 b, composée en 1849 d'après le *Wilhelm Meister* de Goethe. Cette œuvre pour solistes, chœur et orchestre, a été écrite sous le coup d'une forte émotion et en hommage aux victimes de la répression prussienne au cours de la révolution de 1848 à Dresde. Ecœuré devant la barbarie déployée par la soldatesque, Schumann se tourne, dans une sorte de compensation spirituelle, vers les poètes qui l'ont toujours inspiré : au premier chef, Goethe, dont il mettra plusieurs textes en musique (l'opus 98 a) et dont il choisit comme interprète de sa propre révolte devant la mort le *Requiem pour Mignon* (op. 98 b). Musique nullement « liturgique », donc, liée à quelque office des morts, mais plutôt évocatrice et spirituelle, « religieuse » en ce qu'elle rejoint le sacré.

La figure de Mignon, symbole d'une enfance accessible à la bonté, à la pureté et, par là même détentrice d'un « vert Paradis », a souvent hanté Schumann. L'opus 98 apparaît dès lors comme le prolongement vocal des *Scènes d'enfants (Kinderszenen),* dédiées au piano dès 1838, dont il retrouve la suprême et délicate poésie ; comme, également, le complément idéal du poème de Goethe, dont il exprime à merveille et avec une émotion contenue, le religieux recueillement et la mystérieuse plénitude. J. G.

REQUIEM POUR UN JEUNE POÈTE (en all. *Requiem für einen jungen Dichter*). Lingual pour récitant, soprano, baryton, trois chœurs, bandes électroniques, orchestre, ensemble de jazz et orgue, de Bernd Aloïs Zimmermann, composé de 1967 à 1969, et créé le 11 décembre 1969 à Düsseldorf par les chœurs et l'orchestre de la Radio de Cologne sous la direction de Michael Gielen.

Pour son requiem, d'une durée de 65 minutes, dédié à la mémoire de trois poètes qui se suicidèrent dans leur jeunesse (Maïakovski, Essenine, Konrad Bayer), Zimmermann a créé un nouveau genre musical, le « lingual », situé à mi-chemin entre le discours (la parole est utilisée à la fois pour sa valeur sémantique et phonétique) et la musique, où se mêlent reportage, programme radiodiffusé, cantate, oratorio ; les chœurs chantent des extraits de la messe de requiem en latin ; les bandes magnétiques, disposées stéréophoniquement autour de la salle, font entendre des collages musicaux variés (*la Création du monde* de Milhaud voisinant avec le *Liebestod* de Wagner, la Neuvième de Beethoven avec les Beatles, également *l'Ascension* de Messiaen et la Symphonie de Zimmermann lui-même), des passages parlés en sept langues différentes (latin, grec, anglais, français, hongrois, russe, tchèque), des documents sonores (l'invasion de la Tchécoslovaquie par les Allemands puis par les Russes, des manifestations politiques de divers pays), et des bruits variés (ressac de la mer, tanks, avions de chasse). Les bandes qui interviennent principalement pendant la première partie de l'œuvre combinent des montages très élaborés : des citations de, notamment, Maïakovski, Camus, Joyce, *l'Ecclésiaste,* de la Déclaration des droits de l'homme, de la Constitution allemande sont mélangées à des extraits de discours de Jean XXIII, Dubček, Imre Nagy, Mao, Chamberlain, Papandhréou, etc.

Dans la seconde partie, les bandes restent la plupart du temps silencieuses, et les groupes instrumentaux dominent (saxophone, cuivres, deux pianos et orgues accompagnent deux chœurs et les deux solistes vocaux dans « Rappresentazione » ; un quintette de jazz et la soprano pour le « blues » d'« Elegia » ; cuivres, deux pianos, accordéon, orgue et timbales dans « Tratto »). L'effectif complet intervient pour la dernière fois dans « Dona nobis pacem », où un véritable tourbillon sonore, composé des discours de Ribbentrop, Staline, Goebbels, Churchill et de manifestations politiques de divers pays entoure la prière des chœurs, et cesse brusquement, précédant le dernier texte de Konrad Bayer, et le cri « Dona nobis pacem ».

La grande idée de Zimmermann selon laquelle l'espace et le temps sont abrogés et fondus dans une « sphère » (« futur, présent et passé deviennent interchangeables ») trouve ici son aboutissement : son *Requiem* brasse cinquante années d'histoire contemporaine, comme l'écrit H. Halbreich, « vue à travers la perspective d'une conscience chrétienne et l'expérience d'un être humain hypersensible ; il est une œuvre unique, dont la signification éthique et spirituelle est aussi cruciale que l'importance musicale... l'un des plus grands chefs-d'œuvre de la musique de ce siècle ». La création d'une telle partition, aux implications philosophiques si écrasantes, a peut-être été fatale à Zimmermann. Un an après, il mettait fin à ses jours. J.-J. M.

RESERVATA (MUSICA). Expression latine au sens non entièrement élucidé, que l'on rencontre quelquefois dans la seconde moitié du XVIᵉ siècle, surtout en France et en Italie, à propos de musiques polyphoniques particulièrement élaborées. Certains (Lowinski) ont voulu déduire de cette expression que ces musiques contenaient des règles secrètes d'exécution (chromatismes non écrits entre autres) connues des seuls initiés. Avec beaucoup plus de vraisemblance, il semble que l'expression signifie simplement que cette musique, à partir d'un certain degré de sophistication, cessait d'être accessible au plus grand nombre, et se voyait surtout appréciée dans les milieux spécialisés. J. C.

RES FACTA. Jusqu'au XIXᵉ siècle, on désignait parfois ainsi, soit en latin, soit en traduction française « choses faites », toute musique d'église polyphonique exécutée sur parties notées, par opposition au « chant sur le livre », qui désignait diverses ornementations à plusieurs voix, généralement assez sommaires, improvisées par les chantres qui ne suivaient « sur le livre » que la partie principale de plain-chant non orné. On disait aussi « musique rompue », sans doute par confusion entre les mots latins *facta* et *fracta* (V. MACHICOTAGE). J. C.

RÉSOLUTION. — 1. En langage harmonique, détente provoquée par le fait qu'une note dissonante, qui créait tension parce qu'elle ne s'intégrait pas à l'accord où elle se trouvait mêlée, rejoint dans le même accord ou non une position consonante qui fait cesser cette tension. La dissonance est dite alors *résolue* (on disait autrefois « sauvée »). Une résolution se fait normalement au « plus court chemin », la note dissonante rejoignant la voie mélodique l'emplacement consonant le plus voisin possible ; s'il n'en est rien, la résolution est dite « exceptionnelle ». La résolution peut être *retardée* par l'intercalation d'autres notes si celles-ci ne laissent pas oublier la tension initiale.

Certains accords aujourd'hui consonants (par exemple la 7ᵉ naturelle) étaient autrefois considérés comme dissonants, et par là soumis à l'obligation ci-dessus. Mélodiquement parlant, certains degrés étaient également considérés comme formant tension et par là appelant résolution (par exemple de la sensible sur la tonique). Cette obligation subsiste ou disparaît selon la manière dont ils sont aujourd'hui employés et selon qu'ils créent ou non une relative tension.
— 2. On appelait résolution, principalement au XVIIIᵉ siècle, l'opération consistant à exposer d'un bout à l'autre la solution développée d'un contrepoint obligé présenté graphiquement en abrégé (par exemple, écrire en partition complète toutes les voix d'un canon dont seul était proposé l'antécédent). J. C.

RÉSONANCE. L'orthographe *résonnance*, parfois employée, est quelque peu archaïque.
— 1. Pour les physiciens, la résonance, ou **vibration par sympathie**, est un phénomène selon lequel tout corps élastique susceptible de vibrer sur une fréquence N entre spontanément en vibration, audible ou non, lorsqu'on émet dans son entourage un son ayant soit cette fréquence N, soit une fréquence N' dont N est un harmonique proche. Cette particularité est utilisée dans certains instruments (théorbe, palme des ondes Martenot, etc.) dans lesquels on dispose à proximité de la source d'émission du son des cordes

dites « sympathiques » (d'où le nom de la « viole d'amour ») soigneusement accordées, mais que l'exécutant ne touche jamais : elles entrent seules en vibration le moment venu en renforçant ou modifiant la sonorité de la corde réellement jouée.
— 2. Pour les musiciens, la résonance est l'**ensemble des phénomènes liés à la présence des harmoniques dans un son musical** donné. Elle inclut donc la résonance des physiciens, mais ne se limite pas à elle. L'extension du terme découle principalement de l'usage qu'a fait Rameau, à partir de 1735 (*Génération harmonique*, postérieure au *Traité de l'harmonie* de 1722), de l'expression « résonance naturelle des corps sonores », à laquelle il rattache l'ensemble des phénomènes harmoniques qui constituent la base de l'harmonie classique. On appelle *accords de résonance* les accords qui reproduisent, avec un minimum d'approximations, tout ou partie de l'ensemble formé par une fondamentale* accompagnée de ses harmoniques proches, ce qui donne naissance aux *consonances naturelles :* accords de quinte, accord parfait majeur, accords de 7e, 9e et même 11e naturelle. On appelle *harmonie de résonance* les systèmes harmoniques fondés sur cette superposition, sans préjudice des multiples extensions qui peuvent être apportées à ce phénomène de base (consonances analogiques, altérations, etc.) et dont l'étude analytique, aujourd'hui sérieusement entreprise, a été trop longtemps tributaire d'anciennes erreurs accumulées de Rameau à nos jours.
— 3. **Ensemble des propriétés acoustiques d'un matériau,** particulièrement en ce qui concerne la manière dont il reçoit et transmet les ondes sonores : la « table d'harmonie » d'un violon ou d'un piano est parfois dite « table de résonance ». Ensemble des qualités qui déterminent l'acoustique d'une salle, et particulièrement les phénomènes de réverbération qui amplifient ou prolongent les sons émis : dire qu'une salle a une forte résonance signifie que cette prolongation y est importante. Dire qu'elle a de l'écho n'est pas un synonyme : la résonance désigne une prolongation sans interruption, l'écho une répétition après interruption, même si les causes sont du même ordre (réflexion du son).
J. C.

RESPIGHI (*Ottorino*), compositeur italien (*Bologne 1879 - Rome 1936*). Élève de Torchi et de Martucci à Bologne, il s'intéressa aussitôt à la renaissance de la musique instrumentale italienne, puis, nommé violoniste de Saint-Pétersbourg, travailla l'orchestration avec Rimski-Korsakov. Ses premières mélodies dénotèrent néanmoins plus d'originalité que ses essais dans le genre de l'opéra, et, fixé à Rome comme professeur à l'académie Sainte-Cécile en 1913, il s'engagea à fond sur la voie du renouveau symphonique, donnant notamment avec succès *les Fontaines de Rome* (1914-1916), *les Pins de Rome* (1923-1924), *Triptyque botticellien* (1927) et *les Fêtes romaines* (1928), tandis que ses attaches avec le courant néoclassique apparaissaient plus nettement dans ses brillantes orchestrations de Rossini (*la Boutique fantasque,* pour Diaghilev en 1919, puis *Rossiniana*, 1925), dans sa suite *les Oiseaux* (1927), d'après les clavecinistes du XVIIe siècle, et dans ses *Airs et Danses antiques pour luth* (1917), ainsi que dans sa musique de chambre (sonate pour piano et violon, deux quatuors à cordes, dont le *Quatuor dorique*) et instrumentale (*Concerto grégorien,* 1921). Mais, dès 1923, Respighi tentait la synthèse entre ses diverses aspirations et revenait à la composition lyrique, où il entendait renouer avec une tradition authentique en donnant en outre à ses opéras de larges prolongements philosophiques : *Belfagor* (1923), *La Campana sommersa* (1927), *Marie l'Égyptienne* (1932) et *La Fiamma* (1934), la plus discutée de ses œuvres, connurent une plus grande fortune en Allemagne ou dans les deux Amériques qu'en Italie.

Contemporain de Wolf Ferrari, à peine plus âgé que le « trio » Malipiero-Casella-Pizzetti, mais encore tributaire de la tradition postromantique, il présenta une face double, à la charnière du monde orchestral du XIXe siècle et du dépouillement néoclassique, se révélant plus proche des postvéristes tels que Montemezzi, Zandonai et surtout Alfano que de la jeune « génération des années quatre-vingt ». Tout en récusant l'effusion lyrico-sentimentale des véristes, il employa pourtant dans ses opéras une vocalité très tendue, de dérivation wagnérienne et vériste, confrontée à la richesse et au volume d'un orchestre tributaire de ce dernier courant.
R. M.

RESPIRATION. — 1. Au sens physique usuel du mot, la respiration est l'**un des éléments essentiels de l'art du chant** et s'y voit travaillée comme tel, tant pour l'émission du son que pour la manière de lier les phrases et de les séparer l'une de l'autre. Il en est de même pour la technique de tous les instruments à vent.
— 2. Par extension du sens précédent, on nomme respiration, dans toute musique quelle qu'elle soit, l'**art de séparer les sons** en suggérant la présence d'une respiration physique nécessaire à l'intelligence du phrasé. L'interruption de son nécessaire à la respiration n'est généralement pas comptée dans la mesure écrite. Elle peut alors être indiquée par un signe en forme de virgule ou d'apostrophe placé entre deux notes, ou encore par un signe en forme de V tracé de manière cursive. Ce dernier signe, très employé par les professeurs d'instruments, se retrouve rarement en imprimerie.

Jusqu'à la fin du XVIIIe siècle, les respirations n'étaient indiquées qu'exceptionnellement dans la notation et devaient être détectées par l'interprète ; plus récemment encore, elles se déduisaient surtout de la disposition des courbes de liaison, sans être explicitement notées. Elles sont pourtant l'un des éléments les plus importants de l'interprétation d'un morceau, tant instrumental que vocal.
— 3. Par analogie, on dit qu'une musique manque de *respiration* (ou d'aération) quand elle traite la matière sonore de façon compacte et continue, sans y ménager de repos suffisants.
J. C.

RESPONSORIAL. — 1. Livre de chant liturgique contenant l'office de nuit, complété par l'*antiphonaire* qui comprend l'office de jour.
— 2. **Chant responsorial :** l'une des deux grandes formes d'alternance chorale qui se partagent le chant liturgique. Elle consiste en un dialogue entre le soliste et le chœur des fidèles, ce dernier chantant un refrain ou répétant les derniers mots du soliste. Le chant responsorial s'oppose au chant antiphonique qui fait dialoguer deux demi-chœurs, et lui est le plus souvent antérieur.
J. C.

RÉSURRECTION (en all. *Auferstehung*). Titre porté par la *Symphonie no 2* en *ut* mineur de Gustav Mahler, à laquelle il travailla (non sans interruptions) de 1888 à 1894), et qu'il dirigea en première audition à Berlin le 13 décembre 1895 (après avoir donné les trois premiers mouvements dans la même ville dès le 4 mars). L'œuvre, en cinq mouvements, est pour soprano, alto, chœurs et orchestre, et le titre se rapporte au texte de Klopstock utilisé dans le cinquième mouvement.

A Cassel, en 1888, en même temps que la *Première Symphonie*, dite *Titan**, Mahler termina un grand mouvement symphonique pour orchestre, sorte de marche funèbre grandiose et pathétique, qui pendant cinq ans allait porter le titre de *Totenfeier* (« Cérémonie funèbre »). Il s'agissait, mais Mahler ne le soupçonnait pas, du futur premier mouvement de la *Deuxième*. Au cours des années suivantes, Mahler laissa ce morceau de côté. Il n'y songea à nouveau qu'en octobre 1891, à Hambourg, où il le joua au piano à Hans de Bülow. Celui-ci ne l'apprécia pas, et la *Totenfeier* fut remise au fond d'un tiroir, pour n'être reprise que deux ans plus tard, au cours du premier été (1893) vraiment paisible de la vie de Mahler, à Steinbach-am-Attersee, près de Salzbourg. Alors furent esquissés le deuxième mouvement (30 juillet), un andante en *la* bémol d'ailleurs esquissé lui aussi dès 1888, et, à la mi-juin déjà, le troisième, un scherzo en *ut* mineur basé sur le lied du *Wunderhorn* (« le Cor* merveilleux de l'enfant »), intitulé *Des Antonius von Padua Fischpredigt* (« Saint Antoine de Padoue prêche aux poissons »). Avant de quitter Steinbach, Mahler composa encore quelques *Wunderhorn Lieder* : parmi eux, peut-être, celui intitulé *Urlicht* (« Lumière originelle »), futur quatrième mouvement de la *Deuxième Symphonie*. Quant au finale, il n'en fut alors pas question. Mahler, tout en craignant les comparaisons inévitables avec la *Neuvième* de Beethoven, le voulait pour solistes vocaux, chœurs et orchestre. Il chercha longtemps un texte, et eut l'idée de la *Résurrection* de Klopstock aux funérailles de Hans de Bülow, mort au Caire le 12 février 1894. L'été suivant, à Steinbach-am-Attersee, il put donc esquisser entièrement et instrumenter partiellement son finale, et le 18 décembre 1894, l'œuvre dans son ensemble était enfin terminée.

Dans les premières symphonies de Mahler, et en particulier dans la *Deuxième*, on note l'existence de « programmes » plus ou moins reniés par la suite. L'idée centrale de la *Deuxième* est le problème de la vie et de la mort, résolu par la résurrection : « J'ai appelé le premier mouvement *Totenfeier* ; si vous tenez à le savoir, c'est le héros de ma symphonie en *ré* (la *Première*) que je mène au tombeau... Parallèlement se pose la question centrale : Pourquoi as-tu vécu ? Pourquoi as-tu souffert ? Tout n'est-il en définitive qu'énorme et tragique plaisanterie ? Il nous faut d'une façon ou d'une autre résoudre cette question pour pouvoir continuer à vivre, ou même à mourir ! Celui qui, ne serait-ce qu'une fois, a perçu cette question, est à même d'y répondre, et cette réponse, je la donne dans le dernier mouvement... Le deuxième mouvement, un souvenir ! Un rayon de soleil dans la vie de ce héros... La vie vous reprend ; il arrive que, dans sa vaine agitation, elle vous fasse horreur ; ainsi, dans une salle de bal bien éclairée, des silhouettes mobiles et dansantes que, caché dans la nuit, vous observez de loin sans entendre la musique ! La vie apparaît alors sans objet, répugnante ! Tel est le troisième mouvement ! Ce qui suit alors vous est connu » (lettre de Mahler du 26 mars 1896).

L'allegro maestoso initial en *ut* mineur (ex-*Totenfeier*) est une marche funèbre de grande envergure rendant hommage à la forme sonate, mais de façon très personnelle. L'andante moderato en *la* bémol, un souriant ländler viennois très mélodique. Le troisième mouvement, une sorte de ronde fantastique en *ut* mineur rendant hommage au ländler, mais aussi au mouvement perpétuel. Sans interruption, la voix d'alto énonce l'*Urlicht* (en *ré* bémol). Plaque tournante de l'ouvrage, ce quatrième mouvement dure à peine cinq minutes. Et c'est alors le monumental finale, fait de nombreux épisodes : les voix n'interviennent que pour son dernier tiers, et il se termine en apothéose dans la tonalité de *mi* bémol majeur.

« Ma *Deuxième* pourrait-elle cesser d'exister sans perte irréparable pour l'art et pour l'humanité ? » A cette question que naïvement ou non Mahler posa à son ami le compositeur tchèque J.-B. Foerster, les générations d'auditeurs ont maintenant répondu, pour qui la *Résurrection* très souvent a servi d'introduction à l'art du grand symphoniste autrichien. M. V.

RETARD. En harmonie, prolongation d'une note d'accord sur l'accord qui suit quand elle n'appartient pas à ce dernier. Elle devient donc dans le nouvel accord une note étrangère, et comme telle doit normalement être résolue en rejoignant par le plus court chemin une note réelle de ce nouvel accord. Le retard peut être assimilé à une appoggiature préparée. J. C.

RETHBERG (*Élisabeth*), soprano allemande (Schwarzenberg, Saxe, 1894 - Yorktown Heights, New York, 1976). Elle fit ses études au conservatoire de Dresde, et débuta dans cette ville en 1915. Elle y resta jusqu'en 1922, date à laquelle elle fit ses débuts au Metropolitan de New York comme Aïda. Elle devait rester attachée à cet établissement durant vingt ans, et y triompher dans plus de trente-cinq rôles allemands, français et italiens. En 1928, elle créa à Dresde le rôle titre dans *Hélène d'Égypte* de Richard Strauss. Grande interprète de Mozart et Verdi, elle était considérée par Toscanini comme la plus grande soprano de son époque. M. V.

RETOUR DE LEMMINKAINEN (LE). Poème symphonique de Sibelius. V. *Suite de Lemminkainen*.

RETOUR DE TOBIE (LE) [en ital. *Il Ritorno di Tobia*]. Oratorio en langue italienne en deux parties Hob.XXI.1 de Haydn sur un livret de Gastone Boccherini, frère aîné du compositeur Luigi Boccherini, composé dans l'hiver 1774-75 et créé à Vienne sous la direction de l'auteur le 2 avril 1775. L'œuvre avait été commandée à Haydn par la Tonkünstler Societät (Société des musiciens) de Vienne, fondée en 1771 afin de rassembler, grâce aux recettes des concerts organisés par elle et aux cotisations de ses membres, les fonds nécessaires pour venir en aide aux veuves et orphelins desdits membres, et qui avait pris l'habitude de donner chaque année, au temps du carême (Pâques) et de l'avent (Noël), des oratorios en langue italienne.

Le livret expose avec assez de détails la fameuse histoire de Tobie, tirée de l'Ancien Testament : l'inquiétude et l'angoisse dont sont rongés au sujet de Tobie (t) absent son père aveugle Tobit (b) et sa mère Anna (a) ; la confiance de Tobit, qui assure que leur fils rentrera sain et sauf ; l'arrivée d'Azarias, compagnon de Tobie, en réalité l'archange Raphaël (s), qui raconte comment Tobie, après un combat furieux contre une baleine, a épousé Sarah (s), et se trouve avec elle sur le chemin du retour ; le retour de Sarah et de Tobie et la guérison de Tobie grâce au fiel de la baleine tuée par Tobie.

Avec ses cinq chœurs (dont deux rajoutés il est vrai pour une nouvelle exécution à Vienne en mars 1784), ses airs renonçant presque tous à l'ancienne forme da capo, ses beaux récitatifs accompagnés et la richesse de son instrumentation, *Il Ritorno di Tobia* tranche sur les oratorios italiens de l'époque, et un critique du temps n'hésita pas à écrire que les chœurs, par leur puissance, n'avaient d'équivalent que chez Haendel. Mais, en tant que tel, le genre de l'oratorio italien passa peu à peu de mode, surtout après que Haydn lui-même eut produit, un quart de siècle plus tard et en langue allemande, *la Création* et *les Saisons*, et une exécution de *Tobia* à Vienne les 22 et 23 décembre 1808 — la première partie le 22, la seconde le 23 — ne remporta qu'un succès médiocre (le 22 fut aussi le jour de la première audition des 5e et 6e symphonies de Beethoven).

L'œuvre, parue pour la première fois en partition dans sa version originale en 1963 seulement, a connu depuis une renaissance méritée. A noter cependant qu'un des deux chœurs rajoutés par Haydn en 1784, *Svanisce in un momento*, a toujours bénéficié d'une fortune certaine sous forme de motet isolé avec paroles latines (*Insanae et vanae curae*). M. V.

RETOUR D'ULYSSE DANS SA PATRIE (LE) [en ital. *Il Ritorno d'Ulisse in patria*]. Drame musical en 3 actes de Claudio Monteverdi sur un livret de Giacomo Badoaro, composé en 1641 à Venise et représenté au théâtre San Cassiano.

L'opéra s'ouvre sur un prologue où la Fragilité, le Temps, le Destin et l'Amour philosophent sur les faiblesses de la nature humaine. Entre en scène Pénélope qui redit à sa nourrice Euryclée les angoisses qui sont les siennes depuis que la guerre de Troie s'est achevée sans ramener son époux Ulysse à Ithaque. Précisément, à la scène suivante, les Phéaciens déposent le héros endormi sur une plage de l'île. Mais, en agissant ainsi, ils ont désobéi à Neptune qui, furieux, transforme leur navire en écueil. Minerve, déguisée en berger, se présente alors à Ulysse et lui annonce qu'il est de retour dans son royaume. Elle se fait reconnaître de lui et lui ordonne de garder l'incognito afin de mieux confondre l'audace des prétendants qui occupent son palais et pressent Pénélope de se remarier avec l'un d'entre eux.

Ulysse, qui a pris l'aspect d'un vieux mendiant, rencontre le berger Eumée et lui dit que le retour du héros est à présent très proche et que Pénélope va enfin le retrouver. Eumée, tout joyeux à cette nouvelle, accepte de cacher le vagabond et communique son espoir à Télémaque qui, resté seul avec Ulysse, reconnaît son père et court informer Pénélope de l'heureux événement.

L'action se transporte au palais où sont réunis tous les princes prétendants qui, une fois encore, importunent la Reine de leurs assiduités. Pénélope leur rétorque avec fermeté qu'il ne peut être question d'amour pour un cœur affligé. Survient Eumée qui annonce à l'assemblée le retour imminent du Roi. Les prétendants, conscients du danger mortel que leur fait courir ce retour, se préparent à combattre et songent également à se débarrasser de Télémaque.

Apparaît alors Ulysse, toujours méconnaissable en mendiant. Les prétendants veulent chasser le nouveau venu, mais Pénélope déclare qu'elle sera la femme de celui qui parviendra à tendre l'arc de son époux. Tous échouent, sauf Ulysse qui a obtenu de la Reine l'autorisation de participer lui aussi au concours, et presque aussitôt ses adversaires tombent morts sous ses flèches, à l'exception du grotesque Iro, dont la seule préoccupation était de faire bombance.

Enfin, après une nouvelle intervention des dieux, au terme de laquelle Neptune renonce, à la demande de Jupiter, à se venger du héros, Ulysse et Pénélope goûtent, dans un ultime et sublime duo, l'intense bonheur des retrouvailles.

Le Retour d'Ulysse est une libre adaptation des derniers chants de l'Odyssée. Il nous est connu par deux sources manuscrites : l'autographe de la partition, conservé à Vienne, celui du livret appartenant aux collections de la Bibliothèque marcienne de Venise. Les différences de texte, entre les deux documents, ont incité certains musicologues à émettre des doutes sur son authenticité. Certes, la musique y est d'une inspiration inégale, mais, eu égard à ses innombrables beautés, il est impossible de la refuser à Monteverdi. Aussi bien, la question ne se pose plus aujourd'hui de savoir si l'ouvrage est de Monteverdi, mais de vérifier si la copie conservée à Vienne contient tout ce que Monteverdi a écrit. Point délicat et qui n'est pas près d'être éclairci car les passages contestables n'y manquent pas (il est à noter que le manuscrit en question ne comporte qu'une ligne vocale et une ligne de basse continue, une *sinfonia* à cinq y apparaissant de temps à autre, trait caractéristique de l'ancienne écriture instrumentale italienne).

Le livret de Badoaro, par l'union habile qu'il réalise du drame et du burlesque, sert bien le ton réaliste de la musique, ce mélange quasi shakespearien des genres étant l'un des traits essentiels des opéras vénitiens de Monteverdi. Au reste, la partition vient après les chefs-d'œuvre du genre représentatif — après les *Madrigaux guerriers et amoureux* du *VIIIe Livre*, en particulier — qui réagissaient génialement aux choses de la vie, à leur dimension tragique comme à leurs à-côtés comiques.

Ainsi le compositeur oppose-t-il au trio noble Ulysse-Pénélope-Télémaque la cohorte des prétendants et du bouffon Iro, observés d'après nature et dessinés de main de maître (*cf.* l'irrésistible monologue d'Iro, après la déconfiture de ses protecteurs et amis !). Mais la modernité et le vérisme de Monteverdi apparaissent aussi dans l'évocation du couple Eurymaque-Melantho qui nous dit les troubles de l'amour naissant avec l'intuition du meilleur Marivaux.

Au reste, *le Retour d'Ulysse* réussit exemplairement le mariage du drame et de la musique et sa vitalité témoigne de l'extraordinaire jeunesse d'inspiration de Monteverdi jusque dans ses dernières années. Ainsi, le duo des retrouvailles entre Ulysse et Télémaque est une admirable scène de reconnaissance où triomphe la liberté de l'*arioso*. Ainsi les discours impressionnants de Neptune, qui gagnent à être rehaussés des timbres des trombones et rappellent les rôles de Charon et Pluton dans l'*Orfeo*. Ainsi encore, la scène décisive du concours où Ulysse parvient à bander l'arc et perce de ses flèches ses adversaires, aux accents belliqueux de la *Sinfonia di guerra*, superbe exemple de style *concitato*. Et le duo final Ulysse-Pénélope, outre son culte de l'arabesque lyrique, est significatif de la dernière période du compositeur, en ce sens qu'il obéit au procédé de la variation continue, le chant se renouve-

lant ici sur des motifs qui se déduisent spontanément les uns des autres. Sans être l'immense chef-d'œuvre que sera, un an plus tard, *le Couronnement de Poppée*, *le Retour d'Ulysse* est, sous ses humeurs héroïques ou tendres, tout à fait représentatif du génie de Monteverdi.
R. T.

RÉTROGRADATION. V. *récurrence*.

REUENTHAL (Neidhart von), minnesänger (? v. 1180-? apr. 1237). Hēr Nīthart, « der von Riuwental » (la vallée du regret), était attaché à la cour de Louis de Bavière. Il passa en 1230 au service de Frédéric II d'Autriche. L'œuvre de Neidhart représente un aspect tout à fait original de la lyrique allemande, assez éloigné du grand Minnesang : la poésie « villageoise de cour ». Simples et pittoresques mais en même temps violemment réalistes ou satiriques, ses *Sommerreien* et ses *Winterlieder (Der wald stuont aller grīse)* parodient la Minne dans une langue à la fois triviale et hermétique, et sur un rythme endiablé *(Sinc, ein guldin huon)*.
M.-D. A.-P.

REUTTER (VON), famille de musiciens autrichiens.
— 1. **Georg,** organiste et compositeur *(Vienne 1656 - id. 1738)*. Peut-être élève de Kerll, il lui succéda en 1686 comme organiste de la cathédrale Saint-Étienne de Vienne, et après un voyage en Italie, au cours duquel il fut anobli, il devint organiste de la cour de Vienne en 1700. Il succéda à Fux comme vice-maître de chapelle (1712), puis comme maître de chapelle (1715) à Saint-Étienne. Comme compositeur, il est connu surtout pour ses toccatas pour orgue.
— 2. **Georg,** organiste et compositeur, fils du précédent *(Vienne 1708 - id. 1772)*. Il étudia la composition avec Caldara, et après en avoir assumé les fonctions, succéda officiellement à son père comme premier maître de chapelle à Saint-Étienne (1738). C'est en cette qualité qu'en 1739 ou 1740, il engagea comme petit chanteur Haydn âgé de sept ou huit ans. Il devint également vice-maître de chapelle de la cour en 1747, chef de la seconde chapelle de Saint-Étienne en 1756, et maître de chapelle de la cour en 1769 (après avoir, dans les faits, assumé ces dernières fonctions à partir de 1751). Personne avant lui n'avait cumulé tous ces postes à Vienne, et personne ne devait les cumuler par la suite. Sous sa tutelle, la chapelle impériale déclina considérablement. Comme compositeur, il resta ancré dans le style baroque, et laissa dans le domaine dramatique, dans le domaine religieux et dans le domaine instrumental une production abondante mais d'inégale qualité.
M. V.

RÊVE (LE) [en all. *Der Traum*]. Titre porté par le quatuor à cordes en *fa* majeur op. 50 no 5 (Hob.III.48) de Haydn (1787), à cause du caractère de méditation sereine de son mouvement lent. Ce quatuor est un des plus concentrés du compositeur, avec au début de l'allegro moderato initial un puissant *do* dièse dissonant annonçant l'effet analogue des premières mesures du finale de la *8e Symphonie* de Beethoven (également en *fa* majeur), et, dans son dernier mouvement, une citation fugitive du menuet et trio (V. PRUSSIENS [QUATUORS]).
M. V.

RÊVE DE GERONTIUS (LE) [en angl. *The Dream of Gerontius*]. Œuvre en deux parties pour mezzo-soprano, ténor, basse, chœurs et orchestre op. 38 d'Edward Elgar sur un poème du cardinal Newman, esquissée partiellement en 1898, composée en 1899-1900, et créée au Festival de Birmingham (qui l'avait commandée) le 3 octobre 1900 sous la direction de Hans Richter. Elle traite de la destinée de l'âme pendant et après la mort, et est considérée par certains comme la plus grande réussite du compositeur.
M. V.

RÉVEIL DES OISEAUX (LE). Toute première partition d'orchestre entièrement vouée aux oiseaux, écrite par Olivier Messiaen en 1953, créée le 11 octobre de la même année par Yvonne Loriod, sous la direction de

Hans Rosbaud, au Festival de Donaueschingen et reprise, deux mois plus tard, le 18 décembre par le même concertiste et Maurice Le Roux à la tête de l'orchestre de la Société des concerts du Conservatoire. Ce poème de la nature retrace, d'une seule traite et en raccourci, les grandes étapes de la nuit et du jour : *minuit, quatre heures du matin, les chants de la matinée, midi.* Et recherche l'authenticité en groupant « des oiseaux de même pays, de même habitat, aux heures où ils chantent, en respectant les solos, les grands tutti, les petits tutti, leurs places et leurs proportions ». Tandis que des onomatopées inscrites auprès des parties instrumentales invitent les interprètes à se pénétrer de tels chants et à les restituer au mieux. A. P.

REVERDIE. Genre particulier de la chanson de trouveurs, caractérisé par son cadre printanier, son aspect poétique et souvent aussi par la présence de personnages fictifs et allégoriques. J. C.

REVERDY (*Michèle*), femme compositeur française (*Alexandrie, Égypte, 1943*). Elle a fait ses études au Conservatoire de Paris, en particulier avec Olivier Messiaen et Claude Ballif, travaillé au Groupe de recherches musicales de l'I. N. A., et a été pensionnaire à la Casa de Velasquez à Madrid (1979-1981). Depuis 1979, elle est professeur d'analyse au Conservatoire national de région de Paris, ainsi que dans divers conservatoires municipaux de la même ville. Elle a écrit : *Cante jondo,* trois mélodies pour voix de femme et ensemble instrumental sur des poèmes de Federico García Lorca (1974; rév., 1980); *Espaces,* pour orchestre (1975), pièce largement fondée sur une série de 12 accords; *Kaléidoscope,* pour clavecin et flûte (1975); *Figure,* pour piano (1976); *le Rideau bleu,* pour flûte(s), clarinette(s), violon, violoncelle et piano (1978); *Météores,* pour 17 instrumentistes (1978); *Arcane,* pour clarinette, violon, violoncelle, piano et percussion (1979); *Through the Looking-Glass,* pour récitant, voix de femme, clarinette, alto, 2 trombones et piano (1979), avec textes de Lewis Carroll, lus en exergue ; *Quintette à vents* (1980); *Mimodrame,* pour 4 percussionnistes, 2 trombones, 4 « joueurs » et 3 danseurs (1981); et *le Château,* opéra d'après Kafka (1982). On lui doit également un ouvrage sur *l'Œuvre de piano d'Olivier Messiaen* (Paris, 1978). M. V.

RÊVES D'HIVER. Titre de la Ire *Symphonie* op. 13 de Tchaïkovski. Composée en 1866 au prix de longs efforts, elle encourut la critique d'Anton Rubinstein. Remaniée, elle fut exécutée à Moscou en 1868 sous la direction de Nicolas Rubinstein, mais Tchaïkovski en refit une nouvelle version en 1874. Le titre est justifié surtout par les deux premiers mouvements, respectivement intitulés *Rêves lors d'un voyage d'hiver,* et *Contrée lugubre, contrée brumeuse.* Le premier reflète les impressions de voyages entre Saint-Pétersbourg et Moscou, le deuxième évoque plus généralement la nature et le climat nordique. Le troisième, un scherzo, adapte un fragment de sonate composée antérieurement. Il semble continuer l'idée du premier, et certains y ont vu des flocons de neige tourbillonnants, tandis que le trio central apporte, par contraste, la chaleur humaine du foyer. Le finale, progressant d'un andante lugubre à un allegro vivo, développe une mélodie populaire russe, puis un rythme de danse, et aboutit à une fresque orchestrale comparable aux scènes finales d'opéras russes. A. L.

REYER (*Ernest Rey,* dit), compositeur et critique musical français (*Marseille 1823 - Le Lavandou, Var, 1909*). Dans sa jeunesse, il fut contraint de travailler quelques années dans la comptabilité, sous la direction de son oncle à Alger; de cette époque date déjà une *Messe solennelle* pour l'arrivée du duc d'Aumale à Alger (1847). Contre la volonté de ses parents, Reyer vint à Paris en 1848 et travailla le piano sous la direction de ses cousins Aristide et Louise Farrenc. Il se lia avec Théophile Gautier, dont les textes lui fournirent le sujet de son premier poème symphonique avec voix et chœurs, *le Sélam* (1850), d'une inspiration africaine qui l'a fait comparer au *Désert* de Félicien David. Par la suite, il se consacra essentiellement à la musique de scène. Entre 1854 et 1864, il produisit trois opéras — *Maître Wolfram,* sur un texte de Méry et Gautier (1854), *la Statue* (texte de Barbier et Carré, d'après les *Contes des mille et une nuits,* 1861), *Érostrate* (texte de Méry et Pacini, 1862) — et un ballet, *Sacountalâ* (livret de Gautier, d'après un sujet hindou, 1858). Exception faite pour *Érostrate,* ces œuvres eurent du succès et reçurent notamment les éloges de Berlioz.
De 1866 à 1898, Reyer exerça la profession de critique musical dans divers journaux : *la Revue française, la Presse, le Courrier de Paris ;* et surtout *le Journal des débats,* où il succédait à Berlioz et à d'Ortigue. Sa productivité musicale baissa considérablement, mais c'est au cours de cette période qu'il écrivit *Sigurd* (1884) et *Salammbô* (1890), qui restent ses œuvres majeures. Bien qu'admirant Wagner, il se refusait à l'imiter et c'est comme continuateur du grand opéra français qu'il apparaît même dans le sujet wagnérien de *Sigurd.* A. L.

RHAPSODIE. Étymologiquement, œuvre d'un rhapsode ou aède, sorte de barde itinérant qui, dans l'Antiquité grecque, déclamait des poèmes épiques. La part d'improvisation qui entrait nécessairement dans l'art de ces poètes de tradition orale a sans doute déterminé au début du XIXe siècle, c'est-à-dire à l'aube du romantisme, le choix de ce terme pour désigner une composition musicale de forme libre et de caractère contrasté, où l'inspiration semble tenir beaucoup plus de place que les règles académiques. Le compositeur tchèque Venceslas Tomašek, champion résolu de l'improvisation, fut vraisemblablement le premier à produire des « rhapsodies » déclarées comme telles. Il ne devait pas manquer de disciples, plus illustres que lui, qui ont pareillement exploité au gré de leur fantaisie (et de leur science musicale) des thèmes populaires nationaux ou régionaux parfois réels, parfois imaginaires, l'essentiel étant de conserver à la rhapsodie sa couleur locale et son caractère épique. Franz Liszt a écrit non seulement ses fameuses *Rhapsodies hongroises* (ou plutôt tziganes), mais une *Rhapsodie espagnole,* comme le fera plus tard Maurice Ravel. Il y aura aussi les *Rhapsodies slaves* de Dvořák, la *Rhapsodie norvégienne* de Lalo, la *Rhapsodie d'Auvergne* de Saint-Saëns, la *Rhapsodie flamande* de Roussel, la *Rhapsodie nègre* de Milhaud, la *Rhapsodie bretonne* de Ropartz, les *Rhapsodies roumaines* d'Enesco, et la *Rhapsody in Blue* de Gershwin, pour ne citer que les plus connus.
Mais d'autres compositeurs ne se soucieront même pas d'attribuer à leur œuvre une origine folklorique. C'est le cas de Brahms (*Rhapsodie pour contralto, chœur d'hommes et orchestre*), de Claude Debussy (*Rhapsodie pour clarinette et piano*), de Rachmaninov (*Rhapsodie sur un thème de Paganini*) et de Béla Bartók (deux *Rhapsodies pour violon*). Les deux *Rhapsodies* pour piano op. 79 de Brahms doivent moins cette appellation à leur forme, assez stricte, qu'à leur caractère de ballade épique. M. T.

RHAPSODIE ESPAGNOLE. Œuvre pour orchestre de Maurice Ravel, composée en 1907, dédiée à Charles de Bériot et exécutée pour la première fois ou théâtre du Châtelet le 28 mars 1908, sous la direction d'Édouard Colonne. Contemporaine de *Ma mère l'oye,* et de *l'Heure espagnole,* cette page colorée comprend quatre parties qui, dans une perspective évidemment très différente, ne sont pas sans analogie avec les mouvements (allegro, scherzo, andante et finale) d'une symphonie. Elle s'ouvre par un *Prélude à la nuit* de tempo très modéré inauguré par un ostinato de quatre notes (*fa, mi, ré, do* dièse) quasi obsessionnel et dont les sonorités voilées, sensuelles et mystérieuses sont, à deux reprises, rehaussées par la brillante cadence *ad libitum* des clarinettes. Pour la *Malagueña* (assez vif à 3/4), l'effectif instrumental s'enrichit d'une percussion très diversifiée et très habilement utilisée : castagnettes, tambour de basque, triangle, tambour militaire, cymbales et grosse caisse. À l'ardeur chorégraphique du début succède, en guise de trio central, le voluptueux *récit* du cor anglais (« très libre de mesure », lit-on sur la partition). Avant la conclusion, Ravel reprend, de manière fugitive, le thème descendant du *Prélude à la nuit*.

La *Habanera** résulte de l'orchestration d'une pièce pour deux pianos rédigée en 1895 et qui, à l'époque, formait la première partie des *Sites auriculaires*. Assez lent et d'un rythme las, cet épisode va de pair avec des raffinements d'écriture (premiers et seconds violons divisés) qui en soulignent la grâce légèrement alanguie. Beaucoup plus développée que chacun des morceaux qui la précèdent, la *Feria* (assez animé 6/8) se transforme, après un début relativement paisible (petites flûtes volubiles soutenues par la deuxième harpe et par les trémolos de triples croches des premiers violons), en une danse frénétique, bondissante et qui, à l'instar de la *Malagueña*, donne lieu à la brève effusion langoureuse préfaçant la péroraison triomphale. Celle-ci, déchaînée et d'une magnifique concision, intervient après une nouvelle citation du thème générateur du *Prélude à la nuit*. J. D.

RHAPSODIE POUR VOIX D'ALTO, CHŒUR D'HOMMES ET ORCHESTRE. Œuvre de Brahms (op. 53) composée en 1869 et créée à Iéna le 3 mars 1870, avec comme soliste Pauline Viardot. Elle fut écrite dans le contexte de l'amour malheureux du compositeur pour Julie Schumann. Quelques jours après le mariage de celle-ci, Clara Schumann recevait la partition de la *Rhapsodie*, et notait dans son journal : « Je ne puis considérer cette œuvre autrement que comme l'expression de sa douleur profonde. » Le texte est extrait du poème de Goethe *Harzreise im Winter* (*Voyage dans le Harz en hiver*, 1777). Brahms en utilisa trois strophes, qui correspondent aux trois parties de la *Rhapsodie* : adagio en *ut* mineur (image de la plus profond désespoir), poco andante en *ut* mineur (à la fois plainte désespérée et appel au secours), adagio en *ut* majeur (espoir de rédemption). Les chœurs n'interviennent que dans la troisième, tout d'abord pianissimo, puis pour évoquer les rayons de soleil apparaissant au voyageur parvenu aux sommets après avoir traversé les brumes. On a là un des plus hauts chefs-d'œuvre de Brahms. M. V.

RHAPSODIE SUR UN THÈME DE PAGANINI. Cycle de variations pour piano et orchestre de Rachmaninov, composé en Suisse en 1934 et exécuté par l'auteur la même année aux États-Unis à Baltimore, sous la direction de Leopold Stokowski. La *Rhapsodie* constitue en fait le cinquième concerto de Rachmaninov. Le thème utilisé, celui du 24e et dernier caprice pour violon de Paganini, est développé lui-même en 24 variations, dont l'ensemble est groupé en trois catégories de tempos, correspondant aux mouvements d'un concerto : vif (1 à 10), lent (11 à 18), vif (19 à 24). L'idée originale de Rachmaninov est d'avoir choisi comme second thème celui du *Dies irae* médiéval bien connu, dont il avait déjà fait emploi dans *l'Île des morts* (1909), et qu'il devait reprendre dans les *Danses symphoniques* (1940). Ici, le *Dies irae* est habilement harmonisé avec le thème du caprice. A. L.

RHAPSODY IN BLUE. Pièce concertante pour piano et orchestre de George Gershwin. La partie orchestrale fut instrumentée par Ferde Grofé, et l'œuvre fut créée par l'orchestre de Paul Whiteman le 12 février 1924 avec l'auteur en soliste. Gershwin attirait déjà l'attention des musiciens les plus difficiles par sa faculté de fondre tous les genres avec élégance et, parmi ceux qui acclamèrent cette première, figuraient Fritz Kreisler, Leopold Stokowski, Jascha Heifetz et Serge Rachmaninov. L'œuvre n'avait pas d'autre prétention que d'opposer une partie de « grand piano », d'inspiration jazzistique, à un accompagnement orchestral relevant des formules de la « variété ». À cet égard, la réussite est complète et sans doute plus élégante, plus concise, plus maîtrisée que celle du *Concerto en « fa »* qui suivra moins de deux ans plus tard.

En 1925, George Gershwin lui-même devait en graver un rouleau de piano mécanique où il juxtaposa la partie soliste et une réduction piano de la partie d'orchestre. M. Mt.

RHÉNANE. Titre porté par la symphonie n° 3 en *mi* bémol majeur op. 97 de Schumann, composée en 1850 et créée à Düsseldorf le 6 février 1851 sous la direction du compositeur. Malgré sa numérotation, c'est la dernière en date des quatre symphonies de Schumann. Sa tonalité contribue à sa puissance et à sa plénitude, mais aussi à sa gravité. Le vivace initial s'ouvre sur un thème énoncé par tout l'orchestre, et dont Brahms devait se souvenir au début de sa propre *Troisième*. Il couvre, avec ses conséquents, un total de 90 mesures. Le mouvement tout entier est de caractère énergique et volontaire. Le célèbre scherzo en *ut* majeur, marqué *Sehr mässig (très modéré)*, était sous-titré à l'origine *Matinée sur le Rhin*. On entend une sorte de chanson populaire entonnée par les altos et les violoncelles, puis largement répétée. Il y a trois variations, puis tout se perd au loin. Suit un moderato en *la* bémol, assez bref. Lui succède un second mouvement lent, un maestoso inspiré par la toute nouvelle cathédrale de Cologne, plus précisément par la cérémonie de l'élévation au rang de cardinal de l'archevêque de la ville. Le finale, marqué *Lebhaft (vif)*, contraste complet, débute comme le premier mouvement par un thème au souffle exceptionnel. Pour conclure, tous les éléments de l'œuvre se mêlent en une coda *più vivace* d'un éclat inusité chez Schumann. M. V.

RHENÉ-BATON (*Baton, René*, dit), compositeur et chef d'orchestre français (*Courseulles-sur-Mer, Calvados, 1879 - Le Mans 1940*). Il fut l'élève de Bloch et de Gédalge au Conservatoire de Paris. Il commença à composer des pièces pour piano et des mélodies, mais s'orienta rapidement vers la direction d'orchestre. En 1907, il fut nommé chef des chœurs à l'Opéra-Comique. Il fut ensuite directeur de la Société populaire des concerts d'Angers et de la Société Sainte-Cécile de Bordeaux. En 1918, il prit la tête des concerts Pasdeloup, qui venaient de reprendre vie après une longue interruption. Il en conserva la direction jusqu'en 1932 et se montra un défenseur actif de la musique française.

Dans ses œuvres, Rhené-Baton a chanté la Bretagne avec goût et un réel sens des couleurs (*le Pardon de Rumengol* pour piano, *Pièce symphonique pour les funérailles d'un marin breton*). A. L. et S. W.

RHYTHM'N BLUES. Variété de musique syncopée, apparentée au jazz populaire, très prisée aux États-Unis, particulièrement dans le grand public noir. À ses débuts, dans l'immédiat après-guerre, le rhythm'n blues, qui fait une place prépondérante aux thèmes de blues, ne se distingue du jazz que par la grossièreté des effets (*afterbeat* exagéré, un attitude exhibitionnistes des saxophonistes, vocaux chantés sans grand souci de musicalité). Par la suite, sous l'influence de la *pop music* anglo-saxonne, les groupes de rhythm'n blues ont adopté la rythmique binaire (V. ROCK'N ROLL), se séparant ainsi du jazz. A. H.

RICERCARE (ou **RICERCAR**). Mot italien dérivé de « recherche » et qui a longtemps désigné les premières manifestations de musique instrumentale en dehors des danses, conçues sans le secours de paroles exprimées ou non.

On trouve le même mot, avec diverses variantes, en Espagne et en Allemagne. En France, on préfère le mot « fantaisie » qu'adopte également l'Angleterre (« fantasy », « fancy »), et en Espagne on emploie souvent le mot « tiento ».

D'abord employé dans le sens général de « pièce instrumentale » sans idée de forme particulière, le terme s'est peu à peu cristallisé autour de l'idée de développement contrapuntique à partir d'un thème librement inventé, en prenant pour modèle le motet polyphonique dont il conserve la gravité et adopte les aspects formels. Né à la fin du XVIᵉ siècle chez les Franco-Flamands de Venise (Willaert), il se développe rapidement et ses transformations le mèneront jusqu'à la fugue, avec laquelle il se confondra quelque temps (ricercari de l'*Offrande musicale* de J.-S. Bach) avant de disparaître vers le milieu du XVIᵉ siècle.

Si l'on excepte les deux périodes extrêmes, le ricercare peut être considéré comme une fugue dont il diffère surtout par deux points :
— 1. Il n'est pas obligatoirement bâti sur un sujet unique, mais le plus souvent divisé en *sections* développant chacune un sujet différent, ce qui correspond aux phrases successives d'un motet développées l'une après l'autre ;
— 2. L'exposition du sujet en entrées successives selon les principes de la fugue n'est obligatoire qu'au début de la première section, et n'y requiert pas toujours la même rigueur que dans la fugue : l'ordre des entrées en alternance tonique-dominante (sujet-réponse) y est moins strict, et les entrées en strette y sont fréquentes comme dans le motet. C'est principalement quand disparaîtront ces deux particularités (unification du sujet, intangibilité de l'exposition sans strette) que le ricercare deviendra la fugue classique.
J. C.

Richard Iᵉʳ (*Cœur de Lion*), poète et compositeur (*Oxford 1157 - Châlus, près de Limoges, 1199*). Fils d'Henri II Plantagenêt et d'Aliénor d'Aquitaine et arrière-petit-fils de Guillaume IX d'Aquitaine, le « premier troubadour », il devint comte de Poitou en 1169, duc d'Aquitaine en 1171 et roi d'Angleterre en 1189. Au retour de la croisade, il fut fait prisonnier par le duc Léopold d'Autriche, et on prétend que c'est une chanson qui permit à son ménestrel, Blondel de Nesle, de découvrir son lieu de captivité et de le délivrer en 1194. Cette légende, sur laquelle est basé le *Richard Cœur de Lion* de Grétry (1784), est fausse, mais le rôle musical de Richard Iᵉʳ n'en demeure pas moins réel, surtout par la protection qu'il accorda aux troubadours et trouvères de son entourage. Il ne reste que deux pièces de sa composition : un sirventès, *Dalfin je us voill desrenier*, et une complainte écrite apparemment pendant sa captivité, *Ja nus hons pris*, qui constitue l'un des premiers exemples de rotrouenge.
D. H.

Richard Cœur de Lion. Opéra-comique en 3 actes de Grétry sur un livret de Michel Sedaine, créé à Paris le 21 octobre 1784.
Acte premier. (Sur une place de village, au pied d'un château fort.) *Un aveugle apparaît conduit par un adolescent : c'est le trouvère Blondel à la recherche de son maître Richard qu'il soupçonne retenu dans la forteresse. Il joue à l'aveugle pour pouvoir s'infiltrer un peu partout sans attirer l'attention. Une grande dame paraît avec sa suite. Blondel croit reconnaître en elle la comtesse Marguerite de Flandre, la bien-aimée de Richard. Pour l'approcher il ira demander asile dans l'auberge qu'elle a entièrement louée.*
Acte II. (Dans le château fort.) *Richard se plaint de sa captivité, de son abandon et songe à Marguerite. Or voici qu'il reconnaît, jouée sur un violon au-dehors, la chanson de la « fièvre brûlante » qu'il écrivit lui-même jadis en l'honneur de la comtesse. Il reconnaît la voix de Blondel qui la chante, et il y répond en la poursuivant : Richard et Blondel se sont retrouvés.*
Acte III. *Blondel révèle à la comtesse qu'il a découvert la prison de Richard. La comtesse ordonne à ses gens de le délivrer. Ceux-ci chargent le château et libèrent Richard, qui retrouve Marguerite avec ivresse et Blondel avec reconnaissance.*

Cette trame assez simple est enrichie aux premier et dernier actes de nombreux épisodes sans caractère d'action, mais qui donnent vie à l'ouvrage et permettent des numéros musicaux charmants sous forme de danses villageoises, de fanfares ou de chansons. Ainsi les couplets d'Antonio, ceux de Laurette, le trio du « Billet du gouverneur ». Mais les grandes pages de l'œuvre restent l'air si noble de Blondel « Ô Richard,

ô mon roi », les piquants couplets du « Sultan Saladin », la complainte de Richard « Si l'univers entier m'oublie », son duo avec Blondel « Une fièvre brûlante », le grand ensemble du dernier acte, d'où se détache la belle phrase chantée par Blondel, « Sa voix a pénétré mon âme », et l'amusante ronde de la noce, « Et zic et zac, quand les bœufs vont deux à deux ».

L'ouvrage s'achève sur un final ample et joyeux, « C'est l'Amour et l'Amitié », qui semble annoncer celui que Beethoven écrira pour *Fidelio*.
S. W.

Richter (Hans), chef allemand d'origine austro-hongroise (*Raab, auj. Győr, 1843 - Bayreuth 1916*). Né d'un père maître de chapelle et d'une mère cantatrice, Josephine Csazinsky (créatrice à Vienne du rôle de Vénus de *Tannhäuser*), il fait partie en 1853 du chœur de la chapelle royale de Vienne et fait ses études au Konvikt Löwenburg. Au conservatoire de Vienne (1860-1865), il apprend la composition (avec Simon Sechter) ainsi que le piano et le cor, instrument qu'il pratique de 1862 à 1866 au sein de l'orchestre du Théâtre de la Porte de Carinthie.

La rencontre à Lucerne de Wagner, chez qui il séjourne en 1866-67, est déterminante : chargé de la copie de la partition des *Maîtres chanteurs* pour une prochaine impression, il est nommé sur la recommandation du maître chef de chœurs puis chef d'orchestre adjoint de Hans von Bülow à l'opéra de Munich (1867-1869), avant de diriger les répétitions et la première à Bruxelles de *Lohengrin* (1870). Et c'est lui qui tient la partie de trompette lors de la première exécution à Tribschen de *Siegfried-Idyll*. Chef d'orchestre du Théâtre national de Budapest de 1871 à 1875, il est appelé à succéder à Dessoff à la tête de l'orchestre de l'opéra de Vienne en 1875. De 1875 à 1898, il dirige également les fameux Concerts philharmoniques et, de 1880 à 1890, la Gesellschaft der Musikfreunde. Wagner lui confie la direction de la première intégrale du *Ring* en 1876 à Bayreuth, où il dirigera régulièrement jusqu'en 1912, se retirant sur une magnifique exécution des *Maîtres chanteurs*.

A partir de 1877, il prend une part prépondérante dans la vie musicale britannique, y dirigeant les premiers festivals Wagner, et ses propres concerts de 1879 à 1897, devenant directeur musical du festival de Birmingham (1885-1909) et premier chef de l'orchestre Hallé de Manchester (1897-1911), enfin en dirigeant en 1909 au Covent Garden la première intégrale en anglais du *Ring*. Il vient également à Paris, où il interprète pour sa première visite la *Neuvième* de Beethoven.

Fervent wagnérien, Richter fut également un ardent propagandiste de la musique de Brahms et de celle de Bruckner (dont il a créé les symphonies nᵒ 1 — version viennoise —, nᵒ 3 — version 1889 —, nᵒˢ 4 et 8), de Dvořák et d'Elgar (qui lui a dédié sa première symphonie). En revanche, il affichait le plus grand mépris pour la musique française.
M. W.

Richter (Franz Xaver), compositeur allemand d'origine tchèque (*Holešov, Moravie, 1709 - Strasbourg 1789*). Il se forma avec le *Gradus ad Parnassum* de Fux, peut-être directement avec ce dernier, et après un voyage en Italie, entra au service du prince-abbé Anselm von Reichlin-Meldegg à Kempten (1740). En 1747, à la mort du prince-abbé, il fut appelé, d'abord comme chanteur puis comme violoniste, chef d'orchestre et compositeur, à la cour du prince électeur de Mannheim*, et, avec Johann Stamitz, domina la première génération de compositeurs de l'école à laquelle cette ville devait donner son nom. Il composa alors la plus grande partie de sa production instrumentale (symphonies, concertos, quatuors, sonates de chambre). Dans ces œuvres, il sut éviter les pièges de la galanterie, et eut souvent recours à l'écriture fuguée. Ses six quatuors à cordes op. 5, en trois mouvements et publiés en 1768, remontent à quelques années auparavant.

De 1769 à sa mort, il fut maître de chapelle à la cathédrale de Strasbourg, où il eut comme assistant et successeur Ignaz Pleyel, et se consacra beaucoup à la musique religieuse. Il compta parmi ses élèves Johann Martin Kraus et Carl Stamitz, et laissa également un des rares ouvrages théoriques produits à Mannheim (*Harmonische Belehrungen*, manuscrit, éd. fr. Paris, 1804). M. V.

RICHTER (Karl), organiste et chef de chœur allemand (*Plauen 1921 - Munich 1981*). Fils d'un pasteur protestant, il accède à la musique par la religion et fait ses études à la Kreuzschule de Dresde, puis à Leipzig, auprès de Rudolf Mauersberger, Karl Straube, Gunther Ramin et du professeur Kobler. Chef de chœur à l'église du Christ de Leipzig en 1946, organiste un an plus tard de l'église Saint-Thomas, et, en 1951, de l'église Saint-Marc, il commence à enseigner la même année à l'École supérieure de musique, dont il est nommé professeur en 1956. Fondateur du chœur et de l'orchestre Bach de Munich, il a fait de la capitale bavaroise un second Leipzig voué à la cause de Bach, interprétant et enregistrant la majeure partie de l'œuvre vocale et instrumentale (jusqu'en U.R.S.S., où il dirige en 1968 la *Passion selon saint Jean* et la *Messe en « si »*). Héritier d'une tradition qui s'attache plus au message spirituel qu'aux contingences stylistiques des œuvres, il la sert avec rigueur et objectivité. M. W.

RICHTER (Sviatoslav), pianiste soviétique (*Jitomir 1915*). Fils d'un compositeur organiste, qui lui donne ses premières leçons de piano, il se destine d'abord à la composition et à la direction d'orchestre. Après avoir été à quinze ans répétiteur à l'opéra d'Odessa, et chef d'orchestre assistant à dix-huit, il donne, l'année suivante, son premier récital de piano et entre, à vingt-deux ans, au conservatoire de Moscou, dans la classe de Heinrich Neuhaus. A l'orée de sa carrière, il crée, en 1942, la *Sixième Sonate* de Prokofiev, avec qui il va se lier d'amitié, créant par la suite la *Septième*, puis la *Neuvième* (qui lui est dédiée), dirigeant exceptionnellement Rostropovitch lors de la création en 1952 de la *Symphonie concertante* et publiant en 1961 un livre de souvenirs sur le compositeur. Malgré les différents trophées qu'il remporte (Concours de l'Union des Républiques en 1945, prix Staline en 1949), il n'apparaît sur la scène occidentale qu'en 1960, en Finlande, puis aux États-Unis, où il triomphe.

Depuis lors, grâce à ses tournées régulières et à ses enregistrements, il s'est imposé comme l'un des maîtres du clavier. Musicien d'une vaste culture artistique, Richter enrichit continuellement un répertoire étendu (plus de trente concertos), mettant un point d'honneur à renouveler ses programmes. Délaissant le grand circuit international, il préfère jouer dans quelques lieux privilégiés, comme les festivals d'Aldeburgh et Spolète, ou la Semaine musicale d'Innsbruck et les Fêtes musicales de Touraine, qu'il inspire directement. Amateur fervent de chant et de musique de chambre, il a accompagné Élisabeth Schwarzkopf, Dietrich Fischer-Dieskau et Nina Dorliac, sa femme, David Oïstrakh et Mstislav Rostropovitch, etc. Disposant d'une palette sonore infiniment nuancée (réalisée sur des pianos choisis pour leur neutralité) et d'un jeu alliant puissance et pudeur, rigueur et liberté, il crée pour chaque œuvre le rythme intérieur approprié, toujours intensément visionnaire. M. W.

RICORDI. Maison d'édition italienne fondée en 1808 par **Giovanni Ricordi** (*Milan 1785 - id. 1853*). Violoniste et chef d'orchestre, par la suite attaché à la Scala comme principal souffleur et copiste, G. Ricordi s'était initié à l'édition auprès de Breitkopf & Härtel à Leipzig. La Casa Editrice Ricordi absorba bientôt plusieurs maisons rivales et prit tant d'importance que les plus célèbres compositeurs italiens du temps — Rossini, Bellini, Donizetti et Verdi — traitèrent avec elle. On doit aussi à Giovanni Ricordi la création en 1842 de l'influente *Gazzetta musicale di Milano*, qui vécut soixante ans. La firme renforça encore ses positions sous la direction de son fils **Tito** (*Milan 1811- id. 1888*), qui racheta son concurrent Lucca, éditeur italien de Wagner.

Giulio (*Milan 1840 - id. 1912*), fils du précédent, brillant dilettante autant qu'homme d'affaires avisé, ouvrit des succursales à Leipzig et New York tout en développant son catalogue dans deux directions : la musique contemporaine (Boito, Puccini, Ponchielli, etc.) et la musique ancienne. Il était l'ami intime de Verdi. Son fils **Tito II** (*Milan 1865 - id. 1933*) lui succéda, mais, en conflit avec les actionnaires de la firme, dut se retirer en 1919. C'était la fin d'une dynastie dont le règne absolu avait duré cent onze ans, mais non celle de son œuvre.

Le fonds des éditions Ricordi a aujourd'hui largement dépassé 50 000 titres et ne cesse de s'accroître. En dehors des partitions, la maison Ricordi a publié de nombreux ouvrages de critique et de musicologie, plusieurs revues, un *Dizionario della musica e dei musicisti* (1959), une *Enciclopedia della musica* (1964) et même des disques. M. T.

RICORDI COSA TI HANNO FATTO IN AUSCHWITZ (ital.: «Souviens-toi de ce qu'ils t'ont fait à Auschwitz»). Pièce électroacoustique pour voix (soprano et chœur manipulés) et bande magnétique de Luigi Nono (1965), conçue pour accompagner la pièce de théâtre *Ermittlung* de Peter Weiss. Toute rhétorique et tout pathos en sont exclus, et il ne s'agit ni d'une tentative d'explication d'Auschwitz, ni d'un monument élevé aux victimes. Essentiel est le tutoiement, car «Auschwitz... ne signifie pour Nono au plus profond de lui-même ni plus ni moins qu'il ne devrait signifier pour tout homme... Nono entend la réalité, qui en se reflétant dans sa conscience devient son » (Konrad Boehmer). M. V.

RIEGGER (Wallingford), compositeur américain (*Albany 1885 - New York 1961*). Il fit ses études à New York, puis à Berlin avec Max Bruch. Chef d'orchestre du théâtre de Würzburg et de l'orchestre Blüthner de Berlin, il fut, à son retour aux États-Unis, violoncelliste à l'orchestre de Saint Paul, puis professeur à l'Institut musical de New York et au conservatoire d'Ithaca. Il fut l'un des premiers compositeurs américains de naissance à employer le système dodécaphonique, découvert par lui en 1927.

Après des pages néoromantiques (musique de chambre et notamment un trio pour piano, 1920) et néo-impressionnistes (*la Belle Dame sans merci* pour 4 voix et 8 instrumentistes, 1923), c'est une conception toute nouvelle de l'harmonie qu'il proposa avec *Study in Sonority* pour 10 violons ou n'importe quel multiple de 10 (1927), ou *Dichotomy* pour orchestre de chambre (1931-32), qui substitue aux traditionnels accords de tonique et de dominante deux autres accords jouant le même rôle, et utilise deux séries de 11 et 13 notes dans un ensemble dominé par la «séquence cumulative» (qui consiste à conserver le motif original et à y ajouter une séquence au-dessus ou au-dessous). Toutes ses œuvres exploitèrent désormais les découvertes des années 1930, jusqu'à une période plus récente où la musique électronique retint son attention.

Ses quinze dernières années ont été particulièrement riches en partitions de tous genres, et l'importance des précédentes fut enfin reconnue, vers 1948, lors de la création de sa *3e Symphonie*. Signalons sa passion pour les chants d'oiseaux, qui le conduisit à en noter plusieurs centaines. On lui doit notamment quatre symphonies, dont la dernière écrite en 1957. A. G.

RIEMANN (Hugo), musicologue et théoricien allemand (*Grossmehlra, près de Sondershausen, 1849 - Leipzig 1919*). Après de premières études musicales auprès de son père Robert, il se fixa en 1871 à Leipzig, où il étudia au conservatoire avec E. Fr. Richter et C. Reinecke, et à l'université avec O. Paul. Sa thèse *Über das musikalische Hören* ayant été refusée à Leipzig, il la soutint à Göttingen où il obtint, en 1873, un doctorat de philosophie. Il fut à partir de 1876 chef d'orchestre et professeur de piano à Bielefeld, et reçut en 1878 son diplôme d'habilitation de l'université de Leipzig en présentant ses *Studien zur Geschichte der Notenschrift*.

Réinstallé définitivement dans cette ville en 1895, il y fut d'abord nommé maître assistant à l'université puis, à partir de 1901, professeur, et devint en outre directeur du Collegium musicum de l'université (fondé par lui) en 1908 et du Forschungsinstitut für Musikwissenschaft en 1914.

L'importance considérable de ce chercheur est attestée par les traductions et rééditions multiples dont ses écrits ont été l'objet. Ses principes d'analyse ont été adoptés dans tous les pays germaniques et son *Musiklexikon* (dont la 12e édition est parue en 1959) est encore, à l'heure actuelle, un des ouvrages de référence. Il fut aussi le premier à attirer l'attention sur l'école de Mannheim*, mais en surestimant son rôle dans la formation du style de Haydn. Son influence fut sensible à la fois chez les compositeurs (citons, parmi ses élèves, M. Reger et Pfitzner) et chez les musicologues. Par son approche systématique et méthodique du phénomène musical, qu'il considère sous un aspect global et universel, il a donné de nouvelles perspectives à la musicologie et a sans doute été le dernier à avoir eu une vision encyclopédique de la musique. D. H.

RIENZI. Opéra en 5 actes, livret et musique de Richard Wagner, d'après le roman du parlementaire britannique Edward Bulwer Lytton, créé au théâtre de la Cour royale de Saxe à Dresde le 20 octobre 1842.
L'action se passe à Rome au milieu du XIVe siècle.
ACTE PREMIER. *Cola Rienzi* (t), *simple notaire pontifical dressé contre le pouvoir des nobles romains, veut mettre fin à la tyrannie orgueilleuse qu'ils exercent sur le peuple et les bourgeois. Il réussit à les faire sortir de la ville et ne les autorise à y revenir que s'ils acceptent les nouvelles lois qu'il vient d'édicter, lui qui à la couronne royale a préféré le titre de tribun.*
ACTE II. *S'ensuit une série de complots, tentatives d'assassinat, condamnations et grâces, compliqués d'une intrigue amoureuse liant le fils d'une des familles nobles, Adriano (s), à la sœur de Rienzi, Irène (s).*
ACTE III. *Une bataille rangée finit par opposer Rienzi aux nobles, dont les chefs Orsini (b) et Colonna (b) sont tués.*
ACTE IV. *Finalement, la coalition de l'Église et de la noblesse provoque l'isolement de Rienzi, excommunié.*
ACTE V. *La plèbe décide de brûler le Capitole : Rienzi, Adriano et Irène périront ensemble, ensevelis sous les ruines du bâtiment.*

Ce « grand opéra tragique » fut le premier succès du jeune compositeur en quête de gloire. En dépit d'une inimaginable longueur, l'œuvre connut un triomphe ; très influencée par les compositions de Spontini ou Meyerbeer, elle exacerbait en effet les goûts de l'époque en la matière avec un sujet propre aux hymnes, processions, marches guerrières, coups de théâtre et morceaux de bravoure pour les interprètes : la distribution, d'ailleurs, fut prestigieuse, réunissant le ténor Tischatschek et la soprano Wilhelmine Schröder-Devrient.

Sans vouloir à tout prix déceler dans *Rienzi* l'ébauche des drames ultérieurs de Wagner, on ne peut manquer de souligner quelques similitudes d'inspiration ou de situations : tout comme Lohengrin, Rienzi refuse la royauté ; les relations entre le héros et sa sœur frôlent l'inceste que les Wälsungen de l'*Anneau* mettront en pratique ; sans parler également de l'effondrement final, lointain parent du *Crépuscule des dieux*.

L'atmosphère est veut épique, shakespearienne, politique aussi : car Wagner, la tête pleine des révolutions de 1830, entend prendre le parti de la bourgeoisie, alliée au petit peuple, contre la noblesse qui tire de sa naissance des privilèges exorbitants. Mais il dénonce aussi l'opportunisme de ces mêmes bourgeois et la velléité de la plèbe : à dire vrai, en dépit des intentions de l'auteur, l'œuvre apparaît plutôt comme le constat d'échec de Rienzi dans sa tentative de regrouper une communauté nationale une derrière son guide charismatique dans le concept un peu flou de « Rome ».

Le thème reviendra, en particulier dans *les Maîtres chanteurs* : à ce titre et parce que la partition comporte quelques beaux moments — dont la prière de l'acte V — l'œuvre, qui se situe à la charnière des ébauches de jeunesse et de la définition d'un style plus personnel, mérite sans doute plus d'attention qu'on ne lui en accorde généralement — ce dont Wagner est en partie responsable puisqu'il jugea *Rienzi* indigne de figurer au programme de Bayreuth. P. G.

RIEPP (Karl Joseph), facteur d'orgues français d'origine allemande (*Eldern 1710 - Dijon 1775*). Naturalisé en 1747, il s'établit à Dijon. Peu nombreux, ses instruments sont des chefs-d'œuvre de la facture classique. Ce sont surtout ceux de la collégiale de Dole et les deux orgues du chœur de l'abbaye d'Ottobeuren, en Souabe (1766). G. C.

RIES, famille de musiciens allemands. — 1. **Franz Anton**, violoniste (*Bonn 1755 - Godesberg 1846*). Fils d'un trompettiste et violoniste de l'orchestre du prince électeur de Cologne à Bonn, il donna des leçons à Beethoven, et assista en 1845 à l'inauguration de la statue de ce dernier à Bonn.
— 2. **Ferdinand**, pianiste, copiste et compositeur, fils aîné du précédent (*Bonn 1784 - Francfort 1838*). Il vécut à Vienne de 1801 à 1805 et en 1808-1809, et, lors de son premier séjour, servit de secrétaire à Beethoven, dont il reçut aussi des leçons de piano. Il effectua ensuite des tournées en Europe, et de 1813 à 1824 vécut à Londres. Comme compositeur, on lui doit beaucoup d'œuvres pour piano (sonates, pièces diverses, musique de chambre avec piano, concertos) ainsi que des ouvrages pour orchestre et des pages vocales. Il publia avec Wegeler les *Biographische Notizen über Ludwig van Beethoven* (Coblence, 1838), ouvrage largement basé sur ses propres souvenirs et qui constitue une des premières biographies importantes de l'auteur de *Fidelio*. Il eut quatre frères également musiciens. M. V.

RIGAUDON. Danse très animée, plus rapide que la gavotte, généralement notée à deux temps (2 ou ¢) et commençant sur une anacrouse*. À l'origine danse populaire de la Provence, du Dauphiné et du Languedoc, le rigaudon se dansait en cercle. Au XVIIe siècle, il gagna Paris et devint une danse de cour stylisée mais garda son ambitus modal et, le plus souvent, sa tonalité majeure. On inventa le mot « rigaudonner » pour évoquer un badinage gai, léger et enjoué. Le rigaudon s'intégra quelquefois dans la suite instrumentale chez les clavecinistes (Fr. Couperin, E. Jacquet de la Guerre, Rameau) et figura dans les opéras de l'époque. S'il n'existe que deux exemples, d'ailleurs non précisés, dans l'œuvre de Lully, ses successeurs, et particulièrement Rameau, semblent l'avoir aimé davantage.
Exemple : Marc-Antoine Charpentier, *David et Jonathan*, acte IV :

On trouve le rigaudon également à la même époque en Allemagne et en Angleterre. Depuis le XVIIIe siècle, il est tombé en désuétude, mais réapparaît parfois dans certaines œuvres (Grieg : *Holberg Suite* ; Ravel : *le Tombeau de Couperin*). C. W.

RIGEL (originellement *Riegel*), famille de musiciens français d'origine allemande. — 1. **Henri-Joseph** (*Wertheim, Franconie, 1741 - Paris 1799*). Il se fixa à Paris en 1767, vivant de leçons de musique, puis de concerts. Sa production des années 1770, essentiellement instrumentale, s'inscrit dans la tradition de Schobert. Il faut y ajouter deux oratorios : *la Sortie d'Égypte* (1774) et *la Destruction de Jéricho* (1778), joués au Concert spirituel, dont Rigel devint chef d'orchestre en 1783. A partir de 1778, il se consacra à l'art lyrique, et produisit quatorze ouvrages, opéras-comiques pour la plupart. Nommé en 1784 maître de solfège à l'École royale de musique, il s'y maintint après la Révolution, lorsque l'École fut réorganisée en Conservatoire, et y fut professeur de piano.
— 2. **Anton**, frère cadet du précédent (*Wertheim*

v. 1745 - Mannheim ? apr. 1807). Il arriva à Paris en 1776, s'y imposa comme professeur de flûte et de piano, se fit applaudir au Concert spirituel, et s'occupa de l'édition des œuvres de son frère. Son œuvre, d'importance secondaire, est uniquement instrumentale. En 1787 il retourna en Allemagne.
— 3. **Henri-Jean,** fils cadet de Henri-Joseph *(Paris 1772 - Abbeville 1852).* Entré à l'École royale de chant, il fit montre d'une telle précocité qu'il fut nommé à l'âge de treize ans sous-maître de solfège. En 1787, il fit ses débuts au Concert spirituel avec une cantate. Nommé en 1795 professeur au Conservatoire, il quitta ce poste en 1798 pour suivre Bonaparte en Égypte, où il devint membre de l'Institut français des sciences et des arts et fut nommé directeur du Théâtre français du Caire. Deux ans plus tard, revenu en France, il devint professeur de piano renommé. En 1804, Napoléon le nomma pianiste de sa Musique particulière. En 1825, il fut élu président de la Société académique des enfants d'Apollon, où il fit exécuter des œuvres de son père et les siennes propres. A. L.

RIGOLETTO. Opéra en 3 actes de Giuseppe Verdi, sur un livret de Francesco Maria Piave, d'après *Le roi s'amuse* de Victor Hugo (1832), créé le 11 mars 1851 à la Fenice de Venise.
L'action se déroule à Mantoue au XVIe siècle.
ACTE PREMIER. (La salle du palais ducal.) *Un sombre prélude annonce le drame qui s'ouvre sous les riantes couleurs d'un bal. Le duc de Mantoue (t) vante l'inconstance* (Questa o quella), *se dit amoureux d'une inconnue, mais courtise l'épouse de Ceprano que raille Rigoletto (bar), le bouffon de cour, difforme et bossu. Lorsque le comte de Monterone (b) vient fustiger le duc qui a flétri l'honneur de sa fille, le bouffon l'insulte : d'une voix terrible, Monterone maudit celui qui a osé rire de la douleur d'un père.*
(Une rue sombre séparée par un mur d'une cour intérieure.) *Le spadassin Sparafucile (b) propose à Rigoletto son fer qui le débarrasserait d'un rival éventuel. Seul, le bouffon médite sur sa triste condition* (Pari siamo), *et oppose la vilenie des courtisans à la pureté de sa fille qu'il tient ici, cachée à tous. Un duo réunit Gilda (s) à son père, qui, inquiet des soupçons de Sparafucile, recommande à la duègne une vigilance accrue* (Veglia, o donna). *Mais Gilda est éprise d'un inconnu : c'est le duc de Mantoue, qui, sous les traits d'un étudiant pauvre, lui jure une flamme éternelle* (duo : È il sol dell'anima). *Gilda évoque son amour innocent* (Caro nome), *sans entendre l'approche des courtisans, qui, par jeu, enlèvent celle qu'ils croient la maîtresse du bouffon. Rigoletto s'effondre en évoquant la malédiction de Monterone.*
ACTE II. (Un salon au palais ducal.) *Ayant appris l'enlèvement, le duc chante son affliction* (Elle mi fù rapita), *mais, les courtisans ayant mené Gilda au palais, il clame son désir ardent* (Possente amore). *Rigoletto apparaît, tentant de surprendre un indice de la présence de la malheureuse, invective les ravisseurs* (Cortigiani, vil razza dannata) *et les supplie de lui rendre sa fille. Celle-ci avoue à son père son déshonneur* (duo : Tutte le feste), *et lorsque passe Monterone, conduit en forteresse, Rigoletto, malgré les pleurs de Gilda, jure d'être son vengeur* (duo : Sì, vendetta).
ACTE III. (Au bord du Mincio ; d'un côté une cour, de l'autre une rue sombre.) *Rigoletto a accepté les offres du spadassin dont la sœur a attiré le duc dans un guet-apens ; il oblige Gilda à assister aux libertinages de son amant avec une fille d'auberge. Le duc entonne ses fameux couplets* (La donna è mobile, *et un astucieux quatuor entremêle son chant amoureux* (Bella figlia dell'amore) *aux plaintes de Gilda, aux remontrances de son père et aux rires de Maddalena* (ms). *Mais celle-ci, éprise du séducteur, conjure son frère de l'épargner, et de frapper à sa place le premier venu. L'orage gronde, et Gilda qui a tout entendu décide de se sacrifier pour l'infidèle. Rigoletto exulte d'une joie sauvage à la pensée d'avoir délivré l'humanité d'un infâme. Mais la voix du duc résonne au loin, et c'est sa fille qu'il découvre dans le sac remis par Sparafucile. En un ultime duo* (Lassù in cielo), *elle implore le pardon de son père, qui s'écroule sur le cadavre en évoquant la malédiction du vieux Monterone.*
Plus qu'un tournant dans l'évolution de Verdi, *Rigoletto* semble marquer un temps de réflexion, jugé favorablement par deux censeurs inattendus, Stravinski qui déclara qu'il y avait « dans la romance *La donna è mobile* plus de musique que dans toutes les vociférations de la *Tétralogie* », après que Hugo lui-même, revenant sur sa fameuse « interdiction de déposer de la musique le long de ses vers », eut déclaré, à l'écoute du quatuor : « Si je pouvais, moi aussi, faire parler simultanément quatre personnages d'une manière telle que le public en perçoive les paroles et les divers sentiments, et obtenir un effet égal à celui-ci... » R. M.

RIHM (Wolfgang), compositeur allemand *(Karlsruhe 1952).* Il commence ses études musicales par le piano. A partir de 1968-69, il étudie à la Musikhochschule à Karlsruhe : théorie musicale et composition chez E. W. Velte, piano chez I. Slavin et H. Searle. Les conseils de W. Fortner sont d'une importance capitale pour ses recherches de compositeur. En 1970, il fréquente pour la première fois les cours d'été de Darmstadt et plus tard, durant la fin de ses études (diplôme de composition à la Musikhochschule à Karlsruhe), il est accepté comme élève par K. Stockhausen. Ses travaux avec Stockhausen en 1972-73, puis avec Klaus Huber à Fribourg-en-Brisgau constituent deux expériences décisives pour la formation de son style personnel. Parallèlement, il suit en musicologie l'enseignement de H. H. Eggebrecht à l'université de Fribourg. En 1973, il enseigne la théorie et l'analyse musicale à la Musikhochschule à Karlsruhe. Titulaire de nombreux prix, il séjourne en 1979-80 à l'Académie allemande, villa Massimo, à Rome. Il vit à Fribourg et à Karlsruhe.
Wolfgang Rihm est le représentant le plus connu et le plus productif du mouvement de la jeune musique allemande appelé « Nouvelle simplicité ». Opposé à « l'avant-gardiste (des années 50-60) devenu l'académicien d'aujourd'hui », il se déclare « allergique au dilettantisme » et crée une « musique humaine », particulièrement expressive et directement adressée à l'auditeur, parce que « complexe et claire, troublée et passionnée, précise et étonnée comme l'existence humaine ».
Après l'intellectualisme exacerbé des avant-gardistes des années 50-60 et l'objectivisme simpliste des postcagiens, la recherche de Rihm se propose « l'expression de différents états in oratio directa », en élaborant une technique compositionnelle particulière qui s'inspire sans gêne des styles antérieurs. Qualifiée souvent, un peu trop à la hâte, de néoromantique ou de néo-expressionniste, l'écriture de Rihm correspond en réalité à sa conception de la musique en tant que « force et énergie immédiatement et physiquement vécues ». L'expérience personnelle et le savoir littéraire participent au même processus créateur qui explore les zones frontières entre le moi et la folie : des œuvres comme l'opéra de chambre *Jakob* Lenz, Hölderlin-Fragmente, Alexanderlieder, Wölfli-Liederbuch* ou *Tutuguri* témoignent de son intérêt profond pour la subjectivité psychologique non maîtrisable, soigneusement mise entre parenthèses par toute la tradition structuraliste des années 50-60.
Œuvres principales. — *Opéras. Faust und Yorick* (1976), opéra de chambre n° 1 (J. Tardieu/Fr. Haes) ; *Jakob Lenz* (1977-78), opéra de chambre n° 2 (G. Büchner/M. Fröhling). *Œuvres pour orchestre/chœur/solistes. Dis-Kontur* (1974) pour grand orchestre ; *Sub-Kontur* (1974-75) pour orchestre ; *2e Symphonie* (1975) pour orchestre ; *Cuts and Dissolves* (1976-...), concerto pour 29 instruments ; *Konzertarie* (1975), télépsychodrame pour mezzo-soprano et grand orchestre ; *3e Symphonie* (1976-77) pour soprano, baryton, chœur mixte et grand orchestre (Fr. Nietzsche et A. Rimbaud) ; *Hölderlin-Fragmente* (1977) pour voix et piano et voix et orchestre ; *La musique creuse le ciel* (1977-1979) pour 2 pianos et grand orchestre ; *Abgesangsszenen :* I (1979) pour orchestre, II (1979) pour voix et orchestre (Fr. Nietzsche et F. Novalis), III (1980) pour baryton et orchestre (P. Huchel), IV (1979-80) pour voix et orchestre (Fr. Nietzsche), V (1979) pour voix et orchestre ; *Doppelgesang* (1980), musique pour alto, violoncelle et orchestre ; *Tutuguri I* (1981), musique

pour orchestre d'après A. Artaud. *Musique de chambre. O notte* (1975) pour baryton et petit orchestre (M. Buonarroti); *Alexanderlieder* (1975-76) pour mezzo-soprano et piano et baryton et piano (Alexander); *Im innersten* (1976), 3e quatuor à cordes; *Musik für 3 Streicher* (1977) pour violon, alto et violoncelle; *4e Streiquartett* (1979-1981); *Wölfli-Liederbuch* (1980-81) pour basse-baryton et piano (A. Wölfli). I. S.

RILEY (Terry), compositeur et improvisateur américain *(Corfax, Californie, 1935)*. Après avoir étudié le piano et la composition à San Francisco et à l'université de Berkeley, il se tourne vers l'improvisation, d'abord dans un groupe formé avec Pauline Oliveros. Il rencontre La Monte Young en 1960, voyage en Europe, travaillant avec divers instrumentistes de pop et de jazz (avec le guitariste David Allen en 1962 dans un bar de Pigalle, puis avec le trompettiste Chet Baker). Il travaille aussi pour les ballets Ann-Halprin, et développe ses techniques d'improvisation, basées sur la répétition de brèves cellules et sur l'utilisation des magnétophones pour multiplier un instrumentiste et lui permettre de former un ensemble : soit en studio et en différé, avec le « re-recording », soit en direct, avec les procédés d'écho retardé et de « tape delay » (exécution enregistrée au fur et à mesure, et rejouée avec un certain décalage dans le temps par d'autres magnétophones).

Certaines de ses premières pièces jouables en re-recording, que ce soit par plusieurs instrumentistes, comme les *Keyboard Studies* (1965-66), et surtout *In C* (1966) [en *do* majeur], font sensation dans l'avant-garde musicale, avec leur langage agressivement consonant et tonal, et leur principe de répétition obstiné : Riley fut ainsi le premier « répétitif » à percer dans le grand public, alors que Glass, Reich, ou Gibson mais alors que ceux-ci sont restés dans le cercle d'une « avant-garde », même élargie et popularisée, Riley fabrique une musique moins rigide, plus « pop ».

A la fin des années 60, ses œuvres *Poppy No Good and the Phantom Band* (1967), pour saxophone soprano, orgue et dispositif de multiplication par « tape delay », et surtout *A Rainbow in Curved Air* (1969), lumineux mouvement perpétuel pour orgue électronique en re-recording, le font connaître, par le disque, d'un large public de tous les milieux. Après quoi, de plus en plus influencé par une certaine musique orientale (indienne, notamment), il continue une carrière de compositeur-improvisateur, utilisant en guise de partitions des structures de base « mises en orbite » à l'intérieur de sphères concentriques », et créant dans la durée une musique extatique. Parmi ses créations récentes, on peut citer *Persian Surgery Derviches*, la musique du film *les Yeux fermés, Happy Ending* et *Journey from a Death of a Friend*. M. C.

RILLING (Helmut), organiste et chef de chœur allemand *(Stuttgart 1933)*. Élève de Karl Gerock (orgue), Johann Nepomuk David (composition) et Hans Grischkat (direction chorale) à Stuttgart de 1952 à 1955, il étudia aussi l'orgue avec Fernando Germani à Rome (1955-1957) et la direction d'orchestre avec Leonard Bernstein à New York (1967). Il a fondé en 1954 la Gächinger Kantorei, puis en 1957 le Figuralchor de la Gedächtniskirche de Stuttgart, donné une nouvelle vie à la Spandauer Kantorei de Berlin (1963-1966), et en 1969, lors de sa nomination comme professeur à l'École supérieure de musique de Stuttgart, a succédé à Kurt Thomas à la tête de la Frankfurter Kantorei. Il a entrepris en 1972 un enregistrement intégral des cantates de J.-S. Bach. M. V.

RIMSKI-KORSAKOV (Nikolaï A.), compositeur russe *(Tikhvine 1844 - Lioubensk 1908)*. Placé dès l'âge de six ans devant un piano, il se familiarise rapidement avec Beethoven, Mozart, les ouvertures de Verdi, Auber, Spontini et les pots-pourris d'opéras italiens, répertoire quotidien de sa famille, de la noblesse campagnarde éclairée. Mais destiné à faire carrière dans la marine, il est envoyé à l'École des cadets de la flotte à Saint-Pétersbourg (1856-1862). La capitale lui offre la révélation décisive du théâtre lyrique, en l'occurrence Meyerbeer, Weber, Verdi, Rossini, Mozart *(Don Giovanni)*, et surtout Glinka, dont il ressent toute l'importance. Parallèlement, dès 1860, Canilla, son professeur de piano, lui fait connaître Bach, Schumann, et approfondir Beethoven; il encourage même ses premières compositions et le présente, en novembre 1861, à Balakirev, qui lui demande d'écrire une symphonie. Mais, promu au grade d'aspirant, il doit s'embarquer pour une croisière de trois ans autour du monde : peut-être en rapporte-t-il son goût du pittoresque, des couleurs et du folklore.

Le succès de sa première symphonie, achevée à son retour, le décide à voir dans la musique sa vraie vocation, alors même que, sous l'influence des idées de Liszt et Berlioz il entreprend *Sadko*, son premier poème symphonique.

Mais sa nomination en 1871 comme professeur de composition et d'orchestration au conservatoire de Saint-Pétersbourg marque un tournant décisif dans sa vie. Si le groupe des Cinq trouve là un lieu de vulgarisation de ses idées, cette promotion amène Rimski-Korsakov à entreprendre pendant cinq ans un véritable recyclage, sa formation d'autodidacte ne pouvant nourrir son enseignement. Lui, qui n'avait jamais harmonisé un choral, jamais fait un exercice de contrepoint, se met à l'étude des fugues de Haendel et de Bach (il en écrira lui-même 61), des polyphonistes italiens et néerlandais, du traité de Chérubini et de celui de Berlioz, cela avec l'aide de Johansen et de Tchaïkovski. Étonnant Rimski-Korsakov, qui, par conscience professionnelle, substitue la technique à l'empirisme de sa première manière ! Exemple unique dans ce groupe des Cinq et qui explique partiellement les tâches de « révision », d'un bonheur parfois douteux, qu'il s'assignera, notamment en ce qui concerne Moussorgski et Borodine.

Enfin, sa nomination comme inspecteur des musiques des équipages de la flotte (1873) lui permet de vivre de et par la musique tout en le conduisant à s'intéresser aux instruments à vent et même à apprendre la clarinette et la flûte. La collecte des chants populaires l'absorbe alors pendant près de deux ans (1876-1878) et lui fait découvrir les vieux rites païens, notamment du Dieu-Soleil, qui l'obséderont dans ses œuvres lyriques. Jusqu'en 1882, date à laquelle il se consacre à la révision des manuscrits de Moussorgski (1882-1884), il dirige l'École libre de musique, puis, de 1886 à 1890, les Concerts symphoniques russes de Saint-Pétersbourg, tout en étant directeur adjoint de la chapelle impériale confiée à Balakirev (1883-1893).

Il a noué aussi des liens d'amitié avec Belaïev, autour duquel s'est formé un cénacle plus ouvert, plus technique que celui du groupe des Cinq, moins passionnant peut-être, mais où Palestrina, Bach, et les nouvelles œuvres de Wagner trouvent grâce. Liadov, Glazounov, plus tard Tcherepnine et Scriabine s'y retrouveront. À l'initiative de Belaïev, Rimski-Korsakov dirige, au Trocadéro, deux grands concerts de musique russe dans le cadre de l'Exposition universelle de 1889, occasion pour lui de prendre un premier contact avec les musiciens français et les courants musicaux nouveaux (il y reviendra avec Diaghilev en 1907).

Écarté de ses différentes activités et interdit d'exécution *(le Coq d'or* ne sera créé qu'après sa mort en 1909) pour avoir soutenu le mouvement de 1905, pris le parti des étudiants et même mis en musique *Doubinouchka*, l'hymne populaire de la première révolution, Rimski-Korsakov n'est réintégré qu'officieusement quand un infarctus le terrasse le 22 juin 1908, au moment même où *Snegourotchka* est représenté à l'Opéra-Comique de Paris. L'essentiel de son activité de compositeur fut consacré à ses quinze opéras. Mais si en 1868-69, lorsque sonne l'heure des réalisations pour le groupe des Cinq, Rimski choisit l'épisode historique de la révolte de la ville de Pskov réprimée par Ivan le Terrible, la *Pskovitaine*, ce type de sujet constitue à vrai dire une exception. Le monde de

Rimski est un monde de poésie, de beauté et de lumière, et il est plus attiré par les sujets tirés des contes populaires où s'affirme la sagesse profonde du peuple et par les thèmes féeriques, sinon fantastiques.

Cette orientation, sensible dans la *Nuit de mai* (1878-79), *Snegourotchka* (1880-81), *Sadko* (1894-1896), *Kastcheï* (1901-1902), *Kitège* (1903-1905), *le Coq d'or* (1906-1907), véhicule une critique sociale qui lui vaut quelques démêlés avec la censure (il doit supprimer dans *la Nuit de Noël* toute allusion à Catherine II ; *Kastcheï* a été bien compris comme une protestation contre l'oppression et a une allusion au grand inquisiteur Pobedonostev, *le Coq d'Or* comme une satire du gouvernement). Bien plus, l'optique générale reflète aussi une certaine conception de l'opéra : l'acceptation du caractère conventionnel du genre, l'idée que sur scène tout est spectacle et stylisation, la méfiance à l'égard du réalisme vériste.

Distinguons chez lui trois types d'opéra : le genre italien *(la Fiancée du tsar)* ; la mélodie ininterrompue héritière à la fois de Wagner et Dargomyjski *(Mlada,* 1889-90 ; *Mozart et Salieri,* 1897 ; *Kitège* (1903-1905) ; l'œuvre de compromis entre l'opéra lyrique et l'opéra déclamatoire *(Snegourotchka,* 1880-81 ; *Sadko,* 1894-1896, *la Nuit de Noël,* 1894-95 ; *Tsar Saltan,* 1899-1900 ; *le Coq d'or,* 1906-1907), où les « morceaux séparés » alternent avec des scènes entières construites selon les idées du drame wagnérien. Rimski-Korsakov refuse, en effet, de se laisser guider par des théories, seuls comptent pour lui le résultat et la nécessité musicale. Ainsi l'emploi du leitmotiv est-il chez lui tout autre que chez Wagner : il n'est pas le tissu de la trame orchestrale, il peut devenir thème, air, véritable motif rythmico-mélodique, parfois succession harmonique *(cf.* la leit-harmonie du cri du *Coq d'or).*

Mais ce qui frappe avant tout dans son œuvre, c'est sa science de l'orchestration *(cf.* ses *Principes d'orchestration,* 1896-1908, édités en 1913) qui s'appuie sur les expériences des compositeurs allemands (Weber, Mendelssohn, Wagner, Liszt), français (Meyerbeer et surtout Berlioz), russes (la marche de Tchernomor de Glinka dans *Rousslan et Ludmilla* étant le modèle). En ce domaine, il a marqué toute une génération, y compris Stravinski, fortement influencé par l'orchestre, la couleur et les procédés d'écriture du *Coq d'or :* l'*Oiseau de feu* et *Petrouchka* en témoignent. Rimski a un goût certain pour les combinaisons neuves (par ex. bois, cuivres et percussions), la sonoristique *(cf. Capriccio espagnol, Schéhérazade, la Grande Pâque russe),* et il aimait à comparer l'orchestre à une sorte de clavier idéal. Son langage harmonique ne plonge pas seulement dans la musique populaire, il pousse l'harmonie, comme dans *Katschei,* « jusqu'aux extrêmes limites, bien qu'on n'aboutisse jamais à la sur-harmonie » (Rimski). Il affectionne, d'autre part, les accords augmentés et certaines trouvailles peuvent l'apparenter à Debussy ; l'ouverture de *Kitège* peut même faire songer à Chostakovitch. Sans doute a-t-il été le chef d'école le plus important de la Russie de la fin du XIXe siècle.

Œuvres. — *Musique instrumentale.* POUR PIANO : 6 Variations sur le thème B. A. C. H. (1878), des fugues et des pièces diverses. MUSIQUE DE CHAMBRE : Trio (1897) pour violon, violoncelle et piano ; 2 quatuors à cordes, I (1875), II (1897) ; *Quintette* pour flûte, clarinette, cor, basson et piano (1876) ; *Sextuor à cordes* (1876). POUR ORCHESTRE : 3 *Symphonies, I* (1861-1865, 2e vers. 1884), II *Antar* (1868, 2e vers. 1875, 3e vers. 1897) ; *Ouverture sur des thèmes russes* (1866, 2e vers. 1880) ; *Fantaisie sur des thèmes serbes* (1867, 2e vers. 1886-87). *Épisode de la légende de Sadko* (1867, 2e vers. 1869, 3e vers. sous le titre *Tableau musical Sadko,* 1892) ; *Conte* (1879-80) ; *Sinfonietta sur des thèmes russes* (1880-1884) ; *Capriccio espagnol* (1887) ; *Schéhérazade* (1888), suite ; *la Grande Pâque russe* (1888), ouverture sur des thèmes liturgiques ; *Doubinouchka* (1905, 2e vers. 1906), chant populaire russe pour orchestre et chœur *ad. lib.* ; 7 suites tirées d'opéras ; concerto pour piano (1882-83) ; *Fantaisie sur des thèmes russes* pour violon et orchestre (1886-87) ; *Sérénade,* pour violoncelle et orchestre (1903). *Musique vocale.* 79 mélodies ; 100 chants populaires russes (1877), 40 chants populaires russes (1882) ; des duos ; des chœurs sans accompagnement ; 15 chants populaires russes (1879) ; 3 cahiers pour chœur sans accompagnement (1875-76) ; *Alexis, homme de Dieu,* pour chœur et orchestre (1878) ; *Gloire* pour chœur et orchestre (1879-80) ; *Svitezianka,* cantate pour soprano et ténor solistes, chœur et orchestre (1897) ; *la Légende d'Oleg,* cantate pour solistes, chœur et orchestre (1899) ; *Tiré d'Homère,* prélude-cantate pour 3 voix de femmes solistes, chœur de femmes et orchestre (1901). *Opéras. La Pskovitaine* (1868-1872 ; 2e vers. 1876-77, inéd. ; 3e vers. 1891-92) ; *la Nuit de mai* (1878-79) ; *Snegourotchka* (« Flocon de neige ») [1880-81, 2e vers. 1895] ; *Mlada,* opéra-ballet féerique (1889-90) ; *la Nuit de Noël* (1894-95) ; *Sadko* (1895-96) ; *Mozart et Salieri* (1897), scènes dramatiques ; *la Boyarde Vera Cheloga* (1877-1898), prologue dramatique pour l'opéra *la Pskovitaine ; la Fiancée du tsar* (1898) ; *Légende du tsar Saltan, de son fils, le glorieux et puissant chevalier prince Gvidon Saltanovitch et de la belle princesse Lébéda* (1899-1900) ; *Servilia* (1900-1901) ; *Katscheï l'immortel,* conte automnal (1901-1902) ; *Pan Voïevoda* (1902-1903) ; *Légende de la ville invisible de Kitège et de la vierge Févronia* (1903-1905) ; *le Coq d'or* (1906-1907). *Écrits* (en russe). *Traité d'harmonie pratique* (Saint-Pétersbourg, 1885, trad. fr. Paris, 1910). *Éléments d'orchestration* (éd. par M. O. Steinberg, 2 vol., Berlin, Saint-Pétersbourg et Moscou, 1913 [chap. I et II] ; Moscou et Leningrad, Muzguz, 1946, trad. fr., Berlin, 1914) ; *Chroniques de ma vie musicale* (Saint-Pétersbourg, 1909 ; trad. fr., Paris, 1914) ; *Articles et Notes sur la musique de 1869 à 1907* (Saint-Pétersbourg, 1911). **Arrangements.** Rimski-Korsakov a revu ou achevé de Moussorgski : *la Khovanchtchina, Boris Godounov, Une nuit sur le mont Chauve,* des mélodies ; de Dargomyjski : *le Convive de pierre ;* de Borodine : *le Prince Igor.*

Le compositeur a aussi participé à l'édition des œuvres de Glinka. M.-C. L. M.-M.

RINALDO. Cantate op. 50 pour ténor solo, chœur d'hommes et orchestre de Brahms sur un texte de Goethe, composée en 1863 (sauf le chœur final qui date de 1868), et créée à Vienne le 28 février 1869 sous la direction du compositeur. Le texte, d'après l'épisode d'Armide de la *Jérusalem délivrée* du Tasse, raconte comment l'un des croisés, Rinaldo (ténor), sur le point de succomber aux charmes d'Armide, est sauvé de ce mirage par ses compagnons d'armes (le chœur), et s'en va poursuivre la croisade. M. V.

RINALDO. Opéra de jeunesse de G. F. Haendel, sur un livret de Giacomo Rossi, d'après *la Jérusalem délivrée* du Tasse, composé en deux semaines — selon Mainwaring — et créé à Londres au Queen's Theatre de Haymarket le 24 février 1711.

Le livret, en mêlant adroitement au substratum tiré du Tasse *(la Jérusalem délivrée)* des souvenirs de l'Arioste *(Orlando furioso),* avait de quoi plaire aux spectateurs par les appels lancés à leur culture ou par l'emploi d'une machinerie importante (arrivée d'Argante sur un char avec chevaux et gardes ; celle d'Armide sur un char traîné par des dragons jetant du feu), mais aussi au musicien, par les rebondissements de l'action comme par la caractérisation de personnages extrêmement typés, créant des situations dramatiques exceptionnelles (l'enlèvement d'Almirena par exemple).

Si de nombreux airs sont empruntés à des œuvres anciennes (ce qui explique la rapidité de l'élaboration), il n'en demeure pas moins que la partition fourmille également de trouvailles et de richesses. L'emploi de quatre trompettes dans l'air confié au castrat Nicolini devait soulever l'enthousiasme, tout comme l'aria *Vo'far guerra* d'Armida, précédée d'une longue cadence au clavecin que le musicien improvisa lors de la première. De même la « bataille » du dernier acte préfigure avec éclat le style de la future *Water Music* et souligne bien l'importance que Haendel veut donner à l'orchestre tout au long de la pièce.

Le traitement des voix appelle les mêmes éloges et les contemporains ne s'y sont pas trompés qui voyaient dans Rinaldo un chef-d'œuvre neuf. Complaintes amoureuses d'Armida *(Ah! crudel!)* ou de Rinaldo *(Cara sposa)*, pathétique cri de vengeance dans *Vo' far guerra*, largo d'Almirena *Laschia, ch'io piange* reprenant la sarabande de l'acte II d'*Almira* (1705), ou l'allegro *Bel piacere* repris d'*Agrippina* (1709), sont autant de réussites éclatantes qui surent séduire le public anglais. Dès son premier opéra écrit pour Londres (mais en italien), Haendel remportait un triomphe. Au moment où certaines difficultés semblaient venir à la cour de Hanovre — où il était Kapellmeister —, il y avait là un enseignement à tirer, enseignement qu'il médita effectivement, puisqu'un an plus tard, à l'automne 1712, il frappait à nouveau au pavé de Londres, faisant de l'Angleterre, mais sans le savoir encore, sa seconde patrie. J. G.

RING. V. *Anneau du Nibelung.*

RINUCCINI *(Ottavio)*, poète et librettiste italien *(Florence 1562*-id. *1621)*. Poète humaniste dans la tradition de Guarini et du Tasse, il fréquente dès sa jeunesse diverses académies florentines, dont celle des Alterati où il rencontre entre autres Bardi et Corsi. A l'exclusion de trois séjours à la cour de France, où il avait les faveurs d'Henri IV et de Marie de Médicis, et d'un voyage à Mantoue pour le mariage de François Gonzague (1608), il se consacre aux festivités de la cour des Médicis à Florence. Il collabore, en particulier, aux intermèdes donnés en 1589 pour le mariage du grand-duc Ferdinand Ier.

Son livret de *Dafne* (1594), mis en musique par Peri et exécuté chez J. Corsi en 1598, constitue la première tentative d'œuvre lyrique entièrement chantée et composée dans le nouveau style récitatif. Il est également l'auteur, entre autres, du livret d'*Euridice*, mis en musique par Peri en 1600 et Caccini en 1602, et collabore en 1608 avec Monteverdi pour *Arianna* et le *Balletto delle ingrate*, où est nettement perceptible l'influence du ballet de cour français. Il écrivit, en outre, de nombreux poèmes qu'utilisent les compositeurs de madrigaux et en particulier Monteverdi.
D. H.

RIPIENO (ital.; « ce qui remplit »). Dans le concerto grosso (fin XVIIe-début XVIIIe s.), terme par lequel on désigne l'ensemble de l'orchestre (constitué généralement des cordes, avec deux flûtes ou deux hautbois, un basson, et un clavecin réalisant la basse continue), par opposition au *concertino*, petit groupe de deux ou trois instruments extraits de l'ensemble, auxquels sont confiées les parties solistes. Le principe du concerto grosso consiste dans l'alternance entre l'écriture verticale, harmonique, du ripieno, et l'écriture horizontale, contrapuntique, du concertino. A. L.

RISSET *(Jean-Claude)*, compositeur et chercheur français *(Le Puy 1938)*. Il mène de front des études scientifiques (École normale supérieure) et musicales (écriture avec Suzanne Demarquez, composition avec André Jolivet). Dans le cours des années 60, il travaille, trois années durant, aux côtés du pionnier Max Mathews, dans les laboratoires de recherches de la Bell Telephone, près de New York, et il se trouve ainsi associé, avec Guttman et Pierce, aux recherches déterminantes de Mathews sur la synthèse des sons par ordinateur.

En 1969, Risset publie ainsi un « catalogue de sons d'ordinateur », fondé sur l'emploi du programme de Mathews *Music V*, et qui fait date dans cette recherche. On lui doit particulièrement la conception des sons « paradoxaux » basés sur des phénomènes d'illusion acoustique, tels que le son qui semble monter indéfiniment, ou descendre de même ; il les a utilisés lui-même dans sa musique de scène *Little Boy* (1968, pour une pièce de Pierre Halet sur Hiroshima) et dans l'œuvre pour bande *Mutations I* (1969), commandée par le G.R.M., une des premières œuvres importantes entièrement synthétisées par ordinateur.

Elle sera suivie d'une série de pièces « mixtes », combinant la bande magnétique (réalisée à partir de sons d'ordinateur) avec des parties instrumentales jouées en direct, dans un style coulant et euphonique, de bonne compagnie : *Dialogues* (1975), pour flûte, clarinette, percussion et bande ; *Inharmoniques* (1977), pour soprano et bande ; *Moments nextoniens* (1977), pour quatuor à cordes, piano, deux trompettes, et bande ; *Mirages* (1978) ; *Songes* (1980), pour bande, etc.

En 1976, Jean-Claude Risset prenait la direction du département « ordinateur » de l'I.R.C.A.M. dirigé par Pierre Boulez au centre Pompidou à Paris, mais il devait en démissionner trois ans plus tard, et aller poursuivre ses recherches à l'université de Marseille-Luminy, dans le cadre institutionnel du Centre national de la recherche scientifique (C.N.R.S.). Ses recherches et ses œuvres, d'un style plutôt « rassurant », faisant la liaison avec la musique instrumentale postsérielle, ont beaucoup contribué à faire admettre les sons synthétisés par ordinateur à un public plus large, et à abattre quelques barrières. M. C.

RITOURNELLE (de l'ital. *ritornello*, « retour »). Retour d'un passage instrumental, entendu au début du morceau, et servant ainsi de refrain. À l'origine, le terme s'applique à une sorte de chanson populaire italienne comportant des strophes de trois vers (le premier rimant avec le dernier). Au XIVe siècle, le madrigal italien pouvait inclure un *ritornello*, ou refrain, sur les deux derniers vers de ses strophes de huit ou onze vers. Aux XVIIe et XVIIIe siècles, l'introduction instrumentale à une pièce vocale, répétée ou non au cours du morceau, modifiée ou non, s'appelle *ritournelle*. Elle détermine régulièrement la forme des airs strophiques chez Monteverdi et Cavalli. Intitulée « entrata », l'introduction du *Ballo* de Monteverdi *Movete al mio bel suon* ponctue de la même manière les strophes du chanteur.

En revanche, Lully donne souvent le nom de « ritournelle » à un prélude instrumental au début d'un acte d'opéra ou d'un air important, sans qu'il y ait reprise. Chez Haendel et ses contemporains, la plupart des airs de forme *da capo* débutent par une ritournelle exposant le thème principal et réentendue ensuite. Les reprises étaient introduites, selon J.-J. Rousseau, afin de « reposer la voix ». Cette forme ritournelle est adoptée dans le concerto baroque avec les retours du tutti initial. La technique se perpétue dans le concerto classique et romantique, où une ritournelle continue à précéder l'entrée du soliste. C. W.

RITUEL *(In memoriam Maderna)*. Œuvre pour orchestre de Pierre Boulez (1974). Création le 2 avril 1975 à la BBC (Londres), sous la direction de l'auteur. Durée : environ 25 minutes. Édition : UE 15941 W. En 1973 disparaissait le compositeur et chef d'orchestre Bruno Maderna, qui fut lié à Boulez par des liens amicaux et professionnels très forts. *Rituel* est une pièce « funèbre » écrite à sa mémoire.

Elle est écrite pour grand orchestre, divisé en 8 groupes : un hautbois ; deux clarinettes ; trois flûtes ; quatre violons ; 2 hautbois, 3 clarinettes, saxo alto, deux bassons ; 2 violons, 2 altos, 2 violoncelles ; flûte alto, 3 hautbois, clarinette alto, clarinette piccolo, clarinette basse, 2 bassons ; 4 trompettes, 6 cors, 4 trombones.

Parmi ces huit groupes, répartis sur le plateau selon une topographie très précise, prennent place 9 percussionnistes, dont l'importance est déterminante dans l'esthétique de la pièce.

L'œuvre est constituée de 15 séquences. Les séquences impaires sont synchronisées : le chef dirige les instruments, mais non 2 percussionnistes qui jouent leurs parties à leur convenance, à charge pour le chef de « répartir » ses instruments dans leur texte. Les séquences paires ne sont pas synchronisées : le chef se contente de donner les départs de ses différents groupes instrumentaux, dans un ordre aléatoire (1re version) ou fixé (révision).

L'écriture de *Rituel* est faite de petites cellules obsessivement répétées. La grande puissance d'émotion que suscite cette musique funèbre, liturgique, « rituelle », assure généralement le succès de cette œuvre auprès d'un public que pourrait surprendre telle autre œuvre orchestrale de son auteur. D. J.

RIVIER (*Jean*), compositeur français (*Villemomble 1896*). Il commença à étudier la musique en autodidacte, puis fut mobilisé lors de la Première Guerre mondiale, au cours de laquelle il fut gazé et réformé. Il se mit alors à travailler l'harmonie avec Jean Gallon et le contrepoint avec Georges Caussade, puis entra au Conservatoire de Paris dans les classes de Paul Braud (piano), Paul Bazaire (violoncelle) et Maurice Emmanuel (histoire de la musique). En 1926, il obtint un premier prix de contrepoint et de fugue. Il se consacra alors à la composition, et fut un compositeur fécond (7 symphonies, concertos pour violon, pour clarinette, pour basson, pour hautbois, concertino pour alto, nombreuses œuvres de musique de chambre, un requiem, mélodies, chœurs). Son œuvre a subi l'influence de Ravel, de Roussel, puis celle de Prokofiev, de Jolivet, et du jazz. A partir de 1948, il fut une année sur deux professeur de composition au Conservatoire de Paris, en alternance avec Darius Milhaud, titulaire de la classe et auquel il succéda (1962-1966). En 1971, il s'est vu décerner le grand prix musical de la ville de Paris pour l'ensemble de son œuvre. A. L. et S. W.

ROBERDAY (*François*), compositeur et organiste français (*Paris 1624 - Auffargis 1680*). Fils d'un orfèvre en renom, grand amateur de musique, il fut lui-même reçu orfèvre en 1650 et devint orfèvre du roi. Il fut organiste chez les Petits-Pères, à Paris, acheta une charge de valet de chambre de la reine, et vécut dans une grande aisance jusqu'à ce que des revers de fortune le ruinent, le contraignant à se retirer à la campagne. En 1660, il publia son unique recueil de musique, *Fugues et Caprices à 4 parties, mises en partition pour l'orgue et dédiées aux amateurs de musique*. En insistant sur les mots « mises en partition », Roberday met l'accent sur l'originalité de l'écriture de son recueil, présenté ni en tablature, comme on le faisait pour les instruments à clavier ou le luth, ni en parties séparées, selon l'usage pour la musique à plusieurs instruments. Dans son avertissement, il précise que ces morceaux sont en partie empruntés à d'autres auteurs (Cavalli, d'Anglebert, Louis Couperin, Bertali, de la Barre, Cambert et Froberger), traités dans un contrepoint très solide et un ardent lyrisme qui apparente Roberday à Frescobaldi et à Froberger, dont il a par ailleurs copié des pièces. Beau-frère de d'Anglebert, Roberday aurait été l'un des maîtres de Lully. G. C.

ROBERT (*Pierre*), compositeur français (*Louvres, près de Paris, v. 1618 - Paris 1699*). Éduqué à la maîtrise de Notre-Dame de Paris, il est ordonné prêtre très jeune. Il devient maître de chapelle de la cathédrale de Senlis en 1648 et de celle de Chartres en 1650, puis occupe la même fonction à Notre-Dame de Paris de 1653 à 1663. Cette année-là, il est nommé, avec H. Du Mont, sous-maître de la chapelle royale et en 1672, à la mort de Thomas Gobert, les deux musiciens se partagent le poste de compositeur de la chapelle du roi. En 1684, Du Mont meurt et Robert quitte le service du roi, mais il conserve jusqu'à sa mort les charges d'abbé de Chambon et de Saint-Pierre de Melun qu'il a acquises respectivement en 1671 et 1678.

On ne conserve de lui que des motets : un recueil imprimé de 24 grands motets à 5 et 6 voix avec basse continue (*Motets pour la chapelle du roi*, 1684) et 10 petits motets de 2 à 4 voix recueillis par Philidor l'Aîné en 1688 dans les *Petits Motets et élévations de MM. Carissimi, de Lully, Robert, Daniélis et Foggia*. Deux autres motets, *Memorare dulcissime Jesu*, à 3 voix, et *Splenda aeternae gloriae*, à 2 voix, figurent dans des anthologies. Ses grands motets à deux chœurs sont, comme ceux de Du Mont et de Lully, fidèles à l'esthétique grandiose de Louis XIV. Son style est bien plus intéressant dans les petits motets où l'usage expressif de dissonances et de modulations et l'écriture en dialogue et imitation attestent sa familiarité avec les compositeurs italiens de l'époque. D. H.

ROBERT BROWNING OVERTURE. Pièce pour grand orchestre de Charles Ives, écrite entre 1908 et 1911. Cherchant à traduire en un « tone poem » (poème en sons) le monde très particulier du poète anglais Robert Browning *(1812-1889)*, elle fut la seule menée à bien d'une série de pièces orchestrales que Charles Ives projetait d'écrire sur ses héros littéraires (dont Walt Whitman et Emerson). L'œuvre est divisée en sections très contrastées : une introduction lente amène un *allegro* très déterminé et dynamique, suivi de variations *adagio* (auxquelles un des biographes de Ives reconnaît des accents mahlériens) ; l'*allegro* initial est repris littéralement, puis une coda fuguée conduit à un furieux *finale*, que coupe abruptement un rappel de l'adagio. Pour l'auteur, cette ouverture était une « pièce de transition », où il se reprochait l'emploi de procédés trop conventionnels de traitement des thèmes par inversion, augmentation, etc., mais elle n'en est pas moins d'une originalité singulière dans son propos comme dans son étoffe musicale. M. C.

ROBERT LE DIABLE. Opéra en 5 actes de Giacomo Meyerbeer sur un livret de Scribe et Delavigne. Créé à l'Opéra de Paris le 21 novembre 1831.

L'action se déroule au XIIIe siècle. Robert, chevalier sans peur sinon sans reproche, se trouve en Sicile avec son écuyer Bertram, personnage inquiétant qui toujours le pousse à se mal conduire. Et pour cause : Bertram, qui est en réalité le père de Robert, tient à lui assurer un bel avenir en enfer, car il est aussi une incarnation de Satan. Bien entendu, Robert n'en saura rien avant la fin du cinquième acte. Sa sœur de lait Alice et le trouvère Raimbaud, fiancé de celle-ci, ont bien quelques lueurs sur ce sujet, mais Bertram s'arrange toujours pour les faire taire. Les nombreuses péripéties de l'action viennent de ce que Robert aime la princesse Isabelle, fiancée malgré elle à un « prince de Grenade » dont on parle beaucoup mais qui reste en coulisse. L'affreux Bertram rentrera sous terre dans un grand nuage de vapeurs de soufre, et Robert, échappant à la malédiction originelle, épousera la princesse.

La 751e et dernière représentation de *Robert le Diable* à l'Opéra date de 1893. Depuis, une seule reprise a eu lieu au Mai musical de Florence en 1968, et elle semble avoir confirmé la réputation de médiocrité et de vulgarité d'une partition dont la brillante orchestration constitue le principal mérite. Mais le prodigieux succès qu'obtint cet ouvrage en plein âge d'or de l'opéra romantique est parfaitement explicable. C'était un spectacle grandiose dans le « style troubadour » cher à Victor Hugo, et le docteur Véron, nouveau directeur de l'Académie royale, n'avait pas lésiné sur les moyens. La mise en scène, dans les somptueux décors de Cicéri, abondait en effets fantasmagoriques ; les plus grandes vedettes du chant (Adolphe Nourrit, Levasseur, Julie Dorus-Gras et Laure Cinti-Damoreau) étaient de la distribution, et l'illustre Marie Taglioni conduisait le légendaire « ballet des Nonnes » réglé par son père Philippe, si souvent imité par la suite et notamment au deuxième acte de *Giselle*. M. T.

ROBERTO DEVEREUX, OU LE COMTE D'ESSEX. Opera seria en 3 actes de Donizetti, sur un livret de Salvatore Cammarano, créé le 29 octobre 1837 au San Carlo de Naples.

Il s'agit d'une des nombreuses variations sur les amours contrariées d'Élisabeth Ire et de Roberto Devereux, comte d'Essex. Lorsqu'après une longue absence Essex (t) revient victorieux, la reine (s) apprend ensemble qu'il est accusé de félonie par le Parlement et qu'il lui préférerait une rivale inconnue, et elle se confie à Sara, duchesse de Nottingham (ms), sans deviner qu'elle a en face d'elle cette rivale : en effet, Sara et Roberto, lassé de l'amour d'Élisabeth, s'étaient juré fidélité, mais, durant l'absence du comte, la reine avait uni Sara au duc de Nottingham. Ignorant cette intrigue passée, Nottingham (bar) met d'abord tout en œuvre pour sauver son ami Essex, auquel Élisabeth offre sa grâce en échange du nom de sa rivale. De son côté, Essex accable Sara, qui lui avoue son amour intact, mais le conjure de retourner auprès de la reine, et lui fait don d'une écharpe brodée à son intention, cependant que le comte lui confie l'anneau naguère offert par la reine. Lorsque Nottingham reconnaît le gage d'amour, sa fureur se déchaîne contre son ancien ami, alors que la reine elle-même, dans un accès de jalousie sans borne, signe l'arrêt de mort de son ancien amant. Enfin décidée à pardonner (Vivi, ingrato), *elle reçoit trop tard les aveux de Sara, qui, retenue prisonnière par le duc, n'avait pu lui restituer à temps l'anneau. C'est en vain que la reine tente alors de suspendre le châtiment dont Nottingham a pressé l'issue. Élisabeth laisse alors éclater sa fureur contre le duc et la duchesse qui paieront de leur vie le sang versé* (Quel sangue versato), *puis annonce qu'elle remet la couronne à son successeur Jacques I*er.

Pour le compositeur, comme pour le librettiste, la reine s'efface ici devant la femme, amante outragée comme Norma. Ce n'est pas sans y songer que Donizetti écrit le rôle pour Giuseppina Ronzi de Begnis, interprète fameuse de l'opéra de Bellini, lui offrant, lors de la scène finale, une page d'un superbe belcantisme *(Vivi, ingrato)* suivie d'une véhémente imprécation *(Quel sangue versato)* qui annonce les héroïnes verdiennes, sinon postverdiennes. R. M.

ROBIN (Mado), cantatrice française *(Yzeure-sur-Creuse 1918 - Paris 1960).* Véritable phénomène vocal pour qui le contre-ut était presque une note grave, elle fut révélée au public parisien en 1945 dans un programme de music-hall à l'A. B. C., avec des chansons acrobatiques du type *la Gitane* et *l'Oiseau.* Aussitôt engagée à l'Opéra, elle y débuta la même année dans le rôle de Gilda de *Rigoletto.* En 1946, elle incarna Lakmé à l'Opéra-Comique, puis brilla dans la plupart des emplois de soprano coloratura, dont la Reine de la nuit. Elle créa *le Rossignol* de Stravinski à Monte-Carlo et sa renommée était devenue internationale quand une maladie implacable l'emporta. M. T.

ROBINIG. Titre attribué au divertimento n° 17 en *ré* majeur K.334 (320 b) de Mozart, composé à Salzbourg en août 1779 pour Mme Robinig, membre d'une des plus influentes familles bourgeoises de la ville. L'œuvre, pour 2 violons, alto, basse et 2 cors en 6 mouvements, est la dernière de ce genre écrite par Mozart dans sa ville natale. Son premier menuet a acquis une célébrité spéciale. Particulièrement remarquable est son deuxième mouvement, un «thème et variations» en *ré* mineur. M. V.

ROCHER (LE). Fantaisie symphonique op. 7 de Rachmaninov (1893), inspirée à la fois par un poème de Lermontov («Une étoile dorée a sommeillé sur le sein d'un rocher géant»), et par un récit de Tchekhov, *En chemin,* qui relate la brève rencontre d'une jeune fille et d'un homme plus âgé, dans une auberge. C'est à Tchekhov, aimé et estimé de Rachmaninov, que *le Rocher* fut dédié. Œuvre d'un compositeur de vingt ans, frais émoulu du conservatoire de Moscou, il dénote tout à la fois un métier bien acquis au niveau de la technique d'orchestration, une réelle imagination thématique, mais aussi un évident manque d'expérience au niveau de l'architecture et du développement. Le plan global souffre d'une certaine uniformité, car les idées musicales se répètent davantage qu'elles ne progressent. Sans être une œuvre de débutant, puisque Rachmaninov avait déjà à son actif un concerto pour piano, l'opéra *Aleko* et le poème symphonique *Prince Rostislav, le Rocher* est une de ces œuvres que l'on peut considérer comme «pleine de promesses». A. L.

ROCHLITZ (Johann Friedrich), écrivain et critique musical allemand *(Leipzig 1769 -* id. *1842).* Il fut éduqué à la Thomasschule, où il étudia avec J. F. Doles, et composa très jeune des cantates, des lieder et de la musique pour piano. Doutant de son talent après sa rencontre avec Mozart en 1789, il décida d'étudier la théologie, mais abandonna cette voie en 1794 au profit d'une carrière littéraire. En 1798, il fut choisi par la maison d'édition Breitkopf et Härtel comme rédacteur en chef de la nouvelle *Allgemeine musikalische Zeitung,* qu'il dirigea jusqu'en 1818 et à laquelle il collabora jusqu'en 1835. Il fut aussi membre de la direction du Gewandhaus et s'imposa, dans le domaine littéraire, par sa traduction de l'*Antigone* de Sophocle et sa version allemande du *Don Giovanni* de Mozart.

Par ses longues années de critique à l'*Allgemeine musikalische Zeitung* et par sa position au Gewandhaus, il joua un rôle décisif dans la musique allemande. Il avait une préférence très nette pour Bach, Haendel, Mozart et Haydn, et son attitude envers Beethoven, qu'il rencontra à Vienne en 1822, fut toujours ambiguë. Beethoven cependant respectait son jugement. Il a rassemblé une partie de ses réflexions dans *Für Freunde der Tonkunst* (2 vol., 1824 ; 4 vol., 1830-1832). D. H.

RODE (Pierre), violoniste et compositeur français *(Bordeaux 1774 - Château de Bourbon 1830).* Il reçoit à l'âge de six ans ses premières leçons de Fauvel aîné, donne ses premiers concerts en 1786 et devient, l'année suivante, à Paris, l'élève préféré de Viotti, dont il crée le *13e Concerto* en 1790 pour ses débuts parisiens. Chef de pupitre des seconds violons de l'orchestre du théâtre Feydeau, il participe en 1794 aux concerts de la Semaine sainte et accompagne en tournée le chanteur Garat. C'est le début d'une vie de voyages, entrecoupée de séjours parisiens et de nominations importantes : professeur de violon au Conservatoire nouvellement créé (1795), violon solo de l'Opéra (1799), violon solo de la Musique personnelle de Bonaparte (1800), et de succès couronnant les interprétations de ses œuvres et de celles de Viotti.

Expulsé d'Angleterre avec ce dernier pour raisons politiques (1798), il se lie d'amitié à Madrid avec Boccherini et fait un long séjour à Saint-Pétersbourg de 1803 à 1808, comme violon solo de l'orchestre de la cour. Devant l'accueil maussade du public parisien à son retour en 1808, il repart, crée à Vienne la sonate op. 96 pour violon et piano de Beethoven (1812), se marie à Berlin (1814), compose ses 12e et 13e concertos, écrit 24 caprices pour le violon ainsi que 12 études, et, après un essai infructueux à Paris en 1828, cesse de jouer et meurt deux ans plus tard paralysé.

Rode est le père de l'école française de violon. La virtuosité nerveuse et élégante de son jeu est à l'image d'une œuvre brillante, encore utilisée comme matière à étude par les violonistes. Il a laissé également une méthode de violon (réalisée avec Baillot et Kreutzer) adoptée par le Conservatoire dès 1803. M. W.

RODELINDA. Opéra de G. F. Haendel, sur un livret de Nicolo F. Haym, d'après Antonio Salvi, terminé le 20 janvier 1725 et créé au King's Theatre Haymarket à Londres le 13 février.

ACTE PREMIER. *La reine Rodelinda pleure son mari Bertarido qu'elle croit mort et refuse la main que lui offre l'usurpateur du trône Grimoaldo. Garibaldo, principal conseiller de ce dernier, la menace alors de tuer son fils. Par amour maternel, mais avec un secret espoir, elle se soumet non sans que Bertarido, caché, n'ait entendu la conversation.*

ACTE II. *Afin de faire éclater au grand jour l'iniquité de Grimoaldo, Rodelinda refuse de l'épouser s'il ne tue point son fils. Au pied du mur, l'usurpateur hésite, tandis que Bertarido se croit trahi, alors que Grimoaldo lui promet la prison et la mort. Rodelinda le détrompe alors dans une scène bouleversante, tout empreinte d'amour et de tendresse.*

ACTE III. *Les amis de Bertarido ont organisé son évasion. Pris de remords, Grimoaldo s'enfuit, déguisé en berger. La forfaiture de Garibaldo s'achève par l'épée de Bertarido qui, pardonnant à l'usurpateur, retrouve, avec sa fidèle Rodelinda, son trône milanais.*

Rodelinda constitue avec *Giulio Cesare* et *Tamer-*

lano la grande trilogie des années 1724-25 où des héros — ici, une héroïne — de chair et de sang vibrent, souffrent, s'imposent en vraie grandeur, magnifiés par une musique superbe.   J. G.

RODRIGO *(Joaquín)*, compositeur espagnol *(Puerto Sagunto, Valence, 1902)*. Frappé, tout enfant, de cécité, Rodrigo commença ses études musicales à Valence, puis se rendit en Allemagne (1922) où il écrivit ses premières compositions. Élève de Paul Dukas à Paris (1927-1932), il y rencontra Falla et Ricardo Viñes, dont les conseils le marquèrent profondément. Sa première œuvre importante, le *Concerto* d'Aranjuez* (1939), fut accueillie avec un enthousiasme qui ne s'est jamais démenti depuis, et a exercé une influence déterminante sur l'évolution de la guitare au XXe siècle. La syntaxe de Rodrigo ne cherche pas à s'évader d'une clarté folklorisante qui lui vaut, du reste, une très vaste audience. Ses mélodies, ses pages orchestrales et d'inspiration religieuse se réclament de la même esthétique, indifférente au progrès, mais d'un charme indéniable.
Œuvres. — *Orchestre. Concerto de Aranjuez* (guitare et orchestre, 1939), *Concerto heroico* (piano et orchestre 1942), *Concerto d'été* (violon et orchestre, 1943), *Concerto in modo galante* (violoncelle et orchestre, 1949-1953), *Concerto-Sérénade* (harpe et orchestre, 1956), *Fantaisie pour un gentilhomme* (guitare et orchestre, 1954), *Concerto andalou pour 4 guitares* (1967). Musique de scène pour *Numancia* (1961). *Piano. Danzas de España* (1936-1941), *5 Sonatas de Castilla* (1958), *A l'ombre de Torre Bermeja* (1945).   A. G.

ROGER-DUCASSE *(Jean)*, compositeur français *(Bordeaux 1873 - Le Taillan-Médoc 1954)*. Élève au Conservatoire de Charles de Bériot, Pessard, Gédalge et Gabriel Fauré, il obtint en 1902 le second grand prix de Rome, devint inspecteur général de l'enseignement du chant dans les écoles de la ville de Paris et succéda en 1935 à Paul Dukas comme professeur de composition au Conservatoire. Il a écrit pour le théâtre un *Orphée* — « mimodrame lyrique » qui est en fait un ballet avec chœurs —, créé à Saint-Pétersbourg en 1914, et l'opéra-comique *Cantegril* (18 représentations salle Favart en 1931). Son style élégant et sa science de l'écriture musicale ont également brillé dans des poèmes symphoniques (*le Jardin de Marguerite*, 1901-1905 ; *Ulysse et les Sirènes*, 1937), des pièces pour orchestre (*Marche française*, 1914 ; *Épithalame*, 1923, etc.), des motets et pièces chorales, deux quatuors à cordes et un quatuor avec piano, ainsi que de nombreuses pièces pour piano.   M. T.

ROGERS *(Nigel)*, ténor britannique *(Wellington, Shropshire, 1935)*. Formé à Cambridge, puis à Rome, Milan et Munich, il s'est spécialisé d'emblée dans la musique des XVIe et XVIIe siècles, et tout particulièrement dans le répertoire de Monteverdi. Sa technique vocale parfaitement adaptée au style des madrigalistes l'a fait apprécier dans plusieurs ensembles réputés de musique ancienne et baroque, notamment celui de Nikolaus Harnoncourt. Toutefois, il a également interprété avec succès des œuvres modernes et enregistré *la Belle Meunière* de Schubert avec accompagnement de piano-forte.   M. T.

ROGG *(Lionel)*, organiste suisse *(Genève 1936)*. Il a été au conservatoire de Genève l'élève, pour l'orgue, de Pierre Segond, et, pour le piano, de Nikita Magaloff. Il s'est fait principalement connaître par ses trois enregistrements intégraux de l'œuvre d'orgue de Jean-Sébastien Bach et de nombreuses autres réalisations discographiques, tant au clavecin qu'à l'orgue. Son art se fonde sur un toucher d'une exceptionnelle maîtrise, qui lui permet, mieux que par la registration, d'individualiser les diverses voix des œuvres polyphoniques qu'il interprète.   G. C.

ROI ARTHUR (LE) [en angl. *King Arthur*]. Semi-opéra de Henry Purcell, sur un livret de John Dryden (1691).

Créé pour le Théâtre de la reine à Dorset Garden, *le Roi Arthur* sacrifie, selon les modes de l'époque, aux effets spectaculaires, et mêle les rôles chantés et parlés (et à cet égard, par *semi-opéra*, il faut entendre plutôt musique de scène). Dès l'ouverture, le ton est donné par les fanfares vaillantes de la trompette. Et, de fait, l'œuvre respire du début à la fin une ferveur patriotique qui culmine dans plusieurs grands chœurs à l'homophonie pathétique. Aussi bien, le dramatisme est ici l'un des ressorts majeurs de la musique pour atteindre, avec la fameuse scène du Froid de l'acte III, à une étonnante intensité dans l'évocation du visionnaire et du fantastique.

Les impressionnantes transformations scéniques sont en quelque sorte matérialisées par l'emploi, nouveau en Angleterre, du trémolo (et il est très possible que Purcell se soit inspiré là du *Chœur des trembleurs* de l'opéra *Isis*, de Lully). Un saisissant décor sonore est planté, qui dit les froids hyperboréens des « pays laqués de glace ».

Au terme de l'acte V, le héros Arthur, ayant dominé toutes les épreuves, célèbre l'union harmonieuse des Bretons et des Saxons réconciliés, les deux composantes du futur peuple anglais. Et après la virtuosité de l'air du dieu des Vents *Ye blust'ring Bethren of the Skies*, un solo de trompette, d'une grande poésie, évoque Britannia, apaisée, un peuple de pêcheurs à ses pieds. Puis Vénus chante la perfection de l'Angleterre, au gré d'un air connu et au mélodisme prenant *(Fairest Isle)*.

Pourtant c'est encore l'épisode précédent où un trio de paysans porte un toast — repris par les chœurs — pour célébrer la fin de la moisson *(Harvest Home)* qui a le plus fait pour la popularité de l'ouvrage — et sa redécouverte de nos jours — avec le célèbre vivat : *Old England*, unanimement scandé en l'honneur de la mère patrie (tandis qu'à des fins politiques librettiste et musicien envoient un coup de chapeau respectueux à Guillaume III d'Orange, le « roi étranger » adopté par l'Angleterre, avec le chœur ultime, *Our natives not alone appear*).

Mariant la suavité et l'élégance à une rare vigueur rythmique (la vitalité, voire la fièvre de ses danses et *trumpet tunes*), le lyrisme éperdu d'airs au tour mélodique presque italien à un instinct infaillible de l'accent expressif, *le Roi Arthur* témoigne magistralement du sens prosodique de Purcell et de son intuition unique de la langue anglaise (avec ces appuis métriques caractéristiques sur les mots clés du discours). Tout comme, de la première à la dernière note, éclate le sens poétique de l'« Orphée britannique », ainsi que cette fantaisie inimitable (« shakespearienne » en un mot) qui donne à sa musique des senteurs — et des couleurs — de vent, de ciel et d'eau.   R. T.

ROI ARTHUS (LE). Opéra en 3 actes et 6 tableaux d'Ernest Chausson (livret et musique), commencé vers 1887-88, terminé (partition) à la fin de 1894, créé au théâtre de la Monnaie, à Bruxelles, le 30 novembre 1903.

D'une haute valeur littéraire et dramatique, alliant les vers à la prose rythmée, le livret reflète la noblesse de pensée comme la profonde culture de Chausson. Seul drame lyrique réalisé par l'auteur (dont les projets étaient nombreux), il suit de près la légende arthurienne (déjà évoquée dans le poème symphonique *Viviane* de 1882) et cherche à caractériser la haute stature du vieux roi, le drame spirituel de Lancelot, les élans passionnés de la reine Genièvre, enfin les données mystiques du temps et du lieu.

ACTE PREMIER. Scène 1. *En son château de Carduel, Arthus célèbre sa victoire sur les Saxons, loue publiquement Lancelot que félicite également la reine Genièvre. Jaloux de l'un et amoureux de l'autre, Mordred médite de se venger et surprend le secret d'un rendez-vous nocturne que la reine donne à Lancelot.* Scène 2. *Scène d'amour entre les deux amants que surprend Mordred. Ce dernier tombe sous l'épée du chevalier qui, poussé par la reine, s'enfuit dans la forêt.*

ACTE II. Scène 1. *Après les tourments psychologiques, la paix de la nature que chante un laboureur. Mais Mordred,* seulement blessé, a parlé. Seul de sa cour, Arthus croit encore à l'innocence de Lancelot et le convie à Carduel. Refusant le parjure — au contraire de la reine qui a menti publiquement —, Lancelot décline l'invitation et, poussé par Genièvre, décide de s'enfuir avec elle afin de pouvoir « aimer sans mensonge ». Scène 2. Arthus attend tristement son chevalier et, avide de savoir, invoque l'enchanteur Merlin qui lui prédit la fin de son empire. Alors, les yeux dessillés, Arthus part en guerre contre celui qui l'a trahi.

ACTE III. Scène 1. Dans la bataille, Lancelot a faibli lorsqu'il a reconnu Arthus et son épée Escalibor. Il a fui. Genièvre l'accable alors et, refusant d'aller, comme lui, s'humilier devant Arthus, s'étrangle de ses nattes, cependant que Lancelot retourne au combat pour y trouver la mort. Scène 2. Revenu de ses blessures, il invite le roi à se faire justice. Mais Arthus, ayant déjà dépassé les misères humaines, pardonne et en appelle à la clémence divine. Alors des voix appellent le vieux roi, l'invitent à la paix, à l'oubli. Une nacelle le vient chercher pour un monde extraterrestre où il ne connaîtra le repos — en attendant de reprendre sa grande œuvre.

Sur ce schéma qui rappelle le *Tristan* de Wagner, mais demeure exemplaire par la noblesse du ton et de l'écriture (« Ta parole est sombre comme le rire de la mer » s'exclame Arthus à l'acte II et, à l'acte III, « Je n'ai plus rien d'humain que ma douleur »), Chausson a composé une musique extrêmement personnelle, forte, charnue, d'une constante élévation. Rejetant à la fois la facilité française du temps et l'enflure, comme la technique wagnérienne du leitmotiv (tout au plus relève-t-on deux motifs dominants symbolisant, l'un, Arthus et l'œuvre de la Table ronde, l'autre, l'amour de Genièvre et Lancelot), Chausson brosse un tableau saisissant de vérité intérieure.

Opulent sans lourdeur, l'orchestre offre d'heureuses combinaisons de timbres (emploi de clarinette basse, quatre trompettes, cymbales antiques, timbales chromatiques). Le « prélude » liminaire et non « ouverture » —, les différentes pages orchestrales (harmonies troubles de l'interlude, thème farouche évoquant le combat sacrilège au début de l'acte III, etc.) acquièrent ainsi une beauté indéniable, tout comme certaines scènes d'un tragique grandiose (élans passionnés de Genièvre et Lancelot à l'acte I ; attente d'Arthus et apparition de Merlin, pardon du vieux roi et finale magique proclamant la victoire spirituelle d'Arthus dont la gloire restera « d'avoir cru en l'Idéal »).

Œuvre superbe également sur le plan de la philosophie et qui, au contraire de *Tristan*, met au premier plan non les amours de Lancelot et Genièvre, mais l'œuvre de foi, mise en péril, d'Arthus. Si Chausson montre, comme Wagner, l'inanité des choses comme la vanité des entreprises humaines, il corrige cette amertume par la foi et une volonté d'agir. A une œuvre de pessimisme, Chausson oppose ainsi une leçon d'énergie — et, au-delà, un confiant mysticisme. On regrette, dès lors, qu'un chef-d'œuvre aussi exemplaire soit aujourd'hui totalement méconnu. J. G.

Roi Christian II (LE). Drame historique d'Adolf Paul relatant les amours de ce monarque dano-norvégien du début du XVIe siècle, et donné en première représentation au Théâtre suédois d'Helsinki le 24 février 1898 avec une musique de scène de Jean Sibelius. De cette partition en quatre morceaux, Sibelius tira la même année une suite d'orchestre en sept volets (dont trois nouvellement composés) qui fut, sous le numéro d'opus 27, sa première œuvre publiée par Breitkopf & Härtel, et sa première musique d'orchestre jouée hors de Finlande. M. V.

Roi David (LE). Œuvre d'Arthur Honegger, composée entre le 25 février et le 28 avril 1921 pour un orchestre de 17 musiciens et un chœur mixte de 100 chanteurs. Texte de René Morax. Création le 11 juin 1921 au théâtre du Jorat, à Mézières. Deux ans plus tard, Honegger en réalisa une transcription pour grand orchestre créée à Paris en 1924. L'œuvre fit une forte impression et devint, avec *Pacific 231*, sa plus populaire. En 1951, Honegger regrettait que l'on donne en oratorio un ouvrage conçu à l'origine comme une musique de scène. On peut toutefois observer que cette « musique de scène » a orienté Honegger sur la voie de l'oratorio, genre à la résurrection duquel il devait contribuer d'une manière d'autant plus efficace qu'il convenait parfaitement à son génie à la fois lyrique et constructif.

Le *Roi David* comprend trois parties : *David berger, chef et conducteur d'armées*, *David roi*, *David roi et prophète*. Honegger a reconnu lui-même qu'il y a trop de morceaux brefs dans la première partie. La *Danse devant l'Arche* (dans la 2e partie) et la *Mort de David* (dans la 3e partie) sont les sommets de cette œuvre qui, pourtant, ne laisse indifférent, tant en raison de la sincérité et de la vigueur de l'expression, que de la sûreté de main du jeune compositeur dont les réflexes d'« illustrateur » et le sens du développement apparaissaient tout à fait étonnants. J. R.

Roi des Aulnes (LE). Titre français d'un célèbre lied de Franz Schubert composé en 1815 (à dix-huit ans) sur le texte de la ballade de Goethe *Erlkönig*, également mise en musique par Loewe et Reichardt. Inspiré des légendes nordiques sur les enlèvements d'enfants par des créatures surnaturelles, c'est un drame précipité et terrifiant, où l'interprète doit prêter sa voix, tour à tour, à 4 personnages, le narrateur qui présente et conclut l'action, et les 3 protagonistes : par ordre d'entrée en scène, le Père, qui ne veut rien entendre des frayeurs de son fils qu'il emporte sur son cheval, dans la nuit ; l'Enfant, qui vainement cherche à convaincre son père que le Roi des aulnes est à ses trousses ; enfin, la voix tendre et séductrice du Roi des aulnes qui s'adresse à l'enfant (« Viens, avec moi... jouer de beaux jeux dans mon paradis »). Le Père refusant d'écouter le fils (« Sois tranquille, mon enfant, ce n'est que le vent qui murmure dans les feuilles sèches »), l'enfant est frappé à mort, et quand le Père, ayant compris trop tard, arrive hors d'haleine au bout de sa chevauchée, au seuil de la maison, « dans ses bras, l'enfant était mort » (« In seinen Armen, das Kind war tot »).

Drame de la mort effrayante et séductrice à la fois (v. *la Jeune Fille et la Mort*), le *Roi des aulnes* annonce toutes les œuvres dédiées par Schubert à ce thème, qui le poursuivra jusqu'à sa propre disparition. Comme beaucoup de ses lieder, et de ses œuvres en général, il est construit non sur un motif mélodique précis, mais sur un rythme, une pulsation, ici celle de la chevauchée, figurée par un accompagnement en triolets rapides, saccadés et incessants.

Remarquons que les autres versions musicales du poème de Goethe, par Carl Loewe et J.-F. Reichardt, sont plus proches du modèle de ballade populaire qui avait inspiré Goethe, puisqu'elles adoptent sa forme strophique, reprenant la même musique sur des paroles différentes. A l'opposé, l'*Erlkönig* de Schubert est un drame, un récit, où la mélodie, déclamée à larges intervalles, se renouvelle constamment, module, etc., tout en s'appuyant sur une base rythmique à peu près immuable. M. C.

Roi des Étoiles (LE) [en russe *Zvezdoliki*]. Cantate pour chœur d'hommes (ténors et basses) et orchestre d'Igor Stravinski sur un poème russe visionnaire et symboliste de K. Balmont (traduction française de M. D. Calvocoressi), composée en Russie en 1911-12, dédiée à Claude Debussy, et créée à Bruxelles le 19 avril 1939 sous la direction de Franz André.
 M. V.

Roi d'Ys (LE). Œuvre d'Édouard Lalo en 3 actes et 5 tableaux, sur un livret d'Édouard Blau, créée à Paris au Théâtre national de l'Opéra-Comique le 7 mai 1888.

Cet ouvrage, inspiré d'une légende bretonne, utilise des traditions et des thèmes folkloriques avec beaucoup d'élégance, de charme et de couleur. C'est une des plus sobres et des plus nobles œuvres du répertoire lyrique français. C'est pour cela sans doute qu'elle fut d'abord refusée par l'Opéra qui attendit un demi-siècle pour l'afficher.

L'action se déroule en Bretagne, aux abords de la ville d'Ys dont les défenseurs viennent d'être vaincus par les soldats du prince Karnac. Une brillante ouverture résume les principaux épisodes du drame où s'opposeront sans cesse l'amour et la haine, la tendresse et la violence.

ACTE PREMIER. (La terrasse du château royal d'Ys.) *La foule en liesse fête les fiançailles du prince Karnac avec Margared, la fille aînée du roi d'Ys : cette union va mettre fin à une guerre déjà trop longue. Mais Margared n'aime guère Karnac et se souvient du jeune Mylio, aimé d'ailleurs également par sa sœur cadette Rozenn. Ici se place l'émouvant duo des deux sœurs En silence, pourquoi souffrir ? Or Mylio paraît, rentrant de captivité. Margared, aussitôt, refuse d'épouser Karnac. Furieux, celui-ci décide de reprendre les hostilités.*

ACTE II. 1ᵉʳ tableau. (Une salle dans le palais.) *Mylio va partir combattre Karnac. Le roi lui promet la main de sa fille Rozenn qu'il aime s'il revient victorieux. Jalouse, Margared souhaite la mort de Mylio.*

2ᵉ tableau. (Une plaine où s'élève la chapelle de saint Corentin.) *La foule remercie saint Corentin d'avoir permis la victoire de Mylio. Karnac survient défait, égaré. Il appelle l'enfer à son secours. C'est Margared qui lui répond et lui suggère d'ouvrir l'écluse qui protège la ville d'Ys : celle-ci serait aussitôt engloutie, avec sa population.*

ACTE III. 1ᵉʳ tableau. (Une galerie dans le palais.) *On va fêter le mariage de Mylio et de Rozenn. Le jeune homme vient chercher sa fiancée, lui chante une aubade à laquelle elle répond affirmativement selon la tradition bretonne. Tout le monde entre dans l'église. Karnac et Margared surviennent dans la galerie déserte. Excitant la jalousie de la jeune femme, Karnac obtient qu'elle le conduise à l'écluse.*

2ᵉ tableau. (Une colline au bord de la mer.) *Le roi, ses filles, Mylio et les habitants d'Ys se sont réfugiés sur la colline afin d'échapper aux flots qui ne cessent de monter. Mylio a tué le criminel, Karnac, mais sa mort ne semble pas apaiser la colère de Dieu. Alors Margared se présente et avoue sa trahison. Le peuple va la lyncher, mais elle gravit un rocher et se jette dans l'Océan. Le saint apparaît et les flots s'apaisent aussitôt.*

Le compositeur, en écrivant cette partition aux jolis accents du folklore breton, a donné à la musique lyrique française une œuvre saine et populaire, dans le sens poétique du mot. S. W.

ROI ÉTIENNE (LE) [en all. *König Stephan*]. Musique de scène op. 117 de Beethoven pour une pièce du même nom d'August von Kotzebue. Pour l'inauguration (prévue pour octobre 1811) d'un nouveau théâtre à Pest, Kotzebue écrivit deux pièces formant les deux parties d'un spectacle : comme prologue *le Roi Étienne*, et comme épilogue *les Ruines d'Athènes* (en all. *Die Ruinen von Athen*). Beethoven composa la musique de scène pour les deux (celle des *Ruines d'Athènes* porte le numéro d'opus 113) à Teplitz entre le 20 août et la mi-septembre 1811, mais l'inauguration du théâtre de Pest n'eut lieu que le 9 février 1812. Chacune des musiques de scène est faite d'une ouverture et de diverses pièces surtout vocales. Celle pour les *Ruines d'Athènes*, qui comprend notamment une célèbre marche turque reprenant un thème traité par Beethoven en 1809 sous forme de variations pour piano (opus 76), ne fut publiée intégralement qu'en 1846 par Artaria, celle pour le *Roi Étienne* qu'en 1864 dans le cadre de l'édition complète de Breitkopf & Härtel. M. V.

ROI LEAR (LE). Ouverture de concert, pour orchestre, composée en 1831 par Hector Berlioz. C'est avec *Roméo et Juliette*, la *Mort d'Ophélie*, la *Marche funèbre sur la mort d'Hamlet*, la *Fantaisie sur la Tempête de Lelio*, etc. une des nombreuses pièces de Berlioz inspirées par Shakespeare. Elle fut créée le 9 avril 1834 au Conservatoire de Paris, sous la direction de Narcisse Girard. Selon l'auteur, elle a été composée pendant une période particulièrement heureuse de retour à la vie, à Nice, après son escapade hors de Rome pour aller se venger de sa « fiancée traîtresse », Camille Moke, et sa tentative de suicide. L'ouverture est en 2 parties (*andante non troppo lento ma maestoso* et *allegro disperato e agitato assai*), qui font chacune s'opposer 2 thèmes. M. C.

ROI MALGRÉ LUI (LE). Opéra-comique en 3 actes d'Emmanuel Chabrier, sur un livret d'Émile de Najac et Paul Burani, d'après un vaudeville d'Ancelot, créé à Paris au Théâtre national de l'Opéra-Comique le 18 mai 1887.

Roi de Pologne par la volonté de ses parents, Henri de Valois, le futur Henri III, s'ennuie à Cracovie. Il imagine de se joindre incognito aux conspirateurs qui veulent l'exclure du trône. Ceux-ci, devant son zèle antimonarchique, finissent par le désigner pour s'assassiner lui-même. La conspiration échoue grâce à l'intervention de deux jeunes femmes : Minka, petite serve amoureuse du comte de Nangis, et Alexina, épouse du ridicule duc de Fritelli, qui croit reconnaître dans le roi un de ses soupirants entrevu jadis à Venise. Le complot étant découvert et les conspirateurs arrêtés, Henri de Valois restera roi de Pologne malgré lui.

L'œuvre fut créée à la veille du terrible incendie qui détruisit le 25 mai 1887 la seconde salle Favart. Elle en subit sans doute un contrecoup fâcheux, bien qu'en réalité elle se révélât assez déroutante. Chabrier avait écrit une musique résolument bouffe sur un livret qui se prenait au sérieux, de surcroît peu compréhensible. Albert Carré, en 1929, refit entièrement la pièce, l'allégeant de toute redondance et donnant aux personnages le caractère léger que l'intrigue, assez mince, exigeait. S. W.

ROI PASTEUR (LE) [en ital., *Il Re pastore*]. « Dramma per musica » en 2 actes de Mozart sur un livret de Métastase. Créé à la cour de l'archevêque de Salzbourg le 23 avril 1775.

L'action se déroule dans une Antiquité pastorale, près de la ville de Sidon au Liban.

ACTE PREMIER. (Un paysage idyllique.) *Le pasteur Aminta (s ; rôle créé par un castrat) soupire dans les bras de la nymphe Elisa (s) tout en exprimant la crainte que lui inspire la récente conquête de Sidon par Alexandre le Grand. Elisa, elle, sait gré aux nouveaux occupants d'avoir libéré Sidon d'un odieux tyran, Straton. Le berger et la nymphe envisagent des noces prochaines. Alexandre lui-même (t) paraît accompagné de son conseiller sidonien Agenor (t). L'empereur s'entretient avec Aminta et semble surpris de l'humble condition et des ambitions modestes du berger, lequel dans son langage laisse apercevoir des traits de noble origine.*

Alexandre et Agenor étant demeurés seuls, leur conversation révèle qu'Aminta est en réalité l'héritier légitime de la dynastie persécutée par le tyran. Agenor rencontre alors la princesse Tamiri (s), qu'il aime. Celle-ci, fille du despote Straton, vit présentement sous un déguisement de bergère pour échapper aux représailles éventuelles des vainqueurs. Elisa vient annoncer à Aminta que le consentement de son père rend imminente la célébration de leur mariage. Mais Agenor, qu'escorte la noblesse de Sidon, vient troubler l'atmosphère nuptiale en découvrant à Aminta qu'il n'est autre qu'Abdolonimo, héritier du royaume, et qu'Alexandre se dispose à le remettre sur le trône. Elisa conçoit des alarmes de cette situation nouvelle, mais Aminta la rassure tendrement.

ACTE II. (Le camp d'Alexandre.) *Elisa est écartée par le sévère Agenor de la tente royale où Aminta tient conseil. Le nouveau roi plaît à Alexandre et continue de charmer celui-ci par ses vertus. L'empereur s'enquiert de Tamiri et, apprenant que cette dernière n'attend que son pardon pour reparaître, accorde ledit pardon et ordonne de plus qu'elle soit mariée à Aminta, ce qui brise les projets sentimentaux des quatre autres personnages et provoque leur consternation. Cependant qu'Aminta s'exalte dans sa fidélité à Elisa, Agenor, quoique déchiré, s'incline devant la raison d'État et Tamiri, dépitée, semble malgré tout tentée par le pouvoir proche. Devant Alexandre, elle avoue tout son attachement à Agenor mais s'en remet à l'arbitrage du souverain. Aminta, lui, paraît vêtu en berger et se déclare prêt à renoncer au trône plutôt qu'à Elisa. Toutes les conditions sont réunies pour qu'Alexandre unisse les deux couples et confie le gouvernement suprême au roi pasteur.*

L'œuvre est une merveilleuse pièce montée de bons sentiments métastasiens : clémence, fidélité, amour d'une nature arcadienne, despotisme éclairé. C'est aussi l'un des plus beaux textes du grand poète romain. Sa langue fluide et élégiaque a réellement inspiré Mozart, qui a composé dans la forme ambiguë de la « serenata », intermédiaire entre la cantate en

costume et l'opera seria. La beauté des arias, qui présentent une riche variété de construction, et de l'unique duo, est constamment suprême.
J. T.

ROI ROGER (LE). Opéra en 3 actes op. 46 de Karol Szymanowski, composé en 1918-1924 sur un livret de Jaroslaw Iwaszkiewicz, créé à Varsovie le 19 juin 1926 sous la direction d'Emil Mynarski.
L'action se déroule en Sicile, au XIIe siècle.
ACTE PREMIER. *Au cours d'une messe solennelle célébrée à la cathédrale de Palerme, les prêtres demandent au roi Roger II (bar) de mettre un terme à l'expansion de mythes portant atteinte à la foi chrétienne, sachant qu'un étranger, un berger, est en train de prêcher pour un nouveau dieu. Le roi ordonne son arrestation, mais son épouse la reine Roxane (s) demande qu'on laisse le jeune homme s'expliquer. Le berger (t) arrive, évoque son dieu, jeune, beau, plein de vitalité; ses mots impressionnent l'auditoire et la reine semble succomber à son charme mystérieux. Malgré les protestations des prêtres, le roi se décide à écouter le credo du berger et lui demande de venir le trouver le soir même.*
ACTE II. *Le roi attend son visiteur dans la cour intérieure du palais. Le berger apparaît avec d'autres personnes, salue le roi « au nom de l'amour éternel » et conte son histoire : il a quitté les rives du Gange, fleuve sacré, et son dieu l'a investi d'un pouvoir miraculeux. Le roi est troublé, mais la voix de Roxane le rassure. La suite du berger commence à danser au son d'une musique étrange, puis Roxane, subjuguée par le regard du jeune homme, s'approche machinalement de lui et chante au sein du groupe qui l'entoure. Au comble de la jalousie et de la colère, le roi ordonne à ses gardes de saisir le berger. Celui-ci parvient à briser ses liens, lance un appel au peuple et à Roxane montrant qu'il veut les guider vers ce qu'il désigne comme « le Royaume de la Lumière », et se retire avec sa suite. Roger demeure seul en compagnie du sage arabe Edrisi (t), retire soudain sa couronne et son manteau, décidant à son tour de suivre le berger.*
ACTE III. *Dans les ruines d'un théâtre grec, le roi, accompagné par Edrisi, est à la recherche du berger qui a envoûté la cour en même temps que la reine. Le berger arrive avec sa suite et Roxane prend part à un sacrifice offert à un dieu païen. Au coucher du soleil, le berger se transforme en dieu grec, Dionysos, ses fidèles en bacchantes et ménades, puis se livrent à une danse, folle, extatique, à laquelle Roxane prend part. Les danseurs partent, Roger reste seul avec Edrisi. A travers toutes ces épreuves, le roi a résisté à la tentation, il se sent transformé. Son hymne au soleil levant, véritable chant d'action de grâce, demeure la solution finale aux conflits causés par des événements peu coutumiers.*

La conception du *Roi Roger* résulte d'une assimilation passionnée de la culture hellénistique et orientale, de l'enthousiasme de Szymanowski pour l'atmosphère de la Sicile aux multiples civilisations. Fruit de recherches permettant de recréer l'ambiance d'ascétisme de l'ancienne chrétienté, entourée par la culture arabo-byzantine, la musique en est complexe, utilisant le chant grégorien ou byzantin aussi bien que les gammes orientales. Son essence est plus contemplative que réellement dramatique, son pouvoir de séduction tient à sa richesse mélodique, à des prodiges d'écriture pour un vaste effectif permettant de varier les coloris, dans ce style propre au compositeur, fait d'impressionnisme, d'ampleur lyrique et de mysticisme chatoyant et sensuel.
P. V.

ROJDESTVENSKI (Guennadi), chef d'orchestre soviétique *(Moscou 1931)*. Son père, Nicolas Anosov, était chef d'orchestre et professeur au conservatoire de Moscou; sa mère, Natalya Rojdestvenskaia, une cantatrice connue. Il reçut son éducation musicale dans la classe de son père et avec Lev Oborine. En 1951, ses débuts au théâtre Bolchoï dans *la Belle au bois dormant* de Tchaïkovski révélèrent sa maturité, sa vive intelligence musicale, sa mémoire remarquable (il dirigea le ballet de mémoire). A l'élégance et à la précision, à la décision et à la puissance expressive de ses gestes, on reconnaît l'influence de l'école du ballet sur l'art de se chef.

Dès le début de sa carrière, Rojdestvenski se déplaça en Europe occidentale et orientale aussi bien qu'en Amérique. En 1963, il devint chef principal de l'Orchestre symphonique de la Radio de Moscou, et, en 1965, chef principal du théâtre Bolchoï, ce qui lui permit, entre autres créations, de présenter pour la première fois en U.R.S.S. des opéras comme *le Joueur* de Prokofiev et *le Songe d'une nuit d'été* de Britten. Paris connut ses saisissantes interprétations de *la Dame de pique* et de *Boris Godounov* lors de la tournée de ce théâtre en 1969; Londres et le festival d'Edimbourg découvrirent ses présentations de symphonies de Chostakovitch (au festival d'Edimbourg, 1962, Rojdestvenski assura la première audition en Occident, dans des conditions triomphales, de la Quatrième Symphonie de ce compositeur).

La suite de sa carrière est marquée par de nombreuses tournées et prises de postes : à l'Orchestre philharmonique de Stockholm en 1974, à l'Orchestre symphonique de la BBC en 1978, à l'Orchestre symphonique de Vienne en 1981. Il assure parallèlement la direction musicale de l'Opéra de chambre de Moscou, dont la production du *Nez* de Chostakovitch a imposé l'œuvre en de nombreux pays.

L'un de ses plus beaux titres de gloire lui vient de sa spécialisation dans la musique de Prokofiev qu'il défend avec une ardeur peu commune, ayant fait découvrir des pages oubliées comme les deuxième et troisième symphonies et enregistrant une quasi-intégrale discographique de ce compositeur. Son intégrale des symphonies de Sibelius au disque ne fait pas moins autorité.
P. V.

ROLAND-MANUEL (Roland Alexis Manuel LÉVY, dit), compositeur, musicologue et pédagogue français *(Paris 1891 - id. 1966)*. Il prit ses premières leçons de violon à Liège où il passa plusieurs années de sa jeunesse; puis il entra à Paris à la Schola cantorum, où il fut l'élève d'Albert Roussel et de Serieyx. Il fut, d'autre part, l'un des rares élèves de Maurice Ravel, dont il devint le biographe et l'exégète (*Maurice Ravel et son œuvre*, 1914; *Maurice Ravel*, 1938, 2e éd. 1948, *Ravel par quelques-uns de ses familiers*, Paris, 1939). Il était également un proche ami du groupe des Six. Son œuvre musicale (*Trio à cordes*, 1917; *Suite dans le goût espagnol* pour orchestre de chambre, 1938; œuvres chorégraphiques, mélodies) porte l'influence de Ravel. D'origine israélite, il se convertit au catholicisme et s'attacha comme oblat à l'ordre des bénédictins.

Humaniste d'une rare culture, il anima à la radio l'émission *Plaisir de la musique* qui prit en 1945 la succession d'une émission similaire d'Émile Vuillermoz. En 1947, il fut nommé professeur d'esthétique musicale au Conservatoire de Paris, classe qu'il partageait avec Marcel Beaufils. Aux éditions Gallimard, il dirigea une collection musicale et la réalisation d'une *Histoire de la musique* (2 vol., 1960-1963).
A. L. et S. W.

ROLLAND (Romain), écrivain français *(Clamecy 1866-Vézelay 1944)*. La place de la musique dans la vie et l'œuvre de Romain Rolland est tout à fait prépondérante : non content d'avoir développé en France, par le biais notamment de ses cours à l'École normale supérieure, la science musicologique, il écrivit une douzaine d'ouvrages consacrés à des genres ou des compositeurs (*Histoire de l'opéra avant Lulli et Scarlatti*, 1895; *Musiciens d'autrefois, musiciens d'aujourd'hui*, 1908; *Vie de Beethoven*, 1903; *Voyage musical au pays du passé*, 1919; les quatre tomes de *Beethoven, les grandes époques créatrices*, 1928-1944) et confia à son héros Jean-Christophe, lui-même compositeur, le soin de ranimer la conscience de ses concitoyens par un nouvel idéal musical.

C'est en effet prioritairement à la musique allemande que s'intéressa Rolland et, au-delà, à l'âme allemande. La « musique aimante », « musique mère », « musique maîtresse » est présentée comme « la seule source profonde où (il a) puisé une connaissance presque charnelle de l'âme germanique ». De fait, Rolland n'alla que peu outre-Rhin, et ses rares voyages, dont un à Bayreuth, lui furent pénibles tant la lourdeur et la vulgarité servile des Allemands blessaient l'idéal qu'il avait de leur culture.

Car cet esprit fasciné par l'humanisme de « l'Allemagne éternelle du cœur », désireux d'infuser dans la pensée logique française la masse de sentiments obscurs éveillés par la musique allemande, était en même temps fort lucide, tout à la fois quant aux méfaits d'un esprit revanchard et exterminateur (l'époque, de 1870 à 1914, puis dans les années 30, s'y prête) et quant à l'évolution qu'il constate en Germanie. Si donc il stigmatise Mahler, « bric-à-brac opulent et criard », et Richard Strauss, « barbare et décadent », auteur « de chefs-d'œuvre odieux » trempés à l'encre de Hofmannsthal, ce « neurasthénique » « impuissant », « hystérique », névrosé », « dégénérescent », s'il vomit Wagner et les Associations Wagner, c'est qu'il y voit les symptômes d'un besoin grégaire masqué sous les oripeaux d'un faux idéalisme, d'un respect hypnotique de la force s'épanchant en contentements de soi d'une mélancolie fade. Le problème allemand, qu'il soit culturel ou politique, lui paraît toutefois devoir s'insérer dans un ensemble plus vaste touchant à la décadence morale de l'Europe tout entière.

Il en rend responsables « la crise des volontés, la neurasthénie, l'abdication de l'intelligence, elles-mêmes conséquences de l'introduction de la pensée nordique » dont l'Allemagne porte le poids, avec le constat schopenhauerien et wagnérien de la vanité de la lutte pour la vie, la nostalgie qu'ils véhiculent d'un nirvāna où la volonté n'est plus ; le pressentiment tragique de cette pourriture et de la guerre imminente fait reconnaître à Rolland, derrière l'ivresse de la puissance qui habite l'Allemand, « Mars-commis voyageur », l'incertitude du vouloir.

Mais ses appels antiprussiens à une régénération de la véritable âme allemande, celle de la fin du XVIIIe siècle, dénoncés en France comme les traîtrises d'un germanophile enragé, n'eurent outre-Rhin qu'un faible écho, l'on en était là-bas habitué à de telles exhortations, lesquelles y revêtaient un sens tout différent. Au soir de sa vie, Rolland eut la douleur d'assister à un second soubresaut de la volonté wilhelminienne remise au goût d'une Allemagne éternelle bien éloignée de celle qu'il appelait de ses vœux.

P. G.

ROMAN (Johan Helmich), compositeur suédois (*Stockholm 1694 - Haraldsmala 1758*). Surnommé *Den svenska musikens fader* (« le père de la musique suédoise »), d'origine finlandaise, enfant prodige, violoniste dans l'Orchestre royal, il étudie ensuite en Angleterre (1715-1721) où on le surnomme « The Swedish Virtuoso ». De 1721 à 1735, il est appelé à diriger l'Orchestre royal de Suède, après quoi il voyage en Angleterre, en France, en Italie et rejoint son pays en 1737, après s'être arrêté en Autriche et en Allemagne. À partir de 1740, le triomphe de l'opéra, la mort de sa deuxième femme et celle de sa protectrice la reine Ulrika Eleonore le contraignent à se retirer dans le sud du pays où il continue de composer jusqu'à sa mort.

Son œuvre (près de 400 numéros) comprend surtout de la musique instrumentale ; il s'y affirme très proche de Haendel qu'il avait rencontré à Londres, et il laisse des sinfonie, 3 concertos pour violon, des concertos pour hautbois, des sonates (13 en trio, 12 pour flûte, violon et clavecin, 12 pour clavecin), des pièces pour violon seul (*Assaggi a violino solo*, 1740) et une monumentale suite pour orchestre, *Drottningholmsmusiken* (1744) en 24 mouvements, écrite pour le mariage de Lovisa Ulrika et Adolf Fredrik de Hesse, roi de Suède. Dans le domaine vocal, peu attiré par l'opéra, Roman s'est surtout consacré à la musique religieuse et, outre la *Svenska messan* (« Messe suédoise », 1752) et 2 *Te Deum*, il a composé de nombreux psaumes (*Psaumes de David*) et quelques chants profanes.

H.-C. F.

ROMANCE. — 1. **Genre musical** qui fut très en faveur en France, à partir de la seconde moitié du XVIIIe siècle, jusque dans la seconde moitié du XIXe siècle, où elle disparut pour laisser la place, dans la musique « savante », à la mélodie. On appelait romance une chanson sentimentale (chanson d'amour le plus souvent), sur une mélodie simple, de caractère plutôt « naïf et attendrissant » (Marmontel), et adoptant la forme populaire strophique, avec des couplets qui pouvaient être plus ou moins variés et ornementés à la reprise.

La vogue de la romance, genre aimable donnant lieu à d'importants tirages et à un commerce lucratif, est plus ou moins liée à la redécouverte, à la fin du XVIIIe siècle, d'un Moyen Âge pittoresque, avec troubadours et pucelles, par exemple dans les opéras médiévaux de Grétry (*Richard Cœur de Lion*, 1784), qui, comme d'autres opéras-comiques de l'époque, contiennent des romances destinées à être popularisées en versions séparées.

En fait, la romance est au carrefour de la musique populaire et de la musique de salon : elle peut être écrite par des musiciens « sérieux » en style populaire, dans un « goût un peu antique » (comme dit Jean-Jacques Rousseau). On peut la faire dériver de la chanson de toile médiévale et de l'air de cour. Au XVIIIe siècle, la romance s'opposait à l'*ariette* (genre plus brillant et virtuose) par son caractère modeste et sa facilité d'intonation. Peu à peu, les romances, d'abord souvent écrites sur des « timbres » (airs connus du domaine public), furent ensuite de plus en plus créées sur des mélodies originales, avec un accompagnement noté (pour piano, mais aussi pour harpe ou guitare, parfois avec contrechant de flûte ou de violoncelle).

De célèbres paroliers de romances, au XVIIIe siècle, furent Florian, Fabre d'Églantine, Marmontel, et même Chateaubriand. Les compositeurs « sérieux » qui s'adonnèrent à ce genre ne manquèrent pas, qu'il s'agisse de Philidor, Cherubini, Martini, Méhul, Gossec, Grétry, Boieldieu, Dalayrac, Devienne, et même Jean-Jacques Rousseau. Il s'agissait parfois de spécialistes essentiellement voués à ce genre, comme Romagnesi, Plantade, Gaveaux, Garat, Blangini, Panseron.

C'était aussi un genre musical où la possibilité était laissée aux femmes de réussir, puisque Pauline Duchambge (qui mit en musique les poètes romantiques français) et Loïsa Puget furent des auteurs de romances très réputées.

Le déclin de la romance à la fin du XIXe siècle, après une période très florissante, peut être attribué à une certaine lassitude née de la saturation de romances fades et convenues. La romance disparue, la chanson populaire retourna à sa verve réaliste et énergique, et, dans le domaine « savant », on vit s'affirmer, en référence au lied allemand que l'on commençait à connaître en France, le genre plus écrit de la mélodie — notamment grâce à Berlioz, dont l'œuvre fait la transition entre romance et mélodie. Aujourd'hui, à part quelques mélodies entrées dans le trésor commun, la romance est un genre oublié et rétrospectivement méprisé. Il fut l'un des rares genres musicaux, en France, à faire le pont entre la musique populaire et la musique savante.

— 2. **Genre instrumental** se référant à la romance chantée : il s'agit d'une pièce pour orchestre, formation concertante, instrument soliste ou musique de chambre, qui se caractérise par son inspiration très chantante dans un tempo modéré. On peut citer la *Romance* du deuxième mouvement du *Concerto en « ré » mineur* KV.466 de Mozart ou les deux *Romances* pour violon et orchestre de Beethoven. Le titre français donné aux *Lieder ohne Worte* pour piano de Mendelssohn, *Romances sans paroles*, témoigne de l'assimilation qui régnait à l'époque entre le genre de la romance et celui de la chanson (*lied* signifiant chanson, chant).

— 3. Au masculin, **genre de chanson épique ou narrative** en vers de huit syllabes, spécifique à la culture espagnole. Le mot en est venu à désigner diverses formes de chansons espagnoles (enfantines, savantes, populaires). On parle aussi, dans ce sens, de *romancero*. A signaler que le mot français *romance*, dérivé de l'espagnol, désigne aussi bien un texte poétique que la musique chantée sur ce texte ; un genre littéraire aussi bien que musical. M. C.

ROMANCES SANS PAROLES (en all. *Lieder ohne Worte*). Titre général, inspiré de Henri Heine, donné par Felix Mendelssohn à un ensemble de 49 pièces brèves pour piano écrites entre 1828 et 1845, et publiées à partir de 1834 en 8 cahiers de 6 pièces chacun (plus une septième, rajoutée au dernier recueil). Ce sont fréquemment des pièces monothématiques à forme ternaire, avec un épisode central, dont certaines portent des titres évocateurs, ce qui les apparente à des « pièces de genre » pour les salons.

Dans le premier cahier op. 19, on notera une *Chanson de chasseur* en *la* majeur (n° 3) et une *Chanson de gondolier vénitienne (Venezianisches Gondellied)* n° 6 en *sol* mineur ; dans le deuxième op. 30, une autre « gondole » en *fa* dièse mineur ; dans le troisième op. 38, un « duetto » (n° 6) ; une *Chanson populaire*, en *la* mineur, n° 6 du cahier de l'op. 53 ; dans l'op. 62, une *Marche funèbre* en *mi* mineur (n° 3), une nouvelle « gondole » en *la* mineur, et le célébrissime *Frühlingslied (Chant de printemps)*, en *la* majeur. Dans l'op. 67, sont devenues populaires la *Fileuse (Spinnenlied)* en *do* majeur (n° 4) et la *Berceuse* en *mi* majeur (n° 6). Les 2 derniers cahiers sont ceux de l'op. 85 et de l'op. 102, auquel a été rajoutée en septième une ultime *Gondole*.

Ces pièces très classiques et coulantes, sans ruptures ni éclats, qui n'évitent pas toujours la banalité sans avoir la solidité de texture des œuvres plus ambitieuses de Mendelssohn, ont pris leur place dans les « classiques favoris » des étudiants pianistes, grâce à quelques-unes d'entre elles d'exécution facile. Le titre français de *Romances* correspond au genre qu'on donnait à l'époque comme l'équivalent du lied allemand, mais il s'agit plutôt d'« airs » de toutes sortes, la référence à la voix et au style chanté étant plus vague et extérieure que ne le suggère le titre (contrairement à des pièces de Chopin comme les *Nocturnes*). Gabriel Fauré devait reprendre le titre français du cycle de Mendelssohn pour ses trois *Romances sans paroles* de jeunesse. M. C.

ROMAN DE FAUVEL. Poème satirique en vers, écrit au XIVe siècle par Gervais de Bus et dont le second livre a été terminé en 1314. En 1316, R. Pestain de Chaillou complète le *Roman de Fauvel* en insérant dans son manuscrit 150 pièces environ de musique vocale : antiennes, motets à quatre voix, lais, rondeaux, séquences, ballades, etc. Ces pièces, qui recourent au latin, au roman, ou aux deux langues mélangées, sont notées suivant les principes de la notation franconienne (qui est une *notation noire*). Sans rapport avec le texte, la musique du *Roman de Fauvel* — dont certaines pièces semblent remonter au début du XIIIe siècle — est le prototype de ces recueils d'interpolations qui domineront au XIVe siècle, période de transition marquée par les travaux de Philippe de Vitry et de Pierre de la Croix au niveau de la notation musicale. Et c'est là valeur exemplaire — tant du point de vue de l'histoire des formes que de la notation proprement dite — qui en fait tout le prix aux yeux des contemporains. R. T.

ROMANESCA. Thème musical utilisé pour des danses, des airs et des variations instrumentales aux XVIe et XVIIe siècles. Bien qu'il soit, à l'origine, mélodique (tétracorde de deux tons et un demi-ton descendants répété deux fois et aboutissant à la tonique), sa basse, plus ou moins constante, devient peu à peu suffisamment caractéristique pour se substituer à la mélodie initiale (III-VII-I-V-III-VII-I-[V]-I) :

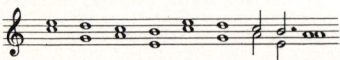

Il s'agit d'une formule de base que le compositeur peut à loisir varier mélodiquement, rythmiquement et harmoniquement, et à laquelle se greffe souvent une reprise ou coda. L'étymologie du mot et l'origine de la forme sont obscures, car la *romanesca* apparaît parallèlement dans des sources italiennes et espagnoles. Très proche de la *folia* et du *passamezzo antico* avec lesquels elle se confond parfois, on la retrouve également sous d'autres formes, qu'il s'agisse de gaillardes (pièces d'Attaingnant), du *villancico* « Guardame las vacas » (*Romanesca o Guardame las vacas* de Mudarra), du *cantus romanescus* ou de la *pavana milanesa* (de P. P. Borrono).

Le terme est employé très tôt en Espagne par Mudarra en 1546 (pièce ci-dessus), D. Ortiz en 1553 (*Tratado de glosas*) et surtout Fr. Salinas qui en donne une description précise dans son *De Musica* de 1577. À la fin du XVIe siècle, la *romanesca* est utilisée comme thème de danse pour la vihuela en Espagne (pièces de E. de Valderrabano, par exemple) et le luth en Italie (pièces de C. Bottegari et V. Galilei). Au début du XVIIe siècle, la forme inspire plus particulièrement les premiers monodistes italiens qui en donnent des versions pour voix solo et basse continue (pièces de G. et F. Caccini, Cifra, Banchieri, Monteverdi, etc.). Elle sera, en outre, adaptée à divers ensembles vocaux et instrumentaux, en particulier au clavier avec des pièces de E. Pasquini, Frescobaldi (*Partite sopra la romanesca*), B. Storace et Gr. Strozzi. D. H.

ROMANTIQUE. Titre porté par la symphonie n° 4 en *mi* bémol majeur de Bruckner. La version originale fut écrite du 2 janvier au 22 novembre 1874, et resta ignorée du public jusqu'en 1975, date à laquelle elle fut enfin publiée (édition Nowak) et exécutée à Linz. Ses deux premiers mouvements élaborent les mêmes thèmes, mais plus longuement, que la version connue ; le finale ne présente avec celui de cette version qu'un certain nombre de points de rencontre ; quant au scherzo, c'est un mouvement totalement différent.

En 1878, Bruckner donna aux trois premiers mouvements l'aspect que nous leur connaissons aujourd'hui (il remania donc les deux premiers et écrivit un tout nouveau scherzo), et remania également le finale de 1874. Mais il n'en fut toujours pas satisfait, et le récrivit de fond en comble en 1880. C'est ainsi que la *Romantique* est connue : trois premiers mouvements de 1878, finale de 1880. D'autres révisions furent entreprises en 1887-88, et publiées en 1889, mais c'est la version de 1878-1880, créée à Vienne le 20 février 1881 sous la direction de Hans Richter, qui est la bonne (elle ne devait cependant être publiée qu'en 1936, par Robert Haas).

Son titre de *Romantique* ne fait pas de cette symphonie une tentative de poème symphonique à la manière de Liszt. Bruckner élabora bien pour elle un programme à résonances médiévales, mais il n'est pas nécessaire d'en tenir compte, bien que le célèbre scherzo de 1878 évoque très clairement une scène de chasse. Ce qui est sûr, c'est que la *Quatrième* (la première symphonie de Bruckner en majeur) traduit au mieux les relations profondes, d'ordre largement mystique, du compositeur avec la nature. Ces relations se manifestent surtout dans le premier mouvement, et dès l'inoubliable appel de cors (sur trémolos de cordes) du début. La *Quatrième* n'est pas la plus grande des symphonies de Bruckner, mais sa popularité s'explique aisément. M. V.

ROMANTISME. Dans l'histoire de la musique occidentale, on a coutume de parler de période « romantique » pour les deux premiers tiers du XIXe siècle, et de qualifier de *romantisme* le courant musical qui s'est alors développé, comme il y eut un romantisme littéraire, pictural, etc. On y trouve évidemment bien des traits propres au romantisme en général : mise en valeur de l'expression individuelle, référence à un Moyen Âge redécouvert (et plus ou moins mythique) et à l'identité nationale, thèmes humanistes et révolutionnaires, etc. Les grands compositeurs considérés comme romantiques par excellence sont Weber, Schubert, Liszt, Schumann, Chopin, Wagner, et même Mendelssohn pour une partie de son inspiration, puisque ce dernier, comme plus tard Brahms, se réfère à un *néoclassicisme* qui s'affirma en même temps que le romantisme, avec ou contre lui.

Le père des romantiques en musique est Beethoven, même si l'on trouve déjà chez Mozart, Haydn, et dans le courant *Sturm und Drang* de la fin du XVIIIe siècle, un début d'exacerbation de l'expression individuelle des sentiments par la musique. Car si la musique baroque et classique connaissait déjà le pathétique et l'expression, c'est le romantisme, et avant lui le *Sturm und Drang*, qui introduisit cette dimension individuelle de l'expression, référée à un «Je», un Moi qui est l'auteur, auquel s'identifie l'auditeur. On dirait aujourd'hui que le romantisme se développa sous le signe de la «politique des auteurs», et le héros de référence du romantisme, parangon du compositeur romantique, ce fut bien Ludwig van Beethoven, avec sa destinée tragique, sa pensée progressiste, et l'affirmation résolue de son génie créateur. On se bornera ici à relever quelques traits propres au romantisme dans la musique.

— 1. Au XVIIIe siècle, s'il y a une patrie de la musique, et plus particulièrement de la musique lyrique, c'est bien l'Italie.

Avec la fin du XVIIIe siècle et le début du XIXe et avec le développement des genres symphoniques et instrumentaux, l'Allemagne supplante l'Italie. L'installation du romantisme musical en Allemagne est plus ou moins liée à la prise de conscience par les Allemands de leur identité nationale, cimentée par l'opposition à Napoléon. Romantisme musical devient synonyme de musique allemande ou autrichienne ; en France, Berlioz est une grandiose et unique exception de figure de musicien romantique, d'ailleurs reconnu comme tel par ses confrères germaniques, Mendelssohn, Schumann, Liszt, Wagner. Quant aux Italiens, c'est sur la scène, dans les genres dramatiques, qu'ils vont reconquérir une certaine suprématie localisée dans l'opéra, mais perdue dans les autres genres.

— 2. La littérature est l'art de référence du romantisme musical (inversement, et par une sorte de revanche ironique, le symbolisme littéraire de la fin du siècle prendra la musique comme modèle absolu d'inspiration, voir Mallarmé face à Wagner). Selon leurs propres dires, Berlioz, Liszt ou Wagner ont été autant, voire plus inspirés dans leur création musicale par leurs lectures de Shakespeare, Virgile, Byron, le Tasse, Goethe, Hoffmann, que par les génies musicaux du passé. À l'inverse, on ne trouve guère de traces chez les compositeurs classiques ou baroques d'un enthousiasme créateur déclenché par des lectures.

Il ne s'agit pas seulement de faire exprimer par la musique des sentiments, mais aussi des idées, voire des mythes : le mythe de *Faust*, recréé dans les lettres par Goethe et Lenau, est le mythe clé du romantisme, puisqu'il traite de l'individu dans son destin face au reste du monde, et la plupart des musiciens romantiques, Schubert, Spohr, Berlioz, Liszt, Wagner, etc., l'ont abordé dans leurs œuvres. Quant à Shakespeare, il est de loin l'auteur le plus cité, celui qui a inspiré le plus d'œuvres aux musiciens de ce XIXe siècle.

— 3. On associe souvent, non sans raison, le développement du romantisme à la mise en vedette et au perfectionnement du piano comme instrument-confident, instrument-reflet du compositeur, et aussi instrument-orchestre, manié par un seul individu. Mozart, Haydn, et surtout Beethoven, avaient ouvert la voie dans ce sens, mais c'est au XIXe siècle que le piano devient l'instrument romantique par excellence, et que l'on invente le récital de soliste, qui est d'abord le récital de piano (jusqu'alors, les programmes des concerts mêlaient toujours aux pièces pour solistes des pièces avec petits ensembles, formations de chambre, chanteurs, etc.).

Dans le même sens, apparaissent des genres instrumentaux nouveaux, comme le *poème symphonique*, en tant qu'expression d'idées et de sensations puisées essentiellement dans la littérature (plutôt que comme genre imitatif) ; on voit aussi le *concerto de soliste*, comme opposition de l'individu à la collectivité, prendre une grande extension, chercher à lutter en ampleur et en ambition avec la symphonie, mais sans jamais retrouver l'équilibre miraculeux que lui a donné Mozart (V. CONCERTO).

Du point de vue musical, on a accusé le romantisme de dissoudre la forme dans des épanchements incontrôlés. Mais en même temps, celui-ci a inventé des formes nouvelles, asymétriques, individuelles. Des romantiques purs comme Schumann ou Liszt attachaient une grande importance à la densité de la forme et à son renouvellement — tout comme leur «père» Beethoven.

Un nouveau principe musical, plus ou moins latent dans la musique occidentale depuis longtemps, apparaît également avec le romantisme, c'est le *leitmotiv*, bref motif conducteur non fermé par une cadence obligatoire (par opposition au *thème*, qui se ferme sur lui-même, et qui demande une certaine durée), et considéré comme porteur d'une idée, d'un concept, d'une identité : c'est en ce sens qu'il est développé par Berlioz, Liszt, et même Schumann, mais systématiquement dégagé et utilisé par Wagner, qui l'érige en base de son système. En tant que motif non fermé, le leitmotiv amène aux formes continues, qui ne sont pas ponctuées, à intervalles fréquents, de cadences parfaites. En tant que principe actif et autonome, le leitmotiv est une sorte de microthème individualisé qui dit «moi je...», beaucoup plus que le thème traditionnel, lequel reste assujetti à la carrure et à une courbe prédessinée qui le mène à sa mort cadentielle.

C'est également avec le romantisme que l'œuvre musicale tend de plus en plus souvent à être unique, irrépétable, et non pas un échantillon dans une longue série d'œuvres taillées sur le même patron. On n'écrit plus les concertos ou les quatuors par quatre ou par six, mais on fait, par exemple, *une* sonate pour piano conçue sur un modèle unique (Liszt), ou un cycle unique de vingt-quatre préludes (Chopin). L'œuvre se veut souvent plus longue, dense, méditée, elle demande plus de travail, et le catalogue du compositeur, à quelques exceptions près (Liszt), comprend souvent quatre ou cinq fois moins d'opus qu'au siècle précédent. C'est aussi que les conditions de l'offre et de la demande musicale ont changé. Il subsiste toujours une grosse production commerciale de littérature musicale pour salons (romances, pièces pour piano), mais rares sont les grands romantiques (à part Schubert et, à moindre titre, Liszt) qui y ont sacrifié.

— 4. En réaction contre les tendances «dissolvantes» du romantisme par rapport à la pureté et à l'autonomie de la musique est née, au sein même du romantisme, et des conditions mêmes qui l'ont suscité, une réaction *néoclassique* — illustrée par Mendelssohn, quelques œuvres de Schumann, et plus tard par Brahms, ainsi que par les écrits de Hanslick. Il ne faut pas oublier que ce sont les musiciens romantiques eux-mêmes qui se sont tournés vers leur passé musical, en remontant plus loin que la période galante et classique, pour ressusciter Bach, et plus loin encore, Palestrina. Cette réaction néoclassique se donne pour programme de faire une musique basée sur la forme, la composition en soi, non porteuse d'idées extrinsèques. Elle remet en honneur la dimension horizontale, contrapuntique, apollinienne de la musique, alors que le romantisme, essentiellement expressif, privilégie l'harmonie, la mélodie accompagnée, la dimension verticale de l'accord ou de la masse instrumentale.

Même si on a méconnu que le romantisme était aussi un grand inventeur de formes, et que les musiques romantiques n'étaient rien moins qu'invertébrées, il reste que ce courant fut déstabilisateur, qu'il engagea la musique dans une dynamique d'expansion, d'exagération (des proportions, de la forme, de l'effectif orchestral, de l'ambition), avec une exploitation systématique de l'entorse aux règles (utilisation dramatique de la dissonance, dilution de la forme classique carrée et compartimentée dans une forme continue), qui ne pouvait mener qu'à des réactions, des renversements, des extrêmes...

A maints égards, on peut dire que nous ne sommes pas sortis du romantisme, que nous en vivons encore les effets, notamment du point de vue du statut du compositeur, toujours défini par la « politique des auteurs » : la classe musicale attend toujours son Sauveur qui viendra la régénérer (Pierre Boulez a été, malgré lui, investi de cette mission), elle attend toujours des génies individuels, et un créateur comme Stockhausen, un des plus populaires dans la musique d'aujourd'hui, agit et compose en romantique, et se trouve reconnu et fêté par les autres comme peut l'être un compositeur romantique.

La réaction néoclassique du début du XXe siècle vers une musique plus « objective » ou une « Gebrauch-Musik », se voulant plus proche d'un rapport quotidien, familier, dépassionné à la musique (Hindemith), n'a pas pu grand-chose à cette tendance et n'a rien changé à l'état d'esprit romantique : c'est que le statut social, matériel, idéologique de l'auteur de musique a irrémédiablement changé, même si souvent l'État, les institutions ou les fondations tiennent aujourd'hui la place que tenaient autrefois les mécènes. Ceux-là mêmes qui en appellent à une musique fondue dans la société, répandue dans la vie, de plain-pied, sont les premiers, en cas de difficulté, à se comporter en génies méconnus. M. C.

ROMBERG, famille de musiciens allemands.
— 1. **Andreas Jakob**, violoncelliste et compositeur (*Vechta, près de Münster, 1767 - Gotha 1821*). Fils d'un violoniste et clarinettiste, il accompagna avec son cousin, dans leurs tournées, son père et le frère de celui-ci, se produisirent à Paris en 1784 et en 1785, et jouant avec Beethoven dans l'orchestre de Bonn en 1790. Après une visite à Vienne en 1796, qui donna lieu à un concert avec Beethoven et à des relations amicales avec Haydn, il s'établit à Hambourg, qui devint sa résidence principale à partir de 1801. Après cette date, il se consacra surtout à la composition.
— 2. **Bernhard Heinrich**, violoncelliste et compositeur, cousin du précédent (*Dinklage, Oldenburg, 1767 - Hambourg 1841*). Il mena jusqu'en 1801 une carrière identique à la sienne, et se consacra, après cette date, à une brillante carrière d'interprète. M. V.

ROME. De l'Antiquité à l'Italie de Mussolini, Rome fut rarement un foyer créateur, et c'est davantage l'image extérieure de sa puissance ou de sa richesse qu'a incarnée sa musique. Hors des frontières, les légions romaines puis les légats pontificaux ont même fait disparaître bien des civilisations musicales. Entre les exhibitions d'un Néron chanteur et l'opéra « résolument antimoderne » que lui consacra Mascagni en 1935, Rome, qui ne sut généralement retenir que quelques années, quelques semaines parfois, les plus grands musiciens, n'aura donné vie qu'à l'opérette à grand spectacle des princes Barberini (qui fut le modèle de l'opéra-prestige de Louis XIV) et surtout aux genres de l'oratorio* et de la cantate*.
Un aperçu historique. En empruntant à la Grèce sa technique et non son éthique musicale, la Rome antique ramena la musique à une position sociale inférieure. Les concours de chant de Néron, précédés d'éclatantes fanfares, préfiguraient déjà l'opéra romain du XVIIe siècle (v. OPÉRA), tandis que Cicéron ne voyait dans la musique qu'un auxiliaire pratique de l'art oratoire. L'Empire l'honora mieux, mais lorsque l'édit de Milan (313) eût assuré la liberté du culte, le chant ambrosien des Milanais et le patient effort des monastères comptèrent davantage que la *schola cantorum* romaine.

Bien que le dernier spectacle païen avoué ait eu lieu en 467, son genre survécut dans les premiers drames liturgiques qui, après 1264, quittèrent Saint-Jean-de-Latran pour la place publique. Les vies de saints y étaient entremêlées de chants en dialecte, de danses et de sacrifices d'animaux ; une *Passion* donnée en 1414 au Colisée s'y distinguait peu du genre habituel du lieu.

Le goût des Romains pour la danse se manifestait également, et, en 1465, le *palio* devint un authentique ballet, comme les fêtes nautiques données au Colisée ou Piazza Navona.

Au XVIe siècle, les mariages princiers, puis les représentations de Plaute ou de Machiavel (dont Raphaël fournit parfois les décors) firent une large place aux divertissements musicaux que la Contre-Réforme devait reprendre plus tard à son compte. C'est toutefois à Florence que les Romains Caccini et De'Cavalieri allèrent apprendre le nouveau style monodique, que ce dernier introduisit en 1600 à l'oratoire de la Vallicella dans ses opéras sacrés, ancêtres des oratorios et cantates que magnifièrent Carissimi, puis Pasquini, Stradella ou Scarlatti.

C'est l'époque où apparut l'opéra romain, gigantesque « music-hall » où même les vies des saints s'accommodaient d'intermèdes parodiques ou comiques ; la musique n'y était ni à la hauteur des ambitions, ni à celle du spectacle, ordonné par des artistes comme le Bernin dans les somptueux palais des Corsini, Barberini ou Colonna, familles qui fournirent maints pontifes se livrant à des luttes intestines nuisant à la libre évolution d'un genre dont les structures serviront pourtant de modèle aux opéras français et napolitains.

Bien qu'agissant à contre-courant de l'évolution inéluctable du langage musical, Rome sut, à la fin de la Renaissance, maintenir à un niveau exceptionnel l'art du madrigal (avec Luca Marenzio) et surtout celui de la polyphonie sacrée a capella, grâce à Palestrina dont Morales et Victoria diffusèrent l'idéal mystique en Espagne.

La musique instrumentale. Elle connut également son siècle d'or avec, à l'aube du XVIIe siècle, l'organiste G. Frescobaldi, auquel succédèrent notamment B. Pasquini puis D. Scarlatti ; bien que formé à Bologne, à l'instar des autres maîtres du violon et du concerto naissant, Arcangelo Corelli résida à Rome entre 1675 et 1713, y rencontrant Haendel, et formant Geminiani, Locatelli, Somis et Anet qui diffusèrent son art à l'étranger. C'est toutefois la splendeur de l'opéra princier qui régit l'époque, et Corelli fut au service de la reine Christine de Suède (qui, fixée à Rome après sa conversion, y favorisa la musique et le théâtre), ainsi que chef d'orchestre du *Capranica*, ouvert au public en 1692.

Plus tardivement que d'autres villes, Rome devait également démocratiser l'opéra demeuré longtemps l'apanage d'une élite intellectuelle aimant le plaisir : avant de devenir Clément IX, Mgr Rospigliosi avait écrit l'essentiel des livrets en vogue, et régné sur la fastueuse salle des Barberini (3 000 places), suivi en cela par Pietro Ottoboni, neveu d'Alexandre VII, librettiste et mécène de Corelli et Haendel. Un premier essai de théâtre public, en 1667, avait fait long feu, et le *Tor di Nona*, ouvert au public en 1671, subit d'une interdiction papale, en raison de la licence des mœurs : en 1689 fut avalisée l'interdiction faite aux cantatrices et aux danseuses de paraître au théâtre, interdiction qui, levée seulement en 1798, assura la suprématie du chanteur-castrat (autorisés dès la fin du XVIe siècle dans le chœur de la chapelle Sixtine, les castrats y furent maintenus jusqu'en 1902) dont l'art fut peut-être un frein pour le développement de l'opéra au XVIIIe siècle.

Reconstruit en 1695, et adoptant désormais la salle en fer à cheval dite « à l'italienne » (au contraire des salles semi-circulaires dont subsistent des témoignages à Vicence et Parme), le *Tor di Nona*, parce que trop proche du Vatican, fut démoli en 1697, devint plus tard l'*Apollo* et fut à nouveau détruit en 1925. On note encore l'ouverture du *Pace* en 1694, puis du trop grand théâtre *Alibert* — plus tard *Teatro delle Dame* — en 1718, avec ses 2 500 places, théâtre apprécié de Métastase, mais ayant à lutter avec le *Valle* (1730) puis l'*Argentina* (1732). D'autant plus que, dès le XVIIIe siècle, Rome ne fut plus un véritable centre de production, accueillant les opéras créés à Venise, Naples ou Milan, malgré quelques premières assurées au *Valle* (*Cenerentola* de Rossini), à l'*Argentina* (le *Barbier de Séville*, 1816) ou à l'*Apollo* (le *Trouvère* de Verdi en 1853, puis *Un Bal masqué* en 1859).

Devenue capitale en 1870, Rome se pourvut d'une autre salle dans les quartiers nouveaux, le *Costanzi*, aujourd'hui Opéra de Rome, inauguré en 1880 avec *Semiramis* de Rossini et où la qualité régna longtemps sur l'opéra, le concert et le ballet ; quelques premières importantes y eurent lieu, *Cavalleria rusticana* (1890), *Tosca* (1900), cependant que Rome attirait les pionniers du renouveau instrumental Sgambatti et Bossi, plus tard Respighi, Pizzetti et Casella qui y donnèrent de nombreuses premières, Petrassi, etc.

Après le vain effort de Mussolini de ravir à Milan sa suprématie en matière lyrique, la ville ouvrit les arènes romaines de Caracalla pour des spectacles estivaux de plein air, cependant que la petite salle *Eliseo* abritait un théâtre moderne et des résurrections d'ouvrages anciens ; mais la vie musicale de la Rome moderne devait reposer essentiellement sur l'enseignement (académie Sainte-Cécile), l'activité discographique, le concert, et la musique de chambre où s'illustrèrent *I Virtuosi di Roma*, puis *I Musici*, formés en 1952 au sein de l'académie Sainte-Cécile. Notons encore que la villa Médicis, située dans le parc de la villa Borghèse, siège de l'Académie de France depuis 1801, abrite les lauréats du prix de Rome de composition, fondé à Paris en 1803.   R. M.

ROMÉO ET JULIETTE. Titre d'une vaste « symphonie dramatique » composée par Hector Berlioz en 1839, d'après la tragédie de Shakespeare, sur des paroles d'Émile Deschamps, et créée le 24 novembre 1839 au Conservatoire de Paris, sous la direction de l'auteur. L'œuvre est destinée à l'orchestre et aux chœurs, avec des solos de chant, et un « prologue en récitatif choral ». Elle est dédiée à Niccolo Paganini.

La formule choisie pour adapter *Roméo*, celle d'une symphonie avec chœurs, était des plus originales. Les deux héros ne sont pas incarnés par des chanteurs, seuls les personnages secondaires ont une voix : le père Laurent, Mercutio, les groupes des Montaigu et des Capulet. Mais le chant intervient dès le début de l'œuvre, afin, dit Berlioz, « de préparer l'esprit de l'auditeur aux scènes dramatiques, dont les sentiments et les passions doivent être exprimés par l'orchestre ». Quant à l'amour de Roméo et Juliette, chanté par l'orchestre seul, « la sublimité même de cet amour en rendait la peinture si dangereuse pour le musicien, qu'il a dû donner à sa fantaisie une latitude que le sens positif des paroles chantées ne lui eût pas laissée, et recourir à la langue instrumentale, langue plus riche, plus variée, moins arrêtée, et *par son vague même* (c'est nous qui soulignons) incomparablement plus puissante en pareil cas ».

Conscient au plus haut point de l'originalité de sa formule et de l'effet qu'il voulait rendre, par la suggestion même, Berlioz donnait des instructions très précises sur le nombre (270) et la disposition scénique des exécutants, ainsi que sur leurs mouvements. S'il respectait la division qui lui était chère d'une symphonie en 4 parties, ces parties étaient elles-mêmes subdivisées en mouvements indépendants très caractérisés. Les chœurs et les chanteurs solistes interviennent surtout au début et à la fin, à part de brefs effets de chœurs lointains (au début du nocturne de la grande scène d'amour) et des lamentations « recto tono » (sur une seule note) dans le *Convoi funèbre de Juliette*.

Texte et chant, au début, sont principalement destinés à éveiller chez l'auditeur des images, des suggestions, que le langage de l'orchestre se chargera de relayer et de développer : ainsi le fameux *Scherzo de la reine Mab*, sorte de fée des songes, dans la quatrième partie, est-il préparé dès le prologue. Enfin, malgré l'ambitieux finale, où, pour la première fois depuis les temps de Shakespeare, Berlioz a voulu représenter dramatiquement la réconciliation des Capulet et des Montaigu devant les cadavres des amants, il reste que les pages les plus célèbres sont celles confiées à l'orchestre seul — outre qu'elles sont les plus faciles à « monter », dans la version en « extraits symphoniques » qui est la plus jouée.

A la création de l'œuvre, les deux morceaux de bravoure et de divertissement (*Fête chez les Capulet* et *Scherzo de la reine Mab*) obtinrent le plus grand succès, et les pages plus intérieures et senties (*Scène d'amour, Convoi funèbre*) furent reçues assez froidement. Aujourd'hui, l'œuvre est donnée la plupart du temps sous la forme d'extraits orchestraux empruntés aux parties 2, 3 et 4, et l'on néglige aussi bien le prologue assez compliqué et languissant (même s'il prépare avec soin les thèmes de toute l'œuvre) que le pompeux finale. Sous cette forme mutilée et rhapsodique, elle reste l'une des plus émouvantes du compositeur.

Le début du deuxième mouvement, conçu à la première personne (*Roméo seul, Tristesse*), fait ainsi office de début, et il rappelle dans sa tristesse nauséeuse et son vague à l'âme le premier mouvement de la *Symphonie fantastique*. L'écriture en est très audacieuse dans son chromatisme (les 4 premières notes dessinent la mélodie initiale de l'ouverture de *Tristan et Isolde* de Wagner, sans l'harmonie). Berlioz s'y révèle le grand peintre des sentiments vagues et fluctuants, aux nuances infiniment variées, qui s'alimentent à eux-mêmes. Cette tristesse de l'homme seul, qui n'est pas sans jouissance, est naturellement dérangée par la fête collective, et son déchaînement presque brutal, la *Fête chez les Capulet*. Ici un thème de danse autoritaire et carré rassemble les forces de l'orchestre pour une fête sans joie. La masse, avec ses liesses collectives, semble à la fois fasciner et terrifier Berlioz. L'union, à la fin de ce mouvement, entre les thèmes collectif (danse) et individuel (Roméo) est une « réconciliation » bien formelle, qui tourne à la victoire de la masse indifférenciée.

La *Scène d'amour* (*Nuit sereine, le Jardin des Capulet silencieux et désert*) était ce que Berlioz, en 1858, déclarait préférer de son œuvre. Après que la masse des « fêtards » s'est dispersée au loin sous la forme d'un chœur « off » (derrière la scène), l'orchestre prend la vedette et envahit tout l'espace pour un chant d'amour impersonnel, où les figures de Roméo et de Juliette ne sont pas individualisées. Contrairement à la *Fantastique*, pas d'*idée fixe* incarnant l'objet d'amour, mais un élan, un soulèvement de l'âme, une solitude à deux. Pourtant on perçoit clairement le caractère vocal des thèmes confiés à l'orchestre, mais imaginés pour des voix supraterrestres : une espèce de bel canto orchestral — et à d'autres moments, des halètements, des souffles entrecoupés, qui évoquent très clairement le cœur qui bat, la respiration qui se précipite.

Ici, le souffle de l'inspiration mélodique se fait immense, démesuré, rien ne semble pouvoir faire retomber ce chant qui s'autogénère, en figures rythmiques et mélodiques inépuisablement renouvelées. On a une espèce de processus d'inspiration vitale à l'état pur mais aussi un bercement quasi fœtal. Il manque ce « quelque chose » qui donnerait à l'auditeur prétexte à partager l'amour. Bien que Berlioz lui-même ait affirmé qu'au contraire de la *Scène aux champs* de la *Symphonie fantastique*, l'amour s'exprimait ici en présence de l'aimée, c'est l'état amoureux sans être aimé, Roméo rêvant de Juliette sans Juliette, dont la figure est comme submergée par l'exaltation dont elle n'est plus que le « déclencheur ».

La quatrième partie débute par le *Scherzo de la reine Mab*, festival d'effets orchestraux arachnéens et féeriques, autour d'un personnage de fée diabolique, qui fait trotter l'imagination des hommes, et mène, sur un rythme de saltarelle qui rappelle, en plus immatériel, le *Carnaval romain*, la « bacchanale » et le « sabbat » dans leur tête, telle la sorcière de la *Fantastique*. La reine Mab apparaît ainsi comme le véritable personnage féminin de *Roméo et Juliette*.

Quant à la jeune héroïne, si elle apparaît enfin dans l'œuvre, c'est sous la forme de « vierge expirée », propre à alimenter la douleur frénétique de Roméo (*Convoi funèbre de Juliette, Roméo au tombeau des Capulet*). Mais l'*Invocation* (inspirée du dénouement rajouté à l'œuvre de Shakespeare par Garrick) et le *Réveil de Juliette* (« Joie délirante, désespoir, dernières angoisses et mort des deux amants ») inspirent à Berlioz les accents les plus terribles, les plus convulsifs, les plus proches du cri élémentaire que sa musique ait jamais poussés.

Sous sa forme complète, l'œuvre a toujours laissé une impression mitigée. Les critiques ne manquèrent pas de relever des « faiblesses ». Berlioz en fut blessé, mais, comme à son habitude, il retoucha fréquemment l'œuvre avant sa publication. Evidemment, il ne s'agit pas d'une œuvre « parfaite » ou dans le « goût français », mais simplement d'une des œuvres les plus inspirées de la musique romantique.   M. C.

ROMÉO ET JULIETTE. Opéra en 5 actes et 8 tableaux de Charles Gounod sur un livret de Jules Barbier et Michel Carré d'après le drame de Shakespeare, créé à Paris, au Théâtre lyrique du Châtelet, le 27 avril 1867.

A Vérone, deux familles ennemies : les Capulet et les Montaigu.

ACTE PREMIER. (Un bal chez les Capulet où se projette le mariage de Juliette et du comte Pâris.) *Un groupe de Montaigu — dans lequel se trouve Roméo (t) — pénètre clandestinement dans le bal, bravant la haine qui sépare les deux familles. Roméo Montaigu rencontre Juliette Capulet (s) : c'est le coup de foudre. Tybalt (t) survenant, Roméo s'échappe cependant que le bal continue.*

ACTE II. *Roméo se glisse dans le jardin des Capulet comptant y retrouver Juliette. Celle-ci paraît bientôt à son balcon. Les deux jeunes gens échangent leurs serments d'avenir.*

ACTE III. 1er tableau. *Frère Laurent (b), dans sa cellule, accepte d'unir en secret les deux amants.* 2e tableau. *A la suite d'un incident entre le page de Roméo et un domestique des Capulet, la lutte entre les deux familles se ranime brusquement : Tybalt Capulet tue en duel Mercutio Montaigu (bar). Roméo venge son ami en blessant mortellement Tybalt. Les partisans des deux familles en viennent aux mains. Le duc de Vérone survenant rétablit le calme, mais exile Roméo.*

ACTE IV. 1er tableau. *Roméo a rejoint Juliette dans sa chambre. Au petit jour il se sépare d'elle, devant quitter la ville. Bientôt Capulet (b) vient chercher sa fille pour la conduire à la cérémonie de son mariage avec le comte Pâris. Frère Laurent lui fait discrètement absorber un breuvage qui lui donnera durant quelques heures toutes les apparences de la mort.* 2e tableau. *De fait, au moment où le cortège nuptial entre dans la chapelle, Juliette tombe inanimée.* 3e tableau. *Frère Jean, chargé par frère Laurent de prévenir Roméo de la situation, ne parvient pas à toucher celui-ci (ce tableau est coupé à l'Opéra depuis 1936).*

ACTE V. *Juliette repose dans le caveau des Capulet. Roméo la rejoint. Ignorant du stratagème utilisé par frère Laurent, il la croit morte et, désespéré, s'empoisonne. Juliette s'éveille cependant, et c'est pour constater la fin prochaine de son bien-aimé. Elle se poignarde. Tous deux meurent enlacés.*

C'est l'une des œuvres les plus nobles du répertoire lyrique français du XIXe siècle. Les belles pages abondent dans la partition qui sait dessiner la jeunesse des deux amants, souligner le pathétique de leur passion, soutenir la fureur des querelles mortelles entre les deux familles. On s'étonne que dans cet ensemble excellent, Gounod ait sacrifié au désir de virtuosité formulé par son interprète première en lui écrivant la valse de l'acte I, mais l'on s'incline volontiers devant la curieuse ballade de la reine Mab, devant l'adorable duo du balcon, devant la scène imposante de la bénédiction nuptiale, la jolie chanson du page « Gardez bien la belle », et le duo enchanteur de l'Alouette.   S. W.

ROMÉO ET JULIETTE. Ballet « romantique » en 4 actes et 10 tableaux de Serge Prokofiev (op. 64, 1935-36). Il s'agissait essentiellement d'insuffler le dynamisme des années 20 dans l'esthétique rétrograde prônée en U. R. S. S. en 1930 sous le nom de « réalisme socialiste ». L'œuvre fut commandée par le théâtre Kirov de Leningrad en 1934, mais le fait de suivre trop fidèlement Shakespeare déplut et c'est finalement le Bolchoï de Moscou qui voulut l'entreprise, pour se refuser lorsque la partition fut achevée, car Prokofiev n'y avait accepté ni pastiche de musique ancienne ni « fin heureuse ». C'est à Brno en 1938 que *Roméo et Juliette* fut joué et dansé pour la première fois avant d'être adopté par le Kirov et, à la fin de la guerre, de faire le tour du monde soit au concert (Prokofiev en tira trois suites d'orchestre), soit sous forme chorégraphique (dans des versions parfois condensées).

De nos jours, on effectua dans cette partition fleuve (près de trois heures) des sélections respectant l'évolution dramatique de l'œuvre, laquelle glisse insensiblement du pittoresque à de grandioses déploiements lyriques, justifiés par la fin tragique. Véritablement russe, cette musique frappe par sa sûreté de main, l'invention de ses rythmes et de ses couleurs, sa juvénilité, son emportement, sa générosité. C'est l'un des plus grands ballets du XXe siècle et l'un des plus justement célèbres.   M. Mt.

ROMÉO ET JULIETTE. Ouverture-fantaisie de Tchaïkovski, (1869-70, version définitive 1880), d'après Shakespeare. Elle est dédiée à Balakirev, qui en suggéra l'idée à Tchaïkovski. Il ressort de leur correspondance que Tchaïkovski tint compte des remarques souvent critiques de Balakirev. Le plan de *Roméo et Juliette* est celui d'une forme sonate avec une introduction et une coda. Le motif de l'introduction, en forme de choral tenant à la fois de Liszt et des chants orthodoxes, évoque le frère Laurent. Les deux thèmes principaux de l'ouverture sont celui de la haine des Capulet et des Montaigu, abrupt et d'une violence trépigmante, et celui de l'amour de Roméo et de Juliette, longue mélodie chantante et élégiaque, véritable « signature musicale » de Tchaïkovski. Le développement est bâti, en toute logique, sur l'opposition entre ces deux idées. Le dénouement du drame donne lieu à une coda empreinte d'une tristesse méditative et spiritualisée.

En 1878, Tchaïkovski était revenu au sujet de *Roméo et Juliette* avec l'intention d'en faire un opéra. Des esquisses de ce projet inabouti seul s'est conservé un duo, achevé et publié après la mort du compositeur, en 1895, par son élève S. Taneiev.   A. L.

RONCONI (Giorgio), baryton italien (*Milan 1810-Madrid 1890*). Il étudia avec son père, le ténor Domenico Ronconi (*1772-1839*), qui fit une moins grande carrière, et débuta à Pavie en 1831. En 1842, il créa le rôle titre dans *Nabucco* de Verdi à la Scala de Milan, et, jusqu'en 1866, chanta dans toute l'Europe et plus particulièrement à Londres. Outre ses interprétations verdiennes, son incarnation de Figaro dans *le Barbier de Séville* était très admirée. Plus que ses qualités purement vocales, on appréciait chez Ronconi une puissance dramatique exceptionnelle alliée à un grand sens de l'expression musicale. Ce fut un des très grands artistes lyriques du XIXe siècle.   J. B.

RONDE. — 1. **Danse collective** dans laquelle les danseurs forment un cercle fermé et tournent en se tenant par la main. Fréquente chez les enfants, on la trouve avec de nombreuses variantes dans les différents folklores. Elle prend peut-être son origine dans la *carole* médiévale. Des rondes de caractère rituel ou religieux semblent aussi avoir existé au Moyen Age sous le nom de *choreae*.

— 2. **Valeur de note** ayant la forme d'un cercle ou d'un ovale incliné, valant le double de la blanche, soit 4 noires. La ronde est la transformation graphique, depuis le XVIIe siècle, de l'ancienne semi-brève de la notation blanche, qui avait la forme d'un losange. Elle a parfois continué à porter le nom jusqu'au XVIIIe siècle.   J. C.

RONDEAU. — 1. Au Moyen Age, le rondeau est une **forme poético-musicale** dont le contenu a fortement évolué depuis le XIIIe siècle où il prend naissance jusqu'au début du XVIe où il disparaît. Le rondeau du XIIIe siècle est une pièce monodique courte, souvent destinée à la danse (*rondets de carole*), consistant en une seule phrase musicale en 2 parties A et B. Ces parties sont répétées selon un schéma AB aA ab AB, où les majuscules désignent la répétition des paroles initiales, les minuscules des vers différents, mais de même rime et sur la même mélodie. A la fin du siècle, Adam de la Halle écrit des rondeaux à 3 voix qui conservent la forme ci-dessus, mais dont disparaît le caractère de danse (on inclut parfois à tort parmi les rondeaux d'Adam des pièces de forme différente, virelai ou ballade, reproduisant ainsi une erreur de rubrique figurant dans l'un de ses principaux manuscrits). Il en est de même au XIVe siècle, où les rondeaux de Jehannot de Lescurel et surtout de Guillaume de Machaut, plus longuement développés, prendront un caractère de plus en plus élaboré.

Au XVe siècle, le rondeau (ou *rondel*) devient surtout un genre poétique, et si l'alternance refrain-couplet en reste l'élément permanent, la forme s'en diversifie. Les compositeurs, surtout à la cour de Bourgogne (Binchois, etc.), les mettent volontiers en musique, mais les poèmes n'en sont pas moins écrits hors musique par des poètes de cour. Il est nécessaire pour les interprètes de cette musique d'en connaître les règles, car elles conditionnent tout un système de reprises parfois complexe dont les partitions ne rendent pas toujours compte.

— 2. Forme française du mot italien *rondo*, très employé aux XVIIe et XVIIIe siècles dans une langue ou l'autre indifféremment hors de leur pays d'origine pour désigner une **forme refrain-couplets**. Le rondeau vocal est surtout employé dans l'opéra lulliste ou ramiste (airs en rondeau) où il caractérise volontiers les « airs à maxime » de type léger ; le couplet y prend souvent l'aspect d'un récitatif s'opposant à un refrain en style d'air populaire. Le rondeau instrumental conserve généralement ce caractère au refrain, mais diversifie le couplet, tantôt l'opposant au refrain, tantôt l'en dérivant. Il s'adapte volontiers aux caractères des différentes danses et en détermine alors la forme (gavottes, menuets, etc., « en rondeau »).

Dans la seconde moitié du XVIIIe siècle (Haydn, Mozart), le mot italien *rondo* tend à prévaloir, et le rondo devient une des formes privilégiées des finales de sonate, de symphonie ou de concerto. Amplifiant des essais de Carl Philipp Emanuel Bach, Haydn et Beethoven chercheront à fondre la forme rondo dans la forme sonate, diversifiant la présentation des refrains, introduisant des développements à l'intérieur des couplets et donnant au dernier refrain le caractère d'une réexposition.

Au XIXe siècle enfin, le rondeau (qu'on écrira de préférence à la française) tendra à devenir un genre de brillante virtuosité (Mendelssohn, Chopin) plutôt qu'une forme rigoureuse. Toutefois, même assouplie, la notion de refrain-couplets en est toujours restée le caractère dominant, au point que certains analystes donnent parfois abusivement le nom de forme rondeau à toute structure présentant un refrain, oubliant que la notion de rondeau n'évoque pas seulement l'idée d'une forme, mais aussi celle d'un style.

— 3. Au XIIIe siècle, on a donné quelque temps le nom de rondeau (*rotundellus*) au **canon**, parce qu'il semblait tourner en rond avec ses reprises sans fin. L'usage en a disparu, mais on en retrouve la trace dans l'anglais *round* et l'allemand *Radel*. J. C.

RONDEL, RONDET, RONDO, ROUND. V. *Rondeau.*

RONDES DE PRINTEMPS. Œuvre pour orchestre de Claude Debussy, commencée en 1908, et créée le 2 mars 1910 aux concerts Durand sous la direction de l'auteur. Elle constitue le premier volet d'une suite de 3 *Images* pour orchestre, les deux autres étant *Iberia* (1908), et *Gigues* (1911). Ces 3 *Images*, pendants des *Images* pour piano, reposent sur les thèmes populaires de trois pays, l'Espagne, l'Écosse, et, pour les *Rondes de printemps*, la chanson française *Nous n'irons plus au bois*, déjà utilisée dans la pièce pour piano *Jardins sous la pluie* (*Estampes* pour piano, 1903). Ici ce thème, déjà « debussyste » par sa structure en aller et retour (une montée, suivie d'une descente qui le ramène au point de départ), est adapté de telle manière qu'il sonne comme inachevé, esquissé. La montée est joyeuse, franche ; la redescente sur la tonique est chromatique, et ne termine pas son mouvement. Sur ce thème fragile et grêle, l'œuvre construit un échafaudage de variations subtil et inconsistant à la fois. On a l'impression d'un tournoiement qui cherche son centre et son propos. À la fin de l'œuvre, quelque chose de plus robuste et décisif finit par se construire, autour du thème de *Nous n'irons plus au bois* traité en augmentation (valeurs rythmiques très longues, comme un « cantus firmus » ou un thème de choral).

La péroraison de l'œuvre, presque brillante, ne dissipe pas l'impression, visiblement recherchée par l'auteur, d'effleurement et de mélancolie profonde (le texte de la chanson citée n'est certainement pas étranger à son choix par Debussy). Les *Rondes de printemps* ont été dédiées par l'auteur à sa femme Emma ; rarement jouées aujourd'hui, elles sont une des pièces pour orchestre les plus secrètes et les plus déconcertantes de Debussy, derrière son « impressionnisme » de façade. M. C.

RONDINE (LA). Comédie lyrique en 3 actes de Giacomo Puccini sur un livret de Giuseppe Adami d'après le texte allemand d'A. M. Willner et H. Reichert, créée à l'Opéra de Monte-Carlo le 27 mars 1917.

ACTE PREMIER. *À Paris, sous le second Empire, Magda (s), une demi-mondaine de haute volée, tient salon en compagnie de son riche protecteur Rambaldo (bar). Le poète Prunier (t) chante sa dernière chanson sans se laisser troubler par les agaceries de la camériste Lucette (s). Tandis que Rambaldo s'absente pour recevoir Ruggero (t), fils d'un de ses vieux amis, Magda évoque devant ses invités un inconnu qu'elle a jadis rencontré au bal Bullier, et qui incarne encore pour elle un impossible amour. Puis, lisant dans les lignes de la main des personnes présentes, Prunier prédit à Magda que, telle une hirondelle (rondine en italien), elle fuira Paris pour trouver l'amour. Cependant, Ruggero a fait son entrée. Discutant sur le point de savoir où finir la soirée, tous tombent d'accord sur le nom de Bullier. Lucette, dont c'est le jour de sortie, revêt une robe de sa maîtresse pour s'y rendre avec Prunier. Et Magda part à son tour déguisée en soubrette.*

ACTE II. *À la terrasse du café Bullier, Ruggero est assis seul à une table, ignorant l'animation qui l'entoure. Magda paraît et se débarrasse de ses admirateurs en prétextant un rendez-vous avec un consommateur solitaire. Ils dansent ensemble, visiblement épris l'un de l'autre, et sont rejoints par Lucette et Prunier qui font semblant de ne pas les reconnaître. Rambaldo entrant à son tour, Magda lui signifie sa volonté de rompre. Il n'insiste pas et la jeune femme part avec Ruggero.*

ACTE III. *Sur la Côte d'Azur, Magda et Ruggero filent le parfait amour en attendant leur mariage, auquel ne manque que le consentement des parents de Ruggero. Prunier et Lucette arrivent de Paris. L'ex-soubrette, dont son amant souhaitait faire une actrice, a subi un cuisant échec et prie Magda de la reprendre à son service. Magda accepte et se laisse dire par Prunier, porte-parole de Rambaldo, qu'elle-même serait la bienvenue à Paris. La mort dans l'âme, elle comprend qu'il serait malhonnête de sa part de jouer les fiancées irréprochables, et fait ses adieux à Ruggero pour renouer avec son passé de femme galante.*

Primitivement commandé par le Karltheater de Vienne qui souhaitait monter une opérette du glorieux auteur de *La Tosca*, créé en territoire neutre au plus fort de la Première Guerre mondiale sous une forme très différente du projet initial, cet ouvrage n'a jamais pu s'imposer au répertoire international malgré ses évidentes qualités musicales. M. T.

RONSARD (Pierre de), poète français (*La Possonnière, près de Vendôme, 1524 - Saint-Cosme, près de Tours, 1585*). Il a fait siens les idéaux humanistes que J. du Bellay expose dans son manifeste *Défense et illustration de la langue française* de 1549, acte de naissance de la Pléiade : la musique soumise à la poésie doit produire les mêmes « effets » moraux que les poètes antiques, par leur poésie chantée, produisaient sur l'âme de leurs auditeurs ; l'union de la musique aux paroles ressuscitera le lyrisme antique.

Ronsard explique, dans son *Abbrégé de l'art poétique* (1565), qu'il a pris soin de donner à ses poèmes la régularité métrique qui permet de les mettre plus aisément en musique. Pour la même fin, il y alterne les rimes masculines et féminines. Dès 1552, les *Amours* (à Cassandre) ont paru avec un supplément musical. Quatre, sur les neuf pièces mises en musique par Muret, Certon, Janequin ou Goudimel, y sont présentées comme une sorte de « timbre », propre à accompagner d'autres sonnets, pourvu qu'ils soient de structure identique. La musique de Janequin sur *Qui voudra voyr comme un Dieu me surmonte* y est conçue pour pouvoir être chantée sur 92 sonnets de même schéma rythmique.

Ces exemples montrent les limites, en ce cas, de l'union de la musique au verbe : ce n'est qu'une union formelle, non une soumission au sens, à ce que chaque poème recèle d'unique. Au contraire de son compagnon J. A. de Baïf*, Ronsard, malgré sa volonté de mesurer ses vers « à la lyre », ne s'est pas soucié des problèmes techniques qu'entraîne cette ambition. Surtout, il n'a pas résolu la difficulté que soulève la différence de nature entre la durée musicale et la durée prosodique. Aussi bien, la faveur des musiciens s'explique plutôt par les qualités propres de la poésie de Ronsard : variété des formes, richesses des images, sincérité du ton, vigueur du lyrisme, puissance expressive, etc.

Sur ceux de son temps, Ronsard a exercé une véritable fascination : entre 1552 et 1600, plus de deux cents de ses poèmes ont été mis en musique. Des Parisiens comme Costeley ou N. de la Grotte, mais aussi des Flamands, comme Lassus ou Ph. de Monte, puis des provinciaux, tels G. Boni ou A. de Bertrand, ont composé des polyphonies, parfois des monodies (Chardavoine), ou des airs homorythmiques (Le Jeune), sur ses odes, ses sonnets ou ses « chansons ». À sa mort, J. Mauduit a écrit un requiem à 5 voix, comme pour les funérailles d'un prince.

La préférence peu à peu accordée à l'inspiration pastorale (et à l'afféterie) de Desportes et le dédain professé par Malherbe ont ensuite contribué à plonger l'œuvre du poète dans un oubli deux fois séculaire. Mais l'ère romantique a suscité pour elle un regain d'intérêt parmi les musiciens de tout pays. De Wagner à L. Berkeley en passant par Bizet, Gounod, Roussel et Poulenc, cette popularité, désormais, ne s'est plus démentie.
C. W.

ROPARTZ (*Joseph Guy Marie*), compositeur français (*Guingamp, Côtes-du-Nord, 1864 - Lanloup, Côtes-du-Nord, 1955*). Il commença à travailler la musique tout en faisant ses études de droit. Obtenant sa licence à Rennes en 1885, il entra la même année au Conservatoire de Paris dans les classes de Dubois, de Massenet, puis celle de Franck, dont l'influence sur toute son œuvre restera fondamentale. Il se lia alors d'amitié avec Albéric Magnard et Vincent d'Indy, et fréquenta Chabrier, Fauré, Dukas, Duparc, Chausson, Messager. Il mena parallèlement des activités musicales et littéraires, publiant notamment les recueils *Adagiettos* (1888), *Modes mineurs* (1890), *les Muances* (1892) et, en collaboration avec L. Tiercelin, *le Parnasse breton* (1899), ainsi que les *Notations artistiques* (1891), récit de son voyage de Paris à Stockholm en passant par Bayreuth. En 1894, il devint directeur du conservatoire de Nancy, puis, en 1919, de celui de Strasbourg, ce qui l'amena à repenser les problèmes de l'enseignement musical et à jouer un rôle important dans la diffusion de la musique française contemporaine. En 1929, il se retira dans son manoir de Lanloup.

Les sources premières de son inspiration musicale furent sa foi religieuse (3 messes, un requiem, psaumes, motets, nombreuses pièces d'orgue), et sa Bretagne natale (*les Landes*, 1888 ; *Dimanche breton*, 1893 ; *la Chasse du prince Arthur*, 1912 ; le drame lyrique *le Pays* d'après *l'Islandaise* de Ch. Le Goffic, 1910). Il a également rassemblé des cantiques en langue bretonne (*Kanovenno santel*). Mais, dans ses œuvres, il préfère souvent recréer des thèmes folkloriques plutôt que les citer. Par goût et par formation, il a privilégié des œuvres d'écriture complexe et d'architectonique savante (5 symphonies, 6 quatuors à cordes), ce qui a donné à sa musique une réputation d'aridité. Mais il apparaît aussi comme un miniaturiste de talent, en particulier dans ses nombreuses mélodies (*les Heures propices*, 1927).

Pénétré de l'esprit franckiste, il a su dégager sa propre personnalité en se montrant éclectique dans ses goûts, comme le prouve notamment son admiration pour Debussy. Après la mort d'Albéric Magnard, il orchestra deux actes de son opéra *Guercœur*. En 1949, il fut élu membre de l'Académie des beaux-arts.
A. L. et M.-C. L. M.-M.

ROQUIN (*Louis*), compositeur français (*Aulnay-sous-Bois 1941*). Élève du Conservatoire de Paris de 1962 à 1969 (trompette, harmonie, contrepoint), il a effectué un stage au Groupe de recherches musicales (1969-70) et un autre avec Henri Pousseur, et a étudié avec Pierre Schaeffer (classe de musique fondamentale appliquée à l'audiovisuel) et Jean-Étienne Marie (Schola cantorum). On lui doit notamment *Ricercare II*, pour 8 pistes magnétiques et instruments (1971) et *III* (musique électroacoustique et symphonique, 1971), *Report*, théâtre musical pour bande magnétique, rythmes gestuels, 28 triangles, 3 grosses caisses, cymbales et gong (1971), *Machination*, pour effectifs variables et formations libres (1973), *Cicero*, pour ensemble instrumental (1975), *Textuel*, pour voix (bande magnétique), trombone basse, jeu de cloches-tubes, 7 cloches à vaches, tôle manipulée, cristal-tôle I et II et tôle-percussion (1977), et *Machination III*, pour 2 percussions, flûte, alto, trompette, clarinette, piano, cor, contrebasse à cordes, avec crécelles, fouets et triangles (1979).
M. V.

RORE (*Cyprien de*), musicien flamand (*Malines 1515 ou 1516 - Parme 1565*). Le nom de Rore paraît être la transposition latine du néerlandais *Dauwens* (de Rosée). Ses maîtres ne nous sont pas connus, mis à part Antoine Barbé, chef de chant à Notre-Dame d'Anvers. À peine âgé de dix-neuf ans, il quitte les Pays-Bas pour Venise et devient chantre à Saint-Marc, sous la direction d'un autre Flamand, le célèbre Adrian Willaert. De cette période vénitienne date un *Premier Livre de madrigaux* (1542). En 1547 (sans doute dès 1545), il est attaché à la cour des Este à Ferrare et y rencontre Nicolo Vicentino dont les théories sur les systèmes chromatique et enharmonique de l'Antiquité (*L'Antica Musica ridotta a la moderna prattica*) auront une influence déterminante sur ses œuvres. À la suite d'un séjour prolongé à Anvers en 1558 (où il était venu rendre visite à ses parents), il perd le bénéfice de sa charge de maître de chapelle à Ferrare. Après un court intermède au service du duc de Parme, Octave Farnèse (1561), il est choisi comme maître de chapelle à Saint-Marc de Venise, à la mort de Willaert. Mais il ne retire pas d'une telle charge tous les avantages escomptés et revient en 1564 au service du duc de Parme pour mourir à ce poste un an plus tard.

De son vivant, de Rore a été considéré comme l'un des plus grands musiciens de son temps, d'abord comme madrigaliste (il a laissé cent quatre-vingt-dix-sept pièces à trois, quatre et cinq voix), mais aussi comme musicien d'église, où il perpétue le style de Josquin Des Prés associé à l'influence de Willaert. Dans les deux cas, son chromatisme exacerbé a fortement aidé « à libérer le chant du vieux système modal » (N. Bridgmann). Aussi bien, ses contemporains lui reconnurent un véritable rôle de chef de file, n'hésitant pas à le saluer du surnom de « Cipriano il divino ».

Attentif à la juste expression du texte, aux dépens de la stricte structure du genre, il a accordé tous ses soins à l'interprétation vivante des paroles, au point de pressentir les images parlantes du « nouveau madrigal », véritable « peinture par l'oreille » selon Marenzio, Gesualdo et Monteverdi. Et dans les *Stanze des Vergine* de Pétrarque, il marie le raffinement sonore à un souci de symbolisme supérieur qui fait de lui un maître parmi les maîtres, le premier à avoir porté le genre à son degré de perfection, pour le fond comme pour la forme, au point que, en dépit d'une pointe d'austérité et de quelques archaïsmes, il ne pâlit pas d'être comparé aux glorieux noms évoqués plus haut dans un répertoire qui rencontra, jusqu'à la fin du XVIe siècle, une vogue proprement incroyable.

Œuvres. 5 *Messes*, environ 65 motets, des psaumes et magnificat, une *Passion*, 197 madrigaux et quelques chansons (une édition complète en a été réalisée par B. Meier, in CMMI4, American Institute of Musicology, 1959). R. T.

ROSAMONDE, PRINCESSE DE CHYPRE (en all. *Rosamunde, Furstin von Cypern*). Musique de scène op. 26 (D. 797) de Franz Schubert pour orchestre, solistes et chœurs mixtes, en dix parties (entractes, chœurs, airs et ballets), composée en 1823 pour un drame romantique d'Helmina von Chézy. L'action extravagante de ce drame, écrit en quelques jours par la poétesse (auteur du livret de l'*Euryanthe* de Weber), retrace le destin d'une princesse de naissance ignorante de ses origines, confiée par son père mourant à la veuve d'un pauvre pêcheur, Axa, et fiancée à Alfonso, prince de Crète, qu'elle épousera finalement, après avoir échappé aux désirs amoureux et à la lettre empoisonnée du tyran-alchimiste Fulgentius (qui périt de son envoi retourné) et été rétablie dans ses droits. Deux fêtes, l'une donnée par Fulgentius en l'honneur de Rosamonde, l'autre pour célébrer l'heureuse conclusion, sont prétextes à des ballets dans la partition (n°s 2 et 10).

L'action scénique ménage également une *Romance d'Axa* pour voix de contralto (n° 4, « La lune brille sur les sommets »), un *Chœur des Esprits* pour voix d'hommes, à chanter en coulisses (n° 5), une *Mélodie des bergers* pour l'orchestre seul (n° 7), un *Chœur des bergers* à 4 voix mixtes (n° 8) et un *Chœur de chasseurs* (n° 9) qui, dans l'esprit des auditeurs d'alors, était mis en concurrence avec le célébrissime *Chœur des chasseurs* de l'*Euryanthe* de Weber, créé la même année, et devenu très populaire (Hugo le citait comme sommet de la musique). Enfin, pour les transitions entre les quatre actes, Schubert écrivit trois *Entractes* dont le troisième est resté très célèbre, avec son admirable mélodie utilisée également dans le *Quatuor en « la » mineur* de 1824 (deuxième mouvement) et dans l'*Impromptu* avec variations en *si bémol majeur* pour piano, du deuxième recueil de 1827. Il n'avait pas écrit d'ouverture spécifique, mais emprunta celle de l'opéra *Alfonso et Estrella* de 1822 pour la première exécution. Plus tard, on utilisa comme « ouverture de Rosamonde » (elle fut publiée comme telle en 1827) l'ouverture de la féerie musicale *Die Zauberharfe* (« la Harpe enchantée ») de Georg von Hofmann, écrite en 1820. Créé le 20 décembre 1823 au théâtre An der Wien de Vienne, avec la musique de Schubert, le drame d'Helmina von Chézy tomba dès la seconde représentation, mais sa musique de scène recueillit quelques succès, et les parties vocales, airs et chœurs, furent publiées en 1824 par Sauer et Liedesdorf dans une réduction avec piano. M. C.

ROSBAUD (Hans), chef d'orchestre autrichien (*Graz 1895 - Lugano 1962*). Il étudia le piano et la composition à Francfort, et, dès le début de sa carrière de chef, montra un intérêt spécial pour la musique contemporaine. Il fut successivement directeur de l'école de musique de Mayence et chef des concerts de cette ville (1921), directeur de la musique à la radio de Francfort — ce qui le fit entrer en contact avec Schönberg, Webern, Berg, Bartók, Stravinski —, directeur de la musique à Münster (1937-1941), puis à Strasbourg (1941-1944), et chef de la Philharmonie de Munich (1945-1948). De 1948 à sa mort, il dirigea l'orchestre du Südwestfunk de Baden-Baden, ce qui l'associa étroitement au festival de Donaueschingen. Il dirigea à Aix-en-Provence, dans les premières années du festival, *les Noces de Figaro* et *Don Giovanni* de Mozart, ainsi que *Platée* de Rameau. Il créa notamment les *Quatre Chants* op. 22 de Schönberg en 1933, et, l'année suivante, avec le compositeur au piano, le *2e Concerto* de Bartók. Après la guerre, il créa *Moïse et Aaron* de

Schönberg à la radio de Hambourg en 1954, puis à la scène à Zurich en 1957. À Donaueschingen, ainsi qu'aux festivals de la S.I.M.C. (dont il reçut la médaille Schönberg en 1952), il dirigea Boulez ou Stockhausen, et, en 1960, assura la création à Donaueschingen de *Chronochromie* d'Olivier Messiaen. Musicien précis et objectif, il ne fut pas sans influencer Boulez chef d'orchestre, et excella également dans Haydn et dans Sibelius, compositeur qu'il estimait au même titre que ceux de l'école viennoise. M. V.

ROSE (Leonard), violoncelliste américain (*Washington 1918*). Il commence l'étude de son instrument à dix ans, auprès de Walter Grossman au conservatoire de Miami et de Frank Miller, premier violoncelliste de l'orchestre de la NBC, avant de suivre l'enseignement de Felix Salmond au Curtis Institute de Philadelphie (1934-1938). Il est successivement violoncelle solo de l'Orchestre de la NBC (1938-39), de l'Orchestre de Cleveland (1939-1943), de l'Orchestre philharmonique de New York (1943-1951), avant d'entreprendre une double carrière de soliste et de pédagogue. Il joue le plus souvent avec Isaac Stern et Eugene Istomin, et en duo avec Gary Graffmann, et enseigne à la Juilliard School depuis 1947 et au Curtis Institute de 1951 à 1962 (Lyn Harrell et Ronald Leonard figurent parmi ses élèves). Il possède un violoncelle de Niccolo Amati, dont il tire de larges sonorités parfaitement accordées au répertoire romantique. M. W.

ROSÉ (Arnold), violoniste autrichien (*Jassy 1863 - Londres 1946*). Élève de Heissler au conservatoire de Vienne, il débute à seize ans dans l'orchestre du Gewandhaus de Leipzig avant de devenir le Konzertmeister de l'Orchestre de la cour, devenu l'Orchestre philharmonique de Vienne, de 1881 à 1938, poste qu'il occupe également à la tête de l'orchestre du festival de Bayreuth, de 1888 à 1896. Époux d'une sœur de Mahler, Justine, il épaule avec vigueur l'action novatrice de son beau-frère à la tête de l'Opéra royal de Vienne. Son nom reste lié à l'existence d'un quatuor éminent, qu'il fonde en 1882 avec son frère Eduard (*1859-1943*) au violoncelle, Egghard (second violon) et Loh (alto), et qui crée les dernières œuvres de Brahms ainsi que celles de Pfitzner, Reger, Schönberg. Arnold Rosé enseigne à l'Académie de musique de Vienne de 1893 à 1924. Abandonnant l'Autriche en 1938, il achève en 1945 en Angleterre une carrière particulièrement longue, entièrement vouée à l'orchestre et à la musique de chambre. Le jeu de Rosé était réputé pour sa pureté et sa conviction. M. W.

ROSEINGRAVE (Thomas), organiste et compositeur anglais (*Winchester 1688 - Dunleary 1766*). Fils d'un musicien, il se rendit avec son père à Dublin, et, en 1709, fut envoyé en Italie parfaire son éducation musicale. À Venise, il entendit Domenico Scarlatti* jouer du clavecin, puis accompagna celui-ci à Rome et à Naples. De retour en Angleterre en 1714 ou 1715, il participa tout d'abord à la vie musicale londonienne, se faisant notamment le champion de Domenico Scarlatti, dont il fit représenter un opéra en 1720 et dont il publia 42 sonates en 1739. Devenu organiste à l'église Saint George (Hanover Square) en 1725, il acquit à ce poste une grande réputation, mais des troubles de santé dus notamment à une douloureuse déception sentimentale l'obligèrent à l'abandonner en 1744. Il se retira ensuite en Irlande chez son neveu. Il fut à l'origine de la vogue de Scarlatti en Angleterre durant la seconde moitié du XVIIIe siècle, mais ses propres pièces pour clavecin, qui constituent la meilleure partie de sa production, se montrent relativement peu influencées par lui. On lui doit également de la musique d'orgue assez proche de celle de la fin du XVIIe siècle, des pièces avec flûte et de la musique vocale. M. V.

ROSEN (Charles), pianiste et historien de la musique américain (*New York 1927*). Il étudia le piano très jeune, d'abord à la Juilliard School of Music (1934-1938), puis avec M. Rosenthal et H. Kanner-Rosenthal.

Il suit également une formation générale à l'université de Princeton et se spécialise dans les langues romanes, discipline dans laquelle il obtient son doctorat en 1951. Il entame la même année une carrière de pianiste, dont le succès immédiat le pousse à abandonner l'enseignement des langues, où il débutait. Son approche de la musique en général est extrêmement intellectuelle, et il excelle plus particulièrement au piano dans des œuvres plutôt austères. Interprète remarquable de Schönberg et Webern, il a en outre enregistré notamment l'*Art de la fugue* et les *Variations Goldberg* de J.-S. Bach, des sonates de Haydn, les dernières œuvres de Beethoven et les sonates de P. Boulez. Sa démarche se retrouve dans ses écrits et en particulier dans son ouvrage essentiel : *The Classical Style : Haydn, Mozart, Beethoven* (1971 et 1972, trad. fr. Paris, 1978). Il a publié plus récemment *Arnold Schoenberg* (1975, trad. fr. Paris, 1979) et *Sonata Forms* (1980).

D. H.

ROSENBERG (Hilding), compositeur et chef d'orchestre suédois (*Bosjökloster 1892*). Organiste, il commence tard des études sérieuses d'écriture avec W. Stenhammar (1921-1925), ce qui ne l'empêche pas de devenir la figure centrale de la vie musicale suédoise de la première moitié du XXe siècle. Après avoir subi, tout d'abord, les influences de Schönberg, Stravinski et des néoclassiques français, son style s'épure à partir de 1930 (*4e Quatuor à cordes* et *3e Symphonie*, 1939). A partir de 1956, il adopte un langage issu du dodécaphonisme (*Quatuors nos 7 à 12*), et, après un semblant de retour sur lui-même (*4 Mélodies de J. Edfelt*, 1959), son style s'épanouit et il écrit des œuvres brillantes, virtuoses et expansives (*Salomé*, ballet, 1963 ; *la Tour de Babel*, ballet, 1966 ; *7e Symphonie*, 1968). Dans les années 70, il continue d'écrire des partitions de grande ampleur (symphonie no 8 *In candidum*, 1974) tout en révisant ses œuvres de jeunesse.

Compositeur éclectique, premier moderniste suédois de ce siècle avec M. Pergament et G. Nystroem, Rosenberg a, aujourd'hui, écrit 12 quatuors, de nombreuses œuvres symphoniques parmi lesquelles 8 symphonies, des ballets, des œuvres chorales, des concertos, des œuvres instrumentales, un opéra-oratorio et 6 opéras dont *Marionetter* (« Marionnettes », 1938, créé à Stockholm en 1939).

H.-C. F.

ROSENBOOM (David), compositeur américain (*Fairfield, Iowa, 1947*). Il est l'un des pionniers de l'utilisation du « bio-feedback » en musique, c'est-à-dire, dans son cas, de l'amplification des ondes électriques du cerveau commandant en direct des synthétiseurs programmés pour réagir à ces ondes. Avec le « Corticalart » mis au point en France par Roger Lafosse et expérimenté par Pierre Henry selon le même principe d'ensemble, on observe une volonté d'intervention très active du musicien dans l'expérience. Il semble qu'au contraire David Rosenboom laisse agir plus librement, dans une esthétique plus méditative et minimale, le dispositif de bio-feedback conçu par lui.

M. C.

ROSENMÜLLER (Johann), compositeur allemand (*Oelnitz, Vogtland, v. 1620 - Wolfenbüttel 1684*). Étudiant à l'université de Leipzig vers 1640, il devint l'assistant du cantor de l'église Saint-Thomas, Tobias Michael, et, en 1651, fut nommé organiste de l'église Saint-Nicolas. Après avoir en vain espéré le cantorat de l'église de la Sainte-Croix à Dresde, il fut inquiété en 1655 pour des affaires de mœurs et dut quitter la Saxe. Après un séjour à Hambourg, il gagna l'Italie pour s'installer à Venise comme professeur de musique de 1660 à 1674. Cette même année, il se décida à revenir en Allemagne comme maître de chapelle à la cour de Wolfenbüttel, foyer musical très actif où il bénéficiait de la protection du duc régnant Anton Ulrich et où il devait travailler jusqu'à sa mort.

Avant tout, Rosenmüller s'illustra comme champion des influences italiennes dans le répertoire instrumental. Alors que dans ses premières œuvres (*Suites en trio*, 1645 ; *Studentenmusik*, 1654, dédiée aux étudiants de Leipzig), il se réfère à l'ancien style allemand (avec pavane, allemande, courante, ballo et sarabande), ses *Sonates da camera* à cinq parties, qu'il fit éditer à Venise en 1667, sont précédées d'une *sinfonia*, dans le nouveau style du temps. Ces sinfonie qui remplacent la traditionnelle pavane se rapprochent de la sinfonia d'opéra vénitienne, de coupe tripartite.

En 1682, il publia un nouveau recueil de *Sonates* qui s'apparentent, quant à la forme, à la *Sonate d'église* de Corelli. Écrites pour un groupe de cordes de deux à cinq voix, ces pages qui comportent, comme toutes les autres œuvres de Rosenmüller, une partie de *continuo*, représentent sans doute « ce que l'art allemand a produit de plus parfait, dans le répertoire instrumental de la seconde moitié du XVIIe siècle » (Kurt Gudewill).

Au reste, Rosenmüller qui ne cessa, sa vie durant, d'œuvrer à la réunion des goûts allemand, italien et anglais, jouit d'une popularité égale à celle de Buxtehude et Pachelbel dans l'Allemagne du temps. Comme musicien vocal, il s'illustra surtout dans le domaine du *lied* où il mérite d'être comparé à Adam Krieger. Sa musique d'église qui comprend plus de 175 pièces à l'état de manuscrit, du *petit concert spirituel* à la façon de Schütz aux *psaumes* et *messes* (celles-ci en latin) qui perpétuent la manière polychorale de l'école vénitienne, est également d'un maître parmi les maîtres et l'on comprend pourquoi Jean-Sébastien Bach a repris son ultime choral dans sa *Cantate* no 27. En revanche, l'opinion du théoricien Scheibe le comparant, au XVIIIe siècle, à Lully semble plus curieuse ; elle s'applique à un artiste beaucoup plus tenté par le mariage de l'intériorité allemande et de la couleur et du mélodisme transalpins que par les symétries de l'école française.

Œuvres. Outre les pièces évoquées précédemment, Johann Rosenmüller a écrit des cantates et des motets, deux *Magnificat* ainsi que des *Kern-Sprüche* (1648) qui, pour le fond comme pour la forme, se rapprochent du *petit concert spirituel* cultivé par Schütz et Scheidt.

R. T.

ROSENTHAL (Manuel), compositeur et chef d'orchestre français (*Paris 1904*). Il entra au Conservatoire de Paris en 1918 dans les classes de Mme Marcou (solfège) et de J. Boucherit (violon). Après avoir été violoniste dans des orchestres de cinéma, il devint en 1928 chef d'orchestre des concerts Pasdeloup, tout en continuant à étudier le contrepoint et la fugue au Conservatoire avec J. Huré. Dès 1926, il avait commencé à travailler la composition avec Maurice Ravel, dont il fut, avec Roland-Manuel, l'un des rares élèves. De cette époque datent ses premières compositions : sonatine pour piano, sérénade pour orchestre, opérabouffe *le Rayon des soieries* (1930). En 1934, il fut nommé chef d'orchestre adjoint de la Radiodiffusion française. Dix ans plus tard, devenu chef permanent, il entreprit des tournées en Europe, en Israël et en Amérique du Sud. En 1948, il devint chef de l'Orchestre de Seattle. Il travailla à Buenos Aires (1952), puis à Cuba (1954). Il revint à Paris en 1960. Tout en dirigeant des ballets à l'Opéra, il assura à partir de 1962 les reprises de *Pelléas* et de *Zoroastre* à la salle Favart. Comme compositeur, on lui doit notamment la comédie musicale *la Poule noire* (1934-1937) et le drame lyrique *Hop ! Signor* (1957-1961).

A. L. et S. W.

ROSETTI (Antonio ou Franz Anton Rössler), compositeur et contrebassiste tchèque (*Litomerice v. 1750 - Ludwigslust 1792*). Il étudia à Prague, et entra en 1773 au service du prince d'Oettingen-Wallerstein, dont il devint maître de chapelle en 1785. En 1789, il fut nommé au même poste chez le duc de Mecklembourg-Schwerin, et mourut au retour d'un voyage à Berlin. Prenant Haydn comme modèle, il écrivit surtout des symphonies, des concertos et de la musique de chambre dont un certain nombre de pièces pour vents seuls. Il eut au moins cinq homonymes, dont l'un fut violoniste à Esterháza de 1776 à 1781.

M. V.

ROSSETER (Philip), luthiste et compositeur anglais (? v. 1567-68 - Londres 1623). On ne connaît rien de sa jeunesse et, après la publication de quelques-unes de ses pièces dans le *New Booke of Tablature* de W. Barley en 1596, son nom n'apparaît qu'en 1601 lors de l'édition de son *Booke of Ayres*. De cette époque date son amitié avec Th. Campion. En 1603, il est nommé luthiste à la cour de Jacques Ier et, à partir de 1609, il s'associe à la direction d'une compagnie théâtrale de jeunes garçons, les *Children of Whitefriars* (ou *Children of the Queen's Revels*), qui, après quelques saisons entrecoupées de déménagements, fusions et autres remous, se démantèle en 1617. Outre le *Booke of Ayres* de 1601 contenant 42 chansons (21 de lui et 21 de Campion) avec luth, orphorion et basse de viole, il a composé quelques pièces pour luth (préludes, pavanes et gaillardes) et un recueil de *Lessons for Consort* (1609). Ses chansons, plutôt légères, sont caractéristiques par leur mélodie gracieuse et un accompagnement plutôt cordal, que Rosseter déclare préférer au style contrapuntique.   D. H.

ROSSI (Luigi), compositeur, chanteur et organiste italien *(Torremaggiore, Foggia, v. 1597 - Rome 1653)*. Ses premières années demeurent obscures, mais il semble avoir été l'élève à Naples vers 1608 du Flamand Jean de Macque avant de s'installer à Rome en 1621 environ, probablement au service de la famille Borghèse. En 1627, il épouse Costanza de Ponte. En 1633, il est nommé organiste de l'église Saint-Louis-des-Français, poste qu'il conserve jusqu'à sa mort. A partir de 1641, ses talents sont sollicités par le cardinal Barberini. Le premier de ses deux opéras, *Il Palazzo incantato* (1642), est représenté dans le théâtre privé des Barberini, et le spectacle dure sept heures.

Après un séjour à Bologne, et le départ de la famille Barberini, exilée en France, Mazarin invite le compositeur à suivre son ancien maître et à composer un nouvel opéra. Rossi accepte, arrive à Paris en 1646 et termine son *Orfeo* quelques jours seulement avant la création, le 2 mars 1647. Avec les ballets de Lully entre les actes, l'œuvre est très applaudie mais les dépenses, colossales pour l'époque, déclenchent de sévères critiques. Persécuté et menacé pendant la Fronde, Rossi retourne définitivement en Italie vers 1650. A sa mort, il est enterré en l'église Santa Maria in via Lata.

La réputation de Luigi Rossi est fondée principalement sur ses quelque 300 cantates de chambre. Leur popularité est attestée par le nombre de manuscrits qui en subsistent en Italie, en Grande-Bretagne, et en France. Les cantates de Rossi sont chantées, entre autres, par Pierre de Nyert, un chanteur français qui faisait «pleurer de joie» le compositeur (Saint-Evremond). Allant de la simple aria ou *canzone* strophique aux cantates plus développées comportant également des récitatifs (par exemple, *La Gelosia* à une voix et basse continue), ces œuvres ont fortement contribué à l'évolution du genre.

Rossi possède un sens dramatique aigu — ses récitatifs souples se transforment en efflorescences mélodiques —, et son harmonie se caractérise par sa science et sa sobriété. Il excella dans le style grave et mélancolique. Le plus célèbre, peut-être, de ses *lamenti* est la cantate sur la mort de Gustave-Adolphe de Suède, *Un ferito cavaliero di polve*. Parmi ses quelques partitions religieuses figure son oratorio sur un livret italien de l'abbé Buti, *Giuseppe, figlio di Giacobbe*, œuvre particulièrement expressive accordant une place importante à des chœurs grandioses jouant le rôle des fils de Jacob.

Considéré avec Cavalli, par un contemporain, comme l'un des «nouveaux cygnes» du bel canto, Rossi est, avec Carissimi, le compositeur le plus influent de l'école romaine de la première moitié du XVIIe siècle.   C. W.

ROSSI (Salomone), compositeur italien *(Mantoue 1570 - id. ? v. 1630)*. «Juif de Mantoue», comme le désignaient ses contemporains, Salomone Rossi appartenait à une vieille famille israélite où les arts étaient honorés depuis toujours. Violoniste virtuose, il bénéficia de la protection des Gonzague et, instrumentiste à la chapelle ducale durant plus de trente ans (1589-1628), il eut le privilège de travailler plusieurs années sous l'autorité de Monteverdi. Précisément, il collabora avec celui-ci et quelques autres à la composition du drame sacré *La Maddalena* (aujourd'hui perdu), et mit en musique l'un des intermèdes de *L'Idropica* (joué au mariage du jeune duc en 1608). Il écrivit aussi des *madrigaux*, des *canzonette* à trois voix, des *psaumes* et *cantiques* en hébreu, qui offrent comme particularité d'être à double chœur dans le style vénitien et sont souvent d'un grand intérêt musical, avec une intonation soliste préludant au tutti du chœur.

Mais c'est le virtuose instrumental qui est le plus original comme dans ses *Sonates, Sinfonie et Gagliarde*, où il fait valoir, dans le maniement de l'écriture à trois, quatre et cinq voix, une réelle maîtrise et d'indéniables dispositions «modernes» (style alternativement contrapuntique et homophone et recours à la *basse continue*).

Après la mort du dernier duc de Gonzague en 1628 et la mise à sac de Mantoue par les Impériaux en 1630, les juifs perdirent tous les avantages acquis et durent quitter précipitamment la ville. Avec ce départ, on perd la trace de Salomone Rossi et l'on pense qu'il mourut lors d'une épidémie de peste la même année.

La sœur du compositeur, **Madama Europa**, fut une cantatrice de grand talent qui participa à la création de l'*Arianna* de Monteverdi, en 1608.   R. T.

ROSSIGNOL (LE). Opéra en 3 actes d'Igor Stravinski sur un livret de Stepan Mitousov d'après le conte d'Andersen *l'Empereur et le Rossignol*, composé en Russie en 1908-1909 (acte I) puis à Clarens et Leysin en 1913-14 (actes II et III), et créé à l'Opéra de Paris le 26 mai 1914 sous la direction de Pierre Monteux. Durée : env. 45 minutes.

ACTE PREMIER. (L'orée d'un bois au bord de la mer juste avant le lever du jour.) *Le pêcheur (t) dans son bateau évoque la visite, chaque nuit, du rossignol (s), et ses chants merveilleux. On entend le rossignol chanter, mais son chant est interrompu par l'arrivée d'une troupe d'officiers du palais, avec une invitation de l'empereur de Chine (b) à venir y chanter. Divers bruits viennent les troubler, mais le rossignol se fait entendre, expliquant qu'il préfère chanter à l'air libre. Il accepte néanmoins l'invitation, et se pose sur la main de la fille de cuisine (s). La troupe s'en va, portant le rossignol en triomphe, et le pêcheur reprend sa chanson.*

ACTE II. (Dans le palais de porcelaine de l'empereur de Chine.) *L'empereur fait son entrée, en grande procession. Le rossignol chante pour lui, et l'empereur en est ému aux larmes. Soudain, trois envoyés japonais font leur entrée, porteurs d'un don de l'empereur du Japon : un grand rossignol mécanique. On le remonte, et tandis qu'il chante à son tour, le véritable rossignol se faufile dehors sans être aperçu. L'empereur lui demande de rechanter, mais, réalisant sa disparition, il le bannit pour toujours de l'empire, et nomme le rossignol mécanique «chanteur de la table de nuit impériale». Le pêcheur, en coulisses, chante l'approche de la mort.*

ACTE III. (La chambre de l'empereur, celui-ci couché sur son lit de malade.) *La mort (ms), portant sa couronne et tenant son sceptre et son épée, est assise à son chevet. Derrière elle, un chœur de spectres représentant les bonnes et les mauvaises actions de l'empereur. Entre rossignol : son chant est si doux que la mort en est fascinée. Le rossignol parvient à conquérir le sceptre, la couronne et l'épée. La mort et les spectres s'en vont. Les courtisans font leur entrée. L'empereur a retrouvé la santé. Le rossignol s'envole sans accepter la moindre récompense : toutes les nuits, il reviendra chanter pour l'empereur, sauvé par ses larmes de repentir. Les courtisans, stupéfaits de retrouver l'empereur en vie, se prosternent. Tandis que le rideau tombe, on entend au loin le pêcheur chanter le rossignol et le lever du soleil, et comparer le chant du rossignol au paradis lui-même.*

Le premier acte fut écrit plus ou moins sous la tutelle de Rimski-Korsakov, avant la composition de l'*Oiseau* de feu*, et les deux derniers après l'achèvement et la création du *Sacre* du printemps*. Dans l'intervalle, le style de Stravinski avait donc considérablement évolué. Cette brisure se ressent dans *le Rossignol*, sur le plan orchestral surtout (beaucoup moins sur le plan vocal). Le recul du temps en a cependant atténué les effets. L'ouvrage contient d'ingénieuses « chinoiseries », et le dialogue de la mort et du rossignol, avec son accompagnement de mandoline et de guitare, est un sommet non seulement de l'acte III, mais de la partition tout entière. Une version légèrement révisée fut publiée en 1962. (V. CHANT DU ROSSIGNOL.) M. V.

ROSSINI *(Gioachino)*, compositeur italien *(Pesaro 1792 - Paris, Passy, 1868)*. Elevé au hasard des tournées de ses parents (son père jouait remarquablement du cor, sa mère fit une brève mais belle carrière de soprano), et sans avoir reçu une éducation musicale approfondie, Rossini savait jouer du violon et composer lorsqu'à douze ans il écrivit ses sonates à quatre, témoignant d'une maturité précoce unique dans toute l'histoire de la musique. La science du contrepoint, acquise à la lecture des partitions de Mozart et de Haydn, lui avait déjà plus appris que n'allait pouvoir le faire Stanislas Mattei, directeur du Lycée musical de Bologne dont il suivit les cours de 1804 à 1810, mêlant l'étude des auteurs anciens à la pratique des auteurs plus récents.

Durant ces années d'adolescence, il dut gagner sa vie comme chanteur puis comme répétiteur et accompagnateur de théâtre, pratiquant, outre le clavecin, le violon et l'alto, le cor et le violoncelle, et composant des sinfonie, messes et cantates, l'opéra *Demetrio e Polibio*, et diverses œuvres instrumentales, révélant la même précocité et le souci d'une harmonie et d'une instrumentation assez rares dans l'Italie d'alors.

En 1810, *La Cambiale di matrimonio* (Venise) lui ouvrit les portes des meilleurs théâtres du Nord pour lesquels il écrivit en un temps record quelques partitions de style léger qui établirent sa réputation à Venise, Ferrare et Milan (*La Pietra del paragone*, 1812), cependant que *Ciro in Babilonia*, un opéra sacré, démontrait une connaissance approfondie du style sévère. L'année 1813 lui apporta la gloire à vingt et un ans : après *Il Signor Bruschino*, Venise applaudit l'opera seria *Tancrède* et le dramma giocoso *l'Italienne à Alger* qui renouvelaient singulièrement les lois des deux genres.

Après avoir essuyé quelques échecs, Rossini fut appelé par l'impresario Barbaja à Naples où des conditions exceptionnelles lui étaient offertes : un orchestre et une équipe de chanteurs incomparables — notamment les ténors Davide, Nozzari, García et surtout Isabel Colbran, pour qui il devait écrire ses meilleurs rôles avant de l'épouser en 1822 — et un public familiarisé avec toutes les nouveautés européennes.

Durant sept ans, il devait mener une existence incessante de compositeur, impresario, chef d'orchestre, s'imposant dès 1815 dans le genre tragique avec *Elisabetta*, puis, l'année suivante, avec *Otello*, qui élargissaient singulièrement les structures habituelles de l'opera seria. D'autre part, il donnait à Rome en 1816 *le Barbier de Séville* qui, malgré une première houleuse, triompha rapidement, puis, en 1817, *Cendrillon* et *la Pie voleuse*, deux comédies sentimentales avec lesquelles il prenait congé du genre léger, apportant désormais tout son soin au renouvellement du genre tragique, établissant de nouveaux types vocaux, soignant comme nul avant lui l'écriture vocale, développant le rôle de l'orchestre et des chœurs, importants dans *Mose* (1818), cependant qu'en 1819 il signait l'acte de naissance de l'opéra romantique en puisant chez Walter Scott l'inspiration de *La Donna del lago*.

Lassé par les critiques apportées à ses innovations, Rossini quitta Naples, se rendit à Vienne, de mars à juillet 1822, où il déchaîna l'enthousiasme du public, essuya la jalousie de Weber, rencontra Beethoven le 22 avril, et « fit pleurer Hegel ». Invité par Metternich au congrès de Vérone, il quitta l'Italie après avoir donné *Semiramide* à Venise en 1823 et se rendit à Londres. Mais l'épisode anglais tourna au fiasco financier ; il accepta les propositions de Charles X et se fixa à Paris d'abord comme inspecteur du chant, puis comme codirecteur du Théâtre-Italien dont Paër lui abandonna bientôt l'entière responsabilité, cependant qu'il s'engageait à écrire une œuvre par an pour l'Opéra de Paris.

Tenant compte des impératifs du style français et des possibilités assez limitées de ses chanteurs, Rossini remania d'abord profondément deux œuvres anciennes, *Maometto II* et *Mose*, devenues respectivement *le Siège de Corinthe* (1826) et *Moïse* (1827), puis écrivit *le Comte Ory* (1828) dans le style léger de Boieldieu. *Guillaume Tell* (1829), un opéra politique qui révélait un sens de la nature inattendu, déçut le public malgré l'attente fébrile de celui-ci, mais devint le prototype jamais égalé du grand opéra français.

La révolution de 1830 mit implicitement fin à son contrat, cependant qu'il assistait, étonné, au triomphe de Meyerbeer (qu'il avait lui-même appelé à Paris), cependant qu'il ouvrait les portes du succès à Bellini et Donizetti. Hostile à la pompe assez creuse du nouvel opéra français, il préféra abandonner la place, d'autant qu'il allait, durant plus de dix ans, traverser de graves crises nerveuses et physiques, consécutives à ses abus de jeunesse et à l'incessant labeur mené pendant vingt années au cours desquelles il avait écrit messes, cantates et œuvres diverses, outre une quarantaine d'opéras dont il avait assuré la réalisation à la scène et tous les remaniements consécutifs aux reprises en d'autres théâtres.

Se séparant d'Isabel Colbran, il vécut avec la Française Olympe Pelissier qui l'avait affectueusement soigné, et qu'il épousa en 1845. Il écrivit pour Paris ses *Soirées musicales* (1836) et un *Stabat Mater* (créé en 1842), mais retourna vivre à Bologne dès 1836, puis se fixa à Florence en 1848. Complètement rétabli, il revint à Paris de 1855 à sa mort, y écrivant quelque deux cents pièces diverses réunies sous le titre de *Péchés de vieillesse*, et occupant un rôle éminent dans la vie musicale française : Wagner, qu'il reçut en 1860, avoua que « Rossini était le seul musicien d'envergure qu'il ait rencontré à Paris ».

Les soirées que Rossini organisait en son logis de la Chaussée-d'Antin accueillirent la nouvelle génération d'interprètes et de compositeurs français (Diémer, Planté, Mathias, Saint-Saëns, etc.), qui allait précisément assurer cet « après-Wagner » qu'il avait su prévoir, tandis que les cantatrices qu'il conseillait allaient assurer plus tard la pérennité de son enseignement du chant. Après avoir laissé une prophétique *Petite Messe solennelle* (1863), il s'éteint en 1868, fut inhumé à Paris, et sa dépouille transportée, avec les honneurs extraordinaires, à Florence où il repose désormais auprès de Raphaël et de Michel-Ange.

Contemporain, par son œuvre, de Beethoven, Schubert et Weber, posant la plume à l'heure de leur disparition, Rossini mena, dans le domaine de l'opéra, le même combat qu'avaient mené ceux-ci pour la symphonie, la sonate ou le lied, entre la disparition de Mozart et l'éclosion du véritable romantisme musical. Or, l'image du compositeur est celle qui a le plus souffert du mépris dans lequel une certaine musicologie — notamment en France — tint l'opéra italien durant un siècle. De son vivant, Rossini avait déjà survécu de près de quarante années à l'esthétique de son œuvre lyrique, et avait vu disparaître de l'affiche nombre de ses opéras désormais inaccessibles à des chanteurs formés aux impératifs dramatiques des œuvres nouvelles de Verdi et des auteurs allemands.

Au-delà de sa mort, à l'heure de l'invasion du « drame lyrique », les œuvres tragiques de Rossini parurent à tort surannées, et « surchargées de vocalises, dépourvues d'intérêt dramatique », termes que l'on retrouve encore parfois dans la critique contemporaine, cependant que ne se maintiennent au répertoire que ses œuvres comiques (et essentiellement *le Barbier de Séville*) qui représentent en réalité moins du quart de sa production, et accessoirement *Moïse*, ou bien *Guillaume Tell*, interprété de façon exagérément héroïque, telle que l'auteur l'avait lui-même condamnée.

Dès 1930, on entreprit de réestimer la portée d'une œuvre considérable dont tout le XIXe siècle avait témoigné, à commencer par Schopenhauer dont il représentait l'idéal esthétique, mais aussi Stendhal (auteur, dès 1823, de la première biographie rossinienne) dont les relations fantaisistes, reprises par ses imitateurs, contribuèrent à fausser bien des jugements.

Il faut se souvenir que Rossini, bien qu'Italien, avait su préférer les leçons venues du Nord et s'inspirer de Haydn, Mozart, Beethoven ou Mayr plus que des petits maîtres qui l'avaient précédé, les Zingarelli, Generali, Pavesi, Fioravanti, etc., dont il ne retint que le minimum indispensable ; se souvenir aussi que Rossini, quel que fût son génie propre, avait su s'adapter aux temps nouveaux tout en demeurant farouchement attaché à certains principes inaltérables de l'art classique : un objectivisme inviolable, une structuration rigoureuse des formes lyriques, et un chant qui redevint plus humain qu'instrumental, appuyé sur les principes du bel canto (extension de la gamme chantée, absence d'aigus donnés en force, coloratura plus expressive que décorative, etc.).

Sensible aux réformes déjà apportées aux structures de l'opéra par Jommelli, Traetta ou Mozart, il réussit mieux qu'eux la parfaite synthèse entre les genres seria, semiseria et buffa, mais, à la différence de Mozart qui avait introduit le tragique dans les structures de l'opera buffa, il parvint à insuffler à l'opera seria la souplesse des structures du genre semiseria, et sa prétendue « réforme » napolitaine ne fut que la concrétisation d'objectifs plus anciens, rendue possible par les moyens dont il disposa soudain : il put ainsi achever de bannir le récitatif secco* au profit d'un récit très lyrique, et souvent orné — retournant ainsi à l'esprit du recitar cantando* originel —, dialoguant avec un orchestre coloré et actif (ce que lui reprochèrent ses contemporains qui le surnommèrent « Signor Vacarmini », ou « Il Tedeschino » — le petit Allemand) ; il réussit à enchevêtrer avec souplesse ces récits avec les arias, duos ou ensembles, les entrecoupant parfois d'interventions du chœur, construisant de vastes finales de conception tout à fait nouvelle, mais n'en demeurant pas moins fidèle à la conception du morceau isolé (pezzo chiuso) considéré comme un commentaire affectif, isolé de l'action, et aisé à transporter d'une œuvre à une autre, ainsi qu'en avaient toujours usé Bach, Haendel, Gluck, Mozart, etc.

Il réduisit également les points d'orgue et les passages, rédigeant souvent lui-même l'essentiel de l'ornementation, mieux accordée à chaque situation, puis, prenant acte de la disparition du castrat, il redistribua totalement l'échelle des tessitures vocales (V. CHANT).

Enfin, il ne faut pas oublier de mentionner ce microcosme parfait de la forme sonate que représente l'ouverture d'opéra aux structures très strictes, ni l'importance expressive donnée à un orchestre de type beethovenien (Matilde di Shabran, Ermione, etc.) avec l'emploi préférentiel des instruments romantiques tels que cor et clarinette, non plus que l'introduction des thèmes romantiques (La Donna del lago), féerique (Armide) ou libertaire (Guillaume Tell).

Créateur d'une trop brève école de chant française qui unit les principes du bon chant italien à ceux de la noble déclamation française, et telle que la définit Manuel García junior dans son traité de 1847, fidèle aux objectifs d'une musique pure dont la beauté devait demeurer vierge de toute subjectivité (préfigurant en cela le retour à l'art « gratuit » de Mallarmé), il préféra, la maladie aidant, s'abstenir de prendre part au déferlement du romantisme européen, mais sut, dans ses dernières années, se montrer à l'avant-garde des jeunes générations françaises de 1870.

Œuvres principales. — *Opéras* (b. = buffa, f. = farsa, m.g. = melodramma giocoso, s.s. = semiseria, s. = seria, etc.). *Demetrio e Polibio* (s. 1806, rep. 1812), *La Cambiale di matrimonio* (f. 1810), *L'Equivoco stravagante* (m.g. 1811), *L'Inganno felice* (f. 1812), *Ciro in Babilonia* (drame sacré 1812), *La Scala di seta* (f. 1812), *La Pietra del paragone* (m.g. 1812), *L'occasione fa il ladro* (b. 1812), *Il Signor Bruschino* (f. 1813), *Tancredi* (s. 1813), *L'Italiana in Algeri* (m.g. 1813), *Aureliano in Palmira* (s. 1813), *Il Turco in Italia* (b. 1814), *Sigismondo* (s. 1814), *Elisabetta, regina d'Inghilterra* (s. 1815), *Torvaldo e Dorliska* (s.s. 1815), *Il Barbiere di Siviglia* (com. 1816), *La Gazzetta* (b. 1816), *Otello* (s. 1816), *La Cenerentola* (m.g. 1817), *La Gazza ladra* (s.s. 1817), *Armida* (s. 1817), *Adelaide di Borgogna* (s. 1817), *Mosèin Egitto* (action tragique sacrée, 1818, remaniée en fr. *Moïse et Pharaon*, Paris, 1827, puis en it. *Mose*), *Adina* (f. 1818, rep. 1826), *Ricciardo e Zoraide* (s. 1818), *Ermione* (s. 1819), *La Donna del lago* (s. 1819), *Bianca e Faliero* (s. 1819), *Maometto II* (s. 1820), remanié en fr. *le Siège de Corinthe*, Paris, 1826), *Matilde di Shabran* (m.g. 1821), *Zelmira* (s. 1822), *Semiramide* (s. 1823), *Il Viaggio a Reims* (cantate scénique, Paris, 1825), *le Siège de Corinthe* (1826), *Moïse* (1827), *le Comte Ory* (opéra-comique, Paris, 1828, en partie d'après *Il Viaggio a Reims*), *Guillaume Tell* (opéra, Paris, 1829). *Eduardo e Cristina* (1819) et *Robert Bruce* (Paris, 1846) sont des pastiches composés à partir d'autres opéras de Rossini *Ugo, re d'Italia*, opéra probablement entrepris en 1824. **Musique sacrée.** 2 *Messes* (Ravenne, 1808 ; Rimini, 1809), *Missa di gloria* (Naples 1820), *Stabat Mater* (Madrid, 1833-Paris 1842), *Petite Messe solennelle* (Paris 1864), divers hymnes, chœurs, cantiques, etc. **Cantates.** Env. 23, dont *Il Pianto d'armonia sulla morte di Orfeo* (1808), *Egle ed Irene* (1814), *Giovanna d'Arco* (1832-1852), *Argene e Melania* (prim. *La Riconoscenza*, 1821, puis *Il Serto votivo*, av. modifications, éd. 1968). **Musique de scène.** *Edipo a Colono* (1815-16). **Musique instrumentale.** Six sonates à quatre (v. 1804), duos pour 2 cors (v. 1803-06), deux sinfonie (1808-1809), variations en *fa* majeur pour solistes et orchestre (1809), variations en *do* majeur pour clarinette et orchestre (1809), andante et thème et variations en *fa* majeur pour quatuor à vents (1812), sérénade pour huit instruments (1823), duetto pour violoncelle et contrebasse (1824), prélude, thème et variations pour cor et piano (1857, inclus dans les *Péchés de vieillesse*, v. ci-dessous), etc. **Musique vocale.** Env. vingt mélodies pour chœur et clavier écrites de 1806 à 1834, puis *Soirées musicales*, douze ariettes ou duos pour chœur et piano (Paris, 1830-1835), diverses autres mélodies (1838-1861). **Péchés de vieillesse.** Ont été réunies sous ce titre les compositions vocales, instrumentales, profanes ou sacrées écrites par Rossini durant ses vingt dernières années, principalement à Paris, regroupées en quatorze volumes, et comprenant notamment l'*Album italien*, l'*Album français*, l'*Album de chaumière*, l'*Album pour les enfants adolescents*, l'*Album pour les enfants dégourdis*, l'*Album de château*, *Quelques riens*, *Musique anodine*, *Morceaux réservés*, *Quatre Hors-d'Œuvre et Quatre Mendiants*, etc., soit une centaine de pièces pour piano, une cinquantaine de mélodies à une ou plusieurs voix, des pièces instrumentales, chorales, etc. R. M.

ROSTAND (Claude), musicologue et critique musical français *(Paris 1912 - Villejuif 1970)*. Tout en faisant ses études de lettres et de droit, il fut au Conservatoire de Paris élève de Jacques Février, de Norbert Dufourcq, de E. Mignan et de M. Vaubourgoin. Il fut critique musical au *Monde* et au *Figaro littéraire*, correspondant des revues *Melos* et *Musical America*, conférencier des Jeunesses musicales de France et fit de nombreuses émissions à la radio. Ouvert aux musiques les plus diverses, il s'est particulièrement consacré à l'étude du XIXe et du XXe siècle, et s'est fait l'historiographe de Fauré, de Strauss, de Brahms, de Liszt, de Webern.

Il a publié également *la Musique française contemporaine* (1952), *Entretiens avec Darius Milhaud* (1952) et avec *Francis Poulenc* (1954), et s'est fait l'exégète de la musique d'avant-garde dans sa série d'émissions *Éphémérides de la musique contemporaine*, et dans son *Dictionnaire de la musique contemporaine* (1970), ouvrage aux prises de position parfois percutantes. En 1966, il avait réalisé pour la télévision de Baden-Baden un film sur Erik Satie. Il a participé à plusieurs publications collectives : *Histoire de la musique* de la Pléiade (1960-1963), *Stravinski* (ouvrage collectif, 1963), *la Musique sérielle d'aujourd'hui* (1965-66, dans le cadre d'une enquête dirigée par A. Boucourechliev), *Schumann* (ouvrage collectif, 1970). A. L.

ROSTROPOVITCH *(Mstislav)*, violoncelliste, pianiste et chef d'orchestre soviétique *(Bakou 1927)*. Né d'un père violoncelliste et d'une mère pianiste, il commença ses études musicales avec son père, pour les poursuivre, à partir de 1943, au conservatoire de Moscou, où il eut comme professeurs Chebaline et Chostakovitch (composition) ainsi que Kozoloupov (violoncelle). Premier prix de concours internationaux à Prague et à Budapest, il entreprit des tournées de concerts dès les années 50, ce qui permit aux auditoires de nombreux pays de découvrir son jeu superbe, son intensité expressive, sa puissance, sa plénitude dans tous les registres.

Professeur au conservatoire de Moscou de 1949 à 1974, professeur honoraire au conservatoire de Leningrad de 1960 à 1967, lauréat des prix Lenine et Staline, l'artiste est titulaire de nombreuses médailles et distinctions, tant en Union soviétique qu'en de nombreux pays.

Comme pianiste, il a accompagné la soprano Galina Vichnievskaia, son épouse depuis 1955. Comme chef d'orchestre, il fit ses débuts à Gorki en 1961, et c'est à l'occasion d'une production d'*Eugène Onéguine* au Bolchoï de Moscou, où son épouse chantait le rôle de Tatiana, qu'il s'affirma dans cette nouvelle fonction (1968). C'est à Paris que la production fut enregistrée sur disques, au cours de la tournée de ce théâtre. Le couple quitta l'Union soviétique en 1974, pour une durée de deux ans, mais fut déchu de sa nationalité le 15 mars 1978, « pour activités portant atteinte au prestige de l'Union soviétique ».

Dans cette période d'exil, Rostropovitch mena une intense activité de chef d'orchestre, ou de récitaliste avec sa femme, faisant connaître avec ardeur la musique de son pays, et réalisant des enregistrements. Fidèle à une promesse faite lors de ses adieux à Chostakovitch en 1974, il dirigea, en Angleterre, l'enregistrement de *Lady Macbeth de Mtsensk* dans sa version originale. En 1977, il devint chef musical de l'Orchestre symphonique national de Washington.

Le répertoire du violoncelle devait s'enrichir grâce à Rostropovitch puisqu'une cinquantaine de sonates et de concertos ont été conçus pour lui. En 1952, Prokofiev révisa son *Concerto pour violoncelle* avec sa collaboration, lorsqu'il en fit la *Symphonie concertante* op. 125. Aidé par Kabalevski, le grand violoncelliste termina en outre le *Concertino* op. 132 que Prokofiev avait laissé inachevé. Chostakovitch (deux concertos), Britten (six œuvres), Glière, Khatchatourian, Kabalevski, Jolivet, Dutilleux, Sauguet, Auric, Wiener, Ohana, Lutoslawski et Landowski lui ont dédié des compositions.

En France, Mstislav Rostropovitch a été fait commandeur de l'ordre des Arts et Lettres et officier de la Légion d'honneur. Aux États-Unis, il a reçu le prix pour la Défense des droits de l'homme. P. V.

ROSWAENGE *(Helge)*, ténor danois *(Copenhague 1897-Munich 1972)*. Il fit ses débuts en 1921 à Neustrelitz dans le rôle de Don José de *Carmen*. Après des engagements dans divers théâtres d'Allemagne, il chanta régulièrement à l'opéra de Berlin entre 1924 et 1925, puis à Vienne à partir de 1936. Entre-temps, il incarna le rôle de Parsifal à Bayreuth et ceux de Tamino dans *la Flûte enchantée*, de Huon dans *Oberon* et de Florestan dans *Fidelio* à Salzbourg. Après la guerre, il retourna à Berlin et à Vienne où sa carrière se prolongea jusque dans les années 60, tant dans le répertoire allemand qu'italien. La beauté de son timbre vocal, son exceptionnelle facilité dans le registre aigu, sa musicalité expressive firent de Helge Roswaenge le meilleur ténor lyrico-dramatique d'Europe centrale entre les deux guerres. J. B.

ROTA ou **ROTTA**. Nom latin ou italien, dérivé du mot « roue ».
— 1. Au Moyen Âge, l'un des noms donnés au canon (V. RONDEAU).
— 2. Au Moyen Âge, sorte de harpe portative en forme de triangle isocèle montée d'une trentaine de cordes (fr. *rote*), apparentée au *crouth* gallois.
— 3. Du XIVe au XVIe siècle, danse italienne de type rapide, faisant parfois suite à une pièce plus lente (*rotta* du *Lamento di Tristano*). J. C.

ROTRUENGE ou **ROTROUENGE**. L'un des genres de chanson à refrain chez les trouvères. Souvent en vers décasyllabes, il partage avec le rondeau, le virelai et la ballade le procédé des répétitions d'incises mélodiques, sans qu'il soit toujours possible d'en fixer les règles avec précision, compte tenu de la diversité des schémas que présente la douzaine de rotruenges qui nous est parvenue (8 seulement sont notées). J. C.

ROUCHÉ *(Jacques)*, impresario et metteur en scène français *(Lunel, Hérault, 1862 - Paris 1957)*. Polytechnicien et industriel de formation, il était un homme de l'art par goût personnel. En 1907 il prit la direction de la *Grande Revue* où il publia Giraudoux, D'Annunzio et Jules Renard. A la suite d'un voyage d'études à travers l'Europe, il publia en 1910 *l'Art théâtral moderne*. La même année, il prit la direction du théâtre des Arts de Paris, aujourd'hui théâtre Hébertot, où il monta de nombreuses œuvres dramatiques et lyriques dont *Idoménée* de Mozart, *les Fêtes d'Hébé* de Rameau et *le Couronnement de Poppée* de Monteverdi. En 1915, il fut appelé à la tête de l'Opéra de Paris, poste qu'il conserva jusqu'en 1945. Il sut s'entourer de collaborateurs de talent comme Cocteau, Philippe Gaubert, Albert Aveline. Attachant une grande importance à l'art chorégraphique, il invita se produire les troupes de Diaghilev et d'Ida Rubinstein, et s'assura à partir de 1929 le concours de Serge Lifar. Parmi les représentations et les créations d'opéras et de ballets dues à son initiative, les œuvres françaises occupèrent une place primordiale. En même temps il constitua un vaste répertoire d'œuvres de Wagner, Verdi, Moussorgski, Richard Strauss. Grâce à lui, le palais Garnier devint l'une des plus grandes scènes mondiales. En 1924, il avait été élu membre de l'Institut. A. L. et S. W.

ROUET D'OMPHALE (LE). Poème symphonique op. 31 pour grand orchestre de Camille Saint-Saëns (1871). Primitivement écrit sous forme de rondo pour deux pianos, il fut créé dans sa version orchestrale le 14 avril 1871. Son thème est la séduction féminine, la lutte de la faiblesse contre la force. Le rouet n'est qu'un prétexte choisi du point de vue du rythme et de l'allure générale du morceau. En effet, un motif circulaire soyeux et rapide figurant le « rouet » sert d'ostinato à une grande partie de la pièce. L'œuvre commence dans une tonalité pittoresque et descriptive avec des « effets de rouet » en mouvement perpétuel, rendus par une orchestration toujours franche et efficace, puis elle prend un ton plus tragique avec l'intervention d'un thème large, douloureux et découragé, où l'on peut déceler des accents wagnériens, voire « tétralogiques », exprimés ici dans une langue plus commune, moins hardie. L'auteur lui-même signale ce thème comme celui de l'« impuissance d'Hercule, gémissant dans ses liens ». Puis les railleries d'Omphale, sa maîtresse possessive (exprimées par un nouveau thème, entrecoupé, parodiant Liszt) viennent le bout de cette révolte, et l'œuvre se calme.

Il est curieux de noter que, dans les trois autres « poèmes symphoniques » de Saint-Saëns (*Phaéton, Danse macabre, la Jeunesse d'Hercule*), on retrouve plus ou moins la même construction crescendo-explosion (ou rupture)-résorption dans la mort ou l'inaction ; que le personnage du travailleur de force Hercule sera repris dans le dernier morceau de ce cycle de quatre ; que l'histoire de Phaéton a des affinités avec celle d'Hercule et d'Omphale (un héros confronté à son impuissance) ; que le thème du héros enchaîné par la beauté sera repris dans l'unique opéra de Saint-Saëns, *Samson et Dalila* (du reste, *le Rouet d'Omphale* est dédié à Augusta Holmès, célèbre « don Juane » de son époque). C'est assez pour qu'on voie le fil conducteur d'un thème personnel dans cette œuvre carrée et sans prétention, qui, tel le héros enchaîné, ne dépasse jamais certaines limites de clarté et de bon goût.

M. C.

ROUET D'OR (LE). Poème symphonique d'Antón Dvořák pour grand orchestre, composé entre janvier et avril 1896 d'après un conte en vers extrait du recueil *la Guirlande,* du poète et ethnographe tchèque Karel Jaromir Erben. *Le Rouet d'or* appartient à un cycle de trois poèmes symphoniques conçus ensemble et dont les deux autres, également inspirés de *la Guirlande,* sont *l'Esprit* des eaux* et *la Sorcière* de midi.* Dans *le Rouet d'or* (en tchèque *Zlati Kolovrat*), œuvre inspirée de la poésie populaire, Dvořák a voulu suivre de très près le texte d'Erben, sans pour autant recourir à la voix : il en a copié « musicalement » les rythmes, la cadence, les inflexions, et même écrit des « récitatifs instrumentaux » auxquels il ne manque que la parole.

L'histoire, cruelle à la manière de certains contes de Grimm, raconte les malheurs d'une belle jeune fileuse, Mornicka, qu'une marâtre fait démembrer, avant que le jeune roi, qui en est amoureux et à qui on a fait épouser, par supercherie, une autre, ne découvre le crime et ne se fasse « reconstituer » l'intégrité de sa bien-aimée par l'art d'un vieillard magicien. *Le Rouet d'or* (ici représentant les jambes de la victime) joue le rôle de l'instrument qui trahit, par son chant, le secret du crime (comme dans *le Pigeon des bois* — autre poème symphonique d'après Erben, écrit un peu plus tard —, la voix de l'oiseau). La forme musicale est celle d'un rondo libre et varié, épousant de près, autour du motif central du rouet, les péripéties du récit.

L'œuvre fut créée, avec les deux volets, le 3 juin 1896, au Rudolfinum à Prague, puis reprise à Vienne le 3 novembre 1901 sous la direction de J.-M. Hellemesberger.

M. C.

ROUGET DE LISLE (Claude-Joseph), compositeur et poète français *(Lons-le-Saulnier 1760 - Choisy-le-Roi 1836).* Fils aîné des huit enfants d'un avocat du roi au bailliage et au présidial de la ville, il fit ses études au collège de sa ville natale avant de recevoir à Paris sa formation militaire. Après être passé par l'école du génie de Mézières, il séjourna de nouveau dans la capitale (février 1790 - mai 1791), se signalant alors comme librettiste *(Bayard dans Bresse,* musique de Stanislas Champein). Puis il arriva à Strasbourg où fut exécuté son *Hymne à la Liberté* mis en musique par Ignaz Pleyel (25 septembre 1791). Il y fut nommé capitaine (23 février 1792) et c'est là qu'il composa dans la nuit du 25 au 26 avril 1792 son *Chant de guerre pour l'armée du Rhin* (la Marseillaise*), qui l'immortalisa.

Il participa aux polémiques opposant les Feuillants (ou modérés) aux Jacobins, et connut les avatars du modéré dépassé par la radicalisation du processus révolutionnaire. Sa vie durant, il fut également dépassé par la réussite éclatante et le rayonnement mondial de *la Marseillaise* qu'aucune de ses compositions, antérieures ou postérieures, n'aura égalée. Après avoir été emprisonné sous la Terreur, il rejoignit les ennemis de la Révolution, mais s'opposa aux assaillants royalistes du 13 vendémiaire, et, en cette même année 1795, rentra définitivement dans la vie littéraire et musicale, publiant ses *Essais en vers et en prose.*

Puis il s'opposa au césarisme de Bonaparte, qui lui avait commandé un *Chant des combats* (13 nivôse an VIII) destiné à supplanter *la Marseillaise,* mais dont la création avait été un échec.

Sous la Restauration, il chercha à sortir de l'ombre et à gagner les bonnes grâces des nouveaux maîtres par des écrits et des chants d'allégeance royaliste tout en subsistant grâce à des travaux de traduction et de copie musicale. En 1826, un an après la publication de son recueil *Cinquante Chants français,* il fut emprisonné pour dettes à Sainte-Pélagie. Pensionné et décoré par Louis-Philippe au lendemain des journées de Juillet qui avaient vu ressusciter *la Marseillaise,* il reçut encore de Berlioz la dédicace de sa géniale orchestration de *la Marseillaise.* Le 14 juillet 1915, ses cendres furent transférées aux Invalides.

F. R.

ROULEMENT DE TIMBALES (en all. *Mit dem Paukenwirbel;* en angl. *Drum Roll*). Titre porté par la symphonie nº 103 en *mi* bémol majeur de Haydn, composée en 1795 et créée à Londres le 2 mars de la même année, parce que son introduction lente s'ouvre par un solo (roulement) de timbales. Ce début, marqué *adagio,* est un des plus étranges de toute la littérature symphonique. Après le roulement de timbales n'interviennent pour un temps que des bassons, des violoncelles et des contrebasses. On entend une sorte d'évocation du *Dies Irae,* et cet élément réapparaît accéléré dans l'*allegro con spirito* à 6/8, devenant alors mélodie authentiquement populaire. L'introduction, cas unique dans une symphonie de Haydn, revient brièvement à la fin de l'allegro con spirito, juste avant ses mesures conclusives. Le *Dies Irae* et sa transformation en mélodie populaire sont ici entendus non pas à plusieurs dizaines de mesures d'intervalle, mais juxtaposés, à la suite l'un de l'autre.

Le deuxième mouvement *(andante piuttosto allegretto)* est en forme de variations alternées sur deux thèmes à allure de marche lente, respectivement en *ut* majeur et en *ut* mineur. Leur origine folklorique a été établie, mais l'important est de réaliser que Haydn, en les modifiant, n'atténua pas mais au contraire accentua leur caractère populaire, en particulier en transformant de *fa* en *fa* dièse la 5e note du thème en majeur, qui en tire une coloration lydienne tout en se rapprochant de celui en mineur. La phrase de tyrolienne entendue à la fin de la première partie du menuet aux violons puis deux fois en écho aux instruments à vent est ensuite immédiatement intégrée dans l'art le plus savant : une simple modification rythmique lui permet de supporter le poids d'une modulation expressive vers *do* bémol majeur.

De pages comme le finale allegro con spirito, Beethoven apprit comment écrire de longs mouvements sur un seul thème sans que pour autant l'attention se relâche, et en évitant au maximum les répétitions textuelles. Après l'accord de dominante une vingtaine de mesures avant la fin, Haydn avait prévu à l'origine, dans la nuance pianissimo, 16 mesures modulantes et entrecoupées de silences. S'il y renonça, ce fut pour ne pas briser son élan, et nous mener d'un trait au terme d'une de ses plus brillantes péroraisons.

M. V.

ROUMANIE. En raison de sa situation géographique et de son histoire, la Roumanie a connu un développement musical très tardif. La musique populaire, celle jouée dans les cours princières, et le chant religieux constituèrent longtemps les principales manifestations musicales des trois provinces roumaines, Moldavie, Valachie et Transylvanie. Peuple latin, les Roumains ont également subi les influences slave, grecque (par l'intermédiaire de Byzance) et turque (la domination ottomane a duré trois siècles). A cela vient s'ajouter, en Transylvanie, le problème des minorités magyares, saxonnes et sicules. Située au carrefour des influences occidentales et orientales, la Roumanie a eu des difficultés à trouver sa propre identité culturelle.

La culture byzantine pénètre par l'intermédiaire des Slaves et de l'Église orthodoxe. L'hymnographie (triodion, octoechos, heirmologion, etc.), tout d'abord écrite en slavon, est ensuite traduite en Roumain. Le système de notation utilisé jusqu'en 1814 est celui d'Ioan Damaschin ; la modification de ce système est introduite par Macarie Ieromonahul — qui supprime de la musique d'église roumaine les mélismes orientaux — et Anton Pann. Sous le règne d'Étienne le Grand *(1457-1504),* l'école de Putna, en Moldavie, connaît un rayonnement particulier grâce à Eustatie. Dans la seconde moitié du XVIIe siècle et la première moitié du XVIIIe siècle, il faut citer les œuvres religieuses de Filothei sin Agăi Jipei (*Psaltikie rumânească*), Daniel Croner (*Tabulatura fugarum...* pour orgue), Gabriel Reilich (*Vesperae brevissimae, Geistlich-Musikalischer Blum-und Rosenwald*) et Ion Căianu (*Organo Missale, Sacri Concentus*).

C'est I. Căianu qui, pour la première fois, réalise une synthèse entre le folklore roumain et les formes occidentales. À la même époque, Dimitrie Cantemir fait des recherches sur les folklores roumain, turc et arabe. Pendant la domination ottomane, la musique de cour autochtone est remplacée par la musique turque ou « Mehterhanea ». I. A. Wachmann *(1807-1863)* et L. A. Wiest (1819-1889) représentent l'influence autrichienne.

À partir du milieu du XIXe siècle, le développement de la musique roumaine est lié aux grands événements : révolution de 1848, union des principautés roumaines (Moldavie et Valachie) en 1859, guerre d'indépendance en 1877. Des conservatoires sont fondés à Cluj (1825), Iaşi (1860) et Bucarest (1864). À la génération des compositeurs nés dans les années 1820 appartiennent I. Cartu, C. Miculi et A. Flechtenmacher dont l'opérette *Baba Hîrca* est représentée à Iaşi en 1848. En 1868, E. Wachmann crée la Société philharmonique roumaine de Bucarest. G. Stephănescu organise en 1885 la première troupe d'opéra permanente, chantant en roumain.

Les compositeurs de cette génération se perfectionnent souvent à l'étranger : Paris pour E. Caudella, G. Stephănescu et C. Dimitrescu, Vienne pour G. Dima, C. Dimitrescu, C. Porumbescu et E. Mandicevschi ; Berlin pour E. Caudella, Leipzig pour G. Dima ; ils assimilent les grandes traditions européennes. En revanche, G. Musicescu termine ses études au conservatoire de Saint-Pétersbourg.

Le premier compositeur roumain de valeur internationale est George Enesco, qui passa la majeure partie de sa vie à Paris. Également violoniste, pianiste et chef d'orchestre, il a intégré dans son œuvre les éléments d'un folklore roumain sublimé. À la même génération appartiennent A. Castaldi, M. Andreescu-Skeletti, A. Zirra, D. Cuclin, I. Nonna Otescu et S. Golestan, qui a lui aussi vécu à Paris. Citons encore I. D. Chirescu, qui succède à D. Kiriac à la tête de la société chorale Carmen fondée en 1901, C. Nottara, M. Jora, M. Negrea, A. Alessandrescu et S. Dragoi.

Au XXe siècle, les musiciens roumains cherchent toujours à réaliser une synthèse entre les éléments empruntés au folklore de leur pays et les techniques de composition occidentales. Parmi les compositeurs nés dans les premières années du siècle figurent T. Ciortea, D. Botez, N. Buicliu, S. Toduţă, P. Constantinescu et A. Mendelsohn. F. Lazar et Marcel Mihalovici font partie de l'école de Paris, tandis que D. Lipatti et C. Silvestri vivent eux aussi en France.

On trouve actuellement dans la production roumaine les principaux courants esthétiques apparus depuis le début du XXe siècle : néoclassicisme (M. Socor, Şt. Zorzor, D. Popovici), dodécaphonisme (O. Nemescu), utilisation du chromatisme sans la rigueur du système sériel (Z. Vancea), langage modal (G. Derieţeanu, A. Vieru, W. G. Berger, C. Táranu, C. Simionescu, A. Dogaru), principes stochastiques (N. Brînduş), techniques aléatoires (C. D. Georgescu, H. P. Türk), structures évolutives (T. Olah). Parmi les nombreux représentants de la jeune musique roumaine, il faut encore mentionner M. Basarab, L. Profeta, P. Bentoiu, J. Birtalan, A. Porfetye, A. Stroe, L. Meţianu, L. Glodeanu et, hors de Roumanie, N. Rădulescu et C. Miereanu (en France) et A. Hrisanide (en Hollande).   A. et M. P.

ROUND (angl.). — 1. Bref **canon vocal** à l'unisson (ou à l'octave) exécuté sans accompagnement. De caractère simple, parfois sérieux, pouvant être religieux ou profane, le *round* offrait une possibilité aux personnes non initiées de faire de la musique ensemble. Il se pratiquait déjà au Moyen Âge. *Pammelia*, la première publication d'un recueil de *Rounds and Catches**, signée Thomas Ravenscroft, date de 1609 et contient une centaine d'exemples du genre dont le célèbre *Three Blind Mice*. Particulièrement adapté à l'enseignement du chant à plusieurs voix à l'école, le *round* se perpétue ainsi de nos jours.

— 2. **Danse anglaise,** populaire aux XVIIe et XVIIIe siècles. Comme son nom l'indique, les danseurs formaient un cercle.   C. W.

ROUSLAN ET LUDMILLA. Opéra en 5 actes de Glinka (1837-1842) sur un livret du compositeur et de V. Chirkov d'après un poème de Pouchkine. Créé au théâtre Marie de Saint-Pétersbourg le 9 décembre 1842 sous la direction de C. Albrecht.

L'action se passe à Kiev à l'époque médiévale, mi-historique, mi-légendaire.

ACTE PREMIER. *Svétozar, prince de Kiev (b), marie sa fille Ludmilla (s) au preux Rouslan (b). Parmi les convives du festin se trouvent deux prétendants malheureux, le Scandinave Farlaf (b), hâbleur et poltron, et l'Oriental Ratmir (c, rôle travesti), rêveur et inopérant. Dans une cantilène allégorique, le barde Baïan (t) prédit aux fiancés qu'ils auront à traverser des difficultés avant de connaître le bonheur. Soudain le tonnerre retentit, l'obscurité tombe ; lorsque la lumière revient, Ludmilla a disparu, enlevée par un génie maléfique, Tchernomor (rôle muet). Svétozar promet la main de Ludmilla et la moitié de son royaume à celui qui retrouvera sa fille. Rouslan, Farlaf et Ratmir partent à sa recherche, chacun de son côté.*

ACTE II. 1er tableau. *En route, Rouslan arrive à la grotte du bon magicien Finn (t), qui lui prédit sa victoire sur Tchernomor, mais le met en garde contre la sorcière Naïna (ms), dont il a lui-même été amoureux autrefois, mais dont il subit maintenant les persécutions. Naïna ne manquera pas de chercher à faire périr Rouslan.* 2e tableau. *Farlaf, de son côté, a rencontré Naïna, qui lui promet de l'aider à retrouver Ludmilla. Farlaf exulte.* 3e tableau. *Rouslan arrive sur un champ de bataille jonché de cadavres. Il aperçoit une tête de géant dont le souffle soulève la tempête. Il réussit toutefois à s'en approcher. Une voix (chœur en coulisses) lui apprend que la tête était celle du frère de Tchernomor, décapité par ce dernier. Sous la tête, Rouslan trouve l'épée magique qui lui donnera la victoire contre le mauvais génie.*

ACTE III. *La sorcière Naïna attire les voyageurs dans son palais enchanté où des jeunes filles chantent des airs langoureux. Gorislava (s), amante de Ratmir, arrive au château à la recherche de son bien-aimé. Mais Ratmir ne pense qu'aux jeunes filles de Naïna. Rouslan, à son tour, est prêt à succomber aux charmes et à oublier Ludmilla. Mais une intervention soudaine de Finn fait disparaître le château enchanté. Finn enjoint à Ratmir d'être fidèle à Gorislava, et prédit à Rouslan sa victoire prochaine.*

ACTE IV. *Ludmilla dépérit de tristesse au château de Tchernomor. Pour la distraire, celui-ci organise des danses éblouissantes (ballet symphonique : danse turque, danse arabe, lezghinka). Soudain un son de trompe : c'est Rouslan qui appelle Tchernomor au combat. Il en sort victorieux. Mais Tchernomor a plongé Ludmilla dans un profond sommeil. Accompagné de Ratmir et de Gorislava, Rouslan part pour Kiev, emmenant Ludmilla endormie.*

ACTE V. 1er tableau. *(La nuit, lors d'une halte sur le chemin de Kiev.) Ratmir monte la garde, chantant des airs orientalisants. Soudain les esclaves de Tchernomor viennent lui apprendre que Rouslan et Ludmilla ont tous deux disparu. Mais une nouvelle apparition de Finn lui révèle qu'il s'agit là du dernier maléfice de Naïna : elle a enlevé Ludmilla, et Rouslan s'est lancé à sa poursuite. Finn donne à Ratmir un anneau magique que celui-ci remettra à Rouslan pour réveiller Ludmilla.* 2e tableau. *C'est Farlaf qui, aidé de Naïna, a enlevé Ludmilla. Il l'apporte, endormie, à Svétozar, mais est incapable de la réveiller. Rouslan survient, porteur de l'anneau magique, et réveille Ludmilla. L'opéra se termine dans la liesse générale.*

Dans la partition, les éléments nationaux russes côtoient les témoignages de l'héritage occidental. Si la découpe d'ensemble est bien celle du grand opéra à la française, avec l'indispensable ballet, et si certains airs (ceux de Ludmilla notamment) participent de la technique italienne, nombreux sont les épisodes qui témoignent de l'affirmation d'un art national : la cantilène de

Baïan, avec la harpe et le piano dans l'orchestre imitant les *gousli*, les chœurs nuptiaux de l'acte I avec leur rythme caractéristique à 5/4, le chant guerrier de Rouslan et la scène avec la tête de géant (3ᵉ tableau de l'acte II), où se manifeste le dynamisme puissant de la chanson de geste, enfin les chœurs de la scène finale.

Mais le grand intérêt de *Rouslan et Ludmilla* est d'être le premier opéra russe à utiliser des tournures musicales orientales : chœurs des jeunes filles à l'acte III, danses de l'acte IV, marche de Tchernomor, dont certains thèmes sont de provenance authentique. Dans la scène de l'enlèvement de Ludmilla, et dans celle du combat de Rouslan contre Tchernomor, Glinka fait entendre la gamme par tons entiers, qu'il est le premier à employer (en même temps que Liszt, mais indépendamment de lui). Autant de formules qui serviront de modèles aux compositeurs du groupe des Cinq, en particulier à Rimski-Korsakov, dont nombre d'opéras à sujet surnaturel (*Mlada, Sadko, le Tsar Saltan, Kitège*) sont directement redevables à *Rouslan et Ludmilla*.
                                                        A. L.

Rousseau (Jean-Jacques), écrivain et compositeur genevois *(Genève 1712 - Ermenonville 1778)*. Après une formation essentiellement autodidacte, Rousseau manifesta rapidement son intérêt pour la musique par des fragments d'opéras, écrits à Chambéry, puis à Lyon, entre 1739 et 1742. Sa première publication d'ordre musical fut un essai de réforme de la notation (*Projet concernant de nouveaux signes pour la musique*, 1742), défendu l'année suivante par une *Dissertation sur la musique moderne*. Cette tentative fut accueillie par un scepticisme général, et situa d'emblée Rousseau sur le plan d'une polémique agressive avec ses contemporains. Mais l'expérience déterminante de la formation de son goût musical fut sans doute la familiarité avec l'opéra italien qu'il acquit en 1743-44 comme secrétaire de l'ambassadeur de France à Venise. De retour à Paris, Rousseau termina *les Muses galantes*, un opéra-ballet commencé en 1743 ; l'œuvre attira des commentaires peu amènes de Rameau et ne dépassa jamais le stade d'une représentation privée. C'est avec un « intermède », *le Devin du village*, représenté à Fontainebleau en 1752, que Rousseau connut enfin le succès comme librettiste-compositeur.

Il s'engagea ensuite vigoureusement dans la querelle des Bouffons*, parmi les tenants de la musique italienne ; sa *Lettre sur la musique française* en constitua le pôle extrême, avec la thèse selon laquelle « notre langue (est) peu propre à la poésie, et point du tout à la musique ». Rousseau tira les conséquences de cette assertion dans une « scène lyrique », *Pygmalion* (1770), où « les paroles et la musique, au lieu de marcher ensemble, se font entendre successivement ». On peut y voir le point de départ du « mélodrame », genre dramatique hybride qui fleurit en Allemagne dans les années 1770. Il ne reste que des esquisses et des fragments d'une dernière pastorale, *Daphnis et Chloé*.

Rousseau représente le cas extrême d'un compositeur dont l'influence fut sans commune mesure avec la qualité propre de sa musique. *Le Devin du village* est d'une écriture fruste, mais concrétise de manière achevée l'aspiration de ses contemporains à un art dépouillé, prêchant les vertus de la morale naturelle. Musicalement, *le Devin du village* est à l'origine de la « comédie mêlée d'ariettes », bien que son principe d'une musique continue soit resté quasi sans descendance.

Quant aux écrits de Rousseau, ils restent l'un des plus précieux témoignages sur la conception que le XVIIIᵉ siècle se faisait de la musique. Les articles qu'il rédigea pour *l'Encyclopédie*, réunis dans un *Dictionnaire de musique* (1768), sont une mine de renseignements, où se rejoignent les diverses expériences de leur auteur, comme écrivain, comme compositeur et même, plus modestement, comme copiste.
                                                        M. N.

Roussel (Albert), compositeur français *(Tourcoing 1869 - Royan 1937)*. Issu d'une famille d'industriels du Nord, Albert Roussel perd ses parents lorsqu'il n'est encore qu'un enfant. Il est élevé par son grand-père paternel, puis, après la mort de celui-ci, en 1880, par un de ses oncles. Il reçoit, à onze ans, ses premières leçons de piano. En 1884, il entre comme interne au collège Stanislas à Paris, obtient son baccalauréat et prépare le concours de l'École navale. Il consacre à la musique ses jours de congé. Une exécution de la 7ᵉ *Symphonie* de Beethoven le bouleverse. Admis à l'École navale en 1887, Albert Roussel embarque sur le *Borda*, le navire-école ancré à Brest. En 1889, il découvre le Proche-Orient. Embarqué à Toulon, puis à Brest, enfin à Cherbourg sur le cuirassé *Victorieuse*, le jeune officier de marine s'essaie à la composition. Le jour de la Noël 1892, il fait entendre à l'église de la Trinité de Cherbourg un *Andante* pour violon, alto, violoncelle et orgue (détruit).

En 1893, Albert Roussel effectue sur une canonnière, le *Styx*, une croisière en Extrême-Orient. A son retour en France, il obtient un congé de plusieurs mois et s'installe à Roubaix pour étudier l'harmonie sous la direction de Julien Koszul, directeur du conservatoire de cette ville. Ce dernier ne tarde pas à reconnaître les dons exceptionnels de son élève et lui conseille de poursuivre ses études musicales à Paris, sous la direction d'Eugène Gigout.

Albert Roussel suit ce conseil, démissionne de la marine et arrive à Paris en octobre 1894. Gigout lui enseigne le piano, l'orgue, l'harmonie, le contrepoint et la fugue. En 1897, Albert Roussel adresse, en deux envois séparés et sous deux pseudonymes différents, deux *Madrigaux* à quatre voix au concours de la S. A. C. E. M. Tous deux sont primés. L'année suivante, il entre à la Schola cantorum pour étudier, sous la direction de Vincent d'Indy, la composition et l'orchestration.

En 1904, sa première œuvre pour orchestre, *Résurrection*, est dirigée à la Société nationale par Alfred Cortot. Cette année-là, il compose sa première symphonie, *le Poème de la forêt*. Entre 1902 et 1912, Albert Roussel écrit de nombreuses mélodies pour chant et piano (*Poèmes d'Henri de Régnier, Poèmes chinois*) et des œuvres de musique de chambre, parmi lesquelles le *Divertissement pour flûte, hautbois, clarinette, basson, cor et piano* (1906) offre déjà, par l'importance accordée à la rythmique, un caractère très personnel.

En 1908, Albert Roussel se marie avec Blanche Preisach. L'année suivante, les jeunes époux font un voyage aux Indes, à Ceylan et au Cambodge. Les cavernes d'Ellora, les ruines de Jaipur, Bénarès et le Gange inspirent au musicien le triptyque des *Évocations*. Albert Roussel et sa femme visitent aussi Tchitor, la ville où régnait Padmâvatî. En 1912, pour le théâtre des Arts que dirige Jacques Rouché, Albert Roussel compose un ballet, *le Festin de l'araignée*, qui obtient à sa création, le 3 avril 1913, un succès très vif. En 1914, il entreprend la composition de *Padmâvatî*, opéra-ballet en 2 actes, sur un livret de Louis Laloy.

A la déclaration de guerre, il demande sa réintégration dans la marine ; elle lui est refusée. Mobilisé dans l'armée de terre en 1915, il commande une section de transports à Verdun, en 1916. Réformé en 1918, il se remet au travail et achève *Padmâvatî*, créé à l'Opéra en 1923.

En 1920, son poème symphonique *Pour une fête de printemps*, lumineuse fête des rythmes et du contrepoint, amorce la série des chefs-d'œuvre qui vont désormais jalonner sa carrière : en 1924, *les Joueurs de flûte* et la *Deuxième Sonate pour piano et violon*, en 1926, la *Suite en « fa »*, en 1927 le *Concert pour petit orchestre*, etc. En 1922, il a acheté une maison au bord de la mer, à Varengeville, et c'est là qu'il compose presque toutes ses œuvres.

En 1930, Albert Roussel se rend aux États-Unis pour assister, à Boston, à la création de sa *Symphonie en « sol » mineur* dirigée par Serge Koussevitski. L'année suivante, son ballet *Bacchus et Ariane* est créé à l'Opéra de Paris. Bruxelles accueille *Aeneas* en 1935.

En 1937, Albert Roussel achève sa dernière œuvre importante, un *Trio à cordes*. Sa santé, déjà précaire depuis 1935, décline rapidement. Le musicien quitte Varengeville dont le climat ne lui convient plus et s'installe à Royan où il meurt d'une crise d'angine de poitrine le 23 août 1937. Le 27 août, il est inhumé dans le petit cimetière marin de Varengeville.

Chez Albert Roussel, il faut d'abord considérer le *musicien*, car il lui importe plus de construire son œuvre et de découvrir des combinaisons sonores nouvelles que de se confesser. L'*homme* maîtrise ses sentiments, discipline acquise dès l'enfance (une enfance privée de l'affection des parents disparus très tôt), et cultivée par le jeune officier de marine. Non pas froideur, mais une extrême pudeur, une certaine réserve, une constante fierté. Parfois féminine par la grâce et l'agilité de son écriture, la musique d'Albert Roussel est toujours mâle par la pensée. Une force l'habite, la soutient, l'entraîne en des élans dionysiaques dont *Bacchus et Ariane* offre le plus bel exemple, mais aussi le préserve des excès romantiques. Ajoutons à cela l'expérience du marin, du voyageur, l'ouverture sur l'Extrême-Orient, la contemplation de la mer, et le rêve, caressé un jour, de traduire par la musique ce qu'elle recèle de puissance et d'infini, de charme, de colère, de douceur, et force est de constater que le cas d'Albert Roussel est des plus complexes.

Une telle personnalité ne se classe pas facilement dans les écoles musicales ou les courants esthétiques. Son art transparent et délié, art de contrapuntiste formé à la Schola cantorum, a trouvé du côté de l'impressionnisme l'allégement de la pensée, le sens de l'ellipse. Albert Roussel a fait siennes les leçons de fluidité incluses dans l'œuvre de Debussy. Quant à la mobilité, car il n'est pas de musique plus mobile, plus nerveuse, plus agile que la sienne, comment n'y pas déceler également l'influence des *Images pour orchestre* de Claude Debussy ?

L'évolution d'Albert Roussel l'a conduit vers un classicisme où logique et sensualité s'équilibrent, où musique pure et évocation sont de la même essence. Ses plus grands chefs-d'œuvre, *Bacchus et Ariane*, la *Troisième* et la *Quatrième Symphonie*, marquent précisément le triomphe de ce classicisme.

Œuvres principales. — *Musique instrumentale.* PIANO : *Des heures passent*, op. 1 (1898) ; *Rustiques*, op. 5 (1906) ; *Suite*, op. 14 (1910) ; *Sonatine*, op. 16 (1912) ; *l'Accueil des muses* (1920) ; *Trois Pièces*, op. 49 (1933). MUSIQUE DE CHAMBRE : *Premier Trio pour piano, violon et violoncelle*, op. 2 (1902) ; *Divertissement pour flûte, hautbois, clarinette, basson, cor et piano*, op. 6 (1906) ; *Première Sonate pour violon et piano*, op. 11 (1908, rév. 1931) ; *les Joueurs de flûte*, pour flûte et piano, op. 27 (1924) ; *Deuxième Sonate pour violon et piano*, op. 28 (1924) ; *Sérénade pour flûte, violon, alto, violoncelle et harpe*, op. 30 (1925) ; *Deuxième Trio pour flûte, alto et violoncelle*, op. 40 (1929) ; *Quatuor à cordes*, op. 45 (1931-32) ; *Troisième Trio pour violon, alto et violoncelle*, op. 58 (1937). *Orchestre.* *Le Poème de la forêt* (première symphonie), op. 7 (1904-1906) ; *Deuxième Symphonie en « si » bémol*, op. 23 (1919-1921) ; *Troisième Symphonie en « sol » mineur*, op. 42 (1929-30) ; *Quatrième Symphonie en « la » majeur*, op. 53 (1934) ; *Sinfonietta pour orchestre à cordes*, op. 52 (1934) ; *Résurrection*, prélude symphonique, op. 4 (1903) ; *Pour une fête de printemps*, op. 22 (1920) ; *Suite en « fa »*, op. 33 (1926) ; *Concert pour petit orchestre*, op. 34 (1927) ; *Petite Suite pour orchestre*, op. 39 (1929) ; *Rhapsodie flamande*, op. 56 (1936) ; *Concerto pour piano et orchestre*, op. 36 (1927) ; *Concertino pour violoncelle et orchestre*, op. 57 (1936). **Musique vocale.** *Évocations* pour ténor, baryton, contralto, chœur mixte et orchestre, op. 15 (créé en 1912) ; *Psaume LXXX*, pour ténor, chœur et orchestre, op. 37 (1928) ; *Deux Poèmes de Ronsard pour chant et flûte*, op. 26 (1924) ; mélodies pour chant et piano : *Quatre Poèmes d'Henri de Régnier*, op. 3 (1903) ; *Quatre Poèmes d'Henri de Régnier*, op. 8 (1907) ; *Deux Poèmes chinois*, op. 12 (1907-1908) ; *Deux Mélodies sur des poèmes de René Chalupt*, op. 20 (1919) ; *Odes anacréontiques*, op. 31 (1926) ; *Deux Poèmes chinois*, op. 35 (1927) ; *Jazz dans la nuit*, op. 38 (1928) ; *Deux Idylles*, op. 44 (1931) ; *Deux Poèmes chinois*, op. 47 (1932). **Musique pour le théâtre.** *Padmâvatî*, opéra-ballet en 2 actes (1918) ; *la Naissance de la lyre*, conte lyrique en 1 acte (1925) ; *le Testament de la tante Caroline*, opéra bouffe en 3 actes (1936) ; *le Festin de l'araignée*, ballet-pantomime en 1 acte (1913) ; *Bacchus et Ariane*, ballet en 2 actes (1931) ; *Aeneas*, ballet avec chœurs en 1 acte (1935) ; *le Marchand de sable qui passe*, musique de scène (1908).

J. R.

ROXOLANE (LA) [ou **ROXELANE**]. Titre authentique porté par la symphonie n° 63 en *ut* majeur de Haydn, composée à la fin de 1779, et se référant plus précisément à son deuxième mouvement. En 1777, la troupe théâtrale de Carl Wahr avait donné à Esterháza une pièce d'après Charles Favart intitulée *Soliman II, ou les Trois Sultanes*. Pour avoir de la musique de scène, Haydn aurait été chercher l'ouverture de son opéra *Il Mondo* della luna, peut-être aussi un menuet et un finale remontant à 1773 environ, et aurait composé spécialement un mouvement en forme de variations baptisé *la Roxolane*, du nom de l'héroïne de la pièce, et devenu plus tard le deuxième mouvement de la symphonie n° 63. Ce qui est sûr, c'est que Haydn ne donna qu'à la fin de 1779 à cette symphonie son aspect (à ses yeux) définitif : il s'agit de l'actuelle version B, orchestrée sans trompettes ni timbales mais avec une flûte, et comprenant l'ouverture d'*Il Mondo della luna*, le mouvement *la Roxolane*, et un menuet et un finale nouvellement composés. Cette version B de la symphonie est la seule absolument authentique.

La version A de la symphonie, reconstituée de façon hypothétique par Robbins Landon*, a en commun avec la version B le mouvement *la Roxolane*. Elle correspond musicalement à un état antérieur de la pensée de Haydn, peut-être exactement à la musique de scène de 1777. Le premier mouvement est l'ouverture d'*Il Mondo della luna*, mais dans son orchestration originale avec trompettes et timbales, et les deux derniers le menuet et le finale déjà mentionnés et remontant à 1773 environ (eux aussi avec trompettes et timbales).

La reconstitution hypothétique de Robbins Landon est d'autant plus intéressante qu'on a la preuve qu'avant de composer celui de la version B, Haydn songea au finale A comme dernier mouvement de la symphonie n° 63 (on n'a toutefois pas la même certitude en ce qui concerne le menuet A).

On ignore à quelle occasion furent écrits vers 1773 le menuet et le finale A. Haydn devait y tenir, car vers 1780, après la mise sur pied de la version B de la symphonie n° 63, il réalisa à destination de l'Espagne une sorte de *pasticcio* symphonique en *ut* majeur, qui comprenait ce menuet et ce finale précédés de l'ouverture de *L'Infedeltà* delusa* (allegro et andante).

M. V.

ROY (Jean), critique musical français *(Paris 1916)*. Licencié en philosophie, il a débuté en collaborant dès 1937 à *la Revue musicale* dirigée par Henry Prunières. Parallèlement à une carrière de fonctionnaire, de 1941 à 1977, aux ministères de l'Intérieur et de la Culture, il a poursuivi ses activités de critique en publiant des articles dans la *Gazette des lettres*, la *Revue de la pensée française*, *Arts*, le *Journal musical français*, *Disques*, *Diapason*, *Panorama musiques*. Jean Roy a participé à plusieurs émissions de la Radiodiffusion française et, depuis 1974, il fait partie de la *Tribune des critiques de disques* de France-Musique. Il est membre de l'académie Charles-Cros. Ses ouvrages, *la Vie de Berlioz racontée par Berlioz* (1954), *Présences contemporaines : musique française* (1962), *Francis Poulenc* (1964), *Darius Milhaud* (1968) et de nombreux textes sur des compositeurs français témoignent d'une orientation à laquelle il faut adjoindre, sur le plan de la méthode critique, une ouverture sur l'ensemble des arts dont la musique, selon lui, ne peut jamais être séparée.

M. V.

Royan (Festival international d'art contemporain de). Créé en 1963, ce festival consacré essentiellement à la musique contemporaine a eu lieu 14 années de suite, durant une semaine aux environs de Pâques, de 1964 à 1977. Il eut comme président-fondateur le docteur Bernard Gachet, et comporta également des manifestations théâtrales, cinématographiques, chorégraphiques ou picturales annexes. Jusqu'en 1972, son directeur artistique fut Claude Samuel*, qui eut comme successeur, à partir de 1973, Harry Halbreich*. Certaines années, l'accent fut plus ou moins mis sur tel ou tel aspect de la production musicale d'aujourd'hui : les pays de l'Est (1971), ou encore la jeune génération (1972). Par le nombre des partitions commandées, par celui des premières auditions françaises ou mondiales, le festival de Royan prit rapidement une importance internationale qui en fit au moins l'égal de ceux de Donaueschingen ou de Venise. Celui de 1974, par exemple, annonça 49 compositeurs (dont 15 nés après 1940) originaires de 18 pays, et représentés par 120 œuvres dont 100 créations (39 mondiales et 61 françaises). Dans le cadre du festival a eu lieu à cinq reprises, jusqu'en 1971, le concours international de piano Olivier-Messiaen, auquel a fait suite, pour une année (1972), un concours de flûte.

Avec l'arrivée de Harry Halbreich, le festival s'est plus encore orienté vers la création, à la fois par le nombre des premières auditions mondiales et françaises que par la programmation de jeunes compositeurs (nés entre 1940 et 1955) français ou étrangers jusqu'alors peu ou très peu joués. Les derniers festivals de Royan ont ainsi mieux fait connaître ou même révélé des compositeurs de la génération de Boulez ou de peu ses cadets, comme Berndt Alois Zimmermann, Isan Yun, Dieter Schnebel, Klaus Huber, Franco Donatoni, Cristobal Halffter, Hans-Joachim Hespos, Jean-Claude Eloy ou Heinz Holliger, mais aussi et surtout des compositeurs nés à partir de 1940 comme Hugues Dufourt, Brian Ferneyhough, Giuseppe Sinopoli, Emanuel Nunes, Horatiu Radulescu, Jacques Lenot, Tristan Murail, Michael Levinas, Michael Finnissy, Sandro Gorli, Philippe Manoury, Wolfgang Rihm ou José-Ramón Encinar (d'une façon générale les jeunes écoles italienne, espagnole et allemande). Cet aspect « forum de la création » n'a pas échappé à la critique, et il est certain qu'il ne saurait constituer à lui seul une politique de la musique contemporaine. Son utilité n'en demeure pas moins, et il est non moins certain que depuis 1977 rien n'est venu remplacer, en France en tout cas, et malgré l'existence des Rencontres de Metz*, le festival de Royan sur ce point.

Principales créations mondiales ou françaises (f) au festival de Royan.
1966 : *Triade* de Gilbert Amy, *Interférences* de Paul Méfano, *De natura sonoris* de Penderecki, *Terretektorh* de Xenakis, *Variations pour orchestre* de Stravinski (f) ; 1967 : *Archipel I* de Boucourechliev, *D'un opéra de voyage* de Betsy Jolas, *Dans le deuil des vagues* de Gérard Masson ; 1968 : *Trajectoires* de Gilbert Amy, *le Temps restitué* de Jean Barraqué, *Lignes* de Paul Méfano, *Imaginario II* de Luis de Pablo, *Punkte* de Stockhausen (f), *Solo* de Donatoni (f), *Nuits* de Xenakis ; 1969 : *Sinfonia* de Berio (f), *Archipel II* de Boucourechliev, *Reliefs polychromés* de Jean-Pierre Guézec, *Quadrivium* de Bruno Maderna, *Nomos Gamma* de Xenakis ; 1970 : *Cette étoile enseigne à s'incliner* de Gilbert Amy, *Archipel IV* de Boucourechliev, *Quatorze Stations* de Marius Constant, *Cérémonie II* de Pierre Henry, *Holydays Symphony* de Charles Ives (f), *la Cérémonie* de Paul Méfano ; 1971 : *Schichten* d'Alsina, *Australhungen* de Globokar, *Écran* de Vieru, *Synaphai* de Xenakis ; 1972 : *Ludwig Van* de Kagel (f), *Madrigal* de Paul Méfano, *Lovercraft* de Tristan Murail, 1973 : *Solo* de Donatoni (f), *Préludes et fugue* de Lutoslawski (f), *Kemit* de François-Bernard Mâche, *Bleu loin* de Gérard Masson, *Extensions* de Francis Miroglio, *24 Préludes* de Maurice Ohana, *Concerto pour violoncelle* de Penderecki, *Choralvorspiele* de Dieter Schnebel (f), *Photoptosis* et *Action ecclésiastique* de Berndt Alois Zimmermann (f) ; 1974 : *Clocks and Clouds* de Ligeti (f), *Symphonie* de René Koering, *la Dérive des continents* de Tristan Murail, *Missa brevis* et *Sieben Sterne* de Brian Ferneyhough, *Shanti* de Jean-Claude Eloy, *Mélodies* de Paul Méfano, *Tenebrae* de Klaus Huber (f), *Bergkristall* de Bussotti (f), *Aura* de Maderna (f), *Sur Mi* de Philippe Boesmans, *Quatuor* de René Koering, *Quatuor* de Gérard Masson ; 1975 : *Sonatas* pour quatuor à cordes et *Transit* de Ferneyhough, *Quatuor* de Heinz Holliger, *Sables* de Tristan Murail, *Souvenirs à la mémoire* de Giuseppe Sinopoli, *Lamento di Gesu* de Radulescu, *Espressivo* de Franco Donatoni, *Pinturas Negras* et *Tiempo para espacios* de Cristobal Halffter, *Puzzle* de Philippe Manoury, *Thrène* de Boucourechliev, *Down to a Sunless Sea* de Hugues Dufourt (f), *Musik im Bauch* de Stockhausen ; 1976 : *Ondes* de Paul Méfano, *Ecce Opus* de Francisco Guerrero, *Concerto pour violoncelle* de Cristobal Halffter, *Concerto pour violoncelle* de Isan Yun, *Sinfonie* de Friedrich Cerha ; 1977 : *l'Orage* et *Erewhon* de Hugues Dufourt, *Symphonie* de Jacques Lenot, *Lichtzwang* de Wolfgang Rihm, *Symphonie n° 3* de Henryk Gorecki, *Ruf* d'Emanuel Nunes.
M. V.

Royon-Lemée (Franck), compositeur français (*Paris 1952*). Membre du Groupe de musique expérimentale de Marseille, il est également un étonnant interprète maîtrisant des techniques nouvelles d'émission vocale qu'il utilise dans ses propres œuvres électroacoustiques. La plus remarquable de celles-ci est un important *Office* constitué de plusieurs pièces indépendantes, et où se manifestent son goût de la beauté sonore et son sens du rituel.
M. C.

Rubato (de l'ital. *tempo rubato*, « temps volé »). Indication d'expression prescrivant d'accélérer certaines notes d'une mélodie et d'en ralentir d'autres pour échapper à la rigueur de la mesure, la basse conservant en principe un rythme immuable. Appliqué au chant mais aussi à la pratique instrumentale à partir du début du XVIIe siècle, le *rubato* fut pris en compte au XVIIIe par des théoriciens de l'interprétation tels que Carl Philipp Emanuel Bach, et connut une vogue certaine à l'époque romantique, en particulier dans le répertoire pour piano. Certains interprètes des alentours de 1900, par exemple Eugène d'Albert, en firent usage d'une façon qui semble aujourd'hui exagérée, mais il n'existe pour ainsi dire pas de musique vivante sans un minimum de *rubato*. Dans la musique contemporaine, cette technique tend à s'intégrer au processus compositionnel lui-même, dans la mesure notamment où cette musique cherche à se libérer de l'écrit, de la périodicité régulière, des valeurs égales, et elle joue également un rôle important dans le jazz.
M. V.

Rubbra (Edmund), compositeur anglais (*Northampton 1901*). Élève de Cyril Scott, puis de Gustave Holst au Royal College of Music (1921-1925), il a enseigné à l'université d'Oxford de 1947 à 1968, ainsi qu'à la Guildhall School of Music à partir de 1961. De ses onze symphonies (entre 1935-1937 et 1978-79), citons notamment la 5e (1947-48), la 9e, dite *Sinfonia sacra* (pour solistes vocaux, chœurs et orchestre, 1971-72), et la 10e, dite *Sinfonia da camera* (1974). Il a écrit aussi des œuvres de musique de chambre dont quatre quatuors à cordes (1933, 1952, 1962-63 et 1976-77) et de la musique chorale (*Festival Te Deum*, 1951). M. V.

Rubini (Giambattista), ténor italien (*Romano, près de Bergame, 1794*- id. *1854*). Il fut le plus célèbre ténor de la première moitié du XIXe siècle. Bellini composa pour lui *Il Pirata, La Sonnambula, I Puritani*, et Donizetti *Anna Bolena*. Sa voix était puissante, mais son timbre évoquait le velours davantage que le métal. Sa technique, basée sur le mélange parfait des registres, lui permettait d'atteindre le contre-*fa* aigu en falsetto appuyé ; d'où l'écriture du rôle d'Arturo dans *I Puritani*, que les techniques de chant actuelles ne permettent guère de maîtriser. Excellent acteur, il s'identifiait à ses rôles de manière absolue. J. B.

RUBINSTEIN, famille de musiciens russes.
— 1. **Anton**, pianiste, compositeur et pédagogue *(Vykhvatintsy, Moldavie, 1829-Peterhof, près de Saint-Pétersbourg, 1894).* Ayant commencé l'étude du piano avec sa mère, puis travaillé avec A. Villoin, il se révèle un enfant prodige, et dès 1840 effectue des tournées en Europe. Il travaille avec Siegfried Dehn à Berlin, rencontre Mendelssohn, Liszt, Chopin. Une première période créatrice voit naître plusieurs opéras sur des sujets russes, *Dimitri Donskoï* (Saint-Pétersbourg, 1852), *la Vengeance* d'après Lermontov (1852) ; *les Chasseurs sibériens* (Weimar, 1854), dans lesquels il s'efforce sans y parvenir d'imiter le style national russe. Il ne se reconnaîtra que dans la tradition des formes germaniques. Sa 2e symphonie, *Océan*, considérablement influencée par Schumann et Mendelssohn (1851, rév. 1863 et v. 1880), est une œuvre d'infiniment plus de valeur. De la même période (1850-1854) datent trois de ses cinq concertos pour piano.

Dès la fin des années 1850, Rubinstein s'impose comme animateur d'activités musicales : il crée à Saint-Pétersbourg une Académie de chant (1858) et surtout la Société musicale russe, qui fut bientôt transformée en conservatoire (1862). Le conservatoire de Saint-Pétersbourg fut le premier de ce genre en Russie. Rubinstein s'opposa dès lors à la tendance nationale du groupe des Cinq, en prônant la nécessité d'un enseignement académique à la mode occidentale. Il fut directeur et professeur du conservatoire jusqu'en 1867, et eut Tchaïkovski parmi ses élèves. Il quitta son poste en 1867 et pendant vingt ans mena de front sa carrière de virtuose et ses activités de compositeur.

Sa réconciliation avec Balakirev et les compositeurs nationalistes correspond à l'époque de la composition de son opéra *le Démon* d'après Lermontov (Saint-Pétersbourg, 1875), qui est une de ses œuvres ayant le mieux réussi. Cela ne l'empêcha pas, quatre ans plus tard, de composer un authentique opera seria, *Néron* (Hambourg, 1879), qui connut également un certain succès. En 1885-1887, les cycles de « concerts historiques » qu'il donna dans diverses capitales européennes (Berlin, Londres, Paris, Vienne), ainsi qu'à Saint-Pétersbourg et à Moscou, contribuèrent, entre autres, à faire connaître l'œuvre pour piano de l'école russe. En 1887, il reprit son poste de directeur et de professeur au conservatoire, dont l'esprit s'était quelque peu « russifié » depuis l'arrivée de Rimski-Korsakov en 1871. En 1888-89, Rubinstein fit un cycle de cours consacrés à l'histoire du répertoire pianistique, qu'il illustra avec l'interprétation de plus de 800 œuvres, des virginalistes du XVIe siècle à Liszt. Quittant définitivement le conservatoire en 1891, il vécut à Dresde jusqu'en 1894 et rentra en Russie peu de temps avant sa mort.

L'immense mérite de Rubinstein fut d'avoir imposé en Russie un enseignement musical officiel de haut niveau, tâche dans laquelle il fut activement secondé par son frère Nicolaï, et d'avoir jeté les bases d'une tradition pianistique russe, servant de lien entre le style de Liszt et celui de Tchaïkovski et de Rachmaninov. Avec le contrepoids important qu'a représenté le groupe des Cinq, Rubinstein a assuré à l'école russe l'équilibre entre l'authenticité nationale et le métier classique. Le catalogue de ses œuvres est considérable (13 opéras, 5 opéras sacrés et oratorios, dont *Sulamith*, 1883, 6 symphonies, 5 concertos pour piano, de nombreuses œuvres pour piano seul, des mélodies, de la musique de chambre). Si la majeure partie d'entre elles a été oubliée à juste titre, certaines n'en méritent pas moins de survivre ; le cycle de mélodies *Chansons persanes* (1854) manifeste, curieusement, un sens de l'orientalisme que viendront confirmer de nombreuses pages vocales et symphoniques du *Démon* ; la 2e symphonie *Océan*, le 4e concerto pour piano (1864), le quintette pour piano et vents (1855, rév. 1860), tous d'un style intégralement occidental, n'en sont pas moins d'incontestables réussites.

— 2. **Nicolaï**, pianiste, chef d'orchestre et pédagogue russe, frère du précédent *(Moscou 1835-Paris 1881).* Il étudia le piano et l'écriture musicale à Berlin auprès de Theodor Kullak et de Siegfried Dehn (1844-1846), puis se perfectionna à Saint-Pétersbourg avec Villoin qui avait été le professeur de son frère. S'il resta peu connu comme compositeur, bien qu'ayant composé une série de pièces pour piano, il fit une brillante carrière de virtuose et de chef d'orchestre, et fut, aux côtés de son frère, organisateur et animateur de l'enseignement musical en Russie. Il fonda en 1859 la section moscovite de la Société musicale russe dont il resta président toute sa vie, et qui fut à l'origine du conservatoire de Moscou, inauguré en 1866. Rubinstein y assura en permanence la direction des concerts, contribuant à faire connaître les œuvres de l'école russe, et tout particulièrement celles de Tchaïkovski. En 1878, il vint à Paris et se produisit aux Concerts russes de l'Exposition universelle. A. L.

RUBINSTEIN *(Artur)*, pianiste polonais naturalisé américain *(Łódź 1887-Genève 1982).* Enfant prodige, il aborde le piano à trois ans, est exhibé dans des concerts entre sept et dix ans, avant d'être entendu à Berlin par Joachim, qui, ébloui, prend en charge son enseignement, le confiant à Heinrich Barth pour le piano, à Robert Kahn et Max Bruch pour l'harmonie et la composition. C'est sous sa direction qu'il fait ses véritables débuts en 1899, à Berlin, interprétant le 23e concerto en *la* majeur de Mozart. Après une tournée en Russie avec l'orchestre Koussevitski, il séjourne quelques mois en Suisse chez Paderewski et fait ses débuts parisiens en 1904, au Nouveau Théâtre, provoquant en particulier l'admiration de Saint-Saëns. Une tournée de soixante-quinze concerts aux États-Unis, en 1906 (il joua pour ses débuts à Philadelphie le 1er concerto de Chopin), clôt la période d'apprentissage du jeune prodige.

Conscient de son immaturité, il se remet à l'étude et parfait son répertoire, avant de reparaître dans les capitales européennes, notamment à Londres en 1912 (en compagnie de Casals), où il s'installe de 1914 à 1916, donnant des « joint-recitals » avec Ysaye pour les troupes alliées. En 1916, il découvre dans l'enthousiasme l'Espagne et la musique de Granados, d'Albéniz et de Falla qu'il va contribuer à faire connaître. A partir de 1919, il partage ses activités entre les États-Unis, où il effectue de nombreuses tournées dans les années 20, l'Europe et l'Amérique du Sud dans la décennie suivante. De 1932 (année de son mariage) à 1937, il vit à Paris dans une semi-retraite, provoquée par sa rivalité avec Horowitz, révisant entièrement son jeu et sa technique.

Il fait une rentrée triomphale en novembre 1937, interprétant le 1er concerto de Tchaïkovski avec l'Orchestre philharmonique de New York. Animé d'une prodigieuse vitalité, il se dépense dans des concerts-marathons (jouant fréquemment les deux concertos de Brahms ou trois de Beethoven en une seule soirée), fait de la musique de chambre en duo avec Paul Kochanski, Jascha Heifetz, Henryk Szeryng, en trio avec Heifetz et Feuermann (puis Piatigorski), Szeryng et Fournier, et joue avec les quatuors Pro Arte et Guarneri. Il a enregistré tout l'œuvre de Chopin et les grands concertos du répertoire (ceux de Beethoven par trois fois). Atteint de cécité, il a abandonné la carrière après un récital d'adieu donné au Wigmore Hall de Londres en avril 1976.

Le fringant vieillard immortalisé par le cinéma (*l'Amour de la vie*, de F. Reichenbach, 1969) et par ses Mémoires (*les Jours de ma jeunesse*, 1976 ; *Grande est la vie*, 1980) fut également dans sa jeunesse un ardent défenseur de la musique de son temps, jouant aussi bien Szymanowski (qui lui dédie ses *Variations* op. 3), Stravinski (qui fait de même avec sa *Piano-Rag Music*, 1919), Debussy, Ravel, Poulenc, Prokofiev, Villa-Lobos et les maîtres espagnols.

Interprète familier des romantiques, de Brahms surtout qu'il chérit, Rubinstein reste d'évidence le grand traducteur de Chopin, par ses interprétations fougueuses et aristocratiques, préférant la luminosité au flou, le lyrisme à l'émotion, quitte à paraître parfois superficiel à force de brio. Sans abandonner un idéal d'interprétation privilégiant l'élan, lui-même a su évoluer d'un jeu spontané et virtuose à une conception plus méditative et plus décantée, ouvrant la voie à de nouvelles lectures de l'œuvre de Chopin.　　　M. W.

RÜCKERS. Dynastie de facteurs de clavecins travaillant à Anvers à la fin du XVIe et au long du XVIIe siècle. D'origine flamande, on les trouve aussi sous les noms de Ruyckers, Ruekaers, Rieckers, etc. Le fondateur de la dynastie, **Hans** (ou Johannes, dit « l'Aîné » *(Malines v. 1550 - Anvers 1598)*, s'installe à Anvers dès 1575, s'y marie et entre, en 1579, à la Guilde de Saint-Luc comme facteur de clavecins. En ces temps de troubles avec l'Espagne, où l'achat d'un clavecin pouvait passer au second plan des préoccupations et des besoins, il survécut en assurant l'entretien et la restauration des orgues des églises d'Anvers, notamment à la cathédrale Notre-Dame et à Saint-Jacques.

Deux de ses fils prirent sa suite. **Johannes**, dit « Hans le Jeune » *(Anvers 1578 - id. 1643)*, fut admis en 1611 à la Guilde de Saint-Luc. Il assura lui aussi la construction, la restauration et l'entretien des instruments à clavier, orgues, clavecins, épinettes. Il passe pour le meilleur représentant de la famille. Son frère, **Andreas** (ou Andries), dit «l'Aîné» *(Anvers 1579 - id. apr. 1645)*, fut aussi estimé que son père et que Hans « le Jeune ». Reçu maître en 1610 ou 1611, il construisit des clavecins, des virginals, et entretint gratuitement l'orgue de la chapelle de Notre-Dame, en qualité de membre de la confraternité de la cathédrale.

Son fils, **Andreas** (ou Andries), dit « le Jeune », *(Anvers 1607 - id. av. 1667)*, fut reçu maître en 1636. Un autre Rückers, **Christoph**, est actif à Anvers au début du XVIIe siècle, mais on ignore son éventuelle parenté avec les précédents ; on connaît de lui deux instruments.

Très prisés dès l'époque même de leurs fabricants, les instruments des Rückers apparaissent aujourd'hui comme des chefs-d'œuvre à la fois d'exécution, de décoration (les meilleurs peintres, dont Rubens, en ont orné) et de sonorité. Même s'ils ont été altérés par le temps ou des soins maladroits, leur restauration actuelle en révèle l'incomparable richesse de timbre. Celle-ci est due à la qualité des matériaux employés et à la précision de leur fabrication. Les instruments des Rückers n'ont cessé de servir de modèles pour les générations suivantes, et certains sont utilisés pour réaliser des copies modernes. On connaît environ cent trente instruments signés des Rückers ; plus de cinquante d'entre eux, parmi les plus beaux, sont à présent visibles dans des musées (Londres, Bruxelles, Anvers, Paris, États-Unis).　　　G. C.

RUFFO *(Titta)*, baryton italien *(Pise 1877 - Florence 1953)*. Après ses débuts à Rome en 1898 dans le rôle du Héraut de *Lohengrin*, il devint le plus grand interprète des ouvrages de la dernière période de Verdi, ainsi que des opéras véristes des compositeurs qui lui étaient contemporains (Puccini, Mascagni, Leoncavallo). Cette similitude dans le répertoire fit de lui le partenaire d'élection de Caruso, dont il partageait également le style de chant, basé sur une accentuation expressive du mot. À cet égard, il s'opposait à la manière de son rival Battistini, partisan de la pure tradition du bel canto où l'expression est obtenue par des moyens vocaux et musicaux.

La voix de Titta Ruffo était une des plus belles de son époque, et sa puissance était considérable. Sa carrière internationale dura plus de trente ans.　　　J. B.

RUGBY. Mouvement symphonique d'Arthur Honegger, composé en 1928 et créé le 19 octobre de la même année au concert inaugural de l'Orchestre symphonique de Paris, sous la direction d'Ernest Ansermet. Le compositeur s'est expliqué sur la signification de cette œuvre : « Il serait faux de considérer mon morceau comme de la musique à programme. Il cherche tout simplement à exprimer, dans ma langue de musicien, les attaques et ripostes du jeu, le rythme et la couleur d'un match au stade de Colombes. » S'il emprunte, en effet, une certaine allure rythmique (en apparence brusque et désordonnée) au jeu du rugby, ce mouvement symphonique apparaît sur le plan de la construction musicale comme une sorte de rondo très libre, en deux épisodes. On entre dans le jeu sans aucune préparation et la tension ne se relâche pas un instant. Musique musclée dont le dynamisme se traduit dans l'écriture et dans l'orchestration, *Rugby* est beaucoup plus qu'un hommage au sport ; c'est l'affirmation d'un art volontaire qui rejette le joli, le mièvre, l'excès de nuances, pour mieux mettre en valeur l'organisation rythmique de la composition.　　　J. R.

RUGGLES *(Carl)*, compositeur américain *(Marion, Massachusetts, 1876 - Bennington, Vermont, 1971)*. Violoniste amateur, il se fixa de bonne heure à Boston où il fut musicien d'orchestre et prit ses premières leçons avec Paine. À l'université de Harvard, il étudia ensuite la composition avec W. Spalding et Timner. Professeur dans une école locale à Winona (Minnesota), il y fonda un orchestre (1907) et commença à composer (1912). Ses œuvres les plus importantes datent de 1920 à 1940. Professeur à l'université de Miami de 1938 à 1943, il devint membre de l'Institut des arts et lettres (1954), mais vécut de longues années dans un petit village du Vermont, Arlington, avant de se retirer, après 1966, dans une maison de repos.

Il a peu écrit, mais ses tentatives témoignent d'une remise en question de la matière sonore. D'où chez lui la fréquence des combinaisons instrumentales originales : *Portals* pour 13 instruments à cordes (1925, plusieurs fois remanié) ; *Men and Mountains* pour 31 instruments (1924, plusieurs fois remanié). Parti de l'utilisation très libre du contrepoint dissonant, parvenu en toute indépendance à la syntaxe de Schönberg et de Berg, il fit partie, à ce titre, de la première avant-garde américaine. Mais son expression, parfois austère, a conservé toute sa puissance, son authenticité et son originalité.

Œuvres. *The Sunken Bell*, opéra d'après G. Hauptmann (v. 1912-1923, détruit) ; *Mood* pour piano et violon (1919) ; *Men and Angels* (1920) : *Men* pour orchestre (détruit), *Angels* pour 6 trompettes (rév. 4 trompettes et 3 trombones, 1938, *Sun-Treader* pour orchestre, rév. *Men of Men and Mountains*) ; *Men and Mountains* pour petit orchestre (1924), rév. grand orchestre (1936, rév. 1941 : *Men*) ; *Lilacs* pour cordes ; *Portals* pour 13 cordes (1925), rév. orchestre à cordes (1929, rév. 1941, rév. 1952-53) ; *Sun-Treader* pour orchestre (1926-1931) ; *Evocations*, 4 chants avec piano (1935-1943, rév. 1954, n° 2 orch. 1942, n°s 1, 3 et 4 orch. après 1942) ; *Organum* pour orchestre (1944-1947, arr. 2 pianos 1946-47) ; *Exaltation*, hymne à l'unisson (1958).　　　A. G.

RUINES D'ATHÈNES (LES). Musique de scène de Beethoven. *V. Roi Étienne.*

RUMBA. Danse d'origine afro-cubaine, de rythme toujours binaire, mais fortement syncopée. Introduite aux États-Unis au début du siècle, elle a subi l'influence du jazz et s'est répandue entre les deux guerres dans tout le monde occidental, non sans perdre beaucoup de son originalité primitive.　　　M. T.

RUSALKA. Opéra en 3 actes, op. 114, d'Antonín Dvořák, composé en 1900 sur un livret de Jaroslav Kvapil, créé le 31 mars 1901 au Théâtre national de Prague sous la direction de Karel Kovarovic.

ACTE PREMIER. (Une clairière au bord du lac.) *Une ondine, Rusalka* (s), *est amoureuse d'un prince et son plus grand désir est de prendre forme humaine. Le Génie des Eaux* (b), *lui indique d'aller demander conseil à la sorcière Jezibaba* (a). *Celle-ci la change en une belle jeune fille, mais elle devra rester privée de l'usage de la parole, et, s'il advenait que son amoureux la trompe, ils seraient tous deux damnés pour l'éternité. Alors qu'il suit une piste au cours d'une partie de chasse, le Prince* (t), *qui a débouché dans la clairière, est saisi de passion devant la beauté surnaturelle de Rusalka qu'il emmène dans son château.*

ACTE II. (Un jardin du château où de nombreux invités sont

venus assister au mariage du Prince avec la mystérieuse jeune fille.) *Les paroles du Prince montrent que son amour pour elle s'est estompé; son esprit est désormais accaparé par la Princesse étrangère (s), elle-même invitée à la noce.* Tout en priant *Rusalka d'aller se parer pour figurer sous son meilleur jour, il disparaît dans le château avec la Princesse. Alors que la compagnie se distrait dans le jardin, le Génie des Eaux sort du bassin et se lamente sur le destin cruel de Rusalka abandonnée. Le Prince avoue à la Princesse que son amour pour elle lui fait oublier Rusalka, laquelle apparaît en vain à sa vue. Le Génie des Eaux avertit le Prince : il ne pourra échapper aux conséquences de l'étreinte de l'ondine. Puis il entraîne celle-ci avec lui alors qu'il s'engouffre dans les eaux.*

ACTE III. (Dans la clairière.) *L'ondine a été transformée en feu follet. Seul le sang de celui pour lequel elle fut un temps être humain pourra la sauver de la malédiction des éléments. Elle refuse de se soumettre à cette condition, préférant souffrir plutôt que de causer du mal à son bien-aimé. Les rires de la sorcière se mêlent aux malédictions du Génie des Eaux, les elfes des bois arrivent dans la clairière pour leur danse vespérale. Épuisé, chancelant, le Prince apparaît près du lac. Poussé par le poids de sa faute, il appelle désespérément Rusalka, qui émerge lentement au-dessus des eaux, reprochant amèrement au Prince de l'avoir trahie. Bien qu'elle l'avertisse du pouvoir mortel de ses baisers, le Prince ne recule pas. Afin d'expier sa faute, il consent à recevoir son baiser, et meurt dans ses bras. Sa mort ne peut rien changer au destin de l'ondine, ainsi que le proclame le Génie des Eaux. Mais elle est heureuse ainsi, et, embrassant pour la dernière fois son bien-aimé mort, elle s'enfonce tranquillement dans son domaine aquatique.*

La musique composée par Dvořák est remarquable par sa beauté d'invention, le choix des idées, leur traitement. La profondeur de la passion, la délicatesse des passages lyriques et dramatiques prouvent combien le compositeur a été ému et inspiré par la légende de l'amour malheureux de l'ondine pour le prince humain, tout comme par le cadre dans lequel elle se déroule. Des mélodies et des harmonies au charme exquis se développent tout au long de la partition, caractérisant personnages et situations. Profondément tchèque, *Rusalka* reste l'opéra tchèque le plus populaire, après *la Fiancée vendue* de Smetana. P. V.

RUSSES (QUATUORS). Dénomination parfois attribuée aux six quatuors à cordes op. 33 (n° 1 en *si* mineur, n° 2 en *mi* bémol *la Plaisanterie**, n° 3 en *ut l'Oiseau**, n° 4 en *si* bémol, n° 5 en *sol*, n° 6 en *ré*) Hob.III.37-42 de Haydn, composés en 1781 et parus chez Artaria en avril 1782, parce qu'ils auraient été dédiés au grand-duc Paul de Russie, futur tsar Paul Ier. Le grand-duc, sous le nom de comte du Nord, séjournait à Vienne au moment où Haydn terminait cette série de quatuors, et l'un d'eux fut probalement joué lors d'un concert en son honneur le 25 décembre 1781. Mais la première mention d'une éventuelle dédicace ne devait intervenir qu'après sa mort (1801). À noter que les quatuors op. 33 sont aussi connus sous la dénomination de *Gli Scherzi*, à cause de la dénomination (scherzo, scherzando) de leurs mouvements dansants.

À la fin de 1781, au moment où ils allaient être publiés, Haydn annonça les quatuors op. 33 comme « écrits d'une façon toute nouvelle et spéciale », car, ajouta-t-il, « je n'en ai pas composé depuis dix ans ». On a parfois, mais à tort, réduit cette annonce à une formule commerciale habile. En fait, les premières mesures du n° 1 sont un véritable manifeste, et symbolisent à elles seules l'inventivité de l'harmonie (tonalités mises en conflit) et du contrepoint (changements de fonction perpétuels des différentes voix) classiques. En outre, les six œuvres, relativement courtes et ramassées, se meuvent au rythme de l'opéra bouffe. La parution de l'opus 33 constitua un événement important pour Haydn, mais aussi pour Mozart, et fut une des raisons qui poussèrent ce dernier à entreprendre dans les mois suivants la série de ses six *Quatuors* à Haydn.* M. V.

RUSSIE. Il exista en Russie de la musique avant Glinka *(1804-1857),* mais on peut affirmer que c'est avec ce compositeur que la musique russe rejoignit sur un pied d'égalité la musique européenne dite savante. Pendant des siècles, la Russie demeura à l'écart de l'évolution de la musique européenne, qu'elle ignora tout d'abord, pour ensuite, à partir du XVIIIe siècle et des réformes de Pierre le Grand, se borner à l'imiter tant bien que mal. Cela malgré l'importance en Russie, durant toute cette période, de la liturgie orthodoxe et des chants d'église, et l'existence dans ce pays d'un folklore et de chants populaires d'une richesse et d'une originalité sans égales d'une part, étroitement reliés aux manifestations de la vie sociale (comme le mariage) d'autre part.

La musique en Russie avant Glinka. À cette situation, des raisons d'ordre essentiellement religieux, politique et social. Alors qu'en Occident, à partir du XIIe siècle, la polyphonie prenait son essor tout en se confondant pour commencer avec le domaine religieux, la Russie, évangélisée depuis la fin du Xe siècle avec comme premier berceau culturel et religieux la ville de Kiev, héritait en matière de musique d'église de la tradition byzantine, avec entre autres conséquences importantes l'interdiction à l'office de tous les instruments, y compris l'orgue, et le refus de la polyphonie, qui ne devait apparaître que vers le milieu du XVIIe siècle.

Jusqu'au XVIIe siècle également, l'influence du facteur religieux réduisait pratiquement à néant toute musique « savante », profane ou non, ce qui n'était pas le cas dans la Pologne voisine par exemple. La musique savante était alors considérée tant par les autorités religieuses que politiques comme une émanation de l'enfer. A ces données venait s'ajouter la structure sociale du pays : aristocratie d'une part, masses paysannes d'autre part. La montée de la classe bourgeoise, qui en Occident devait produire au XVIIIe siècle, y compris sur le plan musical, les bouleversements que l'on sait, n'eut pas lieu en Russie, même après Pierre le Grand.

La situation commença à évoluer dans le dernier quart du XVIIe siècle. On vit alors apparaître une musique religieuse savante : chants strophiques plus ou moins calqués sur des modèles polonais ou ukrainiens, et intitulés *kantys*. En 1675, l'Ukrainien Nicolai Dilezki fit paraître une *Grammaire musicale*. En 1672 fut fondé le théâtre de la Cour de Moscou (il devait fermer provisoirement ses portes dès 1676), et monté le premier spectacle théâtral réalisé en Russie.

On peut distinguer durant le siècle et demi qui suit, c'est-à-dire jusqu'au début du XIXe, quatre grandes périodes. Avant Pierre le Grand, la musique savante ne se développa en Russie que de façon désordonnée et embryonnaire. Avec Pierre le Grand, qui régna de 1682 à 1725, on assista pour la première fois, en musique comme en d'autres domaines, à une tentative délibérée pour copier l'Occident, mais, en musique, la structure sociale du pays n'était pas apte à répondre à la volonté du pouvoir politique : il manquait le public. Au XVIIIe siècle, jusqu'à la fin du règne de Catherine II (1796), la Russie vécut musicalement à l'heure italienne : on y joua de la musique italienne ou d'inspiration italienne, on importa des compositeurs italiens, les rares compositeurs russes écrivirent de la musique italienne. Avec l'époque révolutionnaire et napoléonienne enfin, la vie musicale à Saint-Pétersbourg et Moscou commença à ne plus rien avoir à envier à celles de Berlin, Vienne, Londres ou Paris, et on assista à un début de prise de conscience nationale : le terrain était prêt pour Glinka et ses successeurs.

En 1731, une troupe d'opéra italienne se produisit pour la première fois à Moscou, et, en 1733, ce fut le tour de Saint-Pétersbourg. La tsarine Anne, enthousiasmée, fit recruter en Italie une chapelle. Dans ces premiers temps, le genre dominant fut celui de l'opera seria. En janvier 1737 fut représenté *La Forza dell'amore e dell'odio* du compositeur italien Francesco Araja, ouvrage dont la création avait eu lieu à Milan deux ans plus tôt : sur quoi Araja fut nommé maître de chapelle de la cour. En 1742, la tsarine Élisabeth entendit *La Clemenza di Tito* du célèbre Johann Adolf Hasse *(1699-1783),* sur un livret de Métastase que Mozart, après bien d'autres, devait mettre en musique en 1791. En 1755, avec *Céphale et Procris*, Francesco Araja donna le premier opéra en langue russe.

Sous Catherine II furent reçus à la cour de Russie, et y occupèrent divers postes officiels, des compositeurs italiens comme Baldassare Galuppi *(1706-1785)*, Tommaso Traetta *(1727-1779)*, Giuseppe Sarti *(1729-1802)*. Arrivé à Saint-Pétersbourg en 1776, Giovanni Paisiello *(1740-1816)* y séjourna huit ans, et c'est là qu'eut lieu la création de son œuvre la plus célèbre : *Il Barbiere di Siviglia*, d'après Beaumarchais (1782). Quant à Domenico Cimarosa *(1749-1801)*, il vécut à Saint-Pétersbourg de 1787 à 1791, et y composa notamment, pour les funérailles de l'épouse de l'ambassadeur de Naples, son *Requiem*. Cette invasion de célébrités italiennes explique que les compositeurs russes du moment aient été relégués à l'arrière-plan. Dès 1756, un certain Volkov se risqua néanmoins à présenter un « opéra de style russe », *Tanioucha ou l'Heureuse Rencontre*. Et l'on vit naître, comme reflets de l'esprit bourgeois, les premiers ouvrages russes relevant du singspiel (ou de l'opéra bouffe). Le principal, *les Cochers au relais*, fut composé en 1787 par Evstigueny Fomine *(1761-1800)* : dans cet ouvrage remarquable par ses chœurs polyphoniques apparaît déjà le problème du servage. Fomine, qui avait étudié à Bologne, est également l'auteur du mélodrame *Orphée* (1792), où l'on trouve une très belle ouverture « à programme », et de l'opéra bouffe *les Américains* (1800), inspiré de Cimarosa. Dans le même temps, la musique sacrée se trouvait illustrée par Maxime Berezovski *(1745-1777)* et par Dimitri Bortnianski *(1755-1825)*.

Durant ces années, la musique instrumentale resta secondaire en Russie. On y composa des variations sur des thèmes populaires, de 1780 datent les *Variations pour clavecin* de Vassili Trutovski *(v. 1740-v. 1810)*. Mais à partir du règne de Paul Ier (1796-1801) la situation se modifia. A l'influence italienne succéda l'influence française, illustrée notamment par le séjour à Saint-Pétersbourg (1804-1812) d'Adrien Boieldieu comme maître de chapelle du tsar Alexandre Ier. Parallèlement s'établirent en Russie de grands virtuoses du piano, comme John Field en 1803 ou Daniel Steibelt en 1808. En 1802 était fondée la Société philharmonique de Saint-Pétersbourg, et, vers 1792, également à Saint-Pétersbourg, la maison d'édition de Johann Daniel Gerstenberg. Tout cela fit beaucoup pour diffuser en Russie les œuvres du classicisme viennois, en particulier de Mozart et Haydn. Dans la seule année 1801, *la Création* de Haydn (Vienne, 1798) fut entendue six fois en Russie. Depuis plusieurs années déjà, ses symphonies (parfois dans des arrangements douteux il est vrai) figuraient aux programmes des concerts publics et privés.

Les dernières décennies du XVIIIe siècle et les premières du XIXe virent non seulement la vie musicale prendre définitivement en Russie les mêmes dimensions qu'ailleurs, mais l'opéra russe adopter les côtés patriotiques et légendaires qui devaient ultérieurement le caractériser si fortement. Paradoxalement, c'est une fois de plus un compositeur italien, Catterino Cavos *(1775-1840)*, qui joua à cet égard le rôle de catalyseur. Arrivé en Russie en 1799, il y donna en 1815 un *Ivan Soussanine*, sujet repris plus tard par Glinka. Mais c'est surtout Alexis Vertovski *(1799-1862)*, élève de Field et de Steibelt, et qui devait terminer sa carrière comme inspecteur des théâtres, que l'on peut considérer comme le véritable précurseur de Glinka, dont pourtant il n'était l'aîné que de cinq ans, et auquel il devait survivre cinq ans. On lui doit notamment *Pane Tverdovski* (1828), sorte de réplique russe du *Freischütz* de Weber (1821), et *le Tombeau d'Askold* (1835), sur un sujet inspiré de l'Antiquité slave. Quant à la musique symphonique, elle fut alors représentée par Alexandre Aliabiev *(1787-1851)*, officier dans l'armée jusqu'en 1823, impliqué en décembre 1825 dans la conjuration des décabristes contre Nicolas Ier.

Les grands maîtres du XIXe siècle. Les écoles nationales du XIXe siècle, parmi lesquelles l'école russe, peuvent être reliées à l'essor des nationalités, mouvement dont l'Europe fut agitée de 1815 à 1914. Sur un plan plus strictement musical, elles correspondirent souvent à un désir de se libérer de l'emprise germanique et des techniques d'écriture considérées à tort ou à raison comme « scolaires » (par exemple la fugue). En Europe centrale, dans les pays soumis à la domination autrichienne, ces deux aspects se trouvèrent parfois étroitement liés. En France, la seconde attitude fut largement celle de Berlioz, avant d'être celle de Debussy. En Russie, les choses ne furent pas toujours aussi simples. Dans ce contexte, Glinka doit sa position exceptionnelle au fait que, contemporain (à un an près) de Berlioz, il fut le premier en date des grands musiciens « nationaux » européens, et aussi au fait que dans sa personnalité et ses œuvres se trouvent dès l'abord condensés tous les problèmes des musiques dites « nationales » du XIXe siècle et même, dans une large mesure, du XXe.

Glinka et Dargomyjski. Mikhaïl Ivanovitch Glinka *(1804-1857)* eut une importance historique tout à fait comparable à celle d'un Liszt. Ce véritable père spirituel non seulement du groupe des Cinq, mais de toute la musique russe, déclara avoir voulu « unir par les liens légitimes du mariage le chant populaire russe et la bonne vieille fugue d'Occident », non en sacrifiant comme ses prédécesseurs le premier à la seconde, mais par des concessions mutuelles. Il y réussit largement, mais on trouve quand même chez lui un conflit plus ou moins latent entre d'une part la sonate et la fugue, types d'expression aristocratiques, internationaux et « intellectuels », et d'autre part la chanson et la danse populaires, types d'expression nationaux et largement gouvernés par l'instinct. Une chanson populaire est une entité en soi, et le problème avec une chanson populaire utilisée dans une œuvre de vastes dimensions est que, une fois que on l'a énoncée, il ne reste plus qu'à l'énoncer encore, en général de plus en plus fort. *Kamarinskaia* de Glinka et plus tard *Dans les steppes de l'Asie centrale* de Borodine illustrent parfaitement ce type de démarche, et ce n'est pas par hasard, mais bien pour introduire la diversité nécessaire, qu'en contrepartie ces ouvrages se caractérisent, comme tant de musique russe, par une infinie variété du coloris orchestral.

La Vie pour le tsar ou *Ivan Soussanine* (1836), le premier des deux grands opéras de Glinka, marqua l'acte de naissance officiel de la musique russe (sa première représentation fut dirigée par Catterino Cavos), mais fut considéré par les aristocrates comme de la « musique de cocher ». Plus russe encore, et avec des accents cette fois nettement prolétariens, devait se révéler en 1842 *Rouslan et Ludmilla*, d'après un poème fantastique de Pouchkine : ce fut l'échec et Glinka s'expatria, avant de mourir loin de se douter de sa destinée posthume de chef d'école.

Parmi ses admirateurs, un homme d'une quarantaine d'années nommé Aleksandr Sergueïevitch Dargomyjski *(1813-1869)*. Particulièrement attiré par la musique française, Dargomyjski écrivit deux opéras remarquables sur des livrets de Pouchkine, *Roussalka* (représenté en 1856) et *le Convive de pierre* (ce dernier laissé inachevé et complété par Rimski-Korsakov et César Cui). Contrairement à Glinka, qui composait sa musique (récitatifs y compris) d'abord, puis y faisait adapter les paroles, Dargomyjski dans *le Convive de pierre* ne changea pas une virgule au poème de Pouchkine, et réalisa plus de trente ans avant Debussy une réforme de l'opéra bien proche de celle de *Pelléas*, tout en annonçant fortement *Boris Godounov* de Moussorgski.

Le groupe des Cinq. Rimski-Korsakov et César Cui, qui terminèrent *le Convive de pierre*, étaient avec Balakirev, Borodine et Moussorgski membres du fameux groupe des Cinq, né vers 1862 sous l'égide du critique Vladimir Stassov, qui le baptisa « la toute-puissante petite clique ». Le groupe surgit dans une ambiance de fermentation politique et intellectuelle intense : abolition du servage en 1861, arrivée sur la scène d'écrivains explosifs tels que Tourgueniev, Dostoïevski et

Tolstoï, délibérément tournés vers le peuple, fondation en 1863 par treize élèves « dissidents » de l'Académie des beaux-arts de Saint-Pétersbourg de la Société des expositions ambulantes.

L'esthétique du groupe des Cinq, telle qu'elle fut formulée par César Cui, se résumait en quatre points assez peu précis, et qu'auraient pu reprendre à leur compte, ou presque, tous les réformateurs de l'opéra de Monteverdi à Debussy en passant par Gluck, Mozart et Wagner. La musique dramatique devait avoir une valeur propre de musique absolue, indépendante du texte. Elle ne devait pas ignorer le texte. Les formes de la musique d'opéra devaient dépendre non de moules traditionnels, mais naître de la situation dramatique et des exigences du texte. La musique enfin devait traduire avec le maximum de relief les divers personnages, et restituer fidèlement, sans anachronismes quand il s'agissait d'ouvrages historiques, la couleur locale.

Partisan du « retour à la terre » et de l'appel au « génie de la race », le groupe des Cinq fut en réalité composé de personnalités fort diverses et d'importance inégale. Son « directeur musical et artistique » fut Mili Balakirev *(1837-1910)*, que ses tâches de mentor, de pédagogue et d'animateur, qu'il prit très à cœur, empêchèrent de produire beaucoup. Parfait autodidacte, il mit plus de vingt ans à mener à bien son poème symphonique *Thamar*, que Rimski-Korsakov devait largement piller dans *Schéhérazade*. Des Cinq, aucun n'était à l'origine musicien de profession. Seul le fécond César Cui *(1835-1918)*, qui devait finir général dans l'armée, avait fait des études musicales assez poussées. Paradoxalement, c'est le seul à être tombé dans un oubli à peu près total, y compris dans son propre pays.

Nikolaï Andreïevitch Rimski-Korsakov *(1844-1908)*, d'abord officier de marine, est une tout autre personnalité, et c'est lui dont la production est la plus vaste. À l'âge de trente et un ans, il se résolut à passer par l'apprentissage traditionnel, et s'isola pendant cinq ans pour travailler l'harmonie et le contrepoint. Nommé professeur au conservatoire de Saint-Pétersbourg, il acquit un très grand renom, en particulier comme orchestrateur. Ses deux domaines de prédilection furent le poème symphonique et surtout l'opéra. Des pages comme le *Capriccio espagnol*, la *Grande Pâque russe* et *Schéhérazade* ont fait le tour du monde, ce qui n'est malheureusement pas le cas d'*Antar* (1903), partition moins spectaculaire mais plus intense. Dans ses quinze opéras, ce maître de la féerie musicale s'exprima encore plus complètement, surtout dans les deux derniers, *Kitège* (1904), où l'on a vu une sorte de *Parsifal* russe, et le mordant *Coq d'or* (1907), où Rimski-Korsakov tend la main au jeune Igor Stravinski, son élève. Enfin, Rimski-Korsakov fut aussi un ami très fidèle, à qui l'on doit de connaître les grands opéras de Moussorgski et de Borodine.

Sans lui, ni la *Khovanchtchina* de Moussorgski ni le *Prince Igor* de Borodine n'existeraient : l'un, à la mort de Moussorgski, se présentait comme un recueil de pages de musique inorganiques, et l'autre, à la mort de Borodine, seul un tiers environ était réellement écrit.

Aleksandr Borodine *(1833-1887)*, fils naturel d'un prince géorgien, poursuivit une carrière de chimiste. Malgré son existence agitée, il trouva le temps de beaucoup composer. C'est le symphoniste du groupe des Cinq ; par une sorte de miracle, il parvint à concilier expression nationale et esprit symphonique.

Modest Petrovitch Moussorgski *(1839-1881)*, le plus génial des Cinq, né dans une famille noble, fut d'abord officier d'active (il démissionna à l'âge de vingt ans pour se consacrer à la musique). À l'opposé du *Prince Igor* de Borodine, issu de Glinka, *Boris Godounov* se situe dans la descendance du *Convive de pierre* de Dargomyjski. Une première version (1869) fut refusée, la dernière fut représentée à Saint-Pétersbourg en 1874. Pouchkine fournit une fois de plus le canevas de l'ouvrage. Moussorgski fut à la musique de la Russie ce que Dostoïevski fut à sa littérature. Il mourut miné par l'alcool, et en proie à une affreuse solitude, mais demeure avec Igor Stravinski le plus grand musicien qu'ait produit son pays.

Tchaïkovski. Un seul musicien de grande classe vit monter son étoile en même temps que le groupe des Cinq : Petr Ilitch Tchaïkovski *(1840-1893)*. Il y a chez lui quelque chose de paradoxal. Tandis que les Cinq, amateurs de talent ou de génie, forgeaient presque de toutes pièces un art national, il s'en tint pour l'essentiel aux moules de la musique occidentale. Mais les Cinq œuvrèrent à Saint-Pétersbourg, porte ouverte sur l'Occident, et lui dans la vieille ville de Moscou, déjà à moitié asiatique. En outre, un Stravinski n'hésita pas à le qualifier de « plus russe de tous ». Peut-être voulut-il dire par là que dans les formes et les genres d'Occident, Tchaïkovski coula une nostalgie et un sens du pathos typiquement russes, ou encore les reflets immédiats de sa vie affective, cela par opposition aux sources d'inspiration plus « objectives » des Cinq.

Tchaïkovski fut le plus productif des grands compositeurs russes du XIXe siècle, il a abordé à peu près tous les genres : symphonie, concerto, musique de chambre, piano, poème symphonique, ballet, musique sacrée, opéra. A lui plus qu'à nul autre, la musique russe doit d'avoir définitivement scellé le pacte réclamé par Glinka avec « la bonne vieille fugue d'Occident ».

Du XIXe siècle au XXe. Entre Tchaïkovski et le groupe des Cinq d'une part, Stravinski et Prokofiev d'autre part, se situe une génération de compositeurs dont la mission, grâce à de sérieuses qualités professionnelles acquises aux conservatoires de Saint-Pétersbourg (auprès de Rimski-Korsakov) et de Moscou, fut de consolider l'acquis et de réaliser une synthèse. Cette génération eut d'ailleurs un prédécesseur en la personne d'Anton Rubinstein *(1829-1894)*, formé à l'école classique et romantique européenne, et dont César Cui disait : « Ce n'est pas un compositeur russe, mais un Russe compositeur. »

La génération de 1860-1870. Anatole Liadov *(1855-1914)* et Alexandre Glazounov *(1865-1936)* furent tous deux élèves de Rimski-Korsakov. L'un composa fort peu — *Baba-Yaga*, *Kikomora* —, l'autre, parti du poème symphonique *(Stenka Razine)*, aboutit au classicisme le plus rigoureux, avec notamment huit symphonies. Directeur du conservatoire de Saint-Pétersbourg en 1906, Glazounov conserva ce poste après que la ville fut devenue Leningrad, mais émigra finalement en 1927. À leurs côtés, on peut citer Mikhaïl Ippolitov-Ivanov *(1859-1935)*, dont ont survécu les *Esquisses caucasiennes*, Alexandre Arenski *(1861-1906)*, fils spirituel de Tchaïkovski, ou encore l'aimable Aleksandr Gretchaninov *(1864-1956)*.

Rachmaninov et Scriabine. Nés à un an de distance, Sergueï Rachmaninov *(1873-1943)* et Aleksandr Scriabine *(1872-1915)* sont de loin, mais à des titres divers, les plus grands représentants de leur génération.

Compositeur et pianiste formé au conservatoire de Moscou, Rachmaninov manifesta dans sa jeunesse une admiration sans bornes pour Tchaïkovski : d'où les séductions faciles de ses pages malheureusement les plus connues, comme le *2e Concerto pour piano* (1901) ou le trop fameux *Prélude en « ut » dièse mineur*. Plus convaincants, et parfois assez proches d'un certain Prokofiev, sont le poème symphonique *l'Île des morts* (1906), ou ses trois opéras dont *Aleko*, écrit en quinze jours en 1892. On lui doit aussi trois symphonies. Après la révolution de 1917, Rachmaninov vécut alternativement en Suisse et aux États-Unis, donnant de nombreux concerts dans les deux continents.

Des grands musiciens de son pays, Scriabine fut à la fois un des plus originaux et le moins russe, le seul à avoir été profondément marqué par Wagner et à n'avoir eu aucune attache avec le folklore. D'abord successeur attardé de Chopin, ce prodigieux pianiste subit l'envoûtement de *Tristan*, et, à partir de la quatrième (1903) de ses dix sonates pour piano, se forgea un langage tout personnel. Il se tourna vers les programmes philosophiques avec sa 3e symphonie, dite *le Poème divin* (1904), et avec les 4e et 5e, dites respectivement *le Poème de l'extase* (1907) et *Promé-*

thée ou *le Poème du feu* (1910), adopta un style de plus en plus tendu et exacerbé tout en visant à un art de messie et de prophète. Il reste un grand visionnaire de la musique et (à la même époque que Schönberg) un pionnier intrépide de l'atonalité.

Stravinski et Prokofiev. En 1907, Serge de Diaghilev *(1872-1929)*, impresario et fondateur des Ballets russes, donna à l'Opéra de Paris des « concerts historiques de musique russe » au cours desquels on entendit notamment les *Danses polovtsiennes* du *Prince Igor* de Borodine. Deux ans plus tard, cette même page était présentée dans le cadre de la première saison des Ballets russes. En 1910, Diaghilev frappa un grand coup avec *Schéhérazade*, qui mit en vedette le nom de Rimski-Korsakov, jusque-là peu connu du public parisien, et surtout avec la création aux Ballets russes de *l'Oiseau de feu* du jeune Igor Stravinski. L'esthétique révolutionnaire des Ballets russes et l'irruption de Stravinski, bientôt suivi de Sergueï Prokofiev, projetèrent soudain la Russie à l'avant-garde de la scène musicale internationale.

Stravinski. Igor Stravinski *(1882-1971)* entra dans la gloire à moins de trente ans, et cette gloire ne devait plus le quitter. Premier compositeur russe à occuper (au même titre que ses contemporains Debussy ou Schönberg) le devant de la scène mondiale, il l'occupa durant les quelque soixante années de sa longue carrière. Parler de lui implique nécessairement de dépasser le cadre de la seule Russie, d'autant qu'il quitta son pays en 1914 pour ne plus jamais s'y établir et ne le revoir qu'une fois, en 1962. Cela posé, il reste que Stravinski est demeuré toujours profondément fidèle à ses origines russes, dont l'écho affleure jusque dans ses pages les plus « cosmopolites ».

Élève de Rimski-Korsakov, il s'imposa avec les trois ballets écrits pour Diaghilev et créés par lui à Paris : *l'Oiseau de feu* (1910), *Petrouchka* (1911) et *le Sacre du printemps* (1913), œuvre clé de la musique du XXe siècle. Les années suivantes le virent aborder, avec une verve parfois corrosive, des formations plus restreintes *(Renard, Histoire du soldat, Noces)*. Avec *Pulcinella*, d'après Pergolèse (1919), débuta ce qu'on devait appeler, souvent non sans mépris, la période néoclassique. Jusqu'à l'opéra *The Rake's Progress* (1951), il emprunta en effet largement son bien à autrui, de Machaut à Tchaïkovski en passant par Bach et Rossini, mais en général avec une originalité, un humour et une distanciation n'ayant rien d'épigonal *(Symphonie d'instruments à vent, Symphonie de Psaumes, Perséphone, Symphonie en trois mouvements, Messe)*. Il reste que vers 1950, face à l'impact grandissant de Schönberg et Webern, Stravinski pouvait apparaître comme le porte-parole de la réaction musicale. C'est alors que, Schönberg à peine disparu, il opéra sa volte-face la plus imprévue en abordant *(Septuor)* sa phase sérielle, dépouillée, d'une grandeur austère, et où l'inspiration religieuse occupe une place prépondérante *(Threni, Requiem Canticles)*.

Son influence a été et reste immense, et il n'y a rien d'étonnant à ce que, de son vivant, il soit devenu une sorte de mythe, et ait symbolisé pour l'ensemble de l'humanité la musique moderne, tout comme Picasso la peinture.

Prokofiev. La destinée et l'évolution de Sergueï Prokofiev *(1891-1953)* ont été très différentes. Issu du conservatoire de Saint-Pétersbourg, il débuta comme un enfant terrible de la musique avec ses deux premiers concertos pour piano, la *Suite scythe* (partition qui grâce à Diaghilev le « lança » en Occident), le ballet *Chout*, l'opéra *le Joueur :* ces œuvres furent toutes écrites entre 1912 et 1915. En 1917 vit le jour la fameuse *Symphonie classique*, conçue « telle que Haydn l'aurait composée s'il avait vécu de nos jours », en réalité très habile pastiche.

En mai 1918, Prokofiev quitta la Russie. Pendant quinze ans, il devait rester fixé en Occident, à Paris surtout, et y donner de nombreux ouvrages se caractérisant pour la plupart par un modernisme agressif tout à fait dans le climat des années 20 (2e, 3e et 4e symphonies, trois derniers concertos pour piano, ballets *Pas d'acier* et *le Fils prodige*, opéras *l'Amour des trois oranges* et *l'Ange de feu*. Mais après un bref séjour dans son pays natal en 1926-27, il en éprouva de plus en plus la nostalgie.

Il y retourna définitivement en 1933, et passa donc ses vingt dernières années dans ce qui était devenu l'Union soviétique. Sa production s'en ressentit, bien qu'avec le recul la rupture apparaisse moins nette. De cette époque datent aussi bien des ouvrages de premier plan (2e concerto pour violon, ballets *Roméo et Juliette* et *Cendrillon*, cantate *Alexandre Nevski*, 5e et 6e symphonies, opéra *Guerre et Paix*, sonates) que d'autres (oratorio *la Garde de la paix*) n'évitant pas les dangers de l'art officiel ni l'académisme pur et simple.

La musique « soviétique ». Nul mieux que Prokofiev n'assura les deux époques et les deux régimes de la Russie du XXe siècle, mettant ainsi en évidence, par-delà les vicissitudes politiques, la profonde continuité de la musique de ce pays. Cela dit, au lendemain de la révolution d'Octobre, la situation était assez défavorable dans la mesure où Stravinski et Prokofiev se trouvaient à l'étranger, et où ne restaient en place que des maîtres consacrés, plus âgés et moins « avancés » qu'eux comme Glazounov, Ippolitov-Ivanov, Reinhold Glière *(1875-1956)* ou Nikolaï Miaskovski *(1881-1950)*. Dès 1922, un « avant-gardiste » comme Arthur Lourié *(1892-1966)* dut se résoudre à l'émigration.

Au début, on eut d'une part les manifestations de l'Association russe de musiciens prolétaires qui, ayant interprété maladroitement les impératifs de l'actualité, et sous prétexte de se rapprocher des « masses », cultivait un simplisme primaire, et d'autre part, celles de l'Association de musique contemporaine, dont les adhérents ne juraient que par Schönberg, Berg, Hindemith ou Darius Milhaud. Dans un cas comme dans l'autre, la « tradition » était brisée.

Chostakovitch. C'est dans ce contexte que surgit Dmitri Chostakovitch *(1906-1975)*, premier compositeur important n'ayant œuvré que sous le régime soviétique, et seul compositeur de son pays à avoir acquis, depuis la révolution, une renommée internationale certaine. Personnalité complexe et tourmentée, il fut à la fois un artiste officiel soucieux de toucher le plus grand nombre possible d'auditeurs, et un rebelle plus ou moins non conformiste dont la carrière n'alla pas sans crises graves ni sans heurts avec les autorités. Ses premières œuvres, dont l'opéra *le Nez*, d'après Gogol, le montrent sous l'influence des contemporains les plus avancés, comme Alban Berg.

Mais son opéra *Lady Macbeth de Mtsensk* (1934), puis sa 4e symphonie (1936), retirée après une seule répétition, lui valurent de violentes critiques des milieux dirigeants. Leurs faveurs lui revinrent avec la 5e symphonie (1937), une de ses plus connues, et davantage encore avec la 7e dite *Leningrad*, écrite en 1941 dans la ville assiégée. Or on peut prétendre que ses symphonies « abstraites » (nos 4, 6, 8, 10) surpassent d'assez haut celles tentant de célébrer des aspects de la vie politique de l'U.R.S.S. (nos 3, 7, 11, 12).

En 1960, Chostakovitch donna, sous le titre de *Katerina Izmailova*, une version nouvelle de *Lady Macbeth :* on put alors se convaincre qu'il s'agissait d'une de ses meilleures œuvres. Il en va de même de la plupart de ses quinze quatuors à cordes, ainsi que de l'admirable 14e symphonie (1969), sorte de requiem profane. Cette partition est de celles qui obligent à reconsidérer le stéréotype du « musicien soviétique officiel », à voir en Chostakovitch un artiste ayant réussi à retrouver, sur le tard, l'indépendance d'esprit et même les audaces qui l'avaient rendu célèbre à vingt ans. Dans la musique du XXe siècle, il a sa place assurée.

Autour de Chostakovitch. Après Chostakovitch, le musicien soviétique le plus célèbre à l'étranger fut sans doute Aram Khatchatourian *(1903-1978)*, originaire d'Arménie, et qui puisa largement dans le folklore caucasien ayant bercé son enfance. Il a écrit des concertos et des symphonies, mais c'est sur ses deux grands ballets, *Gayaneh* (dont est extraite la fameuse

Danse du sabre) et *Spartacus*, que sa réputation repose le plus solidement. De Dmitri Kabalevski *(né en 1904)*, le chef-d'œuvre est l'opéra *Colas Breugnon*, dont on entend parfois l'ouverture au concert. Nikolaï Miaskovski *(1881-1950)*, professeur au conservatoire de Moscou de 1921 à sa mort, a écrit 27 symphonies, Vissarion Chebaline *(1902-1963)* a donné en 1955 une *Mégère apprivoisée*, et Iouri Chaporine *(1887-1966)* s'est fait un nom comme auteur de l'opéra *les Décembristes*, au sujet évoquant la révolte de 1825. Une première version était prête dans les années 1930, une version définitive fut donnée en 1953. De cet ouvrage, on a pu dire qu'il représentait « une synthèse curieusement satisfaisante de deux incompatibles, Moussorgski et Tchaïkovski ». Alexandre Mossolov *(né en 1900)* fit un instant sensation entre les deux guerres par sa pièce symphonique *la Fonderie d'acier*, qui se voulait de tendance « futuriste ».

Représentèrent fidèlement l'art engagé, et le « réalisme socialiste », parmi les cadets de Chostakovitch, un Tikhon Khrennikov *(né en 1913)*, auteur de l'opéra *la Mère*, d'après Gorki (1957), un Andreï Echpaï *(né en 1925)*, un Rodion Chtchedrine *(né en 1932)*, à la carrière météorique, et dont l'opéra *Pas seulement l'amour* (1961) décrit la vie dans une ferme collective, et surtout Gheorghi Iouri Sviridov *(né en 1915)*, titulaire en 1960 du prix Lénine pour son *Oratorio pathétique* sur des paroles de Maïakovski, composé l'année précédente. Les deux Arméniens Edvard Mirzoian et Arno Babadjanian *(nés en 1921)* marchèrent plutôt sur les traces de Khatchatourian.

La jeune génération et les problèmes de l'avant-garde. Dans les années 60, avec le « dégel », on assista aussi bien à la naissance d'œuvres dont le « contenu » n'aurait pas été pensable auparavant qu'à une prise de conscience, chez certains, des apports de l'avant-garde occidentale. Une des premières manifestations importantes de ce renouveau fut la création à Moscou, en décembre 1962, de la 13e symphonie de Chostakovitch, sur des poèmes d'Evtouchenko.

Quant à l'avant-garde proprement dite, dont il faut avouer qu'on sait assez peu de chose, son porte-parole le plus connu est Edisson Denissov *(né en 1929)*, qui, après avoir travaillé avec Chebaline et composé dans le style de Chostakovitch, a évolué en direction de Stravinski et même de Boulez et Nono, adoptant notamment divers procédés sériels et aléatoires. On peut citer également Sergueï Slominski *(né en 1932)*, Andreï Volkonski *(né en 1933)* et Alfred Schnittke *(né en 1934)*, Valentin Silvestrov *(né en 1937)*, Boris Tichtchenko *(né en 1939)*, et un groupe de la République soviétique d'Estonie avec Kheïno Iourissalou (Jurisalu), Iaan Riaets (Rääts) et Arvo Piart (Pärt), nés respectivement en 1930, en 1932 et en 1935. Depuis 1980, Arvo Pärt est établi à Vienne. Il est peu probable que l'un quelconque des jeunes compositeurs soviétiques oriente de façon authentique vers l'atonalité une musique russe dont l'évolution naturelle en art russe semble avoir été coupée net par la mort prématurée de Scriabine en 1915.

Parmi les derniers venus, on peut relever les noms de Viatseslav Petrovitch Artiomov *(né en 1940)*, Vladislav Alexevitch Schout *(né en 1941)*, Vladimir Ivanovitch Martinov *(né en 1946)*, Victor Alexevitch Ekimovski *(né en 1947)*, Vassili Pavlovitch Lobanov *(né en 1947)*, Dmitri Nicolaïevitch Smirnov *(né en 1948)*, et Elena Firsova *(née en 1950)*. M. V.

Russolo *(Luigi)*, compositeur et peintre italien *(Portogruaro 1885 - Cerro di Laveno 1947)*. Il est le théoricien et le pionnier de la musique « bruitiste ». Il étudie la musique avant de se tourner vers la peinture. A Milan, il entre en 1910 dans le groupe des futuristes, formé entre autres par l'écrivain Marinetti, les peintres Boccioni et Balla, et dont le projet est de rénover tous les arts, en les ouvrant au dynamisme de la vie moderne et des machines. S'inspirant des théories et des réalisations de Balilla Pratella, Russolo publie en 1913 son manifeste l'*Arte dei rumori (l'Art des bruits)*, qui proclame en termes énergiques et enthousiastes la désuétude des musiques instrumentales traditionnelles et la nécessité de « conquérir la variété infinie des sons-bruits » (sons de la vie moderne, de la nature, de la ville... et de la guerre) pour les composer harmoniquement et rythmiquement.

Établissant une classification sommaire des bruits, Russolo imagine, pour les recréer et les jouer, des instruments qu'il appelle des « intonarumori » (bruiteurs) : ceux-ci ont l'aspect de caisses cubiques dont sortent des trompes pour porter le son, et contiennent des mécanismes que l'on peut actionner grâce à une manivelle, avec un levier permettant de contrôler approximativement la hauteur des sons. Réalisés avec Ugo Piatti, ces instruments se divisent en hululeurs, grondeurs, crépiteurs, froufrouteurs, éclateurs, bourdonnateurs, glouglouteurs et sibileurs.

Russolo écrit pour eux des pièces en notation graphique *(Réveil d'une capitale, Rendez-vous d'autos et d'aéroplanes, Escarmouche dans l'oasis, On dîne à la terrasse du casino)*, pièces qui, malgré leurs titres, veulent dépasser le niveau purement imitatif pour recréer des « compositions » ordonnées de bruit, susceptibles de donner une « nouvelle volupté acoustique ». Ces œuvres sont jouées dans différents concerts à Milan, Gênes, Londres, en 1914, avec un accueil souvent houleux. Enrôlé et blessé dans la Première Guerre mondiale, Russolo recommence à diffuser sa musique en 1921 (concerts à Paris, suivis par Stravinski, Ravel, et surtout Varèse).

Il perfectionne ses bruiteurs et finit par les regrouper en un seul instrument à clavier, le *rumorharmonium* ou *russolophone*, mis au point entre 1923 et 1927, et qui, avec ses douze « jeux », donne aussi bien des bruits que des accords parfaits. Quand Russolo s'établit à Paris en 1927, c'est avec cet instrument qu'il gagne sa vie, s'en servant pour accompagner et bruiter en direct des films muets d'avant-garde au cinéma du Studio 28. Il rencontre alors Varèse, intéressé mais réticent, ainsi qu'Honegger, également tenté par l'utilisation du rumorharmonium, mais là encore, l'intérêt du milieu musical n'aura pas de suite.

L'avènement du cinéma parlant ruine les applications commerciales du rumorharmonium, dont le seul exemplaire semble aujourd'hui perdu. Russolo arrête ses activités d'avant-garde, et se fixe en 1937 à Cerro di Laveno, se désolidarisant des positions fascistes prises par certains futuristes. C'est là que meurt en 1947, dans l'indigence, cet homme modeste et désintéressé dont l'œuvre de précurseur de la musique concrète (laquelle fit usage de sons enregistrés, au contraire du bruitisme) commence à être redécouverte, grâce entre autres aux travaux de Giovanni Lista. Malheureusement, les principales traces qui restent de cette tentative sont des textes, et la recréation des expériences de Russolo demanderait un travail important. Pierre Henry devait rendre en 1975 un hommage à Russolo, avec son œuvre *Futuristie*. M. C.

Rust, famille de musiciens allemands.
— 1. **Friedrich Wilhelm**, violoniste, pianiste et compositeur *(Wörlitz, près de Dessau, 1739 - Dessau 1796)*. Il étudia notamment avec W. F. Bach, F. Benda et C. P. E. Bach, voyagea en Italie dans la suite du prince Léopold III d'Anhalt-Dessau, et s'établit à Dessau en 1765. Il acquit une célébrité inattendue aux alentours de 1900, notamment auprès de Vincent d'Indy et de la pianiste Blanche Selva, grâce à la parution de certaines de ses sonates pour piano, ce qui le fit considérer alors comme un important précurseur de Beethoven et du romantisme. Mais en réalité, ces œuvres avaient été, avant publication, fortement revues, voire récrites, par son petit-fils Wilhelm. D'Indy en réédita certaines, de toute façon remarquables, d'après les autographes.
— 2. **Wilhelm Karl**, pianiste, organiste et pédagogue, fils du précédent *(Dessau 1787 - id. 1855)*. Il fut, comme pianiste, particulièrement apprécié de Beethoven.
— 3. **Wilhelm**, organiste, pianiste, compositeur et éditeur, neveu du précédent et petit-fils de Friedrich Wilhelm *(Dessau 1822 - Leipzig 1892)*. Il s'établit en

1849 à Berlin, où, à partir de 1853, il représenta la Bach-Gesellschaft de Leipzig. En 1858, il assuma la responsabilité principale de l'édition complète des œuvres de Bach, éditant lui-même 26 volumes, et en 1878 s'installa à Leipzig comme organiste de Saint-Thomas et professeur au conservatoire. En 1880, il devint cantor à Saint-Thomas. M. V.

RUTINI (*Giovanni Marco*), compositeur italien (*Florence 1723*-id. *1797*). Il étudia à Naples, séjourna à Prague en 1748 (il y signa alors la dédicace de ses *Sonate per cembalo* op. 1) et en 1753 (il y fit représenter *Semiramide*, son premier opéra), puis se rendit à Dresde, Berlin et Saint-Pétersbourg (1758). A partir de 1761, il vécut à Florence, entretenant avec le Padre Martini une correspondance suivie, et composant jusqu'en 1777 au moins quatorze opéras. L'essentiel de sa production est formé par ses sonates pour clavecin, qui furent admirées du jeune Mozart et exercèrent sans doute une influence non négligeable sur les premières de Haydn. M. V.

RUY BLAS. Ouverture et romance op. 95 de Mendelssohn (1839) pour le drame de Victor Hugo, que le compositeur trouvait « affreux » et « au-dessous de tout ». L'ouverture comprend trois éléments thématiques : un choral solennel des vents, entendu trois fois dès l'abord, un motif impétueux suivant immédiatement, et (après une réapparition du choral) une mélodie syncopée où d'aucuns ont vu un tango avant la lettre. L'existence et la nature de ces trois éléments permettent de se demander si Mendelssohn, consciemment ou non, ne songea pas à l'ouverture de *Coriolan** de Beethoven en composant celle de *Ruy Blas*, d'autant que la tonalité est la même dans les deux cas (*ut* mineur). Une différence essentielle, pourtant : la conclusion étouffée et tragique chez Beethoven, et triomphale ici. M. V.

RUYNEMAN (*Daniel*), compositeur néerlandais (*Amsterdam 1886*-id. *1963*). Il étudia au conservatoire d'Amsterdam (avec Zweers), mais fut surtout autodidacte influencé par l'école française (Debussy, Ravel) et par la musique javanaise. Dès ses premiers essais, il rechercha des sonorités nouvelles, en incorporant aux instruments traditionnels des éléments insolites et en utilisant la voix pour le simple jeu de couleur des voyelles. Peu à peu, son évolution le conduisit à des architectures plus solides, dans un langage attentif à toutes les nouveautés de sa génération. Ses dernières œuvres firent de lui un des principaux représentants néerlandais de l'avant-garde sérielle. Fondateur de la Société néerlandaise de musique contemporaine (1930), rédacteur en chef de la revue *De Moderne Musick* de 1930 à 1940, il eut un rôle important dans la défense de toutes les tendances contemporaines. A. G.

RYBA (*Jakub Šimon Jan*), compositeur et pédagogue tchèque (*Prestice 1765*-*Rožmitál 1815*). Fils de l'instituteur et professeur de musique de Prestice, il étudia la philosophie à Prague de 1780 à 1785, puis devint l'assistant de son père, essayant de faire partager ses idées nouvelles puisées dans Sénèque, Catulle, Rousseau, Voltaire, écrivant des monographies sur les grands humanistes, quatre volumes sur la théorie de la musique et un dictionnaire musical encyclopédique. Son enseignement fut apprécié à Prague, mais il supportait difficilement la résistance latente aux réformes qu'il expérimentait dans l'école de la petite ville bohême de Rožmitál, et il se suicida lors d'une crise de dépression. Il laisse plus d'une centaine d'œuvres dont des quatuors de jeunesse colportés sous la signature de « Fisch » ou « Poisson », traduction littérale de son nom tchèque.
Sa *Missa solemnis pastoralis* (1796) est une suite de pastourelles de Noël réalisée sous forme de dialogue en langue du pays. Mélodiste doué d'une facilité peu ordinaire, Ryba est un des rares maillons permettant de passer du répertoire de Komenský à l'art choral populaire d'un Janáček. P.-E. B.

RYCHLÍK (*Jan*), compositeur tchèque (*Prague 1916*-id. *1964*). Esprit brillant parlant sept langues, pianiste de jazz, il entra en 1940 au conservatoire de Prague dans la classe de J. Řídký. Passionné de « musique vivante », il fut le promoteur à Prague des arts nouveaux venant d'Occident : jazz, « free jazz », musiques traditionnelles d'Afrique et d'Asie, école viennoise de Webern, et s'imposa durant ces vingt années d'activité comme le véritable animateur et catalyseur de la création, s'intéressant notamment à la percussion et aux origines des musiques non écrites. Animateur infatigable, il se ruina la santé, laissant à sa mort soixante ouvrages, essentiellement pour petites formations de chambre, ainsi que la musique de cinquante-cinq films et huit pièces.
Pendant dix ans, il s'attacha aux problèmes de timbre, de rythmes, comme dans son *Cycle africain* pour neuf instruments (1961), puis s'essaya aux techniques postweberniennes, fréquemment aléatoires, comme dans ses *Relazioni* pour flûte alto, cor anglais et basson, sa dernière œuvre (1963). Son héritage spirituel, fondamental pour l'avenir de la musique tchèque, a ouvert la voie aux recherches de Z. Vostřák, O. Mácha, J. Klusák, L. Fišer, M. Ištvan ou M. Kopelent. P.-E. B.

RYSANEK (*Léonie*), soprano autrichienne (*Vienne 1926*). Elle débuta à Innsbruck en 1949 dans le rôle d'Agathe du *Freischütz*, fut engagée à Munich en 1952 et à Vienne en 1954 et parut la même année à Paris dans le rôle d'Arabella de l'œuvre de Richard Strauss et au festival d'Aix-en-Provence dans celui d'Elvire (*Don Giovanni* de Mozart). Dans le même temps, elle chanta Sieglinde et Elsa à Bayreuth. En 1959, elle incarna Lady Macbeth dans l'opéra de Verdi au Metropolitan Opera de New York, où elle se partagea pendant dix ans entre les répertoires allemand et italien. Elle fut aussi Desdémone et Aïda à la Scala de Milan. Sa grande voix au timbre riche, à l'aigu facile et assuré, sa très grande présence scénique exceptionnelle font d'elle une des tragédiennes lyriques les plus marquantes de l'après-guerre. Outre certains rôles spectaculaires de Richard Strauss, tels l'impératrice de *la Femme sans ombre* et Hélène d'Égypte dans l'œuvre du même nom, elle a abordé plus récemment *Médée* de Cherubini et Kundry dans *Parsifal* de Wagner. Son incarnation de Salomé fut un des grands événements du festival d'Orange de 1974. J. B.

RYTHME. Du grec *rhythmos*, dérivé de *rhéo*, couler (l'ancienne orthographe *rhythme* est aujourd'hui abandonnée). Ordonnance des sons dans le temps selon des proportions accessibles à la perception, fondées sur la succession de leurs durées et l'alternance de leurs points d'appui. C'est au rythme, et au rythme seul, que s'applique la définition de saint Augustin : *Musica est ars bene movendi*, que Stravinski a paraphrasée (« La musique nous a été donnée à seule fin d'établir un rapport entre le temps et nous ») en oubliant que le titre du *De musica* de saint Augustin recouvre exclusivement un traité de métrique. La définition du rythme a du reste donné lieu à de fréquentes approximations. Il a été et est encore souvent confondu, tantôt avec la *métrique* (exposé de formules faites avec les successions de longues et de brèves), tantôt avec la *mesure* (retour d'un temps fort à intervalles réguliers), tantôt avec les *formules rythmiques* propres à un morceau ou à un genre de morceaux (notamment pour les danses), tantôt enfin avec le simple *énoncé d'une phrase musicale, abstraction faite de ses hauteurs*, dans la seule succession de ses durées.
L'étude méthodique du rythme ne date que du début du XIXe siècle. Préparée vers 1803 par J. J. de Momigny, que Riemann appelle « le père de la théorie du phrasé », elle a été surtout développée par Mathis Lussy en 1874 et s'est ensuite scindée en écoles antagonistes, dont la plus perspicace est sans doute celle établie pour le chant grégorien par l'école de Solesmes (Dom Mocquereau, *le Nombre musical*, 1908), assimilant le déroulement des appuis hiérarchi-

sés au rebondissement d'une balle qui prépare le rebondissement suivant, et décomposant ce mouvement, à l'exemple des anciens métriciens, en une succession de levés *(arsis)* et de posés *(thésis)* prenant appui sur des « touchements » ou *ictus*.

De son côté, Marius Schneider insiste sur le rôle de la *périodicité,* c'est-à-dire du retour plus ou moins régulier d'une perception de schémas métriques déjà mémorisés, que ces schémas soient eux-mêmes régulièrement divisibles ou non ; les ethnologues, par exemple, font grand cas de rythmes « boiteux » qu'ils appellent « aksak », dont chaque cellule est formée d'éléments asymétriques : le retour régulier de ces cellules irrégulières n'en crée pas moins la périodicité.

Le solfège dit « classique » est loin d'ailleurs de faire l'inventaire de toutes les possibilités de rythmes. Par exemple, ce qu'il note habituellement à 6/8 dans la musique populaire (noire-croche, soit longue de 2 et brève de 1) est très souvent ce que les Grecs appelaient un « spondiasme », c'est-à-dire une longue de 3 et une brève de 2 ; une mesure de menuet du XVIIe siècle formée de 3 noires est décomposée en 3 temps égaux, alors que les contemporains y voyaient 2 temps inégaux : un temps long de 2 noires, un temps « léger » d'une noire, etc.

Il n'est pas certain non plus que la périodicité soit une condition nécessaire, et la perception du rythme peut très bien se produire en son absence. J. Chailley divise le rythme en deux grandes familles : le *rythme gestuel,* dérivé des mouvements réguliers du corps (marche, danse, rame, etc.), et le *rythme verbal,* dérivé des inflexions de la parole. Il insiste sur le fait qu'un rythme n'est pas une simple succession de durées juxtaposées, mais la perception consciente ou subconsciente d'un *rapport de temps* dans la succession des points d'appui ; ceux-ci sont normalement isochrones dans le rythme gestuel, ils ne le sont plus obligatoirement dans le rythme verbal. Ils ne créent le rythme que s'ils sont effectivement perçus, ce qui cesse d'être possible au-delà d'un *seuil de saturation* variable selon les cas, mais qui peut être très bas, de sorte que des rythmes trop complexes, ou qui, émis simultanément, se contrarient au-delà d'une certaine limite, équivalant pratiquement à la disparition du rythme.

Oublier ce fait très simple a parfois mené d'éminents compositeurs parmi les plus savants « spécialistes » du rythme à de pénibles illusions.

En langage courant, des expressions telles que « avoir du rythme, manquer de rythme, un rythme entraînant », etc., font référence à la capacité d'un morceau ou d'un interprète à communiquer avec l'intensité suffisante le sens des pulsations mises en valeur par les rapports entre elles, et spécialement dans les dérivés de la musique gestuelle, la rigueur de leur isochronisme, surtout s'il s'agit d'une succession de temps forts et faibles (mais sans limitation à cette catégorie). J. C.

RYTHME LOMBARD. Nom donné quelquefois à une manière d'exécuter les valeurs brèves de rythme inégal à l'inverse de la manière courante : alors que celle-ci, devant deux croches écrites égales, a tendance à allonger la première aux dépens de la seconde, le rythme lombard abrège la première et allonge la seconde. On dit aussi *alla zoppa*. J. C.

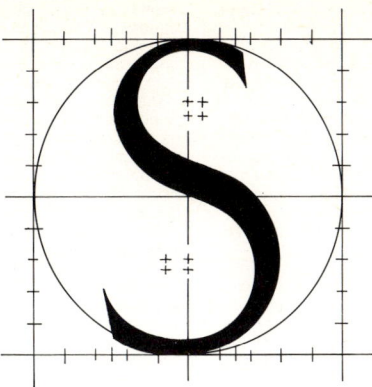

SABATA *(Victor de)*, chef d'orchestre et compositeur italien *(Trieste 1892 - Santa Margherita 1967)*. Fils d'un chef de chœur, il étudia au conservatoire de Milan le contrepoint, la fugue et la composition, et remporta divers succès, en particulier avec l'opéra *Il Macigno* (1917) et le poème symphonique *Juventus* (1910). Il commença sa carrière de chef à l'opéra de Monte-Carlo (1919-1929), où il créa notamment *l'Enfant et les Sortilèges* de Ravel (1925). Après quelques mois passés à la tête de l'Orchestre symphonique de Cincinnati (1929), il commença avec *la Fille du Far West* de Puccini, une longue collaboration avec la Scala (1929-1957), rivalisant par la fougue et l'exigence musicale avec Toscanini, à qui il succéda comme directeur du théâtre milanais en 1953. En 1939, il dirigea à Bayreuth un *Tristan* mémorable réunissant Germaine Lubin, Max Lorenz et Josef von Manowarda. Chef d'une précision et d'une sobriété extrêmes, il faisait naître une tension intérieure exemplaire sous l'apparence linéaire de ses interprétations. M. W.

SACCHINI *(Antonio)*, compositeur italien *(Florence 1730 - Paris 1786)*. Élève de Durante à Naples, il connut les débuts difficiles, fut applaudi à Venise *(Alessandro Severo*, et *Alessandro nelle Indie*, 1763) et triompha à Padoue la même année avec son *Olimpiade*. Il quitta Venise pour Londres en 1772, y connut le succès tant dans l'opera buffa que dans l'opera seria, mais en fut chassé pour affaire de mœurs. Fixé à Paris en 1781, il y tira la leçon de la querelle entre gluckistes et piccinnistes, remania pour le goût français quelques ouvrages anciens, dont son *Armida* (1772) devenue *Renaud* (1783), et écrivit *Dardanus* (1784) où il opérait une magistrale synthèse entre les genres italien et français, ce pour quoi l'œuvre déçut le public. Il mourut avant de voir représenter son *Œdipe à Colone* (1786) qui s'imposa, et fut joué sans interruption jusqu'en 1844, puis fréquemment repris de nos jours.

Compositeur fécond, maître d'un style sévère, auquel on doit de grandes compositions sacrées, des sonates pour clavier, pour violon, des symphonies, etc., il sut pallier une certaine raideur mélodique par sa force dramatique expressive. On lui doit d'avoir su élargir la formule gluckiste, grâce à l'ampleur réelle donnée aux chœurs, à la construction de ses ensembles, et à la large respiration lyrique des grands monologues.
R. M.

SACHER *(Paul)*, chef d'orchestre suisse *(Bâle 1906)*. Il suit l'enseignement de Felix Weingartner au conservatoire de Bâle et de Karl Nef à l'université. Désireux de servir la musique préclassique comme la musique contemporaine, il fonde en 1926 l'Orchestre de chambre de Bâle et, deux ans plus tard, lui ajoute un chœur. À la tête de cet ensemble, il a créé plus de quatre-vingts œuvres, dont un grand nombre de commandes : *Musique pour cordes, célesta et percussion*, *Sonate pour deux pianos et percussion* et *Divertimento* de Bartók, *Die Harmonie der Welt* de Hindemith, *Deuxième* et *Quatrième Symphonies* et *la Danse des morts* de Honegger, *Petite Symphonie concertante* de Frank Martin, *Métamorphoses* de Richard Strauss, *Concerto en «ré»* et *A Sermon, A Narrative and A Prayer* de Stravinski, *la Passion grecque* de Martinů, et des pages de Beck, Britten, Burckhardt, Fortner Henze, Malipiero, Tippett, Veress, etc. Il dirige également à partir de 1941 le Collegium musicum de Zurich.

Fervent mozartien, Sacher participe aux festivals de Lucerne (jouant les *Sérénades*), d'Édimbourg, de Glyndebourne (pour *Idoménée*) et d'Aix-en-Provence. Dès 1953, il complète son action en faveur de la musique ancienne en créant un Institut de recherche sur l'interprétation, la Schola cantorum basiliensis, intégrée en 1954 dans la Musikakademie de Bâle, qu'il dirige depuis 1969. Ses efforts parallèles en faveur de la musique contemporaine se sont concrétisés, au-delà de son mécénat, par des cours de composition et d'interprétation (assurés un temps par Pierre Boulez) et par d'importantes responsabilités au sein de la branche suisse de la S.I.M.C. et de l'Association des musiciens suisses. M. W.

SACHS *(Curt)*, musicologue, organologue et ethnomusicologue américain d'origine allemande *(Berlin 1881 - New York 1959)*. Il fait ses études à l'université de Berlin où, tout en suivant des cours d'histoire de la musique avec Fleisher, Kretschmar, Wolff et Friedländer, il se spécialise en histoire de l'art. Il se consacre, à partir de 1909, à la musique et est nommé, après la guerre, directeur de la Staatliche Instrumenten-Sammlung de Berlin. Ses activités pédagogiques s'accompagnent de nombreuses responsabilités au sein des musées allemands et dans les organismes éducatifs officiels. Ses origines juives l'obligent à émigrer à Paris en 1933, où il enseigne à la Sorbonne et travaille avec André Schaeffner au musée de l'Homme. Il y édite, de 1934 à 1938, la première série d'enregistrements de musique «primitive», *l'Anthologie sonore*. Il part pour les États-Unis en 1937, et enseigne dans diverses universités américaines.

Il a écrit un nombre prodigieux d'ouvrages et d'articles qui témoignent d'une pensée tout à fait rigoureuse, d'une volonté constante d'approfondir et d'élargir ses domaines de recherche et d'une aisance d'expression le mettant à la portée de tous. Ses premières publications concernèrent plus particulièrement la musique allemande et surtout Berlin. Il se consacra ensuite à l'étude des instruments de musique et devint très rapidement un des plus grands organologues de tous les temps tout en s'imposant comme un des pionniers de l'ethnomusicologie.

Il fut amené à envisager l'organologie dès ses origines, et publia divers ouvrages sur les instruments anciens en Égypte et dans certaines collections européennes. Ces considérations l'orientèrent vers l'histoire de la musique ancienne et certains domaines annexes mais indissociables, comme la notation musicale ou la danse. D. H.

SACHS (Hans), maître chanteur *(Nuremberg 1494-id. 1576).* Après des études à l'École latine de Nuremberg, il commença un apprentissage de cordonnier en 1509. De 1510 à 1516, de nombreux voyages le conduisirent à travers l'Allemagne du Sud et l'Autriche. Il fut parmi les premiers partisans de la Réforme et publia en 1525 des poèmes d'inspiration chrétienne à l'imitation des Psaumes. Son art de maître chanteur illustré par Richard Wagner est révélé par de très nombreux poèmes en vers accentués et par treize mélodies de sa composition. Son œuvre littéraire — récits et théâtre — dépasse de loin celle de ses contemporains et occupe une place décisive dans l'histoire de la littérature allemande. C. M.

SACQUEBOUTE (ou *sacquebute, saqueboute, saquebute).* Instrument ancien de la famille des cuivres, ainsi appelé en France lors de son apparition au XVe siècle. Il ne présentait aucune différence fondamentale avec le *posaune* allemand et le *trombone* italien, et c'est le terme italien qui a prévalu, au XVIIIe siècle, pour désigner le trombone à coulisse moderne. M. T.

SACRE DU PRINTEMPS (LE). Musique de ballet d'Igor Stravinski, composée entre 1911 et 1913 sur un argument de Nicolas Roerich, et commandée à l'auteur pour les Ballets russes par Serge de Diaghilev. Elle fut créée le 29 mai 1913 au théâtre des Champs-Élysées, l'orchestre étant dirigé par Pierre Monteux, avec une chorégraphie de Nijinski.

L'argument de Roerich se présentait non comme une narration, mais comme une série de « tableaux de la Russie païenne », évoquant des rites en l'honneur de la Terre et du Printemps. Il comporte deux parties : l'*Adoration de la Terre* (formée d'une *Introduction* décrivant l'éveil de la nature et du printemps, *les Augures printaniers, Danse des adolescents, Jeu du Rapt, Rondes printanières, Jeu des cités rivales, Cortège du sage, Danse de la Terre)* et le *Sacrifice* (il s'agit du sacrifice humain d'une jeune vierge élue, pour conquérir les faveurs des divinités telluriques). Cette seconde partie comporte, enchaînées comme dans la première partie, diverses sections qui ont pour titre : *Introduction* (qui est un nocturne), *Cercles mystérieux des adolescentes, Glorification de l'élue, Évocation des ancêtres, Action rituelle des ancêtres,* et enfin, culminant de la tension rythmique, la *Danse sacrale de l'élue,* à l'issue de laquelle celle-ci tombe morte dans les transes.

On a critiqué cet argument comme statique et naïf : il n'empêche qu'il a su donner l'envolée à l'inspiration de Stravinski, et lui a fourni un cadre rituel où canaliser et déchaîner son audace rythmique.

Après le scandale de la création, déclenché par le ballet proprement dit (avec ses scènes provocantes et ses évocations de « mœurs primitives »), il fallut un certain temps pour que la musique s'impose toute seule. Les critiques du premier soir furent loin d'être tous hostiles à la musique et, somme toute, le *Sacre* fut assez rapidement consacré, au point d'être bientôt opposé comme modèle indépassable à tout ce que devait composer par la suite son auteur.

L'orchestre du *Sacre du printemps* est une extension de l'orchestre symphonique classique, recentré non sur les cordes, mais sur une grande abondance de bois et de cuivres, et sur des percussions en nombre relativement réduit. Ce n'est donc pas la débauche de timbres nouveaux qui compte ici, mais la manière dont toute cette musique s'organise autour du *rythme.* Messiaen, dans son analyse célèbre de l'œuvre, en a dégagé l'originalité, par la notion de « personnage rythmique », substituée opportunément au concept statique de « cellule » ou de « formule ». Ces « personnages » sont des êtres rythmiques qui ont une vie, une autonomie, et ne sont pas assis sur les pulsations régulières de mesures à deux ou trois temps. De là, la nécessité où s'est trouvé Stravinski de multiplier les changements de mesure, surtout dans la *Danse sacrale.*

Harmoniquement, le *Sacre* est « tachiste », utilisant des accords très dissonants comme des couleurs tranchées, en même temps que tonalement, l'œuvre est essentiellement diatonique, utilisant souvent des modes archaïques et universels (tétratoniques, pentatoniques). Les motifs mélodiques sont courts et caractérisés, et souvent répétés. Comme dit Pierre Boulez, « le *Sacre* est écrit gros [...] ; il utilise essentiellement des plans très contrastés, une écriture globale ».

Mais c'est dans le domaine du rythme qu'on trouve un extrême raffinement de formes, lequel n'est pas perçu comme « sophistication », mais comme vie rythmique intense et haletante. De même, la polytonalité fréquente dans l'œuvre n'est pas un jeu d'écriture, elle produit un effet « primitif », comme une superposition d'instruments non accordés, sans entacher un puissant sentiment d'affirmation tonale et diatonique. Ainsi, la complexité rythmique s'équilibre par une simplification dans les autres dimensions de l'écriture.

Par rapport aux œuvres contemporaines, d'écriture enchevêtrée, d'un Richard Strauss ou même d'un Vincent d'Indy, le *Sacre* est une œuvre plutôt lisible, qui sonne clair, avec une dominance des bois, qui forment le noyau de l'orchestre. La grande division des parties qu'atteignent certains passages (fin de l'*Introduction,* sorte de tutti d'oiseaux préfigurant Messiaen, et fin de la *Danse de la Terre)* n'empêche pas qu'on s'y retrouve très bien, sans être surchargé dans la dimension verticale.

Chef-d'œuvre de vitalité et d'invention prodigieuse, le *Sacre* n'est pourtant rien moins qu'une œuvre de libération et d'ouverture : s'il a inspiré beaucoup d'imitations, c'est d'une manière superficielle, dans le registre de l'effet pittoresque et païen *(Suite scythe,* de Prokofiev, ou les musiques de Carl Orff — peu enviable postérité). Stravinski lui-même, après cette œuvre déstabilisatrice, a cherché à retrouver son assiette dans diverses directions, diverses tendances, et sans jamais tenter — et avec raison — de se pasticher lui-même et de refaire cette œuvre unique. Les *Noces* elles-mêmes cherchent dans une nouvelle direction, plus dépouillée. La réussite du *Sacre,* son unité, en dépit de sa complète liberté par rapport à tout système, son inexplicable logique dans l'invention perpétuelle en font une œuvre qu'on ne réussit qu'une fois dans sa vie. M. C.

SADKO. Opéra en 7 tableaux de Rimski-Korsakov (1895-96), sur un livret du compositeur et de Vladimir Bielski d'après des traditions de récits épiques russes *(bylines),* créé à Moscou le 7 janvier 1898. Une trentaine d'années auparavant (1867), Rimski-Korsakov avait écrit un poème symphonique du même titre, dont l'essentiel du matériau musical fut inséré dans l'opéra.

Sadko, personnage mi-historique, mi-légendaire du XIIe siècle russe, était à la fois marin, marchand, et gousliar *(barde joueur de gousli, instrument populaire à cordes pincées).*

1er TABLEAU. *Après un bref prélude instrumental,* la Mer océane, *le rideau se lève sur un festin de marchands à Novgorod. Sadko (t) leur reproche leur indolence et déclare que s'il possédait leurs richesses, il équiperait une flotte et irait faire du commerce dans les pays lointains. Les marchands, ulcérés, chassent Sadko, tandis que des skomorokhs (bouffons) se moquent de lui.*

2e TABLEAU. *Sadko, seul, chante tristement une chanson au bord du lac Ilmen. Il voit arriver un groupe de cygnes qui se transforment en jeunes filles. Ce sont les filles du Roi de la Mer. La première d'entre elles, Volkhova (s), déclare son amour à*

Sadko. Avant de partir rappelée par son père (b), elle promet à Sadko trois poissons aux écailles dorées qui lui assureront la richesse.

3ᵉ TABLEAU. *Lioubava (ms), épouse de Sadko, se désole de voir son mari la délaisser. Lorsqu'il revient, elle cherche à le raisonner, mais il ne l'écoute pas et déclare vouloir partir tenter sa chance.*

4ᵉ TABLEAU. *Grand rassemblement populaire au bord du lac Ilmen : des marchands, des étrangers, des moines errants, des baillis. Sadko parie avec les marchands de rapporter trois poissons aux écailles dorées : il gagne son pari. Désormais riche, il peut réaliser son rêve et partir à la conquête des pays lointains. Trois étrangers, un Viking (b), un Hindou (t) et un Vénitien (bar), lui vantent les mérites de leurs pays respectifs. Sadko part, acclamé par le peuple.*

5ᵉ TABLEAU. *Le navire de Sadko s'est arrêté en pleine mer. C'est le Roi de la Mer qui réclame un otage. Le sort désigne Sadko lui-même.*

6ᵉ TABLEAU. *Sadko descend au royaume du Roi de la Mer. Il voit défiler devant lui les merveilles du monde sous-marin. A la demande de Volkhova, il se met à chanter. Le Roi de la Mer et tout le royaume sous-marin dansent au son de son gousli, provoquant une terrible tempête qui coule maints navires. A cet instant apparaît un Ancêtre (bar) qui proclame l'anéantissement du royaume sous-marin, et ordonne à Sadko de retourner chez les humains. Accompagné de Volkhova, Sadko remonte à la surface.*

7ᵉ TABLEAU. *Au bord du lac Ilmen, au petit matin, Sadko dort, bercé par le chant de Volkhova. Au lever du soleil, elle disparaît et se métamorphose en rivière qui portera désormais son nom. Sadko, se réveillant, retrouve son épouse Lioubava et tout le peuple de Novgorod qui l'acclame.*

Rimski-Korsakov a souvent déclaré que la légende épique était son genre de prédilection, et *Sadko* compte parmi ses incontestables réussites en ce domaine. Le monde réel humain y voisine avec le monde surnaturel, en l'occurrence le monde marin, lequel donne lieu à des harmonies et des modes recherchés (gamme par ton, gamme «ton, demi-ton»; certains passages du tableau sous-marin sont véritablement debussystes).

Le chant du personnage titre est nourri d'emprunts au chant populaire, et développe un style vocal très particulier, désigné comme un «récitatif épique», que Rimski a élaboré sur la base de l'interprétation de diseurs de bylines, comme Trofim Riabinine, qu'il avait entendu. Les chœurs sont nombreux et développés, et sont parfois écrits en mesures asymétriques rarement usitées, comme le 11/4. L'orchestre se voit confier parfois des épisodes importants (passage du 5ᵉ au 6ᵉ tableau).

L'importance accordée au monde de la mer rappelle que Rimski-Korsakov avait été marin de métier. Le tableau sous-marin fut représenté en version chorégraphique à Paris aux spectacles de Diaghilev en 1911.

A. L.

SAETA. Chant religieux généralement improvisé, sur un texte de quelques vers, qui accompagne traditionnellement les processions de la Semaine sainte en Espagne. Ces brefs poèmes incantatoires, qui invitent les fidèles à méditer sur les souffrances du Christ, sont musicalement interprétés avec une liberté et une hardiesse lyrique qui correspondent bien à l'origine latine du mot *saeta : sagitta* (flèche).

M. T.

SAEVERUD (Harald), compositeur et chef d'orchestre norvégien *(Bergen 1897)*. Il est l'un des plus remarquables représentants du nationalisme non folkloriste de son pays. Ses premières œuvres sont celles d'un romantique tardif *(2ᵉ Symphonie, 1922)*, mais il évolue vite, et, attiré un instant par l'atonalité *(Concerto pour violoncelle, 1931)*, il aboutit à un langage diatonique et polyphonique qui revient à une conception élargie de la tonalité (50 petites variations pour orchestre op. 8, 1931). L'essentiel de son œuvre a été écrit après 1940 et représente l'engagement de l'artiste contre l'invasion allemande. Saeverud se rapproche alors du folklore et produit successivement *Slåtter og stev fra Siljustøl* pour piano, des «airs» (slåtter) pour orchestre dédiés à la résistance norvégienne, et les *Symphonies* nᵒ 5 (1941), nᵒ 6 (*Dolorosa*, 1942), la *Ballade de la révolte* (1945) et la *Psaume-Symphonie* (1945). Après-guerre, ses œuvres les plus importantes ont été la remarquable musique de scène pour *Peer Gynt* (1947), le *2ᵉ Concerto pour piano* (1950), le *Poème héroïque* (1955), le *Concerto pour violon* (1956) et les *Symphonies* nᵒˢ 8 *(Minnesota, 1958)* et 9 (1966).

H.-C. F.

SAGA DRØM («le Rêve de Gunnar»). Poème symphonique de Carl Nielsen, op. 39, composé en 1908, créé le 6 avril de la même année à Copenhague, par la Société danoise de concerts dirigée par le compositeur. C'est le seul poème symphonique de Nielsen illustrant une légende nordique. Toute la musique baigne dans une atmosphère immatérielle, pour évoquer la saga islandaise de Nial, où Gunnar de Hlidarende traverse la rivière Tjors à cheval avec ses deux frères. Pris par le sommeil, il prie ceux-ci de le laisser se reposer. Au cours de son sommeil, il rêve qu'il est poursuivi par des loups qui tuent l'un de ses frères alors que lui-même et son autre frère taillent ces animaux en pièces. Lorsqu'il se réveille, les événements confirment le caractère prémonitoire de ce rêve.

La musique est remarquable par la diversité de son contenu émotionnel ; la partie la plus surprenante et la plus féerique reste la cadenza pour bois, glockenspiel et cordes, où l'écriture préfigure la technique aléatoire, les instruments ayant toute liberté quant au choix des tempos.

P. V.

SAGUER (Louis), compositeur français *(Charlottenburg, Allemagne, 1907)*. D'origine allemande, il a pris ce pseudonyme sous lequel on le connaît, sans divulguer sa biographie ni son nom de naissance ; aussi ses débuts sont-ils mal connus. Élève présumé d'un disciple de Busoni, il est l'auteur de l'opéra *Maria Pineda* (1967), d'après García Lorca, de pièces de musique de chambre *(Musique à 3, 1943)*, de pièces d'orchestre *(Musique d'après-midi, 1942 ; Musique d'été, 1944 ; Mouvement 60, 1963 ; Messages, 1964)* et de la cantate *Quanta belle giovinezza* (1972), ainsi que de l'opéra *Lili Merveille* d'après Jean-Louis Bory, et de nombreuses œuvres vocales inspirées par des textes de Pierre Jean Jouve, Guillevic, Gide, García Lorca, etc.

M. C.

SAINTE-COLOMBE (DE), violiste et compositeur français *(seconde moitié du XVIIᵉ s.)*. Son personnage reste mystérieux : ni ses dates de naissance et de mort, ni même son prénom ne sont connus, pas plus que les détails de son existence. Virtuose (probablement «dilettante») de la viole, qu'il perfectionna en lui adjoignant une septième corde, il eut pour disciples la plupart des violistes français de son temps, dont le grand Marin Marais, qui lui avait une grande reconnaissance et lui dédia un «tombeau», Sainte-Colombe est ainsi au point de départ de l'apogée de l'art de la viole. Un manuscrit contenant soixante-sept pièces à 2 violes a été découvert en 1966, dont certaines doivent être datées d'après 1687. Un art délicat, s'efforçant d'«imiter les plus beaux agréments de la voix», d'une technique éprouvée et demandant parfois de la virtuosité, aimant la surprise et la liberté autant que la subtilité, témoigne de la qualité de cet instrument aristocratique, pratiqué par un homme qui l'était sans doute.

P. B.

SAINT-ÉVREMOND (Charles de Saint-Denis, seigneur de), écrivain français *(Saint-Denis-le-Gast, Manche, avant 1614 - Londres 1703)*. Il fait une brillante carrière dans l'armée française (il est nommé maréchal de camp en 1652) tout en se montrant extrêmement actif dans le domaine littéraire, jusqu'à sa regrettable *Lettre au marquis de Créqui sur la paix des Pyrénées* (1659) qui signe sa disgrâce et l'oblige à s'exiler, tout d'abord aux Pays-Bas, puis définitivement à Londres en 1670. Il obtient immédiatement les faveurs de Charles II et anime bientôt, en compagnie d'Hortense Mancini, duchesse de Mazarin, un cercle littéraire et artistique.

Ses écrits, dont il a interdit la publication de son

vivant, paraissent en 1706 chez Des Maizeaux à Amsterdam (*Œuvres meslées*, 5 vol.) et connaissent de nombreuses rééditions au cours du XVIII siècle. De nature très diverse (politiques, sur le théâtre, critiques littéraires, etc.), ils se caractérisent par un ton en général caustique.

Il a écrit plusieurs ouvrages sur la musique : *Idylle en musique, Éclaircissement sur ce qu'on dit de la musique des Italiens, A. M. Lully* et surtout *Sur les opéras*, où il déclare que la musique, impuissante à exprimer tous les sentiments, doit être mêlée au drame musical et non lui être substituée. Sa prise de position en faveur du style vocal français contre l'italien est par ailleurs surprenante pour l'époque. Enfin, sa comédie satirique, *les Opéras*, est une source d'information précieuse sur les débuts de l'opéra français et sur Cambert, en particulier.   D. H.

SAINT-FOIX (*Marie-Olivier-Georges Poulain, comte de*), *musicologue français (Paris 1874 - Aix-en-Provence 1954)*. Après des études de droit à la Sorbonne et de musique avec V. d'Indy à la Schola cantorum, il décide, sur le conseil de Théodore de Wyzewa, de se consacrer à la musicologie. Ils publient ensemble, en 1912, les deux premiers volumes d'une impressionnante étude sur Mozart (*Wolfgang-Amédée Mozart*), dont Saint-Foix publiera les trois derniers volumes en 1936, 1939 et 1946, s'imposant comme l'un des grands spécialistes de ce musicien (rééd. Paris, 1977). Il écrit, par ailleurs, *les Symphonies de Mozart* (1932) et effectue de nombreuses recherches sur les précurseurs, contemporains et héritiers du compositeur (Schubert, Sammartini, Gluck, Clementi, J. C. Bach, J. et M. Haydn) et les œuvres de jeunesse de Beethoven et Schubert, qu'il complète par la publication d'œuvres mal connues de ces compositeurs et de Mozart. Il fut en outre cofondateur de la *Revue française de musicologie*.   D. H.

SAINT-GALL. Ville de Suisse, près du lac de Constance, célèbre par son abbaye fondée au VIIe siècle par les Irlandais. Elle accueillit vers 870 des moines de Jumièges chassés par les Normands et qui avaient apporté avec eux les premiers antiphonaires tropés connus. L'un des moines sangalliens, Notker, s'en inspira pour créer le genre de la séquence, où s'illustrèrent avec lui d'autres moines sangalliens, Tutilon, Hartmann Radpert. Ainsi fut créée l'« école de Saint-Gall », qui s'illustra jusqu'au XIe siècle. L'abbaye dut également sa renommée à son scriptorium, où fut mise au point une notation neumatique spéciale considérée comme la plus riche de tout le Moyen Âge en renseignements précis sur les détails d'exécution du plain-chant du IXe au XIe siècle. Il ne reste plus rien aujourd'hui des bâtiments anciens, qui furent reconstruits au XVIIIe siècle.   J. C.

SAINT-GEORGES (*Joseph Boulogne, chevalier de*), violoniste et compositeur français (*Basse-Terre, Guadeloupe, v. 1739 - Paris 1799*). Fils d'un ancien conseiller au parlement de Metz et d'une Noire de la Guadeloupe, il arriva à Paris en 1749, et y acquit rapidement dans le domaine de l'escrime une réputation qu'il devait conserver toute sa vie. En 1769, sans doute après des études musicales suivies, il devint violoniste dans l'orchestre de Gossec au Concert des amateurs. Il fit ses débuts en public en 1772 et, l'année suivante, prit la direction du Concert des amateurs, Gossec assumant désormais celle du Concert spirituel. La plupart de ses œuvres (quatuors à cordes, concertos, symphonies concertantes, symphonies) parurent entre 1772 et 1779. Il fut ensuite un des fondateurs du Concert de la Loge olympique, et ce fut probablement lui qui servit d'intermédiaire entre cette organisation et Haydn lors de la commande des six symphonies *parisiennes**. Il vécut à Londres de 1785 à 1787, puis de nouveau pour quelques mois à partir de décembre 1789. En 1791, il devint capitaine de la garde nationale à Lille. Il se rendit ensuite à Saint-Domingue, et revint à Paris en 1797.   M. V.

SAINT-LAMBERT (*Michel de*), claveciniste et théoricien français (*fin du XVIIe s. - début du XVIIIe s.*). On sait simplement de lui qu'il enseigna quelque temps en province. On peut situer son domaine d'activité à Paris vers 1700, grâce à sa publication de deux traités, *les Principes du clavecin* (1702), dans lesquels il fait allusion à certaine pratique de Lully dans l'interprétation d'*Armide* (1686), et *le Nouveau Traité de l'accompagnement du clavecin, de l'orgue, et des autres instruments* (1707). À part deux pièces figurant en appendice des *Principes*, il ne nous reste aucune de ses compositions. Le premier traité est plus axé sur la technique même de l'instrument, avec des indications de doigtés et un chapitre, très utile, sur les ornements, qui reste dans la tradition de D'Anglebert. *Le Nouveau Traité* est consacré en grande partie aux règles de l'harmonie (intervalles, armure, etc.) et au traitement de la basse continue. Ces deux ouvrages sont remarquables par la clarté de leurs explications et, pour cette raison, constituent encore, à l'heure actuelle, une source très précieuse sur la pratique instrumentale à cette époque.   D. H.

SAINT-MARTIAL. Célèbre abbaye de Limoges, aujourd'hui détruite, et qui fut du IXe au XIe siècle, avec Saint-Gall, l'un des centres les plus remarquables dans la création du répertoire des tropes et séquences, puis aux XIe et XIIe siècles dans l'élaboration de la polyphonie. Sa bibliothèque, constituée surtout au XIIIe siècle par les soins de Bernard Itier, et acquise vers 1730 par l'abbé Bignon pour la Bibliothèque royale (aujourd'hui nationale), contient l'une des plus riches collections du Moyen Âge dans tous les domaines musicaux paraliturgiques : tropes, séquences, versus, drames liturgiques, etc.

C'est dans l'un de ses manuscrits (lat. 1154) que se trouve le plus important recueil de poèmes chantés carolingiens ; dans un autre (tropaire lat. 1118) que l'on voit les fameux dessins de jongleurs si souvent reproduits, dans un troisième (lat. 1139) qu'est noté le *Sponsus*, premier drame liturgique chanté faisant appel à la langue vulgaire, etc. Ces manuscrits, toutefois, semblent pour la plupart avoir été plutôt acquis de bonne heure par l'abbaye que rédigés pour elle : leur aire de rédaction est principalement limousine, mais couvre une grande partie de l'Aquitaine, descendant jusqu'à Narbonne et peut-être Cuxa.

En 1063, l'abbaye fut contre son gré rattachée à Cluny, mais refusa toujours de se reconnaître vassale de la métropole bourguignonne et conserva jusqu'à sa disparition (XVIIIe s.) un statut particulier.   J. C.

SAINT-PÉTERSBOURG. Fondé en 1703 par Pierre le Grand, capitale de la Russie de 1715 à la révolution, Saint-Pétersbourg voit se développer une vie musicale dès les premières années de son existence. Les victoires militaires de Pierre le Grand donnent lieu à des fêtes où sont exécutés des *kanty* (chants panégyriques). En 1711, un oukaze ordonne la formation d'orchestres militaires, lesquels vont fréquemment servir à animer les festivités dans les palais des nobles. Dès les années 1720, des troupes théâtrales, des ensembles et des chœurs allemands, français, italiens, viennent faire des tournées à Saint-Pétersbourg. Pendant plus d'un demi-siècle (1735-1795, années correspondant aux règnes d'Élisabeth Petrovna et de Catherine II), ce seront les maîtres italiens qui domineront la vie musicale pétersbourgeoise. Les compositeurs autochtones apparaîtront à partir des années 1770 et s'imposeront peu à peu, d'abord parallèlement aux Italiens, puis de plus en plus indépendamment.

Francesco Araja est le premier Italien à se produire en Russie avec un opera seria en langue italienne, *La Forza dell'amore e dell'odio* (1737), suivi d'*Alexandre aux Indes* (1743), *Scipion* (1745), *Mithridate* (1747). En 1755, Araja fait représenter le premier opera seria sur un texte russe de Soumarokov, *Céphale et Procris*. En 1757, la troupe italienne de l'impresario Giovanni Battista Locatelli donne à Saint-Pétersbourg, puis à Moscou, des représentations d'opera buffa.

Après Araja, Saint-Pétersbourg verra passer successivement Vincenzo Manfredini (1758-1769 et 1798-99), dont *l'Olympiade* donnée en 1762 ne plaît guère à Catherine II ; Baldassare Galuppi (1765-1768), qui joue un rôle important en tant que directeur de la chapelle impériale, et qui forme les premiers compositeurs russes ; Tommaso Traetta (1768-1775), auteur d'une remarquable *Antigone* (1772) ; Giovanni Paisiello (1776-1783), qui écrit pour Saint-Pétersbourg son *Barbier de Séville* (1782), antécédent de celui de Rossini ; Giuseppe Sarti (1784-1802), qui devint le musicien attitré du prince Potemkine et qui fut, comme Galuppi, un pédagogue estimé ; Domenico Cimarosa, maître de chapelle à la cour de 1787 à 1791.

Les Italiens ont trouvé à Saint-Pétersbourg un remarquable matériel humain avec les chanteurs de la chapelle impériale, formation prestigieuse qui descendait d'un chœur de chantres moscovites, et possédait des traditions vocales vieilles de deux siècles. Réservés originalement à la seule musique religieuse, les chœurs de la chapelle se sont scindés en deux parties, au milieu du XVIIIe siècle, une partie restant attachée à l'art religieux, l'autre passant au service de l'opéra et de la musique profane. L'orchestre de la cour, fondé sous Élisabeth Petrovna, s'est réparti, lui aussi, entre le théâtre et les bals donnés à la cour.

Jusqu'à la fin des années 1770, c'est la cour qui centralise l'essentiel de la vie musicale. Les représentations sont données au théâtre de l'Ermitage, à l'intérieur du palais d'Hiver, en attendant que Catherine II fasse construire le grand théâtre en annexe du palais. Mais à Saint-Pétersbourg, les représentations et les concerts publics se multiplient rapidement dans les palais et les hôtels particuliers appartenant à la noblesse, chez les Razoumovski, les Stroganov, le général Stcherbatchov, au théâtre du Corps des pages.

La croissance architecturale de la ville favorise l'extension de la vie musicale puisqu'elle fournit des locaux ; certains mécènes font construire spécialement des bâtiments pour les spectacles, ainsi le comte Yagoujinski. En 1779, l'entrepreneur Knipper organise des représentations d'opéras au Théâtre de Bois (ancien Théâtre allemand) ; en 1783, le Grand Théâtre de pierre est construit, dans lequel vont alterner des œuvres italiennes, françaises et russes. Le journal *les Nouvelles de Saint-Pétersbourg* passe des annonces de cours de piano et de harpe. Des cours de musique sont organisés à l'Académie des beaux-arts, dans les pensionnats et les collèges. Parmi les musiciens étrangers de passage à Saint-Pétersbourg, il faut citer le violoniste et compositeur Antonio Lolli, l'abbé Vogler, le clarinettiste Anton Stadler, le violoniste français Paisible.

C'est à Saint-Pétersbourg que sont représentés les premiers opéras-vaudevilles russes. En 1772 est joué *Aniouta* sur un texte de Mikhaïl Popov, dont la musique est perdue. En 1779, *le Meunier, sorcier fourbe et marieur* de Sokolovski, que l'on s'accorde à considérer comme le premier opéra russe connu. Les vingt dernières années du siècle sont dominées par deux noms russes : Pachkévitch, chef d'orchestre du théâtre Knipper, auteur de *l'Auberge de Saint-Pétersbourg* (1782), *l'Avare* (1782), *les Débuts du règne d'Oleg* (1790, en collaboration avec Sarti et Cannobio, sur un livret de Catherine II) ; et Fomine, qui se révèle en 1786 à l'Ermitage avec *le Preux Boïeslavitch de Novgorod*, suivi des *Cochers au relais* (1787) et du remarquable mélodrame *Orphée et Eurydice* (1792). À la même époque (à partir de 1775), Saint-Pétersbourg découvre l'opéra-comique français de Grétry, Philidor, Favart, Monsigny, dont l'influence s'exerce sur les Russes parallèlement à celle de l'opéra italien.

En 1796, la chapelle impériale, dirigée jusque-là par des Italiens, passe aux mains de Bortnianski, qui en assure la direction jusqu'en 1825.

Dans le premier tiers du XIXe siècle, la vie musicale pétersbourgeoise reste passablement occidentalisée. De 1801 à 1811, c'est Boieldieu qui est le musicien attitré de la cour. Il faudra attendre 1836, avec la représentation de *la Vie pour le tsar* de Glinka au théâtre Marie, puis son *Rouslan et Ludmilla* en 1842, pour que les bases de l'école russe s'affirment à Saint-Pétersbourg, en dépit des réticences d'une partie de la noblesse. Pendant ce temps, les musiciens étrangers les plus prestigieux se succèdent à Saint-Pétersbourg : Liszt (1843), Schumann (1844), Berlioz (1847, second voyage en 1867-68). En 1862, Verdi fait représenter à Saint-Pétersbourg *la Force du destin*.

L'essor de la musique nationale va correspondre avec la formation du groupe des Cinq, rassemblé à Saint-Pétersbourg autour de Balakirev en 1857-1862, et dont le mentor est le critique d'art Vladimir Stassov. En 1862, Balakirev fonde l'École gratuite de musique, dont les concerts révèlent les œuvres de la jeune génération russe. De son côté, le conservatoire de Saint-Pétersbourg, fondé la même année par Anton Rubinstein, avec un effectif pédagogique presque exclusivement étranger (parmi lesquels Leschetitski en piano, Wieniawski en violon), prône l'enseignement musical d'après les traditions occidentales. Avec l'entrée de Rimski-Korsakov au conservatoire, comme professeur de composition (1871), les deux tendances, russe et occidentale, vont peu à peu s'y équilibrer.

Au théâtre Marie, inauguré en 1860, les représentations d'opéras russes se succèdent : *Judith* (1863) et *Rogneda* (1865) de Serov, *Boris Godounov* (1874) de Moussorgski, *le Démon* (1875) de Rubinstein, *la Nuit de mai* (1880), *Snegourotchka* (1882) de Rimski-Korsakov, *l'Enchanteresse* (1887), *la Dame de pique* (1890) de Tchaïkovski, *le Prince Igor* (1890) de Borodine. La plupart de ces créations sont dirigées par Félix Napravnik, chef d'orchestre du théâtre de 1869 à 1914.

En 1883, la direction de la chapelle impériale est confiée à Balakirev, qui prend Rimski-Korsakov comme assistant. En même temps, un nouveau cénacle, prenant la relève du groupe des Cinq depuis longtemps désuni, se rassemble autour du mécène Mitrofan Belaiev. Il est constitué de Rimski-Korsakov et de plusieurs de ses élèves, notamment Glazounov et Liadov. En 1885, Belaiev fonde les Concerts symphoniques russes dont Rimski-Korsakov prend la direction.

Un événement important est la représentation de la *Tétralogie* de Wagner à Saint-Pétersbourg au cours de la saison 1888-89.

Depuis le milieu du siècle, il existe à Saint-Pétersbourg plusieurs importantes maisons d'éditions musicales dont Bessel (1869), Jurgenson (1870) et Belaiev (1885). La critique musicale est représentée par Stassov, César Cui, Hermann Laroche, dans *les Nouvelles de Saint-Pétersbourg, le Messager théâtral et musical, la Revue musicale (Mouzykalnoie Obozrenie)* ; en 1894, le musicologue Findeisen fonde la *Gazette musicale russe* qui existera jusqu'en 1918. À la veille de la révolution, André Rimski-Korsakov, le fils du compositeur, fonde et dirige la revue musicologique *le Contemporain musical*, à laquelle est adjointe une *Chronique* rendant compte de l'essentiel de la vie musicale de la capitale.

Vers la fin du XIXe siècle, les activités musicales de Saint-Pétersbourg cèdent le pas à celles de Moscou. Néanmoins c'est du conservatoire de Saint-Pétersbourg que sortiront les deux révolutionnaires russes de la musique, Stravinski et Prokofiev, qui consomment la rupture avec la tradition académique de l'enseignement prodigué au conservatoire.

En 1905, à la suite des agitations consécutives aux événements politiques, la direction du conservatoire fut confiée à Aleksandr Glazounov. Au cours de la période 1905-1917, le corps professoral était constitué, entre autres, d'Essipova (piano), Auer (violon), Verjbilovitch (violoncelle, jusqu'en 1911), Liadov (harmonie, composition), Steinberg (composition, à partir de 1908), Glazounov (composition), Yerchov (classe d'opéra), Nicolas Tcherepnine (direction d'orchestre). En 1900-1912, les Soirées de musique contemporaine ont fait connaître les œuvres de Debussy, Strauss, Reger, Mahler, Schönberg, ainsi que celles de Prokofiev, Stravinski, Miaskovski.

(Pour la période postrévolutionnaire, v. LENINGRAD.)

A. L.

SAINT-SAËNS (Camille), compositeur français (Paris 1835 - Alger 1921). Normand par son père, emporté deux mois après sa naissance par une phtisie que lui-même cherchera à éviter toute sa vie en multipliant les fuites vers les pays du soleil, Saint-Saëns fut élevé par sa mère et sa grand-tante. Sachant ses notes avant de savoir lire, il a à peine cinq ans quand il compose son premier morceau, et dans le même temps, il tient le piano dans une sonate pour violon et piano de Beethoven. Dès lors il ne quittera plus le piano, dont il sera l'un des virtuoses les plus accomplis et ne cessera de composer, avec une facilité et une constance infatigable, qu'à la veille de sa mort, « produisant, ainsi qu'il l'a dit, des œuvres pour accomplir une fonction de (sa) nature, comme un pommier produit des pommes ».

A sept ans on le confie à Stamaty. Déjà se manifeste son indépendance, cette indocilité en face de qui contrarie ses idées, sa volonté. En définitive, il ne reconnaîtra à son professeur de piano que de l'avoir dirigé vers Maleden — « professeur incomparable », assuraît-il — qui lui enseigna la théorie et la composition. Que ce premier maître, par l'exemple de son enseignement en marge des voies officielles, ait affermi son indépendance ne semble guère douteux. A deux ans il donnait, salle Pleyel, ses deux premiers concerts. Entré en 1849 au Conservatoire dans la classe d'orgue de Benoist, il en sort, en 1851, avec un premier prix.

Improvisateur remarquable, il est salué par Liszt comme « le premier organiste du monde ». Cette même année 1851, Halévy l'accueille dans sa classe de composition. Plus tard, juge redouté des candidats au concours de Rome, il se voit refuser alors, et à deux reprises, ce prix. Exceptionnel échec à l'aube d'une carrière jalonnée de succès quasi constants.

En 1852 la société Sainte-Cécile couronne son *Ode à sainte Cécile*. Cette même société exécute en 1853 sa 1re symphonie et, trois ans plus tard, une seconde restée inédite. Depuis 1853, il a été nommé organiste à Saint-Merri qu'il quittera en 1858 pour tenir le grand orgue de la Madeleine. En 1877 un héritage le libère de toute contrainte.

De 1861 à 1865, il avait effectué un bref passage à l'école Niedermeyer, comme professeur de piano, où il eut Fauré et Messager parmi ses élèves. Aux côtés de Castillon et de Bussine, il fonde, au lendemain du désastre de Sedan, la Société nationale de musique qui, sous sa fière devise « Ars Gallica », accueille l'école française moderne. Il en démissionnera en 1886, se trouvant en désaccord avec les disciples de Franck, d'Indy en tête. Dès 1861, il avait ébloui Wagner par ses dons ; Berlioz, dans une lettre de 1867, le signale comme « un maître pianiste foudroyant... et l'un des plus grands musiciens de notre époque ». L'admiration qu'il suscite chez ses aînés est partagée par ses camarades — notamment par Bizet — qui voient en lui le chef de l'école française.

Comme compositeur, il aborde tous les domaines, tous les genres, religieux comme profanes, s'inspirant de tous les styles, à l'aise dans les formations vocales et instrumentales les plus variées.

Curieusement, ce grand pianiste n'a laissé, parmi les trente-quatre œuvres qu'il a dédiées à son instrument, aucune partition vraiment marquante. On relèvera néanmoins ses *Variations sur un thème de Beethoven* pour 2 pianos, op. 35 (1874), et trois cahiers de *6 Études* chacun, op. 52 (1877), op. 111 (1899), op. 135 (1912), les dernières *pour la main gauche seule*. Maniant les timbres orchestraux avec une éblouissante sûreté, c'est en l'associant à l'orchestre qu'il a privilégié son instrument, notamment dans cinq concertos op. 17 (1858), op. 22 (1868), op. 29 (1869), op. 44 (1875) et op. 103 (1896).

En disciple de Liszt, il s'est plu à sonder les ressources offertes par la virtuosité et a également confié trois concertos au violon, op. 20 (1859), op. 58 (1858), op. 61 (1880), sans préjudice d'un *Rondo capriccioso* (1863) et d'une *Havanaise* (1887), ainsi que deux autres concertos au violoncelle op. 33 (1872) et op. 119 (1902).

Pionnier dans le domaine de la musique de chambre, il n'a pas écrit moins de trente-six œuvres, la première étant un *Quintette*, op. 14, datant de sa vingtième année. On y trouve deux sonates pour violon et piano, op. 75 (1885) et op. 102 (1896) ; deux sonates pour violoncelle et piano, op. 32 (v. 1873) et op. 123 (1905) ; deux trios, op. 18 (1863) et op. 92 (1892) ; un quatuor pour cordes et piano, op. 41 (1875) ; deux quatuors à cordes, op. 112 (1899) et op. 153 (1918) ; un *septuor* op. 65 (1881), sans parler du célèbre *Carnaval des animaux* (1886).

Il fut l'un des rénovateurs de la symphonie. Sur les cinq qu'il composa, deux sont restées inédites. La troisième, op. 78 (1886), dédiée « à la mémoire de Franz Liszt », innove, tant dans sa composition orchestrale que sur le plan formel. A la suite de Liszt il est le premier compositeur français à s'aventurer dans le poème symphonique qui lui inspire, coup sur coup, *le Rouet d'Omphale* (1872), *Phaéton* (1873), la *Danse macabre* (1874) — née d'une mélodie —, et *la Jeunesse d'Hercule* (1877).

D'un grand nombre de mélodies (119), on extraira les curieuses *Mélodies persanes*, op. 26 (1870). Incroyant, il a pourtant écrit un *Oratorio de Noël* (1858), *le Déluge* (1875), un *Requiem* (1878), *The Promised Land* (1913).

Épris de théâtre comme tous les musiciens de sa génération, il a connu l'amertume de ne point voir ses œuvres lyriques remporter le succès qu'il en escomptait, à l'exception toutefois de *Samson et Dalila* (1877) qui s'est imposé non sans difficulté. Du grand opéra historique à l'opéra-comique léger, il a été tenté par tous les genres consacrés et fit représenter successivement *la Princesse jaune* (1872), *le Timbre d'argent* (1877), *Étienne Marcel* (1879), *Henri VIII* (1883), *Proserpine* (1887), *Ascanio* (1890), *Phryné* (1893), *les Barbares* (1901), *Hélène* (1904), *l'Ancêtre* (1906), *Déjanire* (1911), sans parler du ballet *Javotte* (1896).

A cette importante production, il faut ajouter de nombreuses révisions de partitions de M. A. Charpentier, de Gluck, et surtout l'édition des œuvres complètes de Rameau dont il fut l'un des plus ardents à remettre en lumière le génie oublié. Il laisse aussi plusieurs ouvrages parmi lesquels *Harmonie et Mélodie* (Paris, 1885) et *Portraits et Souvenirs* (3e éd., 1909), d'un intérêt qui ne s'est pas émoussé. Le fait, par contre, que ce fort en thème n'ait pas laissé le plus petit ouvrage didactique témoigne de son éclectisme, de sa hantise de tout systématisme, qui, dès qu'il le subodore, le libère.

Son savoir est prodigieux. Debussy qui ne l'aimait guère affirmait : « Saint-Saëns est l'homme qui sait le mieux la musique du monde entier. » Cette érudition, l'admiration qu'il porte aux grands maîtres du passé, son extraordinaire don d'assimilation jugulent plus son inspiration qu'ils ne la libèrent. Et, de son propre aveu, il impose à sa nature une « raideur » qui ne lui est pas naturelle et que la perte tragique de ses deux jeunes fils accentuera encore. Qu'il desserre son corset et libère en lui le gamin espiègle, il s'exprime avec une fantaisie pleine d'invention, une alacrité pimentée où l'on découvre moins dans ses grandes œuvres ambitieuses que dans ses pièces plus légères, en tout cas dans de nombreux scherzos où éclate sa verve primesautière comme dans la *Danse macabre* ou dans ce petit chef-d'œuvre d'humour corrosif qu'est le *Carnaval des animaux* — où il se met en scène parmi les Fossiles ! —, qu'il refusa de faire éditer de son vivant par crainte, sans doute, de laisser paraître un portrait de lui trop ressemblant et non conforme à l'idée qu'il s'était faite de sa « figure ».

Quelque précaution pourtant qu'il ait prise pour se montrer insensible et comme détaché d'une œuvre qu'il entendait hautainement maîtriser sans en être la proie ni la dupe, on perçoit, néanmoins, çà et là, chez ce romantique enchaîné, la palpitation d'un cœur qui bat. On a cru voir en lui le plus parfait représentant de la doctrine de l'art pour l'art et lui-même a prêté le flanc à cette interprétation. « Pour moi, a-t-il dit, l'art c'est la *forme*. L'expression, la passion, voilà qui séduit avant tout l'*amateur*. Pour l'*artiste*, il en va autrement. L'artiste qui ne se sent pas pleinement satisfait par des lignes élégantes, des couleurs harmonieuses, une belle série d'accords ne comprend pas l'art... Pendant tout le XVIᵉ siècle on a écrit des œuvres admirables dont toute émotion est exclue. »

Au vrai, il fut un incorrigible amateur de pittoresque et excella dans le tableau de genre. De caprices danois en fantaisies africaines, il recueille la couleur locale, pratiquant le placage en tout genre et faisant se côtoyer, comme des accessoires d'atelier destinés à situer le tableau, gammes modales, exotiques, rythmes folkloriques. Mais la perfection de son métier — sa maîtrise orchestrale, notamment — ennoblit tout ce qu'il touche et lui a valu des admirations qui se révélèrent fructueuses, celles de Fauré, de Ravel, pour ne citer que ces deux grands créateurs.

S'il a fini par incarner une tradition académique, vieillard illustre, statufié avant sa mort, fatigué peut-être par tant d'honneurs venus à lui, membre de l'Institut, n'oublions pas tout ce que la musique française lui doit et tout spécialement un retour aux sources les plus nobles et les plus pures de notre art dans ce qu'il offre d'incomparablement dessiné, un regard pénétrant et une ardeur de prosélyte envers Bach et Rameau dans un temps où ils étaient quasi oubliés sinon méprisés et, à l'opposé, une défense de ceux qu'on aurait pu croire les plus éloignés de son art impassible, les démiurges de l'ombre, ces musiciens maudits que dans sa jeunesse généreuse il avait exaltés, les Liszt, Berlioz, Schumann, Wagner. R. D.

SAISONS (LES) [en russe *Vremena Goda*]. Musique de ballet en 4 tableaux op. 67, d'Aleksandr Konstantinovitch Glazounov, composée en 1899 sur un argument de Marius Petipa. Celui-ci en assura la chorégraphie pour la création, qui eut lieu le 13 février 1900 à Saint-Pétersbourg. Les quatre saisons, les phénomènes atmosphériques, la faune et la flore, sont tous personnifiés par les danseurs, ainsi que par des motifs musicaux caractéristiques. À signaler que l'ensemble commence par l'*Hiver* pour se terminer par l'*Automne*. M. C.

SAISONS (LES) [en all. *Die Jahreszeiten*]. Oratorio en 4 parties Hob.XXI.3 pour solistes (soprano, ténor, basse), chœurs et orchestre de Haydn, sur un livret du baron Gottfried Van Swieten* d'après un poème de James Thomson, composé de 1799 à 1801, et créé en privé chez le prince Schwarzenberg à Vienne le 24 avril 1801, puis en public au Burgtheater de la même ville le 29 mai suivant, les deux fois sous la direction du compositeur.

Le succès considérable de *la Création* ayant décidé Haydn et son librettiste à tenter l'expérience d'un deuxième grand oratorio en langue allemande, ils se mirent au travail alors que *la Création* venait tout juste d'être donnée en public. Les deux ouvrages possèdent beaucoup de points communs, mais aussi des différences frappantes. Ici encore, trois solistes répondent à la masse chorale : Hanne (s), Lukas (t) et Simon (b). Mais l'opposition fréquente d'un chœur d'hommes et d'un chœur de femmes, ainsi que l'utilisation, à la fin, d'un double chœur, constituent autant d'enrichissements. Sur le plan musical, l'unité des *Saisons* est indéniable, voire miraculeuse, mais sur celui du livret, on a une suite de quatre cantates (*le Printemps, l'Été, l'Automne, l'Hiver*) plutôt qu'un véritable oratorio. Il n'y a pas d'action suivie, mais pour l'essentiel une série de descriptions de nature et de sentiments.

Haydn ne fut pas toujours enchanté par le travail du baron : « Dans *la Création*, les personnages étaient des anges, ici, ce ne sont que des paysans », déclara-t-il à son futur biographe Carpani, ce qui provoqua chez ce dernier le commentaire suivant : « Quand bien même on écrirait des volumes pour comparer ces deux oratorios, on ne pourrait mieux dire qu'avec cette formule lapidaire du compositeur lui-même. » Surtout, Haydn n'appréciait guère dans le livret certains passages trop descriptifs dont justement Swieten voulait qu'il écrivît la contrepartie musicale : « Cette vulgarité à la française m'a été imposée » (Haydn à un collaborateur de l'éditeur Breitkopf et Härtel à propos du coassement des grenouilles dans *l'Été*). Quand elle parvint aux oreilles de Swieten, cette déclaration le rendit, selon Griesinger*, « assez amer ».

Haydn peina considérablement sur *les Saisons*. Plus tard, il devait se plaindre de ce que l'œuvre avait définitivement ruiné sa santé, et c'est à force de volonté qu'il réussit à mener à bien sa tâche au début de 1801.

Les Saisons sont à la fois la première grande partition du XIXᵉ siècle (notamment par leurs tableaux de nature et leurs évocations de la vie paysanne) et le bilan de toute la carrière de Haydn. Cinquante années de labeur y sont embrassées d'un regard large, et, plus peut-être que dans *la Création*, l'univers entier y est décrit tel que Haydn le connaissait. Ce bilan est aussi bien musical et technique que spirituel et humain. L'orage de *l'Été* s'ouvre par le trait de flûte utilisé quarante ans auparavant dans le finale (décrivant une tempête) de la symphonie *le Soir**, et le célèbre air du laboureur du *Printemps* fait usage du thème varié de la symphonie *la Surprise**, dont le succès à Vienne était alors énorme. Ce fut pour Haydn une façon de faire appel aux suffrages populaires (Swieten aurait préféré que fût cité le cet endroit un air d'opéra à la mode), mais la synthèse à grande échelle du savant et du populaire est une des caractéristiques des *Saisons* comme elle l'avait été dix ans auparavant de *la Flûte enchantée* de Mozart.

Chaque « saison » est précédée d'une introduction orchestrale. La première, en *sol* mineur, ouvre l'œuvre dans son ensemble, et représente le « passage de l'hiver au printemps ». C'est la page de Haydn qui évoque le plus la symphonie qu'il aurait pu écrire à cette époque, cinq ans environ après sa 104ᵉ et dernière. Elle est extrêmement concentrée, mais, dès le chœur initial du *Printemps*, on s'aperçoit que le rythme de déroulement de la musique n'est pas le même que dans *la Création*. *Les Saisons* prennent davantage leur temps, ont tendance à s'abandonner au temps plutôt qu'à le dominer : c'est un de leurs aspects « XIXᵉ siècle ». Respirent un parfum populaire, outre le chœur initial du *Printemps* et son air du laboureur déjà mentionnés, l'air du berger du début de *l'Été*, le duo de Hanne et de Lukas dans *l'Automne*, et le chœur des fileuses ainsi que la chanson de Hanne dans *l'Hiver*, cette dernière page parvenant à transférer dans le monde de l'oratorio l'esprit et le style du singspiel en langue allemande.

A ces épisodes s'opposent l'éclat, la verve, la vigueur, des grandes fresques chorales : lever de soleil et orage dans *l'Été*, hymne au travail, chasse et vendanges dans *l'Automne*. On a là de véritables scènes d'extérieur ouvrant les portes au *Freischütz* de Weber ou au *Vaisseau fantôme* de Wagner. Dans la scène de chasse, Haydn fit usage aux cors de toute une série de signaux et d'appels authentiques, pour la plupart d'origine française : cornure de cadet, tons pour les chiens, lancé, débouché, volce-l'est, rapproché, réponse à l'appel, hallali sur pied, retour de la chasse, etc. Le chœur de vendanges, d'abord à 4/4, se transforme ensuite en fugue sur un rythme de ländler à 6/8, mais la fugue ne concerne que l'orchestre : le chœur, pris de boisson, incapable d'y prendre part, rate ses entrées et en définitive se borne à accompagner.

D'autres fugues font participer *les Saisons* de la grande tradition de l'oratorio religieux : fugue finale en *si* bémol du *Printemps*, à la gloire de Dieu et qui pourrait provenir de *la Création*, imposante fugue finale en *ut* majeur de *l'Hiver*, qui conclut l'œuvre dans son ensemble. D'autres épisodes enfin sont tournés vers l'intérieur, avec un ton soit de prière, soit de mélancolie ou même de profonde tristesse : prière des paysans dans *le Printemps*, cavatine en *mi* majeur de Lukas dans *l'Été*, qui montre les hommes et les bêtes accablés, paralysés, sous la chaleur de l'été, chant du voyageur perdu dans les brouillards de *l'Hiver*, où déjà l'on entend le « Wanderer » schubertien, dernier air de basse de *l'Hiver*, qui montre l'homme au soir de sa vie dressant le bilan de son existence, et que Haydn, selon son disciple Neukomm*, composa en songeant à lui-même. Et comment ne pas évoquer l'introduction désolée de *l'Hiver* (*ut* mineur), avec ses accords de sixte augmentées qu'on croirait tirés de Wagner ?

Plus que tout autre chef-d'œuvre du dernier Haydn, *les Saisons* possèdent un visage de Janus. De la pastorale à la fugue, le compositeur y synthétisa et y revitalisa d'anciennes traditions tout en ouvrant grandes les portes à ceux qui, comme lui, auraient la science et le courage nécessaires pour toujours aller de l'avant.

M. V.

SALABERT. Maison d'édition française fondée en 1886 par Édouard Salabert. Tout d'abord spécialisée dans la musique militaire, elle étendit considérablement ses activités sous la direction de Francis Salabert (*1884-1946*), fils d'Édouard, qui publia les œuvres des principaux compositeurs français de musique légère (Messager, Reynaldo Hahn, Christiné, Maurice Yvain, Scotto, Van Parys, etc.), ainsi que de nombreux classiques contemporains tels que Piérné, Milhaud, Enesco, Ibert, Auric et Rivier. A son propre fonds se sont ajoutés ceux de Dufrenne en 1923, de Gaudet en 1927, de Mathot en 1930, de Rouart-Lerolle et Sénart en 1941, de Deiss en 1946, ce qui a fait entrer dans la maison Schmitt, Poulenc, Chausson, Satie, Duparc, Roussel, Dukas, d'Indy, Honegger et Ropartz, entre autres. La veuve de Francis Salabert, Mira, a présidé aux destinées des éditions de 1946 à 1981. Lui a succédé Nelly Boufathal.

M. T.

SALIERI (*Antonio*), compositeur et pédagogue italien (*Legnago, Veneto, 1750 - Vienne 1825*). Formé à Venise, il fut remarqué par F. Gassmann et se fixa en 1766 à Vienne, où, encouragé par Métastase, Calzabigi et Gluck, il composa ses premières œuvres lyriques, comiques ou sérieuses, avant d'occuper, dès 1774, diverses charges officielles. Son opéra *L'Europa riconosciuta* fut choisi pour l'inauguration de la Scala de Milan en 1778. Il composa en allemand pour le Théâtre national du singspiel (*Der Rauchfangkehrer*, 1781), et, toujours recommandé par Gluck, il donna à Paris *les Danaïdes*, en 1784 ; c'est là que Beaumarchais lui écrivit le livret de *Tarare* (1787), remanié pour Vienne en italien sous le titre de *Axur, re d'Ormus*. Maître de chapelle impérial à partir de 1788, il éclipsa Mozart à Vienne, tout joué dans toute l'Europe. Il écrivit, notamment sur des poèmes de l'abbé Casti, *La Grotta di Trofonio* (1785) et *Prima la musica e poi le parole* (1786). *Falstaff* fut, en 1799, une de ses dernières productions importantes, alors qu'il se consacrait de plus en plus à l'enseignement ; il eut pour élèves, entre autres, Beethoven, Schubert, Liszt, Meyerbeer, Hummel, Moschelès, etc.

Extrêmement doué, capable d'assimiler les divers styles européens mieux que ses rivaux (son succès rendit jaloux Cherubini), évoquant tour à tour Gluck ou Mozart, plus élégant que profond, il sut faire preuve, selon le caractère de ses opéras, d'une étonnante variété d'écriture que l'on retrouve dans son importante production instrumentale et surtout sacrée. Dernier grand représentant de la tradition napolitaine, il mourut comblé d'honneurs, regrettant sincèrement que son succès ait réduit Mozart à la misère. De la légende sans fondements selon laquelle il aurait empoisonné son rival s'emparèrent successivement Pouchkine et Rimski-Korsakov.

R. M.

SALLINEN (*Aulis*), compositeur finlandais (*Salmi 1935*). Il est peut-être, actuellement, le compositeur finlandais vivant le plus connu, joué et enregistré à l'étranger. Il réussit en effet à exprimer avec une grande clarté des idées simples et directes au moyen d'une syntaxe et d'un vocabulaire musical remarquablement agencés. Après *Mauermusik* (1962), qui le fait connaître, il écrit plusieurs chefs-d'œuvre : le *Quatuor n° 3 «Quelques aspects de la marche funèbre de Hintriikki de Peltoniemi»* (1969) et *Elégie pour Sebastian Knight*, pour violoncelle seul (1964), puis s'affirme dans le domaine orchestral avec *Chorali* (1970), *Sinfonia* (1970-71) et la *3e Symphonie* (1974-75). En 1975, il approfondit ses techniques d'écriture avec la *Musique de chambre n° 1* pour cordes.

Dans le domaine de l'opéra, il a rencontré le succès aussi bien dans son pays qu'en Angleterre avec *Ratsumies* («le Cavalier», 1973-74), *Punainen viiva* («le Trait rouge», 1978). Un opéra lui a été commandé par Covent Garden pour 1985 : *Le roi partira pour la France*. Sans être un moderniste, Sallinen prouve qu'avec un matériau traditionnel on peut aujourd'hui encore créer un langage parfaitement original à partir de principes très simples pourvu qu'ils soient appliqués avec une rigueur totale.

H.-C. F.

SALMENHAARA (*Erkki*), compositeur finlandais (*Helsinki 1941*). Élève de J. Kokkonen et de G. Ligeti, docteur en philosophie, critique, musicologue et professeur à l'université de Helsinki, il commence à composer très tôt et ses premières œuvres le font considérer à la fin des années 50 comme l'enfant terrible de la musique finlandaise. Son rôle dans l'éveil de son pays aux mouvements d'avant-garde est d'ailleurs essentiel. Mais, de 1962 à 1971, il écrit quatre symphonies qui semblent vouloir prolonger la tradition sibélienne et, de 1965 à 1971, cinq poèmes symphoniques (dont *le Bateau ivre*, 1966 ; *la Fille en minijupe*, 1967 ; *Illuminations*, 1971) qui développent un aspect musical particulier, statique et introverti, issu de ses symphonies.

En 1968-69, le *Requiem profanum* pour solistes, cordes, piano et orgue, est à la fois un aboutissement et le point culminant d'une œuvre qui va de nouveau évoluer vers une plus grande simplicité (*Sonates pour piano* nos 2, 1973, et 3, 1975 ; mélodies ; *Missa profana*, 1977). Certains procédés «naïvistes» et symbolistes vont à leur tour disparaître ou se transformer à partir du *Quatuor à cordes* (1978) tandis que le *Concerto pour orgue* (1979), œuvre sombre et introvertie d'un grand effet tragique, semble réaliser l'amalgame des principales tendances manifestées dans les œuvres de jeunesse.

H.-C. F.

SALOMÉ. Opéra en 1 acte de Richard Strauss (créé le 9 décembre 1905 à Dresde, avec Marie Wittich) sur le texte de la pièce française d'Oscar Wilde, traduite en allemand par Edwig Lachmann.

Pas d'ouverture. Une simple gamme irrégulière semble déchirer le rideau qui s'ouvre brusquement. On voit une grande terrasse donnant sur la salle d'un festin dans le palais d'Hérode (t), tétrarque de Judée. Au milieu de la scène, une ancienne citerne. La lune éclaire le jeune capitaine Narraboth qui regarde vers la salle du festin, admirant la princesse Salomé (s), fille de la reine Hérodias (s). Un page essaye, en vain, de distraire l'attention de Narraboth, tandis qu'on entend monter de la citerne la voix du prophète Jokanaan (b), captif pour avoir insulté la reine.

Bientôt, Salomé elle-même paraît, fuyant le festin et les regards amoureux de son beau-père Hérode. Entendant Jokanaan, qui continue à clamer des injures contre sa mère, Salomé ordonne qu'on le fasse sortir du puits. En vain Narraboth lui oppose-t-il la défense du tétrarque, la princesse l'ensorcelle de telle façon qu'il cède. Et le prophète est amené devant elle. Frappée par son autorité étrange, Salomé veut l'approcher, mais il la repousse avec des paroles d'opprobre. Elle s'exalte et bientôt lui crie son amour, détaillant tout ce qui devient pour elle un objet de désir : le corps, les cheveux, les lèvres de Jokanaan. Mais celui-ci répond en proclamant avec force la foi dans le Seigneur, tandis que Narraboth, éperdu de jalousie, se poignarde aux pieds de la jeune fille, essayant en vain d'attirer son regard.

Tandis qu'on fait redescendre le prophète dans la citerne, Hérode inquiet, fiévreux, ivre aussi, sort de la salle du festin à la recherche de Salomé. Son épouse Hérodias, en entendant encore la voix du prophète, exige la mise à mort de son insulteur. Si Hérode en a peur, il n'a qu'à le livrer aux juifs qui le réclament et feront justice de ses insultes. Cinq juifs interviennent, en effet, dont la requête dégénère en une dispute métaphysique.

Mais le tétrarque refuse de s'occuper de Jokanaan. C'est à Salomé qu'il s'intéresse. Après lui avoir offert du vin et des fruits, il lui demande de danser pour lui. Fou de désir, il promet de lui accorder tout ce qu'elle demandera. Elle exécute alors la danse des Sept Voiles, dont elle se dépouille, l'un après l'autre, et, pour prix de sa danse, réclame à Hérode la tête de Jokanaan dans un plat d'argent. Hérodias triomphe, pendant qu'Hérode, épouvanté, cherche à détourner Salomé d'un vœu aussi horrible. Il lui offre mille richesses, mais en vain : elle ne veut rien d'autre que la tête coupée du prophète. Hérode doit céder et un bourreau descend dans la citerne. L'orchestre exprime, de façon saisissante, le terrifiant suspense. Voici enfin le bras de l'exécuteur, émergeant du puits, portant sur un bouclier d'argent la tête sanglante. Et c'est l'extraordinaire scène d'amour finale, entre Salomé et le monstrueux trophée. « Tu n'as pas voulu me laisser baiser ta bouche, Jokanaan, mais maintenant je l'ai baisée et elle m'appartient !», s'écrie-t-elle dans un délire érotique. Hérode, horrifié, donne l'ordre de tuer Salomé. Des gardes se précipitent et l'écrasent sous leurs boucliers tandis que le rideau tombe aussi vite qu'il s'était levé.

Salomé fit scandale, mais constitua le premier triomphe au théâtre lyrique d'un compositeur déjà âgé de quarante ans et qui avait derrière lui une grande réputation, basée sur ses poèmes symphoniques. Dans Salomé, Richard Strauss affirme une personnalité aussi puissante qu'originale. Il parvient à renouveler l'esthétique du drame lyrique wagnérien par une concision nouvelle, où la musique relève et tient avec audace le défi de l'œuvre provocante de Wilde, dont elle semble justifier les paroxysmes.   J. B.

SALOMON (Johann Peter), violoniste, impresario et compositeur allemand *(Bonn 1745-Londres 1815)*. Né dans la même maison que Beethoven mais vingt-cinq ans avant lui, il fut nommé musicien de cour à Bonn dès l'âge de treize ans, puis s'établit à Dresde, et, en 1764, devint directeur de la musique du prince Henri de Prusse à Rheinsberg, où il resta sans doute jusqu'en 1780. Il se rendit alors à Paris et à Londres, ville où il fit ses débuts le 23 mars 1781, et qui devait rester sa résidence principale. A partir de 1783, il y organisa des concerts par souscription. C'est pour ces concerts qu'en 1791-92 puis en 1794-95 il réussit à faire venir Haydn dans la capitale britannique : ce fut l'origine des douze symphonies *londoniennes**. Lui-même occupait, dans l'orchestre, la place de premier violon. Il dirigea en 1800 la première audition à Londres de *la Création**, et, en 1813, participa à la fondation de la Royal Philharmonic Society, au premier concert de laquelle il tint la partie de premier violon. Il mourut des suites d'une chute de cheval.

Comme compositeur, on lui doit notamment des œuvres scéniques comme *les Recruteurs* (Rheinsberg, 1771), *la Reine de Golconde* (Rheinsberg, 1776) et *Windsor Castle* (Londres, 1795, en collaboration avec R. Spofforth et Haydn, qui écrivit l'ouverture et trouva la musique de Salomon « passable »), et des pages pour violon. Il arrangea en outre pour diverses combinaisons de chambre les douze symphonies *londoniennes* de Haydn.   M. V.

SALÓN MÉXICO (EL). Page pour orchestre composée par Aaron Copland à la suite de sa première visite au Mexique à l'automne de 1932 et reflétant, selon le compositeur lui-même, non pas l'âme profonde du pays, mais « le Mexique des touristes ».   M. V.

SALTARELLE. Danse d'origine italienne *(saltarello)*, de style vif et enjoué, caractérisée, comme son nom l'indique, par la place considérable qu'y tient la saltation. Connue en Italie dès la fin du Moyen Age, elle se répandit dans toute l'Europe, s'y confondant d'ailleurs avec d'autres « danses hautes », telles que la gaillarde. On la trouve aussi, jusqu'au XVIIᵉ siècle, associée à des « basses danses » comme la pavane, dont le rythme binaire assez lent alternant avec la légèreté de son propre 6/8.   M. T.

SALTIMBANQUES (LES). Opéra-comique en 3 actes et 4 tableaux de Louis Ganne, sur un livret de Maurice Ordonneau, créé à Paris, au théâtre de la Gaîté, le 30 décembre 1899.

ACTE PREMIER. *Suzanne est maltraitée par les Malicorne, propriétaires d'un cirque où elle a été recueillie. Grand Pingouin et Paillasse, révoltés, décident de s'enfuir avec elle en compagnie de leur camarade Marion.*

ACTE II. *Les fugitifs sont poursuivis et risquent de se faire arrêter. Paillasse, très épris, se déclare à Suzanne qui semble lui préférer André, un officier qu'elle a rencontré.*

ACTE III. *Malicorne a réussi à rejoindre ses pensionnaires en fuite. Mais le comte des Étiquettes, qui a reconnu en Suzanne la fille qui lui fut enlevée, achète le cirque pour l'offrir à Marion, Paillasse et Grand Pingouin. Et il permettra à Suzanne d'épouser son officier.*

Si *Louise* fut la première œuvre lyrique créée à Paris au XXᵉ siècle (2 février 1900), *les Saltimbanques* fut la dernière du XIXᵉ. Toutes deux connurent un éclatant succès et toutes deux sont toujours affichées sur nos grandes scènes françaises. Au demeurant, le livret d'Ordonneau conte une charmante histoire d'amour, et la mélodique partition de Ganne, toute de verve et d'entrain sous la couleur sentimentale, ne pouvait que plaire au seuil de la Belle Époque. Deux airs en particulier sont encore volontiers fredonnés de nos jours : *Va petit soldat*, et *C'est l'amour qui flotte dans l'air alentour*.   S. W.

SALUT. Introduit vers le XVIᵉ siècle comme interpolation à l'office de vêpres, après le *Salve Regina* d'où lui vint son nom, le salut (ou bénédiction) du saint sacrement (en abrégé « salut solennel », voire « salut » tout court) est une cérémonie semi-liturgique étrangère à l'office monastique. Il prenait place en fin d'après-midi et consistait, devant le saint sacrement exposé, en une série de chants librement choisis suivis d'une bénédiction avec l'ostensoir au chant du *Tantum ergo* (deux dernières strophes de l'hymne *Pange lingua*), puis d'un chant de sortie. La relative liberté laissée au choix des textes et la prédilection du roi Louis XIV pour cette cérémonie ont favorisé l'éclosion d'un ample répertoire de motets à elle destiné, et ont fait longtemps du salut, sur le plan musical, la plus riche des cérémonies du culte catholique. La plupart des motets de Lully, Charpentier, Lalande, etc., ont été écrits pour des saluts solennels. L'ordonnance habituelle des saluts comportait un motet pour la fête du temps, un motet à la Vierge et un chant du saint sacrement, puis le *Tantum ergo* (généralement chanté en plain-chant simple) et un chant de sortie. Mais cette ordonnance n'avait pas la fixité des offices liturgiques proprement dits.   J. C.

SALVE REGINA. L'une des quatre grandes antiennes à la Vierge, qui se chante de la Pentecôte à la fin de l'année liturgique. Elle connut une grande diffusion, et ses paroles ont été attribuées à saint Bernard de Clairvaux *(1090-1153)*. La mélodie anonyme sur laquelle elle s'est répandue connaît deux versions : une simple et une ornée ; cette dernière est la plus célèbre, et a souvent été utilisée par les compositeurs, jusqu'au XXᵉ siècle, comme base de messes, de motets ou de pièces d'orgue.   J. C.

SALZBOURG. Quand Mozart y naquit en 1756, Salzbourg bénéficiait déjà d'une longue tradition musicale. Cette tradition s'était développée d'une part autour de l'église Saint-Pierre (fondée par saint Rupert) et de la cathédrale (fondée en 774 par saint Virgile), d'autre part autour de la cour des princes-archevêques, dont le premier, Arno, laissa en 798 des instructions prévoyant la tenue dans la cathédrale de services « selon la tradition des Romains ». Au début du XVIᵉ siècle, le prince-archevêque Matthäus Lang *(1519-1540)* sut attacher à sa cour des musiciens tels que Heinrich Finck* (à partir de 1524) et Paul Hofhaimer* (1522). C'est néanmoins Wolf Dietrich *(1587-1612)* qui jeta les fondations du Salzbourg moderne. Aux règnes de ses successeurs Marcus Sitticus von Hohems *(1612-1619)* et Paris Lodron *(1619-1653)* correspondit à Salzbourg une première floraison du baroque. Pour la consécration de la nouvelle cathédrale en 1628, on entendit un *Te Deum* à 12 chœurs du maître de chapelle princier Stefano Bernardi (la *Missa salisburgensis* à 53 voix, qu'on crut longtemps avoir été composée pour cette occasion par Orazio Benevoli, est plus tardive, et peut-être due à Heinrich Ignaz Biber).

Les grands musiciens actifs à Salzbourg à la fin du XVIIe siècle furent Georg Muffat*, Andreas Hofer et surtout Heinrich Ignaz Biber* : tous trois composèrent de la musique dramatique, de la musique religieuse et de la musique instrumentale. La transition vers le rococo et le préclassicisme fut assurée par Johann Ernst Eberlin*, Anton Cajetan Adlgasser*, Joseph Meissner et Leopold Mozart. Le règne de Siegmund Christoph von Schrattenbach (1753-1771) marqua à Salzbourg la fin de l'ère baroque. Son successeur Hieronymus Colloredo (1771-1803), connu pour ses démêlés avec Mozart, fut un homme des Lumières. Outre Leopold et Wolfgang Amadeus Mozart, il eut à son service des hommes tels que les maîtres de chapelle Domenico Fischietti (1772-1775), Giacomo Rust (1777-78) et Luigi Gatti (1782-1817), le hautboïste Joseph Fiala (1778-1785), et surtout Michael Haydn*, qui fut en poste à Salzbourg de 1763 à sa mort en 1806.

La vie musicale connut une dernière période faste avec le règne de l'archiduc Ferdinand de Toscane (1803-1805). A partir de 1816, Salzbourg ne fut plus qu'une cité provinciale autrichienne. En 1841 y fut fondé le Mozarteum, institution vouée au « développement de toutes les branches de la musique, et notamment de la musique d'Eglise », et qui tint son premier festival l'année suivante. En 1856 eut lieu à Salzbourg un grand festival en l'honneur du centenaire de la naissance de Mozart. L'Internationale Mozart-Stiftung, fondée en 1870, entreprit en 1875 l'édition des œuvres complètes du compositeur, et organisa des festivals en 1877 et 1879. En 1880, un musée fut inauguré dans la maison natale de Mozart, et la même année fut créée l'Internationale Stiftung Mozarteum (Bernhard Paumgartner fut son directeur de 1917 à 1938 et de 1945 à 1959).

Les festivals de 1877 et de 1879 furent suivis de ceux de 1887 (centenaire de *Don Giovanni*), 1891 (centenaire de la mort de Mozart), 1901, 1904, 1906 (au cours duquel Mahler dirigea *Figaro*) et 1910. Le festival ne devint institutionnel qu'en 1917, et, sous cette nouvelle forme, débuta en 1920. Des opéras de Mozart, dirigés par Richard Strauss et Franz Schalk, y furent donnés pour la première fois en 1922. Le premier Festspielhaus ne fut inauguré qu'en 1926, dans un ancien manège d'équitation transformé en théâtre. Les meilleurs artistes de Vienne et de Munich s'y produisirent dans un répertoire voué en majeure partie à Mozart et Strauss, sous la direction de Strauss lui-même, de Bruno Walter et de Clemens Krauss. De 1935 à 1937, la participation de Toscanini étendit ce répertoire à Beethoven, Verdi et Wagner. Vinrent ensuite Furtwängler, Vittorio Gui et Karl Böhm, qui resta toujours fidèle à Salzbourg et s'y éteignit en 1981. Supprimé en 1944, le festival reprit dès 1945 (Herbert von Karajan fut son directeur artistique de 1956 à 1960). En 1952 y fut créé *Die Liebe der Danae* de Richard Strauss. Y ont fait leur entrée la musique moderne (créations de *Die Bassariden* de Henze en 1966, de *Baal* de Cerha en 1981) et la musique baroque (*Rappresentatione di Anima e di Corpo* en 1966), mais ce sont les œuvres de Mozart qui, de loin, tiennent la première place (grâce notamment aux Matinées Mozart inaugurées par Paumgartner en 1949). Actuellement, les manifestations ont lieu dans trois salles principales, toutes sur l'emplacement des anciennes écuries princières : la Felsenreitschule (aménagée en 1968-1970 ; 1 568 places) ; le Kleines Festspielhaus (Festspielhaus jusqu'en 1963 ; réaménagé en 1963 ; 1 343 places) et le Grosses Festspielhaus (inauguré en 1960, 2 371 places). D'autres se tiennent en divers lieux, parmi lesquels le palais Mirabell et la grande salle du Mozarteum.

Outre le festival proprement dit, un festival de Pâques a lieu depuis 1967 sous la direction artistique de Herbert von Karajan. En 1931 a été créé à Salzbourg un Zentralinstitut für Mozartforschung. Un Institut de musicologie (Institut für Musikwissenschaft) existe dans le cadre de l'université depuis 1966.

M. T. et M. V.

SALZEDO (Carlos), harpiste et compositeur américain d'origine française *(Arcachon 1885 - Waterville 1961)*. Il fit ses études au conservatoire de Bordeaux, puis à Paris (piano avec Ch. de Bériot, harpe avec Hasselmans). Virtuose de la harpe, il commence sa carrière par des tournées avant d'entrer dans l'orchestre du Metropolitan Opera, sur invitation de Toscanini. Professeur au Curtis Institute de Philadelphie et à la Juilliard School de New York, il fonde l'Aeolian Review qu'il édite de 1921 à 1932 et, avec Varèse, la Guilde des compositeurs en 1921. Ses cours d'été à Camden ont attiré, pendant des années, les harpistes du monde entier. Curieux de nouveaux effets sonores (notamment les glissandos) et intéressé par la musique contemporaine, il incita plusieurs compositeurs à écrire pour son instrument et composa lui-même différentes petites pièces. Il a publié une méthode de harpe (1929) et, avec Lucile Lawrence, un traité, *The Arts of Modulating from Harpists, Organists and Pianists* (1950).

A. G.

SAMAZEUILH (Gustave), compositeur et musicographe français *(Bordeaux 1877 - Paris 1967)*. Tout jeune, il se rendit à Bayreuth et en devint un assidu, se liant avec la famille de Wagner. Il travailla la musique avec Chausson et Dukas avant d'entrer à la Scola cantorum en 1900, où il fut six années durant l'élève de Vincent d'Indy. Pianiste de talent, c'est cependant dans la critique musicale qu'il se fit un nom. Il fut le familier, voire le confident, de nombreux grands compositeurs de son temps : Fauré, Ravel, Roussel, et surtout Richard Strauss, dont il était l'ami. Il défendit leurs œuvres avec acharnement et consacra la majeure partie de son temps à la musique des autres, au détriment de la sienne propre.

Ce fut cependant un compositeur de qualité : *le Sommeil de Canope* pour voix et orchestre (1906), *le Chant de la mer* pour piano (1920), *Naïades au soir* pour orchestre (1928). Dans ses œuvres, il s'inspira toujours de Debussy, mais défendit en même temps une esthétique diamétralement opposée à celle de Debussy. Il a rédigé de remarquables études sur ses deux premiers maîtres, Dukas (1913) et Chausson (1941).

A. L. et S. W.

SAMMARTINI, famille de musiciens italiens.
— 1. **Giuseppe**, hautboïste et compositeur *(Milan 1695 - Londres 1750)*. Il étudia sans doute le hautbois avec son père, un Français nommé Alexis Saint-Martin, et en 1728 probablement quitta l'Italie pour Londres, où il passa le reste de sa vie, jouant notamment dans l'orchestre de Haendel. Il composa surtout de la musique instrumentale (sonates, concertos) dont la plus grande partie ne fut publiée qu'après sa mort.
— 2. **Giovanni Battista**, compositeur, frère du précédent *(Milan 1700 ou 1701 - id. 1775)*. Il fit toute sa vie carrière à Milan, y dirigeant la musique d'au moins onze églises différentes. De 1737 à 1741 probablement, il fut le maître de Gluck, qui utilisa des mouvements de ses symphonies pour ses opéras *Le Nozze d'Ercole et d'Ebe* (1747) et *La Conteza dei numi* (1749), et, lors de leurs passages à Milan, il aida et apprécia Jean-Chrétien Bach, Boccherini et le jeune Mozart. Il composa des cantates, de la musique religieuse et trois opéras de jeunesse, *Menet* (Lodi, 1732), *L'Ambizione superata dalla virtù* (Milan, 1734) et *L'Agrippina, moglie di Tiberio* (Milan, 1743), mais l'essentiel de sa production relève du domaine instrumental. Comme symphoniste, il fut un des compositeurs les plus inventifs de la période préclassique, et sa renommée fut plus grande en Autriche ou à Paris que dans son pays natal.

Son style nerveux et incisif et ses libertés dans le traitement de la forme sonate le rapprochent beaucoup du jeune Haydn, bien que celui-ci ait plus tard nié avoir été influencé par le musicien milanais. Des symphonies de Sammartini, dont 68 ont survécu, il est difficile de tracer une chronologie exacte. Celles en trois mouvements et pour cordes seules, proches de Vivaldi, comptent parmi les plus anciennes. Plus tard s'ajoutèrent des hautbois et des cors, tandis que l'élément purement mélodique prenait une importance accrue. On lui doit aussi des concertos et plus de deux cents œuvres de musique de chambre. Beaucoup d'œuvres douteuses ou apocryphes ont circulé sous son nom. Un catalogue thématique de sa production a été dressé par Newell Jenkins et Bathia Churgin (Cambridge, Massachusetts, 1976). M. V.

SAMSON (Joseph), chef de chœur, compositeur et musicologue français (Bagneaux-sur-Loing 1888 - Dijon 1957). Fils d'un organiste, il acquiert dès l'enfance, la pratique et le goût de la musique sacrée. Élève de Gédalge, Widor, Maurice Emmanuel, Vincent d'Indy et Kœchlin, il débute comme maître de chapelle de la cathédrale de Versailles en 1910. En 1930, il succède à Mgr Moissenet à la direction de la célèbre maîtrise d'enfants de la cathédrale Saint-Bénigne à Dijon et consacre sa vie au chœur, faisant revivre les chefs-d'œuvre des XIVe, XVe et XVIe siècles, composant des messes, des motets et des psaumes dans un esprit qui le rattache aux maîtres anciens, concevant admirablement les rapports de l'architecture et de la musique, et condensant ses réflexions dans des livres d'une haute portée artistique et spirituelle.

Œuvres principales. 14 Messes de 2 à 6 voix, avec orgue ou a cappella. Des Motets, des Hymnes, des Psaumes.

Écrits. À l'ombre de la cathédrale enchantée (Paris, 1928); Palestrina ou la Poésie de l'exactitude (Genève, 1939); Grammaire du chant choral (Genève, 1947); Paul Claudel ou le Poète musicien (Genève, 1947); Musique et Vie intérieure (1951); la Polyphonie sacrée en France des origines à nos jours (Schola cantorum, 1953); Musique et Chants sacrés (1957). J. R.

SAMSON. Oratorio de G. F. Haendel, commencé vers la mi-septembre 1741, terminé le 29 octobre; revu et corrigé ultérieurement, avec mention finale « SDG (= Soli Deo Gloria). G. F. Haendel, oct. 12, 1742 ». Texte de Newburg Hamilton, d'après Milton. Création au Théâtre de Covent Garden de Londres, le 18 février 1743.

Le livret montre avec beaucoup de force et une remarquable progression dramatique le caractère de Samson, faisant évoluer l'oratorio à travers trois scènes clés — les trois rencontres du héros qui, peu à peu, le révèlent complètement à lui-même : avec son père, tout d'abord, où s'exprime à la fois sa douleur et sa honte d'avoir failli à ses devoirs en se laissant séduire par Dalila; avec cette dernière ensuite, dont il perce le feint repentir, ce qui le décide à renier son passé; avec Horapha enfin où, confronté à la force brutale, Samson, enchaîné et ridiculisé, se redresse courageusement et, en toute lucidité, accepte de réaliser la prophétie : à la fois celui qui doit détruire et être détruit. Sentant ses cheveux repousser, et donc sa force revenir, Samson couronne alors sa mission en ébranlant le temple, mourant lui-même pour sauver ses coreligionnaires.

Enflammé par son sujet, Haendel a tissé une partition musicale d'une grandeur et d'une somptuosité confondantes. Dès la première intervention de Samson (« Total Eclipse »), on le sent pénétré mais aussi ému par son personnage — pressentant peut-être sa propre cécité, ce qui rend cette aria bouleversante.

La peinture des différents protagonistes atteint à une acuité exemplaire : ainsi de Micah, dont la foi sereine et poétique s'exprime en des airs pénétrants (« The Long Eternity », acte I; « Return O God of Hots », acte II; « The Holy One of Israel Be thy Guide », acte III); les chœurs, par leur métrique ou rythmique particulière, peignent savamment la religiosité grave des israélites ou l'allégresse panthéiste des Philistins. Enfin, l'orchestre se voit chargé de souligner la tension dramatique de l'ouvrage ou condense le temps en des raccourcis saisissants (Marche funèbre de l'acte III).

Dès la création, Samson connut une gloire non équivoque : cinquante-trois représentations, ce qui place cet ouvrage au troisième rang des oratorios pour le nombre des exécutions du temps même de Haendel. J. G.

SAMSON ET DALILA. Opéra en 3 actes et 4 tableaux de Camille Saint-Saëns sur un livret de Ferdinand Lemaire (tiré de la Bible, les Juges, livres XIII et XVI), créé au Théâtre grand-ducal de Weimar, en allemand, grâce à l'initiative de Liszt, le 2 décembre 1877. Le théâtre des Arts de Rouen en donnait la première représentation française le 3 mars 1890. La même année, le 31 octobre, il était repris à Paris pour l'inauguration du théâtre de l'Éden. Ce n'est que le 23 novembre 1892 qu'il faisait son entrée à l'Opéra de Paris.

ACTE PREMIER. (Une place publique à Gaza.) Réunis en prière, les Hébreux implorent le Dieu d'Israël qu'il les délivre du joug des Philistins. Le satrape Abimelech, gouverneur de la province, raille leur Dieu impuissant. Relevant l'injure, Samson raffermit l'espoir de ses frères et frappe à mort Abimelech alors que ce dernier s'apprêtait à le tuer. Brandissant son épée, il disperse les Philistins. Le grand prêtre de Dagon, découvrant le cadavre, appelle les soldats à la vengeance. Apprenant la victoire des Hébreux conduits par Samson, ceux-ci s'enfuient. Paraît Dalila qui, feignant d'aimer Samson, tente de le séduire cependant que ses suivantes troublent par leurs danses voluptueuses ses compagnons.

ACTE II. (La demeure de Dalila dans la vallée de Sorech, en Palestine.) Dalila, seule, attend Samson. La haine qu'elle lui voue n'a d'égale que l'amour qu'il lui porte. Le grand prêtre peut se reposer sur elle : elle capturera le rebelle. Samson, poussé par sa passion, retourne vers Dalila. Succombant à ses accents, malgré l'avertissement du ciel qui gronde, il se laisse arracher son secret. Dalila l'entraîne vers sa couche et le livre aux Philistins.

ACTE III. 1er tableau. (La prison de Gaza.) Samson, les cheveux coupés, les yeux crevés, est enchaîné à une meule. Il se lamente tandis que, douloureusement, les Hébreux lui reprochent de les avoir abandonnés. Mon Dieu, Samson offre sa vie en sacrifice pour que le peuple d'Israël échappe à la fureur de ses ennemis. 2e tableau. (L'intérieur du temple de Dagon.) Tandis que se déchaîne la bacchanale, Samson est amené, conduit par un enfant. Humilié, insulté, moqué par Dalila qui lui rappelle ses faux serments d'amour pour mieux le réduire à sa merci et le capturer, Samson implore son Dieu de lui rendre sa force pour le venger de tant d'outrage. Exaucé, il ébranle les piliers du temple qui s'effondre, ensevelissant les Philistins avec lui.

De l'oratorio pour lequel Saint-Saëns l'avait primitivement conçu, Samson et Dalila a gardé les grands chœurs qui tiennent dans les deux volets extérieurs de ce triptyque une place importante, personnifiant le peuple des Hébreux et des Philistins. Le volet central, au cœur de l'œuvre, est un grand duo d'amour où l'homme, subjugué par la femme fatale, succombe. Le savoir-faire à toute épreuve du compositeur ennoblit cet opéra biblique, plus proche néanmoins d'un imagier d'Épinal que de Rembrandt. Pittoresque, témoignant d'une érudition qui s'est assimilée les procédés des maîtres admirés — Haendel, Gluck, Berlioz, Wagner —, Samson et Dalila est le type même de l'opéra du XIXe siècle finissant où le savoir humaniste et l'inspiration sont conciliés dans un académisme éloquent. R. D.

SANCTA CIVITAS. Oratorio pour ténor, baryton, chœur, demi-chœur de 20 voix, chœur lointain de garçons et orchestre de Ralph Vaughan Williams, composé de 1923 à 1925 et créé à Oxford le 7 mai 1926. Le texte est tiré pour l'essentiel de l'Apocalypse, et l'œuvre, d'une durée d'un peu plus d'une demi-heure, comporte en exergue une citation de Platon (le passage de Phédon au cours duquel Socrate, avant son exécution, discute de l'immortalité de l'âme et de la possibilité d'une nouvelle vie). La partition, à la fois rude et éthérée, et très concentrée, est faite de trois sections principales évoquant respectivement la vision de la Cité Céleste (Apocalypse XIX), la destruction de Babylone (Apocalypse XVIII) et la Cité de Dieu (Apocalypse XXI). M. V.

SANCTA SUSANNA. Opéra en 1 acte op. 21 de Hindemith, composé en 1921 sur un livret de August Stramm et créé en 1922 à Francfort-sur-le-Main. Soucieux de vivre avec son temps, le jeune compositeur choisit un texte expressionniste provocant qui dévoile la nature passionnelle et érotique de l'adoration religieuse de sainte Susanne (s), et qui contraignit Fritz Busch à refuser d'en assurer la création. Cependant, malgré les effets chromatiques, les fixations très expressionnistes (trilles, accords répétés en batterie, etc.), les indications expressives fougueuses, la musique du dernier des trois opéras miniatures de ces années 20 a laissé loin derrière elle le pathos de l'expressionnisme et annonce de façon nette l'écriture stylisée, tout en élan dynamique, des musiques de chambre de l'opus 24 (1922). Clarté linéaire de la polyphonie, découpe franche de la ligne mélodique, construction établie sur un motif unique, réduction de l'écriture à l'essentiel, tout contribue à imposer au tissu lyrique une volonté formelle qui sera portée à ses ultimes conséquences par Hindemith dans l'opéra *Cardillac*. E. L.

SANCTUS. Texte d'acclamation au dieu des Armées *(Deus Sabaoth)* tiré du livre d'Isaïe (VI, 3), édulcoré en « dieu de l'Univers » dans la messe postconciliaire, bien que le terme hébreu se trouve confirmé par saint Paul lui-même (Romains, IX, 29). Autrefois chanté simultanément par le prêtre et par les fidèles, il est préparé par la préface et figure parmi les six pièces du commun de la messe. C'est le dernier chant avant l'élévation. Il correspond au *Trisagion* (trois fois saint) de la liturgie byzantine. On lui a adjoint une seconde partie *(Benedictus)* empruntée à un verset du psaume 118 et qui, si elle suit toujours la première dans le plain-chant, a souvent été détachée dans les messes polyphoniques ; celles-ci en font presque toujours un morceau à part, souvent même de caractère opposé au premier (message de paix après la proclamation de la puissance guerrière).

Vers le XVe siècle, on prit l'habitude de chanter le *Benedictus* après l'élévation, et parfois de le supprimer pour le remplacer par un motet (généralement *O salutaris*), ce qui explique que plusieurs messes du XVIIe siècle n'aient pas de *Benedictus*. Dans les messes symphoniques, le sanctus est presque toujours un morceau brillant, le *Benedictus* un morceau mélodique (au XVIe siècle, on le faisait souvent chanter par un plus petit nombre de voix). Dans la *Messe en « si »* de Bach, le sanctus est un vaste chant de louange fait d'encensoirs balancés ; dans la *Messe en « ré »* de Beethoven, un long solo de violon venant des hauteurs traduit la descente du messager pacifique après les fanfares guerrières. Rien de tout cela ne reste compréhensible dans la nouvelle version conciliaire. J. C.

SANDBERGER *(Adolf)*, musicologue et compositeur allemand *(Würzburg 1864 - Munich 1943)*. De 1881 à 1887, il étudia la composition aux universités de Würzburg et de Munich et la musicologie à Munich et Berlin (avec Ph. Spitta). Après avoir soutenu sa thèse de doctorat à Würzburg en 1887 *(Peter Cornelius)*, il effectua pendant deux ans des voyages d'étude à travers l'Europe, puis se fixa à Munich, où il enseigna jusqu'en 1930. De 1900 à 1931, il édita les *Denkmäler der Tonkunst in Bayern*, dans lesquels il publie, entre autres, des œuvres de Pachelbel, J. K. Kerll, A. Steffani, F. E. dall'Abaco, H. L. Hassler, et de 1924 à 1942 le *Neues Beethoven-Jahrbuch*.

Ses compositions obtinrent un certain succès, en particulier l'opéra *Ludwig der Springer* (1894). Il a écrit un grand nombre d'articles consacrés en partie à R. de Lassus (dont il publia les œuvres complètes de 1894 à 1927, en collaboration avec F. X. Haberl) et aux maîtres du style classique viennois : Mozart, Haydn, Beethoven. Vers 1935, sa prétendue découverte de soixante-dix-huit symphonies inconnues de Haydn déclencha une longue polémique avec Larsen. Il a formé de nombreux élèves parmi lesquels A. Einstein, K. Huber, H. Engel, Bernet Kempers, K. G. Fellerer, E. Schenk, L. Schiedermair. D. H.

SANDRIN *(Pierre REGNAULT, dit Pierre)*, compositeur français *(? v. 1490 - Italie apr. 1561)*. Son surnom vient probablement d'un rôle qu'il aurait joué dans une farce, *Le savetier qui ne respond que chansons*, dans laquelle le héros se nommait Sandrin. On ne sait rien de ses origines ni de sa jeunesse. Il est en 1539 doyen du chapitre de Saint-Florent-de-Roye en Picardie, mais rejoint la chapelle royale peu après car il y exerce déjà une certaine influence en 1543 et porte le titre de « composeur » en 1547. Il est « chantre ordinaire et chanoine de la chapelle » de 1549 à 1560, bien qu'il ait passé une partie de ces années-là à Rome au service d'Hippolyte d'Este, cardinal de Ferrare, dont il est maître de chapelle en 1554. Après un bref voyage à Paris (1560), il est de retour à Rome l'année suivante où l'on perd sa trace.

Malgré ces différentes positions ecclésiastiques, on ne connaît de lui aucune œuvre sacrée. Il est, en revanche, l'auteur de cinquante chansons, publiées pour la plupart chez Attaingnant entre 1538 et 1549, typiques de la chanson parisienne de cette époque (en particulier de Sermisy), bien que l'écriture rythmique de ses dernières pièces soit beaucoup plus élaborée *(Réveillez-vous mes damoiselles,* par exemple). L'influence de l'Italie se traduit à la fin de sa vie par des réminiscences de frottola *(Puisque vivre en servitude)* et l'abondance de madrigalismes *(Amour si haut)*. Il est d'ailleurs l'auteur d'un madrigal à quatre voix, *Amor, l'arco e la rete indarno tendi*. Sa popularité était immense et ses chansons, présentes dans de nombreuses anthologies, ont inspiré instrumentistes (luthistes et clavecinistes en particulier) et auteurs de messes-parodies dans toute l'Europe *(Doulce mémoire,* par exemple). D. H.

SAN FRANCISCO. C'est la ruée vers l'or de 1849 qui, transformant du jour au lendemain l'ancien *pueblo* de Yerba Buena en une ville de 35 000 habitants, a créé San Francisco. Cependant, les nouveaux arrivants n'étaient pas tous des aventuriers incultes ; il y avait parmi eux assez de gens ouverts aux choses de l'art pour que des activités musicales pussent s'instaurer très vite dans la nouvelle ville : dès 1851, un impresario avisé y organisait une saison de « grand opéra », tandis qu'un premier groupe symphonique voyait le jour en 1854. Au début du XXe siècle, la vie musicale, fondée en partie sur des institutions locales, en partie sur les tournées des grands virtuoses et des grandes compagnies de la côte est, était florissante, lorsque le tremblement de terre du 18 avril 1906 fit table rase des structures existantes. Les institutions qui contribuent à faire aujourd'hui de San Francisco la capitale culturelle de l'ouest des États-Unis sont donc toutes de création relativement récente.

Héritier de plusieurs associations symphoniques du siècle dernier (notamment du Philharmonic Orchestra qui se produisit régulièrement de 1880 à 1899), le San Francisco Symphony Orchestra fut fondé en 1911 et a eu pour chefs successifs Henry Hadley (1911-1915), Alfred Hertz (1915-1930), Basil Cameron et Issay Dobrowen (1931-1934), Pierre Monteux (1935-1952), qui le hissa au niveau des plus grandes formations internationales, Enrique Jorda (1954-1963), Josef Krips (1963-1969) et Seiji Ozawa (1970-1976). Dirigé aujourd'hui par Edo de Waart, le San Francisco Symphony Orchestra, outre sa saison régulière, donne chaque été une série de concerts populaires et anime un « atelier musical » destiné à former de jeunes exécutants. Depuis 1974, il possède sa propre chorale et s'est installé en 1981 dans un nouvel auditorium.

Le San Francisco Opera est, avec le Metropolitan Opera de New York et le Lyric Opera de Chicago, une des trois plus importantes compagnies lyriques américaines. Fondé en 1923 par le chef d'orchestre Gaetano Merola et dirigé par Kurt Adler depuis 1953, il propose chaque année une dizaine d'ouvrages au cours d'une saison d'automne de trois mois. Les représentations sont données au War Memorial Opera House (inauguré en 1932, 3 252 places). Si l'opéra de San Francisco fait généralement appel à des vedettes confirmées, il s'efforce aussi de découvrir de jeunes artistes et de favoriser leur carrière ; il a créé à cette fin plusieurs institutions satellites : Spring Opera Theater (brève saison de printemps), San Francisco Opera Auditions (concours annuel de chant), Western Opera Theater (tournées dans les petites villes de l'Ouest), Brown Bag Opera (service d'animation culturelle).

En ce qui concerne l'enseignement musical, le San Francisco Conservatory of Music est un établissement privé fondé en 1917, qui enseigne les disciplines classiques (théorie, instruments, voix, etc.) et des matières plus récentes (musique électroacoustique). Il possède une chorale, un orchestre symphonique et des ensembles de musique de chambre, de jazz et d'improvisation. Le San Francisco State College dépend de l'université de Berkeley. Sa bibliothèque musicale rassemble 90 000 volumes. Ro. T.

SAN FRANCISCO POLYPHONY. Œuvre pour orchestre composée par György Ligeti en 1973-74, commandée par l'Association symphonique de San Francisco en l'honneur de son soixantième anniversaire et créée par l'Orchestre symphonique de cette ville le 8 janvier 1975 sous la direction de Seiji Ozawa. L'orchestre de *San Francisco Polyphony* réunit les bois par trois, deux cors, deux trompettes, deux trombones, un basstuba, une importante percussion (grosse caisse, fouet, tam-tam, glockenspiel, vibraphone, xylophone), une harpe, un piano, un célesta, douze premiers violons, douze seconds violons, dix altos, huit violoncelles, six contrebasses. D'une durée d'environ treize minutes, *San Francisco Polyphony* s'inscrit dans la descendance directe de *Melodien** : après les œuvres orchestrales reposant avant tout sur le statisme acoustique, le continuum chromatique, et qui sont essentiellement des études — extrêmement raffinées — de texture (v. APPARITIONS, ATMOSPHÈRES, LONTANO, RAMIFICATIONS), Ligeti revient dans *Melodien* et davantage encore dans *San Francisco Polyphony* à un type de polyphonie beaucoup plus affirmée et construite, à une impulsion mélodique beaucoup plus forte et même à un certain thématisme.

San Francisco Polyphony est divisée en cinq sections enchaînées. La première est surtout polyphonique avec une construction jouant sur l'indépendance réelle des différentes parties : de temps en temps un instrument se détache et joue à son propre rythme, plus lentement ou plus vite que les autres. Les deuxième et quatrième sections jouent un rôle de transitions « statiques », avec une texture non thématique qui ramène aux pages antérieures du compositeur. La troisième section, intensément polyphonique et polyrythmique, et surtout la cinquième synthétisent l'écriture répétitive à caractère de mécanique imperturbable, fréquente chez Ligeti (v. CONCERTO DE CHAMBRE, DEUXIÈME QUATUOR À CORDES), l'écriture par larges trames en perpétuelle mouvance et les nouvelles pulsions mélodiques « actives » apparues dans *Melodien* et dans la première section de l'œuvre. Mais les lignes séparées ont ici tendance à retomber dans une micropolyphonie d'ensemble et une texture de plus en plus effervescente jusqu'à la fin de la pièce.

San Francisco Polyphony, qui est la plus récente en date des partitions purement orchestrales de György Ligeti, est aussi une de ses pages les plus brillantes et les plus richement diversifiées. P. S.

SANGLOT. Ornement de la musique vocale française des XVIIe et XVIIIe siècles. Employé dans les pièces tristes et languissantes, en particulier dans des moments de douleur (soupirs, sanglots), souvent d'un très bel effet, précise S. de Brossard (1703), il permet de couper de manière expressive le son avant de terminer par une appoggiature faisant sa résolution sur la note inférieure. C. W.

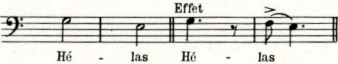

SANZ *(Gaspar)*, guitariste et compositeur espagnol, bachelier en théologie *(Calanda 1640-? 1710)*. Après un séjour à Naples, où il étudie avec l'organiste C. Carisani à la chapelle royale, il entre au service du vice-roi d'Aragon. Son œuvre essentielle, *Instrucción de música sobre la guitarra española* (Saragosse, 1674), comprend des conseils pour le jeu de l'instrument et diverses pièces d'un intérêt à la fois technique et musical. P. M.

SARABANDE (en esp. *zarabanda*). Danse généralement lente et grave, à trois temps, et de structure binaire, caractérisée, sous sa forme classique, par une accentuation sur le deuxième temps de la première mesure. Son rythme caractéristique est ainsi : noire, noire pointée (accentuée), croche pour la première mesure ; noire et blanche pour la seconde mesure. Certaines sarabandes commencent sur le temps fort, c'est-à-dire le premier temps ; d'autres sur la levée du deuxième temps. Mais ces caractéristiques sont celles qu'a fixées la suite baroque. En réalité, la sarabande a pris des formes variées au cours de son histoire.

Si elle a toujours été connue comme danse d'origine espagnole, son ascendance est peut-être plus lointaine : de l'Andalousie pour certains, de danses populaires féminines de fécondité, pour d'autres. On a dit qu'elle venait de l'Orient, par exemple de chez les Mauresques (père Mersenne), et on a même parlé d'une lointaine filiation aztèque. Au XVIe siècle espagnol, on connaissait déjà, comme l'attestent les écrits de Cervantès, deux types de sarabande, l'une vive, l'autre plus lente et compassée. La forme rapide serait celle de la sarabande populaire, qui subit les foudres des pouvoirs ecclésiastiques et séculiers (interdiction temporaire par Philippe II) à cause de sa lasciveté et de son impudicité. Il ne faut pas oublier qu'il s'agissait alors d'une danse *chantée*, dont les paroles à elles seules (sur des sujets amoureux et érotiques) pouvaient la marquer d'un caractère licencieux.

C'est dans les cours françaises, où elle fut introduite vers la fin du XVIe siècle, que la sarabande aurait pris sa forme grave et noble et son rythme modéré. Elle se popularise et se propage comme danse instrumentale par les tablatures, les recueils imprimés, comme le *Terpsichore* de Praetorius.

Les sarabandes qui figurent dans la musique instrumentale italienne du XVIe siècle sont plutôt rapides, mais on trouve, en fait, selon les recueils et les écoles, tous les tempos possibles, du lent au vif en passant par le modéré. Des sarabandes figurent dans les sonates, mais surtout dans les nombreuses suites pour clavier de Louis Couperin, François Couperin, Rameau, Froberger, Telemann, Haendel, Jean-Sébastien Bach (qui en écrivit une quarantaine et en parsema ses suites, partitas, ouvertures, dont l'ouverture, dite *Suite*, pour flûte et orchestre à cordes en *si* mineur). Dans la suite, la sarabande prend place normalement après la courante, et, sous cette forme sublimée et détachée de la danse, elle peut adopter un style extrêmement ornementé, chez Bach notamment.

Par exemple, sarabande de Haendel de la *Suite en « sol » mineur* (n° 8) pour clavecin de Haendel :

Après la période baroque, la sarabande tomba en désuétude et ne fut plus utilisée que dans une intention historique ou pittoresque. Beethoven a donné un rythme très marqué de sarabande à l'introduction de son ouverture d'*Egmont*, par allusion au sujet du drame de Goethe (lutte contre la tyrannie espagnole). De même, c'est dans un esprit archaïsant qu'Erik Satie écrivit ses trois *Sarabandes* pour piano (1887), célèbres pour leurs innovations harmoniques, et qui respectent

l'accent sur le deuxième temps ; et que Debussy introduisit une sarabande dans sa suite *Pour le piano*.
M. C.

Sarasate (*Pablo de* Martin Melitón Sarasate y Navascués), violoniste et compositeur espagnol (*Pampelune 1844 - Biarritz 1908*). Il étudie à Madrid avec M. R. Sáez puis, à partir de 1856, à Paris. Ses tournées le conduisent à Constantinople, Vienne, en Amérique du Nord et du Sud, en Russie et dans toute l'Europe. Les enregistrements qu'il a laissés révèlent une technique éblouissante, d'une sûreté incroyable, et un jeu très élégant, assez superficiel. De nombreuses œuvres furent composées pour lui, notamment la *Symphonie espagnole* de Lalo, le *2e Concerto* et la *Fantaisie écossaise* de Max Bruch, le *Concertstück*, l'*Introduction et Rondo capriccioso* et le *Concerto en « si » mineur* de Saint-Saëns. Il a lui-même écrit un grand nombre de pièces brillantes pour violon, parmi lesquelles *Rêverie, Zigeunerweisen, Caprice basque, Jota aragonesa, Navarra, Introduction et Caprice-jota, Introduction et Tarentelle, Fantaisie sur Carmen, Fantaisie sur Faust*, etc.
A. et M. P.

Sardane. Danse traditionnelle catalane se rapprochant d'une ronde, dont la chorégraphie (réglée par Manuel Pardas) fait alterner les pas courts (ou légers) et larges (ou graves) suivant un rituel rigoureux. Son origine est incertaine, la ronde en chaîne fermée étant évoquée dès Homère, mais les sculptures et les poteries attestent que la Catalogne a connu le « ball rodo » depuis le XIIIe siècle. Localisée jusqu'à la fin du siècle dernier dans la seule terre d'Empourdan, elle a gagné toute la province grâce à Peps Ventura et Enric Morera (auteur de la *Santa Espina*). Malgré son rythme dactylique pris dans un mouvement assez vif, la sardane est une danse noble où la sobriété des attitudes répond à un certain état contemplatif respecté par chacun des danseurs. Elle est obligatoirement accompagnée par la cobla, ensemble instrumental traditionnel, lui-même spécialisé dans l'exécution des sardanes.
A. G.

Sargent (*sir Harold Malcolm* Watts), chef d'orchestre anglais (*Ashford, Kent, 1895 - Londres 1967*). Son père, organiste et chef de chœur, lui assure une formation complète et lui transmet une éthique musicale empreinte de spiritualité. Élève du Royal College of Organists, il devient, à seize ans, organiste adjoint de la cathédrale de Peterborough et, trois ans plus tard, titulaire de l'orgue de Melton Mowbray. En 1921, ayant obtenu un doctorat de musicologie et bénéficié des leçons du pianiste Benno Moisewitch, il s'essaie à la direction d'orchestre, d'abord pour diriger une de ses œuvres, *Impression on a Windy Day*, à Leicester et à Londres, avec l'orchestre de Henry Wood, puis, encouragé par ce dernier, les concerts éducatifs de Robert Mayer (1924) et les concerts Courtauld-Sargent (1929). Il dirige également l'orchestre de la O'Oyly Carte Opera Company (1926), le Llandudno Orchestra (1926-1928) et participe aux saisons britanniques des Ballets russes (1927-28).

Toute sa carrière est commandée par le souci d'amener à la musique de nouveaux publics, spécialement par le biais des nombreuses chorales qu'il dirige, la Royal Choral Society, dès 1928, et la Huddersfield Choral Society, qu'il recrute aussi bien chez les mineurs que chez les ouvriers (avec qui il enregistre une version profondément émouvante du *Messie*). Il crée, de Vaughan Williams, *Hugh the Drover* (1924), *Sir John in Love* (1929) et *Riders to the Sea* (1937), de Walton, *Belshazzar's Feast* (1931) et *Troilus and Cressida* (1954), de Holst, *At the Boar's Head* (1925). Mais il se consacre essentiellement au répertoire symphonique postromantique, qu'il dirige à la tête de l'Orchestre philharmonique de Londres qu'il a contribué à faire naître en 1932 avec Beecham, de l'Orchestre symphonique de Palestine (1937-1939) et des formations dont il assure la responsabilité : orchestre Hallé (1939-1942), Philharmonie de Liverpool (1942-1948), Orchestre symphonique de la BBC (1950-1957). Son dévouement à la cause de la musique lui vaut l'anoblissement en 1947 et l'honneur de diriger, de 1948 à sa mort, les Promenades Concerts de Londres, avec un grand succès populaire.
M. W.

Sarka. Œuvre de Smetana. V. *Ma patrie.*

Sarrette (*Bernard*), officier et administrateur français, fondateur du Conservatoire de musique de Paris (*Bordeaux 1765 - Paris 1858*). Capitaine de la garde nationale, il forme dans ce corps une école de musique en 1789, ayant pour double but la participation aux fêtes patriotiques et l'enseignement des instruments à vent aux jeunes soldats. Pour en affermir les bases, il obtient sa transformation en Institut national de musique (8 novembre 1793). Puis, afin d'élargir l'enseignement musical au chant, aux instruments à cordes et à clavier, il demande la fusion de cet Institut et de l'École royale de chant, et, grâce à l'appui oratoire de Jean Marie Chénier, il fait adopter par la Convention la loi du 16 thermidor an III (3 août 1795), qui ordonne la fondation du Conservatoire de musique de Paris. Après un directorat de vingt années, considéré comme « révolutionnaire », il est renvoyé en décembre 1815. En 1822, il décline l'offre de reprendre son poste, par amitié pour Luigi Cherubini qui continue brillamment son œuvre, et meurt trente-six ans plus tard dans l'oubli. Il n'était pas musicien, mais ses qualités d'organisation, d'adaptation et d'initiative firent de lui un personnage de premier plan de la vie musicale française sous la Révolution et l'Empire.
F. L. G.

Sarrusophone. Instrument à vent composite, de construction métallique, inventé en 1866 par le chef de musique Sarrus. L'aspect général du sarrusophone est celui d'un ophicléide* (sauf la version soprano qui est de forme droite), mais il est muni d'une anche double de basson au lieu d'une embouchure. Son doigté l'apparente au saxophone*, ce qui a grandement facilité son adoption par les musiques militaires, les ensembles d'harmonie et même les orchestres symphoniques.
M. T.

Sarti (*Giuseppe*), compositeur italien (*Faenza 1729 - Berlin 1802*). Violoniste apprécié, organiste et compositeur de talent, il quitta l'Italie pour se fixer à Copenhague, en 1753, comme maître de chapelle puis directeur de l'Opéra italien et de la musique de cour ; il y demeura jusqu'en 1775, exception faite d'un bref voyage en Italie (1765-1768). De retour à Venise, il y donna quelques opéras, enseigna à Milan où il forma le jeune Cherubini et fit créer *Giulio Sabino* (1781) puis *Fra i due litiganti* (1782) qui fit fureur à Vienne, et que Mozart cita deux fois, en particulier dans *Don Giovanni*.

En 1784, il succéda à Paisiello auprès de Catherine II à Saint-Pétersbourg où il demeura désormais. De même qu'il s'était consacré à former un théâtre de langue danoise, il s'employa à l'organisation de la musique en Russie, écrivant dans le plus pur style mozartien des oratorios russes, et organisant les spectacles de la cour avec un faste inattendu chez ce typique belcantiste (il alla jusqu'à joindre à son orchestre des carillons et des salves de canon). Il collabora avec Pashkevitch et Cannobio à la composition d'un opéra sur un livret de l'impératrice, puis se consacra essentiellement à ses fonctions d'enseignant, organisateur, critique, etc. Outre des essais, des traités (dont une proposition sur le diapason) et des quelque soixante-quinze opéras, on lui doit une vaste production instrumentale, et notamment un recueil de sonates pour clavier et violon.
R. M.

Sartori (*Claudio*), musicologue italien (*Brescia 1913*). Il fut élève de Zampieri à l'université de Pavie, de Vittadini au conservatoire de cette ville, et de Gérold à Strasbourg. Après avoir été bibliothécaire, il fut, à partir de 1943, professeur de lettres au conservatoire de Bologne, puis à celui de Milan (1967). Il a collaboré à l'édition « Classici musicali italiani » et au *Répertoire international des sources musicales*. Il a effectué d'importants travaux de bibliographie, dont *Bibliografia delle opere musicale stampate da Petrucci* (1942) et *Bibliografia della musica strumentale stampata in Italia fino al 1700* (1952). Ses recherches ont porté sur la musique italienne tant ancienne (Monteverdi, Scarlatti) que plus récente (Puccini, Malipiero), et tout particulièrement sur l'histoire musicale de Milan (*Josquin Des Prés cantore del duomo di Milano*, 1956 ; *Musica nell'duomo e nella corte fino alla seconda metà del '500*, 1961). Il a été rédacteur du *Dictionnaire musical* de l'*Enciclopedia Ricordi* (1959, 1963-64), et a participé à la rédaction du nouveau *Répertoire Vogel* (1977). A. L.

SASSANIDES. V. *Iran.*

SATIE (Alfred Erik LESLIE-SATIE, dit *Erik*), compositeur français (*Honfleur 1866 - Paris 1925*). Il naît d'une mère anglaise, de confession protestante, qui meurt en 1870, et d'un père courtier maritime, catholique. Sortant de pension en 1878, et marqué par la mort dramatique d'une grand-mère, il suit d'abord des leçons de piano d'un certain Vinot, élève de Niedermeyer. Son père se remarie avec Mlle Barnetsche, une pianiste, et il entre au Conservatoire de Paris (classes de piano, d'harmonie, de solfège — avec Lavignac), tout en se liant avec le poète Contamine de La Tour.

Ses *Ogives* (1886), œuvres brèves et sérieuses pour piano, dans un style de « plain-chant » rigidifié et verticalisé par une harmonisation pleine, portent la trace de son intérêt pour le Moyen Âge, un Moyen Âge rude et stylisé, mystique. Elles sont suivies de *Sarabandes* (1887), dont on vantera plus tard la simplicité et l'harmonie, révolutionnaire dans son « tachisme », et des *Trois Gymnopédies* (1888), pour piano, qui sont devenues avec les *Six Gnossiennes* (1890-91), son œuvre la plus populaire (Debussy orchestra la première et la troisième) : le Satie aimé du grand public est là, avec sa mélancolie infinie.

Il commence par gagner sa vie comme pianiste accompagnateur au cabaret du Chat-Noir, puis à l'auberge du Clou, où il fait la connaissance de Debussy. La découverte de la musique de l'Asie et de l'Europe centrale, à l'Exposition de 1889, aurait marqué les *Gnossiennes*, qui clôturent une première période d'œuvres effusives, sans autre but que l'expression. En effet, il éprouvera bientôt le besoin de mettre systématiquement son art, encore sobre et basé sur un « vocabulaire » assez réduit, au service d'une foi, d'une cause esthétique, fût-ce celle de la dérision. Bref, il ne se contente pas d'offrir sa musique toute seule, mais l'accompagne de mots, de manifestes, la fait épauler par des amis — tandis que lui-même demeure, dans sa vie la plus privée, un homme très seul.

Ses premières pièces « engagées » et militantes sont pour le « Sâr » Joseph Péladan, sorte d'occultiste et mage, rénovateur du mouvement de la Rose-Croix : ce sont la musique de scène pour *le Fils des étoiles* (1891), un drame de Péladan, *Trois Sonneries de la Rose-Croix* (1891-92), pour piano, son instrument de prédilection, auquel sont destinés quelques préludes ainsi que des *Danses gothiques* (1893), et enfin un *Prélude de la porte héroïque du ciel* (1894), qu'orchestre Roland-Manuel.

Puis Satie prend ses distances avec Péladan et fonde, peut-être pour rire, une *Église métropolitaine d'art de Jésus conducteur*, dont il est seul adepte, et dont il rédige le bulletin paroissial. Il y manifeste déjà son très grand talent d'écrivain humoriste. Sa *Messe des pauvres* (1895), pour orgue, prolonge, comme son titre l'indique, son esthétique « minimale », à base de juxtaposition d'accords très nus, enchaînés d'une manière statique et antifonctionnelle, qui fait penser à l'« archaïsme » reconstitué de certaines musiques pour films historiques.

En 1898, Satie s'installe à Arcueil, dans une chambre retirée, « tour d'ivoire » où il ne laissait entrer, paraît-il, personne, et où il habitera jusqu'à sa mort. Sans doute tourmenté par la crainte que son inspiration ne réponde pas aux exigences de son orgueil (la crainte de l'impuissance artistique, pour tout dire), et aussi, peut-être, marqué par des déceptions d'ordre privé sur lesquelles il fut d'une très grande pudeur, c'est à Arcueil qu'il commence à « organiser son échec », donnant des titres dérisoires à une foule de recueils de pièces pour piano souvent pleins de talent et d'expression (*Pièces froides*, 1897 ; *Trois Morceaux en forme de poire*, 1903, pour piano à quatre mains ; *Nouvelles Pièces froides*, 1906-1910 ; *Aperçus désagréables*, 1908-1912 ; *Préludes flasques* et *Véritables Préludes flasques pour un chien*, 1912 ; *Descriptions automatiques*, 1913 ; *Embryons desséchés*, 1913 ; *Vieux Sequins et Vieilles Cuirasses*, 1913 ; *Trois Valses distinguées du précieux dégoûté*, 1914 ; *Avant-Dernières Pensées*, 1915 ; etc.) — pièces musicales qui volontairement visent court, et qu'il « parasite », comme le dit très bien Anne Rey, par des annotations burlesques d'exécution, ou par des petits poèmes qui sont de véritables « haïkus » humoristiques.

Ses *Mélodies* pour chant et piano, destinées à Paulette Darty (1900) [*Je te veux, la Diva de l'Empire, Tendrement, Poudre d'or*], sont des parodies moins truculentes que celles de Chabrier, situées exprès à la limite où l'on ne peut décider si elles se situent au « second degré ».

Mais il entretient une amitié admirative pour son confrère Debussy, qui de son côté l'estime sincèrement. Et quand, en 1905, Satie essaie de repartir sur un nouveau pied, entreprenant à trente-neuf ans des études de contrepoint à la Schola cantorum (dans la classe de Roussel, notamment), il ne faut pas y voir une provocation de plus, mais une tentative sincère (et menée avec sérieux, comme ses professeurs l'attestent) pour enrichir sa syntaxe et son vocabulaire musicaux. Des pièces comme *En habit de cheval* (1911), pour orchestre, nées après une certaine période de stérilité, profitent de cette expérience, puisqu'elles contiennent des fugues, du contrepoint — ce qui ne les a pas empêchées d'être mal reçues. Mais en même temps, l'esprit de révolte de Satie se durcit, il fait un principe de sa non-réussite, et décrète que l'art en est arrivé au « temps du dérisoire ».

Même s'il est touché par le fait que des « jeunes » comme Ravel ou Alexis Roland-Manuel le découvrent, lui consacrent des concerts entiers et ressortent ses premières *Sarabandes*, il sent bien qu'il est souvent utilisé comme porte-étendard, comme prétexte pour diverses croisades dont il n'est pas lui-même l'initiateur : croisade anti-d'Indyste et anti-académique, puis croisade anti-impressionniste menée par Cocteau et le groupe des Six, croisade anti-art de Dada, etc. C'est le drame de Satie d'avoir vécu « dans sa chair » certaines impasses esthétiques, et d'avoir ouvert la voie à des innovations sur lesquelles d'autres bâtiront leur carrière d'un cœur beaucoup plus léger : musique « de fond » (qu'il appelle musique d'« ameublement ») ; musique graphique et conceptuelle, avec ses partitions calligraphiées accompagnées de dessins et de poèmes qu'il « défend de lire à haute voix » (*Sports et Divertissements*, 1914) ; musique de collage, avec des citations et les effets réalistes et bruitistes de *Parade ;* musique ininterrompue, de méditation, avec *Vexations*, pour piano, etc.

Avec le ballet *Parade* (1917), créé au théâtre du Châtelet sur un argument de Cocteau, et des décors et costumes de Picasso, vient pour lui le temps du succès-malentendu. C'est en 1914 que Cocteau avait noué avec lui certains liens, en vue d'une collaboration future qui devait aboutir à ce « ballet cubiste », où Satie a fait sagement une musique conforme à l'esprit du projet : objective, orchestrée en « à plat », avec des effets de bruits très sommaires (machine à écrire, sirènes), des répétitions de thèmes élémentaires, des rythmes mécaniques (la machine fascinera toujours Satie) et sans trace de sentimentalité, mais aussi sans trace de la personnalité complexe de son auteur. Là encore, il ouvre la voie à la musique objective et apollinienne des répétitifs américains, mais dans un style marqué par l'autodérision, le « paupérisme » affiché.

Il semble que le succès de scandale de *Parade* n'ait pas abusé Satie, et qu'il ait bien senti que sa musique y fonctionnait comme élément de décor, plutôt que comme objet esthétique. Cocteau, dans son libelle *le Coq et l'Arlequin*, jeta Satie en pâture à la postérité, comme exemple d'une nouvelle musique dégraissée, régénérée, saine, stylisée — une musique de la « ligne ».

Mais l'œuvre où Satie met à la fois son ambition propre et son ambivalence, c'est le « drame symphonique » *Socrate* (1918), pour trois mezzo-sopranos, soprano, et orchestre de chambre, utilisant des fragments de dialogues de Platon dans la traduction de Victor Cousin pour évoquer la figure et la mort du sage grec. La commande en venait de cette généreuse mécène que fut la princesse de Polignac, et elle devait en principe permettre à Satie de se libérer de son encombrante « image de marque » de provocateur. Écrit dans un style de récitatif nu et austère, antiexpressif, c'est une gageure dans son parti pris de « blancheur » et de pauvreté, et on y voit à l'œuvre les procédés autodestructeurs par lesquels Satie barre délibérément la route à toute expressivité, à toute couleur — immobilisant sa musique au maximum, comme si, à l'instar de Socrate, elle avait elle aussi bu la ciguë.

En 1920, il s'associe à une autre expérience d'avant-garde, en collaboration avec Darius Milhaud, une « musique d'ameublement » servant d'intermède à une pièce de Max Jacob — nouvelle provocation antiartistique. Puis voilà Satie, déjà traité en patriarche précurseur, bien qu'il ne soit guère âgé (mais son affectation de s'habiller en vieux professeur à lorgnons et barbiche y prêtait), qui se trouve associé au mouvement Dada, à Tristan Tzara, à Picabia, pour lequel il écrit la musique du « ballet instantanéiste » *Relâche* (1924), comprenant une partition pour le film muet de René Clair *Entr'acte*, œuvre quasi suicidaire dans sa « simplicité saugrenue », comme le releva avec justesse et cruauté Roland-Manuel. Déjà, le ballet *Mercure* (1924), avec Picasso et Massine, avait fait crier à la lassitude devant cette musique trop dégarnie.

En apparence, Satie n'est pas seul : des jeunes compositeurs qui le respectent, Henri Clicquet-Pleyel, Roger Desormière, Henri Sauguet, Maxime Jacob, s'associent avec lui et Charles Kœchlin pour former une « école d'Arcueil », du nom de sa « retraite », et dont il est l'esprit tutélaire, le grand-oncle. Mais, par une sorte de malédiction, tout ce mouvement se fait comme sur son dos : son personnage, plus que sa musique, est pris comme emblème. Il a tellement « marqué » sa musique de sa pittoresque figure, de ses titres, ses actes, ses manifestes, son humour, etc., que cette musique, dénudée de tout cela, dont elle semble indissociable, paraît souvent réduite à l'os. Et Satie ne s'est jamais entièrement consolé de ne pas avoir fait une œuvre *autonome* par rapport à lui-même, une œuvre qui, comme celle de ses pairs, puisse vivre toute seule, au-delà des étiquettes et des mouvements esthétiques.

Vers la fin de sa vie, Satie se fâche plus ou moins avec une partie de ses admirateurs ; on le brouille avec la mémoire de Debussy, mort avant lui, et qui lui aurait « volé », prétend-on, l'esthétique de *Pelléas* et des innovations harmoniques. La manière, provocante et amère à la fois, avec laquelle Satie cultive son ressentiment donne à penser qu'il n'avait pu ou voulu « localiser » à l'origine de son propre sentiment d'échec. Il meurt assez tristement le 1er juillet 1925 à l'hôpital Saint-Joseph, des suites, disent certains, d'une cirrhose du foie soigneusement cultivée.

Puis son œuvre suit son chemin dans l'histoire, toujours revendiquée au service d'esthétiques diverses, rarement aimée de manière directe, pour elle-même. Aux États-Unis, notamment, John Cage rend un hommage retentissant au travail « indispensable » de pionnier accompli par Satie, qui devient, après avoir été considéré comme un « amuseur » ou un « mystificateur » par ses compatriotes, le musicien français le plus vénéré par l'avant-garde internationale. Mais ces œuvres à la fois faciles et inimitables que sont les *Gymnopédies* et les *Gnossiennes* lui valent une popularité authentique, dans le cœur du très grand public, loin de toute revendication posthume d'« avant-gardisme ».

Satie n'était pas un créateur étriqué : il manie merveilleusement les mots, et se montre, quand il le veut, très musicien. Mais s'il fut « en porte-à-faux », c'est moins par rapport au public que par rapport à lui-même. Il ne renonça jamais vraiment à être le « grand musicien » qu'il reprochait aux autres de prétendre devenir, et sa musique n'est jamais complètement désinvestie de tout besoin d'exprimer quelque chose de son auteur, puisque son côté narquois ne fait souvent qu'en ressasser la dénégation. Rien de moins populaire et de plus « populiste », dans le sens militant et fastidieux du mot, que certains flonflons de *Parade* ou de *Relâche*, à côté d'une poignée d'œuvres brèves et sensibles, comme les *Gymnopédies*, qui méritent de conquérir le semi-anonymat et le repos des *Classiques favoris*, aux côtés du grand répertoire.   M. C.

SATIRES (*Images du passé*). Cycle de romances pour soprano et piano, op. 109, de Dmitri Chostakovitch, composé en 1960 sur des vers de Sacha Tchiorni, et dédié à Galina Vichnievskaïa qui le créa à Moscou le 22 février 1961, accompagnée par Mstislav Rostropovitch. Cette suite de cinq tableaux — *Au critique, l'Éveil du printemps, les Descendants, le Malentendu, Sonate à Kreutzer* — correspond à un retour, dans la production du compositeur, à une période de musique vocale et au style parodique et satirique qui avait marqué sa jeunesse.

Galina Vichnievskaïa, qui a elle-même suggéré à l'auteur le sous-titre ambigu d'« Images du passé », souligne combien les poèmes ont trait à la bêtise des critiques, à la mesquinerie, à la bassesse, à l'incohérence de l'idéologie lorsqu'elle proclame (*cf. les Descendants*) que le peuple doit souffrir au nom du futur, alors que nul ne sait qui va naître ni au nom de qui on doit gâcher sa vie présente. Chostakovitch a accentué sa parodie sur le plan musical : *l'Éveil du printemps* fait allusion à une mélodie très populaire de Rachmaninov, *les Eaux printanières* ; la *Sonate à Kreutzer* se réfère à Beethoven. « Cela commence avec Beethoven, poursuit la cantatrice, on croit que quelque chose de grand va se passer ; à ce moment-là arrive une chanson populaire, ordinaire. Au lieu de quelque chose de supérieur, on ne trouve qu'une vie primitive et basse. »

Dans cette page étonnante, la musique dépasse les mots, prend un grand poids, une force satirique. Tout le cycle est fort marqué par l'intelligence, la vivacité, le souffle ; la musique prend sa source dans la tradition russe de Dargomyjski et Moussorgski.   P. V.

SATURNE. Œuvre pour instruments à vent (12 exécutants), percussion (6 exécutants) et instruments électroniques (4 exécutants) de Hugues Dufourt, composée en 1979 et créée par l'Ensemble de l'Itinéraire* à l'Espace de projection de l'I.R.C.A.M. le 3 décembre de la même année sous la direction de Peter Eötvös.

S'y trouvent réunies les trois familles instrumentales qui, pour le compositeur, ont le plus contribué au XXe siècle au renouvellement du matériau sonore. Les 12 instrumentistes à vent utilisent en tout 21 instruments (et non pas 21 timbres, car deux instrumentistes peuvent jouer le même timbre) différents, qui dans leur majorité explorent les registres graves (hautbois baryton, clarinette contrebasse, contrebasson, trompette basse ou trombone contrebasse par exemple) : cela dans la mesure où ces instruments graves nouveaux venus « restituent à chaque timbre instrumental une étendue que l'orchestre traditionnel avait singulièrement restreinte. En outre, les récentes techniques de jeu de l'instrument à vent conduisent à une véritable diffraction de la matière sonore. Grain, souffle, sons multiphoniques forment, en se combinant, une classe de sons hybrides et vacillants. D'autre part, on considère l'association de la percussion et du son électrique comme un complexe instrumental cohérent.

Il s'agit, en effet, de deux manières de produire et de traiter le son à la fois opposées et complémentaires... En conséquence, la simple réunion des sons de percussion et des sons de synthèse est en soi génératrice de tension. J'ai délibérément mis en œuvre ce système de contradictions objectives, d'ordre purement acoustique... Au lieu d'organiser les sons entre eux, on tire une organisation du sonore lui-même » (H. Dufourt).

D'une durée de 43 minutes, l'œuvre comprend trois parties d'environ 14, 24 et 5 minutes, et qui toutes, grâce notamment à des transformations sonores continues et à une nette préférence pour les masses fluentes, les formes allongées et étirées, sans résolution à la normale, témoignent du sens de la durée typique du compositeur. Les rafales sont partout, mais c'est la deuxième partie, la plus longue, qui s'en trouve le plus secouée. Le titre provient entre autres des teintes livides et de la lumière blafarde voulue par Dufourt : « En tant que maître d'une planète, Saturne passait pour un personnage particulièrement sinistre... Cette planète, la plus froide, la plus desséchée, la plus lente, était d'ordinaire associée à la vieillesse, à l'indigence, à la mort... Ceux qui étaient nés sous son influence étaient classés parmi les plus misérables, les moins enviables des mortels : infirmes, gueux, mendiants, criminels, paysans sans terre, vidangeurs, fossoyeurs » (Erwin Panofsky, cité par H. Dufourt).

M. V.

SAUDADES DO BRASIL. Suite de douze danses pour piano (ou orchestre) sur des rythmes sud-américains, écrite par Darius Milhaud en 1920 et 1921. Pendant son séjour au Brésil (1917-18), le musicien avait été fasciné par les rythmes des tangos et des maxixes entendus dans les rues de Rio de Janeiro. Dans ses *Saudades*, on respire le parfum d'un pays qui l'a enchanté par sa luxuriance. Chacune de douze danses porte pour titre le nom d'un quartier de Rio de Janeiro. Les dédicaces, à Paul Claudel, à Henri Hoppenot, à Audrey Parr, compagnons de cet exil heureux pendant la Grande Guerre, ne sont pas moins significatives. Oscillant entre âpreté et douceur insinuante, l'écriture polytonale est un des éléments expressifs de ce recueil qui perpétue, dans la lignée des *Mazurkas* de Chopin, la tradition d'un folklore imaginaire.

J. R.

SAUER (Emil von), pianiste et compositeur allemand (*Hambourg 1862 - Vienne 1942*). Il fut élève de N. Rubinstein au conservatoire de Moscou. Après une tournée en Espagne et en Italie, il étudia pendant quelques mois avec Liszt à Weimar, en 1884-85. En 1886, il reprit ses activités de concertiste. De 1901 à 1907 et de 1914 à 1922, il donna des cours de perfectionnement à Vienne. A la fois brillant virtuose et poète sensible, Sauer possédait un toucher d'une beauté remarquable. Il a laissé une trentaine d'enregistrements. Il a aussi composé deux concertos pour piano, deux sonates, des études et autres pièces pour piano et des lieder.

A. et M. P.

SAUGUET (Henri), compositeur français (*Bordeaux 1901*). Dès l'enfance, Henri Sauguet est initié à la musique ; il apprend le piano et chante à la maîtrise de sa paroisse. La Première Guerre mondiale l'empêche de se présenter au conservatoire de Bordeaux ; son père étant mobilisé, il doit gagner sa vie au lieu de poursuivre ses études. Sa vocation s'affirme. Henri Sauguet découvre avec ferveur l'œuvre de Debussy, et, en 1918, employé à la préfecture de Montauban, étudie la composition sous la direction de Joseph Canteloube.

En 1919, il envoie à Darius Milhaud ses premières compositions et fonde à Bordeaux, avec J. M. Lizotte et Louis Emié, un « groupe des Trois » qui donne un concert d'avant-garde. Darius Milhaud l'invite à Paris en 1921. Henri Sauguet quitte alors définitivement Bordeaux, trouve un gagne-pain dans la capitale, et reçoit des leçons de Charles Kœchlin. En 1922, il est présenté à Erik Satie qui, l'année suivante, patronne l'« école d'Arcueil », constituée de Henri Cliquet-Pleyel, Roger Désormière, Maxime Jacob et Henri Sauguet. Il débute au théâtre en 1924 avec un opéra bouffe : *le Plumet du colonel*, et un ballet, *les Roses*. Les Ballets russes de Diaghilev créent à Monte-Carlo, en 1927, son second ballet, *la Chatte*.

Dès 1926, Henri Sauguet projette d'écrire un opéra sur *la Chartreuse de Parme* de Stendhal. Cette œuvre, achevée en 1936, sera créée à l'Opéra de Paris en 1939. Transposant le romantisme italien dans son propre style, Henri Sauguet a fait ici une œuvre originale dont le langage, qui est celui du xxe siècle, ne fait pas obstacle à une certaine nostalgie du passé. Cette couleur mélancolique que l'on retrouvera dans d'autres œuvres « romantiques », telles que *les Caprices de Marianne* (1954), *la Dame aux camélias* (1959), est, d'une manière plus générale, un des attraits et une des caractéristiques de la musique de Sauguet.

En 1945, dû à la collaboration de Boris Kochno, Christian Bérard, Roland Petit et Henri Sauguet, le ballet *les Forains*, dédié à la mémoire d'Erik Satie, devint très vite populaire. De là à enfermer Sauguet dans la spécialité de compositeur de ballets, il n'y aurait qu'un pas. Mais, en 1948, un remarquable *Quatuor à cordes* et un recueil de mélodies sur des poèmes de Max Jacob, *Visions infernales*, démontrent l'universalité du compositeur, qui écrit, l'année suivante, une *Symphonie allégorique : les Saisons*. Entre 1950 et 1964, Henri Sauguet compose de nombreuses œuvres dont les plus importantes, *le Cornette*, sur des poèmes de Rilke, *les Caprices de Marianne*, opéra d'après Alfred de Musset, *la Dame aux camélias*, ballet d'après Alexandre Dumas fils, *L'oiseau a vu tout cela*, sur un poème de Jean Cayrol, *Mélodie concertante* pour violoncelle et orchestre indiquent l'étendue du « registre poétique » du musicien.

Son art, qui a oscillé, dans les débuts, entre des périodes de complexité et de dépouillement, a trouvé un harmonieux équilibre. Musicien raffiné, lyrique, Henri Sauguet se fait reconnaître, dès les premières mesures d'une de ses œuvres, par sa ligne mélodique élégante et expressive. Il est, depuis 1975, membre de l'Institut, où il a succédé à Darius Milhaud.

J. R.

SAÜL. Oratorio de G. F. Haendel, commencé le 23 juillet 1738, terminé le 27 septembre, sur un livret de Charles Jennens. Première représentation au King's Theatre de Londres, le 16 (?) janvier 1739.

La désaffection du public pour l'opéra italien, tel que l'avait illustré Haendel au cours des années précédentes, amène le musicien à rechercher d'autres voies. Si, à la fin de 1737, il compose encore *Faramondo* et *Serse*, dès l'été suivant il se tourne vers l'oratorio (deux opéras seulement seront encore écrits : *Imeneo* en 1738-1740 et *Deidamia* en novembre 1740). Dès lors, la composition de *Saül* apparaît comme un tournant dans l'œuvre de Haendel. Inspiré du Premier et du Second Livre de Samuel, le livret offrait au musicien un solide tremplin que ses récents soucis — de santé notamment — vont encore dramatiser.

D'avoir frôlé la camarde, Haendel a tiré une vision encore plus humaine en même temps que plus intense : on le perçoit nettement à l'écoute de cette œuvre magistrale. Ce qui chez certains prédécesseurs — Carissimi, Foggia, Keiser — n'était encore que simple épisode biblique, revêtu de parure musicale, prend chez Jennens et Haendel une ample dimension qui se dilate jusqu'au niveau du mythe. Le drame du berger devenu roi devient celui d'un peuple et d'une parentèle pliés sous la tyrannie ; celui également d'un homme qui bute sur un ultime échec : n'avoir point su se vaincre soi-même. L'orgueil, l'envie, la volonté de puissance, autant de maladies de l'âme qui opèrent chez Saül une lente dévastation et qui le feront finalement sombrer.

La partition souligne avec une particulière intensité les points clés de l'oratorio : éveil de la jalousie de Saül ; amour réciproque de David et Mikal ; conflit intérieur de Jonathan, tiraillé entre son devoir de fils et son amitié pour David ; colère de Saül et vision qu'il a de sa propre mort chez le prophète Samuel ; mort enfin du berger-roi et proclamation de David.

Par ailleurs, Haendel innove en de nombreux points en ce qui concerne l'orchestration (ainsi l'emploi de trombones et timbales [empruntées à la tour de Londres] ou de carillons) et en ce qui concerne l'écriture, hardie et hautement symbolique (gamme descendante inlassablement répétée dans le chœur d'entrée de l'acte II ; violons partagés entre voix terrestre et céleste dans l'intervention de la pythonisse), tandis que cinq *sinfonie* « résument » et « condensent » à la fois le temps et la narration.

Quant aux arias, elles perdent dans la quasi-totalité des cas le da capo et, ainsi, revêtent une forme ramassée, qui en accuse la densité et la rapidité historique. L'élégie sur la mort de Saül et Jonathan, par exemple, comprend trois interventions enchaînées (chœur, ténor, soprano) qui lui confèrent une rare tension dramatique. Enfin il convient de souligner avec quel soin Haendel a su peindre les personnages et trouver les équivalences musicales de leur caractère ou de leur psychologie (*cf.* le simple « He comes ! He comes ! » admiratif de Mikal aimant le héros en le voyant apparaître). A cet égard, la grande figure de Saül s'impose comme une des compositions les plus intenses de tout le théâtre — religieux ou profane — de Haendel. La jalousie du héros atteint des degrés exceptionnels, véritablement shakespeariens.   J. G.

SAÜL ET DAVID. Opéra en 4 actes de Carl Nielsen, composé en 1898-1901 sur un texte d'Einar Christiansen, créé le 29 novembre 1902 au Théâtre royal de Copenhague sous la direction du compositeur.

ACTE PREMIER. *Le roi Saül (bar) est menacé de perdre la guerre contre les Philistins. Impatient dans son attente du prophète Samuel qui doit célébrer les sacrifices rituels représentant l'assurance de la victoire, Saül décide d'officier lui-même, ignorant les avertissements de son fils Jonathan (t). Samuel (b) arrive au milieu du sacrifice pour indiquer à Saül que Dieu le maudit pour son impatience et qu'il perdra son royaume. Les imprécations de Saül contre la divinité ne seront calmées que par le chant de David (t), ami de son fils. Charmé par David, Saül l'invite à demeurer auprès de lui. L'acte s'achève sur le duo d'amour de David et de Michal (s), fille du roi.*

ACTE II. *David chante pour Saül ; le capitaine Abner (b) surgit pour annoncer que de très nombreux Philistins ont établi leur campement dans les environs, sous la conduite du géant Goliath qui demande, afin de décider de la victoire d'un camp ou de l'autre, à affronter un homme d'Israël en combat singulier. David se propose de le combattre avec pour seule arme sa fronde, Saül lui promet la main de Michal s'il revient vainqueur. Malgré ses craintes, Michal a la joie de recevoir l'annonce de la victoire de David. Le peuple chante ses louanges et se réjouit à la pensée de son mariage prochain. La joie du roi se transforme bientôt en jalousie lorsqu'il entend le peuple chanter « Saül en a tué des milliers et David des dizaines de milliers ». Choqué par la colère de Saül, David tente de l'apaiser par son chant, mais Saül lance son javelot vers lui et le bannit.*

ACTE III. *(La nuit, au campement de Saül.) Jonathan et Michal déplorent l'absence de David. Le jeune homme apparaît soudain avec son compagnon Abisay (t), s'approche de Saül endormi, prend sa lance et la cruche d'eau qui se trouvent à ses côtés, s'éloigne à quelque distance et crie afin de provoquer le réveil général. Il est clair qu'il a accompli cet acte pour démontrer qu'il aurait simplement pu tuer le roi pendant son sommeil. Celui-ci, réalisant la loyauté de David, se réconcilie avec lui, mais Samuel arrive, dans un état d'extrême faiblesse. Il annonce que Dieu lui a ordonné de proclamer David roi des israélites, et l'oint solennellement avant de tomber mort. La colère de Saül se réveille, il ordonne l'arrestation et la mise à mort de David et de Michal. Ceux-ci prennent la fuite, les gardes ayant refusé de commettre un tel acte de violence.*

ACTE IV. *Assiégés par les Philistins, Saül et Abner viennent consulter la sorcière d'Endor (ms) pour lui demander d'invoquer l'esprit de Samuel. Saül cherche du réconfort, mais Samuel prédit sa mort et la victoire des Philistins. Après un interlude décrivant une bataille acharnée, la scène se passe sur le mont Gilboa, où Jonathan, mortellement blessé, est soutenu par Abner. Saül est lui-même blessé, et voyant que tous les espoirs sont perdus, enjoint Abner de le tuer. Devant le refus d'Abner, maudissant Dieu pour la dernière fois, le roi se jette sur son épée et meurt. L'opéra se termine sur un chœur chantant joyeusement la gloire de David, seul espoir d'Israël. David et Michal pleurent la mort de Saül et de Jonathan. Tous proclament David roi et chantent la toute-puissance de Dieu.*

Saül et David est contemporain de la deuxième symphonie, dite *les Quatre* Tempéraments*, et, dans cet opéra de symphoniste, Nielsen devait laisser place à un large courant humain emportant les personnages et reposant sur un sens remarquable de la croissance et du développement. Même si la clarté mélodique et la conception des ensembles témoignent de son admiration pour Mozart, sa musique peut se parer d'une tragique grandeur, rejoindre Moussorgski et Verdi, lorsqu'elle entoure le personnage de Saül. D'autres épisodes, tels ceux qui sont liés aux amours de David et de Michal, touchent par leur caractère sensible et pénétrant ; magistrale est l'écriture polyphonique des chœurs.   P. V.

SAUTEREAU. Pièce essentielle du mécanisme des instruments à clavier et à cordes pincées (épinette, clavecin). Il consiste en une courte règle de bois dur, munie d'une languette mobile portant un bec de plume ou de cuir de buffle, et d'une pièce de feutre faisant fonction d'étouffoir. Quand l'enfoncement de la touche correspondante soulève le sautereau, le bec accroche la corde au passage et la met en vibration ; la touche une fois lâchée, le sautereau retombe, bec effacé, et le feutre arrête les vibrations de la corde. Les facteurs modernes n'ont rien changé à cet ingénieux dispositif, mais ont souvent recours aux résines synthétiques pour remplacer tout ou partie des matériaux traditionnels.   M. T.

SAVALL (Jordi), violiste espagnol (*Igualada, près de Barcelone, 1941*). Après avoir obtenu en 1966 son diplôme de violoncelle au conservatoire de Barcelone, attiré par la musique ancienne, il se met à travailler seul la viole de gambe, qu'il contribue à faire renaître, en ajoutant aux efforts des pionniers Nikolaus Harnoncourt et Wieland Kuijken un esprit de fantaisie novateur. Diplômé en 1970 de la Schola cantorum basiliensis, il y enseigne la viole de gambe, et prolonge son activité pédagogique par de nombreux stages et concerts, seul ou au sein de l'ensemble Hesperion XX, qu'il fonde en 1974 avec la soprano Montserrat Figueras, sa femme, le luthiste Hopkinson Smith et le flûtiste-percussionniste Lorenzo Alpert. Il revendique, aussi bien pour son instrument que pour son ensemble, le recours à l'improvisation, conçue comme un moyen de retrouver les vertus expressives de la musique ancienne. On lui doit la renaissance d'un répertoire oublié, maîtres espagnols du XVIe siècle (tel Diego Ortiz) et français du XVIIe (Forqueray, Marin Marais, Caix d'Hervelois).   M. W.

SAVOURET (Alain), compositeur, pianiste et chef d'orchestre français (*Vanves 1942*). Collaborateur du Groupe de musique expérimentale de Bourges depuis 1973 (après quatre années passées au Groupe de recherches musicales de Paris), il est l'un des deux ou trois plus importants compositeurs de musique électroacoustique de sa génération, en tout cas le plus brillant et le plus habile, et celui qui pousse le plus loin le travail sur la *forme* et l'*articulation* pour accorder plus d'intérêt à la matière sonore ou aux procédures techniques de fabrication. Sa première œuvre importante, *Kiosque* (1969), pour bande et musiciens-improvisateurs, manifeste d'emblée le « baroquisme » propre à l'auteur, qui consiste pour lui à faire voisiner dans une forme très maîtrisée des éléments aussi hétérogènes que possible, du « musical » à l'« anecdotique », de l'abstrait au concret, etc. Le même principe est à l'œuvre dans la *Valse molle* (1973), pièce de musique légère pour bande.

Selon (1970), pour 2 joueurs de clavier sonorisé, et la *Suite pour clavier à rallonges* (1973), pour bande, mettent en valeur son goût de la virtuosité digitale : il est pianiste-improvisateur et a fondé avec Christian Clozier le groupe d'improvisation électroacoustique Opus N. *Tango* (1971) et *l'Arbre et Cætera* (1972), pour bande, sont des exercices très vivants de forme et d'écriture, travaillant dans la plus grande économie de matériau (sons d'orgue électronique pour la première œuvre, sons concrets « quadraphoniques » non manipulés pour la seconde).

Enfin, la *Sonate baroque*, entreprise en 1974, est un monument électroacoustique dont les trois premiers mouvements (allegro, andante, scherzo) totalisent une heure et demie et font s'épanouir et se réconcilier, dans une cohabitation harmonieuse et dynamique, toutes les tendances, toutes les « tentations » de l'auteur — celles déjà relevées, mais aussi son humour, son « mauvais goût », son lyrisme. Une écriture très élaborée, sur des matériaux d'une grande transparence sonore, une technique impeccable, une forme superbe font déjà de cette *Sonate* l'une des œuvres électroacoustiques majeures du répertoire.

À partir de là, Savouret revient à la musique instrumentale et mixte, sauf pour des incursions isolées dans la musique électroacoustique pure (*Don Quichotte Corporation*, 1981), et, parmi les œuvres récentes, on peut citer *Phil Cello et Joe Sax chez les Trogloustiques* (1979), pour violoncelle, saxophone alto et bande magnétique, *la Main du clown* (1980), pour quintette à vent, *Il était une fable* (1981), pour trois groupes instrumentaux, *Mauvaise Journée* (1981), pour piano principal et huit instruments, et une pièce constituant le finale de la *Sonate baroque*, *l'Ouïe-Spartacus* (1981), pour bande magnétique et ensemble instrumental.   M. C.

SAWALLISCH (*Wolfgang*), chef d'orchestre allemand (*Munich 1923*). Enfant, il apprend le piano avant d'étudier la direction d'orchestre (avec Hans Rosbaud) et la composition à la Musikhochschule de Munich. Engagé en 1947 comme répétiteur au Théâtre municipal d'Augsbourg, il y fait ses débuts de chef d'orchestre avec *Haensel et Gretel*. Il remporte en 1949, en duo avec le violoniste Gerhard Seitz, le premier prix du concours de Genève, mais joue rarement en soliste, préférant accompagner les récitals de lieder d'Elisabeth Schwarzkopf, Dietrich Fischer-Dieskau et Hermann Prey. Il est nommé directeur général de la musique à Aix-la-Chapelle (1953-1958), Wiesbaden (1958-1960) et Cologne (1960-1963), où il enseigne la direction d'orchestre. L'année 1957 voit ses débuts au festival de Bayreuth et à Londres, où il accompagne Schwarzkopf et dirige le Philharmonia Orchestra.

Premier chef de l'Orchestre symphonique de Vienne (1960-1970), directeur musical de la Philharmonie de Hambourg (1961-1973), il conduit depuis 1970 l'Orchestre de la Suisse romande et dirige l'Opéra de Bavière depuis 1971. Il travaille également régulièrement avec l'Orchestre radiosymphonique de la NHK de Tokyo, avec celui de l'académie Sainte-Cécile de Rome et avec la Scala de Milan (à partir de 1965). Précise et sobre, sa direction s'attache plus à la substance des œuvres qu'à leur parure expressive, parti pris qui l'a fait taxer, à tort, d'insensibilité. Car, pour le public de Bayreuth ou de l'Opéra de Munich, ses interprétations de Wagner et de Richard Strauss possèdent le frémissement même de la vie.   M. W.

SAX, famille belge de facteurs d'instruments à vent.
— 1. **Charles-Joseph** (*Dinant 1791 - Paris 1865*). Installé à Bruxelles en 1815, il fournissait en instruments certains corps d'armée belges. En 1824, il créa le cor omnitonique, mais cette invention lui fut disputée par la suite. En 1853, il vint s'installer à Paris. En 1867 des instruments de sa fabrication furent présentés à l'Exposition universelle.
— 2. **Antoine Joseph**, dit **Adolphe**, fils du précédent (*Dinant 1814 - Paris 1894*). Il étudia la flûte et la clarinette au conservatoire de Bruxelles. Après avoir créé un nouveau modèle de clarinette (1830) et de clarinette basse (1838), il vint à Paris en 1842. C'est là qu'il créa les instruments qui devaient faire sa renommée et auxquels il donna son nom : le *saxhorn* (1845) sur la base du bugelhörn déjà existant, et le *saxophone* (1846).   A. L.

SAXHORN. Instrument à vent de la famille des cuivres. Contrairement aux autres « cuivres », qui se sont passés de pistons pendant des siècles, le saxhorn (du nom du facteur Adolphe Sax et de « horn » qui signifie « cor » en allemand et en anglais) est né de l'invention du cor à pistons en 1813. Il apparut aussitôt que ce tuyau pouvait s'adapter à des formes nouvelles du tuyau sonore, et cette recherche aboutit en 1835 au premier « tuba », dénomination allemande calquée sur le mot latin qui désigne la trompette au sens le plus général. Ce tuba à trois pistons était caractérisé par la conicité accentuée du tuyau, que terminait un pavillon large et profond dirigé vers le haut. Il fut rapidement adopté dans toute l'Europe en version basse et baryton, mais c'est à Paris qu'A. Sax*, à partir de 1842, le perfectionna de façon définitive et créa toute la famille.

Les contrebasses et basses, munies de trois à six pistons, conservent même en France le nom de tuba et sont pratiquement les seules qu'utilise l'orchestre symphonique pour leur sonorité caractéristique, à la fois puissante, ronde et douce. Les autres saxhorns rendent de grands services dans les fanfares et harmonies militaires ou civiles, surtout dans les formations d'amateurs où leur facilité d'émission est fort appréciée. Tous sont à trois pistons, mais seuls le baryton et l'alto ont la disposition verticale du tuba ; le bugle, héritier d'un clairon à pistons inventé dès 1829 par l'Anglais Halliday (d'où son nom qui signifie « clairon »), est construit et se joue horizontalement.

Il existe, notamment en Allemagne et en Europe centrale, de nombreuses variantes de tous ces instruments. L'*hélicon* n'est qu'une basse ou contrebasse dont l'enroulement circulaire facilite le port (et l'exécution) dans les défilés. Le *sousaphone* américain, avec son imposant pavillon orienté vers l'avant, est un autre avatar du saxhorn contrebasse.   M. T.

SAXOPHONE. Instrument à vent de la famille des bois. Il est en fait de construction métallique, mais il emprunte aux bois son système de clés, actionnant des « plateaux » destinés à fermer ses trous, ainsi qu'une anche simple fixée sur un bec à l'imitation de la clarinette. À la différence de la plupart des autres instruments à vent, qui ont mis des siècles à atteindre leur profil actuel, celui-ci est sorti tout armé du cerveau (et des ateliers) de son inventeur : A. Sax*.

Dès son premier brevet (1846), le saxophone avait sa forme caractéristique en « S », son mécanisme et sa sonorité puissante et chaleureuse. À vrai dire, le principe de l'association de l'anche simple et du tuyau conique était fort ancien ; quant au mécanisme, il devait beaucoup à ceux dont les autres bois venaient d'être dotés. Le saxophone n'en était pas moins un instrument nouveau, que les musiques d'harmonie adoptèrent aussitôt. Il fut plus long à s'imposer à l'orchestre symphonique en raison de son caractère réputé bâtard ; Ambroise Thomas, Bizet et Massenet furent les premiers à l'employer couramment, suivis de presque tous les compositeurs contemporains. Et l'on sait quelle place il tient dans la musique de jazz.

Dès l'origine, le saxophone fut construit en plusieurs versions. Le sopranino en *mi* aigu, pratiquement inusité, et le soprano en *si* bémol familièrement appelé « carotte » ont la forme droite de la clarinette. L'alto en *mi* bémol est le plus répandu de la famille, celui auquel on pense quand on parle de « saxo » sans autre précision. Le ténor en *si* bémol et le baryton en *mi* bémol graves sont particulièrement appréciés des musiciens de jazz. Mais les énormes basse et contrebasse sont d'un emploi exceptionnel.
                                                          M. T.

SCANDINAVE (STYLE MUSICAL). *V. nordique.*

SCARAMOUCHE. Suite pour deux pianos de Darius Milhaud, composée pour Ida Jankelevitch et Marcelle Meyer, qui la jouèrent en première audition le 1er juillet 1937. Deux mois auparavant, le compositeur avait écrit une musique de scène destinée au *Médecin volant* de Molière, joué par le théâtre Scaramouche, une compagnie qui montait des spectacles pour la jeunesse. Les éléments de cette musique de scène furent repris dans le premier et le troisième mouvement de la suite qui s'intitula tout naturellement *Scaramouche*. Milhaud s'était attelé sans enthousiasme à cette œuvre dont il n'imaginait pas qu'elle allait devenir une de ses partitions les plus populaires. L'entrain du premier mouvement *(vif)* qui est une joyeuse ouverture, la tendresse du deuxième *(modéré)* où dans un balancement voluptueux l'esprit des blues se colore d'harmonies simples et raffinées, l'éblouissante samba *(Brazileira)* sur laquelle se termine la suite s'équilibrent avec bonheur. En 1939, Darius Milhaud écrivit une nouvelle version de *Scaramouche* pour saxophone (ou clarinette) et orchestre. J. R.

SCARLATTI (Alessandro), compositeur italien *(Palerme 1660 - Naples 1725)*. Il vint étudier à Rome à douze ans, s'y maria en 1678, et y donna en 1679 son premier opéra, *Gli Equivoci nel sembiante*, qui connut un énorme succès, et, fait assez rare à l'époque, fut joué dans de nombreuses autres villes. Entré au service de la reine Christine de Suède, maître de chapelle de San Girolamo della Carità, protégé par les Colonna, Ottoboni et autres grands de la noblesse romaine, il eut des contacts avec d'autres centres italiens, et partagea ses activités de compositeur entre la cantate, l'oratorio et l'opéra : parmi ses premières œuvres figurent *L'Onestà negli amori* (1680) et *Il Pompeo* (1683) dont certaines arias sont restées célèbres.

A la suite d'intrigues familiales, il fut nommé en 1684 maître de chapelle à la cour de Naples, où, durant une vingtaine d'années, sa production fut considérable, mais inégale, cependant que certains de ses opéras étaient joués jusqu'en Allemagne *(Pirro e Demetrio* à Brunswick, en 1694, créé à Naples la même année). Des différends artistiques et humains avec la cour de Naples le conduisirent à rechercher d'autres appuis, et il écrivit des opéras pour Florence de 1703 à 1706 et fut à nouveau à Rome où il connut Corelli grâce au cardinal Ottoboni. Il y écrivit un grand nombre de cantates à grand effectif, les milieux ecclésiastiques romains tenant alors l'opéra pour un genre suspect.

N'ayant pu y obtenir de situation stable, il alla donner à Venise son fastueux *Mitridate Eupatore* (1707), retourna assurer sa charge à Naples en 1709, et, de 1717 à 1721, se partagea entre cette dernière ville et Rome où il donna *La Griselda* (1721, livret de Zeno), avant de consacrer ses dernières années à la musique instrumentale : il publia en 1725 un recueil de quatuors pour instruments solistes qui pourraient établir un pont entre l'ancienne sonate à trois et la forme à venir du quatuor à cordes.

La personnalité musicale de Scarlatti se dégage encore mal de son œuvre abondante, partiellement révélée, et dont il est malaisé de tirer des conclusions de synthèse. En fait, il sut prêter son talent aux styles les plus divers, selon les époques, les villes, et la destination de ses œuvres ; plus de six cents cantates profanes ou religieuses à une voix, quatre-vingt-dix cantates à plusieurs voix ou avec instruments concertants, trente-cinq oratorios, des messes, au moins quatre-vingt-cinq opéras et pastiches, et une œuvre instrumentale non négligeable dont douze concertos grossos, des sonates pour flûte, et des œuvres diverses pour clavier.

Sa *Passion selon saint Jean* (v. 1680), une de ses premières œuvres, influencée par Carissimi, est l'une de ses meilleures productions religieuses, tandis que son oratorio *Il Sedecia* (1705), de grandes proportions, a toutes les caractéristiques de l'opéra alors en cours à Naples ; ses préludes et fugues, ses toccatas pour clavier jettent un pont entre l'œuvre de Frescobaldi et celle, autrement moderne, de son fils Domenico ; ses madrigaux à voix seules appartiennent au siècle précédent, mais ses concertos grossos préfigurent le style galant de la future école napolitaine. Ses cantates se plient également aux styles les plus variés, mais, comme ses oratorios, elles témoignent d'un plus grand soin et d'une plus grande richesse que ses opéras où il ne semble jamais avoir cherché à se démarquer des modèles en vogue dans les villes pour lesquelles il écrivait, sans se soucier des courants de réforme du livret.

Il ne peut absolument pas être tenu pour le père d'un « opéra napolitain » : ses premières œuvres, encore tributaires du style contrapuntique, s'inspirent très largement de Stradella, auquel il emprunte la formule de l'aria da capo qu'il va systématiser dans ses opéras écrits pour Naples, où se schématisent l'ouverture tripartite extrêmement brève, l'usage d'un récitatif secco assez mécanique, et une longue succession d'arias, généralement da capo, n'utilisant que rarement l'instrument à vent soliste, et dont la nudité allait autoriser l'excessive surcharge ornementale des interprètes qu'il désapprouva souvent, mais où, comme dans *Tigrana*, s'intercalent également des ariettes de style plus moderne. En revanche, *Mitridate Eupatore*, écrit pour Venise, emploie largement l'orchestre et les chœurs, quasi absents de ses œuvres napolitaines. Enfin, l'élément comique présent dans ses premiers opéras romains disparaît progressivement de son œuvre, mais, pour des raisons d'ordre familial, il donnera en 1718 au théâtre dei Fiorentini de Naples une véritable comédie, *Il Trionfo dell'onore*, l'un de ses chefs-d'œuvre. R. M.

SCARLATTI (Domenico), compositeur italien *(Naples 1685 - Madrid 1757)*. Sixième des dix enfants d'Alessandro Scarlatti, il eut comme marraine la vice-reine de Naples, et, dès 1701, il était organiste et compositeur de la chapelle royale de Naples. En 1702, il effectua avec son père un séjour à la cour de Toscane et, à son retour à Naples, composa coup sur coup trois opéras, *Ottavia ristituita al trono* (1703), *Giustino* (1703) et *Irene* (1704). En 1705, Alessandro l'envoya à Venise avec une lettre de recommandation adressée à Fernando de Médicis : « Ce fils est un aigle dont les ailes ont poussé. Il ne faut pas qu'il reste oisif dans son nid, et il ne m'appartient pas de l'empêcher de prendre son vol. »

A Venise, Domenico prit des leçons auprès de Francesco Gasparini *(1668-1727)*, et il est probable que, grâce à lui, il fut initié à l'art de Frescobaldi. De 1709 à 1719, il vécut à Rome, où il fit la connaissance de Haendel — auquel l'opposa une joute légendaire qui se termina par la victoire du Saxon à l'orgue et du Napolitain au clavecin — et du musicien anglais Thomas Roseingrave*, qui, une vingtaine d'années plus tard, devait faire beaucoup pour la diffusion à Londres de ses premières sonates.

Il fut d'abord (jusqu'en 1714) maître de chapelle de la reine exilée de Pologne, puis (à partir de décembre 1713) à la chapelle Giulia au Vatican. En 1714, après le départ de Rome de la reine de Pologne, il devint également maître de chapelle de l'ambassadeur du Portugal, le marquis de Fontes. De cette époque datent sans doute son *Miserere* en *sol* et son magnifique *Stabat Mater* à dix voix. Il composa aussi durant ces années des cantates de circonstance et de nombreux opéras parmi lesquels *Tolomeo* (1711), *Orlando* (1711), *Ifigenia in Aulide* (1713), *Ifigenia in Tauri* (1713), *Ambleto* (1715) et l'intermezzo *Dirindina* (1715). Sa dernière œuvre en ce genre fut *Berenice* (1718).

Le grand tournant de la carrière de Domenico Scarlatti intervint en 1719, date à laquelle il s'installa à Lisbonne comme maître de chapelle du roi João V de Portugal. On crut longtemps qu'en 1719 il s'était rendu en Angleterre, mais Ralph Kirkpatrick* a réduit à néant cette hypothèse, tout en avançant de plusieurs années l'installation à Lisbonne. Là, Domenico Scarlatti fut chargé de l'éducation musicale du frère du roi, don Antonio, et surtout de sa fille, la princesse Maria Barbara, pour laquelle il écrivit la plupart de ses sonates. Il ne retourna en Italie qu'en 1724 (à Rome), en 1725 (à Naples pour y revoir une dernière fois son père) et en 1728 (il épousa alors à Rome sa première femme, Maria Catalina Gentili). Durant les trente-sept dernières années de son existence, il ne quitta donc plus, exception faite de ces trois voyages, la péninsule Ibérique.

En 1729, la princesse Maria Barbara de Portugal épousa l'infant d'Espagne, futur Ferdinand VI. Domenico la suivit à Madrid, qu'il ne devait plus quitter. Il n'écrit plus désormais que de la musique pour clavier, à l'exception d'un *Salve Regina* pour soprano et cordes que l'on suppose être sa dernière œuvre. Fait en 1738 chevalier de l'ordre de Santiago par João V de Portugal, il le remercia avec la dédicace des célèbres *Essercizi per gravicembalo*, parus à Londres la même année, et qui ne sont autres que les trente premières sonates de la numérotation de Kirkpatrick. Sa femme étant morte en 1739, il se remaria au plus tard en 1742. De ses neuf enfants, quatre survécurent, mais aucun ne devint musicien.

Tant qu'il vécut en Italie, Domenico Scarlatti ne fut qu'un compositeur parmi tous ceux qui œuvraient dans le domaine de l'opéra napolitain, genre alors dominé par son père. De cette époque datent aussi ses dix-sept *sinfonie* pour ensemble instrumental. Son départ pour le Portugal lui permit de se libérer du monde de l'opéra, de faire ses propres expériences et de découvrir ce pour quoi il était né : la sonate pour clavier (clavecin).

Domenico Scarlatti, exact contemporain de Bach et de Haendel et de deux ans le cadet de Rameau, est effectivement un des plus grands maîtres du clavier de tous les temps. La préface des *Essercizi* étant un des deux seuls textes de Scarlatti ayant survécu, il vaut la peine de le reproduire ici : « Lecteur, que vous soyez *dilettante* ou connaisseur, n'attendez pas de ces compositions un profond enseignement, mais plutôt un ingénieux badinage artistique destiné à vous familiariser avec la majesté du clavecin. Je n'ai été poussé à les publier ni par des considérations d'intérêt ni par ambition, mais simplement par l'obéissance. Peut-être vous seront-elles agréables : je répondrai alors d'autant plus facilement à d'autres commandes, pour vous plaire dans un style plus facile et varié. Montrez-vous donc plus humains que critiques, et par là, accroissez votre plaisir. En ce qui concerne la position des mains, sachez que par D est indiquée la droite, et par M la gauche. Adieu. »

Des 555 sonates (moins de dix sont incomplètes ou d'authenticité douteuse) de Scarlatti dénombrées par Kirkpatrick, aucun autographe ne nous est parvenu, et très peu furent publiées du vivant du compositeur. À peu près toutes les éditions d'époque sont anglaises, et toutes sont fondées sur l'unique publication signée par Scarlatti lui-même, les trente *Essercizi* de 1738. En 1739, Thomas Roseingrave y ajouta douze sonates, parvenant ainsi à un total de quarante-deux. Une nouvelle édition des *Essercizi* parut à Amsterdam en 1742, plusieurs éditions d'un nombre très limité de sonates virent le jour à Paris entre 1741 et 1746. Au début du XIXe siècle, Muzio Clementi, le seul compositeur italien de son temps sur lequel Domenico Scarlatti ait laissé des traces autres qu'épisodiques, publia en Angleterre un recueil intitulé *Scarlatti's Chefs d'Œuvre, for the Harpsichord or Piano-Forte*. En 1839, Czerny fit paraître deux cents sonates, mais en les adaptant au goût d'une époque qui les considérait surtout comme d'utiles études pour délier les doigts.

En 1906 seulement, on assista à une première tentative d'édition complète : celle d'Alessandro Longo, qui publia un total de 544 sonates groupées par « suites » dans telle ou telle tonalité, mais dans un ordre totalement arbitraire ne tenant aucun compte de la chronologie. L'édition Longo fit longtemps autorité, malgré ses concessions au postromantisme, et sa numérotation reste en vigueur jusqu'à l'apparition de celle de Kirkpatrick. Une édition complète selon la numérotation Kirkpatrick a été réalisée dans les années 70 par Kenneth Gilbert*.

Pour établir sa classification chronologique, d'ailleurs parfois sujette à caution, Kirkpatrick eut recours aux sources fondamentales de notre connaissance des sonates de Scarlatti : pour l'essentiel, deux groupes de manuscrits de quinze volumes chacun, copiés parallèlement entre 1742 (voire 1752) et 1757, et ayant appartenu à Maria Barbara. Un groupe (treize volumes numérotés de I à XIII et totalisant 496 sonates plus deux non numérotés) se trouve à la bibliothèque de Saint-Marc à Venise, l'autre (quinze volumes totalisant 463 sonates) à la Bibliothèque palatine à Parme. Les deux volumes de Venise non numérotés à l'origine, et numérotés par Kirkpatrick XIV et XV, fuent copiés respectivement dès 1742 et dès 1749 : ils comprennent les sonates les plus anciennes, dont les trente *Essercizi* de 1738. À l'autre extrême, les volumes Venise XIII et Parme XV, copiés l'un et l'autre en 1757, contiennent des sonates qu'une autre source, la collection des manuscrits de l'abbé Fortunato Santini *(1778-1862)*, préservée à Münster, présente comme les « Dernières Sonates pour Clavecin de Domenico Scarlatti composées en 1756 et en 1757 l'année de sa mort ». Les cinq volumes de Münster totalisent 349 sonates. Enfin, sept volumes ayant appartenu à Johannes Brahms et totalisant 308 sonates sont conservés à la Société des amis de la musique à Vienne.

L'origine des manuscrits de Venise et de Parme est assez claire. En même temps que Domenico Scarlatti, vécut à la cour de Madrid le célèbre castrat Carlo Broschi, dit Farinelli*. Arrivé en Espagne en 1737, Farinelli y resta jusqu'en 1759, date de la mort du roi Ferdinand VI. Il reçut de la reine Maria Barbara non seulement ses plus beaux clavecins, mais ses manuscrits de sonates de Scarlatti, et c'est certainement par l'intermédiaire de Farinelli, qui termina ses jours en Italie, que les deux groupes de quinze volumes chacun aboutirent respectivement à Venise et à Parme.

Quant à l'abbé Santini, « collectionneur authentique au meilleur sens du terme » (Mendelssohn), et dans la maison duquel Cramer et Liszt jouèrent du Scarlatti, ce sont ses manuscrits qui servirent à Czerny pour son édition de 1839.

Voici comment se répartissent, selon les diverses sources, les 555 sonates de Scarlatti selon la numérotation Kirkpatrick :
— K.1-30 : *Essercizi per gravicembalo* (Londres, 1738) ;
— K.31-42 : Douze sonates ajoutées aux *Essercizi* par Thomas Roseingrave dans son édition de 1739 ;
— K.43-93 : Venise XIV (1742) ;
— K.94 : Manuscrit de Coïmbre ;
— K.95-97 : Edition parisienne (avant 1746) ;
— K.98-138 : Venise XV (1749) ;
— K.139-144 : Manuscrit londonien (après 1746) ;
— K.145-146 : Manuscrit de Cambridge ;
— K.147 : Münster I ;
— K.148-176 : Venise I (1752) ;
— K.177-201 : Venise II (1752) ;
— K.202-205 : Parme I (1752) ;
— K.206-235 : Venise III (1753) ;
— K.236-265 : Venise IV (1753) ;
— K.266-295 : Venise V (1753) ;
— K.296-325 : Venise VI (1753) ;
— K.326-355 : Venise VII (1754) ;
— K.356-357 : Parme IX (1754) ;
— K.358-387 : Venise VIII (1754) ;
— K.388-417 : Venise IX (1754) ;
— K.418-451 : Venise X (1754) ;
— K.452-453 : Münster II ;
— K.454-483 : Venise XI (1756) ;
— K.484-513 : Venise XII (1756) ;
— K.514-543 : Venise XIII (1757) ;
— K.544-555 : Parme XV (1757).

Dans la mesure où cette chronologie est fondée uniquement sur les dates des sources, elle ne correspond pas toujours aux dates ni à l'ordre de composition, et l'on peut supposer, en l'absence du moindre autographe, que telles qu'elles nous sont parvenues certaines sonates ne sont que la version définitive d'ouvrages conçus différemment à une époque antérieure. Kirkpatrick a néanmoins tenté de dégager, pour les divers volumes copiés, des caractéristiques générales : statisme des *Essercizi*, par opposition au dynamisme des volumes suivants ; impression de maturité à partir de Venise III et IV, avec notamment dans ces volumes d'admirables mouvements lents ; transparence de l'écriture et renonciation aux effets extérieurs dans Venise V-VII ; sommets et synthèses à partir de Venise VIII. En 1967, une classification chronologique fondée sur des critères uniquement stylistiques a été tentée par Giorgio Pestelli : elle aussi reste largement incertaine.

Les sonates de Scarlatti sont toutes en un seul mouvement (ce qui ne veut pas toujours dire un seul tempo), et numérotées individuellement dans toutes les sources, mais les manuscrits de Venise et de Parme les réunissent souvent par groupes de deux (plus rarement de trois), en général dans la même tonalité (mais pas toujours groupées de la même façon dans les divers manuscrits). On peut admettre que Scarlatti en faisait autant lorsqu'il les jouait lui-même. Par leur caractère, les sonates ainsi réunies (chez Kirkpatrick, numéros se succédant) peuvent aussi bien s'opposer que se compléter. La forme est toujours binaire, chacune des deux parties étant en principe répétée, et les fins de chaque partie sont toujours identiques (fin de la première partie à la dominante ou à ce qui en tient lieu, fin de la seconde partie à la tonique).

Mais, différence essentielle avec la forme sonate classique, le début de la sonate n'est pratiquement jamais repris au cours de la seconde partie (quelques exceptions cependant, comme K.159 ou K.256). Le sentiment de « réexposition » est donc fortement atténué, malgré le rôle de « développement modulant » fréquemment assumé par le début de la seconde partie. En fait, dans ce cadre apparemment restreint et uniforme, Scarlatti déploie les trésors d'une imagination inépuisable.

On peut en gros distinguer deux types de sonates : celles de forme « fermée » aux deux parties semblables, et celles (plus dynamiques) de forme « ouverte », aux deux parties dissemblables par la succession des thèmes et des tonalités. Dans toutes ces œuvres, et c'est un aspect de leur étonnant modernisme, la structure harmonique est plus importante que la structure thématique. Scarlatti ne recule devant aucune modulation, oppose brutalement les tonalités les plus éloignées, emprunte de fulgurants raccourcis enharmoniques, et s'aventure même jusqu'à la polytonalité. Il eut de la dissonance une conception dynamique, et ses sonates, plus davantage qu'importe quel ouvrage de Bach, de Haendel ou même de Rameau, sont une succession d'événements dramatiques articulés : à ce titre, elles annoncent de très près le classicisme viennois.

Les rythmes sont tout aussi prodigieux et variés, et contribuent grandement à la grâce, à l'élégance ou à la vigueur d'un discours exempt de la moindre lourdeur. D'autant que Domenico se passionna pour la musique populaire, en particulier pour le folklore ibérique, au point qu'on le prendrait presque pour un compositeur espagnol. Il emprunta certaines tournures modales étranges au flamenco andalou, et son écriture évoque souvent la guitare : d'où ces grappes d'accords dissonants que de nombreux éditeurs et copistes crurent devoir corriger, alors qu'en réalité on a là des « fausses notes pour le plaisir » qui rapprochent Scarlatti de compositeurs pour piano du xxᵉ siècle comme Albéniz ou Ravel : plus sans doute qu'aucun maître du clavier, il sut user de l'acciaccatura*. Mais on trouve aussi chez lui des dissonances expressives, des chromatismes annonçant Schumann ou Brahms. Dans sa musique, l'imitation du chant des charretiers, des muletiers et d'autres gens du peuple, les sonorités de chasse ou de bals populaires coexistent avec les plus profondes méditations.

Cette musique est aussi suprêmement virtuose, souvent d'une difficulté technique extrême : sauts, croisements de mains, batteries, gammes, arpèges, elle intègre tout ce qu'il y a de plus difficile pour les doigts. Relativement isolé en son temps, Domenico Scarlatti n'eut comme disciples directs que des compositeurs ibériques, avec à leur tête le padre Antonio Soler*. Son œuvre est comme un diamant unique, un solitaire : elle en a l'éclat et la perfection. M. V.

SCARLATTI (*Giuseppe*), compositeur italien (*Naples v. 1718 ou 1723 - Vienne 1777*). Probablement neveu d'Alessandro et cousin de Domenico, il partagea sa carrière entre l'Italie (Rome, Florence, Lucques) et Vienne, rendit sans doute visite à Domenico en Espagne vers 1752 et composa au moins 32 opéras.
M. V.

SCELSI (*Giacinto*), compositeur italien (*La Spezia 1905*). Il étudia avec Respighi et Casella, et obtint ses premiers succès à Paris, notamment avec la création par Pierre Monteux de *Rotative* pour orchestre (1931). Il voyagea ensuite au Proche-Orient et en Afrique, et étudia les techniques dodécaphoniques à Vienne avec Walter Klein (1935-36). En 1937, il organisa à Rome avec Petrassi une série de concerts de musique contemporaine, et, durant la guerre, résida en Suisse, où il collabora à la revue *la Suisse contemporaine* tout en écrivant de nombreux essais musicologiques. Il publia à Paris de la poésie en français (1949, 1954, 1962), et participa à Rome aux activités du groupe Nuova Consonanza. A partir de 1952, il s'est orienté comme compositeur vers des solutions radicales teintées parfois d'ésotérisme ou de mysticisme, et qui font que se reconnaissent en lui aussi bien un Ligeti ou un Feldman que des membres de la jeune génération actuelle. En témoignent notamment les *Quattro Pezzi su une nota sola* pour orchestre de vingt-six musiciens (1959), *Hurqualia* pour grand orchestre et instruments amplifiés (1960), *O-ho-i* pour seize cordes (1966), ou *Pranam* pour voix, douze instruments et bande magnétique (1972). M. V.

SCÈNE. En matière de théâtre, subdivision facultative d'un acte selon le découpage déterminé par la logique de l'action. Le mot « scène », ou plutôt « scena » sous sa forme italienne, désigne également un grand monologue lyrique de caractère dramatique. Au pluriel, enfin, il a servi de titre à de nombreuses suites instrumentales ou orchestrales de caractère évocateur ou simplement descriptif, telles que les *Scènes d'enfants* de Schumann ou les *Scènes alsaciennes* de Massenet. M. T.

SCÈNE (MUSIQUE DE). — 1. **Dans un opéra**, musique instrumentale exécutée non dans la fosse d'orchestre, mais sur scène (par des musiciens en costumes) ou en coulisses. Il s'agit parfois d'une petite formation de chambre, comme à l'acte II du *Don Giovanni* de Mozart, mais le plus souvent d'une fanfare comme dans *les Huguenots*, *Lohengrin*, le *Faust* de Gounod, *Don Carlos*, *Aïda*, etc. — 2. **Dans une œuvre théâtrale**, toute musique destinée à accompagner l'action, à l'enrichir d'un divertissement (comédie-ballet ou tragédie-ballet à partir du xviiᵉ siècle) ou à contribuer à l'ambiance d'une scène.

Ce genre a été couramment pratiqué jusqu'au début du xxᵉ siècle, ainsi qu'en témoigne le fait que la Comédie-Française ou l'Odéon étaient pourvus d'une fosse d'orchestre. Et il a inspiré des chefs-d'œuvre dont quelques-uns des plus célèbres sont les musiques de scène de Beethoven pour *Egmont* de Goethe, de Mendelssohn pour le *Songe d'une nuit d'été* de Shakespeare, de Bizet pour *l'Arlésienne* d'Alphonse Daudet, de Richard Strauss pour *le Bourgeois gentilhomme* de Molière, de Grieg pour *Peer Gynt* d'Ibsen, de Sibelius pour *Pelléas et Mélisande* de Maeterlinck ou pour *la Tempête* de Shakespeare. De nos jours, les frais qu'entraîne la mobilisation d'un orchestre symphonique rendent cette forme de spectacle pratiquement irréalisable. La musique de scène subsiste toutefois, ramenée à des proportions plus modestes, avec la participation d'ensembles instrumentaux réduits qui sont généralement enregistrés sur bande. M. T.

SCÈNES ALSACIENNES. Suite pour orchestre composée en 1881 par Jules Massenet, et comprenant quatre pièces : *Dimanche matin* (faisant entendre un choral), *le Cabaret*, *Sous les tilleuls*, *Dimanche soir*. Elle fut la plus populaire des sept suites d'orchestre de Massenet, entre autres parce qu'elle évoquait une province arrachée aux Français par la défaite de 1870. M. C.

SCÈNES DE BALLET. Œuvre pour orchestre d'Igor Stravinski, commandée par Billy Rose pour sa revue de Broadway *The Seven Lively Arts*, composée du printemps 1944 au 23 août de la même année, créée à la scène à Philadelphie en 1944 sous la direction de Maurice Abravanel et au concert à New York durant l'hiver de 1945 sous la direction du compositeur.
M. V.

SCÈNES DE FAUST. Oratorio profane pour solistes, chœurs et orchestre de R. Schumann, commencé dès 1843, repris de 1847 à 1850, terminé en 1853, et créé en 1862, à Cologne, par Hiller. Comme tous les romantiques, Schumann a été hanté par le mythe de Faust (dès 1832, il écrit au début de l'intermezzo op. 4 n° 2 la mention «Meine Ruh'ist hin!», chant de Marguerite au rouet). Vers 1843, après *le Paradis et la Péri* et le voyage en Russie, il s'attache au projet que viendra précipiter le centenaire de Goethe (1849). Si plusieurs scènes sont présentées en public dès cette époque, l'ouvrage ne sera achevé (ouverture) qu'en 1853.

La première partie (qui correspond au *Premier Faust* de Goethe) est centrée sur Marguerite : 1) *Scène du jardin*, printanière, d'une tendre délicatesse, en *fa;* 2) *Prière de Gretchen* (*la* mineur) avec récitatif unissant lied et ballade ; 3) *Scène de l'église*, dramatique (*ré* min.) pénétrante, avec citation du *Dies irae*.

La deuxième partie (*Second Faust* de Goethe) évoque plus spécialement Faust : 1) *Lever de soleil*, chant d'Ariel et monologue de Faust ; 2) *Scène de la minuit* où paraissent les quatre Femmes Grises : Misère, Péché, Souci, Détresse, fantastique scherzo et clair-obscur musical à 6/8 en *si* mineur que prolonge le long dialogue de Faust avec le Péché, préludant à la scène ; 3) *Mort de Faust*, en *sol* mineur, et évocation des Lémures que commande Méphisto.

La troisième partie, «transfiguration de Faust», la plus développée, s'impose par son unité et sa densité. Au *Chœur des Anachorètes* et au solo du *Pater Extaticus*, succèdent le *Pater Profondus* (basse ; caractère de la ballade) et le *Seraphicus* (baryton) que rejoint le chœur des *Enfants bienheureux*, puis les *Anges* (*la* bémol), compliqué de solos de soprano (thème des Roses) et des interventions des *Anges parfaits et novices* (rayonnement d'un orchestre aérien, éthéré, d'une éclatante beauté). Après la lente invocation du *Docteur Marianus* à la *Reine Céleste* d'abord, aux Grandes Pénitentes ensuite (Marie Madeleine, Samaritaine, Marie l'Égyptienne, auxquelles succède Marguerite), l'œuvre se clôt sur un puissant *Chœur mystique*, énonçant, à huit voix fuguées, un symbole cher à tous les artistes romantiques, l'Éternel féminin.

Dans cette œuvre gorgée de musique, tout Schumann est là, avec ses passions, ses tendresses, sa pudeur, avec son lyrisme pétri de lumière (Ariel), de sève populaire (prière de Gretchen) ou religieuse (scène de l'église), avec sa haute culture également qui le fait accéder de plain-pied au niveau des plus grands esprits. Mais aussi avec ses propres fantasmes et sa sourde angoisse devant ces deux maux qui — il le sait — le guettent : la folie et la mort. Toutes ces données expliquent l'éclatante et émouvante beauté du *Faust* de Schumann, une des plus hautes illustrations musicales de l'œuvre de Goethe. J. G.

SCÈNES DE LA FORÊT (en all. *Waldszenen*). Recueil de 9 pièces pour le piano, op. 82, de Robert Schumann (1849). Si l'ensemble de la composition s'impose par sa richesse musicale, ordonnée autour de la tonalité pôle de *si* bémol et des tonalités proches de *ré* mineur, *sol* mineur ou *mi* bémol, également par son écriture extrêmement évocatrice et renouvelée (accords de neuvième et renversements), elle traduit mieux encore maintes constantes du romantisme germanique et schumannien à travers l'appel fait aux voix profondes de la nuit, de l'arbre, ou du fantastique.

Il s'agit là d'une journée de chasse, dont l'*Entrée* (dans la forêt) décrit de façon impressionniste à la fois le décor et la promenade, cependant que *Chasse à l'affût*, animé, voire nerveux, dépeint sans inutile amertume ni dramatisme le jeu cruel de l'homme en face de la bête. Après les subtiles dissonances de *Fleurs solitaires*, évoquant un tapis multicolore et la démarche lente, frissonnante, de *Lieu maudit*, véritable ballade de la peur au milieu des bois, le conteur-auditeur retrouve, soulagé, la clarté du jour dans *Paysage enchanteur* ou les chants populaires lors de la halte à l'*Auberge* tandis que l'*Oiseau prophète*, avec ses appoggiatures et ses fusées sonores, apporte, par son chant transparent et impalpable, l'heure de pure et profonde poésie que dérange un claironnant *Air de chasse* mais que prolonge l'ombreuse mélancolie de l'*Adieu*.

Ainsi, tout un monde d'étrange mystère, de blafardes clartés se développe ici, à la limite du conscient et de l'inconscient, de l'exprimé et de l'indicible.
J. G.

SCÈNES D'ENFANTS (en all. *Kinderszenen*). Recueil de 13 pièces pour le piano, op. 15, de Robert Schumann (1838). À la différence de l'*Album pour la jeunesse* de 1848, écrit pour des mains enfantines, les *Scènes d'enfants* sont de brèves miniatures destinées aux adultes et s'imposent comme des «souvenirs pour personnes ayant grandi», ainsi que les caractérise l'auteur lui-même. Dans ce regard jeté en arrière sur l'enfance, Schumann cherche à entraîner Clara vers le temps d'innocence, à la fois «vert paradis» de Baudelaire et «calme divin que l'on contemple avec amour» selon Hölderlin.

Tout, en effet, ressortit dans ce recueil d'une fraîche et tendre poésie aux bords de la nostalgie (*Gens et Pays d'ailleurs*), d'humeur sautillante (*Drôle d'histoire*), de détours abrupts (*Colin-Maillard*), d'aspirations enjôleuses (*Désir d'enfant*) ou de douce plénitude (*Bonheur parfait*), voire d'énergie volontariste (*Événement important*). Mais à ces tableaux dignes de Florestan s'opposent les quiètes atmosphères d'Eusébius, avec l'illustre *Rêverie* ou la chaude intimité d'*Au coin du feu*, que viennent bientôt troubler les syncopes du *Chevalier au cheval de bois* ou *Croquemitaine*, tandis que la nuit appelle les songes (*Presque trop sérieux*), que *L'enfant s'endort*, laissant alors le dernier mot au rêve et à la poésie (*Le poète parle*) où, en quelques accords si typiques de sa manière, Schumann élargit l'horizon et débouche sur son vrai domaine, l'ineffable beauté de la musique pure. J. G.

SCÈNES DRAMATIQUES. Suite pour orchestre de Jules Massenet, composée en 1873 et inspirée par des figures du théâtre de Shakespeare : successivement une évocation de la *Tempête*, avec Ariel et les Esprits des airs, puis le *Sommeil de Desdémone*, une *Ronde nocturne dans le jardin de Juliette*, et une sorte de condensé de *Macbeth* (les Sorcières), le festin où apparaît Banquo, les apparitions, et le couronnement de Malcolm, qui conclut l'œuvre sur une fanfare).
M. C.

SCÈNES HISTORIQUES. Suites pour orchestre op. 25 et op. 66 de Sibelius, comprenant chacune trois morceaux. L'opus 25 a son origine dans les manifestations organisées à Helsinki du 3 au 5 novembre 1899, en principe pour soutenir le fonds de retraite des journalistes, en réalité pour protester contre la censure très sévère des journaux introduite, parmi d'autres mesures de russification, par le gouverneur général Bobrikov.

Le 4, on put apprécier six «tableaux vivants» illustrant autant d'épisodes de l'histoire de la Finlande. Sibelius avait écrit notamment un prélude à chacun des tableaux. Ceux des tableaux 2 et 5 devaient rester inédits, celui du tableau 6 était le futur *Finlandia**, ceux des tableaux 1, 3 et 4 devaient, après révision, les *Scènes historiques* op. 25 (1911). Les trois morceaux de cette suite sont intitulés *All'Overtura* (le tableau 1 de 1899 représentait « le vieux barde Väinämöinen assis sur un rocher et s'accompagnant au kantele, tandis que sur un nuage la fille de Pohjola dévide son rouet d'or », *Scena* (le tableau 4 représentait « la Finlande dans la guerre de Trente Ans : Gustave-Adolphe préside une cérémonie au cours de laquelle de jeunes paysans finlandais revenus des combats reçoivent une bannière leur garantissant la liberté religieuse »), et *Festivo* (titre original *Quasi bolero :* le tableau 3 représentait « la cour du duc Johan à Turku au XVIe siècle, le monarque exprimant son amour de la Finlande et lui souhaitant des lendemains prospères »).

Les *Scènes historiques* op. 66, publiées en 1912, ne proviennent pas de la musique des tableaux vivants de 1899. Les trois mouvements en sont *la Chasse, Chant d'amour* et *Au pont-levis* (un motif de ce dernier morceau serait quand même issu de la musique originale du tableau 3 de 1899).

Dans l'ensemble, les *Scènes historiques* offrent une conjonction rare de trouvailles musicales authentiques révélant la main d'un maître et d'expression simple, directe et efficace, ce qui devrait leur assurer, dans le domaine de la musique « semi-légère », une place de premier choix, comparable par exemple à celle occupée par les suites de *l'Arlésienne* de Bizet. **M. V.**

SCÈNES PITTORESQUES. Quatrième suite d'orchestre de Jules Massenet, composée en 1871 et comprenant une *Marche*, un *Air de ballet*, avec un solo de violoncelle, un *Angelus* inspiré par Courbet, et une *Fête bohème*. On doit aussi à Massenet des *Scènes hongroises* (1871), des *Scènes napolitaines* (1864), et des *Scènes de féerie* (1881). **M. C.**

SCHAEFFER *(Pierre)*, compositeur français *(Nancy 1910)*. On le connaît d'abord comme le « père de la musique concrète », mais c'est aussi un excellent écrivain, un pionnier et un vétéran de la radio, le fondateur et le directeur de nombreux services, dont le Service de la recherche de l'O. R. T. F., qu'il anima de 1960 à 1975. Enfin c'est un penseur et un chercheur, dont la réflexion s'est appliquée à la communication audiovisuelle *(Machines à communiquer)*, mais surtout à la musique : son œuvre théorique, dans ce domaine, est aussi importante que sa production réduite.

Sorti de l'École polytechnique en 1934, Pierre Schaeffer entre à la Radiodiffusion française, où il crée en 1944 un Studio d'essai voué à la formation et à l'expérimentation radiophonique. C'est dans ce studio qu'en 1948 sa curiosité l'amène à « inventer » la musique concrète par des tâtonnements successifs qu'il a racontés avec humour *(À la recherche d'une musique concrète)*. Déjà il se préoccupe de trouver des bases perceptives et une méthode à la fois empirique et rigoureuse pour faire progresser une musique dont l'incongruité le fascine et lui fait horreur tout à la fois. Son ambivalence profonde par rapport à cette musique nouvelle qu'il a inventée sera une des marques dominantes de sa création et de sa pensée.

Rejoint par le jeune Pierre Henry en 1949, il en fait son collaborateur et compose avec lui plusieurs œuvres, dont la fameuse *Symphonie pour un homme seul* (1949-50), qui s'impose comme le premier classique du genre. En 1951, il fonde au sein de la Radiodiffusion française le Groupe de musique concrète, qui devient en 1958 le Groupe de recherches musicales, nom qu'il a conservé depuis. Le G. R. M. est d'abord mobilisé sur une recherche collective autour des hypothèses de son fondateur : définition d'un « solfège expérimental » de l'univers sonore, basé sur l'écoute, et remise en question de ces notions faussement évidentes que sont la musique, l'écoute, le timbre, le son, etc. Le monumental *Traité des objets musicaux*, publié en 1966 par Pierre Schaeffer, dresse le bilan considérable de cette recherche.

Après quoi, son auteur laisse la direction du G. R. M. à François Bayle, et se consacre principalement à l'animation du Service de la recherche, qu'il a fondé en 1960 et qui l'occupera jusqu'en 1975, date du démantèlement officiel de l'O. R. T. F., où il est relevé de son poste, et où ce Service de la recherche disparaîtra pour laisser la place à un Institut national de l'audiovisuel.

Après la publication de son *Traité*, il ne délaisse pas l'expérience musicale : comme « professeur associé », il assure, à partir de 1968, un Séminaire sur la musique expérimentale au Conservatoire de musique de Paris, dans le cadre d'un enseignement organisé par le G. R. M. Dans de nombreuses conférences, publications, etc., il prolonge les thèses de son *Traité*.

La production musicale de Pierre Schaeffer, exclusivement électroacoustique, est constituée d'un nombre réduit d'œuvres, réalisées sur des périodes courtes. Une première série est celle des « primitifs » de la musique concrète, les *Études de bruits* de 1948 *(Étude violette, aux chemins de fer, aux tourniquets, pathétique)*, brèves pièces demeurées aussi fraîches et attachantes qu'au premier jour, la dernière étant de toutes la plus réussie. La *Flûte mexicaine* (1949) et *l'Oiseau RAI* (1950) sont de petites « pièces de genre » sans prétention, cependant que la curieuse *Suite 14* (1949) est une tentative désespérée pour réintégrer l'ancienne musique (avec notes et instruments) dans la nouvelle. Le manque de sérieux apparent, le surréalisme sans prétention et les titres cocasses de ces œuvres firent scandale auprès des musiciens sériels, qui ne badinaient pas à cette époque. Elles utilisent beaucoup le « sillon fermé », équivalent au disque de la « boucle » de magnétophone : c'est sur des disques souples, en effet, qu'ont été réalisées jusqu'en 1951 environ les premières musiques concrètes.

Une deuxième série est celle des œuvres composées en collaboration avec Pierre Henry. Outre le bref *Bidule en « ut »* (1950), elle comprend deux pièces plus longues et ambitieuses : la *Symphonie pour un homme seul* (1949-50) et l'opéra concret *Orphée 51* (1951, remanié plusieurs fois), dont Schaeffer écrivit le livret. Ces deux œuvres expressionnistes lui doivent leur ton très particulier, grinçant et nostalgique. Elles rappellent aussi que Schaeffer fut un grand « homme de radio ». L'association provocante, dans *Orphée*, du chant classique et de la bande magnétique fit scandale à Donaueschingen comme un crime de lèse-avant-garde.

La troisième série, quelques années plus tard, prend le contrepied des deux premières et cherche à créer une musique concrète purement « musicale », sans effets surréalistes et anecdotiques, se fondant seulement sur les qualités intrinsèques des sons : celles-là mêmes que le « solfège expérimental » entrepris par l'auteur cherche à définir et à classer. Elle est constituée de trois *Études* (l'auteur affectionne cette formule, et ce terme) : l'*Étude aux allures* (1958), l'*Étude aux sons animés* (1958), toutes deux très réussies, et surtout l'*Étude aux objets* (1959), le chef-d'œuvre de son auteur. Cette pièce utilise un nombre limité d'« objets sonores », qu'elle assemble de cinq manières différentes en cinq mouvements très contrastés. Elle a la poésie d'une belle prose bien cadencée, mais aussi des caprices, des trouvailles, des coups de folie inattendus. Son influence est notable chez de nombreux compositeurs de musique concrète et, en général, électroacoustique.

En 1960, Pierre Schaeffer cesse de composer, estimant que la musique a plus besoin de « chercheurs » que d'« auteurs ». Mais sa mise en disponibilité, en 1975, lui redonne du temps libre pour réaliser, avec l'assistance de Bernard Dürr, une série de pièces à base de sons électroniques (qu'il emploie pour la première fois), baptisée la *Trièdre fertile*.

Les quinze années passées sans composer ont été largement occupées par la musique, et d'abord par le *Traité des objets musicaux*. Le « T. O. M. », comme disent ses familiers, est un monument encore mal connu, et il bouscule trop d'idées toutes faites pour être facilement accepté. Il se présente comme un travail interdisciplinaire, et la musique y est envisagée comme un art-carrefour, où se rencontrent la linguistique, la psychoacoustique, la phénoménologie, etc. Énumérons pêle-mêle quelques-uns des jalons révolutionnaires que cet ouvrage pose pour une nouvelle musique : distinction des « quatre écoutes » (écouter, ouïr, entendre, comprendre) et analyse de ce « circuit de la communication musicale » en quatre secteurs ; définitions complémentaires de l'« objet sonore » et de « l'écoute réduite », deux notions clés introduites par Schaeffer; dialectique perceptive de l'« objet » et de la « structure »; critique des notions classiques de timbre et de paramètres qui prétendent décrire, pour les manier, les phénomènes sonores, et contre-proposition, en retour, de sept critères perceptifs principaux, perçus dans le triple « champ perceptif » naturel de l'oreille ; tout cela pour en arriver à un vaste programme de recherche musicale, dont le *Traité* se présente comme le préambule.

Le « T.O.M. » illustre notamment cette double thèse : *la musique est faite pour être entendue* (ce qui récuse toute conception à priori de la composition sur le papier, négligeant le fait perceptif) ; *la musique est double : culturelle*, certes, comme tout le monde l'admet, mais aussi *naturelle*, c'est-à-dire s'appuyant sur des propriétés perceptives naturelles de l'oreille (phénomène d'octave, par exemple) que respectent les musiques traditionnelles, et que les recherches contemporaines ne peuvent ignorer impunément.

On comprend mieux la relative impopularité du *Traité des objets musicaux*. Non qu'il se présente comme une nouvelle bible de la musique moderne, mais plutôt comme un questionnement, que bien peu ont encore osé aborder en face. C'est la rigueur, la profondeur et la très grande honnêteté de ce questionnement qui font de Schaeffer un homme aussi important pour la musique par son travail de chercheur que par sa production réduite de compositeur : paru en 1966, le *Traité* s'est d'ailleurs révélé prophétique, bon nombre de ses thèses ayant été confirmées depuis par des expériences menées avec l'aide de l'ordinateur.

Passionnante figure que celle de Pierre Schaeffer, rare et même unique dans une avant-garde musicale qui cultive plutôt un optimisme progressiste sans nuances. Les scrupules, les questions, le scepticisme de cet « homme seul », dans un concert si unanime, apportent une dissonance nécessaire, vitale, une note d'angoisse et de vérité.
M. C.

SCHAEFFNER *(André)*, ethnologue et musicologue français *(Paris 1895)*. Élève de S. Reinach à l'école du Louvre, de Vincent d'Indy à la Schola cantorum, de M. Mauss à l'École des hautes études, il a reçu une formation des plus complètes grâce à laquelle il a pu mener à bien des travaux très variés. Son ouvrage sur Stravinski, ses études sur Debussy sont remarquables. Mais c'est principalement dans le domaine de l'ethnologie musicale, dont il a été l'introducteur en France, qu'André Schaeffner a acquis une réputation qui dépasse nos frontières. Il a fondé en 1929, au musée de l'Homme, un département d'ethnomusicologie et a été chargé de plusieurs missions scientifiques en Afrique. Il a dirigé la 3e édition française du *Dictionnaire de Riemann* (1931). Entre 1958 et 1961, il fut président de la Société française de musicologie.
Principaux écrits. *Le Jazz*, en collaboration avec A. Cœuroy (1926) ; *I. Stravinski* (Paris, 1931) ; *Origine des instruments de musique* (Paris, 1936, réed. 1967) ; *les Kissi, une société noire et ses instruments* (Paris, 1951). **Edition.** *F. Nietzsche. Lettres à Peter Gast* (Monaco, 1957) ; *Segalen et Debussy*, avec A. Joly-Segalen (Monaco, 1961) ; *Debussy et ses rapports avec la musique russe* (in *Musique russe*, I, 1953) ; *Au fil des esquisses du Sacre du printemps* (Revue de musicologie, tome 57, 1971, n° 2).
J. R.

SCHÄFFER *(Boguslaw)*, compositeur et théoricien polonais *(Lvov 1929)*. Il fit ses études de violon, puis de composition, avec A. Malawski à Cracovie, obtint son diplôme de musicologie à l'université de Cracovie en 1953, et, depuis 1963, est titulaire de la chaire de composition à l'École supérieure de musique de cette ville. Il commença sa carrière comme théoricien de la musique nouvelle, publiant en 1958 un ouvrage intitulé *la Musique nouvelle. Problèmes de la technique de composition contemporaine*, et assumant les fonctions de rédacteur en chef de la revue *Ruch Muzyczny*. Auteur en 1953 de la première œuvre dodécaphonique polonaise *(Musique pour cordes : Nocturne)*, il écrivit d'abord une série d'œuvres encore relativement « classiques » comme *Quattro Movimenti* pour piano et orchestre (1957), *Tertium datur* pour clavecin et instrument (1958) et *Monosonata* pour vingt-quatre instruments à cordes (1959), puis élargit ses préoccupations en direction des rapports de la musique à des phénomènes tels que l'image, le graphisme, l'espace, la gestique.

À partir de 1963, il composa une série de pièces de théâtre musical où l'action scénique, ainsi que le jeu instrumental assument un rôle aussi fondamental que le résultat sonore lui-même : ainsi *Tis-Mw2* (1962-63), composé à l'intention de l'ensemble Mw2 de Cracovie pour un acteur, un mime et une ballerine accompagnés de deux pianos, une chanteuse, une flûte et un violoncelle, ou encore *Out of Tune* pour soprano et violoncelle (1972).

Il explora aussi le happening, avec notamment *Non-Stop* pour piano (1960), *Expressive Aspects* pour flûte et soprano (1963), *Creative Act* (1968), ou *Negative Music* pour n'importe quel instrument (1972).

Ses « musiques d'action » comme *Quartet SG* pour ensemble de musiciens (1968) ou *Synectics* pour trois exécutants (1970) se situent entre le voir et l'entendre, et, d'une façon générale, sa démarche rejoint la signification toujours donnée par John Cage à la notion d'expérimental.

Il s'est en outre intéressé à l'écriture musicale et aux partitions graphiques, par exemple dans *Free Form n° 1* (1972), à l'électroacoustique, comme dans *Synthistory : Electronic Music* (1973), et au jazz *(Blues n° 2* pour ensemble instrumental, 1973). Citons encore *Missa elettronica* pour chœur de garçons et bande (1975), *Heideggeriana* pour ensemble (1979), *Autogenic Composition* pour soprano, flûte, violoncelle, piano et quatre acteurs (1980), *Cinq Introductions et Un épilogue* pour petit orchestre de chambre (1981), et l'ouvrage théorique *Introduction à la composition* (1976).
D. et J.-Y. B.

SCHALK *(Franz)*, chef d'orchestre autrichien *(Vienne 1863 - Edlach 1931)*. Il fut au conservatoire de Vienne l'élève de Hellmesberger (violon), Epstein (piano), mais surtout de Bruckner (composition). Après avoir été chef d'orchestre à Graz, à Prague, à Berlin, et avoir été invité à Londres et à New York, il entra en 1900 à l'Opéra de Vienne. De 1919 à 1924, il en fut le directeur, conjointement avec Richard Strauss, puis directeur en titre jusqu'en 1929. Il y dirigea en 1919 la création de *la Femme sans ombre* de Strauss. Avec son frère Josef *(Vienne 1857 -* id. *1900)*, il s'était appliqué à faire connaître les symphonies de Bruckner*, mais en leur ayant fait subir certains remaniements injustifiables.
A. L.

SCHAT *(Peter)*, compositeur néerlandais *(Utrecht 1935)*. Élève de Kees Van Baaren au conservatoire de sa ville natale, il étudia aussi avec Matyas Seiber à Londres et Pierre Boulez à Bâle. D'abord influencé par Stravinski et par les quatuors de Bartók, il se tourna ensuite vers Webern et Stockhausen, et devint un des principaux chefs de file de l'avant-garde de son pays. Son *Septuor* (1957), conçu selon la technique dodécaphonique, attira l'attention par ses qualités formelles et sonores. Suivirent notamment *Mozaiken* pour orchestre (1959), *Signalement* pour six percussions et trois contrebasses (1961), et l'opéra *Labyrinth* (1961-62), créé sous la direction de Bruno Maderna en 1966. En 1969, il joua le rôle essentiel dans la conception et la réalisation de l'opéra collectif *Reconstruction**.

Lié depuis 1967 au Studio de musique électroinstru-

mentale d'Amsterdam, ce qui devait se refléter dans un certain nombre d'œuvres dont *Thema* pour hautbois solo, dix-huit vents, quatre guitares électriques et orgue électrique (1970), et *To You* (1972), il fonda en 1973 le Cirque électrique d'Amsterdam, groupe pour lequel il composa *Het vijde seizoen*, pièce de théâtre musical (1973). Le circus-opéra *Houdini* (composé en 1974-1976, créé en 1977) donna naissance, entre autres, à la *Houdini symfonie* pour solistes, chœurs et orchestre (1976), et au ballet *I am Houdini* pour ténor, chœur et deux pianos (1976). Citons encore une *Symphonie n° 1* (1978, rév. 1979), et *Aap verslaat de Knekelgeest* pour cinq chanteurs et douze instrumentistes (Amsterdam, 1980).
M. V.

SCHEIBE (Johann Adolph), compositeur et théoricien allemand *(Leipzig 1708-Copenhague 1776).* Ce fils d'organiste dont la candidature fut refusée à la Nikolaikirche de Leipzig en 1729, J.-S. Bach étant l'un des examinateurs, fonda une revue musicale hebdomadaire intitulée *Der kritische Musicus* (1738-1740), prit violemment à partie J.-S. Bach, et défendit avec ardeur le style allemand contre les influences étrangères et notamment italiennes. Nommé en 1739 maître de chapelle du margrave de Brandebourg-Kulmbach, beau-frère de Christian VI de Danemark, il rejoignit Copenhague en 1740. Dès lors, son œuvre se développe, dominé par ses cantates et surtout ses grands concerts de la Passion *(Gottselige Gedanken bei dem Kreuze unseres Erlösers,* 1742; *Tränen der Sünder bei dem Kreuze ihrer Erlösers,* 1746). En 1746, il est mis à la retraite, le nouveau roi Frederik V préférant l'opéra et les styles italien et français, et Scheibe ne réapparaît qu'en 1766 pour écrire une *Passions Cantata* pour les funérailles de Frederik.

Scheibe rejette le style musical italien, il utilise avec simplicité l'arioso, attribue un rôle important à l'orchestre, et il apparaît comme une personnalité représentative de la période de transition entre les époques baroque et classique. La plupart de ses œuvres musicales sont perdues.

Sa critique de Bach, qui lui fut violemment reprochée par la postérité, à partir du XIXᵉ siècle (Spitta) surtout, doit être replacée dans le contexte de l'époque. En fait, Scheibe fut un des principaux théoriciens de la musique dans l'Allemagne de son temps, et c'est comme « progressiste », comme annonciateur et propagateur, par ses idées, de la révolution mélodique et harmonique qui devait mener au classicisme viennois, que Scheibe trouva Bach, ce « grand homme », artificiel et confus. Pour lui, dont les écrits symbolisèrent la fin de l'âge baroque, le musicien le plus représentatif du temps était Telemann. Très significative de son état d'esprit est la phrase suivante, écrite par lui en 1745 : « La mélodie est plus importante que l'harmonie, car elle est plus noble, c'est d'elle que dépend l'invention et c'est chez elle qu'il faut chercher les fondements de l'accompagnement harmonique. »
H.-C. F. et M. V.

SCHEIDT (Samuel), compositeur et organiste allemand *(Halle 1587-*id. *1654).* Issu d'une famille de musiciens, il fit ses études musicales auprès de Sweelinck, le « faiseur d'organistes », de 1605 à 1608 ou 1609. Sweelinck lui transmit son art de l'orgue, du contrepoint et l'héritage musical anglo-néerlandais. De retour à Halle en 1609, Scheidt est organiste à l'église Saint-Maurice et à la cour de Brandebourg. Vers 1619, il devient maître de chapelle de Christian Wilhelm de Brandebourg et administrateur de l'archevêché de Magdebourg, mais continue à assurer ses fonctions à l'église de la cour à Halle.

Sa renommée va croissant, grâce à la publication de ses premières œuvres, mais les malheurs de la guerre de Trente Ans entraînent en 1625 la dissolution de la cour. En 1628, il est nommé director musices de la Marienkirche, toujours à Halle dont c'est la principale église. Mais en 1630, à la suite de différends, il perd ce poste qui avait été créé spécialement pour lui et vit alors des revenus que lui rapportent ses œuvres publiées, et cela jusqu'au rétablissement de la cour, en 1642, et des protections princières dont il jouira jusqu'à sa mort.

Son premier recueil d'œuvres, les *39 Cantiones Sacrae a 8 vocum,* paraît en 1620, suivi en 1621 et 1622 par les deux recueils de pièces diverses pour plusieurs voix avec accompagnement d'instruments publiées sous le titre de *Concertus sacri.* Il édite ensuite quatre volumes de *Ludi musici* (ou *Ludorum musical),* dont seul le deuxième nous est parvenu, puis les trois volumes de sa *Tabulatura Nova* (1624), recueils de pièces d'orgue contenant des variations, fantaisies, cantilènes, passamezzos, canons, toccatas, échos, psaumes, hymnes, un *Magnificat* et des paraphrases du *Kyrie* et du *Credo.* Viennent ensuite les quatre volumes des *Geistliche Konzerte* (« Concerts spirituels », 105 œuvres vocales de deux à six voix avec basse continue et soutien facultatif d'instruments), respectivement en 1631, 1634, 1635 et 1640. En 1644, ce sont les *LXX Symphonien auff Concerten manir* (« 70 Préludes dans le mode concertant »), dix pour chacune des sept tonalités), et enfin le *Görlitzer Tabulaturbuch* (« Livre de tablature de Görlitz », 100 harmonisations de chorals pour orgue ou instruments).

Sous le titre des « 3 S », on a rangé Scheidt auprès de ses contemporains, nés à une année d'intervalle, Schütz et Schein. Mais son originalité tient au fait qu'il a su, tout en restant fidèle au choral ou à la mélodie qui servent de base à ses commentaires ou à ses variations, opérer une synthèse entre l'art des musiciens d'Allemagne du Nord, la technique du contrepoint et de la variation des Néerlandais et des Anglais, que lui avait enseignée Sweelinck, et le jeu concertant, comme la recherche de l'expressivité musicale des mots, propres à l'Italie qu'avait pu lui transmettre l'encyclopédique Michael Praetorius. Lié d'amitié avec Praetorius, lui-même maître de chapelle à Halle, il avait d'ailleurs fondé avec lui et avec Schütz la Concert Music de la cathédrale de Magdebourg, en 1618.

Grand fournisseur de musique spirituelle au moment où son pays, ravagé par la guerre de Trente Ans (1618-1648), connaît une exacerbation de sa pratique religieuse, il en fit évoluer le style depuis ses premières œuvres à plusieurs chœurs jusqu'à ses *Concerts spirituels.* Là, un style contrapuntique rigoureux et fidèle à la tradition s'enrichit de l'apport expressif du madrigal et des instruments concertants, mais toujours dans le but très précis de servir les textes spirituels – attitude qui rapproche davantage Scheidt de Schütz que de Schein et en fait l'un des précurseurs de la cantate de choral.

On retrouve ce même amour pour les anciennes règles léguées par la tradition dans son œuvre instrumentale. Il est un héritier direct de Sweelinck pour la manière de varier un thème en l'enrichissant progressivement et pour la rigueur de sa polyphonie instrumentale. Mais il innove en empruntant au ricercar italien la construction contrapuntique sur plusieurs thèmes, ou en phrasant de façon plus variée, à l'imitation de la technique expressive du violon. De la sorte, il contribue à créer un style d'écriture spécifiquement instrumentale, bien différenciée de la technique vocale, et un art de synthèse qui va profondément influencer ses successeurs jusqu'à Jean-Sébastien Bach. Mais à la différence de ce que fera — génialement — ce dernier, Scheidt ne modifie jamais la ligne mélodique d'un choral, qui reste toujours lisible sous sa forme primitive dans les lignes de la polyphonie.

Son frère, **Gottfried** *(Halle 1593-Altenburg 1661),* fut lui aussi compositeur et organiste. Comme Samuel, il fut l'élève de Sweelinck à Amsterdam, avant d'être organiste et maître de chapelle à Altenburg. Il a composé pour l'orgue et pour le chœur.
G. C.

SCHEIN (Johann Hermann), compositeur, maître de chapelle et poète allemand *(Grünhain 1586-Leipzig 1630).* Il fit ses études à Dresde, à Pforta et à l'université de Leipzig. En 1609, un recueil de musique vocale et instrumentale qu'il fait paraître à Wittenberg sous le titre de *Venus Kräntzlein* révèle ses dons musicaux et décide de son orientation. Il sera successivement précepteur et directeur de la musique domestique au château de Weissenfels (1615-16), puis, de 1616 à sa mort en 1630, cantor de Saint-Thomas et director musices à Leipzig — les fonctions exactes qui seront celles de J.-S. Bach un siècle plus tard. Dans ses œuvres religieuses ou profanes, Schein se montre toujours résolument novateur et, à ce titre, il influencera profondément ses contemporains et successeurs.

Le caractère dominant de son style est d'emprunter à la musique italienne de nombreux traits d'écriture — harmonies, disposition du concert de solistes. Il trouve dans le madrigal l'écho de ses propres préoccupations : la primauté donnée au verbe et à l'expression contenue dans les mots, ce qui le mènera à abandonner parfois le support musical liturgique (thème de choral) de certaines de ses œuvres. En cela, il poursuit le chemin ouvert par Praetorius* et se montre le principal représentant allemand du premier âge baroque.

Outre de nombreuses œuvres publiées dans des recueils collectifs, Schein a fait éditer douze volumes de ses propres compositions. En musique religieuse, *Cymbalum Sionum* (Leipzig, 1615), *Opella nova* (2 recueils, Leipzig, 1618 et 1626), *Israels Brünnlein* (« la Fontaine d'Israël », madrigaux spirituels à 5 voix et basse continue, Leipzig, 1623) et *Cantional* (Leipzig, 1627). En musique profane, *Venus Kräntzlein* (pièces instrumentales et vocales, Wittenberg, 1609), *Banchetto musicale* (pièces instrumentales, Leipzig, 1617), *Musica boscareccia* (vilanelles concertantes à 3 voix et basse continue, 3 recueils, Leipzig, 1621, 1626 et 1628), *Diletti pastorali* (madrigaux allemands à 5 voix et basse continue, Leipzig, 1624) et *Studenten Schmauss* (Leipzig, 1626). G. C.

SCHELOMO. Œuvre pour violoncelle et orchestre d'Ernest Bloch, composée à Genève en janvier-février 1916 et créée en 1917 à New York, peu après l'installation du compositeur aux États-Unis. Elle devait à l'origine se présenter comme un cycle de chants avec orchestre sur des textes du Livre de la Sagesse du roi Salomon, mais sur l'impulsion du violoncelliste Alexandre Barjanski, à qui elle est dédiée, Bloch transcrivit la partie vocale pour violoncelle, et en fit un simple portrait du « Vieux Sage » qu'était pour lui le roi d'Israël.

Dès l'abord, le soliste établit le climat surtout sombre de la musique par un épisode « quasi cadenza » aux sonorités graves. Ensuite interviennent quatre sections principales, qui toutes sont introduites par le violoncelle pour déboucher sur un sommet de l'orchestre. La première expose l'idée mélodique de base ; la deuxième, chatoyante, va s'accélérant ; la troisième, calme pour commencer, se complique peu à peu rythmiquement et évoque le plus l'Orient ; la quatrième, fugitivement, instaure une éclaircie en majeur. Après l'ultime sommet, le violoncelle retrouve l'atmosphère du début, pour « finir dans le pessimisme le plus total. Mais le thème justifie cela » (Bloch). M. V.

SCHENK (Johann Baptist), compositeur et pédagogue autrichien *(Wiener Neustadt 1753 - Vienne 1836)*. Élève de Wagenseil, il composa de la musique instrumentale, entre autres des symphonies qui lui valurent l'approbation de Haydn, mais obtint surtout le succès dans le genre du singspiel, en particulier avec *Der Dorfbarbier* (1796), joué jusqu'au XXe siècle. En 1793, pour compléter celles de Haydn, il donna des leçons à Beethoven. M. V.

SCHENKER (Friedrich), compositeur allemand de l'Est *(Zeulenroda 1942)*. Cet élève de Hanns Eisler, Günter Kochan et Paul Dessau est, depuis 1964, trombone solo de l'Orchestre radio-symphonique de Leipzig. Dès ses premiers ouvrages, il impose un style personnel qui perce sous les contraintes esthétiques extérieures (1re symphonie *In memoriam Martin Luther King*, 1970). Compositeur politiquement engagé, il n'a pas craint d'abord les problèmes de la recherche d'un langage et d'une esthétique contemporains : *Electrization* (1973) fait appel au jazz et *Leitfaden für angehende Speichellecker* utilise un piano préparé. Son *Épitaphe pour Pablo Neruda*, pour dix-huit cordes, lui a valu une reconnaissance internationale. H.-C. F.

SCHENKER (Heinrich), théoricien autrichien d'origine polonaise *(Wisniowczki, Galicie, 1867 - Vienne 1935)*. Élève de Bruckner et ami de Brahms, qui l'encouragea comme compositeur, il se consacra à Vienne à l'enseignement en privé de la théorie et du piano, et à l'édition critique d'œuvres classiques (J.-S. et C. P. E. Bach, Haendel, dernières sonates de Beethoven) fondée sur les sources les plus sûres, en particulier les autographes. Il compta parmi ses élèves Wilhelm Furtwängler et A. Van Hoboken*, et c'est à son instigation que fut créé en 1927 à la Bibliothèque nationale de Vienne un département d'autographes et de manuscrits musicaux (Wiener Photogramm-Archiv für Musikalische Meisterhandschriften) confié à O.-E. Deutsch*.

Ses analyses musicales, effectuées selon des méthodes que lui-même estimait ne pouvoir s'appliquer qu'aux chefs-d'œuvre de la musique tonale de Bach à Brahms, et fondées notamment sur une conception originale de l'harmonie et du contrepoint, s'efforçaient de saisir l'œuvre à tous les niveaux, et ont contribué de façon décisive au renouveau de cette discipline (*cf.* notamment celles de la symphonie en *sol* mineur K.550 de Mozart ou de l'*Héroïque* de Beethoven). M. V.

SCHERCHEN (Hermann), chef d'orchestre allemand *(Berlin 1891 - Florence 1966)*. Autodidacte, il débute à seize ans comme altiste de l'orchestre Blüthner, avant d'entrer à l'Orchestre philharmonique de Berlin (1907-1910), où il fait à vingt ans ses premières armes de chef, dirigeant en Allemagne *Pierrot lunaire* qu'il a étudié avec Schönberg avant la création (1912). Nommé en 1914 chef de l'Orchestre symphonique de Riga, il est fait prisonnier de guerre par les Russes. De retour à Berlin en 1918, il y fonde la Neue Musikgesellschaft et son premier quatuor, lance un an plus tard son premier journal musical, *Melos*. Il dirige une chorale d'ouvriers (1920), enseigne la musique moderne à la Musikhochschule de Berlin, mène l'Orchestre Grotrian-Steinweg de Leipzig (1921) et celui de la Radio de Francfort (1923).

Nommé directeur du Musikkollegium de Winterthur (1923) et directeur de la Radio de Königsberg (1928), il quitte l'Allemagne en 1933 pour la Belgique où il édite un nouveau journal, *Musica Viva* (1933-1936), puis pour la Suisse, où il dirige successivement l'Orchestre de Radio-Zurich et celui de Beromunster, et donne des cours de direction d'orchestre en été. Il crée en 1939 l'orchestre Ars Viva (et en 1950 les éditions du même nom).

Après la guerre, il participe activement à l'avant-garde musicale par ses cours d'interprétation de Venise et de Darmstadt et par la création de son studio électroacoustique à Gravesano (1954), dont les recherches sont analysées dans ses *Gravesaner Blätter* (1956-1962). Ses élèves ont noms Hartmann, Maderna, Liberman, Nono, Goehr, Dallapiccola, Xenakis.

Des créations importantes ont jalonné sa carrière de chef : trois fragments de *Wozzeck* (1924) et *le Vin de Berg* (1934), *Matka* et *Der Weg des Lebens* de Haba (1930 et 1934), les *Variations pour orchestre* op. 30 de Webern, *le Prisonnier* de Dallapiccola (1950), *Das Verhör des Lukullus* de Dessau (1951), la *Danse du Veau d'or* de Moïse et Aaron (1951), *le Roi cerf* de Henze (1956), *Terretektorh* de Xenakis (1966). Clarté et énergie sont les maîtres mots pour définir les interprétations de Scherchen, jaillissantes et novatrices. Plus de cent vingt disques portent témoignage de ses goûts : Bach (il est sans doute le premier à avoir dirigé en concert à Paris *l'Art de la fugue*), Haydn (première intégrale des symphonies *londoniennes*), Haendel, Berlioz, Mahler, etc.

Le compositeur laisse des lieder, des chœurs, un

trio, une sonate pour piano, et le chef un livre essentiel sur l'art de la direction d'orchestre (*Lehrbuch des Dirigierens*, Leipzig, 1929). M. W.

SCHERCHEN-HSIAO (*Tona*), compositrice suisse (*Neuchâtel 1938*). Fille de Hermann Scherchen et de la compositrice Hsiao Shu-sien, elle a passé à partir de 1949 dix années en Chine, où elle a pu approfondir la culture classique de ce pays, puis étudié à partir de 1960 avec Henze, Messiaen (1963-1965) et Ligeti (1966-67). Très imprégnée de poésie chinoise, très consciente d'avoir une perception du temps différente de celle des Occidentaux, elle n'a cependant jamais fait usage de la musique chinoise, et ses œuvres sont exemptes de tout exotisme. Citons *Shen* pour six percussions ou percussions et orchestre (1968), *Tzi* pour chœur à seize voix a cappella (1969-70), *Tao* pour alto et orchestre (1971), *Vague-Tao* pour orchestre (1974-75), *l'Invitation au voyage* pour orchestre de chambre (1976-77), *Ziguidor* pour quintette à vent (1977), *Œil de chat* pour orchestre (1976-77), *Ló* pour trombone et douze cordes (1978-79). M. G.

SCHERING (*Arnold*), musicologue allemand (*Breslau 1877-Berlin 1941*). Violoniste de formation, il étudie plus particulièrement la musicologie à partir de 1898 aux universités de Berlin, Munich, puis Leipzig (avec Kretschmar), où il soutient en 1902 sa thèse de doctorat (*Geschichte des Instrumental-[Violin]-Konzerts bis A. Vivaldi*). Après sa seconde thèse sur les débuts de l'oratorio soutenue à Leipzig en 1907, il enseigne l'histoire de la musique au conservatoire de Leipzig à partir de 1909. Il succède à H. Abert à l'université de Halle en 1920, et, de 1928 à sa mort, est professeur de musicologie à l'université de Berlin. Il se préoccupe particulièrement de l'interprétation de la musique ancienne et bouleverse certaines notions établies, comme celle de l'exécution a cappella de la musique sacrée.

Il développe ces problèmes dans *Die niederländische Orgelmesse in Zeitalter der Josquin* (1912), *Studien zur Musikgeschichte der Frührenaissance* (1914) et surtout *Aufführungspraxis alter Musik* (1931). Il édite parallèlement plusieurs œuvres des maîtres allemands de la Renaissance et accorde une attention toute particulière à J.-S. Bach, surtout à sa période de Leipzig (*J. S. Bachs Leipziger Kirchenmusik*, 1936 ; *J. S. Bach und das Musikleben in Leipzigs im 18. Jh*, 1941...), et à Beethoven (*Beethoven und der deutsche Idealismus*, 1921 ; *Beethoven in neuer Deutung*, 1934 ; *Beethoven und die Dichtung*, 1936 ; *Zur Erkenntnis Beethovens*, 1938 ; *Humor, Heldentum, Tragik bei Beethoven*, 1955). Il est, en outre, l'auteur d'une histoire de la musique célèbre et souvent rééditée : *Geschichte der Musik in Beispielen* (1931). D. H.

SCHERZANDO. Terme italien indiquant un passage à exécuter « en plaisantant ». M. T.

SCHERZI MUSICALI. Recueil de pièces profanes à trois voix de Claudio Monteverdi, publié en 1607 et accompagné d'une préface du frère du compositeur, Giulio-Cesare (qui d'ailleurs collabora au livre), précisant que les auteurs ont pris modèle ici sur le *canto alla francese*, soumis à la loi rythmique de la musique mesurée à l'antique, selon les principes défendus par Baïf et ses continuateurs.

En fait, ces pages sans prétention, mais charmeuses, appartiennent avant tout à la tradition populaire de l'école italienne du temps, et plus précisément aux *balletti* de Gastoldi, qui appellent le chant et la danse. Le génie de Monteverdi y sans doute mis à rude contribution avec l'*Orfeo* qui est de la même année — y semble un peu comme en vacances. Reste que la veine mélodique et métrique en est toujours plaisante, sinon imprévue (le chant y étant précédé, avant chaque couplet, d'une ritournelle instrumentale à trois), et le climat « ronsardisant » au meilleur sens du terme.

Et Monteverdi y fait montre de son savoir-faire habituel dans l'art de varier tempos et éclairages psychologiques, à partir d'un même schéma formel (assez proche du rondo), et d'opposer, par exemple, l'élan dont vit *Damigella tutta bella* — avec ses savoureuses irrégularités métriques qui ne sont pas sans rappeler la chanson mesurée à l'antique au début de l'acte II de *l'Orfeo* — aux humeurs plus intimistes et perlées de mélancolie de *Fugge il verno* ou *Lidia Spina*. R. T.

SCHERZO (ital. ; « plaisanterie »). Au sens le plus courant, ce terme désigne un mouvement instrumental en général à 3/4 et de forme analogue à celle du menuet (avec trio central), mais plus rapide et léger, voire plus tendu, et doté fréquemment d'une force motrice considérable. Mais il apparut d'abord dans la musique vocale (les *Scherzi* musicali de Monteverdi sont légers de ton et modestes de facture). Bach n'utilisa le terme qu'une fois, dans l'avant-dernier mouvement, de caractère léger, de sa partita en *la* mineur BWV 827. Haydn appela « scherzos » ou « scherzandos » les menuets de ses *Quatuors russes** op. 33, mais ces pages ne diffèrent parfois en rien de ses menuets habituels (l'exception la plus notable étant fournie par l'opus 33 n° 5 en *sol*).

Certains menuets des derniers quatuors de Haydn (op. 74 n° 1, op. 76 n°s 1, 4 et 6, op. 77 n°s 1 et 2) ont un caractère de scherzo, mais c'est avec Beethoven et ses successeurs que son emploi se généralisa à la place (et parfois à côté) de celui du menuet*, non seulement dans la musique de chambre ou de piano mais aussi à l'orchestre. Dans les symphonies de Beethoven, en particulier dans les n°s 4, 7 et 9, le scherzo tend vers des dimensions considérables, pour équilibrer celles acquises par les autres mouvements, mais on ne trouve la dénomination proprement dite que dans les n°s 2 et 3. A noter, cependant, que, dans les n°s 4 et 7, les dimensions nouvelles sont atteintes essentiellement grâce à une double apparition du trio. La 8e symphonie est la seule à ne pas comporter de scherzo, mais son deuxième mouvement, à 2/4, en possède l'esprit (il est marqué allegretto scherzando) ; à ce mouvement succède un menuet. De fait, aux XIXe et XXe siècles, l'humour et la légèreté disparurent souvent du scherzo pour faire place à un sentiment tragique ou dramatique et se retrouver dans d'autres types de mouvement avec l'indication « scherzando » accolée à un tempo. Parmi les plus célèbres scherzos de la période romantique, citons les quatre de Chopin (pour piano), celui du *Songe* d'une nuit d'été* de Mendelssohn et celui de *Roméo* et Juliette* (la reine Mab) de Berlioz. Brahms introduisit le scherzo dans son 2e concerto pour piano (op. 83), mais s'en dispensa dans ses symphonies n°s 1 et 3, le remplaçant par des mouvements de tempo modéré et de caractère lyrique. Dans certaines symphonies « nationales » de la fin du XIXe siècle, le scherzo céda la place à des danses populaires (furiant dans la 6e symphonie de Dvořák), et Mahler eut souvent recours au ländler. M. V.

SCHERZO CAPRICCIOSO. Pièce pour orchestre d'Anton Dvořák, écrite en 1883 et créée le 22 mars 1883 au Crystal Palace de Londres, sous la direction du compositeur. Il s'agit d'un morceau de bravoure orchestrale et de verve rythmique, qui fut très bien accueilli par la critique londonienne, en cette période de succès pour l'auteur. M. C.

SCHIKANEDER (*Emanuel*), directeur de théâtre, acteur, chanteur et compositeur autrichien d'origine allemande (*Straubing, près de Ratisbonne, 1751-Vienne 1812*). Il étudia au collège des jésuites de Ratisbonne, et passa plusieurs années comme acteur et directeur de troupes ambulantes (en 1780, il séjourna à Salzbourg, où il connut la famille Mozart). En novembre 1783, il s'installa pour quinze mois au théâtre de la Porte de Carinthie à Vienne, où il donna notamment *La Fedeltà* premiata* de Haydn. Il travailla ensuite à Ratisbonne chez le prince de Thurn et Taxis, et en 1789 obtint un privilège pour le Theater auf der Wieden à Vienne, où fut créée deux ans plus tard (avec lui-même dans le rôle de Papageno) *la Flûte enchantée* de Mozart, œuvre dont il avait écrit le livret. Il abandonna la direction de cet établissement en 1799, mais en conserva la responsabilité artistique jusqu'à sa fermeture (12 juin 1801). Le lendemain, Schikaneder inaugura le nouveau Theater an der Wien, faisant ainsi usage d'une licence qu'il avait obtenue quinze ans auparavant. Il resta à la tête de l'établissement jusqu'en 1806, non sans avoir fait appel à Beethoven pour des projets d'opéras. Il dirigea ensuite le théâtre de Brünn (Brno). Il joua un rôle de premier plan dans la vie théâtrale en Autriche et en Allemagne du Sud, et écrivit lui-même plus de 50 pièces (dont une dizaine avec musique) et à peu près autant de livrets d'opéras et de singspiels. Ses frères Urban (*Ratisbonne 1746 - Vienne 1818*) et Karl (*Freising 1770 - Prague 1845*) et sa nièce Anna (*? 1767 - Ratisbonne 1862*), fille d'Urban, furent également actifs dans le monde du théâtre. Anna chanta le premier des trois Garçons lors de la création de *la Flûte enchantée*. M. V.

SCHILLER (Friedrich von), écrivain allemand (*Marbach 1759 - Weimar 1805*). Brimé par une famille obstinément autoritaire, il détourna sa révolte en se plongeant dans les livres. Sa fréquentation de Shakespeare, Goethe, Klopstock et Leibniz l'incita très tôt à se tourner vers le théâtre, pour y exprimer à la fois sa violente jeunesse et ses croyances toutes neuves en l'harmonie universelle. En témoigne sa première pièce, *les Brigands*, créée en 1872 avec un succès éclatant. Pièce politique, *les Brigands* mettent en scène le héros type de Schiller : un jeune homme en rébellion contre l'ordre, mais qui pressent intimement que son combat est désespéré. Suivirent *la Conjuration de Fiesque* (1873) et *Intrigue et Amour* (1784, mieux connue sous son titre allemand *Kabale und Liebe*, ou par l'opéra que Verdi en tira, *Luisa Miller*). En 1785, Schiller vient s'installer à Leipzig chez un de ses admirateurs, Körner. C'est de cette année que date l'*Hymne à la joie* (appelé aussi *Hymne de Gohlis*), sur lequel Beethoven composera le 4e mouvement de sa 9e *Symphonie*. Très inspiré par l'*Aufklärung* et par les idées de liberté, de droits de l'homme, qui commençaient à secouer l'Europe intellectuelle, il écrit *Don Carlos*, ce même *Don Carlos* où Verdi, encore lui, puisera le sujet de son *Don Carlo*. L'intérêt de Verdi pour Schiller s'explique sans doute, par-delà le goût pour un certain pathos, par la situation politique que connaissait l'Italie à l'époque. Parallèlement au théâtre, Schiller rédige plusieurs ouvrages d'esthétique, puis se lie d'amitié avec Goethe. Il évolue alors considérablement, se déclare déçu par son idéalisme (ce que le héros des *Brigands* annonçait déjà, en dénonçant la médiocrité de ses compagnons), et s'avoue dégoûté par l'exécution de Louis XVI. Portent témoignage de ce revirement la trilogie *Wallenstein* (1796-1799), qui inspirera (?) d'Indy, *Marie Stuart*, tragédie classique de belle facture (1799-1800), *la Fiancée de Messine* (1803), tentative quelque peu ratée d'adapter Sophocle (Schumann en écrira une ouverture) et *la Pucelle d'Orléans* (1801). Cette vision fort contestable de Jeanne d'Arc sera reprise par Verdi et Tchaïkovski ; Schiller y développe, pour la première fois, l'idée de nation, qu'il traitera bien mieux dans *Guillaume Tell* (1804), dernier de ses drames achevés, et que Rossini immortalisera. La poésie de Schiller a également inspiré des auteurs de lieder, et parmi eux Schubert (31 lieder), ce dernier faisant toutefois preuve d'une certaine timidité à l'égard du style de l'écrivain. P. G.

SCHILLINGER (Joseph), théoricien, acousticien et compositeur américain, d'origine russe (*Kharkov, Ukraine, 1895 - New York 1943*). Il fit ses études à Saint-Pétersbourg. Professeur à Kharkov (1918-1922) et chef d'orchestre, il devint compositeur pour le Théâtre académique d'État de Leningrad (1925-1928). Il se fixa aux États-Unis en 1928, où il fut professeur à la New School for Social Research et au Teachers' College of Columbia (New York). Il eut notamment comme élèves Oscar Levant, Mark Warnow, Benny Goodman et Gershwin, qui lui demanda de superviser la composition de *Porgy and Bess*. Ses théories, rigoureusement scientifiques, sur le processus créateur, visaient à systématiser les procédés et à reprendre mathématiquement la démarche des grands créateurs. Schillinger avait déjà conseillé Theremin, en 1925, pour la construction de l'oscillateur et du rythmicon, et il fut l'un des premiers à écrire pour les instruments électroacoustiques (*First Airphonic Suite*). En dehors de ses œuvres personnelles, ses ouvrages théoriques ont eu une certaine influence sur les compositeurs de l'entre-deux-guerres. Comme compositeur, il a laissé notamment quelques pages orchestrales. A. G.

SCHILLINGS (Max von), compositeur et chef d'orchestre allemand (*Düren 1868 - Berlin 1933*). Il étudia à Bonn et à Munich, où sa rencontre avec Richard Strauss le décida à se consacrer à la musique. En 1892, il devint assistant et, en 1902, chef de chœur au Théâtre de Bayreuth. Ses trois premiers opéras, *Ingwelde* (1894), *Der Pfeifertag* (1899) et *Moloch* (1906), portent la marque du wagnérisme et ont été comparés respectivement à la *Tétralogie*, aux *Maîtres chanteurs* et à *Parsifal*. Nommé professeur en 1903, il eut Furtwängler parmi ses élèves. En 1908, il devint directeur musical du Théâtre de Stuttgart, où fut représenté en 1915 son dernier opéra, *Mona Lisa*. De 1919 à 1925, il fut intendant de l'Opéra de Berlin. Il passa ensuite plusieurs années en tournées à travers l'Europe et les États-Unis. En 1932, il fut nommé président de la Société des compositeurs allemands. Outre ses quatre opéras, il composa plusieurs mélodrames, dont *Kassandra* sur un texte de Schiller, de nombreux lieder, les fantaisies symphoniques *Meergruss* et *Seemorgen* (1895), un concerto pour violon (1910) et de la musique de chambre. A. L.

SCHINDLER (Anton Felix), violoniste, chef d'orchestre, compositeur et musicographe allemand (*Meedl, Moravie, 1798 - Francfort-sur-le-Main 1864*). Ayant travaillé le violon dans son enfance, il vint à Vienne en 1813 pour y faire des études de droit. Il y fit la connaissance de Beethoven, et devint, à partir de 1816, son secrétaire bénévole et son homme à tout faire, ce qui l'incita à se consacrer entièrement à la musique. En 1822, il fut premier violon au Josephstadttheater, et en 1825 chef d'orchestre au Kärtnerthor-Theater. Une brouille le sépara de Beethoven pendant deux ans (1824-1826), le compositeur l'ayant accusé à tort d'avoir détourné une partie de la recette lors de la création de la 9e *Symphonie*. Néanmoins, dans les derniers mois de la vie de Beethoven, Schindler retrouva sa place auprès de lui. Se trouvant en possession de nombreuses lettres, et surtout de près de 400 cahiers de conversation, il en détruisit plus de la moitié pour des raisons personnelles, et en falsifia d'autres. Toute sa vie, il se prévalut de son intimité avec Beethoven, et écrivit sa biographie (1840 ; 3e rééd. rév. en 1860 ; plusieurs rééd. posthumes), qui reste un document de base, en dépit de certaines erreurs, surtout sur la première partie de la vie de Beethoven, sur laquelle Schindler ne possédait que des témoignages verbaux. Il fut directeur musical à Münster (1831), puis à Aix-la-Chapelle (1835-1840), avant de s'installer à Francfort en 1848. A. L.

SCHIPA (Tito), ténor italien (*Lecce 1889 - New York 1965*). Il commença sa carrière en composant des mélodies. Il étudia le chant à Milan et débuta dans Alfredo de *La Traviata* à Vercelli en 1910. En 1915, Toscanini lui fit chanter Fenton dans ses fameuses représentations de *Falstaff*. En 1917, il créa le rôle de Ruggero dans *la Rondine* de Puccini. Entre 1920 et 1935, il mena une grande carrière de théâtre aux États-Unis (New York, Chicago, San Francisco) et chanta en récital jusqu'à sa mort à peu près partout dans le monde. Sa technique vocale était parfaite et son style impeccable avec un phrasé exceptionnellement élégant. Une diction, un goût musical admirable contribuèrent à faire de Tito Schipa un des plus grands artistes lyriques du XXᵉ siècle. Sa voix n'était ni grande ni longue, mais il savait la colorer avec beaucoup de diversité et parvenait à triompher dans des rôles pour lesquels il n'avait ni les notes ni la vaillance. J. B.

SCHIPPERS (*Thomas*), chef d'orchestre américain (*Kalamazoo, Michigan, 1930 - New York 1977*). Il donne son premier concert à six ans comme pianiste. Il est organiste à quatorze ans. Il fait ses études au Curtis Institute de Philadelphie, puis à l'université de Yale et à la Juilliard School. Il reçoit des leçons privées avec O. Samaroff et Fritz Reiner. Il débute comme chef au Lemonade Opera Company (1948), puis au New York City Opera. Encouragé par Menotti, il crée *le Consul* (1950), puis *Amahl* (1951) et *The Saint of Bleecker Street* (1954). En 1955, il fait ses débuts à la Scala. Il dirige successivement à New York, Boston, Philadelphie, Berlin et Vienne, avant d'être nommé directeur de l'orchestre de Cincinnati (1970), puis directeur permanent de l'académie Sainte-Cécile (1976). En 1966, il crée *Anthony and Cleopatra* de Samuel Barber au Lincoln Center de New York. Son tempérament véhément, son dynamisme et son lyrisme, qui faisaient de Verdi, Puccini, Rossini et Menotti ses auteurs de prédilection, lui avaient valu, en quelques années, une place de premier plan parmi les grands chefs internationaux. A. G.

SCHIRMER. Maison d'éditions musicales américaine, fondée au XIXᵉ siècle par le Saxon Gustav Schirmer (*1829-1893*). Après avoir travaillé comme marchand de musique chez Kerksieg et Breusing, Schirmer prit la direction de la maison en 1854, s'associa en 1861 avec Bernard Beer, avant de devenir seul propriétaire en 1866, date à laquelle il donna son nom à l'entreprise (G. Schirmer, Music Publishers, Importers and Dealers). Après lui, la maison fut dirigée par ses descendants, et, de 1929 à 1944, par Carl Engel. Parmi les grandes publications des éditions Schirmer, il faut citer la série *Library of Musical Classics* (à partir de 1892), la *Collection of Opera Librettos* (1911), le *Baker's Dictionary of Music* (1900 ; 6ᵉ édit. 1978, sous la direction de N. Slonimski) et la revue musicale *The Musical Quarterly* (1915). Une partie importante de l'édition est naturellement réservée à la musique américaine, des *American Folk Song Series*, consacrées à la musique populaire, aux compositeurs les plus éminents du XXᵉ siècle, parmi lesquels A. Schönberg, E. Bloch, G. C. Menotti, S. Barber, Ch. Ives, L. Bernstein, P. Grainger, E. Carter. A. L.

SCHLAGTRIO. Œuvre de jeunesse de Karlheinz Stockhausen, composée à l'origine pour quatuor (*Schlagquartett* pour piano et 3 × 2 timbales, Paris, 1952) et retravaillée en 1973-74 pour 3 solistes (*Schlagtrio* pour piano et 2 × 3 timbales). Sous sa première forme, l'œuvre fut créée à la radio de Hambourg le 12 mars 1953, puis reprise à Munich les 23 et 24 mars 1953 (direction Wilhelm Schüchter). La version définitive — *Schlagtrio* — fut créée par Aloys Kontarsky (piano), Jean Batigne et Georges Van Gucht (timbales) au festival de Royan le 28 mars 1975. Écrit dans un sérialisme intégral, le *Schlagtrio* reste une des pages les plus austères, les plus fortes et les plus radicalement expérimentales de la « première manière » de Karlheinz Stockhausen. L'œuvre dure environ un quart d'heure. « Le *Schlagtrio* est né d'une conception extraordinairement idéaliste : 6 octaves du piano correspondent aux 6 timbales que j'avais désignées à l'époque du *Schlagquartett* du vocable de *Kontrār-Klangräume* (« Espaces sonores contraires » ou « Espaces opposés du son »), comme une manière de « négativité » à l'égard de la « positivité » représentée par les sons du piano. Deux êtres (deux mélodies dodécaphoniques) se déplacent peu à peu de leur position, l'un partant de l'extrême aigu, l'autre de l'extrême grave, se rapprochent et finissent par s'égaler. Quand ils arrivent à une parfaite harmonie (c'est-à-dire quand tous les espaces sonores sont remplis par les deux de façon équivalente, avec la même densité), un nouvel être surgit de leur centre. Celui-ci réunit la double polarité des deux antécédents. Les deux êtres générateurs quittent alors les espaces sonores (l'« espace-temps ») de la même manière qu'ils les avaient accaparés auparavant de façon constante. Ainsi ils s'éloignent l'un de l'autre et retournent au-delà d'un seuil physiquement réalisable. Le troisième être demeure seul, et il accomplit le même parcours à travers l'« espace-temps », ainsi que le même retour en arrière. » (K. Stockhausen.) P. S.

SCHLICK (*Arnold*), organiste et compositeur allemand (*? v. 1445 - Heidelberg [?] v. 1525*). Aveugle, il fit sa carrière comme organiste en Allemagne et aux Pays-Bas, notamment à Heidelberg et à Torgau. Musicien réputé et recherché, ce fut lui qui joua au couronnement de l'empereur Maximilien Iᵉʳ, et, sans doute, aussi de Charles Quint. Il fut aussi un remarquable connaisseur en facture d'orgues, comme l'attestent ses expertises à Strasbourg, à Spire, à Neustadt, etc., et son traité, le premier consacré à l'orgue, *Spiegel der Orgelmacher und Organisten* (« Miroir du facteur d'orgues et des organistes », Spire, 1511). Ses compositions pour orgue (psaumes et motets) et les lieder polyphoniques, pour plusieurs voix avec ou sans partie de luth, ou pour luth seul, ont été publiés dans divers recueils, en tablatures. G. C.

SCHLUSNUS (*Heinrich*), baryton allemand (*Braubach 1888 - Francfort 1952*). Il fit ses débuts à Hambourg en 1915 dans *Lohengrin* (rôle du héraut). Il entra à l'Opéra de Berlin en 1917 et y chanta jusqu'en 1951 avec toute la plénitude de ses moyens. Il se produisit aux États-Unis, dans les années 20, et il a laissé le souvenir d'un Wolfram incomparable dans *Tannhäuser*, au festival de Bayreuth, dans les années 30. Une partie importante de son activité théâtrale fut consacrée à la résurrection, en Allemagne, des opéras de Verdi entre les deux guerres. Il fut, en particulier, un des grands interprètes de Rigoletto au XXᵉ siècle. En même temps Schlusnus était célèbre dans le domaine du lied qu'il défendit partout. Sa voix était admirable avec un timbre de la plus rare beauté que servait une technique de chant exemplaire. Sa musicalité expressive, son tempérament dramatique contribuèrent à faire de lui un artiste exceptionnel. J. B.

SCHMELZER (*Johann-Heinrich*), compositeur autrichien (*? v. 1623 - Prague 1680*). Virtuose du violon, il fut musicien de chambre de la chapelle impériale à Vienne, puis devint vice-maître de chapelle en 1671 et Kapellmeister en 1679. Élève d'Antonio Bertali, il publia dans le style italien un recueil de *Sonates pour violon seul* (1663-64). Compositeur surtout instrumental, il a beaucoup aidé, avec Biber, à l'épanouissement d'une école de violonistes, propre à l'Autriche et à l'Allemagne du Sud, et caractérisée par une riche écriture contrapuntique et le recours à la *scordatura*.

Ses œuvres principales, éditées de son vivant, sont le *Sacroprofanus concentus musicus fidium aliorumque instrumentarum*, treize sonates à plusieurs instruments (1662), *Aria per il balletto a cavallo nella... festa Leopoldo I* (1667), *Duodena selectarum sonatarum applicata ad usum tam honesti fori quam devoti chori* (1669), etc. Mais un grand nombre de partitions ont été conservées à l'état de manuscrit dans les bibliothèques de Vienne et d'Uppsala. On y relève de la musique d'église (vêpres, motets), une *Messe* (publiée par G. Adler en 1918 et marquée par les techniques vénitiennes) et, bien entendu, des pages instrumentales, comme des sonates en trio. Dans l'ensemble, Schmelzer a été peu marqué par le style de l'école lullyste, empruntant plutôt des éléments d'inspiration à l'Italie. Pour le fond comme pour la forme, il a joué un rôle important dans la diffusion de la suite instrumentale dans les provinces d'Allemagne du Sud et contribué à imposer une écriture violonistique privilégiant le chant et l'ornement mélodique. Enfin, à partir de 1672, il écrivit des musiques de ballet pour les opéras du répertoire viennois. R. T.

SCHMIDT *(Franz)*, violoncelliste, pédagogue et compositeur austro-hongrois *(Poszonyi, ex-Presbourg, auj. Bratislava, 1874-Perchtolsdorf, près de Vienne, 1939)*. Il fut au conservatoire de Vienne l'élève de Ferdinand Hellmesberger pour le violoncelle et de Robert Fuchs pour la composition. Mais son admiration juvénile allait à Anton Bruckner, dont il put suivre quelques leçons à l'université. Il entre en 1896 à l'orchestre de l'Opéra. Nommé en 1901 professeur de violoncelle au conservatoire, il laissera peu d'œuvres pour son instrument, mais le traitera avec prédilection dans l'orchestre, lui confiant de longs solos, de même que dans la musique de chambre. Comme instrumentiste, il suit toute la carrière de Mahler à l'Opéra de Vienne, et c'est au cours de la tournée de la Philharmonie en 1900 à Paris qu'il recueille les sujets de ses deux futurs opéras : *Notre-Dame*, d'après Victor Hugo (terminé en 1904, créé seulement en 1913) ; et *Fredigundis*, écrit de 1916 à 1921 et créé à Berlin en décembre 1922. En 1911, Schmidt quitte la Philharmonie et en 1913 l'Opéra, pour ne conserver que son enseignement au conservatoire, où il est nommé directeur des études en 1925 ; il en deviendra bientôt le recteur (1927 à 1931). A ce titre, il donne en 1929 à Schönberg l'occasion d'y faire entendre ses œuvres et tient lui-même le piano. Souffrant d'angine de poitrine, il subit en outre des chocs moraux terribles avec la démence de sa première épouse et la mort en couches, en 1932, de sa fille unique, et mourut en laissant inachevée sa cantate *Deutsche Auferstehung* — concession au régime nazi qui ne lui a pas encore été pardonnée par la postérité.

Franz Schmidt demeure le plus important symphoniste autrichien après Bruckner et Mahler. Il s'inscrit surtout dans la descendance du premier, associant à une synthèse très personnelle cette influence à celle de Brahms. Sa printanière *Symphonie n° 1* en *mi* majeur lui valut dès 1902 le prix Beethoven ; mais c'est la *Symphonie n° 2* en *mi* bémol majeur, écrite de 1911 à 1913 et créée le 3 décembre 1913 par Franz Schalk, qui demeure son chef-d'œuvre spécifique et l'une des plus hautes manifestations de la grande tradition orchestrale après Mahler. Après l'intermède de la *Symphonie n° 3* en *la* majeur, hommage à Schubert, qui, en 1928, recueillit le prix autrichien du concours Columbia, la *Symphonie n° 4* en *ut* majeur, de 1933, est un douloureux thrène qui clôt la carrière du symphoniste par une innovation formelle remarquable, une structure unitaire où les divers mouvements, joués sans interruption, s'identifient aux épisodes successifs d'une unique forme sonate. Dans l'opéra également, les formes instrumentales sont mises en œuvre par Franz Schmidt avant de l'être par Busoni, dans *Doktor Faust*, et par Berg, dans *Wozzeck*. Sa musique concertante avec piano fut entièrement écrite pour la main gauche seule, sur commande de Paul von Wittgenstein : *Variations sur un thème de Beethoven* et *Concerto* en *mi* bémol, auxquels il faut adjoindre les trois beaux *Quintettes* (1926 ; 1932 ; 1938), dont les deux derniers comportent une partie de clarinette. L'orgue est redevable à Franz Schmidt d'un « corpus » considérable, culminant en 1925 sur la *Chaconne* en *ut* dièse et qui se situe dans la mouvance directe de Max Reger. Enfin, l'œuvre la plus célèbre de Franz Schmidt, de la seule vraiment connue à l'étranger, demeure l'oratorio *le Livre aux sept sceaux*, terminé en 1937 et créé à Vienne en 1938. Le musicien y a donné une adaptation géniale de l'Apocalypse de saint Jean, qui représente l'essentiel d'une pensée généreuse où l'humanité était mise en garde contre le déferlement de barbarie qui se préparait.
P.-G. L.

SCHMIDT-GÖRG *(Joseph)*, musicologue allemand *(Rudinghausen, Westphalie, 1897-Bonn 1981)*. Il étudia à Bonn avec Ludwig Schiedermair, et sa double formation de musicologue et de scientifique l'incita à se pencher sur les problèmes de l'acoustique. Il soutint en 1926 une thèse sur les messes de Clemens non Papa, et, en 1930, rédigea une thèse complémentaire sur le tempérament musical *(Die Mitteltontemperatur)*. En 1927, il devint assistant du Beethoven-Archiv, nouvellement créé à Bonn, et, en 1930, professeur d'acoustique, puis, en 1938, professeur de musicologie à l'université jusqu'à sa retraite en 1965. Ses travaux ont porté sur les sujets les plus divers : acoustique, musique du Moyen Age *(Musik der Gothik*, 1946) et de la Renaissance (Nicolas Gombert, notamment, dont il publia l'œuvre intégrale ; Rome, 1951-1975), et, naturellement, Beethoven. Il devint directeur du Beethoven-Archiv en 1946 et éditeur des *Veröffentlichungen des Beethovenhauses in Bonn* (1951), ainsi que de la nouvelle édition complète des œuvres du compositeur, cela jusqu'en 1972.

Sur Beethoven, Schmidt-Görg a publié, notamment, *Katalog der Handschriften des Beethoven-Hauses und Beethoven-Archivs Bonn* (Bonn, 1935), *Beethoven : dreizehn unbekannte Briefe an Josephine Gräfin Deym, geborene Brunsvik* (Bonn, 1957) et *Beethoven : die Geschichte seiner Familie* (Bonn, 1964) ; et édité *Des Bonner Bäckermeister Gottfried Fischer Aufzeichnung über Beethovens Jugend* (Bonn et Munich, 1971).
A. L. et M. V.

SCHMIDT-ISSERSTEDT *(Hans)*, chef d'orchestre et compositeur allemand *(Berlin 1900-Hambourg 1973)*. Il étudia la composition à la Hochschule de Berlin avec F. Schreker, la philosophie et la musicologie aux universités de Berlin, de Heidelberg et de Münster. Il fut, successivement, chef d'orchestre aux Opéras de Wuppertal, de Rostock, de Darmstadt, à la Deutsche Musikbühne et à l'Opéra de Hambourg. En 1943-44, il dirigea ce dernier établissement. En 1945, il fut nommé à la tête de l'orchestre du Norddeutscher Rundfunk de Hambourg, et, de 1955 à 1964, à l'Orchestre philharmonique de Stockholm. Spécialiste de Mozart et de Beethoven, il fit également connaître les œuvres du compositeur suédois Franz Berwald, et fut un propagandiste fervent de certains compositeurs contemporains, comme Hindemith et Stravinski. Schmidt-Isserstedt a composé une symphonie concertante, pour violon et alto, de la musique de chambre, l'opéra *Hassan gewinnt* et de la musique de scène.
A. L. et A. et M. P.

SCHMITT *(Florent)*, compositeur français *(Blamont, Meurthe-et-Moselle, 1870-Neuilly-sur-Seine 1958)*. Il fait ses premières musicales à Nancy et entre, en 1889, au Conservatoire de Paris, où il a pour professeurs Théodore Dubois et Lavignac (harmonie), Gédalge (fugue), Massenet et Fauré (composition). En 1892, il rencontre Debussy et se lie avec Satie. Quatre ans de suite (1896-1899), il concourt sans succès pour le prix de Rome. En 1900, la cantate *Sémiramis* lui ouvre enfin les portes de la villa Médicis. Pensionnaire indiscipliné, de 1901 à 1904, il séjourne à Rome le moins longtemps possible. Il visite l'Italie, l'Autriche, l'Allemagne, l'Espagne, la Grèce, la Turquie, la Suède, la Pologne, et trouve néanmoins le temps de composer.

Schmitt met en chantier son *Quintette*, pour piano et cordes, et achève en octobre 1904 son *Psaume XLVII*. Le 27 décembre 1906, la première audition du *Psaume XLVII* est saluée comme un événement. Léon-Paul Fargue écrit qu'« un cratère de musique s'ouvre » et l'humoriste Willy proclame Florent Schmitt « vainqueur du Derby des Psaumes ». Autre événement : en 1907, la création de la *Tragédie de Salomé*, au Théâtre des Arts, par la danseuse Loïe Fuller. En 1908, le *Quintette*, pour piano et cordes, fait également une très forte impression. Dès lors, la réputation du compositeur est solidement établie, mais aucune des œuvres qu'il écrira par la suite n'aura le même retentissement que celles de ses débuts. En 1924, le ballet *le Petit Elfe Ferme-l'Œil* est créé à l'Opéra-Comique. En 1932, Florent Schmitt se rend aux États-Unis et joue à Boston, sous la direction de Koussevitski, la *Symphonie concertante* pour piano et orchestre. En 1936, il est élu à l'Institut. En 1948, son *Quatuor à cordes* est créé au festival de Strasbourg. C'est à ce même festival que, le 15 juin 1958, Charles Münch crée la *Deuxième Symphonie* op. 137, ultime récompense d'une vie magnifiquement féconde.

La générosité de l'inspiration mélodique, la sensualité du langage harmonique, la richesse de l'invention rythmique (particulièrement dans la *Tragédie de Salomé*), la virtuosité de l'écriture orchestrale et instrumentale (son *Trio à cordes* en est un exemple significatif), la maîtrise des formes sous une apparente liberté, l'abondance, voire la prodigalité, telles sont les composantes du style de ce musicien qui était un ennemi de la mièvrerie et de la préciosité, autant que du formalisme desséchant. Florent Schmitt avait une personnalité assez rude, que caractérisaient l'indépendance et la franchise. Debussy, Stravinski, Schönberg n'ont eu sur lui aucune influence, bien qu'il ait connu parfaitement leurs œuvres et les ait, à l'occasion, vigoureusement défendues. Il n'a jamais caché ses opinions, dussent-elles lui faire du tort. Humoriste à ses heures, s'amusant à donner à certaines de ses partitions des titres mystificateurs, il était foncièrement un romantique, et, si, par pudeur, il préférait parfois la boutade à la confidence, le ton de certaines de ses œuvres ne trompe pas : son *Petit Elfe Ferme-l'Œil* révèle le poète de l'enfance et son *Quatuor à cordes* est d'une grande intériorité.

J. R.

SCHNABEL (Artur), pianiste et compositeur autrichien, naturalisé américain (*Lipnik 1882 - Morschach, Suisse, 1951*). Il étudia à Vienne, de 1889 à 1897, la théorie musicale avec Mandyczewski, et le piano avec Leschetizky qui l'oriente vers une conception plus musicale que virtuose de l'instrument, l'encourageant à jouer les sonates de Schubert, complètement négligées jusque-là. A Berlin, où il vit de 1900 à 1933, la rencontre de sa future épouse, Thérèse Behr, contralto renommée pour ses interprétations de lieder, le conforte dans cette voie : ils donneront ensemble en 1928 de véritables schubertiades, mêlant le piano et la voix. Schnabel a mené de front les carrières de soliste, de compositeur, de pédagogue et de chambriste, se voulant un musicien à part entière. Il joue avec Carl Flesch, Pablo Casals, Emanuel Feuermann, Pierre Fournier, Paul Hindemith, Bronislav Hubermann, William Primrose, Josef Szigeti, etc., et forme, en 1920, un trio avec Wittenberg et Hekking. Il enseigne, à partir de 1925, au sein de l'Académie de musique de Berlin. Clifford Curzon et Calude Frank figurent parmi ses élèves.

Depuis son premier concert donné à l'âge de huit ans, l'interprète a constamment repris et approfondi l'étude de ses maîtres : Mozart, Schubert, Beethoven. A plusieurs reprises, il a donné en un cycle de concerts l'intégrale des 32 sonates de ce dernier, en 1927 et 1933 à Berlin, en 1934 à Londres, en 1936 à New York, et fut le premier à l'enregistrer dès 1932. Il quitte Berlin en 1933 pour Londres et Tremezzo (sur le lac de Côme), où il donne des cours d'été, avant d'émigrer en 1939 aux États-Unis. En butte à l'incompréhension du public (surtout manifeste lors de sa première tournée en 1922) et des bureaux de concerts qui attendent de sa part une programmation plus conventionnelle, il délaisse la scène pour l'enseignement (de 1940 à 1945 à l'université de Michigan) et la composition, et rentre en Europe vivre ses dernières années.

A l'image d'un toucher varié à l'infini, la subtile alchimie de ses interprétations, faisant fusionner les inconciliables, rigueur et liberté, réflexion et poésie, donne aux sonates ultimes de Beethoven et de Schubert un élan et un phrasé d'une intensité et d'une beauté constantes. C'est un art fait d'économie et de hardiesse, qui trouve son reflet dans l'œuvre même de Schnabel, méconnue et attachante par ses recherches harmoniques, parallèles à celles d'un Schönberg (il a joué dans sa jeunesse sous sa direction *Pierrot lunaire*) : *Trio à cordes* (1925), *Sonate pour violon* (1935), *Pièces pour piano* (1937), *Symphonie* (1940), *Rhapsodie pour orchestre* (1948), quatuors à cordes, un concerto pour piano et le *Duodecimet pour douze voix* (1950).

M. W.

SCHNEBEL (Dieter), compositeur allemand (*Lahr, Bade du Sud, 1930*). Il compte parmi les plus importants des compositeurs postsériels. Après ses études musicales — piano chez W. Resch (1945-1949) et théorie et histoire de la musique chez E. Doflein à la Musikhochschule à Fribourg-en-Brisgau (1949-1952) — et l'obtention d'un diplôme de pédagogie musicale en 1952, il se consacra à la théologie protestante, à la philosophie et à la musicologie à l'université de Tübingen, tout en continuant son travail dans le domaine de la musique. Il découvrit Scriabine, Bartók, Berg et Stravinski, étudia les techniques de la deuxième école de Vienne (réalisant en 1952 une analyse musicologique importante des *Variations* op. 27 pour piano de Webern), et fréquenta les cours d'été à Darmstadt, où il rencontra Křenek, Nono, Boulez, Henze, mais aussi Adorno, ce qui l'amena à reconsidérer son travail de compositeur. En 1953, il écrivit *Analysis*, pour cordes et percussions, pièce où l'organisation sérielle des hauteurs est étroitement liée à la composition des timbres. Tout en prenant des leçons de piano à Stuttgart, il étudia la théologie de K. Barth et découvrit Hegel, Marx, Freud et Bloch, dont les positions idéologiques devaient fortement influencer ses recherches ultérieures. En 1955, il termina ses études de théologie et de musicologie (ces dernières avec un travail théorique sur la dynamique chez Schönberg), et commença en 1957 sa carrière de vicaire dans plusieurs villages du palatinat de Pfalz, puis de pasteur à Kaiserslautern (1957-1963) et de pasteur et professeur de théologie, philosophie et psychologie à Francfort (1968-1970) et à Münich (1970-1976). Depuis 1976, il vit à Berlin et enseigne la musique expérimentale et la musicologie à la Hochschule der Künste. Avec ses étudiants, il réalise des pièces contemporaines et des projets de composition collective (de Cage, Wolff, Schnebel, etc.). Ses travaux musicologiques récents sont consacrés à la musique de Bruckner, Janáček, Debussy, Satie, Varèse, Verdi, Ives et à la musique américaine contemporaine.

Particulièrement intéressé, dans les années 50-60, par les recherches de Stockhausen, Schnebel étudia ses œuvres et publia ses textes théoriques. La découverte de la musique et des théories de J. Cage vers la fin des années 50 fut également pour lui d'une importance capitale, après l'extension des techniques vocales et la dissolution de la matière verbale dans des œuvres d'inspiration sérielle comme *dt 31.6* (1956-1958), pour 12 groupes vocaux, *Das Urteil*, d'après Kafka (1959) et *Glossolalie* (1959-60/1960-61), pour récitants et instrumentistes, il se sentit attiré par l'extension de la matière proprement musicale, par la modification de la pratique du concert et par la transformation du rôle des musiciens et du public. Des pièces, comme *Abfälle I* (1960-1962), *Réactions*, pour un instrumentiste et public, *Visible music I*, pour un chef et un musicien, ou *Modelle (Ausarbeitungen)* [1961-1966], exercices dramatiques pour instrumentistes et chanteurs, cherchent à intégrer aux sons composés par l'auteur des matériaux sonores extérieurs (comme les bruits-sons produits par le public) ou les comportements gestuels-visuels des participants. L'utilisation du geste corporel comme matériau compositionnel transforme l'œuvre musicale en pièce de théâtre musical. A cette époque, Schnebel s'intéressa particulièrement à la recherche théâtrale de M. Kagel : d'où son livre *M. Kagel - Musik, Theater, Film* (Cologne, 1970). Poursuivant «l'expérience des limites», la musique de Schnebel explore toutes les possibilités matérielles du «faire» : les matières sonores, visuelles et gestuelles, la musique muette des corps, l'environnement sonore quotidien, les relations entre musiciens et public, la communication entre participants, l'insertion de l'expérience artistique dans la vie quotidienne, l'expérience individuelle de l'écoute-lecture.

Ainsi, dans la série de compositions dénommée globalement *Radiophonien* (1970-), qui comporte *Hörfunk* (1969-70) et *No* (1979-80), l'objet du travail compositionnel est l'écoute de la radio : les compositions utilisent des bruits-sons environnants, des fragments d'émissions parlées et des bruits-sons provenant des archives sonores de la radio, et mettent en relation des phénomènes acoustiques considérés habituellement comme incompatibles et étrangers à l'expérience artistique. L'intérêt pour la distribution spatiale des dispositifs sonores et visuels utilisés définit le propos théorique de la série de pièces intitulées globalement *Räume* (1963-1977) : *Ki-no* (1963-1967), musique de nuit pour projecteurs et auditeurs, *MO-NO* (1969), musique à lire, et *Gehörgänge* (1972), musique pour « des oreilles qui cherchent » *(forschende Ohren)*, jouent avec les composantes sonore et visuelle de l'expérience artistique, mais aussi avec le paramètre « temps ». Conçues dans la lignée des musiques « silencieuses » de J. Cage, les réalisations de *MO-NO* et de *Gehörgänge* peuvent totalement supprimer le son et se dérouler dans des laps de temps variables, car non définis par le compositeur.

Les *Produktionsprozesse* (« processus de production ») se détournent de la notion d'œuvre en tant qu'objet fini. La partition écrite ne se propose plus de fixer le résultat sonore définitif du jeu, mais de définir les instructions pour les actions qui produisent les sons-bruits et pour le déroulement global du processus (*cf.* dans *Maulwerke*, 1968-1974, pour organes d'articulation et appareils de reproduction ; un *Körpersprache*, 1979-80, action musicale pour 3 à 9 exécutants). Les processus de production chez Schnebel sont souvent réalisables par des musiciens et par des non-musiciens. Ils visent non pas l'exécution « pour » un public passif, mais l'activité artistique « avec » les autres (le *Mitmachen*, le « faire avec » [les autres], selon l'optique du philosophe de l'utopie E. Bloch). *Schulmusik* (1973-), destinée à des élèves pas nécessairement musiciens, comporte apprentissage, exercices, expériences, transformations, improvisations, pièces, et cherche à éveiller la créativité des individus. Dans cet ordre d'idées, Schnebel forme en 1972 le groupe Neue Musik au lycée Oskar-von-Müller à Munich, et réalise avec lui de nombreux projets de composition collective tout en lui faisant interpréter un répertoire assez vaste de musique contemporaine.

La série récente de compositions intitulée *Bearbeitungen* (1972-1980) relie le travail de Schnebel à la grande tradition classique et romantique : *Webern-Variationen*, pour ensemble instrumental variable (1972), *Bach-Contrapuncti*, pour voix (1972-1976), *Schubert-Phantasie*, pour grand orchestre (1977-78) et *Wagner-Idyll*, pour ensemble de chambre (1980) se proposent de mettre en valeur certaines particularités des œuvres connues, en développant plus particulièrement le paramètre de la distribution spatiale de la matière sonore. Schnebel est enfin l'auteur de *Denkbare Musik* (« Musique imaginable », « musique à penser » ou « penser la musique », DuMont Schauberg, Köln, 1972), ouvrage regroupant ses travaux théoriques, de 1952 à 1972.

Œuvres principales. *Versuche* (1953-1956/1964) : *Analysis* (1953), *Stücke* (1954-55), *Fragment* (1955), *Compositio* (1955-56/1964) ; *Fur Stimmen... Missa est : dt 31.6* (1956-1958), *amn* (1958/1966-67), *: ! (madrasha 2)* [1958-1968], *Choralvorspiele* (1966/1968-69) ; *Projekte* (1958-1961) : *raum-zeit y* (1958-), *Das Urteil (nach Kafka)* [1959], *Glossolalie* (1959-60/1961) ; *Abfälle I* : *Réactions* (1960-61), *Visible Music I* (1960-1962) ; *Modelle* (1961-1966) ; *Nostalgie* (1962), *Espressivo* (1961-1963), *Concert sans orchestre* (1964), *Fallout* (1965-), *Anschläge-Ausschläge* (1965-66) ; *Räume* (1963-1977) : *Ki-no* (1963-1967), *MO-NO* (1969), *Gehörgänge* (1972), *Drei-Klang* (1976-77) ; *Produktionsprozesse* (1968-) : *Maulwerke* (1968-1974), *Orchestra* (1974-1977), *Pan* (1978), *Thanatos-Eros* (1979), *Körpersprache* (1979-80) ; *Schulmusik* (1973-) : *Klänge*, *Rhythmen*, *Blasmusik*, *Gesums*, *Kontrapunkt*, *Harmonik* ; *Bearbeitungen* (1972-1981) : *Bach-Contrapuncti* (1972-1976), *Schubert-Phantasie* (1977-78), *Wagner-Idyll* (1980), *Webern-Variationen* (1972) ; *Tradition* (1975-) ; *In motu proprio* (1975), *Diapason* (1977), *B-dur-Quintett* (1976-77). I. S.

Schneiderhan (Wolfgang), violoniste autrichien *(Vienne 1915).* Enfant prodige, il donne son premier concert à cinq ans avant de suivre en 1923 l'enseignement de Otakar Ševčik aux cours d'été de Pisek et celui de Julius Winkler à Vienne. Premier violon de l'Orchestre symphonique de Vienne (1933-1937), puis de la Philharmonie (1937-1951), il fonde son propre quatuor (1937-1951) et crée un trio avec Edwin Fischer et Enrico Mainardi (1949-1960). En 1951, il abandonne orchestre et quatuor pour se consacrer à la carrière de soliste, mais continue d'enseigner au Mozarteum de Salzbourg (1938-1956), à l'Académie de musique de Vienne (1939-1950) et au conservatoire de Lucerne (à partir de 1949), et participe à la création en 1956, avec Rudolf Baumgartner, du festival Strings de Lucerne. Schneiderhan a également dirigé, notamment en 1975, la *Notre-Dame* de Franz Schmidt.

Ce musicien sobre vaut plus par sa profonde musicalité que par sa sonorité âpre, peu soucieuse de virtuosité. Il s'est particulièrement attaché à défendre l'œuvre de Stravinski, de Henze et de Frank Martin ; ces deux derniers ont composé pour sa femme, Irmgard Seefried, et lui-même des œuvres originales pour soprano, violon et orchestre : *Ariosi* de Henze (1963) et *Maria Triptychon* de Frank Martin (1968). M. W.

Schnittke (Alfred), compositeur soviétique *(Ingels, région de Saratov, 1934).* Il est l'élève, en composition, de E. Goloubev au conservatoire de Moscou (1953-1958). Il enseigne, depuis 1960, la composition instrumentale et la lecture de partitions à ce conservatoire. En tant que compositeur, il est passé en moins de dix ans de l'admiration pour Prokofiev (*1er Concerto pour violon*, 1957) à une musique spirituellement engagée s'en tenant au strict cadre de la musique de chambre. Ainsi, son *Quatuor à cordes* (1966), sa *2e Sonate pour violon* (1968) semblent avoir assimilé l'héritage simultané de Berg, Bartók, de l'école polonaise contemporaine sans pourtant avoir perdu leur personnalité.

Citons encore ses *Hymnes* (I, II, III, 1974-75), son *Quintette avec piano* (1976), le *Concerto grosso* pour 2 violons, clavecin et cordes (1977). Dans une production déjà importante, on peut distinguer trois groupes de partitions : celles héritées de Prokofiev (*1er Concerto pour violon*, *1re Sonate pour violon*), celles rationnellement organisées sur une base sérielle (*2e Concerto pour violon*, 1966 ; *Dialogues* pour violoncelle, 1965), celles influencées par Lutoslawski (*Sérénade*, 1968 ; *2e Sonate pour violon*, 1968 ; *Symphonie*, 1972 ; *Concerto grosso*, 1977 ; *Prélude à la mémoire de Chostakovitch*, 1975 ; *Quintette avec piano*, 1976) ; *2e Quatuor à cordes* (Evian, 1981).

Schnittke est, aujourd'hui, l'une des personnalités musicales soviétiques les plus en vue. P.-E. B.

Schnorr von Carolsfeld (Ludwig), ténor allemand *(Munich 1836 - Dresde 1865).* Il étudia à Karlsruhe avec Édouard Devrient et débuta dans cette ville en 1858. Il s'affirma rapidement comme l'un des plus remarquables chanteurs produits par l'Allemagne au XIXe siècle. Il fut lié, de 1860 à 1865, par contrat à l'Opéra de Dresde, où Wagner l'entendit dans *Lohengrin*. Sa voix, au médium solide, correspondant au type nouveau dont Wagner avait besoin, celui-ci le fit engager à Munich pour créer le rôle de Tristan (sa femme Malvina incarnait Isolde). Ludwig Schnorr devait mourir, peu après, d'insuffisance cardiaque. On a dit, à l'époque, que le rôle de Tristan l'avait épuisé.

Malvina, soprano danoise *(Copenhague 1825 - Karlsruhe 1904),* moins célèbre que son époux, abandonna sa carrière peu après la mort de celui-ci et se consacra à l'enseignement. J. B.

Schnyder von Wartensee (Xaver), compositeur et pédagogue suisse *(Lucerne 1786 - Francfort 1868).* Il fit ses études à Vienne avec Kienlen et fut peut-être conseillé par Beethoven. Il fut professeur à l'institut Pestalozzi d'Yverdon, puis à Francfort, où son influence fut grande sur toute une génération de jeunes musiciens, notamment dans le domaine du rythme. Influencé par Beethoven et Weber, il a écrit deux symphonies et un opéra féerique, *Fortunat*, créé à Francfort en 1831. On possède également de lui un oratorio, *Zeit und Ewigkeit* (1838), des cantates et de nombreuses pages d'inspiration religieuse. Il fut critique musical et correspondant à Francfort de la *Caecilia* de Mayence et de l'*Allgemeine musikalische Zeitung* de Leipzig. A. G.

SCHOBERT (Johann), *compositeur allemand (Silésie? v. 1735-Paris 1767)*. On ne sait rien de précis sur sa vie avant son arrivée à Paris en 1760 ou en 1761. Il entra au service du prince de Conti comme maître de musique et claveciniste de chambre : les salons s'ouvrirent ainsi devant lui, et il publia lui-même sa propre musique. Exception faite de l'opéra-comique *le Garde-Chasse et le Braconnier* (1765), il n'écrivit que de la musique instrumentale avec clavier, réunie en 20 numéros d'opus. Beaucoup de ces pièces ont un accompagnement (violon, violon et violoncelle, violon et cors), mais celui-ci est souvent *ad libitum*, ce qui fait que les mêmes pièces peuvent être jouées soit comme de la musique de chambre, soit comme des sonates pour clavier. Mozart, enfant, fit la connaissance de Schobert lors de ses deux premiers séjours à Paris (1763-64 et 1766), et Georges de Saint-Foix n'hésita pas à qualifier celui-ci de « premier poète que Mozart ait rencontré sur son chemin ».

De fait, Schobert fut à tous points de vue un pionnier et un audacieux solitaire, une des personnalités les plus singulières de l'époque de l'*Empfindsamkeit**. Il ne prescrivit pas, pour ses œuvres, le pianoforte moderne, mais (sans qu'aujourd'hui il faille le prendre à la lettre) le clavecin. Ses contemporains n'en estimèrent pas moins qu'il avait « transplanté la symphonie au clavier ». Il excella à évoquer des atmosphères poétiques rares, tantôt âpres et sombres, tantôt viriles et décidées, mais, le plus souvent, rêveuses et nostalgiques. Cornélie, la sœur de Goethe, annonçant au poète la mort du Schobert, parla des « sentiments douloureux » qui perçaient son âme quand elle jouait ses sonates. L'andante du concerto pour clavier K.39 de Mozart n'est autre qu'une adaptation d'un mouvement de Schobert, et, en 1778, lors de son ultime séjour à Paris, le futur auteur de *Don Giovanni* faisait étudier à ses élèves, le plus souvent à toute autre, la musique de celui qui l'avait tant impressionné une quinzaine d'années auparavant, tout en le citant dans l'andante de la sonate en *la* mineur K.331. Avec les trios de jeunesse de Haydn, ceux avec clavier de Schobert comptent parmi les premiers du genre. Il mourut avec presque toute sa famille pour avoir mangé des champignons vénéneux ramassés en forêt de Saint-Germain. M. V.

SCHOECK (Othmar), *compositeur suisse (Brunnen, canton de Schwyz, 1886-Zurich 1957)*. Fils d'un peintre et d'abord attiré par la peinture, il se destina à la musique après des études aux conservatoires de Zurich et de Munich (1907-1908, avec Max Reger). Il fut successivement chef du Chœur des professeurs à Zurich (1911-1917) et, tout en vivant dans cette dernière ville, chef d'orchestre à Saint-Gall (1917-1944). Plus de 400 lieder sur des textes allemands (Eichendorff, Lenau, Mörike, Goethe), ordonnés en de vastes cycles, forment l'essentiel d'une production directement influencée par le romantisme germanique et s'inscrivant plus ou moins dans la succession de celle de Hugo Wolf. Son second domaine d'élection fut la scène, avec, notamment, *Erwin und Elmire* d'après Goethe (musique de scène et chants, 1911-1916), *Don Ranudo de Colibrados*, opéra-comique d'après Holberg (1917-18), *Venus*, opéra d'après Mérimée (1919-20), *Penthesilea*, opéra d'après Kleist (1924-25), *Massimila Doni*, opéra d'après Balzac (1934), et *Das Schloss Dürande*, opéra d'après Eichendorff (1938-39). A. G.

SCHOLA CANTORUM (lat.; « école des chanteurs »). Il en existait dans la Rome antique, c'étaient plutôt des sociétés musicales que des écoles, qui se transformèrent dans les premiers temps du christianisme en centres de formation à la musique sacrée. Ce fut vraisemblablement saint Grégoire le Grand, pape de 590 à 604, qui regroupa ces *scholae* en une institution unique, exclusivement pontificale, qui dura avec des fortunes diverses jusqu'à sa suppression en 1370 par le pape d'Avignon Urbain V.

Par la suite, le nom de Schola cantorum a été adopté par plus d'une école de musique européenne, plus importante étant celle que fonda Charles Bordes, à Paris, en 1894, avec la collaboration de Vincent d'Indy et d'Alexandre Guilmant. Ce fut d'abord une « École de chant liturgique et de musique religieuse », qui se proposait de réagir contre la décadence de la musique sacrée. À partir de 1896, V. d'Indy, devenu son principal animateur, étendit son activité à la musique profane, et la Schola cantorum, à l'étroit dans ses premiers locaux, s'installa dans l'ancien couvent des bénédictins anglais, rue Saint-Jacques, où elle se trouve encore. Disposant bientôt de son propre orchestre, d'une chorale et d'un bureau d'édition, elle joua un rôle considérable dans la redécouverte de la musique ancienne.

La mort de Vincent d'Indy, dont les cours de composition étaient mondialement réputés, fut un coup sévère pour la Schola cantorum. Une scission se produisit en 1935 parmi ses successeurs et les dissidents fondèrent l'école César-Franck. Aujourd'hui dirigée par Jacques Chailley*, la Schola cantorum enseigne l'ensemble des disciplines musicales, ainsi que l'art dramatique et la danse (classique et moderne). Ses classes instrumentales vont de la flûte à bec au piano-jazz. M. T.

SCHÖNBACH (Dieter), *compositeur allemand (Stolp, Poméranie, 1931)*. Il a étudié, de 1949 à 1959, avec Günter Bialas à Detmold et Wolfgang Fortner à Fribourg, et a été, de 1959 à 1973, directeur de la musique au théâtre de Bochum. Il est un des principaux représentants en Allemagne, avec Joseh Anton Riedl, de la musique pour multimédia, et a collaboré avec des chorégraphes, des peintres, des architectes et des metteurs en scène de cinéma. Il a participé, par exemple, à la réalisation d'un programme audiovisuel pour le compte de l'Office du tourisme de la ville de Cologne. On lui doit, notamment, le film *Geometrie, Sprache der Formen* (1958); *Der Sturm*, spectacle multimédia, d'après Shakespeare (1970); *Die Chöre des Œdipus*, composition parlée pour la radio, d'après Hölderlin (1973); *Metro Media*, formation de sons cinétiques pour chemin de fer souterrain (1973); et, dans le domaine traditionnel, un concerto pour piano (1958), *Orchesterstück 1 « Farben und Klänge »* (1958), *2 « Ritornelle »* (1961), *3 « Pour Varsovie »* (1963) et *4 « Entre »* (1964), ainsi que des pages vocales comme *Canticum psalmi resurrectionis*, pour soprano et instruments (1957) ou *Chant liturgique, hommage à Pérotin*, pour chœur et orchestre (1964). M. V.

SCHÖNBERG (Arnold), *compositeur autrichien (Vienne 1874-Los Angeles 1951)*. « Je suis un conservateur qu'on a forcé à devenir révolutionnaire » : ainsi se définit lui-même un des plus grands artistes du xxe siècle, un des rares à avoir eu un sens aigu de l'histoire. Il se considéra toujours comme l'héritier authentique de la tradition classique et romantique allemande, et, à ce titre, comme une force historique inévitable. Lorsque, durant la Première Guerre mondiale, il fut enrôlé dans l'armée autrichienne, un de ses supérieurs lui demanda s'il était bien le compositeur Arnold Schönberg, dont la musique était si dissonante, si moderne, etc., sa réponse fut typique : « Personne n'ayant voulu l'être, je me suis porté volontaire. » La mission historique qu'il assuma consciemment consista, après constat de l'épuisement du système tonal, à mettre fin à celui-ci, puis à bâtir à sa place un nouveau système. D'où sa « révolution » en deux étapes : ce que faute de mieux on appela l'atonalisme « libre » (à partir de 1908), puis le dodécaphonisme sériel (officiellement à partir de 1923). A noter, cependant, que, comme toutes les vraies révolutions, la sienne eut un aspect de « consolidation du passé ».

Né dans une famille de la petite bourgeoisie israélite, Schönberg commença à composer et à jouer du violon dès l'âge de huit ans. Il se tourna ensuite vers le violoncelle pour pouvoir faire de la musique de chambre, et, pour l'essentiel, se forma en autodidacte. Son seul maître fut son futur beau-frère, le compositeur Alexandre von Zemlinski*. En début de carrière, il se passionna à la fois pour Wagner et pour Brahms, ce qui semblait alors contradictoire. Le fait est que, s'il partit de l'hyperchromatisme wagnérien, le sens brahmsien de la forme devait régner jusque dans ses œuvres de vieillesse.

Dans sa jeunesse, Schönberg composa de très nombreuses œuvres inédites. De 1897 date un quatuor à cordes en ré majeur dans l'esprit de Dvořák. En 1898-1900 furent écrits plusieurs lieder, dont 12 devaient paraître sous les numéros d'opus 1 à 3. En 1898, l'un d'eux provoqua un scandale. « Et depuis, le scandale n'a jamais cessé » (Schönberg beaucoup plus tard). En septembre 1899, Schönberg composa en trois semaines une œuvre qui, malgré le scandale de sa première audition à Vienne en 1902, devait rapidement devenir une de ses plus jouées : le sextuor à cordes *Verklärte Nacht (la Nuit* transfigurée)*, d'après un poème de Richard Dehmel. Il devait lui-même en réaliser deux transcriptions pour orchestre à cordes (1917 et 1943). Il s'agit de la première de ses grandes partitions encore tonales et de style postromantique. « Quand on me demande pourquoi je ne compose plus comme au temps de *Verklärte Nacht*, je réponds en général que c'est justement ce que je fais, mais que je n'y peux rien si les gens ne s'en aperçoivent pas » (Schönberg en 1927). *Verklärte Nacht* découle fortement de Wagner, mais ses tournures mélodiques sont très personnelles, avec leurs vastes sauts d'intervalles et leur quasi-absence de référence à l'accord parfait. Et il reste que « les innovations décisives de Schönberg n'auraient pas été possibles si dans *Verklärte Nacht* il ne s'était détourné de la pompe des poèmes symphoniques du temps pour prendre modèle sur l'écriture obligée des quatuors de Brahms » (Adorno).

Dans la période tonale et postromantique de Schönberg s'inscrivent encore le poème symphonique *Pelléas* et Mélisande* op. 5 (1903) et les *Gurrelieder** (1900-1911) ; et beaucoup moins déjà le *Premier Quatuor à cordes* op. 7 (1905) et la *Première Symphonie de chambre* op. 9 (1906). Écrits pour solos, chœurs et orchestre, les *Gurrelieder* font appel à des effectifs énormes. Ils furent conçus vers 1900, mais leur orchestration ne fut menée à bien qu'en 1911. Leur première audition à Vienne en 1913 valut à Schönberg un triomphe, mais ce triomphe fut, en quelque sorte, posthume : il s'adressa en effet à un compositeur qui, dans l'intervalle, avait radicalement évolué et rencontré dans sa ville natale des résistances confinant parfois à la haine, et mues parfois par des sentiments ouvertement antisémites.

De 1901 à 1903, Schönberg vécut à Berlin, où pour subsister il dut orchestrer des opérettes. A son retour à Vienne, il découvrit l'art de Gustav Mahler, qu'auparavant il avait peu apprécié, et commença sa longue carrière pédagogique, extraordinaire aventure qui devait marquer profondément la musique du XXᵉ siècle. Parmi ses premiers élèves, Anton Webern et Alban Berg, qui, chacun à sa manière, devaient le suivre dans ses audaces pour former avec lui la fameuse « trinité viennoise ». Avec l'opus 7 (officiellement en *ré* mineur) et l'opus 9 (officiellement en *mi* majeur), Schönberg parvint aux limites du monde tonal. Première manifestation chez lui de l'expressionnisme musical, la *Symphonie de chambre* op. 9 remplaça notamment les harmonies de tierce par des superpositions impitoyables de quartes, et, par sa structure en un seul mouvement, renouvela de façon originale la forme sonate. Le pas décisif vers l'atonalité fut franchi en 1907-1908 avec le *Deuxième Quatuor à cordes* op. 10, dont les deux premiers mouvements sont encore tonaux, mais dont les deux derniers (qui font intervenir la voix), s'ils le restent par leur vocabulaire (accords classés), ne le sont plus par leur syntaxe (ces accords ne s'enchaînent pas selon les lois de la tonalité). Schönberg déclara à leur propos : « Les troisième et quatrième mouvements définissent clairement une tonalité à tous les points d'articulation de la forme. Mais les dissonances sont si nombreuses qu'elles ne sauraient être équilibrées par la simple apparition, une fois de temps à autre, d'accords parfaits correspondant à telle ou telle tonalité. Il m'a semblé absurde de faire entrer de force un mouvement dans le lit de Procuste d'une tonalité en l'absence des progressions harmoniques s'y rapportant. Tel fut mon problème, et mes contemporains auraient dû s'en préoccuper également. »

Ces premières pages atonales de Schönberg furent composées exactement au moment où en peinture apparut le cubisme, et une comparaison s'impose entre l'opus 10 et *les Demoiselles d'Avignon* de Picasso (ils sont de la même année) : aux deux premiers mouvements (encore tonaux) de l'opus 10 correspond la partie gauche (traditionnelle) du tableau, aux deux derniers mouvements (atonaux) de l'opus 10 la partie droite (cubiste) du tableau.

Suivit pour Schönberg une période de création intense, avec les chefs-d'œuvre de style « atonal libre » que d'aucuns, en particulier Pierre Boulez, considèrent comme ses plus hautes réussites. On parle souvent, pour caractériser cette période, d'émancipation de la dissonance. Il faut entendre par là que, d'une part, n'importe quel accord pouvait dorénavant succéder à n'importe quel autre, et que, d'autre part et surtout, une dissonance n'était plus obligée de se résoudre à plus ou moins longue échéance en une consonance (accord parfait). Ce refus de la résolution fut la source principale de l'aptitude du style de Schönberg, vers 1908 et les années suivantes, à représenter l'angoisse, le macabre. De 1908-1909 date *le Livre* des jardins suspendus* op. 15, cycle de 15 mélodies sur des poèmes de Stefan George. En 1909 se succédèrent les *Cinq* Pièces pour orchestre* op. 16, les *Trois Pièces pour piano* op. 11 et le monodrame *Erwartung** op. 17, dont la première représentation ne devait intervenir qu'en 1924. Dans l'opus 16, l'orchestre est traité comme un grand ensemble de solistes. Cet intérêt pour le timbre en soi est net dans la troisième des cinq pièces, faite presque exclusivement d'un seul accord de cinq notes transférées d'un registre à l'autre et d'un instrument à l'autre. Schönberg ne fit là que mettre en pratique un principe qu'il avait déjà défini dans ses travaux théoriques, celui de la *Klangfarbenmelodie* (mélodie de timbres).

Erwartung, d'une durée d'une demi-heure environ, met en scène un seul personnage, une femme cherchant son amant dans une forêt et ne trouvant finalement qu'un cadavre. Il s'agit en fait d'un cauchemar : *Erwartung*, qui pousse jusqu'à ses propres extrêmes limites le principe de non-répétition d'une idée musicale et qui confine à l'athématisme, est le premier ouvrage de l'histoire de la musique au contenu essentiellement psychanalytique. Par ses lignes mélodiques et par son phrasé, Schönberg parvint à y recréer la dialectique tension-détente, qui, dans la musique tonale, avait découlé des rapports dissonance-consonance. Dans *Erwartung*, le retour périodique d'un accord de six sons produit des zones de stabilité relative. La dernière page est significative : en quelques secondes, Schönberg y sature l'espace chromatique tempéré, fait entendre à plusieurs registres, dans leur succession et leur superposition, les douze sons de l'échelle chromatique tempérée. Dans *Erwartung* réellement, dans les autres ouvrages de l'époque virtuellement, la consonance absolue n'est plus l'accord parfait, mais le total chromatique, la plénitude chromatique.

En 1910, Schönberg se consacra presque constamment à la peinture et fit montre dans ses toiles d'un expressionnisme aussi violent que dans sa musique de 1909. Il participa activement, avec Kandinski, Klee et Franz Marc, au mouvement pictural, dont l'organe fut la revue *Der blaue Reiter (le Cavalier bleu)*.

En 1911, l'année de la mort de Mahler, il composa *Herzgewächse**, sur un texte de Maeterlinck, acheva son *Traité d'harmonie* et s'installa de nouveau à Berlin, pour y rester jusqu'en 1914. C'est là que, en 1912, il composa et fit entendre *Pierrot* lunaire* op. 21, l'œuvre qui le rendit célèbre « par-delà le bien et le mal ». Ces « trois fois sept poèmes... pour voix parlée, piano, flûte (ou piccolo), clarinette (ou clarinette basse), violon (ou alto) et violoncelle », chacun étant d'une durée moyenne d'une minute et demie, résultèrent d'une commande de l'actrice viennoise Albertine Zehme, spécialisée dans le mélodrame. La voix y est traitée selon le principe du Sprechgesang*. Par leur courte durée, les 21 pièces qui composent *Pierrot lunaire* relèvent de la « petite forme », déjà utilisée par Schönberg en 1910 dans ses *Trois Pièces pour orchestre de chambre* (posthumes) et, en 1911, dans ses *Six Petites Pièces pour piano* op. 19 (la dernière des six, aux limites du silence, est une « vision » de l'enterrement de Mahler, et dont Webern devait se faire une spécialité (avec d'autres principes formels d'ailleurs). Œuvre clé du xx⁰ siècle, *Pierrot lunaire* est typique de la période expressionniste de Schönberg par son mélange d'ironie et de sadomasochisme macabre et sanglant.

En 1913, Schönberg écrivit encore *Die glückliche* Hand* op. 18 *(la Main heureuse)*, drame avec musique, et, en 1913-1916, les *Quatre Lieder avec orchestre* op. 22. Les années suivantes ne le virent plus rien publier. Il les passa à travailler à son oratorio inachevé *l'Échelle* de Jacob* (1917-1922), à s'occuper de la Société d'exécutions musicales privées, grâce à laquelle il tenta, de 1918 à 1921, de combler les lacunes de concerts officiels en matière de musique contemporaine, et à mettre au point le dodécaphonisme sériel, sa « méthode de composition avec douze sons n'ayant de rapports qu'entre eux ». Avec cette méthode, point de départ officiel de la musique sérielle*, il voulut non seulement remplacer l'ordre tonal par un ordre nouveau mettant fin à l'anarchie de l'atonalité « libre » des années 1908-1913, mais aussi, et surtout, retrouver le fil de la grande tradition classique et romantique allemande. En témoignent aussi bien son retour, dans les années 20, à des formes traditionnelles, que sa déclaration à son disciple Josef Rufer : « J'ai fait une découverte qui assurera la prédominance de la musique allemande pour les cent années à venir » (1921). Les premières manifestations du dodécaphonisme sériel furent la valse terminant les *Cinq Pièces pour piano* op. 23 (1920-1923), le *Sonnet de Pétrarque* de la *Sérénade* op. 24 (1920-1923) et, surtout, la *Suite pour piano* op. 25 (1921-1923). Schönberg poussa ensuite sa méthode vers une virtuosité et une complexité extrêmes dans le *Quintette à vents* op. 26 (1923-24), dans le *Troisième Quatuor à cordes* op. 30 (1927) et dans les *Variations* pour orchestre* op. 31 (1926-1928). Il en fit ensuite usage au théâtre avec l'opéra bouffe *Von heute auf morgen (D'aujourd'hui à demain)* op. 32 (1928-29), de nouveau au piano avec les *Pièces* op. 33a (1928) et op. 33b (1931), et avec la *Musique* d'accompagnement pour une scène de film* op. 34 (1929-30), où il montra qu'elle n'était pas incompatible avec l'expressionnisme de sa période d'avant-guerre.

Titulaire depuis 1925, comme successeur de Busoni, d'une classe de composition à l'Académie des arts de Berlin, Schönberg en fut chassé à l'arrivée de Hitler au pouvoir, alors qu'il venait de terminer les deux premiers actes d'une œuvre maîtresse destinée à demeurer inachevée, l'opéra *Moïse* et Aaron*. Il se rendit d'abord à Paris, où, le 30 juillet 1933 — lui qui, à l'âge de dix-huit ans, s'était converti au protestantisme, — il réintégra solennellement la religion israélite : cette démarche fut d'ailleurs l'aboutissement d'une évolution intérieure qui avait débuté peu après 1920 et qui s'était manifestée notamment par la rédaction d'un drame toujours inédit, *Der biblische Weg* (la *Voie biblique*, 1927). En octobre 1933, il émigra aux États-Unis, qu'il ne devait plus quitter.

Il enseigna d'abord à Boston et à New York, puis, de 1936 à 1944, à l'université de Californie. Le *Concerto pour violon et orchestre* op. 36 (1934-1936) et le *Quatrième Quatuor à cordes* op. 37 (1936) sont deux grandes œuvres sérielles. Plus tard, Schönberg réintroduisit dans sa musique certaines références ou fonctions tonales, comme dans *Kol* Nidre* op. 39 (1938) ou dans l'*Ode* à Napoléon* op. 41, d'après Byron (1942). Après sa mise à la retraite par l'université de Californie, il dut, pour vivre, reprendre des élèves particuliers, et, en 1945, il se vit refuser par la fondation Guggenheim une bourse qui, espérait-il, aurait pu lui permettre de terminer l'*Échelle de Jacob*, *Moïse et Aaron* et plusieurs ouvrages théoriques.

Le 2 août 1946, à la suite d'une violente crise d'asthme, le cœur de Schönberg s'arrêta de battre. Une injection le sauva, et le splendide *Trio à cordes* op. 45, écrit du 20 août au 23 septembre, fut (entre autres) la traduction musicale de cette mort momentanée. L'année suivante, le récit d'un rescapé du ghetto fut à l'origine d'*Un survivant de Varsovie* op. 46. En 1949 fut menée à bien la *Fantaisie pour violon avec accompagnement de piano* op. 47. Les ultimes créations de Schönberg furent vocales et d'inspiration religieuse. En 1950, il entreprit la rédaction des *Psaumes* modernes*, et, pour bien montrer la continuité qu'il y voyait par rapport aux Psaumes de David, il donna au premier d'entre eux le n° 151. Il commença à le mettre en musique, mais la mort laissa cette dernière œuvre (opus 50C) inachevée.

Peu de créateurs sont aussi stimulants pour l'esprit que Schönberg. Sa musique en témoigne, mais aussi ses innombrables écrits. C'est qu'il ne négligea ni l'argumentation solide, ni l'acuité psychologique, ni l'humour plus ou moins sarcastique. Toute sa vie, il aima cultiver le paradoxe. Ainsi, une de ses professions de foi fut : « Je crois aux droits de la plus petite minorité. » Or, elle venait d'un homme si conscient de sa valeur et de sa position en flèche en tant qu'artiste que, à quelqu'un venu lui dire lors d'un festival international que son temps de répétition avec les interprètes était terminé et que d'autres compositeurs attendaient leur tour, il répondit sans sourciller : « Tiens, il y a d'autres compositeurs ici ? » Ainsi encore, en 1948, dans une lettre à un ami, après avoir violemment exprimé sa désillusion, pour ne pas dire plus, envers la politique, il écrivit : « Nous qui vivons dans la musique n'avons dans la politique aucune place, et devons la considérer comme un domaine tout à fait étranger. Nous sommes apolitiques, et tout au plus pouvons-nous essayer de rester bien tranquilles à l'arrière-plan. » Or, vers 1932-33, dans le contexte de la prise de pouvoir imminente par Hitler, il avait déclaré sans ambages à Adorno : « Aujourd'hui, il y a des choses plus importantes que l'art. » Et, dès 1923, pour des raisons personnelles mais grâce aussi à son extraordinaire intuition, il avait dans une lettre véhémente à Kandinski parlé de Hitler en termes prophétiques.

Schönberg était un adversaire résolu de tout art « engagé », ou plutôt orienté, ce qui dans les années 20 entraîna de très sérieuses divergences et controverses entre lui et son ancien élève Hanns Eisler*. Celui-ci jugeait profondément réactionnaire la vision sacrale que conservait Schönberg de l'art et de l'artiste, et, plus tard, sans pour autant s'empêcher de reconnaître son génie, de lui rendre hommage et de s'en réclamer, il devait le traiter de « petit-bourgeois de la pire espèce ». Schönberg de son côté, en 1947, visant Eisler, devait déclarer considérer avec scepticisme ces artistes « qui auraient certainement quelque chose de mieux à faire, mais qui s'empêtrent dans des plans de réforme universelle, alors que l'histoire montre comment tout cela finit... S'il veut paraître important, qu'il écrive de la musique importante ». Or, Schönberg est l'auteur de l'*Ode à Napoléon* et de *Un survivant de Varsovie*, qui est à la musique ce que *Guernica* de Picasso est à la peinture. Il s'intéressa de près à la fondation de l'État d'Israël, et, quoi qu'il en ait dit, il élabora lui-même plus d'un plan de réforme universelle, exerçant ses talents d'inventeur pas seulement en musique. On lui doit notamment (inventions qu'il ne fit

▲

Les anges musiciens :
Hans Memling.
Musée royal
des Beaux-Arts, Anvers.
Phot. du musée.

LES INSTRUMENTS

◄ *Las Cantigas de Santa Maria.*
Alphonse X le Sage.
Psautier du XIIIᵉ siècle.
Monastère de l'Escorial,
Madrid.
Phot. Oroñoz.

Orgue ▶
en nid d'hirondelle
de la cathédrale
Notre-Dame-de-Valère,
à Sion, vers 1380.
C'est le plus ancien
orgue connu.
Cathédrale
Notre-Dame-de-Valère,
Sion.
Phot. Linda Color S.A.

Anges musiciens. ▶
C'est une des premières
représentations
du violon.
Fresque
de Gaudenzio Ferrari,
vers 1535.
Saronno.
Phot. Scala.

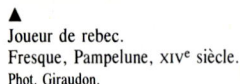

▲
Joueur de rebec.
Fresque, Pampelune, XIV⁰ siècle.
Phot. Giraudon.

Sainte Cécile jouant de l'orgue portatif (détail). ▶
Peinture sur bois,
du Maître du Retable de saint Barthélemy.
Alte Pinakothek, Munich.
Phot. Blauel-Bavaria.

◀ À l'extrême gauche :
lira da gamba.
Vendelin
Tieffenbrucker,
Padoue,
seconde moitié
du XVIe siècle,
Kunsthistorisches
Museum, Vienne.
Phot. Meyer.

◀ Ci-contre :
lira de braccio.
Joannes Andrea,
Vérone, 1511,
Kunsthistorisches
Museum, Vienne.
Phot. Meyer.

Allégorie de la Musique : la muse Euterpe.
Tableau de Laurent de La Hyre (1648).
The Metropolitan Museum of Art,
Charles B. Curtis Fund, 1950.
Phot. du musée.

▲
Sainte Cécile et l'ange, luth et violoncelle.
Tableau attribué à Guy François, peintre du Puy, XVIIᵉ siècle.
Galerie nationale, palais Barberini, Rome.
Phot. Scala.

Un stradivarius. ▶
Castello Sforzesco, Milan.
Phot. Scala.

◀ Guitare, Giacobus Stadler, XVIIe siècle, Kunsthistorisches Museum, Vienne.
Phot. Meyer.

◀ *Concert de violons à la cour de Louis XIII.*
Peinture anonyme, vers 1630. Musée des Beaux-Arts, Troyes.
Phot. G Monsallier.

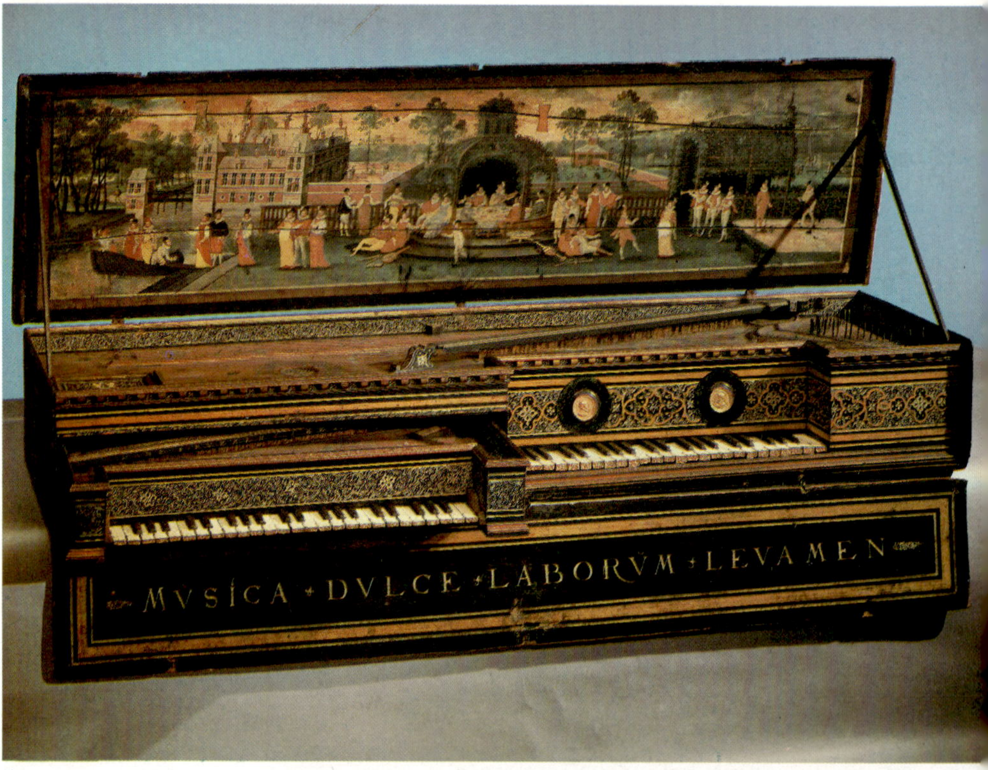

▲
Double virginal, 1581,
par Hans Ruckers.
The Metropolitan Museum of Art,
B. H. Homan Fund, 1929.
Phot. du musée.

Orgue de l'église San Domenico, ▶
Prato, Toscane,
vers 1650.
Phot. Scala.

Orgue portatif, Allemagne, XVIIIᵉ siècle.
Panneau peint « sainte Cécile jouant de l'orgue »,
signé Franz Gasppar Hofer, 1758.
The Metropolitan Museum of Art,
Crosby Brown Collection of Musical Instruments, 1889.
Phot. du musée.

◀ Clavecin, Belgique, XVIIᵉ siècle,
par Johannes Couchet.
The Metropolitan Museum of Art,
Crosby Brown Collection of Musical Instruments,
1889. Phot. du musée.

◀ Piano-forte,
Florence, vers 1720,
par Bartolommeo Cristofori.
The Metropolitan Museum
of Art, Crosby Brown
Collection
of Musical Instruments,
1889.
Phot. du musée.

▲
Musicien de cour et instruments.
Peinture de Peter Jakob Horemans (1772).
National museum, München.
Phot. Blauel-Bavaria.

jamais breveter) une machine à écrire la musique, un échiquier à cent cases avec comme figures supplémentaires un évêque et un amiral, un appareil à aimant pour opérer les yeux, les tickets de transport combinés et les couloirs d'autobus. « Une œuvre authentique d'un compositeur authentique provoque les réactions les plus diverses sans l'avoir recherché. » Cette formule de Schönberg demande à être nuancée et précisée, mais contient sa part de vérité. Peut-être l'écrivit-il en réaction contre le fait, qu'il connaissait bien, que la musique, à la fois la plus abstraite (elle ne s'appuie sur aucun objet comme peuvent le faire la littérature, la peinture ou l'architecture, et ses formes ne trouvent guère de préfiguration dans la nature) et la plus concrète (son pouvoir de suggestion est extraordinaire et elle agit directement sur les nerfs et les sens) de tous les arts, se prête admirablement à des fins extramusicales. Elle convient mal aux professions de foi, surtout sans support textuel, mais elle est fort apte à en accentuer la portée.

De son vivant, Schönberg n'eut jamais une audience de masse, et sa réputation de compositeur difficile subsiste encore aujourd'hui, plus de trente ans après sa mort. Il le ressentait durement, lui qui déclarait souhaiter entendre les gens siffler sa musique comme celle de Tchaïkovski, mais il savait ce souhait irréalisable, lui qui écrivit un essai intitulé *Comment on devient solitaire*. S'il assuma cette situation, ce fut grâce à ce sens de l'histoire dont il a déjà été question, et qui le fit à la fois opérer consciemment et délibérément une rupture radicale, ou qu'il proclamait radicale, avec le passé et la tradition, et se présenter non comme un des continuateurs, mais comme le continuateur nécessaire et inévitable, le seul continuateur authentique, de cette tradition. Telle est la raison pour laquelle il déclara toujours avoir « découvert » (en all. *gefunden*), et non « inventé » (en all. *erfunden*), le principe sériel. Les avatars du dodécaphonisme sériel, du sérialisme, illustrent parfaitement les ambiguïtés du révolutionnaire Schönberg, du contemporain de Lénine qu'était Schönberg. Le sérialisme schönbergien se proposa d'abolir, en se limitant d'ailleurs aux hauteurs, les hiérarchies entre les sons, mais d'autres hiérarchies devaient surgir sournoisement. En outre, le dodécaphonisme sériel apparaît avec le recul comme l'étape ultime de l'utilisation du total chromatique de la gamme de douze sons tempérés. Il se développa, en fait, à partir de certaines traditions les plus profondes de la musique occidentale et en particulier germanique, reconnaissant notamment comme la tyrannie de l'octave et la primauté des hauteurs (ou plutôt des intervalles) sur les autres paramètres musicaux, n'excluant pas en soi la poursuite d'une pensée fondée sur la notion de thème et sur les formes allant de pair avec cette notion. Le compositeur « pantonal » (il préférait cette dénomination à celle de compositeur « atonal ») Arnold Schönberg en fut sans doute conscient, pour lui le dodécaphonisme sériel fut largement un substitut des puissants moyens architecturaux auparavant fournis à la musique par la tonalité classico-romantique.

Il reste que la musique occidentale n'aurait pu faire l'économie du sérialisme de Schönberg et de ses successeurs. Comme avant lui le « classicisme viennois » de Haydn, Mozart et Beethoven, ce sérialisme déboucha en effet, en tant que lieu de convergence ayant concentré et dynamisé l'évolution globale, sur un éclatement de la musique en courants fort divers et sur la réintégration de tendances qui, en son temps, avaient pu sembler marginales. Cet éclatement, qui aujourd'hui à son tour pose problème, n'aurait pu se produire sans une puissante concentration préalable.

Il importe enfin de préciser que de la difficulté de la musique de Schönberg, atonalité et sérialisme sont loin de rendre compte à eux seuls. Ils n'en sont d'ailleurs pas, et de loin, la raison essentielle. La cause profonde de cette difficulté réside dans le rythme et dans l'exceptionnelle densité d'une pensée qui, comme celle de Haydn, concentre une multitude d'événements musicaux en un espace sonore et temporel, qui chez d'autres auraient pris des dimensions bien plus vastes.

C'est ainsi que, pour illustrer son essai intitulé *Pourquoi la musique de Schönberg est-elle si difficile à comprendre ?* (1924), Alban Berg choisit à dessein une œuvre encore tonale, le *Premier Quatuor à cordes* op. 7. Et on connaît la boutade de Schönberg : « Ma musique n'est pas moderne, elle est mal jouée. » Aujourd'hui, les questions de langage et de vocabulaire s'estompent devant la profonde unité spirituelle de son œuvre : c'est bien au service d'une affectivité exacerbée qu'il mit son incomparable virtuosité technique. La résistance acharnée qu'il rencontra, en particulier avec ses œuvres de 1908-1913, fut due moins à son abandon de la tonalité qu'à l'univers de sentiments nouveaux qu'il mit au jour.

Si son message fut mal accepté, c'est qu'il ne fut que trop bien compris. Il était doté de très fortes qualités intellectuelles dont il n'avait pas honte de faire usage, mais son intuition n'était pas moins grande, et un de ses traits de caractère fut justement de s'attacher à justifier rationnellement ses découvertes. De ce dualisme, reflété notamment dans le titre d'un de ses plus célèbres articles (*Cœur et esprit en musique*), Zemlinski s'aperçut dès 1902 : « Il [Schönberg] en sait plus que moi, et ce qu'il ne sait pas, il le ressent. » Vénéré comme un dieu par ses disciples et amis, malgré sa personnalité souvent écrasante, intraitable dès qu'il s'agissait de son art, Schönberg a laissé dans l'histoire l'empreinte qui n'est réservée qu'aux plus grands.

Œuvres principales. — *Œuvres avec numéro d'opus.* 2 lieder pour baryton et piano op. 1 (1898 ?) ; 4 lieder pour chant et piano op. 2 (1899 ?) ; 6 lieder pour voix moyenne et piano op. 3 (1900 ?) ; *la Nuit transfigurée* op. 4, sextuor à cordes (1899), orch. (1917 et 1943) ; *Pelléas et Mélisande* op. 5, poème symphonique (1903) ; 6 lieder pour chant et piano op. 6 (1903-1905) ; *Quatuor à cordes n° 1* op. 7 (1905) ; 6 lieder pour chant et orchestre op. 8 (1903-04) ; *Symphonie de chambre n° 1* op. 9 (1906) ; *Quatuor à cordes n° 2* op. 10 (1907-08) ; 3 pièces pour piano op. 11 (1909) ; 2 ballades pour chant et piano op. 12 (1907) ; *Und Friede auf Erden (Paix sur la terre)* op. 13, pour chœur mixte a cappella (1907) ; 2 lieder pour chant et piano op. 14 (1907-08) ; *Das Buch der hängenden Gärten (le Livre des jardins suspendus)* op. 15, pour soprano et piano (1908-09) ; 5 pièces pour orchestre op. 16 (1909) ; *Erwartung (Attente)* op. 17, monodrame (1909) ; *Die glückliche Hand (la Main heureuse)* op. 18, drame avec musique (1910-1913) ; 6 petites pièces pour piano op. 19 (1911) ; *Herzgewächse (Feuillage du cœur)* op. 20, pour soprano aiguë, célesta, harmonium et harpe (1911) ; *Pierrot lunaire* op. 21, mélodrame (1912) ; 4 lieder pour chant et orchestre op. 22 (1913-1916) ; 5 pièces pour piano op. 23 (1920-1923) ; *Sérénade* op. 24 (1920-1923) ; *Suite pour piano* op. 25 (1921-1923) ; *Quintette à vents* op. 26 (1923-24) ; 3 pièces pour chœur mixte op. 27 (1925) ; 3 satires pour chœur mixte op. 28 (1925) ; suite pour piano, clarinette aiguë, clarinette, clarinette basse, violon, alto et violoncelle op. 29 (1925-26) ; *Quatuor à cordes n° 3* op. 30 (1927) ; *Variations pour orchestre* op. 31 (1926-1928) ; *Von heute auf morgen (D'aujourd'hui à demain)* op. 32, opéra en 1 acte (1928-29) ; 2 pièces pour piano op. 33a (1928) et 33b (1931) ; musique d'accompagnement pour une scène de film op. 34 (1929-30) ; 6 pièces pour chœur d'hommes op. 35 (1930) ; *Concerto pour violon et orchestre* op. 36 (1934-1936) ; *Quatuor à cordes n° 4* op. 37 (1936) ; *Symphonie de chambre n° 2* op. 38 (1906-1916, terminée 1939) ; *Kol Nidre* op. 39 (1938) ; *Variations sur un récitatif pour orgue* op. 40 (1941) ; *Ode à Napoléon* op. 41 (1942) ; *Concerto pour piano et orchestre* op. 42 (1942) ; *Thème et variations pour orchestre à vents* op. 43A (1943), arr. pour orch. op. 43B (1943) ; *Prélude pour orchestre et chœur mixte* op. 44 (1945) ; *Trio à cordes* op. 45 (1946) ; *Ein überlebender aus Warschau (Un survivant de Varsovie)* op. 46 (1947) ; *Fantaisie pour violon avec accompagnement de piano* op. 47 (1949) ; 3 lieder pour piano op. 48 (1933) ; 3 chœurs mixtes a cappella op. 49 (1948) ; *Dreimal tausend Jahre,* pour chœur mixte a cappella op. 50A

(1949) ; *De profundis,* pour chœur mixte a cappella (à 6 voix) op. 50B (1950) ; *Moderner Psalm (Psaume moderne)* op. 50C, pour récitant, chœur mixte et orchestre (1950, inachevé).

Œuvres sans numéros d'opus, transcriptions et instrumentations. *Gurrelieder,* pour solistes, récitant, chœur mixte et orchestre (1910-1912) ; *Die Jakobsleiter (l'Échelle de Jacob),* oratorio inachevé (1917-1922) ; *Moïse et Aaron,* opéra inachevé (1930-1932) ; *Suite pour orchestre à cordes* (1934) ; *Concerto pour violoncelle,* d'après un concerto pour clavecin de G.-M. Monn (1932) ; *Concerto pour quatuor à cordes et orchestre,* d'après le concerto grosso op. 6 n° 7 de Haendel ; orchestration de deux préludes de choral et du prélude et fugue en *mi* bémol pour orgue de Bach ; orchestration du quatuor avec piano op. 25 de Brahms ; arrangement pour flûte, clarinette, quatuor à cordes et piano de la *Valse de l'Empereur* de J. Strauss ; *Die eiserne Brigade (la Brigade de fer),* marche pour piano et quatuor à cordes (1916) ; *Symphonie* (inachevée, 1912-1914) ; *Israel exists again,* pour chœur et orchestre (1949, inachevé) ; *Nachtwandler,* pour voix, piccolo, trompette, caisse claire et piano (1902) ; 3 pièces pour orchestre de chambre (1910) ; *Ein Stelldichein,* pour hautbois, clarinette, violon, violoncelle et piano (1905, inachevé) ; canons.

Écrits. Harmonielehre (Traité d'harmonie) [1911 ; rév., 1922] ; *Models for Beginners in Composition* (1942) ; *Structural Functions of Harmony* (1948 ; publ., 1954 ; rév., 1969), *Preliminary Exercises in Counterpoint* (1936-1950 ; publ., 1963) ; *Fundamental of Musical Composition* (1937-1948 ; publ., 1967) ; *Style and Idea* (5 textes et articles, New York, 1950 ; 104 textes et articles, Londres, 1975) ; *Schöpferische Konfessionen* (Zurich, 1964) ; *Arnold Schönberg - Franz Schreker : Briefwechsel* (Tutzing, 1974) ; *Gesammelte Schriften (Écrits complets)* [Francfort, 1976 -]. M. V.

SCHÖPFUNGSMESSE. Messe de Haydn. *V. Création (messe de la).*

SCHORR *(Friedrich),* basse baryton hongrois, naturalisé américain *(Nagyvorod 1888 - Farmington, Connecticut, 1953).* Il débute à Graz, en 1912, dans le rôle de Wotan de *la Walkyrie* (rôle auquel il attachera son nom de façon très spectaculaire). Il fait une carrière internationale tant en Europe qu'en Amérique, et est considéré comme un des plus grands chanteurs wagnériens de son époque (outre Wotan, ses interprétations de Hans Sachs dans *les Maîtres chanteurs* et du Hollandais dans *le Vaisseau fantôme* sont justement réputées). Il chante à Bayreuth de 1925 à 1933, puis se fixe aux États-Unis, où il demeure l'une des vedettes du Metropolitan Opera de New York jusqu'en 1944. Sa voix unissait la richesse du timbre à l'ampleur, et ses demi-teintes étaient d'une extrême beauté. Artiste d'une rare sensibilité, il possédait une présence scénique convaincante. J. B.

SCHOTT, maison d'édition allemande. Ce fut, à l'origine, un simple atelier de gravure fondé à Mayence en 1770 par Bernhard Schott *(Eltville 1748 - Mayence 1809),* lui-même fils de graveur, qui joignait à son métier une solide culture musicale. Nommé graveur de la cour en 1780, il eut le monopole des publications musicales de la cour et des églises de Mayence, devenant ainsi éditeur. Il étendit bientôt cette activité aux œuvres de l'école de Mannheim, entre autres. Ses fils Johann Andreas *(1781-1840),* Johann Joseph *(1782-1855)* et Adam Joseph *(1794-1840)* lui succédèrent, d'où le nom, B. Schotts Söhne (« les fils de B. Schott »), que prit définitivement la firme. Les frères Schott créèrent en Allemagne et à l'étranger (jusqu'en Australie) des filiales, dont deux subsistent encore, à Londres et à Bruxelles, après s'être séparées de la maison mère de Mayence.

Ils publièrent plusieurs œuvres maîtresses de Beethoven (*Missa solemnis, Neuvième Symphonie,* etc.), ainsi que des opéras de Rossini, Donizetti, Auber et Adam. Leur successeur Franz Philipp *(1811-1874),* fils de Johann Andreas, fut bourgmestre honoraire de Mayence et publia notamment le *Ring* et *les Maîtres chanteurs* de Wagner. *Parsifal* fut également confié à la maison Schott, mais celle-ci était passée sous le contrôle de Ludwig Strecker *(1853-1943),* qui inaugura une nouvelle dynastie en accueillant Liszt, Peter Cornelius, Humperdinck et Hugo Wolf. Ludwig Strecker n'attendit pas de mourir nonagénaire pour céder la place à ses fils Ludwig *(1883-1978)* et Willi *(1884-1958).*

Après 1952, le gendre de Ludwig II, Heinz Schneider-Schott, a maintenu la tradition familiale de constante mise à jour d'un catalogue qui comprend les œuvres de Hindemith, Stravinski, Orff, Egk et Henze, ainsi que le célèbre dictionnaire de Hugo Riemann. La présidence de la firme a été assumée en 1974 par Arno Volk, puis, en 1977, par Ludolf Freiherr von Canstein. M. T.

SCHRADE *(Leo),* musicologue américain d'origine allemande *(Allenstein, Prusse-Orientale, 1903 - Spéracèdes, Alpes-Maritimes, 1964).* Il suit des cours au conservatoire de Mannheim et étudie la musicologie aux universités de Heidelberg, Munich et Leipzig, où il soutient sa thèse de doctorat en 1927 *(Die ältesten Denkmäler der Orgelmusik).* Il enseigne alors la musicologie à Königsberg, puis, à partir de 1932, à Bonn, où il est nommé professeur d'histoire de la musique médiévale en 1935. Il émigre aux États-Unis en 1938 et enseigne au département de la musique de l'université Yale jusqu'en 1958, tout en occupant le poste de Director of Graduate Studies. De 1958 à sa mort, il est professeur à l'Institut de musicologie de l'université de Bâle, qu'il dirige.

Malgré une certaine spécialisation dans la musique sacrée du XIVe et XVIe siècle et la liturgie protestante (Schütz, en particulier), les recherches de Schrade englobent l'histoire de la musique de Boèce à Stravinski. Citons, notamment : *Beethoven in France...* (1942) ; *Monteverdi, creator of modern music* (1950, trad. fr. 1981) ; *Bach, the conflict between the sacred and the secular* (1954) ; *Tragedy in the art of music* (1964) ; *W. A. Mozart* (1964). Il a, par ailleurs, édité quelques œuvres de Monteverdi et a collaboré, à plusieurs reprises, à des revues et collections de musique ancienne *(Journal of Renaissance and Baroque Music ; Archiv für Musikwissenschaft...).* D. H.

SCHREIER *(Peter),* ténor allemand *(Meissen 1935).* Enfant, il chante comme soliste dans la chorale Sainte-Croix de Dresde. Ses débuts de ténor remontent à 1953 dans le rôle de l'Évangéliste de *la Passion selon saint Matthieu* de Bach. Après une carrière de chanteur d'oratorio, il aborde, pour la première fois, l'opéra à Dresde en 1961 (rôle du premier prisonnier dans *Fidelio* de Beethoven). Pendant deux ans, il se crée un répertoire d'opéra italien qu'il chante avec succès (*le Barbier de Séville, Don Pasquale, Rigoletto*). Engagé en 1963 à l'Opéra de Berlin, il va s'affirmer, enfin, comme un des meilleurs ténors mozartiens de l'après-guerre.

Et c'est le début de sa grande carrière internationale. Il chante Tamino, Belmonte, Ottavio, Ferrando dans les principaux théâtres et festivals du monde : Vienne, Londres, Munich, Glyndebourne, Milan, New York, Salzbourg. Dans le même temps, il continue ses récitals de lieder, et s'est produit récemment comme chef d'orchestre. Musicien et styliste accompli, Peter Schreier possède une technique d'une agilité exceptionnelle. J. B.

SCHREKER *(Franz),* compositeur, dramaturge et pédagogue austro-hongrois *(Monaco 1878 - Berlin 1934).* Élève de Robert Fuchs au conservatoire de Vienne, il rencontra, grâce à ses œuvres de jeunesse (une ouverture, un psaume), des succès flatteurs. Surtout attiré par le théâtre, il présenta en 1902 un opéra en 1 acte, *Flammen,* en l'accompagnant lui-même au piano. Cet essai n'eut de suite que le jour où Schreker, mécontent de tous les livrets qu'on lui avait proposés, décida de ne se fier qu'à son propre talent et d'écrire, comme Wagner ou comme Busoni, ses poèmes lui-même.

C'est ainsi que *Der ferne Klang* triompha à Francfort en 1912, point de départ d'une des plus fulgurantes carrières lyriques de l'histoire. Le compositeur, qui, jusque-là, avait vécu de petits emplois, fut aussitôt nommé professeur au conservatoire de Vienne, poste qu'il devait conserver jusqu'à son départ en 1920 pour Berlin. Là, il dirigea la Hochschule für Musik jusqu'à son éviction par les nazis en 1932. C'est lui notamment qui y fit nommer Schönberg à la succession de Busoni en 1924. A Vienne, comme chef du Chœur philharmonique qu'il avait fondé, il créa en 1913 les *Gurrelieder** de Schönberg. En 1913, son second grand ouvrage, *Das Spielwerk und die Prinzessin*, connut l'honneur rarissime d'être créé le même jour (15 mars) à Francfort et à Vienne ; mais le public de cette dernière ville, dérouté par les aspects symboliques du livret, se divisa en deux camps antagonistes ; et la soirée se termina en quasi-émeute, tout comme à Paris la création, deux mois plus tard, du *Sacre du printemps*.

Le dramaturge n'en était pas moins engagé sur la voie de triomphes tels que peu de musiciens les connurent en notre siècle : son auditoire n'eut d'égal que celui de Wagner, et dépassa largement celui que son concurrent direct Richard Strauss connaissait à la même époque. Certains de ses drames suivants furent en effet simultanément à l'affiche dans dix pays différents. Les premiers furent *Die Gezeichneten* (« les Stigmatisés »), œuvre maîtresse, dont le livret avait d'abord été commandé à Schreker par Zemlinski à son propre usage (composée de 1912 à 1915, créée en 1918 à Francfort et en 1920 à Vienne) ; et *Der Schatzgräber* (« le Chercheur de trésor »), écrit entre 1915 et 1918, créé en 1920 à Francfort et représenté la même année à Zurich et en 1922 à Vienne. Mais *Irrelohe* (1924, Cologne) fut un demi-échec du fait des aspects trop novateurs de l'écriture musicale, partiellement sérielle ; et *Christophorus*, terminé en 1927, ne put être représenté à l'époque (sa création n'a eu lieu que pour le centenaire du compositeur, à Francfort). Le déclin fut aussi brutal que le succès avait été rapide et éclatant. La montée du nazisme autant que les dithyrambes abusives d'un Paul Bekker (qui concluait qu'auprès de Schreker Wagner devait être oublié) n'y furent pas étrangères. En 1928, *Der singende Teufel* ne se maintint pas à Berlin ; et en 1932 *Der Schmied von Gent* ne put être monté dans cette ville que grâce au courage du directeur de la Deutsche Opernhaus, P. Breisach. Sa démission forcée et la mise à l'index dès 1933 de toute son œuvre abattirent l'artiste qui, victime le 18 décembre 1933 d'une grave attaque, mourut trois mois plus tard.

Les exigences de la scène ont retardé dans le cas de Schreker une renaissance qui semble inéluctable, si l'on en juge par l'intérêt qu'ont suscité les reprises récentes, colloques et expositions qui ont eu lieu tant en Autriche qu'en Allemagne. Au concert, Schreker ne donna que peu de pages significatives ; mais on citera au moins la *Kammersymphonie*, pour 23 instruments, à rapprocher de la première *Symphonie de chambre* de Schönberg, et le *Vorspiel zu einem Drama*, qui n'est autre qu'un développement du prélude des *Stigmatisés*. L'œuvre mélodique de Schreker est plus abondante : après une série de lieder pianistiques de jeunesse, elle culmine avec une admirable page, deux grandes mélodies avec orchestre d'après Walt Whitman, réunies sous le titre *Vom ewigen Leben* (1926, orchestrées en 1929), et par lesquelles Schreker s'inscrit dans le droit fil du dernier Mahler. P.-G. L.

SCHROEDER-DEVRIENT (Wilhelmine), soprano allemande *(Hambourg 1804 - Cobourg 1860)*. Elle étudia le chant avec son père, le baryton Friedrich Schroeder, et la comédie avec sa mère, la tragédienne Antoinette Sophie Bürger. Elle débuta, en 1821, dans le rôle de Pamina de *la Flûte enchantée*, où on lui reprocha ses inégalités vocales, mais triompha l'année suivante dans Agathe du *Freischütz*, sous la direction de Weber, puis dans Léonore de *Fidelio*. Elle chanta de 1823 à 1847 à Dresde, où on la célébra comme une « tragédienne cantatrice », emploi nouveau dans l'histoire de l'opéra. Dans le même temps, elle fit une carrière internationale, paraissant à Paris et à Londres, où elle faisait sensation dans Léonore, Donna Anna de *Don Giovanni* et Euryanthe. Elle fut également remarquée pour ses interprétations de Rossini et de Bellini *(Otello* et *I Capuletti)*, où son génie dramatique parvenait à compenser certaines faiblesses techniques. Wagner l'admirait particulièrement et écrivit pour elle le rôle travesti d'Adriano dans *Rienzi*, celui de Senta dans *le Vaisseau fantôme* et celui de Vénus dans *Tannhäuser*. Elle créa les trois, bien que, en 1845, lorsque fut donné le dernier de ces ouvrages, ses moyens vocaux aient été en baisse certaine. Sa voix, d'une étendue exceptionnelle, était plus émouvante que belle. On l'avait surnommée « la Reine des larmes ». En 1823, elle avait épousé l'acteur Devrient, dont elle divorça en 1828. J. B.

SCHRÖTER (Christoph Gottlieb), organiste, compositeur et théoricien allemand *(Hohnstein 1699 - Nordhausen 1782)*. Après avoir étudié le chant et l'orgue à la chapelle de la cour de Dresde, puis la théologie à l'université de Leipzig, il parcourut l'Europe puis alla se perfectionner en musique à l'université d'Iéna. Organiste à Minden (1724), il fut ensuite nommé à la Hauptkirche (église principale) de Nordhausen, en 1732, fonction qu'il occupa jusqu'à sa mort. A l'exception d'un livre de chorals, ses œuvres pour orgue sont perdues, et il est surtout connu comme théoricien. Il contribua aux revues de Mizler et de Marpurg, et écrivit trois ouvrages didactiques, dont un traité de la basse continue. G. C.

SCHRÖTER, famille d'exécutants et compositeurs allemands.

— 1. **Corona Elisabeth Wilhelmine**, cantatrice et compositrice *(Guben 1751 - Ilmenau 1802)*. Élève de Hiller, elle bénéficia de l'admiration et de l'appui de Goethe, qui la fit engager à Weimar. Elle se produisit également beaucoup à Leipzig. On connaît d'elle des mélodies et les airs du singspiel *Die Fischerin* (« la Pêcheuse »).

— 2. **Johann Samuel**, pianiste, organiste et compositeur, frère de la précédente *(Guben v. 1750 - Londres 1788)*. Il travailla à Leipzig puis émigra en Angleterre, où il fut organiste de la chapelle allemande et maître de musique de la reine à la mort de J. C. Bach. Également pianiste, professeur et compositeur, on lui doit des concertos pour piano, des sonates pour clavecin et de la musique de chambre. Sa veuve Rebecca noua avec Haydn, lors des séjours à Londres de ce dernier, des relations très étroites.

— 3. **Johann Heinrich**, violoniste et compositeur, frère des précédents *(Varsovie 1762 - ?)*. Il mena une vie itinérante et composa de la musique de chambre. On ignore à peu près tout de sa carrière. G. C.

SCHUBART (Christian), poète, journaliste et compositeur allemand *(Obersontheim, Souabe, 1739 - Stuttgart 1791)*. Après avoir occupé divers postes d'organiste, il fut banni du Wurtemberg à cause de sa vie dissolue (1773), et, en 1774, fonda à Augsbourg un périodique intitulé *Deutsche Chronik* et consacré à la politique, à la littérature et à la musique. Emprisonné en 1777 sur ordre du duc Carl Eugen de Wurtemberg dans la forteresse du Hohenasperg, il y dicta et y rédigea son autobiographie en 1778-79 *(Leben und Gesinnungen, von ihm selbst im Kerker aufgesetzt*, Stuttgart, 1791-1793), et, en 1784-85, ses *Ideen zu einer Ästhetik der Tonkunst* (Vienne, 1806). Beaucoup de ses compositions musicales datent également de ses années de prison. Libéré en 1787, il devint poète de cour et de théâtre à Stuttgart, et refit paraître sa revue sous le nom de *Vaterländische Chronik*. Ses écrits, dans lesquels il condamne le style galant et les italianismes et soutient l'*Empfindsamkeit** de Carl Philipp Emanuel Bach et des compositeurs de l'Allemagne du Nord, donnent une idée précise et complète de la vie musicale dans les pays germaniques dans le troisième quart du XVIIIe siècle. Il est l'auteur des paroles de la *Truite** de Schubert. M. V.

SCHUBERT *(Franz Peter)*, compositeur autrichien *(Vienne 1797- id. 1828)*. Il est le troisième et dernier des grands musiciens classiques viennois, après Joseph Haydn et Mozart. Il naquit dans une maison à l'enseigne de l'*Écrevisse rouge*, dans le Himmelpfortgrund — la « Porte du Ciel » —, aujourd'hui, Nussdorferstrasse 54, dans le 9e arrondissement, qui était à l'époque un faubourg. Le père de Schubert, Franz-Theodor *(1763-1830)*, avait quitté sa ville natale de Neudorf en Moravie pour rejoindre son frère aîné vers 1780 et pour devenir, comme lui, instituteur à Vienne. La mère, Élisabeth Vietz, était silésienne — c'est-à-dire polonaise. Franz Schubert représente donc le type du Viennois issu des provinces non allemandes de l'Empire ; et cette diversité de ses origines jouera un rôle non négligeable dans la richesse et la versatilité de son art. Né le 31 janvier 1797 et baptisé le lendemain à la paroisse de Lichtenthal, il est déjà le douzième enfant de l'instituteur ; trois seulement de ses aînés sont toujours en vie, le plus âgé, Ignaz *(1785-1844)*, adjoint de leur père, l'aidera aussi dans la première éducation de l'enfant, notamment en musique. Ils découvrent vite les dons exceptionnels du jeune Franz et, ne pouvant plus rien lui enseigner en cette matière, le confient dès sa huitième année à l'organiste de la paroisse, Michaël Holzer, qui lui donne sa première pratique de l'improvisation et du développement. En 1808, deux postes devenus vacants lui permettent d'entrer au Stadtkonvikt, école formant des petits chanteurs et rattachée à l'université. Si Franz y brille par la facilité de sa voix et par ses progrès étonnants en musique, il est moins assidu dans les matières d'enseignement général, et surtout souffre de la dure vie d'internat, qui exacerbe le côté indépendant de son caractère. D'un autre côté, il retire un bénéfice essentiel de cette communauté : les liens qu'il noue avec de nombreux camarades qui deviendront les plus sûrs appuis de son âge adulte et les partenaires des futures « schubertiades ».

Du Konvikt à la liberté. Le plus âgé d'entre eux, Josef von Spaun, futur juriste, fut le témoin privilégié des premiers essais de composition de Franz, et lui fournit même le papier, dont il faisait déjà grand usage en cachette (car son père ne souhaitait pas qu'il devînt musicien). Les premiers ouvrages qui subsistent datent de la treizième année, mais ils furent sûrement précédés de bien d'autres que le jeune garçon distribua ou détruisit. On conserve, de l'époque du Konvikt, près d'une centaine d'œuvres qui vont de la *Fantaisie en « sol »* D.1 à la *Symphonie no 1* D.82, en passant par 2 autres fantaisies pour 4 mains, 10 quatuors à cordes (joués dans la maison paternelle), des trios, 1 octuor à vents, plusieurs ouvertures, de nombreuses danses, un fragment d'opéra *(Der Spiegelritter)*, des pièces sacrées, mais relativement peu de lieder (le premier fut *Hagars Klage*, D.5). Schubert découvre bientôt non seulement les poètes classiques, mais également des auteurs de sa propre génération, comme le jeune Theodor Körner, chantre de la guerre de libération contre Napoléon et qui mourra au combat en 1813. Quant à sa formation théorique de compositeur, il l'a complétée auprès de Salieri. Ce maître assurera au jeune Franz une parfaite connaissance des fondements de son art, mais ne lui ouvrira pas encore les portes de la musique contemporaine la plus avancée. A seize ans, c'est-à-dire, à l'époque de son départ volontaire du Konvikt (nov. 1813), il jugeait Beethoven « excentrique » et « mêlant sans distinction le sacré et l'arlequinade » ! En revanche, il vénérait Mozart, et, grâce à Spaun, avait découvert le théâtre de Gluck.

Ayant renoncé à sa bourse d'études, il acquiert tant bien que mal, l'année suivante, un diplôme d'instituteur à l'école Sainte-Anne, et, à l'automne de 1813, entre comme adjoint de son père à sa propre école. A la douleur de ne plus y retrouver sa mère (morte en 1812) ; sa belle-mère, Anna Kleyenböck, donnera le jour à cinq autres enfants. S'étant épris d'une jeune choriste de la paroisse, Thérèse Grob, Franz écrit pour elle et dirige lui-même une vaste *Messe en « fa » majeur*, D.105 — où l'on note déjà, comme dans toutes les suivantes, l'omission délibérée du fameux verset « Et unam sanctam, catholicam et apostolicam Ecclesiam »... Cette *Messe*, grâce probablement à l'intervention de Salieri, est redonnée quelques semaines plus tard à l'aristocratique église des Augustins. A dix-sept ans, le jeune Schubert, qui vient de terminer son opéra *Des Teufels Lustschloss*, D.84 — une ambitieuse pièce en 3 actes —, et qui a subi un choc esthétique décisif avec la création de la version définitive de *Fidelio*, où il a reconnu la grandeur de Beethoven, entre donc de plain-pied dans la vie musicale de la capitale. Hors de nouveaux quatuors à cordes pour l'usage familial, il donne le 19 octobre 1814 ce qui, plus tard, sera considéré comme l'acte de naissance du lied allemand : *Gretchen am Spinnrade* (« Marguerite au rouet »), suivi, en 1815, parmi une profusion de compositions de tous genres, du chef-d'œuvre absolu qu'est *Erlkönig* (« le Roi des aulnes »). On sait le peu de cas que fera Goethe de ces pages trop novatrices. Mais le cercle des amis du Konvikt et même le vieil organiste de la cour, Ruzicka, accueillent la pièce avec enthousiasme et ils se cotisent pour la faire imprimer.

Schubert reste instituteur pendant quatre ans. La tentation de la liberté ne tardera pas à l'emporter sur l'obéissance filiale, et même sur l'amour de Thérèse Grob, qui rompt ses fiançailles en 1819. Dès 1816, le jeune compositeur a reçu 100 florins (plus de deux fois son salaire annuel !) pour une cantate : *Prométhée*, D.451, dont le sujet même était une véritable provocation et dont tout le matériel a disparu, mais qui fut alors exécutée en privé. Désormais il fournit régulièrement, et en abondance, des pièces de commande, si bien que, dès la fin de 1817, il envisage d'abandonner l'école, et, dans un premier temps, quitte le toit paternel pour s'installer chez son ami Schober. L'occasion de renoncer aussi à l'enseignement ne se fera pas attendre longtemps. Au printemps de 1818, il reçoit l'offre du prince Johann-Karl Esterházy de l'accompagner dans sa résidence d'été de Zseliz en Hongrie (aujourd'hui Zeliezovce, Slovaquie), comme maître de musique de ses filles Caroline et Marie. Il quitte Vienne au début de juillet et n'y rentrera qu'à la mi-novembre, mais ne rejoindra pas son poste d'instituteur, demandant d'abord un congé d'un an qui deviendra définitif. Schubert est ainsi le premier grand compositeur qui ait débuté en vivant uniquement de sa plume (et de quelques leçons) : Mozart ou Beethoven n'y avaient abouti que plus tardivement, et se produisaient aussi comme exécutants.

De la prolixité à l'inhibition. Sa situation sera, dans l'immédiat, et, même, d'une certaine façon pour le restant de ses jours, des plus précaires. L'image nous est devenue familière du jeune artiste désargenté, obligé de changer plusieurs fois par an de domicile, trouvant refuge tantôt chez son frère Ferdinand, tantôt même chez son père (où il retournera à deux reprises vivre pendant plusieurs mois), mais le plus souvent chez ses anciens camarades, partageant parfois une petite chambre avec un ou deux d'entre eux, ayant rarement un piano à sa disposition, mais produisant régulièrement plusieurs lieder par jour, sans parler de toutes les piécettes pour piano, danses, ensembles vocaux de circonstance et autres besognes alimentaires. La réalité est beaucoup plus complexe. Lentement mais sûrement, le nom de Schubert fait son chemin à Vienne et, bientôt, à l'étranger. Dès 1816, il a été présenté à l'une des « vedettes » du temps, le chanteur Michaël Vogl, qui s'intéressera vite à sa production mélodique, y voyant sans doute l'occasion inespérée de trouver un « second souffle » ! Quoi qu'il en soit, il la propagera sur toutes les scènes d'Autriche et fera de longues tournées avec le compositeur, qui, le plus souvent, l'accompagnera au piano. Cet instrument permet aussi à Schubert, quoique plus rarement, de se produire en soliste ; et son jeu était au moins aussi apprécié de ses contemporains que ses compositions elles-mêmes. Il faut d'ailleurs signaler que l'année 1817 a été la plus féconde quant à la production pianistique, avec 7 *Sonates*, dont 3 resteront fragmentaires. A la même époque survient à Vienne l'invasion de la mode italienne, avec le triomphe de l'opéra rossinien (dix ans plus tard, le phénomène se répétera avec Paganini). La plus grande partie de l'Italie était terre d'empire, et les artistes italiens étaient donc à Vienne dans leur propre capitale. Bref, Schubert n'échappe pas à cette influence, et c'est à elle qu'on doit le style très particulier de la *6e Symphonie*, D.589, comme des deux *Ouvertures* voisines, D.590 et 591, dont l'une sera, selon toute probabilité, la première œuvre d'orchestre de Schubert jouée en public, le 17 mai 1818. (Auparavant, ses symphonies n'avaient été exécutées que dans le cadre des soirées musicales du Konvikt; seule la *5e Symphonie*, D.485, à l'instrumentation volontairement simplifiée, avait été entendue en ville, mais en privé). L'hiver précédent, Franz a vu aussi imprimer la première fois une de ses œuvres : le lied *Am Erlafsee*, D.586, paru dans un almanach viennois en simple annexe à des poèmes du même auteur, Mayrhofer. Schubert en est déjà, chronologiquement, à sa *six centième* composition !

Et le choc en retour, inévitable devant une telle accumulation, va arriver brutalement. De toute l'année 1818, il ne produit que les quelques morceaux dont il doit illustrer ses leçons aux jeunes comtesses Esterházy : ils comprennent, il est vrai, les *Variations* (D.624) qu'il dédiera à Beethoven, ainsi qu'une remarquable *Sonate* à 4 mains, D.617. Mais, pendant plusieurs années, jusqu'en 1822, vont se succéder un nombre impressionnant de tentatives inabouties dans tous les genres : qu'il s'agisse de symphonies (dont 4 «inachevées» en 1818, 1820-21, 1821 et 1822), d'opéras ou de singspiels, de quatuors (le célèbre *Quartettsatz* D.703, de 1820, comporte un second mouvement fragmentaire), de sonates pour piano (2 fragments en 1818) ou même de lieder. Quant à la *Messe n° 5 en la bémol*, D.678, la plus importante depuis la toute première, entreprise en 1819, elle ne sera péniblement achevée que trois ans plus tard. Et l'on n'oubliera pas le cas de l'unique oratorio entrepris par Schubert, *Lazare ou la Fête de la Résurrection*, D.689, dont il ne subsiste, de 1820, que la première partie et le début de la seconde (mais rien ne prouve que la suite n'a pas existé). Les causes de cette «inhibition» ne sont pas seulement dans le surmenage antérieur, dans l'existence bohème, ni même dans les premiers symptômes de la syphilis contractée (à Zseliz ou à Vienne?) auprès d'amours passagères. Elles doivent aussi et surtout être recherchées dans la puissante exigence de progrès qui animait notre musicien, d'autant plus qu'il se tournait désormais vers un public nouveau, plus vaste mais plus anonyme, dont il attendait sa rétribution et auprès duquel il avait donc à établir puis à fortifier sa position. Or, le décalage lui apparut vite entre ses ambitions d'artiste novateur et ce que son public pouvait accueillir favorablement ; et, dans un premier temps, ce fut pour lui un hiatus infranchissable. Il le résolut lentement, en dissociant de plus en plus souvent ces deux parts complémentaires de sa production : celle qu'il livrait à l'auditoire, pages à usage immédiat, parfois même de commande comme le *Quintette*, D.667, *la Truite*, ou même le remarquable *Octuor en fa*, D.803 (1824), qui, pour calquer sa forme sur le *Septuor* de Beethoven, n'en est pas moins une œuvre profondément originale, et celle qui répond bien davantage à des recherches formelles avancées ou à une nécessité intérieure d'expression telles qu'on les trouve dans les derniers *Quatuors* — surtout dans ceux en *ré mineur*, *la Jeune Fille et la Mort*, D.810 (1824), et en *sol majeur*, D.887 (1826) —, dans les dernières symphonies, dans les grandes sonates pour piano et dans les vastes cycles mélodiques, surtout dans le *Winterreise*, D.911 (1827).

La quête de la réussite : l'œuvre scénique. En même temps que la maladie fait ses premiers ravages — en 1823 Schubert est longuement hospitalisé et suit un traitement douloureux qui s'accompagne de la chute de ses cheveux mais ne soulage guère ses maux de tête de plus en plus violents —, arrivent, ô ironie, les premiers honneurs, signe certain de la reconnaissance publique. Les sœurs Fröhlich, artistes et mécènes, l'introduisent à la Gesellschaft der Musikfreunde (fondée en 1813) : il deviendra en 1825 membre suppléant du comité et, deux ans plus tard, y siégera à part entière ; et, dans ses dernières années, son nom sera le deuxième en fréquence sur les programmes, après Rossini et avant Mozart et Beethoven dans cet ordre ! Au printemps de 1823, il est élu membre de la Société musicale de Styrie et, par l'intermédiaire de Josef Hüttenbrenner, envoie en remerciement les deux premiers mouvements de sa *Symphonie en «si» mineur*, en gardant toutefois par devers lui la seconde page, incomplète, du scherzo. C'est le point de départ d'une énigme non encore totalement résolue aujourd'hui. Mais il manque encore à son succès un élément déterminant : la réussite au théâtre, seule susceptible de lui assurer la faveur du plus large public, et qu'il a vainement recherchée depuis des années. Sur la bonne douzaine d'opéras ou singspiels écrits jusqu'en 1823, date de la dernière et plus vaste entreprise, *Fierabras*, D.796, un seul, *Die Zwillingsbrüder* («les Frères jumeaux», D.647), a été produit au Vieux-Théâtre de la porte de Carinthie en juin 1820 : il n'a eu que six représentations ! L'été suivant voit, il est vrai, la création d'un spectacle hybride, *Die Zauberharfe (la Harpe enchantée)*, pour lequel Schubert a écrit une musique de scène que d'aucuns jugent admirable, d'autres envahissante (c'est le prototype de ce que nous appellerions aujourd'hui «théâtre musical», et c'est aussi, probablement, après l'œuvre presque homonyme de Mozart, une pièce initiatique). La belle ouverture, D.644, fut reprise plus tard par Schubert pour *Rosamunde*, et publiée sous ce titre en 1827.

L'automne et l'hiver 1821-22 sont consacrés à la composition d'*Alfonso e Estrella*, sur un livret de Schober pas plus mauvais que ceux qui réussiront à Weber. Schubert, d'ailleurs, admira sincèrement le *Freischütz*, qu'il vit à Vienne à la même époque ; mais il sera plus réservé vis-à-vis d'*Euryanthe*, et se brouillera avec son auteur. Quant à *Alfonso*, il ne connaîtra les feux de la rampe qu'en 1854, à Weimar, à l'initiative de Liszt, qui fit tant pour la gloire posthume de Schubert (son orchestration de la *Wanderer-Fantasie* peut passer pour le concerto pour piano que notre musicien n'a pas écrit). L'ouverture D.732 est parfois aussi associée à *Rosamunde* : il semble que ce soit celle qui accompagna les premières représentations de cette pièce de Helmina von Chézy en décembre 1823. Le reste de l'admirable musique de scène de *Rosamunde* (D.797 : 6 pièces symphoniques et 4 pièces vocales) avait été écrit par Schubert dans un temps si bref qu'on peut penser qu'il réemploya également le matériau prévu pour servir de finale à la *8e Symphonie* — et qui serait devenu l'entracte n° 1 en *si* mineur. L'échec de cette pièce sonna le glas des ambitions théâtrales de Schubert. Un an avant sa mort seulement, il s'enthousiasme à nouveau pour un livret d'opéra écrit pour lui par son ami Eduard von Bauernfeld : *le Comte de Gleichen*. Il en composera la plus grande partie au brouillon et y pensera encore dans ses tout derniers instants. L'œuvre aurait, à coup sûr, contenu des pages d'une audace géniale ; mais on ne pourra en juger que quand interviendra sa publication, qui se heurte à de graves difficultés de déchiffrage.

Le «chemin de la grande symphonie». Le 14 mars 1824, le quatuor en *la* mineur (dont le mouvement lent varie un beau thème de *Rosamunde*) triomphe sous les archets du quatuor Schuppanzigh. A la fin du même mois, dans une lettre célèbre à Leopold Kupelwieser, Schubert déclare ne composer ces œuvres instrumentales que pour se «frayer la voie vers la grande symphonie». Parole capitale qui éclaire l'opiniâtreté avec laquelle il tente d'aboutir à la forme idéale, dont il rêve, et qui apportera un renouveau décisif en l'histoire de la symphonie. Au printemps, il est à nouveau invité à Zseliz, et part fin mai pour la Hongrie avec «l'intention d'écrire une symphonie» (Moritz von

Schwind). Les œuvres qu'il ramènera de Zseliz à la mi-octobre n'en contiendront point, mais on s'accorde à voir dans la *Sonate à quatre mains,* D.812, publiée à titre posthume sous le titre de *Grand Duo,* la concrétisation de ce projet (l'œuvre fut instrumentée par plusieurs auteurs, et dès 1855 par Josef Joachim). Sa santé délabrée, Schubert sait désormais que ses jours sont comptés, mais son génie surmonte et transfigure l'angoisse métaphysique qui l'étreint — car il ne trouve pas, dans une foi toute relative, de certitude suffisante. La connaissance de son mal, autant que l'écart de leurs conditions sociales, l'empêche de donner suite à la passion naissante qui l'unit à Caroline Esterházy — passion qui semble avoir été partagée, mais la jeune femme ne se mariera que longtemps après la mort du musicien.

Pourtant, celui-ci connaîtra encore des jours presque heureux, notamment au cours de l'été de 1825, où il entreprend en compagnie de Vogl une tournée de concerts en Haute-Autriche et au Tyrol, entrecoupée de deux séjours de villégiature à Gmunden et à Badgastein. C'est là qu'il entreprend, ou qu'il poursuit, le projet de la *Grande Symphonie en «ut» majeur,* terminée l'année suivante, qu'il offrira, en octobre 1826, à la Gesellschaft der Musikfreunde. Le fait que celle-ci n'ait pas commandé l'œuvre l'oblige à dissimuler l'entrée du manuscrit et à justifier la remise de 100 florins au compositeur sous des dehors d'« encouragement » ; il sera aussi responsable de la méprise de sir George Grove, qui croira à l'existence d'une symphonie perdue, et la fera si bien admettre qu'on cherchera l'œuvre en vain — et pour cause — un siècle durant ! Après que l'Anglais John Reed (1972) eut empiriquement rétabli les faits, l'analyse scientifique de l'autographe (R. Winter) puis la redécouverte récente des factures des copistes qui préparèrent le matériel au début de 1827 ont confirmé point par point sa thèse. On continue cependant à s'interroger sur la postdatation de l'autographe («mars 1828»), qui peut avoir été mal lu, ou résulter d'un projet d'édition qui se situe à cette date et, bien sûr, n'eut pas de suite. En 1839, Robert Schumann trouva une copie de l'œuvre en la possession de Ferdinand Schubert, et la fit créer à Leipzig par Félix Mendelssohn. Sa nouveauté était telle qu'un siècle plus tard elle n'était pas encore définitivement entrée dans la conscience musicale du public, surtout hors du monde germanique : c'est, semble-t-il, chose faite aujourd'hui, mais l'expression de Schumann, « céleste durée » (au singulier !), demeure un perpétuel sujet de malentendu.

Sans remettre en cause les conclusions précédentes, l'hypothèse n'est pas à exclure qu'une symphonie en *mi* majeur (dite «n° 2»), dont l'existence a été signalée récemment (H. Goldschmidt, Berlin-Est), ait pour origine une ébauche de Schubert remontant aussi à l'année 1825. Il y aurait surtout travaillé à Gmunden, mais l'aurait bientôt abandonnée au profit de celle en *ut.* L'œuvre aujourd'hui produite (présumée complétée par un auteur inconnu à la fin du XIXe siècle, et créée en 1982) comporte un nombre insolite de citations schubertiennes, notamment du *Wanderer* et de *l'Octuor ;* en outre, le scherzo s'y trouve placé en seconde position. Si le plan est vraiment de Schubert (et les relations tonales tendraient à le prouver), ce serait chez lui un cas unique. Il n'existe aucune trace autographe de cette éventuelle ébauche ; mais H. Goldschmidt fait aussi allusion à des séances de spiritisme suivies par Schubert à Vienne peu avant son départ pour Gmunden, et où le thème du *Wanderer* aurait été évoqué.

Une incomparable série de chefs-d'œuvre. Les mêmes années 1825-26 voient la naissance d'un magnifique ensemble de sonates pour piano (3, dont une incomplète, dite *Reliquie,* en 1825 ; une, en *sol,* D.894, en 1826), suivi en 1827 des deux célèbres séries d'*Impromptus,* D.899 et D.935, dont la seconde figure en vérité une sonate. Le dernier et plus beau quatuor en *sol* majeur, D.887, d'une sonorité inouïe par l'emploi prébrucknerien du trémolo, naît en quelques jours en juin 1826 : un seul mouvement en sera entendu du vivant de son auteur, au début du fameux et unique concert de ses œuvres qu'il put donner le 26 mars 1828, jour anniversaire de la mort de Beethoven. Le programme comprenait, outre des lieder et des chœurs, une autre grande page terminée et créée peu auparavant : le *Trio* avec piano en *mi* bémol, D.929 (quant à l'œuvre jumelle, en *si* bémol, D.897, longtemps attribuée à 1828, elle remonte très vraisemblablement à 1825 ou 1826, comme l'a aussi montré John Reed). Schubert, qui venait seulement de fêter ses trente et un ans et n'avait déjà plus que quelques mois à vivre, approchait de sa millième composition. Mais les chefs-d'œuvre accumulés jusqu'alors vont encore le céder à tout ce que cette dernière année va apporter d'inouï dans le sens le plus fort du terme.

Préfigurées par le second cahier du *Winterreise,* ces pages capitales touchent d'abord le duo de piano, avec l'ensemble formé par la *Fantaisie en «fa» mineur* (D.940, dédiée à Caroline Esterházy : « Mais toutes mes œuvres ne lui sont-elles pas dédiées ? », dira le malheureux compositeur), l'allegro *Lebensstürme* (D.947, titre apocryphe) et le *Rondo en «la» majeur* D.951 ; puis, en juin et juillet, la musique sacrée avec la dernière *Messe,* n° 6 en *mi* bémol, D.950, la plus vaste et celle où l'écriture contrapuntique, avec la grande fugue qui termine le credo, atteint une complexité que seul Bruckner dépassera ; puis, à la fin de l'été (où Schubert, ayant dilapidé comme à l'habitude la recette de son concert, a dû renoncer à se rendre à nouveau en Haute-Autriche), le piano solo avec l'ensemble des trois dernières et plus aventureuses sonates : en *ut* mineur (D.958), en *la* majeur (D.959), avec l'explosion terrifiante qui secoue le mouvement lent en son centre), et en *si* bémol (D.960, la plus lyrique au contraire et la seule connue à sa mesure). Au même moment, après les lieder sur ses poèmes de Heine qui seront intégrés au *Schwanengesang,* il achève le *Quintette en «ut»,* D.956, avec 2 violoncelles, le plus haut sommet de sa musique de chambre, où l'introspection des premiers mouvements se prolonge encore au trio. C'est enfin un ultime retour à la symphonie avec l'ébauche très avancée d'une *Symphonie en «ré» majeur* qui serait devenue la *10e Symphonie,* et qui devait demeurer insoupçonnée près d'un siècle et demi bien qu'on ait toujours connu l'existence du manuscrit qui la renfermait !

L'ultime remise en cause et la mort. Les problèmes d'écriture soulevés par ces travaux font ressentir au compositeur la nécessité d'effectuer un retour sur les fondements mêmes de son art, et de remettre en cause sa formation technique. Lui, dont l'invention a atteint des cimes que nul ne retrouvera jamais, va frapper humblement à la porte d'un professeur de contrepoint déjà très réputé : Simon Sechter *(1788-1867),* Bohémien d'origine, qui deviendra trente ans plus tard le maître de Bruckner. On a cru que Schubert était mort avant d'avoir pris sa première leçon. En réalité, il en prit une et reçut des exercices à faire chez lui (on en trouve trace sur le brouillon de l'andante de la *10e Symphonie).* La dernière œuvre cataloguée de Schubert est donc un exercice de contrepoint... Brusquement, sa maladie s'aggrava au début de novembre 1828. On crut à un typhus, car le musicien, qui vivait alors chez son frère Ferdinand, ne supportait aucune nourriture. Mais l'absence de fièvre jusqu'aux derniers jours fait conclure au Dr Dieter Kerner, dans un ouvrage récent consacré aux maladies des grands musiciens, que la syphilis seule, parvenue à son dernier stade, est responsable de la mort de Schubert, ce que confirment les résultats de l'autopsie, qui montra la détérioration de l'enveloppe cérébrale. Peu s'en fallut que, comme Hugo Wolf ou Nietzsche, Schubert ne soit atteint par la paralysie et la folie, tant il serait vain d'imaginer qu'il eût jamais pu concrétiser les « grandes espérances » dont parla Grillparzer sur sa tombe. Il mourut le 19 novembre 1828 au terme d'une journée de délire où il se prit un instant pour Beethoven et demandait s'il y avait encore une place pour lui en ce monde... Inhumée d'abord au cimetière de Währing, sa dépouille, en même temps que celle de son grand aîné, a été transférée en 1888 au cimetière central de Vienne, au lieudit « Panthéon des artistes ».

L'œuvre et sa destinée. De ce simple survol, il résulte que Schubert demeura beaucoup moins inconnu de ses contemporains qu'on a bien voulu le dire ; mais l'image de l'artiste pauvre et malchanceux va trop de pair avec le stéréotype du compositeur romantique pour qu'on admette la vérité : dans ses dernières années, notre musicien fut à Vienne l'un des artistes les plus en vue, et son nom n'était ignoré de nul amateur averti. Reste que cette réputation ne se fondait nullement sur ses œuvres essentielles — et force est de constater que ce n'est pas même encore le cas aujourd'hui ! La liste des œuvres publiées de son vivant est éloquente à cet égard : elles n'atteignent qu'une centaine de numéros (le dixième du total) et concernent pour la plupart des genres mineurs, avec çà et là, il est vrai, l'un ou l'autre chef-d'œuvre. Mais lorsque, en février 1828, Schubert écrit à deux éditeurs allemands, Probst et Schott, pour leur soumettre un choix de ses « dernières compositions », il n'offre en priorité que de la musique de chambre ou des chœurs (les pages les plus hardies, les quatuors, seront d'ailleurs écartées), et n'indique qu'en appendice « 3 opéras, 1 messe et 1 symphonie » (la *Grande*)... « pour que vous soyez au courant de mes ambitions dans les formes les plus hautes de l'art » ! En dépit de quoi, et malgré l'absence à cette époque de toute législation sur les droits d'auteur, les recettes de l'artiste auraient suffi largement à le tenir à l'abri du besoin s'il avait su les gérer correctement. Mais non seulement il ne savait pas réclamer son dû (il céda maintes fois des trésors à vil prix), mais sa générosité le rendait incapable de conserver le nécessaire pour lui-même, et il préférait régaler ses amis au cours d'interminables soirées demeurées légendaires...

La gloire de Schubert reposa donc d'abord sur sa production mélodique, dont la France découvrit dès les années 1830 grâce au chanteur Adolphe Nourrit — nous devrions dire plutôt sur une très petite partie de cette production, qui recèle encore de nos jours des trésors insoupçonnés. Seuls la redécouverte et le succès fulgurant de la *Symphonie en « si » mineur* imposèrent son nom dans le domaine de l'orchestre, encore que sur un malentendu... Les symphonies de la première période n'atteignirent le public qu'à la fin du XIXe siècle ; et bien qu'à la même époque ait paru la première édition complète de l'œuvre schubertienne (Breitkopf et Härtel, Leipzig), son nom ne devait figurer longtemps encore à l'affiche, dans le domaine instrumental, que par un très petit nombre de titres (2 quatuors, 1 trio, le quintette *la Truite* et quelques pièces pour piano favorites à l'exclusion des grandes sonates), qui ne donnaient aucune idée réelle de l'importance de sa production et moins encore de l'ampleur et de la continuité de son évolution stylistique — plus d'un biographe n'alla-t-il pas jusqu'à lui dénier toute évolution ! Il aura fallu l'ère récente de l'enregistrement « encyclopédique » pour qu'une vue plus globale et plus correcte commence à s'imposer, et pour que, à la faveur des commémorations de 1978 et de la préparation de la *Neue Schubert-Ausgabe* (en chantier depuis 1965 : Bärenreiter, Kassel), la musicologie schubertienne connaisse un renouveau sans précédent. Celui-ci s'est déjà traduit non seulement par d'ambitieuses monographies (B. Massin), mais par des redécouvertes, des restitutions ou des études philologiques qui conduisent parfois à une remise en cause fondamentale des notions admises.

La vraie grandeur de Schubert. Il en ressort qu'à âge égal (critère nécessaire de toute juste appréciation), Schubert est certes le plus fécond mais aussi le plus novateur des grands musiciens. Loin d'être l'épigone, le double « féminin » de Beethoven qu'on voulait faire de lui, il ne connaît en vérité de rival dans aucun des principaux genres et pas seulement dans le lied. Tout au plus le cède-t-il dans le domaine scénique (encore que son sens du théâtre ait été fort mésestimé) ou dans le concerto, qui l'intéressait peu. Il n'avait ni le goût de la virtuosité ni celui de l'antagonisme, mais plutôt le goût de la complémentarité entre partenaires ; et même lorsqu'elle fait intervenir un soliste, sa musique est rien moins que démonstrative, ce qui n'a pas été sans nuire à son succès... Mais la sonate, le quatuor, la symphonie et la musique sacrée lui doivent des apports essentiels, incomparables en quantité comme en qualité. Schönberg, taxé un jour de « révolutionnaire », répondit qu'il en était « un bien petit auprès de Schubert », et toute l'œuvre de maturité de celui-ci, surtout celle des deux dernières années, illustre et confirme cet aphorisme révélateur !

Dans toutes les grandes formes, la production de Schubert, clivée par la remise en cause des années 1818 à 1822-23, se répartit en trois étapes d'importances et de significations très différentes : jusqu'en 1818, de 1818 à 1823, après 1823. La première période (1810-1818) est celle de l'œuvre juvénile, très spontanée, pleine d'ardeur et d'insouciance (le jeune musicien s'adresse, ne l'oublions pas, à un cercle familial ou amical), encore que non dépourvue de réflexion ou de recherche formelle. C'est ainsi que certaines sonates ou quatuors répondent à des coupes inhabituelles (toutefois, la part doit être faite de la perte de l'un ou l'autre mouvement ou de leur réunion arbitraire par un éditeur). Mais c'est l'ampleur du discours, tout imprégné d'une veine mélodique sans équivalent chez nul autre musicien, qui frappe dès ces essais souvent aventureux par l'étendue des expositions (dès la *2e Symphonie*, le groupe de cadence acquiert une autonomie inconnue jusqu'alors) et plus encore par leurs plans tonaux. Ici les contrastes se meuvent d'emblée dans des régions très inattendues ; et c'est à cette particularité, très reconnaissable même par l'auditeur le moins averti, que l'œuvre schubertienne doit sa couleur propre.

Les années de recherche : naissance de la structure cyclique. Entre 1818 et 1823, nous assistons à un double phénomène de mûrissement : psychologique et formel, qui se traduit — on l'a dit — par une accumulation très insolite d'entreprises inabouties. Mais ces fragments sont, dans chacun des genres concernés, éminemment significatifs, et comprennent certaines des pages à la fois les plus émouvantes et les plus riches de conséquences du grand musicien. Ils vont du *Quartettsatz en « ut » mineur* à la *Symphonie en « si » mineur* en passant par plusieurs sonates et par trois autres projets symphoniques. En outre on a vu que, d'une certaine manière, la sublime *Missa solemnis en la bémol*, bien qu'achevée, appartient aussi à cette catégorie d'œuvres marquées par une genèse difficile. Certaines de ces pages peuvent faire l'objet de reconstitutions, notamment si l'esquisse n'est privée que de sa réexposition ou si une trame est fournie jusqu'à la fin de l'œuvre — l'exemple le plus notable de ce dernier cas est la *Symphonie n° 7 en mi majeur*, D.729 (août 1821).

En même temps que Schubert s'adresse à un nouveau public, il se livre alors à une recherche expressive et formelle plus systématique. En sorte que ces années de doute représentent aussi le véritable passage de la musique viennoise (et, on peut le dire, de la musique tout court) de l'ère classique à l'ère romantique : c'est une percée, un *Durchbruch* d'une importance capitale, que deux œuvres peuvent illustrer plus particulièrement : l'une inaboutie, précisément, la *Symphonie en « mi »* ; l'autre beaucoup plus connue mais pas toujours bien comprise, la *Wanderer-Fantasie*, D.760 (novembre 1822). Bien que son auteur lui-même ait prise en aversion pour son côté brillant, à l'opposé de sa nature profonde, elle est une des plus spécifiques, à la fois du thème de l'errance si familier à notre compositeur, et de son invention formelle, puisqu'il s'agit en vérité d'une sonate cyclique en 4 mouvements ininterrompus, forme lisztienne avant la lettre. En outre, elle varie un motif emprunté à une œuvre vocale antérieure — procédé qui se retrouvera souvent dans l'œuvre de maturité. A cette *Fantaisie*, on peut associer la sonate suivante, en *la mineur*, D.784 (février 1823), exemple non moins significatif d'une pensée unitaire dans une forme tout autre (3 mouvements symétriques) : ce qui en fait la première des « grandes ».

Par ces quelques œuvres et par toutes celles qui

suivront, Schubert se révèle comme le véritable auteur de la plus puissante révolution formelle des temps modernes : l'avènement de la structure cyclique à composante cellulaire. Ce modèle, qui consiste à élaborer les thèmes de tous les mouvements à partir d'un petit nombre de cellules élémentaires, les unes rythmiques, les autres mélodico-harmoniques, avait certes été exploré par Haydn, Mozart et Beethoven, mais Schubert (qui sera suivi en cela par Bruckner) va en faire le fondement de tous les chefs-d'œuvre de sa dernière période. Mais ce qui est plus admirable encore, c'est que la microstructure ne compromet nullement, ni chez l'un ni chez l'autre, l'équilibre des vastes courbes mélodiques qu'elle engendre. Qu'on en juge seulement par le thème de l'allegro de la 7e *Symphonie*, qui se déroule superbement sur 23 mesures, tout comme celui de la future symphonie homologue (et de même ton) de Bruckner.

Les « grandes symphonies ». C'est justement la comparaison de leurs microstructures qui permet d'affirmer que la *Symphonie no 8* en *si* mineur et l'entracte no 1 de *Rosamunde* procèdent initialement d'une même conception. L'abandon de la partition d'orchestre de la symphonie n'a donc rien à voir avec une prétendue baisse d'inspiration. Elle ne s'expliquerait pas seulement par les circonstances extérieures, mais aussi et surtout (M. Chusid) par certains emprunts beethoveniens (on relève des éléments de la *2e* et *5e Symphonies* du maître de Bonn), dont Schubert aurait été conscient et qu'il aurait craint de se voir reprocher. Il aurait donc « évacué » en envoyant la partie achevée à Graz, sachant qu'elle ne serait pas rendue publique (ou peut-être même à cette condition). Retrouvée, comme on sait, et créée en 1865 par Johann Herbeck, la symphonie aujourd'hui la plus jouée du monde n'est pas pour autant un moindre chef-d'œuvre, par l'alliance d'un lyrisme spontané et d'une forme rigoureuse et cohérente à laquelle seule la version complétée (V. NOMENCLATURE) rend vraiment justice.

S'il n'a pas atteint le stade de la partition d'orchestre, le *Grand Duo*, D.812, ne concrétise pas moins le projet symphonique de 1824 à la fois dans son microcosme et dans son macrocosme, c'est-à-dire non seulement par sa structure cellulaire, mais par l'ampleur et la disposition des mouvements, et par la nature orchestrale de l'écriture, déjà remarquée par Schumann dès la parution de l'œuvre en 1838. A partir de 1824, la pleine possession d'une technique qu'il vient de forger de toutes pièces permet à Schubert de mener à bien les entreprises les plus vastes, d'abord par le moyen de la sonate (10 chefs-d'œuvre en moins de cinq années, tout gorgés d'une sève inimitable), du duo (piano à 4 mains ou violon et piano), du trio, du quatuor, de l'octuor, et bientôt, enfin, dans la symphonie. On ne s'étonnera pas que nous donnions ici à cette dernière une place prépondérante : c'est l'image même de l'ambition clairement exprimée du compositeur, qui, en trois lustres, n'a pas entrepris moins de 14, voire 15 symphonies (en moyenne une par an), même si la moitié seulement ne sont parvenues à leur forme définitive. L'œuvre fondamentale qui va voir le jour en 1825 et 1826, la *Symphonie no 9 en « ut » majeur*, dite *la Grande Symphonie*, par sa place unique, représente donc la clé de voûte de toute la carrière de son auteur, et, dans son respect de la forme stricte, un jalon aussi essentiel que celui de Beethoven (qui la rompt). En tant qu'exemple parfait d'unité interne (une demi-douzaine de motifs élémentaires la gouvernent de bout en bout), elle est la pierre angulaire de toute la littérature orchestrale moderne ; et elle porte aussi à son apogée le don d'instrumentateur du musicien, qui, en dépit de son peu de pratique de la direction, trouve d'emblée, et par une intuition géniale, l'équilibre admirable de couleurs et d'expressions qui rend son orchestre à la fois si limpide et si homogène : double qualité que seul Bruckner saura retrouver. Et, par-dessus toutes ces vertus, c'est le comble du don de soi que représente cette œuvre qui, créée dans la souffrance, est un miracle de joie !

Le drame toutefois va, dans les deux dernières années, devenir de plus en plus insoutenable et, pour la première fois, confiner à la désespérance. Ce qui n'empêchera pas la recherche formelle de se poursuivre et de se concentrer sur les problèmes d'écriture qui, dans les semaines qui précèdent sa mort, conduisent Schubert à se remettre à l'étude du contrepoint. De plusieurs façons différentes (H. Halbreich), l'esquisse de la *Symphonie no 10 en « ré » majeur*, entreprise au même moment (automne 1828, D.936 A), ouvre de nouvelles voies, riches de progrès et d'initiatives hardies, qui font de sa révélation récente (le fac-similé parut en 1978 conjointement aux esquisses de 1818 et 1820-21 anciennement confondues dans le même cahier) un événement capital. Des 3 mouvements, le plus prophétique est de très loin le poignant andante central, en *si* mineur, où Schubert anticipe jusque sur le dernier Mahler, et se conduit lui-même au tombeau ! P.-G. L.

Schubert et la musique vocale. À mesure que les brumes de l'oubli, de l'ignorance ou de l'incompréhension se dissipent autour de cet immense corpus qu'est la production instrumentale de Schubert, sa musique vocale, perdant un peu de sa primauté, acquiert une signification nouvelle, plus proche, semble-t-il, de la réalité : celle d'un fluide vital, d'un sang qui alimente tout le reste de l'organisme. En date du 25 mars 1824, Schubert note dans un de ses rares agendas (aujourd'hui perdu, mais publié par Bauernfeld et cité par W. Dahms puis par O. E. Deutsch) : « Une beauté unique doit accompagner l'homme tout au cours de sa vie... ; mais la lumière de cet émerveillement doit éclairer tout le reste. »

Ces lignes, de huit jours antérieures à la fameuse lettre sur le « chemin de la grande symphonie », définissent aussi bien le rôle du lied schubertien, « éclairant le reste » de l'œuvre. Dans les cas limites, un lied inspire directement une pièce instrumentale (généralement de musique de chambre). Outre les exemples les plus connus, déjà évoqués plus haut, n'oublions pas les *Variations*, pour flûte et piano, D.802, sur *Trockne Blumen* (« Fleurs séchées », un lied de *la Belle Meunière*) ; ni la *Fantaisie* en *ut* majeur, pour violon et piano, D.934, commandée par J. Slavik avec ses variations sur *Sei mir gegrüsst*, D.741. Quant au 2e mouvement du *Trio* en *mi* bémol, D.929 (que Schumann « ne pouvait écouter sans pleurer »), il s'inspire également d'une mélodie, mais d'un autre compositeur, peu connu, le Suédois Isaak Borg. Plus tard, Mahler suivra le même processus, sauf qu'il utilisera ses lieder presque textuellement en les orchestrant et les amplifiant pour les besoins de ses symphonies, alors que Schubert varie les siens de façon bien plus subtile.

Genèse du lied schubertien. Plus de 600 mélodies pour voix seule et environ 130 pour des ensembles vocaux allant du trio ou du quatuor au grand chœur avec ou sans soliste — voilà, couvrant toute la période créatrice de sa vie, la gigantesque production vocale de Schubert. Génération spontanée, pourrait-on croire. Ce n'est pas tout à fait exact. On pourrait mentionner, comme antécédents, quelques grands noms du Moyen Age et de la Renaissance : Walter von der Vogelweide, Wolfram von Eschenbach, et, surtout, l'étonnant Oswald von Wolkenstein. Mais rien ne porte à croire que Schubert les ait connus (en fait, pour lui, l'histoire de la musique ne remontait pas à plus de deux ou trois générations, et Bach lui-même n'était pas encore redécouvert). En revanche, il connaissait fort bien l'œuvre de ses prédécesseurs immédiats, les illustres — Haydn, Mozart, Beethoven, Weber — et les relativement obscurs, mais compositeurs vocaux plus spécifiques (*Liederkomponisten*) — Zelter, les Reichardt père et fille (la très douée Luise Reichardt avait déjà trouvé quelques accents préschubertiens), Schulz et Zumsteeg (le « père de la ballade romantique »).

Mais Schubert donne une ampleur, un rayonnement et un poids nouveaux à ce qui, somme toute, n'était avant lui qu'un genre secondaire, voire mineur, où l'on chercherait en vain un chef-d'œuvre sinon celui, absolu mais isolé, qu'est *An die ferne Geliebte*, de Beethoven (d'ailleurs postérieur aux premières réussites schubertiennes).

On remarquera qu'après quelques tâtonnements de prime jeunesse, dès ses opus 1 et 2 — *Gretchen am Spinnrade* et *Erlkönig*, D.118 et 328 —, Schubert crée une forme à la fois neuve et accomplie. « La révolution de Schubert dans le domaine du lied, écrit le regretté musicologue anglais E. G. Porter, peut être comparée à celle qu'accomplit Wagner dans l'opéra ; mais nous ne pouvons savoir quelle était dans cette création la part d'un raisonnement clair et calculé » (*Schubert's Song Technique*, 1961). Selon un homme mieux placé que quiconque pour en juger et en témoigner, le chanteur Michaël Vogl, ami et principal interprète de Schubert, les lieder de ce dernier étaient le fruit d'une « révélation divine », produit dans un état de « voyance musicale » *(musikalische Clairvoyance)*. Révélation et voyance, certes ; mais aussi invention et travail continus, aboutissant à une immense variété de genres. Côté formel : lieder strophiques, strophiques modifiés, de schéma A-B-A ou bien d'autres, trop longs à énumérer, ou encore *durchkomponiert* (« d'une composition continue », selon l'heureuse traduction de J. Chailley). Pour ce qui est du contenu, lieder lyriques (en majorité), épiques (relevant plus ou moins de la ballade), monologues et scènes bibliques ou antiques, tableaux intimistes... ; et, couronnant l'ensemble, les deux grands cycles : *Die schöne Müllerin*, D.795, et *Winterreise*, D.911, auxquels s'ajoute l'ultime recueil *Schwanengesang*, D.957. Deux grands lieder tardifs ajoutent au piano, de façon fort originale, un instrument à vent : le cor pour *Auf dem Strome*, D.943, dont les amples proportions reproduisent les péripéties d'un long voyage fluvial ; la clarinette pour *Der Hirt auf dem Felsen* (« le Pâtre sur le rocher »), D.965.

Chœurs et ensembles vocaux. Dans ce domaine aussi, la production de Schubert est plus riche que celle de la plupart de ses contemporains. Musicalement, elle se distingue par une diversité et une puissance d'invention exceptionnelles : on peut dire que Schubert se trouve, là encore, sur un terrain à peu près vierge, où toutes les expériences sont permises. Ainsi crée-t-il, en toute liberté, des formes nouvelles qui, de loin, se relient au madrigal ancien et préfigurent, sous une forme vocale, le poème symphonique à venir. Citons, parmi les pièces les plus remarquables et les plus fréquemment entendues : *Gesang der Geister über den Wassern*, D.714, d'après Goethe, pour chœur d'hommes ; *Nachthelle*, D.892, pour ténor et chœur ; *Nachtgesang im Walde*, D.913, pour chœur et quatre cors ; *Der Gondelfahrer*, D.809, pour chœur et piano ; *Ständchen*, D. 920, d'après Grillparzer, pour contralto, chœur et piano ; *Der 23. Psalm*, D.706, pour chœur de femmes et piano ; *Coronach*, D.836, idem ; *Hymnus an den Heiligen Geist*, D.964, pour chœur d'hommes et vents ; enfin le monumental *Mirjams Siegesgesang*, D.942, d'après Grillparzer, pour soprano solo, chœur mixte et piano, orchestré par Franz Lachner d'après l'intention de Schubert au lendemain de sa mort.

L'importance de cette production n'est pas uniquement musicale. Elle est également sociologique. Au début du XIXe siècle, sous l'impulsion notamment du musicien suisse Naegeli, se formaient dans les pays germaniques des *Liedertafeln*, petits ensembles vocaux répondant au désir de faire participer à la musique la plus grande variété de couches sociales. En Autriche, ces *Tafeln* étaient aussi des foyers de résistance à la tyrannie policière. Manquait un répertoire valable, jusqu'à la venue de Schubert, dont l'œuvre allait en constituer l'essentiel — tant aux amicales schubertiades qu'à la Gesellschaft der Musikfreunde, constituée depuis peu. Et, désormais, en Autriche comme en Allemagne, les groupements de plus en plus nombreux et de plus en plus fournis (jusqu'à deux cents chanteurs) prendront souvent le titre de *Schubertbund*.

Schubert et la poésie. La fable d'un Schubert purement instinctif, peu cultivé, et plus ou moins dépourvu de sens critique est inacceptable. Plus de 70 poèmes de Goethe, 70 de Schiller (en comptant les pages chorales), 22 de Hölty, 21 de Schlegel, et un vaste panorama poétique allant de la Bible, d'Eschyle (traduit par Mayrhofer), de Shakespeare, d'Ossian au tout jeune Heine, en passant par Walter Scott, Novalis, Rücker, Körner, Grillparzer... — de quoi former une anthologie très complète de la poésie de son époque, et de quelques autres aussi —, quel autre musicien, même « cultivé », peut présenter pareille moisson ?

Reste le problème des poètes « mineurs » — sans parler de Schubert lui-même, auteur de quelques textes non négligeables. D'abord Johann Mayrhofer (47 poèmes) et Wilhelm Müller (45). Le premier a été éloquemment réhabilité par E. G. Porter, qui lui trouve des accents comparables à maints romantiques... anglais ! En tout cas, Schubert lui doit quelques-uns de ses plus beaux thèmes poétiques (*Fahrt zum Hades*, D.526 ; *Lied eines Schiffers an die Dioskuren*, D.360 ; *Nachtstück*, D.672...). Le cas de Müller est un peu différent. Si l'homme était aussi cultivé que Mayrhofer (il enseignait le grec et le latin), sa poésie se veut populaire sinon populiste ; le titre global de ses deux recueils est *Gedichte aus den hinterlassenen Papieren eines Waldhornisten* — ce « corniste » plaçant l'œuvre dans le sillage du célèbre *Des Knaben Wunderhorn*, antérieur de quelques années. Détail émouvant : sans avoir connu Schubert, il l'a pressenti. « Mais patience, écrit-il : il peut se trouver une âme accordée à la mienne, qui entendra la mélodie latente dans mes paroles, et me la restituera » (cité par W. Dahms, *Schubert*, 1913).

Mais que dire de Matthäus von Collin, dont les « bouts rimés » ont inspiré à Schubert deux de ses plus purs chefs-d'œuvre, le lyrique, l'extatique *Nacht und Träume*, D.827, et le surprenant *Der Zwerg*, D.771 ? Que dire aussi de Lappe (*Im Abendrot*, D.799) de Leitner (*Der Winterabend*, D.938) ? On ne peut que s'émerveiller devant cette alchimie schubertienne toujours renouvelée. Ajoutons que devant ces poètes discutables, dont certains étaient ses amis, d'autres des personnages haut placés comme ce sympathique Ladislaus Pyrker, patriarche de Venise (*Das Heimweh*, D.851, et *Die Allmacht*, D.852), et dont il avait surtout besoin pour alimenter son intarissable production, Schubert gardait tête claire. Dans une lettre à l'éditeur Schott, il énumère, entre autres œuvres : « Des chants à une voix avec accomp. de piano, poèmes de Schiller, Goethe, Klopstock, etc., et de Seidl, Schober, Leitner, Schulze, etc. », faisant ainsi clairement la distinction entre les « vrais » poètes et les autres.

Cycles et recueils. A *la Belle Meunière*, au *Voyage d'hiver* et au recueil posthume intitulé *Chant du cygne*, D.957, par l'éditeur Haslinger, il convient peut-être d'adjoindre la série des *Wilhelm-Meister-Lieder* (disséminés dans le catalogue Deutsch), avec ses deux volets — du Harpiste et de Mignon. Ce bipartisme se retrouve dans les grands cycles, y compris dans le recueil du *Schwanengesang*.

Die schöne Müllerin débute dans l'attente, l'espoir et l'assouvissement de l'amour. Mais au n° 14, à l'apparition du cruel et bientôt triomphant chasseur, l'horizon s'obscurcit ; et le reste du cycle se déroule sous le signe, plus sensible encore dans la musique que dans les poèmes, de la jalousie, de la tristesse et, enfin, du désespoir.

Dans *Winterreise*, composé en 1827 (févr., pour les n°s 1 à 12, qui mettaient en musique la seule part alors publiée des poèmes ; octobre pour les douze suivants), cette division en deux est plus difficile à saisir. Elle a été principalement mise en lumière par J. Chailley dans sa pénétrante étude *le Voyage d'hiver de Schubert*, dont voici un passage clé : « (En son second cahier), au lieu d'une histoire banale de soupirant évincé, la *Winterreise* devient, comme le faisait pressentir *Irrlicht* (n° 9), le périple de l'homme en marche vers le tombeau, interrogeant le ciel sans obtenir de réponse sur sa destinée en rejetant finalement l'illusion des dogmes pour se réfugier dans le néant... Certains détails, dont les plus transparents se trouvent dans *Der Wegweiser*, laissent transparcer une philosophie d'origine maçonnique parfaitement assimilée par le musicien... » Une vue aussi neuve ne saurait surprendre, venant de l'exégète de *la Flûte enchantée*. Ajoutons qu'il s'appuie sur une analyse détaillée des 24 lieder pris un à un.

Quant au *Schwanengesang*, c'est le hasard qui l'a scindé en deux, en mettant entre les mains de Haslinger deux recueils séparés, l'un sur 7 poèmes assez impersonnels de Rellstab, l'autre sur 6 autres, les plus originaux de l'époque : ceux de Heinrich Heine. Or il s'établit entre ces deux volets une fortuite mais heureuse symétrie. Après les variations sur le thème de l'absence que sont les *Rellstab-Lieder* et la rayonnante évocation, par la musique de Schubert, du monde extérieur et de ses quatre éléments, c'est dans les abîmes du « moi » que le musicien pénètre à la suite de Heine, le dépassant parfois : hallucination d'une ville-fantôme, *Die Stadt*, dont Brahms empruntera les arpèges dans son *2e Quatuor* avec piano ; autre hallucination, celle du *Doppelgänger*, l'une des rares mélodies de terreur, annonçant les *Chants et danses de la mort*, de Moussorgski (et dont le thème, déjà présent en 1821 dans l'introduction lente de la *Symphonie en « mi »*, obsédera tant Schubert qu'il le réemploiera dans l'Agnus Dei de sa *Messe en « mi » bémol*). Quant à *Die Taubenpost*, ultime mélodie de Schubert, arbitrairement ajoutée au recueil par Haslinger, elle a, toutefois, un effet euphorisant après les cauchemars. Par son rythme, elle renoue quelque peu avec les ruisseaux et les chevauchées des *Rellstab-Lieder*. Et son mot clé est *Sehnsucht*, « nostalgie » : celle de Franz Schubert, pour les mondes inconnus de la musique, dont il fut l'explorateur émerveillé.   P. Ba.

Œuvres principales. La lettre D suivie d'un nombre désigne l'ordre chronologique du *Catalogue thématique* d'O. E. Deutsch (édition nouvelle en allemand revue par W. Dürr et M. Feil, Bärenreiter, Kassel, 1978). Nous nous en écartons toutefois pour les numéros pratiques attribués aux quatre dernières symphonies. L'œuvre complète de Schubert ayant paru chez Breitkopf et Härtel (Leipzig, 1884 à 1897) et étant en cours de réédition chez Bärenreiter (Kassel, depuis 1965, *Neue Schubert-Ausgabe*), on ne mentionnera d'éditeur que pour les œuvres non incluses dans l'une ou l'autre de ces séries, ou pour les réalisations ou adaptations posthumes.
Musique symphonique. a) SYMPHONIES dont 7 complètes, plus 7 ou 8 inabouties de manières diverses : *Ebauche* en *ré*, D.2B (1811) ; *Symphonie n° 1* en *ré* majeur, D.82 (1813) ; *Symphonie n° 2* en *si* bémol majeur, D.125 (1815) ; *Symphonie n° 3* en *ré* majeur, D.200 (1815) ; *Symphonie n° 4* en *ut* mineur, *Tragique*, D.417 (1816) ; *Symphonie n° 5* en *si* bémol majeur, D.485 (1816) ; *Symphonie n° 6* en *ut* majeur, D.589 (1817-18) ; *Esquisse* en *ré* (2 mouvements), D.615 (1818) ; *Esquisse* en *ré* (4 mouvements), D.708A (1820-21) ; *Symphonie n° 7* en *mi* majeur, D.729 (1821), ébauche orchestrale complète : réalisation optimale B. Newbould (université de Hull, 1978) ; *Symphonie n° 8* en *si* mineur, D.759 (1822), 2 mouvements + esquisse du scherzo (réalisation optimale F. Hollard, 1976, M. Bois, Paris) + finale hypothétique (v. ROSAMUNDE, entracte n° 1), D.797/1 (1823) ; *Grand Duo* en *ut* majeur, D.812 (1824), orchestrations J. Joachim, 1855 (Cranz, Leipzig), F. Oeser, 1948 (Alkor-Edition, Kassel) ; *Ebauche orchestrale hypothétique* en *mi* mineur, D.849 (juil. 1825 ?), réalisée par un auteur inconnu à la fin du XIXe siècle (H. Goldschmidt, Berlin) ; *Symphonie n° 9* en *ut* majeur, *la Grande*, D.944 (1825 [août ?]-1826) ; *Symphonie n° 10* en *ré* majeur, D.936A (automne 1828), esquisse de 3 mouvements incluse dans les *Drei Symphonie-Fragmente* (Bärenreiter, 1978) : réalisations P. Gülke (1978, Peters, fragmentaire) ; B. Newbould (1981, université de Hull, élaborée). *b)* OUVERTURES (autres que pour des ouvrages scéniques) : D.12, en *ré* majeur (1812) ; D.470, en *si* bémol majeur (1816) ; D.556, en *ré* majeur (1817) ; D.590, en *ré* majeur et D.591 en *ut* majeur « dans le style italien » (1817) ; D.648 en *mi* mineur (1819) ; D.668 en *sol*, réduction pour 4 mains (1819), réorchestrée par E. Amoudruz (Genève, inédit). *c)* AUTRES ŒUVRES : 3 pièces concertantes pour violon : D.345 (1816) ; D.438 (1816) ; D.580 (1817). — Orchestre à cordes : 5 menuets et 6 trios ; 5 allemandes et 7 trios, D.89/90 (1813).
Musique de chambre. a) NONETTE À VENTS : D.79 en *mi* bémol mineur (1813). *b)* OCTUOR À VENTS : D.72 en *fa* majeur (1813, incomplet). *c)* OCTUOR : D.803 en *fa* majeur (1824). *d)* QUINTETTE À 2 VIOLONCELLES : D.956 en *ut* majeur (1828). *e)* QUINTETTE AVEC PIANO : D.667 en *la* majeur (1819 ?). *f)* QUATUORS À CORDES : D.8A en *ut* mineur (1811, *Ouverture*, existe aussi pour quintette, D.8) ; *n° 1* en *sol* mineur/*si* bémol, D.18 (1811) ; *n° 2* en *ut* majeur, D.32 (1812) ; *n° 3* en *si* bémol, D. 36 (1812-13) ; *n° 4* en *ut* majeur, D.46 (1813) ; *n° 5* en *si* bémol, D.68 (1813, incomplet ?) *n° 6* en *ré* majeur, D.74 (1813) ; *n° 7* en *ré* majeur, D.87 (1813) ; *n° 8* en *ré* majeur, D.94 (1812 ?) ; D.103 en *ut* mineur (1814, fragment du 1er mouvement, éd. A. Orel 1939, UE ; le reste perdu) ; *n° 9* en *sol*, D.112 (1814) ; *n° 10* en *sol* mineur, D.173 (1815) ; *n° 11* en *mi* majeur, D.353 (1816) ; *n° 12* en *ut* mineur, D.703 (1820, 1 mouvement complet *Quartettsatz* + fragment d'andante) ; *n° 13* en *la* mineur, D.804 (1824, *Rosamunde*) ; *n° 14* en *ré* mineur, D.810 (1824, *la Jeune Fille et la mort*) ; *n° 15* en *sol* majeur, D.887 (1826). *g)* QUATUOR AVEC GUITARE : D.96 ou Anh. II/2 en *sol* majeur (1814, d'après un *Trio* de W. Matiegka). *h)* TRIOS À CORDES : D.471 en *si* bémol (1816, 1 mouvement) ; D.581 en *si* bémol (1817). *i)* TRIOS AVEC PIANO : D.28 en *si* bémol (1812, 1 mouvement) ; *n° 1* en *si* bémol, D.898 (1826 ?) ; D.897 en *mi* bémol *Notturno* (1826 ?) ; *n° 2* en *mi* bémol, D.929 (1827). *j)* DUOS POUR 1 INSTRUMENT ET PIANO : 3 *Sonatines*, pour violon, D.384, en *ré* majeur ; D.385 en *la* mineur (1816) ; D. 408 en *sol* mineur (1816) ; *Sonate (Duo)* pour violon en *la* majeur, D.574 (1817) ; *Variations* sur *Trockne Blumen* pour flûte, en *mi* mineur, D.802 (1824) ; *Sonate* pour arpeggione en *la* mineur, D.821 (1824) ; *Rondo* pour violon en *si* mineur, D.895 (1826) ; *Fantaisie* pour violon en *ut* majeur, D.934 (1827).
Œuvres pour piano. a) 4 MAINS : *Fantaisie* en *sol* majeur, D.1 (1810) et fragment d'une 2e version, D.1B (1811) ; *Fantaisies* en *sol* mineur, D.9 (1811) et en *ut* mineur, D.48 (1813) ; rondo en *ré* majeur, D.608 (1818) ; *Sonate* en *si* bémol, D. 617 (1818) ; 8 *Variations* sur une chanson française, D.624 (1818) ; *Ouvertures* en *sol* mineur/majeur, D.668, et en *fa* majeur, D.675 (1819) ; *Sonate* en *ut* majeur, D.812 (1824, *Grand Duo*) ; 8 *Variations* sur un thème original en *la* bémol, D.813 (1824) ; *Divertissement à la hongroise* en *sol* mineur D.818 (1824) ; *Divertissement* en *mi* mineur, D.823 (1825) ; 8 *Variations* sur un thème de Hérold en *ut* majeur, D.908 (1827), orchestration E. Amoudruz, Genève (1954, inédit) ; *Fantaisie* en *fa* mineur, D.940 (1828) ; allégro en *la* mineur *Lebensstürme* et rondo en *la* majeur, D.947/951 (1828, sonate à 2 mouvements) ; orchestrations R. Leibowitz (allégro, Bölke-Bomart) ; Leo Weiner (rondo, Editio Musica, Budapest) ; fugue en *mi* mineur pour piano ou orgue, D.952 (1828) ; nombreuses danses et marches ; réductions de plusieurs ouvertures ; *Introduction, variations et finale* sur un thème original en *si* bémol, D.968A (non datable). *b)* 2 MAINS : 21 ou 23 sonates, dont 8 incomplètes + divers mouvements isolés. On mentionnera : *n° 1* en *mi* majeur, D.157 (1814) ; *n° 2* en *ut* majeur, D. 279 (1815) ; *n° 3* en *mi* majeur, D.459 (1816, *Fünf Klavierstücke*, les 3 derniers, D.459A, n'appartiennent pas à la sonate) ; *n° 4* en *la* mineur, D.537 ; *n° 5* en *la* bémol, D.557, incomplète ; *n° 6* en *mi* mineur, D.566/506 ; *n° 7* en *ré* bémol, D.567, et en *mi* bémol, D.568 ; *n° 8* en *fa* dièse, D.571/604/570, fragmentaire ; *n° 9* en *si* majeur, D.575 ; *n° 10* en *ut* majeur, D.613/612, fragmentaire (toutes de 1817) ; *n° 11* en *fa* mineur, D.625/505, incomplète (1818) ; *n° 12* en *ut* majeur, D.605 *Fantaisie*, incomplète (1819) ; *n° 13* en *la* majeur, D.664 (1819) ; *n° 14* en *la* mineur, D.784 (1823) ; *n° 15* en *ut* majeur, D.840 *Reliquie*, inachevée (1825) ; *n° 16* en *la* mineur, D.845 (1825) ; *n° 17* en *ré* majeur, D.850 *de Gastein* (1825) ; *n° 18* en *sol* majeur, anc. dite *Fantaisie*, D.894 (1826) ; *n° 19* en *ut* mineur,

D.958; *n° 20* en *la* majeur, D.959; *n° 21* en *si* bémol, D.960 (toutes 3 de septembre 1828) ; *Fantaisie* en *ut* majeur *Wanderer,* D.760 ; *Sonate n° 22* (1822) ; 4 *Impromptus* D.935 (anc. op. 142) *Sonate n° 23* (1827). Les sonates fragmentaires (sauf n° 12) complétées et éditées par P. Badura-Skoda (Henlé). AUTRES PIÈCES (sélection) : 13 *Variations* sur un thème d'A. Hüttenbrenner, D.570 (1817?); *Fantaisie* en *ut* majeur *de Graz,* D.605A (1818 ?) ; 1 *Variation* sur un thème de Diabelli, D.718 (1821); 6 *Moments musicaux,* D.780 (1823 ; 1824) ; 4 *Impromptus* D.899 (anc. op. 90, 1827 ?) ; *Allegretto* en *ut* mineur, D.915 (1827); 2 *Klavierstücke* en *ut* majeur et *ut* mineur, D.916B et C (1827, incomplets, éd. O. Brusatti, Doblinger) ; 3 *Klavierstücke* ou *Impromptus* D.946 (1828, le 1er en 2 versions). Très nombreuses danses et marches.
Lieder pour 1 voix et piano [plus de 600]. La répartition annuelle suit une courbe parallèle à celle de l'œuvre instrumentale : 1811, *4;* 1812, *2;* 1813, *6;* 1814, *25;* 1815, *143;* 1816, *110;* 1817, *64;* 1818, *14;* 1819, *22;* 1820, *18;* 1821, *12;* 1822, *22;* 1823, *37;* 1824, *6;* 1825, *27;* 1826, *24;* 1827, *38;* 1828, *21.* (D'après M. J. E. Brown et E. G. Porter). *a)* LES GRANDS CYCLES : *Die schöne Müllerin,* 20 lieder (Müller), D.795 (1823) ; *Winterreise,* 24 lieder (Müller), D.911 (1827); *Schwanengesang,* 13 lieder (Heine/Rellstab), D.957 (1828); *Wilhelm-Meister-Lieder* (17 d'époques différentes, Goethe) : D.149, 161, 310, 321, 325 (1815) ; D.359, 469, 478 à 481 (1816) ; D.726-727 (1821) ; D.877 (1826). *b)* LIEDER ISOLÉS (sélection) : *Gretchen am Spinnrade* (Goethe), D.118 (1814) ; *Erlkönig* (Goethe), D.328 (1815 + 3 rév.) ; *Lied eines Schiffers an die Dioskuren* (Mayrhofer), D.360 (1816) ; *Der Wanderer* I (Schmidt von Lübeck), D.489 (1816, contient le thème de la *Fantaisie*) ; *Fahrt zum Hades* (Mayrhofer), D.526 (1817) ; *Die Forelle* (Schubart), D.550 (1816-17, remanié 5 fois jusqu'en 1821) ; *Der Wanderer* II (Schlegel), D.649 (1819) ; 4 *Hymnen* (Novalis), D.659 à 662 (1819) ; *Nachtstück* (Mayrhofer), D.672 (1819) ; *Prometheus* (Goethe), D.674 (1819) ; *Die Götter Griechenlands* (Schiller), D.677 (1819) ; *Sei mir gegrüsst* (Rückert), D.741 (1822) ; *Der Zwerg* (Collin), D.771 (1822 ?) ; *Im Abendrot* (Lappe), D.799 (1824) ; *Nacht und Träume* (Collin), D.827 (1823 ?) ; 3 *Ellens Gesänge* (W. Scott), D.837 à 839 (1825 : le 3e *Ave Maria*) ; *Das Heimweh,* D.851, et *Die Allmacht,* D.852 (Pyrker, 1825) ; *Winterabend* (Leitner), D.938 (1828) ; *Auf dem Strome* (Rellstab), D.943 (1828, avec cor ou violoncelle) ; *Der Hirt auf dem Felsen* (Müller), D.965 (1828, avec clarinette) ; *Die Taubenpost* (Seidl), D.965A (1828)...
Lieder à plusieurs voix et chœurs profanes (sélection). *a)* CHŒUR FÉMININ : *Gott in der Natur* (Kleist), D.757 (1822, avec piano); *Coronach* (Scott), D.836 (1825, avec piano); *Ständchen* (Grillparzer), D.921 (1827, avec alto solo et piano ; v. aussi Chœur d'h.). *b)* CHŒUR D'HOMMES : *Der Entfernten* (Salis-Seewis), D.331 (1816); *Geistertanz* (Matthison), D.494 (1816); *Gesang der Geister auf den Wassern* (Goethe) : 1re version, D.538 (1817); 2e version, D.705 (1820, avec piano); 3e version, D.714 (1821, avec cordes). N.B. Il existe aussi un fragment de lied (1816); *Sehnsucht* (Goethe), D.656 (1819) ; *Ruhe, schönste Glück der Erde* (inc.), D.657 (1819) ; *Im Gegenwärtiges Vergangenes* (Goethe), D.710 (1821, avec piano) ; *Geist der Liebe* (Matthison), D.747 (1822, avec piano) ; *Der Gondelfahrer* (Mayrhofer), D.809 (1824) ; *Ewige Liebe* (Schulze), D.825 (1824) ; *Nachtmusik* (Seckendorf), D.848 (1825); *Mondenschein* (Schober), D.875 (1826) ; *Nachthelle* (Seidl), D.892 (1826, avec ténor solo et piano); *Grab und Mond* (Seidl), D.893 (1826); *Schlachtlied* (Klopstock), D.912 (1827) ; *Nachtgesang im Walde* (Seidl), D.913 (1827, avec 4 cors); *Frühlingslied* (Pollak), D.914 (1827) ; *Das stille Lied* (Seegemund), D.916 (1827) ; *Ständchen* (Grillparzer), D.920 (1827, avec alto solo et piano) ; *Hymnus an der heiligen Geist* (Schmidl), D.948 : 1re version, quatuor de solos et chœur d'hommes ; 2e version, avec 13 vents, anc^t D.968 (1828). *c)* CHŒUR MIXTE : *An die Sonne* (Uz), D.439 (1816, avec piano); *Chor der Engel* (Goethe), D.440 (1816); *Gebet* (La Motte Fouqué), D.815 (1824, avec piano); *Mirjams*

Siegesgesang (Grillparzer), D.942 (1828, avec soprano solo et piano ; orchestration F. Lachner, 1829, G.d.M., Vienne); *Glaube, Hoffnung und Liebe* (Reil), D.954 (1828, avec 2 ténors, 2 basses solos et 10 vents) ; *Gott im Ungewitter* (Uz), D.985 (non datable, avec piano)...
Ouvrages scéniques. Der Spiegelritter, singspiel en 3 actes (Kotzebue), fragment, D.11 (1811 ?) ; *Des Teufels Lustschloss,* singspiel en 3 actes (Kotzebue), D.84 (1814); *Der vierjährige Posten* (« Quatre ans de faction »), singspiel en 1 acte (Körner), D.190 (1815) ; *Fernando,* singspiel en 1 acte (Stadler), D.220 (1815) ; *Claudine von Villa-Bella,* singspiel en 3 actes (Goethe), partiellement perdu, D.239 (1815) ; *Die Freunde von Salamanka,* singspiel en 2 actes (Mayrhofer), D.326 (1815) ; *Die Zwillingsbrüder,* singspiel en 1 acte (G. v. Hofmann), D.647 (1819) ; *Die Zauberharfe* (G. v. Hofmann), musique de scène D.644 (1820) ; *Alfonso et Estrella,* opéra en 3 actes (Schober), D.732 (1823) ; *Die Verschwörenen* ou *Der häusliche Krieg* (« la Croisade des Dames »), singspiel en 1 acte (Castelli), D.787 (1823) ; *Fierabras,* opéra romantique en 3 actes (J. Kupelwieser), D.796 (1823) ; *Rosamunde, Fürstin von Zypern* (H. von Chézy), musique de scène D.797 (1823) ; *Der Graf von Gleichen* (Bauernfeld), opéra en 2 actes, D.918 (1827-28, esquisse complète sauf les 2 derniers numéros) ; 4 autres fragments *(Die Bürgschaft, Adrast, Sakuntala, Rüdiger);* airs complémentaires pour *la Clochette* de Hérold, D.723 (1821).
Musique sacrée. a) ORATORIOS : *Stabat Mater* (Klopstock), solos, chœur et orchestre, D.383 (1816) ; *Lazarus oder Die Feier der Auferstehung* (Niemeyer), oratorio scénique, solos, chœur et orchestre, D.689 (1820, inachevé ou partiellement perdu ?). *b)* MESSES (solos, chœur et orchestre) : *n° 1* en *fa* majeur, D.105 (1814) ; *n° 2* en *sol* majeur, D.167 (1815) ; *n° 3* en *si* bémol, D.324 (1815) ; *n° 4* en *ut* majeur, D.452 (1816) ; *n° 5* en *la* bémol *Missa solemnis,* D.678 (1819-1822) ; *n° 6* en *mi* bémol, D.950 (1828); plusieurs *Kyrie* isolés ; *Messe allemande* D.872 (1827, chœur et orgue ou orchestre) ; *Requiem allemand* en *sol* mineur, D.621 (1818, solos, chœur et orgue, d'abord publié sous le nom de Ferdinand Schubert). *c)* AUTRES PIÈCES : 7 *Salve Regina* (D.27, 106, 223, 379, 386, 676, 811); 6 *Tantum ergo* (D.460, 461, 730, 739, 750, 962); *Magnificat* D.486, solos, chœur et orchestre (1815) ; *Psaume 23* (trad. Moses Mendelssohn), D.706, chœur féminin et piano (1820); *Psaume 92* (en hébreu), D.953, baryton solo, quatuor et chœur mixte (1828) ; *Intende voci* (« Offertorium ») D.963, ténor, chœur mixte et orchestre (1828).
N.B. Outre les quelques réalisations ou orchestrations mentionnées à propos des œuvres correspondantes, il existe un très grand nombre de transcriptions ou adaptations, de toutes époques et de valeurs inégales, qui ne peuvent être référencées ici. P.-G. L.

SCHULLER *(Gunther),* compositeur, chef d'orchestre et pédagogue américain *(New York 1925).* Fils d'un violoniste de la Philharmonie de New York, il étudia la composition, la flûte et le cor (1938-1942), jouant, dès 1944, comme corniste un concerto écrit par lui. Il cessa de jouer du cor en 1959. Comme pédagogue, il a enseigné à la Manhattan School of Music (1950-1963), à la Yale School of Music (1964-1967) et au New England Conservatory, qu'il présida de 1967 à 1977. Il a également travaillé à Tanglewood, notamment comme codirecteur artistique (à partir de 1969). Il a, enfin, réalisé de nombreux programmes à la radio et à la télévision et édité des œuvres de Charles Ives, Scot Joplin et Kurt Weill.

Comme compositeur, Schuller s'est formé, pour l'essentiel, en autodidacte et s'est toujours largement inspiré du jazz, tout en s'efforçant parfois de le faire bénéficier des acquis sériels. Il a développé la notion de musique *third stream* (« troisième courant »), concevant celle-ci comme un amalgame du jazz et des tendances les plus savantes et les plus avancées. Son œuvre la plus célèbre est l'opéra *The Visitation,* d'après Kafka (créé à Hambourg en 1966). On lui doit aussi des musiques de film, l'opéra pour enfants *The*

Fisherman and his Wife (1970); *Hommage symphonique à Duke Ellington* (1955); *Spectra*, pour orchestre (1958); *Sept Études sur des thèmes de Paul Klee*, pour orchestre (1957); *Deaï*, pour 2 orchestres (1978).

A. G. et M. V.

Schuman *(William)*, compositeur américain *(New York 1910)*. Élève de l'université de Columbia, il a fait ses premiers pas dans le jazz et la variété avant de rencontrer Roy Harris (qui attira sur lui l'attention de Copland et de Koussevitski) et de poursuivre avec lui des études sérieuses à la Juilliard School. En 1939, Koussevitski dirigea son *American Festival Overture*, puis créa la *Symphonie n° 3* (1941), *A Free Song*, cantate d'après Walt Whitman (1942-43), qui valut au compositeur le prix Pulitzer, et la *Symphonie pour cordes* (symphonie n° 5, 1943). William Schuman enseigna au Sarah Lawrence College (1935-1945), et fut nommé, en 1945, président de la Juilliard School (il fut ainsi à l'origine de la formation du quatuor à cordes du même nom). Dans l'intervalle, il avait été quelques mois directeur de publications aux éditions Schirmer. De 1962 à 1969, il fut président du Lincoln Center de New York. Sa musique est surtout orchestrale, et de cette production se détachent 10 symphonies, dont les deux premières (1935-36 et 1937) retirées par l'auteur. Douze années séparent la 6e (1948) de la 7e (1960). La 9e, dite *Le Fosse ardeatine*, date de 1968, et la 10e, dite *American Muse*, de 1976. Dans un style éclectique, il a composé également de la musique de chambre et des œuvres vocales ainsi que quelques partitions pour la scène dont les ballets *Undertow* (1965), *Judith* (1949-1950) et *The Witch of Endor* (1965) et l'opéra *The Mighty Casey* (1951-1953 ; rév. cantate 1976).

A. G. et M. V.

Schumann *(Clara, née Wieck)*, pianiste et femme compositeur allemande *(Leipzig 1819 - Francfort-sur-le-Main 1896)*. Élève de son père, Friedrich Wieck, elle donna son premier concert en 1828 à Leipzig. En 1831, au début de sa première tournée qui la conduisit à Paris, elle joua devant Goethe. Au retour, elle compléta ses études de composition. Sa renommée précoce lui valut d'être nommée pianiste de la cour d'Autriche en 1838. L'année suivante, au cours d'un second séjour à Paris où elle songea à se fixer, elle fit connaître à un cercle restreint les premières œuvres qu'elle avait inspirées à Robert Schumann. Elle l'épousa le 12 septembre 1840, au terme d'une longue et douloureuse attente provoquée par l'opposition de Wieck. Grâce à Schumann qui l'initia intensivement à J. S. Bach et à Beethoven, la virtuose qu'elle était devint l'une des premières interprètes de son temps. Mais sa carrière fut entravée par huit maternités. Jusqu'en 1856, elle n'effectua que deux tournées importantes, l'une au Danemark (1842), l'autre en Russie (1844), et créa à Leipzig, le 1er janvier 1846, le concerto pour piano que Schumann avait conçu pour elle. Un peu avant la mort de celui-ci, elle reprit par nécessité la vie errante de concertiste, moralement soutenue par l'amitié passionnée que lui vouait Johannes Brahms. De 1856 à 1891, année de son dernier concert public, elle se rendit seize fois en Angleterre, deux fois à Paris (1862 et 1863), où elle joua avec le quatuor Armingaud le quintette que Schumann lui avait dédié, fit une seconde tournée en Russie (1864) et donna plusieurs concerts avec le violoniste Joseph Joachim. Dans son répertoire qui s'étendait de Bach à Brahms, elle marqua toujours une prédilection pour les œuvres les plus brillantes de Schumann. Son jeu, bien que puissant et timbré, était basé sur une technique opposée à celle de Liszt, pour qui elle avait peu de sympathie. D'esprit conservateur, elle prit parti pour Brahms contre Wagner. En 1878, elle fut nommée professeur au conservatoire de Francfort. Elle établit, en collaboration avec Brahms, une édition complète des œuvres de Schumann (1881-1893) et publia en 1885 sa correspondance de jeunesse.

Inspiratrice et conseillère de deux des plus grands musiciens du romantisme, Clara Schumann a sous-estimé ses dons de compositeur. Sa production, une quarantaine d'œuvres, est d'une réelle qualité. L'ensemble des pièces pour piano écrites avant 1840, sous l'influence de Chopin et de Mendelssohn, est dominé par le concerto op. 7 (1835). Ensuite, son évolution suit celle de Schumann et culmine avec le trio op. 17 (1847). Ce sont surtout ses trois recueils de lieder (1840, 1844, 1853) qui sont remarquables. Schumann, qui avait déjà écrit ses *Impromptus* op. 5, ses *Davidsbündlertänze* op. 6 et sa *3e Sonate* op. 14 à partir de motifs empruntés à des œuvres de sa fiancée, a inclus dans son *Liebesfrühling* op. 37 (1840) trois lieder de l'opus 12 de Clara, qui égalent sa propre inspiration.

J.-M. F.

Schumann *(Élisabeth)*, soprano allemande *(Mersebourg an der Saale 1888 - New York 1952)*. Elle fit ses débuts en 1909 à Hambourg dans *Tannhäuser* (rôle du berger). Elle se produisit pour la première fois au Metropolitan Opera de New York en 1914. Engagée à l'Opéra de Vienne en 1919, elle y demeura jusqu'en 1937, tout en paraissant régulièrement aux festivals de Salzbourg et de Munich. Elle quitta l'Autriche au moment de l'Anschluss et se fixa aux États-Unis, où elle enseigna le chant. Elle fut incomparable dans les rôles légers de Mozart (Suzanne, Zerline, Blondine) et son incarnation de Sophie, dans *le Chevalier à la rose* de Richard Strauss, fut rarement égalée. Elle possédait une voix dont la pureté était extrême. Le raffinement musical de ses interprétations en fit aussi une admirable interprète de lieder.

J. B.

Schumann *(Robert Alexandre)*, compositeur allemand *(Zwickau 1810 - Endenich, près de Düsseldorf, 1856)*. Bien qu'évoluant dans un milieu éclairé et sensible à l'art (son père est un libraire érudit ; sa mère une excellente pianiste), Robert Schumann ne montre guère de dons précoces. A neuf ans, toutefois, entendant *la Flûte enchantée* et un récital de Moschelès, il désire devenir virtuose du clavier. Son père l'oblige alors à acquérir les bases intellectuelles sérieuses et à passer son *Abitur*. Mais Schumann, lecteur avide des classiques, attentif à l'art autant qu'à la nature, se tourne vers la musique, fondant, à douze ans, un orchestre de collégiens, écrivant même un *Psaume CL*. En 1826, ayant découvert les romans de Jean-Paul Richter, dont il se fait consciemment le « double », il se recroqueville et devient taciturne. Crise de croissance qu'accentuent (1828) le suicide de sa sœur, puis la mort de son père, enfin un amour impossible pour Agnès Carus, femme d'un ami médecin. Sa mère et son frère aîné, devenu chef de famille, lui intiment alors d'étudier son droit à Leipzig, où il s'installe après un voyage en Franconie et à Munich (où H. Heine lui réserve un accueil glacial qui le navre). Agnès Carus lui vient en aide, le présentant à Wieck dont l'enseignement précis, rigoureux jusqu'au despotisme, inculque quelque rigueur au jeune artiste romantique (en lui révélant Bach notamment). Bientôt las de la cité saxonne, Schumann s'installe à Heidelberg en 1829, y glane ses premiers succès d'estrade et, après un voyage en Suisse et Italie (pays qui n'aura d'ailleurs aucune influence sur lui, au contraire de nombreux artistes allemands), revient à Leipzig afin de poursuivre ses leçons avec Wieck. Ce dernier a, en effet, convaincu la mère de Schumann des capacités musicales de ce dernier et s'est engagé à faire de lui un brillant pianiste.

Ayant jusque-là hésité entre poésie, littérature et musique, Schumann, désormais sûr de lui, se consacre tout entier à son art : fugue et contrepoint avec Dorn, piano avec Wieck, orchestration avec Müller. Déjà auteur de quelques *Valses*, *Quatuor* et *Concerto pour piano* (inachevés), révélé au public de Heidelberg par ses *Variations Abegg*, issues des moules classiques, mais déjà typiquement romantiques, il écrit son opus 2, *Papillons*, d'après Jean-Paul Richter, puis, pour parfaire sa technique pianistique, se lance dans une expérience folle qui, par ligature de l'annulaire droit et sous prétexte de développer les autres doigts, entraîne finalement l'ankylose, puis la paralysie de sa main. Affolé et voyant sa carrière de virtuose anéantie, au seul profit de la composition, Schumann vit, à l'automne 1833, une profonde dépression qu'accentue la mort de son frère Julien et de sa belle-sœur. Dans la nuit du 17 octobre, il se voit devenir fou, crise qui préfigure tragiquement celle de 1854 et dont il lui restera la phobie des étages élevés et des objets tranchants. Plongé plusieurs mois dans une atonie apeurée, il regagnera, guéri, Leipzig à la fin de l'hiver 1833-34 et se lancera immédiatement dans la création et rédaction de la *Neue Zeitschrift für Musik*, où, avec quelques amis d'abord mais le plus souvent seul, il mène l'assaut des Davidsbündler («Compagnons de David») contre les Philistins de l'art — Cramer, Czerny, Thalberg, Ruckgaber, Meyerbeer —, dénoncés comme pédants, timorés, conservateurs et fossoyeurs de la grande et vraie musique incarnée par Mozart, Haydn, Beethoven. Publication d'une importance capitale, où Schumann se fait critique de son temps et où, sous des pseudonymes divers, se reconnaissent ses amis rédacteurs, lui-même se désignant sous le double vocable d'Eusebius (rêveur mélancolique) et Florestan (impétueux et passionné). Au même moment, il s'éprend d'Henriette Voigt (son « âme en *la* mineur »), puis d'Ernestine von Frincken, allant, avec cette dernière, jusqu'à d'éphémères fiançailles qui nous vaudront au moins le *Carnaval* op. 9 et les *Études symphoniques* op. 13.

En avril 1835, il prend lucidement conscience de son seul et véritable amour : Clara Wieck. Il rompt alors avec Ernestine, qui ne lui en tiendra pas rigueur, écrit pour Clara les sonates op. 11, 14 et 22, toutes gonflées de passion. C'est alors que meurt sa mère (4 février 1836), que Wieck quitte la *Revue musicale* et interdit tout commerce entre sa fille et Robert. Nouveau coup pour Schumann, déjà secoué par les dissensions chez les Davidsbündler et par la mort d'Henriette Voigt et qui, une fois de plus, se réfugie dans la composition : *Fantaisie* op. 17, un des chefs-d'œuvre du piano («Charte du romantisme musical», a-t-on pu dire), *Fantasiestücke*, *Novelettes*, *Scènes d'enfants*, *Kreisleriana*, autant de pages où transparaît en filigrane son amour pour Clara et où s'affirment la puissance de sa vision ainsi que la profondeur de son sentiment poétique et romantique. Wieck ayant (faussement) consenti au mariage à la double condition que Schumann ait des revenus suffisants et s'éloigne de Leipzig, le compositeur se rend à Vienne, en proie à une nonchalence morbide. Puis, soudain, dans un accès de fièvre, il compose sur coup sur coup l'*Arabesque*, les *Blumenstücke*, la grande *Humoresque* terminée le 11 mars 1839, enfin les *Nachtstücke* op. 23 et le *Carnaval de Vienne* op. 26. Clara ayant usé de ses droits légaux pour faire plier son père, le mariage, finalement, fut célébré à Schönefeld le 12 septembre 1840.

Pressentant cette issue heureuse, Schumann, depuis le printemps, composait dans l'exaltation : 1840 est, en effet, l'année des lieder (136 sur un total de 246), dont l'*Amour et la vie d'une femme*, les *Amours du poète*, *Liederkreis*, les *Deux Grenadiers*, les *Myrten*, les *Romances et ballades* op. 45, 49 et 53, ainsi qu'un premier recueil de *Lieder und Gesänge*.

Menant une vie modeste à Leipzig, écrivant en commun avec Clara leur émouvant *Journal à deux voix*, Schumann s'adonne à la composition. En 1841, « année symphonique », voient le jour — outre un premier enfant, Marie — la *I*re *Symphonie*, *Ouverture, Scherzo et Final*, la *Fantaisie pour piano et orchestre* (devenue en 1845 le célèbre *Concerto*), la *4e Symphonie*, qui trahissent la quiétude mais aussi la passion du musicien. En 1842, la musique de chambre est à l'honneur avec les 3 *Quatuors* op. 41, l'admirable *Quintette* en *mi* bémol, et le *Quatuor avec piano*. En 1843, année marquée par la naissance d'Elisa, il compose *le Paradis et la Peri*, mais, devant les difficultés financières, décide une tournée de concerts en Russie, où Clara triomphe en jouant parfois certaines de ses œuvres. De retour à Leipzig, il est repris de vertiges, de rhumatismes, et, gagné par une lassitude croissante, prend en horreur Leipzig, surtout lorsque, après le départ de son ami Mendelssohn, le Gewandhaus lui préfère Gade. À l'automne 1844, il quitte donc Leipzig pour Dresde. Aussitôt installé, Schumann cherche à recréer une vie musicale, fait «une cure de contrepoint » *(4 Fugues*, op. 72 ; *Fugues sur le nom de Bach)*, tente de lier amitié avec Richter, Reinich ou Wagner. Peines perdues. La composition reste une fois de plus son seul dérivatif *(2e Symphonie)* ; mais, à l'instar de tous les cyclothymiques, il lui faut du changement : c'est à nouveau un séjour (décevant) à Vienne. De retour à Dresde, il veut s'imposer — comme tous les romantiques — à travers l'opéra. Il écrit donc *Genoveva*, dont l'avancement est constamment retardé par de multiples soucis familiaux (une fille et trois fils, dont un mourra immédiatement, naîtront à Dresde) ; surtout par de nouveaux troubles physiques — phobies, hallucinations, désordres auditifs — et le choc éprouvé à la mort de Mendelssohn (4 nov. 1847). S'étant rétabli, il compose de nombreux lieder *a capella* pour la Liedertafel locale, dont il prend la direction, puis, en 1848, de nouvelles œuvres pour le piano *(Vision d'Orient*, pour 4 mains ; *l'Album pour la jeunesse)*, ainsi que *Manfred*. Surnommée «l'année féconde», 1849 verra l'éclosion de lieder pour voix solo, duos, chœur ; d'œuvres pour piano, les opus 78, 85 notamment ; du *Requiem pour Mignon*, de plusieurs *Scènes de Faust*. Le 25 mai 1850, le théâtre de Leipzig monte *Genoveva*. Le « succès d'estime » qui est réservé à la pièce désespère Schumann qui, las de Dresde, vient s'installer à Düsseldorf. Impression réconfortante et roborante au début, qui lui dicte le *Requiem* op. 90, les 6 *Lieder* de Lenau, en octobre le *Concerto pour violoncelle*, en novembre la *3e Symphonie* («Rhénane»). Cette volonté d'innover, doublée d'une hâte à produire, ne cacherait-elle pas l'irrémédiable ?

Dès cette époque, en effet, Schumann semble conscient du peu de temps qu'il lui reste pour créer. D'où cette frénésie à écrire, vite, encore lucidement : en 1851 des ouvertures pour *la Fiancée de Messine*, *Jules César*, *Hermann et Dorothée* ; puis, pour piano, les *Scènes de bal*, les *Phantasiestücke*, op. 111 ; des lieder également sur textes d'Elisabeth Kühlmann ou Mörike ; de la musique de chambre *(3e Trio*, op. 110 ; 2 *Sonates pour piano-violon*, tourmentées, aux thèmes distendus). L'année 1852, malgré le repos imposé par Clara, verra naître le *Pèlerinage de la rose*, la *Messe*, le *Requiem* op. 148. Mais, de plus en plus, il éprouve de « pénibles souffrances » et note dans le *Journal* : « Triste épuisement de mes forces. » Le 28 octobre 1852, le mot «résignation» y apparaît. Schumann, dès lors, semble accepter de ne plus exprimer les états sublimes que l'enthousiasme lui avait révélés naguère, parce qu'il ne peut plus aller au-delà du langage qu'il possédait et parce qu'il consent à se réfugier dans la folie, dans sa folie. En mai 1853, une brève résurgence de confiance en lui sera à l'origine du *Concerto*, puis de la *Fantaisie pour violon et orchestre*. Il écrira encore quelques pièces (l'opus 134 ; les *Contes de fée*, pour clarinette, alto et piano) ; puis, une dernière fois, il se tourne vers le piano : *Chants de l'aube* op. 133. Mais c'est l'aube de la nuit. Le 13 février 1854, le délire l'assaille ; le 27, après quelque accalmie, il veut se rendre, de lui-même, à l'asile d'Endenich. Quittant alors subitement son foyer, il se jette dans le Rhin : acte de démence ou, au contraire, dernier acte de désespoir lucide ? Mystère. Repêché par des mariniers, il sera conduit cinq jours plus tard à Endenich. C'est là qu'après d'atroces souffrances — physiques et morales, car il est conscient de son état — il mourra, le 29 juillet 1856. Après l'enterrement, deux jours plus tard, dans le cimetière de Bonn, Clara affronta la vie avec courage et, restée seule avec sept enfants — quatre garçons, trois filles —, se multiplia en concerts jusqu'à sa mort, en 1896, afin d'imposer définitivement au monde l'œuvre de son mari.

Un «romantique» au plein sens du terme, qui fait se dérouler sa vie et son œuvre sur les seuls plans de l'intériorité, de la passion : tel apparaît bien Robert

Schumann. L'introspection, l'étude, comme la culture volontaire de tous les phénomènes, intérieurs ou extérieurs, sont pour lui les données fondamentales de la création poétique. Il a fait sien l'idéal que Jean-Paul Richter définissait dès 1804 : être à la fois « poétique, pictural, musical », trouver au sein de l'univers l'harmonie des choses et des êtres et, à travers leur vie cachée, révéler leur vraie nature comme leur sens secret. D'où l'immense part réservée au rêve, à la fantaisie (*Phantasiestücke, Noveletten, Fantaisie* op. 17), à la vie profonde de la nature, de la forêt (*Waldszenen*), à l'enfance qui sait garder et recréer le merveilleux (*Album pour la jeunesse, Kinderszenen*). D'où, surtout, la part faite à l'inspiration, à cette force intérieure, qui, sous l'effet de la passion, explose et débouche sur l'œuvre d'art. Moment de fièvre saisi au vol, qui trouve sa « cristallisation », sa pérennité, dans la composition (mais aussi le plus souvent dans la souffrance), comme l'avait bien vu le peintre Friedrich : « Toute œuvre d'art authentique est conçue dans une heure mystique et enfantée dans une heure joyeuse, souvent à l'insu de l'artiste, sous l'impulsion intime du cœur. »

Partir à la recherche du « moi des profondeurs » revient alors souvent à forcer les portes d'un autre soi-même, caché à la multitude et qui s'impose comme le miroir véritable de l'artiste. Ce Doppelgänger, Schumann l'a constamment auprès de lui, conscient de cette dualité en Florestan et Eusebius, et qu'il décrit ainsi dans son *Journal* « à la fois pauvre et riche, abattu et vigoureux, las de la vie et plein d'ardeur ». Cassure, dédoublement en deux entités faustiennes, dont la prise de conscience conduit à l'écartèlement et à l'exaspération de l'être et crée précisément le tragique de sa destinée. Dès lors, la sensibilité déjà aiguë du musicien se fait à la fois naturelle et morbide, et la désagrégation de son moi qui le conduira à la folie n'est peut-être, finalement et en dehors de toute hérédité possible, que la conséquence même de l'acuité d'un regard partant à la découverte des plus secrets replis de l'âme : ce n'est pas sans danger que l'homme s'embarque pour l'exploration de soi-même.

D'où le langage, la forme de la création schumannienne. L'écriture, d'une criante personnalité, se contente paradoxalement de la grammaire du temps. L'harmonie est héritée de Beethoven ; seuls la ligne de la mélodie et l'agrégat des accords expriment l'unicité de l'expression, la personnalité du musicien. La forme, en revanche, acquiert des caractères nouveaux. Secrètement hanté par le classicisme, Schumann a cherché à utiliser le cadre de la sonate (opus 11, 14, 22 notamment) et même dans les pages apparemment les plus libres (*Fantaisie* op. 17), l'on perçoit une volonté organisatrice, cette fameuse « règle qui corrige l'émotion ». Mais ce moule classique, recherché, utilisé et vécu comme un rempart salvateur face aux débordements de l'imagination, éclate, en fait, de toutes parts (à un moindre degré dans les *Symphonies*), sous la pression de la passion, de la vie et de la poésie intérieure. C'est pourquoi Schumann se meut le plus à l'aise dans la fantaisie, la variation, chacune révélant un visage nouveau, dans les pièces brèves surtout (« Stücke ») réunies ou non en recueils. C'est pourquoi, également, il aborde le lied avec tant de bonheur puisque là se fondent les harmonies des sons et du verbe, allant même jusqu'à leur donner les dimensions d'un cycle (*Dichterliebe*) et où, tout en restant lui-même, il sait conserver à chacun des poètes sa propre personnalité. Jamais strophiques, donc mouvantes comme la vie même, ses admirables compositions pour la voix, qui font de lui l'un des deux pôles du lied germanique, dénotent une compréhension poétique exceptionnelle, fruit de sa culture, certes, mais aussi de sa propre émotivité que vient sublimer une texture musicale devenue spontanément sous sa plume description pittoresque, état d'âme, kaléidoscope de sensations et d'émotions.

Ainsi se trouve expliquée chez Schumann la mouvance de la forme, de la facture même (œuvres pour piano ou musique de chambre), parcourue de frissons, soupirs, d'envolées lyriques ou d'abattements subits, prenant tour à tour le ton de l'épopée ou de la confidence, la musique restant toujours explication de l'indicible, révélatrice du caché, voire de l'inconscient. Toute l'œuvre de Schumann n'est en effet qu'une longue, troublante, dévorante confession : voilà bien ce qui le rend si humain et si proche de nous, merveilleux « poète-musicien » happé par les forces de la nuit, de la forêt, de l'enfance, du merveilleux. Épris de poésie, de littérature, de philosophie, Schumann a cherché à transmuer en sons les forces disparates de son siècle, poussant jusqu'à leur ultime limite, par soif d'authenticité, les contradictions de son époque et celles de sa propre nature. Il ne pouvait, ainsi, vivre autrement que dangereusement. Sa folie, dès lors — comme celle de nombreux artistes contemporains, Hölderlin, Hoffmann, Heine, Wackenroder, Novalis —, semble bien née de cette constante hypertension, de cette double aspiration à saisir le quotidien et l'inexprimable, autant que d'avoir voulu, jusqu'à en mourir, assumer son destin de pur musicien romantique. « Ma musique, avait-il écrit, n'est pas une besogne de manœuvre ; le métier n'y a point de part ; mais elle a coûté à mon cœur plus qu'on ne saurait imaginer. » Sa grandeur vient d'en avoir accepté le terrible enjeu.

Œuvres. — *Piano* (avec numéro d'opus). *Variations Abegg*, op. 1 (1830) ; *Papillons* op. 2 (1829-30) ; *Études d'après les caprices de Paganini* op. 3 (1832) ; *Intermezzi* op. 4 (1832) ; *Impromptus sur un thème de Clara Wieck* op. 5 (id.) ; *Davidsbündlertänze* op. 6 (1837) ; *Toccata* op. 7 (1830) ; *Allegro* op. 8 (1831) ; *Carnaval* op. 9 (1834-35) ; *2e Cahier d'études d'après Paganini* op. 10 (1833) ; *1re Sonate en fa dièse mineur*, op. 11 (1835) ; *Phantasiestücke* op. 12 (1837) ; *Études symphoniques* op. 13 (1834) ; *3e Sonate pour piano* (dite *Concerto sans orchestre*) op. 14 (1835-36) ; *Kinderszenen* op. 15 (1838) ; *Kreisleriana* op. 16 (1838) ; *Fantaisie* op. 17 (1836) ; *Arabesque* op. 18 (1838) ; *Blumenstücke* op. 19 (1839) ; *Humoresque* op. 20 (id.). *Noveletten* op. 21 (1838) ; *2e Sonate en sol mineur*, op. 22 (1835-1838) ; *Nachtstücke* op. 23 (1839) ; *Carnaval de Vienne* op. 26 (id.) ; *3 Romances* op. 28 (id.) ; *Scherzo, gigue, romance et fuguette* op. 32 (1838-39) ; *Album pour la jeunesse* op. 68 (1848) ; *4 Fugues* op. 72 (1845) ; *4 Marches* op. 76 (1849) ; *Waldszenen* op. 82 (1848-49) ; *Bunte Blätter* op. 99 (1849) ; *3 Phantasiestücke* op. 111 (1851) ; *3 Sonates pour la jeunesse* op. 118 (1853) ; *Feuilles d'album* op. 124 (1845) ; *7 Morceaux en forme de fuguette* op. 126 (1853) ; *Chants de l'aube* op. 133 (1853) ; (sans numéro d'opus) : *Canon à Alexis* (1852) ; *Scherzo, presto canon* (1835-36) ; *Cinq Études symphoniques* (posthumes, 1834-1836) ; *Accompagnements pour sonates* (violon et violoncelle) de Bach (1853).

PIANO 4 MAINS : *Images d'Orient* op. 66 (1848) ; *12 Morceaux pour petits et grands* op. 85 (1849) ; *Scènes de bal* op. 109 (1851) ; *Bal d'enfants* op. 130 (1853).

2 PIANOS : *Andante et variations* op. 46 (1843).

ORGUE OU PÉDALIER : *Six Études en canon pour le pédalier* op. 56 (1845) ; *Quatre Esquisses pour le pédalier* op. 58 (1845) ; *6 Fugues sur le nom de Bach* (orgue ou pédalier) op. 60 (1845).

Musique de chambre. SONATES POUR VIOLON n° 1 en *la* mineur, op. 105 (1851) et n° 2 en *ré* mineur (id.) ; *Sonate F. A. E.* (2e et 4e mouvements ; écrite en collaboration avec Brahms, le 3e ; et Albert Dietrich, le 1er) (1853). 3 QUATUORS À CORDES : n° 1 en *la* mineur, n° 2 en *fa* majeur ; n° 3 en *la* majeur, op. 41 (1842) ; *Quatuor avec piano* en *mi* bémol, op. 47 (1842). QUINTETTE PIANO ET CORDES en *mi* bémol op. 44 (1842). TRIOS : n° 1 en *ré* mineur op. 63 ; n° 2 en *fa* majeur op. 80 (1847) ; n° 3 en *sol* mineur op. 110 (1851) ; *Fantaisie pour piano, violon et violoncelle* op. 88 (1842). DIVERS : *Adagio et allegro pour cor* (ou violon ou violoncelle) *et piano*, op. 70 (1849) ; *Fantaisie pour clarinette* op. 73 (id.) ; *3 Romances pour hautbois* (ou clarinette ou violon) *et piano* op. 94 (1849) ; *5 Pièces dans le ton populaire*, pour violoncelle (ou violon) et piano (1849) ; *Märchenbilder*, pour piano et violon (ou alto) op. 113 (1851) ;

Märchenerzählungen, pour clarinette (ou violon) alto et piano, op. 132 (1853) ; *Andante et variations*, pour 2 pianos, 2 violoncelles et cor (en *si* bémol) version originale de l'opus 46 pour 2 pianos (1843).
Orchestre. SYMPHONIES (sans numéro d'opus) : *Symphonie en « sol » mineur* (inachevée, dite de *Zwickau*) [1829] ; (avec numéro d'opus) : n° 1 en *si* bémol (*Printemps*) op. 38 (1841) ; n° 2 en *ut* majeur op. 61 (1846) ; n° 3 en *mi* bémol (*Rhénane*) op. 97 (1850) ; n° 4 en *ré* mineur op. 120 (1841-1851) ; *Ouverture, scherzo et finale* op. 52 (1841) ; *Ouverture* pour : *la Fiancée de Messine* op. 100 (1851) ; *Jules César* op. 128 (1851) ; *Hermann und Dorothea* op. 136 (1851) ; PIANO ET ORCHESTRE : *Concerto en « la » mineur* op. 54 (1841-1845) ; *Introduction and allegro (Konzertstück)* op. 92 (1849) ; *Allegro de concert* op. 134 (1853) ; VIOLON ET ORCHESTRE : *Fantaisie*, op. 131 (1853) ; *Concerto* (1853) ; VIOLONCELLE ET ORCHESTRE : *Concerto* op. 129 (1850) ; COR ET ORCHESTRE : *Konzertstück*, pour 4 cors, op. 86 (1849).
Musique vocale. CHANT ET PIANO (cycles et recueils à titres) : *Liederkreis I* op. 24 (1840) [Heine] ; *Myrten* op. 25 (1840) [Rückert, Goethe, Mosen, Burns, Heine, Byron, Moore] ; *Liederkreis II* op. 39 (1840) [Eichendorff] ; *Frauenliebe und Leben* (l'Amour et la vie d'une femme), op. 42 (1840) [Chamisso] ; *Romanzen und Balladen I* op. 45 (1840) [Eichendorff, Heine] ; *Dichterliebe* (les Amours du poète) op. 48 (1840) [Heine] ; *Romanzen und Balladen II* op. 49 (1840) [Heine, Fröhlich] ; *Romanzen und Balladen III* op. 53 (1840) [Seidl, Lorenz, Heine] ; *Romanzen und Balladen IV* op. 64 (1841-1847) [Mörike, Heine] ; *Liederalbum für die Jugend* op. 79 (1849) [Fallersleben, Geibel, Uhland, Kletke, Hebbel, Andersen, Goethe, Schiller, Rückert + textes tirés du « Knaben Wunderhorn »] ; *Lieder und Gesänge aus « Wilhelm Meister »* op. 98aa (1849) [Goethe] ; *5 Gedichte der Königin Marie Stuart* op. 135 (1842) [Marie Stuart].
AUTRES RECUEILS : *Lieder und Gesänge I*, op. 27 (1840) [Hebbel, Burns, Chamisso, Rückert, Zimmermann] ; *3 Gedichte* op. 30 (1840) [Geibel] ; *3 Gedichte* op. 31 (1840) [Chamisso] ; *12 Gedichte* op. 35 (1840) [Kerner] ; *6 Gedichte* op. 36 (1840) [Rückert] ; *Liebesfrühling* op. 37 (1840) [en collaboration avec Clara] ; *5 Lieder* op. 40 (1840) [Andersen, Chamisso] ; *Lieder und Gesänge II* op. 51 (1842) [Geibel, Rückert, Christern, Immerman, Goethe] ; *Spanische Lieder spiele* op. 74 (1849) [textes espagnols] ; *Lieder und Gesänge III* op. 77 (1840-1850) [Eichendorff, Fallersleben, Helm, L'Egru] ; *3 Gesänge* op. 83 (1850) [?, Rückert, Eichendorff] ; *der Handschuh* op. 87 (1850) [Schiller] ; *6 Lieder* op. 89 (1850) [Schiller] ; *6 Gedichte* op. 90 (1850) [Lenau] ; *Aus hebräischen Gesänge* op. 95 (1849) [Byron] ; *Lieder und Gesänge IV* op. 96 (1850) [Goethe, Platen, von Neun] ; *Minnespiele* op. 101 (1849) [Rückert] ; *7 Lieder* op. 104 (1851) [Kulmann] ; *6 Gesänge* op. 107 (1851-52) [Ulrich, Mörike, Heyse, Müller, Kinkel] ; *Husarenlieder* op. 117 (1851) [Lenau] ; *Waldlieder* op. 119 (1851) [Pfarrius] ; *5 Heitere Gesänge* op. 125 (1851) [Buddeus, Candidus, Mörike, Braun] ; *5 Lieder und Gesänge* op. 127 (1850-51) [Kerner, Heine, Strachwitz, Shakespeare] ; *Spanische Liebeslieder* op. 138 (1849) [Geibel] ; *Des Sängers Fluch* op. 139 (1852) [Uhland] ; *4 Lieder* op. 142 (1852) [Kerner, Heine].
CHŒURS A CAPELLA : *6 Lieder à 4 voix d'hommes* op. 33 (1840) ; *5 Lieder pour chœur mixte* (Byron) op. 55 (1846) ; *4 Chants pour chœur mixte* op. 59 (1846) ; *3 Chants à 4 voix d'hommes* op. 62 (1847) ; *Ritournelle en canon*, pour 4 voix, op. 65va ; *3 Chœurs d'hommes* op. 65b (1847) ; *Romances et ballades pour chœur* op. 67 (1849) ; *Romances pour chœur de femmes* op. 69 (1849) ; *Romances et ballades* op. 75 (1849) ; *Romances pour 4 voix de femmes* op. 91 (id.) ; *Motet « Verzweifle nicht »* op. 83 (1843 ; orchestré 1852) ; *Jagdborvier*, à 4 voix d'hommes, op. 137 (1849) ; *4 doubles chœurs* op. 141 (id.) ; *Romances et ballades* op. 145 et 146 (1849) ; 3 chants pour chœur d'hommes (sans n° d'opus) [1845].
CHŒURS ET ORCHESTRE : *Chants de l'avent* op. 71

(1848) ; *Chant d'adieu* op. 84 (1847) ; *Requiem pour Mignon* op. 98b (1852) ; *Nachtlied* op. 108 (1849) ; *Ouverture de fête* op. 123 (1853) ; *Chant de Nouvel An* op. 144 (1849).
BALLADES POUR CHŒURS ET ORCHESTRE : *Le Fils du roi* (Uhland) op. 116 (1851) ; *la Malédiction du chanteur* op. 139a (1852) ; *le Page et la Fille du roi* op. 140 (1852) ; *le Bonheur d'Edenhall* op. 143 (1853).
Opéras, oratorios. Genoveva (opéra) op. 81 (1848) ; *le Paradis et la Péri* (oratorio) op. 50 (1843) ; *le Pèlerinage de la rose* (oratorio) op. 112 (1851) ; *Manfred* (scènes dramatiques, chœurs et orchestre) op. 115 (1847-1849) ; *Faust* (scènes dramatiques, chœurs et orchestre) sans n° d'opus (1844-1853).
Musique religieuse. Missa sacra (chœur et orchestre) op. 147 (1852) ; *Requiem* (chœur et orchestre) op. 148 (1852). J. G.

SCHUPPANZIGH (Ignaz), violoniste et chef d'orchestre autrichien (*Vienne 1776*- id. *1830*). Il apprit l'alto, puis le violon, vers 1793, et compta bientôt parmi les virtuoses les plus demandés à Vienne, dirigeant en 1798-99 les fameux concerts de l'Augarten. L'événement essentiel de son existence fut la formation d'un quatuor à cordes dont il fut premier violon, qui interpréta de façon mémorable Haydn, Mozart, puis Beethoven, et qui, à partir de 1808, passa sous le patronage du comte Razumovski*.
Après l'incendie du palais Razumovski en 1814, Schuppanzigh mena une vie de musicien itinérant et s'installa à Saint-Pétersbourg. De retour à Vienne fin 1823, il y renoua des relations d'amitié avec Beethoven, dont il créa les 5 derniers quatuors, près de vingt ans après avoir assuré celle de l'opus 59. C'est également lui qui mena l'orchestre lors de la création de la 9ᵉ *Symphonie*. Il joua aussi l'*Octuor* de Schubert, qui, en retour, lui dédia son *13ᵉ Quatuor*. De plus en plus handicapé par sa corpulence, il mourut en laissant quelques compositions, dont seuls avaient été édités un « solo de violon avec le quatuor » et 2 séries de variations. M. V.

SCHURICHT (Karl), chef d'orchestre allemand (*Dantzig 1880*- *Corseaux-sur-Vevey 1967*). Issu d'une lignée de facteurs d'orgues, il fait ses études à la Hochschule für Musik de Berlin (1901-1903) avec E. Rudorff et E. Humperdinck, puis à Leipzig auprès de Max Reger. Il complète sa formation comme chef assistant à Mayence, Kreuznach, Dortmund, Goslar et Zwickau. Il dirige, à partir de 1909, le chœur du Rühl'schen Oratorienverein à Francfort-sur-le-Main. C'est à Wiesbaden qu'il fait l'essentiel de sa carrière, de 1912 à 1944, comme directeur musical, y organisant notamment un festival de musique contemporaine consacré à Debussy, Ravel, Schönberg, Stravinski, Delius, etc., ainsi que des concerts d'été en Hollande, à Scheveningen.
Vivant en Suisse à partir de 1944, il est invité régulièrement par l'Orchestre symphonique de Londres et celui de la BBC, celui de Radio-Stuttgart et en France l'Orchestre de la Société des concerts du Conservatoire, avec lequel il enregistre une intégrale des symphonies de Beethoven d'une simplicité et d'une rigueur exemplaires. M. W.

SCHUSTER (Joseph), compositeur et chef d'orchestre allemand (*Dresde 1748*- id. *1812*). Fils d'un musicien de la cour de Dresde, il effectua trois voyages en Italie (1765-1768, 1774-1777 et 1778-1781), et termina sa carrière à Dresde, où il devint maître de chapelle en 1787. Il écrivit des opéras italiens et des singspiels allemands dont l'un, *Der Alchymist oder Der Liebesteufel* (1778), était encore joué au XIXᵉ siècle. Dans le domaine religieux, il écrivit aussi de la musique religieuse et des cantates. Sa musique instrumentale comprend des symphonies, des concertos et des pièces pour piano, de la musique de chambre. Ses *6 Divertimenti da camera*, pour clavecin et violon (v. 1777), firent à Munich, en 1777, une profonde impression sur Mozart et furent sans doute à l'origine des sonates K.296, 301-

303 et 305 de ce dernier. Un de ses quatuors à cordes, en *ut* majeur (1780), fut faussement attribué à Mozart (K. suppl. 211).
M. V.

SCHÜTZ *(Heinrich)*, compositeur allemand *(Köstritz 1585 - Dresde 1672)*. Fils de Christoph Schütz (qui tenait enseigne à *la Grue d'or*), le jeune Heinrich reçoit une éducation soignée dans laquelle la musique n'est pas oubliée. En 1591, toute la famille s'établit à Weissenfels (où les parents du musicien viennent d'acquérir une autre hôtellerie, à l'enseigne de *l'Archer*). Là, l'enfant a comme professeur le cantor Georg Weber et l'organiste Heinrich Collander, tous deux de bonne réputation. Sous leur autorité, il fait de rapides progrès, surtout comme chanteur, au point que le landgrave de Hesse, Maurice dit le Lettré, ayant passé une nuit dans l'auberge familiale, est tellement impressionné par le petit sopraniste qu'il propose immédiatement aux parents de parfaire l'éducation de l'enfant dans sa chapelle musicale, promettant de l'élever et de l'instruire « dans tous les arts et les plus nobles vertus chrétiennes ». Après quelques réticences, Christoph Schütz consent à la séparation, et Heinrich entre comme pensionnaire au Collegium Mauritianum de Cassel (1599).

Bien qu'ayant très vite perdu sa voix de « déchant », par suite de la mue, le jeune Schütz devient rapidement l'un des meilleurs éléments de l'établissement, tout en y recevant une excellente culture générale (outre la musique, les mathématiques, la théologie, le grec, le latin et le français). A vingt ans, à l'instigation de ses parents (qui ne pouvaient envisager l'état de musicien pour leur fils), Heinrich commence des études de droit à l'université de Marburg et y apporte beaucoup de zèle, au point de ne plus songer momentanément à son art. Pourtant, en 1609, il ne résiste pas à l'offre de Maurice de Hesse, lui proposant une bourse de 200 thalers par an « pour poursuivre des études musicales sérieuses » auprès du « célèbre Giovanni Gabriel *(sic)*, qui se trouve toujours en vie à Venise ».

Schütz arrive auprès d'un tel maître au printemps de la même année, et l'entente entre les deux hommes s'avère tellement positive pour le jeune Allemand que seule la mort de Gabrieli mettra fin au séjour de l'élève dans la République.

Un recueil paraît d'ailleurs en 1611, à Venise, un recueil qui, curieusement, n'est pas le fait du compositeur religieux, mais du polyphoniste profane : le *Premier Livre de madrigaux* à cinq voix, travail d'école où les promesses de l'élève sont tenues au-delà de toute espérance. Schütz assimile avec une réelle maîtrise et un ton superbement personnel le style virtuose des chefs de file du genre : Marenzio, mais aussi Monteverdi, sinon Gesualdo et ses *stravaganze*.

Gabrieli étant mort en août 1612, en laissant à son « disciple bien-aimé » un anneau « en gage de sa très vive affection », Schütz regagne l'Allemagne au début de l'année suivante. Après s'être remis sans grand enthousiasme aux études de droit à Leipzig (où il se lie, néanmoins, avec le cantor de Saint-Thomas, Sethus Calvisius), il entre comme second organiste dans la chapelle de Maurice de Hesse. Une carrière musicale commence qui, exemple presque unique de longévité, ne prendra fin que près de soixante ans plus tard !

Malheureusement pour le landgrave, dans le même temps où il cherche à s'attacher définitivement les services du jeune musicien, le hasard fait que celui-ci se produit à la cour du prince Électeur de Saxe Johann-Georg, pour un intérim, et qu'il y plaît à un tel point que, à quelques mois de là, Maurice le Lettré reçoit une nouvelle demande de service pour son protégé. Désormais, Schütz ne retournera pratiquement plus jamais à la cour de Cassel, malgré les lettres de protestations de son ancien maître, qui, dans ce différend, avait évidemment affaire à plus puissant que lui.

A Dresde, Schütz remplace, en fait, le grand Hans-Léo Hassler († 1612), et, dès 1617, il est nommé maître de la chapelle ducale (la première d'Allemagne après celle de Bavière). À ce titre, il occupe une situation « aussi prestigieuse que lourde de responsabilités », supervisant les répétitions, conduisant les concerts à la chambre comme à l'office, veillant au bon entretien et au remplacement des instruments, se tenant informé de la production des rivaux, auditionnant les futurs élèves, attentif aux desiderata de chacun, chantre ou instrumentiste. Et par-dessus tout, il y a les exigences de la composition et la commande d'œuvres nouvelles.

A toutes ces tâches, il apporte une conscience exemplaire, bénéficiant, en contrepartie, d'un réel bien-être au plan financier et matériel (du moins tant que la Saxe se tiendra à l'écart de la guerre de Trente Ans). A cet égard, cette première décennie d'activité à Dresde est certainement la période la plus heureuse de la vie du compositeur, et aussi la plus riche en succès. En 1617, à l'occasion de la venue de l'empereur Matthias, Schütz écrit un grand ballet mythologique, dans l'esprit du ballet de cour (malheureusement, cette partition a été détruite, comme beaucoup d'autres, par l'incendie qui ravagea la bibliothèque électorale en 1760). Puis, à l'automne de la même année, les fêtes commémoratives du centenaire de la Réforme sont célébrées avec éclat, avec, comme page maîtresse, le *Magnificat latin*, où le *Sagittarius* reconduit avec brio les techniques vénitiennes du concert polychoral avec instruments.

En 1619 paraît le très important recueil des *Psaumes de David*, qui, dans le même esprit que le *Magnificat latin*, magnifient la glorieuse leçon reçue de Giovanni Gabrieli (il se peut d'ailleurs que certains psaumes aient été composés dès le séjour vénitien de 1609-1613). Puis, à Bayreuth, Schütz rencontre un mécène averti, le prince Posthumus de Reuss, qui deviendra, pour lui, un ami fidèle et lui commandera le *Requiem* de 1636. Et parallèlement à de nombreux déplacements où le musicien accompagne le prince Électeur, d'autres ouvrages capitaux du musicien voient le jour : *l'Histoire de la Résurrection* (1623), premier type d'oratorio connu en Allemagne, à l'imitation du genre né en Italie, puis les *Cantiones sacrae* (1625), où Schütz revient, malgré le recours *ad libitum* à la basse continue, à la manière du grand motet renaissant hérité de Lassus, mais en la transposant complètement au plan expressif et en insistant sur l'interprétation subjective des textes et l'élan individualiste de la prière, dans la perspective du madrigal spirituel défendu par Schein dans sa *Fontaine d'Israël*.

Dans le même temps, Schütz s'est marié à Magdalena Wiedeck (1619), et de leur union sont nées deux filles, Anna Justina et Euphrosyne. Malheureusement ce bonheur conjugal est de courte durée, car sa femme meurt en septembre 1625. Schütz cherche une consolation à ce deuil dans la composition du *Psautier de Becker*, destiné au culte (1628). Mais, auparavant, le musicien profane avait écrit le premier opéra allemand, la tragi-comédie pastorale *Daphné*, représentée en 1627 au château de Hartenfels, à l'occasion du mariage de la fille du prince Électeur avec le landgrave de Hesse-Darmstadt. L'œuvre, également perdue, réussissait sans doute la synthèse du drame lyrique et du récitatif à l'italienne avec le *Liedstil* allemand.

La guerre de Trente Ans, cependant, va atteindre la Saxe, et les premiers touchés par les impératifs de l'économie de guerre sont, bien entendu, les musiciens de la chapelle. Schütz se résout à adresser, le jour des Rameaux 1628, une émouvante supplique au duc pour défendre la cause de ses administrés, dont la plupart n'ont pas perçu de salaire depuis de longs mois. Mais la démarche reste sans effet, et le *Sagittarius*, prenant prétexte d'une promesse faite par Johann-Georg au lendemain de la création de *Daphné*, demande et obtient l'autorisation de retourner à Venise parfaire en toute tranquillité « le petit talent qu'il a reçu de Dieu », auprès du « subtil » Monteverdi, et, le 1er novembre 1628, il retrouve avec émotion les canaux, palais et *campi* de la République.

Lors de son premier séjour auprès de Gabrieli, Schütz avait surtout étudié la polyphonie religieuse et son correspondant profane, le madrigal. Auprès du maître de l'*Orfeo*, c'est au *stile nuovo* qu'il s'attaque, travaillant le récitatif, l'arioso et tous les modes de chant concertant. Paru à Venise, en 1629, le *Premier Livre de symphonies sacrées* consigne, en quelque sorte, les acquisitions de ce second séjour. Jamais, sans doute, Heinrich ne sera aussi « italien » que dans ce recueil éclatant de modernité et de jeunesse.

Revenu à Dresde à la fin de 1629, le compositeur retrouve une charge réduite au minimum, avec des crédits de plus en plus rognés par la guerre. Faire subsister sa chapelle, et pour tout dire, survivre, devient son unique souci. Alors que meurt, à Leipzig, l'ami affectionné Schein, cantor à Saint-Thomas (1630), la vie musicale se fige à la cour électorale, la Saxe devenant le champ de bataille privilégié où s'affrontent impériaux, Suédois et protestants.

Dans ces conditions, il n'est pas étonnant que le *Sagittarius*, découragé par une situation aussi hostile, ait sollicité et obtenu, courant 1633, un nouveau congé pour se rendre au Danemark et y préparer, entre autres, le mariage du prince héritier local avec Magdalena Sybilla, fille du prince Électeur. Grand amateur de musique, le roi Christian réussit à garder auprès de lui le compositeur jusqu'en mai 1635, et le comble de cadeaux à son départ, lui arrachant la promesse d'un prompt retour. Revenu en Saxe, Schütz retrouve sa chapelle dans une inactivité quasi totale. Il parvient pourtant à publier quelques œuvres en 1636 : d'abord les *Musikalische Exequiem* (autrement dit le *Requiem*), composés à la demande de Posthumus de Reuss ; ensuite, la première partie des *Petits Concerts spirituels*. Ces dernières pages, Heinrich les a écrites poussé par une espèce de nécessité intérieure et en y mettant toute sa ferveur, mais la ferveur d'un croyant bouleversé par les violences et les misères de la guerre. Aussi bien, constatant, quelques mois plus tard, qu'il n'est plus d'aucune utilité à personne en tant que *Cappellmeister*, il se décide à demander un nouveau congé pour regagner la cour de Copenhague, où il est impatiemment attendu pour réorganiser la musique royale. Les documents manquent sur ce deuxième séjour, mais l'on sait que, parti en août 1637, Schütz était de retour à Dresde à l'automne 1638, après un détour par Wolfenbüttel, pour saluer la duchesse amie, Sophie-Élisabeth.

En 1639, paraît le *Deuxième Recueil de petits concerts spirituels*, où, sous l'angoisse de l'expression, brûle toujours la petite flamme de l'espérance et où l'art du musicien reste nourri de la leçon de la monodie monteverdienne. Conscient cependant des rigueurs et des privations engendrées par l'époque, Schütz promet, dans sa préface, des œuvres plus importantes pour des jours meilleurs. Immobilisé par une grave maladie, pendant l'hiver 1640-41, le compositeur, sitôt rétabli, attire une nouvelle fois l'attention de Johann-Georg sur la situation désespérée du Corpus musicum, qui, selon lui, se trouve « à l'article de la mort », et réclame de toute urgence le recrutement de jeunes chanteurs et instrumentistes. Mais le souverain reste indifférent à cet appel, et le compositeur n'a d'autre solution que de reprendre — avec moins d'empressement qu'auparavant, car il eût sans doute préféré œuvrer sur place à la restauration de la chapelle ducale — le chemin du Danemark. Il y restera deux ans (1642-1644), mis à part un bref intermède en Saxe, y sera nommé maître de chapelle, et, au terme de ce troisième et dernier séjour, remettra en guise d'adieu au prince héritier un exemplaire manuscrit de ses *Symphonies sacrées n° 2*. Dans ce livre, imprimé à Dresde en 1647, les techniques modernes héritées toujours de Monteverdi (déclamation monodique, chant soliste virtuose, traitement émancipé des voix) se fondent sans heurt à la tradition allemande en une synthèse hautement personnelle.

À son retour définitif en Saxe, le *Sagittarius* ne trouve pas une situation améliorée, bien au contraire. La guerre se prolongeant, l'argent fait toujours défaut et le compositeur, à présent sexagénaire, doit batailler quotidiennement pour obtenir quelques subsides pour ses malheureux administrés.

Dès ce moment, l'aspiration du musicien à une retraite paisible va devenir le leitmotiv de ses doléances. Pourtant, il continue, malgré sa lassitude, à assumer les responsabilités de sa charge avec le même sérieux que naguère et trouve le moyen de faire éditer quelques nouvelles œuvres essentielles. Vers 1645, il revient à l'oratorio avec *les Sept Paroles du Christ en croix*, où il transpose génialement le nouveau style religieux et dramatique de l'école romaine (Luigi Rossi et Carissimi). Et, en 1648, c'est la publication de la *Geistliche Chormusik*, « somme » monumentale du savoir du *Sagittarius* qui marque, dans une certaine mesure, le retour à la grande tradition communautaire et objective du motet luthérien.

Cette même année 1648 voit la fin d'un cauchemar : la signature des traités de Westphalie apporte la paix tant désirée à l'Allemagne. Cette paix ne ramène pas pour autant de l'argent dans les caisses du prince Électeur et Schütz doit toujours batailler pour trouver quelque crédit pour sa chapelle. Bien plus — et malgré le succès rencontré par l'édition de la troisième partie des *Symphonies sacrées* en 1650 —, le prince héritier, cédant aux modes du jour, suscite un rival au vieux maître en la personne de l'Italien Bontempi. Schütz se fâche alors tout net et déclare qu'il n'acceptera jamais d'être commandé, devant ses musiciens, par un homme trois fois plus jeune que lui et de surcroît un castrat ! Devant cette explosion, le prince Électeur n'insiste pas, et l'affaire en reste là. De toute façon, la seule chose qu'espère à présent le *Sagittarius*, c'est de voir ses droits à la retraite enfin reconnus. Mais il lui faudra attendre encore deux ans pour obtenir satisfaction, à la mort du vieux prince en octobre 1655.

Début 1656 donc, le compositeur vend sa maison de Dresde sans abandonner tout à fait ses fonctions officielles à la cour ; il conserve son titre de premier maître de chapelle à titre honoraire (avec appointements à l'appui) et il est entendu que, deux ou trois fois l'an, il reste à la disposition du duc de Saxe pour des cérémonies exceptionnelles.

Désormais, le *Sagittarius* va consacrer les quinze dernières années de son existence à la composition, car il craint que la mort ne le surprenne « avant qu'il ne se soit mis en paix avec lui-même comme créateur ». Ainsi est écrite, de 1657 à 1671, une dernière moisson de partitions capitales : les *12 Chants spirituels* (1657), l'*Histoire de la Nativité* (1664) qui renouvelle complètement le genre de l'oratorio par le biais du style *parlando*, les 3 passions, dont la *Passion selon saint Luc* (peut-être composée dès 1653), la *Passion selon saint Jean* et la *Passion selon saint Matthieu* (1666), fruits d'une réflexion sans précédent et d'un archaïsme volontaire dans la narration de l'évangéliste (sorte de grégorien réinventé d'une rare sobriété expressive).

Puis, ayant donné son chant du cygne avec le *Magnificat allemand* de 1671, le vieux maître s'éteint à Dresde le 6 novembre 1672, unanimement reconnu comme la première autorité musicale de son pays, le pédagogue qui aura formé dans les rangs de la chapelle électorale — véritable pépinière de talents — les chefs de file de la nouvelle génération : Christoph Bernhard, C. C. Dedekind, Adam Krieger, les deux Kittel, Hofkonz, Gaspar Ziegler, etc. Et c'est sous le porche de l'ancienne Frauenkirche qu'il fut inhumé, treize ans avant que ne naisse Jean-Sébastien Bach, dont on peut dire sans risque d'erreur que le *Sagittarius* est le véritable père spirituel.

L'évolution du style chez Schütz est étroitement liée aux influences qu'il a reçues (et qu'il a toujours transposées, en fait, à des fins très personnelles) et aux choix auxquels il s'est trouvé confronté durant sa très longue carrière. Au départ, le disciple de Giovanni Gabrieli, ébloui par le séjour vénitien, cède aux tentations individualistes du *stile nuovo*. Ainsi, les *Psaumes de David* oublient-ils dans une large mesure l'héritage polyphonique traditionnel pour la puissance et la gloire de l'école de Saint-Marc et les jeux de timbre du langage concertant.

Les *Cantiones sacrae* de 1625, malgré leurs références à l'art a cappella, poursuivent dans le même sens en privilégiant une ferveur subjective, et pour tout dire piétiste, caractéristique de la foi de leur auteur. Avec les *Symphonies sacrées* de 1629, nouveau tournant esthétique et expressif dans la production du musicien, qui met en évidence l'influence déterminante jouée par Monteverdi, lors du second séjour à Venise en 1628-29. Si, auparavant, Schütz avait pu donner l'illusion de rechercher la splendeur des sonorités comme un but en soi *(Psaumes de David)*, il était toujours resté fidèle aux racines collectives de sa foi luthérienne. A présent, le climat qui domine est celui d'une « confession éminemment individuelle » (A. A. Abert). La monodie triomphe, avec la déclamation lyrique à l'italienne, tant dans le *Premier Livre de symphonies sacrées* que dans les *Petits Concerts spirituels* de 1636-1639, à cette différence près, comme le fait toujours remarquer A. A. Abert, que Schütz tend à intérioriser le discours monodique, là ou Monteverdi et ses continuateurs privilégient tout naturellement le trait dramatique. Et, malgré un indiscutable retour de l'élément germanique et luthérien dans ce recueil, les *Symphonies sacrées nº 2* de 1647 appartiennent encore à cette période postmontéverdienne du compositeur, sans doute celle où le *Sagittarius* est le plus proche de la spiritualité transalpine, voire « catholique » de son illustre modèle.

Puis, passé 1648 (et déjà les *Sept Paroles du Christ en croix*, refusant la « théâtralité sacrée » des oratorios de Carissimi, s'engageaient plus avant dans la méditation des textes que l'*Histoire de la Résurrection* de 1623), commence le grand retour du compositeur ayant dépassé la soixantaine à ses origines religieuses, voire culturelles. Le novateur opère alors comme un repli sur lui-même et redécouvre la valeur d'un art objectif et communautaire, en conformité de pensée avec l'assemblée luthérienne. Ce revirement qui s'accompagne d'un retour à la grande tradition polyphonique du XVIᵉ siècle (dont le meilleur exemple nous est fourni par la *Geistliche Chormusik* de 1648) ne signifie pas, bien sûr, que Schütz renonce soudain aux acquisitions et trouvailles du langage moderne, au style monodique comme à l'interprétation personnelle des Ecritures, lui qui avait montré la voie à suivre à tous ses contemporains dans ce domaine. Seulement, cette modernité, l'auteur la confronte désormais aux nécessités du sentiment et de la prière collectifs, le musicien individualiste s'effaçant de plus en plus devant le porte-parole de la communauté des croyants, pour des actes de foi d'une portée universelle. Et rien n'est plus émouvant, tant dans l'*Oratorio de Noël* de 1664 que dans les *Passions a cappella* et le *Magnificat allemand* de 1671, que cette modestie du vieux maître (l'« archicantor » comme l'appelaient ses contemporains), qui vient mettre la liberté formelle et expressive si brillamment conquise autrefois, au service de l'immense foule des hommes de bonne volonté. Par là, cette œuvre exceptionnelle rend aujourd'hui de singuliers accents œcuméniques et invite même les confessions et les races à communier dans une compréhension mutuelle. A ce titre, l'humaniste Schütz, de la quête subjective des débuts « aux aspirations individualistes décantées de la vieillesse », a bien mérité notre admiration et notre reconnaissance.

Œuvres, *selon la numérotation du Schütz Werke Verzeichnis* I. PARTITIONS AYANT FAIT L'OBJET D'UNE ÉDITION DU VIVANT DU MUSICIEN. 1611 : *Il Primo libro de madrigali*, opus primum, SWV 1-19 ; 1618 : *Die Worte Jesu Syrach*, concert pour 2 chœurs, 3 instruments, basse continue, SWV 20 ; 1619 : *Haus und Güter erbet man von Eltern*, concert pour 3 chœurs, 6 instruments et basse continue, SWV 21 ; 1619 : *Psaumes de David à huit parties et plus*, pour voix et instruments, opus secundum, SWV 22-47 ; 1621 : Psaume 133 *Siehe wie fein und lieblich*, concert pour 5 voix, 3 instruments et basse continue, SWV 48 (première version du SWV 412 de la troisième partie des *Symphonies sacrées)* ; 1621 ; *Syncharma musicum*, concert, SWV 49 ; 1623 : *Histoire de la joyeuse et victorieuse Résurrection de Notre-Seigneur Jésus-Christ,* pour voix de solistes, chœurs, instruments et basse continue, opus tertium, SWV 50 ; 1623 : Psaume 116, motet à 5 voix, SWV 51 ; 1623 : *Klägicher Abschied von der Churfürstlichen Gruft zu Freiberg*, lied à 1 voix avec basse continue, SWV 52 ; 1625 : *Cantiones sacrae*, motets latins à 4 voix et basse continue, opus quartum, SWV 53-93 ; 1625 : *De Vitae fugacitate,* aria à 5 voix et basse continue, SWV 94 ; 1625 : *Ultima verba psalmi* 23, motet à 6 voix et basse continue, SWV 95 ; 1627 : *Glück zu dem Helikon*, aria pour 2 voix et basse continue, SWV 96 ; 1628 : *Psautier de Becker,* à 4 voix, opus quintum, SWV 97-256 ; 1629 : *Symphonies sacrées nº 1*, concerts spirituels latins à 3, 4, 5 et 6 parties et basse continue, opus sextum, SWV 257-276 ; 1631 : *Da ist je gewisslich wahr*, motet à 6 voix et basse continue, SWV 277 ; 1634 : *Canzonetta a 4 soprani con sinfonie di duoi Strumenti e basso continuo*, SWV 278 ; 1636 : *Musikalische Exequiem*, opus septimum, SWV 279-281 ; 1636 : *Kleine Geistliche Konzerte*, 1ʳᵉ partie, à 1, 2, 3, 4 et 5 voix et basse continue, opus octavum, SWV ; 1639 : *Kleine Geistliche Konzerte*, 2ᵉ partie, à 1, 2, 3, 4 et 5 voix et basse continue, opus nonum, SWV 282-337 ; 1639 : *Teutoniam dudum Belli*, concert à 5 voix, 2 instruments et basse continue, SWV 338 ; 1641 : *Ich Beschwöre euch, ihr Tochter zu Jerusalem*, dialogue à 7 voix et basse continue, SWV 339 ; 1646 : *O du allersüssester und liebster Herr Jesu,* concert à 5 voix, 2 instruments et basse continue, SWV 340 ; 1647 : *Symphoniarum sacrarum,* secunda pars *(Symphonies sacrées nº 2),* concerts spirituels à 3, 4 et 5 parties (voix et instruments « obligés »), opus decimum, SWV 341-367 ; 1647 : *Dank-lied*, aria à 1 voix, 2 instruments et basse continue, SWV 368 ; 1648 : *Musicalia ad chorum sacrum,* c'est-à-dire, *Geistliche Chormusik,* motets à 5, 6 et 7 parties (voix et instruments) et basse continue, ad libitum, opus undecimum, SWV 369-397 ; 1650 : *Symphoniarum sacrarum,* tertia pars *(Symphonies sacrées nº 3),* concerts spirituels à 5, 6, 7, 8 parties « obligées » (voix et instruments), complementum *ad libitum* (voix et instruments) et basse continue, opus duodecimum, SWV 398-418 ; 1652 : *Ein Trauer-lied* à 4 voix, SWV 419 ; 1657 : *Douze Chants spirituels* à 4 voix et basse continue opus decimum tertium, SWV 420-431 ; 1657 : *Canticum B. Simeonis*, 2 motets à 6 voix et basse continue, SWV 432-433 ; 1663 : *Wie wenn der Adler,* aria pour voix solo et continuo SWV 434 ; 1664 : *Histoire de la joyeuse et glorieuse naissance du Fils de Dieu et de Marie, Jésus-Christ (Histoire de la Nativité)*, pour voix, instruments et basse continue, SWV 435 ; 1671 : Psaumes 119 et 100 et un *Magnificat allemand* à double chœur (seule la page de titre a été imprimée), SWV 482-494. II. PARTITIONS CONSERVÉES À L'ÉTAT DE MANUSCRITS. 1624 : *Dialogo per la Pascua*, pour 4 voix et basse continue, SWV 443 ; 1630 : *Es ging zweene Menschen hinauf,* dialogue pour 4 voix et basse continue, SWV 444 ; 1625 (avant ?) : *Cantique des trois enfants dans la fournaise*, concert pour voix, instruments et basse continue, SWV 448 (avant) ; 1625 (avant) : à 5 voix, 6 instruments *ad libitum*, chapelle à 5 voix *ad libitum* et basse continue, SWV 449 ; 1627 : *Da Pacem Domine,* in *diebus nostris*, concert pour 2 chœurs, voix et instruments et basse continue, SWV 465 ; 1617 (vers) : magnificat latin pour 3 chœurs, 2 concerts instrumentaux, 2 chœurs de chapelle *ad libitum* et basse continue, SWV 469 ; 1620 (vers) : *Surrexit Pastor bonus*, concert, SWV 469 ; 1668 (avant) : Te Deum allemand, dit *de Erfurt*, SWV 472 ; 1638 : Psaume 127, pour 2 chœurs, voix et instruments et basse continue, SWV 473 ; 1614 (vers) : *Veni Sancte Spiritus*, concert, SWV 475 ; 1643 : Psaume 24, pour chœurs, concerts instrumentaux et basse continue, SWV 474 ; 1620-1630 (vers) : *Vater Abraham*, dialogue à 5 voix, instruments et basse continue, SWV 477 ; 1645 (vers) : *les Sept Paroles du Christ en croix,* pour voix, instruments et basse continue, SWV 478 ; 1666 : *Passion selon saint Matthieu,* SWV 479 ; 1653 (vers ?) : *Passion selon saint Luc* à 4 voix, SWV 480 ; 1666 : *Passion selon saint Jean*, pour 4 voix, SWV 481 ;

1671 : Psaumes 119 et 100 et un *Magnificat allemand* pour 2 chœurs à 4 voix et basse continue, SWV 482-494.
R. T.

SCHWARZ (Jean), compositeur français *(Lille 1939)*. Après des études musicales à Paris et à Versailles, il partage son activité entre la pratique du jazz (comme batteur) et l'étude de la musique non-européenne, comme chargé de recherches du C. N. R. S., attaché au département d'ethnologie du musée de l'Homme, à Paris. Il rejoint plus tard le Groupe de recherches musicales, dont il reste jusqu'en 1981 membre permanent. Dans le domaine électroacoustique, il a composé, au G. R. M. ou avec ses moyens privés, un certain nombre de pièces pour bande magnétique seule : *Erda* (1972), la suite *Il était une fois* (1973), *Symphonie* (1974), *Don Quichotte* (1975-76), *Gamma* (1978), etc., et des œuvres « mixtes » comme *Anticycle* (1972), pour bande et percussionniste (œuvre utilisant des enregistrements d'instruments à percussion non-européens), *Klavierband* (1978), pour piano et bande, *Gamma Plus* (1979), pour synthétiseurs joués en direct et bande, ainsi que des musiques pour la scène et le ballet, notamment pour la danseuse-chorégraphe Carolyn Carlson (*Year of the Horse*, 1978).

On lui doit aussi des séquences musicales électroacoustiques et des effets spéciaux sonores pour des films de long métrage : *Comment ça va*, de Jean-Luc Godard, *Histoire d'A*, de Charles Belmont, *Providence*, d'Alain Resnais, etc. Il a tenté des expériences de confrontation de musiciens improvisateurs de jazz avec des éléments musicaux préenregistrés sur bande : *Surroundings* (1978-79) et *And Around* (1981). Il aime le son électronique carré et rythmique, un peu dur, et ses œuvres font souvent référence à la musique extra-européenne et au jazz.
M. C.

SCHWARZKOPF (Elisabeth), soprano allemande *(Jarotschin 1915)*. Élève de Lula Mysz-Gmeiner au conservatoire de Berlin (1934), elle fait ses débuts en 1938 à l'Opéra municipal de cette ville, en fille-fleur de *Parsifal*, puis en Musette de *la Bohème* et en Zerbinette de *Ariane à Naxos*, son premier grand rôle straussien. Maria Ivogün, qui devient son professeur, l'aide à trouver sa véritable voix et l'initie, avec son mari, l'accompagnateur Michael Raucheisen, aux trésors du lied, dont elle va devenir la plus illustre interprète de l'après-guerre. Elle débute dans le répertoire à Berlin en 1942. Elle entre en 1943, à l'invite de Karl Böhm, dans la troupe de l'Opéra de Vienne, avec laquelle elle fait ses débuts à Covent Garden en 1947, avant de faire partie de la troupe londonienne pendant cinq ans. Elle y chante aussi bien le répertoire italien (Violetta, Gilda, Mimi, Madame Butterfly) que les rôles mozartiens qu'elle approfondit, notamment, au fil de ses apparitions au Festival de Salzbourg (de 1949 à 1964), après y avoir débuté dans le rôle de la Comtesse des *Noces de Figaro*. C'est également le premier personnage qu'elle incarne à la Scala de Milan (1949) où elle est régulièrement invitée jusqu'en 1963 (parmi ses autres rôles, Mélisande, Marguerite et Iole du *Hercule* de Haendel), tandis que son second rôle fétiche, la Maréchale du *Chevalier à la rose*, est celui de ses débuts à l'Opéra de San Francisco (1955) et au Metropolitan de New York (1963), ainsi que de ses adieux à la scène, en 1971, au théâtre de la Monnaie de Bruxelles.

Son répertoire, d'un grand éclectisme, comprend encore *Manon* de Massenet, Marcelline et Leonore de *Fidelio*, Marenka de *la Fiancée vendue*, Alice Ford de *Falstaff*, Éva des *Maîtres chanteurs* (pour son unique apparition à Bayreuth en 1951) et la création du rôle d'Anne Trulove dans *The Rake's Progress* de Stravinski (Venise, 1951). En concert, elle interprète les grands oratorios de Bach, Haendel, Haydn, le requiem de Brahms (sous la direction de Karajan, avec qui elle aime à travailler) et de Verdi (qu'elle chante à Venise en 1951, sous la direction de Sabata, pour la commémoration du cinquantième anniversaire de la mort de Verdi), ainsi que de Tippett *A Child of our Time*. Pour son premier récital à Salzbourg en 1953, elle interprète, accompagnée par Furtwängler, des lieder de Wolf, qu'elle contribue à faire redécouvrir.

La gloire de Schwarzkopf reste liée aux innombrables enregistrements que son mari Walter Legge, directeur artistique, réalise, immortalisant ses meilleures interprétations (entre autres, les quatre derniers lieder de Richard Strauss, qu'elle est la première à enregistrer en 1953). Quand Walter Legge meurt en 1979, elle se retire définitivement, n'accordant plus que quelques cours d'interprétation, en 1981, dans le cadre des Fêtes musicales de Touraine (après ceux donnés à la Juilliard School de New York en 1976). La même année, elle fait, à Bruxelles, des débuts remarqués de metteur en scène dans *le Chevalier à la rose*. Partie des rôles de coloratur, elle s'est transformée, grâce aux leçons de Maria Ivogün, en une soprano lyrique accomplie, à la voix éclatante et chaude, qu'elle a modelée et disciplinée dans le sens d'une plénitude artistique sans failles.
M. W.

SCHWEITZER (Albert), organiste et musicologue français *(Kaysersberg, Alsace alors allemande, 1875 - Lambaréné, Gabon, 1965)*. Il fut aussi pasteur, philosophe, théologien et médecin ; son œuvre humanitaire lui valut en 1952 le prix Nobel de la paix. En tant qu'organiste, on le connaît par de médiocres enregistrements réalisés dans sa vieillesse, alors qu'il avait abandonné tout professionnalisme pour se consacrer à son hôpital de Lambaréné ; mais, élève de Widor, il eut son heure de célébrité dans les premières années du siècle, mettant tout son talent à défendre ses idées musicologiques. Celles-ci s'expriment en deux domaines : la connaissance de J.-S. Bach et le renouveau de l'orgue baroque.

S'ils ont pu être controversés, et surtout si les données de la musicologie ont progressé depuis, il n'en demeure pas moins que les travaux de Schweitzer ont grandement contribué à l'essor des domaines auxquels il s'est attaqué. Pour ce qui est de Bach, son apport réside en deux ouvrages : *J.-S. Bach, le musicien poète* (en français, Leipzig, 1905), et la version allemande qu'il donna lui-même de ce livre, considérablement augmentée (*J. S. Bach*, Leipzig, 1908). Schweitzer y envisage l'œuvre de Bach sous l'angle de la symbolique musicale, si importante chez les musiciens de l'âge baroque. Une grande partie de l'œuvre de Bach se référant à des textes sacrés, Schweitzer souligne leur caractère descriptif dans le langage musical du compositeur ; cela vaut notamment pour les chorals pour orgue, dont, en France tout du moins, on ignorait totalement qu'ils fussent des commentaires sur des textes de cantiques chantés dont la signification était primordiale. Cet aspect poétique, symbolique et baroque de la musique de Bach, par opposition au maître d'une architecture abstraite et d'une perfection formelle que l'on se figurait jusqu'alors, fit progresser considérablement la perception de l'esthétique de Bach et ouvrit la voie à bien des recherches.

Les progrès de la musicologie ont amené à revoir certaines des conceptions de Schweitzer, mais son ouvrage reste fondamental et n'a guère été critiqué en France que par des ignorants. Dans le domaine de la facture d'orgues, Schweitzer a prôné un retour à l'orgue polyphonique baroque, avec des jeux de détail et des mixtures, contre l'engouement excessif pour l'orgue symphonique. De même, il recommandait la traction mécanique à l'ancienne. Certaines de ses idées n'ont heureusement pas été suivies, comme celle d'une console normalisée, ni ses compositions de jeux qui demandaient à être revues à la lumière de recherches plus poussées sur l'orgue baroque. Mais l'influence de Schweitzer a aussi été décisive sur l'évolution des travaux ultérieurs.
G. C.

SCIARRINO (Salvatore), compositeur italien *(Palerme 1947)*. Il compte parmi les plus importants et les plus productifs de sa génération. Musicien autodidacte, il compose dès l'âge de douze ans, mais c'est avec la *Sonate* pour 2 pianos de 1966 que s'ouvre son catalogue officiel. Sa méthode de travail, élaborée à partir de *Streichquartett II* (1967), met l'accent sur le principe de microvariation des structures sonores et sur l'exploration du son en tant que phénomène timbral.

De son admiration pour la musique classique (Haydn, Mozart, Schubert) découle une écriture essentiellement « de chambre », même quand il utilise de grandes formations instrumentales. On le reconnaît à ses trames détaillées, très raffinées et presque à la limite de l'audible. Dans ses œuvres récentes, le discours sonore se fait plus raréfié, plus aéré et mélodieux.

Œuvres principales. — *Œuvres théâtrales*. *Amore e Psiche*, opéra en un acte (A. Pes) [1973]; *Aspern*, singspiel en 2 actes (G. Marini, S. Sciarrino/H. James) [1978]; *Cailles en sarcophage*, actes pour un musée des obsessions en 2 parties (G. Marini) [1979]. *Musique scénique*. Pour *Orlando furioso* (1969); *I bei colloqui* (A. Pes) [1971]; *All'uscita* (L. Pirandello) [1978]; *Le Trachinie* (Sophocle) [1980]. *Œuvres pour orchestre* (et solistes/chœur/avec bande). *Berceuse*, pour orchestre (1967); *Da a da da*, pour orchestre (1970); *...da un divertimento*, pour 10 instruments (1968); *Grande sonata da camera*, pour orchestre (1971); *Rondo*, pour flûte concertante, cordes, 2 hautbois et 2 cors (1972); *Variazioni*, pour violoncelle et orchestre (1974); *Il paese senz'alba*, pour orchestre (1977); *Il paese senza tramonto*, pour orchestre (1977); *Un' immagine di Arpocrate*, pour piano et orchestre avec chœur (1979); *Che sai guardiano, della notte?*, pour clarinette et orchestre (1979); *Musiche per le Trachinie di Sofocle*, pour chœur et bande électronique (1980); *Flos florum*, pour chœur et orchestre (1980); *La voce dell'inferno*, pour bande (1981); *Efebo con radio*, pour voix et orchestre (1981). MUSIQUE DE CHAMBRE : *Aka Aka To I, II, III*, pour voix de femme et 12 exécutants (1968); *Arabesque*, pour 2 orgues (1971); *Trio*, pour piano, violon et violoncelle (1975); *Tre notturni brillanti*, pour alto solo (1975); *6 Capricci*, pour violon solo (1976); *Clair de lune* op. 25, pour piano et instruments (1976); *Di Zefiro e Pan*, petit poème pour 10 instruments à vent (1976); *Quintettino*, pour clarinette et quatuor à cordes (1976); *D'un faune*, pour flûte en *sol* et piano (1980); *Fauno che fischia a un merlo*, pour flûte et harpe (1980); *Introduzione all'oscuro*, pour 12 instruments (1981); *Canto degli specchi*, pour chant et piano (L. Aragon) [1981]. I. S.

SCORDATURA (en all. *Verstimmung*). Modification apportée à l'accord habituel d'un instrument à cordes et permettant d'étendre la tessiture, de faciliter certains problèmes techniques ou de varier la couleur de l'instrument. M. P.

SCOTT (Cyril), compositeur, poète et musicographe britannique *(Oxton 1879 - Eastbourne 1970)*. Ses premières tentatives de composition datent de l'âge de sept ans. À douze ans, il partit pour Francfort, où il travailla au conservatoire avec Uzielli (piano) et Humperdinck (composition). Revenu à Liverpool, où il fut élève pour le piano de Steudner-Welsing, il repartit à Francfort pour travailler la composition avec Ivan Knorr, avec plusieurs camarades, dont Percy Grainger, il constitua le groupe de Francfort.

L'influence du poète Stefan George élargit son horizon. En 1898, il se fixa à Liverpool. En 1900, sa Première Symphonie était jouée à Darmstadt. De la même période datent ses premiers poèmes. Entre 1901 et 1909, il écrivit des œuvres pour piano, des mélodies, un Quatuor avec piano, sa 2ᵉ Symphonie (1903). Passionné de religions orientales et de théosophie, il chercha à en donner une application musicale en écrivant une Sonate pour piano et violon, et une Sonate pour piano sans armature de clef ni mesure (1910).

Parmi ses œuvres passées à la postérité, il faut retenir ses pièces pour piano et ses mélodies, écrites dans un style se rattachant à l'impressionnisme, qui l'a fait surnommer le « Debussy anglais ». Scott a également composé deux opéras, *The Alchimist* (1925) et *Maureen O'Hara* (inachevé). On lui doit aussi un livre intitulé *Music, its secret influence through the ages* (1933). A. L. et C. M.

SCOTUS (*Johannes Eriugena* ou *Erigena*, dit JOHN), philosophe et théologien irlandais *(en Irlande v. 810 - sans doute en Angleterre v. 880)*. La seule information certaine que nous ayons sur sa vie est sa présence à l'école de la cour de Charles le Chauve, en France, où il enseigne la grammaire et la dialectique, à partir de 850 environ. Il est connu pour ses traductions de Denys l'Aréopagite et de Maximus Confessor, et pour deux ouvrages philosophiques, le *De predestinatione* (v. 851) et le *De divisione naturae* (v. 866), le plus important de ses écrits, dont plusieurs passages concernent la musique. On y rencontre, en particulier, une des allusions les plus anciennes faites à l'organum, première forme de polyphonie. Ses théories, de tendance panthéiste, ont été condamnées par l'Église catholique à plusieurs reprises au IXᵉ, puis au XIIIᵉ siècle. D. H.

SCRIABINE (Alexandre N.), pianiste et compositeur russe *(Moscou 1872 - id. 1915)*. Né d'un père diplomate et d'une mère pianiste qui meurt un an après sa naissance, il entra à l'école des Cadets de Moscou, mais très vite renonça à la carrière militaire pour la musique. Admis au même moment au conservatoire de Moscou dans les classes de Safonov (piano), Arensky (harmonie, contrepoint), Taneev (composition), il y obtient un premier prix de piano en 1892. Sans attendre cette récompense, il avait entrepris une carrière de pianiste qui attira sur lui l'attention de Belaïev, alors même qu'il composait encore sous l'influence de Chopin. Sa vie durant, il poursuivit ses tournées de concerts (exclusivement consacrés à ses œuvres) que seules interrompirent ses années d'enseignement (piano) au conservatoire de Moscou (1898-1903). Ses premières tournées en Europe lui apportèrent la révélation de Wagner, de Liszt (qui lui proposa un élargissement des procédés d'écriture pianistique), de Strauss, Debussy et Ravel. Il trouva en Vera Ivanova Issakovitch (qu'il épousa en 1897) une fervente propagandiste : même après leur séparation en 1905, après que Scriabine eût rencontré Tatiana de Schloezer, elle devait continuer à jouer ses œuvres. À son départ du conservatoire de Moscou, il résida à l'étranger entre ses tournées (États-Unis, 1906-1907), d'abord en Suisse puis en Belgique, où il côtoya les cercles théosophiques de Bruxelles, qui confirmèrent son penchant au mysticisme. Rentré à Moscou en 1911, il ne devait s'en éloigner que pour des concerts londoniens (1913 et 1914). Un mal infectieux, consécutif à une piqûre de mouche charbonneuse à la lèvre, l'emporta en 1915.

« Il se porterait bien qu'il soit fou », notait Rimski-Korsakov, après avoir entendu au piano Scriabine jouer des passages du *Poème de l'extase*. Il est vrai que la personnalité de Scriabine est complexe, pleine de contradictions même; sa remise en question du système tonal, sa volonté d'organiser ou de réorganiser la musique s'entourent de considérations philosophico-mystiques et d'un sentiment romantique exalté confinant à la morbidité et l'emphase qui explique le jugement de « décadence » qui a été jeté sur sa musique à partir de 1925-1930. La musique est pour lui « une force théurgique d'une puissance incommensurable appelée à transformer l'homme et le cosmos tout entier » (Marina Scriabine). Il rejoint, là, la conception de l'art des symbolistes tel Ivanov, un compagnon des dernières années, ou, sans le savoir, la pensée du poète romantique allemand Novalis. La musique est donc pour lui un moyen de libération et cette idée a pu nourrir les points de vue marxistes auxquels il adhère passagèrement lors de son séjour en Suisse, fondant son socialisme sur la pitié et l'amour de l'homme. Il refuse néanmoins « toute concession au grand nombre » et tout emprunt au folklore ; en cela, son art reste essentiellement aristocratique.

Il est un novateur et son originalité s'exerce d'abord dans le domaine harmonique, bien que les autres aspects de son langage en soient difficilement dissociables. En effet, parti de l'influence de Chopin (cf. les 24 Préludes et, en général, toute son œuvre jusqu'en 1903), il découvre à travers Wagner l'hyperchromatisme. En outre, Wagner l'oriente vers des œuvres orchestrales de style néoromantique (cf. la Ire et la 2e Symphonie). La libération de la tonalité n'intervient qu'à l'issue de cette étape intermédiaire et prend la forme de l'accord mystique (do, fa dièse, si bémol, mi, la, ré, pour Prométhée), c'est-à-dire d'un accord de 6 sons, formé de quartes justes et altérées et fondé sur la résonance harmonique. Par ce biais, Scriabine évite le piège de l'attraction tonale. Il lui accorde, en outre, une valeur mystique dans la mesure où il le comprend comme un « principe unificateur » et un moyen de refléter « l'harmonie des mondes ». Dans ses dernières sonates, toute armure disparaît même la clef : la mobilité de l'œuvre devient une dimension de l'atonalité. Mais, dépassant Wagner, à qui il reproche d'avoir maintenu l'autonomie du texte et de la musique, Scriabine tente la fusion des arts et des sens, car « le mystère » ne peut être qu'un acte total. Dans cette optique, il utilise pour Prométhée (1910) des projections colorées établies sur la base d'une table de correspondances du spectre des hauteurs sonores et du spectre des couleurs (do = rouge, sol = orange, ré = jaune brillant, la = vert, mi = blanc bleuâtre, etc.).

Il s'agit en somme d'un clavier lumineux dont il imputa l'échec, lors de la création de Prométhée, au mauvais fonctionnement de la machine de l'Anglais Remington. Ses recherches devaient trouver leur aboutissement dans le Mystère que la mort ne lui permit pas d'achever. Selon son ami Oscar von Riesemann, il envisageait de « faire circuler l'air de la nature elle-même dans l'acte à la fois artistique et liturgique du Mystère : le bruissement des feuilles, le scintillement des étoiles, les couleurs du lever et du coucher de soleil devaient y trouver place » avec la participation active du public. Stockhausen ne dit pas, ne fait pas autre chose depuis Sternklang, Cage non plus.

Cette rupture avec le monde occidental annonce les nouvelles relations Orient-Occident dans la musique à partir des années 60, une fois dépassé le stade des emprunts conscients (Messiaen). En effet, outre les recherches de timbres (célesta, cloches, clochettes, tam-tam dans le Poème de l'extase [1905-1907], gong dans Prométhée), Scriabine, à partir de 1905, après avoir découvert Nietzsche et Schopenhauer, se tourne vers la philosophie hindoue, parallèlement au théosophisme : alors commencent « l'ascension vers le soleil » et l'accession « par l'extase à la fusion avec le cosmos », dont les œuvres de 1903 à 1915 sont les préliminaires. La fougue, la violence, si caractéristiques de son style, l'amènent d'autre part à faire éclater le cadre formel de la sonate, soit qu'il rejette le schéma de la forme sonate pour le monothématisme (cf. 4e Sonate, 1904, 2e partie), soit qu'il se tourne (dernières Sonates, 3e Symphonie, Poème de l'extase, Prométhée) vers une construction continue en un mouvement qui, seule, par l'absence de cloisonnement, peut rendre compte de l'élan de sa pensée. Alors qu'à sa mort en 1915 Scriabine était considéré comme le chef de file des modernistes et qu'un public sans cesse grandissant s'enthousiasmait pour ses œuvres, alors même qu'il exerçait une influence certaine sur Miakovski, Medtner, Szymanovski, Kriuokov ou Feinberg, il est aujourd'hui toujours aussi méconnu ou mal compris parce qu'il y a eu, trop longtemps, polarisation sur son discours soucent obscur ou primaire. Néanmoins, au-delà de ce débordement, ce « romantique total » (B. de Schloezer) ne clôt pas seulement une époque, il mérite toute notre attention si nous nous penchons sur les sources de la musique du XXe siècle.

Œuvres principales. *Pour orchestre.* Rêverie (1898) ; 3 Symphonies dont I, en mi majeur (1899-1900), II en do mineur (1901), III en do majeur, le Divin Poème (1902-1904) ; le Poème de l'extase (1905-1908) ; Prométhée ou le Poème du feu pour piano, orgue, chœurs, orchestre et jeux de lumière (1908-1910). *Pour piano.* Un Concerto pour piano et orchestre (1896) ; 10 Sonates : dont n° 1, fa mineur, op. 6 (1892) ; n° 2, Sonate-fantaisie, sol dièse mineur op. 19 (1892-1897) ; n° 3, fa dièse mineur op. 23 (1897-98) ; n° 4, fa dièse majeur op. 30, 1903 ; n° 5, fa dièse majeur, op. 53 (1907) ; n° 6 et suivantes sans indication de tonalité : n° 6, op. 62, 1911 ; n° 7, op. 64, 1911 ; n° 8, op. 66, 1912-13 ; n° 9, op. 68, 1912-13 ; n° 10, op. 70, 1913 ; 24 Études ; 90 Préludes ; 19 Poèmes (dont le Poème tragique, 1903 ; le Poème satanique, id. ; le Poème de l'extase, 1905-1907 ; Poème nocturne, 1911 ; Vers la flamme, 1914).

M.-C. L. M.-M.

SCRIBE (Eugène), auteur dramatique et librettiste français (Paris 1791 - id. 1861). Étudiant en droit saisi par le démon du théâtre, il débuta à dix-neuf ans, sous un pseudonyme, avec un vaudeville en 1 acte, qui fut copieusement sifflé aux Variétés. Mais il savait tirer parti de ses échecs et, bientôt, n'eut plus rien à apprendre des ficelles du métier. Ses négligences de style, aussi légendaires que son habileté et sa fécondité, ne l'empêchèrent pas d'entrer à l'Académie française en 1836. Fournisseur attitré des Variétés, du Gymnase, du Vaudeville, de la Porte-Saint-Martin et de la Comédie-Française, sans parler des scènes lyriques, il signa seul ou en collaboration plus de 350 ouvrages, dont de nombreux livrets d'opéra ou d'opéra-comique qui sauvent son nom de l'oubli. Citons au moins la Dame blanche (Boieldieu) [1825], le Comte Ory (Rossini) et la Muette de Portici (Auber) [1828], Fra Diavolo (Auber) [1830], Robert le Diable (Meyerbeer) [1831], le Chalet (Adam) [1834], la Juive (Halévy) [1835], les Huguenots (Meyerbeer) [1836], la Favorite (Donizetti) [1840], l'Étoile du Nord (Meyerbeer) [1854], les Vêpres siciliennes (Verdi) [1855], Barkouf (Offenbach) [1860] et l'Africaine (Meyerbeer) [1865]. Son énorme production, répartie sur un demi-siècle, lui rapporta une fortune considérable.

M. T.

SCYLLA ET GLAUCUS. Tragédie lyrique en 5 actes et 1 prologue de Jean-Marie Leclair sur un livret de D'Albaret, d'après les Métamorphoses d'Ovide, représentée pour la première fois à Paris le 4 octobre 1746. C'est le seul opéra de Leclair, dont la carrière de violoniste virtuose ne doit pas faire oublier qu'il fut longtemps maître de ballet à Turin. Cette œuvre unique reste donc un peu marginale à côté de la grande production contemporaine de Rameau : mais elle se situe parmi les très grandes œuvres lyriques du XVIIIe siècle français.

ACTE PREMIER. *La nymphe Scylla semble insensible à l'amour de nombreux amants, parmi lesquels Glaucus, qui tente de lui exprimer sa flamme au cours d'une fête champêtre.*

ACTE II. *Glaucus demande aide à Circé : mais c'est la magicienne qui, elle-même, s'éprend du dieu marin, et utilise ses sortilèges pour provoquer son amour.*

ACTES III ET IV. *Scylla, dont on découvre qu'elle n'était pas du tout insensible à Glaucus, parvient à rompre l'enchantement, tandis que Circé, tour à tour pathétique et furieuse, tente de se venger de sa rivale.*

ACTE V. *À l'occasion d'une fête, la nymphe est attirée auprès d'une fontaine magique et, prise de folie, elle se précipite dans la mer. La scène finale est impressionnante : elle montre le détroit de Sicile, avec un rocher en forme de femme, souvenir de ce que fut la nymphe Scylla, entourée de monstres marins. Circé entonne un terrible chant de triomphe, « monument de sa rage », sur le rocher, qui deviendra, grâce à elle, la terreur des navigateurs.*

Si, dans cette œuvre, l'influence de Rameau est importante, son originalité n'est pas moins évidente, en particulier dans le domaine instrumental. Le souci de déclamation fidèle situe Scylla et Glaucus dans la droite ligne de la tragédie lyrique française : mais le passage de Leclair en Italie n'est pas sans conséquence, en particulier par la présence d'airs brillants à vocaliser, dont l'italianisme dépasse celui des ariettes de Rameau. La qualité de l'écriture instrumentale est remarquable, et l'on sent particulièrement le métier du violoniste virtuose et du concertiste, déployé sans contrainte dans le finale de l'acte V, dans de furieux effets de tempête marine, non moins que dans les évocations infernales. Mais Leclair maître de ballet a su, par ailleurs, créer une musique chorégraphique de très grande beauté, dans un ton léger au premier acte et à l'acte V, dans celui de la pantomime dramatique avec l'entrée des démons et, surtout, développer, mieux encore que dans son œuvre de sonatiste et de concertiste, une monumentale *chaconne* sur deux thèmes *ostinato*, qui est l'un des chefs-d'œuvre de la musique instrumentale française de ce temps.   P. B.

Searle (Humphrey), compositeur et musicologue anglais (*Oxford 1915 - Londres 1982*). Il fit ses études au Royal College of Music (1937) et à Vienne avec Webern (1937-38), qui exerça sur lui une influence durable. Il travailla à la BBC, de 1938 à 1948 (exception faite des années de guerre), et fut conseiller musical à Sadler's Wells, de 1951 à 1957. S'étant toujours intéressé à la musique de Liszt, il joua un rôle prépondérant dans la fondation de la Société Liszt, et en devint secrétaire honoraire en 1950. Presque toutes ses œuvres, depuis 1946, font usage du dodécaphonisme sériel, qu'il avait déjà approché en 1943 sa *Night Music* op. 2, pour orchestre de chambre, en l'honneur du soixantième anniversaire de Webern. Sa *Passacaglietta in nomine Arnold Schönberg* op. 16, pour quatuor à cordes (1949), pour le soixante-quinzième anniversaire de Schönberg, est en même temps un hommage à la mémoire de Webern.

Sa *Sonate pour piano* op. 21 (1951), pour le cent quarantième anniversaire de Liszt et créée le jour même de cet événement, est en un seul mouvement, comme la Sonate en *si* mineur du maître hongrois, et étroitement modelée sur celle-ci. Dans cette œuvre apparaît le côté romantique de Searle. On peut en dire autant de ses 5 symphonies (1953, 1958, 1960, 1962 et 1964), en particulier de la première (op. 23), sérielle, généreuse d'expression, et en un seul mouvement. La 5e Symphonie (op. 43) est de nouveau dédiée à la mémoire de Webern. On lui doit encore les opéras *The Diary of a Madman*, d'après Gogol (1958), *The Photo of the Colonel*, d'après Ionesco (1964), et *Hamlet*, d'après Shakespeare (1965-1968), diverses pages d'orchestre, de la musique de chambre, de la musique vocale dont la trilogie formée de *Gold Coast Customs*, d'après E. Sitwell (1949), de *The Riverrun*, d'après Joyce (1951), de *The Shadow of Cain*, d'après E. Sitwell (1951), et de nombreux livres et écrits, parmi lesquels *The Music of Liszt* (1954, rév. 1966) et *Twentieth Century Counterpoint* (1954).   M. V.

Sea Symphony (A). Symphonie nº 1 de Vaughan Williams. V. *A Sea Symphony*.

Secco. Dans l'opéra classique, et plus particulièrement l'opéra bouffe italien, le *recitativo secco* est un texte débité à la cadence rapide de la conversation, accompagné par des accords de clavecin sans intervention de l'orchestre.   M. T.

Sechter (Simon), théoricien, compositeur, organiste et chef d'orchestre autrichien (*Friedberg, Bohême, 1788 - Vienne 1867*). Il arriva à Vienne en 1804, où il étudia avec Albrechtsberger et L. Kozeluck, et, de 1810 à 1825, enseigna le piano et le chant à l'Institut pour jeunes aveugles de cette ville. En 1825, il devint premier organiste de la cour. Très réputé comme professeur de théorie, il attira de nombreux élèves, parmi lesquels Schubert, qui prit une leçon avec lui le 4 novembre 1828, juste avant sa mort. Son élève le plus célèbre fut Bruckner. Il fut aussi le maître, entre autres, de Gustav Nottebohm* et de Carl Ferdinand Pohl*. De 1851 à 1863, il enseigna la basse continue et le contrepoint au conservatoire de Vienne, où il eut comme successeur son ancien élève Bruckner. Compositeur très fécond, il écrivait, dit-on, au moins une fugue par jour. On lui doit aussi des oratorios, des opéras, dont un seul représenté (*Ali Hitsch-Hatsch*, Vienne, 1844), de la musique religieuse, dont 35 messes et 2 requiem. Parmi ses écrits théoriques, une édition révisée du *Traité de fugue (Abhandlung von der Fuge)*

de Marpurg (1843) et *Die Grundsätze der musikalischen Komposition* (3 vol., 1853-54).   M. V.

Seconda pratica (ital. ; « seconde manière »). Terme employé par Claudio Monteverdi et son frère Giulio Cesare pour distinguer entre la manière des Anciens (*prima pratica*) et les techniques nouvelles, qui accordaient une importance capitale au texte poétique.   C. W.

Seconde. — 1. Intervalle produit, dans la gamme diatonique, entre deux notes conjointes, c'est-à-dire dont les noms se suivent dans l'énoncé de la gamme, quel qu'en soit l'intervalle. La seconde peut être majeure (1 ton, par exemple, *do-ré*), ou mineure (1/2 ton, par exemple, *mi-fa*, ou *do-ré* bémol). Déformée, elle peut être augmentée (1 ton 1/2, par exemple, *do-ré* dièse), mais non diminuée. Il n'est pas d'usage d'employer le terme seconde pour le demi-ton chromatique (par exemple, *do-do* dièse), bien qu'aucune règle ne soit édictée à cet égard.
— 2. **En harmonie**, on donne le nom d'accord de seconde au 3e renversement de l'accord de 7e (par exemple, *fa-sol-si-ré*) par le fait que l'intervalle de seconde s'y trouve à la base.   J. C.

Secret (Le) (en tchèque *Tajemstvi*). Opéra en 3 actes de Bedřich Smetana sur un livret d'Eliska Krasnohorska, créé au Nouveau-Théâtre tchèque de Prague le 18 septembre 1878.

Acte premier. (Dans une petite ville de Bohême, à la fin du XVIIIe siècle.) *Les familles du conseiller Malina* (b) *et du conseiller Kalina* (bar) *échangent quolibets et invectives de part et d'autre de la rue. Motif de cette inimitié : Malina, quelques années plus tôt, a refusé à Kalina la main de sa sœur Rose* (ms), *parce qu'il ne le trouvait pas assez riche. Et, tandis que Malina et ses gens engrangent leur récolte, Kalina et une équipe de maçons qui viennent d'achever sa propre maison les narguent. Les deux clans se disputent les services du barde Skrivanek* (t), *qui se tire d'affaire en se moquant l'un et l'autre. Cependant, la fille de Malina, Blazenka* (s) *et le fils de Kalina, Vit* (t), *filent le parfait amour. Et le vieux soldat Boniface* (bar) *remet à son parent Kalina un mystérieux document qui devrait lui apporter la fortune.*

Acte II. (La nuit suivante, près d'une chapelle en ruine sur le mont Bezdez.) *Kalina à la recherche de son trésor est visité par le fantôme d'un certain frère Barnabé* (bar), *auteur du grimoire, qui le presse d'agir. Viennent ensuite Blazenka et Vit, puis Boniface qui surprend leur rendez-vous et va chercher leurs parents. La bagarre recommence et Vit ne cache pas son intention d'enlever la jeune fille. Tous s'en vont, sauf Rose qui rejoint Boniface pour lui proposer le mariage. Le retour de Kalina armé d'une pioche interrompt leur conversation, et ils le voient disparaître dans le trou qu'il a creusé.*

Acte III. (Chez Malina.) *Rose encourage sa nièce à parler franchement à son père, et Vit lui-même vient plaider sa cause. Malina se laisse fléchir en ne demandant qu'une satisfaction d'amour-propre : que le père du jeune homme présente une demande en règle. Pendant ce temps, des coups sourds ébranlent la maison et Kalina apparaît soudain... à travers le mur. Le trésor que lui promettait le frère Barnabé, le fameux « secret », c'était Rose ! Tout finira par un double mariage.*

Malgré son succès immédiat, le *Secret* a longtemps souffert de la concurrence d'un autre opéra du même auteur, *la Fiancée vendue*.   M. T.

Sederunt principes. Organum quadruplum (à quatre voix) de Pérotin le Grand. Il semble que cette page à l'importance prophétique — avec l'autre *organum quadruplum*, *Viderunt omnes*, du même Pérotin — ait été écrite pour la commémoration de la fête de saint Étienne, le 28 décembre 1199. En tout cas, il s'agit là de l'exemple le plus spectaculaire de cette musique de l'école de Notre-Dame de Paris, qui est à l'origine de toute la polyphonie européenne. L'insistance des rythmes — vigoureusement martelés comme par quelque compagnie de fidèles dans le sanctuaire — en est l'élément le plus frappant, avec la dureté des sonorités et l'audace des harmonies, fascinantes pour un auditeur d'aujourd'hui, familiarisé avec le répertoire du xxᵉ siècle. En fait, cette musique dansante exige, pour qu'on la goûte, que l'auditeur se laisse emporter par son tourbillon métrique. Nous savons d'ailleurs, par des récits de l'époque, à quel point les contemporains de Pérotin participaient au chant, au besoin en mimant intensément ce dernier.

Musique de l'âme donc, mais aussi musique du corps : et, sans doute, cette double dimension liturgique et profane nous attire et nous inquiète en même temps, dans la mesure où la musique sacrée, enfermée dans un cadre formel de plus en plus contraignant, s'est depuis longtemps éloignée de toute gestuelle et de tout engagement corporel. Il en allait autrement pour le croyant des XIIᵉ et XIIIᵉ siècles à qui cette nécessité d'une participation à la fois spirituelle et physique paraissait naturelle. Et c'est en quoi aussi l'art de Perotinus Magnus peut nous donner une profitable leçon. R. T.

SEEFRIED (Irmgard), soprano autrichienne (Kongetried 1919). Fille d'un maître d'école-musicien, elle chante à onze ans le rôle de Gretel dans *Hänsel et Gretel* de Humperdinck. Parallèlement à ses études au conservatoire d'Augsbourg, elle fait partie de nombreuses chorales, aussi bien dans cette ville qu'à Aix-la-Chapelle, où Karajan la remarque et la fait engager en 1939 à l'Opéra. Entrée au Staatsoper de Vienne en 1943, où elle fait toute sa carrière, elle chante pour ses débuts Eva des *Maîtres chanteurs*, aux côtés de Max Lorenz et sous la direction de Karl Böhm, et, peu après, sa première Susanna, avec Paul Schöffler. En 1944, elle tient le rôle du compositeur dans *Ariane à Naxos*, pour le quatre-vingtième anniversaire de Richard Strauss. Incomparable mozartienne, formée à l'école de Josef Krips et de Ferenc Fricsay, elle manifeste un grand intérêt pour la musique de son temps, Bartók, Poulenc, Berg, créant notamment les *Motets de Noël* de Hindemith, et pour les maîtres méconnus, Cornelius, Wolf, Mahler (qu'elle étudie avec Bruno Walter). Avec son mari, le violoniste Wolfgang Schneiderhan, elle crée également les *Ariosi* de Henze et le *Magnificat* de Frank Martin écrits à leur intention. Elle possède, en plus d'une voix pure et aérienne, de grandes qualités de charme et d'émotion. M. W.

SEGOVIA (Andrés), guitariste espagnol (Linares 1893). Il est assurément celui qui a le plus contribué à la renaissance et à l'essor considérable de la guitare. Son nom est désormais légendaire et on lui doit, outre de multiples enregistrements, un grand nombre de transcriptions diverses, la redécouverte de pièces originales, et, surtout, la constitution d'un répertoire contemporain. Né d'une famille bourgeoise (son père était notaire), il commença très jeune la pratique musicale et entreprit l'étude de la guitare à l'âge de huit ans, après avoir essayé le piano, le violon et le violoncelle. Handicapé par le mépris des musiciens pour cet instrument populaire et surtout par l'absence totale de professeur, il n'en franchit pas moins, avec une géniale intuition, tous les obstacles d'une technique qu'il lui fallut réinventer en complet autodidacte.

À l'âge de quinze ans, il donna à Grenade son premier concert et commença ainsi sa carrière en même temps qu'il convainquait les nombreux sceptiques du sérieux de son entreprise. Alors que sa renommée progressait à travers toute l'Espagne, il ressentit l'étroitesse du répertoire et entama un immense travail de recherches et de transcriptions qu'il continua toute sa vie. Dès son premier récital, triomphal, à Paris en 1924, il jouit d'une réputation qui incita plusieurs compositeurs à écrire pour lui, tels Roussel, Falla, Torroba, puis, plus tard, alors que sa gloire devint universelle, Turina, Ibert, Ponce, Rodrigo, Tansman, etc. En outre, interrompant chaque année ses tournées de concerts dans le monde entier, il se consacra pendant plusieurs semaines à l'enseignement et peu de guitaristes n'ont pas, un jour ou l'autre, fait étape à l'académie Chigiana de Sienne ou à Saint-Jacques-de-Compostelle pour en bénéficier. P. M.

SÉGUEDILLE. La *seguedilla* espagnole est à la fois une chanson et une danse, apparemment dérivée de la *seguida* et apparentée au *bolero*. Son rythme ternaire, assez rapide, accompagne des couplets de quatre vers alternativement longs et courts. Populaire dès le Moyen Âge dans plusieurs provinces d'Espagne, la séguedille a gagné l'Amérique latine et, par le biais du théâtre, une bonne partie de l'Europe. M. T.

SEIBER (Matyas), compositeur et pédagogue anglais, d'origine hongroise (Budapest 1905 - parc national Kruger, Afrique du Sud, 1960). Élève de Kodály à Budapest (violoncelle et composition), il décida, compte tenu du caractère conservateur de la vie musicale hongroise, de faire carrière à l'étranger, jouant sur les paquebots, créant une classe de jazz au conservatoire Hoch de Francfort, pratiquant son instrument au sein du Quatuor Lenzevski et dans divers orchestres symphoniques.

En 1935, il s'installa en Angleterre, et, en 1942, à l'invitation de Michael Tippett, commença à enseigner au Morley College. Il forma toute une génération de compositeurs anglais et étrangers, parmi lesquels Peter Racine Fricker, Don Banks, Anthony Milner, Peter Schat, Hugh Wood, et Ingvar Lidholm. En 1945, il fonda les Dorian Singers, spécialisés aussi bien dans l'interprétation des œuvres du XVIᵉ siècle que du XXᵉ. Il mourut d'un accident de voiture lors d'une tournée de conférences dans les universités sud-africaines. Sa musique, souvent influencée par le jazz, reflète aussi son admiration pour Bartók, Berg et Schönberg.

Il parvint à la renommée avec la cantate *Ulysse*, pour ténor, chœurs et orchestre, d'après Joyce (1946-47, créée en 1949). On lui doit aussi, entre autres, 3 quatuors à cordes (1924, 1934-35, 1948-1951), 1 musique de scène pour une production radiophonique du *Faust* de Goethe (1949), *Fantasia concertante*, pour violon et cordes (1943-44), *Elegy*, pour alto et cordes (1953), *Tre pezzi*, pour violoncelle et orchestre (1956), *Improvisations*, pour jazz band et orchestre (1959), une sonate pour violon et piano (1960). P.-E. B. et M. V.

SEIXAS (Carlos), compositeur, organiste et claveciniste portugais (Coimbre 1704 - Lisbonne 1742). Il devint de bonne heure un organiste de talent, ayant sans doute travaillé avec son père auquel il succéda en 1718 à l'orgue de la cathédrale de Coimbre. Deux ans plus tard, il vint s'installer à Lisbonne, où il acquit rapidement une réputation comme virtuose et comme compositeur. Il gagna l'estime de Scarlatti, qui se trouvait à Lisbonne à la même époque. L'essentiel de son œuvre consiste en sonates pour clavecin, écrites pour la plupart en trois ou quatre mouvements, ce qui les différencie de celles de Scarlatti. A. L.

SEIZIÈME DE SOUPIR. Silence dont la durée correspond au seizième d'une noire, soit une quadruple croche. M. T.

SELLE (Thomas), compositeur allemand (Zörbig, près de Bitterfeld, 1599-Hambourg 1663). Il étudia à l'université de Leipzig, peut-être aussi à la Thomasschule, et occupa divers postes de cantor en Allemagne du Nord, dont le dernier au Johanneum de Hambourg (à partir de 1641). Influencé par Schein et par Praetorius, il écrivit de la musique d'église (Concerts sacrés; Passion selon saint Matthieu, 1636; Passion selon saint Jean, 1641, rév. 1643; Histoire de la Résurrection) et profane, dans un style assez éclectique, mêlant l'ancien et le nouveau. M. V.

SELVA MORALE E SPIRITUALE. Important recueil de musique religieuse de Claudio Monteverdi, publié à Venise en 1640. Il s'agit là d'une véritable anthologie, où le compositeur a réuni le meilleur de sa production sacrée, comme maître de chapelle à Saint-Marc de Venise. Seuls la *Messe à quatre voix a cappella*, un *Magnificat* et un *Psaume* se réfèrent à la stricte polyphonie du XVIᵉ siècle (la *prima pratica* comme disait Monteverdi), tandis que le génie moderne du compositeur triomphe dans les *Psaumes* et *Motets* qui sont écrits dans le *stile concertato* du temps et retrouvent souvent la splendeur du concert polychoral gabriélien. Dans cette optique, les pages les plus spectaculaires sont celles qui recourent à la technique du double chœur et ajoutent aux voix le soutien d'un riche appareil instrumental (violons, violes, trombones et *continuo* d'orgue). Le *Magnificat concertant à huit* (avec accompagnement de cordes et cuivres) est ainsi digne d'être comparé, bien que moins élaboré, au célèbre *Magnificat à sept* des *Vêpres* de 1610.

Mais plusieurs *Psaumes* comme le *Dixit Dominus*, à huit (avec même effectif instrumental) ou le *Beatus Vir*, à six (pour lequel Monteverdi a prévu un accompagnement de violons, *viole da brazzo* » et trombones, sans oublier le *continuo*) marient également la puissance à la gloire et à un véritable don de la couleur sonore et œuvrent dans le sens spécifiquement vénitien de la fête religieuse et de la mise en scène sacrée, destinées tout ensemble à la fascination et à l'édification du fidèle. La *Selva morale* offre aussi un certain nombre de pièces pour voix solistes (*Salve Regina, Jubilet tota civitas, Laudate Dominum in sancti eius, Jam moriar, mi fili*, cette dernière adaptée de la célèbre *Lamento d'Arianna*), qui font songer aux motets pour voix solistes du *Vespro* et où fleurissent la vocalise virtuose et la courbe lyrique. Mais les unes et les autres sont éclipsées en beauté pure comme en intensité expressive par le grand *Gloria* concertant à sept écrit et chanté à l'occasion de la messe d'action de grâces qui salua, en novembre 1631, la fin de l'épidémie de peste dans la République. (On sait qu'un *Kyrie* et un *Credo*, composés pour la même cérémonie, sont aujourd'hui perdus.) C'est là un authentique chef-d'œuvre, où le tempérament dramatique, dynamique et visuel de Monteverdi se donne libre cours, dès l'attaque de la prière par les ténors sur un profil haletant et presque convulsif, générateur, en fait, d'un formidable climat d'allégresse. Une séquence homophone survient ensuite qui met en scène le madrigaliste du *VIIIe Livre* (Hor che'l ciel e la terra) à l'évocation de l'*Et in terra pax*. Puis, après d'autres souvenirs et allusions à des œuvres antérieures (comme l'*Orfeo*, par ex.), le *Gloria* conclut dans l'apothéose de la doxologie, qui ramène la vitalité et le foisonnement de couleurs et de rythmes du début. Une musique passionnément jeune et présente à notre temps palpite ici, mais qui vit, en même temps, des certitudes de l'éternité.   R. T.

SÉMÉLÉ. Oratorio profane de George Friedrich Haendel, composé en 1743 et créé à Covent Garden le 10 février 1744. Le livret, d'un auteur inconnu, est tiré d'un masque de William Congreve écrit en 1707. Il est possible que Pope ait participé à cette adaptation, d'abord destinée à la scène, puis transformée en oratorio.

ACTE PREMIER. (Le temple de Junon.) *Sémélé, fille de Cadmus, roi de Thèbes, est contrainte d'épouser Athamas, prince de Béotie. Mais Jupiter aime la princesse. L'ambitieuse Sémélé lui rend cette affection et lui demande de l'aider dans son choix. Jupiter l'emmène sur l'Olympe.*

ACTE II. (Suit une symphonie descriptive pour évoquer un « paysage agréable ».) *Junon, jalouse, prépare sa vengeance et espère la complicité de Somnus, le dieu du Sommeil. Jupiter et Sémélé s'abîment dans les douceurs de l'amour.*

ACTE III. (L'antre du Sommeil.) *Junon prie Somnus d'endormir Ino (sœur de Sémélé) pour que, sous la forme de cette dernière, la déesse puisse persuader Sémélé d'exiger l'immortalité en demandant à Jupiter de paraître devant elle dans sa gloire divine. Jupiter hésite mais s'incline. Inévitablement, Sémélé sera consumée par les flammes qui l'entourent. Apollon apporte la nouvelle d'une fin heureuse : un phénix renaîtra des cendres de la malheureuse Sémélé.*

L'œuvre fut retirée de l'affiche après quatre représentations seulement. Mrs Delany fut néanmoins enthousiaste et, dans une lettre à Mrs Dewes, la qualifia de « pièce de musique délicieuse ». La partition de Haendel est, en effet, particulièrement inspirée et équilibrée. Elle comprend même un quatuor au premier acte. Les chœurs participent pleinement à l'action ; l'écriture pour les solistes, bien que souvent très virtuose (*No, no, I'll take no less*), reste toujours au service de l'expression. Jugé, en 1760, par Mainwaring comme « un opéra anglais mais appelé oratorio », *Sémélé* apparaît aujourd'hui comme l'un des meilleurs drames musicaux de langue anglaise.   C. W.

SEMI-BRÈVE. Dans l'ancienne notation proportionnelle, valeur de note qui, après avoir été d'abord la plus courte au XIIIe siècle (2/3 ou 1/3 d'une « brève » selon les cas), a vu progressivement sa durée augmenter à mesure qu'on lui inventait de nouvelles subdivisions, jusqu'à devenir sans changer de nom l'une des valeurs les plus longues actuelles. Écrite sous la forme d'un losange, d'abord noir, puis évidé, elle a perdu ses angles au XVIIe siècle pour prendre le tracé arrondi qui lui a valu le nom de *ronde* encore en usage. Bien que devenu archaïque, le terme de semi-brève a continué parfois à être employé jusqu'au XIXe siècle, et s'est maintenu actuellement encore dans plusieurs autres langues.

Alla semibreve : battue dans laquelle la ronde (semi-brève) prend la valeur d'un temps. Cette convention était usuelle au XVIe siècle ; elle est plus tard devenue exceptionnelle, entraînant un aspect visuel d'apparence lente en contradiction avec l'exécution rapide. Il en est de même, et plus encore, dans l'*alla breve* où c'est théoriquement l'ancienne brève (= 2 ou même 3 rondes) qui est prise comme unité de battue.   J. C.

SEMI-OPÉRA. V. *masque.*

SEMIRAMIS (*Semiramide*). Opéra en 2 actes de Rossini, sur un livret de Gaetano Rossi d'après la tragédie de Voltaire, créé le 3 février 1823 à la Fenice de Venise.

L'action se déroule à Babylone où la reine Semiramis a fait assassiner son époux Ninus, avec l'aide d'Assur, qui aspire au trône. Avant de mourir, Ninus a fait éloigner son fils, le jeune Ninias. La reine est éprise d'un jeune guerrier, Arsace.

ACTE PREMIER. (Après l'ouverture, l'une des plus élaborées qu'ait laissées Rossini, nous sommes dans le temple de Bêl.) *Le chef des mages, Oroe (b) ouvre les portes aux fidèles. Aujourd'hui, Semiramis (s) doit désigner le successeur de Ninus sur le trône d'Assyrie, auquel prétendent Assur (b) ainsi que le jeune roi d'Inde Idreno (t), qui aime la princesse Azema (s). Semiramis, attendant le retour du jeune commandant qu'elle a fait quérir, hésite à prononcer un nom, mais un coup de tonnerre ébranle le temple et la foule exprime sa terreur. Arsace (ca, rôle travesti) fait son entrée* (Eccomi alfine in Babilonia... Ah quel giorno). *Il a également été mandé par ordre de son père mourant ; il aime et est aimé d'Azema. Oroe nous révèle que Arsace est en réalité Ninias, le fils du roi assassiné qu'il doit venger, puis Arsace s'oppose à Assur* (duo, Bella immago), *également prétendant à la main d'Azema. (Dans les jardins suspendus.) Idreno soupire son amour* (Ah, dov'è il cimento ?), *et Semiramis fait son entrée* (Bel raggio lusinghier). *Elle aime Arsace, ignorant qu'il est son propre fils. Le duo qui les réunit* (Serbami ognor) *est un instant de pur lyrisme, où chacun se méprend sur les sentiments de l'autre. Semiramis annonce alors publiquement son intention de couronner et d'épouser Arsace, et d'unir Azema et Idreno. Chacun exprime sa surprise et son effroi, lorsque la foudre éclate à nouveau. L'ombre du roi Ninus annonce à Arsace qu'il régnera, et lui ordonne de descendre dans son tombeau, où il lui révélera la victime à immoler.*

ACTE II. (Au palais royal.) *Semiramis et Assur évoquent leur crime et se menacent mutuellement* (duo, Se la vita). *Oroe apprend à Arsace son identité véritable et celles des assassins de son père. Arsace exprime son effroi* (In si barbara sciagura), *puis, après qu'Idreno ait à nouveau chanté son espoir* (La speranza più soave), *il affronte enfin sa mère* (duo, Ebben, a te ferisci). *Dans l'obscurité du tombeau, la dernière scène rassemble Assur, Arsace, et Semiramis venue le protéger* (trio, L'usato ardir). *Croyant poignarder Assur, Arsace frappe sa mère qui s'était interposée. Les Dieux sont apaisés et le peuple acclame Arsace.*

L'œuvre, assez composite, mêle le sublime aux effets scéniques assez extérieurs, et le moderne à l'ancien : plusieurs pages évoquent Mozart (le trio final, *L'usato ardir,* démarque évidemment le premier quintette de *Cosi fan tutte*), mais d'autres annoncent nettement Verdi. Des audaces d'harmonie et d'orchestration y alternent avec des pages de bel canto très traditionnel, cependant que, fait à peu près unique, plusieurs thèmes de l'ouverture réapparaissent tout au long de l'opéra. En fait, lassé d'avoir vu ses innovations de plus en plus violemment critiquées, Rossini avait voulu, avant de quitter l'Italie, montrer au public qu'il était, mieux que tout autre, capable de rester fidèle aux moules anciens, sans, pour cela, renier son originalité. D'où les clins d'œil aux modernes comme aux anciens, dans cette œuvre qui retourne largement aux structures isolées, et où la virtuosité occupe plus de place que dans les opéras précédents. R. M.

SÉNÉCHAL (Michel), ténor français (*Taverny 1927*). Il fait ses études au Conservatoire de Paris, dans la classe de Gabriel Paulet, y obtenant en 1950 son premier prix, et se voit engagé à Bruxelles, au théâtre de la Monnaie (1950-1952). Il est le premier chanteur français, en 1952, à remporter le grand prix du concours de Genève. Ayant approfondi le style baroque français, il surmonte les délicats problèmes d'ornement et de tessiture du *Platée* de Rameau, qu'il recrée en 1956 au Festival d'Aix-en-Provence (sous la direction de H. Rosbaud), avant de le jouer en Hollande, à Bruxelles et à l'Opéra-Comique (1977).

Ses qualités innées de comédien ajoutées à son bagage technique lui valent d'être invité régulièrement par Karajan à Salzbourg et de compter parmi les valeurs sûres de l'Opéra de Paris, où il a participé à la création française d'œuvres de Britten (notamment *Peter Grimes* en 1981) et incarné Gonzalve de *l'Heure espagnole* de Ravel, Basile des *Noces de Figaro*, l'Innocent de *Boris Godounov*, etc. Il a également incarné avec truculence les personnages d'Offenbach. Il dirige l'école d'art lyrique de l'Opéra de Paris. M. W.

SENFL (*Ludwig*), compositeur suisse (*Bâle ? 1486 ?- Munich 1542 ou 1543*). Sur les gravures 25 et 26 du *Triomphe* de Maximilien Ier, de Hans Burgkmair, figure aux côtés de Georf Slatkonia, le directeur de la chapelle, Ludwig Senfl. Ce dernier fut, en effet, l'un des compositeurs attitrés de la cour itinérante de l'empereur. Membre de la chapelle impériale d'Augsbourg jusqu'à sa dissolution, il gagna alors Vienne (avec 13 autres chanteurs et interprètes) et devint l'élève (et le transcripteur) d'Isaac avant de le remplacer après son départ pour Florence (1512). Après le licenciement de la chapelle par Charles Quint (1520), il se consacra au *Liber selectarum cantionum* (1520), recueil de chants renfermant le répertoire complet des motets de la cour, ainsi que le *Choralis constantinus* d'Isaac ainsi que le *Livre d'Odes* d'Horace d'Ofhaimer. En 1523, il fut appelé à la cour de Munich comme « intonator », et malgré ses sympathies pour la Réforme, demeura à Munich jusqu'à sa mort.

Très appréciée et admirée, passant pour la plus importante de l'Allemagne à son époque, son œuvre comporte des messes ou fragments pour l'ordinaire ou le propre, des motets, des psaumes, mais aussi des lieder, qui lui valurent une part importante de sa célébrité. Le cantus firmus est à la base de ses compositions polyphoniques, qui, parfois, empruntent à la technique de la parodie ou de l'ostinato. Le premier, il a proposé de traiter polyphoniquement le choral (il fut vers 1530 en relation avec Luther, qui le pria notamment d'écrire un motet sur l'antienne *In pace*). Senfl est le maître incontesté du contrepoint dans l'Allemagne de la première moitié du XVIe siècle. La tradition néerlandaise, Josquin des Prés puis Lassus furent ses modèles. Il écrivit également des compositions didactiques mesurées à l'antique sur des textes empruntés aux poètes de l'Antiquité ou de la Renaissance.

Œuvres. Œuvres complètes éditées par le Staatliches Institut für Deutsche Musikforschung et la Schweizerische Musikforschende Gesellschaft, Leipzig, Berlin, Wolfenbüttel (1936 et suiv., rééd., 1962). 6 *Messes* ; 130 pièces à 4 voix pour le propre de la messe ; 56 pièces pour le propre des vêpres ; plusieurs *Benedicamus* ; plusieurs *Magnificat* ; plus de 100 *Motets* (4 à 8 voix) ; près de 300 *Lieder*, odes, carmina.
M.-C. L. M.-M.

SENSIBLE. Nom donné depuis le XVIIe siècle environ au 7e degré de la gamme, lorsqu'il est situé 1/2 ton en dessous de la tonique, ce qui, dans la conception classique, crée attraction vers sa « résolution » sur cette tonique. Situé à plus d'1/2 ton, par exemple en mineur descendant, ou dans les modes de *ré* ou *la*, le 7e degré n'est plus une sensible, mais une *sous-tonique*. On étend aujourd'hui le terme de sensible à tout degré situé à distance minimum (1/2 ton en tempéré, mais ce peut être moins dans d'autres systèmes) sous un degré fort dont il subit l'attraction (par ex. *sensible de dominante,* c'est-à-dire 4e degré haussé par attraction de la dominante). Mais on n'emploie guère le mot que si l'attraction est ascendante, bien qu'il existe aussi des attractions descendantes de nature analogue. J. C.

SEPT CHANSONS POPULAIRES ESPAGNOLES (en esp. *Siete canciones populares españolas*). Recueil de 7 pièces chantées, pour voix et piano, de Manuel de Falla, écrit en 1914 sur des textes et des thèmes populaires espagnols de différentes provinces espagnoles. La création eut lieu le 14 janvier 1915 à l'Ateneo de Madrid, par la cantatrice Luisa Vela, accompagnée par l'auteur, et elles furent éditées en 1922 dans une traduction française par l'éditeur Max Eschig. Elles ont donné lieu à diverses transcriptions et adaptations, et notamment à une orchestration par Ernesto Halffter, élève de De Falla. Ces 7 chansons proposent successivement : *El pano morunno* (« le Drap mauresque », utilisant un air andalou), *Seguidilla murciana* (« Séguedille de Murcie », la Murcie étant une province de l'Espagne du Sud), *Asturiana* (complainte de l'Asturie), *Jota* (danse aragonaise), *Nana*, une « canción de nuna », c'est-à-dire une berceuse andalouse (le thème cité ici aurait été celui que la mère de l'auteur lui chantait quand il était enfant), *Canción*, et enfin *Polo*, air populaire emprunté au monde flamenco et gitan. L'accompagnement au piano s'inspire d'un système harmonique basé sur la résonance naturelle, et conçu par Manuel de Falla à partir d'un livre de Louis Lucas, l'*Acoustique nouvelle*, mais surtout il se réfère à la guitare, aussi bien pour la technique instrumentale (imitation des effets de « punteado » et de « rasgueado ») que pour l'harmonie, construite sur les notes à vide de la guitare *(mi)* et sur les accords traditionnels utilisés sur cet instrument. M. C.

SEPT DERNIÈRES PAROLES DU CHRIST EN CROIX (LES) [en all. *Die sieben letzten Worte unseres Erlösers am Kreuz*]. Œuvre de Haydn écrite d'abord pour orchestre (1787), et dont le compositeur réalisa lui-même une transcription pour quatuor à cordes (1787 également), puis une version oratorio (1796). La transcription pour piano (1787) ne fut pas supervisée par lui. La commande de l'ouvrage vint d'Espagne. José Saluz de Santamaria, marquis de Valde-Inigo et chanoine de Santa Cueva à Cadix, demanda fin 1785 ou début 1786 à Haydn, par l'intermédiaire de leur ami commun le marquis Don Francesco Mirón, une musique instrumentale pour illustrer les sept paroles du Christ en croix : « Le vendredi saint, l'intérieur des églises de Cadix était tendu de noir ; seule une lampe, au centre, rompait l'obscurité. Après le prélude, l'évêque montait en chaire, lisait une des sept paroles du Christ en croix et la commentait. Il marchait ensuite vers l'autel et se prosternait devant la croix. La pause était occupée par la musique. L'évêque remontait ensuite en chaire pour chacune des paroles suivantes, et l'orchestre intervenait après chaque sermon. Je devais donc faire entendre, l'un après l'autre, sept adagios, et cela sans lasser les auditeurs. Cette tâche n'était pas des plus faciles, et je réalisai rapidement qu'elle me demanderait plus de temps que je ne l'avais cru » (d'après la préface signée par Haydn pour l'édition de la version oratorio chez Breitkopf et Härtel en 1801).

Terminée au cours de l'hiver 1786-87, l'œuvre devait rencontrer immédiatement le plus vif succès dans toute l'Europe. La version originale pour orchestre seul fut jouée à Vienne chez le prince Auersperg le 26 mars 1787 et le vendredi saint de la même année à Cadix dans l'église de Santa Cueva, construite à l'intérieur d'une grotte, peut-être aussi dans la cathédrale. Dans le courant de l'été parurent chez Artaria cette version originale, la version quatuor à cordes et la version piano.

La version quatuor à cordes et la version oratorio supplantèrent longtemps celle pour orchestre, qui n'existe en édition moderne que depuis 1959. L'œuvre demandait, pour ne pas tomber dans l'uniformité, un génie comme Haydn. À l'unité apparente des tempos, il sut en effet opposer un dosage savant des tonalités, des thèmes, des rythmes, de l'agogique, ce qui rend très contrastées ces pièces d'allure et de dimensions semblables, et toujours de forme sonate. Elles ne sont d'ailleurs pas 7, mais 8, 9 même, avec le *Tremblement de terre* final. Le compositeur réussit le tour de force de faire précéder une série de 7 mouvements lents par une introduction lente également, mais s'opposant à eux. Cette introduction, *Maestoso ed Adagio* en *ré mineur*, est dramatique, concise. La suite sera plus simple, plus portée vers la méditation, et, sauf dans *Mon Dieu, pourquoi m'as-tu abandonné ?*, la paix intérieure aura partout le dernier mot. « Chaque sonate (morceau), chaque texte plutôt, est rendu par une musique uniquement instrumentale, mais de sorte que l'impression la plus profonde soit éveillée même dans l'âme de l'auditeur le moins averti. L'ensemble dure un peu plus d'une heure, mais il y a une courte pause après chaque sonate, afin qu'on puisse se pénétrer du texte à la base de celle qui suit » (Haydn à l'éditeur londonien Forster, 8 avril 1787). En réalité, la durée totale est d'un peu moins d'une heure.

1. *Père pardonne-leur, car ils ne savent pas ce qu'ils font* (largo à 3/4 en *si* bémol majeur). Page empreinte de mansuétude, mais non exempte de trouble (épisode central chromatique).

2. *En vérité je te le dis, aujourd'hui tu seras avec moi au Paradis* (grave et cantabile à 2/2 en *ut* mineur). Intense morceau monothématique (la phrase conclusive annonce le *Gott* erhalte*), évoluant par deux fois du désespoir à la sérénité.

3. *Femme, voici ton fils ; et toi, voici ta mère* (grave à 2/2 en *mi* majeur). Volet assez instable sur le plan expressif (incertitudes tonales, modulations inattendues, syncopes).

4. *Mon Dieu, mon Dieu, pourquoi m'as-tu abandonné ?* (largo à 3/4 en *fa* mineur). Le cœur du drame, le moment le plus tragique de la partition : le mode mineur est maintenu jusqu'au bout, sans éclaircie terminale en majeur (comme dans l'introduction, mais contrairement à la démarche des n°s 2 et 6).

5. *J'ai soif* (adagio à 2/2 en *la* majeur). Sur de délicats pizzicati, deux notes en valeurs longues traduisent le mot *Sitio* (« J'ai soif »). En contraste saisissant, de plainte qu'il était, le morceau se transforme en explosion de désespoir avant de se terminer dans la résignation.

6. *Tout est consommé* (lento à 2/2 en *sol* mineur). Cinq notes en valeurs longues et à l'unisson ouvrent la « parole » la plus dramatique, la plus symphonique, la plus polyphonique du cycle. Un souffle puissant l'anime, mais débouche sur un climat d'acceptation sereine.

7. *Père, je remets mon esprit entre tes mains* (largo à 3/4 en *mi* bémol majeur). L'usage des sourdines, la primauté de la mélodie et des effets de timbre (on « entend » les cors même dans la version quatuor) font de cette ultime « parole » une méditation déjà détachée des choses de ce monde. De dimensions légèrement supérieures aux autres, elle joue déjà un rôle conclusif.

Il Terremoto (presto e con tutta la forza à 3/4 en *ut* mineur). Mais le tremblement de terre, contraste brutal et bref, aux rythmes heurtés, est soudain l'exutoire indispensable de la tension accumulée en cinquante minutes de tragédie.

La version oratorio fut créée à Vienne chez le prince Schwarzenberg le 26 mars 1796. Haydn en eut l'idée après avoir entendu, lors de son passage à Passau en 1795 en revenant d'Angleterre, une tentative en ce sens due au maître de chapelle de la cathédrale de cette ville, Joseph Friebert : il estima que lui-même pouvait faire mieux. Le baron Van Swieten* adapta le texte utilisé par Friebert à la musique existante, et Haydn le répartit entre le chœur et les solistes tout en ajoutant à l'orchestration originale des parties de clarinettes et de trombones et en enrichissant celles de flûtes et de bassons. En outre, il fit précéder chaque parole (sauf la 5e) d'une brève déclamation homophone du chœur a cappella, et, surtout, il composa pour être intercalée entre les 4e et 5e paroles un extraordinaire intermède pour 12 instruments à vent (dont un contrebasson et 2 trombones) dans la tonalité très rare chez lui de *la* mineur. Cette page concise et audacieuse, absente des versions purement instrumentales, refuse délibérément la sensualité des musiques pour vents seuls de Mozart. Elle n'en constitue pas moins le pendant haydnien de l'*Ode* funèbre* K. 477 du maître de Salzbourg. M. V.

Sept Haikai. Esquisses japonaises pour piano solo, xylophone et marimba solos, deux clarinettes, trompette et petit orchestre d'Olivier Messiaen, écrites à l'occasion de son voyage de noces avec Yvonne Loriod en 1962 au Japon et créées le 30 octobre de l'année suivante au Domaine musical, sous la direction de Pierre Boulez. Le titre signifie que ces esquisses se veulent aussi laconiques que les poèmes du même nom. Quant au petit orchestre, le fourmille de percussions scintillantes, comporte un groupe de violons traités en bloc de façon à restituer le timbre de l'orgue à bouche nommé « shô » et utilise l'alliage de la trompette et du cor anglais en vue d'imiter les sonorités acides du « hichiriki », petit hautbois primitif sans correspondant européen. L'unité de l'ensemble vient de ce que la *Coda* prolonge la mélodie de l'*Introduction*, alors que les deuxième et cinquième esquisses *(le Parc de Nara et les Lanternes de pierre, Miyajima et le Torii dans la mer)* s'attachent à l'évocation des paysages, les troisième et sixième *(Yamanaka-cadenza, les Oiseaux de Karuizama)* à l'imitation des chants d'oiseaux du Japon et la quatrième *(Gagaku)* à cette forme noble de la musique du VIIe siècle japonais encore subsistante à la cour impériale. A. P.

SEPTIÈME. — 1. **Intervalle** produit entre deux notes, dont les noms, départ et arrivée compris, et quelle que soit la grandeur de l'intervalle, se suivent en montant à une distance de 7 degrés (par exemple, *do* [*ré-mi-fa-sol-la-*] *si*). La septième peut être majeure (*do-si*), mineure (*do-si* bémol) ou diminuée (*do* dièse-*si* bémol). Son « renversement » (même nom de notes, mais en descendant) est la *seconde*.

— 2. **Note** formant avec la note la plus grave d'un accord un intervalle de septième.

— 3. On appelle **accord de 7e** un accord dans lequel figurent à la fois une fondamentale et sa 7e. Un tel accord, en harmonie classique, est toujours formé d'une série de notes, quel qu'en soit l'agencement, dont les noms peuvent s'énoncer par tierces à partir de la fondamentale de l'accord (par exemple, *si-fa-sol-ré* = *sol-si-ré-fa*), mais il s'agit là d'une particularité pédagogiquement commode, non d'une caractéristique déterminante de la nature de l'accord, car celui-ci est en réalité composé non de tierces superposées *(sol-si + si-ré + ré-fa)*, mais de quinte + tierce + septième *(sol-si + sol-si + sol-fa)*. Cette erreur d'analyse a longtemps sévi et a entraîné les plus graves perturbations dans la théorie.

On appelle *accord de 7e naturelle* l'accord de 7e qui, dans un ordre ou dans un autre, reproduit dans ses intervalles le modèle du tableau des harmoniques (sons nos 1 à 7, soit accord parfait majeur + 7e mineure, l'harmonique 7 étant assimilé à la 7e tempérée, malgré une certaine marge d'intonation, en vertu du phénomène de tolérance, par exemple *sol-si-ré-fa*). L'accord de 7e naturelle prend le nom de *7e de dominante*, en harmonie classique, lorsqu'il est placé sur le 5e degré de la tonalité, et dans ce cas seulement. Il est abusif de généraliser le terme comme on le fait parfois fautivement par confusion entre *terminologie de nature* et *terminologie de fonction*. De plus, l'harmonie scolaire a longtemps considéré l'accord de 7e naturelle comme dissonant, considérant à tort la 7e comme une dissonance « ajoutée » à l'accord parfait et exigeant sa résolution au 1/2 ton inférieur ; cette « obligation » est aujourd'hui beaucoup plus nuancée, mais la théorie porte encore le poids de toutes ces erreurs d'analyse, dont le principe remonte à une défaillance de Rameau.

Les accords de 7e autres que l'accord naturel rentrent dans la catégorie des accords *artificiels* ou *analogiques*, et prennent des noms divers, dans l'usage desquels règne parfois un certain flottement. Du fait de leur classification en « espèces » numérotées, les traités leur donnent parfois le nom barbare de « 7e d'espèces ». Ils sont nombreux, et on en trouve à la fois nomenclature et fonction tonale si, après avoir dressé un tableau des 4 gammes classiques (1 majeure, 3 mineures), on y relève les différentes 7e possibles avec leurs altérations. Les principaux sont les accords de *7e majeure* (do-mi-sol-si = parfait majeur + 7e majeure), *7e mineure* (do-mi bémol-*sol- si* bémol = parfait mineur + 7e mineure) et de *7e diminuée* (do dièse- *mi-sol-si* bémol = quinte diminuée + 7e diminuée). Dans ces 3 accords, toutes les composantes ont même qualification que le nom global de l'accord, ce qui en facilite la mémorisation.

On trouve aussi les accords de *7e sur mineur* (c'est-à-dire 7e majeure sur parfait mineur : *do-mi* bémol-*sol-si* bécarre), et de *7e mineure sur diminué* (c'est-à-dire 7e mineure sur quinte diminuée : *do* dièse-*mi-sol-si* bécarre). Ce dernier accord prend le nom de *7e de sensible* lorsqu'il est placé sur la sensible (7e degré) du ton, exemple en *do*, *si-ré-fa-la*. Il crée souvent ambiguïté avec l'accord de 9e naturelle à fondamentale sous-entendue (*sol* sous-entendu sous *si-ré-fa-la*). Son 1er renversement (*ré-fa-la-si*), très employé en langage classique sur le 4e degré mineur, y partageait autrefois avec *son homologue du majeur* (IV = acc. de 7e min.) le nom d'*accord de grande sixte*, avec résolution obligée sur l'accord de dominante.

— 4. **Jeu d'orgue** (rare avant le XIXe siècle) produisant faiblement à 2 octaves de distance la 7e mineure de la note jouée, ou plus exactement son harmonique 7, un peu plus bas qu'elle. Il s'ajoute aux autres jeux de mutation correspondant aux harmoniques antérieurs pour former l'ensemble du « plein jeu » ou « grand cornet ».   J. C.

SEPTOLET. Groupe de sept notes de même valeur jouées en un seul temps, fraction ou multiple de temps.   M. T.

Sept Paroles du Christ en croix (Les). Oratorio de Heinrich Schütz écrit vers 1645, au retour de son deuxième voyage au Danemark. Venant une vingtaine d'années après l'*Histoire de la Résurrection*, l'œuvre frappe par son ton moderne et par un mélodisme qui l'auteur doit de toute évidence aux maîtres de l'oratorio romain (à Luigi Rossi plutôt qu'à Carissimi, d'ailleurs). Ce que Schütz, en revanche, n'emprunte à personne, c'est ce mélange de spiritualité et de lyrisme intime qui tend à l'intériorisation du sentiment dramatique. Hautement expressive, la déclamation monodique du récitant n'en est pas moins canalisée par une volonté de méditation et de prière qui invite l'auditeur à regarder, à écouter surtout au-delà de la simple relation de l'événement.

Les textes, tirés des Évangiles, semblent avoir été cités de mémoire par le compositeur, d'où certaines petites inexactitudes de détail (comme le contresens sur la signification du mot hysope).

Introduites par un quatrain admirablement adapté à l'esprit de la musique (« Si tu vis pour le monde, alors tu es un homme mort et tu rends le Christ malade de douleur, mais si tu veux bien mourir avec lui et partager ses blessures, alors il vivra dans ton cœur »), les *Sept Paroles* offrent 11 sections, les sept paroles du Christ proprement dites (numéros 3 à 9) étant encadrées par deux chœurs extrêmes à 5 voix, aux effets archaïsants, et par 2 *sinfonie* instrumentales (cordes et cuivres), qui se réfèrent au style vénitien des Gabrieli.

La narration de l'évangéliste, tour à tour confiée à l'alto, au ténor 1 et au soprano, voire au chœur à quatre voix, est d'une merveilleuse plasticité mélodique, tout en répondant aux moindres intentions du texte, tandis que pour les paroles du Christ — chantées par le ténor 2 — Schütz recourt à une sorte de *lamento-stil*, qui surpasse en émotion tout ce que les Italiens avaient fait jusqu'alors en matière de monodie expressive. L'inspiration du *Sagittarius* est ici à son plus haut niveau, tendant aussi bien à l'humanisation radicale du mot (le passage *Père, père, pardonne-leur*, avec ses respirations douloureuses) qu'à sa spiritualisation éperdue (l'envolée irréelle sur : *tu seras avec moi dans le Paradis, dans le Paradis*). Et, pour l'*Est ist vollbracht (tout est acompli)*, nous reconnaissons le mystique confronté véritablement à l'éternité, avant que le dramaturge ne revienne au constat réaliste pour le : *je remets mon âme entre tes mains*, dont les césures rendent si bien le souffle épuisé du mourant.
R. T.

Sept Péchés capitaux des Petits-Bourgeois (Les) [en all. *Die sieben Todsünden der Kleinbürger*]. Ballet avec chant de Kurt Weill sur un texte de Bertolt Brecht, composé et créé à Paris en 1933. Il s'agit de la dernière des huit coproductions de Brecht et Weill. Son origine fut une commande de George Balanchine, reçue par le poète et le musicien alors qu'ils venaient de quitter Berlin à la suite de l'arrivée de Hitler au pouvoir.

Le personnage principal est une Anna dédoublée qui chante et qui danse. A Anna I, raisonnable et pratique, voix de la conscience, s'oppose Anna II, un peu folle, beau reflet dansant de la première. La mission du personnage dédoublé consiste à parcourir les grandes villes en se faufilant à travers les « sept péchés capitaux des petits-bourgeois », cela pour y amasser de l'argent et aider ses parents et ses deux frères à construire pierre par pierre, pour eux et pour elle(s), une maisonnette « en Louisiane, là où les eaux du Mississippi coulent sous la lune ». Cette quête se déroule en sept étapes, ponctuées des commentaires en *Sprechgesang* d'Anna. Ces commentaires sont, eux-mêmes, interrompus par les objections plus ou moins inquiètes d'un quatuor vocal (2 ténors, baryton, basse) représentant le reste de la famille.   M. V.

SEPTUOR. Composition musicale pour 7 voix ou instruments, et la formation vocale ou instrumentale qui l'exécute. Pratiquement ignoré des compositeurs en tant que formation à cordes, le septuor instrumental doit son existence aux vents et, surtout, aux ensembles mixtes (Septuor op. 20 de Beethoven).   M. T.

SÉQUENCE (du lat. *sequentia*, « ce qui suit » l'alléluia).
— 1. **Pièce strophique** d'une structure particulière chantée à certaines fêtes après l'alléluia ou le trait de la messe. Le nombre des séquences est aujourd'hui réduit à 5, mais leur nombre était auparavant considérable (on en a recensé environ 4 500), et leur structure elle-même a fortement varié depuis l'invention du genre à Saint-Gall au IXe siècle par Notker le Bègue (v. Saint-Gall).

On hésite à ranger parmi les séquences les « prosules » primitives antérieures, consistant simplement à doter syllabiquement de paroles les mélodies vocalisées ou « neumes » (*neumae*, du gr. *pneuma*, « souffle ») supportées par le *e* du kyrie et surtout le *a* de l'alléluia, tantôt en conservant le mot kyrie ou alléluia (solution préférée par les Latins), tantôt en le remplaçant lui aussi (solution préférée par les Germains). Il s'agit là de tropes d'adaptation, dans lesquels la mélodie originale n'est pas modifiée ; ces « prosules », comme on les nommera plus tard, sont en général assonancées au modèle, *e* pour le *kyrie*, *a* pour l'*alléluia*, sans rythme particulier. On discute également si le terme *longissimae melodiae*, employé par Notker pour désigner les mélodies sur lesquelles il a travaillé, désigne un genre particulier, qui reste hypothétique — les exemples cités étant généralement postérieurs à l'invention de la séquence et semblant être des « mélismes séquentiels » résultant de la suppression a posteriori des paroles de la séquence développée, et non l'inverse —, ou bien si, comme il est probable, le terme est un simple adjectif s'appliquant normalement aux mélodies usuelles.

On s'accorde, en revanche, à faire crédit au récit de Notker lorsqu'il nous narre son initiative, non seulement de doter des paroles syllabiques la mélodie vocalisée de l'alléluia, comme le faisait Jumièges, mais d'en tirer une forme nouvelle. Il développe, en effet, cette mélodie pour construire à partir de ses éléments une forme semi-strophique caractérisée par un groupement de versets en paires, la mélodie de chaque strophe impaire se répétant sur la suivante paire et sur elle seule. Le trope d'adaptation de Jumièges se voyait ainsi transformé en trope de développement, et chaque cellule du modèle donnait lieu à répétitions avec variations ou adaptations, en insérant des clausules intermédiaires et terminales en cours de route. Comme les tropes d'adaptation, les premières séquences étaient habituellement assonancées en *a*, souvenir de l'*alléluia* générateur.

Après quelque temps, le souvenir de l'alléluia se perdit et la séquence, conservant sa forme, devint une composition libre, toujours soumise à la répétition binaire des versets. Dans le même temps, l'assonance en *a* disparaissait pour faire place à des rimes régulières. Ainsi se forma la séquence de transition, dont un spécimen a été conservé parmi les séquences rescapées du concile de Trente : le *Victimae paschali laudes* attribué au chapelain bourguignon Wipo († *v.* 1060), rimé mais non rythmé. Sa structure qui semble irrégulière dans la version conservée ne l'était pas à l'origine, car on en a assez tôt dérangé l'ordonnance en supprimant, par courtoisie envers les juifs, une strophe où ils étaient traités de menteurs.

Au cours du XIIe siècle intervint une transformation importante : la séquence adopta de manière généralisée un type de vers nouveau, à la fois rimé et rythmé, basé sur un retour régulier de l'accent toutes les 2 syllabes, ce qui ne devait pas tarder à se décalquer à son tour sur le rythme musical : l'accentuée tendit à s'allonger et à devenir une longue de 2 temps, d'où cette ternarisation générale du rythme qu'on retrouvera chez les trouveurs comme dans les « modes rythmiques » des motets d'*Ars antiqua*. À l'exception près déjà citée, toutes les séquences conservées appartiennent à ce type dit de nouvelle séquence : rythmons par exemple le *Veni Sancte Spiritus*, nous trouverons vÉni sancte spÍritus/, et emÍtte cÉlitus / lÚcis tÚae rÁdium. Il en est de même partout.

Le nombre des séquences, accru par d'abondantes compositions de caractère local, n'a cessé de s'accroître du IXe au XIIIe siècle au moins, bien que les mélodies fussent souvent reprises pour de nouveaux textes : une séquence comme *Laetabundus* était passée au rang d'un véritable timbre, sur lequel on refaisait constamment des paroles nouvelles (on en fit et même de profanes, voire parodiques, jusqu'au XVIe siècle). Saint-Gall et Saint-Martial de Limoges avaient été les principaux producteurs de l'ancienne séquence, l'abbaye Saint-Victor de Paris s'illustra particulièrement dans la nouvelle avec le frère Adam dit Adam de Saint-Victor († 1177), mais aucune des séquences d'Adam n'a été conservée, alors qu'on a retenu l'adaptation de l'une d'elles, *laudes Crucis attollamus*, devenue *Lauda Sion salvatorem* ; il est vrai que la paternité même du *Laudes crucis* lui a été contestée au bénéfice du « primat » Hugues d'Orléans.

L'abondance du répertoire incita, au XVIe siècle, le concile de Trente à considérer la séquence comme un genre parasite et à en décider l'élimination. Seules furent alors sauvées les deux séquences déjà mentionnées (*Victimae paschali* et *Lauda Sion*), et deux autres séquences du XIIIe siècle : l'une, *Veni Sancte Spiritus*, qui avait pour auteur l'archevêque de Cantorbéry Etienne Langton († *1228*) avait détrôné pour la Pentecôte le *Sancti Spiritus adsit nobis gratia* de Notker, qui avait été l'un des prototypes de la séquence ancien style. L'autre, *Dies irae*, dite « prose des morts », est restée jusqu'au temps du romantisme le type parfait de ce qu'on croyait être le plain-chant. En fait, c'est un remaniement tardif, attribué par les uns au franciscain Jacopone da Todi († *1306*), par les autres au cardinal Malabranca (Latino Orsini), ce qui en avancerait la date de plus d'un siècle (le cardinal était le beau-père naturel de Laurent de Médicis, né en 1449). On y trouve en effet une refaçon d'un ancien *versus* carolingien du répertoire de Saint-Martial de Limoges, le *versus de die judicii*, appartenant à un cycle de pièces sur le Jugement dernier dont les ramifications s'étendent jusqu'à Aniane, mêlée à des souvenirs du répons de l'office des morts, *Libera me Domine*.

Une cinquième séquence, *Stabat Mater*, attribuée au frère franciscain Jacopone da Todi († *1306*) n'est entrée que tardivement à l'office (Benoît XIII, 1727 ; à noter que Benoît XIII était lui aussi un Orsini). En tant que séquence, elle est passée inaperçue, tandis que, transformée de bonne heure en cantique strophique avec une mélodie de caractère populaire, elle est devenue sous cette forme l'un des chants les plus répandus de la semaine sainte (v. STABAT MATER).

On voit que la séquence, à la fin du XIIe siècle, était devenue une forme musicale et littéraire tout autant qu'un genre liturgique. Il n'est donc pas étonnant que son influence se soit étendue sur d'autres formes musicales étrangères à la liturgie, et même à des formes de danse comme l'*estampie* du XIIIe siècle. On la retrouve aussi dans le lai lyrique et il n'est pas interdit d'en suivre le prolongement jusque dans les formes binaires de la construction classique, qui nous vaudront l'*Hymne à la joie* de la *9e Symphonie* de Beethoven.

— 2. **Ensemble mélodique** ou **harmonique** découpé dans un ensemble plus vaste tout en restant cohérent. Le terme a été quelque temps employé, en harmonie, pour désigner une cellule destinée à se reproduire sur d'autres degrés — une marche harmonique, par exemple, est considérée comme formée d'une succession de séquences ; sous l'influence du vocabulaire cinématographique, le terme tend à se généraliser, sans rencontrer pour autant l'adhésion générale ; Messiaen notamment y proclame son hostilité.   J. C.

SEQUENZAS. Ensemble ouvert de 9 pièces indépendantes pour voix ou instrument solo de L. Berio, écrites entre 1958 et 1980 et dédiées chacune à un virtuose : *Sequenza I*, pour flûte (1958) ; *Sequenza II*, pour harpe (1963) ; *Sequenza III*, pour voix (1965-66) ; *Sequenza IV*, pour piano (1966) ; *Sequenza V*, pour trombone (1966) ; *Sequenza VI*, pour alto (1967) ; *Sequenza VII*, pour hautbois (1969) ; *Sequenza VIII*, pour violon (1975-1977) et *Sequenza IX*, pour clarinette (ou pour clarinette et filtre digital programmé) [1980]. Tout en suivant la grande tradition occidentale des pratiques vocales et instrumentales, Berio poursuit ici un élargissement maximal des relations techniques entre le musicien et son instrument. D'où 9 « portraits » contemporains des instruments traditionnels. Les grandes difficultés techniques des pièces sont toujours pensées « dans le sens de » et jamais « contre » (L. Berio) l'instrument, ce qui néanmoins n'exclut pas de nouvelles modalités d'émission du son allant au-delà de la virtuosité traditionnelle.

Les instruments monodiques se révèlent parfaitement aptes aux textures polyphoniques : les multiphoniques (*Sequenza I*, pour flûte), les accords (*Sequenza VI*, pour alto ; *Sequenza VIII*, pour violon), le jouéchanté simultané (*Sequenza V*, pour trombone), les comportements instrumentaux ou vocaux similaires, reproduits à distance (*Sequenza III*, pour voix; *Sequenza VIII*, pour violon), l'opposition des registres et des sons ou des groupes répétés (*Sequenza V*, pour trombone; *Sequenza VIII*, pour violon), la spatialisation de la texture à travers la référence permanente à un pivot centralisateur (*Sequenza VII*, pour hautbois; *Sequenza IX*, pour clarinette) sont les procédés les plus typiques de polyphonisation de ces pièces virtuoses destinées à des instruments monodiques. La virtuosité instrumentale est nécessairement liée à des comportements physiques particuliers. Le geste corporel amplifie l'aspect proprement théâtral de la performance artistique. Une succession sous-jacente d'émotions (*Sequenza III*, pour voix), un scénario imaginaire implicite (*Sequenza V*, pour trombone) ou tout simplement une gesticulation « exagérée » de l'instrumentiste due à un procédé technique singulier (*Sequenza VI*, pour alto; *Sequenza IV*, pour piano) introduisent dans ces pièces de virtuosité la dimension du théâtre musical.

La dénomination de *Sequenza* se réfère de façon indirecte à une dizaine de siècles d'histoire de la musique. Les principes de construction formelle des *Sequenzas* de Berio s'appuient sur certaines particularités fondamentales des séquences à travers l'histoire, en les intégrant au contexte musical contemporain. Les *Sequenzas* de Berio développent systématiquement un matériau de base avec des formules répétées, variées et transposées à distance ; elles utilisent des éléments constitutifs stables tout en procédant par prolifération mélodique illimitée de la texture monodique (*longissima melodia*). Développement averbal d'un « jubilus » instrumental, ces pièces de virtuosité contemporaine mettent en séquence des textures sonores complexes qui multiplient les monodies et perfectionnent les techniques du jeu. I. S.

SERAFIN (Tullio), chef d'orchestre italien (*Rottanova di Caverzere 1878-Rome 1968*). Il étudie le violon et la composition au conservatoire de Milan. De ses débuts à Ferrare en 1898 à sa dernière apparition à l'Opéra de Rome en 1962 (pour *Otello* de Rossini), sa carrière fut entièrement consacrée à l'art lyrique. Il dirige au Covent Garden (1907), est engagé comme chef principal de la Scala de Milan (1909-1914 et 1917-18), puis par le Metropolitan Opera de New York (1924-1934), avant de diriger le Teatro Reale de Rome (1934-1943) et d'être appelé à l'Opéra de Chicago (1956-1958).

Tullio Serafin fut le créateur de *L'Amore dei tre re* (1913) et de *La Nave* (1918) de Montemezzi, de *The King's Henchman* (1927) et de *Peter Ibbetson* (1931) de Deems Taylor, de *The Emperor Jones* de Gruenberg (1933) et de *Merry Mount* de Howard Hanson (1934), sans compter les innombrables premières italiennes ou américaines qu'il dirigea. Il a contribué à la découverte et à la gloire de certains des plus grands chanteurs de son temps : Benjamino Gigli, Rosa Ponselle, Maria Callas et Joan Sutherland, restant quant à lui d'une discrétion exemplaire jusque dans ses interprétations, rigoureuses et pures. M. W.

SÉRÉNADE (du lat. *serus*, « tardif »). D'une façon très générale, le terme signifie « musique du soir », par opposition à aubade, « musique de l'aube ». Au sens strict, la sérénade est un concert de voix et d'instruments donné la nuit, en plein air, sous les fenêtres de quelqu'un (précisément d'une femme), pour lui rendre hommage : ainsi la sérénade chantée par Don Giovanni accompagnée d'une mandoline au début du second acte de l'opéra de Mozart. Le même type, sous le nom allemand de *Ständchen*, se retrouve chez Schubert, soit pour voix et piano (cf. la célèbre *Sérénade* D.957 nº 4 sur des paroles de Rellstab), soit pour voix de femme et quatuor vocal (D.920).

A la fin du XVIᵉ siècle, le terme *serenata* désigne certaines œuvres vocales, et, au XVIIᵉ, des œuvres vocales et instrumentales à caractère de célébration. Heinrich Ignaz Biber l'appliqua à des pages instrumentales (*Sérénade du veilleur*), et cette destination instrumentale tendit à dominer au XVIIIᵉ siècle. Mais, pour des théoriciens comme Johann Gottfried Walther, Schiebe, Marpurg ou Quantz, le terme de « sérénade » ne vaut encore que pour une composition vocale de cour destinée au théâtre ou à la « chambre », et un « opéra » tel qu'*Ascanio* in Alba de Mozart (1771) eut comme appellation d'origine *serenata teatrale*. De même, Bach avait composé une *Serenata* (BWV 173 A) pour l'anniversaire du prince de Coethen.

Dans le domaine instrumental, on employa souvent indistinctement, au XVIIIᵉ siècle, les termes divertimento*, cassation*, nocturne* ou sérénade pour qualifier la même œuvre. Mais, en particulier avec Mozart, le terme « sérénade » tendit à s'appliquer plus spécifiquement à des œuvres en plusieurs mouvements pour grand orchestre — et non pour petites formations ou pour formations de chambre, ce point est important — conçues pour des occasions spéciales. De cette catégorie relèvent plusieurs partitions en 7 ou 8 mouvements (dont 2 ou 3 mouvements avec un ou plusieurs instruments solistes et formant une sorte de concerto intercalaire) écrites par Mozart à Salzbourg : sérénades *Andretter**, *Colloredo**, *Haffner**, *Posthorn**.

Mais, à partir de 1780, la promotion de la symphonie, également pour orchestre, devait barrer la route au genre plus relâché de la sérénade pour orchestre. La sérénade instrumentale devint alors chez le Mozart des années viennoises (K.388 en *ut* mineur pour instruments à vent, K.525 *Petite* Musique de nuit*), puis chez le jeune Beethoven (cf. opus 8 pour trio à cordes, opus 25 pour flûte, violon et alto) une œuvre plus confidentielle et tendre, relevant de la musique de chambre ou s'en rapprochant. Il survécut néanmoins sous diverses formes au XIXᵉ siècle et, même, au XXᵉ (sérénades op. 11 et op. 16 de Brahms ; sérénades pour cordes op. 22 et pour vents op. 44 de Dvořák ; sérénade pour cordes op. 48 de Tchaïkovski ; sérénade pour vents op. 7 de Richard Strauss ; sérénades pour violon et orchestre op. 69 de Sibelius ; sérénade pour flûte, violon, alto, violoncelle et harpe op. 30 de Roussel). M. V.

SÉRÉNADE ITALIENNE. Œuvre de Hugo Wolf, d'abord écrite pour quatuor à cordes (mai 1887), avant d'être instrumentée pour une formation de chambre en 1892. Dans cette version, devait d'abord intervenir un cor anglais solo, mais Wolf changea cet instrument en un alto. De 1897 datent plusieurs tentatives inabouties pour étendre le plan de la *Sérénade* à trois mouvements, et pour entreprendre une autre *Sérénade* (dite « nº 3 ») qui aurait employé la ritournelle italienne *Funiculi funicula*. Noter que le qualificatif « italienne » n'a été appliqué par l'auteur qu'à la version orchestrale (dite « nº 2 »). Pièce ravissante, fine et aérienne — souvent donnée en « bis » —, la *Sérénade* marque le premier pas chez Wolf du regain d'inspiration méditerranéenne qui devait conduire aux lieder espagnols et italiens, ainsi qu'au *Corregidor*. P.-G. L.

SÉRIELLE (MUSIQUE). Le terme « musique sérielle », qui n'est synonyme ni de « musique dodécaphonique » ni de « musique atonale », apparut pour la première fois dans les descriptions des œuvres de Schönberg*, Berg et Webern postérieures à 1920-1923 et faisant usage de la série dodécaphonique*, et fut utilisé surtout à partir de 1945-1950. Dans une musique sérielle quelle qu'elle soit, les éléments « mis en série » sont en principe égaux en droit et régis selon l'ordre dans lequel ils apparaissent et se succèdent. Pour abolir, du moins en principe, toute hiérarchie entre les sons, Schönberg eut recours, après la période de silence qui elle-même avait suivi ses grandes œuvres dites « atonales libres », à l'atonalité et au sérialisme. Mais il n'appliqua ce dernier qu'à un des 4 paramètres (hauteur, durée, timbre, intensité) du son traditionnel : les hauteurs. Et il prit comme matériau de base pour ses séries les douze degrés de la gamme chromatique. Ses séries sont donc dodécaphoniques, et on a associé à son système le terme de dodécaphonisme.

La série dodécaphonique schönbergienne est l'énoncé dans un ordre quelconque des douze sons de l'échelle chromatique tempérée, chaque son étant énoncé et chacun ne l'étant qu'une fois : le nombre des séries possibles s'élève ainsi à $(1 \times 2 \times 3 \times 4 \times 5 \times 6 \times 7 \times 8 \times 9 \times 10 \times 11 \times 12) = 479\,001\,600$. À la base d'une œuvre, une série précise choisie par le compositeur en fonction de divers critères, et pouvant y être utilisée sous sa forme originale, récurrente (de la dernière note à la première), renversée (en changeant la direction de ses intervalles), ou récurrente renversée, chacune de ces quatre formes (v. VARIATIONS POUR ORCHESTRE), étant en outre transposable sur les onze autres degrés de l'échelle chromatique. D'où un total de 48 formes différentes de la même série. De ces 48 formes, qui s'inscrivent dans les 479 001 600 théoriquement possibles, le compositeur dispose « à volonté », avec en outre le principe de l'identité de l'horizontal et du vertical (présentation soit successive, soit simultanée, c'est-à-dire sous forme d'accord, des notes de la série), celui de l'équivalence entre elles de toutes les notes du même nom quel que soit leur registre, et la possibilité de faire passer d'une voix à l'autre telle ou telle forme de la série choisie et d'en faire entendre simultanément diverses formes, à des vitesses de déroulement et à des rythmes divers, aux différentes voix. Ces divers principes, qui en outre peuvent se combiner, montrent bien que fondamentalement la série dodécaphonique n'est pas un thème au sens classique du terme (elle n'est pas forcément « reconnaissable » mélodiquement), mais essentiellement une succession d'intervalles.

Il résulte de ce qui précède que :
— 1. une musique peut être sérielle sans être dodécaphonique, si elle fait appel à des séries de moins de 12 sons (séries défectives, fréquentes chez le dernier Stravinski) ou de plus de 12 sons (dans le cas d'un langage utilisant des intervalles plus petits que le demi-ton) ou si elle « met en série » des paramètres autres que les hauteurs de son ; elle peut être atonale, si la série est choisie de manière à susciter un sentiment tonal ;
— 2. une musique peut être atonale sans être dodécaphonique au sens schönbergien (les œuvres de Schönberg de 1908-1915 ne sont dodécaphoniques qu'au sens large et les œuvres modales anciennes pas du tout), ni sérielle ;
— 3. une musique dodécaphonique (au sens schönbergien) et sérielle peut néanmoins être tonale par beaucoup d'aspects si la série est choisie de manière à susciter un sentiment tonal (*Concerto pour violon* d'Alban Berg) ;
— 4. si les œuvres de Schönberg, relevant de sa « méthode de composition avec douze sons n'ayant de rapports qu'entre eux » sont (en principe) à la fois atonales, dodécaphoniques et sérielles, elles ne constituent qu'un cas particulier aussi bien de l'atonalité que du sérialisme.

À noter, enfin, que le terme « dodécaphonique » n'a été employé ci-dessus qu'au sens schönbergien, mais qu'au sens large on peut l'appliquer à la musique tonale occidentale des XVIIIe et XIXe siècles, fondée elle aussi sur les douze degrés de la gamme chromatique tempérée. On trouve d'ailleurs des séries (au sens schönbergien) de 12 sons, intégrées dans un contexte tonal, dans un récitatif du *Don Giovanni* de Mozart, au début de la *Faust Symphonie* de Liszt, et dans la fugue de *Ainsi parlait Zarathoustra* de Richard Strauss.

Schönberg, Berg et Webern acquirent rapidement dans l'usage de la série une grande maîtrise, mais en l'adaptant à leurs besoins personnels. Avant la Seconde Guerre mondiale, seuls de rares compositeurs, parmi lesquels Ernst Křenek et Luigi Dallapiccola, les suivirent dans cette voie. Mais, après 1945, beaucoup de jeunes compositeurs, avec, à leur tête, Luigi Nono, Pierre Boulez, Karlheinz Stockhausen, se joignirent à eux. Avec cette nouvelle génération, le principe sériel s'étend à d'autres paramètres que les hauteurs de son : durées, timbres, intensités. Ce fut, jusque vers 1955, la période du « sérialisme intégral », ou du « sérialisme post-webernien ». La « pensée sérielle » fut à l'ordre du jour, illustrée notamment par cette définition qu'en donna Stockhausen : « Le principe sériel signifie d'une façon générale que pour une œuvre donnée on choisit en nombre limité des grandeurs différentes ; que ces grandeurs sont apparentées les unes aux autres par leurs proportions ; qu'elles sont disposées dans un ordre et à des intervalles déterminés ; que cette sélection sérielle intervient pour tous les éléments qui serviront au travail compositionnel ; qu'à partir de ces séries fondamentales le travail compositionnel débouche sur de nouvelles séries de configurations d'un degré supérieur qui à leur tour sont variées sériellement ; que les proportions de la série constituent le principe structurel dominant de l'œuvre à composer, celle-ci devant en tirer les conséquences formelles indispensables » (*Zur Situation des Metiers*, 1953-54). M. V.

La méthode de Schönberg trouva son premier emploi dans la 5e pièce (valse) de l'opus 23 pour piano (12 sons toujours présentés dans le même ordre selon des dispositions variées) ; puis, avec la *Sérénade* op. 24 (septuor) et surtout avec la *Suite pour piano* op. 25. Son utilisation se généralise jusqu'aux *Variations* op. 31 pour grand orchestre (1927-28) et à l'opéra *Von Heute auf Morgen* (« D'aujourd'hui à demain », 1929).

La série dodécaphonique marque une distanciation par rapport à l'acte compositionnel traditionnel, constitue le principe organisateur de l'œuvre tout en n'affectant que les hauteurs, et peut même être considérée comme la quintessence de la variation. Elle consacre, évidemment, la non-dissociation de l'harmonie et de la mélodie qui « ne sont que les deux aspects, l'un vertical, l'autre horizontal, d'une même réalité musicale fondamentale » (Webern, 1932). Toutefois, les pages précitées mettent bien en relief que la série des hauteurs est conçue par Schönberg comme un « ultrathème » lié aux formes classiques du contrepoint et n'entrave en fait ni l'humour, ni le lyrisme, ni en un mot la sensibilité. Est-ce un cas particulier ? Un regard sur l'œuvre de Berg ne dément car elle constitue une tentative pour « rattacher au passé chaque nouvelle étape du devenir de l'univers schönbergien » (R. Leibowitz). Dans la *Suite lyrique* (1925-26), Berg fait coexister, parfois dans le même mouvement, les principes d'écriture tonale et la méthode de composition à 12 sons sans affecter l'unité de style, la cohérence générale tandis que les 4 derniers sons de la série du *Concerto* à *la mémoire d'un ange* sont précisément les 4 premières notes du choral de Bach cité. Berg a, d'ailleurs, lui-même, souligné le double aspect de son œuvre : romantique, mais aussi mathématique. De fait, il fut le premier, dans *Lulu*, à découvrir et utiliser les premières permutations qui lui permirent d'engendrer de nouvelles séries dérivées (un procédé repris et perfectionné par Boulez et Barraqué).

Chez Webern, la série jouant un rôle de cohérence, exerce un contrôle rigoureux sur les moyens d'écriture ; elle devient une fonction d'intervalles et doit être envisagée « comme une fonction hiérarchique engendrant des permutations qui se manifeste par une répartition d'intervalles, indépendante de toute fonction horizontale ou verticale » (P. Boulez). Car Webern s'abstient de toute référence (H. Pousseur a parlé à propos de la logique de sa démarche « d'une pure construction du refus ») et, considérant chaque phénomène sonore comme autonome, relègue au second plan les problèmes strictement harmoniques et élargit sa réflexion et son contrôle aux autres paramètres du son ; il tente, en effet, de créer des séries de rythmes (cf. 2e mouvement des *Variations* op. 27, 1936) et même une organisation des hauteurs, durées, intensités dans l'exposition du premier mouvement du *Concert* op. 24 : 12 sons divisés en 4 groupes de 3 sons (cette atomisation créant des blocs sonores qui permettent d'engendrer des structures complexes), un rythme articulé dans la proportion 1 : 2, l'intensité décroissant du *f* au *p* (cf. aussi la seconde *Cantate* op. 31).

Ce sont ces tentatives (et l'esprit de Webern) que radicalisent les jeunes compositeurs de la classe de Messiaen, puis de Leibowitz (qui fit redécouvrir la trilogie viennoise en France et familiarisa les créateurs avec le dodécaphonisme strict), au lendemain de la Seconde Guerre mondiale. Il semble bien que, dès 1942, Messiaen ait songé à appliquer le principe de la série dodécaphonique aux autres paramètres du son (cf. *Liturgie de cristal* dans *Quatuor pour la fin du temps*, 1941). Dans les 4 *Études de rythmes* composées par Olivier Messiaen en 1949, la 2ᵉ *(Mode de valeurs et d'intensités)*, dont on connaît l'impact sur Boulez et Stockhausen, est vraiment construite sur une série rythmique (ou de valeurs) de 24 durées, sur une série dynamique de 7 intensités, du *ppp* au *fff*, sur une série de 12 attaques. Ainsi, tout son devient un phénomène identifiable par ses qualités propres. La même année, Boulez, avec son *Livre pour quatuor* (1949), propose un traitement sériel successif de tous les paramètres, créant parallèlement aux séries de hauteur des séries de durées, de timbres ou attaques, de dynamiques traitées de manière autonome. Mais le premier essai d'organisation totale simultanée de l'espace sonore (à laquelle travaille de son côté aux États-Unis depuis 1948 Milton Babbitt *(cf.* ses *3 Compositions pour piano)* n'est réalisé qu'avec *Polyphonie X* (1951), appelée ainsi en raison du croisement de certaines structures, et dont Boulez, lui-même, reconnaît l'échec partiel, du fait de sa trop grande rigidité qui aboutit à des résultats aussi imprévus que malheureux sur le plan sonore, et le 1ᵉʳ livre des *Structures pour 2 pianos* (1952), dont la série initiale reprend la première division du mode de 36 hauteurs de *Mode de valeurs et d'intensités d'O. Messiaen* (la première pièce fut écrite avant *Polyphonie X).*

C'est ce type de musique, avec traitement sériel de tous les paramètres ou, du moins, d'un autre paramètre en sus des hauteurs, qu'on a plus volontiers désigné sous le nom de musique sérielle au début des années 50. De plus, très vite, l'utilisation de la série cesse d'être liée au chiffre 12 (« une croyance comique en l'efficacité de l'arithmétique », P. Boulez) et les critères retenus peuvent différer pour chacun des paramètres. La musique dodécaphonique n'est donc qu'un aspect, restrictif puisque limité aux hauteurs de la musique sérielle. Bien plus, cette dernière ne saurait être circonscrite à une technique de vocabulaire. Certes, la généralisation sérielle peut être conçue comme un garant d'asymétrie, de non-répétition, c'est-à-dire d'un univers en perpétuelle transformation et expansion, comme un moyen aussi de remédier à la pauvreté rythmique que Boulez reprochait à la musique dodécaphonique ; elle est, surtout, une manière d'appréhender l'acte compositionnel, le fait musical, et devient « un mode de pensée polyvalent » qui s'élargit à la structure même de l'œuvre qu'elle engendre et où le surdéterminé rejoint l'imprévisible de manière irréversible. On peut donc affirmer que la musique sérielle est non directionnelle et se rattache à une esthétique du discontinu.

Les cours d'été de Darmstadt, où Leibowitz enseigne en 1948 et 1949, et où les premiers débats mémorables interviennent en 1952 quand Boulez et Stockhausen présentent leurs premiers travaux, deviennent le creuset de cette nouvelle musique et lui assurant un rayonnement international, en font le fait collectif musical du XXᵉ siècle. On peut affirmer que presque tous les grands créateurs nés entre 1920 et 1930 ont eu leur période sérielle *(cf.* outre Boulez et Stockhausen, déjà cités, Luigi Nono, Luciano Berio, Bruno Maderna, Henri Pousseur, Serge Nigg, etc.), tant il est vrai qu'une certaine tyrannie intellectuelle s'est alors exercée. Boulez n'écrivait-il pas, en 1952, qu'« après la découverte des Viennois, tout compositeur est inutile en dehors des recherches sérielles » ?

Le cas de Jean Barraqué *(mort en 1973)* avec ses séries proliférantes mérite une attention particulière : rejetant l'atomisation de la série de base, qu'il présente avec clarté soit verticalement sous la forme de blocs, soit horizontalement, il engendre, par toute une série de subdivisions, des séries, certes différentes de la série initiale, mais présentant toujours des rapports avec elle (cf. *Sonate pour piano*). Il y a là une sorte d'évolution en spirale qui lui permet de concevoir une possibilité de matériau à l'infini, d'où cette œuvre tirée de la *Mort de Virgile* de Hermann Broch (4 parties achevées), à laquelle il voulait consacrer le reste de sa vie. Preuve en est que la grande variation beethovénienne n'est guère très éloignée et que la musique sérielle peut ne pas manquer de force, ni de lyrisme.

Mais, à vrai dire, peu de compositeurs suivirent le strict sérialisme à cause de la rigidité même du système. Des signes de liberté interviennent très tôt dans son application, dès 1952-53 avec Nono (cf. 1ʳᵉ *Épitaphe de García Lorca* ; *Due espressioni* ; et mieux *Canti per 13*, 1954 ; et *Incontri*, pour 24 instr., 1955) ou Donatoni (cf. *Composition en 4 mouvements*). Au moment où il vient de terminer *Metastasis* et travaille à *Pithoprakta*, Xenakis n'hésite pas à intituler un article paru dans le premier numéro du *Gravesaner Blätter* (revue de H. Scherchen) en 1955, *la Crise de la musique sérielle.* Il y attaque sa polyphonie linéaire, qui se détruit d'elle-même par sa complexité naturelle, soulignant ainsi la contradiction entre le système et le résultat ; la dispersion fortuite de l'état massique des sons dont la densité ne peut être contrôlée que par une moyenne statistique issue de l'application de la logique probabiliste. Il faut bien, en effet, reconnaître que la variation continuelle de l'ordonnance de tous les possibles de chaque paramètre dans la musique sérielle s'annulait même au niveau global du résultat sonore, entraînant rapidement par sa monotonie une perte de l'intérêt. Ce nivellement a été ressenti comme une sorte d'épuisement a priori de la matière et du processus générateur d'où le désir de trouver des moyens de différenciations plus importantes, le besoin d'améliorer le « rendement formel » des organisations sérielles, de le régénérer par la « technique des groupes ». Dès 1954, dans un article *Recherches maintenant* paru dans le nº 23 de la *Nouvelle N.R.F.*, Boulez lui-même bat en brèche le sérialisme intégral. En fait, sa prise de conscience était encore plus ancienne : si, dans les *Structures pour 2 pianos*, la première pièce (1951) est purement automatique, écrite « à partir d'un phénomène qui a annihilé l'invention individuelle » (P. B.), la deuxième et la troisième (1952) obéissent à un choix personnel (peu perceptible), c'est-à-dire à une direction imposée au matériau, à une tension de l'acte compositionnel, qui, dès cette date, marque de son propre aveu Boulez de ses complexes vis-à-vis d'une organisation stricte du matériau. Approfondissant cette idée d'un univers musical relatif, c'est-à-dire organisé selon des schémas variants, Boulez est amené à introduire certaines possibilités de choix de parcours qui posent aussi le problème de nouveaux rapports entre l'interprète et le compositeur, avec sa *3ᵉ Sonate pour piano* (1957). Deux mois plus tôt avait éclaté à Darmstadt la bombe du *Klavierstück XI* de Stockhausen, une organisation mobile de 19 séquences au contenu déterminé. La musique sérielle était bien morte même si elle mit quelques années encore à agoniser. De ce point de vue la venue à Darmstadt de Cage, l'été 1958 (séminaire sur « La composition comme processus »), aura une influence déterminante sur la jeune génération. À la sérialité se substitue l'aléatoire comme nouveau mot d'ordre. Il en est partiellement la conséquence logique.   M.-C. L. M.-M.

SERKIN *(Rudolf)*, pianiste américain, d'origine autrichienne *(Eger, Bohême, 1903).* Il fait ses études à Vienne auprès de Richard Robert (piano), de Joseph Marx et de Schönberg (composition), et débute à douze ans, accompagné par l'Orchestre symphonique de Vienne et Oskar Nedbal. La rencontre en 1920 à Berlin du violoniste Adolf Busch est déterminante pour le jeune virtuose, qui découvre en même temps Bach (avec l'orchestre de chambre Busch), la musique de chambre (en duo ou en trio avec Adolf et Hermann Busch) et, surtout, une éthique musicale héritée d'Adolf Busch, qui devient bientôt son beau-père. En dehors des nombreuses tournées qu'ils font ensemble, Serkin vit et travaille à Darmstadt (1922), puis à Bâle, où il enseigne, avant d'émigrer en 1933 en Suisse avec son maître. Il fait d'éclatants débuts américains en 1936 avec l'Orchestre philharmonique de New York, dirigé par Toscanini, et s'y installe trois ans plus tard, la guerre venue. Il est chargé de l'enseignement du piano au Curtis Institute de Philadelphie, qu'il dirigera (1968-1976), et préside aux destinées du festival de musique de Marlboro. Il a donné des cours aux collèges Williams et Oberlin et à l'université de Rochester. Ascète du piano, Serkin a peu à peu dépouillé son jeu des habits de la séduction pour mieux faire entendre le chant profond des œuvres, ciselé par un toucher lumineux et une articulation péremptoire. M. W.

SERMISY (Claudin de), compositeur français (? v. 1495-Paris 1562). On ne dispose d'aucune information sur sa jeunesse. On sait qu'il était, en 1508, enfant de chœur à la Sainte-Chapelle et, peu après (av. 1515), chantre à la chapelle royale. Nommé chanoine de Notre-Dame-de-la-Rotonde à Rouen, il échange cette position en 1524 contre une position similaire à Cambron près d'Abbeville. En 1532, il est déjà sous-maître de la chapelle royale et cumule, dès l'année suivante, ce poste avec celui de chanoine de la Sainte-Chapelle. Il conservera ces deux positions vraisemblablement jusqu'à sa mort, bien qu'on lui ait octroyé en 1554 la prébende de Sainte-Catherine de Troyes. Il jouissait d'une très grande réputation et ses contemporains le considéraient comme l'un des grands maîtres de leur époque, à l'égal de Josquin. Il a écrit autant de musique sacrée que profane, de qualité égale, ce qui est remarquable pour un musicien de sa génération. Il semble s'être consacré plus particulièrement à la musique sacrée à la fin de sa vie, la plupart de ses chansons ayant été écrites avant 1536. Il est, dans ce domaine, l'auteur de 12 messes environ (en général à quatre voix), dont une Messe de requiem, d'une soixantaine de motets (de 3 à 6 voix, mais surtout à 4 voix), d'une *Passion selon saint Matthieu* et de pièces diverses (*Magnificat*, fragments de messes, etc.). Ses messes sont en majorité des messes parodies. Il s'inspire souvent de ses propres œuvres, motets (*Missa « Domini est terra »*, *Missa « Tota pulchra est »*, etc.) ou chansons, bien qu'il utilise également des œuvres d'autres compositeurs (*Missa « Voulant honneur »*, sur une chanson de Sandrin, par ex.). Sa *Passion* est une des plus anciennes passions polyphoniques qui nous aient été conservées. Le style polyphonique de ses messes et motets est bien sûr hérité de l'école franco-flamande et en particulier de Josquin (groupement des voix 2 par 2, imitations, etc.), mais il l'allège en faisant intervenir des passages plus homophoniques et en simplifiant ses rythmes, ce qui favorise la clarté du texte et trahit l'influence du style de la chanson sur sa musique sacrée. Ses chansons, en général assez courtes et à 4 voix, ont eu une vogue immédiate. Ecrites sur des poèmes de François Ier, Bonaventure des Périers et, surtout, Clément Marot, elles se caractérisent par des phrases aux mélodies bien dessinées et au rythme très varié et ont souvent en commun un début homophonique, une écriture plutôt syllabique et un usage très discret du figuralisme. Malgré quelques essais dans ce domaine (*Martin menoit...*), il a moins cultivé la chanson à boire que ses contemporains Janequin et Passereau. La fluidité de ses mélodies se pliait particulièrement bien au style du luth et beaucoup de luthistes (Francesco da Milano, Giovanni Maria da Crema...) puisèrent, pour leurs transcriptions, dans ses chansons (*Las! Je me plains, Tu disois que j'en mourrois...*), en particulier dans celles sur des vers de Clément Marot (*Tant que vivray en age florissant, Pourtant si je suis brunette...*). Cette vogue, particulièrement grande en France et en Italie, s'étendit jusqu'en Flandre et en Allemagne, avec, notamment, les tablatures de Hans Gerle. D. H.

SEROCKI (Kazimierz), compositeur polonais (*Torun 1922-Varsovie 1981*). Après des études au conservatoire de Łódź et à l'École supérieure de musique de Varsovie avec K. Sikorski, il travailla à Paris, en 1947-48, la composition avec Nadia Boulanger et le piano avec Lazare Lévy. Il se tourna tout d'abord vers le folklorisme et le néoclassicisme, écrivant dans ce style plusieurs œuvres qu'il devait plus ou moins renier par la suite : *Triptyque* pour orchestre de chambre (1948), *Symphonie n° 1* (1952), *Symphonie n° 2* pour soprano, baryton, chœurs et orchestre (1953), *Concerto pour trombone* (1953). En 1956, il participa à la création de l'Automne de Varsovie, et, peu après, fut un des premiers en Pologne à adopter le sérialisme. De son évolution à cette époque témoignent *Musica concertante*, pour orchestre (1958) ; *Episodes*, pour 50 cordes et 6 percussions (1959) ; et, surtout, *Segmenti*, pour 12 instruments à vent, 5 instruments à cordes et 4 percussions (1961). Suivirent *A piacere*, pour piano (1962-63), inspiré du *Klavierstück XI* de Stockhausen, *Fresques symphoniques*, pour grand orchestre (1964), *Continuum*, pour 6 percussionnistes (1966), *Forte e piano*, pour 2 pianos et orchestre (1967). Parallèlement naquirent plusieurs œuvres vocales, dont *Niobe*, pour récitant, récitante, chœurs et orchestre (1966) et *Poèmes*, pour soprano et orchestre de chambre (1968-69). Au cours de sa dernière décennie, Serocki, qui n'aborda jamais l'opéra, n'écrivit que de la musique instrumentale, mettant toujours davantage l'accent sur le paramètre «timbre». Citons notamment *Dramatic Story*, pour grand orchestre (1971), *Fantasia elegiaca*, pour orgue et orchestre (1971-72), et *Pianophonie*, pour piano, orchestre et live-electronic (1976-1978). M. V.

SEROV (Alexandre), critique musical et compositeur russe (*Saint-Pétersbourg 1820-id. 1871*). Juriste de formation et de métier, il fut autodidacte en musique. Ses rencontres avec Vladimir Stassov, puis avec Glinka (1842) l'incitèrent à se consacrer activement à la musique. Mais ce n'est qu'en 1851 que débuta son activité de critique dans les revues *Sovremennik* (« le Contemporain ») et *Pantheon*. Ses premiers articles concernèrent Spontini, Mozart, Beethoven, le chant populaire russe et Glinka, dont il se fit l'exégète. Polémiste de talent, il fut en Russie un pionnier de la critique musicale « engagée ». En 1858, il envoya une violente riposte à Fétis à la suite des articles de ce dernier sur Glinka. Ayant, en 1858-59, entendu en Occident les opéras de Wagner, il s'appliqua activement à son retour en Russie à faire connaître l'art et les principes de ce maître. Il soutint, en leurs débuts, les compositeurs du groupe des Cinq, mais se brouilla avec eux par la suite. En 1867, il fonda la revue *Musique et Théâtre*, qui ne connut qu'une année d'existence. En tant que compositeur, Serov est passé à la postérité grâce à ses trois opéras, *Judith* (1862), *Rognéda* (1865), et *la Puissance du mal* (1871), qui sont chacun représentatifs d'un courant esthétique propre à l'école nationale russe : l'orientalisme et la dimension épique dans *Judith*, qui encouragea Moussorgski à commencer son *Salammbô* ; le haut Moyen Age russe dans *Rognéda*, dont l'influence s'est exercée sur Rimski-Korsakov ; la critique sociale dans *la Puissance du mal*, qui s'inscrit dans la succession de *la Roussalka* de Dargomyjski. Mais les conceptions musico-dramatiques de Serov, en dépit de son admiration pour Wagner, le rapprochaient surtout du grand opéra français. A. L.

SERSE (*Xerxès*). Opéra de G. F. Haendel, sur un livret de Stampiglia, d'après Niccolo Minato, commencé le 26 décembre 1737, terminé le 6 février 1738, créé au King's Theatre de Haymarket de Londres, le 15 avril 1738.
Véritable imbroglio comme les aimait l'opéra de ce temps, le livret de Stampiglia, déjà mis en musique par Bononcini, mais impossible à résumer en quelques lignes, offre surtout le mérite d'aller bon train (il fait penser, çà et là, à une pièce de Goldoni...) et de multiplier les scènes de genre, quiproquos, situations cocasses, etc. À telle enseigne que *Serse* a pu être regardé comme un « opéra-comique » et le seul de ce genre chez Haendel. C'est oublier un peu vite *Almira* de 1704 ou *Partenope* de 1730. Cependant, ce qui paraît bien unique en *Serse*, c'est l'humour, l'entrain

continuel, l'aspect parodique et, à travers la musique, une certaine gravité cachée apportée par le compositeur.

Le tempo général est vif (3 airs seulement sont marqués *largo*) et le ton est donné dès l'ouverture, passant du style pointé versaillais à un allégro débouchant sur une gigue ; dès le premier « air » également, le fameux *Ombra mai fu*, appelé généralement *Largo de Haendel*, alors qu'il est, en fait, un larghetto... emprunté à Bononcini.

Ses richesses musicales font de *Serse* une œuvre à part dans le catalogue de Haendel, mais aussi une date qui jalonne l'histoire de l'opéra du XVIIIe siècle. En fait, on trouve déjà là, avec une exquise pudeur, comme une préfiguration du sourire amer de *Cosi fan tutte* et la secrète nostalgie des *Nozze*.   J. G.

SERVANTE MAÎTRESSE (LA) [en ital. *La Serva padrona*]. Intermezzo en 2 actes de Pergolèse, sur un livret de Gennaro Antonio Federico, créé au San Bartolomeo de Naples comme intermède de l'opera seria *Il Prigionier superbo*, le 28 août 1733.

L'action, extrêmement simple, repose sur trois personnages : Uberto (b), sa servante Serpina (s ou ms) et le vieux serviteur Vespone (rôle muet). *Uberto, qui a élevé Serpina, enrage d'être si mal servi* (Aspettare e non venire) *et couvre la soubrette de reproches. Celle-ci n'a aucune peine à l'amadouer* (Stizzoso, mio stizzoso), *et, lorsque le maître annonce son intention de se remarier, Serpina convainc Vespone de passer pour son prétendant. Vespone, déguisé en un certain capitaine Tempête, fait mine de battre Uberto et laisse entendre qu'il exigera une forte dot, à moins que Uberto n'épouse lui-même Serpina. Il n'en fallait pas tant pour convaincre Uberto, et l'œuvre s'achève joyeusement par un duo* (Contento tu sarai), *auquel la tradition ajoute parfois* Per te ho io non core, *extrait d'une autre œuvre de Pergolèse,* Flaminio.

Cette courte œuvre, qui connut un destin inattendu, passe encore aujourd'hui, à tort, pour l'ancêtre de l'opera buffa, genre né un quart de siècle plus tôt à Naples, et différent de l'intermezzo apparu vers 1720 dans cette même ville. Les deux genres avaient déjà inspiré de belles œuvres à Scarlatti, Vinci, Hasse, Leo, etc., et Pergolèse avait lui-même donné avec *Lo frate'nnamorato*, opera buffa en 3 actes écrit également sur un livret de Federico, un chef-d'œuvre d'une autre portée. Mais la disparition prématurée du musicien, mort à vingt-six ans en 1736, mythifia quelque peu son œuvre, et, pour mieux la vendre, les éditeurs publièrent sous son nom de nombreuses œuvres de Bononcini, Leo, di Capua, Scarlatti, Hasse, etc. Négligé durant cinq ans, *La Serva padrona* fut rejouée dès 1738 dans toute l'Italie et, même, à Rome, en Allemagne, au Danemark, en France, etc., soit en version originale, soit en traduction. A Paris, où elle avait été donnée en 1746 à la Comédie-Italienne sans éveiller un intérêt particulier, elle fut jouée sur la scène de l'Opéra le 1er août 1752 (avec l'ajout d'une ouverture de Telemann), et cette représentation très soignée présentée par l'imprésario Eustacchio Bambini déclencha la fameuse querelle des Bouffons*.

En fait, l'œuvre était représentative du nouveau style buffa, avec sa déclamation rapide, presque syllabique (où le récitatif secco occupait la moitié de la durée), à peine vocalisée çà et là, avec son langage « réaliste », où se mêlait le nouveau style pathétique, son orchestre très réduit et ses personnages bien typés. Elle donna lieu, à Paris, à diverses adaptations en italien, puis à plusieurs traductions françaises et à des pastiches tels que *le Jaloux corrigé* de Michel Blavet (18 novembre 1752). Après une courte éclipse au début du romantisme, *la Servante maîtresse* reparut dès 1862 et n'a désormais plus quitté l'affiche ; elle fut longtemps la plus ancienne des œuvres de ce qu'on est convenu d'appeler le « répertoire ».

Giovanni Paisiello *(1740-1816)* mit en musique le même livret (Saint-Pétersbourg, 1781) s'excusant dans une lettre « de n'avoir ni poète, ni livret à sa disposition [lorsqu'il dut] célébrer l'anniversaire du grand-duc Alexandre ». Cette œuvre connut également un grand succès, fut immédiatement traduite en français et en russe, jouée à Moscou l'année suivante, puis à Varsovie, Madrid, Bologne, Lille (1786) et sur toutes les scènes européennes.   R. M.

SERVICE. Par ce terme, il faut entendre plusieurs types de musique liturgique, propres aux cultes anglican et judaïque. Aux XVIe et XVIIe siècles, le service est destiné à accompagner l'office dominical de l'Eglise anglicane, nouvellement née. Tallis, Byrd (qui, bien qu'il fût catholique, écrivit des « services » pour la chapelle de la reine Élisabeth Ire, dans le style polyphonique traditionnel de la Renaissance), puis Purcell s'illustreront dans ce répertoire, qui, en fait, correspond à la liturgie de la messe latine, et, par définition, se prête moins aux audaces de langage et aventures harmoniques que le motet. De la même manière, de nombreux musiciens de religion juive ont, à la suite du Mantouan Salamone Rossi, contemporain de Monteverdi, cherché à rehausser le culte synagogal de musiques et chants spécifiques, qualifiés eux aussi de « services ». Et c'est ainsi qu'au XXe siècle des compositeurs aussi célèbres que Ernest Bloch et Darius Milhaud, s'inspirant de la tradition ancestrale, ici ashkénaze, là sépharade, ont enrichi le patrimoine musical de leur race de « services sacrés », qui marient la solennité à l'intensité du sentiment spirituel.   R. T.

SESSIONS *(Roger),* compositeur et pédagogue américain *(Brooklyn 1896).* Il fut l'élève d'Horatio Parker à Yale University, puis de Nadia Boulanger et d'Ernest Bloch dont, après avoir enseigné à Smith College depuis 1917, il devait devenir l'assistant à Cleveland (1921). Il débuta en 1923 par une musique de scène pour *The Black Maskers* d'Andriev, dont la puissance dramatique s'exprimait dans une large ligne originale, en dépit des influences avouées d'Ernest Bloch et de Stravinski.

Il passa ensuite en Europe huit années (1925-1933), au cours desquelles il s'intéressa spécialement à Schönberg et à Alban Berg, mais aussi à Richard Strauss et à Hindemith. Le résultat fut une synthèse de ces différents éléments, dont aucun n'est déterminant, mais dont chacun a contribué à l'essor d'une personnalité scrupuleuse et à sa libre expression. Prix de Rome en 1928, il présenta à New York, de 1928 à 1931, avec Copland, les « Copland-Sessions Concerts ». A son retour définitif aux Etats-Unis, il devint enseignant au département de Musique de Princeton (1935-1944). Les pages qu'il écrivit alors sont fidèles à un esthétique néoclassique (*Pastorale* pour flûte solo, *Concerto pour violon*) qui devait évoluer, à partir de la *2e Symphonie* (1946) et de la *2e Sonate pour piano* (1946), vers un chromatisme de plus en plus dissonant, caractéristique de sa période atonale. Son opéra *The Trial of Lucullus* (1947), son second Quatuor et sa *3e Symphonie* (1957) marqueront les différentes étapes de son évolution vers un dodécaphonisme employé d'ailleurs librement et dans un esprit proche de celui d'Alban Berg.

Ses activités de président de la section américaine de la Société internationale de musique contemporaine et de professeur à Berkeley (1944-1952), Princeton (1953-1965), Berkeley (1966-67) et Harvard (1968-69) ne semblent pas avoir nui à une carrière de compositeur qui a suivi une démarche régulière pendant près d'un demi-siècle. Proclamé par les uns chef des compositeurs américains progressistes, et par les autres « le Brahms américain », il a réalisé par des moyens strictement personnels une œuvre d'une puissance et d'une saveur remarquables sur laquelle il a toujours refusé de s'expliquer, mais où il est facile de reconnaître, en marge de sa solide culture classique, l'intelligente assimilation des influences qu'il a su admettre.

Ses nombreux élèves (Ross Lee Finney, L. Kirchner, Citkowitz, D. Diamond, Milton Babbitt) ont profité d'un enseignement également éclectique et solide, et son influence a marqué jusqu'aux compositeurs les plus audacieux de la jeune génération.

Œuvres principales. *9 Symphonies* (1927, 1946, 1957,

1958, 1964, 1966, 1967, 1968, 1978); *Concerto pour violon* (1935); *Concerto pour piano* (1956); *Rhapsodie pour orchestre* (1970); *Concertino pour orchestre de chambre* (1972); *2 Quatuors à cordes* (1936, 1951); *Quintette à cordes* (1956); *3 Sonates pour piano* (1928-1930, 1946, 1965); *The Black Maskers*, musique de scène (1923, suite d'orchestre 1928); 2 opéras : *The Trial of Lucullus*, d'après B. Brecht (1947); *Montezuma*, d'après G. A. Borgese (1941-1963).

A. G. et M. V.

SETĀR OU SEHTĀR. Luth à manche long. Apparenté au *ṭanbūr* ou *ṭunbūr* de l'islam médiéval, le *seṭār* ou *sehṭār* est un luth à manche long utilisé dans les musiques traditionnelles savantes de l'Iran et des pays limitrophes situés au nord et à l'est de l'Iran, soit la Transcaucasie, l'Afghanistan et l'Asie centrale. La caisse et la table sont généralement en bois de mûrier. La touche du long manche est garnie de vingt-cinq frettes ajustables au mode joué et correspondant sur chaque rang à une octave et une quinte. Le *seṭār* est pourvu de quatre cordes accordées du grave à l'aigu en fonction de l'octave, de la quinte et de la quarte. Les rangs sont pincés à l'aide d'un plectre. J.-C. C.

SÉVERAC (*Déodat de*), compositeur français (*Saint-Félix-de-Caraman 1872 - Céret 1921*). Né dans un village du Lauraguais, fils d'un peintre de talent qui lui a transmis son attachement au terroir, il commence ses études musicales à Toulouse et les poursuit, de 1897 à 1907, à la Schola cantorum de Paris, où il est l'élève de Vincent d'Indy, de Charles Bordes et d'Albéric Magnard. Sa thèse de fin d'études, *la Centralisation et les Petites Chapelles*, plaide la cause d'un art national, fidèle au génie propre des diverses provinces. Cette cause, une de ses premières œuvres, le recueil pour piano *le Chant de la Terre* (1900), l'avait déjà illustrée, dans un langage coloré et vivant. La saveur originale et la luminosité du talent du musicien s'affirment avec plus de vigueur encore dans la suite *En Languedoc*, dans les *Baigneuses au soleil*, dans *Cerdana*, œuvres composées entre 1904 et 1911. Agrémentée de mordants et d'appoggiatures, l'écriture brillante et audacieuse de ces pages pianistiques a séduit, à juste titre, des virtuoses tels que Ricardo Viñès et Blanche Selva. Mieux que dans son poème lyrique *le Cœur du moulin* (1908), c'est dans ses pièces pour piano que Déodat de Séverac traduit avec une sincérité touchante, et une poésie familière qui lui est propre, l'amour qu'il porte aux hommes et au paysage de chez lui.

Revenu dans son pays, où il trouve sa voie et son équilibre, et où le réchauffent le soleil et l'amitié, Déodat de Séverac dédie en 1918, « à la mémoire des maîtres aimés Chabrier, Albéniz et Charles Bordes », sa suite pour piano *Sous les lauriers roses*.

Œuvres principales. — *Musique instrumentale.* PIANO : *le Chant de la Terre* (1900), *En Languedoc* (1904), *Baigneuses au soleil* (1908), *Cerdana* (1911), *En vacances* (1912), *Sous les lauriers roses* (1918). *Musique vocale.* MÉLODIES POUR CHANT ET PIANO : *la Chanson de Blaisine* (1900), *À l'aube dans la montagne* (1906), *Chanson de la nuit durable* (1910), *Flors d'Occitania*, trois poèmes en langue d'oc (1910), deux mélodies en langue d'oc (1910). *Orchestre.* Nymphes au crépuscule, poème symphonique (1901, inédit). **Musique pour le théâtre.** *le Cœur du moulin*, poème lyrique en 2 actes (1908), *Héliogabale*, tragédie lyrique en 3 actes (1910), *Hélène de Sparte*, musique de scène pour la pièce de Verhaeren (1912). *Écrits. La Centralisation et les Petites Chapelles* (le *Courrier musical*, janvier et février 1908). J. R.

SEXTOLET. Groupe de six notes égales exécutées pendant la durée d'un temps. M. T.

SEXTUOR. Composition musicale pour six voix ou instruments, et la formation vocale ou instrumentale qui l'exécute. Le sextuor à cordes classique (Boccherini, sextuors op. 18 et op. 36 de Brahms), se compose de deux violons, deux altos et deux violoncelles, et le sextuor à vents (Haydn, Mozart, op. 71 de Beethoven) de deux hautbois, deux bassons et deux cors, mais bien d'autres combinaisons sont possibles, y compris les formations mixtes, couramment pratiquées par les compositeurs modernes. M. T.

SGRIZZI (*Luciano*), pianiste et claveciniste italien (*Bologne 1910*). Il étudie, de 1926 à 1931, le piano, l'orgue et la composition à Bologne, à Parme (avec F. Trecate) et à Paris (avec Bertelin). Malgré des débuts prometteurs de pianiste en Europe et en Amérique du Sud, il décide, en 1948, de se consacrer au clavecin et au clavicorde. Il mène de front une carrière de soliste, très souvent au sein de la Società cameristica di Lugano (dirigée par Edwin Loehrer), et de compositeur, notamment d'un Concerto pour piano, de suites pour orchestre de chambre, de divertimentos et d'une Sinfonietta rococo et de pièces pour piano, les *Ostinati*. Il a également réalisé de nouvelles éditions de musique italienne (Banchieri, Rinaldo da Capua, Marcello, Pergolèse, A. Scarlatti, Vivaldi). M. W.

SHAKESPEARE (*William*), poète dramatique anglais (*Stratford-upon-Avon, Warwickshire, 1564 - id. 1616*). Nul dramaturge, et peut-être nul auteur ne tient une place aussi grande que lui dans le royaume de la musique. Ses pièces, déjà, accordent à l'expression musicale une grande importance, par les chansons (chanson d'Ophélie dans *Hamlet*, romance du Saule dans *Othello*, chant du Fou dans *le Roi Lear*), par des musiques de duels, de sérénades, de banquets de funérailles, par des sonorités venant d'instruments invisibles, et destinées à créer une atmosphère magique (*le Songe d'une nuit d'été, la Tempête*); et nous savons que les représentations de son théâtre comportaient très souvent l'intervention de voix chantées et d'instruments. Les situations, aussi bien que les indications scéniques, sont éloquentes à cet égard. Enfin, le texte est riche en allusions à la musique, considérée comme une grande métaphore de l'harmonie universelle.

Après sa mort, on a rapidement adapté sa musique en versions chantées, en opéras : un *Macbeth* de Matthew Locke (1673), une *Tempête* de Shadwell et Purcell (1695), et la *Fairy Queen* de Purcell d'après *le Songe d'une nuit d'été*. Mais c'est surtout au XIXe siècle que ses drames (surtout ses tragédies, plus rarement ses drames historiques, moins souvent ses comédies), inspirent une multitude d'opéras, de musiques de scène et d'ouvertures. Ainsi, *Othello* suscite des opéras de Rossini (1816), de Verdi (1887), une ouverture de Dvořák op. 63 ; *Hamlet* : des opéras de Faccio (1871), d'Ambroise Thomas (1868), après celui de Domenico Scarlatti (1715), des ouvertures, musiques de scène et poèmes symphoniques de Liszt (1888), Tchaïkovski (1888), Piérné, Berlioz (*Marche funèbre*, 1848), etc. ; *Macbeth* : une ouverture de Spohr, des opéras d'Hippolyte-André Chelard (livret de Rouget de Lisle, 1827), de Rastrelli (1817), Verdi (1847), des poèmes symphoniques de Richard Strauss (1890), Tcherepnine, etc. ; *Roméo et Juliette* : des opéras de Bellini (*les Capulet et les Montaigu*, 1830) et Gounod (1867), la « Symphonie dramatique » de Berlioz, l'ouverture de Tchaïkovski (1869) ; *le Roi Lear* : des ouvertures de Berlioz (1832) et Paul Dukas (1883), l'opéra inachevé de Felipe Pedrell, la pièce pour orchestre de Balakirev (1859) ; *le Songe d'une nuit d'été* : des opéras de Weber (*Obéron*), Ambroise Thomas, la musique de scène de Mendelssohn ; *la Tempête* : des opéras de Halévy (1850), Luigi Caruso (1799), des musiques de scène de Felix Weingartner, Ernest Chausson (1888) et Jean Sibelius (1926), la *Fantaisie* de Tchaïkovski (1872) et celle de Berlioz incorporée dans *Lelio*, ainsi qu'un ballet d'Ambroise Thomas (1889) ; *Jules César* : après des opéras de Cavalli (1646), et d'Haendel (1724), une ouverture de Schumann (1850) ; *Beaucoup de bruit pour rien* : l'opéra *Béatrice et Bénédict* (1862), de Berlioz (lequel détient sans doute le record d'adaptations musicales du maître anglais par un même compositeur), etc. Ces titres ne représentent qu'une infime partie d'une gigantesque production musicale.

Au XXe siècle, si les versions musicales sont moins nombreuses, on peut l'imputer à une production plus réduite d'opéras originaux : on peut citer tout de même *le Marchand de Venise* de Reynaldo Hahn, *Antoine et Cléopâtre* et *Jules César* de Malipiero, *le Songe d'une nuit d'été* (1960) et *le Viol de Lucrèce* de Britten, *Lear* de A. Reimann, opéras auxquels il faut ajouter des ballets comme les *Roméo et Juliette* de Prokofiev (1936) et Ragnar Grippe et des musiques de films comme celles de William Walton pour les adaptations de Laurence Olivier, etc. M. C.

SHANKAR *(Ravi)*, sitariste et compositeur indien *(Bénarès 1920)*. Issu d'une famille bengali profondément mélomane, il accède à la musique dès son plus jeune âge par la danse, le chant et la pratique des instruments traditionnels (sitar, esraj, sarod), au sein de la troupe de ballets indiens dirigée par son frère, Uday Shankar, qu'il accompagne en 1930 à Paris. Il y fait ses études (dans une école catholique) et découvre la musique occidentale et certains de ses plus prestigieux serviteurs : Enesco, Menuhin, Segovia, Casals, Heifetz, Kreisler, Chaliapine, Toscanini, etc. De retour en Inde en 1934, il se perfectionne dans l'art du sitar auprès du maître Allaudin Khan (1935-36 et 1938-1944). Pour ses débuts à Bombay en 1944, hésitant entre la danse et la musique instrumentale, il accepte la direction musicale d'une troupe théâtrale populaire, avant de fonder en 1947 avec ses frères une compagnie de danse.

Sa carrière personnelle, jusque-là indécise, prend tournure après sa rencontre avec le guru Tat Baba. Nommé en 1948 directeur de la musique pour les programmes internationaux de la Radio indienne et chef d'un ensemble instrumental traditionnel, il entreprend sa croisade pour une musique classique spécifiquement indienne, aussi bien auprès de ses concitoyens que de l'Occident : création en 1949 à New Delhi du Cercle de musique Jhankar, rencontre en 1951 de Menuhin enthousiasmé par ce répertoire qu'ils jouent souvent ensemble, participation en 1954 à la première délégation culturelle indienne en mission à l'étranger, etc.

A partir de 1956, ayant quitté la Radio, il se fait connaître à l'étranger par ses tournées, ses disques et ses musiques de films souvent primées (notamment celle de *Pather Panchali*, de Satyajit Ray). Il ouvre en 1963 à Bombay l'école de musique Kinnara et en 1967 une seconde à Los Angeles, où il perpétue l'enseignement de son maître, basé sur un apprentissage global de la musique vocale et instrumentale, et un ressourcement constant de la tradition, quitte même à passer pour sacrilège.

Comme son maître, Shankar se voit honni par les puristes qui lui reprochent ses libertés de style et ses rencontres avec Menuhin et les Beatles, qui feront beaucoup pour sa popularité en Occident, au même titre que les qualités d'invention rythmique et que le sens du coloris instrumental qu'il déploie dans ses interprétations des rāga traditionnels. M. W.

SHÂNTI. Œuvre électroacoustique de Jean-Claude Eloy, réalisée en 1972-73 au Studio électronique du Westdeutscher Rundfunk de Cologne, et créée au Festival de Royan le 24 mars 1974. Elle est sous-titrée « musique de méditation pour sons électroniques et concrets », et son titre, un mot sanskrit, signifie « Paix ». *Shânti* est donc pour Eloy « cette paix sans cesse remise en cause (et finalement impossible, car la fin des antagonismes et de leurs luttes serait la fin du monde) : la Paix au sens héraclitéen, qui suppose toujours la lutte, la violence comme condition du monde, le rapport dialectique des choses. D'où cet incessant cheminement, une recherche éternellement poursuivie, un but parfois atteint, souvent seulement entrevu : parcelles d'éternité entre deux nuages... Qu'on ne s'y trompe donc pas : *Shânti* n'est en rien la paix installée, présente, planante. Il faut aller à sa recherche en s'enfonçant progressivement *dans* le son, de longue séquence en longue séquence. Toute la forme de cette œuvre est une lente et permanente spirale, illimitée ». L'œuvre, qui se déroule sans interruption aucune du début jusqu'à la fin, est dédiée à Stockhausen, et par beaucoup d'aspects se situe dans la descendance d'*Hymnen* de ce compositeur. D'une durée de près de deux heures, elle a nécessité environ trois mille heures de travail. A. F.

SHARP *(Cecil)*, folkloriste et éditeur anglais *(Londres 1859- id. 1924)*. Il étudia les mathématiques et la musique à Cambridge, et après un séjour en Australie, fut de 1896 à 1905 à la tête du conservatoire de Hampstead. Il tourna son attention vers les chants et les danses populaires à partir de 1899, et devint un des membres les plus importants de la Folk-Song Society, fondée en 1898. Sa première publication fut *Folk-Songs from Somerset* (5 volumes de 1904 à 1909), et son étude intitulée *English Folk-Song : Some Conclusions* (1907) demeura très longtemps sans égale. *The Morris Book* (1913) fut sa première publication consacrée à la danse. Durant la Première Guerre mondiale, il effectua plusieurs voyages aux États-Unis, et y entreprit, en particulier dans les Appalaches, des travaux similaires à ceux qu'il avait menés en Angleterre. A la fin de sa vie, il aurait réuni 4 977 mélodies, en avait publié 1 118 et avait doté d'un accompagnement 501 d'entre elles. Son action influença fortement des compositeurs comme Vaughan Williams, Holst ou Butterworth. M. V.

SHAW *(George Bernard)*, écrivain et dramaturge irlandais *(Dublin 1856-Ayot Saint Lawrence, 1950)*. Fils d'un tromboniste et d'une cantatrice, il aurait voulu être baryton d'opéra. S'il ne réalisa pas ce rêve, il resta toujours proche de la musique, notamment de Mozart qu'il considérait comme une sorte de maître à vivre, de formateur (ses œuvres font souvent allusion, notamment à *Don Giovanni*). Il travailla comme critique musical dans divers journaux, *The Hornet, The Star, The World*, et y défendit Verdi et Wagner, sur lequel il publia un essai, *le Parfait Wagnérien* (1898), analyse du *Ring*. Parmi ses amis, il comptait le compositeur Elgar (pour lequel il écrivit un livret d'opéra) et Arnold Dolmetsch. De nombreux personnages de compositeurs et de musiciens apparaissent dans ses œuvres de fiction. Ses pièces donnèrent lieu à des adaptations lyriques, comme *le Héros et le Soldat* (*Arms and the Man*, 1894), qui devint une opérette d'Oscar Strauss sous le titre *Chocolate Soldiers* (1908), et *Pygmalion* (1912), dont fut tirée la célèbre opérette de Loewe, *My Fair Lady* (1956). M. C.

SHÉHÉRAZADE. Œuvre pour voix et orchestre de Maurice Ravel, composée en 1903, donnée en première audition par Jane Hatto et l'Orchestre de la Société nationale, le 17 mai 1904, sous la direction d'Alfred Cortot. Bâtie sur des textes du poète français Tristan Klingsor, elle comprend trois parties (*Asie, la Flûte enchantée, l'Indifférent*) dédiées, respectivement, à Mlle Jeanne Hatto, Mme Renée de Saint-Marceaux et Mme Sigismond Bardac. Lyrisme intense mais sans mièvrerie, déclamation ample et souple mais toujours étonnamment sobre en constituent les caractéristiques essentielles. Abondamment orchestrée (avec, entre autres, une percussion très fournie), *Asie* traduit bien — mais sans pittoresque de bazar — cette « fascination profonde » de l'Orient dont Ravel rappelle, dans son *Esquisse biographique*, qu'elle s'exerça sur lui dès l'enfance. Le thème lancinant du début, l'infinie délicatesse de l'accompagnement instrumental et l'élégante liberté du rythme créent cette sorte de « mouvance » irréelle dans laquelle il n'est pas interdit de discerner « l'influence au moins spirituelle de Debussy » dont parle le compositeur. A ce morceau très développé succèdent — en beaucoup plus bref — *la Flûte enchantée* et ses arabesques pastorales, *l'Indifférent* et son climat de marche lente légèrement alanguie. J. D.

SHÉHÉRAZADE. Suite symphonique op. 35 de Rimski-Korsakov, composée en 1888 et inspirée des Contes des *Mille et Une Nuits*. Son programme est le suivant : « Le sultan Shahriar, persuadé de la perfidie et de l'infidélité des femmes, a juré de mettre à mort chacune de ses épouses après la première nuit. Seule la sultane Shéhérazade réussit à sauver sa vie en intéressant le monarque par des contes qu'elle lui raconta pendant mille et une nuits. Retenu par la curiosité, le sultan remettait d'un jour à l'autre l'exécution de sa femme, et finit par renoncer à son serment. Shéhérazade raconta bien des merveilles au sultan, les puisant dans les vers des poètes et les récits populaires, et imbriquant les histoires les unes dans les autres. » C'est le contenu de quelques-unes de ces histoires qu'a cherché à retracer Rimski-Korsakov, en mettant l'accent sur leur teneur exotique, sensuelle et merveilleuse, ainsi que sur l'interpénétration de certains de leurs éléments.

Originellement les quatre parties de *Shéhérazade* portaient des sous-titres : 1) *la Mer et le Bateau de Sindbad* ; 2) *le Récit du prince Kalender* ; 3) *le Jeune Prince et la Princesse* ; 4) *la Fête à Bagdad, la Mer, Naufrage du bateau sur les rochers*. Bien que Rimski ait supprimé des sous-titres par la suite, ils continuent généralement à être indiqués lors de l'exécution de l'œuvre. La construction de *Shéhérazade* est d'une grande complexité, les nombreux thèmes pouvant correspondre, suivant leurs transformations, à des évocations différentes. L'élément thématique unificateur est le thème de Shéhérazade, au violon solo.

A elle seule, cette œuvre a valu à son auteur d'être considéré comme le prototype du compositeur orientaliste. *Shéhérazade* n'emploie aucune mélodie d'origine authentiquement orientale, mais Rimski réussit à en reproduire exactement la structure et l'esprit. L'instrumentation joue également un rôle important dans l'illustration sonore de l'Orient, en particulier les instruments à percussion dans *la Fête à Bagdad*. Rimski atteint avec *Shéhérazade* le sommet de son œuvre symphonique, montrant son habileté à faire valoir tant l'éclat de l'orchestre que ses plus subtiles enluminures, et sachant mettre sa science technique au service de son talent de conteur. A. L.

Shepp (Archie), compositeur et saxophoniste de jazz américain *(Fort Lauderdale, Floride, 1937)*. Il est l'une des figures les plus éclectiques et les plus riches du « free jazz ». Intellectuel engagé dans la lutte pour l'émancipation noire, auteur de pièces de théâtre, professeur de musicologie à l'université du Massachusetts, il a particulièrement étudié et retravaillé, par des voyages et ses travaux sur le continent africain, les racines ancestrales de sa musique (qu'il préfère appeler « africaine-américaine » plutôt que « jazz »). Après avoir commencé dans les orchestres de rhythm and blues et rencontré le pianiste-compositeur Cecil Taylor dans les années 60, il est devenu célèbre avec des improvisations et ses compositions tempétueuses, colorées et chaleureuses, notamment avec son *Attica Blues*, inspiré par la révolte pénitentiaire d'Attica et sa répression. Son goût pour la réconciliation du jazz traditionnel (blues, Duke Ellington, style be-bop, etc.) avec les tourbillons de sonorité du free jazz s'affirme encore plus librement dans les années 70. Sa musique est un carrefour du jazz moderne. M. C.

Shield (William), compositeur anglais *(Swalwell, Durham, 1748-Londres 1829)*. Il écrivit de nombreux opéras avec dialogues parlés, dont *Rosina* (1782) et *The Woodman* (1791), et s'intéressa de près à la musique populaire de différents pays, en particulier de Russie. Il connut Haydn à Londres en 1794, recevant de lui le trio *Pietà di me*, et en 1818, comme « Master of the King's Music », écrivit la dernière ode destinée à un monarque britannique. M. V.

Shinohara (Makoto), compositeur japonais *(Osaka 1931)*. Il étudia la musique à l'université des Arts de Tôkyô, avec Yasukawa (piano) et Ikenouchi (composition), avant d'aller à Paris suivre les cours d'analyse d'Olivier Messiaen (1954-1959). Il les compléta en suivant à Cologne des cours de Karlheinz Stockhausen, dont il fut une année durant l'assistant. Parmi ses œuvres, on peut citer *Solitude* (1961), pour orchestre, *Alternance* (1962), pour ensemble de percussionnistes, *Vision* et *Mémoires* (1965 et 1966), deux œuvres pour bande magnétique réalisées au Studio d'Utrecht, *Personnage* (1968), pour voix d'homme et bande, *Vision II* (1970), pour orchestre, *Rencontre* (1972), pour percussions et bande, *Relation* (1976), pour flûte et piano, *Égalisation* (1976), pour vingt-cinq instruments, etc.
M. C.

Shylock. Musique de scène op. 57 de Gabriel Fauré d'après Shakespeare, sur un texte d'E. Haraucourt, pour ténor solo et orchestre. Dédiée à P. Porel, l'œuvre fut créée par Fauré à l'Odéon (1889) et éditée par Hamelle (1897). Deux numéros de *Shylock* font l'objet d'une édition séparée dans le 3e *Recueil de mélodies* : *Chanson* et *Madrigal*. On y remarque l'influence de Wagner (en particulier dans le style épique d'*Épithalame*), mais aussi un style fauréen intimiste dans le très beau *Nocturne* pour instruments à cordes. M.-C. B.-P.

Si. La dernière des sept syllabes qui, dans les pays latins, désignent actuellement les notes de la gamme diatonique. Elle est placée un ton au-dessus du *la* et correspond, dans la nomenclature anglo-américaine, à la lettre B, et dans la nomenclature allemande à la lettre H si le *si* est « naturel », à la lettre B s'il est bémolisé.

Cette syllabe était inconnue de la nomenclature médiévale, fondée sur le système de l'hexacorde *ut-la*. Elle a été introduite peu à peu, au cours du XVIIe siècle, non pas comme on l'a dit pour supprimer le système des hexacordes à mutation, mais pour diminuer le nombre de ces dernières : jusqu'au XVIIIe siècle, on disait encore *E-la-mi-si*. Après quoi, l'hexacorde naturel, transformé par le *si* en heptacorde, étant resté seul en usage, le *si* est devenu l'équivalent du seul B, non sans des flottements dont témoigne la divergence des deux usages anglais et allemand.

On ignore la source exacte de la dénomination, mais on pense que la syllabe a été forgée, en analogie avec les précédentes, à partir du dernier vers de l'*Ut queant laxis* (Sancte Iohannes) par la réunion acrostiche des deux mots. En Hongrie, elle a été modifiée en *ti*, à l'initiative de Z. Kodály, pour éliminer le doublet de son initiale avec celle de *sol* (simplifié en *so*), ce qui permet d'écrire chaque syllabe par sa seule initiale : drmfslt. J. C.

Sibelius (Johan Julius Christian, dit Jean), compositeur finlandais *(Tavastehus 1865-Järvenpää 1957)*. Après avoir entrepris des études de droit, il s'inscrivit en 1886 à l'Institut musical fondé en 1882 à Helsinki par Martin Wegelius, et y resta trois années au cours desquelles il écrivit notamment diverses pages de musique de chambre tout en espérant, pour un temps, devenir violoniste virtuose. Il fit à cette époque, à Helsinki, la connaissance de Ferruccio Busoni. Il passa l'hiver 1889-90 à Berlin comme élève du théoricien Alfred Becker, puis l'hiver 1890-91 à Vienne, où il étudia avec Robert Fuchs* et Carl Goldmark*, et composa ses premières partitions orchestrales, une *Scène de ballet* et une *Ouverture en « mi » majeur*, tout en ébauchant sa première grande œuvre, la symphonie pour solistes, chœurs et orchestre *Kullervo** (op. 7), d'après la mythologie finlandaise du Kalevala. La première audition de *Kullervo*, le 28 avril 1892 à Helsinki, fonda sa renommée en Finlande. Quelques semaines après ce premier triomphe, Sibelius épousa Aino Järnefelt* *(1871-1969)*, ce qui le fit entrer dans une des plus anciennes familles de Finlande.

La première période créatrice de Sibelius, dite « romantico-nationale », vit naître également le poème symphonique *En* Saga* op. 9 (1892, rév. 1901), la *Suite* de Lemminkainen* op. 22, également d'après le Kalevala et dont le deuxième volet n'est autre que le célèbre *Cygne de Tuonela*, ainsi que la *Symphonie n° 1* en *mi* mineur op. 39 (1899) et la *Symphonie nº 2* en *ré* majeur op. 43 (1902). Ceci sans oublier plusieurs pages liées aux revendications autonomistes de la Finlande, qui faisait alors partie, comme grand-duché, de l'empire des tsars : la plus célèbre est *Finlandia** op. 26 (1899), qui à l'origine faisait partie des *Scènes* historiques* op. 25. A noter également qu'avant de se tourner pour l'essentiel vers la musique d'orchestre, Sibelius avait espéré se faire un nom dans l'opéra. Mais à la suite notamment d'une visite à Bayreuth en 1894, il avait abandonné un ambitieux projet en ce sens, intitulé *la Construction du bateau* (d'après le Kalevala) et dont le prélude, remanié, devait devenir *le Cygne de Tuonela*. Seul devait suivre en 1896 un modeste opéra en un acte toujours inédit, *la Jeune* Fille dans la tour*.

Les premières pages d'orchestre de Sibelius éditées et entendues hors de Finlande furent la musique de scène pour *le Roi* Christian II* op. 27 (1898). En 1897, il avait reçu du gouvernement une rente annuelle qui, dix ans plus tard, devait être transformée en pension à vie (sans suffire pour autant ni à le faire vivre, ni à éponger ses nombreuses dettes). Sa réputation internationale commença par l'Allemagne, mais non sans qu'auparavant, il ait accompagné en 1900 l'Orchestre symphonique d'Helsinki dirigé par Robert Kajanus* à l'Exposition universelle de Paris. En 1901, il participa avec Richard Strauss à Heidelberg au 37e Festival de la Société des musiciens allemands, et en 1903, il effectua le premier de ses six séjours en Angleterre (le dernier eut lieu en 1921).

En 1904, Sibelius s'installa à Järvenpää, à une trentaine de kilomètres au nord d'Helsinki, dans une maison entourée d'arbres qu'il devait habiter jusqu'à sa mort plus d'un demi-siècle plus tard. De cette époque datent le célèbre *Concerto pour violon* op. 47 (1903, rév. 1905), la musique de scène pour *Kuolema** op. 44, dont est tirée la fameuse *Valse triste* (1903), et la musique de scène pour *Pelléas* et Mélisande* op. 46 (1905). L'installation à Järvenpää marqua le début d'une nouvelle phase stylistique, plus universelle, plus concentrée, plus « classique » que la précédente, et illustrée notamment par les poèmes symphoniques *la Fille* de Pohjola* op. 49 (1906) et *Chevauchée* nocturne et Lever de soleil* op. 55 (1907), et surtout par la *Symphonie nº 3* en *ut* majeur op. 52 (1904-1907), véritable porche de la grande maturité de Sibelius. En 1909, lors du quatrième voyage en Angleterre, il termina le quatuor à cordes *Voces* intimae* op. 56, l'unique partition de chambre de grande envergure du compositeur.

Suivirent une série d'œuvres qui comptent parmi les plus austères et les plus radicales de Sibelius, et dont la genèse fut peut-être partiellement due à la crainte que celui-ci éprouva alors de mourir d'un cancer : la *Symphonie nº 4* en *la* mineur op. 63 (1910-11), le poème symphonique *le Barde** op. 64 (1913), le poème pour soprano et orchestre *Luonnotar** op. 70 (1910-1913). De la même ascèse relèvent les trois *Sonatines* pour piano op. 67 (1912), qui sans doute constituent le meilleur de ce que Sibelius destina à un instrument pour lequel, de son propre aveu, il n'éprouvait pas de grandes affinités. A l'occasion de son unique voyage aux États-Unis (1914), juste avant le déclenchement de la Première Guerre mondiale, Sibelius composa un de ses plus beaux poèmes symphoniques, *les Océanides** op. 73. Durant la guerre, ses voyages se limitèrent à la Scandinavie. Le 8 décembre 1915, jour de son 50e anniversaire, eut lieu à Helsinki la création de la version primitive (en quatre mouvements) de sa *Symphonie nº 5* en *mi* bémol majeur op. 82 (rév. 1916, version définitive et seule publiée 1919).

Le 6 décembre 1917, après la révolution russe, la Finlande proclama son indépendance, puis fut plongée jusqu'en avril 1918 dans la guerre civile : Sibelius dut abandonner Järvenpää, et se réfugier à Helsinki dans la clinique psychiatrique dirigée par son frère. La paix revenue, il reprit ses voyages et ses tournées : Angleterre (où il rencontra pour la dernière fois Busoni) en 1921, Norvège et Suède en 1923, Suède en 1924, Italie en 1924 et en 1926. Les œuvres importantes de ces ultimes années créatrices furent la *Symphonie nº 6* op. 104 (officiellement en *ré* mineur, 1923), la *Symphonie nº 7* en *ut* majeur op. 105 (1924, créée sous la direction du compositeur non à Helsinki comme les six précédentes, mais à Stockholm), la musique de scène pour *la Tempête** de Shakespeare op. 109 (1925-26), et le poème symphonique *Tapiola** op. 112 (1926).

Ensuite, il n'y eut plus d'œuvre majeure. Sibelius passa ses trente dernières années dans le silence. Une *Symphonie nº 8* fut entreprise et menée à bien vers 1932-33, puis détruite. A moins qu'elle ne se trouve « enfouie » quelque part en Finlande : mais c'est très peu probable, et les rumeurs en ce sens ont toujours été démenties. Avec les années 30 débuta pour Sibelius, dans les pays anglo-saxons, une période de grande renommée et de grand prestige marquée notamment par les livres de Cecil Gray (*Sibelius*, Londres, 1931) et Constant Lambert (*Music Ho !*, Londres, 1934) et le festival de ses œuvres organisé à Londres en 1938 par sir Thomas Beecham*.

Sibelius lui-même quitta son pays pour la dernière fois en 1931, se rendant à Berlin « pour y travailler » (certainement à la *8e Symphonie*). On ne le vit, malgré les invitations qu'il pouvait recevoir, ni au festival londonien de 1938, ni à celui d'Édimbourg de 1947. Il sortit de sa retraite le 1er janvier 1939 pour diriger à la Radio d'Helsinki, à l'intention de l'Exposition universelle de New York, son *Andante festivo* de 1922, passa toute la Seconde Guerre mondiale à Järvenpää, malgré plusieurs offres d'accueil aux États-Unis, et mourut quelques semaines après avoir dicté à son gendre, le chef d'orchestre Jussi Jalas, un accompagnement pour orchestre à cordes destiné à *Come Away, Death*, premier de ses deux lieder op. 60 (1909) sur *la Nuit des rois* de Shakespeare.

Peu de grands compositeurs ont suscité des jugements aussi contradictoires que Sibelius. Voici en effet un artiste qui d'une part, depuis son entrée en scène vers 1890, n'a cessé de faire parler de lui, et qui reste un des rares au xxe siècle à avoir suscité d'abondants commentaires d'ordre strictement musical (nombreuses analyses des sept symphonies), mais qui d'autre part a été largement passé sous silence, du moins jusqu'à une époque récente, dans des milieux dits d'avant-garde, et dont le nom, dans de très sérieuses histoires de la musique du xxe siècle, n'est même pas mentionné. Trop souvent, Sibelius n'a été commenté qu'en termes pittoresques ou mythologiques. D'où la fausse idée d'un Sibelius aussi isolé de la musique de son temps que la Finlande du reste de l'Europe. En réalité, durant toute sa vie active, Sibelius fut un grand voyageur, et ce qui se faisait autour de lui, non seulement il le connut parfaitement, mais il en tint compte. La solitude n'en exista pas moins pour lui, et il la ressentit durement, mais elle se situa à un niveau fort différent, et beaucoup plus intéressant.

Pour en revenir aux jugements contradictoires portés sur lui, trois citations suffiront à les illustrer : « Le plus grand symphoniste depuis Beethoven » (Cecil Gray en 1931) ; « L'éternel vieillard, le plus mauvais compositeur du monde » (René Leibowitz* en 1955) ; « Le principal représentant, avec Schönberg, de la musique européenne depuis la mort de Debussy » (Constant Lambert en 1934). La réaction contre Sibelius connut son point culminant vers l'époque de sa mort, à l'issue de la grande vague sérielle du second après-guerre, et alors qu'on commençait à réagir également contre cette vague (en Angleterre, on se sentit en outre coupable d'avoir, depuis 1930, prôné Sibelius au détriment de Schönberg, Berg, Webern et même Stravinski). Aujourd'hui, le recul du temps permet d'y voir clair, et les problèmes actuels de la musique redonnent toute sa valeur à l'attitude saine d'un Constant Lambert, qui dans *Music Ho !* (1934) eut la clairvoyance de citer comme chefs-d'œuvre récents à la fois les *Variations* pour orchestre* de Schönberg (1928) et la *7e Symphonie* de Sibelius (1924).

En tant que musicien national, Sibelius est à rapprocher de Janáček ou de Bartók, en ce sens qu'il fut de ceux qui, pour se libérer de l'emprise germanique, eurent recours à l'antidote debussyste. Ses relations avec la Finlande ne furent d'ailleurs jamais d'ordre folklorique, il n'y a pas chez lui de citations de thèmes populaires, ni même, malgré les couleurs souvent très subtilement modales, et non tonales, de sa musique, de folklore recréé comme chez Bartók. Mais après avoir entendu, à Londres en 1909, les *Nocturnes* pour orchestre de Debussy, Sibelius nota dans son journal : « J'ai dormi, et me suis échappé de Finlande juste à temps. » Cette phrase reflète non seulement ce vers quoi, du moins en partie, il se sentait attiré, mais aussi les problèmes qu'avait suscités en lui le fait d'être originaire d'un pays « excentrique ».

Cela dit, entre la Finlande et lui, il n'y eut jamais rupture. Comme tous les grands créateurs, Sibelius mit le national et l'universel en relation dialectique, et il faut ajouter qu'il échappa non seulement au provincialisme, mais au cosmopolitisme au sens stravinskien, au sens « entre-deux-guerres » du terme.

La plupart des poèmes symphoniques n'en ont pas moins comme source d'inspiration le Kalevala, vaste épopée nationale de plus de 75 000 vers publiée en 1849, et qui exerça sur les artistes finlandais de la seconde moitié du XIXe siècle et du début du XXe une très grande influence : à une époque où la Finlande s'efforçait d'affirmer son identité nationale face aussi bien à la Suède qu'à la Russie, peintres, sculpteurs ou musiciens (dont Sibelius) y puisèrent largement. Enfin et surtout, il existe des affinités entre la musique de Sibelius et le rythme de la langue finnoise. Celle-ci met l'accent sur la première syllabe des mots ou sur le début d'une phrase, le reste se déroulant ensuite plus vite, de façon plus égale et moins intense, et avec un bref sursaut terminal. On observe de même chose dans une mélodie typiquement sibelienne comme le thème conclusif du premier mouvement de la *2e Symphonie*, avec sa note tenue initiale, son alternance régulière de deux notes, et son sursaut terminal avec quinte descendante incisive :

Ce microcosme à la fois statique (la note tenue) et dynamique (le reste) peut servir de point d'appui pour explorer la synthèse unique de statisme et de dynamisme en laquelle réside la profonde originalité de Sibelius, et qui fait de sa production un phénomène fondamental de civilisation : des pages comme le premier mouvement de la *5e Symphonie*, ou comme la *7e Symphonie* tout entière, adoptent en effet pour leur structure globale, c'est-à-dire à une échelle beaucoup plus vaste, le même type de démarche. Depuis le romantisme, le problème du statisme et du dynamisme se posait de façon cruciale. Le XIXe siècle, avec ses phénomènes de repli en soi et de mise en valeur émotionnelle de l'instant (Schumann), eut un effet considérable sur le rythme de l'action musicale. Haydn et Beethoven, par le biais de la forme sonate, avaient doté la musique d'une énergie proprement musculaire, d'un sens du mouvement incluant la notion tout à fait nouvelle de dépaysement (ce qui, comme l'a fait remarquer Robert Simpson*, aurait donné le vertige à tout musicien de la génération de J.-S. Bach), d'une dimension authentiquement vectorielle.

A partir de Schubert, grand inventeur de formes s'il en fut, le rythme de l'action musicale eut tendance à ralentir, ce qui devait déboucher notamment sur la découverte cruciale par Wagner du fait qu'une forme musicale pouvait être suffisamment élargie pour embrasser tout un acte d'opéra. Formellement, l'acte III de *Parsifal*, l'œuvre de Wagner qui fit la plus profonde impression sur le jeune Sibelius, n'est qu'une immense et unique modulation de *si* majeur à *la* bémol majeur. Ces ralentissements ne furent possibles que dans la mesure où parallèlement s'affaiblissaient les fonctions tonales. Le prélude de l'acte III de *Parsifal* évolue d'abord dans une vague région entre *si* bémol mineur et *si* majeur, et c'est ce type d'imprécision, transplanté à grande échelle, qui permit à Wagner de procéder par vagues successives et d'accumuler la tension à un rythme très lent.

Au XXe siècle, on aboutit ainsi, avec Schönberg, à la négation de la tonalité, et aussi, surtout avec Webern, à la négation du type de mouvement qu'avait engendré la tonalité. Avec certaines pages de Debussy, Bartók et surtout Stravinski, la liquidation du sens du mouvement issu du classicisme viennois eut tendance à se traduire par des musiques de ballet donnant parfois l'impression, par-delà leur agitation, d'un trépignement sur place, et apparaissant aussi statiques que du Webern. Il est évident que de telles observations demandent à être nuancées, et n'impliquent en soi aucune condamnation esthétique, mais il reste que dans ce contexte, la personnalité de Sibelius prend un relief singulier.

Fasciné en ses débuts par Liszt et par Berlioz, et assez influencé par les Russes, Sibelius réalisa à un moment donné que sa musique devait être davantage qu'une réponse colorée au Kalevala, et à la longue, il se détourna de cette source d'inspiration, du moins sous ses aspects les plus extérieurs. Il réussit à exorciser le spectre du romantisme, et devint le type même de l'artiste romantique discipliné. Ses œuvres majeures ne dédaignent ni les images les plus évocatrices, ni les sentiments personnels les plus intenses, mais les présentent avec une précision microscopique, avec la plus extraordinaire objectivité, sans réduire à eux le monde, en les plaçant dans la perspective d'une réalité plus vaste, elle aussi bien présente. A ce titre comme à d'autres, Sibelius s'oppose à son contemporain Gustav Mahler, comme en témoigne la fameuse conversation qu'ils eurent ensemble à Helsinki en 1907 : « Quand nous en vînmes à parler de l'essence de la symphonie, je dis que j'admirais sa sévérité de style, et la logique profonde qui crée entre tous ses motifs une unité interne. L'opinion de Mahler était juste à l'opposé : Non, la symphonie doit être comme le monde, elle doit tout embrasser. »

Quant au peu de goût que, très tôt, Sibelius déclara éprouver à l'égard de Wagner, il n'alla pas sans une sorte de fascination qui certainement dura toujours, mais fut sans doute symptôme de la prise de conscience du fait que Wagner avait détourné sinon de sa propre attention, du moins celle de beaucoup de ses « fidèles », d'une des plus précieuses conquêtes des classiques et en particulier de Beethoven, à savoir ce sens dynamique du mouvement qui avait fait l'âge d'or de la symphonie. Ce problème précis, si l'on en juge par ses œuvres, Sibelius le perçut assez tôt, mais ne le maîtrisa en plusieurs étapes. Typique en tout cas est sa fameuse phrase sur Beethoven, que tout bien pesé on pourrait appliquer à lui-même : « Je suis conquis aussi bien par l'homme que par sa musique. Il est pour moi une révélation. C'est un titan. Tout était contre lui, et pourtant il a triomphé. »

La grande force de la musique de Sibelius est que de ses profondeurs statiques, jamais synonymes d'immobilité totale, surgit inexorablement une force motrice considérable, les deux allant dans les meilleurs cas *(Symphonie no 7)* jusqu'à se mêler inextricablement. La succession des sept symphonies de Sibelius permet d'observer la croissance de sa maîtrise du mouvement et de son autodiscipline. Les deux premières ont encore des côtés XIXe siècle. Le romantisme de la *Première* (1899) est plutôt individuel et légendaire, celui de la *Deuxième* (1902) collectif et national. Dans le premier des quatre mouvements de la *Première*, on trouve déjà, trait typique, une longue pédale de *fa* dièse s'étendant sur soixante-huit mesures, mais n'interrompant en rien le cours dynamique des événements, car à cette pédale se superpose de façon autonome une grande activité motrice. Très neuf apparaît le premier des quatre mouvements de la *Deuxième*, qui consolide progressivement, non sur le plan thématique mais sur le plan dynamique et sonore, un discours apparaissant au début comme une mosaïque éparse.

La *Troisième* (1907), écrite entre *Salomé* et *Elektra* de Richard Strauss et au moment où Schönberg s'apprêtait à franchir le pas de l'atonalité, est un acte de courage avec sa tonalité d'*ut* majeur nettement affirmée, son orchestration économe, son climat allégé et éclairci. Le premier de ses trois mouvements, d'une immense énergie, est projeté dynamiquement de l'avant dès ses premières mesures. Il est malheureusement impossible d'analyser ici en détail cette forme sonate si subtile, en particulier par ses métamorphoses thématiques, ni la façon dont la coda, plus lente, est soudée à ce qui précède. Après un andantino en *sol* dièse mineur, le finale, création capitale ne se référant à aucun schéma formel préexistant, constitue le plus grand exemple chez Sibelius de synthèse du rythme lent wagnérien et de la dynamique beethovenienne. En un sens, c'est une immense pédale d'*ut* majeur, sauf en son centre, lors d'un bref passage sans tonalité définie et servant à reprendre haleine. Mais la lenteur sous-jacente de ce mouvement n'empêche pas un tempo très rapide. Fondamentale est sa construction globale, en quatre parties. La première, très courte, tient lieu d'introduction, les deux suivantes, séparées par une de ces rafales dont Sibelius avait le secret, de scherzo, et la quatrième, progression inexorable sur un ostinato rythmico-mélodique, de finale proprement dit, en même temps que de conclusion à toute la symphonie. Fondamental est aussi le fait que chacune des quatre parties tend à donner *a posteriori* à la précédente ou aux précédentes un caractère introductif très marqué. Enfin et surtout, ces quatre parties n'ont pas d'existence propre : entendues isolément, elles n'auraient aucun sens. La quatrième, dominée par les cuivres, sert d'exutoire à la tension accumulée, mais de perpétuels coups de boutoir quasi stravinskiens lui insufflent en même temps l'énergie nécessaire pour aller jusqu'au bout. Le sommet atteint, tout est dit, et la musique s'arrête net.

Avec d'une part son soubassement harmonique quasi immuable, ou plutôt sa tonalité d'*ut* majeur examinée sous différents angles avant d'éclater à la fin en pleine lumière, et d'autre part sa superstructure dynamique mettant en relation morcellement et direction vectorielle, contraction et expansion, le finale de la *Troisième* est le terrain d'un gigantesque rapport de forces, et un extraordinaire témoignage de l'art qu'avait Sibelius de « mettre les choses ensemble » (Brian Ferneyhough*). La multitude d'événements qu'il contient se comprime en neuf à dix minutes seulement, et correspond à une seule grande respiration, malgré ses brusques ruptures de plan, malgré les brusques dénivellations du discours.

Il y a plusieurs façons d'être d'avant-garde. Les œuvres de Sibelius de 1910-1914, années cruciales qui virent naître aussi *Pierrot* lunaire ou le *Sacre* du printemps, sont celles qui par certains aspects se rapprochent le plus de l'avant-garde de l'époque. L'ascétique *Quatrième* (1911), dont l'élément fondamental (tonalement disruptif) est le triton (ou quarte augmentée), utilise de manière quasi sérielle les relations d'intervalles comme matière première architecturale, et le poème symphonique *le Barde*, par sa brièveté et ses sonorités, peut faire penser à Webern. Mais cela n'empêcha pas Sibelius d'écrire à propos de cette *Quatrième*, partition aphoristique et anti-rhétorique que d'aucuns devaient qualifier de musique cubiste, de musique du XXIe siècle : « Elle se révèle comme une protestation contre ce qu'on fait aujourd'hui. Rien, absolument rien qui évoque le cirque. » Ce cirque était moins *Petrouchka* que la musique allemande et ses débordements. Mais, autre paradoxe, c'est à cette époque que Sibelius fasciné déchiffra au piano *Elektra*, et que dans son journal, il qualifia *Das klagende* Lied de Mahler de « musique géniale », cela avant de répondre en 1914 à un journaliste qui à son arrivée aux États-Unis lui demandait qui, à son avis, était le plus grand compositeur vivant : « Schönberg, mais j'aime aussi ma propre musique. »

Une autre phrase de Sibelius permettra d'y voir plus clair : « L'erreur de notre temps a longtemps été sa foi en la polyphonie. On a souvent cru qu'il suffisait, pour donner une valeur à un tout, d'empiler des banalités les unes sur les autres. Certes, la polyphonie est une force tant qu'il y a de bonnes raisons derrière, mais je pense qu'à cet égard, il y a eu depuis quelque temps une sorte d'épidémie chez les compositeurs. » De fait, malgré le splendide tissu polyphonique du début de la *Sixième* ou du début de la *Septième*, on ne trouve jamais ou presque chez Sibelius de contrepoint au sens traditionnel, au sens « fugue d'école ». Ce fut de sa part un acte de clairvoyance, mais aussi de courage, car on a là une des raisons de sa condamnation comme réactionnaire par Adorno*, pour qui toute musique se mesurait et se jugeait en définitive à l'aune de la tradition germanique. La musique de Sibelius est topologique, fondée sur des variations topologiques de tension, sur des déformations continues du matériau et de la masse orchestrale, à la limite aussi étirée en longueur que celle de Varèse l'est en hauteur. Elle tourne le dos aux configurations polyphoniques du passé de la même façon qu'aujourd'hui l'étude des surfaces tourne le dos à la géométrie euclidienne. C'est ce qui explique que dans le premier des quatre mouvements de la *Quatrième*, page réussissant en dix minutes seulement la synthèse d'un tempo très lent, au rythme wagnérien, et d'une forme sonate aussi concise et aussi riche que du Webern, on puisse trouver un développement central monodique, mais n'en correspondant pas moins, dans sa contraction et dans son étirement, à un paroxysme de tension. Ce trait inouï, il fallait attendre les années 60, en particulier Ligeti, pour qu'en apparaisse vraiment la descendance.

Sibelius déclara un jour que « ce qui est essentiellement symphonique, c'est le courant irrésistible qui parcourt le tout, cela par opposition au pittoresque ». Le premier des trois mouvements de la *Cinquième* (1919), la plus immédiatement puissante des sept symphonies de Sibelius, est une nouvelle synthèse de rythme wagnérien et de dynamisme beethovenien, mais les deux cette fois ne sont pas (comme dans le finale de la *Troisième*) superposés, ou du moins pas uniquement. On passe ici de l'un à l'autre, sans que soit mise pour autant en question l'unité organique de l'ensemble, qui reste un immense rapport de forces et une seule grande respiration. Il y a quatre parties, qui toutes débouchent sur un sommet d'intensité. Les deux premières (de tempo modéré) sont semblables, la deuxième apparaissant comme la consolidation de la première. La troisième est gageure : une sorte de torsion y étire le matériau en longueur, on est aux limites de l'atrophie, la musique semble devoir se perdre dans le vague faute d'énergie motrice. Mais un immense sursaut, relié à ce qui précède par des notes tenues, crée par ses rafales et ses coups de boutoir une tension dramatique telle qu'un scherzo de type beethovenien en apparaît comme le seul exutoire possible.

Dans toute l'histoire de la symphonie, il n'y a pas de transition — et Wagner ne peut-il pas se définir comme un musicien de la transition ? — plus magistrale que celle-là. Le dynamisme surgit sans crier gare, avec toute la brillance de *si* majeur et comme dans un train rapide un paysage de campagne à la sortie d'un tunnel, or on a l'impression que depuis le début, il était présent. Ce n'est pas dû au fait, pourtant important, que, d'un bout à l'autre du mouvement, les thèmes restent les mêmes, quoique soumis à de perpétuelles métamorphoses, mais à la maîtrise de Sibelius dans l'écriture par couches superposées se mouvant à des vitesses différentes et dont tantôt l'une, tantôt l'autre, prend le dessus. L'art de Sibelius est un art de fusion, et la plasticité des thèmes donne chez lui aux jalons thématiques proprement dits beaucoup moins d'importance qu'aux variations de tempo et aux ruptures de plan dynamiques.

On a beaucoup épilogué sur le silence de Sibelius au cours de ses trente dernières années, et sur la destruction de la *Huitième*. Une des raisons de cette destruction fut sa peur de décevoir et lui-même, et ses admirateurs. Sibelius fut certainement inhibé par sa position dans le siècle, et sa réaction fut totalement opposée à celle, superbement indifférente, de Richard Strauss. Le sérialisme ne signifia rien pour lui, et pour cause, mais il ne faut pas prendre à la légère sa phrase selon laquelle « Alban Berg est la meilleure œuvre de Schönberg ». Sans doute se reconnut-il en ces « formes à transformation », en ce « sens du développement continu avec énormément d'ambiguïté » que Pierre Boulez a déclaré récemment tant apprécier chez Berg. En tant que symphoniste, Sibelius, comme Mahler, ne pouvait renoncer à la tonalité, et les procédés si efficaces auxquels il eut recours pour assurer la continuité dynamique en l'intégrant à une lenteur cosmique, ou mythique, balayant tout sur son passage — longues pédales, notes tenues surgissant des profondeurs de l'orchestre avant de donner naissance à des thèmes ou à des paragraphes entiers —, eurent même comme résultat une certaine fixation tonale (phénomène qu'en soi on retrouve d'ailleurs chez Mahler).

Mais un des moyens de Sibelius pour produire la tension est justement le refus de la modulation à portée de main, et c'est de ce refus héroïque de reconnaître à certaines notes leur fonction tonale que découlent les couleurs souvent modales de sa musique. La parfaite *Sixième* (1923), en quatre mouvements, et dont la tranquillité de surface cache de puissants orages intérieurs, requiert une analyse à la fois tonale et modale, les deux se complétant ou s'opposant. Elle n'est en *ré* mineur qu'officiellement, et *si* mineur y joue aussi un rôle essentiel. Ayant recours notamment aux modes dorien et lydien, elle les traite parfois comme des tonalités, et parvient en outre à faire apparaître *ut* majeur non comme une tonalité, mais comme le mode de *do*.

On a rarement remarqué que Sibelius s'est tu à peu près au moment qu'Edgard Varèse, définitivement et non provisoirement, mais en toute probabilité pour la même raison : l'épuisement du matériau à sa disposition. « Quand nous voyons ces rochers, nous savons pourquoi nous pouvons traiter l'orchestre comme nous le faisons » (Sibelius à son élève et ami Bengt von Törne, à propos des rochers qui parsèment la Baltique et le golfe de Finlande). On croirait entendre Varèse parler de la ville, des machines et de la civilisation industrielle. Sibelius d'autre part déclara une fois : « Qu'on me donne pour composer soit les immensités de Finlande, soit les pavés d'une grande ville : là seulement, on peut parler de solitude. » La musique de Varèse et celle de Sibelius ont en commun la haine de la campagne et l'amour de la nature, pour Varèse bruits de civilisation pour l'homme, pour Sibelius rapport de forces élémentaires dont l'homme est absent. Tel est le message fondamental, chez Sibelius, de *Tapiola*, composé la même année (1926) qu'*Arcana* de Varèse. On sait ce que Varèse pensait des violons, instruments pour lui d'un autre âge. Sibelius ne renonça jamais aux cordes, mais en tira des sonorités distordues, des effets de rouleau compresseur annonçant les clusters des générations suivantes. En outre, ce sont des cuivres qui proviennent le plus souvent chez lui les coups de boutoir et les tenus qui sont autant de ressorts du discours (*cf.* en particulier le prélude de *la Tempête*).

Dans les années 60, les postsériels ont découvert chez Mahler l'alliance des grandes masses et de la clarté, la notion d'objet sonore, une vue critique du passé et une pensée thématique menée à terme (*cf.* la *6ᵉ Symphonie* de Mahler, 1904). Sibelius, pour sa part, donna aux thèmes et aux jalons thématiques de moins en moins d'importance, ses thèmes ont souvent l'air de flotter et de se déformer dans un autre rythme que celui qui globalement porte la musique. « D'où l'allure paradoxale de sa forme symphonique, qui commence dans la dispersion, la pure successivité, et dans une relative indifférence aux jalons thématiques. Tous ces linéaments seront repris et absorbés par le processus unificateur de la dynamique, qui les investit peu à peu, les intègre et les dispose, par approfondissements successifs, dans un rapport de convenance mutuelle » (Hugues Dufourt*). Bien sûr, Sibelius tire ses effets inouïs d'un orchestre dépassant à peine en effectifs celui de Beethoven, et il n'alla pas aussi loin que Bartók, dont il portait très haut les quatuors à cordes, dans l'émancipation de la dissonance, ni que Mahler dans l'exploration du contrepoint préschönbergien. Mais son apport au niveau syntaxique, dans le renouvellement de la forme musicale organique, est unique, ou du moins dans le prolongement immédiat de ce qu'avait fait Debussy, et en prise directe avec les problèmes de la musique dans les années 70 et 80.

La *Septième* (1924), apothéose pan-consonante d'*ut* majeur composée au moment où Schönberg publiait ses premières œuvres dodécaphoniques sérielles, est une architecture d'un seul bloc, comme la *Symphonie* *de chambre* op. 9 de Schönberg (1906). Mais dans cet opus 9, chaque mesure et chaque grand épisode se définissent de façon précise par rapport aux thèmes, aux mouvements ou aux parties de mouvement traditionnels. Rien de tel dans la *Septième*, faite de plusieurs masses en train de se heurter, et qui à la fois élargit l'instant aux dimensions d'une totalité et impose à l'éternité ses propres proportions et sa propre conception du temps. Remarquable est son contrôle simultané de plusieurs tempos différents. L'épisode lent qui ouvre l'œuvre est d'une ampleur telle qu'on s'attend à une durée totale d'une heure au moins, mais, par la vertu de la dialectique contraction-expansion, cette durée se réduit à une vingtaine de minutes.

La *Septième* est le seul ouvrage auquel puisse s'appliquer la fameuse phrase de Schönberg : « Il reste beaucoup de chefs-d'œuvre à écrire en *ut* majeur. » Mais elle utilise surtout cette tonalité comme couleur, en particulier par le truchement d'un thème de trombone intervenant à plusieurs reprises avec une majesté et une grandeur olympiennes telles qu'elles finissent par baigner la partition tout entière. Vers le centre, et jusqu'au-delà du troisième quart, l'énergie motrice domine. Elle semble soudain brisée net, par une de ces variations ambivalentes de tempo dont Sibelius avait le secret, mais n'en subsiste pas moins fortement au niveau sous-jacent durant l'apothéose terminale. La fin, assez abrupte, comme imposée par une main de fer, est un véritable manifeste : une progression *si-do* (sensible-tonique), surgissant d'une masse assez compacte et s'élevant portée par la pureté des seules cordes. La *Septième*, pendant sibélien du premier mouvement de la *9ᵉ Symphonie* de Mahler (1909), exige de ses interprètes et de ses auditeurs la plus extrême concentration. Malgré *Tapiola*, qui devait suivre, on ne peut s'empêcher de penser, en l'écoutant, à deux professions de foi de Jean Sibelius. A celle-ci, tout d'abord : « C'est curieux, plus j'observe la vie, et plus je me sens convaincu que le classicisme est la voie de l'avenir. » Et surtout à cette autre, reflet de cette force morale qui lui permit d'aller de l'avant : « Voyez les grandes nations européennes, et ce qu'elles ont enduré. Un état de barbarie y aurait succombé. Je crois en la civilisation. »

Œuvres principales. — *Œuvres avec numéro d'opus.* Cinq chants de Noël op. 1 (1895-1913). Deux pièces pour violon et piano op. 2 (1888, rév. 1912). Arioso pour chant et piano ou cordes op. 3 (1893, rév. 1913). Quatuor à cordes en *si* bémol majeur op. 4 (1889). Six impromptus pour piano op. 5 (1893). Cassation pour orchestre op. 6 (1895). *Kullervo*, poème symphonique (symphonie) pour soprano, baryton, chœur d'hommes et orchestre op. 7 (1892). Musique de scène pour *Ödlan* de Mykael Lybeck op. 8 (1909). *En Saga*, poème symphonique op. 9 (1892, rév. 1901). *Karelia*, ouverture op. 10 (1893) et suite d'orchestre op. 11 (1893). Sonate en *fa* majeur pour piano op. 12 (1893). Sept chants de Runeberg avec piano op. 13 (1891-92). *Rakastava* op. 14 pour chœur d'hommes (1893), pour orchestre à cordes, timbales et triangle (1911). *Skogsraet*, mélodrame op. 15 (1894). *Chanson du printemps*, poème symphonique op. 16 (1895). Sept lieder op. 17 (1894-1899). Neuf lieder pour chœur d'hommes op. 18 (1893-1901). Impromptu pour chœur de femmes et orchestre op. 19 (1902, rév. 1910).

Malinconia pour violoncelle et piano op. 20 (1901). *Natus in curas* pour chœur d'hommes op. 21 (1896). *Suite de Lemminkainen* op. 22 : *Lemminkainen et les Jeunes Filles de l'île* (1895, rév. 1897 et 1939), *le Cygne de Tuonela* (1893, rév. 1897 et 1900), *Lemminkainen à Tuonela* (1895, rév. 1897 et 1939), *le Retour de Lemminkainen* (1895, rév. 1897 et 1900). Cantate op. 23 (1897). Dix pièces pour piano op. 24 (1894-1903). *Scènes historiques I* op. 25 (1899, rév. 1911). *Finlandia*, poème symphonique op. 26 (1899, rév. 1900). Musique de scène pour *le Roi Christian II* op. 27 (1898). *Sandels* pour chœur d'hommes et orchestre op. 28 (1898, rév. 1915). *Snöfrid* pour chœur mixte, récitant et orchestre op. 29 (1900). *Cassure de la glace sur le fleuve Ulea* pour chœur d'hommes, récitant et orchestre op. 30 (1899). Trois chœurs op. 31 (1894-1904, rév. 1913, 1899). *L'Origine du feu* pour baryton, chœur d'hommes et orchestre op. 32 (1902, rév. 1910). *La Fiancée du batelier* pour baryton ou mezzo-soprano et orchestre op. 33 (1897). Dix pièces pour piano op. 34 (1914-1916). Deux lieder op. 35 (1907). Six lieder op. 36 (1899). Cinq lieder op. 37 (1898-1902). Cinq lieder op. 38 (1902-1904). *Symphonie n° 1 en mi mineur* op. 39 (1898-99). Dix pensées lyriques pour piano op. 40 (1912-1914). *Kyllikki*, trois pièces lyriques pour piano op. 41 (1904). Romance en *ut* majeur pour cordes op. 42 (1903). *Symphonie n° 2 en ré majeur* op. 43 (1901-1902). Musique de scène pour *Kuolema* (dont *Valse triste*) op. 44 (1903). Deux pièces pour orchestre op. 45 : *la Dryade* (1910), *Danse Intermezzo* (1907). Musique de scène pour *Pelléas et Mélisande* op. 46 (1905). Concerto en *ré* mineur pour violon et orchestre op. 47 (1903, rév. 1905). *La Reine captive*, ballade pour chœur mixte et orchestre op. 48 (1906). *La Fille de Pohjola*, poème symphonique op. 49 (1906). Six lieder op. 50 (1906). Musique de scène pour *le Festin de Balthazar* op. 51 (1906). *Symphonie n° 3 en ut majeur* op. 52 (1904-1907). *Pan et Echo*, intermezzo pour orchestre op. 53 (1906, rév. 1909). Musique de scène pour *le Cygne blanc* op. 54 (1908). *Chevauchée nocturne et Lever de soleil*, poème symphonique op. 55 (1907). *Voces intimae*, quatuor à cordes en *ré* mineur op. 56 (1909). Huit lieder op. 57 (1909). Dix pièces pour piano op. 58 (1909). *In memoriam*, marche funèbre pour orchestre op. 59 (1909). Deux lieder op. 60 (1909). Huit lieder op. 61 (1910). Deux pièces pour *Kuolema* op. 62 (1911). *Symphonie n° 4 en la mineur* op. 63 (1910-11). *Le Barde*, poème symphonique op. 64 (1913, rév. 1914). Deux lieder pour chœur mixte op. 65 (1911-12). *Scènes historiques II* op. 66 (1912). Trois sonatines pour piano op. 67 (1912). Deux rondinos pour piano op. 68 (1912). Deux sérénades pour violon et orchestre op. 69 (1912-13). *Luonnotar*, poème pour soprano et orchestre op. 70 (1913). *Scaramouche*, pantomime pour orchestre op. 71 (1913). Six lieder op. 72 (1907-1915). *Les Océanides*, poème symphonique op. 73 (1914). Quatre pièces lyriques pour piano op. 74 (1914). Cinq pièces pour piano op. 75 (1914). Treize pièces pour piano op. 76 (1914). Deux pièces pour violon ou violoncelle et orchestre op. 77 (1914-15) : *Laetare anima mea, Ab imo pectore*. Quatre pièces pour violon ou violoncelle et piano op. 78 (1915-1919). Six pièces pour violon et piano op. 79 (1915). Sonatine en *mi* majeur pour violon et piano op. 80 (1915). Cinq pièces pour violon et piano op. 81 (1915). *Symphonie n° 5 en mi bémol majeur* op. 82 (1915, rév. 1916 et 1919). Musique de scène pour *Jedermann* de Hofmannsthal op. 83 (1916). Cinq lieder pour chœur d'hommes op. 84 (1914-15). Six lieder op. 86 (1916). Deux humoresques pour violon et orchestre op. 87 (1917). Six lieder op. 88 (1917). Quatre humoresques pour violon et orchestre op. 89 (1917). Six lieder op. 90 (1917). Deux marches op. 91 (1917). *Oma maa*, cantate pour chœur mixte et orchestre op. 92 (1918). *Le Chant de la terre*, cantate op. 93 (1919). Six pièces pour piano op. 94 (1919). *Maan virsi*, cantate op. 95 (1920). Trois pièces pour orchestre op. 96 (1920). Six bagatelles pour piano op. 97 (1920). *Suite mignonne* pour 2 flûtes et cordes op. 98a (1921). *Suite champêtre* pour cordes op. 98b (1921). Huit pièces pour piano op. 99 (1922). *Suite caractéristique* pour harpe et cordes op. 100 (1922). Cinq pièces pour piano op. 101 (1923). Novelette pour violon et piano op. 102 (1923). Cinq pièces pour piano op. 103 (1924). *Symphonie n° 6 en ré mineur* op. 104 (1923). *Symphonie n° 7 en ut majeur* op. 105 (1924). Cinq danses champêtres pour violon et piano op. 106 (1925). Hymne pour chœur avec orgue op. 107 (1925). Deux lieder pour chœur d'hommes op. 108 (1925). Musique de scène pour *la Tempête* op. 109 (1925-26). *Le Chant de Vaino*, cantate pour chœur mixte et orchestre op. 110 (1926). Deux pièces pour orgue op. 111 : *Intrada* (1925), *Musique funèbre* (1931). *Tapiola*, poème symphonique op. 112 (1926). Musique rituelle maçonnique pour voix d'hommes, piano et orgue op. 113 (1927-1946). Cinq esquisses pour piano op. 114 (1929). Quatre pièces pour violon et piano op. 115 (1929). Trois pièces pour violon et piano op. 116 (1929).

Œuvres sans numéro d'opus. *Gouttes d'eau* pour violon et violoncelle (1876). Quatuor avec piano en *mi* mineur (1881-82). Trio en *la* mineur (1881-82). Sonate en *ré* mineur pour violon et piano (1881-1883). Andantino pour violoncelle et piano (1884). Quatuor à cordes en *mi* bémol majeur (1885). Trio à cordes en *sol* majeur (1885). Sonate en *fa* mineur pour violon et piano (1886). Quatuor en *sol* mineur avec piano et harmonium (1887). *Trio de Korpo* pour piano, violon et violoncelle (1887). Andante cantabile pour violon et piano (1887). *Trio de Lovisa* en *ut* majeur pour piano, violon et violoncelle (1888). Sérénade (1888). Thème et variations en *ut* dièse mineur pour quatuor à cordes (1888). Suite en *la* pour trio à cordes (1889). Quatuor à cordes en *la* mineur (1889). Quintette en *sol* mineur pour piano et cordes (1889). Quatuor en *ut* majeur pour piano et cordes (1891). Ouverture en *mi* majeur pour orchestre (1891). Scène de ballet pour orchestre (1891). Cantate pour le couronnement de Nicolas II (1896). *La Jeune Fille dans la tour*, opéra (1896). *Tiera* pour cuivres et percussion (1898). Ouverture en *la* mineur pour orchestre (1902). Scène de ballet pour orchestre (1909). *Spagnuolo* pour piano (1913). *La Folie de Fridolin* pour chœur d'hommes (1917). *Andante festivo* pour cordes et timbales (1922). *Le Destin de la Carélie*, marche pour chœur d'hommes et piano (1930).

M. V.

SICILIENNE. Bien que le terme *siciliana*, ou *alla siciliana*, figure dans des compositions italiennes depuis la fin du Moyen Âge, rien ne prouve qu'il existe un lien quelconque entre cette forme musicale et le folklore sicilien. C'est une pièce instrumentale ou symphonique de caractère chantant, écrite à 6/8 ou 12/8 sur un rythme balancé qui évoque la barcarolle. Mais alors que celle-ci a connu sa plus grande vogue à l'époque romantique, la sicilienne a été abondamment cultivée au XVIIIe siècle pour être complètement abandonnée au XIXe. Dans les suites ou concertos de J.-S. Bach, Haendel et Telemann, pour ne citer que les principaux musiciens allemands influencés par le style italien, les mouvements lents sont fréquemment des siciliennes, dont on retrouve l'équivalent chez plus d'un compositeur italien ou français de l'époque baroque. Beaucoup plus récemment, le charme archaïque de la sicilienne a été redécouvert par des compositeurs modernes, notamment Gabriel Fauré dans sa musique de scène pour *Pelléas et Mélisande*.

M. T.

SIÈGE DE CORINTHE (LE). Opéra en 3 actes de Gioacchino Rossini sur un livret de Luigi Balocchi et Alexandre Soumet, créé à l'Opéra de Paris (salle Le Peletier) le 9 octobre 1826 par Laure Cinti-Damoreau, Louis et Adolphe Nourrit et H. E. Derivis.

ACTE PREMIER. *La ville de Corinthe, en 1459, a déjà subi plusieurs assauts des Turcs conduits par le sultan Mahomet II. Son gouverneur Cléomène* (t) *désespère de pouvoir résister davantage, mais le jeune officier Néocle* (t) *ne partage pas ses doutes et appelle les Grecs au combat. Cléomène ainsi encouragé lui promet la main de sa fille Pamira* (t). *Malheureusement, celle-ci aime un certain Almanzor qu'elle a naguère rencontré à Athènes. La reprise des combats empêche Cléomène de s'expli-*

quer avec sa fille. Il lui remet une épée en l'invitant à se donner la mort si les Turcs prennent la ville. Au deuxième tableau, les Turcs sont dans la place et célèbrent leur victoire. Cléomène prisonnier refuse la paix que lui offre Mahomet (b). Pamira, à la recherche de son père, reconnaît Almanzor en la personne du sultan, qui propose de l'épouser. Mais c'est Néocle que Cléomène veut pour gendre et sur le refus de Pamira, il la maudit.

ACTE II. Dans la tente du vainqueur, celui-ci s'efforce de consoler Pamira partagée entre son amour et son patriotisme. Néocle vient interrompre les préparatifs du mariage et prétend ramener la jeune fille dans le camp grec. Pamira, pour lui sauver la vie, le fait passer pour son frère. Cependant, les Grecs retranchés dans la citadelle organisent une sortie et, à l'appel de son père, Pamira finit par les rejoindre sous la protection de Néocle. Mahomet, furieux, jure d'exterminer tous les Grecs.

ACTE III. Dans les catacombes de Corinthe, d'où l'on entend prier Pamira et ses suivantes, Néocle se dispose à combattre. Mahomet vient renouveler ses offres de paix, que Cléomène repousse obstinément, soutenu par Néocle révélant qu'il n'est pas le frère, mais le fiancé de Pamira. C'est la rupture définitive. Mahomet parti, Cléomène et sa fille se réconcilient. Jero (b), gardien des tombeaux, exhorte les Grecs au courage en leur rappelant les hauts faits de leurs aïeux. Puis les femmes restent en prières et se préparent à mourir tandis que les guerriers, au-dehors, livrent un combat désespéré. Quand Mahomet revient triomphant, Pamira s'est tuée.

Cet ouvrage est en fait une nouvelle version de *Maometto II*, créé sans grand succès au San Carlo de Naples en 1820 et remanié une première fois en 1823 pour une reprise à Venise. Pour Paris, Rossini ne se contenta pas d'étoffer la partition de quelques emprunts à des œuvres antérieures, et de faire traduire en français le livret de Cesare della Valle. L'Europe romantique se passionnait alors pour la cause des Grecs en lutte contre la domination ottomane, l'action fut habilement transportée de Negroponte, ville italienne, à la ville grecque de Corinthe que le vainqueur de Constantinople avait également assiégée. Pendant qu'il y était, Rossini confia au célèbre ténor Adolphe Nourrit, le propre fils de l'interprète de Cléomène, le rôle de Néocle primitivement destiné à un mezzo-soprano travesti. Toutes ces astuces réussirent et *le Siège de Corinthe* remporta un triomphe. Toutefois, c'est dans une traduction italienne que *L'Assedio di Corinto* a fait le tour du monde, avec un Néocle de nouveau travesti.   M. T.

SIEGFRIED. Deuxième journée en 3 actes de *l'Anneau du Nibelung*, livret et musique de Richard Wagner, créé le 16 août 1876 au cours du premier Festival de Bayreuth. Des journées de l'*Anneau*, *Siegfried* est certainement la moins connue, celle dont on risque le plus aisément d'enfouir la problématique réelle sous les images légendaires dont l'illustration au premier degré permet de résoudre en partie les difficultés inhérentes à la structure de l'œuvre et à sa place au sein de l'ensemble : retour de personnages aperçus au Prologue, rejet du duo d'amour à la fin de l'ouvrage, caractère écrasant du rôle titre, distribution dominée par les voix d'hommes, etc., autant d'éléments capables de dérouter qui voudrait isoler l'œuvre de son contexte. Car plus encore que *l'Or du Rhin*, mais certainement moins que *la Walkyrie* et *le Crépuscule des dieux* dont les scénarios, au fond, ont leur propre logique, *Siegfried* dépend essentiellement de l'action passée et future. Les événements engendrés par les deux premières journées s'y résolvent en partie seulement, tandis que le final « appelle » la suite.

Cette contrainte fondamentale explique en partie que l'on s'est souvent attaché, pour donner à l'œuvre une autonomie qu'elle ne possède pas, à mettre en relief les éléments du livret traditionnellement attachés à la seule figure de « Siegfried héroïque » : fonte de l'épée, combat avec le dragon, dialogue avec l'oiseau, passage du feu, etc. Ce traitement anecdotique, qui aboutit à un livre d'images plutôt naïves, débouche sur un résultat inverse de celui recherché : coupée de ses racines, l'œuvre apparaît faible en comparaison des autres volets ; il va de plus à l'encontre de la partition elle-même, dont l'ambiance sonore est sans doute la plus variée de l'*Anneau* : ici, en effet, le déroulement du texte conditionne la respiration musicale de l'action. Toutefois, l'obstacle majeur à l'indispensable naturel libre de ton, à la cohésion de ce jeu subtil d'atmosphères changeantes, reproduisant la cyclothymie du héros, réside dans les efforts que l'œuvre exige de chanteurs déjà fortement sollicités (Wotan, Brünnhilde) ou devant ménager leur résistance en vue de la journée suivante (Siegfried, Brünnhilde).

ACTE PREMIER. *Dans la grotte où il a installé sa forge, le nain Mime (t) se désespère : il ne parvient pas à ressouder les tronçons de Nothung. Or l'épée magique lui est indispensable à la réalisation du projet qui l'obsède, terrasser Fafner sous les coups de Siegfried (t) et s'emparer de l'anneau, projet pour la réussite duquel il accepte même d'endurer la haine tenace du héros qu'il a recueilli et qu'il tient dans l'ignorance complète de ses desseins. Mais le Wälsung, incapable de supporter l'idée que le nain pourrait être son père, exige brutalement d'apprendre le secret de ses origines. La révélation le foudroie et le rassure à la fois : sa mère est morte en couches, son père au combat. Pour preuve de ses dires, Mime exhibe les tronçons de l'épée. Enthousiaste, Siegfried lui ordonne de les reforger sans délai : ainsi, libre de toute attache, il pourra ne jamais revenir.

Siegfried absent, Wotan (bar) survient en habit de voyageur, et impose au nain un jeu d'énigmes. Sans même voir que le dieu connaît ses projets, Mime bute sur la dernière question ; Wotan lui fournit la réponse : reforgera Nothung qui ne connut jamais la peur ; la tête que le nain vient de perdre ! Réalisant soudain que Siegfried est le héros aux coups duquel il est désormais voué, Mime prétend devant lui avoir promis jadis à Sieglinde de ne jamais abandonner l'enfant tant que ce dernier n'aurait appris la peur. Follement désireux de ressentir cet émoi nouveau, Siegfried accepte de suivre Mime auprès du dragon qui doit le terrifier, d'autant plus volontiers que la grotte de Fafner se trouve à l'orée de la forêt dont le Wälsung n'est jamais sorti.

Afin de pouvoir, dès la peur apprise, s'élancer à la découverte du monde, le héros entreprend de reforger Nothung, son seul bien, selon une technique inconnue du Nibelung. Pendant ce temps, Mime brasse un poison grâce auquel il espère se débarrasser de Siegfried.*

ACTE II. *Alberich (bar) veille devant l'antre de Fafner. Wotan intervient, lui désignant Mime comme son véritable adversaire et prévenant le dragon de la venue de son vainqueur. Voici Mime et Siegfried : le nain donne d'ultimes conseils au Wälsung pour tuer Fafner, lui décrivant un monstre assoiffé de meurtre. Siegfried, méfiant (comment un combat pourrait-il lui apprendre la peur ?), le chasse. Bercé par les murmures de la forêt, il rêve à ses parents : les mères des hommes meurent-elles toutes en donnant la vie ? Le chant d'un oiseau le tire de sa mélancolie. Il essaie de communiquer avec lui mais c'est Fafner (b) qui se montre. Chacun, prévenu contre l'autre, le croit menaçant : ils combattent. En mourant, le dragon met en garde contre la malédiction son jeune meurtrier, qu'il devine manipulé.

Se brûlant au sang du dragon, Siegfried comprend soudain le chant de l'oiseau (s). Sur son conseil, il s'empare du Tarnhelm et de l'anneau puis, capable de lire les pensées du nain, tue Mime qui voulait l'empoisonner. Coupé par ses meurtres de toute référence à son passé, le héros s'effraie de sa solitude de tueur : aussi est-ce avec enthousiasme qu'il entend l'oiseau évoquer Brünnhilde. Il suit son nouveau guide vers le roc enflammé.*

ACTE III. 1ᵉʳ tableau. *(Au pied du roc de Brünnhilde.) Wotan éveille Erda (c) : ce qui était destin fatal, il en a fait sa volonté. Erda dénonce farouchement les contradictions d'un pouvoir qui se donne la comédie mais Wotan l'interrompt, exaltant le couple qu'il est en passe d'unir pour accomplir le destin des dieux. Face à Siegfried, pourtant, incapable de faire pressentir au héros la portée de son acte, Wotan en est réduit au défi : alors seulement le Wälsung brise la lance du dieu, et franchit le brasier.* 2ᵉ tableau. *(Le rocher de Brünnhilde.) Siegfried découvre que le guerrier qui dort là est en réalité une femme. Angoisse et désir se mêlent : les confondant avec l'appel de la mort, le héros baise les lèvres offertes. La walkyrie (s) s'éveille. Devant l'inconscience du Wälsung qui refuse de comprendre l'enjeu de ses exploits et avoue, impatient, envie d'amour, elle se laisse submerger par la passion et se donne à lui sans plus rien vouloir connaître du destin des dieux.*

Fortement marqué par les ambiguïtés de la réflexion wagnérienne sur la liberté (au fond, le héros est manipulé par tous ceux qui utilisent sa quête désespérée d'une raison d'être), *Siegfried* se clôt sur un nouveau rebondissement. Tout au long de l'œuvre, on a vu Wotan guider indirectement « son » héros en utilisant les projets des autres prétendants à l'anneau, tout en protégeant Siegfried de leurs machinations, puis en lui indiquant, grâce à l'oiseau, le chemin qui mène à Brünnhilde. Mais celle-ci avoue n'avoir compris des desseins de son père, exposés à l'acte II de *la Walkyrie*, qu'une chose : elle devait, en dépit de tout, aimer la race qu'abandonnait le dieu. Devinant qu'elle servirait Wotan en reconstituant, dans le cadre de la loi, un couple incestueux de même essence que celui des Wälsungen, elle n'en a pas saisi pour autant le rôle vis-à-vis de l'anneau. Or, aucun des indicateurs placés sur la route du héros, Wotan le dernier, n'a pu en informer Siegfried. Décidant de tout oublier du Walhall pour vivre pleinement son amour, Brünnhilde relance la course à l'anneau. *Le Crépuscule des dieux* verra sa douloureuse initiation, son brutal rappel à l'ordre. P. G.

SIEGFRIED-IDYLL. Pièce instrumentale de Richard Wagner, exécutée pour la première fois en public le 20 décembre 1871 à Mannheim. En 1864, alors que le roi Louis II de Bavière venait tout juste de l'appeler auprès de lui et lui avait intimé « l'ordre royal » d'achever *l'Anneau du Nibelung*, Wagner esquissa un quatuor à cordes intitulé *Idylle de Starnberg*. Pourtant, les thèmes notés à l'époque ne furent utilisés que six ans plus tard, lorsque le compositeur entreprit le troisième acte de *Siegfried*, la deuxième journée de *l'Anneau*. Wagner, père depuis l'année précédente d'un petit Siegfried, avait épousé Cosima von Bülow en août 1870 ; il renoua alors avec son vieux projet. Le 4 décembre, il acheva la partition d'une *Siegfried-Idyll* pour treize instrumentistes, bâtie sur plusieurs leitmotive empruntés à *Siegfried ;* Cosima reçut l'œuvre en aubade le 25 décembre, à l'occasion de son anniversaire, dans la villa Tribschen que le couple habitait. L'orchestre était dirigé par Hans Richter et la fête avait été organisée avec la complicité de Friedrich Nietzsche, qui était à l'époque l'ami le plus intime des Wagner. P. G.

SIEPI *(Cesare)*, basse italienne *(Milan 1923)*. Autodidacte, il a débuté à Schio (près de Venise) en 1941, dans le rôle de Sparafucile. Réfugié en Suisse pendant la guerre, à cause de ses activités antifascistes, il fit de nouveaux débuts à Venise en 1945 et fut engagé à la Scala de Milan l'année suivante. En même temps, il commença une carrière internationale qui le conduisit au Festival de Salzbourg dont il fut la vedette de 1953 à 1958, aussi bien dans les rôles de Mozart (Don Giovanni et Figaro) que de Verdi (Philippe II dans *Don Carlos*). Après 1958, refusant la concurrence de Boris Christoff à la Scala de Milan, il quitta définitivement l'Italie pour s'installer à New York où il occupa au Metropolitan Opera la place laissée vide par Ezio Pinza. Plus récemment il aborda le répertoire wagnérien (Gurnemanz de *Parsifal* en 1975). Acteur remarquable, musicien parfait, Siepi possède une des plus belles et des plus longues voix de basse qu'on ait pu entendre récemment. J. B.

SIGURD. Opéra en 4 actes et 9 tableaux d'Ernest Reyer sur un livret de Camille du Locle et Alfred Blau, créé le 7 janvier 1884 à la Monnaie de Bruxelles. Bien qu'il ait été honoré de 252 représentations à l'Opéra de Paris de 1885 à 1935, cet ouvrage oublié a si peu de chances d'être repris ou enregistré qu'une analyse scène par scène ne s'impose guère. Le livret s'inspire des aventures légendaires d'un héros dont le nom scandinave est Sigurd, et qui n'est autre que le Siegfried germanique de Richard Wagner. Autour de ce Sigurd évoluent quelques autres personnages de *Siegfried* et du *Crépuscule des dieux :* Brunehilde (s), Gunther (bar), Hagen (b), Gutrune sous le nom de Hilda (s) et Erda rebaptisée Uta (ms). Si l'air d'entrée de Sigurd (acte I) a valu de grands succès à des ténors réputés (Affre, Franz, Saint-Cricq, Luccioni), si de grandes cantatrices comme Rose Caron, créatrice du rôle, Lucienne Bréval, Marjorie Lawrence, Felia Litvinne, ont triomphé dans celui de Brunehilde à l'acte III, la partition dans son ensemble ne brille pas par l'originalité. Longtemps maintenue au répertoire par esprit patriotique, l'œuvre du wagnérien Reyer souffrait par trop de la comparaison avec son illustre modèle. M. T.

SIGURD JORSALFAR (« Sigurd le Croisé »). Musique de scène op. 22 et suite d'orchestre op. 56 issues de la collaboration entre l'écrivain norvégien B. Bjørnson et le musicien Edvard Grieg. Après avoir écrit en 1871 sur un texte de cet auteur le mélodrame op. 42 *Berglіot*, Grieg qui toute sa vie avait rêvé d'élaborer un opéra national entreprit avec lui une nouvelle collaboration difficile et maintes fois interrompue. Le drame historique de Bjørnson avec la musique de scène de Grieg (deux airs avec chœur et trois interludes d'orchestre) fut créé à Christiania le 17 mai 1872. En 1889 seulement Grieg élabora une suite de trois pièces pour orchestre op. 56 (éditée en 1892) à laquelle il ajouta ultérieurement deux autres pages pour piano à deux et quatre mains. Écrite en une semaine, la *Suite symphonique* op. 56 comporte une *ouverture*, un *intermezzo* et une *marche triomphale*, et fut créée sous la direction du compositeur en février 1893 au Gewandhaus de Leipzig. H.-C. F.

SI J'ÉTAIS ROI. Opéra-comique en 3 actes d'Adolphe Adam, sur un livret d'Adolphe d'Ennery et Jules Brésil, d'après le conte des *Mille et Une Nuits* « le Dormeur éveillé », créé à Paris, au Théâtre lyrique (salle du Faubourg-du-Temple) le 4 septembre 1852.

A Goa, au XVIe siècle.

ACTE PREMIER. *Sur une plage, le pêcheur Zéphoris rêve de la belle princesse qu'a sauvée des eaux. Ah ! s'il était roi ! Et il s'endort, non sans avoir écrit sur le sable : « Si j'étais roi. » Or le roi Mossoul vient à passer. L'inscription l'amuse et il ordonne que le pêcheur soit transporté au palais et considéré pendant vingt-quatre heures comme le véritable roi.*

ACTE II. *Au palais, Zéphoris s'éveille devenu roi malgré lui. Mais il se prend au jeu, révèle quelques injustices dont le peuple souffre, confond certains dignitaires, et surtout retrouve la princesse Néméa qui s'éprend de lui.*

ACTE III. *Ayant déjoué un complot fomenté par Kadoor contre le Roi, Zéphoris s'en voit récompensé par son mariage avec la princesse, suivant le désir du souverain.*

La partition est une des plus savoureuses qu'ait écrites Adolphe Adam. La vive ouverture est devenue célèbre, mais les mélomanes ne peuvent négliger au premier acte le chœur des pêcheurs et la romance de Zéphoris : « J'ignore son nom, sa naissance » ; au second l'air de Néméa : « De vos nobles aïeux » et le chant bachique du Roi : « La fleur boit la rosée » ; enfin au dernier acte la chanson indienne : « Étends-toi sous les bambous » et le brillant final : « Toi qui présides aux batailles ». S. W.

SILBERMANN, célèbre dynastie de facteurs d'orgues du XVIIIe siècle. Originaire de Saxe, ils s'établirent à Strasbourg, et leur activité s'étendit principalement en Alsace. **André** Silbermann *(1678-1734)*, élève de François Thierry, construisit trente-cinq instruments, parmi lesquels ceux de Marmoutier (1710) et d'Ebersmünster (1732) sont restés en parfait état. Son frère, **Gottfried** *(1683-1753)*, fut son élève, puis retourna s'établir en Saxe, à Freiberg. Là, il construisit quarante-neuf orgues, mais s'intéressa également au clavicorde et au piano-forte. Il connut J.-S. Bach, et, après une période de mésentente, ce dernier put apprécier les piano-forte de Gottfried Silbermann.

À Strasbourg, l'entreprise d'André se poursuivit avec son fils aîné, **Jean-André** *(1712-1783)*, mais aucun des cinquante-sept instruments que celui-ci édifia en Allemagne, en Alsace et en Suisse, ne subsiste aujourd'hui dans son état d'origine. Érudit, Jean-André écrivit plusieurs ouvrages historiques et laissa cinq volumes manuscrits de très précieuses informations historiques sur la facture d'orgues dans sa famille et à son époque. Son frère cadet, **Jean-Daniel** *(1717-1766),* fut son associé avant d'aller reprendre l'entreprise de son oncle Gottfried à Freiberg.

Les autres membres de la famille en poursuivirent la tradition jusqu'à la fin du XVIIIe siècle, comme facteurs d'orgues et de piano-forte, et comme organistes, tant en Alsace qu'en Saxe.   G. C.

SILCHER *(Philipp Friedrich)*, compositeur et folkloriste allemand *(Schnait, Wurtemberg, 1789 - Tübingen 1860).* Il reçut de son père les bases de la formation musicale, et travailla ensuite à Fellbach avec l'organiste Auberlen, tout en gagnant sa vie comme instituteur. Une rencontre avec Weber en 1809, puis des leçons avec Konradin Kreutzer et Hummel achevèrent de le convaincre de se consacrer à la musique. En 1817, il devint directeur de l'université de Tübingen et maître de chapelle à l'École évangélique. Adepte de l'enseignement musical fondé sur le chant populaire d'après les méthodes de Pestalozzi qu'il rencontra, et de Naegeli avec qui il collabora, il s'occupa à rassembler et à faire éditer de nombreux chants populaires allemands. Il contribua à la formation de sociétés chorales et rédigea plusieurs ouvrages à l'intention d'un large public, dont le traité *Harmonie-und Komposition-Lehre* (1851). Il composa lui-même un grand nombre de lieder, de chœurs, ainsi que quelques pièces et variations instrumentales.   A. L.

SILENCE. Interruption ou absence du son. Dans la notation, signe signifiant cette interruption, qu'elle soit ou non mesurée.   J. C.

SILLET. Petite pièce de bois dur (ébène), ivoire ou métal, située en haut de la touche des instruments à cordes ; le sillet est entaillé de crans par où passent les cordes.   M. P.

SILOTI (ou ZILOTI, *Alexandre Illitch),* pianiste, chef d'orchestre et organisateur de concerts russe *(Kharkov 1863 - New York 1945).* Cousin de Rachmaninov, il entra à huit ans au conservatoire de Moscou dans la classe de N. Zverev, puis en 1875 dans celle de Nicolas Rubinstein. En 1883, il alla se perfectionner chez Liszt à Weimar. Ses souvenirs sur Liszt, qu'il publia en 1911, contiennent d'intéressants témoignages. De 1888 à 1891, il enseigna le piano au conservatoire de Moscou. De 1891 à 1900, il vécut en France et effectua des tournées de concerts en Europe. Rentré en Russie, il fonda en 1903 à Saint-Pétersbourg les concerts qui prirent son nom et qui furent jusqu'en 1919 l'un des principaux centres d'intérêt de la vie musicale de cette ville. Ils révélèrent, entre autres, des œuvres de Prokofiev, Stravinski et Scriabine. Nombre d'artistes étrangers y participèrent : Max Reger, Arthur Nikisch, Félix Mottl, Alfred Cortot, Jacques Thibaut, Eugène Isaye, Wanda Landowska. En 1919, Siloti émigra aux États-Unis où il poursuivit une carrière de pianiste, et fut nommé en 1926 professeur de piano à la Juilliard School.   A. L.

SILVESTROV *(Valentin Vassilievitch),* compositeur soviétique *(Kiev 1937).* Il fit ses études à l'école de musique puis au conservatoire de sa ville natale avec Liatochinski. Il s'est rapidement imposé comme l'un des jeunes compositeurs soviétiques ouverts aux acquisitions du XXe siècle (dodécaphonisme, musique aléatoire), techniques qu'il n'hésite d'ailleurs pas à faire voisiner parfois avec la tonalité ou les modes. Depuis sa première œuvre importante, son Quintette avec piano (1961), il a produit de nombreuses œuvres instrumentales (quatre symphonies, 1963-1976 ; *Misteria* pour flûte, alto et percussion, 1964 ; *Projektsii* pour clavecin, vibraphone et glockenspiel, 1965 ; *Meditatsia* pour orchestre de chambre, 1972 ; deux sonates et *Musique dans le style ancien* pour piano) et quelques œuvres vocales (mélodies sur des poèmes de Pouchkine, Lermontov, Essenine, Mandelstam, 1975 ; *Musique de la forêt* pour voix et piano, 1977). Silvestrov est l'une des personnalités représentatives de l'avant-garde soviétique, au même titre que A. Schnittke, S. Goubaïdoulina et E. Denisov.   A. L.

SIMIONATO *(Giulietta),* mezzo-soprano italienne *(Forli 1910).* En 1933, elle obtient le premier prix au concours de bel canto à Florence. Malgré cette récompense, ses débuts furent difficiles. Elle chanta des petits rôles dans les opéras de la province italienne avant d'être engagée à la Scala de Milan en 1940. Mais, là encore, les grands emplois lui furent bloqués par ses aînées, Pederzini et Stignani. C'est seulement avec le déclin de ces grandes devancières que Giulietta Simionato put s'affirmer. Sa voix s'étant dans l'intervalle élargie, elle passa des emplois rossiniens de mezzo-coloratura aux rôles verdiens : Amneris, Azucena, Ulrica. *La Favorite* de Donizetti compta aussi parmi ses grands succès, ainsi que Jane Seymour dans *Anna Bolena* (avec Maria Callas). Sa voix vibrante au timbre caractéristique était d'une longueur exceptionnelle lui permettant d'aborder le rôle de soprano dramatique de Valentine dans la reprise des *Huguenots* à la Scala de Milan en 1962. Elle fit une carrière internationale, chantant aux États-Unis, en Angleterre, en France et en Allemagne. Carmen et Orphée figurèrent encore parmi ses grands rôles. Son tempérament dramatique, ses dons d'actrice, son style accompli firent d'elle une des grandes cantatrices italiennes de l'après-guerre.

J. B.

SIMON BOCCANEGRA. Opéra en un prologue et 3 actes de Verdi, sur un livret de Francesco Maria Piave et Arrigo Boito, d'après le drame de García Gutierrez (1843), créé dans sa version primitive le 12 mai 1857 à la Fenice de Venise, et dans sa version définitive à la Scala de Milan le 24 mars 1881.

L'action se passe à Gênes en 1339 et 1363, lors des luttes entre guelfes et gibelins. Vingt-quatre années séparent le prologue et la suite de l'opéra.

PROLOGUE. (Une place à Gênes en 1339.) *Le corsaire Simon Boccanegra, un plébéien, aime la fille du patricien Fiesco, et un enfant est né de leur union illégitime. Au début de l'action, Paolo Albiani (bar), un politicien ambitieux, persuade Simon (bar) de briguer la couronne de doge, cet honneur pouvant lui permettre de régulariser son union avec Maria. Simon acquiesce, et Paolo manie aisément la foule. Fiesco (b) quitte son palais* (A te l'estremo addio... Il lacerato spirito), *maudissant Simon, à l'heure où Maria vient d'expirer. L'affrontement qui suit entre Fiesco et Boccanegra incarne l'opposition entre deux générations, deux partis politiques ; Fiesco pardonnerait si l'enfant née de Maria lui était rendue, mais cette fille vient d'être enlevée à Simon. Fiesco se retire, implacable, et Simon découvre avec épouvante le cadavre de celle qu'il aimait ; en proie au délire, il se heurte à la joie triviale de la foule qui vient de l'élire.*

ACTE PREMIER. Premier tableau. (Un jardin près de Gênes, à l'aube.) *Celle que l'on nomme Amelia Grimaldi (s) attend son bien-aimé* (Come in quest'ora bruna), *Gabriel Adorno (t), un jeune patriote guelfe qui conspire contre le doge Boccanegra sous la protection du tuteur d'Amelia, le vieux Fiesco, qui se cache sous le nom d'Andrea, et révèle à Adorno que la jeune fille, d'origine mystérieuse, n'est pas une Grimaldi. Cependant, Boccanegra, en apportant son pardon aux Grimaldi, sollicite la main d'Amelia pour son lieutenant Paolo Albiani. Dans leur duo* (Dinne, perche... Figlia, a tal nome), *Amelia accuse Paolo de ne convoiter que son or, avoue son amour pour un autre, et dévoile sa naissance obscure à Simon qui reconnaît alors en elle sa propre fille. Il décourage Paolo qui, plein d'amertume, décide d'enlever Amelia.* Deuxième tableau. (La salle du Conseil.) *Au Conseil où siègent six patriciens et six plébéiens, le Doge annonce la soumission du roi de Tartarie, et lit sa supplique de Pétrarque en vue d'une paix avec Venise. Mais la foule fait irruption, amenant Andrea (Fiesco) et Adorno qui vient de tuer le mercenaire « ayant enlevé Amelia pour le compte d'un puissant » qu'il suppose être Simon ; il s'élance sur lui, mais Amelia s'interpose et narre son enlèvement* (Nell'ora soave) *dont elle connaît le véritable instigateur. Paolo tente de fuir, patriciens et plébéiens s'affrontent, mais Boccanegra se lève, terrible, et en un monologue d'une sauvage beauté* (Plebe, Patrizi !) *impose la réconciliation, puis oblige Paolo à maudire le lâche auteur de l'attentat : atterré, Paolo doit joindre sa voix à l'exécration générale.*

ACTE II. (Les appartements du Doge, la nuit.) Paolo remâche sa propre malédiction (Me stesso ho maledetto), *verse un poison à Boccanegra, puis songe à armer un autre bras ; on amène Adorno et Fiesco : ce dernier, indigné, refuse d'assassiner son ennemi, mais Adorno se laisse convaincre : Boccanegra, jadis l'assassin de son père, serait aujourd'hui l'amant d'Amelia ? Il crie vengeance* (Sento avvampar nell'anima), *mais Amelia vient démentir les accusations infâmes qui l'accablent. Adorno s'éloigne, et Maria-Amelia avoue à son père l'amour qui l'unit à son adversaire. Resté seul, Boccanegra rêve à la réconciliation qui naîtrait de cette union, boit la coupe empoisonnée puis s'endort. Adorno hésite à frapper un ennemi sans défense, Amelia s'interpose à nouveau, et Simon révèle à son ennemi le véritable lien qui l'unit à celle qu'il aime. Au-dehors, la révolte armée par Fiesco gronde, mais Adorno met désormais son bras au service du Doge.*

ACTE III. (Une terrasse du palais avec vue sur la mer.) *Fiesco est libre, mais vaincu. Paolo qui s'était joint aux conjurés est conduit au supplice à l'heure même des noces d'Amelia. Il révèle à Fiesco son rôle dans l'enlèvement, et la mort prochaine de Boccanegra. Celui-ci, dans une ultime méditation, évoque son passé glorieux* (M'ardon le tempie), *mais lorsque Fiesco se fait enfin reconnaître, criant vengeance, Boccanegra l'apaise en lui rendant l'enfant tant pleurée. Fiesco s'émeut enfin, et Simon s'éteint en ayant réalisé son vœu de pacification, symbolisé par la nomination d'Adorno comme nouveau doge.*

Cette œuvre eut un destin curieux : sa première version échoua à Venise, où le public n'était guère préparé aux subtilités d'une partition sans concession à la tradition, sans airs de bravoure, et n'offrant au ténor qu'un rôle secondaire. Mieux accueillie par d'autres villes italiennes, elle ne triompha véritablement que dans une version profondément remaniée, donnée à Milan en 1881, et pour laquelle Boito avait demandé que son aide demeurât anonyme afin de ne pas ternir la mémoire du librettiste originel, Piave *(1810-1876)*. Boito parvint notamment à refaire bien des vers du prologue sans que la musique en fût changée. Verdi supprima néanmoins l'ouverture primitive pour entrer directement dans l'action par ce mouvement ondulant qui, de part en part de l'œuvre, incarne la présence toute-puissante de la mer, invisible mais oppressante ; et ce fut Verdi lui-même qui, ayant découvert deux lettres authentiques de Pétrarque, désira les inclure dans la grande scène du sénat qu'il fut amené à repenser intégralement.

Il n'en demeura pas moins un certain disparate entre les pages nouvelles et celles que Verdi n'eut guère le temps de remanier (en particulier le premier tableau du premier acte, dont il refit seulement l'orchestration de l'aria d'Amelia). L'opéra fut donc taxé de « table boiteuse » par le compositeur lui-même, mais n'en triompha pas moins, grâce encore aux interprètes, notamment le Boccanegra du baryton marseillais Victor Maurel, le futur créateur des rôles de Iago, de Falstaff, et de celui de Tonio dans le *Paillasse* de Leoncavallo. Maintenue sporadiquement à l'affiche, l'œuvre devait briller particulièrement aux États-Unis et en Allemagne avant 1940, puis, vingt ans plus tard, être enfin reconnue par tous les publics comme l'une des meilleures de son auteur, précisément parce que l'humain et le politique avaient éveillé chez lui une fibre créatrice intense et relégué au second plan le souci de concéder aux chanteurs leurs habituels numéros à succès. En cette phase ultime du Risorgimento, Verdi avait pleinement ressenti la force des deux caractères politiques mis en scène, avec à l'arrière-plan une trame historique palpable.

Lorsque, dix ans après le premier *Boccanegra*, Verdi écrivit *Don Carlos*, les affrontements opposant Philippe II à Posa d'une part, à l'Inquisiteur du Saint-Office de l'autre, rappelleront les deux grandes scènes confrontant Boccanegra à Fiesco, et si, en 1881, la figure de l'intrigant Paolo Albiani prit un relief nouveau, c'est que Verdi travaillait déjà à *Otello*, et qu'il avait vu en lui une étonnante ébauche du personnage de Iago. R. M.

SIMONEAU *(Léopold)*, ténor canadien *(Montréal 1920)*. Il débuta dans sa ville natale en 1943 (rôle de Basile dans *les Noces de Figaro* de Mozart). Il allait devenir en peu d'années le plus grand ténor mozartien de l'après-guerre. Très à l'aise aussi dans le répertoire français, il chanta beaucoup à Paris entre 1947 et 1950. Ses interprétations de Nadir *(les Pêcheurs de perles)* et de Wilhelm *(Mignon)* étaient renommées. Il a fait une carrière internationale qu'il abandonna de bonne heure — il n'avait pas quarante ans — pour se consacrer à l'enseignement. J. B.

SIMPLE SYMPHONY. Pièce en quatre brefs mouvements pour orchestre à cordes composée en 1934 par Benjamin Britten (dont elle est l'opus 4), sur des thèmes écrits par l'auteur à l'âge de douze ans. Sur ce matériau thématique sommaire, mais séduisant dans son caractère peu dégrossi, Britten a habilement construit une symphonie miniature où se succèdent, dans un contraste bien ménagé, une *Boisterous Bourree* (« Bourrée tumultueuse ») en *ré* mineur, un *Playful Pizzicato* (« Pizzicato enjoué ») en *fa* majeur à 6/8, scherzo traité en « pièce de genre » et entièrement écrit en pizzicati de cordes sur une cellule mélodique minuscule et obsédante, une *Sentimental Sarabande* à 3/2 en *sol* mineur, qui tient lieu de mouvement lent et respecte le modèle rythmique de la sarabande (accentuant le deuxième temps d'un rythme ternaire lent), et enfin un *Frolicsome Finale* (« Finale espiègle ») en *ré* mineur assez dynamique. L'œuvre, bien faite, a atteint assez facilement la popularité qu'elle visait, éclipsant parfois hors d'Angleterre d'autres œuvres plus ambitieuses de Britten. M. C.

SIMPSON *(Robert)*, compositeur anglais *(Leamington 1921)*. Il se tourna d'abord vers la médecine, puis étudia l'harmonie et le contrepoint avec Herbert Howells (1942-1946). Il travailla au département musical de la BBC de 1951 à 1980, donnant au bout de trente ans sa démission sur des questions de programmation. Simpson est essentiellement un symphoniste. Après quatre symphonies de jeunesse détruites par lui, et dont l'une avait fait usage de techniques sérielles, il en écrivit huit en trente ans (1951, 1956, 1962, 1971-72, 1972, 1976, 1977, 1982), et ces œuvres se situent dans la descendance d'une part de Haydn et Beethoven, d'autre part et surtout de Nielsen et Sibelius.

La plus évidente de ces influences est celle de Nielsen, en particulier dans le traitement de la tonalité. Comme celles du compositeur danois, les symphonies de Simpson font usage de la « tonalité évolutive », sont organisées autour de plusieurs pôles tonaux dont on ignore, avant la fin, lequel prendra le dessus. A noter cependant qu'à l'époque de sa Symphonie n° 1, dont les pôles tonaux sont *mi* bémol et *la*, Simpson ne connaissait rien de Nielsen. On lui doit aussi, entre autres, une *Sonate pour piano* (1946), *Variations et Finale sur un thème de Haydn* pour piano (1948), un *Concerto pour violon* (1957-1959) un *Concerto pour piano* (1967), un *Quintette avec clarinette* (1968), un *Quatuor pour cor, piano, violon et violoncelle* (1976) et neuf *Quatuors à cordes* (1951-52, 1953, 1953-54, 1973, 1974, 1975, 1977, 1979, 1983).

Parmi ses écrits et ses livres, d'une grande pénétration et d'une grande intelligence, il faut citer *Carl Nielsen, Symphonist* (Londres, 1952, 2ᵉ éd. rév. 1979), *Sibelius and Nielsen* (Londres, 1965), *The Essence of Bruckner* (Londres, 1967, 2ᵉ éd. 1977) et *Beethoven Symphonies* (Londres, 1970). M. V.

SINCRONIE. Œuvre de Luciano Berio pour quatuor à cordes (1963-64) commandée par le Grinnel College (Iowa) pour le Quatuor Lenox. Ici, Berio utilise la formation la plus « classique » pour épurer encore ses recherches sur le continuum. Le titre lui-même est explicite : ce qui est synchrone est « ensemble ». Il n'y aura donc pas de tissu polyphonique, et les quatre instruments à cordes, faisant corps, ne seront qu'une seule et même voix instrumentale. Cette hétérophonie constamment tournée « note contre note » se propose de faire découvrir le parcours ambigu d'un son unique à travers un timbre identique (sauf en ce qui concerne l'ambitus et les couleurs) : homogénéité que vient encore renforcer l'absence quasi totale, dans *Sincronie*, de l'écriture en accords. A. F.

SINDING *(Christian)*, compositeur norvégien *(Kongsberg 1856 - Oslo 1941)*. A la suite de Grieg, Svendsen et Backer-Grøndahl, Sinding prolonge l'époque la plus brillante de l'histoire de la musique norvégienne dans ses aspects les plus divers puisqu'il écrit quatre symphonies, un Concerto pour piano et trois pour violon, le célèbre *Rondo infinito* pour orchestre, de la musique de chambre, des pièces pour piano et près de deux cent cinquante mélodies. Sinding est un pur produit du romantisme norvégien passé par l'école de Leipzig. C'est son *Quintette avec piano* (1882-1884) qui le révèle. A Leipzig il rencontre Grieg, Halvorsen et Tchaïkovski mais c'est l'influence de Wagner qui sera la plus forte et marquera son œuvre symphonique (*2e Symphonie*, 1907). Son écriture est d'une grande fermeté et il possède un sens harmonique très sûr, mais on oublie parfois que derrière le symphoniste existe un remarquable compositeur de mélodies, dont les caractéristiques expressives sont souvent beaucoup plus personnelles et comptent parmi les plus remarquables productions de ce genre éminemment nordique. H.-C. F.

SINFONIA (ital. ; « symphonie »). Mot qui apparaît vers la fin de la Renaissance en Italie pour désigner une musique composée spécifiquement pour un groupe d'instruments qui, selon le sens étymologique, « sonnent ensemble ». Avec l'essor de la musique instrumentale, la sinfonia constitue la première pièce, comme un prélude, dans une suite de danses. J.-S. Bach s'en souvient avec la Sinfonia initiale de la *Partita* en *do* mineur (BWV 826). Sous la forme d'une courte pièce sans définition précise, la sinfonia pouvait servir d'ouverture d'opéra, de pièce descriptive (bataille, scène de sommeil, entrée de personnages importants, etc.), précéder les sections d'une messe concertante et les parties d'un oratorio ou, encore, se placer à la tête d'une cantate d'église. Contrairement à la ritournelle*, elle n'est pas ordinairement répétée et n'a pas de rôle formel.

A la fin du XVIIe siècle, la sinfonia évolue vers l'ouverture à l'italienne, généralement de style brillant, caractérisée par ses trois mouvements : vif-lent-vif (une danse) et illustrée notamment par A. Scarlatti. Divorcée du théâtre et composée pour être jouée au concert, elle se trouve à l'origine, chez G. B. Sammartini et ses collègues, de la symphonie classique. Les termes sinfonia et ouverture sont longtemps restés interchangeables : cela est attesté par J. Haydn qui, en 1777 encore, donne le titre de « Sinfonia » à l'ouverture de son opéra *Il Mondo della luna*. C. W.

SINFONIA. Œuvre de Luciano Berio pour huit voix solistes et orchestre (1968), créée en 1968 à New York et pour la France le 4 avril 1969 au Festival de Royan. Au Festival de Donaueschingen 1969, une cinquième partie vint s'ajouter aux quatre qui existaient à l'origine. Le titre doit être compris dans son sens étymologique désignant des sources sonores « jouant ensemble », les huit voix étant celles des Swingle Singers, pour qui l'œuvre fut expressément conçue.

Le texte de la première partie se fait d'une série de citations tirées du livre de Claude Lévi-Strauss *le Cru et le Cuit* : « Ces fragments sont tirés d'un passage où sont analysées les structures et la symbolique de certains mythes brésiliens concernant les origines de l'eau ainsi que d'autres mythes voisins caractérisés par des structures similaires » (Berio). La deuxième partie est un hommage à la mémoire du pasteur Martin Luther King, les voix se bornant à l'énoncé de son nom. La troisième partie dure exactement le même temps que le troisième mouvement de la Symphonie n° 2, dite *Résurrection*, de Gustav Mahler, auquel un hommage éclatant est rendu. Les paroles proviennent essentiellement de *l'Innommable* de Samuel Beckett, mais s'y ajoutent des extraits de Joyce, des phrases d'étudiants de Harvard, des slogans de mai 1968 à Paris, des bribes de conversations familières, de solfège, etc. La quatrième partie est la plus courte, et le texte y est fait de courts fragments provenant des trois précédentes.

Le texte de la cinquième partie, pendant de la première, est déduit du sien avec ajout d'autres éléments de *le Cru et le Cuit*. « Musicalement, ce cinquième mouvement *rêve* les éléments des précédents et les *analyse*, il s'agit presque — au sens freudien — de *l'interprétation d'un rêve*. Certains éléments déjà entendus n'interviennent qu'une fois, d'autres plusieurs fois sous le même aspect, d'autres se transforment à des vitesses variées. Par exemple, la cinquième partie intègre la deuxième tout entière sans qu'elle soit modifiée en rien... (Sauf dans la troisième partie), les textes ne sont pas saisissables en tant que tels... Cette expérimentation délibérée sur l'inintelligible fait partie de l'essence même de l'œuvre » (Berio).

La troisième partie (l'hommage à Mahler) exige un commentaire spécial. Le fondement en est le déroulement complet du troisième mouvement de sa 2e Symphonie *(Résurrection)*, plus ou moins perceptible selon les moments. C'est sur cette assise, d'une solidité à toute épreuve, que Berio construit son propre édifice. « Le mouvement mahlérien est traité comme une enveloppe aux charpentes intérieures de laquelle va être accrochée toute une prolifération de références musicales suggérées, harmonisées et intégrées dans le flot et la structure du discours original. Ces allusions musicales vont de Bach, Schönberg, Debussy, Ravel, Strauss, Berlioz, Brahms, Berg, Hindemith, Beethoven, Wagner et Stravinski jusqu'à Boulez, Stockhausen, Globokar, Pousseur, Ives, moi-même et quelques autres... Mon intention n'était pas de nuire à Mahler (il est inattaquable), ni de me dégager de quelque malaise à l'égard de la musique dite postromantique (je n'en ressens aucun), non plus que de tramer quelque énorme rébus musical (les jeunes pianistes en ont l'habitude) : citations et références ont été choisies en fonction non seulement de leurs rapports réels mais aussi de leurs rapports potentiels avec Mahler, (qui) est ici pour la totalité de la musique ce que Beckett est pour le texte » (Berio).

La *Sinfonia* de Berio est typique des alentours de 1970 aussi bien par son recours à la citation que par son hommage à Mahler, « dont l'œuvre semble avoir pris en charge le poids de l'histoire de la musique » (Berio). Berio et d'autres perçurent alors Mahler comme personnifiant la fin d'une époque, ou plutôt la charnière de deux mondes, ils le citèrent et lui rendirent hommage comme lui-même en son temps avait chargé sa musique d'« objets trouvés » pris dans Haydn, Beethoven, Brahms, Franz Lehar ou Johann Strauss, faisant d'elle l'évocation constante d'un passé à la fois concret et insaisissable, à la fois paradis perdu et privé de toute innocence.

On peut supposer que le troisième mouvement de la 2e Symphonie fut choisi par Berio entre autres pour des raisons techniques, à cause de son caractère de mouvement perpétuel (rythme de laendler). Les assises mahlériennes de la musique de Berio en sont ainsi aisément perceptibles dès qu'elles réapparaissent (ne serait-ce que pour un instant) à la surface, et subsistent (au moins sous forme de pulsations sous-entendues) lorsque sur un plan strictement sonore elles se retrouvent englouties. M. V.

SINFONIA ANTARTICA. Titre d'une œuvre de Ralph Vaughan Williams qui en fait est sa Symphonie n° 7. Entreprise en 1949 et terminée en 1952, elle fut créée le 14 janvier 1953 à Manchester sous la direction de sir John Barbirolli. L'origine en est une musique écrite en 1947-48 pour le film *Scott of the Antartic* de Charles Frend, consacré à l'explorateur Robert Scott *(1868-1912)* et projeté pour la première fois en public le 29 novembre 1948. La *Sinfonia antartica*, qui fait usage notamment (au début et à la fin) d'une voix de soprano sans paroles et d'une machine à vent, comprend cinq parties intitulées respectivement *Prelude, Scherzo, Landscape* («Paysage»), *Intermezzo* et *Epilogue*. Chaque partie a en exergue quelques vers ou quelques lignes tirés respectivement de Shelley, du Psaume 104, de Coleridge, de Donne et du dernier journal de bord du capitaine Scott. M. V.

SINFONIA DOMESTICA. Œuvre pour orchestre de Richard Strauss, terminée le 31 décembre 1903 et donnée en première audition à New York, le 23 mars de l'année suivante, sous la direction du compositeur. Malgré son titre, cette longue partition évoquant le père, la mère et l'enfant en une succession de scènes familiales humoristiques ou tendres, s'inscrit dans la perspective des poèmes symphoniques qui, chronologiquement, la précèdent. Elle comporte tout de même, étroitement liées les unes aux autres et traitées dans une optique de laquelle l'élément descriptif n'est pas totalement exclu, les quatre parties de la symphonie classique : une introduction assez courte servant de prétexte à la présentation des thèmes ou plutôt des groupes de thèmes ; un scherzo consacré aux «jeux d'enfants» et au «bonheur des parents» ; une «scène d'amour» au lyrisme exacerbé ; un vaste finale débutant par une double fugue et s'achevant dans une joyeuse apothéose.

L'orchestre comprend, entre autres, cinq clarinettes et cinq bassons, quatre trompettes et un tuba, un quatuor de saxophones. Sans compter le hautbois d'amour dont, longtemps après Bach, Strauss exploite le potentiel expressif et auquel il confie le soin d'énoncer, sur fond de cordes murmurantes, le motif naïf et doux de l'enfant. J. D.

SINFONIA ESPANSIVA. Titre donné par Carl Nielsen à sa Troisième Symphonie, op. 27, pour soprano, baryton et orchestre, composée en 1911, créée le 28 février 1912 par l'Orchestre du Théâtre royal de Copenhague dirigé par le compositeur. Le titre se réfère à la fois à un heureux climat expressif, à l'abondance des rythmes et aux recherches de l'auteur dans le domaine de la tonalité évolutive.

La plus ensoleillée des six symphonies de Nielsen, sorte de *Symphonie pastorale* du Nord, s'ouvre sur un *Allegro espansivo* évoluant de *ré* mineur à *la* majeur, à prédominance rythmique. L'*Andante pastorale*, qui passe d'*ut* majeur à *mi* bémol majeur, présente un caractère idyllique, agrémenté par les vocalises du soprano et du baryton ; l'*Allegretto un poco*, en *ut* dièse mineur, a le caractère d'un scherzo, dont le compositeur disait qu'il était «le battement même du cœur de la symphonie». Le finale, *Allegro*, qui passe de *ré* majeur à *la* majeur, fournit un contrepoids de valeur à l'allégro initial, avec son caractère monumental et la diversité de la vie qui l'anime. P. V.

SINFONIA SEMPLICE. Titre donné par Carl Nielsen à sa Sixième Symphonie, composée en 1924-25, créée le 11 décembre 1925 par l'Orchestre du Théâtre royal de Copenhague dirigé par le compositeur. Conçue dans un idéal de beauté pure et simple, comme dans les anciennes musiques a cappella — d'où le titre —, l'auteur la voulait aussi gaie que possible. Elle n'en porte pas moins la marque de ses angoisses personnelles.

Ses quatre mouvements sont indépendants les uns des autres au point de vue musical et expressif. Le premier, *Tempo giusto*, bloc sonore comptant parmi les plus belles architectures de son auteur, connaît des attaques sauvages d'instruments à vent et tourne au drame. L'allégretto (*Humoresque*), plein de contradictions tonales, contient des questions relatives à la musique moderne, caricaturant les courants des années 20 au moyen de rythmes spasmodiques à la percussion et de bâillements de trombone. L'adagio (*Proposta seria*) a un caractère pathétique. Le dernier mouvement, *Thème et Variations*, se situe à la limite du surréalisme avec de constants changements de tempo et de tonalité. Une valse se déroule, bientôt interrompue par des interventions obstinées des cuivres. La symphonie, marquée par un souci du détail instrumental caractéristique de l'ultime période créatrice de Carl Nielsen, se termine de façon dynamique, dans une étourdissante virtuosité. P. V.

SINFONIETTA. Diminutif italien de *sinfonia*, employé à l'époque moderne pour désigner une composition symphonique de dimensions restreintes, conçue sans prétention et légèrement orchestrée. Prokofiev et Janáček, Albert Roussel, Poulenc et Georges Migot, entre autres, se sont illustrés dans ce genre. M. T.

SINFONIETTA. Œuvre pour orchestre en cinq mouvements, composée en 1926 par Leoš Janáček, et créée la même année en concert. Elle utilise des airs du folklore national tchèque, complètement assimilés par la sensibilité du compositeur. Après un *Allegretto* initial (une fanfare pour trompettes, tubas, trompettes basses et timbales), le deuxième mouvement, *Andante*, est construit sur deux thèmes : un thème dansant énoncé au hautbois, et un thème expressif (flûte et hautbois), à partir desquels sont construites cinq variations thématiques. Le troisième mouvement, *Moderato*, utilise les cordes avec sourdines ; le quatrième, *Allegretto*, commence par une polka où les vents (trompettes et clarinettes) dominent et se conclut par une strette (*Presto-Prestissimo*), pour laquelle est convoqué le tutti de l'orchestre. Le dernier mouvement (*Andante-Allegretto*) ramène, après un thème mélancolique sur des basses obstinées, la fanfare initiale des trompettes.

L'œuvre est d'une touche très légère ; même les fanfares sonnent sans pompiérisme et sans infatuation. Les couleurs des timbres de l'orchestre, très franches, semblent avoir été repeintes à neuf par le compositeur, et sont utilisées à nu, en «à plat», sans effets de chatoiements ou de clairs-obscurs. Le plaisir d'énoncer un thème et de le répéter sur divers degrés, sans transitions laborieuses, se déploie ici en toute liberté. M. C.

SINGSPIEL (pl. *singspiele*). Nom donné en Allemagne à un genre de théâtre où, comme dans l'opéra-comique français, alternent le parlé et le chanté. Si, à sa naissance à la fin du XVIIIe siècle, le singspiel se fixa pour but de créer un type d'opéra largement populaire démarqué des modèles italien et français, le terme fut d'abord appliqué indistinctement à toutes formes d'expression de langue allemande (v. OPÉRA), telles qu'un *Alceste* de Schweitzer en 1749, ou que les spectacles de marionnettes donnés à Vienne vers 1750. De genre populaire se définit mieux dans certaines œuvres de Haydn (*Der Krumme Teufel*, 1753), mais on retient généralement comme créateur du genre Johann Adam Hiller (*Der Teufel ist los*, 1766). Avec G. Benda, le choix des sujets s'élargit vers des thèmes moyenâgeux ou mythologiques, traités avec un effectif choral et orchestral important, tandis que s'ouvrait à Vienne en 1778 le Singspiel Nazional Theater, où Mozart donna en 1782 *l'Enlèvement au sérail*.

Des écrivains tels que Goethe et Wieland contribuèrent à la diffusion d'un genre auquel il faut rattacher *la Flûte enchantée*, les *Lieder* de Schubert ainsi que *Fidelio*, le *Freischütz* ou *Obéron*, qui par leurs structures appartiennent au singspiel de la même façon que *Carmen* à l'opéra-comique.

A la fin du XIXe siècle, on assista à une sorte de résurrection du genre avec Humperdinck, Theile, Bittner, Urspruch, etc., mais leurs œuvres n'utilisent pas expressément la dénomination de singspiel. R. M.

SINOPOLI (Giuseppe), compositeur et chef d'orchestre italien (*Venise 1947*). Il commence ses études musicales à l'âge de douze ans, d'abord à Messine (orgue et harmonie), puis à partir de 1965 au conservatoire B.-Marcello à Venise (harmonie et contrepoint). En 1968, il suit les cours de K. Stockhausen à Darmstadt. En 1969, il rencontre F. Donatoni dont il est l'élève en 1970 à Sienne, puis le collaborateur en 1972-73. Parallèlement, il fait des études de médecine générale et de chirurgie à l'université de Padoue, s'intéressant plus particulièrement à la psychologie de la perception. En 1971, il termine ses études de médecine par une thèse sur certains problèmes anthropologiques et psychiatriques. L'année suivante, il est nommé professeur de musique contemporaine et de musique électronique au conservatoire B.-Marcello à Venise. À la même époque, il s'installe à Vienne, où il suit les cours de direction d'orchestre de H. Swarowski, analyse l'*Harmonielehre (Traité d'harmonie)* de Schönberg et réalise une étude de l'opéra *Lulu* commandée par la Fondation Alban-Berg. En 1974-75, il fonde l'Ensemble Bruno-Maderna à Venise.

Joué à partir de 1975 dans les principaux festivals internationaux, il s'impose simultanément comme un des chefs d'orchestre les plus importants de sa génération. Après ses débuts de chef d'opéra en 1977 au théâtre la Fenice à Venise, il dirige avec un grand succès *Macbeth* de Verdi à la Deutsche Oper de Berlin, et c'est à la demande de l'Opéra de Munich et de l'Opéra de Berlin qu'il écrit son premier opéra, *Lou Salomé*, créé en 1981 à Munich.

Œuvres principales. *Opus Daleth* (1970) pour orchestre; *Opus Ghimel* (1971) pour orchestre de chambre; *Opus Scir* (1971); *Cantate* pour instruments et mezzo-soprano (R. Damiani); *Symphonie imaginaire* (1973) pour solistes, chœur, piano et orchestre en trois sections; *Souvenir à la mémoire* (1974), composition en 7 parties pour 2 sopranos, haute-contre et orchestre; *Sonate* pour piano (1974); *Klavierkonzert* (1975); *Tombeau d'Armor* (1975) pour grand orchestre; *Pour un livre à Venise* (1975) pour orchestre, à partir des motets à six voix de C. Porta; *Requiem* (1976) pour chœur a cappella; *Quartetto* (1977), quatuor à cordes; *Archeology City Requiem* (1977) pour bande; *Tombeau d'Armor* II (1977) pour grand orchestre; *Tombeau d'Armor* III (1978); Concerto pour violoncelle et orchestre; *Kammerkonzert* (1979) pour piano et instruments; *Lou Salomé* (1981), opéra en 2 actes.   I. S.

SIOHAN (Robert), compositeur et chef d'orchestre français (Paris 1894). Il fait ses études au Conservatoire national, où il obtient des premiers prix d'alto, d'harmonie, de contrepoint et de direction d'orchestre. Il est, pendant une dizaine d'années, altiste et chef d'orchestre de diverses formations instrumentales, puis fonde, en 1929, les concerts Siohan, qu'il dirige jusqu'en 1936 et au sein desquels il assure la création de nombreuses œuvres contemporaines françaises (Honegger, Messiaen, Milhaud, Ibert, etc.). Chef de chœur de l'Opéra à partir de 1932 et professeur de déchiffrage au Conservatoire de 1945 à 1962, il est nommé inspecteur général de la Musique en 1964. Ses œuvres, qui incluent des opéras, une symphonie, des concertos, de la musique de chambre, des pièces pour piano et des mélodies, sont de tendance néoclassique et souvent influencées par Debussy.

Il a par ailleurs publié, à la suite de sa thèse de doctorat soutenue à la Sorbonne en 1954 (*Théories nouvelles de l'harmonie*), une série d'ouvrages et d'articles sur la musique contemporaine : *Horizons sonores, évolution actuelle de l'art musical* (1956), *Stravinsky* (1959).   D. H.

SIRÈNES. Œuvre de Debussy. V. *Nocturnes*.

SIRIUS. « Musique électronique avec trompette, voix de soprano, clarinette basse, voix de basse » composée par Karlheinz Stockhausen entre 1975 et 1977, et commandée par la République fédérale d'Allemagne à l'occasion du bicentenaire de l'indépendance des États-Unis, pour l'inauguration de l'Einstein Spacearium de Washington, où l'œuvre fut donnée cinq fois en création partielle en juillet 1976. Les versions intégrales et définitives (*Sirius* peut être exécuté dans quatre versions différentes) furent données le 8 mai 1977 à l'Opéra de Cologne, le 8 août 1977 à Aix-en-Provence, en janvier 1978 dans l'Atrium du Clear Lake Campus of Houston University, à Houston (Texas), puis en juin 1978 dans le cloître de la cathédrale de Bonn et à l'Opéra de Cologne. La musique électronique (bandes magnétiques) a été réalisée dans les studios de la Westdeutscher Rundfunk de Cologne, de juillet 1975 à mars 1977. L'œuvre est dédiée « aux pionniers sur la terre et dans l'espace ».

D'une durée totale d'environ 96 minutes, *Sirius*, qui veut « rapprocher l'art des métamorphoses de la nature », est une œuvre conçue en trois parties. La *Présentation* des quatre solistes : au nord la voix de basse, qui représente « la terre, l'homme, la nuit, l'hiver et la semence »; à l'est la trompette (« le feu, l'adolescent, le matin, le printemps, le bourgeon »); au sud la voix de soprano (« l'eau, la femme, le midi, l'été, la fleur »); à l'ouest la clarinette basse (« l'air, l'aimée, le soir, l'automne, le fruit »).

La partie centrale, de loin la plus étendue, est intitulée *la Roue*, elle dure à peu près 70 minutes, étant dominée par les douze mélodies composées par Stockhausen sur les signes du Zodiaque (cf. *Tierkreis*), qui divisent *la Roue* comme les douze chiffres divisent un cadran d'horloge. Quatre mélodies principales prédominent cependant, chacune pendant environ un quart d'heure (ce sont celles symbolisant le Bélier, le Cancer, la Balance et le Capricorne), elles se métamorphosent séparément et parfois ensemble, l'une dans l'autre. Tout le matériel est issu principalement de ces quatre mélodies, les autres mélodies du Zodiaque (*Tierkreis*) n'apparaissant que pour elles-mêmes et n'étant guère soumises à des métamorphoses aussi complexes. L'ordre des quatre mélodies prédominantes de *la Roue* doit tourner, il correspond toujours à la date d'exécution de *Sirius*.

Suivant la saison où l'œuvre est jouée, peuvent succéder à la *Présentation*, immuable et toujours en première position, le Bélier, le Cancer, la Balance ou le Capricorne, les trois autres suivant automatiquement dans l'ordre naturel : d'où quatre versions possibles de *Sirius*.

Pendant l'exécution, les quatre solistes « live » entendent par écouteurs un mixage de la musique électronique provenant des bandes magnétiques (diffusées sur huit canaux) et chacun d'eux peut en régler lui-même l'intensité. Chaque soliste est amplifié lui-même par microphone et mixé à son tour avec les pistes de la bande magnétique correspondant aux haut-parleurs situés à sa gauche et à sa droite. Il peut se synchroniser avec la musique électronique, donner aux autres le signal des entrées synchrones, la plupart des passages instrumentaux et vocaux synchrones se réglant d'ailleurs sur la partie de trompette. Il n'y a donc pas de chef d'orchestre.

La troisième et dernière partie de l'œuvre est l'*Annonciation*, d'où découle le message spirituel de *Sirius*, basé sur la citation d'un texte emprunté à Jakob Lorber : « Seule cette période de la Création possède le privilège pour vous encore indiscernable d'être le moment voulu de l'infini éternel où Moi, créateur de tous les mondes, J'ai adopté entièrement l'enveloppe charnelle de l'homme. Je Me suis choisi, dans le Grand Homme de la Création, ce cocon cosmique, et à l'intérieur de ce cocon, la région de l'univers dont Sirius est le soleil central, J'ai choisi justement votre terre, pour y devenir Moi-même homme... C'est ici que Je veux, pour tous les temps et éternités à venir, éduquer des enfants qui Me soient tout à fait semblables et qui un jour régneront avec Moi sur l'infini tout entier... »

« Sirius, étoile Alpha de la constellation du Canis Major — distante de 8,7 années-lumière de la terre — est le soleil central de notre univers local. 200 millions de soleils tournent avec leurs planètes et leurs lunes autour de Sirius et vivent de sa lumière. Pour les habitants de Sirius, la musique est la forme la plus élevée de toutes les vibrations. C'est la raison pour laquelle, de toutes choses, c'est la musique qui a atteint le degré de développement le plus parfait. Chaque composition musicale de *Sirius* est liée aux rythmes des constellations, aux saisons et aux moments de la journée, aux éléments et aux différences de nature des êtres vivants. La musique que j'ai composée sous le titre de *Sirius* transmet à notre planète quelques principes musicaux de forme et de composition... Dans *Sirius* j'ai travaillé avec quatre mélodies principales, qui sont liées aux choses de la vie, aux classifications fondamentales découvertes par l'homme dans la nature. Cela m'a aidé beaucoup de donner une signification à des formules musicales reflétant ce sentiment fondamental de l'âme qui est de réunir, par exemple, une saison avec un élément (terre, feu, vent, eau), avec un signe du Zodiaque, etc. C'est une véritable expansion du sens. J'essaye de conjuguer ces différents aspects dans ma musique pour que de nouveau nous recommencions à comprendre le langage des animaux, des étoiles, des choses, qui semblent mortes ou muettes, et qui ne le sont pas du tout. C'est seulement aujourd'hui que les hommes commencent à chercher scientifiquement le moyen de parler aux plantes... » (Karlheinz Stockhausen).

Malgré l'ambition quelque peu démesurée de son propos intellectuel, malgré son labyrinthe de relations polyphoniques ultracomplexes entre les différentes couches mélodiques, et grâce au rôle relativement discret de la partie purement électronique, *Sirius*, grande fresque sereine et sensuelle, est une des partitions à la fois les plus subtiles et les plus accessibles de Karlheinz Stockhausen, une de celles qui jouent le plus aisément et le moins agressivement sur la rigueur et la liberté, et agissent le plus en profondeur sur l'acuité auditive de n'importe quel auditeur.   P. S.

SIRVENTÈS. Un des genres de chansons pratiqués par les troubadours. Le terme vient de « servir » et signifie que la chanson a été écrite par le serviteur d'un seigneur. Les sirventès de troubadours de langue d'oc ont un contenu polémique, satirique, politique, ou servent parfois à invectiver un adversaire. Passé ensuite chez les trouvères de langue d'oïl, le sirventès a rapidement changé de caractère et est devenu un chant d'inspiration religieuse. La forme du sirventès s'identifie à celle du canso. On en trouve dans l'œuvre de Peire Cardinal, Bertrand de Born, Richard Cœur de Lion. Chez les Minnesänger allemands, le « spruch » était le genre équivalent.   A. L.

SIX ÉPIGRAPHES ANTIQUES. Titre d'une suite de six pièces pour piano à quatre mains publiées par Claude Debussy en 1914. Elles sont issues d'une musique de scène (probablement disparue) composée en 1900 pour accompagner la lecture publique, avec une mise en scène en « tableaux vivants », des *Chansons de Bilitis*, de Pierre Louÿs, textes érotiques dont Debussy avait déjà tiré trois mélodies. A partir de cette musique pour deux harpes, deux flûtes et célesta, comprenant douze pièces, Debussy en a repris six pour les amplifier et les adapter aux deux pianos. Successivement : *Pour invoquer Pan, dieu du vent d'été*, une pastorale ; *Pour un tombeau sans nom*, triste et lente méditation sur la tombe d'une mère ; *Pour que la nuit soit propice*, lent et expressif ; *Pour la danseuse aux crotales*, danse lente à trois temps ; *Pour l'Égyptienne* ; *Pour remercier la pluie au matin*, « scène météorologique » en ostinato (voir *Jardins sous la pluie* ou *The snow is dancing*, dans *Children's Corner*, du même auteur).

La nudité stylisée, « à l'antique », de ces pièces, se traduit par une écriture extrêmement simplifiée et économe de notes, au point qu'on peut réduire facilement une grande partie de cette partition pour piano à deux mains (au lieu de quatre) sans l'altérer. Il est peu de musiques qui aient autant que celle-ci « à la peau sur les os », et si sensualité il y a, elle se réfugie dans la ligne et la silhouette. On y trouve un Debussy ascétique et mal connu. Ernest Ansermet, réalisant en cela un projet du compositeur lui-même, orchestra ces six pièces.   M. C.

SIX PIÈCES POUR ORCHESTRE. Œuvre d'Anton Webern (op. 6) comportant : 1) Assez animé ; 2) Animé ; 3) Doucement animé ; 4) Lent, marche funèbre ; 5) Très lent ; 6) Doucement animé. Données en première audition à Vienne en 1913 sous la direction de Schönberg, les six pièces sont la seule œuvre de Webern pour grand orchestre. L'instrumentation met l'accent sur les vents, les cuivres et les percussions tant dans leur nombre (six cors, six trompettes, six trombones, un tuba) que dans leur diversité ; elle souligne aussi la notion de famille qui matérialise un souci d'élargissement de l'espace sonore (les flûtes vont de l'alto en *sol* à la piccolo, quatre clarinettes et une clarinette basse, deux bassons et un contrebasson). Il y a donc bien une disproportion entre les moyens mis en œuvre et la brièveté de ces pièces (notamment 1, 3, 4), même si on est encore loin de la concision, du dépouillement des *Bagatelles* op. 9 (1913) et des *Cinq Pièces* op. 10.

L'amorce d'idées thématiques (*cf.* nº 6) se transforme en une série de motifs qui se résolvent dans l'éclatement de la matière sonore. Il n'en résulte pas moins un langage contrapuntique très dense et raffiné (*cf.* nº 2). Mais Webern recherche la transparence de l'écriture qui le conduit à travailler avec un grand orchestre comme s'il s'agissait d'une œuvre de musique de chambre (que la révision de 1928 accentue ne serait-ce que dans la composition de l'orchestre). Il traite d'ailleurs les instruments en solistes. De plus les combinaisons qu'il privilégie sont audacieuses comme par exemple les alliances flûte et trompette dans le grave, harpe et tuba. Les cuivres sont toujours utilisés avec sourdines, les cordes parfois sollicitées par des pizzicati ou des sons harmoniques, les percussions très étroitement différenciées.

Tout cela est révélateur de la préoccupation première de Webern qui ira en s'affirmant : la couleur instrumentale. Mieux, cette attention particulière portée au son lui permet de substituer à l'idée thématique traditionnelle une notion nouvelle, celle de la Klangfarbenmelodie ou mélodie des timbres. Dans ce cadre le timbre prend une dimension inusitée, l'année même où Schönberg donnait à la troisième des *Cinq Pièces pour orchestre* de son op. 16 le titre de *Farben* (« Couleurs ») dont le jeu de permutations de timbres sur un premier accord de cinq notes est particulièrement célèbre. Bref c'est à écouter vivre les sons qu'invite Webern, mais sa langue garde encore ici un charme, presque une séduction sonore dont Boulez a pu dire qu'elle était proche de Debussy.   M.-C.L. M.-M.

SIXTE. — 1. **Intervalle** produit entre deux notes dont les noms, points de départ et d'arrivée compris, et quelle que soit la grandeur de l'intervalle, se suivent en montant à une distance de six degrés (exemple : *do-la*). La sixte normale peut être *majeure* (quinte + 1 ton, ex. *do-la*) ou *mineure* (quinte + 1/2 ton, ex. *do-la* bémol). La sixte déformée peut être *augmentée* (quinte + 1 ton 1/2, ex. *do-la* dièse ; la sixte *diminuée*, homophone de la quinte (ex. *do* dièse-*la* bémol homophone de *do* dièse-*sol* dièse) est très exceptionnelle. Le renversement de la sixte (mêmes noms de notes, mais en descendant) est la *tierce*.
— 2. **Note** formant avec la note de basse d'un accord un intervalle de sixte.
— 3. On appelle **accord de sixte** (le nom complet serait « tierce et sixte » par opposition à « quarte et sixte », voir ce terme) le 1er renversement d'un accord de triade*, parfait ou non, comportant une sixte entre ses voix extrêmes, et une *tierce* en son milieu (ex. *do-mi-la*). Ce dernier point distingue l'accord de sixte de l'accord de *quarte et sixte*, qui lui aussi comporte une sixte entre extrêmes, mais avec une *quarte* en son milieu (ex. *do-fa-la* ; on rappelle que les intervalles partent toujours de la note de basse). L'accord de sixte est *normal* quand il ne contient aucun intervalle déformé tel que quarte diminuée ou augmentée ; il peut alors être *majeur* ou *mineur*, en prenant la qualification de sa tierce (accord majeur *do-mi-la* ; mineur *do-mi* bémol-*la* bémol). Il est déformé s'il contient une quarte augmentée (ex. *do-mi-la* dièse) ou diminuée (ex. *do-mi-la* bémol), et prend lui-même en ce cas le nom d'accord de *sixte augmentée* ou *diminuée*.

Lorsqu'il est placé sur le 2e degré, ce qui crée entre ses extrêmes un intervalle de sixte dont la note supérieure est la sensible (ex. en *do, ré-fa-si*) l'accord de sixte augmentée est dit *accord de sixte sensible* ; il est alors le 1er renversement de la triade de quinte diminuée *(si-ré-fa)* construite sur la sensible, qu'on peut aussi analyser comme un accord de 7e de dominante à fondamentale sous-entendue *(sol* sous-entendu + *si-ré-fa)*. On voit que contrairement à la règle habituelle, on a donné le nom de sixte « sensible » en considérant la note supérieure de l'accord, et non sa note de basse, ce qui n'est pas très logique.

Sur les accords de *grande sixte* (ou quinte et sixte), *sixte napolitaine, sixte et quarte* (ou quarte et sixte), voir les articles correspondants. J. C.

SIXTE (ACCORD DE GRANDE). V. *Quinte et sixte.*

SIXTE ET QUARTE (ACCORD DE), ou *quarte et sixte*. Deuxième renversement d'un accord de triade, parfait ou non, formé d'une quarte et d'une sixte comme son nom l'indique. Si la quarte est juste, l'accord est *normal*, et peut être soit *majeur* (ex. *sol-do-mi*) soit *mineur* (ex. *sol-do-mi* bémol) selon que sa sixte est majeure ou mineure. On le chiffre 6/4 ou 4/6, mais non pas 6, qui est réservé à l'accord de sixte*. Si la quarte est augmentée (elle ne peut pas être diminuée), l'accord est dit *déformé* et prend le nom d'accord de *sixte et quarte augmentée*, chiffré 6/+4 ou +4/6, ce qui lui donne souvent la signification d'un accord de 7e naturelle à fondamentale sous-entendue.

L'accord de 6/4 majeur est un accord naturel, formé des harmoniques 3-4-5 d'une fondamentale sous-entendue, mais l'absence de cette fondamentale lui donne une grande instabilité qui se traduit par le besoin d'une *résolution* : celle-ci se fait le plus souvent sur la même basse, en considérant la quarte et la sixte comme des appoggiatures de triade (ex. *sol-do-mi → sol-si-ré*). Si la résolution fait défaut, on obtient un effet de suspension qui a été souvent utilisé pour préparer les cadences de soliste dans les concertos. Quoique artificiel, l'accord de 6/4 mineur, formé par analogie avec le majeur, possède, à un degré moindre, les mêmes caractères et s'emploie de façon analogue. J. C.

SIXTE NAPOLITAINE. Nom, apparemment injustifié, donné à une altération descendante du 2e degré dans l'accord de sixte placé sur le 4e degré du mode mineur (ex. en *do* mineur, le *ré* bémol de l'accord *fa-la* bémol-*ré* bémol). Toujours employée dans un but de soulignement expressif (plainte ou assombrissement), la sixte napolitaine semble avoir été surtout introduite au début du XVIIe siècle par le Romain Carissimi ; elle se résolvait toujours sur la dominante, avec ou sans transition par un accord de quarte et sixte sur le 5e degré. Plus tard, son emploi s'est considérablement enrichi (elle s'emploie aussi bien en majeur qu'en mineur, sa résolution a perdu son automatisme, et la dénomination aujourd'hui tend à se reporter sur l'altération en elle-même, qu'elle soit ou non du 2e degré, incluse dans une véritable sixte). J. C.

SKALKOTAS (Nikos), compositeur et violoniste grec (Khalkis 1904 - Athènes 1949). Après des études brillantes de violon au conservatoire d'Athènes sous la direction de Tony Schulze, il obtint une bourse qui lui permit d'aller en 1921 à Berlin et d'étudier le violon à la Hochschule für Musik avec Willy Hess. A partir de 1925, il se consacra à la composition. Ses principaux maîtres furent Philipp Jarnach (1925-1927) et Arnold Schönberg (1927-1931). Il retourna en Grèce en 1933 où il vécut toute sa vie durant en tant que violoniste dans l'orchestre d'Athènes et aussi dans deux autres orchestres. Il continua à composer jusqu'à sa mort dans un isolement accru par l'indifférence, voire l'hostilité, des milieux musicaux grecs.

Skalkotas, malgré le temps relativement court consacré à la composition, laissa un nombre considérable d'œuvres. Parmi celles composées pour orchestre, il convient de distinguer trois concertos pour piano (1931, 1938, 1939), un concerto pour violon (1938), un concerto pour violon, alto, vents et contrebasses (1940), deux suites symphoniques (1935, 1944-1949), dont la seconde de proportions gigantesques (75 minutes), trente-six danses grecques (1936-1949), dix « sketches musicaux » pour contralto et piano (1941) et la symphonie en un mouvement intitulée *le Retour d'Ulysse* (1943).

Sa musique de chambre compte, entre autres, une sonate pour violon seul (1925), la deuxième sonate pour violon et piano (1940), quatre sonatines pour violon et piano (1929, 1935), quinze petites variations (1927), quatre suites (1936, 1940, 1941), trente-deux pièces (1940) et quatre études (1941) pour piano, quatre quatuors à cordes (1928, 1929, 1935, 1940), un trio à cordes (1935), huit variations sur un thème populaire grec pour trio avec piano (1938), un duo pour violon et alto (1938) et un octuor pour quatuor à cordes, flûte, hautbois, clarinette et basson (1931). Enfin, sa musique vocale comprend des œuvres comme les seize mélodies pour contralto et piano (1941) et *Métoú Maïoú tá máya* (« les Sortilèges de mai ») pour orchestre, contralto et chœur (1944-1949).

Le style de Skalkotas est imprégné de l'esthétique de Schönberg, mais il faut souligner qu'il porte toujours le cachet de la personnalité du compositeur grec. Ainsi, la série dodécaphonique de Schönberg se transforme souvent en une multitude de séries indépendantes servant de base à la structure de l'œuvre. Tel est le cas de la symphonie en un mouvement *le Retour d'Ulysse* où l'on trouve dix-huit séries superposées par quatre, créant une intensité poussée aux limites, et des blocs sonores superposés mais suffisamment transparents pour qu'ils soient perceptibles. Les formes classiques prennent souvent des proportions gigantesques et sont parfois mixtes. Ainsi, le quatrième mouvement de la deuxième suite symphonique est en forme sonate-variation, remarquable par la transparence de son écriture.

En dehors de la technique dodécaphonique et sérielle, Skalkotas composa aussi dans un style atonal libre (par exemple, le duo pour violon et alto). Souvent une grande variété de styles et de techniques se retrouvent miniaturisés dans une même œuvre, comme les trente-deux pièces pour piano. Ici, l'on retrouve des formes et des styles baroques, classiques et romantiques à côté de rythmes fortement influencés par le jazz ou la musique populaire grecque, le tout dans une écriture libre, proche de la technique dodécaphonique mais indépendante.

Les rythmes de Skalkotas sont souvent aussi très libres ou fluctuants. Ainsi, les 3/4 du menuet de la troisième suite pour piano deviennent souvent 2/4 et même 5/4. Quant au « thème et variations » de cette même suite, le rythme est totalement libre ; cela n'empêche pas, dans un espace très restreint, une progression d'une extraordinaire intensité, à l'instar de la variation beethovenienne.

La musique de Skalkotas, découverte et révélée essentiellement après sa mort, eut une répercussion considérable. Elle est originale parce qu'au-delà des styles et des formes utilisés elle amalgame une exceptionnelle puissance de structuration et une force d'expression immédiate. H. M.

SLEZAK (Leo), ténor tchèque (Krasnattora 1873 - Tegernsee 1946). Il chanta tout jeune dans les chœurs de l'opéra de Brno. Puis il débuta dans ce même théâtre en 1895 (rôle de Lohengrin). Deux ans plus tard, il chantait à Berlin et en 1901 à l'opéra de Vienne où il allait paraître régulièrement pendant un quart de siècle. Entre-temps, il alla perfectionner sa technique à Paris, travaillant avec Jean de Resské (1908-09). Dans les années suivantes, il triompha à Londres et à New York. A l'apogée de sa carrière, sa grande voix héroïque apparaissait admirablement disciplinée et son tempérament artistique adapté aux grands rôles de ténor dramatique aussi bien qu'aux mélodies qu'il chantait en récital. Au théâtre, il fut un des plus grands Otello du siècle. On l'admirait également dans Radamès de *Aïda*, dans Lohengrin et dans Raoul des *Huguenots*. Après s'être retiré de la scène, il parut dans de nombreux films où il aimait à jouer les emplois comiques. J. B.

Slonimski *(Sergueï)*, compositeur soviétique *(Leningrad 1932)*. Fils de l'écrivain Mikhaïl Slonimski, neveu du compositeur-chef d'orchestre Nikolaï Slonimski, qui fut l'ami de Varèse et créa certaines de ses œuvres, il sortit en 1955 de la classe de composition d'O. Evlakhov, et en 1956 de la classe de piano de V. Nilsen, au conservatoire de Leningrad. En 1958, il termine ses études supérieures de musicologie. Il enseigne les disciplines théoriques de la musique depuis 1959, la composition depuis 1967, et est le responsable musical de l'Opéra de Kirov et de la compagnie de ballet de Leningrad. Ses premières partitions rendent hommage au dernier Prokofiev et au Stravinski de la période russe : *Symphonie* (1960), *Sonate pour piano* (1962), *Chants de liberté* sur des textes populaires pour mezzo, baryton et grand orchestre (1961), retrouvant le faux archaïsme de *Noces*.

Dans les années 1965-66, il parcourut la campagne des anciens États baltes, notant de très anciens chants d'origine païenne qui allaient lui servir de matériaux pour nombre de ses ouvrages à venir : l'opéra *Virinéia* (1967), le truculent *Concerto buffo*. Intégrant des éléments de folklore archaïsant dans un langage sériel, il composa le ballet *Icare* (1971), où se mêlent chants de troubadours, musique quasi concrète et relents de foire, puis des pièces vocales comme *Chants de troubadours* (1975) pour soprano, ténor, quatre flûtes à bec et luth, ou encore *Pesnokhorka* (1976) pour contralto, flûte, hautbois, trompette, balalaïka, batterie, guitares électriques.

L'œuvre de Slonimski forme avec celles de Barkauskas, Prigojine, Schnitke et Denisov l'essentiel des apports récents de l'école soviétique. P.-E. B.

Smalley *(Roger)*, pianiste et compositeur anglais *(Manchester 1943)*. Il a étudié au Royal College of Music (1961-1965), en particulier avec Peter Racine Fricker, et travaillé aussi avec Walther Goehr et avec Stockhausen à Cologne (1965-66). Comme pianiste, il a souvent été associé avec ce dernier, et, dans les années 60, il s'est fait connaître comme propagandiste de ses œuvres (en particulier de *Kontakte**) en Angleterre. Comme compositeur, il a subi son influence surtout à partir de 1967, notamment dans *The Song of the Highest Tower* (d'après Blake et Rimbaud) pour soprano, baryton, chœur et orchestre (1968), dans *Transformation I* pour piano et modulateur à anneaux (1969), et dans *Pulses* pour 5 × 4 exécutants, cuivres, percussion et modulateurs à anneaux (1969). *Zeitebenen*, pour ensemble et bande à quatre pistes (1973), est un ouvrage audacieux. On lui doit encore un quatuor à cordes (1979), *Echo III* pour trompette et bande (1979), *Konzertstück* pour violon et orchestre (1980), *Symphonie en un mouvement* (1982). M. V.

Smart *(sir George)*, chef d'orchestre, organiste et compositeur anglais *(Londres 1776*-id. *1867)*. Pendant plus d'un demi-siècle, il joua un rôle considérable dans la vie musicale britannique, sur laquelle il a laissé de très intéressants renseignements. Comme violoniste des concerts Salomon*, il reçut de Haydn une leçon de timbales. En 1813, il fut au nombre des fondateurs de la Royal Philharmonic Society, dirigeant quarante-neuf de ses concerts jusqu'en 1844. En 1826, il dirigea la première audition britannique de la 9e *Symphonie* de Beethoven (que peu de temps auparavant il avait rencontré à Vienne), et c'est chez lui que, la même année, Weber mourut peu après la première d'*Obéron**. Organiste (1822) puis compositeur (1838) de la chapelle royale, il dirigea également en 1836 la première en Angleterre de *Paulus** de Mendelssohn.
M. V.

Smetana *(Bedřich [Frédéric])*, compositeur tchèque *(Litomyšl, Bohême, 1824 - Prague 1884)*. Enfant prodige bénéficiant d'une ambiance familiale humaniste, avec un père maître brasseur et violoniste amateur, il jouait déjà si bien du violon à quatre ans qu'il remplaça son père dans l'exécution d'un quatuor de Haydn au second violon. A six ans, il transcrivait au piano *la Muette de Portici* d'Auber. En 1835, son père abandonne le métier de brasseur et s'installe comme exploitant agricole à Růžkova Lhotice au pied du mont Blanik. Après ses études secondaires, Smetana se rend à Prague en 1843 pour se perfectionner en piano. Décidé à devenir un artiste malgré les réticences de son père, il est engagé comme professeur de musique chez le comte Léopold Thun où l'ambiance l'amène à composer nombre d'œuvres aujourd'hui disparues. Il connaissait évidemment Mendelssohn, Hummel, Henzelt et même Schumann, dont les œuvres étaient alors fréquemment jouées à Prague.

Les événements révolutionnaires de 1848 le transforment en fervent propagandiste du nationalisme en Bohême. Aidé par Liszt et Clara Schumann, il fonde en 1849, à Prague, une école de musique privée où le tchèque est la langue obligatoire, marquant ainsi son opposition à l'enseignement officiel de culture allemande. Il milite alors dans le groupe armé Concorde et devient l'ami des radicaux-démocrates de la capitale. Il fait ainsi la connaissance de Karel Sabina, écrivain politique, qui devait écrire le livret de ses deux premiers opéras. Alors que, dans ses dix premières années de compositeur, il écrivait ballades, polkas, impromptus, des *Feuillets d'album* schumanniens... pour le piano, l'ambiance révolutionnaire fait de lui un auteur de marches, telles celles de la Légion des étudiants de Prague, de la garde nationale et un chant guerrier, ou des ouvertures, plus joyeuses que solennelles.

Le 27 août 1849, Smetana épouse Catherine Kolářová, jeune femme de vingt-deux ans, ravissante et enjouée. Elle lui donna quatre filles, dont seule Sophie, la troisième, dépassa la petite enfance. Sa femme, pulmonaire, devait rapidement lui donner de profonds soucis. Son école de musique périclite, alors que ses tournées de concerts en tant que pianiste n'atteignent pas la notoriété espérée. Il songe à s'expatrier. Dans l'espoir de voir l'empereur François-Joseph Ier se faire sacrer roi de Bohême, il écrit une symphonie triomphale à l'occasion du mariage du jeune empereur avec Elisabeth de Bavière. Utilisant des citations de l'hymne autrichien dû à Haydn, il espérait une réponse à son envoi à Vienne, qui ne vint jamais.

Mais Bedřiška, sa fille aînée, disparaît. Il dédie à sa mémoire son trio pour piano, violon et violoncelle dont le ton de *sol* mineur ajoute au sentiment de désespoir et de détresse. On y entend des mélodies étranges, des bruits sourds d'une marche funèbre, tandis que le final conclut dans le ton énergique de *sol* majeur.

A l'automne 1856, Smetana rencontre à nouveau Liszt qui lui conseille de partir pour Göteborg, en Suède. Il dirige ainsi l'Harmoniska Sällskapet de Göteborg de 1856 à 1861. Mais sa femme Catherine disparaît et les succès remportés par ses trois poèmes symphoniques, *Richard III*, *le Camp de Wallenstein* et *Hakon Jarl*, hommage vibrant à Liszt, ne suffisent pas à atténuer son mal du pays.

Rentré définitivement à Prague, il s'aperçoit que la vie musicale nationale bohémienne prend son essor. Il prête son concours à toutes les tentatives fructueuses ou non en ce sens. Il prend la direction de l'association chorale Hlahol, puis d'une école de musique avec F. Heller *(1824-1912)*. Il devient en 1866 le chef régulier du théâtre provisoire devenu le Théâtre bohémien de Prague. La première de son opéra *les Brandebourgeois en Bohême* est un événement national tant par l'emploi de la langue tchèque que par le sujet.

Mais sa popularité ne devient immense qu'avec la version définitive de son opéra-comique *la Fiancée vendue*, véritable hymne national de Bohême, dont l'ouverture est un chef-d'œuvre aujourd'hui universellement connu. Cette veine nationale lui inspire *Dalibor* (1868), opéra tragique racontant la lutte nationale contre la domination étrangère. Mais le style musical étant jugé trop wagnérien, il est accusé de trahison ! Il écrit alors *Libuše* (1872), glorification de la nation tchèque et de son éternité historique, alors que son opéra-comique *les Deux Veuves* (1874) forme un tableau inimitable de la vie et de l'amour, scherzo rayonnant prenant ses racines mélodiques dans les polkas et les danses de Bohême.

Mais Smetana éprouve des vertiges, sent son ouïe se détériorer. Il se réfugie alors chez sa fille Sophie à Jabkenice. Il ne reviendra plus à Prague que pour soutenir ses partisans et assister à la création de ses nouveaux opéras et pièces symphoniques. Son génie, issu du folklore bohémien, prend toute son universalité dans son cycle *Ma Vlast (Ma patrie)*, dont les six volets sont comme la description imagée, champêtre, dansante de tout un peuple.

Malgré les influences de Chopin sur ses œuvres de piano de jeunesse, de Liszt, puis de Wagner, la musique de Smetana est profondément originale par son héroïsme, son humour, sa tension permanente. Sa souplesse mélodique, sa rythmique de plus en plus complexe bien que naturelle en sont les marques extérieures. Mais il serait injuste de ne voir en Smetana que le père de l'opéra national tchèque. Il a effectivement permis au patrimoine bohémien d'atteindre l'audience internationale, en effectuant une exceptionnelle synthèse entre une forme néoromantique et un individualisme culturel jusqu'alors préservé. Mais il ne faut pas négliger l'apport de Smetana dans le domaine de la musique de chambre ; deux quatuors à cordes dont le second en *ré* mineur annonce la complexité harmonique d'un Janáček, des pièces pour piano telles que *Macbeth et les Sorcières* (1859-1876) ou *Rêves* (1875) qui précèdent Liszt dans l'annonce du XXe siècle. De même, ses dix cycles de chœurs pour voix d'hommes atteignent une puissance expressive, une perfection de forme qui leur permettent d'ouvrir la voie à l'école moderne tchèque.

Œuvres. — *Piano. Petit galop* (1832) ; *Polka de Louise* (1840) ; *Polka des dahlias* (1840) ; *Galoppo di bravura* (1840) ; trois *Impromptus* (1841-42) ; *Scènes de la vie estudiantine*, polka (1842) ; *Quadrilles* (1843), en *si* bémol, en *fa* ; *Souvenir de Plzen*, polka (1843) ; *Valse* (1844) ; *Bagatelles et Impromptus* (1844) ; *Études* (1845-46) ; *Sonate en sol mineur* (1846) ; *Six Morceaux caractéristiques* (1848) op. 1 ; *Marche de la Légion des étudiants de Prague* (1848) ; *Marche de la garde nationale* (1848) ; *Scènes de noces* (1849) ; *Feuillets d'album* (1849) ; *Andante en mi bémol* (1849) ; *A Robert Schumann* (1849) ; *Chant d'un cheminot* (1849) ; *Que cela bourdonne, bruit et siffle ici* (1849) ; *Esquisses* op. 4 (1849) ; *Esquisses* op. 5 (1849) ; trois *Polkas de salon* op. 7 (1854) ; trois *Polkas poétiques* op. 8 (1854) ; *Vision de bal* (1858) ; *Étude de concert en ut* (1858) ; *Polka de Betty* (1859) ; *Macbeth et les Sorcières* (1859) ; *Souvenirs de Bohême* en forme de polkas op. 12 (1863), op. 13 (1863) ; *Étude de concert au bord de la mer* op. 17 (1858) ; *Fantaisie sur des chansons nationales tchèques* (1862) ; *Rêves* (1875) ; six morceaux caractéristiques ; *Danses tchèques* (1877-1879) : 1. *fa* dièse mineur, 2. *la* mineur, 3. *fa* majeur, 4. *si* bémol majeur ; *Danses tchèques* (1875) : 1. Furiant, 2. la Poule, 3. l'Avoine, 4. l'Ours, 5. le Petit Oignon, 6. Dupak, 7. le Dragon, 8. Obkročák, 9. Sousedská, 10. Sauteuse ; *la Campagnarde* (1879) ; *Polka de Betty*, 2e version (1883).

Musique de chambre. Trio pour piano, violon et violoncelle en *sol* mineur op. 15 (1855) ; *1er Quatuor à cordes en « mi » mineur de ma vie* (1876) ; *De mon pays natal*, deux duos violon-piano (1880) ; *2e Quatuor à cordes* en *ré* mineur (1883).

Chœur pour voix d'hommes. Les Trois Cavaliers (1862) ; *le Renégat* (1864) ; *Chanson paysanne* (1868) ; *Chœur solennel* (1870) ; *Chant de marins* (1876) ; *la Dot* (1881) ; *Prière* (1880) ; *Deux Dictons* (1883) ; *Notre chanson* (1883).

Chœur pour voix de femmes. 3 chœurs (1878).

Orchestre. Galop des bayadères (1842) ; *Ouverture* en *ré* (1849) ; *A nos jeunes filles*, polka (1849) ; *Symphonie solennelle* (1853) ; trois poèmes symphoniques : *Richard III* (1858), *le Camp de Wallenstein* (1859), *Hakon Jarl* (1861) ; *Docteur Faust* (1862), prélude à une pièce de marionnettes, *Oldřich et Božena*, id. (1863), *Marche* pour le jubilé de Shakespeare (1864) ; *Ouverture solennelle* (1868) ; *le Pêcheur* (1869) ; *le Jugement de Libuše* (1869) ; *Ma patrie : Vyšehrad* (1874), *Vltava* (1874), *Sárka* (1875), *Par les bois et les prés de Bohême* (1875), *Tábor* (1878), *Blanik* (1879) ; *la Campagnarde* (1879), polka ; *le Carnaval de Prague* (1883).

Cantates. La *Chanson tchèque* (1878).

Opéras. Les *Brandebourgeois en Bohême* (1863) ; la *Fiancée vendue* (1864-1870) ; *Dalibor* (1867) ; *Libuše* (1872) ; les *Deux Veuves* (1874) ; *le Baiser* (1876) ; *le Secret* (1878), *le Mur du Diable* (1882) ; *Viola* (fragments) [1884].

Mélodies. Chants du soir (1880).
P.-E. B.

SMIJERS (Albert), prêtre et musicologue néerlandais (Raamsdonksveer, Nord-Brabant, 1888 - Utrecht 1957). Il fait ses études au séminaire de Haaren et est ordonné prêtre en 1912. Il enseigne quelque temps au séminaire de Beekvliert et étudie avec Averkamp à Amsterdam, avant de se rendre à Vienne en 1915. Élève de Guido Adler à l'université, il soutient sa thèse de doctorat en 1917 (*Karl Luython als Motetten-Komponist*), puis enseigne à nouveau à Beekvliert de 1918 à 1929, et de 1929 à 1933, au conservatoire d'Amsterdam. Il est nommé en 1930 professeur de théorie et d'histoire de la musique à l'université d'Utrecht et occupe ce poste, première chaire de musicologie aux Pays-Bas, jusqu'à sa mort. Il se spécialise dans l'étude de la musique néerlandaise (*Nederlandsche Musiekgeschiedenis*, 1930), en particulier de la période franco-flamande, et ses recherches aboutissent à la publication d'une anthologie en sept volumes (*Van Ockeghem tot Sweelinck*, 1939-1956), d'une nouvelle édition des œuvres d'Obrecht (*Jacob Obrecht, Opera omnia*, 3 vol. 1953-1956) et surtout des œuvres complètes de Josquin Des Prés (*Werken van Josquin Des Prés*), dont il publie 41 volumes de son vivant (1921-1956).
D. H.

SMITH (Bessie), chanteuse de blues américaine (Chattanooga, Tennessee, 1894 - Clarksdale, Mississippi, 1937). Fille du « Deep South », elle connaît une enfance misérable et des tournées minables avant de se faire remarquer par l'industrie du disque, qui vient de découvrir l'intérêt financier que représente le public noir consommateur de blues. En 1923, son enregistrement de *Down Hearted Blues* se vend à deux millions d'exemplaires. Mais, après la crise économique de 1929, elle connaîtra de nouveau la misère et sombrera dans l'alcoolisme.

Bessie Smith est à juste titre considérée comme l'archétype de la chanteuse de blues, et son immense talent lui a valu le surnom d'« impératrice du blues ». Sa belle voix de contralto, son phrasé sobre et expressif, sa mise en place rythmique très souple s'intègrent parfaitement à l'univers du jazz instrumental dont l'entourent ses accompagnateurs, qu'elle sut choisir parmi les plus grands musiciens d'alors : Armstrong, Joe Smith, James P. Johnson et la prestigieuse équipe de Fletcher Henderson. Il est à noter que les blues qu'elle a enregistrés sont rarement des formes strictes de douze mesures, mais le plus souvent des blues songs basés sur des multiples de huit ou seize (*Yellow Dog Blues*, 1925 ; *Gimme a Pigfoot and a Bottle of Beer*, 1933).
J.-B. H.

SMYTH (Dame Ethel), compositrice anglaise (Marylebone 1858 - Woking 1944). Elle étudia au conservatoire de Leipzig et en privé avec Heinrich von Herzogenberg, et s'imposa à Londres avec une messe en *ré* (1893). Elle se tourna ensuite vers l'opéra, donnant notamment, à Leipzig en 1906 puis à Londres en 1909, *The Wreckers*. Elle s'identifia par la suite à la cause des suffragettes, ce dont témoigne en particulier *The Boatswain's Mate* (Londres, 1916).
M. V.

SNEGOUROTCHKA (« Fleur de neige »). Opéra en 1 prologue et 4 actes de Nikolaï Rimski-Korsakov (poème et musique) d'après la pièce d'Alexandre Ostrovski. Créé au théâtre Marie de Saint-Pétersbourg le 10 février 1882.

PROLOGUE. *Aux temps légendaires, dans le royaume du tsar Berendey, Snegourotchka (s), née des amours du roi Hiver (b) et de la fée Printemps (ms), vient d'avoir seize ans. Sachant qu'un seul regard de Yarilo, le dieu Soleil, lui serait fatal, ses parents la confient à l'Esprit des Bois (t) avant de disparaître pour faire place à l'été. Voilà la jeune fille perdue dans la foule en liesse. Mais elle est si belle que Bobil (t) et Bobilicka (ms) l'adoptent.*

ACTE PREMIER. *Snegourotchka s'éprend ingénument du jeune berger Lehl (ms) qui ne répond pas à ses avances. En revanche, elle inspire une violente passion à Misguir (bar) qu'elle n'aime pas. Misguir rompt ses fiançailles avec Koupava (s) qui, désespérée, se suiciderait sans l'intervention de Lehl.*

ACTE II. *A la demande de Koupava, le tsar Berendey fait comparaître Snegourotchka et Misguir, et décide d'offrir une récompense à qui saura gagner le cœur de la fille de l'Hiver et du Printemps.*

ACTE III. *Au cours d'une fête que préside le tsar dans le Bois sacré, Lehl chante et obtient le droit d'embrasser une jeune fille de l'assistance. Il dédaigne Snegourotchka et choisit Koupava, tandis que Misguir déclare son amour à Snegourotchka qui ne l'écoute pas et prend la fuite sous la protection de l'Esprit des Bois.*

ACTE IV. *La fée Printemps, que sa fille a appelée au secours, lui accorde d'aimer celui qui l'aime. Snegourotchka accepte Misguir pour époux. Malheureusement, le soleil l'a réchauffée de ses rayons; elle retourne au néant et Misguir la suit dans les eaux du lac. Le tsar et Lehl tirent la morale de l'histoire : rien ne s'oppose plus au triomphe de Yarilo, le dieu Soleil, source de tous les bienfaits.*

Malgré ses qualités musicales et poétiques, cet ouvrage n'a guère fait carrière hors de Russie. Monté à l'Opéra-Comique le 22 mai 1908 dans une version française de Pierre Lalo, il a quitté l'affiche au bout de quinze représentations. M. T.

SOCIÉTÉ INTERNATIONALE POUR LA MUSIQUE CONTEMPORAINE (S. I. M. C.). Fondée le 11 août 1922 à Salzbourg à l'issue d'un festival de musique de chambre contemporaine tenu dans le cadre du Festival, le S. I. M. C. se fixa pour objectif, par le biais d'un festival annuel tenu dans l'un des pays membres et en dépassant les barrières nationales, de dresser régulièrement le bilan d'une année de production musicale. Son premier festival eut lieu à Londres en 1923, et son premier président fut Edward J. Dent. Il y avait 14 sections nationales en 1923, 27 en 1976. De 1957 à 1969, le président a été Heinrich Strobel*. Le président actuel (1982) est Siegfried Palm*. Dans le cadre des divers festivals ont été créés, entre autres, le *Concerto pour violon* de Berg (Barcelone, 1936), *Das Augenlicht* et la *2ᵉ Cantate* de Webern (Londres, 1938 et Bruxelles, 1950) et le *Marteau sans Maître* de Pierre Boulez (Baden-Baden, 1955). M. V.

SOCRATE. « Drame symphonique en trois parties » rédigé (d'abord pour piano et récitant puis orchestré) par Erik Satie entre 1917 et 1920. Il s'agit (notamment la scène finale) de la plus grande réussite obtenue par le musicien par la voie du dépouillement. Emprunté aux *Dialogues* de Platon (*le Banquet, Phédon*) dans la traduction française de Victor Cousin, le texte est constitué d'un *Portrait de Socrate* suivi d'une scène aux *Bords de l'Illisus* et du récit de la mort, la musique se contentant de souligner avec la plus grande monotonie sonore possible les inflexions de la voix suscitées par une telle lecture : ni éclat, ni sanglot, ni effet « expressif », fût-ce le silence. Cocteau dira : « Le génie de Satie va nu, et sans la moindre impudeur. Aller nue était pour la musique de Satie l'acte de pudeur par excellence. »

La réussite de *Socrate* tient à ce que l'auditeur, privé de tout repère expressif conventionnel, soit saisi, par-delà cette monochromie voulue, par une manière de vertige qui ira s'amplifiant jusqu'à la mort sereine du héros. Une fois encore l'art de Satie relève plus de la poésie que de la « musique » au sens traditionnel du terme : *Socrate* est contemporain des *Noces* de Stravinski, de *la Valse* de Ravel, du *Wozzeck* de Berg. M. Mt.

SÖDERSTROM (*Élisabeth*), soprano suédoise (Stockholm 1927). Elle fait ses débuts à l'Opéra de Stockholm en 1948, où elle ne tarda pas à devenir vedette absolue dans les emplois de soprano lyrique. À partir de 1951 commence sa carrière internationale. Elle chante Marguerite de *Faust* au Metropolitan Opera de New York, où elle est la partenaire de Siepi et de Bjorling, et se produit également à Salzbourg et à Glyndebourne. Son répertoire comprend les rôles principaux de Puccini et de Richard Strauss. Elle est une des rares cantatrices à avoir chanté successivement les trois rôles féminins (la Maréchale, Octave, Sophie) du *Chevalier à la rose*. Plus récemment, elle a abordé des ouvrages modernes, tels que *Wozzeck* d'Alban Berg et *Élégie pour de jeunes amants* d'Hans Werner Henze. A son timbre transparent et chaud s'ajoutent des dons dramatiques remarquables et une personnalité attachante. J. B.

SŒUR ANGÉLIQUE (*Suor Angelica*). Drame lyrique en un acte sur un livret de G. Forzano, constituant le deuxième volet du triptyque de Puccini entre *Il Tabarro* et *Gianni Schicchi*, créé au Metropolitan Opera de New York le 14 décembre 1918.

Au XVIIIᵉ siècle, dans le cloître d'un couvent d'Italie, sœur Angélique (s) expie depuis sept ans le crime d'avoir déshonoré sa noble famille en donnant le jour à un enfant hors mariage. Elle reçoit la visite de la Princesse (ms), sa tante, qui l'accable de son mépris et lui révèle que l'enfant du péché est mort depuis deux ans. Désespérée, la malheureuse s'empoisonne, mais une apparition de la Vierge lui apprend qu'elle meurt pardonnée.

Malgré la bouleversante complainte d'Angelica (*Senza Mamma*) que créa Geraldine Farrar, cette œuvre n'a jamais connu la faveur du public. M. T.

...SOFFERTE ONDE SERENE... Œuvre pour piano et bande magnétique de Luigi Nono, dédiée à Maurizio et Marilisa Pollini et créée en décembre 1976. La partition, écrite alors qu'un « rude vent de mort vint balayer *le sourire infini des ondes* dans ma famille et celle de Pollini », fut conçue en fonction de l'instrumentiste et de ses capacités percussives, de toucher et d'attaque. Ces qualités, Nono a notamment utilisées en les enregistrant au Studio de phonologie de Milan, en faisant d'elles la « matière première » de la bande magnétique, le propos de l'œuvre étant de réaliser une osmose entre le piano « live » de Pollini et son double fixé sur bande : d'où un dialogue intérieur entre les « mémoires » et les « présences » de l'interprète.

C'est là, dans cette zone indéfinissable, que se situent les *ondes sereines* évoquées par le titre. L'œuvre est une mosaïque d'événements sonores à la structure d'autant plus complexe que le matériel de base est simple. Dans la partie « live », les grappes d'accords sont statiques sur le plan harmonique, alors que la bande magnétique exploite les côtés « concrets » de l'instrument (bruits de pédales, attaques sur les touches d'ivoire et sur les cordes, vibrations nées de l'emploi de la pédale *forte*) en les envisageant comme autant de résurgences réalistes d'un objet amplifié, éclairé crûment, restitué sous un angle onirique, fantastique. Les deux types de discours, au départ indépendants, entrent en compétition et forment un contrepoint libre dont l'œuvre tire sa motricité et sa force dramatique. A. F.

SOIR (LE). Symphonie de Haydn. V. *Matin (le), le Midi, le Soir*.

SOIR DE FÊTE. Poème symphonique d'Ernest Chausson, op. 32, composé à Fiesole (automne 1897 - 31 janvier 1898), dédié à Édouard Colonne qui le créa, à Paris, le 13 mars 1899. Si l'œuvre enthousiasma le public, l'auteur la jugea assez terne et voulut la transposer de *la* bémol à *la*. Pourtant, l'opus 32, dégagé de tout argument littéraire (comme déjà *Solitude dans le bois*, composé en 1886, mais détruit) et cherchant tout au plus à suggérer, à « opposer le mouvement d'une foule joyeuse et turbulente au calme poétique de la nuit silencieuse», apparaît riche en sonorités et en rythmes, d'une remarquable plastique orchestrale. Par son sens de la nature, ses recherches de timbres, ses arrière-plans saltatoires, l'opus 32 se trouve en effet entraîné dans une joie orgiaque qui enflamme l'orchestre dès le départ pour, dans la partie centrale, faire place à une rêverie fluide, à l'écriture rêveuse et modulante avant de retrouver, dans la troisième partie, les deux thèmes initiaux, magnifiés et mêlés à une ultime résurgence du motif bucolique central.

D'une conception épurée, d'une fine sensibilité, *Soir de fête* s'inscrit comme une œuvre impressionniste — de conception et d'écriture — et montre combien Chausson fut le trait d'union entre Franck, qu'il prolonge, et Debussy, qu'il préfigure par maints côtés.
J. G.

SOL. La cinquième des sept syllabes qui, dans les pays latins, désignent actuellement les notes de la gamme diatonique. Elle est placée un ton au-dessus du *fa* et correspond à la lettre G du système alphabétique anglo-saxon.

Dans l'ancienne solmisation à six syllabes, la syllabe *sol* pouvait correspondre, selon l'hexacorde, aux lettres (clefs) G *(sol-ré-ut)*, D *(la-ré-sol)* ou C *(sol-fa-ut)* [sur le mécanisme de la transformation, voir l'article UT]. Dans la théorie de Gui d'Arezzo, la syllabe *sol* n'a qu'une valeur de nomenclature. En revanche, selon l'exégèse ésotérique de l'hymne *Ut* queant laxis d'où la syllabe a été tirée, elle joue dans le texte de l'hymne un rôle essentiel par sa double représentation du soleil central (sémantisme et graphisme). J. C.

SOLAGE, compositeur français *(fin du XIVe siècle).* Il n'est connu que par dix chansons à trois et quatre voix (sept ballades, deux virelais et un rondeau), qui figurent dans le Manuscrit de Chantilly. Elles ne sont pas datées, mais trois des ballades suggèrent que le compositeur était proche de la famille royale dans les années 1380. *S'aincy estoit* est dédiée au duc Jean de Berry, et *Calextone qui fut* et *Corps féminin* font sans doute allusion au mariage du duc avec Catherine de France en 1386. Ces pièces présentent une certaine unité stylistique par leur écriture à trois voix, leur complexité rythmique (en particulier *S'aincy estoit*) et leur extrême richesse harmonique, et s'apparentent ainsi à l'« Ars subtilior ». Elles sont certainement tardives dans l'œuvre de Solage car elles contrastent avec les chansons à quatre voix, au style beaucoup plus simple, très proche de celui de Machaut. D. H.

SOLAL *(Martial)*, pianiste et compositeur de jazz français *(Alger 1927).* Il s'imposa à Paris dès 1954, puis sur le plan international, comme l'un des plus brillants pianistes de sa génération. Artiste solitaire, un peu marginal, il se produit le plus souvent en concert, seul ou accompagné d'un ou deux musiciens. Très admiré pour sa virtuosité — seuls Tatum et Peterson peuvent lui être comparés sur le plan de la technique instrumentale —, il apparaît, en raison de sa musicalité, de son imagination et de l'audace de ses conceptions, comme le soliste européen le plus important depuis Django Reinhardt à la guitare *(On Green Dolphin Street).* On lui doit de nombreux thèmes *(Vice Versa),* des partitions de musique de film *(A bout de souffle,* 1962), des œuvres pour ensemble *(Suite en « ré » bémol,* 1959) ou orchestre de jazz *(Fluctuat nec mergitur,* 1972), et *Stress* (en collaboration avec Marius Constant, 1980). A. H.

SOLDATS (LES). Opéra en 4 actes de Bernd-Aloïs Zimmermann, sur un livret tiré de la pièce du même nom de Jakob Michaël Reinhold Lenz, composé de 1958 à 1964, et créé le 15 février 1965 à l'Opéra de Cologne, sous la direction de Michaël Gielen.

L'action est située hier, aujourd'hui et demain, en Flandre de langue française.

ACTE PREMIER. *Introduzione.* Scène 1 *(« Strofe »).* [Lille, dans la maison du « marchand de nouveautés » Wesener (b.).] *Sa fille Marie* (s) *écrit à la mère du jeune marchand de draps à Armentières, Stolzius* (bar), *une lettre la remerciant du séjour qu'elle vient d'effectuer dans cette ville. Sa sœur Charlotte* (ms) *lui indique que leur père sait bien qu'elle est amoureuse de Stolzius.* Scène 2 *(« Ciaccona I »).* [Armentières.] *La mère de Stolzius* (c) *montre à son fils la lettre de Marie, qu'il lui arrache des mains et dévore des yeux.* Interlude symphonique *(« Tratto I »).* Scène 3 *(« Ricercari »).* [Lille.] *Un gentilhomme originaire du Hainaut, officier de l'armée française, le baron Desportes* (t), *fait la cour à Marie et cherche à l'inviter au théâtre. Wesener s'y oppose et console Marie, déçue, qui pleure* (Tu es ma seule joie, petite folle, c'est pourquoi j'ai soin de toi). Scène 4 *(« Toccata I »).* [Armentières.] *Un groupe d'officiers expriment le mépris qu'ils portent aux femmes* (Une putain sera toujours une putain. Si ça ne devient pas une putain à soldats, elle devient une putain à curés) *et s'opposent à l'aumônier Eisenhardt* (b), *qui dénonce les escroqueries dont les filles honnêtes sont victimes de leur part.* Scène 5 *(« Notturno I »).* [Lille.] *Wesener cherche à savoir si Desportes a parlé d'amour à Marie, qui lui montre l'aigrette et le poème enflammé qu'il lui a envoyés. Wesener se réjouit de l'imaginer devenir « une vraie dame ». Face à l'orage qui menace, Marie pense à Stolzius...*

ACTE II. *Introduzione.* Scène 1 *(« Toccata II »).* [Armentières.] *Dans un café, fréquenté par les soldats, un groupe d'officiers, dont font partie le capitaine Pirzel* (t) *et le lieutenant de Mary* (bar), *plaisante sur Stolzius, danse en buvant et jette le trouble dans l'esprit de Stolzius quant au comportement de Marie à Lille. Ce dernier s'éloigne, en chancelant.* Interlude symphonique *(« Intermezzo »).* Scène 2 *(Capriccio, Corale e Ciaccona* II*»). Plusieurs actions simultanées se déroulent. A Lille, Marie fait lire à Desportes la lettre amère que Stolzius lui a envoyée. Desportes simule l'indignation et veut dicter la réponse à Marie* (la rupture). *Il cherche à la séduire. A Armentières, Stolzius se lamente sur les termes de la lettre de rupture que Marie lui a envoyée, mais la défend devant sa mère, qui la traite de « putain à soldats » et décide de se venger* (Retrouver le diable qui l'a pervertie). *La vieille mère de Wesener* (c) *s'inquiète des malheurs qu'elle prévoit pour sa petite-fille. Marie cède à Desportes. Preludio.*

ACTE III. Scène 1 *(« Rondino »)* : *discussion entre Pirzel et Eisenhardt.* Scène 2 *(« Rappresentazione »).* [Lille.] *Stolzius se fait engager comme ordonnance par Mary.* Scène 3 *(« Ricercari II »).* [Lille.] *Charlotte reproche à sa sœur d'être une fille à soldats et de sortir avec le lieutenant de Mary juste après Desportes. Lorsqu'elles accueillent Mary et son ordonnance, elles ne reconnaissent pas Stolzius sous son uniforme.* Interlude symphonique *(« Romanza »).* Scène 4 *(« Notturno II »).* [Lille.] *Dialogue entre la comtesse de la Roche* (ms) *et son fils* (t) *au sujet de Marie, dont le jeune comte est épris* (Comme il a été aisé de la tromper, elle a tant de légèreté, de fraîcheur, d'innocence dans le cœur). Scène 5 *(« Tropi »).* [Lille.] *Conversation entre Marie et Charlotte. Le lieutenant de Mary a, à son tour, abandonné Marie. La comtesse de la Roche demande à Marie d'oublier l'aventure qu'elle a eue avec son fils, et lui propose, en compensation, de la prendre à son service. Preludio.*

ACTE IV. Scène 1 *(« Toccata III »).* Douze scènes simultanées *(neuf projetées sous forme de film, trois sur scène) présentent les différentes étapes de la déchéance de Marie : la comtesse surprend Marie et le lieutenant de Mary dans son jardin. Après s'être enfuie, Marie est violée par le garde-chasse de Desportes* (à qui il avait annoncé qu'il lui avait trouvé une femme), *et devient une prostituée* (Faut-il donc qu'ils tremblent, ceux qui subissent l'injustice ? Et que seuls vivent dans la joie ceux qui la commettent ?). Interlude symphonique *(« Tratto II »).* Scène 2 *(« Ciaccona III »).* [Armentières.] *Desportes dîne avec Mary et raconte, de façon méprisante, le stratagème qui lui a permis d'attirer Marie chez le garde-chasse. Stolzius empoisonne Desportes, lui saisit en hurlant : « Marie », puis, le regardant mourir, s'empoisonne à son tour* (Dieu ne peut pas me damner). Scène 3 *(« Notturno III »).* *Sur une route, la nuit, avec, en projections, des trains de troupes et d'armements, Marie, misérable mendiante, demande l'aumône à Wesener, qui commence par refuser, puis, pensant à ce que sa fille a pu devenir, accepte, sans la reconnaître. Des groupes d'officiers se retrouvent au café et entourent Marie. La voix d'Eisenhardt récite le « pater noster »* (Ne nous laissez pas succomber à la tentation, mais délivrez-nous du mal). *Marie est allongée, immobile. Les soldats envahissent la scène au son d'une marche jouée par les tambours et amplifiée.*

Pour Zimmermann, l'aspect le plus attirant de la pièce audacieuse et révolutionnaire de Lenz, violente satire sociale, était « sa réflexion sur l'unité de l'action interne... qui l'incita à rompre avec la règle impitoyablement célèbre des trois unités (lieu, action, temps)... Il superposait deux actions, anticipant la danse des temps simultanés chère à Joyce ». Sa structure pluraliste s'accordait parfaitement à la « sphéricité du temps », conception de base de Zimmermann (« l'abrogation des trois unités conduit à l'abrogation de l'espace et du temps, prend place à l'intérieur d'une "sphère du temps". Futur, présent et passé deviennent interchangeables »), qui se manifeste dans son opéra par une simultanéité de tous les phénomènes tant au niveau musical que scénique : une pensée strictement sérielle, un bel canto atonal voisine avec le récitatif, le Sprechgesang, du jazz, des citations et collages de musiques du passé, du chant grégorien à Bach (chorals), jusqu'au folklore (exemple caractéristique de collage : l'« Intermezzo » orchestral de l'acte II) ; des actions étagées dans le temps se déroulent simultanément sur scène (dans la première version de l'opéra, rejetée comme injouable, elles avaient chacune leur propre tempo, ce qui nécessitait l'intervention de plusieurs chefs d'orchestre).

L'impact des initiatives révolutionnaires de l'opéra, d'ailleurs toujours en avance sur notre temps, se trouve décuplé par sa terrible puissance émotionnelle : notamment, celle de l'hallucinant acte IV (le plus complexe, car il brise totalement le cadre de l'opéra traditionnel), qui voit le destin de Marie se terminer dans le désespoir, le néant, une « pétrification mortuaire » (H. Zender), et le contrepoint du « Sed libera nos a malo » s'élever au milieu du terrifiant tourbillon sonore et visuel créé par les bandes et les projections avec des bruits et images de convois militaires et de batailles... La révolte de Zimmermann, dont le drame fut de n'avoir pu « réconcilier l'idée de Dieu et l'image atroce d'un monde déchiré par les guerres, la torture et le totalitarisme » (H. Halbreich). J.-J. M.

SOLEIL (QUATUORS DU) (en all. *Sonnenquartette*). Titre attribué globalement aux six quatuors à cordes op. 20 Hob.III.31-36 (n° 1 en *mi* bémol majeur, n° 2 en *ut* majeur, n° 3 en *sol* mineur, n° 4 en *ré* mineur, n° 5 en *fa* mineur, n° 6 en *la* majeur) de Haydn, à cause du frontispice de l'édition Hummel de 1779. Composés en 1772, ces ouvrages correspondent chez Haydn à l'apogée de ce qu'on appelle parfois la période *Sturm* und Drang*. Trois d'entre eux (n°s 2, 5 et 6) ont comme finale une fugue, ce qui en soi, dans la musique autrichienne du temps, n'avait rien d'extraordinaire. Tout à fait exceptionnelle en revanche est la maîtrise de ces fugues. Cette série de six quatuors est la seule chez Haydn à comporter deux œuvres en mineur. A noter que leur ordre traditionnel de numérotation ne correspond certainement pas à leur ordre de composition. (V. QUATUOR.) M. V.

SOLEIL DES EAUX (LE). Œuvre de Pierre Boulez (1945-1965), sur deux poèmes de René Char. Versions diverses. Environ 8 minutes 30.

La chronologie du *Soleil des eaux* le signale bien : l'œuvre, une des plus importantes de son auteur, aura connu une gestation difficile. Après les compositions achevées que sont la sonatine, les deux premières sonates, et même *le Visage nuptial*, qui trouva assez vite sa forme définitive, *le Soleil des eaux* engage, avec le *Livre pour quatuor* qui lui sera contemporain, le processus des versions multiples d'œuvres constamment remises sur l'établi — et qui n'est pas si éloigné déjà de la conception du « Livre » mallarméen.

On distinguera ainsi les quatre moments de ce processus :
— *le Soleil des eaux 1* : il s'agit de la musique que Boulez écrivit en 1948 pour une pièce radiophonique de René Char portant ce titre. Cette musique, d'une durée de trente minutes environ, comprenait une mélopée vocale, non accompagnée, encadrée de séquences instrumentales. Le texte ne correspondait qu'avec ce qui sera par la suite la Complainte du lézard amoureux. Cette musique « incidentale » sera donnée pour la première fois par la R. T. F. en 1948.
— *le Soleil des eaux 2* : révision en cantate de l'œuvre précédente. Boulez réduit considérablement la durée de *la Complainte* (environ 4 minutes) ; il adjoint une seconde partie (*la Sorgue*, de durée équivalente), et distribue son œuvre pour trois solistes vocaux (soprano, ténor et basse), avec orchestre de chambre. Création au Théâtre des Champs-Élysées à Paris, sous la direction de Roger Désormière, le 18 juillet 1950.
— *le Soleil des eaux 3* : les trois solistes vocaux sont doublés par un mixte à troix voix (s-t-b), et accompagnés d'un orchestre symphonique : c'est la version « lourde » du *Soleil*, créée à Darmstadt en 1958 sous la direction d'E. Bour.
— *le Soleil des eaux 4* : un seul soliste vocal (soprano), et un chœur mixte à quatre voix (s-a-t-b). Il s'agit de la version éditée (Heugel, 1968), enregistrée (Adès), et jouée aujourd'hui, dont nous parlerons ici. Création en octobre 1965 à Berlin (Orchestre philharmonique, direction Boulez, avec Catherine Gayer, soprano).

Les deux parties : *la Complainte* et *la Sorgue*. En ce qui concerne le rapport Char-Boulez, on se reportera à ce qui est dit à propos de la première œuvre de leur collaboration : *le Visage nuptial*.

Liés par une complicité cryptée (les six premiers sons de la série de *la Sorgue* sont les mêmes, transposés au demi-ton supérieur, que les six premiers de *la Complainte*), les deux morceaux sont très dissemblables — et par cette différence font acte de complémentarité.

La Complainte du lézard amoureux, où le chœur n'intervient pas, est une musique fluide, presque nonchalante, où des traces de sonorités « à la Messiaen » peuvent encore être perçues. Un dessin mélodique et prédomine, fait de quatre notes « en cascade », au sein d'une écriture très divisée, faite de petits motifs, parfois d'une seule note, tandis que la voix assure une continuité pouvant prendre l'aspect d'une arabesque chantée *(Chardonneret, reprends ton vol/ Et reviens à ton nid de laine)* comme d'un martèlement piano et parlé *(Tu n'es pas un caillou du ciel)*. Des cadences pour voix solo interviennent entre des épisodes plus concertés. L'ouvrage est sériel, et même multisériel, avec une organisation des rapports entreséries très délibérée. L'ensemble, d'une grande difficulté d'intonation et de rythme, donne l'impression d'un rubato généralisé, peut-être image idéale, et précaire, d'une nature où l'amoureux peut encore lézarder en chantant...

La Sorgue, en effet, rompt totalement cette sérénité. A la première partie presque « paresseuse » s'oppose la seconde, très âpre, rigide, verticale, harmonique. La Sorgue est une rivière du Vaucluse, en voie de pollution par l'installation sur ses rives d'une usine ; l'existence et les ressources des pêcheurs sont menacées. Ils s'organisent dans leur lutte au cours de laquelle ils seront provisoirement battus — la lutte révélant cependant ceux d'entre eux qui pourront la continuer, en une parabole de l'énergie et de la persévérance « minoritaire » qui est bien dans la morale boulézienne — et dans sa manière.

Si l'argument semble surtout écologique de nos jours, on peut penser qu'il représentait plutôt une parabole symbolique de la Résistance face à l'envahisseur (allemand). Mais ni l'écologie ni la politique ne semblent déterminantes pour le compositeur, davantage attaché à traduire le rapport dynamique qui peut exister entre les deux pièces.

Dans *la Sorgue*, le chœur suit une organisation dans le temps qui conduit toute la pièce : d'abord les sopranos bouche fermée, puis les voix d'hommes parlées, en hauteurs approximatives, qui se définissent peu à peu, puis l'écriture à quatre parties, dont certaines chantées, d'autres parlées, et enfin le chant

SOL

à quatre parties. La soprano solo entre tardivement dans la pièce (*Il n'est de vent qui ne fléchisse*). La pièce se poursuit alors dans une grande énergie et même violence de climat. Elle culmine par quatre grands blocs de sons successifs, fortissimo et tutti, avant de s'évanouir progressivement mais rapidement. La désarticulation des phrases, la distension des mots, le travail sur ceux-ci, préfigurent le traitement vocal des improvisations de *Pli selon pli*, qui éviteront toutefois tout traitement « psalmodique » du texte, selon l'expression même de l'auteur.   D. J.

Soler (*Padre Antonio*), compositeur espagnol (*Olot, Catalogne, 1729 - El Escorial 1783*). Il fit ses études à l'école de chant de Montserrat, où l'organiste était Benito Valls, et, vers 1750, devint « maestro de capilla » à Lérida. Il rejoignit ensuite la communauté des moines de l'Escorial, et reçut les ordres mineurs en 1752. La même année, il composa son premier villancico à huit voix. Pour sa profession de foi en 1753, il écrivit un *Veni Creator*. Il put encore étudier à Madrid avec Domenico Scarlatti (mort en 1757), dont il fut le plus grand disciple, et, en 1762, fit paraître un grand ouvrage théorique qui devait susciter de nombreuses controverses, *Llave de la modulación*. En 1765, alors qu'il avait déjà composé quatre livres de sonates pour clavier, il entama avec le Padre Martini une correspondance suivie. Expert en mathématiques et en construction d'orgue, il mit au point pour le prince Gabriel d'Espagne, son élève, un instrument à clavier appelé *afinador* ou *templante* et destiné à illustrer les différences entre les diverses sortes de tons ou de demi-tons.

Comme Domenico Scarlatti, le Padre Soler est connu presque exclusivement par ses sonates pour clavier. Elles sont au nombre de 120 (par opposition aux 555 de Scarlatti), et beaucoup parmi les plus tardives ont trois ou quatre mouvements, parfois avec fugue, rondo ou menuet. On y trouve davantage de pièces de tempo modéré que chez Scarlatti et, sur le plan de l'écriture, moins d'acciaccaturas et davantage de basses d'Alberti (ce qui indique le piano-forte plutôt que le clavecin). Mais leur virtuosité et leur utilisation de rythmes de danses ibériques sont aussi grandes. Sur le plan instrumental, Soler est également l'auteur d'un célèbre *Fandango* de 450 mesures, de six concertos pour deux orgues destinés au prince Gabriel, et de six quintettes pour deux violons, alto, violoncelle et orgue (1776). Sa production vocale est immense (plusieurs centaines d'œuvres religieuses) mais encore pratiquement inexplorée. Particulièrement séduisants apparaissent ses villancicos en langue vulgaire *A Belen a ver* (1753), *Dos gitanas y un gitano* (1765), *Con garbo muchachos* (1772) et *Los negros vienen de zumba* (en dialecte nègre, 1758).   M. V.

Solesmes. Abbaye bénédictine située près de Sablé (Sarthe), installée en 1833 dans les bâtiments d'un ancien prieuré. Elle a acquis une renommée universelle par les travaux de restauration du chant grégorien qui y furent entrepris à partir de 1840 sous l'impulsion de l'abbé Dom Guéranger, et se sont poursuivis sans interruption jusqu'à nos jours. Le premier travail notable de Solesmes fut en 1880 la publication du livre *les Mélodies grégoriennes* de Dom Joseph Pothier, œuvre de pionnier à laquelle succédèrent en 1908 et 1927 les deux volumes du livre de base de la rythmique grégorienne, *le Nombre musical* de Dom André Mocquereau, précédé d'un ample travail de documentation qui n'a cessé de se poursuivre autour des manuscrits, et qui s'est matérialisé par la création d'un « scriptorium » spécialisé et la publication périodique d'une importante collection de fac-similés ou d'études techniques, la *Paléographie musicale* (depuis 1889).

Le chœur des moines de l'abbaye, dirigé d'abord par Dom Joseph Gajard (1914) puis par Dom Jean Claire, est renommé pour sa qualité, et ses enregistrements sont considérés comme des modèles de référence. Chassés de France en 1901 par la loi sur les congrégations, les moines s'étaient alors réfugiés en Angleterre (Appuldurcombe, puis Quarr Abbey dans l'île de Wight). Ils ont repris possession de leur abbaye en 1922.   J. C.

SOLFÈGE (en ital. *solfeggio*, dérivé de *sol-fa*). Ensemble des conventions relatives à la manière de nommer les notes, et par extension de les lire et de les écrire. Exercices destinés à assurer la connaissance de ces conventions.

Récemment étendu à l'ensemble des sytèmes existants (P. Schaeffer l'applique même à la classification des bruits musicaux), le terme avait été primitivement réservé au seul système à sept noms de notes de valeur fixe aujourd'hui en usage (mais qui ne s'annexa qu'à la fin du XIXe siècle le domaine de la hauteur absolue). Il s'opposait aux anciennes méthodes à six noms comportant des mutations d'un hexacorde à l'autre, et qui furent finalement rangées sous le titre général de *solmisation**, bien que celui-ci n'eût été à l'origine que l'un des nombreux systèmes essayés, à côté d'autres à l'existence éphémère (bébisation, bocédisation, etc.). Le solfège s'implanta définitivement au cours du XVIIIe siècle et demeure aujourd'hui l'une des bases élémentaires exigées de l'éducation musicale.   J. C.

SOLMISATION. — 1. Terme dérivé des syllabes *sol-mi*, qui désignait l'**ancienne manière de nommer les notes** avant la généralisation du solfège*. La solmisation, dont l'invention est attribuée à Gui d'Arezzo (XIe s.), a pour justification une grave ambiguïté de la nomenclature alphabétique ancienne. Celle-ci en effet, issue du système grec, désignait les sons par des lettres ou *clefs* (*claves*) de A à G (puis *a* à *g*, etc.) dont A correspondait à notre *la* actuel, mais il pouvait y avoir deux sortes de B : l'un bas ou « mou » (*bémol*), l'autre haut ou « dur », écrit carré (*bécarre*). L'objet de la solmisation était de déterminer à l'avance lequel des deux B devait être choisi. Pour cela elle divise le « clavier », c'est-à-dire l'ensemble des touches correspondant aux lettres (clefs), en tranches de six notes ou *hexacordes* comportant chacune un seul demi-ton.

Il pouvait y avoir trois sortes d'hexacordes. Le modèle était donné par celui, dit *naturel*, qui ne comportait pas le B litigieux, et allait donc de C à A (pour nous, *do à la*). Le B, lui, se voyait inséré selon le cas dans l'un ou l'autre des deux hexacordes qui, tout en présentant la même suite d'intervalles que l'hexacorde naturel, plaçait le B l'un en position basse (c'est l'hexacorde *mou* ou par *bémol*, de F à D, pour nous *fa à ré* avec *si* bémol), l'autre en position haute (c'est l'hexacorde *dur* ou par *bécarre*, de G à E, pour nous *sol à mi* avec *si* bécarre). Dans chacun des trois hexacordes, dont les intervalles devenaient dès lors semblables, chaque son était désigné par une syllabe ou *voix* (*vox*), empruntée par mnémotechnie à un hymne à saint Jean-Baptiste, déjà remarquable par ses qualités symboliques, *Ut* queant laxis* :

	(C D E)	F G	a	b♭ b♮	c d e
Naturel :	..... (ut ré mi)	fa sol la			
Par bémol :		.... ut ré	mi fa	-	sol la
Par bécarre :		.... ut	ré	- mi	fa sol la
Naturel :					.... ut ré mi..

Etc.

Les syllabes ou voix (*voces*) n'étaient donc pas l'équivalent des lettres (*claves*), et chacune des deux nomenclatures gardait sa fonction. Les syllabes doublaient les lettres en précisant à l'avance, selon la syllabe choisie, si le B, lorsqu'il se présenterait, serait haut (bécarre) ou bas (bémol). Ces deux termes n'étaient pas, comme ils le sont devenus, un adjectif accolé (*si* bémol, *si* bécarre), mais le nom même de la note B, précisé dans son acception. Dans la théorie, le nom complet de la note se déduisait du tableau et réunissait la clef et la voix tels qu'ils y apparaissent ci-dessus : F *fa-ut*, G *sol-ré-ut*, A *fa-mi-ré*, B *fa* ou B *mi*, C *sol-fa-ut*, D *la-sol-ré*, E *la-mi*. Pour « solfier », on ne chantait pas les clefs, mais l'une des syllabes au choix, selon l'hexacorde qui convenait. Si l'on débordait l'hexacorde, on passait d'une nomenclature à une autre ; c'est ce qu'on appelait faire *muance* ou *mutation*.

Ce système, en soi fort ingénieux, est resté en usage jusqu'au XVIIIe siècle. Bien adapté à son objet tant qu'il n'y eut, comme dans le plain-chant, qu'une seule note mobile, le B, il commença à grincer lorsque, notamment dans la polyphonie, en apparurent d'autres (*fa* dièse dès le XIIIe siècle). On s'en sortit par le procédé compliqué et absurde de la *musica* ficta* qui, sans résoudre les problèmes, aboutit à de véritables rébus. Devenues de plus en plus graves, ses inconséquences finirent par rendre nécessaire la refonte du système. Cette réforme se fit attendre jusqu'à la fin du XVIIe siècle et s'effectua graduellement. Elle commença par l'invention d'une 7e syllabe, *si*, qui permit de diminuer le nombre des muances : on disait par exemple E *la-mi-si*, et on pouvait dès lors tout ramener au modèle de l'hexacorde naturel (d'où l'expression *si naturel*).

Cela fait, il apparut assez vite que les deux nomenclatures désormais se doublaient inutilement ; on fut d'accord pour ne conserver que l'une des deux, mais non pour décider laquelle. Il en résulta une nouvelle inconséquence, encore aujourd'hui en cours : les pays latins ont renoncé aux lettres et conservé les syllabes, les pays anglo-saxons ont fait le contraire, mais sans se mettre d'accord entre eux sur le B, qui désigne le *si* naturel pour les Anglais et le *si* bémol pour les Allemands, mais rien ne distingue plus les deux nomenclatures dans la façon d'employer lettres ou syllabes.

Fait plus grave, lorsqu'on inventa en 1859 (1885 dans d'autres pays) le diapason normalisé, c'est-à-dire la *hauteur absolue*, on lui appliqua indifféremment la nomenclature en usage sans rien conserver pour la distinguer de la hauteur relative, et les malentendus sur ce point n'ont cessé depuis lors de se multiplier et de s'aggraver. Quoi qu'il en soit, la solmisation alors disparut d'elle-même, cédant la place au solfège, avec sa nomenclature unique entraînant une redéfinition des altérations, qui devinrent des adjectifs qualifiant l'« état » des notes « naturelles » en s'appliquant indifféremment à n'importe laquelle des « notes » du clavier.

Toutefois, les problèmes non résolus des rapports entre hauteur absolue et hauteur relative n'ont cessé de tourmenter les théoriciens les plus clairvoyants, et ont entraîné les résurgences de solmisation qui vont être à présent examinées.

— 2. **Intervention**, dans certaines pédagogies, **de principes de hauteur relative empruntés à l'ancienne solmisation**, mais adaptés au solfège moderne, pour remédier à ses déficiences en ce domaine. Ayant renoncé en effet au principe de la double nomenclature (v. SOLMISATION 1) et ayant attribué à sa nomenclature unique la valeur de hauteur absolue introduite au milieu du XIXe siècle par les mesures de normalisation du diapason, il ne possède plus le moyen de différencier celle-ci de la hauteur relative, qui ne connaît que des successions d'intervalles, sans intervention de hauteur absolue.

Les solmisations modernes ont pris le parti d'appliquer la nomenclature par lettres à la hauteur absolue et d'adapter à celle-ci un système de syllabes mobiles inspiré de l'ancienne solmisation pour la hauteur relative, en l'adaptant toutefois au système en cours. Ces principes, toutefois, sont restés limités à l'usage scolaire et n'ont pas modifié la pratique professionnelle.

Les deux principaux systèmes de solmisation relative sont le *tonic sol-fa*, proposé en Angleterre par John Curwen en 1840, et le système Kodály généralisé en Hongrie depuis plusieurs décennies. Tous deux basés sur l'analyse tonale et leur valeur formatrice s'est révélée très supérieure à celle du système en usage en France, mais ils n'ont pas su encore surmonter toutes leurs difficultés d'adaptation, et leur internationalisation se heurte à de difficiles problèmes. J. C.

SOLOMON [Cutner (Solomon)], pianiste anglais (*Londres 1902*). Enfant prodige, il reçoit ses premières leçons d'une élève de Clara Schumann, Mathilde Verne, et joue à huit ans au Queen's Hall de Londres le *premier Concerto* de Tchaïkovski. Interrompant une précoce et brillante carrière, il vient à Paris étudier, cinq ans durant, avec Lazare-Lévy et Marcel Dupré, et ne réapparaît qu'après avoir mûri son art. Sa réputation s'étend en Europe (sauf en France) et aux États-Unis, où il crée le *Concerto* pour piano d'Arthur Bliss (New York, 1939). Pendant la Seconde Guerre mondiale, il soutient par de nombreux concerts le moral des troupes alliées. Fervent de musique de chambre, il joue en duo avec Gregor Piatigorski et forme un trio avec Zino Francescatti et Pierre Fournier (Édimbourg, 1955). Mozart, Beethoven, Chopin, Brahms et Debussy sont ses auteurs de prédilection. La maladie interrompt en 1956 la carrière de ce pianiste étrangement méconnu en France, s'effaçant derrière la musique à force de dépouillement et de transparence. M. W.

SOLOMON. Oratorio de G. F. Haendel, composé du 5 mai au 13 juin 1748. Librettiste inconnu. Créé au théâtre de Covent Garden de Londres le 17 mars 1749.

Le livret, s'il cherche paradoxalement à démontrer la munificence par la décantation et la puissance par la sobriété, est, par un emploi quasi constant de la litote, un des livrets les plus « classiques » de Haendel. Inspiré du 1er Livre des Rois et des Chroniques, il présente en un raccourci vivant trois « instants » de la vie du grand roi : à l'acte I, sa piété et son bonheur familial ; à l'acte II, sa sagesse montrée à travers le fameux « jugement » ; à l'acte III, sa gloire qu'est venue contempler la reine de Saba. « Grande fête musicale, rayonnante de poésie et de joie » (Romain Rolland), *Solomon* est également plus et va beaucoup plus loin. En effet Haendel a su faire de chaque personnage un symbole : le prêtre Zadock incarne la fidélité à l'orthodoxie ; la Reine, l'incarnation de l'amour paisible et de la joie familiale ; Solomon, la beauté, la bonté rayonnante, une sagesse suprahumaine qui vient contempler le monde — symbolisé par la reine de Saba (les « Grands ») et les chœurs (le peuple). A tous ces éléments s'ajoutent quelques idées chères à l'Europe et à l'Angleterre de ce milieu du XVIIIe siècle : un amour véritable de la nature et un idéalisme politique qui se reflète dans la philosophie des lumières et dans le despotisme éclairé, magnifiquement illustrés ici par la grande sagesse politique du roi Solomon.

Tous les problèmes évoqués par le livret avaient directement un tel intérêt pour Haendel que sa partition s'en ressent : elle est en effet, de bout en bout, « habitée » et l'on sent le compositeur derrière chaque intervention, derrière chaque note. Prolongeant le classicisme du livret, le musicien use de moyens réduits : l'orchestre est limité aux instruments habituels (et bien en deçà de *Saul*, par exemple) ; les thèmes, de leur côté, offrent un caractère très dépouillé, linéaire, et s'inscrivent le plus souvent dans un étroit ambitus. Quant aux chœurs, ils offrent une extrême variété de registres, passant de la douceur de « May no rash intruder » à la puissance de « Praise the Lord », véritable envolée alléluiatique.

Plus que certaines œuvres de la même époque, *Solomon* offre ainsi un caractère sui generis ; il paraît bien être une réflexion intime de Haendel sur la grandeur, la gloire — la seule grandeur et la vraie gloire étant celles qui se résument dans le mot sagesse : œuvre crépusculaire, à la fois forte et tendre, qui en dit long sur les convictions intimes de Haendel dont elle reflète le credo personnel. Peut-être est-ce une des raisons de l'extrême réussite de cet oratorio exemplaire mais qui, en raison peut-être de sa singularité et de son expression feutrée, connut peu de succès : cinq représentations au plus du temps de Haendel. J. G.

SOLTI (sir Georg), chef d'orchestre anglais d'origine hongroise (*Budapest 1912*). Élève à l'académie Franz-Liszt de Budapest (Dohnanyi, Bartók, Kodály), il a fait ses débuts à l'Opéra de Budapest en 1938 dans *les Noces de Figaro*, après avoir assisté Toscanini au festival de Salzbourg (1936-37). Réfugié en Suisse en 1939, il y remporte le concours de piano de Genève (1942). De 1946 à 1952, il fut directeur musical de l'Opéra d'État de Bavière, où il fit des débuts éclatants dans *Fidelio*, tout en enregistrant ses premiers disques, comme pianiste en duo avec George Kulenkampff (l'intégrale des sonates pour violon et piano de Beethoven), et comme chef d'orchestre, à la tête de l'Orchestre de la Tonhalle de Zurich et de l'Orchestre philharmonique de Londres.

Directeur musical et artistique de l'Opéra de Francfort et des Concerts du Museum de 1952 à 1962, il fit parallèlement ses débuts aux festivals d'Édimbourg (en 1952, avec l'Opéra de Hambourg) et de Glyndebourne (1954), aux États-Unis (en 1953, à San Francisco) et au Covent Garden (en 1959, pour *le Chevalier à la rose*). Il fut premier chef de l'Opéra de Chicago (1956-57) et surtout, de 1961 à 1970, directeur musical du Covent Garden, dont il devait faire une des premières scènes mondiales, en favorisant l'école de chant anglaise ou de nouvelles productions : *Moïse et Aaron* de Schönberg (première anglaise), *la Femme sans ombre* (première sur cette scène), le *Ring* de Wagner, *Billy Budd* et *A Midsummer's Night Dream* de Britten, *Iphigénie en Tauride*, *Otello*, *Falstaff*, etc.

Formé à la discipline du théâtre, Solti ne s'est consacré véritablement à l'orchestre symphonique qu'à partir de 1969, comme successeur de Fritz Reiner à la tête de l'Orchestre symphonique de Chicago. En 1971, à l'issue de la première tournée européenne de cette phalange, il accepte la direction musicale de l'Orchestre de Paris (1972-1975), puis le poste de conseiller musical de l'Opéra de Paris (1973). Il est également depuis 1979 directeur artistique de l'Orchestre philharmonique de Londres.

La renommée de Solti est indissociable des enregistrements (plus de 200) qu'il a réalisés à la tête de ses différents orchestres : la première intégrale du *Ring* de Wagner (1958-1966), *Salomé*, *Arabella*, *le Chevalier à la rose* et *Elektra* de Richard Strauss, l'intégrale des symphonies de Mahler et de Beethoven, etc.

Peu versé dans la musique contemporaine (il a pourtant créé en 1972 à Chicago *Heliogabalus Imperator* de Henze), Solti excelle dans les grandes fresques postromantiques, où sa prédilection pour les grands contrastes dynamiques, la précision rythmique et la volupté sonore peut se donner libre cours. M. W.

SOMERS (Harry), compositeur canadien *(Toronto 1925)*. Il a fait ses études au conservatoire de Toronto, puis à San Francisco et à Paris (avec Darius Milhaud). Brillant représentant de l'école de Toronto, il se réclame généralement de l'exemple de Weinzweig, mais ses intérêts vont du grégorien à Debussy et au monde sonore électronique. Ses premières œuvres (du quatuor à cordes n° 1 de 1943 à la 3e sonate de piano et à la symphonie de 1951) sont d'un néoclassique passant avec aisance de l'atonalité à une syntaxe traditionnelle. Il devait ensuite évoluer vers la recherche d'un nouveau matériau sonore, principalement à la suite d'un stage au Studio de musique électronique de Toronto (1963). Mais son opéra *Louis Riel* (1967), l'un des très grands succès de la Canadian Opera Company, utilise le langage musical indien et cite des mélodies recueillies par Marius Barbeau.

On lui doit notamment, pour orchestre, *Symphonie* n° 1 (1951), *Passacaille et Fugue* (1954), 2 concertos pour piano (1947 et 1956), *Symphonie* pour vents et percussions (1961), et *Picasso Suite* (1964); de la musique vocale et de la musique de chambre dont trois quatuors à cordes (1943, 1950 et 1959) et cinq sonates pour piano (1945, 1946, 1950, 1950 et 1957); et, pour la scène, l'opéra de chambre *The Fool* (1953, créé à Toronto en 1956), les ballets *The Fisherman and his Soul* (1956), *Ballad* (1958) et *The House of Atreus* (1964), l'opéra *Louis Riel* (1967) et la pièce de théâtre musical *Improvisation* (1968). A. G.

SOMFAI (Laszlo), musicologue hongrois *(Jaszladany 1934)*. Il a étudié à l'Académie de Budapest avec D. Bartha et B. Szabolcsi, obtenant sa maîtrise en 1959 avec une dissertation sur les quatuors de Haydn. Entré aux archives Bartók en 1963, il en est devenu directeur en 1972, et enseigne depuis 1969 à l'Académie de Budapest. Il a surtout travaillé sur Haydn et Bartók, publiant notamment *Haydn als Opernkapellmeister* (Budapest, 1960, avec D. Bartha) et le premier ouvrage iconographique scientifique sur Haydn (*Joseph Haydn : sein Leben in zeitgenössischen Bildern*, Budapest et Cassel, 1966). M. V.

SOMIS (Giovanni Battista), violoniste et compositeur piémontais *(Turin 1686 - id. 1763)*. Il fut pendant quatre ans l'élève de Corelli, à Rome, avant de regagner sa ville natale où, maître de musique de la cour, il forma à son tour de nombreux disciples. Son frère Lorenzo *(Turin 1688 - id. 1775)* fut également violoniste de la cour et séjourna à Paris. M. T.

SOMMIER. Pièce de bois massif renforcé qui reçoit les chevilles des cordes d'un piano ou d'un clavecin.

À l'orgue, le sommier est une grande caisse de bois alimentée en air comprimé, sur laquelle repose une partie ou la totalité de la tuyauterie correspondant à chaque clavier et au pédalier. L'intérieur du sommier comporte, au-dessus d'un réservoir commun, des divisions transversales correspondant à chaque note, obturées par des soupapes, et des divisions longitudinales correspondant à chaque série de tuyaux ou jeu, commandées par des registres. La technique de traction pneumatique, puis surtout l'électrique, ont modifié l'organisation intérieure des sommiers, qui reste néanmoins toujours soumise à ces principes. G. C.

SOMNANBULE (LA) [*La Sonnambula*]. Opéra en 2 actes de Bellini sur un livret de Felice Romani, créé au théâtre Carcano de Milan le 6 mars 1831.

ACTE PREMIER. (Un village en Suisse.) *On fête les épousailles de la jeune orpheline Amina, élevée par la meunière Teresa (ms) et du jeune et riche fermier Elvino (t) qu'aime également l'aubergiste Lisa (s); celle-ci, courtisée à son tour par Alessio, se désespère* (Tutto è gioia...). *A son entrée, Amina (s) dit sa joie et la pureté de son cœur* (Care compagne... Come per me sereno); *Elvino lui passe au doigt l'anneau nuptial* (duo : Prendi ; l'anel ti dono). *De retour après une longue absence, le comte Rodolfo (b), seigneur du village, s'émerveille devant les lieux de son enfance* (Vi ravviso), *puis il célèbre la beauté d'Amina. Après que les villageois ont révélé au comte les apparitions nocturnes d'un inquiétant fantôme* (Al fosco cielo), *Elvino, inquiet des compliments du comte, manifeste sa jalousie à Amina* (duo : Son geloso). *Lisa rejoint le comte dans ses appartements, puis s'enfuit à l'approche d'une inconnue, laissant tomber un mouchoir; c'est Amina, qui, dans une crise de somnambulisme, s'introduit par la fenêtre et se répète les reproches d'Elvino ; le comte ne sait que faire, lorsque, avertis par Lisa, les villageois font irruption dans la chambre, où Elvino, convaincu de sa trahison, repousse Amina* (quintette : D'un pensiero).

ACTE II. *Les habitants du village commentent la nouvelle car le comte a affirmé qu'il pouvait prouver l'innocence d'Amina. Celle-ci se lamente auprès de sa mère adoptive, cependant qu'Elvino dit son chagrin* (Tutto è sciolto... Ah perchè non posso odiarti) *et reprend son anneau à Amina. Lisa, repoussée à nouveau Alessio, annonce ses fiançailles avec Elvino* (Di lieti auguri), *mais le comte vient prendre la défense d'Amina, et Teresa brandit le mouchoir égaré par Lisa dans la propre chambre du comte. Elvino repoussant à son tour Lisa ne sait plus que croire, lorsque Amina, en proie à une nouvelle crise de somnambulisme, apparaît, et chante sa douleur* (Ah, se una volta sola... Ah non credea mirarti) : *Elvino lui rend sa foi, et, accompagnée par la foule, Amina chante sa joie retrouvée.*

Il s'agit sans doute du dernier véritable ouvrage de bel canto de l'histoire de l'opéra italien, où un chant de caractère incantatoire, refusant toute symétrie, renoue avec la liberté de la sprezzatura (v. CHANT) de Caccini et de Monteverdi, comportant néanmoins une virtuosité très exigeante. Ces deux aspects se retrouvent parfaitement dans la scène finale d'Amina, où se marient au mieux l'héritage classique et les épanchements de l'opéra romantique naissant.

Œuvre de soprano, écrite pour la Pasta, reprise par les Malibran, Pauline Viardot, Jenny Lind, et de nos jours par les Galli-Curci, Toti dal Monte, Margherita Carosio, puis Callas et Sutherland, la *Somnambule* n'en comporte pas moins une très redoutable partie de ténor, écrite pour Giambattista Rubini, ce véritable héritier de l'art des casrats, un rôle dont les périlleuses coloratures et la tessiture suraiguë sont rarement respectées dans les éditions modernes de l'œuvre. Il est enfin à noter que le compositeur russe Mikhaïl Glinka, qui entendit l'opéra alors à Milan, composa des variations pour sextuor sur des thèmes de *la Somnambule*.   R. M.

SON. Les sons, dont l'agencement particulier dans le temps constitue l'art musical, n'existent pas en tant que tels ; ils sont dus à des vibrations de l'air, animé de surpressions et de dépressions, vibrations que l'oreille recueille et transforme en influx nerveux ; celui-ci est transmis au cerveau, où naît la sensation auditive que nous appelons son.
L'air est mis en mouvement par divers procédés — percussion, mouvement matériel (sirène, fronde), vibration d'un muscle (voix) ou d'un corps physique (instruments à tuyaux et à vent), frottement d'une corde. Pour que l'oreille puisse traiter ce phénomène physique, et le cerveau le transformer en sensation sonore, il faut qu'il réponde à certaines conditions. Son *intensité* (ou *niveau* sonore) doit être approximativement comprise, aux fréquences moyennes, entre 30 décibels (seuil d'audibilité, en dessous duquel l'oreille ne réagit pas) et 130 décibels (seuil de la douleur, au-dessus duquel il y a détérioration de l'oreille interne). Quant à sa *hauteur* (définie en physique par la *fréquence*), elle doit être comprise, pour un individu jeune et en bonne santé, entre 20 hertz (ou vibrations par seconde) et 20 000 hertz. En dessous, on parle d'infrasons ; au-dessus, ce sont les ultrasons, auxquels sont sensibles de nombreux animaux.
Physiquement, le son est un phénomène périodique dont l'étude ressortit à la mécanique ondulatoire. Il peut être sinusoïdal — c'est le cas le plus simple, celui auquel on ramène schématiquement les phénomènes complexes pour pouvoir les étudier ; son privé de timbre, comme celui émis par les générateurs électroniques, il n'intéresse guère les musiciens. Ceux-ci préfèrent les sons timbrés des voix et des instruments, aux possibilités expressives plus riches. Le son se présente alors comme un phénomène périodique non sinusoïdal, mais formé de la somme de signaux sinusoïdaux élémentaires ayant chacun avec le son fondamental ou résultant des relations de niveau, de fréquence et de phase plus ou moins simples : ce sont les harmoniques ou les partiels. Peuvent s'y ajouter des sons complexes et aléatoires, les transitoires, correspondant aux bruits d'attaque du son et pour partie responsables de l'identification du timbre.   G. C.

SONATA DA CAMERA, SONATA DA CHIESA (ital. ; « sonate de chambre, sonate d'église »). Ce sont deux sortes de musique instrumentale composées aux XVIIe et XVIIIe siècles pour un ou deux instruments mélodiques, en général accompagnés par la basse continue. Dans le cas de la sonata da chiesa, l'orgue peut avantageusement remplacer le clavecin pour le continuo.
La sonata da camera commence le plus souvent par un prélude suivi d'une série de mouvements de danses (allemande-courante-sarabande-gigue-gavotte, etc.). En revanche, la sonata da chiesa adopte un ton plus sérieux. Ses mouvements (trois ou, surtout, quatre) portent des titres indiquant le tempo et le caractère de chaque pièce : par exemple, lento (grave)-allegro (souvent de style fugué)-adagio-allegro.
Arcangelo Corelli a laissé de célèbres exemples des deux genres avec les *Sonate da camera a tre* (1685 et 1694) pour deux violons et violone ou clavecin et les deux recueils de sonates d'église à trois (1681 à 1689) pour deux violons et violone ou archiluth et orgue. Parfois Corelli remplace le prélude ou premier mouvement de la sonata da camera par un adagio.

Ainsi, après 1700, les deux genres commencent à se mélanger. La sonata da chiesa prendra le titre de sonata tout court tandis que la sonata da camera se confond avec la suite et les formes analogues. En France, une flûte traversière peut alterner avec le violon. Une réunion particulièrement heureuse des deux styles évolués est atteinte par Fr. Couperin dans les sonates intitulées *les Nations* (1726).   C. W.

SONATA PIAN'E FORTE. Œuvre de Gilbert Amy pour soprano, mezzo et orchestre de chambre, composée de novembre 1973 à mars 1974 sur une commande de la Société de musique contemporaine du Québec, et créée pour la France à Champigny par le collectif 2e2m en mai 1974. « Le titre suggère un retour à la vieille formule antiphonale des musiciens vénitiens du XVIe siècle (Gabrieli)... Il ne s'agit évidemment que d'un rapport très lointain » (G. Amy). Le raffinement instrumental de cette *Sonata* rappelle qu'Amy se place volontairement dans la lignée Debussy-Webern-Boulez. Le texte-prétexte, imaginé par le compositeur et en forme d'anagramme, comporte un minimum de sons. La voix de soprano est légère et vocalisante, celle de mezzo plus lyrique, chacune ayant à ses côtés un instrument « leader » (flûte et cor respectivement). L'orchestre de chambre est divisé en trois groupes, avec notamment deux pianos, dont le second « préparé ».
Extrêmement complexe quant à sa structure, la *Sonata* comprend deux parties extrêmes fixes — *Introït* où dominent les deux voix et *Coda* avec effectifs au complet — encadrant vingt-quatre sections plus ou moins aléatoires, de durées et d'effectifs variables, et toutes annoncées par le piano I. La dixième est une cadence d'alto solo, la quinzième une vaste cadence des deux pianos, le second retrouvant provisoirement un timbre « normal ». Les voix interviennent ensemble dans les sections 1, 13, 14 et 22, le mezzo dans les sections 4 et 21, le soprano dans la section 8, les autres sont purement instrumentales. Dans la vingt-quatrième, la flûte et le cor se livrent à une cadence « itinérante », parcourant la scène en traçant un cercle imaginaire avec comme toile de fond des interventions successives des autres instruments, ce qui n'est pas sans rappeler l'expérience de Boulez dans *Domaines*.   A. F.

SONATAS FOR STRING QUARTET. Œuvre pour quatuor à cordes (le titre signifie *Sonates pour quatuor à cordes*) de Brian Ferneyhough, composée à Vienne et à Londres d'août à décembre 1967, créée dans une version très réduite par le quatuor Gaudeamus en 1969 et dans sa version intégrale le 23 mars 1975 au festival de Royan par le quatuor de Berne.
Conçue à l'origine comme une succession de pièces assez étendues sur le modèle des *Fantaisies* de Purcell, l'œuvre évolua rapidement vers sa forme définitive : un ensemble complexe de vingt-quatre sections courtes mais distinctes, se partageant un matériau commun mais très différentes les unes des autres par le traitement de ce matériau. Les diverses sections durent de vint secondes environ à trois minutes environ, mais les courts silences les séparant n'ayant jamais de signification structurelle à grande échelle, le compositeur considère l'ouvrage, d'une durée d'environ 40 minutes, comme un seul grand mouvement. Cela dit, les silences ont chacun une durée précise, et contribuent à définir les rapports entre les sections se succédant immédiatement.
Certaines de ces sections, par leur durée ou par leur poids, assument une fonction d'axe. Trois cadences, l'une pour alto, l'autre pour deux violons et la troisième pour violoncelle, sont étroitement liées à ce qui les entoure. « La forme n'est pas unitaire, mais essentiellement discursive... Le développement (des éléments présents dans la première section) est linéaire, comme des chemins dans une forêt, parfois ces éléments (pizzicato, glissando, accord, note répétée, etc.) évoluent de façon parallèle, à d'autres moments ils disparaissent dans les profondeurs, pour ensuite émerger de nouveau, plus vastes ou plus étroits, se fondre

ou se séparer. Chacun trouve à un moment de l'œuvre son propre sommet, sur quoi il se retire à l'arrière-plan. En conséquence, aucune section ne constitue en soi un sommet, et quiconque recherchera un tel sommet ne pourra être que profondément déçu. Ce point essentiel une fois assimilé, on appréciera d'autant mieux, je pense, la démarche apparemment sinueuse de la pièce, ainsi que sa longueur » (Brian Ferneyhough).
M. V.

SONATA SOPRA SANTA MARIA. Œuvre de Monteverdi. *V. Vêpres de la Sainte Vierge.*

SONATE (FORME). Ce principe structurel domina la musique occidentale en gros de 1750 à 1950, ou de la première école de Vienne (Haydn, Mozart, Beethoven) à la seconde (Schönberg, Berg, Webern). Théoriquement, il s'applique non à une œuvre entière, mais à un mouvement isolé, ce dernier pouvant évidemment faire partie d'une œuvre en plusieurs mouvements. En réalité, il est possible et fréquent, à partir de la maturité de Haydn et Mozart, de retrouver le principe de la forme sonate à l'échelle d'une œuvre en plusieurs mouvements. Dans une symphonie de Haydn par exemple, le finale joue souvent un rôle de résolution analogue à celui d'une réexposition dans une forme sonate. A noter enfin que la *forme* sonate vaut pour tous les *genres* instrumentaux pratiqués à partir de 1750 (pas seulement la sonate, mais aussi la symphonie, le concerto, le quatuor à cordes, etc.), et même, dans certains cas, pour les genres vocaux.

De la forme sonate, on ne trouve pas chez Haydn, Mozart et Beethoven, ses premiers grands représentants, deux exemples identiques. Elle n'eut rien de schématique, et ses « règles » furent bien moins nombreuses qu'on ne le croit. Le terme lui-même ne devait d'ailleurs voir le jour que bien après la mort des trois classiques viennois. Czerny prétendit avoir été le premier, vers 1840, à en donner une définition.

A partir de Czerny, la forme sonate fut le plus souvent définie comme une structure mélodique en trois parties : *exposition*, avec premier thème ou premier groupe de thèmes à la tonique, et second thème ou second groupe de thèmes à la dominante ; puis (après *reprise* de l'exposition) *développement*, avec fragmentation et combinaison des thèmes dans diverses tonalités ; enfin *réexposition* (éventuellement suivie d'une *coda*), avec les deux thèmes ou les deux groupes de thèmes à la tonique.

Ce schéma, confirmé par beaucoup de mouvements du XVIIIe siècle mais contredit par d'autres, a comme inconvénients principaux moins son anachronisme (c'est le XVIIIe siècle revu par le XIXe) et son caractère approximatif que son caractère de recette (pour des plats au demeurant devenus impossibles à préparer) et sa tendance à faire passer les pages de Haydn, Mozart et Beethoven ne s'y conformant pas comme autant de violations (mises au compte de leur génie, bien sûr) de règles qui en réalité n'avaient jamais existé.

D'où peu à peu l'apparition d'une autre définition de la forme sonate, admettant quant à elle la priorité de la structure tonale sur la structure mélodique, et distinguant non plus trois parties mais essentiellement deux : début à la tonique et passage à la dominante, puis passage à d'autres tonalités et retour à la tonique. Son inconvénient, outre de faire comme si les thèmes n'avaient aucune importance, est d'être davantage une description qu'une définition, de s'appliquer à trop de musiques écrites entre 1700 et 1950, et de ne faire aucune distinction entre Haydn, Mozart et Beethoven d'une part, leurs contemporains de seconde zone d'autre part, bref de se borner à des points de grammaire sans rendre compte de l'esprit de la forme, de sa signification en tant que produit de la fin du XVIIIe siècle, ni au sein de chaque œuvre des rapports entre structure et matériau.

Les éléments constitutifs de la forme sonate apparurent parallèlement en une constante interaction dont peut aider à saisir le mécanisme une bonne compréhension de la portée exacte de la tonalité et de la modulation classiques. En musique tonale, et particulièrement depuis Haydn et Mozart, la tonalité principale d'un morceau ou d'une œuvre joue, par rapport aux autres tonalités dans lesquelles s'aventure ce morceau ou cette œuvre, le même rôle que, dans une tonalité donnée, l'accord parfait (consonant) par rapport aux autres accords, plus ou moins dissonants : un rôle de résolution de tension. Revenir à la tonique ou s'en rapprocher est en soi réducteur de tension : le retour de cette tonique à la fin d'une œuvre classique correspond à une exigence fondamentale de l'époque. Quitter la tonique (la tonalité principale) ou s'en éloigner est en soi générateur de tension : plus la modulation est articulée dramatiquement, plus la nouvelle tonalité est éloignée de la principale, et plus la tension créée sera forte. Corollaire : plus une tonalité est éloignée de la principale, plus il lui sera difficile d'établir un nouvel équilibre, de se fixer et de se transformer en tonique provisoire.

D'où, chez Haydn et Mozart, le rôle essentiel de la dominante, de toutes les tonalités génératrices de tension la plus aisée à établir, parce que la plus proche de la principale. D'où aussi, chez Beethoven et ses successeurs, créateurs de structures aptes à supporter en leurs points d'articulation de plus fortes tensions, la fréquente attribution à des tonalités plus éloignées du rôle précédemment dévolu à la dominante. La sonate *Waldstein** de Beethoven est en *ut* majeur : de son premier mouvement, la seconde partie de l'exposition ne se fixe pas à la dominante *sol* majeur, mais à la médiante *mi* majeur, utilisée comme substitut de dominante.

Le phénomène du passage à la dominante (ou au relatif majeur pour un morceau en mineur), en soi antérieur à l'époque de Haydn et Mozart, devint avec eux irrésistible. Cela dit, en tant que tels, les phénomènes du passage à la dominante et du retour à la tonique furent moins chez eux des éléments de forme que de simples points de grammaire, des conditions d'intelligibilité. Essentielle fut leur façon de mettre en œuvre des démarches qui, pour les auditeurs du temps, allaient de soi. Au début du XVIIIe siècle, on n'était pas censé le souligner ; eux les mirent en évidence. Au début du siècle, en particulier dans les danses, on trouvait fréquemment la progression schématique suivante : énoncé d'un matériau avec progression de la tonique à la dominante, puis énoncé du même matériau ou d'un matériau très semblable avec progression de la dominante à la tonique. D'où une double symétrie binaire, A-B/A-B au point de vue mélodique, et A-B/B-A au point de vue tonal, avec impression d'ensemble binaire et déroulement assez continu, la plus forte réaffirmation de la tonique n'intervenant pas lors de sa réapparition en cours de morceau, mais étant réservée pour la fin.

La révolution menée à terme par Haydn et Mozart, et qui donna naissance à la forme sonate, consista à articuler dramatiquement aussi bien le passage à la dominante que le retour de la tonique, en d'autres termes à transformer, nettement quoique provisoirement, la dominante en nouvelle tonique, et à réaffirmer avec force la tonique dès les deux tiers d'un morceau, parfois même dès sa moitié, au plus tard à ses trois quarts. Ces deux dramatisations, la seconde surtout, expliquent l'impression tripartite, et non plus bipartite, laissée par la plupart des morceaux de la fin du XVIIIe siècle, les trois parties se définissant non par leur longueur, pas forcément la même, mais par l'articulation, en définitive par leur fonction. Ces dramatisations, auxquelles d'autres vinrent s'ajouter, furent le moteur principal de la forme sonate classique, fondée sur la relation dialectique tension-détente, avec entre autres caractères essentiels une stabilité des extrêmes, de la fin plus encore que du début, et une tension maximale vers le centre.

Les préclassiques, le jeune Haydn et le jeune Mozart s'en tinrent souvent, pour leurs premiers mouvements et surtout leurs derniers mouvements de symphonies, à la double symétrie binaire définie ci-dessus. Mais au fur et à mesure que se développa en musique instrumentale le sens du drame, une seconde partie purement symétrique devint de moins en moins acceptable, et on put observer en son début une tendance à l'accroissement de la tension harmonique et expressive par le biais notamment de modulations dans diverses tonalités. A une tension accrue vers le centre (développement) devait fatalement correspondre une résolution (réexposition) plus marquée : d'où la mise en valeur du retour de la tonique et d'une section conclusive la quittant très peu, avec comme résultat une structure tripartite obtenue en quelque sorte par fission du second volet de l'ancienne structure bipartite.

Tous les ouvrages de Haydn, Mozart et Beethoven sont dialectiquement écartelés entre le drame et la symétrie (terme non synonyme de répétition textuelle), mais cette contradiction sans cesse apparente, chacun de leurs chefs-d'œuvre la résolut à sa manière. Le nombre de « thèmes » d'un mouvement de « forme sonate » n'était par exemple en rien fixé. D'une exposition, on se bornait à exiger qu'elle posât un premier conflit en affirmant la tonique, puis la dominante (ou un substitut de dominante). Rien ne l'empêchait de l'affirmer en passant d'autres tonalités à rôle structurel moins fondamental. Le côté dramatique de l'établissement de la dominante pouvait être renforcé par l'apparition simultanée d'un nouveau thème (démarche fréquente chez Mozart et la plupart de ses contemporains), mais aussi bien par la répétition à la dominante du thème initial (solution fréquente chez Haydn). Beethoven et Haydn (symphonies n° 92, dite Oxford*, ou 99) combinèrent volontiers les deux méthodes, en répétant d'abord le thème initial à la dominante, avec quelques changements, par exemple dans l'orchestration, pour bien montrer que sa fonction dans l'architecture globale n'était plus la même, et en n'introduisant qu'ensuite un nouveau thème, à fonction plutôt conclusive.

Présenter deux fois la même idée sous des angles différents est aussi dramatique, sinon plus, qu'en énoncer deux. Le critique du Mercure de France, après avoir entendu les symphonies parisiennes*, fit remarquer d'un ton admiratif qu'alors que tant de compositeurs avaient besoin de plusieurs thèmes pour construire un mouvement, un seul suffisait à Haydn. Quand il y avait deux thèmes ou plus, ils n'étaient pas nécessairement contrastés. C'est souvent le cas chez Mozart et encore plus chez Beethoven, mais du premier mouvement de la symphonie militaire* de Haydn, les deux thèmes ont le même caractère : les sections à la tonique et à la dominante sont articulées surtout par l'orchestration. De toute façon, c'est par la transformation des thèmes, obtenue parfois par le simple fait de les placer dans un contexte différent, et non par leurs contrastes, que Haydn, Mozart et Beethoven nous surprennent le plus.

On dit souvent d'une œuvre de la seconde moitié du XVIIIe siècle qu'elle est d'autant plus progressiste que sa section centrale (développement), située en principe entre les accords semi-conclusifs de dominante (fin de l'exposition) et le retour de la tonique et du thème du début (commencement de la réexposition), est plus nette et plus vaste. Il est vrai que chez Haydn, Mozart et Beethoven, cette section manque rarement, et qu'en particulier chez Beethoven, ses dimensions peuvent être considérables. Il est vrai également qu'en général la tension y culmine, rendant ainsi nécessaire et désirable la résolution amorcée par le retour de la tonique. Cela dit, ni la grande étendue ni même l'existence d'un « développement » ne sont indispensables à la forme sonate. Aussi bien dans l'ouverture des Noces de Figaro de Mozart que dans le premier mouvement de la symphonie Oxford* de Haydn, le retour de la tonique intervient alors que le morceau n'en est pas encore à sa moitié. C'est dû chez Mozart à l'absence de développement (après l'exposition, quelques mesures de transition conduisent directement à la réexposition) ; chez Haydn, aux dimensions exceptionnelles de la réexposition, en outre suivie d'une coda (v. OXFORD). On ne saurait dire pour autant que le morceau de Mozart, qui voulut sans doute préfigurer la rapidité d'action de la pièce de Beaumarchais dont était tiré son livret, est moins « avancé » que celui de Haydn : les deux le sont autant.

Chez Haydn, Mozart et Beethoven, exposition, développement, réexposition et coda ne sont en rien des compartiments étanches. Les définir par leur position dans un mouvement est commode, mais ne correspond qu'à une partie de la réalité. Ce sont les fonctions d'exposition, de développement et de réexposition qui importent, et, chez les trois maîtres classiques, on les trouve en général réparties, inégalement il est vrai, sur tout un mouvement ou presque. Haydn et Beethoven en particulier commencent souvent à « développer » leurs thèmes ou motifs dès l'exposition. L'arrivée d'un nouveau thème dans le développement, comme souvent chez Mozart, comme chez Haydn dans la symphonie les Adieux* ou chez Beethoven dans l'Héroïque*, provoque certes un dépaysement : a-t-elle aussi une fonction d'exposition ?

Dans l'Héroïque de Beethoven, la coda faisant suite à la réexposition n'est pas un ajout gratuit. Le résidu de tension qu'elle sert à résoudre provient de la nature du développement proprement dit, si vaste et si dramatique qu'il écrase quelque peu la réexposition, plus courte et incapable de l'équilibrer à elle seule : une coda se révèle donc indispensable (v. OXFORD). De même, sans le tribut au langage de l'époque que sont les quelque cinquante mesures martelant l'accord parfait d'ut majeur à la fin de la 5e symphonie de Beethoven, l'énorme tension accumulée au cours de cette œuvre gigantesque n'aurait pu être résolue.

L'articulation et la périodicité à tous les niveaux entraînèrent dans les œuvres classiques une grande diversité rythmique et un besoin accru de symétrie, d'équilibre. De ce besoin, les réexpositions de forme sonate sont une manifestation à grande échelle, mais celles de Haydn en particulier rappellent que symétrie et répétition textuelle ne sont pas synonymes. Ces réexpositions sont écartelées entre leur fonction de résolution et la nécessité de maintenir la musique en mouvement jusqu'au bout. Elles prennent ainsi en compte la temporalité de l'art musical en général et le dynamisme de celui de la fin du XVIIIe siècle, en particulier. D'où, en leur sein, de nouvelles surprises. Les retours d'événements déjà vécus y sont non de simples redites, mais des réinterprétations.

On dit d'une réexposition qu'elle est d'autant plus régulière qu'elle se modèle plus étroitement sur l'exposition. Les réexpositions de Haydn sont souvent très irrégulières, mais la raison principale n'en est pas un simple souci de variété. Chez Haydn, les expositions sont déjà tellement dramatiques, surtout quand y domine un seul court motif (symphonie n° 88), qu'une réexposition textuelle à la tonique serait un pur non-sens, voire une stricte impossibilité. Tous les épisodes qui, dans les expositions ou les développements de Haydn, apparaissent dans une tonalité autre que la principale n'en ont pas moins leur contrepartie dans la réexposition : ils y sont en général récrits, réinterprétés, arrangés dans un autre ordre, mais toujours résolus. Mozart, avec des expositions plus volontiers polythématiques et faites de longues mélodies, peut se permettre des réexpositions plus textuelles mais elles réinterprètent autant que celles de Haydn.

Dans la sonate pour piano en sol majeur K. 283 de Mozart, on trouve dans l'exposition (mesure 17) et la réexposition (mesure 84) une phrase identique, mais qui donne une impression de passage à la dominante dans un cas, d'affirmation de la tonique dans l'autre. Cette différence, moyen de clarification de la forme, est due à ce qui dans chaque cas précède la phrase en question.

On a là un exemple, inconcevable sous cet aspect aux époques précédentes, de la mise en relation des parties et du tout dans le style classique viennois. En même temps, l'exemple de la sonate de Mozart montre que dans ce style les parties sont préformées par le tout, parfois de manière indélébile. Ainsi que l'a noté Tovey*, en tombant en cours de déroulement sur un mouvement inconnu de Haydn, Mozart et Beethoven, un auditeur peut se rendre compte si ce mouvement en est vers son début, son milieu ou sa fin, ce qui est beaucoup plus difficile avec Bach. Inversement, la forme concrète n'est pas imposée de l'extérieur, mais déterminée par le matériau, propulsée par lui de l'intérieur. Les idées initiales de Haydn et Beethoven, souvent concises et en soi chargées d'énergie, donnent alors immédiatement une impression de conflit dont le déroulement et la résolution ne seront autres que l'œuvre elle-même : ce fut leur plus grande contribution à l'histoire de la musique.

Le quatuor à cordes op. 50 n° 1 de Haydn débute calmement sur un multiple énoncé, au violoncelle, de la note de tonique : le passage à la dominante se fait attendre, et les conflits les plus violents n'interviennent que dans le développement. Son quatuor op. 50 n° 6 (*la Grenouille**) s'ouvre au contraire sur un *mi* isolé d'autant mieux mis en valeur que son registre est aigu, et dont le caractère dissonant (c'est la dominante de la dominante) apparaît au bout de trois mesures, quand on réalise enfin que la tonalité principale est *ré* majeur. Cet élément de conflit posé immédiatement, Haydn l'exploite à fond dès l'exposition, une de ses plus violentes.

La forme sonate du classicisme viennois fut une manière d'écrire, en définitive un mode de pensée défini par Charles Rosen* comme « la résolution symétrique de forces opposées ». Il ajoute : « Si cette définition semble aussi large que la forme artistique elle-même, c'est que le style classique est devenu pour une bonne part le modèle d'après lequel nous jugeons toute autre musique — d'où son nom. Cela dit, si dans le baroque il y a aussi résolution, elle est rarement symétrique, et les forces opposées, qu'elles soient rythmiques, dynamiques ou tonales, y sont bien moins nettement définies. Dans la musique de la génération de 1830 (Schumann), la symétrie est moins marquée, et parfois même esquivée (sauf dans les genres/formes académiques comme la sonate romantique), et le refus d'une résolution complète fait souvent partie de l'effet poétique. »

Ce mode de pensée produisit une grande variété de « formes », il pénétra aussi bien le rondo que la forme lied, chez Mozart les grands finales d'opéra, et surtout chez Beethoven la fugue et la variation. Socialement, il avait, du moins en partie, trouvé son origine dans l'apparition d'un public plus nombreux et avide de divertissement. L'apparition de ce public avait été une des causes du caractère superficiel de bien des musiques immédiatement postérieures à Bach. « Les compositeurs durent se faire les agents du marché, mais les désirs pénétrèrent leurs œuvres jusqu'au plus profond d'elles-mêmes » (Adorno).

Mais, ajoute Adorno, « il n'est pas moins vrai qu'en vertu justement de cette interpénétration, le besoin de divertissement se transforma en besoin de variété au sein de l'objet composé, de la composition elle-même, ceci par opposition au déroulement unitaire et relativement continu du baroque. Or ce souci d'alternance au sein d'un même morceau devint le fondement de la relation dynamique entre unité et diversité qui n'est autre que la loi du classicisme viennois. Cette relation dynamique fut pour l'acte compositionnel un progrès immanent qui, après deux générations (avec la maturité de Haydn et Mozart), compensa les pertes qu'au début le changement de style (consécutif à la mort de Bach) avait entraînées ».

Ce mode de pensée comme contradiction interne celle existant entre un dynamisme global se projetant de l'avant et tendant vers le développement perpétuel, et le retour, à un moment donné, du début (réexposition), ou encore celle résultant de la présence d'une identité statique dans une forme en devenir. De cette contradiction, indispensable vers 1780-1815 à la vérité artistique, mais que le XIXe siècle, en raison notamment de l'évolution de la tonalité, devait ressentir avec de plus en plus de gêne, et ce jusqu'aux liquidations schönbergiennes, on trouve un indice dans le soin que prit si souvent Haydn d'introduire, dans l'entourage immédiat de ses réexpositions, une modification aussi minime soit-elle par rapport au début, mettant ainsi une fois de plus identité et changement en relation dialectique.

Beethoven, en particulier dans ses symphonies, alla dans cette direction aussi loin qu'il était possible sans détruire le langage. Le premier mouvement de sa 9e symphonie s'ouvre *pianissimo* avec quelques instruments, sa réexposition est martelée *fortissimo* par tout l'orchestre. Identité et changement ne font plus qu'un, leur proclamation simultanée ayant été rendue possible par une démarche préalable aboutissant à faire de la réexposition un phénomène non seulement attendu, mais hautement désiré, et du retour du point de départ le résultat inéluctable d'un processus déclenché par ce point de départ lui-même. Le « faux départ » du cor, quatre mesures avant la réexposition du premier mouvement de l'*Héroïque*, n'est autre que la sédimentation dans l'œuvre elle-même du résultat de cette démarche et de son idéologie sous-jacente.

Adorno voit d'une part en Beethoven « le prototype musical de la bourgeoisie révolutionnaire (et) d'une musique ayant échappé à la servitude », et d'autre part « dans la gestique affirmative de la réexposition (de ses) plus grands mouvements symphoniques un répressif et autoritaire *C'est ainsi* ». Il met en outre en parallèle l'identité du statique et du dynamique que proclament ces réexpositions, et notamment leurs débuts, avec « la situation historique d'une classe (la bourgeoisie) en train de dissoudre l'ordre statique sans pour autant, de peur de se dissoudre elle-même, s'abandonner à sa dynamique propre ». Le parallèle est intéressant, et historiquement convaincant, surtout si l'on songe aux avatars de la forme sonate au XIXe siècle. Elle avait été un organisme vivant, elle tendit à devenir un exercice d'école. Ou alors, ses contours s'estompent. Il y eut bien sûr des démarches héroïques, tendant comme celle de Bruckner à la mener plus avant, ou comme celle de Schubert à la repenser dans ses rapports avec le déroulement du temps, ou encore, comme celle de Liszt (sonate en *si* mineur), à lui tourner le dos, du moins en apparence. Il reste que dans les premières années du XXe siècle, les jeux étaient faits. Les grands inventeurs de formes participèrent dorénavant à la liquidation de la « sonate », même et surtout quand ils réussirent à en magnifier l'esprit. Significatif est le cas de l'extraordinaire 6e symphonie en *la* mineur de Mahler (1904), à la fois apothéose de la « forme sonate » dans tout ce qu'elle avait alors de normatif, et gigantesque mise au tombeau, par son message, de cette forme et de ce qu'il l'avait accompagnée.   M. V.

SONATE (GENRE). Le terme de sonate a une longue histoire. Sa première utilisation pour désigner une pièce de musique instrumentale (sonate étant dans cette acception très générale entendu par opposition à cantate = pièce vocale) remonte au XIIIe siècle : dans le texte sacré *Vida de Santa Douce* on parle de « Mens que sonavan la rediera sonada de matinas ». Au cours du XVIe siècle, il est réservé exclusivement aux pièces pour luth. Du XIIIe siècle à nos jours, il fait partie de la terminologie musicale la plus répandue, mais désigne des formes musicales assez différentes par leurs structures, leurs particularités stylistiques ou leur inscription dans la vie musicale.

La sonate baroque *(env. 1585-1750).* Le terme « sonata » (ou « suonate », « sonnada ») désigne à cette époque une pièce instrumentale et s'avère particulièrement fréquent dans les tablatures de luth (espagnoles ou italiennes). Le terme « sonata » (de « sonare », jouer, sonner/klingen, tönen) s'oppose aux termes « canzona » et « cantata » (de « cantare », chanter/singen), sans que les principes compositionnels soient différents : les tablatures de luth d'O. Petrucci (1509) sont à la fois « per cantar e sonar ». Les sonates sont à l'origine des versions instrumentales de pièces vocales : au XVIe siècle les termes « canzona » et « sonata » recouvrent la même forme musicale, qu'on peut jouer ou chanter ; en 1572, N. Vicentino parle de « canzon da sonar », c'est-à-dire de chanson qui suppose une exécution instrumentale. L'appartenance de la sonate à la musique purement instrumentale est un phénomène relativement tardif. Les « sonates » orchestrales avec un ou plusieurs chœurs chez G. Gabrieli, ses *Sacrae simphoniae* ou ses *Canzoni e sonate* à 3, 5, 6, 7, 8, 10, 12, 14, 15 et 22 voix constituent des genres spécifiques particulièrement importants pour l'école vénitienne de la fin du XVIe siècle.

Au cours de la première moitié du XVIIe siècle, la « canzona » instrumentale, plutôt rapide et avec traits polyphoniques, fait partie, comme mouvement rapide, de la sonata da chiesa du cycle. Au début du XVIIe siècle la théorie musicale établit une distinction entre canzone et sonate selon la formation (vocale ou instrumentale) et les traits stylistiques — mouvement rapide et joyeux pour les canzone, caractère solennel et somptueux pour les sonates (M. Praetorius, *Syntagmatis Musici* (1615, 1618-19).

Mais dans la pratique musicale jusqu'aux années 1750, les termes de sonata, concerto et sinfonia sont souvent confondus, et utilisés au même titre pour désigner des œuvres instrumentales assez différentes par leurs traits stylistiques et leurs particularités formelles. Ces problèmes ne sont pas à l'époque objet de réflexion théorique.

Le *Dictionnaire* de S. de Brossard de 1701 donne une définition de la sonate relativement proche de la pratique de l'époque classique : l'auteur souligne l'importance de l'invention émotive, harmonique, rythmique et contrapuntique, sans que le compositeur soit « assujetti aux règles générales du contrepoint » ; la sonate est destinée à une formation instrumentale comportant d'une à huit voix ; la formation très répandue est celle d'un (ou deux) violon(s) avec basse continue. Le même auteur distingue aussi la *sonata da camera*, constituée d'une introduction lente et d'une série de danses, de la *sonata da chiesa*, qui comporte des mouvements lents et des mouvements rapides, souvent contrapuntiques. Au cours du XVIIIe siècle, le terme sonate perpétue la tradition de la sonata da chiesa (cf. les *Sonates* de Bach), tandis que la tradition de la sonata da camera, qui relève davantage de la musique de cour, se poursuit avec les dénominations suite, partita, ouverture à la française ou ordre (cf. les *Partitas* ou les *Suites* de Bach, par exemple).

Les formations instrumentales de la sonate à l'époque baroque sont fort diverses. Le baroque du début du XVIIe siècle se spécialise dans la sonate pour instrument seul avec basse continue et dans la sonate pour ensemble de cordes avec basse continue (cf. les *Sonates* de A. Corelli, P. Locatelli, J. Schenk, D. Buxtehude). Les sonates pour instrument seul sans basse continue (à l'exception des sonates assez nombreuses pour luth) sont relativement rares (cf. les *Sonates* pour orgue d'A. Banchieri, pour violon solo de H. Biber, pour clavecin de G. Del Buono). La sonate en trio, très répandue à l'époque, fait appel à un ensemble instrumental assez flexible qui dépend directement des possibilités concrètes du jeu. Elle est en principe pour 2 instruments « mélodiques » (2 violons, ou violon et flûte, par exemple), un instrument chargé de la basse continue (clavecin, par exemple), et un instrument à cordes grave (viole, violoncelle) chargé de renforcer cette basse continue, ce qui, paradoxalement, donne un total non pas de trois, comme le terme « en trio » semblerait l'indiquer, mais de quatre instruments. Cette flexibilité se retrouve dans les formations plus grandes, comportant des cordes, des vents, des théorbes, des luths, des guitares et orgue (ou clavecin). La tradition vocale des sonates de l'école vénitienne se perpétue dans la musique de M. Neri, F. Cavalli, G. Legrenzi.

La sonate baroque est caractérisée par la présence obligatoire de la basse continue, et est faite de motifs relativement courts et souvent répétés, sur une pulsation rythmique et harmonique rapide et continue, ayant recours à des procédés polyphoniques relativement simples. Domine la sonate à plusieurs mouvements (cf. les *Sonates* d'A. Corelli, F. M. Veracini, J.-S. Bach, G. Tartini, J.-M. Leclair). Les mouvements sont contrastés par leur mètre (mouvement ternaire-mouvement binaire), leur style d'écriture (texture polyphonique-texture homophone), leur tempo (lent-rapide). La tendance générale est celle d'une réduction du nombre de mouvements (de 4 à 5 au début de l'époque baroque vers 3 à 4 au XVIIIe siècle). La structure formelle du cycle est très souvent modelée sur celle de la sonata da chiesa, ce qui donne une succession de quatre mouvements : lent-rapide-lent-rapide (cette succession est typique des sonates en trio d'A. Corelli) : le premier mouvement est d'habitude un allégro de rythme binaire, le deuxième une forme bipartite avec une texture polyphonique relativement simple, le troisième une sarabande solennelle, et le quatrième une gigue ternaire rapide, sans que les dénominations de ces danses deviennent celles des divers mouvements (ce qui au contraire fait loi dans les suites et les sonates « da camera »).

La structure en trois mouvements (rapide-lent-rapide, ou bien lent-rapide-rapide) est fréquente chez G. Tartini, Ch. W. Gluck, ou G. Ph. Telemann. La cohérence du cycle provient entre autres de son unité tonale. Les débuts des mouvements peuvent en outre être fondés sur des formules mélodiques et métrorythmiques similaires (cf. les *Sonates* d'A. Corelli) ; les mouvements peuvent avoir le même schéma formel et le même fondement harmonique. La structure la plus fréquente est la forme bipartite asymétrique, liée à l'origine aux danses de la suite (allemande, courante, sarabande, gigue, etc.).

Les titres ou programmes verbaux à contenu sémantique sont rares dans la sonate baroque (les *Histoires bibliques* de J. Kuhnau ou les *Apothéoses* de Fr. Couperin forment autant d'exceptions).

La sonate baroque fut un genre dominant au début du XVIIe siècle, d'abord en Italie du Nord, puis en Autriche, en Allemagne, en Angleterre et en France. Presque tous les compositeurs de l'époque baroque, à l'exception de Cl. Monteverdi, G. Frescobaldi, H. Schütz ou J.-B. Lully, qui néanmoins comptent parmi les plus connus, ont écrit des sonates pour diverses formations instrumentales.

On en trouve de nombreuses chez G. Gabrieli, G. B. Fontana, B. Marini, M. Neri, G. Legrenzi, A. Stradella, G. B. Vitali, G. Torelli, A. Corelli, G. B. Bassani, T. Albinoni, A. Vivaldi, B. Marcello, Fr. Veracini, G. Tartini, P. Locatelli, F. Geminiani, F. Durante, G. B. Martini, G. Pergolesi, mais aussi de J. A. Reinken, D. Buxtehude, H. Biber, G. Muffat, J. Pachelbel, J. J. Fux, J. Kuhnau, G. Ph. Telemann, J. Mattheson, J.-S. Bach, G. F. Haendel, H. Purcell, Ch. W. Gluck, Fr. Couperin, J.-M. Leclair, etc. Elles permettent de suivre les transformations de l'écriture musicale et de la pensée formelle qui devaient mener au classicisme.

La sonate classique (env. 1735-1820). La définition de la sonate classique comme forme musicale dotée de particularités thématiques harmoniques et formelles spécifiques ne devait intervenir que très tard, au cours des années 1840-1850, en plein romantisme. Les théoriciens de l'époque classique se bornèrent à souligner la variété expressive de la sonate en fonction des milieux et des sociétés (J.-J. Rousseau, J. G. Sulzer), à noter l'importance des relations tonales à distance (J. G. Portmann), et à insister sur les similitudes de caractère entre la sonate, l'ouverture et la symphonie (H. C. Koch), sans négliger pour autant leurs différences. Pour Koch, la symphonie, en tant que sonate pour orchestre, d'une part dispose d'un thématisme plus vaste et plus complexe que la sonate instrumentale, et, d'autre part, comporte davantage de relations thématiques à distance et davantage de continuité dans son déroulement global (*Versuch einer Einleitung zur Komposition*, 1782-1793). V. SONATE (FORME).

Les critiques violentes lancées contre la profusion de la sonate (cf. l'*Encyclopédie*) posèrent en fait le problème de la place de la musique purement instrumentale par rapport à la musique vocale.

Alors que la sonate baroque avait été étroitement liée à l'évolution des instruments à cordes, l'histoire de la sonate classique fut largement celle des instruments à clavier : à partir des années 1760 (rappelons que le piano-forte de B. Cristofori date de 1709), un très grand nombre de sonates sont écrites exclusivement pour cet nouvel instrument. Le passage du clavecin au piano-forte coïncide largement, au XVIIIe siècle, avec le passage de la sonate baroque ou préclassique à la sonate classique. Les indications données dans les partitions des années 1750, « pour clavecin ou piano » (« cembalo o pfte »), se transforment en « pour piano ou clavecin » (« pfte o cembalo ») dans les partitions de sonates des années 1770. Vers la fin du XVIIIe siècle le clavecin disparut des partitions en tant que substitut possible du piano, ce qui ne manqua pas de se traduire sur le plan de l'écriture et de la pratique compositionnelle.

La sonate pour instrument solo (cordes ou vents) avec piano se répandit, elle aussi, largement à la même époque, avec cette différence par rapport à l'époque baroque que l'instrument à clavier, émancipé de son rôle de basse continue, devint le plus important des deux, puisqu'on eut affaire à deux véritables solistes. Les premiers exemples en ce sens, compte non tenu de pages telles que les *Pièces en concert* de Rameau (1743), datent des années 1760 (*cf.* les sonates de P. Giardini, D. Pellegrini, L. Boccherini).

À citer également les sonates pour piano à quatre mains de J. Ch. Bach et Mozart, ou pour deux instruments de Pleyel (deux violons), Haydn (violon et alto) ou Mozart (basson et violoncelle). Dans la tradition des ensembles baroques variables, la sonate « accompagnée » pour piano, très répandue au XVIIe siècle, ajoutait parfois à la partie de piano une partie d'instrument ad libitum (violon, violoncelle ou instrument à vent) relativement facile à jouer. Cette pratique d'exécution et d'édition répondait aux besoins d'une vie musicale assez active, à laquelle participaient volontiers des musiciens non professionnels.

Jusque vers 1770, Haydn appela divertimentos ce que nous considérons actuellement comme des sonates pour clavier. De même, il appela jusqu'en 1795 « sonates pour piano-forte avec accompagnement de violon et de violoncelle » ce que nous considérons actuellement comme des trios. La *Sonate op. 47* (pour R. Kreutzer, 1805) de Beethoven porta encore la dénomination « Sonata per il pianoforte e un violino obbligato ». La *Sonata per il clavicembalo o forte-piano con violino e violoncello* (K 502, 1786) de Mozart est en fait un trio avec partie soliste pour les trois instruments.

La sonate du début du classicisme comportait le plus souvent trois mouvements : rapide-lent-rapide. Cette structure est la plus fréquente chez Haydn et Mozart, et reste dominante chez Beethoven. Dans ces sonates à trois mouvements, l'ordre et la nature des mouvements peut varier. Chez Mozart, l'ordre vif-lent-vif domine nettement. Il y a davantage de variété chez Haydn : vif-lent-vif, mais aussi vif-menuet-vif, vif-lent-menuet, lent-menuet-vif, lent-vif-menuet. La succession « italienne » en deux mouvements (deux mouvements rapides ou bien rapide-modéré), fréquente dans les sonates des compositeurs italiens (D. Alberti, L. Boccherini), se retrouve chez Haydn et Beethoven.

Ce dernier transposa également dans plusieurs de ses sonates la structure « symphonique » en quatre mouvements (vif-lent-menuet (ou scherzo)-vif). Ses successeurs Schubert, Schumann, Weber, Brahms) devaient le suivre largement sur ce point. On retrouve également cette structure chez Jan Ladislas Dusík, moins chez Muzio Clementi ou Johann Nepomuk Hummel. Comme Hummel dans sa sonate en *fa mineur op. 20*, Beethoven utilisa comme finale de sonate la forme fuguée (v. HAMMERKLAVIER).

Tous les compositeurs de l'époque classique — en Italie, en Allemagne, en Autriche, en Espagne, en France ou en Angleterre — ont écrit des sonates pour diverses formations. Parmi les plus connus : D. Scarlatti, G. B. Sammartini, D. Alberti, P. Nardini, G. Sarti, G. Pugnani, L. Boccherini, J. Nyslivecek, G. Chr. Wagenseil, L. Mozart, J. Stamitz, C. Stamitz, A. Filtz, I. Pleyel, F. X. Richter, W. F. Bach, C. Ph. E. Bach, J. Ch. Bach, Chr. G. Neefe, P. Gaviniès, G. B. Viotti, M. Clementi, E. N. Méhul, J. Haydn, W. A. Mozart et L. van Beethoven. I. S.

La sonate romantique après Schubert. Après Schubert, la sonate pour piano est un genre qui inspire de moins en moins de grands cycles de vingt ou de trente œuvres, et qui, plus encore que la symphonie, se fait rare, est pratiqué au coup par coup, les compositeurs produisant rarement plus de deux ou trois sonates, et faisant de chacune un cas particulier. Il est vrai qu'en même temps se développent de nouvelles formes pianistiques, qui ont en commun de privilégier la formule du recueil, de l'album — qu'il soit simple juxtaposition, comme avec les nombreux cycles d'études, de fantaisies, de romances sans paroles, de nocturnes, etc., ou bien au contraire savante mosaïque conçue comme un tout (*Carnaval* de Schumann, ou *Préludes* de Chopin). Face à ces formes fluides et variées, la sonate, avec ses trois ou quatre mouvements dont on respecte généralement le moule, fait figure de genre figé et sérieux. Comme la symphonie, elle aura tendance à évoluer, dans les mains de certains, vers la conception *cyclique*, où l'on recherche une unité thématique entre les différents mouvements.

Parmi les sonates pour piano du XIXe siècle, citons les trois sonates de Chopin (*ut* mineur, 1828 ; *si* bémol mineur, 1839, avec la *Marche funèbre* ; *si* mineur, 1844), plutôt rhapsodiques d'esprit, et guère animées par des préoccupations d'unité thématique ; les trois sonates op. 1, op. 2, et op. 5 de Brahms, à tendance cyclique ; les trois sonates de Schumann (op. 11 en *fa* dièse mineur, 1835, sous-titrée *Florestan et Eusebius* ; op. 14 en *fa*, 1836, sous-titrée *Concert sans orchestre*, et d'esprit cyclique ; op. 22 en *sol* mineur, 1835-1838, auxquelles il faut ajouter trois sonatines). Plus tardivement, mais dans cette même lignée, la sonate op. 7 pour piano de Grieg.

Mais le chef-d'œuvre de la sonate romantique est une pièce qui ne répond en rien au modèle formel de la sonate classique, et qui renouvelle complètement le genre : il s'agit de la grande sonate en *si* mineur de Franz Liszt (1853), œuvre cyclique d'une seule coulée, malgré ses moments contrastés, et apogée d'une certaine dramaturgie de la forme en constante réinvention, que l'on trouve déjà en germe chez Beethoven. Le travail architectural passionné qui y est à l'œuvre témoigne bien que le moule formel traditionnel en quatre mouvements, s'il convient encore très bien à la symphonie (laquelle a toutes les ressources de l'orchestre, et l'ampleur de sa forme pour se renouveler), paraît désormais un peu caduc, poussif, et manquant de souplesse, pour le genre de la sonate pour piano seul. Quel que soit l'intérêt des sonates de Chopin et de Schumann, on y sent fréquemment une certaine raideur, dont Liszt s'est libéré par un total bouleversement du genre.

En revanche, la sonate pour piano et violon, genre plus léger, voire mondain, puisqu'il offre des possibilités concertantes et se prête à une rhétorique de dialogue entre les deux instruments, se continue avec aisance chez Schumann (deux sonates), Brahms (trois sonates op. 78 en *ré* mineur, op. 100 en *la* majeur, op. 108 en *sol* majeur), Grieg (trois sonates op. 8, op. 13, op. 45), Dvořák, etc. Le genre voisin de la sonate pour violoncelle et piano est illustré par Brahms (op. 38 et op. 99), Schumann (une sonate), Chopin, Grieg, etc. On citera aussi les deux sonates pour clarinette et piano de Brahms, les six sonates pour orgue de Mendelssohn, les douze sonates pour violon et guitare de Paganini (lequel appelle également « sonates » certaines de ses œuvres pour violon et orchestre).

La sonate moderne et contemporaine. Dans l'évolution plus récente du genre, on peut distinguer deux facettes, qui ont différemment évolué : soit la sonate en tant que *forme* définie par ses trois ou quatre mouvements et par son plan proche de celui de la symphonie ; soit la sonate comme genre consistant à mettre en valeur, à faire *sonner* un instrument généralement accompagné par le piano et faisant la démonstration de ses possibilités (sonates pour violon, violoncelle, mais aussi pour instruments à vent, ces dernières se développant au XXᵉ siècle particulièrement).

Sonate pour piano seul. L'évolution de la sonate pour piano vers une conception plus sérieuse, construite et méditée (par opposition à la littérature pianistique « pittoresque » ou « impressionniste » se développant parallèlement), se confirme à la fin du XIXᵉ siècle et au XXᵉ siècle. Les sonates pour piano isolées et denses d'Alban Berg (op. 1, 1907-1908), de Béla Bartók (1926), de Paul Dukas (1900), dont Debussy salua l'« émotion hermétique », de Georges Auric (op. 32), considérée par certains comme son chef-d'œuvre, et, bien plus tard, la grande sonate d'Henri Dutilleux (1949), sont des pièces très construites et volontaristes, où l'auteur a mis la part la plus sérieuse et la plus essentielle de son inspiration. En revanche, ces deux compositeurs-pianistes que sont Scriabine, avec ses dix sonates, et Prokofiev, avec ses onze sonates (dont l'admirable *Septième*) — les deux dernières ayant été laissées inachevées en 1953 —, sont presque les seuls, dans l'époque moderne, à se lancer dans de grands cycles. On citera aussi les deux sonates de Stravinski (pour piano seul, 1924, explicitement inspirée par le travail architectural des sonates de Beethoven, mais aussi la *Sonate pour deux pianos,* 1943-44), les deux sonates de Rachmaninov, les deux de Chostakovitch, et la *Sonata canonica* de Luigi Dallapiccola.

Quand l'ambition se fait plus modeste, on parle de sonatine, comme chez Maurice Ravel, Maurice Emmanuel, ou encore Sibelius. Quant aux trois sonates de Pierre Boulez, elles sont des étapes dans un processus de prise en compte, puis de destruction du moule traditionnel. La deuxième, écrite en 1950, aux dires de son auteur est conçue comme une dissolution systématique des formes classiques attachées à chaque mouvement de la sonate classique (forme sonate du premier mouvement, mouvement lent, forme scherzo, forme canonique et fuguée pour le dernier mouvement), et Boulez signale cette œuvre comme la dernière où il fait référence aux modèles traditionnels. La troisième sonate, sous-titrée *Formants*, reconstruit sur cette destruction le projet d'une œuvre à multiples parcours, dont l'auteur s'est expliqué dans son article *Aléa* (on peut en jouer les segments dans différents ordres).

Quant à la *Sonate pour deux pianos et percussion* de Bartók, elle mérite ce titre par la tension formelle qui parcourt ses trois mouvements ; car il est courant que la sonate moderne se limite à trois mouvements, et non à quatre, pour obtenir une concentration de pensée accrue.

Sonate pour piano et violon. On connaît les sonates françaises, de Saint-Saëns (op. 75 et op. 102), de Fauré, de D'Indy, de Roussel, de Dukas, mais la plus célèbre et la plus « pensée », échappant au bavardage concertant, est la grande sonate cyclique en *la* majeur de César Franck (1886), où le travail d'engendrement des thèmes et d'évolution de la forme à partir de cellules d'intervalles génératrices est poussé extrêmement loin.

Chez Franck, la préoccupation formelle prime sur toute autre. D'autres sonates sont plutôt l'occasion de confronter ces deux entités, le violon et le piano, dans leur différence, qu'on met en évidence au lieu de la réduire : ainsi dans la sonate de Ravel (où l'auteur a voulu accuser l'incompatibilité des instruments) et peut-être dans les deux de Bartók (1921-22), remarquables en ce que les deux instruments n'y mettent pas en commun leurs motifs, et ont chacun des thèmes propres. On citera encore les deux sonates de Prokofiev (1938-1946 et 1944) — la seconde étant une transcription de sa sonate pour piano et flûte —, les deux d'Arthur Honegger, les trois de Darius Milhaud, les sept de Max Reger, les cinq de Martinů, sans oublier celles de Gabriel Pierné, Leoš Janáček, William Walton, Delius, etc.

Quant à la sonate pour violon et piano de Debussy (1915-1917), elle ne peut être citée qu'en la rattachant à ce cycle de six sonates que l'auteur voulait réaliser, et qu'interrompit sa mort : il n'en écrivit que trois, les deux autres étant la sonate pour piano et violoncelle, et la sonate pour flûte, alto et harpe : il est clair qu'il s'agit ici non de ressusciter ou de régénérer une forme, mais surtout de faire sonner des instruments solistes, dans un esprit de vagabondage formel et de légèreté.

Sonate pour violon seul. Glorieusement illustré par Jean-Sébastien Bach, ce genre sévère a connu une certaine renaissance au XXᵉ siècle, avec les œuvres de Béla Bartók (1945), Prokofiev, Hindemith, Max Reger, Honegger, Migot, etc.

Formules diverses. Le violoncelle a été associé au piano dans la sonate déjà citée de Debussy, mais aussi par Vincent d'Indy, Georges Migot, Hindemith, Prokofiev, Britten, Martinů, et utilisé en solo dans les sonates de Kodály et Sauguet.

La sonate pour flûte, comme les autres genres de sonates pour instruments à vent, est généralement traitée comme un genre aimable et rêveur avec les sonates et sonatines pour flûte et piano de Prokofiev, Poulenc, Dutilleux, Sauguet, Ibert, et même la *Sonatine* de Pierre Boulez.

Aujourd'hui, la sonate en tant que forme est, à quelques exceptions près, plutôt délaissée : si des œuvres d'avant-garde en prennent le titre (*Sonate baroque,* d'Alain Savouret, pour bande magnétique, et *Sonata* pian'e forte,* de Gilbert Amy), c'est à un degré second, comme référence de genre et de forme complètement transposée et repensée. M. C.

SONATE À KREUTZER. Titre donné par Leoš Janáček à son premier quatuor à cordes, composé en 1923, créé à Prague le 17 octobre 1924. Il reflète les impressions ressenties par son auteur à la lecture du roman de Tolstoï portant le même titre, et contient une sorte de protestation morale contre l'attitude despotique des hommes envers les femmes. L'esprit original de Janáček lui a permis de repenser Tolstoï sous la forme d'un quatuor, sans traduire de péripéties d'une manière circonstanciée. Ses quatre mouvements, de forme très libre, évoquent les passions violentes et les souffrances des deux protagonistes principaux de la nouvelle. Tous les sentiments de l'amour, de la plus pure tendresse à la plus cruelle jalousie, ont trouvé en Janáček un traducteur inspiré. V. KREUTZER (RODOLPHE) et BRIDGETOWER. P. V.

SONATE POUR DEUX PIANOS ET PERCUSSION. Œuvre en trois mouvements de Béla Bartók, composée en 1937, et créée en janvier 1938 à Bâle, par l'auteur et son épouse Ditta, avec le concours de percussionnistes de l'orchestre de Paul Sacher. Bartók l'écrivit pour ses tournées de concert avec sa femme. La percussion mobilisée est relativement réduite, et comprend trois timbales, deux petites caisses, une grosse caisse, un gong, un triangle, des cymbales jouées ordinairement et une cymbale suspendue.

Le premier mouvement est le plus long des trois, et occupe plus de la moitié de l'œuvre, il débute par une « genèse » du rythme et de la musique à partir du silence, avant de se déchaîner *allegro* sur des thèmes martelés (dans un *ut* majeur très franc) et de mener à une brillante fugue. Le deuxième mouvement, *lento ma non troppo*, est une de ces « musiques de nuit » ponctuées de signaux, de frémissements, d'ondoiements magiques, que Bartók aime à placer au « centre » de certaines de ses œuvres. Enfin le troisième mouvement, rapide, en forme de rondo, se caractérise par un élargissement des intervalles, un éclaircissement de la couleur et une détente du rythme, plus simplement pulsé : ici, le xylophone utilisé comme instrument mélodique joue un rôle important, en énonçant d'abord le thème principal en *ut* majeur.

La *Sonate* est une grande réussite de forme et aussi, (si l'on peut parler ainsi d'une musique de chambre) d'« orchestration » dans l'emploi en clair-obscur de la percussion, tantôt dans des zones sourdes, tantôt en pleine lumière. Bartók devait, encouragé par le succès légitime de l'œuvre, en tirer une version orchestrée sous le titre de *Concerto pour deux pianos* (1938-1940). Créée après la mort de l'auteur, cette version trahit forcément, en le diluant, l'esprit de concentration et d'intimité qui donne à la *Sonate* toute sa force, puisqu'elle substitue à une magnifique palette de noirs, de gris et de blancs un coloriage orchestral forcément criard. Heureusement, c'est la version originale qui est la plus connue et la plus souvent jouée.   M. C.

SONATE POUR PIANO. Œuvre de Jean Barraqué (1952) créée le 24 avril 1967 à Copenhague. Commencée juste après la première version de *Séquence*, cette *Sonate* de très vastes proportions (plus d'une demi-heure) comprend deux parties s'enchaînant sans interruption. Les divisions en sont floues, et résultent essentiellement du tempo (rapide pour la première partie, lent pour la seconde). Devant porter le même numéro d'opus, la *Sonate* et *Séquence* sont deux partitions très proches l'une de l'autre non par l'esprit (*Séquence* est une œuvre solaire alors que la *Sonate* regarde vers la mort), mais par de nombreux éléments rythmiques et thématiques. Rongée peu à peu par le silence, mais monolithique, la *Sonate* porte à son point extrême l'esthétique de Webern. Elle tire en effet son intensité dramatique de l'infiltration de zones de vide dans la densité du matériau sonore : masses, registres, blocs, agrégats éclatent alors, minés par cette anti-musique qui en est l'aboutissement ultime... le silence.

Dans la première partie, le silence semble s'imposer, mais le mouvement renaît du néant, la matière se révolte contre son propre anéantissement, le lyrisme s'insurge. La musique finira néanmoins par se désagréger, il ne restera bientôt plus que les douze notes de la série réexposées seules, vaincues. On ne peut s'empêcher de songer à la *Grande Fugue* op. 133 de Beethoven, à son délire apocalyptique, prophétique, tourné vers l'infini d'un univers qui atteint les frontières du possible, de l'humain envisageable. Une page nietzschéenne, rattachée à l'esthétique de Schopenhauer, la *Sonate* de Barraqué, secrète, pure, nocturne, est une page rigoureuse, abrupte, fermée sur elle-même.   A. F.

SONATE POUR PIANO. Titre de trois œuvres de Pierre Boulez.
Première Sonate pour piano (1946) en 2 mouvements. Environ 9 minutes. Création en 1946 à Paris par Yvette Grimaud.

Il n'est pas possible de parler de la Première Sonate pour piano de Boulez sans situer d'un mot la problématique d'une telle formule. La sonate instrumentale repose depuis sa naissance à la fois sur un système harmonique (tonal), et sur un plan de structure agissant à l'intérieur de ce système (les différents mouvements, dont le premier — la forme sonate — et l'organisation « agonistique » des thèmes entre eux). On ajoutera que cette forme se définit non seulement par ses règles de jeu, mais dès sa naissance par sa capacité à les modifier, à les faire évoluer, à les remettre en cause. Écrire une sonate au lendemain de la Seconde Guerre mondiale, c'est donc à la fois se couler dans une tradition d'écriture obsolète et saisir la forme au moment où son épuisement empêche toute possibilité d'évolution sui generis.

La démarche de Boulez, qui concerne non seulement sa Première Sonate mais les deux autres également, va consister à imaginer des procédures d'écriture et de développement sur de tout autres bases, tout en gardant de l'idéal de la « sonate » les traces essentielles qui permettront d'en maintenir le titre. Ces traces seront : l'idée d'un antagonisme de matériaux, celle de « sonner » sur un instrument peu mélodique, celle enfin d'éléments de récurrence, de reprise, de réexposition.

Ainsi la Première Sonate, œuvre alacre, bondissante, presque primesautière, propose-t-elle une économie des deux mouvements qui pour l'essentiel oppose le premier — une écriture évasive aux sonorités souvent résonnantes — au second — une toccata d'écriture stricte et virtuose, à charge pour chacun des mouvements, à l'intérieur de cette définition très (trop) générale, de faire place en son sein à l'écriture de l'« autre » : le premier mouvement est traversé d'éclairs, de traits-fusées, d'embryons de toccata ; le second admet des plages au tempo fluctuant et à l'écriture plus distendue.

L'œuvre est sérielle — de ce sérialisme qui dès le début chez Boulez apparaît quelque peu hérétique. La série qui construit le premier mouvement énonce ses cinq premiers sons au début de celui-ci, les sept derniers une page après. La série se fractionne, des micromotifs se dessinent, soumis ensuite à tout un travail de variation, et la série entière, pulvérisée, apparaît davantage comme un réservoir de possible et une suggestion de matériaux que comme la psalmodie immuable d'un ordre contraignant et définitif. On parlera ici de série *fonctionnelle* et non de série *mélodique*. On notera également l'importance dans la Première Sonate de l'*intervalle* — ou « extrait de série » —, ici l'intervalle de sixte (ou de tierce), qui ouvre l'œuvre, ouvre l'élément de toccata du premier mouvement, son développement (mesure 69), sa coda enfin (mesure 106).

Le second mouvement, qui est donc pour l'essentiel une toccata très exigeante pour le virtuose, s'ouvre par une introduction aux notes lentes et distendues, qui fait penser au style ponctuel de la *Symphonie* op. 21 de Webern, et qui expose la série, intégrale celle-ci, qui soutient le mouvement ; la toccata qui lui succède reprend « en accéléré » l'ordonnancement de cette série. Un passage central, moins strict d'allure, propose l'écriture pianistique même de la Deuxième Sonate.

On mesurera l'originalité de l'œuvre d'un musicien de vingt ans en pensant seulement aux œuvres de même titre qui lui sont contemporaines, par exemple les très honorables dernières sonates de Prokofiev : il est clair qu'un monde nouveau s'annonce ici.

Deuxième Sonate pour piano (1948) en 4 mouvements. Environ 28 minutes. Création le 29 avril 1950 à Paris par Yvette Grimaud.

Œuvre majeure de la littérature pianistique, chef-d'œuvre du « premier Boulez », partition parmi les plus significatives de son époque, la Deuxième Sonate amplifie, à l'intérieur d'une même problématique, les avancées de la Première.

On se reportera à la notice concernant cette dernière œuvre pour « situer » le pari que représente, en ces années d'immédiat après-guerre et de développement en France du sérialisme, la saisie de cette forme pluricentenaire de la musique instrumentale. On ajoutera que, d'une certaine manière, la Deuxième Sonate se montre plus soucieuse que la précédente d'assumer un héritage, notamment beethovenien, dans le même geste où les terres inconnues sont davantage explorées.

Un descriptif de chaque mouvement dépasserait le cadre de cette notice. On ne marquera ici que les principaux points.

D'une manière générale, les quatre mouvements obéissent à des économies qui remettent en cause l'observance « de principe » des mouvements classiques. Un premier allégro retient de la forme sonate l'idée de l'opposition de deux thèmes, ou plutôt exposés de matériaux, voire deux gestes qui opposent, à la brusquerie initiale, des accords posés en détente, selon une opposition qui reprend, aux dires mêmes de son auteur, celle qui construisait le premier mouvement de l'*Aurore* de Beethoven. Le parcours classique exposition-reprise-développement-réexposition est conservé, mais traversé d'éléments qui semblent le contredire.

Le deuxième mouvement est un mouvement lent, qui sur un thème développe une unique variation, ou plutôt « trope » du thème, libre commentaire de celui-ci, mettant en place par ailleurs un procédé de « parenthèse » qui se retrouvera dans la Troisième sonate : le texte musical s'interrompt pour une incise de caractère différent, puis reprend comme si de rien n'était, dans ses registres, intensité et climat précédents.

Le troisième mouvement est un scherzo assez bartokien d'allure, mais très court, interrompu par trois trios — l'ensemble construisant une forme en sept éléments alternés à la manière du scherzo de la scène d'auberge dans *Wozzeck*. Les séquences en scherzo sont d'écriture ponctuelle, voire staccato, celles en trio sont davantage mélodiques.

Le finale, enfin, est composé d'une introduction, d'une fugue et d'un rondo. L'aspect « citationnel » de ce mouvement, qui là encore fait penser aux « formes classiques » employées par Berg dans son premier opéra, est accentué par la référence consciente et voulue au Beethoven dernière manière (l'opus 106 en particulier, avec une commune esthétique du trille) ainsi qu'à J.-S. Bach, dont les lettres-notes *(si bémol-la-do-si)*, citées en tête du premier mouvement, servent de cellule mélodique et harmonique pour la dernière page de l'œuvre, qui dans un tempo lent sert de coda au mouvement et à la sonate entière.

Il resterait à préciser le type de sérialisme qui est en jeu ici. La Deuxième Sonate opère vis-à-vis de la technique schönbergienne, surtout telle qu'elle était à l'époque enseignée à Paris par René Leibowitz, une véritable mutation. Une fois exposée au départ de l'œuvre, la succession des douze sons est en tant que telle abandonnée, mais sert de « réservoir » de motifs, d'intervalles, de microséries, qui sont ensuite mises en jeu dans l'œuvre. La série est pulvérisée, et l'on verra par exemple cinq motifs qui en sont issus jouer les uns contre les autres dans le cours du premier mouvement.

L'œuvre est brillamment virtuose : et d'un virtuosisme qui se rapproche davantage de celui de Liszt que de Beethoven. Dans son chatoiement instrumental et l'équilibre « lisible » de ses différentes parties, elle s'oppose à l'autre grande partition qui lui est contemporaine, et à laquelle on la compare souvent : l'œuvre hautaine, intériorisée, aride et également superbe qu'est la *Sonate de Barraqué*.

Troisième Sonate pour piano (1957-...) en 5 mouvements (dont deux édités et joués : *Trope* et *Constellation/Constellation-Miroir*). Environ 18 minutes. Création à Darmstadt en septembre 1957 par Boulez.

De près de dix ans postérieure aux deux premières sonates, la troisième s'en distingue radicalement, même si des éléments d'écriture se retrouvent des unes à l'autre notamment dans la recherche de procédures d'opposition : écritures ponctuelles contre écritures résonnantes, incises en forme de « parenthèses » (implicites là, explicites ici), large utilisation du clavier, etc.

Mais la Troisième Sonate se définit essentiellement d'une part par sa référence ou ses références littéraires (Mallarmé, Joyce, Kafka, Butor, etc.), d'autre part en ce que ces références font allusion à une procédure de déroulement et à des dispositifs d'enchaînements qui épuisent à peu près la définition de l'œuvre. Rappelons-en les données principales.

La Troisième Sonate comporte théoriquement cinq mouvements, que Boulez appelle des « formants », d'un terme emprunté à l'acoustique, et qui sont théoriquement appelés à susciter entre eux des « dérives » ou, selon le terme de l'auteur, des *développants*. En l'occurrence, l'existence de ceux-ci ne semble pas devoir être envisagée tant que les cinq mouvements (formants) de la Sonate n'ont pas encore vu officiellement le jour. Ces cinq formants sont :

1	2	3	4	5
Antiphonie	Trope	Constellation ou Constellation-Miroir	Strophe	Séquence

Seuls les formants 2 et 3 sont édités, et, partant, joués (les trois autres existent sur manuscrits, et attendent leur « révision »).

Théoriquement, ces cinq formants peuvent (pourront) être joués dans un ordre qui prévoit huit possibilités, la partie *Constellation* restant centrale, portant ce titre lorsqu'elle est précédée des parties 1 ou 2, ou se jouant en rétrograde (de la fin au début) si l'interprète envisage de commencer par le formant 4 ou le formant 5 : elle prend alors le titre de *Constellation-Miroir*. Les deux formants 1 et 2 d'une part, 4 et 5 de l'autre, peuvent s'intervertir.

On est donc dans un système optionnel qui est celui de l'*œuvre ouverte* au sens où l'entend Boulez : une musique entièrement écrite, mais qui offre à l'interprète un certain nombre de possibilités de « parcours », par permutation des parties, ou élision de certaines séquences.

C'est le même système optionnel qui est à l'œuvre à l'intérieur des deux mouvements existants.

Trope — un terme appartenant à la rhétorique de la musique médiévale, où il prend le sens général d'« élaboration secondaire » (textuelle, musicale, ou les deux) par rapport à un matériau initial — se compose de quatre parties, qui s'enchaînent dans un certain ordre : « Texte »—« Parenthèse »—« Glose »—« Commentaire », en notant toutefois que l'interprète peut commencer cette séquence à l'étape de son choix (quatre possibilités), et que « Glose » peut se jouer indifféremment avant ou après sa voisine (d'où huit possibilités au total). C'est « Belle marquise vos beaux yeux... » appliqué à la musique : nous restons dans le monde de la *permutation*, qui s'enrichit à l'intérieur de chacune de ses parties d'une possibilité de jeu ou non de certaines séquences (notamment dans « Parenthèse » et dans « Commentaire »).

Mais comparaison n'est pas raison : précisément parce que le discours musical est un *flux* aux directionnalités éventuellement multiples, et non un *langage* sémantiquement univoque. Les différentes options proposées à l'interprète dans l'œuvre ouverte n'ont pour propos ni d'« assouplir l'écriture » (qui reste stricte), ni d'offrir un choix à l'auditeur (qui repère difficilement les différents parcours possibles), ni même de libérer l'interprète (qui finit par se fixer sur un parcours préférentiel), mais de construire une *forme*, en parvenant par « essai et erreur » à un parcours privilégié, au moins au moment où il est donné, et qui représente une optimisation des caractères esthétiques propres à chaque section. Il semble ainsi que la succession indiquée ci-dessus, commençant par l'énoncé de « Texte » et se terminant par les beaux grondements trillés de « Commentaire », représente une des « bonnes formes » possibles de *Trope*.

Le cas de *Constellation* ou *Constellation-Miroir* est plus complexe. Ce formant se présente sous la forme de neuf grands feuillets nommés de A à I, bicolores, où se répartissent trois ensembles de « points » (verts) et deux ensembles de « blocs » (rouges), ainsi qu'un court ensemble de « mélange » de points et de blocs où les couleurs s'échangent. Les ensembles s'alternent (et on commence par conséquent toujours par un ensemble de points, dans l'ordre direct ou rétrograde) et les dénominations indiquent bien le système d'opposition sonore qui prévaut, et qu'on a d'ailleurs vu à l'œuvre depuis la Première Sonate, entre sonorités ponctuelles et sonorités résonnantes.

Il reste à ajouter qu'à l'intérieur de chaque ensemble, qui comporte un nombre variable de séquences, une signalisation propose de multiples possibilités d'enchaînements, et autorise certaines suppressions ou options de jeu. Là encore, l'interprète, en liberté surveillée, peut « choisir sa contrainte », et bâtir des configurations différentes du même espace sonore.

Les références littéraires sont alors évidentes. Boulez lui-même parle de ville — il pense à Venise — où différents parcours permettent d'atteindre le même but, avec options, raccourcis, ou points de passage obligés (cf. *l'Emploi du temps*, de Butor) ; ou encore de Kafka et de la notion de labyrinthe — à vrai dire assez cauchemardesque *(le Terrier)* ; ou de Joyce, et de ses romans où « se trouve bouleversée la mise en œuvre du récit proprement dit ». La référence majeure reste toutefois celle de Mallarmé et de son « Livre », qui dès 1885 esquissait le projet d'un « objet » aux contours illimités, aux feuillets séparés et permutables, à l'écriture incroyablement stricte, et visant la totalité à travers l'inachèvement : une bonne définition du musicien, en somme. L'interprète pas plus que le compositeur ne sont alors davantage que les *Opérateurs* d'un projet qui tend à l'anonymat. Ce sera le paradoxe central de cette esthétique que de proposer un pareil objectif pour une démarche qui allait durant ces années-là connaître un si vif retentissement, et d'innombrables imitations.   D. J.

SONATES AVEC REPRISES VARIÉES (en all. *Sonaten mit veränderten Reprisen*). Recueil de six sonates pour clavier Wq.50 (n° 1 en *fa* majeur, n° 2 en *sol* majeur, n° 3 en *la* mineur, n° 4 en *ré* mineur, n° 5 en *si* bémol majeur, n° 6 en *ut* mineur) de Carl Philipp Emanuel Bach, paru en 1760 à Berlin avec une dédicace à la princesse Amélie de Prusse, sœur de Frédéric II. Dans ces œuvres, le compositeur écrivit lui-même entièrement, en attirant l'attention sur ce fait dans sa préface-dédicace, les nouveaux ornements et les divers ajouts à intégrer à la musique lors de la reprise des diverses sections, au lieu de laisser ce soin aux interprètes. Ce phénomène de la « reprise écrite » devait se retrouver en particulier chez Haydn, les deux dernières fois dans les mouvements lents de son quatuor op. 33 n° 3 (*l'Oiseau**) et de sa symphonie n° 102. Il n'y a pas de différence fondamentale entre cette démarche et celle consistant à écrire les nouveaux ornements de la troisième section d'une forme lied A-B-A' (cf. Haydn, mouvement lent du quatuor op. 64 n° 5 *l'Alouette**).   M. V.

SONATES ET INTERLUDES POUR PIANO PRÉPARÉ. Cycle de pièces pour « piano* préparé » composé par John Cage entre 1946 et 1948. La première audition intégrale de ces seize sonates (en un mouvement, comme chez Scarlatti) et de ces quatre interludes fut donnée au Carnegie Recital Hall de New York, les 12 et 13 janvier 1949, par la pianiste Maro Ajemian, dédicataire de l'ensemble. En France, le pianiste Gérard Frémy a contribué par de très nombreuses exécutions à les faire connaître. Les *Sonates et interludes* ne sont pas la première œuvre de Cage pour cette technique (il avait déjà composé un certain nombre de pièces isolées dès 1938, année où il « découvrit » cette manière de déformer le son du piano par l'insertion d'objets entre les cordes), mais elles sont le premier et le seul ensemble organisé écrit par Cage pour cette sorte d'« orchestre de timbres » en réduction que crée la préparation du piano.

Le projet esthétique de l'auteur était d'exprimer les « neuf émotions permanentes de la tradition esthétique de l'Inde » : l'héroïque, l'érotique, le merveilleux, la joie, la douleur, la peur, la colère, l'odieux et leur « tendance commune vers la tranquillité ». L'écriture de ces œuvres est souvent assez raréfiée, quasi monodique, avec de fréquentes interruptions laissant entendre les résonances particulières du piano préparé, et un travail du *rythme* très personnel, intégrant le *silence* de manière insistante.

Pour treize sonates sur seize, Cage adopte le modèle scarlattien AA-BB, tandis que les sonates 9 à 11 sont constituées de trois parties asymétriques avec un interlude au milieu.

Les *Sonates et interludes* sont une musique douce, apaisée, séduisante et, malgré les sonorités légèrement acides et désaccordées créées par la préparation du piano, sans aucune agressivité iconoclaste.   M. C.

SONATINE. Diminutif de sonate, ce terme déjà employé auparavant s'est imposé vers le début du XIXᵉ siècle pour désigner des œuvres de même forme et de même caractère que la sonate, mais en général plus courtes et plus faciles. Les deux sonates pour piano op. 49 de Beethoven ont une allure de sonatine, même si elles n'en portent pas le nom. Clementi, Kuhnau ou Diabelli écrivirent alors des sonatines, d'un intérêt musical parfois secondaire, et largement utilisées pour l'apprentissage du piano. Le terme a survécu jusqu'au XXᵉ siècle (6 sonatines pour piano de Busoni, 3 sonatines pour piano op. 67 de Sibelius).   M. V.

SONATINE. Œuvre pour piano de Maurice Ravel, composée en 1903-1905 et donnée en première audition à Lyon, le 10 mars 1906, par Mᵐᵉ Paule de Lestang. Le titre même de cette page délicieuse, dédiée à Ida et Cipa Godebski, indique, semble-t-il, une volonté délibérée de renouer avec un genre très pratiqué à la fin du XVIIIᵉ siècle et que, de géniales exceptions mises à part, le XIXᵉ avait plutôt négligé. Par ailleurs, le sens restrictif qu'il implique concerne les dimensions respectives des mouvements et non leur contenu affectif.

Contemporaine des *Miroirs* et des *Cinq Mélodies populaires grecques*, la *Sonatine* s'ouvre, dans un climat de fluidité aimable mais un peu mélancolique, par un *Modéré* à deux thèmes construit selon le schéma de la forme sonate. Avec ses inflexions modales rappelant les velléités d'archaïsme du *Menuet antique*, le *Mouvement de menuet* retrouve l'élégance raffinée de l'ancienne danse de cour plutôt que les vigoureuses démonstrations chorégraphiques d'un Joseph Haydn... Thème bien sonnant, voire « claironnant », volubilité d'un discours inscrit dans la perspective d'un véritable « mouvement perpétuel » font du troisième et dernier volet *(Animé)* une pièce de virtuosité, du genre toccata, pourvue d'une brillante conclusion. A remarquer, dans ce finale, un rappel du motif initial du premier mouvement et, dans le menuet, un thème issu des mesures ultimes de ce même *Modéré*.

La première exécution parisienne de la *Sonatine* (par Gabriel Gyrovlez) eut lieu le 31 mars 1906 à la Société nationale de musique, salle de la Schola cantorum.   J. D.

SONATINE POUR FLÛTE ET PIANO. Œuvre de Pierre Boulez (1946). Environ 13 min 30. Création à Bruxelles en 1947 par Van Boterdael et Marcelle Mercenier. Éditions Amphion. Commandée par le flûtiste Jean-Pierre Rampal, qui ne la joua jamais par incompatibilité de goût, la *Sonatine* représente « l'opus 1 » du compositeur : la première partition qu'il admet, à part entière, dans son catalogue. De fait, succédant à quelques travaux d'élève (parmi lesquels les *Trois Psalmodies pour piano*, 1945), et contemporaine de la Première Sonate et du *Visage nuptial*, elle atteste l'explosion créatrice qui allait définir P. Boulez, dans ces années d'immédiat après-guerre, comme compositeur de premier plan.

L'œuvre est en un seul mouvement : influence volontairement acceptée de la *Symphonie de chambre* op. 9 de Schönberg, qui quarante ans plus tôt synthétisait également en un bloc unique — lui-même trace lointaine de la forme sonate — les quatre mouvements traditionnels de la sonate classique : son allégro (forme sonate), son mouvement lent, son scherzo, et son finale. Mais l'influence de Schönberg n'est ici que formelle, et non stylistique : Boulez récusant toute idée du « postromantisme ». Une autre pièce du compositeur viennois volontiers évoquée comme parrainage de la *Sonatine* : la troisième des *Trois Pièces pour piano* op. 11, à cause de l'écriture pour clavier, à la texture serrée et à l'expression violente, faisant du piano « l'instrument même du délire » (*Par volonté et par hasard*, p. 35).

La *Sonatine* est encadrée par une introduction (mesures 1 à 31) et une conclusion (mesures 496 à 510). L'introduction présente un des deux styles d'écriture de l'œuvre : une déclamation en style récitatif. Elle montre la constitution encore partielle de la série fondamentale de la pièce, qu'on entend intégralement, en position thématique, au début de l'allégro (à la flûte). Elle met également en évidence une cellule mélodique issue de la série (une quinte juste suivie ou précédée du triton) qui aura un rôle structurel important dans l'œuvre entière.

L'allégro (mesures 32-96) propose le second style d'écriture de la *Sonatine* : un discours concertant contrapuntique, vif, très accentué, qui tend déjà vers le caractère du scherzo (par exemple : mesures 85 et sqq.).

Le mouvement lent (mesures 97-150) est une paraphrase sur la notion de trille, d'abord au piano, ensuite à la flûte, tandis qu'il prépare dans ses dernières mesures le scherzo qui va suivre.

Ce scherzo, amplement développé (mesures 151-341), est une sorte de toccata (*cf.* Première Sonate, 2ᵉ mouvement) interrompue en son centre par une séquence beaucoup plus libre de cadences pour les deux instruments. La virtuosité des deux instruments est d'ailleurs abondamment sollicitée, non seulement pour les difficultés inhérentes au respect du rapport hauteurs/tempo (c'est-à-dire, l'intonation et l'exactitude), mais aussi par les continuelles « sautes de tension » qui affectent l'échelle des intensités.

Le finale de l'œuvre (mesures 342-495) semble se souvenir ici de la grande cadence inaugurale du *Concerto de chambre* de Berg (les deux solistes étant là en l'occurrence le violon et le piano) : le finale de la *Sonatine* commence par une assez longue cadence du piano, que rejoint ensuite la flûte. Le finale proprement dit est en forme de *motu perpetuo* que Boulez se plaît à relancer avec des indications d'*accelerando* jusqu'au point de butée que constituent les accords fortement scandés du piano, qui fait comme taire la flûte.

Une coda, « très modéré, presque lent » (mesures 496-510) est une récapitulation d'un certain nombre d'éléments des parties antérieures : trilles du mouvement lent, série harmonisée en octaves évitées du scherzo, cellule mélodique issue de la série, etc.

Ainsi va cette œuvre première. De l'héritage qu'elle accepte, on a déjà parlé ; de la nouveauté qu'elle institue, chez un Boulez de vingt ans, on ne peut qu'être saisi.

Toute l'agressivité sonore du jeune compositeur, qui frappa tant ses contemporains, est présente ici dans ce duo de tradition presque pastorale. Le climat tendu et astringent de l'œuvre sollicite un « temps lisse », fluctuant, en apparence capricieux. La technique sérielle est utilisée jusqu'au point où elle deviendrait contraignante et stérilisante, et Boulez la conçoit déjà beaucoup plus comme un réservoir d'intervalles et un potentiel de fonctions que comme une recette pseudo-thématique. Les techniques de jeu employées, enfin, manifestent ce « charme instrumental » qui sera une des caractéristiques les plus constantes du compositeur de *Répons* (1981-82). D. J.

Songe d'une nuit d'été (Le) (en angl. *A Midsummer Night's Dream*). Musique de scène op. 61 pour deux sopranos, chœur féminin, et orchestre, de Felix Mendelssohn, destinée à la pièce de Shakespeare. La plus grande partie en a été composée en 1843, sur la demande du roi de Prusse, pour une représentation de la pièce à Potsdam, où la musique fut créée le 14 octobre 1843. Mais l'ouverture reste celle que Mendelssohn avait écrite à dix-sept ans, en 1826 (*Ouverture* op. 21). La version intégrale comprend donc, outre cette ouverture, treize numéros : 1) *Scherzo* (pour la fin du premier acte) ; 2) *Mélodrame* « Over hill overdale » et *Marche des elfes* ; 3) *Air* « You spotted snakes » ; 4) *Mélodrame* ; 5) *Intermezzo* (musique d'entracte, évoquant la poursuite d'Helena par Lysander, et de Lysandre par Hermia) ; 6) *Mélodrame* « Whathempen homespuns » ; 7) *Nocturne* ; 8) *Mélodrame* « The Removal of the Spells » ; 9) *Marche nuptiale* (pour les noces de Thésée) ; 10) *Mélodrame* : *Fanfare* et *Marche funèbre* ; 11) *Bergamasque* ; 12) *Mélodrame* « Through the Hours » ; 13) *Finale* (comprenant une reprise de la *Marche nuptiale*).

En concert, on exécute le plus souvent une suite abrégée composée de l'*Ouverture*, du *Scherzo* (avec son solo de flûte final sous lequel l'orchestre s'éclipse progressivement), de l'*Intermezzo*, du *Nocturne* (avec son solo de cor) et de la célèbre *Marche nuptiale*, devenue depuis longtemps une sorte d'hymne national des cérémonies de noces, en concurrence avec celle de *Lohengrin*.

Quelle que soit la poésie de l'ensemble, c'est l'*Ouverture* qui reste la partie la plus magique et la plus « trouvée », dans ce registre nocturne et lunaire où Mendelssohn a toujours excellé. Les musiciens admirent,

SON
1477

dès le début de cette ouverture, le génie de la disposition harmonique et de l'instrumentation, l'emploi des violons divisés dans un thème vif et aérien qui vient immobiliser, « geler », par brèves périodes de deux mesures, un accord mystérieux aux flûtes, clarinettes, cors et bassons. Les parties burlesques sont également pleines de verve (thème imitatif des « hi-han » de Nick Bottom changé en âne), mais l'ouverture a surtout ce jaillissement spontané et cet équilibre évident et miraculeux que Mendelssohn aura ensuite le plus grand mal à retrouver, à force de travail et de sévérité envers soi-même. M. C.

Songe d'une nuit d'été (Le) (en angl. *A Midsummer Night's Dream*). Opéra en 3 actes de Benjamin Britten, sur un livret du compositeur, et de Peter Pears, d'après Shakespeare, créé le 11 juin 1960 au festival d'Aldeburgh sous la direction de l'auteur.

À l'exception de la dernière scène, tout l'opéra se déroule dans un bois.

ACTE PREMIER. *Les « fairies » (fées) entrent en deux groupes, menés l'un par Cobweb et Mustardseed, l'autre par Puck (acrobate, rôle parlé) et Moth. Puck annonce l'arrivée d'Obéron, roi des « fairies » (ct ou ca) et de Tytania, reine des « fairies » (sc). Obéron demande à Puck de lui trouver une herbe magique qui « rendra un homme ou une femme fou de la première créature vivante qu'il verra ». Deux couples d'amoureux contrariés apparaissent : d'un côté, Lysander (t) et Hermia (ms) s'enfuient pour éviter les fiançailles forcées de cette dernière avec Démétrius (bar), lequel ne pense qu'à retrouver sa fiancée Hermia et se dispute avec Héléna (s), qui la poursuit. Obéron, à qui Puck remet la fleur magique, décide d'intervenir. Les artisans font leur entrée : le charpentier Peter Quince (b) attribue à chacun un rôle dans la pièce qu'ils ont l'intention de répéter « courageusement ». Hermia et Lysander se reposent, allongés. Puck applique le suc de la fleur magique sur les yeux du jeune homme, qui s'éveille juste au moment où Héléna et Démétrius apparaissent : Lysander déclare son amour à Héléna, et sa haine à Démétrius. Obéron verse ensuite le suc magique sur les yeux de la reine des fées, Tytania* (Réveille-toi lorsqu'un être vil sera à proximité).

ACTE II. *Les six artisans entrent pour répéter. Tytania se réveille et aperçoit l'un d'entre eux, le tisserand Bottom (bar b), dont elle tombe immédiatement amoureuse. Elle fait chanter et jouer les fées pour lui. Bottom sent le sommeil le gagner. Ils s'endorment. Obéron exprime sa joie devant cette situation, puis, par ses machinations, provoque la brouille d'Héléna et d'Hermia, et l'hostilité de Démétrius pour Lysander. Il demande ensuite à Puck d'arriver à ce que le duel, qu'ils veulent mortel, se termine par leur épuisement respectif. En imitant la voix de l'un pour égarer l'autre, Puck parvient à ce que les quatre amoureux soient disposés de telle manière qu'à leur réveil ils puissent se réconcilier.*

ACTE III. *Tytania, Bottom et les quatre amoureux dorment. Satisfait de la situation qu'il a créée, Obéron décide d'y mettre terme, et de défaire « cette odieuse imperfection de ses yeux » : vois comme tu voyais autrefois ». Réveillée, Tytania est libérée de son sort, et se réconcilie avec Obéron qui unira les amoureux dans une noce, qui coïnciderait avec celle du duc Thésée et d'Hippolyta. À leur tour, les amoureux se réconcilient. Resté seul sur scène, Bottom se réveille. Sous l'influence du pouvoir magique d'Obéron, il a fait des rêves, dont il tirera une ballade.* (Et je le chanterai dans la dernière partie de la pièce, devant le duc). *Au palais de Thésée (b), le duc et Hippolyta (ca) sont impatients de voir la journée de noces laisser place à la nuit. Les autres amoureux obtiennent sa bénédiction. Peter Quince annonce que le spectacle va commencer* : en fait, un véritable opéra-comique se terminant en une danse. *Minuit sonne. Les artisans arrêtent la représentation. Thésée et Hippolyta et les quatre amoureux souhaitent le « bonsoir ». Puck conclut* : « Ne nous blâmez pas, Messeigneurs. »

L'univers fantastique de Britten se trouvant en parfaite concordance avec celui de la comédie féerique de Shakespeare, il a réussi à le transposer à la scène lyrique en utilisant le texte original (à l'exception de quelques coupures, et d'une seule réplique).

Sur le plan musical, il faut remarquer, lors des scènes de magie, l'utilisation du célesta, d'une couleur plus étrange ou sinistre (cet instrument est toujours lié au surnaturel chez Britten : dans *le Tour d'écrou*, il accompagne les apparitions du fantôme), la présence, dans le « prélude » de l'acte II, de quatre accords comprenant les douze notes de la gamme (bien que n'étant pas dodécaphonique, cette partition révèle l'influence progressive exercée sur Britten par cette technique), la véritable satire de l'opéra romantique du XIXe siècle opérée à l'acte III, etc. Britten a ainsi réussi à créer, tour à tour, une atmosphère de féerie, de comédie poétique et de farce, avec un lyrisme fervent, une grâce poétique et une verve endiablée où l'esprit shakespearien est parfaitement assimilé et traduit.

J.-J. M.

Songs for Dov. Cycle de trois chants pour ténor solo et petit orchestre de Michael Tippett, sur des textes du compositeur, créé le 12 octobre 1970 par Gerald English et le London Sinfonietta dirigé par le compositeur. Reprenant la même démarche que lorsqu'il avait composé les *Songs for Achille* après *King Priam*, Tippett se sert pour les *Songs for Dov* de certains éléments de son opéra *The Knot Garden* : le personnage de Dov est lui-même tiré dudit opéra. L'air de Dov dans l'acte II « Je suis né dans une grande ville » constitue le premier des trois *Songs for Dov*, décrivant sa vie, son adolescence, son évolution jusqu'au voyage en Sibérie. A la fin de l'opéra, Dov (dont le nom, dérivé de « love », au sens d'Auden, évoque l'innocence, la douceur, la paix) reste seul et accomplira sa destinée non avec un autre être humain, mais dans son art. A cet égard, son voyage d'autodécouverte continue précisément dans les *Songs for Dov*, cruciaux pour sa compréhension en tant que personnage de l'opéra et pour son développement personnel, qui le voit arriver à maturité à travers une série d'expériences.

De tous les personnages de *The Knot Garden*, c'est Dov qui est le plus proche de Tippett, car, comme ce dernier l'a écrit, « il est le plus proche de l'artiste, du compositeur. Quand il chante, il le fait non seulement pour lui-même, mais pour toute sa génération. Et il traite d'une situation actuelle ». Le texte reprend les thèmes de protestation et de compassion développés dans *The Knot Garden* (« O arrêtez le monde, je veux descendre »).

Si l'influence des madrigalistes anglais est décelable et si des allusions à Beethoven, Wagner, Moussorgski et Tippett lui-même ainsi que des sons particuliers (les hurlements de Dov, ressemblant à ceux d'un chien) peuvent être remarqués, l'« américanisation » de la musique de Tippett constitue la caractéristique de *Songs for Dov*, comme de *The Knot Garden* : guitare électrique, ensemble de jazz, etc. L'un des biographes de Tippett, David Matthews, esquisse d'ailleurs une comparaison avec Bob Dylan : « Le langage de Dov, rempli d'allusions, de références à Shakespeare, Goethe, Homère, Pasternak, et d'expressions familières du "pop" pourrait être comparé au mélange dylanien d'imagerie exotique dérivée de Rimbaud et Ginsberg et du "blues" et du "folk". »

J.-J. M.

Sontag ([Sonntag] *Henriette*), soprano allemande *(Coblence 1806 - Mexico 1854)*. Fille d'acteurs, elle étudia au conservatoire de Prague et chanta à Vienne à partir de 1822. Weber l'entendit l'année suivante et lui offrit le rôle titre à la création d'*Euryanthe*. Ses succès dans les rôles de bel canto (Mozart, Rossini et Bellini) l'amenèrent à Londres et à Paris où sa voix pure et brillante, à laquelle venait s'ajouter un charme musical particulier, lui assura vite la suprématie sur ses rivales illustres. Elle renonça à cette carrière exceptionnelle, âgée à peine de vingt-cinq ans, pour épouser le comte Rossi. Mais la ruine de celui-ci, après les événements de 1848, motiva la rentrée de la Sontag, en pleine possession de moyens qui lui permirent de triompher dans le monde entier au cours des quinze années qui suivirent. Elle devait mourir du choléra au cours d'une tournée.

J. B.

Sopraniste. Chanteur doté d'une voix de soprano. Au temps des castrats, plusieurs de ceux-ci (non pas tous) étaient sopranistes, mais cette voix peut également exister chez des chanteurs de sexualité normale. Elle n'en est pas moins exceptionnelle.

J. C.

Soprano. Mot italien (pl. *soprani*, parfois francisé *sopranos*, ou même entièrement francisé en *soprane*), ayant supplanté au XVIIe siècle l'ancien terme latin *superius* ou ses équivalents tels que *discantus, treble*, etc., mais ayant pris, outre le sens harmonique de ces derniers, un second sens affecté à la classification vocale des chanteurs. Le soprano s'écrivait autrefois en clef d'*ut*$_1$; cette clef est sortie de l'usage dans la première moitié du XIXe siècle au bénéfice de la clef de *sol*$_2$; celle-ci est aujourd'hui seule employée, sauf dans les traités d'harmonie qui, près de deux cents ans plus tard, commencent seulement à s'apercevoir du changement.

— 1. Au sens harmonique, le soprano, comme l'ancien *superius**, est la partie supérieure de la polyphonie. Théoriquement, le soprano des exercices d'harmonie est censé coïncider avec la voix de ce nom. En fait, et malgré l'habitude de déclarations liminaires de pure forme, on y prête le plus souvent fort peu d'attention.

— 2. Tessiture la plus élevée des voix féminines ou assimilées (jeunes garçons, castrats, etc.). Dans un chœur, les sopranos sont normalement au-dessus des altos, mais ils peuvent se subdiviser ; en ce cas, le nom de soprano reste à la partie supérieure, et la deuxième partie est dite de *mezzo-soprano* (ou *mezzo* tout court). On dit parfois aussi premier et deuxième soprano. En tant que voix soliste, on distingue, du plus aigu au plus grave : *soprano léger* ou *coloratura* (francisé parfois en *colorature*), apte aux notes suraiguës des vocalises de virtuosité (rôle type : Reine de la Nuit) ; *soprano lyrique*, sans suraigu, mais de timbre plus homogène (type Pamina) ; *soprano dramatique*, plus timbré vers le grave et parfois confondu avec le mezzo (type Ortrude dans *Lohengrin*). Diverses chanteuses ont également donné leur nom à des types vocaux spéciaux (v. Falcon, Dugazon, etc.). Voir à l'article voix le tableau général des tessitures.

J. C.

Soproni (*József*), compositeur hongrois (*Sopron 1930*). Il commence ses études musicales dans sa ville natale, puis devient l'élève de János Viski à l'académie F.-Liszt de Budapest (1949-1956). Depuis 1963, il enseigne le contrepoint et le solfège en cette même académie. En tant que compositeur, il se réfugie fréquemment dans des partitions denses, courtes, au contrepoint aussi ingénieux que complexe. Une telle démarche esthétique s'oppose violemment à l'école de F. Szabo et de Farkas. Elle est pourtant d'une réelle rectitude. Après avoir tenté de retrouver la veine sensible de Bartók (*Concerto pour cordes*, 1953 ; *Quatuors*, 1958-1960 ; *4 Bagatelles* pour piano, 1957), Soproni a réussi à affirmer son goût pour un pointillisme linéaire, générateur de contrastes dynamiques peu courants, dans les partitions telles qu'*Eklypsis* pour orchestre (1969), ses *3e* et *4e Quatuors* (1965, 1973) ou sa *Sonate pour flûte et piano* (1971), hommage conscient à Pierre Boulez.

P.-E. B.

Sor (ou **Sors y Sors**) [*Fernando*], guitariste espagnol (*Barcelone 1778 - Paris 1839*). Il est sans doute le plus célèbre guitariste de l'histoire. Entré à l'âge de sept ans au monastère de Montserrat, il y étudie le violon, le violoncelle et l'orgue avant de se consacrer exclusivement à la guitare et à la composition. Très vite célèbre et applaudi dans toutes les capitales, il sillonne longtemps l'Europe entière puis se fixe à Paris où le monde musical le surnomme le « Paganini de la guitare ». Ami de Méhul et de Cherubini, il subit surtout l'influence de Mozart et de Haydn. Son œuvre, sans être d'un intérêt comparable, constitue cependant une part essentielle de la littérature de l'instrument, à la fois par ses dimensions (soixante-sept numéros d'opus pour la guitare) et par le fait qu'on y décèle les premières tentatives réussies d'une écriture à plusieurs voix, ainsi qu'une approche de la grande forme (sonates, thèmes et variations, etc.) jusqu'alors réservée aux autres instruments. Outre son œuvre pour guitare, la production de Sor compte plusieurs opéras, de la musique de chambre, trois symphonies, des pièces pour piano, et de nombreuses autres partitions.

P. M.

SORCIÈRE DE MIDI (LA). Poème symphonique d'Anton Dvořák, op. 108, pour grand orchestre, composé entre janvier et février 1896, d'après un poème de Karel Jaromir Erben extrait du recueil *la Guirlande*, et retraçant une légende populaire : la Fée de midi, ou la Sorcière de midi (traduction approximative du titre original tchèque, *Polednice*), est une sorte de « roi des aulnes » féminin, qui s'attaque à un petit garçon. Le père arrivera trop tard pour le sauver, l'enfant ayant été étouffé dans les bras de sa mère qui voulait le protéger de la Sorcière. Comme les deux premiers poèmes symphoniques du « cycle Erben » entrepris par Dvořák en 1896 (*l'Esprit des eaux* et *le Rouet d'or*, voir ces titres), *la Sorcière de midi* adopte la forme d'un grand rondo libre, avec des idées instrumentales directement « moulées » sur le rythme et l'intonation du texte poétique qu'elles transposent dans le registre orchestral, sans que jamais l'auteur recoure à la voix humaine. Les conceptions musicales de Janáček devaient profiter de cette expérience de « musicalisation transposée » du langage parlé. *La Sorcière de midi* fut créée en concert à Prague le 3 juin 1896.

M. C.

SOUBASSE. Jeu d'orgue de la famille des jeux de fond, c'est un bourdon sonnant à l'octave grave de la tessiture normale (16 pieds), ou même parfois à la double octave (32 pieds). Il apparaît principalement au pédalier et au clavier de grand orgue, où il sert de basse dans l'accompagnement ou dans les tutti.

G. C.

SOUFFLERIE. Ce sont les divers organes qui procurent aux tuyaux d'un orgue leur alimentation en air sous une pression stable et contrôlée. Un ventilateur électrique a remplacé les anciens soufflets actionnés à la main ou au pied. L'air ainsi débité est emmagasiné dans de grands réservoirs primaires qui en régularisent la pression, puis dirigé vers les différents sommiers* par l'intermédiaire de porte-vent. Des réservoirs antisecousses et des régulateurs assurent constamment à chaque tuyau la pression convenable, et mettent le jeu de l'exécutant à l'abri de à-coups qui altéreraient la hauteur, l'intensité et le timbre des sons.

G. C.

SOUFFLET. Organe essentiel de l'alimentation en air sous pression des instruments à clavier utilisant des tuyaux ou des anches : orgue, harmonium, accordéon, etc. Le même terme désigne également le signe *crescendo* immédiatement suivi du signe *decrescendo*.

M. T.

SOUPIR. Silence dont la durée correspond à celle d'une noire.

M. T.

SOURCES. Document qui assure la transmission écrite d'une œuvre musicale dans sa version originelle ou la plus authentique. La valeur de référence accordée aux sources manuscrites a varié au cours des âges. L'existence de plusieurs types de manuscrits médiévaux prouve qu'on s'est soucié très tôt de conserver le répertoire musical. Par l'importance de leur volume et la richesse de leurs enluminures, les manuscrits destinés à cet effet se distinguent des manuscrits établis en vue de l'exécution. Jusqu'en 1501, date du début de l'activité de l'éditeur O. Petrucci à Venise, la diffusion de la musique se fit exclusivement sous forme de copies manuscrites d'où, fréquemment, l'existence de plusieurs versions d'une même œuvre.

La connaissance des différentes notations (paléographie) en usage d'un pays sinon d'une région à l'autre (en ce qui concerne les neumes particulièrement), la capacité d'identifier les ateliers de copistes comptent au nombre des qualifications indispensables que le musicologue qui veut travailler sur les sources médiévales doit posséder. La référence absolue représentée par le manuscrit autographe et renforcée par le caractère progressivement plus individualisé de la fonction du compositeur n'a pas diminué, scientifiquement parlant, la valeur de la copie qui reste toujours un indispensable complément, surtout si elle comporte des indications autographes. Ainsi, par exemple, dans le cas du *Messie* de Haendel, les différentes copies ayant servi à l'exécution de l'oratorio du vivant de son auteur fournissent diverses indications (sur l'ornementation, entre autres) qui ne figurent pas sur le manuscrit autographe.

Certaines œuvres importantes n'ont subsisté qu'à l'état de copies avant d'être publiées. C'est le cas du quintette (K. 581) et du concerto pour clarinette (K. 622) de Mozart, de la *Cantate sur la mort de Joseph II* (WoO 87) de Beethoven, de la musique de scène pour *les Chansons de Bilitis* (Lesure 96) de Debussy. Par contre, l'extension considérable de l'édition musicale au XIXe siècle fit que la référence fondamentale au manuscrit fut négligée en faveur de l'édition princeps plus facilement accessible et jugée, souvent à tort, comme étant parfaitement correcte. De là l'origine de nombreuses altérations du texte musical d'œuvres aussi universellement connues que les symphonies de Haydn ou de Beethoven.

Qu'il s'agisse de manuscrits autographes ou de copies, la nature du support aussi a évolué. La *tabula compositoria* (table de composition), dont l'usage est attesté dès 1500, était faite de matières durables (ardoise, bois gainé de cuir, morceaux de parchemin, de cuir ou de toile enduits de plâtre ou de vernis) à des fins spéciales. En effet, une fois les parties séparées copiées d'après la partition établie par le compositeur, celui-ci effaçait sa pièce et en écrivait une autre. L'utilisation de ce procédé, qui rend transitoire la rédaction première de l'œuvre, explique qu'il existe très peu de manuscrits autographes et de partitions avant le XVIIe siècle. Au contraire, des matières plus périssables comme le parchemin et le papier constituent les supports de la plupart des sources musicales occidentales manuscrites ou imprimées qui nous sont parvenues. Ces matières ont acquis en elles-mêmes une valeur de sources : le filigrane du papier, les collages, la composition chimique des encres, le graphisme sont susceptibles de fournir des renseignements sur la genèse de l'œuvre et d'aider à dater celle-ci.

Ces éléments sont également pris en considération par la sémiologie musicale (science des signes et des symboles dans leur rapport avec la fonction créatrice de la pensée et les structures sociales à l'intérieur desquelles elle s'exerce). Le concept de sources a donc fini par s'étendre à tous les niveaux de la matérialité du document. Il s'impose aujourd'hui à toute méthode d'investigation approfondie visant à la connaissance technique et historique de la musique comme aux divers stades de manifestation de l'objet musical.

Le développement récent des nombreux domaines que regroupe la musicologie implique par conséquent qu'on range aussi sous l'appellation de sources, en dehors du manuscrit musical proprement dit, qu'il soit autographe ou non, tout autre document émanant directement du compositeur ou ayant été rédigé sous son contrôle : esquisses, catalogues, écrits théoriques, lettres, etc. L'iconographie musicale constitue également une source appréciable, notamment pour l'organologie, à une époque où la facture d'instruments anciens depuis longtemps disparus est relancée par une pratique musicale éprise d'authenticité.

A ces diverses catégories de sources, il convient d'en ajouter une autre, représentée par l'enregistrement sonore. Plus fidèle que ne l'a jamais été la transcription manuscrite la plus scrupuleuse, il s'avère l'auxiliaire privilégié d'une science récente comme l'ethnomusicologie. Il permet également de fixer un certain nombre d'expressions de l'activité musicale qui échappent peu ou prou à la référence écrite : le folklore de tradition orale, le jazz et toutes les formes d'improvisation. Pour certaines productions musicales contemporaines comprenant dans leur structure des séquences aléatoires ou laissées à la liberté de l'exécutant, ou bien a fortiori pour la musique électroacoustique, l'enregistrement sur bande magnétique se substitue à la notation manuscrite et devra être considéré désormais, eu égard au statut juridique attaché à l'existence de l'œuvre et à sa diffusion, comme une source à part entière.

Il apparaît donc qu'aucune définition satisfaisante des sources ne puisse être formulée en dehors des considérations résultant non seulement des conditions de création et de transmission de l'œuvre mais encore des modalités d'interprétation et de perception de celle-ci, tendance nouvelle qui ne cesse de s'affirmer et s'étend au domaine de la sociologie musicale.

L'élargissement de la notion de sources est un phénomène moderne. Ainsi, l'intérêt qu'Estienne Pasquier manifeste au XVIe siècle pour les poètes du Moyen Âge dans ses *Recherches de la France* (1560) se distingue de la démarche de Jean Benjamin de La Borde qui effectue dans son *Essai sur la musique* (1780) une première tentative de catalogage des sources médiévales. L'un poursuit encore une quête de références culturelles dans une perspective humaniste tandis que l'autre cède déjà au réflexe vital de conservation et de mise en ordre né de la prise de conscience du sens de l'histoire. Ce concept associé aux données de la réflexion critique demeurera sous-jacent à toute entreprise de regroupement, de protection et de classement des sources musicales.

Jusqu'à la seconde moitié du XVe siècle, la délimitation des genres musicaux, des types de notation et de la fonction des œuvres (liturgiques ou profanes) détermine la classification des sources.

1. **Le chant grégorien.** Les prosaires ou les tropaires (recueils de proses, de séquences ou de tropes) sont souvent conservés sous la dénomination de codex (étymologiquement « recueil de formules »). Par exemple, *Antiphonale missarum sancti Gregorii* (Xe siècle), codex 339 de la bibliothèque de Saint-Gall (Suisse); *Antiphonarium tonale missarum* (XIe siècle), codex H. 159 de la Bibliothèque de la faculté de médecine de Montpellier, etc.

2. **La monodie profane.** Les manuscrits sont, pour la plupart, des « chansonniers » compilant les chants des trouvères et des troubadours. Les quatre principaux sont : le Chansonnier de Milan (Bibliothèque ambrosienne, Milan), le Chansonnier d'Urfé, le Manuscrit du roi et le Chansonnier de Saint-Germain-des-Prés (Bibliothèque nationale, Paris); une autre source capitale est représentée par le codex de Beuren réunissant les *Carmina Burana* (Staatsbibliothek, Munich).

3. **La musique d'orgue.** Le premier manuscrit connu est le codex de Robertsbridge (vers 1320); le codex de Faënza (vers 1420) comportant de nombreuses transcriptions d'œuvres vocales (de Machaut notamment), les tablatures allemandes telles que les « fundamenta » (méthodes d'orgue) d'Adam Ileborgh (1448) et de Konrad Paumann (*Buxheimer Orgelbuch*, Staatsbibliothek, Munich).

4. **La musique polyphonique.** Avant 1100, il existe quelques traités d'organum dont le plus ancien, intitulé *Musica enchiriadis* a Hoger de Laon pour auteur ; pour le XIIe siècle, le manuscrit de Saint-Martial de Limoges (vers 1150) [Bibliothèque nationale, Paris] et le codex Calixtinus ou *Liber sancti Jacobi*, de Compostelle (Espagne); pour le XIIIe siècle, plusieurs manuscrits de l'école de Notre-Dame (Ars antiqua) reproduisant clausules, conduits, motets, organa, dont plusieurs versions dérivées du plus important d'entre eux, le *Magnus Liber organi* connu sous le nom d'*Antiphonarium Mediceum* antérieur à 1200 et attribué à Pérotin (Bibliothèque de Florence); les codex de Bamberg, de Turin; les manuscrits des *Cantigas de Santa Maria* d'Alfonso El Sabio, conservés à Madrid et à l'Escurial; pour le XIVe siècle (Ars nova), les manuscrits du *Roman de Fauvel* (vers 1320) et les œuvres de Guillaume de Machaut (Bibliothèque nationale, Paris); le manuscrit du British Museum (compositions italiennes); le codex Squarcialupi de Florence; les manuscrits de Modène, de Chantilly, le codex d'Apt (messes), etc. ; pour le XVe siècle, le manuscrit de Bologne (compositions de Ciconia, Dunstable, Dufay, etc.); le codex d'Aoste; le *Cancionero musical* de Madrid (villancicos), entre autres.

Tous ces manuscrits, les premiers à avoir été inventoriés dans l'histoire des sources, ont fait l'objet d'études ou d'éditions scientifiques. L'apparition de l'édition musicale au début du XVIe siècle fit évoluer la nature des sources. Dans de nombreux cas, en effet, la musique imprimée entra en concurrence avec la version manuscrite ou se substitua à elle. L'édition originale ou, à défaut, les éditions ayant suivi celle-ci, restent souvent la seule source accessible.

A cet égard, un apport capital est représenté, en France, par le dépôt légal qui oblige tout éditeur à déposer un exemplaire de chacune de ses publications. Institué dans son principe par François Ier, le dépôt légal a fonctionné d'une manière irrégulière au cours des siècles. Plus rigoureusement surveillé à partir du premier Empire, il a permis de collecter plus de la moitié de la production française de musique gravée pour le seul XIXe siècle. Les registres et les exemplaires du dépôt légal sont conservés à la Bibliothèque nationale.

L'existence d'un certain nombre de fonds d'archives musicales reste liée à l'activité d'un centre liturgique (monastère, maîtrise) ou au fonctionnement d'une institution musicale (musique de la Chambre, de la chapelle, de l'Écurie du roi, opéra, académies de musique, etc.).

L'une des sources principales pour la musique française et italienne des XVIIe et XVIIIe siècles est la collection manuscrite entreprise vers 1680 par André Danican-Philidor qui recopia systématiquement tout le répertoire des musiques du roi depuis le règne de Louis XIII, ballets et opéras compris. La tâche fut poursuivie par son fils Anne Danican qui créa un double de cette collection pour le comte de Toulouse. Il s'agissait pour eux d'établir un texte de référence. La partie la plus importante des deux collections dispersées dans diverses bibliothèques d'Europe et des États-Unis est conservée à la Bibliothèque nationale de Paris.

D'autres fonds ont été constitués par des mécènes ayant engagé des musiciens à leur service (bibliothèque musicale du duc d'Aiguillon), par des amateurs (fonds J.-B. Laurens, bibliothèque Inguimbertine de Carpentras) ou par des musiciens érudits (fonds Fétis, Bibliothèque royale Albert Ier, Bruxelles).

L'existence des bibliothèques musicales, dont la constitution ou la disparition furent parfois dues aux circonstances politiques, répondit jusqu'à la fin du XVIIIe siècle au besoin de la consommation musicale autant qu'à la préoccupation de préserver les œuvres en tant que sources musicologiques. Le rôle déterminant ou initiateur de ces bibliothèques privées n'est pas douteux. L'exemple de W. A. Mozart découvrant la musique de J.-S. Bach et de Haendel dans la bibliothèque du baron van Swieten le prouve. Au lendemain de la Révolution, les sources musicales furent placées dans des bibliothèques publiques non spécialisées. L'essor de la musicologie a suscité au XXe siècle la création de bibliothèques spécifiquement musicales ou de départements spéciaux (département de la musique de la Bibliothèque nationale de Paris, par exemple) dont les méthodes ont été coordonnées par l'Association internationale des bibliothèques musicales.

Un processus similaire de spécification a été appliqué au classement des sources. Les catalogues collectifs et les répertoires analytiques sont venus se substituer aux bibliographies universelles du XIXe siècle. Le pionnier dans ce domaine fut Robert Eitner *(1832-1905)* dont la *Bibliographie der Musik-sammel Werke des XVI und XVII Jahrhunderts* (1877) puis le *Quellen-Lexikon*, dictionnaire inventoriant les sources jusqu'au milieu du XIXe siècle (1898-1904, 10 volumes) restaient, en dépit de leurs erreurs et de leurs lacunes, la base la plus importante de la bibliographie musicale jusqu'à la fondation, en octobre 1951, du *Répertoire international des sources musicales* (R. I. S. M.) à l'initiative de la Société internationale de musicologie et de l'Association internationale des bibliothèques musicales. Cette entreprise sans précédent compte actuellement trois séries en cours : A I (alphabétique), sources imprimées avant 1800 ; A II, sources manuscrites avant 1800 ; B (systématique). Les volumes décrivent, dans l'ordre de leur publication : les recueils imprimés du XVIe au XVIIIe siècle ; la théorie de la musique depuis l'ère carolingienne jusqu'à 1400 ; les manuscrits de musique polyphonique du Xe au XVIe siècle ; les tropes et les séquences ; les livres de chants d'église depuis le début de la langue allemande et hollandaise.

L'inventaire et l'exploitation des sources ont permis aux musicologues d'établir, dès le milieu du XIXe siècle, des éditions musicales à caractère scientifique et critique ou *monuments* (Denkmaler en allemand). Ces éditions monumentales recouvrent six catégories regroupant les œuvres musicales et théoriques :
1. **d'une même époque** (par exemple, *Polyphonic Music of the 14th Century*, Monaco, 1956) ; 2. **d'un même pays** (par exemple, *Musica Britannica*, Londres, 1951) ; 3. **appartenant à un même genre** ou à une même forme (par exemple, *Chefs-d'œuvre de l'opéra français*, Paris, 1880) ; 4. **conçues pour un même instrument** ou une même famille instrumentale (par exemple, *Archives des maîtres de l'orgue*, Paris, 1898-1910) ; 5. **d'un même auteur** (par exemple, *J.-S. Bach Werke*, édité par la Bach-Gesellschaft, Leipzig, 1851-1899) ; 6. **d'un même manuscrit** (codex de Montpellier).

Quelle que soit la fidélité de la transcription imprimée d'une œuvre musicale à partir des sources les plus sûres et les mieux assimilées, l'intégrité du document original est irremplaçable, particulièrement en ce qui concerne les manuscrits médiévaux. C'est ainsi que le procédé du fac-similé fut employé dès la fin du XIXe siècle par les bénédictins de Solesmes pour établir la *Paléographie musicale* (1889), collection qui reproduit en vingt volumes les principaux manuscrits de chant grégorien, ambrosien, mozarabe, gallican. Ce procédé de reproduction s'est étendu depuis à des manuscrits d'œuvres plus récentes et publiées par ailleurs, tel *Don Giovanni* de Mozart, mais aussi aux éditions de musique ancienne. En effet, les exigences stylistiques de l'interprétation moderne d'œuvres antérieures à 1750 impliquent que l'instrumentiste ou le chanteur déchiffre directement les tablatures ou les éditions d'époque qui s'accommodent difficilement d'une transcription en notation moderne. Cela seulement tend à démontrer qu'en dépit du caractère scientifique qu'elle revêt obligatoirement la notion de sources est étroitement associée à celle de musique vivante.
J.-M. F.

SOURDINE. Accessoire destiné en principe à atténuer le son d'un instrument, mais dont l'effet essentiel est d'en modifier le timbre. Dans le cas particulier du piano, il ne faut pas confondre les étouffoirs qui retombent sur la corde sitôt la touche lâchée, sauf si la pédale droite est enfoncée comme le veut Beethoven dans l'adagio « senza sordini » de la *Sonate au clair de lune*, et la barre garnie de feutre qui s'applique sur l'ensemble des cordes, sous l'action de la pédale gauche dite « douce », dans la plupart des pianos anciens et des pianos droits. (Dans les pianos modernes, la pédale douce déplace légèrement le mécanisme vers la droite, en sorte que les marteaux ne frappent qu'une corde sur deux ou deux sur trois, sans que le timbre de l'instrument en soit changé.)

En ce qui concerne les instruments à cordes frottées de la famille du violon, la sourdine est une sorte de peigne placé sur le chevalet, ou une petite masse métallique en contact avec lui, qui en limite les vibrations.

Pour les cuivres, enfin, la sourdine est un cône introduit dans le pavillon, de forme et de matière très variables selon l'effet à obtenir. Le jazz, en particulier, use largement de la « trompette bouchée » et du trombone muni de la sourdine « ouah-ouah ».
M. T.

SOURIS (André), compositeur belge (*Marchienne-au-Pont 1899 - Paris 1970*). Il fit ses études de violon et de composition au conservatoire de Bruxelles (1911-1918), avec Paul Gilson. Il étudia plus tard la direction d'orchestre avec Hermann Scherchen (1935). D'abord influencé par l'impressionnisme français, il participa activement au mouvement surréaliste et rechercha en musique l'équivalence de la peinture dans ses premiers essais (*Quelques airs de Clarisse Juranville* ou *Comptines pour enfants sinistres*). Successivement professeur au conservatoire de Charleroi, chef d'orchestre à l'Institut national de radiodiffusion, directeur du Studio musical du Séminaire des arts, professeur au conservatoire de Bruxelles, président de la section belge de la Société internationale de musique contemporaine, il a été un animateur efficace de la vie musicale de son pays, ouvert à toutes les nouveautés et militant intrépide en faveur de la plus extrême avant-garde.

Sa participation au mouvement surréaliste, aux côtés de Magritte, Nougé et Scutenaire, lui avait gardé une indépendance d'esprit dont son activité de chef et de musicologue a largement profité : c'est ainsi qu'au cours des dix dernières années de sa vie il avait entrepris un vaste travail de transcription et d'édition de tablatures de luth des XVIe et XVIIe siècles, après avoir dirigé des fanfares d'amateurs, fondé la revue *Polyphonie* et révélé en Belgique la première œuvre de Boulez (1947).

Son œuvre de compositeur a probablement souffert d'une telle dispersion et d'une lucidité critique qui le tint à l'écart des recettes académiques et avant-gardistes. Sa connaissance approfondie des techniques, de l'histoire et de l'esthétique l'a toujours conduit à utiliser les timbres et les rythmes avec une sûreté et un goût infaillibles. Humaniste et homme d'une grande culture, il a également publié des poèmes et différents essais sans jamais dissocier l'esprit créateur de la réflexion critique.

Œuvres. — *Orchestre. Collage, Danceries*, symphonies, *le Dessous des cartes* (musique de scène), musiques de films. *Musique vocale. Quelques airs de Clarisse Juranville, Trois Poèmes japonais, Comptines pour enfants sinistres, l'Autre Voix, le Marchand d'images* (cantate), mélodies. *Transcriptions.* 1er livre de luth d'Adrien Le Roy, entrées de luth de Robert Ballard, fantaisies de Purcell.
A. G.

SOUSA (John Philip), compositeur et chef de musique américain (*Washington 1854 - Reading, Pennsylvanie, 1932*). Engagé dans la marine américaine dès l'âge de treize ans, il y poursuit des études musicales commencées avec John Esputa et conduit bientôt des petits ensembles de danse et de variétés. En 1880, nommé chef de musique de la marine nationale, il transforme l'ensemble médiocre qu'il avait alors sous ses ordres en une phalange de premier plan. Il l'abandonnera en 1892 pour constituer son propre orchestre d'harmonie qu'il conduira pendant près de quarante ans, et avec lequel il fera d'innombrables tournées tant en Amérique que dans le monde entier. Il est l'auteur de cent quarante marches, quatorze opérettes (*The Smugglers, Désirée, The Queen of Hearts, El Capitán, The Bride Elect, The Charlatan*, etc.), de poèmes symphoniques (*The Chariot-Race*), de plusieurs suites d'orchestre (*The Last Days of Pompeii, Three Quotations, Sheridan Ride*), de danses et de mélodies. On lui doit également des méthodes de violon, de trompette et de timbales ainsi qu'un recueil d'airs patriotiques et typiques de toutes les régions d'Amérique.
A. G.

SOUS-DOMINANTE. — 1. Nom donné par Rameau en 1726 au 4e degré de la gamme, quarte juste de la tonique (ou plus exactement sa quinte inférieure), lorsqu'il a une fonction harmonique, et dans ce cas seulement.
— 2. Accord ayant ce degré pour fondamentale.
— 3. Dans un rapport de tonalités, tonalité ayant pour tonique la sous-dominante du ton précédent ou celle du ton principal.
J. C.

SOUS-TONIQUE. Septième degré de la gamme, précédant la tonique, celle-ci étant numérotée VIII comme degré mélodique, mais I comme degré harmonique. Le nom est justifié quel que soit l'intervalle formé entre la sous-tonique et la tonique, mais on l'emploie presque exclusivement lorsque cet intervalle est plus grand qu'un demi-ton, préférant dans le cas contraire employer le terme *sensible*, auquel « sous-tonique » tend alors à s'opposer. J. C.

SOUZAY *(Gérard)*, baryton français *(Angers 1918)*. Élève de Lotte Lehmann et de Vanni-Marcoux, il a fait essentiellement une carrière de récitaliste. Il a triomphé dans le monde entier comme interprète de la mélodie française et du lied allemand, sans négliger pour autant la musique baroque qu'il a contribué à ressusciter. Au théâtre, il a surtout chanté le rôle de Don Juan et celui de Golaud *(Pelléas et Mélisande)*, où son art raffiné apparaissait fort bien employé. Sa musicalité exceptionnelle, son sens du phrasé, son articulation exemplaire en firent un des meilleurs chanteurs français de l'après-guerre. J. B.

SPARTACUS. « Scènes de la vie romaine », ballet en 4 actes de Khatchatourian, composé en 1956, créé la même année au théâtre Kirov de Leningrad. *Spartacus* développe le thème de la révolte des esclaves, qui est un des archétypes de l'art soviétique. Prisonnier des Romains, Spartacus est acheté par le patricien Crassus, et séparé de sa bien-aimée Phrygia, devenue esclave de la courtisane Égine. Devenu gladiateur, Spartacus réussit à organiser un soulèvement, finalement réprimé par la légion romaine dans un combat où le héros lui-même périt. Tout en restituant les scènes violentes et orgiaques de la Rome antique (défilé triomphal des légionnaires, combat de gladiateurs, saturnales), Khatchatourian trace le parallèle entre la révolte de Spartacus et « les luttes contemporaines contre toute forme de tyrannie, les combats des peuples opprimés contre l'agression impérialiste ». *Spartacus* valut à son auteur le prix Lénine en 1959. A. L.

SPECTRE DE LA ROSE (LE). Deuxième des six mélodies intitulées *les Nuits d'été* de Berlioz, sur des poèmes de Théophile Gautier, composées en 1840-41 pour voix et piano, et orchestrées en 1856.
D'autre part, le même poème a donné son nom à un ballet auquel le nom de Berlioz se trouve une nouvelle fois associé, mais fortuitement. En 1842, Berlioz avait effectué une orchestration de *l'Invitation à la valse* de Weber. Le 9 avril 1911, la troupe de Diaghilev représenta à Monte-Carlo un ballet en un acte, dont le livret, rédigé par Vaudoyer sur la base du poème de Gautier, fut adapté à cette musique. Une jeune fille revient de son premier bal, portant une rose à son corsage. Elle s'endort, et le spectre de la rose lui apparaît dans son rêve ; il danse avec elle, puis disparaît par la fenêtre. Lorsque la jeune fille se réveille, elle ne trouve plus que la rose, qu'elle embrasse avec tendresse. Ce ballet fut créé par Karsavina et Nijinski, dans des décors de Bakst. A. L.

SPEM IN ALIUM. Motet à quarante voix réelles de Thomas Tallis, vraisemblablement composé — d'où le symbolisme des nombres — pour le quarantième anniversaire de la reine Élisabeth Ire (1573). Cette œuvre en langue latine (bien que destinée à la chapelle d'une souveraine anglicane) est généralement considérée comme la plus spectaculaire de toute la polyphonie occidentale du XVIe siècle. Recourant à la grande tradition imitative chère à Lassus, Philippe de Monte et Palestrina, entre autres, elle rejoint, dans son organisation de l'espace sonore, les préoccupations du concert polychoral de l'école vénitienne de Saint-Marc, et des Gabrieli, en particulier. Il est cependant à noter qu'elle ne représente une manière d'exception (avec les fameuses *Lamentations de Jérémie*) dans la production d'un auteur surtout soucieux d'intimisme et de vie intérieure, au fil d'une musique essentiellement tournée vers la contemplation mystique. R. T.

SPEZIALE (LO). Opéra de Haydn. V. *Apothicaire (l')*.

SPICCATO. Variante du coup d'archet sautillé, dans laquelle l'archet est soulevé après chaque note. M. P.

SPIRAL. Œuvre pour un soliste et récepteur d'ondes courtes composée par Karlheinz Stockhausen en septembre 1968 à Madison, Connecticut (États-Unis). La création mondiale eut lieu le 15 mai 1969 par le hautboïste Heinz Holliger à la biennale de Zagreb (Yougoslavie). L'œuvre fut donnée plus de 1 300 fois entre le 14 mars et le 14 septembre 1970 — chaque jour dans des versions instrumentales ou vocales différentes —, dans le cadre de l'auditorium sphérique du pavillon allemand à l'Exposition universelle d'Osaka (Japon).
Le choix de l'instrument est libre, mais il doit s'agir impérativement d'un instrument mélodique (voix ou instrument à vent de préférence). Les événements sonores reçus par le récepteur radiophonique d'ondes courtes sont repris, imités et transformés par l'instrumentiste. Pour amplifier les sons instrumentaux, vocaux et radiophoniques et les projeter dans l'espace, on doit utiliser des microphones et au minimum deux haut-parleurs. Pour pouvoir jouer simultanément de l'instrument et du récepteur d'ondes courtes, on peut utiliser aussi n'importe quels moyens auxiliaires tels que touches, pédales, soufflets, cylindres, boucles de bande magnétique, programmations électroniques, commandes électroniques (acoustiques ou optiques), dispositif de lecture multiple de bande magnétique avec retard, etc.
Le schéma formel de la partition est assez rigide, mais non précisément formulé sur le plan de l'articulation et de la plastique sonores. Les dimensions internes et la durée totale de l'œuvre sont laissées au choix de l'interprète.
Spiral est une suite d'événements séparés par des pauses de silence d'une durée variable. La partition est constituée de signes d'augmentation (+), de diminution (−) et d'équivalence (=) qui définissent la modification quantitative des durées, des registres, de l'intensité et de l'articulation rythmique.
« Un événement capté sur ondes courtes doit s'approcher à un tel point de la partie instrumentale ou vocale qu'il ne fasse plus qu'un avec lui. Le premier événement doit être réalisé avec le récepteur d'ondes courtes et la voix/instrument. Sa durée, son intensité et sa structure sont relativement libres. À partir du deuxième événement, l'interprète a le choix de l'alternance d'événements avec ou sans récepteur d'ondes courtes, tout en assurant un équilibre proportionnel des uns par rapport aux autres. C'est alors le soliste qui détermine les durées, les intensités et la structuration des rythmes, selon la suite des signes de transformations qui est précisée dans la partition. En cherchant sur son récepteur radiophonique, le soliste changera très doucement de poste jusqu'au moment d'avoir trouvé quelque chose qui puisse correspondre aux proportions notées des hauteurs. Outre un certain nombre de transpositions simples, il y a des transformations particulières : ornementation, articulation polyphonique, condensation des éléments, étalements, etc. » (Karlheinz Stockhausen).
Pole für 2 et *Expo für 3* appliquent au jeu en duo (ou en trio) les règles particulières à *Spiral*, en y ajoutant un certain nombre de règles et de procédés supplémentaires concernant la synchronisation et les réactions réciproques des deux (ou trois) interprètes-instrumentistes ou chanteurs. « Avec cette œuvre, la notion, liée à l'idée de spirale, d'une musique évoluant, se transformant sans cesse, fut ouvertement reconnue comme telle... Les symboles de spirale signifient qu'il y a un processus *continu* de transcendance, et de transcendance de la transcendance. En d'autres termes, sous un interprète donné, *Spiral* ne peut jamais se terminer : il poursuit l'évolution spirale aussi longtemps qu'il continue d'être l'interprète de la partition. Le concept de base de *Spiral* est l'évolution constructive ; des objets musicaux trouvés (tous les

sons et toutes les musiques qu'on peut trouver sur un récepteur radiophonique d'ondes courtes servent de matériau cru) sont imités par l'instrument/voix (le facteur d'unité), et sont par là intégrés dans le champ de l'instrument/voix, et continûment développés. Cette transcendance, toutefois, ne saurait jamais être purement technique ; elle est plutôt " musico-psychologique " ou " musico-spirituelle ". Car puisqu'il est demandé à chaque interprète de transcender ses propres limites, et les limites des exécutions précédentes, satisfaire ces exigences devient finalement une question morale personnelle et subjective. Les conséquences en sont sans aucun doute universelles : à une petite échelle, une exécution personnelle inspirera peut-être à un autre interprète des possibilités plus avancées, jusque-là inconnues et inimaginées ; à une échelle plus grande, les implications de *Spiral* participent du concept spirituel évolutif de la spirale en général. Chaque musicien soliste devrait entreprendre d'interpréter cette œuvre comme un engagement ouvert à faire avancer, à transcender en un mouvement spiral, le jeu individuel et l'évolution de la musique, et donc (par ceux qui l'entendent) l'humanité dans son ensemble... Les physiciens, aujourd'hui, évoquant la nature de la matière et de l'univers, ne mettent pas l'accent sur l'importance des *particules fondamentales*, mais sur le *mouvement*, et sur des objets comme modèles de mouvement, tels que des tourbillons dans un courant. La *spirale* est un de ces tourbillons, et représente les forces de vie cosmiques traversant toutes choses dans l'univers » (Jill Purce, *la Spirale dans la musique de Stockhausen*). P. S.

SPITTA (Philipp), musicologue allemand *(Wechold, près de Hoya, 1841-Berlin 1894)*. Il étudia la théologie et la philologie classique à Göttingen. Devenu professeur de lycée, il s'intéressa de plus en plus à l'histoire de la musique, en particulier à Bach, et, en 1873, publia le premier volume de sa grande étude sur ce compositeur. Cette parution fit date, et en 1875, Spitta fut nommé professeur d'histoire de la musique à l'université de Berlin et directeur de l'École supérieure de musique de cette ville, postes qu'il devait conserver jusqu'à sa mort. Comme biographe, il avait le sens de l'histoire et du contexte historique, et comme pédagogue, il forma notamment Oskar Fleischer, Max Friedländer et Max Seiffert. En 1885, il fonda avec Friedrich Chrysander et Guido Adler le *Vierteljahrsschrift für Musikwissenschaft*, un des premiers périodiques scientifiques consacrés à la musique. Outre son ouvrage sur Bach *(Johann Sebastian Bach*, Leipzig, 1873-1880), il a publié notamment des *Musikgeschichtliche Aufsätze* (Berlin, 1894), et édité des œuvres de Buxtehude, Schütz et Frédéric II de Prusse. M. V.

SPOHR (Louis), compositeur, chef d'orchestre et violoniste allemand *(Brunsvick 1784-Cassel 1859)*. Il entra dès 1779 dans la chapelle de la cour de Brunsvick. Après de premières tournées de concerts, il dirigea la chapelle de la cour de Gotha (1805-1812), puis fut nommé en 1813 chef d'orchestre au Théâtre an der Wien à Vienne, où il composa son premier succès dramatique, *Faust* (Prague, 1816). Il était alors considéré comme le premier violoniste allemand et avait déjà accompli avec sa femme, célèbre harpiste, de nombreuses tournées. De sa renommée témoigne, entre autres, le concerto pour violon op. 47, dit *in modo di scena cantante* (1816). Directeur de l'Opéra de Francfort de 1817 à 1819, il devint, en 1822, sur la recommandation de Weber, maître de chapelle à la cour de Cassel, où il devait finir ses jours. Sous sa direction, la vie musicale prit à Cassel un grand essor, en particulier dans le domaine de l'opéra. Il y créa son second succès dramatique, *Jessonda* (1823), et y donna *le Vaisseau fantôme* de Wagner en 1843, puis *Tannhäuser* en 1853. À l'occasion du vingt-cinquième anniversaire de son arrivée, il fut fait *Generalmusikdirektor*. Mais ses relations avec la cour se tendirent, et c'est contre son gré qu'il fut mis à la retraite en 1857. Ses dernières années furent, en outre, assombries par une fracture du bras gauche qui lui interdit de jouer du violon.

Compositeur très fécond, il écrivit notamment 10 symphonies (de 1811 à 1857), 17 concertos pour violon et 4 pour clarinette, un célèbre quadruple concerto pour quatuor à cordes et orchestre, une très grande quantité de musique de chambre, dont plusieurs pièces faisant appel à la harpe, près de 100 lieder, des oratorios et 10 opéras. Ces ouvrages font de lui un des principaux représentants du romantisme allemand dans l'esprit de Mendelssohn. D'où, à la fois, le très grand succès qu'il rencontra de son vivant, en particulier en Angleterre (où il eut même une renommée posthume appréciable), et l'oubli presque total dans lequel il tomba par la suite. Vers 1830-1840, on vit parfois en lui l'héritier le plus authentique de Haydn, Mozart et Beethoven. Il effectua dans le domaine du chromatisme des recherches assez poussées, mais n'en déboucha pas moins, très souvent, sur le néoclassicisme. Cela dit, ses meilleures œuvres de musique de chambre, comme le célèbre *Nonet* op. 31 pour violon, alto, violoncelle, contrebasse, flûte, hautbois, clarinette, basson et cor, l'*Octuor* op. 32 ou le *Septuor* op. 147, témoignent non seulement de son grand talent, mais aussi de tout un courant musical — courant quelque peu provincial, mais synthétisant non sans bonheur les côtés les plus brillants de la tradition en matière d'opéra et de musique instrumentale, que plus que tout autre il sut personnifier. Parmi ses écrits, une méthode de violon (*Violinschule*, 1832) et une intéressante autobiographie posthume en 2 volumes (*Selbstbiographie*, 1860-61). M. V.

SPONSUS (lat. « époux »). Mot servant, dans le manuscrit lui-même, de titre à l'un des drames liturgiques les plus importants du XIe siècle, conservé avec sa musique dans un manuscrit provenant de Saint-Martial de Limoges (mais non rédigé pour cette abbaye), aujourd'hui à la Bibliothèque nationale de Paris (lat., 1139). Il a pour sujet la parabole évangélique des Vierges sages et des Vierges folles, considérée comme une prophétie de la venue du Christ et par là rattachée à la liturgie de Noël ; il s'enchaîne du reste avec l'un des nombreux « Drames des prophètes » localisés aux matines de Noël, et en forme peut-être un prologue. Les répliques strophiques, toutes chantées, sont, alternativement, en latin et en français (dialecte limousin). J. C.

SPONTINI (Gaspare), compositeur italien *(Maiolati, Ancona, 1774-id. 1851)*. Voué à l'état ecclésiastique, il s'en détourna grâce à sa passion pour l'orgue, étudia à Naples dès 1793 et fut encouragé par Cimarosa et Piccinni. En 1796, il donnait à Rome *I Puntigli delle Donne*, mais, peu fait pour le genre bouffe, réussissait davantage avec son opera seria *Il Teseo riconosciuto* (1798). Après avoir écrit une quinzaine d'ouvrages légers, il vint s'établir à Paris, où sa *Finta filosofa*, jugée naguère trop sévère à Naples, conquit le public français en 1804. Il donna alors des opéras-comiques où il adoptait la manière des Grétry, Cherubini et Méhul, puis une cantate d'un ton nouveau (*L'Eccelsa Gara*, 1806), qui lui valut d'être nommé directeur de la musique de l'impératrice. C'est à elle qu'il dut de triompher des attaques de Grétry et de Lesueur et qu'il put faire jouer à l'Opéra sa *Vestale* en 1807. Plus audacieuse encore, sa partition de *Fernand Cortez* (1809) ne s'imposa véritablement que dans son remaniement de 1817, année où il opta pour la nationalité française. En 1810, il avait pris la direction du Théâtre-Italien, où il donna pour la première fois *Don Giovanni* en version originale et, après y avoir fait créer *Olympie* (1819), il quitta Paris, pour s'établir à Berlin où ses idées réformatrices obtinrent un accueil favorable ; il y donna notamment un chef-d'œuvre grandiose, *Agnes von Hohenstauffen* (1829, remanié 1837), eut avec la presse des démêlés qui conduisirent Ludwig Rellstab en prison et dut, en 1842, laisser son poste à Meyerbeer. Ayant été fait membre de l'Institut en 1831, il regagna Maiolati et s'intéressa à la réforme de la musique religieuse.

Représentant typique du cosmopolitisme musical de l'ère napoléonienne, considéré à tort par la postérité comme le témoin d'un « style empire » assez glacé, il sut, mieux que Cherubini, adapter sa veine mélodique italienne à la grandeur de la tragédie lyrique française et au nationalisme de l'opéra romantique allemand naissant, dont il fut le véritable initiateur. Ses audaces d'écriture, son chromatisme, inattendu à l'aube du XIXe siècle, son orchestration innovatrice eurent, durant tout le siècle, une forte influence sur Berlioz, sur Verdi et sur Wagner qui le portait en grande estime. En 1845, Spontini déclarait précisément à ce dernier « qu'aucune partition n'avait été écrite, depuis sa *Vestale*, qui n'ait pillé ses innovations ». Jugement excessif, sans doute, mais plus fondé qu'il n'y parut alors.   R. M.

SPRECHGESANG (all. « chant parlé »). Dans ce style de récitation, utilisé par Schönberg dans *Pierrot* lunaire*, les notes ne sont considérées que comme des indications de hauteur non absolues et ne doivent pas être soutenues, chacune étant liée à la précédente et à la suivante par un port de voix ascendant ou descendant, apparaissant au niveau de la notation. Il est à noter que l'auteur, enregistrant plus tard son œuvre, ne fit pas respecter les hauteurs de notes indiquées. En fait, le Sprechgesang s'inscrit dans la notion plus générale de *Sprechstimme* (« voix parlée »), envisagée de différentes façons par les compositeurs allemands : Humperdinck l'emploie dans *Königskinder* (mimodrame datant de 1897, puis transformé en opéra), remplaçant alors la note par une croix sur la portée, et à la même époque Max von Schillings dans *Hexenlied*. Dans *Moïse et Aaron* (1931), Schönberg suggère seulement la hauteur des notes en n'employant plus qu'une seule ligne et non plus la portée traditionnelle de cinq lignes. Berg, qui utilise le Sprechgesang dans *Wozzeck* (1921), le différencie soigneusement des autres expressions chantées ou entièrement parlées. Il faut noter qu'une sorte de « style Sprechgesang » a été utilisé par certains chanteurs d'opéra, et étendu abusivement à l'exécution des opéras de Wagner, de Strauss, par exemple, notamment par Max Lorenz, Gustav Neidlinger, Wolfgang Wingassen, etc.   R. M.

STAATSTHEATER. Composition scénique pour voix et instruments, *Staatstheater* (« Théâtre d'État ») de Mauricio Kagel a été commandé par l'Opéra de Hambourg, où a eu lieu sa création le 21 avril 1971, et fut composé entre 1967 et 1970. La partition comporte 9 parties qui ne sont pas des tableaux ni des actes, mais des « propositions de jeu » musical, théâtral, vocal ou chorégraphique qui tiennent lieu de réservoir, car la représentation, d'une durée maximale de cent minutes, ne permet jamais d'exécuter l'ensemble de l'ouvrage. Le metteur en scène, les interprètes et le chef d'orchestre doivent effectuer un choix et décider de l'ordre dans lequel s'enchaîneront, sans entracte, les fragments qu'ils auront retenus, étant entendu que certaines propositions sont superposables. Il est possible également de présenter séparément en concert ou au théâtre 1 ou 2 des 9 volets de *Staatstheater*. Le premier, *Répertoire* (1970), par lequel doit toujours commencer *Staatstheater*, propose une centaine d'actions différentes mettant en jeu des corps sonores non conventionnels (balles, ressorts, pompe à bicyclette, allumettes), dont l'utilisation est notée très précisément tant sur le plan du rythme que sur celui de la dynamique.

Einspielungen, musique pour haut-parleurs (1970), doit être réalisé préalablement par des choristes et des musiciens puis enregistré. Il s'agit de 12 séquences, chacune prenant pour point de départ un intervalle différent. L'ordre est libre, il n'y a pas de paroles.

Ensemble (1967-1969), pour 16 voix, est constitué de 16 feuilles, chacune destinée à un type de voix précis (soprano coloratura, soprano dramatique, ténor héroïque, basse bouffe, etc.), qui peuvent chanter séparément ou ensemble. Le nombre des chanteurs peut être réduit à condition de modifier le titre. Les paroles sont des onomatopées, variées selon une technique de permutation très élaborée. Les costumes doivent être ceux du répertoire. L'exécution peut être statique ou emprunter ses actions à *Saison*. *Ensemble* peut être donné concurremment à d'autres numéros de *Staatstheater* selon les décisions du chef et du metteur en scène.

Debüt (1968-1970), pour 60 voix, destiné non plus aux solistes mais aux choristes. Tout ce qui a été dit au sujet de *Ensemble* s'applique à *Debüt*.

Saison (1970), singspiel en 65 tableaux, propose, comme *Répertoire*, un réservoir d'actions musicales destinées à un groupe de 16 à 76 chanteurs ou chanteuses. Le choix, l'ordre, les superpositions sont *ad libitum*, mais ici comme ailleurs cette liberté n'est qu'une faible compensation en regard de la discipline exigée par l'extrême précision de la notation.

Spielplan (1970), musique instrumentale en action, rassemble 42 propositions qui font l'objet d'une sélection, dont les 5 à 7 musiciens requis se répartissent l'exécution. Comme dans *Répertoire* et *Saison*, l'emploi d'instruments traditionnels en est presque exclu au profit des machines à écrire, peigne, arc et autres objets sonnants. Des événements enregistrés, ainsi que d'autres fragments de *Staatstheater* peuvent se superposer à *Spielplan*.

Kontra→danse (1970), ballet pour non-danseurs, s'adresse à des comédiens ou à des gymnastes qui devront s'efforcer de réaliser aussi parfaitement que possible les figures chorégraphiques indiquées, toutes empruntées au ballet classique. De l'impossibilité de parvenir à un résultat vraiment satisfaisant naît l'effet comique de *Kontra→danse* qui n'est en aucun cas une simple caricature. Sept musiciens, instrumentistes et/ou vocalistes, se répartissent les 7 parties musicales notées exclusivement sous le rapport du rythme.

Parket (1970), scènes concertantes pour masse, est destiné à un ensemble de 10 à 76 participants. Comme tous les autres numéros de *Staatstheater*, à l'exception de *Répertoire*, *Parket* peut se superposer à d'autres fragments. Les 12 propositions qui le composent se présentent comme une synthèse des 8 autres volets ; la dernière action, dans laquelle tous les participants s'adonnent à des exercices collectifs de gymnastique, sert de conclusion à *Staatstheater*.

Considéré à sa création comme un anti-opéra, cette œuvre est plutôt une sorte d'approche analytique des diverses composantes, cachées ou apparentes, de l'opéra, mises à plat sur la partition, puis réanimées de façon insolite par les juxtapositions et les superpositions auxquelles donne lieu la représentation. Ce qui différencie principalement *Staatstheater* d'un opéra ou d'une œuvre de théâtre musical, c'est qu'il n'en existe pas de partition fixe et définitive mais que c'est un ouvrage « à réaliser », au même titre, mais sur une échelle plus grande, que la *3e Sonate* de Boulez ou le *Klavierstück XI* de Stockhausen.   Gé. C.

STABAT MATER. Poème sur les douleurs de la Vierge pendant la Passion, attribué à Jacopone de Todi, franciscain de la fin du XIIIe siècle. Mis en musique sous forme de séquence, il n'est entré très tardivement à l'office, postérieurement à la sévère limitation du nombre des séquences par le concile de Trente, mais, par contre, il s'est largement popularisé sous forme de cantique strophique populaire, et a inspiré de nombreux musiciens, parmi lesquels Palestrina, Alessandro Scarlatti, Pergolèse, Haydn, Rossini, Dvořák, Szymanowski, et, de nos jours, Poulenc et Penderecki, qui a inséré son *Stabat* dans sa célèbre *Passion selon saint Luc* (V. SÉQUENCE).   J. C.

STACCATO. Terme indiquant que les notes doivent être jouées bien séparées les unes des autres.

Dans la technique des instruments à cordes frottées, le staccato consiste généralement en une série de sons légèrement martelés, joués en « détaché » ou bien dans le même coup d'archet. L'archet, sans quitter la corde, exécute de petites attaques mordantes suivies chacune d'un relâchement. Dans un tempo rapide, le staccato

« volant » (appelé aussi « rebondissant » ou « à ricochet ») consiste à lancer l'archet sur la corde, créant ainsi une impulsion qui permet d'articuler plusieurs notes dans le même coup d'archet par une suite de petits rebondissements. M. P.

STADER (*Maria*), soprano suisse (*Budapest 1911*). Elle étudia le chant de 1933 à 1939 auprès de H. Keller à Karlsruhe, I. Durigo à Zurich, Lombardi à Milan et Th. Schnabel, et remporta en 1939 le concours de Genève. Dotée d'une voix de faible volume, mais bien timbrée, lumineuse et souple, elle se révéla grande interprète de Bach et de Mozart, surtout en concert et en disque. En marge de sa carrière, arrêtée en 1969, elle a enseigné à l'Académie de musique de Zurich et aux États-Unis, et publié plusieurs livres sur les problèmes de l'interprétation, notamment de la musique de Bach. M. W.

STADLER (abbé *Maximilian*), compositeur et historien de la musique autrichien (*Melk 1748 - Vienne 1833*). Élève d'Albrechtsberger à Melk, il y prononça ses vœux en 1767 et y fut ordonné prêtre en 1772. Il fut abbé dans plusieurs monastères, puis conseiller de l'évêque de Linz (1791) et, en 1796, s'installa à Vienne, où il fut prêtre de diverses paroisses jusqu'en 1815. Il joua auprès de la veuve de Mozart un rôle de conseiller musical, cataloguant et classant les manuscrits laissés par l'auteur de *Don Giovanni*, et, en 1825, défendit avec succès l'authenticité du *Requiem*. Il fut aussi en relations étroites avec Haydn, Beethoven et Schubert. Au plus tard en 1819, il entreprit la rédaction de ses *Materialen zur Geschichte der Musik unter den österreichischen Regenten* (Matériaux pour une histoire de la musique sous les monarques autrichiens). Longtemps considéré comme perdu, cet important manuscrit, qui n'est autre que la première histoire de la musique en Autriche, fut redécouvert à Vienne en 1969 et publié en 1974. Comme compositeur, il a surtout laissé de la musique vocale (oratorio *Die Befreyung von Jerusalem*, 1813). M. V.

STALINGRAD. Titre attribué par erreur à la 8ᵉ *Symphonie* en *do* mineur, op. 65, de Dimitri Chostakovitch (1943). P. V.

STAMITZ (STAMIC), famille de musiciens originaires de Bohême.
— 1. **Johann Anton,** violoniste et compositeur (*Nemecky Brod 1717- Mannheim 1757*). Il étudia avec son père, puis au collège des jésuites de Jihlava (1728-1734) et à l'université de Prague (1734-35). Probablement en 1741, il fut engagé à la cour de Mannheim, et y devint premier violon en 1743, puis *Konzertmeister* en 1745 ou 1746, et enfin directeur de la musique instrumentale en 1750. Sous sa direction, l'orchestre de Mannheim devint l'un des plus réputés d'Europe et la ville l'un des principaux lieux de développement de la symphonie préclassique (v. MANNHEIM [ÉCOLE DE]). En 1754, il se rendit à Paris, débutant au Concert spirituel (où l'on avait déjà joué au moins une de ses symphonies) le 8 septembre, et resta dans cette ville, où parurent alors ses *Trios d'orchestre* op. 1, environ un an. La plupart de ses ouvrages publiés le furent d'ailleurs dans la capitale française.
Il écrivit des concertos, de la musique de chambre et 8 œuvres vocales, dont 1 messe en *ré*, célèbre de son vivant (et donnée à Paris le 4 août 1755), mais son importance réside surtout dans ses symphonies, dont 58 ont survécu, et dans ses 10 trios pour orchestre, pour cordes seules, et qui occupent une position intermédiaire entre la musique orchestrale et la musique de chambre (ils peuvent se jouer avec un ou plusieurs instruments par partie). Les symphonies les plus anciennes sont pour cordes et 2 cors, les suivantes font appel en outre à 2 flûtes, à 2 hautbois ou même (pour les plus tardives) à 2 clarinettes, et pour 5 d'entre elles à 2 trompettes et timbales. Plus de la moitié des symphonies, et 9 des 10 trios pour orchestre, sont en 4 mouvements avec menuet en 3ᵉ position. Il cultiva le crescendo et fit progresser l'art de l'orchestration ainsi que le travail thématique, mais, loin d'en avoir été l'inventeur, il adapta à la symphonie naissante ces traits de style largement originaires d'Italie. En cela, et par l'impulsion qu'il donna à l'école de Mannheim, dont il fut le premier grand représentant, il joua un rôle considérable. Il fut redécouvert au début du XXᵉ siècle, surtout grâce à Hugo Riemann*, mais il n'est plus possible aujourd'hui de voir en lui, comme le fit ce dernier, le principal prédécesseur de Haydn.
— 2. **Carl,** compositeur, violoniste et altiste (*Mannheim 1745 - Iéna 1801*). Fils du précédent, il étudia avec son père, puis avec Cannabich, Holzbauer et Richter, et, de 1762 à 1770, fut second violon dans l'orchestre de Mannheim. En 1770, il se rendit à Paris, où il fut protégé par le duc de Noailles, avec lequel il voyagea en Europe. Son départ définitif de Paris intervint sans doute en 1777. Après cette date, il fut surtout virtuose itinérant, séjournant dans de nombreuses villes d'Allemagne. Il écrivit beaucoup de musique de chambre, mais sa réputation repose surtout sur ses quelque 50 symphonies et sur ses 38 symphonies concertantes (pour un nombre d'instruments solistes allant de 2 à 7). On lui doit aussi de nombreux concertos (pour violon, clarinette, flûte, basson), ainsi que des ouvrages pour viole d'amour.
— 3. **Anton,** compositeur, violoniste et altiste (*Nemecky Brod 1750 - Paris ou Versailles entre 1789 et 1809*). Frère du précédent, il se rendit avec lui en 1770 à Paris, qu'il ne quitta sans doute jamais plus, et où il écrivit la plupart de ses œuvres (symphonies, concertos, musique de chambre). M. V.

STANFORD (sir *Charles Villiers*), compositeur, pédagogue et chef d'orchestre britannique (*Dublin 1852 - Londres 1924*). Il étudia à Cambridge, ainsi qu'à Leipzig avec Reinecke (1874 et 1875) et à Berlin avec Friedrich Kiel (1876), et assista en 1876 au premier festival de Bayreuth. Il dirigea le London Bach Choir de 1885 à 1902, et enseigna la composition au Royal College of Music dès sa fondation en 1883, ainsi que la musique à Cambridge à partir de 1887 (il occupa ces deux postes jusqu'à sa mort). Comme pédagogue, son influence fut considérable, et il forma à peu près tous les compositeurs anglais des deux générations suivantes (Vaughan Williams, Holst, Coleridge-Taylor, Ireland, Bridge, Butterworth, Bliss, Moeran). De la part qu'il prit avec Elgar ou Parry dans le renouveau de la musique en Grande-Bretagne à partir de la fin du XIXᵉ siècle témoignent aussi ses activités de compositeur, en particulier dans le domaine religieux (*Morning, Communion and Evening Services* en *si* bémol op. 10, 1879). On lui doit notamment des oratorios (*The Resurrection* d'après Klopstock, 1875), des ouvrages pour la scène, dont 10 opéras, de la musique d'orchestre, dont 7 symphonies, de la musique de chambre et de piano et des chants où transparaissent souvent ses origines irlandaises. M. V.

STARKER (*Janos*), violoncelliste hongrois, naturalisé américain (*Budapest 1924*). Il entre à sept ans à l'académie Franz-Liszt de Budapest et achève ses études à l'Académie de musique de Vienne, où il fonde une société de musique de chambre. Premier violoncelle de l'Orchestre de l'Opéra et de la Philharmonie de Budapest (1945-46), puis, aux États-Unis où il émigre, de l'Orchestre symphonique de Dallas (1948-49), du Metropolitan Opera de New York (1949-1953), de l'Orchestre symphonique de Chicago (1953-1958), il accorde peu d'importance à la carrière de soliste, préférant enseigner à l'université de Bloomington ou se consacrer à la musique de chambre (il est membre du quatuor Roth, de 1950 à 1953, et d'un trio réputé, avec Julius Katchen et Josef Suk, jusqu'en 1969). Il a créé le concerto de Miklos Rosza, qui lui est dédié, et imposé de façon transcendante la *Sonate pour violoncelle seul* de Kodály. Ses interprétations des *Suites* de Bach, profondément introverties, sont d'une beauté linéaire jusqu'à l'aridité. Il joue sur un instrument de Matteo Gofriller, le *Star* de 1706. M. W.

STASSOV (Vladimir Vassiliévitch), critique musical russe *(Saint Pétersbourg 1824-id. 1906).* Directeur du département artistique de la Bibliothèque impériale de Saint-Pétersbourg de 1872 à sa mort, il joua un rôle important dans la vie culturelle de son pays. Nationaliste ardent, croyant à un art réaliste et utile à la société, se passionnant pour l'archéologie et le folklore, il se lia avec les musiciens du groupe des Cinq, dont, autant que Balakirev, le fondateur du cénacle, il orienta la doctrine. Son influence sur Moussorgski, dont il dirigea les lectures, qu'il conseilla pour le livret de *Boris Godounov,* et à qui il fournit presque tout l'argument de *Khovanchtchina,* fut déterminante.

J. R.

STEFFANI (Agostino), compositeur italien *(Castelfranco, près de Venise, 1654-Francfort-sur-le-Main 1728).* Remarqué à treize ans par le prince électeur de Bavière, il resta à Munich de 1667 à 1688, non sans effectuer un séjour d'études de deux ans à Rome (1672-1674). Il se rendit également à Paris, où il assista sans doute à la création de *Bellérophon* de Lully, et à Turin (1678-79). En 1681, il devint directeur de la musique de chambre du nouveau prince électeur de Bavière, Maximilien II, et donna la même année son premier opéra, *Marco Aurelio.* Quatre autres opéras, dont deux perdus, furent encore écrits à Munich entre 1685 et 1688.

C'est pour le compte de la cour de Munich que, parallèlement à ses activités de musicien, Steffani, qui avait été ordonné prêtre en 1680, commença sa carrière diplomatique.

De 1688 à 1703, il fut au service du duc Ernst-August de Hanovre, d'abord surtout comme musicien (il composa probablement durant cette période huit opéras italiens), ensuite surtout comme diplomate, et de 1703 à 1709 au service de l'Électeur palatin à Düsseldorf (il se consacra alors surtout à la diplomatie). En 1706, il devint évêque de Spiga, et, de novembre 1708 à avril 1709, séjourna à Rome comme médiateur entre le pape et l'empereur alors en guerre. Nommé en 1709, après cette mission, nonce apostolique en Allemagne du Nord, il passa ses dernières années principalement à Hanovre, et mourut alors qu'il se rendait une nouvelle fois en Italie.

Comme compositeur, il écrivit, outre ses opéras, de la musique sacrée, mais son importance réside surtout dans ses duos de chambre pour soprano et alto, soprano et ténor ou soprano et basse (telles sont du moins les combinaisons vocales les plus fréquentes qu'on y rencontre) avec basse continue. Ces œuvres, composées pour la plupart avant 1702, marquèrent profondément le jeune Haendel. Elles comprennent jusqu'à six mouvements et traitent en général des douleurs de l'amour non partagé.

M. V.

STEIBELT (Daniel), pianiste et compositeur allemand *(Berlin 1765-Saint-Pétersbourg 1823).* Déserteur de l'armée prussienne en 1784, il mena une vie de virtuose itinérant qui le mena notamment à Paris — où il arriva avant la Révolution puis séjourna de façon permanente de 1790 à 1796 —, Londres, Vienne (où en 1800 il se mesura au piano avec Beethoven) et de nombreuses villes d'Allemagne. Le 24 décembre 1800, il dirigea devant Bonaparte, qui ne se rendant au concert avait failli périr dans l'attentat de la rue Saint-Nicaise, la première parisienne de *la Création* de Haydn. Il arriva à Saint-Pétersbourg en 1808, et, en 1810, y succéda à Boieldieu au poste de maître de chapelle impérial, qu'il devait conserver jusqu'à sa mort. Il écrivit de nombreux opéras ainsi que de la musique de chambre. Pianiste réputé, il composa pour son instrument d'innombrables pièces brillantes mais en général dénuées de profondeur, ainsi que 8 concertos (1796-1820). Acquirent une popularité particulière le 3e en *mi* op. 33 (*l'Orage,* 1799), le 6e en *sol mineur* (*le Voyage au mont Saint-Bernard,* v. 1816) et le 7e avec 2 orchestres (*Grand Concerto militaire, dans le genre des Grecs,* v. 1816). Le finale du 8e en *mi* bémol fait intervenir les chœurs.

M. V.

STEIN, famille germano-autrichienne de facteurs d'orgues et de pianos.
— 1. **Johann-Andreas Stein** *(Heidelsheim 1728-Augsbourg 1792).* Il fut d'abord l'élève de son père, le facteur d'orgues Johann Georg *(1687-1754).* Il travailla ensuite à Strasbourg avec J. A. Silbermann, puis à Ratisbonne avec P. J. Späth, avant de se fixer en 1751 à Augsbourg avec son frère Johann Heinrich. C'est surtout dans la facture de piano-fortes qu'il s'illustra, ainsi qu'en témoigne Mozart. Il en perfectionna le mécanisme et inventa divers autres instruments à clavier qui n'eurent pas d'avenir. Il laissa trois enfants.
— 2. **Maria Anna,** dite **Nannette** *(Augsbourg 1769-Vienne 1833).* Elle fut en quelque sorte la démonstratrice des instruments paternels. Elle épousa un autre pianiste, Johann Andreas Streicher, et transféra l'entreprise familiale à Vienne, où elle connut Beethoven dont elle devint l'interprète et l'amie dévouée.
— 3. **Matthäus Andreas** *(Augsbourg 1776-Vienne 1842).* Il avait accompagné sa sœur à Vienne et se sépara d'elle en 1802 pour fonder ses propres ateliers. Il eut pour successeur son fils Karl Andreas *(1797-1863).*
— 4. **Andreas Friedrich** *(Augsbourg 1784-Vienne 1809).* Il abandonna très tôt la facture pour une très brève carrière de pianiste et de compositeur.

M. T.

STEINWAY, facteurs de pianos allemands et américains.

L'origine de la firme *Steinway and Sons,* fondée à New York en 1853, est assez curieuse. En effet, Heinrich Engelhard Steinweg *(Wolfshagen, Harz, 1792 ou 1797-New York 1871)* eut une vie mouvementée. Dans la province de Saxe, berceau de la facture allemande du piano, il construit son premier instrument en 1835, à Seesen, puis fonde l'année suivante une petite manufacture à Rondenbarg, également dans le Harz.

Pour trouver, sans doute, de nouveaux marchés à ses produits et pour échapper à l'instabilité économique de son pays natal après 1848, Heinrich Steinweg et quatre de ses fils émigrent aux États-Unis en 1850. Le fils aîné, Carl Friedrich Theodor, poursuit alors la direction de la fabrique, en l'installant à Wolfenbüttel et, finalement, en 1859 à Braunschweig, où elle existe toujours sous le nom de *Grotrian-Steinweg* par suite de l'association conclue en 1858 avec Friedrich Grotrian. De leur côté, Heinrich et ses fils américanisent leur nom, qui devient Steinway pour d'évidentes raisons commerciales, et fondent la maison *Steinway and Sons* en 1853 à New York, trois ans seulement après leur arrivée, marque d'une grande activité et capacité de travail.

La fabrication s'oriente d'abord vers les grands pianos à queue, mais la fortune du piano carré aux États-Unis est telle, depuis les premiers modèles de J. Berend à Philadelphie en 1775 et les instruments colossaux de Krakauer (plus de deux mètres de long), que les Steinway s'y engagent un peu plus tard, en les portant rapidement à une tessiture (large pour l'époque) de sept octaves. Les innovations techniques ne leur échappent pas, puisqu'ils lancent dès 1855 leurs pianos à cadre acier *(full iron).* Vers 1860, la firme produit environ 500 pianos par an.

Émigrant à son tour en 1865, Theodor Steinweg abandonne son usine de Braunschweig à Wilhelm Grotrian et prend la place de son père (mort en 1871) à la direction de New York. En quelques années, il multiplie la production par six (3 400 pianos par an vers 1872) et donne la preuve que sa société aura les moyens d'un renom qui ne faiblira pas : présentation du premier piano droit en 1866 ; inauguration à New York, la même année, d'une salle de concerts qui porte son nom, le Steinway Hall ; fondation d'une agence de concerts qui a notamment représenté A. Rubinstein, I. Paderewski et Fr. Kreisler, et, de nos jours, accueille encore certains pianistes ; création de filiales à l'étranger, en 1877 à Londres, en 1880 à Hambourg, et, en 1909, à Berlin. La fabrication de modèles devenus désuets comme le piano carré est abandonnée en 1888.

La maison Steinway and Sons profite, dans la seconde moitié du XIXe siècle, de l'immense marché américain et peut se consacrer, grâce aux moyens importants dont elle dispose, à la mise au point des grands pianos de concert. Elle ne recherche pas actuellement une production massive de ces instruments (1 500 pianos à queue pour l'Europe en 1981), mais, en se limitant à une clientèle restreinte, elle désire conserver la solide réputation acquise depuis sa création.　　　　　　　　　　　　　　　　F. L. G.

STENDHAL (Henri BEYLE, dit), écrivain français (Grenoble 1783 - Paris 1842). Il a maintes fois exprimé sa passion pour l'opéra italien et son regret de ne pas avoir pu consacrer sa vie à la musique : ses études musicales (un peu de violon et de clarinette) étaient très sommaires. Ses grandes admirations étaient Cimarosa, Mozart, Rossini et Pergolèse — en tant qu'auteurs de musique vocale, naturellement.

En 1814, il publia, sous le pseudonyme de César Bombet des *Lettres sur le célèbre compositeur Haydn, suivies d'une vie de Mozart, et de considérations sur Métastase*, rééditées en 1817, toujours sous pseudonyme, sous le titre de *Vies de Haydn, de Mozart et de Métastase*. En fait, une grande partie de cet écrit était un plagiat éhonté d'un ouvrage de Giuseppe Carpani*, publié en 1812. Celui-ci s'en plaignit publiquement, dans deux lettres au *Constitutionnel*. Enfin, en 1824, Stendhal publia sa *Vie de Rossini*, un compositeur alors très célèbre et dont Stendhal se donnait comme le familier, bien que Rossini ne le connût pas du tout. On peut voir dans ces traits un signe de malhonnêteté, mais aussi la marque d'un authentique regret de ne pas vivre au sein de la musique, que Stendhal aimait sincèrement.

Surtout et avant tout, il aimait la *musique vocale*, car, pour ce qui est de la musique instrumentale, ses goûts étaient assez conventionnels (témoin cette critique sur certaines symphonies « savantes et pleines de recherches » de Mozart et de Beethoven, qui par « la quantité et la bizarrerie des modulations [...] n'ont produit aucun effet sur le public »). Il était l'amateur d'opéra par excellence, celui qui va chercher à la Scala de Milan (lieu qu'il fréquenta assidûment) la plus pure jouissance physique.　　　　　　　　　　　　　M. C.

STENHAMMAR (Wilhelm), compositeur et pianiste suédois (Stockholm 1871 - Göteborg 1927). Admirateur de Beethoven et de Wagner, il se rattache davantage à la tradition germanique qu'à l'école nationale romantique du Nord. Son œuvre comprend un grand nombre de mélodies, parmi les plus belles de toute la littérature musicale suédoise (*Visor och stämningar* op. 25, 1906-1909), 6 quatuors à cordes écrits entre 1894 et 1916, quelques œuvres pour piano, 2 sonates (pour piano, 1890 ; pour violon et piano, 1899-1900), 2 concertos pour piano et orchestre, les 2 très célèbres *Romances*, pour violon et orchestre (1910), 2 symphonies (1902-03) et 1911-1915), des œuvres chorales, 2 opéras, *Gildet på Solhaug* (1892-93) et *Tirfing* (1897-98) et des musiques de scène.　　　　　　　　　　　　　　　　H.-C. F.

STENKA RAZINE. Poème symphonique op. 13 d'Alexandre Glazounov, composé en 1885 et inspiré par la figure d'un célèbre chef cosaque qui prit la tête d'une révolte de paysans. Ce fut le premier et le plus populaire d'une série de poèmes symphoniques de Glazounov (*la Forêt*, 1887, *la Mer*, 1889, *le Printemps*, 1890), et il utilise, entre autres, un célèbre thème populaire des *Bateliers de la Volga*, tiré d'un recueil de chants populaires de Balakirev.　　　　　　M. C.

STÉRÉOPHONIE. Littéralement, le mot signifie « écoute en relief ». On l'a forgé pour désigner les techniques d'enregistrement et de reproduction des sons qui, après la monophonie, permettaient de restituer une impression de relief à la source sonore reproduite. Cette technique fait appel à deux canaux séparés véhiculant les informations sonores, mais une stéréophonie, au sens strict, peut être obtenue avec un nombre plus grand de canaux. On a ainsi procédé à des expériences plus ou moins abouties de stéréophonie à quatre canaux (tétraphonie, ou quadriphonie), à six canaux (hexaphonie) et même huit canaux (octophonie).

La stéréophonie phonographique consiste à enregistrer à travers deux voies différentes les informations provenant de la gauche et de la droite d'un auditeur idéal situé à un emplacement privilégié devant la source sonore. Les informations de ces deux canaux sont gravées dans les deux flancs du sillon d'un disque (ou fixées sur les deux pistes d'une bande magnétique). A la lecture du disque ou de la bande, les informations captées par le phonolecteur (ou cellule de lecture) ou la tête magnétique sont dirigées au travers de deux circuits électroniques d'amplification et de correction à deux systèmes de haut-parleurs restituant les informations sonores captées lors de la prise de son dans une disposition correspondant à l'émission originale à gauche et à droite ; l'auditeur se trouve ainsi placé face à une « image » sonore dans une position analogue à celle de l'auditeur idéal devant l'« objet » sonore lors de l'enregistrement.

Les techniques de la stéréophonie phonographique ont été pressenties dès les origines du disque. Les premiers brevets ont été déposés dans les années 20 de notre siècle, et les premières expériences tentées — avec succès — dans les années 30, aux Etats-Unis (avec la participation du chef d'orchestre Léopold Stokovski) et en Grande-Bretagne (avec sir Thomas Beecham). Il faudra cependant attendre le milieu des années 50 pour que se généralise l'enregistrement stéréophonique sur bande magnétique et 1959-60 pour qu'apparaissent dans le commerce les premiers disques stéréophoniques gravés et pressés industriellement, ainsi que les premiers équipements techniques capables de les lire.

Pour éviter que les possesseurs d'appareils de reproduction seulement monophoniques ne soient pénalisés par la généralisation de disques stéréophoniques incompatibles avec leurs équipements, on a mis au point un procédé de gravure dans lequel les fréquences basses (jusqu'à 600 Hz environ) sont mises en commun dans les deux canaux. Cet artifice, appelé stéréo compatible (ou parfois « gravure universelle ») permet de lire sans difficultés mécaniques le sillon stéréophonique au moyen d'une cellule monophonique, avec un résultat sonore (monophonique) tout à fait cohérent, sans pour autant affecter sensiblement la restitution du relief sonore en lecture stéréophonique. Cette technique se fonde sur le fait que l'effet stéréophonique est dû aux déphasages subis par les seules fréquences élevées dans leur cheminement pour atteindre les deux oreilles de l'auditeur.

On a utilisé le terme de stéréophonie pour désigner les effets de spatialisation recherchés par de nombreux compositeurs : *Sinfonie* de Gabrieli à Saint-Marc de Venise, effets scéniques au théâtre lyrique, depuis l'*Orfeo* de Monteverdi, œuvres à double chœur, double orchestre, jusqu'aux dispositions « éclatées » d'œuvres contemporaines comme *Gruppen* ou *Carré* de Stockhausen, *Kamakala* d'Eloy, *Terretektorh* de Xenakis, etc. Ces formules de dispersion des sources musicales ont été expérimentées et utilisées dès le Xe siècle, avec la répartition sur plusieurs tribunes de certaines églises des chanteurs exécutant le plain-chant et se répondant les uns aux autres. C'est là, cependant, une application impropre du terme de « stéréophonie », impuissant à rendre compte de l'extrême variété de formules de spatialisation imaginées au cours des siècles par les compositeurs.　　　　　　　　G. C.

STERN (Isaac), violoniste américain (Kriminiesz 1920). Il commence à six ans l'étude du piano qu'il abandonne deux ans plus tard pour le violon, au conservatoire de San Francisco. Il étudie avec Louis Persinger et surtout Naoum Blinder, avec qui il débute à quinze ans dans le *Concerto pour deux violons* de Bach. Il joue dès 1935 le *Concerto* de Brahms avec l'Orchestre symphonique de San Francisco dirigé par

Pierre Monteux et donne en 1937 son premier récital new-yorkais, mais c'est la première apparition à Carnegie Hall en 1943 qui marque véritablement le début de sa jeune gloire. Après l'interruption de la guerre (il se produit pour les troupes alliées jusque dans le Pacifique), il donne ses premiers concerts en Europe, aux festivals de Lucerne (1948, sous la direction de Charles Munch), de Prades (1950), d'Édimbourg (1953) et en Union soviétique (1956). Il forme un trio en 1960 avec Eugen Istomin et Leonard Rose.

Malgré le rythme effréné de sa carrière, Isaac Stern parvient à enrichir son répertoire, créant les concertos de William Schumann et de Leonard Bernstein, jouant ceux de Rochberg, Penderecki, Barber, Hindemith, Prokofiev, Bartók, etc. Il participe activement à la vie musicale américaine, comme membre du Conseil national des arts et comme président de Carnegie Hall, qu'il a contribué à sauver de la démolition, et apporte son aide aux jeunes musiciens, prêtant fréquemment quelques-uns de ses neuf violons, se gardant pour lui les deux guarnerius, le *Vicomte de Panette* de 1737 et l'*Ysaye* de 1740. Ses interprétations reflètent l'homme, rayonnantes, intensément lyriques, d'un romantisme juvénile. M. W.

STERNKLANG. Conçu par Karlheinz Stockhausen en 1969, achevé en 1971 et créé à Berlin le 5 juin 1971, *Sternklang* (« le Son des étoiles ») est sous-titré « Musique de parc pour 5 groupes ». Cinq groupes de 4 interprètes chacun, les plus éloignés possible les uns des autres, se répondent et dialoguent pour sonoriser un très grand espace en plein air, la nuit de préférence. Le public peut déambuler d'un groupe à l'autre ou s'asseoir. Le dispositif de 5 groupes mêle librement les instruments traditionnels de toutes les familles (bois, cuivres, cordes, claviers, percussions), les voix et des synthétiseurs. La voix de tous les chanteurs et la musique des instrumentistes sont amplifiées individuellement par haut-parleurs. Des messagers ou « porteurs de son » transportent régulièrement des « modèles » musicaux d'un groupe à l'autre, ceux-ci les adaptent et les intègrent. Depuis un lieu fixe central, un percussionniste « signaleur » donne à 10 reprises des tempos communs et les groupes se synchronisent alors suivant ces tempos.

Sternklang, musique souvent consonante, parfois même tonale et répétitive, est basé sur 5 accords d'harmoniques avec chacun des 8 sons partiels en accord juste. Tous ont une fréquence en commun. Le « son des étoiles » fluctue ainsi entre des combinaisons où tous les groupes jouent le même accord d'harmoniques et d'autres combinaisons où chacun joue un accord différent. Tous les « modèles » musicaux se réfèrent directement, quant aux rythmes, aux timbres, aux intervalles, aux « modèles » de constellations d'étoiles. Si les conditions météorologiques le permettent, certaines constellations, aux endroits où elles sont prescrites comme « modèles », peuvent être alors lues directement dans le ciel et être immédiatement intégrées comme figures musicales. D'une durée ininterrompue d'environ cent trente et une minutes, *Sternklang* est considéré par le compositeur comme véritable « musique sacrée ».

« *Sternklang* est une musique destinée à une écoute concentrée en méditation et à l'immersion de l'individu dans le « tout » cosmique. Elle doit, en outre, nous mettre en état de recevoir des êtres venant d'autres étoiles et doit préparer le jour de leur arrivée. L'œuvre est dédiée à Mary Bauermeister (artiste plasticienne, la deuxième femme du compositeur), dont, depuis plusieurs années, les *Constellations silencieuses* me rappellent l'harmonie des étoiles » (Karlheinz Stockhausen). P. S.

STEUERMANN (*Eduard*), pianiste américain, d'origine polonaise (*Sambor 1892 - New York 1964*). Il étudie le piano avec Vilem Kurz et Busoni, qui le recommande à Schönberg. Il participe en 1912 à la première audition du *Pierrot lunaire* et à la plupart des créations du maître viennois, comme pianiste de la *Verein für musikalische Privataufführungen* créée en 1918 par Schönberg. Il transcrit pour piano *Erwartung* et la *Symphonie* de chambre ; pour deux pianos, *Die glückliche Hand* et le *Concerto pour piano* ; pour trio avec piano *la Nuit transfigurée*. Il fut également le premier interprète de la *Sonate pour piano* et du *Kammerkonzert* de Berg et de la plupart des œuvres avec piano de Webern et un ardent propagandiste de Debussy et de Scriabine.

L'interprète se double d'un pédagogue exemplaire, dès 1918 en Pologne, puis à Vienne, Prague et aux États-Unis (où il émigre en 1938), à la Juilliard School (de 1952 à sa mort). Il compte parmi ses élèves Adorno, Brendel, Kalichstein, Lili Kraus, Moura Lympany, etc. Il est l'auteur de mélodies, de pages de musique de chambre et orchestrales, d'obédience sérielle, où se retrouve le goût de la clarté et de la beauté du son qui caractérise son jeu. M. W.

STICH (*Johann Wenzel* [*Jan Vaclav*] [*Giovanni Punto*]), corniste tchèque (*Zehuslice, près de Caslav, 1746 - Prague 1803*). Il fut peut-être le plus grand corniste de tous les temps. D'abord protégé par le comte Thun, il voyagea ensuite à travers l'Europe, effectuant notamment plusieurs séjours à Londres et à Paris. Dans cette dernière ville, Mozart écrivit pour lui la partie de cor de sa symphonie concertante pour quatre instruments à vent (1778). Il passa de nouveau à Paris les années 1789 à 1799. En 1800, à Vienne, Beethoven écrivit pour lui sa sonate pour cor et piano op. 17, qu'ils créèrent ensemble le 18 avril. M. V.

STICH-RANDALL (*Teresa*), soprano américaine (*West Hartford, Connecticut, 1927*). Elle fait ses études à la Hartford School of Music et à l'université de Columbia, où elle crée *The Mother of us all* de Virgil Thomson (1947) et *Evangeline* de Otto Luening (1948). Ses premières participations aux enregistrements par Toscanini de *Aïda* et de *Falstaff* (1948-49) et sa victoire au concours de chant de Lausanne (1951) préludent à ses brillants débuts européens la même année à Florence (dans le rôle de la Sirène dans *Oberon*), puis à Bâle. Elle s'affirme mozartienne incomparable aux festivals de Salzbourg (1952) et d'Aix-en-Provence (1953), dont elle devient un des fleurons. Engagée par le Wiener Staatsoper en 1952, elle y débute dans *La Traviata* et sera en 1962 la première chanteuse américaine à être honorée du titre de Kammersängerin. Cette voix au timbre diamantin trouve également son plein emploi au concert, où elle interprète Bach, Haendel et Schubert avec une virtuosité consommée, frôlant parfois le maniérisme. M. W.

STIMMUNG. Œuvre pour 6 vocalistes, composée en février-mars 1968, aux États-Unis, par Karlheinz Stockhausen et créée les 9 et 10 décembre de la même année à Paris (maison de la Radio) par le Collegium Vocale de Cologne (Dagmar Apel, soprano ; Gaby Rodens, soprano ; Helga Albrecht, mezzo-soprano ; Wolfgang Fromme, ténor ; Georg Steinhoff, baryton ; Hans-Alderich Billig, basse). Le mot allemand *Stimmung* signifie à la fois « accordage », « atmosphère » et « état d'âme ». Le matériau harmonique de *Stimmung* est basé sur les deuxième, troisième, quatrième, cinquième, septième et neuvième harmoniques de la fondamentale de *si* bémol grave.

D'une subtile invention de sonorités, l'œuvre, qui dure soixante-quinze minutes, demande de la part des interprètes une technique vocale absolument nouvelle et originale, du moins dans la musique savante européenne. Chacun des chanteurs, s'il s'écarte de la pureté harmonique la plus précise possible, doit toujours se réajuster et s'accorder avec ses 5 partenaires, grâce à un son harmonique synthétique transmis discrètement par magnétophone. Les sons de référence doivent être toujours chantés *piano* ou *pianissimo*, tandis que certains sons harmoniques supplémentaires (jusqu'au vingt-troisième) — notés en une série de chiffres de 2 à 24 et une série vocale issue de l'alphabet phonétique — doivent être chantés de façon dominante, sans aucun *vibrato*, résonnant seulement dans le sinus frontal et les autres cavités de la tête. La respiration doit toujours être longue, calme, équilibrée. Les textes chantés sont des poèmes amoureux du compositeur et 72 *noms magiques* de divinités de toutes les civilisations. Chaque chanteur dispose de 8 ou 9 *modèles*, régissant l'articulation, le rythme, les modalités d'émission, le timbre, et de 11 *noms magiques* qu'il peut, d'après un schéma formel déterminé et selon le contexte global, introduire à un moment donné dans le jeu collectif. Les autres chanteurs peuvent réagir à ces modèles et à ces noms magiques en les transformant, les imitant, les variant, etc. Rien n'est dirigé, sinon dans une combinatoire de voix donnée échappant à l'unisson, par le chanteur qui a lui-même donné le modèle. Dès que ce dernier sent le moment venu, il « transmet » sa fonction de *leader* à un autre chanteur. Un nom magique, dès qu'il a été lancé par un chanteur, doit être répété périodiquement au même *tempo*, avec une articulation plus ou moins proche de celle du modèle, jusqu'à un nouvel unisson. La réaction à un nouveau nom magique doit d'abord faire sentir le changement d'ambiance, d'« état », de *Stimmung* suscité par le caractère et la signification spirituelle, symbolique ou philosophique du nouveau nom. « On écoute à l'intérieur du son, à l'intérieur du spectre harmonique, à l'intérieur du phénomène vocal. *À l'intérieur*. Ondulations les plus subtiles — à peine éclatantes — *tous les sens* sont éveillés et calmes. Dans la beauté du sensuel brille la beauté de l'éternel » (Karlheinz Stockhausen).

Musique méditative, qui s'éloigne du temps discursif et progressif habituel de la pensée européenne, musique qui doit *vibrer* de l'intérieur, *Stimmung* entretient, certes, des rapports d'atmosphère avec certaines musiques orientales (Inde du Nord) et même extrême-orientales (Japon), tout en conservant une originalité propre indiscutable et une étonnante richesse dans les jeux parfois infinitésimaux entre les durées, les hauteurs, les intensités et les couleurs timbriques. Toute idée de continuité d'un discours dialectique est abolie. Une telle conception, statique, liturgique et magique de l'acte musical née en 1968 avec *Stimmung*, a influencé bon nombre de pièces composées durant la décennie suivante : la presque totalité de l'œuvre du compositeur franco-roumain Horatiu Radulescu, par exemple, n'est qu'une suite stricte et logique de la démarche compositionnelle et de la notion de « musique d'état » impliquées dans *Stimmung*.   P. S.

STOCHASTIQUE (MUSIQUE). Nom donné par le compositeur Yannis Xenakis à une nouvelle conception de la composition musicale qu'il a mise au point à partir de 1954, et essentiellement fondée sur le principe d'une définition *globale* des états sonores successifs dont est faite la musique, en utilisant le *calcul des probabilités* pour calculer dans le détail les particules sonores et le passage d'un état à un autre, états et passages dont on a déterminé les moyennes, la tendance générale : du discontinu au continu, du désordre à l'ordre, etc. D'où le nom de stochastique, du grec *stochastikos*, « qui tend bien vers un but », adjectif dérivé de *stochos*, « but ». Xenakis a été amené à concevoir une approche stochastique de la composition, en tentant de trouver une formulation abstraite des lois présidant aux phénomènes sonores de masse qui l'avaient profondément marqué, et dont il voulait reproduire essentiellement le principe : évolution de l'ordre au désordre dans une manifestation populaire de masse, chant des grillons, histoire des gouttes de pluie sur un toit, etc.

Les mathématiques et le calcul des probabilités, ainsi que la théorie cinétique des gaz lui ont permis de trouver les lois générales commandant globalement ces processus et permettant de définir, par la loi des grands nombres, les coordonnées de temps, de hauteur, de timbre, etc., de chaque particule sonore isolée qui ne constitue pas une « note » signifiante en elle-même mais qui concourt par son effet de masse avec les autres à produire un état ou une évolution globale statistique : *Pithoprakta* (1955-56), pour orchestre à cordes, trombones, xylophone et wood-block, est la première œuvre officiellement « stochastique » de Xenakis, utilisant les lois de Laplace-Gauss et de Poisson, pour calculer des événements sonores de masse agglomérant les particules sonores émises par les 46 cordes jouant individuellement : le compositeur définit d'abord globalement ces états et ces évolutions par des critères de « vitesse », de « densité », de « température », etc., et c'est ensuite qu'il calcule individuellement, en s'aidant éventuellement de l'ordinateur, les coordonnées individuelles de chaque son de l'œuvre, autour des moyennes fixées.

C'est en 1954, dans les *Gravesaner Blätter*, publication éditée par Hermann Scherchen, que Xenakis a formulé pour la première fois sa méthode de composition stochastique, dans une série d'articles que devait reprendre et compléter son ouvrage *Musiques formelles* publié en 1963 par la *Revue musicale*. Dans ce livre, Xenakis distingue une musique stochastique « libre » et une musique stochastique « markovienne » (utilisant les « chaînes de Markov »). A côté de la musique stochastique, il y élabore également la théorie d'une musique « stratégique » (utilisant la théorie des jeux) et une musique « symbolique » (au sens mathématique). D'emblée, il envisage l'élargissement de la conception stochastique à l'étude des œuvres du passé, comme à la réalisation d'œuvres de peinture, de sculpture, d'architecture, de cinéma... Il est à noter, cependant, que tout en précisant et en affinant sa méthode au fil des années Xenakis a de moins en moins recouru au terme « stochastique » pour la présenter, et que ce terme disparaît peu à peu de ses propos théoriques dans les années 70. D'autre part, si presque aucun autre compositeur que Xenakis n'a revendiqué le terme de stochastique pour qualifier sa démarche esthétique, beaucoup de ses confrères, et de ses cadets en particulier, ont profité de ses intuitions, et notamment de son idée d'appliquer le calcul des probabilités à la composition, ce calcul permettant de garder un contrôle sur l'écriture tout en échappant à la complexité enchevêtrée et linéaire créée par l'emploi de la technique sérielle généralisée. Précisément, avec son article *la Crise de la musique sérielle*, écrit en 1954, Xenakis avait émis de pertinentes critiques sur cette technique, en remarquant notamment que « la polyphonie linéaire se détruit d'elle-même par sa complexité. Il y a par conséquent contradiction entre le système polyphonique linéaire et le résultat entendu qui est surface, masse. Cette contradiction disparaîtra lorsque [...] les combinaisons linéaires et leurs superpositions polyphoniques n'étant plus opérantes, ce qui comptera sera la moyenne statistique des états isolés et les transformations des composants à un instant donné ». Le concept de *musique stochastique* s'est ainsi forgé comme alternative à l'impasse de l'ultradéterminisme sériel, mais aussi en même temps que l'on commençait à parler de « musique aléatoire » et de « hasard limité » dans la composition : ici, si le hasard est compris dans la définition de la musique stochastique, il s'agit d'un hasard calculé, le seul véritable hasard pour Xenakis, les autres hasards organisés plus ou moins par le compositeur n'en étant selon lui que des simulacres.
        M. C.

STOCKHAUSEN (Karlheinz), compositeur allemand (*Mödrath, près de Cologne, 1928*). Issu d'une famille rhénane de souche paysanne, il a vécu une prime jeunesse pauvre et difficile, marquée par l'avènement du régime hitlérien, la guerre et les conséquences de la défaite de l'Allemagne nazie. Sa mère, atteinte de dépression, fut internée dans un hôpital psychiatrique, où elle fut officiellement exécutée, sur ordre du gouvernement, en 1941. Son père, instituteur, s'engagea comme volontaire en 1939 et disparut en Hongrie. Orphelin, le jeune Stockhausen travaille dans un hôpital de guerre, puis comme ouvrier agricole dans une ferme. Il apprend le piano chez l'organiste du village, le violon et le hautbois dans une école d'État, joue du jazz pour survivre « physiquement, mentalement et spirituellement » aux épreuves et aux horreurs qu'il côtoie jusqu'à l'âge de dix-huit ans. De 1946 à 1947, il suit les cours d'un *gymnasium* (lycée), rentre au conservatoire de Cologne en 1947 dans la classe de piano de Hans-Otto Schmidt-Neuhaus, un élève d'Eduard Erdmann. Il suit également des études de musicologie, de philosophie et de philologie à l'université de Cologne, prépare une licence d'éducation musicale (1948-1951) sous la direction de Hermann Schroeder et obtient son diplôme avec félicitations. Pendant toute cette période, il travaille pour subsister (pianiste de jazz dans des bars de Cologne, accompagnateur de l'illusionniste Adrion, ouvrier d'usine, directeur d'une troupe d'opérette, etc.) et prie beaucoup (il est de religion catholique).

Il commence à étudier la composition avec le compositeur suisse Frank Martin. La rencontre d'Herbert Eimert, critique musical au *Kölnisches Rundschau*, lui fait connaître la seconde école de Vienne (Schönberg, Berg, Webern). L'été 1951, il participe pour la première fois aux cours de Darmstadt, où il découvre la musique de Karel Goeyvaerts, celle de Pierre Boulez et surtout celle d'Olivier Messiaen, dont le *Mode de valeurs et d'intensités* l'impressionne fortement. A la fin de cette même année, il épouse Doris Andreae, dont il aura quatre enfants. En 1952, il séjourne à Paris où il suit les cours d'Olivier Messiaen (esthétique et analyse), ayant au préalable composé ses toutes premières œuvres, qui relèvent déjà d'un système sériel généralisé à tous les paramètres : *Kreuzspiel**, *Formel**, *Spiel*, les premières versions de *Schlagtrio** et de *Punkte**. Il aborde aussi la musique expérimentale avec le Groupe de musique concrète de la R. T. F. animé par Pierre Schaeffer. En 1953, il compose sa première œuvre de musique électronique (*Étude I* pour sons sinusoïdaux), achève *Kontrapunkte** et les *Klavierstücke* I à IV*, participe à la fondation du Studio de musique électronique de Cologne, dont il deviendra le collaborateur permanent (et même le directeur artistique, en 1963). De 1954 à 1956, parallèlement à ses activités de composition et de recherche, il étudie la phonétique et les nouvelles techniques de communication avec le professeur Werner Meyer-Eppler à l'université de Bonn. Il enseigne (depuis 1953) aux cours d'été de Darmstadt. Entre 1954 et 1960, il produit une série d'œuvres décisives, où il s'affirme comme l'un des deux grands leaders de la musique contemporaine (l'autre étant Pierre Boulez) : les *Klavierstücke* V à X*, où le pointillisme sériel disparaît au profit de structures sérielles globales ; *Zeitmasse**, pour cinq vents, où le compositeur résout le problème de l'indépendance des tempos d'un groupe d'exécutants vis-à-vis du chef qui le dirige ; *Gesang der Jünglinge**, première réussite de l'association d'éléments « concrets » (la voix humaine) et des sons électroniques ; le *Klavierstück* XI* première œuvre aléatoire avec la *Troisième Sonate* de Boulez, où est introduite la « forme ouverte » ; *Gruppen** et *Carré** qui exploitent la « forme de groupes », la spatialisation et résolvent avec virtuosité les problèmes de relation son-temps-espace ; *Zyklus**, œuvre à la fois « ouverte » et « directionnelle » ; *Kontakte**, superbe synthèse entre les timbres traditionnels de la musique instrumentale et les timbres électroniques fixés sur bande magnétique. Dans toutes ces œuvres, Stockhausen pose comme premier principe « l'identification de la structure du matériau à la forme, c'est-à-dire l'unicité du matériau et de la forme ».

En 1958, Stockhausen fait une première tournée de 30 concerts-conférences aux États-Unis et au Canada ; depuis, il sera amené à parcourir de nombreux pays dans les 5 continents, soit comme compositeur, soit comme chef et interprète — notamment, depuis 1959, avec un petit groupe d'interprètes amis. En 1962, sa pensée créatrice connaît un premier apogée avec *Momente** (1re version), où à la forme ouverte, à la spatialisation du matériau sonore s'ajoutent de nouvelles techniques de collage, de citation, et s'affirme le concept de *momentform* (« forme momentanée »). Entre 1964 et 1967, il poursuit, avec *Mikrophonie* I*, *Mixtur**, *Mikrophonie* II*, *Telemusik** et *Prozession**, une recherche sur la transformation instantanée des sons électroniques ; il devient le promoteur d'une nouvelle « musique électronique/instrumentale » vivante. Ayant fondé en 1964 un groupe de quelques interprètes rompus au « live electronic » il donne dans le monde entier des concerts de *musique électronique instrumentale*, dont il tire le concept de *musique intuitive* (cf. *Aus den sieben Tagen*).

De 1963 à 1968, il devient le directeur artistique des Cours de musique nouvelle de Cologne ; il enseigne également à l'université de Philadelphie, à l'université de Davis (Californie), devient professeur de composition à l'École supérieure de musique de Cologne. En 1967, il épouse en secondes noces l'artiste plasticienne Mary Bauermeister dont il aura deux enfants. En 1970, pendant cent quatre-vingt-trois jours, à raison de cinq heures et demie par jour, il exécute ses propres œuvres avec 20 solistes de 5 pays différents, dans l'auditorium du pavillon d'Allemagne à l'Exposition universelle d'Ōsaka (Japon), devant près d'un million d'auditeurs.

A partir de *Hymnen** (1966-67), de *Stimmung** (1968) et de *Mantra** (1970) jusqu'à aujourd'hui, l'évolution de la pensée compositionnelle de Karlheinz Stockhausen se révèle considérable, allant sans cesse de pair avec une simplicité de style accrue, une conception de plus en plus subjective et même liturgique de la musique, un prophétisme à la fois sophistiqué et naïf. Ses compositions ne sont plus des œuvres au sens traditionnel, mais deviennent de véritables rituels. Depuis 1977 (date de l'achèvement de *Sirius**), Stockhausen n'envisage plus qu'une seule immense œuvre, *Licht* (« Lumière ») — dont l'exécution durera une semaine entière —, à laquelle il veut consacrer au moins les vingt prochaines années de sa carrière créatrice. « Je crois vraiment aux nouveaux matériaux, aux ondes alpha de l'homme, aux vibrations qui permettront dans quelques années — pas dans cent ans, dans vingt ans tout au plus — de moduler une onde avec un homme pour le faire voyager en dehors de notre système solaire. Car, comme les scientifiques, je veux faire le voyage cosmique ; il n'est pas question de rester sur cette île pour toujours, ce serait trop bête, il y a trop de problèmes idiots à régler sur notre Terre. Je crois à la découverte perpétuelle des formes musicales, des vibrations sonores et des ambiances qui permettront à l'homme de s'émerveiller à nouveau, de saisir le miracle qui lui donne raison de continuer à vivre. Et quand je vois un nouveau synthétiseur, un nouveau computer, je ne comprends pas ces techniciens qui se satisfont de résoudre avec lui de tout petits problèmes, alors qu'il y a des milliers de possibilités qui nous permettraient d'avancer tellement plus vite... » (Karlheinz Stockhausen au journal *le Monde*, en 1977).

Chef de file, pendant plus de vingt ans, du mouvement international avec Pierre Boulez, Stockhausen, quelle que soit son orientation présente et à venir, peut d'ores et déjà être considéré comme un des phénomènes artistiques les plus grands et les plus originaux de notre temps, et comme une des personnalités musicales les plus puissantes du xxe siècle. « Sa prospection inquiète et fébrile se poursuit toujours : au moment même où un problème atteint sa résolution, les interrogations se multiplient » (Jean-Pierre Guézec). Issu du rêve romantique germanique le plus pur (celui de Schumann davantage sans doute que celui de Wagner), se remettant sans cesse en question, il accomplit une trajectoire assez vertigineuse dont les aspects idéaliste, intellectuel et même métaphysique ne doivent pas masquer la rigueur spéculative et la prodigieuse richesse technique.

Œuvres. — *Chöre für Doris* (1950), pour chœur mixte a cappella ; *Drei Lieder* (1950), pour contralto et orchestre de chambre ; *Choral* (1950), pour chœur mixte a cappella ; *Sonatine* (1950), pour violon et piano ; *Kreuzspiel** (1951), pour hautbois, clarinette basse, piano et percussions ; *Formel** (1951), pour orchestre de chambre ; *Spiel* (1952), pour orchestre de chambre ; *Étude*, pour musique concrète (1952) ; *Schlagtrio* (1952, rev. 1973-74), pour piano et 6 timbales; *Punkte* (1952, rev., 1962-1966), pour grand orchestre; *Kontrapunkte** (1952-53), pour 10 instruments; *Klavierstücke I à IV* (1952-53), pour piano; *Études électroniques I et II* (1953-54); *Klavierstücke V à X* (1954-55), pour piano; *Zeitmasse** (1955-56), pour 5 instruments à vent; *Gruppen** (1955-1957), pour 3 orchestres; *Klavierstücke XI* (1956), pour piano; *Gesang der Jünglinge* (1955-56), musique électronique; *Zyklus* (1959), pour 1 percussionniste; *Carré* (1959-60), pour 4 chœurs et 4 orchestres; *Refrain* (1959), pour 3 musiciens; *Kontakte* (1959-60), pour sons électroniques, piano et percussions; *Originale* (1961), théâtre musical sur la musique de *Kontakte*; *Momente* (1962-1964; vers. définitive, 1969), pour soprano, 4 chœurs et 13 instruments; *Plus-Minus* (1963), 2 × 7 pages à réaliser; *Mikrophonie I* (1964), pour tamtam, micros, filtres et potentiomètres; *Mixtur* (1964, vers. pour petit orchestre 1967), pour orchestre, générateurs d'ondes sinusoïdales et 4 modulateurs en anneau; *Mikrophonie II* (1965), pour 12 chanteurs, orgue Hammond et 4 modulateurs en anneau; *Stop* (1965), pour ensemble instrumental variable, divisé en 6 groupes; *Solo* (1965-66), pour un instrument mélodique et feedback; *Telemusik* (1966), musique électronique; *Adieu* (1966), pour quintette à vents; *Hymnen* (1966-67), musique électronique et concrète, avec solistes (*Troisième Région de Hymnen avec orchestre*, 1969); *Prozession* (1967), pour tam-tam, alto, elektronium, piano, micros, filtres et potentiomètres; *Stimmung* (1968), pour 6 vocalistes; *Kurzwellen* (1968), pour 6 exécutants et récepteurs d'ondes courtes; *Aus den sieben Tagen* (1968), 15 compositions de musique intuitive; *Spiral* (1968), pour 1 soliste et récepteur d'ondes courtes; *Sextett für Dr. K.* (1969), pour flûte, clarinette basse, percussion, piano, alto et violoncelle; *Fresco* (1969), pour 4 groupes d'orchestre; *Pole* (1969-70), pour 2 exécutants; *Expo* (1969-70), pour 3 exécutants; *Mantra* (1970), pour 2 pianistes; *Für kommende Zeiten* (1968-1970), 17 textes pour musique intuitive; *Sternklang* (1971), musique de parc pour 5 groupes; *Trans* (1971), pour orchestre; *Alphabet für Liège* (1972), 13 situations musico-théâtrales; *Ylem* (1972), pour 19 exécutants; *Inori* (1973-74), pour 1 ou 2 solistes et grand orchestre; *Atmen gibt das Leben* (1974-1977), pour chœur, orchestre et bande magnétique; *Herbstmusik* (1974), pour 4 exécutants; *Musik im Bauch* (1975), pour 6 percussionnistes et boîtes à musique; *Tierkreis* (1975-76), 12 mélodies sur les signes du Zodiaque, pour 1 instrument ou différents ensemble; *Harlekin* et *Der kleine Harlekin** (1975), pour clarinette; *Sirius* (1975-1977), musique électronique avec trompette, voix de soprano, clarinette basse, voix de basse; *Amour* (1976), 5 pièces pour clarinette; *Jubiläum* (1977), pour orchestre; *In Freundschaft* (1977), pour un instrument mélodique (flûte, ou hautbois, ou clarinette, ou trompette, ou violon, ou alto); *Der Jahreslauf* (1977), pour danseurs et ensemble instrumental, scène extraite de *Licht*; *Michaels Reise um die Erde* (1978), pour trompette et orchestre, scène extraite de *Licht*, pour le *Donnerstag* (« le Jeudi »); *Michaels Jugend* (1978-79), pour trompette, cor de basset, trombone, clavier modulateur, 3 danseurs, bande magnétique, chœurs et orchestre, scène extraite de *Licht*, pour le *Donnerstag*; *Michaels Heimkehr* (1980), scène extraite de *Licht*, pour le *Donnerstag*; *Luzifers Traum* (« le Rêve de Lucifer »), ou *Klavierstück XIII*, pour piano et voix de basse (1981), scène extraite de *Licht*, pour le *Samstag* (« le Samedi »).

Les écrits édités de Karlheinz Stockhausen sont réunis en 4 volumes, parus chez DuMont Schauberg, à Cologne : *Texte 1* (1963), *Texte 2* (1964), *Texte 3* (1971), *Texte 4* (1978). P. S.

Stokovski (*Léopold*), chef d'orchestre et compositeur américain d'origine polono-irlandaise (*Londres 1882 - Nether Wallop, Angleterre, 1977*). Il fit ses études de violon, de piano et d'orgue au Collège royal de musique. En 1902, il fut nommé organiste et chef de chœur à Saint-James de Piccadilly. Entré au Queen's College d'Oxford, il en sortit en 1903 avec le titre de Bachelor of Music. En 1905, il fut appelé à New York en tant qu'organiste et chef de chœur à l'église Saint-Bartholomew. Il débuta comme chef d'orchestre en 1908 à Londres, et fut nommé en 1909 directeur musical de l'orchestre de Cincinnati, avant de devenir celui de l'Orchestre de Philadelphie (1912-1941), lequel devint, sous sa baguette, l'un des premiers du monde. Parmi les innombrables premières dues à ses soins, il faut signaler, en créations mondiales, *Amériques* et *Arcana* de Varèse (1926-27), la *Rhapsodie sur un thème de Paganini* de Rachmaninov (1937), le *Concerto pour violon* de Schönberg (1940), et, en créations américaines, le *Sacre du printemps* de Stravinski (1922), 4 symphonies de Chostakovitch, 3 de Sibelius, *Noces* de Stravinski (1929), *Wozzeck* de Berg, *Œdipus rex* de Stravinski (1931), *Alexandre Nevski* de Prokofiev (1943). En 1915, Stokovski avait obtenu la nationalité américaine. Il fut animateur de concerts pour enfants (1921) et réalisa le premier enregistrement « électrique ». En 1927-28, il fit un séjour aux Indes pour y étudier la musique orientale. De 1937 à 1940, il tourna les films *Big Broadcast 1937*, *100 Men and 1 Girl*, et *Fantasia*. De 1941 à 1949, il partagea avec Toscanini la direction de l'Orchestre de la NBC, puis devint codirecteur, avec Mitropoulos, du New York Philharmonic (1949). En 1953, il créa la Société de musique contemporaine de New York, puis devint le directeur musical de l'orchestre de Houston (1955-1960). En 1965, il dirigea la première exécution de la *4e Symphonie* de Charles Ives. À partir de 1974, il cessa, sauf exception, de paraître en public et se consacra exclusivement aux enregistrements. Ouvert aux musiques de tous les âges et de tous les pays, Stokovski était également préoccupé par les problèmes d'acoustique, et pendant longtemps ses disques furent les mieux enregistrés du monde. Si l'on excepte certaines transcriptions fort discutables (Bach, Moussorgski, Wagner), il est resté un propagateur infatigable des musiques les plus difficiles ou les plus actuelles, un interprète remarquable de Mahler, Sibelius, Chostakovitch, Stravinski, un chef d'orchestre sinon toujours très orthodoxe, du moins sincère et efficace, plein de vie et de présence.

A. L. et M. Mt.

Stolz (*Robert*), compositeur et chef d'orchestre autrichien (*Graz 1880 - Berlin 1975*). Benjamin des chefs d'orchestre quand il débuta au Théâtre an der Wien à l'âge de douze ans, il allait en devenir le doyen quatre-vingts ans plus tard. Robert Stolz tint en effet la baguette pratiquement jusqu'à sa mort, spécialisé dans l'interprétation du grand Johann Strauss, qu'il avait personnellement connu. Il a, d'autre part, composé une cinquantaine d'opérettes, viennoises comme il se doit. La première, en 1909, s'appelait *Die lustigen Weiber von Wien*; la dernière, en 1949, *Frühling in Prater*. C'est à mi-chemin, en 1921, qu'il signa son chef-d'œuvre : *Die Tanzgräfin*. M. T.

Stop. Œuvre pour petit orchestre (instrumentation variable) divisé en 6 groupes composée par Karlheinz Stockhausen en 1965. Jouant sur un matériel de hauteurs volontairement restreint (12 sons « centraux »), *Stop*, d'une durée de dix-sept minutes, s'apparente dans son code d'interprétation à des œuvres de Stockhausen chronologiquement voisines telles que *Mixtur** ou *Adieu**. « Le chef d'orchestre a comme tâche d'instrumenter, d'orchestrer librement des complexes de sons et de bruits dont il articule les timbres, rythmes et durées en un processus organique suivant 5 types de connexions préétablis. Le développement sonore est *stoppé* constamment par des bruits — des silences colorés de bruits, ou quand les sons ou groupes de sons commencent à se structurer. De plus en plus souvent au cours de l'œuvre des hauteurs définies, des signaux et des figurations apparaissent dans ces fenêtres de bruits qu'ils rendent toujours plus mélodiques » (Karlheinz Stockhausen). Il y a dans *Stop* — œuvre renouvelant le concept de « musique de chambre, un peu comme *Adieu* » —, au niveau de l'articulation son pur (instrumental)/son-bruit, une attitude presque similaire à celle d'un Edgard Varèse dans la dialectique son pur/son complexe. *Stop* fut créée le 2 juin 1969 à la Salle Gémier du T. N. P. (Paris) par l'Ensemble musique vivante placé sous la direction de Diego Masson. Pour cette création de la version « parisienne », le compositeur avait lui-même orchestré son œuvre (groupe I : hautbois, piano, tuba; groupe II : elektronium, trompette, violoncelle 2 ; groupe III : vibraphone, clarinette basse, violoncelle 1 ; groupe IV : cor de basset, alto 2, basson; groupe V : clarinette et clarinette-piccolo, violon, trombone ; groupe VI : flûte et flûte alto, cor, alto 1). P. S.

Storace, famille de musiciens anglais d'origine italienne.
— 1. **Stephen** *(Stefano)*, contrebassiste *(Torre Annunziata v. 1725- ? v. 1781)*. Il était en 1748 à Dublin, et en 1758 à Londres, où il traduisit en anglais *La Serva padrona* de Pergolèse. En 1778, il emmena sa famille en Italie, et c'est probablement là qu'il mourut deux ou trois ans après.
— 2. **Stephen**, compositeur, fils du précédent *(Londres 1762-* id. *1796)*. Il alla étudier à Naples en 1776, et fut rejoint en Italie par ses parents et par sa sœur en 1778. En 1782, il était de retour à Londres, il envoya à sa sœur, qui séjournait à Vienne, des œuvres de musique de chambre qui lui valurent de la part de Joseph II, désireux de plaire à Nancy dont il voulait faire sa maîtresse, la commande de deux opéras, dont l'un, *Gli Equivoci*, sur un livret de Da Ponte d'après *The Comedy of Errors* de Shakespeare. Stephen Storace se rendit à Vienne pour leurs premières représentations (1785 et 1786), auxquelles participa sua sœur, et y prit peut-être des leçons de Mozart. En 1787, il retourna à Londres avec sa sœur et le chanteur Michael Kelly*. Il écrivit alors une série d'opéras anglais dont le plus favorisé par le succès fut *The Haunted Tower* (1789) et le plus réussi *The Pirates* (1792). Pour le finale du deuxième acte de cette dernière œuvre, il puisa largement dans celui du premier acte de *Gli Equivoci*.
— 3. **Nancy** *(Ann Selina, Anna)*, soprano, sœur du précédent *(Londres 1765-* id. *1817)*. Elle se rendit en Italie avec ses parents en 1778, puis fut prima donna à Vienne (1783-1787). Elle y créa le rôle de Susanna dans *les Noces* de Figaro* de Mozart, qui écrivit pour elle, lors de son départ l'année suivante, l'air de concert *Ch'io* mi scordi di te* (K. 505). De retour à Londres, où elle espéra, mais en vain, faire inviter Mozart, elle chanta dans presque tous les opéras anglais de son frère. En 1791, elle participa comme chanteuse aux mêmes concerts que Haydn, et était présente dans la salle lorsque ce dernier, en juillet, fut fait docteur d'Oxford. En 1797, elle entreprit une tournée en Europe avec le ténor John Braham, qu'elle ne put épouser étant donné que son premier mari, le compositeur John Fisher, dont elle vivait séparée pratiquement depuis leur mariage à Vienne, était toujours vivant, et se retira de la scène en 1808. De petite taille, dotée d'une voix claire et puissante mais assez rude, elle excellait dans les rôles comiques.
M. V.

Stradella *(Alessandro)*, compositeur italien *(Rome 1644-Gênes 1682)*. D'ascendance noble, il fut chantre à San Giovanni dei Fiorentini, puis à l'Oratorio del Crocifisso. Appelé à Venise en 1676, après avoir été expulsé de Rome pour complicité dans une escroquerie, il revint dans sa ville natale, accompagné de la cantatrice Ortensia Grimani, mais dut s'enfuir à nouveau, poursuivi par les tueurs à gages au service du mari de la dame. Blessé gravement par ceux-ci à Turin, il reprit son existence errante, toujours menacé par la vengeance de l'époux jaloux, pour finir poignardé à Gênes en compagnie de sa maîtresse. Malgré cette dimension de musicien maudit qui devait lui valoir les sympathies des romantiques (et de fait, Niedermeyer et Flotow, entre autres, devaient tirer des opéras de son existence aventureuse), Stradella est surtout important à nos yeux pour l'œuvre qu'il laisse (et dont la plus large part est conservée à l'état de manuscrits dans de nombreuses bibliothèques italiennes et européennes).
Dilettante quant à sa formation, il apparaît cependant comme l'un des maîtres les plus inventifs de son temps, faisant valoir un mélodisme intense, un dynamisme et un lyrisme qui permettent de l'identifier rapidement. Il a abordé tous les genres du XVIIe siècle, les formes instrumentales, comme celle toute nouvelle du *concerto grosso*, dont il peut être considéré comme le codificateur, sinon le créateur, et, bien entendu, les formes vocales comme la *cantate* et *l'oratorio* qu'il marque également de sa griffe personnelle. Puissamment expressif, l'oratorio *San Giovanni Battista* est, à cet égard, un authentique chef-d'œuvre où Stradella joue en fresquiste des contrastes d'atmosphère, des effets de couleurs et de rythmes. Et, grâce au recul que permet aujourd'hui la musicologie, nous percevons mieux la place primordiale que le compositeur occupe dans l'évolution de l'école italienne entre Carissimi et Alessandro Scarlatti, sans parler de son intuition déjà romantique de la confession dramatique.
Œuvres. — *Musique instrumentale.* Sinfonie et Concerti. *Musique vocale* : motets, madrigaux, plus de 200 cantates profanes et religieuses, oratorios *(Santa Editta Vergine e Monaca, Ester liberatrice del popolo ebreo, San Giovanni Battista, San Giovanni Crisostomo, Santa Pelagia,* etc.). *Opéras. Floridora, Corispero, Il Biante, Il Trespolo Tutore, Doriclea, La Forza d'amore paterno, Cocle sul Ponte*, etc. R. T.

Stradivari, **Antonio** *(Crémone ? 1644-* id. *1737)*. Descendant d'une très ancienne famille noble, il est le plus illustre représentant de l'école de Crémone et de toute la lutherie. Après avoir été l'élève d'Amati, il travailla toute sa vie durant à perfectionner la facture du violon, tant par la forme donnée aux instruments que par le choix du bois, la composition et l'application de la laque, et l'esthétique du travail. On s'accorde à diviser son œuvre en trois périodes : 1) 1666-1690, sous l'influence d'Amati, il fabrique de petits modèles dits « stradivarius amatisés » (sauf quelques exceptions comme le « hellier » orné de 1679) ; 2) 1690-1700, il adopte un modèle de forme plus allongée, dit « longuet » ; 3) à partir de 1700, c'est la période des chefs-d'œuvre, dite la période d'or, qui voit la fabrication d'instruments devenus historiques : « le Viotti » (1709), « le Vieuxtemps » (1710), « le Dauphin » (1714), « l'Alard » (1715), « le Messie » (1716) ; il fabrique également des violoncelles : « le Duport » (1711, actuellement en possession de Rostropovitch), « le Batta » (1714), « le Piatti » (1720). Le nombre total d'instruments authentiques existant actuellement est d'environ 600 violons, 12 altos, 50 violoncelles et 3 guitares.
Ses fils **Francesco** *(Crémone 1671-* id. *1743)* et **Omobono** *(Crémone 1679-* id. *1742)* furent éclipsés par l'art de leur père, bien que leur travail ne fût pas sans mérite. A. L. et M. P.

Straus *(Oscar)*, compositeur, chef d'orchestre autrichien *(Vienne 1870- Bad Ischl 1954)*. Il travailla à Vienne avec Gradener et à Berlin avec Max Bruch. C'est à Berlin que fut joué son premier opéra *Die Waise von Cordona* (1894). Il fut ensuite chef d'orchestre successivement à Bratislava, Brno, Toeplitz, Hambourg et Mayence. En 1900-1904, il travailla à Berlin comme pianiste compositeur au cabaret Uberbrettl. En 1904, il regagna Vienne, où fut créée sa première opérette *Die lustigen Niebelungen*, amusante parodie wagnérienne, et où triomphèrent *Ein Walzertraum* (1907) et *Der Tapfere Soldat* (1908). En 1939, il vint se réfugier en France, puis aux Etats-Unis. En 1937, *Die drei Walzer* avait été monté aux Bouffes-Parisiens. Cet opéra utilisait en partie de la musique de Johann et Joseph Strauss, avec lesquels Oscar Straus n'avait aucun lien de parenté. En 1948, il revint vivre à Bad Ischl.
Sa dernière œuvre fut *Bozena* (1952). Il écrivit également de nombreux lieder et des musiques de films, dont *la Ronde* (1950). A. L.

STRAUSS, musiciens autrichiens, le père et le fils, tous les deux prénommés Johann, et dont, pour cette raison, on confond souvent les œuvres, d'autant qu'ils ont été successivement, à leur époque, des « rois de la valse viennoise ».
— 1. **Strauss** *(Johann* père), compositeur autrichien *(Vienne 1804-* id. *1849).* De milieu modeste et violoniste de formation, il fonde avec son ami Lanner un quatuor qui joue dans les brasseries. Ce quatuor s'agrandit bientôt jusqu'à devenir un petit orchestre de bals, de brasseries, de concerts-promenades. Johann Strauss fonda ensuite son propre orchestre, diffusant ses propres valses. C'est à cette occasion qu'il parfait ses connaissances dans les techniques d'écriture. Il devient le « roi de la valse », voyage énormément, est invité dans les cours. En 1846, il atteint la consécration officielle avec sa nomination comme directeur des bals de la cour d'Autriche à Schönbrunn. Affaibli depuis longtemps par la maladie (il avait eu une crise de méningite en 1839), il meurt de la scarlatine à Vienne en 1849, et ses obsèques sont l'occasion de grandes manifestations publiques. Son œuvre, parmi laquelle la célèbre *Marche de Radetzky,* est souvent attribuée à son fils. Elle comprend évidemment des valses (environ 150), mais aussi 14 polkas, 28 galops, 35 quadrilles, 19 marches, donc exclusivement des œuvres de danse et de divertissement.
— 2. **Strauss** *(Johann* fils), compositeur autrichien *(Vienne 1825-* id. *1899).* Son père s'opposa à ce qu'il suive comme lui la carrière musicale, bien qu'il lui eût offert des cours de piano. Il dut donc étudier pour devenir employé de banque. Après le divorce de ses parents, il monte, contre leur gré, son propre orchestre de musique légère, au casino Dommayer, devenant ainsi concurrent de Johann Strauss père qui essaie de le contrer. Mais peu avant la mort de ce dernier, il se réconcilie avec lui. Il se voit nommé, en 1848, chef de la musique municipale de Vienne, lors de la révolution qui avait mis son père dans une légère disgrâce. Quand ce dernier meurt en 1849, il fusionne les deux orchestres et entreprend de nombreuses tournées en Europe. La fatigue l'oblige, en 1853, à confier la baguette de cet orchestre à son frère Joseph, ingénieur, et à ne plus diriger que pendant l'été. En 1862, il épouse la cantatrice Jetty Treffz. Elle mourra en 1877, et il épousera successivement Angelika Dietrich en 1878, et Adèle Deutsch en 1889. Il est nommé en 1863 directeur des bals de la cour. Il délaisse alors complètement, pour raisons de santé, la direction de son orchestre, le confiant à ses frères Joseph *(1827-1870)* et Edouard *(1835-1916),* et se consacre à la composition de musique légère. Ce serait Offenbach qui l'aurait incité à s'attaquer à la composition d'œuvres plus ambitieuses, comme des opérettes. Mais sa troisième opérette, *la Chauve-Souris,* ne s'impose pas tout de suite. Fêté à son tour comme roi de la valse viennoise, ami de Brahms et estimé de nombreux compositeurs, il meurt en 1899 d'une pneumonie et on lui fait des funérailles nationales, en l'enterrant aux côtés de Brahms et de Schubert.
Parmi les opérettes, les plus connues sont *Die Fledermaus (la Chauve-Souris)* [1874], sur un livret original de Haffner et Genée ; *Cagliostro* (1875) ; *Une nuit à Venise* (1883), *Der Zigeuner Baron (le Baron tzigane)* [1885], livret de von Schnitzer ; *Wiener Blut* (« Sang viennois ») [1899] d'après sa célèbre valse, sur un livret de Léon et Stein. Il s'attaqua même à l'opéra avec *Ritter Pasman* (1892), sur un livret de Docsy. Mais ses œuvres les plus populaires sont ses valses viennoises, 170 environ cataloguées, certaines admirables et grandioses, dont *An der schönen blauen Donau* (« le Beau Danube bleu ») [1867] ; *Künstlerleben* (« Vie d'artiste ») [1867] ; *Wein, Weib und Gesang* (« Du vin, des femmes, et des chansons ») [1869] ; *Wiener Blut* (« Sang viennois ») [1873] ; *Frühlingstimme* (« Voix du printemps ») [1883], *Kaiser Walzer* (« Valse de l'Empereur ») [1889]. On lui doit aussi environ 80 quadrilles, 140 polkas, 45 marches, 32 mazurkas, etc.
Ses œuvres sont considérées comme la quintessence de la musique viennoise, et ont marqué de manière ineffaçable toute la musique : de Mahler à Ravel, en passant par Berg, beaucoup de musiciens « sérieux » lui ont rendu hommage. M. C.

STRAUSS *(Richard),* compositeur et chef d'orchestre allemand *(Munich 1864-Garmisch 1949).* Son père, Franz, était un corniste réputé, appartenant au Théâtre de la cour de Munich. Il apprit les rudiments de la musique avec divers membres de sa famille (le piano avec sa mère, le violon avec son oncle), puis la composition avec F. W. Meyer. Ses premières œuvres, écrites lorsqu'il était très jeune, témoignent de l'influence de Mendelssohn et de Schumann. A l'âge de seize ans, il rencontre Hans von Bülow qui lui fait découvrir Wagner. A dix-huit ans, il assiste à la création de *Parsifal* qui fait sur lui une impression définitive. Bülow dirige les premières œuvres marquantes de Richard Strauss, dont son premier concerto pour cor (1885), avec son père comme soliste.
La même année Bülow le recommande à Meiningen, où il est nommé chef d'orchestre. En 1886, il part pour l'Italie d'où il rapportera son poème symphonique *Aus Italien,* œuvre originale et colorée où sa personnalité s'affirme d'emblée. A son retour, il accepte le poste de troisième chef d'orchestre à Munich. Il y reste trois ans, durant lesquels il compose deux nouveaux poèmes symphoniques, *Macbeth* et surtout *Don Juan* qui passe pour son chef-d'œuvre dans le domaine de la musique orchestrale. En 1889, il quitte Munich pour Weimar où on lui offre le poste de Kapellmeister. *Mort et Transfiguration* est de cette même année. Une grave maladie l'oblige à interrompre pendant quelques mois son activité. Durant sa convalescence, il voyage en Grèce et en Italie, où il ébauche son premier opéra *Guntram.* Très influencé par Wagner, cet ouvrage fait fiasco à Weimar, lors de sa création en 1894. Richard Strauss s'y intéresse de nouveau à la fin de sa vie et le remanie. En 1894, il dirige *Tannhäuser* au Festival de Bayreuth, puis revient à Munich, comme premier chef d'orchestre. Il y reste jusqu'en 1898. De cette période datent *Till Eulenspiegel, Ainsi parla Zarathoustra* et *Don Quichotte* (variations pour violoncelle et orchestre qui constituent, en même temps, une suite de tableaux descriptifs retraçant la vie du héros de Cervantès). Son sens particulier de la polyphonie s'épanouit dans ces trois œuvres à programme de façon exceptionnelle. En 1898, Richard Strauss est nommé chef de l'Orchestre royal de Prusse à Berlin. Il y termine *la Vie d'un héros,* autobiographie symphonique, dans laquelle sa maîtrise du coloris orchestral atteint un sommet.
Son deuxième opéra, *Feuersnot,* marque un nouveau retour à Wagner, mais, cette fois, le succès remporté à Dresde en 1901 répond aux espérances du compositeur. A noter que Richard Strauss a été son propre librettiste pour ses deux premiers ouvrages lyriques. Cependant la réputation internationale du compositeur commence à s'établir en 1904, il dirige à New York la première de sa *Symphonie domestique,* qui correspond à la partie familiale de son autobiographie symphonique, sans pour autant renoncer au grandiose.
Enfin, en 1905, c'est le triomphe, mitigé de scandale, obtenu par *Salomé,* où Richard Strauss avait mis en musique une pièce particulièrement osée, écrite en français par Oscar Wilde. Désormais, soit pendant la seconde moitié de son existence, Strauss se consacre presque exclusivement au théâtre dont il devient le compositeur majeur de la première moitié du XXe siècle. Avec *Elektra,* il poursuit plus avant cette veine du réalisme légendaire passant par Freud, en s'attaquant à une tragédie de Hugo von Hofmannsthal.
Convaincu que la musique de Strauss apportait à ses préoccupations un approfondissement, Hofmannsthal consacre les trente années qui lui restent à vivre à écrire des livrets pour Richard Strauss. Et ce fut là, pour le compositeur, un apport qu'on ne saurait sous-estimer. Cependant, après avoir atteint dans *Elektra* une violence et une intensité inconnues dans l'opéra, Strauss effectua avec *le Chevalier à la rose* la plus extraordinaire volte-face. C'en est fait désormais du

wagnérisme qu'il s'est efforcé d'abord de dépasser. Enjambant à reculons le romantisme, il reprend la tradition viennoise de l'opéra de caractères que Mozart avait, avec *les Noces de Figaro*, porté à un degré de perfection jamais dépassé. Dans *le Chevalier à la rose*, Strauss recherche un style néobaroque qu'on retrouve, sous une autre forme, dans *Ariane à Naxos*, où le mélange des genres (commedia dell'arte et opera seria) donne lieu à une synthèse essentiellement moderne. L'œuvre, écrite pour un orchestre réduit à une trentaine de musiciens, trouve son origine dans la musique de scène composée pour une traduction en allemand, par Hofmannsthal, du *Bourgeois gentilhomme* de Molière. L'opéra de Strauss était primitivement destiné à remplacer la cérémonie turque, située à la fin de la pièce. Un prologue lyrique composé ultérieurement fut joué ensuite à la place de la comédie de Molière. *La Légende de Joseph*, composée pour Diaghilev, constitue une des rares incursions de Richard Strauss dans le domaine du ballet. C'est une de ses œuvres les moins intéressantes avec la *Symphonie alpestre*, énorme partition qui semble destinée au cinéma avant la lettre.

En 1919, Strauss est nommé à la direction artistique de l'Opéra de Vienne. Il inaugure son poste avec la création de *Die Frau ohne Schatten* (« la Femme sans ombre »), sur un livret d'Hofmannsthal, qui demeure son opéra le plus ambitieux par des préoccupations symbolistes et métaphysiques. Citons encore le ballet viennois *Schlagahers* et *Intermezzo*, une comédie bourgeoise inspirée par une aventure personnelle de Strauss, où il se met lui-même en scène avec sa femme, l'ex-cantatrice Pauline de Ahna.

En 1925, le compositeur quitte l'Opéra de Vienne, commet le moins bon des opéras de sa maturité, *Hélène d'Égypte*, et une version remaniée d'*Idoménée* de Mozart. En 1933, il se rachète avec *Arabella* qui retrouve avec bonheur la manière viennoise du *Chevalier à la rose*. C'est le dernier livret qu'écrivit pour lui Hofmannsthal, qui mourut en 1929. Richard Strauss ne parviendra jamais à le remplacer et, en dépit des réussites musicales évidentes, ses derniers opéras manqueront du sens théâtral particulier d'Hofmannsthal. Cela n'est pas tout à fait vrai pour *Die schweigsame Frau*, fort adroitement adapté par Stefan Zweig, d'après Ben Jonson. Strauss y aborde avec bonheur un genre nouveau pour lui : l'opera buffa dans la manière de *Don Pasquale*. Malheureusement, Stefan Zweig devra s'exiler devant la montée du nazisme et c'est Josef Gregor, poète davantage prolixe que dramaturge, qui lui fournira ses trois livrets suivants, *Der Friedenstag*, opéra politique à thèse, *Daphné* et *Die Liebe der Danae* que la mythologie grecque inspire de nouveau. Du point de vue musical, le climat pastoral de *Daphné* est merveilleusement créé et contribue, malgré l'artifice des situations, à en faire une œuvre marquante.

C'est pourtant dans sa dernière œuvre lyrique, *Capriccio*, que Richard Strauss, à près de quatre-vingts ans, parvient encore à se surpasser. Composé sur un livret qu'il écrivit lui-même en collaboration avec son ami, le chef d'orchestre Clemens Krauss, *Capriccio* constitue un dernier hommage à cette culture française que Richard Strauss honora plusieurs fois au cours de sa carrière. Que le musicien ait consacré cette période, particulièrement tragique de l'histoire universelle (*Capriccio* fut donné à Munich en 1942), à mettre en musique un sujet qui est la querelle esthétique des gluckistes et des piccinnistes, peut paraître surprenant. Richard Strauss était évidemment le contraire d'un compositeur « engagé ». Dans ce cas particulier, on peut même dire qu'il avait cherché le dérivatif le plus frivole possible pour l'éloigner d'un monde en train de s'effondrer.

Quel est l'élément primordial de l'opéra : la musique ou les paroles ? La réponse est : leur juste équilibre. Telle est la thèse défendue par Richard Strauss avec un brio qui fait de *Capriccio* l'œuvre théâtrale majeure de sa dernière période. Il lui reste pourtant à composer en 1945 *Metamorphosen*, étude pour 23 instruments à cordes, qui est peut-être le chef-d'œuvre musical de toute sa vie, en même temps que le point final mis consciemment au romantisme par un des plus grands compositeurs du XXe siècle. Quelques mois avant sa mort, survenue en 1949, Richard Strauss écrira ses 4 dernières mélodies pour soprano et orchestre qui constituent le plus bel adieu possible à cette vie qui l'avait tant comblé.

En cette époque de révolution du langage musical que fut la première moitié du XXe siècle, il faut constater que Richard Strauss ne fut en aucune façon un novateur comme Schönberg où Stravinski. Du point de vue de l'esthétique et du style, son importance est cependant considérable. En prolongeant une tradition héritée du XIXe siècle, il réalise une synthèse essentiellement moderne : celle d'un romantisme à la poursuite de l'idéal classique. Cet idéal, il l'atteindra dans ses meilleures œuvres, alors que ses moins bonnes compositions, dans lesquelles les procédés transparaissent, sont presque toujours sauvées par la sincérité et la générosité de l'inspiration, unies à la noblesse et à l'élégance de la forme. Hitler, qui avait choisi d'opposer la musique de Richard Strauss à la musique dite « décadente » de compositeurs comme Schönberg et son école, en avait fait, bien malgré lui, le musicien national de son régime. Loin de profiter de cette position, Strauss s'en servit pour aider les artistes persécutés.

Œuvres. — *Musique symphonique. Festmarsch* (1876) ; *Symphonie en « fa » mineur* (1884) ; *Aus Italien* (1886) ; *Don Juan* (1887) ; *Macbeth* (1887) ; *Tod und Verklarung* (1889) ; *Till Eulenspiegel* (1894) ; *Also Sprach Zarathustra* (1896) ; *Don Quichotte* (1897) ; *Ein Heldenleben* (1898) ; *Sinfonia domestica* (1903) ; *2 Marches militaires* (1905) ; *Suite d'orchestre du Bourgeois gentilhomme* (1912) ; *Festliches Praeludium* (1917) ; *Eine Alpensymphonie* (1915) ; *Suite de danses d'après Couperin* (1923) ; *Musique de fête japonaise* (1940).
Musique instrumentale. Suite pour instruments à vent (1881) ; *Symphonie en « mi » bémol, pour 16 instruments à vent* (1943) ; *Metamorphosen, pour 23 instruments à cordes* (1945) ; *2 Concertos pour cor* (1883, 1943) ; *Concerto pour violon* (1882) ; *Concerto pour hautbois* (1946) ; *Concertino pour clarinette, basson, cordes et harpe* (1947) ; *Quatuor à cordes* (1880) ; *Quatuor avec piano* (1884) ; *Sonate pour piano et violoncelle* (1882) ; *Sonate pour piano et violon* (1887) ; *5 Pièces pour piano* (1881) ; *Sonate pour piano* (1881).
Musique de scène. Pour *Enoch Arden* (Tennyson) [1897], et pour *le Château sur la mer* (Uhland) [1899].
Ballets. Josephs Legende (1913) ; *Schlagahers* (1921).
Musique vocale. 140 lieder avec piano ; 18 lieder avec orchestre ; 8 chœurs a capella ; *Eine Deutsche Motette* (1884) ; *Taillefer*, cantate avec solistes (1903) ; *Barden Gesang* (1905) ; *3 Hymnes* (Hölderlin) [1920] ; *Die Tageszeiten* (Eichendorff) [1928] ; *Austria* (1929) ; *Hymne olympique* (1936).
Opéras. Guntram (1893, rév. 1939) ; *Feuersnot* (1901) ; *Salomé* (1905) ; *Elektra* (1908) ; *Der Rosenkavalier* (1910) ; *Ariadne auf Naxos* (1915) ; *Die Frau ohne Schatten* (1917) ; *Intermezzo* (1923) ; *Die aegyptische Helena* (1925) ; *Arabella* (1933) ; *Die schweigsame Frau* (1934) ; *Der Friedenstag* (1937) ; *Die Liebe der Danae* (1940) ; *Capriccio* (1941) ; *versions nouvelles d'Iphigénie en Tauride* de Gluck et *d'Idoménée* de Mozart (1930).

J. B.

STRAVINSKI (*Igor*), compositeur russe, naturalisé français, puis américain (*Oranienbaum, près de Saint-Pétersbourg, 1882 - New York 1971*). Fils de Féodor Stravinski, célèbre basse du théâtre Marie à Saint-Pétersbourg, Igor Stravinski mène à bien (1905) des études juridiques, tout en travaillant l'écriture musicale avec Rimski-Korsakov (1902-1908). Les premières œuvres révélatrices de sa personnalité, le *Scherzo fantastique* et *Feu d'artifice*, sont créées au concert Ziloti (hiver 1908-1909) en présence de Diaghilev. Cette rencontre marque les débuts d'une collaboration qui ne prendra fin qu'avec la mort de Diaghilev en 1929 et oriente Stravinski vers le ballet. Bien plus, en lui commandant *l'Oiseau de feu* (1909-10) Diaghilev non seulement révèle Stravinski au grand public, mais encore il impose d'emblée sur le plan international la nouvelle musique russe. Venu à Paris assister à la création de son ballet, Stravinski partage dès lors son temps entre Clarens (Suisse), où il passe l'hiver, et la propriété de sa femme à Oustiloug (Volhynie), où il réside l'été. C'est là qu'il met en chantier *le Sacre du printemps*, un tableau de la Russie païenne, entrecoupé par la composition d'un concert pour piano qui devient, sur les conseils de Diaghilev, une évocation de la fête populaire de la Semaine grasse sur la place de l'Amirauté à Saint-Pétersbourg et du drame du personnage le plus célèbre au théâtre de marionnettes, *Petrouchka* (1911), qui voit le triomphe de Nijinski. Le scandale du *Sacre* (1913) au Théâtre des Champs-Élysées, scandale sans doute plus chorégraphique que musical si l'on tient compte du succès de sa création en concert l'année suivante, projette Stravinski au premier rang de l'actualité : avec Schönberg, il devient, dans une optique tout à fait différente, le symbole du musicien révolutionnaire.

Et pourtant, cette œuvre historique n'aura pas de postérité. Suivant dans leurs déplacements les Ballets russes, qui quittent définitivement la Russie en 1912 et se fixent à Monte-Carlo, Stravinski se lie avec Debussy, Ravel, Satie, Falla et Casella. Alors que dans son refuge vaudois, il travaille aux *Noces* (1914-1917) et à *Renard*, « une histoire burlesque, chantée et jouée, faite pour la scène » (1916-17), il fait la connaissance du poète suisse Ramuz (1915). Une connaissance s'instaure par le biais du livret français des ouvrages en chantier et sans doute Ramuz est-il à l'origine de l'*Histoire du soldat*, dont il fut le librettiste, une œuvre destinée au théâtre ambulant pour récitant et 7 instruments, sur le thème de la lutte du bien et du mal pour la possession de l'âme humaine traité avec un humour un peu grinçant.

La révolution de 1917, qui surprend Stravinski en Suisse, lui fait perdre sa fortune, et le coupe de son pays natal jusqu'en 1962. Il décide alors de s'installer en France (1920). Ce déracinement n'est pas étranger à l'élargissement de ses sources d'inspiration musicale vers un cosmopolitisme européen et une recherche rigoureuse d'universalité qui s'accompagne d'un goût de plus en plus marqué pour les problèmes religieux. Avec *Pulcinella* (1919), une commande de Diaghilev sur des thèmes de Pergolèse, s'ouvre la période dite « néoclassique » qui le conduit jusqu'au *Rake's Progress* (1948-1951).

A partir de 1923, pour des raisons matérielles, Stravinski tente de faire une carrière de pianiste (qui motive la composition d'œuvres pour son instrument) et de chef d'orchestre qui le conduit aux États-Unis dès 1925 et l'amène à enregistrer ses propres ouvrages dès 1927. Naturalisé français en 1934, il postule (1936) un fauteuil à l'Académie des beaux-arts : on lui préfère Florent Schmitt. Convié en 1939-40 par l'université Harvard à donner une série de cours sur la *Poétique musicale*, il se fixe à Hollywood le temps de la Seconde Guerre mondiale. Il y reste jusqu'à sa mort (1971) après avoir choisi, en 1945, la nationalité américaine. C'est dans le cadre des échanges culturels soviéto-américains qu'il retournera en U.R.S.S. en 1962 : voyage triomphal où il est salué comme « le plus grand compositeur de notre temps », alors même que, depuis 1953 et sous l'influence de R. Craft, il a adopté la technique sérielle que précisément un Kabalevski ou un Khatchatourian venaient de condamner comme contraire à la nature humaine !

On a coutume de diviser l'œuvre créatrice de Stravinski en 3 périodes : russe, néoclassique et sérielle. De fait, de *l'Oiseau de feu* aux *Noces*, Stravinski puise dans son patrimoine culturel tant sur le plan des thèmes traités que des éléments mélodiques ou rythmiques. Toutefois, même si, en 1914, il entreprend un voyage à travers la Russie pour recueillir une documentation qu'il utilise notamment dans *Noces*, *Pribaoutki*, *les Berceuses du chat*, *les 4 chœurs a cappella*, pour voix de femmes, même s'il a eu recours aux cahiers dans lesquels Rimski-Korsakov a consigné sa collecte ethnomusicologique de 1876-1878 (*cf. Petrouchka*), il recrée plus qu'il n'emprunte le matériau musical folklorique (un seul thème populaire authentique dans *Noces*, par ex.) et le transcende jusqu'à l'abstraction. En effet, comme le remarque Boris de Schoelzer, « ni la polyphonie de l'art stravinskien, ni sa structure tonale, ni sa complexité harmonique, ni ses rythmes syncopés ne sont de provenance russe : toutes ces particularités marquent l'aboutissement de certaines traditions occidentales ». Son goût pour les intervalles distendus, pour le triton comme centre harmonique (*cf. l'Oiseau de feu, Petrouchka*), l'écriture par blocs (le *Sacre*) le conduit à instaurer avant Milhaud une polytonalité triomphante. Théoriquement, il atteint l'atonalité non pas dans le *Sacre*, mais déjà dans la danse de *l'Oiseau de feu* et la scène infernale de Kastchei, toutefois, loin de nier la dissonance, il la perçoit comme un enrichissement. Quant à la sauvagerie soulignée par Debussy, elle repose sur la nouveauté de son apport rythmique : usage de la syncope, rythmes non symétriques, déplacements des accents, ruptures continuelles, simultanéité des dessins rythmiques avec des oppositions de mesures ternaires et binaires (polyrythmie).

Mais ce primitivisme, Stravinski l'obtient aussi par des contrastes de dynamiques et par l'accroissement des effectifs instrumentaux (38 vents dans l'orchestre du *Sacre*). Pourtant, il a retenu la leçon de Schönberg (il assiste à la création du *Pierrot lunaire* à Berlin en 1912) au niveau de la concision de la forme (*3 Poésies de la Lyrique japonaise*, 1912 ; *3 Pièces pour quatuor à cordes*, 1914 ; *3 Pièces pour clarinette seule*, 1919), de la recherche instrumentale dans le cadre de la musique de chambre, souvent dans des combinaisons inhabituelles (*Renard, Histoire du soldat, Noces*). De plus, lui, qui devait écrire plus tard une *Circus Polka* (1942) pour les éléphants de Barnum et Barley et des *Scènes de ballets* (1944) pour Billy Roose, le producteur de shows de Broadway, remet dès cette période en question les genres : si la valse de Josef Lanner ou la ranguine *Elle avait un' jamb' de bois* peuvent dans *Petrouchka* procéder du collage, l'influence du jazz sur l'*Histoire du soldat* (on y trouve aussi un pasodoble, un tango et une valse) est d'une autre nature. Ce ragtime est déjà une quête d'expression collective et d'universalité et préfigure *Ragtime pour 11 instruments, Piano Rag music* et *Ebony Concerto* (1946), pour l'ensemble de Woody Hermann. Une si forte personnalité pouvait-elle se tourner vers le pastiche ? La démarche de Stravinski, à partir de 1919, a certes plongé public et critiques dans la plus grande perplexité. Elle se présente, en effet, comme une suite de « retour à » inaugurée par *Pulcinella* sur des thèmes de Pergolèse, dont il s'efforce de sauvegarder la personnalité même lorsque, sur le plan de l'harmonie ou de l'instrumentation, il la charge d'une note personnelle. Avec la *Symphonie pour instruments à vent* (1920) dédiée à la mémoire de Debussy, Stravinski revient à ses sources ancestrales « comme un adieu à ce monde perdu » que prolonge *Mavra* (1922), opéra bouffe en 1 acte d'après un conte de Pouchkine basé sur la convention stylistique de Glinka, mais surtout de Tchaïkovski.

L'*Octuor pour instruments à vent* (1922-23) marque un retour à la musique de chambre pure, mais surtout souligne des préoccupations polyphoniques qui subsisteront jusque dans les œuvres sérielles. Stravinski abandonne les recherches basées sur la couleur au profit d'un contrepoint linéaire qui accorde toute son importance à Bach (en dépit des tonalités équivoques, de changements de mesure). Ce souci du dessin qui ordonne la matière le conduit aussi à mettre en avant un instrument susceptible de rendre ce triple travail (ligne, accord, rythme), le piano, dont l'écriture fréquemment à deux voix rappelle le cantor de Leipzig (Stravinski a transcrit l'un de ses chorals d'orgue pour voix et instruments) dans le *Concerto pour piano et orchestre d'harmonie* (1923-24) ou, à cause de l'ornementation de l'adagietto de la *Sonate pour piano*

(1924), le style des clavecinistes français du XVIIIe siècle (Rameau, servant, d'autre part, de référence à *Apollon Musagète*). Le caractère intime du *3e Brandebourgeois* guide plus tard (1938) l'esprit du contrepoint du *Concerto en « mi » pour orchestre (cf.* aussi pour *2 Piano-forte solos*). D'où le sommet polyphonique de la fugue à 4 voix du second mouvement de la *Symphonie des psaumes* (1930) qui s'achève en une double fugue entre les chœurs et l'orchestre. Ce retour est aussi un retour aux formes classiques tripartites (*Octuor, Concerto pour piano et orchestre d'harmonie, Capriccio,* 1929 ; *Concerto pour violon,* 1931 ; *Symphonie en « ut »,* 1939-40, avec un premier mouvement de forme sonate et un scherzo, dont il essaie progressivement de tempérer la sévérité sous un climat de gaieté sereine. Le plus parfait produit reste la *Symphonie en 3 mouvements* (1945), où Stravinski retrouve l'énergie créatrice de Beethoven.

Pourtant dans ce cadre, il ne saurait renoncer à combiner polyphonie classique et bitonalité (*cf. Concertino pour cordes,* 1920 ; *Symphonie en « ut », Sonate pour 2 pianos,* 1943). *Orphée* (1947), un ballet pour Balanchine, marque le retour à la musique du Moyen Age et de la Renaissance que Monteverdi lui a fait découvrir (il a travaillé aussi sur Gesualdo), d'où l'emploi de formations *ad libitum* dans l'esprit de l'époque, une certaine austérité polyphonique et un langage modal. *La Messe* (1945-1947) participe au même esprit avec ses références à Machaut et même au-delà à Byzance, notamment avec les sections alternées solos/réponses du chœur dans le gloria. Déjà dans la *Symphonie des psaumes* (1930) était sensible une volonté de remonter aux sources de la musique occidentale par l'emploi d'une forme de psalmodie, d'un chant de faible ambitus dans l'esprit du grégorien, l'utilisation de modes ecclésiastiques ainsi que du latin, élément de distanciation garant d'objectivité mais aussi matériau rituel. Ce sujet biblique est le pendant d'*Œdipus rex,* thème mythologique emprunté à Sophocle, traduit et arrangé par Cocteau et retraduit en latin par Jean Daniélou comme l'exigeait Stravinski : un opéra-oratorio mais plus serré (sans ouverture, interludes et récitatifs) d'une simplicité extrême qui confine à l'inexpression, presque un documentaire. Enfin *The Rake's Progress* est une ultime tentative pour sauver la tradition lyrique de Mozart (*Don Juan*) à Gounod en passant par Gluck et Verdi. Sans doute, cette série de « retour à » correspond-elle au-delà de la légitime curiosité et de la virtuosité de l'analyse stylistique qu'elle suppose à une sorte d'appropriation qui témoigne du désir de Stravinski de se trouver de nouvelles racines, en s'occidentalisant.

Ce voyage de l'intérieur est « un acte de culture en même temps qu'un acte d'invention ». Il semble bien, d'autre part, que ce modèle ne soit jamais chez lui un aboutissement, donc pas un pastiche, mais le point de départ d'une recherche, celle de l'objectivité stylistique dans le cadre de l'universalité de la forme et de l'esprit qui explique aussi son attirance pour des sujets « hors temps » quasi rituels. L'œuvre de Stravinski recèle une unité profonde qui ne s'explique que par la recherche des archétypes et des styles, « l'expression collective d'une époque », qui concrétise son aspiration au « supra-individuel ». Comment comprendre, dès lors, qu'à la suite de son voyage en Europe pour assister à la création de son *Rake's Progress* à Venise (1952), au théâtre de la Fenice, dans le cadre du Festival de musique contemporaine, Stravinski ait adopté la pensée sérielle ? Certes, l'amitié qui le liait depuis 1947 à Robert Craft, fervent admirateur du dodécaphonisme, n'y est pas étrangère (ils accomplissent tous les deux le pèlerinage à Mittersill sur la tombe de Webern). Ainsi, voit-on à partir de la *Cantate,* sur des poèmes anonymes des XVe et XVIe siècles, Stravinski se familiariser et utiliser progressivement la technique sérielle dans son propre travail de composition à travers les *3 Chansons pour Shakespeare* (1953), le *Septuor* (2e mouvement, 1952-53), les *Canons funèbres* (1954), sur des poèmes de Dylan Thomas, et le *Canticum Sacrum* (1956) ou encore *Threni* (1958), une œuvre religieuse sur le texte des Lamentations de Jérémie, fidèle à la pensée sérielle et dont tout le matériau est issu de la série dodécaphonique.

Parallèlement, il découvre en 1954 *le Marteau sans maître* qu'il salue comme « la seule œuvre marquante d'une période exploratrice » alors même que Boulez se moque de sa conversion sérielle. Mais si Stravinski utilise jusque dans ses dernières œuvres la sérialité, il ne renonce jamais à sa propre pensée et, de ce fait, on peut dire qu'il a été un disciple dissident des Viennois : ainsi le *Septuor* et *Agon,* où coexistent sérialité et modalité. D'autre part, la sérialité, l'aboutissement suprême de l'esprit de variation, rencontre son souci d'écriture polyphonique, contrapuntique, dominé comme dans *Agon* par la fugue et le canon (*cf.* aussi *Double Canon,* un hommage à Dufy, 1959). Les *Variations pour orchestre* peuvent être, sur ce point, l'œuvre la plus significative : Stravinski y met en relation les notions de série (et sa combinatoire) et de variations en prenant pour bases référentielles les *Variations Goldberg* de Bach. Il renonce d'ailleurs si peu aux formes anciennes (*Agon* regroupe gaillarde, pavane, branle, etc.) que dans le *Requiem Canticles* (1965-66), où les 4 formes basques de la série font office dans l'introït de cantus firmus. Précisément, il semble bien que Stravinski se soit, dans sa période néoclassique comme dans sa période sérielle, attaché aux mêmes ordonnances rituelles de la forme et du langage ; il a toujours manifesté un souci de rigueur au détriment de l'élément subjectif. En somme, le choix de la sérialité chez lui (outre l'enrichissement harmonique qu'il y trouve) s'éclaire par sa période dite néoclassique, mieux, il en est un prolongement : dans sa quête des archétypes, Stravinski choisit le seul phénomène musical collectif du XXe siècle. Ainsi, son œuvre apparaît-elle non plus faite d'une succession d'adhésions et de désengagements mais dans sa profonde unité.

Œuvres. — *Musique instrumentale.* POUR ORCHESTRE : *Symphonie en « mi » bémol majeur* (1905-1907 ; rév. 1917) [Forberg-Jurgenson] ; *Scherzo fantastique* (1908) [Schott] ; *Feu d'artifice* (1908) [Schott] ; *Chant funèbre à la mémoire de Rimski-Korsakov* (1908), perdu ; *Ragtime* pour 11 instruments (1918) [Chester] ; *Symphonie pour instruments à vent* (1920) [Boosey and H.] ; *l'Oiseau de feu,* suite tirée du ballet (1921) [Schott] ; *Suite no 1,* pour petit orchestre, arrangement des *5 Pièces faciles,* pour piano à 4 mains (1917-1925) [Chester] ; *Suite no 2,* pour petit orchestre, arrangement des *3 Pièces faciles* et des *5 Pièces faciles* pour piano à 4 mains (1921) [Chester] ; *Pulcinella,* suite tirée du ballet (1922) [Boosey and H.] ; *4 Études pour orchestre,* 1 à 3 arrangement des *3 Pièces pour quatuor à cordes,* et 4 *Madrid,* arrangement de l'étude de pianola (1929) [Boosey and H.] ; *Divertimento,* suite symphonique tirée du ballet *le Baiser de la fée* (1934, rév. 1939) [Boosey and H.] ; *Jeu de cartes,* suite tirée du ballet (1936) [Schott] ; *Praeludium for Jazz orch.* (1937, rév. 1953) [Boosey and H.] ; *Concerto en « mi » bémol « Dumbarton oaks »,* pour orchestre de chambre (1938) [Schott] ; *Symphonie en « ut »* (1940) [Schott] ; *Danses concertantes* pour orchestre de chambre (1941-42) [Schott] ; *Circus Polka pour orchestre d'instruments à vent* (1942), pour orchestre (1944) [Schott] ; *4 Norvegian Moods,* « Impressions norvégiennes » (1942) [Schott] ; *Ode, chant élégiaque en 3 parties* (1943) [Schott] ; *Scènes de ballet* (1944) [Schott] ; *Scherzo à la russe pour orchestre* (1944) pour orchestre de jazz (1944) [Schott] ; *Symphonie en mouvements* (1945) [Schott] ; *Suite symphonique,* nouvelle version de *l'Oiseau de feu* (1945) [Schott] ; *Ebony Concerto* (1946) [New York Charling Music Corp.] ; *Concerto en « ré »* (1946) [Boosey and H.] ; *Tango,* orchestre de la pièce pour piano (1953) [Mercury, Schott] ; *Greeting Prelude* (1956) [Boosey and H.] ; *Variations A. Huxley in memoriam* (1963-64) [Boosey and H.]. POUR INSTRUMENTS SOLISTES ET ORCHESTRE : *Concerto pour piano et orchestre d'harmonie* (1923-24 ; rév. 1950) [Boosey and H.] ; *Capriccio,* pour piano et orchestre (1929 ; rév.

1949) [Boosey and H.]; *Concerto en « ré » pour violon et orchestre* (1931) [Schott]; *Concerto pour 2 pianos* (1935) [Schott]; *Movements*, pour piano et orchestre (1958-59) [Boosey and H.]. Pour piano : *Sonate pour piano* (1903), perdue ; *4 Études* (1908) [Moscou, Forberg-Jurgenson]; *Piano Rag Music* (1919) [Chester]; *les 5 Doigts*, 8 pièces faciles sur 5 notes (1921) [Chester]; *3 Mouvements de Petrouchka*, existe aussi pour 2 pianos (1921) [Boosey and H.]; *Sonate* (1924) [Boosey and H.]; *Sérénade en « la »* (1925) [Boosey and H.]; *Tango pour 1 ou 2 pianos* (1940) [Schott]; *Circus Polka pour piano* (1942) [Schott]; *3 Pièces faciles à 4 mains* (1915) [Chester]; *5 Pièces faciles à 4 mains* (1916-17) [Chester]; *Scherzo à la russe*, transcription pour 2 pianos (1944) [Schott]; *Sonate pour 2 pianos* (1944) [Schott]; *Étude pour pianola « Madrid »* (1917) [Boosey and H.]. Pour autres instruments : *3 Pièces pour quatuor à cordes* (1914) [Boosey and H.]; *3 Pièces pour clarinette seule* (1919) [Chester]; *Concertino pour quatuor à cordes* (1920) [Hansen], version pour 12 instruments (1952) [Chester]; *Octuor pour instruments à vent* (1923 ; rév. 1952) [Boosey and H.]; *Duo concertant pour violon et piano* (1932) [Boosey and H.]; transcription pour violon et piano de la berceuse de *l'Oiseau de feu* (1932) [Schott]; transcription pour violon et piano du scherzo de *l'Oiseau de feu* (1933) [Schott]; transcription pour violon et piano, transcription pour violon et 4 instruments à vent de la pastorale extraite des *3 Chants* de 1908 (1934) [Schott]; *Suite italienne*, transcription pour violoncelle et piano, pour violon et piano de mouvements de *Pulcinella* (1934) [Boosey and H.]; transcription pour violon et piano de *Divertimento pour orchestre* (1934) [Boosey and H.]; transcription pour violon et piano de la danse russe de *Petrouchka* (1937); transcription pour violon (ou voix) et piano de la chanson de *Paracha de Mavra* (1937); transcription pour violon et piano de fragments du *Rossignol* (1937); *Élégie pour alto seul ou violon* (1944) [Schott]; *Septuor pour cor, basson, clarinette, violon, alto, violoncelle* (1953) [Boosey and H.]; *Épitaphium pour flûte, clarinette, harpe* (1959) [Boosey and H.]; *Double Canon Raoul Dufy in memoriam*, quatuor à cordes (1959) [Boosey and H.]; *Fanfare pour 2 trompettes* (1967) [Boosey and H.].
Musique théâtrale. Ballets : *l'Oiseau de feu* (1909-10 ; rév., 1945) [Schott]; *Petrouchka* (1911) [Boosey and H.]; *le Sacre du printemps* (1911-1913 ; rév., 1947) [Boosey and H.]; *le Chant du rossignol*, ballet d'après *le Rossignol* (1917) [Boosey and H.]; *Renard* (1916-17) [Chester]; *Pulcinella* (1919) [Boosey and H.]; *les Noces* (1914-1923) [Chester]; *Apollo Musagète* (1927-28 ; rév., 1947) [Boosey and H.]; *le Baiser de la fée* (1928 ; rév., 1950) [Boosey and H.]; *Jeu de cartes* (1936) [Schott]; *Scènes de ballet* (1938) [Schott]; *Danses concertantes* (1941-42) [Schott]; *Orpheus* (1947) [Boosey and H.]; *Agon* (1954-1957) [Boosey and H.]. Ouvrages lyriques ou théâtre : *le Rossignol*, légendre lyrique (1909-1914, d'après Andersen) [Boosey and H.]; *Histoire du soldat*, livret de Ramuz, pour récitant et 7 instruments (1918) [Chester]; *Mavra*, opéra bouffe, livret de B. Kochno d'après Pouchkine (1922) [Boosey and H.]; *Œdipus rex*, opéra-oratorio, livret d'I. Stravinski et J. Cocteau, d'après Sophocle, texte latin de J. Daniélou (1926-27 ; rév., 1948) [Boosey and H.]; *Perséphone*, mélodrame, livret d'A. Gide (1933-34) [Boosey and H.]; *The Rake's Progress*, opéra, livret de W. H. Auden et Ch. Kallman d'après Hogarth (1949-1951) [Boosey and H.]; *The Flood* (« le Déluge »), jeu musical (1961-62) [Boosey and H.].
Musique vocale. Pour chant et piano : *le Faune et la Bergère* (1905-1906) [Pouchkine aussi avec orchestre, Belaiev]; *2 mélodies*, Gorodetski (1907) [Forberg-Jurgenson]; *Pastorale* (chant sans paroles), aussi avec orchestre (1908) [Schott]; *2 poèmes de Verlaine* (1910 ; avec orchestre, 1953) [Boosey and H.]; *2 poèmes de K. Balmont* (1911 ; rév., 1947 ; avec orchestre, 1954) [Boosey and H.]; *3 Petites Chansons, souvenirs de mon enfance* (1913 ; avec orchestre, 1930) [Boosey and H.]; *3 Poésies de la Lyrique japonaise* (1913, existe avec orchestre de chambre) [Boosey and H.]; *3 Histoires pour enfants* (1915-1917) [Chester]; *4 Chants russes* (1918, aussi avec orchestre) [Chester]; *The Owl and the Pussy-Cat* (« le Hibou et le Chat ») [1966] (Boosey and H.). Pour chant et instruments ou orchestre : *Pribaoutki*, pour voix moyenne et 8 instruments (1914) [Chester]; *Berceuses du chat*, pour voix moyenne et 3 clarinettes (1915-16) [Chester]; *3 Songs from W. Shakespeare*, pour mezzo, flûte, clarinette et alto (1953) [Boosey and H.]; *In memoriam Dylan Thomas*, pour ténor, quatuor à cordes et 4 trombones (1954) [Boosey and H.]; *4 Chants russes*, avec flûte, harpe et guitare (1954) [Chester]; *J. S. Bach, Choral-Variationen* (1956), chant et orchestre ; *Anthem* (1962, T. S. Eliott) [Boosey and H.]; *Abraham et Isaac* (1964), ballade sacrée pour récitant (bar.) et 3 clarinettes [Boosey and H.]; *Elegy for J. F. K.*, pour mezzo ou bar. et 3 clarinettes (1964) [Boosey and H.]. Pour chœur et instruments ou orchestre : *Zvezdoliki ou le Roi des étoiles* (Balmont), cantate pour chœur d'hommes et orchestre (1911) [Forberg-Jurgenson]; *Symphonie de psaumes* (1930 ; rév., 1948) [Boosey and H.]; *Babel*, cantate pour récitant, chœur d'hommes et orchestre (1948) [Schott]; *Messe pour chœur mixte et double quintette à vents* (1948) [Boosey and H.]; *Cantate*, soprano ténor, chœur de femmes et petit ensemble instrumental (1952) [Boosey and H.]; *Canticum sacrum*, ténor, baryton, chœur et orchestre (1956) [Boosey and H.]; *Threni id est Lamentationes Jeremiae prophetae* (« Thrènes, c'est-à-dire les Lamentations du prophète Jérémie »), solos, chœur et orchestre (1957-58) [Boosey and H.]; *A Sermon, a Narrative and a Prayer* (« Sermon, narration et prière »), cantate pour alto ténor, récitant, chœur et orchestre (1960-61) [Boosey and H.]; *Introïtus T. S. Eliott in memoriam*, chœur et orchestre de chambre (1965) [Boosey and H.]; *Requiem Canticles*, pour chœur et orchestre (1965-66) [Boosey and H.]. Pour chœur a cappella : *4 Chants paysans* (1914-1917 ; nouvelle version, avec 4 cors, 1954) [Chester]; *Pater noster* (1926, texte russe ; rev., texte latin, 1949) [Boosey and H.]; *Credo* (1932, texte russe ; rev., texte latin, 1949) [Boosey and H.]; *Ave Maria* (1934, texte russe ; rev., texte latin, 1949) [Boosey and H.]; *Anthem* (1962) [Boosey and H.].
Transcriptions-Arrangements. *Kobold* (Grieg) orchestré pour le ballet *les Orientales* (1909); *Nocturne en « la » bémol* (Chopin) et *Valse brillante en « mi » bémol* (Chopin) orchestrées pour le ballet *les Sylphides* (1909); *Mephistopheles Lied vom Floh* (Beethoven op. 75 nᵒ 4) orchestré (1909) [Boosey and H.]; extraits et scène finale de la *Khovanchtchina* de Moussorgski retravaillés pour Diaghilev (1913); *Chant des bateliers de la Volga*, arrangé pour orchestre d'harmonie (1917) [Chester]; pas de deux, *l'Oiseau bleu* du ballet *la Belle au bois dormant* de Tchaïkovski, arrangé pour petit orchestre (1921) [Schott]; *The Star-Spangled Banner* (« la Bannière étoilée », arrangement pour orchestre) [1921], partition saisie par la police du Massachusetts ; *J. S. Bach, Choral Variationen* transcription pour chœur et orchestre du choral pour orgue *Du haut du ciel je suis venu* (1956) [Boosey and H.]; *Illumina nos*, achèvement de la sacra cantio à 7 voix de Gesualdo (1957); *Da pacem, Domine* et *Assumpta est Maria*, achèvement de 2 sacrae cantiones à 6 voix de Gesualdo (1959); *Monumentum pro Gesualdo di Venosa*, 3 madrigaux réécrits pour instruments (1960) [Boosey and H.].
Écrits. *Chroniques de ma vie*, Paris, Denoël et Steele, 1935 (rééd. 1962 et 1971, Bibliothèque Médiations, chez Denoël); *Poétique musicale*, sous forme de 6 leçons (1939-40), Cambridge (Mass.) Harvard U. P., 1942 (en anglais), Paris, Janin, 1945, Paris Éd. Le Bon Plaisir, Plon, 1952 (en français); en coll. avec Robert Craft : *Conversations with I. Stravinski* (1959); *Memories and Commentaries* (« Souvenirs et Commentaires ») [1960]; *Expositions and Developments* (1962); *Dialogues and a Diary* (« Dialogue et Journal intime ») [1963]; *Themes and Episodes* (1966); *Retrospectives and Conclusions* (1969), ces 6 volumes sont édités chez Doubleday, New York, les 4 premiers le sont aussi chez Faber and

Faber, London ; seul le premier a été partiellement traduit en français, Paris, Gallimard (1963).
M.-C. L. M.-M.

STRETTE. Francisation du mot italien *stretto* (« serré »), parfois conservé tel quel.
— 1. **Dans un contrepoint polyphonique,** procédé consistant à superposer un thème à lui-même, littéralement ou non, le plus souvent sur des degrés différents ; les degrés privilégiés sont habituellement l'octave, la quinte et la quarte. La première entrée est dite antécédent, les suivantes sont les conséquents. L'entrée en strette se distingue de l'entrée en « fugue » par le fait que le conséquent n'attend pas la fin de l'antécédent pour entrer lui-même, comme il le fait dans une exposition de fugue. Si le conséquent entre sur la quinte ou la quarte, il se voit plus ou moins assimilé à une réponse de fugue et peut être amené à en respecter les principes (notamment en ce qui concerne la « mutation »). L'entrée en strette est, de très loin, la plus fréquente dans les motets et chansons polyphoniques de style contrepoint des XVe au XVIIe siècle. Il en est de même dans les plus anciens ricercari ; le remplacement de l'entrée en strette par l'exposition de fugue dans ce dernier genre a été l'un des éléments essentiels de la transformation du ricercare en fugue, même si le nom s'est parfois transmis de l'un à l'autre sans critères bien précis. Bach donne aux fugues de son *Offrande musicale* le nom de ricercare et emploie l'entrée en strette dans l'une des sections de son *Art de la fugue*, mais à son époque ces mélanges de noms étaient déjà exceptionnels.
— 2. **Dans la fugue classique,** après disparition de l'entrée en strette, ce dernier procédé s'est trouvé reporté sur une section spéciale qui en a pris le nom et se place généralement à l'approche de la fin, comme point d'aboutissement du travail thématique accompli sur le sujet — ou plus rarement sur le contre-sujet. Il peut y avoir plusieurs strettes, présentées de manière de plus en plus serrée. La strette est dite *réelle* quand elle superpose exactement le sujet et sa réponse, *libre* quand elle dispose les entrées sur d'autres degrés, ou ne respecte pas la littéralité intégrale du sujet.
— 3. **Dans un chœur,** un final d'opéra, etc., on appelle quelquefois *strette*, sans exigence technique précise, une progression donnant l'impression d'un resserrement progressif des entrées, souvent liée à une accélération du mouvement.
— 4. **Indication d'exécution** liée comme dans le sens précédent à une certaine accélération du tempo *(piu stretto).*
J. C.

STRIGGIO (Alessandro), compositeur italien *(Mantoue, v. 1535 - id. 1592).* Originaire de Mantoue, il restera toujours en relation avec les Gonzague, en particulier à la fin de sa vie. La plus grande partie de sa carrière musicale se déroule cependant à Florence à la cour des Médicis, où il est, à partir de 1560 environ jusqu'en 1584, le principal compositeur avec Francesco Corteccia, et collabore aux différentes productions officielles (intermèdes pour *La Cofanaria* en 1565, *I Fabii* en 1568, *La Vedova* en 1569, etc.). Instrumentiste à corde renommé à l'époque, il doit surtout sa réputation à ses 7 livres de madrigaux (dont 5 à 5 voix, 2 à 6 voix), publiés de 1558 à 1597 et dont la popularité s'étendit à l'étranger. Fidèle à l'esthétique de son temps, il use d'une écriture contrapuntique très élaborée et riche en modulations, tout en faisant un usage restreint du chromatisme. Ses derniers madrigaux, cependant, laissent pressentir l'avènement du style monodique.

Il a, par ailleurs, écrit 1 messe à 5 voix, *Missa in dominicis diebus,* et 1 motet à 40 voix pour 4 chœurs, *Ecce beatam lucem.*

Son fils **Alessandro** *(Mantoue 1573 - Venise 1630),* diplômé en droit et secrétaire du duc de Mantoue à partir de 1611, est surtout connu pour les livrets qu'il écrivit pour Monteverdi : *La Favola di Orfeo* (1607), sans doute aussi *Tirsi e Clori* (1615) et *Il Lamento d'Apollo,* perdu.
D. H.-A.

STROBEL (Heinrich), critique musical et musicographe allemand *(Ratisbonne 1898 - Baden-Baden 1970).* Il étudia la musicologie à Munich avec Sandberger et Kroyer et obtint en 1922 son doctorat avec la thèse *Hans Wilhelm Hasslers Leben und Werke.* Il fut critique musical au *Thuringer allgemeine Zeitung* à Erfurt (1921), puis à Berlin au *Berliner Borsenkurier* et au *Berliner Tageblatt.* Il fut rédacteur de la revue *Melos* à partir de 1933. En 1946, il devint directeur de la musique à la radio de Baden-Baden (Südwestfunk), et, en 1956, président de la Société internationale de musique contemporaine. Il fut, après la Seconde Guerre mondiale, le principal promoteur du Festival de Donaueschingen. Il fut l'un des premiers historiographes de Hindemith *(Paul Hindemith,* 1925, révisé en 1948) et un partisan actif de la musique contemporaine. Il a laissé de nombreux écrits sur Debussy, Stravinski, Webern et la musique allemande du XXe siècle. Il a également écrit plusieurs livrets d'opéras pour Rolf Liebermann : *Léonore 40-45* (1952), *Pénélope* (1954), *l'École des femmes* (1955).
A. L.

STROE (Aurel), compositeur roumain *(Bucarest 1932).* Il a suivi les cours de S. Căpățînă et O. Drimba (piano), M. Negrea et I. Dumitrescu (harmonie), N. Buicliu (contrepoint), M. Andricu (composition) et Th. Rogalski (orchestration) au conservatoire de Bucarest, ainsi que les Internationale Ferienkurse für neue Musik de Darmstadt avec M. Kagel, H. Brün, G. Ligeti et K. Stockhausen. Depuis 1962, il enseigne la composition au conservatoire de Bucarest. Après avoir étudié, dans ses œuvres orchestrales et dans sa musique de chambre, les possibilités de la musique non informationnelle, il s'est orienté vers le théâtre musical ; il y révèle un instinct scénique très sûr, lié à une grande économie de moyens.
A. et M. P.

STROPHE. En musique comme en poésie, la strophe est un ensemble cohérent, d'une dimension suffisante, nettement séparé de l'ensemble suivant et/ou précédent, avec lequel il présente un minimum d'analogies sans toutefois aller obligatoirement jusqu'à l'identité. La strophe constitue ainsi un moyen terme entre la *séquence,* qui ne préjuge pas des rapports avec les ensembles voisins, et le *couplet* qui, au contraire, exige une quasi-identité par rapport à eux.

S'il y a d'un groupe à l'autre répétition de mélodie, de façon irrégulière, avec des timbres distribués différemment en fonction d'un groupement de vers différent — comme c'est le cas au Moyen Age pour le lai ou la chanson de vers —, il n'y a plus strophe, mais *laisse.*

Outre les strophes régulières, les trouvères ont souvent pratiqué la demi-strophe terminale, appelée *tornada* chez les troubadours. Elle se chantait sur la première ou la dernière partie de la mélodie.

Dans la tragédie grecque, enfin, le système strophique était organisé en fonction d'un dialogue entre deux demi-chœurs : l'un énonçait la strophe, l'autre répondait sur la même mélodie par l'*antistrophe.* Une 3e partie, chantée sur une mélodie différente, constituait l'*épode.* Ce système, avec les mêmes noms, a été parfois imité par les musiciens de la fin de la Renaissance.
J. C.

STROPHE. Œuvre pour soprano et grand orchestre (avec piano et une nombreuse percussion) de Gilbert Amy. La première version (1964-1966), créée en décembre 1966 à Bruxelles sous la direction de Pierre Boulez, n'a jamais été jouée en France. La seconde version (1977), qui « n'annule pas la précédente, mais m'a permis de réviser certaines erreurs de perspective orchestrale » (G. Amy), fut créée à Paris le 28 janvier 1978 dans le cadre des *Perspectives du XXe siècle* de Radio-France. Elle « (fixe) également dans une écriture plus stricte des éléments qui — flottants — me paraissaient trop inertes dans la forme générale » (G. Amy). Le noyau de l'œuvre est constitué par 5 vers extraits de *L'action de la justice est éteinte* de René Char. Il y a 6 parties, jouées sans interruption :

Strophe 1, Envoi, Strophe 2, Commentaire, Strophe 3, Vocalise. La voix intervient partout sauf dans *Commentaire,* mais son traitement et ses rapports avec l'orchestre varient. Les deux parties les plus longues sont *Envoi* et *Vocalise. Strophe 1, Strophe 2* et *Strophe 3,* immobiles et étalés, sont des plages de temps utilisant respectivement les vers 1 et 5, 2 et 4, 3 et 5, de l'extrait du poème de R. Char. Les 3 autres sections, dynamiques, sont, au contraire, autant de moments d'action, et dans *Vocalise,* les 5 vers de R. Char sont repris entièrement. *Strophe,* une des premières œuvres de Gilbert Amy à avoir dépassé l'esthétique post-boulezienne, illustre bien le « tempérament de poète du compositeur ».   A. F.

STROZZI *(Giulio),* poète, écrivain et librettiste italien *(Venise 1583* - id. *1652).* Il fut très actif à l'Académie de Rome puis à celle de Venise ; dans cette dernière ville, il fonde, chez lui, en 1637, l'Accademia degli Unisoni. Surtout connu pour ses livrets d'opéras, il a pris une part importante à la création de l'opéra vénitien. Citons, en tout premier lieu, parmi les compositeurs qui ont utilisé ses textes, Monteverdi *(La Finta pazza Licori,* 1627 ; *Proserpina rapita,* 1630), F. Manelli *(La Delia o sia La Sera sposa del sole,* 1639), Sacrati *(La Finta pazza,* 1641), puis Cavalli *(Veremonda,* 1652). Ses poèmes ont aussi inspiré les madrigalistes, en particulier Monteverdi et sa fille adoptive Barbara Strozzi.

Barbara Strozzi *(Venise 1619* - id. *? apr. 1664),* cantatrice de talent, se produisit surtout lors des séances de l'Accademia degli Unisoni créée par son père adoptif. Dans ses compositions, qui incluent des madrigaux, cantates, ariettes, duos, elle fait preuve d'une grande invention mélodique et laisse transparaître, parfois, l'influence de son maître Cavalli.   D. H.

STRUCTURES POUR DEUX PIANOS. Œuvre de Pierre Boulez. Deux cahiers, dont Livre I (Ia, Ib, Ic) [1951-52], d'environ quatorze minutes (3′30, 8′30 et 2′), création à Cologne le 13 novembre 1953, par Grimaud et Loriod ; et Livre II (chapitre 1, chapitre 2) [1956-1961], d'environ dix-neuf minutes (8′30 et 10′30), création à Donaueschingen, le 21 octobre 1961 par Loriod et Boulez. Edition : Universal.

Les deux cahiers de *Structures* possèdent en commun quelques caractéristiques importantes : leur titre, qui émerge au catalogue terminologique de ces années méfiantes envers l'« expressivité », avides d'antiromantisme et de volonté constructiviste ; leur distribution instrumentale pour deux pianos, ce qui amène des possibilités et des conséquences spécifiques sur un instrument au son « non entretenable », par rapport à l'usage d'un piano seul ; enfin, leur caractère expérimental, à plusieurs années de distance. Disons pour simplifier : la « série généralisée » pour le premier cahier, des procédures « d'ouverture » du dispositif des instrumentistes pour le second cahier.

Car les différences l'emportent décidément sur les ressemblances. On doit dire que ces deux cahiers ont un peu les mêmes statuts : d'une part, celui d'œuvres *œuvres musicales* contrastées (l'aridité du premier cahier s'oppose à la séduction sonore du second), avec, par conséquent, chacun leur valeur esthétique particulière ; et, d'autre part, le statut d'être des *propositions de recherche,* le second cahier moins que le premier sans doute, et dans ce dernier les deuxième et troisième parties différemment (et moins systématiquement) que la première partie Ia.

Ier **cahier.** La *Structure Ia* est ainsi devenue, dans ses trois minutes et demie, presque le symbole de la musique moderne des années 50. Composée en une nuit, l'auteur y chercha la gageure d'écrire une musique le moins personnelle possible, faisant le moins possible place à l'invention ! Prenant comme matériau sériel initial une série des *modes de valeur et d'intensités* (Messiaen), il développa cette série de hauteur à travers un tissage des paramètres autres (durée, intensités, attaques) à la manière dont se traduit un programme informatique. L'œuvre est en 11 + 1 sections de tempos contrastés (3 tempos différents), la dernière section admettant un « à peine cédé » pour la dernière mesure. Le compositeur épuise les 48 possibilités de traitement d'une série de hauteur, en affectant à chaque section un nombre de formulations variant de 1 à 6.

Les sections 1 à 5 n'utilisent que l'ordre direct (normal ou inverse), les sections 6 à 11 que l'ordre rétrograde (normal ou inverse). Chaque série est alors affectée d'une intensité (12 intensités de pppp à ffff), combinée le plus souvent avec une attaque. Les notes ne relèvent pas seulement d'une des 48 formulations de hauteurs, mais sont croisées avec une série rythmique parallèle.

Ainsi considérée, on peut dire que la *Structure Ia,* qui devait servir de « modèle » — au besoin contre le gré de l'auteur — à toute une génération de sérialistes convaincus, représente ainsi à la fois le *constat* de l'état de la pensée postwébernienne au début des années 50, et l'*anticipation* de l'introduction de processus informatiques dans la composition musicale. La part de « la nécessité » y était, aux dires mêmes de l'auteur, maximum, tandis que celle du « hasard » pouvait porter à peu près seulement sur les densités variables du tissu musical. Les *Structures Ib* et *Ic* devaient alors faire varier les proportions de ces deux données de façon à réintégrer toujours davantage plus de hasard et moins de nécessité.

En tant que résultat sonore, *Structures I* peut susciter le type de fascination qu'on ressent devant les paris inflexiblement tenus, et une homogénéité sonore qui donne presque le vertige.

Second cahier. Ce second cahier frappe, à l'audition comme à la lecture, par sa « rondeur » relative par rapport aux aspérités du premier. Les longs accords résonnants, les traits en grappe à la Messiaen, l'équilibre recherché et atteint des deux instruments, l'élégance de certaines courbes : tout concourt à faire de ce second cahier l'antithèse esthétique de l'aridité expérimentale des *Structures* de 1952.

Il comprend deux « chapitres » — les titrages de Boulez, dès cette époque, semblent le diriger tout naturellement vers la conception mallarméenne du « Livre » (cf. également le *Livre pour quatuor).* Le premier postule un ordre fixe et joue sur l'élaboration de champs harmoniques que constituent ensemble les deux pianistes en résonance l'un de l'autre ; le second chapitre introduit une variabilité qui ne concerne pas seulement des possibilités de permutations en soi, mais dépend dans une certaine mesure des incitations d'un interprète à destination de l'autre.

Il reste évidemment à souligner la spectaculaire virtuosité que le cahier exige de ses interprètes, comme d'ailleurs le précédent : virtuosité qui est au demeurant une des dimensions fondamentales du rapport de Boulez avec ses interprètes, mais qui, dans ce second cahier davantage que dans le premier, apparaît constitutive d'un bonheur sonore acceptant de séduire le public.   D. J.

STRUNK *(Oliver),* musicologue américain *(Ithaca, New York, 1901* - *Grottaferrata, Italie, 1980).* Après des études à Cornell University, il travailla la composition en privé et passa une année à Berlin (1927-28). Entré à la bibliothèque du Congrès en 1928, il en dirigea le département de Musique de 1934 à 1937, et enseigna à Princeton de 1937 à 1966. Il participa, en 1928, à la fondation de l'American Musicological Society, qu'il présida en 1959-60 et dont il fut en 1948 le premier éditeur du journal. Spécialiste de musique byzantine (il édita, de 1961 à 1971, les *Monumenta musicae byzantinae)* et du chant liturgique des Églises d'Orient et d'Occident, il a écrit sur des sujets nombreux et variés, et fut un des principaux fondateurs de la musicologie américaine, comptant parmi ses élèves Joseph Kerman et Charles Rosen. Son ouvrage le plus célèbre est *Source Readings in Music History,* anthologie critique d'écrits sur la musique des Grecs anciens à Wagner (New York, 1950 ; réimpr., 1965 ; rééd., Londres, 1981).   M. V.

STUCKENSCHMIDT (*Hans Heinz*), musicologue et critique musical allemand (*Strasbourg 1901*). Musicien partiellement autodidacte, il prend, très jeune, parti pour la nouvelle musique et écrit dans diverses revues (*Aufbruch, Auftakt, Melos, Modern Music*, puis *Bohemia*, à Prague, et, à partir de 1929, *Berliner Zeitung am Mittag*), tout en animant des séries de concerts. Il est auditeur des cours d'analyse musicale de Schönberg de 1931 à 1933, mais doit, par suite de ses prises de position, cesser toute activité critique en Allemagne à partir de 1934. Il est nommé, après la guerre, directeur du Studio für Neue Musik de la RIAS à Berlin et critique musical de la *Neue Zeitung* (1947), puis de la *Frankfurter allgemeine Zeitung* (à partir de 1957). Il enseigne, par ailleurs, l'histoire de la musique à la Technische Universität de Berlin de 1948 à 1967. Il a écrit de nombreux ouvrages de référence sur la musique moderne : *Neue Musik zwischen den beiden Kriegen* (1951), *Schöpfer der Neuen Musik* (1958), *Oper in dieser Zeit* (1964), *Twentieth Century Music* (1968), *Twentieth Century Composers* (1970), *Die Musik eines halben Jahrhunderts : 1925-1975* (1976), d'où se dégage un intérêt particulier pour Schönberg qu'il développe dans *Arnold Schönberg* (1951) puis *Schönberg...* (1974). Il a, d'autre part, publié des études sur I. Stravinski, B. Blacher, J. N. David, M. Ravel, F. Busoni, D. H.

STURM UND DRANG. Le phénomène du *Sturm und Drang* « Orage et Passion », typiquement germanique mais de portée universelle, fut essentiellement littéraire. Il eut comme père spirituel Jean-Jacques Rousseau, et tira son nom, qui lui fut attribué après coup, de celui d'une pièce du dramaturge Maximilian von Klinger (*1752-1831*), écrite en 1776 et jouée en 1777. Ce phénomène eut comme expression littéraire la plus célèbre et la plus parfaite le *Werther* de Goethe (1773), et culmina sans doute avec *Die Räuber* (*les Brigands*, 1780-81) de Schiller. Inséparable de ce mouvement fut la renaissance, dans les pays de langue allemande, des tragédies de Shakespeare.

Ses buts artistiques furent d'émouvoir très fortement et très profondément, d'étonner, de donner le frisson. En musique, sa première manifestation, encore assez isolée, fut sans doute la scène finale du ballet *Don* Juan* de Gluck (1761), dans la descendance de laquelle se situe, entre autres, la scène du Commandeur dans le finale du second acte de *Don Giovanni* de Mozart (1787). Il est sûr qu'à l'époque, le *Sturm und Drang* fut un élément important de la musique théâtrale, ce dont témoignent, par exemple, les ouvertures à sensation (*Hamlet*, 1778) de l'abbé Vogler ou les ballets produits par lui à Mannheim. Mais il se manifesta aussi en musique instrumentale, en particulier dans les genres nouveaux, et largement nés en Allemagne et en Autriche, du quatuor à cordes et de la symphonie. En d'autres termes, au niveau musical, le *Sturm und Drang* signifia à la fois sur un plan général la prise de conscience de l'Allemagne par elle-même, et sur un plan particulier une individualisation de plus en plus nette, dans les genres du quatuor à cordes ou de la symphonie, de chaque ouvrage pris isolément, ainsi qu'un rôle de plus en plus important joué par la subjectivité : la différence avec l'*Empfindsamkeit** étant que ces sentiments, au lieu de rester tributaires des velléités de l'instant, tentèrent de s'intégrer dans une discipline d'ensemble, même quand ils prirent la forme d'explosions brusques (les symphonies et les quatuors écrits par Haydn vers 1772 se caractérisent aussi bien par une profonde subjectivité que par une grande force intellectuelle).

Le *Sturm und Drang* musical fut, pour une large part, un phénomène autrichien, et, en tant que tel, il culmina vers 1770-1772. D'aucuns ont contesté cette appellation. Elle a pour elle sa commodité, car le terme de *Sturm und Drang* est très parlant, et aussi le fait de s'appliquer à une musique (celle écrite dans l'orbite de Vienne vers 1770-1772) en définitive très neuve et très typique techniquement et émotionnellement, même si sur le plan technique (recours à la polyphonie, par exemple), ses traits les plus caractéristiques demeurent ancrés dans une tradition qui au cours des années précédentes n'avait pas, et de loin, complètement disparu : les trios pour baryton écrits par Haydn à partir de 1765 déjà sont, entre autres, un laboratoire de recherches contrapuntiques. Il reste que, aux alentours de 1770, Haydn écrivit davantage d'œuvres instrumentales dans le mode mineur qu'à tout autre moment de sa carrière, et que, au même moment, il se préoccupa spécialement des aspects expressifs du contrepoint (fugues finales des quatuors à cordes op. 20 n°s 2, 5 et 6), pas seulement de ses aspects « tour de force ». De fait, technique et expression se mêlèrent comme jamais auparavant, et c'est alors que l'association du mode mineur à la passion ou à la douleur devint nettement plus étroite. A noter cependant que si Haydn, vers 1770, eut largement recours au contrepoint savant dans ses quatuors ou dans ses symphonies — le menuet de la 44e (*Funèbre**) est un canon, le mouvement lent de la 47e est en double contrepoint à l'octave et son menuet est fait de deux phrases dont la seconde est la rétrogradation exacte de la première —, ce fut non seulement pour leur donner plus de sérieux et de poids, mais sûrement aussi pour montrer ce dont il était capable, sur le plan du métier, aux critiques d'Allemagne du Nord qui lui reprochaient violemment ses côtés autrichiens, son sens de l'humour, ses mélodies populaires balkaniques, ses passages abrupts de la tragédie à la comédie. Le paradoxe est justement que le *Sturm und Drang* ne fit pas disparaître tous ces traits plébéiens de la musique de Haydn : au contraire, son climat général de violence et d'introspection les mit, par contraste, plutôt en valeur.

Première synthèse dans la formation du style classique, le *Sturm und Drang* ne parvint pourtant pas à mettre complètement en relation harmonieuse, dans une œuvre ou un mouvement d'œuvre, les parties et le tout. En outre, le facteur rythme resta encore fortement imprégné d'esprit baroque. Des splendeurs et des sortilèges du *Sturm und Drang*, qui avaient également marqué leurs contemporains, Mozart et Haydn finirent (non sans en conserver les traces) par se détourner vers 1774, Mozart sous brusquement, sous la pression du milieu salzbourgeois, Haydn, qui vivait dans l'isolement et pour qui il avait signifié davantage, plus lentement. L'un et l'autre finirent par rejeter ce qui n'était que rébellion, éparpillement ou morbidité, au profit d'une forme organique capable de démarrer, mais aussi d'aboutir. Ils accomplirent cette démarche sous le signe d'une subjectivité moins jaillissante peut-être, mais de mieux en mieux intégrée dans un tout harmonieux, et par là d'autant plus puissante et durable dans ses effets. Par le biais du style galant*, ils parvinrent en moins de dix ans à leur grande maturité classique. M. V.

STYLE. — 1. En musique, ensemble des caractères qui sont propres à un compositeur, une époque, un courant esthétique, une manière d'interpréter, un mode de jeu instrumental, etc., et qui les distinguent des autres. Ces *caractères stylistiques*, dont la conjonction définit un « style », sont de toutes sortes : emploi de certaines tournures récurrentes, adoption de certaines formes, formules mélodiques, harmoniques, rythmiques, etc., particulières, façon d'émettre ou de tenir le son, conventions d'interprétation, etc., sans compter d'autres caractères beaucoup plus difficiles à saisir, surtout quand il s'agit de ce que l'on appelle le style d'un compositeur. Il arrive même que, pour un auteur, on distingue dans son évolution plusieurs styles ou manières se succédant.

Au sens large, le mot « style » désignait autrefois non point tant une manière, une originalité, qu'une technique particulière d'écriture, adaptée à telle fonction : on parlait de *stile antico* (style antique, à la manière de Palestrina, pour la musique religieuse), et par opposition de *stile nuovo* ; on parla aussi plus tard de style *galant*, pour désigner la « nouvelle » manière d'écrire, en réaction contre la musique rigide et chargée de la période précédente. La notion de style n'avait alors pas le sens qu'elle a pris depuis de caractère personnel et distinctif d'un compositeur.

Au XVIIe et au XVIIIe siècle, on distinguait aussi les styles (qu'on appelait aussi « goûts ») selon des nations : il y avait le style (ou goût) italien et le style français, auxquels vint s'ajouter, élaboré plus tard, le style allemand.

Les styles correspondent donc à des différenciations perçues à *l'intérieur d'un même système musical* — lequel ne saurait être nommé « style ». Le style est une certaine manière de jouer à l'intérieur du système, même si, à la longue, il conduit à une évolution de ce système. Pour un Occidental, il n'est guère possible, s'il n'est pas un spécialiste très averti, d'apprécier différents styles à l'intérieur d'un même système non occidental, sauf si ces styles correspondent à des genres instrumentaux très définis.

Il est reconnu qu'un style répond souvent à une définition qui n'est pas seulement formelle, mais aussi humaine et « psychologique » : le style ancien « fugué » et le style « galant », qui peuvent coexister à l'intérieur d'une même œuvre de Mozart, correspondent non seulement à des procédés d'écriture, des tournures musicales différents, mais également à des « climats », des modes d'être de la musique : sévère et rigoureux, opposé à coulant et agréable, etc. Dans la musique contemporaine, en l'absence d'un système commun à tous et codifié, le style d'un compositeur se définit déjà par l'adoption — ou non — d'un certain nombre de règles, de procédés, de formes ; il n'est aussi indiscernable de son *système*. Mais l'on peut dire aussi qu'il est des systèmes musicaux qui ne renvoient à aucun style, c'est-à-dire à aucun propos personnel.

L'étude des styles musicaux est un des domaines de la musicologie ; elle peut se borner à inventorier des procédés et des tournures récurrentes. On a aussi essayé, dans des recherches récentes, de relever systématiquement les caractères stylistiques d'une période, d'un compositeur, en s'aidant de l'ordinateur, pour recréer ensuite, toujours par l'intermédiaire de la machine, des « pastiches » de ce style (*Iliac Suite*, œuvre pour cordes calculée par Hiller et Baker [v. ORDINATEUR] et pastichant dans un de ses mouvements le style de Haydn). L'étude stylistique d'un compositeur a cependant été rarement menée aussi loin qu'on l'a fait pour les écrivains, car elle demande une bonne formation musicale, moins répandue que la formation littéraire.

— 2. On dit aussi d'un compositeur, d'un interprète, ou d'une expression musicale qu'ils « ont du style » ; il faut entendre par là qu'ils traduisent quelque chose à la fois de personnel et d'élégant, d'aisé et de vigoureux, par opposition à ceux qui ne décollent pas d'une application sage et mécanique des règles et des conventions. M. C.

SUBSTITUTION. — 1. **Au piano**, artifice de doigté consistant à glisser de façon muette un doigt à la place d'un autre sur une touche déjà en action.

— 2. **En harmonie**, on a longtemps employé le mot « substitution » (Fétis) à propos d'une ambiguïté d'analyse entre l'écriture apparente d'un accord et sa signification réelle lorsque cet accord comportait des sons sous-entendus ou des notes étrangères non résolues. Ainsi, dans un enchaînement *sol-si-mi* suivi de l'accord de *do* tonique, le 1er accord peut être entendu soit comme un renversement de IIIe degré (analyse littérale apparente : accord de *mi* mineur), soit comme un accord appoggiaturé dans une cadence ordinaire V-I (*mi* appoggiature d'un *ré* sous-entendu). Bien que, hors d'un contexte modal rare autrefois, la deuxième explication soit la plus conforme au sens musical, ainsi que le prouve la possibilité sans en changer le sens d'y ajouter sa 7e *fa* (ce que fait Chopin en écrivant *sol-fa-si-mi*), on l'expliquait autrefois en supposant que l'accord du IIIe degré (*mi* mineur) se « substituait » au 5e qui, disait-on, conservait néanmoins sa basse grâce au renversement. On expliquait de même l'accord de quinte et 6te construit sur le 4e degré (exemple *fa-la-do-ré/sol-si-ré/do*) ; au lieu d'y voir le premier renversement de l'accord de 7e du 2e degré (*ré-fa-la-do*) produisant entre fondamentales exprimées ou sous-entendues une descente normale de quintes *ré-sol-do*, soit II-V-I, on le rattachait à la cadence IV-V-I suggérée par la basse IV en y voyant, sur cette basse IV, « substitution » d'un accord de seconde dissonant à l'accord consonant obtenu en enlevant le *ré*. Ce genre de raisonnement, dont l'arbitraire paraît surprenant, se rattache à toute une école de bizarreries analytiques malheureusement fréquentes dans la tradition scolaire. J. C.

SUCHOŇ (*Eugen*), compositeur slovaque (*Pezinok 1908*). Il écrit des pièces pour son instrument favori, le piano, dès 1923, alors qu'il est l'élève à Bratislava de Frico Kafenda (1923-1931). Il vient à Prague travailler auprès de V. Novák, qui est, en fait, avec Moyzes et Cikker, l'un des fondateurs d'une véritable école nationale slovaque. Il enseigne à Bratislava de 1935 à 1960 et est, depuis 1969, le président de l'Union des compositeurs slovaques. Empruntant l'essentiel de ses sujets à l'histoire nationale slovaque, il adopte un style vigoureux, techniquement évolué, de climat fortement modal, propre à l'utilisation de mélodies slovaques primitives. Théoricien expert, il a su faire sien le patrimoine de Novák, tout en restant proche de la rudesse et de la spontanéité du langage parlé slovaque. D'où le succès de ses deux opéras : *Krútňava* (« le Tourbillon ») en 1949 et *Svätopluk* en 1960. P.-E. B.

SUÈDE. Les origines musicales suédoises sont confondues avec les fonds culturels communs germano-nordiques qui ont dominé jusqu'à la christianisation survenue en l'an 1000. Cette christianisation va, en quelque sorte, coloniser culturellement la Scandinavie, à l'intérieur de laquelle les échanges vont s'accélérer à partir de 1389, lorsque, par l'Union de Kalmar, les pays scandinaves, la Suède (et son satellite, la Finlande), le Danemark et la Norvège, tenteront une unité qui ne survivra pas au règne de Gustaf Vasa. De là naît une similitude de développement qui permet de retrouver, en Suède comme ailleurs, les *lekare* ambulants ainsi que les musiciens au service des villes qui jouent de la *mungiga* (« guimbarde ») et de la *nyckelharpa* (« vièle à archet ») et chantent les ballades de l'époque de la chevalerie. C'est sous le règne de Gustaf Vasa (1523-1560) que les premiers musiciens de cour sont engagés ; 3 tout d'abord, vite rejoints par 13 autres, tous étrangers, dont le rôle est avant tout de participer aux cérémonies officielles. En même temps, à l'église, si la pratique du plain-chant moyenâgeux continue, la réforme impose peu à peu ses structures et le premier recueil de chorals, de A. Gutterwitz, paraît en 1586.

En 1611 commence le règne de Gustaf II Adolf et avec lui l'époque de la « Grande puissance » qui durera jusqu'à la mort de Karl XII, en 1718. La situation géographique et historique de la Suède lui permet d'ouvrir de nombreux marchés avec les villes hanséatiques et baltes alors sous son contrôle. Ces échanges entraînèrent l'importation de l'influence culturelle de l'Allemagne du Nord et la venue de nombreux compositeurs et musiciens germaniques, qui, comme la famille Düben, vont jouer un rôle essentiel dans le développement musical suédois. Période culminante de cette ère, le règne de la reine Christine (1644-1654) entraîne une accélération des échanges culturels qui s'étendent à l'Italie (avec, par exemple, le compositeur Albrici) et à la France (représentée, entre autres, par le violoniste Pierre Verdier et la cantatrice Anne de la Barre). La noblesse participe au mouvement et le succès des instruments de salon, à clavier, à cordes frottées ou pincées (des années 1700 nous reste aujourd'hui le livre de luth de Per Brahe « le jeune ») concurrence les musiques militaires. Dans les campagnes les *spelmän* (« ménétriers ») abandonnent progressivement la *nyckelharpa* pour le violon et adoptent des danses nouvellement importées, comme la *polska*, et à la ville la musique militaire se transporte sur la scène de l'opéra où elle participe à l'évocation des grands personnages de l'histoire suédoise. L'Église continue parallèlement à jouer son rôle formateur ; le directeur de l'université d'Uppsala O. Rudbeck *(1630-1702)*, J. Columbus, I. Leinontinus, N. Hiller et L. Dijkman sont les plus actifs à former les étudiants qui participent souvent aux fêtes de rue (les *djäknegånger)*, à développer la musique d'orgue et à mettre à jour les recueils de chorals. La musique savante occupe une place qui, de modeste, va prendre de plus en plus d'ampleur dans la capitale. Andreas Düben II *(Miserere*, 1660) et son frère Gustaf *(Veni sancto spiritus*, 1651) sont rejoints par de nombreux étrangers ; on édite et on joue des œuvres de C. Geist, G. Carissimi et D. Buxtehude, et, à partir de 1720, sous l'impulsion de forts mouvements politiques, on assiste à une nouvelle expansion de la vie musicale. J. H. Roman *(1694-1758)*, le premier compositeur important qui soit né en Suède, dénommé le « père de la musique suédoise », écrit une *Messe suédoise* (1751-52) et importe le style de G. F. Haendel ; à ses côtés, il faut retenir Erik Philip Johnsen *(1717-1779)*, Arvid von Höpken *(1710-1778)*, tandis que l'âge classique commence avec J. Agrell *(1701-1765)* et se poursuit avec A. Wesström *(1720/21-1781)*, J. Wikmanson *(1753-1800)*, Olof Ahlström *(1756-1835)*, J. F. Berwald *(1787-1861)* et L. A. E. Passy *(1789-1870)*. C'est en 1771 que l'Académie royale de musique est créée sous le règne de Gustaf III ; la scène lyrique brille alors d'un éclat tout particulier auquel contribuent F. A. Uttini *(1723-1795)*, F. Zellbell *(1698-1765)*, l'Allemand J. G. Naumann *(1741-1801)* avec ses deux opéras *Gustaf Vasa* et *Cora et Alonzo* et surtout J. M. Kraus *(1756-1792)*, talent exceptionnel qui disparaîtra avant de pouvoir assister à la création de son opéra *Aeneas i Cartago*.

Il faut également parler d'un genre particulier, la parodie, forme mineure si elle n'était transcendée en Suède par le génie du poète-chansonnier C. M. Bellman *(1740-1795)*, dont l'œuvre a aujourd'hui gardé toute sa jeunesse.

Le XIXe siècle a été celui de la vraie naissance du nationalisme musical en Suède, sous l'impulsion de Carl Stenborg *(1752-1813)*, puis d'Eric Gustav Geijer *(1783-1847)*, d'Arvid August Afzelius *(1785-1871)* et Johann Christian Friedrich Haeffner *(1759-1833)*, tandis que l'historien finlandais Adolf Ivar Arwidson *(1791-1858)* se livre à d'importants travaux sur la chanson populaire qui aboutissent à une édition classifiée en 3 volumes : *Svenska fornsånger* (1834-1837). Pendant cette période transitoire, à côté du Finlandais Henrik Bernhard Crusell *(1775-1838)* et d'Edouard du Puy *(1770/71-1822)*, Jacob Axel Josephson *(1818-1880)* écrit du lieder que défend, avec son incomparable talent, la grande Jenny Lind *(1820-1887)*. C'est le début du règne de la mélodie nordique qui s'affirme avec l'œuvre d'Adolf Frederik Lindblad *(1801-1878)*. Il revient à Franz Berwald *(1796-1868)* de tourner définitivement la page. Avec lui s'imposent les idées du romantisme national et commence le règne du style de l'école de Leipzig, que prolongeront Ludvig Norman *(1831-1885)* et Albert Rubenson *(1826-1901)*, tandis qu'Ivar Hallström *(1826-1901)*, Per August Ölander *(1824-1886)* et Johan August Söderman *(1833-1876)* transposaient l'art national dans la musique dramatique. A vrai dire, il aura alors manqué à la Suède une personnalité de la puissance de Grieg, Nielsen ou Sibelius pour mener à son terme le processus engagé, et ce rôle sera dévolu à Wilhelm Stenhammar *(1871-1927)*, Hugo Alfvén *(1872-1960)* et Kurt Atterberg *(1887-1974)* et, à un degré moindre, à Andreas Hallén *(1846-1925)*, Emil Sjögren *(1853-1918)*, Gustaf Wilhelm Hägg *(1867-1925)*, Wilhelm Petterson-Berger *(1867-1942)*, Ruben Liljefors *(1871-1936)*, Tor Aulin *(1866-1914)*, Josef Eriksson *(1872-1957)* et Lars Fryklund *(1879-1965)*, qui négocièrent le virage conduisant au XXe siècle sans que soient modifiées les habitudes esthétiques romantiques.

Le XXe siècle survient donc dans des conditions très particulières et peut-être aussi parce qu'en Suède on répugne aux solutions radicales, l'évolution esthétique va se faire avec de profondes intrications stylistiques.

À la charnière se situe l'œuvre d'Edvin Kallstenius *(1881-1967)* et, à sa suite, ceux de Ture Rangström *(1884-1947)*, Dag Wirén *(né en 1905)* et Lars-Erik Larsson *(né en 1908)*, qui représentent parfaitement une dualité qui apparaît différemment dans l'œuvre de Hilding Rosenberg *(né en 1892)*, Gösta Nystroem *(1890-1966)* et Moses Pergament *(1893-1977)*. A des titres divers, il en est de même avec Natanael Berg *(1879-1947)*, Otto Olsson *(1879-1964)*, Algot Haquinius *(1886-1966)*, Knut Håkanson *(1887-1927)*, Oskar Lindberg *(1887-1955)*, John Fernström *(1897-1957)*, Gustaf Paulsson *(1898-1966)*, Erland von Koch *(né en 1910)*, Ingemar Liljefors *(né en 1906)*, Hilding Hallnäs *(né en 1903)* et Ingvar Wislander *(1917-1963)*. La situation est un peu différente avec les trois immigrés : l'Estonien Eduard Tubin *(né en 1905)*, l'Autrichien Hans Holewa *(né en 1905)* et l'Allemand Werner-Wolf Glaser *(né en 1910)*, et, si Allan Pettersson *(1911-1980)* occupe une place très particulière, Sten Broman *(né en 1902)* est un moderniste qui ne désavoue pas ses racines. Il faudra attendre les années 40 pour voir s'affirmer chez les élèves de Hilding Rosenberg réunis au sein du groupe du Lundi *(Måndagsgruppen)* les nouvelles idées esthétiques venues d'Europe occidentale ; à leur tête, Karl-Birger Blomdahl *(1916-1968)*, mais aussi Sven-Erik Bäck *(né en 1919)*, Ingvar Lidholm *(né en 1921)*, Sven-Eric Johanson *(né en 1919)*, Torbjörn Lundquist *(né en 1920)* et Göte Carlid *(1920-1953)*. A leurs côtés, il faut citer, en un trop rapide amalgame, Maurice Karkoff *(né en 1927)*, Hans Eklund *(né en 1927)*, Jan Carlstedt *(né en 1926)*, Laci Boldeman *(1921-1969)*, Bo Linde *(1933-1970)*, Gunnar Bucht *(né en 1927)*, Ulf Björlin *(né en 1933)*, Eskil Hemberg *(né en 1938)* et les sérialistes Siegfried Naumann *(né en 1918)* et Carl-Olof Anderberg *(1914-1972)*. Plus récemment, le cosmopolitisme esthétique a trouvé ses défenseurs en Bengt Hambraeus *(né en 1928)*, Bo Nilsson *(né en 1937)*, Torsten Nilsson *(né en 1920)*, Åke Hermanson *(né en 1923)*, Lars Johan Werle *(né en 1926)*, Arne Mellnäs *(né en 1933)*, Karl-Erik Welin *(né en 1934)*, Jan Bark *(né en 1934)*, Folke Rabe *(né en 1937)* et Jan W. Morthenson *(né en 1940)*.

La jeune génération présente le même éventail stylistique que dans les autres pays : les tenants de la « nouvelle simplicité » avec Pär Ahlbom *(né en 1942)*, voisinent non seulement avec les électroacousticiens Bengt Hambraeus, Åke Hodell *(né en 1919)*, Knut Wiggen *(né en 1927)*, Lars Gunnar Bodin *(né en 1935)*, Ralf Lundsten *(né en 1936)*, Sten Hansson *(né en 1936)*, Bengt Emil Johnson *(né en 1936)*, Leo Nilsson *(né en 1939)*, Bengt Rözmann *(né en 1939)*, Miklos Maros *(né en 1943)*, Bengt Enryd *(né en 1943)* et Ragnar Grippe *(né en 1951)*, mais aussi avec le dodécaphoniste Gunnar Ahlberg *(né en 1942)*, le « kafkaïen » Daniel Börtz *(né en 1943)*, le répétitiviste Lars-Erik Rosell *(né en 1943)*, le graphiste Johnny Grandert *(né en 1939)*, le mystique Anders Eliasson *(né en 1947)* et les compositeurs socialement engagés Gunnar Valkare *(né en 1943)* et Bengt Enryd.

La vie musicale en Suède est également d'une grande richesse, et de gros efforts ont été faits dans le domaine de la diffusion musicale, alors que le système d'enseignement, par un excès de soucis de démocratisation, enregistre un certain échec. Les orchestres, la radio consacrent temps et efforts pour la musique contemporaine, soutenus par des organismes dynamiques comme le *Rikskonserter*, le centre d'information musicale de la STIM, la société des droits d'auteurs, compositeurs et éditeurs et les associations *Fylkingen*, *Nutida musik* et *Samtida musik*. Historiquement la Suède est également un pays ou l'école de chant a produit de remarquables interprètes. Depuis les sopranos Jenny Lind, Henriette Nissen *(1819-1879)* et Christine Nilsson *(1843-1921)*, nous avons connu Birgit Nilsson et Elisabeth Söderström ; après le ténor Julius Gunther *(1818-1904)*, sont venus Jussi Björling et Set Svanholm, les barytons et basses Sigurt Björling et Ingvar Wixell et les mezzo-sopranos et altos Helena Ahnsjö, Kerstin Meyer, Kerstin Thorborg et Birgit Finnilä. Dans un domaine différent il faut également citer les musicologues C. F. Henneberg *(1871-1932)*, C. A. Moberg *(né en 1896)*, Ingmar Bengtsson *(né en 1920)* et Bo Wallner *(né en 1923)*. H.-C. F.

SUISSE. Au carrefour de plusieurs civilisations et sollicitée par les différents styles musicaux de l'Allemagne, de la France et de l'Italie, la Suisse a connu, en musique, plus de théoriciens que de grands créateurs depuis le moment où un chanteur venant de Rome et réclamé par Charlemagne dut s'arrêter à Saint-Gall. Le centre culturel important qu'était déjà le monastère y trouva l'occasion de développer le domaine musical et, dès la génération suivante, le moine Notker écrivait des traités *(De octo tonis, De tetrachordis...)* et composait des séquences en s'inspirant des tropes de Jumièges. Jusqu'à la Renaissance, la tradition du chant s'était perpétuée et les théoriciens l'avaient consolidée par des études concernant notamment l'écriture canonique et les modes ecclésiastiques anciens. H. L. Glareanus *(1488-1563)*, ami d'Érasme et éditeur de Boèce, est l'un des plus célèbres *(cf.* son *Dodecachordon,* 1547).

La Réforme risqua de compromettre cette évolution avec l'abolition de toute expression musicale dans la célébration du culte imposée par Zwingli. Mais, dès 1533, un premier livre de cantiques était édité à Saint-Gall, en 1537, Calvin introduisait le chant au temple de Genève, non sans spécifier qu'il était « parole d'écriture » exclusivement réservé au service du culte, et, en 1526, Ludwig Senfl, ami de Luther et maître de chapelle à la cour de Munich, apportait la plus profonde spiritualité à ses motets, ses séquences et ses hymnes, éclipsant l'œuvre de son compatriote Rudolf Wyssenbach *(Tabulaturbuch,* 1550) et du Bâlois Hans J. Wecker.

La création d'un Collegium musicum à Zurich (1613) et à Winterthur (1629) marque également une étape importante dans le développement de l'activité musicale, non seulement par le soutien qu'il apportait au chant d'église et à la musique profane, mais dans l'élargissement à une association d'auditeurs de ce qui n'était jusqu'alors qu'un cercle de musiciens amateurs. Ces ancêtres des institutions de concerts (qu'on devait, peu après, retrouver en Allemagne) ont favorisé la pratique du chant choral à l'échelle populaire, sans créer cependant une tradition musicale active qui attendra, pendant deux siècles encore, ses premiers artisans.

Le pionnier de ce renouveau fut Hans-Georg Naegeli *(1773-1836)*, compositeur, éditeur d'œuvres instrumentales et pédagogue nourri des principes de Pestalozzi. Au moment où le premier recueil de chansons populaires suisses était publié à Berne (1826), avec une notation à plusieurs voix consacrant une particularité suisse attestée dès le XVIᵉ siècle, il remit en honneur les chœurs masculins au point d'être surnommé « le père des chanteurs ». Beethoven saluait en lui « un sage d'Apollon » et son influence fut très profonde : c'est lui notamment qui institua les festivals de chant choral qui se sont perpétués jusqu'à nos jours. Ses successeurs n'ont pas été moins efficaces. Dans l'animation de la vie musicale zurichoise, ce fut le Bâlois Franz Hegar *(1841-1894)*, lui aussi professeur, compositeur et chef de différentes chorales d'hommes ; à Lausanne, ce fut G. A. Koëlla *(1822-1905)*, membre, avec ses frères, du premier quatuor itinérant que l'Europe ait connu, et qui consacra les cinquante dernières années de sa vie à faire rayonner la musique et à la faire connaître ; à Genève, Hugo de Senger *(1832-1892)*, chef d'orchestre de l'opéra allemand de Lausanne, se plaça rapidement à la tête du mouvement musical et accumula des partitions de large audience *(Fête des vignerons à Vevey,* 1889) pour une démocratisation de plus en plus étendue par l'intermédiaire du chant choral ; à Vevey, enfin, H. Plumhof, d'origine germanique, dota la ville de concerts de musique de chambre réguliers, en plus des récitals d'orgue qu'il donnait et des auditions de chorales pour lesquelles il composait, accusant l'habitude de ces grandes représentations de plein air où toute la population d'une région se retrouve autour d'un poète et d'un musicien et qui s'est conservée jusqu'à la génération d'Honegger et de Willy Burkhardt, dans l'union de l'art populaire et de l'écriture symphonique.

A la génération suivante, Hans Huber *(1852-1921)*, Otto Barblan *(1860-1943)* et Hermann Suter *(1870-1926)* ont regroupé les différentes forces encore éparses et la fondation de sociétés de concerts a contribué à diffuser la musique symphonique et instrumentale, y compris celle des premiers compositeurs soucieux d'un accent local : hauts faits des ancêtres, travaux de la terre, éléments d'un folklore marqué par la diversité physique du pays autant que par l'influence de plusieurs cultures (les symphonies de Hans Huber qui s'inspirent d'arguments comme *Tell* ou *Bocklyn*). Cette recherche d'un art national qui ne doit être à leurs voisins ne cessera de préoccuper la plupart des musiciens suisses ; d'autres, en petit nombre, estimant, au contraire, que leur mission était de forger un art « européen » dont les éléments seraient la synthèse des esthétiques latine et germanique (Oboussier).

Au prestige de la culture allemande se superposa, après la Première Guerre mondiale (et plus spécialement en Suisse romande) celui de la musique française, sans paralyser pour autant la pratique du psautier huguenot (Roger Vuataz, Henri Gagnebin) et les échos folkloriques qu'on rencontre chez un Joseph Lauber, un Gustave Doret et un Jaques-Dalcroze, créateur de la gymnastique rythmique. A ce titre l'action d'Ernest Ansermet, fondateur et chef d'orchestre de la Suisse romande, fut exemplaire pour la génération d'Alexandre Mottu, Conrad Beck, Marescotti et même Frank Martin (jusqu'à sa découverte de Schönberg) en qui la musique suisse peut voir son plus illustre représentant, puisque Honegger est revendiqué par l'école française autant qu'Ernest Bloch par l'école américaine.

En Suisse alémanique, cependant, l'influence de la musique allemande (les romantiques, Strauss ou Reger) est demeurée capitale dans l'œuvre d'Othmar Schoeck, Willy Burkhardt ou Walter Geiser et jusqu'à l'adoption de la technique sérielle par les compositeurs de la jeune génération : après Erich Schmid qui s'y engagea le premier, l'école alémanique groupe, dans cet esprit, un certain nombre de créateurs originaux comme Armin Schibler, Jacques Wildberger ou Klaus Huber.

Au nom d'un éclectisme qu'on retrouve dans le monde entier, les tenants du néoclassicisme (Julien-François Zbinden, Raffaele d'Alessandro, Rolf Looser) voisinent en Suisse avec une avant-garde dont le représentant le plus hardi paraît être Jacques Guyonnet.

Plaque tournante de la musique européenne, la Suisse occupe, par ailleurs, une position importante dans l'activité festivalienne (Lucerne, Montreux) et le Concours international de Genève est l'un des plus cotés à l'échelle mondiale.

Ajoutons que les artistes les plus divers ont su trouver un aliment pour leur génie particulier (Liszt, Wagner, Stravinski, etc.). L'Association des musiciens suisses, dont la fondation remonte au début du siècle, apparaît elle-même comme le symbole d'un lien entre tous les créateurs qui s'étend aisément à ceux qui ont bénéficié de ses traditions d'hospitalité, et, plus particulièrement pour la musique, de l'excellence de l'enseignement qu'on y reçoit et de la qualité de ses orchestres et de son public. A. G.

SUITE (fr. succession). Forme musicale à plusieurs mouvements, à l'origine série de différentes danses (réellement dansées ou stylisées) écrites dans la même tonalité et pour le même instrument ou ensemble instrumental. Les mouvements de la suite peuvent comporter des éléments thématiques communs (ce sont souvent les formules initiales), des structures harmoniques et formelles similaires : relations possibles, mais non obligatoires. Les mouvements peuvent aussi être thématiquement indépendants et unifiés uniquement par la présence de la même tonalité. La suite est constituée de mouvements fort différents : danses anciennes ne faisant plus partie de la pratique sociale de la danse, danses à la mode, danses stylisées et ornementées, pièces de type lied ou marche, pièces musicales non liées à la danse (*cf.* les suites de H. Purcell, Fr. Couperin, J.-S. Bach). La suite en tant que forme cyclique de la musique instrumentale a une structure formelle beaucoup plus libre que celle de la sonate : elle a, en principe, un nombre variable de mouvements (danses ou non-danses), elle peut aussi être constituée d'une succession de plusieurs danses du même type, comporter des contrastes métrorythmiques et thématiques dans la succession des mouvements ou, au contraire, des mouvements similaires (c'est le cas des doubles qui varient la danse précédente). La différence entre suite et sonate, en tant que formes principales de la musique instrumentale, devient explicite au cours du XVIIIe siècle : après une période d'interaction et de mélange très fréquents des principes formels de sonate et de suite à l'époque baroque, la pratique musicale du XVIIIe siècle pose la distinction explicite entre la suite, forme cyclique liée à la danse, et la sonate, forme cyclique continuant la tradition de la sonata da chiesa.

Origine du terme. Le terme « suite » apparaît d'abord dans les publications d'Attaignant à Paris (*cf.* les *Suyttes de bransles* dans le *7e Livre de danceries* (1557) d'Estienne du Tertre. La plupart des suites de branles sont alors constituées de morceaux à usage pratique, et ne cherchent pas à former une œuvre cyclique unifiée. Les relations thématiques, mais aussi la présence de la même tonalité dans tous les mouvements, sont rares. Au XVIe siècle, la suite française comporte d'habitude 4 branles, avec accélération progressive vers la fin : branle double (lent), branle simple (calme), branle gai (animé) et branle de Bourgogne (rapide). Les deux premiers sont binaires, les deux autres ternaires.

Autres dénominations pour la suite : partita (ital. *partire*, « partager », « séparer », « diviser »), c'est-à-dire, succession de parties, de morceaux ou de danses ; ordre (*cf.* fr. succession, série), c'est-à-dire, série de pièces (*cf.* les *Ordres* de Fr. Couperin) ; et, aussi, ouverture (ouverture française) en tant que suite ou succession de mouvements.

Évolution historique. À l'origine de la suite, aux XVe et XVIe siècles, se trouvent les couples de danses. La suite en deux mouvements comporte d'habitude une danse binaire relativement modérée ou lente (pavane, padoane, passamezzo) et une danse ternaire rapide (gaillarde, saltarello, proportio, Huplauf, Hopeldantz). Dans la pratique populaire, ces couples de danses sont connus sous les noms de Dantz et de Huplauf, dans la musique de cour au XVIe siècle ce sont la pavane et la gagliarde, puis la pavane et le saltarello, remplacés au cours du XVIIe siècle par le couple allemande-courante. Les suites les plus anciennes (XVe-XVIe siècles) sont constituées de deux, parfois de trois mouvements, toujours dans la même tonalité. Au cours du XVIe siècle, et surtout à la cour d'Henri IV (1589-1610), la suite française joue un rôle particulièrement important : étroitement liée à la pratique du ballet de la cour, elle se montre aussi influencée par les « masques » anglais ou les « balli » ou « mascherate » italiens. Le ballet de cour commence d'habitude par une « entrée », introduction solennelle en métrorythme binaire, et comporte une série de plusieurs danses relativement courtes (branles, gaillardes, courantes, gavottes, canaries, sarabandes, etc.), se succédant selon le principe de contraste métrorythmique et de tempo.

La tradition italienne de la suite est marquée par le goût pour la variation. Les exemples les plus anciens du XVe siècle reposent en fait sur le principe de la variation rythmique. Un même « tenor » peut servir de base à plusieurs danses fortement différentes : la bassadanza grave, la quadernaria modérée, le saltarello animé et la piva très vive. Les tablatures de O. Petrucci (1506-1508), les cycles tripartites de J. Dalza ou les tablatures de luth de A. Rotta et D. Bianchini comportent des séries de danses qui poursuivent la tradition de la variation, tout en introduisant de nouvelles danses (passamezzo, gaiarda, padovana, etc.). La succession de trois danses est particulièrement fréquente dans la suite italienne. Ainsi, dans *Intabulatura de lauto* (1506) de Petrucci, le compositeur et arrangeur J. Dalza signale : « *Nota che tutte le pavane hanno el suo Saltarello e Piva.* » Les suites de D. Bianchini comportent aussi très souvent trois mouvements — pass'e mezzo, padoana et saltarello — fondés sur la variation du même matériau thématique. Assez fréquentes dans la musique instrumentale italienne de cette époque sont aussi les suites comportant plusieurs danses du même type (*cf.* les suites de P. Borrono, constituées d'une pavane et de trois saltarellos successifs), ainsi que les suites conçues comme compilations relativement hasardeuses de pièces de différents auteurs. La pratique des couples de danses est aussi très répandue : les suites italiennes à deux mouvements sont constituées de bassadanza et saltarello sur le même tenor au cours du XVe siècle, de pavana (ou pazzamezzo) et gaillarde (ou saltarello) sur le même matériau au cours du XVIe siècle.

Les suites des luthistes italiens du XVIe siècle (Borrono, Rotta, Bianchini) deviennent très connues en Europe après leurs publications par H. Gerle à Nurnberg et par Phalèse à Anvers. Chez M. Praetorius (*Terpsichore*, 1612), la suite égale la *seguitur*, c'est-à-dire la succession de plusieurs pièces. Dans sa préface, M. Praetorius précise que plus de 400 des mélodies dans *Terpsichore* lui ont été données par A. Emeraud, maître danseur français à la cour du duc de Brunswick. Les mélodies sont typiques pour le répertoire de la musique de cour sous Henri IV, liées à la pratique des ballets et des suites de branles. De ce fait, l'œuvre de Praetorius s'avère particulièrement significative en ce qui concerne l'évolution de la musique de danse française et la suite instrumentale liée à cette pratique.

En Italie, en France et en Angleterre, l'évolution de la suite jusqu'à la fin du XVIe siècle est étroitement liée à la danse théâtrale en tant que pratique sociale. Les mascherate et balli en Italie, les ballets de cour en France, les masques anglaises déterminent les principes formels des suites instrumentales. Elles commencent, en règle générale, par une entrée (intrada) et enchaînent des danses à la mode et des pièces, composées spécialement pour accompagner les actions théâtrales et le jeu mimique.

Au début du XVIIe siècle, on observe une montée considérable de la musique instrumentale en Europe et une interaction permanente des styles nationaux italien, français, allemand, anglais, espagnol. La France exporte des maîtres danseurs et des luthistes virtuoses, les anthologistes allemands publient des collections comportant des œuvres instrumentales de musiciens étrangers et contribuent à l'expansion de la suite partout en Europe. La pratique instrumentale des suites est liée encore à la tradition des couples de danses et à la pratique vivante de la danse, mais aussi à la pratique vocale. La suite instrumentale est souvent la version sans texte d'une œuvre vocale. Ainsi, A. Brunelli publie en 1616 un « balletto » dans une version vocale à 5 voix avec texte (selon la tradition du madrigal) et une version instrumentale ornementée pour chitarrone *per sonare solo senza cantare* (« pour jouer seulement sans chanter ») [*cf.* *Scherzi*, lib. III, Venezia, 1616]. Ce « balletto » vocal et instrumental est structuré comme suite à 3 mouvements, avec un ballo grave au début, une gagliarda comme deuxième mouvement et une corrente à la fin. L'interaction de la musique vocale et de la musique instrumentale dans le domaine de la suite est explicite aussi chez les compositeurs allemands (*cf.* les *Neue liebliche Melodien*, 1598-1606, ou *Neue artige und liebliche Täntze*, 1598-1606, de W. Haussmann). Parmi les premiers compositeurs auteurs de suites conçues en tant qu'œuvres cycliques pensées dans leur intégrité formelle, citons Peuerl (*cf.* *Neue Padouan*, Intrada, Däntz und Galliarda, 1611) et Schein (son *Banchetto musicale*, 1617, contient 20 successions de paduana, gagliarda, courante, allemande et tripla).

La succession des mouvements typique pour la suite devient au cours du XVIIe siècle : allemande, courante, sarabande et gigue. À ces mouvements principaux s'ajoutent souvent d'autres danses, une introduction, des doubles (versions ornementées de la danse précédente), ou des pièces relativement éloignées de la pratique vivante ou historiquement antérieure de la danse. C'est à partir de la seconde moitié du XVIIe siècle que la gigue devient progressivement mouvement obligatoire de la suite, après l'allemande, la courante et la sarabande. On continue tout de même à écrire à la même époque des suites tripartites (allemande, courante et sarabande, sans gigue). Ce type de suite est très répandu chez les luthistes français et les maîtres danseurs de la cour française, chez les compositeurs de l'English Consort Music (W. Lawes) et les compositeurs allemands, auteurs de suites pour clavier (J. Kindermann, J. Froberger) ou pour ensembles instrumentaux (J. Rosenmüller, N. Hasse. W. Fabricius, J. Beck, C. Abel). Les compositeurs italiens de la même période sont particulièrement attachés à la sonata da camera pour ensembles instrumentaux (Torelli, *Concerti da camera*, 1686), mais aussi à la suite pour instrument solo à 3 mouvements (chez les guitaristes A. Bartolotti, Fr. Corbetta) et pour ensembles instrumentaux (Torelli, Pasquini, B. Gianoncelli).

La gigue s'impose comme mouvement obligatoire de la suite autour de 1650 dans les œuvres de J. Froberger en Autriche, de D. Gaultier en France, de Playford en Angleterre. Sa place à l'intérieur du cycle est, au départ, instable. Le manuscrit de Kassel de musique orchestrale française (1650-1668) comporte des successions : allemande-courante-gigue-sarabande. M. Weckmann écrit des suites pour clavier dans l'ordre : allemande-gigue-courante-sarabande, mais aussi allemande-courante-sarabande-gigue. Les anthologies de suites pour ensembles instrumentaux de J. Beck (1664, 1666) et K. Rieck (1658) comportent des suites selon l'ordre : allemande-gigue-courante-sarabande, avec interpolation d'autres danses. La place de la gigue à l'intérieur de la suite — la deuxième, juste après l'allemande ou la dernière, terminale — est définie très souvent au XVIIe siècle non pas par le compositeur, mais par l'éditeur. Les premières suites avec la succession devenue classique (allemande-courante-sarabande-gigue) publiées en Allemagne sont destinées au luth (E. Reusner — *Delitiae testudinis*, 1667). La première publication allemande de suites pour ensemble instrumental avec cette succession date de 1668 (D. Becker — *Musikalische Frühlings-Früchte*). La structure ancienne tripartite (sans gigue) reste néanmoins largement répandue. C'est donc dans la baroque allemande (chez Froberger, Kuhnau, Pachelbel, Buxtehude, Reincken, Böhm) que s'affirme la succession typique de la suite. Le principe de variations relie très souvent l'allemande à la courante, ce qui donne au cycle plus d'unité et de cohérence. Généralement, les 4 mouvements sont thématiquement indépendants, mais toujours unifiés par la même tonalité. Vers la fin de l'époque baroque, la succession allemande-courante-sarabande-gigue est élargie par l'insertion de mouvements de type intermezzo, aria ou ballo (très souvent entre la sarabande et la gigue), voire introduction ou sonatina (au début). Au cours du XVIIe siècle, en Allemagne, se développe aussi le type suite-variations. C'est une suite en plusieurs mouvements, composés dans la même tonalité et fondés sur le même matériau thématique (*cf.* les suites-variations de Peuerl et de Schein). La succession habituelle pour les suites de Peuerl est la suivante : paduan-intrada-Dantz-galliarde.

Les premières publications de suites du type allemande-courante-sarabande-gigue apparaissent en Angleterre : le *Court-ayres* de Playford est constitué de suites à 4 mouvements, écrites par les compositeurs W. Lawes, J. Cobb, W. Gregory, G. Hudson. Les structures en 3 mouvements (sans gigue) et en 4 mouvements (avec gigue) sont très fréquentes chez les clavecinistes anglais (Locke, Rogers, Sandley).

Dans *Der vollkommene Capellmeister* (1739), J. Mattheson définit la suite en tant que succession déterminée de quatre danses : « L'allemande... avant la courante, et celle-ci avant la sarabande et la gigue. On nomme leur succession de mélodies suite. » Cette définition correspond à une pratique concrète, largement répandue déjà au cours de la seconde moitié du XVIIe siècle. Il n'existe pourtant, à l'époque de Mattheson, que relativement peu de suites constituées uniquement de ces 4 mouvements considérés comme obligatoires. Dans la plupart des cas s'ajoutent à ces mouvements principaux, au début de la suite, un prélude (*praeludium*) [chez H. Purcell, J. Fischer], une sinfonia ou sonata (chez J. Rosenmüller, D. Becker, J. Reincken) ou une ouverture (chez J. Kusser, G. Muffat, J.-S. Bach, G. F. Haendel). D'autres mouvements (loure, gavotte, menuet, aria, etc.) sont intercalés entre les mouvements de la suite, très souvent entre la sarabande et la gigue. Au XVIIe siècle, les préludes dans les suites pour instrument solo ne sont souvent que partiellement notés, et destinés en fait à l'improvisation de l'instrumentiste.

La suite française de J. Champion de Charbonnière à Fr. Couperin a une structure particulière. Le nombre des mouvements, fort élevé, est très variable. Les suites de Couperin, par exemple, appelées ordres, comportent parfois plus de 20 mouvements. Les mouvements de la suite française sont d'habitude thématiquement indépendants, et souvent, quoique pas nécessairement, liés aux mouvements typiques de danses. Ils portent aussi des titres, sortes de programmes minimes qui indiquent le caractère général de la pièce (*la Majestueuse*, par exemple). Les principes formels des mouvements sont très simples : formes bipartites ou formes rondos. La suite française semble étroitement liée à la tradition du ballet scénique avec ses épisodes dansés (*cf.* les suites de Lully, Rameau). Au cours du troisième quart du XVIIe siècle, on trouve de nombreuses suites, conçues comme des successions de pièces dans la même tonalité, mais pas nécessairement du même compositeur. Cette pratique est un reflet de la vie musicale du temps, particulièrement active, et de l'expansion de la musique instrumentale, qui cherche largement son répertoire dans les opéras et les ballets les plus connus (les suites de D'Anglebert, par exemple, incluent des transcriptions de pièces provenant des ballets et des opéras de Lully). Au cours du XVIIIe siècle français, la suite occupe une place très importante dans l'œuvre instrumentale de Fr. Couperin, qui élabore trois types distincts de suites : *les Nations : sonates et suites de symphonies en trio* (1726), pour cordes et clavecin, sont, en fait, des « ordres » qui superposent les principes formels de la sonata da chiesa à ceux de la suite classique à la française, et sont destinés aux académies de musique et aux concerts particuliers ; les *Concerts royaux* (1722), pour clavecin, cordes et vents, sont constitués d'un prélude et d'une succession assez libre de pièces avec titres-programmes (*Air tendre, Plainte, la Tromba*, par ex.) ; les *Concerts* et *Apothéoses* (1724-25) sont des suites liées aux représentations théâtrales et, de ce fait, supposent une mise en scène et un contenu sémantique explicité dans les titres. Les *Concerts royaux* et les *Apothéoses* sont destinés aux concerts de chambre pour le roi. La suite chez Couperin est conçue comme un ordre libre et relativement ouvert : elle comporte les pièces obligatoires, mais aussi des pièces à titres, et n'exige pas l'exécution de toutes les pièces de l'ordre. Les similarités thématiques entre les mouvements de la suite française sont en principe relativement rares. Les mêmes pièces peuvent parfaitement faire partie de différentes suites. Toutes ces particularités de la suite française indiquent qu'elle n'est pas pensée comme une « œuvre totale » (comme c'est le cas de beaucoup de suites allemandes et surtout des suites-variations), mais comme une œuvre ouverte, toujours apte à accepter de nouveaux mouvements, conformément à l'usage et aux nécessités concrètes de la vie musicale. Parmi les auteurs les plus importants de suites pour clavecin et ensembles instrumentaux : Louis et François Couperin, J. F. Dandrieu, L. Marchand, E. Jacquet de la Guerre, N. Siret, L. A. Dornel, J.-Ph. Rameau.

La suite joue un rôle particulièrement important

dans les œuvres instrumentales de Bach et de Haendel. Bach a écrit plus de 40 suites instrumentales. Ses *Suites françaises* (1720) comportent les 4 danses fondamentales, auxquelles s'ajoutent, entre la sarabande et la gigue, d'autres danses, de 2 à 4. Le titre original *Suites pour le clavecin* a été remplacé plus tard par le titre *Suites françaises*, par opposition, très vraisemblablement, aux *Suites anglaises*, composées « pour les Anglais ». Les *Suites françaises* n'ont pas de prélude et comportent un nombre variable de pièces entre la sarabande et la gigue. Les *Suites anglaises* (autour de 1720) commencent toujours par un prélude (d'où leur titre original *Suites avec préludes*) et comportent la succession des 4 mouvements obligatoires, avec l'insertion de doubles ou d'autres pièces entre la sarabande et la gigue. Les *partitas* (1731) ont des préludes d'une écriture très variée, avec des titres différents. Elles comportent aussi une aria (ou air) entre la courante et la sarabande, ainsi que d'autres danses entre la sarabande et la gigue. Les *6 Suites pour violoncelle* solo, toujours avec prélude, reproduisent le principe des *Suites anglaises*. Les *3 Sonates* et les *3 Partite* pour violon solo ont une structure plus libre et plus riche et forment une encyclopédie musicale extraordinaire de l'art du violon (cf. la chaconne de la *Partita n° 2 en « ré » mineur* ou la fugue de la *Sonate n° 3 en « do » majeur*). Les 4 suites orchestrales sont aussi d'une écriture musicale et d'une structure formelle assez libres.

Les suites orchestrales de Haendel, mais aussi ses ouvertures à plusieurs mouvements, témoignent d'une grande liberté dans le choix de leurs mouvements constitutifs. Les suites pour clavecin, par contre (plus de 20), contiendront toujours les 4 danses devenues obligatoires : allemande, courante, sarabande et gigue (c'est également la structure des deux *Suites pour la princesse Louise*, 1736). Dans les suites de Haendel, on observe aussi l'interaction des différents styles, l'italien et l'allemand, par exemple, dans ses grandes suites de 1720.

La suite baroque évolua jusqu'à la première moitié du XVIIIe siècle. Plus tard, elle fut presque remplacée par le divertimento, la sérénade, et surtout par la sonate et la symphonie. Dans la pratique de la danse, les vieilles danses cèdent leur place au Ländler, à la valse, à la polka, etc. Des diverses danses de la suite, seul le menuet survécut dans la sonate ou la symphonie classiques. A partir de la seconde moitié du XVIIIe siècle, l'évolution de la suite prend diverses directions. Les suites de L. Mozart (cf. *Notenbuch seinem Sohne Wolfgang Amadeus... geschenkt*, 1762) sont en fait des successions de pièces de différents auteurs. Le successeur direct de la suite baroque est le divertimento. Le principe formel de la suite subsista néanmoins pour certaines œuvres musicales de l'époque classique, et même jusqu'à l'époque contemporaine, parfois sous l'aspect de copies ou de pastiches stylistiques (cf. Mozart, *Klaviersuite* KV 399 ; Reger, *Suite im alten Stil* op. 93 ; Debussy, *Suite bergamasque* ; Ravel, *le Tombeau de Couperin* ; Poulenc, *Suite française* ; Schönberg, *Suite* op. 25 ; Berg, *Suite lyrique*).

A l'époque classique, la suite est évincée par la sonate et la symphonie. La tradition de la suite baroque est maintenue dans les suites de danses (de 6, voire de 12 du même genre), souvent organisées par des relations tonales symétriques (chez Haydn, Mozart, Beethoven, Schubert, Dittersdorf, Hummel). Après 1800, la suite évolue exclusivement en tant que suite de ballet, pot-pourri d'opéras ou suite de musique militaire. Au cours du XIXe et du XXe siècle, la suite est très souvent une série de pièces issues d'un ballet, d'un opéra, d'une musique de scène, d'un spectacle théâtral ou d'un film. La suite du XIXe siècle est d'habitude liée à un programme (cf. la suite *Schéhérazade* de Rimski-Korsakov, la suite *Peer Gynt* ou la suite *Aus Holbergs Zeit* op. 40 de Grieg) et comporte plusieurs pièces contrastantes, liées aux genres musicaux très différents. Une forme particulière de la suite romantique est constituée par les cycles de miniatures chez Schumann : *Papillons, Kreisleriana, Carnaval, Faschingsschwank aus Wien* sont en fait des suites de pièces aux caractères fort différents, liées à une idée poétique unifiante et à des relations thématiques, tonales ou de texture agissant à distance. Les suites de miniatures représentent une des manifestations les plus significatives de la musique à programme et des recherches formelles de l'époque romantique. Les principes formels de la suite interfèrent souvent avec ceux de la sonate et du cycle de la sonate ou la symphonie (cf. les *Études symphoniques* pour piano de Schumann ou son *Manfred*, « poème dramatique : fragments disposés en suite d'orchestre »). Au cours du XIXe et du XXe siècle les danses continuent à faire partie des mouvements de la suite, sans que leur rôle soit aussi important qu'à l'époque baroque. La valse, mais aussi la marche, l'élégie, le scherzo, le nocturne, la romance, ainsi que des pièces avec des titres-programmes indiquant leur caractère général (cf. *le Jeu des sons, les Rêves de l'enfant* dans la *Deuxième Suite* pour orchestre de Tchaïkovski) sont également admis dans la suite. Les relations tonales et thématiques à l'intérieur de la suite du XIXe siècle deviennent beaucoup plus libres : chaque mouvement peut être écrit dans une tonalité différente ; la même tonalité n'est même plus obligatoire pour le premier et le dernier mouvement du cycle ; les relations thématiques à distance sont liées dans chaque cas au programme sémantique concret et au projet formel global de l'œuvre. La structure formelle des mouvements est aussi beaucoup plus complexe que celle des danses de la suite baroque : les pièces qui constituent la suite peuvent avoir la structure formelle de forme bi- ou tripartite simple, mais aussi la structure de forme tripartite complexe, de rondo, thème et variations, sonate ou rondo-sonate. Le nombre des mouvements qui constituent la suite est aussi très variable.

Après le déclin de la suite baroque, sa tradition se perpétue, considérablement transformée, dans les suites de ballets (cf. Tchaïkovski, *Casse*-Noisette* ; Prokofiev, les suites de *l'Amour* des trois oranges* et de *Roméo* et Juliette*). Au XXe siècle, la suite évolue dans une optique néoclassique (cf. les suites « à l'antique » de Hindemith d'après Gervaise, de Strauss d'après Couperin, d'Egk d'après Rameau, de Stravinski d'après Pergolèse) et dans les orientations stylistiques très différentes (cf. Satie, *Chapitres tournés en tous sens* ; Bartók, *Tanzsuite* pour orchestre, *Suite* op. 14 ; Schönberg, *Suite pour cordes, Suite pour piano* op. 25 ; Berg, *Suite lyrique* ; Stockhausen, *Momente*, etc.). I. S.

SUITE BERGAMASQUE. Suite pour piano seul, composée en 1890 par Claude Debussy. Elle comprend 4 mouvements, *Prélude, Menuet, Clair de lune, Passepied*. L'allusion à l'univers de sérénades et de badinage des *Fêtes galantes* de Verlaine est évidente, jusque dans le titre, qui fait référence à un vers célèbre de ce recueil (« ... que vont charmant masques et bergamasques »). Le mot « bergamasque », utilisé pour sa seule valeur poétique, désigne une danse originaire de la ville de Bergame. Le cadre musical, les titres, se réfèrent, eux, aux suites des clavecinistes français du XVIIe siècle, et à leur style tout de clarté, de simplicité et d'agrément. Cependant, à écouter ces 4 pièces, on découvre un Debussy lyrique et chaleureux. Si le *Prélude*, d'une allure improvisée, évoque bien les préludes anciens pour luth ou clavecin, le *Menuet* est déjà plus exubérant que chez les modèles revendiqués. Le très célèbre *Clair de lune* est une des seules « musiques de salon » de Debussy, qui retrouve et transpose au clavier, à l'instar de Chopin, l'inspiration du bel canto italien. Quant au *Passepied* (à 4 temps, alors qu'il est normalement à 3 temps dans les musiques anciennes dont Debussy prétend s'inspirer), il transcende, sous son apparente touche « néo-classique » par une invention et une générosité mélodique qui le rendent très émouvant. M. C.

SUITE DE DANSES. Œuvre pour orchestre composée en 1923 par Béla Bartók, et comprenant 5 danses de caractère populaire, séparées (sauf la 3e et la 4e, enchaînées) par une ritournelle et suivies d'un finale récapitulatif. Elle résulta d'une commande de l'État hongrois pour des cérémonies de célébration du cinquantenaire de la réunion de Buda et de Pest. C'est pour la même occasion que Kodály créa son *Psalmus* hungaricus*. L'œuvre de Bartók tourne cependant le dos à tout nationalisme, car elle s'inspire, de l'aveu même de l'auteur, de styles orientaux et roumains aussi bien que hongrois. Elle est plutôt gaie et de couleur franche, sans effets pittoresques, mais aussi sans cette tension sauvage qui fera le prix des œuvres ultérieures de Bartók, qui y expérimente toutefois son procédé de progression par expansion des intervalles : le début se meut dans une tessiture très étroite, et plus l'œuvre avance, plus les ambitus d'intervalles sont larges. M. C.

SUITE DE LEMMINKAINEN. Cycle pour orchestre en 4 parties op. 22 de Jean Sibelius, entrepris dès 1893, composé pour l'essentiel dans l'hiver 1895-96 et créé à Helsinki le 13 avril 1896. L'œuvre, parfois intitulée *Quatre Légendes pour orchestre*, s'inspire des aventures de Lemminkainen, sorte de Don Juan nordique, telles que les relate l'épopée finlandaise du *Kalevala*. A la première audition, les 4 « légendes » furent jouées dans l'ordre suivant : *Lemminkainen et les Jeunes Filles de l'île, Lemminkainen à Tuonela, le Cygne de Tuonela et le Retour de Lemminkainen*. Après une nouvelle exécution le 1er novembre 1897 dans une version légèrement révisée, la partition devait se scinder pour un demi-siècle : ses deux premiers volets, les plus longs, disparaissent du répertoire, attendent une nouvelle exécution jusqu'en 1935 (centenaire du *Kalevala*) et leur publication jusqu'en 1954; les deux autres, *le Cygne de Tuonela* et *le Retour de Lemminkainen*, connaissent, au contraire, après leur publication en 1900, une carrière des plus brillantes. En 1954, pour des raisons musicales et programmatiques évidentes, Sibelius recommanda d'inverser, pour une exécution d'ensemble, l'ordre des deux volets centraux : *le Cygne de Tuonela* précède donc désormais *Lemminkainen à Tuonela*.

Lemminkainen et les Jeunes Filles de l'île s'inspire du chant XXIX du Kalevala, qui raconte comment, après avoir débarqué et charmé tout le monde par ses récits, « le léger Lemminkainen se mit à courir les villages, dans les fêtes des jeunes filles, dans les bals des cheveux nattés : où qu'il tournât sa belle tête, aussitôt claquait un baiser... Il connut mille fiancées, il reposa près de cent veuves ». Ceci à le point que les hommes, excédés, commencent à aiguiser leurs couteaux. Mais quand « Don Juan » annonce son départ, « les vierges de l'île pleurèrent, les filles du cap furent tristes » : « Pourquoi pars-tu, Lemminkainen, où t'en vas-tu, noble héros ? Fuis-tu la chasteté des vierges, ou le petit nombre des femmes ? — Ce n'est pas la chasteté des vierges, ni le petit nombre des femmes : j'en trouverai bien des centaines, et plus de mille jeunes filles. Non, si Lemminkainen s'en va, si la fleur des héros se sauve, c'est que j'ai le mal du pays. » Dans le chant XI du Kalevala, *tous les efforts de Lemminkainen ne concernent que la belle Kyllikki, qu'il n'obtiendra qu'en l'enlevant de force*. Pas de programme précis dans le célèbre *Cygne de Tuonela*, mais une simple évocation préparant l'auditeur aux événements du troisième volet. *Tuonela (ou Manala) est l'Enfer, le domaine de Tuoni, royaume de la Mort entouré d'un fleuve rapide sur lequel, tel Charon, un cygne noir se meut pour l'éternité. Dans Lemminkainen à Tuonela (chants XIV et XV), l'acteur principal n'est plus Lemminkainen, mais sa mère. Pour conquérir la fille de Pohjola, Lemminkainen a déjà accompli deux exploits. Reste le troisième : tuer le cygne de Tuonela. Le héros échoue; assailli par un vieux berger, il est précipité dans le fleuve, et son corps coupé en morceaux est emporté par le courant jusqu'aux « demeures de Tuoni ». Informée du malheur par le sang qu'elle voit couler du peigne de son fils, la mère de Lemminkainen part à sa recherche, erre longtemps. Parvenue sur les rives du fleuve, « la mère de Lemminkainen prit alors son râteau de fer, râtela le corps de son fils dans la cascade mugissante... le long du fleuve de Tuoni... Le fils de Kaleva monta au bout du long râteau de cuivre à la surface de l'eau claire; il lui manquait quelques parties, une main, la moitié du crâne, beaucoup d'autres petits morceaux, par-dessus tout la vie encore ». La mère, finalement, réussit à rassembler ces débris, et même à leur rendre la vie. Elle demande alors au héros s'il lui manque encore quelque chose : « Il me manque beaucoup de choses, mon cœur est encore là-bas, mes désirs sont restés au loin, auprès des vierges de Pohja, des belles aux cheveux nattés. »* Dans le *Retour de Lemminkainen, enfin, fatigué par ses aventures et par ses combats, « le léger Lemminkainen, le superbe Kaukomieli, changea ses soucis en cheval, ses chagrins en un hongre noir... En revenant dans son pays, (il) reconnut les terres, les rives, les îles et tous les détroits, reconnut ses ports précédents ».*

Ces anecdotes et ces aventures, si elles éclairent la musique, ne la commandent pas, et Sibelius aurait pu appeler son opus 22, à l'exemple de Liszt qu'il admirait, *Lemminkainen Symphonie*. Les 4 volets agissent respectivement comme un allégro de sonate, un mouvement lent, une sorte de scherzo fantastique et un finale enlevé, par deux fois une page assez développée et contrastée est suivie par une autre plus courte et plus unitaire de ton, et surtout, chacun de 4 morceaux et l'ensemble qu'ils forment, par-delà leur extraordinaire pouvoir évocateur, sont d'essence symphonique (architecture globale, relations thématiques et tonales). La *Suite de Lemminkainen*, premier chef-d'œuvre absolu de Sibelius, indique non seulement les deux pôles de sa création orchestrale future, la symphonie et le poème symphonique, mais aussi, en tout cas avec le recul, qu'il serait le seul ou presque à avoir porté l'un et l'autre au plus haut niveau. A noter que *le Cygne de Tuonela* fut conçu à l'origine comme prélude pour un opéra inachevé intitulé *la Construction du bateau*, et qu'il est possible que d'autres idées d'abord prévues pour cet ouvrage mort-né, avec lequel Sibelius voulut se mesurer avec Wagner, et dont il ressentit durement le fait de n'avoir pu le mener à bien, passèrent finalement dans l'opus 22. *Lemminkainen et les Jeunes Filles de l'île*, qui se termine sur un long crescendo admirablement soutenu, reste une des pages de Sibelius les plus chargées de passion. *Le Cygne de Tuonela*, avec ses trouvailles harmoniques et instrumentales et son fameux solo de cor anglais, apparaît comme un authentique frère nordique du *Faune* debussyste, de conception exactement contemporaine, et aussi comme un des plus beaux chants de mort jamais réalisés en musique. Le royaume de la mort semble soudain peuplé avec *Lemminkainen à Tuonela*, page lourde de menaces rendues pour commencer par les cordes graves se poursuivant et se mêlant en un foisonnement annonçant les micropolyphonies de György Ligeti, et d'où peu à peu se dégage un thème. Au centre, à nouveau (comme dans le *Cygne*), l'essence de la mort : mélodie modale incantatoire aux violons ppp divisés en 5 et soutenus par un tambourin « presque inaudible », et qui peu à peu « prend vie ». *Le Retour de Lemminkainen*, morceau d'une constante énergie mais sachant conserver jusqu'à la fin des réserves de puissance, fait assister à la recherche, à la naissance et aux transformations d'un thème unique. « Il prend la plus infime goutte sonore et en tire un véritable océan » (un critique à propos de cette pièce au lendemain de la première audition) : faut-il redire qu'une telle démarche est celle d'un symphoniste-né ? M. V.

SUITE DELPHIQUE. Musique de scène en 8 épisodes d'André Jolivet, conçue en 1943 pour les représentations d'*Iphigénie en Tauride* à la Comédie-Française, adaptée ensuite au concert et créée sous cette forme définitive le 22 avril 1948 au palais Lobkowitz de Vienne. Tous les modes utilisés ici sont grecs, d'où l'appellation de *Suite delphique*. L'ensemble instrumental, pittoresque, associe des chaînes, inusitées jusqu'alors, et des ondes Martenot, dont sont tirés de réalistes et saisissants aboiements, à flûte, hautbois, clarinette, deux cors, trompette, trombone, harpe, timbale et deux percussions. En l'occurrence, on est plongé dans une Grèce imaginaire que le compositeur, sans l'avoir encore visitée à l'époque, a saisi d'instinct au cours des différents épisodes, ayant pour titres : *Aurore magique, les Chiens de l'Érèbe, Orage, Repos* de la nature, Procession, Joie dionysiaque, Invocation et Cortège.　　　　　　　　　　　　　　　　A. P.

SUITE EN «FA». Œuvre pour orchestre d'Albert Roussel, op. 33, composée en 1926, créée le 21 janvier 1927 par Serge Koussevitski, son dédicataire, à la tête de l'Orchestre symphonique de Boston. C'est une suite de danses dont la forme regarde vers l'époque de Bach et de Haendel, portant toutes les marques de la puissance créatrice de Roussel à son apogée, comme dans la 3e Symphonie. Après un prélude rythmique, vient une sarabande de forme classique, d'abord méditative, traversée ensuite de phases rythmiques d'une grande force concentrée. Cette page brève qui se termine par une gigue en forme de rondo communique un sentiment de vie et de joie saine. Elle représente, dans son architecture concentrée, la quintessence même du génie rousselien.　　　　P. V.

SUITE LYRIQUE POUR QUATUOR À CORDES. Œuvre en 6 mouvements d'Alban Berg (1925-26) : 1) allegretto gioviale ; 2) andante amoroso ; 3) allegro misterioso ; 4) adagio appassionato ; 5) presto delirando/tenebroso ; 6) largo desolato. La *Suite lyrique* appartient à la grande période de réalisation de Berg : elle fait suite au *Concerto de chambre* et sa composition se poursuit parallèlement aux préparatifs de la création de *Wozzeck* à Berlin le 14 décembre 1925.

Bien que purement instrumentale, la partition se présente, selon le mot d'Adorno, comme « un opéra latent ». C'est dire que Berg y développe, là aussi, un climat dramatique que soulignent les titres si expressifs des 6 mouvements. Il est, de plus, significatif de relever que Berg y fait deux citations d'œuvres destinées à la voix : l'une est empruntée au *Tristan* de Wagner (cf. 6e mouvement, mesures 26-27), l'autre à la *Symphonie lyrique* pour soprano, baryton et orchestre de Zemlinski, le destinataire de la *Suite* (cf. 4e mouvement, mesures 32-33, mesures 46-50). A cette filiation, il faudrait aussi ajouter l'influence de Mahler (*le Chant de la terre*) ou celle des derniers quatuors de Beethoven tant sur le plan formel (une suite avec alternance de mouvements lents et vifs) que pour certains détails (canons, strettes, séries-motifs, etc.).

Cette œuvre est, d'autre part, la première où Berg utilise la méthode de composition à 12 sons. Mais, conformément à son souci de rattacher le présent au passé, Berg choisit de recourir à des schémas formels traditionnels. De plus il emploie conjointement à une méthode dodécaphonique rigoureuse une écriture atonale libre comme le montre le tableau ci-dessous, sans altérer en aucune manière l'unité stylistique de l'œuvre, tant il est vrai qu'« on suit la série mais pour le reste on compose comme avant » (Schönberg).

	Forme	Dodéca-phonique
1. allegretto gioviale	forme sonate	oui
2. andante amoroso	rondo	non
3. allegro misterioso	lied	
	A	oui
	B	non
	A' (récurrent)	oui
	trio estatico	
4. adagio appassionato	nocturne $A_1 A_2 A_3$ coda	non
5. presto delirando	scherzo	
	tenebroso A	non
	tenebroso B trio 1	oui
	A	non
	tenebroso C trio 2	oui
	A	non
6. largo desolato	rhapsodie ou rondo avec introd.	oui

La série utilisée par Berg, reprise par lui pour la deuxième version (1925) du lied sur un poème de Th. Storm, *Schliesse mir die Augen beide*, « Ferme-moi les deux yeux », et exposée dès les mesures 2-4 du 1er mouvement par le 1er violon (*fa, mi, do, la, sol, ré, la bémol, ré bémol, mi bémol, sol bémol, si bémol, si*), fut « trouvée » par son élève F.-H. Klein, et contient l'échantillonnage de tous les intervalles possibles. La symétrie de cette série (les sons 7 à 12 sont la transposition une quinte diminuée vers le grave de la récurrence des sons 1 à 6) permet d'obtenir des séries dérivées de quartes et de quintes. A partir de ces séries dérivées, on peut encore obtenir par rotation axiale deux accords de six sons contenant principalement l'un l'accord parfait d'*ut* majeur et l'autre celui de *sol* bémol majeur (tonalités séparées par un intervalle de triton), et impliquant en outre des incursions l'un vers *la* mineur et *fa* majeur, l'autre vers *mi* bémol mineur et *si* majeur (dans les deux cas vers le relatif mineur et la sous-dominante). Ces particularités de la série de la *Suite lyrique*, Berg les énonça lui-même dans une lettre à Schönberg du 13 juillet 1926. Les parties « atonales » de l'œuvre présentent donc aussi un fort caractère d'attraction tonale (cf. à la fin du 2e mouvement l'accord sur *do* à la basse compris comme dominante de *fa* ou l'accord de 7 notes à la fin du 4e mouvement dans la tonalité de *fa*). Le lien entre les mouvements repose sur l'utilisation de la série sujette à des permutations de sons au cours des 4 mouvements totalement ou partiellement dodécaphoniques ; cette série constitue également le matériau de base (le thème ?) des passages d'écriture atonale, le 4e mouvement étant le plus indépendant par rapport à une référence dodécaphonique bien que son thème soit constitué de 3 + 4 + 5 = 12 sons. Ce sentiment est renforcé par l'utilisation, à un moment donné, d'un élément constituant du mouvement précédent, par exemple, l'allégro du 3e utilise comme série la suite de hauteurs du 2e mouvement libre (mesure 24) sous 4 formes (les seules à contenir ce groupe si bémol-*si-fa-la* qui joue là un rôle d'ostinato), tandis que le trio estatico libre est en même temps l'exposition du 4e mouvement et la réminiscence du 2e (mesures 13-14) ; dans le 6e mouvement la mesure 10 reprend le second violon mesure 6 du 1er mouvement, les mesures 37 et 39 ramenant aux mesures 5-6 ou 38-39 du mouvement initial. Il y a chez Berg une virtuosité certaine dans l'emploi des permutations de la série, dans ses segmentations (groupes de 6, 4 ou 8 notes) qui créent un incontestable enrichissement du matériau.

Quatre notes jouent dans cette série un rôle de cellule fondamentale, *si-fa-la-si* bémol, recouvrant les lettres HFAB, initiales de Hanna Fuchs, la sœur d'Alma Mahler, et d'Alban Berg qu'une passion réciproque unit, et lourdes de sens elles ponctuent l'œuvre. La *Suite lyrique* est en fait une œuvre à programme ; elle raconte la tragédie d'un amour contrarié par la vie jusqu'à cette désespérance finale qui débouche sur un adieu (à la manière de Haydn) avant le néant. Le 6e mouvement est d'ailleurs une méditation sur le poème XXX des *Fleurs du mal* de Baudelaire, *De profundis clamavi*, dans une traduction allemande de S. George, dont Berg a supprimé par la suite la référence textuelle. La symbolique des nombres, 23 étant celui de Berg, 10 celui de Hanna Fuchs, joue dans la partition un rôle important, déterminant le nombre des mesures des mouvements et les indications métronomiques en un entrelacement à dessein complexe. Les tempos sont d'ailleurs une autre élément fondamental de l'organisation de l'œuvre.

La liberté extrême avec laquelle Berg traite les instruments du quatuor crée, au-delà du tissu contrapuntique très serré, un monde sonore qui sonne de manière nouvelle. De ce point de vue, le 3e mouvement constitue une sorte de sommet dans la création d'un statisme harmonique dans le cadre d'un mouvement perpétuel de double croche avec la recherche d'effets spéciaux pizzicati, col legno, flautando, sul tasto, sans gonflement du volume sonore qui ne dépasse jamais le *pp*. Aussi, encadré par ce frémissement, le trio estatico est-il perçu comme une rupture douloureuse, débordant de lyrisme avec des accents à la Bartók. Le tenebroso du 5ᵉ mouvement est lui aussi remarquable puisque ses entrées *ppp* si discrètes que les instruments ne se découvrent que progressivement, et ses accords de durées différentes dont le chevauchement (mesures 51-74) crée un effet quasi magique dans une écriture homophonique presque statique face aux pulsations et à l'écriture polyphonique si dynamique des parties presto delirando. Enfin le dernier mouvement reconstitue les conditions de passage du son au silence qui doit le prolonger. D'où ce retrait progressif des voix dialoguantes : le second violon se retire le premier suivi par le violoncelle puis par le premier violon ; l'alto reste seul, égrenant un motif sans fin sur les deux notes *fa*, *ré* bémol avec pour seule obligation de terminer sur un *fa*.

Ainsi le temps est-il suspendu...

Notons que les 2ᵉ, 3ᵉ et 4ᵉ mouvements ont été arrangés pour orchestre à cordes par Berg à la demande d'Universal Edition en 1928. Enfin, Berg ayant redessiné des notes du quatuor en vue d'une exécution vocale dont il abandonna par la suite l'idée et rendu certains passages plus propres à la voix, l'expérience fut tentée à Londres en 1979 (BBC).

M.-C. L. M.-M.

Suite pastorale. Œuvre d'Emmanuel Chabrier. En 1881 Chabrier fait paraître *Dix Pièces pittoresques* pour piano. En 1888, il orchestre 4 d'entre elles, *Idylle*, *Danse villageoise*, *Sous-Bois* et *Scherzo-valse*, sous le titre de *Suite pastorale* qu'il dédie à Jules Bordier, fondateur de l'Association artistique d'Angers. C'est à la tête de cette phalange qu'il en donne la première audition le 4 novembre 1888. César Franck a parfaitement caractérisé l'esprit de cette œuvre après l'audition des *Pièces pittoresques* : « Nous venons d'entendre quelque chose d'extraordinaire. Cette musique relie notre temps à celui de Couperin et de Rameau. » L'orchestration transparente, légère (3 trombones n'interviennent que dans *Scherzo-valse*), fait miroiter un langage plus allusif que descriptif, raffiné dans sa coloration modale et sa souplesse rythmique, impressionniste avant l'heure et où Chabrier fait figure de pionnier, de précurseur, notamment, d'un Debussy et d'un Ravel.

R. D.

Suite pour piano. Titre de l'opus 25 d'Arnold Schönberg. Cette œuvre, la première entièrement construite sur une unique série dodécaphonique et un des premiers exemples de musique sérielle*, comprend 6 pièces : *Prélude*, *Gavotte et musette*, *Intermezzo*, *Menuet et trio*, *Gigue*. Le *Prélude* et l'*Intermezzo* datent de juillet 1921, les trois autres pièces de mars 1923. Si la *Valse* de l'opus 23 (composée en février 1923) fut bien la première pièce dodécaphonique sérielle jamais publiée, le *Prélude* et l'*Intermezzo* de l'opus 25 sont donc de composition bien antérieure. La série de l'opus 25 est *mi*, *fa*, *sol*, *ré* bémol, *sol* bémol, *mi* bémol, *la* bémol, *ré*, *si*, *do*, *la*, *si* bémol :

Rétrogradées, les 4 dernières notes de cette série donnent dans leur appellation allemande les lettres du nom de Bach (*si* bémol = B, *la* = A, *do* = C, *si* = H). Sans doute Schönberg voulut-il ainsi rendre hommage à un des plus grands maîtres du genre de la suite, et aussi marquer le fait qu'avec le dodécaphonisme sériel, il estimait poursuivre la grande tradition allemande. La série est utilisée en 3 tronçons de 4 notes chacun, chaque tronçon apparaissant sous ses 4 formes possibles (droite, renversée, rétrogradée et renversée-rétrogradée). L'alliance du principe sériel et des rythmes de danses anciennes donne à l'ouvrage une séduction néoclassique un peu glacée, mais non dépourvue d'ironie.

M. V.

Suite provençale. Tirée d'une musique de scène pour le *Bertrand de Born* de Valmy-Baisse, composée en 1936, créée à la Biennale de Venise le 12 septembre 1937, cette suite pour orchestre de Darius Milhaud comprend 8 morceaux assez brefs qui font alterner mouvements vifs et mouvements modérés. Darius Milhaud y a utilisé des thèmes d'André Campra, natif d'Aix-en-Provence, mais sans esprit de pastiche. La polytonalité accuse le relief des thèmes de Campra, et l'orchestration, où prédominent les bois et les cuivres, s'appuie sur une percussion où l'on reconnaît le tambourin provençal.

J. R.

Suite scythe. Œuvre pour orchestre de Prokofiev, op. 20 (1914). Auréolé par le scandale suscité par *le Sacre du printemps*, Serge de Diaghilev se tourna vers la jeune gloire de Serge Prokofiev pour lui réclamer un nouveau ballet sur « une légende russe à sujet préhistorique ». En collaboration avec Serge Gorodetski, le compositeur établit un livret élémentaire : les anciens Scythes adorent Vélès, dieu-soleil, et Alla, nymphe des bois. Une nuit, le démon Tchojboug, aidé de gnomes, entreprend l'enlèvement d'Alla. Lolli, bon géant du voisinage, intervient, mais succomberait aux maléfices si n'intervenait à son tour le cortège de Vélès, aveuglant les esprits de la nuit. A l'inverse de Stravinski, évoquant un rituel déjà élaboré, Prokofiev s'attache à une vision élémentaire, nous faisant assister à la naissance d'une mythologie. Diaghilev refusa cette approche, trop matérialiste à ses yeux, et Prokofiev n'orchestra qu'une partie d'*Alla et Lolli*, constituant ainsi la *Suite scythe*.

La première partie, *Adoration de Vélès et Alla*, oppose la violence solaire, purifiante, de Vélès aux ébullitions mystérieuses du culte d'Alla. La deuxième partie déploie un paysage hanté de puissances insolites. Un roulement de timbales introduit le second volet : *Apparition de Tchojboug et des gnomes*, tour à tour marche guerrière et danse des mauvais esprits, cliquetis de toutes les petites percussions sur fond haletant, des thèmes fusant en tous sens. Intitulée *la Nuit*, la troisième partie est un crescendo-descrescendo faisant appel successivement à toutes les ressources de l'orchestre. *Le Départ glorieux de Lolli* apparaît comme une libération, marche dynamique qui, bientôt contredite et clopinante, viendra se fondre dans les dissonances fulgurantes du *Cortège du soleil*, dissolvant tous les maléfices dans une gerbe de lumière... Première œuvre de pur orchestre de Prokofiev, la *Suite scythe* apparaît, aujourd'hui, comme un brouillon mal dégrossi, mais génial, de toutes les audaces et de toutes les séductions du futur compositeur.

M. Mt.

Suites anglaises. Dénomination globale donnée aux 6 suites pour clavier BWV 806-811 de Bach, composées à Cöthen avant 1722. L'origine de cette dénomination est obscure. Bach les appela *Suites avec préludes* (par opposition aux *Suites* françaises*). Sur une copie, on peut lire « Fait pour les Anglais », et Forkel* affirme qu'elles furent écrites « pour un Anglais de distinction ». Rien n'est moins sûr. On sait simplement que Bach connut et étudia les suites du compositeur français Charles Dieupart, qui vivait à Londres, et que les *Suites anglaises* ne sont pas sans rapports avec les 8 *Suites pour clavier* publiées par Haendel en 1720.

Deux traits fondamentaux s'imposent dans les *Suites anglaises* : la présence d'un prélude, de dimensions souvent considérables, à tel point qu'à eux seuls, ils semblent s'opposer au reste, réduisant ainsi largement la part laissée à la danse ; et la structure immuable des 8 suites, avec le prélude, les 4 danses traditionnelles (allemande, courante, sarabande, gigue), et une seule « galanterie » entre la sarabande et la gigue (bourrée dans les nᵒˢ 1 et 2, gavotte dans les nᵒˢ 3 et 6, menuet dans le nᵒ 4, passe-pied dans le nᵒ 5). Par rapport aux *Françaises*, les *Anglaises* apparaissent vigoureuses, concentrées, architecturées. Deux seulement sont en majeur (nᵒˢ 1 et 4), mais l'ordre des tonalités n'a rien d'arbitraire : les deux premières sont en *la* (nᵒ 1 en *la* majeur et n° 2 en *la* mineur), ensuite on descend chaque fois un degré de la gamme (n° 3 en *sol* mineur, n° 4 en *fa* majeur, n° 5 en *mi* mineur, n° 6 en *ré* mineur). Dans chaque groupe de 3, 1 œuvre en majeur précède 2 œuvres en mineur. M. V.

SUITES FRANÇAISES. Dénomination globale donnée aux 6 suites pour clavier BWV 812-817 de Bach, composées à Cöthen avant 1722. De toutes les suites de Bach, ce sont les seules à ne pas comporter de prélude, plus précisément de s'ouvrir directement sur une allemande. Leur dénomination ne provient pas de Bach, qui les appela *Suites pour clavecin*. Elles se distinguent des *Anglaises* non seulement par leur absence de prélude, mais par leur charme et la libre succession de leurs mouvements : le nombre et la nature des « galanteries » y varient beaucoup plus. Elles proviennent de diverses sources. Le *Clavierbüchlein* d'Anna Magdalena (1722) contient les 5 premières sous une forme d'ailleurs incomplète. Un autre autographe destiné à Wilhelm Friedemann, de date antérieure, comprend les 4 premières ainsi que 2 autres suites ultérieurement rejetées. La sixième, dont il n'existe aucun autographe, vient d'un manuscrit réalisé vers 1725 par Gerber, un élève de Bach, annoté de la main du cantor et présentant pour la première fois les 6 suites dans leur ordre actuel.

Cet ordre n'est pas arbitraire. Les 4 premières suites ont 6 mouvements (dont 2 « galanteries »), la cinquième 7 (dont 3 « galanteries »), et la sixième 8 (dont 4 « galanteries »). Les 3 premières sont en mineur (n° 1 en *ré* mineur, n° 2 en *ut* mineur, n° 3 en *si* mineur), et les 3 dernières en majeur (n° 4 en *mi* bémol majeur, n° 5 en *sol* majeur, n° 6 en *mi* majeur). Les valeurs musicales de la cinquième et de la sixième suite sont les plus hautes, ce qui permet de supposer que, conformément aux sources, elles furent les dernières composées. La sixième peut même dater de l'époque de Leipzig. M. V.

SUJET. — 1. Outre son acception habituelle — le sujet d'un opéra —, ce terme s'emploie spécialement, dans la fugue, pour désigner le thème principal présenté dans l'exposition, et qui doit devenir l'élément essentiel du développement. Le mot « sujet » cesse de s'employer lorsque ce thème est présenté sous la forme et dans les notes où il répond pour la première fois au sujet initial ; le thème garde alors toujours son nom de « réponse », tandis que le mot « sujet » peut être employé dans tous les autres cas (sujet à la sous-dominante, au IIe degré, etc.).

— 2. En langage de ballet, le terme désigne les différents grades du corps de ballet (premier sujet, grand sujet, etc.). J. C.

SUK, famille de musiciens tchèques.
— 1. **Josef,** violoniste, pédagogue et compositeur (*Krecovice 1874 - Benesov 1935*). Fils d'instituteur, musicien et mélomane, il apprend le violon dès l'âge de quatre ans. Admis dans la classe de violon d'Antonin Bennewitz au conservatoire de Prague en juillet 1885, il travaille l'harmonie (Josef Foerster) et la composition (Antonín Dvořák), et devient le camarade, puis l'ami, de Vitezslav Novak. Admis dans l'intimité de Dvořák à Vysoka, il fait la connaissance de sa fille Otilka. Il fonde avec Karel Hoffmann, premier violon, Oskar Nedbal, alto, et Otto Berger, violoncelle, le Quatuor tchèque, sous la direction du célèbre violoncelliste et professeur Hanus Wihan.

Ce quatuor donne son premier concert le 19 janvier 1893 à Vienne. Suk restera le deuxième violon de cet ensemble jusqu'à son concert d'adieu, le 20 mars 1933. De 1893 à 1905, il écrit de nombreuses pièces pour le piano, *Six Pièces* op. 7, *Feuillet d'album*, *Pièces* op. 12, *Impressions d'été* op. 22b, ainsi que la célèbre *Sérénade pour cordes* op. 6, sous l'influence directe de son maître, devenu son beau-père, depuis son mariage avec Otilka. Le 1er mai 1904, alors que Suk vient de se faire applaudir par le public tchèque pour son immense poème symphonique *Praga*, Dvořák meurt subitement. Le 5 juillet 1905, Otilka meurt, à son tour, de tuberculose. Désormais Suk n'est plus le chantre du printemps et de l'amour. Son style devient d'une grande complexité polyphonique et polyrythmique. En mémoire de sa femme et de son beau-père, il écrit un immense chant funèbre, une *Symphonie* en *ut* mineur, *Asraël*, dont l'ossature thématique est constituée par le *thème du destin*, qui s'unit à celui de la mort, telle la malédiction de *Roduz* et *Mahulena*. Cet immense poème en 5 mouvements forme le premier pilier d'une tétralogie qui comporte aussi *le Conte d'été* op. 29 (1909), *Maturation* op. 34 (1917) et *Épilogue* op. 37 (1933).

Suk est pourtant le fondateur de l'école tchèque moderne et, avec Novak, celui qui a su faire passer la forme du quatuor, comme celle du poème symphonique, de Brahms et Strauss à Janáček, Hába et Martinů. La puissance méditative, la vitalité, la tendresse expressionniste de *Maturation* s'opposaient, à l'époque de la création de l'ouvrage, à la musique « blanche » d'un Stravinski et aux principes de non-répétition de l'école viennoise. Aujourd'hui, Suk attend sa réhabilitation, tout comme l'autre école de Vienne, celle allant d'Hauer à Franz Schmidt.
— 2. **Josef,** violoniste, petit-fils du précédent et arrière-petit-fils de Dvořák (*Prague 1929*). Il a fait ses débuts en public dès 1940, a étudié au conservatoire de Prague jusqu'en 1951, a été premier violon du Quatuor de Prague (1951-52), et, en 1962, a formé un duo avec la claveciniste Zuzana Ruzickova.

Il s'est imposé à l'étranger à partir de 1959, et est le premier violoniste tchèque de sa génération, tant comme soliste que musicien de chambre.
P.-E. B.

SULLIVAN (sir *Arthur*), compositeur et chef d'orchestre anglais (*Lambeth, Londres, 1842 - Londres 1900*). Il écrivit dans de nombreux genres beaucoup d'œuvres sérieuses qui le firent parfois considérer comme le principal compositeur anglais de son temps (*Irish Symphony*, 1866 ; *Ouverture di ballo*, 1870). Mais presque aucune de ces œuvres ne lui a survécu, et c'est à ses ouvrages scéniques à la veine légère, en particulier à ceux qu'il produisit avec comme librettiste W. S. Gilbert, qu'il doit son immortalité. Parmi ces ouvrages (plus ou moins dans la descendance d'Offenbach) de « Gilbert & Sullivan », citons *HMS Pinafore, or The lass that loved a sailor* (1878), *The Pirates of Penzance* (1879), *Iolanthe* (1882), *The Mikado* (1885), *The Yeomen of the Guard* (1888) et *The Gondoliers* (1889). M. V.

SUL PONTE DI HIROSHIMA. Œuvre de Luigi Nono. V. *Canti di vita e d'amore*.

SUNOL (dom *Gregorio Maria*), chantre et musicologue espagnol (*Barcelone 1879 - Rome 1946*). À l'âge de seize ans, il devint moine au monastère de Montserrat. Une rencontre avec dom Sablayrolles, puis un séjour à Solesmes, où il subit l'influence de dom Mocquereau, l'encouragèrent à se consacrer au chant grégorien. De 1907 à 1928, il fut chef de chœur à Montserrat et acquit rapidement une grande notoriété dans toute l'Espagne. Il exposa son enseignement dans de nombreux congrès de musique sacrée (Séville, 1908 ; Valladolid, 1910 ; Barcelone, 1912 ; Montserrat, 1915). Après avoir publié un premier ouvrage, *Método completo de canto gregoriano según la escuela de Solesmes* (1905), il étudia tout particulièrement la paléographie et la rythmique grégorienne et écrivit son principal ouvrage, *Introducción a la paleografía musical gregoriana* (1925). De 1932 à 1938, il séjourna à Milan, où le cardinal Schuster le chargea de préparer une édition critique des livres de chant ambroisiens. Au cours de ces années, il publia 6 volumes, dont le *Cantus Missalis* (1935), l'*Antiphonale Missarum* (1935), le *Cantus varii ambrosiani* (1936). En 1938, il fut appelé à Rome pour succéder à dom Ferreti à la tête de l'Institut pontifical de musique sacrée. Ayant recueilli et approfondi l'œuvre de dom Mocquereau, dom Sunol était, en outre, un spécialiste de la notation wisigoto-mozarabe et catalane. A. L.

SUPERVIA (Conchita), cantatrice espagnole (Barcelone 1895-Londres 1936). Elle débuta à quinze ans au Colón de Buenos Aires, chanta Carmen en 1911 à Bari, et Oktavian à Rome pour la création italienne du *Chevalier à la rose*. Dalila à Barcelone en 1912, elle s'imposa dès lors, en Europe et en Amérique, dans Carmen, dans Chérubin, mais aussi dans le répertoire comique rossinien. Elle fut Rosine du *Barbier de Séville* dès 1915, Cenerentola dès 1921, et Isabella de *l'Italienne à Alger* en 1925, rôles qu'avec Carmen elle interpréta triomphalement à Paris et à Londres dès 1929. Elle mourut en couches au sommet de sa gloire.
Soprano grave plus que véritable mezzo-soprano, maîtresse d'une technique absolue, Conchita Supervia possédait un timbre inimitable, sa voix unissant un vibrato très serré au grave intense des chanteuses de flamenco (elle a laissé un enregistrement essentiel des *Sept Chansons* de Manuel de Falla) et aux inflexions presque infantiles de son registre aigu. Excellente comédienne, elle possédait une *vis comica* naturelle qui lui permit de s'affirmer dans le répertoire rossinien, pour lequel elle n'avait pas les moyens vocaux exacts, mais son interprétation d'une Carmen jeune, spontanée mais tragique est sans doute demeurée inégalée. R. M.

SUPPE (Franz von), compositeur autrichien (*Spalato, Dalmatie, 1819- Vienne 1895*). Après avoir montré des dispositions musicales précoces, il commença des études de médecine. Mais une rencontre avec Donizetti le ramena à la musique. Il travailla alors avec Ignace von Seyfried, un disciple de Haydn, et fut engagé au Josephstadt Theater de Vienne comme chef d'orchestre et, surtout, comme compositeur et arrangeur de vaudevilles. Il le quitta bientôt pour le Théâtre An der Wien, pour lequel il devait écrire la plupart de ses opérettes. Parmi ses plus grands succès, il faut citer *Dix Filles et Aucun homme* (1862), *Fatinitza*, extraite de la *Circassienne* de Scribe (1876), et *Boccaccio* (1879). Ses partitions, nourries de valses viennoises, témoignent d'une forte influence italienne au niveau de l'écriture vocale et montrent d'ingénieuses trouvailles instrumentales. Suppe fut, avec Johann Strauss, le plus heureux et le plus fécond des compositeurs de la belle époque viennoise. Seules, cependant, certaines de ses ouvertures sont vraiment passées à la postérité : *Poète et Paysan, Cavalerie légère*. Il a également composé un *Requiem* et un grand nombre de romances. A. L. et S. W.

SURPRISE (LA) [en all. *Mit dem Paukenschlag*]. Titre porté par la symphonie n° 94 en *sol* majeur de Haydn, composée en 1791 et créée à Londres le 23 mars 1792, à cause du coup de timbales et de l'accord *fortissimo* de la mesure 16 de son 2e mouvement, un *andante* à variations. Ce célèbre et soudain *fortissimo*, soit-disant destiné à « réveiller les dames », ne fut introduit par Haydn qu'après coup, comme le montre le manuscrit autographe. Le terme « surprise » fut utilisé par un journal londonien dans un compte rendu paru dès le lendemain de la première audition. La 94e Symphonie devint très vite une des plus populaires de Haydn, en particulier à Vienne, où, vers 1800, on l'appelait parfois « symphonie du coup de tambour » ou « symphonie du coup de canon », et cette popularité ne s'est jamais démentie depuis.
Des 6 premières *Londoniennes**, la *Surprise* est une des plus brillantes, la plus élégante et la plus virtuose en tout cas. L'introduction *adagio cantabile*, la seule de ce groupe de 6 à débuter dans la nuance *piano*, évite tout effet dramatique. Dans l'exposition du *vivace assai*, le thème principal est entendu deux fois à la tonique (*sol* majeur), puis en *fa*. Sa brièveté et son instabilité harmonique poussèrent Haydn à lui opposer non pas une, mais deux idées secondaires. Dans le développement, Haydn prescrivit pour la première fois dans l'histoire de la symphonie, un changement d'accord de timbale (la timbale en *sol* s'y accorde en *la*). Pressé de questions quinze ans après l'événement à propos de la « surprise » du deuxième mouvement par ses biographes Dies* et Griesinger*, Haydn s'impatienta, et se défendit d'avoir voulu « réveiller les dames ». Le thème, sorte de chant populaire réutilisé dans l'air du laboureur des *Saisons**, est suivi de 4 variations et de 1 coda. Le menuet est marqué *allegro molto*, et Haydn n'avait auparavant employé qu'une seule fois un tempo aussi rapide pour un 3e mouvement de symphonie : dans la 28e en *la* (1765). Il n'est plus ici question de danse de cour, ce que vient confirmer le trio, fondé sur le renversement d'une des phrases du menuet : le retour du thème est tel dans ce trio que si danseurs il y a, ils ne peuvent que s'entremêler les jambes. Le finale *allegro molto*, très brillant, est un rondo-sonate sophistiqué à 4 couplets, le premier et le quatrième faisant office d'exposition et de réexposition (avec second thème distinct) et ceux du centre de développement. Sans reprendre haleine, après une explosion de timbales, l'œuvre se conclut sur une coda endiablée.
M. V.

SUR UN MARCHÉ PERSAN (en angl. *In a persian market*). Brève pièce pour orchestre d'Albert William Ketelbey, composée en 1920. M. C.

SUR UN SENTIER BROUSSAILLEUX. Titre donné par Leoš Janáček à 2 recueils de pièces pour piano (15 au total), composées entre 1901 et 1908. Le premier cahier (dont les 7 premières pièces auraient été primitivement écrites pour l'harmonium) propose 10 titres : *Nos soirées, Une feuille balayée par le vent, Viens-t-en avec nous!, la Vierge de Frydel, Ils bavardent comme des pies* (« comme des hirondelles », dit le titre original), *la Parole manquée* (en français dans le texte), *Bonne Nuit!, Si inexprimablement angoissé, En larmes, Le petit hibou continue à hululer*. Les 5 pièces de la seconde série s'intitulent simplement : *Andante, Allegretto, Più mosso, Vivace, Allegro*. Le style léger et vagabond propre à certaines pièces fait parfois place à une expression plus tendue et pathétique, marquée peut-être par la disparition de la fille de Janáček, Olga, pendant qu'il composait une partie de ce recueil.
M. C.

SUSATO (Tylman), compositeur et éditeur de musique flamand (*v. 1500- Anvers ? 1561/1564*). Il est calligraphe, en 1529, et trompettiste, en 1531, de la cathédrale d'Anvers, et devient la même année musicien de la ville. Il le restera jusqu'en 1549. Après deux tentatives infructueuses de coopération avec les imprimeurs Henry ter Bruggen et Willem Van Vissenaecken (1541), puis Van Vissenaecken seul (1542), il obtient en 1543 son propre privilège et publie alors, jusqu'en 1561, 57 recueils de musique : 3 livres de messes, 19 livres de motets (4 livres de *sacrarum cantionum* et 15 d'*ecclesiasticarum cantionum*), 11 *Musyck boexken* et 24 recueils de chansons, dont une série en 14 livres. Une grande partie de ses publications est consacrée aux compositeurs franco-flamands en général sous forme d'anthologies.
Il consacre, par exemple, 4 *Musyck boexken* à Clemens non Papa et 4 autres à son élève G. Mes, 1 recueil de chansons à Th. Crecquillon, 1 autre à P. de Manchicourt, 1 album rétrospectif à Josquin Des Prés et plusieurs à ses propres compositions. Il édite, en effet, lui-même la plupart de ses œuvres, dont 1 messe (*In illo tempore*), 7 motets, 10 Souterliedekens (dans les recueils consacrés à Clemens non Papa), 1 livre de danses (volume 3 des *Musyck boexken*) et quelque 90 chansons. Premier imprimeur de musique important en Flandre, il fut également l'un des premiers à publier les œuvres de Lassus, auquel est consacré l'unique volume édité par son fils et successeur, Jacques Susato, en 1564. D. H.-A.

SUS-DOMINANTE. Nom donné au 6e degré de la gamme lorsqu'il a une fonction harmonique, et dans ce cas seulement. Cet emploi étant exceptionnel, en langage classique — contrairement à la dominante et à la sous-dominante —, le terme est peu employé. Il est, du reste, contestable, car il a été forgé par analogie à partir d'un contresens sur le mot « sous-dominante ». Ce dernier, à l'origine, ne voulait pas signifier « degré au-dessous de la dominante », mais « dominante du dessous », c'est-à-dire la quinte inférieure de la tonique comme la dominante en était la quinte supérieure. Dans une telle acception, le mot « sus-dominante » n'avait aucun sens. J. C.

SÜSSMAYR (*Franz Xaver*), compositeur autrichien (*Schwanenstadt, Haute-Autriche, 1766 - Vienne 1803*). Il étudia avec son père, puis au monastère de Kremsmünster (1779-1787), et, en 1788, s'installa à Vienne comme professeur de musique. En 1790 ou 1791, il fit la connaissance de Mozart, qui lui enseigna la composition. Après la mort de Mozart, il étudia le style vocal avec Salieri, et, de 1794 à sa mort, fut maître de chapelle au Burgtheater pour l'opéra allemand, obtenant le succès dans le genre du singspiel avec *Der Spiegel von Arkadien* (1794), *Die edle Rache* (1795), *Der Wildfang* (1797) ou encore *Soliman der Zweite oder Die drei Sultaninnen* (1799). On se souvient principalement de lui pour la part qu'il prit dans l'achèvement du *Requiem** de Mozart (v. EYBLER). Il composa aussi probablement les récitatifs non accompagnés *(secco)* de *la Clémence* de Titus*. M. V.

SUTHERLAND (*Joan*), soprano australienne (*Sydney 1926*). Avant son arrivée à Londres en 1950, elle avait débuté à Sydney dans le principal rôle d'un opéra d'Eugène Goossens : *Judith*. A Londres, elle chanta d'abord des rôles lyriques comme Micaëla de *Carmen* et Agathe du *Freischütz*. En 1955, elle créa *The Midsummer Marriage* de Michael Tippett. Son mariage avec Richard Bonynge, l'année suivante, donna un tournant décisif à sa carrière. Avec *Lucia di Lammermoor* en 1959, elle s'affirma comme une des plus brillantes stars du bel canto orné et commença une carrière internationale, dans laquelle Haendel, Rossini, Donizetti, Bellini devaient trouver en elle une virtuose exceptionnelle. Dans les années 70, elle exhuma avec bonheur un certain nombre d'opéras français oubliés, tels qu'*Esclarmonde* et *le Roi de Lahore* de Massenet, auxquels elle donna un regain de popularité. La caractéristique la plus étonnante de la voix de Sutherland, plus encore que son étendue (du do_3 au sol_5) est sans doute sa puissance, unie à une extraordinaire agilité. C'est avant tout une cantatrice d'abattage. Son brio, dans les mouvements rapides, paraît insurpassable. Mais sa diction laisse à désirer et son expression paraît souvent conventionnelle. J. B.

SVEINSSON (*Atli Heimir*), compositeur et pédagogue islandais (*Reykjavík 1938*). Il étudia à Reykjavík, Cologne et Darmstadt avec G. M. Koening, K. Stockhausen, H. Pousseur et A. Zimmermann. Sveinsson est un avant-gardiste qui, après avoir hésité entre l'aléatoire (*Mengi* pour piano, 1970) et l'exactitude (*Drei Impressionen*, 1961), a réussi à équilibrer ces deux tendances dans ses œuvres les plus récentes : *Concerto pour alto* (1971), *Concerto pour flûte* et *Können* (1972). Avec *Bizarreries*, pour soprano, flûte, piano et bande magnétique (1973), il introduit des éléments de théâtre musical qu'il développe dans *Flower Shower* (1974). Président de l'Union des compositeurs islandais, il a été joué en Europe continentale, notamment à l'Automne de Varsovie. H.-C. F.

SVENDSEN (*Johan*), compositeur et chef d'orchestre norvégien (*Oslo 1840 - Copenhague 1911*). Considéré comme le premier symphoniste norvégien, il étudie à Leipzig de 1863 à 1867, où, encore étudiant, il écrit 2 de ses principaux ouvrages : l'*Octuor à cordes* op. 3 et la *1re Symphonie en « ré » majeur*. Sa *2e Symphonie en « si » bémol majeur* date de 1876, après un séjour à Paris, où, semble-t-il, la découverte de Berlioz l'avait fortement impressionné. D'une écriture vigoureuse, ses œuvres, *Norsk Kunstnerkarneval* (1874), *Carnaval à Paris* (1872), la célèbre *Romance pour violon* (1881), *Roméo et Juliette* (1876), les 4 *Rhapsodies norvégiennes*, sont le témoignage d'un maître de l'orchestration et elles lui valurent un très grand succès auprès de ses contemporains, notamment à Paris, où il vécut quatre ans (1868-1870, 1878-1880). En 1883, Svendsen fut nommé chef de l'orchestre du Théâtre royal de Copenhague et il y termina sa carrière. H.-C. F.

SWEELINCK (*Jan Pieterszon*), organiste et compositeur néerlandais (*Deventer 1562 - Amsterdam 1621*). Fils de Peter Swybertszoon, organiste de la Oude Kerk d'Amsterdam, et de Elsken Sweling, descendante d'une famille connue d'orfèvres de Cologne, il adopte le nom de sa mère dès ses premières publications. Il reçoit son enseignement de son père, puis, après la mort de celui-ci (1573), de W. J. Lossy, à Harlem. En 1577, il est nommé, en succession de son père, aux orgues de la Oude Kerk, poste qu'il occupera jusqu'à sa mort. Mais, l'année suivante, la ville d'Amsterdam se rangeant dans le camp de la Réforme calviniste, la place de l'orgue dans les cérémonies religieuses devient presque nulle. Une courte improvisation à l'orgue précède encore et suit le sermon chaque jour ; en dehors de cette intervention liturgique, le fonctionnaire municipal qu'est l'organiste de la Oude Kerk utilise l'instrument qui lui est confié dans un esprit profane ; il organise des concerts d'orgue quotidiens qui font, bientôt, de lui le personnage le plus en vue de la société musicale d'Amsterdam. Il forme également un Collegium musicum vocal et instrumental, composé d'amateurs qui exécutent ses œuvres. Sa réputation se répand à l'étranger ; il semble avoir été en rapport particulièrement étroit avec les musiciens anglais. Il reçoit de nombreux élèves, dont les plus célèbres sont M. Praetorius, S. Scheidt, H. Scheidemann. John Bull lui rend hommage lors de sa mort en écrivant une fantaisie sur un de ses thèmes favoris. Sweelinck laissa cinq enfants ; son fils aîné Dirck lui succéda aux orgues de l'Oude Kerk et fut un compositeur apprécié.

L'importance de Sweelinck se manifeste dans trois domaines. Il fut un remarquable compositeur pour le clavier, pour l'orgue en particulier. Dans ce domaine, il doit beaucoup à l'école anglaise, mais ses constructions sont plus élaborées et il s'attaque à des formes complexes et largement développées. On peut considérer que ses fantaisies pour le clavier avec, par exemple, utilisation d'un contrepoint à 3 voix, un des premiers exemples de fugues pleinement développées. Il est également le premier à avoir utilisé la forme de la variation de choral. Ses innovations furent répandues par ses élèves — on le surnomma le « faiseur d'organistes ». Autour de chacun d'eux se forment des centres musicaux importants, Halle pour Scheidt, la cour de Brunswick pour Praetorius, Hambourg pour Scheidemann. A travers ce relais se forme toute l'école d'orgue de l'Allemagne du Nord, dont les noms les plus célèbres seront Buxtehude et Bach.

L'œuvre de Sweelinck restera inédite de son vivant. Elle circulera à l'état de manuscrits dont l'aire de diffusion dès le XVIIe siècle nous permet de mesurer l'importance du musicien et de son influence. On trouve, en effet, des copies de ses œuvres d'Uppsala à Padoue, de Paris à Oxford ou au fond de la Hongrie.

C'est pourtant par son œuvre vocale que Sweelinck fut d'abord le plus universellement connu. La plus grande part de cette œuvre est composée sur des textes français. Trois collections de chansons françaises sont éditées entre 1592 et 1594 ; elles sont suivies de 4 livres de psaumes (qui incluent la totalité du Psautier genevois) de 1604 à 1621 et des *Rimes françoises et italiennes* en 1612. Les *Cantiones sacrae*, enfin, paraissent en 1619. Une partie de cette production s'est perdue, mais il nous reste 254 pièces vocales. Elles représentent l'expression ultime de l'art de la polyphonie hollandaise ; marquées de nombreux italianismes, elles tendent vers un classicisme, au sein duquel trouvent place des rémanences de divers genres plus anciens, motet, madrigal, chanson, villanelle.

Certains textes des *Cantiones sacrae* donnent à penser que Sweelinck, sur ses vieux jours, est probablement revenu au catholicisme ; de toute façon, il semble avoir entretenu toute sa vie d'excellents rapports avec les Églises opposées. Max Seiffert a publié, entre 1894 et 1904, une édition complète des œuvres de Sweelinck en 10 volumes, édition revue et augmentée en 1943.　　　　　　　　　　　　　J.-F. L.

SWIETEN (*Gottfried*, baron *Van*), diplomate, mécène et compositeur autrichien, de naissance hollandaise (*Leyde 1733 - Vienne 1803*). Fils de Gerhard Van Swieten, médecin personnel de l'impératrice Marie-Thérèse à partir de 1745, il entra dans le service diplomatique autrichien en 1755, séjournant à Bruxelles (1755-1757), Paris (1760-1763), Varsovie (1763-64) et Londres (1769). Au cours de ces années, il écrivit 3 opéras-comiques, *les Talents à la mode, Colas, toujours Colas* et *la Chercheuse d'esprit* (perdu). Il composa au moins 10 symphonies, dont 7 ont survécu.

Il fut, de 1770 à 1777, ambassadeur d'Autriche à Berlin, où il développa un goût pour la musique de J.-S. Bach et de Haendel, et d'où il commanda à C. P. E. Bach, alors à Hambourg, 6 symphonies pour cordes (1773). À son retour à Vienne, il devint bibliothécaire impérial, et, comme président de la commission de l'éducation et de la censure, participa activement à la politique de réformes de Joseph II. Il fit connaître à Mozart la musique de Bach et de Haendel, et, après 1785, pour promouvoir des exécutions privées d'oratorios, fonda la *Gesellschaft der Associierten* (Société des associés), composée d'une douzaine de membres de la haute aristocratie, dont lui-même, jouant un rôle de mécène. C'est pour cette société que Mozart réalisa ses arrangements d'*Acis et Galatée* (1788), du *Messie* (1789) et enfin de l'*Ode à sainte Cécile* et d'*Alexander's Feast* (1790) de Haendel, et c'est pour Van Swieten que Haydn composa la version vocale des *Sept* Paroles du Christ* (1796), puis surtout *la Création** (1798) et *les Saisons** (1801). De *la Création* et des *Saisons*, Van Swieten rédigea en outre les livrets. Beethoven, qu'il avait protégé dès son arrivée à Vienne en 1792, lui dédia sa *Première Symphonie* (1800), et Forkel* sa biographie de J.-S. Bach (1802).　　　　　　　　　　　　　　　M. V.

SWING. Courant rythmique propre au jazz, qui résulte d'une certaine construction de la phrase, d'une distribution typique des accents, de leur mise en place dans l'exécution et du caractère à la fois vivant et décontracté de celle-ci. Différents types de swing sont concevables, selon que la section rythmique met plus ou moins en valeur l'*afterbeat*, mais un accord doit toujours se faire, sur le plan de la dynamique comme sur celui des durées, entre la section rythmique et le soliste (ou les divers pupitres de l'orchestre). Historiquement, le swing se manifeste à toutes les époques de l'histoire du jazz, mais c'est à partir de 1930-1935 qu'il cesse d'être un don individuel assez rare pour devenir une acquisition collective, permettant ainsi la constitution d'un nombre relativement élevé d'orchestres de jazz. Dans le *free jazz*, toutefois, la recherche du swing cesse d'être la motivation essentielle du musicien. Ultérieurement, certains chefs d'orchestre, en intégrant à l'occasion la rythmique binaire du *rock'n roll*, ont accepté de ne plus même se référer à cette notion longtemps tenue pour fondamentale.

Swing craze : période, de 1935 à 1941, pendant laquelle le jazz orchestral, qu'on appelait alors « swing music », fut très apprécié du grand public américain.
　　　　　　　　　　　　　　　　　　　A. H.

SYLLABAIRE POUR PHÈDRE. Opéra de chambre de Maurice Ohana, sur un texte de Raphaël Cluzel, créé le 5 février 1968 à Paris, sous la direction de Marius Constant. Un piano, 1 clavecin, 1 harpe, 2 cithares, la percussion (4 exécutants) constituent tout l'appareil instrumental. Deux choryphées (voix parlées, cédant parfois la place à leur doublure musicale, 1 voix de soprano coloratura) dialoguent avec un chœur de 12 voix mixtes. Les rôles d'Hippolyte et de Thésée sont confiés à des voix parlées, celui de Phèdre à une voix de mezzo-soprano, parlée et chantée. L'alternance de tension et de détente, de même que dans la progression de la tragédie d'Euripide, dont s'inspire le *Syllabaire pour Phèdre*, détermine la composition de cette œuvre, où le drame passionnel s'intègre à un autre drame, celui de l'existence humaine en général qui pèse si peu en face de l'univers dont la sérénité tient à son indifférence même. En se délivrant du pathétique des situations, le *Syllabaire pour Phèdre* acquiert une dimension poétique dont la musique, avec ses résonances mystérieuses, au-delà de l'humain, répond au besoin de renouvellement qui est une des raisons d'être, aujourd'hui, du théâtre musical. J. R.

SYLPHIDES (LES). Ballet en 1 acte réglé par Michel Fokine, sur des œuvres de Chopin orchestrées par Maurice Keller, dans un décor d'Alexandre Benois. Créé le 2 juin 1909 au théâtre du Châtelet par les Ballets russes de Diaghilev (Nijinski, Pavlova, Karsavina, etc.).

Les préludes, nocturnes, valses et mazurkas de Chopin ont été plus d'une fois réorchestrés, par Stravinski notamment, et Benois a eu de nombreux successeurs qui ne se sont guère écartés du modèle original, représentant un sous-bois romantique au clair de lune. Un seul homme, en tunique de velours noir, évolue parmi d'impalpables créatures chastement enveloppées de tulle blanc. Ce ballet sans argument, chef-d'œuvre du genre, n'a jamais quitté le répertoire des grandes compagnies de danse classique.　　　M. T.

SYLVIA OU LA NYMPHE DE DIANE. Ballet en 3 actes et 5 tableaux de Léo Delibes, composé en 1876, sur un argument de Jules Barbier et de Mérante, d'après un poème du Tasse (*Aminta*, 1573) et créé le 19 juin 1876 à l'Opéra-Comique.

Le berger Aminte aime Sylvia, nymphe chasseresse vouée à Diane et au célibat. Caché derrière une statue d'Éros, dieu de l'Amour, il la regarde danser, jouer et se baigner avec ses compagnes les nymphes. Ayant découvert le berger-voyeur, Sylvia veut percer de ses flèches la statue du dieu qui ose inspirer un pareil sacrilège. Aminte, qui s'interpose pour protéger la statue, est blessé par le trait de Sylvia. Celle-ci n'a pas le temps de l'examiner qu'elle est enlevée par le «Chasseur noir», Orion. Un vieux sorcier (déguisement de l'Amour) guérit Aminte, qui se lance à la recherche de Sylvia. Celle-ci, de son côté, parvient grâce à l'aide de l'Amour à se délivrer d'Orion, qu'elle a endormi en le faisant boire. Désespéré d'avoir perdu Sylvia, Aminte se mêle à une fête en l'honneur de Bacchus. Parmi des captives qu'il voit danser, une seule, qui est voilée, l'intéresse : c'est Sylvia. Orion survient pour la reprendre, mais Diane l'abat d'une flèche. La déesse veut punir Sylvia, coupable d'aimer un mortel. Le pirate qui mène la fête s'y oppose, et se fait reconnaître : c'est l'Amour. En souvenir du berger Endymion, qu'elle a aimé, Diane pardonne, et unit Sylvia à Aminte dans la liesse générale.

Tchaïkovski aurait déclaré la musique de *Sylvia* supérieure à celle de son propre *Lac des cygnes*. Pourtant, la partition ne retrouva pas en France le succès de *Coppélia*. Certaines critiques la déclarèrent monotone, d'autres compliquée, voire «wagnérisante», sous prétexte que l'auteur venait d'aller à Bayreuth. Elle n'entra vraiment au répertoire qu'en la reprise de 1919. Parmi les 18 numéros, on remarqua : l'*Introduction pastorale*, avec un solo de cors ; un *Intermezzo* avec violon solo ; la célèbre *Valse lente*, dite de *l'escarpolette*, dansée par Sylvia au premier acte et reprise dans le deuxième ; une *Barcarolle*, un *Cortège rustique*, un *Cortège de Bacchus* (avec un thème aux cors), et un *Divertissement* en 3 parties, dont se détachent les très célèbres *Variations en pizzicato*, dansées par l'héroïne, et qui ont acquis une immense célébrité grâce à leur thème sautillant en pizzicato de violons, devenu un des grands «morceaux choisis» du répertoire de ballet.　　　　　　　　　　M. C.

SYMPHONIE. Dans son sens principal, le terme de symphonie désigne le plus important genre orchestral, avec le concerto, de la musique occidentale à partir du

XVIIIe siècle ; le plus représentatif aussi, puisque la symphonie beethovénienne a été dans toute la planète l'ambassadrice privilégiée de cette musique.

La symphonie est caractérisée par :
— l'emploi de l'orchestre comme ensemble-masse, sans qu'il y ait opposition permanente d'un soliste à cette masse ; les solos entre les symphonies sont en principe des « prises de parole » isolées, au nom et au bénéfice de l'ensemble dont ils se détachent ;
— un plan en 4 mouvements, disposés selon le moule de la sonate classique : allégro de forme sonate, précédé ou non d'une courte introduction lente ; mouvement lent, adagio ou andante ; menuet ou scherzo dansant à trois temps ; finale rapide de forme sonate, ou rondo-sonate ; on a parfois appelé, pour cette raison, la symphonie une sonate pour orchestre ;
— des proportions qui, après Haydn, « fondateur » de la symphonie au sens moderne, et à partir de Beethoven, tendent (à de notables exceptions près il est vrai) à être de plus en plus importantes (une heure et demie chez Mahler, voire deux heures chez Messiaen).

Étymologiquement, le terme de symphonie dérive du grec *symphonia* (*sun*, « avec » ; *phônê*, « son »), « union de sons », « harmonie », « accord », « consonance » et aussi « concert ». Il a pris par métonymie une foule de sens, désignant tantôt un instrument (dans l'Antiquité une sorte de tambour et au Moyen Âge, sous le nom de « chifonie » ou « chifoine » la vielle à roue ou un autre instrument basé sur le même principe), tantôt la masse de l'orchestre lui-même, tantôt une intervention purement instrumentale ou orchestrale au sein d'une œuvre vocale sacrée (motet) ou profane (opéra), et enfin, à partir du XVIIe siècle, différents genres musicaux d'abord peu définis, dont le point commun était d'employer le ou les instruments sans la voix ni le texte, qu'il s'agisse de suites instrumentales (*Symphonies pour les soupers du roy*, de Michel Richard Delalande), de pièces polyphoniques pour instruments seuls (les *sinfonie* de Rossi et Banchieri) ou même de pièces instrumentales en solo (*sinfonia* au début d'une *partita* pour clavecin de Jean-Sébastien Bach). La symphonie moderne ne s'est trouvée qu'au milieu du XVIIIe siècle, mais il est curieux de noter qu'elle s'est définie d'abord par l'exclusion de la voix et du texte, et que celui qui l'a portée le plus haut, Beethoven, est aussi celui qui a fini par y réincorporer, dans sa 9e, le texte et la voix. Comme si la symphonie avait toujours conservé un rapport secret avec la voix humaine et la musique dramatique, fût-ce sous la forme de l'exclusion ou de la sublimation.

Au XVIIe siècle, le dictionnaire de musique de Brossard définit la symphonie comme une « composition pour les instruments », et, dans celui de Jean-Jacques Rousseau on lit que « le mot symphonie s'applique à toute musique instrumentale, tant à des pièces qui ne sont destinées que pour les instruments, comme les sonates et les concertos, qu'à celles où les instruments se trouvent mêlés avec les voix, comme dans nos opéras et dans plusieurs autres sortes de musique ».

On fait dériver la symphonie au sens moderne, c'est-à-dire la « sonate pour orchestre » dont Haydn a stabilisé le moule, de genres tels que l'ouverture d'opéra à l'italienne, avec ses 3 mouvements vif-lent-vif, jouée avant le lever du rideau, ou l'ouverture d'opéra à la française fixée par Lully, également à 3 parties, mais dans l'ordre inverse : lent (pointé)-vif (fugué)-lent. De l'ouverture à la française, la symphonie aurait gardé le principe d'une introduction lente au premier mouvement rapide, enchaînée directement à lui. Les genres de la suite, du concerto et de la sonate instrumentale ont également contribué à la naissance de la forme symphonique.

Naissance de la symphonie classique. Le XVIIIe siècle voit d'une manière générale l'émancipation des formes instrumentales en dehors du cadre religieux ou dramatique, c'est-à-dire en dehors de la voix, du texte et du rite. Parallèlement à la symphonie, et en rapports étroits avec elle, naquit et se développa la salle de concerts. On sait l'importance qu'eut en France et en Europe la fondation d'une institution comme le Concert spirituel, grande consommatrice de pièces instrumentales, et en particulier de symphonies : ces pièces, destinées au début à être exécutées avant les grands motets, attirèrent peu à peu l'intérêt. Au Concert spirituel furent jouées les symphonies d'auteurs français comme Charles-Henri Blainville *(né en 1711)*, Louis-Gabriel Guillemain, François Martin *(1727-1757)*, Joseph Touchemoulin *(1727-1801)*, Jean-Baptiste Miroglio, et plus tard celles de François Joseph Gossec *(1734-1829)*, auteur d'une quarantaine de symphonies qui purent le faire passer pour un Haydn français. La plupart de ces symphonies françaises sont encore en 3 mouvements.

Les origines de la symphonie de concert sont aussi à chercher en Italie, du côté des *sinfonie* (pluriel de *sinfonia*) émancipées de leur fonction de préludes d'opéras, mais surtout de l'autre côté du Rhin : d'abord à Vienne, avec les symphonies en 3 ou en 4 mouvements de ces prédécesseurs ou contemporains de Haydn que furent G.-M. Monn *(1717-1750)*, Wagenseil *(1715-1777)*, Carlo d'Ordonez *(1734-1786)*, Michael Haydn *(1737-1806)*, Johann Baptist Vanhal *(1739-1811)* ou Carl Ditters von Dittersdorf *(1739-1799)*. Il est vrai que l'époque consommait les symphonies comme aujourd'hui le public consomme des films, et Barry S. Brook*, dans une étude sur la symphonie française à l'époque, compte environ 1 200 symphonies différentes exécutées à Paris entre 1750 et 1800.

Mais c'est surtout à Mannheim que l'on a voulu localiser la naissance de la symphonie moderne. De l'école de Mannheim, il semble à présent que l'on ait surestimé le rôle, même s'il ne fut pas mince. Les précurseurs et les modèles de Haydn sont en effet à rechercher à Vienne, et non à Mannheim. L'orchestre de Mannheim, assez important en effectifs, et dont le premier chef fut Johann Stamitz*, permit à la symphonie de trouver un certain équilibre formel et orchestral (v. FORME SONATE*).

Il faut signaler aussi, en Allemagne et en Angleterre, les symphonies de J. H. Hasse *(1699-1783)*, de Johann-Gottlieb Graun *(1698-1771)*, Karl-Henrich Graun *(1701-1759)*, de J.-M. Molter *(1695-1765)*, sans oublier celles des quatre fils de Jean-Sébastien Bach.

Dans toute cette activité symphonique européenne, s'affirment, malgré les différences notables quant au nombre et à la nature des mouvements, à la forme, à l'orchestration et au statut donné au genre, quelques constantes : raffinement de l'écriture orchestrale, des nuances et des procédés d'exécution ; enrichissement de la palette, avec des instruments à vent plus individualisés, sortant parfois de leur rôle de doublure ou de soutien harmonique pour tenir une partie propre ; allégement progressif de la basse continue. Ainsi, l'orchestre assouplit ses articulations et assoit sa formule de base : la naissance du genre de la symphonie s'accompagne de celle de l'orchestre symphonique au sens moderne.

Le plan de la symphonie. La naissance de la symphonie moderne est généralement associée à l'ajout d'un 4e mouvement venant se glisser entre le mouvement lent central et le mouvement rapide final de l'ouverture à l'italienne de coupe vif-lent-vif, donc à l'intérieur d'une forme traditionnelle tripartite conservée par le concerto, et qui en soi témoignait d'une belle symétrie. Mince conquête, en apparence, que ce petit menuet issu de la suite, avec son trio central, son rythme simpliste et son inspiration aimable : comment pouvait-il contribuer à engendrer une forme nouvelle ? En cassant et en décentrant la symétrie vif-lent-vif, il donna à la symphonie ses bases modernes. Succédant à la gravité ou au charme mélodique du mouvement lent, le menuet vint affirmer un besoin de mouvement et de légèreté tout en aidant le finale à reprendre dans une dimension plus sérieuse et plus ambitieuse. En faisant « tampon » entre les langueurs du mouvement lent et la brillance du finale, le menuet ou le scherzo permettent à l'auditeur de respirer, et aux mouvements qui le précèdent et le suivent de s'étendre l'un et l'autre, de se raffiner, et de devenir infiniment plus complexes. On peut dire que le finale de symphonie ne conquit son indépendance, son ambition, sa largeur de perspectives qu'à la faveur du « détour » apporté par le 3e mouvement — détour qui, en l'éloignant encore plus du premier mouvement, lui permit de renouer avec lui un lien plus fort, plus large. Quand 2 mouvements vifs se tendent la main par-delà un seul mouvement lent, comme dans le concerto, on débouche sur une simple complicité entre gens d'action, sans grand enjeu, pour une partie gagnée d'avance : souvent, l'allégro final d'une forme tripartite ne peut que viser court. Mais quand 2 mouvements, et non un seul, séparent le premier et le dernier, et que l'un de ces 2 mouvements est nettement léger — le finale ne peut que viser plus loin et plus haut. Il doit en effet contrebalancer un échafaudage déjà lourd et complexe de 3 mouvements contrastés dont les forces convergent en lui.

La symphonie conserva en outre des liens secrets avec l'opéra, puisqu'elle est issue, notamment, de l'ouverture d'opéra. Le finale de symphonie se joue sur une scène plus vaste, plus encombrée de péripéties, que le finale de concerto, et ne peut plus compter, pour s'imposer, sur un simple effet de contraste et de dynamisme. Tout cela n'est, bien sûr, qu'une tendance, une potentialité, et il s'en faut de beaucoup que tous les finales de symphonies soient aussi ambitieux. Mais, dans certains finales de symphonies très plaisantes se contentant de prolonger sur une allure binaire et vive la gaieté ternaire du menuet-scherzo (*cf.* la *6e Symphonie* de Schubert), on ressent, qu'on le veuille ou non, une certaine impression de redondance. A moins que, comme dans l'*Italienne* de Mendelssohn, ne soit jouée la carte du « toujours plus vite, plus brillant ». Ainsi, le finale tend à être placé sous le signe du « plus » : plus brillant, plus rapide, plus étonnant, plus savant. L'œuvre de Mozart (*cf.* la symphonie *Jupiter*) et celle de Joseph Haydn comptent déjà de ces finales placés sous le signe du triomphe et de la surenchère. Mais c'est évidemment avec Beethoven et surtout avec ses successeurs que le finale acquiert cette fonction dans la symphonie moderne.

Un autre problème de plan est celui de la place respective des 2 mouvements centraux, le mouvement lent et le menuet-scherzo. Une innovation de plus en plus fréquente, à partir de la *9e Symphonie* de Beethoven, consiste à intervertir l'ordre habituel pour placer le scherzo en deuxième position. On en voit bien la raison dans le cas précis de la *Neuvième*, où l'adagio est traité comme une longue méditation introductive au finale. Un scherzo placé immédiatement après cet adagio viendrait en effacer la tension, et la dépenser sous la forme d'une excitation légère. Il devint d'ailleurs plus difficile, au XIXe siècle, de réussir un finale rapide immédiatement précédé d'un scherzo. La variante introduite par Beethoven fut donc assez souvent reprise, car elle est propice aux vastes finales dramatiques venant exploser après la lenteur recueillie d'un adagio. De même, mis en deuxième position, le scherzo introduit souvent un élément terrestre et mondain, voire païen et dionysiaque, après lequel le mouvement lent apparaîtra d'autant plus recueilli et plus grave. C'est donc encore une fois ce mouvement intermédiaire de « divertissement » (au sens pascalien) qu'est le scherzo qui, selon son emplacement *avant* ou *après* le mouvement lent, conditionne l'équilibre ou plutôt le déséquilibre général. Ceci dans la mesure où étant facteur de dissymétrie et de déséquilibre, le scherzo ou le menuet devient du même coup facteur d'ouverture, d'inquiétude et d'expansion, par opposition à la symétrie satisfaite et fermée du concerto classique, à peine remise en cause pendant des siècles. A noter également que, grâce à ses menuets-scherzos, la musique symphonique put honorer ses racines populaires.

Entre les 4 parties de la symphonie, quel que soit leur ordre, il y a une répartition des fonctions, avec des dominances : dominance de la forme et de l'affirmation tonale pour le premier mouvement ; dominance de l'élément mélodique et lyrique pour le mouvement lent ; dominance de la pulsation rythmique pour le scherzo ou le menuet. Que reste-t-il alors au finale ? Une dimension théâtrale, rhétorique et dramaturgique, par sa fonction même, donnant à la forme son point d'aboutissement, peut-être son sommet, ou à défaut son issue.

Quand Debussy salue l'effort de Beethoven pour faire, avec sa *9e Symphonie*, éclater le moule de la symphonie, et qu'il considère le genre comme usé et épuisé après cette tentative, connaît-il les créations de Bruckner et de Mahler ? On ne le dirait pas, car c'est sur la symphonie « cyclique » type César Franck et la symphonie « sur un thème folklorique » type Dvořák que portent ses sarcasmes : « Une symphonie est construite généralement sur un choral que l'auteur entendit tout enfant. La première partie, c'est la présentation habituelle du « thème » sur lequel l'auteur va travailler ; puis commence l'obligatoire dislocation... ; la deuxième partie, c'est quelque chose comme le laboratoire du vide... ; la troisième partie se déride un peu dans une gaieté toute puérile, traversée par des phrases de sentimentalité forte ; le choral s'est retiré pendant ce temps-là — c'est plus convenable ; mais il reparaît et la dislocation continue, ça intéresse visiblement les spécialistes, ils s'épongent le front... » (écrit en 1902).

Évidemment, Mendelssohn est le premier visé, avec sa symphonie *Réformation*, que Debussy n'aimait pas. En fait, la symphonie s'est montrée plus vivace, beaucoup plus susceptible de renouvellement qu'il ne l'a dit.

Haydn et Mozart. Officiellement, Haydn est le « père de la symphonie » au sens moderne, c'est lui qui, par ses 104 — ou plutôt 106 — symphonies cataloguées, écrites de 1757 environ à 1795, a, le premier, donné au genre ses lettres de noblesse. Il s'est, le premier, révélé comme ayant « l'esprit symphonique », cet esprit pouvant se définir comme la faculté de fusionner divers éléments en un tout organique, de maintenir le sens du mouvement et d'exercer sur lui un contrôle continu, de maintenir la musique active ou du moins en activité latente, à tous les niveaux, de suggérer un sens de l'espace tendant vers l'infini et à dimension épique (tout cela par le biais de la forme sonate et d'une conception neuve de la tonalité). On distingue dans la production symphonique de Haydn plusieurs étapes avec notamment les symphonies *Sturm* und Drang*, les 6 *Parisiennes** et les 12 *Londoniennes** (nos 93 à 104), ces dernières étant considérées comme le plus haut stade de la pensée symphonique de Haydn. Elles sont les plus proches de la symphonie à venir de Beethoven et de Schubert. Selon certains (*cf.* Pierre Barbaud), ces œuvres récupèrent et vulgarisent le travail formel accompli dans les quatuors (recherche d'unité thématique fondée sur de courts motifs générateurs, écriture savante), tandis que, pour d'autres, il y a là une richesse d'inspiration qui, en dehors de toute question de proportions extérieures, leur donne l'ampleur et la profondeur de pensée des constructions beethovéniennes.

Le corps des quelque 50 symphonies de Mozart, écrites de 1764 à 1788, n'est pas aussi réputé, pas aussi décisif dans l'évolution du genre (un phénomène inverse se produisit pour celui du concerto pour piano). Les très grandes pages de Mozart pour la symphonie ne sont que d'admirables cas particuliers, tandis que ses concertos forment un ensemble avec un trajet. On a parlé de la « docilité » de Mozart à la forme symphonique. Les 3 dernières symphonies, celles de 1788, sont sublimes, mais il est difficile d'en dégager une essence commune. Elles présentent des audaces et une liberté d'inspiration incontestable, mais ce sont toujours 1 ou 2 mouvements qui se détachent du tout, qui donnent le ton de l'ensemble : l'allégro initial dans la *40e Symphonie* en *sol* mineur, et son menuet ; et, pour la *Jupiter*, le dernier mouvement. Il semble que Mozart ne s'investisse pas totalement dans la forme symphonique et qu'elle lui reste organiquement extérieure.

Les paradoxes beethovéniens. Les 9 symphonies de Beethoven, créées de 1800 à 1824, ont si fort marqué le genre qu'il n'a plus été possible de faire une symphonie sans en tenir compte dans un sens ou dans l'autre.

Elles sont dans la musique occidentale ce qui parle le plus immédiatement au public le plus large. Il n'est pas jusqu'à leur numérotation qui n'ait acquis une résonance magique. Est-ce à dire qu'elles ont mis au point un modèle, un canon unique de la symphonie? Justement pas. C'est leur variété qui fascine, à l'intérieur du modèle haydnien, jamais remis en cause de façon fondamentale, pas même dans la *6e Symphonie (Pastorale)*, ni même dans la *9e* («avec chœurs»). C'est leur autorité comme ensemble, et leur variété dans les tons qui en fait quelque chose d'unique. On peut y trouver en germe toutes les directions prises ultérieurement par la symphonie : la *Pastorale** préfigure les symphonies descriptives (Richard Strauss) et en même temps les symphonies cosmiques et évocatrices de tableaux naturels de Mahler. Dans la *9e Symphonie*, il y a la symphonie mahlérienne avec chœurs et solistes, ainsi que le principe cyclique d'un thème prépondérant amené par la récapitulation des thèmes précédents. Dans cette même œuvre, l'inversion du scherzo par rapport à l'adagio est un geste formel qui sera beaucoup imité, en particulier par Mahler dans sa *6e*. La *8e* annonce les symphonies néoclassiques, néohaydniennes et vivaces (*cf*. la *Symphonie classique*) de Prokofiev. L'*Héroïque* préfigure toutes les symphonies guerrières, nationales et conquérantes de Dvořák ou Tchaïkovski. Inversement, on peut trouver le germe de la *Fantastique* de Berlioz dans différentes symphonies de Beethoven : la *Scène aux champs* rivalise avec la *Pastorale*, le principe cyclique avec thème conducteur découle un peu de la *5e*.

Il y a un côté démonstratif, oratoire, dans la façon dont ces symphonies travaillent la forme : le travail des motifs ne peut être caché, dissimulé, comme dans les ricercari à l'ancienne manière, faits pour l'amateur ; il est, au contraire, affiché, souligné, dramatisé, créant par lui-même la matière d'un drame. Chez Beethoven, l'architecture apparaît en pleine lumière, alors qu'auparavant on cherchait plutôt à la dissimuler. Le travail formel s'exhibe donc avec une certaine impudeur, et les thèmes sont souvent susceptibles de se réduire à une cellule de base *rythmique* très identifiable : les «quatre coups du destin» dans la *5e Symphonie*, le rythme noire-deux croches dans l'*adagietto* de la *7e*, etc.

La symphonie après Beethoven : Schubert, Mendelssohn, Schumann, Brahms. Ces quatre compositeurs regroupés sous l'étiquette «romantique» ont composé des symphonies dans la suite directe de leur grand prédécesseur, et chacun à sa manière le problème de cette paternité. Ainsi, Schubert passait de son vivant, comme on sait, pour un petit maître dans une petite forme : le lied. Peu de gens s'attendaient à ce qu'il donnât des symphonies grandioses et architecturées. Lui-même ne semblait pas s'en juger capable au début, car ses 6 premières symphonies connues sont de proportions modestes et, à part la *Tragique*, c'est-à-dire la *4e*, qui a des accents beethoveniens, renvoient plutôt à Mozart et au Beethoven des 2 premières symphonies. Ces 6 premières symphonies sont des œuvres attachantes, délicieuses, mais très circonscrites et policées dans leur forme, sans ce côté éperdu que Schubert mettait dans ses sonates pour piano et certains de ses quatuors. Mais, après la fameuse *Inachevée**, classée *8e*, la *9e*, dite la *Grande* Symphonie* en *ut* (1825-26), redécouverte elle aussi après la mort de Schubert et saluée par Schumann, réalise complètement l'assimilation du genre : c'est une longue symphonie, mais de ton schubertien. Elle trouve son souffle, non en haussant sa voix ou en s'acharnant sur un travail de forme paralysant, mais en suivant son cours, aussi ductile, aussi coulante qu'une œuvre pour piano.

Œuvres de synthèse, les 5 symphonies de Mendelssohn (si on laisse de côté ses 12 symphonies pour cordes de prime jeunesse [1821-1823]) veulent réconcilier la référence descriptive et évocatrice, ou le message religieux, avec la logique et la fermeté d'une forme classique, comme pour faire la jonction entre le projet romantique de type berliozien et un souci de néoclassicisme. Ainsi, le propos «touristique» des symphonies *Italienne** et *Écossaise** n'empêche pas ces œuvres de garder des proportions et une forme sévèrement tenues. La symphonie *Réformation** est un des premiers exemples de la symphonie «à choral» dont se moque Debussy, mais dont Bruckner devait porter très haut l'inspiration. Et la symphonie avec chœurs *Lobgesang** est une œuvre festive qui, inévitablement, louche vers la *9e* de Beethoven. Un des plus grands soucis de Mendelssohn, avec la retenue orchestrale, reste l'«unité», la cohésion, le souci cyclique qui fait de l'œuvre «un ensemble étroitement noué» : c'est ainsi que l'*Écossaise* doit s'exécuter d'une traite.

Ce même projet néoclassique et de la symphonie sur elle-même est à l'œuvre dans les 4 symphonies de Robert Schumann, qui n'est pas toujours le romantique échevelé qu'on croit : autant, au piano, il se donne toute licence de forme, autant, à l'orchestre, il est respectueux de la tenue formelle de la symphonie, et de son caractère de continuité et de gravité. Il y a évidemment de l'originalité et de la grandeur dans la conception cyclique de la *4e Symphonie* en *ré* mineur entreprise en second, et achevée la dernière, et destinée à être, comme l'*Écossaise* de Mendelssohn, exécutée d'une traite. On en retient cependant une certaine grisaille et le même sentiment d'obsession tourmentée et laborieuse que dans l'*Écossaise*; mais le travail formel a quelque chose d'une machine qui tourne à vide. Ce n'est pas un hasard si les très grandes symphonies postbeethoveniennes sont celles où le compositeur risque tout, se donne tout entier, comme c'est le cas pour Bruckner et Mahler, qui ont investi tout leur travail de compositeur sur ce genre.

Même les belles *symphonies* de Brahms gardent un côté laborieux et démonstratif qui a fait parler à leur propos d'«inutile beauté». Brahms a longtemps attendu avant de s'attaquer à la symphonie. Bien sûr, aucune des 4 qu'il composa n'a de programme, ni ne contrevient au modèle classique en 4 parties. Curieusement, dans leur solidité formelle et leur couleur compacte, elles ont parfois plus de séduction, de largeur, d'abandons, de surprises, que les symphonies de Schumann — une fois franchi le cap de la *Ire Symphonie* en *ut* mineur, qui semble porter à bout de bras par le souci de faire bonne figure à côté de Beethoven, car bien à propos du finale de cette œuvre et de son thème en *ut* majeur, sorte de pastiche de l'*Hymne à la joie* savamment amené, qu'on peut légitimement parler de beauté creuse et suffisante. Dès la *2e Symphonie*, Brahms se laisse souvent aller au romantisme et à la liberté de ses *intermezzi* pour piano.

Après Beethoven : Berlioz et Liszt. D'autres compositeurs prirent la suite de Beethoven en considérant implicitement le moule classique comme n'offrant plus de ressources neuves, et en cherchant à ouvrir la symphonie à la liberté. Berlioz et Liszt furent de ceux-là. On sait comment Hector Berlioz s'arrangea pour écrire 4 symphonies dont aucune ne se ressemble, et dont aucune n'est conforme au modèle traditionnel (la *Fantastique* en 1830 ; *Harold* en Italie*, en 1834 ; *Roméo* et Juliette* en 1839 ; et la *Symphonie funèbre et triomphale* en 1840). La notion de symphonie devient alors un fourre-tout très utile pour innover, pour expérimenter, à l'abri d'un titre propre à rassurer les foules, et les organisateurs de concerts.

Liszt, admirateur de Berlioz, reprit à ce dernier la forme symphonique libre et programme, avec la *Dante*-Symphonie* (1854) et surtout la *Faust*-Symphonie* (1854-1857), qui annonce les grandes symphonies autobiographiques de Mahler. On rattache souvent au modèle berliozien de la symphonie à programme les deux symphonies descriptives de Richard Strauss, *Sinfonia domestica* (1904), et *Alpensymphonie* (*Symphonie des Alpes*, 1915), sortes de grands dioramas pittoresques qui tiennent en effet plus de la tradition descriptive française que du projet lisztien, lequel est plus dramatique, voire religieux.

L'ultrasymphonie : Anton Bruckner et Gustav Mahler.

Nous appelons « ultrasymphonie » la symphonie brucknérienne et mahlérienne, parce qu'elle poursuit le genre en le faisant passer dans une dimension plus large, celle, presque, d'un opéra, d'un parcours dramatique complet et, comme disent les Allemands, « abendfüllend » (« remplissant une soirée »). A part cela, les deux compositeurs ont des démarches et des styles très différents. Bien que très développées, les symphonies de Bruckner conservent les 4 parties classiques, avec un scherzo situé généralement en troisième position, et adoptent pour les mouvements extrêmes une forme sonate élargie et raffinée (avec en général 3 thèmes au lieu de 2). Leur orchestration est grandiose, mais fuit les effets pittoresques et descriptifs. Elles sont concentrées sur elles-mêmes.

Bruckner apparaissait néanmoins à ses contemporains, et non sans raisons, comme un musicien compliqué, névrotique, obscur et wagnérien. Il élabora, en effet, une musique très modulante, raffinée de forme, extrêmement abrupte et pathétique et souvent remise sur le métier. Il porta la nouveauté au sein de la symphonie classique, dont il distendit le modèle en le respectant, la forme ancienne n'ayant pas, contrairement à ce que d'autres pensaient, tout dit avec Beethoven.

À l'opposé, Gustav Mahler voulut étendre ses symphonies aux dimensions du monde, en particulier en y intégrant la voix. Des 9 (par an 10) symphonies achevées, 4 seulement comprennent une importante partie vocale et/ou chorale (2e, 3e, 4e, 8e), mais on peut dire que toutes suivent un « programme » métaphysique et autobiographique, explicite ou implicite. Adorno les a judicieusement comparées à des romans. Reste en outre le cas particulier du *Chant* de la terre*. On connaît la définition personnelle que Mahler en donnait : « Le terme symphonie signifie pour moi : avec tous les moyens techniques à ma disposition, bâtir un monde » (1895) ; et sa boutade au jeune Bruno Walter : « C'est inutile de regarder le paysage, j'ai tout mis dans ma *3e Symphonie* » (1896). Il y a souvent plus de 4 mouvements, et l'ordre traditionnel est rarement respecté, Mahler adoptant le genre de la symphonie comme le plus propre à faire accepter par le public des conceptions musicales et stylistiques tout à fait singulières.

Mahler et Bruckner composèrent tous deux après Wagner et d'après Wagner ; ils prennent en compte le phénomène wagnérien dans son énormité, en tirent des inspirations de forme, d'orchestration, d'écriture (travail des motifs), et eurent le même réflexe de ne pas chercher à lutter contre lui sur le terrain où il s'était affirmé : l'opéra. Bruckner distendit le modèle de la symphonie de l'intérieur, dans son tissu même ; Mahler introduisit dans ce tissu des corps étrangers. Le genre s'avéra pour ces deux compositeurs, non pas un ersatz d'opéra, un pis-aller, mais plutôt un magnifique « lieu de projection », à la fois riche, stable, et susceptible d'expansion infinie.

La symphonie française. On aurait pu penser que les Français auraient revendiqué l'exemple de liberté donné par Berlioz. Par un chassé-croisé assez typique, ce fut au contraire Liszt qui s'inspira de Berlioz, tandis que les Français semblent avoir eu à cœur de prouver qu'ils s'entendaient aussi bien que les Allemands à faire de belles symphonies, dans les règles et les proportions classiques : ainsi, Saint-Saëns, Vincent d'Indy, Lalo, Chausson, Paul Dukas, Albéric Magnard, etc. C'est néanmoins la *Symphonie en « ré » mineur* de César Franck (1886-1888) qui reste la plus jouée. On a là un admirable exemple de symphonie cyclique, dans laquelle le principe de « retour du thème » ne sonne pas le creux, et où tous les mouvements sont soudés par une affinité profonde.

Les 4 symphonies d'Albert Roussel relèvent d'une solide et talentueuse inspiration néoclassique et sont peut-être parmi les plus spécifiquement françaises du répertoire, dans leur mélange de vivacité, de concentration et de rigueur.

La symphonie « nationale » : Russie, Europe centrale, etc. De manière inattendue et logique, le genre à la fois très codifié et très populaire de la symphonie a servi à des compositeurs issus de pays « excentriques » par rapport à la vieille Europe (Russie, Europe centrale, pays scandinaves, etc.) pour se faire introduire et reconnaître non seulement dans leurs propres pays, mais aussi dans les milieux musicaux de cette vieille Europe. Ces symphonies inspirées par le modèle formel classique prennent souvent une estampille nationale et officielle par l'utilisation de thèmes folkloriques empruntés à la tradition du pays. Ainsi, on fait coup double : on donne à la musique populaire et à la tradition qu'elle représente ses « lettres de noblesse », et, en même temps, on réalise une sorte d'appropriation nationale d'un genre, pour la plus grande gloire de la patrie. Beaucoup de ces symphonies « nationales » et héroïques ne le sont que par l'apparition d'un ou de plusieurs thèmes du fonds populaire, passés à la moulinette d'un même style savant international ; mais, pour énoncer ces thèmes, elles adoptent un ton altier, un ton de proclamation, qui donne au moindre motif une allure de déclaration d'indépendance ou de patriotisme. Or, le ton « national » que l'orchestre peut prendre est le même pour tous les pays. Debussy s'est moqué avec esprit de cette veine « folklorique », qui, pourtant, a aidé bien des cultures nationales à s'affirmer et à se faire respecter, en passant l'examen de passage de la symphonie réglementaire.

« La jeune école russe, dit Debussy, tenta de rajeunir la symphonie en empruntant des idées aux thèmes populaires : elle réussit à ciseler d'étincelants bijoux ; mais n'y avait-il pas là une gênante disproportion entre le thème et ce qu'on l'obligeait à fournir de développements ? Bientôt, cependant, la mode du thème populaire s'étendit sur tout l'univers musical : on remua les moindres provinces, de l'est à l'ouest ; on arracha à de vieilles bouches paysannes des refrains ingénus, tout ahuris de se retrouver vêtus de dentelles harmonieuses. Ils en gardèrent un petit air tristement gêné ; mais d'impérieux contrepoints les sommèrent d'avoir à oublier leur paisible origine. » Cette remarque est pertinente pour une œuvre folklorisante un peu empruntée comme la *Symphonie sur un chant montagnard français* de Vincent d'Indy. En revanche, pour la jeune école russe ou toute autre jeune école nationale, Debussy se trompe en affectant de croire que c'était pour « rajeunir la symphonie » que les compositeurs de ces pays empruntaient des thèmes à leur culture populaire — alors que c'était plutôt pour appuyer leur jeune talent et leur propre culture sous l'autorité d'un genre ancien et respecté.

Glinka parla cependant de la difficulté de marier la musique populaire à la technique allemande du développement. Tchaïkovski, dans ses 6 symphonies, évolua de la symphonie folklorisante à la symphonie autobiographique. On doit également des symphonies basées sur des thèmes populaires russes à Rimski-Korsakov, Borodine, Balakirev, Glazounov et plus tard Rachmaninov.

En Tchécoslovaquie, Smetana incorpora le folklore national dans sa *Symphonie triomphale* (1853), et Dvořák n'en composa pas moins de 9 symphonies entre 1865 et 1893, avec, en particulier, des scherzos et des mouvements lents portant souvent une inspiration populaire. Les pays scandinaves eurent également leurs symphonistes nationaux, comme le Suédois Franz Berwald, les Danois Niels Gade et Carl Nielsen, et surtout le Finlandais Jean Sibelius, qui, avec ses 7 symphonies données entre 1899 et 1924, s'imposa comme un des principaux rénovateurs du genre. En Grande-Bretagne, pays où la symphonie, il faut citer avant tout les 2 d'Elgar, les 9 de Vaughan Williams et les 4 de Michael Tippett.

Bien que composées au XXe siècle, on peut situer dans la continuité des écoles nationales les créations symphoniques de Prokofiev et de Chostakovitch. Le premier composa 7 symphonies, dont la première, la *Symphonie classique* (1916-17), rend un hommage à Haydn en forme de pastiche. Les suivantes évoluent d'un modernisme tonitruant (*cf.* la *3e*) jusqu'à une inspiration populaire et dynamique représentée par les 3 dernières.

Quant à Chostakovitch, pour qui la symphonie était « le plus complexe de tous les genres et le plus accessible à l'oreille des masses », il en écrivit 15, où se retrouvent toutes les vocations extramusicales du genre.

Retour à la symphonie pure. On s'est aussi préoccupé de refaire de la symphonie un genre de « musique pure », de l'arracher aux longueurs mahlériennes, aux confessions et aux messages. Il est significatif de voir comment Schönberg et, surtout, Webern ont fait porter sur la symphonie, comme genre symptôme, leur effort de concentration et de resserrement : qu'il s'agisse des 2 *Symphonies* de chambre* de Schönberg ou de la très incisive et transparente *Symphonie* op. 21 (1928) d'Anton Webern, pur et bref exercice d'écriture sérielle, où l'orchestre réduit est atomisé en parties solistes. Dans un style tout différent, Hindemith a poursuivi le même propos, qui était de redonner à la symphonie sa dignité de genre objectif construit sur une forme, non sur des idées. Après la guerre, en Allemagne, Karl Amadeus Hartmann et Hans Werner Henze ont continué dans cette voie, il en compte non tenu de la *Symphonie de psaumes* et des *Symphonies d'instruments à vent*, dont le titre se réfère au sens ancien du terme, Stravinski a réalisé avec sa *Symphonie en « ut »* (1940) et sa *Symphonie en trois mouvements* (1945) des œuvres ostensiblement néoclassiques et objectives, dégagées de tout message comme de tout romantisme. Mais l'immense production de la symphonie « américaine » atteste que pour ce jeune pays, comme pour les Tchèques, la symphonie est une façon de se relier au tronc commun de la musique occidentale. À côté de la symphonie néoclassique, on y trouve des symphonies d'esprit mahlérien comme celles de Charles Ives. On peut citer aussi celles de Walter Piston, Samuel Barber, Aaron Copland, William Schumn, etc., et pour l'Amérique du Sud, celles de Carlos Chavez, Heitor Villa-Lobos, etc.

La symphonie française moderne. Ni Debussy, ni Ravel, ni Fauré n'ont laissé de symphonies : le genre était sans doute pour eux trop conventionnel et usé. Mais il fut repris et illustré par des compositeurs du groupe des Six : Darius Milhaud, fidèle à son optique méditerranéenne, compose des symphonies d'un style assez délié et le ose même en faire plus de 9, affrontant l'interdit auquel ni un Tchèque comme Dvořák ni un Finlandais comme Sibelius n'avaient osé déroger. On ne lui doit pas moins de 12 symphonies pour grand orchestre et 6 symphonies pour orchestre de chambre. Quant à Arthur Honegger, il s'est recréé dans ses 5 symphonies sa propre tradition, intégrant librement les références germaniques sous une forme ramassée en 3 mouvements seulement. C'est de cette tradition humaniste que s'est réclamé Marcel Landowski pour ses 3 symphonies, dont *Jean* de la Peur* (1949), tandis que Serge Nigg, lui, dans sa *Jérôme* Bosch-Symphonie* (1960), s'est référé au poème symphonique. La *Turangalîla-Symphonie* (1946-1948) d'Olivier Messiaen, avec son orchestre colossal et ses 10 mouvements, pourrait être d'un Mahler français contemporain. On peut citer aussi les 13 symphonies de Georges Migot (1919-1967), les 5 d'André Jolivet (1953-1964), les 7 de Jean Rivier, celles d'Henri Barraud, Georges Hugon, Jacques Chailley, Jean Martinon, etc.

Parmi les symphonies françaises contemporaines les plus célèbres et les plus personnelles se distinguent celles d'Henri Dutilleux, qui prouve que la forme et le nom de « symphonie » sont encore capables d'inspirer les œuvres les plus variées et les plus personnelles. L'époque moderne n'a pas tué la symphonie. On peut citer, par exemple, la *Sinfonia**, de Luciano Berio (1968), qui se défend d'être une symphonie alors qu'elle en présente bien des caractères. La vitalité de la symphonie montre que ce genre est à la fois forme et esprit, au carrefour de la musique « pure » et de la musique « à idées », genre synthétique où la musique occidentale a trouvé un *lieu de projection* sans égal.
M. C.

SYMPHONIE. Œuvre de Anton Webern, op. 21, pour clarinette, clarinette basse, 2 cors, 2 violons, alto, violoncelle, composée en 1928. Cette œuvre en 2 mouvements est la première où la série est employée de manière rigoureuse et perfectionnée, puisque Webern y déroule simultanément jusqu'à 4 formes de la série de base ; cette série fournit aussi le thème de 11 mesures du second mouvement. Mais l'œuvre est surtout remarquable par l'accord trouvé entre le vocabulaire et la forme. En effet, l'emploi de la méthode dodécaphonique s'inscrit dans un cadre formel classique, celui de la forme sonate pour le premier mouvement, du thème et variations (7) suivi d'une coda pour le second. Bien plus, le souci constant de rigueur de Webern apparaît nettement dans son recours aux procédés d'écriture contrapuntique. Ainsi, le premier mouvement se présente comme un double canon par mouvement contraire à 4 voix (sauf dans la coda où il devient simple et à 2 voix), la seconde et la sixième variations du second mouvement développant aussi des canons par mouvements contraires. Dans cette présentation très déliée des voix, la symétrie est parfois renforcée par le choix de l'octave et par la place fixée à chaque note pour former un motif autour d'une note centrale pivot (*cf.* début du premier mouvement). Ainsi les procédés d'écriture répondent-ils aux structures-miroirs de la série, dont la récurrence est identique à la forme originale. La cohésion du style est ici totale.

L'économie des moyens renforce l'impression de dépouillement, sinon d'ascèse. Sur une trame de silence, la *Klangfarben melodie* (ou mélodie des timbres), renforcée par l'utilisation de grands intervalles disjoints, prend tout son sens. Au-delà de cette atomisation de la matière sonore, c'est à l'écoute de la vie interne de chaque son, à la fois autonome et interdépendant, que nous convie Webern dans un espace qui semble s'élargir.
M.-C. L. M.-M.

SYMPHONIE AVEC CHŒURS. Appellation parfois donnée à la Symphonie n° 9 en *ré* mineur « avec chœur final sur l'*Ode à la joie* de Schiller » pour orchestre, 4 solistes vocaux et chœurs, op. 125, de Beethoven, composée, pour l'essentiel, de 1822 à 1824 et créée à Vienne le 7 mai 1824.

L'œuvre concrétisa des préoccupations qui avaient agité Beethoven durant toute sa vie, et, plus précisément, constitua la synthèse, réalisée à la fin de 1823 seulement, de 4 lignes de force dont la plus ancienne remontait à 1792 et la plus récente à 1812 : 1) la mise en musique de l'*Ode à la joie* (Hymne à la joie) de Schiller ; 2) la mélodie proprement dite de cet hymne ; 3) la composition d'une symphonie avec conclusion chorale ; 4) la composition d'une symphonie en *ré* mineur. Schiller avait écrit son *Ode à la joie* en 1785 et l'avait publiée l'année suivante, avant d'y apporter plusieurs variantes dans les éditions postérieures à 1800. Dès 1792, Beethoven projeta de la mettre en musique. L'idée alors n'aboutit pas, mais en 1798-99, en 1804, en 1812 enfin, il nota à ce propos diverses esquisses, dont l'une (celle de 1812) devait servir pour l'*Ouverture pour un jour* de fête* op. 115. Puis, pendant dix ans, plus rien. Quant à la future mélodie de l'*Hymne à la joie*, elle apparut dès 1795 pour le lied *Gegenliebe* (« Amour partagé »), sur un poème de Bürger et dont quelques paroles évoquent celles de Schiller. On la retrouve dans l'esquisse de 1804 déjà évoquée, mais cette première fusion avec l'ode de Schiller ne devait pas durer. En 1808, sous une forme beaucoup plus proche de celles de 1795 et de 1824, elle revint dans la *Fantaisie pour piano, orchestre et chœurs* op. 80. Nouvelle apparition en 1810 pour le lied *Kleine Blumen, kleine Blätter* (« Petites fleurs, petites feuilles »), sur un poème de Goethe, puis plus rien jusqu'à l'automne 1822, époque où se fit sa jonction définitive avec le texte de Schiller. Le projet d'une œuvre orchestrale avec conclusion chorale préoccupa pour sa part Beethoven dès 1807. Il y eut la *Fantaisie*, op. 80, de 1808, mais on sait également que le compositeur songea un instant à terminer la *Pasto-*

rale*, op. 68, par un chœur d'action de grâces, et que, en 1818, il esquissa le plan d'une symphonie avec chœurs, distincte de la 9e en ré mineur déjà en chantier, et alors prévue comme 10e, la 9e devant avoir, comme les 8 précédentes, une conclusion purement instrumentale. A la fin de 1822, Beethoven franchit une étape de plus et décida de faire du futur *Hymne à la joie*, dont texte et musique venaient de s'unir, le finale de la *10e Symphonie*. C'est enfin en 1812 que naquit le projet d'une symphonie en *ré* mineur. Il s'agissait alors dans l'esprit de Beethoven de la dernière des 3 symphonies annoncées par lui à Breitkopf & Härtel, et dont 2 seulement (les 7e et 8e) furent menées à bien. Celle en *ré* mineur fut abandonnée. En 1815, Beethoven esquissa, pour l'abandonner également, une symphonie en *si* mineur. En 1817, il ébaucha le premier mouvement de celle en *ré* mineur, future *9e Symphonie*, abandonna ensuite ce travail à cause, notamment, de celui sur la *Missa* solemnis*, et y revint au début de 1822. À la fin de 1823, les 3 premiers mouvements de la *9e* étaient prêts, mais Beethoven songeait toujours à un finale instrumental. Après beaucoup d'hésitations, en octobre 1823, il décida de faire de l'*Hymne à la joie*, prévu pour la *10e Symphonie*, le couronnement de la *9e*. Les quatre lignes de force s'étaient rejointes enfin.

Le premier mouvement *(allegro ma non troppo un poco maestoso)* est une forme sonate* aux proportions parfaites dont l'exposition fait 163 mesures, le développement 137, la réexposition 128 et le second développement (qui intègre la coda) 119. Le début est une étonnante cosmogonie. Sur de mystérieuses quintes à vide, les premiers violons énoncent des fragments d'arpèges descendants. À la mesure 17 éclate le premier thème, mais il s'éloigne aussi rapidement qu'il avait surgi. Le second groupe, dans la tonalité peu orthodoxe de *si* bémol majeur (on aurait attendu le relatif *fa* majeur), ne comprend pas moins de 5 éléments, dont l'avant-dernier, passagèrement, module vers *si* majeur. La fin du mouvement est une affirmation péremptoire d'un motif tiré du premier thème. Le scherzo *(molto vivace)* se trouve, cas unique chez Beethoven symphoniste, en deuxième position (v. SYMPHONIE). Son thème fut noté dès 1815. Les timbales y sont utilisées non seulement comme solistes, mais comme instruments mélodiques. En guise de trio, un presto à 2 temps (et non 3) répétant inlassablement la même mélodie. Certains y ont vu une annonce de l'*Hymne à la joie*, d'autres un air de danse russe. Toujours est-il que cette mélodie ne fut notée qu'en 1822. Le mouvement lent *(adagio molto e cantabile* en *si* bémol), dont le thème ne fut noté qu'en mai-juin 1823, nous rapproche du monde des derniers quatuors. Le schéma d'ensemble est A (adagio en *si* bémol), B (andante en *ré*), A′ (variation I de l'adagio), B′ (andante en *sol*), C (développement en *mi* bémol), A″ (variation II de l'adagio), C′ (développement et coda introduite par une fanfare entendue deux fois). Le thème de l'andante, trouvé le premier, fut d'abord conçu comme thème de menuet, c'est n'est qu'après de nombreuses hésitations que Beethoven, après l'avoir modifié, s'en servit ici.

L'*Hymne à la joie* est à lui seul une sorte de symphonie en 4 mouvements enchaînés avec introduction. Succédant à peu près sans interruption au mouvement lent, il débute par une dissonance stridente, puis par une extrême agitation venant buter sur un récitatif des basses de l'orchestre conservant exactement le même tempo *(presto)*. Reprise de la bourrasque initiale, évocation et rejet des 3 mouvements précédents : la mélodie de l'*Hymne à la joie*, proposée à son tour, se mêle au récitatif et s'affirme. Elle est énoncée intégralement *(allegro assai* en *ré* majeur) aux basses de l'orchestre, puis répétée par tout l'orchestre en 3 variations successives de plus en plus intenses. Sur quoi tout ce début de mouvement est repris plus ou moins varié, sans évocation des mouvements précédents et en intégrant les voix. Suit alors, en *si* bémol majeur, un épisode *alla marcia* faisant intervenir une importante percussion, d'abord pour orchestre, puis avec ténor solo, puis à nouveau pour orchestre. Cet épisode, dans la structure globale du mouvement, tient lieu de « scherzo ». Les chœurs reprennent la première strophe de l'hymne, puis intervient un *andante maestoso* en *sol* (début de ce qui tient lieu de « mouvement lent »). La première strophe de l'hymne est reprise en une magistrale double fugue à laquelle se mêlent des échos de l'épisode en *sol*. Puis la musique devient progressivement, avec divers retours en arrière, bacchanale échevelée (« finale » du finale), pour se terminer en un *ré* majeur affirmatif.

Dans la *9e Symphonie*, Beethoven adopta le texte remanié par Schiller à la fin de sa vie, et non l'original de 1785. En outre, par les suppressions importantes (allusions politiques et sociales directes) qu'il y apporta ainsi que par les modifications qu'il opéra dans l'ordre des strophes et des refrains par lui conservés, il donna au poème un autre accent sans toutefois en modifier l'idée essentielle selon laquelle la joie, liée presque jusqu'à l'identité au déploiement de l'activité humaine, doit conduire jusqu'à un Élysée *(Joie... fille de l'Élysée)* situé non pas en arrière mais en avant dans l'histoire de l'humanité, et tout à fait à l'opposé d'un ciel transcendant et surnaturel. Comment s'en étonner de la part de celui qui proclama : *Ô homme, aide-toi toi-même ?*

M. V.

SYMPHONIE CÉVENOLE (« Symphonie sur un chant montagnard français », dite « cévenole »). Œuvre composée par Vincent d'Indy en 1886 et créée aux concerts Lamoureux le 20 mars 1887.

Elle reflète bien l'esthétique du musicien, notamment sur les trois plans suivants : d'abord son nationalisme ardent ; ensuite son amour de la nature et des Cévennes ; enfin, son attirance pour la forme cyclique et symphonique.

La *Symphonie cévenole* est à cet égard d'influence nettement franckiste. Le piano vient s'y insérer, comme dans les *Djinns* de Franck, non point comme un soliste mais comme instrument principal, contribuant par sa nature même et ses sonorités à l'effet de couleurs général ; par ailleurs, l'œuvre est entièrement bâtie sur un thème (chant du berger ardéchois) qu'expose, dès les premières mesures, un cor anglais et qui, dans chacun des 3 mouvements 1) *assez lent, modérément animé,* fondé sur 2 motifs rude d'allure ou tendre ; 2) *assez modéré mais sans lenteur,* expressive rêverie ; 3) *animé,* pittoresque et entraînant) prendra des aspects différents mais conférera à l'ensemble une solide unité et une remarquable architecture. Devenue très populaire, cette *Symphonie cévenole* a trop relégué dans l'ombre les autres ouvrages de Vincent d'Indy. Ce qui, compte tenu de leur valeur, constitue une criante injustice.

J. G.

SYMPHONIE CLASSIQUE. Simultanément avec les éruptions de *Chout,* de la *Suite scythe* ou du *Joueur,* Prokofiev éprouva le besoin de rentrer au conservatoire pour y étudier l'orgue. C'est donc en 1916 qu'il imagine une symphonie « telle que Haydn l'aurait composée s'il vivait de nos jours ». C'était à la fois rappeler au monde musical d'alors quelle était la modernité de Haydn et montrer à ses censeurs à quel point son propre langage pivotait autour de données classiques, fussent-elles parodiées. L'œuvre occupa Prokofiev plus d'un an, ce qui traduit le soin apporté à sa rédaction : ni parodie ni pastiche, la *Symphonie classique* est le fruit d'une synthèse éclairante entre l'ancien et le nouveau, déjouant à l'avance, avec infiniment d'élégance, les pièges du futur néoclassicisme, dosant magistralement les audaces de détail, un lyrisme très décanté, la malice et un sens très vivant du passé (qui s'illustrera plus tard dans les grandes fresques historiques). À la même époque, Ravel composait *le Tombeau de Couperin* et, comme chez le musiciens français, s'esquissait ici la notion d'un classicisme de notre temps, sans renoncement et sans dogmes, havre de nostalgie et d'humour, où peu de musiciens du XXe siècle surent s'illustrer avec un tel bonheur.

M. Mt.

Symphonie de chambre [en all. *Kammersymphonie*]. Titre de 2 œuvres d'Arnold Schönberg.
— 1. **Symphonie de chambre** op. 9, pour 15 instruments solistes (2 cors en *fa*, hautbois, cor anglais, clarinette en *ré*, clarinette, clarinette basse, basson, contrebasson, flûte, 2 violons, alto, violoncelle, contrebasse), composée en 1906 (terminée le 25 juillet) et créée au printemps 1907 à Vienne par le Quatuor Rosé et l'ensemble à vents de la Philharmonie. Officiellement en *mi* majeur, l'œuvre est fondée notamment sur des harmonies de quarte jouant au point de vue tonal un rôle disruptif. On retrouve cet intervalle sur le plan mélodique, en particulier dans le thème initial énoncé par les cors, avec comme indication de tempo *Sehr rasch* (« très vite »), après 4 mesures d'introduction :

D'expression très tendue, la *Symphonie de chambre* op. 9 dure environ vingt-deux minutes, et est faite d'un seul bloc ininterrompu mêlant étroitement, en se référant toujours à eux de façon très précise, les éléments constitutifs de la forme sonate et les 4 mouvements traditionnels de la symphonie. Cette structure d'un seul bloc comprend néanmoins 5 parties principales : 1) exposition avec thème principal, transition, thème secondaire, thème conclusif et reprise du thème principal et de la transition ; 2) scherzo tripartite avec comme partie centrale un trio et un développement et comme troisième partie une reprise de la première ; 3) développement en 3 parties ; 4) mouvement lent ; 5) finale, constitué d'une reprise dans un autre ordre des thèmes de l'exposition. De l'opus 9, Schönberg réalisa lui-même deux transcriptions pour orchestre, et Webern, en 1922, une transcription pour l'ensemble instrumental (avec piano) utilisé dans *Pierrot* lunaire*.
— 2. **Symphonie de chambre n° 2** op. 38 pour 2 flûtes, 2 hautbois (le second également cor anglais), 2 clarinettes en *la*, 2 bassons, 2 cors en *fa*, 2 trompettes en *si* bémol, 2 violons, alto, violoncelle et contrebasse, entreprise en août 1906, juste après l'achèvement de l'opus 9, poursuivie en 1911 et en 1916, terminée en 1939 (il ne restait plus qu'un tiers de l'œuvre à mener à bien), et créée le 15 décembre 1940 à New York sous la direction de Fritz Stiedry. « Je l'ai terminée dans le style dans lequel elle avait été conçue » (Schönberg en 1947). Commencé à la fin de la période « encore tonale » du compositeur, l'opus 38 fut donc terminé plus de trente ans plus tard aux États-Unis, bien après la « découverte » de la série. Mais son achèvement correspondait, chez Schönberg, à certains retours à la tonalité (d'ailleurs déjà présents dans *Kol* Nidre*). Il y a 2 mouvements, un *adagio* dans la tonalité principale de *mi* bémol mineur et un *con fuoco* en *sol* majeur retrouvant sur sa fin un tempo lent *(molto adagio)* et *mi* bémol mineur. M. V.

Symphonie de Psaumes (en angl. *Symphony of Psalms*). Œuvre pour chœurs et orchestre en 3 mouvements, composée en 1930, par Igor Stravinski, sur des textes tirés des Psaumes dans le texte latin de la Vulgate (Psaumes XXVIII, XL, et CL). L'œuvre est née d'une commande de l'Orchestre symphonique de Boston pour son cinquantième anniversaire, d'où la dédicace singulière « symphonie composée à la gloire de Dieu et dédiée au Boston Symphony Orchestra ». Elle fut révisée en 1948 et demeure la plus populaire des œuvres de la période « néoclassique », à cause de sa ferveur, de sa rudesse granitique, et de son élan religieux qui transcende et justifie certains exercices d'écriture arides et grinçants, comme l'étrange fugue du deuxième mouvement. Les 2 premières parties (successivement : *Écoute ma prière, Seigneur*, et *J'avais mis mon espérance dans le Seigneur*) sont dans une tonalité recueillie et grave, tandis que la troisième (le fameux Psaume 150 *Louez le Seigneur*) commence dans une jubilation rythmique évoquant lointainement le *Sacre*, pour s'achever dans une extase où la musique tourne lentement comme une nébuleuse spirale, formant une sorte de carillon ralenti et indéfini qui dérive longuement. L'œuvre est écrite dans une modalité archaïque mélangée de tonalité « désaccordée » (la fugue) qui produit un étrange effet de style, mais elle est admirablement écrite pour les chœurs (en principe, les parties d'alto et de soprano sont destinées à des *chœurs d'enfants* — solution d'exécution qui est rarement adoptée, puisqu'il est plus facile de les faire chanter par des pupitres féminins). Quant à l'orchestre, il se caractérise par l'absence des violons et des altos, ce qui, avec la prédominance de cuivres « sombres » comme le trombone et le tuba et la présence de deux pianos, crée une sonorité creuse et rude, durement éclairée dans l'aigu par les flûtes et le piccolo, et contribue encore, par la disposition des parties évitant toute rondeur confortable, toute plénitude flatteuse, à imposer le climat d'humilité et d'affliction que souhaitait l'auteur. Aucun paupérisme cependant, aucun « misérabilisme » dans cette œuvre vigoureuse qui est un des grands chefs-d'œuvre de Stravinski. M. C.

Symphonie des Alpes (Une) [en all. *Eine Alpensinfonie*]. Œuvre pour orchestre de Richard Strauss. Instrumentée pour un effectif gigantesque (mobilisant, en particulier, une machine à tonner et une machine à vent, ainsi qu'un orgue), terminée le 8 février 1915 et dédiée au comte von Seebach, directeur de l'Opéra de Dresde, elle fut donnée en première audition à Berlin, le 28 octobre de la même année. Richard Strauss dirigeait l'orchestre de la Hofkapelle de Dresde. Malgré son titre et à l'instar de la *Sinfonia domestica*, l'œuvre a peu de points communs avec le genre symphonie, tel que nous le concevons depuis Haydn, Mozart et Beethoven. C'est plutôt, en une succession d'épisodes enchaînés les uns aux autres (et dans la perspective des poèmes symphoniques rédigés par le compositeur au stade initial de sa carrière), une vaste fresque descriptive née des impressions picturales recueillies au cours d'une excursion en montagne. Cette dernière, que la musique nous présente — de l'aube au crépuscule — dans la continuité inexorable de ses vies frémissantes et de ses phénomènes naturels perpétuellement renouvelés, apparaît véritablement comme l'entité fondamentale de l'œuvre.
La partition d'*Une symphonie des Alpes* mentionne très précisément les 22 sections correspondant à la totalité de l'ouvrage, et qu'on peut éventuellement grouper selon les 4 mouvements d'une vraie symphonie : *Nuit, Lever de soleil ; l'Ascension ; Sur le Sommet ; la Descente*. Mais, entre *l'Ascension* et l'arrivée au *Sommet*, il y a, entre autres, l'*Entrée dans le bois*, la *Promenade au bord du ruisseau*, la scène de l'*Apparition*, celle de la *Cascade*, l'évocation des *Prés fleuris*... Au spectacle grandiose qu'on peut contempler du *Sommet* et aux sentiments élégiaques qui en résultent, succèdent l'épisode de *l'Orage*, celui de *la Descente*, le retour de la *Nuit*. J. D.

Symphonie des Jouets (en all. *Kindersymphonie*, « Symphonie des enfants »). Œuvre faussement attribuée à Haydn, et qui est, en réalité, de Leopold Mozart. M. V.

Symphonie espagnole. Œuvre d'Édouard Lalo, composée en 1873, dédiée à P. de Sarasate qui la créa (7 févr. 1875) aux Concerts populaires à Paris. En dépit du titre et des apparences, cette partition, qui n'est ni une symphonie, ni un concerto, mais une habile synthèse des deux genres qui s'ordonne en 5 mouvements, recherche la liberté de ton et d'expression et intègre volontairement le soliste à l'orchestre. Quant à son titre, il lui vient de la présence multiple de rythmes de habanera.
Le mouvement initial, *allegro non troppo*, en *ré* mineur, est construit comme un allégro de symphonie à 2 thèmes : l'un bien marqué ; l'autre, mélodieux et évoquant précisément la habanera. A noter ici la

grande liberté rythmique des idées subsidiaires, nées au cours du développement. Le deuxième mouvement, *scherzando* à 3/8, en *sol* majeur, au thème syncopé, déplace certains temps forts, créant ainsi des effets d'imprévu que prolonge le trio subséquent, constamment contrarié dans la mélodie du soliste par les interventions de l'orchestre. L'*intermezzo* en *la* mineur, aux rythmes joyeux, est encore trop souvent ignoré par certains solistes — prétextant que Lalo ne l'aurait écrit que pour la « première ». C'est fort regrettable, car ce morceau en forme de habanera est particulièrement réussi. Dans l'*andante* qui suit, à 3/4, les cordes graves et les cuivres annoncent dans un préambule sombre (*ré* mineur) le motif exposé ensuite par le violon solo et qui, orné de rythmes accessoires, s'éclaire et module vers *ré* majeur afin de préparer l'entrée du *rondo final*, construit sur une basse obsédante exposée aux bassons et une broderie syncopée à 6/8 dont s'empare le soliste. Après un dernier motif, *poco più lento*, générateur d'un volet médian, l'œuvre s'achève par une brillante reprise des motifs du rondo. Dès sa création la *Symphonie espagnole* recueillit un accueil enthousiaste.   J. G.

Symphonie fantastique. Œuvre pour orchestre en 5 mouvements, écrite par Hector Berlioz en 1830 (l'année de *Hernani*), et créée le 5 décembre 1830 dans la salle du Conservatoire de Paris, sous la direction de Habeneck.

La *Symphonie fantastique* est sous-titrée *Épisode de la vie d'un artiste*; il y est question d'un jeune musicien qui, de désespoir, s'empoisonne à l'opium et revit ses amours malheureuses, retraduites dans son délire en « pensées et en images musicales ». Ce flashback musical, ce sera la symphonie elle-même, en cinq parties : *Rêveries et Passions*, marasme sentimental, puis coup de foudre marqué par l'apparition de la fameuse « idée fixe », thème incarnant la bien-aimée ; un *Bal*, où le musicien retrouve cette bien-aimée « au milieu d'une fête » ; *Scène aux champs*, où son apparition vient troubler la douceur d'un « duo pastoral », un soir d'été à la campagne ; *Marche au supplice*, où le musicien rêve qu'il a tué la bien-aimée et doit expier sur l'échafaud ; *Songe d'une nuit de sabbat*, où aux accents du *Dies irae*, au milieu de « bruits étranges, de gémissements, d'éclats de rires », la mélodie adorée reparaît travestie, et la sorcière se mêle à l'orgie diabolique. Le pire mauvais goût, assumé avec brio, préside à cette vengeance en musique.

La *Symphonie fantastique* passe pour avoir suscité toute la littérature du « poème symphonique » qui a fleuri depuis Liszt. A vrai dire, elle est sans équivalent dans sa structure. L'« idée fixe », à peine traitée, à peine travaillée, est-elle l'anticipation du leitmotiv wagnérien ? On peut en douter, en voyant comment Berlioz fera un usage paradoxal du « thème conducteur » dans *Harold en Italie*, où il est comme ici matière à décomposition plutôt qu'à composition, et où, comme ici, il se dissout dans la furie collective, sans même lutter un instant. Berlioz retrouvera rarement, sinon jamais, l'égalité d'inspiration de la *Symphonie fantastique*, mais il assumera toujours aussi vaillamment son parti pris de refus des formes conventionnelles et de *fuite en avant*.   M. C.

Symphonie funèbre et triomphale. Œuvre pour grand orchestre d'harmonie (avec chœurs et cordes, *ad libitum*) commandée à Hector Berlioz en 1840, pour célébrer le dixième anniversaire de la révolution de juillet 1830, et accompagner le rapatriement des restes des victimes des « 3 Glorieuses » et l'inauguration de la colonne de la Bastille, à Paris. Elle fut créée le 28 juillet 1840, sous la direction de Berlioz en uniforme, à la tête de 200 musiciens en marche... et fut à peine entendue dans le vacarme de la fête. Son premier mouvement, *Marche funèbre*, devait être exécuté plusieurs fois pendant le trajet du défilé ; il est très sobre et recueilli. Le mouvement lent, *Oraison funèbre* (avec solo de trombone), accompagnait la bénédiction ecclésiastique et la descente des corps sur la place de la Bastille. Quant au troisième, *Apothéose*, il devait célébrer le triomphe des héros de la révolution. Ce fut ce final (généralement méprisé pour son caractère de liesse militaire lourde et redondante) qui fut couvert par les manœuvres et les tambours de la garde nationale. Il se termine par un chœur *ad libitum* sur des paroles d'Anthony Deschamps *(Gloire et triomphe à ces héros)*. Cette œuvre rarement jouée, et dont le premier mouvement en particulier est plein de grandeur et de noblesse, gagnerait peut-être à être redonnée dans les conditions « berlioziennes » pour lesquelles elle a été prévue (plein air, cérémonie, effectif important), mais elle eut du succès au concert. Richard Wagner l'admirait beaucoup, et n'hésitait pas à la mettre au-dessus de tout ce qu'il connaissait de Berlioz.   M. C.

Symphonie liturgique. Titre porté par la Symphonie nº 3 d'Arthur Honegger, et que vient confirmer l'énoncé de ses trois mouvements : *Dies irae, De profundis clamavi, Dona nobis pacem*. « J'ai voulu, a dit le compositeur, symboliser la réaction de l'homme moderne contre la marée de barbarie, de stupidité, de souffrance, de machinisme, de bureaucratie qui nous assiège... J'ai figuré musicalement le combat qui se livre dans son cœur entre l'abandon aux forces aveugles qui l'enserrent et l'instinct du bonheur, l'amour de la paix, le sentiment du refuge divin. » Commencée en octobre 1945 et terminée en avril 1946, la *Symphonie liturgique* a été créée le 17 août 1946 à Zurich, sous la direction de Charles Munch.

C'est la plus développée des 5 symphonies d'Arthur Honegger, et la seule comportant un programme précis. C'est aussi celle dont le langage, d'une éloquence directe, fait oublier la complexité de la construction musicale pour délivrer un message qui s'adresse à tous. Le premier mouvement, *Dies irae*, est un *allegro marcato* que son auteur commente ainsi : « Jour de colère ! Les thèmes violents se succèdent sans laisser à l'auditeur un instant de répit... L'ouragan emporte tout, balaie tout, aveugle, coléreux. » Le deuxième mouvement, *De profundis clamavi*, est un adagio méditatif, douloureux, « une méditation qui est déjà une prière » (Honegger). *Dona nobis pacem* commence *(andante)* par une « marche pesante » dont le thème « intentionnellement idiot » est exposé d'abord par la clarinette basse. Honegger y montre « la marche des robots contre l'homme civilisé, la revanche de la bête contre l'esprit... ». Mais à la fin les hommes se révoltent. L'orchestre profère une immense clameur : *Dona nobis pacem*. La prière de l'humanité souffrante va être exaucée. Une ample mélodie *(adagio)* s'élève, au-dessus de laquelle vocalise la flûte qui symbolise l'oiseau déjà annoncé comme un message d'espoir, à la fin des deux premiers mouvements, et qui, maintenant, plane dans le ciel pacifié.   J. R.

Symphonie lyrique. Œuvre pour orchestre, soprano et baryton, op. 18, d'Alexandre von Zemlinsky d'après des poèmes de Rabindranâth Tagore, commencée en 1922, terminée le 29 août 1923 à Alt-Aussee, et créée à Prague le 5 juin 1924. Les poèmes, tirés du recueil de Tagore intitulé *le Jardinier*, sont au nombre de 7 et sont confiés alternativement au baryton (nos 1, 3, 5 et 7) et à la soprano (nos 2, 4 et 6). Mais l'œuvre est d'un seul tenant et construction globale symphonique, avec un prélude orchestral au début et un postlude à la fin, et des interludes non seulement entre les poèmes, mais parfois entre les strophes d'un même poème. Le premier poème, *Ich bin friedlos*, tient lieu de premier mouvement ; le deuxième, *Mutter, der junge Prinz*, de scherzo ; le troisième, *Du bist die Abendwolke*, de mouvement lent ; les trois suivants ont chacun une allure d'intermezzo (*Sprich zu mir, Geliebter* ressemble à un arioso ; *Befrei mich von den Banden deiner Süsse* baigne dans un climat de violence ; et *Vollende den das letzte Lied* a des traits de Sprechgesang) ; *Friede, mein Herz* en est une vaste conclusion.

Par sa disposition et par le choix de poèmes orientaux, sinon par son contenu, qui oscille entre l'érotisme et le mysticisme, la *Symphonie lyrique* se situe dans la descendance consciente du *Chant* de la terre* de Mahler. Quant à Alban Berg, c'est en référence à elle qu'il donna son titre à sa *Suite* lyrique*. En outre, il dédia cette *Suite lyrique* à Zemlinski, et, dans son quatrième mouvement, *adagio appassionato*, cita l'idée principale de la troisième partie de la *Symphonie lyrique*. Cette idée correspond aux paroles *Du bist mein Eigen (Tu es mienne)*, et la citation de Berg est le reflet de l'existence entre la *Symphonie lyrique* et la *Suite lyrique* de liens encore plus étroits qui contribuent à éclairer le « programme secret » de la *Suite lyrique*. M. V.

SYMPHONIE POUR CORDES. Deuxième des 5 symphonies d'Arthur Honegger, composée en octobre 1941 à l'instigation de Paul Sacher, et créée par ce dernier à la tête du Collegium musicum de Zurich le 23 janvier 1942. Dans le premier mouvement, *allegro* — où réapparaît le dessin obstiné d'alto d'un caractère mélancolique qui s'impose dès le *molto moderato* par lequel débute cette symphonie —, quatre thèmes fortement rythmés se combinent au cours d'une espèce de rondo asymétrique qui se clôt dans un pianissimo avec le premier thème. Douloureux, angoissé, le deuxième mouvement, *adagio*, sorte de grand lied, ne quitte sa nuance piano, voire pianissimo, que pour une brève mais pathétique montée vers le fortissimo. Dans le dernier mouvement, *vivace*, une joie, jusqu'ici perdue, oubliée, éclate dans un tourbillon rythmique scandé par un ostinato de triolets sur lequel vient planer une grande phrase lyrique chantée par les violons avant que ne soit entonné, nous conduisant vers une rapide et foudroyante conclusion, un choral clamé par une trompette *ad libitum* unie aux premiers violons. Ce choral, d'un *ré* majeur nettement affirmé, nous rappelle que toute la symphonie oscille dans le ton de *ré*, encore que, dans sa riche polyphonie, une certaine atonalité s'y donne libre cours.

Musique « pure » si l'on veut, on pourra évoquer à propos de cette 2e Symphonie — sans trahir le climat naturellement dramatique dans lequel se meut l'œuvre entière d'Honegger — l'atmosphère oppressante dans laquelle elle fut écrite aux heures les plus noires de l'occupation allemande et l'appel confiant en une libération, une victoire. R. D.

SYMPHONIE POUR UN HOMME SEUL. Œuvre de « musique concrète » composée en 1950 par Pierre Schaeffer et Pierre Henry. C'est le premier grand classique du genre. Avec les moyens rustiques de l'époque (des tourne-disques et quelques possibilités de traitement des sons bien réduites), c'était une œuvre ambitieuse et baroque, hybride, à mi-chemin entre une volonté très affirmée de formalisation et d'abstraction (utilisation du principe sériel et application des formes classiques à la structure des mouvements) et un besoin tout aussi intense d'expression, voire d'expressionnisme (jeu avec des sons de voix, des cris de foule, des râles érotiques, des stridences, etc.). A l'origine, elle comportait 22 mouvements et durait une heure trente, et c'est sous cette forme qu'elle fut créée en mars 1950 à Paris. Elle fut plus tard ramenée à une douzaine de mouvements et à une vingtaine de minutes, et « stéréophonisée » par Pierre Henry en 1966. Face aux riches monuments de la musique électroacoustique récente, avec leur technique sophistiquée, la *Symphonie* a plutôt bien vieilli. Avec sa matière sonore réduite (beaucoup de sons de voix et de « piano préparé »), elle n'accuse aucune trace de pompiérisme, recèle des trésors de fantaisie et d'insolite, et ses recherches de forme n'ont pas été dépassées : le montage des sons y est plus précis et incisif que dans bien des œuvres actuelles, et l'utilisation du « sillon fermé » (procédé permettant, avec des fragments de sons sur disque, de créer des cellules rythmiques répétées sur elles-mêmes) y est maîtrisée avec sûreté. En 1955, Maurice Béjart réalisa sur cette symphonie une chorégraphie qui fut son premier grand succès, révélant ainsi à un large public l'univers de la musique concrète. M. C.

SYMPHONIES D'INSTRUMENTS À VENT. Œuvre pour ensemble d'instruments à vent (bois et cuivres), composée en 1920 par Igor Stravinski et dédiée à la mémoire de Claude Debussy. L'œuvre est issue d'une commande passée par la *Revue musicale* à plusieurs compositeurs, pour honorer l'auteur de *Pelléas*, mort en 1918, et dont Stravinski avait été l'ami.

La *Revue* publia donc en décembre 1920 une réduction pour piano de l'œuvre, et celle-ci fut créée le 10 juin 1920 au Queen's Hall de Londres sous la direction de Serge Koussevitski. Plus tard, en 1947, Stravinski la révisa, introduisant de légers changements d'écriture et de composition instrumentale. Elle est faite d'une série de séquences brèves et contrastées (mélodies de style populaire, danses, pastorale, choral), formant un ensemble volontairement abrupt et disjoint, rendu pathétique par sa concision même, ses silences, sa sobriété, et le refus volontaire de la « caresse des cordes ». On sait que, vers la fin de sa vie, Stravinski devait être très fécond en œuvres *in memoriam*, dédiées à des célébrités ou à des connaissances disparues. M. C.

SYMPHONIES POUR LES SOUPERS DU ROI. Recueil « orchestral » de Michel Richard Delalande ne comportant pas moins de 333 morceaux groupés en 18 suites d'orchestre. Ce recueil (on trouve aussi dans les sources l'orthographe *Simphonies*) fut de loin le plus célèbre de son temps. Il ne fut évidemment pas écrit d'un seul coup en un tout cohérent. On en possède plusieurs copies manuscrites de plus en plus fournies, mais assez différentes les unes des autres. En 1703, Philidor copia 10 suites totalisant 147 pièces. Il y eut ensuite vers 1715 une version en 12 suites, malheureusement perdue. De 1727 (Delalande était mort l'année précédente) date la version « définitive et complète » en 18 suites. Elle fut mise au net à partir de 1736 de façon « conforme aux volontés de l'auteur », et devrait seule, de nos jours, servir de référence.

Il existe cependant, parmi ces suites à l'aspect mouvant, des groupements plus fortement structurés que d'autres, et dont la physionomie se conserva au fil des années dans les diverses sources, à quelques modifications d'ordre et à quelques ajouts près : le *Concert de trompettes pour les festes sur le canal de Versailles*, écrit pour les seuls instruments à vent et sorte de *Water* Music* avant la lettre, ou encore les 3 *Caprices*, œuvres entièrement originales n'effectuant aucun emprunt aux ballets du compositeur, largement mis à contribution ailleurs. « Lorsqu'un morceau d'opéra lui plaisait, il le mettait dans une suite », peut-on lire à propos de Delalande sur le manuscrit de 1736. Le premier de ces *Caprices*, en *ré* majeur, est dit « de Villers-Cotterêts », du nom de la résidence offerte par Louis XIV à son frère le duc d'Orléans. Le deuxième, ou *Deuxième fantaisie ou caprice que le roy demandait souvent*, est en *sol* mineur, et sans doute une des plus anciennes compositions du recueil. Le troisième, en *ré* majeur, absent de la copie de 1703, semble par ses italianismes pouvoir être daté des années 1715-1720, c'est-à-dire d'une époque où, Louis XIV ayant disparu, Delalande se trouvait libéré de la tutelle que les goûts du vieux roi avaient fait peser sur son art.

Les *Symphonies pour les soupers du roi* sont lieu de convergence, de synthèse. Longtemps, les instruments à cordes d'une part, à vent d'autre part avaient eu leur répertoire propre, et, pour les cordes, ce répertoire avait été largement dominé par Lully. Tirant la leçon de l'opéra lullyste, les *Symphonies pour les soupers du roi* regroupent souvent de façon équilibrée, au sein d'une même pièce, les cordes et les vents, et ne se limitent pas à des morceaux de danse. Les pièces non chorégraphiques (ouvertures, intermèdes, morceaux descriptifs du genre « tempête » ou « sommeil ») sont réunies dans les suites intitulées *Caprices* ou *Fantaisies*, cela par opposition aux suites de danses (tirées de *ballets* ou de *divertissements*) constituant malgré tout la plus grande partie de l'ensemble. M. V.

SYMPHONIES SACRÉES. Sous ce titre, Giovanni Gabrieli a composé 2 très importants recueils de musique religieuse. Le premier fut publié de son vivant, en 1597 ; le second ne le fut qu'en 1615, soit trois ans après sa mort. Ces deux livres marquent en quelque sorte l'apothéose de la technique du concert polychoral (ou *cori spezzati*) acclimaté à Saint-Marc de Venise par le Flamand Willaert, mais mené précisément jusqu'à son plein épanouissement par la dynastie des Gabrieli. A cet égard, il est bien évident que les dispositions acoustiques particulières ainsi que le plan en forme de croix grecque du sanctuaire fameux se prêtaient aux effets stéréophoniques avant la lettre du motet à double et parfois même à triple chœur. Et c'est bien par ses préoccupations de novateur, étrangement semblables à celles de notre temps, que Giovanni Gabrieli nous fascine aujourd'hui, toujours soucieux qu'il est de faire « éclater » l'espace sonore et de structurer un discours *moderne* (comme dans sa *Sonate pian'e forte*, pour instruments seuls, éprise de dynamique et de contrastes d'intensité, de logique thématique aussi, et annonçant d'une certaine façon les « mélodies de timbres » chères à la seconde école de Vienne).

Mêlant, en outre, les voix à la splendeur des instruments (enluminés des *cornetti* et trombones), les *Symphonies sacrées* sont bien évidemment des musiques d'apparat qui marient la puissance et la gloire, dans le droit fil des consignes esthétiques défendues par la Contre-Réforme. Mais à cette vocation festive s'ajoute une indéniable dimension spirituelle, entretenue par les effets spécifiques de l'écriture (qui utilise de 6 à 19 parties réelles) avec ces répliques, réponses et jeux d'échos que le plus célèbre des disciples de Giovanni, Heinrich Schütz, reprendra à son compte dans ses *Psaumes de David* de 1619. Affichant ainsi un sens aigu de la modulation et une conscience harmonique prophétique à bien des égards, l'auteur des *Sacrae symphoniae* a également contribué, plus que tout autre de ses contemporains, à la création du style concertant. Ses investigations dans le domaine des instruments et des timbres en font l'un des premiers à avoir manifesté une sensibilité véritablement orchestrale à l'aube de l'ère baroque.

Tout comme ses expériences sur la division du concert en chœurs aigus et graves, voire dans un même registre de tessiture (le chœur grave pour 6 voix d'hommes, soutenu par un ensemble de 6 trombones, dans le motet à 12 voix *Suscipe* du second livre de 1615, par exemple), sont le fait de l'un des premiers « aventuriers de l'histoire de la musique liturgique » (avec, bien sûr, le Monteverdi des *Vêpres de la Vierge* de 1610), mais sans d'ailleurs que soit jamais désavoué l'ordre traditionnel des modes ecclésiastiques. R. T.

SYMPHONIES SACRÉES. Œuvre de Heinrich Schütz. Ce dernier publia 3 livres de *Symphonies sacrées* à vingt et un ans d'intervalle, 3 recueils qui, à l'écoute du *stile nuovo*, n'en reflètent pas moins l'incontestable évolution du musicien, d'une spiritualité subjective à un sentiment religieux communautaire et à un effort de distanciation expressive auquel assurément les épreuves et les misères nées de la guerre de Trente Ans ne sont pas étrangères.

En 1629 paraît à Venise le premier volume de *Symphonies sacrées, opus sextum*, au terme du second séjour du compositeur auprès de la République, auprès de Monteverdi. C'est au maître de l'opéra et de la monodie accompagnée que Schütz s'adresse cette fois, préoccupé qu'il est de théâtre lyrique (il a composé *Daphné*, le premier opéra en langue allemande, deux ans plus tôt) et, en même temps, pressé de transposer au culte l'expressivité de la manière dramatique et le mélodisme du style récitatif et des modes de chant à l'italienne.

A l'école de Monteverdi donc, l'auteur des *Symphonies sacrées 1* réagit en musicien individualiste, en novateur tourmenté par la fièvre baroque. A cet égard, c'est ici qu'il est le plus proche des mentalités et de la spiritualité catholiques, le plus marqué également par la théâtralité transalpine, avec ce sens de la couleur et du spectacle (même s'il est « sacré ») qui va bientôt caractériser l'évolution de la jeune cantate. Rien d'étonnant, dans ces conditions, à ce que la modernité de Schütz soit le trait dominant du livre. *O quam pulchra es* et *Veni de Libano*, pour ténor et baryton, avec accompagnement de deux violons obligés, sont des chants d'amour éperdus, des paraphrases exaltées du *Cantique des cantiques*. *Buccinate* — rehaussé des voix instrumentales d'une *sinfonia* très gabrielienne d'esprit — respire un entrain frénétique, avec ses figurations *staccato*, détachées furieusement par les 2 ténors. *Attendite popule meus*, pour basse et trombones, offre d'impressionnantes incursions du soliste dans le registre grave de la voix. *Fili mi Absalon*, également pour basse et trombones, est l'une des plus poignantes déplorations de toute l'histoire de la musique, une inoubliable étude psychologique sur la douleur du roi David pleurant la mort de son fils révolté. Enfin, *Venite ad me*, pour ténor et deux violons, est peut-être le sommet du livre, un chef-d'œuvre vibrant d'*italianità* où Schütz inventorie avec génie toutes les ressources du nouveau parler lyrique : le récitatif, le style *cantando* et l'*arioso*. Le deuxième livre, composé en 1644 au Danemark, mais publié seulement en 1647, à Dresde, reste marqué par la déclamation monodique à l'italienne. Pourtant, le latin y est abandonné pour l'allemand, la récitation s'éloigne du *parlando* pour le mode *oratorio* et le ton se fait plus prophétique aussi.

Vingt-sept pièces sont ici réunies (contre 20 dans le premier livre) avec des moments extraordinaires comme le monologue pour ténor et *sinfonia* de violons, *Herr, unser Herrscher*, aux saisissants mélismes descriptifs pour évoquer la vie animale, puis les étoiles. Ou encore *Hütet euch*, autre monologue, pour voix de basse et violons, qui peint avec une insistance visionnaire la ruine de Jérusalem et le second avènement du Messie, tandis que le trio *Freuet euch dem Herrn*, pour deux ténors et basse, est certainement la pièce la plus hardie du livre, celle qui anticipe le plus sur l'avenir avec les *trémolos* inexorables des violons pour chanter l'Éternel « sur les cordes et la trompette ».

Enfin, la troisième partie du *Symphoniarum sacrarum* (soit 21 pièces), parue en 1650, c'est-à-dire après que la paix soit revenue en Allemagne, débouche sur un acte de foi d'une portée vraiment collective, où l'auteur témoigne en quelque sorte au nom de l'assemblée des fidèles. Loin du subjectivisme passionné du premier livre, l'interprétation des textes ne s'y écarte pas du constat objectif, mais dans le cadre du style concertant, à 5, 6, 7 et 8 voix avec instruments.

Reste que ce retour à un langage unanimiste s'accompagne d'un élargissement du décor, d'un ton de plus en plus visionnaire et lyrique où le maître fait entrer, avec ses certitudes, une soif d'absolu qui remplace l'expressivité d'autrefois, transposée de la dramaturgie profane, et qui fait tout le prix d'une « musique d'évangile » comme le numéro 11 : *Es ging ein Saemann aus*, et surtout le concert : *Saul, Saul, was verfolgst du mich ?*, qui traduit en un flot d'images inouïes, ivres de ferveur et de dynamisme, l'épisode de la conversion de saint Paul sur la route de Damas et réussit le mariage de la vision pure et du mouvement baroque. R. T.

SYNAXIS. Œuvre de Maurice Ohana, pour 2 pianos, percussion et orchestre, achevée en 1966 et créée la même année sous la direction d'Ettore Gracis. *Synaxis*, qui était le nom donné à la liturgie chrétienne primitive, désigne ici, indique le compositeur, « un ensemble d'aspects de la matière sonore (tessitures, timbres, rythmes, durées, densités, synthèses harmoniques, etc.), considérés comme essentiels et ordonnés en forme de rituel ».

Le rituel s'ordonne ainsi : *Diaphonie, Tympanum, Sibile, Tropes, Clameur, Organum, Antiphonie, Maya*. L'œuvre est conçue comme une transposition orchestrale des différents aspects du chant, ce qui explique que les titres font allusion à des formes de musique vocale. *Diaphonie* est confié à 2 pianos, l'orchestre n'intervenant qu'au *Tympanum*, où les timbales ont un rôle prépondérant. Aux mélodies incantatoires de *Sibile* succède le déroulement de *Tropes*, éclairé par la cithare. Puis éclate la *Clameur* où l'orchestre et la percussion vibrent de toutes leurs résonances. L'*Organum* se développe en lignes amples. L'*Antiphonie* oppose les différents groupes : pianos, percussion, orchestre. *Maya*, qui trouve sa source dans les hymnes chantés pour les fêtes de mai, clôt ce rituel où c'est la musique elle-même qui est l'objet de la célébration.

J. R.

SYNTHÉTISEUR. Assemblage de générateurs de divers types et de dispositifs de manipulation électrique, notamment des modulateurs de matière ou de forme, des dispositifs de correction ou de réverbération, et enfin des systèmes de liaison ou de couplage entre ces divers organes. La partie la plus pertinente d'un synthétiseur, du point de vue musical, réside dans son pupitre de commande, qui constitue l'accès du compositeur aux effets qu'il recherche. Pi. S

SYRIAQUES, JACOBITES. Chrétiens du Moyen-Orient (Turquie, pays arabes) et de l'Inde perpétuant des rites sur des modes spécifiques (comparables aux *maqâm*-s) et en langue syriaque, en arabe ou en malayâlam. Les syriaques « catholiques » et les maronites sont unis à Rome. Les autres sont dits « jacobites ». J.-C. C.

SYRIE. Les origines de la musique en Syrie procèdent d'un fonds autochtone enrichi par une confluence de cultures voisines et progressivement teinté d'une imprégnation par la musique grecque, plus particulièrement à Antioche au début de l'ère chrétienne. À partir du ve siècle, les villes d'Antioche-Antakya et d'Édesse-Urfa (nord de la Syrie, actuellement turc) vont influencer les rites byzantins, syriaques et chaldéens-nestoriens, dont on retrouve actuellement les héritages vivants dans les différentes communautés chrétiennes de Syrie soit dans les églises grecques catholiques melkites et grecques orthodoxes (dont les liturgies sont chantées en grec et en arabe), syriaques catholiques et syriaques orthodoxes jacobites (dont les liturgies sont chantées en syriaque et en arabe), dans les églises des rites assyriens, chaldéens*, nestoriens*, avec une imprégnation sur les rites des arméniens*. La plupart de ces traditions chrétiennes, transmises oralement et chantées en monodie, reposent sur des systèmes de 8 modes musicaux, qui, sous l'influence de la symbiose avec la culture musicale dominante arabo-irano-turque, ont accentué leur caractère oriental tout en perpétuant un tempérament modal commatique différencié que l'on étudie dans les séminaires et les monastères.

À partir de la conquête arabo-islamique du VIIe siècle, la Syrie connaît l'arabisation et l'islamisation, qui vont progressivement dominer sa culture musicale. Et, jusqu'à nos jours, en dépit de la rémanence des traditions araméennes chrétiennes ou d'un islâm chiite jadis florissant, et de la puissance de la secte alawîte, la Syrie reste préoccupée par l'idée de symboliser le classicisme arabo-musulman sunnite particulièrement vivace au plan de la musique religieuse avec des rites comme le *mawlid*, la danse du *sama'* ou les cérémonies de *dhikr*, ces dernières spécifiques des confréries de derviches.

Affaiblie par le rôle hégémonique de l'Iraq et de Bagdad à partir de l'avènement du califat abbasside* au VIIIe siècle, la Syrie conserve une activité musicale intense, renforcée au xe siècle lorsque Alep devient la capitale du royaume de l'émir Saîf al-Dawla, mécène qui recueille le plus illustre savant musicologue de l'Islâm médiéval, Fârâbî (auteur du fondamental *Kitâb al-mûsîqî al-kabîr* / *Grand Livre de la musique*) né en Asie centrale et mort à Damas en l'an 950.

Tandis que, à partir du XIVe siècle, l'ensemble du monde arabe connaît la récession à l'ouest du fait de la *Reconquista* de l'Andalousie par les Espagnols, et à l'est du fait d'une hégémonie croissante des Turcs ottomans, le classicisme arabe musical, symbolisé par l'art musico-poétique du *muwachchaḥ* « andalou », semble se réfugier en Syrie et plus particulièrement à Alep. L'apogée de la musique en Syrie, peut-être favorisée par la proximité de la Turquie désormais détentrice du califat, semble se situer entre le XVIe et le XXe siècle. La vitalité musicale syrienne lui permet de réintroduire le *muwachchaḥ* en Égypte à partir du XVIIe siècle et de jouer un rôle fondamental dans la restauration de la musique en Égypte, dont les pionniers syriens sont Abû Khalîl al-Qabbânî et Chakîr Efendî au XIXe siècle.

Avec le XXe siècle, la vie musicale, longtemps perpétuée oralement au sein des confréries ou des familles, commence à s'organiser parallèlement au sein d'institutions modernes, dont, en 1930, le « Club musical syrien » dominé par le mécène Fakhrî al-Barûdî ; en 1932, la « Maison des mélodies et du théâtre », fondée par Abdal-Wahhâb Abûl Sughûd et Mustafa Sawwaf ; en 1935, le « Club des beaux-arts » ; en 1945, le « Club des amis de l'art » fondé par Husnî al-Harîrî. Les deux principaux instituts-conservatoires officiels sont celui de Damas (fondé en 1960, dirigé actuellement par Solḥ al-Wâdî) et celui d'Alep (fondé en 1964, dirigé actuellement par Hâchim Fansa).

Dès la fin du XIXe siècle, la Syrie participe activement à la renaissance de la musique orientale du fait de la haute qualité de son enseignement musical. Elle va ainsi former un nombre considérable d'instrumentistes virtuoses, souvent voués à des carrières brillantes en Égypte, au Liban ou ailleurs, du fait que le goût musical syrien ne perpétue qu'un classicisme conservateur et du fait que la Syrie traverse depuis lors de nombreuses vicissitudes.

Après l'adoption du violon occidental (*kamân*) au sein du quatuor (*takht*) oriental classique durant le XIXe siècle, une remarquable lignée de violonistes, encore active de nos jours, va jaillir des villes syriennes, avec Ibrâhîm Salhûn, Antûn al-Chawwâ, Sâmî al-Chawwâ, Jamîl Awass, Tawfiq Sabbagh, Elias Fennûn, Edouard Kadahjî, Farîd Sabrî, Emile Sarwé, Sobhî Jarûr, Azîz Ghânim, Mahmûd 'Ajjan, Joseph Tachijian, Jean Betrakî, Zuher Tabbakh, Grégoire Sabbagh, ... (violonistes orientaux) et Nejmî Succarî (violoniste occidental de niveau mondial).

L'art du luth (*'ûd*), ancien et raffiné en Syrie, a été ranimé depuis le début du XXe siècle par une lignée de luthiers, dont Antûn Nahât (et ses descendants), Mikhâ'îl Hayyik, Darkazanlî, Jamîl Qandalaf, Antûn Abras, et par un luthiste, Mustafa Sawwaf. 'Omar Naqichbendî (v. 1900-1981), autodidacte de Damas, est devenu le « prince du luth » et, avec un style et des thèmes damascènes, a marqué le XXe siècle de son talent. En outre, Izzet Helwânî, Tawfiq Chamîya, Muhammad Zakî, Yasîn al-'Achiq, à Damas, et Bakrî al-Kurdî, Assad Châtir, Nadîm Darwîch, Muhammad Rajab, Razu Warda, 'Abdal-Karîm Zal'ûm, Muhammad Qadrî-Dalâl à Alep, et d'autres perpétuent le *'ûd*.

La cithare-psaltérion (*qânûn**) est illustrée au XXe siècle par 'Omar Faqir, Selîm Sarwe, Ibrâhîm 'Abdal-'Al à Damas ; Fû'âd Raja'î, Antûn Hakîm, 'Alî Wâ'îz, Chukrî Antaklî, Muhammad Chubûkchî et Sa'ad Raja'î à Alep.

La flûte oblique orientale (*nây*), naguère réservée aux mystiques, a été introduite dans la musique savante profane par Cheikh 'Alî Darwîch. Le *nây* est joué par 'Abdal-Salâm Safar, Badreddin Halabîya, Selîm Kosûr à Damas, Muhammad 'Abdo, Hâchim Fansa, Adnân Mukrech, etc., à Alep.

L'ensemble oriental classique ainsi élargi vers 1900 (*'ûd*, *qânûn*, *kamân*, *nây*) doit, pour correspondre à un *takht*, ou quatuor traditionnel, être complété par un tambour-calice (*darabuka**), et un tambour de basque (*daff* ou *riqq*). Au début du siècle, le grand maître de la percussion en Syrie a été 'Omar al-Batch, et le plus célèbre batteur actuel est Muhammad al-'Aql.

Un instrument traditionnel populaire, le *buzuq*, luth à manche long, d'origine centre-asiatique, n'était plus perpétué au début du XXe siècle que par les tsiganes et les nomades de la steppe. Redécouvert en 1941, il a été hissé au rang d'instrument soliste par le tsigane Muhammad 'Abdal-Karîm, puis exporté au Liban par Muhammad Matar, tandis qu'il est perpétué avec succès en Syrie par Khodr al-'Alî et de nombreux autres tsiganes virtuoses.

Avec le développement des media, les vedettes du chant oriental en solo se recommandant des traditions arabes ont connu un succès croissant en Syrie et au Proche-Orient. Parmi les chanteurs masculins, Farîd al-Atrach, bon chanteur et piètre luthiste, Fa'ad Bellâm, Najîb Sarraj, Yasîn Mahmûd... Sabah Fakhrî, originaire d'Alep, a fait apprécier à l'ensemble du monde arabe des genres traditionnels comme le *layâlî*, le *mawwâl*, le *muwachchah* et des suites modales chantées comme le *fasil* ou la *waslâ* ; il a en outre fait connaître des chants mi-classiques mi-populaires d'Alep, les *quddûd Halabîya*. Parmi les grandes chanteuses syriennes : Asmahân (décédée prématurément et mystérieusement), Su'âd Muhammad, Najat al-Saghîra, Maha Jabrî, Maha Sarwat, Saha, Yolande Basma, et Karawân.

La musique traditionnelle populaire de Syrie connaît de nombreuses variantes avec les régions : solo chanté du *'âchiq**, troubadour du Nord s'accompagnant à la *ṭanbûra** (luth), solo du *châ'ir*, poète de la steppe s'accompagnant au *rabâba* (vièle), duo *mizmar-tabl* (hautbois-grosse caisse) animant les mariages. La *dabka*, danse traditionnelle arabe du Proche-Orient, sous l'influence des media et du folkloriste soviétique Moïsseïev, perd peu à peu ses variantes et gagne la scène avec la « Troupe omayyade » nationale qui la présente avec un grand orchestre.

Les études musicologiques contemporaines des Syriens sont dominées par l'œuvre fondamentale sur les *maqâm*-s et les *taqsîm*-s (modes et improvisations) de Cheikh 'Alî Darwîch*, éminent collaborateur de Rodolphe d'Erlanger lors de la rédaction de la *Musique arabe* (Paris, Geuthner, 1930-1959, 5 vol.). Depuis lors, les recherches menées ont été l'œuvre de 'Abdal-Latîf-Nabki, Fû'âd Mahfûz, Majdî 'Aqîlî, Mikhâ'îl Allahwîrdî, Fû'âd Rajâ'î, Nadîm Darwîch, Mamdûh Jabrî, Antoine Zabîta, Husnî al-Harîrî, Sa'îd Catalan, Hassan Hammâmî, etc. Une musicologue, Wajîha 'Abdal-Haq, impressionnée sans doute par l'exemple du Syrien Camille Chamber, trompettiste qui avait créé un piano oriental, a mis au point un double piano, la « Kithâra de Damas », dont les deux claviers décalés à l'accord d'un quart de ton permettent de reproduire avec 24 touches à l'octave les intervalles caractéristiques des modes orientaux sur une échelle de 24 intervalles théoriques. D'autres musicologues et compositeurs syriens sont installés dans divers pays, en particulier Dia Succarî, compositeur contemporain, à Paris.

Face aux impacts désastreux des media sur la musique arabe traditionnelle, la Syrie reste un centre de classicisme et de goût, mais, de ce fait, et du fait de problèmes de voisinage, son expérience et sa science ne touchent que des connaisseurs. J.-C. C.

SYRINX. Brève pièce pour flûte solo composée en 1912 par Claude Debussy et dédiée à Louis Fleury. Originellement intitulée *Flûte de Pan*, elle devait servir de musique de scène dans une pièce de Gabriel Mourey, *Psyché*. Le titre fait allusion au nom d'une nymphe aimée du dieu Pan, qui la fit périr en la poursuivant et, qui, après sa métamorphose en roseau, imagina de fabriquer à partir des tiges inégales du roseau l'instrument qui porte son nom, ou le sien. Ce lamento funèbre se rattache, dans l'œuvre de Debussy, aux nombreux faunes qui peuplent son œuvre (*Faune des Fêtes galantes*, le *Prélude à l'après-midi d'un faune*, thème du pâtre du *Boîte à joujoux* et *Pour invoquer Pan*, des *Épigraphes antiques*) et on y retrouve les mêmes chromatismes descendants tendrement ployés, le même goût pour l'arabesque mélodique au rythme souple. M. C.

SZELL (George), chef d'orchestre américain, d'origine hongroise (*Budapest 1897 - Cleveland 1970*). Élève à Vienne de Mandyczewski (théorie musicale), de J. B. Foerster (composition) et de Richard Robert (piano), et, à Leipzig, de Max Reger, il joue à onze ans ses premières œuvres pour piano et à seize dirige l'Orchestre symphonique de Vienne. Engagé par Richard Strauss comme répétiteur au Staatsoper de Berlin (1915-1917), il y revient comme premier chef de 1924 à 1929, après avoir fait ses classes à Darmstadt (1921), à Dusseldorf (1922), à Strasbourg et à Prague, où il est directeur général de la musique de 1929 à 1937. Jusqu'en 1946, il mène une carrière de chef invité, notamment à Glasgow, où il dirige l'Orchestre écossais (1937-1939), à La Haye avec l'Orchestre de la Résidence, et aux États-Unis, où il dirige à New York l'Orchestre de la NBC (1941-42), le Metropolitan Opera (1942-1946) et l'Orchestre philharmonique (1943-1956).

Mais son plus grand titre de gloire reste d'avoir dirigé, de 1946 à 1970, l'Orchestre de Cleveland, devenu sous son règne l'une des meilleures phalanges américaines. À force de discipline, il en a façonné le son et l'âme de manière exemplaire, comme purent en juger à trois reprises les mélomanes européens (1957, 1965 et 1967). De 1946 à 1970, George Szell dirige un cours de direction d'orchestre de grande renommée, d'où sont issus notamment James Levine, Louis Lane, Matthias Bamert. Chef invité du Concertgebouw d'Amsterdam (à partir de 1958), conseiller musical de l'Orchestre philharmonique de New York, il crée au Festival de Salzbourg deux ouvrages de Liebermann, *Pénélope* (1954) et *l'École des femmes* (1957), et *Légende irlandaise* de Egk (1955). Essentiellement tourné vers le répertoire classique et romantique, il vise dans ses interprétations à une objectivité respectueuse du texte musical, se refusant à « verser de la crème au chocolat sur les asperges ». M. W.

SZERYNG (Henryk), violoniste mexicain, d'origine polonaise (*Varsovie 1918*). Il reçoit de sa mère ses premières leçons de piano, mais, ayant choisi le violon, il part pour Berlin en 1928 étudier avec Carl Flesch et débute en 1933 dans quatre capitales européennes, dont Paris, où il étudie la composition, de 1933 au début de la guerre, auprès de Nadia Boulanger. Il donne pendant la guerre près de 30 concerts pour les troupes alliées, et défend la cause des réfugiés polonais, notamment au Mexique, qui devient, la paix revenue, sa patrie d'adoption. Professeur à l'université de Mexico à partir de 1946, il reprend la carrière seulement en 1954, encouragé par Arthur Rubinstein. Il soutient la jeune école mexicaine et crée des œuvres de Chavez, Ponce, R. Halffter, Maderna, Martinon, Penderecki, etc., ainsi que le 3e *Concerto* de Paganini (Londres, 1971), récemment redécouvert. Son jeu allie la clarté à l'élégance. M. W.

SZIGETI (Joseph), violoniste américain, d'origine hongroise (*Budapest 1892 - Lucerne 1973*). Son père et son oncle lui donnent les premières leçons de violon, et Jenö Hubay complète sa formation à l'académie Franz-Liszt de Budapest (1903-1905). À peine âgé de dix ans, il joue en public et donne, trois ans plus tard, son premier véritable concert. Puis il se produit à Dresde et travaille pour les théâtres de Francfort et de Würzburg. En 1906, négligeant les offres d'enseignement de Joachim, qui lui prédit un grand avenir, il choisit de vivre à Londres (jusqu'en 1913), où il joue sous la direction de Beecham, accompagne Nellie Melba, Myra Hess, Wilhelm Backhaus, Ernst von Lengyel, et interprète le *Concerto* de Busoni sous la direction de l'auteur. En 1909, Szigeti crée la première œuvre composée à son intention, le *Concerto* de Hamilton Harty.

Les années de guerre correspondent à une période de réflexion et de travail en profondeur, prolongée par les cours qu'il donne au conservatoire de Genève, de 1917 à 1924, avant de reprendre une carrière vouée de plus en plus à la musique de son temps. Il est ainsi le premier à jouer le *Concerto n° 1* de Prokofiev en U. R. S. S. (en 1924, lors de la première de 11 tournées, de 1924 à 1929) et à interpréter les œuvres de ses amis, Stravinski, Bloch, F. Martin, Bartók, Busoni, lors de ses visites aux États-Unis (il y débute en 1925 avec l'Orchestre de Philadelphie), en Extrême-Orient, en

Australie, etc. Il retrouve aux États-Unis, où il s'installe à partir de 1940, Bartók, avec qui il joue en duo (notamment à la Library of Congress de Washington en 1940), et dont il crée, avec le commanditaire, Benny Goodman, les *Contrastes*. Vivant en Suisse à partir de 1960, il se retire peu à peu de la carrière (ses derniers récitals en Californie en 1962 sont voués à Bach), se consacrant à la rédaction de livres sur son art et participant comme juré aux grands concours internationaux.

Créateur de la *Première Rhapsodie* et des *Contrastes* de Bartók, de la *Sonate* de Rawsthorne, de la *Nuit exotique* de Bloch, de la *Mélodie sans paroles* op. 35 bis n° 5 de Prokofiev, des *Concertos* de Casella, Harty et F. Martin et de la *Sonate en « sol »* d'Ysaye, toutes œuvres qui lui sont dédiées, il a également interprété et enregistré des pages de Berg, Milhaud, Ravel, Stravinski, Cowell, Dohnanyi, Hindemith, Ives, et fait redécouvrir des pièces de Tartini et *la Rêverie*, romance et caprice de Berlioz. Évoluant d'une virtuosité insolente à la sobriété d'une conception privilégiant justesse et puissance expressive, au détriment parfois de la beauté même du timbre, Szigeti a su concilier une technique héritée du XIXᵉ siècle (particulièrement sensible dans la tenue de l'archet, coude au corps) avec l'esprit nouveau-né de la littérature pour violon du XXᵉ siècle.

M. W.

SZOKOLAY (Sándor), compositeur hongrois *(Kunágota 1931)*. Il reçoit sa première éducation musicale à l'école de Békéstarhos, puis vient suivre la classe de Ferenc Szabo et de Ferenc Farkas à l'Académie de Budapest. Entre 1951 et 1957, il enseigne le solfège dans le secondaire. Jusqu'en 1961, il est producteur musical à la radio de Budapest. Depuis, il se consacre à la composition, ayant reçu le prix Erkel en 1960 et 1965, et le prix Kossuth en 1966. Il marque une préférence pour les œuvres scéniques et la musique vocale, dans lesquelles il peut user de sa verve dramatique, de son goût pour l'*ostinato* rythmique et pour les ornements rythmiques archaïsants, ce qui n'est pas sans rappeler parfois C. Orff. Mais, contrairement au compositeur bavarois, il ne recherche pas que l'effet produit par des percussions multiples, mais se sert, à bon escient, de toutes les formes musicales nécessaires à l'expression dramatique. Ainsi dans le *Noces de sang (Vérnász, 1962-1964), Sámson* (1973), il adapte chaque forme (rondeau, sonate, caprice, passacaille, trio, variations, etc.) au climat cherché pour soutenir l'action. Il réserve même des formes mélodiques strictement dodécaphoniques aux instants essentiels (dernier adieu des *Noces*, scène finale de *Samson*... et intégralité d'*Hamlet*). Tout comme Berg, dont le *Wozzeck* reste un modèle pour lui, il a su s'identifier successivement à l'univers de ses librettistes, García Lorca *(Vérnász),* Shakespeare *(Hamlet,* 1966-1968) et László Németh *(Samson).* Un récent *Quatuor à cordes* (1973) prouve que Szokolay n'est pas seulement un homme de théâtre, mais aussi un créateur complet.

P.-E. B.

SZYMANOWSKA (Maria Agata, née Wolowska), pianiste et femme compositeur polonaise *(Varsovie 1789-Saint-Pétersbourg 1831).* Elle travailla à Varsovie avec Lisowski et Gremm. Les tournées qu'elle fit en Europe, de 1823 à 1826, remportèrent un grand succès. Goethe écrivit des poèmes en son honneur. Cherubini la remarqua à Paris et lui dédia une sonate. En 1822, elle fut nommée pianiste de la cour de Russie. Elle a composé des polonaises, des mazurkas, des nocturnes, 24 préludes et études. Son écriture pianistique dénote l'influence de Hummel et de Field (dont elle n'a pas été élève, contrairement à une version accréditée), et annonce directement celle de Chopin.

A. L.

SZYMANOWSKI (Karol), compositeur polonais *(Timochovka 1882-Lausanne 1937).* Ce musicien issu d'une famille noble polonaise installée en Ukraine commença à étudier la musique avec son père, dès l'âge de sept ans, puis dans une école de musique d'Elisavetgrad dirigée par son oncle le pianiste Gustav Neuhaus, alors que ses frères et sœurs faisaient tous de la musique, de la peinture ou de la poésie. Son frère Feliks devint pianiste et compositeur, sa sœur Stanislawa cantatrice. Quelques pièces instrumentales, les opéras de jeunesse *Roland* et *la Cime d'or* — dont les manuscrits sont aujourd'hui égarés —, constituaient le bagage du jeune compositeur au moment de son arrivée à Varsovie en 1901, où il étudia avec le compositeur Noskowski, se lia d'amitié avec Arthur Rubinstein, Grzegorz Fitelberg et Pawel Kochanski, qui devinrent ses premiers interprètes. Il s'intéressa aux œuvres de Wagner et de Strauss, et fonda le groupe Jeune Pologne, aux côtés de Szeluto, Karlowicz, Rozycki et Fitelberg, pour rechercher de nouvelles voies et combler le vide créé dans la musique polonaise depuis la mort de Chopin ; on étudiait à fond la musique moderne d'Europe. Les concerts des artistes du groupe furent mal accueillis par les critiques conservateurs.

L'histoire de Szymanowski lui-même est celle d'une lente maturation, de la période des influences reçues de Reger, Strauss, Scriabine, Debussy ou Stravinski, à l'affirmation d'un style personnel. Dans sa première période, alors que ce style n'était pas encore défini, il avait lui-même qualifié sa *1ʳᵉ Symphonie* (1906-1907) de monstre harmonique. Toutefois, la *2ᵉ Symphonie* (1910-11) et la *2ᵉ Sonate pour piano* (1909-10) remportèrent un grand succès à Vienne, où l'éminent critique Richard Specht en salua l'originalité, la force passionnée. Les éditions Universal proposèrent un contrat au compositeur. Szymanowski lutta contre les tendances des musiciens contemporains qui prenaient pour des œuvres d'avant-garde celles qui n'étaient hardies que par leur forme ou leur technique, sans contenir d'idées nouvelles ; il se fit le champion de la musique en tant que moyen d'expression, bâtissant ses ouvrages sur des thèmes précis, créant une impressionnisme bien à lui où l'accent est mis sur la mélodie, véhicule de l'expression.

Passionné de culture arabe et orientale, découvrant la Sicile, l'Afrique du Nord, il abandonna parfois le système tonal afin d'utiliser des gammes orientales, imaginant de nouveaux coloris instrumentaux. Il composa deux cycles de mélodies sur des vers du poète persan du XIVᵉ siècle Mohammed Hafiz, *les Chants d'amour de Hafiz* en 1911 et 1914. Pianiste virtuose, il n'en œuvra pas moins pour le développement de la technique violonistique. Des traits impressionnistes s'insèrent de manière toute spéciale dans le recueil pour violon et piano intitulé *Mythes* (1915), comprenant *Fontaine d'Aréthuse, Narcisse* et *Dryades et Pan,* où le quart de ton est employé. De 1916 date le cycle pour piano des *Masques*, dont la perfection n'a d'égale que sa difficulté d'exécution. La période de la Première Guerre mondiale fut très fertile, l'intérêt du musicien pour les possibilités expressives tirées de l'Orient trouva un point élevé d'accomplissement dans la *3ᵉ Symphonie,* dite « le Chant de la nuit », pour ténor ou soprano, chœurs et orchestre, créée à partir de vers de Djelal, ed Din Roumi, le plus grand poète mystique persan. Écrit d'un seul tenant, inspiré par une rencontre avec le poète Micinski, le *1ᵉʳ Concerto de violon* (1917) est dominé par une étonnante richesse d'invention, une parure orchestrale d'un raffinement inouï. Pawel Kochanski prodigua ses conseils éclairés lors de la composition des deux concertos de violon de Szymanowski et en écrivit les cadences. Sa sensualité, son expression passionnée, la tension, le mystère contenus dans sa musique achevèrent de distancer Szymanowski des musiciens qui avaient pu l'influencer, alors que son champ d'activité créatrice s'étendait à toutes les formes.

Les thèmes méditerranéens et orientaux dominent ses opéras *Hagith* (1913) et *le Roi Roger* (1918-1924). Le livret du *Roi Roger,* ouvrage qui représente une somme de culture, est dû au grand poète Jarosław Iwaszkiewicz et au compositeur lui-même. Au cours de cette même époque, Szymanowski écrivit un grand roman érotique, *Ephebos,* dont le manuscrit devait disparaître dans un incendie, à Varsovie en 1939. Sa vie connut un tournant lorsque les biens de famille furent balayés par la révolution d'Octobre. Après la guerre, le compositeur se rendit à deux reprises en tournée, via Londres, aux États-Unis, aux côtés de Kochanski et de Rubinstein. Il eut à cette même époque la révélation des Ballets russes, de Stravinski et de Diaghilev. Rentré en Pologne, il prépara le ballet *Harnasie* (1923-1931), sur des motifs populaires polonais. C'est la période où, atteint de tuberculose pulmonaire, il profita de séjours forcés à Zakopane pour étudier les chants, les danses et la musique des Tatras. L'œuvre la plus émouvante de toute sa production reste le *Stabat Mater* (1925-26). A partir de 1926, il assura la direction du conservatoire de Varsovie, où l'attitude de professeurs hostiles à ses idées novatrices, ajoutée à un labeur écrasant, contribua à ruiner sa santé déjà précaire et l'amena à démissionner. Dans une situation financière catastrophique, il dut rassembler ce qui lui restait d'énergie pour effectuer de longues tournées, jouant la partie de soliste de sa *Symphonie concertante pour piano et orchestre* (1932).

Les créations des dernières années ont une structure tonale claire. Synthèses de la musique du nord et du sud de la Pologne, les *Mazurkas* pour piano (1925) s'élèvent au-dessus des caractères régionaux ; ce sont les seules mazurkas du répertoire qui ne visent pas à l'imitation de Chopin. Dans le *2ᵉ Quatuor à cordes* (1927), le *2ᵉ Concerto de violon* (1932-33) et la *Symphonie concertante*, le folklore, transcendé, parvient à un classicisme de portée universelle. De nouvelles pages chorales virent le jour : les *Six Chants de Kurpie* (1926), le *Veni Creator* (1930), les *Litanies à la Vierge Marie* (1930-1933), partition qui devait rester inachevée, de même qu'un *Concertino pour piano*, dont le manuscrit disparut lors de la destruction de Varsovie en 1945. Szymanowski eut le temps d'assister au succès de son ballet *Harnasie*, à Prague en 1935, à Paris en 1936 ; il s'éteignit dans un sanatorium de Lausanne le 29 mars 1937.

Si sa musique connut une éclipse, c'est finalement à la faveur du renouveau de la musique polonaise d'après 1956 que s'est révélée la dette envers un maître qui élabora un style de musique nationale, de même que Chopin avait défini un style au XIXe siècle. On n'a pu qu'explorer avec profit, et on explorera encore longtemps, l'apport de Karol Szymanowski sur le plan de la technique instrumentale, de l'harmonie, de la conception chorale et orchestrale, tout en saluant sa richesse expressive et l'élévation de sa pensée.   P. V.

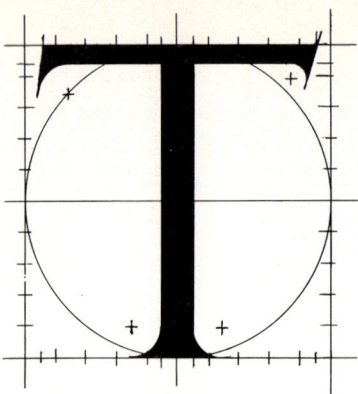

ṬABL, ṬABŪL, DAVUL, DOHOL, ETC. Ces noms désignent les grosses caisses du monde arabo-irano-turc et des cultures voisines ou assimilées. Dans certaines régions, les membranes sont recouvertes par un réseau de cordes textiles ou métalliques qui en renforcent la vibration. J.-C. C.

TABLATURE. — 1. **Nomenclature des instruments** figurant dans une partition d'orchestre.
— 2. **Méthode de notation** propre aux instruments à clavier ou à cordes pincées, ayant pour objet soit d'abréger le graphisme en employant des lettres ou autres signes convenus (tablatures d'orgue), soit de guider les doigts de l'exécutant au lieu de figurer les sons de manière abstraite (tablatures de luth, guitare, cistre, etc.). Les tablatures d'orgue apparaissent au XIVe siècle et restent employées concurremment avec la notation usuelle jusque vers le milieu du XVIIIe siècle (Bach se sert normalement de cette dernière, mais note parfois encore ses corrections en tablature). On les trouve surtout en Espagne et en Allemagne aux XVIe et XVIIe siècles.

Plus récentes (XVIe siècle), les tablatures d'instruments à cordes pincées ont d'abord été largement majoritaires, puis se sont peu à peu effacées devant la notation usuelle sans jamais disparaître tout à fait. Le principe le plus fréquent consiste pour elles à figurer les cordes de l'instrument par des lignes parallèles qui prennent ainsi l'aspect d'une portée, mais doivent être comprises de manière différente. Sur la ligne représentant la corde à pincer, on trace des lettres ou des chiffres indiquant l'emplacement du doigt au moment de l'attaque. Les signes de durée sont placés à part au-dessus de la portée, mais marquent seulement l'emplacement des attaques, non la durée de tenue des notes, qui dépend matériellement de la sonorité de l'instrument et ne figure pas sur la notation. Des signes annexes ont trait aux doigtés et aux divers artifices instrumentaux, et les séparations verticales analogues aux barres de mesure marquent les divisions des phrases. Plusieurs systèmes concurrents ont été simultanément en usage, le plus souvent groupés par pays (tablatures française, italienne, allemande, espagnole), mais presque tous se réfèrent aux principes ci-dessus.

Par rapport à la notation usuelle, que l'on appelait autrefois « en musique », la tablature des instruments à cordes pincées possède plusieurs supériorités, parmi lesquelles celle de fixer sans équivoque le mode d'attaque des sons et la valeur des altérations, point sur lequel la notation usuelle est restée flottante jusqu'au XVIIe siècle ; par contre elle est parfois de lecture malaisée pour d'autres que pour l'exécutant, car elle exige la connaissance préalable de toutes les particularités de l'instrument réellement joué, y compris le mode d'accord de ses cordes, souvent variable ; elle ne rend pas compte, dans la superposition des voix, de la marche de celles-ci, et la perspicacité qu'elle exige du lecteur rend compte des divergences que l'on relève parfois entre différentes « transcriptions » de la même pièce en notation usuelle.

On peut rattacher aux tablatures divers procédés guide-doigts que l'on emploie encore aujourd'hui, en dépit de leurs évidentes contre-indications pédagogiques, pour faciliter aux débutants l'exécution de morceaux faciles sur certains instruments (cithare, orgue électrique, etc.) en leur « économisant » l'apprentissage du solfège, au moyen de cartons mobiles que l'on place sur l'instrument et qui indiquent par des dessins appropriés les cordes ou touches à actionner pour obtenir l'air désiré. J. C.

TABLE (MUSIQUE DE). Cette expression, littéralement traduite de l'allemand Tafelmusik, ne désigne pas un genre particulier, mais toute musique accompagnant les repas de société, à plus forte raison les banquets et les festins exceptionnels, selon un usage qui remonte à l'Antiquité et qui s'est maintenu jusqu'à la fin du XVIIIe siècle. C'est toutefois en Allemagne, à l'époque baroque, que la musique de table proprement dite a connu son apogée, servie par de petites formations composées essentiellement d'instruments à vent. Au XIXe siècle, âge d'or de la musique de brasserie et du café-concert, la musique de table n'était déjà plus le privilège des princes et des riches bourgeois. Elle a achevé de se démocratiser — et de dégénérer — depuis l'apparition des moyens de reproduction électromécaniques, qui mettent n'importe quel fond sonore à la portée de tous, pendant ou entre les repas. M. T.

TABLE DE RÉSONANCE OU D'HARMONIE. Dans le piano, surface plane — le plus souvent en sapin — qui, vibrant, accroît la sonorité des cordes tendues au-dessus d'elle. A. et M. P.

TABLEAUX D'UNE EXPOSITION. Suite pour piano de Moussorgski (1874), inspirée par une exposition de dessins, esquisses et maquettes de l'architecte Victor Hartmann, décédé en 1873. Les *Tableaux* se composent de dix pièces au figuralisme musical caractéristique, certaines précédées d'une Promenade « in modo russico ». Toutefois, les explications qu'en a donné Stassov en préface de la première édition ne correspondent pas toujours aux sujets d'origine.

Dans nombre de cas, Moussorgski a transformé des esquisses insignifiantes en fonction de ses propres fascinations. Le *Gnomus*, « gnome difforme sur des jambes tordues », n'était qu'une tête sculptée de casse-noisette. Ses dissonances, ses rythmes syncopés annoncent le langage de Prokofiev. *Il Vecchio Castello*, « vieux château devant lequel un troubadour chante sa chanson », semble ne pas avoir eu de motif pictural précis ; deux thèmes mélancoliques y alternent, l'un grave, l'autre plus lyrique. *Les Tuileries*, évoquant « une dispute d'enfants après les jeux », ne sont représentées chez Hartmann que par un coin du parc, hâtivement croqué. Aucun dessin ne suggère le *Bydlo*, « chariot polonais tiré par des bœufs », dont le crescendo traduit l'approche lourde et régulière. Le *Ballet des poussins dans leurs coques*, chef-d'œuvre d'humour, est l'un des rares à correspondre à son sujet, projet de costumes pour le ballet *Trilby* de Gerber. *Samuel Goldenberg et Schuyle*, « deux juifs, l'un riche, l'autre pauvre », n'ont pour prétexte que deux croquis de têtes de juifs. Le *Marché de Limoges*, avec ses « femmes se querellant », est l'esquisse d'un petit groupe de personnages. Les *Catacombes* et la Promenade qui leur succède, *Cum mortuis in lingua mortua*, correspondent au dessin représentant Hartmann dans les catacombes, portant une lanterne. *La Cabane sur des pattes de poule*, demeure de la sorcière Baba-Yaga, était une horloge de cette forme, dessinée par Hartmann. Enfin, *la Grande Porte de Kiev*, fresque épique avec ses sons de cloches et ses chants religieux, se base sur une maquette d'esprit bien plus modeste.

Les *Tableaux d'une exposition* ont donné lieu à plusieurs orchestrations : Touchmaloff (1889, partielle), Ravel (1922), Léonidas Léonardi (1924), Gortchakov (fin des années 40). Seule celle de Ravel s'est imposée et est exécutée aussi fréquemment que la version originale pour piano.   A. L.

TABOR. Œuvre de Smetana. *V. Ma patrie.*

TABULATURA NOVA. Important recueil de musique d'orgue et de clavecin de Samuel Scheidt, paru en 1624. Découpé en trois parties, cet ouvrage « marque un jalon essentiel dans l'histoire de l'école allemande » (Kurt Gudewill). Comme son titre complet l'indique *(Tabulatura nova, continens variationes, aliquot psalmorum, fantasiarum, cantilenarum, passamezzo et canones aliquot...)*, il groupe les pièces les plus variées, mais, tandis que les deux premières parties associent des pages religieuses à des compositions profanes, la troisième partie n'offre que de la musique sacrée.

Dans l'ensemble, Scheidt recourt aux mêmes formes que son maître Sweelinck. Ainsi s'illustre-t-il dans les genres libres, chers également à l'organiste hollandais : fantaisies, toccatas, échos. Encore proche de l'art des organistes allemands de la Renaissance, il travaille ses thèmes dans un style polyphonique savant, mais subit aussi l'influence italienne, celle du ricercare plus précisément, bâti sur plusieurs motifs. Ses variations sur des thèmes de chansons font beaucoup penser à Sweelinck, la mélodie initiale s'ornant, à chaque nouvelle variation, de figurations toujours plus fleuries.

Par contre, dans le répertoire du choral varié où, à l'inverse des variations profanes, le cantus firmus n'est, en général, pas orné, le disciple l'emporte d'assez loin sur le maître (tout en maintenant le choral dans sa fixité initiale, au cœur de son travail contrapuntique).

De même, ses compositions et fantaisies sur des chorals qui marient la technique du cantus firmus à celle de l'imitation font ici de lui un pionnier, surtout dans l'Allemagne centrale du temps.

Esprit plus dogmatique qu'aventureux (« soucieux, écrivait-il, de sauver la vieille composition et les règles pures »), l'auteur de la *Tabulatura nova* ne craint pas les transitions rythmiques et passe de la mesure binaire à la ternaire (suivant en cela les règles traditionnelles de la Tanz et de la Nachtanz).

En fait, sa maîtrise d'écriture a contribué fortement à affranchir l'école nationale allemande d'orgue de l'exemple transalpin, encore prépondérant au début du XVIIe siècle.   R. T.

TACTIL. Œuvre de Mauricio Kagel. Composée en 1970, elle offre une synthèse assez représentative des principales préoccupations et techniques de composition de Kagel. Du point de vue des sources sonores, on remarque en effet qu'il fait appel, d'une part, à des instruments traditionnels : deux guitares et un piano, mais dont l'association relève plutôt de l'esthétique de la musique populaire, d'autre part à un instrument expérimental, le vibrateur, actionné par le pianiste et composé d'un assortiment de lames métalliques accordées et fixées par un étau sur une table de résonance, et enfin à des harmonicas confiés à chacun des musiciens. À cela s'ajoute, vers la fin de l'œuvre, la construction d'une harpe géante due à l'ingéniosité des guitaristes qui tendent un fil entre les cordes graves du piano et celles de leur propre instrument pour le faire sonner.

Les sources d'inspiration musicale n'offrent pas moins de variété et de complémentarité. Les rythmes sont empruntés à la musique légère mais dépouillés de leurs mélodies et superposés dans des tempos différents ; l'harmonie, entièrement fondée sur des intervalles de tierce, échappe cependant, par le jeu des enchaînements ou des rencontres, aux lois de la tonalité dont ils semblaient être l'allié le plus solide ; quant à la technique de jeu — du *toucher*, comme l'indique le titre —, elle s'inspire des manuels de gymnastique des doigts parus au début du siècle et qui visaient à obtenir une maîtrise technique en prônant une sorte d'hygiène fanatique.

De cette composante « gymnique » naît une sorte de théâtralité par la répétition obstinée, quoique jamais identique, des mêmes gestes instrumentaux. La théâtralité s'accentue vers la fin lorsque les guitaristes tendent des cordes dans l'espace. De même l'atmosphère musicale, intime et lancinante au début, tend à devenir plus dramatique ensuite tandis que les emprunts à la musique populaire sud-américaine deviennent plus reconnaissables. Il s'agit là également d'une sorte de constante dans l'inspiration de Mauricio Kagel.   Gér. C.

TACTUS. Mot latin signifiant « touchement ». Nom donné jusqu'au XVIe siècle à la manière ancienne de battre la mesure, non pas comme aujourd'hui par des figures conventionnelles tracées dans l'espace, mais par des mouvements de main faisant se succéder des séries d'appuis *(ictus)* matérialisés ou non par de légers coups frappés avec le doigt sur le pupitre, l'épaule d'un partenaire, etc.

Primitivement, le tactus marquait ce qu'on appelle aujourd'hui les « temps » sans intervenir sur leur groupement en « mesures » comme le fait la battue actuelle. Il s'est ensuite perfectionné en distinguant des touchements forts (abaissement de la main, dit *thesis, positio*) et faibles marqués par son élévation *(arsis, elevatio)*, arsis et thesis n'ayant pas obligatoirement même durée : une mesure à 3 temps par exemple était habituellement considérée comme à 2 temps inégaux, seuls étant marqués les temps 1 et 3.

La battue actuelle des chefs d'orchestre et des solfégistes est assez récente (sans doute XIXe siècle) et s'est longtemps divisée en deux écoles, dont on relève encore aujourd'hui la survivance : l'école italienne ramenant le geste à une série de baissés et de levés (ex. 4 temps = 2 temps baissés, 2 temps levés ; 3 temps = 2 temps baissés, 1 temps levé) et l'école française donnant à chaque temps une direction différente fixée par convention. Cette dernière est seule enseignée en France, mais on retrouve souvent sans le vouloir la première par instinct.   J. C.

TADDEI (Giuseppe), baryton italien *(Gênes 1916)*. Il débute à Rome en 1936 (dans le rôle du Héraut de *Lohengrin*), et y chante jusqu'en 1942, notamment dans *Vol de nuit* de Dallapiccola. Emprisonné par les Allemands, il doit aux troupes américaines sa libération et la chance d'un concert à Vienne, qui lui vaut d'être engagé au Staatsoper (1946-1948). Excellant dans le répertoire verdien (Germont, Rigoletto, Macbeth, Iago, plus tard Falstaff), il s'oriente vers les grands rôles wagnériens (qu'il chante en italien) et surtout mozartiens : Figaro au Festival de Salzbourg 1948, Papageno, Leporello, Guglielmo. Membre de la troupe de la Scala de Milan de 1948 à 1951 et de 1955 à 1961, il chante également au Metropolitan Opera (de 1951 à 1955), au Covent Garden (de 1960 à 1967), à Chicago, San Francisco, Buenos Aires, et aux festivals de Bregenz et Munich, et se retire de la scène en 1974. Chanteur complet, Taddei alternait avec un égal bonheur les rôles dramatiques et comiques, avec une prédilection pour les demi-teintes du répertoire mozartien. M. W.

TAFFANEL (Paul), flûtiste et chef d'orchestre français (*Bordeaux 1844-Paris 1908*). Lauréat du Conservatoire de Paris pour la flûte, l'harmonie et la fugue, il fut engagé à dix-huit ans à l'Opéra-Comique et deux ans plus tard à l'Opéra. Flûte solo de la Société des concerts du Conservatoire de 1865 à 1892, il donna également des concerts dans toute l'Europe et forma de nombreux élèves dont Philippe Gaubert, Gaston Blanquart et Louis Fleury. Des ennuis dentaires l'ayant obligé à abandonner son activité de virtuose, il se tourna vers la direction d'orchestre. En 1893, l'année même de son retour au Conservatoire en tant que professeur, il fut nommé premier chef d'orchestre à l'Opéra mais continua de monter régulièrement au pupitre de la Société des concerts. Sa *Méthode complète de flûte* fait encore autorité. M. T.

TAGLIAFERRO (Magda), pianiste et pédagogue française d'origine brésilienne (*Petropolis 1893*). Elle fait ses études au Conservatoire de Paris (Marmontel, puis Alfred Cortot), effectue sa première tournée en 1908 avec Gabriel Fauré, et commence aussitôt une brillante carrière internationale avec un répertoire très étendu, faisant une large part à la musique contemporaine. Professeur au Conservatoire de Paris (1937), elle est chargée en 1939 d'une mission de propagande aux États-Unis et en Amérique du Sud, et donne des cours à São Paulo et Rio de Janeiro. De retour à Paris, elle fonde une école de piano, des cours publics d'interprétation et un concours international qui porte son nom. A. G.

TAGLIAVINI (Luigi Ferdinando), organiste et musicologue italien (*Bologne 1929*). Il étudia la musique au conservatoire de Bologne, puis à celui de Paris où il reçut l'enseignement de Marcel Dupré. Il fut élève de Riccardo Nielsen. En 1952, il est docteur de l'université de Padoue. Depuis 1954, il dirige la bibliothèque du conservatoire de Bologne, et enseigne l'orgue à celui de Bolzano. Il compose (*Passacaille d'orgue sur un thème de Hindemith*, 1954), mais on lui doit surtout de nombreux écrits : *Studi sui testi delle cantate sacre di J. S. Bach* (1956), des éditions critiques (Mozart, D. Zipoli), des articles et ouvrages divers. J.-F. L.

TAGORE (Rabindranāth), poète et compositeur indien (*Calcutta 1861-Santiniketan, près de Calcutta, 1941*). Il composa environ deux mille cinq cents chansons dans le style classique et populaire, certaines inspirées par des chants d'origine anglaise. Elles furent publiées après sa mort, et les deux États de l'Inde et du Bangladesh adoptèrent chacun une de ces chansons comme hymne national. On lui doit aussi des écrits sur la tradition musicale indienne, et la création d'une forme de drame musical chanté et dansé, le *Nrtya-Natya*. M. C.

TAILLE. — 1. **Catégorie vocale** désignant un ténor de tessiture grave. Apparu en France au xive siècle, ce terme était d'usage courant au temps de Lully pour distinguer la taille du ténor haute-contre, de tessiture plus aiguë. En 1762, le Dictionnaire de l'Académie distingue la haute-taille (ou taille haute) de la basse-taille, équivalent du baryton. On utilise encore couramment ce mot dans le chœur, où la taille soutient une partie plus grave que celle du « premier ténor », et équivaut cette fois au terme de « second ténor », par assimilation aux premier et second violons dans l'échelle des tessitures du quatuor à cordes.
— 2. Le terme était appliqué naguère pour désigner une **tessiture** précise parmi une famille d'instruments, un usage encore très courant au xviie siècle. On peut citer en exemples la taille de hautbois (ou hautbois-taille), la taille de viole, de violon, de cromorne, etc. R. M.

TAILLEFERRE (Germaine), compositrice française (*Saint-Maur-des-Fossés 1892*). Elle entre au Conservatoire de Paris en 1904, et, avec ses condisciples Auric, Honegger, Milhaud, elle demande des conseils à Kœchlin. En 1917, elle rencontre Erik Satie, qui, l'année suivante, à l'occasion d'un concert, présente ses *Jeux de plein air* pour deux pianos, et dont l'influence est manifeste dans le ballet *Marchand d'oiseaux* (1923). Membre du groupe des Six, elle collabore aux *Mariés de la tour Eiffel*, et reçoit de Ravel, entre 1925 et 1930, des cours d'orchestration. La *Cantate de Narcisse* (1937), écrite sur l'invitation de Valéry, témoigne de son évolution vers le dépouillement.

Elle se situe dans une tradition française qui va de Couperin à Chabrier en passant par Grétry, et où se mêlent les influences de Debussy, Ravel, Satie et Stravinski. Elle a écrit notamment, outre de nombreuses œuvres instrumentales, un Quatuor à cordes (1918), l'opéra-comique *Il était un petit navire* (1951), des musiques de scène et de film, et *Concerto de la fidélité* pour voix élevée et orchestre (1981). R. D.

TAIRA (Yoshihisa), compositeur japonais (*Tōkyō 1938*). Ses études musicales se déroulent à Tōkyō (université des Arts) et à Paris (André Jolivet, Henri Dutilleux et Olivier Messiaen), où il obtient en 1971 le prix Lili-Boulanger et où il se fixe pour plusieurs années. Assez tôt à l'écart de la tendance postwebernienne, qui était en faveur au Japon même pendant ses études, il revendique une esthétique basée sur le chant, la nature, la profération du son dans le silence.

On lui doit notamment un Quatuor à cordes (1962), *Hiérophonie I* pour quatre violoncelles (1969), *II* pour quinze instrumentistes (1970), *III* pour orchestre (1969), *IV* pour quatre flûtes avec un seul exécutant (1971) et *V* pour six percussionnistes (1974-75), *Sonomorphie I* pour piano (1970), *II* pour cinq musiciens (1971) et *III* pour grand orchestre (1974-1976), *Ignescence* pour deux pianistes et un percussionniste (1972), *Chromophonie* pour orchestre (1973), *Luisances* pour deux ondes Martenot, guitare électrique et percussion (1973), *Pentalpha* pour cinq solistes (1974), *Convergence I* pour marimba solo (1975), *II* pour contrebasse solo (1976) et *III* pour violon solo (1976), *Méditations* pour grand orchestre (1975-1977), *Iris* pour grand orchestre (1978), *Érosion I* pour flûtiste et orchestre (1980), *Delta* pour 12 instruments (1981-82), *Moksa Vimoksa* pour orchestre (1983). M. C.

TAKEMITSU (Toru), compositeur japonais (*Tōkyō 1930*). Il étudie la musique en autodidacte, ainsi qu'avec le compositeur Yasuji Kiyose. En 1950, il fonde à Tōkyō un atelier interdisciplinaire où se rencontrent, pour collaborer, des musiciens, des poètes et des peintres : le Jikken Kobo (atelier expérimental) auquel la Sony Corporation apporte une aide, notamment avec un studio de musique électroacoustique où lui-même compose des œuvres qui ont été parmi les premières du genre au Japon : *Relief statique* (1954), *Vocalism A-I* (1955), etc.

Sous l'influence de Webern, Messiaen, Debussy, mais surtout à partir de sa propre expérience de jeune Japonais au sortir de la guerre, quand la musique occidentale a envahi le Japon, il crée un style, extrêmement éclectique et souple, où interviennent aussi bien les instruments occidentaux que les instruments traditionnels japonais, et la musique électroacoustique. Ce style assume et met en jeu le choc des cultures occidentale et japonaise comme une « fertile antinomie » où les deux blocs, les deux types de pensée « se combattent ». Quant à la forme, elle est, comme chez Debussy, toujours réinventée, se présentant comme le « résultat direct et naturel que les sons imposent d'eux-mêmes et que rien ne prédétermine au départ ».

Takemitsu a abondamment composé pour le cinéma, notamment pour les films *Harakiri* (1963) et *Kwaidan* (1965) de Masaki Kobayashi, *la Femme de sable* (1963) de Teshigara, *Dodes' caden* (1970) de Kurosawa, et *la Cérémonie* (1971) d'Oshima.

Parmi ses œuvres de concert, on peut citer *Pause Uninterrupted*, pour clarinette (1950), *Requiem*, pour orchestre à cordes (1957), *Solitude sonore*, pour orchestre (1958), *le Son-Calligraphie* I à III, pour huit cordes (1958-1960), *Landscape*, pour quatuor à cordes (1960), *Music of Trees*, pour orchestre (1961), *Piano Distance*, pour piano (1961), *Ring*, pour flûte, guitare et luth (1961), *Coral Island*, pour soprano et orchestre (1962), *Corona*, pour un ou plusieurs pianos (1962), *Water Music*, pour bande magnétique (1963), *Arc*, pour piano et orchestre (une de ses œuvres les plus jouées dans le monde, 1963-1966), *Éclipses*, pour biwa et shakuhachi (1966), *The Dorian Horizon*, pour dix-sept cordes (1966), *Novembersteps*, pour biwa, shakuhachi et orchestre (1967), *Greens (Novembersteps II)*, pour orchestre (1967), *Textures*, pour orchestre (1967), *Stanza*, pour instruments solistes et voix de femme (1969), *Cross Talk*, pour deux bandonéons et bande magnétique (1968), *Eucalyptus*, pour flûte, harpe, hautbois et cordes (1970), *Seasons*, pour percussions (1970), *Voice*, pour flûte solo (1971), *Winter*, pour orchestre (1971), *Cassiopeia*, pour orchestre (1971), *Gémeaux*, pour hautbois, deux orchestres avec deux chefs (1971-72), *Stanza II*, pour harpe et bande magnétique (1971), *Blue Aurora*, pièce de théâtre musical pour Toshi Ichiyanagi (1971), *In Motion*, œuvre audiovisuelle (1972), *Quatrain*, pour violon, clarinette, piano et orchestre (1973), *Autumn*, pour biwa, shakuhachi et orchestre (1973), *Gitimalaya*, pour orchestre (1975), *A flock descends into pentagonal garden*, pour orchestre (1977). M. C.

TAKHT. Ensemble instrumental classique arabe. Il comprend au XXᵉ siècle un luth : *ûd*, une cithare-psaltérion : *qânûn* ou tympanon en Iraq : *santûr*, une vièle traditionnelle : *rabâb*, *kamanja*, *kemenche*, *jawza* en Iraq, ou un violon occidental : *kamân**, un tambour-calice : *darabuka* ou *tabla*, un tambour de basque : *daff* ou *riqq*, parfois des timbales *nuqqayrât*. En Iraq, l'ensemble *santûr-jawza*, *tabla-daff* est appelé *jawq* ou *tchalghî*. J.-C. C.

TAL (Joseph), compositeur, pianiste et chef d'orchestre israélien d'origine polonaise *(Pinne, près de Poznán, 1910)*. Il étudia à la Hochschule für Musik de Berlin, avant que la persécution nazie ne l'incite à venir s'établir en Palestine. Il présida à l'organisation de la vie musicale dans le nouvel État d'Israël, entre 1941 et 1952. Son œuvre est abondante et éclectique, utilisant aussi bien les moyens de la musique électronique, dont il fut l'un des pionniers dans son pays *(Exodus II*, ballet, 1954), que le dodécaphonisme *(Concerto pour violoncelle)*. *Ashmedai* (1968-69), sur un texte d'Eliraz, créé à Hambourg en 1971, est un exemple d'opéra dodécaphonique. On lui doit aussi, avec *Massada 967* (1973-74), un « opéra électronique » où la bande magnétique tient la place de l'orchestre face aux chœurs et aux voix. Citons aussi trois symphonies (1953, 1960, 1978), divers concertos, des œuvres d'inspiration biblique, trois concertos pour piano et bande magnétique (1962, 1964, 1970) et des musiques de ballet pour bande magnétique. La base de sa musique, souvent très dynamique, est l'inspiration « mitteleuropéenne » (Hindemith, etc.). M. C.

TALEA. En latin, terme d'architecture désignant le tenon qui retient ensemble plusieurs pièces de bois. Par analogie, le terme a été appliqué, au XIVᵉ siècle, à la manière dont s'articulent, spécialement dans une teneur isorythmique, plusieurs cellules rythmiquement semblables. La talea détermine donc le rythme et se trouve complétée par le *color* qui détermine le mouvement mélodique. Le terme, francisé en *taille*, a été transporté dans le domaine des tessitures, et, comme la talea s'appliquait surtout à la teneur, en est venu à désigner la tessiture de cette teneur, c'est-à-dire le registre de ténor ou de baryton, placé entre le bassus et l'altus.

L'expression a eu cours jusqu'à la fin du XVIIIᵉ siècle. J. C.

TALICH (Vaclav), chef d'orchestre tchèque *(Kromeriz 1883 - Beroun 1961)*. Sur la recommandation de Dvořák, il fait ses études au conservatoire de Prague (1897-1903) avec J. Marak et O. Sevcik. Engagé en 1903 à la Philharmonie de Berlin, il en devient l'année suivante premier violon, sous la baguette de Nikisch, qui lui communique le virus de la direction d'orchestre. Premier violon à l'Opéra d'Odessa, professeur de violon à Tbilissi (1904-1906), il fait ses débuts de chef à Prague en 1907, puis dirige à Ljubljana (1908-1912), tout en suivant les cours de M. Reger, H. Sitt et A. Nikisch à Leipzig et de A. Vigni à Milan. Il travaille jusqu'à la guerre pour l'Opéra de Pilsen et entreprend en 1917-18 une longue collaboration avec la Philharmonie tchèque, dont il fut chef principal de 1919 à 1941 et directeur de 1946 à 1948 et dont il a forgé la renommée internationale.

Responsable de l'Orchestre de l'Opéra national de 1935 à 1945, puis de 1947 à 1948, fondateur de l'Orchestre de chambre tchèque (1946), directeur de la Philharmonie slovaque nouvellement créée à Bratislava (1949-1952), Talich fit également, à partir de 1924, de fréquents séjours en Angleterre et en Suède, où il dirigea, de 1931 à 1933, les Konsertföreningen à Stockholm.

Il fut aussi titulaire de la classe supérieure de direction d'orchestre du conservatoire de Prague (1933-1945), comptant parmi ses élèves Ancerl, Krombholc, Krejci, Vasatá, Slovak et Mackerras. Il cesse ses activités musicales en 1956. Martinů lui a dédié *Julietta*. M. W.

TALLIS (Thomas), compositeur anglais *(v. 1505-Greenwich 1585)*. Il séjourna et travailla dans plusieurs monastères (entre autres comme maître de chœur ou organiste à l'abbaye de Waltham) jusqu'à la dissolution royale de 1540. Quelque temps après, il devint gentilhomme et principal organiste et compositeur de la chapelle royale. Il composa pour l'Église anglicane sous Édouard VI, puis selon le rite catholique avec Marie Tudor, pour revenir à la religion réformée par Elisabeth Iʳᵉ. Doyen des musiciens anglais, il obtint, pour lui et son disciple Byrd, le monopole de l'édition musicale, tout en restant organiste de la chapelle royale. Ce n'est pourtant que plus tard que ce monopole devait devenir fructueux, lorsque le genre du madrigal connut auprès du public la popularité que l'on sait.

Tallis, qui garda la foi catholique, a donc composé indifféremment pour les deux cultes, apparemment avec la même facilité (mais la présence du motet latin dans la liturgie anglicane aidait à cette ambivalence). Ses *Messes* sont d'un maître de la polyphonie et d'un contrepoint imitatif, assez proche de celui de Lassus. Également remarquables par la profondeur de leur inspiration et l'élan spirituel sont les deux *Lamentations* et le grand motet *Spem in alium*, page spectaculaire à quarante voix réelles, écrite à l'occasion du 40ᵉ anniversaire de la reine Élisabeth (1573). Pour la liturgie nouvelle de l'Église réformée d'Angleterre, il a composé des « services », des psaumes et une douzaine d'anthems, toujours dans la grande tradition sacrée de la Renaissance (que l'héritier Byrd, qui tint à rendre hommage à l'art de Tallis, en une déploration qui compte parmi les plus belles de toute l'histoire de la musique, maintiendra vivante jusqu'au début du XVIIᵉ siècle). Enfin, le virginaliste n'est pas, chez lui, sans talent avec des variations virtuoses sur le *Felix Namque*. R. T.

TAMBA (Akira), compositeur japonais (Yokohama 1932). Il a étudié à l'université des Arts de Tōkyō (1953-1957), a été chargé de cours à l'Université nationale de Yokohama, puis est entré en 1960 au Conservatoire de Paris comme élève de Tony Aubin et d'Olivier Messiaen. Entré au C. N. R. S. en 1967, il a obtenu un doctorat de musicologie à Paris-Sorbonne en 1971 (la Structure musicale du nô). Il enseigne la musicologie japonaise à l'université de Paris III. On lui doit notamment une sonate pour flûte et piano (1958), Cinq Mélodies de Manyô pour voix et piano (1961-1965), Deux Poèmes de Baudelaire (musique concrète, 1966 ; pour voix et orchestre, 1965-66), Sûnyatâ pour orchestre et 6 percussions (1972), Chant du monde pour grand orgue et percussion (1973), le Fil de l'araignée, oratorio-ballet pour orchestre et chœurs (1974), Héloïse et Abélard, drame musical pour le Festival d'Avignon (1977), Vision vocale I à VI pour divers ensembles vocaux et instrumentaux (1975-1980), Elemental I pour harpe et percussion (1976), II pour saxophone et percussion (1978) et III pour contrebasse solo (1979), Interférence I pour 3 instruments japonais (1980) et II pour 4 instruments japonais et soprano (1981).
M. V.

TAMBOUR DE BASQUE. Instrument à percussion de la famille des « peaux ». Ce tambour très plat et de petite taille (20 à 40 cm de diamètre) n'a qu'une peau et en est même parfois dépourvu. Dans son fût réduit à un cercle de bois sont percées de cinq à quinze ouvertures où, enfilées sur de petites tringles, sont disposées autant de paires de minuscules cymbales. Sauf exception, le tambour de basque se tient d'une main et se joue de l'autre, qui frappe la peau ou glisse sur les cymbalettes d'un mouvement circulaire. On peut aussi faire tinter les cymbalettes en secouant l'instrument.
M. T.

TAMBOUR (MILITAIRE). Instrument à percussion de la famille des « peaux ». Le terme générique de « tambour », significativement issu du persan, désigne toutes sortes d'instruments anciens ou exotiques, très différents les uns des autres par la forme, les dimensions et le matériau employé. Tel que l'a adopté et adapté le monde occidental, c'est un cylindre métallique de hauteur variable, muni à chaque extrémité d'une peau tendue par des cordes et des passants de cuir dans les modèles traditionnels, par des tringles filetées dans les instruments modernes destinés à l'orchestre. Sur la peau inférieure s'applique un « timbre » formé de boyaux (deux au minimum) qui freine sa résonance. Une paire de baguettes, frappant la peau supérieure, permet une grande variété de roulements et autres batteries, d'un volume sonore considérable.
M. T.

TAMBOURIN. Instrument à percussion de la famille des « peaux ». C'est, comme son nom l'indique, un petit tambour, de caractère folklorique, dont l'emploi à l'orchestre est exceptionnel.
M. T.

TAMBŪRA. Lyre pourvue de six cordes ou plus trouvée en Égypte, au Soudan et dans les pays arabes du Golfe et de la Péninsule (sud de l'Iraq, Koweït, Arabie Saoudite, Bahrayn, Qatar, Émirats, Oman, Yémen). Généralement intégrée à des ensembles populaires comportant en outre des instruments à vent (hautbois, cornemuses) et des percussions, et interprétant des musiques pentatoniques, elle aurait été introduite dans ces pays par des esclaves noirs originaires de la Corne de l'Afrique.
J.-C. C.

TAMBURINI (Antonio), baryton italien (Faenza 1800-Nice 1876). De 1824 à 1832, il s'affirma peu à peu, chantant en Italie exclusivement, dans des théâtres de plus en plus importants. Puis ce fut la carrière internationale qui l'amena à Londres et à Paris. Sa technique phénoménale lui valut le nom de « Rubini des basses-tailles ». Sa voix était ronde et puissante. Il créa le rôle de Riccardo dans I Puritani de Bellini et celui de Malatesta dans Don Pasquale de Donizetti. Par ailleurs, il s'illustra en incarnant Don Giovanni de Mozart. Il fut un des plus célèbres chanteurs de l'époque romantique et sa popularité était considérable.
J. B.

TAMERLANO. Opéra de G. F. Haendel, sur un livret de Nicolo F. Haym, d'après Agostino Piovene. Composé du 3 au 23 juillet 1724 et représenté à King's Theatre de Haymarket de Londres le 31 octobre suivant.

Avec Giulio* Cesare et Rodelinda*, Tamerlano constitue le brelan de chefs-d'œuvre écrits par Haendel au cours des trois années 1723-1725.

Tamerlano, prince tartare, tombé amoureux d'Asteria, fille de l'empereur byzantin Bajazet qu'il a vaincu et jeté en prison, force Andronicus, son allié, qui aime Asteria, à exposer ses projets auprès des deux vaincus : la liberté au père contre la main de la jeune fille. Préférant la mort à toute compromission, Bajazet rejette cet infamant marché, mais sa fille feint de vouloir accepter, pour sauver son père tout d'abord, surtout pour mieux pouvoir tuer Tamerlano ensuite. Ce dernier toutefois, ulcéré par les tergiversations d'Asteria et le hautain refus de Bajazet, ordonne la mise à mort de ses deux victimes. En se suicidant sous ses yeux, Bajazet devance, à la fois, le geste de Tamerlano et celui de sa fille qui, grâce à un ultime revirement, à un tardif remords du chef tartare, pourra épouser Andronicus cependant que lui-même s'unira à Irène, sa fiancée jusque-là délaissée au profit de la captive.

Sur cette donnée d'une simplicité et d'une rigueur toutes raciniennes, Haendel a écrit une musique d'un extrême pouvoir émotif. Sans doute, les récitatifs (du genre secco, essentiellement) sont-ils ici nombreux et peuvent donner parfois l'impression d'allonger la partition. Mais ils sont essentiels au déroulement du drame, et leur vérité psychologique confère à l'ouvrage entier une continuité dans l'émotion que viennent encore relever les arias. Ces dernières sont d'une beauté exaltante et, dès la première intervention de Bajazet dans sa prison (début de l'acte I), le spectateur se sent happé par le drame auquel il va assister.

Tamerlano apparaît ainsi comme une œuvre à la fois bouleversante par ses incidences raciniennes et illustrative du génie théâtral de Haendel à son zénith. Cet opéra ne connut cependant qu'une carrière modeste : onze représentations seulement du temps même de Haendel.
J. G.

TAM-TAM. Instrument à percussion de la famille des « métaux ». On s'explique mal cette dénomination qui évoque le tambour africain, alors qu'elle désigne une sorte de gong dont l'origine est asiatique. Comme le gong, c'est un cercle de tôle battue à bords relevés, suspendu verticalement à un portique. Étant beaucoup plus grand, il produit un son plus grave, mais indéfini, et résonne encore plus longtemps.
M. T.

TANBŪR ou **TUNBŪR.** Luth à manche long de l'Asie et de l'Islām médiéval. Dans l'Antiquité, l'existence de luths à manche long est attestée par des bas-reliefs ou documents provenant d'Asie Mineure, de Mésopotamie, d'Égypte antique et de Grèce. Lors des « âges d'or » de l'Islām, les savants, dont Fārābī (xe s.), décrivent, concurremment au luth à manche court, 'ûd, concepteur des intervalles des genres et des modes (maqam-s), deux types de luths à manche long, le tunbûr de Bagdad à cinq frettes et le tunbûr du Khorāsān à dix-sept frettes par octave. De même que sur le 'ûd, l'emplacement des frettes, défini au comma près, va déterminer les intervalles de la musique arabo-islamique. Les deux cordes sont alors accordées à la quarte comme sur le 'ûd, et cette accordature va persister. L'essor du tunbûr va correspondre à celui de l'Islām à l'est comme à l'ouest. De nos jours on retrouve des luths à manche long dans de nombreux pays sous de multiples appellations :
— Inde : tanbura, ou tampura, sarod, sitâr, vina ;
— Asie centrale : dombra, domra, dumbura, tanbûr, tanbûra, tunbûr ;
— Iran : târ, dotâr, sehtâr ;
— Turquie : tanbûr, saz-s : baglama, bızık, cura, tanbura ;

— Pays arabes : *tanbûra* et *buzuq* des Kurdes et Nawwâr tsiganes du Proche-Orient ;
— Balkans : *bouzouki* grec et *tanburica*.   J.-C. C.

TANBÛR. Luth à manche long de Turquie, utilisé en musique traditionnelle savante. Dérivé du *tanbûr* médiéval, le *tanbûr* est en Turquie le luth savant et raffiné de l'expression traditionnelle et le conceptuer des intervalles des modes musicaux ou *makam*-s au même titre que le *'ûd* des Arabes ou le *setâr* des Iraniens. La caisse, hémisphérique, formée de fuseaux de bois, est fermée par une table plate de sapin, dépourvue d'ouïes. Le manche, très long (un mètre), est muni de trente-neuf à quarante-cinq frettes. Les vingt-quatre frettes de l'octave grave permettent toutes les modulations tandis que les quinze frettes de l'octave aiguë doivent être ajustées aux modulations prévues. Trois ou quatre chœurs de cordes métalliques tendus du bouton au chevillier et reposant sur un chevalet sont accordés selon le schéma dominant la_0-la_0/la_1-la_1/$ré_1$-$ré_1$/la_1-la_1 et attaqués par un plectre ou parfois un archet. L'instrument s'appelle alors un *yayli-tanbûr* (de *yay*, archet).   J.-C. C.

TANBÛRA. Luth à manche long du Proche-Orient arabe, utilisé en musique traditionnelle populaire. Dérivée du *tanbûr* médiéval, la *tanbûra* se retrouve de nos jours au Proche-Orient sous diverses formes, dont la *tanbûra* des Kurdes et Turkmènes d'Iraq, comparable au *tanbûr* turc. La *tanbûra* des nomades de la « Grande Syrie » est comparable au *buzuq* de la même aire géographique. Le manche, long de 50 cm, est garni de vingt frettes ajustables. La caisse piriforme, faite de fuseaux d'abricotier, longue de 38 cm, large de 15 et profonde de 18, est fermée par une table plate ajourée de petits trous, et comportant encore sept touches à la suite des frettes du manche. Quatre cordes métalliques dont la première est filée sont tendues du bouton au chevillier, reposent sur un chevalet et sont accordées sol_1/sol_2/do_3-do_3 en fonction de l'octave et de la quarte, par analogie avec le *buzuq* et le *'ûd*. Elles sont pincées par l'intermédiaire d'un plectre.   J.-C. C.

TANCRÈDE (en it. *Tancredi*). Opéra en 2 actes de Gioacchino Rossini sur un livret de Gaetano Rossi d'après la tragédie de Voltaire. Créé le 6 février 1813 à la Fenice de Venise.

L'action se déroule au début du XIe siècle à Syracuse, où deux factions se disputent le pouvoir malgré la menace que les musulmans font peser sur la ville. Un mariage politique est toutefois décidé entre Orbassan, chef de l'un des partis, et Aménaïde, fille de son rival Argire. Mais Aménaïde aime le chevalier Tancrède, pour l'instant exilé, et lui envoie un message l'invitant à rentrer en Sicile. Mais ce message est intercepté. Aménaïde refusant de nommer le destinataire, elle ne peut se défendre de l'accusation, portée par son propre fiancé, d'avoir fait appel à Solamir, chef des musulmans. La voilà condamnée à mort. Cependant, Tancrède qui a débarqué dans l'île vole à son secours, invoque le jugement de Dieu et tue Orbassan en combat singulier. Il n'en est pas moins persuadé de la culpabilité d'Aménaïde qui, de son côté, croit que son champion a pris sa défense par esprit chevaleresque plutôt que pour ses beaux yeux. Pour dissiper le malentendu, il faudra que le vaillant paladin expire dans ses bras après un victorieux combat contre les Maures.

Rossini avait vingt et un ans quand il composa *Tancrède*, sa première réussite dans le domaine du grand opéra et son premier pas vers la gloire internationale. Au théâtre des Italiens de Paris, l'ouvrage eut deux cents représentations en version originale avant de poursuivre sa carrière sur d'autres scènes dans une version française de Castil-Blaze. Et « Di tanti palpiti », le grand air de Tancrède (rôle dévolu à un mezzo-soprano coloratura) fut longtemps l'un des plus populaires du répertoire.   M. T.

TANEÏEV (Sergueï Ivanovitch), compositeur, théoricien et pédagogue russe *(Vladimir 1856 - Dioudkovo, près de Moscou, 1915).* De 1866 à 1875, il fréquenta le conservatoire de Moscou dont il fut l'un des premiers élèves. Il y travailla avec Tchaïkovski (harmonie, composition), Hubert (contrepoint) et Nicolas Rubinstein (piano). Ses conceptions de l'histoire de la musique furent influencées par celles du critique Hermann Laroche. En 1876-77, Taneïev effectua une tournée de pianiste virtuose en Europe occidentale, séjourna en France et rencontra Pauline Viardot, Saint-Saëns, Gounod, Fauré et Vincent d'Indy. En 1878, il fut nommé professeur au conservatoire de Moscou et enseigna successivement l'harmonie, l'instrumentation, le piano, la composition, la fugue et les formes musicales. Il compta parmi ses nombreux élèves Scriabine, Rachmaninov, Medtner, Liapounov, Glière, et encouragea, à titre personnel, les débuts du jeune Prokofiev. De 1885 à 1889, il fut directeur du conservatoire. Il le quitta en 1905 à la suite de désaccords avec le nouveau directeur Safonov. Il fut ensuite l'un des fondateurs du Conservatoire populaire de Moscou (1906) et de la Bibliothèque de théorie musicale (1908).

Esprit universel, Taneïev était ouvert aux sciences les plus diverses : mathématiques, philosophie, histoire, linguistique (il étudiait l'espéranto). Il était un proche de la famille de Léon Tolstoï. Passionné par les problèmes de théorie musicale, il passa de nombreuses années à étudier le contrepoint, auquel il consacra deux traités : *le Contrepoint mobile de style rigoureux* (1909) et *la Science du canon* (inachevé). Il s'intéressa également à la musique populaire russe ainsi qu'à certaines musiques ethniques (caucasiennes), et s'efforça d'élaborer un style contrapuntique spécifiquement russe. Cependant sa musique se distingue fondamentalement de celle de la tendance nationaliste de l'école russe. S'il se rapprocha de Rimski-Korsakov et de Glazounov, l'esthétique de Moussorgski lui resta toujours étrangère. Ses premières œuvres furent naturellement influencées par Tchaïkovski (*Ire Symphonie*, 1874, premiers chœurs a capella, *Trio à cordes*, 1880). Mais son style personnel s'affirma rapidement.

Son écriture musicale se distingue par une prédominance de la polyphonie. Ses grandes œuvres vocales sont écrites sur des textes à fond éthique et religieux. Dans son seul opéra, *l'Orestie* (1894), Taneïev évite la séduction facile d'une stylisation de la musique antique et traite le sujet dans une optique universellement humaine, à l'image de Gluck. Sa philosophie religieuse trouve son expression dans ses deux grandes cantates *Saint Jean Damascène* (1884, sur un poème d'Alekseï Tolstoï) et *Après la lecture d'un psaume* (1915, sur un texte de Khomiakov). Ses nombreux chœurs a capella ainsi que ses quatuors sont remarquables par leur science de la conduite des voix. Cependant, le sérieux et parfois l'austérité de sa musique ont pu le desservir auprès des mélomanes. Il n'en reste pas moins injuste que Taneïev, en tant que compositeur, ait été éclipsé d'une part par la gloire de son maître Tchaïkovski, d'autre part par celle de ses disciples Rachmaninov et Scriabine.   A. L.

TANGO. Ancienne danse d'Amérique latine dont les origines sont imprécises : rituel noir ou indien ? Rythme populaire mauresque adopté par les Gitans d'Andalousie et ayant, de là, gagné l'Argentine et Cuba où il rejoint la habanera ? Sa forme primitive (mouvement lent et mélodie lascive) lui assignait un pouvoir érotique que les milieux noirs d'Amérique accompagnaient d'une mimique inconvenante. Peu avant la Première Guerre mondiale, le tango gagna (ou regagna) l'Europe, non sans que sa matière « offensante pour la morale » soit temporairement contestée. Son rythme a survécu dans un certain nombre de partitions contemporaines (Stravinski, Chávez, Hába, Hindemith).
      A. G.

TANNHÄUSER. Opéra en 3 actes de Richard Wagner, sur un livret de l'auteur, créé au Théâtre de la cour royale de Saxe à Dresde le 19 octobre 1845. Il existe de cette œuvre, composée entre 1842 et 1845, trois moutures successives : celle de la création à Dresde ; celle composée pour la première à l'opéra à Paris, en 1861, où Wagner enchaîne une Bacchanale à l'ouverture, recompose le duo de l'acte I dans des sonorités héritées de *Tristan*, pratique quelques coupures à l'acte II et retouche l'apparition de Vénus à l'acte III; celle, enfin, liée aux représentations viennoises de 1875, qui modifie la transition entre l'ouverture et la Bacchanale.

L'action se situe près d'Eisenach (Thuringe), au XIIIe siècle.

ACTE PREMIER. 1er tableau. (Au Venusberg.) *Le chevalier-poète Tannhäuser (t) est devenu l'amant de Vénus après avoir quitté, sur une dispute, la cour de la Wartburg. Mais à nouveau il aspire, au milieu des plaisirs immortels, à la souffrance mortelle. Vénus (ms), devant son obstination, le laisse partir sur la promesse que partout il sera son champion.* 2e tableau. (Une clairière près du château de la Wartburg.) *La chasse du landgrave Hermann (b) découvre Tannhäuser en prière. Évoquant la langueur qui accable Élisabeth, nièce du landgrave, depuis le départ du poète, Wolfram von Eschenbach (bar) obtient le retour de Tannhäuser.*

ACTE II. (La salle des tournois à la Wartburg.) *Élisabeth (s), heureuse du retour de Tannhäuser, lui avoue que seuls ses chants savaient lui inspirer la joie de l'amour. Mais au moment du tournoi dont la jeune fille est l'enjeu, le poète, tenu par la promesse faite à Vénus, chante la déesse et provoque le scandale. Il paraît résigné à la mort dont veulent le punir sur-le-champ les nobles présents ; alors Élisabeth s'interpose, paraît en sa faveur et lui obtient un sursis : il accompagnera les pèlerins qui se rendent à Rome implorer le pardon du pape.*

ACTE III. *Un prélude décrit le voyage de Tannhäuser à Rome. Au lever du rideau, on se retrouve dans la clairière de l'acte I. Le chevalier n'est pas parmi les pèlerins qui reviennent pardonnés. Élisabeth, alors, supplie la Vierge de l'arracher à ce monde d'illusions. Wolfram, ému, la laisse aller vers son destin. Surgit Tannhäuser, hagard, qui raconte comment le pape a refusé de remettre le péché commis au Venusberg. Pour exorciser l'apparition de Vénus, venue rechercher son ancien amant, Wolfram évoque Élisabeth : on amène le cadavre de la jeune fille, devant lequel expire Tannhäuser. À ce moment, de jeunes pèlerins rapportent de Rome la nouvelle d'un miracle : instruit par Dieu qu'il s'était montré trop sévère, le pape a pardonné au poète. La Wartburg rend grâce au sacrifice d'Élisabeth, entrée dans la communion des saints.*

En dépit des améliorations dues à ses retouches successives, l'œuvre marque un recul par rapport au *Vaisseau fantôme* dont l'échec a échaudé Wagner : le découpage plus conventionnel de la partition, avec marches et grands ensembles, l'abondance de tournures italiennes et de facilités du langage tant littéraire que musical, n'empêchèrent pourtant pas le public d'être déçu et désorienté, en dépit des prestations de Wilhelmine Schröder-Devrient et de Tischatschek, respectivement Vénus et Tannhäuser.

Il faut reconnaître à l'œuvre, qui flotte entre la « saine sensualité » chère à Feuerbach et la hantise du péché, manque de moments réellement forts. Parti du tournoi des chanteurs à la Wartburg — une compétition peu brillante musicalement et guère variée quant au contenu des interventions successives, dont le compositeur ne sera d'ailleurs jamais satisfait —, Wagner s'intéressa bien vite davantage au personnage de Tannhäuser dont il avait trouvé la trace chez de grands écrivains romantiques allemands comme Heine, Tieck et Hoffmann.

Mais il semble en avoir mal maîtrisé le drame : on assiste, sans savoir comment le parti qu'adopte l'auteur, à la peinture d'une société rigide, dont l'ascèse amoureuse exacerbée dans une poésie transcendante (ou hypocrite ?) n'a d'égal que la brutalité, le mysticisme (fanatique ?) et le « machisme ». Plus que Tannhäuser, perpétuel insatisfait mais révolté velléitaire, le personnage d'Élisabeth reflète une vraie nature tragique : divine parce que vierge, la jeune fille mise sur sa pureté pour obtenir le pardon de celui qu'elle aime. Ce pardon étant rejeté par le représentant de Dieu, elle n'a plus qu'à disparaître afin d'expier le désir charnel qui l'a privée de son contact privilégié avec le Créateur.

L'ambiguïté naît de ce que la Wartburg imagine ce sacrifice comme rédempteur alors que le miracle final semble indiquer au contraire qu'Élisabeth avait été entendue sans avoir besoin de mourir. P. G.

TANSMAN (*Alexandre*), compositeur français d'origine polonaise (*Łódź 1897*). Il fit ses études musicales au conservatoire de Łódź. A vingt ans, il faisait exécuter une *Sérénade symphonique* de sa composition. Il alla se perfectionner à Varsovie avec Rytel, et suivit en même temps les cours à la faculté de droit. En 1919, il obtint deux prix de composition. La même année, il quitta la Pologne pour la France. A Paris il se rapprocha de Ravel, Roussel, Florent Schmitt, Migot et du groupe des Six.

Les chefs d'orchestre V. Gloschmann, Koussevitski, Stokowski, Toscanini dirigèrent ses œuvres : *Intermezzo sinfonico* (1920), *Danse de la sorcière* (1923), *Symphonie en « la » mineur* (1926), concertos pour piano. Il effectua une tournée aux États-Unis en 1927, et en Extrême-Orient en 1932-33. De ces années datent sa *Symphonie concertante*, sa *Partita* pour cordes, son ballet *la Grande Ville*. Pendant la guerre, il vécut à Hollywood où il devint l'ami de Stravinski, dont il avait déjà ressenti l'influence. Il lui consacra un ouvrage (1948), et par la suite écrivit à sa mémoire une *Stèle* pour voix et instruments (1972).

Dans le domaine dramatique, il a écrit les opéras *la Nuit kurde* (1925), *le Serment* (1954), et l'opéra-comique *Georges Dandin* d'après Molière.

Ses références sont diverses : d'où un style qui fait voisiner tonalité, polytonalité et atonalisme. Outre Stravinski, avec lequel il a en commun la rigueur, le dépouillement et l'éclectisme, il a été influencé par Ravel et surtout Milhaud, auquel l'apparentent de fréquentes références à divers folklores.

Ses origines hébraïques et polonaises ont naturellement trouvé une large place dans son œuvre (*Rhapsodie hébraïque*, 1932 ; *Isaïe le prophète*, oratorio, 1951), et l'image de Chopin est présente dans son style pianistique comme dans sa sensibilité : quatre danses polonaises, mazurkas pour piano, *Hommage à Chopin*. Mais on trouve aussi chez lui l'attrait de l'Orient, avec ses *Mélodies japonaises* (1919). Il a également écrit de la musique de scène (*Huon de Bordeaux*, 1923) et de film (*Poil de carotte*, 1932 ; *Paris underground*, 1945).

A. L.

TAPIOLA. Poème symphonique op. 112 de Sibelius, composé (en grande partie en Italie) en 1926 sur une commande de la Symphony Society de New York, et créé dans cette ville le 26 décembre 1926 sous la direction de Walter Damrosch.

Tapio, dans la mythologie finlandaise du *Kalevala*, est la divinité suprême de la forêt, et *Tapiola* signifie « la demeure de Tapio », et donc, si l'on veut, la forêt elle-même. Un quatrain en trois langues (allemand, anglais et français) est joint en exergue à la partition :

Là s'étendent du Nord les vieilles forêts sombres,
Mystérieuses en leurs songes farouches ;
Elle abritent la grande divinité des bois,
Les sylvains familiers s'agitent dans leurs ombres.

Ces vers, non sans rapport avec la musique, sont loin d'en épuiser la substance. Il est certes possible d'appliquer à l'auteur de *Tapiola* le mot de Wagner sur Mendelssohn : « Un peintre de paysages de premier ordre ». Mais les paysages de *Tapiola* sont tels qu'aucune agence de voyages n'a encore pu y emmener ses clients : ils relèvent du voyage intérieur. L'unité thématique de *Tapiola*, œuvre écrite dans la tonalité principale (mais non unique) de *si* mineur, est évidente. Après quatre coups de timbale sur la note *si*, un thème est immédiatement énoncé par les cordes. Sous des formes variées, il parcourra la partition sans jamais disparaître. Sa configuration est typique de Sibelius : tenue initiale sur la note *si*, puis progression régulière et circulaire par degrés conjoints aboutissant sur la même note *si*, et enfin bref sursaut terminal (chute de tierce toujours par degrés conjoints et aboutissant sur la note *sol* dièse) :

Après un fondu-enchaîné de timbres et un sommet d'intensité, le thème, mystérieux, est énoncé onze fois de suite, en un decrescendo soutenu, aux altos divisés en quatre parties. Ces onze énoncés sont autant d'étapes dans un départ solitaire vers la « demeure de Tapio », ou plutôt dans un retrait en soi-même. De longues tenues cordes-vents peu à peu entourent, et finalement absorbent le thème. Sur quoi celui-ci est soumis à deux premières variantes *a* et *b*. La variante *a*, lancinante, est confiée aux bois, et culmine en un trait rapide et perçant des trois flûtes. La variante *b*, plus agile et chromatique elle aussi, est aux bois en valeurs brèves se poursuivant en canon. Tout ce passage (variantes *a* et *b*) est accompagné de longues tenues de violons, puis de toutes les cordes divisées, formant des secondes majeures. Il correspond à un premier contact avec le « domaine de Tapio », qui pour le moment sait se faire avenant, bruissant également, et mystérieux déjà.

La variante *c*, méditative et en valeurs longues, est aux bois puis aux cordes graves. C'est un bref moment d'immobilité. Par contraste, la variante *d* est rapide, et toute en légèreté. Bois et cordes, celles-ci *col punto* et *quasi saltato sempre*, entament en valeurs brèves un délicat dialogue doucement ponctué par les timbales et soutenu par les cors, tandis que les bassons évoquent la variante *a*. Sur fond de cordes *marcato*, on entend trois fois aux bois un motif incisif formant fragment de gamme par tons :

Jamais, tant sur le plan thématique que sonore, Sibelius ne s'était révélé plus debussyste que dans cet épisode impalpable, évocation extraordinaire de danses et de rondes immatérielles.

Une descente chromatique mène à la variante *e*, combinée avec *a* et menée *ppp sempre* aux seules cordes divisées à l'extrême, dans un climat d'immobilité et d'attente synonyme de très grande tension, de solitude inquiète. La variante *e*, soudain, fait irruption aux cuivres *crescendo possibile*, puis *fff* pour un immense martèlement terminal de cinq notes (tierce descendante par degrés conjoints aboutissant sur *si*) :

Cette rencontre, moment terrifiant, premier sommet d'intensité depuis celui du début, semble redonner vie à une nature amorphe. Mais *Tapiola*, pour son dernier tiers (sa durée totale est d'un peu moins de vingt minutes), devient succession de cataclysmes, avec tout d'abord un déchaînement très sauvage, mais bref, de tout l'orchestre, puis une variante *f* aux bois divisés se doublant à la tierce et se poursuivant en canon, à la tierce également, sur un *ostinato* obsédant des cordes *pizzicato* (ce passage hallucinant semble citer le *Dialogue du vent et de la mer* de la *Mer** de Claude Debussy). La musique vient buter contre des accords de cuivre d'où surgit, aux cordes, la variante *a*.

Il y a sentiment de réexposition (on retrouve notamment le trait rapide et perçant des trois flûtes), mais au lieu de la variante *b* intervient un retrait subit aux limites du silence. Les violons *pp*, presque inaudibles, tiennent seuls un accord de tierce d'où émerge peu à peu, à toutes les cordes divisées progressant *crescendo molto*, une sorte de cluster sauvage culminant, après deux vaines tentatives, par un nouvel énoncé de la variante *e* aux cuivres *crescendo possibile* puis *fff*. Les cordes, en une gamme descendante (*diminuendo molto*) prolongée aux flûtes et aux timbales par un écho de la variante *b*, reconduisent au silence, mais immédiatement s'élèvent à nouveau, violemment dissonantes et parcourues par de brefs

éclairs de bois, pour s'épanouir dans les hauteurs et en valeurs longues, avec à l'arrière-plan des motifs de bois. Brefs sursauts incisifs. Et *Tapiola*, une fois exorcisées ces visions, du moins en apparence, se clôt dans un calme de surface, sur une série de rondes liées formant accord parfait de *si* majeur. Après une ultime vague de sons, cette tonique retrouvée est énoncée pour finir *mf sempre*, à trois reprises, par les seules cordes.

L'irruption aux cuivres *fff*, aux deux tiers de l'œuvre, de la variante *e*, joue dans *Tapiola* un rôle analogue au passage situé, dans le premier mouvement de la 9ᵉ *Symphonie* de Mahler, à la fin du développement, et ressenti par Alban Berg comme « la Mort en personne » : catastrophe chez Mahler éminemment terrestre, bien que scandée à la manière d'une marche funèbre surréaliste. Dans *Tapiola* au contraire, la blessure n'intervient pas au sein d'un monde retrouvé et en réalité plein d'embûches, mais au loin, en « terra incognita ».

Provoquée par une vision subite, par une révélation effrayante, cette blessure déclencha la retraite d'une personnalité d'exception. *Tapiola*, ouvrage clé du xxᵉ siècle, est la dernière grande œuvre de Sibelius, qui ensuite devait vivre trente ans dans le silence. Cette partition à l'orchestration raffinée et d'une sublime originalité, respire par-delà ses surprises une profonde unité, et s'impose par une pensée soutenue dont on trouve peu d'équivalents dans la musique du temps. Ses harmonies elles aussi sont inouïes, et elle est à la forêt ce que *la Mer* de Debussy est à la mer. Rien de pittoresque dans cette forêt, pas d'écho direct du monde extérieur, et surtout pas de héros qui ressent ou se raconte. La violation du « domaine de Tapio » provoque la catastrophe, on a alors des sons et des masses entrant en collision, avec des phénomènes de pénétration et de répulsion. Le monde de *Tapiola* est plus qu'un monde de solitude, c'est un monde sans hommes. Il fallait, Wilfrid Mellers* l'a noté, une force morale exceptionnelle pour introduire à la fin, après une telle confrontation, l'accord parfait de *si* majeur. Mais un paysage lunaire respire parfois la paix. « Sans doute faut-il, note toujours Wilfrid Mellers, être passé par *Tapiola* pour pouvoir réapprendre à vivre ».

M. V.

TAQSÎM (en arabe et en persan) ou **TAKSIM** (en turc moderne). Improvisation modale instrumentale solo dans les musiques arabe, de l'Iran, de la Turquie et dans les musiques assimilées. Dans les formes archaïques actuelles, le *taqsîm* illustre sur un pentacorde ou une octave un mode musical (*maqâm, dastgâh*) avant le chant ou entre deux chants. Il devrait alors être l'expression idéale d'un mode oriental avec ses structures, ses formules mélodico-rythmiques, ses pivots, ses points d'arrêt, ses cadences avant le retour à la finale du mode, et son « ethos » ou *rûh*. Mais souvent ce *taqsîm* est un médiocre archétype ou une imitation maladroite des grands solistes instrumentistes.

L'instrument peut être remplacé par la voix et des mots symboliques ; il s'agit alors d'un *layâlî*. À un niveau plus évolué, le *taqsîm* sert de transition entre deux modes successifs d'une suite modale chantée. Le soliste doit alors parfaitement maîtriser l'art de la « modulation » (*talwîn* en arabe, *geçki* ou *geçiş* en turc) selon les règles d'une technique subtile et les usages du bon goût en vue de « moduler » sans brusquerie.

À la fin du xixᵉ siècle, des virtuoses de Syrie ont réhabilité l'improvisation de longues suites modales sur un seul instrument, illustrant à partir d'un mode initial toute une série de modes différents et néanmoins compatibles avant retour au mode initial. Ces longues improvisations en solo impliquent une grande érudition théorique, une parfaite maîtrise technique, un sens aigu de la composition musicale non écrite maintenant un public de connaisseurs sous les effets alternés de la tension et de la satisfaction. A ce niveau, le *taqsîm* devient un genre valeureux d'expression abstraite et décorative au même titre que les arabesques en architecture.

Mais le développement des media a incité des solistes d'Égypte à imposer au monde arabe des *taqsîm*-s stéréotypés figeant le goût du public. Plus récemment, l'école de luth de Bagdad a confirmé les meilleurs interprètes du *taqsîm* avec Cherif Muhieddin, Jamîl Bachîr, Munîr Bachîr et Jamîl Ghânim. Le développement des disques et récitals de musique orientale en Occident a favorisé l'essor du *taqsîm*, mais il a trop souvent permis à de médiocres solistes de briller auprès de publics naïfs plus avides de sensations exotiques que de perceptions critiques ou analytiques.   J.-C. C.

TÂR. — 1. **Luth à manche long** utilisé en Iran et en Azerbaïdjan dans la musique traditionnelle. Il est de création relativement récente. La caisse de bois à double renflement est recouverte d'une table de peau. La touche du long manche est garnie de vingt-cinq frettes ajustables au mode joué et correspondant sur chaque rang à une octave et une quinte, soit dix-sept intervalles par octave. Le *țâr* est pourvu de trois doubles rangs de cordes accordées du grave à l'aigu en fonction de l'octave, de la quinte et de la quarte.
— 2. **Instrument de percussion** utilisé dans les musiques traditionnelles arabo-islamiques. Au Maghreb, les *țâr*-s sont des tambours de basque. Au Moyen-Orient arabe et sur le golfe Arabo-Persique, les *țâr*-s sont des grands tambours sur cadre à une membrane. (V. BANDÎR, DAFF, RIQQ.)   J.-C. C.

TARAB. Mot utilisé dans les musiques arabe, de Turquie et d'Iran pour désigner un émoi spécifique lié à l'audition d'une musique ou plus souvent d'un chant faisant « perdre la tête ».   J.-C. C.

TARARE. Opéra en 1 prologue et en 5 actes d'Antonio Salieri sur un livret de Beaumarchais, composé pour l'essentiel à Paris entre la fin de 1786 et mai 1787, et créé dans cette ville le 8 juin 1787.
ACTE PREMIER. (Une salle dans le palais d'Atar.) *Tarare, chef de guerre, vit dans la retraite avec son épouse Astasie après avoir sauvé la vie du tyran Atar et de l'eunuque Calpigi. Atar, jaloux de son bonheur, ordonne à Altamort, général rival de Tarare et fils du grand prêtre Arthénée, d'enlever Astasie. L'enlèvement ayant réussi, Atar annonce une grande fête au cours de laquelle toute l'Asie rendra ses hommages à Astasie, dont Atar exige qu'elle adopte le nom d'Irza. Tarare se plaint de l'affront qu'il a dû subir. Atar feint de compatir, et met à sa disposition un navire pour lui permettre de partir à la recherche d'Astasie, mais, dans le même temps, il ordonne à Altamort de l'assassiner. Calpigi décide de tout révéler à Tarare. Atar, triomphant, est sûr de gagner l'amour d'Astasie.*
ACTE II. (Une place publique.) *Arthénée annonce à Atar que des sauvages chrétiens envahissent son royaume. Altamort est placé à la tête de l'armée chargée de les combattre, mais Arthénée, malgré sa fierté, attire l'attention d'Atar sur la plus grande expérience de Tarare. Ce dernier, informé par Calpigi de la traîtrise d'Atar, jure de délivrer Astasie. (L'intérieur du temple.) Un oracle doit annoncer lequel, de Tarare ou d'Altamort, est le plus digne de conduire l'armée. Malgré les ruses d'Arthénée, le nom de Tarare est prononcé, et le peuple se place spontanément sous ses ordres. Arthénée empêche avec peine Tarare et Altamort d'en venir aux mains.*
ACTE III. (Les jardins du sérail.) *Calpigi prépare la fête en l'honneur d'Irza-Astasie. Urson, garde du corps d'Atar, annonce à ce dernier qu'Altamort a été tué dans sa tentative pour assassiner Tarare sur son navire. La fête a lieu : on vante les délices du sérail par rapport à la monogamie de mise en Europe. Astasie est couronnée sultane. Calpigi raconte ses anciennes aventures, et révèle que jadis, fait prisonnier par des corsaires, il a eu la vie sauve grâce à Tarare. En entendant ce nom, Astasie s'évanouit avec un grand cri, et les invités s'enfuient. Calpigi reste seul. Arrive Tarare. Pour l'aider à parvenir jusqu'à Astasie, Calpigi le déguise en esclave noir et muet. Pour punir Astasie de l'avoir rejeté, Atar décide de lui donner ce monstre pour époux.*
ACTE IV. (L'intérieur de l'appartement d'Astasie.) *Astasie est prête à mourir, mais sa suivante Spinette lui vante les avantages d'un mariage avec Atar. Calpigi lui annonce qu'elle aura pour époux l'esclave noir et muet. Tarare déguisé rencontre Spinette déguisée en Astasie, mais à qui Calpigi a révélé la véritable identité de l'esclave : Tarare croit s'adresser à la véritable Astasie, Spinette désire conserver Tarare pour elle-même. Atar change d'idée : il veut faire massacrer l'esclave noir et jeter son corps à la mer. Calpigi lui révèle alors la véritable identité de l'esclave.*
ACTE V. (L'intérieur du palais d'Atar.) *Tarare et Astasie ont été condamnés à mort. Sur le point de monter au bûcher, ils s'étreignent une dernière fois. Sur quoi Calpigi annonce que l'armée se révolte, qu'elle réclame Tarare comme chef, et que, s'il est mis à mort, elle le vengera. Désemparé, Atar abandonne le trône à Tarare et se donne la mort. Tarare commence par refuser le trône, déclarant ne souhaiter qu'une chose : vivre en paix avec Astasie. A la demande du peuple, il est néanmoins proclamé roi par Arthénée (dans une autre version, il est célébré comme chef de guerre partant combattre les envahisseurs européens).*

On trouve dans *Tarare* beaucoup de personnages et de situations rappelant *le Mariage de Figaro*, ainsi que de nombreuses attaques contre le trône et la religion. Les idées fondamentales de l'œuvre sont clairement exprimées dès le prologue, et à la fin, quand, Tarare étant couronné roi, Urson et Calpigi déposent à ses pieds la liberté, pour qu'elle règne avec lui, ainsi que la loi et l'égalité. En 1788, Salieri donne à Vienne, avec comme librettiste Lorenzo Da Ponte et sous le titre d'*Axur, re d'Ormus*, une adaptation de *Tarare* éliminant les audaces politiques et sociales de l'original. A noter toutefois qu'en 1790 Beaumarchais écrivit dans le prolongement de *Tarare* un *Couronnement de Tarare*, sorte d'apologie de la monarchie constitutionnelle que Salieri, à sa demande expresse, mit également en musique.   M. V.

TARASS BOULBA. Rapsodie pour orchestre de Leoš Janáček, composée de 1915 à 1918, créée à Brno le 9 octobre 1921 sous la direction de Frantisek Neumann. Épris de littérature russe, slavophile convaincu, Janáček s'était enflammé à la lecture de l'ouvrage de Gogol glorifiant les indomptables cosaques et leur chef Tarass Boulba. Il en tira cette rapsodie en trois parties, son chef-d'œuvre orchestral.
La Mort d'Andrei relate l'histoire de la bataille de Doubno où Tarass tue son fils passé à l'ennemi par amour pour la fille d'un voïvode polonais. *La Mort d'Ostap* évoque la capture du second fils de Tarass par les Polonais qui l'exécutent sous les yeux de son père. La troisième partie, *Prophétie et Mort de Tarass Boulba*, décrit la fin tragique du héros brûlé vif sur un bûcher polonais, sa vision de l'issue victorieuse de la lutte contre l'ennemi et du brillant avenir du peuple russe.
Janáček a fait usage d'un langage passionné pour construire cette fresque dans une progression dynamique graduée. Disposant d'une gamme expressive des plus riches, partant de mélodies sentimentales, de récitatifs d'orgue, il atteint des épisodes dramatiques fulgurants, resplendissants de force, culminant dans l'éclatante et lumineuse conclusion de l'orchestre entier, soutenu par l'orgue et les cloches.   P. V.

TARENTELLE. Une double étymologie rattache l'origine de cette danse à la ville de Tarente, en Italie du Sud, et à l'araignée dite tarentule dont la piqûre passait pour provoquer une agitation comparable à la danse de Saint-Gui. Devenue très populaire à Naples au début du XVIIIe siècle, influencée par le fandango espagnol, c'était une danse très vive, à 6/8, généralement accompagnée au tambour de basque. De nombreux compositeurs, de Rossini *(la Danza)* à Debussy *(les Collines d'Anacapri)*, ont écrit ou introduit dans leurs œuvres des tarentelles. La musique de ballet classique a également fait grand usage de ce rythme caractéristique qui évoque irrésistiblement Naples et la Sicile.   M. T.

TARTINI *(Giuseppe),* compositeur et violoniste italien *(Pirano 1692 - Padoue 1770).* Ses parents le destinaient à vivre dans les ordres, et il fut envoyé en 1709 à l'université de Padoue pour y étudier les lettres, mais

▲
Chine.
Musique à la cour des T'ang
(VIIe-IXe s.).
Détail d'une peinture sur soie.
Musée du Palais, Pékin.
Werner Formann Archive.

MUSIQUES DU MONDE

Indonésie.
Metallophone, Java.
The Metropolitan Museum of Art,
The Crosby Brown Collection
of Musical Instruments, 1889.
Phot. du musée.
▼

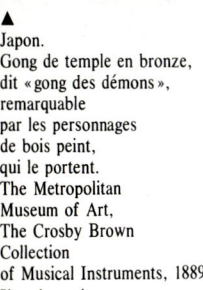

▲
Japon.
Gong de temple en bronze,
dit « gong des démons »,
remarquable
par les personnages
de bois peint,
qui le portent.
The Metropolitan
Museum of Art,
The Crosby Brown
Collection
of Musical Instruments, 1889.
Phot. du musée.

Inde. ▶
Couple dans un jardin.
Miniature indienne (XVIIIe s.).
Bibliothèque des Arts décoratifs.
Phot. Snark international.

▲
Instruments de musique hindous.
Tambura et *ektara*.
Metropolitan Museum of Art.
A. E. Getty Collection.
Phot. du musée.

Miniature persane (détail; XVIᵉ s.). ▶
École de Bukhãra.
Musée de Leningrad.
Phot. R. et S. Michaud-Rapho.

ãm. *Diwan I Djami*, « poème de Djami ».
ami était un poète de la cour du sultan Hossein.
, le sultan, entouré de ses musiciens.
niature persane (XVᵉ s.).
ot. R. et S. Michaud-Rapho.

Miniature arabe ▶
de l'école de Bagdad (XIIIᵉ s.).
Un concert.
Bibliothèque Vaticane.
Phot. du musée.

◀ Afrique.
Statuette d'un sonneur de cor.
Bronze du Bénin (détail ; XVIIᵉ s.).
Ce cor, ou trompette *erere*,
célébrait toute cérémonie importante.
British Museum.
Phot. Werner Formann.

Congo : tambour
bois sculpté (XIXᵉ s.)
The Metropolitan Museum of Art
The Crosby Brown Collection
of Musical Instruments, 1889
Phot. du musée

Plaque de bronze du Bénin ▶
(fin du XVIIᵉ s.).
Groupe de musiciens
jouant du tambour *ema*.
British Museum.
Phot. Werner Formann.

Indien aymara jouant de la *kena* (flûte).
Fête de la Vierge, le 6 août,
à Copacabana, en Bolivie.
Phot. Vautier-Decool.

◄ Amérique du Sud.
Musicien de Chancay (Pérou).
Il joue de l'*antara*, ou flûte de Pan.
Argile cuite.
Musée national d'Anthropologie
et d'Archéologie, Lima.
Phot. Vautier-Decool.

▲ États-Unis.
Danse dans une plantation du Sud.
Tableau anonyme d'un esclave noir.
Rockfeller Museum.
Phot. du musée.

Cérémonie méthodiste ▶
à Philadelphie.
C'est dans les chapelles
méthodistes
que sont nés les negro spirituals.
Aquarelle de Svinin.
The Metropolitan Museum of Art,
Rogers Fund, 1942.
Phot. du musée.

◄ Musicien noir dans une plantation. Esclave, le Noir fabriquait lui-même son violon et faisait danser les Blancs. Les airs les plus célèbres de la musique de jazz sont nés ainsi. Aquarelle de Svinin. The Metropolitan Museum of Art, Rogers Fund, 1942. Phot. du musée.

▲
Duke Ellington accompagné de sa formation.
Il fut, au cours de sa très longue carrière, un des maîtres du jazz orchestral.
Phot. Robert Ellis-Sygma.

Les Pink Floyd
Phot. P. Vauthey-Sygma

se maria secrètement, en 1712, avec la jeune Elisabetta Premazore, avant de commencer à gagner sa vie comme violoniste d'orchestre. On lui attribue une jeunesse dissipée de bretteur, et en tout cas de proscrit, puisqu'il dut se réfugier à Assise après son mariage secret. On dit que c'est là qu'il jouait derrière un rideau pour ne pas être reconnu, faisant l'admiration des auditeurs par sa sonorité, et qu'il reçut des leçons d'un franciscain tchèque. C'est là aussi que le diable lui serait apparu pour lui suggérer l'effet instrumental qu'il devait exploiter dans la sonate dite du « Trille du Diable ».

Il fréquenta aussi les cercles de Corelli et Geminiani. En 1721, il était premier violoniste à la basilique de Saint-Antoine à Padoue, ville où il devait, après ses voyages, revenir se fixer à partir de 1728. Entre 1723 et 1726, il reste à Prague, attaché au service du prince Kinsky, chancelier de Bohême.

En 1728, à Padoue, il fonde une académie de musique nommée École des nations et où il enseigne, à côté de l'art violonistique, le contrepoint et la composition. Particulièrement réputé pour sa technique d'archet, il attire des élèves de tous les pays, dont Pugnani, Naumann, La Houssaye et surtout Nardini. Son style était célèbre pour son expressivité, mais selon certains il se mit en vieillissant à pratiquer une ornementation de plus en plus chargée.

Son *Trattato delle appoggiature* fut un des premiers traités d'ornementation de l'époque. Ses autres écrits importants sont sa fameuse *Lettre à Maddalena Lombardini* de 1760, où il s'adresse à une de ses élèves, en lui énonçant ses principes d'exécution et d'ornementation, et qui reste un document instructif sur les techniques de jeu violonistique de l'époque (Tartini préconise notamment l'emploi d'un archet plus léger et de cordes plus volumineuses).

Mais surtout, il publia en 1754 son fameux *Trattato di musica secondo la vera scienza dell'armonia*, qu'il devait rééditer dans une version nouvelle en 1767. Le système harmonique qui y est exposé, et qui suscita des polémiques, notamment de la part du Padre Martini, est basé entre autres sur la théorie des « sons résultants » (terzi tuoni), et fait appel à des notions d'algèbre et de géométrie, ainsi qu'aux notions platoniciennes, pour expliquer la génération harmonique. Rousseau, dans son *Dictionnaire de musique*, l'oppose à celle de Rameau : « Monsieur Rameau fait engendrer les dessus par la basse ; Monsieur Tartini fait engendrer la basse par les dessus », ce qui revient à tirer l'harmonie de la mélodie.

Des œuvres de Tartini, il nous reste environ 125 concertos parmi les 200 qu'il aurait composés. On a conservé de même 160 sonates sur 200 attestées, certaines ayant été éditées de son vivant. Citons encore l'*Arte del arco*, recueil de variations sur une gavotte de Corelli, 50 sonates en trio, des symphonies et des concertos de violoncelle. M. C.

TASKIN, dynastie de musiciens français d'origine belge.
— 1. **Pascal** (*Theux, près de Liège, 1723 - Paris 1793*). Il étudia la facture du clavecin à Paris chez François Étienne Blanchet, auquel il succéda après sa mort et dont il épousa la veuve. En 1768, il fit construire un nouveau type de clavecin, munissant l'un des rangs de sautereaux de cuir de « buffle » (en réalité bœuf d'Italie), au lieu de la traditionnelle plume de corbeau ; ce procédé a pour effet d'adoucir le son. Il remplaça également les registres à main par des genouillères, permettant de changer de registre sans lever les mains du clavier. En 1773, il fut nommé garde des instruments du roi, succédant à Chiquelier. Cette charge accaparante de restaurateur et réparateur explique le nombre relativement réduit de ses propres instruments. Vers la fin de sa vie, il commença également à fabriquer des pianos, ainsi qu'une harpe-psaltérion nommée Armandine, se présentant sous la forme d'un clavecin sans clavier.
— 2. **Pascal-Joseph**, neveu du précédent (*Theux 1750 - Paris 1829*). Il fit le même métier que son oncle, dont il fut l'élève. De 1771 à la Révolution, il fut facteur du roi, puis accordeur à l'École de chant de 1793 à 1795. Au-delà de cette date, il semble avoir cessé ses activités.
— 3. **Henry-Joseph**, fils du précédent (*Paris 1778 - id. 1852*). Il se distingua de bonne heure comme claveciniste et fut page musical de Louis XVI. Il composa de la musique instrumentale, des opéras restés inédits et s'essaya même à la musicologie.
— 4. **Alexandre**, petit-neveu du précédent (*Paris 1853 - id. 1897*). Il étudia le chant au Conservatoire avec Bussine et Ponchard. Il débuta à l'Opéra-Comique en 1878 et fit une brillante carrière de baryton. Il connut un succès particulier dans *Carmen* et dans *les Contes d'Hoffmann*. Sa fille **Arlette**, cantatrice, épousa l'organiste Louis Vierne. A. L.

TASSEAUX. Pièces de bois (saule, tilleul, sapin ou peuplier) renforçant certains instruments à cordes de l'intérieur. Le violon possède deux tasseaux : le tasseau supérieur assure la stabilité du manche* ; le tasseau inférieur est percé d'un trou par où passe le bouton où se fixe la corde d'attache du cordier.
A. et M. P.

TASSO. Poème symphonique de Franz Liszt composé à l'occasion du centième anniversaire de la naissance de Goethe et exécuté pour la première fois, le 28 août 1849, au Théâtre de la cour de Weimar. Il s'agissait alors d'une ouverture pour *Torquato Tasso*, drame en cinq actes datant de 1789, dans lequel l'écrivain allemand s'était plu à évoquer la passion amoureuse du Tasse pour la princesse Léonore d'Este, sœur d'Alphonse II, duc de Ferrare.

Révisée à plusieurs reprises (entre autres, par Joseph Joachim Raff et par August Conradi), la partition fit l'objet d'une version définitive, avec menuet central, donnée en première audition à Weimar le 19 avril 1854. C'est sous cette forme (la quatrième) qu'on la joue habituellement de nos jours.

Loin de refléter fidèlement les diverses péripéties du drame de Goethe, la musique peint surtout les climats psychologiques très contrastés correspondant aux infortunes et à la gloire du personnage mis en scène. D'où le sous-titre de *Lamento e Trionfo*, assez vague pour ne pas impliquer la narration d'une véritable histoire mais suffisamment précis pour justifier le découpage en deux parties principales foncièrement différentes. J. D.

TASTO SOLO. Expression italienne signifiant « une seule touche » et employée dans la basse continue pour prescrire de ne jouer que les notes de la basse écrite sans y ajouter de « réalisation ». Elle correspond au chiffre 0 de la basse chiffrée. J. C.

TATRAI (*Vilmos*), violoniste hongrois (*Kispest 1912*). Il fait ses études au Conservatoire national de Budapest avec V. Kladivko (violon) et L. Lajtha (musique de chambre) et y fonde son premier quatuor. Il est engagé par l'Orchestre symphonique de Budapest dont il devient un an plus tard premier violon (1934-1936 et 1938-1945), fait partie de l'Orchestre de la Radio hongroise (1936-1938 et 1945-46) et tient le premier violon de la Philharmonie nationale de Budapest à partir de 1946. Il fonde la même année le Quatuor Tatrai qui remporte en 1948 le concours Bartók de Budapest et crée en 1957 l'Orchestre de chambre hongrois (21 instruments à cordes sans chef). Il fut professeur de violon au Conservatoire national de Budapest (1946-1953) et l'est à l'académie Franz-Liszt (depuis 1965). M. W.

TATUM (*Arthur*, dit *Art*), pianiste de jazz américain (*Toledo, Ohio, 1910 - Los Angeles 1956*). Presque aveugle, il fit de modestes débuts à la radio de sa ville natale. Mais lorsqu'il vint à New York en 1932, en tant qu'accompagnateur d'Adelaïde Hall, il étonna la 52e Rue, où se jouait pourtant le jazz le plus avancé. Il fit ensuite carrière de soliste — bien que jouant peu en concert —, puis forma, en 1943, un trio avec, pour partenaires, le guitariste Tiny Grimes et le bassiste Slam Stewart. Peu avant sa mort, il enregistra en solo une longue série de disques, *The Genius of Art Tatum*, laquelle constitue un testament qui, au dire de ses intimes, est un reflet très imparfait de la musique qu'il jouait *afterhours* (c'est-à-dire en dehors de toute contrainte professionnelle).

Virtuose incomparable, Art Tatum a fait éclater les critères selon lesquels on jugeait les pianistes de jazz. Surclassant, par la technique, aussi bien Fats Waller qu'Earl Hines, il est en mesure de concevoir un « grand piano » de jazz, somptueux et décoratif, que son imagination brillante lui permet de réaliser dans toute sa complexité. Moins parfait sur le plan du *swing* pur qu'un Teddy Wilson ou un Monk, il est capable — lorsqu'il ne se laisse pas aller à la facilité — de fasciner l'auditeur par l'abondance des idées et la fantaisie, mélodique ou harmonique, qui préside à leur enchaînement. C'est un authentique improvisateur, qui sait renouveler le paysage musical qu'il crée à partir d'une donnée thématique souvent insignifiante. Son influence a été diffuse, car ses disciples n'ont pas souvent eu les moyens de l'imiter ; mais Bud Powell, Bernard Peiffer, Oscar Peterson, Martial Solal et quelques autres grands pianistes de jazz ont largement profité de ses acquisitions.   A. H.

TAUBER *(Richard)*, ténor autrichien, naturalisé anglais *(Linz 1892-Londres 1948)*. Il fit ses débuts à Chemnitz en 1919 dans le rôle de Tamino de *la Flûte enchantée*. Il chanta à Dresde de 1919 à 1925, puis à Vienne jusqu'en 1938 où il excella dans les emplois les plus différents. En même temps, il se produisait aux festivals de Salzbourg et de Munich. Juste avant la guerre, il s'établit à Londres, chantant à Covent Garden où il parut pour la dernière fois en 1947 avec ses anciens collègues de l'Opéra de Vienne dans *la Flûte enchantée*. Sa voix possédait un timbre très particulier qu'on pouvait trouver mieux adapté à la mélodie qu'au théâtre (ce fut d'ailleurs un très grand interprète du lied allemand), mais son art consommé parvenait à persuader qu'il avait une voix convenant exactement au rôle qu'il interprétait, quel que fût ce rôle : Ottavio de *Don Giovanni* ou Calaf de *Turandot*, Mario de *La Tosca* ou Max du *Freischütz*. Il fit également de nombreuses incursions dans l'opérette, créant la plupart des derniers ouvrages de Franz Lehar qui lui sont dédiés.   J. B.

TAUSIG *(Karl)*, pianiste autrichien *(Varsovie 1841-Leipzig 1871)*. Formé par son père Aloys *(1820-1885)*, puis par Liszt, il commença à l'âge de dix-sept ans une carrière de virtuose aussi brillante que brève. Ami non seulement de Liszt dont il était l'interprète préféré, mais de Brahms et Hans von Bülow, il fut nommé en 1865 pianiste de la cour à Berlin et y fonda une école. On lui doit un certain nombre de transcriptions et de fantaisies, notamment sur des œuvres de Wagner.   M. T.

TAVENER *(John)*, compositeur anglais *(Londres 1944)*. Il a fait ses études à la Highgate School, puis à la Royal Academy of Music avec Lennox Berkeley (1961-1965). Il se fit connaître avec la cantate *Caïn et Abel* (1965), puis surtout avec la cantate biblique *The Whale* (1965-66, créée en janvier 1968 au premier concert du London Sinfonietta). Il a continué depuis lors à privilégier le domaine religieux, notamment avec le *Celtic Requiem* (1969), le *Little Requiem for Father Malachy Lynch* (1972) et le *Requiem for Father Malachy* (1973). Il s'est inspiré de saint Jean de la Croix, en particulier dans *Ultimos ritos* (1972), et sur le plan musical, surtout du dernier Stravinski. Son style est éclectique mais indéniablement personnel. On lui doit encore l'opéra *Thérèse* (1973-1976, créé à Covent Garden en 1979), *The Last Prayer of Mary Queen of Scots* pour soprano et cloches à main (1977), *Akhmatova : requiem* (1979-80), *Palin* pour piano (créé en 1981).   M. V.

TAVERNER *(John)*, compositeur anglais *(Tattershall, Lincolnshire, v. 1490-Boston, Lincolnshire, 1545)*. En novembre 1526, il est nommé *informator choristarum* à Cardinal (auj. Christ Church) College. Il est impliqué assez gravement dans les querelles religieuses qui agitent le collège. Ses prises de position en faveur des propagateurs de la doctrine luthérienne ne lui valent, de la part du cardinal Wolsey, que de légères réprimandes ; elles ne l'empêchent pas de composer abondamment pour le culte traditionnel. On lui doit huit messes (dont la plus célèbre est la messe *Western Wynde* à quatre voix), des alléluia, des antiennes et psaumes, un Te Deum.

Son œuvre, presque uniquement destinée à l'église, est marquée par l'emploi d'une polyphonie complexe et par une grande vigueur d'expression.

Vers 1530, il quitte Oxford. Les dernières années de sa vie restent mystérieuses. Il est certain qu'en 1538 on le retrouve comme agent de Thomas Cromwell dans les commissions chargées de préparer la dissolution des monastères. Il semble que sa participation aux campagnes anticatholiques ait été plus active et ait même atteint la délation systématique. Il faut toutefois se méfier des légendes qui en font un personnage majeur de cette époque troublée. Les dernières années de sa vie, à partir de 1540, se passent à Boston où il vit en paix en assurant des fonctions administratives au service de la ville. Il ne semble pas qu'il ait poursuivi sa vocation musicale au-delà des années passées à Oxford.   J.-F. L.

TAWASTSTJERNA *(Erik)*, musicologue et pianiste finlandais *(Helsinki 1916)*. Issu d'une famille célèbre dans le monde des arts et des sciences, il a travaillé avec H. Neuhaus à Moscou, A. Cortot à Paris et P. Baumgartner à Bâle et commencé une brillante carrière de concertiste, mais, à partir de 1960, il s'est voué uniquement à la musicologie. Critique musical de *Helsingin Sanomat* depuis 1957, il est le spécialiste incontesté de la vie et de l'œuvre de son compatriote Jean Sibelius, auquel il a consacré une importante monographie.   H.-C. F.

TAYLOR *(Cecil)*, pianiste de jazz américain *(New York 1933)*. Remarquable improvisateur, fortement influencé par certains aspects de la musique contemporaine occidentale (Stravinski, Stockhausen), peu soucieux de développement mélodique et voyant plutôt dans le piano un instrument à percussion — ce que confirment ses conceptions rythmiques et sa technique instrumentale très personnelle —, il est considéré comme l'un des grands précurseurs du *free jazz*.   A. H.

TCHAÏKOVSKI *(Petr Ilitch)*, compositeur russe *(Votkinsk 1840-Saint-Pétersbourg 1893)*. Fils d'un ingénieur des mines ayant épousé Alexandra d'Assier, descendante d'une famille française émigrée à la suite de la révocation de l'édit de Nantes, il était destiné à la magistrature. Ce n'est donc qu'à l'issue de ses études de droit et après avoir occupé un poste de secrétaire au ministère de la Justice qu'il se tourne vers la musique et décide (1862) de devenir un musicien professionnel. Il s'inscrit au conservatoire, suit trois ans durant les cours de Rubinstein (orchestration) et Zaremba (composition) et travaille, outre le piano, la flûte et l'orgue ; il admire Mozart, Beethoven, Glinka, Meyerbeer, Weber, Schumann et Liszt.

Sa nomination comme professeur d'harmonie (1866-1877) au conservatoire de Moscou, dirigé par Nicolas Rubinstein, résout ses problèmes matériels. Elle lui vaut, en outre, l'honneur d'accueillir officiellement en 1867 Berlioz, lors de son second voyage en Russie. En 1868, il entre en relation avec le groupe des Cinq, mais, s'il sympathise avec Balakirev, il ne se départit jamais d'une certaine méfiance face à Rimski-Korsakov et d'une franche hostilité à l'égard de Moussorgski dont la personnalité se situait à l'opposé de la sienne.

De cette époque datent aussi ses premières compositions (notamment trois symphonies, le 1er Concerto *pour piano*, dédié à H. von Bülow, des opéras — *Voïévode, Ondine, Opritchnik, Vakoula* et *le Lac des cygnes*). Les thèmes populaires nourrissent parfois son discours (*cf.* la *2e Symphonie*, particulièrement le final, ou *Snegourotchka*). Tchaïkovski les travaille avec une science plus occidentale, encore que son emprunt dans *Snegourotchka* soit plus respectueux que la transposition que lui fait subir Rimski-Korsakov dans une œuvre du même nom.

Curieusement, ses rapports avec le groupe des Cinq l'amènent à se tourner, en apparence du moins, vers l'Occident, à l'initiative de Stassov qui, réservant à ses amis les sujets russes, impose à Tchaïkovski des sujets occidentaux. Il est à l'origine d'œuvres pour lesquelles il lui suggère même des plans détaillés, en l'occurrence *Roméo et Juliette, la Tempête, Manfred*. Pourtant, Tchaïkovski saura cultiver un caractère très profondément russe lié à une certaine mélancolie jusque dans ces cantilènes et mélodies qui plairont tant : « Je suis russe, russe jusqu'à la moelle des os », écrit-il un jour à son frère.

A partir de 1875, il élargit le cercle de ses relations musicales : il se lie d'amitié avec Saint-Saëns, fréquente Liszt, Bizet dont *Carmen* l'a enthousiasmé, Massenet, et tente en vain de rencontrer Wagner à l'issue de son voyage à Bayreuth. Mais 1876 est l'année clé car N. Rubinstein le met en relation avec la richissime Mme von Meck (qui engagea en 1879 Debussy comme professeur de piano d'une de ses filles). Elle va devenir son égérie et son mécène sans que jamais ils ne se rencontrent (convention de départ), mais leur correspondance assidue au fil des quatorze années que durent leurs relations permet de suivre pas à pas cette singulière « idylle ». Les sommes régulières qu'elle met à sa disposition le placent à l'abri de tout problème financier : il se dégage alors de ses obligations de pédagogue et retrouve, après l'épisode d'un mariage raté (1877), un certain goût pour les voyages et la vie mondaine (Clarens, Paris, Venise, Rome, Florence, San Remo). C'est la période des grandes œuvres.

Ses débuts de chef d'orchestre se situent en 1886, mais, dès 1888, il part pour une tournée de concerts en Europe avant de franchir l'Atlantique : ses œuvres trouvent là-bas un accueil enthousiaste, et, le 5 mai 1891, il inaugure le Carnegie Hall. Fait docteur honoris causa de l'université de Cambridge (en même temps que Max Bruch, Saint-Saëns et Grieg) en juin 1893, il meurt le 28 octobre de la même année, condamné au suicide par un jury d'honneur à la suite d'une affaire de mœurs, au lendemain de la création de la *Symphonie pathétique*, son testament spirituel et musical.

Sans doute, le souci de la vérité d'expression, de la sincérité comme de la simplicité est-il lié, chez Tchaïkovski au thème fondamental — nous pourrions dire unique — de ses œuvres symphoniques et lyriques : le destin de l'homme, la lutte que celui-ci mène pour essayer de le maîtriser et son échec. Comment, en effet, lire autrement le poème symphonique *Fatum* (1868), ses trois dernières symphonies et cette Messe funèbre qui constitue le final de la *Pathétique* et consacre la défaite de l'homme devant le Destin ? Comment comprendre autrement des personnages comme Lenski, Hermann, Jeanne d'Arc même ? Il y a, chez lui, un désir passionné de traduire le tragique et les passions humaines avec une générosité et une hypersensibilité quasi pathologiques. Lui-même n'en était pas dupe (« Quel vieux pleurnicheur je fais ! »), mais voyait en la musique la seule consolatrice valable, et on peut se demander si, dans cet hyper-romantisme, Mme von Meck n'a pas cru trouver l'écho de ses déceptions et de ses aspirations ?

Si ses mélodies ne sont que la traduction d'un état d'âme, la symphonie n'est pour lui rien d'autre que « la confession musicale de l'âme », son épanchement, car il n'admet pas que la musique qui ne serait seulement qu'un jeu de sons sans but. L'ampleur du cadre formel lui convient : il lui permet de laisser s'y épanouir les longues mélodies qui le caractérisent, les thèmes larges et décoratifs, et évoluer d'une manière naturelle, spontanée, d'amples développements. Il sollicite volontiers les cordes et ne force jamais le volume sonore ; son orchestre, certes, moins brillant que celui de Rimski-Korsakov, peut être d'une grande richesse comme dans *Manfred*, le type même de la symphonie romantique à programme dans la ligne de Berlioz dont il semble s'être franchement inspiré. Bien que sa symphonie ne soit qu'une exacerbation de l'écriture romantique allemande postmendelssohnienne — toute nouveauté étant pour lui manifestation d'ignorance —, Tchaïkovski est assurément le meilleur symphoniste russe de sa génération.

Dix opéras, dont les sujets varient du thème historique (*la Pucelle d'Orléans*) au drame psychologique (*Eugène Onéguine ; la Dame de pique*), constituent sa contribution au lyrique. Refusant la conception wagnérienne comme le réalisme de Moussorgski, Tchaïkovski choisit une conception formelle plus proche de celle d'un Glinka — une succession d'airs et d'ensembles liés par un récitatif —, mais dans un climat qui se veut poétique. Le récitatif ne doit, en effet, être qu'un élément de liaison entre les grands moments de l'opéra (« Un opéra construit sur la forme d'un récitatif mélodique est un opéra sans musique »).

La Dame de pique, de son côté, est nettement marquée par *Carmen*, c'est-à-dire par une œuvre où la musique est, pourrait-on dire, toujours en situation. Le lyrisme un peu facile de Tchaïkovski peut expliquer le succès qu'il a rencontré et qui s'appuie sur une nostalgie passée : celle des années 1850-1860 en Russie ; il est d'ailleurs significatif que, au lendemain de la révolution, on essaya de condamner ses opéras comme ayant une mentalité petite-bourgeoise. On pourrait aujourd'hui formuler la même opinion à propos de sa musique de ballet (*le Lac des cygnes*, 1876 ; *la Belle au bois dormant*, 1889 ; *Casse-Noisette*, 1892). Ce serait injustement oublier qu'il a participé, après Léo Delibes, à une restauration de la musique de ballet qui devenait une œuvre en soi de qualité indépendante, avant d'être avec Diaghilev une œuvre d'avant-garde.

Œuvres (Moscou, Jurgenson, sauf indication). Rééd. O. C. Moscou, Muzgiz, 1946 et 1949. — **Musique instrumentale.** POUR ORCHESTRE : 7 symphonies (*1re, Songes d'hiver*, 1866, 1874 ; *2e*, 1872, 1879, Saint-Pétersbourg, Bessel ; *3e*, 1875 ; *4e*, 1877 ; Symphonie *Manfred*, 1885, d'après Byron ; *5e*, 1888 ; *6e, Pathétique*, 1893) ; 5 ouvertures : *Fatum*, poème symphonique (1868, Belaïev) ; *Roméo et Juliette*, fantaisie-ouverture (1869, 2e v. 1870, 3e v. 1880) ; *la Tempête*, fantaisie-ouverture (1873) ; *Francesca da Rimini*, fantaisie-ouverture (1876) ; *Hamlet*, fantaisie-ouverture (1888) ; 3 marches (1876, 1883, 1885) ; 4 suites (1878-79 ; 1883 ; 1884 ; *Mozartiana*, 1887) ; *Sérénade*, pour orchestre à cordes (1880) ; *Capriccio italien* (1880) ; *Élégie en l'honneur d'I. V. Samarine*, pour orchestre à cordes (1884) ; *Voïévode*, ballade symphonique (1891, Belaïev). POUR PIANO ET ORCHESTRE : 3 concertos (1874-75 ; 1879-80 ; 1893, posth.) ; *Fantaisie de concert* (1884) ; *Andante et Finale* (1893, Belaïev). POUR VIOLON ET ORCHESTRE : *Sérénade mélancolique* (1875) ; *Valse scherzo* (1877) ; *Concerto* (1878). POUR VIOLONCELLE ET ORCHESTRE : *Variations sur un thème rococo* (1876) ; *Pezzo capriccioso* (1887). POUR PIANO : une centaine de compositions dont 2 sonates (1865, 1878) ; *Scherzo à la russe et Impromptu* (1867) ; *Souvenir de Hapsol* (1868) ; *les Saisons*, 12 pièces (1875-76) ; *Album pour les enfants*, 24 pièces faciles (1878). **Musique de chambre.** *Trio*, pour violon, violoncelle et piano (1882) ; 3 quatuors à cordes (1871, 1874, 1876) ; *Souvenir de Florence*, sextuor à cordes (1890-1892). **Musique de théâtre.** 10 opéras : *le Voïévode* (1867-68, d'après A. N. Ostrovski ; Belaïev) ; *Ondine* (1869, d'après La Motte-Fouqué ; non représ., détruit en 1873) ; *Opritchnik* (1870-1872, Tchaïkovski d'après Lachetchnikov ; W. Bessel) ; *Vakoula le Forgeron* (1874, 2e v. 1885 sous le titre *Tchérévitchki*, d'après Gogol) ; *Eugène Onéguine* (1877-78, d'après Pouchkine) ; *la Pucelle d'Orléans* (1878-79, d'après Schiller) ; *Mazeppa* (1881-1883, d'après Pouchkine) ; *l'Ensorceleuse* (1885-1887, I. V. Chpachinski) ; *la Dame de pique* (1890, Tchaïkovski d'après Pouchkine) ;

Yolanta (1891, Tchaïkovski d'après H. Herz). 3 ballets : *le Lac des cygnes* (1875-76); *la Belle au bois dormant* (1888-89); *Casse-Noisette* (1891-92). Des musiques de scène pour *Snegourotchka* (1873, A. N. Ostrovski), *Hamlet* (1891, Shakespeare), etc.
Musique vocale. 104 mélodies ; 6 duos avec piano (1880) ; *la Nature et l'Amour* (1870), pour 2 sopranos, contralto et piano ; *le Soir* (1893), pour 4 voix et piano, musique empruntée à la *Fantaisie nº 4* de Mozart ; pour chœur sans accompagnement ; *Liturgie de saint Jean Chrysostome* (1878) ; *Messe russe ;* des vêpres (1881-82) ; 9 chants d'église (1884-85) ; *Hymne en l'honneur des saints Cyrille et Méthode* (1885) ; *Roméo et Juliette* (1893), duo pour soprano, ténor et orchestre ; une cantate pour l'inauguration de l'Exposition polytechnique à Moscou (1872), inéd. ; *Moscou* (1883), cantate pour mezzo-soprano, baryton, chœur et orchestre.
Écrits : *Manuel pour l'étude pratique de l'harmonie* (Moscou, Jurgenson, 1872 ; en russe) ; *Art de critique musicale* (Moscou, 1898) ; *Écrits littéraires, correspondance* (in *O.C. II,* Moscou, Muzgiz, 1953).

M.-C. L. M.-M.

TCHÉCOSLOVAQUIE. Suite à l'effondrement de l'empire de Grande-Moravie (906), un État tchèque, non lié à la Slovaquie, a longtemps vécu indépendamment, jusqu'à son annexion par les Habsbourg en 1627. De son côté, la Slovaquie est restée dans la zone d'influence des puissances installées dans la plaine hongroise et la vallée du Danube (domination ottomane, puis austro-hongroise). L'action missionnaire des frères Constantin (Cyrille) et Méthode (863-864), imposant l'idiome slave pour la liturgie catholique, avait réussi, grâce à une culture religieuse spécifiquement glagolithique (vieux slave commun au nord de la Grèce et à la Moravie), à créer un lien culturel sur l'ensemble du territoire actuel de la Tchécoslovaquie. La République tchécoslovaque n'existe en tant qu'État commun à la Bohême et à la Slovaquie que depuis 1918. En 1969, le gouvernement a décrété la fédéralisation de la République démocratique tchécoslovaque en deux États, ayant leurs propres institutions, en particulier culturelles.
La musique en Bohême. Le chant grégorien se répandit sous l'influence de l'Église de Byzance, dans son cérémonial en langue slave, donnant naissance à de nombreux cantiques populaires, tels les chorals de Saint-Venceslas *Hospodine, pomilujny* (« Seigneur, ayez pitié de nous », vers l'an 1000), ou *Buoh šemohúci* (« Dieu tout-puissant ») et *Jezu Christe, štedry kneze* (« Jésus-Christ, prince généreux », vers l'an 1100). L'un, d'origine orientale, les autres, romains. On décèle ainsi, dès l'aube d'une musique nationale, le perpétuel équilibre que cherchera la musique tchèque entre les influences orientales et occidentales. Les communautés centrées sur les couvents de prémontrés ou de bénédictins (comme celui de Saint-Pierre de Budeč) s'initient à la pratique du choral, réalisent des « jeux de Pâques », des mystères, tel l'*Hymne à saint Aldebert* ou le *Jeu du guérisseur*.
Un âge d'or. Avec l'avènement de Charles IV (1346-1378), de la dynastie des princes de Luxembourg, la Bohême atteint son premier âge d'or musical. Viennent à la cour de Prague, Pétrarque en 1356, le minnesänger tchèque Mühlich, qui ouvre la Bohême à l'influence française préparée par la présence de Guillaume de Machaut en 1340-41. Prague est devenue la capitale de l'Empire romain germanique, s'ouvrant à l'Ars nova florentin, tandis que la chanson profane se répand, enseignée par des maîtres tels que Zapy Záviš* et l'évêque Jean de Jenštejn *(1350-1400).*

Puis l'isolement des pays tchèques pendant les guerres de religion donne aux diverses communautés l'obligation de créer leur propre répertoire de danses, motets à textes multiples, de développer la pratique instrumentale dans ces chanteries évangéliques appelées « fraternitates litteratorum ». L'oppression féodale et la dégradation de l'Église romaine pousse le recteur de Prague, Jean Hus *(1371-1415),* à la réforme. Brûlé vif en 1415 sur décision du concile de Constance, Hus devient le symbole de la nation tchèque en révolte, pour un temps victorieuse contre le pape et l'empereur.

Ce mouvement révolutionnaire donne sa première unité à un peuple, chantant les chants patriotiques que sont *Ktož jsu boži bojovnici* (« Vous qui êtes les combattants de Dieu »). Le cantique hussite, dont 77 chants sont conservés dans le cantionnaire de Jistebnice, influence non seulement le chant grégorien tchèque cultivé par les Frères de Bohême, mais aussi les chants luthériens allemands. Avec la restauration du régime féodal (1434), la cour de Georges de Poděbrady, des rois de la famille Jagellon (1471-1526), puis de Rudolf II *(1576-1612),* s'ouvre successivement aux influences des maîtres de la polyphonie vocale : Philippe de Monte, Ch. Luyton, Jacques Regnart, des musiciens de Bohême, tels Jiří Richnovský, le Slovène Jakob Hand-Gallus, Jean Trojan Turnovský, Ondřej Chrysogonus, Pavel Spongapeus Jistebnický, Jan Cnefelius et le plus grand polyphoniste tchèque du XVIe siècle, Kryštof Harant, de Polžice et Bezdružice, qui devait mourir sur l'échafaud, après avoir été vaincu à la Montagne Blanche (1620), à la tête de la noblesse tchèque en révolte contre les Habsbourg.

Dans la petite-bourgeoisie et les communautés paysannes regroupées autour de leurs églises ou couvents, fréquemment tenus par des prêtres de l'Unité des frères (ou Frères de Bohême), on revient à un christianisme primitif, privilégiant le cantique populaire que l'on se transmet par recueils entiers (cantionnaire de Šamotuly, 1561 ; de Kralice, 1615).

Il coexiste ainsi quatre sources musicales simultanées : romaine, hussite, luthérienne, allemande et les Frères de Bohême. Cette dernière nous est parvenue, grâce à Jan Blahoslav *(1523-1571),* évêque de l'Unité des frères, qui faisait rédiger les divers cantiques pratiqués. Lui-même rédige le premier ouvrage tchèque de théorie musicale, *Musica* (1558). À la fin du siècle, il ne circulait pas moins de 90 000 exemplaires de divers recueils hussites ou latins.

La période baroque (1620-1730). Après le désastre de la Montagne Blanche rayant l'État tchèque de la carte pour trois siècles, les terres des nobles et des bourgeois sont données à des hobereaux allemands et l'intelligentsia tchèque, pour la première fois, s'expatrie. Ainsi le dernier évêque de l'Unité, Jan Amos Komenský (Comenius) qui fera paraître à Amsterdam en 1659 un cantionnaire de quelque 330 chansons, qui vont se répandre dans leurs traductions latines, allemandes, polonaises. Désormais, le qualificatif de tchèque ne sera pour les cours allemandes qu'une référence, provinciale, d'œuvres réalisées par les laquais que sont les musiciens, instrumentistes ou maîtres de chapelle à leur service.

À cette époque, qui voit l'apogée du style italien, quelques Tchèques comme Adam Michna d'Otradovice perpétuent la tradition de la musique religieuse, la faisant déjà évoluer de la polyphonie vers la monodie. Sur le plan de l'orchestre, de cuivres en particulier, règnent des maîtres tels que Pavel Josef Vejvanovský, Simon Brixi, Dimas Zelenka, tandis que Josef Leopold Dukát peut remettre la tradition bohême au plus grand maître tchèque de l'orgue baroque et de la musique vocale, d'influence vénitienne, Bohuslav Matej Cernohorský. Ce dernier crée à Prague une école qui va former les maîtres bohêmes du XVIIIe siècle. L'opéra italien vient à Prague, mais le public non allemand n'est pas concerné.

De 1720 à 1730, Cernohorský forme trois compositeurs qui vont étendre à nouveau le renom de l'école bohême, Jan Zach, František Tůma, Norbert Seger, qui est remarqué par Bach dès 1730, puis l'aîné d'une grande famille de musiciens, František Xaver Brixi*, enfin František Václav Habermann, qui introduit la mode italienne, que l'Église de la Contre-Réforme s'efforce de faire pénétrer en faisant exécuter dans les lieux publics les œuvres religieuses de Porpora, Caldara, Vinci, Léo, etc.

La période classique (1730-1800). Malgré la disparition des couches aisées de la population tchèque, une véritable renaissance musicale s'amorce grâce aux instituteurs-musiciens des petites villes de Bohême, partageant leur temps entre l'enseignement, l'orgue et la direction de chorales qui chantaient avec le même entrain musique d'église et de divertissement. De ce fait, la frontière entre musique savante et populaire n'a pas de prise sur une vie musicale s'ordonnant selon les obligations du calendrier : fêtes religieuses, danses, réjouissances, où l'on voit les chanteurs devenir instrumentistes. La Bohême voit naître ainsi ses propres chants, où le populaire rejoint le savant. Par contre, la musique écrite continue à se développer presque exclusivement dans le domaine ecclésiastique, telle l'école de Citoliby de Václav Jan Kopřiva, et de son fils Karel Blažej.

Les instrumentistes émigrent dans toutes les cours d'Europe : la famille Stamitz (Stamic), qui fait les beaux jours de la cour de Mannheim, y est rejointe par František-Xaver Richter. De même, les Benda émigrent à la cour de Berlin. Le pianiste Jan Ladislav Dusík termine sa brillante carrière à Paris, élaborant dans ses véritables poèmes à programme pour piano (*Elégie harmonique, le Retour à Paris, Invocation*) la voie du romantisme. Suit le corniste Václav Stich (Punto) *[1746-1803]*, qui fait connaître son instrument à Paris, Vienne, Londres, en concerto comme en musique de chambre.

Antonín Rejcha devient, lui, un véritable Français (naturalisé en 1829), succédant au fauteuil de Boieldieu à l'Institut. L'importance de ses travaux théoriques est telle que ses divers traités ont servi à former Berlioz, aussi bien que Wagner et Franck.

L'autre grande voie d'émigration intéressait l'Italie. Josef Mysliveček y rencontre Mozart, à Bologne (1770), qui devient son protégé. Connu sous le pseudonyme d'« il divino Boemo », il est à la base du renouveau de l'opéra italien et de la musique de chambre de Mozart. On trouve Herman-Antonín Jelínek au couvent des Prémontrés de Milan, Václav Pichl *(1741-1805)*, élève de Zach, à la cour milanaise de l'archiduc Ferdinand. L'ensemble des compositeurs et musiciens tchèques de l'époque séjournèrent plus ou moins longtemps à Vienne, au gré des volontés de la cour dont les membres partageaient fréquemment leur temps entre la capitale impériale et leurs terres bohêmes.

S'étaient ainsi fixés à Vienne : Jan Křtitel Vaňhal, symphoniste prolixe, Léopold Koželuh, successeur de Mozart comme maître de chapelle de la cour, Pavel Vranický, auteur de l'opéra *Obéron* qui inspira Weber, son frère, Antonín, qui imprime une note spécifiquement tchèque à ses quatuors de la maturité (1790). Les deux derniers compositeurs bohêmes s'installant à Vienne et qui deviendront les amis de Haydn, Mozart, Beethoven, Schubert, sont Vojtěch Jírovec, créateur de la symphonie bohême classique, et Jan Hugo Voříšek, excellent pianiste, dont l'œuvre de clavier appelle Schubert.

Deux noms peuvent être retenus pour leur activité en Russie : Jan Antonín Mareš, corniste, et Jan Prác *(1730?-1798)*, éditant en 1790 à Saint-Pétersbourg un recueil de chants russes et ukrainiens.

Quelques musiciens restent au pays : František Xaver Dušek, pianiste, musicien de chambre, qui héberge plusieurs fois Mozart à Prague ; Jakub Jan Ryba, mélodiste imprégné des chansons bohêmes, qui permet au patrimoine vocal de passer à Pavel Křížkovský.

Reste Václav Jan Tomášek, pianiste, théoricien, professeur, qui va permettre le rayonnement d'un romantisme national : il fonde sa propre école de musique en 1824, concurrençant le conservatoire de culture allemande ouvert en 1811.

La période romantique et le réveil national (1800-1890). L'année 1803 voit se créer un groupement de musiciens bohêmes (la *Societa*) qui donne des concerts réguliers ; en 1808 naît une Association pour le développement de l'art musical en Bohême, qui permet l'ouverture d'un conservatoire en 1811. La première mission de ce dernier est essentiellement instrumentale : former des exécutants pouvant ensuite faire carrière dans les orchestres européens. De l'école de Bedřich Vilém Pixis, puis Mořic Mildner sortent des violonistes virtuoses tels que Josef Slavík *(1806-1833)*, Reymund Dreyschock *(1824-1869)*, Jiří Vojtěch Kalivoda *(1800-1866)*, Ferdinand Laub *(1832-1885)*.

Pavel Křížkovský écrit de nombreux chœurs partant de mélodies populaires moraves, qui sont encore chantés aujourd'hui concurremment avec ceux de Dvořák, Smetana et Janáček. Vers 1840 paraissent des lieder tchèques, proches par l'esprit du lied allemand, à la base de la *Guirlande* de chants patriotiques de František Jan Škroup, qui écrit en 1826 le premier opéra en langue tchèque, *Dráteník* (« le Raccommodeur de porcelaine »).

Alors que quelques membres des classes aisées, des juristes dans le cas de Leopold Eugen Měchura *(1804-1870)* et Bedřich Kittl *(1809-1868)*, connaissent quelques succès à l'étranger avec des cantates et opéras aux livrets tchèques, des instituteurs tels que František Matěj Hilmar *(1803-1881)* redonnent vie à la musique de danse, alliant la polka, la valse à des figures spécifiquement tchèques telles que *třasák* (trémousseuse), *rejdovák, skočná* (sauteuse), *sousedká* (bourrée lente).

Puis vient Bedřich Smetana. Profondément influencé par Liszt, Berlioz, Schumann et Chopin, Smetana possède cette dimension européenne qui va donner au Théâtre tchèque provisoire (fondé en 1862), puis à l'association progressiste *Umělecká Beseda* (Union des artistes) une œuvre pour la scène qui impose la culture tchèque, tout en la resituant dans le romantisme musical d'époque. La première des *Brandebourgeois en Bohême* le 5 janvier 1866 reçut un accueil triomphal. Puis *la Fiancée vendue* consolide pour toujours l'alliance de sujets populaires avec une musique savante digne des grandes scènes européennes. L'opéra historique *Dalibor* (1867) reste incompris, le public attendant une nouvelle « fiancée vendue ». L'œuvre ne fut réhabilitée qu'en 1886, alors que Smetana venait de disparaître, sourd et aliéné (12 mai 1884). Il laissait aux Tchèques un cycle de poèmes symphoniques, *Ma Vlast* (1874-1879), qui, depuis cent ans, sert de référence à la musique nationale tchèque.

Épigone de Brahms pour le public germanique, Antonín Dvořák va chercher en Angleterre et aux États-Unis une consécration internationale. Elle devait être définitive par l'audience de ses cinq dernières symphonies et de ses cinq derniers quatuors à cordes. Mais ce sont ses quatre poèmes symphoniques sur la *Guirlande* de Karel Jaromír Erben, *l'Ondin, la Sorcière de midi, le Rouet d'or* et *le Pigeon des bois*, qui forment le véritable testament spécifiquement tchèque que Dvořák léguait à ses successeurs du XXᵉ siècle : Suk, Novák et surtout Janáček.

De même, l'ensemble de l'œuvre dramatique de Zdeněk Fibich permettrait à la ballade romantique allemande de devenir spécifiquement tchèque : citons *Šárka* (1897) et son dernier cycle pianistique *Nálady, dojmy a upomínky*, journal intime qui devait provoquer ceux de Suk, Janáček et Martinů.

À côté de ces gloires nationales, des compositeurs plus éclectiques apportent leur pierre à l'édifice d'une musique tchèque spécifiquement nationale : le flûtiste Vilém Blodek, les chefs d'orchestre Karel Bendl, Karel Kovařovic, le mélodiste spontané qu'était Oskar Nedbal, créateur de l'opérette tchèque, à l'exemple viennois de la dynastie des Strauss, le pianiste Josef Richard Rozkošný.

De 1890 à 1939. Cette riche période débute sur une querelle des anciens et des modernes, aux implications politiques. Tel clan se réclame de Smetana pour affirmer que Dvořák est un compositeur surestimé, tandis que les modernistes reprochent à Smetana ses compromis avec le public allemand. C'est Josef Bohuslav Foerster qui établit une sorte de trait d'union entre l'époque glorieuse de Smetana et le XXᵉ siècle. Symphoniste, lyrique mélancolique, il permet à la Bohême de passer insensiblement d'une veine patriotique à un impressionnisme chaleureux et tendre, avec lequel la vitalité explosive des œuvres d'un Leoš Janáček fera un contraste saisissant. La grandeur sensuelle des cantates dramatiques d'un Vitězslav Novák vient encore augmenter le caractère brutal de l'irruption des rapsodies et opéras frénétiques de Janáček. Seule l'œuvre de Josef Suk fait l'unanimité des tenants d'un romantisme traditionnel et des activistes ouverts aux influences de Debussy et du premier Stravinski. Otakar Ostrčil se situe dans le sillage de Mahler et sera sensible à la polyphonie de Schönberg.

Le plus grand compositeur tchèque de cette époque reste le Morave Leoš Janáček, œuvrant dans un contexte spécifiquement populaire, en donnant naissance à cette « vibration affective », une identification à la vie et à la nature qui rend immédiatement grandiloquente et passéiste toute l'œuvre de ses meilleurs contemporains, de Novák à Suk. Ces derniers voient ainsi leur fin de carrière obscurcie par cette vague de fond morave que seuls les musiciens d'après-guerre commencent à endiguer.

Dans le sillage de l'intellectualisme formel d'un Novák ou de l'impressionnisme d'un Suk, exerce tout un lot de compositeurs tchèques et slovaques, tels que Rudolf Karel, Ladislav Vycpálek, Jaroslav Křička, Otakar Zich, Boleslav Vomáčka *(1887-1965),* Jaroslav Jeremiáš, Otakar Sin, brillants contrapuntistes. Mais on doit à de nombreux élèves de Novák et Foerster l'excellence des écoles de composition tchèque du XXe siècle, enseignée tout d'abord essentiellement à Prague, puis à Brno : ainsi Otakar Jeremiáš, Karel Boleslav Jirák, Vilém Petrželka, Jaroslav Kvapil, Jaroslav Křička, Osvald Chlubna *(1893-1971),* admirateur de R. Strauss, Václav Kálik *(1891-1951),* František Pícha *(1893-1964).*

La création de la République tchécoslovaque, aux lendemains de la Première Guerre mondiale, coïncide avec la reconnaissance par les siens du génie de Janáček, musicien d'avant-garde, largement sexagénaire. Les vieux maîtres voyaient leurs élèves attirés par le parisianisme stravinskien, mais également de Prokofiev et de l'école des Six ; d'autres écoutaient *Wozzeck* à Vienne, alors que la musique « révolutionnaire » de Hindemith intéressait ceux qui cherchaient un nouvel ordre sonore, indépendant de Schönberg. Puis viennent les échos du jazz, le modernisme du premier Chostakovitch, celui du *Nez* et de *Lady Macbeth de Mtsensk.* Il se fait encore une scission entre les tenants d'un certain sentimentalisme issu de Dvořák et ceux qui préfèrent l'ordre réaliste plus spectaculaire de Stravinski.

Un créateur domine cette période de recherche, Alois Hába, précurseur de la rencontre de la musique occidentale avec les musiques non écrites extra-européennes. Ses études sur les micro-intervalles étonnent encore les spécialistes qui puisent dans ses théories les musiques athématiques aux nombreux clusters d'après 1960.

De cette période d'entre-deux-guerres émerge Bohuslav Martinů, brillant épigone à ses débuts d'un Roussel et d'un Stravinski et dont l'œuvre immense ne compte plus que des chefs-d'œuvre à partir de l'exil américain.

Quelques noms émergent de cette période de profonde influence occidentale, parmi les compositeurs restés en Bohême : Pavel Bořkovec, Emil Hlobeil, Iša František Krejčí, František Bartoš *(1902-1973),* Karel Janaček *(1904-1972),* le plus grand théoricien tchèque de notre siècle, Karel Srom, le violoniste František Drdla, le pianiste Rudolf Frimml, Jaroslav Řídký, Dalibor C. Vačkár *(1906-1954),* le symphoniste Zděnek Folprecht *(1900-1961),* le frère d'Alois Hába, Karel. Quelques créateurs s'essaient à l'opéra populiste sur les traces de Weill et Eisler : le pianiste Jaroslav Ježek, Vít Nejedlý *(1912-1945).* Reste la fille de Václav Kaprál, Vítězslava Kaprálová, disparue à 25 ans, digne pendant tchèque de Lili Boulanger.

La période contemporaine. Pour célébrer la libération, Martinů n'est pas là, retenu aux États-Unis par une chute aux suites dramatiques. C'est Rafael Kubelik, le fils du grand violoniste Jan, qui rouvre avec *Ma Vlast* les cycles de musique symphonique à la tête de la Philharmonie tchèque, phalange de classe internationale créée en 1901, successivement conduite par Kovařovic, Ludvig Celanský, Oskar Nedbal, Vilem Zemaněk, Václav Talich. Mais le « coup de Prague » vient mettre un terme à la prolifération des idées culturelles venant de Vienne, Paris, Londres. L'État socialiste définit une nouvelle politique, avec la création de divers orchestres (Philharmonies de Brno, Olomouc, Radio-Symphonique de Plzeň, etc.) et l'ouverture de conservatoires supérieurs (ou académies) à Prague et à Brno (académie Janáček) et de conservatoires à Ostravá et Plzeň. Cette politique permet d'endiguer provisoirement le grand nombre d'instrumentistes tchèques (à cordes, en particulier) qui faisaient les beaux jours des phalanges berlinoises, viennoises, et même américaines. En 1946, est fondé le Printemps de Prague, immense festival où les œuvres tchèques côtoient la production internationale dans des exécutions de très haut niveau par des ensembles de la qualité de la Philharmonie tchèque, des Quatuors Smetana, Janáček, de la Ville de Prague, le Chœur philharmonique tchèque, etc.

Pour un temps, l'Union des compositeurs, fondée en 1949, encourage les œuvres de grande envergure, héritée de la cantate dramatique d'un Novák, et qui semble avoir trouvé dans le dernier Chostakovitch un exemple à suivre. Hors de ce « chostakovisme » académique apparaissent des musiciens qui font œuvre originale : le symphoniste Miloslav Kabelač, le poète et mélodiste-né qu'est Václav Trojan, qui se spécialise dans la musique de film, dessins animés, marionnettes, etc., Jean Hanuš, héritier d'Ostrčil et Jeremiáš ; d'autres restent dans la grandiloquence de rigueur : symphonies de Jaroslav Doubrava, drames musicaux de Václav Kašlík *(né en 1917),* pseudo-patriotisme d'un Václav Dobiaš.

Puis intervient Jan Rychlík qui, par son activité à la tête des *Musici Pragenses,* orchestre spécialisé, comme notre Domaine musical, dans la création contemporaine, fait connaître l'école de Vienne sous la direction de Zbyněk Vostřák, ainsi que les productions des jeunes compositeurs tchèques, avides de connaître l'héritage de Bartók, Martinů, des Viennois, de l'école de Boulez et de Stockhausen.

Entre 1960 et 1968, Prague s'ouvre aux influences occidentales grâce aux créations d'œuvres signées Otmar Mácha, Marek Kopelent, Jan Klusák, Luboš Fišer, etc. Mais cette vague de fond est endiguée par la reprise en main culturelle effectuée au lendemain d'août 1968. Les productions d'avant-garde disparaissent peu à peu, au bénéfice de celles des membres de la nouvelle Union des compositeurs, tchèque et slovaque, créée au lendemain de la fédéralisation de 1969. L'État privilégie une production spécifiquement nationale où il est très difficile de discerner la création véritable, qu'elle soit traditionnelle ou d'avant-garde, au travers d'un certain pompiérisme. Des pianistes-compositeurs comme Josef Páleníček *(né en 1916),* Ilja Hurník font figure d'indépendants, tout comme des novateurs profonds comme Viktor Kalabis et Jindřich Feld. L'un et l'autre sont peu portés vers la cantate ou la symphonie vocale et s'expriment totalement, l'un dans ses créations symphoniques, l'autre dans sa musique de chambre, alliage subtil de l'héritage spirituel de Bartók et Martinů dans un langage évolué qui n'a pas à rougir des expériences d'un Lutoslawski ou d'un Boulez.

À côté de ces personnalités reconnues d'audience internationale, exercent des musiciens de moindre envergure : ainsi l'élève de Křička, Jan Zdeněk Bartoš *(1908-1973)* un lyrique fort doué, épigone d'Honegger et Prokofiev ; Vladimir Sommer ; Oldřich Flosman *(né en 1925),* au catalogue tonal étonnamment fourni ; le directeur du conservatoire d'Ostrava, Svatopluk Havelka ; l'admirateur de Miakowsky, Ivan Rezáč *(né en 1924) ;* les élèves de Dobiáš que sont Václav Felisc *(né en 1928)* et Josef Ceremuga *(né en 1930) ;* Ivan Jirko *(né en 1926) ;* le symphoniste prolifique qu'est Jiří Válek *(né en 1923) ;* Miroslav Raichl *(né en 1930).*

D'autres œuvrent hors du pathos symphonique : l'élève de Kvapil, Miloslav Ištvan qui, partant de la mélodie morave, s'impose aujourd'hui par sa musique de chambre ; Josef Berg, prématurément disparu, qui relie l'héritage d'un Mysliveček aux conquêtes modernes. D'autres trouvent leur classicisme dans la forme du concerto : Jiří Pauer, Čestmír Gregor *(né en 1926)*, Štěpán Lucký, Lubor Bárta, qui laisse une œuvre exemplaire, si ce n'est novatrice.

De cette multitude de compositeurs travaillant tous dans le même sillon, on doit retenir trois noms : Kabeláč, Kalabis et Feld. Ce dernier, aujourd'hui professeur, forme le lien entre la tradition occidentale issue de Martinů et un postsérialisme élargi où les mélodistes innés que sont les musiciens tchèques trouveront une grammaire adaptée à leur expression.

Les héritiers de Rychlík ont tenté d'introduire vers 1966-1968 la musique électronique (plusieurs studios à Prague, Plzeň, etc.), mais ces expérimentateurs que sont Jozšef Malovec *(né en 1933)*, Ivan Pařik *(né en 1934)*, le Slovaque Ilja Zelenka *(né en 1932)* ont provisoirement disparu de la scène musicale. Certains, comme E. Illín ou Jan Novák, se sont expatriés. Les créateurs les plus prometteurs comme Klusák, Kučera, Kopelent, et surtout Fišer, attendent une nouvelle orientation de la musique officielle pour succéder aux « à la manière de... » écrits par Jan Tausinger, Josef Matěj, utilisant une grammaire apparemment moderne pour des productions conventionnelles.

Restent des indépendants : l'admirable mélodiste et chef de chœur qu'est Petr Eben, le musicien de chambre discret qu'est Luboš Sluka.

La musique populaire. Carrefour naturel de l'Europe, écartelée entre ses attractions Nord-Sud (Vienne/Berlin) ou Est-Ouest (Hongrie-U.R.S.S./France, Allemagne, États-Unis), la Bohême ne recèle que peu de mélodies populaires profanes archaïsantes. La mine d'or qu'est la région d'Ostrava (le pays des Lachs ou Lachie) sert depuis trois siècles à alimenter la production populaire, basée sur des mélodies dont le rythme est accentué sur la deuxième syllabe, conformément à un dialecte différent du tchèque savant dont l'accentuation naturelle est sur la première syllabe. De Křížkovský à Eben, en passant par Novák et Janáček, les *lašske tance* lient étroitement la musique de danse à la musique instrumentale. La nature modale de ces trésors populaires a donné son authenticité à la multitude d'harmonisations réalisées depuis un siècle.

La musique en Slovaquie. On y décèle l'avènement du grégorien dans une langue slave liturgique spécifique dès 900. Bien qu'interdite par Rome (885), celle-ci permet la création d'un répertoire, comme l'attestent les nombreux cantionnaires, de *Nitra* (vers 1160) par exemple. Ce sont les *igrics*, jongleurs slaves, qui répandent la pratique musicale galante ou courtoise, alors que le peuple s'exprime par la polyphonie vocale. L'Antiphonaire d'Anna Weiland de Bratislava (1572) renferme quelque quatre cents compositions à plusieurs voix. La vie musicale reste centrée sur les principales communautés religieuses : Košice, Bratislava, Levoča, Bardejóv.

A l'époque baroque, les échanges se multiplient avec la plaine hongroise, permettant aux œuvres de Janos Sigismond Kusser et de l'organiste Jan Simbracký *(1620-1657)* de présenter une musique religieuse proche de S. Scheidt ou de Praetorius. Sur le plan instrumental, l'influence hongroise reste prépondérante : danses des luthistes Bakfark et Balassi, Codex de Vietorísz (1664). Les traces écrites de cette époque sont dues à des moines franciscains, le père Pantoléon Roškovský, Edmund Pascha *(1714-1772)*, connu pour ses messes de Noël. Au moment de la première réforme, de l'écrasement des hussites, le chant populaire arrive à se perpétuer grâce à quelques cantionnaires, protestants *(Cithara Sanctorum,* 1636) ou romains *(Cantus catholici,* 1655).

Période baroque et classique. Les nombreux princes allemands et hongrois tiennent cour dans leurs fiefs et font venir des musiciens du niveau de Haydn, Mozart, provoquant l'intérêt des classes aisées slovaques qui n'ont pas été décimées par la Contre-Réforme. Les deux maîtres slovaques les plus réputés sont alors Antonín Zimmermann *(1741-1781)*, que d'aucuns considèrent comme autrichien, qui fut le maître de chapelle du prince Batthyaní, organiste de la cathédrale de Bratislava (Presbourg), auteur de symphonies, concertos, sonates pour clavier, d'un singspiel *(Narcisse et Pierre)*, d'un mélodrame *(Andromeda und Perseus)* qui fut donné à Budapest et Vienne, et l'équivalent du Tchèque Vejvanovský qu'est Jiří Druzecký *(1745-1819)*, auteur de sérénades, parthias pour instruments à vent, d'opéras et de ballets.

On peut également citer le pianiste František Pavol Rigler *(?-1779)*, qui sera le professeur de J. N. Hummel, le chef d'orchestre et fondateur de la *Cirkevnehó hudobneho spolku* (Société de musique religieuse) en 1828 à Bratislava, Heinrich Klein *(1756-1832)*, son successeur, Josef Kumlík *(1801-1869)*, qui donne la première à Bratislava de la *Missa solemnis* de Beethoven en 1835.

Dans les autres centres slovaques, on peut citer Ludovít Sklaník *(1783-1848)*, moine prémontré, maître de chapelle du couvent de Rožňava, son frère, František *(1777-1841)*, exerçant à Košice, l'archiviste Ján Čaplovič *(v. 1720-1780)*, exerçant à Banská Bystrica, Augustín Smehlík *(1770-1854)*, moine piariste exerçant à Trenčín.

L'avènement d'une école nationale slovaque. La naissance d'une école slovaque ne se fit pas grâce à un musicien de la dimension d'un Smetana. Ce sont des humanistes, instituteurs, poètes, sans formation musicale, tels que Martín Szuchaný *(1792-1834 ?)*, Ladislav Füredy *(1794-1850)* qui recueillent et harmonisent les premières chansons slovaques. Il n'y a guère que le prêtre défroqué Jan Leloslav Bella *(1843-1936)* qui commence un véritable recensement scientifique, puis introduit la chanson slovaque dans la musique savante. Mikuláš Schneider-Trnavský *(1881-1958)* écrit de nombreux lieder sur des textes slovaques authentiques : *Slovenska ludové piesne* (1923), *50 slowakische Volkslieder* (1943), dont s'inspire l'école actuelle, Ivan Hrušovský par exemple. De même, le père d'Alexander Moyzes, Mikuláš *(1872-1944)*, exploite la même source d'inspiration dans sa musique de chambre.

Le premier opéra slovaque, *Detván*, n'est donné qu'en 1928, écrit dans un style presque wébérien par Vilima Figuš *(1875-1937)*, et dirigé par Oskar Nedbal. Reste l'école de piano de Frico Kafenda *(1883-1963)*, qui enseigna à E. Suchoň, J. Zimmer.

Au lendemain de la Première Guerre mondiale, dans le conservatoire de Bratislava (créé en 1919), l'opéra ouvert en 1920, l'essentiel de l'activité vient de Brno et Prague, grâce aux efforts de V. Novák. En 1948, les possibilités sont tout autres. C'est l'État qui finance la création de la Philharmonie slovaque (1948), permet de faire connaître l'œuvre d'Alexander Moyzes, dont les neuf symphonies, les opéras *Krútnava* et *Svätopluk* servent d'exemple à une pléiade de jeunes compositeurs dont les plus connus sont, dans la première génération, Eugen Suchoň et J. Cikker, qui enseignent au conservatoire auprès de Moyzes dans la génération d'après-guerre, František Babušek *(1905-1954)*, Šimon Jurovský *(1911-1963)*, Andrej Očenáš *(né en 1911)*, Ladislav Holoubek *(né en 1913)*, Jozef Kresánek *(né en 1913)*, profondément influencé par Bartók, le symphoniste Dezider Kardoš *(né en 1914)*, Oto Ferenczy, Jan Zimmer, etc. De fait toute une génération qui, sous la conduite d'A. Moyzes, a cherché dans la musique d'Honegger, Chostakovitch, Prokofiev, Bartók, Stravinski, un langage adapté à son lyrisme naturel.

La dernière génération commence à se poser les mêmes problèmes de langage, expérimentant la musique électronique comme Peter Kolman *(né en 1937)* ou Ladislav Kupkovič *(né en 1936)*, dans le studio de Bratislava créé après une visite de Pierre Schaeffer, ou ressassant un néoclassicisme parfois ingénieux comme Ladislav Burlas *(né en 1927)*, Roman Berger *(né en 1930)*, Dušan Martinček *(né en 1936)*, alors qu'Ivan Hrušovský ou Juraj Hatrík *(né en 1941)* jouent d'un sérialisme modal au lyrisme convaincant. Ilja

Zelenka *(né en 1932)* semble influencé par l'école allemande, celle de Blacher, puis du studio de Cologne (Eimert, Stockhausen).

Depuis 1951, Bratislava est devenue un centre musical important, comportant un Institut de musicologie (dirigé par L. Burlas), une chaire de musicologie à l'université J.-A.-Komenský (tenue par Jozef Kresánek), enfin des collections d'archives, qui séparent, depuis 1969, la *Matica slovenska* de la *Musica antiqua Bohemica*. Chaque année, les journées musicales de Bratislava rassemblent les principales formations de jeunes, classiques, folkloriques ou de variétés.

P.-E. B.

TCHEREPNINE, famille de musiciens russes. — 1. **Nicolas Nicolaïevitch**, compositeur et chef d'orchestre *(Saint-Pétersbourg 1873 - Issy-les-Moulineaux 1945)*. Il fut élève de Rimski-Korsakov au conservatoire de Saint-Pétersbourg, puis y fut lui-même professeur (1908-1918) de la classe de direction d'orchestre qu'il avait lui-même créée. Il eut parmi ses élèves Prokofiev, ainsi que nombre de futurs chefs d'orchestre de renom, dont A. Gauk et N. Malko. Lui-même était en outre chef d'orchestre du théâtre Mariinski. En 1909-1912, il dirigea plusieurs spectacles de Diaghilev, dont son propre ballet *le Pavillon d'Armide* (1909). Il fut aussi l'un des orchestrateurs du *Carnaval* de Schumann. En 1918, il fut appelé en Géorgie et dirigea pendant trois ans le conservatoire de Tiflis. En 1921, il vint s'installer à Paris où il fut, à partir de 1925, directeur du Conservatoire russe fondé par des musiciens émigrés.

Le style de Tcherepnine s'inscrit dans la lignée du groupe des Cinq et du groupe Belaïev (exotisme, références au folklore et à la musique religieuse), mais avec une ouverture sur l'esthétique occidentale, française en particulier, du début du XXe siècle. Son œuvre compte plusieurs ballets, dont *Narcisse et Écho* (1911), *le Masque de la mort rouge* (1922) d'après E. Poe, *le Roman de la momie* (1924) d'après Th. Gautier, deux opéras, *Svat* (1930) et *Vanka* (1933), un oratorio, *la Descente de la Sainte Vierge à l'Enfer* (1934), de la musique de chambre, de piano, des mélodies et des chœurs. En 1922, il termina et orchestra l'opéra inachevé de Moussorgski *la Foire de Sorotchintsy* qui fut représenté à Monte-Carlo.

— 2. **Alexandre Nicolaïevitch**, compositeur et pianiste, fils du précédent *(Saint-Pétersbourg 1899 - Paris 1977)*. Il étudia la musique avec son père, avec L. Kachperova (piano) et au conservatoire de Saint-Pétersbourg avec Sokolov (harmonie). Il suivit son père en Géorgie, puis à Paris, et se fit rapidement connaître comme pianiste virtuose et comme compositeur. À Paris il se perfectionna avec P. Vidal (contrepoint) et I. Philipp (piano). Il avait alors déjà écrit de nombreuses pièces pour piano, dont son *Ier Concerto* op. 12, et de la musique de chambre. En 1923, il composa à la demande d'Anna Pavlova son premier ballet, *Fresques d'Ajanta*, créé à Londres la même année, et, en 1925, son premier opéra, *01-01*, d'après *les Jours de notre vie* de L. Andreïev, drame inspiré de la vie estudiantine. En 1926, il effectua une tournée aux États-Unis. En 1927, la création de sa *Ire Symphonie* à Paris provoqua un scandale. 1930 vit la composition d'un nouvel opéra, *le Mariage de Sobéide*, sur un texte de Hofmannsthal. En 1933, il compléta et orchestra l'opéra inachevé de Moussorgski, *le Mariage*.

Les années 30 furent celles de nombreux voyages : dans les pays balkaniques, en Égypte, en Palestine, et surtout, en 1934-1937, en Extrême-Orient. Ce séjour eut une influence primordiale sur son œuvre. À Shanghai, il rencontra la pianiste Lee Hsien Ming, qui allait devenir son épouse. Jusqu'en 1948, ils vécurent à Paris. En 1945-46, Tcherepnine composa, en collaboration avec A. Honegger et T. Harsanyi, le ballet *Chota Rostaveli*, sur un argument de Lifar. En 1948, il s'installa aux États-Unis où il devint professeur de musique à l'université De-Paul à Chicago. Parmi les œuvres importantes composées à partir de cette date, il faut citer les *2e*, *3e* et *4e Symphonies*, l'opéra *The Farmer and the Nymph*, *la Flûte perdue* pour récitant et orchestre, *l'Oraison symphonique* pour orchestre. En 1967, il fut invité pour une tournée en U.R.S.S.

Le style de Tcherepnine est constitué de multiples éléments rassemblés en un tout d'une étonnante homogénéité. De bonne heure, dès les années 20, il utilisa une gamme de son invention, constituée de trois cellules comprenant chacune un demi-ton, un ton et un demi-ton. Du point de vue culturel, ses influences premières furent naturellement le folklore russe et l'ancien chant religieux (« znamenny »), auxquels se sont joints les idiomes musicaux de l'Extrême-Orient (pentatonisme notamment). Ils dominent nombre de ses œuvres : *Sept Chansons chinoises*, *4e Concerto pour piano*, *Études pour piano sur la gamme chinoise*.

Mais tout en donnant ainsi l'image d'un Russe ayant retrouvé ses racines orientales, Tcherepnine fut aussi marqué par les compositeurs européens, notamment Martinů, Mihalovici, Honegger, dont il fut proche. Il subit également l'influence du « motorisme » de Prokofiev, auquel l'apparente une conception plus structurée que sentimentale de la musique.

La diversité de toutes ces références, ainsi que son égale familiarisation avec l'Europe, l'Asie et l'Amérique ont fréquemment fait attribuer à Tcherepnine les épithètes de « cosmopolite » et de « citoyen du monde ».

A. L.

TEBALDI *(Renata)*, soprano italienne *(Pesaro 1922)*. Elle fait ses débuts à Rovigo en 1944 dans Hélène du *Mefistofele* de Boïto. Son timbre d'une admirable qualité lui fait distinguer par Toscanini qui l'engage pour chanter le *Requiem* de Verdi, lors du concert d'inauguration de la Scala de Milan reconstruite après la guerre. En peu d'années, elle s'affirme comme la plus belle voix italienne de l'après-guerre et règne sur la Scala en reine incontestée jusqu'à l'engagement de la Callas en 1952. À partir de cette époque, ce sont deux écoles d'interprétation qui s'opposent, et Tebaldi finira par céder la place, pour continuer sa carrière au Metropolitan Opera de New York. Outre sa voix exceptionnelle, elle possédait une technique d'émission exemplaire, mais apparentée à l'école véristre, davantage qu'à la grande tradition du bel canto. La beauté du son resta toujours l'essentiel de son art au service d'une expression musicale souvent conventionnelle. Elle était au meilleur d'elle-même dans les ouvrages de Puccini (rôles de Mimi, Butterfly, Liu), mais triompha également dans certains rôles de Verdi, comme Aïda, et Leonore de *La Forza del Destino*.

J. B.

TE DEUM. Cantique terminal de l'office de matines, utilisé depuis le XVIIe siècle au moins comme cantique d'action de grâces pour célébrer tout événement officiel de caractère heureux : victoires militaires, naissance ou mariage de princes, etc.

Attribué à divers auteurs, dont le plus probable est l'évêque Nicétas de Remesiana (Yougoslavie) au début du Ve siècle, il comporte plusieurs parties dont seule la première est un hymne de louanges, la suite s'infléchissant vers la crainte et la supplication ; mais l'éclat de cette première partie a fait oublier le caractère des suivantes, et le *Te Deum* a fini par supplanter le *Christus vincit* carolingien comme chant officiel de gloire et d'action de grâces.

Ce transfert a probablement été favorisé par le fait que les mystères de la fin du Moyen Âge, qui se jouaient sur la place publique, avaient conservé de leur origine de drame liturgique, placé alors à matines avant le chant du *Te Deum* liturgique, l'habitude de placer ce chant en conclusion de leurs fastueuses représentations. On s'est ainsi habitué à le considérer comme un hymne de remerciement au ciel à la suite de quelque événement mémorable.

Au sacre des rois de France, le *Te Deum* était de rigueur, mais il y était toujours chanté en plain-chant, non en polyphonie. Il n'en a pas moins été fréquemment traité par les compositeurs ; c'est un verset du *Te Deum (Tu Patris)* qui, au IXe siècle, est choisi

par la *Musica Enchiriadis* pour servir de support aux premiers exemples de polyphonie de notre histoire. Haendel n'a pas écrit moins de cinq *Te Deum*, dont le plus connu est celui pour la victoire de George II à Dettingen (1743). C'est au *Te Deum* de Marc-Antoine Charpentier (1703) que l'Eurovision a longtemps emprunté son indicatif. Parmi les *Te Deum* les plus célèbres, on cite ceux de Lully (1664), Purcell (1694), Haydn (v. 1800), Berlioz (1849), Bruckner (1884), Verdi (1898), etc., et c'est par un *Te Deum* de Gossec que fut célébré en 1790 l'anniversaire de la prise de la Bastille au Champ-de-Mars pour la fête de la Fédération.
J. C.

TELEMANN *(Georg Philipp)*, compositeur allemand *(Magdeburg 1681 - Hambourg 1767)*. Ses dates témoignent de la prodigieuse longévité de Georg Philipp Telemann, sans doute le compositeur le plus fécond de toute l'histoire de la musique (environ six mille œuvres dont, à la fin de sa vie, il était bien incapable de dresser la liste). Né à Magdeburg, neuf ans après la mort de Schütz, et quatre ans avant Bach, il meurt à Hambourg trois ans avant la naissance de Beethoven, et alors que l'Europe a déjà applaudi (et quelque peu oublié) un enfant prodige nommé Wolfgang Amadeus Mozart, et le prince Esterhazy entendu une bonne trentaine de symphonies de son maître de chapelle Joseph Haydn.

Fils d'un pasteur, il s'oriente dans sa jeunesse non seulement vers la musique, mais aussi vers le droit, la géométrie, le latin, le grec. Dès l'âge de douze ans, il écrit et fait représenter avec succès un opéra, et se met à composer abondamment en prenant comme modèles des musiciens tant allemands (Rosenmüller) qu'italiens (Corelli, Caldera). Mais il est surtout autodidacte. Après avoir fait, à Halle en 1701, la connaissance de Haendel, il se rend à Leipzig pour y poursuivre ses études de droit.

« Découvert » comme compositeur par le bourgmestre Romanus, il écrit tous les quinze jours une cantate pour l'église Saint-Thomas, dont le cantor est Johann Kuhnau. Il interrompt bientôt ses études de droit, s'étant tourné définitivement vers la musique, prend la direction de l'Opéra de Leipzig et fonde le Collegium Musicum, organisation de concerts publics. En 1705, il devient maître de chapelle du comte Erdmann von Promnitz, à Sorau. Il écrit pour son maître, passionné de musique française, des œuvres inspirées de Lully et de Campra, et l'accompagne dans ses domaines de Pologne, où il entre en contact avec la musique populaire et des tziganes slaves.

En 1706, il est à Eisenach où il rencontre Bach, dont il deviendra le parrain du deuxième fils, Carl Philipp Emanuel. En 1712, il s'installe à Francfort-sur-le-Main, et en 1721 à Hambourg, où il devient cantor du Gymnasium Joanneum et directeur de la musique dans les cinq églises principales de la ville. Il y restera fixé jusqu'à sa mort, non sans avoir brigué contre Bach la succession de Kuhnau à Leipzig (1722), ni effectué encore de nombreux voyages, dont un à Paris en 1737.

Non content de fournir la métropole hanséatique en opéras, en musique sacrée et en musique de concert, il fonde en 1728 puis dirige *le Maître de musique fidèle (Der getreue Music-Meister)*, la première revue musicale allemande, approvisionne régulièrement diverses cours princières en œuvres nouvelles et inédites, et trouve le temps de cultiver soigneusement son jardin (pour lequel Haendel lui envoie les oignons de tulipe et de jacinthe les plus rares) tout en se livrant à une étude approfondie des penseurs, des poètes et des écrivains des « lumières ».

Il compte, dans ses dernières années, parmi les pionniers de genres nouveaux comme le quatuor à cordes, et son ultime partition achevée, la cantate *Ino* (1765), offre de curieuses ressemblances avec Gluck.

Telemann, qui de son vivant éclipsa tous ses contemporains par sa célébrité, tomba après sa mort dans un oubli profond : « La postérité (fit) payer cher à Telemann l'insolente victoire que, de son vivant, il remporta sur Bach. Cet homme, dont la musique était admirée dans tous les pays d'Europe, depuis la France jusqu'à la Russie, et que (...) le sévère Mattheson déclarait le seul musicien qui fût au-dessus de l'éloge, est aujourd'hui oublié, dédaigné. On ne cherche même pas à le connaître » (Romain Rolland en 1919).

La situation, depuis, a changé. Telemann a été redécouvert, grâce surtout au microsillon. « Bach-*si* mineur, Telemann-*ut* majeur », déclarait déjà au siècle dernier le musicologue Philipp Spitta. Le caractère extraverti et la verve sympathique de Telemann appelaient cette boutade. D'autant que Bach et lui-même assumèrent de façon fort différente leur position européenne. Bach, génie de la synthèse et de l'unification des tendances et des courants les plus divers, s'oppose nettement à Telemann, qui sut également s'adapter et tirer profit de tout, mais à la manière d'un caméléon, en changeant chaque fois d'habit pour ainsi dire.

Il illustra ainsi tous les genres pratiqués à son époque, et grâce à sa curiosité et à son inlassable vivacité d'esprit, en laissa des spécimens qu'on peut sans hésiter ranger au nombre des meilleurs. On lui doit environ cent oratorios dont *le Jugement dernier (Der Tag des Gerichts*, 1762), des cantates profanes comme *les Heures du jour (Die Tageszeiten*, 1759), quarante-quatre *Passions*, quarante opéras dont *Pimpinone* (1725), intermezzo bouffe précédant de huit ans *la Servante maîtresse (La Serva padrona*, 1733) de Pergolèse, douze séries de cantates pour tous les dimanches et toutes les fêtes de l'année, six cents ouvertures à la française et d'innombrables concertos et pièces de musique de chambre faisant partie ou non de la fameuse *Musique de table (Tafelmusik*, 1733), des pièces pour clavecin, des lieder.

Nul plus que lui, sans doute, ne chercha à répondre aux exigences contradictoires de l'ancienne polyphonie et du style galant, d'où ses triomphes (passés et actuels), et aussi ses limites.
M. V.

TELEMUSIK. Œuvre électroacoustique composée et réalisée par Karlheinz Stockhausen entre janvier et avril 1966 au studio de musique électronique de la Radio japonaise (NHK). *Telemusik*, tout comme les parties purement électroacoustiques (fixées sur bande magnétique) de *Kontakte** ou de *Hymnen**, synthétise en un mélange complexe des fréquences, des sons sinusoïdaux et des sons naturels plus ou moins filtrés et transformés, tout en laissant subsister certaines caractéristiques figuratives, réalistes – dans le cas de *Telemusik,* l'atmosphère du pays où a été conçue l'œuvre (le Japon) et à une plus haute échelle des éléments, des souvenirs de rituels tibétains, hindous, vietnamiens, japonais, etc., articulés et intégrés dans une composition uniforme, stricte et directionnelle de musique « électronique-concrète ». Dans *Telemusik,* la symbiose stylistique se veut totale et les différents prélèvements de musique japonaise traditionnelle ou d'éléments de folklore d'autres civilisations, perdant toute fonction de citation, se glissent, s'enfouissent dans un *réseau* de sons électroniques divers, structuré de façon rigoureuse et témoignant par des procédés strictement synthétiques d'une véritable virtuosité technique.

L'œuvre a l'ambition de confronter les visages les plus archaïques de plusieurs civilisations musicales extra-européennes, leur prodigieuse variété avec un système relativement uniforme de principes de construction et du matériau, qui permettrait cependant de produire une multitude de formes musicales individuelles et les phénomènes acoustiques les plus divers.

Telemusik dure 17 minutes 30 secondes. « Pendant mes huit ou neuf premiers jours à Tôkyô, je n'arrivais pas à dormir ; en particulier, il y avait une vision qui revenait continuellement à mon esprit : vision de sons, de nouveaux processus techniques, de relations formelles, d'images de notations, de liaisons humaines — tout en même temps, et en un réseau trop touffu pour pouvoir être représenté par *un seul* processus logique. Par surcroît, je souhaitais avancer dans la direction d'un rêve qui me poursuit depuis longtemps : ne plus composer "ma" musique, mais celle de toute la terre, de tous les pays, de toutes les races... *Telemusik* est devenu le point de départ d'un nouveau développement, dans lequel le concept de "collage" du premier demi-siècle se trouve progressivement dépassé. *Telemusik* n'est *plus* un collage. Grâce à l'intermodulation d'objets trouvés "anciens" et de nouveaux événements sonores créés par moi avec les moyens électroniques modernes, une unité de niveau supérieur est atteinte : un universel de passé, de présent et d'avenir, de pays et d'espaces éloignés les uns des autres : TÉLÉMUSIK » (K. Stockhausen). P. S.

TÉLÉPHONE (LE). Opéra bouffe en 1 acte, créé au Heckscher Play House de New York le 18 février 1947. Gian Carlo Menotti en a écrit le livret et composé la partition pour servir de lever de rideau à son drame lyrique *le Médium*, trop court pour remplir une soirée. *Le Téléphone* devait partager l'heureuse fortune de ce dernier ouvrage, aussi bien aux États-Unis (deux cent onze représentations consécutives à Broadway dès la première année) qu'à l'étranger.

Lucy (sc) *est une Américaine jeune et jolie qui passe le plus clair de son temps à bavarder au téléphone avec ses amies. Ben* (bar), *son amoureux transi, vient lui rendre visite : il doit partir en voyage dans l'heure qui suit et voudrait bien, auparavant, déclarer sa flamme et lui demander sa main. Or, chaque fois qu'il va poser la question décisive, il est interrompu par la sonnerie du téléphone : c'est d'abord une certaine Margaret qui appelle Lucy* (leur conversation est traduite par le compositeur, avec une irrésistible ironie, sous la forme d'un air « à cocottes » où la soprano dialogue avec le piano — représentant ici la voix de la correspondante à travers le récepteur). *Puis, nouvelle interruption : cette fois c'est George, un flirt, qui fait à Lucy une querelle téléphonique. Ensuite, c'est Lucy qui appelle une de ses amies pour l'informer de cette querelle. De sorte que Ben, voyant l'heure de son train approcher, choisit la solution qui s'impose : profitant de ce que Lucy est encore occupée avec le cher appareil, il quitte l'appartement et, une fois dans la rue, s'engouffre dans la cabine la plus proche. La demande qu'il n'a pu formuler de vive voix, il la fera par téléphone (dès que la ligne sera libre). De cette façon, bien sûr, Lucy ne pourra que répondre oui. L'acte s'achève sur un duo téléphonique où Lucy fait une dernière recommandation à son amoureux : Qu'il n'oublie pas... Ses yeux ?... Ses lèvres ?... Non, son numéro !*

Dans cet ouvrage rapide, incisif, Menotti a fait preuve d'une invention constante. Comme librettiste, il a su étoffer un argument un peu mince par de multiples trouvailles et notations humoristiques. La partition, écrite pour une petite formation de chambre, mêle la tendresse à l'ironie dans un jaillissement mélodique constant. Elle multiplie les clins d'œil et les citations (cadences à la Donizetti, passages en *recitativo secco*, etc.) et retrouve, sans pour autant le pasticher, l'esprit de l'opéra-comique de la fin du XVIIIe siècle et du début du XIXe. Ro. T.

TEMPÉRAMENT. Manière de répartir les intervalles de la gamme sur un clavier ou un instrument à sons fixes. Le mot implique une idée de compromis dû au fait que ces instruments ne peuvent procéder, comme le doigt d'un violoniste ou la voix d'un chanteur, aux très légères fluctuations de hauteur que le musicien fait normalement subir à une même note selon le contexte et la force des attractions qu'elle subit. Ils doivent donc fixer cette hauteur une fois pour toutes, ce qui ne peut se faire que par une série d'approximations, dont aucune ne peut être considérée comme parfaite, mais dont de multiples variantes ont été proposées et mises en usage.

— 1. **Le tempérament égal.** Aujourd'hui largement généralisé, c'est de loin le plus simple pour l'usager, mais non pour l'accordeur ni pour l'harmonicien. Divisant l'octave 2/1 en 12 demi-tons égaux, il élimine tous problèmes d'enharmonie et rend toutes les gammes semblables quelle qu'en soit la tonalité, contrairement à la conception qu'on en avait auparavant. Il se traduit par des nombres irrationnels (chaque demi-ton = racine 12e de 2) et ne peut être réalisé que par des approximations dans l'accord (quintes réglées d'abord justes, puis raccourcies au jugé). Hormis l'octave 2/1, aucun intervalle n'y est acoustiquement juste, c'est-à-dire conforme au modèle donné par la nature dans le tableau des harmoniques (quinte = 3/2, quarte = 4/3, tierce majeure = 6/5, etc.), mais les écarts sont suffisamment faibles pour être acceptés à la faveur du phénomène de tolérance.

Peu sympathique aux acousticiens, dont le premier à en avoir donné la théorie semble avoir été Andreas Werckmeister en 1687, le tempérament égal paraît avoir été pratiqué de manière empirique bien avant cette date, notamment pour la disposition des frettes de luth, mais il ne s'est vraiment généralisé qu'au début du XIXe siècle. On a cru longtemps que J.-S. Bach, par son *Wohltemperierte Klavier*, s'en était fait le défenseur, mais cette opinion est aujourd'hui contestée. Bach semble avoir publié son recueil en 1722, puis en 1744, non pour défendre un système contre un autre, mais pour fournir un critère de jugement : « Le clavier bien tempéré sera celui qui pourra jouer ce que je vais écrire. » Le tempérament égal nous semble aujourd'hui celui qui répond le mieux à ce critère, mais seulement une fois acceptées ses approximations de base, si bien que l'on peut dire que le véritable clavier « bien tempéré » n'existe pas et, par définition même, ne peut pas exister.

— 2. **Le tempérament pythagoricien.** C'est le plus ancien, et sans doute le seul pratiqué au Moyen Âge. Il correspond à un stade où seule la triade quinte-quarte-octave était reconnue consonance parfaite, et peut donc normalement accorder toutes ses quintes justes, sans se préoccuper de l'incidence sur les tierces, dont les majeures se trouvent hautes et les mineures basses. L'accord se pratique généralement du *mi* bémol au *sol* dièse, ce qui rend impraticable la jonction entre ces deux notes, dite *quinte du loup* (*sol* dièse-*mi* bémol, le *la* bémol n'étant pas envisagé).

Ce tempérament a été codifié au XVIIe siècle par l'astronome Mercator et le théoricien anglais Holder, qui ont proposé de diviser l'octave en 53 *degrés-commas* dont 9 forment un ton, divisé respectivement en deux demi-tons inégaux de 4 et 5 degrés-commas ; on introduit ainsi une nouvelle unité d'intervalle, le *comma*, valant dans ce système (et dans lui seul) un neuvième de ton (mais de ton de Holder et non d'un autre). La gamme de Mercator-Holder n'est pas tout à fait la gamme pythagoricienne, mais elle en approche suffisamment pour se confondre avec elle en pratique.

L'assertion souvent reproduite selon laquelle le comma est la neuvième partie du ton n'est exacte que dans ce seul système et ne repose sur rien ailleurs.

— 3. **Les tempéraments zarliniens**, dits « *inégaux* ». À partir du XVIe siècle, la tierce ayant été définitivement intégrée aux consonances parfaites, on ressentit le besoin de modifier le tempérament antérieur pour lui assurer dans la triade d'accord parfait sa valeur acoustique exacte 5/4, incompatible avec l'accord par quintes du système pythagoricien. Une même note prenait ainsi des hauteurs différentes selon qu'on la calculait comme quinte d'une autre ou comme tierce d'une troisième : *la*, par exemple, était plus haut comme quinte de *ré* que comme tierce de *fa*.

Devant l'impossibilité de résoudre tous les cas à moins d'un clavier à touches multipliées (ce qu'on essaya quelque temps), on se résolut au principe d'assurer la justesse des accords les plus fréquents en sacrifiant les autres. Le principe fut exposé dès 1511 (Pietro Aaron) et fut popularisé dans la seconde moitié du siècle sous l'autorité de Zarlino (1558) qui lui a donné son nom.

Le principe du tempérament zarlinien est d'assurer la justesse des trois accords majeurs et des trois accords mineurs pour les trois degrés de base du ton d'*ut* : *do*, *fa* et *sol*. On obtient ainsi un tempérament où quatre notes sont prises par quintes 3/2 : *fa-do-sol-ré*, puis, à partir des notes précédentes, trois par tierce majeure 5/4 : *la-mi-si*, et trois par tierce mineure 6/5 : *la* bémol, *mi* bémol, *si* bémol. Soit dix notes sur douze assurant six accords justes sur trois degrés seulement. Les deux notes restantes, *fa* dièse et *do* dièse, ne peuvent entrer dans aucun accord juste, et tous les accords autres que ceux de *do, fa* et *sol* seront faux. On a donc renoncé à appliquer strictement le principe théorique, et on a multiplié les systèmes de compromis, généralement désignés sous le nom global de « tempéraments inégaux ».

Ceux-ci sont fort nombreux et ne peuvent tous être décrits. Parmi les plus importants, signalons celui de J. Kirnberger (1760), élève de J.-S. Bach (ce qui a fait penser que le tempérament préconisé par celui-ci pouvait être le sien), de Jean-Jacques Rousseau (1768), de dom Bédos de Celles (1778). La plupart, à l'instar du pythagoricien, renoncent à l'emploi du *la* bémol au bénéfice du *sol* dièse et conservent donc la « quinte du loup » *sol* dièse-*mi* bémol en interdisant tout accord de *la* bémol majeur à moins d'une volonté de « dureté » exceptionnelle et affirmée. Pour le reste, ils recherchent sans toujours y parvenir le maximum de triades à tierces et quintes justes ou « supportables ».

Quel que soit le système adopté, tout tempérament inégal implique que chaque gamme d'un ton donné possède une sonorité intervallique différente de celle de la même gamme transposée dans un autre ton. D'où la doctrine de l'*ethos des tonalités* (tel ton est joyeux, tel autre sombre, etc.) qui repose ici sur une réalité, et qui n'a rien à voir avec la hauteur absolue, mais qui a été parfois reprise sans aucun fondement dans le cadre du tempérament égal, où elle devient une fiction sans consistance.   J. C.

TEMPÊTE (LA) [en angl. *The Tempest*]. Semi-opéra écrit en 1695 et attribué à Purcell (il était destiné à accompagner la version arrangée et édulcorée — en fait, un assez fade *remake* — que Dryden donna de l'œuvre la plus énigmatique de tout le théâtre de Shakespeare). Attribué disent certains spécialistes, car, en fait, un seul air, *Dear pretty youth*, chanté par Dorinda à l'acte IV, est incontestablement de l'auteur de *Didon et Énée*. La seule difficulté, pour ceux qui refusent la paternité de *la Tempête* à Purcell, c'est que la musique est ici d'une tout autre qualité que celle généralement écrite par l'obscur John Waldon, compositeur supposé de l'ouvrage. Aussi bien, la partition, tout en étant émaillée d'italianismes qui disent l'influence d'Alessandro Scarlatti comme, au plan instrumental, de Corelli, baigne dans une atmosphère rêveuse et poétique, avec ces constantes intrusions du fantastique dans l'action (le divertissement des démons de l'acte II) caractéristiques du génie purcellien, et présente un aspect expérimental qui en fait peut-être l'entreprise la plus hardie dans le domaine du masque et de la musique de scène au XVIIᵉ siècle. Et comme toujours chez Purcell, le maître-rythmicien est à son affaire dans les danses des démons et des marins et surtout dans l'irrésistible ballet qui conclut l'acte V, à l'instigation du magicien Prospero, tout heureux de faire valoir ses pouvoirs surnaturels.   R. T.

TEMPÊTE (LA). Musique de scène de Sibelius pour la pièce de Shakespeare, composée en 1925-26. Commandée par le Théâtre royal de Copenhague, elle y fut donnée avec la pièce le 16 mars 1926. Le manuscrit original, en trente-quatre morceaux pour solistes, chœur et orchestre, est toujours inédit. De cette ultime musique de scène qu'il ait écrite, Sibelius tira deux suites d'orchestre (opus 109 nᵒ 2 et nᵒ 3) précédées d'un impressionnant prélude (opus 109 nᵒ 1). Le Théâtre royal de Copenhague étant aussi le siège de l'Opéra, Sibelius put disposer d'un orchestre important.

Le puissant prélude, athématique, n'est fait que d'onomatopées (succession de quartes augmentées ascendantes et descendantes aux cordes, bribes de motifs chromatiques aux bois, rugissements de cuivres, secousses de percussion) : des masses organisées se meuvent les unes contre les autres. La fin, qui superpose des accords avec une grande délicatesse et dans une atmosphère de tension et de mystère, fait contraste. Pour conclure la Première Suite, figure une version abrégée du prélude, sans cette fin. La Première Suite comprend dix numéros, la seconde neuf.

Certains, comme *le Chêne*, la *Berceuse*, le *Chant d'Ariel* ou le *Chœur des vents*, comptent parmi les pages les plus évocatrices et les plus inspirées de Sibelius.   M. V.

TEMPÊTE (LA). Fantaisie symphonique op. 18 de Tchaïkovski (1873), d'après Shakespeare. Le sujet fut proposé au compositeur par Stassov qui lui en exposa le développement dans une lettre. Tchaïkovski joignit à sa partition le programme suivant : « La mer. Le magicien Prospero ordonne à Ariel de provoquer une tempête qui fait faire naufrage au bateau sur lequel se trouve Fernando. L'île enchantée. Premières manifestations timides d'amour entre Miranda et Fernando. Ariel. Caliban. Les deux amants cèdent aux élans de la passion triomphante. Prospero renonce à son pouvoir magique et quitte l'île. La mer. »

Ce texte bien lapidaire permet pourtant de suivre le plan de l'œuvre, d'une architecture très équilibrée. La mer sert à la fois de prologue et d'épilogue, la tempête apportant une image visuelle dynamique tout en servant de premier thème à un allégro dont le second thème est celui de l'amour. Dans la partie centrale, l'opposition entre la légèreté d'Ariel et la lourdeur fruste de Caliban donne lieu à un scherzo très caractérisé. Le thème de l'amour revient comme l'idée dominante, avant l'épilogue.

À l'image de la pièce de Shakespeare, le matériau musical de *la Tempête* est donc partagé entre les éléments féeriques, lyriques et descriptifs. Ce fut l'une des premières œuvres de Tchaïkovski à être jouée à Paris, aux Concerts russes de 1878.   A. L.

TEMPO (it. ; pl. *tempi*). Terme qui désigne la plus ou moins grande rapidité d'exécution. L'indication du *tempo* souhaité par le compositeur se fait de l'une des trois manières suivantes : — 1. **indication approximative,** en allant du tempo le plus lent au plus rapide : *grave, lento, adagio, andante, moderato, allegretto, allegro, presto, vivace,* et toutes les indications combinées (ex : *allegro moderato,* modérément rapide) ;
— 2. **indication par référence** à des *tempi* déjà connus, habituellement parce que ce sont ceux d'une danse : *tempo di menuetto, tempo di valse,* etc. ;
— 3. **indication précise,** quoique souvent sujette à l'erreur, qui est le tempo dit *métronomique*. Son principe consiste à indiquer une unité de *temps* suivie (avec un usage coutumier, mais erroné) du signe « égal » et du nombre de ces unités de temps qui doivent être jouées en une minute.   M. P. P.

TEMPORA MUTANTUR. Titre probablement authentique porté par la Symphonie nᵒ 64 en *la* majeur de Haydn, composée vers 1773. Il signifie « les temps changent », ou « les temps sont changés », et se trouve sur une copie de l'œuvre actuellement à la bibliothèque municipale et universitaire de Francfort-sur-le-Main et en provenance d'Esterhaza. La copie porte exactement *Tempora mutantur etc.* La signification de ce titre est entourée de mystère. D'aucuns ont fait remarquer que le thème principal du finale s'adapte aux premières paroles d'une célèbre épigramme du poète gallois John Owen (v. 1565-1622), connu comme le « Martial britannique » : *Tempora mutantur, nos et mutamur in illis* (« Les temps sont changés, et en eux nous aussi sommes changés »).

D'autres ont attiré l'attention sur la métrique irrégulière, sur le phrasé plein d'imprévu, sur les silences inattendus, de durée variable et bouleversant (voire arrêtant) le cours du temps, de l'extraordinaire mouvement lent, et sont allés jusqu'à suggérer que, par là, Haydn avait voulu empêcher son prince de battre machinalement la mesure durant la musique.

Ces diverses explications ne sont pas incompatibles. Toujours est-il que la Symphonie nᵒ 64 est une des plus denses, une des plus profondes, une des plus séduisantes aussi, bref une des plus originales, de la période *Sturm* und Drang* : c'est le pendant haydnien de la *29ᵉ* (K. 201) de Mozart, dans la même tonalité (1774). Tout semble indiquer que, si le titre est bien de lui,

TEMPS (UNITÉ DE). Unité rythmique qui est elle-même la subdivision d'une mesure*. Dans les *tempi* lents ou modérés, et dans les mesures dites simples*, le nombre de temps correspond au numérateur de la fraction qui indique la mesure (ex. : 4/4 est une mesure à 4 temps, 3/4 une mesure à 3 temps). Dans les mesures dites composées*, les temps étant eux-mêmes divisés en trois parties (ou même irrégulièrement), ils sont une division (souvent par 3) du dit numérateur (ex. : 6/8 est une mesure à 2 temps dont chacun est formé de 3 croches [$3 \times 2 = 6$]).

Dans les *tempi* rapides, il arrive que les unités de temps soient regroupées dans une même battue*. Par exemple, une valse à 3/4 pourra être considérée comme ayant un seul temps ternaire*, soit un temps par mesure, à condition qu'elle soit suffisamment rapide. Le scherzo* sera pratiquement toujours considéré comme ayant une mesure à un seul temps ternaire, quoique noté 3/4 ou 3/8.

Dans une mesure, les temps sont dits *forts* ou *faibles* en fonction de leur accentuation rythmique. M. P. P.

TEMPS RESTITUÉ (LE). Œuvre de Jean Barraqué pour soprano, chœur mixte à 12 voix et 31 instruments (1956-1968), créée au Festival de Royan le 4 avril 1968 par l'Ensemble du Domaine musical dirigé par Gilbert Amy. C'est avec cette partition que Barraqué entreprit ce qui aurait pu être la plus folle aventure artistique jamais tentée : consacrer toute une vie à une seule œuvre englobant de façon prométhéenne toutes ses partitions, conçues comme autant de commentaires et de paraphrases du livre d'Hermann Broch *la Mort de Virgile*.

Cette épopée introspective de l'écrivain autrichien se divise en quatre parties dédiées aux quatre éléments : l'eau (l'Arrivée), le feu (la Descente), la terre (l'Attente) et l'éther (le Retour). Barraqué n'eut que le temps de commencer le Livre II (*le Temps restitué, Au-delà du hasard, Chant après chant, Concerto* pour clarinette, *l'Inachèvement sans cesse* et six formations instrumentales). Ce Livre II (le feu) aborde le problème de « l'angoisse nocturne qui décide un créateur au seuil de la mort à détruire son œuvre » (Barraqué). *Le Temps restitué*, première étape de l'entreprise, ne fut mené à bien que peu de temps avant le *Concerto*, et Barraqué devait s'éteindre en 1973 sans avoir rien terminé d'autre.

Le Temps restitué se divise en cinq grandes parties — la *Loi et le Temps, Symbole de la nuit, Portail de la terreur, ...l'Inachèvement sans cesse, Car ce n'est que par l'erreur* —, elles-mêmes subdivisées en différents morceaux alternant, juxtaposant, mélangeant ou superposant des passages d'orchestre ou de solos (instrumentaux ou vocaux) tantôt brefs, tantôt longs.

Dans ce monument parcourant toute sa vie créatrice, on retrouve toutes les caractéristiques du génie du compositeur, et surtout une rigueur intellectuelle sans faille alliée à un romantisme exacerbé, à fleur de notes. Tel fut en effet Jean Barraqué, compositeur non réductible, parce que plus grand qu'elle, à l'œuvre qu'il a laissée. A. F.

TENEUR. Traduction française médiévale du latin *tenor*, dans ses deux acceptions anciennes ci-dessous, mais non dans celle relative à la tessiture vocale de ce nom, qui est une acception tardive introduite en français à travers l'italien *tenore*. Noter que le mot français est féminin.

— 1. **En chant grégorien**, la teneur est la note sur laquelle dans une psalmodie se récite le corps du texte, et dont les rapports avec les autres degrés, notamment avec la finale, déterminent le mode. On dit aussi *corde de récitation*. En dehors de la psalmodie, le rôle de la teneur est plus variable, mais n'en reste pas moins l'un des principaux éléments de l'analyse modale, où elle représente en principe le point d'appui et parfois le pivot de la mélodie au-dessus de la finale. Elle a pris au XVIIe siècle le nom de *dominante* sous lequel on la désigne aujourd'hui.

— 2. **Dans la polyphonie médiévale**, voix principale d'une polyphonie, souvent empruntée à une mélodie préexistante, religieuse ou profane, et présentée soit telle quelle, soit en valeurs allongées (teneurs d'organum), soit dans un rythme retravaillé selon les principes de la talea* (spécialement dans les motets). Son nom est justifié par le fait que c'est à partir d'elle que sont élaborées les autres voix : *quia discantum tenet* (parce qu'elle tient le déchant), dit un théoricien du XIIIe siècle. Au XIVe siècle, on a refait sur elle l'expression *contre-teneur* (lat. *contratenor*). Le terme est encore vivace au XVe siècle (« Sathan, tu feras la teneur », dit un personnage de la *Passion* d'Arnoul Gréban), mais il disparaît à peu près au XVIe siècle, où on n'emploie plus guère que la forme latine *tenor*.

J. C.

TÉNOR. — 1. **Équivalent latin** du français *teneur*.

— 2. Depuis le XVIIIe siècle environ, **tessiture vocale** correspondant aux voix d'hommes aiguës normales ; le terme a été refait, non directement sur le latin, mais à travers l'italien *tenore* qui l'empruntait lui-même au latin. La dérivation s'explique par le fait que la teneur d'une polyphonie, qui avant le XIVe siècle était habituellement la voix la plus grave, s'est vue à ce moment repoussée d'un cran vers l'aigu par l'adjonction d'une contre-teneur grave devenue ensuite le bassus. C'est pourquoi, dans la polyphonie classique à quatre voix, le ténor est normalement la deuxième partie à partir de la basse.

Dans le chœur mixte, aujourd'hui le plus répandu, le ténor correspond à la voix d'homme la plus aiguë, mais il n'en a pas toujours été ainsi, car jadis les parties d'alto (*altus* signifie « profond », mais aussi et surtout « élevé ») étaient souvent confiées à des voix d'hommes suraiguës (v. HAUTE-CONTRE).

En tant que voix soliste, on distingue deux classes principales de ténors selon qu'ils attaquent les notes aiguës en voix de tête (ténor léger) ou en voix de poitrine (fort ténor, dit aussi ténor dramatique ou héroïque, voire « wagnérien »). La tessiture normale va dans les deux cas du mi_2 au la_3, avec pour les solistes possibilité de dépassement au grave jusqu'à l'ut_2 (déconseillé), à l'aigu jusqu'au si_3, exceptionnellement ut_4. Ces dernières notes sont souvent prises en fausset par les ténors légers, mais non par les forts ténors, chez qui l'« *ut* de poitrine » constitue une prouesse guettée par les amateurs. Les premiers sont surtout prisés pour leur souplesse et leur musicalité, les seconds pour la force de leur voix et la vaillance avec laquelle ils « poussent la note ».

Le *tenorino* est un ténor léger de faible puissance et quelque peu détimbré, dont les aigus sont à la limite du fausset ; le *trial* est un ténor léger quelque peu nasillard, surtout dévolu aux rôles comiques.

— 3. À **l'intérieur des familles d'instruments**, on donne le nom de ténor à celui dont la tessiture se rapproche de celle de la voix de ce nom : viole de gambe ténor, saxophone ténor, etc.

J. C.

TENORLIED. Type de chanson polyphonique construite selon les techniques les plus diverses sur une mélodie placée au ténor et empruntée le plus souvent à la chanson de cour. Ce genre musical, qui constitue une des productions les plus originales de la musique allemande, apparaît pour la première fois dans le *Lochamer Liederbuch* (v. 1450) et le *Schedelsches Liederbuch* (v. 1460). Son épanouissement coïncide avec l'ère culturelle marquée par l'humanisme et la Renaissance dans l'Allemagne méridionale, en Suisse et en Autriche. Des compositeurs comme H. Isaac, P. Hofhaimer, L. Senfl, contribueront à donner à ce répertoire comprenant plus de mille cinq cents titres ses lettres de noblesse.

Si les premiers recueils parus entre 1512 et 1519 chez P. Schöffer (Mayence) et E. Oglin (Augsbourg) représentent principalement un répertoire de cour, les collections de Hans Ott, éditeur et libraire à Nuremberg, ou du médecin Georg Forster témoignent de la diffusion de ce répertoire auprès de la bourgeoisie cultivée. Ce type de composition s'effacera vers 1570 devant la chanson française et italienne. C. M.

TENSON. Terme d'ancien français (provençal *tensó*) désignant une discussion chantée en strophes alternées entre deux partenaires. Elle est analogue au jeu-parti*, mais l'obligation que comporte celui-ci pour chaque partenaire de choisir l'un des deux d'alternative proposés au début y est moins rigoureuse. La tenson se rapprocherait ainsi plutôt du débat que du *partimen*, encore que les frontières entre ces différents genres restent assez indécises et arbitraires. J. C.

TENUE. Série de notes semblables réunies par des signes de liaison pour n'en former qu'une. M. T.

TERNAIRE. S'applique, en musique, à tout ce qui présente un groupement par 3 ou qui est susceptible d'une division par 3.
Mesure ternaire : mesure dont l'unité de temps (en général une valeur pointée) se divise en 3 ; par exemple à 6/8 ou à 9/8, l'unité de temps qui est la noire pointée se divise non pas en deux croches comme à 2/4 ou 3/4 (où cette unité est la noire), mais en trois. On dit aussi *mesure composée*. On parle de même de construction ternaire, de rythme ternaire, etc. J. C.

TERRETEKTORH. Œuvre pour grand orchestre de 88 musiciens (disséminés dans le public) de Yannis Xenakis, composée en 1965-66 et créée au Festival de Royan le 3 avril 1966 sous la direction de Hermann Scherchen, son dédicataire. Chacun des musiciens doit avoir un wood-block, un fouet, une maraca et une sirène Acmé. Signification du titre : *Tekt* (construction par action), *Orh* (action de), *Terre* (préfixe amplifiant les racines du mot suivant).
Cette œuvre apportait deux novations particulièrement importantes. D'une part, elle se proposait de musicaliser l'espace et le mouvement avec l'orchestre traditionnel (en le plaçant non sur une scène dimensionnellement plate mais à l'intérieur du public), ce qu'aucun moyen électroacoustique n'avait pu réaliser dans la mesure où il est impensable de disposer pour un concert de 88 magnétophones et d'autant de pistes. Cet éparpillement des musiciens favorisait une perception pointilliste, individualisée, rendant « audibles » les vitesses et les accélérations des déplacements sonores, Xenakis ayant recours, pour expliquer sa conception, à l'image du sonotron (*Terretektorh* serait ainsi un « accélérateur de particules sonores, un désintégrateur de masses sonores, un synthétiseur »).
D'autre part, elle enrichissait la palette orchestrale du « bruit » des petits instruments de percussion possédés par chacun des 88 musiciens, ces maracas, fouets et wood-blocks permettant à Xenakis de rendre encore plus efficace l'éparpillement de l'orchestre en entourant l'auditeur « soit d'une pluie de grêle, soit d'un murmure comme dans une forêt ou toute autre atmosphère ou concept linéaire, statique ou en mouvement ». Démarche que Xenakis devait développer ensuite dans *Nomos Gamma* (1968). A. F.

TESSARINI (*Carlo*), violoniste et compositeur italien (*Rimini v. 1690 - ? apr. 1766*). Rares sont les informations concernant ses activités, qui semblent avoir été centrées autour d'une carrière de virtuose international. Violoniste à Saint-Marc de Venise en 1720, il dirige en 1729 les Concerts du conservatoire et est violoniste à la cathédrale d'Urbino de 1733 à 1757 environ, avec plusieurs interruptions de durée variable. Il est à Brünn de 1735 à 1738 et à Rome en 1740-1742. De 1744 à 1750, la dédicace de ses œuvres permet de penser qu'il séjourna quelque temps à Paris et il y donne, en 1747, plusieurs concerts aux Pays-Bas (Arnhem et Amsterdam), où il retourne vers 1761. On perd sa trace après un concert à Arnhem en 1766. À ses œuvres (20 opus) s'ajoute le traité de violon *Grammatica di musica...* (1741). D. H.

TESSIER (*Roger*), compositeur français (*Nantes 1939*). Installé à Paris en 1959, cofondateur de l'Itinéraire* (1972), il est devenu en 1982 directeur artistique du festival « Musiques du XXe siècle » d'Angers, inauguré en juillet 1983, et a, de plus en plus, orienté ses recherches vers le son lui-même (*Ojma* pour trio à cordes, 1976 ; *Isomerie* pour 15 cordes, 1979 ; *Mobile/Immobile* pour 16 instruments, 1980 ; *Diffractions* pour ensemble instrumental amplifié et transformé et instruments électroniques, 1982). M. V.

TESSITURE. — 1. Terme désignant l'**espace de hauteurs** dans lequel une voix donnée chante au mieux, entre une certaine note inférieure et une certaine note supérieure. Dans sa tessiture propre, elle peut employer divers « registres ». De même la tessiture d'un instrument, par extension, est la zone de hauteurs dans laquelle il sonne bien. Certains font une distinction précise entre la *tessiture*, qui délimite une zone optimale, et l'*étendue*, ou *ambitus*, qui se définit par les notes extrêmes que peut atteindre la voix ou l'instrument, du côté des graves et du côté des aigus.
— 2. On désigne aussi par tessiture la **zone de hauteurs** (moyenne, grave, médium, aiguë, suraiguë) dans laquelle un morceau ou une partie vocale ou instrumentale sont écrits, dans laquelle une voix ou un instrument sonnent, etc. M. C.

TÊTE (VOIX DE). Terme généralement opposé à celui de voix de poitrine, et qui admet deux acceptions : il peut définir un son émis en pur falsetto par le chanteur ou la chanteuse, qui ne met en jeu que les résonances supérieures de l'appareil vocal ; dans cette acception, la voix de tête est donc utilisée par les femmes sur la plus grande partie de leur étendue vocale, ainsi que par les falsettistes, ou dans des cas exceptionnels par les chanteurs masculins recherchant certains effets particuliers dans l'aigu.
Mais ce terme, tel qu'il était utilisé aux XVIIIe et XIXe siècles, et tel qu'il tend à être repris à l'époque moderne, définit aussi les résonances de tête qui, utilisées par le chanteur dès le registre médian de la voix, se mêlent intimement aux résonances dites thoraciques ; dans cette acception, la voix de tête, même chez l'homme, peut être brillante et puissante.
Il y a donc lieu de distinguer les sens divers que peut revêtir ce terme, selon les époques et selon l'usage scientifique ou populaire. R. M.

TÉTRACORDE. Chez les anciens théoriciens, et à partir de ce que l'on connaissait de la musique des Grecs, ce terme s'applique à quatre notes descendantes par intervalles de deux fois un ton suivis d'un demi-ton (*mi-ré-do-si*). Ce tétracorde était dit de genre diatonique (V. CHROMATIQUE et ENHARMONIQUE). Au Moyen Age, les tétracordes ont joué un rôle important dans la théorie des *gammes**. Par un souci de symétrie, on s'efforçait de construire les gammes avec deux tétracordes identiques. Toujours au Moyen Age, on connaissait quatre tétracordes principaux : ceux du type ton-1/2 ton-ton (*sol-fa-mi-ré* et *ré-do-si-la*) et du type ton-ton-1/2 ton (*la-sol-fa-mi* et *mi-ré-do-si*), dits respectivement *gravium*, *finalium*, *superiorum* et *excellentium*. La théorie des tétracordes était très complexe. M. P. P.

TÉTRALOGIE. V. Anneau du Nibelung.

TEYTE (*Dame Maggie* TATE), soprano anglaise (*Wolverhampton 1888 - Londres 1976*). Elle complète des études de chant faites au Collège royal de musique de Londres en suivant, à Paris, l'enseignement de Jean de Reszke et de Reynaldo Hahn. Pour ses débuts, elle interprète le rôle de Zerline (Paris, 1905 ; Monte-Carlo 1907). Membre de la troupe de l'Opéra-Comique (1908-1910), où elle est utilisée à contresens, elle est remarquée par Debussy qui la choisit pour chanter Mélisande après la créatrice, Mary Garden (Paris, 1908 ; Londres, 1910), rôle qu'elle reprend encore à soixante ans passés (New York City Opera, 1948). Elle interprête Chérubin pour ses débuts américains, en 1911 à Philadelphie, et, plus tard, au Covent Garden (1922-23), fait partie de la troupe de l'Opéra de Chicago (1912-1914) et chante également à Boston (1915-16).

Mais sa carrière lyrique, malgré ces brillantes incarnations, et quelques créations dont *Circé* de Hillemacher (1908), *le Secret de Suzanne* de Wolf-Ferrari (1909) et *The Perfect Fool* de Holst (1923), s'efface devant son dévouement à la cause de la mélodie française, dès la fin de la Première Guerre mondiale (accompagnée par Cortot ou Gerald Moore), puis durant la Seconde lors de concerts de soutien à la cause alliée. Elle fait ses adieux en 1951 à Londres, en chantant *Didon et Énée* de Purcell, aux côtés de Flagstad. M. W.

THAÏLANDE. La musique thaïlandaise, dont les origines demeurent obscures, a été influencée successivement par les éléments indiens, khmers et chinois. Si le *Nâtyaçâstra* de Bharata continue à en marquer l'essentiel, comme dans le théâtre dansé, la civilisation khmer, également pénétrée d'hindouisme, a été assimilée par les Thaïs venus du sud de la Chine dans une synthèse des deux traditions qui s'est imposée au cours des siècles. Appartenant, comme le Cambodge et le Laos, au « petit véhicule », le bouddhisme thaïlandais se différencie peu de ses voisins dans sa musique rituelle, en dehors d'une accélération rythmique particulièrement sensible pendant les dernières décennies et qui a elle-même influencé la musique cambodgienne. Réciproquement, c'est le Cambodge qui a donné au ballet thaïlandais ses plus récents exemples, au point d'en avoir pratiquement éliminé tout élément national.

Les deux formes traditionnelles de la musique thaïlandaise sont le *ruang* et le *thao*, cette dernière n'étant qu'une suite de séquences empruntées au *ruang* et mêlant les voix aux instruments en vertu d'un même principe structurel. Le *ruang* comporte une mélodie principale revenant inlassablement soit dans sa forme originelle, soit dans des variantes qui en respectent l'esprit et le schéma. Elle est toujours binaire et diatonique et fondée sur un certain nombre de cellules et de formules cadentielles transmises de génération en génération suivant des règles strictes, de même que ses accents rythmiques qui tombent obligatoirement sur les temps pairs (2 et 4) de chaque groupe binaire.

Les cinq modes correspondent aux notes de l'échelle pentatonique, comme dans la musique chinoise, mais chacun d'eux est défini par le degré fondamental qui est révélé au quatrième temps et qui en précise le caractère.

Le *thao*, de conception plus récente, admet un principe de variations plus complexe qui double fréquemment la durée de la mélodie originelle, à la suite de quoi elle est répétée jusqu'à la moitié de cette durée. De même les mélodies anciennes *(thaï)* qui reposent, comme en Chine, sur un canevas pentatonique offrent un schéma plus simple et plus traditionnel que les récentes *(mon)*, plus lyriques et s'écartant volontiers du cadre pentatonique pour utiliser les autres notes de l'octave dans le profil de la mélodie ou dans ses variations.

L'octave est divisée en sept degrés égaux, chacun d'eux portant un nom qui correspond au style qu'il commande et à l'instrument traditionnellement requis pour ce style afin de créer le climat émotionnel particulier par l'approfondissement d'un état d'âme. Aussi bien l'accord des instruments à gamme fixe se fait sur les sept degrés qui composent l'octave.

On distingue plusieurs ensembles instrumentaux : par exemple le *pî phat*, ensemble standard d'instruments à percussion mélodiques avec, en outre, un instrument à vent nommé *pî* et donnant son nom à l'ensemble ; le *mahori*, ensemble d'instruments à percussion mélodiques plus petits ; le *kruang sai*, ensemble à cordes comprenant notamment le *jakhê* à 3 cordes et le *krajappi*, sorte de luth avec résonateur.

La sonorité de la plupart de ces instruments est, du reste, assez confidentielle et leurs moyens sont limités. Depuis la chute de Rama VII, le *thao* a consacré l'alternance des voix et des instruments en respectant la principale caractéristique du style vocal thaï qui consiste, à la fin de la mélodie, en une augmentation du volume sonore accompagnée d'un motif ornemental en fausset et fréquemment à la quarte supérieure de la note choisie comme base du mode.

Cette musique, qui n'admet ni notation ni structure harmonique, a subi discrètement l'influence occidentale dans ses dessins ornementaux et rythmiques. A. G.

THAÏS. Comédie lyrique en 3 actes et 6 tableaux de Jules Massenet, sur un livret de Louis Gallet d'après le roman d'Anatole France, créée à Paris, à l'Académie nationale de musique (palais Garnier), le 14 mars 1894.

ACTE PREMIER. 1er tableau. (Les cabanes des cénobites au bord du Nil.) *Athanael s'afflige en songeant que la ville d'Alexandrie est livrée au péché, et que Thaïs, la courtisane, y répand le scandale. Il veut gagner cette âme à Dieu et, dès l'aube, se met en route.* 2e tableau. *Il arrive dans la maison de Nicias, opulent citadin de la cité et ancien condisciple du cénobite. Nicias l'accueille, l'invite au festin qu'il donne en l'honneur de Thaïs, lui présente celle-ci.*

ACTE II. 1er tableau. *Thaïs est chez elle, Athanael lui rend visite. Elle lui avoue ses craintes de la mort, lui l'exhorte à se convertir, lui assurant une vie éternelle.* 2e tableau. *Athanael a brisé une statue de la déesse Eros chère à la courtisane, et poursuit ses lents efforts pour l'amener à Dieu. Conquise peu à peu, Thaïs renonce à sa vie voluptueuse et accepte de suivre le cénobite.*

ACTE III. 1er tableau. *Dans une oasis, Athanael soutient Thaïs défaillante de fatigue. La vénérable Albine et les sœurs du couvent viennent à leur rencontre. Le moine se sépare de la courtisane qu'il a convertie.* 2e tableau. *Mais Athanael s'est épris de la pécheresse. Il vient la rejoindre au monastère, la trouve mourante, lui avoue son amour : il est trop tard, Thaïs meurt.*

Sans doute le livret, qui se veut un peu psychologique et philosophique, manque-t-il d'action. Mais le compositeur écrivit une partition toute de charme et de couleur. Au tableau des cénobites, elle est sobre et sévère ; un délicat quatuor vocal égaie le second tableau, le duo de Nicias et Thaïs est gracieux, l'air de la courtisane « Dis-moi que je suis belle » est d'une belle vaillance. L'intermezzo entre les deux tableaux de l'acte II est un solo de violon soutenu par les harpes et devenu célèbre. Et tout le dernier tableau, avec les phrases touchantes confiées à la courtisane mourante, les accents désespérés d'Athanael et les chants lointains des religieuses, offre un très bel effet musical. L'œuvre compte parmi les belles réussites du répertoire de l'opéra français. S. W.

THALBERG (Sigismond), *pianiste et compositeur autrichien (Genève 1812 - Naples 1871)*. Formé à l'École polytechnique de Vienne, élève de Mittag, Sechter et Hummel, il donna très jeune de nombreux récitals privés. On l'opposa comme rival à Liszt, qui ne pouvait le souffrir, et, après une sévère critique de ce dernier contre une de ses compositions, l'affaire se conclut par une joute finale, à Paris en 1837, où Liszt remporta la palme. Thalberg fit des tournées couronnées de succès au Brésil (en 1855 et 1863), et en Amérique du Nord (1856). Pendant ses dernières années, il mena une vie retirée dans sa villa près de Naples, où il s'occupait de ses vignes. Il avait épousé en 1843 la veuve du peintre Boucher.

Thalberg était réputé pour son legato, et on peut lui attribuer l'invention d'une technique reprise par Liszt, et consistant à faire chanter une mélodie dans le médium avec les deux pouces, tout en jouant des accords, des arpèges et des traits dans les graves et les aigus. Son jeu de virtuose lui valut de nombreux admirateurs, mais il était peu apprécié auprès de connaisseurs comme Chopin. Son œuvre est avant tout composée de nombreuses pièces pour piano solo (études, caprices, fantaisies sur des thèmes d'opéras, sonates), d'un *Concerto pour piano* op. 55, de cinquante-quatre lieder et de deux opéras (*Florinda*, 1851 ; *Cristina di Svezia*, 1865). M. C.

THAMAR. Poème symphonique de Balakirev, d'après un poème de Lermontov. Avec la fantaisie pour piano *Islamey*, *Thamar* est l'une des deux œuvres importantes d'inspiration orientale· de Balakirev. Projetée dès 1867, la composition en fut abandonnée durant de nombreuses années en raison d'une grave crise psychologique que devait traverser Balakirev. Reprise à la fin des années 1870, *Thamar* fut achevée en 1882, exécutée en 1883 à Saint-Pétersbourg sous la direction de l'auteur, et éditée chez Jurgenson l'année suivante. En 1912 elle fut représentée dans une adaptation chorégraphique à Paris par les ballets de Diaghilev.

Thamar est une princesse caucasienne qui vit dans une citadelle située dans une gorge rocheuse au-dessus du fleuve Terek. Chaque soir elle attire des voyageurs solitaires qui, espérant trouver un gîte pour la nuit, succombent immanquablement à son charme envoûtant. Et, toute la nuit, on entend dans la citadelle les sons d'une fête amoureuse. Mais, dès les premiers rayons de l'aube, le silence retombe, et les eaux du Terek emportent un cadavre exsangue auquel, de sa fenêtre, Thamar envoie un dernier adieu. A. L.

THAMOS, ROI D'ÉGYPTE (en all. *Thamos, König in Aegypten*). Chœurs et entractes K.345 (336a) de Mozart pour le drame héroïque du baron Tobias Philipp von Gebler. Mozart reçut sa commande (deux chœurs et cinq entractes) durant l'été 1773 à Vienne, pour la pièce étroitement inspirée du roman *Sethos* de l'abbé Jean Terasson (Paris, 1733), fut représentée pour la première fois dans la capitale autrichienne en 1774. Elle fut reprise ensuite dans diverses villes dont Presbourg, notamment par la troupe de Carl Wahr, connue pour ses nombreux séjours à Esterhaza. Pour une reprise à Salzbourg envisagée dans l'hiver 1779-80 par la troupe de Johann Böhm mais dont il n'est pas sûr qu'elle ait eu lieu, Mozart remania quelque peu sa partition, prévoyant comme ouverture sa *Symphonie n° 26* en mi bémol K.184 (1773) et y ajoutant notamment un troisième chœur.

Gebler était franc-maçon, et les personnages et l'action de *Thamos* sont presque ceux de *la Flûte enchantée*. Même pays, l'Égypte. Même rôle néfaste d'une femme passionnée commandant aux conspirations du mal : Mirza dans *Thamos*, la Reine de la Nuit dans la *Flûte*. Même opposition lumière-nuit dans le personnage sympathique qui lui fait face : Sethos-Sarastro. Même histoire d'une fille enlevée à ses parents et élevée dans le culte de la lumière par son prétendu ravisseur : Saïs-Pamina. Même mariage de cette princesse avec un jeune prince initié par les prêtres du Soleil, et promettant de devenir un remarquable despote éclairé : Thamos-Tamino. Allusion, dans le deuxième chœur de *Thamos* (n° 6 de la partition) au « son enchanté de la flûte ». Et ainsi de suite.

Il n'est pas sûr que Mozart, en 1773, ait eu une entière conscience de la portée du texte de Gebler. Mais il saisit certainement les intentions maçonniques des paroles du nouveau chœur de 1779, sans doute dues au trompettiste salzbourgeois Johann Andreas Schachtner, auteur du livret du singspiel *Zaïde** qu'au cours du même hiver 1779-80 il devait mettre en musique pour la troupe de Böhm également. Toujours est-il que la musique de *Thamos*, qu'il s'agisse des chœurs ou des entractes purement orchestraux, est magnifique. Du dernier chœur en particulier, *Ihr Kinder des Staubes, erzittert* (« Vous, enfants de la poussière, tremblez »), en ré mineur puis majeur et introduit par un solo du Grand Prêtre (voix de basse), Mozart se souvint certainement en écrivant les dernières pages de *la Flûte enchantée*. M. V.

THAYER (Alexander Wheelock), écrivain américain (South Natick, Massachusetts, 1817- Trieste 1897). Diplômé de Harvard, il passa les années 1849-1851 en Europe à rassembler des matériaux sur Beethoven après avoir constaté les divergences entre les biographies de Schindler* d'une part, de Ries*-Wegeler d'autre part. Il poursuivit ses recherches à Berlin, dans le but notamment de déchiffrer les Cahiers de conversation, et, à partir de 1858, ayant pu s'installer définitivement en Europe, il travailla à sa propre biographie de Beethoven tout en s'efforçant de rencontrer tous ceux qui jadis avaient connu le compositeur. De 1865 à 1882, il fut consul des États-Unis à Trieste.

Trois volumes d'une édition allemande de sa biographie (traduits, édités et révisés par Hermann Deiters) parurent en 1866, 1872 et 1879. Les deux derniers volumes, édités par Hugo Riemann*, parurent en 1907-1908 : ils avaient été précédés d'une révision du premier, et devaient encore être suivis de révisions des trois premiers.

Une édition anglaise envisagée par Thayer ne put être réalisée de son vivant. La première fut menée à bien par H. Krebhiel (New York, 1921), la seconde par E. Forbes* (Princeton, 1964, rév. 1967). Conformément aux intentions de Thayer, Krebhiel puis Forbes éliminèrent toutes les analyses musicales ajoutées dans les éditions allemandes pour se concentrer sur la biographie, Forbes tenant compte en outre des recherches les plus récentes. Le « Thayer-Forbes » reste l'ouvrage de base sur la vie de Beethoven. M. V.

THEILE (Johann), compositeur allemand (*Naumburg 1646* - id. *1724*). Étudiant en droit à l'université de Leipzig, il apprit l'art du chant, fut joueur de viole et profita des leçons de Heinrich Schütz, retiré à Weissenfels. Il enseigna ensuite la musique à Stettin et à Lübeck. Maître de chapelle du duc de Holstein à la cour de Gottorf, de 1673 à 1675, il gagna Hambourg l'année suivante et c'est son singspiel, *Adam und Eva, oder der erschaffene, gefallene, und wieder aufgerichtete Mensch*, qui fut joué pour l'ouverture du célèbre opéra du Marché-aux-Oies (*Gänsemarkt*). Par la suite, il fut nommé maître de chapelle à la cour de Wolfenbüttel (1685), où il succédait à Rosenmüller, puis à la cour de Merseburg (1691). Revenu à Naumburg en 1694, il travailla un certain temps pour la cour de Berlin. Attaché à l'Opéra de Naumburg, après 1700, il a formé de nombreux musiciens, parmi lesquels Dietrich Buxtehude.

Son œuvre, outre la musique lyrique, comprend vingt messes, une *Passion selon saint Matthieu*, des cantates, des pièces instrumentales, et aussi des traités théoriques sur le contrepoint (*Contrapuncts-Praecepta*, etc.). Élève, comme il est dit plus haut, de Schütz, il doit à ce dernier son goût pour la conservation des vieilles règles de composition et a ainsi écrit plusieurs messes *in stile antico*. Enfin, il fonda une école de contrapuntistes pour l'Allemagne du Nord et du Centre, d'où le surnom de « père du contrepoint » qu'il reçut de ses contemporains. Mais le respect du répertoire ancien et l'amour de l'œuvre archaïsante ne l'empêchèrent pas d'écrire pour l'église dans le style concertant du temps. R. T.

THÈME. Phrase musicale bien caractérisée (ou fragment de phrase) destinée à réapparaître dans la suite du morceau à titre de rappel ou de base de développement. À la différence des autres éléments analytiques (incise, cellule, colon, etc.), le thème doit toujours présenter un sens musical complet et rester aisément perceptible à l'auditeur. Le plus souvent, le thème est de caractère mélodique, mais il peut aussi y avoir des thèmes harmoniques, rythmiques, etc. La musique contemporaine tente même d'introduire la notion de « thème de timbres ». Bien qu'aujourd'hui universellement répandue, la notion de thème n'est pas très ancienne, et le terme n'est sans doute pas antérieur au XIXe siècle. (V. MOTIF, LEITMOTIV, SUJET.)

J. C.

THÉODORA. Avant-dernier oratorio de G. F. Haendel écrit, sur un livret de Thomas Morell, du 28 juin au 31 juillet 1749. Première audition : le 16 mars 1750, au théâtre de Covent Garden, à Londres.

Le livret s'inspire directement du Martyrdom of Theodora and Didymus de Robert Bayle (1687), lui-même très vraisemblablement puisé au Second Livre des Vierges de saint Ambroise.

On y peut également déceler l'influence de Corneille (« *Théodora, vierge et martyre, tragédie chrétienne* »). *La scène se situe à Antioche, durant le règne de Dioclétien (284-305). Pour l'anniversaire de l'empereur, le gouverneur Valens ordonne une fête et un sacrifice en l'honneur des dieux romains. Mais les chrétiens refusent d'y participer. Valens les menace alors des pires châtiments, allant même jusqu'à forcer la belle et sainte Théodora à se prostituer avec les soldats. Didymus, jeune officier romain, qui est amoureux d'elle et secrètement chrétien, cherche à la sauver et demande à son supérieur, Septimus, d'entrer dans la prison de Théodora et de se substituer à elle. Libérée et revenue dans sa communauté, Théodora apprend qu'en punition de son acte, Didymus est condamné à mort. Elle cherchera à son tour à le sauver mais, le gouverneur se montrant inflexible, les deux amants marcheront côte à côte vers le martyre, vers la mort.*

Remarquablement construit, le livret de Morell sait faire alterner des scènes de caractère différent — opposé ou complémentaire —, ce qui confère un surcroît de dramatisme à l'ensemble de l'ouvrage et ménage des oppositions de registres fortement contrastées.

Les trois grandes figures de Théodora, Didymus et Septimus sont particulièrement étudiées : des arias au rythme grave, presque toutes bémolisées pour la première ; plus alertes et généralement diésées pour la deuxième ; révélatrices d'un grand humanisme et d'une large tolérance pour la troisième.

Il y a là une nouvelle affirmation de Haendel qui semble ainsi vouloir placer l'amour et la liberté de conscience — ou tout au moins la tolérance — au-dessus de toutes les qualités. Ce qui fait de *Théodora* une œuvre que l'on ne s'arrête point d'interroger, tant ses harmoniques — éthiques et esthétiques — sont variées, nombreuses et riches. J. G.

THÉORBE (it. *tiorba*; angl. *theorbo*). Instrument à cordes pincées de la famille des archiluths*. Il se distingue du luth ordinaire par un deuxième chevillier situé à l'extrémité du manche prolongé sur lequel sont tendues plusieurs cordes graves, sonnant à vide. Autre détail caractéristique : les cordes sont en général simples et non pas doubles comme sur l'archiluth ou le chitarrone*. Le diapason des deux cordes aiguës est baissé d'une octave afin d'éviter une tension trop grande.

Selon Mersenne (1636), le théorbe serait une invention italienne : « Il n'y a que trente ou quarante ans que le Bardella (Antonio Bardi) l'inventa à Florence. » L'instrument semble avoir été employé pour la première fois en France dans les concerts de Jacques Mauduit, vers 1610, peut-être sous l'influence de la visite de Giulio Caccini à la cour en 1604-1905. Bien qu'il possède un répertoire de soliste, le théorbe a été surtout employé en France aux XVIIe et XVIIIe siècles pour réaliser la basse chiffrée, improvisant à vue l'accompagnement d'un air de soliste ou complétant l'harmonie dans les ensembles instrumentaux.

Une des premières publications qui font appel à cette technique, alors nouvelle en France, est la *Pathodia Sacra et Profana* de C. Huygens (Paris, 1647). Puis apparaissent les traités d'accompagnement comme ceux de Nicolas Fleury (*Méthode pour apprendre facilement à toucher le théorbe avec la basse continue*, 1660) et de Denis Delair (1690). C. W.

THÉORIE MUSICALE. Le terme peut avoir des sens différents selon qu'il s'applique à la recherche fondamentale ou au domaine scolaire.
— 1. **Au plan fondamental,** la théorie est la recherche des principes qui constituent la musique et déterminent son évolution. Elle inclut donc les branches les plus variées : philosophie, esthétique, sociologie, philologie musicale, etc., dont chacune constitue une science plus ou moins autonome, tantôt précise et tantôt conjecturale, en contact permanent avec les autres branches de l'esprit humain : acoustique, physiologie, sciences du langage, symbolique, etc.
— 2. **Sur le plan scolaire,** on appelle théorie l'ensemble des règles régissant la lecture ou l'écriture de la musique : la théorie est ainsi l'une des composantes du solfège. Mais on emploie aussi le terme pour désigner l'ensemble des disciplines autres que celles qui concernent la pratique instrumentale ou vocale : solfège, harmonie, contrepoint et fugue, histoire de la musique. J. C.

THERESIENMESSE. Titre porté par la Messe en *si* bémol majeur Hob.XXII.12 de Haydn, composée en 1799 et créée dans la Bergkirche d'Eisenstadt le 8 septembre de cette année-là sous la direction du compositeur. Sa dénomination, qui signifie « Messe Thérèse » et non « Messe de sainte Thérèse », repose sur la légende selon laquelle elle aurait été composée pour l'impératrice d'Autriche Marie-Thérèse, femme de l'empereur François II (grande admiratrice de Haydn et aussi de son frère Michael, cette impératrice devait chanter elle-même, les 24 et 25 mai 1801, les parties de soprano de *la Création* et des *Saisons*).

En réalité, la *Theresienmesse*, comme les cinq autres écrites par Haydn entre 1796 et 1802, fut destinée à la fête de la princesse Marie Hermenegild, épouse de Nicolas II Esterhazy. C'est la seule des six dernières messes de Haydn à ne pas avoir été publiée de son vivant : elle ne parut en partition d'orchestre qu'en 1924. Pourtant, ce fut toujours une des plus populaires. M. V.

THESIS. Mot grec signifiant « posé » et qui s'oppose à *arsis* qui signifie « levé ». L'usage actuel le plus fréquent attribue au posé (thesis) l'appui rythmique dont le levé (arsis) n'est que la préparation ou la répercussion, mais cet usage n'est pas universel et d'innombrables discussions n'ont cessé d'avoir cours sur ce sujet. Si l'on se réfère à la gestique de la battue de mesure, on constate que l'école n'a cessé d'enseigner la coïncidence de l'appui (v. ICTUS) avec le geste de descente de la main, alors que beaucoup, instinctivement, pratiquent l'assimilation inverse. Si l'on se réfère à l'écriture musicale, la conclusion est analogue : on enseigne la coïncidence du « temps fort » avec le premier temps de la mesure, après la barre, alors que le phrasé exige souvent le déplacement de l'appui de cet emplacement (thesis) à l'anacrouse arsique. L'ancienne battue de mesure se faisait volontiers de gauche à droite et vice versa, en arc de cercle, ce qui excluait toute distinction entre arsis et thesis.

Ces deux termes sont parfois employés en métrique ; ils signifient alors simplement élévation ou abaissement de la voix.

On appelait autrefois *fugue par arsis et thesis* un genre particulier de fugue, dit aussi *contre-fugue*, dans lequel à l'exposition du sujet correspondait une réponse par renversement du sujet. Bach a inclus des contre-fugues de ce genre dans son *Art de la fugue*. J. C.

THIBAUD (Jacques), violoniste français (*Bordeaux 1880 - Mont-Cemet 1953*). A cinq ans, il donne son premier récital — de piano —, mais c'est à douze ans qu'il fait ses débuts publics au violon, à Angers, interprétant notamment la *Romance en « fa »* de Beethoven. En 1892, à Bordeaux, il joue le *Concerto* de Wieniawski. Encouragé par Ysaye, il devient, en 1893, au Conservatoire de Paris, l'élève d'un autre maître belge du violon, Martin Marsick (le professeur de Carl Flesch et de George Enesco). Il suit également les classes d'harmonie de Pugno et de Xavier Leroux. En 1896, il succède à Lucien Capet comme violon solo des concerts Rouge.

Remarqué par Édouard Colonne, qui l'engage dans son orchestre comme violon de rang, puis rapidement comme second violon solo, il devient célèbre du jour au lendemain par son interprétation du Prélude de l'oratorio *le Déluge* de Saint-Saëns. Ses premières tournées en 1903 en Allemagne et en Amérique marquent le début de sa gloire.

Entre deux tours du monde, il s'adonne à la musique de chambre, en compagnie de Cortot et de Casals avec qui il forme, de 1905 à 1935, un célèbre trio. Hédoniste, l'art de Thibaud ignore l'effort, la rigueur de tempo ou de style, il n'est que séduction, tendresse instinctive, pure invite au bonheur. Idéalement accordé à l'esprit de Mozart et au romantisme fin de siècle de Saint-Saëns, Lalo, Chausson, Franck, il convainc moins dans le répertoire germanique et gagne à être balancé par la rigueur de Cortot et l'élan de Casals. Les enregistrements du trio (Schubert, Mendelssohn, Beethoven, Haydn, Schumann) restent les meilleurs témoignages de son art, au milieu d'une discographie éparpillée en pièces de bravoure (dont une *Danse espagnole* composée pour lui par Granados).

Chef d'orchestre occasionnel, il est le plus souvent accompagné par le fidèle Tasso Janopoulo, son alter ego depuis 1923. Armé de son Carlo Bergonzi, puis du stradivarius « Baillot », Jacques Thibaud joue encore à soixante-dix ans passés, jusqu'à son dernier concert à Biarritz quelques jours avant l'accident de l'avion qui l'emportait une fois encore au Japon. Il laisse pour perpétuer son souvenir un concours international créé en 1943 en compagnie de Marguerite Long. M. W.

THIBAULT (*Geneviève, comtesse Hubert de* CHAMBURE), musicologue française (*Neuilly-sur-Seine 1902-Strasbourg 1975*). Diplômée d'études supérieures de la Sorbonne en 1920 avec une thèse sur John Dowland, et de l'École pratique des hautes études en 1952 (édition du *Chansonnier de Jean de Montchenu*), elle écrit avec A. Pirro une thèse sur *la Chanson française et la Musique instrumentale de 1450 à 1550*. Ayant développé très jeune un intérêt pour les instruments anciens dont elle rassemble une collection de très grande valeur, elle est cofondatrice, en 1925, de la Société de musique d'autrefois, au sein de laquelle elle collabore à la publication de *Textes musicaux* (à partir de 1954) et d'une revue, *les Annales musicologiques* (à partir de 1955). De 1961 à 1973, elle est conservateur du Musée instrumental du Conservatoire de Paris.

Elle se spécialise dans la musique des XVe et XVIe siècles, en particulier dans la chanson française, en publiant plusieurs ouvrages et articles sur les musiciens de l'entourage de Ronsard, et en réalisant de nombreuses études sur des manuscrits et chansonniers de l'époque et des bibliographies d'éditeurs (Nicolas du Chemin, A. Le Roy et R. Ballard). D. H.

THIBAULT DE COURVILLE (*Joachim*), musicien français (*? v. 1535-Paris 1581*). Fondateur avec Antoine de Baïf de l'Académie de poésie et de musique, il a écrit pour le chant, le luth et la lyre qu'il pratiquait personnellement, mais la plupart de ses œuvres ne nous sont pas parvenues. M. T.

THIBAUT IV DE CHAMPAGNE (*Thibaut le Chansonnier*), trouvère français, comte de Champagne et de Brie et roi de Navarre (*Troyes 1201-Pampelune 1253*). Petit-fils de Marie de France, elle-même petite-fille de Guillaume IX d'Aquitaine, il est le descendant d'une lignée impressionnante de poètes et de musiciens. Élevé à la cour du roi de France, il prend part à la bataille de Bouvines puis au siège d'Avignon en 1226. Il abandonne, à cette occasion, le roi à sa mort, se rallie à la coalition dressée contre la régente Blanche de Castille. Son revirement peu après lui attire les représailles de ses anciens alliés. Devenu roi de Navarre en 1234, il prend la tête d'une croisade en 1239-40 et à son retour, essuie de nouvelles défaites contre les Anglais (1242-1244), puis contre le clergé de Navarre.

Il est de loin, par le nombre de ses chansons conservées (une soixantaine), le plus important des trouvères. Il s'agit, pour les deux tiers environ, de chansons courtoises, mais on trouve aussi plusieurs chansons de croisades, deux pastourelles et quelques pièces religieuses (des chansons à la Vierge, un lai et un sirventés). Il a également participé à une dizaine de jeux-partis et à trois tensons. Ses mélodies, en général syllabiques et à la modalité très nette, sont assez dépouillées et connurent une vogue internationale durable, en particulier *Aussi con l'unicorne sui*, *De bone amour* et *Tant ai Amours*. Certaines sont encore mentionnées au début du XIVe siècle, en particulier par Dante et Jean de Grouchy. D. H.

THILL (*Georges*), ténor français (*Paris 1897*). Il étudia avec Fernando de Lucia et fit ses débuts à l'Opéra de Paris, en 1924, dans *Thaïs* (rôle de Nicias). Il y chanta jusqu'à la guerre les principaux rôles du répertoire français, ainsi que quelques rôles wagnériens dont Lohengrin et Walter (*les Maîtres chanteurs*). Dans le répertoire italien, son interprétation de Radamès (*Aïda*) était justement admirée. Dans le même temps, il paraissait à l'Opéra-Comique, où Don José et Werther furent ses plus grands triomphes. Il fit également une carrière internationale au Metropolitan Opera de New York, au Covent Garden de Londres, au théâtre Colón de Buenos Aires et à la Scala de Milan. Il possédait un timbre incomparable à la fois chaud et vibrant et une voix parfaitement homogène sur toute l'étendue de son registre. À ces qualités, il convenait d'ajouter une parfaite maîtrise des demi-teintes et une articulation parfaite. Georges Thill compta parmi les artistes lyriques majeurs du XXe siècle dont le chant français peut s'enorgueillir. J. B.

THIRD STREAM (littéralement : troisième courant). V. SCHULLER (GUNTHER). A. H.

THIRIET (*Maurice*), compositeur français (*Meulan 1906-Puys 1972*). Ayant commencé à composer dès l'âge de treize ans, il soumit ses premiers essais à Ravel qui reconnut son talent. Il travailla au Conservatoire de Paris avec Silver, Kœchlin et Roland-Manuel. On lui doit de nombreuses musiques de scène dont *Œdipe Roi* pour la pièce de Cocteau (1941, écrit en captivité), des ballets (*la Nuit vénitienne*, 1938 ; *l'Œuf à la coque*, 1949 ; *Psyché*, 1950), et des musiques de films, notamment pour Marcel Carné (*les Visiteurs du soir*, 1942 ; *les Enfants du paradis*, 1945 ; *Thérèse Raquin*, 1953). A. L.

THOMAS (*Ambroise*), compositeur français (*Metz 1811-Paris 1896*). Fils d'un maître de musique, il entra en 1828 au Conservatoire de Paris où il fut l'élève de Kalkbrenner (piano), Dourien (harmonie), Barbereau (contrepoint) et Lesueur (composition). Il obtint un premier prix de piano en 1829 et le premier prix de Rome en 1832. Il passa trois ans à la villa Médicis, où il rencontra Berlioz, qui admira ses premières compositions. En 1837, il débuta à l'Opéra-Comique avec *la Double Échelle*, et bientôt à l'Opéra avec le ballet *la Gipsy* (1839), puis avec une comédie musicale, *le Comte de Carmagnola* (1841). S'ils furent accueillis avec sympathie, ces ouvrages ne se maintinrent cependant pas. Les premiers vrais succès de Thomas furent *le Caïd* (1849), spirituel pastiche de la musique bouffe italienne, et *le Songe d'une nuit d'été* (1850). En 1851, il fut admis à l'Institut en succession de Spontini.

Pendant quinze ans, il connut, comme compositeur, des fortunes diverses. C'est en abandonnant le style léger de l'opéra-comique au profit du sérieux et de la grandeur qu'il connut ses deux véritables triomphes : *Mignon* (1866) et *Hamlet* (1868).

En 1871, il fut nommé directeur du Conservatoire, où depuis plusieurs années il secondait A. Adam comme professeur de composition. Il se révéla un administrateur habile, consciencieux mais autoritaire et d'esprit étroit dans ses jugements esthétiques. Il se montra l'adversaire de compositeurs dont les audaces lui paraissaient inadmissibles (Franck, Lalo, Bizet, Fauré). Cette attitude lui valut plus tard beaucoup d'animosité.

Après avoir subi l'influence italienne, Thomas a fait un effort pour s'en affranchir et s'affirmer comme un compositeur français doté d'un solide métier. Mais bien que *Mignon* et *Hamlet* se soient longtemps maintenus à l'affiche, le compositeur, adulé de son vivant, est devenu aussitôt après sa mort le symbole du conformisme. Outre ses vingt ouvrages lyriques et ses trois ballets, il a laissé de nombreuses compositions vocales profanes et religieuses, quelques œuvres de musique de chambre, de piano et d'orgue, et des recueils de leçons de solfège.　　　　A. L. et S. W.

THOMAS (Jess), ténor américain (*Hot Springs, Dakota du Sud, 1927*). Il renonce à un doctorat de psychologie entrepris à l'université de Stanford pour se consacrer entièrement au chant, avec son professeur Otto Schulman. Il fait ses premiers pas dans le rôle de Fenton (*Falstaff*) et débute à l'Opéra de San Francisco dans celui de Malcolm de *Macbeth* (1957). Il vient en Europe étudier avec Emmy Seiberlich et fait ses débuts wagnériens remarqués à Karlsruhe où il chante pendant trois ans. En 1960, il compose un Bacchus truculent dans *Ariane à Naxos* à Stuttgart et à Munich. L'année suivante, Wieland Wagner lui fait incarner Parsifal à Bayreuth et Radamès (de *Aïda*) à Berlin. Il est Walter von Stolzing (*les Maîtres chanteurs*) au Metropolitan Opera de New York (1962) et au Covent Garden (1969). En 1962, à l'apogée de ses moyens, il incarne avec éclat et intelligence Lohengrin et Parsifal à Bayreuth, deux interprétations fixées par le disque, et participe à la *Tétralogie* enregistrée par Karajan (1966-1970).　　　　M. W.

THOMSON (Virgil), compositeur américain (*Kansas City 1896*). Issu de l'université Harvard, il fut l'élève de Nadia Boulanger et vécut en France de 1925 à 1940, étroitement mêlé à la vie intellectuelle et artistique parisienne. C'est toutefois dans le folklore purement américain des negro spirituals qu'il a trouvé l'inspiration de son premier opéra, *Four Saints in Three Acts*, sur un livret de Gertrude Stein (1934). Parmi les œuvres les plus marquantes de ce musicien presque classique, citons aussi la partition du film *Louisiana Story*, la *Missa pro defunctis*, et l'opéra *Lord Byron* (1972). Virgil Thomson a été également critique musical du *New York Herald Tribune* (1940-1954).　　M. T.

THREE PLACES IN NEW ENGLAND. Suite de trois pièces pour orchestre composées entre 1908 et 1914 par Charles Ives, et conçues à elles trois comme un premier « orchestral set » (ensemble pour orchestre), deux autres devant suivre, dont le deuxième fut achevé en 1915, et dont le troisième resta inachevé. La version originale du premier « set », les *Three Places*, était pour grand orchestre et orgue, mais une version révisée pour petit orchestre fut publiée en 1929.

Les trois pièces s'organisent suivant l'alternance lent-vif-lent chère à Charles Ives. La première, *Black March*, inspirée par un bas-relief représentant un régiment noir dans la guerre de Sécession, amalgame différents thèmes de marches militaires de cette période. On retrouve la même utilisation de marches militaires dans la deuxième pièce, *General Putnam's Camp*, commencée en 1908, et inspirée également par un mémorial de la guerre civile. Enfin, *The Housatonic at Stockbridge* est une rêverie lente et ample, dont Ives adapta plus tard la longue mélodie sur des textes de Robert Underwood Johnson pour en faire un des chants de son recueil *114 Songs*.　　　　M. C.

THRENI, ID EST LAMENTATIONES JEREMIAE PROPHETAE. Œuvre pour chœur, six solistes vocaux (soprano, alto, deux ténors et deux basses) et orchestre d'Igor Stravinski, composée en 1957-58 sur des textes tirés des Lamentations de Jérémie (Bible, texte latin de la Vulgate) et connue sous le titre abrégé de *Threni*. Commandée par la radio de Hambourg, cette musique fut créée au Festival de Venise de 1958, sous la direction de l'auteur. Son écriture rigoureusement sérielle est basée sur une série unique de douze sons, et l'œuvre présente un caractère sévère et volontairement scholastique, sans dramatisme et sans effets instrumentaux (l'orchestre étant utilisé par combinaisons de petits groupes, jamais comme masse).

Le texte fait allusion à la disgrâce et à la destruction de Jérusalem, et toute la musique baigne dans un climat expiatoire, qui déconcerta beaucoup d'auditeurs à la création, et fit parler de « laideur » et d'« inhumanité ». Cependant, cette œuvre volontairement monochrome est émouvante dans son absence de séductions extérieures.

Venant immédiatement après *Agon*, qui conservait encore quelque esprit de fantaisie chorégraphique, l'œuvre ouvre une dernière période stravinskienne, où les œuvres religieuses et funèbres (plusieurs « in memoriam ») vont tenir une place importante.　　M. C.

THRENOS À LA MÉMOIRE DES VICTIMES D'HIROSHIMA. Œuvre pour 52 instruments à cordes de K. Penderecki (1959-1961). Le compositeur y utilise une technique qui devait devenir un des traits spécifiques de son écriture instrumentale. Il abandonne la division de la gamme en demi-tons tempérés en faveur des quarts de ton et des sons à hauteurs indéterminées, renouvelant ainsi un langage marqué en ses débuts par Bartók. Dans cette partition puissamment dramatique, Penderecki emploie aussi des clusters écrits en notation graphique et dont l'épaisseur varie en cours d'exécution : centrés en leur point de départ sur une note, il leur arrive pour finir d'y revenir, de se réduire à elle. D'où l'importance des glissandi en quarts de ton et des micro-intervalles, ainsi que de l'aléatoire contrôlé.

A noter également l'utilisation particulière des tenues harmoniques et une recherche de timbres liée à l'invention de nouvelles techniques de jeu.　　A. F.

TIEFLAND. Opéra en 1 prologue et 2 actes d'Eugen d'Albert sur un livret de Rudolf Lothar. Créé à Prague le 15 novembre 1903.

Tiefland est la traduction littérale du titre catalan de la pièce d'Angel Guimera dont s'est inspiré le librettiste : *Terra Baixa*. Cette « terre basse », une vallée des Pyrénées orientales, nous est décrite comme un lieu de perdition dès le prologue qui se situe dans la montagne. Le berger Pedro (t) y reçoit la visite de Sebastiano (bar), riche propriétaire qui vient — on ne sait pourquoi — lui offrir en mariage sa maîtresse Marta (s).

ACTE PREMIER. *Au moulin qu'exploite Moruccio (bar), les commères du village se gaussent du candide Pedro. Marta les met à la porte et fait d'amères réflexions sur le mariage que lui impose son amant. Celui-ci lui affirme que rien n'est changé entre eux, puis laisse la place à Pedro qui conduit sa fiancée à l'église. Au retour du cortège nuptial, Marta repousse les avances de Petro et se retire seule dans la chambre où Sebastiano compte la retrouver. Mais Pedro se couche en travers de la porte.*

ACTE II. *Une fillette, Nuri (s), réveille Pedro et confirme innocemment ses soupçons. Ils s'éloignent ensemble et Marta, jalouse, malgré tout, va les suivre quand Tommaso (b), le doyen du village, lui reproche son attitude envers Pedro. Celui-ci lui rappelle que Sebastiano l'a sauvée de la misère et qu'elle lui doit tout, mais reconnaît que l'honnête Pedro a droit à la vérité. Peu après, elle a une franche explication avec Pedro qui, furieux, la frappe au bras d'un coup de couteau. Loin de se rebeller, elle accepte ce châtiment comme une preuve d'amour et se déclare prête à le suivre son mari dans la montagne. Sebastiano, dont l'arrivée déclenche une série de scènes violentes, tient d'autant plus à garder Marta que son propre mariage avec une riche héritière vient d'être rompu, Tommaso ayant éventé le scandale. Voilà donc pourquoi il avait mis Pedro dans son jeu ! Le berger, dédaignant de se servir de son poignard, attaque Sebastiano à mains nues et l'étrangle, puis quitte avec Marta la vallée maudite..*

Cet opéra vériste, sorte de *Cavalleria rusticana* germanique, a sauvé de l'oubli le nom d'Eugen d'Albert qui, pourtant, écrivit une vingtaine d'autres ouvrages lyriques.　　　　M. T.

TIENTO (espagnol dérivé du latin *tentare*). Forme caractéristique très en faveur auprès des organistes espagnols des XVIe et XVIIe siècles, le tiento unit certaines des caractéristiques du prélude et du ricercare italien. La première définition en a été donnée par Luis de Milán dans son traité *El Maestro* (1535) : « Cette musique, c'est comme essayer l'instrument, mêler les sonorités à des roulements. » L'organiste Correa de Arauxo en donne en 1626 une description beaucoup plus précise et détaillée. Selon lui, il s'agit d'une suite de courtes fugues se suivant sur des mélodies différentes. La raison d'être du tiento était de donner à l'organiste la possibilité de connaître les diverses possibilités d'un instrument.

On distinguait au XVIIe siècle les tientos *de bataille*, genre très populaire qui décrivait musicalement les sons d'une armée en campagne avec imitations de trompettes, de tambours, du chant des soldats ; les tientos *de lleno* (de plein) où toutes les voix étaient utilisées tant en contrepoint qu'en accords pleins ; les tientos *de falsa* (de fausses) basés sur le jeu des dissonances ; les tientos de *main droite* ou de *main gauche* qui se jouaient le plus souvent en combinant les possibilités de l'orgue à registres coupés de façon qu'une moitié de ceux-ci servent à l'exposition de la mélodie et à ses ornements, tandis que l'autre moitié, de sonorité différente, se contentait d'accompagner en contrepoint. Cabezón, Correa, de Arauxo, Cabanilles comptent parmi les plus célèbres des auteurs de tientos. Une pièce pour orchestre intitulée *Tiento* a été composée en 1980 par Christobal Halffter. J.-F. L.

TIERCE. — 1. **Intervalle** produit, dans la gamme diatonique, entre deux notes distantes de trois degrés, départ et arrivée inclus. Selon les altérations employées, la tierce peut être *normale* ou *déformée ;* la tierce normale est selon les cas soit *majeure* divisible en deux tons, soit *mineure* divisible en un ton et demi, mais dans certains systèmes mélodiques, la tierce mineure peut être un intervalle *incomposé*, c'est-à-dire perçu directement sans se subdiviser intérieurement en ton + demi-ton, ce qui lui permet d'être employé comme intervalle *conjoint* (par exemple en pentatonique), ce qui n'est pas le cas de la tierce majeure.

La tierce déformée peut être soit *diminuée* (ex. *do* dièse-*mi* bémol), ce qui, en tempéré, lui donne le même espace que le ton, mais compris différemment ; soit plus rarement *augmentée* (ex. *do-mi* dièse), ce qui lui donne le même espace que la quarte, mais compris différemment. La tierce déformée est toujours comprise comme un intervalle psychologiquement dissonant tendant vers sa résolution, même si, par le jeu du tempérament, sa sonorité matérielle est analogue à celle d'une consonance.

La valeur acoustique de la tierce est différente selon le système dans lequel on l'envisage. En pythagoricien, système qui régit instinctivement la mélodie non harmonisée, la tierce est obtenue par le report de quatre quintes (ex. *do-sol-ré-la-mi*), ce qui donne à la tierce majeure un grand écartement (définition 81/64), tandis qu'en zarlinien, système qui régit l'entendement harmonique tonal, elle est obtenue directement par l'harmonique 5 (définition 5/4), ce qui la rend au contraire très basse ; le tempéré ($\sqrt[4]{2}$) se situe entre les deux. La tierce mineure est la différence (logarithmique s'entend) entre la quinte et la tierce majeure prises l'une et l'autre dans le même système.

— 2. **En facture d'orgue**, on donne le nom de *tierce* à un jeu de mutation faisant entendre soit la tierce majeure de la fondamentale, soit l'une de ses octaves, le plus souvent à deux octaves de distance, ce qui correspond à l'harmonique 5.

— 3. **Dans la polyphonie populaire de Corse**, et notamment dans la *paghiella*, on donne le nom de tierce *(terza)* à la voix la plus aiguë de la polyphonie à trois voix, les voix étant numérotées de bas en haut *(bassu, segunda, terza)*. J. C.

TIERCE PICARDE. Expression désignant, dans un morceau de tonalité mineure, une conclusion sur l'accord de tonique majorisé. Le procédé est ancien (probablement XVIe s.) et s'explique aisément par le caractère de l'accord majeur, consonance naturelle plus franchement conclusive que l'accord mineur, consonance artificielle ; mais l'expression est restée longtemps incomprise, les Picards n'ayant ni l'exclusivité du procédé, ni un plus fort pourcentage que d'autres dans son emploi. La véritable explication, détectée récemment, est sans doute l'emploi en ancien français de l'adjectif *picart* ou *piquart* au sens de « piquant, aiguisé », ce qui n'a rien à voir avec la province de Picardie. J. C.

TIERKREIS. Cycle de 12 mélodies pour boîtes à musique composées sur les signes du zodiaque par Karlheinz Stockhausen en 1975. Chacune des mélodies qui possède son caractère propre repose sur un son central (*mi* bémol pour *Aquarius*, le Verseau ; *mi* pour *Pisces*, les Poissons ; *la* pour *Leo*, le Lion ; *ré* pour *Capricorn*, etc.). Les mélodies de *Tierkreis* forment la base du matériau mélodique de *Musik* im Bauch* et de *Sirius**.

En 1976-77, Stockhausen adapte le cycle des 12 mélodies à différentes formations. En solo : pour un instrument mélodique ou un instrument harmonique (clavier). En duo : pour soprano, ou ténor élevé et un instrument harmonique ; pour soprano, ou ténor très élevé et un instrument harmonique ; pour mezzo-soprano, ou contralto, ou ténor grave et un instrument harmonique ; pour baryton et un instrument harmonique ; pour basse et un instrument harmonique. En ensemble : pour orchestre de chambre (clarinette, basson, cor et cordes) ; pour octuor (clarinette, basson, cor, deux violons, alto, violoncelle et contrebasse). P. S.

TIERSOT (*Julien*), musicologue français (*Bourg-en-Bresse 1857 - Paris 1936*). Formé au Conservatoire de Paris où il fut l'élève de Massenet (composition), de Franck (orgue) et de Bourgault-Ducoudray (histoire de la musique), il a consacré l'essentiel de ses recherches à la chanson populaire. Il fut bibliothécaire au Conservatoire et présida la Société française de musicologie. **Principaux écrits.** *Histoire de la chanson populaire en France* (1889) ; *Rouget de Lisle* (1892) ; *les Fêtes et les Chants de la Révolution française* (1908) ; *J.-J. Rousseau* (1912) ; *Histoire de la Marseillaise* (1915) ; *les Couperin* (1926) ; *Smetana* (1926) ; *la Musique aux temps romantiques* (1930) ; *la Chanson populaire et les Écrivains romantiques* (1931). J. R.

TILL EULENSPIEGEL. Poème symphonique de Richard Strauss, composé pendant l'hiver 1894-95 et donné en première audition à Cologne, le 5 novembre 1895, sous la direction de Franz Wüllner. Au tragique de *Macbeth* et de *Mort et Transfiguration*, l'œuvre oppose sa drôlerie, voire sa truculence, exempte de toute vulgarité, mais pimentée d'humour grinçant et sarcastique. Eulenspiegel (littéralement : « miroir aux chouettes »), c'est le bouffon légendaire, qui s'attaque à la médiocrité, à la bêtise, à la lâcheté, aux conventions sclérosantes. Pour l'Allemagne, c'est un peu — méchanceté exclue — l'équivalent du Peer Gynt norvégien. Un vrai Eulenspiegel exista, semble-t-il, qui naquit au début du XIVe siècle et mourut, de la peste noire, en 1350. La première version imprimée de ses aventures parut vers l'an 1500 et fit rapidement l'objet de traductions dans divers pays d'Europe.

Till Eulenspiegel's lustige Streiche, nach alter Schelmenweise, in Rondeauform (« Plaisantes farces de Till l'espiègle, d'après l'ancienne légende, en forme de rondeau ») : tel est le titre exact d'une partition usant d'un style narratif alerte et cursif. La traduction musicale des différents épisodes de l'histoire passe par le truchement d'un très grand orchestre réunissant petite flûte, trois grandes flûtes, trois hautbois, cor anglais, quatre clarinettes, trois bassons, huit cors, six trompettes, trois trombones, tuba, timbales, cordes et percussion. Encore que, dans la majorité des cas, cet effectif énorme soit utilisé dans une perspective « musique de chambre » par l'association de quelques pupitres dont le choix permet, grâce aux ressources disponibles, une étonnante variété de couleurs.

Le thème de Till constitue évidemment le refrain de cette forme rondeau. Il comprend deux parties, énoncées dès les premières mesures : l'une, brève, bien affirmée au cor ; l'autre, ricanante, insolente à la clarinette. Till Eulenspiegel commence la série de ses tours en précipitant sa monture à travers un marché et en brisant la vaisselle proposée à la clientèle. Injurié, il se sauve, se déguise en pasteur et sert aux badauds un prêche ridicule. Reconnu, il s'esquive de nouveau, légèrement inquiet d'avoir plaisanté avec la religion. Il fait le joli cœur parmi des jeunes filles, tombe amoureux de l'une d'elles, la demande en mariage, essuie un refus qui le vexe et le rend furieux. Cette fureur-là va le conduire à des excès qui le perdront. Car maintenant les farces du personnage tiennent de la frénésie. Devant une assemblée de pédants imbéciles, Till glorifie le rire et la fantaisie, thèse insensée pour les tenants d'une « sagesse » mesquine et conventionnelle. Il part en sifflotant, se remet à prêcher, est arrêté, jugé, condamné à mort, mené à l'échafaud, pendu.

Après un retour discret de son thème-signature, l'œuvre se termine sur une brève et joyeuse pirouette. Till Eulenspiegel est mort mais son esprit demeure, que la bêtise humaine ne pourra jamais anéantir.

J. D.

TIMBALE. Instrument à percussion de la famille des « peaux » dont les origines, fort lointaines, sont probablement orientales et militaires. Aujourd'hui encore, la cavalerie de la garde républicaine a ses timbaliers qui, pour garder les mains libres, guident le cheval au pied grâce à de longues rênes attachées aux étriers. Chacune de ces timbales, disposées par paire en avant et de chaque côté de la selle, consiste en un bassin de cuivre approximativement hémisphérique, fermé par une peau dont la tension (et par conséquent la note émise, dans les limites d'une quinte environ) peut être modifiée au moyen de clés à vis disposées sur le pourtour de l'instrument.

À l'orchestre symphonique, où elles figurent régulièrement depuis le XVIIIe siècle et furent presque seules à représenter les percussions jusqu'à l'époque romantique, les timbales sont plus grandes (d'un diamètre moyen de 70 cm), montées sur pied, et vont par jeu de quatre. L'accord des timbales modernes est assuré par un système de pédales beaucoup plus rapide et pratique que les anciennes clés, au nombre de six, qu'il fallait manœuvrer pour passer d'une note à l'autre. De même, le cuivre rouge des « fûts » est souvent remplacé par la fibre de verre, et les « peaux » artificielles en matière plastique, robustes et moins sensibles aux variations atmosphériques, ont supplanté le parchemin naturel qui, d'ailleurs, serait hors de prix. La qualité de ce magnifique instrument n'en est pas altérée, qu'on le joue avec des mailloches ou avec toutes sortes de baguettes à tête de feutre ou de bois, selon l'effet souhaité.

M. T.

TIMBRE. — 1. **L'une des cinq qualités** qui déterminent l'identification d'un son, les quatre autres étant la *hauteur* (ou fréquence), la *durée*, l'*intensité* et la *localisation spatiale*. Le timbre, souvent associé à l'identification de l'émetteur du son (timbre d'un chanteur, d'un violon, etc.), est le résultat de diverses composantes dont la principale (mais non pas la seule) est la manière dont se superposent au son principal les divers harmoniques qui l'accompagnent, et qui, souvent inaudibles en tant que tels, sont décelés par l'analyse spectrale : le timbre varie selon que certains harmoniques sont renforcés, tels autres affaiblis ou absents. Mais il est également affecté par d'autres facteurs, tels que le mode d'attaque, l'intensité d'émission, l'environnement acoustique, etc.

Si aux harmoniques se mélangent des sons « partiels » n'appartenant pas à la série harmonique, le timbre est perturbé et tend à perdre sa possibilité d'identification de hauteur : il devient un « bruit ». Dans les mêmes conditions, la voix cesse d'être « timbrée » ou « voisée » et devient éraillée ou chuchotée.

— 2. **Mélodie** susceptible de s'adapter à des textes différents. L'usage des timbres est très ancien : le chant grégorien en fait grand usage dans les antiennes, les versets de répons, etc. Il est à la base de la pratique des « vaudevilles » qui ont donné naissance à l'opéra-comique, et se retrouve dans de très nombreux domaines, notamment dans l'histoire du cantique populaire. Des recueils de timbres ont été publiés tout au long du XIXe siècle sous le titre *la Clef du caveau*.

— 3. **Instrument** formé de lames, coupes ou autres objets vibrants mis en action par frappement et produisant un son aigu et cristallin. Le « jeu de timbres » est analogue au *glockenspiel* allemand utilisé par Mozart dans *la Flûte enchantée*.

J. C.

TINCTORIS (*Johannes*), compositeur et théoricien de la musique (*Nivelles v. 1435 - ? 1511*). Sans doute chantre à Cambrai vers 1460, il est de 1474 à 1476 à la cathédrale Saint-Lambert de Liège avant d'entrer (1476) au service de Ferdinand Ier d'Aragon, roi de Naples, comme chantre et chapelain pour plus de quinze ans. De 1481 à 1483, on le trouve néanmoins à Liège et en 1487 il effectue un voyage à la cour de Bourgogne et à celle de Charles VIII afin d'y recruter des chantres pour Ferdinand. Il vit à Rome en 1492 et encore en Italie en 1495, mais on ignore le lieu de sa mort en 1511.

C'est lors de son séjour à la cour de Naples qu'il rédige ses douze traités dédiés au roi Ferdinand, à sa fille Béatrice et à de grands musiciens contemporains. Ils constituent une sorte de somme des connaissances musicales de son temps. Certes, Tinctoris y apparaît comme un disciple du néopythagorisme (*cf.* notamment le traité des *Proportions*, exposé de la méthode d'approche des proportions mathématiques à la notion musicale où il se laisse emporter par un enthousiasme spéculatif et hyperrationnel).

Mais s'il développe longuement la signification magique et incantatoire de la musique comme sa valeur éthique, il admet cependant que la musique peut avoir pour seul but de divertir et qu'elle peut apporter la gloire à ceux qui sont experts en cet art. Ce sont là des idées neuves.

Œuvres. — *Traités. Terminorum musicae diffinitorium* (av. 1476) : « Dictionnaire de terminologie musicale »; *Expositio manus* : « Exposition de la solmisation [de G. d'Arezzo] »; *Liber de natura et proprietate tonorum* (1476) : « De la nature et de la propriété des tons » dédié à Ockeghem (exposé sur la théorie des modes avec transpositions et sur quelques règles du contrepoint avec certaines altérations); *Tractatus de notis et pausis* : « Traité des notes et des silences »; *Tractatus de regulari valore notarum* : « Traité de la valeur régulière des notes »; *Liber imperfectionum notarum musicalium* : « Livre des imperfections des notes »; *Tractatus alterationum* : « Traité des altérations »; *Scriptum super punctis musicalibus* : « Écrit sur les puncta »; *Liber de arte contrapuncti* : « L'Art du contrepoint » (connaissances parfaites et imparfaites, dissonances, emploi, les règles de composition); *Proportionales musices* : « les Proportions musicales » (appliquées à la notion musicale); *Complexus effectuum musices* : « Traité des effets de la musique » (ainsi que de sa valeur éthique); *De inventione et usu musicae* (entre 1483 et 1487) : « De l'invention et de l'usage de la musique » (traité consacré au chant grégorien et polyphonique, aux chanteurs et instrumentistes). *Éditions* : tous sont édités, sauf *De inventione*, in De Coussemaker, Scriptores IV, 1874-1876.

Autres œuvres. 4 messes (2 à 3 voix, 2 à 4 voix); 2 motets à 3 voix (*O virgo miserere* et *Virgo Dei throno digna*); 7 chansons (2 à 3 voix : *Votre regard* et *Hélas*; 1 à 4 voix : *le Souvenir*; 4 à 2 voix : *De tous biens playne, D'ung aultre amer, Tout a par moy, Comme femme*); une *Lamentation* à 3 voix; un *Madrigal* à 3 voix.

M.-C. L. M.-M.

TIPPETT (*Michael*), compositeur anglais (*Londres 1905*). Il a hérité des traits et du tempérament celtiques de son père, natif de Cornouailles. Au Royal College of Music de Londres, il s'imprègne du répertoire classique : Palestrina, la polyphonie de la Renaissance anglaise, qui le marquera particulièrement, Bach, Haendel, et surtout Beethoven, à la musique duquel, selon sa propre expression, « il se soumet entièrement ». Après s'être perfectionné, notamment en contrepoint, il est enfin satisfait de lui avec le beethovenien *Premier Quatuor à cordes* (1934-35), marqué, comme les suivants, par l'intérêt exclusif qu'il porte aux questions de forme. Après une *Première Sonate pour piano* (1936-37), remplie d'airs folkloriques anglais, il s'estime arrivé totalement à maturité avec le *Concerto pour double orchestre à cordes* (1938-39), sa partition instrumentale demeurée la plus jouée, amalgamant des tournures mélodiques et des rythmes caractérisant la musique anglaise depuis Purcell, et certains autres, syncopés, typiquement américains.

Jusqu'en 1945, deux passions dominent sa vie : l'art de l'éducation et la politique. Il prend la direction de la musique au Morley College, où il crée de nombreuses œuvres, anciennes et contemporaines, inconnues jusqu'alors ; profondément affecté par les ravages de la « Grande Dépression », il dirige un orchestre de musiciens chômeurs. Trotskiste, un moment engagé au sein du parti communiste, il se rend compte qu'il est, avant tout, un individualiste, d'une farouche indépendance. En 1942, objecteur de conscience, il est condamné, malgré le soutien de Vaughan Williams, à trois mois de prison, qu'il jugera positifs, « test » nécessaire à ses croyances. De cette sombre époque, datent le *Deuxième Quatuor à cordes* (1941-42) [à l'intense andante dont il nota le thème pendant les journées de Munich, en 1938], la *Première Symphonie* (1944-45), réponse aux souffrances de la guerre, le *Troisième Quatuor à cordes* (1946), d'un lyrisme passionné, reflétant l'influence directe des six quatuors de Bartók.

Tippett exprime la compassion qu'il ressent pour les opprimés dans un oratorio, qu'il veut « populaire », au vrai sens du terme, *A Child of Our Time* (1939-1941), dont le texte qu'il a rédigé lui-même sur les conseils de T. S. Eliot (comme il le fera désormais pour la plupart de ses œuvres), est une protestation passionnée contre les conditions qui rendent toute persécution possible, et poussent les êtres pacifique à commettre un acte de violence. La phrase finale de l'oratorio (« Je connaîtrai mon ombre et ma lumière, ainsi serai-je en mon entier ») résume la conviction fondamentale de Tippett : l'homme n'atteindra la sagesse que par la connaissance du Bien et du Mal dans sa nature, et l'harmonie intérieure par leur réconciliation.

Ce concept de recherche personnelle de la plénitude spirituelle, ou processus d'« individuation », décrit par Jung, Tippett l'entreprend précisément à l'époque avec un analyste jungien. Il le voit alors, sur le plan musical, comme relié à une nécessaire redécouverte des valeurs classiques et morales, remarquablement réussie jusqu'alors, culminant dans son visionnaire opéra-comédie *The Midsummer Marriage* (1946-1952), où son classicisme sonne de façon absolument naturelle, avec un lyrisme plus brillant, dans un resplendissant *la* majeur.

L'influence directe du foisonnement contrapuntique, et la lumineuse opulence de cet opéra (et spécialement celle du monde magique des célèbres « Danses rituelles », à l'acte II) se retrouvent dans la stravinskienne *Deuxième Symphonie* (1956-57), néoclassique (le climat de l'adagio évoque Charles Ives), et surtout dans la complexe *Fantaisie concertante sur un thème de Corelli* (1953), évoquant le mysticisme de la nature, très proche de la tradition pastorale dans la musique anglaise, celle de Vaughan Williams, Elgar, Delius, avec laquelle il présente une forte continuité (Tippett restera toujours un homme de la terre ; il vivra, à partir de 1951, retiré à la campagne).

Au milieu des années 50, Tippett réalise qu'il ne peut aller plus loin dans cette voie sans se répéter, éprouve aussi le besoin d'étendre son vocabulaire musical. Avec *King Priam* (1958-1961), son deuxième opéra, dont la partition ressemble à une énorme mosaïque, il opère un changement abrupt et complet, une rupture décisive avec le passé : prédominance de l'harmonie sur le contrepoint ; pas de progression tonale claire, la musique ne se développant pas (Tippett ne retournera d'ailleurs plus à la tonalité traditionnelle).

Les possibilités mosaïques formelles de ce nouveau style sont explorées dans la *Deuxième Sonate pour piano* (1962), le *Concerto pour orchestre* (1962-63), et aboutissent aux superpositions étincelantes d'une de ses partitions les plus ambitieuses et les plus profondes, l'oratorio *la Vision de saint Augustin* (1963-1965), consacré à l'une de ses préoccupations philosophiques majeures : le temps.

Dans son troisième opéra *The Knot Garden* (1966-1970), Tippett accomplit une riche synthèse de tous ses styles antérieurs, avec certaines innovations, et surtout, une véritable « américanisation » de sa musique. Celle-ci marquera la *Troisième Symphonie* (1970-1972), dont la « Première Partie » se caractérise par l'opposition entre une musique dynamique (l'obsession de Tippett pour les allégros beethoveniens, qui se retrouve d'ailleurs dans la *Troisième Sonate pour piano* de 1972-73) et statique, suspendue dans les airs, et dont la « Deuxième Partie » est consacrée à une réflexion sur la signification et l'actualité du message prodigué par l'*Hymne à la joie*, de Beethoven et Schiller (dont sept mesures sont citées) au siècle des camps de la mort et du goulag ; à sa place, Tippett offre une « ode à la compassion », sous forme d'une série de blues, chantés par la soprano solo, se terminant sur une citation de Martin Luther King : « Nous ressentons un immense pouvoir de compassion, pour guérir, pour aimer », clef de son quatrième opéra *The Ice Break*, nouvelle œuvre de signification contemporaine où l'on retrouve les allusions au jazz et au blues, les arabesques mélodiques à l'ornementation exubérante, les harmonies de quartes, les appels de cors, les scintillements de célesta et de glockenspiel.

Avec la *Quatrième Symphonie* (1976-77), en un seul mouvement, d'une sauvage grandeur, Tippett retourne à une conception abstraite, purement instrumentale : partition virtuose, directement inspirée par les qualités de l'Orchestre symphonique de Chicago, mais avec comme programme le cycle de la vie humaine.

Après un *Quatrième Quatuor* (1977-78) de la même veine, le *Triple Concerto pour violon, alto et violoncelle* (1980) explore de nouveaux domaines instrumentaux (sons inspirés par la musique de Bali). Tippett a achevé en 1982 la moitié d'une nouvelle partition qui promet d'être le couronnement de son œuvre, *The Mask of Time*, pour quatre solistes, chœurs et orchestre, d'après Milton et Shelley.

Ayant débuté de façon conservatrice par une recréation de la tonalité classique, Tippett, en une série de contrastes brutaux, a graduellement abandonné le système tonal pour pratiquer une atonalité essentiellement diatonique, et a créé ainsi un monde propre, poétique et passionné, aisément reconnaissable, jamais conventionnel ni superficiel, dont l'individualisme exubérant contraste avec la « dé-personnalisation » sécrétée par le langage international du sérialisme.

Tippett est, par ailleurs, sûrement le seul compositeur contemporain, avec Zimmermann, qui ait été le plus radicalement influencé par le jazz, et en ait approché l'essence, car il s'est senti concerné par cette musique des opprimés, lui, qui, comme Zimmermann, Hartmann, Chostakovitch, Britten, a consacré sa vie à une conception généreusement humaniste de l'art. Le ton exalté, extatique, de ses musiques les plus originales le place, avec Messiaen, parmi les seuls authentiques visionnaires contemporains : comme il l'écrit lui-même dans son recueil de textes *Moving into Aquarius*, il s'assigne une immense tâche, et a réussi à « créer des images des profondeurs de l'imagination, et à leur donner une forme visuelle, intellectuelle ou musicale (...) dans une époque de médiocrité et de rêves évanouis, des images d'une beauté généreuse, exubérante ».

J.-J. M.

TIRASSE. Nom du mécanisme permettant, à l'orgue, de réaliser l'accouplement d'un clavier sur le pédalier, c'est-à-dire de faire jouer par le pédalier les notes d'un clavier manuel. La tirasse est réalisée mécaniquement ou électriquement, beaucoup plus rarement pneumatiquement. Un dispositif mécanique analogue permet d'associer un pédalier à un piano, en l'accouplant aux notes graves de l'instrument.

G. C.

TIRÉ. Mouvement descendant de l'archet, du talon vers la pointe, favorisant les attaques énergiques et l'exécution des accords (v. POUSSÉ). M. T.

TISNÉ *(Antoine),* compositeur français *(Lourdes 1932).* Élève de Darius Milhaud et de Jean Rivier au Conservatoire de Paris (composition), il a obtenu le deuxième prix de Rome et le prix Lili-Boulanger en 1962, et le prix de la fondation Serge-Koussevitski en 1965. En 1968, il est devenu inspecteur principal de la musique au ministère des Affaires culturelles. Dans un style éclectique se voulant indépendant de tout système, il a écrit notamment trois concertos pour piano (1959, 1961 et 1963), deux symphonies (1959-60 et 1964), un Concerto pour flûte (1965), un pour violoncelle (1965) et un pour violon (1969), *Cosmogonies* pour trois orchestres (1967), *Impacts* pour ondes Martenot et deux orchestres (1970), *Arches de lumière* pour orchestre (1972), *Arborescences* pour orchestre (1972), *Célébration* pour trois chœurs et trois orchestres (1975), *Dolmen* pour orchestre de chambre (1977), *Reliefs irradiants de New York* (1980). Ses nombreux séjours à l'étranger (États-Unis, Danemark, Espagne, Grèce) ont considérablement élargi son horizon expressif. M. V.

TITAN. Titre associé à la Symphonie nº 1 en *ré* majeur de Gustav Mahler, esquissée dès 1885 à Cassel, terminée dans sa version initiale (en deux parties et en cinq mouvements) à Leipzig en 1888, et créée dans cette même version à Budapest le 20 novembre 1889. Après d'autres auditions à Hambourg en 1893 et à Weimar en 1894, la création de la version définitive (en quatre mouvements) eut lieu à Berlin le 16 mars 1896. Toutes ces exécutions furent dirigées par le compositeur. Le titre apparut pour la première fois à Hambourg en 1893. Il était alors *Titan, poème symphonique en forme de symphonie.* On le retrouve tel quel à Weimar en 1894, ainsi que sur une page-titre ajoutée à un manuscrit de 1889-1893, avec cette fois comme énoncé *Symphonie « Titan » en 5 mouvements (2 parties).* Mahler le supprima avant l'exécution de 1896 à Berlin, et il ne reparut ni lors de la première édition de l'ouvrage (1898), ni plus tard. Le mouvement supprimé après l'audition à Weimar en 1894 était un andante (intitulé *Blumine* ou *Bluminenkapitel*) placé entre les deux premiers mouvements actuels.

Le titre fait référence, bien que Mahler l'ait nié, à un roman écrit en 1797 par l'écrivain romantique allemand Johann Paul Richter, dit Jean-Paul *(1763-1825).* Jean-Paul fut toujours un des auteurs de chevet de Mahler. De lui, Novalis *(1772-1801)* avait dit justement : « Il met en poésie des improvisations musicales. » Le roman *Titan* retrace la vie d'un héros dont la seule arme, face à un monde pernicieux et à une réalité « trop humaine », est une exceptionnelle force intérieure faite d'exaltation, d'imagination et de rêves purs. Sans doute Mahler reconnut-il les siennes propres dans les aspirations de ce héros, et son propre idéal artistique dans celui, dramatique et fantastique, ironique et cosmique à la fois, de Jean-Paul.

Cela dit, le programme que Mahler joignit à sa partition à Hambourg en 1893 et qui lui aussi devait disparaître définitivement à Berlin, n'a rien à voir avec le roman. Dans la mesure où l'œuvre possède une dimension autobiographique, il faut la rechercher dans ses circonstances de composition (sous le signe de la passion unissant Mahler et Madame von Weber, épouse du petit-fils de l'auteur du *Freischütz*), et surtout dans ses larges citations des *Chants* d'un compagnon errant (Lieder eines fahrenden Gesellen).* Des quatre mouvements, le dernier, par son poids et ses dimensions, s'oppose à lui seul aux trois autres. Mais le plus typique est le troisième, sorte de marche funèbre basée sur une version en mineur de la célèbre chanson allemande *Bruder Martin* (en français *Frère Jacques*) : on y trouve cette synthèse, ou plutôt cette juxtaposition, de drame et d'ironie, de satire et de tendresse, de quotidien et de transcendantal, qui n'appartient qu'à Mahler, et qui rend son art si actuel. M. V.

TITCHENKO *(Boris),* compositeur soviétique *(Leningrad 1939).* Il fait ses études dans les classes de G. Oustvolskaïa, V. Salmanov, V. Volochinov et O. Evlakhov au conservatoire de Leningrad, avant de devenir l'un des pupilles de D. Chostakovitch. Musicien passionné, digne continuateur de Chostakovitch, il use d'un style réaliste, sans recherches inutiles, tout en se conformant aux stricts canons de l'écriture venant de la tradition de Rimski-Korsakov et Miaskovski. Pianiste, il crée son propre concerto en 1962, dédiant à Rostropovitch celui qu'il écrit pour violoncelle (1968). Son style devient plus personnel dans son ballet *les Douze* (d'ap. A. Block) ou la nouvelle symphonie *Crainquebille,* d'après Anatole France.
P.-E. B.

TITELOUZE *(Jehan* ou *Jean),* organiste et compositeur français *(Saint-Omer, alors dans les Pays-Bas espagnols, 1563 - Rouen 1633).* Il est vraisemblablement originaire d'une famille catholique chassée d'Angleterre par la Réforme. En 1585, il est organiste de l'église Saint-Jean à Rouen. Il succède à François Josseline comme organiste de la cathédrale en 1588, et en 1604, obtient la naturalisation demandée en 1595. En 1610, il est nommé chanoine de la cathédrale de Rouen. Expert en facture d'orgue, il est appelé en consultation dans de nombreuses églises, jusqu'à la cathédrale de Poitiers. Il fait agrandir l'orgue de la cathédrale de Rouen par Crespin Carlier (pédalier porté à trente notes). Virtuose, compositeur, pédagogue, c'est aussi un théoricien et un érudit : il est lié avec le père Mersenne, et prend part à ses travaux.

Il a laissé deux importants cahiers de musique : *Hymnes pour toucher sur l'orgue avec les fugues et recherches sur leur plain-chant* et *Magnificat* ou *Cantique de la Vierge pour toucher sur l'orgue, suivant les huit tons de l'église* (Ballard, Paris, respectivement en 1623 et 1626). Son style est marqué par la référence au plain-chant, par la connaissance des polyphonies pratiquées en Angleterre, Italie, Espagne et en France, par la souplesse et la liberté qui viennent en équilibrer la rigueur. Son influence fait de lui le véritable père de l'école française d'orgue. J.-F. L.

TITON DU TILLET *(Évrard),* écrivain français *(Paris 1677-* id. *1762).* Capitaine des armées du roi jusqu'en 1697, il est ensuite maître d'hôtel de Marie-Adélaïde de Savoie, duchesse de Bourgogne, jusqu'à sa mort en 1712. Il est surtout connu pour son projet d'édification d'un « Parnasse français », où devaient figurer, autour d'un Louis XIV apollonien, les grands noms du monde des lettres et des arts français. Le projet n'aboutit pas, mais il publia une *Description du Parnasse français* en 1727, complétée en 1732 et dont le succès lui valut trois suppléments en 1743, 1755 et 1760. Surtout intéressante pour les notices biographiques sur les compositeurs (Lully, Couperin, Marais, Delalande, Campra, etc.), poètes et librettistes contemporains, elle contient en outre des informations précieuses sur des instrumentistes, chanteurs et acteurs, et constitue un témoignage de valeur sur l'esthétique française au début du XVIIIe siècle. D. H.

TOCCATA (de l'italien *toccare,* « toucher »). Ce terme, qui apparaît en Italie à la fin du XVe siècle, définit des compositions, jouées isolément ou au début d'un office ou d'un concert, et destinées à faire valoir le toucher de l'interprète. Ce sont des pièces de virtuosité que caractérisent la liberté de la forme, un caractère apparent d'improvisation, de fréquentes modifications rythmiques ou mélodiques, un jeu d'ornementation qui se lie à une certaine richesse mélodique et prend le pas sur le respect strict des règles du contrepoint. Une des seules exigences propres à la toccata est de s'adapter, de façon rigoureuse, à l'instrument sur lequel elle sera exécutée.

Dans ses premières manifestations, la toccata se distingue encore mal de la sonate (de l'italien *suonare,* « sonner »), plus précisément destinée à faire valoir les sonorités de l'instrument, et des autres morceaux de forme libre par lesquels un instrumentiste ouvre un concert, le prélude, la ricercare, l'intonazione, l'intrada, etc. La confusion entre ces différents noms durera jusqu'au milieu du XVIIIe siècle ; on la trouve encore dans le traité de Mattheson sur la vie musicale (1719) et dans le grand ouvrage de Marpurg (1754-1778).

La toccata d'instruments autres que le clavier. Un des plus anciens emplois du mot toccata se trouve dans une description du couronnement du roi Alphonse II de Naples (1494). Il s'agit d'une « toccata de trombe », probablement une fanfare triomphale pour l'arrivée du monarque. C'est encore avec une « toccata con tutti li stromenti » que s'ouvre l'*Orfeo* de Monteverdi (1607). À l'époque, la toccata commence pourtant à prendre place dans les genres habituellement réservés aux instruments à clavier, à l'orgue en particulier. Mais l'usage se perpétuera en Italie pendant longtemps de remplacer une pièce d'orgue par sa transcription pour plusieurs instruments à vent (cuivres en général) dans certaines circonstances particulièrement solennelles ou dans des lieux qui ne possèdent pas d'orgue. Il ne fait pas de doute que de nombreuses toccatas pour orgue ont été connues du public dans de telles exécutions.

Par ailleurs, le mot toccata continue d'apparaître, généralement lié à celui de sonate, dans la littérature du violon. On trouve ainsi une toccata comme mouvement initial des *Sonate accademiche*, op. 2, de Veracini, publiées simultanément à Londres et à Florence en 1744.

La toccata pour clavier en Italie. La toccata pour clavier se rencontre aux deux pôles de la vie musicale italienne. Dans la région vénitienne, des organistes, tels que les Gabrieli (Andrea comme Giovanni), Padovano, Merulo, cherchent à lui donner une structure un peu plus formalisée. Aux mouvements complètement libres, d'allure récitative, et aux *canzone*, ils opposent des passages fugués beaucoup plus rigoureux. On trouvera ainsi des alternatives entre de simples expositions mélodiques où l'interprète joue sur les inégalités de mesure, et des passages de grande rigueur polyphonique.

Par ailleurs, au sein de l'école napolitaine, la toccata présentera les formes les plus irrégulières et les plus propres à faire briller les qualités de l'interprète. Rythmes et tonalités seront bouleversés dans une recherche permanente de l'effet de surprise. À Naples brillent les noms de Jean de Macque, qui est d'origine flamande, et de Trabaci.

Mais c'est à Rome que la toccata va rencontrer son grand créateur en la personne de Frescobaldi. C'est lui qui commencera à organiser la variété interne de la toccata en la subdivisant en fragments opposés les uns aux autres mais obéissant chacun à une grande rigueur interne. Les changements de rythme à l'intérieur d'un développement permettent, en ne faisant que peu appel au contrepoint, d'obtenir un effet de variété en réutilisant, sous des formes aux décorations différentes, le même élément mélodique relativement court. De plus, Frescobaldi va systématiquement raccrocher la toccata à un contexte liturgique fréquent (toccatas « après l'épître », « après le Credo », « à jouer à l'élévation », etc.). Ce sera dans cet esprit qu'il publiera en 1635 son recueil des *Fiori musicali*. Dans un tel contexte, si le côté improvisation apparente de la toccata persiste, son allure de pièce de virtuosité n'a plus de raison d'être.

L'influence de Frescobaldi sera profonde, tant sur ses élèves italiens, tels que Michelangelo Rossi, que sur les musiciens allemands venus apprendre auprès de lui un nouvel art de l'orgue, tels Froberger ou Tunder.

La tradition frescobaldienne restera vivante en Italie. Perpétuée par des musiciens tels que Pasquini, Zipoli ou Alessandro Scarlatti, elle se marquera au début du XVIIIe siècle par une séparation entre la toccata pour orgue et celle pour clavecin. Jusque-là, en effet, la spécificité des pièces était très peu marquée, Frescobaldi lui-même étant, malgré ses fonctions officielles à Saint-Pierre de Rome, plus intéressé par le clavecin que par l'orgue.

Il faut remarquer que c'est au moment ou la toccata pour le clavecin prend son autonomie qu'elle perd, en Italie tout au moins, les caractères qui la distinguent de la sonate. Cette confusion est sensible dans les recueils de Della Ciaja (1717), de Leonardo Leo (1744) et même dans ceux de Domenico Scarlatti, qui qualifie encore à l'occasion de toccatas des pièces qui n'ont plus aucun rapport avec le genre pratiqué un siècle et demi auparavant.

La toccata pour clavier en Allemagne. L'Allemagne ne semble pas avoir attendu l'influence italienne pour connaître la forme, sinon le nom, de la toccata. Certains des plus anciens recueils d'orgue comportent des préludes à forme irrégulière qui sont bien proches du genre que pratiqueront les Vénitiens. L'entrée de la nouvelle forme se fera sous une double influence. D'une part, celle des organistes de l'Europe septentrionale qui, après Jan Pieterszoon Sweelinck et dans la foulée de ses innovations, vont élaborer un style très riche et libre à la fois, profitant au maximum des richesses de timbre et de sonorité des grandes orgues des villes de l'Allemagne du Nord. Ce courant passe par Scheidt et Buxtehude qui se montrera le maître incontesté, avant Bach, de la grande forme de la toccata, enchâssant ou précédant une fugue.

L'autre courant, venu de l'Allemagne du Sud, sera plus directement inspiré de Rome et de l'art frescobaldien. Son protagoniste le plus important, Froberger, est d'ailleurs un élève de l'organiste de Saint-Pierre.

C'est dans l'art de Jean-Sébastien Bach que vont fusionner les deux tendances. Si l'on s'en tient rigoureusement aux titres sous lesquels les œuvres de Bach circulent, celui-ci aurait écrit quatre toccatas pour orgue, toutes suivies de fugues, et sept toccatas pour clavecin. Il s'agit là de l'ensemble d'œuvres de jeunesse composées, les plus anciennes à Mülhausen, les autres pendant le séjour à Weimar.

La réalité est plus complexe. Si les six toccatas pour clavecin qui portent les numéros de catalogue BWV 910 à 915 présentent une structure commune, dans laquelle se sent une certaine évolution du rapport interne des divers éléments constitutifs, il n'en va pas de même de la *Toccata* BWV 916 en *sol* majeur, dont la forme ressemble beaucoup à celle d'un concerto instrumental à l'italienne.

Le phénomène se retrouve inversé avec la *Fantaisie chromatique* BWV 903, composée vraisemblablement en 1720, mais remaniée dix ans plus tard et qui présente les caractéristiques des plus belles toccatas bachiennes. Débutant sur un mouvement très rapide, plein de traits d'une virtuosité étonnante, elle se développe dans un récitatif instrumental fortement dramatique. Les deux éléments, virtuosité et dramatisme, se complétant tout au long du discours musical pour atteindre au plus haut niveau de l'expression.

Ce qu'il faut remarquer, c'est que la *Fantaisie chromatique* introduit une fugue, d'allure assez libre d'ailleurs, tandis que les pièces qualifiées du titre de toccatas incluent dans leur développement un ou deux thèmes fugués en alternance avec des sections de construction moins rigoureuse.

Dans la mesure où il est possible d'avancer une datation pour la composition de ces œuvres, on voit que, de 1706, date possible de la BWV 913 *(Toccata prima)* à 1712 que l'on peut retenir pour les deux dernières (BWV 910 et 911), la conception technique du compositeur semble avoir évolué. D'une forme très prolixe, présentant une fragmentation poussée des mouvements et des rythmes, se rapprochant des règles de la musique d'orgue, il va se diriger vers un maximum de concentration des thèmes qu'il lui sera possible alors de développer plus amplement. Le nombre des mouvements diminue mais ils sont plus élaborés. La quantité d'émotion dégagée y gagne, en même temps que les œuvres s'éloignent de la conception première du terme toccata.

Dans le domaine de la musique d'orgue, Bach suivra un itinéraire assez semblable. Il importe toutefois de préciser que, contrairement à ses pièces pour clavecin, ses toccatas pour orgue (elles sont officiellement au nombre de quatre) servent toutes d'introduction à une fugue. La plus ancienne, qui est aussi la plus célèbre, la *Toccata en «ré» mineur* BWV 565, a probablement été composée à Weimar aux environs de 1708. Elle est encore très proche, dans la hardiesse de son attaque, dans l'utilisation des silences, dans le foisonnement harmonique, des grandes œuvres de Buxtehude et des organistes du nord de l'Allemagne. L'évolution se fera sentir dans les œuvres suivantes, entre 1715 et 1720.

Sous l'influence indirecte de l'école romaine, Bach utilise son matériau musical de façon beaucoup plus homogène, resserrant le tissu de la composition sur un modèle proche de celui du concerto italien. Mais ce serait une erreur de limiter aux quatre œuvres baptisées toccatas, les BWV 565, 540, 538 *(Toccata «dorienne»)* et 564, l'usage fait par Bach de cette forme musicale. Qu'il s'agisse de la *Fantaisie* en *sol* mineur BWV 542 ou du *Prélude et Fugue* BWV 532, on trouve dans le mouvement d'ouverture toutes les mêmes caractéristiques que dans les grandes toccatas. Pour la dernière, on peut même remarquer sa parenté avec l'attaque de la *Toccata* pour clavecin BWV 912.

L'enchaînement libre des diverses parties sera la règle dans les préludes pour orgue de Bach jusqu'à ce qu'il adopte les contraintes beaucoup plus strictes de la sonate en trio ; mais cette modification ne se produira guère avant Leipzig et les années 1730. Lorsqu'il aura renoncé à la liberté particulière que donnait la toccata, c'en sera fini du genre dans l'Allemagne du Nord. Seuls quelques-uns parmi les plus conservateurs de ses élèves feront encore appel à un genre devenu démodé.

La toccata après l'âge baroque. Au XIXe siècle, la toccata retrouvera un peu de son renom primitif comme pièce brillante, destinée à mettre en valeur la virtuosité d'un pianiste. C'est dans ce but qu'en composent des artistes aussi différents que Clementi, Czerny ou Schumann.

De leur côté, les organistes de l'école de Niedermeyer verront dans l'utilisation de la forme toccata un retour aux sources du grand art et de l'orgue bachien et pré-bachien. C'est ainsi que la forme sera employée par des musiciens comme Gigout, Widor, Vierne, Boëllmann (ce dernier indique bien l'esprit de ce retour à la toccata en incluant une pièce sous ce titre dans sa *Suite gothique*).

Cette volonté d'archaïsme se transforme en un goût du pastiche chez les pianistes du XXe siècle débutant, qui emploient dans un contexte classicisant ou parodique des toccatas. Il en est ainsi de Max Reger, de Prokofiev, de Busoni ou de Hindemith, les exemples les plus remarquables étant dus à Ravel *(le Tombeau de Couperin)* et Debussy *(Pour le piano)*. Dans ces deux derniers cas, la rapidité du mouvement combinée avec l'égalité de valeur des notes donne à la toccata une allure de *moto perpetuo*. J.-F. L.

TOGNI (Camillo), compositeur italien *(Gussago, près de Brescia, 1922)*. Dès l'âge de sept ans, il étudie le piano, d'abord avec A. Casella (à Rome et à Sienne), puis avec G. Anfossi à Milan et A. B Michelangeli à Brescia. Il obtient le diplôme de pianiste au conservatoire de Parme en 1946 et fait des études de philosophie à l'université de Parme qu'il termine en 1948 avec une thèse sur l'esthétique de B. Croce et les problèmes de l'interprétation musicale. Ses maîtres de composition sont Fr. Margola à Brescia (1936-1939) et A. Casella à Rome et Sienne (1939-1943). Ses débuts de compositeur sont marqués par son admiration pour A. Schönberg. A partir de 1940, il adopte avec beaucoup de conviction la technique sérielle. Ses œuvres, exclusivement instrumentales et vocales-instrumentales, témoignent d'un vif intérêt pour la technique de la deuxième école de Vienne (*cf.* les œuvres avec des textes de G. Trakl, par exemple), mais aussi pour les tendances néoclassiques (cf. *Fantasia concertante, Préludes et Rondeaux, Rondeaux per 10*, etc.). Entre 1951 et 1957, il fréquente systématiquement les cours d'été de Darmstadt. Il vit à Gussago, près de Brescia, et enseigne au conservatoire de Parme.

Œuvres principales. *Coro di T. Eliot* (1952) pour chœur mixte a cappella ; *Fantasia concertante* (1957) pour cordes ; *Helian di Trakl* (1961), version pour soprano et orchestre de chambre (G. Trakl) ; *Gesang zur Nacht* (1962) pour soprano et instruments (G. Trakl) ; *Préludes et Rondeaux* (1963-64) pour soprano et clavecin (Ch. d'Orléans) ; *Rondeaux per 10* (1963) pour soprano et instruments (Ch. d'Orléans) ; *Aubade* pour 6 (1965) ; *Sei notturni* (1965) pour contralto, clarinette, violon et deux pianos (G. Trakl) ; *Trio à cordes* (1978) ; *la Guirlande de Blois* (1978), 3 mélodies sur des textes de Robertet, Ch. d'Orléans et Fr. Villon pour soprano et piano ; *Tre duetti* (1977-1980) pour soprano et flûte (M. G. Barelli). I. S.

TOMASEK (Václav Jan Křtitel), compositeur, pianiste et pédagogue tchèque *(Skuteč 1774 - Prague 1850)*. Il commença à composer dès l'âge de quatre ans, étudia le chant et le violon à Chrudim (1783-1785), et en 1790 se rendit à Prague, où il donna des leçons de piano tout en étudiant à partir de 1794 les mathématiques, l'histoire et l'esthétique à l'université. En 1797, il se tourna vers le droit. En 1806, il entra au service du comte Buquoy, et occupa ce poste, qui lui laissait largement le temps de voyager et de travailler pour lui-même, pendant seize ans. Sa maison de Prague devint une sorte de conservatoire non officiel, et il y reçut des musiciens tels que Clementi, Forkel, l'abbé Vogler, Paganini, Ole Bull et Clara Schumann. De 1845 à 1850, il fit paraître dans le périodique praguois *Libussa* des Mémoires du plus haut intérêt. Il commença dans le culte de Mozart, et fut un des premiers à apprécier Beethoven.

Brillant pianiste, il écrivit pour son instrument des pièces tournant le dos à la virtuosité plus ou moins creuse de l'époque, et qui influencèrent aussi bien son élève Vorisek que Schubert, Schumann ou Dvořák : 42 *Eglogues* en sept recueils de six pièces chacun (op.35, 1807 ; op.39, 1810 ; op.47, 1813 ; op.51, 1815 ; op.63, 1817 ; op.66, 1819 ; op.83, vers 1823) ; 15 *Rhapsodies* (6 op.40, 1810 ; 6 op.41, 1810 ; 3 op. 110) ; pièces diverses. On lui doit aussi quelques pages scéniques et chorales, de la musique de chambre dont 3 quatuors à cordes (1792-93), 3 symphonies (en *ut*, 1801 ; en *mi* bémol, 1805 ; en *ré*, 1807), 2 concertos pour piano (en *ut*, 1805 ; en *mi* bémol), et surtout de nombreux lieder dont près des trois quarts sur des textes en allemand (Goethe, Schiller, Heine, Hölty, Gellert). Il en envoya certains à Goethe, avec qui il échangea une correspondance suivie et qu'il rencontra en 1822 et en 1823. Ses autres lieder sont en langue tchèque. M. V.

TOMASI (Henri), chef d'orchestre et compositeur français *(Marseille 1901 - Paris 1971)*. Après des études musicales dans sa ville natale, il se perfectionne au Conservatoire de Paris auprès de Caussade (harmonie), d'Indy (direction d'orchestre) et Vidal (composition). Premier prix de direction d'orchestre et premier prix de Rome à vingt-six ans, il se voit également attribuer le prix Alphen et le prix des Beaux-Arts de la ville de Paris. Aussitôt, il est appelé à diriger les Concerts du journal, puis à créer le poste de Radio-Colonial, et, désormais, il mènera de front une carrière internationale de chef d'orchestre appelé, par la suite, à partager avec Inghelbrecht la direction de l'Orchestre national, et celle de compositeur.

On lui doit notamment *Don Juan de Manara*, drame lyrique d'après Milosz (1935), *l'Atlantide*, drame lyrique et chorégraphique d'après Pierre Benoit (1951), le drame lyrique *Sampiero Corso* (1956), et *le Silence de la mer*, drame lyrique d'après Vercors (1959).

Dans le domaine du folklore librement adapté, citons *Tam-Tam*, poème symphonique (1931), *Vocero*, poème symphonique et chorégraphique (1932), *Chants laotiens* pour baryton ou contralto et orchestre (1934), *les Santons*, pastorale provençale pour soliste et chœurs sur un argument de René Dumesnil (1939), *Sinfonietta provençale* (1958), *Symphonie du tiers monde*, à la mémoire d'Hector Berlioz (1967), *Chant pour le Vietnam*, poème symphonique (1969), et des arrangements a cappella de *Chants populaires de l'île de Corse* (1971). A. P.

TOMASINI (Alois Luigi), violoniste et compositeur italien *(Pesaro 1741 - Eisenstadt 1808).* Engagé en 1757 comme laquais par le prince Paul Anton Esterhazy, il fut orienté vers la musique au plus tard en 1759, et devint premier violon de l'orchestre en 1761, juste après l'engagement de Haydn comme vice-maître de chapelle, pour occuper ce poste jusqu'à sa mort. Le document le plus ancien le désignant comme Konzertmeister est cependant de 1789. En 1802, il devint en outre directeur de la musique de chambre du prince Nicolas II (v. HUMMEL). Haydn écrivit pour lui au moins deux de ses concertos pour violon (ceux en *ut* et en *ré*). Lui-même composa des œuvres pour baryton, plus de vingt-cinq quatuors à cordes dont trois (en quatre mouvements avec menuet) publiés à Vienne comme opus 8, au moins deux concertos pour violon et deux symphonies, et un *Salve Regina*. Il eut deux fils musiciens, **Anton** *(Eisenstadt 1775 - id. 1824)* et **Alois Luigi** *(Eisenstadt 1779 - Neustrelitz 1858).*
M. V.

TOMBEAU. — 1. Au XVIIe siècle et au début du XVIIIe en France, **œuvre instrumentale** composée par un musicien à la mémoire d'un maître ou d'un ami : le genre se développe d'abord chez les luthistes (E. Gaultier, *Tombeau de Mézangeau*; D. Gaultier, *Tombeau de M. de l'Enclos*), puis chez les clavecinistes (L. Couperin, *Tombeau de M. Blancrocher*; Froberger, *Tombeau de M. de Blancheroche*; d'Anglebert, *Tombeau de Chambonnières*) et les violistes (Marais, *Tombeau de Lully* et de *Sainte-Colombe*). Le tombeau affecte l'allure d'une danse grave et lente, très proche d'une allemande ; cette forme le distingue des autres genres de déplorations vocales (Du Buisson, *Déploration pour la mort de Lambert*), à l'allure récitative.
— 2. Après son éclipse aux XVIIIe et XIXe siècles, le tombeau revient en honneur en France, sous la forme libre d'un **hommage** rendu par un musicien à un autre : c'est, semble-t-il, à Ravel qu'est due cette résurrection (*Tombeau de Couperin*, 1917) ; le lien avec la musique française ancienne est en tout cas évident. Les compositeurs y font une profession de foi d'allégeance, soit à un musicien d'autrefois (Migot, *Tombeau de Dufault, Tombeau de Grigny*; Dupré, *Tombeau de Titelouze*), soit rendent hommage à un contemporain : *la Revue musicale* a suscité, en 1920, un tombeau collectif à Debussy, et en 1936, à Paul Dukas. P. B.

TOMBEAU. Œuvre de P. Boulez. *V. Pli selon pli.*

TOMBEAU DE COUPERIN (LE). Œuvre de Maurice Ravel dont la version originale pour piano, commencée en 1914 et achevée en 1917, fut donnée en première audition par Marguerite Long, le 19 août 1919, à la salle Gaveau. C'est dans le contexte tragique d'une époque déchirée par l'affrontement des nationalismes exacerbés que fut conçu cet « hommage à Couperin » que son auteur considérait, en priorité, comme un hommage à toute la musique française du XVIIIe siècle. Les diverses pièces de cette admirable suite sont, d'ailleurs, dédiées à des amis tombés au front : *Prélude* au lieutenant Jacques Charlot, *Fugue* au sous-lieutenant Jean Cruppi, *Forlane* au lieutenant Gabriel Deluc, *Rigaudon* à Pierre et Pascal Gaudin, *Menuet* à Jean Dreyfus, *Toccata* au capitaine Joseph de Marliave.

À 12/16 et en *mi* mineur, le premier morceau *(vif)* propose, dans la perspective d'une dynamique très fluide, un motif tournant sur lui-même duquel naît un alerte « mouvement perpétuel ». Également en *mi* mineur (ainsi que la *Forlane* est la plus grande partie de la *Toccata*), la *Fugue* à trois voix *(allegro moderato* à 4/4) évolue dans un climat plus nostalgique que sévère. La *Forlane (allegretto* à 6/8) est souple, élégante, pimentée d'harmonies dissonantes et le *Rigaudon (assez vif* en *ut* majeur, à 2/4), singulièrement et délicieusement contrasté avec son début joyeux, bondissant, et son épisode central nettement champêtre.

Élégant et un rien mélancolique, le *Menuet* en *sol* majeur *(allegro moderato* à 3/4) rappelle, d'une certaine manière, le *Menuet antique* de 1895. Quant à la *Toccata* conclusive *(vif* en *mi* mineur puis *mi* majeur à 2/4), c'est une pièce étincelante nécessitant, de la part de l'interprète, une maîtrise technique parfaitement contrôlée.

De la suite pour piano, Ravel allait instrumenter quatre mouvements (successivement *Prélude, Forlane, Menuet* et *Rigaudon*) que l'orchestre Pasdeloup conduit par Rhené-Bâton présenta aux mélomanes parisiens le 28 février 1920. A noter également qu'une transcription chorégraphique de la *Forlane*, du *Menuet* et du *Rigaudon* a été donnée par le Swedish Ballet au théâtre des Champs-Élysées, le 8 novembre 1920, sous la baguette d'Inghelbrecht. J. D.

TOMKINS, famille de compositeurs anglais, originaires de Cornouailles.
— 1. **Thomas I** *(Loswithiel 1545 - Gloucester 1627)* fut maître de chœur et organiste de la cathédrale de Saint Davids (pays de Galles).
— 2. **Thomas II** *(Saint Davids, Pembrokeshire, 1572 - Martin Hussingtree, Worcestershire, 1656).* Fils du précédent, il fut le disciple de Byrd et devint organiste de la cathédrale de Worcester en 1596. Nommé organiste de la chapelle royale en 1621, il publia, l'année suivante, un recueil de vingt-quatre *Madrigaux (songs)* à trois, quatre, cinq et six voix. Aucune autre de ses œuvres ne fut éditée de son vivant, mais en 1668, son fils Nathaniel publiait l'ensemble de sa production religieuse, sous le titre *Musica Deo Sacra* (dont cinq services et quatre-vingt-quinze *anthems*).

La musique de Thomas II est le plus souvent tournée vers le passé. Ses *full-anthems* reconduisent avec beaucoup de talent la manière polyphonique de Byrd. Par contre, les *verse-anthems* (pour solo, duo, trio ou quatuor vocal) sont proches, par la mobilité de leur ligne mélodique, du premier style baroque. Comme madrigaliste, Tomkins fait montre d'une invention très personnelle, digne des plus grands (Weelkes ou Wilbye). Ses œuvres pour clavier mêlent la virtuosité à la touche lyrique et jouent des rythmes les plus savants.

Mais c'est peut-être dans les fantaisies et pièces pour violes que Tomkins est le plus étonnant. Marqué, comme il l'est dit plus haut, par l'enseignement de Byrd, il y perpétue plus que partout ailleurs, les techniques et les formes chères à son maître génial. Partisan de l'accident chromatique pour mieux souligner l'expression dramatique, il recourt avec bonheur à l'*In Nomine*, mais brille aussi dans les danses (gaillardes, pavanes) et, tout comme les aînés des plus célèbres, dans la variation à partir d'un thème populaire. Ce qui ne l'empêche pas, sous cette fidélité exemplaire à la tradition, de se montrer polyphoniste aventureux, le dernier grand représentant, en tout cas, de l'école élisabéthaine et jacobéenne.

Il faut également citer **John** *(1586-1636),* **Gilles** *(† 1668),* **Robert** et **Nathaniel** *(1599-1681),* respectivement demi-frère, frères et fils de Thomas II et tous musiciens de renom, surtout le dernier, organiste, comme son père, en la cathédrale de Worcester.
R. T.

TON. — 1. **Intervalle** de seconde majeure produit entre deux degrés voisins de la gamme ; il est reconnaissable sur le clavier au fait qu'il est divisible en deux intervalles plus petits appelés demi-tons. Il est considéré comme l'unité d'intervalle.

La valeur du ton est variable selon le système acoustique pris en référence. En système pythagoricien, il est la différence entre la quinte 2/3 et la quarte 3/4, soit 8/9. En système zarlinien, il diffère selon qu'il est « majeur », soit 8/9, ou « mineur », soit 9/10, si bien que *do-ré*, ton majeur, est plus grand que *ré-mi*, ton mineur. En tempéré égal, base de la pratique courante actuelle, il est la sixième partie de l'octave, soit racine 6e de 2. Les différences sont minimes et n'apparaissent qu'aux oreilles exercées.
— 2. **Synonyme de tonalité** dans le langage courant.

Cette assimilation n'en est pas moins inexacte, car au sens propre, la tonalité se compose de deux éléments distincts qui sont le *ton* (défini par le choix de la tonique) et le *mode* (défini par la qualification de la tierce). Ainsi dans la tonalité de *sol* majeur (dite improprement le « ton » de *sol* majeur), le ton est *sol*, majeur est le mode.

— 3. **Son de référence** pour l'accord des instruments : donner le ton. Avant la normalisation du diapason (fin du XIXe siècle), on employait souvent des expressions telles que ton de la chapelle, ton de l'opéra, haut ou bas des orgues, etc., chacun d'eux impliquant un diapason différent.

— 4. **En musique grecque antique,** on appelait *ton* (abrégé de *tonos systematikos*, « degré de tension du système ») ou encore *trope* (littéralement « manière », que le latin traduira par *modus*), la hauteur réelle à laquelle se plaçait la note de référence du « système » proposant la gamme. Le ton n'avait pas de valeur fixe, mais se définissait par comparaison avec ses voisins ; l'ensemble des tons formait une échelle dite thétique sur laquelle se plaçait l'échelle propre de chaque ton, dite échelle dynamique. Les tons étaient désignés par des noms *topiques*, c'est-à-dire empruntés au nom d'une peuplade ou dérivés de ce nom (dorien, phrygien, lydien, ou encore hypodorien, mixolydien, etc.). On disait par exemple que le ton phrygien était un ton au-dessus du ton dorien.

Cette terminologie n'a pas été sans créer, par la suite, de grandes confusions avec la terminologie des « modes » qui employait les mêmes termes dans un sens différent. Les modernes ont parfois employé le terme de « ton de transposition », ce qui est inexact, puisqu'il ne s'agit pas de transport d'un ton dans un autre, mais de choix entre divers tons de valeur équivalente. J. C.

TONADILLA. Composition musicale en honneur en Espagne aux XVIIe et XVIIIe siècles et qu'on peut considérer comme l'ancêtre de la zarzuela romantique. Le terme désignait à l'origine les chansons qui terminaient les intermèdes théâtraux, qu'elles fussent « jácaras » populaires ou mélodies plus élaborées. Il s'étendit ensuite à l'intermède entier faisant partie des villancicos ou des spectacles lyriques influencés par le style italien et dans lesquels la tonadilla représentait une manifestation typiquement espagnole.

La « tonadilla escénica » (par opposition à la tonadilla religieuse), très brève au début, devint, au XVIIIe siècle, un genre dans lequel les compositeurs ont pu se spécialiser (Luis Mison, Pablo Esteve, Blas de Laserna). Ses caractéristiques étaient alors le ton populaire, la grâce et la satire souriante. Elle devait évoluer vers une ambition moralisatrice qui en compromit la spontanéité et la fraîcheur. La vogue de l'opéra italien et de l'opérette française (qui lui doit peut-être quelques-uns de ses traits) lui porta alors un coup fatal. A. G.

TONAL. — 1. Qui obéit aux principes de la tonalité. Mais le vocable a pris une connotation particulière dans la seconde moitié du XXe siècle du fait de la prolifération des systèmes qui entendent échapper à ces principes, de sorte que l'on tend abusivement à appeler « tonales » toutes musiques où se perçoit peu ou prou un centre d'attraction harmonique quelconque.
— 2. En fugue, on appelle *tonale* une réponse qui, à l'aide de mutations, se maintient dans la même tonalité que le sujet, alors que la réponse littérale correspondante, dite « réelle », la transporterait ipso facto dans le ton de la dominante. J. C.

TONALITÉ. — 1. Dans le sens le plus général, caractère propre à toute musique fondée, dans le maniement des hauteurs, sur le principe d'une *hiérarchie* entre les différents degrés de hauteur, donnant à certains d'entre eux, et surtout à l'un, la *tonique*, le statut privilégié de *notes attractives* vers lesquelles tendent les autres degrés, et sur lesquelles on se repose. Dans certains cas, comme celui de la musique occidentale classique, la *tonalité* obéit à des lois complexes et à un système très raffiné ; dans d'autres cas (certaines musiques contemporaines, par exemple) la répétition obstinée d'une note suffit à créer un « sentiment tonal » très diffus, mais néanmoins très perceptible : par exemple dans les *Métaboles* d'Henri Dutilleux, par la répétition ou la tenue en « pédale » de la note *mi*, dans un contexte pourtant très chromatique.

Il est bien connu qu'il suffit de répéter un degré de hauteur plus souvent que les autres pour lui donner ce magnétisme « attractif », en faire une espèce de repère, de pivot, de plaque tournante... D'où l'intransigeance et la complexité des règles proposées par Schönberg pour *organiser l'atonalité*, c'est-à-dire pour créer de toutes pièces une musique sans degrés privilégiés. Il en ressort que la musique dans ses états élémentaires, les moins savants et les plus spontanés, est toujours plus ou moins tonale, même s'il s'agit d'une tonalité « sauvage », ce que démontrent les expériences d'improvisation libres (dans le free jazz, la musique contemporaine) qui retrouvent très vite des centres d'attraction tonale. L'*atonalité* est un caractère réservé à certaines musiques savantes, elle doit être voulue et entretenue en permanence, par des procédés d'écriture très rigides, pour barrer la route à tout retour de la tonalité refoulée.

— 2. Plus spécifiquement, on parle de *tonalité* par opposition à la *modalité*, quand il s'agit du système tonal occidental qui ne conserve plus que deux modes, le majeur et le mineur. Toute musique non atonale est alors, par opposition, déclarée « modale » alors que dans un certain sens, la musique occidentale tonale l'est elle-même par l'emploi des modes mineur et majeur.

Dans ce sens particulier, le système tonal s'est affirmé au cours du XVIIe siècle et s'est poursuivi jusqu'à nos jours où, contrairement à ce qu'ont proclamé, espéré, ou redouté certains, il est plus vivace que jamais, quand il n'a pas laissé la place à une « tonalité » plus diffuse.

La tonalité occidentale se définit donc par la *limitation à deux modes*, le majeur et le mineur, celui-ci étant posé comme « relatif » de celui-là ; par un *système harmonique spécifique* basé sur l'*accord parfait*, sur les *règles d'enchaînements et d'attractions* entre accords dissonants et consonants, « notes sensibles » et « notes toniques », selon le schème « tension-détente » qui caractérise la *cadence* classique ; par la détermination de degrés élus comme les plus caractéristiques du ton (les *notes tonales*, par opposition aux notes modales, lesquelles spécifient le majeur ou le mineur) ; et par le choix pour chaque morceau d'une échelle principale définie par la hauteur absolue de sa *tonique*, qui est le « ton » ou la « tonalité » du morceau, au sens défini plus loin.

Ce système de la tonalité a acquis une grande stabilité, ébranlée tout de même par le chromatisme qui se répandit au XIXe siècle, et dont la généralisation, mettant toute les notes à égalité, et brouillant les *fonctions* tonales, créait de grandes incertitudes tonales, autrement dit, souvent ne permettait plus de localiser où était la tonique. Il a fallu, pour empêcher la tonalité de se réinstaller, mettre en place des systèmes très rigides comme le système dodécaphonique sériel.

On a vu par ailleurs des emprunts très fréquents aux modes anciens, ou à des modes nouvellement créés autres que le majeur et le mineur (Debussy, Messiaen, Stravinski), mais, comme le dit très bien Serge Gut, « une véritable modalité posttonale est presque impossible à réaliser, car elle absorbe toujours des éléments et des réflexes de l'époque tonale ». La plus grande partie de la musique actuelle, depuis le domaine des variétés jusqu'à une bonne proportion de la musique contemporaine savante, y compris certaines musiques électroacoustiques, baigne dans une sorte de *tonalité généralisée* réduite parfois à sa plus simple, mais non moins efficace, définition, c'est-à-dire à l'existence d'une note prédominante.

— 3. On appelle, dans la musique occidentale classique, *tonalité* d'un morceau son *ton* principal de référence, dans lequel il est écrit, et qui est désigné par le nom de sa *tonique* (v. TON, sens 2). M. C.

TON DE RECHANGE. En facture instrumentale, on nommait ainsi, avant l'adoption des pistons, une partie amovible de la tubulure de certains instruments de cuivre : en remplaçant un ton par un autre, on changeait l'accord de l'instrument et on pouvait ainsi transposer sans modifier la façon de jouer. V. TRANSPOSITION. J. C.

TON ECCLÉSIASTIQUE. En chant grégorien, jusqu'à une époque récente, *ton* est synonyme absolu de *mode*. Un troisième synonyme, *trope*, était même proposé par Boèce, autorité suprême du Moyen Âge en matière de théorie musicale, mais il est assez vite tombé en désuétude. Boèce, en effet, entendait parler des «tons de hauteur» de la musique grecque antique (v. TON, sens 4) alors qu'il a été compris comme s'il parlait des «modes» du plain-chant.
Ce n'est qu'à la fin du XIXᵉ siècle que les grégorianistes de l'école de Solesmes ont introduit une distinction entre «ton» et «mode», réservant exclusivement le premier terme à la détermination des «tons psalmodiques», c'est-à-dire des formules mélodiques de récitation des psaumes, et généralisant le mot «mode» à tous les autres emplois. Précédemment, le mot *ton* était beaucoup plus fréquemment employé que «mode», et l'équivalence des deux termes se retrouve jusque dans les débuts de l'histoire de la tonalité classique, où la distinction entre *ton* et *mode* ne s'est dégagée que progressivement. J. C.

TON ÉLOIGNÉ, TON VOISIN. En harmonie, on appelle tons voisins des tonalités possédant un nombre suffisant d'accords communs pour que le passage de l'une à l'autre puisse s'effectuer sans heurts. Le critère habituellement retenu est que deux tons voisins ne doivent pas différer de plus d'une altération constitutive, que celle-ci soit ou non représentée à l'armature. Si l'on s'en tient à la seule forme harmonique du mineur, le majeur possède trois tons voisins : son relatif mineur, sa dominante V en majeur, sa sous-dominante IV en majeur ; le mineur ne possède qu'un ton voisin, son relatif majeur. Si l'on envisage le mineur descendant (ou le mineur sans sensible), le «faux relatif» mineur (3ᵉ degré du majeur) est également un ton voisin, car il ne diffère du majeur que par une seule altération, celle de son 2ᵉ degré.
Les tonalités non voisines sont dites *éloignées*. Les tons les plus éloignés sont ceux placés à un demi-ton ou à un triton l'un de l'autre, de sorte que le passage rapide de l'un à l'autre présente presque toujours un caractère heurté ou expressif, dont les compositeurs ont souvent tiré parti (notamment Schubert). J. C.

TONIQUE. C'est la première note d'une gamme. Une œuvre musicale tonale ou modale se termine toujours avec la tonique à la *basse* et très souvent aussi à la partie supérieure. C'est la *tonique* qui donne son nom au mode ou à la tonalité. Par exemple, la gamme du *mode de ré* est *ré-mi-fa-sol-la-si-do* ; celle de *do majeur* est *do-ré-mi-fa-sol-la-si* ; celle de *la mineur* est *la-si-do-ré-mi-fa* (dièse)-*sol* (dièse). La *tonique* est la fondamentale* principale du mode ou du ton. M. P. P.

TONS DIRECTS (ou HOMONYMES). En harmonie classique, on appelle ainsi des tonalités, l'une majeure et l'autre mineure, établies sur la même tonique (ex. *do* majeur et *do* mineur). J. C.

TON-THAT-TIET, compositeur d'origine vietnamienne (Hué 1933). Il s'est établi en France. Sa musique est d'inspiration métaphysique et se réfère souvent à la philosophie chinoise. On lui doit notamment *Incarnations structurales*, pour flûte, violon et harpe, *Vang Bong Thoi Xua, Hy Vong 14*, pour clavecin et cor anglais, et un important ensemble d'œuvres pour diverses formations, et instruments solistes, formant un cycle en sept parties, *Chu-Ky*, dont la forme et l'écriture sont inspirées par les cycles cosmiques et leurs lois. M. C.

TORELLI (*Giuseppe*), violoniste et compositeur italien (*Vérone 1658 - Bologne 1709*). On sait peu de chose sur ses débuts, sinon qu'il aurait étudié à Vérone avec Giuliano Massaroti. En 1684, il vint à Bologne et fut admis comme violoniste à l'Académie philharmonique. En même temps, il travailla la composition avec Perti, qui fut aussi par la suite le maître de G. Martini. De 1686 à 1696, il fut membre de l'orchestre de la basilique San Petronio, où il joua de la «violette» et de l'alto. De cette période datent les éditions de ses premières sonates en trio et de ses sinfonie à deux, trois ou quatre instruments (1686, 1687, 1692). Il écrivit également de nombreuses œuvres pour la trompette (sinfonie, concertos), cet instrument étant à l'honneur à Bologne.
En 1696, l'orchestre de San Petronio fut dissous, et Torelli quittant l'Italie séjourna, avec son ami le chanteur castrat Pistocchi, à Berlin, à Ansbach et à Vienne. Ses concertos op. 6 sont dédiés à l'Électrice de Brandebourg. Au cours de son séjour à Vienne il fit jouer son oratorio *Adam chassé du paradis terrestre*, une de ses rares œuvres vocales. En 1701, il revint à Bologne et reprit son poste à San Petronio, dont l'orchestre venait d'être reconstitué et placé sous la direction de Perti. C'est en 1709, l'année de sa mort, que furent publiés ses concertos op. 8.
Les termes de sinfonia, concerto ou sonate par lesquels Torelli désigne ses œuvres n'impliquent pas des formes différentes. Les œuvres publiées lors de la première période bolognaise gardent la forme de la sonate d'église (lent, vif, lent, vif), les mouvements vifs étant d'écriture contrapuntique, et souvent, pour le dernier mouvement, de caractère dansant. Dans les œuvres ultérieures, où il s'attache à mettre en valeur les possibilités techniques du violon, Torelli se révèle comme le véritable créateur du concerto de soliste, tandis qu'il partage avec Stradella et Corelli la paternité du concerto grosso, adoptant la forme en trois mouvements (vif, lent, vif) qui deviendra classique. Quant à la formation instrumentale, son apport important réside dans l'adjonction de l'alto à la formation ternaire des deux violons et du violoncelle. A. L.

TORTELIER (*Paul*), violoncelliste français (*Paris 1914*). Élève au Conservatoire de Feuillard et de Gérard Hekking pour le violoncelle, et de Jean Gallon pour l'harmonie, il obtient à seize ans son premier prix. Engagé à Monte-Carlo (1935-1937), il joue *Don* Quichotte* sous la direction de Richard Strauss, et Koussevitski l'engage, de 1937 à 1939, dans l'Orchestre symphonique de Boston. Premier violoncelle de l'Orchestre du Conservatoire (1946-47), il choisit la carrière de soliste. En 1947, son nom une nouvelle fois le soliste à Londres, Beecham dirigeant, du *Don Quichotte*, ce qui marque le début de sa popularité outre-Manche. Il fait ses débuts américains en 1955, avec l'Orchestre de Boston, dirigé par Munch. La même année, il part vivre dans un kibboutz en Israël, où il compose une Symphonie à la gloire du pays.
Nommé en 1957 professeur au Conservatoire de Paris, il consacre la majeure partie de son temps à l'enseignement ; il donne en 1964 des cours d'interprétation à la BBC) et à la composition.
Disciple de Casals, il sacrifie en famille à sa passion de la musique de chambre, sa femme étant violoncelliste, et ses enfants Yan-Pascal, Marie de la Pau et Pomona respectivement violoniste (et chef d'orchestre), pianiste et violoncelliste. M. W.

TOSCA. Opéra en 3 actes de Giacomo Puccini sur un livret de Giuseppe Giacosa et Luigi Illica, d'après le drame de Victorien Sardou. Créé le 14 janvier 1900 au Teatro Costanzi de Rome.
L'action se déroule à Rome en juin 1800, pendant les quelques heures où y parviennent les nouvelles contradictoires de la bataille de Marengo.

ACTE PREMIER. *Un prisonnier politique qui vient de s'évader, Angelotti (b), se glisse dans l'église Sant'Andrea della Valle. Il trouve au pied d'une statue de la Madone la clé de la chapelle Attavanti, où il va se cacher. Arrive un sacristain (b), apportant le panier-repas du peintre Mario Cavaradossi qui devrait déjà être sur son échafaudage, travaillant à une « Marie-Madeleine » face à la chapelle. L'angélus sonnant, le sacristain s'agenouille pour prier.*

A ce moment entre Mario (t), qui débarrasse le tableau de la bâche qui le recouvre et prépare sa palette. Le sacristain s'avise d'une ressemblance frappante entre la sainte et une blonde inconnue qui fréquente beaucoup le saint lieu. L'artiste confirme que ce n'est pas un hasard et célèbre les « deux beautés égales » qui l'inspirent : la brune cantatrice Floria Tosca, sa maîtresse, et cette jeune femme aux cheveux d'or.

Le sacristain parti, Angelotti sort de la chapelle et se fait reconnaître de Mario, qui se hâte de fermer à clé la porte latérale de l'église. Celui-ci promet son aide au fugitif, lui fait cadeau de son déjeuner et le renvoie dans la chapelle tandis qu'à l'extérieur, Tosca (s) s'impatiente. Mario va lui ouvrir et a quelque peine à dissiper ses soupçons. Pourquoi s'enfermait-il? La scène de jalousie rebondit quand la jeune femme reconnaît la marquise Attavanti dans la « Madeleine » du tableau. Mario parvient à la rassurer moyennant la promesse de « faire les yeux noirs » à son modèle.

Resté seul, il va délivrer son ami et lui indique une cachette sûre : un faux puits dans son propre jardin.

On entend justement tonner le canon du château Saint-Ange, annonçant que l'évasion d'Angelotti vient d'être découverte. Les deux hommes quittent discrètement l'église. Le sacristain revient tout joyeux : les troupes de Bonaparte ont été battues à Marengo et l'événement va être célébré par un Te Deum dans les églises et une grande fête, ce soir même, au palais Farnèse.

Les enfants de chœur lui font une bruyante ovation qu'interrompt l'arrivée du baron Scarpia (bar), chef de la police de la reine Marie-Caroline de Naples, qui règne provisoirement sur Rome en attendant le retour du pape naguère chassé par les Français. Dans la chapelle, Scarpia ne retrouve que l'éventail de la marquise, qu'il reconnaît d'ailleurs sur le tableau. Quelques autres indices l'éclairent sur les complicités dont a pu bénéficier Angelotti. Voyant revenir Tosca, objet de ses secrets désirs, il échafaude un plan pour faire d'une pierre deux coups. Il lui offre l'eau bénite, excite habilement sa jalousie et la fait suivre quand elle sort, furieuse et bouleversée. Scarpia, sans entendre les chants religieux qui accompagnent la procession, se laisse aller à clamer ses noirs desseins.

ACTE II. *La nuit suivante, Scarpia soupe dans son cabinet, d'où l'on perçoit de lointains échos de la fête donnée au palais. En attendant Tosca qu'il a convoquée, il reçoit son collaborateur Spoletta (t) qui, à défaut d'Angelotti introuvable, a arrêté Mario. Il fait introduire le suspect et n'en peut rien tirer. Tosca arrive en plein interrogatoire, qui va se poursuivre dans une pièce voisine : la chambre de torture. Longtemps, Tosca résiste, tant aux bonnes paroles et aux menaces de Scarpia qu'à la tentation d'arracher Mario à ses bourreaux. Finalement, les cris de douleur de son amant l'emportent dans son cœur de femme, et elle livre le secret du puits dans le jardin.*

On ramène Mario évanoui, qui reprend connaissance en entendant annoncer que la bataille de Marengo a finalement tourné à l'avantage des Français. Il crie sa foi en la victoire de la liberté et les sbires l'entraînent.

En tête à tête avec Scarpia redevenu galant, Tosca lui offre de payer son concours pour sauver Cavaradossi. Il ne refuse pas, mais précise que ce n'est pas de l'argent qu'il attend d'elle. Il poursuit à travers la pièce la jeune femme qui lui crie sa haine, jusqu'au moment où il lui rappelle que Mario n'a plus qu'une heure à vivre. Elle s'effondre et dit sa fameuse « prière » : « Je vivais d'art et d'amour... » Elle sait maintenant qu'Angelotti, découvert par sa faute, s'est donné la mort, et que tout est prêt pour le supplice de Mario. A bout de résistance, elle feint d'accepter le honteux marché. Scarpia donna à Spoletta des ordres ambigus. L'exécution, assure-t-il à Tosca, ne sera que simulée. Il s'empresse même de rédiger un sauf-conduit qui doit permettre à Tosca et Mario de quitter Rome sans être inquiétés. Pendant qu'il écrit, Tosca saisit un couteau sur la table. Quelques instants plus tard, comme Scarpia s'apprête à savourer sa victoire, elle le frappe en plein cœur.

ACTE III. *Sur la terrasse du château Saint-Ange, tandis que le jour se lève, Cavaradossi vit ses dernières minutes. Il obtient du geôlier du papier et de l'encre et, après avoir écrit quelques lignes destinées à sa maîtresse, s'abandonne à de voluptueux souvenirs, devenus les plus douloureux. Mais voici Tosca elle-même, qui brandit triomphalement le sauf-conduit. C'est au tour de Mario d'être jaloux, mais elle raconte tout ce qui s'est passé et il admire que « ces douces mains » aient débarrassé Rome de son tyran. Tosca, en riant, l'instruit du rôle qu'il aura à jouer devant le peloton d'exécution, et les amants s'exaltent dans l'attente de leur commune délivrance.*

Les soldats prennent position. Mario refuse le bandeau. La salve retentit, et le condamné s'écroule avec un naturel d'autant plus parfait que les armes étaient bel et bien chargées. Après le départ du peloton, c'est un cadavre que Tosca, horrifiée, essaie de relever, tandis que Spoletta et ses hommes courent sus à la meurtrière de leur maître. Avec un cri de désespoir et de défi, Tosca monte sur le parapet et se précipite dans le vide.

De cette action violente que Sardou imagina pour Sarah Bernhardt, Puccini a tiré une partition d'une grande puissance dramatique dont le succès ne s'est jamais démenti, malgré les réticences répétées de la critique. Mais si la musique est un chef-d'œuvre, l'efficacité de ce drame à trois personnages doit beaucoup à l'habileté des librettistes. M. T.

TOSCANINI *(Arturo),* chef d'orchestre italien *(Parme 1867 - New York 1957).* Sa précocité lui ouvre à neuf ans les portes du conservatoire de sa ville natale, où il étudie le violoncelle (avec Leandro Carini), le piano et la composition, et obtient, en 1885, son diplôme. Son admiration pour Verdi naît en 1887 à la Scala de Milan où, second violoncelliste, il participe à la création d'*Otello,* mais leurs gloires se sont croisées dès 1886 à Rio de Janeiro où le violoncelliste a pris la place d'un chef défaillant pour diriger de mémoire *Aïda.* En Italie, Toscanini se consacre à la défense des musiciens de son temps, les véristes, créant *Edmea* de Catalani (Turin, 1887), *Paillasse* de Leoncavallo (Milan, 1892), *la Bohème* de Puccini (Turin, 1896). Sa réputation grandissante lui permet d'imposer l'œuvre encore méconnue en Italie de son dieu, Wagner, au Teatro Regio de Turin, qui lui confie la direction de la musique et le soin de créer un orchestre. Il y donne en première audition italienne *le Crépuscule des dieux* (1895) et crée les *Quatre Pièces sacrées* de Verdi (1898).

Mais c'est à la Scala de Milan, où il est appelé en 1898, qu'il peut véritablement donner la mesure de son art. Ennemi acharné de la routine et de la médiocrité, il enrichit le répertoire par des créations italiennes *(les Maîtres chanteurs, Eugène Onéguine, Pelléas et Mélisande, la Damnation de Faust, Euryanthe)* et part en guerre contre les tics des chanteurs et du public (l'abus des *bis,* notamment). Son exigence en matière artistique n'étant jamais satisfaite, il prend ses distances avec la Scala, de 1903 à 1906, tournant en Italie avec l'Orchestre de Turin et les œuvres nouvelles de Richard Strauss et de Debussy, dirigeant à Bologne et à Buenos Aires, avant d'accepter, de 1908 à 1915, la direction du Metropolitan de New York.

Là encore, il se heurte à l'inertie administrative et à la mauvaise volonté des chanteurs (aux noms prestigieux : Caruso, Scotti, Farrar, Destinn, Martinelli, etc.). Il y dirige en première américaine *Boris Godounov, Armide* de Gluck et en création mondiale *la Fille du Far West* de Puccini (1910).

Rentré en Italie en 1915, il participe à l'effort de guerre en donnant des concerts pour les soldats, jusque sur le front. Rappelé en 1920 à la direction de la Scala, il réorganise l'orchestre et le chœur, qu'il dirige en tournée en Amérique du Nord, à Vienne et à Berlin. Malgré son apolitisme farouche, son caractère intransigeant, hérité d'un père garibaldien, lui fait refuser toute compromission avec les fascismes naissants. En 1926, il refuse de diriger à la Scala, lors de la création de *Turandot,* l'hymne mussolinien. Il rompt en 1933 avec le Festival de Bayreuth, après y avoir dirigé, en 1930 et 1931, *Tannhäuser, Tristan* et *Parsifal,* puis en 1938, avec le Festival de Salzbourg, où il interprète, de 1934 à 1937, *Falstaff, Fidelio, les Maîtres chanteurs* et *la Flûte enchantée.*

Il accepte de diriger le concert inaugural de l'Orchestre de Palestine (Tel-Aviv, 1936) et de participer aux premiers festivals de Lucerne (1938-39). De 1928 à 1936, il se voit confier la direction de la Société philharmonique de New York, qu'il conduit en Europe en 1930. La chaîne NBC crée à son intention un orchestre de luxe, qu'il dirige de 1937 à 1954, réalisant dans le Studio 8H la plupart de ses enregistrements. Après avoir inauguré la Scala reconstruite et la Fenice, il fait ses adieux au public de New York en 1954.

Les quelques fragments de répétition connus donnent la mesure du perfectionnisme exacerbé de Toscanini, qui s'exhalait en reproches, voire en injures contre les malheureux musiciens, mais ne disent pas son extrême sévérité pour lui-même, ni l'inaccessible hauteur de son idéal. Au théâtre comme au concert — car il fut un des rares italiens de son temps à concilier les deux —, il s'évertue à décaper le répertoire de toute tradition interprétative, et prône le respect absolu de l'œuvre, de son chant intérieur et de sa structure rythmique. Serviteur fervent de Verdi, Wagner et Beethoven, il a également laissé des interprétations lumineuses de Puccini, Cherubini, Rossini, Mendelssohn, Brahms, Richard Strauss, Debussy, Ravel, Kodály. M. W.

Tost (*Johann*), violoniste et commerçant autrichien (*Hradisch, Hongrie, v. 1755 - Vienne 1831*). Second violon principal dans l'orchestre du prince Esterhazy de 1783 à 1788, il semble avoir organisé à Esterhaza une entreprise de copie clandestine destinée à diffuser à son propre bénéfice les œuvres jouées chez le prince, en particulier celles de Haydn. Fin 1788, il se rendit à Paris, où il vendit à l'éditeur Sieber les quatuors à cordes op. 54 et 55 et les symphonies nos 88 et 89 de Haydn, apparemment sans informer ce dernier des conditions exactes de la transaction. Il reçut ensuite en dédicace les quatuors op. 64 de Haydn (*cf.* leur édition originale en avril 1791), et commanda à Mozart ses deux derniers quintettes à cordes (en *ré* K. 593 et en *mi* bémol K. 614). Installé à Vienne comme marchand à partir de 1799, il commanda par la suite des œuvres à Ludwig Spohr. M. V.

Touche. — 1. Partie du manche des **instruments à cordes** — généralement faite d'ébène — sur laquelle se posent les doigts ; elle comporte un sillet où passent les cordes. La touche de certains instruments à cordes pincées, comme la guitare et la mandoline, comporte des divisions formant de petites cases qui délimitent les tons ou demi-tons.
— 2. Dans les **instruments à clavier,** petit levier qui, en basculant sur une pointe de clavier, permet l'émission du son. Les touches blanches sont recouvertes d'ivoire et d'os ou de galatithe, et les touches noires d'ébène. A. et M. P.

Touchemoulin (*Joseph*), violoniste et compositeur français (*Chalon-sur-Saône 1727 - Ratisbonne 1801*). Il entra avant 1753 comme violoniste dans l'orchestre de l'Électeur de Cologne à Bonn, et en devint maître de chapelle en 1760 malgré les objections du grand-père de Beethoven, qui estimait que le poste devait lui revenir, ce qui se produisit l'année suivante, quand Touchemoulin partit pour Ratisbonne, où il resta jusqu'à sa mort, comme premier violon et maître de chapelle du prince de Thurn et Taxis. Élève de Tartini, il composa des symphonies et des concertos (ses six symphonies op. 1 parurent à Paris en 1761, ses six concertos op. 2 dans la même ville en 1775). On lui doit aussi quelques pièces de musique de chambre et de musique vocale. M. V.

Toucher (en ital. *toccare*). Autrefois jouer d'un instrument à clavier, orgue, clavecin, clavicorde, etc. On utilise maintenant ce terme pour indiquer la manière de jouer d'un instrument à clavier, le plus souvent le piano. Selon Marie Jaëll, « le beau toucher est souvent un don naturel, mais il peut aussi s'acquérir par l'égalité des doigts, par la souplesse des mouvements des doigts et des mains, et par la rapidité de l'émission du son ». A. et M. P.

Toulouse. Son histoire musicale remonte au Moyen Âge. Aux xie-xiiie siècles, la ville fut l'un des centres de l'art des troubadours, dont le duc Guillaume d'Aquitaine, Folquet de Marseille, Peire Vidal, Ramon de Miraval, etc. La *Messe de Toulouse*, œuvre anonyme sans doute constituée de fragments indépendants, est un des monuments de la polyphonie du xive siècle. À l'époque de la Renaissance, la vie musicale de Toulouse fut animée par Guillaume Boni, maître de chapelle de l'église Saint-Étienne, et par Antoine de Bertrand. À la fin du xviie et au début du xviiie siècle, André Campra, puis Jean Gilles furent maîtres de chapelle de la cathédrale, tandis que des représentations de tragédies en musique étaient organisées par les jésuites.

C'est avec la construction du théâtre du Capitole en 1737 que Toulouse va devenir l'un des grands centres de l'art lyrique en France. En 1785, on y donne *La Serva padrona* de Pergolèse. Le théâtre fut reconstruit plusieurs fois, notamment en 1922 après avoir été totalement détruit en 1917. Le conservatoire de Toulouse fut fondé en 1820 par Pichon.

Dans la seconde moitié du xixe et au début du xxe siècle, la vie musicale toulousaine fut dominée par la famille Kunc. Aloys Kunc (*1832-1896*) fut maître de chapelle de la cathédrale ; son fils Aymé (*1877-1958*), grand prix de Rome, fut directeur du conservatoire de Toulouse de 1914 à 1944 ; chef d'orchestre, il dirigea notamment au Capitole, en 1928, la *Tétralogie* de Wagner. L'Orchestre de chambre de Toulouse fut fondé en 1953 et longtemps dirigé par Louis Auriacombe (*1917-1982*). L'actuel chef d'orchestre du Capitole est Michel Plasson. A. L.

Tournemire (*Charles*), organiste et compositeur français (*Bordeaux 1870 - Arcachon 1939*). Il fut élève de César Franck et de Charles-Marie Widor au Conservatoire de Paris. En 1898, il succède comme organiste de Sainte-Clotilde, à Paris, à César Franck et Gabriel Pierné. En 1919, il est nommé professeur de la classe d'ensemble du Conservatoire de Paris. Il mène une brillante carrière internationale de concertiste, et se montre remarquable improvisateur. En 1933, après avoir dirigé la rénovation et la transformation de l'orgue de Sainte-Clotilde (confiées à Beuchet-Debierre), il inaugure une série de concerts annuels pour en couvrir les frais.

À côté de compositions diverses, musiques chorales, orchestrales (huit symphonies), musique de chambre, opéras (*Les dieux sont morts*, Paris, Opéra, 19 mars 1929 ; *Nittetis*), l'essentiel de son œuvre est écrite pour l'orgue : *Ite missa est* (op. 24), *Triple Choral* (op. 41), *Trois Poèmes* (op. 59), *Sei fioretti* (op. 60), *Petites Fleurs musicales* (op. 66), *Sept Chorals-Poèmes pour les sept paroles du Christ* (op.67), mais surtout son ouvrage majeur, *l'Orgue mystique* (51 offices de l'année liturgique, op. 55-57). Il exprime sa conception du rôle liturgique de l'organiste dans son volume inachevé, *De la haute mission de l'organiste à l'église*. Il a publié *César Franck* (Paris, 1931) et *Précis d'exécution, de registration et d'improvisation à l'orgue* (Paris, 1936). J.-F. L.

Tout un monde lointain. Titre donné par Henri Dutilleux à son Concerto pour violoncelle, composé en 1968-1970, dédié à Mstislav Rostropovitch et créé par son dédicataire le 25 juillet 1970 à Aix-en-Provence, avec l'Orchestre de Paris dirigé par Serge Baudo. C'est au moment où Dutilleux songeait à s'inspirer de Baudelaire pour un ballet sur *les Fleurs du mal* qu'est né ce concerto. Si le ballet ne fut jamais réalisé, le concerto porte en épigraphe des citations du poète.

Musique onirique, où le tutti orchestral reste l'exception, l'œuvre émerge des sonorités les plus ténues et s'évanouit de même, sur les dernières notes du soliste, après vingt-huit minutes d'un grand monologue lyrique. Malgré les références poétiques, le musicien a précisé que Baudelaire ne devait apparaître qu'en filigrane : mieux qu'une illustration de tel ou tel poème, la musique tend à éveiller certains de leurs harmoniques les plus secrets. La forme de cette composition s'inscrit dans la suite des *Métaboles*, comme une « osmose des éléments thématiques qui se propagent à travers les cinq sections sans être indissolublement liées à l'une ou à l'autre ».

Énigme (« Et dans cette nature étrange et symbolique ») est une introduction lente quasi récitative, suivie d'un scherzo ; *Regard* (« Le poison qui découle de tes yeux, de tes yeux verts, lacs où mon âme tremble et se voit à l'envers ») est un premier mouvement lent ; *Houles* (« Tu contiens, mer d'ébène, un éblouissant rêve de voiles, de rameurs, de flammes et de mâts ») est un scherzo chargé de mystère, d'une intense séduction sonore ; *Miroirs* (« Nos deux cœurs seront de vastes flambeaux qui réfléchiront leurs doubles lumières dans nos deux esprits, ces miroirs jumeaux ») constitue un second mouvement lent contenant un épisode admirable où, à la phrase du soliste, se superposent des fragments de cette même phrase reprise « en miroir » par les violons dans le registre aigu ; *Hymne* (« Garde tes songes : les sages n'en ont pas d'aussi beaux que les fous ! ») est un finale très animé où se conjuguent des éléments exposés dans les mouvements précédents, l'idée principale d'*Énigme* finissant par dominer.

D'une structure parfaite, d'une orchestration lumineuse, toute en nuances, avec son sentiment de passion contenue dans la douceur et son absence de concession à la virtuosité, ce concerto s'inscrit parmi les meilleurs du répertoire.   P. V.

TOVEY (sir Donald Francis), musicologue, compositeur et pianiste anglais *(Eton 1875 - Edimbourg 1940).* Ayant commencé à composer dès l'âge de huit ans, il étudia le contrepoint et la philosophie, mais se destina tout d'abord au piano, et à partir de 1894, apparut comme pianiste avec le Quatuor Joachim. Nommé professeur de musicologie à l'université Reid d'Édimbourg en juillet 1914, il y organisa immédiatement des concerts historiques, et fonda en 1917 l'orchestre Reid, pour les concerts duquel il rédigea une série de programmes explicatifs plus tard réunis en plusieurs volumes sous le titre de *Essays in Musical Analysis* (Londres, 1935-1939, réimpr. Londres, 1972).

Ses nombreux écrits et essais, parmi lesquels *A Companion to the Art of Fugue* (Londres, 1931), *Beethoven* (Londres, 1944), *A Companion to Beethoven's Piano Sonatas* (Londres, 1948, réimpr. 1976), ou encore *Haydn's Chamber Music* (pour la *Cyclopaedia of Chamber Music* de Walter Wilson Cobbett, Londres, 1913-1916), ont exercé en leur temps et exercent toujours une très nette influence en Angleterre et ailleurs, tant pour leurs qualités de pensée que de style.   M. V.

TRAETTA (Tommaso), compositeur italien *(Bitonto 1727 - Venise 1779).* Élève de Porpora et de Durante à Naples, il y débuta dans l'opera seria *(Farnace,* 1751), puis, nommé à Parme, subit l'influence culturelle française qui y régnait ; influencé par Rameau dont il entendit les œuvres, il écrivit sur des poèmes adaptés des originaux français *Ippolito ed Aricia* (1759) et *I Tindarini* (1760, d'après *Castor et Pollux*), répondant ainsi aux impératifs de la réforme de l'opera seria formulés par Algarotti en 1755.

Invité à Vienne par le comte Durazzo, il y présenta son *Ifigenia in Tauride* (écrite probablement en 1758) et donna *Armide* (1761) et *Sofonisbe* (1762), œuvres dont devaient s'inspirer Calzabigi et Gluck.

C'est à Vienne qu'il connut Métastase dont il devait bientôt récuser l'esthétique ; succédant à Galuppi, il fut nommé auprès de Catherine II à Saint-Pétersbourg où il demeura de 1768 à 1775, et où il fit jouer sa nouvelle *Antigona* en 1772, chef-d'œuvre de sobriété, par la majesté d'un récitatif obbligato où l'expressivité de l'orchestre atteint le point extrême d'une évolution amorcée dès son *Farnace,* par l'importance des chœurs mêlés à l'action, la présence des danses et la puissance dramatique des airs et des scènes librement articulées.

On doit encore à Traetta deux oratorios et quelques intermezzos qui semblent annoncer ceux de Piccinni, mais c'est dans le domaine de l'opera seria qu'il s'imposa comme une des figures majeures du siècle, son œuvre ayant opéré la jonction entre l'art de Rameau et ceux de Gluck et de Mozart.   R. M.

TRAGÉDIE LYRIQUE. *V. opéra.*

TRAGIQUE (SYMPHONIE). Sous-titre donné par Franz Schubert à sa quatrième symphonie en *ut* mineur D. 417, composée en 1816 et créée après sa mort le 19 novembre 1849 au premier concert de la société musicale Euterpe. Certains contestent la pertinence de ce qualificatif, conféré par l'auteur lui-même à une œuvre qui manifeste pourtant en plusieurs endroits une espèce d'emportement sauvage et de grandeur sombre.   M. C.

TRAIT. — 1. Passage de virtuosité dans l'exécution d'un morceau.

— 2. Sorte d'antienne ornée formée d'une succession de versets et prenant la place de l'alleluia dans les offices de caractère pénitentiel ou endeuillé (carême, office des morts, etc.). Tous les traits sont uniformément en 2e ou en 8e ton, et présentent souvent un caractère de centonisation assez marqué. Leur nom vient de ce que tous les versets étaient autrefois chantés à la suite *(tractim)* par le même chantre.   J. C.

TRAJECTOIRES. Œuvre pour violon et orchestre de Gilbert Amy, composée en 1965-66 et créée le 5 avril 1968 au Festival de Royan sous la direction de Bruno Maderna. Elle consiste en « différents trajets possédant leur courbe, leur ascension propre ». Dans cette partition, une des premières du compositeur à s'être dégagée des rigueurs postsérielles, l'orchestre bénéficie d'une écriture aérée, transparente, mais moins novatrice peut-être que celle du violon soliste. Celui-ci est alternativement membre d'un tout et acteur indépendant, sa « trajectoire » pouvant rencontrer, masquer, dévoiler, ignorer, ou encore ponctuer, celles des autres groupes instrumentaux.   A. F.

TRANS. Œuvre pour orchestre composée par Karlheinz Stockhausen en 1971 et créée le 16 octobre 1971 au Festival de Donaueschingen par l'orchestre du Südwestfunk de Baden-Baden, placé sous la direction d'Ernest Bour. L'orchestre réunit quatre flûtes, quatre hautbois, quatre clarinettes, une clarinette basse, un basson, un contre-basson, quatre trompettes, un trombone, un tuba-tuba, célesta, vibraphone, orgue électrique, glockenspiel, quatre percussions et le quintette à cordes (une cinquantaine d'instrumentistes). L'œuvre dure environ 26 minutes 15 secondes.

L'orchestre à cordes, disposé en deux rangées, occupe le devant de la scène. Derrière lui se trouvent les quatre groupes de vents (flûtes, hautbois, clarinettes et trompettes) et le chef qui les dirige. Dans chacun des groupes, un instrument à vent supplémentaire, de registre grave, est amplifié par un haut-parleur séparé : la clarinette basse dans le premier, le trombone dans le second, le basson et le contre-basson dans le troisième, le tuba dans le quatrième. Les percussions comprennent cinq cymbales aiguës derrière le premier groupe de vents, une cloche à vache, deux cymbales sur pied pour le second, un jeu de cloches et deux gongs pour le troisième, trois tambours de peaux et un grand tam-tam pour le quatrième.

Trans doit se jouer dans une lumière violette. Le cliquetis périodique de l'enregistrement d'un métier à tisser change l'orientation des lignes des cordes, tandis qu'interviennent les vents et les percussions qui ponctuent le tissu sonore et visuel statique de l'harmonie des cordes par des cadences, des incises dynamiques très articulées et rapides. Quatre événements scéniques — un jeu de scène entre un joueur de tambour et le premier alto, deux solos excentriques d'un violoncelle et d'un violon, une sonnerie de trompette lancée du haut d'une plate-forme — viennent interrompre d'une manière fantastique digne de Hoffmann le mur chromatique et compact de l'orchestre. Après *Originale* (théâtre musical sur la musique de *Kontakte**), *Trans* est la première œuvre de Stockhausen où l'élément purement visuel intervient de façon complexe.

Trans est l'exacte concrétisation d'un rêve fait par le compositeur dans la nuit du 9 au 10 décembre 1970. Tous les détails sonores, visuels et spatiaux de ce rêve furent fidèlement retranscrits par la suite par Stockhausen, qui s'estimait alors en véritable état de *transe* : d'où le titre. Mais *Trans* possède aussi une autre signification : *à travers, au-delà* (en allemand *Jenseits*, qui fut l'un des titres de travail de la pièce ; l'autre titre primitif de *Trans* était *Musik für den nächsten Toten*, « Musique pour ceux qui doivent mourir »). Musique orchestrale *rêvée*, véritablement inclassable, *transpersonnelle*, *Trans* reste sans doute la création la plus singulière de son auteur : radicale, impressionnante par son impact dramatique, mais presque totalement coupée du reste de ses compositions. P. S.

TRANSCRIPTION. Adaptation, à l'usage d'un instrument ou groupe d'instruments, d'une composition musicale dont la version primitive était destinée à la voix ou à d'autres instruments. Jusqu'à la fin du XVIIIe siècle, la transcription était d'autant plus couramment pratiquée que la plupart des compositeurs n'avaient pas un souci exagéré de la couleur instrumentale. Il paraissait naturel qu'une chanson populaire fût transformée en pièce pour orgue, ou qu'un concerto pour flûte fût joué par un hautbois, un violon ou même un clavecin.

Toutefois, c'est au XIXe siècle que se situe l'âge d'or de la transcription, celle-ci ayant pour but de mettre n'importe quelle musique à la portée de l'amateur qui joue d'un instrument populaire ou très répandu : piano (à deux ou quatre mains), harmonium, accordéon, violon, flûte, mandoline ou guitare. De la plus savante réduction pour piano d'une partition d'orchestre à la plus ridicule fantaisie sur *Don Juan* pour cornet à pistons, cette pratique a largement contribué à la diffusion des grandes œuvres symphoniques et lyriques. Aussi presque tous les compositeurs ont-ils autorisé de semblables arrangements, quand ils ne les ont pas faits eux-mêmes.

Parmi les grands musiciens de l'époque romantique, le champion de la transcription est sans doute Liszt, qui a signé la version pianistique de six préludes et fugues pour orgue de Bach, des neuf symphonies de Beethoven, de la *Symphonie fantastique* de Berlioz, de l'ouverture de *Tannhäuser*, d'une soixantaine de lieder de Schubert et de quantité d'autres, sans parler de nombreuses paraphrases de concert sur des opéras célèbres.

Par la suite, plus d'une œuvre moderne (Debussy, Liszt, etc.) existe en plusieurs versions instrumentales, et Prokofiev n'a pas hésité à réécrire pour le violon, à l'intention de David Oïstrakh, sa *Sonate* pour flûte et piano. Les puristes qui condamnent le principe même de la transcription se montrent donc, dans bien des cas, plus royalistes que le roi.

Ajoutons que la transcription, aujourd'hui éliminée par le disque et la radio en tant que moyen de vulgarisation, continue de se rendre utile en fournissant un répertoire soliste aux instruments qui en manquent. Grâce à elle, bien des musiciens du XVIIIe siècle ont écrit sans le savoir des concertos pour trompette. M. T.

TRANSFIGURATION DE NOTRE SEIGNEUR JÉSUS-CHRIST (LA). Œuvre pour très grand orchestre, chœur mixte et sept solistes instrumentaux : piano, violoncelle, flûte, clarinette, xylophone, vibraphone, marimba d'Olivier Messiaen, écrite du 28 juin 1965 au 20 février 1969 sur commande de la fondation Gulbenkian et aussitôt créée le 7 juin 1969, dans le cadre du treizième festival de Lisbonne, devant un auditoire de neuf mille personnes, par le chœur Gulbenkian (une centaine de chanteurs), l'Orchestre de Paris sous la conduite de Serge Baudo et le concours de solistes internationaux, en tête desquels Yvonne Loriod au piano et Mstislav Rostropovitch au violoncelle. Redonnée à Paris le 20 octobre de la même année par les mêmes exécutants, à l'occasion du Festival d'Automne.

Il s'agit d'un véritable oratorio en deux septénaires. Le premier, d'une ample demi-heure, est basé sur l'idée de Lumière ; le second, de plus d'une heure, sur l'idée de Filiation. Chacun d'eux se compose de fragments du récit évangélique, les commente et se termine par un largissimo choral. Au sein du grand orchestre, dix-huit bois sont appelés à soutenir le chœur, à exposer les lignes mélodiques et les chants d'oiseaux, tandis qu'il est fait appel, parmi les dix-sept cuivres, à la petite trompette en ré, au saxhorn basse et au tuba contrebasse familiers des ensembles d'harmonie et qu'on y dénombre pas moins de soixante-huit cordes ainsi que de multiples percussions, tenues par six batteurs et comportant : crotales, jeu de cloches, petites et grandes cymbales, gongs au nombre de sept, tam-tams, triangle, réco-réco, claves, wood-block, temple-block, maracas, divers toms, grosse caisse et même, si possible, luminophone !

Quant au style, il est à la dimension des moyens et englobe toutes les techniques de l'auteur accumulées jusque-là, allant jusqu'à se servir de certaines musiques extra-européennes tant Messiaen estime que, si la musique liturgique est limitée au plain-chant, la musique religieuse peut se découvrir partout, que ce soit dans la *Messe en « si » mineur* de Bach, le gagaku japonais ou les extraordinaires résonances des cymbales et des trompes tibétaines. A. P.

TRANSPOSITION. Exercice consistant à copier ou à exécuter un morceau dans un autre ton que celui où il est écrit ou proposé ; ou encore, si le morceau n'a pas de tonalité propre, à en changer la hauteur absolue en haussant ou baissant toutes les notes d'un même intervalle, ce qui n'en modifie pas la signification en hauteur relative. La transposition peut être écrite ou à vue. Elle se pratique soit d'instinct (retrouver une sonorité donnée à partir d'une note de départ différente), soit par divers procédés mécaniques. Les deux principaux sont la *transposition par intervalles*, consistant à hausser ou baisser chaque note d'un même intervalle déterminé, et la *transposition par les clefs*, consistant à lire ou copier le modèle dans une autre clef que celle qu'il comporte. Ce dernier procédé est généralement préconisé par les méthodes scolaires, mais il suppose en cours de route des modifications d'altérations qui en certains cas peuvent devenir complexes, et de ce fait il requiert un certain entraînement.

Certains instruments écrivent ou lisent systématiquement dans un ton autre que celui entendu : on les appelle *instruments transpositeurs*. La seule justification de ce système barbare tient au fait que certains instruments d'une même famille (par exemple le hautbois et le cor anglais) utilisent le même doigté pour produire des sons de hauteurs différentes. En reproduisant sur l'instrument accessoire les sons produits par le même doigté appliqué à l'instrument principal, l'écriture transposée complique la lecture, mais facilite le doigté.

Cette raison n'existe pas pour d'autres instruments, qui ne sont transpositeurs qu'en vertu d'une convention gratuite attribuant la note *ut*, dans les instruments à vent, au son produit par le tube vibrant à l'état fondamental. Si ce son n'est pas un véritable *ut*, on doit, pour lire en « ton réel », transposer le ton écrit de l'intervalle qui sépare la note *ut* du ton de l'instrument, dont il faut en outre savoir s'il transpose à grave ou à l'aigu. Soit, par exemple, un cor en *fa* (grave) : il y a en descendant (puisque l'instrument transpose au grave) une quinte d'*ut* à *fa* : il faudra donc tout transposer d'une quinte descendante, et lire par exemple un do_3 si on voit un sol_3. Pour une petite clarinette en *mi* bémol (aigu), ce sera le contraire : il faudra prendre en montant l'intervalle entre *ut* et *mi* bémol, et transposer d'une tierce mineure à l'aigu, par exemple lire *fa* si on voit *ré*.

Jusque vers 1920, les partitions d'orchestre reproduisaient pour tous ces instruments l'écriture tranposée, ce qui rend certaines partitions à peu près illisibles sans un entraînement spécialisé. Aujourd'hui, la plupart des compositeurs écrivent en ton réel sur leurs partitions les parties d'instruments transpositeurs, mais comme les exécutants n'ont pas renoncé à ce mode de lecture, le copiste se charge de tranposer pour eux en « tirant » le matériel, de sorte que le chef d'orchestre n'a pas sous les yeux les mêmes notes que les instrumentistes sur leurs pupitres.

Ce système aussi compliqué qu'absurde ne cesse de poser des problèmes constants tant dans la pratique que dans la pédagogie des instrumentistes concernés. Il est d'autant moins défendable, hormis les cas signalés plus haut, que pour la plupart des instruments, notamment les clarinettes et les cors, la facture est aujourd'hui à peu près standardisée (clarinettes en *si* bémol, cors en *fa*), si bien que rien ne s'opposerait à la disparition de ces inutiles complications, sinon une routine qu'il semble bien difficile de vaincre. J. C.

Tran Van Khe, ethnomusicologue vietnamien vivant en France *(Binh Hoa Dong, Viêt-nam, 1921)*. Il a suivi les cours de Gaspardone au Collège de France, et ceux d'André Schaeffner et de Jacques Chailley à la faculté des lettres, entre 1952 et 1958, avant d'entrer au C. N. R. S. en 1960. Il se consacre dès lors à faire mieux connaître par la théorie et par l'exemple (cours d'interprétation) les musiques orientales traditionnelles, notamment vietnamiennes, en donnant des cours d'ethnomusicologie générale et comparée au Centre d'études de musique orientale, qu'il fonde en 1959, à l'Institut de musicologie de Paris, et dans d'autres centres. En 1973, il est nommé directeur de recherches au C. N. R. S., et, en 1975, doctor honoris causa de l'université d'Ottawa. On lui doit de nombreuses publications sur les musiques non-européennes, et particulièrement sur la musique vietnamienne, à laquelle il a consacré un ouvrage. Son rôle a été important dans l'éveil de nombreux jeunes musiciens occidentaux à la musique de l'Orient. M. C.

Trautonium. Instrument électronique dû à l'ingénieur allemand F. Trautwein. Le trautonium utilise des sources électroniques riches en harmoniques, dont les timbres sont façonnés avec des filtres. Quelques compositeurs (dont Hindemith) ont écrit pour le trautonium, dès sa fabrication, vers 1930. M. T.

Traviata (La). Opéra en 3 actes de Giuseppe Verdi, sur un livret de Francesco Maria Piave, d'après *la Dame aux camélias* d'Alexandre Dumas fils, créé à la Fenice de Venise, le 6 mars 1853.

ACTE PREMIER. (Le salon de Violetta Valéry, à Paris, sous Louis-Philippe.) *Violetta (s), une demi-mondaine qui « se fie au plaisir et trouve en lui tout remède », fait, au cours d'un dîner, la connaissance d'Alfredo Germont (t), un fils de vieille famille bourgeoise, dont la sincérité contraste singulièrement avec l'égoïsme blasé de ses habituels commensaux. Après avoir entonné avec lui un vibrant brindisi* (Libiamo), *elle est victime d'un malaise : seul, au sein de l'indifférence générale, Alfredo s'inquiète d'elle, et lui révèle son ancienne sollicitude* (duo : Un di, felice). *L'amour véritable et si ardemment souhaité semble naître dans l'âme de Violetta* (È strano... Ah, fors'è lui), *qui tente de se reprendre joyeusement* (Follie...sempre libera); *mais la voix d'Alfredo se fait entendre, au loin.*

ACTE II. 1er tableau. (Une maison de campagne près de Paris.) *Depuis trois mois, Violetta et son amant cachent un bonheur sans nuages qu'évoque avec émotion Alfredo* (Lunge da lei...De' miei bollenti spiriti). *Apprenant que Violetta s'apprête à vendre tous ses biens pour lui, il est saisi de remords* (Oh mio rimorso) *et court la devancer. Durant son absence, son père Giorgio Germont (bar) se présente et tente de convaincre Violetta de quitter celui qu'elle compromet; frappé par la grandeur d'âme de l'ancienne courtisane repentie, Germont évoque alors sa fille* (Pura siccome un angelo) *dont le mariage est devenu irréalisable : après une brève résistance, Violetta, brisée, doit céder* (Dite alla giovine) : *se sachant condamnée à brève échéance, elle décide de provoquer le mépris d'Alfredo en retournant à son ancienne existence. Elle lui dit un pathétique adieu* (Amami, Alfredo), *s'enfuit, et lui fait remettre un dernier billet. Alfredo se jette en sanglotant dans les bras de son père qui lui rappelle son passé* (Di Provenza) *et sa famille. Mais Alfredo ne songe qu'à la vengeance.* 2e tableau. (Une réception chez Flora, amie de Violetta.) *On apprend avec surprise la rupture du couple, et la bonne fortune du baron Duphol; un bal costumé introduit bohémiens et espagnols, et à son arrivée, Alfredo se joint aux joueurs, gagnant avec une chance insolente. Violetta fait son entrée au bras du baron, et l'anxiété de la musique souligne admirablement la tension croissante de cette partie de cartes. Violetta presse Alfredo de fuir, et lui laisse entendre que c'est au baron qu'elle a donné sa parole : hors de lui, Alfredo insulte publiquement Violetta en lui jetant sa bourse, mais Germont lui-même se joint à la réprobation générale. Violetta pardonne doucement, mais le baron provoque le jeune homme en duel.*

ACTE III. (La chambre de Violetta.) *Minée par la phtisie, Violetta n'a pas surmonté ses émotions : elle a reçu un prêtre et ne croit plus guère aux paroles de réconfort du docteur Grenvil (b). Elle relit avec émotion la lettre de Germont* (Tenesti la promessa) *qui a dévoilé son sacrifice à son fils. Son adieu à la vie* (Addio del passato) *contraste avec la joie bruyante du carnaval, au-dehors. Alfredo survient, avec son père, et les deux amants tentent de croire à un impossible lendemain* (Parigi, o cara). *Violetta, en un ultime effort, prend doucement congé de ceux qui l'entourent, puis succombe dans les bras d'Alfredo.*

La Traviata — le mot signifiant « dévoyée », pris en son sens étymologique — est le dernier opéra en date de cette fameuse « trilogie populaire » amorcée avec *Rigoletto* en 1851, et suivie du *Trouvère*, créé deux mois auparavant : il est remarquable que Verdi ait su, en un délai aussi bref, passer du romantisme flamboyant du drame espagnol à un sujet tout en demi-teintes, sans concession aux effets vocaux, axé sur l'évolution psychologique d'un seul personnage, et d'une structure aussi différente, dans la mesure où les trois derniers tableaux — dramatiquement très différents du premier — sont constitués par des blocs d'un seul tenant, excluant virtuellement les airs séparés.

Mais son originalité majeure était d'abord dans la transposition sur la scène lyrique, autrement traditionnelle que celle du théâtre parlé, d'un thème contemporain, ainsi que d'une œuvre littéraire récente : le roman de Dumas fils datait de 1848, et la pièce qu'il en avait tirée avait été représentée à Paris le 6 février 1852, soit treize mois seulement avant l'opéra, record battu uniquement par Donizetti, dont la *Lucrezia Borgia* n'avait suivi que de quelques mois la pièce de Hugo.

Il fallut d'ailleurs, pour ménager les convenances, transposer le sujet au XVIIIe siècle (ce qui n'empêcha pas la chute initiale de l'œuvre, échec dû d'abord à la médiocrité de la représentation), faisant de Violetta une trop proche parente de cette Manon Lescaut plusieurs fois citée par Dumas, alors que Verdi avait précisément biffé cette référence, comme il avait estompé la féroce critique sociale de Dumas pour dresser des portraits d'une humanité touchante : la rigueur bourgeoise de Germont, incarnée dans l'heptamètre mécanique de son aria, disparaît devant la mansuétude que lui prête Verdi à l'acte suivant.

Opéra intime, rendu au succès le 6 mai 1854 sur la petite scène du San Benedetto, toujours à Venise, opéra éternellement contemporain, et analogue en cela au théâtre mozartien, *La Traviata* repose presque entièrement sur son interprète principale, qui doit être une tragédienne lyrique et une cantatrice d'exception, comme le furent les Bellincioni, Storchio, Dalla Rizza, ou plus près de nous les Madga Olivero et Maria Callas. R. M.

Treble. Mot du vieux français, provenant du latin *triplum*, qui désignait, au Moyen Âge, la partie supérieure du motet* à trois voix. Le sens du *superius* a été conservé aujourd'hui dans la langue anglaise. On appelle notamment les voix d'enfants qui chantent les dessus d'un chœur, les *trebles*. De même, pour certaines familles d'instruments anciens : la flûte à bec alto se nomme le *treble recorder* et le dessus de viole, le *treble viol*. Enfin, la clef de *sol* 2ᵉ ligne se dit encore en anglais la *treble clef*.   C. W.

Tremblay (*Gilles*), compositeur canadien (*Arvida, Québec, 1932*). Il a fait ses études au conservatoire de Montréal avec Claude Champagne, puis à Paris (1954-1961) avec Olivier Messiaen, Yvonne Loriod, Andrée Vaurabourg-Honegger et Maurice Martenot. Il a aussi travaillé au Groupe de recherches musicales et à Darmstadt. Nommé professeur d'analyse et de composition au conservatoire de Montréal en 1962, il a occupé ce poste jusqu'en 1966. En 1972, il a effectué un voyage de plusieurs mois en Extrême-Orient, séjournant notamment à Bali. En 1958, Yvonne Loriod créa à Cologne *Phases et Réseaux* pour piano (1956-1958), et, en 1963, *Cantique de durées* pour orchestre (1960) fut entendu pour la première fois au Domaine musical sous la direction d'Ernest Bour.

Tremblay manifeste, dans ses œuvres, une prédilection marquée pour les vents et pour la percussion. La voix n'intervient que dans *Kékoba* pour soprano, alto, ténor, percussion et ondes Martenot (1965), et dans *Oralléluiante* pour soprano et huit exécutants (1975). On lui doit encore, pour ensemble instrumental, *Champs I* (1965, rév. 1969), *Souffles (Champs II)* [1968], *Vers (Champs III)* [1969], «... *le Sifflement des vents porteurs de l'amour*...» (1971), et *Solstices* (ou *Les jours et les saisons tournent*) [1971]; et pour orchestre, *Jeux de solstices* (1974) et *Fleuves* (1976), qui cite en exergue le poème *le Fleuve en l'arbre* de son ami, le poète québécois Fernand Ouellette. En 1967, il a sonorisé le pavillon du Québec (stéréophonie en 24 canaux) lors de l'Exposition universelle de Montréal.   M. V.

Trente-deux pieds. Jeu de l'orgue dont le tuyau le plus grave mesure en principe trente-deux pieds (10,40 m) et fait entendre le do_1. Ce jeu donne à la double octave inférieure des notes écrites.   M. T.

Tréteaux de maître Pierre (les) [en esp. *El Retablo de Maese Pedro*]. Petit opéra pour marionnettes, chanteurs solistes et orchestre, composé entre 1919 et 1922 par Manuel de Falla d'après un épisode du *Don Quichotte* de Cervantès (seconde partie, chapitres 25-26). Le texte est un montage de phrases et de répliques empruntées à cet épisode comique des «titeres» (marionnettes), ou le Chevalier de Cervantès, pris au jeu d'une représentation de marionnettes racontant la captivité et la délivrance de la belle Melisendra, intervient pour trucider les marionnettes moresques à la poursuite de l'héroïne.

Le spectacle se divise en six tableaux, précédés d'une introduction, la Sinfonia de Maese Pedro, espèce de fanfare introductive battant le rappel. Puis vient la Cour de Charlemagne, début du spectacle raconté, sur un débit précipité, par le truchement : l'Empereur, père putatif de Melisendra, qui a été enlevée par les Mores, reproche à son gendre Don Gayfero son inaction; celui-ci décide de partir; Melisendra : un More amoureux de la belle captive et qui l'a embrassée, est condamné par le roi more Marsilio, également épris d'elle, au supplice de la bastonnade publique. Don Quichotte et Maître Pierre interviennent pour reprocher au jeune truchement ses erreurs historiques (il parle de cloches dans les mosquées) et ses commentaires superflus ; puis ce sont le Supplice du More, les Pyrénées (Don Gayfero galope au secours de sa femme en sonnant du cor) et enfin la Fuite (Melisendra descend de son balcon et monte en croupe derrière Don Gayfero pour s'enfuir vers Paris; les Mores galopent pour les rattraper).

C'est alors que Don Quichotte bouscule le spectacle et fait un carnage de marionnettes, dans un finale allegro con brio, en chantant, pour finir, son idéal de chevalerie et sa propre renommée.

C'est la princesse de Polignac qui avait commandé ce micro-opéra en 1919 à de Falla, comme elle fit avec Stravinski (*Renard*) et Satie (*Socrate*). *Les Tréteaux de maître Pierre* (parfois aussi appelés en français *le Retable*) furent créés en version de concert le 23 mars 1923 à la Société des concerts San Fernando de Séville sous la direction de l'auteur, et représentés pour la première fois chez sa commanditaire et dédicataire, le 23 juin 1923, sous la direction de Wladimir Goldschmidt et avec Wanda Landowska au clavecin.

Le dispositif scénique prévoyait deux séries de marionnettes : celles, muettes, du spectacle montré par Maître Pierre, et celles, plus grandes, représentant les personnages «réels» assistant au spectacle ou le conduisant, personnages auxquels des chanteurs solistes prêtent leurs voix : Don Quichotte (bar), Sancho Pança (b), Maître Pierre le montreur (t), et le «truchement» (El Trujaman), chanté en principe par un soprano garçon, qui explique aux spectateurs les péripéties. Ce dispositif de théâtre dans le théâtre, rappelant la scène des comédiens de *Hamlet*, se raffinait par l'idée de faire des personnages en chair et en os d'autres marionnettes, et il exigeait donc plusieurs plateaux scéniques imbriqués.

L'orchestre des *Tréteaux*, plein de verdeur, à l'image de la voix acide du «truchement», est tout en lignes : peu de cordes et de cuivres (deux cors, une trompette), mais deux hautbois, un cor anglais, un clavecin, une harpe-luth (ou harpe à pédales), les percussions, bref un orchestre de solistes.

Falla puisa son inspiration mélodique dans les thèmes traditionnels religieux, grégoriens, folkloriques, espagnols, musulmans et mozarabes, et il utilise ici une écriture modale plus ou moins polytonale, avec des rythmes obstinés et des notes-pivots, liés par la notion chère à l'auteur de «rythme tonal», c'est-à-dire par le souci, également présent chez un Janáček, d'accorder suivant des «lois» naturelles l'allure rythmique et les variations tonales (modulations plus ou moins fréquentes et brutales selon le tempo).

Rarement présentés dans leur version scénique originale, liés étroitement à la culture espagnole, *les Tréteaux de maître Pierre*, pour être moins populaires mondialement que les ballets de Falla (*l'Amour sorcier* et *le Tricorne*), n'en sont pas moins une de ses œuvres les plus remarquables, par leur netteté de lignes et une vivacité qui évoque parfois, avec ses échos de spectacle populaire, un *Petrouchka* hispanique.   M. C.

Triade. Ensemble de sons formé par la réunion d'une fondamentale, de sa quinte et de sa tierce. Lorsque la quinte est juste, la tierce étant alors soit majeure soit mineure, la triade forme un *accord parfait*, et elle est habituellement désignée sous ce nom. La triade à quinte augmentée avec tierce majeure (accord de *quinte augmentée*), et celle à quinte diminuée avec tierce mineure (accord de *quinte diminuée*) font également partie des accords classés. Les autres triades sont exceptionnelles, sans être formellement exclues. Le terme est d'un emploi relativement récent.   J. C.

Triangle. Instrument à percussion de la famille des «métaux». Fait d'une lame d'acier repliée en forme de triangle isocèle, presque équilatéral, il est suspendu par son sommet et joué avec une ou deux battes spéciales, mais aussi n'importe quel type de baguette de bois ou de métal, voire une lime à ongles ou un clou, frappant sa base de haut en bas. Le son émis, aigu et mince, parvient à émerger de la masse orchestrale.   M. T.

Tricinium. Nom quelquefois donné, au XVIᵉ siècle, aux pièces à trois voix, ou encore à un fragment à trois voix dans une pièce en comportant un plus grand nombre. L'équivalent à deux voix est *bicinium*.   J. C.

Tricorne (le) [en esp. *El Sombrero de tres picos*]. Ballet en 1 acte de Manuel de Falla sur un livret de Martinez Sierra. Créé à l'Alhambra Theatre de Londres par les Ballets russes de Diaghilev le 22 juillet 1919. Chorégraphie de Léonide Massine, décors et costumes de Picasso.

De Falla avait déjà écrit la musique d'une pantomime de Martinez Sierra intitulée *El Corregidor y la Molinera*, applaudie à Madrid quelques années plus tôt, dont le sujet était emprunté à une pièce d'Alarcón : *El Sombrero de tres picos*. À la demande de Diaghilev qui souhaitait depuis longtemps monter un

TRILLE (en all. *Triller*; en angl. *trill, shake*; en it. *trillo*). Triller signifie battre de manière régulière, avec netteté et rapidité (mais selon le caractère du morceau), la note principale avec celle qui lui est supérieure d'un ton ou un demi-ton. Autrefois, à l'époque de G. Caccini (XVIIe siècle), le terme italien *trillo* indiquait non pas un trille comme nous l'entendons aujourd'hui, mais une même note que le chanteur, ou instrumentiste, répétait de façon martelée. En revanche, c'est du *gruppo*, ornement placé essentiellement aux cadences, que le trille est issu au cours du siècle. D'ailleurs les Français appelaient le trille un «tremblement» ou bien une «cadence».

(gruppo)

Cet ornement peut être attaqué soit sur la note principale, soit sur la note supérieure, selon sa durée, sa fonction harmonique ou mélodique, l'endroit où il est placé, la phrase musicale et l'époque en question. Dans la musique baroque, le trille commence presque toujours sur la note supérieure, jouée sur le temps. Bien qu'il n'y ait souvent aucun signe, il est généralement sous-entendu dans les formules cadentielles. Divers signes peuvent indiquer l'emplacement du trille.

(∿, ∿, ∿ ; t, tr, tr∿ ...)

À l'époque de Mozart, une cadence pour l'instrument soliste, dans un concerto pour clavier par exemple, se terminait souvent par un trille accompagné d'une basse Alberti*. Sans doute l'ornement le plus usité de tous, le plus difficile à exécuter, le trille est un atout incontestable pour un chanteur. P. Tosi écrivait en 1723 : « Quiconque a un beau *trille*, même s'il lui manque tous les autres agréments, peut toujours se prévaloir de l'avantage de ne pas offenser l'oreille dans une fin ou cadence où il est le plus souvent très nécessaire. »

Il est également très fréquent et apprécié dans la musique de violon (flûte, hautbois) tout au long des XVIIe et XVIIIe siècles. C. W.

TRILLE DU DIABLE (LE). Titre d'une sonate en *sol* mineur pour violon et basse continue de Giuseppe Tartini *(1692-1770)*. Tartini lui-même est à l'origine de la légende selon laquelle le mouvement final de cette œuvre, d'une rare difficulté technique, lui aurait été dicté en songe par le diable en personne, alors qu'il avait vingt et un ans. M. T.

TRIO. — 1. **Ensemble de trois instrumentistes concertants.** Morceau écrit pour un tel ensemble. Ne pas confondre le *trio* proprement dit, qui est une réunion de trois artistes solistes, avec l'expression « en trio », fréquente dans le répertoire de la basse continue (ex. sonate en trio), qui indique le nombre de parties d'un ensemble, mais non forcément le nombre d'exécutants ; on sait notamment que l'accompagnateur chargé de la réalisation de la basse continue n'était pas compté au nombre de ceux-ci, de sorte qu'une sonate en trio pouvait comporter plus de trois exécutants.

Depuis 1750 environ, le trio est considéré comme l'une des formes usuelles de la musique de chambre, et adopte souvent le cadre formel des sonates à trois ou quatre mouvements. Les trios les plus fréquents sont le *trio à cordes* (violon, alto, violoncelle), le *trio avec piano* (piano, violon, violoncelle), le *trio d'anches* (hautbois, clarinette, basson), mais toutes les autres formations peuvent être également utilisées. L'orgue, de son côté, considère comme trio, en individualisant chaque partie comme si elle était le fait d'un instrument distinct, une pièce à trois voix répartie entre trois timbres différents (deux claviers manuels et pédalier), ou même (surtout dans l'orgue français classique peu porté sur l'emploi concertant de la pédale) sur deux claviers manuels seulement.

— 2. **Dans un menuet** ou autre pièce apparentée (scherzo, marche, etc.), partie centrale précédant la dernière reprise et qui forme souvent diversion grâce à un caractère plus mélodique et à une orchestration plus légère. Au temps de Lully, cette partie était habituellement confiée à un trio de deux hautbois et basson, d'où son nom qui a été conservé une fois sa raison d'être disparue. J. C.

TRIOLET. Lorsque la division du temps musical est *binaire*, une division exceptionnelle de ce temps en trois parties égales est nommée *triolet*. Par exemple, une noire se divise normalement en deux croches, mais peut se diviser exceptionnellement en un triolet de trois croches. M. P. P.

TRIOMPHES D'ORIANE (LES) [en angl. *The Triumphs of Oriana*]. Important recueil de madrigaux réuni et édité par Thomas Morley en 1603, en hommage à la reine Élisabeth Ire (qui est évidemment l'Oriane célébrée par le titre). Tous les grands compositeurs de l'école anglaise eurent à cœur de collaborer à cette publication collective, prouvant ainsi combien ils étaient attachés à une souveraine passionnée de musique, et elle-même chanteuse et instrumentiste plus que passable. R. T.

TRIONFO D'AFRODITE. Titre original d'un «concert scénique» de Carl Orff, pour grand orchestre, chœur, solistes et actions scéniques, écrit en 1951, et créé le 13 février 1953 à la Scala de Milan, sous la direction de Herbert von Karajan. Avec les fameux *Carmina Burana* de 1937 et les *Catulli Carmina* de 1942, elle forme le triptyque scénique des *Trionfi*, dédié au culte de l'Éros primitif et de la vitalité rythmique. Ici l'auteur utilise des textes latins (de Catulle, comme dans les *Catulli Carmina*), mais aussi des textes grecs d'Euripide et de la poétesse Sapho. Cette œuvre, la plus monumentale des *Trionfi* (vents par trois, trombones, trompettes, six cors, deux tubas, harpes, trois claviers, trois guitares, nombreuses percussions, petit orchestre derrière la scène, etc.), prépare les «drames à l'antique» du Carl Orff de l'après-guerre. M. C.

TRIPLE CROCHE. Note d'une durée égale au quart d'une croche, correspondant au huitième de soupir. M. T.

TRIPLUM (en fr. *triple*). — 1. Nom latin donné dans l'*Ars antiqua* des XIIe et XIIIe siècles aux organa à trois voix, la teneur étant comptée comme l'une d'elles. L'organum à deux voix, teneur incluse, était dit *duplum* (ou organum proprement dit), celui à quatre voix était dit *quadruplum*.

— 2. Du XIIe au XVe siècle, on a désigné ainsi la partie supérieure d'une polyphonie sans égard au nombre réel de ses voix. Dans les premières polyphonies à trois voix, celles-ci étaient dénommées, du grave à l'aigu, *teneur, motet* et *triple*, ce dernier terme étant alors justifié. On l'a conservé lorsqu'on a ajouté au grave une contre-teneur qui faisait du triple la quatrième voix et non plus la troisième. On retrouve le mot dans l'anglais *treble* qui désigne un violon aigu, et aussi dans le mot *trouble* employé au XVe siècle, peut-être par jeu de mots, dans la description du motet des diables de la *Passion* d'Arnoul Gréban. J. C.

TRIPTYQUE (LE). Titre global se rapportant à trois opéras de Puccini. V. *Houppelande, Sœur Angélique, Gianni Schicchi*.

TRISTAN ET ISOLDE. Action musicale en 3 actes, livret et musique de Richard Wagner, créée le 10 juin 1865 au théâtre de la Cour à Munich.

Mieux encore que pour l'*Anneau*, Wagner a su débarrasser les légendes anciennes (principalement, Thomas Béroul et Gottfried de Strasbourg) de toute anecdote ; l'action de *Tristan* est intérieure et c'est bien là le pari le plus étonnant de l'auteur : intéresser le public pendant trois actes au lent suicide amoureux de deux êtres égocentriques qui sont loin de vivre quelque histoire exemplaire d'amour malheureux ; à cette introspection permanente et complaisante des héros, qui remplace l'agitation des corps par le mouvement des âmes et de la musique. C'est donc fort justement que *Tristan* s'intitule «action musicale» : parce que l'action naît (presque) exclusivement du dialogue entre le texte et la musique.

Comme toujours chez Wagner (mais *Tristan* en est le meilleur exemple), la quasi-totalité de l'intrigue s'est nouée avant le lever du rideau. Tristan a jadis tué le fiancé d'Isolde, princesse d'Irlande. Mais il a été blessé par l'arme empoisonnée de son adversaire — on retrouvera ce thème dans *Parsifal*. Devant l'impuissance des médecines traditionnelles à le guérir, il a confié son destin à une barque sans voile ni rame, livrée aux dérives des mers ; il s'agit là, typiquement, d'un voyage initiatique : après la lutte contre le gardien du royaume d'Au-Delà (l'Irlande, pays des sorciers et des fées), le héros entre dans un sommeil proche de la mort et s'abandonne aux forces de la nature.

Très logiquement, la barque échoue sur les sables d'Irlande ; Isolde recueille et soigne le blessé. Mais elle reconnaît en lui le meurtrier de son fiancé. Prenant une épée, elle veut venger sur-le-champ l'outrage subi : alors Tristan ouvre les yeux. Brûlée par ce regard, Isolde précipite la guérison et le départ du héros. Or, tout comme Parsifal, en son premier séjour au château du Graal, ne saura prononcer les paroles attendues, Tristan retourne en son pays sans reconnaître que l'aventure qu'il vient de vivre le concerne : au contraire, il propose l'héritière d'Irlande à son oncle le roi Marke.

ACTE PREMIER. *Le rideau se lève sur le pont du navire qui ramène Tristan (t) et Isolde (s) en Cornouailles. Réfrénant la colère que font naître en elle les moqueries insolentes d'un jeune marin (t) à l'écuyer de Tristan, Kurwenal (bar), Isolde exige du héros, alors que la traversée touche à son terme, qu'il vienne rendre hommage à sa future reine. En effet, Tristan observe depuis le départ une réserve exagérée vis-à-vis de la princesse : ni lui ni elle n'ont oublié leur regard. Mais l'amour qui les consume est à présent inavouable : comment Isolde pourrait-elle aimer le meurtrier de son fiancé ? Comment Tristan pourrait-il aimer la femme de son oncle ? Prisonniers de leur statut social, des mensonges et du silence que la gloire, l'honneur et la fidélité leur imposent, les deux héros ne voient désormais que la mort pour échapper aux pièges du réel. C'est bien la mort que propose Isolde à Tristan en lui offrant «la coupe d'oubli et de pardon». Mais sa servante Brangaene (ms) leur sert, au lieu du philtre de mort, le philtre d'amour.*

Il importe de bien saisir le sens de cette substitution. On imagine mal qu'une passion — c'est-à-dire la joie transcendante que l'on éprouve à s'infliger une souffrance — résulte d'une banale erreur commise par une servante étourdie par l'émotion : sauf si, comme Brangaene, cette dernière avoue, comme sortant d'un rêve, comment elle a été le bras d'un destin inévitable, d'une détresse nécessaire à laquelle elle n'a pu soustraire ni elle ni sa maîtresse. Le philtre ne provoque donc pas la naissance de l'amour : Wagner a heureusement éliminé cette «excuse» offerte aux amants par une société incapable d'admettre qu'on veuille fuir l'honneur et la fidélité. Au contraire, c'est parce que l'amour est inéluctable que les héros boivent le philtre d'amour et non un autre ; le breuvage les empêche de reculer ; il abolit les interdits moraux et sociaux. Ayant voulu la mort et se croyant mourants, Tristan et Isolde osent l'aveu de l'amour. L'espace d'un instant, ils oublient tout : roi, hontes passées, orgueils farouches. L'entrée du navire dans le port les sépare brutalement.

ACTE II. *(Un jardin devant les appartements d'Isolde.) Brangaene avertit sa maîtresse : la chasse organisée par Melot (bar), qui se dit l'ami de Tristan, est un piège destiné à perdre les amants. Mais Isolde veut suivre aveuglément son destin : elle fait le signal convenu. Tristan accourt. Après avoir maudit le jour qui les oblige à tenir leur rôle à la cour, les deux héros bénissent la nuit qui dissout toute forme.*

Chacun initie l'autre aux secrets qu'il découvre en lui-même pendant qu'ils sont séparés. Tous deux aspirent à une possession totale de l'autre hors des limites du réel ; mais ils sont beaux et se désirent : l'attrait du néant passera donc par l'attirance nocturne des sexes. Étape nécessaire, nécessairement interrompue : car elle est une illusion supplémentaire — le désir ne saurait unir leurs amours terrestrement ailleurs que dans la mort. Devant Marke (b) qui vient de surprendre les amants et ne comprend pas pourquoi Tristan, s'il aimait Isolde, a tout fait pour la marier à son oncle, le héros tente le premier le trépas en se jetant sur l'épée du traître Melot.

ACTE III. *On retrouve Tristan en son manoir de Kareol, veillé par Kurwenal. La mort le rejette dans la lumière du jour. Il reconnaît l'air ancien que joue un berger (t) sur son pipeau : c'est lui qui autrefois lui apprendre à sa mère la mort de l'époux, lui encore qui salua l'enfant nouveau-né et la mort de sa mère ; aujourd'hui, comme jadis dans la barque, c'est pour Tristan qu'il résonne. Le héros, délirant, croit voir Isolde le rejoindre. La mélodie se fait joyeuse ; Kurwenal exulte : voici la princesse qu'il a envoyé chercher ! Arrachant ses pansements, Tristan se précipite et meurt aux pieds de son amie.*

Kurwenal, qui a vu son maître agoniser alors qu'il le croyait guéri, reste pétrifié ; il ne prête pas attention aux bruits qui montent du rivage. Marke vient de débarquer. Kurwenal et Melot s'entretuent. Le roi pleure la mort de son neveu : instruit par Brangaene, il venait pardonner. Isolde, cependant, reste étrangère à tout : contemplant le cadavre de Tristan, elle se grise de désir, laissant la mort l'envahir doucement.

Ainsi se clôt cette passion, ce cheminement initiatique : car Tristan et Isolde utilisent l'amour qu'ils s'inspirent, mais qu'ils ne peuvent vivre terrestrement, pour acquérir une connaissance supérieure d'eux-mêmes et de leur destin. Ils comprennent ainsi que le philtre, loin de leur avoir imposé une «volonté extérieure», s'est lentement brassé en eux, depuis leur naissance : c'est leur propre sang, en définitive, qu'ils ont bu, empoisonné par leur vouloir-vivre (leur quête de gloire, d'honneurs, tous éléments qui les rattachent au jour, à la réalité sociale). Dès qu'ils sont jaillit hors du ventre maternel, ils ont été condamnés au jour, eux qui venaient de la nuit protectrice, à désirer les formes fugitives du créé alors que le véritable amour, éternel, n'est possible que dans le néant. Comme Parsifal le saisira, la naissance est la première catastrophe, le premier péché, fruit du désir physique du père pour la mère.

Tournant dans l'évolution musicale de Wagner, la partition utilise pour la première fois un langage chromatique d'écriture contrapuntique. Elle est généralement considérée comme une des sources de la musique contemporaine, en raison de son instabilité tonale exaspérée. Wagner n'avait cherché qu'à enrichir son vocabulaire dramatique : mais ses successeurs, immédiats ou lointains, érigeront en système ce raffinement expressif sans en maîtriser l'emploi, y voyant une facilité pour impressionner la sensibilité de l'auditeur ou un procédé d'écriture obligé. D'une certaine manière, *Tristan* marque donc la naissance du wagnérisme musical.

P. G.

TRITON. — 1. **Intervalle formé de trois tons,** par exemple *fa-si*. Dans la génération mélodique par cycle des quintes, le triton est le dernier intervalle formé dans le cadre du diatonisme *(fa-do-sol-ré-la-mi-si)* et a toujours été considéré comme particulièrement dissonant ; l'une des règles principales de la mélodie médiévale et renaissante consistait à l'éviter au moyen d'altérations. On le classe également, en harmonie classique, parmi les «fausses relations» à éviter en langage châtié. Mais le surnom qu'on lui donne souvent de *diabolus in musica* (le diable en musique), toujours présenté comme traditionnel et médiéval, n'est jamais attesté dans les textes avant le XIXe siècle.

Il est également très probable que le triton n'a pas toujours été pourchassé avec la rigueur légendaire, et il semble même avoir été parfois recherché pour sa saveur quelque peu étrange ; il n'en est pas moins resté d'un emploi exceptionnel, et vouloir le réintégrer en principe dans les restitutions anciennes, par réaction contre les anciens excès de rigorisme, comme s'il faisait partie du vocabulaire courant, serait sans doute un sérieux contresens.

— 2. On donne le nom d'**accord de triton** à l'accord qui contient cet intervalle à partir de sa basse, et dont l'expression la plus usuelle est le 3ᵉ renversement de l'accord de 7ᵉ de dominante (en *do, fa*-sol-*si*-ré ou toutes autres positions). On le chiffre + 4 en chiffrage d'intervalles, V surmonté de trois points en chiffrage de fonction. J. C.

TRITONIQUE. Échelle ne comportant que trois sons à l'octave. On emploie parfois ce mot abusivement pour désigner n'importe quelle échelle de trois sons, mais l'acception propre est celle dans laquelle ces trois seuls sons prennent place dans l'échelonnement des échelles produites par l'enchaînement des quintes (*fa-do-sol*, *do-fa-sol*, *fa-sol-do*, *do-fa-sol-do*, etc.), sans exclure la possibilité d'une altération attractive de *fa* vers *sol*, par exemple *do-fa dièse-sol*. Le tritonique fait suite au ditonique et la série se poursuit ensuite par le tétratonique, le pentatonique, l'hexatonique, et enfin l'heptatonique qui clôt le cycle des échelles diatoniques. J. C.

TROIS CHORALS POUR ORGUE. Œuvre de César Franck. Commencés à Nemours (été 1890) et terminés à Paris (fin septembre) peu avant la mort du musicien, les *Trois Chorals* comptent parmi ses plus nobles compositions. D'une structure complexe, le premier, en *mi* majeur, se construit au cours même de l'œuvre. L'exposition est bâtie sur un lied en six périodes modulantes complétées par une septième, le choral proprement dit, et suivie de trois variations : décorative, harmonique, enfin organique, puisque exposant le choral dans toute sa majesté.

Sous forme de trois volets enchaînés, le *Deuxième Choral*, en *si* mineur, apparaît comme une suite de variations sur un thème de passacaille que prolonge une grave méditation (dont le motif s'apparente au thème du Christ des *Béatitudes*) préludant elle-même sur un troisième volet, passionné, fortement contrasté, mais débouchant cependant sur une sérénité conquise grâce à la « prière » du volet central réexposée. Le *Troisième Choral* offre l'ordonnance beaucoup plus simple de la sonate classique à trois mouvements (vif-lent-vif), le dernier superposant (comme dans *Prélude, Choral et Fugue*) les divers éléments du choral et s'affirmant dans la claire tonalité de *la* majeur.

Composés d'une main sûre, animés d'une pensée très noble, les *Trois Chorals* de Franck s'imposent par leur beauté, leur ferveur, leur ampleur. Testament du musicien, ils amplifient ses recherches consacrées par les précédents recueils de 1862 et 1878 et ouvrent la voie à l'école nouvelle de l'orgue religieux symphonique, illustrée après lui par, Vierne, Tournemire, Guilmant ou Widor. J. G.

TROIS MORCEAUX EN FORME DE POIRE. Recueil pour piano à quatre mains d'Erik Satie, achevé en 1903 et conçu comme une réplique à Debussy reprochant au compositeur de trop peu se soucier de la « forme ». A la charnière des tendances poétiques et humoristiques de l'auteur, ces morceaux (probablement inspirés des premiers films de Méliès) constituent l'une des plus hautes réussites de Satie, qui parvient à une rare émotion en n'usant que de rythmes primesautiers ou de rengaines mélancoliques dont la juxtaposition rend compte d'une poignante solitude.

On peut, dès lors, estimer que, du pouvoir expressif de ces pages (d'où Satie a banni toute élaboration « savante »), partit l'idée d'une bonne part des musiques « pince-sans-rire » qui fleuriront jusqu'à la Seconde Guerre mondiale, de Ravel et Stravinski au groupe des Six, peut-être même Chostakovitch. M. Mt.

TROIS PETITES LITURGIES DE LA PRÉSENCE DIVINE. Œuvre d'Olivier Messiaen, composée du 15 novembre 1943 au 15 mars 1944 à l'instigation de Denise Tual, et qui déclencha lors de sa création le 21 avril 1945 dans le cadre des Concerts de la Pléiade par la chorale Yvonne Gouverné avec Yvonne Loriod au piano, Ginette Martenot aux ondes et l'orchestre de l'Association des concerts du Conservatoire sous la direction de Roger Désormière, un tollé à peu près comparable à ceux qui avaient accueilli jadis *Pelléas et Mélisande* de Debussy et *le Sacre du printemps* de Stravinski.

Davantage que sa musique, on reprochait à Messiaen de s'être approprié, au long de textes de son cru, des termes *humblement empruntés* aux *Évangiles*, aux *Épîtres*, au *Cantique des cantiques*, à saint Paul, à saint Jean et à saint Thomas ainsi qu'à l'*Imitation de Jésus-Christ*. Passé cette bataille acharnée, ce triptyque allait vite connaître, à l'étranger, une adhésion unanime et devenir, plus tard, la partition la plus célèbre du compositeur.

On est d'emblée frappé par sa formation peu courante : chœur de femmes à l'unisson, piano solo, ondes Martenot dont sont tirés, pour la toute première fois, des trilles amplifiés avec timbre métallisé et, en sus de l'habituel quintette des cordes, toute une percussion multicolore, en partie inspirée des gamelans balinais, avec célesta, vibraphone, cymbale chinoise, maracas et tam-tams. Quant au « message », il s'adresse directement au Créateur, l'*Antienne de la conversation intérieure* étant dédiée « à Dieu présent en nous par la grâce et la sainte communion » ; la *Séquence du Verbe, cantique divin*, « à Dieu présent en lui-même et se chantant sa gloire par son Fils ou Verbe » ; et la *Psalmodie de l'ubiquité par Amour*, « à Dieu présent en toutes choses par son Ubiquité et son Immensité ». A. P.

TROIS PIÈCES POUR ORCHESTRE. Œuvre (op. 6) d'Alban Berg, composée en 1914. Elle comporte trois mouvements : *Praeludium ; Reigen* (« Rondes ») ; *Marsch*. Avec ces trois « pièces de caractère » suggérées par Schönberg et qui lui sont dédiées pour son quarantième anniversaire, Berg revient, après la brièveté de l'opus 4 et des pièces pour clarinette et piano de l'opus 5, à la grande forme déjà abordée avec la *Sonate pour piano* op. 1 et le *Quatuor à cordes* op. 3. Mais il s'agit là de la seule œuvre de Berg avec grand orchestre sans adjonction d'un soliste.

Les relations entre le maître et l'élève traversent une période difficile au lendemain des *Altenberglieder*. Cette partition se veut donc réaction aux critiques concernant l'opus 4 par le choix ici du style long et de références empruntées à l'opus 16 de Schönberg : titres descriptifs, indications (Hauptstimme, voix principale) et N (Nebenstimme, voix secondaire), reprises de la pièce n° 5 de cet opus 16.

A Schönberg il reprend aussi « les principes de développement par variation et d'intégration thématique » (Mosco Carner) ou la Klangfarbenmelodie (*cf.* accord de six sons, mesure 9).

Pourtant, dans sa conception comme dans son climat et son geste dramatique, l'œuvre se réclame en fait de Mahler. D'ailleurs, selon Berg lui-même, les trois mouvements peuvent se comparer à une symphonie en quatre mouvements, le deuxième mouvement, *Reigen*, recouvrant à la fois le scherzo et le mouvement lent ; de plus chacun des mouvements peut évoquer un mouvement de symphonie.

Mieux il existe des analogies de motifs ou de rythmes à l'intérieur d'un même souci du détail comme de l'organisation générale, des interpénétrations de motifs progressant et se développant comme par contrecoups et rebonds. Ainsi, juste avant le moment culminant du *Prélude* (mesure 37) ou la partie centrale de ce même mouvement avec le développement du thème tiré des mesures 6, 7, 8 du basson, si mahlérien dans son expressionnisme, passant des vents aux cordes ; certains passages de *Reigen* rappellent le scherzo de la *Septième Symphonie* de Mahler, le deuxième mouvement de la *Neuvième*, tandis que la *Marche* peut être considérée comme un véritable hommage au maître disparu (*cf.* fin de sa *Sixième*).

Bien que *Reigen* ait été achevé en dernier, les deux premières pièces peuvent constituer un ensemble et être jouées sans la *Marche* (de longueur égale aux deux premiers mouvements réunis), ce qui semble être rarement le cas. Il est vrai qu'il y a dans l'ordonnance générale le sentiment d'un cycle, d'une composition dramatique avec un grand crescendo qui ramène au néant initial avant le brusque sursaut de vie et de violence des dernières mesures et semble imposer une interprétation d'ensemble.

L'idée cyclique réapparaît dans la circulation des thèmes d'un mouvement à l'autre : Berg « cite » dans le *Prélude* le thème donné par les cordes au tout début de *Reigen* où revient le thème initial du basson du *Prélude* (mesures 6-8) qui se retrouve dans la valse dans une association identique basson-trompette ; le motif du violoncelle de la *Marche* renvoie au motif introducteur de la valse et c'est tout le thème du *Prélude* qui est repris dans la *Marche*.

La « construction en arche » (D. Jameux) est particulièrement rigoureuse dans le *Prélude* où le sommet du crescendo coïncide avec le début du mouvement rétrograde et le decrescendo (la deuxième partie se présente en effet comme une forme-miroir dans l'essentiel). Berg y pose aussi dans les six premières mesures le problème de la transmutation sonore, soit le passage du silence au *la* bémol du basson et au solo du trombone alto à travers l'indéterminé de la percussion et un accord de quatre notes aux timbales.

Du deuxième mouvement, *Reigen* (« Ronde »), Berg dira plus tard qu'il faut y voir une étude d'orchestre pour la scène d'auberge de *Wozzeck* (II,4) et ce jusque dans les fragments de valse. La polyphonie y est fort complexe et s'accompagne parfois d'un gonflement démesuré de l'orchestre qui se résoud dans l'éclatement des forces sonores (*cf.* mesure 89) ; ailleurs c'est un contrepoint serré d'instruments solistes jouant à découvert. Le rythme binaire se laisse interrompre par les temps de valse dont les variations constituent la partie centrale avant le retour dans la conclusion lente au binaire (mesure 111) marqué par un canon entre les bois et les premiers violons.

Berg considérait la troisième pièce, *Marsch*, comme sa partition la plus complexe tant du point de vue du matériau et de son développement, des superpositions de thèmes et motifs que du cadre formel qui ne saurait se réduire à celui de la forme sonate ou des variations de tempo (trois sont dominants). La densité de l'écriture et de l'orchestration est extrême, les rythmes à la fois rigoureux et violents. On y sent, dit Boulez, « une ivresse presque démente du geste démonstratif, je dirais une hystérie de la déclamation s'enflant jusqu'à l'insoutenable clameur ». M.-C. L. M.-M.

Trois Poèmes d'Henri Michaux. Œuvre pour chœur et orchestre de Witold Lutosławski, composée en 1962-63, créée à Zagreb en 1963. Attiré par les poètes français, Lutosławski devait livrer, avec ce triptyque, l'une de ses créations les plus insolites. *Pensées, le Grand Combat, Repos dans le malheur*, d'Henri Michaux, résonnèrent profondément en lui-même ; il ne lui resta plus qu'à suivre le poète dans son sillage de rêve : « ... *Pensées à la nage merveilleuse, qui glissez en nous, entre nous, loin de nous, loin de nous éclairer, loin de nous pénétrer...* » La partie vocale est écrite à vingt parties, pour atteindre, dans *le Grand Combat*, d'extraordinaires effets de bruissements, où fusent et rebondissent les mots et néologismes de Michaux. Ils ne sont pas destinés à être compris, mais simplement pris en compte pour leur couleur par le musicien qui a déclaré avoir utilisé différentes sortes de parler, depuis le murmure jusqu'à l'émission violente des phrases, avec des appels, des gémissements, des cris. P. V.

Trojahn (Manfred), compositeur allemand (*Cremlingen* 1949). Il a fait ses études à Brunswick (1966-1970), obtenant notamment un diplôme de flûte en 1970, puis à Hambourg avec K. H. Zöller et D. de la Motte (composition), et obtenu le premier prix du Forum international des compositeurs (U. N. E. S. C. O.) en 1978 ainsi que le prix de Rome en 1979. Il relève du courant appelé en Allemagne, très souvent sans raison, « nouvelle simplicité ». Il conçoit l'œuvre non pas comme un processus ouvert, mais comme un « objet fixe délimité dans le temps », ce en quoi il s'oppose à l'avant-garde des années 60 et 70. A l'objectivisme exacerbé des postcagiens, il oppose une subjectivité qui ne craint pas les regards en arrière, en particulier vers les symphonies monumentales du XIXe siècle, les harmonies traditionnelles et les polyphonies tonales.

On lui doit notamment *Risse des Himmels* pour soprano, flûte et guitare (1968-1974), *les Couleurs de la pluie* pour six flûtes (1972), *Kammerkonzert* pour huit instruments (1973), une *Symphonie n° 1* (*Makramee*, 1973-74), *Architectura caelestis* pour huit voix de femmes et orchestre (1974-1976), *Madrigal* pour chœur à huit voix (1975), *Quatuor à cordes* (1976), *Notturni trasognati* pour flûte alto et orchestre de chambre (1977), *... stiller Gefährt der Nacht* pour soprano, flûte, violoncelle, percussion et piano (1978), une *Symphonie n° 2* (1978), *Abschied...*, fragment pour orchestre (1978), *Konzert* pour flûte et orchestre (1977-1979). I. S.

Tromboncino (Bartolomeo), compositeur italien (*Vérone v. 1470 - Venise ? apr. 1535*). Il passe la plus grande partie de sa vie à la cour de Mantoue, où s'était fixé son père, Bernardino Piffaro, mais la quitte à plusieurs reprises pour une durée variable. Probablement actif à Florence entre 1494 et 1501, il est au service de Lucrezia Borgia à Ferrare de 1502 à 1508 au moins. Il se fixe vers la fin de sa vie à Venise (1521 ?), où il mourut très certainement. Mis à part quelques pièces sacrées (des *Lamentations*, un *Motet* et des *Laude*, pour la plupart des contrafacta de frottole) écrites dans le style plutôt homophonique du début du XVIe siècle italien, il est surtout célèbre pour ses nombreuses frottole, publiées en partie dans des recueils de Petrucci. Il met également en musique des strombotti*, sonnets, odes, etc. Le choix de ses poèmes est particulièrement soigné et reflète les goûts d'Isabella d'Este, au service de laquelle il se trouve.
D. H.

Trombone. Instrument à vent de la famille des cuivres. Son nom français (et anglais) est en réalité italien, formé de « tromba » (trompette) et du suffixe augmentatif « one ». Il s'agit en effet d'une grande trompette, donc d'une basse de trompette. L'inconnu qui eut l'idée, au Moyen Âge, de recourber l'encombrant tuyau en forme de « S », en sorte que la partie postérieure de l'instrument passe derrière l'épaule de l'exécutant, prépara la voie à une invention capitale : celle de la coulisse mobile qui, au XVe siècle, fut substituée à l'anse antérieure du « S ». Grâce à cette coulisse manœuvrée de la main droite, le tuyau sonore pouvait être allongé par degrés, dont chacun représentait un demi-ton vers le grave, avec tous les harmoniques correspondants. Le trombone fut ainsi le premier des « cuivres » à disposer d'une échelle chromatique complète, d'où la place considérable qu'il tient dans les compositions religieuses ou profanes des polyphonistes du XVIe siècle. Il devait conserver ce monopole jusqu'à l'invention, au début du XIXe siècle, du cor et de la trompette à trois pistons.

Le trombone ténor moderne, en *si* bémol, n'est guère différent de son ancêtre. Il présente d'ailleurs le même inconvénient : comme une octave sépare les sons 1 et 2 de l'échelle des harmoniques, les sept positions de sa coulisse ne permettent d'atteindre que le *mi* compris entre ces deux *si* bémol ; après quoi l'instrument est muet jusqu'au *si* bémol grave, que suivent six autres « notes pédales ».

Le trombone dit « basse » comble cette lacune — et c'est pourquoi il tend à supplanter le ténor — au moyen d'une tubulure supplémentaire commandée par un barillet ; sa perce et son embouchure sont un peu plus grosses, afin de faciliter l'émission des notes graves, mais son étendue globale est pratiquement la même.

Mentionnons pour mémoire un énorme trombone contrebasse, un vrai trombone basse, des trombones alto, soprano et même sopranino, mais surtout le trombone à pistons qui, épargnant à l'exécutant le soin délicat d'ajuster la coulisse, fut très employé dans les orphéons du XIXe siècle.   M. T.

TROMPETTE. Instrument à vent de la famille des cuivres. Ses ancêtres, dont l'existence est attestée dès les temps préhistoriques, se confondent pratiquement avec ceux du cor, du trombone et autres « trompes » formées d'un tuyau sonore mis en vibration par une embouchure. Elle fut longtemps rectiligne, comme le « salpynx » grec et la « buccina » des Romains, puis se replia vers la fin du Moyen Age à la manière d'une épingle de sûreté, le pavillon restant dirigé vers l'avant. Dès lors, rien ne la distinguait extérieurement d'une trompette de cavalerie moderne. Il apparut à la même époque que la puissance et l'éclat qui destinaient la trompette à orner les célébrations militaires, religieuses et civiles, pouvaient trouver leur emploi dans des ensembles musicaux moins fonctionnels. Mais cet usage mélodique et concertant se heurtait aux lois de l'acoustique, en ce sens que le tuyau sonore simple ne peut émettre que les harmoniques du son fondamental.

Le cas de la trompette était encore plus grave que celui du cor. Ce dernier, grâce à sa longueur, disposait dans l'aigu d'une série d'harmoniques assez rapprochés tandis que la première, relativement courte, en était réduite au bas de l'échelle où la série des harmoniques comporte des lacunes beaucoup plus importantes.

Dès le XVIe, mais surtout au XVIIIe siècle, tout fut essayé pour combler ces vides, au moins en partie ; il y eut des trompettes à « tons » amovibles (comme les cors d'harmonie), à coulisse (comme les trombones), à trous et à clés (comme les « bois »), jusqu'à l'invention du système à trois pistons qui régla le problème au début du XIXe siècle (v. COR).

La trompette moderne en *ut* ou *si* bémol possède une étendue de deux octaves et une sixte. Il existe aussi une trompette alto en *fa* et une « petite trompette » en *ré*, de moins en moins employées, ainsi que des trompettes basses en *ut*, *si* bémol et *fa* grave. Parmi d'autres variantes, la plus répandue de nos jours (grâce au répertoire baroque et, en particulier, aux solos du *Deuxième Concerto brandebourgeois*) est la trompette piccolo en *si* bémol aigu, munie d'un quatrième piston qui la transpose en *fa*.   M. T.

TROPAIRE. — 1. **Recueil de tropes.** Les tropaires, souvent réunis aux séquentiaires, sont particulièrement nombreux du Xe au XIIe siècle ; ils se raréfient ensuite et disparaissent complètement à la suite du concile de Trente.
— 2. **En musique byzantine,** hymne ou prière brève ne comportant qu'une seule strophe. Le répertoire en est étendu, et il est utilisé en divers endroits de l'office, notamment aux vêpres.   J. C.

TROPE. — 1. **En musique grecque antique,** le mot *trope (tropos)* est synonyme de *ton (tonos)*. Boèce, au Ve siècle, l'a latinisé en *tropos* et en même temps l'a traduit par *modus*, qui a comme lui le sens assez vague de « manière d'être ». Il déclare équivalents les trois termes *tonus, tropus, modus*, ce qui n'a pas été sans provoquer bien des confusions sur leur emploi, surtout pour ton et mode, car *tropus* en ce sens est assez vite tombé en désuétude.
— 2. Nom donné depuis le IXe siècle à des **amplifications non officielles de textes liturgiques,** destinées en général à leur donner une plus grande solennité, ou à adapter à telle ou telle circonstance un texte prévu dans un sens général. J. Chailley a classé les tropes en six catégories correspondant à peu près à l'histoire de leur formation : tropes d'*adaptation* (paroles syllabiques placées sous une mélodie vocalisée), de *développement* (composition nouvelle à partir des cellules successives du modèle ; le type le plus achevé en est la *séquence*) ; d'*interpolation* (addition d'un texte nouveau, soit mélismatique, soit avec paroles, entre les fragments du texte primitif sans modification de celui-ci) ; d'*encadrement* (composition d'un prélude ou d'un postlude pour la pièce à troper) ; de *complément* (composition d'une pièce indépendante insérée dans l'office en un emplacement non prévu, sans liaison obligatoire avec les pièces existantes) ; de *substitution* enfin (amplification de l'original prenant entièrement la place de celui-ci ; les plus fréquents sont les tropes versifiés du *Benedicamus Domino* qui ont proliféré jusqu'à la fin du Moyen Age. L'un d'entre eux, *O filii et filiae*, écrit au XVe siècle par le frère franciscain Jean Tisserand, est resté en usage jusqu'à nos jours comme cantique pascal, sur une mélodie de caractère populaire probablement refaite au XVIIe siècle).

Michel Huglo, de son côté, a proposé un classement en tropes *logogènes* (générateurs de textes) et *mélogènes* (générateurs de mélismes sans paroles) ; la présence de ceux-ci pose de difficiles problèmes, la plupart d'entre eux pouvant être considérés soit comme des amplifications ornementales de solemnisation (v. NEUME, sens 2), soit comme des *mélismes séquentiels* faisant alterner le chant d'un verset de séquence muni de ses paroles et celui de la même mélodie vocalisée sans paroles.

On considère comme origine des tropes la création vers le milieu du IXe siècle, par l'abbaye de Jumièges, de tropes d'adaptation à partir desquels, à Saint-Gall, Notker créa le type de tropes de développement qui devint la séquence. Les autres types de tropes ne tardèrent pas à suivre, et les deux centres les plus actifs en furent les abbayes de Saint-Gall en Suisse et de Saint-Martial-de-Limoges en Aquitaine. Les tropes proliférèrent jusque vers le XIIe siècle, puis la production se ralentit (sauf pour les tropes de substitution du *Benedicamus Domino*) et à quelques exceptions près, telles que le *Gloria* des messes de la Vierge qu'on trouve encore en polyphonie avec ses tropes chez plusieurs compositeurs, ils n'étaient plus guère en usage au XVIe siècle, lorsque le concile de Trente décida d'en abolir définitivement l'emploi et de les retirer des livres de chœur.

Ils sont aujourd'hui abandonnés en tant que tels, mais il en subsiste de nombreuses traces, soit dans le répertoire (tel l'*Ave verum*, primitivement trope de *Sanctus*), soit dans les nombreux dérivés qui leur doivent leur existence et leur développement, notamment la poésie lyrique à travers les *versus* et le théâtre à travers le drame liturgique, puisque celui-ci est issu des tropes de leçons de matines pour le cycle de Noël (drame des Prophètes), du trope *Quem quaeritis* de l'introït pascal pour le cycle de Pâques. L'influence des tropes aura donc été considérable, et déborde largement la valeur littéraire ou musicale que l'on peut reconnaître à leur répertoire proprement dit.   J. C.

TROUBADOUR. Nom donné, entre le XIIe et le XIVe siècle, aux poètes-compositeurs écrivant et chantant en langue d'oc, par opposition aux trouvères, lesquels s'exprimaient en langue d'oïl. Leur répertoire était formé de chansons monodiques accompagnées sur des instruments. La plupart du temps, seule la ligne mélodique nous reste de leurs œuvres, avec le texte, sur des manuscrits nommés « chansonniers » la plupart furent établis après leur mort, pour garder une trace de cette musique orale. On y trouve tous les types de chansons, satiriques et politiques y compris, mais surtout des chansons d'amour. Elles sont écrites dans des formes populaires à refrain, obéissant à certains modèles comme le rondeau, qui commandent aussi bien la construction métrique (nombre de vers et de pieds, distribution des rimes) que la forme musicale. Les plus célèbres des troubadours furent Bernard de Ventadour, Jaufré Rudel, Bertrand de Born, Peire Vidal, Marcabru.   M. C.

TROUVÈRE. Nom donné, aux XIIe et XIIIe siècles, aux chanteurs-musiciens-poètes, s'inspirant des troubadours mais s'exprimant en langue d'oïl, avec des variantes selon les dialectes, et issus de régions du nord de la France, de la Belgique, de la Bretagne, etc. Leurs œuvres, comme celles des troubadours, nous sont parvenus par les « chansonniers », manuscrits de compilation rédigés après coup, et adoptent des formes basées sur la répétition et le refrain. On cite le plus fréquemment, parmi les grands trouvères, Adam de la Halle *(Jeu de Robin et Marion)*, Marie de France, Rutebeuf *(Miracle de Théophile)* et Chrétien de Troyes. M. C.

TROUVÈRE (LE) [en it. *Il Trovatore*]. Drame en 4 parties de Verdi, sur un livret de Salvatore Cammarano, achevé par Leone Emanuele Bardare, d'après le drame de Garcia Gutiérrez *El Trovador* (1836), créé au théâtre Apollo de Rome le 19 janvier 1853.
PREMIÈRE PARTIE : le Duel. (Le palais d'Alaferia, à Saragosse, au XVe siècle.) *Le vieux Ferrando (b), évoquant l'amour de leur chef, le comte De Luna, pour Léonore, à laquelle un trouvère vient chaque nuit donner la sérénade, narre aux soldats comment le frère du comte avait été ravi au berceau par une bohémienne, dont la mère avait été brûlée vive pour avoir jeté un sort à l'enfant* (Abietta zingara). *On retrouva le squelette calciné d'un enfant, mais le bruit courut que le frère du comte vivait toujours.* (Les jardins du palais.) *Léonore (s) aime un mystérieux chevalier, naguère vainqueur d'un tournoi, et qu'elle identifie avec ce trouvère qui soupire pour elle* (Tacea la notte placida), *et auquel elle veut rester fidèle, malgré les présages funestes de sa suivante Inès* (Di tale amore). *Le comte De Luna (bar) vient implorer Léonore, mais la voix du trouvère se fait entendre au loin* (Deserto sulla terra) ; *celui-ci se fait reconnaître : il est Manrico (t), l'ennemi politique du comte, banni par ses tribunaux, en rébellion armée contre lui, mais son vainqueur en amour. Un trio violent oppose le chant à l'unisson de Léonore et de Manrico à la rage du comte* (Di geloso amor). *Les deux hommes s'élancent au-dehors en dégainant.*
DEUXIÈME PARTIE : la Bohémienne. (Des ruines, en Biscaye.) *Une troupe de gitans chante en frappant l'enclume. Azucena (ms), la mère de Manrico, murmure une ballade tragique évoquant le bûcher où périt une femme* (Stride la vampa). *Elle continue cette évocation de la mort de sa propre mère* (Condotta...), *et conte comment elle la vengea en s'emparant du fils de celui qui avait prononcé la sentence de mort, et en le jetant dans le brasier ; mais dans son délire, c'est son propre enfant qu'elle avait fait périr. Malgré ses dénégations, nous comprenons que Manrico est en réalité le frère du Comte, son rival : précisément, lors du duel qui les opposa, Manrico, tenant son ennemi à sa merci, l'épargna, retenu par une force mystérieuse* (duo : Mal reggendo). *Peu après, lors d'un combat, les soldats du Comte laissèrent Manrico pour mort, et il fut sauvé par la Bohémienne. Le croyant perdu à jamais, Azucena a décidé de prendre le voile : à cette nouvelle, Manrico quitte sa mère et s'élance.* (Un couvent près de Castellor.) *De Luna, amoureux éperdu, songe à Léonore* (Il balen del suo sorriso) *et veut aussi l'empêcher de prononcer ses vœux : rien ne saurait l'arrêter* (Per me ora fatale). *Mais Manrico surgit à temps, les deux troupes s'affrontent, et Léonore suit le troubadour, laissant De Luna défait, la rage au cœur.*
TROISIÈME PARTIE : le Fils de la Bohémienne. (Un camp militaire près de Castellor.) *Les soldats du Comte vont donner l'assaut à la forteresse tenue par les rebelles, et des bohémiens dansent pour eux (ce ballet fut écrit par Verdi en 1857 pour l'Opéra de Paris). Azucena, qui rôdait près du camp, est arrêtée* (D'una zingare è costume), *puis identifiée par le vieux Ferrando comme la ravisseuse du frère du Comte : celui-ci pourra donc exercer une double vengeance sur la mère de son rival, et sur celle qui, le croit-il, fit périr son frère.* (Une salle à Castellor.) *Devinant l'attaque imminente, Manrico presse ses noces avec Léonore* (Ah si, ben mio), *mais apprenant que sa mère est conduite au bûcher, il se précipite à son secours* (Di quella pira).
QUATRIÈME PARTIE : la Punition. (Une cour près d'un donjon.) *Manrico ayant été capturé, Léonore espère encore le délivrer* (D'amor sull'ali rosee) ; *un miserere unit la voix des moines au chant du trouvère et aux imprécations de Léonore, qui jure de tenir son serment, fût-ce au prix de sa vie* (Tu vedrai). *Pour sauver celui qu'elle aime, elle offre son corps au comte De Luna* (Mira d'acerbi lagrime), *puis avale un poison : elle ne lui offrira qu'un corps sans vie.* (Un cachot.) *Manrico tente de rassurer sa mère* (Se m'ami ancora) *qui s'endort en chantant une ballade* (Ai nostri monti). *Léonore survient, presse Manrico de fuir, celui-ci refuse, croyant à une trahison de celle qu'il aime. Le poison agit, Léonore expire, et De Luna livre Manrico à la hache du bourreau. Azucena, éveillée trop tard, ne peut plus que crier au Comte :* « C'était ton frère, Mère, tu es vengée ! »

Avec *Rigoletto* et *La Traviata*, le *Trouvère* constitue ce que l'on a surnommé la « trilogie populaire » de Verdi, écrite à l'apogée de sa force créatrice, avant qu'aux yeux du public un excès de science ne vienne détourner le musicien de sa veine « démocratique » première. De ces trois œuvres, ce *Trouvère* fut le moins bien ressenti en France, les deux autres y bénéficiant du parrainage — même involontaire — de Hugo et Dumas, celle-ci s'opposant aux données cartésiennes de l'esprit français et témoignant, en première analyse, d'une trop grande concession faite aux voix, et d'une psychologie assez sommaire.

On a sans doute exagéré la prétendue absurdité d'un livret, guère plus extravagant que tant de drames de Shakespeare ou Hugo, guère plus obscur qu'un sujet d'opéra de Richard Strauss.

Comme dans les deux autres volets de la trilogie, Verdi tint à exclure du sujet le contexte historique et politique — mais non social — pour en dégager au mieux les aspects humains, affectifs, également expurgés des implications d'ordre confessionnel : De Luna n'est plus un fils de juif converti, comme chez Gutiérrez, et Manrico ne prononce plus son fameux « Je dois t'oublier, épouse de Jésus-Christ ».

Ce n'est pas un hasard si la postérité ne retint du *Trouvère* que ce qu'il lui plut de conserver : là où Verdi avait essentiellement voulu opposer deux grandes figures féminines (Azucena, le type même de la « fausse sorcière » de l'opéra italien, fut son premier grand rôle offert à une voix grave féminine) en les rassemblant dans une même vocation de fidélité sacrificielle, on ne retint que l'opposition sommaire entre un ténor aux sentiments chevaleresques mais frustes, et un « traître » traditionnel, dont on oublia bien vite qu'ils étaient l'un et l'autre de naissance aristocratique, et que Verdi avait voulu leur chant comme tel.

La carence de grandes voix masculines et la renaissance d'une véritable école de chant chez les cantatrices a, sans aucun doute, mieux remis en lumière les vertus particulières d'une œuvre assez singulièrement isolée dans l'évolution de la pensée verdienne. R. M.

TROYENS (LES). Poème lyrique en 2 parties *(la Prise de Troie, les Troyens à Carthage)* et 5 actes d'Hector Berlioz, sur un livret de l'auteur, d'après Virgile. La seconde partie *(les Troyens à Carthage)* fut créée à Paris, au Théâtre-Lyrique, le 4 novembre 1863, sous la direction de Berlioz, avec A. Charton-Demeur dans le rôle de Didon. L'œuvre complète fut donnée la première fois à Karlsruhe, le 6 décembre 1890, sous la direction de F. Mottl.

La Prise de Troie retrace l'horreur des derniers jours de la cité, que les Grecs assiégaient depuis dix ans. *Les Troyens à Carthage* mettent en scène les amours d'Énée et de Didon. Lorsqu'elles sont représentées séparément, ces deux parties se divisent, la première en 3 actes, la seconde en 4 actes.

ACTE PREMIER (la Prise de Troie, 1 et 2). *Les Grecs ont déserté leur camp, ne laissant derrière eux qu'un immense cheval de bois ; les Troyens se réjouissent. Cassandre (s ou ms) exprime son inquiétude, des sombres pressentiments, et adjure son fiancé, Chorèbe (bar), de fuir avec elle, mais personne ne veut la croire. Énée (t) vient conter comment le prêtre Laoccon, qui avait brandi son javelot contre le cheval, a été dévoré par un monstre. Priam (b) donne l'ordre d'introduire le cheval dans la ville afin d'apaiser la déesse Athéna. C'est en vain que Cassandre prophétise une dernière fois.*

ACTE II (la Prise de Troie, 3). *L'ombre d'Hector (b) ordonne à Énée de fuir pour fonder une nouvelle cité en Italie. Panthée (b) vient annoncer que les Grecs, qui s'étaient cachés dans le cheval, ont mis le feu à la ville. Dans le temple de Vesta, où les femmes se sont rassemblées, Cassandre apprend que ses compagnes qu'Énée a pu s'enfuir, mais que Chorèbe est mort. Au moment où les Grecs pénètrent dans le Temple, elle se frappe avec un poignard et les autres femmes l'imitent.*

ACTE III (les Troyens à Carthage, 1 et 2). *A Carthage où l'on célèbre des fêtes, la reine Didon (s ou ms) adjure son peuple de résister aux Numides dont le chef convoite sa main et son* royaume. Iopas (t) annonce qu'une flotte inconnue, qui a échappé à la tempête, demande asile. Didon accueille Énée qui se cache sous un déguisement et ne se fait connaître que lorsqu'un des officiers de la reine accourt apporter la nouvelle d'une attaque des Numides. Énée a combattu pour Didon. Il est revenu vainqueur. On organise une chasse en son honneur. Un orage se déchaîne ; Didon et Énée se réfugient dans une grotte et se déclarent leur amour.

ACTE IV (les Troyens à Carthage, 3). Dans les jardins de Didon, les fêtes se poursuivent. Restés seuls, les deux amants chantent leur amour. Mais le charme de cette nuit d'« extase et d'ivresse infinie » est rompu par l'apparition de Mercure qui rappelle Énée à sa mission.

ACTE V (les Troyens à Carthage, 4 et 5). Sur le rivage, dans la nuit, le camp des Troyens. Les Ombres des héros troyens exhortent à leur tour Énée qui choisit enfin le devoir contre la passion et décide de poursuivre son voyage vers l'Italie, lorsque survient Didon qui tente en vain de le retenir. Revenue dans son palais, la reine apprend la fuite des vaisseaux troyens. Elle fait préparer un bûcher, se jette sur l'épée que son amant a laissée, et meurt en prédisant la grandeur de la Rome immortelle.

L'ampleur des *Troyens* (la représentation intégrale dure quatre heures) a nui à leur diffusion. Berlioz y a pourtant mis le meilleur de lui-même et les scènes sont extrêmement variées, allant de l'horreur, dans *la Prise de Troie* dont l'ambiance dramatique est rendue avec des moyens orchestraux saisissants, au lyrisme capiteux du septuor et du duo des *Troyens à Carthage*. Les rôles de Cassandre et de Didon, tous deux remarquables de vérité et de passion, dominent ce poème lyrique qui réalise la synthèse du classicisme de Gluck et de la couleur romantique, et contient quelques-unes des plus belles pages vocales du XIXᵉ siècle, mais aussi l'extraordinaire symphonie descriptive de la « Chasse royale » et de l'« Orage ». J. R.

TRUITE (LA) [en all. *die Forelle*]. Titre attaché à deux œuvres de Franz Schubert : un lied pour voix et piano D.550, op. 32, sur un texte de Schubart*, composé probablement en 1817 ; et un quintette en 5 mouvements op. 114, pour piano, violon, alto, violoncelle et contrebasse, composé en 1819, et comportant dans le quatrième mouvement une suite de variations sur le thème principal du lied. M. C.

TSAR SALTAN (LE CONTE DU). Opéra en 4 actes et 6 tableaux, avec prologue, de Rimski-Korsakov sur un livret de Bielski d'après un conte en vers de Pouchkine. Écrit en 1899 pour le centenaire de la naissance de Pouchkine, il fut créé le 3 décembre 1900 à l'opéra privé de Mamontov à Moscou sous la direction de Ippolytov-Ivanov.

PROLOGUE. Dans la maison d'un faubourg, trois sœurs (s, ms, s) discutent de ce qu'elles feraient si elles étaient épouses d'un tsar. La plus jeune, Militrissa (s), qui est le souffre-douleur des deux autres, déclare qu'elle voudrait être mère d'un tsarévitch. Aussitôt la porte s'ouvre et le tsar Saltan (b), qui écoutait sous la fenêtre, entre et demande Militrissa en mariage. Les deux sœurs, jalouses, décident de monter un complot contre elle, avec l'aide de leur nourrice Babarikha (ca).

ACTE PREMIER. (Au palais.) Militrissa a mis au monde le tsarévitch Gvidon, qui est le centre de l'intérêt général et de la malveillance des deux sœurs et de Babarikha. Un message a été envoyé au tsar, qui se trouve en campagne, et dont on attend la réponse. Précisément un messager (bar) arrive. La réponse du tsar ordonne de jeter Militrissa et Gvidon à la mer dans un tonneau. Les deux sœurs et Babarikha avaient envoyé au tsar une nouvelle mensongère selon laquelle Militrissa aurait donné le jour à un monstre. Le peuple, tout en se lamentant, exécute l'ordre du souverain.

ACTE II. Le tonneau contenant Militrissa et Gvidon a été jeté par les flots sur le rivage d'une île. Gvidon (t) apparaît sous l'aspect d'un vigoureux jeune homme. Apercevant un cygne attaqué par un vautour, il abat le rapace. Le cygne (s) s'adresse à Gvidon en langage humain et lui promet de lui revaloir son secours. Gvidon et Militrissa s'endorment, et lorsqu'ils se réveillent, ils voient sur l'île une ville somptueuse et animée. A la demande du peuple, Gvidon en devient le prince.

ACTE III. 1ᵉʳ tableau. Gvidon se sent pris de nostalgie et voudrait revoir son pays natal. Il demande conseil au cygne qui le transforme en bourdon. Il s'envole vers le pays de Saltan. 2ᵉ tableau. Au royaume de Saltan, des navigateurs racontent les merveilles qu'ils ont vues dans l'île du prince Gvidon : un écureuil qui croque des noix d'or, trente-trois preux qui sortent de la mer. Saltan, pris de curiosité, décide d'aller visiter l'île. La vieille Babarikha essaie de détourner son attention en lui parlant d'un autre royaume où vit une princesse d'une beauté extraordinaire. Gvidon qui a tout entendu, toujours sous sa forme de bourdon, pique Babarikha et les deux sœurs, et s'envole.

ACTE IV. 1ᵉʳ tableau. Gvidon ne peut s'empêcher de rêver à la princesse dont il a entendu parler. Il en fait part au cygne, qui se transforme soudain sous ses yeux en une belle jeune fille, cette même princesse à laquelle Gvidon rêvait. Militrissa bénit leurs fiançailles. 2ᵉ tableau. Saltan, venu visiter Gvidon, admire la richesse et le bonheur dans lequel il vit, et lui fait part de son remords d'avoir fait périr sa femme et son fils. Il est ébahi lorsque Gvidon lui révèle sa véritable identité. Dans la liesse générale, les deux sœurs et Babarikha sont pardonnées, et un festin scelle l'heureux dénouement.

Le sujet du conte de Pouchkine allie des traditions orientales et européennes. Rimski-Korsakov insiste sur le double aspect de la féerie et de l'imagerie populaire. Le *Tsar Saltan* est un de ses opéras les plus symphoniques, comportant plusieurs entractes orchestraux très développés : entre le prologue et l'acte I, avant l'acte II (évocation de la mer, dont les formules sont comparables à celles de *Sadko* et de *Schéhérazade*), entre les deux tableaux de l'acte III (description des merveilles : l'écureuil aux noix d'or, sur le thème d'une chanson enfantine instrumentée avec beaucoup de finesse, et les trente-trois preux, sur de vigoureux accords de cuivres).

L'opéra contient aussi une page très célèbre, objet de nombreuses transcriptions : le « Vol du bourdon » (acte III), intéressant exemple du « bruitage » qu'un compositeur habile peut tirer d'un perpetuum mobile chromatique. Les chœurs, les ensembles et les dialogues constituent l'essentiel de la partie chantée. Les airs sont peu nombreux, mais celui de la Princesse-Cygne (acte II), aux vocalises subtiles, met remarquablement en valeur la voix de soprano colorature, timbre qui est chez Rimski-Korsakov celui des personnages féminins d'origine surnaturelle. A. L.

TUBA. Instrument à vent de la famille des cuivres, à pistons et de tessiture grave. Le terme désigne aujourd'hui au moins trois représentants du groupe des saxhorns, inventés par le facteur belge Adolphe Sax au milieu du siècle dernier : le tuba à six pistons, en *ut*, dont l'étendue atteint quatre octaves, le bass-tuba ou contrebasse en *ut* ou *si* bémol, à quatre pistons, et le tuba ténor qui n'est autre que le saxhorn baryton. Tous ont une sonorité puissante, mais un peu sourde, et permettent toutes les nuances du pianissimo au fortissimo.

Le « Wagner-tuba », spécialement construit pour les besoins de la *Tétralogie* en deux formats — ténor et basse —, s'apparente plutôt au cor dont il a emprunté l'embouchure étroite. M. T.

TUDOR (David), compositeur américain (*Philadelphie 1926*). Il fait ses études à Philadelphie et New York. Organiste à Saint-Marc de Philadelphie et Swarthmore College, professeur à l'École de musique contemporaine de New York, il est l'une des personnalités les plus saillantes de l'entourage de John Cage, dont il est l'associé dès 1948. Membre du « Cage's project for magnetic tape » (1951), premier groupe américain organisé pour produire de la musique électronique, il a poursuivi depuis lors une brillante carrière de pianiste au service de ses contemporains Cage, Bussotti, Stockhausen et Boulez (dont il a créé la *Deuxième Sonate* aux États-Unis). Également habile dans l'électronique, il en a fait bénéficier son œuvre personnelle, généralement associée à un programme visuel (*Bandonéon !* comporte un tel programme axé sur les sonorités du bandonéon argentin). Ses innovations ont inspiré beaucoup de compositeurs, parmi lesquels David Behrman, Toshi Ichiyanagi ou Gordon Mumma. A. G.

TUILAGE. Procédé primitif de polyphonie, volontaire ou non, consistant pour une voix ou un demi-chœur à entrer avant que le précédent n'ait terminé, de sorte que la fin de l'une des parties forme pendant quelque temps avec le début de l'autre une polyphonie rudimentaire à deux voix.   J. C.

TŮMA (František Ignác Antonín), organiste, violoniste et compositeur tchèque (*Kostelec, près d'Orlicí, 1704 - Vienne 1774*). Son père, Václav, organiste à l'église locale, lui apprend la musique dès son plus jeune âge. Il rentre comme petit chanteur à l'école des jésuites de Prague. On pense qu'il fut l'élève de B. M. Cernohorský, car l'influence de ce dernier est manifeste dans son œuvre religieuse. Remarqué par le prince František Ferdinand Kinsky, il part avec lui à Vienne, où il peut travailler avec J. J. Fux. À partir de 1722, il occupe différentes places d'organiste, puis de Kapellmeister, dans diverses églises viennoises. En 1731, il est le maître de chapelle de son protecteur, suivant ce dernier entre Vienne et Prague. Il fait ainsi la connaissance de G. Tartini, soliste invité au palais du prince Kinsky à Prague. À la mort du prince en 1741, il devient Kapellmeister de l'impératrice Élisabeth-Christine jusqu'en 1750.

Son œuvre profane s'inspire encore de l'école baroque vénitienne. L'influence de Vejvanovský et de l'école de Biber et Schmelzer est sensible dans son écriture pour les cuivres. Ses symphonies regardent vers l'école de Mannheim. Son œuvre religieuse, beaucoup plus importante, dénote l'abandon progressif des règles polyphoniques strictes au profit d'une belle invention mélodique.   P.-E. B.

TUNDER (Franz), organiste et compositeur allemand (*Lübeck 1614-id. 1667*). Il fait ses débuts à Gottorp, à la cour du duc de Schleswig. On le trouve à Rome, où il étudie avec Frescobaldi ; puis en 1641, il est nommé au poste important d'organiste de l'église Sainte-Marie à Lübeck. Cette église servant, les jours de Bourse, de lieu de rencontre pour les négociants et les magistrats, il prend l'habitude d'y donner des concerts d'orgue. Devant leur succès, il développe les célèbres *Abendmusiken* : ces concerts du soir comprenaient des pièces d'orgue, mais aussi des solos d'instruments et des cantates, car il engage des musiciens et des chanteurs. Son successeur et gendre, Buxtehude, poursuivra et transformera les Abendmusiken de Lübeck. Son œuvre n'a pas été publiée de son vivant. Elle comprend des pièces pour voix, solo ou chœur, avec accompagnement de cordes et orgue, des pièces pour orgue du type variations ou fantaisies de choral, ainsi que des toccatas. Il est un des premiers à utiliser la toccata dans sa fonction de prélude à une fugue.
   J.-F. L.

TUNISIE. De par sa situation géographique, la Tunisie est, de tous les pays où se pratique la « musique andalouse », celui qui a le plus de contact avec l'Orient et où l'influence égyptienne a pu s'exercer discrètement sur le fonds hispano-mauresque. Il est difficile d'évoquer ce qu'était la musique aux temps des Phéniciens et de la brillante civilisation carthaginoise où les hommages de tous ordres étaient pourtant innombrables à Baal Hammon et à la mystérieuse Tanit.

Quand le pays devint « le grenier de l'Empire », l'héritage millénaire d'un art de poésie et d'improvisation légué depuis l'époque des Berbères nomades s'est trouvé confronté avec les manifestations déjà abatardies de la musique grecque, et les occupations successives des Vandales et des Byzantins n'ont pas laissé de sillage appréciable à cet égard. C'est donc à la conquête musulmane qu'il convient de fixer les origines de la musique tunisienne telle qu'elle est encore pratiquée de nos jours.

Dès le IX⁰ siècle, le Kairouanais Ibn Khayrun avait introduit en Tunisie la lecture et la psalmodie coraniques de l'école de Médine déjà implantée en Égypte. C'est cette psalmodie, à peine modulée, qu'on peut entendre, aujourd'hui encore, dans les lieux de culte maghrébins et dans les réunions « soufies ». À Kairouan également, et au X⁰ siècle, Mounis el-Bagdâdi dirigeait une école coranique et, cent ans plus tard, Abou-Salt-Omaya, venu de Denia, s'installate à Mahdia pour y fonder un centre de musique « andalouse » (ou *ghernata*).

Cette musique, que les Maures ont rapportée d'Espagne après la capitulation de Boabdil (1492) et qu'un certain Haïk aurait recueillie en souvenir de la terre perdue, constitue le répertoire classique de tout le Maghreb. C'est, en quelque sorte, la musique arabe d'Occident. Les vingt-quatre modes fondamentaux sur lesquels elle repose varient cependant d'une région à l'autre et la Tunisie est probablement le pays où la tradition « andalouse » s'est altérée le plus au contact de différentes influences venues du Proche-Orient ou d'une esthétique prenant actuellement ses modèles jusqu'en Amérique.

Le *malouf* en assure la maintenance autour de vestiges qui se rattachent davantage à Séville qu'à Grenade (comme à Alger, Tlemcen ou Rabat) et dont on a tenté de retrouver l'ordonnance classique depuis qu'on l'enseigne au Conservatoire national de Tunis. Il utilise en général une flûte, deux luths, plusieurs *rabab* (vièles) et des percussions, et se présente comme une suite de pièces vocales et instrumentales obéissant à un ordre précis : une ouverture précédant un certain nombre de *bascherafat*, airs chantés qu'on peut prolonger à loisir pourvu qu'ils obéissent à une progression mélodique et rythmique ; puis le *derj*, nouvelle suite d'airs de plus en plus accélérés, le *beroual* (sur le schéma ABA, d'un caractère plus léger et conforme à la gamme *dhil* dans laquelle s'ajoute au grave de la tonique une quarte dont on doit faire entendre les notes avant de conclure sur cette tonique), le *chereul* (mélodie en plusieurs parties dont l'une se répète pour conclure) et le *khetan* (« clôture ») qui termine le concert sur un très rapide mouvement ternaire.

Le thème favori des poèmes chantés est toujours lié à la nostalgie de l'Andalousie perdue et s'accompagne alors d'un rythme berceur qui s'anime peu à peu jusqu'à une intensité frénétique très caractéristique de la musique tunisienne. La même passion de la vitesse et la même frénésie se retrouvent dans la musique populaire, qu'elle soit d'esprit religieux (comme les *tijania* et les *soulamya*, chants sacrés empreints de ferveur mystique) ou liée aux éléments de la vie (chants de travail, cérémonies, solennités, louanges ou invocations au Prophète).

L'une de ses manifestations les plus émouvantes est le *gna* où les Bédouins évoquent le désert, les longs trajets des caravanes, l'éloge de la tribu, les exploits des héros ou l'image de la femme aimée en s'accompagnant d'une simple flûte de roseau (*guesbah*) et de deux tambourins (le *bandir* et le *tabl*) : on y reconnaît parfois les caractéristiques du chant yamani avec ses vocalises tremblées dans l'aigu sur de menus intervalles, ou l'appel à la prière très orné qu'on peut entendre dans certaines contrées comme l'oasis de Oulad Yanez.

Cette musique rurale ignore, du reste, les modes définis et varie suivant l'interprétation du chanteur, celui-ci donnant souvent son nom au thème dans lequel il a innové. Mais sa place est grande dans la vie quotidienne. C'est pour cette raison que la Direction de la musique et des arts populaires entretient des contacts étroits avec les comités culturels des villes et des villages autant qu'avec les établissements d'enseignement secondaire, tandis que le Conservatoire de Tunis comporte des classes d'instruments occidentaux, harmonie, fugue et contrepoint, et, d'autre part, des classes d'instruments orientaux (luth, *rebab, kanoun, raïta, kouitra, naï, tar, kamendja, derbouka, zoukra*, etc.). Il en résulte une grande continuité dans la tradition tunisienne entretenue par des musiciens tels que Ahmed El Wafi *(1850-1921)*, Khémaïs Tarnan *(1894-1964)*, Mohamed Triki *(né en 1899)*, Hédi Jouini *(né en 1909)*, Kaddour Srarfi *(né en 1913)* et S. Mahdi qui fut directeur du Conservatoire, à côté de tentatives de mélange des styles qui ne semblent pas annoncer de résultats valables. A. G.

TURANDOT. Drame lyrique en 3 actes de Giacomo Puccini sur un livret de Giuseppe Adami et Renato Simoni d'après la pièce de Carlo Gozzi, elle-même inspirée d'une très ancienne fable orientale. Créé à la Scala de Milan le 25 avril 1926 sous la direction de Toscanini.

ACTE PREMIER. *Aux temps légendaires, sous le règne du vieil empereur Altoum.* (Une place de Pékin dominée par les remparts de la Cité violette.) *Un mandarin (b) annonce à la foule que la princesse Turandot n'épousera qu'un prince de sang royal capable de résoudre trois énigmes, et que tout candidat qui échouera sera décapité sur-le-champ. Un certain nombre de têtes coupées garnissent déjà les murailles, et celle d'un jeune prince persan qu'on conduit au supplice ne va pas tarder à les rejoindre. La cruelle Turandot (s) paraît, et sa beauté fascine un inconnu perdu dans la foule. C'est le prince Calaf (t) qu'accompagnent son père Timour (b), un roi tartare exilé, et sa jeune esclave Liu (s). Malgré les prières de Timour, les larmes de Liu et les conseils de trois hauts dignitaires de la cour — Ping (bar), Pang (t) et Pong (t) —, Calaf décide de tenter l'épreuve.*

ACTE II. (Dans un pavillon de la cité impériale.) *Les trois dignitaires se demandent si Turandot va enfin trouver un mari, car ils sont las de ses sanglants caprices et aspirent au repos. Puis, dans la grande salle du palais, a lieu l'épreuve des trois énigmes, après que l'empereur Altoum (t) ait paternellement conseillé à Calaf de renoncer à sa fille, elle-même contrainte par un serment d'agir comme elle le fait. Turandot pose ses questions, et Calaf donne les bonnes réponses. La princesse, horriblement vexée, se rebelle, mais c'est Calaf qui refuse une victoire trop facile et, à son tour, lui pose un problème : qu'elle découvre avant l'aube qui il est, et il acceptera de mourir.*

ACTE III. (La nuit suivante, dans les jardins du palais.) *Calaf rêve d'un bonheur dont il ne doute plus. Ping, Pang et Pong tentent vainement de lui arracher son secret, conformément aux ordres de Turandot. Mais les soldats ont mis la main sur Timour et Liu et torturent celle-ci pour lui faire avouer le nom du prince inconnu. Elle se poignarde sans avoir parlé. Turandot elle-même est impressionnée par ce sacrifice et se laisse aller dans les bras de Calaf. Au tableau suivant, tous deux célèbrent la victoire de l'amour en présence de l'empereur et du peuple en liesse.*

Quand il mourut à Bruxelles en 1924, Puccini en était resté à la moitié de l'acte III, après la mort de Liu. C'est arrivé à cet endroit que Toscanini posa sa baguette lors de la création posthume de *Turandot* en 1926. Depuis, on joue partout dans le monde la version complétée par Franco Alfano sur la base des esquisses de Puccini, notamment pour le grand duo final. C'est sans doute l'extrême difficulté du rôle titre, exigeant un soprano dramatique tout à fait exceptionnel, qui a freiné la diffusion de l'ouvrage. Sans renoncer le moins du monde à son idéal mélodique (les airs de Turandot, Calaf et Liu sont admirables), Puccini a obtenu dans son chant du cygne une incomparable intensité dramatique des chœurs et de l'orchestre. M. T.

TURANGALILÀ-SYMPHONIE. Immense poème d'amour pour piano solo, ondes Martenot et grand orchestre, d'Olivier Messiaen, composé de juillet 1946 à novembre 1948, sur commande de Koussevitski, avec toute latitude quant au choix du sujet et de l'effectif orchestral ainsi que du délai de remise de la partition. L'œuvre fut créée les 2 et 3 décembre 1949 au Symphony Hall de Boston, avec le concours d'Yvonne Loriod au piano, de Ginette Martenot aux ondes et du Boston Symphony Orchestra sous la direction du tout jeune chef Leonard Bernstein, alors âgé de trente et un ans, et reprise en première française par les mêmes solistes sous la direction de Roger Désormière le 25 juillet 1950 au Festival d'Aix-en-Provence, puis à Paris le 4 mars 1954 sous la conduite de Rudolf Albert, et colportée ensuite dans le monde entier.

Énigmatique, le titre provient du sanskrit et signifie, à peu près, par « lîlâ », le jeu de la vie et de la mort, par « Turanga », tout ce qui relève du rythme et du mouvement. Plus que partout ailleurs, l'auteur fait appel ici à ses « personnages rythmiques ».

Ainsi s'inspire-t-il d'une scène de théâtre à trois personnages où le premier mène le jeu, le deuxième subit cette action et le troisième y assiste, d'où constant renouvellement du rythme qui demeure cependant strictement logique. Et, de même que dans les *Vingt Regards*, quatre thèmes conducteurs sillonnent les dix mouvements et en assurent l'unité : le thème dit « statue », lourd et massif à l'image des vieux monuments mexicains et le plus souvent confié aux trombones dans la force ; le thème « fleur », reconnaissable à ses deux clarinettes à découvert ; le thème « amour », où se rejoignent les modes et intervalles privilégiés du compositeur ; et un thème « accords », sans cesse transformés, disloqués, coagulés, qui sert aux fonds sonores.

Quant à l'orchestre, il est considérable, avec bois et cuivres par quatre, instruments peu usités tels que petite trompette en ré, cornet à pistons, soixante-huit cordes, gamelan à l'orientale et moult autres percussions tenues par dix batteurs ; sans oublier les deux solistes : piano dont la partie écrasante pourrait, d'aventure, faire passer la symphonie pour un concerto, et ondes aux timbres, attaques et vibratos si subtils (encore transformés par diffuseurs spéciaux comme le métallique et la palme), qu'elles permettent les effets les plus divers mais n'ont pas leurs semblables lorsqu'elles doublent les cordes.

Chaque mouvement adopte une forme originale tandis que l'habituel développement occupe tout le huitième d'entre eux. Et les titres, pour une fois, ne se réfèrent à aucune citation livresque mais s'intitulent tout uniment : *Introduction, Chant d'amour I, Turangalilà I, Chant d'amour II, Joie du sang des étoiles, Jardin du sommeil d'amour, Turangalilà II, Développement de l'amour, Turangalilà III et Final.* A. P.

TURCO IN ITALIA (Il) [it. ; « le Turc en Italie »]. Opéra bouffe en 2 actes de Gioacchino Rossini sur un livret de Felice Romani. Créé à la Scala de Milan le 14 août 1814.

ACTE PREMIER. 1er tableau. (Un camp de nomades près de Naples, au XVIIIe siècle.) *Don Geronio (b), vieux mari de la jeune Napolitaine donna Fiorilla (s) qui lui donne bien du souci, se trouve parmi les badauds qui se font dire la bonne aventure, tandis que le poète Prosdocimo (bar) cherche l'inspiration pour une pièce qui lui a été commandée et rencontre la jeune Turque Zaïda (ms) qui lui conte ses malheurs : esclave dans son pays, elle désespère de revoir son maître, Selim, dont elle est amoureuse.* 2e tableau. *Dans le port de Naples, Prosdocimo prend la foule à témoin de ses problèmes de jolie femme mariée à un barbon. Un vaisseau turc arrive à quai, ayant à son bord Selim (b) qui salue la « belle Italie »... et les belles Italiennes. Fiorilla, flattée, lui donne la réplique, quand survient son amant Narciso (t), fort peiné de voir le Turc courtiser la jeune femme. Prosdocimo, assistant à ce début d'intrigue, croit tenir le sujet de sa pièce. Mais il doit fuir devant l'amant et le mari, qui sont tombés d'accord pour lui faire un mauvais parti.* 3e tableau. *Fiorilla a invité le galant Turc à prendre le café chez elle. Selim ne semble pas regretter son harem. L'arrivée de Geronio, puis de Narciso, transforme le duo en quatuor.* 4e tableau. *Geronio, chez lui, déplore son infortune conjugale. Prosdocimo lui conseille de faire preuve d'autorité, mais le pauvre homme en est bien incapable et se laisse, une fois de plus, posséder par son épouse.* 5e tableau. *Dans le camp des Gitans, Selim rencontre Zaïda qui réussit presque à la reconquérir. Mais les autres protagonistes de la comédie s'interposent et l'acte s'achève dans la plus grande confusion.*

ACTE II. 1er tableau. *Après que Selim ait tranquillement offert à Geronio de lui racheter son épouse, comme cela se fait en Turquie, Fiorilla fait savoir qu'elle ne tolérera pas de partager son nouveau mari avec tout un sérail. Zaïda décide de s'effacer, laissant Selim libre d'enlever Fiorilla. Mais c'est trop simple au gré de Prosdocimo, qui organise un bal masqué où Zaïda se fera passer pour Fiorilla, tandis que Geronio et Narciso se déguiseront en Selim.* 2e tableau. *Le bal tourne à la confusion de tous, mais surtout de Fiorilla. Selim retourne en Turquie en compagnie de Zaïda, le ménage à trois se reconstitue comme par le passé, et le meneur de jeu triomphe.*

Représenté un an après *L'Italiana in Algeri*, *Il Turco in Italia* lui fait évidemment pendant et ne lui est pas inférieur quant à la verve, l'abondance des airs de bravoure et ensembles vocaux typiquement rossiniens. Il est d'autant plus surprenant que cet ouvrage n'ait pas été joué en Italie pendant près d'un siècle, de 1855 à 1950. M. T.

TURINA (Joaquín), compositeur, pianiste et pédagogue espagnol *(Séville 1882-Madrid 1949)*. Il fait ses études à Madrid avec José Trago (piano), puis à Paris avec Moskovski (piano) et Vincent d'Indy (composition). Ses premières œuvres datent de son séjour en France (1903-1914) : *Quintette, Sevilla, Procesión del Rocío*. Il trouve alors en Albéniz un ami, un guide et un protecteur généreux. C'est grâce à lui notamment qu'il connaît Debussy et Ravel et qu'il s'évade des seules ambitions scholistes pour réaliser une musique « hispano-arabe » authentique. De retour à Madrid, il y passera pratiquement le reste de sa vie dans une activité multiple — compositeur, directeur d'orchestre au théâtre Real (notamment pour l'orchestre des Ballets russes), professeur (directeur du conservatoire de Madrid), pianiste, critique musical et commissaire général de la musique (de 1939 à sa mort).

Si l'on excepte les œuvres de la période parisienne écrites dans une esthétique post-franckiste, toute la production de Turina s'inspire des chants populaires et des rythmes espagnols et plus spécialement andalous. L'influence d'Albéniz fut décisive dans l'orientation de sa carrière. Ses pièces pour piano doivent également à l'exemple d'*Iberia* la fermeté de leur dessin et leur vie intense, d'esprit rapsodique. Mais l'influence des maîtres français ne fut pas moindre dans le coloris de ses pages orchestrales et dans l'expression d'un lyrisme qui fût exactement l'écho de sa sensibilité délicate. Ces différents éléments se sont superposés à la discipline dindyste (culte de la forme cyclique qu'on retrouve dans presque toutes ses œuvres) pour donner à la palette de Turina sa physionomie originale.

Œuvres. — *Piano. Sevilla* (1909), *Recuerdos de mi rincón* (1915), *Sanlucar de Barrameda* (1922), *Mujeres españolas* (1917), *Danzas gitanas* (1930-1934), *En el cortijo* (1936). *Orchestre. La Procesión del Rocío* (1913), *Danzas fantásticas* (1920), *Sinfonía sevillana* (1920), *Rapsodía pour piano et orchestre* (1930), *Ritmos* (1928). *Théâtre. Margot* (1914), *Navidad* (musique de scène, 1920), *Jardín de Oriente* (1923), *La Anunciación* (musique de scène, 1924). *Musique de chambre.* Quintette pour piano et cordes (1907), Quatuor à cordes (1911), Trio avec piano (1926 et 1933), Quatuor avec piano (1931), *Oración del torero* (pour quatuor à cordes, 1927). *Musique vocale. Rima* (Becquer, 1911), *Poema en forma de canciones* (Campoamor, 1918), *Canto a Sevilla* (Munoz San Roman, 1927), *Tres poemas* (1933). **Musicologie.** *Encyclopédie de la musique* (Madrid, 1917), *Traité de composition* (Madrid, 1946). A. G.

TÜRK (Daniel Gottlob), théoricien et compositeur allemand *(Clausnitz, près de Chemnitz, 1750-Halle 1813)*. Il étudia à la Kreuzschule de Dresde sous la direction de G. A. Homilius, ancien élève de Bach, puis à Leipzig à l'université et avec J. A. Hiller*. En 1774, il devint cantor à l'Ulrichskirche de Halle, et, en 1779, directeur de la musique à l'université de cette ville. Il écrivit alors quatre symphonies ainsi qu'un grand nombre de cantates, lieder et ouvrages vocaux divers. En 1787, il devint organiste et directeur de la musique de la Marktkirche de Halle, poste qu'il devait occuper jusqu'à sa mort.

A partir de cette date, il se consacra surtout à ses travaux théoriques. Parurent entre autres *Von den wichtigsten Pflichten eines Organisten : ein Beytrag zur Verbesserung der musikalischen Liturgie* (Halle, 1787, réimpr. 1966), une *Clavierschule* (Leipzig et Halle, 1789, réimpr. 1967), *Kurze Anweisung zum Generalbasspielen* (Leipzig et Halle, 1791), ouvrage utilisé par Beethoven pour ses leçons à l'archiduc Rodolphe, et *Anleitung zu Temperaturberechnungen* (Halle, 1808),

TUR
1579

où se trouvent exposés avec une grande exactitude les différents systèmes de tempérament. Une *Violinschule* ne fut jamais terminée. Türk forma de nombreux élèves dont le plus important fut Carl Loewe. M. V.

TURN OF THE SCREW (THE) [angl. ; « le Tour d'écrou »]. Opéra en un prologue et 2 actes de Benjamin Britten, sur un livret de Myfanwy Piper, d'après la nouvelle de Henry James, créé le 14 septembre 1954 au Festival de Venise par l'English Opera Group sous la direction du compositeur.

PROLOGUE. *Le récitatif du ténor, accompagné au piano, expose comment la jeune gouvernante a été engagée par le séduisant tuteur de deux enfants orphelins, Miles et Flora : elle a hésité, puis a accepté cette charge, dont elle doit assumer complètement la responsabilité, sans jamais s'en rapporter à lui.*

ACTE PREMIER. *La gouvernante (s) arrive à Bly, la propriété dans laquelle va se dérouler l'action, située au milieu du XIXᵉ siècle. Une sourde inquiétude l'oppresse : « Pourquoi suis-je venue... Je saurai très bientôt. » Elle s'enthousiasme néanmoins devant la splendeur de la propriété et l'accueil chaleureux que lui réservent les deux beaux enfants et leur bonne, Mrs. Grose (s) : « Bly est maintenant ma maison. »*

Un premier événement inquiète la gouvernante : une lettre de l'école annonce le renvoi de Miles pour « préjudice à ses amis ». Les propos de Mrs. Grose (« il n'est pas méchant, mais sauvage »), le chant de nursery traditionnel (Lavender's blue) *entonné innocemment par les enfants finissent par la rassurer.*

Deux apparitions fugitives d'une étrange silhouette inconnue, à la tour de la demeure, effrayent la gouvernante et la conduisent à questionner Mrs. Grose, qui identifie Peter Quint, un ancien domestique. Elle décrit l'influence néfaste que ce dernier a exercé sur Miles et sur Miss Jessel, la précédente gouvernante, qu'il a courtisée. Mais tous deux sont morts ! Horrifiée, la gouvernante prend la résolution de protéger les enfants des maléfices des deux spectres. Sans bien comprendre, Mrs. Grose promet de l'aider.

*Lors d'une leçon de latin, Miles (*treble**) chante une mélodie mystérieuse et envoûtante : « Malo : je préférerais être... Malo : dans un pommier... Malo : qu'un garçon mauvais... Malo : dans l'infortune... » Flora (s) chante une berceuse au charme étrange à sa poupée. Miss Jessel (s) apparaît de l'autre côté du lac. La gouvernante réalise que chacun des enfants est hanté par la présence d'un mort : « Ils sont perdus ! »*

Une nuit, de la tour, Quint (t) appelle Miles, et Miss Jessel Flora. Les enfants répondent, fascinés, émerveillés. Les deux revenants disparaissent lorsque se font entendre les voix de Mrs. Grose et de la gouvernante. Celle-ci questionne Miles, qui rétorque, de façon énigmatique : « Vous voyez, je suis mauvais, mauvais, n'est-ce pas ? »

ACTE II. *Un duo de plus en plus tendu entre Quint et Miss Jessel se termine par la citation, à l'unisson, d'un poème de Yeats : « La cérémonie de l'innocence est noyée. » La gouvernante exprime son désarroi : « Perdue dans mon labyrinthe, je ne vois pas la vérité. » Dans le cimetière de l'église, les enfants parodient des chants sacrés. La gouvernante comprend qu'ils disent « des horreurs » et sont avec « les autres ». Miles lui suggère qu'il est au courant de ce qu'elle a découvert. Désespérée, elle décide de quitter Bly. De retour dans sa chambre, elle aperçoit Miss Jessel, assise au bureau. Au bord de la folie, elle commence un duo avec la revenante, calme, exprimant son désir de reposer en paix.*

Se rendant compte qu'elle ne peut maintenant abandonner les enfants, la gouvernante écrit à leur tuteur pour lui demander d'accepter de la recevoir. Quint pousse Miles, qui obtempère, à dérober la lettre. En détournant l'attention de la gouvernante et de Mrs. Grose par l'exécution d'une sonate pour piano, Miles permet à Flora de rejoindre Miss Jessel au bord du lac.

Un quatuor oppose alors la gouvernante, qui cherche à faire avouer à l'enfant la présence du fantôme, Flora, qui nie et crie sa haine, Miss Jessel, qui exhorte Flora, et Mrs. Grose, qui déclare ne rien voir. Mais, enfin convaincue, cette dernière se décide à ramener Flora chez son tuteur.

Restée seule avec Miles, la gouvernante le prie, d'une manière presque rituelle, de se confier à elle et lui fait avouer qu'il a subtilisé la lettre. Quint multiplie les avertissements pour l'empêcher de parler. Afin de briser l'envoûtement, la gouvernante veut obliger le petit garçon à révéler ce qu'il voit. Il crie enfin : « Peter Quint, démon » et meurt, en sauvant son âme. Quint disparaît. La gouvernante répète, en guise d'adieu, la chanson « Malo... ».

Par son climat étrange, oppressant, le sujet hallucinant de James était idéal pour Britten, en parfaite concordance dramatique avec son goût du mystère et son tempérament néoclassique. La présence, au centre du drame, des rôles chantés d'enfants, les plus importants qui leur aient jamais été confiés dans un opéra, l'a conduit à réduire l'orchestre, pour ne pas écraser les voix : un quintette à cordes, un quintette à vents, percussion, piano, harpe, célesta (symbolisant Peter Quint).

Il en tire un maximum de variété, et évite la monotonie, en reliant les huit scènes de chaque acte par des variations sur des éléments faciles à discerner (rythme, harmonie, timbre, mélodie), qui permettent au thème principal, composé des douze notes de la gamme et construit sur une alternance de quartes ascendantes et de tierces mineures descendantes, lequel symbolise l'écrou, de tourner et de se resserrer inexorablement, en faisant croître petit à petit la tension jusqu'à la catastrophe finale.

Britten a ainsi réussi un chef-d'œuvre incontestable du théâtre lyrique en créer une atmosphère fantastique, mystérieuse et angoissante avec une extrême économie de moyens, dont témoignent, notamment, les variations III (un nocturne aux sonorités enchanteresses) et IX (évocation des cloches de l'église), les apparitions de Quint, d'une beauté à la fois fascinante et morbide, la mélodie de Miles, « Malo », qui résume tout le mystère qui se cache derrière sa gaieté naturelle, la scène 5 de l'acte I, où l'orchestre se glace lorsque la gouvernante comprend qu'elle a vu un fantôme...
J.-J. M.

TURQUIE. Ancienne Asie Mineure ou Anatolie, envahie par les Turcs à partir du XIe siècle, noyau de l'Empire ottoman (XIVe-XXe s.), actuellement dominée par la culture turque et l'islam sunnite avec de notables minorités ethniques et religieuses.
Origines diverses des musiques de Turquie. Les minoritaires gréco-byzantins et arméniens (autochtones) ou juifs (réfugiés d'Espagne) sont désormais rassemblés à Istanbul. Les Kurdes et les Lazes (musulmans), les Chaldéens nestoriens, assyriens et syriaques (chrétiens), autochtones de l'Anatolie orientale, y perpétuent discrètement leurs langues et leurs traditions.
Les confréries musulmanes orthodoxes (derviches *mevlevi*-s) ou d'inspiration chiite (*bektachi*-s ou *alévi*-s) perpétuent également des rites et des traditions propres et ésotériques. Mais les traditions et les musiques des minoritaires sont méconnues ou sont assimilées à la culture dominante turque.

L'ampleur du destin géographique et historique des Turcs, ouralo-altaïques originaires de l'Asie centrale et implantés en Asie Mineure, justifie la coexistence de nombreuses théories scientifiques ou officielles sur la nature de la musique turque, évoquant notamment séparément ou concurremment :
— 1. l'héritage géographique des traditions protohittites, hittites, anatolo-helléniques avec référence aux tétracordes musicaux antiques ou grecs qui inspire les théoriciens ou les compositeurs contemporains ;
— 2. l'héritage ethnique des traditions touraniennes de l'Asie centrale marquées par le chamanisme et les musiques pentatoniques descendantes que l'on cherche à déceler dans les musiques populaires ;
— 3. l'héritage religieux des traditions islamiques authentiques perpétuées par les confréries sunnites et chiites ésotériques ;
— 4. l'héritage institutionnel de l'élitisme médiéval abbasside affiné par le mécénat des empereurs califes ottomans et le talent des musiciens de la cour, enfin répertorié et enseigné par les institutions de la République, qui est évoqué dans les manuels d'enseignement de la musique turque savante, avec description des modes orientaux heptatoniques (*cf. maqām*-s) selon le tempérament commatique perpétué par les Turcs.
Une identité musicale turque. L'identité musicale turque, encore que bien différenciée, s'inscrit dans un courant historique et une zone géographique porteurs de musiques comparables. Les musiques de l'Antiquité et de la Grèce reposent sur des modes musicaux. Les grands traités musicologiques de l'islam médiéval multinational s'inspirent des théories grecques et des pratiques autochtones du Moyen-Orient pour décrire des systèmes acoustiques ou des tempéraments, en définissant des doigtés-degrés, des intervalles, des genres et des modes sur la touche du luth à manche court (*'ūd*). Ainsi naît au sein et autour de l'islam abbasside une théorie musicale confluentielle mise au point par des savants arabes, iraniens ou turcs du VIIIe au XIIIe siècle, et cette théorie peut désormais être revendiquée par les Arabes, par les Iraniens et par les Turcs.

À partir du XIVe siècle, la récession des Arabes et des Iraniens et l'ascension des Turcs ottomans conduit ces derniers à hériter de l'élitisme et du califat. Avec le mécénat impérial, Istanbul va attirer les musiciens brillants du Moyen-Orient et perpétuer le tempérament commatique mis au point à Bagdad au XIIIe siècle par Ṣafiy al-Dīn, tandis qu'Arabes et Iraniens sombrent dans l'empirisme avant de se raccrocher au tempérament à quarts de ton à la fin du XIXe siècle. De nos jours, la différence entre les structures modales, *maqām*-s arabes, *dastgāh*-s iraniens et *makam*-s turcs, est une différence de tempérament accentuée par sept siècles de divergence au niveau des formes et de la transmission.

À l'ouest, l'occupation des Balkans par les Turcs pendant des siècles a contribué à renforcer une symbiose musicale perceptible de nos jours dans les musiques des églises et les traditions populaires.
La musique turque est donc, comme celle de la plupart des pays voisins, une musique modale à dominante heptatonique diatonique interprétée en monodie.
Les musiques traditionnelles savantes. La nature théocratique de l'Empire ottoman marque la vie musicale de toutes les pratiques rituelles quotidiennes ou saisonnières de l'islam sunnite orthodoxe. En outre, les confréries de derviches perpétuent leurs traditions propres. Les *bektachi*-s, se recommandant de Haji Bektach (XIIIe siècle), perpétuent un ésotérisme à vocation populaire. Les *mevlevi*-s, se recommandant de Jalāleddīn Rūmī (XIIIe siècle) et de son fils Sultan Veled, fondateur de l'ordre des derviches tourneurs, perpétuent un rituel ou *ayīn* de danse accompagnée par des *ney*-s (flûtes, *cf. nāy*) et des *kudüm*-s (timbales). Ces *mevlevi*-s, influents dans les activités artistiques de la cour, ont fourni un bon nombre de compositeurs savants, comme Itrī Çelebī (1641-1711) et Dede Efendī (1777-1845).

L'islam turc de rite hanéfi tolérant admet la pratique de la musique et la haute société en profite pour s'adonner au chant, aux instruments et à une écriture musicale qui n'exclut pas l'improvisation à l'orientale. Les empereurs jouent, chantent et composent, et le plus fameux de ces souverains musiciens est Selim III (1761-1808), meilleur poète que guerrier. Cette mélomanie active des notables a conduit une princesse ottomane et un médecin d'Istanbul à briller dans la musique et le chant au plus haut niveau professionnel.

Les grandes compositions classiques (*fasıl*) comprennent une introduction instrumentale (*taksim*-solo et *peşrev*-tutti), des poésies chantées (*kār, beste, murabba, semaī, şarki*, etc.), et un final instrumental (*sāz semaīsi*). Elles font appel à des chœurs masculins et mixtes depuis Selim III) chantant en monodie mélismatique.
Les instruments jouent en homophonie ou parfois en hétérophonie. Le *tanbūr*, luth à manche long, est considéré comme essentiellement turc. Le *'ūd*, luth à manche court, caractéristique de l'islam depuis l'époque abbasside, est ici toujours pourvu de six rangs de cordes. Le *kānūn* (cf. *qānūn*), cithare-psaltérion, absent au XVIIIe siècle, est revenu de Damas au XIXe siècle. Le *santūr*, cithare-tympanon, jadis florissant, disparaît. Le *rebāb* (cf. *rabāb*), vièle traditionnelle, s'efface au profit du *kemān* (cf. *kamān*), violon européen. Le *kemençe* (cf. *kamān*) est une vièle hémipiriforme à trois cordes. Le violoncelle européen est apprécié. Les *ney*-s, flûtes obliques, sont souvent confiés à des

derviches. Les *kudüm*-s, timbales, et les *deff*-s (cf. *daff*), tambours de basque, marquent les rythmes, fort complexes.

La musique militaire, revendiquée comme une tradition bimillénaire avec la *tuğ*, fanfare des Turcs d'Asie centrale, a été illustrée sous l'Empire ottoman par la *mehter-hane*, fanfare des janissaires riche en vents et en percussions. Cette dernière, présente aux sièges successifs de Vienne, a influencé Gluck, Haydn, Mozart et Beethoven et a induit l'introduction de diverses percussions, dont les cymbales, dans l'orchestre symphonique européen. Mais à partir du XIXe siècle, des fanfares militaires de type européen introduites en Turquie ont influencé la musique turque.

Les musiques traditionnelles populaires. La poésie populaire épique est colportée depuis des siècles par des *âşık*-s (cf. *'āchiq*), bardes chantant en solo et s'accompagnant d'un *sâz*, luth à manche long. D'autres chants populaires poétiques relèvent du *uzun hava*, « air long » à récitatif et rythme libre, du *kırık hava*, « air fragmenté » mesuré, de chansons à refrains, du *karşılama*, chant alterné, etc.

Les danses populaires comprennent, outre les *göbek havası*, danses du ventre confiées à des professionnelles ou à des tsiganes, des variantes régionales : *çiftetelli* : Anatolie occidentale ; *zeybek* : mer Égée ; *halay* : Anatolie centrale ; *kaşık havası* : Sud méditerranéen ; *horon* : mer Noire ; *bar, koçeri* : Anatolie orientale. Elles sont dansées par des groupes linéaires séparés d'hommes et de femmes, accompagnées de chants et d'interjections, et désormais interprétées par d'innombrables troupes d'amateurs et de professionnels dans les festivités et festivals.

Les fêtes et les mariages se font au son du duo habituel *zurna - davul*, hautbois et grosse caisse. Les ensembles populaires ont souvent recours à des instruments perfectionnés comme les *sâz*-s, luths à manche long à trois rangs de cordes, de différentes tailles, soit du plus grand au plus petit : *meydan-sazı, divan-sazı, aşık-sazı, bozuk, tanbura, bağlama, cura*, souvent rassemblés en petits orchestres populaires. Le *kemençe* populaire est un violon allongé spécifique de la mer Noire. Les vents comportent le *düdük* ou le *kaval*, flûtes, ou le *mey*, hautbois, ou la «*klarinet*» empruntée à l'Europe. Les percussions sont marquées par le *darabuka*, tambour-calice, le *deff* (cf. *daff*), tambour de basque, le *dümbek* ou *dümbelek*, timbales, à l'est.

Les musiques du XXe siècle. Après l'avènement de la république, Mustafa Kemal Atatürk veut occidentaliser la pays et éliminer la musique orientale des mœurs et des cœurs en en interdisant l'enseignement public et la diffusion radiophonique. Ainsi, le plus talentueux maître du *'ūd*, Cherif Muhieddin, s'exile-t-il pour diriger l'École de luth de Bagdad et former les valeureux iraqiens Jamīl Bachīr, Salmān Chukur et Munīr Bachīr. Après la levée de cette interdiction, la musique orientale est à nouveau diffusée et enseignée dans les conservatoires d'Istanbul et d'Izmir. Mais l'effort officiel se porte sur le conservatoire d'Ankara qui enseigne exclusivement la musique occidentale depuis 1925.

La composition contemporaine à l'occidentale relève de trois générations de Turcs. La première, formée en Europe, constitue « le groupe des cinq » avec : Cemal Resid Rey, Ulvi Cemal Erkin, Ferid Alnar, Ahmed Adnan Saygun et Necil Kâzim Akses. Dans la deuxième, Bülent Tarcan perpétue le nouveau style, Bülent Arel et Ilhan Usmanbaş font des musiques sérielles ou électroniques. La troisième génération s'attache comme la première au fonds traditionnel populaire avec Nevid Kodallı, Ferit Tüzün, Ilhan Mimaroğlu, Ilhan Baran, Cengiz Tanç et Muammer Sun.

En caricature de cette composition élitaire, les variétés turques modernes puisent maladroitement dans le fonds oriental et les techniques occidentales pour composer des hybridations commerciales.

Par contre, la musicologie orientale est brillamment illustrée au XXe siècle par les recherches de Rauf Yekta Bey, Suphi Ezgi, Huseyin Sadeddin Arel, Mahmut Gazimihâl, Gültekin Oransay, Etem Üngör. En musique orientale, forte de nombreux siècles de précision et de raffinement, la Turquie perpétue excellemment la lutherie, la théorie, l'enseignement et les pratiques instrumentales et vocale des professionnels et d'une multitude de dilettantes cultivés. Cependant, l'isolement culturel de la Turquie entre le Moyen-Orient, dont elle partage la religion et le passé, et l'Europe, dont elle voudrait partager le destin, et l'ambiguïté culturelle permanente qui en découle amenuisent les remarquables potentiels techniques et artistiques de la musique et des musiciens turcs. J.-C. C.

TVEITT (Geirr), compositeur et pianiste norvégien (Hardanger 1908). Il est peut-être le compositeur norvégien contemporain qui affirme le style nordique de la musique avec le plus d'ampleur. Il a recherché notamment de nouvelles voies dans les rapports entre la mélodie, le rythme et la dynamique en s'appuyant sur les modèles primitifs de la musique norvégienne, selon des théories personnelles assez controversées. Son langage s'appuie sur ce qu'il appelle les vieux modes nordiques (*rir, sum, fum, tyr*) et il s'est expliqué sur sa technique dans son traité *Tonalitätstheorie des parallelen Leittonsystems* (1937). Dans une œuvre abondant, il faut mentionner *Hundrad Hardingtonar* op. 151, adaptation de cent thèmes populaires de Hardanger, six suites pour orchestre qui ont conquis une grande popularité, des ballets (*Baldurs draumar*, 1960), des opéras (*Jeppe* op. 250, 1966), des concertos (dont deux pour violon de Hardanger et six pour piano), de la musique de chambre, près de trente sonates pour piano et de nombreuses mélodies.

H.-C. F.

TYE (Christopher), compositeur anglais (? v. 1500-? 1572). Choriste au King's College de Cambridge de 1508 à 1513, il fut ensuite musicien de monastère et la rupture avec Rome le mit dans l'obligation de trouver un nouveau mode de vie et de travail. Maître de chœur à la cathédrale d'Ely en 1541, il semble avoir été le maître de musique d'Édouard VI et bénéficié de ses faveurs. Peu d'années après, il entrait dans les ordres et devait être ordonné prêtre en 1559. Il conserva, par ailleurs, son emploi à la cathédrale d'Ely jusqu'en 1561. Comme ecclésiastique, il fut recteur de Donington jusqu'en 1571, mais son successeur ayant été nommé en mars 1573, il est probable que le vieux maître mourut à la fin de 1572.

Auteur, en 1553, d'une version anglaise, harmonisée à quatre voix, des *Actes des Apôtres*, Tye a pourtant écrit une grande partie de son œuvre religieuse sur des textes latins. Cette œuvre comprend trois messes, des motets et psaumes, mais aussi des services en langue vulgaire et une douzaine d'anthems. A cet égard, Tye eut le grand mérite, en recourant à des textes anglais, d'alléger la prosodie, de lui donner un tour plus naturel et plus populaire.

Mais ce précurseur de la musique anglicane s'est également illustré dans le répertoire instrumental et a laissé d'admirables pièces pour les *consorts* de violes, dont vingt et un *In nomine* qui égalent presque en beauté et en maîtrise d'écriture ceux de Byrd. Aussi bien, avant ce dernier, Tye est avec Tallis le grand nom du premier âge d'or britannique. R. T.

TYMPANON. Instrument ancien à cordes frappées, très voisin du dulcimer et du psaltérion. Probablement importé au Moyen Âge du Proche-Orient (où il est d'ailleurs encore pratiqué), il se composait d'une table d'harmonie trapézoïdale, formant la partie supérieure d'une caisse de résonance plate, disposée horizontalement et généralement montée sur pieds. Il se jouait au moyen d'une paire de battes de bois dur, légèrement incurvées vers le haut, qui attaquaient directement les cordes métalliques, en nombre variable, dont certaines étaient doubles, triples et même quadruples.

Muni vers l'époque de la Renaissance de marteaux déclenchés par un clavier, cet instrument a donné naissance au clavicorde et figure à ce titre parmi les ancêtres du piano moderne. Mais il a subsisté en Europe occidentale jusqu'au XVIII siècle et, agrandi et amélioré, s'est conservé jusqu'à nos jours sous le nom de cymbalum en Europe centrale et tout particulièrement en Hongrie.

On appelle également tympanon le tambourin primitif de l'Antiquité grecque, formé d'une peau tendue sur un simple cerceau de bois. M. T.

TYROLIENNE. *V. jodler.*

TYSON *(Alan),* musicologue anglais *(Glasgow 1926).* Il étudia à Oxford (1947-1951), où il devint professeur en 1952 et chargé de recherche en 1971. Il étudia également la médecine et la psychanalyse, obtenant ses diplômes dans ces matières en 1965, et traduisit en anglais des œuvres de Freud. Ses recherches et publications musicales, centrées surtout sur Beethoven et Mozart mais aussi sur leurs contemporains, portent pour l'essentiel sur les questions d'authenticité, sur les éditions, les copies, les esquisses et les filigranes, ce qui lui a permis notamment de préciser pour beaucoup d'œuvres les dates ainsi que le processus de composition. Parmi ses ouvrages et articles, citons *Haydn and Two Stolen Trios* (1961), *The Authentic English Editions of Beethoven* (1963), *Who Composed Haydn's Op. 3?* (avec H. C. Robbins Landon, 1964), *John Field's Earliest Compositions* (1966), *The 1803 Version of Beethoven's Christus am Oelberg* (1970), *Reconstructing Beethoven's Sketchbooks* (avec D. Johnson, 1972), *Yet another Leonore Overture?* (1977), *The Origins of Mozart's Hunt Quartet K.458* (1980), *The Two Slow Movements of Mozart's Paris Symphony K.297* (1981), *The Mozart Fragments in the Mozarteum, Salzburg : A Preliminary Study of Their Chronology and Their Significance* (1981). Il a en outre publié un catalogue thématique des œuvres de Muzio Clementi (1967), et dirigé trois volumes de *Beethoven Studies* (1973, 1977, 1982). M. V.

TZIGANE. Œuvre de Maurice Ravel écrite au début de 1924 à l'intention de la violoniste hongroise Jelly d'Aranyi et qui, dans sa version originale pour violon et clavier, fut exécutée pour la première fois, à Londres, pour la dédicataire et par le pianiste H. Gil Marchex le 26 avril de la même année. L'instrument d'accompagnement prévu par le compositeur n'était d'ailleurs pas le piano classique, mais le *piano luthéral* dont les sonorités pouvaient rappeler celles du cymbalum, du clavecin et de la guitare, et dont l'existence fut éphémère. Ravel réalisa presque aussitôt une version avec orchestre (flûtes, hautbois, clarinettes, bassons, cors et trompettes par deux, percussion, harpe, quintette à cordes), donnée en première audition (toujours avec Jelly d'Aranyi) aux concerts Colonne, le 30 novembre 1924.

Tzigane, dont toute la première partie est réservée aux « diableries » d'un violon solo voltigeur *(Lento, quasi cadenza),* est d'un Ravel décidé, semble-t-il, à souligner et à accentuer ironiquement les « maniérismes » pittoresques des *Rhapsodies hongroises* de Liszt. Mais on peut aussi y déceler l'influence de Paganini et de nombreux détails d'écriture évoquant le style de Bartók. J. D.

'ŪD (oud). Luth oriental à manche court, à touche lisse et à cordes pincées utilisé dans les musiques traditionnelles arabo-irano-turques de l'islām. C'est l'ancêtre des luths occidentaux et des guitares.

On trouve d'antiques vestiges du luth chez les peuples de l'Asie, la Mésopotamie, l'Orient méditerranéen ; mais l'essor du *'ūd* est lié à celui des musiques traditionnelles arabo-irano-turques de l'islām. Il semble naître de la confluence culturelle des luths byzantins, arabes anté-islamiques *(mizhar, kirān, muwattar)* et persans sassanides *(barbat)*, au sein du royaume lakhmide de Hīrā (Iraq actuel) vers le Vᵉ siècle. Introduit à La Mecque et à Médine à partir du VIᵉ siècle, il sera l'instrument des poètes-chanteurs sous les califes omayyades. Avec les califes abbassides de l'Iraq, il va devenir le luth concepteur des genres et modes des musiques méso-islamiques et créateur des mélodies, rôle qu'il conservera jusqu'à nos jours dans les musiques arabes savantes et populaires.

Du VIIIᵉ au XVIᵉ siècle, savants, théoriciens et musiciens de l'islām, successivement Zalzal (VIIIᵉ siècle), Ibrāhīm et Ishāq Mawsilī *(id.)*, Ziryāb et Kindī (IXᵉ s.), Fārābī (Xᵉ s.), Ibn Sīnā dit Avicenne (XIᵉ s.), Safiy al-Dīn (XIIIᵉ s.), Jurjānī (XIVᵉ s.), Lādhiqī (XVᵉ s.) élaborent sur le *'ūd* des traités sur les modes et intervalles (helléniques ou empiriques) et proposent des techniques ou des cordes supplémentaires (jusqu'à sept doubles cordes). Ces méthodes « médiévales » très élaborées utilisent les quatre doigts de la main gauche (tous les traités classiques) et évoluent avec l'adoption du démanché et des nuances dynamiques (Ishāq), puis le recours au délicat plectre de penne d'aigle (Ziryāb).

A partir du XVIᵉ siècle, l'hégémonie du *'ūd* est amoindrie par l'essor du *setār** en Iran et l'éclat du *tanbūr** des Ottomans. A la fin du XIXᵉ siècle, le *'ūd* arabe est devenu un instrument populaire dont la technique, en régression, ne mobilise plus que deux doigts à gauche et un plectre banal sans nuances.

Au XXᵉ siècle, Cherif Muhieddin*, descendant du Prophète, conçoit un retour au raffinement médiéval adaptable à la virtuosité. En 1937, il fonde l'Ecole de luth de Bagdad *(Ma'had al-mūsīqī fī Baghdād)* qui va former les meilleurs virtuoses cultivés : Jamīl Bachīr*, Salmān Chukur*, Munīr Bachīr* et Jamīl Ghānim*, désormais appréciés dans le monde entier. Cependant, la « tradition » dans le « style XIXᵉ siècle » de Farīd al-Atrach et 'Omar Naqichbendī, garde la faveur des foules arabes.

Du VIIᵉ siècle à nos jours, le *'ūd* est resté l'instrument modèle de la civilisation arabo-islamique. Il en a conçu les degrés, les intervalles, les genres et les modes *(maqām*-s)* spécifiques. Il est donc la clef de toute analyse des structures modales. Il a été le confident du poète, l'accompagnateur du chanteur, la base du « quatuor » *(takht)*, l'animateur des réunions, avant de devenir au XXᵉ siècle le *'ūd* solo du récital des grands virtuoses, constituant alors un couple « idée-matériau » hautement sensible, modulant l'inspiration lors de l'improvisation au comma près.

'Ud actuel. C'est un luth à manche court, à touche lisse, à cordes pincées dont le chevillier forme avec le manche un angle obtus. La caisse, piriforme et renflée, est formée de côtes accolées (treize à vingt-sept selon la qualité du *'ūd*). Elle est fermée par une table d'harmonie plate et ajourée d'ouïes et de rosaces, décorée d'incrustations (mirifiques sur les *'ūd*-s des chanteurs, rares sur les *'ūd*-s fabriqués par les luthiers réputés de Bagdad, Damas ou Istanbul à l'intention des très grands virtuoses). Les cordes du *'ūd* ont une longueur moyenne de 600 millimètres. Issues du cordier collé sur la table, elles passent devant la touche lisse, franchissent le sillet et aboutissent aux chevilles. Elles sont pressées contre la touche par les doigts de la main gauche et pincées à l'aide d'un plectre tenu à droite et manipulé sèchement (à l'égyptienne) ou en douceur (à la turque).

Le nombre des rangs de cordes a suivi l'évolution du *'ūd*. On en a décrit quatre au VIIIᵉ siècle, cinq au XIIIᵉ siècle, six au XVIᵉ siècle, parfois sept à partir du XIXᵉ siècle. On trouve actuellement cinq rangs doubles sur le *'ūd* usuel et une corde grave supplémentaire sur les *'ūd*-s sophistiqués des grands luthiers du début du XXᵉ siècle (Manol et Onnik d'Istanbul, Nahāt d'Alep, 'Alī de Bagdad) et sur leurs dérivés. L'accordature a suivi le dogme historique des quartes avec quelques adaptations, soit du grave à l'aigu le schéma suivant : corde grave *(qarār-rāst*, parfois *qarār-dūgāh)* / quinte, parfois quarte / 1ᵉʳ rang *(yegāh)* / seconde majeure / 2ᵉ rang *('achīrān)* / quarte / 3ᵉ rang *(dūgāh)* / quarte / 4ᵉ rang *(nawā)* / quarte / 5ᵉ rang *(gardān)*, soit éventuellement : $do_1/sol_1/la_1/ré_2/sol_2/do_3$. Ce schéma classique est transposable, car il n'y a pas de hauteur absolue. La hauteur d'accordature dépend du « tonclef » *rāst* adopté par l'école ou le musicien qui peut être *la, si bémol, do, ré, fa,* ou *sol*.

Les instruments dérivés du luth oriental *'ūd* ont un manche plus long et sont pourvus de quatre rangs de cordes doubles. On trouve le *'ūd 'arbī* et la *kwitra* du Maghreb, la *lavuta* de Turquie accordée par quintes exclusives et garni de frettes, le *zenne* et le *kadin-'ūdu* qui étaient de petits *'ūd*-s utilisés autrefois par les femmes de la haute société d'Istanbul ou leurs servantes-musiciennes.

J.-C. C.

ULYSSE (en it. *Ulisse*). Opéra en un prologue, 2 actes, et 10 tableaux de Luigi Dallapiccola, sur un livret de l'auteur inspiré de *l'Odyssée* d'Homère, créé à l'Opéra de Berlin-Ouest le 11 octobre 1968, puis repris à la Scala de Milan le 13 janvier 1970. La création en France, dans une adaptation française de Martine Cadieu, fut donnée à Rouen le 23 avril 1971, sous la direction de Charles Brück.

Dallapiccola était depuis longtemps fasciné par l'aventure d'Ulysse, comme mythe de l'homme seul et errant. Il a naturellement interprété ce mythe à sa façon : son héros ne cherche pas seulement à retrouver son foyer. Quand il a reconquis tous ses droits, il ne se résout pas à une vie de bonheur paisible et de repos, ayant découvert que le mouvement qui l'avait porté à l'errance venait en fait du fond de lui-même : sa quête est le sens de la vie.

La fin de l'opéra n'est pas une péripétie, mais une interrogation métaphysique, l'intuition qui saisit Ulysse, face à la mer et au cosmos, qu'il y a quelque part du logos, du sens.

Comme *Moïse et Aaron* de Schönberg, tout l'opéra est écrit sur une seule série génératrice.

PROLOGUE. *S'apprêtant à quitter le séjour enchanteur où le retient la nymphe Calypso, et renonçant ainsi à l'éternelle jeunesse, Ulysse s'apprête à reprendre la mer. Calypso sent que ce n'est pas Ithaque qui est son véritable but, mais la recherche du sens de la vie. Au second tableau du Prologue, Nausicaa, fille du roi Alcinoüs, reconnaît en Ulysse, qu'une tempête a rejeté sur le rivage, l'étranger dont elle a rêvé. Elle le conduit à son père.*

ACTE PREMIER. *Au palais d'Alcinoüs, un aède chante la guerre de Troie. Ulysse pleure de s'entendre nommer, lui et ses compagnons ; il se fait reconnaître, et commence le récit de son odyssée (troisième tableau). Les tableaux suivants font revivre, en « flash-back », les épisodes de son récit : épisode des Lotophages, avec la tentation de l'oubli (quatrième tableau) ; épisode de Circé la magicienne (cinquième tableau) ; descente au pays des Morts, où il rencontre sa mère et le devin Tirésias, qui lui prédit une errance sans fin, dont Ithaque ne sera pas le terme (sixième tableau). Le septième tableau nous ramène au présent et au départ d'Ulysse, qui prend congé d'Alcinoüs et de Nausicaa.*

ACTE II. *À Ithaque, Pénélope est importunée par les prétendants qui méditent le meurtre de Télémaque. Un mendiant arrive au palais : c'est Ulysse, déguisé, que remarque Mélanto, une prostituée. Ulysse retrouve le fidèle berger Eumée, et revoit son fils Télémaque (huitième tableau). Il entend la voix de Pénélope, qui s'associe pour lui au souvenir de Calypso ; il assiste à la danse de Mélanto pour le meneur des prétendants, Antinoüs. Ceux-ci croient Télémaque mort, mais ce dernier arrive. Après quoi Ulysse se fait reconnaître et massacre les prétendants avec son arc. Il est reconnu par Pénélope (comparer avec Homère), mais déjà il comprend que là n'est pas le terme de ses aventures (neuvième tableau). Le revoilà en mer, face aux étoiles, reprenant sa quête. Méditant sur le sens de la vie, il croit le saisir dans l'intuition d'une transcendance. Il chante : « Seigneur, mon cœur et la mer ne sont plus seuls » (dixième tableau).* M. C.

UMLAUF, famille de musiciens autrichiens.
— 1. **Ignaz**, compositeur, altiste et chef d'orchestre (*Vienne 1746 - Meidling, près de Vienne, 1796*). Altiste dans l'orchestre de la cour de Vienne, il inaugura avec son singspiel *Die Bergknappen* (1778) le Singspiel national (ou Théâtre national allemand) adjoint par Joseph II au Burgtheater. Il fut avant Dittersdorf le principal compositeur viennois de singspiels (*Die Apotheke*, 1778 ; *Die schöne Schusterin*, 1779 ; *Das Irrlicht*, 1782), mais Mozart, avec *l'Enlèvement au sérail*, mit pratiquement un terme à sa carrière en ce domaine.
— 2. **Michael**, compositeur, violoniste et chef d'orchestre (*Vienne 1781 - Baden, près de Vienne, 1842*). Fils du précédent, il occupa à la cour de Vienne divers postes de maître de chapelle, et à plusieurs reprises (pour *Fidelio* en 1814, pour la 9e *Symphonie* en 1824), à la place de Beethoven rendu incapable par sa surdité, assuma dans les faits les fonctions de chef d'orchestre. On lui doit le singspiel *Der Grenadier* (1812) et l'opéra *Das Wirtshaus in Granada*. M. V.

UNA CORDA. Terme italien désignant l'usage de la sourdine (ou pédale douce) au piano. Le retour à la normale est indiqué par *tre corde* ou *tutte corde*.
D. H.

UN AMÉRICAIN À PARIS. Poème symphonique de George Gershwin (1928) évoquant les promenades du compositeur sur les Champs-Élysées (bribes de danses issues des cafés, klaxons), puis sa nostalgie de New York (chansons américaines, grand motif de blues, danses de Broadway). De toutes les œuvres régulièrement jouées de Gershwin, *Un Américain à Paris* est probablement celle dont l'orchestration est la plus attribuable à Gershwin lui-même, par-delà les conseils qu'il reçut à ce sujet de son ami Bill Daly : une controverse soulevée à cet égard (peu après la création de l'œuvre : New York Symphony Orchestra, 13 décembre 1928, sous la direction de Walter Damrosch) ne fit que mener au projet décisif d'un opéra purement américain qui sera *Porgy and Bess*. M. Mt.

UNANSWERED QUESTION (THE). Œuvre pour orchestre, de brèves dimensions, composée par Charles Ives en 1906, et formant pour son auteur un couple de « contemplations » avec le tableau auditif écrit la même année pour grand orchestre, *Central Park in the Dark*. Mais si cette deuxième œuvre évoque une contemplation de « rien de sérieux » (« nothing serious ») et se rattache de manière originale à la tradition descriptive, *The Unanswered Question* (« la Question laissée sans réponse ») est la « contemplation d'une chose sérieuse », un « paysage cosmique », une œuvre directement métaphysique, sans support figuratif.

Il s'agit de la « question éternelle de l'existence » posée par un solo de trompette (partie qui peut aussi être jouée ad libitum sur le hautbois, le cor anglais ou la clarinette) sur un « fond » constitué par des accords parfaits tenus par les cordes, représentant, eux, le « silence des druides », qui savent et se taisent. À cette question répondent, ou plutôt tentent de répondre, de manière insatisfaisante et désynchronisée, des motifs chromatiques joués aux flûtes (ou, ad libitum, aux clarinettes).

Avec des moyens très simples, *The Unanswered Question* réussit à proposer, en 1906, un type de musique complètement nouveau : absence de pulsation dans le rythme, de symétrie dans la forme ; totale indépendance harmonique, rythmique, etc., des trois partenaires (l'instrument questionneur, le petit groupe de « répondeurs », et le groupe des cordes servant de fond). Plus que de « poly-tonalité », on peut parler de « poly-musique », mélangeant librement des éléments hétérogènes et indépendants, jouant les uns par rapport aux autres, mais restant chacun situé dans son univers propre (comme dans *Central Park in the Dark*).

Mais si dans cette autre pièce descriptive, le fond était atonal et la figure diatonique, ici, c'est l'inverse. Dans *The Unanswered Question*, le fond créé par les cordes évoque le silence, comme dans *Central Park in the Dark* il évoquait l'obscurité.

Il est tentant pour chacun de vouloir récupérer aujourd'hui cette œuvre énigmatique, et d'y voir qui une annonce de la « musique concrète », qui une « innovation polytonale », qui une forme de « musique indéterminée », qui un essai de « musique conceptuelle ». Mais la « question sans réponse » continue à défier les interprétations réductrices. M. C.

UN BAL MASQUÉ (en it. *Un ballo in maschera*). Opéra en 3 actes de Giuseppe Verdi sur un livret d'Antonino Somma, d'après le livret écrit par Scribe pour l'opéra d'Auber *Gustave III ou le Bal masqué*, créé au théâtre Apollo de Rome le 17 février 1859.

Mettant primitivement en scène l'assassinat du roi de Suède Gustave III par le comte Jacques Anckarstroem durant un bal masqué en 1792, le livret fut rejeté par la censure napolitaine (l'œuvre avait été conçue à l'origine pour le théâtre San Carlo de Naples) qui interdisait qu'un souverain pérît sur scène. Gustave III devint Richard (Riccardo), comte de Warwick, gouverneur de la Nouvelle-Angleterre, et l'action se déroule à Boston au début du XVIIIe siècle. Une adaptation, faisant se dérouler l'histoire en Suède et rétablissant les noms suédois originaux des personnages, a été jouée dans certains théâtres depuis 1952.

ACTE PREMIER. 1er tableau. (Le palais du gouverneur.) Celui-ci, Riccardo (t), évoque son amour pour Amelia, épouse de son secrétaire et ami Renato ; il étouffe cet amour par fidélité à l'amitié. Renato (bar) vient le mettre en garde contre un complot. Riccardo annule une condamnation prononcée pour une peccadille à l'encontre de la sorcière et diseuse de bonne aventure Ulrica ; il propose à son entourage de se rendre chez Ulrica en habits de gens du peuple pour jouir de la crédulité de la foule et assister à une séance de divination. 2e tableau. (La demeure d'Ulrica.) Riccardo assiste, caché, à une entrevue entre Amelia (s) et Ulrica (ca) : torturée par son amour inavoué pour Riccardo, Amelia demande un philtre d'oubli à la sorcière, qui l'invite à aller cueillir une herbe magique à minuit, au pied d'un gibet ; Riccardo se promet d'y être. Puis, devant le peuple et les nobles déguisés, Riccardo, se faisant passer pour un pêcheur, demande à Ulrica de lui prédire l'avenir. Elle reconnaît en lui un noble, et affirme qu'il sera tué sous peu par quelqu'un de son entourage, la première personne qui lui serrera la main. Riccardo tend la main alentour, mais tous reculent. Survenant inopinément, Renato échange avec Riccardo une poignée de main ; tous sont rassurés : Renato est le meilleur ami du gouverneur, la prédiction n'a aucun sens.

ACTE II. (Un gibet au clair de lune.) Amelia est rejointe par Riccardo. Ils ne peuvent se dissimuler leur amour. Renato surgit, et Amelia rajuste son voile pour ne pas être reconnue. Renato a surpris des conspirateurs qui se préparent à attaquer le gouverneur. Il pousse vivement ce dernier à fuir, et raccompagnera à la ville une femme inconnue sans chercher à savoir qui elle est. Dépités de rencontrer Renato à la place du gouverneur, les conjurés veulent identifier la femme voilée ; le voile d'Amelia tombe ; Renato reconnaît sa femme avec fureur ; il invite les deux chefs des conjurés, Samuel (b) et Tom (b), à lui rendre visite le lendemain.

ACTE III. 1er tableau. (Le bureau de Renato.) Amelia proteste vainement de son innocence. Renato jure de se venger dans le sang. A Samuel et Tom, il déclare être désormais des leurs. Qui d'eux trois frappera Riccardo ? Contrainte par son mari de procéder à un tirage au sort, Amelia désigne Renato. Il agira le soir même, lors d'un bal masqué au palais du gouverneur. 2e tableau. (Le bureau de Riccardo.) Celui-ci décide de sacrifier irrévocablement son amour à l'amitié ; il signe un ordre nommant Renato en Angleterre, et éloignant donc en même temps Amelia à jamais. 3e tableau. (La salle de bal.) Renato obtient du page Oscar (ms) la description du déguisement de Riccardo. Amelia reconnaît ce dernier, le supplie de fuir. Il lui fait part de sa décision de provoquer son départ pour l'Angleterre. Alors qu'ils se disent adieu, Riccardo est frappé par Renato d'un coup de poignard et expire en montrant le décret prouvant son sacrifice et en pardonnant à ses ennemis.

Placé au centre de la carrière de Verdi, *Un bal masqué*, œuvre vivante, aux tons variés, représente « un point d'équilibre exceptionnel entre la facilité d'inspiration des premières années, toujours absolument intacte, et un souci plus nouveau concernant tant la structure, qui se rapproche du drame lyrique moderne, que l'harmonie, l'orchestration et le travail thématique » (R. Mancini). M. T.

UNE CANTATE DE NOËL. Cantate d'Arthur Honegger pour baryton solo, voix d'enfants, chœur mixte, orgue et orchestre, sur des textes liturgiques et des noëls populaires, créée le 18 décembre 1953 par le chœur et l'orchestre de chambre de Bâle, sous la direction de Paul Sacher. C'est la dernière œuvre écrite par le compositeur, qui la termina le 16 octobre 1953, à Zurich. Il en avait puisé les éléments dans un *Jeu de la Passion* dont le projet (en collaboration avec le dramaturge Cesar von Arx) n'avait pas abouti. Cette *Passion* débutait en effet par une *Nativité du Christ* qui était presque entièrement composée en 1940. Mais, en 1953, Honegger remania considérablement cette *Nativité* qui prit, sous le titre *Une cantate de Noël*, le caractère d'un appel à la paix et à la fraternité universelles.

Des profondeurs de l'orchestre et de l'orgue surgit le psaume *J'ai crié vers toi, Seigneur*. À l'attente angoissée de l'humanité répond la voix des anges (chœur d'enfants) qui annonce la nativité prochaine du Sauveur. Un ange (bar solo) confirme la bonne nouvelle : *Le Messie est venu sur la terre*. Maintenant, l'humanité ne doute plus ; la joie éclate. On entend divers chants de Noël, allemands et français, choisis parmi les plus populaires, tels que *Stille Nacht, heilige Nacht (Douce nuit, sainte nuit)* et *Il est né le divin enfant*. Ces noëls se superposent et se répondent dans une polyphonie qui symbolise l'universalité de la célébration de Noël. Les chants de Noël semblent s'éloigner. Le baryton solo entonne alors le *Gloria in excelsis* et un choral exprime, sur les paroles *Laudate omnes gentes*, la reconnaissance de l'humanité envers son Sauveur. La cantate s'achève comme elle avait commencé, sur les sonorités mystérieuses et graves de l'orchestre et de l'orgue. Honegger ne conclut pas, mais laisse la porte ouverte à l'espérance. J. R.

UNE ÉDUCATION MANQUÉE. Opérette en 1 acte d'Emmanuel Chabrier sur un livret d'Eugène Leterrier et Albert Vanloo, créée à Paris, en privé, au Cercle de la presse, le 1er mai 1879.

Jeunes mariés, Gontran (ms) et Hélène (s) se retrouvent face à face sur le seuil de leur chambre. Ils sont fort embarrassés, ignorant tout des choses de l'amour. Gontran fait venir son précepteur Pausanias (bar), qui se flatte de lui avoir tout enseigné. Il le questionne sur son rôle d'époux qui ne lui fut jamais exposé. Pausanias avoue son ignorance et décide d'aller se renseigner. Cependant l'atmosphère est lourde, un orage se prépare. Le voici qui éclate. Hélène, apeurée, paraît vêtue de sa toilette de nuit et se réfugie dans les bras de son jeune mari. Emu et troublé, celui-ci découvre de lui-même ce que le brave Pausanias ne lui avait jamais enseigné.

Cette œuvre démontre comment un livret laborieux peut être transfiguré par la musique, qui fait naître des personnages exquis et vrais. S. W.

UNE NUIT SUR LE MONT CHAUVE. Poème symphonique de Moussorgski (1867, version originale). Comme nombre d'œuvres de Moussorgski, celle-ci a subi plusieurs versions successives dont l'histoire est complexe. D'après Rimski-Korsakov, il semblerait que Moussorgski l'ait d'abord conçue en 1860 sous forme d'une fantaisie pour piano et orchestre. De cette ébauche il ne subsiste aucune trace. La première version complète, intitulée *Nuit de la Saint-Jean sur le mont Chauve*, date de juin-juillet 1867.

Le programme musical a été précisé par Moussorgski dans des lettres à Rimski-Korsakov et au professeur Nikolski : « 1) Réunion des sorcières, leurs discussions et leurs commérages ; 2) Cortège de Satan ; 3) Hommage maléfique à Satan ; et 4) Sabbat. » Moussorgski a également expliqué ses intentions orchestrales, en particulier le principe de l'éparpillement des groupes d'instruments, et celui de l'opposition entre les cordes et les vents : « Je crois que cela correspond bien au caractère du sabbat, qui est tout en cris et en appels dispersés, jusqu'au moment où toute la racaille diabolique se mélange dans une confusion totale. »

Cette première version, durement critiquée par Balakirev, ne fut jamais exécutée. En 1871, Moussorgski en fit une adaptation pour piano et chant pour *Mlada*, projet inabouti d'opéra collectif proposé au groupe des Cinq. Plus tard, en composant son opéra *La Foire de Sorotchintsi*, il y réinséra cette dernière version, pour évoquer le rêve halluciné d'un jeune homme ivre. Il ajouta à cette occasion une conclusion instrumentale : le sabbat est interrompu par les sons de cloches, et l'aube se lève dans une ambiance de paix retrouvée.

Après la mort de Moussorgski, en 1886, Rimski-Korsakov reprit ces trois versions, « en prenant ce qu'il y avait de meilleur dans chacune d'elles », et en refit un poème symphonique à sa manière. C'est dans cette version, fortement influencée par les œuvres symphoniques de Liszt, qu'*Une nuit sur le mont Chauve* est couramment exécutée. En France elle fut jouée pour la première fois aux concerts de l'Exposition universelle de 1889. A. L.

UNE SAISON EN ENFER. — 1. Suite pour orchestre à cordes inspirée de l'œuvre d'Arthur Rimbaud, composée en 1968-69 par Henri Barraud, et créée le 2 mars 1969 à Paris, par l'orchestre des concerts Lamoureux dirigé par André Girard.
— 2. Œuvre pour soprano, voix d'enfant, percussion, piano et bande magnétique, composée en 1979 par Gilbert Amy, et créée le 19 mai 1980 à Paris dans un concert organisé par le Groupe de recherches musicales de l'I.N.A., où avait été réalisée (avec le concours du compositeur Yann Geslin) la partie électroacoustique. Cette partie sur bande utilise le texte enregistré de Rimbaud, lu par des voix différentes (femme, homme, enfant) et soumis à diverses manipulations.
M. C.

UNE VIE DE HÉROS (en all. *Ein Heldenleben*). Poème symphonique op. 40 de Richard Strauss, composé dans la seconde moitié de l'année 1898 et donné en première audition à Francfort-sur-le-Main, le 3 mars 1899, sous la direction de l'auteur. Dédiée à Wilhelm Mengelberg et à l'orchestre du Concertgebouw d'Amsterdam, l'œuvre s'inscrit, chronologiquement, à la suite de *Don Quichotte* (1897), dont elle constitue à la fois l'antithèse et le complément logique. Comme ce dernier, en effet, elle met en scène le Héros courageux qui, a priori, ne peut avoir droit qu'à tout notre respect. Mais c'est, dans son sens le plus large, le Héros volontaire, lucide, qu'elle nous propose et non le rêveur surexcité, risible et pitoyable immortalisé par Cervantès.
Contrairement à celle de *Don Quichotte* et, par exemple, à celle de *Till Eulenspiegel*, la musique d'*Une vie de héros* ne s'appuie pas sur un argument littéraire précis. On peut, néanmmoins, la diviser en six sections enchaînées les unes aux autres et dont la succession correspond, d'une façon générale, à l'organisation architecturale d'un premier mouvement de symphonie : *le Héros* (premier sujet), *les Adversaires du héros* (transition), *la Compagne du héros* (deuxième sujet), *le Combat du héros* (développement), *les Œuvres de paix du héros* (réexposition), *Solitude et Apothéose du héros* (coda).
L'énorme formation orchestrale mobilisée par Richard Strauss se déchaîne avec une violence inouïe lors de l'affrontement entre le Héros et les critiques bornés et haineux. Cette prodigieuse « scène de bataille » dans laquelle on retrouve, exacerbés, les paroxysmes de *Don Juan*, de *Mort et Transfiguration* et de *Zarathoustra*, est précédée par l'admirable épisode évoquant (au violon solo) la femme du Héros, et que le génie mélodique du compositeur enrichit de deux thèmes sublimes en *sol* bémol majeur. Dans *les Œuvres de paix du héros*, Strauss s'identifie — au moins partiellement — à son personnage imaginaire par des rappels thématiques de *Don Juan*, *Zarathoustra*, *Mort et Transfiguration*, *Don Quichotte*, *Till Eulenspiegel*, *Guntram*, *Macbeth* et du lied *Traum durch die Dämmerung*.
J. D.

UNGER (Karoline), contralto autrichienne *(Vienne 1803 - Florence 1877)*. Malgré de brillants débuts, à Vienne en 1824, dans le rôle de Dorabella (de *Cosi fan tutte*), sa partiticipation à la création de la *Neuvième Symphonie* de Beethoven et un grand talent de mélodiste, la carrière de Karoline Unger sera entièrement consacrée au répertoire italien, qu'enrichiront que celle de Donizetti *(Maria de Rudenz)*, Bellini, Mercadante et Pacini. Que ce soit dans la péninsule même, de 1825 à 1833, ou à Paris, au Théâtre-Italien, de 1833 à 1841, ses interprétations, notamment de Rossini et de Meyerbeer, suscitent l'admiration par leur intelligence dramatique et la qualité de la voix, homogène du *la* au *ré*$_3$. Elle se retire en pleine gloire en 1843.
M. W.

UNISSON. — 1. Position de deux ou plusieurs notes situées à la même hauteur. Lorsqu'il s'agit d'en déterminer l'intervalle, le terme propre, mais peu usité, est l'intervalle de *prime*, comme on dit *seconde*, *tierce*, etc.
— 2. **Action pour plusieurs exécutants**, habituellement différenciés, de se réunir occasionnellement pour jouer ou chanter ensemble de manière identique un morceau, un fragment de morceau ou même une note ou quelques notes. On dit qu'ils jouent ou chantent *à l'unisson*.
J. C.

UNIVERSAL-EDITION. Maison d'édition autrichienne. Fondée à Vienne en 1901, elle ne publia que des classiques jusqu'à l'acquisition en 1903 des droits d'édition de Bruckner, suivie en 1904 du rachat de la firme munichoise Josef-Aibl avec des œuvres de Richard Strauss et Max Reger. A partir de 1907, la musique moderne représentée par Mahler, Schönberg, Berg, Webern, Janáček, Bartók, Kodály, Malipiero, Milhaud, Kurt Weill, Martinů, etc., tint une place de plus en plus grande dans les activités d'Universal-Edition. L'ouverture de succursales à New York (1920), puis à Londres, Mayence et Zurich, le rachat du Philharmonischer Verlag en 1927, témoignent de la vitalité et de l'expansion de la firme, dont le catalogue réunit actuellement les plus grands noms de la musique contemporaine : Berio, Boulez, Stockhausen, Messiaen, Frank Martin et Pousseur, entre autres.
M. T.

UN JOUR DE RÈGNE (en it. *Un giorno di regno*). Mélodrame joyeux en 2 actes et 5 tableaux de Giuseppe Verdi, sur un livret de Felice Romani, d'après *le Faux Stanislas* d'Alexandre Vincent Pineu-Duval (1808), créé à la Scala de Milan le 5 septembre 1840.
ACTE PREMIER. (En 1733, chez le baron Kelbar, près de Brest.) *Le baron Kelbar (bar) doit aujourd'hui marier sa fille Giulietta (s) à son trésorier, Gasparo (bar), un homme âgé, et sa nièce, la marquise Del Poggio (ms ou s) au comte Ivrea (t). Or, des liens amoureux unissent Giulietta à Edoardo (t), jeune officier et neveu du trésorier, ainsi que la marquise au chevalier Belfiore (bar). Pour raison d'État, ce dernier doit se faire passer pour le roi de Pologne, Stanislas (Leszczyński, roi de Pologne, 1677-1766) jusqu'à ce que celui-ci ait pu reconquérir son trône. Fort de son règne éphémère, Belfiore convainc le trésorier de renoncer à ses noces, provoquant ainsi la colère du baron, qui s'estime bafoué.*
ACTE II. *Tandis que le baron ne songe qu'à tirer vengeance de l'affront subi, le chevalier ne sait comment apaiser le dépit de la marquise, devant laquelle il ne peut se dévoiler, et qui feint de vouloir épouser le comte. Un messager annonçant que le vrai Stanislas a enfin reconquis son trône, le chevalier Belfiore peut reprendre son identité. Avant de révéler son secret, il fait unir Edoardo à Giulietta, puis tombe dans les bras de la marquise. Le baron et le trésorier ne peuvent que s'incliner.*
Bien des légendes, accréditées par Verdi lui-même, ont couru sur cet opéra au titre malvenu puisqu'il ne fut joué qu'un seul soir, avant d'être repris quelques années plus tard sous le titre de *Il Finto Stanislao* : on a dit que Verdi s'était montré incapable d'écrire un opéra bouffe à l'heure même où il voyait mourir ses deux jeunes enfants et sa femme ; or ses deux enfants étaient déjà morts avant la composition en 1839 de son premier opéra, *Oberto*, et c'est au cours de la composition de ce *Jour de règne* que sa jeune femme disparut brutalement ; en outre il ne s'agit pas ici d'un opera buffa, mais d'une comédie mi-sentimentale, mi-comique. Une exécution exécrable (seules les deux basses bouffes furent à la hauteur) fut responsable du fiasco.
Il reste que Verdi, n'étant guère mûr pour affronter le ton de la comédie, ne se sentit guère concerné par ces situations creuses, sans ressorts dramatiques, et dont les protagonistes (malgré l'allusion à un fait historique réel) manquaient de consistance. Mais les pages destinées aux deux héroïnes comptent parmi les meilleures du jeune Verdi.
R. M.

UN REQUIEM ALLEMAND (en all. *Ein deutsches Requiem*). Œuvre pour chanteurs solistes, chœur et orchestre op. 45 de Johannes Brahms, en 7 parties, composée entre 1857 et 1866. L'œuvre, qui n'est pas une messe proprement dite mais une « musique funèbre » sur des textes en langue allemande tirés de l'Écriture (d'où le titre), fut créée, dans une version en six mouvements (sans le cinquième mouvement actuel), à la cathédrale Saint-Pierre de Brême, le

10 avril 1868, jour du Vendredi saint, sous la direction de Brahms. Elle était entrecoupée alors en son milieu, en guise d'intermède, d'airs de concerts extraits d'œuvres religieuses. Les trois premiers volets avaient été créés à Vienne en décembre 1867, mais massacrés par la faute d'une erreur très voyante du timbalier. Le *Requiem allemand* consacra la renommée de Brahms, et ouvrit l'époque de son succès.

Dans le titre, l'adjectif «allemand» peut être interprété comme une affirmation nationaliste, mais aussi comme une précision renvoyant à la tradition luthérienne, et Brahms déclara qu'on pouvait «supprimer le mot allemand, et mettre simplement "humain"». Les sept mouvements sont les suivants :
— 1. *Selig sind die das Leid tragen*, «Bienheureux sont ceux qui dans l'affliction», utilise des textes de saint Matthieu, et du Psaume 136. Les solistes (soprano, baryton), n'y interviennent pas ;
— 1. non plus que dans *Denn alles Fleisch*, «Car toute chair est comme l'herbe», également pour l'orchestre et les chœurs seuls, et qui est une marche funèbre à trois temps, avec un jeu très brahmsien sur les décalages d'accents et sur l'ambiguïté deux temps/trois temps ;
— 3. *Herr, lehre doch mich*, «Herre, apprends-moi que je dois avoir une fin» (Psaumes, Livre de la Sagesse), associe le baryton solo au chœur. C'est sur la pédale de *ré*, soutenue par la timbale dans la fugue finale, qu'eut lieu l'erreur qui entacha la première audition à Vienne ;
— 4. *Wie lieblich sind deine Wohnungen*, «Que tes tabernacles sont aimables, Dieu des armées» (Psaumes), est pour chœur seul ;
— 5. *Ihr habt nun Traurigkeit*, «Vous êtes maintenant tristes» (Jean, Apocryphes, Isaïe), fut écrit séparément, longtemps après la création à Brême, et dédié par Brahms plus spécialement à la mémoire de sa mère, disparue en 1865. Ici, la soprano répond aux chœurs, parfois sur un texte différent ;
— 6. *Denn wir haben hie keine bliebende Statt*, «Car nous n'avons ici pas de cité permanente» (Hébreux 13, *Corinthiens, Apocalypse*), fait intervenir de nouveau le baryton ; la construction en est ample et contrastée. C'est là que Brahms fait entendre les accents d'angoisse et de combat habituels aux requiem ;
— 7. *Selig sind die Toten*, «Bienheureux les morts» *(Apocalypse)*, conclut dans la sérénité.

L'œuvre, d'ailleurs, laisse peu de place à la terreur et à l'angoisse individuelle, laquelle s'éveille seulement dans la sixième partie, la plus proche du *Dies Irae* des requiem en latin. D'emblée, c'est une grande berceuse collective, rassurante et affirmative. C'est pourquoi certains auditeurs, à la création, l'ont prise pour une affirmation orgueilleuse du génie musical allemand.

M. C.

UN SURVIVANT DE VARSOVIE (en all. *Ein Überlebender aus Warschau*). Œuvre pour récitant, chœur d'hommes et orchestre op. 46 d'Arnold Schönberg, composée du 11 au 23 août 1947 et créée à Albuquerque (Nouveau-Mexique) le 4 novembre 1948 sous la direction de Kurt Frederick. Durant l'été de 1947, Schönberg reçut en Californie la visite d'un des rares rescapés du ghetto de Varsovie, qui avait survécu en se cachant dans les égouts de la ville en ruine. Son récit bouleversa Schönberg au point de susciter cette œuvre-cri d'une durée d'environ sept minutes, et qui est le tribut personnel du compositeur à la mémoire des juifs morts du fait des persécutions nazies, et aussi de toutes les victimes de la tyrannie.

Un groupe de prisonniers (hommes, femmes, enfants, vieillards) est réveillé avant l'aube. Ils sont battus brutalement, et doivent se compter à voix haute, pour que le Feldwebel qui a la charge du groupe, et dont on entend les vociférations, sache combien de personnes il lui faut emmener à la chambre à gaz. Le Feldwebel stimule ses soldats, qui frappent les futures victimes à coups de crosse. Mais soudain, d'une seule voix, ces victimes entonnent «le vieux credo oublié», le Schema Israel.

L'œuvre relève du dodécaphonisme sériel, et constitue sans doute pour l'auditeur novice la meilleure introduction à cette méthode de composition, dont elle démontre le pouvoir expressif illimité. On peut ajouter qu'aucune autre technique n'aurait sans doute permis d'exprimer avec autant d'acuité l'horreur inhumaine, puis la grandeur invincible de l'homme face à cette horreur. Un strident appel de trompettes établit d'emblée le décor sordide et glacé du ghetto en ruine au petit jour, et durant tout le récit du survivant, les instruments sont traités en solistes, dans un climat expressionniste avec relents de bruits militaires. Au décompte correspond un accelerando rythmique «comme une charge de chevaux sauvages», mais à l'entrée du chœur à l'unisson, l'orchestre se déploie pour la première et unique fois en un tutti grandiose de vingt mesures seulement, proclamant, même en pleine terreur barbare, le caractère indestructible de l'esprit humain.

M. V.

UT. Nom ancien de la note aujourd'hui communément appelée *do**. Empruntée à l'hymne *Ut* queant laxis, ut* était la première des six syllabes introduites au XIe siècle par Gui d'Arezzo pour déterminer les syllabes de l'hexacorde (v. SOLMISATION). Connaissant les intervalles de celui-ci (pour T = ton et S = semi-ton ou 1/2 ton, T T S T T), il suffisait de chanter *ut* sur une note quelconque pour que les intervalles suivants se trouvent déterminés. Par rapport aux clefs, c'est-à-dire à la disposition des notes sur le clavier, *ut* pouvait se placer sur l'une des trois clefs (notes), C (aujourd'hui *do*), F (aujourd'hui *fa*) ou G (aujourd'hui *sol*), déterminant par là l'un des trois hexacordes dits *naturel, par bémol* ou *par bécarre*.

Avec la disparition des deux derniers vers le XVIIe siècle, *l'ut* de l'hexacorde naturel, placé sur C, est resté seul en usage, et c'est pourquoi on considère aujourd'hui C et *ut* comme synonymes, *ut* naturel étant le nom de la note dans les pays latins, C le même nom de note dans les pays anglo-saxons.

Anciennement, *ut* (ou C) n'était que le premier degré de la succession diatonique dans la gamme classique majeure. Dans la confusion introduite au XIXe siècle entre hauteur «absolue» et hauteur «relative», ces deux termes ont l'un et l'autre pris une valeur de hauteur absolue (fréquence) qu'ils n'avaient pas à l'origine : tierce mineure au-dessus du *la* du diapason, ou l'une quelconque de ses octaves. L'ancienne acception n'en est pas moins conservée dans la hauteur relative, ce qui n'est pas sans amener parfois des malentendus.

Sur la valeur ésotérique de la syllabe *ut*, voir l'article *Ut queant laxis*.

J. C.

UT QUEANT LAXIS. Hymne à saint Jean-Baptiste, écrite au IXe siècle par le poète Paul Diacre dans le mètre saphique, et dont la première strophe a été utilisée au XIe siècle par Gui d'Arezzo pour donner les syllabes de la solmisation solfégique. Cette strophe est la suivante :

UT queant laxis REsonare fibris
MIra gestorum FAmuli tuorum
SOLve polluti LAbii reatum
Sancte Iohannes.

Les syllabes retenues *(ut, ré, mi, fa, sol, la)* correspondent aux débuts d'hémistiche des trois premiers vers. Le dernier vers n'a pas été utilisé par Gui d'Arezzo, mais on a plus tard (XVIIIe siècle) repris les deux lettres acrostiches de *Sancte Iohannes* pour en faire la syllabe SI qu'on a alors attribuée à la septième note de la gamme.

Contrairement à ce que l'on croit fréquemment, Gui d'Arezzo n'a emprunté pour son opération solfégique que les paroles de l'hymne et non sa mélodie. Cette dernière semble avoir été soit fabriquée par lui pour les besoins de la cause, soit empruntée à un chant scolaire que l'on trouve à la même époque adapté à plusieurs odes d'Horace de même mètre. L'hymne, par contre, ne s'est jamais chantée avant le XIe siècle sur une mélodie solfégique.

De plus, Jacques Viret et Jacques Chailley ont découvert en 1981 que le poème de Paul Diacre, indépendamment de la mélodie, constituait un cryptogramme dans lequel les syllabes retenues plus tard pour les notes de la gamme (et aussi celles non utilisées par Gui d'Arezzo) présentaient un sens caché cohérent. Au centre, la syllabe SOL, qui en latin signifie « soleil » et en reproduit l'image par le graphisme de sa lettre centrale O. Cette lettre O est la transcription latine de la lettre grecque *oméga,* dernière lettre de l'alphabet ; jointe à la première lettre *alpha* (que le Moyen Age orthographie couramment *alfa*), elle contient la définition que Dieu se donne à lui-même dans l'Apocalypse : « Je suis l'alpha et l'oméga. » Dans l'hymne, SOL est encadré par les deux syllabes FA et LA, qui, lues en convergence vers l'oméga du SOL, forment précisément le mot ALFA.

La syllabe précédente MI réunit les deux lettres M et I qui, dans la numérotation alphabétique latine, représentent le plus grand nombre transcriptible (M, mille) et le plus petit (I, un) ; elle est donc une image du macrocosme et du microcosme, représentation de l'univers.

Les deux syllabes initiales du dernier vers, SANcte IOhannes, réunies et lues comme ALFA mais en sens inverse, forment le mot IONAS, nom du prophète qui sortit vivant après trois jours du ventre d'une baleine, et pour ce fait fut considéré comme la préfiguration de la résurrection du Christ, image elle-même de la renaissance printanière après le sommeil de l'hiver.

Si enfin on réunit à SOL et à IO les syllabes UT et RE, on obtient, dans un autre ordre, le mot alchimique RESOLUTIO, qui désigne le mystère fondamental de la nature, à savoir la dissolution des éléments dans la mort pour leur reconstitution ultérieure dans un autre ordre pour une nouvelle vie (mort/résurrection, cycle des saisons, etc.). Le groupe RESOLUTIO/ALFA-OMÉGA peut être représenté par une croix latine régulière :

```
         RE
   LA  SOL  FA
         UT
         IO
```

La dédicace à saint Jean-Baptiste concourt elle aussi à la signification du cryptogramme, car la fête de ce saint, précurseur du Christ ressuscité, prenait place au solstice d'été, lié traditionnellement aux célébrations populaires des mystères saisonniers (feux et danses de la Saint-Jean). En choisissant cette hymne pour les syllabes de son « solfège », Gui d'Arezzo consacrait en quelque sorte une valeur symbolique antérieurement reconnue. J. C.

UTRENJA (ou *Messe russe*). Oratorio de K. Penderecki pour cinq voix solistes, deux chœurs et orchestre. Les deux parties, *la Mise au tombeau* et *la Résurrection,* furent créées respectivement le 8 avril 1970 en la cathédrale d'Altenberg, près de Cologne, et le 28 mai 1971 en celle de Münster. Cette vaste fresque en vieux slavon est remplie de citations de mélodies et d'harmonies propres à la liturgie orthodoxe russo-byzantine. Comme la *Passion selon saint Luc,* elle fait référence à Bach, notamment par sa structure formelle en deux parties, et réactualise en même temps des musiques anciennes par des techniques modernes (recherches de timbre, clusters, etc.).

Avec ces deux grandes œuvres, Penderecki se place assurément parmi les rares compositeurs contemporains ayant suscité une renaissance de la musique liturgique. A. F.

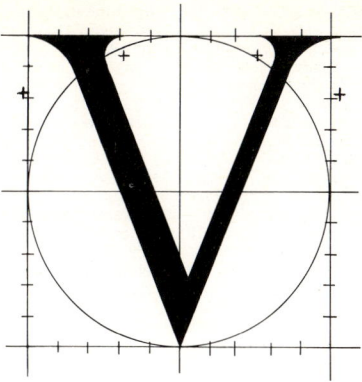

Vachon *(Pierre)*, violoniste et compositeur français *(Arles 1731 - Berlin 1803)*. Il se rendit à Paris vers l'âge de vingt ans, faisant ses débuts au Concert spirituel en 1756 dans un concerto de sa propre composition. En 1761, il devint premier violon dans l'orchestre du prince de Conti, à qui il dédia la même année ses six symphonies op. 2. Il composa cinq opéras-comiques entre 1765 et 1773. Après une dizaine d'années passées à Londres, il se rendit en Allemagne, et en 1786, était devenu premier violon de l'orchestre royal de Berlin, poste qu'il conserva jusqu'à sa retraite en 1798. Ses quatuors à cordes, au nombre d'une trentaine, sont de haute qualité, et il fut un des premiers compositeurs français à aborder le genre (de tous ses compatriotes, il s'y montra le plus prolifique). M. V.

Vaggione *(Horacio)*, compositeur argentin *(Córdoba 1943)*. Après une formation musicale conventionnelle, il s'orienta principalement vers la musique électronique « live ». Cofondateur en 1965 du Centre de musique expérimentale à l'université de Córdoba, il obtint en 1966 une bourse d'études pour les États-Unis, où il découvrit John Cage et travailla dans plusieurs studios de musique électronique. De 1969 à 1972, il fit partie d'un groupe de musique électronique « live » en collaboration avec les compositeurs Luis de Pablo et E. Polonio, et en 1971-72, de l'équipe Musique et Informatique de l'université de Madrid. Il vit actuellement à Paris, où il se consacre principalement à la composition et à l'enseignement des techniques de la musique électronique.
Œuvres principales. — *Musique instrumentale.* Sequences pour piano et 8 instruments (1963) ; *Untitled*, théâtre musical (1964) ; *Espaces transformables* pour ensemble instrumental indéterminé (1964) ; *Verticales* pour ensemble instrumental variable (1965) ; *Sonates I-IV* pour ensemble instrumental (1965-1967) ; *Sextuor de Weston* pour ensemble instrumental indéterminé (1966) ; *Triades* pour orchestre (1968) ; *Material para quarteto* pour quatuor à cordes (1970) ; *Undicit I* pour 14 instruments (1981) ; *Undicit II* pour 2 pianos (1981).
Musique électronique. Inauguración de la conexión (1968) ; *Curriculum* (1969) ; *Modelos de universo* (1969-70) ; *Interfase* (1969) ; *La Ascensión de Euclides* (1970) et *Kala* (1971) pour ensemble électronique en direct ; *La Máquina de cantar* (1971) pour ordinateur IBM 7090 ; *Ending* (1973) pour claviers électroniques ; *Comment le temps passe* (1977) pour claviers électroniques, synthétiseur et sons concrets ; *Autour* (1978) pour claviers électroniques ; *l'Art de la mémoire* (1970-1979) pour 4 oscillateurs ; *Daedalus* pour synthétiseurs analogiques ; *Septuor* (1981) pour ensemble de synthétiseurs. I. S.

Vaisseau fantôme (Le) [en all. *Der fliegende Holländer* : « le Hollandais volant »]. Opéra en 3 actes de Richard Wagner, sur un livret de l'auteur, créé au théâtre de la Cour royale de Saxe à Dresde le 2 janvier 1843. L'œuvre se joue sans entracte.
ACTE PREMIER. Après une ouverture bâtie sur le leitmotiv du Hollandais et sur celui du rachat, le rideau se lève sur une crique. Jeté par la tempête dans la halte de Sandwike, le marchand norvégien Daland (b) confie à son pilote (t) le premier tour de veille. Mais le marin s'endort : alors surgit de la brume le vaisseau fantôme. Son capitaine, le Hollandais (bar), se révolte amèrement contre son destin : parce qu'il a jadis osé braver le ciel en utilisant, pour franchir un cap, la tempête que Dieu avait déchaînée afin de le dissuader de poursuivre sa route, il a été condamné à errer sur les mers. Tous les sept ans, l'Océan le rejette à terre : ce supplice ne prendra fin que s'il rencontre une femme fidèle dont l'amour pourra le racheter. Mais le Hollandais, qui a tenté en vain le suicide par tous les moyens, attend désormais sa délivrance de la fin du monde. Daland l'aborde : le Hollandais achète son hospitalité et la main de sa fille Senta.
ACTE II. (Une pièce commune dans la maison de Daland où les jeunes filles se réunissent pour filer.) Lassée par la rengaine de ses compagnes, Senta (s) propose à sa nourrice Mary (ca) de chanter la ballade du Hollandais. Comme Mary refuse, gênée par l'adoration que voue Senta au marin de la légende, la jeune fille chante elle-même. Depuis sa plus tendre enfance, elle vit sous l'emprise de la chanson : l'interprétant elle-même pour la première fois, elle en saisit le sens profond et, touchée de compassion, se déclare prête à sauver le maudit. Ce nouvel accès chimérique fait la joie des fileuses et l'inquiétude d'Erik (t) qui vient annoncer le retour de Daland.
Cet amoureux, moins conventionnel qu'on ne le croit, épris de Senta depuis l'enfance, représente pour la jeune fille l'enchaînement originel à la matière dont elle aspire à s'évader, elle qui n'a pas, contrairement à lui, « les pieds sur terre » : Erik, en effet, est chasseur. Homme des plaines et des forêts, il ne partage pas les croyances troubles des marins relatives à ce Minotaure des mers qu'est le Hollandais ; en revanche, n'appartenant pas à leur monde, il sait son amour menacé. Troublé par un rêve au cours duquel il a vu la jeune fille se jeter dans les bras du Hollandais, il vient la presser de lui promettre enfin sa main. mais Senta exulte : « Il me cherche ! Avec lui je dois m'engloutir ! » Le marin apparaît, introduit par Daland. Il lui demande si elle accepte de mettre son amour au service de sa délivrance. Elle lui jure fidélité.
ACTE III. (Le port.) Les marins norvégiens, qui fêtent leur retour, s'étonnent du silence qui règne à bord du navire hollandais. Ils se moquent des étrangers, demeurés invisibles depuis l'arrivée, et feignent même de croire qu'il s'agit du vaisseau fantôme de la légende. Seuls le public et Senta connaissent, en effet, l'identité réelle de l'équipage. Alors des cales voisines monte un chant sauvage qui épouvante les

Norvégiens et leur fait abandonner leur pont. Senta survient, suivie par Erik qui lui reproche ses serments oubliés. Le surprenant, le Hollandais veut aussitôt reprendre la mer. Montant à son bord, il avoue son nom et son destin : alors Senta échappe à ceux qui tentent de la retenir et se jette dans les flots en sacrifice. Le bâtiment maudit sombre à l'instant, son capitaine trouvant dans la mort la délivrance éternelle.

Avec cette œuvre, composée entre 1839 et 1841 alors qu'il fuit ses créanciers allemands pour venir brûler ses espoirs aux lumières de Paris, Wagner fait un pas gigantesque dans la définition de son style d'auteur. Les qualités sont nombreuses, par rapport auxquelles *Tannhäuser* et *Lohengrin*, œuvres postérieures, pourront paraître en retrait : la rigueur de l'enchaînement dramatique, en dépit de la précipitation du final — mais ce dernier point est une constante wagnérienne ; la beauté de la langue, très classique (Heine, qui a fourni le sujet, sert aussi de modèle) ; la hardiesse du coloris orchestral, dont la sonorité cuivrée sera atténuée par des retouches postérieures ; l'intégration des airs, duos, ensembles, chœurs, dans une structure qui respecte avant tout le déroulement de l'action ; l'apparition de types vocaux qui sont, déjà, ceux de la maturité du compositeur ; la problématique, enfin, si proche de *Tristan* (deux héros pareillement détachés des illusions de la matière, utilisant l'amour qu'ils s'inspirent pour fuir les limites de la vie terrestre) voire de *Parsifal* (la compassion qui éveille l'esprit endormi de l'élu rédempteur). Malgré tout, l'œuvre connut un échec à la création, en dépit de l'interprétation de Senta par Wilhelmine Schröder-Devrient. P. G.

VALEN (Fartein), compositeur et organiste norvégien (Stavanger 1887-Haugesund 1952). Il fut l'un des premiers modernistes de son pays et adopta très tôt les principes dodécaphoniques (*Trio* op. 5, 1917-1923), dans le cadre d'une écriture polyphonique riche et complexe. Mais l'essentiel de son œuvre de maturité commence en 1930 avec la *Pastorale* op. 11. Il développa alors un système de contrepoint dissonant très strict qu'on retrouve dans le *2e Quatuor à cordes* (1931), les *Sonetti di Michelangelo* (1932), *Epithalamion* op. 19 (1933), *le Cimetière marin* op. 20 (1934) et *La Isla de las calmas* op. 21 (1934). Le rôle de Valen a été très important dans l'émancipation des compositeurs norvégiens du XXe siècle, vis-à-vis d'une tradition postromantique qui l'influença dans sa jeunesse et contre laquelle il montra qu'on pouvait réagir sans pour autant rompre totalement avec elle.
H.-C. F.

VALLAS (Léon), musicologue français (Roanne 1879-Lyon 1956). Docteur ès lettres, il enseigna l'histoire de la musique au conservatoire de Lyon, professa en Sorbonne et aux Etats-Unis, et fut, de 1938 à 1941, directeur artistique de Radio-Lyon. Il fonda en 1903 la *Revue musicale de Lyon*, devenue en 1912 la *Revue française de musique*, puis la *Nouvelle Revue musicale* (1920-1925). De 1937 à 1943, il présida la Société française de musicologie. Vivantes et bien documentées, ses biographies de César Franck, Vincent d'Indy et Claude Debussy constituent l'essentiel de son œuvre d'historien.
Principaux écrits. *Un siècle de musique à Lyon, 1688-1789* (1932) ; *les Idées de Claude Debussy, musicien français* (1927) ; *Claude Debussy et son temps* (1932 ; rééd. 1958) ; *Vincent d'Indy* (2 vol., 1946, 1949) ; *la Véritable Histoire de César Franck* (1955). J. R.

VALLIN (Ninon), soprano française (Montalieu-Vercieu 1886-Lyon 1961). Elle débuta au concert dans *la Demoiselle élue* de Debussy et participa à la création du *Martyre de saint Sébastien* (la voix de la vierge Erigone). Elle fut engagée à l'Opéra-Comique pour chanter Micaela en 1912. Par la suite, elle y chanta une grande variété de rôles tant dans le répertoire de soprano lyrique, comme Rozenn du *Roi d'Ys*, que dans celui de soprano lyrico-dramatique, comme Louise, ou celui de mezzo-soprano, comme Charlotte de *Werther*. Elle assura aussi un certain nombre de créations dans des ouvrages contemporains (Xavier Leroux et Camille Erlanger). Elle parut aussi avec succès à la Scala de Milan et au théâtre Colón de Buenos Aires. Son timbre conservait la même qualité à la fois brillante et chantée sur toute la longueur d'un registre assez étendu. Sa musicalité était raffinée, mais son talent d'actrice conventionnel. J. B.

VALSE (en all. *Walzer* ; du verbe *walzen*, « rouler »). Danse à 3 temps, qu'on a dit issue de la « volte », danse provençale du XVIe siècle, également à 3 temps, mais cette origine a été contestée. Elle se danse par couples et en tournant. C'est au cours du XVIIIe siècle que se répand le terme de « valse ». Elle n'est alors pas très éloignée d'autres danses vives à 3 temps comme la *danse allemande* ou le *Ländler*. C'est à Vienne que la valse finit par trouver sa patrie. Danse à la fois noble, distinguée et voluptueuse et même parfois dionysiaque, la valse, sous sa forme entraînante et rapide, triomphe au XIXe siècle, avec les productions de Lanner et de la famille Strauss.

Les valses sont alors souvent écrites avec une ouverture lente, qui met en valeur leur déchaînement rythmique (*Invitation* à la valse* de Weber). Franz Schubert, avec ses *Valses nobles* et ses *Valses sentimentales*, fut un des très nombreux compositeurs de valses publiées au XIXe siècle pour répondre à cette mode. Parmi les recueils romantiques pour piano, celui des *14 Valses* op. 18, op. 34 et op. 64 de Chopin, auxquelles il faut ajouter quelques numéros posthumes, est le plus populaire : beaucoup des pièces qui le composent adoptent le style « tourbillonnant » de rigueur, tandis que d'autres (*Valse en « la » mineur*, op. 34 no 2) sont plus mélancoliques et rêveuses.

Dans la musique occidentale, la valse est une des rares danses à avoir fait se rejoindre musique savante et sensibilité populaire : les grandes valses de Johann Strauss fils sont appréciées de tous, ce qui est moins le cas de ses polkas et quadrilles, plus confinés dans leur fonction de divertissement. On trouve donc des valses absolument partout : dans les bals populaires ou de la haute société, mais aussi dans des œuvres symphoniques (Berlioz, Mahler), dans des ballets (Tchaïkovski, Messager, Delibes, etc.), mais encore dans des opéras (*Faust*, de Gounod ; *les Maîtres chanteurs de Nuremberg*, de Wagner ; *le Chevalier à la rose*, de Richard Strauss ; *Wozzeck*, d'Alban Berg, etc.) et même dans des œuvres savantes et atonales (Schönberg). En effet, la valse présente cette particularité d'être une danse susceptible de s'adapter à une écriture complexe et baroque, tout en conservant son caractère dansant fondamental : on rencontre ainsi des valses extrêmement sophistiquées, chromatiques (*Méphisto-Valse*, de Liszt), et même électroacoustiques (*Valse molle*, d'Alain Savouret ; valse de la *Symphonie pour un homme seul*, de Pierre Schaeffer et Pierre Henry), en passant par les valses raffinées d'un Ravel (*Valses nobles et sentimentales*, pour piano, et *la Valse*, poème symphonique cherchant à exprimer la quintessence de cette danse viennoise). À côté de la forme rapide et distinguée, on trouve aussi la *valse lente*, ou valse anglaise, et la forme populaire de la *valse musette*. M. C.

VALSE (LA). Poème chorégraphique de Maurice Ravel, achevé au printemps de 1920 et donné en première audition par l'orchestre Lamoureux, le 12 décembre de la même année, sous la direction de Camille Chevillard. Sur ce chef-d'œuvre dédié à Misia Sert et dont la genèse allait s'étendre sur une quinzaine d'années, le compositeur écrivit dès le 7 février 1906 (lettre à Jean Marnold) : « Ce n'est pas subtil ce que j'entreprends pour le moment, une grande valse, une manière d'hommage à la mémoire du grand Strauss, pas Richard, l'autre, Johann. Vous savez mon intense sympathie pour ces rythmes admirables et j'estime la joie de vivre exprimée par la danse bien plus profonde que le puritanisme franckiste. Par exemple, je sais bien ce qui m'attend auprès des adeptes de ce néochristianisme, mais ça m'est égal. »

D'abord intitulée *Wien* et conçue comme poème symphonique, la partition devint finalement cette « apothéose de la valse viennoise », qui, semble-t-il, correspondait dès l'origine aux préoccupations de l'auteur. Ravel la rédigea pour un très grand orchestre comprenant petite flûte, 2 flûtes, 2 hautbois et cor anglais, 2 clarinettes et clarinette basse, 2 bassons et contrebasson, 3 trompettes, 3 trombones et tuba, 3 timbales, triangle, tambour de basque, tambour, cymbales, grosse caisse, castagnettes, tam-tam, timbres, crotales, 2 harpes et quintette à cordes.

Dans les faits, l'indication « mouvement de valse viennoise » placée en tête de l'ouvrage se traduit par une véritable « chaîne de valses », sans solution de continuité et qui, par-delà les sommets d'intensité confiés aux diverses familles d'instruments, s'inscrit dans la perspective générale d'un immense *crescendo*. Lentement, mystérieusement — et un peu à la manière de ce qui se passera au début du *Concerto pour la main gauche* —, la musique se dégage du néant (contrebasses divisées, avec sourdines — nuance *pianissimo*), s'organise, s'affirme... Les ténèbres se dissipent et le célèbre rythme à 3 temps s'installe, triomphal, inexpugnable. Usant de l'effectif dont il dispose en véritable magicien du timbre et de la couleur, Ravel exploite avec une merveilleuse aisance et un esprit d'à-propos jamais en défaut des effets aussi variés que les trémolos de flûtes, les harmoniques de violons, les glissandi d'archets (violons, altos et violoncelles) ou de harpes, etc. Musique très éloignée, à vrai dire, des mélodies franches et populaires de la vraie valse viennoise, mais envoûtante et perpétuellement changeante.

Sous forme de ballet, *la Valse* fut exécutée pour la première fois en 1929 à l'Opéra de Paris, par la compagnie Ida-Rubinstein, avec Gustave Cloez au pupitre de chef d'orchestre. L'argument était du compositeur, les décors d'Alexandre Benois, la chorégraphie de Bronislava Nijinska. Parmi les autres chorégraphies dont cette œuvre capitale allait faire l'objet, mentionnons celles de Michel Fokine (1930), L. Massine (1950), G. Balanchine (1951), Janine Charrat (1955), H. Lander (1958).   J. D.

VALSE DES FLEURS. Page de Tchaïkovski. *V. Casse-Noisette*.

VALSE TRISTE. Œuvre de Sibelius. *V. Kuolema*.

VALSES NOBLES. Recueil de 12 valses pour piano op. 77 (D. 969), composées en 1826 par Franz Schubert et publiées en 1827 par l'éditeur Tobias Haslinger, sans doute en prévision du carnaval de Vienne, qui était prétexte à consommation de danses nouvelles. Si « noblesse » il y a (le sous-titre étant dû probablement à l'éditeur), on peut la trouver dans une certaine allure de simplicité et de dépouillement, qui s'allie avec l'emploi de tonalités « faciles ». Maurice Ravel, avec ses *Valses nobles et sentimentales*, pour piano, devait faire référence ironique aux deux recueils de Schubert qui portent ce titre.   M. C.

VALSES NOBLES ET SENTIMENTALES. Œuvre de Maurice Ravel, dont la version originale pour piano, datée de 1911, fut donnée en première audition par Louis Aubert, le dédicataire. Cela se passait le 9 mai de la même année, lors d'un concert de la Société musicale indépendante, laquelle avait eu l'idée de confier aux auditeurs le soin de deviner les noms des compositeurs figurant au programme. Outre les *Valses nobles et sentimentales* qui se trouvaient en quatrième position, ce programme comprenait, entre autres, des quatuors vocaux de Léo Sachs, des pages d'Inghelbrecht, Busser, Wurmser et Couperin. Pour les *Valses*, le public proposa les noms de Ravel (à une faible majorité), Satie et Kodály.

En mars 1912, Ravel orchestra les *Valses nobles et sentimentales* pour 2 flûtes, 2 hautbois et cor anglais, 2 clarinettes, 2 bassons, 4 cors, 2 trompettes, 3 trombones, tuba, timbales, grosse caisse, cymbales, triangle, tambour, tambour de basque, célesta, jeux de timbres, 2 harpes et quintette à cordes. Sous cette forme, la partition devint un ballet à cinq personnages intitulé *Adélaïde ou le Langage des fleurs*, dont l'action se passait à Paris vers 1820 et qui fut créé au théâtre du Châtelet le 22 avril 1912, par Mlle Trouhanova et sous la direction du compositeur.

« Le titre de *Valses nobles et sentimentales* », devait préciser Ravel dans l'*Esquisse biographique* que Roland-Manuel écrivit sous sa dictée, « indique assez mon intention de composer une chaîne de valses à l'exemple de Schubert. À la virtuosité qui faisait le fond de *Gaspard de la nuit* succède une écriture nettement plus clarifiée, qui durcit l'harmonie et accuse les reliefs de la musique. » Sans alanguissements suspects — malgré ce que sa désignation complète pourrait laisser supposer — mais, au contraire, dans un climat de sensualité un peu hautaine et « anguleuse », l'œuvre se fait tour à tour incisive (première valse), nostalgique (deuxième), élégante (troisième), insidieuse (cinquième), etc.

Après la septième et dernière valse, un *Épilogue* rassemble les principaux motifs précédemment entendus.   J. D.

VALSES SENTIMENTALES. Recueil de 34 valses pour piano op. 50 (D. 779), composées entre 1823 et 1825 par Franz Schubert et publiées en 1825 par l'éditeur Diabelli à Vienne. Ce dernier, probablement responsable de ce titre commercial, avait réparti cette compilation de valses écrites en diverses circonstances en deux cahiers de 17 valses : le premier cahier comportant des tonalités faciles (avec peu d'altérations) et le second des tonalités plus chargées.   M. C.

VAN BAAREN (Kees), compositeur néerlandais (*Enschede 1906 - Oegstgeest 1970*). Il étudia avec Pijper au conservatoire de La Haye, puis à l'Académie de musique de Berlin, où il rencontra Berg et Schönberg. Intéressé, dès ses débuts, par la technique sérielle, il réalisa avec son *Septuor* (1952) la première grande œuvre néerlandaise conçue dans cette discipline. Directeur du conservatoire de La Haye à partir de 1957, il eut sur ses élèves, parmi lesquels « les Cinq », groupe formé de Louis Andriessen, Misha Mengelberg, Reinbert de Leeuw, Peter Schat et Jan Van Vlijmen, la plus heureuse influence, et ses œuvres servirent fréquemment d'exemple, malgré la lenteur de leur élaboration, car chacune d'elles atteste un approfondissement de l'organisation sérielle.

Œuvres. — *Musique pour orchestre*. Sinfonia, Variations, Concerto pour piano. *Musique de chambre*. 2 quatuors, Quintette à vent, Septuor. *Musique vocale*. The Hollow Men (cantate d'après T. S. Eliot).   A. G.

VAN BEINUM (Eduard), chef d'orchestre néerlandais (*Haarlem 1901 - Amsterdam 1959*). Élève de Sem Dresden au conservatoire d'Amsterdam, il fit ses débuts à Haarlem, puis devint associé de Wilhelm Mengelberg au Concertgebouw d'Amsterdam (1938), avant de lui succéder en 1945. Sa carrière internationale le conduisit alors à effectuer de fréquentes tournées en Europe et en Amérique. En 1956, il fut nommé chef de l'Orchestre de Los Angeles, mais renonça à ce poste et revint en Europe.

Avec une technique claire et analytique, Eduard Van Beinum a souvent défendu les grandes œuvres contemporaines.   A. G.

VAN CAMPENHOUT (François), compositeur belge (*Bruxelles 1779 - id. 1848*). Il commença sa carrière comme violoniste au théâtre de la Monnaie, puis comme chanteur. Il étudia ensuite à Amsterdam et pratiqua le chant jusqu'en 1827, date à laquelle il se fixa à Bruxelles pour se consacrer à la composition. On lui doit 17 opéras (dont *Gratius, le Passe-Partout, l'Heureux Mensonge*), des ballets (*Diane et Endymion*), 3 messes, 6 divertissements, 1 *Sinfonia*, 9 cantates avec orchestre, un *Te Deum*, etc. Il est également l'auteur de *la Brabançonne* (1830).   A. G.

VANDENBOGAERDE *(Fernand)*, compositeur français *(Roubaix 1946)*. Il fit des études à la fois scientifiques et musicales, ces dernières au conservatoire de Roubaix, à la Schola cantorum, au Conservatoire de Paris (analyse, esthétique), à Cologne avec Stockhausen, à Darmstadt, et enfin au G. R. M. Il a donné des conférences en Amérique latine, et a enseigné à la Schola cantorum, au conservatoire de Pantin et à l'université Paris-XIII. Depuis 1976, il est directeur du conservatoire du Blanc-Mesnil.

Très attiré par la conception massique de Xenakis, il se veut néanmoins indépendant, et refuse tout carcan idéologique. Ses œuvres, très nombreuses, sont presque toutes électroacoustiques ou mixtes : *Métamorphoses*, pour bande magnétique (1969), *Kaléidoscope*, musique électroacoustique en six pistes (1976), *Jeu de temps*, pièce pédagogique pour piano et dispositif électroacoustique (1977), *Temps/Couleurs*, pour clarinette basse, flûte basse, trombone, violoncelle et dispositif électroacoustique (1979), *Musique à dix*, pour vents (1980), *Librations* (1983). M. G.

VAN DEN BORREN *(Charles)*, musicologue belge *(Ixelles 1874 - Uccle 1966)*. Élève d'Ernest Closson, il fut bibliothécaire du Conservatoire royal de musique de Bruxelles, enseigna aux universités de Bruxelles et de Liège et devint, en 1946, président de la Société belge de musicologie. Il a fondé, avec Safford Cape, l'ensemble Pro musica antiqua.
Principaux écrits. *L'Œuvre dramatique de César Franck* (Bruxelles, 1907); *les Origines de la musique de clavier en Angleterre* (Bruxelles, 1912); *les Débuts de la musique à Venise* (Bruxelles, 1914); *les Origines de la musique de clavier dans les Pays-Bas* (Bruxelles, 1914); *Guillaume Dufay* (Bruxelles, 1925); *Études sur le XVe siècle musical* (Anvers, 1943); *Roland de Lassus* (Bruxelles, 1943); *César Franck* (Bruxelles, 1950). A. G.

VAN DYCK *(Ernst)*, ténor belge *(Anvers 1861 - Berlaerlez-Lierre 1923)*. Venu étudier à Paris avec Saint-Yves Bax, il est découvert par Charles Lamoureux, qui le fait débuter en concert en 1883 et sur scène en 1887, dans le rôle de Lohengrin qu'il crée à Paris. Les leçons de Julius Kniese, le maître de chant de Bayreuth, lui permettent d'y incarner dès 1888 Parsifal, avant d'y tenir, jusqu'en 1901, tous les emplois de Heldentenor. Membre de l'Opéra de Vienne de 1888 à 1900, il y défend aussi le répertoire français, Des Grieux de *Manon* en 1890, et Werther, qu'il y crée en 1892. Il chante également à Bruxelles (1894), Chicago (1898), New York (1898-1902), Londres (1907), Paris (1908, 1914) et Monte-Carlo (1906, 1909, 1910). Une voix chaude au timbre éclatant, sa noblesse de diction et de geste et sa prestance de comédien ont fait de lui le premier Heldentenor de son époque. D'une culture étendue, il fut également librettiste et enseigna, à partir de 1906, à Paris et en Belgique. M. W.

VANHAL *(Johann Baptist* ou JAN KŘTITEL*)*, compositeur tchèque *(Nove Nechanice, Bohême, 1739 - Vienne 1813)*. Après avoir été organiste à Marsov, il arriva à Vienne vers 1760, et, dans cette ville, il eut comme maître Dittersdorf, son contemporain exact, avant de donner lui-même des leçons à Pleyel. De 1769 à 1771, il séjourna en Italie, où il composa notamment 2 opéras perdus et où il rencontra Gluck et Gassmann. Après son retour à Vienne, il fut sujet à des dépressions nerveuses, et, de 1772 à 1780, séjourna plusieurs fois, pour se remettre, sur les terres du comte Johann Erdödy en Croatie. A partir de 1780, il vécut de nouveau à Vienne en musicien indépendant, délaissant peu à peu la composition d'œuvres importantes au profit de la musique de salon et de ses activités d'enseignant.

Auteur de très nombreuses partitions vocales (messes, requiem, motets) et surtout instrumentales, dont 54 quatuors, environ 30 concertos, des sonates, des variations et des danses, il joua un rôle de premier plan, à partir de 1765 environ et pour une dizaine d'années, dans l'évolution de la symphonie. Il en laissa plus d'une centaine, dont 13 au moins en mineur, qui, par leurs teintes souvent mélancoliques, font de lui un des meilleurs représentants du *Sturm* und Drang* autrichien. Des diverses étapes de l'évolution de J. Haydn, à qui furent attribués plusieurs de ses ouvrages, celle du *Sturm und Drang* semble l'avoir attiré tout particulièrement. La *Symphonie* en *sol* mineur composée par Vanhal vers 1770 forme avec la 39e de Haydn et la 25e de Mozart, à peu près contemporaines et dans la même tonalité, une remarquable et très intéressante trilogie. M. V.

VAN MALDERE *(Pierre)*, compositeur et violoniste belge *(Bruxelles 1729 - id. 1768)*. Peut-être élève de J.-J. Fiocco et de H.-J. de Croes, il entra en 1746 au plus tard dans la chapelle de Charles de Lorraine, gouverneur général des Pays-Bas autrichiens, séjourna grâce à lui à Dublin (1751-1753), et se fit entendre en 1754 au Concert spirituel à Paris. Il devint alors directeur des concerts de Charles de Lorraine, auquel il devait rester attaché jusqu'à sa mort. A la fois parce que Charles de Lorraine était le beau-frère de l'impératrice Marie-Thérèse et parce que le gouverneur général et son protégé séjournèrent en Bohême et en Autriche au début de la guerre de Sept Ans (jusqu'en 1758), les œuvres de Van Maldere furent vite connues et appréciées à Vienne. Après de nouveaux voyages avec Charles de Lorraine, en particulier à Paris, il fut directeur du Grand Théâtre de Bruxelles de 1762 à 1767. Il écrivit des œuvres pour la scène, dont le *Déguisement pastoral* (Schönbrunn, 1756) et *la Bagarre* (Paris, 1763), et de la musique de chambre, mais son importance tient surtout à ses symphonies, qui, par leur forme comme par leur écriture, constituent la partie la plus avancée de sa production. Elles parurent à Paris, Lyon, et Londres à partir de 1760, et certaines furent attribuées à Haydn. M. V.

VANNI-MARCOUX *(Jean)*, baryton français *(Turin 1877 - Monte-Carlo 1962)*. Il débuta à Turin en 1894. Il fut engagé à l'Opéra de Paris en 1909, où, assez curieusement, il s'imposa dans des rôles marqués par Chaliapine, dont il était loin d'avoir les moyens vocaux : le *Boris Godounov* de Moussorgski et le *Don Quichotte* de Massenet, où il parvenait à racheter par l'intelligence de l'interprétation et la musicalité ce qui lui manquait en volume. Il a fait de nombreuses créations, dont la dernière en date fut *Flambeau de l'Aiglon* d'Ibert et Honnegger en 1937. Il a enseigné au Conservatoire de Paris de 1938 à 1945 et dirigé ensuite le Grand-Théâtre de Bordeaux. Vanni-Marcoux était un artiste lyrique au raffinement exceptionnel et à la personnalité convaincante. J. B.

VAN VLIJMEN *(Jan)*, compositeur néerlandais *(Rotterdam 1935)*. Il fut l'élève de Kees Van Baaren alors que celui-ci était encore directeur du conservatoire d'Utrecht. Ses premières œuvres, parmi lesquelles un quatuor et des mélodies sur des textes de Morgenstern, révèlent l'influence de Berg et de Schönberg, ainsi qu'un esprit postromantique (1955-1958). Son quintette à vents (1958) marque son passage du dodécaphonisme strict au sérialisme. Il s'impose sur le plan international avec *Costruzione*, pour 2 pianos, joué à Darmstadt en 1961, et *Gruppi per 20 strumenti e percussione* (1962), œuvre influencée par la *Gruppenform*, telle que l'avait élaborée Stockhausen, et dans la suite de laquelle s'inscrivent notamment *Serenata I*, pour 12 instruments divisés en 3 groupes (1964; rév., 1967), *Serenata II*, pour flûte et 4 groupes instrumentaux (1964), *Sonata per pianoforte e tre gruppi strumentali* (1966) et *Per diciassette*, pour 17 instruments à vent (1968). On lui doit encore un concerto pour violon (*Omaggio a Gesualdo*, 1971), *Axel*, opéra en 3 actes d'après Villiers de L'Isle-Adam, et *Quaterni*, pour ensemble instrumental (1979). Nommé directeur adjoint du conservatoire de La Haye en 1965, il a succédé comme directeur à Kees Van Baaren en 1970. En 1969, il a participé à l'opéra collectif *Reconstruction*. Il a relativement peu composé, mais occupe une place importante dans l'école néerlandaise actuelle. M. V.

VARÈSE *(Edgard)*, compositeur américain, d'origine française *(Paris 1883 - New York 1965)*. Lorsque ce grand créateur solitaire disparut à New York, il était depuis longtemps considéré, malgré les scandales qu'il avait provoqués, comme un de ceux ayant le plus profondément marqué le passage du xxe siècle. Né d'une mère bourguignonne et d'un père d'origine italienne, il commença à travailler (en cachette de son père) l'harmonie et le contrepoint à Turin, où sa famille s'était installée en 1892. Ayant regagné Paris en 1903, il entra à la Schola cantorum en 1904 (d'Indy, Roussel), puis au Conservatoire en 1905 (Widor). Il écrivit en 1905 *Prélude à la fin d'un jour*, pour 120 musiciens, et en 1906 une *Rhapsodie romane*, pour orchestre. L'année 1906 le vit aussi fonder la chorale de l'Université populaire du faubourg Saint-Antoine, avec laquelle il donna des concerts publics.

De 1907 à 1914, il vécut principalement à Berlin, où il se lia avec Busoni, Richard Strauss, le chef Karl Muck et l'écrivain Hugo von Hofmannsthal. En 1908, il fit à Paris la connaissance de Debussy, à qui il révéla les premières œuvres atonales de Schönberg, et commença à composer *Œdipe et le Sphinx*, opéra sur un livret de Hofmannsthal (il devait y travailler jusqu'en 1914). Le poème symphonique *Gargantua* devait lui aussi demeurer inachevé, mais un autre, *Bourgogne*, fut créé à Berlin le 15 décembre 1910 (Varèse ne devait détruire le manuscrit qu'en 1962). En 1911, il entreprit *Mehr Licht*, qui, remanié, prit place l'année suivante dans l'opéra *les Cycles du Nord*. Le 4 janvier 1914, il dirigea avec grand succès un concert de musique française à Prague. La guerre le surprit à Paris, et tous ses manuscrits demeurés à Berlin devaient y être détruits par l'incendie d'un entrepôt.

Mobilisé durant six mois, puis réformé, il partit pour les États-Unis en décembre 1915. En 1917, il dirigea à New York le *Requiem* de Berlioz « à la mémoire des morts de toutes les nations », et, en 1919, fonda pour l'interprétation de la musique nouvelle le New Symphony Orchestra : ce fut un échec. En 1921, l'année de l'achèvement d'*Amériques**, sa première composition ayant subsisté, il fonda l'International Composers' Guild, dont le premier concert eut lieu en 1922 et le dernier en 1927. Son manifeste est demeuré célèbre : « Mourir est le privilège de ceux qui sont épuisés. Les compositeurs d'aujourd'hui refusent de mourir. » En six ans d'activité, l'International Composers' Guild devait révéler aux Américains des œuvres telles que *Pierrot lunaire* de Schönberg, *Noces* de Stravinski ou le *Concerto de chambre* de Berg.

Les années les plus fécondes de Varèse s'étendirent de 1920 à 1934 : naquirent alors 8 œuvres maîtresses que rien ne laisse prévoir n'empêcherait de figurer dans la production du second après-guerre. La première est *Amériques**, pour grand orchestre (1920-21 ; rév., 1929), hymne au lyrisme violent et à la solitude de l'univers industriel moderne. Suivirent *Offrandes**, pour soprano et orchestre de chambre (1921), œuvre plus subjective de ton que d'habitude chez le compositeur ; *Hyperprism**, pour petit orchestre et percussion (1922-23), la plus brève (4 à 5 minutes) de toutes ses partitions instrumentales ; *Octandre**, pour 6 instruments à vent et une contrebasse à cordes (1923), œuvre dont seule une fois la percussion est absente ; *Intégrales**, pour petit orchestre et percussion (1924-25), aux sonorités évoquant plus que jamais la future musique électronique ; *Arcana**, pour grand orchestre (1926-27), sans doute son chef-d'œuvre ; *Ionisation**, pour 37 instruments à percussion (1929-1931) ; et *Ecuatorial**, pour chœur, trompettes, trombones, piano, orgue, 2 ondes Martenot et percussion (1934). Au cours de cette période, Varèse séjourna à Paris une première fois en 1924 et une nouvelle fois en 1927, pour ensuite y vivre durant cinq années consécutives, de 1928 à 1933. Il s'y lia avec Villa-Lobos (1929) et, en 1930, accepta comme élève André Jolivet, que lui avait envoyé Paul Le Flem.

De retour à New York (1933), Varèse y travailla avec le physicien et électronicien Léon Théréminre avant de traverser les années les plus noires de son existence (1935-1949). Brisé par la tension qu'avait occasionnée pour lui le fait d'arracher aux instruments traditionnels des sons extraordinaires et véritablement inouïs, il apparut alors comme un homme fini, qui avait connu les scandales, mais sur qui maintenant tombait l'oubli. Il continua à travailler à *Espace*, projet remontant à 1929, mais de cette « traversée du désert » ne restent sur le plan de la création que deux témoignages, *Densité* 21,5*, pour flûte seule (1936), et *Étude pour « Espace »* (1947), vestige du projet déjà mentionné. En 1935, devant l'échec de ses tentatives pour obtenir un laboratoire acoustique, il songea au suicide. En 1936, répondant à l'appel du désert, il s'installa quelque temps à Santa Fe, dans le Nouveau-Mexique, et y fit des conférences musicales. De 1938 à 1940, il vécut à Los Angeles, mais ne parvint pas à travailler pour le cinéma. En 1941, à New York, il fonda le New Chorus, devenu en 1942 le Greater New York Chorus, et avec lequel il dirigea beaucoup de musique antérieure à Bach.

En 1948, il donna à la Columbia University de New York une série de cours de composition et de conférences sur la musique du xxe siècle qui marqueront les débuts de sa « renaissance ». En 1950, il commença la composition des parties instrumentales de *Déserts** et enseigna à Darmstadt, où il eut pour élève Luigi Nono. En 1952 furent achevées les parties instrumentales de *Déserts*. Cette œuvre inaugura une brève mais foudroyante résurrection créatrice due notamment à l'apparition de la musique sur bande magnétique (concrète et électronique), dont Varèse s'empara aussitôt. Du début de 1953 à la fin de 1954, il réalisa les interpolations sur bandes magnétiques destinées à *Déserts* (il devait faire une deuxième version de ces interpolations en août 1960, une troisième en avril 1961 et une quatrième et définitive en août 1961). *Déserts*, dont la création à Paris le 2 décembre 1954, sous la direction de Hermann Scherchen, déclencha un mémorable scandale, est une œuvre pour orchestre d'instruments à vent et de percussions avec « deux pistes de sons organisés sur bande magnétique ». Suivirent *la Procession* de Vergès*, « son organisé » sur bande magnétique (durée : 2 minutes 47 secondes) destiné à un film sur Joan Miro (1955), *Poème* électronique*, pour le pavillon Philips de l'Exposition internationale de Bruxelles (1958), et *Nocturnal*, pour soprano, chœur et orchestre (1959-1961), terminé après la mort de Varèse par son élève Chou-Wen-Chung. Aux 14 ouvrages du compositeur vient en outre s'ajouter *Nuits* (sur un poème d'Henri Michaux), pour soprano, 8 vents, contrebasse à cordes et percussions, également inachevé, mais laissé en l'état.

En considérant le timbre comme un phénomène en soi, en faisant du son un événement, en ouvrant à la musique la dimension spatiale, mais aussi par ses nouveautés radicales en matière de rythme, de mélodie et de forme, Varèse ne fut ni plus ni moins qu'un complément indispensable de la révolution sérielle dans la constitution du paysage musical d'aujourd'hui. Il ne poursuivit pas la tradition, ni n'en prit le contrepied, mais l'ignora tout simplement, même si dans sa musique on en trouve des traces. Ayant poursuivi des études d'ingénieur électroacousticien, il fut le premier à vouloir faire de la musique avec des sons, et non plus avec des notes, et on a pu dire que si l'électronique avait existé dès 1916, il aurait été le seul musicien capable de s'en servir. Son drame fut que sa pensée et sa poésie précédèrent de trente ans les découvertes de la technologie. Il n'aimait pas les violons, mais manifesta, toute sa vie, une prédilection pour les instruments à vent et pour la percussion, dont il révolutionna l'usage. Le premier, il analysa la structure harmonique du son la décomposant, et, dès 1920, il déclara « travailler avec les rythmes, les fréquences, les intensités ». Sa méthode d'analyse spectrale du son ne fut pas étrangère à son admiration pour l'alchimie et pour Paracelse, dont il plaça un extrait en exergue d'*Arcana*. Il restitua à l'harmonie son rôle primitif de résonance et de timbre. L'agrégat sonore ne fut plus pour lui un accord avec des fonctions harmoniques, mais un objet fait de superpositions de fréquences où le timbre crée la différenciation des onces, des plans et des volumes, l'intensité étant un élément d'intégration formelle modelant le son dans l'espace et le temps, et le rythme un élément stable, de cohésion.

Dès 1915, Varèse comprit que l'empire sonore pouvait s'étendre au-delà des limites traditionnelles, et rechercha aussi bien des sons inouïs que des nouveaux moyens techniques. La crise de 1929 ne permit pas aux contacts qu'il avait pris avec la Bell Telephone Company, pour la création d'un laboratoire de musique électroacoustique, d'aboutir. Il lui fallut attendre vingt-cinq ans pour réaliser des œuvres sur bande reculant les frontières du monde sonore, remettant en question le tempérament et la distinction entre son et bruit, posant le problème d'une nouvelle écoute et de la spatialisation du son. En fait, dès 1931, avec *Ionisation*, il avait mis en relation des « événements ou des processus physiques ou chimiques », et souligné son attirance quasi physique pour le son brut. De plus, cette œuvre, liaison entre l'Orient et l'Occident, témoigne de sa quête des sources primitives de la musique et de leur puissance incantatoire (*cf.* aussi *Ecuatorial*). Enfin, la sirène témoigne dans *Ionisation* (comme les bruits d'usine dans la bande sonore de *Déserts*) de l'intégration du quotidien dans l'univers de Varèse, qui se déclara plus d'une fois incapable de vivre hors d'une grande ville (New York).

Il employa aussi les instruments traditionnels de façon inusitée, violentant leur nature : nouveaux modes d'attaque, sons rétrogradés dans *Hyperprism* ou *Intégrales*; oppositions systématiques de tessitures et d'intensités, jeu sonore des clés dans *Densité 21,5*; vents utilisés dans des tessitures d'exception dans *Octandre*. Lui-même inventa des instruments : un tambour à friction (rugissement du lion), une machine à vent. Fasciné par la décomposition de la lumière dans les prismes, il tenta d'écrire une musique prismatique décomposant, faisant éclater les sonorités de manière fulgurante (*Hyperprism*). La percussion joue chez lui un rôle de diffraction de la lumière des cuivres, dans une forme antiphonale à partir d'une cellule de base constituée d'une appoggiature et d'une note pivot, figure chère à Varèse (*Octandre*). *Intégrales* alla encore plus loin, car cette œuvre fut conçue « pour une projection spatiale du son » et « pour certains moyens acoustiques qui n'existaient pas encore ». Ce fut, en somme, une œuvre d'anticipation, car, pour Varèse, « la musique de demain sera spatiale », « les sons donneront l'impression de décrire des trajectoires dans l'espace, de se situer dans un univers sonore en relief ». Ces routes du son, il les concrétisa dans le *Poème électronique*. Enfin, pour cet alchimiste, pour ce sculpteur du matériau brut, le silence aussi faisait partie de l'univers organisé des sons : en témoigne l'utilisation qu'il en fit dans les dernières mesures d'*Arcana*, ou mieux encore à la fin de *Déserts*, où ce silence doit être battu. Varèse ne fut pas un précurseur de la musique du XXᵉ siècle, mais l'un de ses grands créateurs.

M.-C. L. M.-M. et M. V.

VARIATION. Au sens premier, il y a *variation* lorsqu'on exécute un morceau ou un fragment sous une forme non identique à celle d'abord présentée, le plus souvent en y ajoutant des ornementations plus ou moins étendues. Le sens n'a cessé de s'étendre jusqu'à désigner une forme de composition de plus en plus complexe.

Le principe de la variation est extrêmement ancien et se retrouve dans la plupart des civilisations musicales non écrites. L'apport de chaque exécutant réside souvent dans sa manière propre d'introduire des variantes personnelles à partir d'un schéma fixé par la tradition et que les auditeurs avertis doivent pouvoir reconnaître. Tel était sans doute le principe de *nome* de la Grèce antique ; on le retrouve dans la plupart des musiques primitives ou orientales (*raga* hindou, *maqām* arabe, etc.), pour aboutir aux pratiques actuelles du jazz, dont les modèles écrits n'ont souvent que des rapports lointains avec ce qui est réellement exécuté ; ils n'ont du reste souvent d'autre ambition que de fournir un point de départ à l'improvisation des interprètes, ce qui explique la prédominance prise par ceux-ci dans l'histoire du jazz, où le rôle du compositeur en tant que tel apparaît singulièrement minimisé par rapport à celui que lui attribue la musique classique.

Dans la musique écrite, on voit apparaître la variation implicitement dès le chant grégorien (lequel d'ailleurs n'est souvent écrit qu'*a posteriori*) : un grand nombre de pièces (antiennes, traits, versets de répons, etc.) apparaissent comme des variations adaptées au détail du texte verbal, à partir de schémas que l'on retrouve d'une pièce à l'autre à l'intérieur d'un même mode. Ce fait rentre d'ailleurs pour une part non négligeable dans la définition du mode lui-même, qu'on ne saurait ramener, comme on y tend parfois à tort, à la seule analyse de l'échelle employée. On peut également rattacher à la variation la technique des motets et chansons polyphoniques de la Renaissance lorsqu'ils développent section par section un modèle monodique ou non, ainsi que les messes parodies ou les messes sur thème donné fréquentes aux XVᵉ et XVIᵉ siècles.

Ce n'est, toutefois, qu'avec la musique instrumentale individualisée que la variation devient un genre défini. Elle est déjà présente dans le premier document connu de ce genre de musique, le recueil pour clavier du manuscrit de Faenza (XIVᵉ s.), et elle restera l'un des genres essentiels de la musique instrumentale jusqu'à la fin du XIXᵉ siècle, et au-delà. On trouve son apogée en Espagne au XVIᵉ siècle avec les *differencias* ou *glosas* de la musique de luth, en Angleterre à l'époque élisabéthaine avec la musique de clavecin, au XVIIIᵉ et, surtout, au XIXᵉ siècle avec la musique de clavier, puis de piano.

Les différentes sortes de variations peuvent être classées en fonction de la manière dont est traité le thème préétabli. La forme la plus ancienne est sans doute la *variation sur cantus firmus*, dans laquelle le modèle mélodique est maintenu intégralement (parfois en valeurs modifiées) et entouré de revêtements divers par les autres parties : tels sont, par exemple, les versets d'orgue à cantus firmus des organistes des XVIIᵉ et XVIIIᵉ siècles (Couperin, *1ᵉʳ Kyrie* de la *Messe des paroisses*). De nombreuses danses du XVIᵉ au XVIIIᵉ siècle, bâties sur basse obstinée, peuvent y être rattachées ; les innombrables chaconnes ou passacailles du XVIIᵉ et du XVIIIᵉ siècle sont, en fait, des variations sur un cantus firmus de convention, rattachables à quelques types bien définis (les *Variations Goldberg* de Bach appartiennent à ce genre).

Dans la *variation ornementale*, très en honneur au XVIIIᵉ siècle (presque tous les noëls d'organistes français sont de ce type), le thème ne reste plus littéralement intact, mais il demeure reconnaissable d'un bout à l'autre, chaque fragment de la variation restant superposable au fragment correspondant du modèle, même s'il change de rythme, de mode, etc. Le thème est d'abord généralement présenté sans ornements (ou dans sa forme originale s'il s'agit d'un thème emprunté), puis les variations se succèdent en ordre croissant de complexité (thème et variations). On peut appeler *variation développée* celle où les variations cessent d'être superposables au thème, les variations apportant des éléments de développement qui modifient les proportions ; les éléments du thème ne s'en retrouvent pas moins, dans le même ordre, au cours de la variation, et l'auditeur peut encore, avec attention, reconstituer le thème d'un bout à l'autre. Avec ce que Vincent d'Indy appelle la *grande variation*, ou *variation amplificatrice*, et dont les dernières variations de Beethoven donnent le type, toute superposition au modèle devient impossible. Chaque variation devient une composition indépendante, qui prend son point de départ dans une particularité quelconque du modèle et oublie ensuite celui-ci. Enfin, l'école sérielle a introduit la notion de *variation sans thème*, où chaque variation modifie la précédente sans référence aucune à un thème initial.

La manière de varier un thème peut être diverse, bien que les auteurs du XVIIIe siècle (Mozart, premières variations de Beethoven, etc.) aient introduit un certain nombre de procédés assez vite passés au rang de stéréotype (variation en rythme ternaire, variation en changement de mode, etc.). Elle peut affecter la ligne mélodique, l'harmonie, le rythme, et le maintien d'un seul de ses éléments peut souvent suffire à évoquer le modèle. A peu près tous les compositeurs ont écrit des variations, et le répertoire en est innombrable. Le XIXe siècle notamment a été inondé de milliers de variations pour piano, dont la plupart, exercices mécaniques de virtuosité brillante et creuse, ont sombré dans l'oubli. Mais le genre a laissé aussi des chefs-d'œuvre en grand nombre. Parmi ces derniers, on peut citer les *Variations Goldberg* de Bach, les *32 Variations* en *ut* mineur ou les *33 Variations* sur une valse de Diabelli de Beethoven, celles de Brahms sur des thèmes de Paganini ou de Haendel, les *Variations symphoniques* pour piano et orchestre de César Franck, les *Variations* sur un thème de Rameau de Paul Dukas, mais une énumération de ce genre ne peut en rien prétendre à l'exhaustivité. J. C.

VARIATIONS (ALDOUS HUXLEY IN MEMORIAM). Œuvre pour orchestre d'Igor Stravinski, commencée à Santa Fe (Nouveau-Mexique) en juillet 1963, terminée à Hollywood le 28 octobre 1964 et créée à Chicago le 17 avril 1965 sous la direction de Robert Craft. D'une durée de moins de cinq minutes et conçue selon la technique sérielle, elle comprend 7 sections : d'une part, une sorte d'invention à 12 voix entendue trois fois et agissant comme un refrain varié, et, d'autre part, 4 sections (agissant comme 1 prélude, 2 interludes et 1 postlude) entre lesquelles viennent s'intercaler les 3 « refrains ». Ces 3 refrains (inventions) sont divisés chacun en 4 épisodes (leur total fait donc 12 épisodes), et écrits respectivement pour 12 violons solistes dans une tessiture élevée, pour 10 altos et 2 contrebasses solistes, et pour 12 instruments à vent. Ayant appris la mort de son ami Aldous Huxley (22 novembre 1963, jour de l'assassinat du président Kennedy), Stravinski décida de dédier à sa mémoire cette partition déjà commencée depuis quatre mois. M. V.

VARIATIONS ABEGG *(Abegg-Variationen).* Opus 1, pour piano de Robert Schumann (1830). Dédiée, pour intriguer sa famille et ses amis de Zwickau, à une imaginaire « comtesse Pauline von Abegg » (en fait, une jeune pianiste inspiratrice rencontrée dans un bal à Mannheim et dont le nom portait en soi un thème musical : A = *la* ; B = *si* bémol ; E = *ré* ; G = *sol*), cette première œuvre de Schumann, datant de Heidelberg, mais venant après plusieurs autres pages non répertoriées, se présente comme une succession de trois variations que prolongent un intermède « cantabile » et un finale « alla fantasia ».

Si les variations I et III apparaissent assez peu novatrices par rapport au genre et aux contemporains (Hummel, Moscheles, Field, Czerny, Weber), la deuxième, en revanche, annonce déjà le plus grand Schumann par ses syncopes inopinées et son lyrisme frémissant. De même le cantabile, chromatique et modulant (en *la* bémol), ou le finale à 6/8 qu'anime un esprit primesautier, mais que vient dramatiser la désagrégation du thème de base. Sans être un chef-d'œuvre absolu, les *Variations Abegg*, belles en soi et remarquablement ouvragées, marquent un point de départ dans l'œuvre de Schumann, dont elles laissent entrevoir maints caractères ainsi que sa vraie poétique musicale. J. G.

VARIATIONS CANONIQUES. Œuvre pour orgue (BWV 769) de Jean-Sébastien Bach, composée en 1746-47, qui servit au compositeur à « faire preuve » de son habileté technique lors de son admission dans la Société Mizler en juin 1747. Fondée en 1738 par Lorenz Mizler, cette société avait pour but d'explorer les fondements rationnels de la musique, et n'accueillait en son sein que les compositeurs et les savants, jamais les simples chanteurs ni les simples instrumentistes. L'œuvre parut chez Balthasar Schmidt à Nuremberg, peut-être dès 1746. Il en existe aussi un manuscrit de la main de Bach. L'édition et le manuscrit présentent des différences : l'ordre des variations (il y en a cinq, toutes en *ut* majeur) n'est pas le même dans chaque cas, et, dans l'édition, trois des variations ne sont notées que sous forme « énigmatique ».

Les cinq variations combinent à la technique du canon celle du cantus firmus. La mélodie servant de cantus firmus est celle du choral de Noël *Vom Himmel hoch, da komm' ich her*, et, dans l'édition, l'œuvre est intitulée *Einige canonische Veränderungen über das Weinachtslied « Vom Himmel hoch, da komm' ich her »* (« Quelques variations canoniques sur le chant de Noël "Vom Himmel hoch, da komm' ich her" »). Dans les variations I et II, à trois voix, le cantus firmus est à la pédale. Les deux autres voix sont en stricte imitation canonique, à l'octave dans la variation I, à la quinte dans la variation II. Ici, comme dans les autres variations, les voix canoniques sont mélodiquement apparentées au cantus firmus, ce qui accroît l'unité de l'ouvrage. Les variations III et IV (dans l'ordre de l'édition) sont à quatre voix, avec cantus firmus respectivement au soprano et à la pédale, mais la voix supplémentaire, librement inventée, ne participe pas au canon. Il n'y a toujours que deux voix canoniques, à la septième dans la variation III, à l'octave et par augmentation (les notes de la voix de soprano sont reprises à la basse avec le double de leur valeur) dans la variation IV. La variation V (dans l'ordre de l'édition, dans le manuscrit, elle se trouve au centre, en troisième position) traite en canon par mouvement contraire le cantus firmus lui-même, et comprend quatre sections dont les deux premières à trois voix (canons respectivement à la tierce et à la sixte) et les deux dernières à quatre voix (canons à la seconde et à la neuvième). A la fin de la quatrième section, Bach fait entendre simultanément, en une polyphonie à six voix, les quatre phrases du cantus firmus, et conclut sur les notes correspondant aux lettres de son propre nom (V. SUITE POUR PIANO). Dans l'ordre de l'édition, cette variation joue nettement un rôle de finale, dans celui du manuscrit, un rôle de pilier central rappelant les deux premières variations dans ses deux premières sections, comme elles à trois voix, et annonçant les deux variations suivantes dans ses deux dernières sections, comme elles à quatre voix.

Le 29 décembre 1955, ayant besoin d'une œuvre nouvelle à exécuter avec le *Canticum* Sacrum à Saint-Marc de Venise en septembre 1956, Igor Stravinski entreprit un arrangement des *Variations canoniques* pour chœur mixte et orchestre. La première audition eut lieu à Ojai (Californie) le 27 mai 1956 sous la direction de Robert Craft, dédicataire. Contrairement à Bach, qui débute directement par la variation I, Stravinski fait entendre pour commencer le choral de Noël lui-même. L'ordre des variations est celui de l'édition, et la tonalité d'*ut* majeur n'est conservée que pour le choral et les variations I et V : les variations II et IV sont en *sol* majeur, la variation III en *ré* bémol majeur. Stravinski réalisa un véritable travail de recréation, faisant par exemple précéder dans la variation II chacune des quatre phrases du cantus firmus par son renversement joué par un trombone ou par une trompette, ou encore ajoutant dans la variation III un canon supplémentaire et assez compliqué, également à la septième. A noter aussi de grandes subtilités en matière de rythme et d'instrumentation (variation IV). M. V.

VARIATIONS DIABELLI. Œuvre pour piano (op. 120) de Beethoven, composée de 1819 à 1823 et parue à Vienne chez Cappi & Diabelli en juin 1823. Le titre exact est *33 Veränderungen über einen Walzer (33 Variations sur une valse).*

Il s'agit, exception faite des 6 bagatelles op. 126, de la dernière œuvre pour piano de Beethoven, et d'un des sommets de sa production. Le travail de composition date pour l'essentiel de 1822 et du début de 1823. En 1819, le compositeur et éditeur Anton Diabelli* avait demandé à plusieurs compositeurs de Vienne d'écrire chacun une variation sur une valse que lui-même venait de composer (il se proposait de faire paraître l'ensemble comme œuvre collective du *Vaterländischer Künstlerverein*). Outre Beethoven, une cinquantaine de compositeurs (dont Czerny, Hummel, Kalkbrenner, Conradin Kreutzer, Liszt, Moscheles, Mozart fils, Schenk, Schubert, l'archiduc Rodolphe, l'abbé Stadler, Tomasek et Vorisek) répondirent à son appel. En juin 1824, l'ensemble des variations parut chez Diabelli & Co (en 2 parties, celles de Beethoven constituant la première, celles des autres compositeurs la seconde).

La première réaction de Beethoven fut de refuser : sans doute trouva-t-il le thème sans intérêt. Mais il en découvrit les possibilités, et, au début de 1820 au plus tard, il avait commencé son travail, sachant déjà qu'il ne se limiterait pas à une seule variation. Il n'avait certainement pas prévu au départ — et Diabelli encore moins — que leur nombre atteindrait 33.

Mélodiquement et rythmiquement, le thème de Diabelli n'est ni insignifiant ni dénué de charme, et Beethoven aurait pu sans déshonneur l'écrire lui-même. Mais il fit comme si, de ce double point de vue, la valse en question n'existait pas. Il s'attacha uniquement à sa petite anacrouse du début et à sa structure harmonique, des plus simples : 2 parties de 16 mesures chacune, chaque partie étant faite de 4 fois 4 mesures, et chacun des 8 groupes de 4 mesures ayant une fonction harmonique bien précise (tonique, dominante, évolution vers la dominante, cadence de dominante, puis dominante, évolutions vers la sous-dominante, évolution vers la tonique, cadence de tonique). Il s'intéressa également aux symétries de ce schéma et à sa réversibilité (tonique-dominante, puis dominante-tonique).

A noter que, en tant que tel, ce schéma harmonique n'avait rien d'extraordinaire. Mais c'est justement sa neutralité, son caractère de bien collectif, sa solidité à toute épreuve, qui enflamma l'imagination de Beethoven. A de rares exceptions près, il le respecta scrupuleusement, mais en le masquant parfois (par absence d'articulation, par exemple), et, surtout, en s'en servant comme d'un squelette abstrait (ce qu'il était) tantôt présenté comme tel, voire même réduit à quelques vestiges, tantôt revêtu d'une parure absolument imprévisible. C'est ainsi que, dès la première variation, la valse à 3/4 de Diabelli se trouve transformée en une marche à 4/4, comme si Beethoven voulait la rayer de nos mémoires ou, mieux, nous signifier que, pour lui, elle n'avait jamais existé. Cela posé et admis, l'utilisation d'un thème de *Don Giovanni* de Mozart comme pilier de la variation XXII, bien que surprenante, est tout à fait dans la logique de l'ouvrage. A noter, toutefois, que, si le schéma harmonique de la valse reste quasi immuable d'une variation à l'autre, les virtualités de ce schéma sont exploitées à fond sur tous les plans, en particulier par de fascinants jeux de miroir transposant sa réversibilité au niveau mélodico-thématique (variations IV à VI).

En radicalisant ainsi la démarche de toute une vie, Beethoven s'ouvrit toutes les voies, et put donner à chaque variation prise isolément un caractère mélodique, rythmique, sonore, éminemment spécifique, rendant vaine et dépassée la question de la plus ou moins grande ressemblance des variations entre elles, ou de l'une ou l'autre par rapport au « thème » : la variation XXXI est une longue et souple mélodie proche du style vocal, la variation XXXII une grande fugue, la variation XXXIII un menuet orné. La valse et les 33 variations ne sont pas 34 fois le même objet éclairé différemment, mais 34 objets différents apparentés par l'éclairage. En poussant à l'extrême sa tendance consistant à n'utiliser comme matériau de base que les relations tonales les plus fondamentales et à tordre le cou au décoratif, Beethoven réalisa son œuvre sans doute la plus visionnaire. M. V.

VARIATIONS ENIGMA. Œuvre pour orchestre d'Edward Elgar, composée durant l'hiver 1898-99 et créée à Londres le 19 juin 1899 sous la direction de Hans Richter, événement qui, du jour au lendemain, valut au compositeur la célébrité. Le titre se justifie de deux façons, il y a deux énigmes. La première est en relation avec le thème lui-même, fait de 6 mesures en *sol* mineur pour cordes seules (et mettant l'accent sur les intervalles de tierce et de septième), suivies de 4 mesures en *sol* majeur. Or ce thème est censé pouvoir servir de contrepoint à une mélodie très connue. Laquelle ? On a suggéré le *God Save the King*, *Auld Lang Syne*, *Pop goes the Weasel* et bien d'autres, sans trouver la solution. D'aucuns ont prétendu que l'énigme était Elgar lui-même. La seconde énigme, plus facile à résoudre, concerne chacune des 14 variations. Chaque variation est en effet dédiée, par des initiales ou par un pseudonyme, à un ami ou à un parent du compositeur, et l'œuvre dans son ensemble « à mes amis qui s'y trouvent portraiturés ». A propos de la première énigme, Elgar écrivit dans le programme de la première audition : « L'énigme restera énigme, (et) je dois prévenir que les rapports entre les variations et le thème sont souvent très légers ; en outre, un autre thème plus vaste parcourt le tout, mais sans être joué... Le thème principal n'apparaît donc jamais, comme dans certaines pièces récentes, par exemple, *l'Intrus* ou *les Sept Princesses* de Maeterlinck, où le personnage principal n'est jamais sur scène. » M. V.

VARIATIONS EROICA. Titre improprement attribué aux 15 variations avec fugue en *mi* bémol majeur op. 35, pour piano, de Beethoven, composées en 1802 et publiées en août 1803 chez Breitkopf & Härtel, à cause de leur parenté avec le finale de la *Symphonie héroïque*. Or la symphonie est postérieure aux variations, qui logiquement devraient plutôt s'appeler *Variations Prométhée*. Elles sont, en effet, basées sur un thème déjà utilisé par Beethoven comme 7e des 12 contredanses WoO 14 (1800-1801) et dans le finale du ballet *les Créatures** *de Prométhée* (1800-1801), et auquel il devait refaire appel, de nouveau sous forme de variations, dans le finale de l'*Héroïque* (1803-1804). Les variations op. 35 et le finale de l'*Héroïque* ont également en commun leur introduction, et donc non seulement le second, mais aussi le premier de leurs deux thèmes. Cela dit, les variations proprement dites sont différentes dans chaque cas, et plus élaborées dans l'opus 35 — la série de variations la plus ambitieuse de Beethoven avant les *Variations** *Diabelli* — que dans l'*Héroïque*. M. V.

VARIATIONS ET FUGUE SUR UN THÈME DE HAENDEL. Œuvre pour piano composée par Johannes Brahms entre 1859 et 1861. Le thème est un air — tiré des *Trois Leçons* pour clavecin écrites par Haendel à l'intention des filles du prince de Galles à l'ornementation relativement décorée au-dessus d'une structure de base mélodique extrêmement simple. Brahms en tire plus de 25 variations d'une extraordinaire richesse de contrastes et d'une transcendante diversité dans l'écriture pianistique. La composition entière repose sur une intensification dynamique et expressive croissante culminant dans une fugue triomphale, à l'impressionnante assise rythmique. L'ensemble de l'œuvre, qui dure presque une demi-heure, respecte la tonalité initiale de *si* bémol majeur, excepté les variations V, VI, XIII (en *si* bémol mineur) et XXI (en *sol* mineur).

Tout serait à citer dans cette page — une des plus monumentales de tout le piano romantique — qui ne le cède en rien aux *Variations Goldberg* de Bach ou aux *Variations Diabelli* de Beethoven : la science de l'agencement des groupes ornementaux, l'invention rythmique, le jeu subtil et constant entre expression et contrepoint. Cet ouvrage suscita même l'admiration enthousiaste de Richard Wagner, lequel n'appréciait d'habitude guère les compositions de son jeune confrère. Brahms recherche et obtient presque toujours une synthèse significative, assez originale et neuve pour son époque, entre l'écriture polyphonique complexe et la nécessité expressive, particulière et typée dans chacune des variations. Toutes sont remarquables, mais les plus inventives se révèlent indéniablement les cinquième et sixième, qui réconcilient mélancolie poétique et pur contrepoint ; les septième et huitième, essentiellement rythmiques ; les treizième et quatorzième, véritable csardas ; la quinzième, qui suggère une fanfare de cuivres ; la dix-huitième, une des plus ingénieuses de toutes du point de vue instrumental ; la dix-neuvième, délicate et archaïque sicilienne à rapprocher de la septième des *Variations* sur un thème de Haydn ; la vingtième, andante sombrement chromatique ; la vingt-deuxième, qui évoque une mélodie de boîte à musique ou de glockenspiel ; l'épanouissement symphonique et quasi orchestral de la vingt-cinquième qui amène puissamment la fugue. Les deux premières auditions publiques des *Variations et Fugue sur un thème de Haendel* furent données par Clara Schumann le 7 décembre 1861 à Hambourg et le 14 décembre suivant à Leipzig (Gewandhaus). Brahms publia son œuvre en 1862 sous le numéro d'opus 24. P. S.

Variations et Fugue sur un thème de Purcell (en angl. *Variations and Fugue on a Theme of Purcell*). Titre communément donné à une œuvre pédagogique, pour orchestre et speaker *ad libitum* op. 34 de Benjamin Britten, composée en 1946 et dont le titre original est *The Young Person's Guide to the Orchestra* (« le Guide de l'orchestre destiné aux jeunes personnes »). Originellement conçue pour être présentée avec un film, l'œuvre se propose d'énumérer, de faire entendre et de caractériser les différents timbres de l'orchestre moderne occidental, à travers un commentaire parlé de Crozier, dit par un récitant (et qui est parfois supprimé dans les exécutions abrégées données en concert), et à travers des variations courtes sur un thème plutôt pimpant et martial de *hornpipe* emprunté à Purcell.

Les quatre familles orchestrales (cordes, bois, cuivres, percussions) et leurs différents pupitres se succèdent selon un « ordre d'entrée en scène » déterminé, que reprend la *fugue* finale, qui confronte des timbres exposés d'abord séparément. Cette fugue est menée dans le style « décoratif » et « paysagiste » qu'on donnait souvent à la musique baroque et ancienne dans ces années 40, où elle conservait encore un charme exotique, étant moins popularisée qu'aujourd'hui. On peut comparer l'œuvre au *Pierre et le Loup* de Prokofiev (1936), qui poursuit le même propos pédagogique, mais avec un prétexte narratif. Si, chez Britten, les instruments ne sont pas « personnifiés », ou « personnificateurs » d'un animal ou d'un être humain, ils sont caractérisés à peu près de la même façon : hautbois mélancolique, flûte agile, etc. Cependant, l'œuvre de Britten est typiquement anglaise dans sa pompe légèrement parodique. M. C.

Variations Goldberg. Titre sous lequel sont connues les 30 variations pour clavier BWV 988 de Jean-Sébastien Bach, composées vers 1741. Le titre original est *Aria mit verschiedenen Veränderungen vors Clavicimbal mit 2 Manualen* (« Aria avec diverses variations pour clavecin à deux claviers manuels »). Leur genèse a souvent été rapportée. Le comte von Keyserlingk, ambassadeur de Russie à la cour de Dresde et protecteur de Bach, souffrait d'insomnie. Le compositeur et claveciniste Johann Gottlieb Goldberg* lui jouait de la musique pour le distraire. On demanda à Bach des pièces à la fois douces et divertissantes pour cet office, et il composa ces variations sur un thème de sarabande. Le comte en fut tellement satisfait qu'il fit envoyer à Bach un gobelet rempli de 100 louis d'or. Cette histoire contient sans doute un fond de vérité, mais on ne saura probablement jamais le dernier mot sur l'origine des *Variations Goldberg*. L'œuvre fut éditée en 1742 comme quatrième partie de la *Clavier*-*Übung*.

Les *Variations Goldberg* sont un des sommets de la musique de Bach, et une de ses musiques pour clavier les plus séduisantes. La sarabande énoncée au début comme thème des variations réapparaît telle quelle à la fin, comme si l'œuvre était « en boucle ». La tonalité est *sol* majeur (*sol* mineur pour les variations XV, XXI et XXV), et la structure d'ensemble fort claire. Un premier groupe de trois pièces est formé du thème et des deux premières variations. Suivent neuf groupes de trois pièces chacun, tous formés d'un canon, d'une variation libre ou de caractère, et d'une variation de virtuosité (les canons étant à l'unisson, à la seconde, à la tierce, etc., jusqu'à la neuvième), et enfin un quodlibet* (variation XXX) et la reprise du thème.

La première variation est d'essence motoristique ; la deuxième est un duo contrapuntique d'allure pastorale ; la troisième un canon à l'unisson sur un rythme de sicilienne ; la quatrième un passepied en imitations ; la cinquième est rapide, pour les deux claviers avec croisements de mains ; la sixième est un canon à la seconde ; la septième une forlane rapide ; la huitième est de nouveau virtuose ; la neuvième un canon à la tierce ; la dixième une fughetta à trois voix ; la onzième est à deux voix ; la douzième un canon à la quarte (par mouvement contraire) ; la treizième une longue mélodie proche du mouvement lent du *Concerto* italien ; la quatorzième se joue sur les deux claviers ; la quinzième, en *sol* mineur, est un canon à la quinte (par mouvement contraire) ; la seizième adopte le style de l'ouverture à la française ; la dix-septième est très rapide ; la dix-huitième, canon à la sixte, adopte le rythme de marche, et la dix-neuvième est un 3/8 avenant ; la vingtième est de nouveau une sorte de poursuite, et la vingt et unième, en *sol* mineur, un canon à la septième ; la vingt-deuxième est très contrapuntique, et la vingt-troisième très brillante, en style de toccata ; la vingt-quatrième est un canon à l'octave, et la vingt-cinquième, en *sol* mineur, un adagio chromatique à la Chopin ; la vingt-sixième est rapide, la vingt-septième un canon à la neuvième ; la vingt-huitième est caractérisée par une frise continue de trilles qui se relaient aux deux mains — admirable effet instrumental ; la vingt-neuvième doit se jouer en battements alternés sur les deux claviers, avec des triolets rapides ; la trentième et dernière variation est un quodlibet, c'est-à-dire un divertissement mélangeant le thème de sarabande à deux chansons populaires, *Ich bin so lange bei dir nicht gewest* et *Kraut und Rüben haben mich vertrieben*. Enfin, la répétition de l'aria, dans sa nudité initiale, produit un effet de gravité extraordinaire.

Visiblement, Bach prit un immense plaisir à être tour à tour, ou en même temps, brillant et savant, et à laisser sa vitalité s'exprimer avec moins de détours que dans d'autres pièces. Les *Variations Goldberg* furent rapidement célèbres et adaptées au piano (par Liszt notamment), et il est fort probable que Beethoven y songea en écrivant ses *Variations* Diabelli. M. C.

Variations pour orchestre. Œuvre d'Arnold Schönberg, op. 31, commencée à Berlin au printemps de 1926 et interrompue à la fin de la 5ᵉ variation, puis reprise à Roquebrune, près de Nice, en juillet 1928 et terminée au même endroit, en esquisse, le 21 août, et en partition orchestrée le 20 septembre de la même année. La création eut lieu le 2 décembre 1928 à Berlin par la Philharmonie de cette ville, sous la direction de Wilhelm Furtwängler.

Il s'agit de la première œuvre dodécaphonique sérielle écrite pour grand orchestre. La forme globale se présente comme suit : introduction, thème suivi de 9 variations, grand finale en plusieurs vagues successives. Les effectifs sont considérables, mais sans être toujours utilisés au complet : les variations II, IV et VI sont conçues pour petites formations de chambre, ce qui contribue à clarifier la forme globale. La série dodécaphonique à la base de toute l'œuvre est la suivante : *si* bémol, *mi*, *sol* bémol, *mi* bémol, *fa*, *la*, *ré*, *ré* bémol, *sol*, *la* bémol, *si*, *do* (V. SÉRIELLE [MUSIQUE]). La voici sous ses 4 formes (forme droite ou originale, récurrence ou rétrogradation, renversement, récurrence du renversement) :

Forme originale

Récurrence

Renversement

Récurrence du renversement

Il n'est pas possible d'exposer ici en détail la rigoureuse organisation sérielle de l'œuvre. Après la mystérieuse introduction, qui, aux mesures 24 et 25, fait entendre au trombone solo les notes correspondant en allemand aux lettres B-A-C-H (v. SUITE POUR PIANO), le thème est énoncé en 24 mesures avec comme indication de tempo *molto moderato*.

Il est fait de 4 périodes de 12 notes chacune (dont certaines répétées), chaque période correspondant à une des 48 formes possibles de la série (forme originale, récurrence du renversement transposée une tierce mineure vers le grave, récurrence de la forme originale, renversement transposé une tierce mineure vers le grave) :

À remarquer que joue toujours le phénomène de l'enharmonie, et que, par exemple, la deuxième note de la série, *mi*, est notée dans l'énoncé du thème comme un *fa* bémol. À remarquer qu'on pourrait aussi bien dire que la deuxième période du thème est la récurrence du renversement transposée non pas une tierce mineure vers le grave, mais une sixte majeure vers l'aigu (même chose pour la quatrième période). À remarquer enfin que l'exemple ci-dessus ne présente que le thème lui-même (dont les trois premières périodes sont énoncées aux violoncelles et la quatrième aux premiers violons), et non les voix contrapuntiques et les accords qui l'entourent et le soutiennent tout en participant également au travail sériel. C'est ainsi, par exemple, que les 5 premières notes du thème (*si* bémol, *fa* bémol, *sol* bémol, *mi* bémol, *fa*) sont soutenues par un accord de 5 sons qui ne sont autres que les 5 premières notes de la quatrième période du thème (*sol, do* dièse, *si, ré, do*) :

De même, les 4 notes suivantes du thème (*la, ré, do* dièse, *sol*) sont soutenues par un accord fait des 4 notes suivantes de la quatrième période (*la* bémol, *ré* dièse, *mi, si* bémol), et les 3 dernières (*sol* dièse, *si, do*) par un accord fait des 3 dernières de la quatrième période (*la, fa* dièse, *fa*). Le phénomène se poursuit, la deuxième période du thème étant soutenue par des accords tirés de la troisième, la troisième par des accords tirés de la deuxième, et la quatrième par des accords tirés de la première.

Ce qui fait dire à René Leibowitz*, dans son analyse de l'ouvrage, que « l'évolution des formes (de la série) employées par l'harmonie (les accords) est récurrente à l'évolution des formes employées par la mélodie (le thème) ».

Par-delà leur travail sériel, les *Variations pour orchestre* sont d'une expression intense et directe. Le thème est surtout reconnaissable dans les deux premières et dans les deux dernières des 9 variations, qui, toutes, sauf la dernière, conservent son exacte structure périodique. Les variations du centre, de la troisième à la septième, introduisent de nouvelles idées thématiques. La première variation (moderato) développe avec agilité le thème à la basse, tandis que la deuxième (lent) fait se répondre en canon les bois, un violon solo et un violoncelle solo. La troisième (modéré) calme le thème aux cuivres. La quatrième (valse) met en avant la harpe et la mandoline. La cinquième (animé), grand sommet central, réintroduit le motif B-A-C-H entendu dans l'introduction. La sixième (andante) retrouve les timbres de la deuxième et le côté dansant de la quatrième. La septième (lent) est un moment d'immobilité et d'introspection : le thème, orné, y apparaît aux bois, entouré de délicates figurations de célesta, de glockenspiel, de harpe et de cordes solistes. La huitième (très rapide) se déroule en croches impétueuses et régulières, hachées d'accents à contretemps. La neuvième (même tempo mais un peu plus lent), d'une structure plus complexe que les précédentes, prépare le vaste finale, qui à lui seul fait environ le tiers de l'ouvrage. Ce finale ne comporte pas moins de 5 sections, alternativement lentes et nostalgiques ou, au contraire, vives et énergiques. Le motif B-A-C-H y joue un rôle de plus en plus important, pour enfin se combiner à une nouvelle variante du thème principal. Ce thème réapparaît au cor anglais sous sa forme originale (adagio). Sur quoi 13 mesures marquées presto concluent d'un geste péremptoire. L'ultime accord réunit les 12 sons de l'échelle chromatique tempérée. M. V.

VARIATIONS POUR ORCHESTRE. Œuvre d'Anton Webern, op. 30 (1940). Dédiées à Werner Reinhart, mécène suisse, qui en organisa la création dans sa ville de Winterthur sous la direction d'H. Scherchen, en présence du compositeur, le 3 mars 1943, les *Variations* sont écrites pour un orchestre réduit (flûte, hautbois, clarinette, clarinette basse, cor, trompette, trombone, tuba basse, timbale, célesta, harpe, cordes).

L'œuvre adopte « une forme ayant la valeur d'une sorte d'ouverture, mais basée sur des variations » (Webern) au nombre de 6, dont Webern a précisé l'intérêt : « La première apporte, pour ainsi dire, le thème principal de l'ouverture (andante) dans la présentation complète ; la deuxième fait fonction de pont, la troisième apporte le thème secondaire, la quatrième la reprise du thème principal, mais sous forme de développement ; la cinquième répète le caractère à la fois de l'introduction et du pont, la sixième, c'est la coda. »

L'œuvre est bâtie toute entière sur une série de 12 sons :

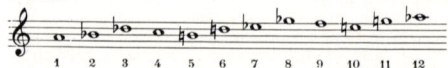

1 2 3 4 5 6 7 8 9 10 11 12

Cette série apparaît comme très caractéristique des préoccupations de Webern par sa fragmentation en groupes ou cellules, par la présence de symétries internes et de relations croisées. En effet, les sons 7 à 12 se présentent comme le renversement de la récurrence sur le plan des intervalles des sons 1 à 6, mais transposés d'un demi-ton. Les sons 1 à 4 constituent une cellule identique aux sons 6 à 9 du point de vue des intervalles (seconde mineure + tierce mineure + seconde mineure), tandis que les sons 4 à 7 et 9 à 12 se présentent comme le renversement de la récurrence des sons 1 à 4 et 6 à 9. Enfin, les sons 10, 11, 12 sont le renversement de la récurrence des sons 1, 2, 3, de même les sons 7, 8, 9 par rapport aux sons 4, 5, 6. Ce sont quatre groupes distincts se répondant 2 à 2 qui apparaissent constituer la série. La cohésion est d'ailleurs renforcée par le fait que Webern n'emploie dans sa série que deux intervalles sur lesquels il bâtit par conséquent son œuvre : la seconde mineure et la tierce mineure. Tant il est vrai chez Webern « l'emploi de la série unifie le vocabulaire, lui donne une cohésion » (Boulez). Ce resserrement, ce dépouillement des moyens, et extraordinaire déjà une réponse et met l'accent sur un autre aspect de l'écriture de Webern dans cette œuvre : le proportionnalisme. En effet, la contrebasse fait entendre les sons 1 à 4 dans le rapport rythmique 2/2/1/2, présenté en rétrograde et en diminution à la mesure 4 par le trombone 2/1/2/2, tandis que le hautbois joue un motif dans le rapport 3/1, puis 1/3 rétrograde en augmentation. Certes, l'essence de l'œuvre, comme son développement, est là tout entière dans ces premières mesures et on a pu croire en se basant sur certains propos de Webern que l'œuvre était par là même prédéterminée. Outre que les proportions rythmiques 3/1/2/4 du motif de l'alto ne rentrent pas dans ce schéma (il y a d'ailleurs 113 changements métronomiques pour 180 mesures), rien ne permet de dire que les autres paramètres (timbre, dynamique) soient traités sériellement. Il n'en reste pas moins vrai que chaque paramètre est pensé chez lui comme indépendant, ce qui constitue une nouveauté réelle en Occident. M.-C. L. M.-M.

VARIATIONS POUR UNE PORTE ET UN SOUPIR. Œuvre de « musique concrète » composée en 1963 par Pierre Henry, considérée unanimement, et à juste raison, comme un classique du genre. Construite sur une gageure (tirer 25 variations d'« objets sonores » créés avec des sources sonores très élémentaires : une porte de grenier, un souffle humain, et un petit instrument nommé « flexaphone »), elle démontra, en 1963, que la musique concrète était capable de jouer d'une source sonore quotidienne, pour la composer musicalement sans en dissimuler la provenance.

Pierre Henry est intervenu d'abord en tant qu'« auteur des sons », c'est lui qui a tiré de la porte choisie comme instrument, en en jouant devant le micro, les figures sonores les plus diverses, les rythmes les plus déchaînés, les cris les plus expressifs. Puis il a mélangé et composé, dans un assemblage patient, tout cet univers expressif qui parcourt la gamme des états corporels et sentimentaux. L'œuvre était d'ailleurs conçue, explicitement, comme « l'exploration du sensible de l'activité mentale et corporelle d'un être humain au cours d'une journée ou d'une vie entière », suivant une démarche chère à l'auteur, de faire une musique qui « colle » à la durée humaine vécue, avec ses cycles et ses accidents.

Les *Variations*, réalisées avec des moyens techniques très limités, mais d'une qualité sonore incomparable, démontrent que l'essentiel, dans la musique électroacoustique, n'est pas la sophistication apparente des moyens de création du son, mais la sûreté, la conviction et la force d'expression avec lesquelles on les utilise. M. C.

VARIATIONS SUR UN THÈME DE HAYDN. Œuvre pour orchestre op. 56a de Brahms, composée en 1873 et créée à Vienne le 2 novembre de la même année sous la direction du compositeur. Il s'agit, exception faite des deux sérénades op. 11 et op. 16, de la première grande œuvre orchestrale du compositeur. Son titre est doublement erroné, car le thème est peut-être une mélodie traditionnelle que Brahms trouva dans une œuvre qui, de toute façon, n'est pas de Haydn. Il provient d'un divertimento pour instruments à vent (Hob.II.46) que Brahms connut grâce à son ami Carl Ferdinand Pohl*, qui travaillait alors à sa grande biographie de Haydn. En novembre 1870, Brahms copia de sa main, sans doute à cause de ses qualités contrapuntiques, le mouvement lent de la *Symphonie n° 16* de Haydn, qu'il avait également découverte grâce à Pohl. En bas de la même feuille se trouve, également de sa main, une copie du deuxième mouvement du divertimento. Ce mouvement, intitulé *Choral Saint-Antoine*, devait devenir le thème de ses variations. On sait aujourd'hui que le divertissement dans son ensemble est d'un auteur inconnu, et non de Haydn, mais cela n'enlève rien à l'hommage que Brahms voulut rendre à ce dernier, dont il était un fervent admirateur (il possédait les manuscrits autographes de ses 6 quatuors op. 20, dits du *Soleil**).

Dans sa présentation du thème (andante en *si* bémol majeur), Brahms reste proche de l'orchestration originale, assez peu dans le style de Haydn avec ses nombreux timbres graves : 2 hautbois, 2 cors, 3 bassons, 1 contrebasson. Il se borne à doubler les bassons par des cordes graves, et à utiliser par endroits 2 cors supplémentaires et 2 trompettes, ainsi que pour finir 2 flûtes et 2 clarinettes. Il y a 8 variations suivies d'un finale : elles s'opposent nettement les unes aux autres par leur caractère et par leur tempo, mais toutes respectent la structure harmonique du thème. Le finale est une passacaille annonçant le dernier mouvement de la *4e Symphonie*, avec comme figure obstinée un motif de 5 mesures issu du début du thème. Soutenant une grandiose architecture, ce motif est entendu douze fois dans les basses, puis trois fois dans les voix supérieures, et une fois encore dans les basses. Sur quoi le thème « de Haydn » est repris fortissimo par tout l'orchestre.

Brahms réalisa lui-même, de l'ouvrage, une transcription pour 2 pianos (op. 56b). M. V.

VARIATIONS SUR UN THÈME DE PAGANINI. Œuvre pour piano composée par Johannes Brahms en 1862-63. Les *Variations Paganini* comportent 2 livres de 14 variations chacun ; leur titre d'origine était *Études en forme de variations*. Le thème initial est extrait du *24e Caprice* pour violon seul de Paganini, thème qui inspira maints autres compositeurs, en particulier Liszt, Rachmaninov, Blacher, Lutoslawski. Les *28 Variations* composées par Brahms sont surtout des études transcendantes dont chacune s'attaque à un problème technique d'ordre pianistique, sans jamais perdre l'aspect expressif.

Le thème, en *la* mineur (*quasi presto* chez Paganini, *non troppo presto* chez Brahms) est divisé en 2 sections, l'une de 4 mesures avec alternances d'harmonies à la tonique et à la dominante, l'autre de 8 mesures qui peuvent être considérées elles-mêmes comme autant de séquences, ou de petites variations sur les premières mesures. Ce thème est exposé en tête de chacun des deux cahiers. Les 9 premières variations du premier cahier sont puissantes, fortement accentuées, avec comme point culminant la cinquième variation, d'une redoutable polyrythmie (2/4 à la main droite, 6/8 à la gauche) typiquement brahmsienne. Les variations X, XI et XII sont plus poétiques et fantasques, abandonnant le caractère symphonique de certaines des précédentes (troisième, cinquième, neuvième). Les variations XI et XII sont d'ailleurs les seules du premier cahier à s'évader du ton principal (*la* mineur) et à passer au *la* majeur. Les 2 dernières du premier cahier contrastent fortement : à une étude d'octaves en *glissandi* sous-titrée *scherzando* s'oppose l'explosion du triptyque final (variation XIV), tumultueux et amplement développé.

Le second cahier est plus complexe et impose des difficultés techniques plus considérables. A la virulence de la première variation succèdent deux variations mystérieuses et lyriques (les procédés polyrythmiques de la deuxième s'apparentent à ceux de la cinquième du premier cahier). La quatrième passe au *la* majeur, sur un tempo de valse ingénue. Après une simple étude harmonique survient la sixième variation, dont les triolets arpégés possèdent un fort caractère violonistique. La septième variation revient aux équivoques rythmiques et aux superpositions de temps si chères à Brahms (2/4 pour la main droite, 3/8 pour la gauche). La huitième, tout comme la sixième, évoque la tessiture du violon avec ses effets *quasi pizzicato*. Les deux suivantes sont plus austères. La dixième retrouve l'ornementation volubile, l'éclat, la légèreté encore accentuées dans la onzième. Avec les trois ultimes variations commence un long *crescendo* expressif. On passe — exceptionnellement — en *fa* majeur (variation XII), l'atmosphère devient nettement plus détendue (variations XIII), et le développement très vaste de la quatorzième conclut en forme d'apothéose ce long parcours où le travail polyrythmique tient une place essentielle.

Cette œuvre — unique en son genre par son architecture, son exploitation systématique des ressources du clavier et son imagination à la fois terrifiante et émouvante — stupéfia et dérouta la plupart des contemporains du compositeur. Clara Schumann elle-même déconseilla l'ouvrage pour la salle de concert. Aujourd'hui, ce superbe recueil de grand piano romantique ne suscite plus aucune réticence, bien au contraire. Brahms se risqua d'abord à quelques auditions privées, avant de faire publier l'œuvre, seulement en 1866, sous le numéro d'opus 35. Il devait lui-même en donner la première audition publique le 17 mars 1867, à Vienne. P. S.

VARIATIONS SUR UN THÈME ROCOCO. Œuvre pour violoncelle et orchestre op.33 de Tchaïkovski (1876). Le choix d'un thème dans le style du XVIIIe siècle et la série de variations de virtuosité montrent l'attachement de Tchaïkovski à la musique galante et son intention de composer une œuvre sans autre but que l'effet et le divertissement. Si les variations épuisent les possibilités techniques de l'instrument soliste dans tous ses registres (gammes, arpèges, trilles, doubles cordes), elles en dépassent parfois la fonction musicale, qui est celle de la cantilène, plutôt que la dynamique. Le dédicataire de l'œuvre, le violoncelliste Fitzenhagen, en fit une révision qui se différenciait considérablement de l'original. Jouée en 1879 à Wiesbaden en présence de Liszt, elle eut cependant un grand succès. L'éditeur Jurgenson la publia malgré sa réprobation manifeste et celle, plus tacite, du compositeur. La version originale ne vit le jour en U. R. S. S. qu'en 1956, dans le cadre de l'édition monumentale des œuvres de Tchaïkovski. A. L.

VARIATIONS SYMPHONIQUES. Œuvre pour orchestre en *do* majeur, op. 78, d'Anton Dvořák, composée en 1877 et créée le 2 décembre 1877 à Prague, sous la direction de Ludevit Prachazka. Sur un thème original de Dvořák (emprunté à son chœur d'hommes *Ja jsem huslar*, « Je suis un violoneux »), thème court, carré et franc, marqué par la quarte augmentée (mode de *fa*), l'auteur n'a pas bâti moins de 27 courtes variations, plus un finale (avec fugato), dont les 17 premières persistent dans le ton très affirmatif de *do* majeur, et qui sont prétexte à des efflorescences rythmiques autour de l'armature plutôt anguleuse et volontaire du thème choisi comme prétexte. M. C.

VARIATIONS SYMPHONIQUES. Œuvre pour piano et orchestre de César Franck, composée de l'été à la fin de 1885 et créée à Paris (à la S. N. M.) par Louis Diemer sous la direction de l'auteur, le 1er mai 1886. Variations « symphoniques » et non « concertantes » : ainsi Franck entend-il, à la fois, rattacher son œuvre à la forme libre du poème symphonique et s'éloigner d'un schéma traditionnel qui eût limité sa fantaisie en enserrant le dialogue de l'orchestre et du piano. Ce dernier ne joue d'ailleurs pas le rôle d'instrument soliste, mais participe directement au développement architectural comme au coloris de l'œuvre.

Fondée sur deux thèmes juxtaposés, mais fortement contrastés, exposés dès l'entrée — le premier à l'orchestre, masculin, tendu d'un rythme véhément ; le second au piano, suppliant et plaintif —, la partition se compose de deux grands volets, chacun s'appuyant essentiellement sur l'un des deux thèmes. A travers des couleurs changeantes (par exemple, juxtaposition des tonalités de *mi* bémol et *ré* dièse), des rythmiques variées (chevauchements), les variations, extrêmement travaillées et visant à créer des atmosphères différentes (rêveuses, véhémentes, poétiques), laissent finalement éclater dans la coda une joie irrépressible, libératoire, assez exceptionnelle dans la musique de Franck. Dès la création, l'œuvre fut accueillie avec enthousiasme. Elle n'a plus, dès lors, quitté l'affiche. J. G.

VARNAY (*Astrid*), soprano américaine (*Stockholm 1918*). Fille de deux chanteurs hongrois renommés, elle étudie le chant aux États-Unis avec sa mère et Hermann Weigert. Une voix puissante et des dons exceptionnels de tragédienne l'ont orientée dès ses débuts en 1941 au Met, dans le rôle de Sieglinde, vers le répertoire wagnérien. A New York (1941-1956), comme à Bayreuth (1951-1968), elle incarne avec une ardeur bouleversante tous les emplois wagnériens (Brünnhilde, Isolde, Senta, Ortrud, Kundry), ainsi que les héroïnes de Strauss (Salomé, Elektra) et de Verdi (lady Macbeth). Nommée en 1970 professeur de chant au conservatoire de Düsseldorf, elle achève sa carrière en abordant avec intelligence les rôles de mezzo-soprano (notamment Clytemnestre). M. W.

VAUDEVILLE. L'origine du terme a prêté à certaines confusions entre « vau (val) de Vire », impliquant une provenance normande du genre, et « voix de ville ». La seconde hypothèse est la plus plausible : il s'agit, en effet, au début du XVIe siècle, de chansons urbaines constituées de petits couplets se chantant sur une même mélodie. La première apparition d'un « vaul de ville » se rencontre dans une « moralité » (jeu de cour) de Nicolas de la Chesnaye, *la Condamnation de banquet* (1507). Vers le milieu et la fin du siècle, le vaudeville s'étend aux couches supérieures de la société et va se confondre avec l'air de cour, prenant facilement un caractère grivois.

Parmi les premiers compositeurs qui publient des livres de vaudevilles ou d'airs de cour, il faut citer Pierre Certon (1552), suivi par Adrien Le Roy (*Livre d'airs de cour mis sur le luth*, 1571). Les premiers vaudevilles sont critiqués par du Bellay à cause de leur vulgarité. Quant à leur style musical, à l'inverse de l'écriture savante polyphonique, il adopte l'harmonisation verticale. Au XVIIe siècle, le vaudeville retourne à ses origines populaires, et une distinction entre airs de cour et vaudevilles commence à se préciser, tenant essentiellement au caractère de plus en plus satirique de ces derniers, fréquemment dirigés contre les personnages et les mœurs de la Cour. Un recueil de Ballard, *la Clef des chansons* (1717), rassemble 300 vaudevilles, dont certains datent « de cent ans et plus ».

Il est à noter que la tradition des vaudevilles se transmet plus oralement que par écrit. Les mélodies sont appelées « timbres ». Au début du XVIIIe siècle, les vaudevilles constituent la base musicale des théâtres populaires des foires de Saint-Germain et de Saint-Laurent. Les interdictions et les restrictions imposées par l'Académie de musique aux spectacles non officiels conduisent à des subterfuges amusants : ainsi les fameuses « pièces par écriteaux » où les acteurs auxquels il est interdit de chanter portent sur la poitrine des pancartes avec des textes satiriques, tandis que les musiciens jouent des airs de vaudevilles connus. Des spectacles de ce genre sont couramment pratiqués par Favart, père de l'opéra-comique français (auquel néanmoins un arrêté, en 1745, interdit de s'exprimer), Lesage, d'Orneval, qui ouvrent la voie à Duni, Philidor, Monsigny. Avec eux, le genre passe dans le domaine professionnel et s'officialise. L'importance historique du vaudeville, tant musicale que scénique, est donc d'avoir permis, au XVIIIe siècle, la naissance et l'évolution de l'opéra-comique*.

En 1792, un théâtre du Vaudeville est ouvert à Paris par Piis et Barré. Mais, à partir du XIXe siècle, le vaudeville, tout en restant un genre comique, burlesque et de plus en plus nourri d'intrigues bouffonnes, perd ses attaches musicales folkloriques.   A. L.

VAUGHAN WILLIAMS (Ralph), compositeur anglais (Down Ampney, Gloucestershire, 1872 - Londres 1958). Artisan principal du renouveau de la musique anglaise au XXe siècle, il étudia au Royal College of Music avec Parry (1890-1892), à Cambridge (1892-1895), puis de nouveau au Royal College of Music avec Stanford (1895-96). Il se rendit ensuite pour quelques mois à Berlin, où il travailla avec Max Bruch. En 1895, il avait rencontré au Royal College of Music Gustav Holst, nouant avec lui une profonde amitié. Il réalisa que l'imitation des modèles étrangers ne le mènerait à rien, et sa personnalité se révéla au contact des chansons populaires de son pays, qu'il étudia et traita à la manière de Bartók et de Kodály en Hongrie, ainsi que de la musique élisabéthaine et jacobéenne des XVIe et XVIIe siècles.

Il parvint à maturité relativement tard, mais composa jusqu'à son dernier souffle, abordant à peu près tous les genres, des plus modestes aux plus ambitieux. En outre, il participa étroitement, pendant près de soixante ans, à la vie musicale britannique, témoignant d'un sens de la communauté rare au XXe siècle. Souvent en collaboration avec son ami Cecil Sharp*, il réunit en tout plus de 800 chansons populaires (la première, *Bushes and Briars*, en 1903). Sa première œuvre restée dans la mémoire collective est le chant *Linden Lea*, pour voix et piano (1901). Suivirent notamment les *Songs of Travel*, d'après Robert Louis Stevenson (1901-1904), *In the Fen Countries* (1904) et les 3 *Norfolk Rhapsodies*, pour orchestre (1905-1906), et *Toward the Unknown Region*, pour chœur et orchestre, d'après Walt Whitman (1905-1906). De décembre 1907 à février 1908, Vaughan Williams séjourna à Paris, où il étudia avec Ravel (surtout l'orchestration). Sa période d'apprentissage prit fin avec *A* *Sea Symphony*, pour soprano, baryton, chœur et orchestre, d'après Whitman (1903-1910), et qui est, en fait, la première de ses 9 symphonies. L'œuvre fut exécutée en 1910. La même année, la *Fantaisie* *sur un thème de Thomas Tallis* consacra la célébrité du compositeur. Citons encore un quatuor à cordes en *sol* mineur (1908-1909), premier fruit des études avec Ravel, le cycle de mélodies *On* *Wenlock Edge*, d'après Housman (1908-1909), et une musique de scène pour *les Guêpes* *d'*Aristophane (1909).

A *London Symphony* (1912-1914) et l'opéra *Hugh the Drover* (1910-1914), qui renouvela le genre de l'opéra-ballade, sont deux œuvres à la fois ambitieuses et d'un bel élan. De la même époque date *The Lark Ascending*, pour violon et orchestre (1914). Après la guerre, qu'il passa en France et à Salonique, Vaughan Williams enseigna au Royal College of Music et devint directeur du Bach Choir (1920-1928). Naquirent alors de nombreuses œuvres reflétant chez lui certains traits qu'on a pu qualifier de visionnaires, et recouvrant des genres et des modes d'expression fort variés : *A* *Pastoral Symphony* (1916-1922), la messe en *sol* mineur pour chœur a cappella (1920-21), *Flos* *Campi* pour alto et petit orchestre (1925), l'oratorio *Sancta* *Civitas* (1923-1925), le concerto pour violon et cordes (*Concerto accademico*, 1924-25), le concerto pour piano (1926-1931 ; rév. 2 pianos, 1946), le *Benedicite* (1929), et le ballet *Job* * (1927-1930). Il faut encore mentionner 3 opéras : *Sir John in Love*, d'après Shakespeare (1924-1928, créé en 1929), *The Poisoned Kiss* (1927-1929, créé en 1936), et surtout *Riders to the Sea*, d'après Synge (1925-1932, créé en 1937). Cette période déboucha sur la *Symphonie n° 4* en *fa* mineur (1931-1934, créée en 1935), dont l'âpreté et la violence sont en contraste total avec la douceur modale et le folklore recréé de la *Pastoral*. Interrogé sur cette œuvre qui surprit, mais dont on avait pu entendre des prémisses dans les épisodes « sataniques » de *Job*, le compositeur eut cette boutade : « Je ne sais si j'aime ça, mais c'est ce que j'ai voulu dire. »

Suivirent notamment *Dona nobis pacem*, cantate pour soli, chœurs et orchestre (1936), *Five* *Tudor Portraits*, et *Serenade to Music* (1938), ouvrage pour 16 voix solistes et orchestre d'après Shakespeare écrit pour le jubilé de sir Henry Wood en tant que chef d'orchestre. La lumineuse *Symphonie n° 5* en *ré* majeur, créée en 1943 et dédiée « sans permission » (la Finlande et la Grande-Bretagne étaient officiellement en guerre l'une contre l'autre) à Jean Sibelius, transposa sur un plan plus abstrait le message de la *Pastoral* tout en faisant usage d'éléments pris dans un opéra d'après Bunyan entrepris depuis longtemps, mais qui ne devait être achevé qu'en 1949 et créé en 1951, *The Pilgrim's Progress*. Dans le sillage de la *5e Symphonie* se situent, entre autres, *Five Variants of Dives and Lazarus*, pour cordes et harpe (1939), le quatuor à cordes en *la* mineur (1942-1944) et le concerto pour hautbois et cordes (1944).

La *Symphonie n° 6* en *mi* mineur (1944-1947, créée en 1948) est souvent considérée comme le chef-d'œuvre de Vaughan Williams. Dramatique et heurtée, elle approfondit le message de la *4e*, et son finale (*Epilogue*), d'un bout à l'autre *pianissimo (senza crescendo)*, est l'image même de la désolation. La *Sinfonia* *antartica* (n° 7) fut entreprise en 1949, mais avant son achèvement (1952) et sa création (1953) intervinrent notamment *An Oxford Elegy*, pour récitant, petit chœur et petit orchestre (1947-1949), *Fantasia on the Old 104th*, pour piano, chœur et orchestre (1949), une *Romance*, pour harmonica, cordes et piano (1951) et les *Three Shakespeare Songs*, pour chœur sans accompagnement (1951). En 1953, Vaughan Williams abandonna le poste de premier chef d'orchestre du Leith Hill Festival, qu'il avait occupé depuis 1905 et qui lui avait permis de diriger de mémorables exécutions de Bach, en particulier de la *Passion selon saint Matthieu*. Dans ses dernières années, il écrivit encore la cantate de Noël *Hodie* (1953-54), un concerto pour tuba basse (1954), les *Ten Blake Songs*, pour voix et hautbois (1957), les *Four Last Songs* (1954-1958), une sonate en *la* mineur pour piano et violon (1954), et surtout la *Symphonie n° 8* en *ré* mineur (1953-1955, créée en 1956), sorte de concerto pour orchestre témoignant de l'intérêt du compositeur, dans ses dernières années, pour les problèmes de sonorité, et la *Symphonie n° 9* en *mi* mineur (1956-57, créée en 1958), d'un pessimisme assez amer.

Il coupa radicalement les ponts avec l'Allemagne et l'Italie, mais sans tomber dans le provincialisme. Au contraire, son ampleur de vue, son nationalisme intelligent, ainsi que sa parfaite connaissance et sa juste appréciation de la société britannique de son temps, dont il réussit de la faire accepter tout en s'attachant sur le plan musical à la faire évoluer à tous les niveaux, lui permirent de donner à son pays ce dont il avait le plus besoin : une tradition contemporaine profonde et authentique, et capable par là de se développer à long terme. Il reste, avant Michael Tippett et Peter Maxwell Davies, le plus grand compositeur qu'ait produit la Grande-Bretagne en notre siècle.   M. V.

VAUTOR (Thomas), compositeur anglais (? fin XVIe-? début XVIIe siècle). En l'absence de toute autre source d'information biographique, on peut seulement déduire de la dédicace de son livre de madrigaux qu'il fut au service de sir George Villiers à Brooksby (Leicestershire), puis à celui de son fils le duc de Buckingham à Goadby. Il obtint, en 1616, le grade de Bachelor of Music à l'université d'Oxford. On ne connaît de ses œuvres qu'un volume de madrigaux, *The First Set, beeing Songs of Divers Ayres and Natures, of Five and Six Parts, Apt for Vyols and Voyces* (1619-20), particulièrement intéressants pour leur figuralisme, et qui l'apparentent, stylistiquement, à Weelkes et Wilbye.   D. H.

VECCHI (*Orazio*), compositeur italien (*Modène 1550?- id. 1605*). Il est éduqué à San Pietro de Modène et étudie la musique avec Salvatore Essenga, avant d'être ordonné prêtre. En 1577-78, il accompagne le comte Baldassarre Randoni à Bergame et à Brescia, puis est nommé maître de chapelle de la cathédrale de Salò en 1581. Il exerce les mêmes fonctions à Modène (1584-1586) et à la collégiale de Corregio (Reggio Emilia) de 1586 à 1591, où il est archidiacre en 1591-92. Il effectue, à cette époque, plusieurs séjours à Venise, pour y superviser l'édition de ses œuvres par Gardano et collaborer à la révision du graduel romain. De nouveau maître de chapelle à la cathédrale de Modène en 1593, il participe, par ailleurs, activement à la vie musicale à la cour de Cesare d'Este, qui le nomme « maestro di corte » en 1598, et accompagne en 1600 le cardinal Alessandro d'Este à Rome. Sa fidélité à la ville de Modène (il refuse, en 1603, de succéder à Ph. de Monte à la cour de l'empereur Rudolf II) ne l'empêche pas d'être évincé de son poste en 1604 par un élève envieux, Geminiano Capilupi, et il meurt quelques mois plus tard.

Ce fut un compositeur extrêmement prolifique, à la fois dans les domaines sacré et profane. Ses œuvres religieuses (un livre de motets à 4-8 voix, un livre de messes à 6-8 voix, des lamentations, des hymnes à 4 voix, des *Sacrarum cantionum* 5-8 voix, un *Magnificat*) sont écrites dans un style contrapuntique simple, soucieux de clarté, et il ne néglige pas, dans cette optique, les ressources de l'homophonie. Ce goût pour la simplicité est particulièrement évident dans sa musique profane, qui renferme ses œuvres les plus caractéristiques. Il a publié 6 livres de *Canzonette* (un à 3 voix, quatre à 4 voix, un à 6 voix), 2 livres de madrigaux (un à 5 voix, un à 6 voix), et 4 recueils de pièces récréatives : *Selva di varia recreatione* (1590), *Il Convito musicale* (1597), *Le Veglie di Siena* (1604) et *L'Amfiparnaso* (1597), sans aucun doute son œuvre la plus célèbre. Son intention est de traiter à égalité, tout en les contrastant, le *piacevole* et le *grave*, qui représentent, pour lui, les deux pôles de la vie humaine, et il y parvient en juxtaposant dans la même œuvre une grande variété de formes musicales (*capricci, arie, balli, canzonette, madrigali, serenate, dialoghi, etc.*), où les éléments pathétiques, parodiques et bouffons foisonnent, en accentuant le plus souvent le côté humoristique. Cette union est particulièrement bien réalisée dans *L'Amfiparnaso**, où l'ensemble des pièces s'insère dans un cadre dramatique (*comedia harmonica* en 3 actes et 1 prologue). Il constitue donc un chef-d'œuvre de synthèse de la musique polyphonique vocale profane italienne du XVIe siècle, à l'heure où le genre dramatique se tourne résolument vers l'ère monodique.   D. H.

VEJVANOVSKY (*Pavel Josef*), compositeur tchèque (*Hukvaldy v. 1633 ou v. 1639 - Kroměříž* [*Kremsier*] *1693*). Il est parfois désigné sous le nom de Weiwanowski. On retrouve les premiers documents authentiques sur sa vie au collège des jésuites d'Opava, dont il sort en 1660. En 1664, il entre au service de l'évêque d'Olomouc. En 1670, il succède à H. Biber comme maître de chapelle du prince Lichtenstein-Kastelkorn, nouvel évêque d'Olomouc, au château de Kroměříž (Kremsier). Il signait ses compositions du titre de *tubicen campestris*. L'essentiel des manuscrits authentifiés se trouve au château de Kroměříž.

Sa production instrumentale fut très nombreuse, mais l'ensemble de ses manuscrits ne nous est pas parvenu. Il est le plus grand représentant de l'école baroque tchèque, et, comme tel, fut profondément influencé par l'école italienne. Ses maîtres semblent avoir été Johann-Heinrich Schmelzer, Pietro-Andrea Ziani et Heinrich Biber. On a retrouvé 33 manuscrits datant de la seule année 1666, année de son mariage avec Anne-Thérèse Miniscator, fille du maire de Kroměříž. Par son style, il relève d'un axe Venise-Vienne. Ses nombreuses sonates sont toutes du type de la canzona italienne ; on y trouve des ébauches de variations, et une écriture particulièrement virtuose pour les instruments à vent. Sa ligne mélodique est souvent pimentée de citations plus ou moins textuelles de thèmes populaires tchèques.   P.-E. B.

VENISE. Si la pratique ordinaire de la musique sacrée et la composition de pièces plus marquantes pour les cérémonies impliquant la présence du doge n'assurèrent guère un renom particulier à la musique vénitienne jusqu'à la fin du XIVe siècle, la glorieuse cité maritime ne tarda pas à s'affirmer, grâce en premier lieu à l'activité de l'église dogale San Marco : une école de chant y fut fondée en 1408, la participation de choristes et d'instrumentistes à la liturgie s'élabora, un nouvel orgue fut construit, le répertoire s'édifia, comme en témoignent les recueils de motets et de « laude » publiés par Petrucci, imprimeur venu s'installer à Venise vers 1490, et qui devait s'assurer, à partir de 1498, le privilège exclusif (demeuré valable quelque vingt années) d'imprimer la musique polyphonique (religieuse et profane) et les tablatures en circulation à Venise.

En 1520, San Marco devint une basilique, et l'on vit s'intensifier le travail du *maestro di cappella*, de ses choristes, de ses 2 organistes, au point que l'on put appeler comme maître de chapelle un prestigieux compositeur flamand : Adriaan Willaert (les procurateurs de Venise signèrent sa nomination le 12 décembre 1527). Il conserva ce poste trente-cinq ans, faisant de San Marco l'un des principaux centres de la somptuosité polyphonique. Ses motets et ses psaumes à *cori spezzati* sont fameux — on avait compris le parti acoustique à tirer de la disposition de 2 tribunes pour les choristes se faisant face, ainsi que des 2 orgues —, mais ses nombreux madrigaux et chansons ne firent pas moins pour sa réputation : parmi ses élèves, nous citerons Cipriano de Rore (son successeur comme *maestro di cappella* à San Marco de 1563 à 1565), le théoricien et compositeur Zarlino (à son tour *maestro di cappella* de 1565 à 1590), Jacques Buus (premier organiste de San Marco de 1541 à 1551), Girolamo Parabosco (premier organiste en 1551-52), Costanzo Porta, et surtout Andrea Gabrieli.

De 1567 à 1584, le premier orgue de San Marco fut tenu par Claudio Merulo, considéré comme le plus grand maître européen de son instrument ; son talent de compositeur n'était pas moindre et s'illustra dans tous les genres, avec un bonheur particulier dans le répertoire profane et les pièces d'orgue (ricercari, canzoni, toccate, etc.). Merulo exerça même un temps une activité d'éditeur, mais, depuis 1538, le musicien et imprimeur français Antoine Gardane s'était affirmé comme le premier éditeur vénitien ; à la mort de celui-ci (1569), sa maison survécut sous la direction de ses deux fils Alessandro et Angelo, qui, malgré une scission intervenue en 1575, maintinrent le prestige du nom.

La charnière du XVIe siècle et du XVIIe fut dominée par l'influence des Gabrieli, Andrea et son neveu Giovanni, tous deux organistes à San Marco. Ils tirèrent les extrêmes conséquences de l'écriture a *cori spezzati*, et, lorsque Giovanni déploya 3 ou même 4 chœurs, il lui devint impossible d'accorder un devenir autonome à chaque partie de tels étagements : il fit donc se répondre ou s'imbriquer des chœurs harmoniques. Les instruments chargés soit de doubler, soit de supplanter les voix, furent revalorisés lors de l'exécution de ces pages polyphoniques ; certaines œuvres écrites spécifiquement pour des groupes instrumentaux — surtout dans la dernière période créatrice de Giovanni — annoncent une future émancipation de la musique instrumentale. Les registres des Procuraties nous indiquent les effectifs alors en usage : le nombre de choristes oscillait autour de la trentaine, on faisait venir une douzaine d'instrumentistes (une majorité de trombones associés à quelques cornets, violons, et à un bassoniste, le cas échéant), en sus des 2 orgues ; et ils attestent les dépenses extraordinaires accordées pour de véritables concerts.

Les *Scuole* (sièges de confréries où la pratique artistique s'alliait aux intentions pieuses, philantropiques ou corporatives) permettaient également une diffusion musicale non négligeable.

Giovanni Gabrieli fut organiste de la *Scuola di San Rocco* (décorée par le Tintoret), où il put présenter ses compositions instrumentales les plus ambitieuses et les plus ornées, grâce notamment au concours d'instruments à cordes en nombre et qualité suffisants. La renommée des Gabrieli s'étendit fort loin, et Giovanni compta des élèves nordiques et allemands, dont son fidèle disciple Heinrich Schütz.

Le 19 août 1613, Monteverdi fut nommé *maestro di cappella* à San Marco. Nous tenons de la plume du compositeur lui-même tous les avantages dont jouissait le titulaire de cette éminente fonction : son salaire (fort élevé pour le temps), le respect dont on l'honorait, son autorité sur l'ensemble des musiciens de la chapelle (son fils Francesco y chanta comme soliste de la maîtrise). Outre une riche floraison de messes, motets, hymnes, vêpres, pour la liturgie et les cérémonies dépendant de ses fonctions, Monteverdi faisait entendre ses compositions profanes aux cénacles qui se réunissant dans les riches maisons patriciennes de la cité. De plus, il participa de manière décisive à la formation du style vénitien pour l'opéra, auquel la Sérénissime République n'avait pas apporté de réelle contribution, si l'on excepte les intermèdes joués lors de grandes festivités. La représentation, en 1637, de l'*Andromède* (livret de Benedetto Ferrari, musique de Francesco Manelli) pour la réouverture du théâtre San Cassiano (appartenant à la famille Tron) stimula, semble-t-il, le goût théâtral des Vénitiens, et l'on assista à une véritable éruption de théâtres musicaux que fréquenta l'ensemble des couches de population, constituant ainsi un public au sens moderne du mot, toujours prêt à manifester ses goûts. Le théâtre San Cassiano accueillit en 1641 *Il Ritorno d'Ulisse in patria* de Monteverdi (sur un livret de Badoaro); en 1639, on bâtit en bois le théâtre SS. Giovanni e Paolo (appartenant à la famille Grimani), qui fut reconstruit en pierre autour de 1655, et l'on y joua de Monteverdi l'*Adone* (1639), *Le Nozze d'Enea con Lavinia* (1641) — 2 partitions perdues —, *L'Incoronazione di Poppea* (1642). En 1639 encore ouvrit le théâtre San Mosè (propriété de la famille Giustinian) remodelé pour l'opéra, puis en 1641 le Teatro Novissimo. Les Vendramin firent construire en 1622 le théâtre San Salvador, en 1650, on édifia le minuscule théâtre Sant'Apollinare, en 1676, le théâtre Sant' Angelo, en 1678 (grâce encore aux Grimani), le théâtre San Giovanni Crisostomo ; Giovanni Grimani avait fait construire en 1656 le théâtre San Samuele pour la comédie, et ce n'est qu'à partir de 1710 qu'il accueillit des spectacles d'opéra. Les principales de ces scènes, actives au milieu du XVIIe siècle, furent alimentées par les deux compositeurs les plus féconds de l'époque : Cavalli (chantre, organiste, puis maître de chapelle à San Marco, où il subit l'influence de Monteverdi), et Cesti ; or la plupart d'entre elles étaient encore en activité au temps de Vivaldi : c'est dire que Venise connut plus d'un siècle d'incroyable effervescence lyrique.

Venise allait affronter les premières décennies du XVIIIe siècle avec un rayonnement artistique contredisant les signes de déclin économique et de pourrissement politique qui se faisaient jour avec une insistance croissante.

En 1685, l'orchestre de San Marco comptait dans ses rangs un honorable violoniste, barbier de son état, dont le premier fils — Antonio Vivaldi — était né sept ans auparavant ; le *maestro di cappella* se nommait alors Giovanni Legrenzi et il avait obtenu de porter le chœur à 36 chanteurs et l'orchestre à 34 musiciens. Mais ce n'est plus en ce lieu prestigieux que la vie musicale vénitienne allait briller le plus intensément. Les théâtres d'opéra déployèrent au XVIIIe siècle une activité digne de l'époque précédente, et l'on sait que le « prêtre roux » (dont on redécouvre l'abondante production lyrique) fut directeur du Teatro Sant'Angelo.

Dès les premières années du XVIIIe siècle, les Vénitiens importèrent l'intermezzo napolitain, le pratiquant cependant avec moins de bonheur que les compositeurs méridionaux. Pendant plusieurs décennies, le succès alla principalement aux grands drames sur livrets d'Apostolo Zeno ou de Pietro Metastasio.

Parallèlement, la pratique musicale s'épanouit curieusement dans les *ospedali* — hospices pour orphelins —, où l'enseignement du chant et des instruments atteignit un niveau très élevé comme en témoignent les œuvres écrites par leurs maîtres pour ces orphelins et les récits attestant que des visiteurs de marque allaient volontiers entendre un concert donné par les meilleures élèves. Nous parlons au féminin, car les jeunes filles n'ayant pas trouvé d'époux restaient à l'hospice où elles se perfectionnaient, devenant les solistes du complexe musical et aidant à l'éducation de leurs cadettes. Ces 4 *ospedali* étaient : *l'Ospedaletto*, les *Mendicanti* où professa Legrenzi, les *Incurabili*, qui employèrent Hasse, Jommelli, Galuppi, et la *Pietà*, où diverses fonctions furent exercées par G. Porta, Porpora, Giuseppe Sarti, Vivaldi surtout, dont l'enseignement violonistique ainsi que les intérims de maître de chapelle apporteront une renommée sans égale à cet établissement.

Antonio Vivaldi, Tommaso Albinoni, les deux frères Marcello (de géniaux *dilettanti* : Alessandro était philosophe et mathématicien, Benedetto était juriste et occupa des fonctions officielles), le claveciniste Baldassarre Galuppi (surnommé Il Buranello, puisque né dans l'île de Burano), outre leurs imposantes contributions aux formes vocales, portèrent à sa perfection l'écriture instrumentale du concerto baroque auquel ils insufflèrent un climat de vitalité lumineuse directement inspiré des couleurs rayonnant sous le ciel de leur ville. Les observations de Vivaldi sur les formes du concerto et de la sinfonia d'opéra le conduisirent à faire glisser des éléments d'écriture de l'une et de l'autre vers un nouveau type de sinfonia autonome dont l'évolution, enrichie des apports de certains de ses cadets, allait engendrer le répertoire que l'on sait dans toute l'Europe de la fin du siècle.

Les dernières décennies de la République de Venise (abattue par Bonaparte en 1797) virent le déclin d'un bon nombre de théâtres, de la vie musicale des chapelles, la faillite de trois des hospices : seul l'orphelinat de la Pietà survécut jusqu'à nos jours (son actuelle église fut reconstruite quelques années après la mort de Vivaldi).

Le Teatro La Fenice, commencé en 1790, abattu par un incendie au cours de son édification, reconstruit et inauguré le 16 mai 1792 avec un opéra de Paisiello (*I Giuochi d'Agrigento*), fut à nouveau détruit par le feu en 1836 et reconstruit en 1837 dans le respect de son élégance décorative. Cette fatalité ne l'empêcha pas d'accueillir des créations de tous les grands noms de l'opéra italien au XIXe siècle, dont cinq de Verdi (*Ernani* en 1844, *Attila* en 1846, *Rigoletto* en 1851, *La Traviata* en 1853, la version initiale de *Simon Boccanegra* en 1857), et de demeurer aujourd'hui le théâtre d'opéra, ainsi que la principale salle de concerts de la ville.

La Biennale de Venise, quant à elle, offre des opportunités de juger la production contemporaine, particulièrement bien représentée sur les lieux mêmes, puisque Gian Francesco Malipiero, Bruno Maderna et Luigi Nono sont vénitiens.

Le conservatoire Benedetto-Marcello (instauré en 1877), la Fondation Levi, la Fondation Cini, l'Istituto Antonio Vivaldi (fondé en 1947 par le docteur Antonio Fanna) contribuent à maintenir dans l'actualité le rôle culturel de Venise par leur enseignement, leurs bibliothèques, l'accueil réservé aux chercheurs et leurs cycles de congrès.

S. F.

VÊPRES (du lat. *vesper*, « soir »). Dans la suite des heures qui constitue la journée liturgique, les vêpres, primitivement prière d'action de grâces pour la lumière du jour au moment où elle se retire, sont l'office de fin d'après-midi précédant les *complies** qui « achèvent » le cycle. Les grandes fêtes comportent deux offices semblables : les premières vêpres célébrées la veille et les vêpres proprement dites ou deuxièmes vêpres. L'essentiel de l'office consiste dans la lecture chantée par deux demi-chœurs alternés (psalmodie antiphonique) d'une suite de 5 psaumes (4 dans l'office bénédictin) encadrés de leurs antiennes et suivis d'une hymne et du chant du magnificat. Diverses formules dialoguées complètent l'office. Chez les bénédictins s'y ajoute un répons bref. Enfin, l'ordonnance de l'office a été profondément modifiée après le concile Vatican II.

Jusqu'à ce concile, qui les a en fait retirées des mœurs, les vêpres ont été, après la messe, l'office le plus important de la pratique religieuse des fidèles, et n'ont cessé d'être fréquentées par eux malgré l'absence d'obligation. Aux fêtes les plus importantes, cathédrales et grandes chapelles célébraient parfois des « vêpres solennelles » ou « en musique », dont certaines parties en nombre variable pouvaient être déléguées à la maîtrise, d'où l'existence d'un répertoire important, comportant soit l'office entier, soit un florilège de psaumes, hymnes ou magnificat destinés à cet usage, en polyphonie au XVIe siècle (Palestrina, Lassus, etc.), avec soli, chœurs et orchestre aux XVIIe et XVIIIe siècles. Mozart a ainsi écrit pour la cathédrale de Salzbourg un certain nombre de vêpres solennelles. A partir du XIXe siècle, ces compositions sont devenues exceptionnelles, les vêpres en musique, plus rares, faisant davantage appel au répertoire existant qu'aux compositions nouvelles. J. C.

VÊPRES (LES). Cycle religieux pour solistes et chœur a cappella de Rachmaninov (1915), créé la même année à Moscou par le chœur de l'Institut synodal dirigé par N. Daniline. C'est la seconde et dernière grande œuvre religieuse de Rachmaninov, après la *Liturgie de saint Jean Chrysostome*. Comme pour cette dernière, Rachmaninov a profité des conseils de A. Kastalski, compositeur-ethnomusicologue et pionnier du retour au style national russe de la musique religieuse. Mais, si la *Liturgie* laisse encore paraître des réflexes d'écriture d'un compositeur profane, les *Vêpres* sont, au contraire, soutenues intégralement dans un esprit de ferveur religieuse. Dans un souci d'authenticité de style, Rachmaninov a construit 10 des 15 numéros de ses *Vêpres* sur d'anciennes mélodies de l'Église orthodoxe : chant *znamenny* (« neumatique »), chant du monastère de Kiev, chant grec. L'homogénéité spirituelle de l'œuvre s'accorde avec une grande variété dans l'illustration musicale des textes et dans les procédés d'écriture : homophonie, variations chorales sur une mélodie, opposition d'un soliste à des groupes de voix, étagement des registres vocaux. Ce dernier procédé est particulièrement mis en valeur grâce aux voix de basse profonde, appelées en russe « octavistes ». Certains numéros, notamment la *Grande Doxologie* (nº 12), atteignent par leur puissance archaïque à la dimension de fresques épiques, renforçant encore le caractère slave de l'œuvre. Catalogué comme le compositeur de la virtuosité pianistique, et secondairement comme un symphoniste et un mélodiste, Rachmaninov se place, grâce à ses *Vêpres*, dans la lignée des plus grands compositeurs religieux russes. A. L.

VÊPRES DE LA SAINTE VIERGE (LES). Important recueil de musique religieuse, publié par Claudio Monteverdi en 1610 et dédié au pape Paul V. L'ensemble, que le compositeur présenta lui-même au souverain pontife (dans l'espoir d'y gagner une bourse au séminaire romain pour son fils Francesco, et pour lui-même quelque charge musicale), comprend en fait 3 parties nettement distinctes.

D'abord une *Messe à six voix da cappella* sur le motet *In illo tempore* de Gombert, œuvre volontairement traditionnelle avec sa polyphonie *osservata*, aux imitations rigoureuses. Puis la liturgie du *vespro* proprement dite, où éclate le génie « moderne » du musicien. Pourtant, les intentions religieuses de l'auteur ne peuvent être mises en doute, chacun des 5 psaumes de l'office étant fondé sur une teneur de plain-chant, répétée et variée avec la plus grande liberté prosodique. La riche orchestration (la partition précise que l'ensemble est écrit *da concerto, composto sopra canti fermi sex vocibus et sex instrumentis*) est inspirée des *Sinfonie sacrae* de Giovanni Gabrieli, chef de file de l'école vénitienne. En fait, Monteverdi se souvient aussi de l'orchestre de l'*Orfeo*, avec ses *cornetti*, ses trombones et ses violons, pour soutenir les massives déclamations chorales en faux-bourdon comme les agiles monodies imparties aux solistes.

La prière mariale s'ouvre sur l'intonation grégorienne : *Deus in adjutorium meum intende*, tandis qu'à l'orchestre retentissent les fanfares solennelles et les traits étincelants de la *toccata* d'ouverture de l'*Orfeo*.

Le premier psaume, *Dixit Dominus* (à 6 voix et 6 instruments), mêle les tutti cantillés en faux-bourdon aux duos et trios pour solistes. L'ensemble instrumental tisse entre les séquences vocales des ritournelles développées à partir du cantus firmus traité en continuo à l'orgue. Les autres psaumes (*Laudate Pueri*, à 8 voix ; *Laetatus sum*, à 6 voix ; *Nisi Dominus*, pour double chœur à 10 voix ; et *Lauda Jerusalem*, à 7 voix) vivent des mêmes contrastes dynamiques, des mêmes sonorités fastueuses, des mêmes récitations dialoguées, entrecoupées de duos et trios *concertati*. La technique vénitienne des *cori spezzati* triomphe dans le *Nisi Dominus*, aux effets de puissance impressionnants. Et, pour conclure l'office, Monteverdi a imaginé deux rédactions du *Magnificat* : l'une à 7 voix, accompagnée par tout l'orchestre (flûtes, *cornetti*, trombones, cordes), l'autre, plus intime, à 6 voix, avec le seul continuo d'orgue.

Entre les psaumes, Monteverdi a intercalé des motets et des hymnes qui constituent la troisième partie du recueil, et remplacent très librement les antiennes traditionnelles (chantées à l'époque en plain-chant à Venise et dans toute l'Italie du Nord). Ces pages, qui se réfèrent — surtout les quatre motets pour solistes — au style de la « nouvelle musique », doivent évidemment leur vocalité triomphante à la monodie et au récitatif du jeune drame lyrique.

Parmi elles, *Duo Seraphim clamabant* est traité en trio (3 ténors) et sacrifice aux vocalises, trilles, *gorgie* et autres ornements du chant profane sur la ligne peu infléchie du continuo d'orgue. *Nigra sum* pour voix solo (ténor) n'est qu'une transposition sacrée de l'arabesque lyrique et de l'arioso passionné de l'*Orfeo* ou du lamento d'*Arianna*. Pourtant, si l'adéquation liturgique de ces *sacri affetti* est moins évidente que celle des *Psaumes*, le génie novateur de Monteverdi n'en reste pas moins guidé ici par une authentique spiritualité.

Quant à la *Sonate à huit sopra Sancta Maria, ora pro nobis*, elle constitue peut-être le sommet de toute la collection. C'est une page de virtuosité transcendante où l'orchestre — coloré des timbres des cornets et trombones — entoure d'une éblouissante *sinfonia alla francese* l'invocation grégorienne « Sainte Marie, priez pour nous », répétée litaniquement par les sopranos à l'unisson. Le mouvement instrumental se régénère sans cesse sur d'audacieuses mutations rythmiques qui se déduisent les unes des autres, et finit par épouser la scansion du cantus firmus pour l'apothéose des dernières mesures. L'effet musical produit est absolument stupéfiant, encore que Monteverdi y recherche moins le trait spectaculaire qu'une certaine lumière et gloire mystique dans le cheminement de la prière. R. T.

VÊPRES SICILIENNES (LES). Opéra en 5 actes de Verdi, sur un livret d'Eugène Scribe et de Charles Duveyrier, créé à l'Opéra de Paris le 13 juin 1855. Plus souvent exécuté dans sa traduction italienne (*I Vespri siciliani*) due à Arnaldo Fusinato et à E. Caimi, cet opéra a été donné à Parme le 26 décembre de la même année.

ACTE PREMIER. (À Palerme en 1282.) *Une importante ouverture résume les principaux thèmes de l'opéra. Alors que les soldats français affirment les droits de l'occupant, la duchesse Hélène* (s), *dont le frère a péri de la main des bourreaux, exhorte le peuple à la vengeance. Elle aime Henri* (t), *et est aimée de lui. Ce dernier brave le gouverneur Guy de Montfort* (bar).

ACTE II. *Le patriote Procida (b) retrouve avec émotion sa patrie* (Et toi, Palerme), *puis incite Hélène et Henri à fomenter la révolte. Ces derniers se jurent fidélité, cependant qu'on entraîne de force Henri au bal du gouverneur. Les soldats s'emparent des femmes des Siciliens, terrorisés, que Procida et Hélène accablent de reproches.*

ACTE III. *Montfort a appris qu'Henri est son fils naturel* (Au sein de la puissance) *et le lui révèle* (duo : Quand ma bonté toujours nouvelle), *mais le jeune homme repousse son affection. Le ballet des Saisons ouvre la fête, un bal masqué où Montfort doit être assassiné ; mais Henri, poussé par son sentiment filial, déjoue la conjuration. Hélène, Procida et les leurs sont arrêtés, et Montfort révèle la « trahison » d'Henri que ses compagnons maudissent.*

ACTE IV. *Henri se rend à la prison* (Ô, jour de peine, *ou bien l'air de substitution* Ô toi que j'ai chérie) *pour se justifier. Hélène lui pardonne* (Ami, le cœur d'Hélène pardonne), *mais non Procida. Le supplice est apprêté, mais Henri le suspend en reconnaissant devant tous Montfort pour son père. Celui-ci ordonne les noces d'Hélène et de son fils en signe de réconciliation, le soir même à l'heure des vêpres. Procida saisit l'occasion pour sa vengeance.*

ACTE V. *A la fête, Hélène chante un boléro* (Merci, jeunes amies) *et célèbre son bonheur. Procida lui révèle que le carillon nuptial doit donner le signe de la révolte. Pour conjurer le massacre, Hélène décide de se sacrifier en refusant la main d'Henri, mais Montfort passe outre et fait sonner les cloches.*

Eugène Scribe, vieillissant, n'avait pas pris la peine de rédiger un drame original : Donizetti étant mort sans achever son *Duc d'Albe*, il se contenta à peu près d'adapter son texte à une situation du même type (la supercherie, d'abord suspectée, n'éclata au grand jour que lors de la création posthume de l'œuvre de Donizetti en 1882). La trame ne tient donc que peu compte des véritables Pâques sanglantes de Palerme, le 30 mars 1282. Mais, dans ce conflit entre l'amour et le devoir sur un fond de révolte politique et de discordes familiales, Scribe renouvela l'exploit des *Huguenots* : faire mettre en musique par un étranger, pour la France, un drame dépeignant les Français comme des tyrans, des assassins et des débauchés.

Verdi n'en trouva pas moins là une de ces « situations fortes » qu'il affectionnait, et dont la localisation lui importait peu. Il dressa deux portraits saisissants, ceux du tyran généreux Guy de Montfort et de l'implacable Procida, et ne renia jamais sa personnalité, signant le meilleur de ses ballets tout en parvenant à se démarquer de ses deux derniers succès : à l'intimisme de *La Traviata*, au romantisme flamboyant du *Trouvère*, il opposa l'architecture savante de grands ensembles mêlant des sentiments contradictoires. Il y avait là l'amorce de cette grande manière qui devait trouver son plein épanouissement dans *Don Carlos*, et l'occasion pour un compositeur trop « plébéien » de faire enfin la preuve de sa science de l'écriture.

R. M.

VERACINI, famille de musiciens italiens. — 1. **Antonio**, violoniste et compositeur *(Florence 1659 - id. 1733)*. Virtuose fort estimé, il a écrit plusieurs pièces de musique de chambre, ainsi que des oratorios. — 2. **Francesco Maria**, violoniste et compositeur, neveu et élève du précédent *(Florence 1690 - id. 1768)*. Enfant prodige, il effectua de brillantes tournées de concerts en Italie, en Angleterre et en Allemagne. Comme compositeur, il écrivit notamment 3 recueils de 12 sonates pour violon, 5 opéras et autant d'oratorios. M. T.

VERA COSTANZA (LA). Opéra *(dramma giocoso)* en 3 actes de Haydn, sur un livret de Francesco Puttini, composé pour l'essentiel en 1778 et créé à Esterháza le 25 avril 1779. Seconde version créée à Esterháza en avril 1785.

ACTE PREMIER. (Un village de pêcheurs au bord de la mer, avec une plage à l'horizon.) *D'un navire mis en difficulté par la tempête débarquent avec difficulté quatre personnages : la baronne Irène (s) et sa suivante Lisetta (s), le marquis Ernesto (t) et le riche mais niais Villotto (b). Ernesto espère épouser la baronne, mais cette dernière ne répondra « oui » qu'après avoir retrouvé son neveu le comte Errico (t), qui s'est enfui avec une fille de pêcheur, Rosina (s), et avoir trouvé pour Errico un meilleur parti. Pour mieux parvenir à ses fins, la baronne (suzeraine de toute la région) destine Villotto à Rosina. Les quatre naufragés, sans le savoir, débarquent au bon endroit : ils sont, en effet, recueillis et secourus par Masino (bar), chef des pêcheurs et frère de Rosina, et par Rosina elle-même. La baronne reconnaît Rosina et lui vante les mérites de Villotto. Elle ignore toutefois que Rosina et le comte Errico non seulement se sont mariés en secret, mais ont eu un enfant. Errico de son côté n'est pas au courant de ce dernier point, car il est parti en voyage juste après le mariage. Masino tente de protéger Rosina des entreprises de Villotto, qu'Ernesto au contraire encourage fortement. En même temps, Lisetta jette son dévolu sur Masino. Le comte, rentré de voyage, menace à son tour Villotto. Mais, désireux de mettre à l'épreuve la fidélité de Rosina* (qui ignore son retour), *il change soudain d'attitude et encourage lui aussi Villotto, comparant devant lui le cœur d'une femme à une forteresse à prendre d'assaut. Rosina, croyant avoir été abandonnée par le comte, se confie à Lisetta. Villotto* (finale d'acte) *s'imagine être parvenu à ses fins, Ernesto aussi. Rosina supplie la baronne de la mettre à mort plutôt que de la contraindre à accepter Villotto pour époux. Masino plaide en sa faveur, mais tous deux se voient impérieusement réduits au silence. Lisetta accourt et conseille à Villotto et à Masino de se cacher, car le comte est à leur poursuite. Tous sortent. Le comte fait son entrée, puis Rosina : ils tombent dans les bras l'un de l'autre. La baronne les surprend et présente au comte le portrait de la femme qu'elle lui destine. Le comte feint d'être touché par sa beauté et s'extasie, au désespoir de Rosina qui croit avoir perdu son amour.*

ACTE II. (Dans le château de la baronne.) *Ernesto supplie Rosina de consentir à épouser Villotto, pour que lui-même puisse épouser la baronne. Le comte et la baronne les surprennent et s'imaginent qu'Ernesto fait la cour à Rosina, contre laquelle ils se déchaînent l'un et l'autre. Désespoir de Rosina. Le comte excite la colère de Villotto et lui ordonne de tuer Rosina. Mais Lisetta intervient et persuade le comte de l'innocence de Rosina.* (A la campagne, près de la chaumière de Rosina.) *Cette dernière, tenant son enfant par la main, se prépare à mourir. Elle est rejointe par Masino, venu la sauver, puis par Villotto, le poignard à la main. Villotto s'avance* (finale d'acte), *Lisetta le désarme, Masino et Villotto sont sur le point d'en venir aux mains. Entrent la baronne et sa suite : confusion générale. Tous partent à la recherche de Rosina. Entre le comte, qui trouve l'enfant, sans savoir qui il est. Rosina arrive à son tour et annonce au comte que l'enfant est leur propre fils. Le comte s'agenouille et demande pardon à Rosina. Retour de la baronne et de sa suite. Le comte, Rosina, Masino et Lisetta tentent d'expliquer la situation à la baronne, à Ernesto et à Villotto, mais ces derniers ne veulent rien entendre.*

ACTE III. *La baronne tente de séparer Rosina du comte en leur envoyant à chacun un faux* (dans l'un, le comte exprime ses prétendus regrets d'avoir lié son sort à celui d'une simple fille de pêcheur, dans l'autre, Rosina se déclare prête à épouser Villotto). *Mais la supercherie est vite découverte* (duo d'amour entre Rosina et le comte). *La baronne entre avec Ernesto. Touchée par le spectacle d'une famille tendrement unie, convaincue de l'honnêteté et de la bonté de Rosina, elle l'accepte comme épouse de son neveu tout en vantant sa constance et tend de son côté la main à Ernesto.*

Selon Dies*, la commande de *La Vera Costanza* serait exceptionnellement parvenue à Haydn non du prince Esterházy, mais de la cour de Vienne : à la suite d'une cabale menée notamment par le compositeur Pasquale Anfossi, qui avait dans ses tiroirs un opéra du même nom et (en gros) sur le même livret (créé à Rome le 2 janv. 1776), Haydn aurait retiré le sien et l'aurait réservé à Esterháza. Cette histoire de commande reste entourée de mystère, d'autant que l'œuvre semble bien avoir été écrite pour Esterháza. C'est là, de toute façon, que sa création eut lieu. Le manuscrit original et le matériel d'exécution périrent dans l'incendie qui ravagea le théâtre d'Esterháza le 18 novembre 1779. Pour la reprise de 1785 à Esterháza, Haydn réalisa, partiellement de mémoire et partiellement d'après d'autres sources, une nouvelle partition manuscrite : seule cette version de 1785 a survécu. Elle ne diffère sans doute pas beaucoup de celle de 1778-79. On sait seulement qu'en 1785 Haydn récrivit plusieurs des récitatifs, et que pour la scène du comte

Errico Ah, non m'inganno, è Orfeo (acte II), il utilisa tout simplement la musique d'Anfossi.

La Vera Costanza est le premier opéra de Haydn qui connut une large diffusion hors d'Esterháza (il y eut même en janvier 1791 cinq représentations à Paris sous le titre de *Laurette*). L'intrigue, par ses éléments de critique sociale, annonce quelque peu le climat des *Noces de Figaro* (où l'épouse du comte se nomme également Rosina), et, à la fin, trois couples bien distincts par leurs origines se tendent la main : deux personnes du peuple (Lisetta et Masino), deux nobles (la baronne et Ernesto), une fille du peuple et un noble (Rosina et le comte). Vont de pair ici les techniques musicales les plus savantes et les tournures les plus populaires, ainsi que des éléments bouffes et des éléments sérieux. Jamais auparavant, Haydn n'avait écrit de finales d'acte aussi complexes et aussi développés (il ne devait récidiver que dans *La Fedeltà* premiata* et dans *Orlando* paladino*). Ces pages sont projetées de l'avant par le style symphonique de Haydn, et, en bien des endroits, c'est l'orchestre qui impose son rythme aux chanteurs, et non l'inverse, comme dans trop d'opéras italiens du temps. Par sa richesse musicale et ses côtés humanitaires, *La Vera Costanza* apparaît comme le premier en date des opéras relevant du classicisme viennois à son apogée.

M. V.

VERBUNKOS (de l'all. *Werbung*, « recrutement »), danse de « racoleurs » apparue sous ce nom vers 1780, et devenue le symbole de la danse hongroise authentique au XIXe siècle. Elle fut mise en honneur par Lavotta, Bihari et Csermàk, et ses formes, ses structures et ses rythmes régissent encore l'essentiel du patrimoine musical des danses d'origine instrumentale. Bartók en retrouva les caractères authentiques en parcourant la campagne hongroise, tandis qu'un Liszt le confondit avec les rythmes tziganes. En général, le *verbunkos* se compose d'une danse lente *(lassu)*, débouchant sur une danse très vive *(friss)*. Mais il a su conserver son caractère d'improvisation : c'est l'illustration d'une attitude de danse plus qu'une forme musicale stricte. Son rythme suit l'accentuation de la langue hongroise parlée. Mais le *verbunkos* n'est une musique ni populaire ni folklorique. Il demeure une forme savante, vocale à l'origine, puis progressivement instrumentale (violon). Sa grande souplesse lui a permis de s'insérer à peu près toutes les formes musicales évoluées, supportant ornementation, répétition, devenant l'archétype des formes *alla ungherese* de tous les compositeurs de l'époque, de Haydn à Liszt.

P.-E. B.

VERDELOT (*Philippe Deslouges*), compositeur français (*Les Loges, Seine-et-Marne, entre 1470 et 1480 - Florence ? av. 1552*). Seule la période florentine de sa vie (1523-1527) est connue : il fut maître de chapelle au baptistère de San Giovanni (1523-1525) et jouit d'une solide réputation, comme en témoigne son audition par le pape Clément VII (Jules de Médicis), dès sa nomination. Ses œuvres semblent indiquer qu'il participa ensuite à la vie musicale romaine (1529/30-1533), toujours dans le cercle des Médicis, où il côtoya, entre autres, des musiciens français. Son activité de compositeur se partagea alors entre des œuvres religieuses et des madrigaux (les premiers publiés en 1530). Au genre du madrigal, il se consacra presque exclusivement de 1535 à 1542, avant de revenir à celui de la messe et du motet. Sans doute termina-t-il sa vie dans la chapelle des Médicis à San Lorenzo de Florence.

Il fut l'un des principaux représentants de la chanson parisienne en Italie, l'un de ceux que A. Einstein rend responsable de la « pause artistique » de l'Italie avant le madrigal, genre que, pourtant, il put se vanter d'avoir inauguré avec C. Festa, Willaert et Arcadelt, tant il est vrai qu'il s'imprégna de la musique et du goût italiens. Huit livres de madrigaux montrent comment, proche au départ du style de la frottola (homorythmie stricte, tierces parallèles), il participa étroitement à l'expansion du genre dans l'expression comme dans la structure : alternance d'une homophonie rythmique et d'un tissu polyphonique en imitation, usage d'altérations expressives pour souligner le sens des mots (*Italia mia*, 1538, ou mieux encore *Per altimonti*, 1540). On peut le considérer comme le précurseur de Luca Marenzio.

M.-C. L. M.-M.

VERDI (*Giuseppe*), compositeur italien (*Le Roncole di Busseto 1813 - Milan 1901*). Issu d'une famille pauvre, et malgré ses dons évidents, il connut une première formation quelque peu difficile, étudiant et composant déjà au hasard des possibilités d'une petite ville. Grâce au mécénat d'Antonio Barezzi, dont il devait épouser la fille Margherita, il put se rendre à Milan, où, refusé par le conservatoire comme pianiste en raison de défauts techniques rédhibitoires, il y fut au contraire encouragé dans la voie de la composition, et Vincenzo Lavigna lui révéla Mozart et Haydn, cependant que la capitale lombarde et ses théâtres lui permettaient de se familiariser avec les exécutions d'œuvres de Donizetti, Bellini, Vaccai et Rossini.

Il eut la chance exceptionnelle d'obtenir d'emblée une commande de la Scala de Milan, et y fit représenter son premier opéra, *Oberto* (1839), avec un succès suffisant pour se voir aussitôt réclamer une autre œuvre par ce théâtre. Mais, alors qu'il était occupé à la composition de cette nouvelle œuvre — une comédie légère —, sa jeune épouse mourut à la suite de leurs deux enfants ; *Un giorno di regno* (1840) fut un échec à Milan, mais devait, par la suite, connaître quelques succès sur d'autres scènes. Grâce à la ténacité de quelques amis, parmi lesquels la cantatrice Giuseppina Strepponi (qu'il épousera en 1859, légalisant ainsi leur longue union), il put surmonter ses épreuves, et il présenta, toujours à la Scala, *Nabuccodonosor* (1842), qui fut un triomphe dû à la violence d'un langage vocal qui marquait la naissance d'un art « populaire » et au large emploi des chœurs symbolisant le peuple (l'influence du *Moïse* de Rossini y est patente) ; mais ce succès fut aussi fonction des prolongements patriotiques du sujet, la Lombardie ployant alors sous le joug de la répression autrichienne. *Les Lombards* (1843) s'inspirèrent de cette même veine épique d'un grand opéra à fond historique, mais ce n'est qu'avec *Ernani*, d'après Hugo (Venise, 1844), que Verdi put enfin affirmer ses dons dramatiques accordés aux situations typiques du romantisme latin, avec ses amours irréalisables, le sacrifice final du héros — ou de l'héroïne —, ses arrière-plans politiques ou humains, cependant que l'action, resserrée au maximum, accordait encore la priorité aux schémas musicaux d'un type d'opéra toujours tributaire d'une souveraineté vocale quasi inaltérée.

Désormais célèbre, Verdi allait devoir écrire un ou plusieurs opéras par an, sans cesse sollicité par les grandes scènes italiennes, et déjà réclamé de l'étranger. En 1847, il fit créer *I Masnadieri* à Londres (avec Jenny Lind) et à Paris *Jérusalem* (avec Duprez). Durant ces « années de galère », la production de Verdi fut parsemée d'éclatantes réussites et d'échecs : il s'agissait, en fait, d'œuvres parfois inégales en elles-mêmes, mais dont bien souvent le succès ou la chute fut le fait des interprètes, insuffisamment préparés à un langage fort nouveau, et choisis avec plus ou moins de discernement. Ces œuvres du « jeune Verdi », récemment remises en question avec des critères plus objectifs que ceux des générations précédentes, font apparaître la qualité exceptionnelle de nombreuses pages dans *Giovanna d'Arco, I Due Foscari, Attila, Alzira* ou *Il Corsaro*, opéras où l'orchestre joue souvent un très grand rôle, et dont les sous-entendus politiques déterminèrent de nombreux choix. *Macbeth*, en 1847, marquait, dans l'évolution dramatique du compositeur, un tournant que confirma *Luisa Miller*, d'après Schiller, en 1849. Ce n'est toutefois qu'avec *Rigoletto*, en 1851, puis en 1853 avec *le Trouvère* et *La Traviata* (dits « la trilogie populaire ») que Verdi fut enfin tenu pour le compositeur vivant le plus célèbre de l'Italie, et probablement du monde entier.

Sa situation matérielle assurée, il put désormais consacrer plus de temps à la composition de chaque œuvre, choisir ses sujets avec plus de soin, discuter de plus en plus âprement la rédaction du livret et surtout prendre en main le soin de l'exécution de ses opéras. L'échec initial de *La Traviata* se mua ainsi en un triomphe l'année suivante. En 1855, pour la première Exposition universelle, c'est Verdi qui fut convié à écrire une œuvre nouvelle *(les Vêpres siciliennes)* pour l'Opéra de Paris, mais l'échec de *Simon Boccanegra* à Venise en 1857 lui prouva que le public n'était pas encore suffisamment disposé à accepter un type d'opéra où la profondeur psychologique l'emportât sur le chant pur, à l'heure où l'engagement politique des œuvres antérieures n'avait plus sa raison d'être.

Alors qu'*Un bal masqué* triomphait à Rome (1859), Verdi, considéré comme l'un des héros du Risorgimento, fut élu député de Busseto et reçu à Turin par Victor-Emmanuel II (V. E. R. D. I. avait été, pour les libertaires italiens, le sigle de Victor-Emmanuel Roi D'Italie). Il revint à la composition pour donner, en 1862, *la Force du destin* à Saint-Pétersbourg, mais le rythme de sa production devait alors se ralentir singulièrement ; après avoir remanié *Macbeth* en 1865, il écrivit en français pour l'Opéra de Paris *Don Carlos* (1867), qui triompha en version italienne à Londres et en Italie ; mais *Aïda*, créée au Caire en 1871 avec un luxe inouï (et des émoluments jamais offerts à un compositeur), consacrait une gloire mondiale sans rivale. Après un grandiose *Requiem* écrit à la mémoire de Manzoni (1874), Verdi, contesté par la nouvelle vague des musiciens italiens, se réconcilia avec son adversaire de naguère, Arrigo Boito, et, requérant sa collaboration en tant que poète, fit triompher une version remaniée de *Simon Boccanegra* (1881) et lui confia la rédaction des livrets d'*Otello* (1887) et de *Falstaff* (1893), partitions qui affirmaient la jeunesse étonnante et l'effort de renouvellement de cet octogénaire. Après la mort de Giuseppina Strepponi (1897), Verdi terminait en 1898 ses *Pièces sacrées*. Demeuré sans héritier, il fonda la Maison de repos des musiciens, à Milan, où il mourut le 27 janvier 1901. Après les obsèques sobres qu'il avait désirées, le transfert de ses cendres à cette maison de repos, le 27 février, fut célébré par près de 900 exécutants que dirigeait Arturo Toscanini.

Si la vie du musicien, hormis les déboires et les deuils de sa jeunesse, ne comporte aucun fait saillant, sa carrière de compositeur de soixante années représente un arc évolutif presque unique dans l'histoire de la musique : ses premières œuvres furent créées dans l'ambiance aristocratique de la Lombardie autrichienne encore attachée aux derniers feux du bel canto, et les dernières furent postérieures à l'affaire Dreyfus, à l'invention du cinéma et du disque, alors que Moussorgski, Mahler ou Debussy avaient déjà totalement bouleversé les lois de l'écriture musicale et que le vérisme* avait envahi la scène italienne, le bel canto ayant fait place à un chant plus héroïque et déclamatoire. Si l'on oublie les premières œuvres de Verdi démarquant mal les opéras de Mercadante, en laissant à part le recueillement sublime des *Pezzi sacri*, ainsi que le renouvellement proprement incomparable de *Falstaff*, cette véritable évolution le conduisit de *Nabucco* à *Otello*, soit d'un drame aux structures isolées, avec ses chœurs figés, ses grandes arias triparties (récit-air-cabaletta) et son extrême virtuosité en même temps que sa puissance impétueuse, à la parfaite expression du drame lyrique plus déclamé, à peu près conçu selon la formule du discours continu, avec son harmonie plus originale coulée sur les modèles français et allemand, mais demeurant quelque peu en retrait, ainsi que le nota Stravinski, par rapport au Verdi populaire des premières années.

Pourtant, dans l'un et l'autre cas, la personnalité et la puissance de Verdi empoignent de la même façon, et ce sens de la grandeur est tout autant décelable dans les accents patriotiques et la «vocalité» débridée de *Nabucco*, d'*Attila*, d'*Ernani* ou du *Corsaire* que dans les fines ciselures d'*Aïda* et d'*Otello*. Or, cette grandeur ne réside certes pas dans l'adhésion de Verdi au drame lyrique par renoncement à l'opéra traditionnel, un phénomène largement européen dont le XXᵉ siècle remettra largement en question le bien-fondé ; ni dans la qualité de ses livrets, car il reste à démontrer si les vers de Boito furent plus efficaces que ceux de Piave ou de Cammarano, collaborateurs des premières années. En revanche, la recherche d'une inspiration due à Schiller, Shakespeare, Gutierrez ou Hugo semble plus significative de la part d'un musicien qui désirait avant tout des «situations fortes», où la déraison du romantisme autorisait tout, où la politique même fût d'abord au service de l'humain. Cette recherche de l'efficacité dramatique ne put, toutefois, aller sans causer quelque dommage au support essentiel de l'opéra italien, le chant : ayant voulu plier les impératifs du bel canto à son souci de violence et d'héroïsme dans la caractérisation des personnages — un domaine où Verdi n'eut comme seul maître que Mozart —, il dut peu à peu renoncer à la coloratura que ne savaient plus manier des chanteurs dont il avait requis des effets de puissance alors inconnus, notamment par l'enrichissement d'un orchestre trop souvent amené à doubler à l'unisson la ligne de chant, ainsi qu'en avaient usé dangereusement Spontini et Weber.

Dans le domaine vocal, on peut dire que Verdi tenta de concilier l'inconciliable en abaissant peu à peu les tessitures vocales récemment haussées par Bellini et par Donizetti, mais en exigeant de voix plus dramatiques la même souplesse, les mêmes effets de tendresse pathétique et la même maîtrise des nuances dans leur registre aigu. Sur le plan dramatique, l'efficacité verdienne réside d'abord dans la concision du livret, dans l'introspection psychologique de l'humain *(cf. Rigoletto, La Traviata* et surtout *Don Carlos)* et dans la création de conflits où s'interpénètrent les thèmes de l'amour, mais aussi de l'amitié *(Un bal masqué, Don Carlos)* ou de la politique. Les affrontements de Boccanegra et Fiesco, de Philippe II et l'Inquisiteur comptent parmi les grandes réussites dramatiques de tous les temps. C'est sans aucun doute cette concentration sur les personnages qui conduisit Verdi à réduire, dès *Rigoletto*, le rôle de l'orchestre, à moins qu'il ne lui assignât une fonction plus essentielle dans le support de leitmotive (avant l'expérience wagnérienne) d'une sobre efficacité : celle qui brille essentiellement dans les chefs-d'œuvre étendus de la «trilogie populaire» à *Don Carlos*, autant d'aboutissements suprêmes du drame romantique dans la plus parfaite conjugaison de l'exaltation des passions et d'une riche profusion lyrique.

Œuvres principales. — *Opéras. Oberto, conte di San Bonifacio* (Milan, 1839) ; *Un giorno di regno* (id., 1840) ; *Nabuccodonosor* (id., 1842) ; *I Lombardi alla prima Crociata* (id., 1843) ; *Ernani* (Venise, 1844) ; *I Due Foscari* (Rome, 1844) ; *Giovanna d'Arco* (Milan, 1845) ; *Alzira* (Naples, 1845) ; *Attila* (Venise, 1846) ; *Macbeth* (Florence, 1847 ; nouv. vers. Paris, 1865) ; *I Masnadieri* (Londres, 1847) ; *Jérusalem* (d'après *I Lombardi*, Paris, 1847) ; *Il Corsaro* (Trieste, 1848) ; *La Battaglia di Legnano* (Rome, 1849) ; *Luisa Miller* (Naples, 1849) ; *Stiffelio* (Trieste, 1850) ; *Rigoletto* (Venise, 1851) ; *Il Trovatore* (Rome, 1853) ; *La Traviata* (Venise, 1853) ; *les Vêpres siciliennes* (Paris, 1855) ; *Simon Boccanegra* (Venise, 1857 ; nouv. vers., Milan, 1881) ; *La Forza del destino* (Saint-Pétersbourg, 1862) ; *Don Carlos* (Paris, 1867) ; *Aïda* (Le Caire, 1871) ; *Otello* (Milan, 1887) ; *Falstaff* (id., 1893). *Musique religieuse. Messe de requiem à la mémoire de Manzoni* (Milan, 1874) ; *Pater noster* et *Ave Maria* (1880) ; *Pietà Signor* (1894) ; *Quatre Pièces sacrées (Ave Maria,* 1889 ; *Stabat Mater,* 1897 ; *Te Deum,* 1896 ; *Laudi alla Vergine,* 1898). *Musique de chambre. Quatuor à cordes* en mi majeur (Naples, 1873). *Œuvres vocales diverses.* CANTATES : *Suona la tromba* (1848), et *Hymne des nations* (Londres, 1862). MÉLODIES : 6 romances (1838), 17 mélodies (1839, 1845, 1847, 1869) ; diverses autres romances pour voix et piano, nombreuses pièces instrumentales et vocales inédites (1826-1838). R. M.

VERESS *(Sándor),* compositeur, folkloriste et musicographe hongrois *(Kolozsvár, aujourd'hui Cluj, en Transylvanie, 1907).* Il fut l'élève de Bartók (piano) et de Kodály (composition) à l'académie Franz-Liszt de Budapest, où il enseigna de 1943 à 1948. Passionné de recherches folkloriques, il assista Bartók et Lajtha, sur le terrain ainsi qu'au Musée ethnographique de Budapest. En 1948, il quitta la Hongrie pour Berne (1948-1950), puis émigra aux États-Unis, où il a enseigné au Goucher College de Baltimore. Il a aidé Bartók à publier ses divers recueils de chansons populaires hongroises (1921-1929, 1930-1936). Son œuvre, éditée à Milan, porte la marque de sa grande sensibilité et, sur le plan de l'écriture, de sa connaissance approfondie des gammes modales des mélodies hongroises anciennes, s'ouvrant ainsi sur un postsérialisme lumineux.

Œuvres principales. 2 symphonies (1940, 1953); *Suite* (1941); *Lamentation in memoriam Béla Bartók* (1945); *Sonate pour orchestre* (1953); *Variations sur un thème de Kodály* (1962); *Exposition-Variation-Récapitulation* (1964); *Musica concertante,* pour 12 cordes (1964); *Hommage à Paul Klee,* pour 2 pianos et cordes (1952); *Passacaille,* pour hautbois et orchestre (1961); 2 *Sonatines* (1932, 1934); *Quatuors à cordes* (1931, 1937); *Trios* à cordes (1954), avec piano (1963); *Élégie,* pour baryton et cordes (1964); *Psaume de saint Augustin,* pour basse, chœur mixte et orchestre (1944); *Laudatio musicae* (1958); *Catherine de Térszil* (1943; Stockholm, 1949).

Écrits. *Béla Bartók, l'homme et l'œuvre* (Londres, 1948); *la Collecte de la musique populaire hongroise* (en ital., Rome, 1949). P.-E. B.

VÉRISME. Terme définissant un courant littéraire italien, et appliqué, par extension, au genre lyrique correspondant. Par commodité, mais de façon incorrecte, on regroupe souvent sous cette étiquette tous les opéras écrits en Italie entre 1890 et 1904 par les contemporains de Puccini, notamment Mascagni, Giordano, Leoncavallo, Cilea, Franchetti (définis plus justement comme « jeune école »), mais aussi Bossi, Mugnone, Spinelli et une douzaine d'autres auteurs, dits « véristes mineurs » (v. OPÉRA). Ce vocable définit parfois aussi un type de chant* lié à un type d'interprétation vocale postérieur à ce courant, s'en réclamant, et appliqué à tous les styles.

Le vérisme se rattache aux différentes manifestations du réalisme tragique porté sur les scènes lyriques en Europe, dès 1855 en Russie, en France avec *Carmen,* en 1875 (dont les musiciens italiens se réclamèrent), puis avec l'école naturaliste (Bruneau, Charpentier, Leroux, Laparra, etc.), en Allemagne avec Kienzl, D'Albert *(Tiefland,* 1903) et, dans une certaine mesure, plus tard avec Strauss et Berg, en Europe centrale avec Janáček, en Espagne avec de Falla *(la Vie brève,* 1905), etc. Or, il n'y eut ni manifeste du vérisme, ni communauté de style ou d'esthétique entre ses plus célèbres représentants, souvent séparés par des dissensions humaines, artistiques ou d'ordre local (rivalités entre Milan et Naples). En outre, des œuvres débordant les dates ci-dessus appartiennent à ce courant, mais la plupart des opéras célèbres écrits durant cette période s'en écartent, par leur sujet, et par leur écriture musicale.

Une perspective historique peut aider à cerner le vérisme, né de la *scapigliatura* milanaise (du titre d'un roman de Cleto Arrighi, paru en 1862, l'année des *Misérables*), « mode de vie plutôt que courant artistique » (*cf.* C. Parmentola), sorte de Saint-Germain-des-Prés d'une jeunesse littéraire rendue à l'art pur après son combat pour l'unité italienne, jeunesse encore imbue de romantisme et admiratrice de Victor Hugo, dans les rangs de laquelle milita Boito, puis furent formés la plupart des librettistes de la future « jeune école », Fontana, Illica, Oliva, Praga, etc. Mais le mouvement avait été en quelque sorte coiffé par l'arrivée à Milan de leur aîné, le romancier sicilien Giovanni Verga *(1840-1922),* un exact contemporain de Daudet et de Zola, qui, dans sa *Vie des champs* (1880), avait décrit en termes simples les passions parfois brutales mais sincères et immédiates des classes paysannes, notamment celles du Sud qui revendiquaient aussi contre l'industrialisation massive du Nord et le règne d'une nouvelle bourgeoisie, responsable de la Triple-Alliance, ressentie comme une trahison de l'idéal du Risorgimento. Une des nouvelles de cette *Vie des champs, Cavalleria rusticana,* fut portée à la scène avec la Duse (Turin, 1884), et le naturalisme de l'œuvre autant que le style moderne de l'interprétation précisèrent un style vériste. Et, à l'heure où Verdi laissait indifférentes les couches populaires et s'enfermait dans l'élitisme de son *Otello* (1887), l'opéra que tira Mascagni du drame de Verga (Rome, 1890) devint peu à peu le symbole d'un mode d'expression nouveau qu'explicita mieux encore le texte du prologue de *Paillasse* de Leoncavallo (Milan, 1892) : décrire sans détours la « tranche de vie » avec « ses pleurs et ses cris de rage ».

Mais cette « esthétique du coup de couteau » puisée dans la vie contemporaine, brûlante de sincérité, bénéficiant de livrets idoines, lancée au moment de la constitution du parti socialiste italien et soutenue par Edoardo Sonzogno, éditeur des jeunes musiciens français et rival de Ricordi (l'éditeur de Verdi), ne se retrouva plus que très rarement dans l'œuvre des meilleurs musiciens de la jeune école ; de formation romantique, ceux-ci retournaient à leur vocation première, affinèrent leur art, et, décevant par là leur public initial, firent appel à des sujets de type bourgeois (souvent empruntés à la littérature française) situés dans un passé plus ou moins proche, puis à des thèmes historiques, mythologiques, exotiques, symbolistes, etc. Or, le mouvement ne pouvait s'évader de la résonance sociale qui l'avait porté, et le naturalisme fondé sur les particularismes locaux (*cf.* l'excellent *Mala vita* de Giordano, d'après Di Giacomo, Naples, 1892) fut voué à l'échec ou à des succès sans lendemain, eussent-ils leur rayonnement à l'étranger comme *A basso porto* de Spinelli *(1865-1909),* créé à Cologne en 1894 et joué dans tous les pays germaniques.

Si on ne peut tenir pour véristes à part entière, en raison de leur sujet, des opéras tels que *Iris* de Mascagni, *Christophe Colomb* de Franchetti, non plus que *Fedora* ou *Adrienne Lecouvreur,* drames certes, mais drames de boudoir, non plus que les partitions trop raffinées de Puccini, toutes ces œuvres empruntent parfois quelques traits communs au vérisme, pris d'abord comme une réaction contre le romantisme, ses thèmes, sa dramaturgie pesante, son écriture vocale trop savante (grands ensembles, derniers échos du bel canto). A cette stylisation succéda une autre convention, celle d'un souci évident de compréhension du texte dans une exaltation du mot qui renouait avec certains objectifs des humanistes de la Renaissance, cependant que des éléments « populaires » (romances, chansons à boire, chœurs villageois, sérénades) s'inséraient dans un discours basé sur un charme mélodique évident qui cachait parfois une science très profonde dont ne se souciait ni le public, trop attaché à l'action, ni la critique, hostile de principe. Mais l'apport essentiel du vérisme fut de rendre leur humanité à ses héros, dépouillés de leur légende, ramenant les souffrances d'un Chénier à celles de Turiddu, et le conflit du bien et du mal à l'affrontement de l'homme et de la femme, comme dans *Carmen,* et pour cette raison privilégiant quasi exclusivement les voix de ténor et de soprano. Mais il appartient aux meilleurs musiciens de ces écoles de savoir, par leur musique, sublimer le quotidien de cette tranche de vie, et de renouer avec la catharsis esthétique ou tragique. R. M.

VÉRITÉ DE JEANNE (LA). Oratorio pour soli, chœurs mixtes et orchestre d'André Jolivet, composé du 16 janvier au 26 avril 1956 à l'instigation de Carl de Nys, en vue de commémorer le cinquième centenaire du procès de réhabilitation de Jeanne d'Arc, créé en mai 1956 devant la maison natale de la Pucelle à Domrémy, repris en concert à la Radiodiffusion française le 18 avril 1962, puis joué, sous une forme très réduite intitulée *les Trois Interludes de la vérité de Jeanne*, l'année suivante aux concerts Lamoureux, sous la direction de Jean-Baptiste Mari.

Jolivet en avait dressé le livret en se replaçant à l'époque même du procès de réhabilitation, soit vingt-cinq années après la mort de Jeanne sur le bûcher, en se servant à la fois d'incunables, de poèmes de l'époque prélevés dans les recueils de Charles d'Orléans et de Christine de Pisan et de Martial d'Auvergne, et de l'édition du procès réalisée par Quicherat au XIXe siècle, en «taillant et rabotant dans la multiplicité des témoignages», et en conservant les textes dans leurs formes originales chaque fois que ceux-ci s'accordaient avec la prosodie musicale. Ainsi l'épopée de Jeanne, présentée comme un fait d'actualité, prenait-elle un relief particulier que venait renforcer une musique d'une étonnante vigueur. A. P.

VERKLÄRTE NACHT. Œuvre de Schönberg. *V. Nuit transfigurée (la).*

VERLAINE *(Paul)*, poète français *(Metz 1844 - Paris 1896).* En tête de son *Art poétique* publié dans *Jadis et Naguère* (1884), Verlaine réclame «la musique avant toute chose». À la couleur, il préfère la nuance qui, seule, «fiance le rêve au rêve et la flûte au cor». Proscrivant l'éloquence et la rime indiscrète, il oppose à l'esthétique parnassienne sa propre aspiration à la musicalité, affirmée par les titres de ses recueils, *la Bonne Chanson* (1870), *Romances sans paroles* (1874), et, déjà, merveilleusement exaucée par certains des *Poèmes saturniens* (1866) et par les *Fêtes galantes* (1869).

En 1864, Verlaine fait la connaissance d'Emmanuel Chabrier qu'il trouve «gai comme les pinsons et mélodieux comme les rossignols». Pour Chabrier, entre 1864 et 1869, il ébauche deux livrets d'opéra bouffe : *Fisch-ton-Khan* et *Vaucochard-et-Fils Ier*, dont quelques fragments ont été retrouvés et joués en 1941. Admirateur de Wagner dès 1866, Verlaine collabore en 1886 à la *Revue wagnérienne* (deux sonnets : *À Louis II de Bavière, Parsifal*). Son beau-frère, Charles de Sivry, était compositeur. Sa belle-mère, Mme Mauté, qui se prétendait élève de Chopin, a donné des leçons de piano au jeune Claude Debussy. Le poète n'a eu personnellement avec la musique et les musiciens que des relations épisodiques, mais ses vers, d'une sonorité si délicate, si rare, sa vision subtile, son art raffiné ont exercé une extraordinaire attraction sur deux des plus grands musiciens de son temps, Gabriel Fauré et Claude Debussy.

Ils étaient très différents. Mais à l'un comme à l'autre Verlaine apportait une poésie qui était déjà une musique. Entre cette musique et la leur, existaient de réelles affinités. De cette rencontre, sont nés quelques-uns des chefs-d'œuvre de la mélodie française : *Clair de lune* (1887), *Cinq Mélodies* op. 54 (1891) et *la Bonne Chanson* (1894) de Gabriel Fauré, les *Ariettes oubliées* (1888) et les deux recueils des *Fêtes galantes* (1891-1904) de Claude Debussy. J. R.

VERMEULEN *(Matthijs)*, compositeur néerlandais *(Helmond 1888 - Laren 1967).* Autodidacte, il ne fut qu'encouragé par Diepenbrock et Daniel de Lange qui lui révèlent, par ailleurs, Wagner et, plus tard, Schönberg. Ses premières symphonies, atonales et polymélodiques, se heurtèrent à l'incompréhension et à l'hostilité des chefs d'orchestre. De dépit, il se fixa en France pendant vingt-cinq ans. Critique musical passionné et impulsif, il exerça néanmoins une action stimulante sur la renaissance de la conscience musicale de son pays. Ses dernières œuvres, écrites après la guerre, comportent des sous-titres qui sont autant de programmes en marge de l'actualité *(les Victoires, Les lendemains qui chantent, les Minutes heureuses).* En dehors de 7 symphonies, il n'a écrit que quelques pièces de musique de chambre, quelques mélodies et la musique de scène pour *le Hollandais volant* de Nijhoff. Il est l'auteur de plusieurs traités *(2 Musiques, Sound Board, Principes de la musique européenne, la Musique, un miracle,* etc.). Il fut, avec Willem Pijper, le plus important compositeur néerlandais de sa génération.
A. G.

VÉRONIQUE. Opérette en 3 actes d'André Messager sur un livret d'Albert Vanloo et Georges Duval, créée à Paris, au théâtre des Bouffes-Parisiens, le 10 décembre 1898.

ACTE PREMIER. (La boutique du fleuriste Coquenard.) *Florestan, accablé de dettes, sera emprisonné s'il n'épouse pas Hélène de Solanges qu'il ne connaît pas. Il vient donc faire ses adieux à sa maîtresse, Agathe, l'épouse du fleuriste Coquenard, et lui dépeint sa fiancée comme une brebis blanche sans intérêt. Or Hélène, qui connaît Florestan, est venue acheter des fleurs et a entendu la conversation des amants. Elle décide de se venger* (air : Petite Dinde). *Elle se fait donc engager comme vendeuse sous le nom de Véronique et, comme Coquenard invite ses ouvrières et ses amis à fêter sa nomination de capitaine de la garde nationale à Romainville, elle part avec tout le monde.*

ACTE II. (Le restaurant du Tourne-Bride à Romainville.) *Florestan s'éprend évidemment de la nouvelle vendeuse Véronique et celle-ci l'y encourage* (deux duos charmants : De-ci, de-là et l'Escarpolette). *Mais, sur le coup de cinq heures, Véronique disparaît.*

ACTE III. (Un petit salon aux Tuileries.) *Hélène et Florestan doivent être présentés au roi. Mais Florestan n'arrive pas : réellement amoureux de Véronique, il a préféré la prison. Ce sera Hélène qui le fera chercher, car elle aussi est tombée amoureuse.*
S. W.

VERSAILLES. Les liens traditionnels de l'institution monarchique et de la musique, renforcés par le goût personnel des souverains, ont durant cent ans fait de Versailles, modeste pavillon de chasse à l'origine, l'un des principaux centres musicaux de l'Europe. La musique n'y a sans doute guère eu de place sous les règnes de Henri IV et de Louis XIII — même si ce dernier, aussi mélomane que grand chasseur, a su parfois mêler ses deux divertissements favoris, comme dans le *Ballet de la merlaison* (chasse au merle), dont il composa, dit-on, la musique. C'est Louis XIV qui, avec *les Plaisirs de l'île enchantée* (1664), inaugure la série des grandes fêtes royales qui vont donner au château son premier statut musical : centre périodique des principaux divertissements de la Cour (fête de 1668, fête de 1674...). À ce premier Versailles (1664-1682) sont ainsi liées quantité d'œuvres, la plupart de Lully (*la Princesse d'Élide,* 1664 ; *Georges Dandin, le Grand Divertissement,* 1668 ; *Alceste* et *les Fêtes de l'Amour et de Bacchus,* 1674).

En 1682, Louis XIV prend la décision de fixer la Cour à Versailles de manière permanente. Dès lors, les structures musicales de la monarchie se fixent à Versailles et, sous l'impulsion de ce roi passionné de musique et de danse, se développent.

Les institutions. Ce sont essentiellement :

a) LA CHAPELLE. Dirigée par 4 sous-maîtres se succédant trimestriellement (le titre de *maître* est réservé, honorifiquement, à un prélat), la musique de la chapelle compte plus de 80 chanteurs et musiciens vers 1700 ; recrutés par concours, les 4 sous-maîtres sont, à partir de 1683, Minoret, Coupillet, Collasse et Delalande ; ce dernier accaparera peu à peu tous les postes. Les 4 organistes se succèdent également «par quartier» ; parmi eux, à partir de 1693, François Couperin. La musique composée pour la Chapelle consiste essentiellement en motets : grands motets pour double chœur et symphonie, petits motets à une, deux ou trois voix.

b) LA CHAMBRE. La musique de la Chambre, dirigée par 2 surintendants trimestriels (dont Lully, 1662-1687 ; Delalande, 1689-1726), se compose d'un petit nombre de musiciens d'élite (8 chanteurs, 1 claveciniste, 3 luths et théorbe, 4 flûtistes et 4 violons), des «24 violons» chargés principalement de la musique des ballets, et des «petits violons», dont le statut n'est pas clair. La musique de la chambre accompagne les ballets, les divertissements périodiques, la musique de table ou du coucher, les petits concerts du soir, du dimanche après-midi, etc.

c) L'ÉCURIE se compose des instruments de plein air : 12 trompettes, 6 hautbois, 6 hautbois de Poitou, fifres et tambours, ainsi que de la bande des 12 « grands hautbois ». Ces instruments prêtent leur concours à la Chambre et à la Chapelle.

Ces institutions évolueront peu jusqu'à la Révolution, à l'exception de la refonte qui, en 1761, regroupera la Chapelle et la Chambre.

Les œuvres. Versailles a exercé un effet d'attraction sur un grand nombre de compositeurs, et les moyens financiers dont disposaient les institutions musicales, autant que la qualité des œuvres composées pour la Cour, lui ont assuré un rayonnement très grand sur le reste du royaume. Cela est vrai en particulier de la musique de la Chapelle. Le grand motet versaillais (créé, avant Versailles, par Robert, Du Mont et Lully, et développé en particulier par Delalande, puis par Campra) a servi de modèle à l'essentiel de la musique sacrée française jusqu'à la fin du XVIIIe siècle. Léopold Mozart, en 1763, témoigne encore de la perfection de cette musique et de son exécution. La musique de ballet, si importante au XVIIe siècle, s'efface un peu lors de l'installation de la Cour à Versailles : il faut attendre la Régence et le règne de Louis XV pour voir quelques œuvres importantes, telles que le *Ballet de la jeunesse* de Delalande. Il en est de même à l'opéra. Après la création à Versailles de *Phaéton* (1683) et de *Roland* (1685) de Lully, Louis XIV se désintéressant de l'opéra, les grandes œuvres lyriques seront créées à Paris, sauf exception correspondant à un divertissement particulier ou à une célébration (*la Princesse de Navarre* de Rameau, 1745, mariage du Dauphin). En revanche, la musique de chambre a eu, tout au long du séjour de la monarchie à Versailles, une importance très grande. Louis XIV faisait venir son guitariste Robert de Visée à peu près chaque soir ; chaque dimanche avait lieu un concert de chambre, pour lequel François Couperin, entre autres, composa les *Concerts royaux* et les *Goûts réunis*. Les jours de fête, maints concerts avaient lieu au souper, au coucher, etc.

Le goût versaillais, mélange de noblesse et d'élégance, ainsi que les formes particulières de la musique française (ouverture, suite de danses) ont marqué l'Europe de la fin du XVIIe et du premier tiers du XVIIIe siècle, en particulier l'Allemagne et l'Angleterre. Centre moteur de la vie musicale française jusqu'en 1715, l'influence de Versailles est (sauf pour la musique sacrée) concurrencée par celle de « la ville » à partir de la Régence. Elle reste néanmoins forte jusque vers les années 1760-1770, lorsqu'un mouvement parti d'Allemagne et d'Autriche, accentué par l'avènement de Marie-Antoinette, marquera fortement la musique française dans son ensemble. P. B.

VERSET. Dérivation du latin *versiculus*, diminutif de *versus**. — 1. **Dans les chants liturgiques** dialogués entre soliste et chœur, le verset, indiqué par un V barré, désigne les parties chantées par un soliste et s'oppose au *répons**, indiqué par un R barré, qui désigne les réponses du chœur. La dénomination a survécu à la disparition de l'usage du soliste, de sorte que les versets de nombreuses pièces liturgiques sont aujourd'hui chantés soit par un petit chœur, soit même par le chœur entier, tandis que le mot répons a fini par désigner de manière privilégiée un genre de pièce particulier qui en a pris le nom.

— 2. **Dans les psaumes** et formes apparentées, nom donné aux divisions du texte qui en constituent la structure propre. Le nombre des versets d'un psaume est variable, et chacun d'eux est divisé en deux par une pause médiane, indiquée par une étoile dans les livres de chœur. La longueur de chaque partie ne doit pas excéder la longueur de souffle d'une émission continue, sinon elle est à son tour subdivisée par une *flexe* ou inflexion de semi-repos ; les flexes ne se trouvent en principe que dans la première partie du verset et sont indiquées dans les livres par une petite croix.

— 3. **Dans la littérature d'orgue,** court morceau destiné à remplacer un verset chanté lorsqu'il y a alternance entre le chœur et l'orgue dans le chant liturgique.

— 4. **Dans le choral protestant** et les chants apparentés, nom donné parfois à la *strophe*. J. C.

VERSUCHE (all. ; « essais », « expériences »). Ensemble de pièces de D. Schnebel composées entre 1953 et 1964, et comportant *Analysis* (1953), *Stücke* (1954-55), *Fragment* (1955) et *Compositio* (1955/56-1964). Les traits communs de ces pièces sont la technique sérielle, une structuration très fluctuante et très complexe du temps musical, et la dimension spatiale de certains interprètes se trouvant dans la salle.

Les pièces peuvent être exécutées séparément. *Analysis* (1953), pour cordes et percussions, est un exemple de Klangfarben-Komposition (« composition par timbres »). La technique sérielle y subit une sorte d'analyse, effectuée par un travail de composition sur les timbres. *Stücke* (1954-55), pour quatuor à cordes (initialement pour 4 à 8 instrumentistes) et chef agissant comme « un métronome vivant » (D. Schnebel), est un ensemble de pièces très courtes utilisant chacune les 12 sons du total chromatique. Les instrumentistes sont placés à distance dans la salle et réalisent des processus sonores très différents, qui assument chacun une fonction formelle très précise. *Fragment* (1955), pour ensemble de chambre et voix, met en musique et décompose un texte de Rilke. Le titre souligne l'aspect fragmentaire de la structure musicale, mais aussi son caractère inachevé : *Fragment* n'a pas de fin dans le sens généralement accepté. La pièce peut être jouée aussi uniquement par des instruments (dans ce cas la voix de soprano est remplacée par des instruments), comme « un chant sans paroles » (D. Schnebel). *Compositio* (1955/56-1964) est une pièce pour orchestre où se retrouve le travail sur les timbres. Les relations, simples ou complexes, entre les hauteurs et les couleurs instrumentales, et les combinaisons très variées auxquelles sont soumis les processus mélodiques et les processus des timbres, aboutissent à « une sorte de synthèse-composition » (D. Schnebel). I. S.

VERSUS. Mot latin qui signifie « vers », et dont le singulier et le pluriel sont de la même forme, ce qui rend parfois difficile d'en connaître le nombre. Le sens primitif du mot était « sillon », par allusion à la disposition graphique qui l'oppose à *prorsus* (*prorsa oratio*, d'où « prose », qui poursuit sans retour en arrière).

Le nom de *versus*, au singulier attesté, a été donné du IXe au XIIe siècle à un répertoire de pièces chantées latines en vers, le plus souvent religieuses et strophiques, syllabiques ou faiblement mélismatiques, cultivé surtout autour des grandes abbayes, et spécialement autour de Saint-Martial de Limoges, en dehors de l'usage liturgique. On en retrouve le nom dans les chansons des premiers trouveurs, qui s'appelaient elles aussi un « vers » au singulier, et on a conjecturé avec vraisemblance la filiation des deux répertoires.

On a également nommé *versus*, sans pouvoir préciser le singulier ou le pluriel, diverses compositions liturgiques en vers placées en addition à l'office (trope* de complément). Ce sont surtout des pièces de caractère processionnel, acclamatoire ou litanique.

J. C.

VESTALE (LA). Opéra en 3 actes de Spontini sur un livret de Jouy, créé à Paris, à l'Académie impériale de musique (salle Montansier), le 15 décembre 1807.

ACTE PREMIER. (À Rome, aux abords du temple de Vesta.) *Le jeune chef romain Licinius* (t), *vainqueur des Gaulois, attend le triomphe : une vestale doit ceindre son front du laurier d'or. Mais il songe à Julia* (s), *une jeune vestale dont il s'est épris. Son ami Cinna* (t) *tente de le détourner d'une passion interdite par les lois divines. Cependant Julia est désignée pour ceindre le front de Licinius, ce qu'elle fait au milieu des chants religieux et guerriers qui constituent un brillant final d'où les danses ne sont pas exclues.*

ACTE II. (À l'intérieur du temple de Vesta, où brûle le feu sacré.) *Julia en est la gardienne désignée, elle est seule. Licinius* vient la rejoindre, et, pendant que les deux amants échangent leur passion, le feu sacré s'éteint. Cinna vient arracher Licinius au danger, mais il ne peut sauver Julia : le peuple crie vengeance et le Grand Pontife condamne la prêtresse infidèle à se voir enfermée vivante dans un caveau.

ACTE III. *Julia est conduite à son supplice au son d'une marche funèbre. Licinius tente de fléchir la volonté du Grand Pontife (b). N'y réussissant pas, il décide, avec Cinna, d'enlever la jeune fille. Elle descend déjà les marches de son tombeau. Licinius et ses amis engagent un combat perdu d'avance au milieu des soldats et de la foule. Mais un orage éclate, la foudre tombe sur l'autel et ranime la flamme sacrée. Le Grand Pontife y voit un miracle : il pardonne à Julia, la libère de ses vœux. Elle pourra aimer Licinius.*

Spontini a traité sa partition, à mi-chemin entre la dignité de Gluck et les passions des romantiques, avec indépendance et hardiesse. La tendresse et la vigueur s'en partagent le déroulement dans un style ample et expressif. Des pages de toute beauté s'y découvrent : le duo entre Licinius et Cinna *Unis par l'amitié*, la déchirante prière de Julia *Ô des infortunés, déesse tutélaire*, la douce cavatine *Les dieux prendront pitié* et surtout les finals de chacun des actes, qui rappellent ceux des tragédies lyriques de Gluck : le premier, noble et serein, chante la gloire guerrière ; le deuxième, farouche et puissant, clame la vengeance ; le dernier, fier et joyeux, chante l'allégresse. Tout au long de l'ouvrage, on trouve des récitatifs vigoureux, des mélodies souvent gracieuses, une orchestration riche et mouvementée. S. W.

VEUVE JOYEUSE (LA) [en all. *Die lustige Witwe*]. Opérette en 3 actes de Franz Lehár sur un livret de Victor Léon et Léo Stein d'après *l'Attaché d'ambassade* de Henri Meilhac, créée à Vienne, au Theater an der Wien, le 31 décembre 1905.

ACTE PREMIER. *L'action se déroule en Marsovie. Au cours d'une réception donnée en l'honneur du souverain, les jeunes gens papillonnent autour de Missia Palmieri, jeune veuve aux cinquante millions de dot. Mais ces cinquante millions se trouvent à l'abri dans la banque d'État et constituent en fait la richesse du gouvernement. Aussi le ministre Popof s'inquiète-t-il, car, si Missia épousait un étranger, le pays s'en trouverait ruiné. Il voudrait bien qu'elle épouse le prince Danilo, mais celui-ci, qui la courtisa jadis lorsqu'elle était jeune fille et sans argent, ne veut pas paraître courir après des millions dont il n'a pas besoin.*

ACTE II. *Missia offre à son tour une grande soirée. Elle y invite évidemment Danilo, qu'elle aime, et qui se dérobe à ses avances. Elle tente d'exciter sa jalousie, et y réussit en partie, ce qui provoque la découverte d'intrigues inattendues dans l'entourage du ministre Popof. Écœuré, Danilo s'éloigne et va se réfugier chez Maxim's pour s'étourdir.*

ACTE III. *Missia rejoint Danilo chez Maxim's, annonçant à tout le monde qu'elle va se marier bientôt et que de ce fait, d'après une clause du testament de feu son mari, elle perdra toute sa fortune. Du coup Danilo se déclare, et Missia l'accepte pour époux, précisant alors qu'elle perd en effet sa fortune, mais au bénéfice de son nouveau mari.*

L'*Attaché d'ambassade*, vaudeville parisien créé en 1895, devint, grâce à la partition de Franz Lehár, une des plus aimables opérettes viennoises du début du XXᵉ siècle. La création à Vienne un soir de réveillon fut triomphale et révéla son compositeur. Dès 1906, l'œuvre fut applaudie à Hambourg, Brême, Berlin, Christiania et Riga. L'année suivante, Saint-Pétersbourg, Milan, Trieste, Londres et New York l'accueillaient. Elle arriva en France en 1909 et, depuis lors, y est régulièrement représentée, toujours avec le même succès. Sa valse, *l'Heure exquise*, est devenue aussi célèbre que la plus célèbre des valses de Strauss. S. W.

VEYRON-LACROIX (Robert), claveciniste français *(Paris 1922)*. Élève, au Conservatoire de Paris, de Samuel Rousseau et de Yves Nat, il remporte les premiers prix de piano, de clavecin et de théorie. Depuis le début de sa carrière, en 1949, son nom est lié aux répertoires baroque et contemporain qu'il interprète avec un sens raffiné du rythme et de la couleur, notamment en compagnie du flûtiste Jean-Pierre Rampal. Il enseigna à la Schola cantorum de Paris et à l'Académie internationale d'été de Nice avant d'être nommé en 1967 professeur au Conservatoire de Paris. M. W.

VIARDOT (Pauline), mezzo-soprano française, d'origine espagnole *(Paris 1821 - id. 1910)*. Elle était la fille de Manuel García et la sœur cadette de Maria Malibran. Elle étudia le chant avec son père et le piano avec Liszt, et fit ses débuts à Bruxelles en 1837 dans *Otello* de Rossini, puis à Londres. Engagée au Théâtre-Italien de Paris en 1839, elle devait épouser, deux ans plus tard, son directeur Louis Viardot. Meyerbeer écrivit pour elle le rôle de Fidès dans *le Prophète*. Sa voix de mezzo était à la fois très puissante et très agile, plus dramatique que véritablement belle. La grande étendue de son registre lui permit d'aborder certains rôles de soprano, comme Valentine des *Huguenots* et même Norma.

Ce fut une artiste considérable qui marquait de son empreinte tous les ouvrages qu'elle abordait. Berlioz l'admirait beaucoup et réalisa pour elle sa version de l'*Orphée* de Gluck (1859). En 1861, elle aborda *Alceste*. Elle parut en scène pour la dernière fois en 1863, mais participa encore en 1874 à une représentation privée du second acte de *Samson et Dalila* que Saint-Saëns lui avait dédié. Elle fut la maîtresse de Tourgueniev, l'amie intime de Schumann, composait elle-même de la musique, écrivait des poèmes et peignait. J. B.

VIBRAPHONE. Instrument à percussion de la famille des claviers, dont il est le représentant le plus moderne et le plus sophistiqué. Sa construction rappelle celle du xylophone, mais, outre les lames métalliques du glockenspiel et les tubes résonateurs du marimba, il possède un système de palettes mobiles qu'un moteur électrique fait tourner à vitesse variable, d'où un vibrato plus ou moins serré. La résonance, très longue, peut être contrôlée au moyen d'une pédale. Les sons produits (sur 3 octaves qui correspondent à peu près à la tessiture du violon), doux et fluides, ont un caractère presque immatériel. M. T.

VIBRATO. D'une façon générale, le vibrato consiste à imprimer au son, dans un but expressif, une légère ondulation plus ou moins serrée de part et d'autre de la hauteur prescrite. Pour les chanteurs, c'est un trémolo atténué, d'une exécution autant plus délicate que, trop lâche ou trop appuyé, il risque de dégénérer en chevrotement. Pour les instruments à vent, le vibrato peut être obtenu soit au niveau du souffle, soit par l'action du doigt sur un trou (« bois »), soit par un léger va-et-vient de la coulisse dans le cas du trombone. Mais ce sont surtout les instruments à cordes, et tout particulièrement à archet, qui utilisent le vibrato, d'autant plus qu'il a pour effet d'amplifier le son. On y parvient par un tremblement du doigt posé sur la corde ou un ample mouvement de toute la main. M. T.

VICHNEVSKAIA (Galina), soprano russe *(Leningrad 1926)*. Elle fit ses débuts à Leningrad en 1950 (dans *Kholopka* de Strelnikov). Engagée au théâtre Bolchoï en 1952, elle y resta jusqu'en 1974, année où, avec son mari le violoncelliste-chef d'orchestre Rostropovitch, elle émigra pour s'installer à Paris. Douée d'une voix lyrico-dramatique chaude et corsée, elle est le seul soprano russe de sa génération à avoir fait une carrière internationale. Elle a chanté *Madame Butterfly* et *Aïda* à New York en 1952, *Aïda* à Londres et à Paris en 1962, Liu *(Turandot)* à Milan en 1966. Dans le répertoire russe, sa Tatiana *(Eugène Onéguine)* fut particulièrement admirée. Elle fait aussi une carrière de récitaliste, où ses dons d'interprète et sa présence font merveille. J. B.

VICKERS (Jon), ténor canadien *(Prince Albert 1926)*. Il fait ses débuts au Festival de Stratford en 1956, dans le rôle de Don José de *Carmen*. Engagé au Covent

Garden de Londres l'année suivante, il y chante Énée dans *les Troyens* de Berlioz et participe au célèbre *Don Carlos*, mis en scène par Luchino Visconti, sous la direction de Carlo Maria Giulini.

Depuis lors, sa réputation s'est étendue au monde entier. Il est à Bayreuth en 1958, à Vienne en 1959. Il se produit à Paris, à Milan, à New York, à Salzbourg et dans tous les grands théâtres du monde, où la puissance de ses caractérisations vocales et dramatiques apparaît incomparable. Dans les années 70, il est reconnu comme le plus grand tragédien lyrique de l'époque, dans les répertoires italien, allemand et français. Son Tristan et son Otello n'ont peut-être jamais été égalés. Acteur exceptionnel, autant que grand musicien, Vickers occupe une place à part dans l'histoire du chant au XXe siècle. J. B.

VICTOIRE DE WELLINGTON (LA). Œuvre de Beethoven. V. *Bataille de Vittoria (la)*.

VICTORIA (Tomás Luis de), compositeur espagnol (*Avila v. 1548/1550 - Madrid 1611*). Élève du collège germanique de Rome en 1565, comme plusieurs de ses compatriotes, il semble avoir fait auparavant partie de la maîtrise de sa ville natale, mais les documents précis manquent sur cette première partie de sa vie.

À Rome, Victoria, qui, parallèlement à sa formation musicale, poursuit des études de théologie, a pour principal maître Palestrina et se lie d'amitié avec ses deux fils. L'influence de l'illustre polyphoniste est d'ailleurs si forte sur l'élève que celui-ci va jusqu'à imiter ses manières et son habillement. En 1569, Victoria est chanteur et organiste en l'église Santa Maria di Montserrato, puis, de 1573 à 1578, occupe le poste de maître de chapelle au Séminaire romain (où il remplaçait Palestrina). Son *Premier Livre de motets*, paru en 1572, est dédié à Jacobus de Kerle, maître de chapelle du cardinal Otto von Waldbourg, qui joue sans doute un rôle dans les études musicales du jeune Espagnol.

En 1575, Victoria reçoit les ordres mineurs et est ordonné prêtre ; quatre ans plus tard, il entre comme chapelain au service de l'impératrice Marie, fille de Charles Quint et veuve de Maximilien II d'Autriche (il devait conserver cette fonction plus de vingt ans durant, indépendamment d'une autre charge de chapelain qui le lie à San Girolamo della Carità et où il va collaborer avec saint Philippe Neri). Après un retour à Madrid en 1587, il revient en Italie, pour un nouveau séjour à Rome de 1592 à 1594. Il y dédie son *Deuxième Livre de messes*, de 4 à 8 voix, au cardinal Albert d'Autriche, fils de l'impératrice Marie retirée au couvent des Déchaussées royales de Madrid. En 1596, Victoria reprend auprès de celle-ci ses fonctions de chapelain, jusqu'à la mort de sa protectrice, survenue en 1603 (il écrit, à cette occasion, une *Messe de requiem*).

Les dernières années du musicien restent obscures. Toujours attaché au couvent des Déchaussées royales comme chanteur et simple organiste, Victoria, devenu aveugle, paraît avoir voulu terminer sa vie dans l'anonymat le plus total, lui qui, par humilité, n'a jamais recherché de poste officiel à Rome. Aussi bien, quand il meurt en 1611, est-il pratiquement oublié en Espagne, tout autant qu'en Italie.

L'œuvre de Victoria est le monument le plus important de toute la polyphonie ibérique. D'un point de vue quantitatif, cette production — vingt *messes* et quarante-quatre *motets*, entre autres — ne peut soutenir la comparaison avec celles de Palestrina et de Roland de Lassus. Mais elle ne leur est nullement inférieure du point de vue de la qualité d'écriture et les surpasserait même quant à l'intensité du sentiment religieux. À cet égard, et plus encore que les *messes* et *motets*, les deux sommets du polyphoniste sont l'*Office de la semaine sainte* et l'*Office des morts (Officium Hebdomadae Sanctae* et *Officium defunctorum*) qui comptent certainement parmi les moments sublimes et poignants de toute la musique sacrée occidentale. Nourri des principes esthétiques chers à la Contre-Réforme, comme à son modèle Palestrina, Victoria, qui œuvra exclusivement au service de la liturgie catholique, se propose toujours d'édifier, d'émouvoir et d'élever l'esprit de son auditoire « jusqu'à la contemplation des saints mystères » (et, en cela, il rejoint aussi les préoccupations de saint Philippe Neri). Dans cette perspective, sa musique, qui n'emprunte jamais ses thèmes au répertoire profane (les *messes-parodies* en sont absentes), mais seulement au plain-chant ou à des motifs dérivés de lui, reste éprise de naturel et de simplicité. Ainsi récuse-t-elle le style savant, compliqué et parfois surchargé d'imitations des Franco-Flamands, au contraire de son aîné Morales. En fait, elle est l'équivalent exact de l'itinéraire spirituel d'une Thérèse d'Avila ou d'un Jean de la Croix.

Seul un mystique de l'envergure de Victoria — si proche, par bien des points, des délires visuels du Greco et toujours guidé par le génie de la race — pouvait réussir cette transposition visionnaire de la vie intérieure et rendre les élans sacrés de l'âme espagnole, naturellement portée vers l'adoration, la compassion et la ferveur brûlante.

Œuvres. *Motets* à 4-8 voix (Venise, 1572) ; *Liber primus qui Missae, Psalmos, Magnificat... aliaque complectitur* (Venise, 1576) ; *Cantica beata Virginis vulgo Magnificat* à 4 voix ; *Una cum 4 antiphonis* à 5 et 8 voix (Rome, 1581) ; *Hymni totius anni* à 4 voix ; *Una cum 4 Psalmis* à 8 voix (Rome, 1581) ; *Missarum libri duo* à 4-6 voix (Rome, 1583) ; *Officium Hebdomadae Sanctae* à 4-8 voix (Rome, 1585) ; *Motecta festorum totius anni* à 4-8 voix (Rome, 1585) ; *Missae... liber secundus* à 4-8 voix (Rome, 1592) ; *Missae, Magnificat, Motecta, Psalmi* à 8-12 voix (Madrid, 1600) ; *Officium defunctorum* à 6 voix (Madrid, 1605), etc. R. T.

VIDAL (Pierre), organiste, écrivain et compositeur français (*Clichy 1927*). Élève de Marcel Dupré, de seize à vingt ans (piano et orgue), il a suivi les cours d'harmonie de Henri Challan au Conservatoire de Paris, mais est essentiellement autodidacte.

Il a particulièrement analysé l'œuvre pour orgue de Jean-Sébastien Bach, ainsi que des textes (Schweitzer, B. de Schloezer) et des interprétations le concernant (Furtwängler, Mengelberg, Landowska, Münchinger, Walcha). Titulaire de l'orgue de l'église Saint-Jean-Baptiste-de-Belleville (1956-1970), il est, depuis 1967, à la tête d'une classe d'orgue au conservatoire de Strasbourg. Il est l'auteur de deux ouvrages : *Bach et la Machine-Orgue* (1973), et *Bach, les psaumes : passions, images et structures dans l'œuvre d'orgue* (1977). On lui doit aussi quelques compositions : *Magnificat, Pièces pour orgue*. J.-F. L.

VIDERUNT OMNES. Œuvre de Pérotin. Celui-ci écrivit aux alentours de l'an 1200 deux monumentaux *organa quadrupla* (c'est-à-dire à 4 voix) : le *Sederunt* principes* et le *Viderunt omnes*. Cette dernière pièce, vraisemblablement composée pour la célébration de la fête de Noël, est encore plus élaborée rythmiquement que le *Sederunt*. Le cadre formel y est défini par l'alternance de la polyphonie et du plain-chant ; les voix y sont soutenues par les instruments. L'insistance du travail rythmique y est remarquable — comme d'ailleurs dans l'autre *organum* à 4 —, mais, peut-être, avec des exigences nouvelles dans le « rendu » des sonorités et des accents, et toujours cette opposition caractéristique, dans les séquences polyphoniques, entre les passages où le *cantus firmus* est traité en longues tenues (analogues à des points d'orgue) et ceux où le même *cantus firmus* fait partie intégrante du discours (aussi bien, c'est avec de telles œuvres que l'art de la polyphonie fait son apparition en Occident).

En fait, la manière de Pérotin est aisément identifiable et témoigne de son savoir (et de son savoir-faire) avec ce mélange unique de vie métrique, quasi litanique et processionnelle, d'extase, de simplicité cistercienne et de haut artisanat. Désormais, ces composantes vont délimiter pour longtemps le cadre où se jouera l'avenir de la musique religieuse en Europe. R. T.

VIE BRÈVE (LA) [en esp., *La Vida breve*]. Opéra en 2 actes de Manuel de Falla sur un livret de C. Fernandez Shaw, créé à l'Opéra de Nice, le 1er avril 1913.

ACTE PREMIER. (Une petite place à Grenade, sur laquelle s'ouvrent une forge et une maison occupée par des gitans.) *Les forgerons chantent en coulisse, tandis que la grand-mère (ms) de Salud donne à manger à ses oiseaux tout en pensant à la jeune fille qui risque de mourir d'amour. Salud (s) paraît, exprimant sa détresse. Bien que son aïeule tente de la rassurer, elle se sent délaissée par son amoureux Paco. Celui-ci (t) vient lui conter fleurette de façon peu convaincante. Sarvaor (b), oncle de Salud, qui sait que Paco va épouser une certaine Carmela, médite la perte de l'infidèle.*

ACTE II. (Dans une rue de Grenade.) *On célèbre les fiançailles de Paco et de Carmela (ms). Un chanteur (bar) chante des soleares en l'honneur des futurs époux. L'arrivée de Salud, suivie de sa grand-mère et de son oncle, trouble la fête. L'abandonnée crie son désespoir.* (Un deuxième tableau se situe dans le patio de la maison de Manuel.) *Ce dernier (bar), frère de Carmela, prononce l'épithalame d'usage. Salud, toujours escortée des siens, vient reprocher sa trahison à Paco et tombe morte à ses pieds.*

Achevée dès 1905, *La Vida breve* n'avait jamais été représentée dans sa version originale quand l'Opéra de Nice, en 1913, puis l'Opéra-Comique, l'année suivante, la montèrent dans une version française de Paul Millet. Par la suite, l'ouvrage, servi par de grandes divas espagnoles, comme Victoria de Los Angeles et Teresa Berganza, a fait une honnête carrière internationale.   M. T.

VIÈLE. Nom donné au Moyen Âge à de nombreux instruments à cordes frottées dérivés du crouth, mais, à la différence de celui-ci, comportant un manche nettement distinct de la caisse. La forme de la vièle et le nombre de ses cordes ne se sont stabilisés que pour donner naissance à la viole.   M. T.

VIELLE À ROUE. Instrument ancien à cordes frottées. Ses cordes de boyau en nombre variable, dont plusieurs «bourdons» et une ou deux cordes mélodiques ou «chanterelles», vibrent simultanément par contact avec une roue colophanée que l'exécutant fait tourner au moyen une petite manivelle, tout en enfonçant les touches d'une «boîte à clavier» qui agit sur les chanterelles. La mélodie jouée au clavier est donc accompagnée par la basse continue des bourdons, ce qui fait de la vielle à roue l'équivalent, dans le domaine des cordes, de la cornemuse dans le domaine des vents. L'instrument, dont l'importante caisse de résonance englobe la roue, se tient horizontalement sur les genoux, ou suspendu par une courroie si le «vielleux» est debout. Sa sonorité aigre n'a pas empêché la vielle de faire fureur dans les salons jusqu'au XVIIIe siècle. Elle est maintenant cantonnée dans la musique folklorique (Bretagne et Massif central principalement).   M. T.

VIENNE. Capitale de l'Autriche — que ce pays ait été duché, empire ou république — depuis le XIIe siècle, siège du gouvernement des Habsbourg de 1278 à 1918, Vienne jouit sur le plan musical d'un prestige qu'elle doit essentiellement, pour ce qui est de la création, à la période allant de la fin du XVIIIe au début du XXe siècle, c'est-à-dire de Haydn à Webern. Durant cette période, la ville abrita ou vit naître beaucoup des plus grands compositeurs européens, et y développa une tradition d'interprétation qui ne s'est pas perdue.

Son histoire musicale, qui est celle d'une cité-carrefour faisant la jonction à la fois entre le Nord et le Sud et entre l'Est et l'Ouest, ne s'en étend pas moins sur huit siècles. La cour des quatre derniers ducs de Babenberg (1177-1246) fut un important foyer du Minnesang, et la maîtrise de la cathédrale Saint-Étienne, dont devait faire partie Haydn, est mentionnée pour la première fois dans un document de 1237. L'université fut fondée en 1365, et la musique, selon les usages du temps, y faisait partie du Quadrivium. Mais les périodes fastes ne débutèrent qu'avec le règne de Maximilien Ier *(1459-1519)*, qui, en 1496, installa officiellement à Vienne la chapelle qu'il possédait en Allemagne du Sud (sans doute à Augsbourg), jetant ainsi les bases de la chapelle impériale. Le chef de cette chapelle s'appelait alors Hans Kerner, et elle comptait parmi ses membres Heinrich Isaac. Elle fut réorganisée en 1498, avec à sa tête Georg Slatkonia. Mais ses membres, parmi lesquels Ludwig Senfl, Heinrich Finck ou encore l'organiste Paul Hofhaimer, étaient loin de passer tout leur temps à Vienne. Pendant le XVIe siècle et les toutes premières années du XVIIe, les maîtres de chapelle impériaux furent essentiellement des Franco-Flamands : Arnold von Bruck (1527-1545), Petrus Massenus ou Pieter Maessens (1546-1562), natif de Gand, Jean Guyot, appelé aussi Castileti, Jakob Vaet, Philippe de Monte (de 1568 à sa mort en 1603). Œuvrèrent également à la chapelle le ténor Alard du Gaucquier, originaire de Lille et jusqu'en 1576 adjoint de Philippe de Monte, Jakob Regnart ou Charles Luyton, originaire d'Anvers.

Avec Ferdinand II, empereur de 1619 à 1637, commencèrent à Vienne l'époque baroque et le règne de la musique et des musiciens italiens. Les maîtres de chapelle impériaux eurent comme noms Giovanni Priolo (1619-1629) et Giovanni Valentini (1629-1649) : élèves de Giovanni Gabrieli, ils furent les premiers d'une longue lignée d'Italiens, dont le dernier devait être Antonio Salieri (1788-1824). Vienne entendit alors ses premiers opéras et ses premiers oratorios italiens. Sous les trois empereurs-compositeurs Ferdinand III (1637-1657), Léopold Ier (1657-1705) et Joseph Ier (1705-1711), l'opéra italien fut un élément déterminant de la vie musicale, ce que symbolisent les noms d'Antonio Draghi *(1635-1700)*, pendant trente ans maître absolu de la musique à la cour, puis de Francesco Conti *(1682-1732)*. Une école instrumentale se développa cependant, représentée par des compositeurs d'abord italiens (Valentini, Bertali, Buonamente), puis allemands ou autrichiens (Ebner, Schmelzer, Pachelbel, Kerll, auxquels on peut ajouter Muffat). Le baroque atteignit son apogée avec le règne de Charles VI (1711-1740), non seulement en musique, mais aussi en architecture : reconstruction des abbayes de Saint-Florian, Melk ou Kremsmünster sous la direction de Jakob Prandtauer, achèvement à Vienne de la Karlskirche, œuvre de Johann Bernhard Fischer von Erlach poursuivie par son fils Joseph Emanuel, en 1737. Johann Joseph Fux* *(1660-1741)*, la plus grande personnalité du baroque autrichien en musique, fut maître de chapelle impérial de 1715 à sa mort, ayant comme vice-maître de chapelle l'Italien Antonio Caldara *(1670-1736)*.

La mort de Charles VI (auquel succéda sa fille Marie-Thérèse) et celle de Fux, survenue un an plus tard, furent suivies de profonds changements. Occupèrent le devant de la scène, comme compositeurs, les prédécesseurs de Haydn, puis (à partir de 1760 environ) Haydn lui-même. Parallèlement, la Cour perdit de son importance dans la vie musicale viennoise (les maîtres de chapelle impériaux furent Antonio Predieri jusqu'en 1769, puis Georg Reutter* jusqu'en 1772, Florian Gassmann* de 1772 à 1774, Giuseppe Bonno de 1774 à 1788, et Antonio Salieri* de 1788 à 1824). Jouèrent un rôle de plus en plus important, d'une part, les grandes familles nobles ou princières (les Lichnowsky, Lobkowitz*, Schwarzenberg, Esterházy*, etc.) et, d'autre part, les théâtres (Burgtheater, théâtre de la Porte-de-Carinthie, théâtre du château de Schönbrunn, Theater auf der Wieden, Theater an der Wien) et lieux de concerts (Augarten, Grande Salle de la Redoute, Mehlgrube) ouverts au public, ainsi que de nouvelles institutions musicales (Tonkünstler-Sozietät fondée en 1772 par Gassmann et où fut créé, en 1775, *le Retour* *de Tobie* de Haydn; Société des associés de Gottfried Van* Swieten; *Liebhaberkonzerte* de 1807-08, qui prirent fin le 27 mars 1808 avec une célèbre exécution de *la Création* de Haydn). A noter également le développement à Vienne, durant cette période, de l'édition musicale, avec pour commencer la maison Artaria*. Ces nouveautés intervinrent tandis que la ville devenait, aux yeux de l'Europe, celle de Haydn et de Mozart, puis aussi de Beethoven.

Après 1815, alors que débutait la vie créatrice de Schubert et la dernière partie de celle de Beethoven, les familles nobles et princières, ruinées par les guerres napoléoniennes, cessèrent de jouer leurs rôles de mécènes. Ce fut une des raisons de la fondation de la *Gesellschaft der Musikfreunde* (« Société des amis de la musique ») en 1812, puis, surtout, de la Philharmonie par Otto Nicolai* en 1842. La Philharmonie de Vienne ne donna des saisons régulières qu'à partir de 1860 : depuis 1870, elles ont lieu dans la Grosser Musikvereinsaal. Ses chefs permanents ont été jusqu'en 1945 Otto Dessoff (1860-1875), Hans Richter (1875-1898), Gustav Mahler (1898-1901), Joseph Hellmesberger (1901-1908), Felix Weingartner (1908-1927), Wilhelm Furtwängler (1927-28), Clemens Krauss (1928-1933), Wilhelm Furtwängler et Bruno Walter (1933-1938) et, enfin, Wilhelm Furtwängler (1938-1945). L'Orchestre symphonique de Vienne, fondé en 1900 comme Wiener Concert-Vereinorchester, porte son nom actuel depuis 1933. Outre la Grosser Musikvereinsaal (1 654 places assises et 300 debout), construite en 1870 avec comme salle adjacente la Brahmssaal (679 places assises et 95 debout), Vienne possède depuis 1913, comme autre lieu important de concerts, les trois auditoriums du Konzerthaus : la Grosser Konzerthaussaal, la Mozartsaal et la Schubertsaal (1 840, 700 et 340 places respectivement).

A la fin du XVIIIe siècle, l'opéra se donnait notamment dans les deux théâtres de la Cour, c'est-à-dire au Burgtheater (ouvert jusqu'en 1888) et de plus en plus au théâtre de la Porte-de-Carinthie, et également au Theater auf der Wieden (ensuite au Theater an der Wien). En 1857, l'Opéra impérial *(Hofoper)* eut pour la première fois comme directeur, en la personne de Karl Eckert, un musicien de profession. Il eut comme successeurs d'abord un Italien, Matteo Salvi (1861-1867), puis Franz von Dingelstedt (1867-1870). De 1861 à 1869, dans le cadre du percement du Ring consécutif à la destruction des anciennes fortifications, un nouvel Opéra fut édifié, tout près de l'ancien théâtre de la Porte-de-Carinthie (qui n'existe plus). Inauguré le 25 mai 1869 avec *Don Giovanni* de Mozart chanté en allemand, il eut, après Dingelstedt, comme directeurs, jusqu'en 1945, Johann Herbeck (1870-1875), Franz Jauner (1875-1880),Wilhelm Jahn (1881-1897), Gustav Mahler (1897-1907), Felix Weingartner (1908-1911), Hans Gregor (1911-1918), Franz Schalk et Richard Strauss (1919-1924), Franz Schalk (1924-1929), Clemens Krauss (1929-1934), Felix Weingartner (1935-36), Erwin Kerber (1936-1940), H. K. Strohm (1940-41), E. A. Schneider (1941-1943) et, enfin, Karl Böhm (1943-1945). Le 12 mars 1945, un bombardement détruisit l'édifice à l'exception de la façade, de la loggia et du grand escalier. Le Volksoper, inauguré en 1898, est propriété municipale (Städtische Volksoper) depuis 1938.

De 1945 à 1955, l'Opéra sur le Ring étant hors d'usage, les représentations eurent lieu au Volksoper et au Theater an der Wien sous la direction artistique de Egon Hilbert : ces dix années, sur le plan artistique, furent une période faste, avec notamment des chanteurs et chanteuses comme Anton Dermota, Erich Kunz, Paul Schöffler, Elisabeth Schwarzkopf, Irmgard Seefried, Wilma Lipp. L'Opéra reconstruit fut inauguré le 5 novembre 1955 avec *Fidelio* sous la direction de Karl Böhm. Ce dernier, nommé directeur, démissionna l'année suivante. Il eut comme successeur Herbert von Karajan, seul jusqu'en 1962, avec des directeurs associés jusqu'en 1964. Les directeurs furent ensuite des administratifs : Egon Hilbert (jusqu'en 1967), Heinrich Reiff-Gintl, Rudolf Gamsjäger, Egon Seefehlner. La nomination de Lorin Maazel comme chef d'orchestre, annoncée en 1979, a pris effet en 1982.

L'orchestre de l'Opéra n'est autre que la Philharmonie. Les concerts de cette dernière ont donc lieu non pas en soirée, mais le samedi après-midi et le dimanche matin. L'Orchestre symphonique, qui ne se consacre qu'au concert, est le véritable orchestre de la ville. Citons encore le Niederösterreichisches Tonkünstlerorchester (fondé en 1947, il couvre la province de Basse-Autriche, dont Vienne est la capitale) et l'Orchestre de la radio, fondé en 1945 et qui, beaucoup plus que les autres, se consacre à la musique contemporaine. Sur ce dernier plan, l'ensemble *Die Reihe,* fondé en 1958 par Friedrich Cerha*, a joué à Vienne à peu près le même rôle que le Domaine musical à Paris. Existe aussi pour la musique contemporaine l'ensemble Kontrapunkte fondé en 1967 par Peter Keuschnig. Les Petits Chanteurs de Vienne *(Wiener Sängerknaben)* font partie de la Hofmusikkapelle, cette dernière étant le principal ensemble de musique sacrée de la ville. Les quatuors Schneiderhan, du Wiener Konzerthaus, Barylli, Weller, de la Philharmonie, Alban-Berg, ont poursuivi depuis la dernière guerre la tradition établie par les quatuors Schuppanzigh*, Hellmesberger*, Rosé* ou Kolisch*, et, depuis 1950 environ, Vienne a rôsé un centre de recherches important pour la musique ancienne, grâce, notamment, à la fondation du Contentus musicus par Nikolaus Harmoncourt* en 1952, de la Capella academica par Eduard Melkus* en 1965 et du Clemencic Consort par René Clemencic* en 1968. Des maisons d'édition actives à Vienne, les plus importantes sont Universal* et Doblinger*. Le Festival de Vienne *(Wiener Festwochen)* a lieu tous les ans en mai et juin depuis 1951 (V. AUTRICHE, VALSE). M. V.

VIENNOIS (QUATUORS). Appellation collective donnée aux 6 quatuors à cordes K.168-173 (en *fa* majeur, *la* majeur, *ut* majeur, *mi* bémol majeur, *si* bémol majeur et *ré* mineur) de Mozart, parce qu'ils furent composés dans la capitale autrichienne en août-septembre 1773. Contrairement aux *Milanais**, ces quatuors sont en 4 mouvements, avec menuet en troisième position (sauf dans les deux ouvrages, ceux en *ut* et en *mi* bémol, commençant par un mouvement lent). Les quatuors en *fa* et en *ré* mineur se terminent par une fugue. Ce trait et d'autres indiquent que les *Quatuors viennois* furent conçus sous le coup de la découverte par Mozart des 6 quatuors op. 20 de Haydn, ainsi, parfois du *Soleil** (1772). M. V.

VIE PARISIENNE (LA). Opéra bouffe en 4 actes d'Offenbach sur un livret de Henri Meilhac et Ludovic Halévy, créé à Paris, au théâtre du Palais-Royal, le 31 octobre 1866.

ACTE PREMIER. (À la gare de l'Ouest.) *Gardefeu et Bobinet se sont brouillés à cause de la grisette Métella. Ils l'attendent tous deux à la descente d'un train, mais elle arrive au bras d'un autre. Du coup, ils se réconcilient et décident de fréquenter les salons du faubourg Saint-Germain. Voici Joseph, ancien valet de chambre de Gardefeu, devenu guide du Grand Hôtel. Il attend l'arrivée du baron et de la baronne de Gondremarck, des Suédois qui veulent connaître la vie parisienne. Gardefeu se substitue à Joseph, emmène le baron et sa femme qui est ravissante, non au Grand Hôtel, mais chez lui. Et il emmène en même temps un Brésilien.*

ACTE II. (Chez Gardefeu.) *Le baron s'étonne sans doute de trouver le Grand Hôtel si petit, mais il est ravi lorsque, présentant des lettres d'introduction auprès d'une certaine Métella, Gardefeu lui promet de la lui faire connaître. Métella arrive en effet. Elle comprend tout de suite la situation, accepte de la jouer non sans une arrière-pensée : contrecarrer les intentions de Gardefeu envers la ravissante baronne.*

ACTE III. (L'hôtel de Quimper-Caradec.) *Bobinet, complice de Gardefeu, a loué l'hôtel pour une nuit. Il y improvise une soirée en l'honneur du baron. Les invités seront des domestiques travestis. Le baron préside un grand dîner qui s'achève en un cancan endiablé.*

ACTE IV. (Un restaurant de nuit.) *Métella a peu à peu prévenu le baron et la baronne des mystifications dont ils sont l'objet. Le baron ne veut plus se laisser duper, la baronne veut réconcilier Métella et Gardefeu. Et c'est sur cette réconciliation que la pièce s'achève, tous se déclarant satisfaits de leurs aventures de quelques jours.*

Avec *la Belle Hélène,* la Vie parisienne est certainement la plus populaire des opérettes d'Offenbach et de ses deux librettistes. Ceux-ci, Parisiens consommés, ont traité cette bouffonnerie avec beaucoup de fantaisie et d'imprévu. Les mystifications dont est victime le baron Gondremarck, si extravagantes soient-elles, sont d'un comique bien venu, et la partition d'une gaieté endiablée. La folie déborde tout au long de l'ouvrage. À part la *Lettre à Métella*, aucune oasis de mélancolie. Tout tourne, tout danse. Il est vrai qu'Offenbach ne pouvait compter sur aucun chanteur dans la troupe du Palais-Royal. C'est pour cette raison qu'il imposa l'engagement de Zulma Bouffar, afin qu'une interprète au moins puisse traduire musicalement la tyrolienne de l'acte II et le si joli duo de la gantière et du Brésilien. Mais le rythme, ce rythme si cher au compositeur, a tout sauvé. Car il est présent partout, dans le duo de Bobinet et Gardefeu *Repeuplons les salons du boulevard Saint-Germain*, dans celui du baron et de Gardefeu *Portez la lettre à Métella*, dans l'extraordinaire ensemble de l'acte III *Son habit a craqué dans le dos*, et même dans l'amusant chœur des garçons de restaurant *Fermons les yeux*. S. W.

VIE POUR LE TSAR (LA) ou **IVAN SOUSSANINE**. Opéra en 4 actes et épilogue de Glinka sur un livret du baron Rosen. Créé à Saint-Pétersbourg sous la direction de C. Cavos le 27 décembre 1836.

L'action de l'opéra, qui correspond à des faits historiques, a lieu en 1613 à la fin de la période du «temps des troubles», marquée par l'invasion polonaise en Russie, et dont l'aboutissement conduisit à l'intronisation du tsar Mikhaïl Féodorovitch, premier des Romanov.

ACTE PREMIER. *Des paysans arrivent entonnant un chant patriotique. Antonida (s), fille d'Ivan Soussanine (b), attend le retour de son fiancé Sobinine (t), parti combattre les Polonais. Sobinine revient, annonçant qu'une armée populaire s'est créée pour délivrer la Russie. Cependant, Soussanine reste pessimiste. Il décide de reporter à plus tard le mariage d'Antonida et de Sobinine, lorsque les épreuves du peuple seront terminées.*

ACTE II. *(Un bal au palais de Sigismond, roi de Pologne.) Les Polonais se réjouissent des victoires remportées. Mais un messager arrive, annonçant que tout le peuple russe s'est levé contre les Polonais, qui viennent de subir plusieurs défaites. Après un moment de trouble, les Polonais se reprennent rapidement et réaffirment leur certitude de voir prochainement Sigismond sur le trône de Russie.*

ACTE III. *Vania (ca), fils adoptif de Soussanine, lui déclare son intention de participer lui aussi à la délivrance de son pays. Cependant, on prépare chez Soussanine les noces d'Antonida et de Sobinine. Soudain des Polonais surgissent et ordonnent à Soussanine de les conduire jusqu'au lieu de retraite du futur tsar. Soussanine fait semblant d'accepter et souffle à Vania d'aller prévenir le tsar du complot qui se prépare. Antonida se lamente de voir son père emmené par les Polonais. Sobinine, avec un détachement de paysans, se lance à leur poursuite.*

ACTE IV. 1er tableau. *La nuit, Vania arrive devant le monastère où s'est réfugié le futur tsar. Après de longs efforts il parvient à se faire entendre. L'alerte est donnée.* (Ce tableau a été composé par Glinka postérieurement à la première exécution de l'opéra). 2e tableau. *Ayant fait semblant d'obéir aux Polonais, Soussanine les a emmenés dans une forêt impénétrable pour les égarer. Grommelant leur méfiance, ils installent un bivouac pour la nuit. Tandis que la tempête de neige fait rage, Soussanine médite son action et comprend que le dénouement est proche. Au réveil, il avoue son subterfuge aux Polonais et tombe sous leurs coups. Certaines mises en scène font entrer à ce moment-là les paysans conduits par Sobinine. Au cours de l'entracte symphonique qui suit, ils livrent un combat victorieux contre les Polonais, et emportent le corps de Soussanine.*

ÉPILOGUE. 1er tableau. *A Moscou, le peuple se dirige vers la place Rouge. Dans la foule se trouvent Antonida, Vania et Sobinine. Vania raconte aux guerriers le sacrifice de son père, suscitant leur émotion et leur respect.* 2e tableau. *Sur la place Rouge, aux sons des cloches du Kremlin, le peuple chante la délivrance de la Russie, en jurant une mémoire éternelle à Soussanine, symbole de la résistance du peuple russe.*

Primitivement intitulé *Ivan Soussanine*, l'opéra fut rebaptisé par Glinka *la Vie pour le tsar* afin de plaire au tsar Nicolas Ier. Lors de sa reprise en 1939, sous le régime soviétique, l'œuvre reprit naturellement son titre original, mais fut également dotée d'un nouveau livret écrit pour la circonstance par le poète S. Gorodetski dans le but de supprimer toute allusion au tsar, dont l'image se trouva remplacée par celle du peuple.

La Vie pour le tsar est considérée comme le premier grand opéra national russe. Il y avait eu auparavant (depuis la fin du XVIIIe siècle) des ouvrages scéniques fondés sur des sujets historiques et utilisant des mélodies populaires, mais il s'agit là du premier opéra russe qui rompe totalement avec le genre divertissant, et qui transmette un message patriotique et esthétique. Sa composition correspond à l'éveil d'un intérêt scientifique des Russes pour leur histoire, et à un renforcement du sentiment national à la suite des guerres napoléoniennes.

Musicalement, *la Vie pour le tsar* paie encore son tribut à la virtuosité vocale de l'opéra italien (sensible surtout dans les airs d'Antonida), ainsi qu'au symphonisme du grand opéra français et à ses exigences chorégraphiques (ballet de l'acte II). Mais l'invention mélodique est dominée par les intonations, le rythme et parfois le modalisme des chants russes. Les chœurs ont une importance primordiale, tant sur le plan musical que par leur participation à l'action. Le rôle de Soussanine est le premier grand modèle des rôles de basses dans l'opéra russe, et son monologue de l'acte IV annonce ceux des personnages historiques dans les opéras de Moussorgski, de Borodine et de Rimski-Korsakov. *La Vie pour le tsar* ouvre directement la voie à *Boris Godounov* de Moussorgski.
A. L.

VIERNE (Louis), organiste et compositeur français (*Poitiers 1870 - Paris 1937*). Presque aveugle de naissance, il entre comme pensionnaire à l'Institut des jeunes aveugles de Paris. Durant neuf années, il y apprend la musique, en particulier le piano, l'orgue, le chant choral, et même le violon pour en tenir la partie dans l'orchestre de l'Institut.

César Franck prend Vierne sous sa protection. En 1889, il le fait entrer comme auditeur dans sa classe d'orgue du Conservatoire. À la mort de Franck, l'année suivante, Widor, qui lui succède au Conservatoire, apporte à Vierne formation, conseils, amitié et aide matérielle. En 1892, il le prend comme répétiteur dans sa classe d'orgue : Vierne assurera pendant dix-sept ans, auprès de Widor, puis de Guilmant, ces fonctions de professeur bénévole. Il compte parmi ses élèves M. Dupré, M. Duruflé, B. Gavoty, E. Souberbielle. Cependant, en 1911, il sera écarté de la succession de Guilmant au profit de Gigout. En 1894, Vierne a fini par obtenir, malgré des cabales, le premier prix d'orgue et d'improvisation au Conservatoire. Widor lui confie la suppléance aux orgues de Saint-Sulpice. En 1900, il est choisi à l'unanimité au concours pour le poste d'organiste à Notre-Dame de Paris. Ses talents d'interprète et d'improvisateur lui valent la célébrité et attirent d'innombrables auditeurs à Notre-Dame. La guerre de 1914 lui enlève un fils et son frère René Vierne, organiste de Notre-Dame-des-Champs et auteur d'une *Méthode d'harmonium*. De 1920 à 1930, il donne des séries de concerts internationaux. Cependant, sa santé est usée par des difficultés de toutes sortes ; ses yeux exigent des soins pénibles. À l'âge de soixante-six ans, il donne à Notre-Dame son 1750e récital : au moment d'improviser, il est terrassé par la mort qui le saisit, selon ses vœux, aux claviers de ses grandes orgues.

Il laisse une œuvre importante. Sa musique pour orgue ne représente qu'une partie, mais la plus originale, de ses compositions. Son style, influencé par celui de son maître Widor, est marqué par l'immense instrument qui lui impose de larges plans contrastés, où apparaissent, en alternance, des thèmes lyriques révélant toute sa sensibilité. Pour orgue, il compose 6 symphonies, de 1898 à 1930. La *3e Symphonie pour orgue* op. 28, écrite en 1911 et dédiée à Marcel Dupré, est considérée comme son chef-d'œuvre. Sont encore écrits pour l'orgue : *24 Pièces en style libre* (1913), *24 Pièces de fantaisie* (1926-27), 2 messes basses (1912, 1934), un *Triptyque* (1929-1931) ; on peut ajouter la *Marche triomphale* avec cuivres et timbales pour la célébration du centenaire de la mort de Napoléon.

Il écrit aussi des pièces pour piano : *Suite bourguignonne* (1899), *Nocturnes* (1916), *Solitude* et *Silhouettes d'enfants* (1918), *12 Préludes* (1921), de la musique de chambre (sonates pour piano et cordes, quatuor, quintette avec piano) ; de la musique orchestrale (1 symphonie, 1907-1908), et vocale (des œuvres lyriques avec orchestre, d'après Victor Hugo, *les Djinns*, 1912, et *Psyché*, 1914), et des mélodies (Verlaine, Leconte de Lisle, Baudelaire, Sully Prudhomme, Richepin). J.-F. L.

VIERU (Anatol), compositeur roumain *(Iasi 1926)*. Il a étudié, de 1946 à 1951, au conservatoire de Bucarest (notamment l'harmonie avec Constantinescu) et, de 1951 à 1954, à celui de Moscou (notamment la composition avec Khatchatourian), et, de 1947 à 1950, il a été chef d'orchestre au Théâtre national de Bucarest. Depuis 1955, il enseigne la composition et l'orchestration au conservatoire de Bucarest. Parti d'un folklore modal, il a adopté ensuite certaines techniques aléatoires. On lui doit notamment 1 concerto pour orchestre (1955), 1 concerto pour violoncelle (1962) et 1 pour violon (1964), 3 symphonies (1966-67, 1973, 1977-78), *Écran* (1969, joué à Royan en 1970) et *Clepsidra I* (1968) et *II* (1972), pour orchestre, 1 concerto pour clarinette (1975) et 1 pour violon et violoncelle (1980), de la musique vocale, et, comme œuvres de chambre ou pour ensemble de chambre, 3 quatuors à cordes (1955, 1956, 1973), *le Crible d'Ératosthène* (1969), 1 sonate pour piano (1976). M. V.

VIÊT-NAM. Dans la musique traditionnelle vietnamienne se conjuguent des influences venues de la Chine (pour le système des hauteurs, et l'emploi de certains instruments) et d'autres venues du royaume de Champa, en Inde. Mais les instruments typiquement vietnamiens sont le violon monocorde *dan dôc huyen*, et la cithare dite « vietnamienne ». Il s'agit d'une musique d'essence monodique, où l'ornementation de la mélodie (effets de glissement ou de fluctuation) joue un grand rôle. Il ne faut pas oublier non plus que le vietnamien est ce que l'on appelle une « langue à tons », avec 6 tons différents, donc « mélodique » déjà par elle-même.

Les notes de la gamme de base de la musique vietnamienne portent des noms issus du chinois — le *ho* étant le premier degré, ayant fonction de tonique. La musique savante utilise deux familles de modes ou *diêu* : le mode *Bac* (considéré comme joyeux et clair, comme notre majeur) et le mode *Nam*, plutôt mélancolique (comme notre mineur). Selon Tran Van Khe, musicologue qui a énormément contribué à répandre en France le goût et la connaissance de la musique vietnamienne, on peut distinguer 4 grandes périodes dans l'histoire de cette musique, en partant de la fin du premier millénaire. La première période, du Xe au XIVe siècle, est dominée par les influences chinoise et indienne ; la deuxième, du XVe au XVIIIe, voit triompher l'influence chinoise ; la troisième, du XIXe à la Seconde Guerre mondiale, affirme une originalité croissante de la musique vietnamienne, et la dernière période est caractérisée par l'emprise du modèle occidental, allant de pair avec des tentatives pour retourner aux sources, et maintenir la tradition et l'identité culturelle. Il existe différents styles de musique vocale populaire, dans toutes les fonctions habituelles (fêtes, travail, cérémonies), de musique savante (de cour et de rite) et de musique de théâtre et de scène. Parmi les compositeurs vietnamiens contemporains, le plus connu en Europe est peut-être Nguyen-Thien-Dao, élève, en France, d'Olivier Messiaen, qui cherche à exprimer les thèmes et les idéaux révolutionnaires de la nouvelle République populaire. M. C.

VIEUXTEMPS (Henri), violoniste et compositeur belge (Verviers 1820 - Mustapha, près d'Alger, 1881). Il prend ses premières leçons avec son père et avec un musicien local. A six ans, il joue en public un concerto de Rode. L'année suivante, Bériot, impressionné par ses dons, l'emmène à Paris et le prend comme élève. En 1831, après le départ de Bériot pour l'Italie, il revient à Bruxelles. En 1833, il fait un voyage en Allemagne où il obtient un grand succès et rencontre Spohr. Il passe l'hiver à Vienne où il travaille le contrepoint avec Sechter, et, en 1834, fait la connaissance de Paganini à Londres. En 1835, il étudie la composition avec Reicha à Paris. De cette époque datent ses premières œuvres. En 1837, il va à Vienne. Il voyage également en Russie (1838) et en Amérique (1844). De 1846 à 1852, il est violon solo du tsar et professeur au conservatoire de Saint-Pétersbourg. Il fait plusieurs tournées aux États-Unis, en 1857-58 avec Thalberg, et en 1870-71. De 1871 à 1873, il enseigne au conservatoire de Bruxelles, où il a Ysaye pour élève.

Chef de l'école belge du violon, il a surtout composé pour son instrument. Si ses transcriptions et fantaisies, écrites pour mettre en valeur la virtuosité de l'interprète, sont aujourd'hui démodées, certains de ses concertos — notamment le 4e en *ré* mineur op. 31, que Berlioz appelait « une magnifique symphonie avec violon principal », et le 5e en *la* mineur op. 37 — sont encore maintenant au répertoire des plus grands violonistes. Leur écriture est soignée et leur inspiration pleine de noblesse. A. et M. P.

VIHUELA. Instrument espagnol à cordes, de la même famille que le luth et la guitare. Connue depuis le XIVe siècle, ce n'est toutefois qu'au cours du XVIe que la vihuela s'est répandue et que son répertoire s'est constitué, prenant une place importante dans la renaissance musicale espagnole. On distingue différentes sortes de vihuela : *vihuela de arco* (viole à archet), *vihuela de penola* (à plectre), *vihuela de mano*, la plus courante, à cordes pincées. Au XVIe siècle, la vihuela possédait 6 doubles cordes.

Le premier compositeur à avoir publié de la musique pour cet instrument fut Luis Milán, dont le recueil intitulé *El Maestro* parut à Valence en 1536. Les contemporains ou successeurs immédiats de Milán furent Luis de Narvaez, Alonso Mudarra, Diego Pisador, Miguel de Fuenllana, Enriquez de Valderrabano, Antonio de Cabezón. Le répertoire de la vihuela comprenait aussi bien des transcriptions d'œuvres polyphoniques d'auteurs espagnols ou étrangers (Josquin Des Prés, Morales), que des compositions originales. Les formes les plus courantes de ces dernières étaient la *fantasía*, le *tiento*, le *fabordón* (fauxbourdon), la *glosa*, la *diferencia* (variation), et parfois des danses, dont la pavane. En outre, la vihuela servait fréquemment d'accompagnement au chant des *romances* et des *villancicos*. Les œuvres pour vihuela étaient notées sous forme de tablatures. A. L.

VILLA-LOBOS (Heitor), compositeur brésilien *(Rio de Janeiro 1887 - id. 1959)*. Le père du compositeur, Raul Villa-Lobos, d'origine espagnole, faisait autorité en matière d'histoire, cultivait la musique, ce qui lui permit d'enseigner le violoncelle et la clarinette à son fils. Sa mère, Noemia, continua son éducation après la mort de Raúl en 1899. A Rio de Janeiro, Villa-Lobos connut la musique de salon importée d'Europe, mais aussi celle des musiciens populaires. Sa famille voulait l'orienter vers d'autres activités, mais il persévéra et devint guitariste dans les ensembles de musiciens de « chôros ».

Ses premières compositions datent de ses quatorze ans. Quant aux auteurs classiques, cet autodidacte en avait déchiffré seul les partitions : Bach l'avait attiré dès son plus jeune âge. Devenu violoncelliste dans l'orchestre du théâtre Recreio, il jouait un répertoire des plus variés, constitué d'opéras, d'opérettes et de zarzuelas. En 1905 commença l'ère des voyages à l'intérieur du Brésil. Guidé par un instinct infaillible, il apprit à concevoir l'âme sonore brésilienne, à partir de chants de primitifs indiens, de rythmes des Noirs de Bahia, de chansons populaires urbaines et rurales. S'il fut influencé par Wagner et Puccini pour la mélodie, par Vincent d'Indy, plus tard par Debussy et par Stravinski, la question des influences allait graduellement perdre son sens chez un créateur qui possédait la musique en lui-même. Les œuvres de Villa-Lobos commencèrent à être jouées en 1915. En 1917, la composition d'*Amazonas* et de *Uirapuru* établit un genre qu'il allait exploiter à diverses étapes de sa vie créatrice, celui du poème symphonique amazonien et primitif, du kaléidoscope sonore débordant de vie rythmique et de virtuosité instrumentale.

Une série de 5 symphonies vit le jour entre 1916 et 1920. Trois d'entre elles furent marquées par les événements mondiaux : la 3e *(la Guerre)*, la 4e *(la Victoire)*, la 5e *(la Paix)*. En 1923, le compositeur vint à Paris, où sa musique, jouée devant des salles souvent houleuses, fut loin de passer inaperçue et lui valut de durables amitiés dans le monde artistique. Florent Schmitt, par ses critiques pertinentes et chaleureuses, ainsi que Paul Le Flem et René Dumesnil contribuèrent à asseoir sa renommée. Arthur Rubinstein, ami de la première heure au Brésil, lui trouva un éditeur, Max Eschig. Les *Chants typiques brésiliens, la Famille du bébé*, le *Rudepoema*, *Amazonas*, le *Nonetto*, les *Chôros*, faisaient partie d'un arsenal sauvage destiné à conquérir les auditoires. Les grands *Chôros*, ses pièces les plus novatrices, dominaient cet ensemble. De retour au Brésil en 1930, il partagea ses activités entre la composition et une œuvre pédagogique importante. Fixé à Rio de Janeiro pour y diriger la Surintendance de l'éducation musicale et artistique, il devait s'affirmer comme un animateur aussi infatigable qu'efficace, dirigeant de nombreux concerts, organisant l'enseignement musical dans les écoles. Ses programmes laissaient toujours une large place à la musique française ; des pages d'Honegger, Milhaud, Ravel, Roussel, Schmitt, Poulenc connurent ainsi leur création au Brésil. Il fonda le Conservatoire de chant orphéonique et dirigea des ensembles choraux impressionnants, dans des stades. En 1942, quarante mille écoliers chantèrent ensemble sous sa direction.

L'orientation que prenait son art vers l'universalité se cristallisa avec la série des neuf *Bachianas brasileiras*, élaborées, comme les *Chôros*, pour les formations les plus inattendues, tandis que le recueil du *Guide pratique* de pièces pour piano, chant et chœurs contribua à la diffusion du folklore brésilien. Interrompu pendant vingt-quatre ans, le cycle des symphonies reprit en 1944 avec la 6e, inspirée par les montagnes du Brésil, pour se terminer avec la 12e en 1957. A partir de 1940, Villa-Lobos entreprit des tournées de concerts à travers les Amériques ; après la guerre, il partagea sa vie entre le Brésil, les États-Unis et l'Europe, principalement Paris. Dirigeant lui-même ses œuvres, il donna des concerts restés mémorables, effectua des enregistrements, avec l'Orchestre national de la Radiodiffusion française. En 1952, la première audition intégrale de *la Découverte du Brésil* fut ainsi réservée au public parisien. D'autres premières suivirent. Sa musique gagnait en lyrisme et en universalité ; il reçut de nombreuses médailles et distinctions de plusieurs pays d'Europe et d'Amérique. Les dernières années furent également consacrées à parachever une création multiforme : quatuors à cordes, chœurs, poèmes symphoniques, symphonies, opéras. C'est au moment où le catalogue d'Heitor Villa-Lobos approchait du chiffre de mille œuvres que le destin arrêta le cours du fleuve d'inspiration le plus tumultueux et le plus fécond de la musique du XXe siècle.

Deux femmes avaient partagé la vie du compositeur : la pianiste Lucilia Guimarães, qu'il avait épousée en 1913, puis Arminda Neves d'Almeida, dédicataire de presque toutes ses œuvres à partir de 1930 ; portant aujourd'hui son nom, elle assume, depuis 1960, la direction du musée Villa-Lobos créé par les autorités brésiliennes, dans le cadre du ministère de l'Éducation et de la Culture à Rio de Janeiro. Heitor Villa-Lobos fut le premier musicien brésilien à connaître une renommée mondiale, sa musique est à l'image de l'infinie diversité physique et humaine de son pays, contenant des descriptions typiques et humoristiques, des créations très élevées, dans une recherche instrumentale constante, avec une harmonie très libre, opposant timbres, rythmes et tonalités. En dehors de ses harmonisations, il ne cita jamais de thèmes, traduisant ce qu'il avait assimilé par tous ses sens en un langage personnel. « Le folklore, c'est moi ! », avait-il déclaré. Sa musique orchestrale se situe au sommet de sa production, mais il avait le don de rester lui-même, de conserver la même richesse de sonorité, dans tous les genres abordés. Même lorsque sa musique exprime ce type de mélancolie née sous les tropiques, de terribles torpeurs ou de sourdes luttes, elle laisse volontiers la joie dominer le drame, cette joie jaillissant spontanément d'une contemplation panthéiste de l'univers.

Œuvres principales. *Amazonas* ; le *Cerf-Volant du gamin* ; *Danses africaines* ; *la Découverte du Brésil* ; *Emperor Jones* ; *Erosion* ; *les Forêts de l'Amazone* ; *Genesis* ; *Mandu Çarara* ; *Momoprecoce* (piano et orchestre) ; *l'Odyssée d'une race* ; *Uirapuru* ; 12 *Symphonies* ; 9 *Bachianas brasileiras* et 14 *Chôros*, pour diverses formations ; les opéras *Izath, Magdalena, la Petite Fille des nuages, Yerma* ; des partitions pour divers instruments solistes et orchestre, dont 5 *Concertos pour piano*, 2 *Concertos pour violoncelle*, 1 *Concerto pour guitare* ; des pièces pour groupes instrumentaux ; de nombreuses mélodies avec piano ou orchestre, dont les *Chants typiques brésiliens* ; les *Modinhas e Cançoes*, les *Serestas* et les *Trois Poèmes indigènes* ; 17 *Quatuors à cordes*, des *Sonates, Trios, Quatuors et Quintettes*, pour divers instruments ; un vaste répertoire de piano, dont *le Carnaval des enfants*, les *Cirandas*, le *Cycle brésilien*, la *Famille du bébé*, le *Guide pratique* ; de la musique chorale, religieuse et profane, dont la *Messe de saint Sébastien* ; des pièces pour guitare, pour violon et pour violoncelle. P. V.

VILLANCICO. Chant religieux connu en Espagne dès la fin du XVIe siècle et dont l'origine est à la fois religieuse (chants de Noël) et profane (danses populaires). Il comprenait à l'origine un refrain généralement varié, et un certain nombre de couplets pour voix accompagnée ou ensemble vocal. Au XVIIIe siècle, il a évolué dans le sens d'une suite destinée aux fêtes solennelles (Nativité, Fête-Dieu, fêtes patronales) écrite dans un style libre où alternent le soliste et les chœurs, sur un accompagnement instrumental, et dont l'instrumentation est devenue plus riche. L'influence italienne la marquera ensuite profondément et accusera, au détriment de l'esprit religieux, son visage dramatique et pittoresque. A. G.

VILLANELLA (ital.). Chanson polyphonique généralement à 3 ou 4 voix, d'origine napolitaine et populaire en Italie au XVIe siècle. Elle est d'une écriture simple, avec ou sans accompagnement instrumental ; le texte chanté, souvent en dialecte, se caractérise par sa légèreté, son ton raffiné et son désir de satiriser le madrigal sérieux. Le plus souvent, on chantait chaque strophe sur la même musique, sur le même rythme dans toutes les voix, avec la mélodie à la voix supérieure et une harmonie employant de fréquentes quintes successives. De Naples, le genre se répand à travers l'Italie et sera pratiqué surtout à Venise, par Willaert et par Lassus. Là, sous l'influence de la chanson française, naît une tendance à écrire des *villanelle* avec une mélodie continue, par exemple, *Un giorno mi prego* de Willaert (1545), où le texte grivois persiste à se moquer du madrigal traditionnel. A la fin du siècle, la villanella est utilisée avec profit dans les comédies madrigalesques. Dans *Le Veglie di Siena* d'O. Vecchi, publiées en 1604, elle figure à côté d'autres formes analogues telles que la *villotta*, la *mascherata*, la *todesca*, la *giustiniana* qui contrastent avec le caractère grave des madrigaux. En France, la villanella a été illustrée notamment par Cl. Le Jeune.
C. W.

VIN (LE) [en all. *Der Wein*]. Air de concert d'Alban Berg (1929) pour soprano et orchestre, sur des textes de Baudelaire tirés des *Fleurs du mal* et traduits (adaptés) en allemand par Stefan George. L'œuvre répondait à une commande de la cantatrice tchèque

Ruzena Herlinger, qui avait chanté à Paris en 1928 les lieder op. 2 et la berceuse de *Wozzeck*.

Contrairement à son habitude, Berg (qui avait déjà commencé *Lulu*) travailla vite : la partition fut achevée fin août 1929 et créée le 4 juin 1930 au festival du Deutscher Musikverein à Königsberg sous la direction de Hermann Scherchen. Elle se présente ainsi : introduction ; I. *l'Ame du vin* (très lent) ; II. *le Vin des amants* (assez animé) ; III. *le Vin du solitaire* (très lent) ; conclusion.

Portant son choix sur Baudelaire, dont il est un fidèle lecteur, Berg souligne son attirance pour cette vision du monde, où la beauté, le sublime ne peuvent se détacher du malheur et de la déchéance. Le tri qu'il opère parmi les 5 poèmes qui constituent *le Vin* dans les *Fleurs du mal* (1857) est également significatif. Berg n'en retient que trois : *l'Ame du vin, le Vin du solitaire, le Vin des amants*, privilégiant donc les textes à connotations plus idéalistes. Malgré sa connaissance de la langue française, il adopte la traduction allemande de Stefan George, fidèle sinon dans le mot à mot du moins dans l'esprit. La réduction pour chant et piano comporte d'ailleurs le double texte allemand et français avec pour ce dernier quelques modifications dans la partie vocale pour des raisons de prosodie. Sa conception d'ensemble l'amène à intervertir l'ordre des deuxième et troisième poèmes retenus. Berg peut ainsi encadrer *le Vin des amants* au ton passionné, à l'exaltation soulignée par les cordes dans l'aigu et auquel il confère un tempo vif et une forme de scherzo aux relents de valse, par deux pièces de climat identique, d'agogique très lente, *le Vin du solitaire* se présentant en fait comme une reprise assez libre et condensée de la première pièce. Se dégage alors un schéma A. B. A'., avec introduction et conclusion, qui peut se comprendre comme un résumé de sonate et s'inscrit toujours dans la tentative de Berg de rattacher le présent au passé tant sur le plan formel que sur celui de l'écriture contrapuntique ou du matériau.

Comme *Lulu*, *le Vin* est une partition strictement dodécaphonique, et Berg, hanté par la symétrie, fait coïncider le milieu du deuxième lied avec l'emploi de la série sous sa forme rétrograde comme si l'œuvre se retournait sur elle-même. Mais la série utilisée (*si*, *la*, *sol* dièse, *fa* dièse, *mi*, *mi* bémol, *do*, *sol*, *fa*, *ré* bémol, *ré*, *si* *bémol*) offre comme celle du *Concerto pour violon* des références pseudo-tonales avec ses trois accords parfaits et *ré* comme pôle harmonique latent. Cette ambiguïté voulue engendre une tension certaine.

Berg a de plus volontairement mélangé les genres : le jazz, le cirque, le music-hall trouvent ici tout naturellement leur place par bribes ; des clichés s'imposent : des motifs de quartes, des glissandi, la présence d'un saxo alto mêlé à 3 clarinettes, 1 trompette et 2 trombones joués avec des sourdines de jazz, 1 caisse claire, 1 piano solo, des cordes imitant par leurs pizzicati les sonorités du banjo. Par deux fois, Berg note (I, mesure 39, et III, mesure 181) tempo di tango et emploie au piano les rythmes correspondants.

Mais ces matériaux ne sont pour Berg qu'un signe de leur contexte social : ils l'aident à recréer ce monde de la dégradation qui le fascinait. Ne l'oublions pas, c'est dans ce milieu qu'il a rencontré Lulu : d'où son désir premier de tirer son livret d'une pièce de Gerhart Hauptmann, *Und Pippa tanzt* (1906), ayant pour cadre le cirque.

La voix de coloratura (autre point commun avec *Lulu*) est utilisée avec de grands sauts sur une étendue de près de deux octaves qui rend l'exécution difficile. Enfin, pour préserver l'équilibre entre cette voix et l'orchestre, Berg ne se sert que bien rarement à la fois de toutes les possibilités que lui offre un effectif orchestral important. Mais, comme il l'a montré dès sa première partition pour grand orchestre, il sait employer l'orchestre de manière toujours aérée, diversifiée et colorée, cherchant dans ces pages à créer un ensemble dont la transparence évoque avant tout un ensemble de chambre.

M.-C. L. M.-M.

VINCI (*Leonardo*), compositeur italien (*Strongoli, Calabre, v. 1690 ou 1696-Naples 1730*). Il étudia à partir de novembre 1708 au conservatorio dei Poveri di Gesù Cristo de Naples et devint, en 1719, maître de chapelle du prince de Sansevero, puis, en 1725, à la mort d'Alessandro Scarlatti, *pro-vicemaestro* à la chapelle royale, poste qu'il devait occuper jusqu'à sa mort.

Son premier opéra connu, la comédie en dialecte napolitain *Le Doje Lettere*, est de 1719. Dans la même veine, il écrivit notamment *Lo Cecato fauzo* (1719), *Lo Barone di Trocchia* (1721), *Don Ciccio* (1721), *La Mogliera fedele* (1724), mais seule la partition de *Le Zite 'n galera* (1722) a survécu. Son grand domaine fut l'*opera seria*. Là, il sut allier la musique à la poésie en simplifiant la mélodie, tout en témoignant d'un grand souci du détail, attirant ainsi l'attention de l'auditeur sur la beauté de la ligne vocale. De *Publio Cornelio Scipione* (1722) à *Artaserse* (1730), son plus grand succès (livret de Métastase), il ne composa en ce genre pas moins de 24 ouvrages qui font de lui, plus encore que d'Alessandro Scarlatti, le père de l'école napolitaine de la fin du XVIIIe siècle. Citons *Semiramide* (1723), *Ifigenia in Tauride* (1725), *Didone abbandonata* (1726), ou encore *Catone in Utica* (1728).

M. V.

VIÑES (*Ricardo*), pianiste espagnol (*Lérida 1875 - Barcelone 1943*). Il fit ses études à Barcelone (J. B. Pujol), puis à Paris (Lavignac, Benjamin Godard, Bériot). Brillant virtuose, surtout remarquable par sa palette sonore, il fut l'ami et le plus fidèle interprète de tous les compositeurs de son temps, entre autres de Debussy, de Ravel (qui avait été son camarade de classe au Conservatoire), Satie, Albéniz, Manuel de Falla, Séverac, et des générations suivantes, Poulenc, Milhaud, Lesur et Messiaen. Il forma quelques disciples, dont Francis Poulenc.

A. G.

VINGT REGARDS SUR L'ENFANT JÉSUS. Vaste cycle pianistique d'Olivier Messiaen, composé du 23 mars au 8 septembre 1944, créé salle Gaveau le 28 mars 1945 par sa dédicataire Yvonne Loriod et d'une durée telle qu'il occupe toute une soirée. L'auteur use d'« un langage d'amour à la fois varié, puissant et tendre, parfois brutal, aux ordonnances multicolores », et, sachant qu'il sera défendu par une interprète exceptionnelle, n'hésite pas à y accumuler les difficultés techniques. Ayant lu au préalable *le Christ dans ses mystères* de Dom Columba Marmion, il se sent apte à évoquer ces différents regards, « depuis le Regard indicible de Dieu le Père jusqu'au Regard de l'Église d'amour, en passant par le Regard inouï de l'Esprit de joie, par le Regard si tendre de la Vierge, puis des anges, des mages, des créatures immatérielles ou symboliques ».

Quatre grands thèmes cycliques sillonnent la partition : le thème de Dieu, qui désigne non seulement les trois personnes de la Sainte-Trinité, mais aussi la Création attribuée au Verbe, l'Enfant Dieu porté par la Vierge et l'Église qui forme, avec les croyants, le corps du Christ ; le thème de l'amour mystique ; le thème de l'Étoile et de la Croix, identique en ce sens que « l'une ouvre et l'autre ferme la période terrestre de Jésus » ; et, enfin, un thème d'accords sans cesse métamorphosé et destiné à de multiples fonds sonores.

Le piano est traité en véritable orchestre suggérant tour à tour cor de chasse, xylophone, cloches, trombones, tam-tams, quand il ne fait pas appel à des chants d'oiseaux stylisés. Au point que ces *Vingt Regards* constituent le bréviaire de l'écriture pianistique à venir dont plus d'un compositeur se servira par la suite.

A. P.

VIOLA. Terme générique italien primitivement appliqué à divers instruments à archet du type de la vièle, de la viole et même du vilon.

Il ne désigne plus aujourd'hui, dans certaines langues occidentales comme l'italien ou l'anglais, que l'instrument de la famille du violon appelé en français « alto ».

M. T.

VIOL DE LUCRÈCE (LE). Opéra en 2 actes de Benjamin Britten, sur un livret de Ronald Duncan, d'après la pièce d'André Obey. Créé le 12 juillet 1946 à Glyndebourne sous la direction d'Ernest Ansermet, Katleen Ferrier tenant le rôle titre. Le chœur masculin (t) et le chœur féminin (s) sont placés de chaque côté de la scène et présentent l'action dramatique, qui se déroule à Rome, 500 ans avant Jésus-Christ, ou en effectuent un commentaire chrétien.

ACTE PREMIER. *Les chœurs masculin et féminin brossent un tableau de la situation historique qui va servir de toile de fond au drame : le prince étrusque Tarquin le Superbe gouverne Rome, en guerre contre la Grèce. Ce dernier (bar), ainsi qu'un général, Junius (bar), étant rentrés chez eux la veille au soir à l'improviste, ont trouvé leurs épouses en situation d'adultère. Seul Collatinus (b), grâce à la fidélité de sa jeune femme Lucrèce, n'a pas subi cette honte. Tarquin raille Junius. Le ton monte. Les injures pleuvent. Collatinus sépare Junius et Tarquin, prêts à se battre. Junius est jaloux de Lucrèce et suggère à Tarquin qu'il n'osera pas s'attaquer à la chaste épouse de Collatinus. Le chœur masculin commente les hésitations de Tarquin, puis décrit sa chevauchée vers Rome. Dans sa maison Lucrèce, (ca) file la laine avec Bianca (ca), sa nourrice et Lucia (s), sa suivante, et chante un «arioso» nostalgique sur la séparation douloureuse d'avec son époux : Que les hommes sont cruels de nous apprendre l'amour. Le chœur féminin commente leurs préparatifs pour la nuit. Soudain, on frappe à la porte : c'est Tarquin qui demande l'hospitalité à Lucrèce, qui ne peut refuser. Les trois femmes souhaitent, toutes trois sur un registre différent, «bonne nuit» au prince.*

ACTE II. *Lucrèce dort. Le chœur féminin chante une berceuse. Le chœur masculin décrit l'approche de Tarquin jusqu'à la chambre de Lucrèce. Il la réveille d'un baiser. Elle implore sa grâce et le prince essaie de la convaincre : Peut-on rester sourd à ce que demande le sang? Devant la résistance de Lucrèce, Tarquin la menace de son épée et soulève les draps... Le rideau tombe, et le chœur masculin commente le viol. Le matin, Lucrèce demande à Bianca et à Lucia d'ôter de sa vue les orchidées qu'elles ont déposées, puis ordonne à Lucia d'envoyer un messager à Collatinus pour lui demander de revenir d'urgence. Collatinus et Junius arrivent. Lucrèce apparaît, habillée de pourpre en signe de deuil, raconte la tragédie de la nuit. Collatinus essaie de l'apaiser, mais elle se poignarde. Collatinus, Junius, Bianca, Lucia, et les chœurs masculin et féminin entonnent une marche funèbre pour Lucrèce. Ces derniers concluent l'opéra par l'évocation du message chrétien de la rédemption.*

Lorsque la création de l'English Opera Group commençait à se préciser, Britten désirait offrir une expérience artistique aux nombreuses villes de Grande-Bretagne qui n'avaient pas les moyens techniques et financiers de s'offrir les gros effectifs choraux et orchestraux de *Peter Grimes* et d'en réaliser les formidables effets scéniques. Avec *le Viol de Lucrèce*, il utilise les ressources dont disposaient les compositeurs des XVIIe et XVIIIe siècles (8 chanteurs, 12 musiciens, 1 accompagnateur-chef d'orchestre) et se réfère à la pratique baroque (récitatif accompagné au piano, aria, arioso, ensemble). La richesse du son orchestral est tout à fait étonnante pour un si petit effectif instrumental, ainsi que l'ingéniosité de son traitement : Britten excelle à créer une inquiétante atmosphère de tension nocturne, au premier acte, par la toute simple utilisation d'une figure de harpe et d'un glissando de contrebasse, ou un contraste frappant entre l'exquis accompagnement lyrique de la berceuse du chœur féminin sur le sommeil de Lucrèce (bois, cor, harpe), et le solo de percussion signalant l'arrivée de Tarqui, ou à exprimer le drame de Lucrèce par les cordes et le cor anglais... Le riche lyrisme des ensembles culmine à l'acte II lors de la marche funèbre en forme de passacaille entonnée par tous les chanteurs devant le corps de Lucrèce détruite par la frivolité, la jalousie, l'ambition et la convoitise des hommes (son caractère est complexe, car, si elle a réellement défendu son innocence, la torture morale, qui la conduit au suicide après l'outrage, est certainement causée par la coexistence, en elle, de la répugnance et de l'attirance). Les deux chanteurs-récitants (chœurs masculin et féminin) entonnent un choral à l'acte II, alors que l'activité orchestrale suggère le viol dont est victime Lucrèce, et, lors de la scène finale, glorifient la passion du Christ et terminent ainsi l'opéra sur un hymne à la compassion.

J.-J. M.

VIOLE. Nom générique d'une famille d'instruments à archet issue de la vièle médiévale. D'une grande variété de tailles, de tessitures et d'accords, les violes étaient montées de 4 à 7 cordes ; le fond était plat, les éclisses relativement hautes, les ouïes en forme de flammes, et le manche garni de frettes se terminait généralement par une tête sculptée de femme ou d'animal. Durement concurrencées dès le XVIIe siècle par la famille des violons plus brillants et sonores, les violes avaient pratiquement disparu à la fin du XVIIIe siècle.

On appelait *viola da braccio* la viole de tessiture élevée qui se jouait soutenue par le bras, comme de nos jours le violon et l'alto, par opposition à la *viola da gamba* («viole de gambe») de tessiture grave qui, en raison de ses dimensions, devait se tenir entre les genoux. Les violes de gambe constituaient à elles seules toute une famille, mais c'est surtout la basse de viole, correspondant au violoncelle, que désigne le plus souvent ce terme générique.

La *viola bastarda* doit son nom à son étendue considérable, qui lui permettait en principe de se substituer à plusieurs violes de tessitures différentes. Montée de six cordes de boyau, un peu plus volumineuse que le ténor de viole et d'une sonorité plus puissante, elle était percée d'une rosace en plus des ouïes et une simple volute remplaçait la tête sculptée.

La *viola pomposa* était une *viola da braccio* à peine plus grande que l'alto moderne, mais qui sonnait à l'octave inférieure, donc à la hauteur du violoncelle, grâce à l'épaisseur de ses cordes filées. C'est Jean-Sébastien Bach qui, faisant ajouter une cinquième corde à la *viola di fagotto* ainsi nommée en raison d'une sonorité qui évoquait le basson, aurait inventé ce qu'on appelle aussi le violoncelle piccolo.

La *viole d'amour* ou *viola d'amore* fut probablement mise au point au XVIIe siècle par des luthiers anglais. Elle était montée de 6 ou 7 cordes mélodiques doublées à l'unisson par autant de cordes sympathiques qui passaient à travers le chevalet et sous la touche pour rejoindre le cheviller. La vibration de ces cordes sympathiques apporte à sa sonorité une couleur si particulière et d'un tel charme que cet instrument a survécu à tous les autres types de violes. Meyerbeer, Massenet et Puccini l'ont employée dans leurs opéras ainsi que, plus récemment encore, plusieurs compositeurs modernes dont Janáček et Hindemith.

M. T.

VIOLON. Instrument de musique à cordes frottées, tenu sous le menton et joué avec un archet, et considéré, aussi bien dans l'orchestre qu'en solo, comme le roi des instruments.

Les origines. Si le violon connaît, au cours des siècles, une grande floraison d'écrits musicologiques, scientifiques et littéraires, ses origines n'en restent pas moins assez obscures. En effet, il existe souvent une confusion entre les termes *vièle, viole, violon*, et il est difficile, d'un point de vue organologique, de situer exactement la date de fabrication du premier violon. Sous le rapport de la forme, celui que nous connaissons aujourd'hui a peu évolué depuis le XVIe siècle ; son nom apparaît d'ailleurs pour la première fois sous François Ier dans les comptes des Menus Plaisirs du roi, en 1529.

Le violon aurait pour ancêtre la cithare, faite d'une caisse de résonance percée d'ouïes, d'un manche et d'un système de chevilles. L'apparition de l'archet provoque au Moyen Âge la naissance d'un grand nombre d'instruments à cordes frottées, ce qui en complique les origines : rebecs, gigues, rotes, lyres et, en particulier, vièles à archet qui se rapprochent davantage de notre violon, par leur facture et la façon d'être posés sur ou contre l'épaule pour en jouer. Au XVIe siècle, la vièle est désignée sous le nom de viole de bras, en opposition à la viole de gambe, dont la facture est d'ailleurs différente. À cette époque déjà, les familles des violes et des violons coexistent. Ceux-ci sont plutôt réservés à l'accompagnement des danses en plein air, tandis que les violes, à la sonorité beaucoup plus douce, restent l'instrument noble par excellence. En 1592, Zacconi, dans *Prattica di musica*, présente la famille des six violes avec leur accord. On peut y voir la parenté des deux instruments : la plus petite viole, ou *dessus*, s'accorde déjà comme notre violon, sur *sol-ré-la-mi*. Le grand succès de la viole, à la Renaissance, a sans doute contribué à retarder l'apparition du violon dans une musique plus «élaborée», reléguant celui-ci au rang de vulgaire instrument. Les écrits de cette époque l'attestent : peu de théoriciens sont favorables au violon, d'autres n'en parlent pas. Cependant, même s'il n'est pas toujours bienvenu, on voit son importance grandir en lisant l'*Épitomé musical des tons, sons et accordz* de Philibert Jambe-de-Fer, en 1556 : «Le violon est fort contraire à la viole (...). Nous appelons viole c'elles desquelles les gentils hommes marchantz et autres gens de vertuz passent leur temps. (...) L'autre s'appelle violon et c'est celuy duquel on use en dancerie communément et à bonne cause»; ou encore Mersenne dans l'*Harmonie universelle*, en 1636, qui nous dit n'avoir « jamais rien ouï de plus ravissant ne de plus puissant», et en 1680, Furetière, dans son dictionnaire, le désigne comme «Roy des instruments».

Luthier, A. Stradivarius, en perfectionne les dimensions, les vernis, mais la forme générale et les principes acoustiques de l'instrument ne changent guère.

Histoire de la lutherie. Le premier grand nom attaché à la lutherie du violon est celui de la famille des Tieffenbrucker, nom déformé par le français en « Duiffoprugcar», dont le plus célèbre représentant, Gaspard, s'établit à Lyon en 1553. Il ne reste de lui que de fort belles violes, mais point de violon. Peu après, deux écoles naissent presque simultanément en Italie : Brescia et Crémone. A Brescia, deux noms importants s'affirment : Gasparo Bertolotti, ou «Da Salo», et Paulo Maggini, dont les altos en particulier sont considérés comme les meilleurs. A Crémone se trouvent les plus illustres écoles de lutherie : celle d'un Andrea Amati, de ses fils et surtout petits-fils, Nicola, dont la production au XVIIIe siècle est aussi prisée que celle de Stradivarius. Cependant, la sonorité douce de ses violons les fait reculer au second plan lorsque les musiciens désirent des instruments plus sonores. Antonio Stradivarius *(1644-1737)* fut son élève : la lutherie atteint alors son apogée. Plusieurs périodes correspondent aux recherches du maître : des «longuets», vers 1690, il revient à un modèle plus court vers 1700. Il fixe les proportions définitives du violon, et, par la qualité de son vernis, le fini de son exécution, en fait le modèle encore inégalé aujourd'hui. D'autres noms illustres vont faire de l'Italie le centre international du violon aux XVIIe et XVIIIe siècles : les Guarnerii, les Ruggeri, les Gagliano, les Guadanini... Toutes les autres écoles, austro-allemande (Stainer et l'école de Mittenwald dans le Tyrol), française (Lambert, Renaudin, Vuillaume, puis l'école de Mirecourt) dépendent du modèle italien.

La facture. Dans sa structure générale, le violon apparaît comme un instrument relativement simple : une caisse de résonance, un manche, quatre cordes et quelques accessoires. Ce n'est cependant qu'une apparente simplicité, puisque le violon est un assemblage d'environ quatre-vingts pièces. Observons le détail et la fonction précise des plus importantes d'entre elles.

La caisse de résonance se compose d'une table d'harmonie, voûtée, en sapin à fibres parallèles, percée par des ouïes (dont la place doit être exactement déterminée, car elles permettent, pense-t-on, une augmentation des vibrations de la table, donc une meilleure sonorité); d'un fond bombé en érable appelé à petites ondes (souvent en deux parties), et de parois latérales, les éclisses, d'environ trois centimètres de hauteur, reliant la table au fond. Les deux tables sont voûtées, car elles doivent résister à la pression des cordes. Au milieu de ces deux tables, une échancrure en forme de C est pratiquée pour le passage de l'archet sur les cordes extrêmes *sol* et *mi*. A cette étape du travail, le violon n'aurait qu'une faible sonorité si deux pièces primordiales n'étaient pas placées : la barre d'harmonie et l'âme. La barre d'harmonie, en sapin, est collée dans la longueur de la table d'harmonie (environ les deux tiers) non pas dans l'axe médian, mais décalée vers la gauche (sous le pied gauche du chevalet). Elle mesure environ un centimètre à sa plus grosse épaisseur et s'affine vers les extrémités. Elle a deux fonctions : empêcher l'affaissement de la voûte et renforcer la sonorité des notes graves de l'instrument. L'âme, petite pièce cylindrique en sapin d'environ cinq millimètres de diamètre, est mise sans être collée entre la table et le fond, à peu près sous le pied droit du chevalet. Les bouts sont taillés en biais pour s'adapter à la courbure de la table et du fond. Elle retient la table d'harmonie qui pourrait plier sous la pression des cordes et favorise la sonorité aiguë de l'instrument. Pour la finition et l'ornementation de la caisse de résonance, on incruste les filets, souvent en alisier, parfois en ébène, aux bords des deux tables. Cependant, certains luthiers s'accordent à leur donner une importance toute fonctionnelle : ils seraient alors un pourtour consolidant la table, limitant mieux le champ vibratoire. Le manche, en érable, d'une seule pièce, se termine par le chevillier maintenant les quatre chevilles sur lesquelles s'enroulent les cordes. Le chevillier est surmonté d'une volute sculptée d'une manière plus ou moins artistique selon les époques. Un sillet d'ébène sert de point d'appui aux quatre cordes entre le chevillier et la touche. Cette dernière, en ébène aussi, est collée sur le manche jusqu'à la caisse de résonance, puis évidée au-dessus de la table. Les cordes sont attachées à une extrémité aux chevilles, et, à l'autre, au cordier, pièce triangulaire en ébène, elle-même attachée à la caisse par l'intermédiaire d'un gros morceau de corde en boyau et d'un bouton enfoncé dans l'éclisse. Le chevalet, sculpté dans l'érable, mesure environ trois centimètres de hauteur, quatre millimètres d'épaisseur aux pieds et deux millimètres à sa partie supérieure. Il se place à égale distance des deux ouïes et dans leur axe médian, qui passe exactement à l'endroit où le luthier creuse deux petites encoches. Le chevalet doit rester perpendiculaire à la table, et joue un rôle important dans la sonorité de l'instrument, car il transmet les vibrations des cordes à la table d'harmonie. Si sa place est mauvaise, sa courbure mal calculée ou son calibre trop épais, la sonorité s'en ressent fortement.

L'accord du violon se fait de quinte en quinte, donnant du grave à l'aigu : *sol-ré-la* (diapason) *-mi*. Les cordes sont en boyau de mouton, renforcé par un filetage depuis le XIXe siècle. Le *mi*, ou chanterelle, plus tendu donc plus fragile, se fait en métal depuis le début du siècle. Leur tension est d'environ trente kilogrammes; elles exercent une pression d'environ 12 kilogrammes sur le chevalet.

La dernière opération d'un luthier consiste à appliquer son vernis. Le public le croit souvent essentiel pour obtenir la meilleure qualité sonore possible. De là, la légende du mystérieux vernis de Crémone ! Il s'agit, en fait, d'une simple protection. Un mauvais vernis, certes, trop gras ou trop sec, peut influer sur la sonorité, car il s'infiltre dans les fibres du bois et empêche alors les vibrations. Mais un violon bien vernis possède toute sa puissance à l'état «brut». Les vernis sont en général composés d'alcool, d'huile de lin, d'essence de térébenthine ou de romarin, laissés à oxyder à l'air libre et teintés par du benjoin, du sandragon ou d'autres coloris.

Pour achever l'instrument, une mentonnière est fixée sur le bord gauche du violon. Celle-ci permet à l'instrumentiste de tenir l'instrument plus commodément et de ne pas empêcher la table de vibrer au contact du menton. Pour la même raison pratique, les violonistes accrochent sur le fond un coussin pour obtenir une position plus confortable.

L'archet se compose de deux éléments : la baguette et la mèche. La baguette est faite en bois de Pernambouc (Brésil) ; cambrée à chaud, elle s'affine vers l'extrémité. Son poids peut aller de 60 à 68 grammes environ. La mèche, en crin de cheval, est attachée d'une part au talon, ou « hausse » — dans laquelle une vis permet une tension plus ou moins forte des crins — et d'autre part à la pointe. La collophane, simple résine, s'applique sur les crins pour qu'ils adhèrent aux cordes. Très longtemps, l'archet est resté convexe, sous la forme d'un arc. L'instrumentiste en réglait la mèche par la pression des doigts, ou par un système de crémaillère. L'archet évolue lorsque le violoniste ne se satisfait plus d'un matériel aussi peu maniable. Tourte, vers 1750, en fait un modèle parfait, incurvant la cambrure dans l'autre sens, et remplaçant la crémaillère par une vis.

Le bois étant l'élément essentiel du violon, il paraît indispensable de rappeler l'origine et l'utilisation précises de ce matériau. Pour le luthier, le choix de ses bois et les traitements qu'il leur fait subir constituent la partie la plus importante de son travail. Il choisit pour la table, la barre et l'âme, un bois dit « épicéa », plus sonore que les autres variétés. Pour remplir les meilleures conditions possibles, l'arbre doit pousser en terrain sec et rocailleux et ne pas être fendillé. Adulte, on le coupe à l'arrière-saison, juste avant les gelées. Du tronc, on débite des morceaux de 50 centimètres sans nœuds. Ensuite, sous forme de planchettes, on entrepose le futur violon dans un endroit aéré pour le laisser sécher cinq à quinze ans, ou plus. Aujourd'hui pour les fabriques industrielles, les nœuds sont soigneusement camouflés sous les vernis, et le séchage est effectué au four en quelques heures. Le luthier choisit ensuite pour les éclisses, le manche, la tête et le chevalet, l'érable, bois plus résistant et plus élastique que l'épicéa. Les meilleurs arbres viennent de Suisse. Ils subissent les mêmes traitements que les bois précédents. Les coins, les tasseaux et les contre-éclisses (à l'intérieur de la caisse) sont en aulne, les chevilles en buis ou en cormier. Le luthier, ensuite, découpe, dégrossit, aplanit, met en voûte à la main avec l'aide de ciseaux, de rabots, de papiers de verre. Lui seul sait arrêter la gouge à l'épaisseur voulue. Selon la régularité de la table et du fond, un violon peut avoir des sons étouffés ou peut tout simplement casser sous la pression du chevalet. Si l'on attache tant d'importance au matériau lui-même, c'est qu'il joue un rôle prépondérant dans la sonorité.

Les principes acoustiques du violon sont trop complexes pour que l'on en fasse le détail ici. Voici en quelques mots comment le son évolue : lorsque l'archet frotte la corde, la vibration est transmise au sommet du chevalet, puis dans les deux pieds. C'est ici que l'élasticité du bois joue son rôle : le pied communique par une légère pression la vibration à la table, puis à la barre et à l'âme, qui, elles-mêmes, répercutent cette vibration aux éclisses, puis au fond. On voit donc que cette simple caisse de bois, véritable terrain mouvant, est susceptible de faire circuler et d'amplifier les vibrations. Chaque pièce de l'instrument a son importance et son rôle à jouer.

Le jeu du violon. Il reste maintenant au violoniste à montrer les moyens techniques employés sur son instrument. Depuis le XVIe siècle, la position du violon a évolué : d'abord tenu contre la poitrine, il est appuyé plus tard contre le cou, entre la clavicule et le menton ; il faut attendre le XVIIIe siècle pour que le violon trouve cette position. Tartini, grand virtuose de ce siècle, fixe la mentonnière à droite du cordier, et Spohr propose encore, en 1832, de la mettre au milieu. Baillot, le grand pédagogue français du XIXe siècle, mettra fin aux querelles dans son *Art du violon*, en 1834, établissant la position définitive de l'instrument.

La technique du violon, fondée sur la vélocité, le brillant, mais aussi la variété des couleurs, des intonations, du phrasé, se partage en deux parties très distinctes : celle de la main gauche, et celle de l'archet à la main droite. La technique de la main gauche est basée sur l'agilité des doigts et la justesse des intonations que l'on travaille au moyen de gammes et d'arpèges. Aujourd'hui, toute l'étendue du manche et de la touche est utilisée, grâce au système des positions et des démanchés. La main gauche, appuyant les cordes à la base de la touche, vers la volute, est dite « en première position » ; si elle se rapproche de la caisse du violon pour donner des sons plus aigus, elle atteint les troisième, quatrième, cinquième positions, ce que le violoniste appelle « monter en position ». Le démanché permet de passer d'une position à l'autre en glissant sur un doigt ; tout l'art consiste à bien savoir doser ce glissando. Mais il n'en a pas toujours été ainsi, surtout en France, lorsque le violon servait encore d'instrument de danse. La tessiture était alors très limitée. Les Italiens, les premiers, étendent rapidement le jeu de la main gauche, et l'on cite souvent l'exemple de Locatelli, en 1723, qui monte jusqu'à la treizième et quatorzième position. Paganini, le célèbre virtuose du XIXe siècle, ne les dépassera pas, celles-ci se trouvant à l'extrémité de la touche. On sait, cependant, que, dès le XVIIe siècle, les instrumentistes comblaient les passages de cadence par des exercices de virtuosité. Vivaldi le faisait très couramment dans ses concertos. La vélocité de la main gauche peut aussi s'exprimer par la polyphonie, c'est-à-dire, par l'utilisation des doubles cordes et des accords. On use très tôt de ce procédé. Mersenne en parle dans son *Traité* en 1636. Jean-Sébastien Bach portera cette technique de la main gauche à son plus haut degré de perfection dans ses sonates et partitas pour violon seul. Quelques procédés encore, moins usités mais intéressants, sont à signaler : les sons harmoniques et les pizzicati à la main gauche. Les harmoniques produisent un son très flûté et doux, le doigt se posant seulement sur la corde pour l'effleurer, à certaines distances du sillet. Ils sont naturels ou artificiels. Les « pizz » main gauche restent assez rares et relèvent plutôt d'un artifice que d'une technique courante. Paganini en utilise souvent dans ses *Caprices* ou ses concertos. Malgré tout cet aspect technique que revêt la main gauche, son rôle reste principalement expressif par la bonne utilisation du démanché et du vibrato. Le vibrato, oscillation régulière du doigt sur une corde, donne une sonorité plus chaude et plus vivante, le rapprochant de la voix humaine. Il doit « ravir les oreilles et l'âme », dit Mersenne. C'est en partie par ces deux moyens expressifs que se révèle la personnalité de l'interprète.

L'archet détient aussi un pouvoir expressif par l'utilisation d'un phrasé intelligent, sensible, et surtout par la variété de ses moyens d'action. On le tient entre le pouce, sous la baguette, et le majeur, sur la hausse. Ces deux doigts face à face, forment un anneau autour duquel se disposent les autres doigts. On distingue trois coups d'archet principaux.

« À la corde », du talon à la pointe, l'archet reste sur la corde. On peut alors varier les dynamiques, de pianissimo à fortissimo, ou le contraire. Dans un même coup d'archet, deux à plusieurs notes peuvent être englobées ; il s'agit du legato.

Les coups d'archet toujours à la corde, mais rapides, donnent le grand détaché, le détaché bref, le martelé du talon ou de la pointe, et, enfin, le staccato dans lequel les notes brèves, séparées par de très courts silences, se jouent dans un même mouvement de l'archet.

Enfin les coups d'archet où celui-ci doit quitter la corde pour rebondir grâce à l'élasticité de la baguette et la tension de la mèche : le sautillé, le staccato « volant », le spiccato. La main droite permet aussi d'autres effets comme les pizzicati qui imitent luths et guitares, cette fois plus aisés à exécuter que ceux de la main gauche. En 1626, Monteverdi les utilise dans *le Combat de Tancrède et Clorinde*.

La musique du violon. Au XVIe siècle, si la forme définitive du violon est déjà fixée, le répertoire reste encore bien pauvre. Les luths et les violes ont la préférence des princes et des gens fortunés. Relégué parmi les instruments de danses et de chansons à boire, il est donc principalement joué en plein air comme le montre, en 1529, les Six Violons de François Ier. Il faut seulement retenir, aux tout débuts de l'implantation du violon en France, le nom de Baltazar de Belgioso, Italien qui fait partie des Violons du roi en 1580. Aucune indication ne subsiste sur son jeu ou sa technique violonistique. Cependant l'instrument semble ne plus être celui d'un ménestrel ou d'un domestique, mais celui d'une personnalité musicale. De même que l'instrument sort d'ateliers italiens, les premières pièces du répertoire viennent de compositeurs italiens. Monteverdi dans *Orfeo*, en 1607, fait déjà usage du violon, et, la même année, Salomone Rossi publie un recueil de sonates. D'autres Italiens, comme Marini, Fontana, Bassini, Vitali, confirment peu à peu, au cours du XVIIe siècle, l'importance que prend le violon dans la musique instrumentale. Zanetti écrit d'ailleurs, en 1645, une méthode de violon, la plus ancienne que l'on connaisse.

Dans la seconde moitié du XVIIe siècle, d'autres écoles vont éclore en Europe. En Allemagne, en particulier, une école de virtuoses se développe avec Kerl, Walter — dont les scherzos pour violon seul et l'*Hortulus chelicus* font montre de virtuosité parfois fort fantaisiste —, Schmelzer qui fait imprimer ses premières sonates pour violon et basse en 1664.

En France, après Belgioso, devenu Beaujoyeulx, et grâce à Lully, le violon entre dans le domaine de l'expression et quitte peu à peu celui du simple divertissement. Mersenne nous dit, en 1636, qu'« il peut apporter la tristesse comme le fait le luth et animer comme la trompette, et que ceux qui le savent toucher en perfection, peuvent représenter tout ce qui leur tombe en imagination ». Lully accroît le répertoire du violon par des suites de danses qui font pressentir le futur concerto. Il organise aussi l'orchestre à cordes avec sa fameuse « bande des petits violons », créée en 1656.

À cette époque, les suites de danses s'organisent selon une unité tonale, un schéma plus structuré avec une alternance lent-vif-lent. À l'orée du XVIIIe siècle, deux formes naissent, la sonate et le concerto, dont l'influence et la rapide propagation sont favorisées par l'intérêt que l'on porte au violon. Une fois de plus l'Italie est au premier plan. La sonate intitulée « à trois », car elle comprend deux violons et une basse (à laquelle on ajoute un continuo au clavecin), et le concerto sont illustrés par Corelli (6 recueils de sonates et 12 concerti grossi) et surtout par Vivaldi. Si le premier ne s'est pas dirigé vers la virtuosité, mais plutôt vers la mélodie noble et expressive, le second renoue volontiers avec la musique descriptive et la vélocité. Les *Quatre Saisons* en sont un parfait exemple. Le concerto évolue tout au long du XVIIIe siècle, parallèlement à la sonate, et offre aux violonistes italiens l'occasion de faire valoir leur virtuosité : Albinoni, Vitali, Geminiani, Locatelli, Pugnani, Tartini (avec ses fameux « trilles du diable ») ont largement contribué à l'essor du violon par l'élargissement de la tessiture, et par l'établissement d'une solide technique d'archet. Leur influence se fait encore sentir à travers toute l'Europe : nombre d'entre eux séjournent en Allemagne et, en échange, de jeunes solistes allemands sont envoyés de l'autre côté de la péninsule, afin de parfaire leur technique. Tels Pisendel, son élève Graun, Cannabich, auteur de nombreuses sonates et concertos, Haendel et Telemann. Jean-Sébastien Bach, lui-même violoniste à la cour de Weimar, ajoute au répertoire — en dehors de ses sonates et partitas pour violon seul — 6 sonates avec clavecin et 3 concertos. L'aspect pédagogique du violon est illustré par la méthode de L. Mozart, *Versuch einer gründlichen Violinschule*, en 1756, véritable mine de renseignements sur la technique, les façons d'ornementer et d'interpréter.

L'importance considérable de l'école de Mannheim, dans la seconde moitié du XVIIIe siècle, ne peut être passée sous silence. Les Stamitz, grande famille de violonistes, mettent alors tout leur art à l'élaboration de l'orchestre à cordes, faisant du violon et de sa famille la base de l'orchestre. Cela correspond peut-être à un certain renouvellement de la conception du violon par un jeu typique d'orchestre, caractérisé par la précision des nuances, la netteté des attaques en groupe, et les oppositions de timbre entre violons et instruments à vent : c'est la naissance de l'esprit symphonique, dans lequel le timbre du violon n'est plus conçu en solo, mais en masse.

W. A. Mozart ajoute à ses 5 concertos, à la *Symphonie concertante* et à ses 30 sonates des œuvres importantes pour le violon dans sa nouvelle conception « mannheimiste », comme ses divertimentos pour cordes, ses sérénades et surtout ses symphonies. D'autre part, on peut remarquer que, à partir de cette époque, hormis Mozart, les compositeurs ne sont plus des violonistes mais des pianistes. Ceci s'accentuera encore au XIXe siècle.

En France, les virtuoses italiens jouissent de la faveur d'une grande partie du public et inspirent les compositeurs. Corelli avait mis la sonate à la mode, et c'est sur ce modèle que le claveciniste F. Couperin — en se donnant d'ailleurs le nom de « Coperuni » — écrit ses premières sonates à trois en 1692.

Un trop grand nombre de musiciens français s'illustrent dans le répertoire du violon pour qu'il soit possible d'en parler ici. Citons seulement les plus grands : Francœur, dont les sonates se rapprochent fort de leurs homologues italiennes ; Aubert, connu pour ses dix concertos de soliste ; J.-M. Leclair possède un style plus personnel et hausse l'école française au niveau de sa rivale italienne. Son œuvre pour violon est considérable et la virtuosité n'y est jamais gratuite ; l'écriture, plus concise, donne toute l'importance à la partie soliste. Dans la même école, on peut citer Mondonville, spécialiste des sons harmoniques, et Guillemain.

Après 1750, la période du préromantisme est dominée par Gaviniès, dont les aptitudes pédagogiques sont encore incontestables avec ses *Matinées*. À la même époque, les violonistes étrangers s'illustrent au Concert spirituel : Viotti y est une révélation en 1782. Ses 29 concertos et 51 duos sont devenus des classiques du répertoire. C'est aussi l'époque de Rode, Baillot et Kreutzer, grands pédagogues, dont les œuvres sont toujours travaillées dans les conservatoires.

À la fin du XVIIIe siècle, le violon devient le roi des instruments. Il n'y a pas de soirées au Concert spirituel sans nouveaux concertos ; aristocrates et bourgeois possèdent un orchestre ou jouent eux-mêmes du violon. Peu à peu, l'école italienne cède la place à une école française, vivace d'ailleurs depuis Leclair.

Si, au XIXe siècle, la fulgurante technique de Paganini suscite un enthousiasme unanime, ses célèbres *Caprices* et concertos n'exercent pas beaucoup d'influence dans une Italie alors tournée vers l'opéra. En Allemagne, quelques grandes œuvres pour violon marquent le siècle du romantisme : les concertos et les sonates de Beethoven, Mendelssohn, puis Brahms, à qui l'on doit aussi le double concerto pour violon et violoncelle, comptent parmi les plus beaux ouvrages écrits pour l'instrument. Deux grands violonistes ont contribué à les faire connaître : Spohr et Joachim. En France, l'influence des pédagogues favorise la naissance d'une école franco-belge, illustrée par les grands violonistes Massart et Vieuxtemps.

La fin du siècle et le début de notre époque voient fleurir une multitude d'œuvres françaises, avec les concertos de Saint-Saëns, de Lalo, les sonates de Fauré, Franck, Lekeu, d'Indy, le *Concert* et le *Poème* de Chausson. Au début du XXe siècle, des partitions remarquables sont offertes par Roussel, Debussy, Honegger, Ravel. Ce dernier ajoute au répertoire une œuvre magistrale, influencée par la technique des violonistes d'Europe centrale : *Tzigane* (1924). Milhaud, Poulenc, Jolivet et bien d'autres encore, élargissent par leurs œuvres diverses le répertoire contemporain du violon.

En Allemagne, il faut retenir le nom de Hindemith qui fait montre d'une parfaite connaissance de l'instrument. L'Europe centrale révèle aussi des personnalités tout à fait remarquables, qui enrichissent la musique du violon par des recherches esthétiques nouvelles : le Hongrois Bartók, les Autrichiens Schönberg et Berg, le Tchèque Martinů. Il ne faut pas omettre les compositeurs de pays plus lointains comme les Russes Tchaïkovski, Prokofiev, Khatchatourian et Chostakovitch, le Norvégien Grieg ou le Finlandais Sibelius, dont le concerto fait partie des plus redoutables ouvrages pour le violon.

Le regain d'intérêt pour l'instrument, au cours de ce XXe siècle, fait découvrir un aspect tout nouveau du violon par des effets techniques, par l'inspiration de certains compositeurs pour des musiques moins conventionnelles comme le jazz (sonate de Ravel), et par son insertion même dans la variété avec Grappelli. D'autre part, de grands solistes tels Milstein, Heifetz, Stern, Menuhin, Szering, Ferras, Perlmann donnent l'occasion d'entendre et de découvrir ce vaste répertoire de l'instrument. L'intérêt que porte le public aux concerts symphoniques, l'engouement pour les nombreux enregistrements de ces solistes, enfin l'envie de pratiquer lui-même un instrument réputé difficile, assurent pour longtemps encore le succès du « Roy des instruments ».

E. L. G.

VIOLONCELLE. Instrument de musique à quatre cordes frottées, de la famille du violon, mais de sons plus graves, accordé en quintes, à l'octave inférieure de l'alto : *do, sol, ré, la*. Son origine est confuse et mal connue. De par sa tenue verticale entre les genoux, il est fréquent de lui attribuer la viole de gambe pour ancêtre. Le violoncelle est cependant la « petite basse » de la famille du violon, dérivée des violes de bras. En 1592, Zacconi décrit l'ensemble des six violes dans *Prattica di musica*; on aperçoit alors la similitude entre cette basse de viole et notre violoncelle actuel, par l'accord en quintes (baissé simplement d'un ton). La famille des violons existait déjà, et quelques gravures du XVIe siècle le prouvent. Mais, alors que les violes sont appréciées pour leur sonorité douce et chaude, les violons restent l'instrument propre à l'accompagnement des danses et des chansons à boire.

Tout d'abord appelé « violoncino » en Italie — diminutif pour le distinguer de la basse de viole —, il faut attendre 1665 pour voir apparaître le nom de « violoncello », dans un recueil de sonates anonymes. En France, cependant, la lutte entre les deux instruments est si féroce que, en 1740, H. le Blanc fait encore paraître à Amsterdam une *Défence de la basse de viole contre les emprises du violon et les prétentions du violoncelle*. C'est seulement à la fin du XVIIIe siècle que le violoncelle fait disparaître sa rivale.

Sa tenue diffère selon les époques. Au XVIIe siècle, on le pose par terre ou sur un tabouret. Dans les cortèges, il est attaché au cou de l'instrumentiste. Lorsque Stradivarius, le grand luthier de Crémone, corrige les proportions de la famille des violons, il réduit la caisse de résonance du violoncelle à 75 cm de hauteur; on peut alors le tenir entre les genoux, serré par les mollets. La position actuelle est trouvée par le violoncelliste Franchomme, au XIXe siècle, qui ajoute une pique à l'instrument, lui assurant ainsi une plus grande stabilité. Aujourd'hui la pique se rentre à l'intérieur du violoncelle, au niveau du bouton du cordier.

Accordé à l'octave grave de l'alto, le violoncelle a une tessiture qui va de ut_1 à mi_5, donc de plus de quatre octaves. Sa facture est très proche de celle du violon. Il comprend une caisse de résonance, faite d'une table et d'un fond bombés (contrairement à la viole), pour résister à la pression des cordes. Les deux tables sont reliées par les éclisses, et sont échancrées au milieu, par les C, permettant ainsi à l'archet de jouer sur les cordes extrêmes *do* et *la*. De même que pour le violon, l'instrument n'aurait aucune sonorité sans l'ajout de deux pièces importantes, la barre d'harmonie et l'âme. La barre d'harmonie, collée sur la longueur de la table, a pour rôle d'empêcher l'affaissement de la voûte, et de renforcer les graves de l'instrument. L'âme, petite pièce cylindrique, se place à peu près sous le pied gauche du chevalet. Elle aussi retient la table d'harmonie, et renforce la sonorité aiguë du violoncelle. Le manche se prolonge par le chevillier; quatre chevilles ou clés y maintiennent les cordes. On termine l'instrument par la volute, pièce décorative qui, autrefois, représentait des têtes de personnages ou d'animaux.

Le cordier, en ébène, retient les cordes à l'autre extrémité et se maintient au violoncelle par un gros boyau enroulé autour du bouton planté dans l'éclisse inférieure. Le chevalet permet par sa courbure d'empêcher l'archet de toucher plusieurs cordes ensemble. On constate que la courbure du chevalet des violes est beaucoup moins accentuée que celle du violoncelle, facilitant ainsi le jeu des accords et de la polyphonie plus important à la viole dans les musiques des XVIIe et XVIIIe siècles.

Les cordes sont accordées en quinte depuis plus de deux siècles, à la différence des violes de gambe comportant six cordes, accordées en quarte. Elles sont en boyau filé, et leur pression sur le chevalet est de 45 kg. Cependant, devant sonner à l'octave grave de l'alto, il faudrait au violoncelle des cordes deux fois plus longues. Ceci étant irréalisable pour les possibilités physiques de l'exécutant, il a fallu changer légèrement les dimensions de l'instrument et la grosseur des cordes. Le dessin de la table et du fond reste identique, mais le manche devient plus trapu, les éclisses plus grandes proportionnellement à celles du violon (11 cm au manche, 12 cm au bouton du cordier), le chevalet plus haut. L'archet est plus gros mais plus court (70 cm) que celui du violon ; il pèse environ 70 à 75 grammes.

La technique du violoncelle est aussi très proche de celle du violon, malgré leurs positions absolument différentes. La main gauche doit résoudre les mêmes problèmes de justesse, de vélocité et de vibrato. Cependant, le manche étant plus gros et plus long, les écarts entre les doigts deviennent plus importants. Alors qu'au violon à chaque doigt peut correspondre un ton, au violoncelle, chaque doigt abaissé donne un demi-ton. De ce fait, les démanchés, ou passages d'une position à l'autre, sont plus difficiles à effectuer.

La main droite, celle de l'archet, utilise la même technique d'articulation que celle du violon, mais l'émission des cordes graves est plus délicate. Une autre difficulté que ne connaissent pas les violonistes est celle de la position du pouce, technique héritée du jeu de la trompette marine. Dans l'aigu, toujours à cause des grandes proportions de l'instrument, le violoncelliste doit se servir du pouce comme d'un sillet mobile, en l'appuyant sur sa partie latérale. Les doigtés se rapprochent alors de ceux du violon. Si cette position de pouce est utilisée très tôt par Boccherini, c'est le Français Berteau qui en fixe définitivement la technique à la fin du XVIIIe siècle. L'aspect polyphonique se voit aussi fort développé depuis le XVIIIe siècle, époque illustrée par les six suites pour violoncelle seul de J.-S. Bach.

Les autres artifices, comme pizzicati ou sons harmoniques, sont, de même qu'au violon, pratiqués couramment.

Son rôle et son répertoire. À la fin du XVIe siècle, ses premiers emplois sont d'accompagner les voix, puis les violons ; il sert alors de base à l'orchestre, pour les symphonies ou les ritournelles d'opéra. En Italie, il prend très vite le rôle de la viole. Il joue la basse de petits ensembles, comme les sonates à trois, genre le plus important du XVIIe siècle. Il y double souvent le clavecin, mais parfois remplit quelques passages harmoniques d'improvisations. Certains écrits attestent même l'exagération de violoncellistes imaginatifs, et leur demandent de la modération ! Dès la fin du XVIIe siècle, on trouve les riccercari de Gabrieli et les sonates de Jacchini. Le répertoire s'enrichit considérablement au XVIIIe siècle avec les sonates de Caldaro, Marcello, Boccherini, les concertos de Leo, Vivaldi (une vingtaine).

Boccherini semble le premier à s'être intéressé à toutes les possibilités techniques du violoncelle. De 1756 à 1785, il compose vingt-sept sonates et onze concertos. En augmentant la tessiture dans l'aigu, il veut rivaliser avec le violon et faire du violoncelle un instrument virtuose. Ses œuvres font toujours partie des programmes de concert ou de concours.

En Allemagne, l'instrument est plutôt utilisé en ensemble avec Haendel, Telemann, J.-S. Bach. Les concertos de C. P. E. Bach, en 1751, et de Haydn, en 1783, ne sont pas non plus négligeables.

En France, l'instrument étant moins bien accueilli par les compositeurs et le public, le violoncelle s'implante plus tardivement. Il faut attendre le XVIIIe siècle pour voir les premières sonates de B. de Boismortier en 1726, de Corette en 1740. Les grands noms de M. Marais, C. d'Herlevois, s'illustrent dans le répertoire de la viole, dédaignant ce « misérable cancre, hère et pauvre diable » de violoncelle (H. le Blanc) ! Cependant, l'ancien violoniste Berteau sait imposer ses concertos au Concert spirituel, suivi par Duport, Bréval, Aubert. Leur but est de rivaliser avec le violon en virtuosité. La technique actuelle du violoncelle vient d'ailleurs en partie de Duport le Jeune, par son ouvrage didactique *Essai sur le doigté du violoncelle et la conduite de l'archet* (avant 1800).

Au début du XIXe siècle, de même que pour le violon, l'importance quantitative des pièces pour violoncelle décline. Le romantisme affirme, cependant, la personnalité de l'instrument en tant que soliste, avec l'aide du piano-forte alors beaucoup plus en vogue. Les sonates de Beethoven, de Brahms et de Chopin en sont des exemples. Le violoncelle devient l'instrument lyrique par excellence, aussi bien en soliste qu'à l'orchestre d'ailleurs : on pense au fantastique récitatif de la *9e Symphonie* de Beethoven. Deux grands concertos allemands marquent cette période romantique : ceux de Schumann et de Brahms (double concerto pour violon et violoncelle). A la même époque, de grands concertistes et pédagogues font de l'Europe centrale un important foyer pour l'enseignement du violoncelle. Il s'agit de Romberg, Bohrer, Dotzauer, Haussmann.

Au XXe siècle, l'instrument connaît un véritable regain d'intérêt. Aux concertos de Saint-Saëns, Lalo, Dvořák, grands classiques du répertoire, s'ajoutent ceux de Honegger, Milhaud, Dutilleux (*Tout un monde lointain*). Un grand nombre de sonates enrichissent aussi le répertoire de la musique de chambre, celles de Fauré, d'Indy, Migot, Poulenc, Prokofiev, Britten. La *Sonate* de Debussy montre un violoncelle tout en finesse, tandis que Kodály va jusqu'aux limites des possibilités techniques dans sa *Sonate pour violoncelle seul*. Des auteurs plus contemporains, comme Dallapiccola ou Xenakis, s'intéressent aux nombreuses possibilités de l'instrument.

Si la technique du violoncelle atteint son plus haut degré de virtuosité au XXe siècle, il faut dire qu'elle est parfaitement servie par de grands instrumentistes. Dans la lignée des virtuoses du début du siècle, comme Maréchal, Hekking, Cassado, le grand interprète Casals marque fortement la nouvelle génération de violoncellistes, tels Navarra, Tortelier, Fournier, Piatigorski, Starker, Rostropovitch.   E. L. G.

VIOLONE. Ce terme, augmentatif italien du mot viola, désigne l'instrument le plus grave de la famille des violes, sonnant à l'octave inférieure de la basse. Monté à l'origine de six cordes, comme la plupart des violes, il n'en a finalement conservé que trois ou quatre pour se confondre avec la contrebasse moderne, qui, malgré la disparition des frettes, s'apparente aux violes plus qu'aux violons. En italien, *violone* signifie également contrebasse.   M. T.

VIOTTI (Giovanni Battista), violoniste et compositeur italien (*Fontanetto da Po 1755 - Londres 1824*). Élève de Pugnani, ce qui fit de lui le dernier grand représentant d'une tradition violonistique remontant à Corelli, il fut violoniste dans l'orchestre de la cour de Turin de 1775 à 1780. En 1780-81, il accompagna Pugnani dans une tournée européenne, puis arriva seul à Paris, débutant au Concert spirituel le 17 mars 1782, et s'imposant immédiatement comme le premier violoniste de son temps. Il resta dans la capitale française jusqu'en 1792, entrant au service de Marie-Antoinette en 1784, dirigeant quelque temps l'orchestre du prince de Rohan-Guéménée, prenant en 1788, grâce au patronage du comte de Provence (futur Louis XVIII), la direction d'un nouveau théâtre d'opéra, le théâtre de Monsieur (plus tard théâtre Feydeau). À l'issue de ces années parisiennes, il avait à son actif dix-neuf de ses vingt-neuf concertos pour violon.

En juillet 1792, il se réfugia à Londres, faisant ses débuts à un concert de Johann Peter Salomon* le 7 février 1793. Durant la saison 1794, il participa aux mêmes concerts que Haydn, et pour celle de 1795, assuma la direction d'une nouvelle entreprise, l'Opera Concert (c'est là que furent créées les trois dernières symphonies de Haydn, n°s 102 à 104).

Accusé de menées jacobines, il dut quitter l'Angleterre pour Hambourg en 1798, mais en 1801 au plus tard, il était de nouveau à Londres. Il abandonna alors la musique pour se livrer au commerce du vin. Il fut néanmoins l'un des fondateurs, en 1813, de la Royal Philharmonic Society. Ayant fait faillite en 1818, il fut nommé par Louis XVIII directeur de l'Opéra de Paris, mais il démissionna en 1821 et retourna à Londres en 1823.

Comme violoniste, Viotti peut être considéré comme le fondateur de l'école française de violon de la fin du XVIIIe siècle et du début du XIXe (Rode, Kreutzer, Baillot). Le premier des trois fut son élève, les deux autres comptèrent parmi ses disciples, et la *Méthode de violon* de Rode, Kreutzer et Baillot (1803) ainsi que *l'Art du violon, nouvelle méthode* de Baillot (1834) reflètent largement ses principes.

Le jeu de Viotti était large et puissant. Comme compositeur, il écrivit essentiellement pour son instrument. On ne possède de lui aucune œuvre pour le théâtre, et ses quelques airs sont d'importance secondaire. Quant à ses pages pour piano, ce sont des arrangements, sauf peut-être les trois sonates op. 15. Ses duos pour deux violons, ses trios pour deux violons et basses, ses sonates pour violon et basse et ses quatuors à cordes (ces derniers relèvent du genre quatuor concertant et font la part belle au premier violon) ne manquent pas de valeur, mais son importance réside essentiellement dans ses vingt-neuf concertos. Les dix derniers, écrits à Londres, en particulier le 21e en *mi* majeur (avec lequel il fit ses débuts dans cette ville), le 22e en *la* mineur (ressuscité dans la seconde moitié du XIXe siècle par Joseph Joachim), et le 24e en *si* mineur (1795), témoignent des mêmes qualités dramatiques que les précédents, mais aussi d'une orchestration plus fournie et d'un lyrisme jusqu'alors inhabituel.

Un catalogue thématique des œuvres de Viotti a été dressé par Remo Giazotto (Milan, 1956), et corrigé sur certains points par Chappell White.   M. V.

VIRDUNG (Sebastian), théoricien et compositeur allemand (*Amberg 1465 - ?*). Immatriculé à l'université de Heidelberg en 1483, il entra quelques années plus tard au service de la chapelle du Palatinat. Après un bref service auprès du duc de Wurtemberg, il fut engagé en 1507 à la cathédrale de Constance. Il abandonna cet emploi en 1508. Sa *Musica getutscht* publiée à Bâle en 1511 est le premier traité en langue allemande consacré aux instruments de musique. Son principal objet constitue l'analyse pratique des notations instrumentales spécifiques, au luth et à la flûte.   C. M.

VIRELAI. Forme de chanson en usage en France, apparue vers la fin du XIIIe siècle, répandue surtout au cours du XIVe, puis à une moindre fréquence au cours du XVe. Bien que les explications concernant sa provenance soient contradictoires, il semblerait que l'origine en soit hispano-arabe, et que le virelai s'apparente au *villancico* resté en faveur en Espagne.

Sensiblement contemporain de la ballade et du rondeau, le virelai représente une forme plus modeste et plus réduite. Guillaume de Machaut le définit comme une « chanson balladée ». La forme type du virelai est ABB'A'A, répétée plusieurs fois : un refrain, deux couplets de textes différents mais musicalement identiques, un refrain de texte différent mais musicalement identique au premier, et reprise du refrain initial, servant de jonction à de nouveaux couplets. G. de Machaut est l'auteur de trente-trois virelais, monodiques dans la majorité des cas, plus rarement polyphoniques (à deux voix).

Du point de vue littéraire, le virelai est généralement un texte d'amour courtois. A. L.

VIRGINAL. Terme désignant en Angleterre, vers l'an 1600, tous les instruments à clavier et à cordes pincées. Ce n'est que plus tard que sera établie la distinction entre « harpsichord » (clavecin) et « virginal » (qui deviendra synonyme d'épinette, instrument à un seul registre, sorte de petit clavecin portatif). L'origine du terme serait selon les uns le mot « virga » (sauteraux), selon les autres le fait que l'instrument, le plus souvent en forme de boîte rectangulaire avec clavier sur le côté, était généralement joué par des jeunes filles. On ne saurait en tout cas y voir une allusion à la « reine vierge » (Elisabeth).

En tant qu'instrument, le virginal n'est d'ailleurs pas d'origine anglaise, et beaucoup, au XVIe siècle, sont fabriqués aux Pays-Bas. Mais sa musique appartient bien à l'Angleterre, qui donne ainsi naissance, par-delà l'influence d'un Cabezón, par exemple — venu en 1554 dans la suite de Philippe II à la cour de la reine Mary, où il a introduit le nouveau style espagnol, en particulier la variation —, à la première grande école de compositeurs pour clavier occidentale, celle des virginalistes.

Le premier musicien à composer pour le virginal est sans doute Hugh Atson († 1552), et le plus grand très certainement John Bull *(1563-1628)*, dont les œuvres dénotent une virtuosité d'autant plus extraordinaire qu'à l'époque, le passage du pouce étant encore chose inconnue, on ne joue le plus souvent qu'avec trois doigts de chaque main. Immédiatement après lui se situent William Byrd *(1543-1623)*, dont environ cent cinquante pièces nous sont parvenues, Thomas Morley *(1557-1603)*, Orlando Gibbons *(1583-1625)* et Giles Farnaby *(v. 1565-1640)*, qui, parfois, contrairement à Bull, ne se débarrassent pas du style de la musique vocale, et donc écrivent moins bien pour l'instrument.

De fait, en ses débuts, la musique pour virginal consiste principalement en arrangements et transcriptions de pièces vocales. Mais de plus en plus, on exploite les possibilités et les effets particuliers de l'écriture pour clavier (traits virtuoses, gammes arpèges, notes répétées, larges écarts de la main droite annonçant curieusement Domenico Scarlatti. Les deux plus importants recueils édités de pièces pour virginal sont, au début du XVIIe siècle, le *Parthenia*, édité en 1611, et le *Fitzwilliam Virginal Book*, important manuscrit de 416 pièces (de John Bull, William Byrd, Thomas Morley, Peter Philipps, Thomas Tallis, John Dowland, Giles Farnaby et bien d'autres), confectionné avant 1630 et légué en 1816 par un riche collectionneur à l'université de Cambridge, qui le publiera en 1899.

De ces trésors, quatre genres principaux (outre les transcriptions de pièces vocales) se dégagent : la variation sur des mélodies de plain-chant, des airs de danse ou des chansons populaires (comme celles sur *John kiss me now* de Byrd ou sur *Walsingham* de Bull); la fantaisie, exercice de virtuosité contrapuntique ; la danse (pavane et gaillarde surtout) ; et les œuvres de musique descriptive, comme *la Bataille (Mr. Byrd's Battle)* ou *les Cloches (The Bells)* de Byrd, ou encore *The Duke of Brunschwig* et *The Duchess of Brunschwig* de Bull. Le dernier grand virginaliste, Thomas Tomkins *(1572-1656)*, utilisera en outre dans ses variations le procédé de la basse obstinée, plus tard repris par Purcell. M. V.

VISAGE NUPTIAL (LE). Œuvre de Pierre Boulez, sur un poème de René Char, pour soprano, contralto, chœur de femmes et orchestre. Version initiale pour solistes, deux ondes Martenot, piano et percussion. Révision (1951-52) pour adjonction du chœur de femmes. Création le 4 décembre 1957 sous la direction de l'auteur au WDR de Cologne. Durée : environ 20 minutes.

Le Visage nuptial, une des partitions les plus extraordinaires de son auteur (et de son époque), possède quelque peu l'« aura » des œuvres mythiques. Cette œuvre du « premier Boulez » (avec la *Sonatine*, les deux premières sonates et *le Soleil des eaux*) a été une des moins jouées et des plus admirées. Il n'en existe à l'heure actuelle aucun enregistrement. Sa grande difficulté d'exécution, liée à des maladresses juvéniles d'écriture que l'auteur reconnaît volontiers aujourd'hui, explique peut-être en partie cette situation paradoxale de l'œuvre, moins que son caractère inclassable, anomique même, dans la production boulézienne.

Ce grand poème d'amour, de passion et de sensualité a été traduit par le compositeur par une incandescence de matériau, mais une incandescence suprêmement maîtrisée au plan de l'écriture, qui pourrait également faire intituler « artisanat furieux » cette page, selon le titre d'une des pièces du *Marteau sans maître*. C'est le moment de rappeler ce qui unit Boulez à Char et permet une collaboration qui, outre ce *Visage*, s'étendra à deux autres œuvres *(le Soleil des eaux* et le *Marteau) :* l'attirance et la passion du mot à fort pouvoir évocateur, induisant une force et une condensation des images, de caractère souvent proche du surréalisme.

L'œuvre suit le plan en cinq parties du poème :
— *Conduite :* introduction mezza voce avec un orchestre au grand complet mais utilisé en orchestre de chambre *(cf.* les *Altenberg-Lieder* de Berg). Chœur absent. Introduction aux événements à venir, elle prend l'allure d'une libre improvisation, chantant l'attente amoureuse calme et sereine. L'énoncé sériel apparaît d'abord pulvérisé, sa première formulation complète n'intervenant que pour le dernier vers : « Ô bien-aimée ! »
— *Gravité* (sous-titre : *l'Emmuré*). Pièce plus lente et plus longue que la précédente, avec une orchestration plus réduite, et une percussion davantage axée sur les résonances. Le poème chante encore l'attente, mais exacerbée par le désir, presque douloureux, parfois même fébrile. Un texte volontairement énigmatique suggère une volonté de cryptage musical, notamment dans l'ordre sériel. Dans cette pièce, Boulez emploie le quart de ton, préoccupation sur les micro-intervalles qui ressurgit assez souvent dans son œuvre ultérieure, sans être pour autant décisive. La voix, enfin, connaît une grande diversité d'emploi, du parlé au chanté, qu'il s'agisse des solistes ou du chœur.
— *Le Visage nuptial :* poème nominateur de l'œuvre entière, il en constitue également le centre intensif. Apothéose de la réalisation amoureuse dans tout son éclat, il suscite chez le musicien un grand enthousiasme sonore, après qu'une belle vocalise des sopranos et des altos du chœur sur « j'aime » a défini la proposition centrale du poème.
— *Evadné :* le bonheur et la paix. L'évidence de ce qui dut être. La voix sera simplement parlée pour cette pièce brève. Les solistes autour sont prises dans le chœur et constituent une « rumeur » qui définit l'opposition sonore et psychologique à la fois de la pièce : le monde extérieur (l'orchestre) contre le monde intérieur (les voix solistes).
— *Post-scriptum :* la conclusion, ou plutôt un au-delà de celle-ci, dans laquelle la solitude s'impose à nouveau. Tout le personnel vocal (chœur et solistes) est présent, mais soutenu par un orchestre réduit aux cordes et à la percussion. La brisure du couple, l'éternel retour à la solitude, se marquent par cette orchestration qui s'inspire de celle de la première pièce. « Écartez-vous de moi, qui patiente sans bouche » sera la conclusion de la partition peut-être la plus éloquente de son auteur. D. J.

VISÉE *(Laurent Robert de),* compositeur et joueur de théorbe français *(? v. 1650-? v. 1725).* On suppose qu'il fut l'élève de l'Italien Francesco Corbetta, auquel il dédia par la suite un *Tombeau.* Il a publié trois livres d'œuvres pour la guitare (1682, 1686, 1689). Ainsi qu'il ressort de la préface de son premier livre, dédié à

Louis XIV, il était fréquemment invité à se produire devant le roi et le dauphin. En 1709, il fut nommé chanteur de la Chambre. De 1719 à 1721, il fut maître de musique du roi, poste auquel son fils François lui succéda. Les œuvres de Robert de Visée sont des suites constituées de morceaux usuels (allemande, courante, sarabande, gigue), mais se terminant habituellement par une gavotte, une bourrée ou un menuet.

A. L.

VISIBLE MUSIC I. Pièce de Dieter Schnebel pour un chef et un instrumentiste (1960-1962) faisant partie de *Abfälle**. *Visible Music I* se propose la mise en évidence de la gestualité en tant que musique audible et visible : les gestes corporels de l'instrumentiste ou du chef d'orchestre lors du jeu deviennent partie intégrante de l'exécution musicale.

Le chef, confronté à un seul instrumentiste et non pas à l'orchestre conventionnel, joue sa musique gestuelle sans baguette et devient simple musicien renonçant à ses droits traditionnels de direction et de pouvoir de décision.

Les différentes parties de *Visible Music I* explorent les trois types de relations possibles entre les deux musiciens : le rôle prépondérant est attribué soit au chef, soit à l'instrumentiste ; les deux participants jouent le même rôle.

I. S.

VISIBLE MUSIC II. Pièce de Dieter Schnebel. *V. Nostalgie.*

VISIBLE MUSIC III. Pièce de Dieter Schnebel. *V. Espressivo.*

VISION DE SAINT AUGUSTIN (LA). Oratorio de Michael Tippett, pour baryton solo, chœurs et orchestre, sur des textes tirés des *Confessions* de saint Augustin et de la Bible, composé de 1963 à 1965 et créé le 19 janvier 1966 par Dietrich Fischer-Dieskau, l'Orchestre symphonique et les chœurs de la BBC, dirigés par le compositeur.

Le concept du « hortus inclusus » et de ses vertus comme lieu de méditation, qui seront exploités ensuite par Tippett dans *The Knot Garden*, joue un rôle important dans *la Vision de saint Augustin*, dont il n'est pas étonnant qu'elle l'ait attiré : « Il y a toujours eu un élément visionnaire dans ma musique, qui trouve son premier épanouissement dans *The Midsummer Marriage...* Pour composer la *Vision*, je me suis laissé emporter dans le mystère du passé et du présent, du temps et du non-temps. N'étant pas croyant, je ne suis cependant pas venu au sujet par la foi. »

Comme Auden l'a démontré, Augustin effectua la première analyse sérieuse de l'expérience humaine du temps, l'une des préoccupations philosophiques majeures de Tippett, à laquelle est consacré le nouvel oratorio qu'il compose actuellement (1982), *le Masque du temps*.

La Vision de saint Augustin est, jusqu'à maintenant, l'entreprise la plus ambitieuse de son auteur. Il a voulu décrire l'Indescriptible : la vision de l'Éternité, expérimentée par Augustin dans *les Confessions*. Les deux premières parties de l'oratorio amplifient l'idée formelle de l'Ascension : la première partie, située dans la maison où Augustin et sa mère se reposaient avant leur voyage de retour en Afrique, fait référence à la douleur d'Augustin après la mort de sa mère, survenue un peu plus tard, et à une vision récente (« la Vision I lui procure un centre pour ses affections par la soumission à la volonté de Dieu ») ; la deuxième partie décrit la vision de l'Éternité elle-même, signalée par une explosion d'alléluias pour chœurs et orchestre (« Nous parvînmes à nos propres âmes et même au-delà, afin que nous puissions atteindre cette région d'une infinie richesse, d'où Vous nourrissez Israël pour toujours avec la Vérité »). La troisième partie exalte l'aspiration d'Augustin à conserver à jamais une telle vision, et suggère que, si un tel état était atteint, un silence profond tomberait sur le Monde, et l'Âme et la Parole de Dieu seraient directement entendues :

ce moment éternel serait celui de la Félicité éternelle. À la fin, en faisant murmurer par les chœurs la phrase « Je ne peux pas moi-même l'avoir appréhendé », Tippett semble indiquer que la Vision n'est pas de celles qu'il aurait pu tirer de son expérience personnelle.

Au point de vue musical, l'œuvre est, à ce jour, la partition la plus complexe de son auteur, à tous points de vue : le baryton solo, qui narre, en latin, l'expérience mystique d'Augustin, a une partie très difficile (écrite pour Fischer-Dieskau), et est entouré par les chœurs, reprenant, commentant les paroles du saint, tout en y intercalant des citations de la Bible et l'hymne de saint Ambroise *Deus, creator Omnium*, sollicités de manière très inhabituelle (notamment, Tippett utilise le « glossolalia », un mélange de sons purement vocaux, au-delà des mots et des sens, exprimant la jubilation procurée par l'extase mystique) ; l'orchestre passe tour à tour du déchaînement de cataclysmiques langues de feu et de la danse cosmique sur un rythme à 6/8 de la première partie à l'expression de l'extase mystique, moment suprême intervenant à la fin de chacune des deux premières parties.

À cet égard, Tippett a certainement réussi à pénétrer de façon plus évidente la vision de saint Augustin que la propre tentative littéraire du saint lui-même : ainsi, sa musique, qui ne se développe pas, avec ses soudains blocs sonores, fait, non pas ressentir le temps qui s'écoule, mais différents états expérimentés simultanément et en relation les uns avec les autres. Avec cette partition très rarement jouée, Tippett se place parmi les grands artistes mystiques et visionnaires anglais, au premier rang desquels figure William Blake.

J.-J. M.

VISIONS DE L'AMEN. Vaste cycle en sept morceaux pour deux pianos d'Olivier Messiaen, composé à l'instigation de Denise Tual et créé par sa dédicataire Yvonne Loriod et l'auteur le 10 mai 1943 aux concerts de la Pléiade à Paris. Aux deux pianos, Messiaen réclame « le maximum de force et de sonorités diverses » et leur assigne des fonctions bien distinctes : l'un est chargé d'accomplir « les difficultés rythmiques, les grappes d'accords, tout ce qui est vélocité, charme et qualité du son » ; l'autre, « la mélodie principale, les éléments thématiques, tout ce qui réclame émotion et puissance ».

Quant au mot « amen », il y revêt plusieurs significations reflétées dans les titres : *Amen de la Création ; Amen des étoiles de la Planète à l'anneau ; Amen de l'agonie de Jésus ; Amen du désir ; Amen des anges, des saints, du chant des oiseaux ; Amen du jugement ; Amen de la consommation*. En outre, un thème d'accords symbolise la Création et reparaît au cours de tous les morceaux et numéros impairs.

On sera frappé par la profusion de l'écriture de même que par l'extrême diversité des formes, voire de l'emploi des modes spécifiques à l'auteur, modulés entre eux ou mélangés à des tonalités.

A. P.

VISIONS FUGITIVES. Recueil de vingt pièces brèves pour piano (op. 22) composé entre 1915 et 1917 par Serge Prokofiev. Le compositeur-pianiste y dégage soudain son style le plus personnel, s'affranchissant de l'esprit « évocateur » du dernier Scriabine pour dégager les grands traits de son esthétique : harmonie chaleureuse, rythmes volontiers piaffants, lyrisme, mais aussi goût de l'agressivité et du sarcasme. Chacune de ces pièces dure environ une minute, mais cela suffit à Prokofiev pour y affirmer une écriture originale, un climat : les *Visions fugitives* sont l'un des chefs-d'œuvre pianistiques de l'auteur et à ce titre sont souvent exécutées, soit partiellement, soit dans leur intégralité.

Contrairement à la tradition impressionniste, aucune de ces pièces ne comporte de titre mais seulement l'indication du caractère (*giocoso, pittoresco, ridicolosamente, feroce, inquieto, poetico, irrealmente*, etc.).

M. Mt.

VITALI *(Filippo),* compositeur et chanteur florentin *(fin du XVIe siècle-Florence ? 1653).* Il fut chantre de la chapelle pontificale, puis dirigea la chapelle ducale de San Lorenzo à Florence à partir de 1642. Il fut aussi maître de chapelle à Bergame en 1648-49 et laissa un certain nombre de pièces vocales, tant religieuses que profanes. M. T.

VITALI, famille de compositeurs italiens. — 1. **Giovanni Battista** *(Bologne 1632-Modène 1692).* Élève de Maurizio Cazzati, il fut maître de chapelle de San Rosario à Bologne, puis s'établit à Modène, où il dirigea la chapelle du duc d'Este de 1684 jusqu'à sa mort. Il composa des oratorios et des cantates, et surtout de la musique instrumentale nourrie d'influences diverses. — 2. **Tommaso Antonio**, dit Vitalino, fils du précédent *(Bologne 1663-Modène 1745).* Il débuta à douze ans comme violoniste de la chapelle ducale de Modène. Son œuvre de compositeur est peu abondante, mais il forma de nombreux disciples dont son propre fils **Fausto**, maître de chapelle de la cour pendant un quart de siècle. M. T.

VITRY (PHILIPPE DE). *V. Philippe de Vitry.*

VIVACE (ital., « vivement », « avec vivacité »). Employé seul ou associé à une indication de tempo, ce terme prescrit une exécution de caractère enjoué.
M. T.

VIVALDI *(Antonio Lucio),* compositeur italien *(Venise 1678-Vienne 1741).* Fils d'un violoniste attaché à la basilique Saint-Marc de Venise, violoniste lui-même, il fut tonsuré à quinze ans et ordonné prêtre à vingt-cinq. Atteint d'une maladie chronique que l'on suppose être de l'asthme, celui que Venise surnomma « le Prêtre roux », en raison de sa blondeur « vénitienne », sut se faire exempter de ses devoirs ecclésiastiques dès 1703 et put, dès lors, se consacrer à la composition et à l'enseignement. Nommé responsable musical à la Pietà (hospice réservé aux orphelines et enfants illégitimes de la ville), il devait, en dépit d'interruptions parfois très longues (plus de deux ans à Mantoue entre 1718 et 1720), rester fidèle à cette fonction jusqu'en 1740.

Il voyagea pourtant de plus en plus comme virtuose et compositeur (Rome, 1722 et 1724, où il joua devant le pape ; probablement Dresde et Darmstadt ; sûrement Amsterdam, où l'essentiel de son œuvre fut publié ; Florence, Prague, Vienne, enfin, où il mourut, oublié et dans la misère). A la Pietà, il devait former des élèves, entretenir un orchestre (vite réputé dans l'Europe entière), et composer à l'intention des concerts publics que l'hospice offrait le dimanche.

A ces occupations, déjà considérables pour un homme se plaignant sans cesse de sa santé vacillante, il ajouta, dès 1713, une débordante activité d'impresario et de compositeur d'opéras, domaine dans lequel il acquit une autorité suffisante pour susciter des rivalités tenaces et même un pamphlet, rédigé contre lui par Benedetto Marcello *(Il Teatro alla moda,* 1720).

Cette consécration dans tous les genres (car il fut également fécond en matière de musique religieuse) devait conférer au compositeur une gloire internationale sans doute sans précédent dans l'histoire de la musique. Tous les touristes passant par Venise cherchèrent à voir et à entendre le « Prêtre roux », de Edward Wright au violoniste Pisendel en passant par le flûtiste J. J. Quantz, l'épistolier De Brosses ou le roi Frédéric IV du Danemark. Ainsi possédons-nous de nombreux et précieux témoignages sur ce qu'était la vie musicale à Venise dans la première moitié du XVIIIe siècle et sur l'effet électrisant du jeu et des créations de Vivaldi. Nombre de ses partitions publiées furent ainsi dédiées à des grands de ce monde : Ferdinand III de Toscane *(L'Estro armonico,* 1711), le comte Morzin *(Il Cimento dell'armonia e dell'invenzione,* 1724, recueil contenant *les Quatre Saisons),* Charles VI de Habsbourg *(La Cetra,* 1728). Recueils imprimés et copies manuscrites (notamment des *Concertos)* de Vivaldi circulèrent dans toute l'Europe jusque vers 1750, et on sait que Jean-Sébastien Bach conçut pour ces œuvres, à partir de 1720 semble-t-il, un enthousiasme tel qu'il en recopia ou en transcrivit un grande nombre (la plus connue et la plus intéressante de ces transcriptions étant celle du *Concerto pour quatre violons* op. 3 n° 10 en *Concerto pour quatre claviers* BWV 1065), assurant ainsi, sans l'avoir recherché, la survie de l'œuvre de son modèle.

Il semble que, tout au long de sa vie, Vivaldi ait été considéré comme un artiste hors des normes, volontiers extravagant, voire scandaleux (ses ennemis avaient matière à se répandre en ragots, notamment sur son goût affiché pour l'argent et l'éclat, sur ses amours vraies ou supposées avec une mezzo-soprano nommée Anna Giro, fille d'un perruquier français nommé Giraud, et pour laquelle il écrivit nombre de pages vocales). Ce tapage entretenu à Venise autour de son personnage explique-t-il son éclipse subite et sa mort misérable dès qu'il eut commis l'imprudence de quitter l'Italie, où les commentaires suscités par sa personne servaient de publicité à sa musique ?

L'importance de son œuvre instrumentale, idéalement symbolisée par la série de quatre concertos suggérés par *les Quatre Saisons,* vient de l'autorité avec laquelle il sut rejeter le concerto grosso de Corelli pour imposer très vite la forme plus brève (huit à dix minutes) du concerto pour soliste en seulement trois mouvements symétriques (vif-lent-vif). Soliste lui-même, Vivaldi pratiqua tout naturellement cette forme concertante, alors que la sonate, la symphonie ou le quatuor étaient également à la veille de naître. Esprit aventureux, oreille exceptionnelle, virtuose intrépide improvisant volontiers, chef d'orchestre aussi (l'un des premiers de l'histoire), Vivaldi consacra tout son génie à découvrir sans cesse de nouvelles combinaisons rythmiques et harmoniques et des alliages imprévus d'instruments, à donner un rôle de premier plan aux personnages nouveaux destinés à se faire une place dans l'orchestre, comme le violoncelle (vingt-sept concertos) ou le basson (trente-neuf), sans oublier le hautbois ni la flûte, qu'il traite toujours de façon très personnelle, voire d'autres instruments plus marginaux encore, comme la mandoline ou l'orgue. Des pratiques de Saint-Marc, il hérita en outre le goût de faire dialoguer plusieurs « chœurs » d'instruments.

Ces dons d'invention et les côtés descriptifs de sa musique (dans de nombreuses pages intitulées *le Chardonneret, la Tempête en mer* ou *les Saisons*) placent Vivaldi à l'origine du concept moderne d'« orchestration ». Personne avant lui, en effet, ne s'était soucié à ce point de la couleur et de la spécificité mélodique de chaque instrument, et donc de leur disposition à la fois dans le déroulement de l'œuvre et dans l'espace au moment de l'exécution. D'où par exemple des effets de « masque » ou d'écho sciemment mis en œuvre (peu soucieux de ces spécificités, ne songeant qu'à la riche neutralité polyphonique et n'ayant comme souci que d'enrichir l'harmonie, Bach commit dans ses transcriptions le contresens de modifier l'instrumentation). Seule avant le romantisme, l'œuvre de Haydn devait manifester des intentions analogues. Or Haydn fut vers 1760 le musicien des Morzin, avec lesquels Vivaldi avait été très lié : il semble dès lors probable que le jeune musicien autrichien ait étudié les œuvres du Vénitien alors que ce dernier était déjà tombé dans l'oubli. Ce qui est sûr, c'est que Haydn put trouver *les Quatre Saisons* dans la bibliothèque musicale du prince Esterhazy.

Cette préoccupation constante de Vivaldi de donner un maximum de vie à tous les instruments se traduit, dans les mouvements vifs, par une grande alacrité de rythmes qui donne tout leur éclat à environ huit cents œuvres dont, immédiatement, on identifie l'auteur. Les mouvements lents sont d'une intensité dont on trouve confirmation dans la production religieuse de Vivaldi, où s'intercalent des chœurs fiévreux et de longs solos vocaux de caractère parfois extatique.

On a retrouvé trace de plus de quatre-vingt-dix opéras de la main de Vivaldi (ou auxquels, selon les habitudes du temps, il a participé partiellement). Ces œuvres dramatiques abordent tous les climats expressifs, de l'aventure profane au récit féerique en passant par l'histoire biblique, traitée dans un style noble pouvant rivaliser avec celui des oratorios de Haendel. *Juditha triumphans*, par exemple, peut être envisagé soit comme opéra, soit comme « oratorio militaire et sacré », ainsi que l'indique le sous-titre du manuscrit daté de 1716. Tout comme la musique religieuse, l'opéra vivaldien doit désormais être exploré avec autant d'attention que l'a été sa musique purement instrumentale.

L'engouement des musiciens et du public envers Vivaldi depuis 1945 semble à la longue avoir nui à l'idée qu'on doit se faire d'un créateur d'une telle envergure. Le fait que le Vénitien ait été pratiquement oublié jusqu'aux travaux de Marc Pincherle (entrepris en 1913) n'est sans doute pas étranger au fait qu'on ait souhaité tout réentendre. Aussi est-il temps désormais d'épurer et de remodeler, notamment en direction de l'œuvre vocale, un répertoire instrumental inutilement pléthorique, afin de restaurer Vivaldi dans son authenticité, dans sa diversité et dans sa grandeur à la fois extatique et réjouie, panthéiste et péremptoire.

Œuvres. L'œuvre de Vivaldi est en cours de publication systématique chez Ricordi. De son vivant, le compositeur avait fait graver quatorze recueils de sonates et de concertos, dont treize numérotés. *Opus 1* : *12 Sonates de chambre pour deux violons et basse continue* (Venise, 1705 ; Amsterdam, 1713 ; Paris, 1715). *Opus 2* : *12 Sonates pour violon et basse continue* (Venise, 1709 ; Amsterdam, 1710 ; Londres, 1720). *Opus 3* : *L'Estro armonico* (« le Génie créatif selon l'harmonie »), *12 Concertos pour un, deux, trois et quatre violons* (Amsterdam, 1711). *Opus 4* : *La Stravaganza*, *12 Concertos pour violon* (Amsterdam, 1713-14). *Opus 5* : « suite de l'opus 2 » : *4 Sonates pour violon et basse continue* et *2 Sonates pour deux violons et basse continue* (Amsterdam, v. 1716). *Opus 6* : *6 Concertos pour trois violons, alto et basse* (Amsterdam, 1716). *Opus 7* : *12 Concertos pour hautbois* et *10 Concertos pour violon, cordes et basse continue* (Amsterdam, 1717). *Opus 8* : *Il Cimento dell'armonia e dell'invenzione* (« la Rencontre de l'harmonie et de l'inspiration »), *12 Concertos pour violon ou hautbois, cordes et basse continue* (dont les *Quatre Saisons*) [Amsterdam, 1724]. *Opus 9* : *La Cetra* (« la Lyre »), *11 Concertos pour violon* et *1 Concerto pour deux violons* (n° 7), *cordes et basse continue* (Amsterdam, 1727). *Opus 10* : *6 Concertos pour flûte traversière, cordes et basse continue* (Amsterdam, 1729). *Opus 11* : *5 Concertos pour violon* et *1 Concerto pour hautbois, cordes et basse continue* (Amsterdam, 1729). *Opus 12* : *5 Concertos pour violon, cordes et basse continue* et *1 Concerto pour cordes* (Concerto ripieno, n° 3) sans soliste. *Opus 13* : *Il Pastor fido* (« le Berger fidèle »), *6 Sonates pour flûte* (à bec), *musette, vièle, hautbois ou violon et basse continue* (Paris, 1737) ; enfin un recueil sans numéro, parfois désigné, depuis Pincherle, comme « opus 14 » : *6 Sonates pour violoncelle et clavecin* (Paris, 1740). A cet ensemble, publié au XVIIIe siècle, s'ajoutent toutes les publications réalisées depuis d'après les manuscrits retrouvés. Selon un recensement récemment entrepris par le Danois Peter Ryom (catalogue R. V.), on connaissait, en 1977, quelque 768 œuvres ou fragments authentiques, auxquels on ajoute 68 attributions.

Musique instrumentale. 95 *Sonates* et *Trios* (5 incomplets) ; 21 *Concertos* pour plusieurs instruments dialoguant entre eux, sans orchestre ; 29 *Sinfonie* (12 servant d'ouvertures à des opéras, 6 explicitement destinées au seul concert, 11 dont la « fonction » reste indéterminée) ; 40 *Concertos grossos* pour cordes seules (sans solistes) ; 412 *Concertos* pour un ou plusieurs solistes parmi lesquels on relève près de 250 concertos pour violon seul, 23 pour deux violons, 2 pour violon et orgue, 1 pour deux violons et deux orgues, 1 pour trois violons, 3 pour quatre violons, 27 pour violoncelle, 1 pour deux violoncelles, 22 pour flûte, 1 pour deux flûtes, 3 pour petite flûte, 11 pour hautbois, 2 pour deux hautbois, 1 pour deux hautbois et deux clarinettes, 39 pour basson, 7 pour viole d'amour, 1 pour mandoline, 2 pour deux mandolines, 39 pour vents et archets divers jouant en solo. Douze de ces 412 concertos sont parvenus incomplets et onze sont connus seulement par des allusions qui y sont faites dans des textes.

Musique religieuse. 21 compositions vocales et chorales d'importance variée dont 2 *Beatus Vir* ; *Credo* à quatre voix ; *Dixit Dominus* à deux chœurs ; *Gloria* à quatre voix ; *Kyrie* à huit voix ; *Laudate dominum* à quatre voix ; 3 *Laudate Pueri* ; 1 *Magnificat* à quatre voix ; 2 *Salve Regina* pour alto et deux orchestres ; *Sanctum meritis* pour soprano et cordes ; *Stabat Mater* pour alto et cordes ; une *Messe* complète ; 3 oratorios dont un seul est parvenu jusqu'à nous : *Juditha triumphans* ; 31 *cantates* et *motets* avec voix solistes dont *Nisi Dominus* pour alto, cordes et orgue.

Vivaldi aurait, en outre, composé au moins 95 opéras dont on ne possède que 19 partitions, de la musique vocale profane dont on connaît 8 *sérénades* (3 retrouvées) et 39 *cantates* pour voix et accompagnements divers. De 1965 à 1976, une centaine d'œuvres de Vivaldi ont été redécouvertes, dispersées dans toutes les bibliothèques d'Europe.   M. Mt.

VIVIANE. Poème symphonique d'Ernest Chausson, op. 5, d'après la légende de la Table ronde. Composé du 16 septembre au 18 décembre 1882, dédié « A Jeanne Escudier » (qui devait devenir, le 20 juin 1883, l'épouse du compositeur), créé par Colonne à la S. N. M. le 31 mars 1883. Réorchestré en 1887 et créé dans cette seconde version par Lamoureux le 29 janvier 1888. Il s'appuie sur l'argument suivant : « Viviane et Merlin dans la forêt de Brocéliande ; scène d'amour ; les envoyés du roi Arthur parcourent la forêt à la recherche de l'Enchanteur. Il veut fuir et les rejoindre ; Viviane endort Merlin et l'entoure d'aubépines en fleur. »

Fervent admirateur des romans celtiques, Chausson greffe sur ce canevas, à la fois précis et lâche, de fructueux développements musicaux. Dès l'introduction, brève et mystérieuse, rendue presque irréelle par les sourdines du quatuor, que prolongent les appels de cors puis le grand thème lyrique confié aux cordes, Chausson démontre ses qualités d'orchestrateur et de poète.

En se déployant sur deux registres principaux — évocation des sentiments de Merlin et irrésistible envoûtement qu'exerce la Fée ; description des paysages —, l'œuvre affiche en effet certains aspects novateurs et déjà impressionnistes de l'écriture de Chausson, faite de légèreté, de transparence, d'irisations délicates — ce qui l'éloigne de Franck et le rapproche de Debussy —, mais également de force et de volonté architecturale. Ainsi *Viviane* annonce-t-elle les grandes pages de la maturité (*Soir de fête*, *Poème*, *Symphonie* en *si* bémol) avec une qualité supplémentaire : l'enthousiasme de la jeunesse.   J. G.

VLAD (Roman), compositeur et pianiste italien d'origine roumaine *(Cernauti 1919)*. Fixé à Rome en 1938, il y a été l'élève d'Alfredo Casella avant de se convertir à un langage musical ouvert aux techniques les plus modernes. Prix Enesco en 1942 pour sa *Sinfonietta*, il a abordé presque tous les genres y compris la musique électronique, et dirigé l'Accademia filarmonica romana, la section italienne de la Société internationale de musique contemporaine (1960-1963) ainsi que le Mai musical de Florence. Il est l'auteur d'un *Stravinsky* (Turin, 1958 ; rééd., 1973).   M. T.

VOCALISE (de voyelle, vocable). Chant ou fragment mélodique chanté sur une ou plusieurs voyelles, soit pour une fin artistique, soit surtout comme moyen didactique (la vocalise remplaçant pour la voix l'étude de piano ou de violon), dans laquelle certaines formules peuvent être utilisées (gammes, arpèges, etc.). La pratique de la vocalise chez les Égyptiens et les Hébreux est passée dans la liturgie chrétienne (alléluia, Kyrie, graduel) et ensuite dans les mélodies profanes monodiques et polyphoniques du XVIIᵉ siècle qui créèrent les supports d'un plus ample développement dans les airs des mélodrames et des cantates de l'époque baroque. C. H.

VOCES INTIMAE. Titre du quatuor à cordes en *ré mineur* op. 56 de Sibelius, terminé à Londres en mars 1909. Selon son biographe Nils-Eric Ringbom, Sibelius écrivit au crayon les mots *Voces intimae* (« Voix intimes ») dans la partition d'un ami, au-dessus des trois accords de *mi* mineur de la mesure 21 du troisième mouvement : d'où l'appellation de l'ouvrage. C'est l'unique partition de musique de chambre de grande envergure de la maturité du compositeur.

L'œuvre comporte cinq mouvements, dont le deuxième s'enchaîne au premier et élabore les mêmes thèmes : *allegro molto moderato* en *ré* mineur, *vivace* en *la* majeur, *adagio di molto* en *fa* majeur, *allegretto (ma pesante)* en *ré* mineur, *allegro* en *ré* mineur. Le deuxième mouvement joue un rôle de scherzo, et ses relations thématiques avec le premier, bien que très étroites, n'apparaissent pas toujours à la première audition, tant les thèmes sont travaillés dans leur substance.

Au début de 1909, un quotidien d'Helsinki annonça que Sibelius songeait sérieusement à deux autres quatuors à cordes, mais cette nouvelle s'avéra sans fondement. A moins que les œuvres en question n'aient été abandonnées, ou n'aient été transformées en cours d'élaboration pour devenir, peut-être, la *4ᵉ Symphonie.* M. V.

VOGEL (Wladimir), compositeur et pédagogue suisse d'origine russe (*Moscou 1896*). Il fut l'élève de Scriabine, Tiessen, Busoni et Scherchen. Il vit successivement à Berlin et à Paris avant de se fixer en Suisse en 1934. Professeur à Ascona, il mena de front une activité de pédagogue et une carrière de compositeur qui explora avec une intelligente curiosité les différentes tendances de la musique contemporaine.

L'ésotérisme de Scriabine, qui marqua ses premiers essais et dont il tenta de se détacher au contact de l'équilibre classique de Busoni, ne fut jamais tout à fait absent de ses préoccupations spirituelles et de son esthétique.

Après les *4 Études* d'orchestre, la *Tripartita* (1934) et l'oratorio *la Chute de Wagadou par la vanité* (1930), qui attestent un généreux humanisme, son colossal oratorio *Thyl Claes* (1938-1945), dont l'exécution s'étend sur deux soirées entières, semble réaliser la synthèse des langages et des styles de sa génération. Dès le *Concerto pour violon* (1937), qui cite en une série de douze notes l'ouverture de *la Flûte enchantée*, il adopta la technique sérielle, mais ce n'est qu'en 1950 qu'il s'astreignit au sérialisme intégral. Parmi ses élèves, citons Jacques Wildberger et Rolf Liebermann. A. G.

VOGELWEIDE (Walther von der), Minnesänger (? v. 1170 - ? v. 1230). Il fut le plus grand représentant du Minnesang. Son érudition lui valut la célébrité à la cour de Vienne. Après la mort de son protecteur, le duc Frédéric Iᵉʳ (1198), il mena une vie errante à travers les cours allemandes. Il recueillit l'héritage des premiers poètes de cour allemands, en particulier Reinmar, dont il fut le disciple à la fois admiratif et critique, mais il abandonna vite les conventions de la lyrique courtoise au profit d'un art plus familier et spontané (*Unter der linden, an der heide*).

Chantre raffiné de la *Minne*, il fut aussi le maître éloquent du Spruch et son œuvre révèle les querelles religieuses et politiques auxquelles il fut mêlé en prenant le parti d'Othon de Brunswick contre le pape et les Staufen. Il est souvent qualifié de « cantor ». Il était effectivement musicien, à en juger par le célèbre *Palästinalied*, écrit après la croisade de 1228, et qui offre un compromis entre le récitatif épique et le style orné d'église, ou la charmante mélodie d'allure toute populaire, *Maneger klaget die schoenen zît*.
M.-D. A.-P.

VOGLER (abbé Georg Joseph), théoricien, pédagogue, organiste et compositeur allemand (*Würzburg 1749-Darmstadt 1814*). Il étudia le droit à Würzburg, puis la théologie à Bamberg. En 1771, il se fixa à Mannheim*, où le prince-Électeur le nomma chapelain (1772) puis vice-maître de chapelle (1775) de sa cour. Entre-temps, il avait pu effectuer un voyage d'études en Italie. Parurent alors ses premiers ouvrages théoriques : *Tonwissenschaft und Tonsetzkunst* (Mannheim, 1776; réimpr., 1970), *Kuhrpfälzische Tonschule* (Mannheim, 1778), *Betrachtungen der Mannheimer Tonschule* (Mannheim, 1778-1781; réimpr., 1974).

Après être allé à Paris et à Londres, il devint en 1784 maître de chapelle à Munich, où le prince-Électeur qu'il avait connu à Mannheim était installé depuis 1778, mais entreprit l'année suivante une tournée de concerts, et en 1786, démissionna pour devenir maître de chapelle de Gustave III de Suède et maître du prince héritier. Il continua néanmoins à voyager, en particulier en Grèce, à Gibraltar et en Afrique du Nord (1792-93). En 1793, il revint en Suède, où il servit quelque temps Gustave IV, puis voyagea de nouveau beaucoup, et en 1807, fut nommé maître de chapelle et conseiller pour les affaires religieuses du grand-duc de Hesse-Darmstadt, postes qu'il devait occuper jusqu'à sa mort.

Comme théoricien, il écrivit sur l'acoustique, l'histoire de la musique et ses conditions d'exécution, et il étudia tout particulièrement la science des accords. Ses voyages témoignent notamment de son intérêt pour les musiques extra-européennes. Il enseigna à Mannheim mais aussi à Stockholm et Darmstadt, et compta parmi ses élèves Weber et Meyerbeer.

Grand improvisateur au clavier, il construisit à Amsterdam en 1789 son orchestrion, sorte de petit orgue portatif au mécanisme simplifié qui lui valut les foudres de certains organistes conservateurs. Il fut aussi un conférencier très demandé. Comme compositeur, il fut moins apprécié. Il écrivit beaucoup d'œuvres vocales sacrées et profanes, des ouvrages scéniques, de la musique orchestrale et de chambre. Citons une musique de scène pour *Hamlet* (1779), le singspiel *Erwin und Elmire*, d'après Goethe (Darmstadt, 1781), le drame lyrique *Gustav Adolph och Ebba Brahe* (Stockholm, 1788), et le mélodrame *Zoroastre* (v. 1796). M. V.

VOÏÉVODE (LE). Ballade symphonique op. 78 de Tchaïkovski, composée en 1890-91 (œuvre différente de son opéra du même nom datant de 1867-68). Elle est inspirée d'un poème de Mickiewicz traduit en russe par Pouchkine.

Le Voïévode (chef d'armée polonais), rentrant de campagne, trouve sa femme avec un amant. Il ordonne à son serviteur d'abattre le couple. Mais quand le coup de feu éclate, c'est le Voïévode lui-même qui tombe mort. Hésitation, maladresse ou geste volontaire, c'est au *fatum*, omniprésent chez Tchaïkovski, que revient la décision finale.

Les moments dominants de l'œuvre sont le rythme de chevauchée qui annonce le retour du Voïévode, l'antagonisme qui l'oppose aux deux amants, l'indécision laissant présager le drame du dénouement et la conclusion brève et sombre sur des accords dans le grave, aux appoggiatures cuivrées.

Mécontent de son œuvre, dont il dirigea lui-même la création en 1891, Tchaïkovski détruisit la partition. Ce n'est qu'après sa mort qu'elle fut reconstituée, à partir du matériel d'orchestre, et éditée en 1897. A. L.

VOILE D'ORPHÉE (LE). Titre d'une œuvre de musique électroacoustique composée en 1953 par Pierre Henry au Studio de musique concrète de la R. T. F., au temps de sa collaboration avec Pierre Schaeffer. Initialement conçue pour être intégrée dans leur « opéra concret » *Orphée 53*, l'œuvre, due à Pierre Henry seul, en constituait le couronnement. Il en a tiré une œuvre à part, qui existe en deux versions : celle, intégrale, de 28 minutes, et une autre resserrée en 16 minutes, pour un ballet de Maurice Béjart créé en 1958. La comparaison des deux versions est proposée par l'auteur lui-même sur le même disque, comme s'il s'agissait de deux traversées à des vitesses différentes d'une même épreuve : celle de la mort, de la dislocation du corps et de l'identité.

Œuvre bouillonnante et inspirée d'un compositeur de vingt-six ans, *le Voile d'Orphée* se fit d'abord connaître comme le finale du ballet *Orphée* de Béjart, puis s'imposa comme une musique à part entière. Dans la musique électroacoustique, elle représente la première œuvre de caractère orchestral, avec dans les durées et les masses sonores une ampleur jusqu'alors inconnue, et aussi une générosité d'inspiration poussant l'auteur à abandonner toute retenue pour libérer ses démons intérieurs : étirement extrême et presque douloureux de la durée, cris éperdus lancés à la face d'un Zeus qui se tait, jubilation du fracas et de la catastrophe. M. C.

VOIX. Instrument de musique privilégié, la voix humaine peut être employée seule ou collectivement, dialoguer avec un instrument (notamment le piano), un groupe d'instruments, ou l'orchestre ; qu'elle soit parlée ou chantée, la voix peut servir de support à un texte, ou être sollicitée pour sa sonorité pure. Tenue pour le plus ancien instrument de musique, la voix ne dissociait pas, à son origine, parole et chant : c'est sa domestication qui a conduit progressivement à séparer son rôle fonctionnel (nommer des personnes ou des objets, puis des concepts) et son rôle incantatoire.

Cette ambiguïté des deux pouvoirs de la voix se retrouve dans les querelles dogmatiques et esthétiques de l'histoire, deux conceptions extrêmes se reflétant entre les civilisations rationnelles, d'une part, magiques de l'autre, privilégiant ici la syllabisation (civilisations nordiques, mais aussi l'Afrique noire, etc.), et là la vocalise ou l'incantation (Orient, Méditerranée, etc.).

C'est la voix parlée qui, par l'amplification de son accentuation naturelle, a donné naissance au chant, et cette filiation est encore attestée de nos jours, notamment chez les aborigènes dont le chant diffère peu de la parole, ou aux Indes, où la récitation védique fondée sur trois degrés à peu à peu conduit au raffinement incantatoire du râga, dans lequel la voix couvre trois octaves, utilise des micro-intervalles (octave divisée en vingt-deux shrutis) et doit, selon les cas, employer ou proscrire le vibrato. On relève de même imprécision des frontières entre voix chantée et voix parlée dans le drame grec classique, et en général dans les diverses expressions vocales des langues à forte accentuation : la lecture du Coran, lors des solennités, a, par exemple, d'étroites affinités avec le chant flamenco originel.

Considéré comme divertissement ou comme acte esthétique, le rôle de la voix découla constamment des diverses fonctions que lui assignait le culte : récitation stricte des textes essentiels (ou scripturaires), puis récitation cantilée, psalmodiée, et enfin vocalise jubilatoire. Notons que ce rôle magique de la voix peut être aussi bien facteur de paix (*cf.* le plain-chant) ou d'excitation (chant du dithyrambe, danses de transes, finales des râga, etc.) qu'acte esthétique incantatoire ou cathartique.

Qu'il s'agisse de l'officiant ou du chanteur classique, la voix doit être soumise à une stricte éducation, mais dont les buts varient : grande étendue vocale assortie d'une faible puissance, ou au contraire impératifs d'intensité, sensibilité aux micro-intervalles ou bien aux douze demi-tons de notre gamme tempérée, soin apporté à la pureté de la voix, ou recherche de timbres composites (notamment en Afrique noire), homogénéité des registres ou exploitation de leur diversité (on retrouve le jodel — ou tyrolienne — aussi bien au Japon que chez les Pygmées), facteurs d'endurance, de puissance, de diction, d'articulation, de virtuosité, etc.

Dans le chant* classique, la connaissance scientifique de la phonation a tenté de se substituer à l'empirisme, notamment dans le souci de souder les registres de la voix chantée, souci confirmé par Monteverdi en 1624, repris un siècle plus tard par P. F. Tosi,

et, au XIXe siècle, par le chanteur Manuel García ; mais c'est seulement avec l'invention du laryngoscope par le fils de ce dernier, en 1855, que fut mis en évidence le rôle des cordes vocales, sans d'ailleurs apporter aucun avantage à l'éducation de la voix.

Pour nous limiter à son rôle dans la musique élaborée, on notera que les compositeurs ont requis la voix dans le chant sacré, dans l'opéra et ses dérivés, dans la mélodie et le lied, et parfois aussi comme simple instrument vocal, notamment au XXe siècle. Son utilisation s'étend donc de la parole au chant, en passant par les formules intermédiaires du parlé rythmique, du parlando, du Sprechgesang*, des divers types de récitatifs*, du chant à bouche fermée (notamment dans les chœurs), du rire, etc. Dans *Wozzeck*, Alban Berg a systématiquement exploité toutes les possibilités de la voix.

La classification des voix chantées repose sur divers facteurs : leur place dans l'échelle des sons, d'abord, mais aussi leur étendue propre, leur tessiture privilégiée, leur timbre ou leur couleur, leur fonction dramatique, leur puissance (celle-ci étant toutefois liée à la dimension du local). Dans la mesure où la voix reflète la physiologie et la psychologie de l'individu, ces facteurs sont généralement en parfaite harmonie (tempérament dramatique associé à une voix sombre et puissante, tempérament élégiaque assorti d'un organe plus clair, et de moindre intensité, etc.), mais leur éventuelle dissociation est ressentie différemment selon qu'il s'agisse d'un excès de puissance ou de tempérament dramatique, ou au contraire d'une carence en ce domaine, voire de la contradiction entre ces divers éléments. D'où la nécessité de classer les voix également selon leur caractère propre.

Les noms donnés aux différents types de voix ont sensiblement varié au cours de l'histoire (v. CHANT), et divergent encore selon les pays. Jusqu'en 1850, les voix étaient, de façon générale, moins diversifiées qu'aujourd'hui parce que moins caractérisées sur le plan dramatique, et surtout parce que les compositeurs les sollicitaient fréquemment sur une étendue de deux octaves et demie. La diminution très sensible de cet ambitus (due notamment à l'accroissement du volume sonore des orchestres, entraînant les voix à rechercher une puissance accrue sur une plus faible étendue) a conduit à multiplier les catégories et sous-catégories. On peut, de façon succincte, retenir le schéma suivant, de la voix la plus aiguë à la plus grave : voix féminines de sopranos (respectivement léger, lyrique, dramatique), de mezzo-sopranos, de contraltos ; voix masculines de falsettistes (sopranistes et contraltistes), de ténors (haute-contre, léger, lyrique, dramatique), de barytons (Martin ou viennois, Verdi, d'opéra), de basses (chantante, noble ou profonde). On appelle voix blanches les voix d'enfants avant la mue, généralement dépourvues de vibrato (par opposition aux castrats dont les voix avaient toutes les caractéristiques des voix adultes).

On relève de très nombreuses autres dénominations liées à :
— la spécialisation dans un répertoire précis d'une époque donnée (*cf.* coloratura dramatique, Heldentenor, Falcon, etc.) ;
— l'emploi de comédie au théâtre (trial, laruette, basse bouffe, ténor de caractère, desclauzas, dugazon ou mère-dugazon, etc.) ;
— la situation administrative d'un artiste au sein d'une troupe théâtrale, ou dans son époque, termes généralement tombés en désuétude (*cf.* prima donna, primo uomo — en fait le castrat —, première chanteuse, forte chanteuse, soubrette, fort ténor, ténor d'opéra-comique, etc.) ;
— la nomenclature des emplois au sein du chœur, et selon sa fonction : dans l'interprétation de la musique ancienne, les termes de superius, altus (ou alto), contre-ténor, etc. s'appliquent à une fonction et non à un type de voix masculine ou féminine. Enfin, dans les chœurs de théâtres, on conserve parfois les dénominations anciennes de premier dessus, second dessus, taille (ténor grave par opposition au ténor haute-contre), etc. R. M.

VOIX CÉLESTE. Jeu d'orgue ondulant, dont le battement caractéristique est obtenu par les interférences entre deux rangées de tuyaux de gambe, dont l'une est légèrement désaccordée par rapport à l'autre. Très prisé dans la facture française du XIXe siècle, on le trouve aussi au XVIIIe siècle dans les instruments italiens, sous le nom d'« unda maris ». Le même effet d'ondulations par battements est obtenu sur l'harmonium, entre deux rangées d'anches libres en léger désaccord. Sur les orgues électroniques et les synthétiseurs, on en fait un large emploi ; la technique électronique permet de l'affecter à n'importe quel jeu et d'en régler le mouvement. G. C.

VOIX HUMAINE. Jeu d'orgue à anche, dont le tuyau est très court et en partie bouché. On l'utilise avec le tremblant doux dans des récits ou des dialogues, ou pour exposer une mélodie de choral. Dans la facture italienne, le terme de voix humaine désigne un jeu ondulant proche de la voix céleste. G. C.

VOIX HUMAINE (LA). Tragédie lyrique en un acte de Francis Poulenc, sur le texte d'une pièce à un personnage de Jean Cocteau remontant à 1932, créée à l'Opéra-Comique à Paris le 6 février 1959.

Une femme (s), seule dans sa chambre, entretient au téléphone une ultime conversation de quarante minutes avec son amant, qui l'a quittée pour une autre (et dont nous n'entendons jamais les répliques). Périodiquement coupée par les aléas du téléphone français (comme le signalait un critique anglais), implorant, suppliant, s'angoissant, s'humiliant, se berçant de doux souvenirs, s'accrochant à l'espoir d'un impossible changement de fortune, elle finit par s'écrouler inanimée, dans la certitude de son abandon.

L'argument, simple et linéaire, était prétexte à gageure. Le rôle, qui a la tessiture et l'esprit du soprano lyrico-dramatique, était, dans l'esprit de Poulenc, écrit pour Denise Duval, son amie, la triomphatrice du *Dialogue des carmélites* dans le rôle de Blanche de La Force, et il parlait même d'un « concerto pour Duval et orchestre ». C'est donc elle qui créa *la Voix humaine*, sous la direction de Georges Prêtre, dans des décors et une mise en scène de Cocteau. C'était la première collaboration dramatique de Cocteau et Poulenc.

L'orchestre comporte peu de cuivres, et c'est au xylophone qu'il revient d'imiter les divers accents de la sonnerie du téléphone. Poulenc précise que cet orchestre doit sonner avec une très grande « sensualité ». Malgré le style très quotidien, haché, du texte de Cocteau (avec des phrases comme : « C'est pareil... Rien du tout. Tu te trompes. Seulement, tu comprends, on parle, on parle », etc.), Poulenc a évité le style imitatif, et retrouve presque la prosodie et l'écriture vocale et instrumentale de *Pelléas et Mélisande* de Debussy, avec son refus des rythmes lourdement appuyés, ses brefs leitmotivs qui évitent de « faire image » — mais dans un style plus syncopé, ramassé, bref, cinglant, chargé de suspense (un suspense entretenu par les silences durant lesquels celui qu'on n'entend pas parle à l'autre bout du fil). Si la musique emplit beaucoup de ces silences, elle évite de « parler » à la place de l'absent et de traduire son discours, de même que l'orchestre se tait souvent derrière la voix de l'héroïne, contribuant à creuser ce vide qui est la place vacante de l'homme parti.

Drame vif, clair, intense, sans les coquetteries ou les clins d'œil du Poulenc d'avant-guerre, *la Voix humaine* est une grande réussite dramatique, que certains veulent écraser sous la référence à l'*Erwartung* de Schönberg (autre monodrame pour voix de femme seule), mais qui a l'humanité toujours fraîche du fait divers. M. C.

VOL DE NUIT (en ital. *Volo di notte*). Opéra en un acte de Luigi Dallapiccola sur un livret du compositeur d'après le roman de Saint-Exupéry paru en 1931. La première représentation eut lieu le 18 mai 1940 au théâtre de la Pergola à Florence, et la création en France, dans une adaptation française de Jacques Bourgeois, le 7 octobre 1960 à l'Opéra-Comique à Paris.

L'action se situe aux temps héroïques de l'Aéropostale, dans les années 20. Lieu unique : le bureau de Rivière, chef du service postal (bar-b) et créateur des vols de nuit, sur un aérodrome à Buenos Aires.

Rivière attend, pour faire partir le courrier d'Europe, l'arrivée des trois courriers de nuit venant du Chili, du Paraguay, et de Patagonie. Le pilote du Chili a des difficultés dues à la tempête, mais surtout, celui qui revient de Patagonie, Fabien, est dans une situation dramatique, pris dans l'orage, et n'ayant presque plus de carburant. Simone Fabien (s), femme du pilote, arrive pleine d'inquiétude et de ressentiment pour Rivière, responsable de ces vols risqués. Ils suivent, par l'intermédiaire des messages en morse reçus et décodés par le radio télégraphiste (t), les derniers instants de Fabien, couronnés par une montée quasi extatique dans les étoiles. L'interruption des messages leur apprend que l'avion de Fabien est probablement tombé. Les employés du terrain d'aviation se réunissent dans le bureau de Rivière, qui, fidèle à la dure fonction du chef, donne l'ordre de démarrage du courrier pour l'Europe. L'Aéropostale continue, et Rivière médite cette phrase de Simone Fabien : l'homme victorieux qu'il est « solo trascina la catena della sua pesante vittoria » (traîne seul les chaînes de sa pesante victoire).

C'était une gageure d'adapter pour un opéra le roman de Saint-Exupéry, dont une grande partie est racontée du point de vue de Fabien, dans son avion. Dallapiccola a choisi de laisser imaginer son « martyre » et son errance depuis le lieu fermé du bureau de Rivière, réplique terrestre de l'étroit cockpit de Fabien naviguant dans les étoiles.

On retrouve ici le thème de la *claustration*, cher à Dallapiccola, une claustration à laquelle seule la mort offre une issue.

D'autres thèmes « dallapiccoliens » parcourent cette œuvre : la solitude du héros face à la mort, la figure du père impitoyable (ici représentée par Rivière). Naturellement, on n'entend pas la voix de Fabien qui communique en morse (traduit par quelques figures musicales imitatives), mais le radiotélégraphiste et Rivière, en suivant ses messages, parlent, ou plutôt « chantent » pour lui, et sont ses interprètes devant les spectateurs.

Le style musical de l'œuvre combine l'emploi du système dodécaphonique et celui du système tonal, en jouant dramatiquement de leur confrontation. À côté de certains effets imitatifs (moteurs d'avion, morse), l'orchestre utilise souvent les sonorités de glas chères à l'auteur (harpe, piano, cloches).

Le style vocal, relativement proche du parlé, évite en général les grands écartèlements vocaux chers à l'opéra postsériel.

Certains critiquèrent la faiblesse dramatique et le statisme de l'œuvre (malgré une dramatisation certaine du roman). Tout se passe en coulisse, et le héros principal n'est pas là. Il y avait pourtant quelque grandeur dans ce projet de resserrer l'action en un seul lieu, et une durée de « temps réel ». M. C.

VOL DU BOURDON (LE). Scène du 3e acte de l'opéra *le Conte du tsar Saltan* de Rimski-Korsakov (1899), montrant le tsarévitch Gvidon transformé en bourdon par le pouvoir magique de la princesse Cygne. L'immense succès de ce fragment instrumental tient à l'habile simplicité de son figuralisme : perpetuum mobile de gamme chromatique aux violons et à la flûte à l'unisson, ponctué de pizzicati de basses. Si l'opéra ne connaît que rarement les faveurs de la scène, *le Vol du bourdon* est souvent exécuté indépendamment, dans les arrangements les plus divers. A. L.

VOLKMANN (*Friedrich Robert*), compositeur allemand (*Lommatzsch, Saxe, 1815 - Budapest 1883*). Installé en 1841 dans la capitale hongroise après avoir étudié la musique à Leipzig, enseigné le chant à Prague et séjourné à Vienne, il fut professeur de composition à l'Académie de musique de Budapest de 1875 à sa mort. Ses compositions, presque toutes instrumentales, témoignent de sa fidélité à l'école allemande de Schumann et Mendelssohn. M. T.

VOLKONSKI (*Andreï Mikhaïlovitch*), compositeur et claveciniste soviétique (*Genève 1933*). Il commença ses études de piano au conservatoire de Genève avec Aubert et Lipatti, et travailla également à Paris avec Nadia Boulanger en 1945. En 1947 sa famille s'installa en U. R. S. S. Il entra en 1950 au conservatoire de Moscou dans la classe de composition de Chaporine, mais en fut exclu en 1954 pour « indiscipline ». De cette période datent les cantates *Rouss*, d'après *les Âmes mortes* de Gogol (1952), et *Obraz Mira* (« l'Image du monde », 1953). Volkonski a rapidement manifesté son opposition au style officiel de l'art soviétique, en se réclamant de Stravinski et bientôt du dodécaphonisme (*Musica stricta* pour piano, 1956 ; *Suite des miroirs* pour soprano, instruments et percussion, 1960). Sous l'influence de Boulez et de Stockhausen, il évolua bientôt vers le pointillisme (*les Plaintes de Chtchaza*, 1961).

En 1964, il fonda l'ensemble Madrigal, spécialisé dans la musique de la Renaissance et du baroque, avec lequel il effectua des tournées. Ayant appris en autodidacte l'orgue et le clavecin, il se produisit également comme virtuose. Sa musique cependant fut boudée par la critique officielle, et, en 1973, il revint en Occident. Ses œuvres ont figuré aux programmes de plusieurs festivals de musique contemporaine.   A. L.

VOLKSLIED (all. ; chant populaire). La notion de Volkslied appartient essentiellement au monde germanique et ne peut être confondue avec celle de chant folklorique. Il ne s'agit pas en effet de chants d'origine populaire issus d'un fonds collectif non identifiable, mais de chants traduisant les états d'âme collectifs (*Stimmung*) d'un peuple, et dont la caractéristique essentielle est de pouvoir être chantés ensemble par des gens au voix non préparées.

L'histoire du Volkslied est relativement complexe. La première définition en a été donnée par Herder, lorsqu'il a publié, en 1778-79, son répertoire de Volkslieder, le premier et l'un des plus grands qu'ait connus l'Allemagne. La définition donnée par Herder est très proche de celle qu'on peut appliquer à tout folklore : témoignage d'authenticité, excluant tout art élaboré, le Volkslied se caractérise, selon Herder, par son caractère de spontanéité ; il doit être ancien, anonyme (on ne saurait y admettre des compositions élaborées par des professionnels du chant ou de la poésie) et beau, d'une beauté qui exclut toute trivialité, conformément aux canons esthétiques du premier préromantisme allemand.

Cette définition est liée étroitement à une conception philosophique de l'Histoire qui fait du « peuple » une communauté d'ordre presque mystique déterminée par le terroir, le climat, la situation historique. C'est dans ce cadre de pensée, lié au mouvement du *Sturm* und Drang*, que se situent les grands recueils de Volkslieder collectés à la jonction des XVIIIe et XIXe siècles. Le plus célèbre est celui d'Arnim et Brentano, *Des Knaben Wunderhorn* (le *Cor* merveilleux de l'enfant*), publié de 1805 à 1808 et qui comporte plus de sept cents pièces. Il faut remarquer que ce recueil a alimenté chez Mahler la plus savante et la moins populaire des musiques.

La notion idéalisée de la valeur morale du chant en commun rejoint la théorie et la pratique luthériennes qui ont été à l'origine du choral d'église. Dans l'histoire du XIXe siècle, on trouvera de l'utilisation du Volkslied une volonté de pédagogie collective qui s'accusera après l'échec des révolutions de 1848. Répandu par l'armée, par les Églises, par les écoles, le Volkslied deviendra un moyen de faire saisir à un peuple entier les lignes de force de sa sentimentalité propre. Dans ce cadre nouveau, les normes fixées par Herder perdront de leur valeur impérative. Un foisonnement de pièces lyriques sur un mode « populaire » sublimisé verra le jour ; les pièces purement anonymes céderont bien souvent la place devant des compositions élaborées dont les poètes et/ou les musiciens sont parfaitement identifiés.

Un exemple typique en est la célèbre *Lorelei* : le texte n'est pas celui de la vieille ballade populaire, mais est composé par H. Heine dans un style volontairement simplifié ; la musique en est de Fr. Silcher, dont l'activité dans ce domaine est abondante.

On en est ainsi ramené à un critère qui est avant tout celui de l'utilisation. La fonction du Volkslied est le chant en commun. Sa diversité correspondra à la diversité des groupes sociaux qui l'utilisent. On y retrouvera ainsi, suivant les couches de population, de simples chansons d'enfant, des romances sentimentales très proches par le goût du style Biedermeyer des années 1830, de très nombreuses chansons de route, dont le développement correspond à celui des mouvements de *Wandervögel* (oiseaux migrateurs) qui traversent à pied les paysages allemands. Les douze ans de l'aventure national-socialiste ne manqueront pas de donner au Volkslied une empreinte particulière, exaltation de certaines formes de jeunesse et de force.

Dans ces différents avatars, le Volkslied conserve un certain nombre de constantes, nécessaires à son utilisation en groupe : forme strophique avec éventuelle répétition de certains vers, rythmes accusés, simplicité tonale. Les grands thèmes de la poésie allemande telle qu'elle apparaît dans le lied se retrouvent tout naturellement dans le Volkslied : thèmes du voyageur, de l'arbre, de l'eau, de l'adieu et du retour, des amours impossibles ; dans un cadre légèrement différent, thèmes de la camaraderie et de la mort, de l'errance.

La source du Volkslied n'est pas épuisée ; on voit aujourd'hui encore se former de nouveaux chants autour des notions de contestation sociale et d'écologie. Le processus de création ne diffère pas d'une génération à l'autre.   J.-F. L.

VOLTAIRE (*François Marie* AROUET, dit), écrivain français (*Paris 1694*- id. *1778*). Il écrivit à peu près sur tout, y compris sur la musique. On lui doit aussi un certain nombre de livrets d'opéras-comiques, d'opéras, d'opéras bouffes. Parmi ceux-ci, le livret d'un essai d'opéra biblique en cinq actes écrit pour Rameau, *Samson* (1732). La censure fit barrage à la représentation de l'œuvre, à cause du sujet religieux que l'on considéra incompatible avec le cadre profane de la scène. Pour Rameau encore, Voltaire écrivit une comédie-ballet, *la Princesse de Navarre* (1745), et un opéra-ballet, *le Temple de la Gloire* (1745), destinés à la cour de Versailles (il ne faut pas oublier, dans la « collusion » Voltaire-Rameau, le rôle de la Querelle des Bouffons, avec les prises de parti de Jean-Jacques Rousseau contre l'auteur des *Indes galantes*).

Pour le jeune Grétry, qui avait adapté son conte *l'Ingénu* en opéra-comique, sous le titre du *Huron* (livret de Marmontel), Voltaire écrivit en 1769 deux livrets d'opera buffa, comprenant des scènes en italien, *le Baron d'Otrante* (1769) et *les Deux Tonneaux* (1769).

Une bonne partie des tragédies et des comédies de Voltaire furent adaptées en opéras et en opéras-comiques : *Zaïre* par Mercadante et Bellini, *Tancrède* par Rossini, *Olympe* par Spontini, *les Cythes* par Simon Payr et Mercadante, *Sémiramis* par Rossini. Enfin, les *Romans et Contes* les plus connus inspirèrent quelques adaptations musicales (comme, au XXe siècle, un *Candide* de Marius Constant).   M. C.

VOLTE. Danse ancienne d'origine provençale, à trois temps, apparentée à la gaillarde, qui fit fureur aux XVIe et XVIIe siècles. Elle se dansait par couples et, malgré un rythme assez lent, faisait appel à des figures sautées presque acrobatiques.   M. T.

VOLUMINA. Œuvre pour orgue de György Ligeti, composée de novembre 1961 à janvier 1962 et révisée en avril-mai 1966. La version originale a été entendue pour la première fois à Brême le 4 mai 1962 (diffusion d'une bande enregistrée), puis donnée en public à Amsterdam le 10 mai de la même année, les deux fois par Karl-Erik Welin assisté de Giuseppe Englert et de Leo Nilsson. La version révisée a été créée à Kiel le 8 mars 1968 par Karl-Erik Welin.   M. V.

VOLUNTARY. Terme anglais qui désigne une pièce d'orgue jouée avant ou après l'office religieux, mais qui n'en fait pas intégralement partie. Les premiers voluntaries remontent au début du XVIe siècle ; ce sont de courts morceaux d'orgue construits sur le thème d'une messe donnée. Avec la Réforme, nombre de pièces de Byrd ou de Gibbons intitulées « In nomine », fantaisies ou préludes seront utilisées comme voluntaries malgré leur coupe profane d'autant plus facilement que les orgues anglaises ne comporteront pas de pédaliers avant les dernières décennies du XVIIIe siècle.

L'Angleterre purcellienne connaîtra des « middle voluntaries » destinés à être exécutés durant le service religieux ; c'est aussi l'époque où l'emploi du voluntary au théâtre provoque des réactions scandaleuses telles que celle du *Spectator* qui, en mars 1712, critique « les joyeuses fins de tragédies et leurs voluntaries sautillants ». La vague de piété qui suivra le renouveau méthodiste, puis le retour aux sources recherché par l'Église victorienne, redonneront au voluntary toute sa splendeur liturgique.

Parmi les compositeurs qui se sont illustrés dans ce genre, il faut citer, avec Purcell lui-même, John Stanley, Benjamin Cooke, et surtout les deux Wesley, neveu et petit-neveu du grand réformateur religieux, et organistes prestigieux de l'Angleterre du XIXe siècle.

J.-F. L.

VON HEUTE AUF MORGEN (all. ; « D'aujourd'hui à demain », ou plutôt « Du jour au lendemain »). Opéra en un acte op. 32 d'Arnold Schönberg sur un livret de Max Blonda (pseudonyme de Gertrud Schönberg-Kolisch, seconde épouse du compositeur), composé du 25 octobre 1928 au 1er janvier 1929 et créé le 1er février 1930 à Francfort-sur-le-Main sous la direction de Wilhelm (William) Steinberg.

[Un salon-chambre à coucher moderne.] *L'Homme* (bar) et *la Femme* (s) rentrent chez eux après une soirée mondaine. *L'Homme* se déclare fatigué de la vie conjugale, du travail, des cris des enfants, et vante les mérites de *l'Amie* (s), une ancienne camarade de classe de la *Femme* qui lui a été présentée au cours de la soirée : voilà au moins une femme d'aujourd'hui, une femme libre et séduisante, une femme moderne ! En comparaison, la *Femme* (sa femme) lui paraît bien fade. À son tour, la *Femme* évoque le *Chanteur* (t) qu'elle a rencontré au cours de la soirée, et qui lui a si aimablement fait la cour. *L'Homme* répond que pour sa part, il a trouvé ce *Chanteur* ridicule. La *Femme* réplique que c'est à tort qu'il s'est laissé éblouir par *l'Amie*, dont la prétendue modernité n'est que le reflet d'une mode passagère. Tous deux proclament que c'en est fini des misères de la vie conjugale.

Sans se faire remarquer, la *Femme* se change, et apparaît dans un ravissant négligé. Subjugué, *l'Homme* se fait empressé, mais la *Femme* le repousse, tout en le provoquant et en évoquant le *Chanteur*. Leur bruit réveille *l'Enfant* (rôle parlé), à qui *l'Homme* va donner à manger dans la cuisine. Le téléphone sonne. C'est le *Chanteur*, qui appelle d'un bar voisin où il se trouve avec *l'Amie*. Il a une longue conversation avec la *Femme*, qu'il invite ainsi que *l'Homme* à descendre au bar. La *Femme* accepte, mais *l'Homme* refuse, et avoue qu'il est jaloux. Sur quoi la *Femme* arrête son jeu dangereux. Réconciliation. Il est trop tard pour aller se coucher. *L'Homme*, la *Femme* et *l'Enfant* se mettent à table pour le petit déjeuner.

On sonne à la porte : le *Chanteur* et *l'Amie*, fatigués d'attendre au bar, viennent aux nouvelles. Ils tentent d'entraîner *l'Homme* et la *Femme*, mais ces derniers refusent : « Nous sommes démodés, nous croyons toujours aux anciens idéaux. » Sur quoi le *Chanteur* et *l'Amie* se retirent furieux en les traitant de pâles personnages de théâtre. La *Femme* : « Chez eux, le metteur en scène, c'est la mode, chez nous... l'amour. » *L'Homme* : « Et d'ailleurs je ne les trouve plus tellement modernes. » La *Femme* : « Justement, cela change du jour au lendemain. » *L'Enfant* : « Maman, c'est quoi, des hommes modernes ? »

Premier opéra dodécaphonique sériel, *Von Heute auf Morgen* fut conçu par Schönberg comme une œuvre comique et légère, et sa représentation d'une scène de la vie quotidienne est typique des années 20. Le discours est dense et l'orchestre considérable, quoique surtout utilisé pour ses couleurs (avec notamment plusieurs représentants de la famille des saxophones).

« Le ton de l'ensemble doit rester très *léger*. Mais on devra sentir, ou deviner, que la simplicité de ces événements cache quelque chose : que par le truchement de ces personnages et de ces événements quotidiens, on a voulu montrer, au-delà de cette simple anecdote conjugale, que ce qui n'est que moderne, mode, ne vit que du jour au lendemain, porté par une main incertaine dans une bouche vorace, dans le mariage comme dans l'art, dans la politique et dans les conceptions qu'on se fait de la vie » (Schönberg à W. Steinberg, 4 octobre 1929).

M. V.

VORISEK (Jan Vaclav), compositeur tchèque (*Vamberk, Bohême, 1791 - Vienne 1825*). Il travailla avec son père, maître d'école, organiste et chef de chœur, et devint très jeune virtuose du piano. Il étudia aussi le droit, les mathématiques et la philosophie à Prague (1810-1813) tout en complétant sa formation musicale avec Tomasek. Il s'installa ensuite à Vienne, où il travailla le piano avec Hummel et devint fonctionnaire au ministèrc dc la Guerre puis (1818) chef d'orchestre à la Société des amis de la musique (*Gesellschaft der Musikfreunde*), poste qu'il devait occuper jusqu'à sa mort. En 1822, il abandonna son poste de fonctionnaire, et devint organiste adjoint de la cour, puis premier organiste en 1824. Lors de sa dernière maladie, Beethoven (à qui il avait montré en 1814 ses douze *Rhapsodies* pour piano op. 1) lui envoya son propre médecin. Il mourut de tuberculose.

Il écrivit de la musique vocale (lieder, œuvres religieuses), mais son importance réside surtout dans sa production instrumentale, en particulier dans ses pièces pour piano ou avec piano. Ses six *Impromptus* op. 7 (1822) illustrent admirablement un genre que devait reprendre Schubert, et sa *Sonate pour piano et violon* op. 5 (1820) ainsi que sa *Sonate pour piano* en si bémol mineur op. 20 (1822-1824) sont les chefs-d'œuvre. Citons encore, pour piano, la *Fantaisie* op. 12 et le *Thème et Variations* op. 19. Sa *Symphonie* en ré est digne des premières de Schubert.

M. V.

VOSTRAK (Zbynek), compositeur et chef d'orchestre tchèque (*Prague 1920*). Il a étudié au conservatoire de Prague (1937-1943), puis a été lecteur à l'Académie de musique et d'art dramatique (1946-47) tout en enseignant au département opéra du conservatoire (1945-1948). Depuis 1963, il est le chef de *Musica viva pragensis*, véritable « Domaine musical » tchèque. Jusque vers 1955, il a écrit dans un style postromantique et néo-classique (opéra-comique *Rohovin Ctverrohy*, 1949). Il a ensuite été influencé par Webern, et a écrit ses premières pièces sérielles en 1962 (opéra *la Cruche cassée*, d'après Kleist, 1963 ; *Trois Essais* pour piano, 1962 ; *Éléments* pour quatuor à cordes, 1964). Depuis 1966, l'influence de Boulez, Cage et surtout Stockhausen est prédominante (*les Échelles de lumière* pour bande, 1967).

Depuis 1970, il a dû peu à peu ralentir son activité de chef d'orchestre, et la nouvelle création tchèque s'est scindée entre les tenants des influences européennes et américaines, dont il est un représentant, et ceux qui veulent vivre dans un contexte plus spécifiquement national.

P.-E. B.

VOYAGE (LE). Œuvre de musique électroacoustique composée en 1962 par Pierre Henry, dont elle est peut-être le chef-d'œuvre. À l'origine, c'est un spectacle de ballet conçu par Henry pour une chorégraphie de Maurice Béjart à l'Opéra de Cologne autour du *Livre des morts tibétain*, qui décrit les transmigrations et les affres de l'âme, entre la mort et la renaissance éventuelle, dans les espaces terrifiants de l'entre-deux-vies, et sur lequel l'auteur a construit un argument en sept étapes. Tout, dans cette œuvre intérieure et sans concessions, est direct, âpre et universel : qu'il s'agisse de l'aspiration du souffle dans l'agonie (*Souffle I*), de l'image d'une vie végétative, clapotante, intra-utérine d'*après la mort (Après la mort I)*, des appels rauques et désespérés pour renouer contact avec les vivants (*Après la mort II*), de la lente et majestueuse dérive des *Divinités irritées*, où toutes les amarres semblent rompues avec le temps humain, des cris horribles des *Divinités irritées*, de l'envahissement inéluctable du désir sexuel dans *le Couple*, et enfin de la rentrée du souffle dans l'organisme avec la renaissance sur une « terre hostile et dure ».

Pour cette œuvre, Pierre Henry a inventé une musique nouvelle : chaque mouvement (sauf le troisième) est une continuité sans coupure, comme un plan-séquence de cinéma, où le temps se déroule comme un fragment d'éternité, dans un espace flottant. La maîtrise technique qui a présidé à la réalisation de cette œuvre sur bande magnétique a effacé toutes les traces de son travail : plus rien qui offre une prise pour l'écoute, lui permette de se rassurer en détectant l'origine d'un son, la manipulation technique, le procédé d'écriture.

Le Voyage est à la fois le produit d'un artisanat patient et une espèce d'objet trouvé brut, qui semble s'être fait d'un seul coup. En particulier le deuxième mouvement, sous-titré *Fluide et Mobilité d'un larsen*, merveilleux contrepoint à trois parties où l'auteur semble avoir capté fidèlement le mystère que recèle la plus humble vie organique.　　　　　　　　M. C.

VOYAGE D'HIVER (LE) [en all. *Die Winterreise*]. Cycle de 24 lieder pour piano et chant (baryton ou ténor) en deux parties de Franz Schubert, composé en 1827, sur les poèmes du recueil homonyme de Wilhelm Müller (l'auteur des poèmes de *la Belle Meunière*). Schubert les composa en deux fois, trouvant les douze poèmes de la première partie dans une revue, et quelques mois après, s'attaquant au reste paru dans un recueil. A quelques changements près, il les laissa dans l'ordre où il les avait trouvés, et les deux parties parurent chez l'éditeur Tobias Haslinger en janvier 1827 et en décembre 1828. Ses amis, auxquels il joua les premiers lieder en audition privée, ne les apprécièrent pas d'emblée, les trouvant trop graves et sombres, alors que Schubert déclarait les préférer à tous les autres. *Le Voyage d'hiver* n'avait pas le caractère charmant et pittoresque que l'on voulait trouver dans les lieder de Schubert, et ne s'imposa que progressivement comme son grand classique.

Le thème du recueil de Müller est la peine d'un homme qui a quitté la ville et vagabonde dans la nature hivernale, y trouvant un reflet de lui-même, avec sa douleur et ses tempêtes intérieures. Peine amoureuse ? Certes, le premier lied, *Gute Nacht*, définit clairement la situation : la femme aimée l'a trahi pour épouser un autre homme, selon le vœu de sa mère. Mais cet amour trahi, progressivement, va disparaître du premier plan, et ne sera évoqué qu'incidemment dans une minorité de lieder (*Die Wetterfahne, Erstarrung, Auf dem Flusse, Rücksicht, Die Post*). Peu à peu, la figure de l'aimée s'efface, le mot « amour » est de moins en moins prononcé, et la peine devient diffuse, sans objet, existentielle. Le poète ne retrouve pas dans la nature *ihr Bild* (son image à elle), comme dans le lied de Heine du *Chant du cygne*, mais bien *sein Bild* (son image à lui), que lui renvoient le ruisseau gelé, le ciel en tempête, la feuille qui tombe.

Par un curieux narcissisme masochiste, ou par une paranoïa douloureuse, le poète ne voit dans la désolation naturelle qu'un reflet cosmique de lui-même, comme si son désir de mort avait frappé le monde. Contrairement à *la Belle Meunière*, il n'y a pas de narration ni de progression — rien qu'une errance. C'est la *fuite en avant* du personnage schubertien, qui voit dans toute tentation de repos (*Ruhe*, un des mots clés) un appel de la mort. Le tilleul, l'arbre qui ne bouge pas (*Der Lindenbaum*) ne peut inviter qu'à la mort secourable ; le mouvement et la vie s'équivalent, mais le mouvement a perdu son sens.

Un autre signe de cette dépersonnalisation qui frappe le monde, et le réduit à renvoyer les reflets multipliés du poète, est qu'un seul personnage, outre la fantomatique aimée, apparaît dans les paysages traversés, avec le lied ultime : c'est ce vieil homme joueur de vielle, à la sébille vide, dans lequel le poète reconnaît son frère et qu'il invite à jouer ses airs. Schubert pouvait s'identifier à ce musicien anonyme et seul, et qui pourtant « tourne » inlassablement sa musique, pour lui-même (*Der Leiermann*).

Un autre thème qui revient dans ces poèmes, c'est la « déréalisation » qui frappe le monde, son aspect halluciné. Dans un feu follet (*Irrlicht* : lumière-erreur), le poète reconnaît l'image de toute émotion, qui n'est qu'illusion. Autre illusion atmosphérique, une « parhélie » (*Die Nebensonnen*) fait briller dans le ciel des soleils fantômes ; le poète se croit vieux simplement parce que le givre a blanchi sa tête (*Der greise Kopf*) ; le printemps est halluciné en rêve (*Frühlingstraum*) ; bref, le monde est plein d'illusions, comme cette lumière qui danse devant les yeux du poète (*Taüschung*), telle la « claire lumière » décrite par le *Livre des morts tibétain*. En effet, dans sa désolation traversée de spectres, l'univers du *Winterreise* évoque assez bien le « monde intermédiaire » où voyage l'âme du mort selon cet ouvrage sacré, et on peut trouver une lointaine inspiration bouddhiste dans les poèmes de Müller, et dans leur vision pessimiste d'un univers-illusion.

À un autre niveau, assez secret, certaines métaphores expriment l'idée d'une guerre des principes masculin et féminin qui prendrait le monde comme champ de bataille : telle image de la tempête déchirant le manteau de nuages dont se couvre le ciel (*Der stürmische Morgen*) et aussi telle métaphore curieuse, exprimée à deux reprises, des larmes chaudes trouant la neige et la faisant fondre (*Gefrorene Tränen, Wasserflut*).

En fait, l'univers poétique de Müller est assez personnel et cohérent, et on ne peut qualifier de « rimailleur » cet auteur de talent, qui, par un curieux caprice du sort, mourut en septembre 1827, un mois avant que Schubert n'achève la composition du cycle complet.

Les vers de Müller appelaient en effet la musique, et se présentaient presque tous sous la forme de quatrains de vers courts et réguliers, métrique proche de la chanson populaire, et adaptée au lied schubertien. On comprend bien qu'au même titre que le héros du *Voyage d'hiver* « se » retrouvant dans tout ce qu'il regarde, Schubert ait pu « se » reconnaître dans ce héros et dans Müller bien plus que dans une figure impressionnante et paternelle comme celle d'un Goethe. Il n'eut aucun effort à accomplir pour faire entrer ce héros dans son propre univers.

Plus que tout autre cycle de Schubert, *le Voyage d'hiver* se présente comme un ensemble, dont on détache rarement tel lied de l'autre, parce que peu d'entre eux se prêtent à l'audition isolée : c'est le cas seulement de *Gute Nacht* (Bonne Nuit), le premier, et aussi de *Der Lindenbaum* (le Tilleul) et de *Die Post* (la Poste), deux lieder en majeur. Les autres sont saisis d'emblée comme les éléments d'une somme, et ne se referment pas sur eux-mêmes. *Le Voyage d'hiver*, bien que sans action au sens habituel, se présente ainsi comme un monodrame intime de vastes proportions, créant son propre décor et sa propre atmosphère. Il faudra aux compositeurs de lieder qui suivront Schubert, à Mahler en particulier, rien moins que l'orchestre pour créer un monde avec une telle présence.　　　　　　　　M. C.

VOYAGEUR (LE) [en all. *Der Wanderer*]. Lied pour voix et piano D. 493, de Franz Schubert, écrit en 1816 sur un texte de Georg-Philip Schmidt von Lübeck, d'abord sous le titre *Der Unglückliche* (le Malheureux), puis repris sous son titre définitif et publié en 1821. Dans ce poème à la première personne, un homme qui « descend de la montagne » chante qu'il est « partout un étranger » (« Ich bin ein Fremdling überall ») et soupire : « Où es-tu, mon pays bien-aimé ? » La réponse tombe avec le dernier vers : « Là où tu n'es pas, c'est là qu'est le bonheur. » Cette confession de l'étranger sur la terre est souvent interprétée comme un autoportrait de Schubert, qui a traité ce lied dans un style ample et plus solennel que de coutume, avec un début en récitatif, de fréquents changements d'allure rythmique et de mélodie, mais un climat général d'arioso d'opéra de forme A-B-A, avec une introduction et une coda.

Le second thème du lied, de style récitatif, avec son insistance sur la quinte du ton, se trouve repris, à quelques différences près, dans le deuxième mouvement de la *Fantaisie* pour piano D. 760 en *ut* majeur, nommée pour cela *Wanderer-Phantasie*, bien que ce rapprochement n'ait pas été revendiqué par Schubert.

Le mot français *Voyageur* ne rend pas la spécificité germanique du mot *Wanderer*, qui exprime un état existentiel de déracinement métaphysique dans lequel s'est douloureusement reconnu l'auteur de la *Belle Meunière*, du *Voyage d'hiver* et de tant d'autres œuvres qui, avec des textes ou non, scandent sur un rythme de marche ou de chevauchée la fuite en avant de l'errant vers la mort dont il a fait son but et son port. M. C.

VRANICKY (WRANITZKY), famille de musiciens tchèques.
— 1. **Antonín** (Anton), violoniste et compositeur *(Nova Rise, Moravie, 1761 - Vienne 1820)*. Il arriva à Vienne au plus tard en 1783, y étudia la composition avec Mozart, Haydn et Albrechtsberger, et en 1790 au plus tard, entra au service du prince Maximilian Lobkowitz*. Lorsque le prince, en 1807, prit la direction des théâtres de la cour et de l'Opéra, il nomma Vranicky à la tête de l'orchestre, poste que ce dernier devait conserver jusqu'à sa mort. Ami de Haydn et de Beethoven, il eut comme élève de violon Schuppanzigh* et fit paraître une méthode pour cet instrument *(Violin Fondament*, Vienne, 1804). Comme compositeur, il écrivit surtout des symphonies, des concertos et de la musique de chambre.
— 2. **Pavel** (Paul), violoniste, chef d'orchestre et compositeur, frère du précédent *(Nova Rise, Moravie, 1756 - Vienne 1808)*. Il se rendit à Vienne à l'âge de vingt ans, et y étudia avec Haydn et (en 1783) Johann Martin Kraus*. Vers 1785, il devint directeur de la musique du comte Johann Nepomuk Esterházy, et vers 1790, premier violon des orchestres des théâtres de la cour (Burgtheater et théâtre de la Porte-de-Carinthie). Comme premier violon ou comme chef d'orchestre, il fut particulièrement apprécié de Haydn et Beethoven, qui lui confièrent expressément l'un la *Création* en 1799, l'autre la première audition de la *Première Symphonie* le 2 avril 1800. Comme secrétaire de la Tonkünstler Sozietät (v. RETOUR DE TOBIE), il facilita en décembre 1797 l'admission de Haydn dans cette institution. Il écrivit des œuvres scéniques, parmi lesquelles le singspiel *Obéron* (1789) et le ballet *Das Waldmädchen* (1796), de la musique de chambre dont de nombreux quatuors à cordes, des concertos, des symphonies. L'une d'elles, la *Grande Sinfonie pour la paix avec la République Françoise*, fut interdite par décret impérial du 20 décembre 1797, son titre ayant été jugé trop provocateur. M. V.

VUATAZ (Roger), compositeur et chef d'orchestre suisse *(Genève 1898)*. Il fait ses études à Genève (Mottu et Barblan) au conservatoire et à l'Institut Jaques-Dalcroze, mais il est avant tout autodidacte. Organiste (1916), il est chef des chœurs et professeur à l'Académie de musique de Genève. De 1928 à 1934, il est critique musical au *Journal de Genève*. En 1940, il fonde la Maîtrise protestante. De 1942 à 1963, il est directeur des émissions musicales de Radio-Genève et, en 1962, président du Concours international d'exécution musicale. Passionné par les musiques anciennes (psaumes de la Réforme) et par celle de Bach (il a instrumenté *l'Art de la fugue* et *l'Offrande musicale*), il a su assimiler les techniques les plus récentes en demeurant hostile à toute école. Son lyrisme austère et souvent tourmenté s'allie parfois à l'atonalité ou à la technique sérielle, mais les quelque 500 partitions qu'il a écrites relèvent en général d'une écriture modale qui lui est personnelle. A. G.

VUILLERMOZ *(Émile)*, critique français *(Lyon 1878 - Paris 1960)*. Élève de Gabriel Fauré au Conservatoire de Paris, auteur de quelques compositions et d'harmonisations de *Chansons canadiennes et françaises*, il a débuté dans la critique musicale comme collaborateur de Henry Gauthier-Villars (Willy). Il devient, en 1910, rédacteur en chef de *la Revue S. M. I.*, organe de la Société musicale indépendante dont il a été un des fondateurs. Entre 1918 et 1940, il est critique musical au *Temps*, à *l'Excelsior*, à *Candide*, à *Comoedia*. Il publie en 1949 une *Histoire de la musique*, puis, en 1957 et 1960, deux ouvrages sur Claude Debussy et Gabriel Fauré.

Il réussit à traduire avec des mots la substance de la musique, et s'appuie sur l'image pour défendre ses opinions. Appliquée à Fauré, à Ravel, à Debussy, cette critique « impressionniste » et sensualiste fait merveille, mais s'attache davantage à l'art lui-même qu'à ses sources et à ses motivations profondes. Il reste qu'Émile Vuillermoz, grâce à son talent et à son goût, a donné à la critique musicale des pages d'une rare perfection dont la subtilité demeure sans doute inégalable.

Ouvrages principaux. *Musiques d'aujourd'hui* (1923); collaboration à des ouvrages collectifs : *Cinquante Ans de musique française* (1925); *Ravel par quelques-uns de ses familiers* (1939); *Histoire de la musique* (1949); *Claude Debussy* (1957); *Gabriel Fauré* (1960). J. R.

VYSHERAD. Œuvre de Smetana. V. *Ma patrie*.

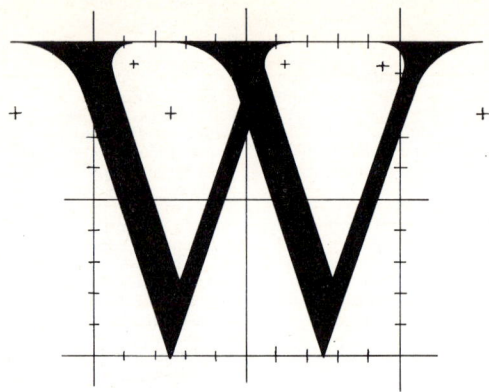

WAGENAAR, famille de musiciens néerlandais.
— 1. **Johan**, compositeur et pédagogue *(Utrecht 1862-La Haye 1941)*. Il étudia à l'École de musique d'Utrecht et à Berlin, et en 1887, succéda à son ancien maître Richard Hol aux postes de directeur de l'École de musique et d'organiste de la cathédrale d'Utrecht. De 1919 à 1937, il fut directeur du conservatoire de La Haye. Il compta parmi ses élèves Willem Pijper. Influencé par Brahms, Berlioz et Richard Strauss, il écrivit notamment l'ouverture *Cyrano de Bergerac* (1905), le poème symphonique *Saul en David* (1906), la cantate *De Schipbreuk* (1889), les opéras *De doge van Venetie* (1901) et *De Cid* (1915).
— 2. **Bernard**, compositeur, violoniste et chef d'orchestre, fils et élève du précédent *(Arnhem 1894-York, Maine, 1971)*. Il émigra aux États-Unis en 1920 et fut naturalisé en 1927. Il fut violoniste à la Philharmonie de New York (1921-1923), puis enseigna à l'Institute of Musical Art, devenu plus tard la Juilliard School (1925-1968). On lui doit notamment quatre symphonies (1926, 1930, 1936, 1946) et *Song of Mourning* pour orchestre (1944), à la mémoire des patriotes néerlandais tombés durant la guerre.   M. V.

WAGENSEIL *(Georg Christoph)*, compositeur et claveciniste autrichien *(Vienne 1715-id. 1777)*. Élève de Fux, de Gottlieb Muffat et de Matteo Palotta, il obtint une bourse d'études de la cour en 1736, et la même année, fit entendre sa première messe *(Missa spei)*. Il fut nommé compositeur de la cour en 1738, fut organiste à la chapelle de la veuve de l'empereur Charles VI de 1741 à 1750, et en 1749, devint professeur de clavecin des enfants de l'impératrice Marie-Thérèse. Dans sa jeunesse, il mena assez haut la tradition baroque, écrivant notamment plusieurs messes, parmi lesquelles la *Missa Domine libera animam meam* (1737) et la *Missa panem quotidiam* (1739), ainsi qu'environ 90 ouvrages liturgiques (entre 1737 et 1755). De 1740 date sa cantate dramatique *I Lamenti d'Orfeo*.
En 1745, il se rendit en Italie, où fut donné son premier opéra, *Ariodante* (Venise, 1745). Suivirent notamment *La Clemenza di Tito* (Vienne, 1746), *Demetrio* (Florence, 1746), *Alessandro nell'Indie* (Vienne, 1748), *Il Siroe* (Vienne, 1748) et *L'Olimpiade* (Vienne, 1749), ainsi que les pasticci *Andromeda* (Vienne, 1750) et *Euridice* (Vienne, 1750). Dans cette dernière œuvre en particulier, il réussit à élaborer de grandes scènes intégrant récitatifs, airs, ensembles et chœurs. En tout, il collabora à 5 pasticci et écrivit 10 opéras, 43 cantates et airs ainsi que 3 oratorios, *Gioas, re di Giuda* (1755), *La Redenzione* (1755) et *Il Roveto di Mosè* (1756).
Son importance ne fut pas moindre dans le domaine instrumental, où il apparaît davantage comme un compositeur préclassique. De ses 96 symphonies, toutes sauf 4 sont en trois mouvements. On lui doit aussi 93 ouvrages de musique de chambre, 3 doubles concertos (2 pour deux violons et 1 pour hautbois et basson), 3 concertos pour flûte, 2 pour violoncelle, 1 pour violon, 1 pour trombone et 93 pour instruments à clavier (1 pour quatre clavecins solistes, 6 pour deux clavecins, 12 pour clavecin ou orgue, 2 pour clavecin ou harpe, 3 pour piano-forte et 69 pour clavecin). Ses pièces pour clavecin, en particulier ses sonates, et sa musique de chambre avec clavecin frayèrent directement la voie au jeune Haydn. À signaler en particulier les *Divertimenti da cembalo* parus à Vienne en quatre groupes de six (1753, 1755, 1761 et 1763), tous dédiés à une archiduchesse d'Autriche.
Wagenseil fut le premier musicien autrichien dont la musique se répandit largement à Paris, à la fois par l'édition (vingt-neuf publications de 1755 à 1781) et au concert (au moins neuf auditions au Concert spirituel de 1759 à 1781). En 1759, il se rendit une dernière fois en Italie. En 1762, Mozart, âgé de six ans, joua un de ses concertos à Schönbrunn. À partir de 1764, malade, il se fit peu à peu remplacer comme professeur de clavecin à la cour par Matthäus Schlöger, puis par ses élèves Joseph Anton Steffan et Leopold Hofmann*. Parmi ses autres élèves, Johann Baptist Schenk*, qui raconte dans son autobiographie que Wagenseil utilisait, pour son enseignement, le *Clavier bien tempéré* de Bach, et Frantisek Xaver Dusek*, l'ami de Mozart.
Deux catalogues thématiques de Wagenseil ont été dressés par Helga Scholz-Michelitsch, l'un des œuvres pour clavier (1966) et l'autre des œuvres pour orchestre et de musique de chambre (1972).   M. V.

WAGNER *(Cosima)*, seconde épouse de Richard Wagner *(Bellagio 1837-Bayreuth 1930)*. Fille de Franz Liszt et de la comtesse d'Agoult, elle épousa le pianiste-chef d'orchestre Hans von Bülow, élève de son père et protégé de Wagner, à l'âge de dix-neuf ans : mariage sans passion dont les liens volèrent en éclats dès les premières rencontres avec Wagner, alors exilé en Suisse.
Avec courage et orgueil, Cosima accepta toutes les conséquences de cet « amour fatal » qui la liait au compositeur. Leurs trois enfants virent tous le jour avant le divorce d'avec Bülow, prononcé en 1870 : Isolde, Eva, qui épousera H. S. Chamberlain (auteur des *Fondements du XIXe siècle*, ouvrage, pangermaniste, il fut pendant longtemps, avec l'assentiment de Cosima, le coordinateur de l'exégèse wagnérienne), et Siegfried.
En cette même année 1870, Richard et Cosima, qui vivaient ensemble à Tribschen depuis 1868, régulari-

sèrent une situation qui faisait des gorges chaudes à Munich (où Bülow exerçait ses fonctions de chef d'orchestre) et fut l'une des raisons du bannissement de Wagner (1866). Dès lors Cosima ne vécut plus que pour son dieu, dont elle accompagna la création d'un amour inquiet et volontaire, puis qu'elle protégea de son mieux, à Wahnfried, des tracas du monde extérieur, enfouissant au plus profond de son *Journal* l'expiation du tort fait à Bülow.

En 1883, elle songea un moment accompagner Wagner dans la mort, puis décida d'assumer pleinement l'héritage de Bayreuth, qu'elle transmit en 1907 à son fils Siegfried.   P. G.

WAGNER (Wilhelm Richard), compositeur, chef d'orchestre et théoricien allemand *(Leipzig 1813 - Venise 1883)*. Le génie de Wagner apparaît un peu comme l'aboutissement triomphal d'une longue lignée de petits fonctionnaires obscurs, épris de Dieu comme des Muses. Sa mère, Johanna Rosine Pätz *(1778-1848)*, douée pour l'art dramatique, épousa le greffier de police Friedrich Wagner *(1770-1813)*, acteur amateur lui-même et dont le frère Adolf *(1774-1835)*, homme de lettres et théologien, jouissait, dit-on, de l'estime de Goethe. Quant aux frères et sœurs de Richard, Albert *(1799-1874)* allait devenir chanteur et metteur en scène ; Rosalie *(1803-1837)*, actrice, devait créer à Leipzig la Marguerite du *Faust* de Goethe ; Louise *(1805-1871)* suivit sa sœur sur les planches ; Clara *(1807-1875)* épousa le chanteur Wolfram, et Ottilie *(1811-1883)* le philologue Hermann Brockhaus, dont Nietzsche allait être le disciple. Seul Julius *(1804-1862)* fut simplement orfèvre.

Friedrich Wagner meurt du typhus quelques mois après la naissance de Richard et Johanna, neuf mois plus tard, se remarie avec Ludwig Geyer *(1778-1821)*, acteur, portraitiste et poète, intime des Wagner. Geyer fut-il le véritable père de Richard ? On n'en possède aucune preuve, mais Wagner hésitera toute sa vie : son œuvre abonde en orphelins hantés par la figure du père — d'autant plus inquiétante que Geyer était juif.

De cette union naît, en 1815, Cécile. Ainsi, après la disparition prématurée de Geyer, Richard grandit dans la nervosité de sa mère et les caresses de ses sœurs, dans les froufrous des robes et des costumes. À la piété déiste de Johanna se mêlent les échos des drames de théâtre : tout naturellement, le petit Richard, que chacun dans la famille a voulu ou veut artiste, écrit, met en scène, d'invraisemblables poèmes tragiques où s'entrecroisent Hoffmann, Tieck, Shakespeare, Schlegel, mythes grecs et romains (l'enfant est, déjà, l'infatigable lecteur que l'homme restera jusqu'à sa mort), voire Weber. Il découvre aussi, au Gewandhaus de Leipzig, Beethoven... et la soprano Wilhelmine Schröder-Devrient, venue jouer *Fidelio*.

Wagner, dont les études classiques à la Kreuzschule de Dresde et aux collèges Nicolaï et Thomas de Leipzig ont été assez désordonnées, décide de devenir musicien. « Cancre » dont la riche personnalité, l'affectivité à fleur de peau, l'indépendance, se plient mal à la structure de l'enseignement officiel, il trouve en Theodor Weinlig, cantor à la Thomasschule, un maître selon son goût. Mais, pressé d'essayer sans plus attendre ses connaissances toutes neuves, Wagner ne prendra jamais le temps, comptant sur son intuition, de devenir « bon » technicien ou virtuose. Il veut produire les effets sonores qui habitent son inspiration — et sa technique, il la forgera lui-même, asservie péniblement à l'expression de son art, pétrie de maladresses, de traits de génie, de contradictions esthétiques qui ne se résolvent que dans l'unité de la démarche, celle d'un genre où, précisément, l'artiste complet est une gageure.

En 1833, il est nommé chef des chœurs au théâtre de Würzburg. C'est le début d'une longue période (elle durera jusqu'en 1864) de déboires divers : fuites face aux créanciers ou aux policiers, échecs affectifs ou professionnels, misère, dépressions, maladies.

Un génie qui se cherche. En 1834, Wagner est directeur musical de la troupe Bethmann et il y rencontre Minna Planner *(1809-1866)*, qu'il épouse en 1836. Le couple (deux instables à la poursuite de leurs rêves de célébrité, d'embourgeoisement) erre dès lors de Magdebourg à Königsberg, puis vers Riga (1837) avant d'échouer à Paris (1839). À cette époque, Wagner est l'auteur inconnu de quelques pièces pour orchestre ou piano sans grand intérêt, et de trois opéras dont il a écrit lui-même le livret, tout à fait révélateurs d'un génie qui se cherche après avoir assimilé les leçons apprises au contact du répertoire lyrique italien et français : *les Noces* (1832), laissées inachevées sur les conseils moqueurs de sa sœur Rosalie, *les Fées* (1834) et *la Défense d'aimer* (1836).

Mais, dans son périple, il emporte les projets de *Rienzi* (achevé en 1840) et du *Vaisseau fantôme*, qu'il termine à Paris en 1841. Toutefois, persuadé que Meyerbeer allait intervenir en sa faveur et obtenir que l'on joue *Rienzi* à l'Opéra de Paris, Wagner doit vite déchanter ; pour subsister, il est contraint d'écrire : des articles, publiés par *la Gazette musicale* et la *Neue Zeitschrift für Musik* que dirige Schumann à Leipzig, mais aussi quantité de corrections, arrangements, réductions pour piano, voire même cornet à piston, des opéras alors en vogue. Pire : il vend le sujet du *Hollandais volant* aux librettistes Foucher et Révoil, sur le texte desquels Dietsch composera son *Vaisseau fantôme*. Alors, apprenant que Dresde accepte *Rienzi*, Wagner se sent envahi de nostalgie patriotique et s'empresse de quitter la France et les créanciers qui l'y talonnent.

Le succès de *Rienzi* lui permet d'être nommé maître de chapelle à la cour royale de Saxe (1843). Mais il s'embrouille dans les intrigues de palais, ne parvient à s'imposer comme auteur ni avec *le Vaisseau fantôme* (1843) ni avec *Tannhäuser* (1845). En revanche, il collectionne les succès publics par ses exécutions des symphonies de Beethoven. Pourtant, les propositions de réformes qu'il multiplie, concernant tant l'orchestre que le théâtre de Dresde, se heurtent à des refus de plus en plus catégoriques, d'autant qu'il emploie pour les présenter des arguments politiques marqués au coin de ses fréquentations : avec l'Association des patriotes, il exalte les soulèvements qui ont lieu un peu partout en Europe et contraignent les princes allemands à de nombreuses concessions.

Wagner, à cette époque, rédige plusieurs projets d'opéras mêlant l'histoire et la mythologie allemandes (*les Mines de Falun*, 1842 ; *les Maîtres chanteurs*, 1845 ; *Frédéric Barberousse*, 1846 ; *les Nibelungen*, 1847) à un christianisme étrange où le Messie est un révolutionnaire social nostalgique de la mort, décidant d'entrer dans le néant pour calmer l'agitation politique que ses discours provoquent (*Jésus de Nazareth*, 1849).

En même temps, le musicien noue avec Liszt des liens d'amitié qui se révéleront profitables et d'autres, plus dangereux, avec Bakounine : en effet, la répression des Princes entraîne l'entrée de troupes prussiennes en Saxe. Dresde se révolte (1849) : Wagner court parmi les insurgés. Il finit par fuir avec Bakounine et rejoint Liszt à Weimar. Le virtuose l'aide à passer la frontière suisse pour échapper au mandat d'arrêt lancé par la police saxonne.

Wagner s'installe à Zurich, repart bientôt pour la France, revient en Suisse, lit beaucoup, écrit des essais théoriques (*l'Art et la Révolution, l'Œuvre d'art de l'avenir*), accueille indifférent l'arrivée de Minna, et oublie émeutes autant qu'émeutiers en rédigeant le livret de *Wieland le Forgeron* et en surveillant de loin la création de son dernier opéra, *Lohengrin*, que Liszt dirige à Weimar (1850). Il noue une intrigue rocambolesque avec la femme d'un négociant bordelais, Jessie Laussot, écrit *le Judaïsme dans la musique* (1850) et *Opéra et Drame* (1851). À Zurich, il dirige assez régulièrement et forme Hans von Bülow au métier de chef d'orchestre avant de l'envoyer étudier auprès de Liszt, auquel, entre deux pressantes demandes d'argent, il confie étouffer aux côtés de Minna. En même temps qu'il rédige *Une communication à mes amis*, il reprend son projet des *Nibelungen* et lui donne sa forme définitive : trois journées précédées d'un prologue (1851). Durant l'année 1852, il voyage beaucoup tout en achevant les poèmes de *l'Anneau* du Nibelung* : soit, dans l'ordre de la représentation, *l'Or du Rhin, la Walkyrie, Siegfried* et *le Crépuscule des dieux*. En 1853, il donne des concerts, voyage encore (en Italie), tombe malade et rencontre Liszt plusieurs fois.

Il se rapproche progressivement de la femme de son nouveau mécène (et voisin) Otto Wesendonck : avec Mathilde, profitant des absences de Minna et d'Otto, il a de longues conversations émues au cours desquelles il lui expose son enthousiasme tout neuf pour Schopenhauer et parle de son nouveau projet, *Tristan et Isolde* (1854). Se constitue à Zurich, autour de Wagner et Wesendonck, un groupe d'intellectuels : Herwegh, l'architecte Semper, Gottfried Keller, sont les plus assidus. Le compositeur mène de front *l'Anneau*, *Tristan*, les esquisses des *Vainqueurs* (1856) et de *Parsifal* (1857), des tournées de concerts (certains avec Liszt) et des cures de santé.

La maturité créatrice. La composition de *Tristan* est une période fondamentale dans la vie de Wagner : l'œuvre marque en effet la prise de conscience violente, névrotique, des horizons ouverts au musicien par la révélation de son génie. Crise à multiples faces : matérielle, car Wagner vit pour une large part de la générosité d'amis ; affective, car son ménage se disloque, victime de l'inconstance foncière de Richard (quel que soit son talent pour travestir ses amours, où seul l'émeut le temps de la conquête, en tragédies « exemplaires ») ; philosophique, enfin, car, en étudiant Schopenhauer, Wagner relit ses propres ouvrages et leur découvre soudain des racines et des prolongements qu'il ne soupçonnait pas. Fasciné par la possibilité d'un système, il réalise l'ampleur de sa tâche : découragé par les exigences nouvelles qu'il entrevoit pour *l'Anneau*, il délaisse progressivement ce dernier au profit d'une œuvre où il pourra déverser et maîtriser la fièvre qui le brûle en faisant l'expérience immédiate d'un langage nouveau ; l'étape est indispensable dans la réflexion entreprise par le compositeur sur la cohérence globale de sa production, mais elle l'est tout autant, sinon plus, dans l'immédiat, pour l'artiste cherchant désespérément une œuvre qui lui apporterait succès et finances.

Le 2 août 1857, il suspend la composition de *Siegfried* après avoir ébauché l'orchestration de l'acte II, et se consacre à *Tristan* et à sa passion pour Mathilde Wesendonck. Pour la nouvelle élue, il rédige cinq lieder pour piano et soprano (1857-58), les *Wesendonck* Lieder*, alors que la jalousie de Minna provoque disputes et scandales. Wagner choisit de fuir à Venise, où il achève l'acte II de *Tristan* et entretient sa flamme en tenant un *Journal* destiné à Mathilde.

A Lucerne il compose l'acte III (1859), semble guéri de son amour, mais sollicite encore les largesses d'Otto Wesendonck. Enfin, il part pour Paris où il séjourne presque sans interruption en 1860, préparant le public à une représentation de *Tannhäuser* par des concerts qui obtiennent un franc succès : quelques influents à la cour de Napoléon III, acquis à la cause du compositeur, ont en effet obtenu de l'empereur la promesse d'une création exceptionnelle de l'œuvre à l'Opéra de Paris, ce dont Berlioz, qui attend en vain d'être reconnu par ses compatriotes, tirera quelque amertume. Mais, après un nombre inouï de répétitions et d'exigences satisfaites, dans une atmosphère survoltée, *Tannhäuser* tombe sous les coups conjugués de la cabale, de la presse, et des réactions violentes du public aux sentiments anti-français de Wagner (13 mars 1861).

Paradoxalement, si de nombreux artistes parisiens (Baudelaire, Gounod, Reyer, Théophile Gautier, Catulle Mendes) ont reconnu le génie de Wagner, les villes allemandes s'ouvrent soudain « au compositeur que les Français ont sifflé ». La situation matérielle de ce dernier ne s'améliore pas pour autant : ses ruses habituelles sont éventées, nul ne veut acheter les droits d'œuvres qui ne se jouent pas. Pour lui permettre d'achever *les Maîtres chanteurs*, Wesendonck vient une fois encore à son secours (1862). A ce moment, Wagner, qui mène déjà de front deux aventures avec Mathilde Maier et Frédérique Meyer, flirte doucement avec la fille de Liszt, Cosima, qui a épousé Hans von Bülow. Il bénéficie enfin d'une amnistie totale, dont il profite peu : au cours de l'année 1863, il s'épuise en une série de concerts russes, hongrois, viennois, tchèques, allemands enfin, emportant dans ses bagages le projet d'un « théâtre des Festivals » (Festspielhaus) destiné aux représentations de *l'Anneau*. Criblé de dettes, épuisé, il échoue à Stuttgart le 28 avril 1864. C'est là que le rejoint un émissaire du jeune roi Louis II de Bavière (monté sur le trône le 10 mars), lequel lui offre l'aide et l'affection sans limite de son maître... ainsi que la liquidation de ses dettes par le royaume.

A peine installé sur les bords du lac de Starnberg, Wagner prie Mathilde Maier de le rejoindre. Se heurtant à un refus, il invite alors la famille Bülow. Cosima précède Hans — et s'unit à Richard. « Sur ordre du roi », Wagner reprend *l'Anneau*. Louis II décide également d'édifier à Munich le théâtre dont rêve Wagner et en confie les plans à Semper. Mais Wagner est bientôt pris dans les rivalités de clans qui entourent le jeune roi. Pourtant, il a la double joie d'apprendre la naissance de sa première fille, Isolde *(1865-1919)*, fruit de sa liaison avec Cosima, et d'assister à la première de *Tristan* à Munich. En même temps, il commence à dicter à Cosima son autobiographie, *Ma vie*, et reprend *Parsifal*. Mais la cour se déchaîne contre lui, le rend responsable des égarements du roi, et il doit s'exiler en Suisse.

Près de Genève, il esquisse une *Mort de Roland*, poursuit la composition des *Maîtres* et décide, avec Cosima, de s'installer à Tribschen, au bord du lac des Quatre-Cantons. Bülow, attentif à éviter tout scandale, demeure en poste à Munich pendant que Cosima multiplie les séjours auprès de Richard. Mais le scandale éclate, touchant Louis II, juste avant la naissance du deuxième enfant adultérin de Wagner, Eva *(1867-1942)*. Cette même année, le compositeur achève les *Maîtres*, qui seront créés à Munich en 1868, alors que Cosima vient s'installer définitivement à Tribschen. Le couple y reçoit les visites assidues de Nietzsche, baptise son troisième enfant Siegfried *(1869-1930)* et vit, impuissant, les créations munichoises de *l'Or du Rhin* et de *la Walkyrie*, ordonnées par Louis II contre la volonté de l'auteur (1869 et 1870).

La guerre franco-prussienne et la défaite des armées de Napoléon III donnent à Wagner une occasion de vengeance mesquine : mais la publication en France de son pamphlet *Une capitulation* conduira ses admirateurs d'outre-Rhin, soupçonnés de sentiments peu patriotiques, à se faire discrets : l'adjectif « wagnérien », forgé à cette époque, sent la botte prussienne !

Le 25 août 1870, soit un peu plus d'un mois après la prononciation du divorce de Cosima et Hans von Bülow, Wagner épouse à Lucerne la fille de Liszt, ce que Louis II, blessé dans son amitié exclusive, et Liszt, choqué par l'égoïsme de son ami, pardonneront lentement. Quatre mois plus tard, pour l'anniversaire de son épouse, Wagner fait exécuter en aubade *Siegfried Idyll*, qu'il vient d'achever.

En 1871, Wagner décide d'établir son théâtre à Bayreuth, en pose la première pierre (1872) et s'installe dans la petite ville. Alors seulement il s'occupe de trouver l'argent nécessaire au financement de son entreprise, et fonde à cet effet les Sociétés Wagner (Wagnervereine). Mais celles-ci se révèlent peu efficaces, et les démarches effectuées par ailleurs si infructueuses, qu'il faudra une nouvelle fois l'aide de Louis II, accordée sans compter, pour sauver le Festspielhaus. Pendant ce temps, Nietzsche prend de la distance, mais Wagner ne fait aucun effort pour reconnaître l'originalité de son disciple et persiste à attendre que la crise passe d'elle-même.

En 1874, *le Crépuscule des dieux*, dernier volet de *l'Anneau*, est achevé. Wagner prend possession de la villa Wahnfried, presque entièrement payée par Louis II, et organise les répétitions (1875). Le premier Festival de Bayreuth, consacré à *l'Anneau*, se déroule au cours de l'été 1876 ; mais le déficit est tel qu'il interdit tout nouveau festival l'année d'après... et les années suivantes. Dès lors, Wagner partage son temps entre Bayreuth et l'Italie, composant lentement *Parsifal* et divers essais (*Religion et Art*, 1880 ; *Héroïsme et Christianisme*, 1881). En même temps, il espère avoir le temps de produire *les Vainqueurs* et... neuf symphonies. Mais la maladie l'accable : il assiste à la création de *Parsifal* (Bayreuth, 1882) dans un état de fatigue extrême, et meurt quelques mois plus tard à Venise, d'une crise cardiaque.

Son état général le condamnait : à divers maux d'origine psychosomatique (érésipèle, dysenteries, refroidissements fréquents) s'ajoutaient d'importants troubles de la vue et du système nerveux ; les organes vitaux (cœur, foie, reins) étaient tous atteints, et c'est un vieillard exténué que l'on enterra dans le jardin qui jouxte sa villa Wahnfried à Bayreuth.

Le théâtre lyrique, lieu d'initiation. On ne comprendrait rien au génie de Wagner si l'on ne voulait voir en lui qu'un compositeur d'opéras parmi les plus joués du répertoire. Obsédé toute sa vie par la fondation d'une école, Wagner considérait le théâtre lyrique comme le lieu d'une initiation. C'est en ce sens qu'il faut comprendre les termes « jeu scénique solennel » (Bühnenfestspiel) et « jeu scénique solennel sacré » (Bühnenweihfestspiel) attachés à *l'Anneau* et à *Parsifal*. La fusion entre les différents arts (poésie, musique, théâtre, danse) obéit par conséquent à un projet pour l'homme, dont Wagner a tenté de définir les lignes dans ses différents essais théoriques : il s'agit, pour commencer, de débarrasser l'Allemagne de ses aspirations troubles, d'évacuer les démons (juifs pour la plupart) importés d'Europe au temps de l'Aufklärung. On restaurera ainsi un nouveau berceau de civilisation, où pourront se régénérer et se reconnaître un peuple, une génération, une époque.

Alors que le rationalisme de l'Aufklärung ramenait l'art à une imitation de la Nature, le génie allemand dégagera une vérité au-delà des apparences. Une telle attitude, recherche constante de l'identité individuelle en relation avec l'appartenance au Tout, est, selon Wagner, l'expression la plus haute de la vraie foi ; elle définit une communauté nationale, terme plus mystique que politique, mais dont il conviendra de traduire politiquement l'impérieuse nécessité.

La tragédie, alpha et oméga de tous les autres arts (tous viennent d'elle et tendent à y retourner), apparaît au compositeur le meilleur moyen d'aider les hommes à communier au spectacle de leur propre aventure : ils s'y reconnaîtront, prendront conscience d'une même détresse. Dès lors, ils n'auront de cesse de mettre un terme à leur errance souffrante en se regroupant derrière un chef capable de porter le poids de l'exigence spirituelle de ses sujets et de la traduire en actes.

L'artiste, au cas où le souverain oublierait ce devoir sacré, interviendra pour éclairer l'âme de ceux qui cherchent et les guider provisoirement. C'est ce rôle que Wagner estime jouer à son époque. Et si le compositeur ne formula clairement les principes du drame musical qu'au moment où il construisait *l'Anneau du Nibelung*, toutes ses œuvres antérieures, à compter du *Vaisseau fantôme*, conduisent à cette alchimie où le texte devient musique, la musique action et l'action théâtre.

Un langage personnel. Il n'est pas indifférent, bien au contraire, que Wagner ait été le premier compositeur à écrire lui-même ses livrets. L'unité de sa pensée créatrice demeurant assurée, les livrets furent naturellement rédigés, dans leur cadre comme dans leur structure, en fonction de la partition à venir. Restant maître de son temps dramatique, Wagner renonça progressivement au découpage traditionnel des opéras en airs, récitatifs et ensembles. Plus exactement, il rejeta leur juxtaposition arbitraire pour les réintroduire dans la continuité du drame, dont le déroulement ne pouvait être rythmé par des numéros au rôle trop précis : celui, par exemple, d'assurer à chaque soliste, en quantité équivalente, des « moments de bravoure ».

Rejetant de même la succession de mélodies autonomes, il crée la mélodie continue, tout entière issue du discours et le soutenant. Il est ainsi conduit à inscrire le mouvement musical dans de longs espaces de temps, qu'il baptise « actes » sans rechercher pour eux une terminologie nouvelle : comment, d'ailleurs, qualifier les quatre tableaux de *l'Or du Rhin*, exécutés sans interruption ? C'est l'alternance des rythmes qui structurera bientôt la partition du drame musical, reproduisant une sorte de respiration tout à la fois physique et intellectuelle.

De ce point de vue, le rythme de la phrase musicale est lié à celui de la phrase écrite. L'alternance des sonorités, des consonnes et voyelles, la sonorité propre de la phrase induisent son traitement musical, pléonastique, complémentaire ou contradictoire, faisant du texte lui-même une partition.

Au balancement régulier de la poésie classique allemande (Goethe, Schiller, etc.), qu'il imite au début, Wagner substitue bientôt un langage plus personnel. Retrouvant, peut-être inconsciemment, le Stabreim du Moyen Age allemand, il est le premier à utiliser rationnellement les multiples possibilités de la langue allemande dans un but musical. Il remplace la rime par une succession d'allitérations qui rythment des phrases à la syntaxe très libre. Le procédé culminera dans *Tristan*, mais ne figurera plus dans les *Maîtres* (rimés) que de manière négligente ou narquoise. Quant au texte de *Parsifal*, il n'obéit plus à d'autre règle que celle d'une musicalité propre, sereine, comme parfaitement maîtrisée : la lente minutie avec laquelle Wagner composa la partition explique sans doute l'adéquation parfaite entre notes et mots. Il est enfin le premier à avoir utilisé la respiration ou le cri comme modèles pour un développement musical, le premier aussi à caractériser des personnages par l'emploi exclusif de certaines sonorités verbales.

La musique elle-même est action : les préludes et ouvertures ne sont plus de simples morceaux symphoniques plus ou moins bien accrochés à l'œuvre ; ils résument l'action passée ou à venir, introduisent en un lieu, préparent un climat, annoncent un personnage ou un événement, et ne se contentent plus d'exposer les thèmes des airs principaux. Certes, l'éthique de la philosophie allemande a toujours chargé la musique d'un sens qui dépasse le plaisir de l'oreille : venant après Weber et Beethoven, Wagner voyait sa route tracée. Il lui revient de l'avoir explorée complètement.

Le rôle ainsi dévolu à la partition est tout d'abord permis par l'emploi systématique du leitmotiv, ou motif conducteur. Chaque personnage, dans les différents aspects de son histoire ou de sa personnalité, chaque sentiment, objet, situation, se voient attacher un thème, parfois réduit à quelques notes, ou à un accord, voire à une tonalité ou une structure rythmique. Chaque motif est susceptible d'altérations, de renversements, d'autant de modifications qu'il sera nécessaire pour traduire musicalement l'évolution d'une pensée. Il ne s'agit pas d'une « carte de visite » ou d'un commentaire pléonastique, mais bien d'un langage parallèle.

Toutefois, Wagner ne comprit qu'avec *l'Anneau* tout le parti qu'il pouvait tirer du motif conducteur. L'ouverture du *Vaisseau fantôme* expose les thèmes du Hollandais, du Rachat pour l'amour et du Chœur des matelots, mais ils reviendront dans la partition sous la même forme et dans la même orchestration, utilisés plus comme repères mnémotechniques que pour préciser la psychologie des héros. *Tannhäuser* et *Lohengrin* témoignent d'une lente évolution : l'augmentation du nombre des leitmotive permet naturellement de diversifier leurs fonctions. Mais, de *l'Or du Rhin* à *Parsifal*, Wagner ne cessera de raffiner son système, en liaison avec les progrès de son langage orchestral. Car le rôle dévolu à l'orchestre est bien entendu fondamental, et pas seulement parce que l'orchestration, elle aussi, sert aux variations des motifs. Le drame musical exige en effet de l'orchestre une participation constante aux fluctuations de l'action.

A dire vrai, Wagner a peu innové en matière d'orchestre : il emploie celui de Beethoven (le Beethoven de la *9ᵉ Symphonie*) en renforçant les pupitres de cuivres. Ses trouvailles en matière de coloris et d'alliages de timbres viennent plutôt de la révolution qu'il introduit dans l'harmonie. La cassure, cette fois encore, se situe au niveau de *Tristan*. Jusque-là, Wagner est fondamentalement tonal, modulant peu, même si l'écriture harmonique se complique au fur et à mesure qu'il acquiert du métier. Non que *Tristan* échappe réellement aux lois de la tonalité, mais Wagner y rompt avec Beethoven (accords parfaits, tonalités précises, cadences stables, etc.) pour retrouver Bach et exacerber le chromatisme. L'écriture devient contrapuntique, chaque partie acquiert son autonomie, et les leitmotive circulent librement de l'une à l'autre, donnant à la trame musicale une animation constante.

Souvent, Wagner affleure la bitonalité : cette incertitude savamment calculée le conduit à utiliser de préférence appoggiatures, altérations, notes de passage, et surtout les accords de septième et de neuvième, soumis à un travail complexe et novateur quant à leur agencement. *Tristan,* en particulier dans l'acte III, donne donc l'exemple : il n'en faudrait pas croire pour autant que, dès ce moment, Wagner n'évoluera plus : les *Maîtres* apparaissent essentiellement diatoniques, tandis que *Siegfried* (pour l'acte III) et *le Crépuscule des dieux,* d'une part, *Parsifal,* d'autre part, seront soumis à des recherches assez différentes quant à la polyphonie, l'art de moduler, de structurer les cellules musicales, d'orchestrer enfin.

L'action musicale devient théâtre. Quelques exemples suffisent à le faire comprendre. La partition peut, tout d'abord, servir de « véhicule spatio-temporel » ; les interludes de *l'Or du Rhin,* le voyage de Siegfried sur le Rhin qui lie, dans *le Crépuscule des dieux,* le prologue à l'acte I, les interludes de *Parsifal* au cours desquels « le temps devient espace », ne sont pas des pièces symphoniques à programme : ils mêlent à la description des lieux traversés la transformation qui s'opère dans l'esprit des héros. Plus significative encore est la marche funèbre du *Crépuscule* : bâtie sur les motifs attachés à l'histoire de Siegfried, elle est l'occasion pour la foule (public compris) de réfléchir à la valeur de la mort du héros.

Plusieurs effets dramatiques, en second lieu, impliquent leur visualisation. Au deuxième acte de *Siegfried,* le sang du dragon qui éclabousse la main du héros permet à ce dernier de comprendre le sens caché des paroles de Mime, le nain qui veut l'empoisonner ; si le public est mis dans la confidence, l'acteur qui tient le rôle du Nibelung doit jouer le contraire de ce qu'il chante. D'une manière générale, c'est d'ailleurs le rapport dialectique du texte et de la musique qu'il importe de visualiser par la mise en scène.

Enfin, l'outil qu'est devenu le théâtre de Bayreuth a permis à Wagner de penser différemment la musique : l'étagement des chœurs dans la coupole de Montsalvat, prévu par la mise en scène (*Parsifal,* acte I), est directement responsable du son que le compositeur a imaginé, en fonction de l'acoustique du Festspielhaus. « L'orchestre invisible » de Bayreuth autorisa d'ailleurs le gonflement des pupitres de cuivres, parce que la disposition des instrumentistes dans la fosse (cuivres et percussions au bas des gradins, seconds violons avec l'F tourné vers le devant de l'orchestre, premiers violons avec l'F vers l'arrière) réalisait un équilibre du son unique en son genre. Cet équilibre, que Wagner a voulu pour *l'Anneau,* en fonction duquel il a orchestré *Parsifal,* avantage naturellement les chanteurs.

En ce qui concerne ces derniers, il est utile, pour savoir ce que Wagner attendait d'eux, de rappeler l'adoration qu'il vouait à Wilhelmine Schröder-Devrient. Il reconnaissait ses limites (une voix usée, peu virtuose), mais restait confondu devant son tempérament de tragédienne. De même, parlant de Schnorr von Carosfeld, le créateur de Tristan, il louait « une voix pleine, sensible et brillante, instrument à la disposition d'une tâche intellectuelle parfaitement maîtrisée », et consacrait plus de temps à détailler l'interprétation dramatique du ténor que ses prouesses vocales. Les témoignages précis sont rares sur la manière dont dirigeait Wagner : de sa volonté, maintes fois affirmée, de libérer le tempo de la mesure, de son souci de préserver avant tout la clarté et l'intelligibilité du texte, du soin apporté à l'acoustique du Festspielhaus, on peut légitimement conclure qu'il refusait déclamation hachée, à bout de souffle, autant que boursouflures orchestrales.

La « tradition » instituée par Cosima, le faible intérêt porté longtemps aux textes et aux indications de Wagner, l'idée, trop répandue, que l'orchestre wagnérien doit sonner avec force, l'apparition de chanteurs aux moyens vocaux surdimensionnés, voire même les progrès des techniques d'enregistrement, ont fait oublier le vrai visage du chant wagnérien. Sans doute Wagner n'a-t-il pas vécu assez pour constituer une distribution idéale : mais Carosfeld, Marianne Brandt (créatrice de Kundry), Franz Betz (créateur de Sachs et Wotan), Karl Hill (créateur d'Alberich et Klingsor), Gustav Siehr (créateur de Hagen et Gurnemanz) ou Theodor Reichmann (créateur d'Amfortas) correspondaient vraisemblablement à ses désirs.

Il semble d'ailleurs que Wagner a su très tôt définir les types vocaux dont il avait besoin ; Senta, le Hollandais ont pratiquement servi de modèles à tous les développements ultérieurs du soprano et du baryton-basse wagnérien : une tessiture assez étendue mais n'exigeant aucune « pyrotechnie vocale », un grave sonore, un aigu éclatant, un médium richement coloré. Pour les ténors, en revanche, après l'imitation de Lortzing et Flotow (Erik du *Vaisseau*) ou de l'opéra italo-français (Tannhäuser), il opte pour une voix de tessiture peu large (l'ultime aigu est généralement au *la,* en dépit de l'*ut* inscrit au *Crépuscule des dieux*), mais tendue, nécessitant souplesse, sonorité et endurance ; c'est pourquoi Wagner enseigna surtout à ses interprètes l'art de la respiration naturelle du chant : il leur suffisait de suivre intelligemment le texte pour vaincre les difficultés de la partition.

Il savait vraisemblablement à quoi s'en tenir, lui qui avait écrit pêle-mêle texte, chant et mise en scène, guidant aussi (ce qui est capital) la baguette de ses chefs d'orchestre attitrés (Bülow, Richter, Levi, etc.). Mais ce précieux conseil fut vite oublié. Certes, Wagner dut compter avec l'horizon musical d'où venaient ses premiers interprètes (Tischatschek était un rossinien idéal, mais il défendit Rienzi et Tannhäuser ; Carosfeld étincelait dans *Robert le Diable* lorsqu'il aborda Tristan) ; mais c'est précisément cette richesse d'inflexions que le compositeur s'efforça d'inculquer à Niemann, Vogl, Unger, Gudehus, Winckelmann (qui, à Bayreuth, furent les ténors de *l'Anneau* et de *Parsifal*), qu'il fut heureux de rencontrer chez Marianne Brandt (laquelle chantait aussi Elvire de *Don Giovanni*), voire chez Lili Lehmann.

La polymorphie du discours. Il demeure que l'exégèse concernant les opéras de Wagner, le sens du message que les interprètes sont censés véhiculer n'a cessé de se compliquer, et ce dès l'époque du compositeur. Survivant aux remises en question les plus radicales comme aux récupérations idéologiques, elle a donné naissance à une abondante littérature, à l'édification de chapelles, attirant dans son orbite, avec plus ou moins de bonheur, tous les systèmes d'analyse possibles. Cette volonté de mettre en lumière les différentes sources de l'écriture wagnérienne et les différentes possibilités de sa lecture a paradoxalement souvent abouti à des schémas d'explication fort réducteurs dans leur désir de trouver l'unique clef ouvrant toutes les portes du wagnérisme. C'est dire à quel point la polymorphie du discours wagnérien pose problème, à quel point aussi il est capable de renvoyer à toutes les époques l'image de ses certitudes et de ses inquiétudes et, par là, d'échapper aux modes.

Il est difficile en tout cas de ne pas se demander dans quelle mesure, à la cohérence de la trame dramatique des opéras de Wagner, répond une cohérence de la pensée qu'ils mettent en scène. La rigueur de l'enchaînement des scènes et des actions, la fascination exercée par l'orchestre et le chant, peuvent masquer le fond du discours, soit en lui donnant une évidence émotionnelle qu'il ne possède pas rationnellement, soit en l'introduisant subrepticement alors que l'attention du public reste braquée sur des événements jusque-là présentés comme essentiels.

On s'aperçoit aisément en effet que le finale des opéras wagnériens contient une accélération brutale de la pensée, un déplacement soudain de la problématique, insidieusement masqués par l'agitation surabondante de l'action ou son apaisement. Comme si l'auteur, ayant mené jusque-là un discours souterrain parallèle, éprouvait quelque peine à affirmer clairement le choix effectué *in fine* entre les différents raisonnements, quelque hésitation à attirer l'attention sur ce qu'il considère désormais comme essentiel, entendons sur le personnage soudainement parvenu au premier plan : celui qui tire la leçon des événements, ne se contente pas d'achever l'action mais fait en sorte qu'elle ne puisse plus jamais avoir lieu, celui qui écarte le danger du recommencement, celui qui sauve.

Wagner entrecroise donc, au cours d'une même action, plusieurs parcours. Celui, tout d'abord, de deux héros déstabilisés et déstabilisateurs. La réaction, en second lieu, d'une société qui, perturbée par la présence en son sein ou à ses frontières des deux hors-la-norme, tente de résister au vertige, se crispe ou s'abandonne, cherche à reconstituer son unité. L'intervention, enfin, d'une tierce personne qui, par son sacrifice, permet une certaine forme de réconciliation.

Les sociétés que présente Wagner sont généralement décadentes, au sens tout au moins où il entend le mot : elles ont oublié le sens profond des lois qui les gouvernent, elles ont perdu le secret de leur origine divine. Gangrenées par des apports étrangers impurs, elles sont victimes de ceux qui profitent des hésitations de la conscience collective pour détourner le pouvoir au profit de leurs ambitions propres. Les héros apparaissent dès lors comme les premières victimes de ce déracinement : images d'un monde coupé de son origine, oublieux de son sens (sa signification mais aussi son histoire), ils en vivent les contradictions de manière exacerbée. C'est à leur malheur que Wagner nous permet d'assister, ne négligeant aucun aspect de cette pathologie. C'est sur eux qu'il attire l'attention du public, sans jamais le détromper : car si les héros se révoltent et se présentent en dénonciateurs du monde organisé, si Wagner les accompagne scrupuleusement, l'auteur se garde bien jusqu'à la fin d'indiquer l'essentiel, à savoir que si leur aventure est exemplaire, ce n'est point tant parce qu'elle est digne d'être imitée, mais parce qu'elle est révélatrice d'un besoin. On assiste donc aux tentatives désespérées des héros pour échapper aux tortures du monde : cette attitude, loin d'être salvatrice, conduit à la pire angoisse. Elle sert peut-être le destin individuel des héros, mais en aucun cas celui de l'humanité.

L'intervention d'une tierce personne est donc nécessaire, afin d'organiser la violence issue de la crise et de donner un sens à la souffrance. Dans un premier temps, Wagner confie ce rôle à Dieu, réellement deus ex machina venant réconcilier l'apparemment inconciliable, récupérer la dénonciation du monde au profit de sa consolidation. Par la suite, Wagner introduira un troisième héros, évoluant de manière souterraine.

L'ambiguïté, déjà dénoncée par Nietzsche, vient de ce que Wagner s'avère incapable de présenter de manière positive une théorie du renoncement et de la béatitude : le bouddhisme qui devait inspirer *les Vainqueurs* a vite cédé devant les sortilèges hautement dramatiques qu'offrait la passion chrétienne. En conséquence de quoi, Wagner estime préférable d'exacerber l'angoisse et les douleurs nées du vouloir-vivre, imaginant que, par contrecoup, celui qui annoncera son renoncement en paraîtra plus grand et plus héroïque. Il n'empêche que le théâtre wagnérien se nourrit essentiellement de la souffrance, et que Wagner se montre fort discret quant à la philosophie et à l'organisation sociale qui jailliront du renoncement.

Car c'est bien de renoncement qu'il s'agit : hanté par la possibilité toujours offerte du péché (être coupé de Dieu), Wagner en vient à dénoncer l'instrument de ce péché : la femme, moteur de l'Histoire humaine, nécessaire pour précipiter l'homme dans le doute, nécessaire à sa prise de conscience, à son retour sur soi, mais soudainement inutile et dangereuse dès que le contact est renoué avec Dieu (avec les autres hommes), dès que l'Histoire prend fin et que se reconstitue l'âge d'or.

Au contraire de Nietzsche qui exaltait l'éternel recommencement de tout, Wagner se crispe violemment sur un acquis : il dénonce les moteurs du désir, il dénonce le désir lui-même qui condamne l'individu à oublier son appartenance à un Être originel et le précipite dans une quête insensée du soi. Ce n'est pas au travers de la multiplicité des expériences que l'homme acquiert sa totalité mais, bien au contraire, par l'éradication brutale des apparences trompeuses nées de la création. Il faut désirer un état, celui de l'originelle totalité, dans lequel le désir, né de la multiplicité, n'existe plus. Car, pour Wagner, toute création est imparfaite, donc mauvaise, parce que Dieu n'a pu créer qu'en se mutilant. Il faut donc mettre fin aux individus.

Mais, condamné par les lois de son théâtre à mettre l'accent sur l'individu, Wagner a quelque honte à avouer qu'en réalité son théâtre aboutit à une négation farouche de l'individu. Or, mettre en scène pareille contradiction revient paradoxalement à justifier encore Bayreuth, qui se nourrit ainsi pour survivre de sa propre dénonciation. On ne peut avoir raison du phénomène wagnérien. P. G.

WAGNER *(Siegfried)*, fils de Richard Wagner *(Tribschen 1869 - Bayreuth 1930).* Wagner, qui n'avait de l'avenir de son seul fils qu'une très vague idée, ne pensait certainement pas que ce dernier se retrouverait en 1907 placé à la direction du Festival de Bayreuth. Or, modestement, Siegfried suivit les traces de son père ; il composa de nombreuses pièces instrumentales et quatorze opéras-contes de fées, aujourd'hui bien oubliés, parmi lesquels on peut citer : *Der Bärenhäuter* (*l'Homme à la peau d'ours*, 1898), *Sonnenflammen* (*Flammes de soleil*, 1912), *Der Friedensengel* (*l'Ange de la paix*, 1914), *An allem ist Hütchen schuld* (*Tout est de la faute de Hutchen*, 1915), *Die Heilige Linde* (*le Tilleul sacré*, 1927) et *Das Flüchlein, das jeder mitbekam* (*La petite malédiction qui frappait chacun*, 1930). Mais c'est surtout comme chef d'orchestre qu'il acquit une réputation internationale.

En 1915, il épousa Winifred Klindworth-Williams *(1897-1980)* dont il eut, très vite, les quatre enfants : Wieland *(1917-1966)* ; Friedelind *(née en 1918)*, auteur d'un livre de souvenirs fort critique pour sa mère, *Héritage de feu* ; Wolfgang *(né en 1919)* et Verena *(née en 1920).* Il disparut quelques mois après sa mère, ayant laissé Winifred s'engager toujours plus avant aux côtés du parti national-socialiste : monarchiste convaincu, mais peu militant, Siegfried ne sut doute pas apprécier les dangers qui menaçaient la république de Weimar — ou bien crut-il, naïvement, qu'ils épargneraient Bayreuth. P. G.

WAGNER *(Wieland)*, fils aîné de Siegfried Wagner *(Bayreuth 1917 - Munich 1966).* Il commença sa carrière à Bayreuth en dessinant les décors des *Maîtres chanteurs* donnés au cours des saisons 1943-44. Après la guerre, il prit avec son frère Wolfgang la direction du Festival que sa mère, interdite d'activité par un tribunal de dénazification, mais seule héritière de Siegfried, accepta de leur céder. Entre 1951 et 1961, les deux frères se partagèrent la tâche difficile de relancer l'entreprise tout en imposant un style visuel nouveau, dont porta témoignage la mise en scène de *Parsifal*, à l'affiche jusqu'en 1973 et constamment améliorée. Le dépouillement esthétique, progressif, l'utilisation prioritaire des ressources de l'éclairage pour sculpter l'espace et les corps, se doublèrent d'une analyse universaliste, au sens strict, de l'œuvre de Wagner.

A partir de 1961, Wieland assura seul la totalité des

créations : dépassant l'humanisme transcendant par lequel il glorifiait ses héros, il osa petit à petit certaines remises en question. Le matériau décoratif utilisé avait beau demeurer le même, le rapport qu'entretenaient avec lui les personnages évolua considérablement, dans le sens d'une individuation moins rigoureuse des héros et de leur réinsertion dans un contexte sociopolitique gommé jusque-là au profit de descriptions archétypiques. De cette évolution témoignèrent en particulier les différentes productions de *Tannhäuser* (1954, 1961, 1964) et des *Maîtres chanteurs* (1956, 1963), ainsi que l'engagement de Pierre Boulez pour diriger *Parsifal* en 1966.

Après avoir dégagé Wagner — et Bayreuth — d'une histoire allemande trop immédiate, Wieland se préparait sans doute à désacraliser le style même du nouveau Bayreuth. Sa mort prématurée priva le théâtre lyrique d'un de ses plus importants chefs de file, puisque aussi bien il mit en scène Verdi et Beethoven, Berg et Richard Strauss. Il fut le plus souvent servi par une interprète selon son cœur, Anja Silja, meilleur exemple de ces retrouvailles de l'acteur avec son rôle que prônait Wieland en réaction contre les conventions standardisées du genre opéra.   P. G.

WAGNER *(Wolfgang)*, troisième enfant de Siegfried Wagner *(Bayreuth 1919)*. A partir de 1951, il partagea avec son frère Wieland la direction du Festival de Bayreuth. En 1961, il délaissa la mise en scène pour se consacrer à la gestion administrative de l'entreprise. La mort de Wieland, en 1966, fit de lui le seul responsable du Festspielhaus. Ses propres réalisations nouvelles, par lesquelles il remplaça progressivement les productions de son frère, différaient assez sensiblement, en dépit d'une évidente parenté décorative, de celles du disparu. Elles se signalaient par une utilisation très colorée des techniques d'éclairage et de projection qui lui servirent surtout à illustrer de façon assez banale des œuvres dont il neutralisait les arrière-plans idéologiques.

Or l'accélération culturelle provoquée par l'année 1968, l'émergence de nouveaux lieux wagnériens où se manifestait le désir d'en revenir à la reconstitution d'un quotidien légendaire très traditionnel par le biais d'un plus grand réalisme émotif (comme le fera Karajan à Salzbourg), l'intérêt nouveau, enfin, porté à l'opéra par des chercheurs venus d'horizons très divers étaient autant de raisons de remettre en cause un style d'interprétation qui ne pouvait même plus prétendre équilibrer la tradition du carton-pâte et les recherches esthétiques ou idéologiques des nouveaux venus.

Reconnaissant qu'il ne pouvait maintenir seul le rôle d'atelier du théâtre lyrique dévolu au Festival, Wolfgang engagea des metteurs en scène de toutes tendances sans pour autant renoncer à ses propres travaux. Cette politique a contribué à renouveler profondément le public du Festspielhaus ; elle a, en outre, permis à Bayreuth de retrouver sa place au premier rang des festivals. En contrepartie, elle a engendré de notables différences de qualité entre les spectacles.   P. G.

WAGNER-REGENY *(Rudolf)*, compositeur allemand d'origine roumaine *(Szasz-Regen, Transylvanie, 1903-Berlin-Est 1969)*. Il étudia à Leipzig (1919) et à Berlin (1920), et fut naturalisé en 1930, après s'être fait connaître par de courtes pièces théâtrales comme *Sganarelle oder Der Schein trügt*, d'après Molière (Essen, 1929) ou *Der nackte König*, d'après Andersen (Gera, 1930). En 1935, son opéra *Der Günstling* (d'après Hugo) fut créé avec succès à Dresde, mais *Die Bürger von Calais*, d'après Froissart (Berlin, 1939) et surtout *Johanna Balk* (Vienne, 1941) suscitèrent la réprobation du régime national-socialiste. Après 1950, il enseigna à Rostock et à Berlin-Est, et développa une conception personnelle de la technique sérielle. Il écrivit alors l'oratorio scénique *Prometheus* (Cassel, 1959), l'opéra *Das Bergwerk zu Falun* (Salzbourg, 1961), et diverses partitions instrumentales.   M. V.

WALCHA *(Helmut)*, organiste allemand *(Leipzig 1907)*. Élève de Günther Ramin, il devint complètement aveugle vers l'âge de seize ans, et en 1929, fut nommé organiste de la Friedenskirche (église de la Paix) à Francfort. En 1933, il devint professeur au conservatoire de Francfort, et, en 1938, il fut nommé à l'Académie nationale de musique. En 1946, il devint aussi titulaire de l'orgue de la Dreikönigskirche (église des Trois-Rois) de Francfort. C'est à cette date qu'il prit la direction du Centre d'études Bach à l'université de Francfort. Il y fonda l'Institut de musique sacrée et en devint directeur en 1947.

Admirable technicien de l'orgue baroque, il donne de nombreux concerts en Allemagne et à l'étranger, et a interprété au disque l'œuvre pour orgue de Jean-Sébastien Bach et de ses prédécesseurs. On lui doit des éditions de Bach et Haendel, des articles et quelques compositions.   J.-F. L.

WALCKER. Importante famille de facteurs d'orgues allemands, établis depuis 1871 et aujourd'hui fixés à Ludwigsburg. En près d'un siècle d'activité, la firme Walcker a construit plus de 5 000 instruments, dans l'Europe entière, mais aussi en Amérique du Nord et du Sud, et au Japon. Le plus important est le nouvel orgue de Saint-Michel de Hambourg (164 jeux sur 5 claviers, 1912). Elle a su évoluer au cours des âges et maintenir ainsi sa suprématie en Europe, malgré le renouvellement des tendances esthétiques. De nos jours, elle a contribué au mouvement de retour au classicisme.   G. C.

WALDSTEIN *(Ferdinand, comte von)*, mécène et compositeur germano-tchèque *(Dux [Duchov], Bohême, 1762-Vienne 1823)*. Arrivé à la cour du prince-Électeur de Cologne à Bonn en janvier 1788, il y fut reçu dans l'Ordre teutonique en juin, et se lia d'amitié avec le jeune Beethoven. En 1791, le *Ritterballet* (WoO 1) de Beethoven fut attribué dans un compte rendu de la cour à Waldstein lui-même, qui peut-être en avait composé certains thèmes. Lors du départ de Beethoven pour Vienne en novembre 1792, c'est Waldstein qui écrivit sur son carnet la fameuse phrase : « Par une application incessante, recevez l'esprit de Mozart des mains de Haydn. »

Une douzaine d'années plus tard, Beethoven dédia à Waldstein sa *Sonate pour piano* n° 21 en *ut* majeur op. 53, composée pour l'essentiel début 1804 et parue à Vienne au Bureau des arts et d'industrie en mai 1805. Dans la succession des sonates, la *Waldstein* joue en gros le même rôle que l'*Héroïque* dans celle des symphonies (les deux œuvres sont d'ailleurs contemporaines). La *Waldstein* allie en effet à des dimensions fort vastes une structure concise et parfaitement intégrée. Dans l'*allegro con brio* initial, il faut citer notamment les quatorze accords identiques du début, qui font de cette page un ancêtre du *Klavierstück IX* de Stockhausen, les quelque treize mesures qui s'écoulent avant que la tonalité principale ne soit clairement établie, et l'apparition du second groupe de thèmes non pas à la dominante *sol* majeur, mais à la médiante *mi* majeur (exemple parmi d'autres de ces substituts de dominante que Beethoven recherch si souvent comme moyen d'accroître la tension dans ses expositions de forme sonate).

En guise de deuxième mouvement, Beethoven écrivit d'abord un morceau assez long en *fa* majeur connu maintenant sous le nom d'*andante favori* (WoO 57, publié isolément en mai 1805). Il le remplaça par l'actuel *adagio molto*, beaucoup plus court, en fait introduction au finale, et dont les accords de *mi* majeur, entre autres, font le lien avec le premier mouvement. Il est clair que l'*andante favori*, plus diffus, aurait nui au rythme global de la sonate.

Le finale *allegretto moderato* est un rondo de très grandes dimensions. Les difficultés techniques en sont considérables, surtout vers la fin, avec ces trilles gigantesques annonçant les dernières sonates, et cette coda marquée *prestissimo* renouvelant complètement l'usage du piano.   M. V.

WALDTEUFEL (Emil), pianiste et compositeur français (Strasbourg 1837 - Paris 1915). Il commença ses études musicales à Strasbourg, mais fut l'élève de Marmontel et de Laurent au Conservatoire de Paris. Il débuta en faisant éditer quelques valses qui eurent du succès. En 1865, il était nommé pianiste de la chambre de l'impératrice Eugénie et fut chargé d'organiser les festivités, en particulier les bals, aux palais des Tuileries et de Compiègne. Il dirigea également jusqu'à la guerre de 1870 les bals de l'Opéra. Il se consacra uniquement à la musique de danse et ne cessa d'écrire des valses jusqu'à sa mort. Après la guerre de 1870 et la chute de l'Empire, il dirigea les orchestres des grands bals de Paris. On le surnommait le « Strauss français ».

S. W.

WALKYRIE (LA). Première journée en 3 actes de *l'Anneau du Nibelung*, livret et musique de Richard Wagner, créée contre la volonté de l'auteur sur ordre du roi Louis II de Bavière le 26 juin 1870 au théâtre de la Cour à Munich. *La Walkyrie* est sans doute le plus connu et le plus joué des volets de *l'Anneau* : par son action, sa structure, sa dimension, sa distribution, elle peut en effet se détacher plus aisément de l'ensemble. Sans doute, surtout, est-elle aussi la plus riche en images musicales chargées d'émotions « wagnériennes » : cris de guerre des Walkyries, chevauchée, monologue et adieux de Wotan, duo des Wälsungen avec le chant du Printemps, sont autant de moments de bravoure d'un lyrisme ample et sauvage, facilement repérables par un public que déroute, dans *l'Anneau*, l'absence de telles ponctuations musicales de l'action.

ACTE PREMIER. (L'intérieur d'une maison dont un frêne soutient la charpente.) *Un fuyard* (t), *blessé, fait irruption. L'épouse du maître des lieux* (s) *le réconforte : entre eux naît silencieusement un charme amoureux que brise l'entrée de Hunding* (b). *Pressé de raconter les malheurs qui l'ont poursuivi jusque-là, l'étranger, qui se dit fils de loup, manifeste une attitude hostile aux lois que respecte Hunding : reconnaissant un ennemi de son clan, ce dernier lui promet la mort pour le lendemain. Resté seul, l'étranger invoque son père Wälse : où est la promise pour le jour de la plus grande détresse ? La femme revient et lui montre une épée enfoncée jadis dans le frêne par un vieillard (l'orchestre nous apprend qu'il s'agit de Wotan), destinée au plus vaillant : depuis, elle attend l'élu, car qui délivrera l'épée la délivrera, elle, d'un époux auquel elle fut vendue.*

L'irruption du printemps les pousse à l'aveu de leur amour, né de la compassion qu'ils éprouvent chacun pour les douleurs endurées par l'autre. Ils découvrent leurs corps, si ressemblants, et, lorsque l'étranger révèle le nom de son père, la femme exulte : il est Siegmund le Wälsung, elle est sa sœur jumelle Sieglinde. Retrouvant son nom, le héros comprend en quoi ses malheurs étaient nécessaires : il arrache l'épée du tronc, la baptise Nothung (Détresse nécessaire) et s'enfuit avec Sieglinde.

ACTE II. (Un défilé.) *Wotan* (bar) *ordonne à la Walkyrie Brünnhilde* (s) *de favoriser Siegmund dans le combat qui va l'opposer à Hunding. Mais Fricka* (ms) *intervient et entame un violent réquisitoire : au nom de quoi permet-on l'inceste et l'adultère ? Depuis toujours elle a fermé les yeux, sinon le cœur, aux infidélités de son époux descendu sur terre jouir de femmes toujours nouvelles ; or voici que, déguisé en Wälse, il a conçu les jumeaux sacrilèges au ventre d'une louve ! Wotan se défend : il a cherché la nouveauté sans trêve car il faut aux dieux un héros libre de leurs lois afin qu'il puisse agir hors de cette loi en reprendre l'anneau offert au géant. Fricka détruit l'argument : de quelle liberté jouissent les humains sinon de celle que les dieux leur ont octroyée ? Wotan seul a fait la détresse et l'épée du héros : il peut donc les lui ôter. Elle obtient ainsi la mort de Siegmund le Wälsung.*

Devant le désespoir de son père, Brünnhilde le presse de se confier. Wotan avoue sa soif de pouvoir. Il raconte le rapt de l'or du Rhin, la malédiction d'Alberich, les prédictions d'Erda. Tenaillé par l'angoisse, il descendit auprès de la prophétesse, la contraignit à l'amour par un charme : d'elle il obtint une enfant, Brünnhilde. Elle fut chargée avec huit autres vierges, fruits des aventures amoureuses du dieu, de faire miroiter aux yeux des héros les fastes mensongers du Walhall. Ainsi, grâce aux Walkyries, Wotan se constitua-t-il une armée de vaillants destinée à repousser les assauts ennemis. Mais s'il a réussi à décourager les hordes de Nibelungen, il n'a pu encore reprendre l'anneau à Fafner qui le veille, transformé en dragon. Un seul pourrait cet acte interdit au dieu, un héros qui, étranger à Wotan, jamais aidé par lui, oserait de lui-même un exploit que nul ne lui aurait conseillé. Comment créer cet autre qui ne serait plus le dieu mais en accomplirait la volonté ?

Incapable, lui qui règne sur la création, de créer autre chose que sa propre image, pris au piège des lois qu'il a imposées aux autres, il retrouve en ses enfants les chaînes dans lesquelles il s'est lui-même empêtré. Fricka a bien dénoncé son hypocrisie : Siegmund n'est qu'un jouet. Écœuré, Wotan n'aspire plus qu'à la fin — une fin pour laquelle travaille Alberich : grâce à l'appât de l'or, le nain a pu concevoir un enfant au ventre d'une femme. A ce bâtard l'héritage divin, à Siegmund la mort ! Menaçant Brünnhilde des conséquences d'une rébellion, Wotan s'éloigne.

Mais Siegmund, face à la Walkyrie venue lui annoncer la mort, refuse un trépas qui l'éloignerait de Sieglinde et maudit les dieux qui le trahissent. Touchée de compassion, Brünnhilde le protège et Wotan doit intervenir, brisant Nothung de sa lance et consommant ainsi la perte de Siegmund. Il immole ensuite Hunding à son courroux, et se jette à la poursuite de Brünnhilde qui, profitant du désarroi du père face au cadavre de son fils, s'est enfuie avec Sieglinde et les tronçons de l'épée.

ACTE III. (Le rocher des Walkyries.) *Celles-ci rassemblent les corps des braves tombés au combat — c'est la « chevauchée ». Brünnhilde, dont les sœurs refusent de partager la désobéissance, accepte d'affronter seule la colère de Wotan : Sieglinde mettra ce répit à profit pour fuir dans la forêt où vit Fafner. Là, elle accouchera du héros qu'elle porte en son sein et que la Walkyrie baptise Siegfried. Wotan, qui survient furieux, chasse les Walkyries terrorisées par le châtiment qu'il promet à leur sœur : endormie sans défense sur le rocher, elle sera livrée au premier mâle venu. Restée seule face à son père, Brünnhilde tente de justifier son acte en évoquant Siegfried, qui, un jour, héritera de Nothung. Elle implore : si son destin doit être celui d'une simple femme, qu'aucun lâche, du moins, ne puisse l'éveiller ; qu'une barrière de feu la protège, que seul le plus noble héros pourra franchir (l'orchestre sonne le thème de Siegfried). Exultant, Wotan cède à sa fille. (En effet, s'il lui est devenu impossible de miser encore sur une race dont il est devenu l'ennemi, la transformation du châtiment réclamée par Brünnhilde lui permet de tirer parti de la désobéissance de sa fille : car si aucun des deux ne prononce alors le nom interdit de Siegfried, l'orchestre témoigne qu'il occupe leur esprit.)*

L'embrassant, il la plonge dans le sommeil, lui ôtant sa divinité. Puis il enchaîne au rocher Loge, le dieu du Feu, sous forme d'un mur de flammes : « Qui craint la pointe de ma lance ne franchisse jamais le feu. » Encore une fois résonne le thème de Siegfried. Gravant ainsi sur le manche de sa lance la rupture obligatoire de celle-ci, Wotan institutionnalise le destin : qui réveillera la Walkyrie devra d'abord briser le pouvoir du dieu. Ultime comédie de la puissance s'illusionnant jusqu'au bout sur sa propre volonté d'en finir avec elle-même, fausse liberté de Siegfried déjà promis à l'exploit qui sert Wotan mais dont Brünnhilde ne sait rien : cette ambiguïté fondamentale servira de toile de fond à Siegfried.

P. G.

WALLENSTEIN. Trilogie orchestrale de Vincent d'Indy, d'après le poème dramatique de Schiller, composée et créée dans l'ordre suivant : II) *les Piccolomini* (rebaptisés *Max et Thécla*), 1873, créés par Pasdeloup le 25 janvier 1874 ; III) *la Mort de Wallenstein*, été 1879, créée chez Pasdeloup le 31 mars 1880 sous la direction de l'auteur ; I) *le Camp de Wallenstein*, créé par Colonne, le 1er avril 1880. L'ensemble est remanié en 1881 et présenté par d'Indy les 30 mars 1884 (I ; Pasdeloup) et 26 mars 1887 (II ; S. N. M.). Mise au point définitivement en 1887-88 et présentée ainsi par Lamoureux les 26 février et 4 mars 1888.

Ces trois « ouvertures » retracent l'histoire de Wallenstein, valeureux chef de l'armée allemande durant la guerre de Trente Ans et qui, voulant imposer à Ferdinand II de Habsbourg la fin d'un conflit ruineux tout en convoitant pour lui-même le trône de Bohême, traite secrètement avec les Suédois. Ayant eu vent de ses tractations, deux de ses officiers — les Piccolomini père et fils — en informent l'empereur qui fera assassiner Wallenstein à Eyra (1634).

Suivant de près le déroulement de Schiller, d'Indy a brossé dans *Wallenstein* une fresque haute en couleur, inspirée de l'art franckiste et wagnérien (emploi de nombreux « leitmotivs »).

Le *Camp* (I) évoque la guerre (allégro, agité, vigoureux), les pensées des soldats (danse populaire en forme de laendler), le sermon du capucin (fugue aux bassons), le personnage de Wallenstein lui-même (thème héroïque, aux trombones). La réexposition superpose les deux premiers motifs. *Max et Thécla* (II) dépeint l'amour de Max, fils du général Piccolomini, pour Thécla, fille de Wallenstein. Leurs thèmes qui se rejoignent, s'enlacent, seront troublés par les appels de trombones, contrebasses, violoncelles (thème de la Fatalité), puisque Max, apprenant la trahison de son chef, choisit la mort. Dans le troisième volet *(Mort de Wallenstein)*, le plus wagnérien, d'Indy dépeint l'influence astrale sur les destinées (motif dit « des Accords sidéraux », bientôt mêlé aux thèmes de Wallenstein, et aux leitmotive de Max et Thécla). L'œuvre se termine sur un large diminuendo, symbole de l'évanescence des choses humaines. J. G.

WALLER (*Thomas*, dit « *Fats* »), pianiste, organiste et chanteur de jazz américain *(New York 1904 - Kansas City, Missouri, 1943)*. Fils d'un pasteur, il entre dans la carrière musicale à l'âge de quinze ans, accompagnant des chanteuses de blues comme Bessie Smith ou jouant en solo du piano et de l'orgue. Dès 1918, il compose des thèmes de jazz *(Squeeze Me)*. Dix ans plus tard, s'associant avec le parolier Andy Razaf, il commence à produire des chansons ; quelques-unes deviendront des succès populaires. À partir de 1934, il enregistre la longue série des « Fats Waller and His Rhythm », avec, pour principaux partenaires, Gene Sedric, Herman Autrey, Al Casey, Charlie Turner et Slick Jones. Ces disques, où il apparaît sous son double aspect de pianiste et de chanteur, lui valent une célébrité assez rare, à l'époque, pour un artiste de couleur, et qui se prolongera au cinéma *(Stormy Weather)*.

Fats Waller n'est pas seulement un clown délicieux, capable de travestir, dans le sens de la dérision, n'importe quelle « scie » qu'il emprunte sans vergogne au répertoire le plus contestable pour la restituer sous une forme ambiguë, mi-exhaustive, mi-destructrice ; c'est aussi un pianiste remarquable, un solide improvisateur, particulièrement à l'aise en solo *(Keepin' Out of Mischief Now)*, chez lequel une conception très simple, fondée sur le *stride* hérité du ragtime, est servie par une exécution quasi parfaite, où l'accentuation et la durée de chaque note sont rigoureusement calibrées, et la sonorité toujours belle. Dans son art tout de chaleur et de plaisir, l'émotion se devine souvent sous l'humour. A. H.

WALLY (LA). Opéra en 4 actes d'Alfredo Catalani sur un livret de Luigi Illica, créé à la Scala de Milan le 20 janvier 1892.

ACTE PREMIER. (À Hochstoff, dans le Tyrol, vers 1800.) *Stromminger (b) fête ses soixante-dix ans en trinquant avec Gellner (bar), son futur gendre, et en écoutant le troubadour Walter (s) chanter la chanson de l'edelweiss composée par sa fille Wally. Il se prend de querelle avec un habitant du bourg voisin de Sölden, Hagenbach (t), qui vient de tuer un ours et triomphe sans discrétion. Wally (s) les sépare. Apprenant par Gellner qu'elle est amoureuse de cet étranger, le vieillard la met en demeure d'épouser Gellner avant la fin du mois, sous peine d'être chassée.*

ACTE II. *Dans une auberge de Sölden dont la propriétaire, Afra (ca), est fiancée à Hagenbach, une fête réunit les futurs époux et leurs amis. Wally, dont le père est mort entre-temps, s'y rend aussi pour revoir celui qu'elle aime. Mis au défi de voler un baiser à l'héritière de Stromminger, Hagenbach s'y décide malgré les avertissements d'Afra et y réussit. Wally, humiliée, s'offre alors à Gellner en lui demandant de venger son honneur, c'est-à-dire de tuer Hagenbach.*

ACTE III. *Retirée dans sa chambre après le bal, Wally redoute maintenant d'avoir été obéie. En effet, Gellner vient lui annoncer qu'il a poussé Hagenbach dans un ravin. Elle ne songe plus alors qu'à sauver sa victime et descend elle-même dans le gouffre pour le secourir. On ramène Hagenbach inanimé, mais vivant.*

ACTE IV. *Ayant pris l'engagement de ne plus s'opposer au mariage d'Hagenbach et d'Afra, Wally, désespérée, se prépare à mourir, attendant l'avalanche que lui annonce Walter. Hagenbach, parti à sa recherche, sera emporté le premier.*

La Wally est, historiquement, l'un des tout premiers opéras de l'école vériste. Il ne s'est guère maintenu au répertoire malgré les efforts de Toscanini, qui l'appréciait au point de prénommer sa fille « Wally ». Quant à son auteur, il n'eut pas le temps de donner d'autres preuves de son talent, étant mort l'année suivante à l'âge de trente-neuf ans. M. T.

WALSH *(John)*, éditeur anglais *(mort à Londres en 1736)*. D'abord facteur d'instruments, il se lança dans l'édition en 1696 et y réussit d'autant mieux que la concurrence était alors inexistante. Il fut notamment l'éditeur de Haendel. Son fils, également prénommé John *(mort à Londres en 1766)*, lui succéda. M. T.

WALTER (*Bruno W.* SCHLESINGER, dit Bruno), chef d'orchestre américain d'origine allemande *(Berlin 1876 - Hollywood 1962)*. Il fait ses études au conservatoire Stern de Berlin et se produit comme pianiste en 1886. Dès ses débuts à l'Opéra de Cologne en 1894, il révèle des dons éclatants de chef lyrique, qu'il confirme à l'Opéra de Hambourg, de 1894 à 1896. Il y rencontre Gustav Mahler, qui lui ouvre les portes du Hofoper de Vienne, où il est chef d'orchestre de 1901 à 1912, après avoir dirigé à Breslau, Presbourg, Riga et Berlin. Successeur de F. Mottl comme directeur général de la musique à Munich, de 1913 à 1922, il y dirige notamment les festivals Wagner et Mozart et se voit régulièrement invité à Salzbourg, à partir de 1922, et à Londres, de 1924 à 1931. Directeur général de la musique à l'Opéra de Berlin, à partir de 1925, chef de l'orchestre du Gewandhaus de Leipzig, à partir de 1929, Bruno Walter choisit l'exil en 1933, d'abord à Vienne, où il dirige le Staatsoper de 1936 à 1938, puis en France en 1938 et aux États-Unis en 1939. Naturalisé américain en 1946, il accepte de diriger de 1947 à 1949 la Philharmonie de New York et se produit régulièrement au Met, notamment de 1941 à 1945 et lors des saisons 1950-51 et 1956-57. Entre 1948 et 1960, il fait de fréquentes tournées en Europe, dirige pour la dernière fois à Paris en 1956 et consacre ses dernières années à compléter sa discographie.

Mahlérien de la première heure, il a créé *le Chant de la Terre* et la *Neuvième Symphonie*, en 1911 et 1912, et écrit en 1932 un essai ému sur son maître. Beethoven, Brahms, Bruckner et surtout Mozart, qu'il servit aussi bien comme pianiste que comme chef, furent ses autres passions. L'œuvre du compositeur, pour l'essentiel deux symphonies, des lieder, un quatuor, un trio, s'est effacée derrière la carrière du chef. Ses interprétations, spontanées et lumineuses, recèlent un charme subtil, qui échappe à la pesanteur du temps et des chapelles, à force de ferveur. M. W.

WALTHER *(Johann)*, compositeur allemand *(Kahla 1496 - Torgau 1570)*. Tout en servant le prince-Électeur de Saxe, il se prit d'amitié pour Martin Luther, qui commençait à prêcher la Réforme, et compta parmi les premiers musiciens du mouvement. En 1524, Luther écrivit la préface de son ouvrage le *Geistlich Gesangbüchlein*. Parallèlement, Walther chantait la partie de basse dans la maîtrise du prince de Saxe, et, l'année suivante, prenait la direction de la même maîtrise à Torgau. Bien que le *Corpus musicum* du souverain ait été supprimé en 1530, le compositeur se fixa dans cette localité et y fonda la première société de chant allemande. Au rétablissement de la chapelle électorale à Dresde, en 1548, il en prit à nouveau la direction jusqu'en 1555, date à laquelle il se retira à Torgau, pensionné par le prince, sans cesser de composer dans la stricte continuité luthérienne.

Walther se situe dans le droit fil de la grande tradition franco-flamande, illustrée par Josquin Des Prés (le musicien préféré de Luther) et Isaak. Mais les particularismes de l'école allemande sont sensibles dans ses *lieder,* les uns homophones à quatre voix, les autres polyphoniques, à cinq et même six voix. Tout à la fin de sa vie, Walther, qui fut aussi le principal artisan de la *Messe allemande (Deutsche Messe)* voulue par Luther, composa les premiers motets de chorals affranchis de la règle du cantus firmus et les premiers psaumes allemands.

Son œuvre comprend de nombreux motets, un *Magnificat*, une *Passion selon saint Matthieu*, prototype de la passion-répons en Allemagne, et des mélodies de chorals (deux recueils seront imprimés en 1552 et 1561, avec le célèbre cantique sur le choral de Luther *Von Himmel hoch*). Il a également laissé un important poème-épitaphe sur la mort du réformateur, et son travail comme maître de chœurs à Torgau en fait le premier *cantor* de l'histoire de la musique luthérienne, un modèle qui se perpétuera jusqu'à l'époque de Jean-Sébastien Bach et au-delà. De ce point de vue, son influence a été grande, même hors des pays germaniques, et la musique protestante a trouvé, avec lui, un ton naturel et des harmonisations simples et chantantes dont Goudimel, en France, fera son profit. R. T.

WALTHER *(Johann Gottfried)*, organiste, compositeur et lexicographe allemand *(Erfurt 1684 - Weimar 1748)*. Élève de Johann Bernhard Bach, il a subi, par son intermédiaire, l'influence — déterminante dans l'Allemagne centrale — de Johann Pachelbel. Organiste à Saint-Thomas d'Erfurt de 1702 à 1707, il obtint en 1707 le poste important de maître de tribune à Saint-Pierre-et-Saint-Paul de Weimar. Durant les années que Jean-Sébastien Bach passa dans cette ville comme maître de chapelle (1708-1714), Johann Gottfried Walther appartint au petit cercle de ses familiers et amis. Ses contemporains (notamment le célèbre Mattheson) semblent l'avoir tenu en grande estime, comme compositeur d'abord (pièces vocales, pièces pour orgue dont des *toccatas*, *préludes* et *fugues* et paraphrases de mélodies de chorals qui jettent un pont entre Pachelbel et les organistes de l'école nord-allemande comme Buxtehude et Vincent Lübeck, etc.), comme musicographe ensuite (son *Musikalisches Lexikon*, publié en 1732, est le premier dictionnaire musical en allemand, et le premier aussi à donner des articles biographiques sur les auteurs du temps). A ce titre, Walther apporte une documentation de première main sur la vie musicale de son siècle. R. T.

WALTHER *(Johann Jacob)*, compositeur et violoniste allemand *(Witterda, près d'Erfurt, 1650 - Mayence 1717)*. Il passa ses années d'apprentissage en Italie pour revenir en Allemagne comme premier violon à la cour de Dresde en 1674. En 1688, il passa au service de l'Électeur de Mayence comme secrétaire à la cour (Hofsekretär), sans obligation musicale d'ailleurs. Il fut l'un des rares instrumentistes allemands à soutenir la comparaison avec les plus célèbres virtuoses italiens du temps. Il a publié des *Scherzi da violino solo, con il basso continuo* (1676) et aussi *Hortulus chelicus uno violino duabus, tribus et quatuor subinde chordis simul sonantibus harmonice modulanti* (1688) qui ne le cèdent en rien — en technique et en mélodisme — à la manière transalpine. R. T.

WALTON *(sir William)*, compositeur anglais *(Oldham 1902 - Ischia 1983)*. Il étudia à Oxford, et s'imposa par un quatuor à cordes joué au Festival de la S. I. M. C. à Salzbourg en 1923 et immédiatement retiré par lui, et surtout par *Façade* pour récitant et six instruments sur un texte d'Edith Sitwell (1921-22, rév. 1923 et 1942), et par l'ouverture pour orchestre *Portsmouth Point* (1925). Il apparut alors comme une sorte de pendant anglais des membres du groupe des Six.

Suivirent notamment un *Concerto pour alto* (1928), créé par Hindemith, l'oratorio *Belshazzar's Feast* (1930-31), la *Symphonie no 1* en *si* bémol mineur (1934-35), et un *Concerto pour violon* (1938), commandé par Heifetz. Citons aussi la marche *Crown Imperial*, pour le couronnement de George VI, ainsi que plusieurs musiques de film dont celles pour *Henry V* (1943-44),

Hamlet (1947) et *Richard III* (1955) de Laurence Olivier.

Après la guerre, il écrivit entre autres un *Quatuor à cordes* en *la* mineur (1945-1947), les opéras *Troilus and Cressida*, sur un livret de Christopher Hassall d'après Shakespeare (Londres, 1954), et *The Bear*, d'après Tchekhov (Aldeburgh, 1967), *Coronation Te Deum*, pour le couronnement d'Elisabeth II (1952-53), un *Concerto pour violoncelle* destiné à Piatigorski (1956), une *Symphonie no 2* (1959-60), *Variations sur un thème de Hindemith* (1962-63) et *Prologo e Fantasia* (1981-82) pour orchestre. Il joua un rôle non négligeable dans la renaissance musicale de l'Angleterre au XXe siècle. M. V.

WANDERER-PHANTASIE (all.; « Fantaisie du voyageur »). Surnom donné à titre posthume à la fantaisie pour piano en *ut* majeur op. 15 de Franz Schubert, composée en novembre 1822 et éditée en 1823 par Capelli et Diabelli. Elle comprend quatre sections qui s'enchaînent : *Allegro con fuoco, ma non troppo*; *Adagio*; *Presto* (scherzo) suivi d'un *Allegro* final qui culmine avec une fugue et qui reprend les deux thèmes du premier mouvement. Il s'agit donc d'une sorte de sonate cyclique. Le surnom de *Wanderer-Phantasie* lui a été donné parce qu'elle reprend de manière plus ou moins directe certains thèmes du lied *le Voyageur*.

Le rythme générateur du premier mouvement et de toute l'œuvre (une longue suivie de deux brèves) place évidemment cette pièce, comme le quintette *la Truite* ou d'autres œuvres de Schubert, sous le signe de la *marche*, de l'avancée. L'écriture en est très ferme et savante ; techniquement, certains passages sont parmi les plus difficiles de l'œuvre pianistique de Schubert (il semble que celui-ci visait une clientèle de virtuoses), et sonnent avec une plénitude et une autorité quasi beethoveniennes. Liszt devait en réaliser en 1851 une transcription pour piano et orchestre (op. 27) dont il tira ensuite une réduction pour deux pianos. M. C.

WARD *(John)*, compositeur anglais *(Canterbury 1571 - ? 1638)*. Protégé par la famille Fanshawe, il a laissé un volume de madrigaux (publié en 1613 et comprenant 28 pièces de trois à six voix), de la musique pour ensemble de violes et des œuvres sacrées remarquables notamment par leur usage du chromatisme et de la dissonance. M. V.

WARLOCK *(Peter)*, compositeur anglais *(Londres 1894 - id. 1930)*. Sous son vrai nom de Philip Heseltine, il commença par écrire sur la musique, en particulier sur l'école anglaise des alentours de l'an 1600, et en 1910, se lia d'amitié avec Frederick Delius. Il utilisa pour la première fois son pseudonyme en 1919. Il écrivit quelques pages instrumentales, dont la plus célèbre est la *Capriol Suite* (1926), mais son importance réside essentiellement dans ses mélodies, au nombre de plus d'une centaine. *The Curlew*, pour ténor, flûte, cor anglais et quatuor à cordes, d'après Yeats (1921-22), est considéré comme son chef-d'œuvre. M. V.

WAR REQUIEM. Œuvre de Benjamin Britten, pour soprano, ténor, baryton, chœur d'enfants, grand chœur, orchestre de chambre, orchestre symphonique et orgue, créée le 30 mai 1962 à la cathédrale de Coventry. « Tout ce qu'un poète peut faire aujourd'hui est d'avertir » : ces mots du poète anglais Wilfred Owen, tombé au front aux derniers jours de la Première Guerre mondiale, avec lesquels Britten, qui fut lui-même objecteur de conscience, a préfacé le *War Requiem*, sont significatifs de cet acte musical d'accusation passionnée contre la folie humaine qui engendre la guerre, écrit pour les cérémonies d'inauguration de la nouvelle cathédrale de Coventry (l'ancienne ayant été détruite par les nazis), « calculé pour une acoustique largement résonnante » et juxtaposant trois groupes spatialement distincts :
— les chœurs et le grand orchestre, sublimés par la soprano solo (partie écrite pour Galina Vichnevskaïa),

représentent les fastes théâtraux du requiem traditionnel chanté en latin, le côté rituel de l'Église, la supplication à la fois douloureuse et coupable de l'humanité ;
— le baryton et le ténor interprètent les poèmes d'Owen, d'un agnosticisme désespéré, et représentent deux soldats, anciens ennemis couchés dans la même tombe, dont le seul ennemi est désormais la guerre. Ils sont entourés par les pathétiques commentaires d'un orchestre de chambre de douze musiciens, dont chacun est traité en soliste (notamment le cor, partenaire privilégié du baryton) ;
— le chœur de garçons avec orgue, voix d'anges proches du grégorien, représente le mystère de l'innocence et de la pureté, l'insensible calme de la liturgie, au-delà de la mort.

Le traitement de ces trois ensembles a conduit Britten à effectuer une riche synthèse de ses styles antérieurs, en se servant des ressources d'œuvres aussi contrastées que la *Sinfonia da requiem*, le *Canticle II* ou la *Sérénade*, tout en anticipant sur les *Church Parables*.

Bien qu'unifiées par les cloches et le triton, les trois structures se meuvent le plus souvent sur des plans tout à fait séparés (sauf dans l'*In Paradisium*), mais ne visent pas à des effets de spatialisation avant-gardistes. Si la déploration funèbre du *Requiem aeternam* se fond parfaitement avec l'amertume du poète, et si, après les appels de trompette du *Dies Irae*, devenus en une tragique parodie ceux des clairons du champ de bataille, les soldats raillent la mort, le chant consolateur du *Lacrimosa* est quatre fois interrompu par les vers amers et désespérés d'Owen. À la fugue éclatante de l'*Offertorium* glorifiant Abraham, Britten oppose la paraphrase d'Owen sur l'histoire d'Abraham et d'Isaac, insistant sur le précédent de violence ainsi établi. À la ferveur religieuse, aux messages de joie sereine du *Sanctus* et de l'*Hosanna*, qui semblent avoir exorcisé les obsessions du début, succède, en un contraste extrême, le rappel de la tragique réalité : une méditation sceptique sur les chances de survie pour l'homme, le doute du poète sur la question de la résurrection dans le contexte du rite funéraire chrétien.

Après les violents coups de boutoir et la vision apocalyptique du *Libera me*, l'orchestre de chambre intervient dans un terrible calme, dans une glaçante atmosphère statique, pour « l'étrange rencontre » des ennemis morts à la bataille. L'hymne *In Paradisium* voit toutes les forces s'unir pour la première fois en une splendide polyphonie à huit voix. Le chœur, sans accompagnement, conclut sur un ambigu et angoissant *Requiescant in pace*.

Le ton de noble douleur de l'*Agnus Dei*, réussite suprême de Britten, était tout particulièrement admiré par Chostakovitch, qui considérait le *War Requiem* comme « la plus grande œuvre du XXᵉ siècle ». Lui-même en tira l'inspiration pour sa propre méditation sur la mort, la *14ᵉ Symphonie*, d'ailleurs dédiée à Britten.   J.-J. M.

WASHINGTONS'S BIRTHDAY. Pièce pour orchestre de Charles Ives, composée en 1909 et révisée en 1913, intégrée dans la symphonie en quatre mouvements *Holidays* Symphony*.   M. C.

WATER MUSIC. Composition pour orchestre de G. F. Haendel, écrite pour accompagner une fête sur la Tamise, le mercredi 17 juillet 1717, le roi George II s'étant rendu de Whitehall à Chelsea où il soupa dans la villa de lord Ranelagh avant de revenir à Saint James Palace.

Trois documents historiques — le *Political State of Great Britain*, le *Daily Courant*, enfin le rapport de l'ambassadeur Bonet au roi de Prusse — nous ont conservé le détail de cette promenade nautique à laquelle participaient certains familiers du roi accompagnés, sur une barge spéciale, d'une cinquantaine de musiciens, instrumentistes à vent pour la plupart. La partition de Haendel plut si fort au souverain qu'il se fit jouer les *suites* qui la composent jusqu'à trois fois.

L'œuvre que nous connaissons aujourd'hui comporte — selon la numérotation adoptée — de vingt à vingt-deux numéros. Toutefois l'ordre retenu reste assez conjectural en l'absence de manuscrit autographe (la copie du Fitzwilliam Museum, établie par John Christopher Schmidt, secrétaire de Haendel, date de 1740 environ).

La *Water Music* se compose de trois suites : deux — celles en *fa* et en *ré* majeur — font appel aux cuivres (trompettes, et cordes) : ce sont elles qui furent jouées pendant le trajet sur l'eau. La troisième, en *sol* majeur, s'adresse essentiellement à des flûtes et piccolos auxquels s'adjoint le continuo : plus intime, d'un volume sonore réduit, elle fut sans doute donnée lors du dîner qu'avait fait préparer Mᵐᵉ de Kilmanseck à Chelsea. Elle apparaît, de plus, écrite dans le style des divertissements mondains qui, de Mouret à Haydn et Mozart, seront à l'origine de tant de chefs-d'œuvre.

La *Suite en « fa »*, pour hautbois, bassons, cors, cordes et basse continue, en mouvements, débute par une *ouverture* à la française, véritable hommage aux musiciens versaillais ; parmi les mouvements subséquents, il faut remarquer un allégro à 3/4 où les cors éclatent triomphalement sur un thème extrêmement dépouillé (un simple accord parfait) ; un andante à 4/4 où Haendel oppose cors et anches ; un « air », au balancement subtil ; une bourrée jouée trois fois (cordes seules, hautbois seuls, enfin ensemble), et que suit un hornpipe — danse anglaise du XVIIᵉ siècle — également entendu trois fois.

La *Suite en « sol » majeur/mineur* oppose à la précédente un caractère beaucoup plus intime, à la fois par son orchestration et par sa forme même (plusieurs danses aristocratiques telles que sarabande, rigaudon, gigue, menuet). Haendel développe ici une douce poésie nocturne.

En cinq mouvements, la *Suite en « ré »* (tonalité qui permet aux cuivres et notamment aux trompettes de sonner avec plénitude) offre quant à elle un caractère jubilatoire et glorieux, dans le goût « royal ».

La *Water Music* s'inscrit dans une tradition qu'avaient illustrée maints compositeurs précédents (allemands, anglais et surtout versaillais), mais par sa perfection, sa beauté classique, la lisibilité de ses thèmes et sa stéréophonie avant l'heure, dépasse tout ce qui avait pu être écrit auparavant tout en annonçant directement un autre chef-d'œuvre, la *Musique pour un feu* d'artifice* écrite par Haendel trente-deux ans plus tard, en 1749.   J. G.

WAVERLEY. Titre d'une ouverture composée en 1827 par Hector Berlioz et inspirée du roman de Walter Scott paru en 1818. Le héros en est un rebelle écossais combattant l'Angleterre au XVIIᵉ siècle. C'est une des premières « ouvertures de concert » de la musique occidentale et aussi une des premières œuvres à utiliser la trompette à pistons. Cette œuvre de jeunesse fut créée le 26 mai 1828 au Conservatoire de Paris. Walter Scott, écrivain très en faveur chez les romantiques français, devait inspirer à Berlioz une autre ouverture de concert, *Rob-Roy*.   M. C.

WEBBE *(Samuel)*, organiste et compositeur anglais *(Londres ? 1740 - Londres 1816)*. Organiste à la chapelle du Portugal et à celle de Sardaigne en 1776, il devint bibliothécaire du Glee Club lors de sa fondation en 1787, puis secrétaire du Catch Club en 1794, poste qu'il devait occuper jusqu'à sa mort. Il fut le plus célèbre de tous les compositeurs de glees*, et son *Glorious Apollo* fut chanté à l'ouverture de toutes les réunions du Glee Club tant que ce dernier exista. Comme organiste, il compta parmi ses élèves Vincent Novello*, et ne fut pas sans influencer Samuel Wesley*.   M. V.

WEBER *(Alain)*, compositeur français *(Château-Thierry 1930)*. Entré à onze ans au Conservatoire de Paris, il en sortit à vingt-deux avec le grand prix de Rome, après avoir étudié avec René Challan, Noël Gallon, Tony Aubin et Messiaen. Ses œuvres, essentiellement instrumentales, sont caractérisées par une indépendance totale à l'égard des systèmes et une recherche constante des sonorités originales. M. T.

WEBER *(Carl Maria von)*, compositeur, pianiste et chef d'orchestre allemand *(Eutin, Holstein, 1786 - Londres 1826)*. Son père, Franz Anton *(1734-1812)*, était le frère cadet de celui de la femme de Mozart, Constance. Mozart et Weber étaient donc cousins germains par alliance. Franz Anton, entrepreneur théâtral, fit mener à ses enfants une vie itinérante. Carl Maria reçut ses premières leçons de son demi-frère Fridolin *(1761-1833)*, qui avait lui-même étudié avec Haydn. Il travailla également avec Heuschkel à Hildburghausen, avec Michael Haydn à Salzbourg (1797), et avec Kalcher à Munich (1798-1800). Au cours d'un nouveau séjour à Salzbourg, il termina sous la direction de Michael Haydn son troisième opéra, *Peter Schmoll und seine Nachbarn* (1801, créé à Augsbourg en 1803). L'hiver 1803-1804 fut passé à Vienne, où Weber étudia non avec Joseph Haydn, comme il l'avait espéré, mais avec l'abbé Vogler. De cette époque datent, entre autres, les *Variations pour piano* op. 5 et op. 6 sur des thèmes de l'abbé Vogler (tirés respectivement de *Castor et Pollux* et de *Samori*).

Ayant accepté le poste de maître de chapelle à Breslau, Weber y arriva en juin 1804. Ses projets de réforme ayant rencontré une forte opposition, il démissionna bientôt. En 1806, il obtint à Carlsruhe (Haute-Silésie) un poste d'intendant du prince Eugène de Wurtemberg, pour l'orchestre duquel il écrivit alors ses deux symphonies, et en 1807, il devint à Stuttgart secrétaire du duc Ludwig, frère du prince, et professeur de musique de ses filles. Là, il se lia avec Franz Danzi*. Malheureusement, divers incidents, dont un provoqué par son père Franz Anton, le firent expulser à perpétuité du territoire du Wurtemberg. À Stuttgart, il avait composé notamment son opéra *Silvana* (Francfort, 1810), une musique de scène pour *Turandot* de Schiller (1809), la *Grande Polonaise* op. 21 pour piano et plusieurs lieder.

Weber se rendit d'abord à Mannheim et à Heidelberg, puis à Darmstadt, où il reprit ses études auprès de l'abbé Vogler, avec entre autres condisciples Meyerbeer. Il termina alors son *Premier Concerto pour piano*, et commença son singspiel *Abu Hassan* (Munich, 1811). En outre, il se produisit de plus en plus comme pianiste. En février 1811, il quitta Darmstadt pour une tournée qui le mena à Bamberg, puis à Munich, où avec le clarinettiste Heinrich Bärmann il donna un concert avec au programme son *Concertino pour clarinette*. Cette œuvre eut un tel succès que le roi de Bavière lui commanda deux concertos pour clarinette. Pour l'orchestre, qui lui en avait demandé plusieurs pour divers instruments, il n'écrivit que celui pour basson.

Ayant refusé un poste de maître de chapelle à Wiesbaden, Weber entreprit de nouvelles tournées, d'abord en Suisse, puis (avec Bärmann) à Prague, Leipzig, Dresde, Gotha, Weimar, Francfort, Nuremberg, Bamberg et Berlin, où il arriva en février 1812, et composa notamment sa *Première Sonate pour piano* (*ut* majeur, op. 24). En décembre, il joua à Gotha son *Deuxième Concerto pour piano* et, en janvier 1813, il arriva à Prague.

Il s'y vit offrir le poste de directeur de l'Opéra, devenu vacant, et qu'il devait occuper jusqu'en 1816. Il effectua dans l'établissement de profondes réformes, et réunit une troupe de chanteurs de premier plan, et dont fit partie, à dater de décembre 1813, la soprano Caroline Brandt, sa future femme. En trois ans, Weber fit représenter à Prague soixante-deux opéras de plus de trente compositeurs différents. Parmi ces derniers, beaucoup de Français ou de Français d'adoption (Dalayrac, Grétry, Catel, Méhul, Isouard, Boieldieu, Cherubini, Spontini, mais aussi Beethoven *(Fidelio)*. À Prague, Weber composa entre autres son *Quintette pour clarinette* et sa cantate *Kampf und Sieg* (1815). Ayant démissionné de son poste après divers incidents, il partit en juin 1816 pour Berlin, où il acheva son *Grand Duo concertant* pour clarinette et piano et ses sonates pour piano nº 2 (*la* bémol majeur, op. 39) et nº 3 (*ré* mineur, op. 49).

Le 25 décembre 1816, il fut nommé maître de chapelle de la cour de Saxe à Dresde : ce devait être son dernier poste officiel. Les traditions d'opéra de la ville étaient italiennes, et une des tâches confiées à Weber consistait à y développer l'opéra allemand (ce qui devait provoquer pour lui de nombreuses difficultés dans ses rapports avec Fr. Morlacchi, chargé de l'opéra italien). Le 30 janvier 1817, Weber fit ses débuts à Dresde en dirigeant *Joseph* de Méhul. Le 4 novembre, à Prague, il épousa Caroline Brandt. À Dresde, il poursuivit son habituelle politique de réformes, tout à fait comparable à celle à laquelle, à la fin du siècle, Gustav Mahler devait attacher son nom, et rencontra le poète Friedrich Kind, futur librettiste du *Freischütz*. Weber commença à travailler à cette œuvre peu après son mariage. Ses deux messes de maturité, en *mi* bémol et en *sol*, datent respectivement de 1817-18 et de 1818-19.

Un projet d'opéra avec Kind *(Alcindor)* ayant été abandonné, Weber, tout en poursuivant le *Freischütz*, se tourna vers la musique instrumentale : *Polacca brillante* op. 72 pour piano (1819), *Rondo brillante* op. 62 pour piano (1819), *Invitation* à la valse* (1819), *Trio pour flûte, violoncelle et piano* (1819). Il composa également une musique de scène pour *Preciosa* de P. A. Wolff (1820, création à Berlin le 14 mars 1821). Et le 18 juin 1821, jour de la création à Berlin du *Freischütz*, il termina son *Konzertstück* en *fa* mineur pour piano et orchestre.

Le *Freischütz** connut un triomphe non seulement à Berlin mais dans toute l'Allemagne, et fut le premier opéra allemand à conquérir immédiatement l'Europe entière ou presque. Ce triomphe fut à l'origine de la commande, par le théâtre de la Porte-de-Carinthie à Vienne, d'un nouvel opéra « dans le style du *Freischütz* ». Le résultat devait être *Euryanthe** (Vienne, 25 octobre 1823). Entre-temps, le *Freischütz* avait été donné à Dresde (26 janvier 1822) et à Vienne (ce qui avait été l'occasion d'une rencontre avec Schubert), et Weber avait composé à Dresde en 1822 sa *4e Sonate pour piano* (*mi* mineur, op. 70). Parallèlement, il avait renoncé définitivement à un opéra entrepris en 1820 sur un livret de Theodor Hell, *les Trois Pintos* (terminé par Gustav Mahler en 1888).

Weber, qui souffrait de phtisie, vit alors sa santé se détériorer rapidement. Il dirigea *Euryanthe* à Dresde le 31 mars 1824, puis durant l'été *les Saisons* de Haydn et *le Messie* de Haendel pour les fêtes du centenaire de Klopstock à Quedlinburg. En août, il reçut de Covent Garden la commande d'un opéra. Il choisit le sujet d'*Obéron* (livret de James Robinson Planché). En décembre 1825, il dirigea *Euryanthe* à Berlin. Avec comme compagnon le flûtiste Kaspar Fürstenau, il quitta Dresde et Hambourg le 25 à Paris (où le jeune Berlioz courut après lui toute une journée sans réussir à le voir), et le 4 mars à Londres. Il y dirigea la première d'*Obéron** le 12 avril, et mourut dans la nuit du 4 au 5 juin chez sir George Smart*, qui l'avait accueilli dès son arrivée. En 1844, ses restes furent transférés à Dresde à l'instigation de Wagner, qui occupait alors son ancien poste dans cette ville.

Né seize ans après Beethoven et onze ans avant Schubert, Weber mourut le premier des trois, un an avant Beethoven et deux ans avant Schubert. Tous trois furent donc largement contemporains. Une des meilleures façons d'aborder Weber, le premier grand musicien romantique allemand, est de réfléchir sur son attitude envers Beethoven. On connaît sa déclaration (1810) : « Je diffère trop de Beethoven dans mes vues pour que je puisse jamais me rencontrer avec lui. Le don brillant et incroyable d'invention qui l'anime est accompagné d'une telle confusion dans les idées, que ses premières compositions seules me plaisent, tandis que les dernières ne sont pour moi qu'un chaos, qu'un effort incompréhensible pour trouver de nouveaux effets, au-dessus desquelles brillent quelques célestes étincelles de génie qui font voir combien il pourrait être grand s'il eût voulu maîtriser sa trop riche fantaisie. Ma nature ne me porte pas à goûter le génie de Beethoven. »

Du génie de Beethoven, Weber était évidemment persuadé comme tout un chacun. Significatif est le fait que de tous les grands compositeurs romantiques, il ait été avant Chopin le seul à ne pas se réclamer expressément de Beethoven. Loin de s'en indigner, il faut y voir de sa part un trait de lucidité, car Weber mit ainsi en accord ses déclarations officielles avec sa pratique. Il fut au XIXe siècle le premier grand compositeur à ne plus se mouvoir dans l'orbite de Vienne. Certes, on peut tracer une lignée des *Saisons* de Haydn à son propre *Freischütz*. Certes, pour lui, Mozart était un dieu, et nul n'ignore que, comme lui, il magnifia la clarinette. Mais en Mozart, il admira le dramaturge plutôt que le symphoniste. Bref, sa rupture avec le classicisme viennois fut beaucoup plus radicale que celle de Schubert, natif de la capitale des Habsbourg et qui y passa toute sa vie, et il en fit bénéficier des genres bien précis : ni la symphonie (les deux qu'il écrivit en 1807 sont d'importance secondaire), ni le quatuor à cordes (il n'en composa aucun), mais l'opéra, le concerto, la variation brillante.

Il ne fut pas un maître de la forme sonate, et dans ses concertos, les premiers mouvements lui donnèrent toujours le plus de mal, au point qu'il les écrivit généralement en dernier, et que dans certains cas (*Concertino* pour cor, *Andante e Rondo ungarese* pour alto révisé plus tard pour basson), il alla jusqu'à s'en passer.

A la place du travail thématique rigoureux et de la variation organique surgirent avec lui l'élan, le geste conçu comme un mouvement chargé de signification (dramatique ou non) : Weber était virtuose ! Et on s'aperçoit que les tendances humanitaires et tendant vers l'universel des classiques viennois, échos des idéaux officiels de la Révolution française, firent place chez lui à une attitude velléitaire fondée largement sur l'irrationnel, avec comme toile de fond une catastrophe toujours possible, pas toujours évitée. La scène de la « Gorge aux loups » du *Freischütz* est typique, et s'oppose dans son fantastique à celle de la mort de Don Giovanni chez Mozart.

Adorno l'a noté : « (Cette scène) est composée d'images, elle est presque allusive comme dans un film, à chaque image correspond une situation ou une apparition de fantômes. C'est justement de cette réserve, du fait qu'elle ait su se limiter à la musique de scène et renoncer au vaste finale intégré du type deuxième acte de *Figaro* ou scène du cachot (de *Fidelio*), que la scène principale du *Freischütz* tire son originalité fondamentale. Sans crainte, elle se met à la merci de la fuite des images. Des prétentions d'ordre symphonique seraient ici déplacées, elles jureraient avec les couleurs de ces instants changeants, avec cette vision d'enfer en miniatures Biedermeier. Au moment précis où fut composé le *Freischütz*, on inventa le kaléidoscope : quelques-uns des besoins qui provoquèrent cette invention devinrent musique dans la *Gorge aux loups*. »

Le romantisme de Weber, son germanisme, ses couleurs orchestrales, son sens de la nature et du fantastique, découlent de telles prémisses. Avec le *Freischütz*, il fit passer dans la musique les grands espaces de la forêt allemande, le romantisme de la nature. Avec *Euryanthe* et *Obéron*, il y fit passer également, en contemporain de Walter Scott, un romantisme chevaleresque et historicisant, celui qu'on retrouve dans beaucoup d'opéras-comiques français du temps de Charles X, par exemple dans *la Dame blanche* de Boieldieu (que Weber ait préféré l'opéra français à l'opéra italien n'a rien que de très normal).

Entre la nature dans la *Pastorale* de Beethoven et dans le *Freischütz*, peu de points communs : dans un cas, on ressent, ou à la rigueur on contemple un tableau, dans l'autre on y est plongé. On y est même tellement plongé que cette nature est tout, sauf pittoresque, sauf innocente. C'est déjà celle, consolatrice et menaçante à la fois, de la *Symphonie n° 3* de Mahler. Elle dégage un parfum national sans verser dans le nationalisme : en tant que spécimens du germanisme en musique, le *Freischütz* et *les Maîtres chanteurs* ne se ressemblent pas.

Au niveau exceptionnel qui est le sien, et par-delà ses tenants et aboutissants, le *Freischütz* apparaît pour ainsi dire comme une œuvre exterritoriale, presque sans tradition. Un demi-siècle plus tôt, alors que le classicisme viennois prenait son essor, les opéras de Gluck s'étaient comportés de même. Or de Berlioz, ce pourfendeur de ce qui à son avis sentait l'école, qui furent les ancêtres vénérés ? Beethoven bien sûr, mais surtout Gluck et Weber.

Comme compositeur pour piano et comme virtuose du piano, Weber personnifia génialement ses aspirations plus que latentes chez Clementi, Dussek, Hummel et même le premier Beethoven. Bien que d'une taille au-dessous de la moyenne, il avait des doigts d'une longueur lui permettant de couvrir aisément un intervalle de douzième. Son art du crescendo combla d'aise, à Weimar en 1812, le vieux Wieland. Il brilla surtout dans l'improvisation, et sortit vainqueur de nombreux tournois. Il passa la plus grande partie de sa brève existence comme chef d'orchestre d'opéra, mais après sa mort, un journaliste remarqua qu'il « jouait de l'orchestre comme un virtuose d'un instrument ».

Les pièces pour piano ne se groupent pas en grands cycles solides comme les sonates de Beethoven ou de Mozart, mais s'éparpillent en variations, rondos, polonaises, valses, pièces de danse, pièces à quatre mains (même les quatre sonates sont rarement perçues comme formant un ensemble) : c'est une des raisons de leur peu de renommée. Elles méritent beaucoup mieux, malgré leurs tendances curieusement opposées, voire contradictoires. Le virtuose se rappelle à nous par la fréquence des intervalles très larges, comme dans le rondo du *Concerto n° 2* ou dans le menuet de la *Sonate n° 1*, des gammes rapides en tierces ou en glissandi d'octaves, des traits agiles, des accords brisés (pour en augmenter la difficulté, il arrivait à Weber de jouer en *ut* dièse le finale de la *Sonate n° 1* en *ut*, parfois publié isolément sous le nom de *Mouvement perpétuel*).

Mais parallèlement se manifestent un goût très prononcé pour la couleur orchestrale (Weber fut un des plus grands orchestrateurs de tous les temps) et des souvenirs d'opéra d'autant plus remarquables que l'écriture pour piano reste toujours impeccable. Sous cet angle, contrairement à Beethoven, et contrairement à ce qu'il fit lui-même ailleurs, Weber fut un très grand styliste.

Fidèle à une tendance du temps qui lui était particulièrement chère, il mit souvent son imagination au service d'une expression plus ou moins exotique : plusieurs pièces pour piano ont un parfum espagnol, hongrois, polonais, russe, bohémien. Or là aussi, on ne peut qu'admirer leur sûreté de main, leur goût parfait, avec, unifiant le tout, ces qualités si typiques de Weber au meilleur de lui-même : la bravoure, le panache. Ne parla-t-il pas, dans une de ses professions de foi, de l'indispensable « énergie de l'expression » ?

Il exerça aussi des activités de critique, et ses lettres et écrits divers, fort intéressants, ont fait l'objet de plusieurs éditions. Son fils Max Maria *(1822-1881)* fut son premier biographe *(Carl Maria von Weber : ein Lebensbild*, Leipzig, 1864-1866, rééd. abr. 1912, trad. angl. abr. 1865, réimpr. 1968). Son petit-fils Carl *(1849-1897)* communiqua à Mahler, pour qu'il l'achevât, le manuscrit des *Trois Pintos*.

Œuvres principales. Un catalogue thématique des œuvres de Weber a été dressé par F. W. Jähns (Berlin, 1871 ; réimpr. 1967).

Opéras et singspiels. Die Macht des Liebe und des Weins J. suppl. 6 (1793, perdu). *Das Waldmädchen* J. suppl. 1 (1800, fragmentaire). *Peter Schmoll und seine Nachbarn* J. 8 (Augsbourg, 1803). *Rübezahl* J. 44-46 (1804-1805, fragmentaire). *Silvana* J. 87 (Francfort-sur-le-Main, 1810). *Abu Hassan* J. 106 (Munich, 1811). *Der Freischütz* J. 277 (Berlin, 1821). *Die Drei Pintos* J. suppl. 5

(Leipzig, 1888). *Euryanthe* J. 291 (Vienne, 1823). *Obéron* J. 306 (Londres, 1826).
Autres œuvres scéniques. *Turandot* J. 75, musique de scène (Stuttgart, 1809). *Preciosa* J. 279, musique de scène (Berlin, 1820).
Musique vocale diverse. Airs de concert : *Il momento s'avvicina* J. 93 (1810), *Misera me* J. 121 (1811), *Qual altro attendi* J. 126 (1812), *Signor, se padre sei* J. 142 (1812), *Non paventar mia vita* J. 181 (1815). Messes en *mi* bémol J. suppl. 8 (1802), en *mi* bémol J. 224 (1817-18), en *sol* J. 251 (1818-19). Offertoires *Gloria et honore* J. 226 (1818), *In die solemnitatis* J. 250 (1818). Cantates *Der erste Ton* J. 58 (1808, rév. 1810), *Kampf und Sieg* J. 190 (1815), *Jubel-Kantate* J. 244 (1818). Duos et lieder, dont le cycle *Leyer und Schwert* J. 174-177 d'après Th. Körner (1814).
Musique pour orchestre. Symphonies n° 1 en *ut* J. 50 (1807), n° 2 en *ut* J. 51 (1807). *Grande ouverture à plusieurs instruments* J. 54 (révision de l'ouverture de *Peter Schmoll*, 1807). *Grand Pot-Pourri pour violoncelle et orchestre* J. 64 (1809). *Andante e Rondo ungarese* en *ut* mineur pour alto et orchestre J. 79 (1809). *Concerto pour piano n° 1* en *ut* J. 98 (1810). *Concertos pour clarinette n° 1* en *mi* bémol J. 109 (1811), n° 2 en *fa* mineur J. 114 (1811). Ouverture du *Maître des esprits (Der Beherrscher der Geister)* J. 122 (1811, nouvelle version de celle de *Rübezahl*). *Concerto en «fa» pour basson* J. 127 (1811). *Concerto pour piano n° 2* en *mi* bémol J. 155 (1812). *Andante e Rondo ungarese* en *ut* mineur pour basson et orchestre J. 158 (1813, rév. de J. 79). *Concertino pour cor* en *mi* mineur J. 188 (1806, rév. 1815). *Jubel-Ouverture* J. 245 (1818). *Konzertstück* en *fa* mineur pour piano et orchestre J. 282 (1821).
Musique de chambre. *Neuf Variations pour piano et violon sur un air norvégien* J. 61 (1808). *Quatuor avec piano* en *si* bémol J. 76 (1809). *Six Sonates progressives pour piano et violon* J. 99-104 (1810). *Sept Variations pour clarinette et piano* sur un thème de *Silvana* J. 128 (1811). *Quintette en «si» bémol pour clarinette et cordes* J. 182 (1815). *Grand Duo concertant* pour clarinette et piano J. 204 (1815-16). *Divertimento assai facile* pour guitare et piano J. 207 (1816). *Trio pour flûte, violoncelle et piano* J. 259 (1820).
Piano. *Six Fughettes* J. 1-6 (1798). *Six Variations sur un thème original* J. 7 (1800). *Six Petites Pièces faciles à quatre mains* J. 9-14 (1801). *Douze Allemandes* J. 15-26 (1801). *Six Écossaises* J. 29-34 (1802). *Huit Variations* sur l'air de ballet de *Castor et Pollux* de Vogler J. 40 (1804). *Six Variations* sur un air de *Samori* de Vogler J. 43 (1804). *Sept Variations* sur un air de Bianchi J. 53 (1807). *Sept Variations sur un air original* J. 55 (1808). *Momento capriccioso* en *si* bémol J. 56 (1808). *Grande Polonaise* en *mi* bémol J. 59 (1808). *Six Pièces pour quatre mains* J. 81-86 (1809). *Sonate n° 1* en *ut* J. 138 (1812). *Sept Variations* sur un air de *Joseph* de Méhul J. 141 (1812). *Six Valses favorites* J. 143-148 (1812). *Neuf Variations sur un air russe* J. 179 (1815). Sonates n° 2 en *la* bémol J. 199 (1816), n° 3 en *ré* mineur J. 206 (1816). *Sept Variations sur un chant tzigane* J. 219 (1817). *Huit Pièces à quatre mains* J. 236, 242, 248, 253-254, 264-266 (1818-19). *Rondo brillante* en *mi* bémol J. 252 (1819). *L'Invitation à la valse* J. 260 (1819). *Polacca brillante* en *mi* J. 268 (1819). Sonate n° 4 en *mi* mineur J. 287 (1819-1822). M. V.

WEBER *(Édith)*, musicologue française *(Strasbourg 1925)*. Après des études de piano et d'histoire de la musique au conservatoire de Strasbourg, puis à l'université de cette ville (1950-1953), elle soutient en 1971 son doctorat d'État avec une thèse sur *la Musique mesurée à l'antique en Allemagne*. Depuis 1972, elle est professeur à l'U.E.R. de musique et musicologie à l'université de Paris-Sorbonne (Paris-IV) et enseigne également (depuis 1969) à l'Institut catholique de Paris. Elle participe à de nombreux colloques internationaux. Elle s'intéresse à la musique protestante en Allemagne et en France à la Renaissance et aux problèmes de méthodes en musicologie. En 1980, elle est élue au comité national du C.N.R.S. C. W.

WEBERN *(Anton)*, compositeur autrichien *(Vienne 1883-Mittersill, Autriche, 1945)*. Il naît dans une famille de « von Webern » (dont il abandonnera plus tard la particule), ancienne lignée de propriétaires terriens du sud du Tyrol. Ses premières années se passent à Vienne, Graz, et Klagenfurt. En 1902, il s'inscrit pour des études de philosophie et de musicologie à l'université de Vienne, où il est l'élève de Guido Adler. Sa thèse de doctorat, achevée en 1906, porte sur le *Choralis* Constantinus* d'Isaac, et manifeste son intérêt pour la polyphonie ancienne et ses jeux d'écriture. En même temps, il commence à composer, probablement sous l'influence de Wagner, mettant en musique la ballade de Uhland *Siegfrieds Schwert* (1901-1902). En 1904, il fait la rencontre d'Arnold Schönberg, dont il devient le premier et le plus dévoué disciple. Leur association, à laquelle se joindra Alban Berg, sera à l'origine de la seconde école de Vienne.

Webern commence par gagner sa vie comme chef d'orchestre de théâtre et comme chef de chœurs. En 1911, il épouse une cousine, Minna, dont il aura trois filles (parmi lesquelles Christina, à laquelle est dédiée l'opus 21) et un fils, qui mourra sur le front russe. Mobilisé lors de la Première Guerre mondiale, il est réformé pour cause de mauvaise vue. Il est d'ailleurs sujet à des ennuis de santé, à des périodes de dépression et de troubles psychosomatiques qui contredisent l'image qu'on se fait souvent d'un Webern détaché et séraphique.

Après la guerre, il dirigera pendant dix ans un orchestre et un chœur populaires, le *Wiener Arbeitersymphoniekonzert*, et le chœur populaire du *Kunststelle* (1923-1933), formations destinées aux travailleurs et lui permettant de mettre en pratique ses idées socialistes.

Dans le répertoire qu'il défend au concert figure la musique viennoise, mais aussi Mahler dont il est un très grand admirateur (alors que la dimension de leurs œuvres semblerait les opposer, ce qui prouve que l'esthétique n'est pas une affaire de proportions extérieures). Comme chef d'orchestre, Webern est précis, transparent, méticuleux. En 1927, il dirige les programmes de la radio de Vienne, ce qui l'amène à être invité en Allemagne, en Suisse, en Angleterre. Ses compositions musicales sont distinguées deux fois, en 1924 et en 1932, par le prix de la ville de Vienne, et Universal l'édite à partir de 1925.

Webern s'est mêlé à la vie culturelle, a connu le groupe du Blaue Reiter, rencontré Robert Musil (c'est de cette période que date son célèbre portrait par Kokoschka, peint en 1914), mais son cœur reste attaché à la montagne, aux fleurs, à la nature, qu'il aime passionnément. A partir de 1918, il vit à Mödling près de Vienne, où il compose et enseigne.

Mais la montée du nazisme, puis l'annexion de l'Autriche par le IIIe Reich, en 1938, bouleversent sa vie. Sa musique est rangée au nombre des productions d'« art dégénéré », Schönberg s'est exilé aux États-Unis, Alban Berg meurt en 1935. Webern reste donc seul du groupe, et ses fonctions lui sont peu à peu retirées. Il survit grâce à des travaux de lectures et de corrections d'épreuves pour Universal. Vienne étant bombardée, il se réfugie à la fin de la guerre à Mittersill, une petite ville au sud-ouest de Salzbourg. C'est là que le 15 septembre 1945, après la fin de la guerre, il meurt abattu par un soldat américain au cours d'une opération de perquisition chez son gendre, soupçonné de marché noir, alors que, semble-t-il, il était simplement sorti pour prendre l'air et fumer une cigarette malgré le couvre-feu imposé ce jour-là.

Après la guerre, l'œuvre de Webern fut redécouverte, remise à sa juste place, et érigée en modèle par la jeune génération sérielle formée par des hommes comme René Leibowitz. Cette génération vit en lui le plus rigoureux et le plus radical utilisateur de la méthode sérielle de Schönberg, qu'il avait adoptée à partir de son opus 17. Ce « moine obscur œuvrant dans le silence » (Pierre Boulez) fut alors salué pour sa soif d'absolu, sa nouveauté.

Toujours selon Boulez, un des jeunes compositeurs qui le prirent alors avec enthousiasme comme inspirateur, « tandis que Schönberg et Berg se rattachent à la décadence du grand courant romantique allemand et l'achèvent [...] par le style le plus luxueusement flamboyant, Webern, à travers Debussy, réagit violemment contre toute rhétorique d'héritage, en vue de réhabiliter le pouvoir du son. C'est bien, en effet, le seul Debussy qu'on puisse rapprocher de Webern dans une même tendance à détruire l'organisation formelle préexistante à l'œuvre, dans un même recours à la beauté du son pour lui-même, dans une même elliptique pulvérisation du langage » (1954).

Le même Boulez lui reconnaissait une seule innovation d'importance dans le domaine du rythme : « Cette conception où le son est lié au silence en une précise organisation. » En résumé, « Webern est le seuil ». Ces quatre mots résument toute une vision de Webern comme une sorte de Moïse modeste désignant la « Terre promise ».

On sait que la musique sérielle d'inspiration « webernienne », ou (comme on dit parfois) « post-webernienne », n'a pas duré plus de vingt ans avant de tomber en désuétude, ou de glisser vers l'académisme. De plus en plus, on se met à réécouter Webern non comme un prophète ou un modèle, mais simplement comme un repère et un grand musicien. Seulement, on en parle toujours dans les mêmes mots qu'il y a trente ans (musique de rupture, d'ascétisme, point de non-retour), alors qu'on aperçoit aujourd'hui beaucoup mieux dans quelles continuités cette musique prétendument réinventée de fond en comble se situait, de l'aveu même de Webern.

Il reste évident que Webern, contrairement aux deux autres Viennois, a rompu avec un certain romantisme pour promouvoir une musique objective, pur jeu de valeurs et de proportions (nous préférons ce terme d'objectif à celui de cérébral, souvent employé, mais qui en l'occurrence ne veut rien dire). Une constante dans son évolution : l'amour de la discrétion sonore, la haine du bruit inutile, le culte des formes très concises. Sa production officielle complète — trente et un numéros d'opus — tient en moins de quatre heures, et certaines œuvres, invraisemblablement brèves, ne dépassent pas trois minutes. Ses œuvres sont courtes et denses, jamais chargées ni enchevêtrées.

Des trois Viennois, il est encore celui qui a consommé le plus radicalement la rupture avec la tonalité. On sait que Schönberg et Berg n'auront de cesse de réintégrer plus ou moins le tonal dans le sériel. Webern, au contraire, ne manifeste jamais une telle préoccupation. De la technique dodécaphonique sérielle, à partir de l'opus 17, Webern cherche à tirer les plus radicales conséquences, mais aussi à rendre son emploi le plus simple et le plus limpide possible. C'est ainsi qu'il aime employer des séries de douze sons dérivées de microséries de trois ou quatre sons, ce qui limite considérablement le nombre de leurs présentations possibles (vingt-quatre ou douze, au lieu de quarante-huit), et rend plus ou moins audible une certaine permanence des intervalles fondateurs de la série. Par exemple, la série sur laquelle est basé le *Concerto pour neuf instruments* op. 24 (v. KONZERT) se divise en trois ou quatre sections, qui sont elles-mêmes des présentations différentes de la même microsérie, ce qui réduit le nombre des combinaisons d'intervalles.

Plus Webern abolit la répétition et promeut une musique qui est variation permanente, plus il circonscrit et délimite cette variation dans des formes claires et brèves, ce que feront rarement ses disciples à titre posthume, qui préféreront une complexité plus ramifiée et développée.

Les postsériels de l'après-guerre faisaient gloire à Webern d'avoir aboli la contradiction entre les dimensions verticale et horizontale, et pensé sa musique dans une dimension « diagonale », « sorte de répartition des points, des blocs ou des figures non plus dans le plan, mais dans l'espace » (Boulez). Certes, mais il est évident que cet espace, bien que visible sur la partition, demeure un espace conceptuel, non temporel.

Schönberg a écrit de la musique de Webern : « Elle fait tenir un roman dans un soupir », et Webern s'était donné comme devise esthétique *Non multa sed multum* — pas beaucoup de choses (en nombre), mais quelque chose de conséquent.

Webern est aussi, dans l'école de Vienne, celui qui a poussé le plus loin, après les *Cinq Pièces pour orchestre* op. 16 de Schönberg, la recherche sur les « mélodies de timbre », la *Klangfarbenmelodie** ; pas seulement dans sa célèbre orchestration du *Ricercare* de l'*Offrande** *musicale* de Bach, où le thème, toutes les deux ou trois notes, passe à un autre instrument, mais aussi dans ses créations personnelles, dans lesquelles, de plus en plus, il distribue chaque ligne contrapuntique entre des instruments solistes qui se relaient (début de la *Symphonie* op. 21).

Le choix des sonorités et leur emploi va dans le sens de la clarté. Il affectionne spécialement la clarinette, qu'il emploie fréquemment, dans la même optique mystique que le Messiaen du *Quatuor pour la fin du temps* ; il aime aussi les sonorités nettes, douces et lumineuses de la guitare, de la mandoline, du glockenspiel (employées chez lui discrètement, mais dont la musique postwebernienne abusera jusqu'à la nausée). Il fuit le pâteux, l'épais, le lourd, le chargé. Avec ses bois par quatre, l'orchestre du *Daphnis et Chloé* de Ravel lui semble « zu gross » (trop grand, trop gros). Cet amoureux de la haute montagne cherche peut-être à retrouver cette résonance particulière des sons en altitude, cette matité transparente du plein air où rien n'est confus ou caverneux.

Par ailleurs, Webern utilise de moins en moins chaque instrument pour un type particulier de traits, de formules, et, comme le dit Leibowitz, « tous les instruments sont traités de la même façon ». Ainsi, l'écriture des *Variations* op. 27, pour piano, n'a absolument rien de « pianistique ». Le timbre instrumental est comme une couleur pure mise individuellement sur chaque note, mais l'instrument ne détermine jamais a priori le discours et l'écriture.

On a donc beaucoup parlé de la « rupture » qu'auraient introduite cette esthétique webernienne et les œuvres qui l'ont illustrée, mais beaucoup moins des racines de cette esthétique, des influences qui l'ont aidée à se former. Parmi ces racines, il y a la polyphonie ancienne, sur laquelle Webern fit sa thèse, le vieux contrepoint, avec ses formes courtes et géométriques et sa façon de considérer l'instrument comme véhicule de la pensée, plutôt que sous l'optique d'une virtuosité ou d'une spécificité instrumentale.

Mais il y a aussi la musique postwagnérienne de son temps, et notamment celle de Gustav Mahler. Il est indiscutable, bien qu'on l'ait rarement dit, que le Webern des *Six Pièces pour orchestre* op. 6 et des *Cinq Pièces* op. 10 est préfiguré dans certains moments transparents et raréfiés des symphonies de Mahler, qui, d'une façon générale, par ses sonorités, apparaît plus proche de Webern que de son contemporain Richard Strauss. Webern a repris des procédés mahlériens dans une tout autre pensée, objective et « scolastique » — ce terme étant employé sans aucune connotation péjorative. Mais la filiation est évidente.

Il semble à ce propos qu'une des leçons de Webern ait été mal comprise : c'est celle de l'économie. On a complaisamment repris les procédés weberniens pour surenchérir sur la densité, la complexité, l'enchevêtrement des structures, perdant cette transparence à laquelle tenait beaucoup l'auteur des *Cinq Pièces*. S'il faisait court et raréfié, ce n'était pas seulement par souci pédagogique, c'était aussi par instinct d'équilibre et d'harmonie. Bien que basées sur des séries simplifiées aux combinaisons de base limitées, les structures des œuvres de Webern sont déjà bien complexes à saisir. Derrière cette complexité, Webern cherche pourtant les symétries cachées, les formes A-B-A (le chiffre 3 semble se retrouver dans beaucoup d'œuvres), une articulation des mouvements extrêmement claire.

Enfin, on a fait un peu systématiquement l'impasse sur l'inspiration religieuse et mystique d'une grande partie de l'œuvre de Webern, sur le fait également que sur trente et un numéros d'opus, dix-sept sont des œuvres vocales (de préférence pour voix de soprano); que ces œuvres ont donc un texte, et que ce texte porte un sens. Il s'agit fréquemment de textes de piété naïve et populaire, ou bien d'amour mystique et panthéiste. Webern ne s'est-il pas passionné pour la poésie d'Hildegard Jones, poésie pleine de suavité dans laquelle Dieu, la personne aimée, et l'univers sont adorés dans un même élan de douce effusion, au point de mettre en musique un nombre important de ses textes (entre autres *Trois Lieder* op. 25, *Das Augenlicht* op. 26, et les *Cantates* op. 29 et op. 31)?

Il y a chez Webern un côté «quiétiste» et angélique, souvent négligé et masqué, et que l'on peut redécouvrir, maintenant que sa musique n'est plus un porte-drapeau.

L'œuvre d'Anton Webern. On proposera ici un bref parcours de cette évolution sans grandes secousses, à l'intérieur d'une œuvre finalement très homogène malgré les changements techniques. Il est vrai que Webern a établi son catalogue à partir de la première œuvre qu'il ne reniait pas, laissant de côté une certaine production postromantique de ses premières années.

La *Passacaille* op. 1, pour orchestre, de 1908, est la seule œuvre que Webern ait conservée de sa production nettement tonale (elle est en *ré* mineur). Encore cette tonalité est-elle souvent allusive. D'emblée, chez elle, Webern place son œuvre de maturité sous le signe de la variation. Quant au bref chœur a capella sur un poème de Stefan George, *Entflieht auf leichten Kähnen*, op. 2 (1908), on y trouve déjà le procédé cher à Webern de l'écriture en canon, et une musique déjà entrée en apogée.

Les deux opus suivants, op. 3 et op. 4 sur des poèmes de Stefan George également, appartiennent à cette région injustement méconnue de l'œuvre de Webern, celle de ses lieder pour voix et piano, formule que ses disciples trouveront conservatrice et romantique. Il y a beaucoup de délicatesse et de beauté, pourtant, dans ces lieder très intimes où la voix n'est pas du tout maltraitée, mais sur lesquels glisse le plus souvent l'exégèse postwebernisme.

A partir de l'opus 5, les *Cinq Mouvements* pour quatuor à cordes (1909), commence l'œuvre officiellement reconnue et fêtée de Webern. Ces mouvements sont encore assez romantiques, et on peut trouver de même un charme expressionniste à l'opus 6, les *Six Pièces* pour orchestre de 1909 (révisées en 1928), qui sont sa seule œuvre pour très grande formation, encore que celle-ci y soit rarement employée dans sa masse et sa puissance.

Avec les *Quatre Pièces* op. 7 (1910) pour violon et piano, et les *Deux Lieder* op. 8 (1910) pour voix moyenne et instruments, s'ouvre la période des œuvres ultra-courtes, qui culmine dans les *Six Bagatelles* pour quatuor op. 9 (1913), les *Cinq Pièces* pour orchestre op. 10 (1913), les *Trois Petites Pièces* pour violoncelle et piano op. 11 (1914). On peut parler ici d'un impressionnisme de la concision.

Les *Cinq Pièces* pour orchestre op. 10, qui durent au total environ six minutes, sont un sommet du Webern présériel. Leur effectif n'est pas traditionnel, car à côté des vents, de percussions assez abondantes (mais plutôt discrètes), et d'instruments spéciaux tels que harmonium, célesta, mandoline, guitare et harpe, le quatuor à cordes y figure sous sa forme soliste (un violon, un alto, un violoncelle, une contrebasse) et non sous sa forme collective et orchestrale. Il s'agit donc d'une formation de solistes employés par petites touches très éparpillées dans un vide cristallin. Mais cette musique n'a rien de déshumanisé: la moindre phrase de quatre notes déborde d'accents expressifs (la mention *espressivo* figure çà et là).

La troisième pièce, centre de cet édifice, est tout à fait à part dans l'œuvre de Webern, puisque fondée non sur une articulation de notes, mais sur un «bruit», un bruissement changeant et continu, formé par des superpositions de trilles et de notes répétées, sorte de peinture musicale d'une sonorité naturelle, avec des cloches très discrètes, des résonances lointaines, des grondements de tambour. Sur ce fond mouvant, qui n'est déjà plus de la musique de notes au sens traditionnel, quelques instruments solistes, le violon, le cor, le trombone, tous avec sourdines, égréneront de courts motifs expressifs. C'est la page la plus impressionniste, la moins systématique et la plus «ouverte» de Webern, qui revient ensuite dans la quatrième pièce à une musique «de notes», basée sur des valeurs de hauteur et de durée, et non plus sur ces textures continues qu'après lui recréeront les musiques électroacoustiques.

Suit une vaste série, mal connue, de lieder et de chants sacrés, qui va de l'opus 13 à l'opus 16. A partir de l'opus 14, Webern renonce à l'accompagnement pianistique pour employer soit un petit ensemble de solistes, soit la clarinette solo, sorte de seconde voix sublimée par rapport à la voix humaine proprement dite, celle d'une soprano. L'écriture vocale, pure et précise, n'est jamais dramatisée par un Sprechgesang, même fugitif. La voix est employée dans une optique purement instrumentale, comme chez Bach, mais en revanche l'instrument qui l'accompagne acquiert la ductilité et la spiritualité d'une voix humaine.

L'opus 17 de 1924, *Trois Hymnes traditionnels* pour soprano, clarinette, clarinette basse, violon et alto, marque la première utilisation du système sériel, sans rupture absolue de style : il y a longtemps que l'écriture de Webern s'est préparée à entrer en sérialisme, par son atomisation méticuleuse, et par l'emploi de formes d'école, comme le canon en mouvement contraire, qui se retrouve dans les procédés sériels de récurrence.

Il faut noter que dans son écriture sérielle, Webern s'autorise à répéter un son, une hauteur, pourvu que ce soit immédiatement après, par le même instrument (comme si c'était la même note énoncée en deux, trois fois au lieu de l'être en une); ce qui donne un style «morse» très caractéristique.

C'est à partir de la *Symphonie* op. 21 que débute la grande période classique. Cette symphonie emploie dans son premier mouvement une forme sonate adaptée (exposition, développement, réexposition, coda) et elle débute par un double canon rigoureux. Son plan général en deux mouvements (lent ou modéré/plus vif) est devenu lui-même typiquement webernien. Le très diaphane *Concerto* op. 24 pour neuf instruments est célèbre pour sa série «à transpositions limitées».

Quant aux dernières œuvres, elles vont, sur ce terrain conquis, essayer de retrouver une certaine ampleur, une certaine épaisseur, une certaine durée: les premières œuvres de Boulez ou d'autres seront assez proches de cette musique plus touffue du dernier Webern, celui des *Cantates*, où il recrée des complexes sonores constituant un matériau de base plus global, moins dénudé, sorte de «brique», de bloc sans fonction harmonique, où certains voudront voir une sorte de prémonition de l'«objet sonore» de la musique concrète.

On remarquera que Webern n'a laissé qu'une œuvre pour un instrument soliste, comme s'il craignait de laisser l'instrument seul avec lui-même: il s'agit des *Variations* pour piano op. 27, aussi peu virtuoses que possible. Webern n'a jamais favorisé cet instrument: la voix. Ailleurs, même dans le *Concerto* op. 24, toute hiérarchie est supprimée entre les différents postes instrumentaux.

Webern fut un musicien passionné et exclusif, qui, à l'exception de Willi Reich, ne compta pratiquement pas de disciples directs. Il faut rendre grâce à ceux qui l'ont sorti de l'ombre où sa discrétion l'avait placé, mais aussi réapprendre à l'entendre, et peut-être à le jouer, sans en faire à tout prix une musique de rupture absolue. Nous comprenons aujourd'hui que cette rupture ne fut que relative, et qu'elle ne prétendit jamais au caractère total qu'on lui a attribué. Webern fut un *moment* particulier de la musique. Il poursuivit une aventure très personnelle, sur laquelle tout n'a pas été dit, et dont l'interprétation et la compréhension ne sont pas closes une fois pour toutes.

Œuvres. — *Musique instrumentale et orchestrale.* Quintette pour piano et cordes (1906) ; *Passacaille* op. 1 (1908) pour grand orchestre ; *5 Mouvements* op. 5 pour quatuor à cordes (1909, arrangé pour orchestre à cordes) ; *6 Pièces* op. 6 (1909, rév. 1928) pour grand orchestre ; *4 Pièces* op. 7 (1910) pour violon et piano ; *6 Bagatelles* op. 9 pour quatuor à cordes (1913) ; *5 Pièces* op. 10 (1913) pour grand orchestre ; *3 Petites Pièces* op. 11 (1914) pour violoncelle et piano ; *Trio à cordes* op. 20 (1927) ; *Symphonie* op. 21 (1928) pour ensemble instrumental ; *Quatuor* op. 22 (1930) pour violon, clarinette, saxophone ténor, piano ; *Concerto* op. 24 (1934) pour neuf instruments (flûte, hautbois, clarinette, cor, trompette, trombone, alto, violon, piano) ; *Variations* op. 27 (1936) pour piano ; *Quatuor à cordes* op. 28 (1938) ; *Variations* op. 30 (1940) pour orchestre.

Musique vocale. Entflieht auf leichten Kähnen op. 2 (1908) pour chœur mixte (Stefan George) ; *Lieder* op. 3 (1909) pour soprano et piano (S. George) ; *5 Lieder* op. 4 (1909) *id.* (S. George) ; *2 Lieder* op. 8 (1910) pour voix moyenne et huit instruments (Rilke) ; *4 Chants populaires* op. 12 (1915-1917) pour soprano et piano (chant populaire, Li-Tai-Po, Strindberg, Goethe) ; *4 Lieder* op. 13 (1914-1918) pour soprano et instruments (Kraus, Bethge, Trakl) ; *6 Lieder* op. 14 (1917-1921) pour soprano et petit ensemble (Trakl) ; *5 Lieder spirituels* op. 15 (1917-1922) pour soprano et petit ensemble ; *5 Canons sur des textes latins* op. 16 (1924) pour soprano, clarinette, clarinette basse ; *3 Hymnes traditionnels* op. 17 (1924) pour soprano, clarinette, clarinette basse, violon, alto ; *3 Lieder* op. 18 (1925) pour soprano, clarinette en *mi* bémol, guitare (*Knaben Wunderhorn*, texte liturgique) ; *2 Lieder* op. 19 (1926) pour quatuor vocal et ensemble instrumental (Goethe) ; *3 Lieder* op. 23 (1934) pour soprano et piano (Hildegard Jones) ; *3 Lieder* op. 25 (1935) *id.* (H. Jones) ; *Das Augenlicht* op. 26 (1935) pour chœur mixte et orchestre (H. Jones) ; *Cantate nº 1* op. 29 (1939) pour soprano, chœur mixte et orchestre (H. Jones) ; *Cantate nº 2* op. 31 (1941-1943) pour soprano, basse, chœur mixte et orchestre (H. Jones).

Arrangements et orchestrations. Ricercare à 6 voix de l'*Offrande musicale*, de J.-S. Bach (orchestration, 1934-35) ; *6 Danses allemandes* de F. Schubert (orchestration) ; *Symphonie de chambre* d'Arnold Schönberg op. 9 (arrangement pour 5 instruments). M. C.

WECKERLIN (Jean-Baptiste), compositeur, musicologue et folkloriste français *(Guebwiller, Haut-Rhin, 1821-Trottberg, Haut-Rhin, 1910)*. Fils d'industriels alsaciens, il fit ses études secondaires à Colmar avant d'entrer au Conservatoire de Paris où il étudia de 1844 à 1848 avec Elwart (harmonie), Halévy (composition), et Ponchard (chant). Il se consacra ensuite à l'enseignement tout en composant quelques romances, l'opéra bouffe *l'Organiste dans l'embarras* (1853), des petits opéras de chambre représentés dans des salons, plusieurs opéras bouffes en dialecte alsacien, de la musique symphonique et des œuvres religieuses.

En 1876, il succéda à Félicien David comme conservateur de la bibliothèque du Conservatoire, poste qu'il occupa jusqu'en 1909, enrichissant la bibliothèque de nombreuses partitions, de collections de lettres et d'autographes, et dressant un catalogue détaillé. Il effectua également d'importants travaux de folkloriste, rassemblant, harmonisant et publiant des chansons de diverses régions : *Chansons populaires des provinces de France* (1860), *Chansons populaires de l'Alsace* (1883), *l'Ancienne Chanson populaire en France : XVIᵉ et XVIIᵉ siècles* (1887). A. L. et S. W.

WECKMANN (Matthias), compositeur et organiste allemand *(Niederdorla ?, Thuringe, 1619-Hambourg 1674)*. En 1630, il entre comme jeune soprano dans la chapelle de la cour de Dresde dirigée par H. Schütz. En 1637, celui-ci le fait envoyer à Hambourg pour apprendre l'orgue et la composition avec Jacob Praetorius et Scheidemann. Après trois ans d'études, l'Électeur de Saxe le nomme organiste et chef des chœurs de sa chapelle de Dresde ; mais, en 1642, il prête son organiste au prince de Danemark en visite à Dresde. En 1647, Weckmann quitte Copenhague pour reprendre son poste à Dresde.

A la suite de rivalités, il abandonne la chapelle de Dresde en 1655 pour le poste d'organiste de l'église Saint-Jacques à Hambourg. Avec les musiciens de cette ville, Scheidemann, Praetorius, Bernhard, etc., il crée le Collegium Musicum de Hambourg. Dans les concerts publics produits par cette fondation, il acquiert une grande réputation de virtuose.

Il a composé des œuvres vocales, dans le style des *Concerts sacrés* de Schütz, dont trois furent écrites en 1663, pendant l'épidémie de peste à Hambourg. Il a écrit aussi pour l'orgue (huit variations de chorals), et pour divers instruments. Son œuvre n'a pas été publiée de son vivant. J.-F. L.

WEELKES (Thomas), compositeur anglais *(Elsted, Sussex, v. 1576-Londres 1623)*. On sait très peu de chose de son existence, sinon qu'il est organiste à la cathédrale de Winchester de 1598 à 1601, puis organiste et directeur de la maîtrise de la cathédrale de Chichester de 1601 à 1617. Il est renvoyé de ce poste en raison de sa mauvaise conduite. En 1602, il reçoit le titre de Bachelor of Music de l'université d'Oxford, et se marie en 1603.

Avec son contemporain John Wilbye, Thomas Weelkes compte parmi les plus grands maîtres du madrigal anglais. Si son œuvre n'est pas toujours l'égale de celle du premier, elle est nettement plus abondante ou, en tout cas, mieux conservée. Quatre livres de madrigaux, de *Balletts*, d'*Ayeres or Phantasticke Spirites for Three Voices*, ont paru en 1597, 1598, 1600 et 1608 à Londres. Sa musique religieuse (services, antiennes, *Magnificat, Nunc Dimitis, Te Deum*) est restée manuscrite à l'exception de deux pièces incluses dans les *Teares and Lamentations of a Sorrowful Soul* de Leighton (1614). Quelques œuvres instrumentales, pour clavier ou pour un ensemble de violes (*In nomine*, pavanes), complètent cette liste.

Fasciné par la cosmographie, par le fantastique, Weelkes emploie un chromatisme parfois excessif. En revanche, cette étrangeté trouve sa pleine expression dans un madrigal extraordinaire : *Thule, the Period of Cosmography* (1600). Gai, extraverti, parfois maladroit, son talent s'exerce également dans les pièces du genre brillant ou populaire. Si *The Cries of London* n'atteignent pas la perfection de forme, le contraste et d'invention des *Cris de Paris* de Clément Janequin, la simplicité de la scène évoquée est peut-être plus réaliste. Pour Th. Morley, l'ami qui lui a sans doute inspiré ses *Ballets* (de l'italien *balletto*), Weelkes compose la déploration à six voix intitulée *Death hath deprived me of my dearest friend* (1608). C. W.

WEIGL, famille de musiciens autrichiens.
— 1. **Joseph,** violoncelliste *(Bavière 1740-Vienne 1820)*. Engagé en même temps que Haydn (qui écrivit pour lui son *Concerto pour violoncelle* en *ut* Hob. VIIb.1) par le prince Esterhazy en 1761, il occupa son poste jusqu'en 1769, puis devint premier violoncelle au théâtre de la Porte-de-Carinthie à Vienne. En 1792, il entra dans la chapelle impériale.
— 2. **Joseph,** compositeur et chef d'orchestre, fils du précédent et filleul de Haydn *(Eisenstadt 1766-Vienne 1846)*. Il étudia à Vienne avec Salieri, qui l'introduisit dans les milieux du théâtre (il fit répéter et dirigea *les Noces de Figaro* et *Don Giovanni* de Mozart, puis participa aux répétitions de *Cosi fan tutte*. Maître de chapelle et compositeur des théâtres de la cour en 1792, il obtint son premier succès en 1794 avec *La Principessa d'Amalfi*. Suivirent de nombreux opéras italiens et de nombreux singspiels, parmi lesquels surtout *Das Waisenhaus* (1808) et *Die Schweizerfamilie* (*Robinson suisse*, 1809). De 1827 à 1838, il fut vice-maître de chapelle impérial. Il écrivit aussi de la musique sacrée, ainsi que deux autobiographies demeurées manuscrites.
— 3. **Thaddäus,** compositeur, chef d'orchestre et éditeur, frère du précédent *(Vienne ? 1776-Vienne 1844)*.

Il fonda sa maison d'édition en 1803. À la suite d'une faillite en 1831, elle fut reprise par Diabelli et Artaria.
M. V.

WEILL (Kurt), compositeur américain d'origine allemande *(Dessau 1900 - New York 1950)*. Encouragé très tôt à la musique par son père, il étudie auprès de A. Ding et entre en 1918 dans la classe de E. Humperdinck et celle de R. Krasselt à l'École supérieure de musique de Berlin. Pour gagner sa vie, il se produit comme pianiste de cabaret et fait des arrangements de musiques scéniques. En 1919, il assure les fonctions de corépétiteur au théâtre de Dessau et en 1929 de directeur musical au théâtre de Lüdenscheidt, et se trouve ainsi directement en contact avec les milieux de la scène.

En 1921, il entre dans la classe de Busoni en présentant sa *Première Symphonie* en un mouvement, et compose des musiques d'inspirations diverses, assez influencées par Mahler et par Schönberg (*Die Zaubernacht*, 1922 ; *Der Frauentanz*, 1924 ; *Quatuor* op. 8, 1923). Il prend part au même moment aux activités de groupements idéologiques comme le *Novembergruppe*. Il obtient un premier succès en 1924 avec son *Concerto pour violon et instruments à vent*, d'écriture concise et directe, mais qui n'est pas sans présenter un certain côté expressionniste dont il ne se départira jamais.

Cette période européenne est ensuite marquée par trois rencontres décisives, tout d'abord celle avec Fritz Busch, en 1922, qui devient un de ses plus fidèles interprètes et le présente à Georg Kaiser, écrivain dramatique expressionniste à tendances sociales, avec qui il collabore à plusieurs reprises. Il lui fournit le livret du *Protagoniste* (1924-25), court drame comicotragique pour lequel Weill fait s'opposer deux orchestres et introduit dans sa musique des éléments de jazz et de danses modernes. La seconde rencontre berlinoise est celle de Yvan Goll, écrivain-poète expressionniste gagné à l'esthétique de l'absurde, qui lui procure le texte du *Nouvel Orphée* (cantate scénique, 1925), et de *Royal Palace* (1927), « Zeitoper » (opéra d'actualité) inspiré de l'opérette et du cabaret et qui ne renonce à aucun des gadgets modernes, des hélices d'avion aux projections de diapositives.

Il écrit la même année une « comédie à la manière ancienne » sur un texte de Kaiser, *Le tsar se fait photographier*, dans laquelle il chœur de vieillards à l'antique et airs de tango diffusés par un électrophone. Mais il s'adonne en même temps à un style plus sombre, celui de la ballade *Vom Tod im Walde* (1927) et du *Berliner Requiem* (1928), chœur composé à la mémoire de l'assassinat de Rosa Luxembourg.

La rencontre capitale est celle de Brecht, en 1927. Le dramaturge essaie à ce moment-là d'imposer sa conception « épique » du théâtre, libérée des boursouflures du drame. Dans ses pièces, il relate froidement les faits, démonte pour les caricaturer les processus de l'âme humaine, et confie à la musique le devoir de véhiculer les idées principales.

C'est Weill qui, alors à la recherche d'un public nouveau et plus vaste, trouve l'impact nécessaire à cela dans les *songs*, sorte de ballades modernes apparentées au *moritat* et à la chanson de cabaret. Martelées de façon prosodique à l'esprit de l'auditeur, à la manière des chants d'*agitproptruppen* (groupes d'agitation-propagande), et soutenues par les accents syncopés d'un orchestre repris au jazz, leurs harmonies rudes d'accords parfaits superposés, leurs ruptures tonales brusques, leurs « fausses basses » viennent tour à tour appuyer, contredire ou parodier le contenu des paroles et obliger le spectateur à une « distanciation » critique vis-à-vis du spectacle.

Les plus belles réussites dans le genre sont *l'Opéra de quat'sous* (*Drei Groschen Oper*, 1928) et les deux versions de *Grandeur et Décadence de la ville de Mahagonny* (*Aufstieg und Fall der Stadt Mahagonny*, singspiel : 1927 ; opéra : 1929), dans lesquels se produit sa jeune femme Lotte Lenya. Puis, après *Happy End* (D. Lane, 1929), célèbre pour le *Surabaya Song* et le *Bilbao Song*, Weill s'essaie avec Brecht au genre du *Lehrstück*, cantate scénique didactique ; il compose en 1929 le *Lindberghflug*, en collaboration avec Hindemith, et, en 1930, *Der Jasager*.

Mais leurs personnalités respectives les obligent à se séparer en 1930, et c'est à K. Neher que Weill demande le livret de *Die Bürgschaft* (« la Caution », 1931), œuvre d'envergure qui émousse malheureusement par ses dimensions l'efficacité du song, puis à Kaiser celui de *Der Silbersee* (1932), qui attaque le nazisme naissant. En 1933, il doit se réfugier à Paris, puis à Londres, et écrit pour Balanchine un ballet mêlé de songs et de monologues, *les Sept Péchés capitaux* (*Die sieben Totsünde*, 1933), ultime œuvre sur un livret de Brecht.

En 1935, répondant à un appel de Max Reinhardt, il s'installe définitivement aux États-Unis (il est naturalisé en 1943), où il partage sa vie entre New York et Hollywood. Le changement est total. Possédant à fond son métier d'homme de théâtre et de musicien, Weill s'adapte immédiatement aux courants américains et aux lois du show-business, et se met à composer en grand nombre des opéras à succès influencés par l'opérette et le show en vogue à Broadway. Son langage, parfois très conventionnel, comme dans *One touch of Venus* (1943), fait volontiers parler de *cotton-candy-music*. Toutefois, il ne se départit pas d'une certaine orientation idéologique, dans *The Eternal Road* par exemple (F. Werfel, 1935, drame biblique sur la question juive), dans les œuvres sur le textes de M. Anderson (*Knickerbocker Holiday*, 1938 ; *Lost in the Stars*, 1949), dans *Johnny Johnson* (1936) ou *Down in the Valley* (1948, opéra didactique). Il s'ouvre en même temps aux courants de la psychanalyse, en particulier dans *Lady in the Dark* (1940), succès qui consacre définitivement sa rupture avec l'Europe.

Ainsi, Weill n'est pas à considérer du seul point de vue de sa période créatrice des années 20, mais bien en fonction de son adaptation constante aux courants de son époque, en fonction d'une personnalité aux facettes multiples, qui lui a donné de préserver son indépendance vis-à-vis de tout mouvement particulier, et qui explique son influence sur toute une génération de compositeurs allemands, parmi lesquels Eisler et Dessau.
E. L.

WEIMAR. Le développement de la vie musicale à Weimar, ville actuellement en République démocratique allemande, et qui jadis dépendit de l'électorat de Saxe avant de devenir le siège d'un duché puis d'un grand-duché, alla pour commencer de pair avec celui de la chapelle de la cour. D'ordinaire, la chapelle de l'Électeur de Saxe séjournait à Altenburg, à Torgau ou à Weimar. En ses débuts, elle eut à sa tête des musiciens comme Adam von Fulda (à partir de 1490), Johann Walter, Conrad Rupsch (conseiller musical de Luther), Paul Hofhaimer, et bénéficia du sage patronage du duc-Électeur Frédéric le Sage (mort en 1525).

À la fin du XVIe siècle se développa dans la ville une tradition chorale, en particulier sous l'influence de Melchior Vulpius (v. *1570-1615*), principal compositeur d'hymnes luthériens de son temps et cantor municipal à Weimar de 1596 à sa mort. Au XVIIe siècle, cette tradition attira à Weimar de nombreux musiciens dont Heinrich Schütz.

Johann Gottfried Walther, l'ami de Bach, fut organiste municipal à Weimar de 1707 à sa mort en 1748, et Bach lui-même fut violoniste à la chapelle de la cour en 1703, puis organiste et musicien de chambre de la cour de 1708 à 1717 (il composa alors des cantates et beaucoup d'œuvres d'orgue). En 1756, l'organiste Johann Ernst Bach, cousin éloigné de Jean-Sébastien, devint maître de chapelle.

Dans le dernier tiers du XVIIIe siècle, Weimar devint un centre culturel de première importance, non seulement sur le plan musical, avec notamment la création de nombreux singspiels comme *Die Jagd* de Johann Adam Hiller (1770) et *Alceste* d'Anton Schweitzer (1775), mais aussi et surtout sur le plan littéraire et sur celui des idées. Grâce à Goethe, qui y vécut plus d'un demi-siècle, à Schiller, à Herder, à Wieland et à bien d'autres, se développa au point de vue littéraire, au point de vue artistique, au point de vue des idées, un « classicisme de Weimar » qui marqua toute une époque.

Dans les dernières années de la vie de Goethe, le maître de chapelle à Weimar était Johann Nepomuk Hummel. L'écrivain compta alors parmi ses visiteurs le jeune Mendelssohn. En 1842, dix ans après la mort de Goethe, Liszt arriva à Weimar, dont il allait faire sa résidence principale jusqu'en 1861. De 1848 à 1858, il y fut maître de chapelle, et y créa notamment *Lohengrin* de Wagner en 1850 et *le Barbier de Bagdad* de Peter Cornelius en 1858, tout en montant d'importantes reprises de *Tannhäuser* (1849) et de *Benvenuto Cellini* de Berlioz (1852). L'orchestre de Weimar devint alors un des premiers d'Europe, et bientôt, on appela en musique école de Weimar les courants « progressistes » (Wagner, Liszt, Berlioz), par opposition aux courants « traditionalistes » (Mendelssohn, Schumann) plutôt associés à la ville de Leipzig.

Plus tard (1889-1894), Weimar eut un autre maître de chapelle célèbre en la personne de Richard Strauss, qui y créa son *Guntram* (1894).

Après 1918, la ville fut étroitement associée au mouvement architectural du Bauhaus, ce qui lui valut plusieurs festivals de musique contemporaine avec de nombreuses premières. Après la Seconde Guerre mondiale, l'orchestre de Weimar a eu à sa tête, entre autres, Hermann Abendroth (1945-1956). Le Théâtre national, construit en 1825 sous la supervision de Goethe et reconstruit en 1907, reste un des plus célèbres d'Allemagne. M. V.

WEINEN, KLAGEN, SORGEN, ZAGEN *(Pleurer, se lamenter, éprouver des tourments, se décourager).* Variations pour piano de Franz Liszt, datant de 1862 et dont le thème principal provient de la cantate du même nom (BWV 12) composée par Jean-Sébastien Bach en 1714. L'emprunt concerne le premier chœur de la cantate (une admirable passacaille que l'on retrouve comme *Crucifixus* de la *Messe en « si » mineur*) et plus spécialement sa basse obstinée chromatique descendante. De ce motif sévère mais d'une grande souplesse, l'auteur des *Rhapsodies hongroises* allait tirer, dans la perspective d'une virtuosité naturellement intégrée, un de ses chefs-d'œuvre pianistiques les plus nobles et les plus émouvants.

La mort de sa fille Blandine (11 sept. 1862) constitue, semble-t-il, le contexte douloureux dans lequel il faut situer cette page austère débouchant pourtant sur l'espoir et sur la lumière. Par le biais du choral « Was Gott tut, das ist wohlgetan » (« Ce que Dieu fait est bien fait »), par lequel s'achève la cantate de Bach, la partition s'infléchit, en effet, vers le mode majeur et vers une sorte de résignation consolatrice.

En 1863, Liszt réalisa une transcription pour orgue de *Weinen, Klagen, Sorgen, Zagen*. J. D.

WEINGARTNER *(Felix Paul von),* chef d'orchestre et compositeur autrichien *(Zara, Dalmatie, 1863-Winterthur 1942).* Élève du compositeur W. A. Remy à Graz, il entre au conservatoire de Leipzig en 1881 avant de se rendre en 1883 à Weimar auprès de Liszt, qui fait représenter son opéra *Sakuntala.* De 1884 à 1891, il est successivement chef d'orchestre à Königsberg, Dantzig, Hambourg, Francfort-sur-le-Main et Mannheim avant d'être, de 1891 à 1897, chef d'orchestre de l'Opéra et des concerts symphoniques de l'orchestre de la cour à Berlin. Il mène de front les carrières de chef lyrique et de chef symphonique, dirigeant successivement à Munich les concerts Kaim (1898-1903), la Hofoper de Vienne (1908-1911), au Théâtre de Hambourg (1912-1914), les activités musicales de Darmstadt (1914-1919), la Volksoper de Vienne (1919-1924) et les concerts de la Philharmonie de Vienne (1908-1927). De 1927 à 1933, il dirige le conservatoire et la Société des concerts de Bâle. Directeur musical du Staatsoper de Vienne (1935-36), il se retire à Interlaken où il donne des cours d'été de direction d'orchestre.

Il a composé un certain nombre d'opéras, dont il a écrit également les livrets : *Malawika, Genesius, Oreste, Caïn et Abel,* etc., sept symphonies, deux concertos pour violon, quatre quatuors et de nombreux lieder. Il a laissé également plusieurs traités dont *l'Art de diriger, la Symphonie après Beethoven* et des *Mémoires.* M. W.

WEINZWEIG *(John),* compositeur canadien *(Toronto 1913).* Il fit ses études musicales à l'université de Toronto (Ernest Mac Millan, Healey Willan) et à l'Eastman School (Bernard Rogers). Après une maîtrise de musique (1938), il découvrit Alban Berg et utilisa le langage sériel dès sa *Suite pour piano* (1939). Éclectique, il se référa également tantôt aux chants populaires, tantôt au jazz, dans une écriture remarquable par sa maîtrise instrumentale et contrapuntique. Il fonda la Ligue canadienne des compositeurs (1951) et enseigna à la faculté de musique de Toronto. Parmi ses élèves, citons Murray Schafer et Harry Somers. Le rayonnement de son rôle d'éducateur et l'intelligente évolution de sa pensée musicale font de lui l'une des figures les plus significatives de sa génération.

Œuvres. — *Orchestre. Rhapsody* (1941); *Our Canada* (1943); *Ode symphonique* (1958); *5 Divertimentos* pour un soliste et orchestre (1945-1961); *Concertos pour violon* (1951), *pour piano* (1965) et *pour harpe* (1968); *le Vin de la paix* (1957).

Musique de chambre. 3 *Quatuors à cordes* (1937, 1946, 1963), *Sonates pour violon* (1941) et *violoncelle* (1949), *Quintette à vent* (1964), *Quatuor avec clarinette* (1965), *Intermissions* pour flûte et hautbois (1943), *Suites n°s 1 et 2 pour piano* (1939, 1950), *Sonate pour piano* (1950), *Improvisation pour orgue sur un thème indien* (1942). A. G.

WEISS *(Sylvius-Leopold),* luthiste allemand *(Breslau 1684-Dresde 1750).* Il fut le plus remarquable luthiste de la dernière période du luth en Allemagne. Il fut probablement en rapport avec J.-S. Bach à Dresde, où il occupa un poste de musicien à la cour de 1717 à sa mort, sans doute nous livrera-t-il un rôle dans l'intérêt que le Cantor porta au luth, pour lequel il écrivit plusieurs pièces dont deux suites. C'est également cette forme que Weiss adopte la plupart du temps. Toutes ses œuvres portent la marque d'un grand interprète, mais aussi d'un maître du contrepoint. Exploitant au maximum les possibilités polyphoniques du luth, il en aborde en même temps les limites et constitue sans doute l'aboutissement d'une évolution à laquelle l'instrument ne survivra d'ailleurs pas. P. M.

WELIN *(Karl Erik),* compositeur, organiste, pianiste et pédagogue suédois *(Genarp 1934).* Il est le représentant de l'avant-garde sous toutes ses formes. Personnalité éclectique et parfois déroutante, il est presque aussi important comme interprète, notamment d'œuvres qu'il suscite et commande, que comme compositeur. Son œuvre comprend de nombreuses pièces pour petits ensembles instrumentaux (*Pereo* pour cordes et *Warum nicht*, 1967; *Etwas für...* pour quintette à vent, 1967; *Eigentlich nicht* pour cordes, *Hommage à...* et *Improvisation* pour orgue, 1967; *PC 139*, 1969-70; *Recidivans*, 1972; *Reciduo* pour quatuor à cordes, 1974), mais aussi vocales (*Dummerjöns*, d'après H. C. Andersen, 1966; *Ett svenskt rekviem* sur un texte de C. von Linné, 1976). H.-C. F.

WELLESZ *(Egon Joseph),* compositeur, pédagogue et musicologue autrichien *(Vienne 1885-Oxford 1974).* Il commença des études de droit qu'il abandonna bientôt, et prit des leçons privées de piano et d'harmonie (Carl Frühling) en même temps que de musicologie (Guido Adler). Les représentations dirigées par Mahler à l'Opéra de Vienne confirmèrent sa vocation. En 1904, il rencontra Schönberg, qui lui enseigna le contrepoint pendant deux ans. Il passa son doctorat de musicologie avec deux thèses brillantes sur Giuseppe Bonno (1908) et Francesco Cavalli (1913).

Après avoir enseigné l'histoire de la musique au

Nouveau Conservatoire de Vienne (1911-1915), il se spécialisa dans l'étude des musiques de l'Orient chrétien. Devenu professeur à l'université de Vienne (1929-1938), il se consacra avec succès au déchiffrement de l'écriture musicale byzantine, fondant en 1932 l'Institut de musique byzantine de la Bibliothèque nationale de Vienne. À Londres, où il émigra en 1938, il donna des cours au Royal College of Music, puis à l'université de Cambridge, avant d'être nommé, l'année suivante, conférencier sur la musique byzantine et professeur à Oxford, postes qu'il devait occuper jusqu'en 1956. Invité à plusieurs reprises à donner des cours aux États-Unis (Princeton et Dumbarton Oaks), il écrivit de nombreuses études sur la musique byzantine et devint le rédacteur en chef de deux volumes de la *New Oxford History of Music* (1953).

Comme compositeur, il a été fortement influencé par Mahler, et plus encore par Schönberg, dont il fut le premier biographe (Vienne, 1921 ; trad. angl. 1924 ; réimpr. 1969), mais sa connaissance approfondie des musiques religieuses proche-orientales a laissé également des traces évidentes dans sa musique. Son œuvre très abondante (plus de cent numéros d'opus) aborde tous les genres. Membre très actif du comité directeur de la S.I.M.C., il a énergiquement contribué à sa renaissance après 1945.

On lui doit notamment le ballet *Das Wunder der Diana* (1924), les opéras *Die Prinzessin Girnara* (1921, rév. 1928), *Alkestis* (1924) et *Incognita* (1951), des œuvres vocales, de la musique de chambre dont neuf quatuors à cordes (1911-12 à 1966), et de la musique d'orchestre dont neuf symphonies (1945 à 1971).

H.-L. L. G.

WELLS (William, dit « Dickie »), tromboniste de jazz américain (*Centerville, Tennessee, 1909*). Venu du centre des États-Unis, il commença sa carrière new-yorkaise en 1927, jouant dans différents orchestres, notamment chez Fletcher Henderson (1933-34). Avec l'orchestre de Teddy Hill (1935-1938), il vint en Europe en 1937, enregistrant à Paris quelques-uns de ses meilleurs disques (*Dicky Wells Blues, Between the Devil and the Deep Blue Sea*). Il fut ensuite, de 1938 à 1945 et de 1947 à 1950, l'un des plus brillants solistes de l'orchestre de Count Basie.

Venant après Harrison — qui l'a influencé à ses débuts — et Teagarden, Dickie Wells a fortement contribué à développer les possibilités expressives du trombone dans le jazz. Sans sacrifier le volume, il mise sur la mobilité. Sa conception du vibrato terminal, héritée d'Armstrong, est très personnelle. Il sait allier la fantaisie à la sobriété, la rigueur à l'humour. C'est aussi l'un des improvisateurs les plus inventifs de son époque, tant sur le plan mélodique que sur le plan rythmique.

A. H.

WERCKMEISTER (Andreas), organiste, compositeur et théoricien allemand (*Benneckenstein 1645-Halberstadt 1706*). Issu d'une famille de musiciens, il devint organiste en plusieurs localités et finalement à Halberstadt (1692), où il demeura jusqu'à sa mort, assurant également l'inspection des orgues de la principauté. Il a laissé quelques compositions pour son instrument, ainsi que pour violon et basse continue. Mais s'il est passé à la postérité, c'est par son œuvre de théoricien, qui fit sa célébrité de son vivant même. Il a publié près de dix volumes d'écrits qui touchent aux divers domaines de la composition musicale et de l'organologie, et montrent l'étendue de ses connaissances.

En matière de composition, il faut mentionner principalement *Die nothwendigsten Anmerckungen und Regeln, wie der Bassus continuus oder General-Bass könne tractiren werden* (traité de la basse continue, Aschersleben, 1698) et *Harmonologia musica* (Francfort et Leipzig, 1702, dans lequel il développe une théorie sur le renversement des accords). La plupart de ses autres ouvrages ont trait à la facture d'orgue (*Orgel-Probe*, Francfort et Leipzig, 1681, réédité et augmenté en *Erweiterte und verbesserne Orgel-Probe*, Francfort et Leipzig, 1698 ; *Organum Gruningense redivivum*, étude sur l'orgue ancien à partir de l'instrument de Groningen, Quedlinburg et Aschersleben, 1705).

Mais le domaine dans lequel Werckmeister exerça la plus grande influence est celui de l'acoustique et de l'accord des instruments à clavier. Pour résoudre les problèmes de division de la gamme en intervalles aussi peu dissemblables que possible, il proposa plusieurs systèmes de tempérament dans son ouvrage *Musicalische Temperatur* (Francfort et Leipzig, 1686-87), et alla plus loin sur la voie d'un tempérament égal dans *Hypomnemata musica* (Quedlinburg, 1697).

Il est plus que vraisemblable que Bach ait eu connaissance des ouvrages de Werckmeister, au moins par son ami et parent Walther, son collègue à Weimar, qui avait été peu de temps auparavant (1704) l'élève de Werckmeister à Halberstadt. *Le Clavier bien tempéré*, dont le premier volume a été achevé en 1722, est la démonstration musicale du bien-fondé des théories de Werckmeister, non pas sur un tempérament rigoureusement égal, qui n'était pas encore connu, mais bien, comme l'indique son titre, sur un bon tempérament, permettant à la fois de jouer et de moduler dans tous les tons tout en préservant le caractère individuel propre à chacun des tons.

G. C.

WERLE (Lars Johan), compositeur suédois (*Gävle 1926*). Élève de S. E. Bäck, il commence à composer assez tard mais ses débuts sont très remarqués (*Pentagram*, quatuor à cordes, 1959-60). L'essentiel de son œuvre est destiné à la scène (trois opéras : *Drömmen om Thérèse*, « Pour une nuit d'amour », 1963-64 ; *Resan*, « le Voyage », 1968-69 ; *Tintomara*, 1972 ; de la musique de ballet : *Zodiac*, 1967 ; de la musique de chambre et instrumentale : *Musique d'été 1965* ; *Attitudes* pour piano, 1955 ; *Variété*, 1971 ; et des œuvres chorales : *Canzone 126 di Francesco Petrarca*, 1967 ; *Préludes nautiques*, 1970). Compositeur d'une remarquable virtuosité d'écriture, Werle utilise souvent la parodie ; c'est le cas notamment dans ses opéras qui se sont imposés hors des frontières de son pays et qui, par bien des côtés, peuvent évoquer à l'auditeur français le monde musical de C. Prey.

H.-C. F.

WERNER (Gregor Joseph), compositeur autrichien (*Ybbs-sur-le-Danube 1693-Eisenstadt 1766*). Il fut organiste à Melk de 1715 à 1716 (ou 1721), puis vécut à Vienne, et en 1728, fut engagé comme maître de chapelle des Esterhazy à Eisenstadt, poste qu'il devait occuper jusqu'à sa mort avec comme vice-maître de chapelle, à partir de 1761, Joseph Haydn. Durant ses cinq dernières années, Werner n'eut plus en charge que la musique religieuse, Haydn ayant autorité sur tout le reste (musique instrumentale, musique vocale profane, relations avec l'orchestre). Werner se sentit quelque peu dépassé par les événements, et en octobre 1765, dans une pétition au prince, alla jusqu'à se plaindre de ce que par la faute de Haydn, le désordre régnait un peu partout.

Jusqu'à son dernier jour, il écrivit beaucoup de musique religieuse (a cappella ou dans le style concertant), et de 1729 à 1762; il dirigea tous les vendredis saints un de ses oratorios à Eisenstadt. On lui doit aussi des œuvres instrumentales, parmi lesquelles un curieux *Musicalischer Instrumental-Calender* (1748). En 1804, Haydn transcrivit pour quatuor à cordes et fit paraître chez Artaria six de ses préludes d'oratorios.

M. V.

WERT (Giaches de, Jaches de), compositeur flamand (*Anvers 1535-Mantoue 1596*). Sa vie musicale commence, semble-t-il, à Avellino, près de Naples où, très jeune, il est envoyé pour devenir enfant de chœur chez la marquise della Padulla. En 1561, il se trouve à Parme, une étape importante, puisqu'il s'y instruit auprès de Cipriano de Rore, le père du madrigal dramatique. Ensuite, après un séjour à Milan, Wert s'installe à Mantoue, nommé maître de chapelle de Santa Barbara en même temps que maître de chapelle à la cour du duc Guglielmo Gonzaga. Là, il compose des messes, des motets, des magnificat, un grand nombre de madrigaux (onze livres sont publiés à Venise entre 1558 et 1595), des musiques de circonstance, de fêtes (malheureusement perdues).

Monteverdi arrive à Mantoue en 1589 et joue de la viole dans l'orchestre que dirige Wert. Gastoldi compte alors parmi les assistants du maître flamand. A sa mort, Wert est remplacé à la cour de Mantoue non pas par Monteverdi, mais par l'habile Benedetto Pallavicino (que Claudio jugeait tout juste « capable »). Gastoldi est nommé maître de chapelle à Santa Barbara.

Giaches de Wert a sans doute influencé le jeune Monteverdi, notamment dans le domaine de la *seconda prattica* encore à ses débuts. Ensemble ils ont pu apprécier les voix merveilleuses des trois dames de Ferrare qui ont inspiré un bon nombre des madrigaux de Wert dont, par exemple, *Vezzosi augelli*, où le compositeur agrémente un texte du Tasse de vocalises mellifues et d'une polyphonie aérée.
C. W.

WERTHER. Drame lyrique en 4 actes et 5 tableaux de Jules Massenet, sur un livret d'Édouard Blau, Paul Milliet et Georges Hartmann, d'après le roman de Goethe. Créé à Vienne, en allemand, le 16 février 1892.

ACTE PREMIER. (À Wetzlar, la maison du bailli.) *Charlotte prend soin de ses six frères et sœurs, mais ce soir elle doit aller au bal et le jeune Werther vient la chercher. Pendant leur absence survient Albert, le fiancé de Charlotte. Il rentre de voyage et confie à Sophie, une sœur de Charlotte, combien il est heureux de bientôt retrouver celle-ci. Il est très tard lorsque Werther et Charlotte reviennent sous un clair de lune romantique. « Il faut nous séparer...», décide la jeune fille, mais Werther lui déclare son amour. Charlotte avoue ses fiançailles et déclare vouloir y rester fidèle. Werther est désespéré.*

ACTE II. (Sur la grand-place de Wetzlar.) *On fête aujourd'hui les noces d'or du pasteur. Charlotte et Albert sont mariés et, semble-t-il, heureux. Solitaire, Werther traîne son désespoir (J'aurais sur ma poitrine). Il fait à peine attention à Sophie qui veut l'inviter à danser (Tout le monde est joyeux). Mais se trouvant seul avec Charlotte, il ne peut lui cacher sa souffrance. Elle lui conseille de s'éloigner quelque temps, jusqu'à Noël.*

ACTE III. (Dans la maison d'Albert, le soir de Noël.) *Charlotte relit les lettres enflammées reçues de Werther. Le voici qui reparaît tout à coup, comme promis. Charlotte va presque lui céder, mais elle se ressaisit et s'enfuit. Werther est décidé à mourir : il demande les pistolets d'Albert.*

ACTE IV. (Une rue de Wetzlar sous la neige.) *Charlotte, inquiète, se dirige vers la maison de Werther.* Tableau 2. *Elle arrive pour découvrir celui-ci mourant. Alors elle lui avoue son propre amour et Werther s'éteindra consolé cependant que des enfants, au loin, chantent de joyeuses hymnes de Noël.*

Le livret, littérairement assez pauvre, est bien construit. L'action ne se ralentit jamais et la partition de Massenet, une des meilleures qu'il ait écrites, provoque à plusieurs reprises des moments d'intense émotion, avec des contrastes entre les naïfs chœurs d'enfants ou la joie des villageois à la fête du pasteur et les sentiments graves et profonds qui animent les âmes et les sens de Charlotte et de Werther, qui ne trahiront jamais leur devoir. Des pages d'un beau lyrisme romantique sont maintenant célèbres : le thème du clair de lune, le cri de Werther « Un autre son époux », l'air des larmes, le sobre duo des deux amants à l'acte II, le lied d'Ossian, et la mort du héros.
S. W.

WESENDONCK-LIEDER. Cinq lieder pour soprano de Richard Wagner sur des poèmes de Mathilde Wesendonck. Successivement : *Der Engel* (« l'Ange », 30 novembre 1857), *Träume* (« Rêves », 4-5 décembre 1857), *Schmerzen* (« Souffrances », 17-19 décembre 1857), *Stehe still* (« Immobilise-toi », 22 février 1858) et *Im Treibhaus* (« Dans la serre », 1ᵉʳ mai 1858). C'est pendant son premier exil en Suisse que Wagner, au moment où il nourrissait la composition de *Tristan* par un amour passionné pour Mathilde Wesendonck, l'épouse de son mécène et voisin, conçut ces cinq lieder : en partie comme un hommage à la bien-aimée, en partie comme brouillons de *Tristan* (*Träume* et *Im Treibhaus* sont explicitement intitulés « Études pour *Tristan* »). Wagner les écrivit avec accompagnement de piano, mais orchestra *Träume* pour formation réduite afin de l'offrir en aubade à Mathilde pour le jour de son anniversaire (23 décembre 1857). Les orchestrations pour formations de concert sont dues à Felix Mottl, intime de Wagner à partir de 1867, qui participa comme assistant musical à la création de l'*Anneau* en 1876 et dirigea à Bayreuth de 1886 à 1906.
P. G.

WESLEY, famille d'ecclésiastiques et de musiciens anglais.
— 1. **John**, ecclésiastique *(Epworth, Lincolnshire, 1703-Londres 1791).* Fondateur du méthodisme, il encouragea l'utilisation des hymnes de mélodies profanes. Son frère Charles *(1707-1788)* en composa lui-même un grand nombre.
— 2. **Charles**, compositeur, neveu de John *(Bristol 1757-Londres 1834).* Enfant prodige, il étudia avec William Boyce. Ses œuvres, très conservatrices, restent ancrées dans le style de Haendel.
— 3. **Samuel**, organiste et compositeur, frère du précédent *(Bristol 1766-Londres 1837).* Il se développpa plus lentement mais plus sûrement que lui. Il commença à se familiariser avec l'orgue vers l'âge de six ans, et vers huit ans, acheva son oratorio *Ruth*. IL devint un très grand virtuose du violon et surtout de l'orgue. En 1784, il se convertit au catholicisme. Victime en 1787 d'un très grave accident, il devint instable et irritable. Grand admirateur de J.-S. Bach, il joua un rôle de premier plan dans la diffusion de sa musique en Angleterre, convertissant à sa cause Charles Burney, participant de 1810 à 1813 à une édition du *Clavier bien tempéré* bien plus satisfaisante que les trois qui existaient déjà en Allemagne.

Ses œuvres sont fort nombreuses : symphonies (plusieurs dans la manière de J.-C. Bach puis une dans celle des *londoniennes* de Haydn), musique de chambre, pièces pour piano, œuvres vocales profanes, oratorios *Ruth* (1774) et *The Death of Abel* (1779), œuvres religieuses en latin ou pour le culte anglican. On lui doit aussi une autobiographie demeurée manuscrite (vers 1836). Son intéressante correspondance a été en grande partie éditée par sa fille naturelle Eliza *(1819-1895).*
— 4. **Samuel Sebastian**, organiste et compositeur, fils naturel du précédent *(Londres 1810-Gloucester 1876).* Il reçut comme prénoms ceux de son père et de J.-S. Bach et, de 1832 à sa mort, occupa divers postes d'organiste. Il écrivit quelques pièces instrumentales (orgue, piano, orchestre) et quelques pièces vocales profanes, mais son importance réside essentiellement dans sa musique religieuse en langue anglaise. Il fut, en ce domaine, le plus grand compositeur entre Purcell et Stanford.
G. M. et M. V.

WESTRUP *(sir Jack Allan)*, musicologue anglais *(Londres 1904-Headley 1975).* Il fit ses études au collège de Dulwich et au Balliol College d'Oxford. Directeur de l'Oxford Opera Club en 1926, il fut en 1929-30 chef d'orchestre du London Opera Festival. Il enseigna à King's College de Newcastle et à l'université d'Oxford (1947-1971), où il avait obtenu son doctorat de musicologie en 1946. Par la suite il dirigea l'Oxford Bach Choir et l'orchestre de l'université.

Après avoir été critique musical au *Daily Telegraph* et au *Monthly Musical Record*, il devint rédacteur de la revue *Music and Letters* (1959). En 1947, il avait supervisé l'édition de la *New Oxford History of Music*. Ses travaux ont porté essentiellement sur la musique de la Renaissance et du XVIIᵉ siècle. En 1925, il avait publié une édition de l'*Orfeo* de Monteverdi, et en 1927 du *Couronnement de Poppée*. Spécialiste de la musique anglaise, il a écrit sur Purcell un ouvrage considéré comme définitif (*Purcell*, 1937, dernière rééd., 1980). On lui doit également des études sur Haendel (1938), sur Liszt (1940) ainsi que sur les symphonies de Tchaïkovski, les cantates de Bach, la musique de chambre de Schubert. Il avait été anobli en 1961.
A. L.

WEST SIDE STORY. Comédie musicale américaine composée en 1957 par Leonard Bernstein sur un livret de Stephen Sondheim. Elle connut trois versions : la version initiale pour la scène, créée le 19 août 1957 à Washington, et le 26 septembre 1957 à New York, avec une chorégraphie révolutionnaire de Jerome Robbins ; la version adaptée en 1961 pour le film de Robert Wise et Jerome Robbins, c'est-à-dire réorchestrée pour grande formation et augmentée de séquences additionnelles par Saul Chaplin (c'est cette version qui est mondialement connue) ; et enfin une version de concert, la suite de *Danses symphoniques* pour orchestre seul qu'en tira le compositeur en 1962.

L'argument de *West Side Story* (littéralement : « Histoire du West Side », quartier ouest de Manhattan à forte population portoricaine) transpose le drame éternel de Roméo et Juliette dans les « bandes de jeunes » du milieu urbain : ici deux bandes rivales, l'une composée de jeunes « yankees », les *Jets*, l'autre de Portoricains, les *Sharks*. Tony (t), ami de Riff, le chef des Jets, est Roméo ; sa Juliette s'appelle Maria (s), sœur de Bernardo, chef des Sharks. Tout se passe à peu près comme dans le drame de Shakespeare (rencontre, coup de foudre, duel où est poignardé Bernardo, mort de Tony croyant Maria morte... mais Maria survit).

Du point de vue musical et chorégraphique, *West Side Story* entreprit avec succès de « moderniser » la comédie musicale américaine. Bernstein créa un style très composite d'une très efficace de jazz symphonique urbain, d'une écriture parfois complexe (toccata et fugue de *Cool*), utilisant souvent, en fonction du contexte, les rythmes sud-américains (mambo, cha-cha, etc.). Dans les scènes d'amour, par contre, il adopte un style grave et fervent, quasi religieux, rompant avec les mélodies fleuries de la « comédie musicale » traditionnelle.

Le plus curieux, dans ce mélange de style qui emprunte aux sources les plus diverses (échos du jazz, de Prokofiev, de Bartók — *le Mandarin merveilleux* —, de Stravinski et même de la *Grande Fugue* de Beethoven), est qu'il ne se réfère même pas à l'univers du « rock and roll » qui pourrait être celui des Jets, ce qui n'a pas empêché la musique de *West Side Story* de devenir très populaire parmi les jeunesses du monde entier : à cause peut-être de sa chaleur, de son dynamisme, de l'efficacité de ses petits leitmotivs, de son lyrisme généreux qui sait brasser toutes les références.

La suite symphonique de *West Side Story*, qui regroupe des extraits orchestraux de la partition sans tenir compte de leur chronologie initiale dans l'action, comprend successivement : *Prologue* (allegro moderato), avec l'« indicatif » presque wagnérien des Jets ; *Somewhere* (adagio) ; *Scherzo* (vivace leggero) ; *Mambo* (presto) ; *Cha-cha* (andantino con grazia) ; *la Rencontre* (meno mosso) ; *Cool* (toccata et double fugue allegretto) ; *Rixe* (molto allegro) ; *Finale* (adagio).

M. C.

WEYSE (Christoph Ernst Friedrich), compositeur et organiste danois (Altona 1774 - Copenhague 1842). Il fut l'élève de J. A. P. Schulz. Son premier succès, *Sovedrikken* (« la Potion somnifère », comédie lyrique, 1809), lui permit d'être engagé à la cour qui lui commanda la majorité de ses œuvre, cantates et comédies où se développent ses principales qualités : une grande sensibilité au texte et un remarquable instinct linguistique. Ces caractéristiques firent de lui le premier et l'un des principaux compositeurs danois de mélodies, notamment avec les *Morgen-og Aftensange* (« Chants du matin et du soir ») sur des textes de B. S. Ingemann, en 1837-38. Prodigieux improvisateur, admiré par Liszt, il ne laisse que peu d'œuvres pour clavier (études, trois sonates), pour lesquelles Moscheles avait une grande considération.

H.-C. F.

WIDOR (Charles Marie), organiste et compositeur français (Lyon 1845 - Paris 1937). Son père, d'ascendance hongroise, était organiste à Lyon, et fut son premier professeur. Entré au conservatoire de Bruxelles, il y fut l'élève de Lemmens (orgue) et de Fétis (composition). A l'âge de vingt ans, il commença à effectuer des tournées d'organiste ; en 1869 il devint organiste de l'église Saint-Sulpice à Paris, poste qu'il devait conserver soixante-cinq ans, jusqu'en 1934. Entre 1876 et 1900, il écrivit ses dix symphonies pour orgue, qui rénovent totalement la technique et l'esthétique de l'orgue français. Bien plus qu'un instrument liturgique, l'orgue devient pour lui un instrument de concert, dont il utilisa avec habileté tous les contrastes.

En dehors de l'orgue, son œuvre instrumentale comprend des sonates et des pièces diverses pour piano, des concertos (piano, violoncelle), de la musique de chambre (notamment deux quintettes) et quatre symphonies. Il a également écrit pour le théâtre les ballets *la Korrigane* (1880), et *Jeanne d'Arc* (1890) et trois opéras dont le plus marquant est *les Pêcheurs de la Saint-Jean* (1905). Mais c'est surtout à l'orgue que son nom est resté lié.

En 1890, Widor succéda à Franck à la classe d'orgue du Conservatoire de Paris, puis à Théodore Dubois à la classe de composition. Il devint membre de l'Académie des beaux-arts en 1910 et son secrétaire perpétuel en 1914. Il collabora avec Albert Schweitzer pour l'édition des grandes œuvres d'orgue de Bach. De 1920 à 1934, il dirigea le Conservatoire américain de Fontainebleau. Enfin, il créa à Madrid la villa Velázquez, qui exista jusqu'en 1936 et fit pendant à la villa Médicis.

Héritier des principes de Franck, qu'il développa, Widor précéda dans le monde de l'orgue les grands artistes qui devaient s'y révéler et dont beaucoup furent ses élèves : Tournemire, Vierne, Dupré. Ce dernier fut son successeur en 1934 à la tribune de Saint-Sulpice.

A. L. et S. W.

WIÉNER (Jean), pianiste et compositeur français (Paris 1896 - id. 1982). Après avoir été encouragé par Gabriel Fauré, il fut au Conservatoire (jusqu'en 1914) l'élève d'André Gédalge. Par l'intermédiaire du pianiste Yves Nat, il eut son premier contact avec la musique négro-américaine, qu'il s'attacha à divulguer après la Première Guerre mondiale. Le 28 avril 1920, il donna son premier récital, Salle Érard, avec la cantatrice Jane Bathori. A la même époque, il attirait l'attention avec une *Sonatine syncopée*, suivie d'une *Suite pour piano et violon*, où se mêlaient formules classiques et rythmes américains. Cette « salade », chère à Jean Wiéner, fut aussi mise en pratique dans les programmes des concerts qu'il organisa de 1921 à 1925 : des musiques de jazz y côtoient des créations d'ouvrages contemporains classiques comme *Pierrot lunaire* de Schönberg, donné pour la première fois en France sous la direction de Darius Milhaud (1921).

En 1933, Wiéner composa sa première musique de film (*l'Âne de Buridan*). Il devait en signer près de trois cents, dont la plus populaire demeure sans doute celle de *Touchez pas au grisbi !* (1954). En 1938, il participa à l'un des spectacles du Front populaire et devint critique musical à *Ce soir*. On lui doit encore de très nombreuses musiques de scène, un *Concerto franco-américain* (1923), un *Concerto pour accordéon* (1964), un *Concerto à deux guitares* destiné à Ida Presti et Alexandre Lagoya et une *Sonate pour violoncelle* (1968) demandée par Rostropovitch. Il a publié ses mémoires en 1978 sous le titre *Allegro appassionato*.

F. R.

WIENIAWSKI, famille de musiciens polonais. — 1. **Henryk**, violoniste et compositeur (Lublin 1835 - Moscou 1880). Il étudia à Lublin avec J. Hornziel et S. Serwaczyński, et en 1843, entra dans la classe de Clavel au Conservatoire de Paris, puis dans celle de Massart avec lequel il travailla jusqu'en 1848. Après ses premiers triomphes à Paris et à Saint-Pétersbourg, il fit une grande tournée de concerts dans toute l'Europe en compagnie de son frère Josef, pianiste. De 1860 à 1871, il fut violoniste à la cour de Saint-Pétersbourg. De 1872 à 1874, il effectua une tournée aux États-Unis (dont une série de concerts avec

A. Rubinstein). De 1874 à 1876, succédant à Vieuxtemps, il fut professeur de violon au conservatoire de Bruxelles. Virtuose exceptionnel, il se jouait des difficultés techniques les plus ardues : dixièmes, pizzicati de la main gauche, sons harmoniques, doubles, staccato volant, etc. Il a composé des œuvres (dont deux concertos) destinées à son propre usage, pour mettre en valeur son étonnante technique.

— 2. **Josef,** pianiste et compositeur, frère du précédent (*Lublin 1837 - Bruxelles 1912*). Élève de Liszt à Weimar (1855-56), il fut professeur de piano au conservatoire de Bruxelles de 1878 à sa mort. A. et M. P.

WIKMANSON (*Johan*), compositeur suédois (*Stockholm 1753 - id. 1800*). Élève de l'abbé Vogler et de Johann Martin Kraus, il fut élu membre de l'Académie royale de musique de Suède en 1788, et y devint directeur du département de l'Éducation en 1796 et professeur d'harmonie et de théorie musicale en 1797. On lui doit notamment une trentaine de lieder, des œuvres pour piano et trois quatuors à cordes publiés par sa fille en 1801 avec une dédicace à Haydn.
M. V.

WILBYE (*John*), compositeur anglais (*Diss, Norfolk, 1574 - Colchester, Essex, 1638*). Fils d'un tanneur, Mathew Wilbye, John est baptisé le 7 mars 1574. Puis on perd sa trace jusqu'au moment de la publication de son premier livre de madrigaux en 1598. A cette époque, il est déjà entré au service de la famille de sir Thomas Kytson, près de Bury St. Edmond's (Suffolk). Il reste trente ans à ce poste, jusqu'à la mort de lady Kytson en 1628, et passe les dix dernières années de sa vie chez une amie de longue date, lady Rivers, à Colchester. En 1609, il publie le *Second Set of Madrigals to 3, 4, 5 and 6 Parts Apt for Both Voyals and Voyces*. Un autre madrigal se trouve dans le recueil *The Triumphs of Oriana* (1601) et deux autres pièces dans *The Teares and Lamentations of Sorrowful Soul* (1614) de sir W. Leighton. Quelques pièces isolées, généralement incomplètes, sont conservées en manuscrit. On ne connaît de lui aucune œuvre religieuse.

Les deux recueils renferment un total de soixante-quatre madrigaux. C'est peu. Mais par la qualité uniformément élevée de cette musique, Wilbye s'affirme comme le plus grand de tous les madrigalistes anglais. Il possède le métier sérieux et la maîtrise du contrepoint de W. Byrd, le don mélodique et la gracieuse légèreté dans le style canzonette cher à Th. Morley (*Fly not so swift*), ainsi que la science du madrigal italien (Ferrabosco). C'est un musicien plus raffiné et plus égal que Th. Weelkes ; le chromatisme de Wilbye demeure toujours discret et au service de l'expression. En cela il se rapproche de Luca Marenzio. Quant aux textes littéraires, il les traite en connaisseur : chaque image miroite dans sa musique qui développe une intensité incomparable.

Un titre encore, le superbe madrigal *Draw on, sweet night* à six voix qui, avec ses alternances de majeur/mineur, décrit la douceur de la nuit et, ensuite, l'homme harassé qui vient y chercher un apaisement.
C. W.

WILDBERGER (*Jacques*), compositeur suisse (*Bâle 1922*). Entré en 1940 au conservatoire de sa ville natale, il devint en 1948 l'élève de Vladimir Vogel, qui l'initia aux techniques sérielles. Depuis 1966, il enseigne la théorie et la composition à l'Académie de musique de Bâle. Après avoir écrit en 1952 un quatuor pour flûte, clarinette, violon et violoncelle s'inspirant formellement des *Variations* pour orchestre de Schönberg, il s'imposa en 1953 à Donaueschingen avec *Tre mutazioni* pour orchestre de chambre, où se manifeste l'influence de Webern. *Intensio-Centrum-Remissio* pour orchestre fut créé sous la direction de Pierre Boulez à Aix-en-Provence en 1958. Avec *Musique pour 20 cordes solistes* (1960), Wildberger étendit le sérialisme aux durées.

Citons encore *Contratempi* pour flûte, flûte alto, flûte basse et quatre groupes d'orchestre (1970), et des œuvres vocales comme *Épitaphe pour Évariste Galois* pour récitants, soprano, baryton, chœur parlé, orchestre et bande (1962), *La Notte* pour cinq instruments et bande, d'après des textes de Michel-Ange et de Hans Magnus Enzensberger (1967), et *Die Stimme, die alte schwächer werdende Stimme* pour soprano, violoncelle, orchestre et bande (1974). M. V.

WILLAERT (*Adriaan*), compositeur flamand (*Bruges ? v. 1490 - Venise 1562*). Il reçut à Paris l'enseignement de J. Mouton après avoir, semble-t-il, abandonné des études juridiques. Le milieu musical parisien le marqua d'ailleurs profondément (choix des textes, stylistique). Mais c'est en Italie qu'il devait faire carrière : à la cour de Ferrare (1522) et à Milan (1525-1527) comme chantre, puis à Venise (1527), où, pendant trente ans, il occupa le poste de maître de chapelle à Saint-Marc. Il fut le véritable fondateur de l'école de Venise par sa personnalité et ses œuvres, par son enseignement et par la qualité de ses disciples : Cyprien de Rore, son successeur à Saint-Marc, A. Gabrieli, Mesulo, Porta, les théoriciens Zarlino et Vicentino.

Ces deux derniers ont fort bien mis en relief son apport en écrivant sous son influence, le premier les *Istitutioni harmoniche* (1558), l'une des bases de l'enseignement du contrepoint pendant plus d'un siècle, et le second *L'Antica Musica* (1555), où sont soulignées les possibilités de l'expression et du chromatisme.

L'originalité de Willaert et de l'école vénitienne à sa suite est, en effet, d'avoir su faire fusionner l'héritage de la polyphonie nordique et les ressources de l'expression, de la couleur. Dans ses motets (350), Willaert utilise très tard la technique du cantus firmus et les procédés du canon, mais dès le motet à six voix *Verbum bonum et suave* (1519), il sait trouver des phrases courtes et une sobriété pleine de vigueur, et par-delà sa science des enchaînements de période, fait preuve d'un certain sens de l'harmonie. Les messes soulignent bien que son dessein fut de dépasser les maîtres franco-flamands par la clarté et par la recherche d'un « certain plaisir à surprendre l'oreille », ce qui se traduit notamment par l'usage de retards. Ce n'est pas sans raison que l'Arétin, qui exigeait de la musique une « volupté immédiate », le surnomma le « père de la musique ».

Dans un esprit de rénovation et de diversification, il introduisit également des procédés français : d'où un souci des mots et de leur sonorité. Il n'inventa pas le double chœur, mais sut admirablement en tirer parti (cf. *Salmi spezzati*, 8 v., 1550).

Willaert est avec Festa, Arcadelt, Verdelot, l'un des créateurs du madrigal. Ses premiers madrigaux sont encore très proches de la frottola. Mais son art devint, plus tard, extrêmement savant et raffiné sur le plan sonore et expressif, sans renoncer pour autant au contrepoint.

Certains ont pu lui reprocher un manque de véritable émotion, mais ses contemporains ont su reconnaître la justesse de sa déclamation, la clarté et l'audace de son harmonie. La fusion qu'il opéra des styles des pays du Nord et de l'art italien représente un tournant important dans l'histoire de la musique. M.-C. L. M.-M.

WILLIAMSON (*Malcolm*), compositeur australien (*Sydney 1931*). Il a étudié au conservatoire de sa ville natale avec Eugene Goossens, puis à Londres avec Élisabeth Lutyens (1950). Fixé dans la capitale britannique depuis 1953, il est devenu Master of the Queen's Music en 1975, succédant à ce poste à sir Arthur Bliss. Il a écrit notamment des opéras, parmi lesquels *Our Man in Havana*, d'après Graham Greene (1963), *English Eccentrics*, d'après Edith Sitwell (1964), *Julius Caesar Jones*, opéra pour enfants (1966), *Dunstan and the Devil* (1967), *The Growing Castle*, d'après Strindberg (1968), *Lucky Peter's Journey*, d'après Strindberg (1969), et *The Red Sea* (1972), *Mass of Christ the King* (1977, dont *Agnus Dei* à la mémoire de B. Britten), *les Olympiques* pour mezzo-soprano et cordes, d'après Montherlant (1977), et cinq symphonies (de 1957 à 1980). M. V.

WILLY. V. Gauthier-Villars (Henry).

WILSON (Theodore, dit « Teddy »), pianiste de jazz noir américain (Austin, Texas, 1912). Venu du Texas et de l'Alabama, il fit ses débuts professionnels à Detroit en 1929. À Toledo, en 1930, il connut Art Tatum ; à Chicago, l'année suivante, Earl Hines. C'est avec Louis Armstrong qu'il grava, en 1933, son premier disque. En 1935, Benny Goodman, songeant à former un trio qui pût se produire en alternance avec son orchestre, engagea Wilson, homme de couleur : ce fut la première apparition devant le public américain d'un ensemble « mixte ». Jusqu'en 1939, Wilson bénéficia de la vogue du style « swing ». Il enregistra d'innombrables disques, notamment avec Billie Holiday. Ce succès, qui le plaçait alors au premier rang des pianistes de jazz, ne se perpétua pas au cours des décennies suivantes. Wilson s'orienta vers l'enseignement.

Influencé, à ses débuts, par Hines, dont il n'a pas le tempérament impétueux, et par Tatum, dont les moyens techniques et sa fantaisie mettent à part, Teddy Wilson a repensé le rôle du piano, dans l'accompagnement comme dans le solo. Il a créé un style dépouillé, très mélodique, que met en valeur sa très belle sonorité. La main droite, au phrasé précis, souplement accentué, se greffe sur une main gauche chantante, où les enchaînements harmoniques sont rendus avec élégance. Par la noblesse de la facture, par un choix très musical des renversements, Wilson a non seulement influencé l'école moderne de piano, mais encore ses propres prédécesseurs. A. H.

WINDGASSEN (Wolfgang), ténor allemand (Annemasse 1914-Stuttgart 1974). Il fut élève de son père, Fritz Windgassen, lui-même ténor principal à l'Opéra de Stuttgart de 1923 à 1944. Il fit ses débuts à Pforzheim en 1941, dans le rôle d'Alvaro de La Forza del destino. Il chanta à Stuttgart à partir de 1945 et au Festival de Bayreuth à partir de 1951, et devait s'affirmer dans les années suivantes comme le meilleur ténor wagnérien de l'immédiat après-guerre. Bien qu'on ait pu trouver sa voix un peu légère pour Tristan et Siegfried, en se basant sur les critères laissés par Lauritz Melchior ou Max Lorenz, Windgassen triomphait dans ces rôles par la beauté du phrasé et une articulation impeccable. Son timbre était remarquablement égal sur toute l'étendue du registre et ses interprétations ne manquaient ni d'expression ni de poésie. J. B.

WIRÉN (Dag), compositeur suédois (Striberg 1905). Dans ses années d'études à Paris (1931-1935), il a subi l'influence de Stravinski, Prokofiev et Honegger (Trio pour piano op. 6, 1933 ; Sinfonietta en do op. 7a, 1934 ; Serenad pour cordes, 1937). Après avoir, jusque vers 1940, utilisé un langage pastoral, élégant, proche du divertissement, il modifia son style, reprenant la tradition de Nielsen dans ses œuvres majeures : le Concerto pour violon (1946), la 4e Symphonie (1951-52), les Quatuors à cordes nos 4 (1952-53) et 5 (1970) et la 5e Symphonie (1964). Cette attitude le rapproche de celle du compositeur danois V. Holmboe et fait de Wirén l'un des plus importants symphonistes suédois de ces dernières années. H.-C. F.

WITT (Friedrich), violoncelliste et compositeur allemand (Niederstetten, Wurtemberg, 1770-Würzburg 1836). De 1789 à 1796 environ, il fut membre de l'orchestre du prince d'Oettingen-Wallerstein. Il se mit ensuite à voyager et, de 1802 à sa mort, vécut à Würzburg comme maître de chapelle du prince-évêque puis (1814) du théâtre de la ville. Il est le véritable auteur de la symphonie en ut découverte à Iéna en 1909 par Fritz Stein et alors attribuée par celui-ci à Beethoven (dont le nom se trouvait sur deux des parties du manuscrit).

Cette œuvre fait apparaître Witt comme un habile imitateur de Haydn : son premier mouvement évoque d'assez près celui de la symphonie n° 97, et son deuxième mouvement est un véritable plagiat de celui de la symphonie n° 81 de Haydn. Une autre symphonie de Witt, en la majeur, possède un mouvement lent et un menuet calqués respectivement sur deux autres pages de Haydn : le mouvement lent de la symphonie n° 82 (l'Ours*) et le menuet du quatuor op. 33 n° 2 (la Plaisanterie*). De cette même symphonie en la, le finale est basé sur le célèbre Ah, ça ira. M. V.

WOLF (Hugo), compositeur autrichien (Windischgrätz, auj. Slovenj Gradec, Yougoslavie, 1860-Vienne 1903). Il est l'un des deux principaux émules d'Anton Bruckner, avec Gustav Mahler, son contemporain exact. Son père, d'ascendance allemande, dut reprendre l'entreprise paternelle de tannerie, mais conservera sa vie durant la nostalgie d'une vocation artistique (il aurait souhaité être architecte). Sa mère, née Katharina Nussbaumer (germanisation de l'original slovène Orchovnik), de souche paysanne, avait aussi du sang italien. Tout le tempérament artistique du futur compositeur est déjà déterminé par la fusion de ces atavismes, fusion éminemment caractéristique du creuset viennois où Wolf va faire toute sa carrière.

Après des études secondaires « cahotantes », il découvre les grands classiques viennois, qui nourrissent sa passion exclusive pour la musique. Les premiers essais de composition, dès la quatorzième année, sont destinés au piano ; le lied fait bientôt son apparition ; si bien qu'en arrivant à Vienne pour s'inscrire au conservatoire à la rentrée de 1875, le jeune homme peut entrer d'emblée en seconde année. **La maturité précoce : du « Quatuor » à « Penthésilée ».** À côté d'études qu'il écourtera volontairement dès 1877 (il n'aura pas moins obtenu plusieurs récompenses), les premières années viennoises sont surtout marquées par la découverte émerveillée du monde musical contemporain « avancé », et d'abord de Wagner, que Wolf approche personnellement dès décembre 1875. C'est l'opéra qui cristallise à cette époque toutes ses émotions — il en entreprend d'ailleurs un lui-même, König Alboin, dont quelques esquisses ont été conservées. Mais l'œuvre la plus originale des années de conservatoire est de très loin la symphonie dont seuls les deux mouvements terminaux nous sont parvenus (ils ont été publiés sous le titre Scherzo und Finale für grosses Orchester), mais qui fut à l'époque menée à bien sous deux formes différentes. Le scherzo notamment contient déjà des trouvailles très remarquables (le modèle privilégié de Wolf était alors Berlioz).

Menant déjà une vie déréglée, il se satisfait de modestes leçons, et n'occupera que pendant quelques mois, fin 1881, l'emploi de chef de chœur au théâtre de Salzbourg, sous la direction de Karl Muck. C'est un échec qui portera plus tard ses fruits, car non seulement il détermine l'ambition de Wolf de s'imposer un jour au théâtre, mais il contribue à lui montrer sa voie, celle du style comique, et à l'éloigner du drame wagnérien.

De sa passion orageuse pour la jeune Valentine (Wally) Franck, nièce d'un professeur au Collège de France, à qui il a d'abord donné quelques leçons de piano, émergent six Chœurs sacrés d'après Eichendorff (1881). L'écho s'en fait entendre aussi dans l'œuvre majeure de ces années de maturité précoce, le vaste Quatuor à cordes en « ré » mineur, qui portera en suscription ces mots tirés du Faust de Goethe : Entbehren sollst du, sollst entbehren — ce ne sera là que le premier de multiples renoncements ! De dimension beethovénienne (mais le souffle lyrique doit autant à Schubert qu'à Wagner), ce Quatuor, entrepris dès 1878, mais terminé seulement en 1884, sera reconnu dès sa création en février 1903, à la veille de la mort du compositeur, comme une partition prophétique qui influencera notamment deux des principaux admirateurs de Wolf : Reger et Schönberg.

Mais le jeune maître allait encore au-devant d'une déconvenue avec l'œuvre unique qu'il allait laisser pour l'orchestre, et qui est aussi le legs fondamental de cette première partie de sa vie créatrice : le poème symphonique Penthésilée*, entrepris à l'instigation de

Liszt en 1883 et terminé deux ans plus tard. Présentée en 1886 à la lecture des nouveautés par la Philharmonie, l'œuvre devait y être tournée en dérision par Hans Richter, furieux de voir le critique Wolf déchirer à belles dents la musique de « maître Brahms ». Il est temps aujourd'hui de reconnaître enfin combien *Penthésilée* non seulement surclasse ses modèles lisztiens, mais se situe au-delà de toutes les futures productions similaires d'un Strauss : et cela grâce à la seule connaissance que Wolf pouvait avoir déjà de la symphonie brucknérienne par les deux ouvrages de son grand aîné (*Symphonies nos 3 et 4*) qu'il avait entendus.

Si le propos dramatique (ici le schéma fourni par Kleist) est traduit avec un surprenant réalisme, l'œuvre de Wolf répond en effet, de surcroît, à une structure symphonique dont l'unité interne, cimentée par l'intervalle de seconde mineure qui gouverne tous les thèmes, n'est pas moins parfaite que celle qu'on rencontre chez Bruckner à la même époque. Il s'agit, en fait, du trait d'union historique entre les poèmes symphoniques de Liszt et le *Pelléas et Mélisande* de Schönberg !

Le lied : une production volcanique. L'échec de *Penthésilée*, conséquence directe des prises de position de son auteur en faveur des « musiciens de l'avenir » contre le formalisme qui règne en maître à Vienne sous la férule de Brahms et de Hanslick, a donc sonné le glas de l'ambition de symphoniste de Hugo Wolf — qui d'ailleurs abandonnera dès l'année suivante (1887) sa chronique au *Wiener Salonblatt*. Après être retourné momentanément à la musique de chambre avec l'*Intermezzo* en *mi* bémol (1886) puis surtout la célèbre *Sérénade italienne* (mai 1887, instrumentée en 1892), Wolf a la joie de voir paraître ses premiers cahiers de lieder imprimés, qui rencontrent un succès immédiat (1887). Ceci explique la véritable explosion à laquelle on assiste dès l'année 1888, où voient le jour près d'une centaine de lieder géniaux, répartis en trois grands recueils sur des vers respectivement de Mörike (53), d'Eichendorff (13), et de Goethe (25). Et les deux années suivantes voient la poursuite du même effort, selon un rythme qui ne s'est jamais soutenu, avec un second ensemble de vingt-six poèmes de Goethe, puis, entre octobre 1889 et avril 1890, le *Spanisches Liederbuch* (en deux volets également). Celui-ci sera lui-même suivi du premier des deux recueils de l'*Italienisches Liederbuch*, créé en deux étapes, à un an de distance, fin 1890 et fin 1891.

Les intervalles représentent autant de silences douloureux, de crises d'impuissance dont la correspondance du musicien porte l'empreinte tragique. Au contraire, il est porté par sa propre création à des enthousiasmes parfois délirants, mais où l'émotion rejoint la terreur, ce qui donne la mesure du désordre qui s'installe dès cette époque en lui, et dont on sait aujourd'hui l'origine syphilitique (la contamination remonterait à 1877 déjà).

Des pages chorales ou scéniques de commande complètent la moisson de ces années décisives : *Christnacht*, petit oratorio de Noël d'après Platen (déc. 1886 - mai 1889) ; *Das Fest auf Solhaug*, musique pour le drame d'Ibsen (fin 1890-1891), créé au Burgtheater le 12 novembre 1891 et repris en concert quelques mois plus tard (et en édition posthume).

La réputation de Wolf s'est donc établie, déjà de son vivant, essentiellement par les grands cycles de lieder dont la composition est ramassée sur une brève période de quatre années — il s'y ajoutera, en 1896, le second recueil de l'*Italienisches Liederbuch* et les poèmes d'auteurs divers dominés par les trois admirables *Michelangelo Lieder*, son chant du cygne.

Romain Rolland, à sa suite la plupart des biographes du compositeur, en ont conclu un peu hâtivement que toute la création de Wolf se circonscrivait à ces quelques années centrales. C'est là une vue totalement erronée, dont ce qui a été dit plus haut fait déjà justice. Mais il est commode de qualifier Wolf de « Wagner du lied » comme on a qualifié Bruckner de « Wagner de la symphonie » ; et il reste vrai que cette forme a connu en lui son plus grand représentant après Schubert.

Il n'est pas moins vrai que le compositeur lui-même fut irrité de se voir confiné à ce qu'il qualifiait de « petite forme », et ne cessa, durant les deux grandes décennies de sa vie créatrice, d'ambitionner des réussites de premier plan dans les genres « nobles ». Nous en avons déjà vu deux exemples avec le *Quatuor* et *Penthésilée* ; c'est encore le cas de l'œuvre clé, et guère moins malchanceuse, qu'est *le Corregidor*.

Le sommet de l'opéra-comique allemand. Tiré par Rosa von Mayreder du roman de Pedro de Alarcón *le Tricorne* (v. M. de FALLA), *le Corregidor* — littéralement « le Magistrat » — est entrepris fiévreusement au printemps de 1895, terminé dans l'année même et créé avec un indéniable succès le 7 juin 1896 à Mannheim. Il tombe cependant très vite, mais sera encore repris une fois du vivant de Wolf, à Strasbourg. Après sa mort, il ne fera que des apparitions sporadiques sur les scènes germaniques, et trouvera cependant en Bruno Walter — qui le comprit vraiment dans son essence — un défenseur enthousiaste (Salzbourg, 1936).

L'insuccès du *Corregidor* a couramment été mis au compte de la prétendue absence de sens scénique du compositeur : l'œuvre tiendrait davantage du recueil de lieder orchestraux — au demeurant admirables — que de l'ouvrage de théâtre. Or, il s'agit de tout autre chose. En fait, l'aspect négatif de la pièce tient uniquement à la définition du caractère du héros, personnage grotesque — l'exact contraire de Carmen — que très peu d'interprètes savent « faire passer ». Reste qu'au terme d'une histoire longue et riche (v. notamment Lortzing, Cornelius, Goetz), *le Corregidor* pourrait bien représenter la véritable apogée de l'opéra-comique allemand, c'est-à-dire de pièces vraiment comiques mais dont la signification dépasse le simple comique. Si Wolf a retenu la leçon de Wagner, il l'a, selon P. Balascheff, transposée en caractérisant chaque personnage par un *rythme* propre. Bref, loin des mauvais « mélos » du style de *La Tosca*, c'est bien plutôt vers un chef-d'œuvre comme *Falstaff* qu'il faut se tourner pour établir un parallèle.

Les derniers projets et la fin. L'année de la création de l'opéra fut aussi, on l'a dit, celle des derniers grands lieder. Parmi les expressions ultimes de l'art de Wolf, une place à part doit être réservée, outre aux *Michelangelo*, au *Morgensang* de Reinick, dont il donnera un an plus tard, alors qu'il se trouvera déjà à l'hospice du Dr Svetlin, une admirable adaptation chorale sous le titre de *Morgenhymnus* (décembre 1897). Mais le grand projet de cette année tragique demeure celui du second opéra, *Manuel Venegas*, tiré d'une autre pièce d'Alarcón, *El Niño de la bola*. La musique du premier acte est esquissée au cours de l'été de 1897, dans un enthousiasme semblable à celui qui vit naître l'œuvre précédente. Mais celle-ci sera brutalement interrompue par une crise précipitée par l'emploi d'alcool comme stimulant, et occasionnée le 20 septembre 1897 par une visite à Mahler.

Ce dernier ayant promis à son ancien condisciple de monter *le Corregidor*, Wolf est en effet ulcéré par ses atermoiements, et entre tout à coup dans une grande excitation qui dégénère rapidement et justifie son internement. Après deux mois passés dans un isolement complet, il peut reprendre une certaine activité, tente de développer sa *Sérénade italienne* et d'en entreprendre une autre, qui demeurera embryonnaire. Il quitte l'hospice fin janvier 1898, et passera une année calme, menant une vie végétative, voyageant avec des amis, en particulier en Italie. Un matin d'octobre, il tentera de se noyer dans le Traunsee, et devra être à nouveau et définitivement interné à Vienne, où il survivra encore près de cinq années. Une pneumonie le délivrera enfin le 22 février 1903, et il sera inhumé auprès de Beethoven et de Schubert.

P.-G. L.

Hugo Wolf et le lied. Dans la majorité de ses lieder, Schubert — qui sera suivi en cela par Brahms et par Richard Strauss — s'inspirait d'un certain état d'âme ou d'un climat régnant dans le texte choisi, et ne se souciait pas forcément de suivre dans le détail l'expression verbale que le poète avait donnée à ses sentiments. Cela lui permettait de traiter avec un égal bonheur des textes de grands auteurs ou de poètes de second ordre : il cherchait une réalité spirituelle ou affective *derrière* les paroles. Cependant, certaines de ses œuvres tardives ouvraient aussi une autre voie : celle qui consiste à suivre méticuleusement la diction du poète, en négligeant, s'il le faut, les contraintes de construction régnant dans la musique instrumentale. Les exemples les mieux connus sont les six lieder sur des textes de Heine qui font partie du *Schwanengesang*. Là il cherche la réalité *à travers* les paroles. Cette méthode mène à Hugo Wolf et au Sprechgesang de Schönberg, tandis que chez Schumann on peut constater une manière d'équilibre entre les deux conceptions.

Hugo Wolf s'inscrit donc résolument dans cette seconde filière, et ce, dès le début. Déjà le premier recueil (*Liederstrauss*, 1878, textes de Heine) porte le titre «Gedichte» (poèmes) et non pas celui de «Lieder», indiquant ainsi que l'essentiel pour lui est la parole. Et, sur les soixante-dix lieder posthumes publiés ou réédités par l'Internationale Hugo-Wolf-Gesellschaft, qui représentent des œuvres de jeunesse non jugées dignes de publication par le compositeur, il ne se trouve que quatre textes de poètes inconnus et quatorze de poètes mineurs. Nous connaissons aussi la méthode de travail de Wolf : il lisait plusieurs fois à haute voix le poème choisi, puis se couchait et composait le lied en se réveillant.

On sait qu'une caractéristique de la musique postbeethovénienne est le rétrécissement de la cellule génératrice accompagné d'un élargissement de la forme (v. les articles Schubert et Bruckner, ou ci-dessus ce qui est dit de *Penthésilée*). Ce double phénomène s'observe dans la production mélodique de Wolf. Si l'on compare, par exemple, sa version du lied de Mignon *Nur wer die Sehnsucht kennt* avec celle de Schubert (D. 877/4), on constate que Wolf établit le climat psychologique par un motif de quatre notes, tandis que, dans l'ensemble, sa partition (57 mesures) est plus étendue que celle de Schubert (46 mesures). Cette technique libère la voix chantée de tout souci de la phrase musicale, et lui permet de reproduire la moindre inflexion de la voix parlée. Ceci ne veut pas dire que Wolf reste l'esclave de ses poètes : il se permet des entorses à la prosodie (syllabes faibles sur une note élevée), mais elles sont rares et toujours dictées par un souci d'expressivité.

Du rythme il fait le même usage que ses devanciers, notamment pour constituer un décor sonore comme le galop d'un cheval. Mais le chromatisme hérité de Wagner lui permet un jeu harmonique infiniment plus varié que chez les anciens. La tonalité est rarement établie d'emblée, et si un accord parfait ouvre le discours, il est aussitôt quitté pour ne revenir qu'à bon escient : ainsi par exemple dans le prélude de *Gebet* (Mörike n° 28) où, intervenant après des chromatismes troubles (l'inquiétude de l'âme avant la prière), il fait l'effet d'un rayon de soleil pénétrant dans une cathédrale du haut de la coupole.

Les grands cycles allemands. La grande époque du lied, on l'a dit, débute chez Hugo Wolf par sa découverte de Mörike. Cet engouement ne laisse pas de surprendre à première vue. Mörike *(1804-1875)*, pasteur paisible d'une petite ville provinciale de la Souabe, est considéré comme le poète du repos de l'âme, du sage contentement, de l'humour quelque peu désabusé. Le bouillonnant Wolf, qui dans d'autres circonstances préférait un auteur aussi explosif que Kleist, que venait-il faire dans cette galère ? Soupçonnait-il la lave qui couvait sous la surface de calme apparence et qui se devine à travers quelques poèmes tels que *Peregrina* ? Fut-il attiré par l'étonnante diversité de ces poésies ? Toujours est-il que, dans Mörike, Wolf a donné le meilleur de lui-même ; et si l'on jouait au jeu de l'île déserte, c'est le volume Mörike qu'il faudrait choisir. Non pas que les autres compositions soient de qualité inférieure, loin de là. Mais le volume Mörike est le plus complet.

Tout s'y trouve. Du sentiment religieux le plus intériorisé (*Gebet ; Schlafendes Jesuskind ; Auf eine Christblume*) jusqu'à l'humour le plus débridé (*Zur Warnung ; Abschied*, où l'on notera, dans la postlude, l'emploi original d'une valse viennoise qui accompagne la chute du critique dans l'escalier), rien d'humain n'est absent de ces poèmes. Le charme goguenard (*Elfenlied*) côtoie le drame hallucinée (*Der Feuerreiter*, dont Wolf donnera aussi, en 1892, une version pour chœur et orchestre).

Eichendorff *(1788-1857)* est surtout populaire comme chantre de la fameuse «Wanderlust» — protestation, écologiste avant la lettre, de l'âme allemande contre la vie réglementée de l'industrialisation récente. Il semble que ce soit ce côté contestataire qui ait surtout attiré Hugo Wolf. Les chants nostalgiques, les rêves d'un passé à jamais disparu, qui ont tant séduit Schumann, sont chez Wolf en minorité (*Nachtzauber ; Heimweh*). La plupart de ses lieder chantent, sur un ton fort rythmé et quelque peu désinvolte, le défi aux valeurs courantes de la société. Ce sont des marginaux, soldats, marins, aventuriers, musiciens ou poètes indifférents à l'argent, aux honneurs, au succès, qui ont ici droit à la parole. Un défilé de «hippies», dirait-on. Comme une fleur isolée dans un jardin sauvage, s'élève le seul vrai chant d'amour du recueil, le merveilleux *Verschwiegene Liebe*.

Des différentes phases que parcourut Goethe au cours de sa longue vie *(1749-1832)*, la première, de style galant, «anacréontique», n'intéressait pas Wolf. De la seconde, celle du bouillonnant poète du «Sturm und Drang», révolution littéraire et contestation sociale des années 1770, le musicien n'a retenu que trois hymnes : *Prometheus, Ganymed* et *Grenzen der Menschheit*, où, en doublant Schubert, il s'y oppose. Les lieder de Wolf font donc presque tous appel à la grande maturité du poète. On y respire un air de sagesse ironique, de détachement, d'une existence en dehors de la mêlée. Les tons tragiques ne sont certes pas absents : les chants de *Mignon* et du *Harfenspieler* («Harpiste») sont ce que Goethe a écrit de plus désespéré. Mais ces paroles ont attiré d'autres compositeurs également (Schubert, Schumann).

L'originalité de Wolf réside plutôt dans la recherche délibérée de l'humour, trait pourtant peu caractéristique de Goethe (*Der Rattenfänger ; Ritter Kurts Brautfahrt ; Gutmann und Gutweib ; Epiphanias*).

Quant au second volume, il est presque entièrement consacré aux poèmes du *West-östliche Divan*, recueil de textes que Goethe, sexagénaire, écrivit sous la double impulsion d'un nouvel amour et de la poésie persane qu'il venait de découvrir. Mais Wolf écarte les poèmes passionnés et se concentre sur des chants en éloge à la boisson, ou sur d'autres où Goethe joue avec l'amour plutôt qu'il n'aime vraiment. A sept ans de son effondrement, Wolf se comporte ici en homme rangé et sage. On notera qu'il évite cette fois les textes déjà illustrés par d'autres.

Les recueils «méditerranéens». Les deux recueils suivants sont consacrés à des poèmes étrangers, traduits par deux poètes de seconde zone, Heyse et Geibel. Le *Spanisches Liederbuch* («Chants espagnols», 1889-90) comporte une partie de chants sacrés et une partie de chants profanes. Les chants sacrés commencent en hymne à Marie, à laquelle sont consacrés les trois premiers ; puis nous assistons à la naissance de Jésus, saluons l'enfant merveilleux, qui nous conduit doucement vers le Sauveur martyrisé. Le ton est simple, les harmonies moins chromatiques que dans la plupart des autres compositions ; la profonde religiosité de Wolf, qui ne s'était guère exprimée depuis Mörike, revient ici à la surface.

Les chants profanes, quant à eux, se caractérisent par un délicieux climat entre larmes et sourire, tout à fait particulier à ce recueil, et qui ne se trouve guère exprimé ailleurs avec pareil bonheur. C'est mi-amusés, mi-attendris que nous assistons aux déboires de tel amoureux trop timide (*Wer sein holdes Lieb verloren*), ou de tel autre auquel les œillades de la belle promettent le bonheur, tandis que le geste de son doigt

lui ôte tout espoir *(Seltsam ist Juanas Weise; Auf dem grünen Balkon mein Mädchen).*
  Dans l'*Italienisches Liederbuch* (« Chants italiens », 1890-91 et 1896), un des thèmes auxquels Wolf est particulièrement attentif est la dispute entre amoureux. Deux merveilleux lieder chantent la réconciliation : *Wir haben beide lange Zeit geschwiegen* et *Nun lass uns Frieden schliessen;* d'autres nous mènent au milieu de la bataille, dont le ton taquin laisse cependant prévoir un dénouement heureux *(Du sagst mir...; Nein, junger Herr; Wer rief dich denn?).* Deux seulement sont d'une teneur vraiment dramatique : *Hoffärtig seid ihr, schönes Kind* (où l'amant malheureux claque la porte avec un accord dissonant), et *Was soll der Zorn mein Schatz.*
  Les lieder non compris dans ces recueils mais publiés par Wolf de son vivant sont réunis sous le titre *Lieder nach verschiedenen Dichtern* (d'après différents poètes). En dehors du ravissant *Mausfallen-Sprüchlein* (encore Mörike!) et des six poèmes d'après Gottfried Keller, les mieux connus sont les trois lieder d'après Michel-Ange, lourds de tristesse et de mélancolie.
  G. K.

Œuvres principales. Entreprise dès 1932 par Robert Haas et Helmut Schulz, l'édition critique intégrale de l'œuvre de Hugo Wolf reparaît à Vienne depuis 1960 sous les auspices de l'Internationale Hugo-Wolf-Gesellschaft et sous la direction musicale de Hans Jančik (Musikwissenschaftlicher Verlag/Musikhaus Doblinger). La plupart des vingt volumes prévus sont aujourd'hui disponibles (les lieder sont classés d'après leurs numéros). On n'indiquera donc ci-après de référence éditoriale que pour les œuvres non encore disponibles dans l'édition critique.
Musique symphonique. Symphonie en *si* bémol/*sol* mineur (1876-77) : Scherzo et Finale complets + esquisses pour les autres mouvements. *Penthesilea,* poème symphonique d'après Kleist (1883-1885). *Sérénade italienne* « n° 2 » pour petit orchestre (1892). *Der Corregidor,* suite d'orchestre : v. Œuvres scéniques.
Musique instrumentale. ŒUVRES POUR PIANO: *Sonate* en *sol* majeur op. 8 (1876). 3 autres sonates fragmentaires (1875-76). *Rondo capriccioso* op. 15 (1876). *Humoresque* (1877). *Wellenspiel* (1877). *Schlummerlied; Scherz und Spiel* (1878). *Canon* (1882). Paraphrase sur *les Maîtres chanteurs de Nuremberg;* Paraphrase sur *la Walkyrie* (1882). QUATUOR À CORDES : *Quatuor en «ré» mineur (Entbehren sollst du, sollst entbehren,* 1878-1884). *Intermezzo* en *mi* bémol (1886). *Sérénade italienne* «n° 1» (1887). *Sérénade italienne* «n° 3» (fragment, 1897), inédite.
Lieder. CHANT ET PIANO : Vol. I : 53 *Gedichte* (Mörike, 1888). Vol. II : 40 *Gedichte* (Eichendorff, 1880-1888). Vol. III : 51 *Gedichte* (Goethe, 1888-89, en 2 cahiers). Vol. IV : *Spanisches Liederbuch* (Heyse/Geibel, 1889-90 : 10 «Geistliche Lieder»; 34 «Weltliche Lieder»). Vol. V : *Italienisches Liederbuch* (Heyse : I, 22 lieder, 1890-91 ; II, 24 lieder, 1896). Vol. VI : *Lieder nach verschiedenen Dichtern* (31, 1888-1897 : Keller, 6; Ibse, 3; Reinick, 5; Michel-Ange, 3; Byron, Goethe, Heine, Kerner, etc.). Vol. VII : «Nachgelassene Lieder» (lieder posthumes, rééditions ou premières éditions, 3 cahiers, au total 69 pièces, 1876-1883 ; 1887 ; 1890). CHANT ET ORCHESTRE : une vingtaine d'orchestrations originales (Peters ou Heckel). Nombreuses orchestrations et transcriptions dues à d'autres auteurs.
Musique chorale. CHŒUR A CAPELLA OU AVEC PIANO OU ORGUE (Vol. X sauf mention contraire) : 8 pièces de jeunesse (Goethe, Lenau, etc., 1875-76). *Der Einsiedler* (Eichendorff, 1881). Inédit (fac-similé in *la Revue musicale* n° 298-299, Paris, 1975). *Six Chœurs sacrés* (Eichendorff, 1881). CHŒUR ET ORCHESTRE: *Die Stunden verrauschen* (Kinkel, 1878), fragment (S. B. W.). *Elfenlied* (Shakespeare, 1891), pour soprano solo, chœur féminin et orchestre (Fürstner, Berlin). *Der Feuerreiter* (Mörike, 1892), Schott. *Dem Vaterland* (Reinick, 1890-1894), Schott/Heckel. *Wächterlied auf dem Wartburg* (Scheffel, 1894), inachevé (N. B. W.). *Morgenhymnus* (Reinick, 1897), Peters. *Frühlingschor:*
v. *Manuel Venegas.* SOLISTES, CHŒUR ET ORCHESTRE : *Christnacht* (Platen, 1886-1889), Lauterbach & Kühn (Leipzig).
Œuvres scéniques. König Alboin, opéra romantique en 4 actes (Peitl, 1876), fragment (N. B. W. ; partiellement perdu ?). *Prinz von Homburg* (Kleist), musique de scène (1884) : 2 fragments (S. B. W./N. B. W.). *Das Fest auf Solhaug* (Ibsen), musique de scène (1890-91), Heckel. *Der Corregidor* (Alarcón/Mayreder), opéra en 4 actes (1895), Heckel ; contient l'orchestration de 2 lieder du *Spanisches Liederbuch* (N. B. Une suite d'orchestre comprenant l'Ouverture et 3 autres pièces a été réalisée par Felix Mottl). *Manuel Venegas* (Alarcón/Hoernes), opéra en 3 actes (1897) : fragment de l'acte I avec accompagnement de piano + chœur initial *(Frühlingschor),* réal. F. Langer, Heckel + orchestration de 2 lieder du *Spanisches Liederbuch,* N. W. V. (N. B. W. : Nationalbibliothek Wien ; S. B. W. : Stadtbibliothek Wien.)
P.-G. L.

WOLFF (Albert), compositeur et chef d'orchestre français *(Paris 1884 - id. 1970).* Il étudia au Conservatoire de Paris dans les classes de Gédalge, Leroux et Vidal. Après avoir été organiste à Saint-Thomas d'Aquin, il fut engagé en 1908 à l'Opéra-Comique, comme chef de chant, puis en 1911 comme chef d'orchestre. Il occupa ce poste pendant soixante ans, créant un grand nombre d'œuvres (dont *les Mamelles de Tirésias* de Poulenc, 1947), et assurant de grandes reprises *(Pelléas, Orphée, Tristan et Isolde).* Au cours de tournées à l'étranger, il fit connaître les œuvres françaises contemporaines. En 1921 il fonda avec Richepin les Concerts modernes au théâtre de Mogador. De 1934 à sa mort il fut président-chef d'orchestre de l'Association des concerts Pasdeloup. Compositeur, il a laissé notamment un *Requiem* (1938), des concertos pour flûte (1946) et pour violoncelle (1964), ainsi que plusieurs opéras, dont *l'Oiseau bleu,* créé à New York en 1919.
A. L. et S. W.

WOLFF (Christian), compositeur américain *(Nice, France, 1934).* Menant une carrière de professeur de littérature et de musique (Mills College d'Oakland, Californie ; Dartmouth College de Hanover, New Hampshire), il travailla un temps avec David Tudor et Morton Feldman. Sa musique, d'esprit minimal, donne une grande place à l'indétermination, au silence, aux interruptions, à une interréaction plus ou moins aléatoire et imprévisible entre les exécutants, de façon à déconcerter le jeu des syntaxes conventionnelles.
  Son projet est de laisser le son vivre comme entité libre. D'où la réalisation de partitions graphiques ou verbales, qui peuvent éviter toute relation obligatoire de temporalité ou de causalité.
  La particularité de ses nombreuses œuvres, qui sont souvent plutôt des «propositions», est de faire appel à des instruments traditionnels (à choisir souvent ad libitum) et d'être, techniquement, à la portée de tout le monde. Parmi celles-ci, on peut citer plusieurs musiques de ballets pour Merce Cunningham *(Chance,* 1959 ; *Rune,* 1959 ; *Reads,* 1970), et des pièces comme *Duo for Pianists I* et *II* (1957-58) ; *Summer* (1961), pour quatuor à cordes ; *Septet* (1964), pour instruments ad libitum ; *Edge* (1968), pour n'importe quel instrument ; *Prose Collection* (1968-1971), pour différentes combinaisons instrumentales avec, selon les cas, n'importe quel instrument ou objet sonore ; *Toss* (1968), pour huit musiciens ou plus ; *Snowdrop* (1970), pour clavecin ou autre clavier ; *Lignes* (1972), pour quatuor à cordes ou autres cordes ; *Exercices* (1973-74), pour n'importe quel nombre d'instruments ; *Wobbly Music* (1975-76), pour chœur mixte et instrument, etc.
M. C.

WOLF FERRARI (Ermanno), compositeur italien *(Venise 1876 - id. 1948).* Fils d'un peintre bavarois, il étudia les beaux-arts à Rome, puis à Munich, où il décida de sa nouvelle orientation, complétant sa formation musicale à Venise et Milan. Un opéra, *Irene* (Venise, 1895), dont il avait écrit le livret, une audition de ses œuvres en 1897 et *Cendrillon* (Milan, 1900) ne lui apportèrent que déboires ; mais, en 1903, ses *Donne curiose*, d'après Goldoni, triomphaient à Munich en lui révélant sa véritable vocation : en pleine époque naturaliste, cette œuvre en totale contradiction avec le langage de *Tosca, Louise, Pelléas, Salomé, Butterfly* ou *Resurrection* semblait renouer avec l'esprit de Mozart et Da Ponte.

Un succès croissant salua *I Quattro Rusteghi* (1906) — avec ses dialogues en vénitien —, *le Secret de Suzanne* (1909) et *les Joyaux de la Madone* (1911), ces trois œuvres n'ayant jamais quitté le répertoire international. *L'Amour médecin*, d'après Molière, puis *Sly*, une tentative plus dramatique, connurent moins de succès, mais avec *La Vedova scaltra* (1931) et *Il Campiello* (1935), Wolf Ferrari renouait heureusement avec Goldoni, bien que le genre fût désormais épuisé.

Wolf Ferrari demeure un isolé dans l'évolution du théâtre lyrique italien, avec son lyrisme riche mais sans complaisance, son harmonie dont la science se cache sous l'apparente facilité, et avec un sens du « parlé » et un tempo intérieur rapide rarissime en son temps. Il n'en a pas moins, avec Respighi, préparé le terrain à la « génération des années quatre-vingts », et dans sa musique instrumentale (notamment son célèbre *Concerto pour hautbois*), s'inscrit parfaitement dans le courant du néoclassicisme européen de son époque.
R. M.

WÖLFL (Joseph), pianiste et compositeur autrichien *(Salzbourg 1773 - Londres 1812)*. Elève de Leopold Mozart et de Michael Haydn, il séjourna à Vienne (1790) puis à Varsovie, et revint à Vienne en 1795, où, comme pianiste, il fut sans doute le plus sérieux rival de Beethoven. En 1799, il partit en tournée, arrivant en septembre 1801 à Paris, puis en mai 1805 à Londres, qu'il ne devait plus quitter. Rival également de Johann Ladislav Dussek, il écrivit quelques opéras-comiques et deux symphonies (en *sol* mineur et en *ré* majeur), mais se consacra surtout, comme compositeur, à son instrument, avec notamment sept concertos, trente sonates pour piano seul (dont les trois de l'opus 6, parues à Augsbourg en 1798 avec une dédicace à Beethoven) et dix-neuf sonates avec accompagnement de violon (dont les trois de l'opus 14, parues à Leipzig en 1801 et basées sur des thèmes de *la Création* de Haydn).
M. V.

WOLKENSTEIN (Oswald von), poète et musicien autrichien *(château de Schöneck, Tyrol, v. 1377 - Merano 1445)*. Après des années de formation à travers l'Europe, il participa en 1401-1402 aux campagnes italiennes de Robert du Palatinat. En 1407, il obtint par héritage l'évêché de Bressanone et prit une part active aux affaires politiques locales. En 1409, il quitta l'Europe pour un pèlerinage d'un an à Jérusalem. Le concile de Constance (1415), au cours duquel il apprit probablement à connaître la chanson polyphonique française, marqua son entrée au service du futur empereur Sigismond. Une ambassade au Portugal le conduisit probablement jusqu'au Maroc la même année. De graves différends avec le duc Frédéric IV conduiront au démantèlement de son château de Greifenstein et à son incarcération dans les geôles du duc en 1422 et 1427. Après leur réconciliation, il participa encore à la diète de Nuremberg en 1431, puis, après un séjour en Italie, à Piacenza, il fit le voyage de Bâle en 1432, à l'occasion du concile.

L'essentiel de son œuvre fut achevé dès 1425. Elle comprend cent vingt-six chansons de genre et de facture très divers qui puisent leurs thèmes dans la narration autobiographique, l'amour courtois, la ferveur chrétienne ou l'univers plus grivois des bains et des tavernes. L'invention mélodique de ses chansons monodiques se situe dans le prolongement de l'art des minnesänger, tandis que ses quarante compositions polyphoniques traduisent, par-delà certains traits parfois frustes, l'influence de la musique savante de l'Ars nova ou du Trecento et ouvrent la voie au *Tenorlied*.
C. M.

WOLPE (Stefan), compositeur américain d'origine russe *(Berlin 1902 - New York 1972)*. Il fit ses études à Berlin avec Paul Juan, Franz Schreker et, en privé, avec Busoni, Webern et Hermann Scherchen. Après deux années de voyage (au cours desquelles il étudia notamment le chant grégorien à Poligny), il revint à Berlin comme directeur musical du Volkstheater où il fut étroitement associé avec Bertolt Brecht. Un séjour de quatre ans en Palestine (comme professeur de composition au conservatoire) précéda son départ pour les États-Unis (1938), où il fut tour à tour professeur à Black Mountain College et à Mannes School. Il eut, à ce titre, une très grande influence sur la jeune génération de compositeurs américains.

Attiré, à ses débuts, par l'union du jazz et des différentes techniques contemporaines, il a évolué vers un style personnel, sous l'influence de Schönberg, Webern, Stravinski et Bartók : variation développée, rythmes asymétriques et phrases irrégulières, contrepoint rigoureux, l'ensemble au service d'une esthétique néoromantique et d'une nature curieuse et vive.
A. G.

WOOD (sir Henry), chef d'orchestre anglais *(Londres 1869 - Hitchin 1944)*. Il étudia à la Royal Academy of Music (1886-1888), et commença sa carrière dans diverses compagnies théâtrales. En 1893 fut ouverte à Londres une nouvelle salle de concerts, Queen's Hall (détruite dans un bombardement en 1941), et à partir de 1895 y fut organisée tous les ans une série de concerts qui prirent le nom de Promenade Concerts (certains auditeurs disposant de places non assises). Wood prit la direction de ces Promenade Concerts, et devait la conserver seul jusqu'en 1940 (il eut alors comme assistant Basil Cameron), sauf pour une partie de la saison de 1912 et lorsque divers compositeurs contemporains vinrent y diriger leurs propres œuvres.

Depuis la destruction de Queen's Hall, ces concerts ont lieu au Royal Albert Hall, tous les ans, de juillet à septembre et, depuis la mort de Wood, ils portent officiellement son nom (Henry Wood Promenade Concerts). Depuis 1927, la BBC en assume la responsabilité. C'est dans le cadre des Promenade Concerts, ou « Proms », élément essentiel de la saison d'été londonienne, qu'en 1912 Wood assura la création des *Cinq Pièces pour orchestre* op. 16 de Schönberg.
M. V.

WORK-SONG. Expression anglaise signifiant « chant de travail » et s'appliquant en général à toutes sortes de musiques vocales destinées à soutenir un travail dont elles épousent le rythme (chants de laboureurs, de piqueurs de riz, de bûcherons), et en particulier les chants afro-américains nés de l'esclavage et qui sont une des origines du blues et du jazz. Le work-song présente en général un caractère lancinant et répétitif, et utilise souvent le principe du « call and response pattern » (structure d'appel et de réponse) : un soliste lance une formule à laquelle répond la collectivité. Le rythme peut être marqué par l'outil de travail (pioche, hache, marteau, etc.). Certains pionniers du jazz comme Huddie Ledbetter *(1889-1949)* ont enregistré des work-songs sous leur forme ancienne.
M. C.

WOTQUENNE (Alfred), musicologue belge *(Lobbes, Hainaut, 1867 - Antibes 1939)*. Après des études au conservatoire de Bruxelles, il devint bibliothécaire (1894) puis secrétaire et inspecteur des études (1896) de cet établissement. Il resta bibliothécaire jusqu'en 1918, accomplissant un important travail de réorganisation et de catalogage, faisant l'acquisition de nombreux manuscrits. Il participa à l'édition complète des œuvres de Grétry, laissa en manuscrits plusieurs catalogues thématiques (sonates de Tartini, œuvres de Steffani), et publia ceux des œuvres de Gluck (Leipzig, 1904) et de Carl Philipp Emanuel Bach (Leipzig, 1905 ; réimpr. Wiesbaden, 1972).
M. V.

WOZZECK. Opéra en 3 actes d'Alban Berg, sur un livret de l'auteur, d'après la pièce — *Woyzeck* — de Georg Büchner, créé le 14 décembre 1925 au Staatsoper de Berlin. Le travail effectué par Berg sur le texte (peut-être inachevé) de Büchner est indissociable de la composition musicale elle-même (1919-1921) et, au-delà, de l'idée que se faisait Berg du genre opéra, pour lequel il lui semblait impossible de suivre les chemins transformés par Wagner et Strauss en impasses. La structure classique de l'œuvre, en trois actes (présentation, action, dénouement), est donc sans cesse démentie par la polytonalité, les variations du Sprechgesang, et par le refus de la « mélodie continue » au sens wagnérien du terme : si l'orchestre joue un rôle fondamental et constant et si le principe du leitmotiv joue encore (mais sans arrière-plans philosophiques ou sentimentaux), la correspondance établie par Berg entre chaque scène et une forme musicale particulière permet à l'œuvre de conserver son caractère fragmentaire, en dépit des transitions orchestrales qui, entre chaque scène, comme au cinéma, servent de plan de coupe ou de fondu enchaîné.

Le sujet, par ailleurs, rompt radicalement (et pour la première fois) avec le « sentimentalisme bourgeois » que dénonçait Adorno. Le héros, extérieur à toute mythologie, extérieur à son héroïsme même du fait de la classe sociale à laquelle il appartient, est un pauvre soldat amoureux d'une fille facile, solitaire jusque dans sa logique et ses angoisses obsessionnelles, pris au piège de la morale des autres, ravalé au rang de fou expérimental, condamné au meurtre de celle qu'il aime ; le sujet est celui d'un fait divers sur fond de misère et, selon l'imagination des metteurs en scène, de lumpenproletariat, d'univers concentrationnaire lobotomisant, de crasse industrielle, d'aberration mentale, de robotisation prussienne, de tout ce que, parfois trop vite, on classe sous la rubrique « expressionnisme ».

Plus encore : en adoptant une typologie vocale des plus conventionnelles (ténor-séducteur, femme-soprano, confidente-mezzo, amant bafoué-baryton, environnement bouffe, etc.), mais en dénonçant violemment les valeurs sociales qui la fondent, Berg a pris le risque de stériliser le genre opéra ou, tout au moins, assumé une responsabilité préparée par d'autres. Encore ne s'agit-il peut-être là que d'un genre bien précis d'opéra, pour lequel la voix n'est pas tout, et d'une époque (qui s'achève ?) où la concurrence du cinéma contribuait à la remise en cause de l'efficacité des moyens expressifs du théâtre lyrique et, partant, de son rôle social.

De manière significative, après *Wozzeck*, le héros se trouvera de plus en plus déclassé ou noyé dans une collectivité, au moins pour les œuvres ayant accepté que « l'art total » lie étroitement son support théâtral à l'évolution du langage musical.

ACTE PREMIER *(cinq pièces de caractère)*. Scène 1 *(suite en cinq parties : prélude, pavane, gigue, gavotte, air)*. [A l'aube, dans la chambre du Capitaine.] *Ce dernier (t) se fait raser par le soldat Wozzeck (bar). Hanté par la course du temps qui dérange l'ordre figé du monde, il éprouve le besoin de rassurer sa position en se moquant de Wozzeck, un honnête homme, mais sans morale : il a eu un enfant « sans la bénédiction de l'Eglise »! Décontenancé par la réponse du soldat (Dieu lui-même n'est pas pour les pauvres, l'argent seul rend les hommes vertueux), il le renvoie.* Scène 2 *(rhapsodie sur 3 accords)*. *Dans un style très belcantiste qui va contraster avec le Sprechgesang halluciné de Wozzeck, Andres (t), qui coupe du bois avec son camarade, entonne un chant de chasseur. Wozzeck, tandis que le soleil se noie à l'horizon, annonçant la lune rouge de la scène finale, a la vision d'un gouffre apocalyptique s'ouvrant toujours plus sous la croûte terrestre.* Scène 2 *(marche militaire et berceuse)*. [Dans la chambre de Marie.] *Marie (s) subit les sarcasmes de sa voisine Margret (ms), parce qu'elle admire la prestance animale du Tambour-Major conduisant les soldats. Restée seule, elle berce son enfant. Wozzeck, encore perturbé par sa vision, lui fait une courte visite et n'a pas un regard pour son fils. Marie reste seule, très angoissée par le sort que la vie lui a fait.* Scène 4 *(passacaille avec 21 variations)*. [Le cabinet du Docteur.] *Ce dernier (b) utilise Wozzeck comme sujet pour des expériences dérisoires sur la soumission de la nature à l'ordre et à la volonté scientifiques, garants de l'immuable.* Scène 5 *(quasi-rondo)*. [La rue, devant la porte de Marie, au crépuscule.] *Marie, que le désir du Tambour-Major (t) rend fière et attire, accepte avec lui une étreinte brutale, comme si le destin l'empêchait de prétendre à plus de considération.*

ACTE II *(symphonie en 5 mouvements)*. Scène 1 *(allégro de forme sonate)*. [La chambre de Marie, au matin.] *Wozzeck, venu remettre à la jeune femme sa solde et l'argent que lui donnent le Capitaine et le Docteur, surprend Marie parée des boucles d'oreille offertes par le Tambour-Major. Peu convaincu de ce qu'elle les ait « trouvées », il ne pousse cependant pas plus loin.* Scène 2 *(fantaisie et fugue sur trois thèmes)*. [Une rue.] *Le Capitaine et le Docteur tourmentent Wozzeck par des allusions à l'infidélité de Marie. Les réactions du soldat sont pour eux une nouvelle expérience sur lui.* Scène 3 *(largo de forme lied)*. [Devant la porte de Marie.] *Wozzeck force Marie à avouer son péché et, défié par elle, songe au meurtre.* Scène 4 *(scherzo et trio)*. [Le jardin d'une auberge, où dansent soldats et ouvriers.] *Wozzeck surprend Marie riant dans les bras du Tambour-Major, au milieu d'une beuverie qui laisse les hommes désespérés. Le Fou (t) s'approche et dit flairer le sang, ce qui bouleverse plus encore le soldat.* Scène 5 *(rondo musical avec introduction)*. [Dans la chambrée de la caserne.] *Wozzeck tente de résister à la tentation du meurtre. Mais le Tambour-Major, ivre, fait irruption et, se vantant du corps de Marie, peut-être aussi pour extirper un fond de remords jaloux, provoque Wozzeck, qui a le dessous dans la bagarre qui suit. Le soldat décide de tuer les deux amants.*

ACTE III *(six inventions)*. Scène 1 *(invention sur un thème avec sept variations et fugue)*. [La chambre de Marie.] *Marie, lisant dans la Bible l'épisode de la pécheresse, regrette sa faute.* Scène 2 *(invention sur une note -si naturel)*. [Un chemin au bord d'un étang.] *La nuit tombe. Wozzeck égorge Marie.* Scène 3 *(invention sur un rythme)*. [L'auberge, pendant la nuit.] *Les clients remarquent le bras ensanglanté de Wozzeck, qui s'enfuit.* Scène 4 *(invention sur un accord)*. [Le chemin où Wozzeck a tué.] *Le soldat bute sur le cadavre de Marie. Voulant se débarrasser du couteau et laver le sang qui le souille (et qu'il voit partout autour de lui), Wozzeck se noie. Le bruit de l'eau effraie le Capitaine et le Docteur, qui passaient.* Epilogue orchestral : *invention sur la totalité de ré mineur, récapitulation des thèmes, dissolution du drame.* Scène 5 *(invention sur un rythme de croches. Mouvement perpétuel)*. [Devant la maison de Marie.] *Des enfants, dont celui de Marie, jouent. D'autres accourent et l'un d'eux annonce au fils de Marie que sa mère est morte. Sans comprendre, ce dernier suit ses compagnons qui vont regarder le cadavre.*
P. G.

WUNDERHORN LIEDER. Lieder de Gustav Mahler. V. *Cor merveilleux de l'enfant.*

WUNDERLICH *(Fritz)*, ténor allemand *(Kusel 1930-Heidelberg 1966)*. Elève du conservatoire de Fribourg-en-Brisgau, de 1950 à 1955, il abandonne le cor pour le chant et fait ses débuts remarqués en 1955 dans le rôle de Tamino. Il est engagé la même année par l'Opéra de Stuttgart et, en 1960, par l'Opéra de Bavière. Il débute en 1959 au Festival de Salzbourg, dans *la Femme sans ombre*, et se produit également à Aix-en-Provence et à Edimbourg. Malgré la brièveté de sa carrière, il s'est imposé comme le ténor lyrique allemand de sa génération, excellant aussi bien dans les répertoires mozartien, straussien, verdien que dans l'oratorio. Il s'y montre l'égal de ses prestigieux aînés, Karl Erb et Julius Patzak, notamment dans le rôle de Palestrina de Pfitzner. Il crée en 1960 le rôle de Tirésias dans *l'Œdipe* de Carl Orff. Doté d'une voix ample et lumineuse, il a incarné les jeunes premiers mozartiens avec une ferveur peu commune et s'est révélé un incomparable interprète de lieder. M. W.

WUORINEN *(Charles)*, compositeur américain *(New York 1938)*. Il a fait ses études à l'université de Columbia (avec Otto Luening), a été accompagnateur, chanteur dans un groupe vocal, ingénieur du son, professeur à l'université de Columbia (1964-1971), et a remporté de nombreux prix et distinctions (notamment le mémorial Lili-Boulanger de 1960). Son style relève des différentes tendances contemporaines (technique sérielle notamment), mais il demeure respectueux des principes formels de l'âge classique. Il est l'auteur de trois symphonies, trois concertos de chambre, de pièces de musique de chambre, de chœurs et de compositions électroniques, dont *Orchestral and Electronic Exchanges* pour orchestre et bande (1965).

A. G.

WURTEMBERGEOISES (SONATES). Dénomination globale portée par les six sonates pour clavecin Wq. 49 (n° 1 en *la* mineur, n° 2 en *la* bémol majeur, n° 3 en *mi* mineur, n° 4 en *si* bémol majeur, n° 5 en *mi* bémol majeur, n° 6 en *si* mineur) de Carl Philipp Emanuel Bach, parce que leur parution à Nuremberg en 1744 fut accompagnée d'une dédicace au grand-duc Karl-Eugen de Wurtemberg. V. PRUSSIENNES.

M. V.

WYSCHNEGRADSKI *(Ivan Alexandrovitch)*, compositeur russe *(Saint-Pétersbourg 1893 - Paris 1979)*. Fils d'un financier qui était aussi compositeur amateur, il commença des études de droit avant de travailler la musique au conservatoire de Saint-Pétersbourg avec N. Sokolov. En même temps, il découvrit la musique de Scriabine, qui l'enthousiasma autant que la personnalité et l'idéologie du compositeur. Cette découverte, ainsi qu'une expérience mystique qu'il affirmait avoir vécue, furent à l'origine de la grande œuvre qu'il composa en 1916-17, *la Journée de l'Existence,* pour récitant, chœur et orchestre (remaniée ensuite par deux fois, en 1927 et en 1940), inspirée de la philosophie hindoue, et décrivant l'apparition et l'évolution d'une « conscience cosmique ».

Cette œuvre, qu'il considéra toujours comme sa plus importante, fut à la fois un aboutissement et une ouverture vers une technique nouvelle. Ne pouvant plus se satisfaire du système chromatique traditionnel, il éprouva le besoin d'introduire dans la musique des micro-intervalles (quarts de tons, sixièmes de tons), visant à la création d'un « continuum sonore ». Désormais, la plupart de ses œuvres allaient être écrites dans ce style ultrachromatique, qui fut également pratiqué par le Mexicain Julián Carrillo et le Tchèque Alois Hába.

En 1920, Wyschnegradski émigra et s'installa en France. Un séjour en Allemagne en 1922-23 lui fit rencontrer Hába, et ils travaillèrent ensemble à l'élaboration d'un piano à quarts de tons, qui fut réalisé par la firme Foerster. Nombre d'œuvres de Wyschnegradski nécessitent cependant l'emploi de plusieurs pianos accordés spécialement à différentes échelles.

Bien que Wyschnegradski eût intéressé certains musicologues et compositeurs (Messiaen notamment), il eut des difficultés à s'imposer. Des concerts de ses œuvres eurent lieu en 1937 et 1945, révélant notamment sa symphonie pour quatre pianos *Ainsi parlait Zarathoustra* (Nietzsche était, avec Dostoïevski, l'une des principales références littéraires du compositeur).

Toutefois, il ne fut réellement reconnu que dans les dernières années de sa vie et put alors entendre des œuvres qu'il avait composées plus d'un demi-siècle auparavant, dont *la Journée de l'Existence,* créée en janvier 1978 à Radio-France, et son *Premier Quatuor* (1924), exécuté dans le cadre de l'exposition Paris-Moscou de 1979.

En dehors de l'ultrachromatisme, il explora les possibilités des « espaces non octaviants » dont il donna l'application dans une pièce originale pour piano, *Étude sur le carré magique sonore* (1956). Il laissa un certain nombre d'écrits expliquant ses théories, dont un *Manuel d'harmonie à quarts de tons* (1932). Si nombre de compositeurs du XXe siècle ont utilisé occasionnellement l'écriture ultrachromatique (Messiaen, Boulez, Ligeti, Xenakis), le système de Wyschnegradski fut tout particulièrement suivi par Bruce Mather, Alain Bancquart et surtout Claude Ballif.

A. L.

WYTTENBACH *(Jürg)*, compositeur suisse *(Berne 1935)*. Il a étudié au conservatoire de sa ville natale, puis à celui de Paris (piano avec Yvonne Lefébure). Il a enseigné le piano aux conservatoires de Biel (1959-1967) et de Berne (1962-1966), et depuis 1967, il enseigne le piano et l'interprétation de la musique nouvelle à l'Académie de musique de Bâle. D'abord influencé par Bartók et Stravinski, puis par Boulez, il a écrit notamment une *Sonate pour hautbois* (1961), *Trois Pièces* pour hautbois, harpe et piano (1963), *De metalli* pour baryton et orchestre (1965), *Exécution ajournée I* (gestes pour treize musiciens, 1970), *II* (pour quatuor à cordes, 1970-71) et *III* (pour quatuor à cordes, 1973), *Clastrophonie* pour six exécutants (1973).

M. G.

WYZEWA *(Théodore de)*, musicologue français d'origine polonaise et de naissance russe *(Kalusik 1862 - Paris 1917)*. Il arriva en France en 1869, et passa une licence ès lettres à Nancy (1882) avant de s'installer à Paris, où il fonda la *Revue wagnérienne* (1884-1888) et, avec Adolphe Boschot et Georges de Saint-Foix, la Société Mozart (1901). Extrêmement érudit, critique dans de nombreux journaux et revues, ami de Mallarmé, de J. Laforgue et d'A. Renoir, il écrivit les deux premiers volumes de l'ouvrage monumental sur Mozart en collaboration avec Saint-Foix*, qui acheva seul l'ouvrage. On lui doit aussi *Beethoven et Wagner* (Paris, 1898), ainsi que des écrits sur la jeunesse de Mozart, la période Sturm* und Drang de Haydn et le développement de la littérature wagnérienne en France. Il a également édité, avec une importante préface, des œuvres pour piano de Muzio Clementi.

M. V.

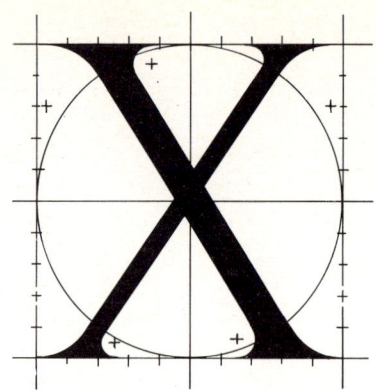

XENAKIS *(Iannis)*, compositeur français d'origine grecque *(Brăila, Roumanie, 1922)*. Son père était agent d'import-export en Roumanie, et sa mère, qui aimait jouer du piano, mourut quand il avait cinq ans. Il s'inscrit à l'École polytechnique d'Athènes pour devenir ingénieur, tout en commençant des études musicales avec Aristote Kondourov. Quand les pays de l'Axe envahissent la Grèce, il entre dans la résistance communiste à laquelle il prend une part active et héroïque. En décembre 1944, au cours de combats, il est gravement blessé par un éclat d'obus de mortier : il en gardera une partie du visage endommagée, et un œil gauche aveugle. Il a parfois évoqué le rôle que cet accident a joué dans sa sensibilité : « Comme mes sens sont réduits de moitié, c'est comme si je me trouvais dans un puits, et qu'il me fallait appréhender l'extérieur à travers un trou (...) J'ai été obligé de réfléchir plus que de sentir. Donc je suis arrivé à des notions beaucoup plus abstraites. »

Mais son courage s'exerce encore une fois quand il reprend ses études et ses activités de résistance. Il entre dans la clandestinité, et, condamné à mort par contumace, s'enfuit de Grèce en 1947 avec une fausse carte (il n'y retournera que vingt-cinq ans plus tard environ, quand aura été mis en échec le régime fasciste).

Arrivant à Paris, il y trouve du travail comme ingénieur au cabinet de l'architecte Le Corbusier, avec lequel il travaillera, d'abord comme exécutant, puis en prenant une part de plus en plus active à ses travaux, jusqu'en 1959. Il n'obtiendra la nationalité française qu'en 1965. Et c'est en 1952 qu'il épouse une ancienne héroïne de la résistance française, la future romancière Françoise Xenakis.

Toujours désireux de composer, mais encore dans l'attente et dans la recherche de son style particulier, il suit divers enseignements musicaux : auprès d'Arthur Honegger (à l'École normale) et de Darius Milhaud. Mais c'est avec Olivier Messiaen, qui le prend en 1951 dans sa classe du Conservatoire de Paris, qu'il trouve un milieu d'enseignement accueillant, et une grande ouverture à sa propre pensée : l'auteur des *Petites Liturgies* l'encourage en effet à suivre sa voie et sa « naïveté ». Les premières œuvres de Xenakis sont déjà basées sur des spéculations abstraites, la recherche de proportions cosmiques, le projet de trouver une « expression mathématique de la musique ».

En même temps, il se met à collaborer de plus près aux projets architecturaux de Le Corbusier, concevant les plans du couvent de la Tourette et cherchant une voie d'unification entre l'architecture et la musique (cet esprit « unificateur » est un des traits qui le définissent le mieux, esthétiquement).

Mais l'œuvre qui devait le rendre célèbre, et où pour la première fois il livre au grand public sa recherche d'un nouveau type de discours musical, massique et statistique, c'est *Metastasis** pour 61 instruments jouant 61 parties différentes (1953-54). Cette œuvre est fondée sur les mêmes calculs et les mêmes configurations que ceux qui lui ont servi pour une de ses réalisations architecturales. C'est en quelque sorte un graphique, un ensemble de courbes au dessin très net, que le compositeur a projeté dans l'espace des sons, avec un sens très efficace de la durée : beaucoup d'œuvres de Xenakis sont ainsi comme un dépliement dans le temps d'une conception globale que l'on peut apprécier d'un coup d'œil, comme totalité, par sa représentation visuelle.

Metastasis est créé en 1955 au Festival de Donaueschingen, sans suite immédiate pour le compositeur ; et ce n'est que plus tard que son caractère révolutionnaire, par rapport au pointillisme sériel alors en pleine vogue, deviendra évident. Peu à peu sa théorie musicale se développe sous le nom de musique stochastique*. Il prend contact avec des musiciens : d'abord avec le chef d'orchestre Hermann Scherchen, grand « découvreur » de nouveaux talents, animateur d'un studio de musique électroacoustique en Suisse, et qui publiera Xenakis dans sa revue et le soutiendra généreusement ; ensuite par Pierre Schaeffer, qui, bien que ne partageant pas ses conceptions, l'accueille également très libéralement en, 1957, au Groupe de musique concrète, qui va devenir le Groupe de recherches musicales de la R.T.F.

Dans un article publié en 1955, *la Crise de la musique sérielle*, Xenakis précise sa découverte du principe de composition des sons comme masse, par moyennes statistiques, et s'opposant ainsi à la musique dodécaphonique. Comme le dit très bien Nouritza Matossian, dans son ouvrage sur Xenakis, « ces moyennes militaient contre les valeurs chères à la plupart des musiciens (...). Xenakis recherchait une vue panoramique afin de se distancier de la perspective étriquée du gros plan imposé par le sérialisme ». *Pithoprakta** pour quarante-six cordes, deux trombones, xylophone et wook-block (1955-56), en est une première application, complètement dégagée de l'emprise sérielle et pointilliste encore sensible dans quelques passages de *Metastasis*.

Vers 1957, Xenakis entre en conflit avec Le Corbusier dans la revendication de la paternité du pavillon Philips de l'exposition de Bruxelles 1958. Le grand architecte se l'attribuait, mais finit par concéder que Xenakis en était le coauteur. Le spectacle lumineux donné à l'intérieur du pavillon (*Poème* électronique*, avec la musique de Varèse, et une sorte d'interlude de musique concrète de Xenakis, *Concret PH*, 1958) est une première occasion pour lui de roder la conception de ses futurs spectacles de musique et de lumière.

Quant aux autres œuvres de musique concrète qu'il réalise au Groupe de recherches musicales (*Diamorphoses*, 1957 ; *Orient-Occident*, 1960), leur style très personnel est dû non seulement à son grand sens de la sonorité (qui, curieusement, sera moins efficace dans la plupart de ses œuvres électroacoustiques ultérieures), mais aussi à ce qu'elles sont pensées selon les mêmes modèles esthétiques que ses œuvres instrumentales : là encore, son esprit unificateur se manifeste.

Mais c'est l'époque où, dans le domaine instrumental, sa conception abstraite se durcit et s'affirme avec des œuvres comme *Achorripsis*, pour vingt et un instruments (1956-57), *Duel* pour deux orchestres (1959, œuvre de « musique stratégique », utilisant la théorie des jeux), *Syrmos* pour orchestre à cordes (1959), *Analogiques A* et *B* pour neuf cordes et bande magnétique, *Herma* pour piano (1960-61), *ST/4* (1956), *ST/10* (1956) et *ST/48* (1956-1962), respectivement pour quatuor à cordes, dix instruments, et grand orchestre. Ces pièces sont relativement arides par rapport à sa production plus « expressionniste » de la fin des années 60. Xenakis fut aussi, à travers certaines de ces pièces, un des premiers à s'intéresser à l'utilisation de l'ordinateur dans la composition.

La fin des années 50 voit le début d'un certain succès et d'une certaine reconnaissance par le public. L'ouvrage *Musiques formelles*, paru en 1963, marque une date en regroupant certains de ses articles théoriques et en divulguant ses hypothèses. Il est invité pour donner des cours aux États-Unis, à Tanglewood, puis à Berlin-Ouest. C'est alors qu'il compose, avec *Polla tha Dina* pour chœurs d'enfants et orchestre (1962), et *Eonta* (1963-64), des œuvres dont la simple et lumineuse robustesse, par rapport à l'esprit plus « corpusculaire » des œuvres qui précédent, contribuera à intéresser à sa musique un public plus large. Cette musique apparaît de plus en plus comme une alternative, une autre voie plus excitante, dans une musique contemporaine jusqu'alors assez confinée, à quelques exceptions près.

Sa réputation grandit avec sa première expérience de musique orchestrale « spatialisée », faisant entrer l'auditeur au milieu des musiciens, comme si « chacun individuellement se trouvait perché au sommet d'une montagne au milieu d'un orage (...) soit dans une barque frêle que ballotte la pleine mer, soit encore au sein d'un univers parsemé de petites étoiles sonores » : c'est *Terretektorh*, pour 88 musiciens éparpillés dans le public (1965-66). Là, l'auteur manifeste son lyrisme cosmique, mais aussi son sens de l'efficacité et de l'essentiel, construisant une œuvre à la fois fidèle à sa conception mathématique, et produisant un « effet » puissant sur le public, qui reçoit l'œuvre (dirigée en 1966 par Hermann Scherchen au Festival de Royan) avec enthousiasme.

Désormais Xenakis a atteint la place de premier plan qu'il occupe toujours : des œuvres comme *Nuits* pour douze voix solistes (1968), *Nomos Gamma* pour 98 musiciens répartis dans le public (1969, prolongement de l'expérience de *Terretektorh*), *Anaktoria* pour octuor (1969), *Syhaphai* pour piano et orchestre (1970), *Persephassa* pour six percussionnistes répartis autour du public (1969), confirment cette popularité par leur vitalité, leur chaleur, et leur solidité de conception. Leur succès coïncide avec l'ouverture d'un plus large public, en France, à la musique contemporaine. Xenakis devient alors un des compositeurs les plus sollicités par de nombreuses commandes, dont il s'acquitte avec la même continuité de style et la même vigueur, témoignant d'une belle stabilité alors même que d'autres compositeurs sont en crise et passent de l'abstraction sérielle au néoromantisme.

Ce succès lui permet de se voir confier des moyens plus importants pour réaliser ses projets de « spectacle total », compositions abstraites de sons et de formes visuelles (flashes, rayons lasers) dont il conçoit simultanément la « partition ». Les spectacles *Hibiki-Hanama* (1969-70) où, pour la seule fois, la « partition visuelle » n'est pas de lui, mais d'un artiste japonais, *Persepolis* (1971), *Polytope de Cluny* (1972), *Diatope* (1977), représentent différentes étapes de sa progression dans cette recherche d'une « musique audiovisuelle ». On peut malgré tout estimer qu'il n'a pas autant marqué ce domaine que le domaine proprement musical, le jeu avec le visuel restant chez lui assez théorique, et un peu pâle.

Il y reste cependant fidèle à lui-même, c'est-à-dire proche des phénomènes naturels élémentaires, dont ses œuvres réalisent la transposition de la sublimation abstraite, par l'intermédiaire de formulations mathématiques : une fois pour toutes, sa technique de composition, lentement mûrie et méditée, lui a permis de dépasser cette antinomie que beaucoup d'autres compositeurs instaurent entre l'abstrait et le concret. C'est l'emploi de modèles mathématiques et physiques qui lui permet de réaliser de véritables « tableaux vivants » de phénomènes naturels, orages, manifestations, bruits nocturnes, tout en restant dans le champ de l'abstraction et de la pensée pure.

En même temps, il poursuit ses recherches fondamentales au sein d'un groupe qu'il a rassemblé autour de lui, le C. E. M. A. M. U.*, et dont l'objectif est de réaliser la jonction art-science-technologie. L'existence et les réalisations de ce groupe ne seront connues du grand public que vers 1980, avec la mise au point de cet outil de réalisation pédagogique et musical qu'est la « machine à composer » appelée l'U. P. I. C. Parallèlement, sa production reste abondante et homogène, avec *Aroura* pour douze instruments (1971), *Antikhton* pour orchestre (1971), *Linaia-Agon* pour trois cuivres (1972), *Eridanos* pour six cuivres et cordes (1973), *Evryali* pour piano (1973), *Cendrées* pour chœur mixte et orchestre (1973), *Erikhton* pour piano et orchestre (1974), *Gmeeorh* pour orgue (1974), *Noomena* pour orchestre (1974), *Empreintes* pour orchestre (1975), *Phlegra* pour onze instrumentistes (1975), *Psappha* pour un percussionniste (1975), *Khoaï* pour clavecin (1976), *Windungen* pour douze violoncelles (1976), *Akanthos* pour flûte, clarinette, soprano, deux violons, alto, violoncelle, contrebasse et piano (1977), *la Légende d'Er*, bande magnétique pour le *Diatope* (1977), *Jonchaies* pour très grand orchestre (1977), *Ikhoor* pour trio à cordes (1978), *Mycenae A* pour bande magnétique (1978), *Pléiades* pour six percussions (1978), *Palimpsest* pour cinq instruments (1979), *Anemoessa* pour orchestre et chœur (1979), *Mists* pour piano (1980), *Aïs* pour baryton, percussion et orchestre (1980), *Embellie* pour alto (1980), *Nekuïa* pour chœurs et orchestre (1980), etc. Certaines de ces œuvres évoluent vers un lyrisme plus direct, plus décanté, toujours tellurique, mais en même temps plus humain.

Reconnu plus tard que d'autres compositeurs, ayant mis plus de temps à se trouver, Xenakis s'est acquis en même temps une position plus forte, plus solide, qu'il maintient sans dévier, et sans se laisser porter par les courants divers qui agitent la musique contemporaine autour de lui. On ne développera pas ici sa théorie de la composition (V. STOCHASTIQUE), mais on évoquera sa musique telle qu'elle se donne à ses auditeurs. Indiscutablement méditerranéenne, vigoureuse, ignorant jusqu'à une date récente le clair-obscur et les états d'âme, elle a une manière bien à elle de sonner : les instruments y sont parfois poussés à leurs limites, mais toujours pour donner au son de la vie, de l'éclat. Dans son écriture, le hautbois, la flûte, le violon, la percussion, retrouvent la verdeur de son des instruments populaires dont ils sont les lointains cousins. Xenakis fuit les mélanges de sonorités à la Debussy ou à la Dutilleux, et il haït aussi le vibrato, préférant le son droit, un peu dur et acide.

Naturellement, ses procédés orchestraux tels que l'emploi de réseaux de glissandi entrecroisés aux cordes, ou bien les « nuages », c'est-à-dire les pluies de petites particules sonores, et les glissements en tiers de ton ont été souvent imités et reproduits dans une esthétique impressionniste et moins abstraite, moins structurée que la sienne. Mais surtout, Xenakis possède un don bien rare dans la musique d'aujourd'hui : il a le *sens de l'essentiel* et de la franchise, il sait ne pas charger le détail, simplifier sans appauvrir, au service de son propos, et affirmer la forme globale dans ses grands contours, sans se perdre dans les maniérismes ou l'enchevêtrement. Il n'est pas étonnant non plus qu'avec son indiscutable sens dramatique, ses diverses musiques de scène — *Hiketides, les Suppliantes* (1964), *Oresteia* (1965-66), *Médée* (1967), *Hélène* (1977) — soient bien conçues pour leur fonction.

Il y a évidemment chez Xenakis, au-delà du musicien, un architecte, et surtout un utopiste, d'esprit platonicien, rêvant de bâtir des villes cosmiques et de gagner l'auditeur à une nouvelle conscience du monde et de l'espace-temps. Les côtés un peu dogmatiques, inaccessibles au doute et messianiques de ce programme, tel que Xenakis lui-même le présente, seraient plutôt gênants si ce dernier n'était pas l'homme qu'il est : une personnalité dont l'indépendance, la responsabilité et l'esprit de suite — qualités que l'on retrouve dans la facture de sa musique — forcent le respect.

M. C.

XERXÈS. Opéra de G. F. Haendel. *V. Serse.*

XYLOPHONE. Instrument à percussion de la famille des claviers. Ses lames sonores de palissandre, disposées à plat sur deux rangs comme les touches d'un piano, vibrent sous le choc de baguettes de caoutchouc, de bois ou de matière plastique. D'une sonorité sèche et brève, le xylophone possède généralement une étendue de trois octaves à partir de l'*ut* du milieu de la portée (clé de *sol*). Il existe aussi un « xylorimba », aux lames plus larges et plus sonores, qui descend une octave plus bas.

M. T.

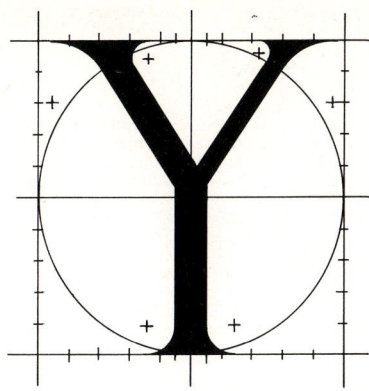

Yamada *(Kosaku),* compositeur, chef d'orchestre et pédagogue japonais *(Tōkyō 1886 - id. 1965).* Il étudia à Tōkyō (1904-1908) puis à Berlin (composition avec Max Bruch et Karl Leopold Wolf), où il termina en 1912 son premier opéra, *Ochitaru tennyo* (créé à Tōkyō en 1929). En 1915, il dirigea à Tōkyō le premier concert jamais donné par un orchestre japonais, et en 1918, dirigea à New York un concert de ses propres œuvres. Après un voyage en Europe (1922), il fonda en 1925 la Société philharmonique du Japon. En 1931, il écrivit pour le théâtre Pigalle à Paris son opéra *Ayame,* et revint dans la capitale française en 1937, dans le cadre d'une tournée européenne. Ses deux derniers opéras furent *Kurofune* (1939, créé à Tōkyō en 1940), et *Hsiang Fei* (1946-47, créé à Tōkyō en 1954). Ses pièces orchestrales sont fortement influencées par Wagner et Strauss, mais ses pages vocales, en particulier ses nombreuses mélodies, sont d'une touche plus légère, et d'un lyrisme typiquement japonais. Auteur d'environ 1 500 œuvres, il jeta les bases de la musique japonaise de tradition occidentale.

M. V.

Yepes *(Narciso),* guitariste espagnol *(Lorca 1927).* Il commença ses études de guitare à Lorca (Jesús Guevara), puis les poursuivit au conservatoire de Valence, où Vicente Asencio l'incite à élargir la technique de la guitare classique en utilisant tous les doigts de la main droite. Il débuta à Madrid en 1947 dans le *Concerto* d'Aranjuez* de Rodrigo, conduit par Argenta. Il fit ensuite des tournées en Europe (1948), en Amérique du Sud (1957), au Japon (1960) et aux États-Unis (1964). Depuis 1964, il joue d'un instrument dont il est l'inventeur et qui comporte quatre cordes supplémentaires de basse (accordées en *ut, si* bémol, *la* bémol et *sol* bémol) pour permettre un renforcement harmonique de toutes les sonorités, et un meilleur équilibre de la résonance. Docteur honoris causa de l'université de Murcie (1977) et membre de l'académie Alphonse-le-Sage (1977), il consacre une partie de son activité à l'enseignement et à la recherche d'un répertoire ancien. Plus de six mille œuvres retrouvées par lui sont en instance de publication. Un certain nombre de compositeurs contemporains (Ohana, Maderna) ont écrit pour lui. Il est l'auteur de la musique de deux films, *Jeux interdits* (1952) et *la Fille aux yeux d'or* (1961).

A. G.

Yougoslavie. Constitué en 1918, cet État n'a pris son nom actuel qu'en 1931 (dans l'intervalle, il s'est appelé « Royaume des Serbes, des Croates et des Slovènes »). Musicalement, on ne saurait donc dire qu'il y a eu une entité yougoslave avant le XXe siècle. Auparavant, les diverses régions qui la constituent ont eu une vie musicale plus ou moins autonome.

La musique traditionnelle. Dans cette région carrefour, les apports de l'Italie, de la musique byzantine, orientale, hongroise, etc., se sont mélangés pour donner un grand nombre de formes et de traditions. On y trouve le chant polyphonique à deux voix, parfois en secondes majeures parallèles, mais aussi à trois ou quatre voix, des musiques de danse sur des mètres impairs et asymétriques, un nombre étendu d'échelles de hauteur et un certain nombre d'instruments nationaux comme la *tanbura,* instrument à cordes pincées, le *gulse,* instrument monocorde à archet, la *frula,* qui est une flûte, le *zurla,* instrument à anche, etc. On regroupe sous le nom de *kolo* les danses traditionnelles en groupe de diverses régions.

La musique en Dalmatie. Sa musique d'église, de théâtre ou de fête a été influencée par l'Italie. Le plus célèbre compositeur dalmatien fut L. Sorkocevic, de Raguse, au XVIIIe siècle ; mais cette région, plus tard intégrée dans la Croatie, avait produit au XVIIe siècle des auteurs comme Julius Schiavetto, Domenico Giovanni et I. Lukacic.

La musique en Croatie. Les premières musiques écrites attestées de la Croatie du Nord sont des recueils de chants religieux (*Cithara octochorda,* 1701). Zagreb se développa au XIXe siècle comme centre culturel avec notamment, en 1827, la fondation par Padovec et Wisner-Morgenstern, d'une association musicale, la *Musikverein,* qui ouvrit un conservatoire ; avec aussi le courant « illyrique », mouvement patriotique qui compta parmi ses membres le compositeur d'hymnes Vatroslav Lisinski *(1819-1854).* On citera aussi I. Zajcn, Franjo Kuhac *(1834-1911),* Blagoje Bersa *(1873-1934),* Franjo Dugan *(1874-1948),* Josip Hatze *(1879-1959),* Fran Lhotka *(1883-1962),* père d'Ivo Lhotka-Kalinski (né en 1913).

La musique en Slovénie. On connaît en Slovénie un grand nombre de cantiques en langue populaire, tels que ceux de Primoz Trubar, au XVIe siècle. Au XVIIe siècle, Ljubljana fut un centre musical avec sa chapelle épiscopale et son séminaire de jésuites, puis avec ses représentations d'opéra publiques, à partir du XVIIIe siècle, et ses concerts (*Academia Philharmonicorum,* association fondée en 1701). La même ville accueillit au XIXe siècle de nouvelles associations, souvent nationalistes, comme le *Slovenischer Verein,* fondé en 1848, qui promut le sentiment patriotique par des concerts et des éditions de chants. L'opéra de Ljubljana, où œuvra Gustav Mahler en 1880, fut constitué à partir d'une société dramatique fondée en 1867. On peut citer encore parmi ces institutions le *Glazbena matica,* créé en 1872, qui contribua également à la défense du sentiment national, mais aussi à l'établissement d'une infrastructure d'enseignement musical.

Parmi les compositeurs slovènes, on peut citer, au XVIIe et au XVIIIe siècle, Janez Berthold von Höffer *(1667-1718),* Janez Jurij Hocevar-Gottscheer *(1657-1714),* Jakob Zupan *(1734-1810),* Janez Krstnik Novak *(1756-1833)* et Francesco Pollini *(1762-1846);* et, plus tard, plus ou moins associés au courant nationaliste, Jurij Fleisman *(1818-1874),* Kamilo Masek *(1831-1859),* Miroslav Vilhar *(1818-1871),* Fran Gerbic *(1840-1917),* Benjamen Ipavec *(1829-1908);* plus tard encore, Gojmir Krek *(1875-1942),* Emil Adamic *(1877-1936),* Anton Lajovic *(1878-1960).*

La musique en Serbie. On a conservé les traces d'une activité musicale à la cour des Nemanjicich, dynastie issue d'Étienne Nemanja, et dans les établissements religieux. Quand la Serbie devient autonome au début du XIXe siècle, on y voit se développer une intense activité de musique de chœurs et de scène, sur des thèmes romantiques et patriotiques, avec des compositions de Jovan Pacu *(1847-1902),* Mita Topalovic *(1849-1912),* Kornelije Stankovic *(1831-1865),* Isidor Bajic *(1878-1915),* puis Josif Marinkovic *(1851-1931)* et Stefan Mokranjac *(1856-1914),* un des grands musiciens nationaux ; puis ce fut l'« école de Belgrade », avec Petar Krstic, Vladimir Djordjevic, Bozidar Joksimovic et Stanislac Binicki, que suivirent Petar Konjovic *(1883-1970),* folkloriste et auteur d'opéras, Milojevic, Manojlovic, Hristic, etc.

La musique yougoslave à partir de 1918. La fondation du nouveau royaume fédéré fut l'occasion d'un développement culturel et notamment musical, avec la naissance d'institutions comme les académies de musique de Ljubljana (1926), de Zagreb (1921) et de Belgrade (1937), les philharmonies de Zagreb (1921) et de Belgrade (1923), les opéras de Belgrade (1920) et de Ljubljana (1918). De même, après la Seconde Guerre mondiale et la nouvelle définition politique et géographique du pays, naquirent des écoles de musique, des opéras et des orchestres philharmoniques à Sarajevo et à Skoplje.

Parmi les très nombreux compositeurs yougoslaves qui se sont révélés au XXe siècle, beaucoup se réclament d'une inspiration nationale, et parfois de l'idéal marxiste, tandis que d'autres se sont fait connaître comme compositeurs d'avant-garde. On citera Rudolf Matz *(1901),* Natko Devcic *(1914),* Milo Cipra *(1906),* Milenko Zivkovic *(1901-1964),* Matija Bravnicar *(1897),* Marij Kogoj *(1895-1956),* Pavel Sivic *(1908),* Predrag Milosevic *(1904),* Mihovil Logar *(1902),* Blaz Arnic *(1901),* Marjan Lipovsek *(1910),* Bozidar Kunc *(1903),* Milan Ristic *(1908),* Marjan Kozina *(1907),* Todor Skalovski *(1909);* et, dans une génération plus récente, Vasilije Monkranjac *(1923),* Konstantin Babic *(1927),* Vlastimir Pericic *(1927),* Toma Prosev *(1931),* Tomislav Zografski *(1934),* Rajko Maksimovic *(1935),* Uros Krek *(1922),* Dane Skerl *(1931)* Mavel Merku *(1927),* Ivo Petric *(1931),* Darjan Mozic *(1933),* Niksa Njiric *(1927),* Stanko Horvat *(1930),* Andjelko Klobucar *(1931),* Bogdan Gagic *(1931),* Zlatko Pibernik *(1926).*

Les pionniers de la musique électroacoustique en Yougoslavie sont Branimir Sakac *(1918),* Vladan Radovanovic *(1932),* qui a fondé avec Paul Pignon le studio de la radio de Belgrade, Miroslav Miletic, Zoran Hristic et Rudolf Bruci *(1917).* Mais les trois musiciens contemporains yougoslaves les plus célèbres en Europe sont certainement Milko Kelemen *(1924),* Ivo Malec *(1925),* qui s'est fixé en France, et Vinko Globokar *(1934),* qui a également travaillé à Paris, notamment à l'I.R.C.A.M. A Zagreb, Milko Kelemen a fondé la Biennale de musique contemporaine, qui a été un foyer de création et de diffusion important. M. C.

YOUMANS *(Vincent),* compositeur américain *(New York 1895-* id. *1938).* D'abord assistant de Victor Herbert *(1859-1924),* l'un des précurseurs de l'opérette américaine, il débuta à Broadway en 1923 avec *Wildflower.* Ce galop d'essai fut immédiatement suivi d'un coup de maître : *No no Nanette,* dont le triomphe en 1924 se répercuta dans le monde entier. Aucune de ses autres comédies musicales — *Night Out* (1925), *Hit the Deck* (1927), *Smiles* (1930), *Through the Years* (1932) — ne devait l'égaler en popularité. M. T.

YOUNG *(La Monte),* compositeur américain *(Bern, Idaho, 1935).* Après des études musicales à Los Angeles, à l'université de Berkeley et à New York (musique électronique avec Richard Maxfield), il commence à composer dans un style dodécaphonique dont il se détournera vite. Il travaille un moment avec Terry Riley pour la direction musicale de la troupe de danse d'Ann Halpern. En 1962, il fonde son propre atelier, *The Theatre of Eternal Music,* où il commence à réaliser ses projets de musique minimale à base de notes tenues sur des durées infinies. Avec le peintre et artiste cinétique Marian Zazeela, qu'il a épousée en 1963, il conçoit des spectacles de sons et de lumières se déroulant sur des heures ou des journées dans une « dream house » (maison du rêve). Il a l'occasion de fortifier ses conceptions en faveur d'une musique méditative en étudiant le style vocal Kirana auprès d'un musicien indien, le pandit Pran Nath, qu'il accompagne dans des tournées comme joueur de tampura.

Son projet se catalyse dans une œuvre globale et infinie, conçue en 1964, *The Tortoise, his Dreams and Journeys* (« la Tortue, ses rêves et ses voyages »), comprenant un grand nombre de sections durant chacune jusqu'à une semaine, utilisant des sons électroniques immobiles, des interventions vocales et instrumentales (cordes), et des effets lumineux — et devant se jouer, dans l'idéal, éternellement. Un grand nombre de ses pièces des années 70 s'inscrivent dans le cadre de ce projet global. Enfin, à la fin des années 70, il reprend une œuvre de 1964, fondée sur le principe d'un accord « juste », non tempéré, du piano, *The Well Tuned Piano* (« le Piano bien accordé »).

L'expérience de La Monte Young est basée sur l'idée d'un retour aux sources élémentaires des pouvoirs du son, et elle renoue, avec ses moyens propres, avec une conception ancienne de l'ethos, de l'effet des intervalles et des résonances sur le psychisme, à travers de longues étendues de temps. Mais il s'agit d'une musique dont la sensualité de timbre est sublimée, réduite à la nudité la plus grande, à la hauteur presque pure. La démarche de La Monte Young fut une des premières démarches minimales dans l'école new-yorkaise, et elle reste sans doute la plus radicale. M. C.

YOUNG *(Lester,* dit *« Prez »),* saxophoniste et clarinettiste de jazz américain *(Woodville, Missouri, 1909-New York 1959).* Fils de musicien, il apprit de bonne heure la batterie, qu'il abandonna pour le saxophone, et, tout en exerçant divers petits métiers, il fit ses débuts dans l'orchestre familial. A dix-huit ans, il se sépara de son père pour entrer dans des orchestres de réputation inégale, parmi lesquels figurent l'ensemble de King Oliver et les Blue Devils de Walter Page. En 1934, s'étant spécialisé au saxo ténor, il fut amené à remplacer Coleman Hawkins chez Fletcher Henderson. Ne pouvant se résoudre à imiter son illustre prédécesseur, comme on l'y incitait, il fut en butte à la critique, voire à la raillerie. Il préféra aller jouer à Kansas City dans l'obscur orchestre de Count Basie, qu'il suivit dans son ascension, à laquelle il contribua par la qualité et l'originalité de ses solos.

A l'automne 1936, il grave, avec Basie, ses premiers disques *(Shoe Shine Swing, Lady Be Good),* qui éveillent l'attention des jeunes musiciens. Puis c'est, presque sans transition, New York, le succès. De 1937 à 1940, Lester Young y enregistre de nombreux disques qui consacrent sa réputation, tant avec Basie *(Doggin' Around, Taxi War Dance)* qu'avec Teddy Wilson ou Billie Holiday, son égérie, à qui il doit son surnom de « Prez » (« le Président »). Au début de 1941, il forme son propre ensemble, avec le concours de son jeune frère Lee. Mobilisé en 1944, il supporte mal les contraintes militaires, qu'aggrave le préjugé racial. Après la guerre, alors que son influence déborde le cadre du saxophone ténor, où ses disciples sont innombrables, lui-même réalise quelques-uns de ses plus beaux enregistrements (la série Aladdin). Au cours des dernières années, alors que la motivation, chez lui, semble s'affaiblir, la maladie se profile, et le Lester Young qu'on entend, par exemple, dans les concerts du Jazz at the Philharmonic n'est pas toujours égal à sa légende.

La sonorité détimbrée de Lester Young, « père du *cool jazz* », son vibrato discret, souvent imperceptible, son jeu « propre », pudique, parfaitement équilibré, ont apporté au jazz une nuance de spiritualité qui s'oppose à la conception charnelle d'un Hawkins. Il sut imposer une vision nouvelle d'un instrument en une époque où chacun s'efforçait, à la suite de Hawkins, de souffler fort et de produire un son large, riche en harmoniques, et que surchargeait encore un vibrato haletant.

On peut dire du son de Young qu'il renouvelle, en l'épurant, le timbre du ténor. Et, comme pour tous les grands improvisateurs de jazz, la phrase, chez lui, prolonge le son. Légère, aérée, mobile, linéaire, elle s'écoule en une élégante fluidité, émaillée de gags quelquefois, donnant une impression d'extrême aisance qui renforce le vif sentiment de *swing* que provoque son accentuation délicate et précise. Rythmiquement, elle rejette le découpage du temps en longue-brève, en usage dans l'ancien jazz, pour adopter une construction en croches égales, où les valeurs plus longues, quand elles surviennent, s'intègrent sans causer le moindre déséquilibre. Formellement, elle tente de réduire la symétrie parfois un peu trop évidente des thèmes de jazz sur lesquels elle s'appuie. Mélodiquement, elle s'affranchit de la tyrannie de l'accord, ne veut plus être une projection des harmonies de base, mais une entité horizontale autonome ; d'où son caractère conjoint. Ces traits se retrouvent dans les rares solos de clarinette que Lester Young a enregistrés (*Blue and Sentimental*, avec Basie), et qui révèlent en lui l'un des maîtres de l'instrument.

Enfin, Lester Young, s'il n'est pas un grand auteur de thèmes (*Lester Leaps In*), entretient de subtils rapports avec les thèmes qu'il choisit d'interpréter. Adversaire des expositions littérales — c'est sans doute pourquoi il n'est jamais devenu un musicien « commercial » —, il va plus loin que la simple paraphrase. Dans ses grands moments, il efface les traits de la *ballad* la plus vulgaire (*These Foolish Things*) et la recompose à partir de sa trame harmonique, mais linéairement. Ainsi a-t-il élevé le jazz d'improvisation à la noblesse du commentaire. A. H.

YSAYE (*Eugène*), violoniste, chef d'orchestre et compositeur belge (*Liège 1858 - Bruxelles 1931*). Dès l'âge de quatre ans, il étudia le violon avec son père, et en 1865, entra au conservatoire de Liège. Il y obtint un deuxième prix en 1867, puis, après avoir quitté l'établissement durant deux ans, un premier prix en 1873 et une médaille d'argent en 1874. Il étudia ensuite au conservatoire de Bruxelles avec Wieniawski, puis à Paris pendant trois ans avec Vieuxtemps. En 1879, il devint premier violon de l'orchestre Bisle à Berlin, puis fit des tournées avant de s'installer à Paris (1883-1886).

Il fut ensuite pendant douze ans professeur de violon au conservatoire de Bruxelles, où il fonda les Concerts Ysaye, destinés à promouvoir le répertoire belge et français contemporain. Il fit ses débuts à Londres en 1889, et en 1894, effectua la première de ses huit tournées aux États-Unis. Son agilité ayant diminué, il se tourna aussi vers la direction d'orchestre, et de 1918 à 1922 fut à la tête de l'Orchestre symphonique de Cincinnati. En 1922, il retourna à Bruxelles et y rétablit les Concerts Ysaye. Il mourut peu après la première de son opéra *Piére li houïeu*, sur un texte en wallon dont il était l'auteur (Liège, 1931).

Il transmit au XXe siècle la tradition de Vieuxtemps et de Wieniawski, en particulier leur intense vibrato, et développa une sonorité unique dont Kreisler devait se faire l'émule. Pionnier de l'école moderne de violon, il était révéré comme un maître par des artistes tels que Jacques Thibaud, George Enesco ou Joseph Szigeti. Au cours de son séjour à Paris, il se lia avec de nombreux compositeurs de l'époque : il reçut en dédicace, outre la *Sonate* de Guillaume Lekeu, celle de César Franck, le *Poème* et le *Concert* de Chausson, ainsi que le *Quatuor*, les *Nocturnes* et *Pelléas et Mélisande* de Debussy. Du concours international Eugène-Ysaye, fondé en 1937 et devenu plus tard volet du concours Reine-Élisabeth, le premier lauréat fut David Oïstrakh. Comme compositeur, il écrivit notamment un *Poème élégiaque* pour violon et orchestre op. 12 (v. 1895), dont Chausson s'inspira pour son *Poème*, et six sonates pour violon seul op. 27 (1924). M. V.

YUN (*Isang*), compositeur coréen (*Tongyong 1917*). Il étudia les techniques européennes de composition en Corée et au Japon de 1939 à 1943, et enseigna dans sa ville natale à partir de 1946, puis de 1954 à 1956 à Séoul. Il compléta sa formation à Paris et surtout à Berlin (1956-1959), notamment avec Boris Blacher et Josef Rufer. Installé à Berlin à partir de 1964, il y fut enlevé en 1968 par les services secrets de son pays, sous l'accusation d'espionnage, et incarcéré à Séoul. Deux fois condamné à mort, il fut libéré en 1969, et regagna Berlin. Il a enseigné à l'École supérieure de musique de Hanovre en 1969-70, et a obtenu une classe de composition à l'École supérieure de musique et des arts figuratifs de Berlin en 1970. Depuis 1973, il est professeur à l'Académie des arts de Berlin.

Personnalité dominante de la vie musicale contemporaine, il a poursuivi une synthèse des traditions musicales de l'Orient (plus précisément de la Corée) et de l'Occident, s'efforçant notamment de traduire en termes de technique occidentale avancée les pratiques d'exécution et la poétique asiatiques. Il ne reconnaît plus ses œuvres antérieures à son arrivée en Europe.

On lui doit notamment *Musique pour sept instruments* (1959), un *3e Quatuor à cordes* (1959), *Scène symphonique* pour orchestre (1960), *Loyang* pour orchestre de chambre (1962), *Garak* pour flûte et piano (1963), *Fluktuationen* (1964) et *Reak* (1966) pour orchestre, *Tuyaux sonores* pour orgue (1967), *Glissées** pour violoncelle (1970), *Konzertante Figuren* pour orchestre de chambre (1972), *Harmonia* pour vents, harpe (ou piano) et percussion (1974), un *Concerto pour violoncelle* (1976), un *Concerto pour flûte et orchestre de chambre* (1977), un *Double Concerto pour hautbois, harpe et orchestre de chambre* (1977), *Namo* pour trois sopranos et orchestre (1978), un *Concerto pour clarinette* (1981) et un *pour violon* (1982), et les opéras *Der Traum des Liu-Tung* (1965 ; Nuremberg, 1969), *Die Witwe des Schmetterlings* (1968 ; Nuremberg, 1969), *Geisterliebe* (1969-70 ; Kiel, 1971) et *Sim Tjong* (1971-72 ; Munich, 1972). M. V.

YVAIN (*Maurice*), compositeur français (*Paris 1891-Suresnes 1965*). Fils d'un trompettiste de l'Opéra, il étudia le piano avec Diémer et la composition avec Leroux au Conservatoire de Paris. Il fut pianiste au cabaret des Quat'z'Arts, puis à Monte-Carlo. Ses premières chansons furent bientôt rendues célèbres par Maurice Chevalier et par Mistinguett : *Mon homme, J'ai fait ça en douce, Billet doux*, etc. En 1922, il composa sa première opérette, *Ta bouche*, qui fut suivie d'une vingtaine d'autres, parmi lesquelles *la Dame en décolleté* (1923), *Gosse de riches* (1924), *Pas sur la bouche* (1925), *Au soleil du Mexique* (1935), *le Corsaire noir* (1958). Son ballet *Blanche-Neige* a été créé à l'Opéra de Paris en 1951. A. L. et S. W.

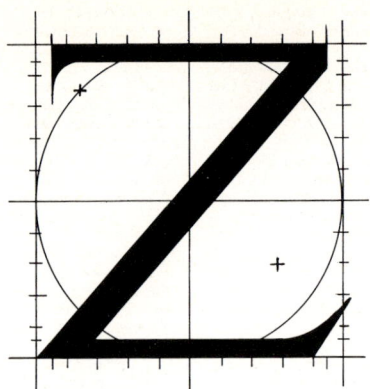

ZABALETA (*Nicanor*), harpiste espagnol (*Saint-Sébastien 1907*). Il fit ses études en Espagne, puis à Paris (Marcel Tournier, Samuel-Rousseau et Eugène Cools). D'abord harpiste de l'Orchestre symphonique de Madrid, il partit pour les États-Unis (1933) comme soliste et y mena pendant vingt ans une brillante carrière de virtuose et de concertiste qui incita beaucoup de compositeurs à écrire pour la harpe : Milhaud, Villa-Lobos, Tailleferre, Damase, Bacarisse, Krenek, Rodrigo. Il a en outre recherché les œuvres anciennes originales pour harpe, et a édité celles des compositeurs espagnols et portugais du XVIe au XIXe siècle, ainsi que certaines autres d'auteurs divers comme Bach et ses fils, Beethoven, Boieldieu, Hummel, Viotti. Il est l'un des artisans de l'adaptation de la harpe au répertoire contemporain, notamment par l'adjonction d'une grande pédale qui permet, en étouffant la résonance des ondes métalliques, un jeu plus net et plus clair. A. G.

ZACH (*Jan*), compositeur et organiste tchèque (*Celakovice 1699 - Ellwangen 1773*). Après avoir été organiste et violoniste de différentes paroisses de Prague, il ne put obtenir en 1737 le poste d'organiste de la cathédrale Saint-Guy, et décida de s'expatrier. Il parcourut l'Europe jusqu'en 1745, date à laquelle il succéda à son compatriote Jan Ondraček comme maître de chapelle du prince-Électeur de Mayence. D'une humeur irascible, il fut suspendu en 1750 et congédié en 1756. Il recommença alors à voyager, séjournant notamment au monastère de Stams (Tyrol) et au collège des jésuites de Munich, ainsi que peut-être en Alsace. Auteur de musique instrumentale (sinfonias et partitas, pièces d'orgue) et sacrée (29 messes, pièces diverses, *Requiem* en *ut* mineur), il joua un rôle important dans le passage du baroque au préclassicisme. Un catalogue thématique de ses œuvres a été dressé par K. M. Komma (Cassel, 1938 ; suppl. par A. Gottron et W. Senn, Mayence, 1955), un autre est en préparation par W. Senn. P.-E. B.

ZACHER (*Gerd*), organiste allemand (*Meppen, près d'Ems, 1929*). De 1949 à 1952, il étudia à l'académie de Detmold avec Kurt Thomas et Gunther Bialas, et en 1952 et 1953 aux cours d'été de Darmstadt, où il subit l'influence d'Olivier Messiaen. Puis en 1954, il fut enfin à Hambourg l'élève de Theodor Kaufmann, lui-même disciple de Busoni. Après avoir exercé de 1954 à 1957 les fonctions de cantor et d'organiste à l'église allemande évangélique de Santiago du Chili, il fut nommé en 1957 titulaire de l'orgue de la Luther-Kirche de Hambourg-Wellingbüttel, puis en 1968 directeur de la musique d'église à Lübeck. Très marqué par sa formation et par un répertoire largement ouvert à la musique contemporaine, il interprète de façon originale la musique classique. De nombreux musiciens d'avant-garde, parmi lesquels Juan Allende-Blin, John Cage, Mauricio Kagel, Ligeti, Isang Yun, ont écrit pour lui des œuvres d'orgue qu'il a données en première audition.

Il fait usage des clusters ainsi que des variations de pression obtenues par ouverture progressive des registres. Il a créé en 1967, à Hambourg, *Etude I* de Ligeti et la *Fantaisie pour orgue* de Kagel, œuvres composées pour le dixième anniversaire de sa prise de fonction à la Luther-Kirche. Comme compositeur, il a surtout écrit pour l'église. J.-F. L.

ZACHOW (*Friedrich Wilhelm*), compositeur et organiste allemand (*Leipzig 1663 - Halle 1712*). Formé à la musique par son père Heinrich, « musicien de ville » à Leipzig, il fut nommé en 1684 titulaire de l'orgue de l'église Sainte-Marie de Halle (Liebfrauenkirche), poste qu'il devait occuper pendant toute sa carrière. Musicien consciencieux, formé aux disciplines fondamentales que l'on était en droit d'attendre de l'organiste de la première église de Halle, Zachow est surtout connu pour avoir été, de 1694 à 1702, le maître de Georg Friedrich Haendel. Une culture musicale fort étendue, une connaissance des développements de la musique italienne aussi bien qu'allemande ont contribué à l'ouverture d'esprit de son célèbre élève.

Sa production propre est loin d'être négligeable. Elle comporte des pièces d'orgue et une trentaine de cantates (plus de quarante ont disparu) montrant à quel point était enracinée dès la fin du XVIIe siècle une tradition que Bach devait porter à sa perfection. Les compositions de Zachow ont été éditées par Max Seiffert dès 1905. Pour les éléments de biographie, nous dépendons principalement de la littérature consacrée à Haendel et aux légendes controuvées qui s'y sont greffées. J.-F. L.

ZADOCK THE PRIEST. Anthem composé par G. F. Haendel pour le couronnement du roi George II et de la reine Caroline d'Angleterre et créé à l'abbaye de Westminster le 11 octobre 1727 avec trois autres anthems (l'ensemble étant regroupé sous le titre de *Coronation Anthems*) dans l'ordre suivant : 1. *The King shall rejoice* ; 2. *Zadock* ; 3. *Let thy hand be strengthened* ; 4. *My heart is inditing* (Manuscrit autographe au British Museum).

Ces quatre *Coronation Anthems* s'appuient sur des psaumes tirés de la Bible ou de la fameuse *Prayer Book Version of the Psalms* parue à Londres à la fin du XVIIe siècle et dont Haendel était familier.

Le premier anthem (*The King shall rejoice*, Ps. 21), à six voix, se compose de cinq grands volets dont deux dominés par une ample double fugue finale et que termine un puissant alléluia jubilatoire. *Zadock the Priest* (tiré du 1er Livre des Rois), le plus court des quatre, développe dans une savante structure à sept voix de longues séries d'accords harmonisés — qui battent au rythme du cœur et scandent avec l'appui des trompettes la formule « God save the King » avec un effet aussi sûr que grandiose. *Let my hand* (Ps. 89), à cinq voix seulement, revient d'un style plus réservé, l'absence de trompettes (de tambours également) permettant à Haendel de délaisser un instant la tonalité de *ré* au profit d'un imposant *sol* majeur (avec larghetto central en *mi* mineur, implorant mais aussi confiant en la clémence divine).

My heart is inditing (Ps. 45), le plus développé et le plus savamment construit, offre des entrées de solistes peu à peu renforcés par tout l'effectif orchestral. Son second mouvement, fugué (*King's Daughters*), est un andante lyrique en *mi* qui prépare au brusque retour de la tonalité principale de *ré* : trompettes et percussions réapparaissent également, laissant l'auditeur sur une impression de royale grandeur.

En dehors de leur beauté intrinsèque et de leur sûreté d'écriture, les *Coronation Anthems* sont importants pour au moins trois raisons : d'abord, ils montrent Haendel très à l'aise dans le traitement de la langue anglaise ; ensuite, ils s'inscrivent sur une trajectoire qui débouchera directement sur les grands oratorios (leur succès auprès du public amènera Haendel à les réutiliser, au moins en partie, dans *Esther*, *Deborah*, l'*Occasional Oratorio* ainsi que pour la reprise d'*Athalie*) ; enfin, ils font appel à une phalange exceptionnellement nombreuse pour l'époque, quarante-sept choristes étant venus renforcer les trente-six chanteurs habituels de la « Chapel Royal », l'ensemble étant soutenu par un orchestre déjà « ninivite, babylonien » de cent soixante instrumentistes. J. G.

ZAIDE. Singspiel inachevé en 2 actes K. 344 (336b) de Mozart, composé à Salzbourg fin 1779 et/ou début 1780 pour la troupe théâtrale de Johann Böhm sur un livret de Johann Andreas Schachtner d'après un original intitulé *le Sérail*. Le manuscrit de Mozart fut retrouvé par sa veuve en 1799. Elle le vendit à l'éditeur André, qui le publia en 1838 sous le titre de *Zaide*.

ACTE PREMIER. *Chez le sultan Soliman* (t) *sont retenus prisonniers l'esclave chrétien Gomatz* (t) *et l'esclave chrétienne Zaide* (s). *Ces derniers, aidés du renégat Allazim* (bar), *au service du sultan, font des projets d'évasion.*

ACTE II. *Soliman, ayant appris la fuite de sa favorite Zaide, s'emporte contre le sexe féminin. Osmin* (bar), *marchand d'esclaves, vient annoncer que les trois fugitifs ont été repris. Soliman décide de les faire mourir. Zaide, Gomatz et Allazim sont amenés pieds et poings liés. Zaide tente d'attendrir le sultan, et proclame son amour pour Gomatz. Soliman fait grâce au seul Allazim, qui jadis lui a sauvé la vie. Allazim demande grâce, mais en vain, pour Zaide et Gomatz.*

La partition de Mozart s'arrête là. Mais un coup de théâtre vient révéler que Zaide et Gomatz ne sont autres que la fille et le fils d'Allazim. Soliman alors les grâcie tous les trois, pour qu'on sache que « l'on trouve des âmes vertueuses non seulement en Europe mais aussi en Asie ». Il ne restait à Mozart qu'à composer un chœur final pour célébrer la générosité du sultan.

Le sujet (turquerie à la mode, mais aussi générosité du sultan) et la musique annoncent beaucoup *l'Enlèvement au sérail*. D'ailleurs, Mozart tenait beaucoup à *Zaide*, qu'il n'interrompit sans doute qu'à cause de la commande d'*Idoménée*, et que dans les premiers temps de son installation à Vienne, il espéra mener à bien et faire représenter. *Zaide* relève indiscutablement de la maturité mozartienne : son message est celui des « lumières », et les personnages y sont admirablement caractérisés. A noter l'usage fait par Mozart de la forme du mélodrame* (mélodrames de Gomatz au début du premier acte et du sultan au début du second). M. V.

ZAMPA OU LA FIANCÉE DE MARBRE. Opéra-comique en 3 actes de Ferdinand Hérold sur un livret de Mélesville, créé à l'Opéra-Comique (salle Ventadour) le 3 mai 1821.

Un jeune seigneur sicilien, Alphonse de Monteza, va épouser Camille Lugano quand le redoutable corsaire Zampa, condamné à mort par contumace pour ses nombreux méfaits, vient troubler la noce. Il fait enlever Alphonse et prétend se substituer à lui, puis il avise dans la salle du château la statue de marbre d'Alice Manfredi, qu'il a jadis séduite et abandonnée et qui en est morte de chagrin. Par défi, il passe son bague au doigt de la statue en déclarant qu'il en fait sa femme pour la nuit, mais le marbre s'anime et garde l'anneau. Zampa ne renonce pas pour autant à ses projets, d'autant plus que le vice-roi a décidé de passer l'éponge sur ses crimes et de lui rendre son titre de comte de Monteza. Il est le frère d'Alphonse, beaucoup plus jeune et qui ne l'a jamais connu. Il conduit jusqu'au pied de l'autel Camille résignée. La statue d'Alice n'attendait que ce moment pour prendre possession de son fiancé et l'entraîner dans les flots où tous deux coulent aussitôt.

Ce scénario ressemble fort à celui du *Don Juan* de Mozart, y compris le personnage d'Alphonse dont le rôle est aussi ingrat que celui d'Ottavio. Il n'en est pas moins riche en situations dramatiques efficaces et en rebondissements spectaculaires qui, la qualité de la musique aidant, ont assuré à *Zampa* une durable popularité (689 représentations à l'Opéra-Comique jusqu'en 1913). M. T.

ZANDONAI (Riccardo), compositeur italien (*Sacco di Rovereto 1883 - Pesaro 1944*). Élève de Mascagni au Lycée musical de Pesaro (dont il sera le directeur en 1940), il adhéra aux buts esthétiques de la jeune école lyrique italienne, mais sut ajouter à son idéal d'efficacité et de sensibilité parfois morbide un langage harmonique nouveau et un sens de l'orchestration hérité de Debussy et de Ravel. Encouragé par Boito et par l'éditeur Ricordi, Zandonai connut le succès avec *le Grillon du foyer*, d'après Dickens (1908), et surtout *Conchita* d'après Pierre Louÿs (1911). C'est néanmoins grâce à D'Annunzio qu'il réussit son chef-d'œuvre, *Francesca da Rimini* (1914), y dressant des portraits d'une sensibilité frémissante, d'une étonnante vérité et d'une force dramatique nouvelle, sans aucune concession à la facilité, mêlant un langage vocal tour à tour violent et tendre à une orchestration raffinée.

Enfermé dans la gloire de ce chef-d'œuvre, il ne se renouvela qu'imparfaitement dans les huit opéras suivants, parmi lesquels *Giulietta e Romeo* (1922) et surtout *I Cavalieri di Ekebu* (1925), où le fantastique de la saga lui fournit l'occasion de renouveler son inspiration. On lui doit encore des œuvres concertantes avec orchestre, de la musique de chambre, des partitions de films, des ballets, un *Requiem* et un *Te Deum*. R. M.

ZARLINO (Gioseffo), théoricien et compositeur italien (*Chioggia 1517 - Venise 1590*). Prêtre, organiste de la cathédrale de sa ville natale, il s'installa à Venise en 1541 et y devint élève de Willaert. De 1565 à sa mort, il fut maître de chapelle à San Marco. Ses compositions sont d'un intérêt secondaire, mais il a joué un rôle de tout premier plan dans l'évolution de la théorie musicale, et notamment dans celle du contrepoint, dont (en prenant pour modèle les œuvres de Willaert, témoignant ainsi de son souci d'allier spéculation et pratique) il fut au XVIe siècle le plus grand représentant. De ses traités, le plus important est les *Istitutioni harmoniche* (Venise, 1558 [réimpr. 1965] ; rév. 1562, 1573 [réimpr. 1966], 1593). Fondant sur les bases harmoniques sa théorie du contrepoint, il fut le premier à dégager les principes du système diatonique tonal et des proportions arithmétiques.

Ses règles de contrepoint furent diffusées notamment par son élève Artusi et largement reprises par la suite, mais leurs fondements théoriques et mathématiques furent réfutés non sans raisons, en particulier par son élève Vincenzo Galilei (*Dialogo della musica antiqua e della moderna*, Florence, 1581 ; *Dis-*

corso intorno all'opere di messer G. Zarlino, Venise, 1589). A ces critiques, Zarlino répondit, sans parvenir à les réfuter, dans ses *Sopplimenti musicali* (Venise, 1588 ; réimpr. 1966). M. T. et M. V.

ZAR UND ZIMMERMANN (all. ; « Tsar et Charpentier »). Opéra-comique en 3 actes d'Albert Lortzing sur un livret de l'auteur, d'après une pièce française de J. T. Merle). Créé à Leipzig le 22 décembre 1837.

ACTE PREMIER. *En 1698, le chantier naval hollandais de Saardam compte un excellent ouvrier charpentier venu d'ailleurs* (bar) *qui se fait appeler Pierre Mikhaïlov et n'est autre que le tsar de toutes les Russies, Pierre I*er*, désireux d'apprendre* « *sur le tas* » *toutes les techniques occidentales. Son meilleur ami est un certain Pierre Ivanov* (t)*, déserteur de l'armée russe et épris de Marie* (s)*, nièce du bourgmestre de Saardam, Van Bett* (b)*. Les ambassadeurs étrangers, qui ont eu vent de la présence incognito du tsar, pressent Van Bett de l'identifier. Manquant de sagacité, il fait partager à lord Syndham, ambassadeur d'Angleterre, sa conviction que le tsar ne peut être que Pierre Ivanov. Et celui-ci, courtisé comme un vrai souverain, se voit offrir la main de Marie. Seul le marquis de Châteauneuf* (t)*, ambassadeur de France, n'est pas dupe et traite avec l'autre Pierre.*

ACTE II. *Une grande fête réunit tous les personnages, y compris l'amiral Lefort* (b)*, ambassadeur de Russie, qui se range avec son collègue français du côté du vrai tsar tandis que Van Bett et le diplomate anglais soutiennent son prétendu rival. Dépassé par les événements, le bourgmestre finit par ordonner l'arrestation des deux Russes, mais Pierre Mikhaïlov tire l'épée...*

ACTE III. *Toujours persuadé qu'Ivanov est le tsar, Van Bett célèbre sa gloire à la tête d'une chorale, jusqu'à ce qu'un coup de canon annonce le départ de Pierre le Grand, qui regagne la Russie après avoir pris congé de ses amis et grâcié son ami Ivanov.*

Cet ouvrage, toujours populaire en Allemagne, n'en a pratiquement jamais franchi les frontières, exception faite de quelques représentations en Angleterre et en version anglaise. On peut se demander pourquoi. Le livret est ingénieux (et d'ailleurs basé sur un fait historique), la musique agréable et bien faite. Et peu de rôles de basse bouffe sont aussi brillants que celui de Van Bett. M. T.

ZARZUELA. Forme particulière à l'Espagne de théâtre populaire accompagné de musique et de chant. Aux xvie et xviie siècles déjà, bien des pièces de Lope de Vega puis de Calderón (jouées au palais de la Zarzuela, près de Madrid, d'où le nom laissé au genre) s'inspirèrent d'événements de l'actualité et furent entrecoupées de chansons et de ballets. Longtemps subalterne, voire oubliée, cette tradition prit soudain un essor foudroyant aux alentours de 1860. La zarzuela s'apparente alors au théâtre satirique, voire chansonnier, et va chercher sa musique dans les fredons populaires qui courent les rues et qu'elle prolonge, enrobe, enrichit.

C'est par cette dépendance étroite de l'actualité mondaine, politique, voire artistique, et par son peu de scrupules à réutiliser des motifs connus de tous (plaza de toros, folklore urbain de toute provenance, de la danse faubourienne à la chanson et au *cante jondo*) que la zarzuela se distingue radicalement de l'« opérette » telle qu'elle est conçue dans le reste de l'Europe : par sa perméabilité même, la zarzuela se veut locale, anecdotique, mais d'autant plus proche du quotidien spécifiquement espagnol. Portée par une musique caractéristique, elle se rapproche ainsi de la grande tradition ibérique du roman picaresque.

Sa qualité même est garantie par ses auteurs les plus connus, tous musiciens de premier ordre et fort estimés dans les domaines les plus divers : Jerónimo Gimenez était un homme politique ; Amadeo Vives fut à la fois un fervent wagnérien et un folkloriste passionné ; Tomas Bretón, chef d'orchestre et professeur renommé, fut notamment le maître de Pablo Casals ; Ruperto Chapi, ancien chef d'une harmonie militaire, travailla à Rome sur les anciens polyphonistes espagnols et contribua à la résurrection de Victoria ; Francesco Barbieri, enfin, un homme de science doublé d'un chanteur, était lui aussi passionné découvreur des musiques des xve et xvie siècles, fervent wagnérien et même traducteur d'Ésope en vers castillans.

Parodiant volontiers les grands compositeurs du siècle (notamment Wagner et Verdi), mêlant le burlesque et le sentimental, la zarzuela apparaît ainsi comme une forme d'expression à mi-chemin entre le théâtre et la musique, abordant aussi bien les « problèmes de l'heure » (racisme, suffrage universel, liberté des femmes) que les contes traditionnels, voire des canevas empruntés au théâtre classique. Sa vitalité musicale se nourrit d'une extraordinaire accumulation de clichés ibériques, qui, de cette juxtaposition, tirent un caractère auto-parodique.

Or, traditionnellement, la parodie de l'Espagne par les Espagnols (Cervantès, Quevedo, Moratín, etc.) est toujours riche de prolongations et de finesses, les mêmes tournures, depuis Don Quichotte au moins, pouvant servir à peindre les profondeurs de l'âme ou à les tourner en ridicule. C'est dans cet esprit que les plus grands, Albéniz, Granados et même l'austère Manuel de Falla, se risquèrent à la zarzuela.

Après le tournant du xxe siècle, abordé par des artistes ne parvenant plus à renouer avec l'ironie désinvolte de leurs prédécesseurs, la zarzuela va péricliter, de même qu'actuellement trop de chefs et de chanteurs espagnols abordent ce répertoire virulent dans un esprit beaucoup trop solennel pour lui restituer son cachet. Paradoxalement, l'esprit de la zarzuela s'est perpétué dans la comédie musicale américaine, elle aussi soucieuse d'efficacité, d'actualité, de vigueur et de sentimentalité populaire, elle aussi réutilisant volontiers les airs accueillis par le folklore citadin, elle aussi sans équivalent dans le panthéon musical.

M. Mt.

ZBAR (Michel), compositeur français *(Clermont-Ferrand 1942)*. Il a fait ses études au Conservatoire de Paris, notamment avec Pierre Sancan (piano), Olivier Messiaen (premier prix d'analyse, 1966) et Tony Aubin (premier prix de composition, 1967). Il a fait un stage au Groupe de recherches musicales en 1965, et été pensionnaire à la villa Médicis à Rome (1973-74). Il a également poursuivi des études d'acoustique musicale à la faculté des sciences de Paris, et exercé des activités d'animation musicale en milieu scolaire.

On lui doit notamment *Tropismes* pour violon et grand orchestre (1970), *Incandescences* pour soprano, récitant et orchestre (1970), *Swingle Novae* pour huit voix mixtes, récitant, jazzmen et petit orchestre (1970), *Jeu 1 à 5* pour divers ensembles instrumentaux (1971-72), *Apex* pour ensemble de cordes (1971), *Apex 2* pour douze cordes (1972), *Contact II* pour ensemble de cuivres (1974), *le Voyage* pour huit voix mixtes en ensemble instrumental (1974), *la Lumière sortant par soi-même des ténèbres* pour trois chœurs, trois percussions et bande magnétique (1976), *Rituel* pour chœur d'amateurs (1977) et *Ricercare* pour trois percussions (1978). M. V.

ZEITMASSE. Œuvre pour cinq instruments à vent (hautbois, flûte, cor anglais, clarinette, basson) composée par Karlheinz Stockhausen en 1955-56 et créée à Paris le 15 décembre 1956 par des solistes du Domaine musical (Claude Maisonneuve, hautbois ; Jacques Castagner, flûte ; Paul Taillefer, cor anglais ; Guy Deplus, clarinette ; André Rabot, basson), placés sous la direction de Pierre Boulez. D'une durée d'environ quatorze minutes, les *Zeitmasse* (« Mesures du temps ») sont une des étapes capitales dans la première période créatrice du compositeur. Leur influence sur l'orientation de la musique d'avant-garde des années 50 fut décisive.

Stockhausen résout le problème de l'indépendance de tempos d'un groupe d'exécutants vis-à-vis du chef qui les dirige. La rigueur architecturale et les exigences du sérialisme intégral qui régit les hauteurs, les intensités, les rythmes sont adoucies par des éclatements de notes plus ou moins homogènes et surtout par des *stimuli* adaptés aux capacités vivantes des interprètes. Chacun des instruments à vent oscille entre un tempo fixe, commun aux autres interprètes, et des tempos individuels et particuliers, qui évoluent de l'accélération extrême au ralentissement extrême.

L'originalité principale des *Zeitmasse* est la richesse polyphonique, accentuée par la superposition constante, le croisement de ces pulsations particulières. Au rêve d'une organisation sonore totale répondent certaines modifications qualitatives et quantitatives qui allaient amener à l'écriture aléatoire du *Klavierstück XI.*

Stockhausen utilise dans *Zeitmasse* la découverte d'un véritable *continuum* son/temps, où le microrythme entre en relation avec la hauteur des sons, et le macro-rythme avec leur durée. Par analogie avec la physique moderne, la relation d'*incertitude* est réintroduite en tant que qualité formelle. A côté de parties se déroulant à un tempo unitaire, métronomiquement déterminé, on aura ainsi d'autres passages où les qualités de jeu des interprètes, les propriétés spécifiques des instruments à vent détermineront l'articulation et le tempo. Dès que se présentent des superpositions complexes de séries, les différentes phases ne peuvent plus être perçues que de façon statistique, en tant que densités variables. « Mesures du temps » *(Zeitmasse)* signifient alors ordres définis de durées des sons, des tempos et des densités sonores, et plus généralement ordonnance temporelle d'impulsions.

D'une organisation rythmique extraordinairement souple et d'une structure formelle à la fois dense et multidimensionnelle, les *Zeitmasse* sont longtemps apparues comme l'« œuvre-étiquette » de Karlheinz Stockhausen et ont joué dans l'évolution de son style et de ses caractéristiques compositionnelles un peu le même rôle que *le Marteau sans maître* dans la production d'un Pierre Boulez.   P. S.

ZELENKA *(Jan Dismas)*, compositeur tchèque *(Lounoviče, Bohême, 1679 - Dresde 1745)*. Il étudia probablement au collège des jésuites à Prague, et en 1709-1710, fut dans cette ville au service du comte Hartig. En 1710, il devint contrebassiste dans l'orchestre royal de Dresde. Envoyé en Italie avec d'autres musiciens (1715), il s'arrêta à Vienne pour y étudier avec Johann Joseph Fux, et à Venise, travailla avec Lotti. Sur le chemin du retour, il s'arrêta de nouveau à Vienne (1717-1719), puis regagna Dresde pour y rester jusqu'à sa mort, exception faite d'un séjour à Prague lors du couronnement de Charles VI comme roi de Bohême : fut alors donné son « Melodrama de Sancto Wenceslao » *Sub olea pacis et palma virtutis conspicua Orbi regia Bohemia corona*. A Dresde, il assuma peu à peu les charges du maître de chapelle David Heinichen.

A la mort de ce dernier (1729), il brigua sa succession, mais se vit finalement préférer Johann Adolf Hasse, tenant du goût italien, et passa ses dernières années dans un relatif isolement.

Admiré par Bach et par Telemann, il témoigne dans ses œuvres d'une grande maîtrise contrapuntique, ce qui ne l'empêcha pas de se livrer en même temps à d'audacieuses recherches harmoniques. Rythme, contrepoint et harmonie retiennent chez lui également l'intérêt, et il attacha aussi une importance particulière aux indications d'intensité. Il fut longtemps considéré essentiellement comme un compositeur de musique religieuse, mais depuis un quart de siècle environ, on reconnaît également la grande valeur de sa production instrumentale. Cette dernière comprend notamment six sonates pour deux hautbois, basson et basse continue, et neuf œuvres avec orchestre : cinq *Capriccios*, *Concerto a 8*, *Hipocondrie a 7* (1723), *Sinfonia a 8* (1723), *Ouverture en « fa »*. Dans le domaine religieux, on lui doit entre autres trois oratorios *(II Serpente di bronzo*, 1730 ; *Gesù al Calvario*, 1735 ; *I Penitenti al sepolcro del Redentore*, 1736), des messes, un *Magnificat* en ré (1725), un *Requiem* (1730), des motets, trois cantates pour le collège des jésuites de Prague (1709, 1712, 1716), et les *Six Lamentations pour les veillées de la semaine sainte* (*Lamentations de Jérémie*, 1722).
                                   P.-E. B. et M. V.

ZELTER *(Carl Friedrich)*, compositeur, chef d'orchestre et pédagogue allemand *(Berlin 1758 - id. 1832)*. Fils d'un maçon, il se fit connaître assez jeune, en particulier par un *Concerto pour alto* en *mi* bémol daté de 1779. En 1786, sa *Cantate sur la mort de Frédéric II* fut jouée dans l'église de la Garnison à Berlin. Entré en 1791 dans le Singverein (Société de chant) — ultérieurement Singakademie (Académie de chant) — de son ancien maître Carl Fasch, il en assuma la direction à la mort de ce dernier (1800), et conserva ce poste pendant près de trente ans, contribuant ainsi à fonder une tradition d'interprétation de la musique ancienne. Il devint membre de l'Académie des beaux-arts de Prusse en 1806, et professeur de musique à l'université de Berlin lors de la fondation de cet établissement (1809).

De 1803 à 1813, Zelter publia une série de sept mémoires sur la « réorganisation de la vie musicale de l'Etat et de la Ville, de l'Eglise et de l'École », fondant en fait l'enseignement musical tel qu'il devait se développer dans la Prusse du xixe siècle. En 1807, il fonda la *Ripienschule*, groupe instrumental destiné à accompagner la Singakademie et dont finalement devait naître en 1882 la Philharmonie de Berlin, et en 1809 le *Liedertafel*, prototype des sociétés chorales masculines allemandes du xixe siècle. Il fut à l'origine des premières exécutions berlinoises de *la Création* (un de ses articles les plus célèbres est celui qu'il consacra à cette œuvre dans l'*Allgemeine Musikalische Zeitung* en 1802) et des *Saisons* de Haydn, et participa encore en 1822 à la fondation de l'Institut royal de musique sacrée et en 1829 à celle du département de la Musique de la Bibliothèque royale.

Zelter exerça sur la vie musicale berlinoise une influence durable et profonde. Il compta parmi ses élèves Mendelssohn, Nicolai, Carl Loewe et Meyerbeer et, pendant de nombreuses années, échangea avec Goethe une correspondance d'un très grand intérêt le faisant apparaître, en matière de musique, comme une sorte de conseiller de l'auteur de *Faust*. Comme compositeur, on lui doit notamment environ deux cents lieder (les premiers parurent en 1796), des cantates, de la musique sacrée et de nombreux chœurs pour voix d'hommes.   M. V.

ZEMLINSKI *(Alexander von)*, compositeur et chef d'orchestre autrichien d'origine polonaise *(Vienne 1871 - Larchmont, New York, 1942)*. Il étudia au conservatoire de Vienne (1884-1890) avec Anton Door (piano), Franz Krenn et Robert Fuchs (contrepoint) et Johann Nepomuk Fuchs (composition). Son *Quintette à cordes*, créé en 1893 par le Quatuor Hellmesberger, retint l'attention de Brahms. Il dirigea en 1894 l'orchestre d'amateurs Polyhymnia, dans lequel le jeune Arnold Schönberg, alors employé de banque, tenait un pupitre de violoncelle. Leur amitié devait durer vingt ans et être renforcée par le mariage de Schönberg avec Mathilde, sœur de Zemlinski. Ce dernier dirigea en 1896 la première audition publique d'une composition de Schönberg, qui, à son tour, travailla à la réduction pour piano du premier opéra de Zemlinski, *Sarema* (couronné en 1897 par le prix Leopold, de Munich). En 1900, le deuxième, *Es war einmal*, fut accepté par l'Opéra de Vienne et créé sous la direction de Gustav Mahler. La même année, Zemlinski obtint le poste de chef d'orchestre du Carl-Theater, puis du Theater an der Wien, qu'il devait quitter quatre ans plus tard pour la Volksoper (1904).

La même année, il fonda avec Schönberg l'éphémère Vereinigung der Schaffender Künstler (Société des artistes-compositeurs), avec comme le président d'honneur Mahler. Celui-ci engagea bientôt Zemlinski à l'Opéra de Vienne (1907), quelques mois avant de le quitter lui-même. Mais Zemlinski retourna au bout d'un an à la Volksoper, à la suite d'un conflit avec le nouveau directeur, Felix Weingartner. En 1911, il fut nommé directeur de l'Opéra de Prague, charge qu'il devait conserver jusqu'en 1927 et qui lui permit de donner sa pleine mesure de musicien-dramaturge, chef d'orchestre et administrateur. Il y dirigea deux de ses opéras, *Eine florentinische Tragödie* (d'après Oscar Wilde) et la version définitive de *Kleider machen Leute* (d'après Gottfried Keller), et y créa sa *Symphonie* lyrique* ainsi que *Erwartung** et *Die glückliche* Hand* de Schönberg. Parallèlement, il enseigna la composition à la Deutsche Musikakademie.

À la Krolloper de Berlin, où il fut engagé ensuite par Otto Klemperer, il dirigea de nombreux ouvrages contemporains tout en occupant une chaire à l'Akademische Hochschule für Musik. En 1931, après la fermeture de la Krolloper, il retourna à Vienne, d'où il entreprit quelques tournées comme chef invité.

En 1938, au moment de l'Anschluss, il partit pour les États-Unis, espérant sans doute un engagement au Metropolitan Opera, dont son ami Artur Bodanzki était le principal chef d'orchestre. C'est à l'instigation de Bodanzki qu'il mit en chantier son dernier opéra, *Circe*, resté inachevé. Après quatre années de difficultés matérielles, il mourut d'une crise cardiaque sans avoir été reconnu, ni même connu, du public américain.

Chef d'orchestre magistral et pédagogue éminent (Erich-Wolfgang Korngold lui devait l'essentiel de sa formation et Arnold Schönberg déclarait avoir reçu de lui le seul enseignement digne de ce nom), Zemlinski ne s'est jamais imposé de son vivant d'une manière durable comme compositeur, malgré le vif succès remporté par certains de ses opéras. Sa musique fut appréciée pour son intensité expressive et son originalité harmonique, mais elle resta longtemps à peu près inconnue. Depuis quelques années, une réhabilitation méritée semble se dessiner, avec notamment trois enregistrements discographiques de la *Symphonie lyrique* et en 1974, un symposium lui a été consacré à l'Automne styrien de Graz.

Les influences conjuguées de Mahler et de Strauss ont laissé des traces indiscutables sur son style. Il prit un chemin moins radical que celui de Schönberg, se contentant d'assouplir les contraintes de l'harmonie traditionnelle.

Œuvres principales. Pièces pour piano ; *Lieder* op. 7, op. 8, op. 13 ; *Trio* op. 3 ; *Quatuors* op. 4 (1896), op. 15 (1916), op. 19 (1925), op. 25 (?) ; *Quintette à cordes* en *ré* mineur (1896) ; *Sinfonietta* op. 23 ; 3 symphonies ; *Lyrische Symphonie* pour soprano, baryton et orchestre op. 18 (1923) ; *Psaume 23* pour chœur et orchestre op. 14 (1911). **Opéras.** *Sarema* (1897) ; *Es war einmal* (1900) ; *Traumgörg* (1906) ; *Kleider machen Leute* (1910) ; *Eine florentinische Tragödie* (1916) ; *Raphaël* (v. 1918) ; *Der Zwerg* (1921) ; *Der Kreidekreis* (1933) ; *Der König Kandaule* (v. 1936) ; *Circe* (inachevé). **Ballets.** *Das gläserne Herz* (1901) ; *Ein Lichtstrahl* (1901). H.-L. L. G.

ZENDER (Hans), compositeur et chef d'orchestre allemand *(Wiesbaden 1936)*. Il a étudié à l'École supérieure de musique de Francfort (1956-1959), puis avec Wolfgang Fortner à Fribourg-en-Brisgau. Il fut premier chef au théâtre de Bonn (1964-1968) et directeur de la musique à Kiel (1969-1971) avant de devenir en 1971 chef d'orchestre de la radio de Sarrebruck. À ce poste, il s'est beaucoup consacré à la musique contemporaine. Comme compositeur, il a écrit notamment *Trois Pièces pour orchestre* (1955), *Schachspiel* pour deux groupes instrumentaux (1970), *Canto I* pour soprano et orchestre de chambre (1965), *II* pour soprano, chœur et orchestre (1967), *III (Der Mann von La Mancha)* pour soprano, ténor, baryton, instruments et synthétiseur (1969), *IV (4 Aspekte)* pour chœur et seize instruments (1971) et *V (Continuum und Fragmente)* pour voix (1973), *Litanei* pour trois violoncelles (1976), *Happy End*, quatre études pour orchestre (1976). M. V.

ZENO (Apostolo), écrivain et librettiste italien *(Venise 1668 - id. 1750)*. Critique, historien, rédacteur du *Journal des écrivains italiens* de 1710 à 1719, il succéda à Silvio Stampiglia *(1664-1725)* comme poète officiel de la cour de Vienne (1718-1729), y précédant Métastase. Passé à la postérité pour ses livrets d'opéras, Zeno méprisait quelque peu cette activité, et déclamait ses poèmes devant ses amis, peu soucieux des possibilités musicales de ses vers, fades et conventionnels. Il occupe néanmoins une place essentielle dans la « réforme » du livret entreprise par l'académie des Arcadiens à Rome (v. OPÉRA), réforme amorcée par G. Frigimelica-Roberti, Salvi, et surtout Domenico David *(La Forza della virtù*, 1693), tendant à rationaliser l'action et à rendre l'opéra « moral » et édifiant.

Zeno, qui vantait la primauté du livret sur la musique, s'intéressa à sa structure, ramenant généralement le nombre des personnages à six, liés entre eux par de complexes intrigues sentimentales, et celui des actes, progressivement, de cinq à trois. Dans ses Préfaces, plus que dans les faits, Zeno prône le respect des unités de temps et d'action, la fidélité au costume et aux sources, se justifiant lorsqu'il modifie une fable connue, soit pour rendre l'action plus riche, soit pour conférer à ses héros des dessins plus nobles.

Mais Zeno ne récuse pas encore les personnages ni les scènes comiques, et n'impose guère plus que ses prédécesseurs le dénouement heureux. Trop enclin au genre pastoral vanté par les Arcadiens, Zeno trouva parfois le ton dramatique idoine *(Alessandro Severo*, 1716), et, lorsqu'il collaborait avec Pietro Pariati *(1665-1733)* laissait à celui-ci le soin de versifier la trame établie.

Il appartient à Métastase de réaliser avec un véritable génie de poète l'action entreprise par Zeno, qui, entre 1695 et 1734, écrivit, outre dix-sept actions sacrées, trente-six livrets qui donnèrent naissance à plus de deux cents opéras, en Italie, et à une centaine à l'étranger. Son poème le plus célèbre, *La Griselda* (1701), fut utilisé sous sa forme originale, ou adapté, plus de quinze fois au XVIIIe siècle et repris encore au siècle suivant. Les principaux musiciens qui mirent en musique ses poèmes furent, notamment, Caldara, Pollarollo, Albinoni, Vinci, Lotti, A. Scarlatti, Haendel, Pergolèse, Porpora, Hasse, etc., et jusqu'à Traetta et même Mercadante *(Nitocri*, 1824). R. M.

ZIGEUNERLIEDER. Groupe de onze *Chants tziganes* (op. 103) de Brahms, écrits en 1887 et publiés l'année suivante. Ils font appel à un quatuor vocal (soprano, alto, ténor, basse) avec accompagnement de piano, et utilisent comme « matière première » des airs populaires tziganes (et non hongrois) publiés au nombre de vingt-cinq à Budapest. Il s'agissait de chants d'amour, et cette version de Budapest, transcription textuelle pour une seule voix avec accompagnement de piano, avait été suivie d'une traduction des textes en allemand publiée par Hugo Conrat.

C'est dans cette version allemande que Brahms choisit ses onze lieder, qui d'ailleurs ne constituent pas un cycle : on a une suite de pièces indépendantes avec comme thème commun l'amour. Brahms récrivit complètement l'accompagnement, mais en s'efforçant de retrouver les accents propres à la musique tzigane : rythmes irréguliers, syncopes, évocation d'instruments tels que le cymbalum. Les *Zigeunerlieder* connurent rapidement un énorme succès dans toute l'Europe, même en France. Brahms réalisa lui-même un arrangement pour voix seule des n°s 1-7 et 11. M. V.

ZILLIG (Manfred), compositeur et chef d'orchestre allemand *(Würzburg 1905 - Hambourg 1963)*. Il travailla le droit et la musique dans sa ville natale, puis étudia à Vienne avec Schönberg (1925) avant de le suivre à Berlin (1926-1928), où, en 1927-28, il fut assistant d'Erich Kleiber à l'Opéra. Comme répétiteur au théâtre d'Oldenburg (1928-1932), il participa à la première représentation de *Wozzeck* dans une ville de province. Après la guerre, il fut premier chef d'orchestre à la radio de Francfort (1947-1951) et chef du département de la musique de la radio de Hambourg (1959-1963).

Auteur notamment de deux quatuors à cordes (1927, 1944), de *Passacaille et Fugue sur le choral des « Maîtres chanteurs »* pour orchestre (1963), et d'opéras parmi lesquels *Das Opfer* (1937), *Troilus und Cressida* d'après Shakespeare (1949, rév. 1963), et *Die Verlo-*

bung in St Domingo d'après Kleist (1956), il a également achevé l'orchestration de l'oratorio *l'Échelle* de Jacob* de Schönberg.   M. V.

ZIMMERMANN (Bernd Aloïs), compositeur allemand (Bliesheim, près de Cologne, 1918-Königsdorf, près de Cologne, 1970). Zimmermann passa sa vie entière en Rhénanie. Élève jusqu'à l'âge de dix-sept ans au couvent des salvatoriens de Steinfeld, influencé profondément par cette vie de retraite, il est attiré par la littérature, la peinture, la philologie romaine. Son amour de l'orgue, qu'il pratique souvent au couvent, le décide à se diriger définitivement vers la musique. En 1939, il entre à l'Académie de musique de Cologne, puis se perfectionne aux cours d'été de Darmstadt (où il se convertit à l'écriture dodécaphonique sous l'influence de Fortner et de Leibowitz). A partir de 1950, il est maître de conférence à l'Institut de musicologie de l'université de Cologne, puis professeur de composition à l'École supérieure de musique de cette ville, où il dirige également un séminaire de composition pour la musique de scène et de film.

Ses vingt-deux années d'activité créatrice produisent quarante œuvres, qu'Harry Halbreich divise en trois phases essentielles : expressionniste, pluraliste, statique. Entre elles, il n'existe aucune cassure, mais une progression continue vers l'accomplissement d'un idéal esthétique et philosophique. Zimmermann lui-même exprime la dualité existant dans son œuvre (et à l'intérieur même de chacune de ses œuvres) en se décrivant comme « un mélange typiquement rhénan de moine » (le mystique, l'ascète, l'introverti) et « de Dyonisos » (le passionné, l'explosif, l'apocalyptique).

Sa période expressionniste débute avec le ballet *Alagona* (1940-1950), suite de cinq caprices brésiliens à la manière du Milhaud de *Saudades do Brasil*, contenant déjà certains éléments de son style (premiers collages, attirance pour le ballet). Le très dramatique *Concerto pour violon* (1950), expressif et lyrique, influencé par Hindemith et les rythmes stravinskiens, révèle l'impact du jazz et le thème cyclique de la mort et de la vie, qui sera son obsession majeure. Le point culminant de la période expressionniste de Zimmermann est atteint avec la *Symphonie en un mouvement* (1947-1953), qui, selon ses propres mots, fait alterner la « menace apocalyptique » et le « calme mystique ». Il utilise largement le jazz dans le *Concerto pour trompette* (1954), se réfère à Berg dans la *Sonate pour alto solo* (1955), dont l'écriture, très difficile pour l'instrument, n'a plus rien à voir avec celle de l'auteur de *Lulu*. Les *Perspektiven* pour deux pianos (1954-1956) absorbent complètement la pensée sérielle du Webern de la dernière manière, présentent une structure polyrythmique complexe et contiennent les tous premiers clusters (grappes de notes ou de sons).

Le violoncelle est l'instrument de prédilection de Zimmermann ; il en a enrichi le répertoire d'œuvres très importantes parmi lesquelles son premier concerto, *Canto di speranza* (1957), strictement sériel, intime, lumineux et serein, dédié à sa femme. Des passages des Écritures saintes fournissent la base du texte de sa cantate pour soprano et dix-sept instruments *Omnia Tempus habent* (1957).

À cette époque, Zimmermann en est arrivé à unir la force expressive et la richesse sonore au sein d'une organisation formelle très stricte. Aucune musique contemporaine n'ayant pu pénétrer en Allemagne, isolée du monde jusqu'en 1945, il avait dû assimiler d'un coup l'école de Vienne, Hindemith, Bartók, Stravinski, que les jeunes générations apprenaient au cours de leurs études régulières. Il dut ainsi faire face au problème majeur d'avoir eu vingt ans au début de la Deuxième Guerre mondiale sans se trouver pour autant plus avancé que Henze ou Stockhausen, ce qu'il résuma lui-même dans cette formule : « Je suis le plus vieux des jeunes compositeurs. »

En 1957, Zimmermann redécouvre le chef-d'œuvre négligé de Jakob Lenz, *Die Soldaten*, dont il décide tout de suite de faire un opéra. En effet, la structure pluraliste de la pièce de Lenz (au niveau de l'action) est en parfaite correspondance avec le thème de la « sphéricité du temps », essentiel chez Zimmermann : le temps est conçu comme une unité du passé, du présent et de l'avenir, une sphère qui se manifeste dans une perpétuelle simultanéité de tous les phénomènes. Ce pluralisme le conduit à juxtaposer des couches sonores différentes souvent opposées par le style et la chronologie (techniques de la citation et du collage, influencées par la poésie moderne et la peinture surréaliste), et, au point de vue scénique, à l'initiative révolutionnaire des actions simultanées (jusqu'à douze).

Zimmermann a vécu dans un état de tension nerveuse jusqu'au 15 février 1965, date de la création de ses *Soldats*, qui laissa une profonde impression. En effet, s'étant retrouvé dans la même situation que le Bruckner de la *Huitième Symphonie*, il avait été obligé de réécrire sa partition, rejetée comme injouable par l'Opéra de Cologne, pour en réaliser une version exécutable, ce qui lui fit perdre beaucoup de sa plasticité spatio-temporelle. Il souhaitait en effet la faire représenter dans une salle circulaire, équipée de fauteuils tournants et munie de douze scènes, chacune ayant son propre orchestre (avec son chef), l'ensemble interprétant simultanément des passages variés de l'œuvre.

La fantastique « intégration » de tous les moyens sonores, visuels et expressifs existant à ce jour, opérée par Zimmermann dans sa deuxième rédaction, n'en voit pas moins sa puissance décuplée par l'engagement humaniste qui illumine l'opéra et va droit au cœur du public, bien que le laissant en état de « choc ». Sommet de son écriture sérielle et première manifestation majeure de la phase pluraliste, *les Soldats*, l'une des partitions capitales de ce siècle, demeurent toujours « avant-gardistes » : presque aucune salle d'opéra ne possède l'infrastructure technique permettant de réaliser pleinement les exigences de son auteur.

Dans la *Sonate pour violoncelle* (1960), véritable guide des techniques de jeu moderne pour cet instrument, Zimmermann utilise, pour la première fois, des micro-intervalles (quarts de ton), et de nouveaux types de pizzicati. *Présence* (1961), « ballet blanc » en cinq scènes, pour violon, symbolise Don Quichotte par le violon, Molly Bloom (de Joyce) par le violoncelle, et Ubu-roi, par le piano, et comprend de nombreux collages. *Antiphonen* (1962), pour alto et vingt-cinq instrumentistes, est une importante étape vers le « lingual » du *Requiem*, car les exécutants doivent lire simultanément, et dans leurs langues respectives, des extraits du *Livre de Job*, des *Frères Karamazov* et d'*Ulysse*.

Le *Concerto pour violoncelle et orchestre en forme de pas de trois* (1965-66), dédié à Siegfried Palm, violent et tendre, virtuose à l'extrême et lyrique tout à la fois, synthétise plusieurs obsessions de Zimmermann : le ballet imaginaire, le concerto instrumental, les harmonies sérielles raffinées et d'une grande délicatesse (émanant notamment des mandoline, guitare électrique, harpe, piano, clavecin), de furieuses explosions de jazz.

Avec l'œuvre purement électronique *Tratto I* et avec *Intercomunicazione* pour violoncelle et piano (1967), s'ouvre l'ultime phase de l'expansion temporelle, ou « statisme musical » : le violoncelle effectue de longues tenues, avec des variations infinitésimales, des modifications micro-tonales, des doubles cordes et des quarts de ton. Les structures de sons statiques et épars prédominent également dans la musique de scène *Die Befristeten (Ode à la liberté sous forme de danse de mort)* [1967], que son amour du jazz a conduit Zimmermann à composer pour un quintette de jazz. En effet, l'auteur des *Soldats* est, avec Michael Tippett, le musicien contemporain à avoir le plus approché l'essence du jazz, expression des opprimés, qui ne pouvait qu'être chère à l'humaniste !

Le prélude pour grand orchestre *Photoptosis** (1968-69), grand monolithe de sons, constitue une des rares — et la dernière — œuvres de paix avant la plongée finale dans le désespoir cosmique du *Requiem** pour *un jeune poète* (1967-1969), à la première duquel la maladie l'empêche d'assister, bien qu'il explique que « tout » dépend pour lui de cette exécution. Son idée de la sphéricité du temps atteint ici son apothéose : c'est une fresque synthétique de cinquante années d'histoire du monde, qui donne tout son sens à ses paroles : « Le compositeur est un reporter, pas au sens journalistique du terme (les journaux recherchent le "sensationnel") ; l'action de l'authentique sensation, qui n'est pas "à sensation", procède du spirituel et atteint le niveau le plus profond de l'âme. » Une telle partition, aux implications philosophiques écrasantes pour un être humain aussi hypersensible que Zimmermann, l'a profondément ébranlé et peut l'avoir tué. Elle s'achève par l'affirmation suivante : « Y a-t-il des raisons d'espérer ? Il n'y a rien d'autre à espérer que la mort. » *Les Soldats* se terminaient par l'interrogation : « Doivent-ils tous trembler, ceux qui souffrent de l'injustice et se réjouir, seuls, ceux qui la commettent ? »

Le 10 août 1970, Zimmermann met fin à ses jours, à l'âge de cinquante-deux ans. Si la détérioration régulière de sa santé, l'indifférence injuste dont il souffrit, le fait d'être consumé par sa propre création ont partiellement causé son suicide, la raison essentielle en fut le conflit de base qu'il ne put jamais surmonter, résumé dans le titre de sa dernière partition, terminée cinq jours avant sa mort : *Je me détournai et considérai toute l'oppression qui se fait sous le soleil*, « action ecclésiastique » pour deux récitants, basse soliste, orchestre et trois trombones disséminés dans le public, sur un texte rédigé par lui-même, inspiré de la parabole célèbre du « Grand Inquisiteur » (*Frères Karamazov* de Dostoïevski), et comprenant de larges citations de l'*Ecclésiaste* et de la *Bible* de Luther.

Le Grand Inquisiteur (second récitant) blâme amèrement le Christ (premier récitant) d'avoir surestimé l'humanité, d'avoir trop demandé à l'homme, de l'avoir cru capable d'un sacrifice aussi grand que le sien... Le lamento de la basse soliste semble la voix de Zimmermann lui-même : « Malheur à celui qui est seul ! » Les longues étendues de sons statiques alternent avec de terrifiantes explosions tonales, des martèlements de leurs estrades par les coups de pied des récitants, des sons nouveaux (déchirements de papier, etc.), et des passages aléatoires (improvisations des percussionnistes sur des rythmes de blues). L'œuvre se termine brutalement par la citation « fortissimo » aux trombones du choral de Bach *Es ist genug* (« C'est assez ! »), déjà utilisé par Berg dans son *Concerto pour violon*. Son dépouillement et sa terrible violence expressive se retrouvent, en écho, dans l'avant-dernière partition de Zimmermann, les *Quatre Études brèves* pour violoncelle, écrite à l'instigation de Siegfried Palm.

Musicien fraternel, hypersensible, Zimmermann fut un humaniste chrétien profondément engagé (mais non politiquement), que l'on peut rapprocher, toutes considérations d'écriture mises à part, du Britten du *War Requiem*, du Chostakovitch de la *14e Symphonie*, et de Tippett (avec ce dernier, il a en commun la réflexion sur le temps, l'amour du jazz, le rejet de toute idéologie), une figure « bergmannienne », qui ne put réconcilier l'idée de Dieu avec l'image atroce d'un monde déchiré par les guerres, les tortures et les totalitarismes.　　　　　　　　　　　　　　J.-J. M.

ZINGARELLI (*Nicola Antonio*), compositeur italien (*Naples 1752 - Torre del Greco 1837*). Élève de Fenaroli, Anfossi et Sacchini, condisciple de Cimarosa, il se fit connaître rapidement, mais ne se distingua véritablement qu'en 1781 avec *Montezuma*, où il révélait plus de science que d'inspiration profonde. Dès 1785 il fut régulièrement joué sur toutes les scènes italiennes et même à l'étranger (*Antigone*, d'après Marmontel ; Paris, 1790). On retiendra notamment *Gerusalemme distrutta*, action sacrée (1794), et son chef-d'œuvre *Giulietta e Romeo* (Scala de Milan, 1796), écrit pour le castrat Crescentini, qui, dit-on, était l'auteur véritable de l'aria *Ombra adorata*, admirée de Stendhal. En 1811, le succès de Rossini, qu'il haïssait, le contraignit à abandonner la scène.

Maître de chapelle à la cathédrale de Milan en 1792 à Naples, puis à Saint-Pierre de Rome (1804), il laissa un nombre impressionnant d'œuvres sacrées, de la musique de chambre, des pièces pour clavecin, orgue, etc. Son nom demeure aujourd'hui lié à son activité de pédagogue, comme directeur du Collège royal de Naples où furent formés Bellini, Mercadante, Costa, etc. Fidèle aux principes de la vieille école de l'opera seria napolitain, il s'opposa farouchement aux idées novatrices de Rossini, qu'il jugeait perverti par l'influence allemande.　　　　　　　　　　　　　　　　R. M.

ZINGARESCA (ou *alla zingarese*). Terme italien désignant une pièce musicale dans le style tzigane ou gitan.
　　　　　　　　　　　　　　　　　　　　　　　M. T.

ZIPOLI (*Domenico*), organiste et compositeur italien (*Prato 1688 - Córdoba, Argentine, 1726*). En 1696, il se fixe à Rome où il est l'élève de A. Scarlatti, puis de B. Pasquini. En 1715, on le trouve comme organiste de l'église de Gesù à Rome. En 1716, il entre dans l'ordre jésuite et commence son noviciat à Séville. Le 5 avril 1717, il s'embarque comme missionnaire de Cadix pour le Paraguay. De 1717 à sa mort, il est organiste de l'église jésuite de Córdoba. Il écrit deux oratorios, *Sant'Antonio di Padova* et *Santa Caterina, vergine e martire*, exécutés à Rome respectivement en 1712 et 1714 ; seuls les livrets sont conservés. Il n'a publié qu'un seul recueil d'ouvrages pour clavier : *Sonate d'intavolatura per organo e cimbalo...* (Rome, 1716 ; réed. à Londres en deux volumes par Walsh).
　　　　　　　　　　　　　　　　　　　　　　　J.-F. L.

ZNAMENNY (de « znamia », neume). Chant traditionnel de l'Église orthodoxe russe, dont il constitua la totalité du répertoire musical entre le XIIe et le XVIIe siècle. Comme la religion orthodoxe, le chant znamenny est d'origine byzantine, et suit le principe de l'Octoechos, cycle de huit semaines liturgiques, à chacune desquelles correspond une cellule mélodique propre. Au cours des siècles, les mélodies du znamenny subirent dans une certaine mesure l'influence des chants populaires russes.

Les premiers manuscrits apparaissent au XIIe siècle. On distingue déjà à cette époque le chant znamenny usuel et le chant dit « kondakarny », réservé aux occasions solennelles, et vraisemblablement plus développé ; il disparaît au cours du XIVe siècle.

L'esprit du chant znamenny correspond au XVIe siècle lorsqu'apparaissent le « demestvennoïe pénié » (chant domestique) et le « poutiévoïe pénié » (chant conduit), formes ornées du znamenny, exécutées par des chantres spécialisés. Vers la fin du siècle la notation se fait plus précise grâce à l'utilisation des « kinovarnyé pomiéty » (signes éclarlates), indiquant la hauteur exacte du son. Cette invention, qui constitue une sorte d'intermédiaire entre l'écriture neumatique et la tablature, est due au chantre Ivan Chaïdour. Un apport considérable au développement du znamenny est dû à Féodor Krestianin, auteur de stichères d'une ample invention mélodique.

Toujours chanté a capella (l'Église orthodoxe interdit l'usage des instruments), le chant znamenny est resté monodique jusqu'au XVIe siècle. A partir de la fin du siècle apparaît le chant à plusieurs voix (« mnogoglassié »), contenant parfois des mouvements parallèles de voix et des dissonances étonnantes. Au XVIIe siècle, qui marque les débuts de l'apport occidental, on voit apparaître les premières compositions paraliturgiques. C'est aussi l'époque où se développe une forme locale du znamenny, le chant de Kiev, qui prend de plus en plus d'importance en raison de son adaptation à des harmonisations à quatre voix.

Le XVIIIe et le XIXe siècles voient disparaître des paroisses les traditions authentiques du znamenny. Au cours du XIXe siècle, le travail entrepris par Alexis Lvov, une réalisation complète du cycle de l'Octoechos pour quatre voix homophones, dénatura considérablement les mélodies originales, les contraignant à l'harmonie tonale. Toutefois le chant znamenny s'est conservé dans les monastères, ce qui permit sa réapparition à la fin du XIXe et au début du XXe siècle, grâce aux efforts de Smolensky et surtout de Kastalsky. Une nouvelle harmonisation fut élaborée, modelée sur les principes de la polyphonie populaire russe. Toutefois, de nos jours, ce sont les harmonisations de Lvov qui restent en usage aux offices.　　　　　　　　　　A. L.

ZOROASTRE. Tragédie lyrique en 5 actes de J.-Ph. Rameau, sur un livret de Cahusac, créée à Paris en 1749. Le livret présente l'originalité de se situer dans un Orient mythique, alliant l'exotisme alors à la mode aux fastes de la magie, indispensables à l'opéra. Si l'on s'étonne de voir les grands mythes persans réduits à une intrigue amoureuse, le sujet permettait néanmoins, par ses grands contrastes manichéens, de telles antithèses dont le musicien a su profiter.

Zoroastre est le premier opéra français sans prologue à la louange du roi ; son ouverture, faite de thèmes opposés, préfigure des ouvertures à programme, présentant l'œuvre en raccourci.

ACTE PREMIER. *Abramane, grand prêtre d'Arimane, aime Amélite, qui aime Zoroastre, grand prêtre d'Onomésès. Il s'allie à Érinice, elle aussi amoureuse de Zoroastre. Tous deux, avec l'aide des forces du mal, dont Abramane est le serviteur, persécutent Amélite.*

ACTE II. *Zoroastre, exilé, célèbre le lever de l'astre du jour. Une voix céleste lui ordonne de délivrer sa patrie.*

ACTE III. *Le peuple gémit sous le joug. Zoroastre paraît sur un char de feu et délivre Amélite. Scène de joie et d'amour.*

ACTE IV. *La victoire de Zoroastre plonge Abramane dans la haine. Il invoque les esprits du mal.*

ACTE V. *Zoroastre, vainqueur, rejoint Amélite. Liesse populaire, interrompue par la menace ultime d'Abramane et d'Érinice, qui tombent foudroyés par le feu céleste. Hymen et réjouissances.*

Comme dans le cas de *Dardanus*, Cahusac et Rameau ont repris l'œuvre en 1756, d'où trois actes entièrement nouveaux :

ACTE II. *Zoroastre apprend l'enlèvement d'Amélite. Amélite, environnée de démons, se lamente. Zoroastre survient et la délivre. Réjouissance populaire.*

ACTE III. *Conjuration d'Abramane et d'Érinice dans la nuit. Célébration de l'aurore par Zoroastre. Abramane, sur un char enflammé, menace Amélite, qui est sauvée par les esprits bienfaisants. Incendie de la ville.*

ACTE V. *Amélite a été enlevée de nouveau. Zoroastre invoque le ciel qui anéantit Abramane et Érinice. Noces et réjouissances dans le temple de la Lumière.*

La beauté de *Zoroastre* lui vient essentiellement de sa puissance de contraste, qui met en valeur mieux que jamais les qualités opposées de Rameau : on y trouve quelques-unes de ses pages les plus violentes (appel à la haine par Abramane, acte IV) avec une agitation de tout l'orchestre, et ses pages les plus tendres, voire les plus doucement sensuelles (tout le rôle d'Amélite). Rameau a repris et orchestré quatre de ses pièces de clavecin pour les insérer dans l'œuvre (par goût, non par nécessité, puisque par ailleurs il récrit trois actes entiers), dont les *Tendres Plaintes* et la *Livri*. L'œuvre se signale en outre par l'intégration, plus grande que jamais, du récitatif et de l'air, dont la différence s'estompe, et par la richesse de l'orchestration. La clarinette apparaît pour la première fois à l'orchestre.　　　　　　　　　　P. B.

ZUMSTEEG (*Johann Rudolf*), compositeur et chef d'orchestre allemand (*Sachsenflur, près de Mergentheim, 1760 - Stuttgart 1802*). Il étudia à la Karlsschule de Stuttgart, et s'y lia d'amitié avec Friedrich Schiller (il composa plusieurs chants, parus anonymement en 1782, pour sa pièce *Die Räuber*). Entré en 1781 comme violoncelliste dans l'orchestre de la cour du Wurtemberg, il devint maître de chapelle en 1793. On lui doit quelques cantates spirituelles, des opéras et singspiels, de la musique instrumentale et des musiques de scène (en particulier pour *Hamlet* et *Macbeth* de Shakespeare), mais il acquit surtout la célébrité comme compositeur de ballades. Ces dernières, sur des textes de Goethe (*Colma*, 1793) et de Bürger (*Lénore*, 1798) notamment, exercèrent en leur temps une grande influence. En ce domaine, ainsi que dans celui du lied, Zumsteeg apparaît comme un des plus importants prédécesseurs de Schubert.　　　　　　　　　　M. V.

ZUNGENSCHLÄGE UND LIPPENDIENST (« Coups de langues et Jeux des lèvres »). « Processus de production » de D. Schnebel qui font partie de *Maulwerke* (1968-1974) pour organes d'articulation et appareils de reproduction. Création en 1975 à Munich. Les exécutants sont en fait les organes d'articulation, c'est-à-dire la langue et les lèvres. Les bruits-sons produits sont reflétés, amplifiés et diffusés par des appareils de reproduction (microphones, amplificateurs, haut-parleurs, installation vidéo).　　　　　　　　　　I. S.

ZURNA. Hautbois populaire en Turquie, en Iraq et dans certains pays limitrophes. Ce nom est synonyme de *mizmar*.　　　　　　　　　　J.-C. C.

ZWEERS (*Bernard*), compositeur néerlandais (*Amsterdam, 1854* - id. *1924*). Il fit ses études au conservatoire d'Amsterdam et, plus tard, à Leipzig avec Jadassohn. De retour en Hollande (1895), il devint professeur au conservatoire d'Amsterdam. Son œuvre participe d'un dessein de plus en plus précis d'acquérir un accent national, et le choix des thèmes qu'il met en musique est significatif à cet égard (*Ons Hollandsch* ou sa *3e Symphonie* sous-titrée « À ma patrie »). Il marque, à ce titre, les débuts de la renaissance dans la musique hollandaise. En dehors de ses trois symphonies, on lui doit beaucoup d'œuvres vocales (*Kroningcantate, St. Nicolasfeest, Psaume 104, Aan de Schoonheid*, des chœurs et des mélodies).　　　A. G.

ZWEI-MANN-ORCHESTER. Commandé par le Festival de Donaueschingen, *Zwei-Mann-Orchester* (« Deux Hommes-Orchestres ») de Mauricio Kagel y fut créé en 1973, et met aux prises deux musiciens, rivés à leur tabouret au milieu d'une « machine » musicale, avec une multitude d'instruments dont ils jouent directement ou qu'ils commandent à distance grâce à un système compliqué de cordes et de poulies. Certains instruments sont classiques : tuba, petit violon, clarinette, orgue électronique. D'autres sont « renouvelés » : grosse caisse sur roulettes grattée par une main en plâtre immobile ; harpe à cordes pincées par un bras de mannequin ; cithare jouée avec une brosse en fer ; enfin une panoplie de boîtes à musique, phonographes, hélices, ustensiles ménagers.

L'un des buts de l'œuvre est, selon Kagel, de rendre perceptible une complexité acoustique, essentiellement à travers une accentuation particulière de la structure d'ensemble. La notation prend en compte la nécessité pour les interprètes de jouer par cœur comme de véritables hommes-orchestres. Ainsi la partition fixe-t-elle séparément les structures mélodiques, rythmiques et harmoniques, laissant à l'exécutant qui les combinera un libre choix entre elles. A cela s'ajoute un schéma de mouvements gestuels minutieusement composés. Ainsi, la tête, les mains, les pieds, les genoux de l'interprète sont amenés à accomplir des actions musicales successives ou simultanées. Un synthétiseur intervient discrètement pour servir de lien entre les deux musiciens.　　　　　　　　　　Gé. C.

ZYKLUS. Pièce pour un percussionniste composée par Karlheinz Stockhausen durant l'été 1959 et créée le 25 août de la même année par Christoph Caskel à Darmstadt. D'une durée variable de dix à seize minutes, *Zyklus* est une œuvre très complexe où la structure d'ensemble est libre, mais où l'interprète n'improvise jamais. C'est une tentative de conciliation d'une pensée directionnelle et de l'« aléatoire » contrôlé. La pièce comporte dix-sept périodes articulées par neuf « cycles d'attaque » qui se chevauchent. La partition a seize pages d'égale grandeur. L'exécutant peut commencer par n'importe laquelle, et doit alors lire toutes les autres dans l'ordre donné, jusqu'à ce qu'il se retrouve à la page par laquelle il a commencé. Chacune des pages correspond à une des dix-sept périodes (la dernière page est divisée en deux moitiés : les périodes 17 et 1). La durée, qui doit être semblable pour toutes les périodes, est déterminée par l'exécutant.

Chaque cycle d'attaque est déterminé par un timbre (un instrument) différent. Le compositeur emploie un nombre relativement élevé d'instruments à percussion ; cette succession de timbres est répartie en un mouvement de courbe : des instruments à peau — ou en métal — à hauteur indéterminée au métal à hauteur déterminée ; du métal au métal, hauteur déterminée ; du bois au bois, hauteur déterminée ; du bois à la peau, hauteur indéterminée. Le vibraphone sert d'instrument de liaison. L'emploi d'instruments autres que ceux précisément prescrits par l'auteur n'est possible que lorsque la forme de l'œuvre en devient plus claire et l'ensemble encore plus différencié.

« Une multiplicité toujours croissante de l'interprétation veut être rendue possible par une suite de dix-sept périodes. Il en résulte un processus dynamique libre : dynamique, puisque la multiplicité croît constamment ; libre, puisqu'elle n'atteint pas de limite et n'entrevoit pas de fin. Mais en même temps, tout accroissement de la multiplicité doit être compensé par une réduction et une convergence des éléments formels à interpréter, et par une limitation correspondante des lois de la combinaison. La composition temporelle devenant de plus en plus complexe (indétermination graduelle des intervalles d'attaque et de leur succession), ainsi que la composition spatiale (indétermination graduelle des fréquences et des timbres), le caractère des éléments formels (timbre, durée) doit se rapprocher toujours plus de la période initiale déterminée de façon précise ; il importe d'établir une grande parenté de caractères structuraux entre la dix-septième période, extrêmement diversifiée, et la première période, fixée de façon univoque. Par là même, cette forme dynamique libre est en même temps statique et close : statique, puisque chaque accroissement de la multiplicité est compensé par une réduction correspondante des lois de la combinaison et des éléments formels ; close, car la multiplicité, progressant vers une quelconque continuation, finit par ressembler à sa propre source univoque jusqu'à y être absolument apparentée, si bien que la forme se referme en un mouvement circulaire, *cyclique*. Suivant une direction apparemment droite, l'on s'éloigne toujours plus d'une position de départ et à mesure que l'on croit s'éloigner, l'on se rapproche toujours plus du commencement pour l'atteindre à nouveau » (K. Stockhausen).

Stockhausen classe *Zyklus* dans la catégorie de ses œuvres à « forme multivalente » (de même que le *Klavierstück XI* et *Refrain*), forme où il souhaite » ne pas fixer, pour tous les moments qui se présentent au cours du déroulement d'un ensemble, qu'une seule solution, mais désigner différents nombres de solutions de validité égale ; et intégrer dans la composition la décision de l'exécutant quant à la version qu'il choisira pour chaque exécution. Le problème est qu'il ait vraiment médiation entre événements entièrement déterminés et événements relativement multivalents ; que les décisions possibles ne soient pas gratuites, mais que chaque décision confère une direction irrévocablement nouvelle au déroulement formel et qu'elle agisse sur la totalité de l'œuvre ; que soit donc rendue possible une liberté (avec responsabilité) et non une pseudo-liberté, sans que l'un ou l'autre choix entraîne pourtant un "meilleur" ou un "moins bon" résultat ».

P. S.

Bibliographie ▶

A

Abbatini. F. Coratini, *A. M. Abbatini* (Arezzo, 1922).

Abel. G. Beckmann, *Das Violinspiel in Deutschland vor 1760* (Leipzig, 1918); S. M. Helm, *Carl F. Abel, symphonist : a Biographical, Stylistic and Bibliographical Study* (University of Michigan, 1953). W. Knape, *Bibliographisch-thematisches Werkverzeichnis der Kompositionen von Karl Friedrich Abel* (Cuxhaven, 1971); W. Knape, *Karl Friedrich Abel. Leben und Werk eines frühklassischen Komponisten* (Brême, 1973).

Abélard. A. Machabey, « les Planctus d'Abélard », in *La Romania*, nº 325/I (Paris, 1961).

Absil. R. de Guide, *Jean Absil, vie et œuvre* (Tournai, 1965).

académie. F. Yates, *The French Academies of the Sixteenth Century* (Londres, 1947); H. Burton, « les Académies de musique en France au XVIIIe siècle », in *RMie*, XXXVII (1955).

accordéon. P. Monichon, *Petite Histoire de l'accordéon* (Paris, 1958); P. Monichon, *l'Accordéon* (Paris, 1971).

acoustique. A. Garnier, *la Musique, l'Acoustique, la Physiologie de l'audition* (Dijon, 1957); G. Jaegly et C. Pons, *le Son, expériences* (Cannes, 1959); J. Duhamel, *Cours d'acoustique* (Paris, 1961); L. Chrétien, *Éléments d'acoustique* (Paris, 1964); P. Schaeffer, *Traité des objets musicaux* (Paris, 1966); S. Stevens et F. Warshofsky, *l'Acoustique* (trad. fr. Caudmont; Paris, 1970); E. Leipp, *Acoustique et musique* (Paris, 1971).

Adam *A.* A. Adam, *Souvenirs d'un musicien* (Paris, 1857); A. Adam, *Derniers Souvenirs d'un musicien* (Paris, 1859); A. Pougin, *Adolphe Adam, sa vie, sa carrière, ses mémoires artistiques* (Paris, 1877; rééd., Genève, 1973); S. Lifar, *Giselle, apothéose du ballet romantique* (Paris, 1942); C. W. Beaumont, *The Ballet Called Giselle* (Londres, 1944).

Adam de Fulda. H. J. Moser, « Leben und Lieder des Adam von Fulda », in *Jb. der staatlichen Akademie für Kirchen — und Schulmusik* I (1927-28); W. Ehmann, *Adam von Fulda* (Berlin, 1934).

Adam de la Halle. A. de Cardevaque, *la Musique à Arras* (Arras, 1885); L. Nicod, *les Jeux partis d'Adam de la Halle*, (Bibliothèque de l'École des hautes études, CCXXIV, Paris, 1917); J. Chailley « la Nature musicale du *Jeu de Robin et Marion* », in *Mélanges* (Paris, 1950); J. Maillard « Adam de la Halle et ses jeux chantés », in *l'Éducation musicale*, XXI-XXII (1956-57); J. Dufournet, *Adam de la Halle à la recherche de lui-même* (Paris 1974).

Adam de Saint-Victor. A. Gastoué, « les Proses parisiennes au XIIe siècle et l'œuvre d'Adam de Saint-Victor », in *Comptes rendus du congrès parisien et régional de chant liturgique et de musique d'église* (Paris, 1911; Poitiers, 1912); H. Spanke, « Die Kompositionskunst der Sequenzen Adam von Saint-Victor », in *Studi Medievale*, vol. 14 (1941).

Adlgasser. S. Keller et R. Schlecht, « Biogr. Mitteilungen über A. C. Adlgasser », in *MfM*, V, Berlin (1873); C. Schneider, « Die Oratorien und Schuldramen A. C. Adlgassers », in *St Mw*, XVIII (Vienne, 1931).

Adorno. T. W. Adorno, *Philosophie de la nouvelle musique* (Paris, 1962); B. Heimann, « Th. Manns Doktor Faustus und die Musikphilosophie Adornos », in *Deutsche Vierteljahrsschrift für Literaturwissenschaft und Geistesgeschichte* 38 (1964); R. Stephan, « Th. W. Adorno », in *Mf*, XXII (1969); M. Jimenez, *Adorno : art, idéologie et théorie de l'art* (Paris, 1973); O. Revault d'Allonnes (éd.), *Présences d'Adorno* (Paris, 1975); W. Gramer, *Musik und Verstehen : eine Studie zur Musikästhetik Theodor Adornos* (Mayence, 1976); O. Kolleritsch (éd.), *Adorno und die Musik* (Graz, 1979); L. Sziborsky, *Adornos Musikphilosophie* (Munich, 1979); G. P. Knapp, *Theodor W. Adorno* (Berlin, 1980); R. Court, *Adorno et la musique nouvelle* (Paris, 1981).

Afrique noire. M. S. Eno-Belinga, *Littérature et musique populaire en Afrique noire* (Paris, 1965); F. Bebey, *Musique africaine moderne* (Paris, 1967); F. Bebey, *Musique d'Afrique* (Paris, 1969).

Agincourt. D'. A. Pirro, « l'Art des organistes », in *Encyclopédie Lavignac*, Technique, II.

agogique. H. Riemann, *Musikalische Dynamik und Agogik* (Leipzig, 1884).

Agricola A. J. Delporte, « l'École polyphonique franco-flamande, A. Agricola », in *Revue liturgique et musicale*, XV, 4 (1932). P. Müller, *A. Agricola seine Missa In minen zin, chansonale Grundlagen und Analyse* (thèse; Marburg, 1939).

Agricola *M.* H. Funck, *M. Agricola, ein frühprotestantischer Schulmusiker* (Wolfenbüttel, 1933); H. Kürzel, *Der deutsche Meister A. Agricola in seinen weltlichen Werken* (thèse; Prague, 1934).

Ahle. J. Wolf, « J. R. Ahle », in *SIMG*, II (1900-1901); J. P. Johnson, *An Analysis and Edition of Selected Choral Works of Johann Rudolf Ahle* (thèse; Southern Baptist Theological Seminary, 1969).

Ahrens. W. David, « Das Orgelschaffen von J. Ahrens », in *Musik und Altar* (1948); R. Walter, « J. Ahrens, der Schöpfer eines neuen Orgelstils », *ibid.*; O. Riemer, « J. Ahrens », in *Musica*, XI (1957).

Aïda. l'*Avant-Scène Opéra*, nº 4 (1976); C. Du Locle et C. Nuitier, *Aïda* (Paris, s.d.).

air de cour. Th. Gérold, *l'Art du chant en France au XVIIe siècle* (Strasbourg, 1921; rééd., Genève, 1971); K. Lévy, « Vaudeville, air mesuré et air de cour », in *Musique et poésie au XVIe siècle* (Paris, 1953-54); A. Verchaly, « Poésie et air de cour en France jusqu'à 1620 », *ibid.*

Aix-en-Provence. E. Gouirand, *la Musique en Provence* (Paris, 1908); F. Raugel, « la Maîtrise de la cathédrale d'Aix-en-Provence », in *Bulletin d'études du XVIIe siècle*, XXXI (1954).

Alabiev. G. Timofeiev, *A. Alabiev* (en russe; Moscou, 1912); B. Dobrokhotov, *A. Alabiev* (en russe; Muzyka, Moscou, 1966).

Alain *Jehan.* N. Dufourcq, *l'Orgue français de Jehan Titelouze à Jehan Alain* (Paris, 1941; rééd., 1949); B. Gavoty, *Jehan Alain, musicien français* (Paris, 1945; rééd., 1950); M.-Cl. Alain, « l'Œuvre d'orgue de Jehan Alain. Conseils pour l'exécution », in *l'Organo*, VI, 2 (1968); G. Beechey, « The Organ Music of Jehan Alain », in *MT*, CXV (1974).

Albéniz. G. Jean-Aubry, « Albeniz » in *les Musiciens célèbres* (Genève, 1946); H. Collet, *Albéniz et Granados* (Paris, 1926; rééd., Paris 1948); A. Sagardia, *Isaac Albeniz* (en esp.; Madrid, 1951); J. Martinez, *Falla, Granados, Albeniz* (Madrid, 1952); V. Jankélévitch, « Albéniz et l'état de verve », in *la Rhapsodie. Verve et improvisation musicale* (Paris, 1955); G. Laplane, *Albéniz, sa vie, son œuvre* (Paris, 1956).

Albert *E.* (*d'.*) W. Raupp, *E. d'Albert, ein Künstler und Menschenschiksal* (Leipzig, 1930); H. Heisigs, *D'Alberts Opernschaffen* (thèse; Leipzig 1942); C. Pangels, *Eugen d'Albert* (Zurich, 1981).

Alberti. F. Torrefranca, *Le Origine italiane del romanticismo musicale* (Turin, 1930).

Albinoni. R. Giazotto : *T. Albinoni* (Milan, Bocca, 1945); W. S. Newmann, « The Sonatas of Albinoni and Vivaldi », in *JAMS* V (1952); I. Mamczarz, *les Intermèdes comiques italiens au XVIIe siècle en France et en Italie* (C. N. R. S., Paris, 1972); M. Talbot, *Albinoni — Leben und Werk* (Adliswil, 1980).

Albrechtsberger. G. Nottebohm, « Unterricht bei Haydn, Albrechtsberger, Salieri », in *Beethovens Studien* vol. I (Leipzig, 1873); R. Oppel, « Albrechtsberger als Bindeglied zwischen Bach und Beethoven », in *NZfM*, LXXVIII (1911); A. Weissenbäck, « J.G. A. als Kirchenkomponist » in

BIBLIOGRAPHIE

Studien zür Musikwissenschaft XIV (Vienne, 1927) ; E. Paul, *J. G. Albrechtsberger : ein Klosterneuburger Meister der Musik und seine Schule* (Klosterneuburg, 1976).

Alder. H. Dübi, *C. Adler und die bernische Reformation* (Berne, 1930).

Alembert (d'). J. Bertrand, *d'Alembert* (Paris, 1889) ; R. Müller, *d'Alemberts Ästhetik* (thèse ; Berlin, 1924).

Alessandrescu. G. Timofeiev, *A. Alessandrescu, otcherk jizni i tvortchestva* « Essai sur la vie et l'œuvre » (Moscou, 1912) ; V. Tomescu, *A. Alessandrescu* (Bucarest, 1962).

Alexandrov. G. Polianovski, *A. V. Alexandrov* (en russe ; Gosoudarstvennoié Mouzykalnoïe Izdatelstvo, Moscou, 1948).

Alfvén. H. Alfvén, *Autobiographie* (en suédois ; 4 vol., Stockholm, 1946-1952) ; S. E. Svensson, *H. Alfvén* (en suédois ; Upsal, 1946).

Allegri. J. F. Halévy, *Souvenirs et portraits, Études sur les Beaux-Arts* (Paris, 1861) ; J. Aman, *Allegris Miserere und die Aufführungspraxis in der Sixtina* (Regensburg, 1935).

alleluia. M. B. Cochrane, « The Alleluia in Gregorian Chant », in *JAMS*, VII (1954) ; H. B. Hammer, *Die Alleluia Gesänge in der Choralüberlieferung der Abtei Altenberg, Betrag zur Geschichte der Zisterzienschoral* (Köln, 1968) ; H. Husmann, « Alleluia Vers und Sequenz », in *Ann M*, IV (1956) ; P. Jammers, *Das Alleluia in der gregorianischen Messe* (Münster, Westphalen, 1973).

allemand (la musique dans le domaine). A. Schering, *Deutsche Musikgeschichte im Umriss* (Leipzig, 1917) ; R. Rolland, *Voyage musical au pays du passé* (Paris, 1919 ; rééd., 1949) ; A. Pirro, « la Musique religieuse allemande depuis les psaumes de Schütz jusqu'à la mort de Bach », in *Lavignac, Histoire*, II ; M. Brenet, « les Grands Classiques », *ibid.* ; P. H. Raymond-Duval, « le Romantisme », *ibid.* ; C. Le Senne, « Période contemporaine », *ibid.* ; H. J. Moser, *Geschichte der deutschen Musik* (3 vol., Stuttgart et Berlin, 1926 ; rééd., Hildesheim, 1968) ; J. M. Müller-Blattau, *Histoire de la musique allemande* (trad. J. Gaudefroy-Demombynes ; Paris, 1943) ; R. Malsch, *Geschichte der deutschen Musik* (Berlin, 1949) ; L. Schiedermair, *Deutsche Musik im Europäischen Raum* (Münster, Cologne, Böhlau 1954) ; C. Rostand, *la Musique allemande* (Paris, 1960).

Alkan. R. Smith, *Alkan*, vol. 1 (*The Enigma)* [Londres, 1976 ; rév., 1977].

Alpaerts. A. Corbet, *F. Alpaerts, biographie et catalogue des œuvres* (Bruxelles, 1954).

Alphonse X le Sage. H. Anglès, *La musica de las cantigas de Santa María del rey Alfonso X el Sabio, Transcripción y estudia critica* (Biblioteca central, Barcelone, 1958) ; H. Collet et L. Villabba, *Contribution à l'étude des cantigas de Santa María d'Alphonse X le Savant d'après les codices de l'Escurial* (Bordeaux s. d.) ; W. Mettermann :

Alfonso el Sabio, cantigas de Santa María (Coïmbre, 1959-1964).

Altnikol. F. Hamann, « Johann Christoph Altnikol », in *Schlesisches Blatt für ev. Kirchenmusik*, LX 9 (1929) ; H. Löffler, « Die Schüler J. S. Bachs », in *Bach-Jb* XL (1953) ; A. Dürr, « Zur Chronologie der Handschrift J. Ch. Altnickols und J. F. Agricolas », *ibid.*, LVI (1970).

alto. Y. Menuhin et W. Primrose : *Violon et alto* (trad. fr. M. S. Pâris ; Paris, 1978).

Ambroise (saint), chant ambrosien. D. A. Gadard, « Chant ambrosien », in *Dictionnaire d'archéologie chrétienne et de liturgie*, I, coll. 1353-73 (1924) ; J. R. Palanque, *Saint Ambroise et l'Empire romain* (Paris, 1933) ; H. Leeb, *Die Psalmodie bei Ambrosius* (Vienne, 1967).

Amsterdam. S. A. M. Bottenheim, « Amsterdam », in *MGG*, I (1949) ; E. Reeser, *Musik in Holland* (Amsterdam, 1959) ; J. Van der Veen, « Amsterdam », in *New Grove* I (1980).

Aubert L. L. Vuillemin, *Louis Aubert, son œuvre* (Paris, 1921) ; G. Favre, *Musique française contemporaine* (Paris, 1956) ; M. Landowski et G. Morançon, *Louis Aubert, musicien français* (Paris 1967) ; T. Aubin, *Notice sur la vie et les travaux de Louis Aubert* (Paris, 1970).

Amy. Kateb Yacine, *le Cercle des représailles* [*À propos d'une musique de scène pour le « Cadavre encerclé » de Gilbert Amy*] (Paris, 1959) ; D. Jameux, « Entretien avec Gilbert Amy », in *Musique en jeu* 3 (1971).

analyse. W.-R. Spalding, *la Musique, un art et un langage : manuel d'analyse musicale* (Paris, 1927 ; rééd., Paris 1950) ; J. Chailley, *Traité historique d'analyse musicale* (Paris, 1951) ; A. Dommel-Dieny, *l'Analyse en harmonique en exemples de Bach à Debussy*, 2 vol. : 6, Mozart, Beethoven ; 11, César Franck (Tours, 1973) ; J. Chailley, *Traité historique d'analyse harmonique* (Paris, 1976).

Anchieta. A. Coster, « Juan de Anchieta et la famille de Loyola », in *Revue hispanique*, LXXIX, 1930 ; H. Anglès, « Un musicien inconnu »..., in *AM*, VIII. 1936.

André Johann. W. Matthäus, *Johann Andre Musikverlag zu Offenbach am Main, Verlagsgeschichte und Bibliographie 1772-1800* (Tutzing, 1973).

Andrieu J.-F. (d'). H. Quittard, « les Principes de l'accompagnement de D'Andrieu » in *RM* VIII (1907), « la Classification des accords au début du XVIIIᵉ siècle », in *RM*, VII (1907) ; B. François-Sappey, *Jean-François Dandrieu* (Paris, 1982).

Anerio G. F. J. Armstrong, « The Antiphonae seu sacrae cantiones (1613) of G. F. Anerio, a Liturgical Study », in *Studien zur italienisch-deutschen Musikgeschichte*, IX (Köln, 1974) ; H. E. Smither, *A History of the Oratorio*, vol. 1 (Chapel Hill, 1977).

Anet. L. de La Laurencie, « Un grand violoniste de l'Ancien Régime. Les deux Jean-Baptiste Anet », in *RM*, V (1905).

Anglebert J. H. (d'). A. Pirro, *les Clavecinistes* (Paris, 1924) ; Ch. Bouvet, « les Deux d'Anglebert », in *RMie*, XII (1928).

Anglés. G. Bourligueux, « Higinio Anglés (1888-1969) », in *Bulletin hispanique*, LXXII, nᵒˢ 3/4 (Bordeaux, 1970).

Angleterre. J. S. Bompus, *The Organists and Composers of Saint Paul Cathedral* (Londres, 1891) ; H. Davey, *History of English Music* (2ᵉ éd., Londres, s. d.) ; W. H. G. Flood, *Early Tudor Composers* (Oxford, 1925) ; J. A. Westrup, *British Music* (Londres, 1945) ; R. Dumesnil, « la Musique en Angleterre de Dunstaple à Haendel », in *les Musiciens célèbres* (Genève, 1946) ; B. Pattison, *Music and Poetry of the English Renaissance* (Londres, 1948) ; W. L. Woodfill, *Musicians in English Society from Elisabeth to Charles I* (Princeton, 1953) ; E. D. Mackerness, *A Social History of English Music* (Londres, 1964) ; J. Michon et J. Maillard, *la Musique anglaise* (Paris, 1970).

Anneau du Nibelung. R. Wagner, *l'Anneau du Nibelung* (Grenoble, 1975) ; P. Boulez, P. Chereau, R. Peduzzi et J. Schmidt, *Histoire d'un ring. Bayreuth 1976-1980* (Paris, 1981).

Annibale Padovano. A. Einstein, « A. Padovanos Madrigalbuch », in *Festschrift Adler* (Vienne, 1930).

Ansermet. J.-C. Piguet, *Ernest Ansermet et les fondements de la musique* (Lausanne, 1964) ; J.-C. Piguet et J.-C. Burdet, *Ernest Ansermet, Frank Martin. Correspondance 1934-1968* (Neuchâtel, 1976).

Antegnati. D. Muoni, *Gli Antegnati, organari insigni* (Milan, 1883) ; P. Guerrini, *La bottega organaria degli Antegnati* (Brescia, 1930) ; L. Salamina, « Un decennio a Lodi di Antegnati », in *Archivo storico Lodigiano* (1943).

Antes. D. McCorkle, « John Antes, American Dilettante », in *Musical Quarterly*, nᵒ 42 (1956).

Anthem. E. Wienandt et R. Young, *The Anthem in England and America* (New York, Londres, 1970).

antienne antiphonaire. A. Gastoué, *les Origines du chant romain, l'antiphonaire grégorien* (Paris, 1907) ; A. Gastoué, *le Graduel et l'Antiphonaire romain, histoire et description* (Lyon, 1913) ; J. Gelineau, « la Psalmodie et les chants processionnaux », in *le Chant liturgique d'après Vatican II* (Paris, 1966).

Aquin (d'). F. Raugel, *les Organistes* (Paris, 1923 ; rééd., 1962) ; A. Pirro, *les Clavecinistes* (Paris, 1924).

arabe (musique). F. Salvador Daniel, *la Musique arabe* (Alger, 1863-1879) ; G. Delphin et L. Guin, *Notes sur la poésie et la musique arabes dans le Maghreb algérien* (Paris, 1886) ; R. Mitjana, « l'Orientalisme musical et la musique arabe, in *le Monde oriental*, I (Uppsala, 1906) ; R. d'Erlanger, *la Musique arabe*, 6 vol. (Paris, 1930-1959) ; A. Berner, *Studien zur arabischen Musik* (Leipzig, 1937) ; A. Chottin, *Tableau de la musique marocaine* (Paris, 1939) ; B. Mauguin, *les Modes dans la musique turque traditionnelle* (Paris, 1969) ;

BIBLIOGRAPHIE

S. Jargy, *la Musique arabe* (Paris, 1971); S. el Mahdi, *la Musique arabe* (Paris, 1972); A. Shiloah, *Al-Hasan Ibn Ahmad Ibn'Ali al-Katib. La perfection des connaissances musicales (Kitab Kamal Adab al-Gina).* Traduction et commentaire d'un traité de musique arabe du xie siècle (Paris, 1972); M. Guettat, *la Musique classique du Maghreb* (Paris, 1981).

Arbeau. A. Mairy « l'Orchésographie de Thoinot Arbeau », in *les Trésors des bibliothèques de France*, V (1935); P. Nettl, *The Story of Dance Music* (New York, 1947).

archet. L. A. Vidal, *les Instruments à archet* (Paris, 1876-1878); L. Capet, *la Technique supérieure de l'archet* (Paris, 1916); J. Roda, *Bows for Musical Instruments of the Violin Family* (Chicago, 1959); W. C. Retford, *Bows and Bow Makers* (Londres, 1964); E. Vatelot, *les Archets français* (Paris, 1976).

arc musical. A. Schaeffner, *Origine des instruments de musique* (Paris, 1936).

Arenski. G. Tzipine, *A. Arenski* (en russe; Moscou, 1966).

Argentine. G. Furlong, *Músicos argentinos durante la dominación hispanica* (Buenos Aires, 1945); V. Gesualdo, *Historia de la música en la Argentina* (Buenos Aires, 1961); L. Flury, *Historia de la música argentina* (Santa Fe, 1967).

Ariosti. A. Ebert, *Ariosti in Berlin*, (thèse; Bonn, 1905); L. Frati, « Attilio Ariosti », in *RMI*, XXII (1926).

Aristote. F. A. Gevaert et C. Vollgraff, *les Problèmes musicaux d'Aristote*, 3 vol. (Gand, 1899-1903); L. Richter, *Zur Wissenschaftslehre von der Musik bei Platon und Aristoteles* (Berlin, 1961); W. D. Anderson, *Ethos and Education in Greek Music, the Evidence of Poetry and Philosophy* (Cambridge, Mass., 1966).

Aristoxène de Tarente. L. Laloy, *Aristoxène de Tarente, disciple d'Aristote et la musique de l'Antiquité* (Paris, 1904; rééd., Genève, 1973).

Armstrong. L. Armstrong, *Ma vie* (trad. fr. M. Gautier; Paris, 1952); R. Goffin, *Armstrong, le roi du jazz* (Paris, 1947); L. Malson, *les Maitres du jazz* (Paris, 1952); A. J. McCarthy, *Louis Armstrong* (Londres, 1960); J. Faton, *la Jeunesse de L. Armstrong* (trad. fr. Th.-M. Lalagüe, Paris, 1964); H. Panassié, *Louis Armstrong* (Paris, 1969); L. Feather, *From Satchmo to Miles* (New York, 1972); M. Boujut, *Pour Armstrong* (Paris, 1976).

Arnaut Daniel. Canello, *La vita e le opere del trovatore Arnaut Daniel* (Halle, 1883); R. Lavaud, *les Poésies d'Arnaut Daniel* (Toulouse, 1910); F. Gennrich, *Der musikalische Nachlass der Troubadours* (Darmstadt, 1958); G. Toja *Arnaut Daniel, Canzoni* (Florence, 1961); J. Maillard, *Anthologie de chants de troubadours* (Nice, 1967).

Arnaut de Mareuil. R. C. Johnston, *les Poésies lyriques du troubadour Arnaut de Mareuil* (Paris, 1935); F. Gennrich, *Der musikalische Nachlass der Troubadours* (Darmstadt, 1958; P. Bec, *les Saluts d'amour du troubadour Arnaut de Mareuil* (Toulouse, 1961).

Arne. H. Langley, *Arne* (Cambridge, 1938); A. E. F. Dickinson, « Arne and the Keyboard Sonata », in *The Monthly Musical Record*, LXXXV (1955); C. Cudworth, « Boyce and Arne, the Generation of 1710, in *ML*, LXI (1960); J. A. Parkinson, *An Index to the Vocal Works of Thomas Arne and Michael Arne* (Detroit, 1972).

Arnold. D. Mitchell, « Malcolm Arnold », in *the Musical Times*, XCVI, M. Shafer, *British Composers in Interview* (Londres, 1963).

Arnold de Lantins. Ch. Van den Borren, *Arnold et Hugo de Lantins* (Liège, s.d.).

Arriaga. C. A. Figuerido, *El arte y la muerte de musico Juan Crisóstomo de Arriaga* (Bilbao, 1946); A. Sagardia, *El compositor Juan Crisóstomo de Arriaga* (Bilbao, 1956).

Arrieta y Corera. A. Peña y Goñi, *La opera española y la música dramática en España* (Madrid, 1885); J. Subirá, *El teatro del Real Palacio* (Madrid, 1950).

Arcadelt. F. Celani, « I cantori della cappella pontificale », in *RMI* (1907); W. Klefisch, *Arcadelt als Madrigalist, ein Beitrag zur Geschichte der weltlichen Vocalmusik der Renaissance in Italien*, Cologne, 1938); E. Helm, *The Beginning of Italian Madrigal and the Works of Arcadelt* (Harvard University, 1939); F. Lesure, « Arcadelt est mort en 1568, in *RMie*, XLVII (1961).

Arrieu. P. Landormy, *la Musique française*, t. 3, « Après Debussy » (Paris, 1943).

Ars antiqua. E. de Coussemaker, *l'Art harmonique au Moyen Âge* (Paris, 1865; rééd. 1964); J. Handschin, « Was brachte die Notre-Dame Schule neues ? », in *ZfM*, VI, 1923-1925; M. Schneider, « Zur Satztechnik der Notre-Dame Schule » ibid., XIV (1931-32); G. D. Sasse, *Die Mehrstimmigkeit der Ars Antiqua in Theorie und Praxis* (Leipzig, 1940); J. Chailley, *Histoire musicale du Moyen Age* (Paris, 1950; rééd., 1969); A. Machabey, « A propos des quadruples pérotiniens », in *MD*, XII (Dallas, 1958).

Ars nova. E. de Coussemaker, « l'Ars nova de Philippe de Vitry », in « *Scriptores* de musica medii Aevi », vol. 3 (1869); rééd., 1963); M. Schneider, *Die Ars Nova des XIV Jahrhundert in Frankreich und Italien* (Potsdam, s.d.); J. Chailley, *Histoire musicale du Moyen Age* (Paris, 1950; rééd., 1969); A. Machabey, *Guillaume de Machaut, la vie et l'œuvre musicale*, 2 vol. (Paris, 1955); Ch. Van den Borren, « l'Ars nova », in *Recueil d'études sur le XIVe siècle* (Paris, 1959); A. Damerini, *Guillaume de Machaut et l'Ars nova italienne* (Florence, 1960); V. L. Hagopian, *Italian Ars Nova Music, a Bibliographical Guide to Modern Editions and Related Literature* (Berkeley, 1973).

Artaria. F. Artaria et H. Botstiber, *Joseph Haydn und das Verlagshaus Artaria* (Vienne, 1909); A. Weinman, *Vollständiges Verlagsverzeichn Artaria & Comp.* (Vienne, 1952); R. Hilmar, *Der Musikverlag Artaria & Comp. Geschichte und Probleme der Druckproduktion* (Tutzing, 1977).

Assafiev. D. Kabalevski : *Boris Assafiev* (en Russe; Moscou, 1954); R. Moisenko, *Twenty Soviet Composers* (Londres, s.d.); M. Montaigu-Nathan, « The Strange Case of Prof. Assafiev », in *ML*, XXXVIII (1957); E. Orlova, *Boris Assafiev* (en russe; Leningrad, 1964).

Assoucy *(d').* H. Prunières, « le Page de d'Assoucy, contribution à l'histoire des mœurs musicales au xviie siècle », in *Mélanges* G. Adler (Vienne, 1930); J. Tiersot, *la Musique dans les comédies de Molière* (Paris, 1921).

Aston. W. H. G. Flood, *Early Tudor Composers* (Londres, 1925); F. L. Harrison, *Music in Medieval Britain* (Londres, 1958; rééd., 1963).

atonalité. A. Schönberg, *Harmonielehre* (Vienne, 1911); H. Eimert, *Atonale Musiklehre* (Leipzig, 1924); R. Leibowitz, *Introduction à la musique à douze sons* (Paris, 1949); E. Roiha, *On the Theory and Technique of Contemporary Music* (Helsinki, 1956); R. Reti, *Tonality, Atonality Pantonality, a Study of Some Trends in Twentieth Century Music* (Londres, 1958); Ch. Koechlin, « la Musique atonale », in *Essai sur la musique* (1959); G. Perle, *Serial Compositions and Atonality* (Berkeley, Los Angeles, Londres, 1962); H. H. Stuckenschmidt, *la Musique du XXe siècle* (Paris, 1969).

Attaingnant. F. Lesure, Pierre Attaingnant, notes and documents, in *MD*, III, 1949; V. Fédorov, *Attaingnant* (Kassel, s.d.); D. Heartz, « la Chronologie des recueils imprimés par P. Attaingnant », in *RMie*, XLIV, 1959); D. Heartz, *P. Attaingnant, Royal Printer of Music, a Historical Study and Bibliographical Catalogue* (Berkeley, Los Angeles, 1969).

Auber. (D. F. E.). B. Jouvin, *D. F. E. Auber, sa vie et ses œuvres* (Paris, 1864); G. Bertrand, *les Nationalités musicales étudiées dans le drame lyrique* (Paris, 1872); H. Pougin, *Auber, ses commencements* (Paris, 1873); R. Wagner, *Erinnerung un Auber* (Leipzig, 1873); Ch. Malherbe, *Auber* (Paris, 1911); R. M. Longyear, *D. F. E. Auber, a Chapter in French Opera Comique* [*1800-1870*] High Wycombe, 1957).

Aubin. A. Machabey, *Portraits de 30 musiciens français*, (Paris, 1949).

Aubry. J. Chailley, « Quel est l'auteur de la théorie musicale dite de Beck-Aubry ? », in *AfM*, X (1953).

audition. R. Francis, *la Perception de la musique* (Paris, 1958); A. Gribenski, *l'Audition* (Paris, 1975); W. Reich, « l'Oreille et l'Ouïe », in *Revue Ciba* (s.d.).

Augustin (saint). W. F. Jackson Knight, *Saint Augustine's De Musica, a Synopsis*, Londres, s.d.; J. Huré, *Saint Augustin musicien* (Paris, 1924); H. Davenson, *Traité de la musique selon l'esprit de Saint Augustin* (Neufchâtel, 1942).

BIBLIOGRAPHIE

Aulos. K. Schlesinger, *The Greek Aulos* (Londres, 1939).

Auric. A. Schaeffner, *Georges Auric* (Paris, 1928); J. Bruyr, *l'Écran des musiciens* (Paris, 1930); A. Goléa, *G. Auric* (Paris, 1958); G. Auric, *Quand j'étais là* (Paris, 1979).

Australie. I. Moresby, *Australia makes music* (Londres, 1948); W. A. Orchard, *Music in Australia, more than 150 Years of Development* (Melbourne, 1952); A. Mac Credie, *Musical Composition in Australia* (Canberra, 1969).

Authente. J. Chailley, *l'Imbroglio des modes* (Paris, 1960).

Autriche. E. Hanslick, *Geschichte des Konzertwesens in Wien* (Vienne, 1879; réimpr., Hildesheim, New York, 1979); L. von Köchel : *Die kaiserliche Hofmusikkapelle in Wien von 1543 bis 1867* (Vienne, 1869); E. d'Harcourt, *la Musique actuelle en Allemagne et Autriche-Hongrie* (F. Durdilly, Paris, 1908); C. Schneider, *Geschichte der Musik in Salzburg* (Salzbourg, 1935); E. Schenk, *950 Jahre Musik in Österreich* (Vienne, 1945); H. J. Moser, *Die Musik in frühevangelischen Österreich* (Vienne, 1945, Hinnenthal, Cassel, 1954); H. G. Marek, *Geschichte und Wesen des Spielgrafenamtes in Österreich* (Notring der wissenschaftlichen Verbände, Vienne, 1957); E. Tittel, *Österreichische Kirchenmusik, Werden, Wachsen, Wirken* (Herder, Vienne, 1961); H. Federhofer, F. Grasbergern O. Wesely, W. Senn, E. Schneider, «Österreich», in *MGG* 9 (1961); Th. Antonineck, « Autriche », in *M. Honegger, science de la musique,* I (1976); H. Federhofer, W. Deutsch, « Austria », in *New Grove,* I (1980).

Avignon. P. Aubry, *les Fêtes musicales d'Avignon* (Paris, 1889); A. Gastoué, « la Musique à Avignon et dans le comtat », in *RMI,* XI (1904); F. Lesure, « Avignon », in *MGG,* I (1949); J. Rodriguez, « la Musique et les Musiciens d'Avignon au XVIIIe siècle », in *Recherches,* XIII (1973).

ayre. E. H. Fellowes, *The English Madrigal Composers* (Oxford, 1921); P. Warlock, *The English Ayre* (Londres, 1926); Br. Pattison, *Music and Poetry in the English Renaissance* (Londres, 1948); U. Olhausen, *Das lautenbegleitete Sololied in England um 1600* (Francfort/M., 1963).

B

Bach *C. P. E.* C. P. E. Bach, *Essai sur la vrai manière de jouer des instruments à clavier* (1853; rééd. Paris, s.d.); A. Wotquenne, *Thematisches Verzeichnis der Werke von C. Ph. E. Bach* (Leipzig, 1905); O. Vrieslander, *C. Ph. E. Bach als Theoretiker,* in Von neuer Musik, I (Köln, 1925); E. F. Schmid, *C. Ph. E. Bach und seine Kammermusik* (Cassel, 1931); P. C. G. Canave, *A Re-Evaluation of the Role Played by C. Ph. E. Bach in the Development of the Clavier Sonata* (Washington, 1956); G. Busch, *C. Ph. E. Bach und seine Lieder,* 2 vol. (Ratisbonne, 1957); Ph. Barford, *The Keyboard Music of C. Ph. E. Bach Considered in Relation to his Musical Æsthetic and the Rise of the Sonata Principle* (Londres, 1965); P. Cohen, *Theorie und Praxis der Clavierästhetik C. Ph. E. Bachs* (Hambourg, 1974).

Bach J. S. — ÉCRITS. *Bach Dokumente,* présentés par W. Neumann et H. J. Schulze, 4 vol. (Bärenreiter, Cassel, Bâle, Paris, Londres, 1963, 1969, 1972 et 1979); trad. fr. du vol. 1, éd. revue et augmentée, présentée par les mêmes, trad. par S. Wallon et E. Weber (Paris, 1976).

OUVRAGES BIBLIOGRAPHIQUES. Bach Jahrbuch, édité par la Neue Bach-Gesellschaft (Leipzig, 1904); W. Schmieder, *Thematischsystematisch Verzeichnis der musikalischen Werke von J. S. Bach* (Leipzig, 1950; rééd. Wiesbaden, 1966).

OUVRAGES GÉNÉRAUX. J. N. Forkel, *Über J. S. Bachs Leben, Kunst und Kunstwerke* (Leipzig, 1802; trad. fr., Paris, 1876, rééd. 1982 et 1981). Ph. Spitta, *Johann Sebastian Bach,* 2 vol. (Leipzig, 1873-1880; 5e éd., Wiesbaden, *ibid.,* 1962; trad. angl. Ch. Belle et J. A. Fuller Maitland, 3 vol., Dover, Londres, New York, 1951); A. Schweitzer, *Jean-Sébastien Bach, le musicien poète* (Paris, 1905; rééd. 1967); A. Pirro, *Jean-Sébastien Bach* (Paris, 1906; rééd., 1949); A. Pirro, *l'Esthétique de Jean-Sébastien Bach* (Paris, 1907; rééd., Genève, 1973); Ph. Wolfrumm, *J. S. Bach,* 2 vol. (Leipzig, 1910); J. Tiersot, *J. S. Bach* (Paris, 1907; rééd., 1934); Ch. S. Terry, *Bach, a Biography* (Londres, 1928; 3e éd., 1949); Ch. S. Terry, *Bach, the Historical Approach* (Londres, 1930); W. Vetter, *J. S. Bach, Leben und Werk* (Leipzig, 1938); E. Meynell, *la Petite Chronique d'Anna Magdalena Bach* (trad. fr. M. et F. Buchet; Paris, 1941); R. Pitrou, *Jean-Sébastien Bach* (Paris, 1941; rééd., 1955); M. Pfender, *J. S. Bach, chantre de Dieu* (Paris, 1943); N. Dufourcq, *Un architecte de la musique, Jean-Sébastien Bach, génie allemand? génie latin?* (Paris, 1947); B. de Schloezer, *Introduction à J. S. Bach* (Paris, 1947); H. Dufoure, *Jean-Sébastien Bach, le maître de l'orgue* (Paris, 1948); A. Boschot, *la Résurrection de Bach [1750-1950]* (Paris, 1950); «J. S. Bach et les siens», *Revue internationale de musique,* no 8 (Paris, 1950); Y. Tiénot, *J. S. Bach, esquisse biographique* (Paris, Bruxelles, 1951); P. Hindemith, *J. S. Bach, Heritage and Obligation* (New Haven, 1952); G. von Dadelsen, *Bemerkungen zur Handschrift J. S. Bachs, seiner Familie und seines Kreises* (Trossingen, 1957); G. von Dadelsen, *Beiträge zur Chronologie der Werke J. S. Bachs* (Trossingen, 1958); J. Gallois, *Jean-Sébastien Bach* (Lyon, 1961); L.-A. Marcel, *Bach* (Paris, 1961; rééd., 1974); B. Gavoty, « Bach », in *Dix Grands Musiciens* (Paris, 1962); J. S. Bach, in *Génies et Réalités* (Paris, 1963); E. Buchet, *J. S. Bach, l'œuvre et la vie* (Paris, 1963); C. Lehmann, *Jean-Sébastien Bach, l'homme et son œuvre* (Paris, 1964); E. Buchet, *J.-S. Bach* (Paris, 1968); O. Alain, *Bach* (Paris, 1970); K. Geiringer, *Jean-Sébastien Bach* (trad. fr. R. Celli; Paris, 1970); *La Petite Chronique d'Anna Magdalena Bach* (nouv. éd., Paris, 1976); K. Geiringer, *Bach et sa famille* (Paris, 1980); G. Compère, *Jean-Sébastien Bach* (Paris, 1980); J.-N. Forkel, *Vie de Johann Sebastian Bach* (trad. fr. G. Geffrey; Paris, 1981); *Bach en son temps,* présenté par Gilles Cantagrel (Paris, 1982).

ICONOGRAPHIE. Ch. Claoué, « Bach d'après son visage », in *Revue internationale de musique* (Paris, Bruxelles, 1950); H. Raupach, *Die währe Bildnisse J. S. Bachs* (Wolfenbüttel, 1950); H. Besseler, *Fünf echte Bildnisse J. S. Bachs* (Cassel, 1956); C. Freyse, *Bachs Antlitz, Betrachtungen und Erkenntnisse zur Bach-Ikonographie* (Eisenach, 1964).

CANTATES. Ch. S. Terry, *J. S. Bachs Cantata Texts, Sacred and Secular* (Londres, 1926); W. G. Whittaker, « A Pilgrimage Through the Church Cantatas of J. S. Bach », in *Collected Essays* (Londres, 1940); W. G. Whittaker, *The Cantatas of Johann Sebastian Bach* (Londres, 1959; rééd., 1979); W. Neumann, *Handbuch der Kantaten J. S. Bachs* (Leipzig, 1947; rééd. augm., Leipzig, 1971); C. de Nys, *Cantates à saint Thomas de J. S. Bach* (Paris, 1957); P. Mies, *Die geistlichen Kantaten J. S. Bachs und der Hörer von Heute,* 3 vol. (Leipzig, 1959/60-1964); J. Day, *The Literary Background to Bach Cantatas* (Londres, 1961); A. Dürr, *Die Kantaten von Johann Sebastian Bach,* 2 vol. (Bärenreiter, Cassel, Bâle, Tours, Londres, 1971); A. Robertson, *The Church Cantatas of J. S. Bach* (Londres, 1972); I. Finlay, *J. S. Bachs weltlichen Kantanten, eine musikwissenschaftlich-literarische Betrachtung* (Göttinger Drückerei und Verlagsgesellschaft, Göttingen, s. d.); P. et G. Zwang, *Guide pratique des cantates de Bach* (Paris, 1982).

CHORALS *(cf.* aussi *Orgue).* Ch. S. Terry, *Bach's Chorals,* 3 vol. (Cambridge, 1915-1917-1921); W. Buszin, « The Chorale in the Baroque Era and J. S. Bachs Contribution to it », in *Mélanges* (Londres, 1970); H. Mantel, *la Trente-Deuxième Cantate de Bach* (Paris, s.d.); G. et P. Swang, *Guide pratique des cantates de Bach* (Paris, 1982).

CLAVECIN, CLAVIER, CLAVIERÜBUNG. C. Van Bruyck, *Technische und ästhetische Analysen des wohltemperirten Klaviers* (Leipzig, 1889); E. Roetlisberger, *le Clavecin dans l'œuvre de Bach* (Genève, 1920); W. Danekert, « Die A dur Suite in Friedemann Bachs Klavierbuch, Grundsätzliches zur Stlikritik », in *ZfM,* VII (1925); F. Ernst, *Der Flügel J. S. Bachs, ein Betrag zur Geschichte des Instrumentenbaues in 18. Jahrhundert* (Francfort, 1955); L. Czaczkes, *Analyse des Wohltemperiertes Klaviers. Form und Anbau der Fuge bei Bach,* 2 vol. (Vienne, 1956; Vienne, Munich, 1965); E. Bodky, *The Interpretation of Bach's Keyboard Works* (Cambridge, Mass., 1960); G. Barblan, *Guida al «Clavicembalo ben temperato » di J. S. Bach* (Curci, Milan, 1961); H. Keller, *le Clavier bien tempéré de J. S. Bach* (trad. fr. P. Auclert (Paris, Bruxelles, Montréal, 1972-73).

CONCERTOS. N. Carrell, *Bach's Brandeburg Concertos*, préface de Y. Menuhin (Londres, 1963); W. Kolneder, *Besetzung und Satzstil ; zu J. S. Bachs Violinkonzerten*, in *Mélanges* (Cassel, 1967); P. Pyom, *la Comparaison entre les versions différentes d'un concerto de Vivaldi transcrit par Bach* (Paris, 1967); L. Hoffmann-Erbrecht, « J. S. Bach als Schöpfer des Klavierkonzertes », in *Mélanges* (Francfort, 1972).
FUGUES, INVENTIONS. D. F. Tovey, *A Companion to The Art of Fugue* (Oxford University Press, Londres, New York, Toronto, 1931); E. Thiele, *Die Chorfugen J. S. Bachs* (Berne, 1936); W. Neumann, *J. S. Bachs Chorfuge, ein Betrag zur Kompositionstechnik Bachs* (Leipzig, 1938; réed., 1950); B. Martin, *Untersuchungen zur Struktur der Kunst der Fuge* (Ratisbonne, 1941); W. Kaegi, *Die simultane Denkweise in J. S. Bachs Inventionen, Sinfonien und Fugen* (Bâle, 1951); G. Leonhardt, *The Art of Fugue, Bach's Last Harpsichord Work, an Argument* (La Haye, 1952); F. Jöde, *Die Kunst Bachs dargestellt an seinen Inventionen* (Wolfenbüttel, 1957); J. Chailley, *l'Art de la fugue de Jean-Sébastien Bach* (Paris, 1971); H. K. Metzger et R. Riehn (éd.), « Johann Sebastian Bach. Das spekulative Spätwerk », in *Musik-Konzepte*, n°s 17-18 (Munich, 1981).
MESSE. J. Tiersot, « la Messe en si mineur de J. S. Bach », in *Men*, LVII (1891); N. Dufourcq, *la Messe en si mineur de Bach ; esquisse d'une chronologie de la messe en musique* (Paris, 1948); W. Ehmann, *Concertisten und Ripienisten dans der H moll Messe J. S. Bachs* (Cassel, Bâle, s. d.).
MOTETS. W. Ehmann, « Aufführungspraxis der Bachschen Motteten », in *Kongress-Bericht, Gesellschaft für Musikforschung* (Lunebourg, 1950); R. Gerber, « Über Formstruktur in Bachs Motetten », in *Mf*, III (1950).
OFFRANDE MUSICALE. L. Landshoff, *J. S. Bachs Musikalisches Opfer* (Leipzig, 1937); *Ricercare de l'offrande musicale*, (Luynes, 1973).
ORGUE. A. Pirro, *l'Orgue de J. S. Bach*, préface de Ch.-M. Widor (Paris, 1895); H. Grace, *The Organ Works of Bach* (Londres, 1922); F. Florand, *J. S. Bach, l'œuvre d'orgue* (Paris, 1947); N. Dufourcq, *J. S. Bach, le maître de l'orgue* (J. Floury, Paris, 1948; réed., Picard, Paris, 1973); H. Keller, *Die Orgelwerke Bachs* (Leipzig, 1948); R. L. Tusler, *The Style of J. S. Bach's Choral Preludes* (Univ. of California Press, Berkeley, 1956); J. Kloppers, *Die Interpretation und Wiedergabe der Orgelwerke Bachs* (Francfort, 1965); P. Williams, *Bach Organ Music* (Londres, 1972); P. Vidal, *Bach et la machine-orgue* (Stil éditions, Fontenaysous-Bois, 1973); J. Chailley, *les Chorals pour orgue de J. S. Bach* (Leduc, Paris, 1974); P. Vidal, *Bach. Les psaumes, passions, images et structures dans l'œuvre d'orgue* (Fontenay-sous-Bois, 1977).
PASSIONS, ORATORIO DE NOËL. W. Werker, *Die Matthäus Passion* (Leipzig, 1923); A. Cellier, *les Passions et l'oratorio de Noël de J. S. Bach* (Paris, 1929); J. Bioulès, *J. S. Bach et la Passion selon saint Jean* (Montpellier, 1945); M. O'Neill, « les Deux Passions de Bach dans la lumière des Évangiles », in *RM*, 228 (1955); J. Chailley, *les Passions de Bach* (Paris, 1963); A. Mendel, « Traces of Pre-History of Bach's St John and St Mattew's Passions », in *Mélanges* (Cassel, 1963); Abbé J. Robert, *Petit Guide pour la Passion selon saint Matthieu de J. S. Bach* (Paris, 1971).
VIOLON. G. Hausswald, « Zur Stylistik von J. S. Bachs Sonaten und Partiten für Violine allein », in *AfM*, XIV (1957); V. Rabei, *Sonaty i Partity Bacha dlia skripki solo*, « Sonates et partitas de Bach pour violon solo » (Moscou, 1970).
TECHNIQUE, LANGUE, ÉTUDES GÉNÉRALES. Sœur M. J. B. Connor, *Gregorian Chant and Medieval Hymn Tunes in the Works of J. S. Bach* (Catholic Univ. of America Press, Washington, 1957); Ch. S. Terry, *Bach's Orchestra* (Oxford Univ. Press, Londres, 1932, réed., 1958); H. Drux, « Zwölftonordnungen in Rezitativen J. S. Bachs », in *Mélanges* (Regensburg, 1962); W. Emery, *les Ornements dans l'œuvre de Bach* (trad. fr. J. et P. Floger [Van de Velde], Tours, 1970); H. G. Klein, *Die Einfluss der Vivaldischen Konzertform in Instrumentalwerke Bachs* (Strasbourg, Baden-Baden, 1970); K. Dahlhaus, « Über Altes und Neues in Bachs Werke », in *Mélanges* (Mayence, 1972); J. J. Duparcq, *Contribution à l'étude des proportions numériques dans l'œuvre de J. S. Bach* (Paris, 1977); G. Robert, *le Descriptif chez Bach* (Paris, s.d.).

Bach Johann Christian. M. Schwartz, « Johann Christian Bach », in *SdIM*, II (1900-1901); H. Abert, « J. Chr. Bachs italienische Opern und ihre Anfluss auf Mozart », in *ZfMw*, I, 6 (1919); Ch. S. Terry, *Johann Christian Bach* (Londres, 1929; réed., 1967); G. de Saint-Foix, « A propos de Jean-Chrétien Bach », in *RM*, X (1926); F. Tutenberg, *Die Sinfonik Johann Christian Bachs. Ein Beitrag zur Entwicklungsgeschichte der Sinfonie von 1750-1780* (Wolfenbüttel, 1928); R. Seebandt, *Archetypen bei Johann Christian Bach* (thèse; Berlin, 1976).

Bach Johann Christoph. F. Rollberg, « Johann Christoph Bach, organist zu Eisenach, 1665-1703 », in *ZfMw*, XI (1928-29).

Bach Johann Christoph Friedrich. H. Wohlfahrt, *Johann Christoph Friedrich Bach, ein Komponist im Vorfeld der Klassik* (Berne, Munich, 1971).

Bach Wilhelm Friedemann. M. Falck, *Wilhelm Friedemann Bach, sein Leben und seine Werke* (Leipzig, 1913; réed., Lindau, 1956); F. Blume, article « W. F. Bach », in *MGG*, I (1949).

Bach (famille). K. H. Bitter, *Carl Philip Emmanuel und Wilhelm Friedemann Bach und deren Brüder*, 2 vol. (Berlin, 1868); M. Schneider, « Thematische Verzeichnis der musikal Werke der Familie Bach », in *Bach Jb* (1907); J. Ninck, *Die beide Frauen J. S. Bachs, Blick in die Familienleben des grossen Tonmeister* (Leipzig, Hambourg, 1939); K. Geiringer, *The Bach Family* (Londres, New York, 1954; trad. fr. M. Buchet, *Bach et sa famille* (Paris, 1955); G. Guillemot-Magitot, *Une lignée de musiciens, J. S. Bach et ses fils* (Paris, Bruxelles, 1957); P. M. Young, *The Bachs 1500-1850* (New York, 1970).

Baïf (de). M. Augé-Chicquet, *la Vie, les idées et l'œuvre de J. A. de Baïf* (Paris, 1909); M. Brenet, *Musiciens de la vieille France* (Paris, 1911); D. P. Walker, « The Aims of Baïf's Académie », in *Journal of Renaissance and Baroque Music* (1946); F. Yates, *The French Academies of the 16th century* (Londres, 1948); K. J. Levy, « Vaudeville, vers mesurés et airs de cour », in *Musique et Poésie au XVIᵉ siècle* (Paris, 1954).

Baillot. A. Guéroult, « Pierre Baillot », in *RGM*, IX (1842); A. Pougin, « l'Ecole française de violon, Pierre Baillot », in *Men*, XXXIX (1872); P. Soccane, « Un maître du quatuor : P. Baillot », in *Guide du concert* (1938); P. Soccane, « Quelques documents inédits sur Pierre Baillot », in *RMie*, XXIII (1939) et XXV (1945); B. François-Sappey, « Pierre Marie François de Sales, Baillot (1771-1842) par lui-même », in *Recherches*, XVIII (1978).

Bakfark. L. Kaiser, *V. Bakfark* (Vienne, 1907); H. Opienski, *V. Bakfark* (Leipzig, 1914); E. Haraszti, « Un grand luthiste du XVIᵉ siècle », in *RMie* XI (1929); O. Gombosi, *Der lautenist V. Bakfark* (Budapest, Musicologia Hungarica II, 1935).

Balakirev. A. Strelnikov, *M. Balakirev* (Saint-Pétersbourg, 1922); N. Tchernov, *M. Balakirev, annales musicales* (Petrograd, 1925); *Mily Alexeievitch Balakirev, issledovania i statii (études et articles)*, sous la direction d'E. Fried (Leningrad, 1961); M.-R. Hofmann, *la Vie des grands musiciens russes* (Paris, 1965); E. Garden, *Balakirev* (Londres, 1967).

balalaïka. F. Sokolov, *Rousskaia narodnaia balalaika* « la Balalaika populaire russe » (Moscou, 1962); Sokolov, *V. Andreiev i ievo orkestr* « V. Andreiev et son orchestre » (Leningrad, 1962).

Balantchivadze M. P. Tchoutchoua, *M. A. Balantchivadze* (Tbilissi, 1964).

Balbastre. J. Garduis, *l'Orgue et les Organistes en Bourgogne et en Franche-Comté au XVIIIᵉ siècle* (Paris, 1843); J. Labat, *les Organistes français au XVIIIᵉ siècle* (Montauban, 1872); Ch. Bouvet, *Une dynastie de musiciens français* (Paris, 1919); M. Frécot, *la Vie et l'œuvre de C.-B. Balbastre* (Paris, 1950).

ballad opera. W. H. Rubsamen, *Ballad Opera* (Bologne, 1954); E. Mac A. Gagey, *Ballad Opera* (New York, Londres, 1968).

ballade. G. Axel, *Die Klavier-Ballade*, manuscrit (Vienne, 1934); W. J. Entwistle, *The European Balladry* (Oxford, 1939); S. Northcote, *The Ballad in Music* (Oxford, 1942).

Ballard. H. Prunières, « Documents pour servir à la bibliographie des luthistes Robert Ballard et François Pinel », in *SdIM*, 14, XV (1913); E. Lebeau, *les Editions musicales des anciens Pays-Bas de la bibliothèque Ballard à Paris*, in *RBM*, IX (1955); F. Lesure et

BIBLIOGRAPHIE

G. Thibault, *Bibliographie des éditions d'Adrian Le Roy et Robert Ballard* (Paris, 1955).

ballet et musique. C.-F. Ménestrier, *Des ballets anciens et modernes selon les règles du théâtre* (Paris, 1682 ; rééd. 1972) ; J.-G. Noverre, *Lettres sur la danse et les ballets* (Stuttgart, Lyon, 1760 ; rééd. Paris, 1952) ; L. Vaillat, *Histoire de la danse* (Paris, 1942) ; P. Michaut, *Histoire du ballet* (Paris, 1945) ; B. Kochno et M. Luz, *le Ballet en France du XVe siècle à nos jours* (Paris, 1954) ; C. Swinson, *Guide Book of the Ballet* (Londres, 1960) ; A. De Mille, *The Book of the Dance* (New York, 1963 ; sous le titre l'*Âme de la danse*, Paris 1964) ; F. Reyna, *Histoire du ballet* (Paris, 1964) ; M.-F. Christout, *le Merveilleux et le théâtre du silence* (La Haye, Paris, 1965) ; A. Machabey, *la Musique de danse* (Paris, 1966) ; P. Nettl, *Histoire de la danse et de la musique de ballet* (Paris, 1966) ; M.-F. Christout, *Histoire du ballet* (Paris, 1966 ; rééd. 1975) ; A. Goléa, *Histoire du ballet* (Lausanne, 1967) ; A. Testa, *Discorso sulla danza e sul balletto* (Rome, 1970) ; M. Clarke et C. Crisp, *Ballet : An Illustrated History* (Londres, 1973) ; A. Bland, *A History of Ballet and Dance* (Londres, 1976 ; trad. fr. R. Latour) (Paris 1977) ; P. Bourcier, *Histoire de la danse en Occident* (Paris, 1978) ; S. de Nussac, « la Musique de danse », in *la Musique* (Paris, 1979) ; B. A. Pokovski, I. N. Grigorovitch, *Bolchoi. L'opéra et le ballet dans le plus grand théâtre soviétique* (trad. fr. Paris, 1979) ; M. Clarke et Cl. Crisp, *The Ballet goer's guide* (Londres, 1981) ; A. et V. Hofmann, *le Ballet* (Paris, 1981). F. Levieux et C. Masson, *le Ballet de l'Opéra* (Paris, 1981) ; S. Julien, *les Ballets* (Paris, 1981) ; B. Lefort, *Ballet, horizon 2000* (Paris, 1981) ; *le Ballet de 1581 à nos jours* (Paris, 1981) ; J.-V. Minéo, *Ballet national de Marseille Roland Petit* (Paris, 1981) ; F. Reyna, *Histoire du ballet* (Paris, 1981) ; A. Le Sidaner et A. Duault, *Don Giovanni - Mozart - Béjart* (Paris, 1981).
BALLET DE COUR. L. Celler, *le Ballet au XVIIe siècle* (Paris, 1868) ; M. de Pure, *Idées sur les spectacles anciens et nouveaux* (Paris, 1668 ; rééd. Genève, 1972) ; H. Prunières, *le Ballet de cour en France avant Benserade et Lully* (Paris, 1914) ; Ch. Silin, *Benserade and his ballets de cour* (Baltimore, 1940) ; A. Verchaly, *Air de cour et ballet de cour*, in *Histoire de la musique I* (Paris, 1960) ; M. McGowan, *l'Art du ballet de cour en France (1581-1643)* [Paris, 1963, rééd. 1978] ; M.-F. Christout, *le Ballet de cour de Louis XIV* (Paris, 1967) ; M.-F. Christout, *le Ballet de cour en France* (catalogue d'exposition, Aix-en-Provence, 1971) ; R. Wangermée, « le Ballet de cour », in *Mélanges Léo Schrade* (Berne, Munich, 1973) ; J. R. Anthony, *French Baroque Music from Beaujoyeulx to Rameau* (Londres, 1973 ; rééd., 1978).
BALLET ROMANTIQUE. E. Haraszti, « la Musique de ballet au XIXe siècle », in *Histoire de la musique*, II (Paris, 1963) ; I. Guest, *A. Gallery of Romantic Ballet* (Londres, 1965) ; I. Guest, *The Romantic Ballet in Paris* (Londres, 1966) ; G. André-Acquier, « le Ballet aux temps romantiques », in *Paroles et Musique* (Toulouse, 1974) ; M. H. Winter, *The Pre-Romantic Ballet* (Londres, 1974).
BALLET CONTEMPORAIN. P. Michaud, *le Ballet contemporain* (Paris, 1950) ; G. Arout, *la Danse contemporaine* (Paris, 1955) ; M. Lobet, *Panorama du ballet d'aujourd'hui* (Paris, Bruxelles, 1956) ; A. Boll, *le Ballet de l'avenir* (Paris, 1969) ; E. Rebling, *Ballett heute* (Berlin, 1970) ; J. Percival, *Modern Ballet* (Londres, 1970) ; M. Béjart, *l'Autre Chant de la danse* (Paris, 1974) ; M. Béjart, M. F. Christout, J. Franck, *Danses de XXe siècle* (Paris, 1977).

Ballif. « Essais, études, documents », in *la Revue musicale*, nº spécial 263 (1968).

Banchieri. F. Vatielli, *A. Banchieri, musiche chorali* (Milan, 1919) ; F. Vatielli, « Il madrigale drammatico e Adriano Bancieri », in *Arte musicale di Bologna*, I (1927) ; H. J. Wilbert, *Die Messen des A. Banchieri* (Augsburg, 1969).

Barbeau. E. Macmillan, « A. Barbeau, the Man, his Work », in *The Canadian Author and Bookman*, 38, nº 2 (1962).

Barber. N. Broder, « The Music of Samuel Barber », in *MQ*, XXXIV, nº 3 (1948) ; N. Broder, *Samuel Barber* (New York, 1954).

Barbier de Séville (le). C. Blaze, *le Barbier de Séville* (Paris, 1960) ; *l'Avant-Scène Opéra*, nº 37 (1981)

Barbieri F. A. A. Martinez Olmedilla, *El maestro Berbieri y su tiempo* (Madrid, 1941).

Barbirolli. Ch. Rigby, *John Barbirolli, a biographical sketch* (Altincham, 1948) ; M. Kennedy, *Barbirolli, conductor laureate* (Londres, 1972).

Bardi. H. Martin, « la Camerata du comte Bardi et la Musique florentine du XVIe siècle », in *RMie*, 42-43 (1932) ; N. Pirrotta, « Tragédie et Comédie dans la Camerata Fiorentina » in *Musique et Poésie au XVIe siècle* (Paris, 1953-54) ; N. Pirrotta, « Temperaments and Tendencies in the Florentine Camerata », in *MQ*, XL (1954) ; D. P. Walker, « *la Musique des intermèdes florentins de 1589 et l'humanisme* », in *les Fêtes de la Renaissance*, sous la direction de J. Jacquot, Paris (1956 ; C.V. Palisca, *The Camerata Fiorentina : a Reappraisal* (Florence, 1972).

baroque. A. della Corte, « Il Barocco e la Musica », in *Mélanges L. de La Laurencie* (Paris, 1933) ; M. F. Bukofzer, *Music in the Baroque Era* (New York, 1947 ; trad. fr. la Musique baroque, 1600-1750, de Monteverdi à Bach », Paris, 1982) ; S. Clercx, *le Baroque et la musique* (Bruxelles, 1948) ; A.J.B. Hutchings, *The Baroque Concerto* (Londres, 1961) ; *le Baroque musical ; recueil d'études sur la musique du XVIIe siècle*, colloque de Wégimont (Paris, 1963) ; R. Alewin et K. Sätze, *l'Univers du baroque ; les fêtes du baroque* (trad. fr. D. Bohler ; Genève, 1964) ; R. Dammann, *Der Musikbegriff im deutschen Barock* (Cologne, 1967) ; *le Baroque au théâtre et la Théâtralité du baroque* (Centre national de recherche du baroque, Montauban, 1967) ; F. Blume, *Renaissance and Baroque Music* (trad. angl. M. D. Herter-Norton ; Londres, 1968) ; R. Goldron, *Splendeur de la musique baroque* (Lausanne, 1968) ; R. Stricker, *Musiciens du baroque* (Paris, 1968) ; E. Boroff, *The Music of the Baroque* (C. Brown, Dubuque, Iowa, 1972) ; J. R. Anthony, *French Baroque Music from Beaujoyeulx to Rameau* (Londres, 1973 ; rééd. 1978 ; trad. fr. B. Vierne, « la Musique en France à l'époque baroque » ; Paris, 1981) ; J.-C. Veilhan, *Les Règles de l'interprétation musicale à l'époque baroque. XVIIe et XVIIIe siècles : générales à tous les instruments* (Paris, 1977) ; M. Bukofzer, *Histoire de la musique baroque, 1600-1750 de Monteverdi à Bach* (trad. fr. F. Langlois ; Paris 1982).

Barraqué. A. Hodeir, « Jean Barraqué », in *la Musique depuis Debussy* (Paris, 1961) ; Dossier *Jean Barraqué* (Champigny-sur-Marne, 1974).

Bartók. CORRESPONDANCE : *Eigene Schriften und Erinnerungen der Freunde*, recueillis par W. Reich (Stuttgart, Bâle, 1958) ; *Musique de la vie* (prés. et trad. fr. de R. Autexier ; Paris, 1981).
ÉTUDES, BIOGRAPHIES : E. Haraszti, *Béla Bartók, His Life and Works* (Paris, 1938) ; D. Dille, *Béla Bartók* (Bruxelles, 1947) ; H. Stevens, *The Life and Music of Béla Bartók* (New York, 1953) ; S. Moreux, *Béla Bartók* (Paris, 1955) ; *Bartók, sa vie et son œuvre*, sous la direction de B. Szabolcsi (Budapest, 1956 ; en fr., 2e éd., Paris, 1968) ; R. Petzoldt, *Béla Bartók, sein Leben in Bildern* (Leipzig, 1958) ; A. Fassett, *The Naked Face of Genius. Béla Bartók's American Years* (Boston, London, 1958) ; P. Citron, *Béla Bartók* (Paris, 1963) ; L. Lesznai, *Béla Bartók : sein Leben, seine Werke* (Leipzig, 1967) ; P. Mari, *Bartók* (Paris, 1970) ; W. Fuchss, *Béla Bartók en Suisse* (Lausanne, 1976) ; D. Dille, *Généalogie sommaire de la famille Bartók* (Anvers, 1977) ; J. Gergely, *Béla Bartók, compositeur hongrois*, 3 vol. RM (1980-81) ; Y. Queffelec, *Béla Bartók* (Paris, 1981).
FOLKLORE : G. Brelet, « Béla Bartók musique savante, musique populaire », in *Contrepoint* (1946) ; C. Mason, Bartók and Folksong, in *MR*, III (1950) ; J. Downey, *la Musique populaire dans l'œuvre de Béla Bartók* (Paris, 1966) ; C. Braïloiu, *Béla Bartók folkloriste* (s.l.n.d.).
MANDARIN MERVEILLEUX : B. Szabolcsi, « le Mandarin merveilleux de Béla Bartók », in *Essais sur la musique* (1959) ; J. Chailley, *Essai d'analyse du « Mandarin merveilleux »* (Budapest, 1964).
PIANO, MIKROKOSMOS : H.U. Engelmann, *Béla Bartóks Mikrokosmos, Versuch einer Typologie « Neuer Musik »* (Wurzburg, 1953) ; P. Benary, « Der zweistimmige Kontrpunkt in Bartóks Mikrokosmos », in *AfMw*, XV (1958) ; T. Hundt, *Bartóks Satztechnik in den Klavierwerke* (Ratisbonne, 1971) ; B. Suchor, *Guide to Bartok's Mikrokosmos* (Londres, 1971).
QUATUORS : G. Abraham, « The Bartók of the Quartets », in *ML* (1935). R. Traimer, *Béla Bartóks Komposi-*

BIBLIOGRAPHIE

tionstechnik dargestellt an seiner sechs Streichquartetten (Ratisbonne, 1956); W. Pütz, *Studien zur Streichquartettsschaffen bei Hindemith, Bartók, Schönberg und Webern* (Ratisbonne, 1968); G. Perle, *The String Quartets of Béla Bartók* (New York, 1977).

Bartolino da Padova. E. Li Gotti, *La poesia musicale italiana del'secolo XIV* (Palerme, 1944); E. Li Gotti, *L'Ars nova e il madrigale* (Palerme, 1944); P. Petrobelli, « Some Dates for Bartolino da Padova », in *Mélanges* (Princeton, 1968).

Bassani. R. Haselbach, *G. B. Bassani* (Cassel, 1955, avec un catalogue des œuvres).

basse chiffrée/basse continue. H. Riemann, *Handbuch des Generalbass-Spielen* (Berlin, 1889); M. Schneider, *Die Anfänge des Basso continuo und seiner Beziffering* (Leipzig, 1918); E. Borrel, *la Réalisation de la basse chiffrée dans les œuvres de l'école française au XVIIIe siècle* (Paris, 1920); M. Garros, « l'Art d'accompagner sur la basse continue d'après Guillaume-Gabriel Nivers », in *Mélanges P.-M. Masson* (Paris, 1955); G. Muffat, *A Treatise on Thoroughbass* (American Institute of Musicology, 1960); G. Hausswald, *The Music of the Figured Bass Era* (Cologne, 1974).

basse-danse. F. Crane, *Material for the Study of the Fifteenth Century Basse Danse* (Brooklyn, 1968); R. Meylan, *l'Enigme de la musique des bassesdanses du XVe siècle* (Berne, Stuttgart, 1968).

basse obstinée. R. Litterscheid, *Zur Geschichte des basso ostinato* (Vienne, 1932); O. Gombosi, « Italia, patria del basso ostinato », in *RassM*, VII (1934); L. Walther, *Die Ostinato Technik in den Chaconne und Arienformen des XVII und XVIII Jahrhundert* (Wurtzbourg, 1940).

basson. L. Letellier et E. Flament, « le Basson », in *Encyclopédie Lavignac*, Technique III (1927); L. G. Langwill, *The Bassoon and Contrebassoon* (Londres, 1965); G. Joppig, *Hautbois et Basson. Leur histoire, leur famille, leur répertoire* (Lausanne, 1982).

Bataille. F. Lesure et A. Verchaly, « Documents inédits relatifs au luthiste Gabriel Bataille, in *RMie*, XXIX (1947).

Baudelaire. P. Meylan, *les Écrivains et la musique* (Lausanne, 1944); J. Loncke, *Baudelaire et la musique* (Paris, 1975); L. Maurice-Amour, *Musiques inspirées par « les Fleurs du Mal »* (Paris, 1958).

Bayreuth. A. Lavignac, *le Voyage artistique à Bayreuth* (Paris, 1922; réed., 1980); O. Bie, *Richard Wagner und Bayreuth* (Zurich, Leipzig, 1931); P. Bülow, *Bayreuth, die Stadt der Wagner-Festspiele 1876-1936* (Leipzig, 1936); H. Conrad, *Bayreuth, Lebensweg einer Stadt* (Bayreuth, 1936); L. H. Schneider, *Bayreuther Wochen, Neue Musik* (Bayreuth, 1949); F. Herzfeld, *Das neue Bayreuth* (Berlin, 1960); J. Mistler, *A Bayreuth avec Richard Wagner* (Paris, 1960); *Der Fall Bayreuth* (ouvr. collect., Bâle, Stuttgart, 1962); G. Skelton, *Wagner at Bay-*

reuth, Experiment and Tradition (Londres, 1965); W. Schüler, *Der Bayreuther Kreis von seiner Entstehung bis zum Ausgang der wilhelmischen ära* (Munich, 1971); P. Turing, *New Bayreuth* (Londres, 1971); D. Bouillon, *le Ring à Bayreuth* (Paris, 1980); A. Tubeuf, *Bayreuth et Wagner, 100 ans d'images* (Paris, 1981); H. Rebois, *Renaissance de Bayreuth* (Paris, s.d.).

Bazin. J. Massenet, « Notice sur François Bazin », in *Revue et Gazette de Paris* (1879); Soubies et Malherbe, *Histoire de l'Opéra-Comique* (Paris, 1893).

Beaujoyeux. R. Rolland, *les Origines du théâtre lyrique moderne. Histoire de l'opéra en Europe avant Lully et Scarletti* (Paris, 1895; réed. 1971); H. Prunières, *le Ballet de cour* (Paris, 1914); G. A. Caula, *Un precedente storico dell'opera in musica (1581), le Ballet comique de la Reine* (Florence, 1964); C. et L. Mac Lintock, *le Ballet comique de la Royne* (Rome, 1971).

Beaumarchais. H. Kling, « Caron de Beaumarchais et la musique », in *RMI*, VII (1900); C. Bellaigue, *Études musicales*, seconde série (Paris, s.d.); S. Popper, *Beaumarchais and Music* (thèse; univ. of Columbia, 1969).

Bechet. R. Mouly, *Sidney Bechet, notre ami* (Paris, 1959); S. Bechet, *La musique, c'est ma vie* (trad. fr. Y. et M. Cullaz; Paris, 1972).

Beck J. B. J. Chailley, « Quel est l'auteur de la théorie musicale dite de Beck-Aubry ? », in *AfMw*, X (1953).

Beecham. S. Grew, *Favourite Musical Performers* (T. N. Foulis, Edimbourg, Londres, 1923); Th. Beecham, *A Mingled Chime, Leaves from an Autobiography* (Hutchinson, Londres, 1944); N. Cardus, *Sir Thomas Beecham. A Memoir* (Collins, Londres, 1961); C. Reid, *Thomas Beecham. An Independent Biography* (Gollancz, Londres, 1962); H. Procter-Gregg, *Sir Thomas Beecham Conductor and Impresario* (1971-72); du même, *Beecham Remembered* (Duckworth, 1976); A. Jefferson, *Sir Thomas Beecham. A Centenary Tribute* (World Records et MacDonald and Jane, 1979); Michael Gray, *Beecham. A Centenary Discography* (Londres, 1979).

Beethoven. G. Kinsky et H. Halm, *Das Werk Beethovens. Thematischbibliographisches Verzeichnis seiner sämtlichen vollendeten Kompositionen* (Munich, Duisburg, 1955); W. Hess, *Verzeichnis der nicht in der Gesamtausgabe veröffentlichten Werke Ludwig van Beethovens* (Wiesbaden, 1957); K. Dorfmüller, *Beiträge zur Beethoven Bibliographie. Studien und Materialien zum Werkverzeichnis von Kinsky-Halm* (Munich, 1978).

T. Frimmel, *Beethoven-Handbuch* (Leipzig, 1926); T. Frimmel (éd.), *Beethoven-Jahrbuch*, 2 vol. (Munich, Leipzig, 1908, 1909); T. Frimmel (éd.), *Beethoven-Forschung, Lose Blätter*, 10 vol. (Vienne, 1911-1925); A. Sandberger (éd.), *Neues Beethoven-Jahrbuch*, 10 vol. (Augsbourg, Brunsvick, 1924-1977); P. Mies et J. Schmid-Görg (éd.), *Beethoven-Jahrbuch*, 9 vol. (Bonn, 1954-1977); A. Tyson (éd.), *Beethoven Studies*, 2 vol. (Londres et

New York, 1973, 1977); L. Schiedermair (éd.), *Veröffentlichungen des Beethoven-Hauses in Bonn*, 10 vol. (Bonn, 1920-1934); J. Schmid-Görg (éd.), *Veröffentlichungen des Beethoven-Hauses in Bonn*, 7 vol. (Bonn, 1954-1976); L. van Beethoven, lettres, cahiers de conversation : A. Ch. Kalischer, *Beethovens sämtliche Briefe* (Berlin, 1906-1908); F. Prelinger, *Ludwig van Beethovens sämtliche Briefe* (Leipzig, 1907-1911); E. Kastner, *Ludwig van Beethovens sämtliche Briefe* (Leipzig, 1910; rééd:, 1923); J. Chantavoine, *Beethoven, Correspondance* (Paris, 1927); E. Anderson, *The Letters of Beethoven*, 3 vol. (Londres, 1961); G. Schüneman, *Ludwig van Beethovens Konversationshefte* (Berlin, 1941-1943); J. G. Prod'homme, *Beethoven, cahiers de conversation* (Paris, 1946); K.H. Köhler, G. Herre et D. Beck (éd.), *Konversationshefte*, 10 vol. prévus, parus vol. I, II, IV-VIII (Leipzig, 1968-1981).

OUVRAGES GÉNÉRAUX, BIOGRAPHIES : A. Schindler, *Biographie von L. van Beethoven* (Münster, 1840; rééd. 1868); A. Oulybycheff, *Beethoven, ses critiques et ses glossateurs* (Paris, 1857); A.B. Marx, *L. van Beethoven, Leben und Schaffen*, 2 vol. (Berlin, 1859); L. Nohl, *Beethovens Leben*, 3 vol. (Leipzig, 1867-1877); L. Nohl, *Beethoven nach den Schilderungen seiner Zeitgenossen* (Stuttgart, 1877); A. W. Thayer, *L. van Beethovens Leben*, achevé par H. Riemann, trad. angl. H. Deiters, 5 vol. (I à III, Berlin, 1866, 1872, 1879; rééd. 1917, 1922, 1923; IV-V, Leipzig, 1907-1908; rééd. 1923); E. Forbes, *Thayer's Life of Beethoven* (Princeton, 1964; rééd. 1967); La Mara, *Beethoven, biographische Skizze*, 2 vol. (Leipzig, 1873); T. Wyzewa, *Beethoven et Wagner, essai d'histoire et de critique musicale* (Paris, 1898); F. J. Crowest, *Beethoven* (Londres, 1899); R. Rolland, *la Vie de Beethoven* (Paris, 1909; rééd. 1947); R. Rolland, *Beethoven. Les grandes époques créatrices* (7 vol., Paris, 1929-1949; rééd. 1 vol., Paris 1966); V. d'Indy, *Beethoven, biographie critique* (Paris, 1911; rééd., 1952); L. Schiedermair, *Der junge Beethoven* (Leipzig, 1925); E. Herriot, *la Vie de Beethoven* (Paris, 1929; rééd., 1957); K. Kobald, *Beethoven, seine Beziehungen zu Wiens Kunst und Kultur* (Zurich, 1946; rééd. ibid., 1960); E. Buenzod, *Pouvoirs de Beethoven* (Lausanne, 1947); J. Chantavoine, *Beethoven* (Paris, 1907; rééd. Paris, 1948-1951); R. Wagner, *Beethoven* (trad. fr. J. Boyer; Paris, 1948); G. Biamonti, *Schema di un catalogo cronologico delle musiche di Beethoven, 1781-1827* (Rome, 1954); G. Biamonti, *Catalogo cronologico e tematico delle opere di Beethoven* (Turin, 1968); E. Ludwig, *Trois Titans : Michel-Ange, Rembrandt, Beethoven* (trad. fr. G. Bernard; Paris, 1952); E. Ludwig, *Beethoven, vie d'un conquérant* (New York, 1947; trad. fr. J. Longueville; Paris, 1952); L. Emery, « Beethoven, génie et destin », in *les Cahiers libres* (Lyon, 1954); B. Gavoty, *Beethoven* (Paris, 1955); B. Gavoty, « Beethoven », in *Dix Grands Musiciens* (Paris, 1962); A. Jolivet, *Ludwig van Beethoven* (Paris, 1955); Y. Tiénot, *Beethoven, l'homme à travers l'œuvre* (Paris, 1956); ouvr. collect., « Beethoven » (Paris,

BIBLIOGRAPHIE

1961); A. Boucourechliev, « Beethoven » (Paris, 1963); E. Buchet, *L. van Beethoven, l'œuvre et la vie* (Paris, 1965); E. Buchet, *Beethoven. Légendes et vérités* (Paris, 1966); J. et B. Massin, *L. van Beethoven* (Paris, 1955; réed. 1967); Mgr Fan S. Noli, *Beethoven and the French Revolution* (New York, s.d.); R. Wagner, *Beethoven* (trad. fr.; Paris, 1970); M. Cooper, *Beethoven. The Last Decade* (Londres, 1970); H.C. Robbins Landon, *Beethoven, sein Leben und seine Welt in Zeitgenossischen Bildern und Texten* (« Beethoven, sa vie et son temps en images et textes de l'époque», Zurich-Lausanne, 1970); A. Mann, « Beethoven's Contrapuntal Studies with Haydn », in *Musical Quarterly*, n° 61 (1970); *Beethoven-Studien* (Vienne, 1970); *Bericht über den Internationalen Beethoven-Kongress 10-12 Dezember 1970 in Berlin* (Berlin, 1971); *Beethoven-Symposion Wien 1970* (Vienne, 1971); D. Arnold & N. Fortune (éd.), *The Beethoven Companion* (Londres, 1971); P.H. Lang (éd.), *The Creative World of Beethoven* (New York, 1971); M. Solomon, *Beethoven* (New York, 1977); *Bericht über den Internationalen Beethoven-Kongress Berlin 1977* (Leipzig, 1978); *Beethoven-Kolloquium 1977. Dokumentation und Aufführungspraxis* (Cassel, 1978); *Zu Beethoven. Aufsätze und Annotationen* (Berlin, 1979); H. Berlioz, *Beethoven* (rééd., Paris, 1980).

ICONOGRAPHIE : E. Valentin, *Beethoven* (texte de A. Gaston; Paris, 1957); R. Bory, *la Vie et l'Œuvre de L. van Beethoven par l'image* (Zurich, Paris, 1960); M. Duffet, *le Drame de Beethoven vécu par Bourdelle* (Paris, 1969).

ÉTUDES PAR ŒUVRES.

FIDELIO : G. Bertrand, *les Nationalités musicales étudiées dans le drame lyrique* (Paris, 1872); M. Kufferath, *« Fidelio » de L. van Beethoven* (Paris, 1912); W. Hess, *Beethovens Oper Fidelio und ihre drei Fassungen* (Zurich, 1953); W. Hess, *Beethovens Bühnenwerke* (Göttingen 1962); J. Brincker, « Leonore und Fidelio », in *Mélanges* (Copenhague, 1972); M. Ruhnke, « Die librettisten des Fidelio », in *Mélanges* (Tutzing, 1975).

LIEDER : H. de Curzon, *les Lieder et airs détachés de Beethoven* (Paris, 1905); H. Boettcher, *Beethoven als Liederkomponist* (Augsburg, 1928); M. Beaufils, *le Lied romantique allemand* (Paris, 1956); J. Kermann, « An die Ferne Geliebte », in *Beethoven Studies* (Londres, 1974).

MISSA SOLEMNIS : J. Tiersot, « la Messe en ré de Beethoven », in *Men LIV* (1888); J. Sittard, *L. van Beethoven, Missa Solemnis* (Francfort, s.d.); L. Dickenmann-Balmer, *Beethovens Missa solemnis* (Zurich, 1952); J. Schmidt-Görg, « Zur melodischen Einheit in Beethovens Missa solemnis », in *Mélanges* (Mayence, 1962).

PIANO, SONATES : E. von Elterlein, *les Sonates de Beethoven expliquées* (Leipzig, 1857); A.B. Marx, *Anleitung zur Vortrag Beethovenscher Klavierwerke* (Berlin, 1863); M. Herwegh, *Technique d'interprétation sous forme d'essai d'analyse psychologique expérimentale appliquée aux sonates pour piano et violon de Beethoven* (Paris, 1926); J.-G. Prodhomme, *les Sonates pour piano de Beethoven* (Paris, 1937; rééd. Paris, 1950); H. Grundmass et P. Mies, *Studien zum klavierspiel Beethovens und seiner Zeitgenossen* (Bonn, 1966); P. Badura-Skoda et J. Demus, *Die Klaviersonaten von L. van Beethoven* (Wiesbaden, 1970); P. Loyonnet, *les 32 Sonates pour piano, journal intime de Beethoven* (Tours, Paris, 1977); P. Badura-Skoda et J. Demus, *les Sonates de Beethoven* (Paris, 1981).

SYMPHONIES : H. Berlioz, « les Neuf Symphonies », in *A travers chants* (Paris, 1862; rééd. 1971); M. Brenet, *Histoire de la symphonie à orchestre depuis ses origines jusqu'à Beethoven inclusivement* (Paris, 1882); R. Canudo, *le Livre de la Genèse, la IXe symphonie de Beethoven* (Paris, 1905); M. Colonne, *les Symphonies de Beethoven* (Berlin, Leipzig, 1906); J.-G. Prod'homme, *les Symphonies de Beethoven* (Paris, 1906; rééd., Paris, 1941); H. Schenker, *Beethovens Neunte Sinphonie* (Vienne, 1912); J. Chantavoine, *les Symphonies de Beethoven* (Paris, 1932; rééd. 1965-1970 précédée de « Beethoven aujourd'hui » par A. Goléa); A. G. Huber, *Der Held des Eroica* (Strasbourg, Zurich, 1947); R. Girard, *les Neuf Symphonies de Beethoven* (Montréal, 1947); L. Pike, *Beethoven, Sibelius and the « Profound Logic »* (Londres, 1978); I. Markevitch, *Édition encyclopédique des neuf symphonies de Beethoven*, t. I, II et III, les trois premières symphonies (Luynes, 1982).

QUATUORS : H. Riemann, *Beethovens Streichquartette* (Berlin, s.d.); D. G. Mason, *The Quartets of Beethoven* (New York, 1947); J. Lonchampt, *les Quatuors à cordes de Beethoven* (Paris, 1956); I. Mahaim, *Beethoven, naissance et renaissance des derniers quatuors* (Paris, 1964); E. Kraft, *Die späten Quartette Beethovens* (Bonn, 1969); J. Kermann, *les Quatuors de Beethoven* (trad. fr. M. Marnat; Paris, 1974).

Belaiev. *Pamiati M.P. Belaieva, sbornik otcherkov, stateï i vospominaniï* (*In mémoriam M.P. Belaiev, recueil d'études, d'articles et de souvenirs*) [Paris, 1929]; *Pisma Stassova k Belaievou* (« Lettres de Stassov à Belaiev »), in *Iz arkhivov rousskikh mouzykantov* [« Extraits d'archives de musiciens russes »] (Moscou, 1962).

Bel canto. P. F. Tosi, *Opinioni de' cantori antichi e moderni...* (Bologne, 1723; trad. fr. « l'Art du chant », 1874; rééd., 1978); G. B. Mancini, *Pensieri e Riflessioni pratiche sopra il canto figurato* (Vienne, 1774; rééd. Bologne, 1980); H. Klein, *Il bel canto* (Londres, 1923); V. Ricci, *Il bel canto* (Milan, 1923); A Della Corte, *Canto e bel canto* (Turin, 1933); A. Machabey, *le Bel Canto* (Paris, 1948); J. Laurens, *Bel canto et émission italienne. Le problème de la décadence de l'art lyrique français* (Paris, 1950); R. Maragliano Mori, *I Maestri del bel canto* (Rome, 1953); D. J. Groult, *l'Opéra napolitain* (« La Pléiade », Paris, 1962); H. Pleasants, *The great Singers* (New York, 1966); R. Celletti, La vocalità ai tempi di Tosi, in *Nuova rivista musicale italiana* (1967); R. Celletti, Il virtuosismo vocale nel melodrama di Haendel, in *RMI* (1969) et Florence, 1971; E. Brand-Seltei, *Bel canto : eine Kulturgeschichte der Gesangskunst* (Wilhelmshaven, 1972); *Storia dell'opera*, vol. I entier et VI [« la vocalità »] (Turin, 1977).

Belgique. A. Soubiès, *Histoire de la musique en Belgique*, 2 vol. (Paris, 1900-1901); R. Lyr et P. Gilson, « Histoire de la musique et des musiciens belges in *Encyclopédie Lavignac*, Histoire IV (1925); R. Vannes et A. Souris, *Dictionnaire des musiciens* (Bruxelles, 1947); R. Bragard, *Histoire de la musique belge* 2 vol., (Bruxelles, 1949); R. Wangermée, *les Maîtres de chant des XVIIe et XVIIIe siècles à la collégiale des SS Michel et Gudule* (Bruxelles, 1950); R. Wangermée, *la Musique belge contemporaine* (Bruxelles, 1959); A. Bloch-Michel, « les Relations musicales franco-belges du xve au xxe siècle, in *le Mois à Caen*, 3 (1962); Ch. Leirens, *Belgian Music*, 5e éd. (New York, 1963); A. Vanderlinden, *Un demi-siècle de musique en Belgique, 1922-1972* (Bruxelles, 1972); sous la direct. d'E. Closson, *la Musique en Belgique du Moyen Age à nos jours* (Bruxelles, s.d.); J.-P. Sepetier, *la Musique du peuple flamand* (texte fr.-néerl.) [Dunkerque, 1981].

Bellini. Cicconetti, *Vita di V. Bellini* (Prato, 1859); A. Pougin, *Vincenzo Bellini, sa vie et ses œuvres* (Paris, 1868); F. Florimo, *Bellini, memorie e lettere* (Florence, 1882); L. Cambi, *Bellini, la vita* (Milan, 1934); « A Vincenzo Bellini », numéro spécial du *Bolletino dei musicisti* (Rome, 1934); A Della Corte et G. Pannain, *V. Bellini, il carattere morale, i caratteri artistici* (Turin, 1935); G. Monaldi, *V. Bellini* (Milan, 1935); L. Cambi, *Vincenzo Bellini, epistolario* (Milan, 1943); P. Cavazzuti, *Bellini a Londra* (Florence, 1945); S. Pugliatti, *Chopin e Bellini* (Messine, 1952); F. Schlitzer, *Tomaso Traetta, Leonardo Leo, Vincenzo Bellini, notizie e documenti* (Sienne, 1952); F. Schlitzer, *Mondo teatrale del ottocento* (Naples, 1954); F. Pastura, *Bellini secondo la storia* (Parme, 1959); R. Celletti, *Il vocalismo di Bellini e Donizetti* (Cologne, 1969); F. Lippmann, *Vincenzo Bellini und die italienische Opera Seria seiner Zeit* (Cologne, Vienne, 1969); L. Orrey, *Bellini* (Londres, New York, 1969); H. Weinstock, *Vincenzo Bellini, his life and operas* (Londres, 1971); W. Œhlmann, *Vincenzo Bellini* (Zurich, Fribourg, 1974); C. Parmentola, *Vincenzo Bellini, la Norma* (Turin, 1974); G. Barblan, *Bellini*, in *Storia dell'opera* (Turin, 1977); G. Cataldo, *Il Teatro di Bellini* (Bologne, 1980); P. Brunel, *Vincenzo Bellini* (Paris, 1981).

Benda. F. Benda, « Autobiographie », in *RGM*, XXIII (1856); F. Nissel-Niemanoff, *Die violintechnik Bendas und seiner Schule* (Cassel, 1930); F. Lorenz, *Die Musikerfamilie Benda* (Berlin, New York, 1967).

Bennett R. Russel. J. T. Howard, *Our American Music* (New York, 1929; rééd., 1946); J. T. Howard, *Contemporary Composers* (New York, 1941).

Bennett W. S. J. R. S. Bennett, *The Life of W. S. Bennett* (Cambridge, 1907); W. Kahl, « Bennett », in *MGG*, I

(1949); N. Temperley, « S. Bennett and the Lied », in *MT*, CXVI (1975).

Benoit. C. Stoffels, *Peter Benoit et le mouvement musical flamand* (Anvers, 1901); CH. Van den Borren, *Peter Benoit* (Bruxelles, 1942); P. Gibson, *Notes de musique et souvenirs* (Bruxelles, 1942); A. Corbet, « P. Benoit als Conservatoriumdirecteur », in *RBM*, V (1951).

Benserade. Ch.-I. Silin, *Benserade and his Ballet de Cour* (Baltimore, 1940); L. Maurice-Amour, « Benserade, Michel Lambert et Lully », in *Cahiers de l'Association internationale des études françaises* (Paris, 1957); M.-F. Christout, *le Ballet de cour de Louis XIV, 1643-1672* (Paris, 1963).

Benvenuto Cellini. F. Piatier, *Benvenuto Cellini ou le mythe de l'artiste* (Paris, 1979).

Berg. A. R. Leibowitz, *Schœnberg et son école* (Paris, 1947); K. Wörmer, *Musik der Gegenwart*, (Schott, 1949); H. F. Redlich, *Alban Berg* (Vienne-Zurich-Londres, 1957); W. Reich, *Alban Berg, Leben und Werk* (Zurich, 1963); A. Quin, *Berg* (Paris, 1967); *Essai d'interprétation*. T. W. Adorno, *Alban Berg* (Vienne, 1968); M. Carner, *Alban Berg, the Man and the Work* (Londres, 1975; trad. fr. Paris, 1979); E. Barilier, *Alban Berg* (Lausanne, 1978); K. Monson, *Alban Berg* (New York, 1979); D. Jarman, *The Music of Alban Berg* (Londres, 1979); D. Jameux, *Berg* (Paris, 1980).
LULU : G. Perle, « Die Personen in Bergs Lulu », in *AfMw*, XXIV (1967); M. Reiter, *Die zwölftontechnik in Alban Bergs oper Lulu* (Ratisbonne, 1973).
SONATE : K. Schweitzer, *Die Sonatensatzform in Schaffen Alban Bergs* (Stuttgart, 1970).
WOZZECK : W. Reich, « A Guide to Wozzeck », in *MQ* XXXVIII (1952); P. J. Jouve et M. Fano, *Wozzeck d'Alban Berg* (Paris, 1953; rééd., 1964); G. Perle, « The Musical Language of Wozzeck », in *The Music Forum* (New York, Londres, 1967); G. Ploebsch, *Alban Bergs Wozzeck, Dramaturgie und musikalischer Aufbau* (Strasbourg, Baden-Baden, 1968); H. Barraud, « Wozzeck », in *les Cinq Grands Opéras* (Paris, 1972).

Berganza T. S. Segalini, *Teresa Berganza* (Paris, 1982).

Berio. A. Goléa, *Esthétique de la musique contemporaine* (Paris, 1954); P. Santi, « Luciano Berio », in *Die Reihe* (Vienne, 1958); « Journées de musique contemporaine de Paris 25-31 octobre 1968 », in *RM* (1969); G. W. Flynn, *Listening to Berio's Music*, in MQ, LXI (1975).

Berlin (École de). C. Sachs, *Musikgeschichte der Stadt Berlin bis zum Jahre 1800* (Berlin, 1908); A. Weissmann, *Berlin als Musikstadt, Geschichte der Oper und des Konzerts von 1740 bis 1911* (Berlin, Leipzig, 1911); G. Frotscher, « Die Ästhetik des Berliner Liedes », in *ZfMw* VI (1923-24); H. Uldall, *Das Klavierkonzert der Berliner Schule* (Leipzig, 1928); H. U. Lenz, *Der Beliner Musikdruck von seinem Anfangen bis zum Mitte des 18 Jahrhunderts* (Cas-sel, 1933); M. Seifert, *Hundert Jahre Musiksection der Preussischen Akademie der Künste* (Berlin, 1933); O. Schenk, *Berlin und die Musik, 200 Jahre Musikleben einer Stadt, 1740-1940* (Berlin, 1940); J. Kapp, *Geschichte der Staatsoper Berlin* (Berlin, 1942); D. Sasse, *Berlin* in MGG, I, 1949; Ch. Friedrich, *Staatsoper Berlin, ein Streifzug durch die Vergangenheit* (Berlin, 1953); E. E. Helm, *Music at the Court of Frederick the Great* (Norman, 1960); H. Seeger et H. Bökel, *Musikstadt Berlin* (Leipzig, 1974); O. Werner, *Die Lindenoper, ein Streifzug durch die Geschichte* (Berlin, 1977).

Berlioz. H. Berlioz, *Voyage musical en Allemagne et en Italie*, 2 vol. (Paris, 1844); *les Soirées de l'orchestre* (Paris, 1852); *les Grotesques de la musique* (Paris, 1859); *A travers chants* (Paris, 1862); *Mémoires* (1870); G. Allix, *Lettres inédites d'Hector Berlioz à Thomas Gonnet* (Paris, 1903); *les Musiciens et la musique* (posthume, Paris, 1903; rééd. Paris, 1968), excepté les *Mémoires* (2 vol., Paris, 1969) et la *Correspondance générale*, sous la direct. de P. Citron 3 vol. (Paris, 1972-1978); H. Berlioz, *Cauchemars et Passions*. Ecrits prés. par G. Condé (Paris, 1981).
OUVRAGES GÉNÉRAUX. E. de Mirecourt, *Berlioz* (Paris, 1856; rééd., 1980); J. Barbey d'Aurevilly, *Berlioz* (rééd.; Paris, 1980); E. Reyer, *Hector Berlioz* (Paris, 1857); O. Fouque, « Berlioz en Russie », in *Men*, XLVI (1880); A. Ernst, *l'Œuvre dramatique d'Hector Berlioz* (Paris, 1884); A. Jullien, *Hector Berlioz, sa vie et ses œuvres* (Paris, 1888); E. Hippeau, *Berlioz et son temps* (Paris, 1890); J. G. Prod'homme, *Hector Berlioz* (Paris, 1904; rééd., 1913); A. Boschot, *la Jeunesse d'un romantique, Hector Berlioz* (Paris, 1906); A. Boschot, *Un romantique sous Louis-Philippe* (Paris, 1908); A. Boschot, *le Crépuscule d'un romantique* (Paris, 1913); rééd. des trois ouvrages : Plon, Paris, 1948-49; A. Boschot, *Hector Berlioz : Une vie romantique* (Paris 1919; éd. déf. 1942-1951); A. Boschot, *Hector Berlioz* (Paris, 1939); R. Rolland, *Musiciens d'aujourd'hui* (Paris, 1908); C. Saint-Saëns, *Portraits et Souvenirs* (Paris, 1909); J. Tiersot, *Un demi-siècle de musique française* (Paris, 1918); J. Chantavoine, *De Couperin à Debussy* (Paris, 1921); P.-M. Masson, *Berlioz* (Paris, 1923); A. Coquard, *Berlioz* (Paris, 1930; L. Constantin, *Berlioz* (Paris, 1934); J. Barzun, *Berlioz and the Romantic Century* (Boston, 1950); du même *Berlioz and his Century* (New York, 1956); C. Hopkinson, *A Bibliography of the Musical and Literary Works of Hector Berlioz* (Édimbourg, 1951); J. Feschotte, *Berlioz* (Paris, 1951); H. Kühner, *Berlioz, Charakter und Schöpfertum* (Fribourg-en-Breslau, 1952); H. Barraud, *Berlioz* (Paris, 1955); H. Barraud, *Berlioz* (Paris, 1979); numéro spécial Berlioz, *RM* 233 (1956); H. Delaye-Didier-Delorme, *Hector Berlioz* (Lyon, 1956; rééd., Lyon, 1964); V. Séroff, *Hector Berlioz* (New York, 1967); C. Ballif, *Berlioz* (Paris, 1968; rééd., 1977); S. Demarquez, *Hector Berlioz, l'homme et son œuvre* (Paris, 1969); Y. Hucher et S. Morini, *Berlioz* (Paris, 1969); *Hector Berlioz* (Bibliothè-que nationale, Paris, 1969); M. Guiomar, *le Masque et le Fantasme, l'image de la matière sonore dans la pensée musicale de Berlioz*. (Paris, 1970); J.-M. Bailbé, *Berlioz artiste et écrivain dans ses « Mémoires »* (Paris, 1972); A. E. F. Dickinson, *The Music of Berlioz* (Londres, 1972); ouvr. collect. : par H. Barraud, M. Fleuret, B. Gavoty, A. Goléa, *Berlioz* (Paris, 1973); B. Primmer, *The Berlioz Style* (Londres, New York, 1973); F. Goldbeck, « Défense et Illustration de Berlioz », in *RM*, 1977; M. Clavaud, *Hector Berlioz, Visages d'un masque* (Lyon, 1981).
ÉTUDES D'ŒUVRE :
BÉATRICE ET BÉNÉDICT : G. de Massougnes, « Béatrice et Bénédict de Berlioz », in *RGM*, XLVII (1879).
BENVENUTO CELLINI : A. Barbier, *Études dramatiques* (Paris, 1874) J.-G. Prod'homme, « les Deux Benvenuto Cellini de Berlioz », in *SdIM*, XIV (1912-13).
LA DAMNATION DE FAUST : J. G. Prod'homme, la Damnation de Faust (Paris, 1896), A. Boschot, *le Faust de Berlioz* (Paris, 1945); A. Boschot, *le Centenaire de « la Damnation de Faust »* (Paris, 1946); E. Haraszti, *Berlioz et la marche hongroise* (Paris, 1946); F. Volbach, *Faust's Verdammnis* (Francfort, s.d.).
L'ENFANCE DU CHRIST : J.-G. Prod'homme, *l'Enfance du Christ* (Paris, 1898).
HAROLD EN ITALIE : A. Hahn, *Hector Berlioz, Harold in Italien* (Stuttgart, s.d.).
REQUIEM : C. L. F. Kreutzer, « le Requiem de Berlioz », in *RGM* XIX (1852); G. de Massougnes, « le Requiem de Berlioz », in *RGM*, XLIV (1879); G. Champeaux, *la Grande Messe des morts de Hector Berlioz* (s.l., 1944); A. Grüters, *Hector Berlioz, requiem* (en all.; Francfort, s.d.); M. Guiomar, « la Grande Messe des Morts de Berlioz », in *l'Education musicale*, nᵒˢ 159, 160, 163, 165 (juin 1969-févr. 1970).
ROMÉO ET JULIETTE : L. Voltz et A. Pochaimer, *Hector Berlioz, Romeo und Juliette* (Francfort, s.d.).
SYMPHONIE FANTASTIQUE : A. Hahn, *Hector Berlioz, Symphonie fantastique* (Francfort, s.d.).
TE DEUM : M. Bourges, « Te Deum composé par Hector Berlioz », in *RGM*, XXIIn (1856).
LES TROYENS : H. Kühn, « Antike Massen; zu einige Motiven in Les Troyens von Hector Berlioz », in *Mélanges* (Tutzing, 1975).

Bernard de Ventadour. N. Zingarelli, « Ricerche sulla vita e le rime di Bernard de Ventadour », in *Studi medievali*, I (1905); P. Aubry, *Trouvères et Troubadours* (Paris, 1909); C. Appel, *Die Singweisen Bernarts von Ventadour* (Halle, 1934); G. Scherner Van Ortmers sen, *Die Text-Melodiestruktur in den liedern des Bernard de Ventadour* (A. Munster, 1973); Chanoine L. Billet, *Bernard de Ventadour, troubadour du XIIᵉ siècle* (Tulle, 1974).

Bernier N. M. Brenet, *les Concerts en France sous l'Ancien Régime* (Paris, 1900); M. Brenet, *les Musiciens de la Sainte Chapelle* (Paris, 1910); Ph. Nelson, *Nicolas Bernier, a Study of the*

BIBLIOGRAPHIE

Composer and his Sacred Works (thèse ; Chapel Hill, 1958).

Bernstein. P. Gradenwitz, « Leonard Bernstein », in *MRX* (1949) ; A. Holde, *Leonard Bernstein* (Berlin, 1961).

Berton. J.-F. Halévy, *Derniers Souvenirs et portraits* (Paris, 1863) ; A. Adam, *Derniers Souvenirs d'un musicien* (Paris, 1871) ; M. Teneo, « Henri Montan Berton, d'après les « souvenirs historiques et artistiques » de son fils, in *RM* VIII (1908).

Bertran de Born. R. de Boysson, *Études sur Bertran de Born, sa vie, ses œuvres et son siècle* (Paris, 1902) ; C. Appel, *Bertran de Born* (Halle, 1921) ; A. Stimming, *Bertran von Born, sein Leben und Werke* (Genève, 1975).

Bertrand *A. (de).* G. Thibault, « Anthoine de Bertrand, musicien de Ronsard et ses amis toulousains », in *Mélanges* (Paris, 1936) ; G. Thibault et L. Perceau, *Bibliographie des poésies de Ronsard mises en musique au XVIe siècle* (Paris, 1941).

Besseler. L. Hofmann-Erbrecht, « Heinrich Besseler », in *Mf* 23 (1970).

Bibliothèques musicales. V. Fédorov, « Musicologie et bibliothèques musicales, force musicale active », in *la Musique dans le monde, RM* 242 (1958).

Binchois. H. Besseler, « Die Musik des Mittelalters und der Renaissance », in *Handbuch der Musikwissenschaft* (Potsdam, 1931) ; J. Marix, *Histoire de la musique et des musiciens à la cour de Bourgogne sous le règne de Philippe le Bon* (Strasbourg, 1939) ; W. Rehm, *Die Chansons von G. Binchois* (thèse ; Fribourg-en-Breslau, 1952) ; G. Thibault, « la Chanson française au XVe siècle de Dufay à Josquin Des Prés », in *Histoire de la musique* (1960).

Birtwistle. W. Brennecke, « Harrisson Birtwistle », in *MGG* suppl. I (1973).

Bizet. G. Bizet (lettres) : *Impressions de Rome, la Commune* (Paris, 1907) ; F. Galabert, *Georges Bizet, souvenirs et correspondance* (Paris, 1877) ; C. Bellaigue, *Georges Bizet, sa vie, son œuvre* (Paris, 1891) ; H. Chevalley, *Carmen, textlisch und musikalisch erläutert* (Berlin, 1907) ; P. Landormy, *Bizet* (Paris, 1924) ; J. Tiersot, « Bizet and Spanish Music », in *MQ*, XIII, octobre 1925 ; H. Gauthier-Villars, *Bizet* (Paris, 1928) ; M. Delmas, *Georges Bizet* (Paris, 1930) ; R. Laparra, *Bizet et l'Espagne* (Paris, 1935) ; *Georges Bizet 1838-1875.* Catalogue de la Bibliothèque nationale (Paris, 1938) ; H. Malherbe, *Carmen* (Paris, 1951) ; D. C. Parker, *Bizet* (Londres, 1951) ; W. Dean, *Bizet* (Londres, 1948 ; 2e éd. rév. *G. Bizet, his Life and Work*, Londres, 1965 ; 3e éd., Londres, 1976) ; M. Curtiss, *Bizet et son temps* (trad. fr. M. Jossua ; La Palatine, Genève, Paris, 1961) ; F. Robert, *Bizet, l'homme et son œuvre* (Paris, 1965 ; rééd., Genève, 1981). M. Poupet, « À propos de deux fragments de la partition originale de Carmen », in *RMie*, LXII (1976) ; M. Cardoze, *Bizet* (Paris, 1981).

Björling. J. Björling, *Met bagaget i strupen*, autobiogr. (Stockholm, 1945).

Blacher. H. H. Stuckenschmidt, *Boris Blacher* (Berlin, Wiesbaden, 1963).

Blanchard. M. Brenet, *les Concerts en France sous l'Ancien Régime* (Paris, 1900) ; L. de La Laurencie, *l'École française de violon* (Paris, 1923) ; B. Lespinard, *la Vie et l'Œuvre d'A. Blanchard, contribution à l'histoire du grand motet sous le règne de Louis XV* (thèse ; Paris, 1977).

Blavet. L. de La Laurencie, « Deux Imitateurs des bouffons, Blavet et Dauvergne », in *l'Année musicale* (1912).

Bloch. M. Chiesa Tebaldi, *Ernest Bloch* (Turin, 1933) ; J. Hastings, « Ernest Bloch and Modern Music », in *MR* X (1949) ; P. Gradenwitz, *The Music of Israël* (New York, 1949) ; P. Kushner, *Ernest Bloch and his Music* (W. MacLellan, Glasgow, 1973).

Blondel de Nesles. Lavoix (H. M. Taillemant), « Histoire de Blondel », in *RGM* XL (1873) ; L. Wisse, *Die Lieder des Blondel de Nesles* (Dresde, 1904) ; U. Aarburg, *Die Singweisen des Blondel de Nesles* (Francfort, 1946).

Blow. W. H. Cummings, « Dr. John Blow », in *SdIM* X (1908-1909) ; H. W. Shaw, « The Secular Music of John Blow », in *Proceeding of the musical association* 63 (1936-37) ; H. W. Shaw, « John Blow's anthems », in *ML* XIX (1938) ; I. Spink, *English song : Dowland to Purcell* (Londres, 1974).

blues. P. Oliver, *le Monde du blues* (Paris, 1962) ; S. Charters, *the Poetry of the Blues* (Avon, 1970) ; P. Oliver, *Aspects of the Blues Traditions* (New York, 1970) ; R. Dixon et J. Godrich, *Recording the Blues* (New York, 1970) ; P. Bas-Rabérin, *le Blues moderne, 1945-1973* (Paris, 1973) ; U. Wagner, « Harmonische Auffassungen des Blues Schemas in Piano Jazz », in *Mélanges* (Cologne, 1973) ; S. Charters, *The Legacy of the blues : Art and lives of twelve great bluesmen* (Londres, 1975 ; rééd., 1977) ; G. Herzhaft, *Encyclopédie du blues* (Lyon, 1979) ; G. Herzhaft, *le Blues* (Paris, 1982).

Blume. *Festschrift Friedrich Blume* (Cassel, 1963) ; A. A. Abert, « Friedrich Blume, zum 75 Geburtstag », in *Mf* XX (1968).

Boccherini. L. Picquot, *Notice sur la vie et les ouvrages de Luigi Boccherini* (Paris, 1851) ; G. de Saint-Foix, « la Correspondance de Boccherini avec Ignace Pleyel », in *RMie* XIX (1930) ; A. Bonaventura, *Boccherini* (Milan, Rome, 1931) ; Baronne G. de Rotschild, *Luigi Boccherini*, préf. de N. Dufourcq (Paris, 1962) ; Y. Gérard, *Thematic, bibliographical and critical catalogue of the works of Luigi Boccherini* (trad. angl. A. Mayor ; Londres, 1969) ; G. Salvetto, « Luigi Boccherini nell'ambitio del quartetto italiano del secondo settecento », in *Studien zur italienisch-deutsche Musikgeschichte* VIII (1973).

Boèce. R. Bragard, « Boethiana, études sur le *De Institutione Musica* de Boèce », in *Mélanges Ch. Van den Borren* (Anvers, 1945) ; H. Potiron, *la Notation grecque et Boèce, petite histoire de la notation antique* (Paris, Tournai, 1951) ; H. Potiron, *Boèce, théoricien de la musique grecque* (Paris, 1961).

Boëllmann. P. Locard, « Léon Boëllmann », in *Revue alsacienne illustrée* III (Strasbourg, 1901) ; H. Imbert, *Médaillons contemporains* (Paris, 1902).

Boëly. P. Fromageot, *Un disciple de Bach, Pierre-François Boëly* (Versailles, 1909) ; M. Brenet, « P.-F. Boëly et ses œuvres de piano », in *SIMG* (1914) ; G. Favre, « la Musique française de piano entre 1810 et 1830 », in *RMie* XXXI (1949) ; N. Dufourcq, « Autour de Boëly », in *Recherches* V (1965) ; F. Raugel, « Autour de Sauzay, de Boëly et de Reber », in *Recherches* XV (1975) ; B. François-Sappey, *Alexis-Pierre-François Boëly, 1785-1858, organiste, pianiste compositeur ; la vie et l'œuvre* (thèse ; Conservatoire de Paris, 1971).

Boesset. J.-G. Prodhomme, *Écrits de musiciens, XV-XVIIIe siècles* (Paris, 1912) ; M. Cauchie, « la Dynastie des Boesset », in *Bulletin de la Société française de musicologie* (1920) ; H. Prunières, *le Ballet de Cour en France avant Benserade et Lully* (Paris, 1914) ; Th. Gérold, *l'Art du chant en France au XVIIe siècle* (Strasbourg, 1920) ; A. Machabey, « Antoine Boesset (post-mortem) », in *Recherches* II (1961-62) ; N. Dufourcq, *Jean Baptiste de Boesset* (Paris, 1962).

Bohème (la). *L'Avant-Scène Opéra*, no 20 (1979) ; G. Giacosa, G. Illica, G. de Van, *la Bohême*, éd. bil. fr.-ital. (Paris, 1979).

Böhm G. R. Buchmayer, « Nachrichten über das Leben Georg Böhms », in *Bach Jb* IV (1908) ; J. Wolgart, *Georg Böhm, ein Meister der Übergangszeit von 17 zum 18 Jahrhundert* (thèse ; Berlin, 1924) ; E. Valentin, *Die Entwicklung der Toccata in 17 und 18 Jahrhundert bis J. S. Bach* (Munich, 1928, Münster, 1930).

Böhm K. K. Böhm, *Ich erinnere mich ganz genau*, autobiographie (Zurich, 1968 ; trad. fr. *Ma vie*, Paris, 1980).

Böhm T. Ch. Welch, *History of the Boehm Flute* (Londres, 1883) ; H. C. Wysham, *The Evolution of the Boehm Flute* (Berkeley, 1898) ; K. Ventzke, *Boehm Oboen und die neueren französischen Oboen System* (Francfort, 1969).

Boieldieu. F.-J. Fétis, « Boieldieu, nécrologie », in *Revue musicale* XIV (1834) ; A. Adam, *Souvenirs d'un musicien* (Paris, 1857) ; G. Héquet, *A. Boieldieu, sa vie et ses œuvres* (Paris, 1864) ; A. Bruneau, *Musiques d'hier et de demain* (Paris, 1900) ; G. de Saint-Foix, « les Premiers Pianistes parisiens, Boieldieu », in *RM* (1926) ; Augé de Lassus, *Boieldieu* (Paris, 1927) ; P.-L. Robert, *Études sur Boieldieu, Chopin, Liszt* (Rouen, 1913) ; G. Favre, *Boieldieu, sa vie, son œuvre*, 2 vol. (Paris, 1944-45 ; rééd., 1978).

bois. A. Baines, *Woodwind Instruments and their History* (Londres, 1957) ; G. Gourdet, *les Instruments à vent* (Paris, 1967).

Boismortier. Titon du Tillet, *Description du Parnasse français* (Paris, 1760) ;

BIBLIOGRAPHIE

M. Brenet, *les Concerts en France sous l'Ancien Régime* (Paris, 1900); F. Raugel, « Boismortier », in *MGG* 2 (1952); R.-L. Burden, *A Comprehensive Performance Project in Clarinet Literature, with an Essay on the Wind Music of Joseph Bodin de Boismortier* (thèse; Iowa City, 1971).

boîte à musique. E. Simon, *Mechanische Musikinstrumente früherer Zeiten und ihre Musik* (Wiesbaden, 1960); J. E. T. Clarck, *Musical Boxes; a History and an Appreciation* (Londres, 1961); J. G. Hume, *Clockwork Music* (Londres, 1973).

Boito. C. Bellaigue, « Arrigo Boito, lettres et souvenirs », in *Revue des Deux Mondes* LXXXVIII, 1918; G. Ricci, *Boito* (Milan, 1924); F. Ballo, *Boito* (Milan, 1939); P. Nardi, *Tutti gli scritti di Arrigo Boito* (Vérone, 1942); P. Nardi, *Vita di Arrigo Boito* (Vérone, Milan, 1944); R. de Rensis, *Arrigo Boito, capitoli biografiche* (Florence, 1942); A. Borriello, *Mito, poesia i musica nel Mefistofele di Arrigo Boito* (A. Guido, Naples, 1950); A. della Corte, « Boito », in *MGG* 2 (1952); G. Mariani, *A. Boito* (Parme, 1973).

Bologne. F. Vatielli, *Arte i vita musicale a Bologna* (Zanichelli, 1927); C. Sartori, *Il Regio Conservatorio de musica G. B. Martini di Bologna* (Florence, 1942); O. Mischiati, « Per la storia dell'oratorio a Bologna », in *Collectanea historiae musicae* III (Florence, 1963); C. Trezzini, *Due secoli di vita musicale. Storia del teatro comunale di Bologna*, 2 vol. (Bologne, 1966); G. Zanotti, *Biblioteca del convento di San Francesco di Bologna ; catalogo del fondo musicale*, 2 vol. (Bologne, 1970).

Bomtempo. J. P. Sarraute, *Catalogue des œuvres de J. D. Bomtempo, précédé d'un essai sur son séjour à Paris et à Londres* (Lisbonne, 1971); J. P. Sarraute, « Bomtempo », in *MGG*, suppl. I (1973).

Bonaventura. B. Becherini, « Ricordo di Arnoldo Bonaventura », in *RMI* LIV (1952).

Bondeville. A. Machabey, *Portraits de trente musiciens français* (Paris, 1949); A. Renaudin, *Emmanuel Bondeville, compositeur, organisateur et homme d'action* (Rouen, s. d.).

Bondon. J. Roy, *Musique française* (Paris, 1962).

Boni. E. Droz, « Guillaume Boni de Saint-Flour en Auvergne, musicien de Ronsard », in *Mélanges* (Paris, 1936).

Bononcini. K. Hueber, *Gli ultimi anni di Giovanni Bononcini. Notizie e documenti inediti* (Modène, 1954); *Musicisti della scuola emiliana*, a cura di Adelmo Damerini e Gino Roncaglia (Sienne, 1956); W. Klenz, *G. M. Bononcini of Modena, a Chapter in Baroque Instrumental Music* (Durham, Caroline du Nord, 1962); K. H. Holler, *G. M. Bononcinis « Musico Prattico » in seiner Bedeutung für die musikalische Satzlehre des 17 Jahrhunderts* (Strasbourg, Baden-Baden, 1963); L. E. Bennett, L. Lindgren, « Bononcini », in *New Grove* 3 (1980).

Bonporti. Ch. Bouvet, *Bonporti, égal de Bach* (Paris, 1918); Ch. Bouvet, *Musiciens oubliés, musique retrouvée* (Paris, 1932); G. Barblan, *Un musicista trentino, Francesco A. Bonporti, la vita e le opere* (Florence, 1940); L. Feininger, *F. A. Bonporti, catalogus thematicus operum omnium* (Trente, 1975).

Bontempi. R. Engländer, « Zur Frage der Dafne 1671 von G. A. Bontempi und M. G. Peranda », in *AM* XIII (1941); Y. F.-A. Giraud, *la Fable de Daphné* (Genève, 1968).

Bordes. C. Bellaigue, *Études musicales, seconde série* (Paris, s.d.); J. Poueigh, *Musiciens français d'aujourd'hui* (Paris, 1921); *la Schola cantorum, son histoire depuis sa fondation jusqu'en 1925* (Paris, 1927).

Boris Godounov. R. Godet, *En marge de Boris Godounof*, 2 vol. (Paris, 1926); M. D. Calvocoressi, « le Vrai Boris Godounov de Moussorgski », in *le Correspondant* (25 mars 1928); A. Boschot, « Moussorgski, Boris Godounov », in *Portraits de musiciens* (Paris, 1946); L. Hoffman-Erbrecht, « Die russischen Volkslieder in Mussorgskis Boris Godounov », in *Mélanges W. Wiora* (Cassel, 1967); H. Barraud, « Boris Godounov », in *les Cinq Grands Opéras* (Paris, 1972); A. Rimski-Korsakov, *Boris Godounov de Modest Moussorgski* (trad. fr. B. de Schloezer; Paris, s.d.); « Boris Godounov », *l'Avant-Scène Opéra* nos 27-28 (1980); M. Leroux, *Moussorgski, Boris Godounov* (Paris, 1980).

Borodine. A. P. Borodine, *Lettres*, introd. de G. Khoubov, notes de S. Dianine (Moscou, 1936); C. Cui, « A. P. Borodine », in *Men* LIII (1887); A. Bruneau, *Musiques de Russie et musiciens de France* (Paris, 1903); G. Abraham, *Borodine, the Composer and his Music* (W. Reeves, Londres, 1927); G. Abraham et D. Calvocoressi, *Masters of Russian Music* (Londres, 1936); I. Belza, *A. P. Borodine* (en russe; Moscou, 1947); B. Assafiev, *Œuvres* vol. III (en russe; Moscou, 1954); M. Iljin et E. Segal, *A. P. Borodine* (en russe; Moscou, 1953); I. Remezov, *A. P. Borodine* (en russe; Moscou, 1968); S. Dianine, *Borodine, jizneopisanie, materialy i dokumenty (biographie, matériaux et documents)* [Moscou, 1960]; D. Lloyd Jones, « Borodine in Heidelberg », in *MQ* XLVII (1960); A. Sokhor, *A. P. Borodine, jizn, deiatelnost, mouzykalnoie tvortchestvo*, « la Vie, l'activité, l'œuvre musicale » (Moscou, 1965); L. Velluz, *Du laboratoire au Prince Igor, pages sur Borodine* (Périgueux, 1971).

Borrel. F. Raugel, « Eugène Borrel, nécrologie », in *Recherches* III (1963).

Bortniansky. N. Findeisen, *Otcherky po istorii mouzyki v Rossii*, « Essai sur l'histoire de la musique en Russie », 7 vol. (Moscou, 1928-29); B. Dobrokhotov, *D. S. Bortniansky* (Moscou, 1950).

Bottrigari. D. P. Walker, « Bottrigari », in *MGG* 2 (1952); C. McLintock, « Bottrigari », in *New Grove* 3 (1980).

Boucourechliev. *Semaines musicales internationales de Paris*. Programmes et dossiers documentaires sur compositeurs et interprètes (Paris, 1969).

bouffons. N. Boyer, « la Guerre des bouffons et la musique française, 1752-1754 », in *Cahiers de la Restauration française*, 6 (Paris, 1945); E. Borrel, « la Querelle des bouffons », in *Histoire de la musique* (1960); *la Querelle des bouffons, textes des pamphlets*, introd. et commentaires de Denise Launay (Genève, 1973).

Boulanger *Lili*. R. Dumesnil, *Portraits de musiciens français* (Paris, 1938); P. Landormy, *la Musique française après Debussy* (Paris, 1943); *Lili Boulanger, catalogue d'exposition*, préf. d'Antoine Terrasse (Bibliothèque nationale, Paris, 1968); L. Rosenstiel, *The Life and Works of Lili Boulanger* (Londres, 1978).

Boulanger *Nadia*. P. Valéry, « Nadia Boulanger », in *Revue internationale de musique* I, 4 (1938); B. Monsaingeon, *Mademoiselle. Entretiens avec Nadia Boulanger* (Paris, 1980).

Boulez. A. Goléa, *Rencontres avec Pierre Boulez* (Paris, 1958; rééd., 1982); A. Goléa, *Vingt Ans de musique contemporaine*, 2 vol. (Paris, 1962); J. Roy, *Musique française* (Paris, 1962); C. Samuel, *Panorama de l'art musical contemporain* (Paris, 1962); C. Rostand, « Boulez », in *Dictionnaire de la musique contemporaine* (Paris, 1969); « P. Boulez », interview, in *l'Express* n° 979 (1970); W. Brennecke, « Boulez », in *MGG* suppl. I (1973); J. Peyser, *Boulez. Composer, Conductor, Enigma* (Londres, 1977); P. Griffith, *Boulez* (Londres, 1978); G. W. Hopkins, « Boulez », in *New Grove* 3 (1980).

Bourdelot. J. F. E. Halévy, « l'Abbé Bourdelot », in *RGM* XXI (1854); D. Vischer, *Der Musikgeschichtliche Traktat des Pierre Bourdelot, 1610 bis 1685* (Berne, 1947).

Bourgault-Ducoudray. M. Bourgault-Ducoudray, « L. A. Bourgault-Ducoudray », in *RM* IV (1904); H. Quittard, « Une œuvre d'art populaire, *Jeanne la Patrie* de Bourgault-Ducoudray », in *RM* IX (1909); R. Rolland, *Musiciens d'aujourd'hui* (Paris, 1909); L. Augé de Lassus, « Bourgault-Ducoudray par un ami de la première heure et de la dernière », in *RM.* X (1910); M. Cooper, *Ideas and Music* (Londres, 1965).

Bourgeois *Loys*. G. Becker, *la Musique en Suisse* (Genève, 1874); A. E. Cherbuliez, *Geschichte der Musikpädagogik in der Schweitz* (Zurich, 1944); P. A. Gaillard, *Loys Bourgeois* (Lausanne, 1948).

Bourgogne (Cour de). M. Brenet, *Musique et musiciens de la vieille France* (Paris, 1911; rééd., « les Introuvables », Paris, 1978); J. Marix, *Histoire de la musique et des musiciens à la cour de Bourgogne sous le règne de Philippe le Bon, 1420-1467* (Strasbourg, 1939; rééd., Genève, 1972); V. Fédorov, « Peut-on parler d'une école bourguignonne de musique au xve siècle », in *les Cahiers techniques de l'art* II (1949); A. Van der Linden, « les Aveugles de la cour de Bourgogne », in *RBM* IV (1950).

Bourrée. Th. Gérold, « les Danses des xvie et xviie siècles », in *Encyclopédie Lavignac*, Technique III (1927); C. Marcel-Dubois, article « Bourrée », in *MGG* 2 (1952).

BIBLIOGRAPHIE

Bouzignac. H. Quittard, « Un musicien oublié du XVIIe siècle français, G. Bouzignac », in *SdIM* VI, (1904-1905); H. Quittard, « G. Bouzignac », in *RM* V (1905); D. Launay, « G. Bouzignac », in *Musique et liturgie* 21 (1951); D. Launay, « Bouzignac », in *MGG* 2 (1952).

Boyce. E. Taylor, « W. Boyce and the Theater », in *MR* XIV (1953); S. Sadie, « The Chamber Music of Boyce and Arne », in *MQ* XLVI (1960).

Brahms. J. Brahms, *Correspondance*, 16 vol. (1907-1922); *J. Brahms im Briefwechsel mit Th. W. Engelman* (Berlin, Leipzig, 1918); *Correspondance avec Clara Schumann* (Leipzig, 1927); *Johannes Brahms in seinen Schriften und Briefen* red. R. Littescheid (Berlin, 1943); H. Imbert, *Etudes sur Johannes Brahms, avec le catalogue de ses œuvres* (Paris, 1894); H. Imbert, *Johannes Brahms, sa vie, ses œuvres* (Paris, 1906); J. V. Widmann, *Johannes Brahms in Erinnerungen* (Berlin, 1898); A. Dietrich, *Erinnerung an Johannes Brahms in Briefen* (Leipzig, 1898); A. Dietrich et Y. V. Widmann, *Recollection of Johannes Brahms* (New York, 1899); H. Courat, « Johannes Brahms (souvenirs personnels) », in *RM* IV (1904); G. Jenner, *Johannes Brahms als Mensch, Lehrer und Künstler* (Marburg, 1905); M. Kalbeck, *Johannes Brahms*, 8 vol. (Berlin, 1904-1914; rééd., Tutzing, 1976); F. May, *Johannes Brahms* (Leipzig, 1911); J. Fuller-Maitland, *Johannes Brahms* (Londres, 1911); W. A. Th. San-Galli, *Johannes Brahms* (Munich, 1912); P. Landormy, *Brahms* (Paris, 1920); A. von Ehrmann, *Johannes Brahms, Weg, Werk und Welt* (Leipzig, 1933); K. Geiringer, *Johannes Brahms* (Vienne, 1934); P. et W. Rehberg, *Johannes Brahms, sein Leben und Werk* (Zurich, s. d.); A. Orel, *Johannes Brahms, ein Meister und seinen Weg* (Olten, 1948); A. Orel, *Johannes Brahms und Julius Geyer, ein Künstlerfreundschaft in Briefen* (Tutzing, 1964); C. Rostand, *Johannes Brahms* (2 vol., Paris, 1954-55; rééd., Paris, 1978); E. Crass, *Johannes Brahms, sein Leben in Bildern* (Leipzig, 1957); J. Laufer, *Brahms* (Paris, 1963); *Johannes Brahms, sein Leben und Werk, seine Freunde und seine · Zeit* (Tutzing, 1964); J. Bruyr, « Brahms », in *Solfèges* (Paris, 1965); B. Delvaille, *Johannes Brahms, l'homme et son œuvre* (Paris, 1965; rééd., Paris, 1971); Y. Tiénot, *Brahms, son vrai visage* (Paris, 1968); E. James, *Brahms, a Critical Study* (New York, Washington, 1972); K. Hoffmann, *Die Bibliothek von Johannes Brahms Bücher und musikalienverzeichnis* (Hambourg, 1974); L. Henning, *Die Freundschaft Clara Schumanns und Johannes Brahms aus Briefen und Tagesblättern* (Zurich, s. d.); K. Geiringer, *Brahms, sa vie, son œuvre* (trad. fr. de l'éd. angl. de 1948, Paris, 1982).
ÉTUDES MUSICALES. E. Evans, *Handbook to the Chamber and Orchestral Music of Brahms* (Londres, s. d.); E. Evans, *Handbook to the Pianoforte works of Brahms* (Londres, s. d.); E. Evans, *Handbook to the Vocal Works of Brahms* (Londres, 1912); W. Nagel, *Die Klaviersonaten von Johannes Brahms* (Stuttgart, 1915); M. Friedländer, *Brahms Lieder* (Berlin, Leipzig, 1922); D. G. Mason, *The Chamber Music of Brahms* (New York, 1933); S. Drinker, *Brahms and his Women Choruses* (Merion, 1952); J. Braunstein, *Thematic Catalogue of the Collected Works of Brahms* (New York, 1956); S. Kriss, « Zur Frage der Brahmsschen Volksliedbearbeitungen », in *Mf* XI (1958); W. Morik, *Brahms und sein Verhältnis zum deutschen Volkslied* (Tutzing, 1965); K. Blum, *Hundert Jahre « Ein Deutsches Requiem » von Johannes Brahms; Entstehung, Uraufführung, Interpretation, Würdigung* (Tutzing, 1971); M. Harrison, *The lieder of Brahms* (New York, Washington, 1972); B. Jacobson, *The Music of Johannes Brahms* (Londres, 1977).

Brailoiu. P. Constantinescu, « Constantin Brailoiu », in *Muzica* (Bucarest, 1959); A. Schaeffner, « Bibliographie des travaux de Constantin Brailoiu », in *RMie* LXIII (1959); M. Schneider, « Constantin Brailoiu », in *AM* XXXI (1959); W. Wiora, « Constantin Brailoiu », in *Mf* XII (1959).

branle. F. Lesure, « Branle », in *MGG* 2 (1952); D. Heartz, « Branle », in *New Grove* 3 (1980).

Brassart. A. Pirro, *Histoire de la musique de la fin XIVe siècle à la fin du XVIe* (Paris, 1940); Ch. Van den Borren, *Etudes sur le XVe siècle musical* (Anvers, 1941); S. Clercx, « J. Brassart et le début de sa carrière », in *RBM* VI (1952).

Brecht. R. Leibowitz, « Brecht et la musique de scène », in *Théâtre populaire* II (1955); W. Hink, *Die Dramaturgie des späten Brecht* (Göttingen, 1959); W. Mittenzwei, *Bertold Brecht, von der « Massnahme » zu « Leben des Galilei »* (Berlin-Est, 1962); F. Hennenberg, *Dessau-Brecht musikalische Arbeiten* (Berlin, 1963); J. Willet, *Das Theater Bertold Brechts* (Hambourg, 1964).

Breitkopf. H. von Hase, *Joseph Haydn und Breitkopf & Härtel* (Leipzig, 1909); B. S. Brook (éd.), *The Breitkopf Thematic Catalogue. The Six Parts and Sixteen Supplements, 1762-1787* (New York, 1966).

Brésil. V. Cernicchiaro, *Storia della musica nel Brasile 1549-1925* (Milan, 1927); A. T. Luper, *The music of Brazil* (Washington, 1944); G. T. Pereira de Melo, *A musica no Brasil desde os tempos coloniales ate o primeiro decenio da republica* (Rio de Janeiro, 1947); L. H. Correa de Azevedo, *Musica e musicos do Brasil* (Rio de Janeiro, 1956); L. Rangel, *Bibliografia da musica popular brasileira* (Rio de Janeiro, 1975); G. Béhague, « Brazil », in *New Grove* 3 (1980).

Britten. E. W. White, *Benjamin Britten, his Life and Works* (Londres, 1948; 3e éd. Londres, Londres, 1970); M. Cooper, *les Musiciens anglais d'aujourd'hui* (Paris, 1952); M. Schafer, *British Composers in Interview* (Londres, 1963); P. Howard, *The operas of Benjamin Britten* (Londres, 1969); E. W. White, *Benjamin Britten, his Life and Operas* (Londres, 1970); *Benjamin Britten; a Complete Catalogue of his Published Works* (Londres, 1973); A. Vendall, *Benjamin Britten*, introd. de Yehudi Menuhin, (Londres, 1974); P. Evans, *The music of Benjamin Britten* (Minneapolis, 1979).

Brod. J. Trnka, *Artistes contemporains. La musique et le chant tchécoslovaque dans le monde libre* (Paris, 1958).

Brossard. M. Brenet, *Sébastien de Brossard, prêtre, compositeur, écrivain, et bibliophile* (Paris, 1896); J. Combarieu, « Compositeurs français du XVIIe siècle : Sébastien de Brossard », in *Revue d'histoire et de critique musicale* I (1901); L. Bourreau, *Un musicien bibliophile : Sébastien de Brossard* (Meaux, 1936); E. Lebeau, « l'Entrée de la collection musicale de Sébastien de Brossard à la bibliothèque du roi », in *RMie* XXXII-XXXIII (1950-51); E. Lebeau, « Brossard », in *MGG* 2 (1952); R. Sajak, *Sébastien de Brossard, als Lexikograph, Bibliograph und Bearbeiter* (Rheinische Friedrich-Wilhelms Universität, 1974).

Brown Earl. O. Daniel, *Earl Brown* (New York, 1964).

Bruant Aristide. M. Mouloudji, *Aristide Bruant* (Paris, 1972).

Bruch. *J. Brahms im Briefwechsel mit K. Reinthaler, Max Bruch* (Berlin, 1908); F. Gysi, *Max Bruch* (Zurich, 1922); W. Lauth, *Max Bruchs instrumental Musik* (Cologne); K. G. Fellerer, *Max Bruch* (Cologne, 1974).

Bruckner. A. Bruckner, *Gesammelte Briefe*, 2 vol. (Ratisbonne, 1924); F. Gräflinger, *Anton Bruckner, Bausteine zu einer Lebensgeschichte* (Munich, 1911); A. Göllerich et M. Auer, *Anton Bruckner, ein Lebens und Schaffensbild*, 4 vol. (Bosse, Regensburg, 1922-1937); A. Orel, *Anton Bruckner* (Vienne, 1925); E. Kurth, *Anton Bruckner*, 2 vol. (Berlin, 1925); F. Grüninger, *Anton Bruckner, der metaphysische Kern seiner Persönlichkeit und Werke* (Bonn, 1930); R. Haas, *Anton Bruckner* (Potsdam, 1934); L. van Vassenhove, *Anton Bruckner* (Neuchâtel, 1942); A. Machabey, *la Vie et l'Œuvre d'Anton Bruckner* (Paris, 1945); O. Lang, *Anton Bruckner, Wesen und Bedeutung* (Munich, 1947); D. Neulin, *Bruckner, Mahler, Schoenberg* (New York, 1947); F. Blume, « Bruckner » in *MGG* 2 (1952); H. F. Redlich, *Bruckner und Mahler* (Londres, 1955); M. Dehnert, *Anton Bruckner, Versuch einer Deutung* (Leipzig, 1958); M. Lancelot, *Bruckner* (Paris, 1964); R. Simpson, *The Essence of Bruckner* (Londres, 1967); J. Gallois, « Bruckner » (Paris, 1971); P. G. Langevin, « le Siècle de Bruckner », in *RM* 298-99 (1975); P.-G. Langevin, E.-P. Strekel, *le Siècle d'Anton Bruckner* (Paris, 1976); P.-G. Langevin, *Anton Bruckner* (Lausanne, 1977); F. Grasberger (dir.), *Anton Bruckner, Dokumente und Studien* (depuis 1978); *Bruckner-Jahrbuch* (Linz/Graz depuis 1980).
ÉTUDES SUR LES ŒUVRES ET LE LANGAGE. A. Orel, *Unbekannte frühwerke Anton Bruckners* (Vienne, 1921); A. Halm, *Die Symphonie Anton Bruckners* (Munich, 1923); I. Krohn, *Anton Bruckners Symphonien* (Helsinki, 1955); E. Doernberg, *The Life and Symphonies of Anton Bruckner* (Londres,

1960) ; H. G. Scholz, *Die Form der reifen Messen Anton Bruckners* (Berlin, 1961) ; K. Unger, *Studien zur Harmonie Anton Bruckners* (thèse) Heidelberg, 1970) ; P. G. Langevin, *Anton Bruckner, apogée de la symphonie* (Lausanne, 1977) ; F. Grasberger (éd.), *Bruckner-Symphonie « Die Fassungen »* (Linz/Graz, 1981).

Bruhns. A. Pirro, « l'Art des organistes », in *Encyclopédie Lavignac*, Technique II (1926) ; H. Kölsch, *Nikolaus Bruhns* (Cassel, 1958) ; M. Geck, *Nikolaus Bruhns, Leben und Werk* (Cologne, 1968).

Brumel. A. Pirro, *Histoire de la musique de la fin du XIVe siècle à la fin du XVIe* (Paris, 1940) ; P. Pidoux, « Antoine Brumel à Genève », in *RMie* L (1964) ; C. Gottwald, *A. Brumels Messe « Et ecce terrae motus »*, in *AfM* XXVI (1969).

Bruneau. L. A. Destranges, *« Messidor » d'Alfred Bruneau, étude analytique et critique* (Paris, 1897) ; L. A. Destranges, *« Naïs Micoulin » d'Alfred Bruneau* (Paris, 1907) ; L. A. Destranges, *la Faute de l'abbé Mouret* (Paris, 1907) ; A. Hervey, *Alfred Bruneau* (Londres, 1907) ; A. Boschot, *la Vie et les Œuvres d'Alfred Bruneau* (Paris, 1937) ; S. Wallon, « Chronologie des œuvres d'Alfred Bruneau », in *RMie* XXIX (1947).

Brunette. P. M. Masson, « les Brunettes », in *SIMG* XII (1910-11) ; P. Coirault, *Notre chanson folklorique* (Paris, 1942) ; J. Combarieu et R. Dumesnil, « les Brunettes et les chansons », in *Histoire de la musique*, vol. 2 (8e éd.), Paris, 1960).

Bruxelles. E. Van der Straeten, *la Musique aux Pays-Bas avant le XIXe siècle*, 8 vol. (Bruxelles, 1867-1888) ; J. Isnardon, *le Théâtre de la Monnaie, depuis sa fondation jusqu'à nos jours* (Bruxelles, 1890) ; Ch. Van den Borren, *Catalogue de la bibliothèque F. J. Fétis, acquise par l'État belge* (Bruxelles, 1897) ; A. Wotquenne, *Conservatoire royal de Bruxelles : catalogue de la Bibliothèque* (Bruxelles, 1889-1912) ; R. Wangermée, *les Maîtres du chant de la collégiale SS Michel et Gudule* (mémoire ; Bruxelles, 1943).

Bülow. H. von Bülow, *Briefe und Schriften*, 8 vol. (Leipzig, 1896-1908) ; F. Nietzsche, *Briefwechsel mit Hans von Bülow und andere* (Leipzig, 1905) ; R. Dumoulin-Eckart, *Hans von Bülow* (Munich, Berlin, 1921) ; Marie von Bülow, *Hans von Bülow im Leben und Wort* (Engelhorn, Stuttgart, 1925) ; K. Huschke, *Hans von Bülow als Klavierpädagoge* (Horb, 1948).

buffet d'orgue. G. Servières, *la Décoration artistique des buffets d'orgue* (Paris, 1928) ; N. Dufourcq, *Esquisse d'une histoire de l'orgue en France du XIIIe au XVIIIe siècle* (Droz, Paris, 1935).

Bukofzer. E. Hertzmann, « Manfred Bukofzer », in *Mf* IX (1956) ; R. B. Lenaerts, « Manfred Bukofzer (1910-1955), in memoriam », in *RBM* X (1956).

Bulgarie. S. Djoudjev, *Rythme et mesure dans la musique populaire bulgare* (Paris, 1937) ; M. Frémiot, « la Musique dans les républiques populaires », in *Histoire de la musique* (1963) ; V. Krastev, *Otchertsi po istoria blgarskata muzika* « Essais sur l'histoire de la musique bulgare » (Sofia, 1971).

Bull John. M. F. Glyn, *About Elizabethan Virginal Music and its Composers* (Londres, 1924) ; W. Mellers, « John Bull and English keyboard music », in MQ XL (1954) ; J. Jacquot, « Sur quelques formes de la musique de clavier élisabéthaine (d'après des œuvres inédites de John Bull) » in *Musique instrumentale de la Renaissance* (Paris, 1955) ; J. Caldwell, *English keyboard Music before the Nineteenth Century* (Oxford, 1973).

Bull Ole. H. C. Lahec, *Famous Violinists* (Londres, 1902) ; M. Smith *The Life of Ole Bull* (New York, 1947).

Burkhard. E. Mohr, « Burkhard » in *MGG* 2 (1952) ; E. Mohr, *W. Burkhard, Leben und Werke* (Zurich, 1957) ; H. Zurlinden, *W. Burkhard* (Erlenbach-Zurich, 1956).

Burmeister Joachim. M. Ruhnke, *J. Burmeister, ein Betrug zur Musiklehre um 1600* (Cassel, 1955).

Burney. F. d'Arblay, *Memoirs of Dr. Burney*, 3 vol. (Londres, 1832) ; P. A. Scholes, *The Great Dr. Burney*, 2 vol. (Londres, 1948) ; R. Lonsdale, *Dr. Charles Burney, a Literary Biography* (Oxford, 1965).

Busch. F. Busch, *Aus dem Leben eines Musikers* (Zurich, s. d.).

Busenello. A. Livingstone, *La vita veneziana nelle opere di G. F. Busenello* (Venise, 1913).

Bush Alan. *Tribute to Alan Bush on his fiftieth birthday. A symposium* (Londres, 1950).

Busnois. A. Pirro, *Histoire de la musique de la fin du XIVe siècle à la fin du XVIe* (Paris, 1940) ; Ch. Van den Borren, *Études sur le XVe siècle musical* (Anvers, 1941) ; G. Perle, « The Chansons of Antoine Busnois », in *MR* XI (1950) ; C. V. Brooks, « Antoine Busnois, Chanson Composer », in *JAMS* VI (1953) ; E. H. Sparks, « The motets of Antoine Busnois », in *JAMS* V (1953).

Busoni. F. Busoni, *Scritti e pensieri sulla musica* (Milan, 1954) ; H. Leichtentritt, *Feruccio Busoni* (Francfort, 1916) ; E. J. Dent, *Feruccio Busoni* (Londres, 1933 ; rééd., 1974) ; G. Guerrini, *Feruccio Busoni, la vita, la figura, l'opera* (Florence, 1944) ; R. Giazotto, *Feruccio Busoni, la vita nell' opera* (Milan, 1947) ; H. Krellmann, *Studien zu den Bearbeitungen Feruccio Busonis* (Regensburg, 1966) ; H. H. Stuckenschmidt, *Feruccio Busoni, Chronicle of a European* (Londres, 1970).

Busser. D. Sordet, *Douze Chefs d'orchestre* (Paris, 1924) ; P. Landormy, *la Musique française après Debussy* (Paris, 1943) ; P. E. Clairin, *Hommage au maître Henri Busser à l'occasion de son centième anniversaire* (Paris, 1972).

Bussotti. « Journées de musique contemporaine », in *RM* 276-77 (1971).

Buxtehude. A. Pirro, *Dietrich Buxtehude* (Paris, 1913 ; rééd., Genève, 1976) ; W. Stahl, « Franz Tunder und Dietrich Buxtehude », in *AfM* VIII (1926) ; W. Stahl, *Dietrich Buxtehude* (Cassel, s.d.) ; J. Hedar, *Dietrich Buxtehudes Orgelwerke*, (Francfort, 1951) ; H. J. Moser, *Dietrich Buxtehude, der Mann und sein Werk* (Berlin, 1957) ; M. Geck, *Die extraordinaire Abendmusiken Dietrich Buxtehudes* (Lubeck, 1962) ; M. Geck, *Die Vokal musik Dietrich Buxtehudes und der früher Pietismus* (Cassel, 1965) ; H. J. Pauly, *Die Fuge in der Orgelwerke Dietrich Buxtehudes* (Ratisbonne, 1964) ; G. Karstädt, *Thematisch-systematisches Verzeichnis der musikalischen Werke von Dietrich Bustehude* (Wiesbaden, 1974).

Byrd. Ch. Van den Borren, *les Origines de la musique de clavier en Angleterre* (Bruxelles, 1912) ; E. H. Fellowes, *The English Madrigal Composers* (Oxford, 1921) ; E. H. Fellowes, *William Byrd* (Londres, 1936 ; rééd. 1948) ; D. Stevens, *Tudor Church Music* (Londres, 1961) ; J. Kerman, « Byrd's Motets, Chronology and Canon », in *JAMS* XIV (1961) ; J. Kerman, *The Elizabethan Madrigal* (New York, 1962) ; H. K. Andrews, *The Technique of Byrd's Vocal Polyphony* (Londres, 1966) ; O. Neighbour, *The Consort and Keyboard Music of William Byrd* (Londres, 1978) ; J. Kerman, *The Masses and Motets of William Byrd* (Londres, 1981).

byzantin (chant). *Monumenta musicae byzantinae*, 4 séries, (Copenhague, Boston, Rome, 1935) ; Dom Hugues Gaisser, *le Système musical de l'église grecque d'après la tradition* (Rome, 1901) ; G. Thibault, *Origine byzantine de la notation neumatique de l'église latine* (Paris, 1907) ; H. Riemann, *Die Byzantinische Notenschrift im Io bis 15. Jahrhundert* (Leipzig, 1909) ; A. Gastoué, « la Musique byzantine et le chant des églises d'Orient », in *Lavignac Histoire* I (1921) ; E. J. Wellesz, « Studien zur bysantinischen musik », in *ZfMw* XVI (1934) ; E. J. Wellesz, *A History of bysantine music and hymnography* (Oxford, 1949 ; rééd., 1961) ; E. Wellesz, *Die Musik der byzantinischen Kirche* (Cologne, 1959) ; E. Wellesz « la Musique byzantine », in *Histoire de la musique* (1960) ; E. Wellesz, *Die hymnen des Ostkirche* (Bâle, s.d.) ; E. Borrel, « les Gammes byzantines et la commission de Constantinople en 1881 », in *RMie* XXXII (1950) ; R. Palikarova-Verdeil, *la Musique byzantine chez les Bulgares et les Russes* (Copenhague, 1953) ; E. Werner, *New Studies on the History of the Early Octoechos*, Société internationale de musicologie, 5e congrès (Utrecht, 1953 ; compte-rendu, Amsterdam, 1953) ; E. Werner, *The Sacred Bridge. The Interdependence of Liturgy and Music in Synagogue and Church During the First Millenium* (Londres, 1959) ; G. Marzi, *Malodia e nomos nella musica bizantina* (Bologne, 1960) ; I. D. Petresco, *Études de paléographie musicale byzantine* (Bucarest, 1967) ; « la Tradition byzantine », in *Encyclopédie des musiques sacrées* II, (Paris, 1969) ; N. K. Moran, *The Ordinary Chants of Byzantine Mass* (Hambourg, 1975).

BIBLIOGRAPHIE

C

Cabezón. H. Collet, *le Mysticisme musical espagnol au XVIe siècle* (Paris, 1913); W. Apel, « Neapolitan Links between Cabezón and Frescobaldi », in *MQ* XXIV (1938); S. Kastner, « Rapports entre Schlick et Cabezón », in *Musique instrumentale de la Renaissance* (Paris, 1955); H. Collet, *Antonio und Hernando de Cabezón : eine Chronik* (Tutzing, 1977).

Caccia. E. Li Gotti, *la Poesia musicale italiana del secolo XIV* (Palerme, 1944); N. Pirrotta, « Per l'origine e la storia delle caccie e del "madrigale" trescento », in *RMI* XLVIII-XLIX (1946-47); A. L. Ringer, « The Chasse as a Musical Topic of the 18th Century in *JAMS* VI (1953); A. L. Ringer, *The Chasse, Historical and Analytical Bibliography* (Thèse; Columbia University, 1955); G. Corsi, *Poesie musicali del Trecento* (Bologne, 1970).

Caccini. A. Ehrichs, *Giulio Caccini* (Leipzig, 1908); J. G. Prod'homme, *Écrits de musiciens, XVe-XVIIIe siècles*, 2e vol. (Paris, 1912); O. G. Sonneck, « Dafne the First Opera ; a Chronological Study », in *SdIM* XV (1913-14); F. Ghisi, *Del « Fuggilotio musicale » di Giulio Romano (Caccini)* [Rome, 1934]; F. Ghisi, *Alle fonti della monodia* (Milan, 1940); N. Pirrotta, *Li due Orfei* (Turin, 1969).

cadence. HARMONIE : A. Machabey, *Essai sur les formules usuelles de la musique occidentale* (Paris, 1928); A. Machabey, *Genèse de la tonalité musicale classique* (Paris, 1955). CONCERTO : R. Stockhammer, *Die Kadenzen zu den Klavierkonzerten der Wiener Klassiker* (Vienne, 1936).

Cafarelli. J.-G. Prod'homme, « Un chanteur italien à Paris. Le voyage de Cafarelli en 1753 », in *RM* XI (1911).

Cage. R. Dunn, *Catalogue of Works and Recordings*, préface de John Cage (New York, 1962); J. Cage, *Notation* (New York, 1969); J. Cage, *Silence*, discours et écrits (Middletown, 1961 ; trad. fr. M. Fong, Paris, 1970); R. Kostelanets, *John Cage* (New York, 1970); J. Cage, *Writings 1967-1972* (Londres, 1973); J. Cage, *Pour les oiseaux*, entretien avec Daniel Charles (Paris, 1976); D. Charles, *Gloses sur John Cage* (Paris, 1978); P. Griffiths, *Cage* (Londres, 1981).

Caldara. C. Bellaigue, *Études musicales, seconde série* (Paris, s. d.); A. Liess, *Wiener Barockmusik* (Vienne, 1946); U. Kirkendale, *Antonio Caldara. Sein Leben und seine venezianisch-römischen Oratorien* (Graz, 1966).

Calderón de la Barca. E. Cotarelo y Mori, *Ensayo sobre la vida y obra de Don Pedro Calderón de la Barca* (Madrid, 1905); F. Pedrell, « l'Églogue, *la Forêt sans amour* de Lope de Vega, et la musique et les musiciens du théâtre de Calderón », in *SdIM* XI (1909-10); E. M. Wilson and J. Sage, *Poesias liricas en las obras dramaticas de Calderón* (Londres, 1964); J. Subira, *Temas musicales madrileños* (Madrid, 1971).

Callas. F. Herzfeld, *Maria Callas oder die Primadonna* (Berlin, 1962); R. Mancini et J.-L. Causson, *Maria Callas* (Paris, 1964); G. Jellinek, *Callas, Portrait of a Primadonna* (Londres, 1965); H. Wisneski, *Maria Callas, the Art behind the Legend* (New York, 1975); J. Lorcey, *Maria Callas* (Paris, 1977); D. Goise, *Maria Callas, la diva scandale* (Paris, 1978); P.-J. Rémy, *Callas, une vie* (Paris, 1978); S. Segalini, *Callas, les images d'une voix* (Paris, 1979); A. Stassinopoulos, *Maria Callas par-delà sa légende* (trad. fr. P. Delamare ; Paris, 1981).

Callinet. J. Gardien, *l'Orgue et les organistes en Bourgogne et en Franche-Comté au XVIIIe siècle* (Paris, 1943); P. Meyer-Siat, *les Callinet, facteurs d'orgue à Rouffach, et leur œuvre en Alsace* (Strasbourg, 1965).

Calvin. Ch. J. Riggenbach, *Der Kirchengesang in Basel seit der Reformation* (Bâle, 1870); R. Terry, *Calvin's first Psalter* (Londres, 1932); C. Garside, « Calvin's Preface to the Psalter », in *MQ* XXXVII (1951); W. Blankenburg, article « Calvin », in *MGG* 2 (1952); H. A. Bruinsma, « Calvinistische Musik », in *MGG* (1952); Y. Rosketh, « les Premiers Chants de l'église calviniste », in *RMie* XXXVI (1954); A. Cellier, *la Musique calviniste et les psaumes au XVIe siècle* (Histoire de la musique, 1960); P. Pidoux, *le Psautier huguenot*, 2 vol. (Bâle, 1962); R. Vuatez, *Calvin face à la musique de son temps* (Genève, 1968).

Calvisius. C. Dahlhaus, « Musiktheoretisches aus dem Nachlass des Sethus Calvisius », in *Mf* IX (1956); A. Adrin, « Calvisius », in *MGG* 2 (1952).

Calzabigi. G. Lazzeri, *La vita e l'opera letteraria di Ranieri Calzabigi* (Città del Castello, 1907); H. Michel, « R. Calzabigi als Dichter von Musikdramen und als Kritiker », in *Gluck-Jb* IV (1918).

Cambefort. H. Prunières, « Jean de Cambefort, surintendant de la Musique du roi (...-1661), d'après des documents inédits », in *l'Année musicale* (1912) [Paris, 1913]; H. Prunières, *l'Opéra italien en France avant Lulli* (Paris, 1913).

Cambert. A. Pougin, *les Vrais Créateurs de l'opéra français, Perrin et Cambert* (Paris, 1881); A. Tessier, *Robert Cambert à Londres* (in *RM* IX, 2, 1927); W. H. Grattan-Flood, « Quelques précisions nouvelles sur Cambert et Grabu à Londres », in *RM*, IX, 10 (1928); P. H. Kennedy, « The First French Opera. The Literary Standpoint », in *Recherches* VIII (1968).

Cambini. G. Roncaglia, « Di Giuseppe Cambini quartettista padre », in *RassM* (1933); « Ancora di Giuseppe Cambini », in *RassM* (1934); A. Bonaccorsi, « Di alcuni quintetti di Giuseppe Cambini », in *RassM* (1950); D. L. Trimpert, *Die Quatuors concertants von Giuseppe Cambini* (Tutzing, 1967).

Cambodge. A. Daniélou, *la Musique du Cambodge et du Laos* (Pondichéry, 1957); J. Brunet, *Cambodge* (Paris, ?).

Cambridge. Dom A. Hughes, *Catalogue of the Musical Manuscripts at Peterhouse Cambridge* (Cambridge, 1953); C. L. Cudworth, « Cambridge », in *MGG* 2 (1952); W.-J. Smith, *Five Centuries of Cambridge musicians (1464-1964)* [Cambridge, 1964].

Campian. M. M. Kastendieck, *England's Musical Poet Thomas Campian* (New York, 1938); E. Lowbury, T. Salter, A. Young, *Thomas Campian, Poet, Composer, Physician* (Londres, 1970); M. T. Eldridge, *Thomas Campian, his Poetry and Music* (New York, 1971).

Campra. A. Pougin, « André Campra », in *RGM* XXVIII (1861); « André Campra », in *Men* XLVII (1881); J.-G. Prod'homme, *Écrits de musiciens, XVe-XVIIIe siècles* (Paris, 1912); L. de La Laurencie, « Notes sur la jeunesse d'André Campra », in *SdIM* X (1908-1909); P.-M. Masson, « les Fêtes vénitiennes de Campra », in *RMie* XIII (1932); M. Barthélemy, *André Campra, sa vie et son œuvre [1660-1744]* (Paris, 1957); C. J. Castle, *The Grand Motets of André Campra* (thèse ; High Wycombe, 1962); J. R. Anthony, *The Opera-Ballet of André Campra* (thèse, 2 vol. ; University of South. California, 1964).

Canada. H. Kallmann, *A History of Music in Canada [1534-1914]* (Toronto, 1960); A. Asselin, *Panorama de la musique canadienne* (Paris, 1962); M. Kendergi et G. Potvin, *Aspects de la musique au Canada* (Montréal, 1970); A. Lasalle-Leduc, *la Vie musicale au Canada français* (Québec, 1964); W. Amtmann, *la Musique au Québec [1600-1875]* (Montréal, 1976); sous la dir. de Louise Laplante, *Compositeurs canadiens contemporains* (Québec, 1977); A. Walter, *Aspects de la musique au Canada* (Montréal, s.d.); W. Amtmann, *la Musique au Québec, 1600-1875* (Montréal, 1976); L. Laplante, *Compositeurs canadiens contemporains* (Québec, 1977).

Cannabich. H. Hofer, *Christian Cannabich* (thèse ; Munich, 1921); R. Kloiber, *Die dramatischen Ballette von Christian Cannabich* (Munich, 1927); R. Münster, « Mozart bearbeitet Cannabich », in *Mélanges W. Senn* (Salzbourg, 1975).

canon. S. Jadassohn, *Die Lehre vom Canon und von der Fuge* (Leipzig, 1884); C. H. Kitson, *Invertible Counterpoint and Canon* (Londres, 1927); S. Taneiev, *Outchénie o kanone*, « l'Art du canon » (Moscou, 1929); W. Blankenburg, « Kanon », in *MGG* 7 (1958); J. Stenzl, « Canon », in Marc Honegger, *Science de la musique* I (1976); G. Oury et C. Floros, *Canon liturgique* (1976).

cantate. ÉTUDES GÉNÉRALES. E. Schmitz, *Geschichte der Kantate. I Teil : Geschichte der weltlichen Solokantate* (Leipzig, 1914); W. Länge, *Die Anfänge der Kantate* (Dresde, 1938); H. Engel, M. Hucke, D. Launay, S. Wallon, G. Feder, R. Schaal, « Kantate », in *MGG* (1958); A. Damerini, « la Cantate », in *Histoire de la musique* (1960); R. Jacoby, *Die Kantate* (Cologne, 1968); M.-Th. Bouquet, W. Blankenburg, A. Verchaly, *Cantate*, in Marc Honegger, *Science de la musique* I (1976); N. Fortune, C. Timms..., « Cantata », in *New Grove* 3, 1980); C. Derrys, *la Cantate* (Paris, 1980).

Allemagne. K. F. Rieber, *Die Entwicklung der deutschen geistlichen Solokantate im 17. Jahrhundert* (Fribourg, 1932); F. Blume, *Geschichte der evangelischen Kirchenmusik* (Cassel, 1965); F. Krummacher, *Die Überlieferung der Choralbearbeitungen in der frühen evangelischen Kantate* (Berlin, 1965); F. Krummacher, « Über das Spätstudium des geistlichen Solokonzerts in Norddeutschland », in *AfM* XXVI (1969).

France. J. Tiersot, « Cantates françaises au XVIIIe siècle », in *Men* LIX (1893); D. Tunley, *The XVIIIth Century French Cantata* (Londres, 1974).
Italie. H. Prunières, « la Cantate italienne à voix seule au XVIIe siècle », in *Lavignac*, Technique 5 (1930).

Canteloube. L. G. Boursiac, *Canteloube* (Toulouse, 1941); N. Dufourcq, *la Musique des origines à nos jours* (Paris, 1946); P. Bertrand, *le Monde de la musique* (Genève, 1947); E. Vuilermoz, *Histoire de la musique* (Paris, 1956).

cantique. Ph. Poincenot, *Essai sur les origines des cantiques français* (Montbéliard, 1908); A. Gastoué, *Variations sur la musique d'église* (Paris, 1912); A. Gastoué, *le Cantique populaire en France* (Lyon, 1925); *Congrès international de musique sacrée*, organisé par l'Union des maîtres de chapelle et organistes (Paris, 1937); *Actes du 3e congrès international de musique sacrée* (Paris, 1959); S. Corbin, *l'Eglise à la conquête de sa musique* (Paris, 1960).

canto carnascialesco. F. Ghisi, *I canti carnascialeschi nelle fonti musicali del XV e XVI secolo* (Florence, 1937).

cantor. D. Krickeberg, *Das protestantische Kantorat im 17. Jahrhundert* (Berlin, 1965).

cantus firmus. H. Husmann, « Cantus firmus », in *MGG* 2 (1952); E. H. Sparks, *Cantus firmus in Mass and Motet, 1420-1520* (Berkeley, 1963).

Capdevielle. A. Machabey, *Portraits de trente musiciens français* (Paris, 1949).

Caplet. Yves-Marc, *André Caplet* (Paris, 1924); Roland-Manuel, « André Caplet, le chasseur d'images », in *RM* VI (1935); M. Brillant, « André Caplet, musicien mystique », in *RM* VI (1935); A. Hoerée, « l'Œuvre d'André Caplet », in *RM* VI (1935); R. Dumesnil, *Portraits de musiciens* (Paris, 1938); C. Debussy, *Lettres inédites à André Caplet, 1908-1914*, présentées par E. Lockspeiser (Monaco, 1957); C. Moreau, *A la découverte d'André Caplet* (Conservatoire de Paris, 1972); Y. Gouverne, « André Caplet », in *Revue Zodiaque* n° 107 (La Pierre-qui-Vire, 1976).

carillon. J. Goguet, *le Carillon, des origines à nos jours* (Paris, 1958); « le Carillon », in *Histoire de la musique*, (1963); « l'Art campanal », in *Bulletin trimestriel de liaison et d'information de la Guilde des Carillonneurs de France* (Douai, 1972); J. P. Carme, *Cloches et carillons* (Castres, 1976).

Carissimi. M. Brenet, « les Oratorios de Carissimi », in *RMI* IV (1897); A. Cametti, « La patria di Giacomo Carissimi », in *Corriere d'Italia* (1914); « Primo contributo per una biografia di Giacomo Carissimi », in *RMI* XXIV (1917); F. Ghisi, « Due Cantate del Giudizio Universale di Giacomo Carissimi », in *Rass* M XVIII (1948); F. Ghisi, « Il lamento in morta di Maria Stuarda, di Carissimi », in *Rass M* XXI (1951); F. Ghisi, « Giacomo Carissimi et ses élèves », in *Histoire de la musique* (1960); G. Massenkeil, « Über die Messen Giacomo Carissimis », in *Studien zur italienisch-deutsch Musikgeschichte* (Cologne, 1963); G. Rose, *Giacomo Carissimi [cantata musical index]* (Wellesley College, 1966 ; facsimilé); L. Bianchi, *Carissimi, Stradella, Scarlatti, e l'oratorio musicale* (Rome, 1969); *Giacomo Carissimi, catalogo delle opere attribute* (Istituto finanziario per l'arte, 1975); H. E. Smither, *A History of the Oratorio*, vol. 1 (Chapel Hill, 1977).

Carmen. Ch. Gaudier, *Carmen de Bizet, étude historique et critique, analyse musicale* (Paris, 1922); H. Malherbe, *Carmen* (Paris, 1951); H. E. Phillips, *The Carmen Chronicle ; the Making of an Opera* (New York, 1975). M. Poupet, « A propos de deux fragments de la partition originale de Carmen », in *RMie* LXII, n° 1 (1976); « Carmen », in *l'Avant-Scène Opéra* n° 26 (1980).

Carmen J. A. Gastoué, *les Primitifs de la musique française* (Paris, 1922); A. Pirro, *la Musique à Paris, sous le règne de Charles VI [1380-1422]* (Strasbourg, 1930).

carmina burana. H. Spanke, « Der Codex Buranus als Liederbuch », in *ZfMw* XIII (1930-31); M. Ittenbach, *Der frühe deutsche Minnesang* (Halle, 1939); W. Lipphardt, « Unbekannte Weisen zu den Carmina Burana », in *AfM* XII (1955).

Caron. J. Thomson, *An Introduction to Philippe (?) Caron* (Institute of Medieval Music, New York, 1964).

Carrillo. J. Velasco-Urda, *Julián Carrillo, su vida y su obra* (Mexico, 1945); N. Slonimsky, *Music of Latin America* (New York, 1966); D. Lopez-Alonzo, « La escritura musical de Julián Carrillo », in *Orientacion musical* 73 (1948).

Carter. R. Fr. Goldman, « The Music of Elliot Carter », in *MQ* XLIII (1957); E. Carter, « Shop Talk by an American Composer », in *MQ* XLVI (1960); J. Sykes, « The Music of Elliot Carter », in *The Listener* (Londres, 1962).

Caruso. P. V. R. Key et B. Zirato, *Enrico Caruso, a Biography* (Boston, 1922); F. Robinson, *Caruso, his Life in Pictures* (New York, 1957); J.-P. Mouchon, *Enrico Caruso, sa vie, sa voix* (Langres, 1966); S. Jackson, *Caruso* (New York, 1972).

Casadesus. R. Patorni-Casadesus, *Souvenirs d'une claveciniste, ma famille Casadesus* (Paris, 1962).

Casals. P. Casals et J. M. Corredor, *Conversations avec Pablo Casals* (Paris, 1954); E. Christen, *Pablo Casals, l'homme et l'artiste* (Paris, 1956); Pablo Casals et A. Kahn, *Ma vie racontée à A. E. Kahn* (trad. fr. J. B. Blandenier; Paris, 1970); D. Blum, *Casals et l'art de l'interprétation* (Paris, 1981).

Casella. A. Cantarini, « Alfredo Casella », in *RMI* (1931); G. M. Gatti, « Ricordo di Casella », in *Rass M* XVII (1947); M. O'Hana, « Alfredo Casella », in *MR* VIII (1947); A. Casella, *A. Casella*, Symposium a cura di G. M. Gatti et F. d'Amico (Milan, 1958).

Casimiri. Ch. Van den Borren, « Mgr Rafaele Casimiri (1880-1943), in *RBM* I, (1946-47).

cassette. E. Lémery, *Guide pratique de la cassette* (Paris, 1979).

Castillon. H. Imbert, *Profils d'artistes contemporains* (Paris, 1897); J.-M. Fauquet, *Alexis de Castillon et la Société nationale de musique*, Catalogue d'exposition (Chartres, 1973); *Alexis de Castillon, sa vie, son œuvre* (Paris, 1976); J.-M. Fauquet, « Catalogue des œuvres de musique de chambre de Castillon », in *Musique-Musicologie* 5 (Paris, 1978); J.-M. Fauquet, « Alexis de Castillon, sa vie, son œuvre », in *Bulletin de la Société archéologique d'Eure-et-Loir* 73 (Chartres, 1978).

castrat. G. Monaldi, *Cantanti evirati nel treatro italiano* (Rome, 1920); F. Haböck, *Die Kastraten und ihre Gesangskunst, eine gesangphysiologische, kultur und musikhistorische Studie* (Stuttgart, Berlin, Leipzig, 1927); A. Heriot, *The Castrati in Opera* (Londres, 1956); H. Pleasants, *The Great Singers* (New York, 1966).

Castro. R. Arizaga, *Juan José Castro* (Buenos Aires, 1963).

Catalani. A. Bonaccorsi, *Alfredo Catalani* (Turin, 1942).

Cavaillé-Coll. M. Dupré, *Études sur Aristide Cavaillé-Coll* (Rouen, 1919); F. Raugel, *Recherches sur quelques maîtres de l'ancienne facture française d'orgues français* (Paris, 1925); C. et E. Cavaillé-Coll, *Aristide Cavaillé-Coll, ses origines, sa vie, son œuvre* (Paris, 1929; réed., 1981); A. Cellier et H. Bachelin, *l'Orgue* (Paris, 1933); F. Sabatier, *la Palette sonore de Cavaillé-Coll* (Bordeaux, 1979).

Cavalieri E. d'. A. Solerti, « Laura Guidiccioni Luchesini ed Emilio di Cavalieri », in *RMI* IX (1902); *Le origini del melodramma* (Turin, 1903); L. Guidiccioni-Nicastro, *La rappresentazione di anima e di Corpo* (Livourne,.1911); B. Becherini, « La musica nelle Sacre Rappresentazioni fiorentini », in *RMI* 53 (1951); C. V. Palisca, *Musical Asides in the Diplomatic Correspondence of Emilio di Cavalieri*, in *MQ* XLIX, 1963); H. E. Smither, *A History of the Oratorio*, vol. 1 (Chapel Hill, 1977).

Cavalli. E. Wellesz, « Studien zur Geschichte der Wiener Oper. I. Cavalli und der Stil der venezianischen Oper von 1640-1660 », in *StMw* I (1913); H. Prunières, *Francesco Cavalli et l'opéra vénitien au XVIIe siècle* (Paris, 1931); H. Chr. Wolff, *Die venezianische Oper in der 2. Hälfte des 17. Jahrhunderts* (thèse ; Berlin, 1932); S. T. Worshorne, *Venetian opera in the 17th Century* (Oxford, 1954); J. Glover, *Cavalli* (Londres, 1978).

BIBLIOGRAPHIE
1698

Cavendish. E. H. Fellowes, *The English Madrigal Composers* (Oxford, 1921).

Cavos. R.-A. Mooser, *Annales de la musique et des musiciens en Russie*, 3ᵉ vol. (Genève, 1951); R.-A. Mooser, « Catterino Cavos », in *RMI* III (1969).

Cellier. *Catalogue des œuvres originales et des éditions d'Alexandre Cellier*, 5 fascicules (Meaux, 1939-1962).

Certon. F. Lesure, « Pierre Attaingnant, notes et documents », in *MD* III (1949); F. Lesure, « Certon », in *MGG* 2 (1952); F. Lesure et R. de Morcourt, *les Psaumes de Pierre Certon, réduits pour chant et luth par Guillaume Morlaye, 1554* (Paris, 1957); P. Pidoux, « les Psaumes d'Antoine de Mornable, Guillaume Morlay et Pierre Certon », in *AnnM* V (1957); A. Agnel, *Analyse rythmique et formelle des chansons de Pierre Certon parues chez Pierre Attaingnant*, mémoire de musicologie, 2 vol. (Conservatoire de Paris, 1962).

Cesaris. E. Dannemann, *Die spätgottische Musiktradition in Frankreich und Burgund vor dem Auftreten Dufays* (Strasbourg, 1936); A. Pirro, *Histoire de la musique de la fin du XIVᵉ siècle à la fin du XVIᵉ siècle* (Paris, 1940).

Cesti. P. Nettl, « Ein verschollenes Tournierballett von M. A. Cesti », in *ZfMw* VIII (1925-26); N. Pirrotta, « Tre Capitoli su Cesti », in *La Scuola romana* (Sienne, 1953); N. Pirrotta, « Le prime opere di A. Cesti », in *L'orchestra* (Florence, 1954); F. Schlitzer, *Una lettera inedita di A. Cesti* (Florence, 1954); F. Schlitzer, *Fortuna dell'Orontea* (Florence, 1954); F. Schlitzer, *Intorno alla « Dori » di A. Cesti* (Florence, 1957); F. Schlitzer, *L'Orontea di A. Cesti, storia e bibliografia* (Florence, 1960); W. Osthoff, « Antonio Cestis Alessandro vincitor di se stesso », in *StMw* 24 (1960); C. B. Schmidt, *The Operas of Antonio Cesti* (thèse; Harvard University, 1973).

Chabrier. A. Bruneau, *Musiques d'hier et de demain* (Paris, 1900); J. Desaymard, *Un artiste auvergnat, Emmanuel Chabrier* (Paris, 1908); J. Desaymard, *Emmanuel Chabrier d'après ses lettres* (Paris, 1934); R. Martineau, *Emmanuel Chabrier* (Paris, 1910); G. Servières, *Emmanuel Chabrier* (Paris, 1912); J. Poueigh, *Musiciens français d'aujourd'hui* (Paris, 1921); A. Boschot, « les Angoisses et les tendresses d'un génie bouffe », in *Portraits de musiciens* I (Paris, 1936); F. Poulenc, *Emmanuel Chabrier* (Paris, 1961); Y. Tiénot, *Chabrier par lui-même et par ses intimes* (Paris, 1965); M. D. Fradet, *les Œuvres pour piano d'Emmanuel Chabrier*, mémoire de musicologie, 2 vol. (Conservatoire de Paris, 1968); R. H. Myers, *Emmanuel Chabrier and his Circle* (Londres, 1969); F. Robert, *Emmanuel Chabrier, l'homme et son œuvre* (Paris, 1970); E. Destranges, *Chabrier* (Paris, s. d.); R. Delage, *Chabrier* (bil. fr.-angl.; Paris-Genève, 1982).

Chailley. A. Machabey, *Portraits de 30 musiciens français* (Paris, 1949).

Chaliapine. F. Chaliapine, *Man and Mask, Forty Years in the Life of a Singer* (trad. angl. Ph. Megroz; Londres, 1932; rééd. fr., Genève, 1982); F. Chaliapine et M. Gorki, *Chaliapine, an Autobiography, as Told to Maxim Gorki* (trad. angl. N. Froud et J. Hanley, Londres, 1968); J. Feschotte, *Ce Géant, Fédor Chaliapine* (Paris, 1968); J. Goury, *Féodor Chaliapine* (Paris, 1969); *Feodor Chaliapine*, 2 vol. (en russe; sous dir. de E. Grocheva, Moscou, 1957; rééd., 1976).

Challan. A. Machabey, *Portraits de trente musiciens français* (Paris, 1949).

chambre (musique de). A. Capri, *La musica da camera dai clavicembalisti a Debussy* (Bari, 1925); V. Altmann, *Kammermusik-Katalog* (Leipzig, 1942); R. H. Rowen, *Early Chamber Music* (New York, 1949); A. Cœuroy et C. Rostand, *les Chefs-d'œuvre de la musique de chambre* (Paris, 1952); O. Alain, *la Musique de chambre* (Paris, 1955); F. Stein, *Verzeichnis der Kammermusikwerke von 1650 bis zur Gegenwart* (Munich, Berne, 1962); S. Gut et D. Pistone, *la Musique de chambre en France de 1870 à 1918* (Paris, 1978).

chanson. G. Raynaud, *Bibliographie des chansonniers français des XIIIᵉ et XIVᵉ siècles* (Paris, 1884); E. Droz et H. Poulaille, *la Fleur des chansons d'amour au XVIᵉ siècle* (Paris, 1943); H. I. Marrou, *le Livre des chansons, ou introduction à la chanson populaire française* (Neuchâtel, 1946); J. Rollin, *les Chansons de Clément Marot* (Paris, 1951); *Musique et poésie au XVIᵉ siècle*, dir. J. Jacquot (Paris, 1954); J. Thibault, « la Chanson française au XVᵉ siècle », in *Histoire de la musique* (1960); F. Lesure, « la Chanson française au XVIᵉ siècle », in *Histoire de la musique* (1960); F. Vernillat, « la Chanson littéraire et les sociétés chantantes », in *Histoire de la musique* (1960); J. Haar, *Chanson and madrigal 1480-1530* (Cambridge, Mass., 1964); C. Imbert, *Histoire de la chanson et de l'opérette* (Lausanne, 1967); M. Naudin, *Évolution parallèle de la poésie et de la musique, rôle unificateur de la chanson* (Paris, 1968); E. Raunié, *Chansonnier historique du XVIIIᵉ siècle*, 10 vol. (Paris, s. d.); J.-L. Calvet, *Chanson et société* (Paris, 1980).

CHANSON AU LUTH. A. Tessier, « le Luth et l'art du chant au XVIIᵉ siècle », in *Bulletin de la Société de l'histoire de l'art français* I (1927); A. Verchaly, « G. Bataille et son œuvre personnelle pour chant et luth », in *RMie* XXVI (1947); « Poésie et air de cour en France jusqu'en 1620 », in *Musique et poésie au XVIᵉ siècle* (Paris, 1957).

CHANSON DE GESTE. J. Chailley, « Études musicales sur la chanson de geste et ses origines », in *RMie* XXX (1948); I. Siciliano, *les Origines des chansons de geste* (trad. fr. P. Antonetti; Paris, 1951); I. Siciliano, *les Chansons de geste et l'épopée* (Turin, 1968).

CHANSON POPULAIRE. J. Tiersot, *Histoire de la chanson populaire en France* (Paris, 1889); J. Tiersot, « la Chanson populaire », in *Lavignac*, Technique V (1930); J. Chailley, *la Chanson populaire française* (Paris, 1942); P. Coirault, *Notre chanson folklorique* (Paris, 1942); J. Gardien, *la Chanson populaire française* (Paris, 1948); C. Brailoiu, « le Folklore musical », in *Musica aeterna* II (Metz, Zurich, 1949); P. Petit, *Autour de la chanson populaire* (Paris, 1952); W. Lemit, *le Folklore et nous* (Paris, 1954); P. Barbier et F. Vernillat, *Histoire de la France par les chansons*, 8 vol. (Paris, 1956-1961); F. Vernillat et J. Charpentreau, *Dictionnaire de la chanson française* (Paris, 1968); A.-M. Duvernay, O. d'Horrer, *Mémoires de la chanson française depuis 1980* (Paris, 1980); C. Laporté, *le Catalogue de la chanson folklorique française* (Lavel, diff. Paris, 1982).

chant. G. Caccini, *Prefazione alle nuove musiche* (Florence, 1602, 1614); B. de Bacilly, *Remarques curieuses sur l'art de bien chanter et particulièrement pour ce qui regarde le chant français...* (Paris, 1679; rééd., Genève, 1971); P. F. Tosi, *Opinioni de'cantori antichi e moderni...* (Bologne, 1723; trad. fr. « l'Art du chant », 1874; rééd., 1978); J. B. Bérard, *l'Art du chant* (Paris, 1735); G. B. Mancini, *Pensieri e riflessioni pratiche sopra il canto figurato* (Vienne, 1774); B. Mengozzi (attribué à) *Méthode de chant du Conservatoire* (Paris, 1804); L. Lablache, *Méthode de chant* (Magonza, Anvers, Bruxelles, 1835-1840); G. M. Bordogni, *Méthode de chant* (Paris, 1840); G. L. Duprez, *l'Art du chant* (Paris, 1845); M. Garcia, *Traité complet de l'art du chant* (Paris, 1847, rev. 1855); M. Marchesi, *École Marchesi, l'art du chant* (Paris, 1861); F. Lamperti, *Guida teorico-pratico-elementare per lo studio del canto* (Milan, 1870); *L'arte del canto* (Milan, 1870); J. B. Faure, *la Voix et le Chant* (Paris, 1886); J. Stockhausen, *Gesang Unterrichtsmethode* (2 vol., 1886-87); L. Lehmann, *Meine Gesangkunst* (Berlin, 1902; trad. fr., Paris, 1910); S. Sonky, *Théorie de la pose de voix* (St-Pétersbourg, 1909; Paris, 1911); R. Hah, *Du chant* (Paris, 1920; rééd., 1957); V. Ricci, *La tecnica di canto in rapporto con la pratica antica e moderna* (Livourne, 1920); Th. Gérold, *l'Art du chant en France au XVIIᵉ siècle* (Strasbourg, 1921); W. J. Henderson, *Early History fo Singing* (New York, 1921); V. Ricci, *Il bel canto* (Milan, 1923); H. Klein, *The Bel Canto* (Londres, 1923); A. de Martini, *Traité de chant*, in *Encyclopédie Lavignac*, « Technique » II (1926); Dr. A. Wicart, *le Chanteur* (2 vol., Paris, 1931; « les Puissances Vocales », 4ᵉ éd. transformée, 1 vol., 1944); A. Della Corte, *Canto e bel canto* (Turin, 1933); M. Mersenne, *Harmonie universelle* (Paris, 1936); G. Lauri Volpi, *I misteri della voce umana* (Milan, 1940); G. Loiseau (préface de G. Ibos), *Notes sur le chant* (Paris, 1947); H. Lazaro, *Mi metodo di canto* (Barcelone, 1947); G. Lauri, Volpi *Voci parallele* (Milan, 1950 et 1955; rééd., Bologne, 1977 [augmentée]); A. Della Corte, *Gli interpreti cantanti*, in *L'interpretazione musicale* (Turin, 1951); R. Maragliano-Mori, *I Maestri del bel canto* (Rome, 1953); E. Garde, *la Voix* (Paris, 1954); C. Guearti, *le Chant en Italie* (Bordeaux, 1955); P. Pittion, *Pédagogie pratique de la musique et du chant* (Paris, 1955); M. Benharoche, *De l'art vocal aux chants de la vie et aux harmonies de l'être*, 2 vol. (Biarritz, 1958); R. Hus-

BIBLIOGRAPHIE

son, *le Chant* (Paris, 1962); A. Tomatis, *l'Oreille et le Langage* (Paris, 1963); R. Celletti, *Le grandi voci* (Rome, 1965); H. Pleasants, *The great Singers* (New York, 1966); R. Celletti, *La vocalità ai tempi di Tosi* (nuova R. M. I., 1967); R. Mancini, *l'Art du chant* (Paris, 1969); R. Maragliano-Mori, *Coscienza della voce nella scuola italiana di canto* (Milan, 1970); J. Gourret, *la Technique du chant en France depuis le XVIIe siècle* (Sens, 1973); R. Celletti, *Il teatro d'opera in disco* (Milan, 1876; rééd. amplifiée, 1978); R. Miller, *English, French, German and Italian Technique of Singing* (Metuchen, N. J., 1977); La Vocalità, in *Storia dell'Opera* (Turin, 1977); D. Bourlet, *le Vlac! approche napolitaine du chant lyrique* (Paris, 1978); A. Sguerzi, *Le stirpi canoro* (Bologne, 1978); P. F. Tosi, *l'Art du chant* (Ste-Maxime, 1978); E. Gara, Canto, in *Dizionario Ricordi della Musica*; E. Caruso, *How to sing* (New York, posth.); R. Celletti, Canto, in *Enciclopedia dello spettacolo*.

chapelle. M. Ruhnke, « Kapelle », avec bibliographie, in *MGG* 7 (1958); M. Th. Bouquet, « Chapelle », in *Science de la musique* I (1976).

Chaporine. G. Abraham, *Eight Soviet Composers* (Londres, 1943); S. Levit, *Yuri Alexandrovitch Chaporine* (en russe; Moscou, 1964).

Charpentier G. H. Imbert, *Médaillons contemporains* (Paris, 1902); J. Poueigh, *Musique française d'aujourd'hui* (Paris, 1921); A. Himonet, *« Louise » de Gustave Charpentier, étude historique et critique, analyse musicale* (Paris, 1922); M. Delmas, *Gustave Charpentier et le lyrisme français* (Paris, 1931); G. Vigolo, « Louise, un romanzo musicale », in *RassM* XVIII (1948); G. Favre, *Musiciens français contemporains* (Paris, 1956).

Charpentier M.-A. H. Quittard, « la Couronne de fleurs de M. A. Charpentier sur des vers inconnus de Molière », in *RM* VIII (1908); C. Crussard, *Un musicien français oublié, Marc-Antoine Charpentier* (Paris, 1945); J. P. Dunn, *The Grand Motets of M.-A. Charpentier* (thèse; State University of Iowa, 1963); Th. Kaser, *Die Leçons de Ténèbres im 17. und 18. Jahrhundert* (Berne, 1966); Robert W. Lowe, *Marc-Antoine Charpentier et l'opéra de collège* (Paris, 1966).

Chausson. J. Poueigh, *Musiciens français d'aujourd'hui* (Paris, 1921); G. Fauré, *Opinions musicales* (Paris, 1930); Ch. Oulmont, *Deux Amis, Claude Debussy et Ernest Chausson* (Paris, 1934); Ch. Oulmont, *Musique de l'Amour*, 2 vol.; in vol. 1 : *Chausson Ernest et la bande à Franck* (Paris, 1935); J. Gallois, *Ernest Chausson, l'homme et son œuvre* (Paris, 1967; rééd., 1981); L. Davies, *César Franck and his Circle* (Londres, 1970).

Chavez. C. Chavez, *Musical thoughts* (Cambridge, Mass., Harvard University Press, 1961).

Chebaline. G. Abraham, *Eight Soviet Composers* (Londres, 1946); sous la direct. de Protopopov, *Vissarion Yakovlevitch Chebaline* (en russe; Moscou, 1975).

chef d'orchestre. G. Schunemann, *Geschichte des Dirigieren* (Leipzig, 1913); D. Inghelbrecht, *le Chef d'orchestre et son équipe* (Paris, 1949); D. Brook, *International Gallery of Conductors* (Londres, 1951); F. Goldbeck, *le Parfait Chef d'orchestre. Un essai sur l'art de diriger* (Paris, 1952); Ch. Münch, *Je suis chef d'orchestre* (Paris, 1954); P. M. Young, *World Conductors* (Londres, 1966); D. Wooldridge, *Conductor's World* (Londres, 1970).

Cherubini. J. G. Kastner, « Beethoven et Cherubini », in *RGM* VIII (1841); D. Denne-Baron, *Cherubini, sa vie, ses travaux, leur influence sur l'art* (Paris, 1862); E. Bellasis, *Cherubini, Memorial Illustratives of his Life* (Londres, 1874); A. Pougin, « Cherubini, sa vie, ses œuvres, leur influence artistique », in *Men* XVII, XVIII, XIX (1881-82-83); M. Quatrelles-l'Épine, *Cherubini, notes et documents inédits* (Lille, 1913); F. Lesure et C. Sartori, *Tentativo di un catalogo della produzione di Luigi Cherubini* (Florence, 1962); B. Deane, *Cherubini* (Londres, 1965); M. G. Selden, *The French Operas of Luigi Cherubini*, dissert. (High Wycombe, 1966); S. Kunze, « Cherubini und der musikalische Klassizismus », in *Studien zur italienisch-deutsche Musikgeschichte* IX (Cologne, 1974).

Chevillard. J. Poueigh, *Musiciens français d'aujourd'hui* (Paris, 1921); D. Sordet, *Douze Chefs d'orchestre* (Paris, 1924); R. Dumesnil, *Portraits de musiciens français* (Paris, 1938); H. Jourdan-Morhange, *Mes amis musiciens* (Paris, 1955).

chiffrage. F. Oberdörffer, « Generalbass », in *MGG* 4 (1955); S. Gut, « Chiffrage », in *Science de la musique* I (1976).

Chine. L. Laloy, *la Musique chinoise* (Paris, 1912); Ma Hiao Ts'in, *la Musique chinoise de style européen* (Paris, 1941); « la Musique chinoise », in *Histoire de la musique* (1963); « le Théâtre de Pékin », in *les Théâtres d'Asie* (Paris, 1961); K. Reinhardt, *Chinesische Musik* (Eisenach, 1956); M.-Y. Liang, *la Musique chinoise traditionnelle* (Paris, s. d.); Y. Tchen, *la Musique chinoise en France au XVIIIe siècle* (Paris, 1975).

chœur. E. Valentin, *Handbuch der Chormusik* (Ratisbonne, s. d.); A. T. Davidson, *The Technique of Choral Composition* (Harvard University Press, Cambridge, Mass., 1945); A. T. Davidson, *Choral Conducting* (Cambridge, Mass., 1945); F. Raugel, *le Chant choral* (Paris, 1948); P. Kaelin, *le Livre du chef de chœur* (Genève, 1949); P. Tchesnokov, *Chor i oupravlénié im, « le Chœur et sa direction »* (Moscou, 1952); Th. B. Webster, *The Greek Chorus* (Londres, 1970).

Chopin. Correspondance de F. Chopin, *l'Aube, l'ascension, la gloire*, recueillie, révisée et traduite par B. E. Sydow, S. et D. Chainaye et I. Sydow, 3 vol. (Paris, 1953, 1954, 1960; rééd., 1981).
OUVRAGES GÉNÉRAUX. F. Liszt, *Frédéric Chopin* (Paris, 1852; Leipzig, 1879; rééd., Paris, 1977); G. Sand, *Histoire de ma vie* (Paris, 1854); H. Leichtentritt, *Chopin* (Berlin, 1905); E. Ganche, *F. Chopin, sa vie et ses œuvres* (Paris, 1913; rééd., Genève, 1972); E. Ganche, *Dans le souvenir de Frédéric Chopin* (Genève, 1925); E. Ganche, *Voyage avec Frédéric Chopin* (Genève, 1934); E. Ganche, *Souffrances de Chopin* (Genève, 1935); J. Chantavoine, *l'Italianisme et Chopin* (Paris, 1912); G. de Pourtalès, *Chopin ou le poète* (Paris, 1927; rééd., 1948); M. Binental, *Chopin* (Paris, 1934); Z. Jachimecki, *Frédéric Chopin et son œuvre* (Paris, 1930); L. Bronarski, *Études sur Chopin*, 2 vol. (Lausanne, 1946-47); A. Cortot, *Aspects de Chopin* (Paris, 1949; rééd., 1960); Roland-Manuel, *Frédéric Chopin* (Paris, 1949); H. Weinstock, *Chopin the Man and his Music* (New York, 1949); A. Cœuroy, *Chopin* (Paris, 1951); C. Wierzynski, *la Vie de Chopin* (trad. fr. G. Meker; préface d'A. Rubinstein; Paris, 1952); J. Guy, *Frédéric Chopin* (Lyon, 1956); C. Bourniquel, *Chopin* (Paris, 1957); J. Rousselot, *le Roman d'un romantique* (Paris, 1957; rééd., 1968); E. Vuillermoz et B. Gavoty, *Chopin amoureux* (Paris, 1960); G. Guillemot-Magitot, *Frédéric Chopin, musique et poésie* (Paris, Bruxelles, 1962); M. Querlin, *Chopin, explication d'un mythe* (Paris, 1962); J.-M. Grenier, *Chopin, l'homme et son œuvre* (Paris, 1964); *Chopin*, ouvrage collectif (Paris, 1965); sous la direct. de A. Walker, *Frédéric Chopin Profiles of the Man and the Musician* (Londres, 1966); A. Gauthier, *Chopin* (Paris, 1967); A. Lavagne, *Chopin* (Paris, 1969); F. Belotti, *F. Chopin, l'uomo* (Milan, Rome, 1974); B. Gavoty, *Chopin* (Paris, 1974); *Rekopisy utvorow Chopina*. Catalogue, 2 vol., dir. K. Kobylanska (Cracovie, 1977).
ÉTUDES MUSICALES. H. Leichtentritt, *Analyse der Chopin'schen Klavierwerke* (Berlin, 1921); B. Wojcik-Keuprulian, *Mélodika Chopina* (Lwow, 1930); L. Bronarski, *Harmonika Chopina* (Varsovie, 1935); M. Ottich, *Die Bedeutung des Ornaments im Schaffen Friedrich Chopins* (Hambourg, 1936); G. Abraham, *Chopin's musical style* (Londres, 1939); W. L. Landowski, *Frédéric Chopin et Gabriel Fauré* (Paris, 1946); V. Jankélévitch, « Chopin et la nuit », in *le Nocturne* (Paris, 1957); G. Golos, « Some Slavic Predecessors of Chopin », in *MQ* XLVI (1960); K. R. Juttner, « Über F. Chopins Bildungsgang », in *Mf* XIII (1960); J. M. Chominski, *Sonaty Chopina* (Cracovie, 1960); G. Belotti, *Le origini italiane del rubato chopiniano* (Varsovie, Cracovie, 1968); A. Whiteside, *Mastering the Chopin's Etudes, and Other Essays* (New York, 1969); D. Branson, *John Field and Chopin* (Londres, 1972); U. Dammeier-Kirpel, *Der Sonatensatz bei Chopin* (Wiesbaden 1973); J. J. Eigeldinger, *Chopin vu par ses élèves* (Paris, 1970); « Chopin et l'héritage baroque », in *SBzM* II (1974).

choral. P. Stäblein, article « Choral », in *MGG* II (1952); H. Albrecht, article « Choralbearbeitung », in *MGG* (1952); M. Blindow, *Die Choralbegleitung des 18. Jahrhunderts in der evangelischen Kirche Deutschlands* (Regensburg, 1957); M. Honegger, « la Réforme et l'essor de la musique en Allemagne », in *Histoire de la musique* I (1960);

BIBLIOGRAPHIE

W. Nelle, *Geschichte der deutschen evangelischen Kirchenlieds* (Hildesheim, 1962); H. Osthoff, *Das deutsche Chorlied* (Cologne, s. d.); J. Riedel, *The Lutheran Chorale, its Basic Traditions* (Minneapolis, 1967).

Choron. G. Duprez, « Choron et son école », in *Men* XXXIV (1867); G. Vauthier, « Un chorège moderne, A. Choron, d'après des documents inédits », in *RM* VIII (1908); C. Vauthier, « Lettres inédites de Choron », in *RM* IX (1909).

Chostakovitch. G. Abraham, *Eight Soviet Composers* (Londres, 1946); N. Nabokov, *Old Friends and New Music* (Londres, 1951); L. Danilévitch, *Dimitri Chostakovitch* (en russe ; Moscou, 1958); L. Danilévitch, *Nash sovremennik ; tvortchestvo Chostakovitcha.* « Notre contemporain : l'œuvre de Chostakovitch » (Moscou, 1965); G. Orlov, *Simfonii, D. Chostakovitcha* (Leningrad, 1961); R.-M. Hofmann, *Dimitri Chostakovitch* (Paris, 1963); K. Laux, *Dimitri Chostakovitch, chronist seines Volkes* (Berlin, 1966); B. Iaroustovsky, *Simfonia o voiné i miré,* « Symphonie sur la guerre et la paix » (Moscou, 1966); V. Delson, *Fortepiannoié tvortchestvo Chostakovitcha,* « l'Œuvre pour piano de Chostakovitch » (Moscou, 1971); R. Blokker et R. Dearling, *Shostakovich, the Symphonies* (Londres, 1979); S. Volkov, *Témoignages. Les Mémoires de Dimitri Chostakovitch* (trad. fr. A. Lischke ; Paris, 1980).

Christoff. J. Goury, *Boris Christoff* (Paris, 1970).

chromatisme. Th. Kroyer, *Die Anfänge der Chromatik im italienischen Madrigal des 16. Jahrhunderts* (Leipzig, 1902); W. H. Thelwall, « Mathematical Analysis of the Tempered Chromatic Scale », in *Report of the fourth congress of the international musical society* (Londres, 1911); E. Lowinsky, *Secret Chromatic Art in the Netherlands Motet* (New York, 1946); J. Chailley, « Esprit et technique du chromatisme de la Renaissance », in *Musique et poésie au XVIe siècle* (Paris, 1954).

Chrysander. G. Adler, « Friedrich Chrysander », in *ZfMw* VIII (1926); R. Schaal, « Friedrich Chrysanders Anhandlungen », in *Mf* IV (1951).

Cilea. R. de Renensis, *Francesco Cilea* (Palmi, 1950); E. Moschino, *Sulle opere di Francesco Cilea* (Milan, 1932); T. d'Amico, *Francesco Cilea* (Milan, 1960).

Ciconia. A. Auda, *la Musique et les musiciens de l'ancien pays de Liège* (Bruxelles, 1930); H. Besseler, *Johannes Ciconia, Begründer der Chorpolyphonie* (Rome, 1950); « Hat Matheus de Perusio Epoche gemacht ? », in *Mf* VIII (1955); S. Clercx, *Johannes Ciconia, un musicien liégeois et son temps,* 2 vol. (Bruxelles, 1960).

Cimarosa. C. Estienne, *Lettres sur la musique* (Paris, 1854); P. Cambiasi, *Notizie sulla vita e sulle opere di Domenico Cimarosa* (Venise, 1901); R. Vitale, *Domenico Cimarosa, la vita e le opere* (Aversa, 1929); M. Tibaldi-Chiesa, *Cimarosa e il suo tempo* (Milan, 1934); F. Schlitzer, *Annali delle opere di Domenico Cimarosa* (Naples, 1950); *Goethe e Cimarosa* (Sienne, 1950).

cinéma et musique. I. Pizzetti, « La musica e il film », in *RassM* XX (1950); Y. Baudrier, *Cinéma et musique* (Lyon, 1953); G. Hacquard, *la Musique et le cinéma* (Paris, 1959); F. W. Sternfeld, « Music and the Cinema », in *Twentieth century music* (Londres, 1960); O. Clouzot, « la Musique de film », in *Histoire de la musique* II (1963); Z. Lissa, *Asthetik der Filmmusik* (Berlin, 1965); F. Porcile, *Présence de la musique à l'écran* (Paris, 1969); Th. Adorno et H. Eisler, *Komposition für den Film* (Munich, 1969 ; trad. fr. J.-P. Hammer : « Musique de cinéma », Paris, 1972); M. Evans, *Soundtrack ; the Music of the Movies* (New York, 1975); J.-S. Springer, *la Comédie musicale* (trad. fr. E. et T. Cartano ; Paris, 1975); T. Thomas, *The Music of the Movies* (New York, 1975); A. Lacombe, C. Roche, *la Musique de film* (Paris, 1979); J.-R. Julien, « Éléments méthodologiques pour une typologie de la musique de film », in *RMie* 66 n° 2 (1980); G. Fresnais, *Son, musique et cinéma* (Paris, 1981).

clarinette. O. Kroll, *Die Klarinette, ihre Geschichte, ihre Literatur, ihre grossen Meister* (Cassel, Bâle, 1965); trad. angl. H. Morris (Londres, 1968); F. Thurston, *Clarinet Technique* (Londres, 1966); G. Dangain, *la Clarinette* (Paris, 1978); J. Bryner, *Clarinette* (Paris, 1979).

classicisme. A. Damerini, *Classicismo e romanticismo nella musica* (Florence, 1942); F. Blume, « Klassik », in *MGG* 7 (1957); H. Engel, « Die Quellen des klassischen Stils », in *International musicological society* (New York, Cassel, 1961); W. S. Newmann, *The Sonata in the Classic Era* (Chapel Hill, 1963); T. E. Heger, *Music of the Classic Period* (Iowa City, 1969); Ch. Rosen, *The Classical Style : Haydn, Mozart, Beethoven* (New York, 1971 ; trad. fr. M. Vignal, *le Style classique, Haydn, Mozart, Beethoven* (Paris, 1978); « le Retour au classique, interrogations, perspectives », in *RM* 308-309 (1978).

Claudel. M. Scibor, *Musique de scène pour « l'Annonce faite à Marie »* (Paris, 1943); J. Samson, *Paul Claudel, poète-musicien* (Paris, 1948); P. Meylan, *les Écrivains et la musique* (Lausanne, s.d.); P. Claudel et D. Milhaud, *Correspondance* (Paris, 1961).

clavecin. J.-F. Dandrieu, *Principes de l'accompagnement du clavecin* (Paris, 1719 ; réed., Genève, 1972); F.-W. Marpurg, *Principes du clavecin* (Berlin, 1756 ; réed., 1973); W. Landowska, *la Musique ancienne* (Paris, 1908); A. Pirro, *les Clavecinistes* (Paris, 1924); H. Neupert, *Das Cembalo* (Cassel, 1933); G. S. Bedbrook, *Keyboard Music from the Middle Ages to the Beginning of Baroque* (Londres, 1949); N. Dufourcq, *le Clavecin* (Paris, 1948 ; réed., 1967); L. Hofmann-Erbrecht, *Deutsche and italienische Klaviermusik zur Bachzeit* (Leipzig, 1954); E. Harich-Schneider, *The Harpsichord, an Introduction to Technique, Style, and the Historical Sources* (Cassel, Bâle, Londres, 1960); D. H. Boalch, *Makers of the Harpsichord and Clavichord, 1440-1840* (Oxford, 1974); F. Hubbard, *le Clavecin* (Nogent-le-Roi, 1981).

clavicorde. H. Neupert, *Das Klavichord* (Cassel, 1948); R. Russell, *The Harpsichord and Clavichord, an Introducting Study* (Londres, 1959).

Clemens non Papa. K. Ph. Bernet-Kempers, « Zur Biographie Clemens non Papa's », in *ZfMw* IX (1927); K. Ph. Bernet-Kempers, *Jacobus Clemens non Papa und seine Motetten* (Augsburg, 1928); E. Lowinsky, *Secret Chromatic art in the Netherlands* (New York, 1946); Ch. Van den Borren, « les Opera Omnia d'Antoine Brumel et de Clemens non Papa, in *RBM* VII (1953); K. Ph. Bernet-Kempers, « Jacobus Clemens non Papa's Chansons in their Chronological Order », in *MD* XV (1961).

Clementi M. A. F. Marmontel, *les Pianistes célèbres* (Paris, 1888); G. C. Paribeni, *Muzio Clementi nella vita e nell' arte* (Milan, 1921); G. de Saint-Foix, « Haydn et Clementi », in *RMie* VIII (1924); G. de Saint-Foix, « Haydn et Clementi », in *MQ* XVIII (1932); R. Allorto, *Le sonate per pianoforte di Muzio Clementi, studio critico e catalogo tematico* (Florence, 1959); A. Tyson, *Thematic catalogue of the works of Muzio Clementi* (Tutzing, 1967); L. Plantinga, *Clementi. His Life and Music* (Londres, New York, Toronto, 1977).

Clérambault. L. de La Laurencie, « la Musique française de Lully à Gluck », in *Lavignac*, Histoire III (1924); A. Pirro, *les Clavecinistes* (Paris, 1925); D. H. Forster, *L.-N. Clérambault and his Cantates françaises* (Univ. de Michigan, 1967).

Clicquot. N. Dufourcq, *les Clicquot, facteurs d'orgues du Roy* (Paris, 1942); J. A. Villard, *l'Œuvre de François-Henri Clicquot, facteur d'orgues du Roy* (Poitiers, 1973).

cloche. H. J. Paluel-Marmont, *Cloches et carillons, leur histoire, leur fabrication, leurs légendes* (Paris, 1953); Chr. Mahrenholz, « Glocken », in *MGG* 5 (1956); A. Bocquet, *les Cloches* (Cannes, 1965); J. P. Carme, *Cloches et carillons* (Castres, 1976).

Cluytens. B. Gavoty, *André Cluytens* (Genève, 1955).

Coclico. M. Van Crevel, *Adrianus Petit Coclico* (La Haye, 1940); B. Meier, « The Musica Reservata of Adrianus Petit Coclico and its Relationship to Josquin », in *MD* X (1956).

Cocteau. J. Cocteau, *le Coq et l'Arlequin, notes autour de la musique* (Paris, 1918); J. Cocteau, *Carte blanche* (Paris, 1920); D. Meylan, *les Écrivains et la musique. Les modernes français* (Lausanne, s.d.); J.-J. Kihm, E. Sprigge, H.-C. Behar, *Jean Cocteau, l'homme et les miroirs* (Paris, 1968); *Cahiers Jean Cocteau* n° 7 « Avec les musiciens » (Paris, 1978).

Colasse. P. Mélèse, *Répertoire analytique des documents contemporains concernant le théâtre à Paris sous Louis XIV* (Paris, 1934).

Colin de Blamont. J.-G. Prod'homme, *Écrits de musiciens (XVe-XVIIIe siècles)*

BIBLIOGRAPHIE

[Paris, 1912] ; C. Massip, *François Collin de Blamont, musicien du roi* (thèse ; Paris, 1971).

Colin Muset. P. Aubry, *Trouvères et Troubadours* (Paris, 1909 ; réed., 1974) ; J. Bédier, *les Chansons de Colin Muset* (Paris, 1912).

Colonne. H. Imbert, *Portraits et études* (Paris, 1894) ; A. Boschot, *Portraits de musiciens II* (Paris, 1947).

comédie-ballet. M. Pélisson, *les Comédies-ballets de Molière* (Paris, 1914) ; J. Anthony, *French Baroque Music from Beaujoyeulx to Rameau* (Londres, 1973) ; J. Tiersot, *la Musique dans la comédie de Molière* (Paris, s.d.).

comédie musicale. R. Pini, « Bilan de la comédie musicale américaine », in *le Théâtre moderne* (Paris, 1965) ; J. S. Springer, *la Comédie musicale* (trad. fr. F. et T. Cartano ; Paris, 1975) ; A. Lacombe. C. Roche, *De Broadway à Hollywood, l'Amérique et sa comédie musicale* (Paris, 1981).

Compère. J. Delporte, « l'École polyphonique franco-flamande ; l'*O vos omnes* de Loyset Compère », in *Revue liturgique et musicale* XV (1932) ; J. Delporte, « l'École polyphonique franco-flamande. Loyset Compère », *ibid.* XVI ; L. Finscher, « Loyset Compère and his Works », in *MD* XII-XVI (1958-1962) ; L. Finscher, *Loyset Compère (1450-1518), Life and Works* (American Institute of Musicology, 1964).

concert. E. Hanslick, *Geschichte des Konzertwesens in Wien* (Vienne, 1889) ; M. Brenet, *les Concerts en France sous l'Ancien Régime* (Paris, 1900) ; A. Dandelot, *la Société des concerts du Conservatoire 1828-1923* (Paris, 1923) ; G. Pinthus, *Das Konzertleben in Deutschland. Ein Abriss seiner Entwicklung bis zum Beginn des 19. Jahrhunderts* (Strasbourg, 1932) ; R. Schaar, « Konzertwesen », in *MGG* 7 (1958) ; M. Buguet, *50 millions de Français devant la musique* (Paris, 1964) ; C. Pierre, *le Concert spirituel* (Paris, 1974) ; M. Senechard, *Concerts symphoniques. Symphonies, oratorios, suites, concertos et poèmes symphoniques* (Paris, 1977).

concerto, concerto grosso. A. Schering, *Geschichte des Instrumentalkonzerts bis auf die Gegenwart* (Leipzig, 1904 ; réed., 1927) ; A. Veinus, *The Concerto* (New York, 1945) ; E. Damais, *le Concerto pour piano et orchestre* (Paris, 1950) ; A. Hutchings, *The Baroque Concerto* (Londres, 1961) ; H. Engel, *Das concerto grosso* (Cologne, 1962) ; G. Ferchault, *le Concerto* (Paris, 1978).

concrète (musique). P. Schaeffer, *À la recherche d'une musique concrète* (Paris, 1952) ; P. Schaeffer, *Traité des objets musicaux* (Paris, 1966) ; P. Schaeffer, *la Musique concrète* (Paris, 1967 ; réed., 1973) ; L. Russolo, *l'Art des bruits, manifeste futuriste 1913* (Paris, 1954) ; L. Russolo, *l'Art des bruits* (Lausanne, 1975) ; J. E. Mani, « Musique électronique, expérimentale et concrète », in *Histoire de la musique*, t. II (Paris, 1963) ; P. Schaeffer, *De la musique concrète à la musique même* (Paris, 1977).

consonance. J. Chailley, *Traité historique d'analyse musicale* (Paris, 1951) ; F. Winckel, A. Welleck, C. Dahlhaus, article « Konsonanz-Dissonanz », in *MGG* VII (1958) ; J. Chailley, *Expliquer l'harmonie ?* (Lausanne, 1967) ; S. Gut, *la Tierce harmonique dans la musique occidentale* (Paris, 1969) ; S. Gut, *Consonance - Dissonance* in *Science de la musique* I (1976).

Constantinescu. V. Tomescu, *Paul Constantinescu* (Bucarest, 1967) ; C. Petra-Basacopol, *l'Originalité de la musique roumaine de chambre et de scène à travers les œuvres d'Enesco, Jora et Constantinescu* (thèse ; Paris, 1976).

contemporaine (musique). A. Goléa, *Vingt Ans de musique contemporaine* t. I « De Messiaen à Boulez » (Paris, 1962 ; réed., 1981), t. II « De Boulez à Xénakis » (Paris, 1981) ; U. Dibelius, *Moderne Musik 1945-1965* (Münich, 1966) ; J. Häusler, *Musik im 20. Jahrhundert von Schönberg zu Penderecki* (Brême, 1969) ; Revue *Musique en jeu*, n°s 1 à 33 (1970-1978) ; H. Vogt, *Neue Musik seit 1945* (Stuttgart, 1972) ; D. Zimmerschied, *Perspectiven neuer Musik* (Mayence, 1974) ; B. de Schloezer, M. Scriabine, *Problèmes de la musique moderne* (Paris, 1977) ; P. Griffiths, *Histoire concise de la musique moderne* (Paris, 1978) ; F. Bayer, *De Schönberg à Cage. Essai sur la notion d'espace sonore dans la musique contemporaine* (Paris, 1981).

contrebasse. A. Soyer, « la Contrebasse », in *Lavignac, Technique* III (1928) ; R. Elgar, *More about the Double Bass* (Sussex, 1963) ; R. Elgar, *Introduction to the Double Bass*, 2e éd. rev. (Saint-Leonards-on-Sea, 1965) ; A. Planyavsky, *Geschichte des Kontrabasses* (Tutzing, 1970) ; B. Turetzky, *The Contemporary Contrabass* (Londres, 1974).

Coperario. R. Charteris, *John Coperario, a Thematic Catalogue of his Music by...* (New York, 1977).

Copland. A. Berger, *Aaron Copland* (New York, 1950 ; trad. fr. M. Buchet, Paris, 1962) ; J. Smith, *Aaron Copland, his Work and Contribution to American Music* (New York, 1955) ; *Aaron Copland, Complete Catalogue of his Works* (Londres, New York, 1960).

cor. J. Penable, « le Cor », in *Lavignac, Technique* III (1928) ; R. Morley-Pegge, *The French Horn* (Londres, 1960) ; G. Robin, *The Horn, a Guide to the Modern Instrument* (Londres, 1961) ; G. Schuller, *Horn Technique* (Oxford, 1963) ; H. A. Fitzpatrick, *Horn and Horn-Playing and the Austro-Bohemian Tradition 1680-1830* (Londres, 1970) ; K. Janetzky, B. Brüchle, *le Cor* (Paris, 1977).

Corboz. Collectif, *Michel Corboz ou la passion de la musique* (Paris, 1982).

corde. J. Lallement, *la Dynamique des instruments à archet* (Paris, 1925) ; M. Pincherle, *les Instruments du quatuor* (Paris, 1947) ; W. Bachmann, *Die Anfänge des Streichinstrumentsspiels* (Leipzig, 1964) ; *les Instruments à cordes chez le peintre et les luthiers d'aujourd'hui*, préface de A. Pomme de Mirimonde (Castres, 1971) ; W. Trendelenburg, *Die naturlichen Grundlagen der Kunst des Streichinstrumentsspiels* (Cassel, 1974) ; *les Cordes. Frapper, frotter, gratter, souffler* (Paris, 1981).

Cordier. H. Besseler, *Die Musik des Mittelalters und der Renaissance* (Potsdam, 1931) ; A. Pirro, *Histoire de la musique de la fin du XIVᵉ siècle à la fin du XVIᵉ siècle* (Paris, 1940).

Corelli A. P. Maroncelli, *Vita di Arcangelo Corelli* (Bologne, 1844) ; L. Orsini, *Arcangelo Corelli* (Turin, 1915) ; F. Vatielli, « Il Corelli e i maestri bolognese del suo tempo », in *RMI* XXIII (1916) ; M. Pincherle, *Corelli* (Paris, 1933 ; réed., Ste Maxime, 1982) ; M. Pincherle, *Corelli et son temps* (Paris, 1954) ; M. Rinaldi, *Arcangelo Corelli* (Milan, 1953) ; L. Montalto, « Arcangelo Corelli nell'ambiente musicale romano fra il 1671 e il 1713 », in *RMI* LVI (1954) ; H. J. Marx, « Die Musik am Hofe Pietro Kardinal Ottoboni unter Arcangelo Corelli », in *Studien zur italienisch-deutsche Musikgeschichte* V (1968) ; « Studi corelliani, atti del primo congresso internazionale, Fusignano, 5-8 settembre 1968 », in *Cuaderni della rivista italiana di musicologia* 3 (Florence, 1972).

cornemuse. A. Baines, *Bagpipes* (Oxford, 1960) ; F. Collinson, *The Traditional and National Music of Scotland* (Londres, 1966).

Correa de Azevedo. F. C. de Arauxo, *Libro de tientos y discursos de musica pratica y teorica de organo* (Alcala, 1626 ; reimpr., Genève, 1982) ; Ch. Jacobs, *F. Correa de Azevedo* (La Haye, 1973).

Corrette. Fr. Lesure et G. Thibault, « la Méthode de mandoline de Michel Corrette », in *Mélanges* (Cassel, 1966) ; H. Elzinga, *The Organ Masses, Hymns and Magnificats of Gayard and Michel Corrette* ; Ch. D. Graves, *The Theoretical and Practical method for Cello by Michel Corrette* (thèse ; Michigan State University, 1971).

Cortot. Y. Lefébure, « Cortot, le poète du clavier », in *RIM* 5-6 (1939) ; B. Gavoty, « Alfred Cortot », in *Dix Grands Interprètes* (Genève, 1954) ; B. Gavoty, *Alfred Cortot* (Paris, 1977).

Cosi fan tutte. L. Da Ponte, P. Malbos, *Cosi fan tutte* (bil. fr.-ital. ; Paris, 1979) ; M. T. Paquin. *Cosi fan tutte* (trad. fr. et angl. mot à mot ; Montréal, 1981).

Costeley. M. Brenet, « Guillaume Costeley et son essai de musique enharmonique », in *Guide musical* XXXVIII (Bruxelles, 1892) ; J. Tiersot, « les Chansons de Costeley », in *Men* LXIII (1897) ; K. S. Levy, « Costeley's Chromatic Chanson », in *Annales musicologiques* III (1955) ; I. Godt, *Guillaume Costeley (1531-1606), Life and Works*, 2 vol. (thèse ; New York, 1969).

Couperin (Dynastie des). Ch. Bouvet, *les Couperin, organistes de l'église Saint-Gervais* (Paris, 1919) ; Ch. Bouvet, *Nouveaux Documents sur les Couperin* (Paris, 1933) ; P. Hardouin, « Quelques documents relatifs aux Couperin », in *RMie* XXXVII (1955) ; J. Tiersot, *les Couperins* (réed., Ste Maxime, 1975) ; M. Thomas, *les Premiers Couperin dans* la Brie - Recherches historiques (XIVe-XVIIIe siècles). De la terre à la musique (Paris, 1978).

Couperin F. F. Couperin, les Goûts réunis ou nouveaux concerts à l'usage de toutes les sortes d'instruments de musique I. Concert instrumental sous le titre d'Apothéose (rééd., Genève, 1979); J. Chantavoine, De Couperin à Debussy (Paris, 1921); A. Tessier, Couperin (Paris, 1926); J. Tiersot, les Couperin (Paris, 1926; rééd., 1976); W. Mellers, « The Organ Masses of François Couperin », in MR VIII (1947); M. Cauchie, Catalogue thématique des œuvres de François Couperin (Monaco, 1949); W. Mellers, François Couperin and the French Classical Tradition (Londres, 1950); P. Citron, Couperin (Paris, 1956; rééd., 1976); Sh. Hofman, l'Œuvre de clavecin de François Couperin le Grand (Paris, 1961); M. H. Wurtz, The Sacred Vocal Works of François Couperin (High Wycombe, 1966); sous la direct. de M. Dufourcq, Mélanges François Couperin, publiés à l'occasion du tricentenaire de sa naissance (Paris, 1968); Ph. Beaussant, Couperin (Paris, 1980).

Coussemaker. F. A. Gevaert, « la Musique aux XIe, XIIe et XIIIe siècles d'après les publications de M. de Coussemaker », in Men XXXIII (1866); A. Desplanque, Étude sur les travaux d'histoire et d'archéologie de M. Edmond de Coussemaker (Lille, 1870); Catalogue de la bibliothèque et des instruments de musique de feu M. Charles Edmond de Coussemaker (Bruxelles, 1877); P. Aubry, la Musicologie médiévale (Paris, 1900; rééd., Genève, 1975).

Cowell. D. Ewen, American Composers of Today (New York, 1949); H. Weisgal, « The Music of H. Cowell », in MQ XLV (1959).

credo. A. Gastoué, « les Chants du credo », in Revue du chant grégorien XXXVII (1933).

Crépuscule des dieux (le). A. Ernst, le Crépuscule des dieux (Paris, 1967); L'Avant-Scène Opéra, nos 13-14 (1978); A. Lefrançois, le Crépuscule des dieux de Richard Wagner. Étude thématique et analyse (Paris, 1979).

Créquillon. N. Bridgman, « Créquillon », in MGG 2 (1952); H. L. Marshall, The Four Motets of Thomas Créquillon (thèse; Brooklyn, 1968).

critique musicale. A. Machabey, Traité de la critique musicale. La doctrine, la méthode, anthologie justificative (Paris, 1947); B. Shaw, How to Become a Musical Critic (Londres, 1960); E. Haraszti, « la Critique musicale », in Histoire de la musique II (Paris, 1963).

Croce B. L. Ronga, « Benedetto Croce in memoriam », in RassM XXIII (1953).

Cuenod. J. Spycket, Un diable de musicien : Hughes Cuenod (Lausanne, 1979).

Cui. C. Cui, la Musique en Russie (Paris, 1880); Comtesse de Mercy-Argenteau, César Cui (Paris, 1888); N. Findeisen, Bibliografitchesky oukazatel mouzykalnykh proizvédéniï i krititcheskikh stateï C. A. Cui, « Répertoire bibliographique des œuvres musicales et des articles critiques de C. A. Cui » (Moscou, 1894); M. Calvocoressi et G. Abraham, Masters of Russian Music (Londres, 1936); V. Seroff, le Groupe des Cinq (trad. fr. A. Vaudoyer; Paris, 1949).

cuivres. G. Gourdet, les Instruments à vent (Paris, 1967).

Czerny. A. F. Marmontel, les Pianistes célèbres (Paris, 1888); F. Hasenöhrl, Karl Czernys solistische Klavierwerke (thèse; Vienne, 1927); A. Dreetz, Czerny und Beethoven (Leipzig, 1932).

Cziffra. G. Cziffra, Des canons et des fleurs (trad. fr. G. Cziffra junior; Paris, 1977); G. Cziffra, le Piano (Paris, 1977).

D

Dalayrac. A. Adam, Souvenirs d'un musicien (Paris, 1857); H. Quittard, « la Nina de Dalayrac », in RM VIII (1908).

Dallapiccola. M. Mila, « Il Prigioniero di Luigi Dallapiccola », in RassM XX (1950); L. Dallapiccola, « The Genesis of the Canti di prigionia and Il prigioniero », in MQ XXXIX (1953); R. Vlad, Luigi Dallapiccola (Milan, 1957); H. Nathan, « The Twelve-Tone Compositions of Luigi Dallapiccola », in MQ XLIV (1958); In ricordo di Luigi Dallapiccola, numéro spécial du Notiziario delle Edizioni Suvini Zerboni (Milan, 1975); sous la direct. de F. Nicolodi, L. Dallapiccola, saggi, testimonianze, carteggio biografia e bibliografia (Milan, 1976).

Dallery. J. M. Genisson, « Notes biographiques sur les Dallery », in l'Orgue no 148 (1973).

Damnation de Faust (La). J. Tiersot, « la Damnation de Faust », étude historique et critique, analyse musicale (Paris, s.d.); A. Boschot, le Faust de Berlioz (Paris, 1910; rééd., 1945); « la Damnation de Faust », in l'Avant-Scène Opéra no 22 (1979).

Damrosch. W. Damrosch, My Musical Life (New York, 1923).

Dandelot. A. Machabey, Portraits de 30 musiciens français (Paris, 1949).

Danemark. A. Soubiès, Histoire de la musique. États scandinaves, Danemark et Suède (Paris, 1901); E. d'Harcourt, la Musique actuelle dans les États scandinaves (Paris, 1910); A. Hammersch, « Musical Relations between England and Denmark in the Seventeenth Century », in SdIM XIII (1911-12); A. Hammersch, Mediaeval Musical Relics of Denmark (trad. angl. M. W. Hamerick; Leipzig, 1912); V. Kappel, Contemporary Danish Composers against the Background of Danish Musical Life and History (Copenhague, 1950; rééd., 1967); la Vie musicale au Danemark, publié par la Commission permanente des expositions à la maison du Danemark à Paris (trad. fr. C. Remondot; Copenhague, 1962); Bo Wallner, Music of Our Time in Scandinavia (Stockholm-Londres, 1971).

Daniel-Lesur. J. Roy, Présences contemporaines : musique française (Paris, 1962); S. Gut, le Groupe Jeune France (Paris, 1977).

danse. OUVRAGES GÉNÉRAUX, DANSE CLASSIQUE. T. Arbeau, Orchésographie (Langres, 1596; rééd., Genève, 1972); J.-G. Noverre, Lettres sur la danse et sur les ballets (Lyon, 1760; rééd., Paris, 1978); P. D. Magriel, A Bibliography of Dancing (New York, 1936; rééd., 1966); P. Valéry, Eupalinos. L'âme et la danse. Dialogue de l'arbre (Paris, 1944); P. Nettl, The Story of Dance Music (New York, 1947; trad. fr., C. Heim, Histoire de la danse et de la musique de ballet [1000 ans d'art chorégraphique], Paris, 1966); A. Chujoy et P. W. Manchester, Dance Encyclopedia (New York, 1949; rééd., 1967); S. Lifar, Traité de danse académique (Paris, 1949; rééd., 1962); P. Hooreman, Danseurs à travers les temps (Paris, 1953); sous la direct. de J. Gueritte et M. Lancelot, Prestige de la danse, ouvrage collectif (Paris, 1953); S. Lifar, le Livre de la danse (Paris, 1954); S. Lifar, la Musique par la danse, de Lully à Prokofiev (Paris, 1955); E. Haraszti, « la Danse », in Précis de musicologie (Paris, 1958); M. Bukofzer, « la Musique de danse et la musique instrumentale », in Histoire de la musique I (Paris, 1960); P. Nettl, The Dance in Classical Music (Londres, 1964); A. Machabey, la Musique de danse (Paris, 1966); M. Sheets, The Phenomenology of Dance (Madison, 1966); E. Faure, l'Homme et la danse (Périgueux, 1975); le Bolchoï et ses jeunes étoiles (trad. fr. A. Mazzi; Moscou, Paris, 1976); J. Lemaître, la Danse (Paris, 1976); H. Hachard, la Danse (Paris, 1976); A. Blond, Histoire du ballet et de la danse (Paris, 1977); P. Bourcier, Histoire de la danse en Occident (Paris, 1978); J. Chalet-Haas, Manuel pratique de danse classique (Paris, 1979).

DANSE MODERNE. G. Arout, la Danse contemporaine (Paris, 1955); A. Béjart, Danser le XXe siècle (textes de M. Béjart, R. Garaudy, J. Franck, A. Livio, M.-F. Christout) [Paris, 1977]; J. Baril, la Danse moderne, d'Isadora Duncan à Twyla Tharp (Paris, 1977).

DANSE POPULAIRE. C. Marcel-Dubois et M. M. Andral, Dances of France (Londres, 1950); M. Mourgues, la Danse provençale (Cannes, 1956); K. Horak, Bibliographie des Volkstanzes in Österreich (Innsbruck, 1959); G. d'Aronco, Storia della danza popolare ed arte, con particolare referimento all' Italia (Florence, 1962); M.-A. Louis, le Folklore et la danse (Paris, 1962); J.-M. Guilcher, la Tradition populaire de danse en basse Bretagne (Paris, 1963); K. Goleizovsky, Obrazy russkoï narodnoï choreografii, « Aspects de la chorégraphie populaire russe » (Moscou, 1964); M.-A. Louis, Danses populaires et ballets d'opéra (Paris, 1965); A. Goldschmidt, Handbuch des deutschen Volkstanzes (Berlin, 1970); K. Meyer-Baer, Music of the Spheres and the Dances of Death (Princeton, 1970); T. Borrul, La danza española (Barcelone, s.d.).

Da Ponte. J. L. Russo, Lorenzo da Ponte (New York, 1922); G. Andrees,

Mozart and Da Ponte (Leipzig, 1936); A. Fritzlyon, The Libertine Librettist (Londres, 1955); L. Da Ponte, Mémoires et livrets (Paris, 1980).

Dargomyjski. M. Rappaport, « l'Opéra russe, Glinka et Dargomyjsky », in Men XXXIX (1873); A. Bruneau, Musiques de Russie et musiciens de France (Paris, 1903); S. Frid. A. S. Dargomyjsky, kratkiï biografitcheskiï otcherk, « Bref essai biographique » (Saint-Pétersbourg, 1913); M. Calvocoressi et G. Abraham, Masters of Russian Music (Londres, 1936); I. Martynov, A. S. Dargomyjsky (en russe; Moscou, 1944); M. Pékélis, Dargomyjsky i narodnaïa pesnia, « Dargomyjsky et la chanson populaire » (Moscou, 1951); M. Pékélis, A. S. Dargomyjsky, 3 vol. (Moscou, 1966-1973).

Darmstadt. H. Kaiser, 125 Jahre Darmstädter oper (Darmstadt, 1936); Fr. Noack, « Darmstadt », in MGG 3 (1954); E. Noack, Musikgeschichte Darmstadts vom Mittelalter bis zur Goethezeit (Mayence, 1967).

Dauvergne. Du Roure de Paulin, la Vie et les œuvres d'Antoine d'Auvergne (Paris, 1911); L. de La Laurencie, « Deux Imitateurs français des Bouffons, Blavet et d'Auvergne », in l'Année musicale (1912).

David F. A. Azevedo, Félicien David, sa vie et ses œuvres (Paris, 1863); G. Bertrand, les Nationalités musicales étudiées dans le drame lyrique (Paris, 1872); J.-G. Prod'homme, Correspondance inédite de Félicien David et du Père Enfantin (Paris, 1901); J.-G. Prod'homme, « Félicien David, d'après sa correspondance inédite et celle de ses amis, 1832-1864 », in Mercure musical, SIM (1907); R. Brancour, Félicien David (Paris, 1911; rééd., 1960).

David J. N. R. Klein, Johann Nepomuk David (Vienne, 1964); H. H. Stuckenschmidt, J. N. David. Betrachtungen zu seinem Werk (Wiesbaden, 1965).

Davies. P. Griffiths, Peter Maxwell Davies (Londres, 1981).

Davy. W. H. Grattan-Flood, Early Tudor Composers (Oxford, 1925).

Debussy. CORRESPONDANCE, ÉCRITS. C. Debussy, Monsieur Croche antidilettante (Paris, 1921; rééd., 1946); C. Debussy, Lettres à son éditeur (Paris, 1927); Correspondance de C. Debussy et P. J. Toulet (Paris, 1929); Lettre de Debussy à A. Messager, « l'Enfance de Pelléas », préface d'E. Vuillermoz (Paris, 1938); Lettres à deux amis, 78 lettres inédites à Robert Godet et G. Jean-Aubry (Paris, 1942); Correspondance de C. Debussy et P. Louÿs 1893-1904, introduction de G. Jean-Aubry (Paris, 1945); Correspondance de C. Debussy et G. D'Annunzio, présentée par G. Tosi (Paris, 1948); Lettres à sa femme Emma, présentées par Pasteur Vallery-Radot (Paris, 1957); Lettres inédites à André Caplet (1908-1914) [Monaco, 1957]; Segalen et Debussy. Lettres et entretiens (présentés par A. Joly-Segalen et A. Schaeffner) [Monaco, 1962]; Textes et documents inédits. Correspondance avec Louis Laloy (Paris, 1962).

BIOGRAPHIES, ÉTUDES. L. Laloy, Debussy (Paris, 1909; rééd., 1944); J. Chantavoine, De Couperin à Debussy (Paris, 1921); L. Vallas, Debussy et son temps (Paris, 1932; rééd., 1958); L. Vallas, Achille. Claude Debussy (Paris, 1944; rééd., 1949); M. Boucher, Debussy (Paris, 1930); Ch. Koechlin, Debussy (Paris, 1927-1941; rééd., 1956); G. Ferchault, Claude Debussy, musicien français (Paris, 1948); A. Goléa, « Pelléas et Mélisande », analyse poétique et musicale (Paris, 1952); A. Goléa, Claude Debussy, l'homme et son œuvre (Paris, 1966); E. Lockspeiser, Debussy (Londres, 1951); E. Lockspeiser, Debussy, his Life and Mind, 2 vol. (Cassel, Londres, 1963-1965; trad. fr. avec étude de l'œuvre par H. Halbreich; Paris, 1980); E. Vuillermoz. Debussy (Genève, 1957; rééd., Paris, 1962); Pasteur Vallery-Radot, Tel était Claude Debussy (Paris, 1958); J. Barraqué. Claude Debussy (Paris, 1962); sous la direct. de F. Lesure, « Claude Debussy, textes et documents inédits », in RMie, numéro spécial LXVIII (1962); M. Dietschy, la Passion de Claude Debussy (Neuchâtel, 1962); Y. Tiénot et O. d'Estrade-Guerra, Debussy, l'homme, son œuvre, son milieu (Paris, 1962); V. Jankélévitch, la Vie et la mort dans la musique de Debussy (Neuchâtel, 1968); V. Jankélévitch, Debussy et le mystère de l'instant (Paris, 1976); G. Gourdet, Debussy (Paris, 1970); S. Jarocinsky, Debussy, impressionnisme et symbolisme (trad. fr. Th. Douchy, préface de V. Jankélévitch (Paris, 1970); Debussy, ouvr. collect. (Paris, 1972); F. Lesure, Claude Debussy. Iconographie musicale (Genève, 1975); M. G. Cobb, Discographie de l'œuvre de Debussy (1902-1950) [Genève, 1975]; F. Lesure, Catalogue de l'œuvre de Claude Debussy (Genève, 1977).

déchant. J. Wolf, « Ein Beitrag zur Diskantlehre des 14. Jahrhunderts », in SdIM XV (1913-14); J. Handschin, « Zur Geschichte der Lehre von Organum », in ZfMw VIII-IX (1925-26, 1927-28); M. Bukofzer, « Geschichte des englischen Diskants und des Fauxbourdons nach den theoretischen Quellen », in Collection d'études musicologiques, 21e vol. (Strasbourg, 1936); S. W. Kenney, « English discant and Discant in England », in MQ XLV (1959); R. Flotzinger, Der Discantussatz im Magnus Liber und seiner Nachfolge (Vienne, 1969).

décibel. L. S. Lloyd, « The Loudness of Musical Tones », in MR XIII (1952).

déclamation. E. Landry, la Théorie du rythme et le rythme du français déclamé (Paris, 1911); H. Martens, Das Melodram (Berlin, s.d.); M. Beaufils, Musique du son, musique du verbe (Paris, 1954).

Delalande. H. Quittard, « Notes sur M. R. Delalande », in RM II (1902); sous la direct. de N. Dufourcq avec la collab. de M. Benoit, O. Vivier, M. Bert et S. Spycket, Notes et références pour servir à une histoire de Michel-Richard Delalande, établies d'après les papiers d'André Tessier (Paris, 1957); N. Dufourcq, « Quelques réflexions sur les ballets et divertissements de M. R. Delalande », in les Divertissements de cour au XVIIe siècle (Paris, 1957); L. Boulay, « Notes sur quatre motets inédits de M. R. Delalande », in Recherches I (1960); N. Dufourcq, « Retour à M. R. Delalande », in Recherches I (1960).

Delannoy. J. Bruyr, l'Écran des musiciens (Paris, 1930); A. Machabey, Portraits de trente musiciens français (Paris, 1949); V. Fédorov, Delannoy (Cassel, s.d.); A. Boll, Marcel Delannoy (Paris, 1957).

Delibes. J. Loisel, « Lakmé » de Léo Delibes, étude historique et critique, analyse (Paris, 1924); H. de Curzon, Léo Delibes, sa vie et ses œuvres (Paris, 1927); Henry-Jacques, Léo Delibes (Paris, 1934); A. Boschot, Portraits de musiciens (Paris, 1947); A. Coquis, Léo Delibes, sa vie et son œuvre (Paris, 1957).

Delius. C. Delius, Fr. Delius, Memories of My Brother (Londres, 1935); E. Fenby, Delius as I Knew Him (Londres, 1936); E. Fenby, « Delius », in The Great Composers (Londres, 1971); M. Harrison, « The Music of Delius », in Proceedings of the musical association (1944-45); P. Warlock, F. Delius (Londres, 1952); L. Carley, Delius, the Paris Years (Londres, 1975); R. Threllfall, A Catalogue of the Composition of F. Delius (Londres, 1977).

Deller. M. Hardwick, Alfred Deller, a Singularity of Voice (New York, Washington, 1969).

Delvincourt. W. L. Landowski, l'Œuvre de Claude Delvincourt (Paris, 1948); A. Machabey, Portraits de 30 musiciens français (Paris, 1949).

Demantius. R. Kade, « Ch. Demantius, 1567-1643 », in VfMw VI (1890); H. H. Eggebrecht, « Ein Musiklexikon von Ch. Demantius », in Mf X (1957).

Demessieux. Ch. Trien-Colleney, Jeanne Demessieux, une vie de lutte et de gloire (Avignon, 1978).

Denis. N. Dufourcq, « Une dynastie française, les Denis », in RMie XXXVIII (1956).

Dent. L. Haward, E. J. Dent, a Bibliography (Cambridge, 1956); A. Corbet, « In memoriam Prof. E. J. Dent », in RBM XI (1957); J. A. Westrup, « Edward Joseph Dent », in AM XXIX (1957); H. F. Redlich, « In memoriam E. J. Dent », in Mf XI (1958).

Descartes. E. Mercadier, « les Théories musicales de Descartes », in Revue d'histoire et de critique musicale (1901); A. Pirro, Descartes et la musique (Paris, 1907; rééd., Genève, 1973).

Desmarest. M. Brenet, « Un compositeur oublié du XVIIe siècle, Henri Desmarest », in Men LXIX (1883); M. Antoine, Henri Desmarest (1661-1741), biographie critique (Paris, 1965).

Desormière. D. Mayer et P. Souvtchinsky, Roger Desormière et son temps (Monaco, 1966).

Dessau. F. Hennenberg, Dessau. Brecht : Musikalische Arbeiten (Berlin, 1963); F. Hennenberg, Paul Dessau, eine Biographie (Leipzig, 1965).

BIBLIOGRAPHIE

Destouches. J.-G. Prod'homme, *Écrits de musiciens* (Paris, 1912); A. Tessier, « Correspondance de Destouches et du prince Albert de Monaco », in *RM* VIII (1926-27); R. Girardon, « A.-C. Destouches, surintendant de la musique du Roi, directeur de l'opéra, 1672-1749 », in *RMie* XLIII (1959).

Deutsch. M. J. E. Brown, « Otto Erich Deutsch », in *MR* XIV (1953); W. Kahl, « Otto Erich Deutsch, zum 75 Geburtstag », in *Mf* XII (1959).

Diabelli. C. Bellaigue, *Études musicales, 3e série* (Paris, 1907); W. Kahl, « Diabelli », in *MGG* 3 (1954).

Diaghilev. A. Haskell et W. Nouvel, *Diaghilev* (Londres, 1947); S. Lifar, *Serge de Diaghilev, sa vie, son œuvre, sa légende* (Monaco, 1954); *Hommage à Diaghilev*, ouvr. collect. (Paris, 1954); J. Percival, *The World of Diaghilev* (Londres, New York, 1971); B. Kochno, *Diaghilev et les Ballets russes* (Paris, 1973); *Diaghilev, les Ballets russes*, catalogue d'exposition (Paris, 1979).

diapason. J. A. Lenoir de Lafage, « De l'unité tonique ou de la fixation d'un diapason universel », in *RGM* XXIII (1856); Lavoix « Un nouveau diapason », in *RGM* XLIII (1876); A. Mendel, « On the Pitches in Bach's Time », in *MQ* XLI (1955); A. J. Ellis et A. Mendel, *Studies in the History of the Musical Pitch*, réimpression d'articles parus dans divers périodiques, avec introduction et notes d'A. Mendel (Amsterdam, 1968); E. Leipp et M. Castellengo, « Du diapason et de sa relativité », in *RM* 294 (1977).

Diderot. E. Schramm, « Goethe und Diderot's Dialog "Rameau's Neffe", ein Beitrag zur Musikästhetik des 18. Jahrhunderts », in *ZfMw* XVI (1934); A. R. Oliver, *The Encyclopedists as Critics of Music* (New York, 1947); B. Champigneulle, *l'Âge classique de la musique française* (Paris, 1946); E. Fubini, *Gli Enciclopedisti e la musica* (Turin, 1971); J. M. Bardez, *Diderot et la musique* (Paris, 1975).

Didon et Énée. E. J. Dent, « Purcell and His Opera Dido and Aeneas », in *Beethoven Zentenarfeier Festbericht* (Vienne, 1927); « Didon et Énée », in *l'Avant-Scène Opéra* n° 18 (1978).

Diémer. A. Marmontel, *Virtuoses contemporains* (Paris, 1882); H. Imbert, *Médaillons contemporains* (Paris, 1902).

Diepenbrock. *Alphons Diepenbrock Catalogus*, sous la direct. de E. Reeser (Amsterdam, 1962).

Dies irae. F. Ernini, *Il Dies irae* (Genève, 1928).

Dieupart. A. Pirro, *les Clavecinistes* (Paris, 1925).

discothèque. Abbé C. de Nys, *la Discothèque idéale* (Paris, 1960); M. Pinchard, *Ma discothèque classique* (Verviers, 1963); R. de Candé, *Ouverture pour une discothèque*, 8e éd. (Paris, 1977); Discothèque en France, *Manuel du discothécaire* (Paris, 1978); Diapagon, *Dictionnaire des disques* (Paris, 1981); J. Fontaine, *les 600 Meilleurs Disques classiques* (Paris, 1981).

disque. M. J. Igot, *le Disque et ses utilisations dans l'enseignement* (Paris, 1957); P. Gilotaux, *l'Industrie du disque* (Paris, 1962); M. de Coster, *le Disque, art ou affaires ?* (Grenoble, 1976); A. Hennion, *Artisans et industriels du disque* (Paris, 1978).

dissonance. G. Haydon, *Dissonance in Music, its Nature and Function* (Chapel Hill, s.d.); G. Humbrecht, *Consonance et dissonance* (mémoire d'esthétique musicale, Paris, 1959).

Dittersdorf. K. D. von Dittersdorf, *The Autobiography of K. D. von Dittersdorf Dictated to his Son* (trad. angl. A. D. Coleridge; Londres, 1896; rééd., New York, 1970); G. Rigler, « Die Kammermusik Dittersdorfs », in *StMw* XIV (1927); P. Nettl, *Forgotten musicians* (New York, 1951); M.-H. Grave, « Dittersdorf », in *New Grove* 5 (1980).

divertissement. M. Barthélemy, « les Divertissements de J.-J. Mouret pour les comédies de Dancourt », in *RBM* VII (1953); R. Hess, *Serenade, Cassation, Notturno und Divertimento bei Haydn* (thèse; Mayence, 1963); G. Hausswald, *Die Orchesterserenade* (Cologne, 1970).

dodécaphonique (musique). J. M. Hauer, *Vom Wesen der Musikalische. Ein Lehrbuch der Atonalenmusik* (Berlin, 1923); J. M. Hauer, *Vom Melos zur Pauke : eine Einführung in die Zwölftonmusik* (Vienne, 1925); R. Paque, « l'Atonalité ou mode chromatique unique », in *RM* XI, 107 (1930); R. Leibowitz, *Schoenberg et son école* (Paris, 1947); C. Jacchino, *Tecnica dodecafonica* (Milan, 1948); R. Leibowitz, *Introduction à la musique à douze sons* (Paris, 1949); A. Schönberg, *Style and Idea* (New York, 1950); H. H. Stuckenschmidt, *Musique nouvelle* (trad. fr. J. C. Salel; Paris, 1956); R. Vlad, *Storia della dodecafonia* (Milan, 1958); E. Wellesz, *The Origins of Schoenberg's Twelve-Tone System* (Washington, 1958); A. P. Basart, *Serial Music, a Classified Bibliography of Writings on Twelve Tone and Electronic Music* (Los Angeles, 1961); R. Stephan, « Über J. M. Hauer », in *AfM* XVIII (1961); J. Rohwer, « Anmerkungen zum Serielle Denken », in *Mf* XVII (1964); P. Boulez, *Penser la musique d'aujourd'hui* (Genève, 1964); R. Leibowitz, *Schoenberg* (Paris, 1969); H. H. Stuckenschmidt, *la Musique du XXe siècle* (trad. fr. G. Duchet-Sochaux et P. Druilhe; Paris, 1969); E. B. Carlson, *A Pio-biographical Dictionary of Twelve Tone and Serial Composers* (Metuchen, 1970).

Dohnanyi. E. Haraszti, « Dohnanyi », in *MGG* 3 (1954); I. Podhradszky, « The Works of Ernö Dohnanyi », in *Studia musicologica* VI, 3-4 (Budapest, 1964).

Doktor Faust. G. Guerrini et P. Fragapane, *Il Dottor Faust di Feruccio Busoni* (Florence, 1942).

Domaine musical. *La Musique et ses problèmes contemporains 1953-1963* (Paris, 1963).

Donato da Firenze. A. von Königslöw, *Die italienische Madrigalisten des Trecento* (Wursbourg, 1940); E. Li Gotti, *La poesia musicale italiana del secolo XIV* (Palerme, 1944); K. von Fischer, *Studien zur italienische Musik des Trecento und frühen Quattrocento* (Berne, 1956).

Donaueschingen. M. Rielple, *Musik in Donaueschingen* (Constance, 1959).

Doni. A. M. Monterosso-Vachelli, *L'opera musicale di A. F. Doni* (Crémone, 1969).

Donizetti. G. Donizetti, *Lettere inedite*, sous la direction de G. Morazzoni (Milan, 1930); A. Adam, *Derniers souvenirs d'un musicien* (Paris, 1871); Ch. Malherbe, *le Centenaire de Donizetti à l'exposition de Bergame* in *RMI* IV, 1897; A. Pougin, *Donizetti en France* in *Men* LXIII, 1897); A. Gabrieli, *Gaetano Donizetti, biografia* (Rome, Turin, 1904); G. Donatilettini, *Studie e documenti donizettiani* (Bergame, 1929); G. Gavazzehi, *G. Donizetti* (Milan, 1937); G. Monaldi, *G. Donizetti* (Turin, 1938); G. Barblan, *L'opera di Donizetti nell'eta romantica* (Bergame, 1948); G. Zavadini, *Donizetti, vita, musiche, epistolario* (Bergame, 1948); Fr. Schlitzer, *L'ultima pagina della vita di Gaetano Donizetti* (Sienne, 1953); Fr. Schlitzer, *L'eredita di Giovanni Donizetti* (Sienne, 1954); Fr. Schlitzer, *Mondo teatrale dell'ottocento* (Naples, 1954); E. Dent, *Donizetti, an italian Romantic* (Londres, 1955); *Studi donizettiani*, Bergame (1er numéro en 1962); H. Weinstock, *Donizetti and the World of Opera in Italy, Paris and Vienna in the First Half of the 19th Century* (New York, 1963); W. Ashbrook, *Donizetti* (Londres, 1965); R. Celletti, *Il vocalismo italiano di Bellini e Donizetti* (Cologne, 1969); J. Allitt, *Donizetti and the Tradition of Romantic Love ; a Collection of Essays on a Theme* (Londres, 1975); G. Barblan, *G. Donizetti*, in *Storia dell'opera* (Turin, 1977).

Don Juan. J. Tiersot, *Don Juan de Mozart* (Paris, s.d.); J. Rouché, *la Mise en scène de « Don Juan »* (Paris, 1934); P. J. Jouve, *le « Don Juan » de Mozart* (Fribourg, 1942, Paris, 1968; rééd., 1977); R. Dumesnil, *le « Don Juan » de Mozart* (Paris, 1955); A. Rosenberg, *Mozarts Oper and Don Juans Gestalt* (Munich, 1968); H. Barraud, « Don Juan », in *les Cinq Grands Opéras* (Paris, 1972); S. Kunze, *Don Giovanni von Mozart* (Munich, 1972); « Autour de Mozart », in *RM* 313 (1978); J.-V. Hocquard, *le « Don Giovanni » de Mozart* (Paris, 1978); « Don Juan », in *l'Avant-Scène Opéra* n° 24 (1979).

double. M. Reimann, « Zur Entwicklungsgeschichte des Double, ein Beitrag zur Geschichte der Variation », in *Mf* V-VI (1952-53).

Dounaïevski. D. Kabalevsky et I. Nestiev, *I. Dounaïevsky* (Moscou, 1966); R. Moisenko, *Twenty Soviet Composers* (Londres, s.d.); D. Person, *I. D. Dounaïevsky* (Moscou, 1971).

Dowland. E. H. Fellowes, *The English Madrigal Composers* (Londres, 1921); *le Luth et sa musique*, sous la direction de J. Jacquot (Paris, 1958; rééd., 1976); D. Poulton, *John Dowland* (Londres, 1972; rév., 1982).

Draeseke. A. H. Krueck, *The Symphonies of Felix Draeseke* (Zurich, 1967).

drame liturgique. A. d'Ancona, *Sacre rappresentazioni dei secoli XIV, XV, XVI*, 3 vol. (Florence, 1872); M. S. de Vito, *L'origine del dramma liturgico* (Milan, 1938); H. Craig, *English Religious Drama of the Middle Age* (Londres, 1955); J. Chailley, *le Drame liturgique médiéval à Saint-Martial de Limoges* (Paris, 1956); J. Chailley, « la Monodie occidentale hors de la liturgie jusqu'à la fin du XIIIe siècle », in *Précis de musicologie* (Paris, 1958); R. B. Donovan, *The Liturgical Drama in Medieval Spain* (Toronto, 1958); S. Corbin, *la Déposition du Christ au vendredi saint* (Paris, 1960); A. Grünberg, *Das religiöse Drama des Mittelalters*, 3 vol. (Vienne, 1965); Th. Stemmler, *Liturgische Feiern und geistliche Spiele* (Tübingen, 1970); F. Colenis, *The Production of Medieval Church Music-Drama* (Charlottesville, 1972).

Dresde. M. Furstenau, *Zur Geschichte der Musik und des Theaters am Hofe der Kurfürsten von Sachsen* (Dresde, 1861 ; rééd., Leipzig, 1971); H. Schnoor, *Dresden, vierhundert Jahre deutsche Musikkultur* (Dresde, 1948); E. H. Hofmann, *Der Dresdner Kreuzchor in Geschichte und Gegenwart* (Berlin, 1958); *300 Jahre Dresdener Staatstheater* (Berlin, 1967).

droits d'auteur en France. *Guide du droit d'auteur* (Paris, 1962); M. Gautreau, *la Musique et les musiciens en droit privé français contemporain* (Paris, 1970); R. Plaisant, *le Droit des auteurs et des artistes exécutants* (Paris, 1970); H. Desbois, A. Françon, A. Kerever, *les Conventions internationales du droit d'auteurs et des droits voisins* (Paris, 1976).

Dubois *F. C. T.* H. Imbert, *Nouveaux Profils de musiciens* (Paris, 1892); J. Combarieu, « Théodore Dubois », in *RM* IV (1904) et *RM* X (1910).

Du Caurroy. N. Dufourcq, « À propos d'Eustache Du Caurroy », in *RMie* XXXII (1950); J. Bonfils, « les Fantaisies instrumentales d'Eustache Du Caurroy », in *Recherches* II (1961-1963); M. Huglo, « À propos du "Requiem" de Du Caurroy », in *RMie* LI (1965).

Dufaut. A. Souris, *Œuvres d'André Dufaut* (Paris, 1965).

Dufay. J. Wolf, « Dufay und seine Zeit », in *SdIM* I (1899-1900); Ch. Van den Borren, *Guillaume Dufay, son importance dans l'évolution de la musique au XVe siècle* (Bruxelles, 1926 ; rééd., 1975); A. Pirro, *Histoire de la musique depuis la fin du XIVe siècle à la fin du XVIe* (Paris, 1940); Ch. Van den Borren, *Études sur le XVe siècle musical* (Anvers, 1941); H. Besseler, « Neue Dokumente zum Leben und Schaffen Dufays », in *AfM* IX (1952); H. Besseler, « Dufay in Rom », in *AfM* XV (1958); R. Bockholdt, *Die frühen Messenkompositionen von Guillaume Dufay* (Tutzing, 1960); Ch. E. Hamm, *A Chronology of the Works of Guillaume Dufay* (Princeton University Press, 1964); W. Nitschke, *Studien zu den Cantus-Firmus Messen Guillaume Dufays* (Berlin, 1968); E. Dartus, *Un grand musicien cambraisien : Guillaume Dufay* (Cambrai, 1974).

Dufourcq. A. Machabey, *Portraits de 30 musiciens français* (Paris, 1949); « Hommage à Norbert Dufourcq, in *Recherches* XV (1975).

Dukas. E. Destranges, « Ariane et Barbe-Bleue », in *RM* de Lyon (1909); V. d'Indy, *Emmanuel Chabrier et Paul Dukas* (Paris, 1920); J. Poueigh, *Musiciens français d'aujourd'hui* (Paris, 1921); A. Cœuroy, *la Musique française moderne* (Paris, 1922); G. Samazeuilh, *Un musicien français, Paul Dukas* (Paris, 1936); « Paul Dukas », in *RM* n° spécial mai-juin 1936); A. Boschot, *Portraits de musiciens* (Paris, 1947); G. Favre, *Paul Dukas, sa vie, son œuvre* (Paris, 1948); P. Dukas, *Écrits sur la musique* (préface de G. Samazeuilh, Paris, 1948); F. Lesure, « Paul Dukas demeure », in *Musica* (1965); *Paul Dukas, Catalogue d'exposition,* dressé par F. Lesure (B.N., 1965); G. Favre, *l'Œuvre de Paul Dukas* (Paris, 1969); P. Dukas, *Correspondance* (choix de lettres établi par G. Favre ; Paris, 1971); J. Helbe, *Paul Dukas 1865-1935* (Paris, 1975); *les Chroniques musicales de Paul Dukas*, sous la direction de J. V. Richard (Paris, 1980).

Dumesnil. G. Van der Kemp, *Notice sur la vie et les travaux de René Dumesnil (1879-1967)* [Paris, 1970].

Du Mont. H. Quittard, *Henri Du Mont* (Paris, 1906; rééd., Genève, 1973); L. H. Collard, « Quelques documents sur Henri Du Mont », in *Recherches* XV (1975).

Duni. G. Cucuel, « Notes sur quelques musiciens luthiers au XVIIIe siècle », in *SdIM* XIV (1912-13).

Dunstable. C. Stainer, « Dunstable and the Various Settings of *O rosa bella* », in *SdIM* II (1900-1901); M. Bukofzer, « Über Leben und Werke von Dunstable », in *AM* VIII (1936); M. Bukofzer, « John Dunstable, a Quincentenary Report », in *MQ* XL (1954); R.-L. Greene, « John Dunstable, a Quincentenary Supplement », in *MQ* XL (1954); S. Clercx, « Propos sur l'Ars nova », in *RBM* IX (1955); F. L. Harrisson, *Music in Medieval Britain* (Londres, 1958); M. Bent, « Dunstable », in *New Grove* 5 (1980).

Duparc. A. Cœuroy, *la Musique française moderne* (Paris, 1922); F. L. Merle, *Psychologie et pathologie d'Henri Duparc* (Bordeaux, 1933); Ch. Oulmont, *Chausson-Duparc, musique de l'amour* (Paris, 1935; rééd., 1970); S. Northcote, *The Songs of Henri Duparc* (Londres, 1949); F. Noske, *la Mélodie française de Berlioz à Duparc* (Paris, Amsterdam, 1954); N. Fabre, *À propos de Henri Duparc et Gabriel Fauré : souvenirs de Magdeleine et Charles Panzera* (Gelos, 1972).

Dupré. Abbé R. Delestre, *l'Œuvre de Marcel Dupré* (Paris, 1952); B. Gavoty, *Marcel Dupré* (Monaco, 1955); *Marcel Dupré raconte* (Paris, 1972).

Durey. J. Bruyr, *l'Écran des musiciens I* (Paris, 1930); F. Robert, *Louis Durey, l'aîné des « Six »* (Paris, 1968).

Duruflé. A. Machabey, *Portraits de 30 musiciens français* (Paris, 1949); A. Goléa, *Vingt ans de musique contemporaine II* (Paris, 1962); J. Roy, *Présences contemporaines* (Paris, 1962).

Dussek. A. F. Marmontel, *les Pianistes célèbres* (Paris, 1888); H.-A. Craw, *A Biography and Thematic Catalog of the Works of Dussek (1760-1812)* [University of Southern California, 1964].

Dutilleux. A. Machabey, *Portraits de 30 musiciens français* (Paris, 1949); J. Roy, *Musique française* (Paris, 1962); P. Mari, *Henri Dutilleux* (Paris, 1974); R. Jacobs, *Henri Dutilleux* (Paris, 1974).

Dvořák. H. Sirp, *Anton Dvořák* (Potsdam, 1939); A. Robertson, *Dvořák* (Londres, 1945); O. Šourek, *Anton Dvořák, vie et œuvre* (trad. fr. S. Lyer ; Prague, 1952); O. Sourek, *Anton Dvořák in Briefen und Erinnerungen* (trad. all. B. Eben ; Prague, 1954); J. Clapham, « The Evolution of Dvořák's Symphony *From the New World* », in *MQ* XLIV (1958); J. Clapham, *Anton Dvořák, Musician and Craftsman* (Londres, 1966); J. Burghauser, *Anton Dvořák, thematicky Katalog* (Prague, 1960); G. Erismann, *Antonin Dvořák, l'homme et son œuvre* (Paris, 1966); J. Berkovec, *Anton Dvořák* (Prague, Bratislava, 1969); A. Sychra, *Anton Dvořák, zur Ästhetik seiner sinfonischen Schaffens* (trad. all., G. Jäger et J. Morgenstern ; Leipzig, 1973).

E

Eberlin *J. E.* R. Haas, « Eberlins Schuldramen und Oratorien », in *StMw* VIII (1921); F. Raugel, « les Véritables Auteurs d'œuvres religieuses attribuées à Mozart », in *RMie* XXXVI (1954); M. H. Schmid, *Mozart und die Salzburger Tradition* (Tutzing, 1976).

Eccles. J. Jeffreys, *The Eccles Family, a Little-Known Family of 17th Century English Musicians* (Ilford, 1951).

Écurie. J. Écorcheville, « Quelques documents sur la musique de la Grande Écurie du Roi », in *SdIM* X (1900-1901); M. Benoit, *Versailles et les musiciens du Roi* (Paris, 1971).

Édimbourg. H. Gal, *Catalogue of Manuscripts Printed Music and Books on Music up to 1850 in the Library of the Music Department at the University of Edimburgh* (Édimbourg, 1941).

édition musicale. M. Brenet, « la Librairie musicale en France de 1653 à 1790 d'après les registres des privilèges », in *SdIM* VIII (1906-1907); J. Durand, *Quelques souvenirs d'un éditeur de musique* (Paris, 1925); C. Hopkinson, *A Dictionary of Parisian Music Publishers, 1700-1950* (Londres, 1954); O. von Hase, *Breitkopf und Härtel, Gedenkschrift und Arbeitsbericht*, 3 vol. (Wiesbaden, 1968); A. Devriès, *Édition et commerce de la musique gravée à Paris dans la 1re moitié du XVIIIe siècle : les Boivin, les Leclerc* (Genève, 1976).

éducation musicale. M. Chevais, *Éducation musicale de l'enfance*, 4 vol. (Paris, 1937-1948); J. Douel, *Essai de*

BIBLIOGRAPHIE

pédagogie musicale (Paris, 1944); *l'Éducation musicale*, revue mensuelle (1945 à 1982); J. W. Stark, *Musique d'abord, pour une éducation musicale par la musique* (Strasbourg-Schiltigheim, 1950); P. Pittion, *Pédagogie et pratique de la musique et du chant* (Paris, 1955); E. Willems, *Éducation musicale*, 10 fascicules (Genève, 1958); E. Willems, *la Valeur humaine de l'éducation musicale* (Bienne, 1975).

Egk. E. Krause, *Werner Egk* (Berlin, 1971).

Égypte. G. A. Villoteau, *l'État actuel de la musique en Égypte*; H. Hickmann, « Abrégé de l'histoire de la musique en Égypte », in *RMie* XXXII (1950); H. Hickmann, *Musicologie pharaonique* (Strasbourg, 1956); H. Hickmann, « 45 Siècles de musique dans l'Égypte ancienne », in *RM* (1956); M. Duchesne-Guillemin, « la Musique en Égypte et en Mésopotamie anciennes », in *Histoire de la musique* I (1960); H. Hickmann, H. Mecklembourg, *Catalogue d'enregistrement de musique folklorique égyptienne et rapport préliminaire sur les traces de l'art musical pharaonique* (Baden-Baden, 1979).

Einem. H. Rutz, W. Schneditz, O. F. Schuh, « Danton's death », in *Musicology* II (1948); D. Hartmann, *Gottfried von Einem, eine Biographie* (Vienne, 1968).

Einstein. M. F. Bukofzer, « Alfred Einstein in memoriam », in *AM* XXIV (1952); I. Cazeaux, « Alfred Einstein », in *RMie* XXXIV (1952); H. F. Redlich, « Alfred Einstein, zum Gedächtnis », in *Mf* V (1952).

Eisler. H. Eisler, *Materialen zu einer Dialektik der Musik* (Leipzig, 1973); H. Eisler, *Musik und Politik* (Leipzig, 1973); H. A. Brockhaus, *H. Eisler* (Leipzig, 1961); Albrecht Betz, *Musique et politique : Hanns Eisler* (Paris, 1982).

Eitner. M. Brenet, « la Science musicale allemande : Robert Eitner et son nouveau dictionnaire des musiciens », in *RM* V (1905); M. F. Bukofzer, « Toward a New Inventory of Musical Sources », in *Notes* VIII (1950-51).

électroacoustique (musique). P. Schaeffer, *À la recherche d'une musique concrète* (Paris, 1952); P. Schaeffer, *Répertoire international des musiques expérimentales* (Paris, 1968); P. Schaeffer, *la Musique concrète* (Paris, 1967; révisé en 1973); P. Schaeffer, *Expériences musicales. Musique concrète électronique exotique* (Revue musicale, 244); G. Letraublon, *Musique électronique* (Paris, 1975); M. Chion et Guy Reibel, *les Musiques électroacoustiques* (Paris, 1976); R. Murray-Schafer, *le Paysage sonore* (trad. fr.; Paris, 1979); H. Chopin, *Poésie sonore internationale* (Paris, 1979); M. Chion, *Pierre Henry* (Paris, 1980); M. Chion, *la Musique électroacoustique* (Paris, 1982).

Elgar. F. Bonavia, *Edward Elgar* (Londres, 1935); D. McVeagh, *Edward Elgar, his Life and Music* (Londres, 1955); M. Kennedy, *Portait of Elgar* (Londres, New York, Toronto, 1968); R. Burley et F. C. Carruthers, *Edward Elgar, the Record of a Friendship* (Londres, 1972); R. Fasenlau, *Die Orgel im Werk E. Elgars* (Cassel, 1973); Y. Menuhin, *Sir Edward Elgar, my Musical Grandfather* (Londres, 1976).

Ellington. B. Ulanov, *Duke Ellington* (New York, 1946); N. Arnaud, J. Bureau, M. Philippot, *Duke Ellington* (Paris, 1951); L. Malson, *les Maîtres du jazz* (Paris, 1952); S. Dance, *The work of Duke Ellington* (New York, 1970); *Duke Ellington par lui-même et ses musiciens* (trad. fr. A. Roubichou; Paris, 1976).

Emmanuel. J. G. Prod'homme, « Maurice Emmanuel », in *RMI* XLIII (1939); G. Samazeuilh, *Musiciens de mon temps* (Paris, 1945); *Contribution à l'étude de l'œuvre musical de Maurice Emmanuel*, ouvr. collect. (Strasbourg, 1972).

Enesco. B. Gavoty, *les Souvenirs de George Enesco* (Paris, 1955); A. Tudor, *Enesco* (Paris, 1958); C. Petra-Bascopol, *l'Originalité de la musique roumaine de chambre et de scène à travers les œuvres d'Enesco*. Jora et Constantinescu (thèse; Paris, 1976).

Érard. F. J. Fétis, *Notice biographique sur Sébastien Érard* (Paris, 1831); anonyme, *Notice sur les travaux de MM. Érard, facteurs de piano et de harpes* (Paris, 1855); anonyme, *la Maison Érard; ses origines, ses inventions, ses travaux, 1780-1803* (Paris, 1903).

Erb M. J. Sous la direction de P. de Bréville, *Marie-Joseph Erb, un grand musicien français, sa vie et son œuvre* (Strasbourg, 1948).

Espagne. M. Soriano-Fuertes, *Historia de la música española*, 4 vol. (Madrid, 1855-1859); A. Soubiès, *Histoire de la musique en Espagne*, 3 vol. (Paris, 1899-1900); H. Collet, *le Mysticisme musical espagnol au XVIe siècle* (Paris, 1913; rééd. Ste Maxime, 1979); H. Collet, « le XIXe Siècle en Espagne », in Lavignac, *Histoire* IV (1920); R. Mitjana, « la Musique en Espagne, art religieux et art profane », in *Lavignac, Histoire* IV (1920); J. B. Trend, *The Music of Spanish History to 1600* (Londres, 1926); H. Collet, *l'Essor de la musique espagnole au XXe siècle* (Paris, 1929); H. Anglès, *La música española desde la edad media hasta nuestros dias; Catálogo de la exposición histórica* (Barcelone, 1941); G. Chase, *The Music of Spain* (New York, 1941); H. Anglés et J. Subirá, *Catalogo musical de la Biblioteca nacional de Madrid*, 3 vol. (Barcelone, 1946-1951); H. Anglés, *El Códex musical de Las Huelgas* (Barcelone, 1951); A. Salazar, *La música de España, La música en la cultura española* (Buenos Aires, 1953); J. Subirá, *Historia de la música española e Hispano-americana* (Barcelone, 1953); H. Anglès, *La música de las cantigas de Santa Maria*, 2 vol. (Barcelone, 1958); F. Sopena, *Historia de la música española contemporánea* (Madrid, 1958); J. Subirá, *la Musique espagnole* (trad. fr. M. Jouve; Paris, 1959); H. Anglès, « l'École espagnole », in *Histoire de la musique* I (1960); R. Stevenson, *Spanish Music in the Age of Columbus* (La Haye, 1960); R. Stevenson, *Spanish Cathedral Music in the Golden Age* (Berkeley, 1961); M. Valls Gorina, *la Música española después de Manuel de Falla* (Madrid, 1962); A. Fernandez-Cid, *La música y los musicos de España en el siglo XX* (Madrid, 1963); F. Goldbeck, *Twentieth Century Composers, France, Italy and Spain* (Londres, 1974).

estampie. P. Aubry, *Estampies et danses royales* (Paris, 1907; rééd., Genève, 1975); J. Maillard, « Estampie », in *Science de la musique* (1976).

Esterházy. J.-G. Prod'homme, « les Princes dilettantes sous l'Ancien Régime : les Esterházy », in *RM* X (1910); J. Hárich, *Esterházy-Musikgeschichte im Spiegel der Zeitgenössischen Textbücher* (Eisenstadt, 1959); M. Horanyi, *The Magnificence of Esterháza* (Budapest, 1962); H. Dreo, « Die fürstlich Esterhazisch Musikkapelle von von ihren Anfängen bis zum Jahre 1766 » in *Jakbuch für österreichisches Kulturgeschichte*; 1, 2 (Eisenstadt, 1971); U. Tank, *Studien zur Esterhazyschen Hofmusik von etwa 1620 bis 1790* (Ratisbonne, 1981). [V. HAYDN.]

États-Unis. J. T. Howard, *Our American Music* (New York, 1946); C. R. Reis, *Composers in America* (New York, 1947); W. L. Landowski, *La Musique américaine* (Paris, 1952); G. Chase, *Musique de l'Amérique* (trad. fr. C. Babelou-Brooke; Paris, 1955); J. T. Howard et G. K. Bellows, *A Short History of Music in America* (New York, 1957); A. Gauthier, *La Musique américaine* (Paris, 1963); H. W. Hitchcock, *Music in the U. S., a Historical Introduction* (Englewood Cliffs, 1969).

ethnomusicologie. C. Brailoiu, *les Archives internationales de musique populaire* (Genève, 1947); Cl. Marcel-Dubois et C. Brailoiu, « l'Ethnomusicologie », in *Précis de musicologie* (Paris, 1958); *Ethnomusicology* (revue, Michigan, 1958-1982); A. Daniélou, *Traité de musicologie comparée* (Paris, 1959); J. Kunst, *Ethnomusicology...* (La Haye, 3e éd. 1959); W. Wiora, *Die vier Weltalter der Musik* (Stuttgart, 1961; trad. fr. J. Gaudefroy-Demombynes, *les Quatre Ages de la musique* (Paris, 1963); A. Daniélou, *Sémantique musicale* (Paris, 1967); G. Gergély, *Introduction à la connaissance du folklore musical* (Lausanne, 1967); M. Hood, *The Ethnomusicologist* (New York, San Francisco, 1971); G. Brailoiu, *Problèmes d'ethnomusicologie* (Genève, 1973).

expressionnisme. W. Hofmann, « Expressionismus », in *MGG* III (1954); L. Cammarota, *L'espressionismo e Schoenberg* (Bologne, 1965); L. Rognoni, *La scuola musicale di Vienna, espressionismo e dodecafonia* (Turin, 1966); J. Willet, « l'Expressionnisme dans les Arts, 1900-1968 », in *l'Univers des connaissances* (Paris, 1970); W. A. Schultz, *Die freien Formen in der Musik der Expressionismus und Impressionismus* (Hambourg, 1974); A. Lessem, « Schoenberg and the Crisis of Expressionnism », in *ML* LV (1974).

Eybler. J. Gaudefroy-Demombynes, *Un oratorio inédit d'Eybler : les quatre phases du Jugement dernier* (Paris, 1941); H. Herrmann, *Thematisches Verzeichnis der Werke Joseph Eyblers* (Munich, 1976).

F

Falla. G. Jean-Aubry, *la Musique et les nations* (Paris, 1922); Roland-Manuel, *Manuel de Falla* (Paris, 1930; rééd., 1977); J. B. Trend, *Manuel de Falla and Spanish Music* (New York, 1934); J. Pahissa, *Vida y obra de Manuel de Falla* (Buenos Aires, 1947); J. Martinez, *Falla, Granados, Albeniz* (Madrid, 1952); K. Pahlen, *Manuel de Falla und die Musik in Spanien* (Olten, 1955); L. Campodónico, *Falla* (trad. fr. F. Avila; Paris, 1959); R. Arizaga, *Manuel de Falla* (Buenos Aires, 1961); E. Molina-Fajardo, *Manuel de Falla y el « cante jondo »* (Grenade, 1962); S. Demarquez, *Manuel de Falla* (Paris, 1963); A. Gauthier, *Manuel de Falla* (Paris, 1966); A. Sagardia, *Vida y obra de Manuel de Falla* (Madrid, 1967); G. Fernandez-Shaw, *Larga historia de la vida breve* (Madrid, 1972); F. Sopena-Ibanez, *Manuel de Falla y el mundo de la cultura española* (Madrid, 1976); R. Crichton, *Manuel de Falla. Descriptive Catalogue of his Works* (Londres, 1976).

fantaisie. W. Boetticher, F. Lesure, E. H. Meyer, M. Reimann, W. Kahl, « Fantaisie », in *MGG* 3 (1954); D. Launay, « la Fantaisie en France jusqu'au milieu du XVIIe siècle », in *la Musique instrumentale de la Renaissance* (Paris, 1955); J. P. Muller, *la Fantaisie libre, esquisse historique et sociologique d'un genre musical du XVe au XIXe siècle* (Bruxelles, 1972).

Farinelli. R. Bouvier, *Farinelli, le chanteur des rois* (Paris, 1943); R. Freeman, « Farinelli and His Repertory », in *Mélanges* (Cassel, 1974).

Fauré. Ch. Koechlin, *Gabriel Fauré* (Paris, 1927; rééd., 1949); Ph. Fauré-Frémiet, *Gabriel Fauré* (Paris, 1929; rééd., 1957); G. Servières, *Gabriel Fauré* (Paris, 1930); Ph. Fauré-Frémiet, R. Dumesnil, G. Jean-Aubry, *le Centenaire de Gabriel Fauré* (Paris, 1945); G. Fauré, *Lettres intimes*, sous la direction de Ph. Fauré-Frémiet (Paris, 1951); V. Jankélévitch, *Gabriel Fauré, ses mélodies, son esthétique* (Paris, 1951); Ph. Fauré-Frémiet, *Gabriel Fauré* (Paris, 1957); *Gabriel Fauré, catalogue d'exposition*, sous la direction de F. Lesure et J. Cain (B. N., Paris, 1963); M. Long, *Au piano avec Gabriel Fauré* (Paris, 1963); F. Gervais, « Étude comparée de langages harmoniques de Fauré et de Debussy », in *RM* 272 (1971); J.-M. Nectoux, *Fauré* (Paris, 1972); C. Saint-Saëns et G. Fauré, *Correspondance*, textes établis et présentés par J.-M. Nectoux (Paris, 1973); *Gabriel Fauré*, catalogue d'exposition (B. N., Paris, 1974); V. Jankélévitch, *Fauré et l'inexprimable* (Paris, 1974); J. Vuaillat, *Gabriel Fauré, musicien français* (Lyon, 1974); R. Orledge, *Gabriel Fauré* (Londres, 1980); *Correspondance*, présentée et annotée par J.-M. Nectoux (Paris, 1980).

Faust. A. Jullien, « le Faust de Goethe et ses traductions musicales », in *RGM* XXXIX (1872); G. Ferchault, *Faust, une légende et ses musiciens* (Paris, 1948); P. Carnegy, *Faust as Musician, a Study of Thomas Mann's Novel « Doktor Faustus »* (Londres, 1973); « Faust », in *l'Avant-Scène Opéra* n° 2 (1976); « Berlioz. La damnation de Faust », in *l'Avant-Scène Opéra* n° 22 (1979).

faux-bourdon. M. F. Bukofzer, *Geschichte des englischen Diskants und des Fauxbourdons* (Strasbourg, 1936); Thr. Georgiades, *Englische Diskanttraktate aus der ersten Hälfte des 15. Jahrhunderts* (Munich, 1937); H. Besseler, *Bourdon und Fauxbourdon* (Leipzig, 1950); H. Besseler, « Das Ergebnis der Diskussion über Fauxbourdon », in *AM* XXIX (1957); S. Clercx, « Aux origines du Faux-bourdon », in *RMie* XL (1957); E. Trumble, *Fauxbourdon, a Historical Survey* (Brooklyn, 1959); A. B. Scott, « The Beginnings of Fauxbourdon », in *JAMS* XXIV (1971).

Favart. M. Dumoulin, *Favart et Mme Favart, un ménage d'artistes au XVIIIe siècle* (Paris, 1902).

Fayrfax. E. B. Warren, « The Life and Works of R. Fayrfax », in *MD* XI (1957); E. B. Warren, « The Masses of R. Fayrfax », in *MD* XII (1958); E. B. Warren, *R. Fayrfax « Motets and Settings of the Magnificat »*, in *MD* XV (1961); E. B. Warren, *Life and Works of R. Fayrfax* (s.l., 1969).

Ferroud. J. Bruyr, *l'Écran des musiciens* (Paris, 1930); R. Dumesnil, *Portraits de musiciens français* (Paris, 1938); C. Rostand, *l'Œuvre de Pierre Octave Ferroud* (Paris, 1957).

Fétis. F.-J. Fétis, « Mon testament musical », in *RGM* XX (1853); D. Fryklund, « Contribution à la connaissance de la correspondance de Fétis », in *STMf* XII (1930); R. Wangermée, *F. J. Fétis, musicologue et compositeur* (Bruxelles, 1951); *F. J. Fétis et la Bibliothèque royale de son temps*, catalogue d'exposition (Bruxelles, 1972).

Fibich. J. Bartoš, *Zdenko Fibich* (Prague, 1914); R. Newmarch, *The Music of Czechoslovakia* (Londres, 1942).

Fidelio. « Fidelio », in *l'Avant-Scène Opéra* n° 10 (1977); M. Kufferath, *Fidelio* (Paris, s.d.).

Field. A. Marmontel, *les Pianistes célèbres* (Paris, 1888); W. H. Grattan Flood, *John Field of Dublin* (Dublin, s.d.); D. Branson, *John Field and Chopin* (Londres, 1972); P. Piggott, *The Life and Music of John Field* (Londres, 1973).

figuralisme. A. Schering, *Das Symbol in der Musik* (Leipzig, 1941); H. H. Unger, *Die Beziehungen zwischen Musik und Rhetorik in 16-18 Jahrhundert* (Wurtzbourg, 1941).

Finlande. I. Hannikainen, *The Development of Finnish Music* (Londres, 1949); V. Helasvuo, *Sibelius and the Music of Finland* (trad. angl. P. Sjöblom; Helsinki, 1957); T. Karila, *Composers of Finland* (Helsinki, 1965); T. Mäkinen et S. Nummi, *Musica fennica* (trad. fr. A. Bonduelle et H. Laszlo; Helsinki, 1965); D. Richards, *The Music of Finland* (Londres, 1968).

Fiocco. Ch. Stellfeld, *les Fiocco, une famille de musiciens belges aux XVIIe et XVIIIe siècles* (Bruxelles, 1941).

Fischer E. E. Fischer, *Considérations sur la musique* (trad. fr. Ph. M. de Boncourt; Paris, 1951); *Dank an Edwin Fischer*, ouvr. collect., lettres, articles, catalogue des œuvres, discographie (Wiesbaden, 1963).

Fischer-Dieskau. F. Herzfeld, *Dietrich Fischer-Dieskau* 3e éd. (Berlin, 1962); E. Florent, *Dietrich Fischer-Dieskau* (Paris, 1967).

Floquet. J.-G. Prod'homme, *Écrits de musiciens, XVe-XVIIIe siècles* (Paris, 1912).

Florence. A. Solerti, *Musica, ballo e drammatica alla corte medicea dal 1600 al 1637* (Florence, 1905); L. Cellesi, « Documenti per la storia musicale di Firenze », in *RMI* XXXIV, XXXV (1927-28); F. Ghisi, *Feste musicali della Firenze Medicea* (Florence, 1939); B. Becherini, « La musica nelle Sacre rappresentazioni fiorentine », in *RMI* LIII (1951); B. Becherini, « Musica italiana a Firenze nel XV secolo », in *RBM* VIII (1954); *les Fêtes de la Renaissance*, sous la direction de J. Jacquot (Paris, 1956); B. Becherini, *Catalogo dei manoscritti musicali della Biblioteca nazionale di Firenze* (Cassel, 1959); A. C. Minor et B. Mitchell, *A Renaissance Entertainment, Festivities for the Marriage of Cosimo I of Florence* (Columbia, 1968); F. Hammond, « Musicians at the Medici Court in the Mid-Seventeenth Century », in *Studien zur italienisch-deutsche Musikgeschichte* IX (Cologne, 1974).

flûte. J. Hotteterre, *Principes de la flûte traversière* (Paris, 1707; rééd., Genève, 1973); J.-J. Quantz, *Essai, méthode de flûte traversière. Concernant les principes de l'exécution musicale au XVIIIe s. pour tous les musiciens* (Berlin, 1752; réimpr., Paris, 1975); L. de Lorenzo, *My Complete Story of the Flute* (New York, 1951); A. Girard, *Histoire et richesses de la flûte* (Paris, 1953); R. Le Roy, *Traité de la flûte* (Paris, 1966); R. Meylan, *la Flûte, les grandes lignes de son développement* (Lausanne, 1974); R. Galleras, *Histoire de la flûte* (Paris, 1977); A. Charlonnai, *la Flûte à bec soprano* (Paris, 1977); J. P. Rampal, *la Flûte* (Paris, 1978).

Flûte enchantée (la). H. Quittard, « les Sources d'inspiration de la Flûte enchantée de Mozart », in *RM* IX (1909); L. Weill, « le Livret de la Flûte enchantée », in *RM* IX (1909); E. Istel, *Die Freimaurerei in Mozarts Zauberflöte* (Berlin, 1928); G. Hiedrich, *Die humanistische Idee der Zauberflöte* (Dresde, 1954); A. Rosenberg, *Die Zauberflöte; Geschichte und Deutung von Mozarts Oper* (Munich, 1964); J. Malignon, « Zoroastre et Sarastro », in *Recherches* VI (1966); J. Chailley, « la Flûte enchantée », *opéra maçonnique* (Paris, 1968; rééd., 1975); E. M. Beatley, *A Preface to the Magic Flute* (Londres, 1969); « la Flûte enchantée », in *l'Avant-Scène Opéra* n° 1 (1976); L. Giesecke, E. Schikaneder, *la Flûte enchantée* (Paris, s.d.); M. Béjart, A. Dualt, A. Béjart, *la Flûte enchantée* (Paris, 1982).

folía. O. Gombosi, « Zur Frühgeschichte der Folia », in *AM* VIII (1936).

folklore. J. Tiersot, *Histoire de la chanson populaire en France* (Paris,

BIBLIOGRAPHIE

1889) ; P. Coirault, *Recherches sur notre ancienne chanson populaire traditionnelle*, 5 fascicules (1927-1933) ; C. Braïloïu, *Esquisse d'une méthode de folklore musical* (Paris, 1931) ; C. Brailoiu, « le Folklore musical », in *Musica aeterna* (Zurich, 1948) ; W. Danckert, *Das europäische Volkslied* (Berlin, 1939) ; B. Bartók, *Pourquoi et comment recueille-t-on la musique populaire ?* (trad. fr. E. Lajti ; Genève, 1948) ; W. Wiora, *Europäischer Volksgesang* (Cologne, 1953) ; P. Coirault, *Formation de nos chansons folkloriques*, 4 vol. (Paris, 1953-1963) ; B. Nettl, *Folk and Traditional Music of the Western Continents* (Englewood Cliffs, 1965) ; P. Toschi, *Guido allo studio delle tradizioni popolari* (Turin, 1965) ; G. Gergely, *Introduction à la connaissance du folklore musical* (Lausanne, 1967) ; A. Varagnac, *Les Traditions populaires* (Paris, 1978).

Fomine. R.-A. Mooser, *Annales de la musique et des musiciens en Russie*, vol. 2 et 3 (Genève, 1951) ; B. Dobrokhotov, *E. Fomine* (Moscou, 1968).

Ford. E. H. Fellowes, *The English Madrigal Composers* (Oxford, 1971).

forme. M. Emmanuel, *Histoire de la langue musicale* (Paris, 1911 ; rééd., 1928) ; F. Vatielli, *Materia e forme della musica*, 2 vol. (Bologne, 1923-1928) ; P. Bekker, *la Musique, la transformation des formes musicales depuis l'Antiquité jusqu'à nos jours* (Paris, 1929) ; A. Cœuroy, *la Musique et ses formes* (Paris, 1951) ; A. Hodeir, *les Formes de la musique* (Paris, 1951) ; L. Stein, *Structure and style* (Summy, 1962) ; *la Musique à travers ses formes*, ouvr. collect. (Paris, 1978).

Formé. H. Quittard, « Un chanteur-compositeur de musique sous Louis XIII, Nicolas Formé (1567-1638) », in *RM* III (1903) ; M. Le Moël, « la Chapelle de musique sous Henri IV et Louis XIII », in *Recherches* VI (1966).

Forqueray. L. Forqueray, *Musiciens d'autrefois, les Forqueray et leurs descendants* (Paris, 1911) ; N. Dufourcq, *le Grand Orgue et les organistes de Saint-Merry* (Paris, 1947) ; Chanoine M. Thomas, « Chaumes en Brie, pépinière d'organistes avant et après les Couperin », in *Recherches* VII (1967) ; M. Benoit et N. Dufourcq, « À propos de Forqueray », in *Recherches* VIII (1968).

Foster. E. F. Morneweck, *Chronicles of Stepan Foster's family* (Pittsburgh, 1944).

Foucquet ou **Fouquet.** Ch. Bouvet, *Musiciens oubliés, musique retrouvée ; documents des XVI*^{e}*, XVII*^{e} *et XVIII*^{e} *siècles* (Paris, s.d.).

Françaix. A. Machabey, *Portraits de 30 musiciens français* (Paris, 1949) ; M. Lanjean, *Jean Françaix, musicien français* (Paris, 1961).

France. (Ne figurent dans cette bibliographie que les ouvrages d'histoire musicale, à l'exclusion des monographies.)

OUVRAGES GÉNÉRAUX. Lavoix (H. M. Taillemant), *la Musique française* (Paris, 1891) ; M. Brenet, *Musique et musiciens de la vieille France* (Paris, 1911) ; J. Gaudefroy-Demombines, *Histoire de la musique française* (Paris, 1946) ; N. Dufourcq, *la Musique française* (Paris, 1949 ; rééd., Paris, 1970) ; H. Barraud, *la France et la musique occidentale* (Paris, 1956) ; *Vie musicale dans les provinces françaises*, vol. 1, 3, 4 (Genève, 1972, 1974 ; rééd., 1980) ; *Histoire de théâtre lyrique en France*, 3 vol. (Paris, s.d.) ; N. Dufourcq, *Esquisse d'une histoire de l'orgue en France du XIII*^{e} *au XVIII*^{e} *siècle* (Paris, 1935) ; « la Musique religieuse française de 1660 à 1789 », in *RM* n° 222 (1953-54) ; *Aspects inédits de l'art instrumental en France des origines à nos jours*, *RM* n° 226 (1955) ; N. Dufourcq, *la Musique française* (Paris, 1970).

AVANT LE XVe SIÈCLE. Ch. E. H. de Coussemaker, *l'Art harmonique au Moyen Âge* (Paris, 1865 ; rééd., 1964) ; P. Aubry, *les Proses d'Adam de Saint-Victor* (Paris, 1901) ; P. Aubry, *Troubadours et trouvères* (Paris, 1909) ; J. Beck, *la Musique des troubadours* (Paris, 1920 ; rééd. Genève, 1976) ; A. Jeanroy, *la Poésie lyrique des troubadours* (Paris, 1934) ; Th. Gérold, *Histoire de la musique des origines à la fin du XIV*^{e} *siècle* (Paris, 1936) ; Y. Rokseth, *Danses cléricales du XIII*^{e} *siècle français* (Faculté de Strasbourg, fascicule 106, 1947) ; Y. Rokseth, *la Polyphonie parisienne du XIII*^{e} *siècle* (Cahiers techniques de l'art, *ibid.* 1947) ; J. Chailley, *Histoire musicale du Moyen Âge* (Paris, 1950 ; rééd., 1969) ; J. Chailley, *l'École musicale de Saint-Martial-de-Limoges* (Paris, 1960) ; J. de Valois, *le Chant grégorien* (Paris, 1963 ; rééd., 1974) ; A. J. Bescond, *le Chant grégorien* (Paris, 1972).

XV-XVIe SIÈCLES. H. Quittard, « la Musique instrumentale en France jusqu'à Lully », H. Expert, « À propos de la musique française à l'époque de la Renaissance », P.-M. Masson, « le Mouvement humaniste », in *Lavignac*, Histoire III (1931) ; J. Marix, *Histoire de la Musique et des Musiciens de la Cour de Bourgogne sous le règne de Philippe le Bon (1420-1467)* [Strasbourg, 1939 ; rééd., 1972] ; A. Pirro, *Histoire de la musique de la fin du XIV*^{e} *siècle à la fin du XVI*^{e} (Paris, 1940) ; Ch. Van den Borren, *Études sur le XV*^{e} *siècle musical* (Anvers, 1941) ; F. A. Yates, *The French Academies of the XVI*th *century* (Londres, 1947) ; F. Lesure, *Musicians and Poets of the French Renaissance* (New York, 1956) ; F. Lesure, *Musique et musiciens français du XVI*^{e} *siècle* (Genève, 1976 ; reprise d'articles publiés 1950-1969) ; *Musique et poésie au XVI*^{e} *siècle*, sous la direction de J. Jacquot (Paris, 1954) ; *le Luth et sa musique* (Paris, 1958 ; rééd., 1976) ; L. Schrade, *la Musique de Machaut à Dufay*, G. Thibault, *la Chanson française au XV*^{e} *siècle ;* F. Lesure, *la Chanson française au XVI*^{e} *siècle ;* N. Bridgman, *la Messe et le motet chez les Franco-Flamands après la mort de Josquin ;* A. Verchaly, « Air de cour et ballet de cour », in *Histoire de la musique* (1960) ; B. Gagnepain, *la Musique française du Moyen Âge et de la Renaissance* (Paris, 1961 ; rééd., 1977) ; *Musique et poésie au XVI*^{e} *siècle.* Colloque (Paris, 1973) ; F. Lesure, *Musique et musiciens français du XVI*^{e} *siècle* (Genève, 1976).

XVII-XVIIIe SIÈCLES. Le Cerf de la Viéville, *Comparaison de la Musique italienne et de la musique française* (Bruxelles, 1705-1706 ; rééd., Genève, 1972) ; G. Soubiès, *Histoire de l'opéra-comique*, 2 vol. (Paris, 1892-93) ; R. Rolland, *Histoire de l'opéra en Europe avant Lully et Scarlatti* (Paris, 1895) ; du même, « l'Opéra au XVIIe siècle », in *Lavignac*, Histoire III (1931) ; M. Brenet, *les Concerts en France sous l'Ancien Régime* (Paris, 1900) ; C. Pierre, *Histoire du concert spirituel de 1725 à 1790* (Paris, 1900 ; rééd., Société française de musicologie, 1975) ; J. Écorcheville, *De Lully à Rameau* (Paris, 1905 ; rééd., Genève, 1970) ; G. Gucuel, *La Pouplinière et la Musique de Chambre au XVIII*^{e} *siècle* (Paris, 1913 ; rééd., 1971) ; H. Prunières, *l'Opéra italien en France avant Lully* (Paris, 1913 ; rééd., 1970) ; H. Prunières, *le Ballet de cour en France avant Benserade et Lully* (Paris, 1914) ; L. de La Laurencie, « la Musique française de Lully à Gluck », in *Lavignac*, Histoire III (1931) ; L. de La Laurencie, *les Créateurs de l'opéra français* (Paris, 1930 ; rééd., 1975) ; B. Champigneulle, *l'Âge classique de la musique française* (Paris, 1946) ; J.-F. Paillard, *la Musique française classique* (Paris, 1960 ; rééd., 1973) ; *Recherches sur la musique classique française*, sous la direction de N. Dufourcq, annuel (Paris, 1960) ; N. Dufourcq, *la Musique à la Cour de Louis XIV et de Louis XV, d'après les Mémoires de Sources et Luynes (1681-1758)* [Paris, 1970] ; M. Benoit, *Musiques de Cour-Chapelle, Chambre, Écurie. Recueil de documents* (Paris, 1971) ; M. Benoit, *Versailles et les musiciens du roi. Étude institutionnelle et sociale (1661-1733)* [Paris, 1971] ; R. M. Isherwood, *Music in the Service of the Kings ; France in the Seventeenth Century* (Cornell University Press, Londres, 1973) ; C. Massip, *la Vie des musiciens de Paris au temps de Mazarin* (Paris, 1976). XVIIIe-XIXe SIÈCLES : C. Pierre, *les Hymnes et chansons de la Révolution* (Paris, 1904) ; J. Tiersot, *les Fêtes et les chants de la Révolution française* (Paris, 1908) ; P. Lasserre, *l'Esprit de la musique française, de Rameau à l'invasion wagnérienne* (Paris, 1917) ; J. Chantavoine, *De Couperin à Debussy* (Paris, 1921) ; H. Radiguer, *la Musique française de 1789 à 1815*, V. Debay et P. Locara, « l'École Romantique française (1815-1837) », in *Lavignac*, Histoire III (1931) ; J. Gaudefroy-Demombines, *les Jugements allemands sur la musique française au XVIII*^{e} (Paris, 1941) ; P. Lalo, *De Rameau à Ravel, portraits et souvenirs* (Paris, 1947) ; R. Dumesnil, *la Musique romantique française* (Lille, 1944) ; F. Noske, *la Mélodie française de Berlioz à Duparc* (Paris, 1954) ; N. Wild, *la Vie musicale sous la régence d'après le Mercure* (mémoire de musicologie, Conservatoire de Paris, 1961) ; F. Robert, *la Musique française au XIX*^{e} *siècle* (Paris, 1963) ; T. Fleischmann, *Napoléon et la musique* (Paris, Bruxelles, 1965) ; H. Berlioz, *Mémoires*, 2 vol. (Paris, 1969) ; G. Snyders, *le Goût musical en France aux XVII*^{e} *et XVIII*^{e} *siècles* (Paris, 1971) ; E. Weber, *l'Interprétation de la musique française aux XVII*^{e} *et XVIII*^{e} *siècles*. Colloque 1969 (Paris, 1974).

XIXe-XXe SIÈCLES. H. Imbert, *Profils de musiciens* (Paris, 1888) ; du même, *Nouveaux profils de musiciens* (Paris,

1892); H. Imbert, *Portraits et études* (Paris, 1894); H. Imbert, *Profils d'artistes contemporains* (Paris, 1897); J. Tiersot, *Un demi-siècle de musique française, 1870-1919* (Paris, 1924); O. Séré (J. Poueigh), *Musiciens français d'aujourd'hui* (Paris, 1911; rééd., Paris, 1921); A. Cortot, *la Musique française de piano*, 3 vol. (1930; rééd., 1948); P. Landormy, *la Musique française* (Paris, 1943-44; rééd., 1948); M. Cooper, *French Music from the Death of Berlioz to the Death of Fauré* (Londres, 1951); R. Pitrou, *De Gounod à Debussy* (Paris, 1957); *Cinquante Ans de musique française, 1874 à 1925*, sous la direction de L. Rohozinsky, 2 vol. (Paris, 1925); R. Stricker, *la Musique française du romantisme à nos jours* (Paris, 1966); D. Pistone, *la Musique en France, de la Révolution à 1900* (Paris, 1979); Y. Fromrich, *Musique et caricature en France au XIXe s.* (rééd., Genève, 1973).

XXe SIÈCLE. R. Dumesnil, *la Musique en France entre les deux guerres* (Genève, 1946); A. Machabey, *Portraits de 30 musiciens français contemporains* (Paris, 1949); C. Rostand, *la Musique française contemporaine* (Paris, 1952); U. Bäcker, *Frankreichs moderne von C. Debussy, bis P. Boulez* (Regensburg, 1962); J. Roy, *Présences contemporaines : musique française* (Paris, 1962); G. Brelet, « la Musique contemporaine en France », in *Histoire de la musique* II (1963); R. Myers, *Modern French Music* (Oxford, 1971); « les Mal-entendus, compositeurs des années 1970 », in *RM* 314-315 (1978).

Francesco da Milano. O. Chilesotti, « Francesco da Milano », in *SIMG* IV (1902-1903); O. Gombosi, « À la recherche de la forme chez Francesco da Milano », in *la Musique instrumentale de la Renaissance* (Paris, 1955); J.-M. Vaccaro, « À propos de deux éditions critiques de l'œuvre de Francesco da Milano », in *RMie* LVIII (1972).

Franck. H. Imbert, *Portraits et études* (Paris, 1894); V. d'Indy, *César Franck* (Paris, 1906; rééd., 1930); E. Closson, *César Franck* (Charleroi, 1923); M. Emmanuel, *César Franck, étude critique* (Paris, 1930); Ch. Tournemire, *César Franck* (Paris, 1931); H. Haag, *César Franck als Orgelkomponist* (Cassel, 1936); W. Mohr, *César Franck* (Stuttgart, 1942, 2e éd. Tutzing, 1969); M. Kunel, *la Vie de César Franck, l'homme et l'œuvre* (Paris, 1947); N. Dufourcq, *César Franck, le milieu, l'œuvre, l'art* (Paris, 1949); Ch. Van den Borren, *César Franck* (Bruxelles, 1949); N. Dufourcq, *Autour de Coquard, Franck et d'Indy* (Paris, 1952); L. Vallas, *la Véritable histoire de César Franck* (Paris, 1955); E. Buenzod, *César Franck, l'homme et son œuvre* (Paris, 1966); J. Gallois, *Franck* (Paris, 1966); L. Davies, *César Franck and His Circle* (Londres, 1970); F. Sabatier, *César Franck et l'orgue* (Paris, 1982).

franco-flamande (musique). E. Van der Straeten, *la Musique aux Pays-Bas avant le XIXe siècle*, 8 vol. (Bruxelles, 1867-1888; rééd., 1969); H. Besseler, *Die Musik des Mittelalters und der Renaissance* (Potsdam, 1931); A. Pirro, *Histoire de la musique de la fin du XIVe siècle à la fin du XVIe siècle* (Paris, 1940); Ch. Van den Borren, *Études sur le XVe siècle musical* (Anvers, 1941); G. Reese, *Music in the Renaissance* (New York, 1954; rééd., 1959); G. Reese, « Ars nova and Renaissance », in *Oxford History of Music*, vol. 3 (Londres, 1960); N. Bridgman, « la Messe et le motet chez les Franco-Flamands après la mort de Josquin », in *Histoire de la musique*, I (1960); B. Gagnepain, *la Musique française du Moyen Âge et de la Renaissance* (Paris, 1961, rééd., 1977).

Frédéric II. M. Brenet, « les Œuvres musicales de Frédéric le Grand », in *Men* LVI (1890); E. E. Helm, *Music at the Court of Frederic the Great* (Norman, 1960).

Freischütz (le). G. Servières, *Freischütz, opéra romantique en 3 actes* (Paris, 1913); H. W. von Waltershausch, *Der Freischütz, ein Versuch über die Musikalische Romantik* (Munich, 1920); E. Paccini, *le Freischütz* (Paris, s. d.).

Frescobaldi. A. Cametti, « Girolamo Frescobaldi in Roma », in *RMI* XV (1908); L. Ronga, *Girolamo Frescobaldi* (Turin, 1930); W. Apel, « Neapolitan Links between Cabezon and Frescobaldi, in *MQ* XXIV (1938); A. Machabey, *Girolamo Frescobaldi Ferrarensis, 1588-1643* (Paris, 1952); L. Ronga, « Grandezza i solitudine di Girolamo Frescobaldi », in *RMI* LVI (1954); L. F. Tagliavini, *Girolamo Frescobaldi, Fiori Musicali* (la Pierre-qui-Vire, 1959); A. Newcomb, « Girolamo Frescobaldi, 1608-1615 », in *AnnM* VII (1964); E. Darbellay, « Liberté, variété et "affetti cantabili" chez Girolamo Frescobaldi », in *RMie* LXI (1975).

Fricker. *British Composers in Interview* (Londres, 1963).

Froberger. A. Pirro, *les Clavecinistes* (Paris, 1925); E. Bauer, *Die Klaviersuite J. J. Frobergers* (Saarbrucken, 1962); D. Starke, *Frobergers Suitentänze* (Darmstadt, 1972).

frottola. B. Disertori, *La Frottola nella storia della musica* (Crémone, 1954); N. Bridgman, « la Frotolla et la transition de la frottola au madrigal », in *Musique et poésie au XVIe siècle* (Paris, 1954).

Frye. S. W. Kenney, *Walter Frye and the « Contenance Angloise »* (New Haven, 1965).

Fuenllana. A. Koczirz, « Die Gitarrenkompositionen in Miguel de Fuenllanas *Orphenica Lyra* (1554) », in *AfM* IV (1922); J. Bal, « Fuenllana and the Transcription of Spanish Lute-Music », in *AM* XI (1939).

fugue. TRAITÉS. F.-J. Fétis, *Traité du contrepoint et de la fugue* (1875, rééd., Osnabruck, RFA, 1973); Th. Dubois, *Traité de contrepoint et de fugue* (Paris, 1901); A. Gédalge, *Traité de la fugue* (Paris, 1904); M. Dupré, *Cours complet de fugue* (Paris, 1938).

ÉTUDES. H. Riemann, *Katechismus der Fugen-Komposition* (Leipzig, 1890; rééd., 1914); A. Serieyx, « la Fugue », in *Lavignac*, Technique V (1930); J. Müller-Blattau, *Grundzüge einer Geschichte der Fuge* (Königsberg, 1923); G. Oldroyd, *The Technique and Spirit of Fugue* (Londres, 1948); A. Ghislanzoni, *Storia della Fuga* (Milan, 1952); J. Müller-Blattau, « Fuge », in *MGG* IV (1955); A. E. F. Dickinson, *Bach's Fugal Works, with an Account of Fugue before and after Bach* (Londres, 1956); M. Taling-Hajnali, *Der fugierte Stil bei Mozart* (Berne, 1959); W. Kirkendale, *Fuge und Fugato in der Kammermusik des Rokoko und der Klassik* (Tutzing, 1966; éd. angl. rév., Durham, 1979); R. Bullivant, *Fugue* (Londres, 1971); M. Vachon, *la Fugue dans la musique religieuse de Mozart* (Luynes, 1973); M. Bitsch, J. Bonfils et J.-P. Holstein, *la Fugue* (Paris, 1980).

Furtwängler. F. Herzfeld, *Wilhelm Furtwängler, Weg und Wesen* (Munich, 1950); W. Furtwängler, *Entretiens sur la musique* (trad. fr. J.-G. Prod'homme et F. Goldbeck; Paris, 1953); C. Riess, *Furtwängler, Musik und Politik* (Berne, 1953); B. Gavoty et R. Hauert, *Wilhelm Furtwängler* (Genève, 1954); W. Furtwängler, *Ton und Wort* (Wiesbaden, 1958; trad. fr. J. Feschotte, « Musique et Verbe », Paris, 1963); D. Gillis, *Furtwängler and America* (New York, 1970); H. Smidth Olsen, *Wilhelm Furtwängler Konzertprogramme, Opern und Vorträge, 1947 bis 1954* (Wiesbaden, 1972).

Fux. A. Liess, *J. J. Fux, steirischer Meister des Barocks* (Vienne, 1948); A. Feil, « Zum "Gradus ad Parnassum" von J. J. Fux », in *AfM* XIV (1957); J. H. Van der Meer, *J. J. Fux als Opernkomponist* (Bilthoven, 1961); F. W. Riedel, « J. J. Fux und die römische Palestrina-Tradition », in *Mf* XIV (1961); E. Wellesz, *Fux* (Londres, 1965).

G

Gabrieli A. H. Schultz, *Das Madrigal als Formideal* (Leipzig, 1939); L. Schrade, « L'Edipo tiranno d'Andrea Gabrieli », in *Musique et poésie au XVIe siècle* (Paris, 1954); D. Arnold, « A. Gabrieli und die Entwicklung der Cori-Spezzati Technik », in *Mf* XII (1959).

Gabrieli G. G. S. Bedbrook, « The Genius of Giovanni Gabrieli », in *MR* VIII (1947); D. Arnold, « Towards a Biography of Giovanni Gabrieli », in *MD* XV (1961); S. Kunze, *Die instrumental Musik Giovanni Gabrielis* (Tutzing, 1963); F. Kenton, *Life and Works of Giovanni Gabrieli* (American Institute of Musicology, 1967); S. Schmalzriedt, *Heinrich Schutz und andere zeitgenössische Musiker in der Lehre Giovanni Gabrielis* (Stuttgart, 1972); W. Müller-Blattau, *Tonsatz und Klanggestaltung bei Giovanni Gabrieli* (Cassel, 1975); D. Arnold, *Giovanni Gabrieli and the Music of the Venetian High Renaissance* (Londres, 1980).

Gade. W. Behrend, *Minder om Niels W. Gade* (Copenhague, 1930).

Gafori. E. Praetorius, *Die Mensuraltheorie des Franchinus Gafurius* (Leipzig, 1905); A. Caretta, L. Cremascoli, L. Salamina, *Franchino Gaf-*

furio (Lodi, 1951); F. Fano, « Note sur F. Gaffurio », in *RMI* LV (1953).

Gagliano M. Z. E. Vogel, « Marco da Gagliano; zur Geschichte des Florentiner Musiklebens von 1570-1650 », in *VfMw* V (1889); F. Ghisi, « Gagliano », in *MGG* 4 (1955).

Gagnebin. *Liste des œuvres d'Henri Gagnebin* (Zentralarchiv Schweizerischer Tonkunst, Zurich, 1956); H. Gagnebin, *Musique mon beau souci, réflexions sur mon métier* (Neuchâtel, 1969).

galant (style). E. Bücken, « Der Galante Stil : eine Skizze seinev Entwicklung », in *ZfMw* VI (1923-24); V. Terenzio, « A proposito delle *stile galante* », in *RassM* XXIV (1954); L. Hoffmann-Erbrecht, « Der Galante Stil in der Musik des 18. Jahrhunderts », in *Mélanges* (Graz, 1962).

Galilei. H. Martin, « la Camerata du comte Bardi et la musique florentine du XVIe siècle », in *RMie* XIII-XIV (1932-33); F. Fano, *La camerata fiorentina, Vincenzo Galilei, la sua opera d'artista e di teorico* (Milan, 1936); C. V. Palisca, « Vincenzo Galilei, and some Links between *Pseudo-Monody* and *Monody* », in *MQ* XLVI (1960).

Galli Marié. H. de Curzon, *Croquis d'artistes : Galli Marié* (Paris, 1897); L. Augé de Lassus, « Galli Marié et l'opéra-comique de 1862 à 1877 », in *RM* V (1905).

Gallois-Montbrun. A. Machabey, *Portraits de 30 musiciens français* (Paris, 1949).

Gallus. E. W. Naylor, « Jacob Handl (Gallus) as Romanticist », in *SdIm* XI (1909-1910); A. Schmitz, « Zur Motettischen Passion des 16. Jahrhunderts », in *AfM* XVI (1959); D. Cvetko, *Jacobus Gallus, sein Leben und Werke* (Munich, 1972).

Galuppi. F. Torrefranca, *Per un catalogo tematico delle sonate per cembalo di Baldassare Galuppi* (Turin, 1909); Ch. Van den Borren, « Contribution au catalogue thématique des sonates de Galuppi », in *RMI* XXX (1923); F. Raabe, *Galuppi als Instrumentalkomponist* (Francfort, 1929); A. della Corte, *Baldassare Galuppi* (Sienne, 1948); R.-A. Mooser, *Annales de la musique et des musiciens en Russie au XVIIIe siècle*, 2e vol. (Genève, 1951).

gamelan. A. D. Lentz, *The Gamelan music of Java and Bali* (Lincoln, 1965).

gamme. M. Gandillot, *Essai sur la gamme* (Paris, 1906); R. Yekta, « la Vraie Théorie de la gamme majeure », in *RM* VIII (1908); M. Emmanuel, *Histoire de la langue musicale* (2e vol., Paris, 1911; réédité, 1928); H. Potiron, « la Gamme naturelle », in *Musique et liturgie*, XXII (1938); E. Emery, *la Gamme et le langage musical* (Paris, 1961); *la Résonance dans les échelles musicales*, sous la direction de E. Weber (Paris, 1963); P. Doury, *Grammaire de la langue musicale* (Paris, 1971).

Garcia. L. Héritte-Viardot, *Une famille de grands musiciens* (Paris, 1922); N. A. Solar-Quintes, « Manuel Garcia intimo, un capitulo para su biografia », in *Instituto español de musicologia* II (1947).

Gasparini. F. Raugel, « Quirino Gasparini », in *RMie* XIII (1931); M. Pincherle, *Antonio Vivaldi et la musique instrumentale* (Paris, 1948).

Gassmann. « Florian Leopold Gassmann als Opernkomponist », in *Studien zur Musikwissenschaft*, no 2 (1914); G. R. Hill, *The Concert Symphonies of Florian Gassmann* (New York University, 1975).

Gastoué. N. Dufourcq, « Souvenirs sur Amédée Gastoué », in *Musique et liturgie*, nos 37-38 (1954).

Gatti. M. Barthélemy, « Theobaldo di Gatti et la tragédie en musique *Scylla* », in *Recherches* IX (1969).

Gaultier ou Gautier. O. Fleischer, « Denis Gaultier », in *VfMw* II (1886); J.-G. Prod'homme, *Écrits de musiciens, XVe-XVIIIe siècles* (Paris, 1912); E. W. Häfner, *Die Lautenstücke des Denis Gaultier* (thèse ; Endigen, 1939); *le Luth et sa musique*, sous la direction de J. Jacquot (Paris, 1958 ; rééd., 1976).

Gautier J. Richard et Cosima Wagner, *Lettres à Judith Gautier*, présentées par L. Guichard (Paris, 1964).

Gautier T. *Catalogue d'exposition Théophile Gautier* (B. N., 1961); E. Binney, *les Ballets de Théophile Gautier* (Paris, 1965).

Gautier de Coinci. P. Meyer, « Types de quelques chansons de Gautier de Coinci », in *Romania* 17 (1888); J. Chailley, *les Chansons à la Vierge de Gautier de Coinci* (1177/78-1236) [Paris, 1959].

gavotte. C. Marcel-Dubois, « Gavotte », in *MGG* 4 (1955); K. H. Taubert, *Höfische Tänze, ihre Geschichte und Choreographie* (Mainz, 1968).

Gavoty. B. Gavoty, *l'Arme à gauche* (Paris, 1971); B. Gavoty, *l'Idée fixe : parler, parler !* (Paris, 1972).

Geminiani. F. Geminiani, *The Art of Playing on the Violin* (1751; rééd., Londres, 1952); W. H. G. Flood, « Geminiani in England and Ireland », in *SdIM* XII (1910-11); R. Hernreid, « Francesco Geminiani's concerti grossi op. 3 », in *AM* IX (1937); F. Giegling, « Geminiani », in *MGG* 4 (1955); D. D. Boyden, *The History of Violin Playing from its Origins to 1761* (Londres, 1965).

Genève. F. Choisy, *la Musique à Genève au XIXe siècle* (Genève, 1914); *Bulletin du conservatoire de musique de Genève* (Genève, 1934-35 à 1982); H. Bochet, *le conservatoire de musique de Genève. Son histoire de 1836 à 1935* (Genève, 1935).

Gerbert. E. Hegar, *Die Anfänge der neueren Musikgeschichtsschreibung um 1770 bei Gerbert, Burney und Hawkins* (thèse ; Strasbourg, 1932).

Gershwin. E. Jablonski et L. D. Stewart, *The Gershwin Years* (New York, 1958); A. Mingotti, *Gershwin, eine Bildbibliographie* (Munich, 1958); Ch. Schwartz, *The Life and Orchestral Works of Gershwin* (thèse ; New York University, 1969); A. Gauthier, *George Gershwin* (Paris, 1973); Ch. Schwartz, *George Gershwin, a selective Bibliography and Discography* (Detroit, 1974); A. Lacombe, *George Gershwin. Une chronique de Broadway* (Paris, 1980); E. Lipmann, *l'Amérique de George Gershwin* (Paris, 1981); H. Leproux, *George Gershwin* (Paris, 1982); D. Jeambar et M. de Saint-Pulgent, *George Gershwin* (Paris, 1982).

Gesualdo. F. Keiner, *Die Madrigale Gesualdos von Venosa* (Leipzig, 1914); R. Giazotto, « Poesia del Tasso in morte di Maria Gesualdo », in *RassM* XVIII (1948); G. R. Marshall, *The Harmonic Laws in the Madrigals of Carlo Gesualdo* (thèse ; New York University, 1955); R. Giazotto, *Musurgia nova* (Milan, 1959); G. Watkins, *Gesualdo, the Man and his Music*, préface d'Igor Stravinski (Londres, 1973).

Gevaert. Ch.-M. Widor, *l'Œuvre de Gevaert* (Paris, 1908); F. Dufour, *le Baron François-Auguste Gevaert* (Bruxelles, 1909).

Gibbons. E. H. Fellowes, *The English Madrigal Composers* (Oxford, 1921); E. H. Fellowes, *Orlando Gibbons and his Family* (Londres, 1951); J. Jacquot, « Lyrisme et sentiment tragique dans les madrigaux d'Orlando Gibbons », in *Musique et poésie au XVIe siècle* (Paris, 1953); W. Palmer, « Gibbons's Verse Anthems », in *ML* XXXIII (1954); J. Dart, « The Printed Fantasies of Orlando Gibbons », in *ML* XXXVII (1956).

Gide. G. Jean-Aubry, *André Gide et la musique* (Paris, 1945); L. Meylan, *les Écrivains et la musique* II, *les Modernes français* (Lausanne, 1951).

Gieseking. B. Gavoty et R. Hauert, *Walter Gieseking* (Genève, 1955); W. Gieseking, *So wurde ich Pianist* (Wiesbaden, 1963).

Gigault. A. Pirro, « Un organiste au XVIIe siècle, Nicolas Gigault », in *RM* III (1903); N. Dufourcq, *la Musique d'orgue française de Jehan Titelouze à Jehan Alain* (Paris, 1941; rééd., 1949).

gigue. W. Danckert, *Geschichte der Gigue* (Leipzig, 1924); C. R. Baskervil, *The Elizabethan Gig* (Chicago, 1929); G. Feder, « Gigue », in *MGG* 5 (1956).

Giordano U. D. Cellamare, *Umberto Giordano, la vita e le opere* (Milan, 1949); R. de Rensis, *Per Umberto Giordano e Ruggiero Leoncavallo* (Sienne, 1949); R. Giazotto, *Umberto Giordano* (Milan, 1949); G. Confalioneri, *Umberto Giordano* (Milan, 1958); C. Parmentola, « Umberto Giordano », in *Storia dell' Opera* (Turin, 1977).

Giovanni da Cascia. E. Li Gotti, *La poesia musicale italiana del secolo XIV* (Palerme, 1944); N. Pirrotta, « Per l'origine e la storia della Caccia e del Madrigale trecentesco », in *RMI* XLVIII (1946) et XLIX (1947); K. von Fischer, *Studien zur italienische Musik des Trecento und früher quattrocento* (Berne, 1956); N. Pirrotta, « l' 'Ars Nova" italienne », in *Histoire de la musique*, I (Paris, 1960).

Glazounov. A. Bruneau, *Musiques de Russie et musiciens de France* (Paris, 1903); M. D. Calvocoressi et G. Abraham, *Masters of Russian Music* (Londres, 1936); *Glazounov, issledovania, materialy, pisma*, « Glazounov, études, matériaux, lettres », 2 vol. (Leningrad, 1959-60); H. Günther, *Alexander Glazounov, zum 100 Geburtstag* (Bonn, 1965).

Glière. R. Moisenko, *Twenty Soviet Composers* (Londres, s.d.); I. Belza, *R. M. Glier* (Moscou, 1955); B. S. Yagolim, *R. M. Glier : notograficheskiy spravochnik* (Moscou, 1964).

Glinka. G. Bertrand, *les Nationalités musicales étudiées dans le drame lyrique* (Paris, 1872); O. Fouque, *Mikhail Ivanovitch Glinka d'après ses Mémoires et sa correspondance* (Paris, 1880); M. D. Calvocoressi, *Glinka : biographie critique* (Paris, 1911); T. Livanova et V. Protopopov, *Glinka* (2 vol., Moscou, 1955); V. Fédorov, « le Voyage de Mikhail Ivanovitch Glinka en Italie », in *Collectanea historiae musicae* II (Florence, 1956); V. Zuckerman, « *Kamarinskaia* » *Glinki i eio tradizii v rousskoi mouzyke*, « la "Kamarinskaia" de Glinka et ses traditions dans la musique russe » (Moscou, 1957); V. Fédorov, « Mikhail Ivanovitch Glinka en Espagne », in *Miscelanea en homenaje a monsenor H. Anglès*, vol. I (Barcelone, 1958-1961); M. Glinka, *Memoirs* (trad. angl. R. Mudge, Norman, 1963); D. Brown, *Mikhail Glinka, a Biographical and Critical Study* (Londres, 1974).

gloria. A. Gastoué, « le Chant du gloria in excelsis », in *Tribune de Saint-Gervais* III (1897); B. Stäblein, article « Gloria », in *MGG* 5 (1956).

Gluck. A. B. Mark, *Gluck und die Oper*, 2 vol. (Berlin, 1863); G. Desnoiresterres, *Gluck et Piccini (1774-1800)* [Paris, 1872; réed., Genève, 1971]; H. Quittard, « Armide à l'opéra », in *RM* V (1905); R. Rolland, *Musiciens d'autrefois* (Paris, 1908); J. Tiersot, *Gluck* (Paris, 1910; réed., 1919); *Gluck-Jahrbuch* (Leipzig, 1913-1918); S. Wortsman, *Die deutsche Gluck-Literatur* (Nuremberg, 1914); K. Sonderheimer, « Gluck in Paris », in *ZfM* V (1922); G. Kinsky, « Glucks Reisen nach Paris », in *ZfM* VIII (1926); M. Cooper, *Gluck* (Londres, 1935); A. Einstein, *Gluck, sein Leben und seine Werke* (Zurich, s.d.); P. Landormy, *Gluck* (Paris, 1941); J. G. Prod'homme, *Gluck* (Paris, 1948); L. Ronga, « Dell Ifigenia in Aulide e dello stile Gluckiano », in *RMI* LVI (1954); C. Hopkinson, *A Bibliography of the Printed Works of Ch. W. von Gluck* (Londres, 1959; réed., New York, 1967); *The Collected Correspondence and Papers of Ch. W. Gluck*, sous la direction de H. et E. Muller von Asow (Londres, 1962); G. Favre, « Gluck et la réforme du drame lyrique », in *Histoire de la musique* II (Paris, 1963); P. Howard, *Gluck and the Birth of Modern Opera* (Londres, 1963); H. C. Robbins Landon, *Essays on the Viennese Classical Style : Gluck, Haydn, Mozart, Beethoven* (New York, 1970).

Gnessine. R. Moisenko, *Twenty Soviet Composers* (Londres, s.d.); *M. F. Gnessine, statii, vospominania, materialy*, « M. F. Gnessine, articles : souvenirs, matériaux », sous la direction de R. Gleser (Moscou, 1961).

Godard. H. Imbert, *Médaillons contemporains* (Paris, 1902); J. Tiersot, *Un demi-siècle de musique française* (Paris, 1918).

Goehr A. *British composers in Interview* (Londres, 1963).

Goethe. A. Jullien, *Goethe et la musique* (Paris, 1880); J. Chantavoine, *Musiciens et poètes; Goethe musicien* (Paris, 1912); F. Blume, *Goethe und die Musik* (Cassel, 1948); H. J. Moser, *Goethe und die Musik* (Leipzig, 1949); J. Racek, « Beethoven und Goethe in Bad Teplitz 1812 », in *Mélanges* (Graz, 1962); J. Müller-Blattau, *Goethe und die Meister der Musik* (Stuttgart, 1969); M. von Albrecht, *Goethe und das Volkslied* (Darmstadt, 1972).

Goldoni. M. Apollonio, *L'opera di Carlo Goldoni* (Milan, 1932).

Gombert. D. von Bartha, « Probleme der Chansongeschichte im 16. Jahrhundert ; Nicolas Gombert », in *ZfM* XIII (1930-31); J. Schmidt-Görg, *Nicolas Gombert, Kappelmeister Karls V : Leben und Werk* (Bonn, 1938); J. Schmidt-Görg, « Gombert », in *MGG* 5 (1956).

Goossens. *Eugène Goossens* (Londres, 1921).

Gossec. F. Hellouin, *Gossec et la musique française à la fin du XVIIIe siècle* (Paris, 1903); L. Dufrane, *Gossec, sa vie, ses œuvres* (Paris, 1927); F. Tonnard, *François-Joseph Gossec, musicien hennuyer de la Révolution française* (Bruxelles, 1938); J.-G. Prod'homme, *François-Joseph Gossec, 1734-1829, sa vie, l'œuvre, l'homme et l'artiste* (Paris, 1949); W. Thibaut, *François-Joseph Gossec, chantre de la Révolution française* (Nalinnes, 1970).

Gottschalk. L. M. Gottschalk, *Notes of a Pianist* (New York, 1864); A. F. Marmontel, *les Pianistes célèbres* (Paris, 1888); V. Loggins, *Where the Word Ends : The Life of Louis Moreau Gottschalk* (Louisiana State University Press, 1958); R. Offergeld, *The Centennial Catalogue of the Published and Unpublished Compositions of Louis Moreau Gottschalk* (New York, 1970).

Goudimel. J.-G. Prod'homme, *Écrits de musiciens* (Paris, 1912); E. Trillat, « Claude Goudimel, le psautier huguenot et la Saint-Barthélemy lyonnaise », in *Albums du crocodile* n° 2 (Lyon, 1949); R. Häusler, *Satztechnik und Form in Claude Goudimel's lateinischen Werken* (Berne, 1968).

Gounod. Ch. Gounod, *Mémoires d'un artiste*, 3e éd. (Paris, 1896); H. Imbert, *Nouveaux profils de musiciens* (Paris, 1892); Ch.-M. Widor, *Gounod* (Londres, 1893); C. Saint-Saëns, *Portraits et souvenirs* (Paris, 1899); P. L. Hillemacher, *Charles Gounod* (Paris, 1905); C. Bellaigue, *Gounod* (Paris, 1910); J.-G. Prod'homme et A. Dandelot, *Gounod (1818-1893), sa vie et ses œuvres d'après des documents inédits*, préface de Camille Saint-Saëns (Paris, 1911 ; réed., Genève, 1973); A. Soubiès et H. de Curzon, *Documents inédits sur le Faust de Gounod* (Paris, 1912); D. Inghelbrecht, *Comment on ne doit pas interpréter « Carmen ». « Faust »,* *« Pelléas »* (Paris, 1933); P. Landormy, *Gounod* (Paris, 1942); P. Landormy, *Faust de Gounod, étude et analyse* (Paris, 1944); R. Hahn, *Thèmes variés* (Paris, 1946); N. Demuth, *Introduction to the Music of Gounod* (Londres, 1950); H. Busser, *Charles Gounod* (Lyon, 1961).

graduel. P. Dominique Delalande, *Vers la version authentique du graduel grégorien* (Paris, 1949); H. Hucke, « Die gregorianische Gradualweise des 2.Tons und ihre ambrosianischen Parallelen », in *AfM* XIII (1956); P. Combes, *Histoire de la restauration du chant grégorien d'après des documents inédits* (Solesmes, 1969); M. Huglo, « Gradual », in *New Grove* 7 (1980).

Granados y Campiña. H. Collet, *Albéniz et Granados* (Paris, 1926); J. Subirá, *Enrique et Granados* (Madrid, 1926); P. J. Martinez, *Falla, Granados, Albéniz* (Madrid, 1952); P. Villa San Juan, *Papeles intimos de E. Granados* (Barcelone, 1966).

Graun. C. Mennicke, *Hasse und die Brüder Graun als Symphoniker* (Leipzig, 1906); W. Freytag, « Graun », in *MGG* 5 (1956).

Graupner. F. Noack, *Christoph Graupner als Kirchenkomponist* (Leipzig, 1926); L. Hoffmann-Erbrecht, « Johann Christoph Graupner als Klavierkomponist », in *AfM* X (1953).

Grèce. L. Laloy, *Aristoxène de Tarente et la musique de l'Antiquité* (Paris, 1904; réed., Genève, 1973); Th. Reinach, *la Musique grecque* (Paris, 1926; réed., 1975); Th. Gérold, *les Pères de l'Église et la musique* (Strasbourg, 1931 ; réed., Genève, 1973); Th. Gérold, *Histoire de la musique des origines à la fin du XIVe siècle* (Paris, 1936); O. Tiby, *La Musica in Grecia e a Roma* (Florence, 1942); Père E. Martin, *Essai sur les rythmes de la chanson grecque antique* (Paris, 1953); J. Irigoin, *Recherche sur les maîtres de la lyrique chorale grecque* (Paris, 1953); Plutarque, *De la musique*, texte, trad. et commentaires précédés d'une étude sur l'éducation musicale dans la Grèce antique par F. Lasserre (Lausanne, 1954); M. Dabo-Peranic, *Recherches sur les harmonies grecques*, 2 vol. (Paris, 1958); S. Motsenigos, *la Nouvelle Musique grecque* (Athènes, 1958); M. Dabo-Peranic, *les Harmonies grecques classiques* (Paris, 1959); E. Moutsopoulos, *la Musique dans l'œuvre de Platon* (Paris, 1959); O. Tiby, « la Musique des civilisations gréco-latines », in *Histoire de la musique* I (1960); L. Gamberini, *La parola e la musica nell' antiquita* (Florence, 1962); H. Koller, *Musik und Dichtung im alten Griechenland* (Munich, 1963); D. Stratou, *Danses populaires grecques* (Athènes, 1966); G. Spyridakis et S. Peristeris, *Chants populaires grecs* (Athènes, 1970).

Grégoire (saint). B. Stäblein, « Gregor », in *MGG* 5 (1956); S. Corbin, *l'Église à la conquête de sa musique* (Paris, 1960); A. Burda, « Gregor der Grosse als Musiker », in *Mf* XVII (1964); J. Deshusses, *le Sacramentaire grégorien* (Fribourg, 1971).

grégorien (chant). *Revue du chant grégorien* (Grenoble, mensuel, 1892-1940);

BIBLIOGRAPHIE
1712

A. Gastoué, *les Origines du chant romain, l'antiphonaire grégorien* (Paris, 1907) ; Dom A. Mocquereau, *le Nombre musical grégorien ou rythmique grégorienne. Théorie et pratique*, 2 vol. (Tournai, 1908 [t. 1] et 1927 [t. 2] ; rééd., t. 1, 1950) ; *Revue grégorienne* (1911-1964) ; A. Gastoué, *le Graduel et l'antiphonaire romain, histoire et description* (Lyon, 1913) ; Dom A. Gatard, *la Musique grégorienne* (Paris, 1913 ; rééd., 1927) ; Dom G. Sunol, *Introduction à la paléographie musicale grégorienne* (Paris, 1935) ; A. Gastoué, *l'Église et la musique* (Paris, 1936) ; Dom B. de Malherbe, *le Chant grégorien, son rythme primitif, les règles de son interprétation* (Paris, 1943) ; Dom E. Cardine, *Sémiologie grégorienne* (Solesmes, 1970) ; W. Apel, *Gregorian Chant* (Bloomington, 1958) ; S. Corbin, « le Plainchant », in *Précis de musicologie* (Paris, 1958) ; S. Corbin, *l'Église à la recherche de sa musique* (Paris, 1960) ; J.-Y. Hameline, *le Chant grégorien* (Paris, 1961) ; « le Chant grégorien », in *Encyclopédie des musiques sacrées*, vol. 2 (Paris, 1969) ; A.-J. Bescond, *le Chant grégorien* (Paris, 1972) ; J. de Valois et M. Huglo, *le Chant grégorien* (Paris, 1963 ; rééd., Paris, 1974) ; A. Madrignac et D. Pistone, *le Chant grégorien. Historique et pratique* (Paris, 1981).

Grenon. A. Pirro, *Histoire de la musique de la fin du XIVe siècle à la fin du XVIe siècle* (Paris, 1940).

Gretchaninov. A. Gretchaninov, *My Life* (trad. angl. et introd. N. Slonimsky ; New York, 1952) ; Y. Alexandrov, *A. T. Gretchaninov, catalogue des œuvres* (Moscou, 1978).

Grétry. A. M. Grétry, *Mémoires ou Essais sur la musique*, 3 vol. (Paris, 1789-1797) ; A. Pougin, *l'Opéra-comique pendant la Révolution* (Paris, 1891) ; H. de Curzon, *Grétry* (Paris, 1907) ; J. Bruyr, *Grétry* (Paris, 1931) ; G. de Froidcourt, *43 lettres inédites de Grétry* (Liège, 1937) ; S. Clercx, *Grétry, 1741-1813* (Bruxelles, 1944) ; P.-L. Marsick, *A. M. Grétry* (Bruxelles, 1944) ; G. de Froidcourt, *Correspondance générale de Grétry* (Liège, 1962).

Grieg. P. de Stocklin, *Grieg* (Paris, 1926) ; Y. Rokseth, *Grieg* (Rieder, 1933) ; K. G. Fellerer, *Edvard Grieg* (Potsdam, 1942) ; D. Monrad-Johansen, *Edvard Grieg* (trad. ang. M. Robertson ; New York, 1945) ; A. Boschot, *Portraits de musiciens* (Paris, 1946) ; *Grieg, a symposium*, sous la direction de G. Abraham (University of Oklahoma Press, 1950) ; L. A. Day, *Grieg* (Paris, 1955) ; J. Horton, *Grieg* (Londres, 1974).

Grigny. P. Gosset, « N. de Grigny, organiste de Notre-Dame et sa famille », in *Travaux de l'Académie Notre-Dame de Reims* (1934) ; A. Pirro, *Nicolas de Grigny, organiste de Notre-Dame de Reims, 1672-1703* (Reims, s.d.) ; N. Dufourcq, *la Musique d'orgue française de Jehan Titelouze à Jehan Alain* (Paris, 1941 ; rééd., 1949).

Grove. P. M. Young, *George Grove, 1820-1900* (Londres, 1980).

Grunenwald. A. Machabey, *Portraits de 30 musiciens français* (Paris, 1949).

groupe des Cinq. N. Rimski-Korsakov, *Journal de ma vie musicale* (trad. fr. G. Blumberg, Paris, 1938) ; V. Séroff, *le Groupe des Cinq* (trad. fr. A. Vaudoyer ; Paris, 1949) ; [v. Balakirev, Borodine, Cui, Moussorgski, Rimski-Korsakov.]

groupe des Six. J. Cocteau, *le Coq et l'Arlequin* (Paris, 1918 ; rééd., 1979) ; [v. Auric, Durey, Honegger, Milhaud, Poulenc, Tailleferre].

Guarneri. W. H. Hill, *The Violin Makers of the Guarneri Family (1626-1762)*, introd. E. J. Dent (Londres, 1931).

Guatemala. R. Vasquez, *Historia de la música en Guatemala* (Guatemala, 1950).

Guedron. H. Quittard, « l'Air de cour ; Pierre Guédron, un compositeur chef d'école à la fin du XVIe », in *RM* V (1905) ; L. de La Laurencie, *Un musicien dramatique français, Pierre Guédron* (Turin, 1922) ; A. Verchaly, « Un précurseur de Lully, Pierre Guédron », in *XVIIe Siècle*, nos 21-22 (1954) ; D. L. Royster, *Pierre Guédron and the air de cour, 1600-1620* (thèse ; Yale University, 1972).

Guéranger. Dom L. Soltner, *Solesmes et Dom Guéranger* (Solesmes, 1974).

Guerrero. H. Collet, *le Mysticisme musical espagnol au XVIe siècle* (Paris, 1913) ; R. Mitjana y Gordon, *Francisco Guerrero (1528-1599), estudio critico-biográfico* (Madrid, 1922) ; H. Anglès, « Cristóbal de Morales y Francisco Guerrero », in *Instituto español de musicologia, Anuario musical* IX (1954) ; R. Stevenson, *Spanish Cathedral Music in the Golden Age* (Berkeley, 1961).

Guilment. « Alexandre Guilmant », in *RM* III (1903) ; N. Dufourcq, *la Musique d'orgue française* (Paris, 1949).

Guiraud Riquier. H. Anglès, « Les mélodies del trobador Guiraud Riquier », in *Estudis universitaris catalans* XI ; F. Gennerich, *Der musikalische Nachlass der Troubadours* (Darmstadt, 1958).

guitare. F. Lesure, « la Guitare en France au XVIe siècle », in *MD* IV (1950) ; J. de Azpiazu, *la Guitare et les guitaristes des origines aux temps modernes* (Bâle, 1960) ; *Guitar Review* (New York, 1960-1982) ; A. Bellow, *The Illustrated History of the Guitar* (New York, 1970) ; H. Charnassé et F. Vernillat, *les Instruments à cordes pincées (harpe, luth, guitare)* [Paris, 1970] ; B. Fighiera, *Effets sonores et visuels pour guitare électrique* (Paris, 1974) ; A. Miteran, *Histoire de la guitare* (Paris, 1976).

Gymel. M. Bukofzer, « The Gymel, the Earliest Form of English Polyphony », in *ML* XVI (1935) ; M. Bukofzer, *Geschichte des englischen Diskants und des Fauxbourdon nach den theoretischen Quellen* (Strasbourg, 1936) ; F. L. Harrisson, *Music in Medieval Britain* (Londres, 1958 ; rééd., 1963).

H

Haas J. *Joseph Haas vollstandiges Verzeichnis der Werke* (Augsbourg, 1930) ; K. Laux, *Joseph Haas* (Dusseldorf, 1954) ; F. J. Wehinger, *Joseph Haas, Leben und Werk* (Karlsruhe, 1959).

Haba. A. Haba, *Mein Weg zur Viertel- und Sechsel-Tonmusik* (Dusseldorf, 1971).

Habeneck. D. G. E. Monnais, « Nécrologie Habeneck », in *RGM* XVI (1849) ; H. C. Lehec, *Famous Violinists* (Londres, 1902) ; H. Berlioz, *Mémoires* (Paris, 1969).

Haendel. Haendel-Jahrbuch (Leipzig, annuel 1928-1933, 1955 à 1982).

ÉTUDES GÉNÉRALES ET BIOGRAPHIES. F. Chrysander, *Georg Friedrich Haendel*, 3 vol. (Leipzig, 1858-1867) ; R. Rolland, *Haendel* (Paris 1910 ; rééd., 1974) ; M. Brenet, *Haendel* (Paris, 1912 ; rééd., 1930) ; F. Raugel, « Georg Friedrich Haendel », in *Lavignac*, Histoire 5 (1930) ; J. M. Müller-Blattau, *Georg Friedrich Händel* (Potsdam, 1933) ; E. J. Dent, *Handel* (Londres, 1934) ; Y. Tiénot, *G. F. Haendel, esquisse biographique* (Paris, 1948) ; N. Flower, *Georg Friedrich Haendel, his Personality and his Times* (New York, 1948) ; *Haendel, a Symposium*, sous la direction de G. Abraham (Londres, 1954) ; O. E. Deutsch, *Haendel, a Documentary Bibliography* (Londres, 1955) ; Göttinger Haendel-Festspiele (Göttingen, 1959) ; F. Raugel, « Haendel », in *Histoire de la musique*, I (1960) ; J. Tobin, *Haendel at Work* (Londres, 1964) ; E. Damais, *Haendel* (Paris, 1970) ; J. Gallois, *Haendel* (Paris, 1980) ; J. F. Labie, *George Frédéric Haendel* (Paris, 1980) ; J. Alexandre-Debray, *Haendel* (Paris, 1980) ; J. Alexandre-Debray, *Haendel* (Paris, 1980).

ÉTUDES MUSICALES. M. Bouchor, « *Israël en Égypte* », étude sur un oratorio (Paris, 1888) ; R. Steglich, « Haendels Xerxes und die Göttinger Haendel opern Festspiele », in *ZfM* VII (1924) ; R. Behrard, « W. A. Mozarts Messias-Bearbeintung », in *ZfM* XII (1929-30) ; F. Ehrlinger. *Georg Friedrich Haendels Orgelkonzerte* (Wurzbourg, 1941) ; R. M. Myers, *Haendel's Messiah, a Touchstone of Taste* (New York, 1948) ; P. M. Young, *The Oratorios of Haëndel* (Londres, 1949) ; A. T. Davidson, *Bach and Haendel, the Consummation of the Baroque in Music* (Harvard University Press, 1951) ; J. P. Larsen, *Haendel's Messiah, Origins, Composition, Sources* (Londres, 1957) ; W. Dean, *Handel's Dramatic Oratorios and Masques* (Londres, 1959). R. Celletti, « Il virtuosismo vocale nel melodramma di Haendele », in *RMI* (1969) ; Florence (1971) ; W. C. Smith et Ch. Humphries, *Haendel, a Descriptive Catalogue of the Early Editions* (Londres, 1960) ; W. Dean, *Haendel and the Opera Seria* (Londres, 1970) ; A. C. Bell, *Haendel, a Chronological Thematic Catalogue* (Darny, 1972).

Hahn. R. Hahn, *Notes, souvenirs d'un musicien* (Paris, 1933) ; R. Hahn *Thèmes variés* (Paris, 1946) ; M. Proust, *Lettres à Reynaldo Hahn*, 8e éd. (Paris, 1956) ; B. Gavoty, *Reynaldo Hahn, le musicien de la Belle Époque* (Paris, 1976).

Halévy. L. Halévy, *F. Halévy, sa vie et*

ses œuvres, récits et impressions personnelles, simples souvenirs (Paris, 1862); M. Curtiss, « Fromental Halévy », in MQ XXXIX (1953); L. Halévy, Derniers Souvenirs et portraits (Paris, 1963).

Hamal. M. de Smet, « la Musique au pays de Liège au XVIIIe siècle, Jean-Noël Hamal (1709-1778) », in RBM X (1956); M. de Smet, Jean-Noël Hamal, Chanoine impérial et directeur de la musique de la cathédrale Saint-Lambert de Liège. Vie et œuvre (Bruxelles, 1959).

Hambourg. Die Musik Hamburgs im Zeitalter Sebastian Bachs (Hambourg, 1921); K. Stephenson, Hundert Jahre philharmonische Gesellschaft in Hamburg (Hambourg, 1928); L. Krüger, Die hamburgische Musikorganisation im XVII Jahrhundert (Strasbourg, 1933); H. Becker, Beiträge zur Hamburgischen Musikgeschichte (Hambourg, 1956).

Handschin. A. Geering, « Jacques Handschin, in memoriam », in Am XXVIII (1956); H. Husmann, « Jacques Handschin, zum Gedächtnis », in Mf IX (1956); A. Van der Linden, Im memoriam Jacques Handschin, 1886-1955, in RBM X (1956).

Hanff. Th. Holm, « Neue Daten zur Lebensgeschichte J. N. Hanffs », in Mf VII (1954); H. J. Moser, « Johann Nikolaus Hanff », in Mf XIV (1961).

Hanslick. S. Deas, In Defence of Hanslick (Londres, 1940); M. Mila, « Verdi e Hanslick », in RassM XXI (1951); F. Blume « Hanslick », in MGG 5 (1956); W. Abegg, Musikästhetik und Musikkritik bei Eduard Hanslick (Regensburg, 1974).

Haraszti. F. Lesure, « Émile Haraszti 1885-1958 », in AM XXXI (1959).

harmonie. TRAITÉS. J.-P. Rameau, Traité de l'harmonie réduite à ses principes naturels, divisé en 4 livres (Paris, 1722); J.-P. Rameau, Génération harmonique, ou traité de musique théorique et pratique (Paris, 1737); J.-P. Rameau, Démonstration du principe de l'harmonie servant de base à tout l'art musical théorique et pratique (Paris, 1750) [ces 3 ouvrages, rééd. par l'American Institute of Musicology 1968]; F.-A. Gevaert, Traité d'harmonie théorique et pratique (Paris, 1907); N. Rimski-Korsakov, Traité d'harmonie théorique et pratique (Paris, 1910); A. Schönberg, Harmonielehre (Vienne, 1911); T. Dubois, Traité d'harmonie théorique et pratique (Paris, 1921); C. Koechlin, Traité de l'harmonie, 3 vol. (Paris, 1927-1930); M. Dupré, Cours d'harmonie analytique (Paris, 1936); J. Chailley, Traité historique d'analyse harmonique (Paris, 1977); Y. Desportes, Traité d'harmonie en vingt leçons (Paris, 1977).
ÉTUDES GÉNÉRALES. H. Riemann, l'Harmonie simplifiée, ou théorie de la fonction tonale (trad. fr. G. Humbert; Londres, s.d.); W. Piston, Harmony (New York, 1944); E. Costère, Lois et styles des harmonies musicales. Genèse et caractères de la tonalité des échelles, des gammes, des accords et des rythmes (Paris, 1954); M. Bitsch, Précis d'harmonie (Paris, 1957); A. Dommel-Diény, l'Harmonie vivante, 6 vol. (Neuchâtel, 1958-1974); E. Costère, Mort ou transfiguration de l'harmonie (Paris, 1962);

O. Alain, l'Harmonie (Paris, 1965); J. Chailley, Expliquer l'harmonie ? (Lausanne, 1967); E. Andréani, Antitraité d'harmonie (Paris, 1979).

harmonium. A. Mustel, « l'Orgue-harmonium », in Lavignac, Technique 2 (1925).

harpe. W. H. Grattan Flood, The Story of the Harp (Londres, 1905); Harp News (Bakersfield, Californie, 1950 1954-1982); M. Tournier, la Harpe. Histoire de la harpe à travers le monde. L'écriture de la harpe, préface de M. Dupré (Paris, 1959); R. Rensch, The Harp, its History, Technique and Repertoire (Londres, 1969); J. Rimmer, The Irish Harp (Cork, 1969); H. Charnassé et F. Vernillat, les Instruments à cordes pincées (harpe, luth guitare) [Paris, 1971]; A. Emmanuel, la Harpe, son évolution et ses facteurs (Paris, 1971); S. Boyer, Célébration de la harpe (Berne, 1972); A. Emmanuel, la Harpe, son évolution et ses facteurs (Paris, 1981).
HARPE ÉOLIENNE. S. Bonner, A History and Organology of the Aeolian Harp (Cambridge, 1970).

Harris. R. Strassburg, Roy Harris, a Catalogue of his Works (Los Angeles, 1974).

Harsanyi. J. Bruyr, l'Écran des musiciens (Paris, 1933); J. S. Weissman, « Harsanyi », in MGG 5 (1956).

Hartmann K. A. K. A. Hartmann, Kleine Schriften (Mayence, 1965).

Haskil. J. Spycket, Clara Haskil (Lausanne, 1975).

Hasse. C. Mennicke, « Johann Adolf Hasse, eine biographische Skizze », in SdIM V (1903-1904); C. Mennicke, Hasse und die Brüder Graun als Symphoniker hebst Biographen und thematischen Katalogen (Leipzig, 1906); L. Kamienski, Die Oratorien von Johann Adolf Hasse (Leipzig, 1912); S. H. Hansell, Works for Solo Voice of Johann Adolf Hasse, 1699-1783 (Detroit, 1968).

Hassler. R. Schwartz, « Hans Leo Hassler unter dem Einfluss der italienischen Madrigalisten, in VfMw IX (1893); F. Roth, « Der grosse Augsburger Spieluhrprozess Hans Leo Hasslers von 1603-1611 », in SdIM XIV (1912-13); R. Wagner et F. Blume, « Hassler », in MGG 5 (1956); F. C. Hartmann, Hans Leo Hassler, Gedenkschrift (Francfort, 1969).

Hauer. R. Stephan, « Über J. M. Hauer », in AfM XVIII (1961); M. Lichtenfeld, Untersuchungen zur Theorie der Zwölftontechnik bei Joseph Matthias Hauer (Ratisbonne, 1964); W. Szmolyan, J. M. Hauer (Vienne, 1965).

hautbois. M. Bleuzet, « le Hautbois », in Lavignac, Technique III (1927); Ph. Bate, The Oboe, an Outline of his History, Development and Construction (Londres, 1956); A. Baines, Woodwind Instruments and their History (Londres, 1957); R. Sprenchich et D. Ledet, The Art of Oboe Playing (Evanston, 1961); G. Joppig, Hautbois et Basson. Leur histoire, leur famille, leur répertoire (Lausanne, 1982).

Hawkins C. L. Malson, les Maîtres du jazz (Paris, 1952).

Haydn J. H. C. Robbins Landon et autres, Haydn Yearbook, vol. 1 à 10 (Vienne, 1962-1978), vol. 11 à 12 (Cardiff, 1980-81); G. Feder, Haydn Studien, vol. 1 à 4 : 16 cahiers, vol. 5 cahier 1 (Munich, Duisburg, 1965-1982). The Collected Correspondence and London Notebooks of Joseph Haydn, par H. C. Robbins-Landon (Londres, 1959); Gesammelte Briefe und Auszeichnungen, par D. Bartha (Cassel, 1965); Stendhal, Haydn, Mozart et Métastase, près. E. Abranel et V. del Litto (Ste Maxime, 1978).
ÉTUDES GÉNÉRALES ET BIOGRAPHIES. G. A. Griesinger, Biographische Notizen über Joseph Haydn (Vienne, 1809); A. Dies, Biographische Nachrichten von Joseph Haydn (Vienne, 1810); N. E. Framery, Notice sur Joseph Haydn (Paris, 1810); G. Carpani, Le Haydine (Milan, 1812); C. F. Pohl et H. Botstiber, Joseph Haydn, 3 vol. (Leipzig, 1875, 1882, 1927; rééd., Wiesbaden, 1970-71); M. Brenet, Haydn (Paris, 1909); G. Adler, « Haydn and the Viennese Classical School », in Musical Quarterly n° 18 (1932); E. F. Schmid, Joseph Haydn. Ein Buch von Vorfahren und Heimat des Meisters (Cassel, 1934); J. P. Larsen, Die Haydn Überlieferung (Copenhague, 1939; rééd., Münich, 1980); J. P. Larsen, « Drei Haydn Kataloge », in Faksimile (Copenhague, 1941; réimpr., New York, 1979); Y. Tiénot, Joseph Haydn, esquisse biographique (Paris, 1948); H. E. Jacob, Haydn, son art, son époque, sa gloire (trad. fr. M. Buchet; Paris, 1950); L. Nowak, Joseph Haydn, Leben, Bedeutung und Werk (Zurich, 1951; rééd., 1959); P. Barbaud, Haydn (Paris, 1957); K. Geiringer, Joseph Haydn (Mayence, 1959); R. Hughes, Haydn (Londres, 1950; rééd., 1980); A. Van Hoboken, Discrepancies in Haydn Biographies (Washinton, 1962); M. Vignal, Franz-Joseph Haydn, l'homme et son œuvre (Paris, 1964); J. Chailley, « Haydn and the Freemasons », in Mélanges (Londres, 1970); H. C. Robbins-Landon, Haydn, Chronicle and Works, 5 vol. (Londres, 1976-1980); Ch. Rosen, le Style classique, Haydn, Mozart, Beethoven (trad. fr. M. Vignal; Paris, 1978); Joseph Haydn in seiner Zeit, catalogue de l'exposition 1982 (Eisenstadt, 1982); O. E. Deutsch, Admiral Nelson und Joseph Haydn. Ein britisch-österreichisches Gipfeltreffen (Vienne, 1982).
ICONOGRAPHIE. R. Petzoldt et R. Crass, Joseph Haydn, sein Leben in Bildern (Leipzig, 1959); L. Somfai, Joseph Haydn, his Life in Contemporary Pictures (Londres, 1969); H. C. Robbins Landon, Haydn. A Documentary Study (Londres, 1981; trad. fr., Paris, 1981).
ÉTUDES MUSICALES. A. Heuss, « Haydns Kaiserhymne », in ZfM I (1918); H. Abert, « Joseph Haydns Klavierwerke », in ZfM II (1920); G. de Saint-Foix, « Haydn et Clémenti », in RMie VIII (1924); M. Brand, Die Messen von Joseph Haydn (Wurzbourg, 1941; réimpr. 1973); H. J. Therstappen, Joseph Haydns symphonisches Vermächtnis (Berlin, 1941); C. Parrish, « Haydn and the Piano », in JAMS I (1948); G. Pannain, « Haydn e la Creazione », in RassM XVIII (1948); R. Sonderheimer, Haydn, a Historical and

BIBLIOGRAPHIE

Psychological Study Based on his Quartets (Londres, 1951); A. Van Hoboken, *Joseph Haydn, thematisch-bibliographisches Werkverzeichnis*, 3 vol. (Mayence, 1957, 1971, 1978); H. C. Robbins Landon, *The Symphonies of Joseph Haydn* (Londres, 1955); D. Bartha et L. Somfai, *Haydn als Opernkapellmeister* (Budapest, Mayence, 1960); G. Feder, « Probleme einer Neuordnung der Klaviersonaten Haydns », in *Festschrift Friedrich Blume zum 70. Geburtstag* (Cassel, 1963); A. Mann, « Haydn as Student and Critic of Fux », in *Studies in Eighteenth Century Music. A Tribute to Karl Geiringer on his Seventieth Birthday* (New York, 1970); Kongressbericht, *Der junge Haydn* (Graz, 1970); *Joseph Haydn und seine Zeit* (Eisenstadt, 1972); R. Barrett-Ayres, *Joseph Haydn and the String Quartet* (Londres, 1974); B. Wackernagel, *Joseph Haydns frühe Klaviersonaten. Ihre Beziehungen zur Klaviermusik um die Mitte des 18. Jahrhunderts* (Tutzing, 1975); A. Hodgson, *The Music of Joseph Haydn. The Symphonies* (Londres, 1976); *Joseph Haydn und die Literatur seiner Zeit* (Eisenstadt, 1976); *Haydn Studies. Proceedings of the International Haydn Conference, Washington, D. C., 1975* (New York, 1981).

Haydn J. M. G. Schinn et J. J. Otter, *Biographische Skizze von Michael Haydn* (Salzbourg, 1808); C. von Wurzbach, *Joseph Haydn und sein Bruder Michael* (Vienne, 1861); G. de Saint-Foix, « Une fausse symphonie de Mozart », in *Men* LXXIII (1907); A. M. Klafsky, « Michael Haydn als Kirchenkomponist », in *Studien zur Musikwissenschaft* (1915); H. Jancik, *Michael Haydn. Ein vergessener Meister* (Vienne, 1952); R.-G. Pauly, « Some Recently Discovered Michael Haydn's Manuscripts », in *JAMS* X (1957); R. Hess, *Serenade, Cassation, Notturno und Divertimento bei Michael Haydn*, 2 vol. (Mayence, 1963); C. H. Shermann, *The Masses of Michael Haydn. A Critical Survey of Sources* (University of Michigan, 1967).

hébraïque *(musique)*. A. Z. Idelsohn, *Jewish Music in its Historical Development* (New York, 1929; rééd. 1944); E. Gerson Kiwi, « Jüdische Musik », in *MGG* 7 (1958); A. Weisser, *The Modun Renaissance of Jervish Music, Events and Figures* (New York, 1959); E. Werner, *The Sacred Bridge; the Interdependency of Liturgy and Music in Synagogue and Church during the First Millenium* (New York, 1959); L. Algazi, « la Musique juive », in *Histoire de la musique* I (1960); A. L. Ringer, « Musical Composition in Modern Israël », in *MQ* LI (1965); I. Adler, *la Pratique musicale savante dans quelques communautés juives*, 2 vol. (Paris, 1966); I. Adler, L. Algazi, P. Wolff, A. Hemsi, E. Gerson-Kiwi, A. Heschel, « les Traditions juives », in *Encyclopédie des musiques sacrées* I (Paris, 1968); A. Hudrey, *Music in Ancient Israel* (Londres, 1969); A. Weiser, *Bibliography of Publications and Other Sources on Jewish Music* (New York, 1969); A. Hudrey, *Music of the Jews in the Diaspora* (New York, 1970); H. Avenary, *Hebrew hymn tunes; Rise and Development of a Musical Tradition* (Tel Aviv, 1971); E. Gerson Kiwi, H. Avernary, A. Shiloah, « Israël », in *Science de la musique* I (1976).

Hegel. G. W. F. Hegel, *Esthétique : la peinture, la musique*, vol. 7 (trad. fr. S. Jankélévitch; Paris, 1965); H. Heimoeth, « Hegels Philosophie der Musik », in *Hegel Studien*, vol. 2 (Bonn, 1963); A. Nowak, *Hegels Musikästhetik* (Ratisbonne, 1971).

Heine. F. Schnapp, *Heinrich Heine und Robert Schumann* (Hambourg, 1924); H. Becker, *Der Fall Heine-Meyerbeer* (Berlin, 1958); L. Guichard, *Berlioz et Heine* (Paris, 1969); M. Mann, *Heinrich Heines Musikkritiken* (Hambourg, 1971).

Heller. *Lettres d'un musicien romantique à Paris* (Paris, 1981).

Henry. « Les Journées de musique contemporaine de Paris, octobre 1968 », in *RM* 265-66 (1969); M. Chion, *Pierre Henry* (Paris, 1980).

Henze. H. H. Stuckenschmidt, « Quatro nuovi compositori tedeschi », in *RassM* XXII (1953); D. de La Motte, *Hans Werner Henze*, « *Der Prinz von Homburg* », *ein Versuch über die Komposition und den Komponisten* (Mayence, 1960); H. W. Henze, *Essays* (Mayence, Londres, 1964); H. Pauli, *Für wen komponieren Sie eigentlich* (Francfort-sur-le-Main, 1971).

Hérold. A. Adam, *Souvenirs d'un musicien* (Paris, 1857); A. Pougin, « la Jeunesse d'Hérold », in *RGM* XLVII (1880); A. Pougin, *Hérold* (Paris, 1880).

Herz. P. Comettant, *Musique et musiciens* (Paris, 1862); A. F. Marmontel, *Pianistes célèbres* (Paris, 1888).

hétérophonie. A. Schaeffner, « Variations sur deux mots : polyphonie et hétérophonie », in *RBM* XX (1966).

Hiller F. von. R. Schumann, *Écrits sur la musique et les musiciens* (trad. fr. H. de Curzon; Paris, 1898); R. Sietz, *Aus Ferdinand Hillers Briefwechsel* 7 vol. (Cologne, 1958-1970).

Hiller J. A. K. Peiser, *Johann Adam Hiller* (Leipzig, 1894); G. Calmus, *Die ersten deutschen Singspiele von Standfuss und Hiller* (Leipzig, 1908).

Hindemith. H. Strobel, *Paul Hindemith* (Mayence, 1949); P. Hindemith, *A Composer's World, Horizons and Limitations* (Cambridge, 1952); H. Strobel, *Paul Hindemith, Zeugnis in Bildern* (Mayence, 1955); E. Westphal, *Paul Hindemith, eine Bibliographie des In- und Auslandes seit 1922 über ihn und seine Werke* (Cologne, 1957); H. L. Schilling, *Paul Hindemiths Cardillac* (Wurzbourg, 1962); W. Pütz, *Studien zum Streichquartettschaffen bei Hindemith, Bartok, Schönberg und Webern* (Ratisbonne, 1968); A. Briner, *Paul Hindemith* (Zurich, Mayence, 1971); *Hindemith-Jahrbuch* (Francfort-sur-le-Main, 1971-1982); R. Haase, *Paul Hindemiths harmonikale Quellen* (Vienne, 1973); A. Rubeli, *Paul Hindemiths a cappella Werke* (Mayence, 1975); G. Skelton, *Paul Hindemith, the Man behind the Music* (Londres, 1975).

Hoffmann. H. de Curzon, *Musiciens du temps passé* (Paris, 1893); A. Cœuroy, *Musique et littérature* (Paris, 1923); P. Greef, *E. T. A. Hoffmann als Musiker und Musikschriftsteller* (Cologne, 1948); *E. T. A. Hoffmanns, Leben und Werk in Daten und Bildern* (Francfort-sur-le-Main, 1968); G. Allrogen, *E. T. A. Hoffmanns Kompositionen* (Ratisbonne, 1970); R. Murray Schafer, *Hoffmann and Music* (Toronto, 1975); E. Sams, « E. T. A. Hoffmann, 1776-1822 », in *MT* CXVII (1976); M. Schneider, *Ernest, Théodore. Amateurs Hoffmann* (Paris, 1979); F. Schnapp, *Der Musiker E. T. A. Hoffmann. Ein Dokumentenband* (Hildesheim, 1981).

Hoffstetter. H. Unverricht, *Die beiden Hoffstetter. Zwei Komponisten-Porträts mit Werkverzeichnissen* (Mayence, 1968).

Hofhaimer. H. J. Moser, *Paul Hofhaimer, ein Lied- und Orgelmeister des deutschen Humanismus* (Stuttgart, 1929; rééd. Hildesheim, 1966); H. J. Moser, « Hofhaimeriana », in *ZfM* XV (1932-33).

Hofmannsthal. R. Strauss et H. von Hofmannstahl, *Briefwechsel* (Berlin, 1926); K. J. Krüger, *Hugo von Hofmannstahl und Richard Strauss, ihre Wege und ihre Begegnung* (Berlin, 1935); M. E. Schmid, *Symbol und Funktion der Musik im Werk Hugo von Hofmann-stahls* (Heidelberg, 1968). (v. STRAUSS R.)

Holmes. P. Barillon-Bauché, *Augusta Holmès et la femme compositeur* (Paris, 1912); R. Myers, « Augusta Holmès, a Meteoric Career », in *MQ* LIII (1967).

Holst. E. Rubbra, *Gustav Holst* (Monaco, 1947); I. Holst, *The Music of Gustav Holst* (Londres, 1951); I. Holst, *Holst* (Londres, 1951); M. Cooper, *les Musiciens anglais d'aujourd'hui* (Paris, 1952); I. Holst, *A Thematic Catalogue of Gustav Holst's Music* (Londres, 1974).

Honegger A. A. George, *Arthur Honegger* (Paris, 1926); W. Tappolet; *Arthur Honegger* (Zurich, 1933); J. Bruyr, *Honegger et son œuvre (1910-1946)* [Paris, 1947]; A. Honegger, *Incantation aux fossiles* (Lausanne, 1948); A. Honegger, *Je suis compositeur* (Paris, 1951); M. Delannoy, *Honegger* (Paris, 1953); J. Matter, *Honegger, ou la quête de joie* (Lausanne, 1956); A. Gauthier, *Arthur Honegger* (Lyon, 1957); M. Landowski, *Honegger* (Paris, 1957; rééd. 1978); W. Tappolet, *Honegger* (Neuchâtel, 1357); Y. Guibert, *Arthur Honegger* (Paris, 1959); J. Roy, *Musique française* (Paris, 1962); P. Meylan, *René Morax et Arthur Honegger au théâtre du Jorat* (Lausanne, 1966); J. Feschothe, *Arthur Honegger, l'homme et son œuvre* (Paris, 1966); P. Meylan, *Arthur Honegger, humanitaire Botschaft der Musik* (Stuttgart, 1970); J. H. O. Maillard et J. Nahoum, *les Symphonies d'Arthur Honegger* (Paris, 1974).

Hongrie. F. Liszt, *les Bohémiens et leur musique en Hongrie* (Paris, 1859); A. Soubiès, *Histoire de la musique en Hongrie* (Paris, 1897); E. Haraszti, *la Musique hongroise* (Paris, 1933); Z. Kodály et D. Bartha, *Die ungarische Musik* (Budapest, 1943); *Ungarische Kompo-*

BIBLIOGRAPHIE
1715

nisten (Bonn, 1954); J. Vigué et J. Gergely, *la Musique hongroise* (Paris, 1959; rééd., 1976); Z. Kodály, *Folk-Musik of Hungary* (Budapest, 1960); B. Szabolcsi, *A Concise History of Hungarian Music* (Budapest, 1964); J. Gergely, *Introduction à la connaissance du folklore musical* (Lausanne, 1967); J. Manga, *la Musique populaire hongroise et ses instruments* (Budapest, 1969); E. Haraszti, *la Musique hongroise* (Paris, 1980).

Hopkinson. O. G. Sonneck, « Francis Hopkinson (1737-1791), the First American Composer », in *SdIM* V (1903-1904).

hoquet. M. Schneider, « Der Hochetus », in *ZfM* XI (1928-29).

Hotteterre. J. Hotteterre, *Méthode pour la musette* (Paris, 1738; rééd., Genève, 1977); E. Thoinan, *les Hotteterre et les Chédeville* (Paris, 1894); N. Mauger, *les Hotteterre* (Paris, 1912).

Hubeau. A. Machabey, *Portraits de 30 musiciens français* (Paris, 1949).

Huber H. E. Refardt, *Hans Huber, Beiträge zu einer Biographie* (Leipzig, 1922).

Hucbald de Saint-Amand. E. de Coussemaker, *Mémoire sur Hucbald et sur ses traités de musique* (Paris, 1841); J. Handschin, « Etwas Greifbares über Hucbald, in *AM* VII (1935); R. Weakland, « Hucbald as Musician and Theorist », in *MQ* XLII (1956).

Hummel. A. F. Marmontel, *les Pianistes célèbres* (Paris, 1888); K. Benyovszky, *J. N. Hummel, der Mensch und Künstler* (Pressburg, 1934); D. Zimmerschied, *Die Kammermusik Johann Nepomuk Hummels* (Mayence, 1966); J. Sachs, *Hummel in England and France* (thèse; Columbia University, 1968); D. G. Brock, « The Church Music of Hummel », in *MR* XXXI (1970); D. Zimmerschied, *Thematisches Verzeichnis der Werke J. N. Hummels* (Hofheim, 1971); W. Möller, *Johann Nepomuk Hummel* (Cassel, 1972).

Humperdinck. W. Humperdinck, *Engelbert Humperdinck, das Leben meines Vaters* (Francfort-sur-le-Main, 1965); E. Humperdinck, *Briefe und Tagebücher*, 2 vol. (Cologne, 1975-76).

I

Ibert. J. Bruyr, *l'Écran des musiciens* (Paris, 1930); J. Ibert, *De la musique encore et toujours* (Paris, 1948); G. Favre, *Musiciens français contemporains*, 2e livre (Paris, 1956); J. Feschotte, *Jacques Ibert* (Paris, 1958); G. Michel, *Jacques Ibert, l'homme et son œuvre* (Paris, 1967).

impressionnisme. H. G. Schulz, *Musikalischer Impressionismus und impressionistischer Klavierstil* (Wurtzbourg, 1938); R. Moser, *l'Impressionnisme français, peinture, littérature, musique* (Genève, 1951); S. Jarocinski, *Debussy, impressionnisme et symbolisme* (trad. fr. Th. Douchy, préface de V. Jankélévitch; Paris, 1971); W. A. Schulz, *Die freien Formen in der Musik des Expressionismus und Impressionismus* (Hambourg, 1974).

Incas *(musique des).* R. et M. d'Harcourt, *la Musique des Incas et ses survivances* (Paris, 1925); A. Sas, « Aperçu sur la musique inca », in *AM* VI (1934); S. Marti, *Alt-Amerika, Musik der Indianer in präkolumbischer Zeit* (Leipzig, 1970).

Inde. R. B. Batra, *Science and Art of Indian Music* (Lahore, 1945); A. Daniélou, *Northern Indian Music*, 2 vol. (Londres, 1949-1954); A. Daniélou, *A Catalogue of Recorded Classical and Traditional Indian music* (Paris, 1952); A. A. Bake, « la Musique indienne », in *Histoire de la musique* I (1960); O. Goswami, *The Story of Indian Music* (Bombay, 1961); A. Daniélou, *Inde du Nord* (Paris, 1966); R. Shankar, *Musique, ma vie* (trad. fr. P. Osusky et N. Caron; Paris, 1970).

Indy *(d').* P. de Bréville et H. Gauthier-Villars, *Fervaal, étude analytique et thématique* (Paris, 1897); R. Rolland, *Musiciens d'aujourd'hui* (Paris, 1908); L. Borges, *Vincent d'Indy, sa vie et son œuvre* (Paris, 1913); M. M. de Fraguier, *Vincent d'Indy : souvenirs d'une élève, accompagnés de lettres inédites du maître* (Paris, 1934); L. Vallas, *Vincent d'Indy*, 2 vol. (Paris, 1946-1950); J. Canteloube, *Vincent d'Indy* (Paris, 1951); N. Demuth, *Vincent d'Indy, 1851-1931, Champion of Classicism* (Londres, 1951); N. Dufourcq, *Autour de Coquard, César Franck et Vincent d'Indy* (Paris, 1952).

Ingegneri. E. Dohrn, *Marc Antonio Ingegneri als Madrigalkomponist* (Hanovre, 1936); G. Cesari, *La musica in Cremona nelle seconda meta del secolo XVI* (Milan, 1939).

Inghelbrecht. D. Sordet, *Douze Chefs d'orchestre* (Paris, 1924); D. Inghelbrecht, *Mouvement contraire, souvenirs d'un musicien* (Paris, 1947); D. Inghelbrecht, *le Chef d'orchestre et son équipe* (Paris, 1949); D. Inghelbrecht, *Le chef d'orchestre parle au public* (Paris, 1957); G. Inghelbrecht, *D. E. Inghelbrecht et son temps* (Neuchâtel, 1978).

instrumentation. H. M. Lavoix, *Histoire de l'instrumentation depuis le XVIe siècle jusqu'à nos jours* (Paris, 1878); L. H. Coerne, *The Evolution of Orchestration* (New York, 1908); A. Casella et V. Mortari, *la Technique de l'orchestre contemporain*, trad. fr. P. Petit (Paris, 1958); H. Becker, *Geschichte der Instrumentation* (Cologne, 1964).

intermède. F. Ghisi, « Un aspect inédit des intermèdes de 1589 à la cour médicéenne », sous la direction de J. Jacquot, in *les Fêtes de la Renaissance* (Paris, 1956); F. W. Sternfeld, « Aspects of Italian Intermedi and Early Operas », in *Mélanges* (Berlin, 1974).

interprétation. E. Borrel, *l'Interprétation de la musique française* (Paris 1934; rééd., 1975); G. Brelet, *l'Interprétation créatrice* (Paris, 1951); H. Nathan, « The Sense of History in Musical Interpretation », in *MR* XIII (1952); J. Chailley, *la Musique et le signe* (Lausanne, 1967); R. Leibowitz, *le Compositeur et son double* (Paris, 1971); J.-Cl. Veilhan, *les Règles de l'interprétation musicale à l'époque baroque (XVIIe-XVIIIe s.)* générales à tous les instruments (Paris, 1977).

Ippolitov-Ivanov. M. Ippolytov-Ivanov, *50 let rousskoï mouzyki v moikh vospominaniakh*, « 50 Ans de musique russe dans mes souvenirs » (Moscou, 1934).

Ireland. M. Cooper, *les Musiciens anglais d'aujourd'hui* (Paris, 1952); *British Composers in Interview* (Londres, 1963).

Irlande. J. C. Culwick, *The Distinctive Characteristics Ancient of Irish Melody* (Dublin, 1897); W. H. Grattan Flood, *A History of Irish Music*, 2e éd. (Dublin, 1906); *Music in Ireland, a Symposium*, sous la direct. de A. Fleischmann (Cork University Press, 1952); I. M. Hogan, *Anglo-Irish Music 1780-1830* (*ibid.*, 1966).

Isaac. H. Albrecht, « Isaac », in *MGG* VI (1957); M. Just, *Studien zu Heinrich Isaacs Motetten* (thèse; Tubingen, 1960); F. A. d'Accone, *Heinrich Isaac in Florence, New and Unpublished Documents*, in *MQ* LXIX (1963); H. Osthoff, « Isaac », in *Dictionnaire de la musique*, I (1970; rééd., 1979).

isorythmie. H. Kühn, *Die Harmonik der Ars nova; zur Theorie der isorhythmischen Motetten* (Munich, 1973).

Israël. D. Rosolio, *Music in Israel 1948-1958* (Jérusalem, 1958); P. Gradenwitz, *Music and Musicians in Israel* (Tel-Aviv, 1959). [v. HÉBRAÏQUE (musique).]

Italie. Seuls figurent dans cette bibliographie les ouvrages d'histoire musicale, à l'exclusion des monographies. OUVRAGES GÉNÉRAUX. O. Chilesotti, *I nostri maestri del passato* (Milan, 1883); article « Italien », in *MGG* 6 (1957); *Studien zur italienisch-deutsche Musikgeschichte*, sous la direction de P. Kast, F. Lippmann (Cologne, 1963-1982); N. Bridgman, *la Musique italienne* (Paris, 1973).

XIVe-XVIe SIÈCLE. E. Li Gotti, *La poesia musicale italiana del secolo XIV* (Palerme, 1944); A. Einstein, *The Italian Madrigal*, 3 vol. (Princeton, 1949); G. O'Brien, *The Golden Age of Italian Music* (Londres, 1953); K. von Fischer, *Studien zur italienischen Musik des Trecento und frühen Quattrocento* (Berne, 1956); N. Pirrotta, « l'Ars nova italienne », in *Histoire de la musique*, I (1960); N. Bridgman, *la Vie musicale au Quattrocento jusqu'à la naissance du madrigal* (Paris, 1964); F. Testi, *La musica italiana nel medioevo e nel Rinacimiento*, 2 vol. (Milan, 1969).

XVIIe SIÈCLE. J. C. Lecerf de La Viéville, *Comparaison de la musique italienne et de la musique française* (Bruxelles, 1705-1706; rééd., Genève, 1972); H. Goldschmidt, *Studien zur Geschichte der italienischen Oper im 17. Jahrhundert* (Leipzig, 1901; rééd., Hildesheim, 1967); H. Quittard, « l'Opinion d'un Français sur la musique italienne au XVIIe siècle », in *RM* II (1902); D. Alaleona, *Studi sul la storia dell' oratorio musicale in Italia* (Turin, 1908); G. Roncaglia, *La rivoluzione musicale italiana (secolo XVII)* [Milan, 1928]; F. Testi, *La musica italiana nel seicento* (Milan, 1972).

BIBLIOGRAPHIE

XVIIIe SIÈCLE. P.-M. Masson, « Musique italienne et musique française », in *RMI* XIX (1912) ; Ch. Burney, *An Eighteenth Century Musical Tour in France and Italy* (Londres, 1959).

XIXe ET XXe SIÈCLES. E. d'Harcourt, *la Musique actuelle en Italie* (Paris, 1906) ; A. Lualdi, *Il Rinnovamento musicale italiano* (Milan, 1931) ; P. Coppola, « la Musique italienne de Verdi à nos jours », in *les Musiciens célèbres* (Genève, 1946) ; I. Pizzetti, *La musica italiana dell'ottocento* (Turin, 1947) ; R. Monterosso, *La musica nel Risorgimento* (Milan, 1948) ; G. Pannain, *Ottocento musicale italiano* (Milan, 1952) ; *Exhibit of Contemporary Italian Music in the US* (Crémone, 1958) ; R. de Rensis, *Musica vista dal primo novecento a oggi* (Milan, 1961) ; G. Gatti, « la Musique italienne au XXe siècle », in *Histoire de la musique*, II (1963) ; F. Goldbeck, *Twentieth Century Composers : France, Italy and Spain* (Londres, 1974).

Ives. H. et S. Cowell, *Charles Ives and his Music* (New York, 1955) ; Ch. Ives, *Essays Before a Sonata and Other Writings* (New York, 1961) ; D. R. de Lerma, *Charles Edward Ives, a Bibliography of his Music* (Ohio, 1970) ; U. Maske, *Charles Ives in seiner Kammermusik* (Ratisbonne, 1971) ; R. Warren, *Charles Ives, Discography* (Londres, 1972) ; P. Vivian, *Charles Ives Remembered : an Oral History* (Newhaven, Londres, 1974).

J

Jachet de Mantoue. A. M. Bautier-Régnier, « Jachet de Mantoue, contribution à l'étude du problème des Jachet au XVIe siècle », in *RBM* VI (1952).

Jacob M. J. Bruyr, *l'Écran des musiciens* (Paris, 1930) ; M.-R. Clouzot, *De Maxime Jacob à Dom Clément Jacob, souvenirs à deux voix* (Toulouse, 1969).

Jacopo da Bologna. W. T. Marrocco, *The Music of Jacopo da Bologna* (Berkeley, 1954).

Jacques de Liège. W. Grossmann, *Die einleitende Kapitel des Speculum Musicae von Johannes de Muris* (Leipzig, 1924) ; R. Bragard, « le Speculum musicae du compilateur Jacques de Liège », in *MD* VII (1953) ; F. J. Smith, *Jacobi Lodensi Speculum musicae, a Commentary* (New York, 1969).

Jacquet de La Guerre. M. Brenet, « Quatre Femmes musiciennes », in *l'Art* XX (1894) ; S. Wallon, « Jacquet », in *MGG* VI (1957) ; E. Borroff, *An Introduction to Elizabeth-Claude Jacquet de La Guerre* (Brooklyn, 1966).

Janáček. M. Brod, *Leoš Janáček, Leben und Werk* (Vienne, 1925) ; D. Muller, *Leoš Janáček* (Paris, 1930 ; rééd., 1975) ; H. Hollander, « The Music of Leoš Janáček, its Origine in Folklore », in *MQ* XLI (1955) ; B. Stedron, *Leoš Janáček, Letters and Reminiscences* (trad. angl. G. Thomsen ; Prague, 1955) ; J. Vogel, *Leoš Janáček, Leben und Werk* (trad. all. P. Eisner ; Cassel, s.d.) ; G. Abraham, *Slavonic and Romantic Music Essays and Studies* (Londres, 1968) ; E. Chrisholm, *The Operas of Leoš Janáček* (Oxford, New York, Toronto, 1971) ; D. Ströbel, *Motiv und Figur in den Kompositionen der Jenufa-Werkgruppe* (Fribourg, 1975) ; M. Ewans, *Janáček's Tragic Operas* (Londres, 1977) ; G. Erismann, *Janáček ou le Musicien de la vérité* (Paris, 1980).

Janequin. M. Brenet, *Musique et musiciens de la vieille France* (Paris, 1911) ; M. Cauchie, « Clément Janequin, recherches sur sa famille et sur lui-même », in *RMie* VII (1923) ; J. Levron, *Clément Janequin, musicien de la Renaissance. Essai sur sa vie et ses amis* (Grenoble, 1948) ; F. Lesure, « Clément Janequin, recherches sur sa vie et sur son œuvre », in *MD* V (1951) ; F. Lesure et P. Roudié, « Clément Janequin, chantre de François Ier », in *RMie* XL (1957) ; F. Lesure, « Clément Janequin », in *Musique et musiciens français du XVIe siècle* (Genève, 1976).

Japon. F. Piggot, *Music and Musical Instruments of Japan*, 2e éd. (Yokohama, 1909) ; A. Westarp, *A la découverte de la musique japonaise* (Paris, 1912) ; P. W. Malm, *Japanese Music and Musical Instruments* (Tokyo, 1959) ; A. Hauchecorne, « la Musique japonaise », in *Histoire de la musique*, I (1960) ; S. Borris, *Musikleben in Japan in Geschichte und Gegenwart* (Cassel, 1967) ; P. Landy, *Musique du Japon* (Paris, 1970) ; E. Harich-Schneider, *A History of Japanese Music* (Londres, 1973).

Jaubert. J. Bruyr, *l'Écran des musiciens* (Paris, 1930) ; J. Roy, *Présences contemporaines : musique française* (Paris, 1962) ; F. Porcile, *Maurice Jaubert, musicien populaire ou maudit ?* (Paris, 1971).

Jaufré Rudel. L. Spitzer, *l'Amour lointain de Jaufré Rudel et le sens de la poésie chez les troubadours* (Chapel Hill, 1944).

jazz. A. Cœuroy, *Histoire générale du jazz* (Paris, 1942) ; R. Goffin, *Histoire du jazz* (Montréal, 1945) ; R. Goffin, *la Nouvelle-Orléans, capitale du jazz* (New York, 1946) ; R. Blesh, *Shining Trumpets, a History of Jazz* (New York, 1946) ; R. Goffin, *Nouvelle Histoire du jazz* (Paris, 1948) ; L. Malson, *les Maîtres du jazz* (Paris, 1952) ; A. Hodeir, *Hommes et problèmes du jazz* (Paris, 1954) ; A. Francis, *Jazz* (Paris, 1958 ; rééd., 1977) ; J. E. Berendt, *Das neue Jazzbuch* (Francfort, 1959 ; trad. fr. « le Jazz des origines à nos jours », Paris, 1963) ; L. Malson, *le Jazz moderne (1945-1960)* [Paris, 1961] ; Leroi Jones, *Blues People. Negro Music and White America* (New York, 1963 ; trad. fr. « le Peuple du blues », Paris, 1968) ; M. Mezzrow, *la Rage de vivre* (trad. fr. M. Duhamel et M. Gautier, Paris, 1964) ; M. Dorigué, *Jazz, culture et société* (Paris, 1966) ; F. Newton, *Une sociologie du jazz* (Paris, 1966) ; A. Clergeat, *Dictionnaire du jazz* (Paris, 1966) ; F. Ténot et P. Carles, *Dictionnaire du jazz* (Paris, 1967) ; B. Vian, *Chroniques du jazz* (Paris, 1967) ; Leroi Jones, *Black music* (New York, 1967 ; trad. fr. « Musique noire », Paris, 1969) ; L. Malson, *Histoire du jazz* (Lausanne, 1967) ; M. Dorigué, *Jazz...* (Paris, 1968) ; A. Hodeir, *les Mondes du jazz* (Paris, 1970) ; H. Parnassié et M. Gautier, *Dictionnaire du jazz* (Paris, 1971) ; P. Carles et J.-L. Comolli, *Free Jazz, Black Power* (Paris, 1971) ; L. Malson, *Histoire du jazz et de la musique afro-américaine* (Paris, 1976) ; F. Ténot et P. Carles, *le Jazz* (Paris, 1977) ; J. Reda, *l'Improviste, une lecture du jazz* (Paris, 1981) ; M. Biderbost et G. Cerutti, *le Guide Marabout de la musique et du disque de jazz* (Verviers, 1981) ; R. Clément, *Jazz* (Paris, 1981) ; B. Coleman, *Trumpet Story* (trad. fr. L. Coleman ; Paris, 1981) ; J.-L. Collier, *l'Aventure du jazz* (Paris, 1981) ; D. Gillespie et A. Fraser, *To be or not to be* (trad. fr. M. Perrin ; Paris, 1981) ; J. Reda, *Anthologie des musiciens de jazz* (Paris, 1981) ; B. Vian, *Autres écrits sur le jazz* (Paris, 1982).

Jeune-France (Groupe de la). J. J. Brothier, *la Jeune-France* (Orléans, Paris, 1955) ; S. Gut, *le groupe Jeune-France* (Paris, 1977).

Joachim J. H. C. Lehec, *Famous Violinists of Today* (Londres, 1902) ; Johannes Joachim et A. Moser, *Briefe von und an Joseph Joachim*, 2 vol. (Berlin, 1911-12).

Jolivet. *André Jolivet*, ouvr. collect. (Paris, 1957) ; S. Demarquez, *André Jolivet* (Paris, 1958) ; H. Jolivet, *Avec... André Jolivet* (Paris, 1978) ; *André Jolivet, catalogue des œuvres* (Paris, 1979).

Jommelli. H. Abert, *Nicolo Jomelli als Opernkomponist* (Halle, 1908).

Jones R. E. H. Fellowes, *The English Madrigal Composers* (Oxford, 1921) ; W. H. Grattan Flood, *Early Tudor Composers* (Oxford, 1925).

Josquin Des Prés. A. Pirro, *Histoire de la musique de la fin du XIVe à la fin du XVIe siècle* (Paris, 1940) ; B. Meier, « The Musica reservata of Adrianus Petit Coclico and its Relationship to Josquin », in *MD* X (1956) ; C. Sartori, « Josquin Des Prés cantore del Duomo di Milano », in *AnnM* IV (1956) ; C. Sartori, « Das Magnificat bei Josquin », in *AfM* XVI (1959) ; H. Osthoff, *Josquin Des Prés*, 2 vol. (Tutzing, 1962-1965) ; G. Birkner, « Josquin Des Prés et ses contemporains », in *Histoire de la musique*, I (1960) ; M. Honegger, *les Messes de Josquin Des Prés dans la tablature de D. Pisador* (Paris, 1970).

K

Kabalevski. G. Abraham, *Eight Soviet Composers* (Londres, 1943) ; L. Danilévitch, *Tvortchestvo Kabalevskovo*, « l'Œuvre de Kabalevsky » (Moscou, 1963) ; *Dimitri Kabalevsky, tvortchéskie vstrétchi, otcherki, pisma*, « Dimitri Kabalevsky, rencontres artistiques, études, lettres » (Moscou, 1974).

Kabelač. *Contemporary Czechoslovak Composers* (Prague, 1965).

kabuki. W. P. Malm, *Nagauta, the Heart of Kabuki Music* (Tokyo, 1964).

Kagel. D. Schnebel, *Mauricio Kagel Musik, Theater, Film* (Cologne, 1970) ;

H. Pauli, *Für wen komponieren Sie eigentlich?* (Francfort-sur-le-Main, 1971); J.-Y. Bosseur, « Dossier Kagel », in *Musique en jeu* n° 7 (1972); W. Klüppelholz, *Mauricio Kagel 1970-1980* (Cologne, 1981).

Kalkbrenner. A. F. Marmontel, *les Pianistes célèbres* (Paris, 1888); H. Engel, *Die Entwicklung des deutschen Klavierkonzertes von Mozart bis Liszt* (Leipzig, 1927).

Karajan. B. Gavoty et R. Hauert, *Herbert von Karajan* (Genève, 1955); F. Herzfeld, *Herbert von Karajan* (Berlin, 1959); E. Häusserman, *Herbert von Karajan, Biographie* (Gütersloh, 1968); J. Lorcey, *Herbert von Karajan* (Paris, 1979).

Kastner. O. Comettant, *Musique et musiciens* (Paris, 1862).

Keiser. E. O. Lindner, *Die erste stehende deutsche Oper* (Berlin, 1885); F. A. Voigt, « Reinhard Keiser », in *AfM* VI (1890); K. Zelm, *Die Opern Reinhard Keisers* (Munich, 1975).

Kelemen. M. Kelemen, *Klanglabyrinthe, Reflexionen eines Komponisten über die neue Musik* (Munich, 1981).

Kelly. S. M. Ellis, *The Life of Michael Kelly Musician, Actor and Bon Viveur, 1762-1826* (Londres, 1930); M. Kelly, *Reminiscences* (Londres, 1975).

Kempff. W. Kempff, *Unter dem Zimbelstern* (Stuttgart, 1951), trad. fr. A. Tournier, « Cette note grave » (Paris, 1955); B. Gavoty et R. Hauert, *Wilhelm Kempff* (Genève, 1954).

Khatchaturian. R. Moisenko, *Twenty Soviet Composers* (Londres, s.d.); G. Shneyerson, *Aram Khatchaturian* (trad. angl. X. Danko; Moscou, 1959); G. Khoubov, *Aram Khatchaturian* (Moscou, 1962); F. Streller, *Aram Chatschaturjan* (Leipzig, 1968); *Aram Illitch Khatchaturian, sbornik stateï*, « Aram Illitch Khatchaturian, recueil d'articles », sous la direction de Rybakova (Moscou, 1975); D. Person, *Aram Khatchaturian* (Moscou, 1979).

Khrennikov. R. Moisenko, *Twenty Soviet Composers* (Londres, s.d.); *Tikhon Khrennikov, statii o tvortchestve kompositora*, « Tikhon Khrennikov, articles sur l'œuvre du compositeur » (Moscou, 1974).

Köchel. O. E. Deutsch, « Mozart-Drücke, eine bibliographische Ergänzung zu Köchels Werkverzeichnis », in *ZfM* XIV (1931-32); A. H. King, « Das neue Köchel-Verzeichnis », in *Mf* XVIII (1965).

Kodály. L. Eösze, *Zoltán Kodály, sein Leben und sein Werk* (Budapest, 1964); P. M. Young, *Zoltán Kodály, a Hungarian Musician* (Londres, 1964); J. Gergely, « Zoltán Kodály et la conscience musicale de son pays », in *Études finno-ougriennes*, II (1964); J. Gergely, « Zoltán Kodály », *Études finno-ougriennes*, IV (1967); L. Eösze, *Zoltán Kodály, his Life in Pictures* (New York, Cortina, Budapest, 1971); E. Szonyi, *Kodály's Principles in Practice* (Budapest, 1973); E. Szonyi, *Quelques aspects de la méthode de Zoltán Kodály* (vers. fr. J. Gergely; Budapest, 1976).

Kœchlin. M. D. Calvocoressi, *Charles Kœchlin* (Sénart, Paris, s.d.); R. Orledge, *A Study of the Composer Charles Kœchlin*, 2 vol. (thèse ; 1867-1950; Cambridge, 1972); H. Sauguet, *Œuvres de Charles Kœchlin*, catalogue (Paris, 1975); *Kœchlin par lui-même* (Paris, 1981); C. Kœchlin, *Correspondance* (Paris, 1982).

Koto. W. Andrianncz, *The Kuminta and Danmono Tradition of Japanese Koto Music* (Berkeley, 1973).

Kotter. W. Merian, *Die Tabulaturen des Organisten Hans Kotter* (Leipzig, 1916).

Koussevitski. A. Lourié, *Serge Koussevitsky and his Epoch* (trad. angl. S. Spring; New York, 1931); N. Nabokov, *Old Friends and New Music* (Londres, 1951); « Hommage à Serge Koussevitski », in *Musique russe*, tome II (Paris, 1953).

Kraus J. M. K. F. Schreiber, *Biographie über den Odenwälder Komponisten Joseph Martin Kraus* (Buchen, 1928); I. Leux-Henschen, *Joseph Martin Kraus in seinen Briefen* (Stockholm, 1978).

Krauss C. O. von Pander, *Clemens Krauss in München* (Munich, 1955); G. K. Kende, *Richard Strauss und Clemens Krauss, eine Kunstlerfreunschaft und ihre Zusammenarbeit an « Capriccio »* (Munich, 1960).

Kreisler. L. P. Lochner, *Fritz Kreisler* (New York, 1950).

Křenek. E. Křenek, *Selbstdarstellung* (Zurich, 1948); W. Grandi, *Il sistema tonale ed il contrappunto dodecafonia di Ernst Křenek* (Rome, 1954); E. Křenek, *Zur Sprache gebracht* (Munich, 1958); E. Saathen, *Ernst Křenek* (Munich, 1959); W. Rogge, *Ernst Křeneks Opern Spiegel der zwanziger Jahre*, (Zurich, 1970); T. W. Adorno, *Theodor W. Adorno und Ernst Křenek : Briefwechsel* (Suhrkamp, Francfort-sur-le-Main, 1974).

Kreutzer. R. H. C. Lehec, *Famous Violonists* (Londres, 1902); J. Hardy, *Rodolphe Kreutzer, sa jeunesse à Versailles 1766-1789* (Paris, 1910).

Krieger A. H. Osthoff, *Adam Krieger 1634-1666, neue Beiträge zur Geschichte des deutschen Liedes im 17. Jahrhundert* (Leipzig, 1929).

Kuhlau. A. Landau, « Nachtrag zu F. Kuhlaus 100. Todestag », in *ZfM* XIV (1931-32); D. Fog, *Kompositionen von F. Kuhlau, thematisch-bibliographischer Katalog* (Copenhague, 1977).

Kuhnau. R. Münnich, « Kuhnaus Leben », in *SdIM* III (1901-1902); A. Schering, « Ein Memorial Johann Kuhnaus », in *ZfM* IV (1922).

Kusser. H. Scholz, *Johann Sigismund Kusser, sein Leben und seine Werke* (Leipzig, 1911).

L

Lachner. G. Wagner, *Franz Lachner als Liederkomponist* (Giebing, 1970).

Lai. J. Maillard, *Évolution et esthétique du lai lyrique, des origines à la fin du XIVe siècle* (Paris, 1963); J. Rychner, *les Lais de Marie de France* (Paris, 1968); A. Giacchetti, « Une forme nouvelle de loi apparue à la fin du XIVe siècle », in *Mélanges* (Paris, 1973).

Lajtha. J. Gergely, « Deux Anniversaires mémorables de la musique et de la musicologie hongroise », in *Études finno-ougriennes*, IV (1967); J. S. Weissman, « László Lajtha, the Symphonies », in *MR* XXXVI (1975).

Lalo É. H. Imbert, *Nouveaux Profils de musiciens* (Paris, 1892); J. Poueigh, *Musiciens français d'aujourd'hui* (Paris, 1921); P. Dukas, A. Jullien, « E. Lalo », in *RM* (Mars 1923); G. Servières, *Édouard Lalo* (Paris, 1925).

Laloy. « Correspondance de Debussy et de Laloy », in *Revue de musicologie* XLVIII (1962); *Louis Laloy (1874-1844) écrivain et musicologue*, catalogue d'exposition (Dôle, 1975).

Lambert M. H. Quittard : « la Première Comédie française en musique », in *SIM* (mai 1908); L. Maurice-Amour, *Benserade, Michel Lambert et Lully* (Paris, s.d.); J. Écorcheville, *Corneille et la musique* (Paris, 1906); J. Écorcheville, « Lully gentilhomme et sa descendance », in *SIM* (1911); Th. Gérold, *l'Art du chant en France au XVIIe siècle* (Strasbourg, 1921); H. Prunières, *les Maîtres du chant* (Paris, 1925).

lamentation. G. Massenkeil, « Zur Lamentationskomposition des 15. Jahrhunderts », in *AfM* XVIII (1961); Th. Käser, *Die « Leçon de ténèbres » im 17. u 18. Jh.* (Berne, 1966); A. E. Schröder, « les Origines des lamentations polyphoniques au XVe siècle dans les Pays-Bas », in *Kgr.-Ber* (Utrech, 1952).

Lamoureux. H. Imbert, *Portraits et études* (Paris, 1894); A. Jullien, « Charles Lamoureux », in *RMI* VII (1900); P. Lalo, *De Rameau à Ravel* (Paris, 1947).

Landini. « The Works of Francesco Landini (Commentary Notes) », sous la direction de L. Schrade, in *Polyphonic Music of the Fourteenth Century* (Monaco, 1958); B. Becherini, *l'Ars nova italiana del Trecento, strumenti ed espressione musicale* (Certaldo, 1962); D. Baumann, *Die dreistimmige Satztechnik bei Francesco Landini* (Baden-Baden, 1978).

Landowski. A. Machabey, *Portraits de 30 musiciens français* (Paris, 1949); Cl. Baigneres, *Marcel Landowski* (Paris, 1959); A. Goléa, *Marcel Landowski, l'homme et son œuvre* (Paris, 1969); M. Landowski, *Agrégation, éducation musicale et chant choral* (Ministère de l'Éducation, Paris 1977); M. Landowski, *Batailles pour la musique. Entretiens avec Edith Walter* (Paris, 1979).

Langlais. A. Machabey, *Portraits de 30 musiciens français* (Paris, 1949); M.-L. Jacquet, *l'Œuvre d'orgue de Jean Langlais* (Paris, 1969); M.-L. Jacquet, « Jean Langlais, un indépendant, essai sur son œuvre d'orgue », in *l'Orgue*, n° spécial 144 bis (1972).

Lanier. C. L. Day et E. B. Murrie,

BIBLIOGRAPHIE

English Song-Books 1651-1702 (Londres, 1940); I. Spink, « Lanier in Italy », in *ML* (1959).

La Pouplinière. G. Cucuel, *La Pouplinière et la musique de chambre du XVIII*[e] *siècle* (Paris, 1913; rééd., 1971); P. M. Masson, *l'Opéra de Rameau* (Paris, 1930).

La Rue P. de. M. Picker, « Three Unidentified Chansons by Pierre de La Rue in the Album of Marguerite d'Autriche », in *MQ* XLVI (1960); N. Davison, « The Motets of Pierre de La Rue », in *MQ* XLVIII (1962).

Lassus. H. F. Delmotte, *Notice biographique sur Roland de Lattre* (Valenciennes, 1836); A. Sandberger, *Beiträge zur Geschichte der Bayerischen Hofkapelle* (Leipzig, 1894-95); A. Sandberger, « Rolando Lasso, Beziehungen zu Frankreich und zur französischen Literatur », in *SdIM* VIII (1907); Ch. Van den Borren, *Orlando di Lasso* (Paris, 1920; rééd., 1975); Ch. Van den Borren, *Orlande de Lassus* (Paris, 1930; rééd., 1975); L. Balmer, *Orlando di Lasso Motetten, eine Stilgeschichtliche Studie* (Berne, 1938); B. Meier, « Alter und neuer Stil in lateinische textierten Werken von Orlando di Lasso », in *AfM* XV (1958); H. Leuchtman, *Die musikalische Wortandeutungen in den Motetten des Magnum Opus Musicum von Orlando di Lasso* (Strasbourg, 1959); W. Boetticher, *Aus Orlando di Lasso Wirkungskreis* (Cassel, 1963) : H. Leuchtmann, *Orlando di Lasso* (Wiesbaden, 1976).

lauda. F. Linzzi, *La Lauda e i primordi della melodia italiana*, 2 vol. (Rome, 1935); F. Ghisi, *I canti carnascialeschi nelle fonti musicali del XV*[e] *secolo* (Florence, 1937); K. von Fischer, « Quelques remarques sur les relations entre les Landesi et les compositions florentines du Trecento », in *l'Ars nova italiana del Trecento* III (Certaldo, 1970); F. A. D'Accone, « La compagnie dei Landesi in Firenze durante l'Ars nova » (ibid.).

Lavallée. E. Lapierre, *Calixa Lavallée, musicien national du Canada* (Montréal, 1966).

Lebègue. N. Dufourcq, « Nicolas Lebègue, un précurseur, introduction aux noëls variés de Nicolas Lebègue », in *Orgue et Liturgie* XVI (1952); N. Dufourcq, *Nicolas Lebègue 1631-1702* (Paris, 1954); N. Dufourcq, « Nicolas Lebègue », in *Recherches*, I (1960) et XVII (1977).

Le Camus. F. Lesure, « Histoire d'une édition posthume : les 'airs'' de Sébastien Le Camus » (1678), in *RBM* VIII (1954); N. Dufourcq, « Autour de Sébastien Le Camus », in *Recherches*, II (1961-62); L. Boulay, *Notes sur trois airs de Sébastien Le Camus (ibid.)*.

Leclair J.-M. H. C. Lahec, *Famous Violinists* (Londres, s.d.); L. de La Laurencie, « Jean-Marie Leclair L'Aîné, premier symphoniste du Roi », in *SdIM* VI (1904-1905); M. Pincherle, *Jean-Marie Leclair l'Aîné* (Paris, 1952); R. E. Preston, « The Treatment of Harmony in the Violin Sonatas of J.-M. Leclair », in *RMFC* II (1963).

Lecocq C. L. Schneider, *les Maîtres de l'opérette française, Hervé et Charles Lecocq* (Paris, 1924); « Lettres inédites de Lecocq à Saint-Saëns », in *RM* V-VI (1924-25); L. Schneider, *Une heure de musique avec Charles Lecocq* (Paris, 1930); L. Oster, *les Opérettes du répertoire* (Paris, 1953).

Lefébure-Wély. Abbé Lamazou, *Biographie de Lefébure-Wély* (Paris, 1863); A. F. Marmontel, *les Pianistes célèbres* (Paris, 1888).

Legrenzi. P. Fogaccia, *Giovanni Legrenzi* (Bergame, 1954).

Lehar. G. Knosp, *Franz Lehar* (Bruxelles, 1935); M. von Peteani, *Franz Lehar, seine Musik, sein Leben* (Vienne, Londres, 1950; rééd., 1952).

Leibowitz. L. Magnani, « Schoenberg e la sua scuola », in *RassM* XVIII (1948); « Hommage à René Leibowitz (1913-1972) », in *Musique de tous les temps*, 16-21 (1973).

Leipzig. A. Schering et R. Wustman, *Musikgeschichte Leipzigs*, 3 vol. (Leipzig, 1926-1941); E. H. Lemper, *Die Thomaskirche zu Leipzig* (Leipzig, 1954); B. Knick, *St Thomas zu Leipzig; Bilder und Dokumente zur Geschichte der Thomasschule* (Wiesbaden, 1963); *Handschriften der Werke J.-S. Bachs in der Musikbibliothek der Stadt Leipzig* (Leipzig, 1964).

leitmotiv. R. Engländer, « Zur Geschichte des Leitmotives », in *ZfM* XIV (1931-32); K. Wörner, « Beiträge zur Geschichte des Leitmotives in der Oper », in *ZfM* XIV (1931-32).

Le Jeune. F. Lesure et D. P. Walker, « Claude Le Jeune and Musique Mesurée », in *MD* III (1949); K. Levy, *The Chansons of Claude Le Jeune* (Ann Arbour University, 1955).

Lekeu. M. Lorrain, *Guillaume Lekeu, sa correspondance, sa vie et ses œuvres* (Liège, 1923); R. Stengel, *Guillaume Lekeu* (Bruxelles, 1944); P. Prist, *l'Enfant de génie de la musique contemporaine, Guillaume Lekeu (1870-1894)* (Bruxelles, 1946).

Leo. E. J. Dent, « Leonardo Leo », in *SdIM* VIII (1906-1907); F. Schlitzer, *Tomaso Traetta, Leonardo Leo, Vincenzo Bellini. Notizie e documenti* (Sienne, 1952); G. A. Pastore, *Leonardo Leo* (Galatina, 1957).

Leoncavallo. R. de Angelis, « Il capolavoro inespresso di Ruggero Leoncavallo », in *RMI* XXX (1923); G. de Rensis, *Per Umberto Giordano e Ruggero Leoncavallo* (Sienne, 1949); G. Gualerzi, « Ruggero Leoncavallo i sui interpreti », in *La Scala* (avr. 1959); M. Morini, « R. Leoncavallo : la sua opera », in *La Scala Milan* (1959); C. Parmentola, « Leoncavallo », in *Storia dell'Opera* (Turin, 1977).

Leonin. Fr. Ludwig, « Die liturgische organa Leonins und Pérotins », in *Mélanges* (Leipzig, 1909); J. Handschin, « Zur Leonin-Pérotin Frage », in *ZfM* XIV (1931-32); H. Schmidt, « Zur Melodiebildung Leonins und Pérotins », in *Zfm* XIV (1931-32); W. G. Waite, *The Rhythm of 12th Century Polyphony* (Newhaven, Londres, 1954).

Le Roy A. F. Lesure et G. Thibault, *Bibliographie des éditions d'Adrian Le Roy et Robert Ballard (1551-1598)* (Paris, 1955); « les Deux Livres de cistre » *d'Adrian Le Roy (1564-65) et leur influence en Europe occidentale au XVI*[e] *siècle* (thèse; Paris, 1966).

Lesueur. Ed. W. Walter, S. Gorodetzky, *A. K. Liadov, recueil d'articles et de mémoires* (en russe; Petrograd, 1916); A. Rimsky-Korsakov, *Liadov vu par les autres »*, in *le Contemporain musical* 7 (en russe; Petrograd, 1916); *38 Lettres d'A. Liadov et de V. Stassov (ibid.); Correspondance de N. A. Rimsky-Korsakov et d'A. Liadov (ibid.)*; A. Rimsky-Korsakov, *la Personnalité de Liadov (ibid.)*; V. Karatyguine, *De l'héritage de L. Liadov (ibid.)*; G. Abraham et M. D. Calvocoressi, *Masters of Russian Music* (Londres, 1936); N. Zaporojets, *A. K. Liadov, la vie et l'œuvre* (en russe; Moscou, 1954); M. Mikhailov, *A. K. Liadov* (en russe; Leningrad, 1961).

Ch. P. Ducancel, *Mémoire pour J. F. Lesueur* (Paris, 1802); O. Fouque, *les Révolutionnaires de la musique* (Paris, 1882); H. Berlioz, *les Musiciens et la musique* (Paris, 1903); W. Buschkötter, « J. F. Le Sueur », in *SdIM* XIV (1912-13); F. Lamy, *J. F. Lesueur 1760-1837* (Paris, 1912); J. Mongrédien, « la Musique du sacre de Napoléon », in *RMie* LIII (1967); J. Mongrédien, *Catalogue thématique de l'œuvre complète du compositeur Jean-François Le Sueur (1760-1837)* [New York, 1980].

Liebermann. C. Regamey, *Musiques du XX*[e] *siècle* (Lausanne, 1965); R. Liebermann, *Actes et entractes* (Paris, 1976); F. Bosviel, « Interviews de J. Darmon, R. Liebermann et B. Lefort : l'Opéra de Paris, héritage et avenir », in *les Cahiers de la culture et de l'environnement* (Paris, 1978).

lied. K. E. Schneider, *Das musikalische Lied*, 3 vol. (Leipzig, 1863-1865); M. Friedländer, *Das deutsche Lied im 18. Jahrhundert, Quellen und Studien*, 3 vol. (Stuttgart et Berlin, 1902; rééd., 1962); E. Schuré, *Histoire du lied et de la chanson populaire en Allemagne* (Paris, 1903); H. Kretschmar, *Geschichte des neuen deutschen Liedes* (Leipzig, 1911; rééd., 1966); E. Dumeril, *le Lied allemand et ses traductions poétiques en français* (Paris, 1933; rééd., 1975); H. J. Moser, *Das deutsche Lied seit Mozart* (Zurich, Berlin, 1937; rééd., Tutzing, 1968); E. Reuter, *la Mélodie et le lied* (Paris, 1950); M. Beaufils, *le Lied romantique allemand* (Paris, 1956); H. J. Moser, *Das deutsche Sololied und die Ballade* (Cologne, 1957); G. Müller, *Geschichte des deutschen Liedes von Zeitalter des Barocks bis zur Gegenwart* (Bad Homburg, 1959); M. Bortoletto, *Introduzione al lied romantico* (Milan, 1962); M. Beaufils, « le Lied romantique allemand », in *Histoire de la musique*, II (1963); J. M. Stein, *Poem and Music in the German Lied from Gluck to H. Wolff* (Cambridge, Mass., 1971); R. Stricker, *la Mélodie et le lied* (Paris, 1975); M. T. Paquin, *Dix Cycles de lieder (Beethoven, Brahms, Mahler, Schubert, Schumann). Trad. mot à mot et juxta-linéaire* (Montréal, 1977); M. Beaufils, *le Lied romantique allemand* (Paris, 1982).

ligature. O. Ursprung, « Die Ligaturen, ihr System, und ihre methodische und didaktische Darstellung », in *AM* XI (1939); L. Dittmer, « The Ligatures of the Montpellier Manuscript », in *MD* IX (1955); C. Parrish, *The Notation of Medieval Music* (New York, 1957); W. Apel, *The Notation of Polyphonic Music* (Cambridge, Mass., 1942-1961).

Ligeti. E. Salmenhaara, *Das musikalische Material und sein Behandlung in den Werken Apparitions, Atmosphères Aventures und Requiem von György Ligeti* (Ratisbonne, 1969); G. Ligeti, « De la forme musicale », in *V.H. 101* nº 1 (Paris, 1970); O. Nordwall, *György Ligeti, eine Monographie* (Mayence, 1971); M. Lichtenfeld, « Ligeti », in *MGG* Suppl. II (1979).

Lipatti. Madeleine Lipatti, *Hommage à Dinu Lipatti* (Genève, 1952); A. Lipatti, *la Vie du pianiste Dinu Lipatti, écrite par sa mère* (Paris, 1954); *Album commémoratif Dinu Lipatti* (Paris, 1955); A. Hoffman, « Un grand interprète roumain de la musique de Chopin : Dinu Lipatti », in *Studii și cercetari de istoria artei* VII (1960); *In memoriam Dinu Lipatti* (Genève, 1970); A. Alexandrescu, « Dinu Lipatti, impressions et souvenirs », in *Muzica* XXII (1972).

Liszt. F. Liszt, *Gesammelte Schriften*, 4 vol. (Leipzig, 1880-1883); *Franz Liszt's Briefe*, sous la direction de La Mara, 8 vol. (Leipzig, 1893-1902); *Briefwechsel zwischen Liszt und Wagner*, sous la direction de E. Kloss (Leipzig, 1910; trad. fr. L. Schmidt et J. Lacan, Paris, 1975); *Correspondance de Liszt et de la comtesse d'Agoult*, sous la direction de D. Ollivier, 2 vol. (Paris, 1933-34); *Lisztiana* (Paris, 1974-1982); *Journal of the American Liszt Society* (Louisville, Kentucky, 1977-1982); Catalogue des œuvres de Liszt, in *Grove Dict.* (1980).
BIOGRAPHIES ET OUVRAGES GÉNÉRAUX. M. D. Calvocoressi, *Franz Liszt : biographie critique* (Paris, 1905); J.-G. Prod'homme, *Franz Liszt* (Paris, 1910); J. Chantavoine, *Liszt* (Paris, 1911; rééd., 1950); J. Kapp, *Franz Liszt, eine Biographie* (Berlin, 1916); Bourguès et Dénétraz, *la Musique et la vie intérieure de Liszt : essai d'une histoire psychologique de l'art universel* (Paris, 1921); Guy de Pourtalès, *la Vie de Franz Liszt* (Paris, 1925; rééd., 1954); R. Bory, *Une retraite romantique en Suisse : Liszt et la comtesse d'Agoult* (Genève, 1930); R. Bory, *Liszt et ses enfants, Blandine, Cosima et Daniel, d'après une correspondance inédite avec la princesse Marie Sayn-Wittgenstein* (Paris, 1936); B. Ollivier, *Liszt, le musicien passionné* (Paris, 1936); D. Ollivier, éd., *Correspondance de Liszt et de sa fille Mme Emille Ollivier* (Paris, 1936); J. Bier, *Franz Liszt, l'artiste, le clerc* (Paris, 1950); B. Szabolcsi, *Franz Liszt an seinem Lebensabend* (en all. et en angl.; Budapest, 1959); C. Rostand, *Liszt* (Paris, 1960; rééd., 1977); F. d'Eaubonne, *la Vie de Franz Liszt* (Paris, 1963); A. Leroy, *Franz Liszt, l'homme et son œuvre* (Paris, 1964); E. Haraszti, *Franz Liszt* (Paris, 1967); ouvrage collect., *Liszt* (Paris, 1967); *F. Liszt, the Man and his Music*, sous la dir. de A. Walker (Londres, 1970); A. Gauthier, *Liszt* (Paris, 1972);
J. Faure-Cousin et F. Clidat, « Aux sources littéraires de Franz Liszt », in *RM* 292-293 (1973); M. Sogny, *l'Admiration créatrice chez Liszt* (Paris, 1975); S. Monthu-Berthon, *Un Liszt méconnu* (Paris, 1982).
ICONOGRAPHIE. R. Bory, *la Vie de Franz Liszt par l'image* (Paris, 1936); H. Weilguny et W. Handrick, *Franz Liszt, Biographie in Bildern* (Weimar, 1958); Z. László et B. Mátéka, *Franz Liszt : sein Leben in zeitgenössischen Bildern* (Cassel, 1969); Z. László et B. Mátéka, *Franz Liszt par l'image* (Budapest, 1978).
ÉTUDES TECHNIQUES. V. Boissier, *Liszt pédagogue* (Paris, 1928; rééd., Genève, 1977); R. Raabe, *Franz Liszt, Leben und Schaffen*, 2 vol. (en all.; Stuttgart, Berlin, 1931); I. Philipp, *la Technique de Liszt* (Paris, 1932); R. Kokai, *Franz Liszt in seinem frühen Klavier-werke* (Leipzig, 1933; rééd., Cassel, 1968); E. Haraszti, « le Problème Liszt », in *AM* IX-X (1937-1938); E. Haraszti, « les Origines de l'orchestration de Franz Liszt », in *RMie* XXXIV (1952); E. Haraszti, « Genèse des préludes de Liszt », in *RMie* XXXV (1953); H. Searle, *The Music of Liszt*, avec catal. et bibl. complète (Londres, 1954); J. Gergely, « Reconstitution et première audition de la sonate pour violon et piano de Liszt », in *RMie* XLV-XLVI (1960); A. W. Marget, « Liszt and Parsifal », in *MR* XIV (1953); *Congrès Liszt-Bartók : Bericht über die zweite internationale Musikwissen schaftliche Konferenz* (Budapest, 1961; Studia musicologica V, 1963); *Thematische Verzeichnis der Werke, Bearbeitungen und Transkriptionen von Franz Liszt* (Londres, 1965); P. Schwarz, *Studien zur Orgelmusik Franz Liszts* (Munich, 1977); S. Gut, *Franz Liszt, les éléments du langage musical* (Paris, 1975); B. Ott, *Liszt et la pédagogie du piano* (Issy-les-Moulineaux, 1978); V. Jankélévitch, *Liszt et la rhapsodie ; essai sur la virtuosité* (Paris, 1979).

litanie. A. Machabey, « Le origini asiatiche della litania cristiana occidentale », in *RassM* XXI (1951); S. Corbin, *l'Église à la conquête de sa musique* (Paris, 1960).

Litolff. *Führer durch die Collection Litolff* (Braunschweig, 1884); *Fünfzig Jahre Collection Litolff* (Braunschweig, 1914); F. Stein, « Litolff Henry-Charles » et « Litolff (Henry Litolff's verlag) », in *MGG* VIII (1960); T. M. Blaiz, *H. Ch. Litolff, His Life and Piano Music* (Univ. d'Iowa, 1968).

Locatelli. A. J. C. Koole, *P. A. Locatelli da Bergamo* (Amsterdam, 1949); B. Becherini, « Bibliografia delle opere di P. A. Locatelli », in *Manuscriti lombardi ed emiliani* (Sienne, 1958).

Locke. W. H. Cumming, « Mathew Locke, Composer for the Church and Theater », in *SdIM* XIII (1911-12); R. E. M. Harding, *A Thematic Catalogue of the Works of Matthew Locke* (Oxford, 1971).

Lœillet. Ch. Van den Borren, *la Musique en Belgique* (Bruxelles, 1950); B. Priestman, « Catalogue thématique des œuvres de Jean-Baptiste, John et Jacques Lœillet », in *RBM* VI (1952).
Loewe. H. Bulthaupt, *Carl Loewe, Deutschlands Balladencomponist* (Berlin, 1898); J. Chantavoine, *Musiciens et poètes... La ballade allemande et Carl Loewe* (Paris, 1912); K. Anton, « Aus Karl Loewes noch unveroffentlicher Lehre des Balladengesangs », in *ZfM* II (1920).

Lohengrin. M. Kufferath, *Lohengrin* (Paris, 1895); A. Himonet, *Lohengrin de Richard Wagner, étude historique et critique, analyse musicale* (Paris, s.d.).

Lolli. A. Moser, « Arcangelo Corelli und Antonio Lolli; zwei kunstlerische Ehrenrettungen », in *ZfM* III (1921).

Londres. *British Museum Catalogue of Music; Accessions* (Londres, 1884-1982); J. S. Bumpus, *The Organists and Composers of St. Paul's Cathedral* (Londres, 1891); H. S. Wyndham, *The Annals of Covent Garden from 1732 to 1897* (Londres, 1906); W. B. Squire, *Catalogue of Printed Music Published between 1487 and 1800 now in the British Museum*, 2 vol. (Londres, 1912); M. D. Calvocoressi, *Musicians Gallery; Music and Ballet in Paris and London* (Londres, 1932); D. Nalbach, *The King's Theater 1704-1867, London's First Italian Opera House* (Londres, 1972).

Long. M. Long, *le Piano de...* (Paris 1959; rééd., 1973); M. Long, *Au piano avec Claude Debussy* (Paris, 1960; rééd., 1976); M. Long, *Au piano avec Gabriel Fauré* (Paris, 1963; rééd., 1976); J. Weill, *Marguerite Long, une vie fascinante* (Paris, 1969); « les Concours Marguerite Long - Jacques Thibaud », in *RM* 245 (1969); M. Long, *Au piano avec Maurice Ravel* (Paris, 1971).

Lortzing. H. Killer, *Albert Lortzing* (Potsdam, 1938); E. Sanders, « Oberon und Zar und Zimmermann », in *MQ* XL (1954).

Los Angeles V. de. B. Gavoty, *Victoria de Los Angeles* (Genève, 1956); M. Rosenthal, *Sopranos of Today* (Londres, 1956); A. Llopis, *Victoria dels Angels* (Barcelone, 1963).

Lotti. Ch. Spitz, « Die Opern "Ottone" von G. F. Haendel und "Teofano" von A. Lotti », in *Mélanges* (Munich, 1918); S. Dalla Libera, « Cronologia musicale della basilica di San Marco in Venezia », in *Musica Sacra* (Milan, 1961); B. Becherini, « La produzione vocale da camera di Antonio Lotti », in *Musiche italiane rare e vive da G. Gabrieli à G. Verdi* (Sienne, 1962).

Lübeck. W. Stahl, « F. Tunder und D. Buxtehude », in *AfM* VIII (1926); J. Hennings et W. Stahl, *Musikgeschichte Lübecks*, 2 vol. (Cassel, 1951-52).

Luccioni. R. Mancini, *José Luccioni* (Paris, 1978).

Ludwig F. H. Besseler, « F. Ludwig », in *ZfM* XIII (1930-31); J. Chailley, « Quel est l'auteur de la "théorie modale" dite de Poeck-Aubry ? », in *AfM* X (1953).

Lully ou Lulli. L. de La Laurencie, *Lully* (Paris, 1911; rééd., 1977); P. M. Masson, « Lullistes et Ramistes » (1733-1752), in *l'Année musicale 1911*

(1912; réséd., 1972). J. Tiersot, *la Musique dans la comédie de Molière* (Paris, 1922); E. Borrel, *Jean-Baptiste Lully* (Paris, 1949); J. Chailley, « Notes sur la famille de Lully », in *RMie* XXXIV (1952); M. Domerc, *Lulli* (Paris, 1952); R. et P.-M. Masson, « Jean-Baptiste Lully », in *Histoire de la musique*, I (1960); J. Eppelsheim, *Das Orchester in den Werken J.-B. Lullys* (Tutzing, 1961); W. P. Cole, *The Motets of Lully* (thèse; University of Michigan, 1967); H. Ellis, « Inventory of the Dances of J.-B. Lully », in *Recherches*, 9 (1969); C. Girdlestone, *la Tragédie en musique 1673-1750 considérée comme un genre littéraire* (Genève, 1972); H. Schneider, *Chronologischthematisches Verzeichnis samtlicher Werke von Jean-Baptiste Lully* (Tutzing, 1981); H. Schneider, *Die Rezeption der Opern Lullys in Frankreich des Ancien Régime* (Tutzing, 1982).

luth. G. Bataille, *Airs de différents auteurs mis en tablature de luth*, 6 vol. (Paris, 1608-1615; réséd., Genève, 1980); J. Bittner, *Pièces de luth* (1682; réséd., Genève, 1975); J. Gallot, *Pièces de luth, composées sur différents modes. Avec les folies d'Espagne enrichies de plusieurs beaux couplets dédiés à Monseigneur le comte d'Estrée, vice-amiral de Paris* (Paris, 1684; réséd., Genève); Manuscrit Vaudry de Saizenay, *Tablature de luth et de théorbe de divers auteurs*, fac-similé du manuscrit de Besançon (1699; réséd., Genève); M. Brenet, *Notes sur l'histoire du luth en France* (Turin, 1899, réséd., Genève, 1973); L. de La Laurencie, *les Luthistes* (Paris, 1928); R. Newton, « English Lute Music of the Golden Age », in *Proceedings of the musical association* 65 (1938-39); *le Luth et sa musique*, sous la direction de J. Jacquot (Paris, 1957; réséd., 1976); A. Verchaly, *le Livre des vers du luth* (Aix-en-Provence, 1958); H. Charnassé et F. Vernillat, *les Instruments à cordes pincées* (Paris, 1970); M. Renault, *Guillaume Morlaye, œuvres pour le luth* (Paris, 1981); J.-M. Vaccaro, *la Musique de luth en France au XIe siècle* (Paris, 1981).

Luther. F. Spitta, *Ein feste Burg ist unser Gott; die Lieder Luthers in ihrer Bedeutung für das evangelische Kirchenlied* (Göttingen, 1905); Ch. Mahrenholz, *Luther und die Kirchenmusik* (Cassel, 1937); Ch. Schneider, *Luther, poète et musicien et les Enchiridion de 1524* (Genève, 1942); W. Blankenburg, « Luther », in *MGG* VIII (1960); H. J. Mooser, « Luther als Musiker », in *Mélanges* (Munich, 1970).

lutherie, luthier. « Art du faiseur d'instruments de musique et lutherie », extrait de l'*Encyclopédie méthodique, Arts et métiers mécaniques* (Paris, 1785; réséd., Genève, 1972); C. Pierre, *les Facteurs d'instruments de musique, les luthiers et la facture instrumentale* (Paris, 1893; réséd., Genève, 1971); L. Greilsamer, « la Facture des instruments à archet », in *Lavignac*, Technique III (1927); H. Poidras, *Dictionnaire des luthiers anciens et modernes*, préface de P. Paray (Rouen, 1930); R. Vannes, *Dictionnaire universel des luthiers* (1951; réséd., 1972); M. et R. Millant, *Manuel pratique de lutherie* (Paris, 1952); W. Henley, *Universal Dictionary of Violin and Bow Makers*, 5 vol. (Brighton, 1959-1960); A. Roussel, *Nouveau Traité de lutherie* (Paris, 1966); W. Bachmann, *The Origins of Bowing and the Development of Bowed Instruments up to the Thirtennth Century* (Londres, New York, Toronto, 1969); S. Millot, *Documents inédits sur les luthiers parisiens du XVIIIe siècle* (Paris, 1970); A. Roussel, *Traité de lutherie* (Francfort, 1974).

Lutoslawski. S. Jarocinski, *W. Lutoslawski, materialy do monografii* (Cracovie, 1967); O. Nordwall, *Lutoslawski* (Stockholm, 1968); B. A. Varga, *Lutoslawski profile* (Londres, 1976); *la Musique polonaise et Witold Lutoslawski*, présentation d'entretiens par Jean-Paul Couchoud (Paris, 1981).

Lyre. H. Panum, « Harfe und Lyra im alten Nordeuropa », in *SdIM* VII (1905-1906).

M

Mc Cormack. L. Mac Dermott Roe, *The John Mc Cormack discography* (Lingfield, 1972).

Mace. J. Jacquot, « Musick's Monument de Thomas Mace et l'évolution du goût musical en Angleterre », in *RMie* XXXIV (1952).

Machaut. A. C. de Caylus, « Premier Mémoire sur Guillaume de Machaut, poète et musicien dans le XIVe siècle », in *Mémoires de littérature*, tome XX (Paris, 1753); A. Donce, *Guillaume de Machaut* (Reims, 1948); O. Gombosi, « Machaut's Messe Notre Dame », in *MQ* XXXVI (1950); G. Reaney, « A Chronology of the Ballads, Rondeaux and Virelais set to Music by Guillaume de Machaut », in *MD* VI (1952); G. Reaney, « The poetic form of Machaut's musical works », in *MD* XIII (1959); G. Reaney « Voices and Instruments in the Music of Guillaume de Machaut », in *RBM* X (1956); G. Reaney, *Guillaume de Machaut* (Londres, New York, 1971); A. Machabey, *Guillaume de Machaut, la vie et l'œuvre musicale*, 2 vol. (Paris, 1955); S. J. M. Williams, *The Music of Guillaume de Machaut* (thèse; Yale University, 1966).

Madrid. H. Husman, « Die Motetten der Madrider Handschrift und deren Geschichtliche Stellung », in *AfM* II (1937); H. Anglès et J. Subira, *Catalogo musical de la biblioteca nacional de Madrid* (Instituto español de musicologia, 1946); J. Subira, *El teatro del Real Palacio* (*ibid.*, 1950); F. Sopena Ibanez, *Historia critica del conservatorio de Madrid* (Madrid, 1967); J. Subira Puig, *Temas musicales madrilenos; evocaciones historicas* (Instituto de estudios madrilenos, Madrid, 1971).

madrigal. G. Caesari, *Die Entstehung des Madrigals im 16. Jahrhundert* (Crémone, 1908); A. Einstein, « Dante im Madrigal », in *AfM* III (1921); A. Einstein, *The Italian Madrigal* (Princeton University Press, 1949); E. H. Fellowes, *The English Madrigal Composers* (Oxford, 1921); Ch. Van den Borren, « le Madrigal », in *Lavignac*, Technique (1931); A. von Königslöw, *Die italienischen Madrigalisten des Trecento* (Wurtzbourg, 1940); E. li Gotti, *La poesia musicale italiana des secolo XIV* (Palerme, 1944); A. Obertello, *Madrigali italiani in Inghilterra* (Milan, 1949); J. A. Westrup, « l'Influence de la musique italienne sur le madrigal anglais », in *Musique et poésie au XVIe siècle* (Paris, 1954); N. Bridgman, « La frottola et le madrigal en Italie », in *Histoire de la musique*, I (1960); F. Mompellio, *le Madrigal dramatique* (*ibid.*); J. Kerman, *The Elizabethan Madrigal, a Comparative Study* (New York, 1962); *Chanson and Madrigal 1480-1530, Studies in Comparison and Contrast* (Cambridge, Mass., 1964); U. Schulz-Buschhaus, *Das Madrigal* (Bad-Homburg, 1969); S. Schmalzriedt, *Heinrich Schütz und andere Zeitgenossische Musiker in der Lehre Giovanni Gabrielis : studien zu ihren madrigalen* (Stuttgart, 1972).

Magnard. G. Carraud, *la Vie, l'œuvre et la mort d'Albéric Magnard* (Paris, 1921); *Albéric Magnard 1865-1914*, catalogue d'exposition par B. Bardet (B. N. Paris, 1966).

magnificat. C. H. Illing, *Zur Technik der Magnificat-composition des 16. Jahrhundert* (Berlin, 1936); W. Kirsch, *Die Quellen der mehrstimmigen Magnificat und Te Deum Vertönungen bis zum Mitte der 16. Jahrhundert* (Tutzing, 1966).

Mahler. G. Mahler, *Briefe* (Berlin, 1929); G. Mahler, *Lettres à Alma* (trad. fr. M. et R. d'Asfeld; Tours, 1979); G. Adler, *Gustav Mahler* (Leipzig, 1916); P. Bekker, *Gustav Mahlers Symphonien* (Berlin, 1921; réséd., 1969); N. Bauer-Lechner, *Erinnerungen an Gustav Mahler* (Leipzig, Vienne, Zurich, 1923; trad. angl. Londres, 1980); B. Walter, *Gustav Mahler* (Vienne 1936; réséd., 1957), trad. fr. B. Vierne, préface de P. Boulez (Paris, 1979); D. Newlin, *Bruckner, Mahler, Schoenberg* (New York, 1947; réséd., 1978); Br. Walter, *Thema und variationen, Erinnerungen und Gedanken* (Stockholm, 1947; trad. fr. *Thèmes et variations, souvenirs et réflexions*, Paris, 1952); A. Mahler, *Gustav Mahler, Erinnerungen und Briefe* (Amsterdam, 1949); H. Tischler, « Mahlers "Das Lied von der Erde" », in *MR* X (1949); H. Tischler, *Mahler's Impact on the Crisis of the Tonality, ibid.* XII (1951); H. F. Redlich, *Bruckner and Mahler* (Londres, 1955; réséd., 1963); D. Mitchell, *Gustav Mahler, the Early Years* (Londres, 1958); J. Matter, *Mahler le démoniaque* (Lausanne, 1959); A. Mahler-Werfel, *Mein Leben* (Francfort-sur-le-Main, 1960; trad. fr. G. Marchegay, Paris, 1961); N. Carolus, *Gustav Mahler, his mind and his music* (Londres, 1965); M. Vignal, *Mahler* (Paris, 1966); *Gustav Mahler*, ouvr. collect. (Wunderlich, Tubingen, 1966); G. Engel, *Gustav Mahler, song-symphonist* (New York, 1970); Th. Reik, *Variations psychanalytiques sur un thème de Gustav Mahler* (Paris, 1972); W. Schreiber, *Gustav Mahler in Selbstzeugnissen und Bilddokumenten* (Reinbeck bei Hambourg,

1973); M. Kennedy, *Mahler* (Londres, 1974); J. Matter, *Connaissance de Mahler* (Lausanne, 1974); P. G. Langevin, « le siècle de Bruckner », in *RM* 298-299 (1975); D. Mitchell, *Gustav Mahler, the Wunderhorn Years, Chronicles and Commentaries* (Londres, 1975); Th. W. Adorno, *Mahler. Une physionomie musicale* (trad. fr. J. L. Leleu; Paris, 1976); « Mahler », in *l'Arc* (Paris, 1976); K. Blaukopf, *Gustav Mahler*, tr. fr. B. Berlowitz (Paris, 1979); H.-L. de la Grange, *Gustav Mahler*, préface de P. Boulez (Paris, 1979); Donald Mitchell, Alma Mahler, *Mémoires et correspondance* (Paris, 1980).

Maîtres chanteurs. C. Mey, *Der Meistergesang in Geschichte und Kunst* (Leipzig, 1901); C. H. Bell, *Georg Hager, a Meistersinger of Nurnberg* (Berkeley, 1947); F. Schnell, *Zur Geschichte der Augsburger Meistersingerschule* (Augsbourg, s.d.).

Maîtres chanteurs de Nuremberg *(les).* J. Cor, *« les Maîtres chanteurs » de Richard Wagner. Étude musicale et littéraire* (Paris, 1898); E. Thomas, *Die Instrumentation der Meistersinger von Nurnberg von Richard Wagner*, 2 vol. (Leipzig, s.d.); A. Lefrançois, *« les Maîtres chanteurs de Nuremberg » de Richard Wagner, étude thématique, analyse* (Paris, 1974; rééd., 1978; A. Ernst, *les Maîtres chanteurs de Nuremberg* (Paris, s.d.); C. Joly, *« les Maîtres chanteurs » de Richard Wagner* (Paris, s.d.).

Malibran. C. Lanquine, *La Malibran* (Paris, 1911); A. Pougin, *La Malibran, histoire d'une cantatrice* (Paris, 1911; rééd., Genève, 1973); A. Flament, *Une étoile en 1830, la Malibran* (Paris, 1928); F. Vatielli, *La Malibran in Italia* (Rome, 1931); A. Flament, *l'Enchanteresse errante, la Malibran* (Paris, 1937); H. Malherbe, *la Passion de la Malibran* (Paris, 1937); S. Desternes et H. Chandet, *La Malibran et Pauline Viardot* (Fayard, 1969).

Malipiero. M. Bontempelli, R. Cumar, *G. F. Malipiero* (Milan, 1942); N. Costarelli, « Nota sulle sinfonie di G. F. Malipiero », in *RassM* XXI (1951); M. Labroca, *Malipiero musicista veneziano* (Venise, Rome, 1957).

Mallarmé. V. Terenzio, « Debussy e Mallarmé », in *RassM* XVII (1947); R. Meylan, *les Écrivains et la musique. 2. Les modernes français* (Lausanne, 1952); S. Bernard, *Mallarmé et la musique* (Paris, 1959).

mandoline. S. Ranieri, « la Mandoline », in *Lavignac*, Technique III (1927); G. de Saint-Foix, « Un fonds inconnu de compositions pour mandoline (XVIIe s.) », in *RMie* XVII (1933); P. J. Bone, *The Guitar and Mandolin* (Londres, 1954).

Mannheim. G. J. Vogler, *Betrachtungen der Mannheimer Tonschule*, 3 vol. (1778-1781; réimpr., 1974); L. Kamienski, « Mannheim und Italien », in *SdIM* X (1908-1909); H. Herens, *100 Jahre Musikverein Mannheim* (1929); F. Waldkirch, *Die konzertanten Sinfonien der Mannheimer im 18. Jahrhundert* (thèse; Heidelberg, 1931); E. Schmidt, J. Tröller, « Mannheim », in *MGG* VIII (1960); J. P. Larsen, « Zur Bedeutung der Mannheimer Schule », in *Festschrift Karl Gustav Fellerer zum sechzigsten Geburtstag am 7. Juli 1962* (Regensburg, 1962); E. K. Wolff, « A New Identified Complex of Manuscripts from Mannheim », in *JAMS* XXVII (1974).

Marais *M.* M. Barthélémy, « les Opéras de Marin Marais », in *RBM* VII (1953); F. Lesure, *Marin Marais, sa carrière, sa famille (ibid.)*; G. H. Thompson, « Marin Marais's Pièces de Viole », in *MQ* XLVI (1960); G. H. Thompson, « Instrumental Style in Marin Marais's Pièces de viole », in *Recherches* III (1963).

Marcabru. P. Aubry, *Quatre Poésies de Marcabru, troubadour gascon du XIIe siècle*, texte, musique et traduction (Paris, 1904); J. Dejeanne, *Poésies complètes du troubadour Marcabru* (Toulouse, 1909); F. Gennrich, *Der musikalische Nachlass der Troubadours* (Darmstadt, 1958).

Marcello *B.* A. D'Angeli, *Benedetto Marcello* (Milan, 1940); R. G. Pauly, « Benedetto Marcello's Satire on Early 18th Century Opera », in *MQ* XXXIV (1948); W. S. Newsman, « The Keyboard Sonatas of Benedetto Marcello », in *AM* XIX et XXI (1957, 1959); C. Fruchtman, *Checklist of Vocal Chamber Works by Benedetto Marcello* (Detroit, 1967).

Marchand. A. Pirro, « Louis Marchand », in *SdIM* VI (1904-1905); M. Benoit, « Une dynastie de musiciens versaillais : les Marchand », in *Recherches* I-III (Paris, 1960-1962).

Marchettus da Padova. O. Strunk, « Intorno a Marchettus da Padova », in *RassM* XX (1950); N. Pirrotta, « Marchettus da Padova and the italian Ars Nova », in *MD* IX (1955); G. Vecchi, *Su la composizione del Pomerium di Marchetto da Padova e la Berri compilatio* (Bologne, 1957).

Marescotti. A. Goléa, *André-François Marescotti* (Paris, 1963).

Markévitch *I.* I. Markévitch, *Introduction à la musique* (Lausanne, 1940); I. Markévitch, *Made in Italie* (Genève, 1946; Paris, 1947); B. Gavoty, *Igor Markévitch* (Genève, 1954); *Point d'orgue. Entretiens avec Cl. Rostand* (Paris, 1959).

Maroc. R. d'Erlanger, *la Musique arabe* (Paris, 1930-1959); A. Chottin, *Corpus de la musique marocaine* (Paris, 1931-1933); P. Thornton, *The Voice of Atlas* (Londres, 1936); A. Chottin, *Tableau de la musique marocaine* (Paris, 1939); P. Garnia Barriuso, *La música hispano-musulmana en Marruecos* (Larache, 1941); P. Garcia Barriuso, *La música hispano-musulmana en Marruecos* (Madrid, 1950); A. Essayd, « la Musique berbère au Maroc », in *la Musique dans la vie* (Paris, 1967).

maronite. L. Hage, « le Chant maronite », in *Encyclopédie des musiques sacrées*, vol. 2 (Paris, 1969).

Marot. E. O. Douen, *Clément Marot et le psautier huguenot*, 2 vol. (Paris, 1878-79); J. Rollin, *les Chansons de Clément Marot, étude historique, bibliographique, littéraire et musicale* (Paris, 1951); F. Lesure, « Autour de Clément Marot et de ses musiciens », in *RMie* XXXIII (1951); Cl. A. Mayer, *Bibliographie des œuvres de Clément-Marot*, 2 vol. (Genève, 1954); V.-L. Saulnier, « D. Phinot et D. Lupi, musiciens de Marot et des marotiques », in *RMie* XLIII (1959); P. Pidoux, *le Psautier huguenot du XVIe s.*, 2 vol. (Bâle, 1962).

Marschner. H. Gaartz, *Die opern Heinrich Marschners* (Leipzig, 1912); G. Fischer, *Marschner-Erinnerungen* (Hanovre, 1918).

Martin *F.* F. Martin et J. C. Piguet, *Entretiens sur la musique* (Neuchâtel, 1967); E. Ansermet et F. Martin, *Correspondance 1934-1968 (ibid., 1976)*; R. Vlad, « Frank Martin », in *RassM* XXIV (1954); A. Koelliker, *Frank Martin* (Lausanne, 1963); B. Billeter, *Frank Martin, ein Aussenseiter der neuen Zeit* (Stuttgart, 1970); B. Martin, *Frank Martin ou la Réalité du rêve* (Neuchâtel, 1973); « Frank Martin », in *Revue Zodiaque* n° 103 (1975); *Frank Martin. Un compositeur médite sur son art. Propos recueillis par sa femme* (Neuchâtel, 1978).

Martin y Soler. R. Mitjana, « la Musique en Espagne », in *Lavignac*, Histoire IV (1920); R. A. Mooser, « Un musicien espagnol en Russie à la fin du XVIIIe siècle », in *RMI* XL (1936); R. A. Mooser, *Opéras, intermezzos, ballets, cantates, oratorios joués en Russie durant le XVIIIe s.* (Genève, 1955).

Martini. G. B. Musicisti *della scuola emiliana...* (Sienne, 1956); L. F. Tagliavini, *l'Opéra italien du jeune Mozart* (Paris, 1958); B. Wiechens, *Die Kompositionstheorie und das kirchenmusikalische Schaffen Padre Martini* (Regensburg, 1968).

Martinon. A. Machabey, *Portraits de 30 musiciens français* (Paris, 1949).

Martinů. J. Bruyr, *l'Écran des musiciens* (Paris, 1933); M. Safranek, *Bohuslav Martinů, the Man and his Music* (New York, 1944; Londres, 1946); H. Halbreich, *Martinů Werkeverzeichnis, Dokumentation und Biographie* (Zurich, 1968).

Mascagni. E. Pompei, *Pietro Mascagni, nella vita e nell'arte* (Rome, 1912); A. de Donno, *Modernita di Mascagni* (Rome, 1931); P. Mascagni, *Mascagni parla* (Rome, 1945); F. Bonavia, *P. Mascagni* (Londres, 1952); A. Anselmi, *P. Mascagni* (Milan, 1959); M. Morini, *Pietro Mascagni*, 2 vol. (Sonzogno, Milan, 1964); C. Parmetola, « Pietro Mascagni, contributi alla conoscenza della sua opera nel primo centenario della nascita, Livourne 1963 », in *Storia dell' opera* (Turin, 1977).

masque, mask. J. Combarieu, *l'Opéra avant Lully et les masques anglais, à propos d'un livre récent*, in *RM* IX (1909); E. Welsford, *The court Mask* (Cambridge, 1927); E. J. Dent, *Foundation of English Opera (ibid., 1928)*; O. Gombosi, « Some Musical Aspects of the English Court Masque », in *JAMS* I (1948); *les Fêtes de la Renaissance*, sous la direction de J. Jacquot (Paris, 1956); *le Baroque au théâtre et la théâtralité du baroque* (Cen-

BIBLIOGRAPHIE

tre National de recherches du baroque, Montauban, 1967) ; M. Lefkowitz, *Trois Masques à la cour de Charles Ier d'Angleterre* (Paris, 1970).

Massenet. E. de Solenière, *Massenet, étude critique et documentaire* (Paris, 1897) ; J. Massenet, *Mes souvenirs* (Paris, 1912) ; M. Lena, *Massenet* (Paris, 1920) ; J. Loisel, *Manon de Massenet, étude historique et critique, analyse musicale* (Paris, 1922) ; L. Schneider, *Massenet* (Paris, 1926) ; Ch. Bouvet, *Massenet* (Paris, 1929) ; R. Brancour, *Massenet* (Paris, 1931) ; A. Bruneau, *Massenet* (Paris, 1935) ; N. Boyer, *Trois Musiciens français, Gounod, Massenet, Debussy* (Paris, 1946) ; J. Bruyr, *Massenet, musicien de la Belle Époque* (Lyon, 1964) ; A. Coquis, *Jules Massenet, l'homme et son œuvre* (Paris, 1965) ; E. Bouilhol, *Massenet, son rôle dans l'évolution du théâtre musical* (Paris, 1969) ; P. Bessand-Massenet, *Massenet vivant* (Paris, 1979).

Masson. J. Chailley, « In memoriam Paul-Marie Masson », in *AM* XXVI (1954) ; J. Chailley, « Paul-Marie Masson », in *RMie* XXXVI (1954).

Matteo da Perugia. F. Fano, *La cappella musicale del duomo di Milano* (Milan, 1957).

Mattheson. H. Schmidt, *Johann Mattheson, ein Förderer der deutsche Tonkunst im Lichte seine Werke* (Leipzig, 1897) ; B. C. Cannon, *Johann Mattheson spectator in music* (Newhaven, 1947 ; réed., 1968).

Mauduit. M. Brenet, *Musique et musiciens de la vieille France* (Paris, 1911 ; réed., 1978) ; P.-M. Masson, « Jacques Mauduit et les hymnes latines de Laurence Strozzi », in *RMie* VI (1925).

Maugars. G. Bertrand, « Maugars le violiste », in *Men* XXXI (1864) ; E. Thoinan, *Maugars, célèbre joueur de viole* (Paris, 1865).

Maus. A. Van der Linden, *Octave Maus et la vie musicale belge* (Bruxelles, 1956).

Medtner. N. Medtner, *Mouza i moda*, « la Muse et la mode » (Paris, 1935 ; réed., Paris, 1978) ; R. Holt, *Medtner and his Music* (Londres, s.d.) ; R. Holt, *Nicolas Medtner 1879-1951, a Tribute to his Art and Personality* (Londres, 1955) ; B. Pinsonneault, *Nicolas Medtner, pianiste-compositeur*, préface de M. Dupré (Montréal, 1956) ; N. Medtner, le *Travail quotidien du pianiste et du compositeur* (en russe ; Moscou, 1963) ; N. Medtner, *Pisma* (lettres) [Moscou, 1973].

Méhul. A. Pougin, *Méhul, sa vie, son génie, son caractère* (Paris, 1889 ; réed., Genève, 1973) ; R. Brancour, *Méhul, biographie critique* (Paris, 1912, réed. 1960) ; H. Strobel, « Die Opern von E. N. Méhul », in *ZfM* VI (1924) ; G. de Saint-Foix, « les Six Sonates de Méhul », in *RM* (1925) ; P.-M. Masson, « l'Œuvre dramatique de Méhul », in *Annales de l'Univ. de Paris* (Paris, 1937) ; A. Brancour, *Méhul* (Paris, 1960).

mélodie. GENRE : Ch. Koechlin, « la Mélodie », in *50 Ans de musique française* (Paris, 1925) ; P. Collaer, « Poésie et musique dans la mélodie française contemporaine », in *Mélanges* (Anvers, 1945) ; E. Reuter, *la Mélodie et le lied* (Paris, 1950) ; F. Noske, *la Mélodie française de Berlioz à Duparc* (Paris, 1954). [Pour la mélodie en Allemagne, v. LIED.]

STRUCTURE : M. Touze, *Précis de musique intégrale : I, La mélodie, ses lois, son évolution* (Paris, 1922) ; A. Machabey, *Essai sur les formules usuelles de la musique occidentale* (Paris, 1928) ; G. Ferchault, *Introduction à l'esthétique de la mélodie* (Paris, 1946) ; M. Beaufils, *Musique du son, musique du verbe* (Paris, 1954) ; M. Navone, *Mensurazione e melodia, norme e problemi* (Turin, 1960) ; B. Szabolcsi, *A History of Melody* (trad. angl. C. Jolly et S. Karig ; Londres, 1965) ; M. Navone, *L'aspetto tattile della melodia* (Turin, 1967) ; M. Baroni et C. Jacobin, *Proposal for a Grammar of Melody. The Bach chorales* (Montréal, 1978).

mélodrame. J. Van der Veen, *le Mélodrame musical de Rousseau au romantisme* (Nijhoff, 1955).

Mendelssohn. Félix Mendelssohn, *Lettres inédites* (trad. fr. Romain Rolland ; Paris, s.d.) ; *Briefe* (Berlin, 1961) ; *Briefe aus Leipziger Archiven* (Leipzig, 1972) ; Dr. M. Sandig, *Catalogue thématique de l'œuvre de Félix Mendelssohn-Bartholdy* (en all. ; s.d.).

OUVRAGES GÉNÉRAUX ET BIOGRAPHIES : C. Bellaigue, *Mendelssohn* (Paris, 1907) ; P. de Stœcklin, *Mendelssohn* (Paris, 1927) ; B. Bartell, *Mendelssohn-Bartholdy, Mensch und Werk* (Brême, 1947) ; H. Weiss, *Felix Mendelssohn-Bartholdy, ein Lebensbild in Briefen und Zeitgenossischen Urteilen* (Berlin, 1947) ; Dr. F. H. Franken, *Das Leben grosser Musiker im Spiegel der Medizin : Schubert, Chopin, Mendelssohn* (Stuttgart, 1959) ; H. E. Jacob, *Mendelssohn und seine Zeit* (Francfort-sur-le-Main, 1959) ; E. Werner, *Mendelssohn, a New Image of the Composer and his Age* (trad. angl. D. Newlin ; New York, 1963) ; H. Kupferberg, *Felix Mendelssohn, his life, his family, his music* (New York, 1972) ; Y. Tiénot, *Menselssohn, musicien complet* (Paris, 1972) ; R. Jacobs, *Mendelssohn* (Paris, 1977).

ICONOGRAPHIE : *Felix Mendelssohn Bartholdy, Denkmal in Wort und Bild* (Bâle, 1947) ; M. E. Schneider, *Felix Mendelssohn im Bildnis*, Bâle, 1953).

ETUDES TECHNIQUES : W. Kahl, « Zu Mendelssohns Liedern ohne Worte », in *ZfM* III (1921) ; T. Armstrong, *Mendelssohn's Elijah* (Londres, 1931) ; D. Mintz, « Melusine a Mendelssohn draft », in *MQ* XLIII (1947) ; H. Tischler, « Mendelssohn's style », in *MR* VIII (1947) ; H. E. Wolff, « Mendelssohn and Handel », in *MQ* XLV (1959) ; J. Horton, *Mendelssohn's Chamber Music* (Londres, 1972) ; M. Thomas, *Das Instrumentalwerk Felix Mendelssohn Bartholdis* (Cassel, 1972) ; R. Jacobs, *Mendelssohn* (Paris, 1977) ; Dr. M. Sandig, *Catalogue thématique de l'œuvre de Félix Mendelssohn-Bartholdy* (en all. ; s.d.).

ménestrel. E. Van der Straeten, *les Ménestrels aux Pays-Bas du XIIIe au XVIIIe siècle* (Bruxelles, 1878 ; réed., Genève, 1972) ; J. de Pas, *Ménestrels et écoles de ménestrels à Saint-Ouen (XVe et XVIe s.)* [Saint-Ouen, 1903 ; 15 p. réed. en fac-similé in *la Vie musicale dans les provinces françaises*, Genève, 1972) ; E. Duncan, *The Story of Minstrelsy* (Londres, 1907 ; réed., 1950).

Menotti. W. Bridge, « L'opera di G. C. Menotti », in *Diapason* (1950) ; R. Tricoire, *Gian-Carlo Menotti, l'homme et son œuvre* (Paris, 1966) ; L. Grieb, *The Operas of Gian Carlo Menotti* (Metuchen, New Jersey, 1974).

menuet. Pécourt et Feuillet, *Recueil de danses* (Paris, 1709) ; P. Rameau, *le Maître à danser* (Paris, 1725) ; Ch. Compan, *Dictionnaire de danse* (Paris, 1787) ; A. Moroni, *I menuetti* (Rome, 1880) ; H. Martens, *Das Menuett* (Wolfenbüttel, 1958) ; N. Sauvage, *le Menuet* (Paris, 1960).

Menuhin. R. Magidoff, *Y. Menuhin* (New York, 1955) ; B. Gavoty et R. Havert, *Y. Menuhin et G. Enesco* (Genève, 1955) ; R. Magidoff, *Yehudi Menuhin, l'histoire de l'homme et le musicien* (Paris, 1957) ; H. O. Spingel, *Yehudi Menuhin* (Berlin, 1964) ; Y. Menuhin, *l'Art de jouer du violon* (Paris, 1973) ; Y. Menuhin, *le Voyage inachevé*, tr. fr. J. du Mourier (Paris, 1979) ; Y. Menuhin, *Variations sans thèmes* (Paris, 1980).

Mercadante. B. Notarnicola, *Saverio Mercadante nella gloria e nella luce* (Rome, 1949).

Mersenne. H. Ludwig, *Marin Mersenne und seine Musiklehre* (Halle-Saale, 1935) ; R. Lenoble, *Mersenne ou la Naissance du mécanisme* (Paris, 1943) ; M. Escudier, *Introduction à une étude musicale de la correspondance du Père Marin Mersenne* (thèse ; Conservatoire de Paris, 1972).

Mésopotamie. F. W. Galpin, *The Music of the Sumerians and their Immediate Successors, the Babylonians and Assyrians* (Cambridge, 1937) ; M. Duchesne-Guillemin, « la Musique en Égypte et en Mésopotamie anciennes », in *Histoire de la musique*, I (1960).

Messager. H. Février, *André Messager, mon maître, mon ami* (Paris, 1948) ; M. Augé-Laribé, *Messager, la vie, l'œuvre, discographie* (Paris, 1951).

messe. P. Wagner, *Geschichte der Messe* (Leipzig, 1913) ; E. Borrel, « la Forme musicale de la messe », in *Lavignac*, Technique IV (1929) ; G. Reichert, *Zur Geschichte der Wiener Messenkomposition in der I. Hälfte des 18. Jahrhunderts* (thèse ; Vienne, 1935) ; W. Schulze, *Die mehrstimmige Messe in frühprotestantischen Gottesdienst* (Wolfenbüttel, 1940) ; K. G. Fellerer, *Die Messe* (Dortmind, 1951) ; *Le graduel romain, édition critique par les moines de Solesmes* (Solesmes, 1957-1960) ; E. Werner, *The Sacred Bridge* (Londres, 1958) ; L. Schrade, « The Cycle of the Ordinarium Missae », in *Mélanges* (Strasbourg, 1962) ; J. Schmidt-Görg, *Geschichte der Messe* (Cologne, 1967).

Messiaen. O. Messiaen, *Technique de mon langage musical*, 2 vol. (Paris, 1944 ; réed. vol. II, 1966) ; V. Bianchini, *Olivier Messiaen, compositeur de musique et rythmicien* (Paris, 1949) ; *Traité du rythme* (Paris, 1954) ; C. Rostand,

Olivier Messiaen (Paris, 1957); A. Goléa, *Rencontres avec Olivier Messiaen* (Paris, 1961); O. Messiaen, *Conférence de Bruxelles 1958* (Paris, 1960); P. Mari, *Olivier Messiaen, l'homme et son œuvre* (Paris, 1965; rééd., 1970); C. Samuel, *Entretiens avec Olivier Messiaen* (Paris, 1967); M. Reverdy, *l'Œuvre pour piano d'Olivier Messiaen* (Paris, 1978); A. Périer, *Messiaen* (Paris, 1979); H. Halbreich, *Olivier Messiaen* (Paris, 1980); *Visions de l'amen* (musique d'O. Messiaen, chorégraphie figurée de Mme Patricia Malavard) [Paris, 1966].

Métastase. Stendhal, *Vies de Haydn, Mozart et Métastase* (Paris, 1817); R. Rolland, « Métastase, précurseur de Gluck », in *Voyage musical au pays du passé* (Paris, 1920); R. Giazotto, *Poesia melodrammatica e pensiero critico nel settecento* (Milan, 1953); A. Ragni, *Incontri e scontri con Metastasio* (Campolasso, 1971).

Mexique. O. Mayer-Serra, *Panorama de la musica mexicana* (Mexico, 1941); R. Stevenson, *Music in Mexico a Historical survey* (New York, 1952); P. Castellanos, *Horizontes de la musica precortesiana* (Mexico, 1970).

Meyerbeer. G. Meyerbeer, *Briefwechsel und Tagebuch* (Berlin, 1860); H. Blaze de Bury, *Meyerbeer et son temps* (Paris, 1865); J. Weber, *Meyerbeer, notes et souvenirs d'un de ses secrétaires* (Paris, 1898); J. Combarieu, « Meyerbeer, bibliographie des œuvres, quelques lettres inédites », in *RM* IV (1904); H. Eymieu, *l'Œuvre de Meyerbeer* (Paris, 1910); H. de Curzon, *Meyerbeer* (Paris, 1911); L. Dauriac, *Meyerbeer* (Paris, 1913); E. Istel, « Meyerbeer's Way to Mastership », in *MQ* XII (1926); M. A. Allévy, *la Mise en scène en France dans la Ire moitié du XIXe siècle* (Paris, 1938); W. L. Crosten, *French Grand Opera* (New York, 1948); *Revue et Gazette musicale* (1831-1865).

Miaskovsky. *Perepiska Prokofieva i Miaskovskovo*, « correspondance de Prokofiev avec Miaskovsky » (Moscou, 1977); R. Moisenko, *Twenty Soviet Composers* (Londres, s.d.); A. Ikonnikov, *Miaskovsky, his Life and Work* (New York, 1946); *Miaskovsky, statii, pisma, vospominania*, « articles, lettres, souvenirs », 2 vol. (Moscou, 1959-60); A. Ikonnikov, *Houdojnik nachikh dnei* « Un artiste de notre époque » (Moscou, 1966).

Migot. L. Vallas, *Georges Migot* (Paris, 1923); P. Wolff, *la Route d'un musicien : Georges Migot* (Paris, 1933); M. Pinchard, *Connaissance de Georges Migot, musicien français* (Paris, 1959); L. Poirier, *Georges Migot et la musique d'orgue* (Strasbourg, 1972); *les Amis de l'œuvre et de la pensée de Georges Migot* (Strasbourg, 1976); M. Honegger, *Georges Migot, compositeur et humaniste*, catalogue d'exposition (Strasbourg, 1977).

Mihalovici. J. Bruyr, *l'Écran des musiciens* (Paris, 1933); G. Beck, *Marcel Mihalovici* (Paris, 1954).

Milan. L. Venturini, *Milano ne suoi storici settecenteschi* (Sandron, Milan, 1921); G. Morazzoni, F. Abbiati..., *La Scala, 3 agosto 1778, 11 maggio 1946*, recueil d'articles (Milan, 1946); C. Sartori, *La cappella musical del duomo di Milano* (Milan, 1957); N. Gallini, *Civico museo di antichi strumenti musicali* (Milan, 1958); R. Giazotto, *Misurgia Nova* (Milan, 1959); M. Dona', *La stampa musicale a Milano fino all'anno 1700* (Florence, 1961); G. Kessler, *Teatro alla Scala : die Geschichte der Mailander Oper* (Berlin, 1963); *Cento anni di concerti della societa del Quartetto di Milano* (Milan, 1964); C. Gatti, *Il teatro alla Scala nella storia e nell'arte* (Milan, 1964).

Milhaud. G. Augsbourg, *La vie de D. Milhaud en images* (Paris, s.d.); P. Collaer, *Darius Milhaud* (Anvers, 1947; Paris, 1982); G. Beck, *Darius Milhaud*, étude suivie d'un catalogue complet de son œuvre (Paris, 1949); C. Mason, « The Chamber Music of Darius Milhaud », in *MQ* XLIII (1957); J. Roy, *Darius Milhaud, l'homme et son œuvre* (Paris, 1968); C. Palmer, *Milhaud* (Londres, 1976); P. Collaer, *Darius Milhaud* (Genève, 1982).

Minnesang, Minnesänger. F. Gennerich, *Der deutsche Minnesang in seinem Verhältnis zur Troubadour und Trouvere Kunst* (Francfort-sur-le-Main, 1926); O. Günther, *Walter von der Vogelweide* (Berlin, 1927); F. Gennerich, *Zur Ursprungsfrage der Minnesangs* (Munich, 1962); A. H. Touber, *Rhetorik und Form im deutschen Minnesang* (Gröningen, 1964).

mise en scène. L. Leclerc, *les Décors, les costumes et la mise en scène au XVIIe siècle* (Paris, 1864; rééd., Genève, 1970); G. Gosi, *Scenografia* (Rome, 1926); A. Veinstein, *la Mise en scène théatrale et sa condition esthétique* (Paris, 1955); G. Arnoux, *Mathématique de la mise en scène* (Paris, 1956); R. Southern, *Proscenium and Sight Lines* (Londres, 1964); H. Ch. Wolff, *Oper, szene und Darstellung von 1600 bis 1900* (Leipzig, 1968); P. Peyronnet, *la Mise en scène au XVIIIe siècle* (Paris, 1974); R. Hartmann, *les Grands Opéras, décor et mise en scène* (Fribourg, 1977).

Mocquereau. F. Kosch, « Dom André Mocquereau in memoriam », in *ZfM* XII (1929-30).

mode. M. Emmanuel, *Histoire de la langue musicale*, 2 vol. (Paris, 1911); A. Michalitschke, *Die Theorie des Modus* (Regensburg, 1923); A. Ander, *les Modes et les tons de la musique* (Bruxelles, 1931); H. Potiron, *la Composition des modes grégoriens* (Tournai, 1953); A. Machabey, *Genèse de la tonalité musicale* (Paris, 1955); J. Chailley, *l'Imbroglio des modes* (Paris, 1960).

Molière. J. Tiersot, *la Musique dans la comédie de Molière* (Paris, s.d.); M. Pelisson, *les Comédies-ballets de Molière* (Paris, 1914; rééd., Les Introuvables, 1976); « Molière, Lully », in *Revue du XVIIe s.* n°s 98-99 (Paris, 1973); P. Petit, *Lulli et Molière* (Paris, 1974). (V. LULLY).

Mollier L. de. E. H. Miller, « Louis de Mollier musicien et son homonyme Molière », in *Recherches* III (1963).

Momigny. A. Morel, *Observations sur la seule vraie théorie de la musique de Momigny* (Paris, 1822); J. Chailley, *Un grand théoricien belge méconnu de la musique, J. J. de Momigny* (Bruxelles, 1966); A. Palm, « Contribution à la connaissance de J. J. de Momigny », in *Recherches* VII (1967); A. Palm, « Neue Dokumente zur Lebensgeschichte Momignys », in *Mf* XX; A. Palm, *J. J. de Momigny, Leben und Werk* (Cologne, 1969).

Mompou. J. Bruyr, *l'Écran des musiciens*, 2e série (Paris, 1933); S. Kastner, *Federigo Mompou* (Madrid, 1946); R. Prével, *la Musique et Federico Mompou* (Genève, 1976).

Mondonville. L. Galibert, *J. J. Cassanéa de Mondonville, compositeur et maître de musique de la chapelle du Roi* (Narbonne, 1856); E. Borroff, « The Instrumental Style of J. J. Cassanéa de Mondonville », in *Recherches* VII, 1967; R. Machard, *J. J. Cassanéa de Mondonville* (Béziers, 1980).

Moniuszko. W. Rudzinski, *Stanislaw Moniuszko* (Cracovie, 1954; rééd., 1961).

Monsigny. A. Pougin, *Monsigny et son temps* (Paris, 1908); P. Druilhe, *Monsigny, sa vie et son œuvre* (Paris, 1955); F. Leland, « la Belle Arsène (1773) by Pierre Alexandre Monsigny », in *Recherches* IX (1969).

Monte (de). G. Van Doorslaer, *la Vie et les œuvres de Philippe de Monte* (Bruxelles, 1921); P. Bergmans, *Quatorze Lettres inédites du compositeur Ph. de Monte* (Bruxelles, 1921); A. Einstein, « F. di Monte als Madrigalkomponist », in *SIM*, Ier congrès (1930); P. Nuden, *De madrigali spirituali van F. de Monte* (Bruxelles, 1958); G. A. Michael, *The Parody Mass Technique of Ph. de Monte* (New York, 1959).

Montéclair. E. Villard, *Essai sur Montéclair, Michel Pinolet, musicien et compositeur du XVIIIe siècle* (Paris, s.d.); S. Milliot, « le Testament de Michel Pinolet de Montéclair », in *Recherches* VII (1968).

Monteverdi. C. Monteverdi, *Lettere, dediche e prefazione* (Rome, 1973). OUVRAGES GÉNÉRAUX ET BIOGRAPHIES : E. Vogel, « Claudio Monteverdi, Leben, Wirken im Lichte der zeitgenössischen Kritik », in *VfMw* III (1887); L. Schneider, *Claudio Monteverdi, l'homme et son temps* (Paris, 1921); H. Prunières, *Monteverdi* (Paris, 1922; rééd., 1931, 1978); H. Prunières, « Monteverdi à la chapelle St-Marc 1613-1643 », in *RM* VII (1926); G. F. Malipiero, *Monteverdi* (Milan, 1929); D. di Paoli, *Monteverdi* (Milan, 1945); H. F. Redlich, *Claudio Monteverdi, Leben und Werk* (Olten, 1949; trad. angl. Londres, 1952); M. Le Roux, *Claudio Monteverdi* (Paris, 1951); C. Sartori, « Monteverdiana », in *MQ* XXXVIII (1952); L. Passuth, *Monteverdi* (Vienne, Berlin et Stuttgart, 1959); M. Roche, *Claudio Monteverdi* (Paris, 1960; rééd., 1977); F. Mompello, « Claudio Monteverdi », in *Histoire de la musique*, I (1960); D. Arnold, *Monteverdi* (Londres, 1963); R. Tellart, *Claudio Monteverdi, l'homme et son œuvre* (Paris, 1964); E. Santoro, *La famiglia e la*

formazione di Claudio Monteverdi (Crémone, 1967); E. Santoro, *Iconografia Monteverdiana (ibid.,* 1968); L. Schrade, *Monteverdi* (Paris, 1981).
ÉTUDES TECHNIQUES : H. Goldschmidt, « Monteverdis *Ritorno d'Ulysse* », in *SdIM* IV (1902-1903); H. Quittard, « l'Orchestre de l'Orfeo », in *RM* VII (1907); H. Leichtentritt, « Claudio Monteverdi als Madrigalkomponist », in *SdIM* XI (1909-10); P. Epstein, « Dichtung und Musik in Monteverdis Lamento d'Ariana », in *ZfM* X (1928); L. Schrade, *Monteverdi creator of modern music* (New York, 1950 ; trad. fr. Paris, 1981); A. A. Abert, *Monteverdi und das musikalische Drama* (Lippstadt, 1954); W. Osthoff, « Die venezianische und neapolitanische Fassung von Monteverdis 'Incoronazione di Poppea'' », in *AM* XXVI (1954) ; *Congresso internazionale sul tema Claudio Monteverdi e il suo tempo* (Crémone, 1968); F. Fabio, « Il Combattimento di Tancredi e Clorinda e L'Incoronazione di Poppea di Claudio Monteverdi », in *Studi sul teatro veneto fra Rinascimento ed età barocca* (Florence, 1971); N. Pirrotta, *Monteverdi e i problemi dell'opera (ibid.);* M. Roche, *les Trois Opéras de Monteverdi* (Paris, 1980).

Morales. H. Collet, *le Mysticisme musical espagnol au XVIe siècle* (Paris, 1913 ; rééd., 1978); R. Mitjana, *Cr. de Morales, estudios sobre algunos musicos espanoles des siglo XVI* (Madrid, 1920); G. A. Trumpff, « Die Messen des Cristobal de Morales » in *Anuario musical* VIII (1953); H. Anglès, *Cristobal de Morales y Francisco Guerrero (ibid.)* IX (1954); R. Stevenson, « Cristobal de Morales », in *JAMS* IV (1953); R. Stevenson, *Spanish Cathedral Music in the Golden Age* (Berkeley, 1961).

Morlaye G. J.-G. Prod'homme « G. Morlaye, éditeur d'A. de Rippe », in *RMie* IX (1925); P. Pidoux, « les Psaumes d'Antoine de Mornable, Guillaume Morlaye et Pierre Certon », in *AnnM* V (1957); D. Heartz, « Parisian Music Publishing under Henry II », in *MQ* XLVI (1960).

Morley T. E. H. Fellowes, *The English Madrigal Composers* (Oxford, 1921, 1948); R. Stevenson, « Thomas Morley's 'Plaine and Easie'' Introduction to the Modes », in *MD* VI (1952).

Moscheles. *Correspondance de Mendelssohn avec J. et Charlotte Moscheles* (Leipzig, 1888); Ch. Moscheles, *Aus Moscheles Leben* (Leipzig, 1892); J. Moscheles, *Fragments of an Autobiography* (Londres, 1899); I. Schmidt, « Moscheles », in *MGG* IX (1961) ; *Thematisches Verzeichnis im Druck erschiener Compositionen von Ignatz Moscheles* (Londres, 1966).

Moscou. Ch.-M. Widor, « le Nouveau Conservatoire de Moscou », in *Men* LXVII (1901); Y. Keldych, *100 let Moskovskoi konservatorii,* « Centenaire du conservatoire de Moscou » (Moscou, 1966); N. Toumanina, *Vospominania o Moskovskoi Konservatorii,* « Souvenirs sur le conservatoire de Moscou » (Moscou, 1966); J. Cameron, W. Terry, *The Bolshoi Ballet* (Londres, 1975); *Sevodnia na szene Bolshovo Teatra,* « Aujourd'hui sur la scène du théâtre Bolchoï » (Moscou 1976); *le Bolchoï et ses jeunes étoiles* (trad. fr. A. Mazzi ; Moscou, 1976).

motet. H. Leichtentritt, *Geschichte der Motett* (Leipzig, 1908 ; rééd., 1967); F. Ludwig, « Die Quellen der Motetten ältesten Stils », in *AfM* V (1923); A. Gastoué, « le Motet », in *Lavignac,* Technique V (1930); E. E. Lowinsky, *Secret Chromatic Art in the Nedelands Motet* (New York, 1946); J. Schmidt-Görg, « Zu einigen Motetten des 16. Jahrhunderts », in *ZfM* XVII (1936); M. J. Johnson, *The 37 Motets of the Codex Ivrea,* 2 vol. (Indiana Univ. 1955); D. Launay, « les Motets à double chœur en France dans la 1re moitié du xviie siècle », in *RMie* XL (1957); U. Günther, « The 14th Century Motet and its Development », in *MD* XII, (1958); H. Tischler, « The Evolution in the Harmonic Style in the Notre-Dame Motet », in *AM* XXVIII (1956); H. Tischler, *The Evolution of Form in the Earliest Motets (ibid.)* XXXI (1959); H. Tischler, « Some Rhythmic Features in Early 13th Century Motet », in *RBM* XXI (1967) ; J. Chailley, « la Musique postgrégorienne », in *Histoire de la musique,* I (1960); N. Bridgman, *la Messe et le motet chez les Franco-Flamands après la mort de Josquin (ibid.);* E. H. Sparks, *Cantus firmus in Mass and Motet* (Berkeley, 1963); K. G. Fellerer, *Altklassische Polyphonie* (Cologne, 1965); E. Apfel, *Beiträge zur einer Geschichte der Satztechnik von der frühen Motette bis Bach,* 2 vol. (Munich, 1964-65); E. Apfel, *Anlage und Struktur der Motetten im Codex Montpellier* (Heidelberg, 1970); E. H. Sander, *The Medieval Motet in Gadenkschrift L. Schrade* (Berne, Munich, 1973).

Moulinié. D. Launay, « Notes sur Étienne Moulinié », in *Mélanges* (Paris, 1956) ; N. Dufourcq, « Autour des Moulinié », in *Recherches* IV (1964).

Mouret. R. Viollier, *J.-J. Mouret, le musicien des grâces (1682-1738)* [Paris, 1950; rééd., Genève, 1976]; M. Barthélémy, « les Divertissements de J.-J. Mouret pour les comédies de Dancourt », in *RBM* VII (1953); *le Musicien provençal des nuits de Sceaux sous la Régence : J.-J. Mouret* (Cahiers Provence Arts livre n° 42, 1960).

Moussorgski. D. Calvocoressi, *Moussorgski* (Paris, 1908); M.-O. d'Alheim, *le Legs de Moussorgski* (Paris, 1908); *Moussorgski,* n° spécial 5-6 de la revue *Mouzykalny Sovremennik,* « le Contemporain musical » (en russe; Petrograd, 1917); V. Karatyguine, *I. Moussorgsky, 2. Chaliapine* (en russe); Pétrograd, 1922); R. Godet, *En marge de Boris Godounov* (Paris, 1926); *Moussorgsky,* ouvr. collect. pour le 50e anniversaire de sa mort, sous la direction de Y. Keldych (en russe ; Moscou, Leningrad, 1932); V. Fédorov, *Moussorgsky* (Paris, 1935); N. Rimski-Korsakov, *Journal de ma vie musicale* (trad. fr. G. Blumberg ; Paris, 1938); *The Musorgsky Reader* (New York, 1947); Ch. Barzel, *Moussorgsky, le musicien de la vie* (Paris, 1939); G. Abraham et M. D. Calvocoressi, *Mussorgsky* (Londres, 1946); V. Seroff, *le groupe des Cinq* (Paris, 1949); R. Hofmann, *le Vrai Visage de Moussorgski, sa vie, son œuvre* (Paris, 1952); R. Hofmann, *la Vie de Moussorgski* (Paris, 1964) ; M. Marnat, *Moussorgski* (Paris, 1962 ; rééd., 1978) ; A. Orlova, *Troudy i dni Moussorgskovo,* « les Œuvres et les jours de Moussorgsky » (Leningrad, 1963); A. Orlova, *Moussorgsky v Peterbourghe,* « Moussorgsky à Pétersbourg » (Leningrad, 1974); R. Chirinian, *Evolutsia opernovo tvortchestva Moussorgskovo,* « Évolution de l'œuvre d'opéra de Moussorgsky » (Moscou, 1973); S. Shlifstein, *Moussorgsky, houdojnik, vremia, soudba,* « Moussorgsky, l'Artiste, l'époque, le destin » (Moscou, 1975).
(Pour BORIS GODOUNOV, V. ARTICLE ET BIBLIOGRAPHIE CORRESPONDANTS.)

Mozart. L. K. von Fischer, « Eine Neubearbeitung von Leopold Mozarts Violinschule aus dem Jahre 1804 », in *Mf* II (1949); *Leopold Mozart, Bild einer Persönlichkeit* (Augsburg, 1969); A. Layer, *Eine Jugend in Augsburg : Leopold Mozart* (Augsburg, 1972).

Mozart W. A. A. H. von Hase, *le Petit Köchel.* Catalogue chronologique et systématique de l'œuvre musicale complète de W. A. Mozart établi d'après la 6e édition du catalogue Köchel (Paris, 1969); *Mozart-Jahrbuch,* sous la direction de A. Abert, 3 vol. (Augsbourg, 1923-1929); *Neues Mozart-Jahrbuch,* sous la direction de E. Valentin, 3 vol. ; E. Anderson, *The Letters of Mozart and his Family,* 3 vol. (Londres, 1938); (Regensburg, 1941-1943) ; *Mozart Jahrbuch* (Salzburg, 1950) ; J. H. Eibl W. A. Mozart, *Briefe und Aufzeichnungen,* 7 vol. (Cassel, 1962-1975); L. von Köchel, *Chronologisch-Thematisches Verzeichnis sämtlicher Tonwerke W. A. Mozarts* (Leipzig, 1862 ; rééd., Wiesbaden, 1964).
BIOGRAPHIES ET OUVRAGES GÉNÉRAUX : E. Holmes, *The Life of Mozart Including his Correspondance* (Londres, 1845, 1921); O. Jahn, *Mozart,* 4 vol. (Leipzig, 1856-1859 ; revu et rééd., 2 vol. Leipzig, 1905-1907) ; C. Bellaigue, *Mozart* (Paris, s.d.); G. de Saint-Foix, « Mozart et le jeune Beethoven ; les manuscrits inconnus du British Museum », in *RMI* XXVII (1920); H. de Curzon, *Mozart* (Paris, 1927); J.-G. Prod'homme, *Mozart raconté par ceux qui l'ont vu. Lettres, mémoires, etc., réunies et traduites* (Paris, 1928) ; E. Buenzod, *Mozart* (Paris, 1930) ; O. E. Deutsch, *Mozart und die wiener Logen* (Vienne, 1932); H. Ghéon, *Promenades avec Mozart* (Paris, 1932); T. de Wyzewa et G. de Saint-Foix, *Wolfgang Amadeus Mozart,* 5 vol. (Paris, 1936-1946; rééd., 2 vol. 1977-78); S. Kierkegaard, *Ou bien... Ou bien* (Paris, 1943) ; W. Goetz, *Mozart, sein Leben in Selbstzeugnissen, Briefen und Berichten* (Berlin, 1943); *Mozart auf die Reise nach Prag* (Stuttgart, 1943); E. Mörike, A. Einstein, *Mozart* (New York, 1945); M. Kenyon, *Mozart in Salzbourg* (Londres, 1952); Y. Tiénot, *W. A. Mozart* (Paris, 1952) ; J. Witold, *Mozart inconnu* (Paris, 1953); P. Nettl, *Mozart* (Francfort-sur-le-Main, 1955; trad. fr. L. Jospin; Paris, 1964); G. Barblan, *Mozart in Italia* (Milan, 1956); « l'Année Mozart en France », in *RM* 231 (1956); E. F. Schmid, « Mozart and Haydn », in *MQ* XLII (1956); L. Sip, *Mozart in Prague* (Prague, 1956); L. Ronga, *Bach, Mozart,*

Beethoven, tre problemi critici (Venise, 1956); J. V. Hocquard, *Mozart* (Paris, 1958; rééd., 1970); *Bericht über den internationalen musikwissenschaftlichen Kongress Mozartjahre 1956* (Vienne, Graz, 1958); *les Influences étrangères dans l'œuvre de Mozart,* sous la direction de A. Verchaly (Paris, 1958); K. Hammer, *W. A. Mozart, eine Theologische Deutung* (Zurich, 1964); *Mozart,* ouvr. collect. (Paris, 1964); L. Schrade, *W. A. Mozart* (Berne, Munich, 1964); M. Cadieu, *Mozart* (Paris, 1966); A. H. King, *Mozart, a Biography* (Londres, 1970); J. et B. Massin, *W. A. Mozart* (Paris, 1971); E. Schenk, *Mozart, sein Leben, sein Welt* (Munich, 1975); F. X. Nemecek, *Vie de W. A. Mozart* (trad. fr. et présentation de G. Favier; Université de Saint-Etienne, 1976); « Autour de Mozart », in *RM* (1978); W. Hildesheimer, *Mozart* (Francfort, 1977; trad. fr., Paris, 1979); J. V. Hocquard, *la Pensée de Mozart* (Paris, 1979); H. Ghéon, *Promenades avec Mozart* (Paris, 1981); M. Brion, *Mozart* (Paris, 1982).

ICONOGRAPHIE : O. Keller, W. A. Mozart, *Bibliographie und Ikonographie* (Berlin, 1927); R. Bory, *la Vie et l'œuvre de W. A. Mozart par l'image* (Paris, 1948); E. Valentin, *Mozart* (Paris, 1966).

ÉTUDES TECHNIQUES : E. Fornberger, *W. A. Mozarts Lebens-und Werkstil* (Würzburg, 1956); W. Siegmund-Schuntze, *Mozarts Melodik und Stil* (Leipzig, 1957); Ch. Rosen, *The Classical Style, Bach, Mozart, Beethoven* (New York, 1972); M. H. Schmid, *Mozart und die Salzburger Tradition* 2 vol. (Tutzing, 1976).

ARRANGEMENTS : R. Bernhardt, « A. Mozarts Messiah Bearbeitung und ihre Drucklegung », in *ZfM* XII (1929-30); A. Holschnieder, « Zu Mozarts Bearbeitungen Bachscher Fugen », in *Mf* XVII (1964); M. H. Flotius, *Mozarts Bearbeitungen eigener und fremder Werke* (Amsterdam, 1969); P. et E. Baruda-Skola, *l'Art de jouer Mozart au piano* (Paris, 1974).

CONCERTO POUR CLARINETTE : G. Dazeley, « The Original Text of Mozart's Clarinet Concerto », in *MR* IX (1948).

FUGUE : M. Taling-Hajnali, *Der fugierte Stil bei Mozart* (Berne, 1959); M. Vachon, *la Fugue dans la musique religieuse de Mozart* (Université Laval, Québec; Tours, 1970); C. A. Rosenthal, « Beiträge zur Fugentechnik in Mozarts Kirchenwerken », in *Mélanges W. Senn* (Munich, Salzbourg, 1975).

MUSIQUE RELIGIEUSE : K. G. Fellerer, *Mozarts Kirchenmusik* (Strasbourg, 1955); W. Kurthen, « Studien zu W. A. Mozarts Kirchenmusikalischen Jugendwerken », in *ZfM* III (1921); F. Blume, « Requiem but no Peace », in *MQ* XLVII (1961); C. de Nys, *la Musique religieuse de Mozart* (Paris, 1982).

MUSIQUE DE CHAMBRE : A. Mangeot, « le Manuscrit autographe des dix célèbres quatuors à cordes de Mozart », in *RIM* 4 (1938); A. Einstein, « Mozart's ten Celebrated String Quartets », in *MR* III (1942); T. F. Dunhill, *Mozart's String Quartets,* 2 vol. (Londres, 1927); A. H. King, *Mozart's chamber music* (Londres, 1968).

PIANO, CONCERTOS POUR PIANO, SONATES : L. Chevaillier, « Pour Mozart; les concertos pour piano », in *RM* XI (1911); C. Girdlestone, *W. A. Mozart et ses concertos pour piano* (Paris, 1939; rééd., 1953); H. F. Redlich, « Mozart's C Minor Piano Concerto », in *MR* IX (1948); E. et P. Badura-Skoda, *Mozart interpretation* (Leipzig, 1957; trad. fr. Ch. de Lisle, *l'Art de jouer Mozart au piano,* Paris, 1974); J. R. Tobin, *Mozart and the Sonata* (Londres, s.d.); W. Gerstenberg, « Über Mozarts Klaviersatz », in *AfM* XVI (1959); R. Rosenberg, *Die Klaviersonaten Mozarts : Gestalt und Stilanalyse* (Hofheim am Taunus, 1972); G. Beck, *W. A. Mozart, les concertos pour piano et orchestre* (Paris, 1975).

OPÉRA : A. J. Weltner, *Mozarts Werke und die Wiener Hoftheater* (Vienne, 1896); E. J. Dent, *Mozart's operas* (Londres, 1913; trad. fr. R. Duchac, *les Opéras de Mozart* (Paris, 1958); L. Conrad, *Mozarts Dramaturgie der Oper* (Würzburg, 1943); F. de Breydert, *le Génie créateur de W. A. Mozart. Essai sur l'instauration musicale des personnages dans : « les Noces de Figaro », « Don Juan », « La Flûte enchantée »* (Paris, 1956); B. Brophy, *Mozart the Dramatist* (Londres, 1964); R. Dumesnil, *Mozart présent dans ses œuvres lyriques* (Bruxelles, 1965); A. A. Abert, *Die Opern Mozarts* (Zurich, 1970); C. Osborne, *The Complete Operas of Mozart. A Critical Guide* (Londres, 1978). J. V. Hocquard, *les Grands Opéras de Mozart* (Paris, 1978); R. Stricker, *Mozart et ses opéras. Fiction et vérité* (Paris, 1980).

SYMPHONIES : D. Schultz, *Mozarts Jugendsinfonien* (Leipzig, 1900); A. E. F. Dickinson, *A Study of Mozart's Last three Symphonies* (Londres, 1927); G. de Saint-Foix, *les Symphonies de Mozart* (Paris, 1932); J. N. David, *Die Jupitersinfonie; eine Studie über die thematisch-melodischen Zusammenhänge* (Göttingen, 1953).

Mudarra. J. Ward, *The Vihuela de mano and its Music (1536-1576)* (New York, 1953, inédit); M. Schneider, « Un villancio de Alonso de Mudarra procedente de la musica popular granadina », in *Instituto español de musicologia* X (Barcelone, 1955).

Munch. Ch. Munch, *Je suis chef d'orchestre* (Paris, 1954).

Munich. E. Bücken, *Munchen als Musikstadt* (Leipzig, 1923); M. Zenger, *Geschichte der Munchener Oper* (Munich, 1923); O. Ursprung, *Munchens musikalische Vergangenheit, von der frühzeit bis zu Richard Wagner* (Munich, 1927); P. L. Söhner, *Die Musik im Munchener Dom Unserer Lieben Frau, in Vergangenheit und Gegenwart* (Munich, 1934); W. Zentner, *60 Jahre Munchener Philharmonik, 1893-1953* (Munich, 1953); M. Zenger, *300 Jahre Munchener Oper* (Munich, 1957).

musette. E. de Bricqueville, *les Musettes. Étude historique et technique* (Paris, 1894; réimpr., 1981).

music-hall. J. Burton, *The blue book of Broadway musicals* (New York, 1952); Jacques-Charles, *Cent Ans de music-hall* (Genève, Paris, 1956); J. Damamse, *les Folies du music-hall* (Paris, 1960); J. Feschotte, *Histoire du music-hall* (Paris, 1965); P. Sevran, *le Music-hall français de Mayol à Julien Clerc* (Paris, 1978).

musicologie. A. Machabey, « Essai sur la méthode en musicologie », in *RMie* XV (1931); A. Pirro, « Pour l'histoire de la musique », in *AM* III (1931); G. Haydon, *Introduction to musicology...* (New york, 1947); F. Lesure, « Musique et sociologie », in *RM* 221 (1953); *Précis de musicologie,* sous la direction de J. Chailley (Paris, 1958); A. Machabey, *la Musicologie* (Paris, 1962); E. Harazsti, « la Musicologie, science de l'avenir », in *Histoire de la musique,* II (1963); Delahaye et Pistonne, *Musique et Musicologie dans les universités françaises* (Genève, 1982).

musicothérapie. M. Gabai et J. Jost, *Détente psychomusicale et odontostomatologie* (Paris, 1972); M. A. Guilhot, J. Jost, E. Lecourt, *la Musicothérapie et les méthodes nouvelles d'association des techniques* (Paris, 1973); E. Lecourt, *Pratique de la musicothérapie* (Paris, 1977); R. Benenzon, *Manuel de musicothérapie* (Toulouse, 1981); P. l'Echevin, *Musique et médecine* (Paris, 1981).

Myslivecek. M. Pincherle, « Un oublié : il Divino Boemo », in *Feuillets d'histoire du violon* (Paris, 1927); G. de Saint-Foix, « Un ami de Mozart », in *RM* IX (1928); P. Nettl, *Mozart in Böhmen* (Prague, 1938); G. Barblan, *Mozart in Italien* (Milan, 1956); R. Pecman, *Joseph Myslivecek und sein Opernepilog* (Brno, 1976).

mystère. G. Cohen, *Histoire de la mise en scène dans le théâtre religieux français du Moyen Age* (Paris, 1951); O. Jodogne, « Recherches sur les débuts du théâtre religieux en France », in *Cahiers de civilisation médiévale* VIII (Poitiers, 1965); O. Jodogne, *le Mystère de la passion d'Arnoul Gréban,* 2 vol. (Bruxelles, 1965-1971); G. Franck, *The Medieval French Drama* (Oxford, 1967); F. Collins, *The production of Medieval Church Music Dramas* (Charlottesville, 1972).

N

Nabokov. J. Bruyr, *l'Écran des musiciens,* 2e série (Paris, 1933); N. Nabokov, *Old Friends and New Music* (Boston, 1951).

Naples. F. Florimo, *La scuola musicale di Napoli e i suoi conservatorii,* 3 vol. (Naples, 1880-1883); S. di Giacomo, *I quattro antichi conservatorii di musica a Napoli* (Milan, Naples, 1924); N. Pirrotta, « Scuole polifoniche italiane durante il secolo XIV : di una pretesa scuola napoletana », in *Collectanea hiatoriae musicae* (Florence, 1953); I. Pope « La Musique espagnole à la cour de Naples dans la seconde moitié du XVe siècle », in *Musique et poésie au XVIe siècle* (Paris, 1953-54); G. Tintor, *L'Opera napolitana* (Milan, 1958); F. de Filippis et R. Arnese, *Cronache del Teatro di San Carlo 1737-1960* (Naples,

BIBLIOGRAPHIE

1961) ; R. Arnese, *I codici notati della Biblioteca nazionale di Napoli* (Florence, 1967) ; M. F. Robinson, *Naples and Neapolitan Opera* (Oxford, 1972) ; F. Degrada, *L'opera a Napoli nel Settecento* (Turin, 1977) ; R. di Benedetto, article in *New Grove* 13 (1980).

Narvaez. J. M. Ward, « Narvaez », in *MGG* IX (1961) ; H. K. Smith, « Narvaez », in *New Grove* 13.

Neefe. M. Stöpgeshoff, *Neefe als Liederkomponist* (Bonn, 1924) ; I. Leux, *Christian Gottlob Neefe, 1748-1798. Biographie und Instrumentalkompositionen* (Leipzig, 1925) ; A. Becker, *Christian Gottlob Neefe und die Bonner Illuminaten* (Bonn, 1969).

negro spiritual. H. W. Odum et G. B. Johnson, *The Negro and his Songs* (Chapel Hill, 1925) ; L. T. E. Achille, « les Negro Spirituals, musique populaire sacrée », in *IIIe Congrès international de musique sacrée* (Paris, 1958) ; *Fleuve profond, sombre rivière : les negro spirituals* (commentaires et trad. de M. Yourcenar ; Paris, 1954 ; réed., 1974) ; E. Southern, *The Music of Black American, a History* (New York, 1971).

Néri. L. Ponelle et L. Bordet, *Saint Philippe Néri et la société romaine de son temps (1515-1595)* [Paris, 1928 ; réed., 1958] ; F. Mompellio, « San Filippo di Neri e la musica pescatrice di anima », in *Chigiana* XXII, nouv. série 2 (Florence, 1965) ; M. Trevor, *Apostle of Rome : a Life of Philip Neri, 1515-1595* (Londres, 1966).

Neukomm. G. Pellegrini, *S. Ritter von Neukomm* (Salzbourg, 1936) ; R. Angermüller, *Sigismund Neukomm. Werverzeichnis. Autobiographie. Beziehung zu seinen Zeitgenossen* (Munich, 1977).

Neume. J. Wolf, *Handbuch der Notationkunde*, 2 vol. (Leipzig, 1913-1919) ; A. Machabey, *La notation musicale* (Paris, 1952, réed., 1971) ; M. Huglo, « les Noms des neumes et leur origine » in *Études grégoriennes* I (1954) ; Dom E. Cardine, *Neumes et rythme* (Solesmes, s.d.) ; J. von Gardner, « Zum Problem des Tonleiter-Aufbaus im Altenrussischen Neumengesang », in *Musik des Ostens* 2 (Cassel, 1963) ; E. Jammers, *Tafeln zur Neumenschrift* (Tutzing, 1965) ; S. Corbin, *Paléographie musicale* (Paris, 1972).

Neusiedler (famille). K. Dorfmüller, « Neusiedler », in *MGG* IX (1961) ; H. Radke, « Neusiedler », in *New Grove* 13.

New York. E. R. Peyser, *The House that Music Built* (New York, 1936) ; V. L. Redway, *Music Directory of Early New York City* (New York, 1941) ; I. Kolodin, *The Story of the Metropolitan Opera 1883-1950* (New York, 1953) ; R. Schickel, *The World of Carnegie Hall* (New York, 1960) ; A. Holde, *Metropolitan Opera House, die Geschichte eines Musikzentrums* (Berlin, 1961) ; L. Kirstein, M. Swope, G. P. Lynes, *The New York City Ballet* (New York, 1973) ; S. E. Rubin, *The New Met in Profile* (New York, 1974) ; H. Shanet, *Philarmonic : a History of New York's Orchestra* (New York, 1974) ; R. Bing, *5000 Nuits à l'Opéra* (trad. fr. H. Muller ; Paris, 1975) ; I. Kolodin,

F. D. Perkins, S. Thiemann-Sommer, « New York », in *New Grove* 13.

Nicolai. H. Mendel, *Otto Nicolai* (Berlin, 1866) ; G. R. Kruse, « Otto Nicolai's italiensiche opern », in *SdIm* XII (1910-11) ; G. R. Kruse : *Otto Nicolai : ein Künstlerleben* (Berlin, 1911) ; W. Altmann, O. Nicolai, *Briefe an seinem Vater* (Regensburg, 1924) ; J. W. Klein, « Verdi and Nicolai, A Strange Rivalry », in *MR* XXXII (1971).

Niedermeyer. A. Niedermeyer, *L. Niedermeyer, son œuvre et son école* (Paris, s.d.) ; A. Niedermeyer, *Vie d'un compositeur moderne*, préface de C. Saint-Saëns (Paris, 1893) ; M. Galerne, *l'École Niedermeyer, sa création, son but, son développement* (Paris, 1928).

Nielsen. F. S. Petersen, *Carl Nielsen the Danish Composer* (Copenhague, s.d.) ; J. Balzer, *C. Nielsen, Centenary Essays* (en angl. ; Copenhague, 1965) ; D. Fog et T. Schousbae, *les Compositions de C. Nielsen* (en danois ; Copenhague, 1965) ; R. Simspson, *Carl Nielsen Symphonist* (Londres, 1952 ; réed., 1979).

Nietzsche. M. Kufferath, *Musiciens et philosophes : Tolstoï, Schopenhauer, Nietzsche, Wagner* (Paris, 1889) ; P. Lasserre, *les Idées de Nietzsche sur la musique* (Paris, 1907) ; H. Daffner, *F. Nietzsche's Randglossen zu Bizets Carmen* (Regensburg, s.d.) ; E. Foerster Nietzsche, *Wagner und Nietzsche sur Zeit ihre Freundschaft* (Munich, 1915) ; P. G. Dippel, *Nietzsche und Wagner* (Berne, 1934 ; réed., 1970) ; F. R. Love, *Young Nietzsche and the Wagnerian Experience* (Chapel Hill, 1963) ; E. Lockspeiser, *Schoenberg, Nietzsche and Debussy, Essays on Music* (Londres, 1967) ; F. Nietzsche, *le Cas Wagner et Nietzsche contre Wagner* (trad. fr. P. Lebeer ; Paris, 1968) ; D. Fischer-Dieskan, *Wagner und Nietzsche, der Mystagoge und sein Abtrünniger* (Stuttgart, 1974).

Nigg. J. Roy, *Musique française* (Paris, 1962).

Nikisch. *Arthur Nikisch, Leben und Wirken* ouvr. collect. (Berlin, 1922) ; F. Pfohl, *Arthur Nikisch* (Hambourg, 1925) ; L. Raaben, *Arthur Nikisch i rousskaïa mouzykalnaia koultoura*, « Arthur Nikisch et la culture musicale russe », (Leningrad, 1975).

Nivers. M. Garros, « l'Art d'accompagner sur la basse continue, d'après G. G. Nivers », in *Mélanges* (Paris, 1955) ; N. Dufourcq, « Guillaume-Gabriel Nivers », in *Recherches* I (1960) ; M. Benoit, *Versailles et les musiciens du Roy, 1661-1733* (Paris, 1971) ; G. Beechey, *Guillaume-Gabriel Nivers (1632-, 1714) and his « Litanies à la Sainte Vierge »* (ibid.) XV (1973).

Noces de Figaro (les). « Les Noces de Figaro », in *l'Avant-Scène Opéra*, n° 21 (1979) ; A. Boschot, les Noces de Figaro (Paris, s.d.) ; G. de Van, *les Noces de Figaro* (texte fr., ital. ; Paris, 1979) ; J.-V. Hocquard, *les Noces de Figaro* (Paris, 1979).

nocturne. V. Jankélévitch, *le Nocturne* (Paris, 1957) ; W. Krueger, *Das Nachtstück : ein Beitrag zur Entwicklung des eisätzigen Pianofortesstück im 19. Jahrhundert* (Munich, 1971).

Norma. « Norma », *l'Avant-Scène Opéra*, n° 29 (1980) ; E. Monnier, *la Norma* (Paris, s.d.).

notation musicale. Père J. Thibaut, *Origine byzantine de la notation neumatique de l'Église latine* (Amsterdam, 1932) ; O. Linge, *la Notation directe de la musique* (Paris, 1939) ; W. Tappolet, *la Notation musicale et son influence sur la pratique de la musique du Moyen Âge à nos jours* (Neuchâtel, 1947) ; J. Chailley, *les Notations musicales nouvelles* (Paris, 1950) ; A. Machabey, *la Notation musicale* (Paris, 1953 ; réed., 1971) ; W. Apel, *The Notation of Polyphonic Music (900-1600)* [Cambridge, 1942 ; réed., 1961] ; *De Grégoire le Grand à Stockhausen, douze siècles de notation musicale* (Bruxelles, 1966) ; G. Read, *Music Notation, A Manual of Modern Practice*, 2e éd. (Boston, 1969) ; J. Cage et A. Knowles, *Notations* (New York, 1969) ; D. Charles, « la Musique et l'écriture », in *Musique en jeu* n° 13 (1973) ; J. E. Marie, *Sur quelques problèmes de notation (ibid.)* ; G. Read, « les abus de la notation musicale », in *The World of Music* XV (1973). A. Machabey, *La notation musicale* (Paris, 1978).

Notker. W. von den Steinen, *Notker der Dichter une seine geistliche Welt*, 2 vol. (Berne, 1948) ; H. Husman, « Die St Galler Sequenztradition bei Notker und Ekkehard », in *AM* XXVI (1954) ; J. Froger, *l'Épitre de Notker sur les lettres significatives*, in *Études grégoriennes* V (1962).

Notre-Dame (École de). T. Gérold, *Histoire de la musique des origines à la fin du XIVe siècle* (Paris, 1936) ; J. Handschin, « Was brachte di Notre Dame Schule Neues ? » ; in *ZfMw* VI (1924) ; M. Schneider, « Zur Satztechnik der Notre Dame Schule », ibid. XIV (1931-32) ; W. Apel, « From St Martial to Notre Dame », in *JAMS* II (1949) ; J. Chailley, *Histoire musicale du Moyen Âge* (Paris, 1950 ; réed., 1969) ; W. G. Waite, *The Rhythm of 12th Century Polyphony* (Londres, 1954).

Nourrit. M. L. Quicherat, *Adolphe Nourrit*, 3 vol. (Paris, 1867) ; E. Boutet de Monvel, *Un artiste d'autrefois : A. Nourrit*, 2 vol. (Paris, 1903) ; B. de Monvel, *Adolphe Nourrit* (Paris, 1903) ; E. Legouvé, *Soixante Ans de souvenirs*, vol. II (Paris, s.d.).

Norvège. B. Qvamme, *Norwegian Music and Composers* (Londres, 1949) ; K. Lange et A. Ostredt, *Norwegian Music, a Brief Survey* (Londres, 1958) ; O. M. Sandvik, *Norske religiøse folketoner* (trad. angl. ; Oslo, 1960-1964).

Nouvelle-Orléans. G. P. Bumstead et L. Panzeri, *Louisiana Composers* (New Orleans, 1935) ; R. Goffin, *la Nouvelle-Orléans, capitale du jazz* (New York, 1946) ; J. S. Kendall, *The Golden Age of the New Orleans Theater* (Baton Rouge, 1952) ; O. Keepnews and W. Graver, *Pictorial History of Jazz : People and Places from New Orleans to Modern jazz* (New York, 1955) ; G. S. McPeek, « New Orleans », in *MGG* IX (1961) ; S. B. Charters, *Jazz : New Orleans 1885-1963* (New York, 1963) ; A. Rose et

E. Souchon, *New Orleans Jazz : Family Album* (Louisiane, 1967) ; M. Dorigné, *les Origines du jazz : le style Nouvelle-Orléans et ses prolongements* (Paris, 1968).

O

Obrecht. O. Gombosi, *Jacob Obrecht, eine Stilkritische Studie* (Leipzig, 1925) ; M. Kyriazis, *Die Cantus firmus Technik in den Messen Obrechts* (Berne, 1952) ; S. Clerx-Lejeune, « Lumières sur la formation de Josquin et d'Obrecht », in *RBM* XI (1957) ; B. Murray, « New Light on Jacob Obrecht's Development, a Bibliographical Study », in *MQ* XLIII (1957) ; M. Van Crevel, *Introduction to : J. Obrecht : Opera omnia, editio altera* (Amsterdam, 1959) ; A. Sclop, *The Masses of Jacob Obrecht (1450-1505), Structure and Style* (thèse ; Indiana Univ., 1959) ; L. Finscher, *Obrecht Jacob* (MGG) ; L. Van Horn, *Jacob Obrecht*, préface de J. Chailley (La Haye, 1968).

Ockeghem. E. Thoihau, *Déploration de Guillaume Crétin sur le trépas de Jean Ockeghem, musicien, premier chaplain du roi de France et trésorier de Saint-Martin de Tours* (Paris, 1864) ; M. Brenet, *Musique et musiciens de la vieille France* (Paris, 1911 ; rééd., 1978) ; E. Křenek, « A Discussion of the Treatment of Dissonances in Ockeghem's Masses, as Compared with the Contrapuntal Theory of Joh. Tinctoris », in *Hamline Studies in Musicology* (1947) ; E. Křenek, *Johannes Ockeghem* (New York, 1953) ; N. Bridgman, « Ockeghem et son temps », in *Histoire de la musique*, I (1960) ; C. Dahlhaus, « Ockeghems Fuga trium vocum », in *Mf* XIII (1960) ; M. Henze, *Studien zu den Messenkompositionen Johannes Ockeghems* (Berlin, 1968) ; J. Curry, *A Computer-aided Analytical Study of kyries in Selected Masses by Johannes Ockeghem* (thèse ; Université du Iowa, 1969).

ode. R. Mc Guinness, *English Court Odes 1660-1820* (Oxford, 1971) ; E. Weber, *Musique et théâtre dans les pays rhénans* (Paris, 1974).

Odington. F. L. Harrisson, *Music in Medieval Britain* (Londres, 1958).

Offenbach. L. Schneider, *Offenbach* (Paris, 1923) ; S. Kracaver, *Jacques Offenbach ou le secret du Second Empire* (Paris, 1937) ; J. Brindejont-Offenbach, *Offenbach, mon grand-père* (Paris, 1940) ; A. Decaux, *Offenbach, roi du Second Empire* (Paris, 1958 ; rééd., 1977) ; A. Faris, *Jacques Offenbach* (Londres, 1980) ; D. Rissin, *Offenbach ou le rire en musique* (Paris, 1980).

Ohana. J. Roy, *Musique française* (Paris, 1962) ; J. Roy, *Maurice Ohana. Essais, études et documents* (Paris, 1982).

Oistrakh. I. Iampolsky, *David Oistrakh* (en russe ; Moscou, 1964) ; D. Nabering, *Die Oistrachs* (Berlin, 1968) ; D. Oistrakh, *vospominania, statii, interview, pisma*, « Souvenirs, articles, interviews, lettres » (Moscou, 1978) ; E. Kranze, *David Oistrakh* (Paris, 1974).

ondes Martenot. C. Hourst, « Les Instruments de musiques électriques. Le Martenot », in *l'Ingénieur constructeur* VII (1929) ; M. Martenot, *Méthode pour l'enseignement des ondes musicales* (Paris, 1931) ; M. Martenot, « l'Électricité au service de la musique », in *Lavignac*, Technique VI (1932) ; B. Disertori, « les Ondes Martenot » in *RMI* XLIII (1939) ; G. Michal, « A propos du 1er concerto pour ondes Martenot et orchestre d'André Jolivet », in *RIM* 10 (1951) ; J. E. Marie, « Musique électronique, expérimentale et concrète », in *Histoire de la musique*, II (1963) ; M. Martenot, « Lutherie électronique », in *la Musique et ses problèmes contemporains* (Paris, 1963).

Onslow. J. F. Halévy, *Souvenirs et portraits, études sur les beaux-arts* (Paris, 1861) ; A. F. Marmontel, *Symphonistes et virtuoses* (Paris, 1881) ; C. E. Vulliamy, *The Onslow Family 1528-1874* (Londres, 1953).

opéra. G. Barblan, A. Basso, *Storia dell'opera* (vol. 1 et 2 : L'opéra en Italie ; vol. 3 et 4 : L'opéra en Europe et en Amérique ; vol. 5 et 6 : Aspects et problèmes de l'opéra ; Turin, 1977).

DICTIONNAIRES D'OPÉRAS (avec analyse des œuvres). G. Sassori, *Opere e operisti. Dizionario lirico universale 1541-1902* (Genève, 1903) ; F. Clément et P. Larousse, complété par A. Pougin, *Dictionnaire des opéras* (Paris, 1867, 1881, 1897, 1905) ; H. Riemann, *Opera Handbuch* (Leipzig, 1887 ; rééd. 1893) ; G. Kobbé, *Kobbé's complete Opera Book* (Londres, 1922 ; rééd., 1976) ; adap. fr. *Tout l'opéra*, Paris, 1980) ; D. Chantavoine, *Petit Guide de l'auditeur de musique : Cent Opéras célèbres* (Paris, 1948) ; L. Oscher, *Les Opéras de répertoire courant* (Paris, 1951) ; H. Rosenthal et J. Warrack, *Concise Oxford dictionnary of Opera* (Londres, 1964 ; rééd. mise à jour, 1975, trad. fr. J. Bourgeois et E. Deschamps, *Dictionnaire de l'opéra* (Paris, 1974) ; M. Sénéchaud, *le Répertoire lyrique d'hier et d'aujourd'hui* (Paris, 1971) ; *Enciclopedia Garzanti della Musica* (Milan, 1974) ; E. Stieger, *Opernlexikon* (Tutzing, 1975) ; *l'Opera repertorio della lirica dal 1597* (Milan, 1977, trad. fr. S. Gherardi, *l'Opéra*, Paris 1979) ; *l'Opéra* sous la dir. de P. Brunel et S. Wolff (Paris, 1980).

ANNALES ET DICTIONNAIRES D'OPÉRAS (sans analyses). J. G. Prod'homme, *l'Opéra (1669-1925)* [Paris, 1925 ; rééd., Genève, 1972] ; U. Manferrari, *Dizionario universale delle opere melodrammatiche*, 3 vol. (Florence, 1955) ; A. Caselli, *Catalogo delle opere liriche pubblicate in Italia* (Florence, 1969) ; A. Loewenberg, *Annals of Operas 1597-1940* (Genève, 1943 ; rév. H. Rosenthal, Londres, 1978) ; R. L. et N. W. Weaver, *A Chronology of Music in the Florentine Theatre 1590-1750* (Detroit, 1978) ; S. de Nussac, S. Dupuis et S. Segalini, *l'Année de l'opéra et de la danse*, 1978 et 1979 (2 vol.) [Paris].

ANNALES OU HISTORIQUES DE THÉÂTRES. Castil-Blaze, *Théâtres de Paris : l'Opéra italien de 1548 à 1856* (Paris, 1836) ; A. Soubiès, *Soixante-Sept Ans à l'Opéra (1826-1893)* [Paris, 1893] ; *Histoire du théâtre lyrique (1850-1871)* [Paris, 1899] ; *Almanach des spectacles (1871-1913)* [Paris] ; A. de Lasalle, *les Treize Salles de l'Opéra* (Paris, 1875) ; L. N. Galvani, *I teatri musicali di Venezia nel secolo XVII* (Milan, 1878) ; Seltsam, *Metropolitan Opera Annals, 1883 à 1947*, puis un supplément tous les 10 ans (New York) ; A. Solesti, « I rappresentazione musicali de Venezia dal 1571 al 1600 », in *RMI* IX (1902) ; E. Genest, *l'Opéra connu et inconnu* (Paris, 1920) ; J.-G. Prod'homme, *l'Opéra, 1669-1925* (toutes les créations) [Paris, 1925] ; A. de Gers et P. Tinel, *Théâtre Royal de la Monnaie* (Bruxelles, 1927) ; A. Lejeune et S. Wolff, *les Quinze Salles de l'Opéra de Paris* (Paris, 1955) ; *Opera Caravan*, « les Tournées du Metropolitan » (New York, 1957, et mise à jour régulière) ; S. Wolff, *l'Opéra au Palais Garnier 1875-1962* (Paris, 1962) ; C. Gatti, *Il teatro alla Scala, nella storia e nell'arte*, 2 vol. (Milan, 1944) ; T. S. Walsh, *Monte Carlo Opera 1879-1909* (Dublin, 1975) ; R. Liebermann, *En passant par Paris-Opéras* (Paris, 1980).

OUVRAGES ET ENCYCLOPÉDIES À CARACTÈRE GÉNÉRAL. A. Royer, *Histoire de l'Opéra* (Paris, 1875) ; É. Schuré, *Histoire du drame musical* (Paris, 1875 ; rééd., 1907, 1911, 1920) ; F. Marcillac « L'Art dramatique », in *Histoire de la musique moderne* (Paris, 1876) ; R. A. Straitferild, *The Opera* (Londres, 1895 ; rééd., 1925) ; H. de Curzon, *l'Évolution lyrique en théâtre dans les différents pays* (Paris, 1908) ; H. Kretzschmar, *Geschichte der Oper* (Leipzig, 1919 ; rééd., 1970) ; A. Capri, *Il melodramma dalle origini a nostri giorni* (Modène, 1938) ; H. Closser, *Musique et Drame* (Bruxelles, 1939) ; *Histoire du théâtre lyrique en France*, 3 vol. (Paris, 1939) ; E. J. Dent, *Opera* (Harmondsworth, 1940 ; rééd., 1950) ; B. Horowicz, *le Théâtre d'opéra* (Paris, 1946) ; D. Grout, *A Short History of Opera* (New York, 1947) ; E. Wellezs, *Essays on Opera* (Londres, 1950) ; R. Dumesnil, *Histoire illustrée du théâtre lyrique* (Paris, 1953) ; A. A. Albert, *Die Oper von den Angangen bis zum Beginn des 19. Jahrhundert* (Cologne, 1953) ; D. de Paoli, *L'opera italiana dalle origini all'opera verista* (Rome, 1955) ; R. Leibowitz, *Histoire de l'opéra* (Paris, 1957) ; C. Girdlestone, *la Tragédie en musique (1673-1750) considérée comme genre littéraire* (Genève, 1972) ; G. Tintory, *Palco di proscenio* (Milan, 1980) ; P.-J. Salazar, *Idéologies de l'opéra* ; R. Donington, *The Rise of Opera* (Londres, 1981) ; J. Gourret, *les Fabuleuses Cantatrices de l'Opéra de Paris* (Paris, 1981) ; F. Robert, *l'Opéra et l'Opéracomique* (Paris, 1981) ; M. Rostain et M. N. Rio, *l'Opéra mort ou vif* (Paris, 1982).

ITALIE DU XVIe AU XVIIIe s. B. Marulls, *Il teatro alla moda* (Venise, 1720 ; rééd., Milan, 1959) ; F. Algarotti, *Saggio sopra l'opera in musica* (Bologne, 1755 ; rééd., 1975) ; Ch. Burney, *The Present State of Music in France and Italy* (Londres, 1771 ; rééd. ital. *Viaggio musicale in Italia*, 1979) ; A. Beloselsky, *De la musique en Italie* (La Haye, 1778 ; rééd.) ; S. Arteaga, *Le revoluzioni del teatro musicale italiano*, 3 vol. (Bologne, 1783-1785) ; C. de Brosses, *Lettres historiques et critiques sur l'Italie* (Paris, 1794 ; rééd.,

BIBLIOGRAPHIE

1980) ; F. Florimo, *La scuola musicale di Napoli, e suoi conservatori*, 4 vol. (Naples, 1880-1882) ; A. Ademollo, *I teatri di Roma nel secolo diciassettesimo* (Rome, 1888) ; B. Croce, *I teatri di Napoli* (Naples, 1891) ; R. Rolland, *les Origines du théâtre lyrique moderne. Histoire de l'Opéra en Europe avant Lully et Scarlatti* (Paris, 1895 ; rééd. 1971) ; H. Glodschmidt, *Studien zur geschichte der italienischen Oper im 17. Jahrhundert* (Leipzig, 1901 ; rééd. 1967) ; A. Solerti, *Le origini del melodramma* (Turin, 1903) ; G. Pannain, *Le origini della Scuola musicale dei Napoli e i suoi conservatori* (Naples, 1914) ; Ch. Van der Borren, *A. Scarlatti et l'esthétique de l'opéra napolitain* (Bruxelles-Paris, 1921) ; R. Rolland, *Musiciens d'autrefois* (Paris, 1922) ; A. Della Corte, *L'opera italiana nell'700, studi ad appunti*, 2 vol. (Paris, 1923) ; R. Rolland, « l'Opéra au XVIIe siècle en Italie » in *Lavignac*, Histoire II (1925) ; H. Prunières, *Cavalli et l'opéra vénitien au XVIIe siècle* (Paris, 1931) ; A. Capri, *Il seicento musicale in Europe* (Milan, 1933) ; A. A. Abert, *Claudio Monteverdi und das musikalische Drama* (Lippstadt, 1954) ; G. Tintori, *L'opera napolitana* (Milan, 1958) ; F. Ghisi, « la Réforme mélodramatique », in *Histoire de la musique* (Paris, 1960) ; D. G. Grout, *l'Opéra italien après Monteverdi* (ibid.) ; D. G. Grout, *l'Opéra napolitain* (ibid.) ; M. Bogianckiho, *Aspetti del teatro musicale in Italia e in Francia nell' età barroca* (Rome, 1967) ; L. Ronga et N. Fubini, « L'opera metastasiana » et « Introduzione a Metastasio », in *Pietro Metastasio, Opera* (Milan-Naples, 1968) ; N. Pirotta, *Li due Orfei. Da Poliziano à Monteverdi* (Turin, 1969) ; M.-Th. Buquet, *Musique et musiciens à Turin de 1648 à 1775* (Paris, 1969) ; I. Mamczarcz, *les Intermèdes comiques italiens au XVIIIe siècle en France et en Italie* (Paris, 1972) ; *Storia dell'opera*, vol. I et II (Turin, 1977).

FRANCE XVIIe ET XVIIIe s. J. L. Lecerf de La Viéville, *Comparaison de la musique italienne et de la musique française* (Paris, 1703) ; J.-J. Rousseau, *Lettre sur la musique française* (Paris, 1753) ; R. de Calzabigi, *la Lulliade* (Paris, 1755) ; A. M. Grétry, *Mémoires des essais sur la musique*, 3 vol. (Paris, 1797) ; Castil-Blaze, *De l'opéra en France*, 2 vol. (Paris, 1820) ; A. Adam, *Derniers souvenirs d'un musicien* (Paris, 1871) ; G. Desnoireterres, *Glück et Piccini 1774-1800, la musique française au XVIIIe siècle* (Paris, 1872 ; rééd. Genève, 1971) ; A. Pougin, *les Vrais Créateurs de l'opéra français, Perrin et Cambert* (Paris, 1881) ; Ch. Nuitter et E. Thoinant, *les Origines de l'opéra français* (Paris, 1886 ; rééd., 1972) ; J. Ecorcheville, *De Lully à Rameau, l'esthétique musicale* (Paris, 1906) ; L. Strippling, *Esquisse d'une histoire du goût musical en France au XVIIIe siècle* (Paris, 1912) ; H. Prunières, *l'Opéra italien en France avant Lully* (Paris, 1913 ; rééd., 1975) ; R. Rolland, *Musiciens d'autrefois* (Paris, 1922) ; R. Rolland, « l'Opéra au XVIIe siècle en France », in *Lavignac*, Histoire III (1926) ; L. de La Laurencie, *les Créateurs de l'opéra français* (Paris, 1930 ; rééd., 1975) ; P. M. Masson, « l'Opéra français de Lully à Rameau », in *Histoire de la Musique* I (Paris, 1960) ; P. Daval, *la Musique en France au XVIIIe siècle* (Paris, 1961) ; N. Demuth, *French Opera, its Development to the Revolution* (Sussex, 1963) ; J. Rushton, *Music and Drama at the Académie Royale de Musique* (Oxford Univ., 1969) ; M. Benoit, *Versailles et les musiciens du Roi ; musiques de cour* (Paris, 1971).

FRANCE XIXe s. P. Scudo, *l'Art ancien et l'Art moderne* (Paris, 1854) ; P. Scudo, *Critique et Littérature musicales* (Paris, 1859) ; G. Bertrand, *les Nationalités musicales étudiées dans le drame lyrique* (Paris, 1872) ; G. Chouquet, *Histoire de la musique dramatique en France* (Paris, 1873) ; A. Jullien, *Musiciens d'aujourd'hui* (Paris, 1894) ; A. Bruneau, *Musique d'hier et de demain* (Paris, 1900) ; E. Reyer, *Cinquante Ans de musique* (Paris, 1902) ; O. Serri, *Musiciens français d'aujourd'hui* (Paris, 1911) ; Th. Gautier, *la Musique* (Paris, 1919) ; J. Tiersot, *Un demi-siècle de musique française* (Paris, 1918) ; V. Debay et P. Locard, « le Grand Opéra. Meyerbeer », in *Lavignac*, Histoire III (1926) ; R. Dumesnil, « l'Opéra en France à l'époque romantique », in *Histoire de la Musique* III (Paris 1963) ; W. L. Crosten, *French Grand Opera, an Art and a Business* (New York, 1972) ; M. Guiomar, « Naturalisme et Musique », in *l'Education musicale* (Paris, 1977).

ITALIE XIXe s. Stendhal, *Rome, Naples et Florence* (Paris, 1817) ; Stendhal, *Vie de Rossini* (Paris, 1824) ; Stendhal, *Promenades dans Rome* (1829) ; A. Colombani, *L'opera italiana nel secolo XIX* (Milan, 1900) ; M. Rinelldi, *Musica e verismo* (Rome, 1932) ; R. Roncaglia, *Invito all' opera* (Milan, 1943) ; G. Pannain, *Ottocento musicale* (Milan, 1952) ; F. Schlitzer, *Mondo teatrale dell'ottocento* (Naples, 1954) ; G. Gavazzeni, *I Nemici della musica* (Milan, 1965) ; E. Dent, *The Rise of Romantic Opera* (Cambridge, 1976) ; Collectif, *Il melodramma italiano nell' ottocento* (Turin, 1977) ; *Storia dell' opera*, vol. II (Turin, 1977) ; V. della Croce, *Una giacobina alla Scala, Teresa Belloc* (Turin, 1978) ; R. Todeschi, *Addio fiorito asil* (Milan, 1978).

ALLEMAGNE XVIIe et XVIIIe s. O. F. Beer, *Mozart und des Wiener Singspiel* (Vienne, 1832) ; K. M. Klob, *Beiträge zur Geschichte der deutschen Komischen Oper* (Berlin, 1903) ; L. Schiedermair, *Die deutsche Oper : Grundzüge ihres Werdens und Wesens* (Leipzig, 1930 ; rééd., 1943) ; W. Schulze, *Die Quellen der Hamburger Oper 1678-1738* (Hambourg, 1938) ; M. Ch. Wolff, *Die Barockoper im Hamburg (1678-1738)* [Möseler, Wolffenbüttel, 1957] ; A. A. Abert, « l'Opéra baroque allemand », in *Histoire de la Musique* I (Paris, 1960).

ALLEMAGNE XIXe - DÉBUT XXe s. L. Schiedermair, *Beiträge zur Geschichte der Oper um die Wende des 18. und 19. Jahrhundert*, 2 vol. (Leipzig, 1907-1910) ; W. H. Riel, *Zur Geschichte der Romantischen Oper* (Berlin, 1928) ; A. Einstein, *Music in the Romantic Era* (New York, 1947).

ESPAGNE. A. Peña y Goñi, *La opera española y la musica dramatica en España* (Madrid, 1881) ; rééd. réduite *España, desde la opera a la Zarzuela* (Madrid, 1969) ; I. Subira, *La tonadilla escenica*, 3 vol. (Madrid, 1928-1930) ; G. Chese, « Origins of the lyric theater in Spain », in *M Q* XXV, 1939 ; *Historia de la Zarzuela española y del genero chico* (Madrid, 1946) ; A. Fernandez Cid, *Cien anos de teatro musical en España 1875-1975* (Madrid, 1976).

RUSSIE. A. Soubies, *Histoire de la musique en Russie* (Paris, 1898) ; R. Newmarch, *The Russian Opera* (Chester, Londres, New York, 1914 ; rééd., 1970 ; trad. fr. S. Maesky-Richard *l'Opéra russe* (Paris, 1922) ; G. Abraham, *Studies in Russian Music* (Londres, 1935 ; rééd. 1969) ; G. Abraham, *On Russian Music* (Londres, 1939) ; R. Hofmann, *Un siècle d'opéra russe* (Paris, 1946) ; A. Aloys-Mooser, *Annales de la musique et des musiciens en Russie au XVIIIe siècle*, 3 vol. (Genève, 1948-1951) ; V. Sérov, *le Groupe des cinq* (Paris, 1949) ; B. Schwarz, *Music and Musical Life in Soviet Russia 1917-1970* (Londres, 1972) ; G. Abraham, « la Musique en Union soviétique », in *New Oxford History of Music* (Oxford, 1974) ; R. Tedeschi, *I figli di Boris : l'opera russa da Glinka a Strawinsky* (Milan, 1980).

L'OPÉRA AU XXe s. F. Landormy, *la Musique française après Debussy* (Paris, 1943) ; J. Roy, *Musique française : Présence contemporaine* (Paris, 1962) ; H. H. Stuckenschmidt, *Oper in diser Zeit* (Hanovre, 1966) ; J. Lonchampt, *l'Opéra aujourd'hui* (Paris, 1970) ; E. Mordden, *Opera in the 20th Century* (New York, 1978) ; M.-N. Rio et M. Rostain, *Aujourd'hui l'opéra*, Recherches, n° 42.

OPÉRA BUFFA. Coutant d'Orville, *Histoire de l'opéra bouffon* (Amsterdam, 1768 ; rééd. Genève, 1970) ; M. Scherillo, *L'opera buffa napoletana durante il settecento* (Milan, 1916) ; D. J. Grout, « Opéra bouffe et Opéra comique », in *Histoire de la Musique* II (Paris, 1963).

OPÉRA-COMIQUE. A. Soubies et Ch. Malherbe, *Histoire de l'opéracomique (1840-1887)*, 2 vol. (Paris, 1893) ; G. Cucuel, *Les Créateurs de l'opéra-comique français* (Paris, 1914) ; G. E. Bonnet, *Philidor et l'évolution de la musique française au XVIIIe siècle* (Paris, 1921) ; F. Kidson, *The beggar's Opera* (Cambridge, 1922) ; E. Genest, *l'Opéra-comique connu et inconnu* (Paris, 1925) ; S. Wolff, *Un demi-siècle d'opéra-comique (1900-1950). Les œuvres. Les interprètes* (Paris, 1953) ; R. Aloys-Mooser, *l'Opéra-comique français en Russie au XVIIIe siècle* (Genève-Monaco, 1954).

opérette. *Cinquante Ans de musique française*, 2 vol. (Paris, 1925) ; *le Siècle d'Offenbach* (Paris, 1958) ; J. Bruyr, *l'Opérette* (Paris, 1962 ; rééd., 1974) ; G. Hughues, *Composers of Operetta* (Londres, 1962) ; M. Yvain, *Ma belle opérette* (Paris, 1962) ; Ch. Imbert, *Histoire de la chanson et de l'opérette* (Lausanne, 1967) ; F. Bruyas, *Histoire de l'opérette en France [1855-1965]* (Lyon, 1974) ; C. Dufresne, *Histoire de l'opérette* (Paris, 1981).

oratorio. G. Pasquetti, *l'Oratorio musicale in Italia* (Florence, 1906 ; rééd. 1914) ; A. Schering, *Geschichte des Oratoriums* (Leipzig, 1911) ; F. Raugel, *l'Oratorio* (Paris, 1950) ; A. Damerini,

BIBLIOGRAPHIE

« l'Oratorio », in *Histoire de la musique*, I (1960) ; F. Ghisi, *Giacomo Carissimi et ses élèves (ibid.)* ; G. Massenkeil, *Das Oratorium*, (Cologne, 1970 ; trad. angl., *The Oratorio*, 1970) ; H. Morissette, *l'Oratorio français des origines à Georges Migot* (Montréal, 1970) ; H. E. Smither, *A History of the Oratorio* (Chapel Hill, 1977).

orchestration. J. G. Kastner, *Traité général d'instrumentation* (Paris, 1839 ; suppl., 1844) ; H. Berlioz, *Grand Traité d'instrumentation et d'orchestration modernes* (Paris, 1844 et 1855) ; Fr. A. Gavaert, *Nouveau Traité d'instrumentation* (Paris, 1855) ; H. Lavoix, *Histoire de l'instrumentation* (Paris, 1878) ; R. Strauss, *Instrumentationslehre* (Leipzig, 1904) ; Ch. Koechlin, *Traité de l'orchestration*, 4 vol. (Paris-Eschig., 1954-1959) ; N. Rimski-Korsakov, *Elément d'orchestration*, 2 vol. (Berlin-Saint-Pétersbourg-Moscou, 1913, 1946 ; trad. fr., Berlin, 1914).

orchestre. T. Arbeau, *Orchésographie. Méthode et théorie en forme de discours* (Langres, 1596 ; rééd., Genève, 1972) ; Ch. M. Widor, *Technique de l'orchestration moderne* (Paris, 1904) ; P. Gilson, *le Tutti orchestral* (Bruxelles, 1913, 1921) ; A. Carse, *The Orchestra from Beethoven to Berlioz* (Cambridge, 1948) ; M. Pincherle, *l'Orchestre de chambre* (Paris, 1948) ; L. Aubert et M. Landowski, *l'Orchestre* (Paris, 1951) ; M. Corneloup, *l'Orchestre et ses instruments* (Paris, 1966) ; S. Borowski, *l'Orchestre, grande famille et purgatoire* (Paris, 1968) ; A. Louvier, *l'Orchestre*, (Paris, 1978) ; D. Frank, *le Petit Livre de l'orchestre et de ses instruments* (Paris, 1981) ; F. Dupin, *l'Orchestre nu* (Paris, 1981) ; M. Hurd, *le Grand Livre de l'orchestre* (Paris, 1982).

Ordonez. A. Peter Brown, « The Chamber Music with Strings of Carlo d'Ordonez », in *Acta musicologica* (1974) ; A. Peter Brown, *Carlo d'Ordonez (1734-1786). A Thematic Catalogue* (Detroit, 1978) ; A. Peter Brown, « The Symphonies of Carlo d'Ordonez » in *Haydn Yearbook* XII (1981).

Or du Rhin (*l'*). A. Lefrançois, *l'Or du Rhin. Das Rheingold, de Richard Wagner* (Paris, 1976) ; « l'Or du Rhin », in *l'Avant-Scène Opéra*, nᵒˢ 6-7 (1976).

Orfeo. « Orfeo », in *l'Avant-Scène Opéra*, nᵒ 5 (1976).

Orff. W. Keller, *Carl Orffs Antigonae* (Mayence, 1950) ; K. H. Ruppel, *Carl Orff, ein Bericht in Wort und Bild* (Mayence, 1955 ; trad. angl., 1960) ; W. Wagner et W. E. Schäfer, *Carl Orff* (Bayreuth, 1955) ; I. Kiekert, *Die musikalische Form in den Werken Carl Orffs* (Regensburg, 1957) ; E. Hilm, « Carl Orff », in *MQ* XLI (1955) ; H. Kemnitz, « *Die Kluge* » *von Carl Orff* (Berlin, 1961) ; A. Liess, *Carl Orff* (Londres, 1966) ; H. W. Schmidt, *Carl Orff, sein Leben und sein Wert in Wort, Bild und Noten* (Cologne, 1971) ; J. Morton, « Carl Orff », in *Some Great Music Educators* (Londres, 1976) ; W. Thomas, *Musica poetica, Gestalt und Funktion des Orff-Schulwerks* (Tutzing, 1977).

organum. F. Ludwig, « Die liturgische Organa Leonins und Perotins », in *Mélanges* (Leipzig, 1909) ; R. Ficker, « Formprobleme der mitteralterlichen Musik », in *ZfM* VII (1924-25) ; J. Handschin, « Zur Geschichte der Lehre vom Organum », in *ZfM* VIII (1926) ; J. Handschin, « Der Organum-Traktar von Montpellier », in *Mélanges* (Vienne, 1930) ; F. Zaminer, *Der vatikanische Organum-Traktat* (Tutzing, 1951) ; J. Chailley, *Histoire musicale du Moyen Âge* (Paris, 1953 ; rééd., 1969) ; J. Chailley, *l'École Saint-Martial de Limoges* (Paris, 1960) ; W. Krüger, *Die authentische Klangform des primitiven Organum* (Cassel, 1958) ; F. Blum, « Another look on the Montpeller organum treatise » in *MD* XIII (1959) ; A. Machabey, « Remarques sur le Winchester Troper », in *Mélanges* (Leipzig, 1961) ; R. Flotzinger, *Der Diskantussatz im Magnus Liber und seiner Nachfolge* (Vienne, Cologne, 1969) ; F. Reckow, « Organum Begriff und frühe Mehstimmigkeit », in *Basler Studien zur Musikgeschichte*, vol. I (Berne, 1975) ; F. Reckow et R. Flotzinger, « Organum », in *New Grove* 13 ; N. E. Smith, *Organum und discant, bibliography* (ibid.).

orgue. Périodiques : *l'Orgue* (trimestrielle, Paris, 1939 →) ; *Acta organologica* (Berlin, 1967 →) ; *The Organ Yearbook* (Amsterdam, 1970 →).
Ouvrages généraux (histoire, facture, technique) : A. Schlick, *Spiegel der Orgelmacher und Organisten* (Speyer, 1511 ; rééd., Cassel, 1951) ; C. Autegnati, *L'arte organica* (Brescia, 1608 ; rééd., 1958) ; F. C. de Arauxo, *Libro de tientos y discursos de musica practica y teorica de organo, intitulado Facultad organica* (Alcala, 1626 ; rééd., Genève) ; Dom Bedos de Celles, *l'Art du facteur d'orgues*, 4 vol. (Paris, 1766-1778 ; rééd., Cassel, 1963-1977) ; J. P. E. Martini, *École d'orgue* (Paris, 1805 ; rééd., Genève, 1974) ; Mgr J. Régnier, *l'Orgue, sa connaissance, son administration et son jeu* (Nancy, 1850) ; E. J. Hopkins et E. F. Rimbault, *The Organ, its History and Construction* (Londres, 1855 ; rééd., Amsterdam, 1965) ; L. A. De Pontecouland, *Organographie. La facture, des origines à 1857*, 2 vol. (Paris, 1861 ; rééd., Amsterdam, 1971) ; E. G. J. Gregoir, *Historique de la facture et des facteurs d'orgues avec la bibliographie musicale et l'histoire de l'orgue* (Anvers, 1865 ; rééd., Amsterdam, 1970) ; F. Raugel, *Recherches sur les maîtres de l'ancienne facture française d'orgue* (Ligugé, 1919) ; F. Raugel, *les Organistes* (Paris, 1923 ; rééd., 1962) ; M. Dupré, *Cours complet d'improvisation à l'orgue*, 2 tomes (Paris, 1925, 1937) ; F. Raugel, *les Grandes Orgues des églises de Paris et du département de la Seine* (Paris, 1927) ; R. Whitworth, *The Electric Organ* (Londres, 1930 ; rééd., 1948) ; H. G. Farmer, *The Organ of the Ancients from Eastern Sources* (Londres, 1931) ; A. Cellier et H. Bachelin, *l'Orgue, ses éléments, son histoire, son esthétique* (Paris, 1933 ; rééd., Marseille, 1980) ; N. Dufourcq, *Documents inédits relatifs à l'orgue français (XIVᵉ-XVIIIᵉ siècles)*, 2 vol. (Paris, 1934-35 ; rééd., 1972) ; N. Dufourcq, *Esquisse d'une histoire de l'orgue en France* (Paris, 1935) ; N. Dufourcq, *Esquisse d'une histoire de l'orgue en France du XIIIᵉ à la fin du XVIIIᵉ siècle* (Paris, 1935) ; N. Dufourcq, *Trois Siècles de musique d'orgue* (Paris, 1936) ; N. Dufourcq, *les Grandes Formes de la musique d'orgue* (Paris, 1937) ; N. Dufourcq, *la Musique d'orgue française de Jehan Titelouze à Jehan Alain* (Paris, 1941) ; N. Dufourcq, *l'Orgue* (Paris, 1948 ; rééd., 1970) ; W. L. Sumner, *The Organ, its Evolution Principles of Construction and Use* (Londres, 1952) ; S. dalla Libera, *L'organo* (Milan, 1956) ; A. Cellier, *Traité de la registration de l'orgue* (Paris, 1958) ; J. Fellot, *l'Orgue classique français* (Paris, 1962) ; J. Perrot, *l'Orgue, de ses origines hellénistiques à la fin du XIIIᵉ siècle* (Paris, 1965) ; F. Jacob, *Die Orgel. Orgelbau und Orgelspiel* (Berne, Stuttgart, 1969 ; adapt. fr. *l'Orgue*, Paris, Lausanne, 1970) ; F. Douglass, *The Language of the Classical French Organ* (New Haven, 1969) ; J. Martinod, *Répertoire des travaux des facteurs d'orgues du IXᵉ siècle à nos jours* (Paris, 1970-1976) ; L. Aubeux, *l'Orgue, sa facture* (Angers, 1971) ; N. Dufourcq, *le Livre de l'orgue français [1589-1789]*, 5 tomes (Paris, 1971-1972) ; sous la direct. de N. Dufourcq, *Recherches sur la musique française classique*, tome XII, *l'Histoire de l'orgue français aux XVIᵉ, XVIIᵉ et XVIIIᵉ siècles* (Paris, 1972) ; O. Ochse, *The History of the Organ in the United States* (Bloomington, Ind., et Londres, 1975) ; J. Guillou, *l'Orgue, souvenir et avenir* (Paris, 1978) ; P. Williams, *A New History of the Organ from the Greeks to the Present Day* (Londres, 1980) ; B. Teulon, *l'Orgue* (Aix-en-Provence, 1981) ; M. Cocheril, *les Orgues de Bretagne* (Rennes, 1981) ; J. Ferrard, *Orgues du Brabant wallon. Inventaire critique* (Bruxelles, 1981).

orgue électronique. R. Whitworth, *The Electric Organ* (Londres, 1930 ; rééd., 1948) ; R. Besson, *Orgues électroniques à transistors et circuits intégrés* (Paris, 1974).

Orlando Paladino. « Orlando Paladino », in *l'Avant-Scène Opéra*, nᵒ 42 (1982).

ornementation. A. Beyschlag, *Die Ornamentik der Musik* (Leipzig, 1908 ; rééd., 1953) ; C. G. Hamilton, *Ornaments in Classical and Modern Music* (Boston, 1930 ; rééd., 1976) ; F. Borrel, *l'Interprétation de la musique française de Lully à la Révolution* (Paris, 1934) ; P. C. Aldrich, *Ornamentation in J. S. Bach's Organ Works* (New York, 1950) ; W. Smigelski, *Zur Asthetik des musikalischen Ornaments* (Berlin - Dahlem, 1957) ; E. T. Ferand, « A History of Music Seen in the Light of Ornementation », in *International Musicological Society*, report of the eighth congress (New York, Cassel, 1961) ; G. Thibault, *Du rôle de l'ornementation improvisée ou écrite dans l'évolution de la musique* (ibid.) ; G. Thibault, *l'Ornementation dans la musique profane au Moyen Âge* (ibid.) ; W. Emery, *les Ornements dans l'œuvre de Bach* (trad. fr. J. et P. Froger, Tours, 1970).

Orphée. « Orphée », in *l'Avant-Scène Opéra*, nᵒ 23 (1979).

Ortigue J. (d'). L. Heugel, « Joseph d'Ortigue », in *Men* XXXIII (1866) ; M. Barber, *Joseph d'Ortigue*, (Paris, 1919.)

BIBLIOGRAPHIE

Ortiz. R. J. Borrowdale, *The «Musices Liber Primus» of Diego Ortiz, Spanish Musician* (University of Southern California, 1952); P. G. Strassler, *Hymns for the Church Year, Magnificats, and Other Sacred Choral Works of Diego Ortiz* (University of North Carolina, 1966); D. Ortiz, *Trattado de glosas* (Rome, 1553; réed., Cassel, 1967); H. Collet, *le Mysticisme musical espagnol au XVIe siècle* (Paris, 1913; rééd., 1979).

Ory. R. Blesh, «Listen to what Ory Says», in *Jazz Record* (1945); K. Ory, «What did Ory say», in *Record Changer* (1947); M. Williams, «The Kid», in *Jazz Masters of New Orleans* (New York, Londres, 1967).

ouverture. R. Wagner, «De l'ouverture», in *RGM* VIII (1841); F. Niecks, «Historical sketch of the overture», in *SdIM* VII (1905-1906); H. Prunières, «Notes sur les origines de l'ouverture française», in *SdIM* XII (Leipzig, 1910-11); H. Botstiber, *Geschichte der Ouvertüre und der freien Orchesterformen* (Leipzig, 1913); G. D. Durham, *The Development of the German Concert Overture* (Washington, 1957); H. Hell, *Die neapolitanische Opersinfonie in der erste Hälfte des 18. Jahrhunderts* (Tutzing, 1971); S. Steinbeck, *Die Ouvertüre in der Zeit von Beethoven bis Wagner : Probleme und Lösungen* (Munich, 1973); M. Danckwart, *Die langsame Einleitung, ihre Herkunft und ihr Bau bei Haydn und Mozart.* 2 vol. (Tutzing, 1977).

P

Pachelbel. M. Seiffert, «Johann Pachelbels *Musikalische Sterbensgedanken*», in *SdIM* V (1903-1904); G. Beckmann, «Johann Pachelbel als Kammerkomponist», in *AfM* (1918-19); O. Kaul, «Zwei unbekannte kompositionen von Johann Pachelbel», in *ZfM* XVI (1934); I. Born, *Die Variation als Grundlage handwerklicher Gestaltung im musikalischen Schaffen Johann Pachelbels* (Berlin, 1941); H. Woodward, «Musical symbolism in the vocal works of Johann Pachelbel», in *Mélanges* (Cambridge, Mass., 1957); F. Krummacher, «Kantate und Konzert im Werk Johann Pachelbels», in *Mf* XX (1967).

Pacini. A. Pougin, «Pacini, l'auteur de *Saffo*», in *Men* XXXIII (1866); M. Davini, *Il maestro Giovanni Pacini* (Palerme, 1927); R. Barbiera, *Vite ardenti nel teatro* (Milan, 1931).

Paderewski. J. Combarieu, «Paderewski», in *RM* IX (1909); R. Landau, *Ignace Paderewski, Musician and Statesman* (New York, 1934); I. J. Paderewski et M. Lawton, *The Paderewski Memoirs* (Londres, 1939); A. Granowicz, *Paderewski* (Montréal, 1945); S. Giron, *le Drame Paderewski* (Genève, 1948); A. Baumgartner, *la Vérité sur le prétendu drame Paderewski* (Genève, 1948); H. Opienski, *Ignaz Johann Paderewski, esquisse de sa vie et de son œuvre* (Lausanne, 1948); A. Strakacz, *Paderewski as I knew him* (New Brunswick, 1949); *Annales Paderewski* (Morges, 1979 →).

Paer. F. J. Fétis, «Nécrologie Paer», in *RGM* VI (1839); G. Servières, *Épisodes d'histoire musicale* (Paris, 1914).

Paganini. F. Liszt, «Sur Paganini à propos de sa mort», in *RGM* VII (1840); J. G. Prod'homme, *Paganini* (Paris, 1927); V. Pulver, *Paganini, the Romantic Virtuoso* (Londres, 1936; rééd., 1970); A. Codignola, *Paganini intimo* (Gênes, 1935); R. de Saussine, *Paganini le magicien*, préface de J. Thibaud (Paris, 1938); G. de Courcy, *Paganini the Genoese* 2 vol. (Oklahoma, 1957); M. Tibaldi Chiesa, *Paganini, la vita e l'opere* (Milan, 1947); T. Valensi, *Paganini* (Nice, 1950); W. C. Armando, *Paganini, eine Biographie* (Hambourg, 1960); A. Codignola, *Arte e magia di N. Paganini* (Milan, 1960); P. Berri, *Paganini, documenti e testimonianze* (Gênes, 1962); R. de Saussine, «Paganini», in *Histoire de la musique* II (1963); A. Vyborny, «Der Fall Paganini», in *Mf* XVII (1964); H. Audibert, *Paganini, Concerto, style* (Narbonne, 1974); «Paganini», n° spécial de la revue *Genova*. LVI (1976); F.-J. Fétis, *Notice bibliographique de Nicolo Paganini suivie de l'analyse de ses œuvres* (réimpr., Paris, 1981).

Paisiello. H. Abert, «Paisiellos Buffokunst und ihre Beziehung zu Mozart», in *AfM* I (1918-19); A. della Corte, *Settecento italiano Paisiello* (Turin, 1922); R.-A. Mooser, *Annales de la musique et des musiciens en Russie au XVIIIe siècle*. vol. 2 (Genève, 1951); A. Ghislanzoni, *Giovanni Paisiello, valutazione critiche rettificate* (Rome, 1969); J. L. Hunt, *Giovanni Paisiello : his Life as an Opera Composer* (New York, 1975).

Palestrina. M. Brenet, *Palestrina* (Paris, 1906); J. G. Prod'homme, *Ecrits de musiciens XVe-XVIIIe siècle* (Paris, 1912); O. Ursprung, «Palestrina und Deutschland», in *Mélanges* (Leipzig, 1926); F. Raugel, *Palestrina* (Paris, 1930); R. Casimiri, *La polifonia vocale del secolo XVI* (Rome, 1942); A. Auda, «la Mesure dans la messe de *l'Homme armé* de Palestrina», in *AM* XIII-XIV (1941-42); K. Jeppesen, *The Style of Palestrina and the Dissonance*, 2e éd. (Copenhague, 1946); J. Samson, *Palestrina ou la poésie de l'exactitude* (Genève, 1950); P. Hamburger, «The Ornementation in the Work of Palestrina», in *AM* XXII (1950); E. Paccagnella, *Palestrina : il linguaggio melodico e armonico* (Florence, 1957); H. K. Andrews, *An Introduction to the Technique of Palestrina* (Londres, 1958); K. G. Fellerer, *Palestrina Leben und Werk* (Dusseldorf, 1960); E. Ferrari, *Il Palestrina* (Rome, 1960); F. Raugel, «Palestrina», in *Histoire de la musique* I, 1960; E. Paccagnella, *la Parola in Palestrina* (Florence, 1969); L. Lockwood, *Pope Marcellus Mass* (New York, 1975); L. Comes, *La melodia palestriniana e il canto gregoriano* (Venise, 1975).

Paray. W. L. Landowski, *Paul Paray, musicien de France et du monde* (Lyon, 1956); H. Stoddard, *Symphony Conductors of the U. S. A.* (New York, 1957).

Paris. A. Lejeune et S. Wolff, *les Quinze Salles de l'Opéra de Paris (1669-1955)* [Paris, 1955]; F.-J. Fétis, *Curiosités historiques de la musique* (Paris, 1830); A. de La Salle, *la Musique à Paris* (Paris, 1863); H. Berlioz, *Mémoires* (Paris, 1870); J. Bonnaissies, *la Musique à la Comédie-Française* (Paris, 1874); T. de Lajarte, *Bibliothèque musicale du théâtre de l'Opéra* (Paris, 1878; rééd., 1971); E. Compardon, *l'Académie royale de musique au XVIIIe siècle* (Paris, 1884; rééd., 1970); A. Pirro, *la Musique à Paris sous le règne de Charles VI, 1380-1422* (Strasbourg, 1930; rééd., 1958); P. Mélèse, *Répertoire analytique des documents contemporains... concernant les théâtres de Paris sous Louis XIV* (Paris, 1934); B. Gavoty, *Deux Capitales romantiques : Vienne, Paris* (Paris, 1953); C. Hopkinson, *A Dictionnary of Parisian Music Publishers 1700-1950* (Londres, 1954); F. Lesure, «les Orchestres populaires à Paris à la fin du XVIe siècle», in *RMI* XXXVI (1954); N. Bridgman, F. Lesure... «Paris», in *MGG* 10 (1962); D. Charlton, *Orchestration and Orchestral Practice in Paris 1789-1810* (Cambridge, 1973); A. Chastel, «Étude sur la vie musicale à Paris, à travers la presse pendant le règne de Louis XVI», in *RMFC* XVI (1976); A. Devriès, *Edition et commerce de la musique gravée à Paris dans la première moitié du XVIIIe siècle* (Genève, 1976); B. Gérard, «la Musique dans les églises de la cité aux XVIIe et XVIIIe siècles», in *RMFC* XVI (1976); C. Massip, *la Vie des musiciens de Paris au temps de Mazarin (1643-1661) : essai d'étude sociale* (Paris, 1976); «Paris» (bibliographie), in *Science de la musique* II (1976); G. A. Anderson, D. Heartz... «Paris», in *New Grove* 14 (1980); B. Brévan, *les Changements de la vie musicale à Paris de 1774 à 1799* (Paris, 1980).

Parker. M. Feldman, *Parker's Bebop for Alto Sax : 4 Solos* (New York, 1948); L. Malson, *les Maîtres du jazz* (Paris, 1952); M. Harrison, *Charlie Parker* (Londres, 1960); N. Hentoff, *Charlie Parker* (New York, 1960); R. Reisner, *Bird : the Legend of Charlie Parker* (New York, 1961); T. Owens, *Charlie Parker : Technique of Improvisation* (thèse; univ. of California, 1974); R. Russel, *la Vie de Charlie Parker* (trad. fr. M. Perrin; Paris, 1980).

parodie. R. Haas, «Wiener deutsche Parodieopern», in *ZfM* VIII (1925-26); W. Steinecke, *Das Parodie verfahren in der Musik* (Wolfenbüttel, 1934); L. Frank, *Dramatic Parody by Marionnettes in 18th century Paris* (New York, 1946); L. Lockwood, «On Parody as Term and Concept in 16th Century Music», in *Mélanges* (New York, 1966).

Parry. D. F. Tovey, *Some English Symphonists* (Londres, 1943).

Parsifal. L. de La Laurencie, *la Légende de Parsifal et le drame musical de Richard Wagner* (Nantes, 1888); V. d'Indy, *Introduction à l'étude de Parsifal de Wagner* (Paris, s.d.); M. Kufferath, *Parsifal* (Paris, 1890; rééd., 1899); G. Bernat, *le Wagner de Parsifal* (Paris, 1914); H. J. Bauer, *Wagners Parsifal, Kriterien der Kompositionstechnik*

(Munich, 1977); J. Chailley, *Parsifal, opéra initiatique* (Paris, 1979); «Parsifal», in *l'Avant-Scène Opéra*, nos 38-39 (1982).

partita. F. Torrefranca, «Origine e significato di repico, partita, ricercare sprezzatura», in *Societé internationale de musicologie*, 5e congrès, compte rendu (Amsterdam, 1953).

Pasdeloup. A. E. Elwart, *Histoire des concerts populaires de musique classique* (Paris, 1864); H. Moreno, «la Retraite de M. Pasdeloup et ses conséquences», in *Men* L (1884); A. Bruneau, *Musiques de Russie et musiciens de France* (Paris, 1903).

Pasquini. E. Dagnino, «Quanti sono gli oratorii di B. Pasquini?», in *NASM* IX (1932) et XI (1934); G. F. Crain, *The Operas of Bernardo Pasquini* (thèse; Yale university, 1965).

passacaille. A. Machabey, «les Origines de la chaconne et de la passacaille», in *RMie* XXVIII (1946); M. Schuler, «Zur frühgeschichte der Passacaglia», in *Mf* XVI (1963).

passion. W. Lott, «Zur Geschichte der Passiokomposition von 1650-1800», in *AfM* III (1921); E. A. Schuler, *Die Musik der Osterfeiern, Osterspiele und Passionen des Mittelalters* (Cassel, 1951); W. Braun, *Die mitteldeutsche Choralpassion im achtzehnten Jahrhundert* (Berlin, 1960); B. Sallmann, *The background of Passion music : J. S. Bach and his predecessors* (New York, 1970); K. von Fischer, «Zur katolischen Passion-Komposition des späten 16. und frühen 17. Jahrhundert», in *Mf* XVI 1962); K. von Fischer, «Die Passion von ihren Anfangen bis ins 16. Jahrhundert», in *Mélanges* (Berne, Munich, 1973); K. von Fischer et W. Braun, «Passion», in *New Grove* 14 (1980).

pastorale, pastourelle. J. Marsan, *la Pastorale dramatique en France à la fin du XVIe et au commencement du XVIIe s.* (Paris, 1905); W. W. Greg, *Pastoral Poetry and Pastoral Drama* (Londres, 1906); L. de La Laurencie, «les Pastorales en musique au XVIIe siècle en France avant Lully et leur influence sur l'opéra», in *Report of the fourth Congress of the International Musical Society* (Londres, 1911); M. Zink, *la Pastourelle, poésie et folklore au Moyen Age* (Paris, 1972).

Paumann. F. Krautwurst, «Konrad Paumann in Nördlingen», in *Mélanges* (Leipzig, 1961); C. Wolff, «Conrad Paumanns *Fundamentum organisandi* und seine verschiedene Fassungen», in *AfM* XXV (1968).

Pays-Bas. E. Van der Straeten, *la Musique au Pays-Bas avant le XIXe siècle*, 8 vol. (Bruxelles, 1867-1888; rééd., 1969); S. Clercx-Lejeune, «la Musique dans les Pays-Bas et au pays de Liège», in *Histoire de la musique* I (1960); art. «Low countries», in *New Grove* 11 (1980).

Pedrell. F. Pedrell, *Pour notre musique* (quelques observations sur l'importante question d'une école lyrique espagnole) [Barcelone, 1893]; A. Reiff «Felipe Pedrell zum achtzigsten Geburtstag», in *ZfM* III (1921); A. Reiff «Ein Katalog zu den Werken von Felipe Pedrell», in *AfM* III (1921); C. Bellaigue, *Études musicales*, seconde série (Paris s.d.); L. Villalba Muñoz, *Felipe Pedrell : semblanza y biografia* (Madrid, 1922).

Peerson. E. H. Fellowes, *the English Madrigal Composers* (Oxford, 1921); A. Fones, *the Life and Works of Martin Peerson* (thèse; Cambridge, 1957); R. M. Baxter, *Martin Peerson's Mottects or Grave Chamber Music (1630)* (thèse; Catholic. Univ. Washington Dc, 1970).

Peire Vidal. E. Hoepffner, *le Troubadour Peire Vidal, sa vie et son œuvre* (Paris, 1961).

Pelléas et Mélisande. M. Emmanuel, *Pelléas et Mélisande de Claude Debussy* (Paris, s.d.); A. Goléa, «Pelléas et Mélisande». *Analyse poétique et musicale* (Paris, 1952); O. d'Estrade-Guerra, *les Manuscrits de « Pelléas et Mélisande »* (Paris, 1957); «Pelléas et Mélisande», in *l'Avant-Scène Opéra*, no 9 (1977).

Penderecki. K. Lisicki, *Szkice o Krzystofie Pendereckim* (Varsovie, 1973); L. Erhardt, *la Musique en Pologne* (trad. fr. M. Cieczewska; Varsovie, 1974); W. Schwinger, *Penderecki. Leben und Werk* (Stuttgart, 1979).

pentatonique. H. Riemann, *Pentatonik und tetrachordale Melodik* (Leipzig, 1916); B. Szabolcsi, «Five-tone scales and civilisation», in *AM* XV (1943); C. Brailoiu, «Un problème de tonalité, la métabole pentatonique», in *Mélanges* (Paris, 1955); Tran Van Khe, «les Échelles régulières du cycle des quintes», in *la Résonance dans les échelles musicales* (Paris, 1963).

percussion. G. Pares, *Méthode pour instruments à percussion* (Paris, 1896; rééd., s.d.); J. Baggers, «les Timbales, les Tambours et les Instruments à percussion», in *Lavignac, Technique* III (1927); J. Blades, *Percussion Instruments and their History* (Londres, 1970); R. S. Brindle, *Contemporary Percussion* (Londres, New York, 1970); F. Dupin, *Lexique de la percussion* (Paris, 1971); J.-P. Vanderichet, *les Instruments à percussion* (Paris, 1977); *les Percussions. Frapper, frotter, gratter, souffler* (Paris, 1981).

Pergolese. F. de Villars, «*La serva padrona*», son apparition à Paris en 1752, son influence, son analyse (Paris, 1863); F. Colini, *Pergolese e Spontini, saggio biografico-critico* (Ancone, 1884); G. Radiciotti, *Giovanni Battista Pergolesi : vita, opere ed influenza su l'arte* (Rome, 1910); *Giovanni Battista Pergolese (1710-1736), note e documenti* (Sienne, 1942); E. J. Luin, *Fortuna e influenza della musica di Pergolese in Europa* (Sienne, 1943); F. Walker, «Orazio, the History of a Pasticcio», in *MQ* XXXVIII (1952); F. Degrada, «le Messe di Giovanni Battista Pergolese: problemi di cronologia e d'attribuzione», in *Studien zur italienischdeutsche Musikgeschichte* III (Cologne, 1966); M. E. Paymer, *G. B. Pergolesi, a Thematic Catalogue of the Opera Omnia with an Appendix Listing Omitted Compositions* (New York, 1976).

Peri. G. O. Corazzini, *Jacopo Peri e la sua famiglia* (Florence, 1895); O. G. Sonneck, «*Dafne* the First Opera, a Chronological Study», in *SdIM* XV (1913-14); C. V. Palisca, «The First Performance of *Euridice*» (New York, 1964); T. Carter, *Jacopo Peri (1561-1633) : his Life and Works* (University of Birmingham, 1980).

Perotin. F. Ludwig, «Die liturgischen organa Leonins und Perotins», in *Mélanges* (Leipzig, 1909); H. Schmidt, *Die drei- und vierstimmigen Organa* (Cassel, 1933); J. Handschin, «Zur Leonin-Perotin-Frage», in *ZfM* XIV (1931-32); J. Chailley, *Histoire musicale du Moyen Age* (Paris, 1950; rééd., 1969); A. Machabey, «A propos des quadruples pérotiniens», in *MD* XII (1958); H. Tischler, «Perotinus Revisited», in *Mélanges* (New York, 1966); E. H. Sanders, «the Question of Perotin's Œuvre and Dates», in *Mélanges* (Cassel, 1967).

Peter Grimes. «Peter Grimes», in *l'Avant-Scène Opéra*, no 91 (1981).

Peters. H. Lindlar, *C. F. Peters Musikverlag : Zeittafeln zur Verlagsgeschichte 1800-1867-1967* (Francfort-sur-le-Main, 1967); H.-M. Plesske, *Der Bestand Musikverlag C. F. Peters im Staatsarchiv Leipzig : Geschäftsbriefe aus den Jahren 1800 bis 1926* (Leipzig, 1970); B. Pachnicke, *Edition Peters, 1800/1975 : Daten zur Geschichte des Musikverlages Peters* (Leipzig, 1975).

Pétrarque. C. Culcasi, *Petrarca e la musica* (Florence, 1911); E. H. Wilkins, *The Making of the « canzoniere » and other Petrarchan studies* (Rome, 1951); E. H. Wilkins, *Studies in the Life and Works of Petrarch* (Cambridge, Mass., 1955).

Petrassi. L. Pestalozza, «Il sentimento dell' assoluto in Goffredo Petrassi», in *RassM* XXIV (1954); J. S. Weismann, *Goffredo Petrassi* (Milan, 1957); J. S. Weismann, «Goffredo Petrassi and his music», in *MR* XXII (1961); C. Annibaldi, *Goffredo Petrassi, catalogo delle opere e bibliografia* (Milan, 1971); L. Maggini, *L'opera di Goffredo Petrassi* (Florence, 1973); G. Zosi, *Ricerca e sintes : nell' opera di Goffredo Petrassi* (Rome, 1978).

Petrucci. C. Sartori, *Bibliografia delle opere musicali stampate di Ottaviano Petrucci* (Florence, 1948); C. Sartori, «Nuove conclusive aggiunte alla *Bibliografia del Petrucci*», in *Collectanea historiae musicae* (Florence, 1953); A.-M. Bautier-Régnier, *l'Édition musicale italienne et les musiciens d'outremonts au XVIe s. (1501-1563). La Renaissance dans les provinces du nord* (C. N. R. S., Entretiens d'Arras, 1954).

Pfitzner. W. Abendroth, *Hans Pfitzner* (Munich, 1935); W. Abendroth, *Hans Pfitzner, sein Leben in Bildern* (Leipzig, 1941); H. Pfitzner, *Reden, Schriften, Briefe* (Berlin, 1955); L. Schrott, *Die Persönlichkeit Hans Pfitzners* (Zurich, 1959); D. G. Henderson, *Hans Pfitzner : the Composer and his Instrumental Music* (thèse; Université du Michigan, 1963); J. Müller-Blattau, *Hans Pfitzner* (Francfort-sur-le-Main, 1969); J. Müller-Blattau, *Hans*

BIBLIOGRAPHIE

Pfitzner, Lebensweg und Schaffensernte (Francfort, 1971); J. Newsom, Hans Pfitzner, Thomas Mann and «the Magic Mountain» (ML, 1974).

Philidor. H. Quittard, «Le Sorcier, opéra-comique de Philidor», in RM VII (1907); G. Cucuel, les Créateurs de l'opéra-comique français (Paris, 1914); G. E. Bonnet, Philidor et l'évolution de la musique française au XVIIIᵉ siècle (Paris, 1921); A. Tessier, «Un fonds musical de la bibliothèque de Louis XIV; la collection Philidor», in RM n° 114 (1931); C. M. Carroll, François-André-Danican Philidor, his Life and Dramatic Art (Florida State University, 1960); C. M. Carroll, «François André Danican Philidor (1726-1795)», in Recherches II (1962-63); M. Benoit, Musique de cour; Versailles et les musiciens du roi (Paris, 1971).

piano. INSTRUMENT, HISTOIRE. E. Rimbault, The Pianoforte : its Origin, Progress and Construction (Londres, 1860; réed., 1874); L. Farrenc, Esquisse de l'histoire du piano (Paris, 1869); A. F. Marmontel, Histoire du piano et de ses origines (Paris, 1885); A. Bonaventura, Storia e letteratura del pianoforte (Livourne, 1918); E. Rapin, Histoire du piano et des pianistes (Lausanne, Paris, 1904; réed., 1939); C. Sachs, Das Klavier (Berlin, 1923); H. Neupert, Vom Musikstab zum modernen Klavierbaues (Bamberg, 1925); A. Blondel, «le Piano et sa Facture», in Lavignac, Technique III (1927); R. Harding, The Piano-forte : its History traced to the Great Exhibition of 1851 (Cambridge, 1933; réed., New York 1973; Londres, 1978); G. Juramie, Histoire du piano (Paris, 1940; réed., 1947); E. Closson, Histoire du piano (Bruxelles, 1944; réed., Paris, 1946); P. Locard et R. Stricker, le Piano (Paris, 1948; réed., 1966); K. Wolters, Das Klavier. Eine Einführung in Geschichte und Bau des Instruments und in die Geschichte des Klavierspiels (Berne et Stuttgart, 1969; trad. fr. le Piano, une introduction à son histoire, à sa facture et à son jeu, Lausanne, 1971); D. Pistone, le Piano dans la littérature française des origines à 1900 (Lille, Paris, 1975); C. Ehrlich, The piano : a History (Londres, 1976); D. Magne, Guide pratique du piano (Paris, 1978); le Grand Livre du Piano, éd. préparée par Dominic Gill (trad. fr. M.-C. Cuvillice; Paris, 1981).

TECHNIQUE, ENSEIGNEMENT. A. Marmontel, Conseils d'un professeur sur l'enseignement technique et l'esthétique du piano (Paris, 1905); B. Selva, l'Enseignement musical de la technique du piano, 4 vol. (Paris, 1916-1924); A. Cortot, Cours d'interprétation (Paris, 1934; réed., Paris, Genève, 1979); L. Descaves, Un nouvel art du piano (Paris, 1966); A. Whiteside, Mastering the Chopin Etudes, and Other Essays (New York, 1969); H. Neuhaus, l'Art du piano (Tours, 1971); E. et P. Badura Skoda, l'Art de jouer Mozart au piano (Paris, 1974); G. Cziffra, le Piano (Paris, 1977); G. Kaemper, Techniques pianistiques (Paris, 1978); L. Kentner, Piano (Paris, 1978); Collection Marie Jaëll, pianiste, compositeur-auteur, 1846-1925. Inventaire établi par M. Lang (Strasbourg, 1981); S. Cordier,

Piano bien tempéré et justesse orchestrale (Paris, 1982).

MUSIQUE, RÉPERTOIRE. Ch. F. H. Parent, Répertoire encyclopédique du piano, 2 vol. (Paris, 1900-1907); A. Cortot, la Musique française de piano 3 vol. (Paris, 1932; réed., 1948); G. Piccoli, Il concerto per pianoforte e orchestra (Côme, 1940); W. Georgii, Klaviermusik (Berlin, 1941); E. Hutcheson, The Literature of the Piano (New York, 1948); C. Rostand, Petit Guide de l'auditeur de musique; les chefs-d'œuvre du piano (Paris, 1950); E. Bosquet, la Musique de clavier (Bruxelles, 1953); G. Favre, la Musique française de piano avant 1830 (Paris, 1953); L. Aguettant, la Musique de piano des origines à Ravel (Paris, 1954); G. Favre, «la Musique de clavier en France de 1760 à 1850», in Histoire de la musique II (1963); J. Gillespie, Five Centuries of Keyboard Music (Belmont, 1965); H. Westerby, the History of Pianoforte Music (New York, 1971); M. Hinson, Guide to the Pianist Repertoire (Indiana University Press, 1973); R. R. Gerig, Famous Pianists and their Technique (1976); L. Kentner, Piano (Londres, 1976); le Guide du piano, sous la direction de M. Archimbaud et M. Weiss (Paris, 1979); L. Aguettant, la Musique de piano. Des origines à Ravel (réed., Ste-Maxime, 1981).

Piccinni. G. Le Brisoys Desnoiresterres, la Musique française au XVIIIᵉ siècle : Gluck et Piccinni (Paris, 1872; réed., Genève, 1971); A. della Corte, Piccinni, settecento italiano (Bari, 1928); M. Bellucci La Salandra, «Opere teatrali serie e buffe di Nicolo Piccinni dal 1754 al 1794», in NASM XII (1935); A. Gastoué, «Niccolo Piccinni et ses opéras à Paris», in NASM XIII (1936); N. Pascazio, L'uomo Piccinni e la «Querelle célèbre» (Bari, 1951); J. G. Rushton, «Iphigénie en Tauride, the Operas of Gluck and Piccinni», in ML LIII (1972).

Pierné. C. Bellaigue, Études musicales, 3ᵉ série (Paris, 1907); J. Poueigh, Musique française d'aujourd'hui (Paris, 1921); R. Dumesnil, Portraits de musiciens français (Paris, 1938); P. Landormy, la Musique française après Debussy (Paris, 1943).

Pirro. R. Rolland et all., Hommage à André Pirro (Paris, 1943); Y. Rokseth, «André Pirro», in RMie (1944); Ch. Van den Borren, «André Pirro», in RBM I (1946-47); Y. Langer, «Verzeichnis des musikwissenschaftlichen Werke von André Pirro», in Mf III (1950); F. Lesure, «Introduction to A. Pirro», in Mélanges (Genève, 1971).

Planctus. A. Machabey, «les Planctus d'Abélard : remarques sur le rythme musical du XIIᵉ siècle», in Romania 325. I (1961).

Platon. E. Moutsopoulos, la Musique dans l'œuvre de Platon (Paris, 1959); L. Richter, Zur Wissenschaftslehre von der Musik bei Platon und Aristotels (Berlin, 1961).

Pleyel. «M. Pleyel et ses pianos», in RGM XIII (1846); J. Turgan, les Grandes Usines en France : la manufacture de pianos de MM. Pleyel, Wolf et Cᵉ (Paris, 1862); O. Comettant, Un nid

d'autographes (Paris, 1885); O. Comettant, Histoire de cent mille pianos (Paris, 1890); A. Pougin, «Méhul et Pleyel», in Men LX (1894); J.-G. Prod'homme, «Pleyel et Beethoven», in Mélanges (Vienne, 1930); R. Benton, Ignace Pleyel, a Thematic Catalogue of his Compositions (New York, 1977).

poème symphonique. H. Antcliffe, «Musical Form and the Symphonic Poem», in Reprint of the fourth congress of the International Musical Society (Londres, 1912); J. Chantavoine, le Poème symphonique (Paris, 1950); J. Chantavoine et C. Rostand, Petit Guide de l'auditeur de musique symphonique et religieuse (Paris, 1958); R. Kloiber, Handbuch der symphonischen Dichtungen (Wiesbaden, 1967).

Pologne. H. Opienski, la Musique polonaise (Paris, 1918); H. Opienski, le Style musical polonais ancien et moderne (Paris, 1926); «la Musique polonaise d'aujourd'hui», in Revue musicale n° 220 (Paris, 1953); Z. Lissa, la Vie musicale en Pologne 1945-1955 (Varsovie, 1955); F. Marek, la Musique polonaise contemporaine 1945-1956 (Varsovie, 1957); Slownyk Muzykow Polskich, «Dictionnaire des musiciens polonais», 2 vol. (Varsovie, 1962); M. Frémiot, «la Musique dans les républiques populaires», in Histoire de la musique, II (1963); Polish Music, sous la direction de S. Jarocinsky (Panstwowe Wydawnictwo Naukowe, 1965); L. Erhardt, la Musique en Pologne (Varsovie, 1974).

polonaise. A. Lindgren, «Contribution à l'histoire de la polonaise», in Congrès international d'histoire de la musique (Solesmes, 1901); T. Nordlind, «Zur Geschichte der polnischen Tänze», in SdIM XII (1910-11); Z. Lissa, «Klavierpolonaise und Mazurka im 19. Jahrhundert», in Mélanges (Berne, Munich, 1973).

Polynésie. E.S.C. Handy and V. L. Winne, Music in the Marquesas Islands (Honolulu, 1925; réed., 1971); D. Kahananvi, Music of Ancient Hawai (Honolulu, 1962); M. Roberts, Ancient Hawaiian Music (Honolulu, 1926; réed., 1971); E. G. Burrows, Native Music of the Tuamotus (Honolulu, 1933; réed., 1971); E. Pereira Salas, la Musica de la Isla de Pascua (Santiago, 1947); R. Campbell, La herencia musical de Rapanui : etnomusicologia de la Isla de Pascua (Santiago, 1971); R. M. Moyle, Samoan Traditional Music (thèse, Univ. of Auckland, 1971); «Polynesia», in New Grove 15; M. Kelkd, A la découverte de la musique polynésienne traditionnelle (Paris, 1981).

polyphonie. Ch. Van den Borren, Origines et développement de l'art polyphonique vocal au XVIᵉ siècle (Bruxelles, 1920); M. Schneider, Geschichte der Mehrstimmigkeit (Berlin, 1934-35; réed., Tutzing, 1969); Ch. Van den Borren, «les Polyphonistes», in les Musiciens célèbres (Genève, 1946); A. T. Merritt, Sixteenth Century Polyphony (Harvard University Press, 1946); K. Jeppesen, Counterpoint, the Polyphonic Vocal Style of the 16ᵗʰ Century (trad. angl. G. Haydon, New York, 1947); J. Samson, la Polyphonie sacrée en France des origines à nos jours (Paris, 1953) ; H. Husmann, *Die mittelalterliche Mehrstimmigkeit* (Cologne, 1955) ; K. G. Fellerer, *Altklassische Polyphonie* (Cologne, 1965) ; B. Meier, *Die Tonarten der klassischen Vokalpolyphonie* (Utrecht, 1974).

Portugal. A. Soubiès, *Histoire de la musique au Portugal* (Paris, 1898) ; E. Vieira, *Diccionario bibliografico de musicos portuguesos*, 2 vol. (Lisbonne, 1900) ; S. Kastner, *Contribución al estudio de la música española y portuguesa* (Lisbonne, 1941) ; A. T. Lupert, « Portuguese Polyphony in the Sixteenth and Early Seventeenth Century », in *JAMS* III (1950) ; S. Corbin, *Essai sur la musique religieuse portugaise du Moyen Age (1100-1385)* [Paris, 1952] ; F. Lopes Graça, *A musica portuguesa e os seus problema : ensaios* (Lisbonne, 1959) ; E. Veiga de Oliveira, *Instrumentos musicais populares portugueses* (Lisbonne, 1966).

positif. R. Quoika, *Das Positiv in Geschichte und Gegenwart* (Cassel, 1957) ; J. Perrot, « le Positif à pieds du IXe au XIIIe siècle », in *Report of the 11th Congress 1952* (Copenhague, Francfort, 1974).

Poulenc. G. Favre, *Musique française contemporaine*, 2e livre (Paris, 1956) ; *Discographie des œuvres de Francis Poulenc* (Paris, 1963) ; J. Roy, *Francis Poulenc* (Paris, 1964) ; W. K. Werner, *The Harmonic Style of Francis Poulenc* (thèse ; Univ. du Michigan, 1966) ; I. Medvedeva, *Framsis Pulank* (Moscou, 1970) ; Catalogue de l'exposition de Tours, Georges Bernanos, *Francis Poulenc et les « Dialogues des Carmélites »* (Paris, 1970) ; « Francis Poulenc », in *Revue Zodiaque*, no 99 (1974) ; P. Bernac, *Francis Poulenc* (Paris, 1977) ; H. Hell, *Francis Poulenc, musicien français* (Paris, 1978) ; P. Bernac, *Francis Poulenc et ses mélodies* (Paris, 1978).

Praetorius. A. Göhler, *Verzeichnis der in den Frankfurter und Leipziger Messkatalogen der Jahre 1564 bis 1759 angezeigten Musikalien* (Leipzig, 1902 ; réed. 1965) ; F. Blume, *Michael Praetorius Creuzburgensis*, (Wolffenbüttel, 1929) ; B. Friedrich, *Das Vokalstil des Michael Praetorius* (Hambourg, 1932) ; F. Blume, « Das Werk des Michael Praetorius », in *ZfM* XVII (1931-1935) ; L. Hoffmann-Erbrecht, « Das Opus Musicum des Jacob Praetorius von 1566 », in *AM* XXVIII (1936) ; A. Forchert, *Das Spätwerk des Michael Praetorius* (Berlin, 1959) ; L. U. Abraham, *Der Generalbass im Schaffen des Michael Praetorius und seine harmonische Voraussetzungen* (Berlin, 1961) ; D. Dahlhaus, « Über den Motettenbegriff des Michael Praetorius », *Beiträge zur Musikgeschichte Nordeuropas : Kurt Gudewill zum 65. Geburstag* (Wolfenbüttel, 1978).

Prague. J. Buzga, « Prag » et « Prager Handschriften », in *MGG* 10 (1962) ; J. Buzga et A. Simpson, « Prague », in *New Grove* 15 (1980).

Prix de Rome. G. Le Pic, « Du concours pour le grand prix de musique et du voyage des musiciens lauréats », in *RGM* III (1836) ; H. Berlioz, « Encore un mot sur le concours musical à l'Institut en réponse au dernier article de M. G. Lepic », (s.d.) ; H. Maréchal, *Rome, souvenirs d'un musicien* (Paris, 1904) ; H. Rebois, *les Grands Prix de Rome de musique* (Paris, 1932) ; Lebelle, « Liste des grands prix de Rome », in *l'Éducation musicale* XII, no 39 (1957).

Prokofiev. L. Biancolli, *S. Prokofiev and his Orchestral Music* (New York, 1953) ; A. Goléa, « Serge Prokofiev », in *Musique russe*, tome II (Paris, 1953) ; F. Poulenc, *la Musique de piano de Prokofiev* (Paris) ; I. Nestiev, *Prokovief* (Moscou, 1957 ; réed., 1974) ; D. L. Kinsey, *the Piano Sonatas of Serge Prokofiev* (Michigan University, 1959) ; C. Samuel, *Prokofiev* (Paris, 1960) ; F. Streller, *Sergei Prokofjew* (Leipzig, 1960) ; S. Schlifstein, *Serguei Prokofiev, Materialy, Dokumenty, Vospominania*, « Matériaux, documents, souvenirs », 2e éd. (Moscou, 1961) ; M.-R. Hofmann, *Serge Prokofiev* (Paris, 1963) ; L. et E. Hanson, *Prokofiev the Prodigal son* (Cassel, Londres, 1964) ; V. Seroff, *Sergei Prokofiev, a Soviet Tragedy* (New York, 1968) ; S. Moisson-Franckhauser, *Serge Prokofiev et les courants esthétiques de son temps* (Paris, 1974).

prosodie. J. M. Mayan, *la Prosodie lyrique* (Paris, 1900) ; E. Strévenard, *Essai sur la prosodie musicale* (Paris, 1924) ; M. Beaufils, *Musique du son, musique du verbe* (Paris, 1954).

psaume. J. Tufts, *An Introduction to the Art of Singing Psalmtunes* (Boston, 1721 ; réed., 1966) ; W. S. Pratt, *The Music of the French Psalter of 1562* (New York, 1939) ; P. Pidoux, *les Psaumes d'Antoine de Mornable, Guillaume Morlaye, Pierre Certon (1546, 1554, 1555)* [Paris, 1957] ; E. Werner, B. Stäblein, L. Finscher, « Psalm », in *MGG* 10 (1962) ; N. Temperley, H. Slenk, M. Munck, J. M. Barkley, « Psalm », in *New Grove* 15 (1980).

Psautier huguenot. F. Bovet, *Histoire du psautier des églises réformées* (Neuchâtel, Paris, 1872) ; O. Douen, *Clément Marot et le Psautier huguenot. Etude historique, littéraire, musicale et bibliographique*, 2 vol. (Paris, 1878-1879 ; réed., Nieuwkoop, 1967) ; P. Pidoux et S. J. Lenselink, *le Psautier Huguenot du XVIe siècle, mélodies et documents ; les psaumes de Clément Marot*, 2 vol. (Bâle, 1963).

Puccini. G. Puccini, *Epistolario* (Milan, 1928) ; G. Adami, *Giacomo Puccini* (Milan, 1935) ; K. G. Fellerer, *Giacomo Puccini* (Potsdam, 1937) ; A. Bonaccorsi, *Giacomo Puccini e i suoi antenati musicali* (Milan, 1950) ; M. Bitsch, « Verdi et Puccini », in *RIM* no 12 (1952) ; P. Gadda Conti, *Vita e melodie di Giacomo Puccini* (Milan, 1955) ; E. Gara, *Carteggi pucciniani* (Milan, 1958) ; M. Carner, *Puccini, a critical biography* (Londres, 1958 ; réed., 1974) ; C. Sartori, *Puccini* (Milan, 1958) ; *Giacomo Puccini, A Symposium*, a cura di Cl. Sartori (Milan, 1959) ; A. Gauthier, *Puccini* (Paris, 1964) ; C. Hopkinson, *A Bibliography of the Works of Giacomo Puccini* (New York, 1968) ; *Puccini nelle imagini*, a cura di L. Marchetti (Milan, 1968) ; D. Amy, *Puccini* (Paris, 1969) ; W. Ashbrook, *The Operas of Puccini* (Londres, 1969) ; S. Hugues, *Famous Puccini Operas*, 2e éd. (Dover, New York, 1972) ; G. Puccini, *276 lettere inedite* (Milan, 1974) ; L. Pinzauti, *Giacomo Puccini* (Turin, 1975) ; C. Casini, *Puccini* (Turin, 1977).

Purcell H. W. Barclay Squire, « Purcell's music for the Funeral of Mary II », in *SdIM* IV (1902-1903) ; W. Barclay Squire, « Purcell's dramatic music », in *SdIM* V (1903-1904) ; D. Arundell, *Henry Purcell* (Londres, 1927 ; réed., 1971) ; H. Dupré, *Purcell* (Paris, 1927) ; J. A. Westrup, *Purcell* (trad. fr. A. Dieudonné, Paris, 1947) ; S. Favre-Lingorow, *Der Instrumentalstil von Purcell* (Berne, 1950) ; S. Demarquez, *Purcell, la vie, l'œuvre* (Paris, 1951) ; R. Sietz, *Henry Purcell : Zeit, Leben, Werk* (Leipzig, 1956) ; sous la direction de J. Holst *Henry Purcell (1659-1695), Essays on his Music* (Londres, 1959) ; I. Holst, *Henry Purcell, the Story of his Life and Work* (Londres, 1961) ; R. E. Moore, *Henry Purcell and the Restoration theater* (Londres, 1961 ; réed., 1976) ; F. B. Zimmermann, *Henry Purcell, 1659-1695 : an Analytical Catalogue of his Music* (Londres, 1963) ; N. Bridgman, H. Halbreich, M. Vignal, « Purcell », in *Musique de tous les temps*, no 28 (1963) ; F. B. Zimmermann, *Henry Purcell (1659-1695) : his Life and Times* (Londres, New York, 1967) ; F. B. Zimmerman, *the Anthems of Henry Purcell* (New York, 1971) ; I. Spink, *English Song : Dowland to Purcell* (Londres, 1974) ; F. B. Zimmerman, *Henry Purcell 1659-1695, Melodie and Intervallic. Indexes to his Complete Works* (Philadelphia, 1975).

Pythagore. N. Cazden, « Pythagoras and Aristoxenes Reconciled », in *JAMS* XI (1958) ; B. Münxelhaus, *Pythagoras musicus* (Bonn, 1976) ; R. P. Winnington-Ingram, « Pythagoras », in *New Grove* 15 (1980) ; M. Sindley, *Pythagorean Intonation*, in *New Grove* 15 (1980).

Q

Quantz. J.-G. Prod'homme, *Écrits de musiciens, XVe-XVIIIe siècles* (Paris, 1912) ; R. Schäfke, « Quantz als Ästhetiker », in *AfM* VI (1924) ; E. R. Reilly, *Quantz and his Versuch : Three Studies* (New York, 1971).

quart de ton. I. Vichnegradsky, *Manuel d'harmonie au quart de ton* (Paris, 1933 ; réed., 1980) ; M. Ohana, « Micro Intervals », in *Twentieth Century Music* (Londres, 1960) ; A. Haba, *Mein Weg zur Viertel und Sechsteltonmusik* (Dusseldorf, 1971).

quatuor. M. Pincherle, *les Instruments du quatuor* (Paris, 1948) ; P. Borciani. *Il quartetto* (Milan, 1973) ; L. Finscher, *Studien zur Geschichte des Streichquartetts. Vol. 1, Die Entstehung des klassischen Streichquartetts : von den Vorformen zur Grundlegung durch Joseph Haydn* (Cassel, 1974). J. Webster, « Towards a History of Viennese Chamber Music in the Early Classical Period », in *Journal of the American Musicological Society*, no 27 (1974).

BIBLIOGRAPHIE

Quinault. E. Gros, *Philippe Quinault, sa vie, son œuvre* (Paris, 1926); C. M. Girdlestone, *la Tragédie en musique considérée comme un genre littéraire* (Genève, 1972).

quodlibet. W. Rogge, *Das quodlibet in Deutschland bis Melchior Franck* (Wolfenbüttel, 1965).

R

Rabaud. M. d'Ollone, *Henri Rabaud, sa vie et son œuvre* (Paris, 1958).

Rachmaninov. S. Satin, *In Memory of Rachmaninoff* (New York, 1946); J. Culshaw, *Sergei Rachmaninov* (Londres, 1949); V. Séroff, *Serge Rachmaninov* (New York, 1950; trad. fr. M. Bourdet-Pléville, Paris, 1954); S. Bertenson et J. Leyda, *Serge Rachmaninoff, a Lifetime in Music* (New York, 1956); *Vospominania o Rakhmaninove*, « Souvenirs sur Rachmaninov », sous la direction de S. Apetian, 2 vol. (Moscou, 1957); J.-M. Charton, *les Années françaises de Serge Rachmaninov* (Paris, 1969); Y. Keldych, *Rachmaninov i ievo vremia*, « Rachmaninov et son temps » (Moscou, 1973); R. Threlfall, *S. Rachmaninov: his Life and Music* (Londres, 1973); V. Briantseva, *S. V. Rachmaninov* (en russe; Moscou, 1976); G. Norris, *Rackmaninov* (Londres, 1976); R. Threlfall et G. Norris, *A Catalogue of the Compositions of Serge Rachmaninoff* (Londres, 1982).

ragtime. R. Blesh et H. Janis, *They all Played Ragtime* (New York, 1950; rééd., 1966); W. J. Schafer, J. Riedel, *The Art of Ragtime: Form and Meaning of an Original Black American Art* (Louisiana State University Press, 1974).

Raimbaut de Vaqueiras. P. Aubry, « la Musique de danse au Moyen Âge : une "estompie" de Raimbaut de Vacqueiras », in *RM* IV (1904); H. Husmann, « Kalenda maya », in *AfM* X (1953).

Raimon de Miraval. P. Andraud, *la Vie et l'Œuvre du troubadour Raimon de Miraval* (Paris, 1902; rééd. Genève, 1973).

Rameau. J.-Ph. Rameau, *Traité de l'harmonie réduite à ses principes naturels* (Paris, 1722); J.-Ph. Rameau, *Nouveau système de musique théorique* (Paris, 1726; rééd. *Complete Theoretical Writings*, 6 vol., Rome, Dallas, 1967-1972); J.-Ph. Rameau, *Observations sur notre instinct pour la musique et sur son principe* (Paris, 1754; rééd., 1971); J.-Ph. Rameau, *Erreurs sur la musique dans l'Encyclopédie* suivies de *Suite des erreurs sur la musique dans l'Encyclopédie* (Paris, 1755, 1756, 1757; rééd., Genève, 1971); J.-Ph. Rameau, *Musique raisonnée* (Paris, 1980).
BIOGRAPHIE ET OUVRAGES GÉNÉRAUX. L. de La Laurencie, *Rameau* (Paris, 1908; rééd., 1926); L. Laloy, *Rameau* (Paris, 1908); P.-M. Masson, *l'Opéra de Rameau* (Paris, 1930; rééd., 1956); G. Migot, *Jean-Philippe Rameau et le génie de la musique française* (Paris, 1930); J. Gardien, *Jean-Philippe Rameau, le cadre et le milieu, les œuvres, appréciation sur les œuvres* (Paris, 1949); Y. Tiénot, *J.-Ph. Rameau, esquisse biographique suivie d'un tableau chronologique comprenant une liste complète des œuvres de Rameau* (Paris, Bruxelles, 1954); H. Charlier, *Jean-Philippe Rameau* (Paris, 1955); P. Berthier, *Réflexions sur l'art et la vie de Jean-Philippe Rameau (1683-1764)* [Paris, 1957]; G. Girdlestone, *Jean-Philippe Rameau* (Paris, 1962); V. Fedorov, E. Dennery, *Exposition J.-Ph. Rameau* (B. N., Paris, 1964); « Jean-Philippe Rameau (1764-1964) », in *RM*, numéro spécial 260 (1965); C. Girdlestone, *la Tragédie en musique (1673-1750) considérée comme genre littéraire* (Genève, 1972); J. Malignon, *Rameau* (Paris, 1960; rééd., 1978).
ÉTUDES SUR LES ŒUVRES : E. Dacier, « l'Opéra au XVIIIe siècle, les premières représentations de *Dardanus* », in *RM* III (1903); H. Quittard, « Hippolyte et Aricie à l'Opéra », *ibid.* VIII (1908); P.-M. Masson, « les Deux Versions du *Dardanus* de Rameau », in *AM* XXVI (1954); R. Padi, « *les Indes Galantes* di Rameau », in *RMI* LVI (1954); J. Malignon, « *Zoroastre* et Sarastro », in *Recherches* VI (1966); C. Girdlestone, « Voltaire, Rameau et *Samson* », in *Recherches* VI (1966); Ph. Beaussant, « *Dardanus* » *de Rameau* (Paris, 1980).
ÉTUDES SUR L'HARMONIE, LA THÉORIE ET L'ORCHESTRATION. R. Suandeau, *Introduction à l'harmonie de Rameau* (Clermont-Ferrand, 1960); M. M. Keane, *The Theoretical Writings of Jean-Philippe Rameau* (Washington, 1961); H. Pischner, *Die Harmonielehre Jean-Philippe Rameau* (Leipzig, 1963); G. A. Brundrett, *Rameau's Orchestration* (High Wycombe, 1972).

Ravel. Roland-Manuel, *Maurice Ravel et son œuvre* (Paris, 1914); V. Jankélévitch, *Maurice Ravel* (Paris, 1939); M. Goss, *Bolero, the Life of Maurice Ravel* (New York, 1940); H. Jourdan-Morhange, *Ravel et nous* (Genève, 1945); N. Demuth, *Ravel* (Londres, 1947); J. Bruyr, *Ravel ou le lyrisme et les sortilèges* (Paris, 1950); V. Perlemuter et H. Jourdan-Morhange, *Ravel d'après Ravel* (Lausanne, 1953); R. Chalupt, *Ravel au miroir de ses lettres* (Paris, 1956); V. Jankélévitch, *Ravel* (Paris, 1956); J. Van Ackere, *Maurice Ravel* (Bruxelles, 1957); R. de Fragny, *Ravel* (Lyon, 1960); G. Léon, *Maurice Ravel l'homme et son œuvre* (Paris, 1964); H. H. Stuckenschmidt, *Maurice Ravel. Variationen über Person und Musik* (Francfort, 1966; trad. fr., P. Landry, *Ravel*, Paris, 1970); P. Petit, *Ravel* (Paris, 1970); P. Narbaitz, *Maurice Ravel, un orfèvre basque* (Bayonne, 1975); A. Orenstein, *Ravel, Man and Musician* (New York, 1975); *Maurice Ravel, catalogue d'exposition* (Bibliothèque nationale, Paris, 1975); R. Nichols, *Ravel* (Londres, 1977); H. Faure, *Mon maître, Maurice Ravel* (Paris, 1978).
ÉTUDES SUR LES ŒUVRES. M. D. Calvocoressi, « le Quatuor à cordes en fa majeur de M. Ravel », in *RM* IV (1904); Roland-Manuel, *Maurice Ravel et son œuvre dramatique* (Paris, 1928); L. Davies, *Ravel's Orchestral Music* (Londres, 1970); M. Long, *Au piano avec Maurice Ravel* (Paris, 1971); F. McCrae, *Ravel's Valses nobles et sentimentales : Analysis, Stylistic Considerations, Performance Problems* (Boston, 1974); S. Dubbiosi, *the Piano Music of M. Ravel* (Londres, 1978).

Ravenscroft. E. H. Fellowes, *English Madrigal Verse* (Oxford, 1920; rééd., 1967).

Rawsthorne. A. E. F. Dickinson, « the Progress of Alan Rawsthorne », in *MR* XII (1951); M. Cooper, *les Musiciens anglais d'aujourd'hui* (Paris, 1952); J. McCabe, « Alan Rawsthorne », in *MT* CXII (1971).

Rebel. L. de La Laurencie, « Une dynastie de musiciens aux XVIIe et XVIIIe siècles, les Rebel », in *SdIM* VII (1905-1906); E. Dacier, « les Caractères de la danse, histoire d'un divertissement pendant la première moitié du XVIIIe siècle », in *RM* V (1905).

récitatif. J.-L. Le Gallois de Grimarest, *Traité du récitatif* (Paris, 1708; rééd., 1973); H. Barraud, « le Récitatif mélodique », in *Musique russe*, tome I (Paris, 1953); M. Beaufils, *Musique du son, musique du verbe* (Paris, 1954); F. H. Neumann, *Die Asthetik des Rezitativs* (Strasbourg, Baden-Baden, 1962); K. Wichmann, *Vom Vortrag des Recitativs und seiner Erscheinungsformen* (Leipzig, 1965).

Reger. M. Reger, *Briefe eines deutschen Meisters* (Leipzig, 1928); H. Hehemann, *Max Reger, eine Studie über moderne Musik* (Munich, 1911); A. Lindner, *Max Reger, ein Bild seines Jugendlebens und künstlerischen Werdens* (Stuttgart, 1922); E. Segnitz, *Max Reger, Abriss seines Lebens und Analyse seines Werke* (Leipzig, 1922); H. Keller, *Reger und die Orgel* (Munich, 1923); E. Reger, *Mein Leben mit und für Max Reger* (Leipzig, 1930); M. Reger, *Briefwechsel mit Herzog Goorg II von Sachsen Meiningen* (Böhlaus, Weimar, 1949); F. Stein, *Thematisches Verzeichnis der im Druck erschienen Werke von Max Reger* (Leipzig, 1953); M. Reger, *Briefe zwischen der Arbeit* (Dummler, Bonn, 1956); *Max Reger zum 50. Todestag* (Bonn, 1966); H. Rösner, *Max-Reger-Bibliographie* (Hambourg, 1968).

registration. A. Cellier, *Traité de la registration de l'orgue* (Paris, s.d.); H. Carol, *la Registration à l'orgue* (Nice, 1975).

Reich S. S. Reich, *Écrits et Entretiens sur la musique* (trad. fr. B. Reynaud, Paris, 1981).

Reicha. E. Bücken, « Anton Reicha als Theoretiker », in *ZfM* II (1919-20); M. Emmanuel, *Anton Reicha, biographie critique* (Paris, 1937); K. Blum, « Bemerkungen Anton Reichas zur Aufführungspraxis der Oper », in *Mf* VII (1954).

Reichardt. W. Salmen, *Johann Friedrich Reichardt* (Fribourg-en-Brisgau, 1963).

Renaissance. *Musique et poésie au XVIe siècle*, sous la direction de J. Jacquot (Paris, 1954); *la Musique instrumentale de la Renaissance* (Paris, 1955); *les Fêtes de la Renaissance*, 3 vol.

(Paris, 1955-1960); *la Renaissance dans les provinces du Nord*, sous la direction de F. Lesure (Paris, 1956); R. E. Wolf, «The Aesthetic Problem of the Renaissance», in *RBM* IX (1955); «Ars nova and Renaissance 1300-1540», in *The New Oxford History of Music* III; *the Age of Humanism*, ibid. IV; H. Besseler, «Das Renaissanceproblem in der Musik», in *AfM* XXIII (1966).

requiem. A. Robertson, *Requiem, Music of Mourning and Consolation* (Londres, 1967).

Respighi. *Ottorino Respighi (1879-1936); catalogo delle opere* (Milan, 1965); L. Bragaglia, E. Respighi, *Il teatro di Respighi, opere, balli i balletti* (Rome, 1978).

Reyer. E. Reyer, *Notes de musique* (Paris, 1875); H. Imbert, *Nouveaux profils de musiciens* (Paris, 1892); E. Reyer, *Quarante Ans de musique* (Paris, 1909); A. Jullien, *Ernest Reyer : sa vie, ses œuvres* (Paris, 1909); H. de Curzon, *Ernest Reyer, sa vie, et ses œuvres* (Paris, 1924).

rhapsodie. V. Jankélévitch, *la Rhapsodie, verve et improvisation musicale* (Paris, 1955); W. Salmen, *Geschichte der Rhapsodie* (Zurich, Fribourg, 1966).

ricercare. K. Jeppesen, *Die italienische Orgelmusik am Anfang des Cinquecento* (Copenhague, 1943; rééd., 1960); H. C. Slim, *The Keyboard Ricercar and Fantasia in Italy, ca. (1500-1550)* [Harvard University, 1960].

Richter. G. Egert, *Sviatoslav Richter* (Berlin, 1966); B. Gavoty, *Vingt Grands interprètes* (Lausanne, 1967).

Riemann. M. D. Calvocoressi, «le Système d'harmonie de H. Riemann», in *RM* III (1903); W. Gurlitt, «Hugo Riemann und die Musikgeschichte», in *ZfM* I (1919); R. Steglich, «Hugo Riemann als Wiedererweckter älterer Musik», in *ZfM* I (1919); W. Gurlitt, *Hugo Riemann (1849-1919)* [Wiesbaden, 1951]; G. Sievers, *Die Grundlagen Hugo Riemanns bei Max Reger* (Wiesbaden, 1967).

Rienzi. R. Strohm, *Dokumente und Texte zu «Rienzi, der letzte der Tribunen»* (Mayence, 1976); J. Deathridge, *Wagner's Rienzi* (Oxford, 1977).

Rimski-Korsakov. N. Rimski-Korsakov, *Ma vie musicale* (trad. fr. et adapt. E. Halpérine-Kaminsky; Paris, 1914; rééd., 1980); N. Van Gilse Van der Pals, *Rimsky Korsakovs Opernschaffen* (Leipzig, 1929); A. Rimski-Korsakov, *N. A. Rimsky-Korsakov*, 5 vol. (en russe; Moscou, 1933-1946); Z. Markévitch, *Rimsky Korsakov* (Paris, 1934); G. Abraham et M. D. Calvocoressi, *Masters of Russian Music* (Londres, 1936); N. Rimski-Korsakov, *Journal de ma vie musicale*, trad. fr. G. Blumberg; Paris, 1938); G. Abraham, *Rimsky-Korsakov, a Short Biography* (Londres, 1945); V. Sérov, *le Groupe des Cinq* (trad. fr. A. Vaudoyer; Paris, 1949); M. Yankovsky, *Rimsky-Korsakov, isslédovania, materialy, pisma,* «études, matériaux, lettres» (Moscou, 1953-54); V. Jankélévitch, «Rimski-Korsakov et les métamorphoses», in *la Rhapsodie* (Paris,

1955); M.-R. Hofmann, *Rimski-Korsakov, sa vie, son œuvre* (Paris, 1958); V. Iastrebtsev, *Rimsky-Korsakov : vospominania*, «souvenirs», 2 vol. (Moscou, 1959-60); A. Solovtsov, *Jizn i tvortchestvo Rimskovo-Korsakova*, «Vie et œuvre de Rimski-Korsakov» (Moscou, 1964); A. Kandinsky, *Istoria rousskoï mouzyki II; Rimski-Korsakov*, «Histoire de la musique russe II : Rimsky-Korsakov» (Moscou, 1979).

Rivier. Jean Rivier, biographie, catalogue, des œuvres, discographie, bibliographie (Paris, 1979).

Rockseth. G. Thibault, «Yvonne Rockseth», in *RMie* XXX (1948); L. Schrade, «Yvonne Rockseth in memoriam», in *JAMS* II (1949).

Rolland. R. Rolland et R. Strauss, *Correspondance* (Paris, 1950); J. Robichez, *Romain Rolland* (Paris, 1961); *Romain Rolland, sa vie, son œuvre*, catalogue d'exposition (Paris, 1966); D. Sices, *Music and Musicians in «Jean-Christophe»*, *the Harmony of Contrasts* (New Haven, 1968); *Romain Rolland*, ouvrage collectif (Paris, 1969).

romance. H. Gougelot, *la Romance française sous la Révolution et l'Empire* (Melun, 1938-1943).

romantisme. J. Tiersot, *la Musique aux temps romantiques* (Paris, 1930); R. L. Evans, *les Romantiques français et la musique* (Paris, 1933; rééd., Genève, 1976; A. Einstein, *Music in the Romantic Era* (New York, 1947); B. Gavoty, *Deux Capitales romantiques, Vienne et Paris* (Paris, 1953); J. Chantavoine et J. Gaudefroy-Demonbines, *le Romantisme dans la musique européenne* (Paris, 1955); M. Beaufils, *le Lied romantique allemand* (Paris, 1956); E. J. Dent, *The Rise of Romantic Opera* (Cambridge, 1976); L. de Gouvion Saint-Cyr, *le Romantisme dans l'art du XIXe siècle* (Paris, 1978); F. Claudon, *l'Idée et l'influence de la musique chez quelques romantiques français et notamment Stendhal* (Paris, 1979); C. Dahlaus, *Musikalischer Realismus. Zur Musikgeschichte des XIX. Jahrhunderts* (Münich, 1982).

Rome. A. de Anglis, «Rom», in *MGG* II (1963); R. de Rensis, «Roma», in *Ricordi* 4 (1964); G. Fleischhauer, N. Pirrotta, R. Meloncelli, «Rome», in *New Grove* 16 (1980).

rondeau. P. Aubry, «Refrains et rondeaux au XIIIe siècle», in *Mélanges* (Leipzig, 1909); F. Gennrich, *Rondeaux, Virelais und Balladen* (3 vol., Dresde et Göttingen, 1921-1927); G. Reaney, «Concerning the Origins of the Rondeau, Virelai and Ballad Form», in *MD* VI (1952).

Ronsard. J. Tiersot, *Ronsard et la musique de son temps* (Paris, 1902); G. Thibault et L. Perceau, *Bibliographie des poésies de Ronsard mises en musique au XVIe siècle* (Paris, 1941); R. Lebègue, «Ronsard et la musique», in *Musique et poésie au XVIe siècle* (Paris, 1953).

Ropartz. F. Lamy, *Joseph Guy Ropartz, l'homme et l'œuvre* (Paris, 1948); L. Kornprobst, *Joseph Guy Ropartz* (Strasbourg, 1949); *Joseph Guy*

Ropartz, catalogue d'exposition (B. N., Paris, 1964); *Livre du centenaire de Joseph Guy Ropartz* (Paris, 1966); E. Djemil, *Joseph Guy Ropartz ou la recherche d'une vocation : l'œuvre littéraire du Maître et ses résonances musicales* (Le Mans, 1967).

Rore. R. Van Aerde, *Notice sur la vie et l'œuvre de Cyprien de Rore* (Malines, 1909); A. H. Johnson, «The Masses of Cipriano de Rore», in *JAMS* VI (1953); H. Beck, «Grundlagen des Venezianischen Stils bei Adrian Willaert und Cyprian de Rore», in *Mélanges* (Louvain, 1969).

Rosenthal. J. Bruyr, *l'Écran des musiciens* (Paris, 1933); *Manuel Rosenthal* (Paris, 1964).

Rossi L. R. Rolland, *Musiciens d'autrefois* (Paris, 1908; rééd., 1946); H. Prunières, «Notes sur la vie de Luigi Rossi», in *SdIM* XII (1910-11); A. Ghislanzoni, *Luigi Rossi, biografia e analisi delle composizioni* (Milan, 1954); A. Ghislanzoni, «Tre Oratorii e tre cantate morale di Luigi Rossi ritrovate nella Biblioteca Vaticana», in *RBM* IX (1955).

Rossi S. J. Newmann, F. Rikko, *A Thematic Index of the Works of Salamon Rossi* (Hackensack, 1972).

Rossini. Stendhal, *Vie de Rossini* (Paris, 1824; rééd., 1929; rééd., 1978); G. Carpani, *Le Rossiniane* (Padoue, 1824); G. Mazzatinti, F. et G. Manis, *Lettere di Rossini* (Florence, 1902); L. Dauriac, *Rossini, biographie critique* (Paris, 1906); H. de Curzon, *Rossini* (Paris, 1920); G. Radiciotti, *Gioacchino Rossini, vita documentata, opere ed influenza su l'arte*, 3 vol. (Tivoli, 1927); Lord Derwent, *Rossini* (Paris, 1937); C. Roncaglia, *Rossini, l'Olimpico* (Milan, 1946); R. Bacchelli, *Rossini* (Milan, 1954; rééd., 1968); F. Schlitzer, *Rossini e Siena* (Sienne, 1958); F. Toye, *Rossini, a Study in Tragi-comedy* (New York, 1963); J.-L. Caussou, *Giacomo Rossini, sa vie, son œuvre* (Paris, 1967); R. Bacchelli, *Rossini e saggi musicali : Verdi, Beethoven, Monteverdi* (Vérone, 1968); R. Celleti, *Il vocalismo di Rossini* (Cologne, 1968); L. Rognoni, *Giacomo Rossini* (Turin, 1968); H. Weinstock, *Rossini, a Biography* (New York, 1968); Ph. Gosset, *The Operas of Rossini, Problems of Textual Criticism in 19th Century Opera* (thèse; Univ. de Princeton, 1970); J. Harding, *Rossini* (Londres, 1971); P. Isotta, *Mose : Grammatica del Rossini napoletano* (Turin, 1974).

Rouché. R. Subes et H. Bouchard, *Notice sur la vie et les travaux de Jacques Rouché* (Paris, 1953).

Rouget de Lisle. J. Tiersot, *Rouget de Lisle, son œuvre, sa vie* (Paris, 1892); M. Mauron, *la Marseillaise* (Paris, s.d.); M. Henry-Rosier, *Rouget de Lisle* (Paris, 1937); P. Parès, *Qui est l'auteur de «la Marseillaise»?* (Paris, 1974); *Lettres à propos de «la Marseillaise»*, réunies par F. Robert (Paris, 1980).

Rousseau. A. Pougin, *Jean-Jacques Rousseau musicien* (Paris, 1901); J. Tiersot, *Jean-Jacques Rousseau* (Paris, 1912); N. Boyer, *la Guerre des bouffons* (Paris, 1945); J. Van der Veen,

BIBLIOGRAPHIE

le *Mélodrame musical de Rousseau au romantisme* (La Haye, 1955); S. Baud-Bovy, *Rousseau musicien* (Neuchâtel, 1963).

Roussel. L. Vuillemin, *Albert Roussel et son œuvre* (Paris, 1924); A. Hoérée, *Albert Roussel* (Paris, 1938); *Catalogue de l'œuvre d'Albert Roussel* (Paris, Bruxelles, 1947); N. Demuth, *Albert Roussel, a Study* (Londres, 1947); R. Bernard, *Albert Roussel* (Paris, 1948); M. Pincherle, *Albert Roussel* (Genève, 1957); A. Surchamp, *Albert Roussel* (Paris, 1967); F. Lesure, *Albert Roussel,* exposition (B. N., Paris, 1969).

Rubinstein Anton. A. Soubiès, *Anton Rubinstein* (Paris, 1894); I. Martinoff, *Épisodes de la vie d'A. Rubinstein* (Bruxelles, 1895); C. Saint-Saëns, *Portraits et souvenirs* (Paris, 1909); A. Hervey, *A. Rubinstein* (Londres, 1913; rééd., 1922); A. Alexeiev, *A. Rubinstein* (en russe; Moscou, Leningrad, 1945); L. Barenboïm, *A. Rubinstein,* 2 vol. (en russe, Moscou, Leningrad 1957-1962); L. Barenboïm, *Na ourokakh A. Rubinsteina,* « Aux leçons d'A. Rubinstein » (Moscou, Leningrad, 1964).

Rubinstein Arthur. E. Lipmann, *Arthur Rubinstein ou l'amour de Chopin* (Paris, 1980).

Russie. — OUVRAGES GÉNÉRAUX. A. Soubiès, *Histoire de la musique en Russie* (Paris, 1898); A. Pougin, *Essai historique sur la musique en Russie* (Paris, 1904); Y. Keldych, *Istoria rousskoï mouzyki,* « Histoire de la musique russe », 2 vol. (Moscou, Leningrad, 1947-48); Y. Arbatsky, *Etudy po istorii rousskoï mouzyki,* « Études sur l'histoire de la musique russe » (New York, 1956); K. Laux, *Die Musik in Russland und in der Sowjetunion* (Berlin, 1958); R.-M. Hofmann, *Histoire de la musique russe* (Paris, 1968); R.-M. Hofmann, *Petite Histoire de la musique russe* (Paris, 1972); *Istoria rousskoï mouzyki,* 3 vol. (Moscou, 1973-1979-1981); Y. Keldych, *Otcherki i issledovania po istorii rousskoï mouzyki,* « Écrits et études sur l'histoire de la musique russe » (Moscou, 1978).
JUSQU'À LA FIN DU XVIIIe S. N. Findeisen, *Otcherki po istorii mouzyki v Rossii s drevnejshikh vremen do kontsa XVIII veka,* « Écrits sur la musique en Russie des temps les plus anciens jusqu'à la fin du XVIIIe siècle », 7 vol. (Moscou, 1928-29); R. A. Mooser, *Contribution à l'histoire de la musique russe : l'opéra-comique français en Russie au XVIIIe siècle* (Genève, 1932); R. A. Mooser, *Annales de la musique et des musiciens en Russie au XVIIIe siècle* 3 vol. (Genève, 1948-1951); N. Ouspensky, *Drevnerousskoïe pevtcheskoïe iskousstvo,* « l'Art du chant dans l'ancienne Russie » (Moscou, 1971).
XIXe ET DÉBUT XXe SIÈCLE. C. Cui, *la Musique en Russie* (Paris, 1880); A. Bruneau, *Musiques de Russie et musiciens de France* (Paris, 1902); G. Abraham et M. Calvocoressi, *Masters of Russian Music* (Londres, 1936); N. Rimski-Korsakov, *Journal de ma vie musicale* (Paris, 1938); R. Hofmann, *Un siècle d'opéra russe* (Paris, 1946); V. Sérov, *le Groupe des Cinq* (trad. fr. A. Vaudoyer; Paris, 1949); P. Souvtchinsky, *Musique russe,* 2 vol. (Paris, 1953); R.-M. Hofmann, *la Vie des grands musiciens russes* (Paris, 1965).
MUSIQUE SOVIÉTIQUE. L. Danilevitch, *Kniga o sovetskoï mouzyke,* « Un livre sur la musique soviétique » (Moscou, 1962); S. Krebs, *Soviet Composers and the Development of Soviet Music* (Londres, 1970); B. Schwarz, *Music and Musical Life in Soviet Russia, 1917-1970* (New York, 1972); D. Gójowy, *Neue sowjetische Musik der 20er Jhare,* Regensburg, 1980).

S

Sacchini. L. Tozzi, *Il « Renaud » d'Antonio Sacchini* (Florence, 1977).

Saint-Gall. L. Gautier, *Histoire de la poésie liturgique au Moyen Âge, les tropes* (Paris, 1886); R. Van Doren, *Étude sur l'influence musicale de l'abbaye de Saint-Gall, VIIIe au XIe siècle* (Louvain, 1925); E. Omlin, *Die st gallischen Tonarbuchstaben* (Fribourg, 1934); J. Handschin, « Saint-Gall in der mittelalterlichen Musikgeschichte », in *RMS* LXXXV (1945); Dom C. Kelly, *The Cursive Torculus Design in the Codex Saint-Gall 359 and its Rythmical Significance* (St Meinrad, Indiana, 1964).

Saint-Pétersbourg. R.-A. Mooser, *Annales de la musique et des musiciens en Russie au XVIIIe siècle,* 3 vol. (Genève, 1948-1951).

Saint-Martial. J. Chailley, *l'École musicale de Saint-Martial de Limoges jusqu'à la fin du XIe siècle* (Paris, 1960); G. Schmidt, « Strukturprobleme der Mehrstimmigkeit im Repertoire von St-Martial », in *Mf* XV (1962); R. Evans, *The Early Trope Repertory of St-Martial de Limoges* (Princeton University Press, 1970).

Saint-Saëns. C. Saint-Saëns, *Harmonie et mélodie* (Paris, 1885); E. Destranges, *Une partition méconnue : Proserpine de Camille Saint-Saëns.* Étude analytique (Paris, 1895); C. Saint-Saëns, *Portraits et souvenirs* (Paris, 1909); E. Baumann, *les Grandes Formes de la musique : l'œuvre de Camille Saint-Saëns* (Paris, 1905; rééd. 1923); H. Quittard, « l'Orientalisme musical, Saint-Saëns orientaliste », in *RM* VI (1906); A. Durand, *Catalogue général et thématique des œuvres de Saint-Saëns* (Paris, 1908); J. Chantavoine, *l'Œuvre dramatique de Saint-Saëns* (Paris, 1921); J. Bonnerot, *C. Saint-Saëns, sa vie et son œuvre* (Paris, 1922); J. M. Widor, *Notice sur la vie et l'œuvre de Camille Saint-Saëns* (Paris, 1922); W. Lyle, *Camille Saint-Saëns, his Life and Art* (Londres, New York, 1923); A. Dandelot, *la Vie et l'œuvre de Saint-Saëns* (Paris, 1930); J. Harding, *Saint-Saëns and his Circle* (Londres, 1965); S. T. Ratner, *the Piano Works of Camille Saint-Saëns* (University of Michigan, 1972); C. Saint-Saëns, *Correspondance avec Gabriel Fauré* (Paris, 1973); D. M. Fallon, *the Symphonies and Symphonic Poems of Camille Saint-Saëns,* 2 vol. (Londres, 1978); L. Auge de Lassus, *Saint-Saëns* (rééd., Ste-Maxime, 1978).

Salieri. A. Braga, *Antonio Salieri tra mito e storia* (Bologne, 1963); R. Angermüller, *Antonio Salieri. Sein Leben und seine weltlichen Werke unter besonderer Berücksichtigung seiner « grossen » Opern. I. Werk- und Quellenverzeichnis* (Munich, 1971). *II. 1. Vita und weltliche Werke* (Munich, 1974). *II. 2. Salieris französische Opern* (Munich, 1978). *III. Dokumente* (Munich, 1972).

Salzbourg. C. Schneider, *Geschichte der Mozarteum in Salzburg von der ältesten Zeit bis zur Gegenwart* (Salzbourg, 1935); D. Hummel, *Marksteine der Geschichte der internationalen Stiftung Mozarteum im Salzburg* (Salzbourg, 1936); R. Tenschert, *Salzburg und seine Festspiele* (Vienne, 1947); V. Keldorfer, *Klingende Salzburg, kleine Musik Geschichte der Mozart Stadt* (Zurich, 1951); H. Thur, *Salzbourg et son festival* (Paris, 1961); F. Habeck, *Die Salzburg Spiegel* (Salzbourg, 1967); M. H. Schmid, *Mozart und die salzburger tradition,* 2 vol. (Tutzing, 1976); *Hundert Jahre internationale Stiftung Mozarteum Salzburg 1880-1980* (Cassel, 1980). [V. MOZART.]

Sammartini. J. B. Weckerlin, « J.-B. Sammartini et Joseph Haydn, les pères de la symphonie », in *Men* LXI (1895); G. de Saint-Foix, « la Chronologie de l'œuvre instrumentale de J.-B. Sammartini », in *SIMG* XV (1913-14); F. Torrefranca, *Le sinfonie dell'imbrattacarte (G. Sammartini)* [Turin, 1915]; H. G. Mishkin, «The Published Instrumental Works of G.-B. Sammartini ; a Bibliographical Reappraisal », in *MQ* XLV (1959).

Samson et Dalila. « Samson et Dalila », in *l'Avant-Scène Opéra,* n° 15 (1978).

sarabande. R. Stevenson, « The First Dated Mention of the Sarabande », in *JAMS* V (1951); D. Devoto, « De la zarabanda à la sarabande », in *Recherches* VI (1966).

Sarasate. H. C. Lahec, *Famous violinists* (Londres, 1902); G. Woolley, « Pablo Sarasate, his Historical Significance », in *ML* XXXVI (1955); A. Sagardia, *Pablo Sarasate* (Plasencia, 1956).

Sarti. G. Pasolini-Zanelli, *Giuseppe Sarti, musicista del secolo XVIII* (Faenza, 1883); R.-A. Mooser, *Annales de la musique et des musiciens en Russie au XVIIIe siècle,* vol. 2 (Genève, 1948-1952).

Satie. J. Cocteau, *le Coq et l'Arlequin* (Paris, 1918); P.-D. Templier, *Erik Satie* (Paris, 1932; rééd., 1975); R. Myers, *Erik Satie* (Londres, 1948; trad. fr., Paris, 1959); J. Cocteau et R. Manuel, *Erik Satie, son temps et ses amis* (Paris, 1952); V. Jankélévitch, *le Nocturne* (Paris, 1957); *Erik Satie, catalogue d'exposition* (Paris, 1966); A. Rey, *Erik Satie* (Paris, 1974); J. Harding, *Erik Satie* (Londres, 1975); R. Belicha, « Chronologie satiste ou photocopie d'un original », in *RM* 312 (1978); E. Satie, *Écrits,* révisés par O. Volta (Paris, 1977; nouv. éd. augm. 1980); O. Volta, *l'Ima-*

gier d'Erik Satie (Paris, 1979) ; M. Bredel, Erik Satie (Paris, 1982).

Sauguet. M. Schneider, *Henri Sauguet* (Paris, 1959) ; F.-Y. Bril, *Henri Sauguet* (Paris, 1967).

Sax, saxophone, saxhorn. O. Comettant, *Histoire d'un inventeur au XIXe siècle, Adolphe Sax, ses ouvrages et ses luttes* (Paris, 1860) ; *Catalogue du musée instrumental de M. Adolphe Sax* (Paris, 1877) ; J. Kool, *Das Saxophon* (Leipzig, 1931) ; P. Gilson, *les Géniales Inventions d'Adolphe Sax* (Bruxelles, 1939) ; L. Kochnitzky, *A. Sax and his Saxophone* (New York, 1949) ; M. Perrin, *le Saxophone, son histoire, sa technique et son utilisation dans l'orchestre* (Paris, 1955) ; J.-M. Londeix, *Cent Vingt-Cinq Ans de musique pour saxophone. Répertoire général des œuvres et des ouvrages d'enseignement pour le saxophone* (Paris, 1971) ; M. Haine, *Adolphe Sax, sa vie, son œuvre, ses instruments de musique* (Bruxelles, 1980).

Scandinavie. I. Philipp, « Notes sur la musique scandinave », in *Lavignac, Histoire* V (1922) ; E. Haraszti, « la Musique en Scandinavie et en Bohême », in *Histoire de la musique*, II (1963) ; J. Horton, *Scandinavian Music, a Short History* (Londres, 1963) ; J. H. Yoell, *The Nordic Sound ; Exploration into the Music of Denmark, Norway and Sweden* (Boston, 1974) ; P. Viardot, *la Musique en Scandinavie* (Paris, s.d.).

Scarlatti A. E. J. Dent, *Alessandro Scarlatti, His Life and Works* (Londres, 1905) ; L. Ronga, « Motivi critici su A. Scarlatti », in *RMI* LVI (1954) ; M. Fabbri, *A. Scarlatti, e il Principe Ferdinand de Medici* (Florence, 1961) ; L. Bianchi, *Carissimi, Stradella, Scarlatti e l'oratorio musicale* (Rome, 1969) ; R. Pagano. L. Bianchi, *Alessandro Scarlatti* (Turin, 1972) ; W. Osthoff et J. Ruile-Dronke, éd., *Colloquium Alessandro Scarlatti. Würzburg 1975* (Tutzing, 1979).

Scarlatti D. A. Longo, *Domenico Scarlatti e la sua figura nella storia della musica* (Naples, 1913) ; S. Sitwell, *A Background for D. Scarlatti* (Faber, 1935) ; R. Kirkpatrick, « D. Scarlatti's Early Keyboard Works », in *MQ* XXXVII (1951) ; *Domenico Scarlatti* (Princeton University Press, 1953 ; trad. fr., Paris, 1982) ; H. Keller, *D. Scarlatti, ein Meister des Klaviers* (Leipzig, 1957) ; M. Bogianckino, *the Harpsichord Music of D. Scarlatti* (Rome, 1967) ; G. Pestelli, *Le sonate di D. Scarlatti, proposta di un ordine chronologico* (Turin, 1967).

Schaeffer. P. Schaeffer, *À la recherche d'une musique concrète* (Paris, 1952) ; P. Schaeffer, *Expériences musicales. Musique concrète électronique exotique*, in *RM* 244, 1969 ; P. Schaeffer, *Traité des objets musicaux* (Paris, 1966) ; P. Schaeffer, *Réflexions* (Paris, 1969) ; P. Schaeffer, *De l'expérience musicale à l'expérience humaine* (Paris, 1971) ; P. Schaeffer, *De la musique concrète à la musique même* (Paris, 1977) ; M. Pierret, *Entretiens avec Pierre Schaeffer* (Paris, 1969) ; S. Brunet, *Pierre Schaeffer* (Paris, 1970).

Scheidt. A. Werner, « Neue Beiträge zur Scheidt-Biographie », in *SIMG* XIII (1911-12) ; C. Mahrenholz, *Samuel Scheidt, sein Leben und sein Werk* (Leipzig, 1924) ; R. Vuataz, « les 3 S, Schütz, Schein, Scheidt », in *les Musiciens célèbres* (Genève, 1946) ; E. Gessner, *S. Scheidts geistliche Konzerte* (Berlin, 1961).

Schein. A. Prüfer, *J. H. Schein* (Leipzig, 1895) ; *J. H. Schein und das weltliche deutsche Lied des 17. Jahrhunderts* (Leipzig, 1908) ; W. Reckziegel, *Das Cantional von J. H. Schein, Seine geschichtlichen Grundlagen* (Berlin, 1963).

scherzo. J. Gmeiner, *Menuet und Scherzo, ein Beitrag zur Entwicklungsgeschichte und Soziologie des Tanzsätzes in der wiener Klassik* (Tutzing, 1979).

Schiller. R. M. Longyear, *Schiller and Music* (Chapel Hill, 1966).

Schindler. D. W. MacArdle, « Anton Felix Schindler, Friend of Beethoven », in *MR* XXIV (1963) ; L. Van Beethoven, *Neun ausgewälte Briefe an Anton Schindler* (Leipzig, 1970).

Schmitt. P.-O. Ferroud, *Autour de Florent Schmitt* (Paris, 1927) ; Y. Hucher, *Florent Schmitt, l'homme et l'artiste* (Paris, 1953) ; E. Bondeville et J. Carlu, *Notice sur la vie et les travaux de Florent Schmitt* (Paris, 1959) ; M. Marceron, *Florent Schmitt* (Paris, 1959).

Schobert. F. M. Grimm, *Correspondance littéraire* (Paris, 1877-1882) ; H. Th. David, *J. Schobert als Sonaten-Komponist* (Leipzig, 1928) ; H. C. Turrentine, *J. Schobert and French Clavier Music from 1700 to the Revolution* (University of Iowa, 1962).

Schönberg. E. Wellesz, *A. Schoenberg* (Leipzig, 1921) ; *A. Schoenberg zum 60. Geburtstag* (Vienne, 1934) ; R. Leibowitz, « les Œuvres Dramatiques d'Arnold Schoenberg ou la conscience du drame futur dans la musique contemporaine », in *le Théâtre musical* (Paris, 1947) ; Th. Adorno, *Philosophie der neuen Musik* (Tübingen, 1949 ; trad. fr. *Philosophie de la nouvelle musique*, Paris, 1962) ; A. Schoenberg, *Style and Idea* (New York, 1950 ; Londres, 1975) ; H. H. Stuckenschmidt, *A. Schoenberg* (Zurich, 1951) ; A. Schoenberg, *Briefe* (Mayence, 1958) ; J. Rufer, *Das Werk A. Schoenbergs* (Cassel, 1959) ; G. Gould, *A. Schoenberg, a Perspective* (Univ. of Cincinnati, 1964) ; W. Reich, *A. Schoenberg, oder der Konservative Revolutionär* (Vienne, 1968) ; R. Leibowitz, *Schoenberg* (Paris, 1969 ; rééd., 1980) ; J. Maegaard, *Studien zur Entwicklung der dodekaphonen Satzes bei A. Schoenberg*, 2 vol. (Copenhague, 1972) ; A. Schoenberg et F. Schreker, *Briefwechsel* (Tutzing, 1974) ; H. H. Stuckenschmidt, *Schönberg. Leben, Umwelt, Werk* (Zurich, 1974) ; P.-G. Langevin, « le Siècle de Bruckner », in *RM* 298-99 (1975) ; *Journal of the Arnold Schoenberg Institute* (1976-77) ; M. Mac Donald, *Schoenberg* (Londres, 1976) ; Ch. Rosen, *Schoenberg* (trad. fr. P. E. Will ; Paris, 1979) ; *Arnold Schoenberg* (Munich, 1980) ; D. Newlin, *Schoenberg Remembered,*

Diaries and Recollections (New York, 1980).

Schreker. G. Neuwirth, *F. Schreker* (Vienne, 1959) ; H. H. Stuckenschmidt, W. Oehlmann, *F. Schreker* (Vienne, 1970) ; G. Neuwirth, *Die Harmonik in der Oper « Der ferne Klang » von F. Schreker* (Ratisbonne, 1972) ; *F. Schreker symposium* (Berlin, 1980).

Schröder-Devrient. C. von Glümer, *Erinnerung an W. Schröder-Devrient* (Leipzig, 1885) ; C. Hagemann, *W. Schröder-Devrient* (Berlin, 1904).

Schubert. BIOGRAPHIES ET OUVRAGES GÉNÉRAUX. W. Dahms, *F. Schubert* (Leipzig-Berlin, 1913) ; O. E. Deutsch, *F. Schubert, die Dokumente seines Lebens und Schaffens* (Munich, 1913-14 ; rééd., Cassel, 1964) ; O. E. Deutsch, *F. Schubert, Briefe und Schriften* (Cassel, 1919 ; rééd., 1954) ; M. Friedländer, *F. Schubert ; Skizze seines Lebens und Wirkens* (Leipzig, 1928) ; P. Landormy, *la Vie de Schubert* (Paris, 1928) ; R. Pitrou, *F. Schubert, vie intime* (Paris, 1928) ; E. Buenzod, *F. Schubert* (Paris, 1937) ; A. Orel, *F. Schubert, ein Künstler seiner Heimat* (Altötting, 1946) ; A. Einstein, *Schubert* (Londres, 1951) ; R. Petzoldt, *F. Schubert, sein Leben in Bildern* (Leipzig, 1955) ; O. E. Deutsch, *F. Schubert, die Erinnerungen seiner Freunde* (Leipzig, 1957) ; M. Schneider, *Schubert* (Paris, 1957) ; M. J. E. Brown, *F. Schubert, A critical Biography* (Londres, 1957) ; J. Bruyr, *F. Schubert* (Paris, 1965) ; J. Reed, *Schubert, the final years* (New York, 1972) ; W. Dürr, *F. Schuberts Werke in Abschriften* (Cassel, 1975) ; B. Massin, *F. Schubert* (Paris, 1977) ; *Schubert-Kongress Wien 1978*, éd. O. Brusatti (Graz, 1979) ; *F. Schubert*, numéro spécial de *Musik-Konzepte* (Munich, 1979) ; *Schubert-Studies* (Cambridge, 1982).

MÉLODIES. R. Cappel, *Schubert's songs* (Londres, 1928 ; rééd., New York, 1977) ; M. Beaufils, *le Lied romantique allemand* (Paris, 1956) ; E. G. Porter, *Schubert's song technique* (Londres, 1961) ; T. Georgiades, *Schuberts Musik und Lyrik* (Göttingen, 1967) ; D. Fischer-Dieskau, *Auf den Spuren der Schubert Lieder, Werden, Wesen, Wirkung* (Wiesbaden, 1971 ; trad. fr. M. F. Demet, *les Lieder de Schubert*, Paris, 1979) ; J. Chailley, *« le Voyage d'Hiver » de Schubert* (Paris, 1975) ; G. Moore, *The Schubert song cycles* (Londres, 1975) ; F. Neumann, *Musikalische Syntax und Form in Liederzyklus « Die Schöne Müllerin » von F. Schubert* (Tutzing, 1978).

MUSIQUE DE CHAMBRE. J. A. Westrup, *Schubert's chamber music* (Londres, 1969).

PIANO. H. Költzsch, *F. Schubert in seinen Klaviersonaten* (Leipzig, 1927) ; A. Brendel, « Schubert's Piano Sonatas », in *Musical thoughts and afterthoughts* (Londres, 1976).

SYMPHONIES. M. J. Therstappen, *Die Entwicklung der Form bei Schubert* (Leipzig, 1931) ; E. Laaf, *Franz Schuberts Sinfonien* (Wiesbaden, 1933) ; M. J. E. Brown, *Schubert's Symphonies* (Londres, 1970 ; rééd., 1976) ; P.-G. Langevin, « Schubert après Schubert », in *E. M.* (Paris, 1978, 1979) ;

BIBLIOGRAPHIE

P.-G. Langevin et coll., « F. Schubert et la symphonie », in *RM* 352-353 (Paris, 1982).

Schumann C. B. Litzmann, *Clara Schumann, ein Künstlerleben nach Tagebuch und Briefen*, 3 vol. (Leipzig, 1920); R. Pitrou, *Clara Schumann* (Paris, 1961); L. Henning, *Die Freundschaft C. Schumanns mit J. Brahms aus Briefen und Tagebuchblättern* (Zurich, s.d.); R. et C. Schumann, *Journal intime*, sous réd. Y. Hucher (Paris, 1967).

Schumann R. R. Schumann, *Lettres choisies (1828-1854)* [Paris, 1912]; R. et C. Schumann, *Journal intime* (Paris, 1967).

BIOGRAPHIES ET OUVRAGES GÉNÉRAUX. *Thematisches Verzeichnis sämmtlicher in Druck erschienenen Werke R. Schumanns* (Leipzig, s.d.); C. Mauclair, *Schumann* (Paris, s.d.); R. Pitrou, *la Vie intérieure de R. Schumann* (Paris, 1925); M. Beaufils, *Schumann* (Paris, 1932); A. Cœuroy, *R. Schumann* (Paris, 1950); M. Brion, *Schumann et l'âme romantique* (Paris, 1954); A. Boucourechliev, *Schumann* (Paris, 1956); Y. Tiénot, *Schumann, l'homme à la lumière de ses écrits* (Paris, 1959); R. H. Schauffler, *Florestan, the Life and Works* (New York, 1963); E. Buenzod, *R. Schumann* (Paris, 1965); A. Reissmann, *R. Schumann, sein Leben und seine Werke* (Berlin, 1965); *Schumann*, ouvr. collect. (Paris, 1970); G. Eisman, *R. Schumann, eine Biographie in Wort und Bild* (Leipzig, 1971); J. Gallois, *Schumann* (Paris, 1972); K. Laux, *R. Schumann* (Leipzig, 1972); A. Walker, *R. Schumann* (Londres, 1972); Gaillard, *Schumann* (Paris, 1972).

CRITIQUE MUSICALE. L. B. Platinger, *Schumann as Critic* (Londres, 1967).

MÉLODIES. E. Sams, *The Songs of R. Schumann* (Londres, 1969); H. Knaus, *Musiksprache und Werkstruktur in R. Schumanns « Liederkreis »* (Munich, 1974); R. Hallmark, *The genesis of Schumann's Dichterliebe* (UMI Research Press, 1979).

PIANO. M. Beaufils, *la Musique de piano de Schumann* (Paris, 1951); J. Chailley, *le « Carnaval » de Schumann* (Paris, 1971); M. Beaufils, idem, préf. de R. Barthe (Paris, 1979); M. Albert, *Robert Schumann. Son œuvre pour piano* (Paris, s.d.).

MUSIQUE DE CHAMBRE. H. Kohlhase, *Die Kammermusik R. Schumanns, stilistische Untersuchungen*, 3 vol. (Hambourg, 1979).

Schütz. A. Pirro, *Schütz* (Paris, 1913; rééd., Ste-Maxime, 1975); H. Schütz, *Gesammelte Briefe und Schriften* (Regensburg, 1931); H. J. Moser, *H. Schutz, sein Leben und Werk* (Cassel, Bâle, 1936); R. Vuataz, « les 3 S » (Schütz, Schein et Scheidt), in *les Musiciens célèbres* (Genève, 1946); W. Bittinger, *Schütz Werke Verzeichnis* (Cassel, 1960); A. E. Rowley, *A Bibliography of H. Schütz* (University of London, 1960); W. S. Huber, *Motivsymbolik bei H. Schütz* (Cassel, 1961); R. Tellart, *Schütz* (Paris, 1968); R. Petzoldt, *H. Schütz und seine Zeit in Bildern* (Cassel, 1972); O. Brodde, *Heinrich Schütz* (Munich, Cassel, 1972; rééd., 1979); *Schütz Autobiographie (Memorial 1651)* [Leipzig, 1972]; H. Eppstein, *H. Schütz* (Stuttgart, 1975).

Scriabine. E. Gunst, *A. Scriabin i ievo tvortchestvo*, « A. Scriabine et son œuvre » (Moscou, 1915); A. E. Hull, *A Great Russian Tone-Poet, Scriabine* (Londres, 1920); L. Sabanéiev, *Vospominania o Scriabine*, « Souvenirs sur Scriabine » [Moscou, 1925]; P. Dickenmann, *Die Entwicklung der Harmonik bei A. Scriabin* (Berne, 1935); B. de Schloezer, « *A. Scriabine* », in *Musique russe*; vol. 2 (Paris, 1953); V. Delson, *Scriabine* (Moscou, 1971); W. Evrard, *Scriabine* (Paris, 1972); F. Bowers, *The New Scriabine, Enigma and Answers* (Londres, 1975); B. de Schloezer, *A. Scriabine* (Paris, 1975); M. Kelkel, *A. Scriabine* (Paris, 1978); H. Macdonald, *Scriabine* (Londres, 1978); A. Scriabine, *Notes et réflexions* (trad. fr. M. Scriabine; Paris, 1979).

Seixas. M. S. Kastner, *Carlos de Seixas* (Coïmbre, 1947).

Segovia. A. Segovia, *An Autobiography of the Years 1893 to 1920* (trad. angl. W. F. O'Brien; Californie, 1973); B. Gavoty, *Andrés Segovia* (Genève, 1955).

Senfl. E. Löhrer, *Die Messen von L. Senfl* (Zurich, 1938); E. J. Freyer, *L. Senfl, musikalische Arbeit und ihre tradition* (Université de Leipzig, 1958); W. Seidel, *Die Lieder L. Senfls* (Berne, Munich, 1969).

séquence. H. Husmann, « Alleluia, Vers und Sequenz », in *AnnM* IV (1956); J. Chailley, *l'École musicale de St-Martial de Limoges jusqu'à la fin du XIe siècle* (Paris, 1960); B. Gillingham, *A History of the Polyphonic Sequence in the Middle Age* (thèse; Univ. of Washington, 1976); A. L. Crocker, *The Early Mediaeval Sequence* (thèse; Univ. of California).

sérielle Musique. Cf. *Dodécaphonisme.*

Sermisy. A. Pirro, *Histoire de la musique de la fin du XIVe siècle à la fin du XVIe siècle* (Paris, 1940); F. Lesure, « Autour de Clément Marot et de ses musiciens », in *RMie* XXXIII (1951); G. Allaire, *The Masses of Claudin de Sermisy* (thèse; Boston Univ. Press, 1960); « les Messes de Claudin de Sermisy », in *RMie* LIII (1967); I. A.-M. Cazeaux, *The Secular Music of Claudin de Sermisy* (thèse; Univ. of Columbia, 1961).

Sérov. A. E. Moltchanov, *A. N. Sérov*, 2 vol. (en russe; Saint-Pétersbourg, 1888); M. D. Calvocoressi, *Masters of Russian Music* (Londres, 1936); A. Sérov, *Izbrannyie Statii* (articles choisis), 2 vol. (Moscou, Leningrad, 1950-1957).

serpent. P. Garnault, « Notes sur le serpent et l'ophicléide », in *Lavignac*, Technique III (1927).

Séverac. J. Poueigh, *Musiciens français d'aujourd'hui* (Paris, 1921); B. Selva, *Déodat de Séverac* (Paris, 1930); *Hommage à Déodat de Séverac* (Toulouse, 1952); E. Brody, *The Piano Music of Déodat de Séverac, A Stylistic Analysis* (Michigan, 1977).

Shakespeare. E. W. Naylor, *Shakespeare and Music* (Londres, 1896; rééd., 1931); Fr. Bridge, *Shakespeare and Music in the Plays and Early Operas* (Londres, 1923); A. Ch. Keys, *les Adaptations musicales de Shakespeare en France jusqu'en 1870* (Paris, 1933); R. Baccheli, « Verdi e Shakespeare », in *RassM* XXI (1951); J. H. Long, *Shakespeare's Use of Music; the Final Comedies* (Univ. of Florida Press, 1961); *Shakespeare in music* (Londres, 1964); P. J. Seng, *The Vocal Songs in the Plays of Shakespeare* (Londres, 1967); *la Musique de scène de la troupe de Shakespeare* (Paris, 1971).

Shankar. R. Shankar, *Musique, ma vie* (Paris, 1979).

Sharp. M. Karpeles, *Cecil Sharp. His life and Work* (Londres, 1967).

Sibelius. C. Gray, *Sibelius* (Londres, 1931); K. Ekman, *Jean Sibelius, His Life and Personality* (Londres, 1936); R. Newmarch, *Jean Sibelius. A Short History of a Long Friendship* (Londres, 1945); G. Abraham (éd.), *Sibelius. A Symposium* (Londres, 1947); S. Parmet, *The Symphonies of Sibelius* (Londres, 1959); H. E. Johnson, *Sibelius* (New York, 1959; Londres, 1960); E. Tanzberger, *Jean Sibelius* (Wiesbaden, 1962); S. Vestdijk, *De symfonieën van Jean Sibelius* (Amsterdam, 1962); F. Blum, *Jean Sibelius. An International Bibliography on the Occasion of the Centennial Celebrations, 1965* (Detroit, 1965); R. Layton, *Sibelius* (Londres, 1965; rév., 1978); R. Simpson, *Sibelius and Nielsen* (Londres, 1965); M. Vignal, *Jean Sibelius* (Paris, 1965); E. Tawaststjerna, *Sibelius* 5 vol. dont 4 parus (Helsinki, 1966, 1967, 1972, 1978; trad. angl. des vol. 1 et 2, Londres, 1976); L. Pike, *Beethoven, Sibelius and the « Profound Logic »* (Londres, 1978); E. Salmenhaara, *Jean Sibelius* (Helsinki, 1982).

Siegfried. M. Kufferath, *« l'Anneau du Niebelung »*; « *Siegfried* » (Paris, 1894); « Siegfried », in *l'Avant-Scène Opéra* n° 12 (1977); A. Lefrançois, *« Siegfried », étude thématique et analyse* (Paris, 1979).

Silbermann. J. Wörsching, *Die Orgelbauer-Familie Silbermann in Strassburg* (Mayence, 1941); E. Flade, *Gottfried Silbermann, ein Beitrag zur Geschichte des deutschen Orgel und Klavierbaus in Zeitalter Bachs* (Leipzig, 1952); A. Bender, *les Orgues Silbermann de Soultz* (Strasbourg, 1960); *les Orgues Silbermann de Marmoutier et Ebersmünster* (Strasbourg, 1960); *Acta organologica* II, 1977 (Berlin, 1967 sqq.); W. Müller, *Auf den Spuren von G. Silbermann* (Cassel, 1968); U. Dähnert, *Die Orgeln G. Silbermann in Mitteldeutschland* (Amsterdam, 1971).

Simon Boccanegra. « Simon Boccanegra », in *l'Avant-Scène Opéra* n° 19 (1979).

Smetana. W. S. Ritter, *Smetana* (Paris, 1907; rééd., 1978); Z. Nejedly, *B. Smetana*, 4 vol. (Prague, 1924-1933); Fr. Bartoš, *B. Smetana, Letters and Reminiscences* (trad. angl. D. Rusbridge; Prague, 1955); B. Large, *Smetana* (Londres, 1970); J. Clapham, *Smetana* (Londres, 1972).

BIBLIOGRAPHIE
1739

Snégourotchka. H. Getteman, « Snégourotchka, opéra de Rimski-Korsakov », in *RM* VIII (1908) ; A. Lischke, « les Leitmotive de Snégourotchka analysés par Rimski-Korsakov », in *RMie* 65 nº 1 (1979).

Soler. F. M. Carroll, *An Introduction to Antonio Soler*, (thèse ; Rochester, 1960) ; Kl. E. Heims, *A. Soler's Keyboard Sonatas* (Pretoria, 1969).

Solesmes. Dom B. Malherbe, *l'École solesmienne de chant grégorien* (Paris, 1946) ; Dom J. Gajard, *la Méthode de Solesmes* (Paris, Tournai, 1951) ; Dom P. Combe, *Histoire de la restauration du chant grégorien d'après des documents inédits* (Solesmes, 1969) ; Dom L. Soltner, *Solesmes et dom Guéranger* (Saint-Pierre-de-Solesmes, 1974).

solmisation. S. Clerx-Lejeune, « Aux origines de la solmisation », in *RBM* XI (1957) ; G. Allaire, *the Theory of Hexachords, Solmisation and the Modal System* (American Institute of Musicology, 1972).

sonate. O. Klauwell, *Geschichte der Sonate von ihren Anfängen bis zur Gegenwart* (Leipzig, 1899) ; G. de Saint-Foix, « Sonate et symphonie », in *Lavignac, Technique V* (1930) ; H. Fischer, *Die Sonata* (Berlin, 1937 ; rééd., 1957) ; E. Borrel, *la Sonate* (Paris, 1951) ; W. Mellers, *The Sonata Principle (from ca. 1750)* [Londres, 1957] ; W. St. Newman, *the Sonata in the Baroque Era* (Chapel Hill, 1959 ; rééd., 1966) ; W. St. Newman, *The Sonata in the Classic Era* (Chapel Hill, 1963) ; *The Sonata since Beethoven* (Chapel Hill, 1969) ; A. Hopkins, *Talking about Sonatas* (Londres, 1971) ; S. Milliot, *la Sonate* (Paris, 1978).

sonate (*forme*). F. Ritzel, *Die Entwicklung der « Sonatenform » im musiktheoretischen Schrifttum des 18. und 19. Jahrhunderts* (Wiesbaden, 1968) ; C. Rosen, *Sonata Forms* (New York, Londres, 1980).

Spitta. H. Riemann, *Ph. Spitta und seine Bach-Biographie* (Berlin, 1900) ; *J. Brahms im Briefwechsel mit Ph. Spitta* (Berlin, 1920 ; rééd., Tutzing, 1974).

Spohr. L. Sphor, *Selbstbiographie*, 2 vol. (Cassel, 1860-61) ; H. Heussner, *Die Symphonien L. Spohrs* (Marburg, 1956) ; D. Greiner, *L. Sphors Beiträge zur deutschen romantischen Oper* (Kiel, 1960) ; F. Göthel, *Thematisch-Bibliographisches Verzeichnis der Werke von Louis Spohr* (Tutzing, 1981).

Spontini. F. Colini, *Pergolese e Spontini saggio biografico-critico* (Ancone, 1884) ; A. Ghislanzoni, *G. Spontini, studio storico-critico* (Rome, 1951) ; A. Belardinelli, *Documenti spontiniani inediti*; 2 vol. (Florence, 1955) ; H. Engel, « Wagner und Spontini », in *AfM* XII (1955) ; E. Dent, *the Rise of Romantic Opera*, conférences 1937-1938 (Cambridge, 1976).

sprechgesang. H. Martens, *Das Melodram* (Berlin, 1930) ; *Über Musik und Sprache* (Mayence, 1974).

Stamitz. P. Gradenwitz, *Johann Stamitz* (Brno, 1936) ; « J. Stamitz als Kirchenkomponist », in *Mf* XI (1958) ;

H.-R. Dürrenmatt, *Die Durchführung bei J. Stamitz* (Berne, 1969) ; E. K. Wolf, *The Symphonies of J. Stamitz, Authenticity, Chronology and Style* (New York, 1972) ; E. K. Wolf, *The Symphonies of Johann Stamitz. A Study in the Formation of the Classic Style* (Utrecht-Anvers, 1981).

Steffani. A. Einstein, *Essays on Music* (Londres, 1956) ; W. H. Baxter, *A. Steffani, A Study on the Man and his Work* (thèse ; Rochester, 1957) ; C. Timms, *The Chamber Duets of A. Steffani* (thèse ; Londres, 1976).

Steibelt. G. Müller, *Daniel Steibelt, Sein Leben und seine Klavierwerke* (Strasbourg, 1933).

Stendhal. W. Schwyn, *la Musique comme catalyseur de l'émotion stendhalienne* (Zurich, 1968) ; F. Claudon, *l'Idée et l'influence de la musique chez quelques romantiques français et notamment Stendhal* (Paris, 1979).

Stockhausen. K. Stockhausen, *Texte zur elektronischen und instrumentalen Musik* (Cologne, 1963) ; W. Krüger, *K. Stockhausen, Allmacht und Ohnmacht in der neuesten Musik* (Regensburg, 1971) ; J. Cott et K. Stockhausen, *Conversations with the Composer* (Londres, 1974 ; trad. fr. J. Drillon, Paris, 1979) ; J. Harvey, *The Music of Stockhauser, an Introduction* (Paris, 1975) ; R. Maconie, *The Works of K. Stockhausen* (Oxford University Press, 1976) ; H. K. Metzger et R. Riehn (éd.), « Karlheinz Stockhausen... wie die Zeit verging... », in *Musik-Konzepte* nº 19 (Munich, 1981) ; K. Stockhausen, *Texte* vol. 2 à 4 (Cologne 1964, 1971, 1978).

Stradella. H. Hess, « Die Operns Stradella », in *Publikationen der IMG* III (Leipzig, 1906) ; R. Giazotto, *Vita di A. Stradella* (Milan, 1962) ; O.-H. Jander, *A. Stradella's Cantata musical index*, 2 vol. (Wellesly, 1969) ; L. Bianchi, *Carissimi, Stradella, Scarlatti e l'oratorio musicale* (Rome, 1969).

Stradivarius. G. Ottani, *Stradivarius* (Milan, 1945) ; W. Henley, *A. Stradivari, Master Luthier* (Brighton, 1961) ; H. K. Goodkind, *Violin Iconography of A. Stradivari* (New York, 1972) ; S. F. Sacconi, *I « segreti » di Stradivari* (Crémone, 1972) ; G. R. Jones, *A. Stradivari and His Craft* (New York, 1973).

Strauss J. H. E. Jacob, *Johann Strauss, Vater und Sohn* (Hambourg, 1953) ; *les Strauss et l'histoire de la valse* (trad. fr. M. Roth ; Paris, 1955) ; A. Weinmann, *Verzeichnis sämtlicher Werke von Johann Strauss* (Vienne, 1956) ; H. Jäger-Sunstenau, *J. Strauss, Der Walzerkönig und seine Dynastie* (Munich, 1965) ; H. Fantel, *les Strauss, rois de la valse et la Vienne romantique de leur époque* (trad. fr. Ch. de Lisle ; Paris, 1973).

Strauss R. R. Strauss, *Betrachtungen und Erinnerungen* (Atlantis-Verlag, Zurich, 1949) ; « Correspondance avec Romain Rolland », in *Cahiers R. Rolland* nº 3 (1951) ; R. Strauss, *Anecdotes et Souvenirs* (Lausanne, 1951) ; R. Strauss et H. von Hoffmannstahl, *Briefwechsel* (*ibid.* 1952).

OUVRAGES GÉNÉRAUX. E. Newmann, *R. Strauss* (Londres, 1908) ; K. J. Krüger, *H. von Hoffmannstahl und R. Strauss, ihre Wege und ihre Begegnung*, (thèse, Berlin, 1935) ; J. Gregor, *Un maître de l'opéra, R. Strauss* (Paris, 1942) ; O. Erhardt, *R. Strauss, Leben, Wirken, Schaffen* (Fribourg en-Brigsau, 1953) ; E. Krause, *R. Strauss, Gestalt und Werk*, 2e éd. Leipzig, 1956) ; N. R. del Mar, *R. Strauss, a Critical Commentary of his Life and Works*, 3 vol. (Londres, 1962-1969-1972) ; C. Rostand, *R. Strauss, l'homme et son œuvre* (Paris, 1964) ; W. Mann, *R. Strauss, A Critical Study of his Operas* (Londres, 1964) ; A. Goléa, *R. Strauss* (Paris, 1965) ; F. Grasberger, *R. Strauss und die Wiener Oper* (Tutzing, 1969) ; D. Jameux, *R. Strauss* (Paris, 1971) ; M. Kennedy, *R. Strauss* (Londres, 1976) ; A. Tubeuf, *R. Strauss, le voyageur et son ombre* (Paris, 1980).

Stravinski. ÉCRITS PERSONNELS. I. Stravinsky, *Chronique de ma vie* (Paris, 1935) ; I. Stravinsky, *Poetics of music* (Cambridge, Massachussets, 1947) ; I. Stravinsky et R. Craft, *Conversations with I. Stravinksi* (Londres, 1959) ; *Memoirs and commentaries* (*ibid*, 1960) ; trad. fr. F. Ledoux, *Souvenirs et commentaires* (Paris, 1963) ; I. Stravinsky, *Exposition and Development* (Londres, 1962).

OUVRAGES GÉNÉRAUX. C. F. Ramuz, *Souvenirs sur I. Stravinsky* (Lausanne, 1929 ; rééd., 1978) ; B. de Schloezer, *I. Stravinsky* (Paris, 1929) ; A. Schaeffner, *Stravinsky* (Paris, 1938) ; A. Casella, *Stravinsky* (Brescia, 1947) ; A. Tansman, *I. Stravinsky* (Paris, 1948) ; Y. Baudrier, *Avec Igor Stravinsky*; P. Boulez, « Stravinsky demeure », in *Musique russe* vol. 1 (Paris, 1935) ; H. H. Stuckenschmidt, *Stravinsky und sein Jahrhundert* (Berlin, 1957) ; R. Craft, B. Piovesan, R. Vlad, *Le musiche religiose di I. Stravinsky* (Venise, s.d.) ; R. Vlad, *Stravinsky* (Turin, 1958) ; R. Siohan, *Stravinsky* (Paris, 1959) ; L. Olleggini, *Connaissance de Stravinsky* (Lausanne, s.d.) ; *Stravinsky, a New Appraisal of his Works* ex. P. H. Lang (New York, 1963) ; *Stravinsky*, ouvr. collect. (Paris, 1963) ; M. Philippot, *I. Stravinsky* (Paris, 1965) ; E. W. White, *Stravinsky, the composer and his Works* (Londres, 1966 ; rééd., Berkeley, 1979) ; R. Craft, *Stravinsky, Chronickle of a Friendship* (Londres, New York, 1972) ; I. F. Stravinsky, *Statii i materialy*, « Articles et matériaux » (Moscou, 1973) ; M. Drouskin, *I. Stravinsky* (en russe ; Moscou, Leningrad, 1974) ; N. Jers, *I. Stravinsky, späte Zwölftonwerke* (Regensbourg, 1976) ; T. Stravinski, *le Message d'Igor Stravinsky* (Lausanne, 1980) ; *le Sacre du Printemps*, dossier de Presse (Genève, 1980) ; *Igor Stravinsky, Études et témoignages* présentés par F. Lesure et P. Sourtchinsky (Paris, 1982) ; A. Boucourechliev, *Igor Stravinsky* (Paris, 1982).

Suède. A. Soubiès, *Histoire de la musique ; États scandinaves* (Paris, 1901) ; E. d'Harcourt, *la Musique actuelle dans les États scandinaves* (Paris, 1910) ; B. Wallner, *la Musique en Suède* (trad. fr. M. Plejel ; Stockholm, 1951) ; R. Cotte, *Compositeurs français émigrés en Suède* (Paris, 1962) ; *Histoire de la musique en Suède* (trad.

BIBLIOGRAPHIE

fr. D. Birmann de Relles; Stockholm, 1964); C. N. Chattingius, *la Musique suédoise moderne, 1920-1965* (Stockholm, 1965).

Suisse. M. Montandon, « la Musique en Suisse », in *Lavignac*, Histoire V (1922); A. E. Cherbuliez, *Die Schweiz in der deutschen Musikgeschichte* (Leipzig, 1932); A. Giering, *Die Vokalmusik in der Schweiz zur Zeit der Reformation* (Sauerländer, Aaran, 1933); W. Schuh, *Schweizer Musikbuch*, 2 vol. (Zurich, 1939); *40 Schweizer Komponisten der Gegenwart* (Amriswill, 1956); C. Tapolet, *la Vie musicale à Genève au XXe siècle*. I *1918-1968* (Genève, 1979).

suite. K. Nef, *Geschichte der Sinfonie und der Suite* (Leipzig, 1921); M. Pearl, *The Suite in Relation to Baroque Style* (New York, 1957); R. Münnich, *Die Suite* (Wolfenbüttel, 1958); H. Beck, *Die Suite* (Cologne, 1964); D. Heart, H. Kummerling, « Suite », in *MGG* 12 (1965); D. Fuller, « Suite », in *New Grove* 18 (1980).

Süssmayer. H. H. Hausner, *F. X. Süssmayer* (Vienne, 1964); W. Wleck, *F. X. Süssmayer als Kirchenkomponist* (Tutzing, 1978).

Swieten (Van). H. Bernhardt, « Aus der Umwelt der Wiener Klassiker, Freiherr Gottfried Van Swieten », in *Der Bär* (Leipzig, 1930); E. F. Schmid, « Gottfried Van Swieten als Komponist », in *Mozart Jahrbuch* (1953).

symphonie. M. Brenet, *Histoire de la symphonie à orchestre, depuis ses origines jusqu'à Beethoven inclusivement* (Paris, 1882); K. Nef, *Geschichte der Sinfonie und Suite* (Leipzig, 1921); O'Connel, *The Victor Book of the Symphony* (New York, 1941); R. Hill, *The Symphony* (Harmondsworth, 1950; rééd., 1972); A. Carse, *A Short History of the Symphony in the 18th century* (Londres, 1952); E. Borrel, *la Symphonie* (Paris, 1954); J. Chantavoine et C. Rostand, *Petit Guide de l'auditeur de musique; la musique symphonique et religieuse* (Paris, 1958); G. Mancini, *Breve storia della sinfonia* (Milan, 1958); B. S. Brook, *la Symphonie française dans la seconde moitié du XVIIIe siècle*, 4 vol. (Paris, 1959); R. S. Simpson éd., *The Symphony*, 2 vol. (Londres, 1966 et 1967); *le Monde de la symphonie* (Tours, 1972); R. Jacobs, *la Symphonie* (Paris, 1976); D. Pistone, *la Symphonie dans l'Europe du XIXe siècle, histoire et langage* (Paris, 1977); « Musiciens de France, la génération des grands symphonistes », in *RM* 326-27 (1979).

synthétiseur. H. Tänker, *Pianos électroniques et synthétiseurs* (trad. fr. H. Schreiber (Paris, 1978); P. Gaillard, P. Girard, *Réalisez vous-même un synthétiseur musical* (Paris, 1979); N. Parent, *le Synthétiseur en marche : terminologie néologique* (Québec, 1981).

Szymanowski. K. Szymanovski et J. Smeterlin, *Correspondance and essays* (trad. angl. et annotation de B. Maciejewski et F. Aprahamian; Londres, 1969); T. Chylinski, *Szymanowski* (trad. angl. A. T. Jordan; New York, 1973); J. Samson, *The Music of Szymanowski* (Londres, 1980).

T

tablature. B. Schmid, *Tablature Buch* (Strasbourg, 1607; rééd., Genève, 1980); J. Woltz, *Nova musices organicae tabalatura* (Bâle, 1617; rééd., Genève, s.d.); J. Wolf, *Handbuch der Notationskunde*, 2 vol. (Leipzig, 1919); W. Apel, *the Notation of Polyphonic Music, 900-1600* (Cambridge Mass., 1942); J. Jacquot, *le Luth et sa musique* (Paris, 1958); H. Ducasse, « Un problème de saisie de l'information : le traitement des tablatures », in *Journées d'études informatique musicale* (Paris, 1973).

Tailleferre. Roland-Manuel, « Esquisse pour un portrait de Germaine Tailleferre », in *Revue Pleyel* (Nov. 1926); J. Bruyr, *l'Écran des musiciens*, 2e série (Paris, 1933); P. Landormy, *la Musique française après Debussy* (Paris, 1943); J. Bruyr, « Germaine Tailleferre », in *Musica* (1957); C. Chamfray, « Hommage à Germaine Tailleferre », in *Courrier musical* n° 39 (1972).

Tallis. L. Ellinwood, « Tallis's Tunes and Tudor Psalmody », in *MD* II (1948); P. Doe, *Tallis* (Londres, 1968; rééd., 1976).

Tanéiev. G. Abraham and M. D. Calvocoressi, *Masters of Russian Music* (Londres, 1936); J. Weinberg, « S. I. Tanéiev », in *MQ* XIV (1958); T. A. Khoprova, S. I. Taneyev (Leningrad, 1968); N. Bajanov, *Tanéiev en russe*; Moscou, 1971); L. Korabelnikowa, *Taneiev v moskovskoï konservatorii*, « Tanéiev au conservatoire de Moscou » (Moscou, 1974).

Tannhaüser. Ch. Baudelaire, *Richard Wagner et Tannhaüser* (Paris, 1861; rééd., in *l'Art et la révolution*, Paris, 1978); G. Servières, *Tannhaüser à l'Opéra en 1861* (Paris, 1895); F. Pfohl, *Führer durch Richard Wagners oper Tannhaüser* (Leipzig, 1900); D. Steinbeck, « Zur Textkritik der Venus-Szene im Tannhaüser », in *Mf* XIX (1966); D. Steinbeck, *Richard Wagners Tannhaüser Szenarium* (Berlin, 1968); E. Harcourt, *Quelques remarques sur Tannhaüser* (Paris, s.d.); E. Schure, *Tannhaüser. Lettres à M. de Wolzogen* (Paris, s.d.).

Tansman. I. Schwerke, *Alexandre Tansman, compositeur polonais* (Paris, 1931); J. Bruyr, *l'Écran des musiciens*, 2e série (Paris, 1933).

Tartini. M. Dounias, *Die violinkonzerte Giuseppe Tartinis* (Wolfenbüttel, 1935; rééd., 1966); A. Capri, *G. Tartini* (Milan, 1945); A. Rubeli, *Das musiktheoretische System Giuseppe Tartinis* (Winterthur, 1958); L. Pietrobelli, *Fonti biografiche tartiniane* (Sienne, 1962); P. Brainard, *Le sonate per violino di G. Tartini : catalogo tematico* (Milan, 1975).

Taskin (famille). H. de Curzon, *Croquis d'artistes* (Paris, 1898); C. Verlet, « les Clavecins royaux au XVIIIe siècle », in *Recherches* III (1963).

Tasso. A. Solerti, *Vita di Torqueto Tasso* (Turin, 1895); R. Giazotto, *Misurgia nova* (Milan, 1959);

C. P. Brand, *Torquato Tasso : a Study of the Poet and his Contribution to English Litterature* (Cambridge, 1965).

Taverner. W. H. G. Flood, *Early Tudor Composers* (Oxford, 1925); H. J. Benham, « The Music of John Taverner, a Liturgical Study », in *MR* XXXIII (1972); D. S. Josephson, *John Taverner, Tudor composer* (Ann Arbor, 1979).

Tchaïkovski. CORRESPONDANCE. *Literatournye proizvedenia i perepiska*, « Œuvres littéraires et correspondance » (Moscou, 1944).
BIOGRAPHIES, SOUVENIRS, OUVRAGES GÉNÉRAUX. N. Kachkine, *Vospominania o P. I. Tchaïkovskom*, « Souvenirs sur P. I. Tchaïkovski » (Moscou, 1896); M. Tchaïkovski, *Jizn P. I. Tchaïkovskovo* « la Vie de P. I. Tchaïkovski », 3 vol. (Moscou, 1900-1902, trad. angl. R. Newmarch; Londres, 1906); G. Abraham et M. D. Calvocoressi, *Masters of Russian Music* (Londres, 1936); N. Berberova, *Tschaikovsky, Geschichte eines eisamen Lebens* (Berlin, 1938); V. Iakovlev, *Dni i gody Tchaïkovskovo*, « les Jours et les années de Tchaïkovski » (Moscou, 1940); H. Weinstock, *Tchaïkovski* (New York, 1944); *Tchaïkovsky, a Symposium*, réd. G. Abraham (Londres, 1945); M. R. Hofmann, *Tchaïkovski* (Paris, 1947); H. Weinstock, *La vie pathétique de Tchaïkovski* (Paris, 1947); M. R. Hofmann, *Tchaïkovski* (Paris, 1959; rééd., 1977); *Mouzykalonoie naslediel Tchaikovskovo*, « l'Héritage musical de Tchaïkovski » (Moscou, 1958); G. S. Dombaiev, *Tvortchestvo P. I. Tchaïkovskovo*, « l'œuvre de Tchaïkovski » (Moscou, 1958); A. Alschwang, *Tchaïkovski* (en russe; Moscou, 1959); G. Juramie, *Tchaikovski reconstitué à l'aide de documents de l'époque* (Budapest-Paris, 1961); G. Erisman, *Tchaïkovski* (Paris, 1964); E. et L. Hanson, *Tchaikovski, a new Study of the Man and his Music* (Londres, 1965); V. Fédorov, « Cajkovskij et la France », in *Rmie*, numéro spécial LIV (1968); E. Garden, *Tchaïkovski* (Londres, 1973); J. Warrack, *Tchaïkovski* (Londres, 1973); D. Brown, *Tchaïkovski*; V. Volkov, *Tchaïkovski, a Self Portrait* (Londres, Boston, 1974); E. Garden, *Tchaïkovski* (Londres, 1976); *a Biographical and Critical Study* i : *The Early Years (1840-1874)* [Londres, 1978].
ICONOGRAPHIE. *P. I. Tchaïkovsky*, réd. E. Orlova (Moscou, Leipzig, 1978).
ÉTUDES MUSICALES. G. Abraham, *The Music of Tchaïkovsky* (New York, 1946); Y. Kremlev, *Simfonii Tchaïkovskovo*, « les Symphonies de Tchaïkovski » (Moscou, 1955); V. Protopopov et N. Toumanina, *Opernoie tvortchestvo Tchaïkovskovo*, « l'Œuvre d'opéra de Tchaïkovski » (Moscou, 1957); J. Warrack, *Tchaïkovski Symphonies and Concertos* (Londres, 1969); J. Warrack, *Tchaïkovski Ballet Music* (Univ. of Washington Press, 1979).

Tchécoslovaquie. W. Ritter, « les Tendances de la musique en Tchécoslovaquie depuis la mort de Smetana », in *Lavignac*, Technique I (1925); R. Newmarch, *the Music of Czechoslowakia* (Londres, 1942); *Ceskoslovensky hudebni slovnik*, « Dictionnaire musical tchèque », 2 vol. (Prague, 1963-1965) ; H. H. Stuckenschmidt, *Twentieth Century Composers : Germany and Central Europq* (New York, 1971) ; J. Berkovec, *Éloge de la musique : cinq chapitres sur la musique et les musiciens tchèques* (trad. fr. A.-M. et E. Ducreux ; Prague, 1975).

Tcherepnine. W. Reich, *Alexandre Tcherepnine* (Paris, 1962).

Tebaldi. A. Segond, *Renata Tebaldi* (Paris, 1982).

Telemann. R. Rolland, *Voyage musical au pays du passé* (Paris, 1919) ; E. Valentin, *Georg Philipp Telemann* (Burg, 1931) ; E. Valentin, *Telemann in seiner Zeit* (Hambourg, 1960) ; R. Petzoldt, *Georg Philipp Telemann* (Leipzig, 1967) ; S. Kross, *Das Instrumentalkonzert bei Telemann* (Tutzing, 1969) ; K. Grebe, *Georg Philipp Telemann in Selbstzeugnissen und Bilddokumenten* (Reinbeck bei Hambourg, 1970) ; L. Füredi et D. Vulpe, *Telemann* (Bucarest, 1971) ; H. Grosse et H. R. Jung, *Georg Philipp Telemann, Briefwechsel* (Leipzig, 1972) ; E. Matthes, C. Oeffner, N. Riasanova, *Telemann und Eisenach* (Magdebourg, 1976) ; H. Wettstein, *Georg Philipp Telemann, Bibliographisches Versuch zu seinem Leben und Werk 1681-1767* (Hambourg, 1981).

tempérament. G. Zarlino, *Le istitutioni harmoniche* (Venise, 1558 ; rééd., 1965) ; J. Ph. Rameau, *Traité de l'harmonie réduite à ses principes naturels* (Paris, 1722 ; rééd., Rome, 1967) ; J. H. Lambert, *Remarques sur les tempéraments en musique. Nouveaux mémoires de l'Académie royale des sciences et belles-lettres* (Berlin, 1774) ; J. P. Kirnberger, *Die Kunst des reinen Satzes in der Musik* (Berlin, 1774 ; rééd., 1968) ; J. Jousse, *An Essay on Temperament* (Londres, 1832) ; P. Garnault, *le Tempérament, son application aux claviers, aux violes de gambes et guitares, son influence sur la musique au XVIIIe siècle* (Nice, 1929) ; J. M. Barbour, *Equal Temperament : its History from Ramis (1482) to Rameau (1737)* [thèse ; Cornel Univ. 1932] ; W. Dupont, *Geschichte des musikalischen Temperatur* (Cassel, 1932) ; J. M. Barbour, *Tuning and Temperament, a Historical Survey* (Michigan State College Press, 1951 ; rééd., 1973) ; H. Kelletat, *Zur musikalischen Temperatur in besondere bei Johann Sebastian Bach* (Cassel, 1960) ; M. Vogel, *Die Lehre von den Tonbeziehungen* (Bonn, 1975) ; S. Cordier, *Piano bien tempéré et justesse orchestrale* (Paris, 1982).

théorbe. Ed. par J. Jacquot, *le Luth et sa musique* (Paris, 1957) ; E. Pohlmann, *Laute Theorbe, Chitarrone, die Instrumente, ihre Musik und Literatur von 1500 bis zur Gegenwart* (Brême, 1968) ; D. B. Lyons, *Lute, vihuela. guitar to 1800, a bibliography* (Detroit, 1978) ; H. Quittard, *le Théorbe comme instrument d'accompagnement. Étude technique et historique de l'instrument* (Paris, 1981).

Thibaut de Champagne. J. Bédier et P. Aubry, *les Chansons de croisade* (Paris, 1909) ; A. Wallensköld, *les Chansons de Thibaut de Champagne, roi de Navarre* (Paris, 1925) ; A. M. J. Artis, *the Chansons of Thibaut Count of Champagne, King of Navarra* (Londres, 1978).

Thill. R. Celletti, *Thill, Georges, le grandi voci* (Rome, 1964) ; R. Mancini, *Georges Thill, biographie, discographie, iconographie* (Paris, 1966) ; A. Segond, *Georges Thill ou l'âge d'or de l'opéra.*

Thomas. H. Delaborde, *Notices sur la vie et les œuvres de M. Ambroise Thomas* (Paris, 1896) ; Ch. Lenepveu, *Notice sur Ambroise Thomas* (Paris, 1897) ; L. Laloy, « Ambroise Thomas (1811-1896) », in *RM* III (1903) ; H. de Curzon, *Ambroise Thomas* (Paris, 1921) ; M. Cooper, « Charles Louis Ambroise Thomas », in *Music Masters* II (Londres, 1950) ; M. Bokanowski, *Dylan Thomas* (Paris, 1975).

Thomson. K. Hoover et J. Cage, *Virgil Thomson, his Life and Music* (New York, 1959) ; trad. fr. L. Jumal, *Virgil Thomson, sa vie, sa musique* (Paris, 1962) ; V. Thomson, *Virgil Thomson by Virgil Thomson* (Londres, 1967).

Tieffenbrücker. H. Coutagne, *Gaspard Duiffoprouckart et les luthiers lyonnais du XVIe siècle* (Paris, 1893).

tierce. S. Gut, *la Tierce harmonique dans la musique occidentale* (Paris, 1969).

timbales. J. Baggers, « les Timbales, le tambour et les instruments à percussion », in *Lavignac*, Technique III, 1927 ; H. Tobischek, *Die Pauke, ihre Spielweise, hautechnische Entwicklung in der Neuzeit*, 2 vol. (Vienne, 1965).

Tinctoris. E. A. Choron, *Rapport sur un manuscrit de Tinctoris* (Paris, 1813) ; G. Pannain, *La teoria musicale di Giovanni Tinctoris* (Naples, 1913) ; K. Weinmann, *Johannes Tinctoris und sein unbekannter Traktat De Inventione et usu musical* (Rebensburg, 1917) ; L. Balmer, *Tonsystem und Kirchentöne bei Johannes Tinctoris* (Berne, 1935) ; Ch. Van den Borren, « Johannes Tinctoris », in *RBM* XXI (1967) ; W. E. Melin, *The Music of Johannes Tinctoris (c. 1435-1511) : a Comparative Study of Theory and Practice* (thèse ; Ohio State U., 1973) ; G. Gerritzen, *Untersuchhungen zur Kontrapunktlehre des Johannes Tinctoris* (thèse ; Univ. de Cologne, 1973) ; E. Kreuck, *a Discussion of the Treatment of Dissonances in Johannes Tinctoris* (St. Paul, Minn., 1977).

Tippett. R. Murray Schafer, *British Composers in Interview* (Londres, 1963) ; *Michael Tippett : A Symposium on his 60th Birthday*, éd. I. Kemp (Londres, 1965) ; *A Man of our Time : Michael Tippett*, catalogue d'exposition (Londres, 1977) ; E. W. White, *Tippett and his Operas* (Londres, 1979) ; D. Matthews, *Michael Tippett. An Introductory Study* (Londres, 1980).

Titelouze. A. Pirro, *les Organistes français du XVIIe siècle ; Jehan Titelouze* (Paris, 1898) ; N. Dufourcq, *la Musique d'orgue française de Jehan Titelouze à Jehan Alain* (Paris, 1941 ; rééd., 1949) ; M. Vanmackelberg, « Autour de Jehan Titelouze », in *Recherches* IV (1964) ; D. Launay, « Essai d'un commentaire de Titelouze par lui-même », ibid. V (1965).

toccata. L. Schrade, « Ein Beitrag zur Geschichte der Toccata », in *ZfM* VIII (1925-26) ; E. Valentin, *Die Entwicklung der Tokkata im 17. und 18. Jahrhundert bis J. S. Bach* (Münster, 1930) ; S. Clercx-Lejeune, « la Toccata, principe du style symphonique », in *la Musique instrumentale de la Renaissance* (Paris, 1955) ; E. Valentin, *Die Toccata* (Cologne, 1957) ; M. C. Bradshaw, *The Origin of the Toccata* (American Institute of Musicology, 1972).

Torelli. F. Giegling, *Giuseppe Torelli : ein Beitrag zur Entwicklungsgeschichte des italianischen Konzerts* (Cassel, 1949) ; R. E. Norton, *The Chamber Music of Giuseppe Torelli* (thèse ; Univ. de Northwester, 1967) ; R. C. Van Nuys, *The History and Nature of the Trumpet as Applied to the Sonatas of Giuseppe Torelli* (thèse ; Univ. de l'Illinois, 1969) ; E. Enrico, *Giuseppe Torelli's Music of Instrumental Ensemble with Trumpet* (thèse ; Univ. de Michichan, 1970).

Torrefranca. L. Pinzauti, « Ricordo di Fausto Torrefranca », in *RassM* XXVI (1956).

Tosca. « La Tosca », in *l'Avant-Scène Opéra*, no 11 (1977) ; A. Cœuroy, « *la Tosca* » *de Puccini*. Etude historique et critique, analyse musicale (Paris, s.d.) ; *Tosca*, trad. fr. et angl. mot à mot et juxtalinéaire, accent tonique (Montréal, 1981).

Toscanini. S. Zweig, *Arturo Toscanini* (Milan, 1935) ; H. Taubman : *The Maestro : the Life of Arturo Toscanini* (New York, 1951) ; R. Ch. Marsh, *Toscanini and the Art of Orchestral Performance* (Londres, 1956) ; S. Chotzinoff, *Toscanini : an Intimate Portrait* (New York, 1956 ; rééd., 1977) ; A. della Corte, *Toscanini, visto da un critico* (Turin, 1958) ; B. H. Haggin : *Conversations with Toscanini* (New York, 1959 ; rééd., 1979) ; F. Sachi, *Toscanini : un secolo di musica* (Milan, 1960) ; G. Valengo, *Ho cantato con Toscanini* (Côme, 1962) ; S. Autek et R. Hupka, *This was Toscanini* (New York, 1963) ; M. Labroca et V. Boccardi, *Arte di Toscanini* (Turin, 1966) ; B. H. Haggin, *The Toscanini Musicians Knew* (New York, 1967) ; G. N. Vetio, *Arturo Toscanini alla Regia Scuola del Carmin in Parma* (Parme, 1974) ; G. Marck, *Toscanini* (New York, 1975) ; H. Sachs, *Toscanini* (Paris, 1981).

Toulouse. J. C. Dawson, *Toulouse in the Renaissance* (New York, 1923) ; J. Fourcassié, *Une ville à l'époque romantique : Toulouse* (Paris, 1953) ; N. Dufourcq, « les Orgues de Toulouse », in *RMie* XXXVIII (1956) ; N. Dufourcq, « les Chapelles de musique de Saint-Sernin et Saint-Étienne de Toulouse dans le dernier quart du XVIIe siècle », in *RMie* XXXIX (1957) ; N. Dufourcq, « Documents sur les maîtres faiseurs de cordes à Toulouse à la fin du XVIIe siècle », in *RMie* XLI (1958) ; M.-A. Durand, *Toulouse*, 1966 ; P. et J. Saliès, « les Orgues de Toulouse du XVe au XVIIIe siècle », in *RMFC* XII (1972) ; *Théâtre du Capitole* (Toulouse, 1975) ; *le Capitole* (ibid, 1976).

Tournemire. N. Dufourcq, *la Musique d'orgue française de Jehan Titelouze à Jehan Alain* (Paris, 1941 ; rééd., 1949) ;

B. Lespinard, « l'orgue mystique de Charles Tournemire : impressions plainchantesques », in *Cahiers et mémoires de l'orgue*, n° 139 bis (1971) ; J.-M. Fauquet, *Catalogue raisonné de l'œuvre de Charles Tournemire (1870-1939)* [Genève, 1979].

Tovey. M. Grierson, *Donald Francis Tovey. A Biography Based on letters* (Londres, 1952).

Traetta. R.-A. Mooser, *Annales de la musique et des musiciens en Russie au XVIIIe siècle*, vol. 2 (Genève, 1951) ; F. Schlitzer, *Tommaso Traetta, Leonardo Leo, Vincenzo Bellini, notizie e documenti* (Sienne, 1952) ; F. Casavola, *Tommaso Traetta di Bitonto (1727-1779), la vita e le opere* (Bari, 1957).

trio. H. Unverricht, *Geschichte des Streichtrios* (Tutzing, 1969).

Tristan et Isolde. M. Kufferath, *Tristan et Iseult* (Paris, 1894) ; Ch. Cottard, *Richard Wagner. Tristan et Isolde, essai d'analyse des leitmotive* (Paris, 1895) ; M. Vogel, *Der Tristan Akkord, und die Krise der moderne Harmonielehre* (Dusseldorf, 1962) ; J. Chailley, *Tristan et Isolde de Richard Wagner* (Paris, 1964) ; J. Chailley, *Tristan et Isolde* (Paris, 1972) ; E. Zuckermann, *The First Hundred Years of Wagner's Tristan* ; H. Barraud, « Tristan et Isolde », in *les Cinq Grands Opéras* (Paris, 1972) ; A. Lefrançois, *Tristan et Isolde de Richard Wagner, étude thématique et analyse* (Paris, 1973) ; M. Doisy et J. D'Arièges, *Tristan et Isolde de Richard Wagner* (Paris, 1974) ; « Tristan et Isolde », in *l'Avant-Scène Opéra* nos 34-35 (1981).

trombone. M. G. Flandrin, « le Trombone », in *Lavignac*, Technique III (1927) ; Ph. Bate, *The Trumpet and Trombone, an Outline of their History, Development and Construction* (Londres, 1966) ; R. Gregory, *The Trombone, the Instrument and its Music* (Londres, 1973).

trompette. E. Rhodes, *les Trompettes du roi* (Paris, 1909) ; M. Franquin, « la Trompette et le Cornet », in *Lavignac*, Technique III (1927) ; C. Sachs, « Chromatic Trumpets in the Renaissance », in *MQ* XXXVI (1950) ; L. Vaillant, *Traité pédagogique de trompette et de cornet* (Paris, 1969) ; D. Altenburg, *Untersuchungen zur Geschichte der Trompette in Zeitalter der Clarinblaskunst (1500-1800)*, 3 vol. (Ratisbonne, 1973) ; E. Tarr, *la Trompette, son histoire de l'Antiquité à nos jours* (trad. fr. ; Lausanne, 1977).

trope. L. Gautier, *Histoire de la poésie liturgique au Moyen Age ; les tropes* (Paris, 1886) ; J. Chailley, *Histoire musicale du Moyen Age* (Paris, 1950 ; rééd., 1969) ; J. Chailley, *l'Ecole musicale de Saint-Martial de Limoges jusqu'à la fin du XIe siècle* (Paris, 1960) ; K. Rönnau, *Die Tropes zum Gloria in excelsis Deo* (thèse ; Wiesbaden, 1967) ; P. Evans, *The Early Trope of Saint Martial de Limoges* (Princeton Univ. Press, 1970).

troubadours, trouvères. C. Chabaneau, *les Biographies des troubadours en langue provençale* (Toulouse, 1885 ; rééd., 1974) ; P. Aubry, *Trouvères et Troubadours* (Paris, 1910 ; rééd., Genève, 1974) ; J. Beck, *le Chansonnier des Troubadours et des Trouvères* (Paris, 1927 ; rééd., 1976) ; J. Anglade, *les Troubadours de Toulouse. Les Troubadours et les Bretons* (Toulouse, Paris, 1928-29 ; rééd., s.d.) ; J. Beck, *la Musique des troubadours* (Paris, 1928 ; rééd., 1979) ; A. Jeanroy, *la Poésie lyrique des troubadours* (Paris, 1934 ; rééd., Genève, 1973) ; H. I. Marrou, *les Troubadours* (Paris, 1961 ; rééd., 1971) ; J. Bontière et A. H. Schutz, *Biographies des troubadours* (Paris, 1964) ; J. Anglade, *les Troubadours, leurs vies, leurs œuvres, leurs influences* (Paris, 1908 ; rééd., Genève, 1973) ; A. Scheler, *Trouvères belges du XIIe au XIVe siècle* (Genève, 1977) ; R. Nelli, *Troubadours et trouvères* (Paris, 1979) ; J. Beck, *la Musique des troubadours* (Paris, 1979).

Tunder. W. Stahl, « Franz Tunder und Dietrich Buxtehude », in *AfM* VIII (1926) ; G. B. Sharp, « Franz Tunder (1614-1667) », in *MT* CVIII (1967) ; F. Gudewill, *Franz Tunder une die nordelbingische Musikkultur seiner Zeit* (Lübeck, 1967).

Turandot. « Turandot », in *l'Avant-Scène Opéra* n° 33 (1981).

Turquie. R. Yekta Bey, « la Musique turque », in *Lavignac*, Histoire V (1922) ; A. Saygun, *les Divers aspects de la musique turque* (Ankara, 1948) ; A. Saygun, « la Musique turque », in *Histoire de la musique* I (1960) ; K. Reinhard, *Türkische Musik* (Berlin, 1962 ; trad. fr., *Musique de Turquie*, Paris, 1969) ; G. Oransay, *Die traditionelle türkische Kunstmusik* (Ankara, 1964) ; M. Aud, *Turkish Dancing from Folk Dancing to Whirling Darvishes-Bally Dancing to Ballet* (Ankara, 1976) ; B. Bartok, *Turkish Folk Music from Asia Minor* (Princeton, Londres, 1976).

V

Vaisseau fantôme (le). G. Abraham, « The Flying Dutchman, Original Version », in *ML* XX (1939) ; « le Vaisseau fantôme », in *l'Avant-Scène Opéra* n° 30 (1980) ; C. Nuitter, *le Vaisseau fantôme* (Paris, s.d.).

valse. H. J. Ulrich, « The Viennese Waltz, a Chapter of Music History », in *Musicology* II (1948) ; F. Grasberger, *Die Wiener Philharmoniker bei Johann Strauss* (Vienne, 1963).

Varèse. F. Ouellette, *Edgar Varèse* (Paris, 1966) ; G. Charbonnier, *Entretiens avec Edgar Varèse* (Paris, 1970) ; L. Varèse, *Varese, a Looking Glass Diary* (New York, 1972) ; H. Jolivet, *Varèse* (Paris, 1973) ; O. Vivier, *Varèse* (Paris, 1973) ; J.-J. Nattiez, *Essai d'analyse distributionnelle de « Densité 21-5 » de Varèse* (Montréal, 1975) ; *The New World of Edgar Varèse, a Symposium* (New York, 1979) ; A. Carpentier, *Varèse vivant* (Cahiers du Nouveau Commerce 45-46, Paris, 1980).

variation. M. Friedland, *Zeitstil und Persönlichkeitstil in den Variationwerke der musikalischen Romantik* (Leipzig, 1930) ; R. U. Nelson, *the Technique of Variation : a Study of the Instrumental Variation from Cabezón to Reger* (Berkeley, 1948 ; rééd., 1962) ; J. Müller-Blattau, *Gestaltung-Umgestaltung, Studien zur Geschichte der musikalischen Variationen* (Stuttgart, 1950) ; M. Reimann, « Zur Entwicklungsgeschichte des Doubles », in *Mf* V (1952) ; K. von Fischer, « Zur Theorie der Variation im 18. und beginnenden 19. Jahrhundert », in *Mélanges* (Bonn, 1957) ; L. Hailparn, « Variation Form from 1525 to 1750 », in *MR* XXII (1961).

vaudeville. F. Carmody, *le Répertoire de l'opéra-comique en vaudevilles de 1708 à 1764* (Berkeley, 1933) ; K. Levy, « Vaudevilles, vers mesurés et airs de cour », in *Musique et poésie au XVIe siècle* (Paris, 1954) ; C. Barnes, « Vocal Music at the *Théâtre de la Foire*, 1697-1762 », in *Recherches* VIII (1968) ; B. Smith, *The Vaudevillians* (New York, 1976).

Vaughan Williams. Fr. Howes, *The Music of R. Vaughan Williams* (Londres, 1954) ; A. Dickinson, *Vaughan Williams* (Londres, 1963) ; U. Vaughan Williams, *Ralph Vaughan Williams : A Biography* (Londres, 1964) ; M. Kennedy, *The Works of R. Vaughan Williams* (Londres, 1964).

Vecchi. J. C. Hol, *Orazio Vecchis weltliche Werke* (Strasbourg, 1934) ; recueil d'articles, *Orazio Vecchi, precursore del melodrama, 1550-1605* (Modène, 1950) ; A. Lualdi, « Orazio Vecchi », in *RMI* LII (1950) ; L. Ronga, « Lettura storica del Amfiparnasso », in *RassM* XXIII (1953) ; R. Rüegge, *Orazio Vecchis geistliche Werke* (Stuttgart, 1967) ; C. Sartori, « Oratio Vecchi e Tiburzio Massaino a Salo », in *Renaissance-muzick 1400-1600 : donum natalicium René Bernard Lenaerts* (Louvain, 1969).

Venise. G. Tebaldini, « L'anima musicale di Venezia », in *RMI* XV (1908) ; Ch. Van den Borren, *les Débuts de la musique à Venise* (Bruxelles, 1914) ; M. N. Mocenigo, *Il Teatro La Fenice : note storiche e artistiche* (Venise, 1926) ; V. Malamani, *Il teatro lirico a Venezia nel secolo XVIII* (Venise, 1927) ; H. C. Wolff, *Die Vienezianische Oper in der zweiten Hälfte des 17. Jahrhunderts* (Berlin, 1937) ; G. Damerini, *Venezia al tempo di Monteverdi* (Musica II, Florence, 1943) ; G. Damerini, *Il conservatorio di stato « Benedetto Marcello » di Venezia* (Florence, 1949) ; S. T. Worsthorne, *Venetian Opera in the Seventeenth Century* (Oxford, 1954, rééd., 1968) ; E. Selfridge-Field, *Venetian Instrumental Music from Gabrieli to Vivaldi* (Oxford, 1975).

Verdi. CORRESPONDANCE. *I copialettere di Giuseppe Verdi*, éd. G. Cesari et A. Luzio (Milan, 1913) ; *Carteggi verdiani*, éd. A. Luzio, 4 vol. (Rome, 1935-1947) ; *Autobiografia dalle lettere*, éd. C. Graziani (Milan, 1941 ; rééd., 1951).

OUVRAGES GÉNÉRAUX. A. Basevi, *Studio sulle opere di Giuseppe Verdi* (Florence, 1859) ; G. Monaldi, *Verdi e le sue opere* (Florence, 1877) ; A. Pougin, *Verdi, histoire anecdotique de sa vie et de ses œuvres* (Paris, 1886) ; G. Monaldi, *Verdi* (Turin, 1899) ; G. Monaldi,

BIBLIOGRAPHIE

Verdi nella vita e nell'arte (Ricordi, Milan, 1913); A. Bonaventura, *La figura e l'arte di Giuseppe Verdi* (Livourne, 1919); G. Perosio, *Ricordi verdiani*; *Giuseppe Verdi nella vita intima* (Pinerolo, 1928); C. Gatti, *Verdi : l'esordio, le opere e i giorni, la fine,* 2 vol. (Milan, 1931; rééd., 1951; trad. fr. P. Barbaud; Paris, 1961); F. Toype, *Verdi* (Londres, 1931); G. Roncaglia, *L'ascensione creatrice di Giuseppe Verdi* (Florence, 1940); M. Mila, *Giuseppe Verdi* (Laterza, Bari, 1958); M. Mila, *La Giovinezza di Verdi* (ERI, Turin, 1974); F. Abbiati, *Giuseppe Verdi,* 4 vol. (Milan, 1959); P. Petit, *Verdi* (Paris, 1959); Bulletin de l'Instituto di Studi verdiani, 8 vol. (Parme, 1960-1973) et actes des Congrès, dont *Per un progetto Verdi anni 80;* F. Walker, *The Man Verdi* (Londres, 1962); C. Sartori, « Verdi », in *Histoire de la musique,* Paris, 1963); J. Mabraye, *Verdi* (Paris, 1965); Ch. Osborne, *The Complete Operas of Verdi* (Londres, 1969); G. Marchesi, *Verdi* (Turin, 1970); C. Hopkinson, *A Bibliography of the Works of Giuseppe Verdi,* 2 vol. (New York, 1973-1978); J. Budden, *The Operas of Verdi,* 3 vol. (Cassel, Londres, 1973-1981); G. Barblan, « Verdi », in *Storia dell' opera* (Turin, 1977); J. Bourgeois, *Giuseppe Verdi* (Paris, 1978); W. Weaver, *Verdi d'après les documents d'époque* (Tours, 1978).

vérisme. M. Rinaldi, *Musica e verismo* (Rome, 1932); F. D'Amico, *I casi della musica* (Milan, 1962); R. Celletti, « Il melodramma delle area depresse », in *Discoteca* (Milan, 1962); P. D. Wright, *The Musico-Dramatic Techniques of the Italian Verists* (thèse; Rochester, 1965); G. Gavazzeni, *I nomici della musica* (Milan, 1965); P. Saut, *la* « Giovane Scuola », in *La Scala, Milan* (1966); F. Cella et L. Arruga, *Problemi del verismo nell' opera in musica,* in Catalogue de l'exposition de la Scala (Milan, 1967); R. Mariani, *Verismo in musica, e altri studi* (Florence, 1976); C. Parmentola, « La Giovane Scuola », in *Storia dell' Opera* (Turin, 1977); R. Tedeschi, *Addio prorito asil, il melodramma italiano da Brito al verismo* (Milan, 1978).

Versailles. M. Benoît, *Versailles et les musiciens du roi 1661-1733. Étude institutionnelle et sociale* (Paris, 1971); P. Beaussant, *Versailles, Opéra* (Paris, 1981).

Viadana. F. Mompellio, *Lodovico Viadana, musicista fra due secoli (XVI-XVIII)* [Florence, 1966]; H. Haack, *Die Anfänge der Generalbass-Satzes : die « Cento Concerti ecclesiastici » (1602) von Ludovico Viadana,* 2 vol. (Tutzing, 1974).

Viardot. La Mara, *Pauline Viardot-Garcia* (Leipzig, 1883); La Mara, « Pauline Viardot-Garcia », in *Liszt und die Frauen* (Leipzig, 1911); G. Fauré, « Lettres à une fiancée », in *Revue des Deux Mondes* (1928); Th. Marix-Spire, *G. Sand et P. Viardot, Lettres inédites (1839-1849)* [Paris, 1959]; A. Fitz Lyon, *The Price of Genius, a Biography of Pauline Viardot* (Londres, 1964); S. Destrennes et H. Chandet, *La Malibran et Pauline Viardot* (Paris, 1969); A. Rozanov, *Polina Viardot-Garcia* (en russe; Leningrad, 1969); P. Viardot, *Nouvelle* *Correspondance inédite avec Ivan Tourguenev* (Paris, 1971); H. Granjard et A. Zviguilsky, *Ivan Tourgeniev : lettres inédites à Pauline Viardot et sa famille* (Lausanne, 1972).

Victoria T. L. (de). H. Collet, *Victoria* (Paris, 1914); R. Mitjana, *Estudios sobre algunos músicos españoles del siglo XVI* (Madrid, 1918); R. Casimiri, « Il Vittoria, nuovi documenti per una biografia sincera di Tomás Luis de Victoria, in *NASM* XI (1934); N. Saxton, *The Masses of Victoria* (thèse; Princeton, 1951); R. Stevenson, *Spanish Cathedral Music in the Golden Age* (Berkeley, 1961); J. A. Kriewald, *The Contrapuntal and Harmonic Style of Tomás Luis de Victoria* (thèse; Univ. Wisconsin, 1968); M. Anglès, *Problemas que presenta la nueva edición de las obras de Morales y de Victoria, Renaissance-muzick 1400-1600 : donum natalicium René Bernard Lenaerts* (Louvain, 1969).

Vienne. W. Fischer, « Zur Entwicklungsgeschichte des Wiener klassischen Stils », in *Studien zur Musikwissenschaft* n° 3 (1915); M. Graf, *Legend of a Musical City* (New York, 1945); K. Kobald, *Alt-Wiener Musikstätten* (Zürich, Leipzig, Vienne, 1923; rééd., 1947); H. Gál, *The Golden Age of Vienna* (New York, 1948); H. Kralik, *Das Buch der Musikfreunde* (Zürich, Leipzig, Vienne, 1951); A. Weinmann, *Wiener Musikverleger und Musikalienhändler von Mozarts Zeit bis gegen 1860* (Vienne, 1956); M. Brion, *la Vie quotidienne à Vienne à l'époque de Mozart et de Schubert* (Paris, 1959); H. Kralik, *Die Wiener Oper* (Vienne, 1963); R. A. Griffin, *High Baroque*; A. Orel, B. Dunning, « Wien », in *MGG* 14, 1968: *Culture and Theatre in Vienna* (New York, 1942); « Vienne » (bibliographie) in *Science de la musique* II (1976); Th. Antonicek, M. Carner, R. Klein, « Vienna », in *New Grove* 19 (1980).

Vierne. B. Gavoty, *Louis Vierne, la vie et l'œuvre* (Paris, 1939; rééd., 1980); H. Doyen, *Mes leçons d'orgue avec Louis Vierne* (Paris, 1966); L. Vierne, « Mes souvenirs », in *l'Orgue* n° 134 bis (1970); L. Vierne, « Journal », *ibid.* n° 135 bis (1970).

Viêt-nam. Trân Van Khê, « la Musique vietnamienne », in *Histoire de la musique,* I (1960); Trân Van Khê, *la Musique vietnamienne traditionnelle* (Paris, 1962); Trân Van Khê, *Viêt-nam : les traditions musicales* (Paris, 1967).

Vieuxtemps. M. Kufferath, *Henry Vieuxtemps* (Bruxelles, 1882); P. Bergmans, *Henry Vieuxtemps* (Turnhout, 1920).

vihuela. D. Pisador, *Libro de música de vihuela* (Salamanque, 1552; rééd., 1973); T. de Santa Maria, *Libro llamado Arte de tañer fantasia, assi para teda como para vihuela* (Valladolid, 1565; rééd., 1975); J. Ward, *The Vihuela da mano and its Music (1536-1576)* (thèse; Univ. de New York, 1953); D. Devoto, « Poésie et musique dans l'œuvre des vihuelistes ; notes méthodologiques », in *ANNM* IV (1956); sous la direction de J. Jacquot, *le Luth et sa musique* (Paris, 1958); D. Lyons, *Lute,* *Vihuela Guitar to 1800, a Bibliography* (Detroit, 1978).

Villa-Lobos. *Presença de Villa-Lobos* (Rio de Janeiro, 1965-1973); Paula Barros, *O romance de Villa-Lobos* (Rio de Janeiro, s.d.); M. Beaufils, *Villa-Lobos, musicien et poète du Brésil* (Paris, 1967); V. Mariz, *Hector Villa-Lobos, l'homme et son œuvre* (Paris, 1967); E. Nogueira França, *Villa-Lobos, sintese critica e biográfica* (Rio de Janeiro, 1970); A. Nóbrega, *As Bachianas brasileiras de Villa-Lobos* (Rio de Janeiro, 1971); L. M. Peppercorn, *Heitor Villa-Lobos, Leben und Werk des brasilianischen Komponisten* (Zurich, 1972).

viole de gambe. E. Van der Straeten, *History of the Violoncello, the Viol da Gamba, their Precursors and Collateral Instruments* (Londres, 1915; rééd., 1971); N. Dolmetsch, *The Viola da Gamba, its Origin and History, its Technique and Musical Resources* (New York, 1962); S. Milliot, « Reflexions et recherches sur la viole de gambe et le violoncelle en France », in *Recherches* IV (1964).

violon. Michel Corrette, *l'École d'Orphée* et *l'Art de se perfectionner dans le violon* (Paris, 1738, 1782; rééd., Genève, 1973); G. G. Cambini, *Nouvelle méthode théorique et pratique pour le violon* (Paris, 1783 à 1800, rééd., Genève, 1972); J. B. Cartier, *l'Art du violon* (Paris, 1798; rééd., 1973); A. Bachmann, *le Violon* (Paris, 1906); A. Bachmann, *Gymnastique à l'usage des violonistes pour le développement de la force de la main gauche, précédée d'une étude anatomique de la main gauche* (Paris, 1914); A. Bachmann, *les Grands Violonistes du passé* (Paris, 1913); M. Pincherle, *les Violonistes, compositeurs et virtuoses* (Paris, 1922); A. Pougin, *le Violon, les violonistes et la musique du violon du XVIe et XVIIIe s.* (Paris, 1924); L. Greilsamer, *Anatomie et physiologie du violon* (Paris, 1924); A. Bachmann, *An Encyclopedy of the Violon* (New York, 1925; rééd., 1966); L. de La Laurencie, *l'École française de violon, de Lully à Viotti,* 3 vol. (Paris, 1922-1924; rééd., Genève, 1971); M. Pincherle, *les Violonistes, compositeurs et virtuoses* (Paris, 1922); M. Pincherle, *Feuillets d'histoire du violon* (Paris, 1927); M. Pincherle, *le Violon* (Paris, 1966; rééd., 1974); A. Moser, *Geschichte des violinspiels* (Leipzig, 1923); G. Piccoli, *Trois siècles d'histoire du violon (1617-1917)* [Nice, 1954]; M. Pincherle, *le Monde des virtuoses* (Paris, 1961); D. Boyden, *The History of Violin Playing from its Origins to 1761* (Londres, 1965); E. Leipp, *le Violon, histoire, esthétique, facture et acoustique* (Paris, 1965); F. B. Emery, *The Violin Concerto* (New York, 1969); A. Gingrich, *A Thousand Mornings of Music : the Journal of an Obsession with the Violin* (New York, 1970); E. Melkus, *le Violon* (trad. fr. E. Kolatte; Paris, Lausanne, 1972); Y. Menuhin, *l'Art de jouer du violon* (trad. fr. Ch. de Lisle; Paris, 1973); Y. Menuhin, *Violon et alto* (trad. fr. M. S. Pâris; Paris, 1978); L. Greisalmer, *le Violon, l'Alto et le Violoncelle* (Ste-Maxime, 1978).

violoncelle. Michel Corrette, *Méthode*

théorique et pratique pour apprendre en peu de temps le violoncelle dans la perfection, et J. M. Raoul, *Méthode de violoncelle* (Paris, 1741, 1797; rééd., Genève, 1972); J. W. Wasielewski, *Das Violoncell und seine Geschichte* (Leipzig, 1889; rééd., 1925, 1970); C. Liégeois et E. Nogué, *le Violoncelle : son histoire, ses virtuoses* (Paris, 1913); E. S. J. Van der Straeten, *History of the Violoncello, the Viol da Gamba*, their Precursors and Collateral Instruments (Londres, 1915; rééd., 1971); L. Forino, *Il violoncello, il violoncellista ed i violoncellisti*, 2e éd. (Milan, 1930); E. Nogué, *la Littérature du violoncelle* (Paris, 1931); E. Nogué, *le Violoncelle, jadis et aujourd'hui* (Paris, 1937); W. Pape, *Die Entwicklung des Violoncellspiel im 19. Jahrhundert* (Saarbrücken, 1962); A. C. Bacon, *The Evolution of the Violoncello as a Solo Instrument* (thèse; Univ. de Syracuse, 1962); K. Marx, *Die Entwicklung des Violoncells und seiner Spieltechnik bis J. L. Duport, 1520-1820* (Regensburg, 1963); L. Malusi, *Il violoncello* (Padoue, 1973); E. Cowling, *The Cello* (New York, 1975); S. Milliot, *le Violoncelle en France au XVIIIe siècle*, 2 vol. (Genève, 1982).

Viotti. G. B. Viotti, *Mémoire au Roi, concernant l'exploitation de l'Opéra* (Paris, 1789); A. Pougin, *Viotti et l'école moderne de violon* (Paris, 1888); R. Giazotto, *Giovan Battista Viotti* (Milan, 1956); C. White, *G. B. Viotti and his Violin Concertos* (thèse; Univ. de Princeton, 1957); C. White, *Introduction to G. B. Viotti : Four Violin Concertos* (Medison, Wisconsin, 1976).

virelai. G. Reaney, « Concerning the Origins of the Rondeau, Virelai and Ballade », in *MD* VI (1952).

Virginal, virginalistes. E. M. Ripin, « Virginal », in *New Grove* 20 (1980).

Visée R. (de). O. Chilesotti, « Notes sur le guitariste Robert de Visée », in *SIMG* IX (1907-1908).

Vitry P. (de). W. Apel, *the Notation of Polyphonic Music 900-1600* (Cambridge, Mass., 1942; rééd., 1961); J. Maillard et A. Gilles, « Notes sur trois motets fantômes de l'Ars nova de Philippe de Vitry », in *RMie* XXXVIII (1956); G. Reaney, « The *Ars nova* of Philippe de Vitry », in *MD* X (1956); L. Schrade, *Philippe de Vitry : some New Discoveries*, in *MQ* XLII (1956); E. H. Sanders, « The Early Motets of Philippe de Vitry », in *JAMS* XXVIII (1975).

Vivaldi. M. Pincherle, *Antonio Vivaldi et la musique instrumentale*, 2 vol. (Paris, 1948); W. Kolneder, *Aufführungspraxis bei Vivaldi* (Leipzig, 1955); M. Pincherle, *Vivaldi* (Paris, 1955); M. Marnat, *Antonio Vivaldi, l'homme, son milieu et sa musique* (Paris, 1965); R. de Candé, *Vivaldi* (Paris, 1967); J. Gallois, *Vivaldi* (Lyon, 1967); *Antonio Vivaldi catalogo numerico-tematico delle opere strumentale* (Milan, 1968); A. S. Martin, *Vivaldi violin concertos* (New Jersey, 1972); M. Meunier-Thouret, *Vivaldi* (Paris, 1972); R. Giazotto, *Antonio Vivaldi, catalogo delle opere* (Turin, 1973); W. Kolneder, *Melodietypen bei Vivaldi* (Zurich, 1973); P. Ryom, *Verzeichnis der Werke Antonio Vivaldis, kleine Ausgabe* (Leipzig, 1974); P. Ryom, *les Manuscrits de Vivaldi* (Copenhague, 1977); *Vivaldi*, ouvr. collect. (Paris, 1975); A. Kendall, *Vivaldi, his Music, Life and Times* (Londres, 1978); M. Talbot, *Vivaldi* (Londres, 1978); W. Kolneder, *Antonio Vivaldi, Dokumente seines Lebens und Schaffens* (Wilhelmshaven, 1979).

Vogler. K. E. von Schafhaütl, *Abt Georg Joseph Vogler, sein Leben, Charakter und musikalisches System* (Augsbourg, 1888); H. Schweiger, *Abt G. J. Vogler's Orgellehre* (Vienne, 1938); D. J. Britton, *Abbé Georg Joseph Vogler : his Life and his Theories on Organ Design* (thèse; Univ. de Rochester, 1973).

W

Wagenseil. H. Michelitsch, *Das Klavierwerk von Georg Christoph Wagenseil, Thematischer Katalog* (Vienne, 1966); H. Scholz-Michelitsch, *Das Orchester-und Kammersusikwerk von Georg Christoph Wagenseil, Thematischer Katalog* (Vienne, 1972); H. Scholz-Michelitsch, *Georg Christoph Wagenseil* (Vienne, 1980).

Wagner Cosima. C. Wagner, *Journal*, 4 vol. (trad. fr., Paris, 1979).

Wagner R. Périodiques. *Revue wagnérienne* (Paris, 1885-1888); *Richard Wagner Jahrbuch* (Berlin, 1906-1908, 1912-13); *Bibliographie wagnérienne française* (Paris).
Autobiographies, lettres, écrits. *Gesammelte Schriften und Dichtungen*, 13 vol. (Leipzig, 1871-1880, 1883, 1911; trad. fr. J.-G. Prod'homme, *Œuvres en prose*, 13 vol. (Paris, 1910) rééd., 1976); *Mein Leben* (Munich, 1911; trad. fr. M. Hulot, *Ma vie* (Paris, 1978); *Briefe in Originalausgaben*, 17 vol. (Leipzig, 1912-1914); *Briefwechsel zwischen Wagner und Liszt* (Leipzig, 1887; rééd., 1910; trad. fr. I. Schmidt et J. Lacant, *Correspondance de Richard Wagner avec Franz Liszt* (Paris, 1973); *Lettres à T. Uhlig, G. Fischer, F. Heine* (trad. fr. G. Khnopff; Paris, 1903); *Richard Wagners Briefe an Hans von Bülow* (Jena, 1916); *Richard Wagner an Mathilde Wesendonck* (Leipzig, 1918); *Briefen an Frau Julie Ritter* (Munich, 1920); *König Ludwig II und Richard Wagner Briefwechsel*, 2 vol. (Karlsruhe, 1936-1939); sélect. et trad. fr. *Wagner et Louis II de Bavière; Lettres* (Paris, 1960); J. Tiersot, *Lettres françaises de Richard Wagner* (Paris, 1935); G. Strobel et W. Wolf, *Sämtliche Briefe* (Leipzig, 1967 →).
Ouvrages généraux, souvenirs et biographies. C. F. Glasenapp, *Richard Wagner, Leben und Wirken* (Cassel, 1976-77; rééd., *Das Leben Richard Wagners*, 6 vol. (Leipzig, 1905-1912); C. Mendès, *Richard Wagner* (Paris, 1886); A. Jullien, *Richard Wagner, sa vie et ses œuvres* (Paris, 1886); H. Lichtenberger, *Richard Wagner, poète et penseur* (Paris, 1898); E. Michotte, *la Visite de Wagner à Rossini à Paris en 1860* (Paris, 1906); A. Neumann, *Personnal recollections of Wagner* (New York, 1908); M. Leroy, *les Premiers Amis français de Wagner* (Paris, 1925); R. Dumesnil, *Richard Wagner* (Paris, 1929); G. de Pourtalès, *Wagner, histoire d'un artiste* (Paris, 1932); E. Stemplinger, *Richard Wagner in München 1864-1870* (Munich, 1933); E. Newmann, *The Life of Richard Wagner* (New York, 1937-1942); E. Kretschmar, *Richard Wagner, sein Leben in Selbstzeugnissen, Briefen und Berichten* (Berlin, 1939); O. Strobel, *Neue Wagner-Forschungen* (Karlsruhe, 1943); O. Strobel, *Richard Wagner, Leben und Schaffen : eine Zeittafel* (Bayreuth, 1952); M. Schneider, *Wagner* (Paris, 1960); Rousselot, *la Vie passionnée de Wagner* (Paris, 1960); *Richard Wagner*, ouvr. collect. (Paris, 1962); J. Gallois, *Richard Wagner* (Lyon, 1962); A. Gauthier, *Wagner* (Paris, 1969); M. Gregor-Dellin, *Wagner-Chronik* (Munich, 1972; trad. fr. R. Barthe, *Wagner au jour le jour*, Paris, 1976); M. Mayer, *Sur Richard Wagner* (l'Arche, 1972); *En évoquant Wagner* (Paris, 1981); M. Gregor-Dellin, *Richard Wagner* (trad. fr. D. Demange, Paris, 1982).
Iconographie. R. Bory, *la Vie et l'Œuvre de Richard Wagner par l'image* (Genève, 1938); *Wagner, une étude documentaire* (trad. fr. B. Mialhe, préf. P. Boulez; Paris, 1976); A. Tubeuf, *Wagner et Bayreuth. Cent ans d'images* (Paris, 1981); Rico Ui, *Scènes de la tétralogie de Wagner* (Genève, 1981).
Études littéraires, musicales et esthétiques. F. Liszt, « *Lohengrin* » et « *Tannhaeuser* » de Richard Wagner (Leipzig, 1851); Ch. Baudelaire, *Richard Wagner et Tannhaeuser à Paris* (Paris, 1861); Ch. Baudelaire, *l'Art romantique* (Paris, 1869; rééd., 1968); É. Schuré, *le Drame musical. Richard Wagner, son œuvre et son idée* (Paris, 1875); J. Gauthier, *Richard Wagner et son œuvre poétique depuis Rienzi jusqu'à Parsifal* (Paris, 1882); F. Nietzsche, *Der Fall Wagner* (Leipzig, 1888; trad. fr. J. C. Hemery, *le Cas Wagner*, Paris, 1976); H. Coutagne, *les Drames musicaux de Richard Wagner et le théâtre de Bayreuth* (Paris, 1893); A. Lavignac, *Voyage artistique à Bayreuth* (Paris, 1897); H. von Wolzogen, *Musikalisch-dramatische Parallelen* (Leipzig, 1906); E. Kurth, *Romantische Harmonik und ihre Krise in Wagners Tristan* (Berlin, 1923); A. Lorenz, *Die Geheimnis der Form bei Richard Wagner*, 4 vol. (Berlin, 1924-1933; rééd. Tutzing, 1966); V. d'Indy, *Richard Wagner et son influence sur l'art musical français* (Paris, 1930); G. Wooley, *Richard Wagner et le symbolisme français* (Paris, 1931); H. Malherbe, *Richard Wagner, révolutionnaire* (Paris, 1938); M. Doisy, *l'Œuvre de Richard Wagner, du « Vaisseau fantôme » à « Parsifal »* (Bruxelles, 1945); M. Boucher, *les Idées politiques de Richard Wagner* (Paris, 1947); M. Beaufils, *Wagner et le wagnérisme* (Paris, 1946; rééd., 1979); A. Kolb, *le roi Louis II de Bavière et Richard Wagner* (Paris, 1947); J. Mistler, *A Bayreuth avec Richard Wagner* (Paris, 1960); J. M. Stein, *Richard Wagner, the Synthesis of the Arts* (Detroit, 1960); A. Cœuroy, *Wagner et l'esprit roman-*

tique (Paris, 1965); Th. Adorno, *Essai sur Wagner* (trad. fr. H. Hildenbrand et A. Lindenberg; Paris, 1966); M. R. Hofmann, *Richard Wagner* (Paris, 1966); K. Overhoff, *Die Musikdramen Richard Wagners* (Salzbourg, 1967); E. Sans, *Richard Wagner et la pensée schopenhauerienne* (Paris, 1969); E. Voss, *Studien zur Instrumentation Richard Wagners* (Regensburg, 1970); P. Claudel, *Richard Wagner. Rêverie d'un poète français* (Paris, 1970); C. Dahlhaus, *Wagners Konzeption des musikalischen Dramas* (Regensburg, 1971); D. Fischer-Dieskau, *Wagner und Nietzsche. der Mystagoge und sein Abtrünniger* (Stuttgart, 1974; trad. fr., *Wagner et Nietzsche. L'initiateur et son apostat* (Paris, 1979); V. Kropfinger, *Wagner und Beethoven* (Regensburg, 1975); M. Guiomar, *Imaginaire et utopie, études berlioziennes et wagnériennes. I. Wagner* (Paris, 1976); T. Mann, *Souffrances et Grandeur de Richard Wagner* (Paris, 1976); T. Mann, *Wagner et notre temps* (Paris, 1977); H. Silège, *Dix Ecrits sur Richard Wagner* (Paris, s.d.); J. G. Freson, *l'Esthétique de Richard Wagner* (Paris, s.d.); J. Beladan, *le Théâtre français de Wagner* (Genève, 1981).

Wagner S. S. Wagner. *Erinnerungen* (Stuttgart, 1923); H. Rebois, *la Renaissance de Bayreuth, de Richard Wagner à son fils Siegfried* (Paris, 1933); Z. von Kraft, *Der Sohn* (Graz, 1969).

Wagner Wieland. A. Goléa, *Entretiens avec Wieland Wagner* (Paris, 1967); C. Lust, *Wieland Wagner et la survie du théâtre lyrique* (Lausanne, 1969); G. Skelton, *Wieland Wagner : the Positive Sceptic* (Londres, 1971).

Wagner Wolfgang. *Wolfgang Wagner zum 50 Geburtstag* (Bayreuth, 1965).

Walkyrie (la). M. Kufferath, *la Walkyrie* (Bruxelles, 1922); A. Cœuroy, *la Walkyrie de Richard Wagner, étude historique et critique, analyse musicale* (Paris, s.d.); A. Lefrançois, *la Walkyrie, Die Walküre, de Richard Wagner, étude thématique et analyse* (Paris, 1975); «la Walkyrie», in *l'Avant-Scène Opéra* nº 8 (1977).

Walter. B. Walter, *Von den moralischen Kräften der Musik* (Vienne, 1935); B. Walter, *Gustav Mahler* (Vienne, 1936; rééd., 1957); B. Walter, *Von der Musik und vom Musizieren* (Francfort, 1957); B. Walter, *Theme und Variationen : an Autobiography* (New York, 1946); A. Holde, *Bruno Walter* (Berlin, 1960); B. Walter, *Briefe* (Francfort, 1970).

Walther. O. Brodde, *J. G. Walther 1684-1748, Leben und Werk* (Cassel, 1937).

Weber. C. M. von Weber, *Reise-Briefe von Carl Maria von Weber an seine Gattin Carolina* (Leipzig, 1886); C. M. von Weber, *Kunstansichten*, éd. K. Laux (Leipzig, 1975); F. W. Jähns, *Carl Maria von Weber in seinen Werke* (Berlin, 1871); H. Gehrmann, *Carl Maria von Weber* (Berlin, 1899); W. Georgii, *Carl Maria von Weber als Klavierkomponist* (Leipzig, 1914); J. Kapp, *Weber* (Berlin, 1922); A. Cœuroy, *Weber* (Paris, 1925); G. Servières, *Weber* (Paris, 1925); H. Schnoor, *Weber auf dem Weltheater* (Dresde, 1942); *Carl Maria von Weber, eine Gedenksschrift*, édité par G. Hausswald (Dresde, 1951); W. Zentner, *Carl Maria von Weber, sein Leben und sein Schaffen* (Olten, 1952); A. Cœuroy, *Weber* (Paris, 1953); W. Becker, *Die deutsche Oper in Dresden unter der Leitung von Carl Maria von Weber, 1817-1826*, (Berlin, 1962); K. Laux, *Carl Maria von Weber* (Leipzig, 1966); W. Sandner, *Die Klarinette bei Carl Maria von Weber* (Wiesbaden, 1971); J. Warrack, *Carl Maria von Weber* (Londres, 1968).

Webern. A. Webern, *Weg und Gestalt* (Zurich, 1961, trad. fr. *Chemins vers la nouvelle musique*, Paris, 1970); A. Webern, *Briefen an H. Jones und J. Humplick* (Vienne, 1959; trad. fr. *Journal à une amie*, Paris, 1980).
OUVRAGES GÉNÉRAUX. R. Leibowitz, *Schoenberg et son école* (Paris, 1947); *Anton Webern* (Vienne, 1955); W. Kolneder, *Anton Webern* (Rodenkirchen-Rhin, 1961); W. Kolneder, *Anton Webern, Genesis and Metamorphosen eines Stils* (Vienne, 1974); H. Moldenhauer, *The death of Anton Webern, a drama in documents* (New York, 1961); *Anton Webern, perspectives*, éd. H. Moldenhauer (Univ. of Washington, 1966); C. Rostand, *Anton Webern, l'homme et son œuvre* (Paris, 1969); F. Döhl, *Webern* (thèse; Salzbourg, 1976); H. Moldenhauer, *Anton von Webern. A chronicle of his Life and Work* (Londres, 1978); H.-L. Matter, *Anton Webern* (Lausanne, 1981).

Weill. H. Kotschenreuter, *Kurt Weill* (Berlin, 1962); B. Brecht, *Écrits sur le théâtre* (L'Arche, 1963); D. Drew, *Kurt Weill : ausgewählte Schriften* (Francfort, 1975); D. Drew, *Über Kurt Weill* (Francfort, 1975); C. Wagner, *Weill and Brecht : das musikalische Zeitheater* (Munich, 1977); K. H. Kowalke, *Kurt Weill in Europe* (Ann Arbor, 1979); (R. Sanders, *Kurt Weill* (Munich, 1981).

Wellesz. R. Réti, « Egon Wellesz, Musician and Scholar », in *MQ* XLII (1956); R. Schollum, *Egon Wellesz* (Vienne, 1964).

Werner. H. Dopf, *Die Messenkompositionen Gregor Josef Werners* (thèse; Univ. Innsbruck, 1956); R. Moder, *Gregor Joseph Werner, ein Meister des ausgehenden musikalischen Barocks in Eisenstadt* (Eisenstadt, 1959); C. J. Warner, *A Study of Selected Works of Gregor Josef Werner* (thèse; Catholic University of America, 1965); O. Pausch, *Die Herkunft Gregor Joseph Werners* (Vienne, 1975).

Wert Giaches de. C. MacClintock, *The Five-part Madrigals of Giaches de Wert* (thèse; Indiana Univ. 1955); C. MacClintock, « Some Notes on the Secular Music of Giaches de Wert », in *MD* XIII (1956); M. Bernstein, *The Sacred Vocal Music of Giaches de Wert* (thèse; Univ. of North Carolina, 1964); C. MacClintock, *Giaches de Wert* (American Institute of Musicology, 1966).

Widor. H. Eymieu, *Études et biographies musicales* (Paris, 1892); R. Dumesnil, *Portraits de musiciens français* (Paris, 1938); J. R. Wilson, *The Organ Symphonies of Charles-Marie Widor* (thèse; Florida State Univ. 1966).

Wieniawski. J. Reiss, *Henryck Wieniawski* (Varsovie, 1931); I. Iampolsky, *Genrykh Wieniawski* (en russe; Moscou, 1955).

Wikmanson. C. G. Stellan Mörner, *Johann Wikmanson und die Brüder Silverstolpe* (thèse; Univ. Uppsala, 1952).

Willaert. E. Hertzmann, *Adrian Willaert in der weltlichen Vokalmusik seiner Zeit* (Leipzig, 1931); H. Zenck, « Über Willaerts Motetten », in *Numerus und Afectus* (Cassel, 1959); « A. Willaerts Salmi spezzati », in *MF* II (1949); H. Beck, « Adrian Willaerts Messen », in *AfM* XVII (1960); H. Beck, « Grundlagen des venezianischen Stils bei A. Willaert und C. de Rore », in *Mélanges* (Louvain, 1969).

Wolf. CORRESPONDANCE. *Hugo Wolf musikalische Kritiken*, éd. E. Batka et H. Werner (Leipzig, 1911); *Briefe an Rosa Mayreder* (Vienne, Berlin, 1921).
OUVRAGES GÉNÉRAUX. E. Decsey, *Hugo Wolf*, 4 vol. (Berlin, 1903-1906), condensé en 1 vol., *Hugo Wolf, Das Leben und das Lied* (ibid. 1919; rééd., 1921); G. Schurr, *Erinnerungen an Hugo Wolf* (Regensburg, 1922); R. Litterscheid, *Hugo Wolf* (Potsdam, 1939); F. Walker, *Hugo Wolf, a Biography* (Londres, 1951); M. Beaufils, *le Lied romantique allemand* (Paris, 1956); D. Lindner, *Hugo Wolf, Leben, Lied, Leiden* (Vienne, 1960); E. Sams, *The songs of Hugo Wolf* (Londres, 1961); R. Egger, *Die Deklamationsrythmik Hugo Wolfs in historischer Sicht* (Tutzing, 1963); C. Rostand, *Hugo Wolf* (Paris, 1967); B. Campbell, *The Solo Sacred Lieder of Wolf* (thèse; Columbia Univ., 1969); H. Seelig, *Goethe's Buch Suleika and Hugo Wolf* (thèse; Univ. of Kansas, 1970); E. Werba, *Hugo Wolf oder der zornige Romantiker* (Vienne, 1971); P.-G. Langevin, « le Vrai Visage de Hugo Wolf », in *le Siècle de Bruckner*, in *RM* 298-299 (Paris, 1975); P. Cook, *Hugo Wolf's « Der Corregidor »* (Londres, 1976).

Wyschnegradsky. N. Obouhow, *l'Harmonie totale*; I. Wyschnegradsky, « l'Ultrachromatisme et les espaces non octaviants », in *RM* 290-91 (1972); L. Gayden, *Iwan Wyschnegradsky* (Leipzig, 1973).

Wozzeck. P. J. Jouve et M. Fano, *Wozzeck d'Alban Berg* (Paris, 1953); H. Barraud, «Wozzeck», in *les Cinq Grands Opéras* (Paris, 1972); K. Vogelsang, *Dokumentation zur Oper « Wozzeck » von Alban Berg* (Regensburg, 1977); «Wozzeck», in *l'Avant-Scène Opéra* nº 36 (1981); A. Goléa, *Wozzeck* (Paris, s.d.).

Xenakis. ÉCRITS PERSONNELS. I. Xenakis, « Musiques formelles », in *Revue musicale* nᵒˢ 253-254 (Paris, 1963); *Formalized Music* (Londres, 1971); *Arts/Sciences. Alliages* (thèse; Paris, 1979).
OUVRAGES GÉNÉRAUX. A. Richard, J. Barraud, M. Philippot, «Iannis

BIBLIOGRAPHIE

Xenakis et la musique stochastique », in *RM* 257 ; C. Samuel, *Panorama de l'art musical contemporain* (Paris, 1962) ; *Iannis Xenakis, entretien avec J. Bourgeois* (Paris, 1968) ; D. Charles, *la Pensée de Xenakis* (Paris, 1968) ; « les Journées de musique contemporaine de Paris », in *RM* 265-266 (1969) ; J. Bourgeois, *Entretien avec Iannis Xenakis* (Paris, 1969) ; *Musique architecture* (Tournai 1971) ; rééd., 1976) ; « Xenakis », in Revue *l'Arc*, n° spécial, 51 (1972) ; M. Fleuret, *Iannis Xenakis* (Paris, 1972) ; O. Revaut d'Allones, *Xenakis, les polytopes* (Paris, 1975) ; M. Fleuret, *Xenakis* (Paris, 1981) ; N. Matossian, *Iannis Xenakis* (Paris, 1981).

Y

Ysaye. E. Christian, *Ysaye* (Genève, 1947) ; A. Ysaye, *Eugène Ysaye, étude biographique et documentaire illustrée sur sa vie, son œuvre, son influence* (Bruxelles, 1972).

Z

Zarlino. H. Zenck, « Zarlino's "Istitutioni Harmoniche" als Quelle zur Musikanschauung der italienischen Renaissance », in *ZfM* XII (1929-30) ; R. Flury, *Gioseffo Zarlino als Komponist* (Winterthur, 1962).

Zimmermann. H. Halbreich, « Bernd Alois Zimmermann », in *Mélanges* (Mayence, 1973) ; A. von Imhoff, *Untersuchungen zum Klavierwerk Bernd Alois Zimmermanns (1918-1970)* [Regensburg, 1976].

Zipoli. L. Ayestaran, *Domenico Zipoli : vida y obra* (Montevideo, 1962) ; Fr. C. Lange, « Der Fall Domenico Zipoli : Verlauf und Stand einer Berichtigung », *in Mélanges* (Cologne, 1973) ; S. Erickson-Bloch, *The Keyboard Music of Domenico Zipoli* (thèse ; Cornell Univ., 1979).

Index

INDEX

A

Aagaard *(Thorvald)*, Danemark.
Abailard *(P.)* → *Abélard *(P.).*
*Abbado *(Claudio), Como una ola de fuerza y luz* [L. Nono].
Abbado *(Marcello)*, Abbado *(C.).*
*Abbatini *(Antonio Maria)*, Colonna *(G. P.)*; opéra.
Abbott *(Alain)*, France (xxe s.).
*'Abd al-Qadir Ibn-Ghaibī al Hāfiẓ al Marāghī, arabe (musique) ; Iran.
*Abel *(Karl-Friedrich)*, Bach *(J.-C.)* ; concerto ; Londres ; suite.
*Abélard *(Pierre)*, planctus.
Abendroth *(Hermann)*, Cologne.
Ablesimov, opéra.
Abravanel *(Maurice), Scènes de ballet* [I. Stravinski].
Abreu *(Antonio de)*, Portugal.
*Absil *(Jean)*, Belgique ; Calonne *(J.).*
AC/DC (groupe), pop music.
Ackermann *(Otto)*, Cologne.
Ackté *(Aino)*, Finlande.
*Adam *(Adolphe Charles)*, ballet et musique ; France (1800-1914) ; *Giselle* ; opéra ; *Postillon de Longjumeau* ; *Si j'étais roi* ; Thomas *(A.).*
Adam *(Jenö)*, Hongrie.
*Adam de la Halle, ballade ; duplum ; enté ; France (des origines au xive s.) ; *Jeu de Robin et Marion (le)* ; pastorale ; rondeau.
*Adam de Saint-Victor, séquence.
Adam le Bossu → *Adam de la Halle.
Adami *(Giuseppe), Houppelande (la)* [G. Puccini] ; *Rondine (la)* [G. Puccini].
Adamis *(M.)*, Grèce.
*Addinsell *(Richard)*, cinéma et musique ; *Concerto de Varsovie.*
Addison *(John)*, cinéma et musique.
Adelgasser *(A. C.)* → *Adlgasser *(A. C.).*
Adémar de Chabannes, Grégoire (saint).
*Adler *(Guido), Choralis constantinus* [H. Isaac] ; histoire de la musique ; Prague ; Schmelzer *(J.-H.)* ; Skitta *(P.)* ; Smijers *(A.).*

Adler *(Kurt)*, San Francisco.
*Adlgasser *(Anton)*, allemand ; autrichien.
Adlung *(Jakob)*, bibliographie musicale ; clavicorde.
*Adorno *(Theodor W.)*, cinéma et musique ; Darmstadt (festival de) ; Sibelius *(J.)* ; sonate (forme) ; Steuermann *(E.).*
Adson *(John)*, Angleterre.
Afanassiev *(Alexandre), Baba-Yaga* [A. Liadov].
Afzelius *(Arvid August)*, suédois.
*Agazzari *(Agostino)*, opéra.
Ager *(Klaus)*, autrichien ; électroacoustique (musique).
Agghazy *(Károly)*, Hongrie.
Agostini *(Philippe). Dialogue des carmélites* [F. Poulenc].
Agoult *(Marie d')*, Chopin *(F.)* ; Liszt *(F.).*
Agrell *(J.)*, suédois.
Agricola *(Johann Friedrich)*, Berlin (école de) ; *Cantates de Bach.*
*Agricola *(Martin)*, allemand ; choral ; clavecin.
*Aguado y Garcia *(Dionisio)*, guitare.
*Aguiar *(Alexandre de)*, Portugal.
*Aguiari ou Agujari *(Lucrezia)*, chant.
*Aguilera de Heredia *(Sebastián)*, Espagne.
Agústsson *(Herbert Hríbercheck)*, Islande.
Ahlgren *(Gunnar)*, suédois.
Ahlbom *(Pär)*, suédois.
*Ahle *(Johann Georg)*, Ahle *(J. R.).*
Ahles *(Rosina)*, Lortzing *(A.).*
Ahlström *(Olof)*, suédois.
Ahna *(Pauline de)*, Strauss *(R.).*
Ahnsjö *(Helena)*, suédois.
Aho *(Kaleir)*, Finlande.
*Aichinger *(Gregor)*, allemand.
Ailey *(Alvin), Ariadné* [A. Jolivet].
Aitken *(Robert)*, Canada.
Ajemian *(Maro), Sonates et Interludes pour piano préparé* [J. Cage].
Akses *(Necil Kâsim)*, Turquie.
*Alabiev ou Aliabiev *(Alexandre)*, Russie.
Alain *(Albert)*, Alain *(J.).*
*Alain *(Jehan)*, France (xxe s.).
*Alain *(Marie-Claire)*, Alain *(J.).*
*Alain *(Olivier)*, Alain *(J.).*

Alarcón y Ariza *(Pedro d'), Corregidor (le)* [H. Wolf] ; Wolf *(H.).*
Alayrac *(Nicolas d')* → *Dalayrac *(Nicolas).*
Albaret (d'), *Scylla et Glaucus.*
*Albéniz *(Isaac), Alborada del gracioso* [M. Ravel] ; Espagne ; *España* ; *Iberia* ; opéra ; Portugal ; Rubinstein *(Artur)* ; Séverac *(D. de).*
Albéniz *(Pedro)*, Albéniz *(M. P.).*
Albert *(Albert Ferdinand Descombes, dit),* ballet et musique.
*Albert *(Eugen d')*, allemand ; Backhaus *(W.)* ; *Burlesque* [R. Strauss] ; opéra ; rubato ; *Tiefland.*
*Albert *(Heinrich)*, opéra ; Schering *(A.).*
Albert *(Rudolf), Oiseaux exotiques* [O. Messiaen].
*Alberti *(Domenico)*, sonate (genre).
*Albinoni *(Tomaso),* concerto ; dilettante ; Italie ; opéra ; sonate (genre) ; Venise ; violon.
*Alboni *(Marietta)*, contralto.
Albrecht *(C.), Rouslan et Ludmilla* [M. Glinka].
Albrecht *(Helga), Stimmung* [K. Stockhausen].
Albrecht von Scharfenberg, allemand ; autrichien.
*Albrechtsberger *(Johann Georg)*, autrichien ; Fux *(J. J.)* ; Sechter *(S.)* ; Stadler *(M.).*
Albrici, suédois.
Aldric *(J. Fr.)*, lutherie, luthier.
*Alembert *(Jean le Rond d')*, France (xviiie s.).
*Alessandrescu *(Alfred)*, Roumanie.
*Alessandro *(Raffaele d')*, Suisse.
Alessis *(Carlos d')*, cinéma et musique.
Alexandrov *(G.)*, Douniaevski *(I.).*
*Alfano *(Franco)*, opéra ; Respighi *(O.).*
*Alfvén *(Hugo)*, ballet et musique ; suédois.
Algarotti, opéra.
Aliénor d'Aquitaine, Richard Ier (Cœur de Lion).
'Alī 'Imām, Iraq.
'Alī Naqī Vazīrī, Iran.
Alings *(Alfred), Aus den sieben Tagen* [K. Stockhausen].
*Alkan *(Charles-Valentin)*, étude ; *Quatre âges de la vie.*

*Allard *(Maurice)*, Conservatoire de Paris.
Allen *(David)*, pop music ; Riley *(T.).*
Allen *(Maud)*, Debussy *(C.)* ; *Khamma* [C. Debussy].
Allen *(Woody)*, Gershwin *(G.).*
*Allende *(Humberto)*, Chili.
Allgén *(K. T.)*, Lundi (groupe du).
Allouis *(Jean-François)*, Groupe de recherches musicales.
Allwright *(Graeme)*, chanson populaire ; folksong-2.
Almaz, Égypte.
*Almeida *(Francisco de)*, opéra ; Portugal.
Almeida Prado *(José Antonio)*, Brésil.
*Almuro *(André)*, électroacoustique (musique) ; France (xxe s.).
Alnar *(Ferid)*, Turquie.
Alomia Robles *(Daniel)*, Pérou.
*Alpaerto *(Flor)*, Belgique.
Alpert *(Lorenzo)*, Savall *(J.).*
*Alphonse X le Sage *(Alfonso X el Sabio)*, Anglés (Mgr H.) ; Aragon et Sicile, *Cantigas de Santa María (Las)* ; Espagne ; Portugal ; sources.
*Alsina *(Carlos-Roque)*, Donaueschingen (festival de).
Altenberg *(Peter), Altenberglieder* [A. Berg].
Alterati, Rinuccini *(O.).*
*Altnikol *(Johann Christoph)*, Bach *(J. C.).*
*Alva *(Luigi)*, Aix-en-Provence (festival d').
Alvaro *(d')*, Portugal.
Alves *(Miguel)*, Carneyro *(C.).*
Alwyn *(William)*, Angleterre.
Alypius, Grèce.
Alzedo *(José Bernardo)*, Pérou.
Amacher, électroacoustique (musique).
Amade *(Louis)*, chanson populaire.
Amann *(Gerold)*, autrichien.
Amati (les), Italie ; lutherie, luthier ; Stradivari *(A.).*
Amati *(Andrea)*, Crémone ; violon.
Amati *(Niccolo)*, Rose *(L.)* ; violon.
Amato, Campo y Zabaleta *(C. del).*
*Ambroise *(saint),* alleluia ; ambrosien (chant).
Ambros, histoire de la musique.

INDEX

Ambrosian Singers, Angleterre.
Ambrosini (*Claudio*), Italie.
Amenda, Beethoven (*L. van*).
Amicis (*Anna de*), chant.
*****Amiot** (*Jean Joseph Marie*), ethnomusicologie.
Amoric (*Michel*), France (XXe s.).
Amoyal, Conservatoire de Paris.
*****Amy** (*Gilbert*), aléa, musique aléatoire ; Boulez (*P.*) ; *Cette étoile enseigne à s'incliner* ; *Chant* ; *Cycle* ; *Diaphonies* ; Domaine musical ; Donaueschingen (festival de) ; *D'un espace déployé...* ; France (XXe s.) ; *Récitatif, Air et Variation* ; *Sonata pian'e forte* ; sonate (genre) ; *Strophe* ; *Trajectoires* ; *Une saison en enfer*.
Ancelin (*P.*), France (XXe s.).
Ancelot, *Roi malgré lui (le)* [E. Chabrier].
*****Ančerl** (*Karel*), Prague.
*****Anchieta** (*Juan de*), Espagne.
Ancillon, castrat.
Ancona (*Solange*), France (XXe s.).
Anderberg (*Carl Olof*) ; suédois.
Anders (*Gunther*), *Canti di Vita e d'Amore*, [L. Nono].
Anders (*Henrik*), Amsterdam.
Andersen (*Hans Christian*), *Baiser de la fée (Le)* [I. Stravinski] ; *Rossignol (Le)* [I. Stravinski].
Andersson (*Otto*), Finlande.
*****André** [éditeurs et compositeurs], édition musicale ; opéra.
André (*Franz*), *Roi des étoiles (Le)* [I. Stravinski].
André de Crète, byzantin (chant).
Andreescu-Skeletti (*M.*), Roumanie.
*****Andrien** (*François*), chanson ; déploration ; France (des origines au XIVe s.).
Andrien (*M.*), Stroe (*A.*)
*****Andrieu** (*Jean-François d'*), Clerambault (*L. N.*).
*****Anet** (*Jean-Baptiste*), Rome.
Anfossi (*G.*), Togni (*C.*).
*****Anfossi** (*Pasquale*), opéra.
Angeles (*Victoria de los*), Espagne.
*****Angeres** (*Paul*), autrichien.
Angiolini (*Giovanni Maria Gasparo*), ballet et musique ; *Don Juan ou le Festin de pierre* [Ch. W. Gluck].
*****Anglebert** (*Jean Henri d'*), Champion de Chambonnières (*J.*) ; clavecin ; courante ; folía ; France (XVIIe s.).

Roberday (*F.*) ; Saint-Lambert (*M*) ; tombeau.
*****Anglès** (*Mgr Higinio*), Alphonse X le Sage ; Cabanilles (*J.B.*) ; Cabezón (*A. de*) ; cancionero.
*****Anhalt** (*Istvan*), Canada.
Anjos Leo de Beja (*Manuel*), clavecin.
Annegarn (*Dick*), chanson populaire.
Ann-Halprin, Riley (*T.*).
Annunciaçao (*Felipe de*), Portugal.
Anosov (*Nicolas*), Rojdestvenski (*G.*).
Anouilh (*Jean*), Damase (*J. M.*) ; Dutilleux (*H.*) ; *Loup (le)* [H. Dutilleux].
Ansaloni (*Paolo*), ethnomusicologie.
Ansault (*Marie Anne*), Couperin (*F.*).
*****Ansermet** (*Ernest*), Bechet (*S.*) ; chef d'orchestre ; *Histoire du soldat (l')* [I. Stravinski] ; *Horace victorieux* [A. Honegger] ; *Rugby* [A. Honegger] ; *Six Épigraphes Antiques* [C. Debussy] ; suisse (musique) ; *Viol de Lucrèce (le)* [B. Britten].
*****Antes** (*John*), Etats-Unis.
*****Antheil** (*George*), Brant (*H. D.*) ; Etats-Unis.
Antier (*Marie*), chant.
Antill (*John*), Australie.
Antiquis de Montona (*Andrea*), édition musicale.
*****Antunes** (*Jorge*), électroacoustique (musique).
Antunes (*Joze*), clavecin.
Apel (*Dagmar*), *Stimmung* [K. Stockhausen].
*****Aperghis** (*Georges*), Avignon (festival d') ; Ensemble intercontemporain ; France (XXe s.) ; Grèce.
Apollinaire (*Guillaume*), *Bestiaire* [F. Poulenc] ; Chostakovitch (*D.*) ; *Mamelles de Tirésias (les)* [F. Poulenc].
*****Apostel** (*Hans Erich*), allemand ; autrichien.
*****Appia** (*Adolphe*), Bayreuth.
*****Appleton** (*Jon*), électroacoustique (musique).
Apponyi (comte), *Cavalier (le)* [J. Haydn].
Aprile (*Giuseppe*), castrat.
Aquitaine (*Guillaume d'*) → *Guillaume d'Aquitaine*.
Aracil (*Alfredo*), Espagne.
Araja (*Francesco*), opéra ; Russie ; Saint-Pétersbourg.
Arangi-Lombardi (*Giannina*), bel canto.
Arauxo (*Francisco*), → *Correa de Arauxo*.
*****Arbeau** (*Thoinot*) basse danse ; chorégraphie ; danse ; France (XVIe s.).

Arbos (*Enrique*), Espagne.
Arbrithnot, Esther [G. F. Haendel].
*****Arcadelt** ou **Arcadet** (*Jacques*), *Ave Maria* ; Chardavoine (*J.*) ; France (XVIe s.) ; Verdelot (*P. D.*).
Arcas (*Julian*), guitare.
Archadelt (*Jacques*) → *Arcadelt.
*****Archilei** (*Vittoria*), chant.
Archiloque de Paros, dithyrambe.
Ardevol (*José*), Cuba.
Arel (*Bulent*), électroacoustique (musique) ; Turquie.
Arel (*Huseyin Sadeddin*), Turquie.
Arena (*Antonio d'*), danse.
Arensky (*Alexandre*), opéra ; Russie ; Scriabine (*A.*)
Argentina (la), *Amour sorcier (l')* [M. de Falla].
*****Argerich** (*Marta*), Chopin (*F.*).
Arion, dithyrambe.
Arioste (l'), *Alcina* [G. F. Haendel] ; *Ariodante* [G. F. Haendel].
Aristophane, aulos ; *Guêpes (les)* [R. Vaughan Williams].
*****Aristote,** Aristoxène de Tarente ; ethos.
*****Aristoxène de Tarente,** Grèce.
Arizaga (*Rodolfo*), Argentine (république).
*****Armstrong** (*Louis*), blues ; dixieland ; Oliver (*J.*) ; Smith (*Bessie*).
*****Arnault de Zwolle** (*Henri*), clavecin ; clavicorde.
*****Arne** (*Michael*), opéra.
*****Arne** (*Thomas Augustine*), Angleterre ; *Artaxercès* ; catch ; clavecin ; opéra.
Arnim (*Achim von*), *Cor merveilleux de l'enfant (le)*.
Arno, autrichien.
Arnold (*György*), Hongrie.
*****Arnold** (*Malcolm*), Angleterre.
Arnold (*Robert Franz*), *Gurre-Lieder* [A. Schönberg].
Arnold (*Samuel*), opéra.
*****Arnold de Lantins,** ballata.
Arosa (*Achille*), Debussy (*C.*).
Arrburg (*U.*) Blondel de Nesles.
Arresti, Cazzati (*M.*).
*****Arriagada** (*Jorge*), Chili ; électroacoustique (musique).
*****Arriaga y Balzola** (*Juan Crisóstomo de*), *Esclavos felices (los)* ; Espagne ; opéra.
*****Arrieta** (*Emilio*), opéra.
*****Arrieu** (*Claude*), France (XXe s.) ; opéra.
Arrighi (*cleto*), vérisme.
*****Arrigo** (*Girolamo*) Avignon (festival d') ; Italie.

Arroio (*Joao*), Portugal.
Arseneault (*Raynald*), Canada.
Ars nova (ensemble) France (XXe s.).
*****Artaria** [maison d'édition], édition musicale ; *Roi Étienne (le)* [A. von Kotzebue] ; Russes (Quatuors) [F. J. Haydn] ; *Sept dernières paroles du christ en croix (les)* [F. J. Haydn].
Artaud (*Pierre-Yves*), *Cassandra's Dream Song* ; France (XXe s.) ; *Gradiva* [P. Méfano].
Artemyev (*Eduard*), cinéma et musique ; électroacoustique (musique).
Arthuys, concrète (musique).
Artiomov (*Viatseslav Petrovitch*), Russie.
*****Artusi** (*Giovanni Maria*), Galilei (*V.*).
Arwidson (*Adolf Ivan*), suédois.
Asch (*Moses*), folksong.
Asenjo (*Francisco*), opéra.
*****Ashkenazy** (*Vladimir*), Chopin (*F.*).
Ashley (*Robert*), États-Unis ; live electronic music.
Ash Ra Tempel, pop music.
Asmahân, Égypte.
Aspelmayer (*Franz*), autrichien.
*****Assafiev** (*Boris*), Leningrad.
Astaire (*Fred*), comédie musicale.
*****Asuar** (*Vincente*), électroacoustique (musique).
Atanassov (*Georgi*), Bulgarie.
Atanassov (*Nikola*), Bulgarie.
Atelier de Musique de Varsovie, Pologne.
Atherton (*David*), Londres.
Atrach (*Farîd al-*), Égypte.
*****Attaingnant** ou **Attaignant** (*Pierre*), Bataille de Marignan (la) ; chanson ; chanson au luth ; Clemens non Papa ; édition musicale ; France (XVIe s.) ; gaillarde ; Paris ; Renaissance ; romanesca ; Sandrin (*P.*).
*****Atterberg** (*Kurt*), suédois.
Atticus, édition musicale.
*****Auber** (*Daniel François Esprit*), Cavos (*C.*) ; Conservatoire de Paris ; *Fra Diavolo* ; France (1800-1914) ; *Muette de Portici (la)* ; opéra ; Sax.
Auberlen, Silcher (*P.F.*).
Aubert (*Jacques*), France (XVIIIe s.) ; opéra.
*****Aubert** (*Louis*), opéra.
*****Aubin** (*Tony*), Alain (O.) ; Boutry (*R.*) ; Castérède (*J.*) ; Charpentier (*J.*) ; France (XXe s.).
*****Aubry** (*Pierre*), *Cinq Mélodies populaires*

INDEX

grecques [Ravel].
Auclair, Conservatoire de Paris.
*****Audran** *(Edmond)*, *Mascotte (la)*: opérette.
Audran *(Marius)*, Audran *(E.)*
Auer *(Leopold)*, Hongrie; Saint-Pétersbourg.
*****Augustin** *(saint)*, rythme.
Auletta *(P.)*, opéra.
Aulin *(Tor)*, suédois.
Aureli *(Aurelio)*, *Erismena* [P.F. Cavalli]; opéra.
*****Auric** *(Georges)*, accordéon; ballet et musique; cinéma et musique; Cocteau *(J.)*; Durey *(L.)*; *Fâcheux (les)*; France (XXe s.); groupe des Six; *Phèdre*; sonate (genre).
Aurigny *(G. d')*, Chardavoine *(J.)*.
Auvergne *(Antoine d')* → *****Dauvergne**.
*****Auzon** *(Bruno d')*, électroacoustique (musique); France (XXe s.).
Avalos *(Maria d')*, Gesualdo *(Don. C.)*.
Aveline *(Albert)*, Rouché *(J.)*.
Averdonk *(Severin Anton)*, *Cantate sur la mort de l'empereur Joseph II* [L. van Beethoven].
*****Avicenne** *(Ibn Sīnā, dit)*, 'Abbāsside; Iran.
Avni *(Jacob)*, Israël.
Avni *(Zvi)*, hébraïque (musique).
Awad *(Mansûr)*, Égypte.
Ayyar *(Pattanam Subrahmanya)*, Inde.
Ayyar *(Vaidyanatha)*, Inde.
Aznavour *(Charles)*, chanson populaire.
Azoulay, ethnomusicologie.
Azzaiolo *(Filippo)*, bergamasque.

B

Baba *(Tat)*, Shankar *(R.)*.
Babadjanian *(Arno)*, Russie.
*****Babbitt** *(Milton)*, électroacoustique (musique); sérielle (musique); Sessions *(R.)*.
*****Bacarisse** *(Salvador)*, Espagne.
*****Baccaloni** *(Salvatore)*, basse (voix).
Bacchius l'Ancien, Grèce.
Bacchylide, dithyrambe.
*****Bacewicz** *(Grażyna)*, Pologne.
Bach *(Anna Magdalena)*, Bach *(J. C.)*; Bach *(J. S.)*; *Suites Françaises* [J. S. Bach].
*****Bach** *(Carl Philipp Emanuel)*, *Adieu, l'Absence et le Retour (l')* [L. van Beethoven]; allemand; *Art de la fugue* [J.-S. Bach]; Berlin (école de); Cantates de Bach; catalogue thématique; clavecin; clavicorde; concerto; Empfindsamkeit; fantaisie; Hambourg; interprétation; *Prussiennes (sonates)*; rondeau; rubato; Rust; sonate (genre); *Sonates avec reprises variées*; *Sonates Wurtembergeoises*.
*****Bach** *(Christoph)*, Bach *(G. Ch.)*.
*****Bach** *(Heinrich)*, Bach *(J. C.)*.
*****Bach** *(Johann-Christian)*, Abel *(K. F.)*; allemand; *Amadis de Gaule*; catalogue thématique; clavecin; concerto; galant (style); Londres; opéra; sonate (genre).
*****Bach** *(Johann Christoph Friedrich)*, allemand; concerto; oratorio.
Bach *(Johannes)*, Bach *(H.)*; Bach *(J. C.)*.
Bach *(Johann-Jakob)*, *Capriccio sulla lontananza del suo fratello dilettissimo* [J.-S. Bach].
*****Bach** *(Johann Ludwig)*, Cantates de Bach.
*****Bach** *(Johann Michael)*, Bach *(J.-S.)*.
*****Bach** *(Johann Sebastian)*, Abel *(K. F.)*; acoustique; *Actus tragicus*; adagio; Alain *(M.-C.)*; Alain *(O.)*; *A la mémoire d'un ange* [A. Berg]; Albinoni *(Tomaso)*; allemand; allemande [danse]; Altnikol *(J. C.)*; alto [Instr. à cordes]; anacrouse; aria; arioso; *Art de la fugue*; augmentation; *Ave Maria*; Bach *(W. F.)*; *Bachianas Brasileiras* [H. Villa-Lobos]; badinerie; ballet et musique; Berlin (histoire de la vie musicale à); Böhm *(G.)*; bourrée; Busoni *(F. B.)*; Buxtehude *(D.)*; *Cantate des paysans*; *Cantate du café*; *Cantate du mariage*; cantor; cantus firmus; canzona; *Capriccio sulla lontananza del suo fratello dilettissimo*; catalogue thématique; chef d'orchestre; Chopin *(F.)*; choral; chorals de Bach; Choron *(A. E.)*; cinéma et musique; clavecin; clavicorde; *Clavier bien tempéré (le)*; *Clavierbüchlein*; *Clavier-Übung*; Cocteau *(J.)*; collegium musicum; concerto; concerto grosso; *Concerto italien*; *Concerts brandebourgeois*; courante; danse; *Dispute entre Phoebus et Pan (la)*; double concerto; Dupré *(M.)*; Durr *(A.)*; *Éole apaisé*; fantaisie; *Fantaisie chromatique et fugue*; Forkel *(J. N.)*; Geiringer *(K.)*; Grigny *(N. de)*; *Hercule à la croisée des chemins*; invention; Krebs *(J. L.)*; Leipzig; *Magnificat*; Marchand *(L.)*; *Messe en si*; *Offrande musicale (l')*; opéra ou oratorio; *Oratorio de l'Ascension*; *Oratorio de Noël*; *Oratorio de Pâques*; *Orgelbüchlein*; partita; passacaille; *Passacaille et fugue en ut mineur*; passion; *Passion selon Saint Jean*; *Passion selon Saint Luc*; *Passion selon Saint Matthieu*; prélude; ricercare; Rilling *(H.)*; Rogg *(L.)*; Sammartini; sanctus; sarabande; Scheibe *(J. A.)*; scherzo; sérénade; Serkin *(R.)*; sicilienne; Silbermann; sinfonia; sonate (forme); sonate (genre); Spitta *(P.)*; suite; *Suites anglaises*; *Suites françaises*; Sweelinck *(J. P.)*; symphonie; toccata; variation; *Variations canoniques*; *Variations Goldberg*; violon.
Bach *(Maria Barbara)*, Bach *(C. Ph. E.)*; Bach *(J. S.)*; Bach *(W. F.)*.
*****Bach** *(Wilhelm Friedemann)*, allemand; catalogue thématique; cinéma et musique; clavecin; clavicorde; concerto; fantaisie; Rust; sonate (genre).
Bacharach *(Burt)*, cinéma et musique.
Bachelard *(Gaston)*, *Capture éphémère* [B. Parmeggiani].
*****Bachir** *(Jamil)*, 'Abbāsside; arabe (musique); Chukur *(S.)*; Iraq; Turquie.
*****Bachir** *(Munîr)*, 'Abbāsside; arabe (musique); Turquie.
Bachkirov, Conservatoire de Paris.
Bachmann *(Ingeborg)*, *Jeune Lord (le)* [H. W. Henze].
*****Bacilly** *(Benigne de)*, air sérieux; France (XVIIe s.).
Bäck *(Sven Erick)*, suédois.
Backer-Grøndahl, Sinding *(C.)*.
Backers *(Americus)*, Broadwood Sons.
*****Bacquier** *(Gabriel)*, Aix-en-Provence (festival d').
Baculard d'Arnaud, *Favorite (la)* [G. Donizetti].
Badajoz, cancionero.
Badini *(Carlo Francesco)*, *Orfeo ed Euridice* [F. J. Haydn].
Badoaro *(Giacomo)*, *Retour d'Ulysse dans sa patrie (le)* [Cl. Monteverdi].
Badura-Skoda *(Eva)*, concerto.
*****Badura-Skoda** *(Paul)*, concerto; Conservatoire de Paris.
Baekkelund *(K.)*, Lundi (groupe du).
Baena, cancionero.
Baervoets *(Raymond)*, Belgique.
Baez *(Joan)*, folksong.
Bağdâdi *(Mounis el-)*, Tunisie.
Bagès *(M.)*, *Bonne chanson (la)* [G. Fauré].
Baggiani *(Carlo)*, Italie.
Bahr-Mildenburg *(Anna)*, chant.
*****Baïf** *(Jean Antoine de)*, académie; chanson; Chardavoine *(J.)*; Costeley *(G.)*; France (XVIe s.); *Renaissance*; Ronsard *(P. de)*; Thibaut de Courville *(J.)*.
*****Baillot** *(Pierre)*, Arriaga y Balzola *(J. Cr. de)*; violon.
Bailly *(M.)*, *Heure espagnole (l')* [M. Ravel].
Baimschein *(Franz)*, autrichien.
Baird *(Taddeusz)*, opéra; Pologne.
Bakassanian, Boutzko *(I.)*.
Baker *(Chet)*, Riley *(T.)*.
Baker *(Edmund)*, Burney *(C.)*.
Baker *(Joséphine)*, chanson populaire.
*****Bakfark** *(Valentin)*, Hongrie.
Bakst *(Léon)*, *Daphnis et Chloé* [M. Ravel]; Diaghilev *(S. P. de)*.
*****Balakirev** *(Mili Alexeïevitch)*, Borodine *(A. P.)*; Calvocoressi *(M. D.)*; Glazounov *(A.)*; groupe des Cinq; *Islamey* [S. Liapounov]; Rimski-Korsakov *(N. A.)*; *Roméo et Juliette* [P. I. Tchaïkovski]; Russie; Saint-Pétersbourg; Shakespeare *(W.)*; Stassov *(V.)*; *Stenka Razine* [A. Glazounov]; *Thamar*.
Balanchine *(George)*, *Agon* [I. Stravinski]; *Apollon musagète* [I. Stravinski]; ballet et musique; chorégraphie; *Danses concertantes* [I. Stravinski]; *Fils prodigue (le)* [S. Prokofiev]; *Orphée*

INDEX

[I. Stravinski]; *Sept péchés capitaux des petits-bourgeois (les)* [K. Weill]; Stravinski *(I.).*
Balassi *(Balint),* Hongrie.
Balatsch *(Norbert),* Bayreuth.
Balázs *(Béla),* Bartók *(B.); Château de Barbe-Bleue (le)* [B. Bartók].
*****Balfe** *(Michael William),* Irlande.
Balfour *(Henry),* ethnomusicologie.
Balla, Russolo *(L.).*
*****Ballard** [éditeurs et imprimeurs], Agincourt *(François d'*); air sérieux ; Cadeac *(P.);* édition musicale ; Le Roy *(A.).*
*****Ballif** *(Claude),* Conservatoire de Paris ; France (XXe s.) ; Reverdy *(M.).*
Balling *(Michael),* Bayreuth.
Balmont *(K.), Roi des étoiles (le)* [I. Stravinski].
Balocchi *(Luigi), Siège de Corinthe (le)* [G. Rossini].
Balthus, Aix-en-Provence (festival d').
Bambini *(Eustacchio),* opéra ; *Servante Maîtresse (la)* [J. B. Pergolèse].
Bambo *(Pietro),* madrigal.
*****Banchieri** *(Adriano),* concerto ; Italie ; opéra ; romanesca ; Sgrizzi *(L.);* sonate (genre) ; symphonie.
*****Bancquart** *(Alain),* Collectif de recherche instrumentale et de synthèse sonore (C.R.I.S.S.) ; Ensemble intercontemporain ; France (XXe s.).
Banks *(B.),* lutherie, luthier.
*****Banks** *(Don),* Australie ; Seiber *(M.).*
*****Banti** *(Brigida),* bel canto ; *Berenice che fai ?* [J. Haydn] ; chant.
Baran *(Ilhan),* Turquie.
*****Barbaïan** *(Marguerite), Cinq Mélodies populaires grecques* [M. Ravel].
Barbara, chanson populaire.
*****Barbaud** *(Pierre),* aléa, musique aléatoire ; algorithmique (musique) ; expérimentale (musique) ; France (XXe s.) ; ordinateur.
Barbé *(Antoine),* Rore *(C. de).*
*****Barbeau** *(Marius),* Canada ; Somers *(H.).*
*****Barber** *(Samuel),* États-Unis ; opéra ; symphonie.
Barbereau, Thomas *(A.).*
Barbier *(Auguste), Benvenuto Cellini* [H. Berlioz].
Barbier *(Jules), Contes d'Hoffmann (les)* [J. Offenbach] ; *Faust* [Ch. Gounod] ; *Hamlet* [A. Thomas] ; *Roméo et Juliette* [Ch. Gounod] ;

Sylvia ou la Nymphe de Diane [L. Delibes].
Barbier *(Pierre), Contes d'Hoffmann (les)* [J. Offenbach].
*****Barbieri** *(Francisco-Asenjo),* cancionero ; Espagne.
*****Barbireau** *(Jacques ou Jacobus),* Belgique.
*****Barbirolli** *(sir John),* Angleterre ; *Sinfonia Antartica* [R. Vaughan Williams].
*****Barblan** *(Otto),* suisse (musique).
*****Barboteu** *(Georges),* Conservatoire de Paris.
Barbut *(Marc),* Centre d'études de mathématiques et automatique musicales (Cémamu).
Barce *(Ramón),* Espagne.
Bardac *(Emma),* Debussy *(C.).*
Bardac *(Hélène), Dolly* [G. Fauré].
Bardac *(Mme Sigismond), Bonne Chanson (la)* [G. Fauré] ; *Schéhérazade* [M. Ravel].
Bardari *(Giuseppe), Marie Stuart* [G. Donizetti].
*****Bardi** *(comte Giovanni de'),* académie ; Caccini *(G.);* Camerata fiorentina ; opéra ; Rinuccini *(O.).*
Bardos *(Lajos),* Hongrie.
Barentzen *(Aline van), Famille du bébé (la)* [H. Villa-Lobos].
Bark *(Jan),* suédois.
Barley *(W.),* Rosseter *(P.).*
Barolsky *(Michael),* hébraïque (musique).
*****Baroni** *(Leonora),* France (XVIIe s.).
*****Barraqué** *(Jean), ...au-delà du hasard ; Chant après chant ;* concrète (musique) ; *Étude ;* France (XXe s.) ; sérielle (musique) ; *Sonate pour piano.*
*****Barraud** *(Henry),* France (XXe s.) ; *Mystère des saints Innocents ;* symphonie.
Barrault *(Jean-Louis),* Domaine musical ; Edimbourg.
Barre *(Pierre de la),* France (XVIIe s.).
Barreau *(Gisèle),* France (XXe s.).
Barrère *(G.), Density 21.5* [E. Varèse].
Barrientos *(Maria),* chant ; Espagne.
*****Barrière** *(Françoise),* électroacoustique (musique) ; France (XXe s.) ; Groupe de musique expérimentale de Bourges.
Barroilhet *(Paul),* baryton.
*****Bartalus** *(István),* Hongrie.
Bartay *(András),* Hongrie.
Barth *(Heinrich),* Rubinstein *(A.).*

Bartha *(D.),* Somfai *(L.).*
Barthes *(Roland),* chant.
*****Bartholomée** *(Pierre),* Belgique.
*****Bartók** *(Béla), Allegro barbaro ;* alto [Instr. à cordes] ; *Cantate profane ;* catalogue thématique ; chambre (musique de) ; *Château de Barbe-Bleue (le) ;* cinéma et musique ; concerto ; concerto grosso ; *Concerto pour orchestre ; Contrastes ; Deux Images ; Divertimento pour cordes ; En plein air ;* enregistrement ; *Études opus 18 pour piano ;* folklore ; Goodman *(B.) ;* Hongrie ; Kodály *(Z.) ; Kossuth ; Mandarin merveilleux (le) ; Mikrokosmos ; Musique pour cordes percussion et celesta ;* opéra ; orchestration ; *Prince de bois (le) ;* quatuor à cordes ; rhapsodie ; Rosbaud *(H.) ;* Seefried *(I.) ;* Sibelius *(J.) ;* sonate (genre) ; *Sonate pour deux pianos et percussion ;* suite ; *Suite de Danses ;* verbunkos ; Veress *(S.).*
Bartók *(Ditta), Sonate pour deux pianos et percussion* [B. Bartók].
Bartoletti *(Bruno),* Chicago.
*****Bartolino da Padova,* ballata.
Bartolotti *(A.),* suite.
Barton *(Andrew),* opéra.
Basarab *(M.),* Roumanie.
Basevi *(Abramo),* Florence.
Bashmakov *(Leonid),* Finlande.
*****Basie** *(William Bill,* dit *Count),* blues.
Basile le Grand *(saint),* byzantin (chant).
*****Bassani** *(Giovanni Battista),* Bologne (école de) ; cantate ; sonate (genre).
Bastardella (la), ou *La Bastardina* → Aguiari *(Lucrezia).*
*****Bastian** *(René),* France (XXe s.) ; live electronic music.
Bastianelli *(Gioannetto),* Florence.
*****Bataille** *(Gabriel),* air de cour ; Cerveau *(P.).*
*****Bateson** *(Thomas),* Irlande ; madrigal.
*****Bathori** *(Jane), Chansons madécasses* [M. Ravel] ; groupe des Six ; *Histoires naturelles* [M. Ravel].
Batigne *(Jean), Schlagtrio* [K. Stockhausen].
Batizi *(András),* Hongrie.
Battier *(Marc),* France (XXe s.).
*****Battistini** *(Mattia),* baryton ; bel canto ; Ruffo *(T.).*
Battoni *(Sigismond),* Diruta *(G.).*

Baubet-Gony *(Pierre),* France (XXe s.).
*****Baudelaire** *(Charles),* critique musicale ; Duparc *(H.); Invitation au voyage* [H. Duparc].
*****Baudo** *(Serge), Et expecto resurrectionem mortuorum* [O. Messiaen].
Baudoin *(M.), Chansons madécasses* [M. Ravel].
*****Baudrier** *(Yves),* France (XXe s.) ; Jeune-France (groupe de la).
Bauermeister *(Mary), Sternklang* [K. Stockhausen] ; Stockhausen *(K.).*
Bauernfeld *(Eduard von),* Schubert *(F.).*
Baumgartner *(Paul),* Brendel *(A.).*
Baumgartner *(Rudolf),* Lucerne ; Schneiderhan *(W.).*
Bautista *(Julian),* Espagne.
Bavykine *(Nikolaï),* kant.
*****Bax** *(Arnold),* Angleterre.
Bayard *(F.), Fille du régiment (la)* [G. Donizetti].
Bayer *(Joseph),* autrichien.
*****Bayle** *(François),* acousmatique ; concrète (musique) ; électroacoustique (musique) ; *Espaces inhabitables ; Expérience acoustique* (l') ; expérimentale (musique) ; *Grande Polyphonie ;* Groupe de recherches musicales ; *Jeita* ou *Murmure des Eaux ;* Schaeffer *(P.).*
Bazaire *(Paul),* Rivier *(J.).*
*****Bazin** *(François),* opéra.
Bazzini *(Antonio),* Catalini *(Alfr.).*
B. B. K. (groupe), Barbaud *(P.).*
Beard, *Belshazzar* [G. F. Haendel] ; *Samson* [G. F. Haendel].
Béart *(Guy),* chanson populaire.
Beatles (les), chanson populaire ; pop music ; Shankar *(R.).*
Beauchamp, ballet et musique.
*****Beaufils** *(Marcel),* Conservatoire de Paris ; Roland-Manuel (R. A. M. L.), dit).
*****Beaujoyeulx** *(Baltasar de),* France (XVIIe s.).
*****Beaumarchais** *(Pierre Augustin Caron de), Barbier de Séville (le)* [G. Paisiello] ; *Barbier de Séville (le)* [G. Rossini] ; drame ; droit d'auteur (en France) ; opéra ; Salieri *(A.).*
Beaumavielle, chant.
Bécaud *(Gilbert),* chanson populaire ; opéra.
Beccari *(Agostino),* pastorale.
*****Bechstein** *(Friedrich),* piano.

*Beck (Conrad), suisse (musique).
*Beck (Franz), allemand.
Beck (J.), suite.
Becker (Alfred), Sibelius (J.).
Becker (D.), suite.
Becker (Günther), allemand.
Becker (K. F.), bibliographie musicale.
Becker (M. F.), bibliographie musicale.
Beckford (Peter), Clementi (M.).
Becking (G.) Prague.
*Bedford (David), Angleterre.
Bédier (Joseph), Colin Muset.
*Bedos de Celles (Dom François), orgue.
*Bedyngham (John), Angleterre.
*Beecham (sir Thomas), A Mass of Life [F. Delius]; Angleterre; Delius (F.); Londres; Sibelius (J.); stéréophonie; Tortelier (P.).
*Beecroft (Norma), Canada.
Beefheart (Christian dit Captain), pop music.
Beer (Joseph), clarinette.
*Beethoven (Ludwig van), Adélaïde; Adieu (l') [J. L. Dussek]; Adieu, l'Absence et le Retour (l'); Adler (G.); Ah! perfido; A la bien-aimée lointaine; allemand; alphorn; Appassionata; Archiduc (l'); attaca; attraction; autrichien; bagatelle; ballet et musique; basson; bataille; Bataille de Vittoria (la); Bridgetower (G. P.); Bülow (H. G. von); Cantate sur la mort de l'empereur Joseph II; Carpani (G.); catalogue thématique; cavatine; chambre (musique de); chef d'orchestre; Christ au mont des Oliviers (le); cinéma et musique; Clair de lune (v. Quasi una fantasia); classicisme; Cologne; concerto; Consécration de la maison (la); Conservatoire (société des concerts du); contrebasse; Coriolan; Cramer (J. B.); Créatures de Prométhée (les); cyclique (forme); Czerny (K.); Diabelli (A.); Egmont; Empereur (l'); Erdödy; Eroica (v. Heroïque et Variations Eroica); fantaisie; fantômes; Fidelio; Fux (J. J.); Glorieux moment (le); Goethe (J. W.); Grande Fugue; Hammerklavier; Harpes (les); Haydn (F. J.); Héroïque; Hess (W.); Hiller (F. von); Iena (v. F. Witt); Jour de fête

(ouverture pour un);
Kinsky (G.);
Kreutzer (R.);
Kuhlau (D. F.);
Malinconia (la); marche funèbre; Mer calme et heureux voyage; Missa solemnis; opéra;
Pastorale (sonate piano);
Pastorale (symphonie);
Pathétique; percussion dans la musique occidentale; Pour Élise;
Printemps (le); quasi una fantasia; quatuor à cordes; Razumovski;
Richter (H.); Ries; Roi Étienne (le) [A. von Kotzebue]; romance; romantisme; Romberg; rondeau; Ruines d'Athènes (les);
Salieri (A.); sanctus; sarabande; scène (musique de); Schenk (J. B.); scherzo;
Schindler (A. F.); sérénade; Sérov (A.); sonate (forme); Sonate à Kreutzer (v. R. Kreutzer); sonatine; Stich (J. W.); suite;
Swieten (G. Van); symphonie; Symphonie avec chœurs; Toscanini (A.); variation; Variations Diabelli; Variations Eroica.
Beghitchev (V. P.), Lac des cygnes (le) [P. I. Tchaïkovski].
Behaim (Michael), allemand.
Behr (Thérèse), Schnabel (A.).
Behrman (David), live electronic music.
Beinum (Eduard Van)
→ *Van Beinum.
Béjart (Maurice), ballet et musique; Boléro [M. Ravel]; concrète (musique); Ohana (M.).
*Belaiev (Mitrofan Petrovitch), Glazounov (A.); Liadov (A. K.); Rimski-Korsakov (N. A.); Saint-Pétersbourg; Scriabine (A. N.).
Belasco (David), Fille du Far West (la) [G. Puccini]; Madame Butterfly [G. Puccini].
*Bellaigue (Camille), critique musicale.
Bellamain (Henry), Ives (Ch.-E.).
Bellay (Joachim du), Chardavoine (J.); Ronsard (P. de).
Belleau (Rémy), Chardavoine (J.); Costeley (G.).
Belli, organiste.
Bellincioni (Gemma), chant.
*Bellini (Vincenzo), bel canto; cabaletta; Capuleti e i Montecchi (I); Italie; Norma; opéra; Pirata (il); Puritains (les); Ricordi; Rubini (G.);

Shakespeare (W.);
Somnambule (la);
Verdi (G.).
Bellman (C. M.), suédois.
Bellot (Pierre), clavecin.
Bence (Pascal), Danemark.
*Benda (Frantisek ou Franz), Berlin (école de); Rust.
*Benda (Georg Anton ou Jiri Antonin), allemand; opéra; singspiel.
Benedict (Julius), opéra.
Benelli (Alemanno), Bottrigari (E.).
*Benet (John), Angleterre.
*Benevoli (Orazio), autrichien.
Bengtsson (Ingmar), suédois.
*Ben-Haim (Paul Frankenburger, dit Paul), hébraïque (musique).
Benhamou (Maurice), France (XXe s.).
Benjamin (Arthur), opéra.
Benn (G.), Hindemith (P.).
*Bennett (Richard Rodney), Angleterre.
*Bennett (William Sterndale), Angleterre.
Bennewitz (Antonin), Suk.
Benois (Alexandre), Diaghilev (S. P. de).
Benoist, Saint-Saëns (C.).
*Benoit (Peter), Belgique; Blockx (J.).
Benoît (saint), Portugal.
Benovoli, Colonna (G. P.).
Benti Bulgarelli (Marianna), opéra.
*Bentoiu (Pascal), Roumanie.
Bentsson (I.), Lundi (groupe du).
*Bentzon (Jørgen), Danemark.
*Bentzon (Niels-Viggo), Danemark.
Benvenuti (Giovanni), Corelli (A.).
Ben Yohanan (Asher), Israël.
*Benzi (Roberto), Bordeaux.
Béranger (François), chanson populaire.
Béranger (Pierre-Jean de), chanson populaire; chansonnier; cinéma et musique; Clapisson (A. L.).
Bérard (Christian), Forains (les) [H. Sauguet]; Sauguet (H.).
*Berberian (Cathy), aléa, musique aléatoire; Berio (L.); chant.
*Berbié (Jane), Aix-en-Provence (festival d').
Berendt (Joachim Ernst), Donaueschingen (festival de).
Berenguer (Josep Lluis), Espagne.
*Berezowski (Maxime), opéra; Russie.
*Berg (Alban), Adorno (T. W.); A la mémoire d'un ange; allemand; Altenberglieder; Andriessen (J.); Apostel (H. E.); aria;

autrichien; Berlin (histoire de la vie musicale à); Cerha (F.); chambre (musique de); concerto; Concerto de chambre; dodécaphonique (musique); lied; Lulu; Lulu Symphonie; opéra; Quatre pièces pour clarinette et piano; Schönberg (A.); Seefried (I.); sérielle (musique); Sessions (R.); Sibelius (J.); sonate (forme); sonate (genre); sprechgesang; suite; Suite lyrique pour quatuor à cordes; Trois pièces pour orchestre op. 6; Vin (le); Wozzeck.
*Berg (Gunnar), Danemark.
Berg (Natanael), suédois.
*Berganza (Teresa), Aix-en-Provence (festival d'); Chicago; Vie brève (la) [M. de Falla].
Berger (Michel), chanson populaire.
Berger (Otto), Suk.
*Berger (Theodor), autrichien.
Berger (W. G.), Roumanie.
Berglund (Paavo), Finlande.
*Bergman (Erik), Finlande.
Bergmann (Ingmar), cinéma et musique.
*Bergonzi (Carlo), chant; lutherie, luthier.
Berigan (Bunny), Goodman (B.).
*Berio (Luciano), aléa, musique aléatoire; Allelujah II; alto [Instr. à cordes]; A — Ronne; bel canto; Berberian (C.); Boucourechliev (A.); Brüggen (F.); Chamber Music; chant; Chemins; Circles; Concerto pour deux pianos; Coro; Cries of London; Darmstadt (festival de); Différences; Donaueschingen (festival de); Due Pezzi; électroacoustique (musique); électronique (musique); Ensemble intercontemporain; Epifanie; étude; Folk-Songs; Italie; Laborintus II; Linea; Maderna (B.); Nones; Omaggio à Joyce; Questo vuol dire ché...; Récital I; Sequenzas; sérielle (musique); Sincronie; Sinfonia.
*Bériot (Charles de), Belgique; Bruxelles; étude; Rhapsodie espagnole [M. Ravel]; Roger-Ducasse (J.); Salzedo (C.).
Berkeley (Busby), cinéma et musique; comédie musicale.
*Berkeley (Lennox), Angleterre; opéra.
Berlijn (Anton), Amsterdam.
Berlin (Irving), cinéma et

INDEX

musique ; comédie musicale ; États-Unis.
Berliner (*Émile*), disque.
Berliner (*Joseph*), disque.
***Berlioz** (*Hector*), Abrány (*K.*) ; acoustique ; air à boire ; allemand ; alto [Instr. à cordes] ; amen ; ballet et musique ; Barzun (*J.*) ; *Béatrice et Bénédict* ; *Benvenuto Cellini* ; Bihari (*J.*) ; Blaze (*F.* dit Castil-Blaze) ; Boschot (*A.*) ; Brahms (*J.*) ; *carnaval romain (Ouverture du)* ; *Chasse royale et Orage* ; chef d'orchestre ; Cherubini (*L.*) ; Chopin (*F.*) ; Citron (*P.*) ; concerto ; Conservatoire de Paris ; *Corsaire (le)* ; critique musicale ; *Damnation de Faust (la)* ; Davis (*C.*) ; dies irae ; durée ; *Enfance du Christ (l')* ; ethnomusicologie ; France (1800-1914) ; *Francs-Juges (les)* ; Gœthe (*J. W.*) ; *Harold en Italie* ; *Lelio ou Le retour à la vie* ; Liszt (*F.*) ; *Marche hongroise* ; *Mort de Cleopatre* ; *Nuits d'été (les)* ; opéra ; oratorio ; orchestration ; percussion dans la musique occidentale ; poème symphonique ; prix de Rome ; programme (musique à) ; *Requiem* ; *Roi Lear (le)* ; romantisme ; *Roméo et Juliette* ; Rouget de Lisle (*C. J.*), Sax ; Scherzo ; Shakespeare (*W.*) ; *Spectre de la rose (le)* ; symphonie ; *Symphonie fantastique* ; *Symphonie funèbre et triomphale* ; Thomas (*A.*) ; *Troyens (les)*.
Bermat (*Alain*), France (XXe s.).
Bermudez Silva (*Jesús*), Colombie.
Bernacchi (*Antonio*), castrat.
Bernacini, Cesti (*P.*).
Bernanos (*Georges*), *Dialogue des carmélites* [F. Poulenc].
***Bernaola** (*Carmelo*), Espagne.
Bernard (*Pierre*), France (XXe s.).
***Bernard de Clairvaux** (*saint*), France (des origines au XIVe s.) ; salve regina.
***Bernard de Ventadour,** canso.
Bernardel (*A. S. Ph.*), lutherie, luthier.
Bernardi (*Francesco* dit il **Senesino**), castrat.
Bernaud, Conservatoire de Paris.
Bernet Kempers (*K. P.*), Clemens non Papa (*J. Clément*, dit) ;

Sandberger (*A.*).
***Bernhard** (*Christoph*), Schütz (*H.*).
Bernhardt (*Sarah*), Delna (*M.*).
***Bernier** (*Nicolas*), ariette ; cantate ; Cellier (*A.*) ; France (XVIIe s.) ; France (XVIIIe s.).
***Bernier** (*René*), Belgique.
Bernin (Le), Rome.
***Bernstein** (*Léonard*), *Age of Anxiety (the)* ; cinéma et musique ; comédie musicale ; *Concerto pour orchestre* [E. Carter] ; *Jeremiah* ; *Kaddisch* ; Rilling (*H.*) ; Stern (*I.*) ; *West Side Story*.
Berry (*Chuck*), blues ; pop music.
Bersa (*Blagoje*), Brkanović (*I.*).
***Bertali** (*Antonio*), Schmelzer (*J.-H.*).
Bertati (*Giovanni*), opéra.
Bertelin, Sgrizzi (*L.*).
Bertholius, Danemark.
Berthon (*Liliane*), *Dialogue des carmélites* [F. Poulenc].
Bertini, étude.
Bertolina (*Lucien*), France (XXe s.).
Bertolotti (*Gasparo*), violon.
Bertomeu (*Augustin*), Espagne.
Berton (*Henri*), opéra.
Bertouille (*Gérard*), Belgique.
Bertram (*Theodor*), Bayreuth.
***Bertran de Born,** sirventès.
Bertrand (*Aloysius*), *Gaspard de la nuit* [M. Ravel].
***Bertrand** (*Antoine de*), *Amours de Ronsard (les)* ; chanson ; France (XVIe s.) ; Ronsard (*P. de*).
Berutti (*Arturo*), Argentine (république).
***Berwald** (*Franz Adolf*), suédois ; symphonie.
***Bésard** (*Jean-Baptiste*), Dlugoraj (*Wojciech*) ; France (XVIIe s.).
***Bessel** (*Vassili Vassiliévitch*), Saint-Pétersbourg.
Bessenyei (*György*), Hongrie.
Besson (*Gaspard*), Danemark.
Bethge (*Hans*), *Chant de la Terre (le)* [G. Malher].
Bettinelli (*Bruno*), Italie.
Betts (*Lorne*), Canada.
***Beydts** (*Louis*), opéra.
Béza, Genève.
Bèze (*Théodore de*), Calvin (*J.*) ; L'Estocart (*P. de*) ; Marot (*C.*) ; Psautier huguenot ; Renaissance.
Bhagavatar (*Harikesanallur Nuthayya*), Inde.
Bhagavatar (*Mangudi Chidambara*), Inde.
Bharati (*Gopalakrishna*), Inde.
Bhoza, Inde.

Biagi (*Vittorio*), Bayle (*F.*).
***Bialas** (*Günther*), Antoniou (*T.*) ; Schönbach (*D.*).
Bianchi (*L.*), Carissimi (*G.*).
Bianchini (*D.*), suite.
***Bibalo** (*Antonio*), Italie.
***Biber** (*Heinrich Ignaz Franz*), allemand ; autrichien ; Schmelzer (*J.-H.*) ; sérénade ; sonate (genre) ; Vejvanovsky (*P. J.*).
Bibesco (princesse), Enesco (*G.*).
Biel (*Michael von*), allemand.
Bielski (*Marcin*), *Kitège* [N. A. Rimski-Korsakov].
Bielski (*Vladimir*), *Sadko* [Rimski-Korsakov].
Bienvenu (*Florent*), Denis.
Bierre (*Jens*), Danemark.
Bigard (*Barney*), Bechet (*S.*).
Big Bill Broonzy (*William Lee Conley* dit), blues.
Bignon (abbé), Saint-Martial.
Bigot (*E.*), contrebasse.
***Bihari** (*János*), Hongrie ; verbunkos.
Billig (*Hans-Alderich*), *Stimmung* [K. Stockhausen].
Billing (*Klaus*), Bose (*H.-J. von*).
Billings (*William*), États-Unis.
***Billington** (*Elizabeth*), bel canto ; chant.
Billroth, Brahms (*J.*).
***Binchois** (*Gilles*), ballade ; Bedingham (*J.*) ; Belgique ; Bourgogne (cour de) ; chanson ; Dufay (*G.*) ; Dunstable (*J.*) ; France (XVe s.) ; franco-flamande (musique) ; rondeau.
Bing (*Rudolf*), Édimbourg.
Bins (*Gilles de*) → Binchois (*G.*).
Birgisson (*Snorri Sigfús*), Islande.
Birley (*Juliana*), Byrd (*W.*).
Birtalan (*J.*), Roumanie.
***Birtwistle** (*Harrison*), Angleterre ; Davies (*P. M.*).
Bis (*Hippolyte Louis Florent*), *Guillaume Tell* [G. Rossini].
Bishop (*Henry*), Australie.
Bisquert (*Prospero*), Chili.
Bisson (*Loys*), Du Chemin (*N.*).
Bitner (*R.*), bibliographie musicale.
Bitsch (*M.*), contrebasse.
Bittner (*Julius*), autrichien.
***Bizet** (*Georges*), *Arlésienne (l')* ; *Carmen* ; Dean (*W. B.*) ; Delibes (*C. P. L.*) ; France (1800-1914) ; *Jeux d'enfants* ; Lecocq (*Ch.*) ; opéra ; opérette ; *Patrie* ; *Pêcheurs de perles (les)* ; saxophone ; scène (musique de) ; Thomas (*A.*).
Bjelink (*Martin*), autrichien.

Björlin (*Ulf*), suédois.
***Björling** (*Jussi*), suédois.
Björling (*Sigurt*), suédois.
Bjørnson (*B.*), *Sigurd Jorsalfar* [E. Grieg].
***Blacher** (*Boris*), allemand ; Stuckenschmidt (*H. H.*) ; *Variations sur un thème de Paganini* [J. Brahms].
Black Sabbath (groupe), pop music.
Blahetka, Chopin (*F.*).
***Blainville** (*Charles-Henri de*), symphonie.
Blake (*William*), Smalley (*Roger*).
Blamont (*Colin de*) → *Colin de Blamont.
Blanc (*Louis*), Chopin (*F.*).
***Blanchard** (*Esprit Antoine*), France (XVIIIe s.).
Blanchard (*Roger*), Barbaud (*P.*).
Blanchet (*Charles*), Blanchet (*E. R.*).
Blanchet (*Nicolas*), clavecin.
Blangini, romance.
Blasco (*Manuel*), Équateur.
Blaska (*Félix*), *Linea* [L. Berio].
Blau (*Alfred*), *Siguro* [E. Reyer].
Blau (*Edouard*), *Roi d'Ys (le)* [E. Lalo].
***Blavet** (*Michel*), pastiche ; *Servante maîtresse (la)* [Pergolèse].
Blei (*Franz*), Hindemith (*P.*).
Blinder (*Naoum*), Stern (*I.*).
***Bliss** (*Arthur*), Angleterre ; opéra.
Blitheman (*William*), Angleterre.
***Blitzstein** (*Marc*), opéra.
Bloch (*Augustyn*), Pologne.
***Bloch** (*Ernest*), Antheil (*G.*) ; chambre (musique de) ; concerto grosso ; hébraïque (musique) ; Rhené-Baton (Baton, René, dit) ; *Schelomo* ; service ; Sessions (*R.*) ; suisse (musique).
***Blocks** (*Jan*), Belgique.
***Blomdahl** (*Karl-Birger*), *Aniara* ; Börtz (*D.*) ; Bucht (*G.*) ; *Lundi* (groupe du) ; suédois.
***Blondel de Nesle,** jongleur ; Richard Ier (Cœur de Lion).
***Blow** (*John*), Angleterre ; clavecin ; *Ode sur la mort de Henry Purcell* ; opéra ; *Vénus et Adonis*.
Blue Oyster Cult (groupe), pop music.
***Blume** (*Friedrich*), dictionnaire.
Blume (*Ruth*), dictionnaire.
Blumenfeld, *Kitège* [N. A. Rimski-Korsakov].
Boccace, Laurentius de Florentia.
Boccherini (*Gastone*), *Retour de Tobie (le)* [F.-J. Haydn].
***Boccherini** (*Luigi*), Almeida (*A. de*) ; *Casa*

INDEX

del Diavolo (la); catalogue thématique; chambre (musique de); concerto ; Italie ; Madrid ; Rode (P.); Sammartini; sextuor ; sonate (genre); violoncelle.
Boccioni, Russolo (Luigi).
Bockelmann (Rudolf), baryton ; Bayreuth.
Bode (Harald), concrète (musique) ; électronique (musique).
*****Bodin** (Lars Gunnar), suédois.
Bodin de Boismortier
→ Boismortier.
*****Boèce,** ton ecclésiastique.
Boeck (August de), Belgique.
Boehm (Karl) → Böhm (Karl).
Boehmer (Konrad), allemand.
*****Boëllmann** (Léon), toccata.
Boesch, électroacoustique (musique).
*****Boesmans** (Philippe), Belgique.
*****Boesset** (Antoine), air de cour ; ballet et musique ; Ban (J. A.); France (XVIIᵉ s.) ; Guédron (P.).
Boesset (Jean-Baptiste), Boesset (A.); France (XVIIᵉ s.).
*****Boeswillwald** (Pierre), France (XXᵉ s.).
*****Bœuf** (Georges), électroacoustique (musique) ; France (XXᵉ s.) ; Groupe de musique expérimentale de Marseille.
Boguslawski (Edward), Pologne.
*****Böhm** (Georg), allemand ; Bach (J. S.).
*****Böhm** (Karl), Bayreuth ; Dresde ; Hambourg ; Schwarzkopf (E.); Seefried (I.); Vienne.
*****Böhm** (Theobald), clarinette ; flûte.
Bohrer, violoncelle.
*****Boieldieu** (François Adrien), Adam (A. C.); Blasius (M. F.); chant ; Cherubini (L.); Dame blanche (la); Fauré (G.); France (1800-1914); opéra ; romance ; Russie ; Saint-Pétersbourg.
Boileau (Nicolas), Apollon musagète [I. Stravinski].
Bois (du), Bruxelles.
*****Boismortier** (Joseph Bodin de), concerto ; opéra ; violoncelle.
*****Boito** (Enrico, dit Arrigo), Angelis (N. de); Cambridge ; Danse des heures [A. Ponchielli]; Falstaff [G. Verdi]; Gioconda (la) [A. Ponchielli]; Goethe (J. W.); Mefistofele ; opéra ; Ricordi ; Simon Boccanegra [G. Verdi]; Verdi (G.); vérisme.
Bojé (Harald), Aus den sieben Tagen

[K. Stockhausen].
*****Bokanowski** (Michèle), cinéma et musique ; électroacoustique (musique) ; France (XXᵉ s.).
Bolanos (César), Pérou.
Boldeman (Laci), suédois.
Bolden (Buddy), Oliver (J.).
Bon (André), France (XXᵉ s.).
Bonaventure des Périers, Sermisy (C. de).
*****Bonci** (Alessandro), bel canto.
*****Bondeville** (Emmanuel), France (XXᵉ s.).
*****Bondon** (Jacques), France (XXᵉ s.).
*****Boni** (Guillaume), Ronsard (P. de).
Boninsegna (Celestina), bel canto.
Bonnet-Bourdelot, histoire de la musique.
Bonnier (Bernard), Futuristie [P. Henry].
*****Bononcini** (Giovanni ou Giovanni Battista), Haendel (G. F.); Haym (N. F.); opéra ; Serse (Xerxès) [G. F. Haendel].
*****Bononcini** (Giovanni Maria), concerto.
*****Bonporti** (Francesco Antonio), Italie.
*****Bontempi** (Giovanni Andrea **Angelini,** dit), histoire de la musique ; Schütz (H.).
Bontempo (Joao Domingo), Portugal.
*****Bonynge** (Richard), Sutherland (J.).
*****Boosey and Hawkes,** édition musicale.
Boquay (J.), lutherie, luthier.
Borba (Tomas), Coelho (R.).
*****Bordes** (Charles), Schola cantorum ; Séverac (D. de).
*****Bordoni ou Bordoni-Hasse** (Faustina), Bach (J. S.); bel canto ; chant ; contralto ; Hasse (J. A.).
Borg (Kim), Finlande.
*****Borkovec** (Pavel), Blatny (P.).
Borlin (Jean), ballet et musique.
Born (Bertran de)
→ Bertran de Born.
Bornemissza (Peter), Hongrie.
*****Borodine** (Alexandre), Balakirev (M. A.); ballet et musique ; Danses polovtsiennes ; Dans les steppes de l'Asie centrale ; Épique ; groupe des Cinq ; opéra ; Prince Igor (le); Rimski-Korsakov (N. A.); Russie ; symphonie.
Borot, Conservatoire de Paris.
Borren (Charles Van den)
→ Van den Borren.
*****Bortnianski** (Dimitri), opéra ; Russie ; Saint-

Pétersbourg.
*****Börtz** (Daniel), suédois.
Bory (Jean-Louis), Saguer (L.).
Boschetti, opéra.
Boschi (Giovanni), bel canto ; chant.
Boscoli (A.), Chailly (L.).
*****Boscovich** (Alexandre Uria), hébraïque (musique).
*****Bose** (Hans Jürgen von), allemand.
*****Boskowski** (Willi), Kraus (L.).
Bosseur (Jean-Yves), France (XXᵉ s.).
Bossi (Marco Enrico), Italie ; Rome ; vérisme.
*****Bossinensis** (Francesco), chanson au luth.
Botez (D.), Roumanie.
Botrel (Théodore), chanson populaire.
Bottazzo (Pietro), bel canto.
Bottegari (C.), romanesca.
*****Bottesini** (Giovanni), contrebasse ; opéra.
Bouchard (Thomas), Procession de Vergès (la) [E. Varèse].
Boucherit (J.), Rosenthal (M.).
*****Boucourechliev** (André), aléa, musique aléatoire ; Archipels ; Bulgarie ; chambre (musique de); expérimentale (musique) ; France (XXᵉ s.).
Boucourechliev (Angel), Bulgarie.
Boudreau (Walter), Canada.
Bouffar (Zulma), Vie parisienne (la) [Offenbach].
Bouffons (troupe des), Alembert (Jean Le Rond d').
Bouilly (Jean Nicolas), Fidelio [L. van Beethoven] ; opéra.
*****Boulanger** (Nadia), Carter (E.); Chowning (J. M.); cirque (musique de); Copland (A.); Dumbarton Oaks [I. Stravinski] ; opéra ; Pologne ; Portugal ; Serocki (K.); Sessions (R.); Thames (V.).
*****Boulay** (Laurence), Conservatoire de Paris.
*****Boulez** (Pierre), allemand ; Anagrama [M. Kagel] ; Anneau du Nibelung (l') [R. Wagner] ; atonalité ; Bayreuth ; Beethoven (L. van); Bussotti (S.); Cage (J.); chambre (musique de) ; chant ; concrète (musique) ; Cleveland ; concerto ; concrète (musique) ; Cummings ist der Dichter ; Darmstadt (festival de) ; Domaine musical ; Domaines ; Don (v. Pli selon pli) ; Donaueschingen (festival de) ; Éclat ; Éclat-multiples ; Ensemble intercontemporain ;

Équivalences [J. C. Eloy] ; Explosante-fixe ; Figures, Doubles, Prismes ; France (XXᵉ s.); Improvisations sur Mallarmé (v. Pli selon pli) ; Institut de recherche et de coordination acoustique/musique (I. R. C. A. M.); Livre pour quatuor-Livre pour cordes ; Lulu [A. Berg]; Mallarmé (S.); Marteau sans maître (le); Oiseaux exotiques [O. Messiaen] ; Paris ; Pli selon pli ; Poésie pour pouvoir ; Pologne ; Polyphonie X ; Répons ; Risset (J. C.); Rituel ; Rosbaud (H.); Royan (Festival international d'art contemporain de) ; Schat (P.); Sept Haikai [O. Messiaen]; sérielle (musique) ; Sibelius (J.); Six pièces pour orchestre [A. Webern] ; Soleil des eaux (le) ; sonate (genre) ; Sonate pour piano ; Sonatine pour flûte et piano ; Souris (A.); Stockhausen (K.); Strophe [G. Amy]; Structures pour deux pianos ; Tombeau v. Pli selon pli ; Visage Nuptial (le).
*****Boult** (sir Adrian), Angleterre ; A pastoral Symphony [R. Vaughan Williams] ; Cambridge ; Londres.
*****Bounine** (Revol), Alexandrov (A.).
*****Bour** (Ernest), Apparitions [G. Ligeti] ; Concerto pour violoncelle et orchestre, en forme de « pas de trois » [B. A. Zimmermann] ; Lontano [G. Ligeti].
*****Bourdelot** (Pierre Michon, dit), Carissimi (G.).
*****Bourgault-Ducoudray** (Louis-Albert), Tiersot (J.).
*****Bourgeois** (Jacques), Vol de Nuit [L. Dallapiccola].
*****Bourgeois** (Loys), Calvin (J.); France (XVIᵉ s.); Genève.
Bourguignon (Francis de), Belgique.
Bournonville (August), ballet et musique ; Danemark.
Bourrel (Yves), France (XXᵉ s.).
Bousch (François), France (XXᵉ s.).
*****Boutry** (Roger), Conservatoire de Paris.
Bowie (David), pop music.
Bowles, ordinateur.
Bowman (James), falsettiste.
*****Boyce** (William), Angleterre ; Arne (Th. A.).
Boydell (Brian), Irlande.
*****Boyvin** (Jacques).

INDEX

Agincourt *(F. d')*.
*Bozay *(Attila)*, Durkó *(Z.)*; Hongrie.
Bozza *(E.)*, contrebasse; France (xxᵉ s.).
Brachvogel *(Albert Émil)*, Bach *(W. F.)*.
Brady *(Nicholas)*, *Chandos Anthems* [G. F. Haendel].
Braga Santos *(J.)*, Portugal.
Braghine *(V.)*, *Colas Breugnon* [D. B. Kabalevski].
Braham *(John)*, storace (famille de musiciens).
*Brahms *(Johannes)*, allemand; alto [instr. à cordes]; autrichien; ballade; Bruckner *(A.)*; catalogue thématique; chambre (musique de); *Chant du Destin*; concerto; *Danses hongroises*; double concerto; étude; Hambourg; Joachim *(J.)*; *Liebeslieder walzer*; lied; Mahler *(G.)*; Mandyczewski *(E.)*; *Ouverture académique*; *Ouverture tragique*; *Quatres chants sérieux*; rhapsodie; *Rhapsodie pour voix d'Alto, chœur d'hommes et orchestre*; Richter *(H.)*; *Rinaldo* (cantate); scherzo; sérénade; sextuor; sonate (genre); symphonie; Toscanini *(A.)*; *Un Requiem allemand*; *Variations et fugue sur un thème de Haendel*; *Variations sur un thème de Haydn*; *Variations sur un thème de Paganini*; violoncelle.
*Brăiloiu *(Constantin)*, Constantinescu *(P.)*; ethnomusicologie.
Braine *(Robert)*, États-Unis.
Brajnikov, Krestianin *(F.)*.
Brambilla *(Marietta)*, contralto.
Brandebourg *(Christian Wilhelm de)*, Scheidt *(S.)*.
Brandl *(Rudolf Maria)*, autrichien.
Braque, Diaghilev *(S. P. de)*.
*Brassart *(Johannes)*, autrichien; Belgique.
Brassens *(Georges)*, chanson populaire.
Braud *(Paul)*, Rivier *(J.)*.
Bray *(John)*, opéra.
Brecher *(G.)*, *Grandeur et décadence de la ville de Mahagonny* [K. Weill].
*Brecht *(Bertolt)*, allemand; *Berliner Requiem* [K. Weill]; chanson populaire; Dessau *(P.)*; Eisler *(H.)*; *Epifanie* [L. Berio]; expérimentale (musique); *Grandeur et décadence de la ville de Mahagonny* [K. Weill]; *Opéra de quat'sous*; *Sept péchés capitaux des petits-bourgeois (les)*

[K. Weill].
Bréion *(V.)*, Dufay *(G.)*.
Breisach *(P.)*, Schreker *(F.)*.
*Breitkopf et Härtel [éditeurs], édition musicale; Ricordi (maison d'édition); Rochlitz *(J. F.)*.
Brel *(Jacques)*, chanson populaire.
Brene *(Erling)*, Danemark.
Brenner *(Ève)*, France (xxᵉ s.).
*Brenta *(Gaston)*, Belgique.
Brentano *(Antonie)*, Beethoven *(L. van)*.
Brentano *(Bettina)*, Beethoven *(L. van)*; *Chants de l'Aube* [R. Schumann].
Brentano *(Clemens)*, *Cor merveilleux de l'enfant (le)*.
Brero *(Cesare)*, Italie.
*Bresgen *(Cesar)*, autrichien.
Brésil *(Jules)*, *Si j'étais roi* [A. Adam].
Bretel *(Jehan)*, *Adam de Givenchi*.
Breteuil *(Geoffroy de)*, Hongrie.
Breton *(André)*, *Oral* [I. Malec].
*Bretón *(Tomás)*, Casals *(P.)*; Chapí y Lorente *(R.)*; Chueca *(F.)*; Espagne; genero chico; Madrid; opéra.
*Bréville *(Pierre de)*, Gauthiers-Villars *(H.)*.
*Briceño *(Luis de)*, guitare.
*Bridge *(Frank)*, Angleterre.
Brilli *(Catherine)*, Brasseur *(E.)*.
Brindus *(N.)*, Roumanie.
Brinon *(Jean de)*, Goudimel *(C.)*.
*Britten *(Benjamin)*, *A ceremony of Carols*; *Albert Herring*; Aldeburgh (festival d'); Angleterre; *Billy Budd*; Bridge *(F.)*; Cambridge; *Cantata Academica*; English Opera Group; falsettiste; *Illuminations (les)*; *Mort à Venise*; opéra; *Peter Grimes*; Sénéchal *(M.)*; Shakespeare *(W.)*; *Simple Symphony*; sonate (genre); *Songe d'une nuit d'été (le)*; Tippet *(M.)*; *Turn of the screw (the)*; *Variations et Fugue sur un Thème de Purcell*; *Viol de Lucrèce (le)*; *War Requiem*.
Brnic *(Gabriel)*, électroacoustique (musique).
*Broadwood *(John)*, piano.
Broch *(Hermann)*, Barraqué *(J.)*; *Chant après chant* [J. Barraqué].
Broche, Boieldieu *(F. A.)*.
Brockes, Haendel *(G. F.)*.
Broman *(Stèn)*, suédois.
Brooks *(Mel)*, cinéma et

musique.
Broschi *(Carlo)* → **Farinelli**.
*Brossard *(Sébastien de)*, ariette; arioso; dictionnaire; doublé; pastorale; sanglot; sonate (genre).
Brouillon *(ms de)*, *Art de la fugue* [J.-S. Bach].
Broussov *(Valery)*, *Ange de feu (l')* [S. Prokoviev].
*Brouwer *(Leo)*, Cuba.
*Brown *(Earle)*, aléa, musique aléatoire; *Available Forms*; Cage *(J.)*; *Calder Piece*; Darmstadt (festival de); États-Unis.
Brown *(Frank)*, Barbaud *(P.)*; ordinateur.
Brown *(Luisa)*, Gounod *(Ch.)*.
Brown *(Nacio Herb)*, chanson populaire; comédie musicale.
*Brown *(Raymond*, dit *Ray)*, Gillespie *(D.)*.
Browning *(Robert)*, *Robert Browning Overture* [C. Ives].
Brownlee *(John)*, Australie.
Bruant *(Aristide)*, chanson populaire.
*Bruch *(Max)*, allemand; *Fantaisie écossaise*; opéra; Riegger *(W.)*; Rubinstein *(A.)*; Straus *(O.)*; Vaughan Williams *(R.)*.
Bruck *(Arnold von)*, autrichien.
*Bruck *(Charles)*, *Espaces* (symphonie des) [M. Landowski]; France (xxᵉ s.); *Jérôme-Boch-Symphonie* [S. Nigg].
Bruckberger (père), *Dialogue des carmélites* [F. Poulenc].
*Bruckner *(Anton)*, Adler *(G.)*; allemand; autrichien; catalogue thématique; *Helgoland*; Mahler *(G.)*; Richter *(H.)*; romantique; Schalk *(F.)*; Schenker *(H.)*; Schmidt *(F.)*; Sechter *(S.)*; sonate (forme); symphonie.
Brugnoli *(Leonardo)*, Corelli *(A.)*.
*Bruhns *(Nikolaus)*, allemand; Danemark.
*Brumel *(Antoine)*, chanson.
*Brün *(Herbert)*, Israël; Stroe *(A.)*.
*Bruneau *(Alfred)*, Conservatoire de Paris; critique musicale; France (1800-1914); opéra.
Brunel *(Raymond)*, cirque (musique de).
Brunelli *(A.)*, suite.
*Brunold *(Paul)*, *Champion de Chambonnières (J.)*.
Bruno-Maderna (l'ensemble), Sinopoli *(G.)*.
Brunsvick *(Joséphine von)*, Beethoven *(L. van)*.
Brunsvick *(Thérèse von)*,

Beethoven *(L. van)*.
Brunswik *(Franz von)*, *Appassionata* [L. van Beethoven].
Bruson *(Renato)*, chant.
Brzozowski, Pologne.
*Bucci *(Valentino)*, Italie.
Buchla *(Donald)*, live electronic music.
Büchner *(Georg)*, Berg *(A.)*; *Jakob Lenz* [W. Rihm].
*Bucht *(Gunnar)*, suédois.
Buck *(Ole)*, Danemark.
Bücken *(E.)*, histoire de la musique.
Buicliu *(N.)*, Roumanie; Stroe *(A.)*.
Bujarski *(Zbigniew)*, Pologne.
*Bukofzer *(Manfred)*, France (xvᵉ s.).
*Bull *(John)*, clavecin.
*Bülow *(Hans von)*, *Années de pèlerinage* [F. Liszt]; Berlin (histoire de la vie musicale à); Brahms *(J.)*; *Burlesque* [R. Strauss]; Cramer; Damrosch; *Danse Macabre* [F. Liszt]; Dvořák *(A.)*; Liszt *(F.)*; Mahler *(G.)*; *Résurrection* [G. Mahler]; Richter *(H.)*; Strauss *(R.)*.
Bulwer Lytton *(Edward)*, *Rienzi* [R. Wagner].
Bungert *(August)*, opéra.
*Bunlet *(Marcelle)*, *Chants de terre et de ciel* [O. Messiaen]; *Harawi, chant d'amour et de mort* [O. Messiaen]; *Poème pour Mi* [O. Messiaen].
*Bunrakuken *(Uemura)*, bunraku.
Buonamente, Vienne.
Burani *(Paul)*, *Roi malgré lui (le)* [E. Chabrier].
Burdon *(Eric)*, pop music.
Bürger *(Antoinette Sophie)*, Schrœder-Devrient *(W.)*.
Bürger *(Gottfried August)*, *Lénore* [H. Duparc].
*Burkhardt *(Willy)*, suisse (musique).
*Burney *(Charles)*, chant; drame; histoire de la musique.
Burritt *(Lloyd)*, Canada.
Burt *(Francis)*, Angleterre.
Burt *(Warren)*, électroacoustique (musique).
Burzio *(Eugenia)*, chant.
Bus *(Gervais de)*, *Roman de Fauvel*.
*Busch *(Adolf)*, Marlboro; Serkin *(R.)*.
Busch *(Ernst)*, Eisler *(H.)*.
*Busch *(Fritz)*, *Doktor Faust* [F. Busoni]; Dresde.
*Busch *(Hermann)*, Marlboro; Serkin *(R.)*.
Buschmann *(Christian)*, harmonica.
*Busenello *(Giovanni Francesco)*, Cavalli *(P. F.)*; *Couronnement de Poppée (le)* [C. Monteverdi];

INDEX

opéra.
*Bush (Alan), Angleterre.
*Busnois (Anthoine),
Bourgogne (cour de);
France (XVᵉ s.); franco-
flamande (musique).
*Busoni (Ferruccio),
Arlecchino; Berceuse
élégiaque; Brautwahl
(die); catalogue
thématique; clavicorde;
Doktor Faust; étude;
Fantasia
contrappuntistica;
Goethe (J. W.); Italie;
Jarnach (P.); opéra;
paraphrase; Sibelius (J.);
Steuermann (E.);
Stuckenschmidt (H. H.);
toccata.
Bussani, Giulio Cesare
[G. F. Haendel].
*Büsser (Henri),
Challan (H.);
Cochereau (P.);
Conservatoire de Paris;
France (XXᵉ s.).
Bussine (Romain),
Duparc (H.); Indy (V.
d'); Saint-Saëns (C.).
*Bussotti (Sylvano), aléa,
musique aléatoire;
Bergkristall; Darmstadt
(festival de);
Donaueschingen (festival
de); Italie; opéra.
*Buti (Francesco),
Caproli (C.); Ercole
amante [F. Cavalli];
Rossi (L.).
Butor (Michel), Sonate pour
piano [P. Boulez].
Butterworth (George),
Angleterre; Sharp (C.).
Buus (Jacques), Venise.
*Buxtehude (Dietrich),
Abendmusik; allemand;
Bach (J.-S.); cantate;
catalogue thématique;
choral; clavicorde;
Danemark; sonate
(genre); suite;
Sweelinck (J. P.);
toccata.
Buzzati (Dino), Chailly (L.).
Byrd (Charlie), guitare.
*Byrd (William),
Angleterre; Bull (J.);
Cantiones Sacrae;
clavecin; madrigal; My
Ladye Nevells Booke;
Renaissance; service;
Tomkins (famille de
compositeurs).
Byron (George Gordon,
lord), Deux Foscari (les)
[G. Verdi]; Harold en
Italie [H. Berlioz];
Manfred [R. Schumann];
Manfred
[P. I. Tchaïkovski].

C

*Caamano (Roberto),
Argentine (république).

Caba (Eduardo), Bolivie.
*Caballé (Montserrat), bel
canto; chant; Espagne.
Caballero, Espagne.
*Cabanillés (Juan Bautista),
Anglés (Mgʳ H.);
Espagne; tiento.
Cabezón (Antonio de),
Cabanillés (J. B.);
diferencias; Espagne;
Madrid.
Cabral (Pedro Alvares),
Découverte du Brésil (la)
[H. Villa-Lobos].
*Caccini (Francesca),
romanesca.
*Caccini (Giulio), affetto;
aria; bel canto; Camerata
fiorentina; cantate;
cascata; chant;
chitarrone; Euridice
[O. Rinuccini]; Florence;
France (XVIIᵉ s.); Italie;
Nuove Musiche; opéra;
ornements;
ornementation;
Rinuccini (O.);
romanesca; Rome.
*Caesar (Rodolfo),
électroacoustique
(musique).
*Cafarelli (G. Majorano
dit), castrat.
Cafaro, Cafarelli.
*Cage (John), aléa, musique
aléatoire; Amores; Atlas
Eclipticalis; Bacchanale;
Black Mountain;
Brown (E.); Cartridge
Music; Concerto pour
piano et orchestre;
concrète (musique);
Construction in Metal;
Cowell (H. D.);
Darmstadt (festival de);
électroacoustique
(musique); Etats-Unis;
expérimentale (musique);
Imaginary Landscape;
live electronic music;
Living Room Music;
piano préparé; Satie (E.);
Schnebel (D.); Sonates et
Interludes pour piano
préparé.
*Cahen (Robert),
électroacoustique
(musique); France
(XXᵉ s.); Groupe de
recherches musicales.
Cahill (Taddeus),
électronique (musique).
Cahn (Marie-Thérèse),
Aventures [G. Ligeti].
*Cahusac (Louis de),
Boréades (les)
[J. Ph. Rameau]; opéra.
Căianu (Ion), Roumanie.
Caiertain, Chardavoine (J.).
Caillat (François),
ethnomusicologie.
*Caillat (Stéphane), France
(XXᵉ s.).
Caillavet (Gaston de),
Cydalise et le Chèvrepied
[G. Pierné]; Fortunio
[A. Messager].
Cain (Henri), Don Quichotte
[J. Massenet].
Cairns (David), Davis (C.).
*Caix d'Hervelois (Louis
de), France (XVIIᵉ s.).

Savall (J.).
Calcagno (Elsa), Argentine
(république).
*Caldara (Antonio),
allemand; autrichien;
Mantoue; opéra; Prague;
Reutter (G. von);
violoncelle.
Calder (Alexander), aléa,
musique aléatoire;
Brown (E.).
*Calderón (Pedro), auto
sacramental; Espagne.
*Callas (Marja), chant;
Chicago; Edimbourg;
Orfeo ed Euridice
[F. J. Haydn]; Serafin
(T.); Simionato (G.);
Somnambule (la)
[V. Bellini]; Stefano
(G. di).
Calonista (Gregorio),
Laurentius de Florentia.
*Calonne (Jacques),
Belgique.
*Calvé (Emma), castrat.
*Calvin (Jean), Psautier
huguenot; Renaissance.
*Calvisius (Sethus),
allemand; Leipzig;
Schütz (H.).
*Calvocoressi (Michael
Dimitri), Cinq Mélodies
populaires grecques
[M. Ravel]; Roi des
étoiles (le) [I. Stravinski].
*Calzabigi (Ranieri de),
Alceste [Ch. W. Gluck];
ballet et musique; bel
canto; Don Juan ou le
Festin de pierre
[Ch. W. Gluck]; Durazzo
(G.); Finta Giardiniera
(la) [W. A. Mozart];
France [XVIIIᵉ s.];
Gluck (Ch. W.); opéra;
Orfeo ed Euridice
[Ch. W. Gluck].
Camara (Juan Antonio),
Cuba.
Camargo (Marie-Anne),
Bruxelles.
*Camargo Guarnieri
(Mozart), Brésil.
*Cambefort (Jean de), ballet
et musique; Benserade
(I. de); France (XVIIᵉ s.).
*Cambert (Robert), France
(XVIIᵉ s.); opéra;
Roberday (F.); Saint-
Évremond (Ch. de Saint-
Denis, sgr de).
Cambreling (Sylvain),
Ensemble
intercontemporain.
Cameron (Basil), San
Francisco.
Caminha (Pero Vaz de),
Découverte du Brésil (la)
[H. Villa-Lobos].
Cammarano (Salvatore),
Lucia de lammermoor
[G. Donizetti]; Luisa
Miller [G. Verdi]; opéra;
Roberto Devereux
[G. Donizetti].
*Campani (Giuseppe),
Stendhal.
Campi (Antonia), chant.
*Campian ou Campion
(Thomas), Angleterre;
ayre; Cavendish (M.);

Coperario (G.).
*Campion (François),
guitare.
*Campo (Conrado del),
Espagne.
*Campra (André), air à
boire; air sérieux;
Ballard; ballet et
musique;
Blanchard (E. A.);
cantate; Carnaval de
Venise (le); Charpentier
(M. A.);
Destouches (A.-C.);
Europe galante (l'); Fêtes
vénitiennes (les); France
(XVIIᵉ s.); France
(XVIIIᵉ s.); opéra; opéra-
ballet; Suite provençale
[D. Milhaud]; Versailles.
Canetti (Jacques), chanson
populaire.
Canilla, Rimski-Korsakov
(N. A.).
*Canis (Cornelius de
Hondt), Bruxelles.
*Cannabich (Christian),
allemand; Mannheim
(école de); Stamitz;
violon.
Canned Heat (groupe), pop
music.
Cannobio, Sarti (G.).
Cano (Francisco), Espagne.
Cantacuzène (princesse),
Enesco (G.).
*Canteloube (Marie-Joseph),
baylero; Chants
d'Auvergne; France
(XXᵉ s.); opéra; Sauguet
(H.).
Cantemir (Dimitrie),
Roumanie.
Canton (Edgardo), cinéma
et musique;
électroacoustique
(musique); France
(XXᵉ s.); Groupe de
recherches musicales.
Căpăţînă (S.), Stroe (A.).
Capdenat (Philippe), France
(XXᵉ s.).
Capdevielle (P.), France
(XXᵉ s.).
*Capecchi (Renato), Aix-en-
Provence (festival d').
Čapek (Karel), Affaire
Makropoulos (l'),
[L. Janáček].
*Capet (Lucien),
Brown (Ch.).
*Caplet (André), Ave
Maria; Boîte à joujoux
(la) [Cl. Debussy];
Children's Corner
[Cl. Debussy]; Gigues
[Cl. Debussy].
Cappelle (Pierre), chanson
populaire.
Cappelli (Gilberto), Italie.
Cappi (Peter), Diabelli (A.).
*Caproli ou Caprioli
(Carlo), canzonetta;
France (XVIIᵉ s.);
Mantoue.
Capua (Rinaldo da), opéra;
Servante maîtresse (la)
[J. B. Pergolese];
Sgrizzi (L.).
*Cara (Marco Marchetto),
frottola; Mantoue.
*Carafa di Colobrano

INDEX

(Michele), Ave Maria ; Comettant (J.-P. O.) ; opéra.
Caratgé (Fernand), Bourdin (R.) [flûtiste].
*Carcassi (Matteo), guitare.
Cardew (Cornelius), Angleterre.
Cardoso (Fray Manuel), Portugal.
Carestini (Giovanni), castrat.
Carew (Thomas), Lawes (H.).
Carini (Leandro), Toscanini (A.).
*Carissimi (Giacomo), baroque ; cantate ; catalogue thématique ; Cesti (P.) ; Charpentier (M. A.) ; Colonna (G. P.) ; Jephté ; oratorio ; Rome ; Schütz (H.) ; sixte napolitaine.
Carles (Marc), France (xxᵉ s.).
Carlid (Göte), suédois.
Carlier, Heman (de) ; Titelouze (J.).
Carlind (G.), Lundi (groupe du).
*Carlstedt (Jan), suédois.
*Carmen (Johannes), Cesaris (J.).
Carné (Marcel), cinéma et musique.
*Carneyro (Claudio), Portugal.
*Carnicer (Ramón), opéra.
*Carolan (Turlough), Irlande.
Carosio (Margherita), bel canto ; Somnambule (la) [V. Bellini].
Caroso (Fabrizio), danse.
*Carpani (Giuseppe), Saisons (les) [F. J. Haydn].
*Carpenter (John Alden), Etats-Unis.
Carpentras, Mantoue.
Carpi (Fiorenzo), cinéma et musique.
Carr (Benjamin), opéra.
Carr (Leroy), blues.
Carré (Albert), Basoche (la) [A. Messager] ; Heure espagnole (l') [M. Ravel] ; Roi malgré lui (le) [E. Chabrier].
Carré (Michel), Contes d'Hoffmann (les) [J. Offenbach] ; Faust [Ch. Gounod] ; Hamlet [A. Thomas] ; Offenbach (J.) ; Roméo et Juliette [Ch. Gounod].
Carreira (Antonio), Portugal.
Carreras (José), Espagne.
Carroll (Lewis), Bayle (F.) ; Reverdy (M.).
*Carson (Philippe), Groupe de recherches musicales.
*Carter (Elliot), Childs (B.) ; Concerto pour orchestre.
Cartu (I.), Roumanie.
*Carulli (Ferdinando), Carcassi (M.) ; guitare.
*Caruso (Enrico), chant ;

disque ; Ruffo (T.).
Caruso (Luigi), Shakespeare (W.).
*Cary (Tristram), Angleterre.
Carzou, Dutilleux (H.).
Casa (G. dalla), canzona ; ornements, ornementation.
*Casals (Pablo), Cassadó (G.) ; Conservatoire (société des concerts du) ; Espagne ; Marlboro ; Rubinstein (A.) ; Schnabel (A.) ; Shankar (R.) ; violoncelle.
*Casanova (André), France (xxᵉ s.).
*Casella (Alfredo), ballet et musique ; Chansons madécasses [M. Ravel] ; Italie ; opéra ; Respighi (O.) ; Rome ; Scelsi (G.) ; Togni (C.).
Caskel (K.), Darmstadt (festival de).
Cassandre, Aix-en-Provence (festival d').
Cassou (Jean), Château du feu (le) [D. Milhaud] ; Dutilleux (H.).
*Cassuto (Alvaro), Portugal.
Castaldi (A.), Roumanie.
Castaldi (Paolo), Italie.
*Castelnuovo-Tedesco (Mario), Italie ; Prélude pour la Genèse [A. Schönberg].
*Casterède (Jacques), Conservatoire de Paris ; France (xxᵉ s.).
Casti (abbé), Salieri (A.).
Castil-Blaze, arrangement.
Castillo (Jésus), Guatemala.
*Castillon de Saint-Victor (Alexis de), Saint-Saëns (C.).
*Castro (Juan José), Argentine (république) ; Lorca (F. G.).
*Catalani (Alfredo), opéra ; Toscanini (A.).
*Catel (Charles-Simon), opéra.
Catherine II [Russie], Saint-Pétersbourg ; Sarti (G.).
Cau (Jean), Eloge de la folie [M. Constant].
Caudella (E.), Roumanie.
*Caussade (Georges), Rivier (J.).
*Cavalieri (Emilio de'), Italie ; opéra ; oratorio ; Rappresentazione di Anima e di Corpo ; rappresentazione sacra ; Rome.
Cavalli (Pier Francesco), autrichien ; ballet et musique ; Calisto (la) ; Ercole amante ; Erismena ; France (xviiᵉ s.) ; Italie ; opéra ; Ormindo (l') ; ritournelle ; Roberday (F.) ; Shakespeare (W.) ; sonate (genre) ; Venise.
*Cavazzoni (Girolamo), canzona ; Italie.
*Cavos (Catterino), Glinka (M. I.) ; opéra ;

Russie ; Vie pour le Tsar (la) [M. Glinka].
Cayrol (Jean), Sauguet (H.).
Cazalis (Henri), Danse macabre [C. Saint-Saëns].
*Cazzati (Maurizio), Bologne (école de).
Cecconi (Monic), France (xxᵉ s.).
*Cech (Adolf), Prague.
Cécile (sainte), Billington (E.).
Čelanský, Prague.
Çelebi (Itrî), Turquie.
*Celibidache (Sergiu), Berlin (histoire de la vie musicale à) ; Conservatoire de Paris.
Celletti (Rodolfo), chant.
Celtes (Conradus), autrichien.
Cendrars (Blaise), Création du monde (la) [D. Milhaud] ; groupe des Six.
*Cererols (Juan), Espagne.
*Cerha (Friedrich), allemand ; autrichien ; Clocks and Clouds [G. Ligeti] ; Concerto de chambre [A. Berg] ; Donaueschingen (festival de) ; Lulu [A. Berg] ; Vienne.
Cermak (Josefina), Cloches de Zlonice (les) [A. Dvořák].
Cermakova (Anna), Dvořák (A.).
*Černohorský (B. M.), Prague.
*Certon (Pierre), Amours de Ronsard (les) [A. de Bertrand] ; Calvin (J.) ; chanson ; Chardavoine (J.) ; France (xviᵉ s.) ; Renaissance ; vaudeville.
Cervantès (Ignacio), Cuba.
Cervantes (Miguel de), Cornelius (P.) ; Don Quichotte [J. Massenet] ; sarabande.
Cervello (Jordi), Espagne.
*Cesari (Gaetano), Abbiati (F.) ; Crémone.
*Cesti (Pietro), allemand ; autrichien ; baroque ; cantate ; Carissimi (G.) ; Italie ; opéra.
*Chabrier (Emmanuel), Bourrée fantasque ; España ; Etoile (l') ; France (1800-1914) ; Gwendoline ; Joyeuse Marche ; opéra ; opéra-bouffe ; opérette ; Roi malgré lui (le) ; Séverac (D. de) ; Suite pastorale ; Une Education manquée ; Verlaine (P.).
*Chadwick (George Whitefield), Etats-Unis.
*Chailley (Jacques), Adam de la Halle ; Art de la fugue [J.-S. Bach] ; Cocteau (J.) ; France (xxᵉ s.) ; rythme ; Schola cantorum ; Schubert (F.) ; symphonie.
Chaillou du Pestain (R.), France (des origines au

xivᵉ s.) ; Roman de Fauvel [G. de Bus].
*Chailly (Luciano), Italie ; opéra.
*Chaliapine (Fédor), ballet et musique ; basse (voix) ; chant ; Chevalier avare (le) [S. V. Rachmaninov] ; Diaghilev (S. P. de) ; Don Quichotte [J. Massenet] ; Shankar (R.).
Challan (Annie), Bourdin (R.) [flûtiste].
*Chamisso (Adalbert von), Amour et la Vie d'une femme (l') [R. Schumann] ; Cornelius (P.).
*Champagne (Claude), Canada.
*Champion de Chambonnières (Jacques), agrément ; Anglebert (J. H. d') ; Brunold (P.) ; Cambert (R.) ; clavecin ; Couperin (dynastie des) ; courante ; France.
Chandor (Henry), Du Chemin (N.).
Chang Wen-kang, Chine.
*Chapí y Lorente (Ruperto), Chueca (F.) ; Espagne ; genero chico ; Madrid.
Chaplin (Saül), West Side Story [L. Bernstein].
*Chaporine (Youri Alexandrovitch), Chedrine (R. C.) ; Russie.
Char (René), Avignon (festival d') ; Boulez (P.) ; Soleil des eaux (le) [P. Boulez] ; Strophe [G. Amy] ; Visage nuptial (le) [P. Boulez].
Charbonnier (Janine), Barbaud (P.) ; ordinateur.
*Chardavoine (Jehan), Ronsard (P. de).
Charlemagne, credo ; Grégoire (saint).
Charlent (Gertie), Aventures [G. Ligeti].
Charles II [roi d'Angleterre, d'Ecosse et d'Irlande], Angleterre.
*Charles (Ray), blues.
Charles d'Orléans, France (xvᵉ s.).
Charlot (J.), Debussy (Cl.).
*Charpentier (Gustave), France (1800-1914) ; Impressions d'Italie ; Louise ; opéra.
*Charpentier (Jacques), Etudes karnatiques ; France (xxᵉ s.).
*Charpentier (Marc-Antoine), Bouzignac (G.) ; Carissimi (G.) ; Cellier (A.) ; concert ; David et Jonathas ; dialogue ; ethos ; France (xviiᵉ s.) ; Leçons de ténèbres ; loure ; Médée ; opéra ; oratorio ; pastorale ; Saint-Saëns (C.) ; salut.
Charpentreau (Jacques), chanson populaire.
Chartier (Alain),

INDEX

Binchois (G.); France (XVe s.).
Chassé (Louis), basse (voix).
Chateaubriand (Alphonse de), romance.
Chaunay, édition musicale.
*Chausson (Amédée-Ernest), Chanson perpétuelle ; Concert ; drame ; France (1800-1914) ; opéra ; Poème ; Poème de l'amour et de la mer ; Roi Arthus (le) ; Samazeuilh (G.) ; Shakespeare (W.) ; Soir de fête ; symphonie ; Viviane.
*Chavez (Carlos), Ayala Perez (D.) ; Childs (B.) ; symphonie ;
Chavez Aguilar (Pablo), Pérou.
*Chaynes (Charles), contrebasse ; France (XXe s.).
*Chebaline (Vissarion), Bounine (R.) ; Foire de Sorotchinsi (la) [M. P. Moussorgski] ; Rostropovitch (M.) ; Russie.
*Chedeville, Écurie.
Chelard (Hippolyte-André), Shakespeare (W.).
Cheng Lu-cheng, Chine.
Chénier (Jean-Marie), Sarrette (B.).
Chéreau (Patrice), Anneau du Nibelung (l') [R. Wagner] ; Bayreuth ; Boulez (P.) ; Canada.
*Cherubini (Luigi), Boieldieu (F. A.) ; canon ; Cantate sur la mort de l'empereur Joseph II [L. van Beethoven] ; castrat ; concert ; Conservatoire de Paris ; France (XVIIIe s.) ; Fux (J. J.) ; Offenbach (J.) ; opéra ; romance ; Sarti (G.) ; Sor (F.) ; Toscanini (A.).
Chevalier (Maurice), chanson populaire.
Chevardière, édition musicale.
*Chevreuille (Raymond), Belgique.
Chézy (Helmina von), Euryanthe [C. M. von Weber] ; Rosamonde, princesse de Chypre [F. Schubert].
Chiarucci (Henri), Ferreyra (B.).
Chicago (groupe), pop music.
Chiltag (Rahmallah), arabe (musique).
Chion (Michel), concrète (musique) ; électroacoustique (musique) ; France (XXe s.) ; Groupe de recherches musicales ; Requiem.
Chirescu (I. D.), Roumanie.
Chirkov (V.), Rouslan et Ludmilla [Glinka].
Chivot, Fille du tambour-major (la) [J. Offenbach].
*Chojnacka (Elisabeth), France (XXe s.) ; Korwar [F.-B. Mâche].
*Chopin (Frédéric), Abrány (K.) ; allemand ; ballade ; ballet et musique ; berceuse ; catalogue thématique ; concerto ; danse ; étude ; Franchomme (A.) ; Kreisleriana [R. Schumann] ; Liszt (F.) ; marche funèbre ; opéra ; piano ; Pologne ; prélude ; romantisme ; rondeau ; scherzo ; sonate (genre) ; Sylphides (les) [M. Fokine] ; violoncelle.
*Choron (Alexandre Étienne), dictionnaire.
*Chostakovitch (Dimitri), Age d'or (l') ; Année 1905 ; Année 1917 ; Babi-Yar ; bataille ; Bounine (R.) ; chambre (musique de) ; Chant des forêts (le) ; Chopin (F.) ; cinéma et musique ; concerto ; De la poésie populaire hébraïque ; Édimbourg ; Exécution de Stenka Razine (l') ; Hamlet ; Lady Macbeth de Mzensk ; Leningrad ; Nez (le) ; Nouvelle Babylone (la) ; opéra ; Pologne ; Premier mai ; Rostropovitch (M.) ; Russie ; sonate (genre) ; Stalingrad ; symphonie ; Tippet (M.) ; Titchenko (B.).
*Choudens, édition musicale.
*Chowning (John), ordinateur.
*Chrétien de Troyes, allemand ; Bernger von Horheim.
*Christian (Charlie), Goodman (B.) ; guitare.
Christiansen (Einar), Saül et David [C. Nielsen].
Christie (John), Glyndebourne.
Christine de Pisan, Binchois (G.) ; France (XVe s.) ; lai.
Christine de Suède, Rome ; Scarlatti (A.).
*Christoff (Boris), basse (voix) ; Siepi (C.).
*Christou (Iannis), Grèce.
Christov (Dimitar), Bulgarie.
Christov (Dobri), Bulgarie.
*Chrysander (Karl Heinz Friedrich), Adler (G.) ; Spitta (P.).
Chtchedrine (Rodion), Russie.
Chudy (Josef), opéra.
*Chueca (Frederico), Chapí y Lorente (R.) ; Espagne ; genero chico ; Madrid.
*Chukur (Salmân), Abbasside ; arabe (musique) ; Iraq ; Turquie.
Churgin (Bathia), Sammartini.
Ciamaga (Gustav), Canada.
Cibber, Samson [G. F. Haendel].
*Ciccolini (Aldo), Conservatoire de Paris.
Ciceri, Giselle [A. Adam] ; Robert le Diable [G. Meyerbeer].
Cicéron, Rome.
Cicognini (G. A.), opéra.
*Ciconia (Johannes), Avignon (chapelle des papes) ; ballata ; Belgique.
*Cifra (Antonio), romanesca.
*Cikker (Tau), Suchoň (E.).
*Cilea (Francesco), Adrienne Lecouvreur ; Italie ; opéra ; vérisme.
Cimarosa (Domenico), bel canto ; concerto ; Grassini (G.) ; Italie ; Maître de chapelle (le) ; opéra ; Russie ; Saint-Pétersbourg.
Cinti-Damoreau (Laure), Robert le Diable [G. Meyerbeer] ; Siège de Corinthe (le) [G. Rossini].
Ciortea (T.), Roumanie.
Citkowitz, Sessions (R.).
Civinini (Guelfo), Fille du Far West (la) [G. Puccini].
Clair (René), Satie (E.).
Claire (Dom Jean), Solesmes.
Clairval, chant ; opéra.
Clairville, Fille de Madame Angot (la) [Ch. Lecocq].
*Clapisson (Antonin Louis), opéra.
Clapton (Éric), pop music.
*Clarke (Jeremiah), Blow (J.).
*Clarke (Kenny), be-bop ; Gillespie (D.).
Clash (groupe), pop music.
*Claudel (Paul), Christophe Colomb [D. Milhaud] ; Danse des morts (la) [A. Honegger] ; Euménides (les) [D. Milhaud] ; Homme et son désir (l') [D. Milhaud] ; Jeanne au bûcher [A. Honegger].
Claudius (Matthias), Jeune Fille et la Mort (la) [F. Schubert].
*Clavé (José Anselmo), Espagne.
Claveau (André), chanson populaire.
Clayette, Aix-en-Provence (festival d').
*Clemencic (René), Carmina Burana [C. Orff] ; Vienne.
*Clemens non Papa (Jacques Clément, dit), Belgique ; France (XVIe s.).
Clément IX (Mgr Rospigliosi), Rome.
*Clementi (Aldo), Italie.
*Clementi (Muzio), Adieu (l') [J. L. Dussek] ; Bomtempo (J. D.) ; catalogue thématique ; Didone abbandonata ; étude ; Field (J.) ; Gradus ad Parnassum ; Italie ; Scarlatti (D.) ; sonate (genre) ; sonatine ; toccata.
Clements (Peter), Canada.
Cléonide, Grèce.
*Clérambault (Louis-Nicolas), Brunold (P.) ; cantate ; Charpentier (M. A.) ; Dufourcq (N.) ; France (XVIIe s.) ; opéra.
Clerc (Julien), chanson populaire.
*Clercx-Lejeune (Suzanne), baroque ; Belgique ; Ciconia (J.).
*Cléreau (Pierre), Chardavoine (J.).
*Clicquot (François-Henri), orgue.
*Clicquot (Robert), Boyvin (J.) ; Du Mage (P.) ; Enocq (E.) ; orgue.
*Cliquet-Pleyel (Henry), Arcueil (école d') ; Desormière (R.) ; France (XXe s.) ; Satie (E.) ; Sauguet (H.).
*Clostre (Adrienne), France (XXe s.).
*Clozier (Christian), électroacoustique (musique) ; France (XXe s.) ; Groupe de musique expérimentale de Bourges ; live electronic music ; Savouret (A.).
*Cluytens (André), Bayreuth ; Cinq danses rituelles [A. Jolivet] ; Conservatoire (société des concerts du).
Cluzel (Raphaël), Syllabaire pour Phèdre [M. Ohana].
Cobb (J.), suite.
Cobham (sir Henry), Dowland.
*Coccia (Carlo), opéra.
Cochereau (Jacques), haute-contre.
*Cochini (Roger), France (XXe s.).
Cochran (Eddy), pop music.
Cocker (Joe), pop music.
*Cocteau (Jean), Aix-en-Provence (festival d') ; Antigone [A. Honegger] ; Auric (G.) ; ballet et musique ; Bœuf sur le toit (le) [D. Michaud] ; Chailley (J.) ; chanson populaire ; Diaghilev (S. P. de) ; Durey (L.) ; France (XXe s.) ; groupe des Six ; Honegger (A.) ; impressionnisme ; Œdipus Rex [I. Stravinski] ; Rouché (J.) ; Satie (E.) ; Stravinski (I.) ; Thiriet (M.) ; Voix humaine (la) [F. Poulenc].
Codax (Martin), Portugal.
*Cœuroy (Jean Belime, dit André), Schaeffner (A.).
Cohen (Denis), France (XXe s.).
Cohen (Gustave), alleluia.
Cohen (Leonard), folksong.

INDEX

Colaço (Rey). Coelho (R.).
Colasse → Collasse (Pascal).
Colautti (Arturo). Fedora [U. Giordano].
*Colbran (Isabelle), Carafa di Colobrano (M.); chant; Rossini (G.).
Colette (Sidonie Gabrielle). Damase (J. M.); Enfant et les sortilèges (l') [M. Ravel]; Gauthier-Villars (H.).
*Colin de Blamont (François), Cardonne (Ph.); Delalande (M. R.); opéra.
*Collaer (Paul), Belgique; Canti di Prigiona [L. Dallapiccola].
Collander (Heinrich), Schütz (H.).
*Collasse (Pascal) ou Colasse, ballet et musique; danse; loure; opéra; Versailles.
Collé, chanson populaire.
Collesse, clavecin.
*Collet (Henri), France (xxe s.); groupe des Six.
Collin (Heinrich-Joseph von), Coriolan [L. van Beethoven].
Collins (Janet), Genesis [H. Villa-Lobos].
Collomb (Mme), Béatitudes (les) [C. Franck].
Collot, Conservatoire de Paris.
Colon (Claude), France (xxe s.).
*Colonna (Giovanni Paolo), Bologne (école de).
Colonne (Concerts), France (1800-1914).
*Colonne (Judas Colonna, dit Édouard), Caplet (A.); concert; Djinns (les) [C. Franck]; Enesco (G.); Éolides (les) [C. Franck]; Lénore [H. Duparc]; Rhapsodie espagnole [M. Ravel].
Coltellini (Marco), Infedeltà delusa (l'), [F. J. Haydn]; opéra.
Columbus (J.), suédois.
*Comettant (Jean-Pierre Oscar), critique musicale.
*Compénius, orgue.
*Compère (Loyset), Caron (F. ou Ph.); chanson; franco-flamande (école); Homme armé (l'); Mantoue.
*Condé (Gérard), France (xxe s.).
Condon (Eddie), dixieland.
Conegliano (Emmanuele), Da Ponte (L.).
Confucius, Chine.
Congreve (William), Sémélé [G. F. Haendel].
*Constant (M.), Baudrier (Y.); Chants de Maldoror; Chojnacka (E.); Conservatoire de Paris; Éloge de la folie; France (xxe s.); Solal (M.); Syllabaire pour Phèdre [M. Ohana].

*Constantinescu (P.), Roumanie.
*Conti (Francesco Bartolomeo), autrichien; Vienne.
Conti (Gioacchino), dit il Gizziello, castrat.
Conti (prince de), Schobert (J.).
Converse (Frederic), États-Unis.
Conyngham (Barry), Australie.
*Cooke (Benjamin), Angleterre.
*Cooke (Henry), Angleterre.
Coolsma (Hans), Brüggen (F.).
Cooper (Alice), pop music.
*Coperario (John Cooper, dit Giovanni Coprario ou), Angleterre.
*Copland (Aaron), Appalachian Spring; Billy the Kid; charleston; Childs (B.); États-Unis; opéra; Salón México (el); Sessions (R.); symphonie.
Coppens (Claude Albert), Belgique.
Coppini (Alessandro), Florence.
Coppola (Francis Ford), cinéma et musique.
Coralli (Jean), ballet et musique; Giselle [A. Adam].
*Corbetta (Francesco ou Francisque Corbette ou Corbett), suite.
Cordeirao da Silva (J.), Portugal.
Corder, Carse (A.).
*Cordier (Baude), Ars subtilior; Avignon (chapelle des papes).
Cordy (Annie), chanson populaire.
*Corelli (Arcangelo), aléa, musique aléatoire; baroque; Bologne (école de); catalogue thématique; concerto; concerto grosso; Concerto pour la nuit de Noël; folia; Fux (J. J.); Italie; Rome; Somis (G. B.); sonata de camera, sonata da chiesa; sonate (genre); violon.
Corette, violoncelle.
Cormon (Eugène), Dragons de Villars (les) [A. Maillart].
Cornacchioli (Giacinto), opéra.
Cornago (J.), cancionero.
Corneille (Pierre), ballet et musique; opéra.
Corneille (Thomas), opéra.
*Cornelius (Peter), Barbier de Bagdad (le); lied; opéra; Seefried (I.).
Cornysh (William), Angleterre.
Corot, Chausson (A. E.).
*Correa de Arauxo (Francisco), Espagne; tiento.
Correia de Oliveira (F.), Portugal.

*Corrette (Michel), Concertos comiques; France (xviiie s.).
Corri (Domenico), Dussek (J. L.).
Corri (Sophia), Dussek (J. L.).
Corryel (Larry), pop music.
Corsi (Jacopo), Camerata fiorentina; opéra; Rinuccini (O.).
*Corteccia (Francesco), Florence.
*Cortot (Alfred), Casals (P.); Chopin (F.); Conservatoire (société des concerts du); Conservatoire de Paris; Dolly [G. Fauré]; Enesco (G.); Roussel (A.); Shéhérazade [M. Ravel]; Siloti ou Ziloti (A. I.).
Cossel (Otto), Brahms (J.).
Costa (Luis), Portugal.
Costa (Michèle), opéra.
Costa Ferreira, Coelho (R.).
*Coste (Napoléon), guitare.
*Costeley (Guillaume), chanson; France (xvie s.); Renaissance; Ronsard (P. de).
Costère (Edmond), dodécaphonique (musique).
Cotogni, baryton; Stabile (M.).
Cotton (John), Angleterre.
Couchet, clavecin.
Coulombe Saint-Marcoux (Micheline), Canada; électroacoustique (musique).
*Couperin (François), agrément; Apothéose de Corelli; Apothéose de Lully; Art de toucher le clavecin; catalogue thématique; Cauchie (M.); clavecin; Concerts royaux; France (xviie s.); Goûts réunis; interprétation; Leçons de ténèbres; Messe à l'usage des paroisses; Messe propre aux couvents; Nations (les); ornements, ornementation; rigaudon; sarabande; sonate (genre); suite; variation; Versailles.
*Couperin (Louis), Champion de Chambonnières (J.); clavecin; Curtis (A.); fantaisie; France (xviie s.); Roberday (F.); sarabande; suite; tombeau.
Coupillet, Versailles.
*Couraud (Marcel), Cantique des cantiques [D. Lesur]; Cinq Rechants [O. Messiaen]; Danaé [F. B. Mâche]; Dodécaméron [I. Malec]; Épithalame [A. Jolivet]; France (xxe s.).
Courbet, Chausson (A. E.).
Couroupos (Georges), France (xxe s.).

*Courville (Thibault de), académie; chanson; Renaissance.
*Coussemaker (E. de), Adam de la Halle.
Couture (Guillaume), Canada.
Coward (Noël), opérette.
*Cowell (Henry), Cage (J.); cluster; États-Unis; Ives (Ch.-E.).
*Craft (Robert), Requiem Canticles [I. Stravinski]; Stravinski (I.); Variations [I. Stravinsky].
Cramer (Jakob), Mannheim (école de).
*Cramer (Jean-Baptiste), étude.
*Cramer (Wilhelm), Mannheim (école de).
Cranach (Lucas, dit l'Ancien), allemand.
Cranz, Appassionata [L. van Beethoven].
Craw (Howard Allen), Dussek (J. L.).
Crébillon fils, chanson populaire.
Crema (Giovanni Maria da), Sermisy (Cl. de).
Crémieux (Hector), Offenbach (J.).
Crépy (de), Conservatoire de Paris.
*Créquillon (Thomas), Bruxelles; France (xvie s.).
Crescentini (Girolamo), castrat; Cherubini (L.).
*Crespin (Régine), Conservatoire de Paris; Dialogue des carmélites [F. Poulenc].
Crickboom (Mathieu), Belgique; Bruxelles; Casals (P.).
Cristo (Don Pedro de), Portugal.
*Cristofori (Bartolomeo), concerto; Florence; piano; sonate (genre).
*Croce (B.), Togni (C.).
*Croes (Henri-Jacques de), Belgique.
*Croft (William), Blow (J.); Clarke (J.).
*Croiza (Claire Conelly, dite), Conservatoire de Paris.
Croner (Daniel), Roumanie.
Croner de Vasconcellos (J.), Portugal.
*Cros (Charles), disque.
*Crosse (Gordon), Angleterre.
Crozier (Eric), Aldeburgh (festival d'); English Opera Group.
*Crumb (George), Ancient Voices of Children; Black Angels; Lorca (F. G.); Madrigals.
*Crusell (Henrik), Finlande; suédois.
Crut, Conservatoire de Paris.
Cruz (Agostinho da), Portugal.
Cruz (Ivo), Portugal.
Cruz (Luciano), Como una ola de fuerza y luz

INDEX
1761

[L. Nono].
Cruz *(Ramón de la)*, Espagne ; opéra.
Császár *(György)*, Hongrie.
Csazinsky *(Joséphine)*, Richter (H.).
Csenki *(Imre)*, Hongrie.
Csermák, Hongrie.
***Ctésibios d'Alexandrie**, hydraule ; orgue.
Cubiles, Madrid.
Cuclin *(D.)*, Roumanie.
***Cuénod** *(Hugues)*, haute-contre.
Cuevas (marquis de), *Belle au bois dormant (la)* [P. I. Tchaïkovski].
***Cui** *(César)*, *Antar* [N. A. Rimski-Korsakov]; Balakirev *(M. A.)*; groupe des Cinq ; opéra ; Russie ; Saint-Pétersbourg.
Cukor *(George)*, cinéma et musique.
Cummings *(Edward Estlin)*, *Cummings ist der Dichter* [P. Boulez].
Cunho *(Peixoto da)*, Portugal.
Cuniot, live electronic music.
Cunningham *(Merce)*, *Black Mountain* [J. Cage], Cage *(J.)*; *Concerto pour piano et orchestre* [J. Cage].
Curwen *(John)*, solmisation.
***Curzon** *(Clifford)*, Schnabel *(A.)*.
Cuvellier *(Marcel)*, Bruxelles.
Cuvillier, *Devin du village (le)* [J. J. Rousseau].
***Cuzzoni** *(Francesca)*, bel canto ; chant.
Cyrille (saint), Bulgarie.
***Czerny** *(Carl)*, allemand ; autrichien ; Beethoven *(L. van)* ; étude ; Hummel *(J. N.)* ; Liszt *(F.)* ; Scarlatti *(D.)*.
Czerny *(Peters)*, *Art de la fugue* [J.-S. Bach].
Czibulka *(Alfons)*, autrichien.

D

Dach *(Simon)*, Albert (H.).
Dadelsen *(Hans Christian von)*, allemand.
Dadey *(José)*, Colombie.
Dagar *(Aminuddin)*, Inde.
Dagar *(Moinuddin)*, Inde.
Dagar *(Nasiruddin)*, Inde.
***Dalayrac** *(Nicolas)*, Blasius *(M. F.)* ; France (XVIIIe s.) ; opéra ; romance.
Dalcroze *(Jacques)*, suisse (musique).
Dalida, chanson populaire.
***Dallapiccola** *(Luigi)*,

Bucchi *(V.)* ;
Bussotti *(S.)* ; *Canti di Liberazione* ; *Canti di Prigiona* ; dodécaphonique (musique) ; Donaueschingen (festival de) ; Italie ; opéra ; *Prisonnier (le)* ; Scherchen (H.) ; sérielle (musique) ; sonate (genre) ; *Ulysse* ; violoncelle ; *Vol de nuit*.
Dal Monte *(Toti)*, bel canto ; chant.
Dalza *(J.)*, suite.
Damaschin *(Ioan)*, Roumanie.
***Damase** *(Jean-Michel)*, France (XXe s.).
Dameron *(Tadd)*, Gillespie (D.).
Damia, chanson populaire.
***Damrosch** *(Frank)*, Juilliard School of Music.
Danbé *(Jules)*, *Lakmé* [L. Delibes] ; *Manon* [J. Massenet].
Danchet, *Fêtes vénitiennes (les)* [A. Campra].
Dancourt, *Incontro improvviso (l')* [F. J. Haydn].
***Dandelot** *(Georges)*, Casanova (A.).
***Daniel** ou **Danyel** *(John)*, Cavendish (M.).
***Daniel-Lesur**, *Andrea del Sarto* ; Baudrier *(Y.)* ; *Cantique des cantiques* ; France (XXe s.) ; Jeune-France (groupe de la) ; Ohana (M.).
***Daniélou** *(Alain)*, ethnomusicologie.
Daniélou *(Jean)*, Stravinsky (I.).
Danion *(Georges)*, Gonzalez (V.).
Dankó *(Pista)*, Hongrie.
***Dankworth** *(Johnny)*, cinéma et musique.
D'Annunzio *(Gabriele)*, Debussy (C.) ; *Francesca da Rimini* [R. Zandonai] ; Rouché (J.).
Dante, *Cette étoile enseigne à s'incliner* [G. Amy] ; *Francesca da Rimini* [P. I. Tchaïkovski] ; *Gianni Schicchi* [G. Puccini].
Danyel *(John)* → Daniel (John).
Danzmayr *(Wolfgang)*, autrichien.
Da-Oz *(Ram)*, Israël.
***Da Ponte** *(Lorenzo)*, *Cosi fan tutte* [W. A. Mozart] ; *Don Juan* [W. A. Mozart] ; livret ; opéra.
Daquin *(Claude)*, Dufourcq (N.).
***Darasse** *(Xavier)*, France (XXe s.).
***Dargomyjski** *(Alexandre)*, Bessel *(V. V.)* ; chant ; *Convive de pierre (le)* ; Cui (C.) ; *Enfantines (les)* [M. P Moussorgski] ; opéra ; Rimski-

Korsakov (N. A.) ; Russie ; Sérov (A.).
Dart *(Thurston)*, Cambridge.
Darvas *(Gabor)*, Hongrie.
***Darwich** *('Ali)*, Égypte.
***Darwich** *(Sayyid)*, Égypte.
Dassin *(Jo)*, chanson populaire.
Dauberval *(Jean Bercher, dit)*, Bordeaux.
Daudet *(Alphonse)*, *Arlésienne (l')* [G. Bizet].
Dautin *(Yvan)*, chanson populaire.
***Dauvergne** ou **d'Auvergne** *(Antoine)*, France (XVIIIe s.) ; opéra.
Davenant *(Henry)*, Cooke (H.) ; opéra.
***David** *(Félicien)*, opéra ; Reyer (E. Rey, dit).
***David** *(Johann Nepomuk)*, allemand ; autrichien ; Rilling (H.) ; Stuckenschmidt (H. H.)
***Davies** *(Peter Maxwell)*, Angleterre ; cinéma et musique ; Londres.
***Davis** *(Colin)*, Angleterre ; Bayreuth ; *Ice Break (the)* [M. Tippett].
***Davis** *(Miles)*, pop music.
Davison *(A. T.)*, Apel *(W.)*.
Davison *(Wild Bill)*, dixieland.
Dazs *(Abraham)*, hébraïque (musique).
De Angelis, basse (voix).
Debain *(Alexandre François)*, harmonium.
De Beauplan, chanson populaire.
De Blaise, clavecin.
***Debussy** *(Claude)*, adaptation ; Ansermet (E.) ; arabesque ; *Ariettes oubliées* ; ballet et musique ; *Berceuse héroïque* ; bergamasque ; *Boîte à joujoux (la)* ; cake-walk ; Caplet (A.) ; catalogue thématique ; cédez ; censure ; chanson ; *Chansons de Bilitis* ; chant ; *Children's Corner* ; *Cinq Poèmes de Charles Baudelaire* ; concerto ; critique musicale ; *Damoiselle élue (la)* ; déclamation ; Diaghilev (S. P. de) ; drame ; *En blanc et noir* ; *Enfant prodigue (l')* ; *Estampes* ; étude ; fantaisie ; *Fêtes galantes* ; France (1800-1914) ; Garden (M.) ; *Gigues* ; *Hommage à Haydn* ; *Hommage à Rameau* ; *Iberia* ; *Images* ; impressionnisme ; Inghelbrecht (D.-É.) ; *Isle joyeuse (l')* ; *Jeux* ; *Khamma* ; Lockspeiser (E.) ; Long (M.) ; Mallarmé (S.) ; *Marche écossaise* ; *Martyre de saint Sébastien (le)* ; *Mer (la)* ; oratorio ; *Pelléas et Mélisande* ; *Petite suite* ;

Pour le piano ; prélude ; *Prélude à l'après-midi d'un faune* ; *Printemps* ; quatuor à cordes ; rhapsodie ; *Rondes de Printemps* ; sarabande ; Schaeffner (A.) ; *Six Épigraphes antiques* ; sonate (genre) ; Strobel (H.) ; suite ; *Suite bergamasque* ; *Syrinx* ; toccata ; Toscanini (A.) ; Verlaine (P.).
Debussy *(Claude-Emma)*, *Children's Corner* [C. Debussy].
Decombes *(Émile)*, Cortot (A.).
***Decoust** *(Michel)*, France (XXe s.).
Dĕdeček, Cikker (J.).
Dedekind *(C. C.)*, Schütz (H.).
Deep Purple (groupe), pop music.
Defauw *(Désiré)*, Chicago.
Deffayet *(M.)*, Conservatoire de Paris.
Degas, Chausson (A. E.).
***Degtiarov** *(Stepan)*, opéra.
Dehn *(Siegfried Wilhelm)*, Cornelius *(P.)* ; Rubinstein.
Deiss, Salabert.
Delacroix *(Eugène)*, Chausson *(A. E.)* ; Chopin *(F.)*.
Delalande *(François)*, Groupe de recherches musicales.
***Delalande** *(Michel-Richard)*, Cellier *(A.)* ; France (XVIIIe s.) ; symphonie ; *Symphonies pour les soupers du Roi*.
Delanoë *(Pierre)*, chanson populaire.
Delavigne, *Robert le Diable* [G. Meyerbeer].
Del Buono *(G.)*, sonate (genre).
Delcher *(Supply)*, États-Unis.
Deldevez *(Edouard)*, Conservatoire (société des concerts du).
Delécluse, Conservatoire de Paris.
***Delerue** *(Georges)*, cinéma et musique ; France (XXe s.) ; Ohana (M.).
Delestre-Poirson, *Comte Ory (le)* [G. Rossini].
Delgado *(Raul)*, électroacoustique (musique).
***Delibes** *(Clément Philibert Leo)*, ballet et musique ; *Coppelia ou la fille aux yeux d'émail* ; *Lakmé* ; opéra ; *Sylvia ou la nymphe de Diane*.
Delin *(Albert)*, clavicitherium.
Delioux, Castillon de Saint-Victor (A. de).
***Delius** *(Frederick)*, *A Mass of Life* ; Angleterre ; *Appalachia* ; Beecham (sir Th.) ; *Brigg Fair* ; catalogue thématique ; *Eventyr* ;

INDEX

opéra ; *Paris (The Song of a Great City)* ; sonate (genre) ; Tippet *(M.)*.
Della Ciaja *(Azzolino Bernardino)*, toccata.
*****Deller** *(Alfred)*, chant ; falsettiste ; haute-contre ; opéra.
*****Delmet** *(Paul)*, chanson populaire.
*****Delna** *(Marie Ledan, dite)*, contralto.
Del Prato *(Vincenzo)*, castrat.
De Luca, baryton.
De Lucia *(Fernando)*, bel canto ; Thill *(G.)*.
Delvaux *(Albert)*, Belgique.
*****Delvincourt** *(Claude)*, Conservatoire de Paris ; Demuth *(C.)* ; Dutilleux *(H.)* ; France (XXᵉ s.) ; opéra.
*****Demarquez** *(Suzanne)*, Risset *(J.-C.)*.
Demarsan *(Eric)*, cinéma et musique.
Demy *(Jacques)*, cinéma et musique.
Denis [roi de Portugal], Portugal.
*****Denis** *(Didier)*, France (XXᵉ s.).
*****Denisov** *(Edison Vassilievich)*, Russie ; Silvestrov *(V. V.)* ; Slonimski *(S.)*.
Denner *(Johann Christoph)*, clarinette.
*****Dent** *(Edward Joseph)*, Cambridge.
Denza, Ciccolini *(A.)*.
Deplus *(G.)*, Conservatoire de Paris ; Darmstadt (festival de).
*****Depraz** *(Xavier)*, Conservatoire de Paris ; *Dialogue des carmélites* [F. Poulenc].
Derain *(André)*, Aix-en-Provence (festival d') ; *Boutique fantasque (la)* [O. Respighi] ; Diaghilev *(S. P. de)*.
Derieteanu *(G.)*, Roumanie.
*****Dering** *(Richard)*, Gibbons *(O.)*.
Derivis *(H. E.)*, *Siège de Corinthe (le)* [G. Rossini].
*****Dermota** *(Anton)*, Vienne.
Deru *(Édouard)*, Bruxelles.
*****Dervaux** *(Pierre)*, Conservatoire de Paris ; *Dialogue des carmélites* [F. Poulenc].
Désaugiers *(Antoine)*, chanson populaire.
*****Descartes** *(René)*, basse fondamentale.
Deschamps *(Émile)*, *Huguenots (les)* [G. Meyerbeer] ; *Roméo et Juliette* [H. Berlioz].
Deschamps *(Eustache)*, lai.
Descombey *(Michel)*, ballet et musique.
Desderi, Castiglioni *(N.)*.
Desenclos *(Alfred)*, France (XXᵉ s.).
Des Essarts *(Nicolas d'Herberay)*, *Amadis de Gaule* [J.-B. Lully].

Deslogères (trio), France (XXᵉ s.).
*****Desmarets** *(Henry)*, Ballard ; opéra.
*****Désormière** *(Roger)*, *Animaux modèles (les)* [F. Poulenc] ; Arcueil (école d') ; *Buisson ardent (le)* [Ch. Koechlin] ; Dutilleux *(H.)* ; France (XXᵉ s.) ; Satie *(E.)* ; Sauguet *(H.)* ; *Sept Haikaï* [O. Messiaen].
Desportes *(P.)*, Chardavoine *(J.)*.
*****Desportes** *(Yvonne)*, France (XXᵉ s.).
*****Dessau** *(Paul)*, allemand ; Brecht *(B.)* ; cinéma et musique ; opéra ; Schenker *(H.)*.
Dessoff *(Otto)*, Adler *(G.)* ; Richter *(H.)* ; Vienne.
*****Destinn** *(Emmy)*, disque.
*****Destouches** *(André-Cardinal)*, Ballard ; France (XVIIIᵉ s.) ; opéra.
Deutsch *(Adolf)* ; cinéma et musique.
*****Deutsch** *(Max)*, Bucht *(G.)* ; Bussotti *(S.)* ; Condé *(G.)*.
*****Deutsch** *(Otto Erich)*, Schenker *(H.)*.
2 e 2 m (ensemble), France (XXᵉ s.).
*****Devienne** *(François)*, romance.
Devos, Conservatoire de Paris.
Devoyod, baryton.
Devreese *(Godefroid)*, Belgique.
Devrient *(Édouard)*, Schnorr von Carolsfeld *(L.)* ; Schroeder-Devrient *(W.)*.
*****Devriès** *(Daniel, dit Ivan)*, chant.
Dezède, opéra.
Dezelic *(Sofija)*, Brendel *(A.)*.
Dhomont *(Francis)*, électroacoustique (musique) ; France (XXᵉ s.).
*****Diabelli** *(Anton)*, autrichien ; sonatine ; *Variations Diabelli* [L. van Beethoven].
Diacre *(Jean)*, Grégoire (saint).
*****Diaghilev** *(Serge de)*, Ansermet *(E.)* ; Auric *(G.)* ; ballet et musique ; *Belle au bois dormant (la)* [P. I. Tchaïkovski] ; *Boutique fantasque (la)* [O. Respighi] ; Carpenter *(J. A.)* ; *Chout (le Bouffon)* [S. S. Prokofiev] ; *Danses polovtsiennes* [A. P. Borodine] ; *Daphnis et Chloé* [M. Ravel] ; *Fâcheux (les)* [G. Auric] ; *Femmes de bonne humeur (les)* [V. Tommasini] ; *Fils*

prodigue (le) [S. Prokofiev] ; *Légende de Joseph (la)* [R. Strauss] ; Prokofiev *(S.)* ; Ravel *(M.)* ; Respighi *(O.)* ; Rimski-Korsakov *(N. A.)* ; Rouché *(J.)* ; Russie ; *Sacre du printemps (le)* [I. Stravinski] ; *Sadko* [N. A. Rimski-Korsakov] ; *Spectre de la rose (le)* [H. Berlioz] ; Strauss *(R.)* ; Stravinski *(I.)* ; *Suite scythe* [S. Prokofiev].
Diamand *(Peter)*, Édimbourg.
*****Diamond** *(David)*, Sessions *(R.)*.
Dias Melgaz, Portugal.
Diaz de Besson, Madrid.
Dibdin *(Charles)*, opéra.
*****Diderot** *(Denis)*, ballet et musique ; drame.
Diederichs *(Yann)*, France (XXᵉ s.).
*****Diémer** *(Louis)*, *Carnaval des animaux (le)* [C. Saint-Saëns] ; Casadesus *(R.)* ; Cortot *(A.)* ; *Djinns (les)* [C. Franck].
Diener, *Art de la fugue* [J.-S. Bach].
Diennet *(Jacques)*, France (XXᵉ s.).
Die Reihe [ensemble], *Aventures* [G. Ligeti] ; Cerha *(F.)*.
*****Dies** *(Albert Christoph)*, Haydn *(F. J.)* ; *Surprise (la)* [F. J. Haydn].
Dietrich, Renaissance.
Dietrich *(Luc)*, *Jean de la Peur* [M. Landowski].
Dietsch, *Ave Maria*.
*****Dieupart** *(Charles)*, Brunold *(P.)* ; *Suites anglaises* [J.-S. Bach].
Dijkman *(L.)*, suédois.
Diktonius *(Elmer)*, Finlande.
*****Dileski** *(Nicolai)*, Russie.
Dima *(G.)*, Roumanie.
Di Majo *(Gian Francesco)*, opéra.
Dimitrescu *(C.)*, Roumanie.
Dimitrov *(Georgi)*, Bulgarie.
*****Dimov** *(Bojidan)*, Bulgarie.
Dīn *(Ṣafiy al-)*, ʿAbbāsside ; arabe (musique) ; Iran ; Iraq.
Dingelstedt *(Franz von)*, Vienne.
*****Distler** *(Hugo)*, allemand ; *Danse des morts*.
*****Dittersdorf** *(Karl Ditters von)*, allemand ; concerto ; contrebasse ; *Docteur et apothicaire* ; *Esther* ; *Métamorphoses d'Ovide (les)* ; opéra ; suite ; symphonie.
*****Dittrich** *(Paul Heinz)*, allemand.
Djelal-ed-Din-Roumi, *Chant de la Nuit (le)* [K. Szymanowski].
*****Dlugoraj** *(Wojciech)*, Pologne.
Dobrowen *(Issay)*, San

Francisco.
*****Dobrowolski** *(Andrzej)*, Pologne.
Dóczy *(Jószef)*, Hongrie.
Dodi *(John)*, Canada.
Doflein *(E.)*, Schnebel *(D.)*.
Dogaru *(A.)*, Roumanie.
Dohnanyi *(Christoph von)*, Cologne ; *Danses de Galanta* [Z. Kodály] ; *Danses de Marosszek* [Z. Kodály] ; *Double concerto* [G. Ligeti] ; Hongrie ; opéra.
*****Dohnanyi** *(Ernö)*, Anda *(G.)*.
Doizi de Velasco, Portugal.
Doles *(J. F.)*, Rochlitz *(J. F.)*.
Dolin *(A.)*, *Boléro* [M. Ravel].
Dolmatovski *(Eugène)*, *Chant des forêts (le)* [D. Chostakovitch].
*****Dolmetsch** *(Arnold)*, Shaw *(G. B.)*.
*****Domingo** *(Placido)*, Espagne.
Domino *(Fats)*, blues.
Donaldoon *(Walter)*, comédie musicale.
*****Donatoni** *(Franco)*, Chojnacka *(E.)* ; Darmstadt (festival de) ; Italie ; Royan (festival International d'Art contemporain de) ; sérielle (musique) ; Sinopoli *(G.)*.
Donen *(Stanley)*, cinéma et musique.
*****Donizetti** *(Gaetano)*, *Anna Bolena* ; bel canto ; *Don Pasquale* ; *Élixir d'amour (l')* ; *Favorite (la)* ; *Fille du régiment (la)* ; *Lucia di Lammermoor* ; *Lucrèce Borgia* ; *Marie Stuart* ; opéra ; Ricordi ; *Roberto Devereux* ; Rubini *(G.)* ; Verdi *(G.)*.
Donneau de Visée, Charpentier *(M. A.)*.
Donner *(Henrik Otto)*, Finlande.
Donzelague, clavecin.
Doors (groupe), pop music.
Doppelbauer *(Josef Friedrich)*, autrichien.
*****Dorati** *(Antal)*, *Chronochromie* [O. Messiaen].
Dorbel, Dufourcq *(N.)*.
*****Doret** *(Gustave)*, suisse (musique).
Dorian Singers (les), Seiber *(M.)*.
Dorliac *(Nina)*, Richter *(S.)*.
Dorn *(Heinrich)*, Cologne ; Schumann *(R. A.)*.
*****Dornel** *(Antoine)*, suite.
*****Dorus-Gras** *(Julie)*, *Robert Le Diable* [G. Meyerbeer].
Dostoievski *(Fiodor Mikhaïlovitch)*, *De la maison des morts* [L. Janáček] ; *Joueur (le)* [S. Prokofiev].
Dotzauer, violoncelle.
Douglas *(William)*, Canada.
Doukan, Conservatoire de Paris.

Dourien, Thomas *(A.).*
*****Dowland** *(John),*
 Angleterre ; ayré ;
 chanson au luth ; Irlande ;
 Lachrimae.
Doyle *(Roger),*
 électroacoustique
 (musique).
*****Draeseke** *(Félix),* opéra.
Dragatakis *(D.),* Grèce.
*****Draghi** *(Antonio),*
 autrichien ; Vienne.
*****Draghi** *(Giovanni Battista),*
 opéra.
*****Dragoi** *(Sabin),* Roumanie.
*****Dragonetti** *(Domenico),*
 contrebasse.
Dranem, chanson populaire.
Drangosch, Argentine
 (république).
Drese *(J. S.),* Bach *(J.-S.).*
Dreyfus *(Georg),* Australie.
Drigo *(Ricardo),* ballet et
 musique.
Drimba *(O.),* Stroe *(A.).*
*****Drogoz** *(Philippe),* France
 (xxe s.).
*****Drouet** *(Jean-Pierre), Aus
 den sieben Tagen*
 [K. Stockhausen] ; France
 (xxe s.).
Drouskin, Leningrad.
*****Druckman** *(Jacob),*
 électroacoustique
 (musique).
Drummond *(John),*
 Édimbourg.
Dryden *(John), Acis et
 Galatée* [G. F. Haendel] ;
 Festin d'Alexandre
 [G. F. Haendel] ; opéra ;
 Roi Arthur (le)
 [H. Purcell].
Duarte Lobo, Portugal.
Dubas *(Marie),* chanson
 populaire.
Dubbini *(Carlos),*
 Carneyro *(C.).*
*****Düben,** suédois.
*****Dubois** *(Pierre-Max),*
 France (xxe s.).
*****Dubois** *(Théodore),*
 Bréville *(P. de) ;*
 Conservatoire de Paris ;
 Ravel *(M.) ;* Schmitt *(F.).*
Du Bos *(Jean-Baptiste,*
 abbé), critique musicale.
Du Buisson, air sérieux ;
 tombeau.
Duby *(Jacques), Interview*
 [J. Komives].
Ducasse *(Roger)* → Roger-
 Ducasse.
*****Du Caurroy** *(François
 Eustache),* Ballard ;
 fantaisie ; France
 (xvie s.) ; France
 (xviie s.).
Duchambge *(Pauline),*
 romance.
*****Du Chemin** *(Nicolas),*
 branle ; chanson.
*****Dufay** *(Guillaume),* Ars
 subtilior ; augmentation ;
 ballade ; ballata ;
 Belgique ; Besseler *(H.) ;*
 Bourgogne (cour de) ;
 cantus firmus ; chanson ;
 Dunstable *(J.) ;* Florence ;
 France (xve s.) ; franco-
 flamande (musique) ;
 Homme armé (l').

Duff *(Arthur),* Irlande.
Dufour *(Denis),* France
 (xxe s.) ; Groupe de
 recherches musicales ;
 live electronic music.
*****Dufourcq** *(Norbert),*
 Conservatoire de Paris ;
 dictionnaire ; orgue ;
 Rostand *(C.).*
*****Dufourt** *(Hughes),
 Antiphysis ;* Collectif de
 recherche instrumentale
 et de synthèse sonore
 (C.R.I.S.S.) ; Ensemble
 intercontemporain ;
 Erewhon ; France
 (xxe s.) ; Royan (festival
 International d'Art
 contemporain de) ;
 Saturne.
Dufrenne, Salabert.
Dufy *(Raoul), Bœuf sur le
 toit (le)* [D. Milhaud].
Dugazon *(Rosalie),* chant.
*****Duhamel** *(Antoine),* France
 (xxe s.).
*****Dukas** *(Paul),* Alain *(J.) ;
 Apprenti sorcier (l') ;
 Ariane et Barbe-Bleue ;*
 Champagne *(C.) ;*
 Conservatoire de Paris ;
 critique musicale ; France
 (1800-1914) ; opéra ; *Péri
 (la) ; Polyeucte ;* Portugal ;
 Rodrigo *(J.) ;* Roger-
 Ducasse *(J.) ;*
 Samazeuilh *(G.) ;*
 Shakespeare *(W.) ;* sonate
 (genre) ; symphonie.
Dumas *(père) (Alexandre),
 Caligula* [G. Fauré].
*****Dumesnil** *(René),*
 Delvincourt *(C.) ;* Villa-
 Lobos *(H.).*
*****Dumitrescu** *(Gheorghe),*
 Stroe *(A.).*
*****Du Mont** *(Henry),*
 Belgique ; credo ; France
 (xviie s.) ; grégorien
 (chant) ; Robert *(P.).*
Dumont *(Nicolas),* clavecin.
Dumortier *(Georges),*
 Belgique.
Duncan *(Isadora),* ballet et
 musique.
Duncan *(Ronald), Viol de
 Lucrèce (le)* [B. Britten].
*****Duni** *(Egidio),*
 Durante *(F.) ;* opéra ;
 vaudeville.
*****Dunstable** *(John),*
 Angleterre ; Benet *(J.) ;*
 France (xve s.).
*****Duparc** *(Henri),* France
 (1800-1914) ; Indy *(V. d') ;
 Invitation au voyage ;
 Lénore.*
Dupont *(Gabrielle),*
 Debussy *(C.).*
Dupont *(Pierre),* chanson
 populaire.
Duport, concerto ;
 violoncelle.
*****Dupré** *(Marcel),* Alain *(J.) ;*
 carillon ; Chapuis *(M.) ;*
 Cochereau *(P.) ;*
 Conservatoire de Paris ;
 France (xxe s.) ; Solomon
 [Cutner *(Solomon)*] ;
 tombeau.
*****Duprez** *(Gilbert),* chant ;
 haute-contre ; Verdi *(G.).*

Dupuy *(Ernest), Caligula*
 [G. Fauré].
Dupuy *(Mme Hilaire),*
 chant.
Durán *(José),* opéra.
*****Durand** [éditeurs], édition
 musicale.
*****Durante** *(Francesco),* duo ;
 Italie ; Sacchini *(A.) ;*
 sonate (genre).
Duras *(Marguerite),* cinéma
 et musique.
Durastanti, Cuzzoni *(F.).*
Dürer *(Albrecht),* allemand.
*****Durey** *(Louis),* France
 (xxe s.) ; groupe des Six.
Durigo *(I.),* Stader *(M.).*
*****Durkó** *(Zsolt),* Hongrie.
Du Roullet, *Iphigénie en
 Aulide* [C. W. Gluck].
Durr *(Bernard),* Groupe de
 recherches musicales ;
 Schaeffer *(P.).*
Dürr *(Johannes Martin),*
 autrichien.
Dürrnberger *(August),*
 Bruckner *(A.).*
Duru, *Fille du tambour-
 major (la),*
 [J. Offenbach].
*****Duruflé** *(Maurice),* France
 (xxe s.) ; *Requiem.*
*****Dusapin** *(Pascal),* France
 (xxe s.).
*****Duschek** ou **Dussek**
 (Josepha), Ah ! perfido
 [L. van Beethoven] ;
 Dušek *(F. X.).*
Duse, vérisme.
*****Dussek** [père] *(Jan Ladislav),
 Adieu (l'),* catalogue
 thématique ; *Élégie
 harmonique ;* sonate
 (genre).
Dussurget *(Gabriel),* Aix-en-
 Provence (festival d').
Dutante *(Francesco),*
 divertissement.
Duteil, chanson populaire.
*****Dutilleux** *(Henri), Ainsi la
 nuit ;* Alain *(J.) ;*
 alternance ; basse
 obstinée ; chambre
 (musique de) ; concerto ;
 dodécaphonique
 (musique) ; *Double (le) ;
 Figures de résonances ;*
 France (xxe s.) ; *Loup
 (le) ; Métaboles ;* sonate
 (genre) ; symphonie ; *Tout
 un monde lointain.*
Duval *(Alexandre), Joseph
 en Égypte* [E.-N. Méhul].
*****Duval** *(Denise), Dialogue
 des carmélites*
 [F. Poulenc] ; *Voix
 humaine (la)*
 [F. Poulenc].
Duval *(Georges), Véronique*
 [A. Messager].
*****Dvořák** *(Antón),*
 Américain ;
 Burghauser *(J.) ;*
 Cambridge ; *Carnaval ;*
 catalogue thématique ;
 chambre (musique de) ;
 *chansons tsiganes ;
 Chants bibliques ; cloches
 de Zlonice (les) ;*
 concerto ; *Danses slaves ;
 Dans la nature ; Dumky-
 trio ; Esprit des eaux (l') ;*

INDEX
1763

furiant ; *Nouveau Monde ;*
opéra ; *Othello ; Pigeon
des bois (le) ;* Prague ;
rhapsodie ; Richter *(H.) ;
Rouet d'or (le) ; Rusalka ;
Scherzo Cappriccioso ;*
sérénade ;
Shakespeare *(W.) ;* sonate
(genre) ; *Sorcière de midi
(la) ;* Suk ; symphonie ;
Variations symphoniques.
Dylan *(Bob),* folksong-2 ;
pop music ; *Songs for
Dov* [M. Tippett].
Dzerjinski, opéra.

E

*****East** *(Thomas),* Byrd *(W.).*
Ebb, cinéma et musique.
Eberhardt *(Paul),* Bayreuth.
Eberl *(Anton),* autrichien.
*****Eberlin** *(Johann Ernst),*
 autrichien.
Ebert *(Carl),* Berlin
 (histoire de la vie
 musicale à).
Ebner, Vienne.
*****Eccard** *(Johannes),*
 allemand ; lied.
Echpaï *(Andreï),* Russie.
Eckert *(Karl),* Vienne.
*****Eda-Pierre** *(Christiane),*
 Aix-en-Provence (festival
 d') ; Conservatoire de
 Paris.
Edel *(Yizhak),* hébraïque
 (musique).
Edelmann, Cuba.
Eder *(Helmut),* autrichien.
Edison *(Thomas Alva),*
 cylindre ; disque.
Edlerauer *(H.),* autrichien.
Efendi *(Dede),* Turquie.
Eggebrecht (H. H.),
 Rihm *(W.).*
*****Egk** *(Werner),* allemand ;
 Berlin (histoire de la vie
 musicale à) ; opéra ; suite.
Egressy *(Béni),* Hongrie.
Ehlert *(Louis),* lied.
*****Ehrlich** *(Abel),* hébraïque
 (musique) ; Israël.
*****Eichendorff** *(Joseph von),*
 Cornelius *(P.) ;*
 Wolf *(H.).*
*****Eimert** *(Herbert),* Cologne ;
 concrète (musique) ;
 Darmstadt (festival de) ;
 électronique (musique) ;
 étude ; Koenig *(G. M.) ;*
 Stockhausen *(K.).*
Einarsson *(Sigfús),* Islande.
*****Einem** *(Gottfried von),*
 allemand ; autrichien ;
 Blacher *(B.) ;*
 Cebotari *(M.) ; Mort de
 Danton (la) ;* opéra.
*****Einstein** *(Alfred),*
 Apel *(W.) ;*
 Sandberger *(A.).*
Eisenstein *(Serge M.),
 Alexandre Nevski*
 [S. Prokofiev] ; cinéma et

INDEX

musique ; *Ivan le Terrible*
[S. Prokofiev] ;
Prokofiev *(S.)*.
Eisenstein *(Silvia)*,
Argentine (république).
***Eisler** *(Hanns)*, allemand ;
Brecht *(B.)* ; cinéma et
musique ; dodécaphonique
(musique) ; opéra ;
Schenker *(F.)* ;
Schönberg *(A.)*.
***Eitner** *(Robert)*, sources.
Ekimovski *(Victor
Alexevitch)*, Russie.
Eklund *(Hans)*, suédois.
***Elgar** *(Edward)*,
Angleterre ; Cambridge ;
Carpenter *(J. A.)* ;
Cockaigne ; *Falstaff* ;
Froissart ; *In the South
(Alassio)* ; *Introduction et
Allegro pour cordes* ;
oratorio ; *Pomp and
Circumstance* ; *Rêve de
Gerontius* (le) ;
Richter *(H.)* ;
Shaw *(G. B.)* ;
Tippet *(M.)* ; *Variations
enigma*.
Eliasson *(Anders)*, suédois.
Elin *(Hanns)*, Jelinek *(H.)*.
Eliot *(T. S.)*, Tippet *(M.)*.
Elisabeth Iʳᵉ, Angleterre.
Elleviou, chant.
Ellington *(Duke)*,
Blanton *(J.)* ; blues ;
Schepp *(A.)*.
Elmendorff *(Karl)*,
Bayreuth ; Dresde.
***Eloy** *(Jean-Claude)*,
Donaueschingen (festival
de) ; *Équivalences* ;
Etude III ; *Faisceaux-
Diffractions* ; *Fluctuante-
Immuable* ; France
(xxᵉ s.) ; *Gaku-No-Michi* ;
Kâmakalâ ; Royan
(Festival International
d'Art contemporain de) ;
Shânti.
***Elsner** *(Józef Ksawerg)*,
Chopin *(F.)* ; opéra ;
Pologne.
Éluard *(Paul)*,
Barraqué *(J.)* ; *Figure
humaine* [F. Poulenc].
El-Wafi *(Ahmed)*, Tunisie.
Elwart, Colonne *(E.)*.
Emeraud *(A.)*, suite.
Emerson *(Keith)*, pop
music.
Emerson/Lake/Palmer (trio),
pop music.
Emié *(Louis)*, Sauguet *(H.)*.
***Emmanuel** *(Maurice)*,
Conservatoire de Paris ;
dorien ; France (xxᵉ s.) ;
Rivier *(J.)* ; Samson *(J.)* ;
sonate (genre).
Encina *(Juan del)*, auto
sacramental ; cancionero ;
Espagne ; Renaissance.
Encinar *(José Ramón)*,
Espagne ; Royan (Festival
International d'Art
contemporain de).
Endrèze, baryton.
***Enesco** *(George)*, *Œdipe* ;
opéra ; rhapsodie ;
Roumanie ; Shankar *(R.)*.
***Engel** *(Carl)*, Schirmer.
Engel *(H.)*.

Sandberger *(A.)*.
***Engelmann** *(Hans Ulrich)*,
Bose *(H.-J. von)*.
***Englert** *(Giuseppe)*, live
electronic music.
***Englund** *(Einar)*, Finlande.
Ennery *(Adolphe d')*, *Si
j'étais roi* [A. Adam].
Eno *(Brian)*, pop music.
Enrique *(M.)*, cancionero.
Enryd *(Bengt)*, suédois.
**Ensemble de Chambre
MW. 2 de Cracovie**,
Pologne.
***Eötvös** *(Peter)*, Ensemble
intercontemporain ; live
electronic music ; *Saturne*
[H. Dufourt].
Ephrem (saint), byzantin
(chant).
Epstein, Schalk *(F.)*.
***Erard** *(Sébastien)*,
barrage ; clavecin ; harpe ;
Liszt *(F.)* ; piano.
Erben *(Karel Jaromir)*,
Rouet d'or (le)
[A. Dvořák] ; *Sorcière de
midi* (la) [A. Dvořák].
Erbse *(Heimo)*,
Blacher *(B.)*.
Erdmann *(Eduard)*,
Stockhausen *(K.)*.
Erdmannsdörfer *(Max)*,
Hamlet [F. Liszt].
Erdödy *(Marie von)*,
Beethoven *(L. van)* ;
fantômes (Des) [L. van
Beethoven].
Ericson *(E.)*, *Lundi* (groupe
du).
Eriksson *(Josef)*, suédois.
Erkel *(Elek)*, Hongrie.
***Erkel** *(Ferenc)*, Hongrie ;
opéra.
Erkel *(László)*, Bartók *(B.)*.
Erkin *(Ulvi Cemal)*,
Turquie.
***Erlanger** *(Camille)*, opéra.
***Erlanger** *(Rodolphe d')*,
Darwich (Cheikh *Alī*) ;
ethnomusicologie.
Erlo *(Louis)*, Aix-en-
Provence (festival d').
Ernst *(Alfred)*, critique
musicale.
***Eschig** *(Max)*, *Sept
chansons populaires
espagnoles* [M. de Falla] ;
Villa-Lobos *(H.)*.
Escobar *(Pedro de)*,
cancionero ; Espagne.
***Eslava** (Don Hilarion),
Comes (J. B.) ; opéra.
Esmenard *(Joseph)*, *Fernand
Cortez ou la Conquête du
Mexique* [G. Spontini].
Esnaola *(J.-P.)*, Argentine
(république).
Espinosa *(Guillemo)*,
Colombie.
***Espla** *(Oscar)*, Espagne.
Esposito *(Arnaldo d')*,
Argentine (république).
Esputa *(John)*,
Sousa *(J. P.)*.
Essenga *(Salvatore)*,
Vecchi *(O.)*.
Essipova, Saint-Pétersbourg.
***Esswood** *(Paul)*, falsettiste.
Este *(Eleonora d')*,
Gesualdo (Don *C.)*.
Este *(Hippolyte d')*,

Sandrin *(P.)*.
Esterházy *(Johann-Karl)*,
Schubert *(F.)*.
***Esterházy** *(Paul Anton)*,
Acide [J. Haydn] ; Haydn
(F. J.) ; Hongrie.
***Estève** *(Pablo)*, opéra ;
tonadilla.
Euclide, Grèce.
Euripide, *Alceste*
[C. W. von Gluck] ;
*Alceste ou le triomphe
d'Alcide* [J.-B. Lully] ;
chœur.
Eustatie, Roumanie.
***Evangelisti** *(Franco)*, Italie.
Evanghelatos *(A.)*, Grèce.
***Evans** *(Gil)*, Davis *(M.)*.
Everding *(August)*,
Bayreuth ; Hambourg.
Evlaekhov *(O.)*,
Slonimski *(S.)*.
Evtouchenko *(Eugène)*, *Babi
Yar* ; *Exécution de Stenka
Razine* (l')
[D. Chostakovitch] ;
Russie.
Expert *(H.)*, Brunold *(P.)*.
***Eybler** *(Joseph)*,
autrichien.
Ezgi *(Suphi)*, Turquie.

F

Fabbri *(Guerrina)*,
contralto.
Faber *(Daniel Tobias)*,
clavicorde.
Faber *(Lothar)*, *Grande
Aulodia* (la)
[B. Maderna].
Fabre d'Églantine *(Philippe)*,
chanson populaire ;
romance.
Fabricius *(W.)*, suite.
Fabritius *(Ernst Fredrik)*,
Finlande.
Faccio, Shakespeare *(W.)*.
Fākhri *(Sabah)*, arabe
(musique).
Falcinelli *(Mᵐᵉ)*,
Conservatoire de Paris.
Falconer (sir *John*),
Édimbourg.
Fall *(Leo)*, autrichien.
***Falla** *(Manuel de)*,
Albéniz *(I.)* ; *Amour
sorcier* (l') ; ballet et
musique ; cante jondo ;
Chueca *(F.)* ; clavecin ;
Demarquez *(S.)* ; *Don
Quichotte à Dulcinée*
[M. Ravel] ; Espagne ;
Fantasía bética ;
Landowska *(W.)* ; *Nuits
dans les jardins
d'Espagne* ; Portugal ; Rubinstein
(A.) ; Segovia *(A.)* ; *Sept
chansons populaires
espagnoles* ; *Tréteaux de
Maître Pierre* (les) ; *Vie
brève* (la).
Fallersleben *(Hoffmann*

von), *Gott erhalte Franz
den Kaiser* [J. Haydn].
Faltin *(Richard)*, Finlande.
***Fano** *(Michel)*, cinéma et
musique ; France (xxᵉ s.) ;
Jouve *(P.-J.)*.
Fārābi, 'Abbāsside ; arabe
(musique) ; Iran ; Iraq.
Fargue *(Léon-Paul)*,
Delage *(M.)*.
Farinas *(C.)*, Cuba.
***Farinelli** *(Carlo* Broschi
dit), castrat ; Italie ;
Madrid ; opéra ;
Scarlatti *(D.)*.
Farkas *(Andras)*, Hongrie.
***Farkas** *(Ferenc)*,
Balázs *(A.)* ; Bozay *(A.)* ;
Hongrie ; Soproni *(J.)*.
***Farnaby** *(Giles)*, clavecin ;
madrigal.
Fasch *(Christian Friedrich
Carl)*, Berlin (école de).
Fasch *(Johann Friedrich)*,
collegium musicum.
Fassbinder *(Rainer-Werner)*,
chanson populaire.
Faure *(Jean-Baptiste)*,
baryton.
***Fauré** *(Gabriel)*, ballade ;
bergamasque ; *Bonne
Chanson* (la) ;
Bréval *(L.)* ; *Caligula* ;
Cantique de Jean Racine ;
Casella *(A.)* ;
Conservatoire de Paris ;
critique musicale ; *Dolly* ;
drame ; fantaisie ; France
(1800-1914) ; *Horizon
chimérique* ; *Masques et
bergamasques* ; opéra ;
Pélléas et Mélisande ;
Pénélope ; *Prométhée* ;
Requiem ; Roger-
Ducasse *(J.)* ; *Romances
sans paroles*
[F. Mendelssohn] ; Saint-
Saëns *(C.)* ; Schmitt *(F.)* ;
Shylock ; sicilienne ;
sonate (genre) ;
Thomas *(A.)* ;
Verlaine *(P.)*.
Faustini *(Giovanni)*, *Calisto
(la)* [P. F. Cavalli] ;
Cavalli *(P. F.)* ; opéra.
Fauvel aîné, Rode *(P.)*.
***Favart** *(Charles-Simon)*,
Bastien et Bastienne
[W. A. Mozart] ;
Blaise *(B.)* ; France
(xviiiᵉ s.) ; opéra ;
Roxolane (la)
[F. J. Haydn] ; vaudeville.
***Favart** *(Marie* **Duronceray**
ou **du Ronceray)**, épouse),
opéra.
Fayolle, dictionnaire.
***Fayrfax** *(Robert)*,
Angleterre ; Cambridge ;
Oxford.
Fayrūz, arabe (musique).
Febel *(Reinhard)*, allemand.
Federico *(Gennaro Antonio*
Servante Maîtresse (la)
[J. B. Pergolèse].
Feinberg, Scriabine *(A. N.)*.
Feinzimmer *(A.)*, *Lieutenant
Kijé* [S. Prokofiev].
Fel *(Marie)*, chant ; *Devin
du village* (le)
[J. J. Rousseau].
***Feldman** *(Morton)*, aléa,

INDEX

musique aléatoire ;
Brown (E.) ; Cage (J.) ;
États-Unis.
Felix Meritis (société),
Amsterdam.
***Fellegara** (Vittorio), Italie.
Fellerer (Karl Gustav),
Cologne ;
Sandberger (A.).
Fellini (Federico), cinéma et
musique.
***Fellowes** (Edmond
Horace), Corkine (W.).
Fenaroli, Ave Maria.
Fenby (Eric), Delius (F.).
Feo (Fr.), opéra.
Ferdinand I [Naples],
Espagne.
***Ferguson** (Howard),
prélude.
Fernandez (A. J.), Portugal.
Fernandez (Antonio),
Portugal.
***Fernandez** (Oscar
Lorenzo), Brésil.
Fernandez Hidalgo
(Gutierre), Équateur.
Fernandez Shaw (C.), Vie
Brève (la) [M. de Falla].
***Ferneyhough** (Brian),
Angleterre ; Cassandra's
Dream Song ; chambre
(musique de) ; Darmstadt
(festival de) ;
Donaueschingen (festival
de) ; Royan (Festival
International d'Art
contemporain de) ;
Sonatas for String
Quartet.
Fernström (John), suédois.
Ferrabosco (Alfonso II),
Angleterre.
Ferrand (Humbert), Francs-
Juges (les) [H. Berlioz].
***Ferrari** (Luc),
Chojnacka (E.) ;
concerto ; concrète
(musique) ;
électroacoustique
(musique) ; étude ;
expérimentale (musique) ;
France (xxᵉ s.) ; Groupe
de recherches musicales.
Ferrari (Wolf),
Goldoni (C.) ; opéra ;
Respighi (O.).
***Ferras** (Christian),
Conservatoire de Paris.
Ferré (Léo), chanson
populaire.
Ferreira da Veiga (José),
Portugal.
***Ferrero** (Lorenzo), Italie ;
live electronic music ;
Marilyn.
Ferretti (Jacopo),
Cenerentola (la)
[G. Rossini].
***Ferreyra** (Béatriz),
électroacoustique
(musique) ; France
(xxᵉ s.).
Ferri (Baldassare), castrat ;
chant ; opéra.
***Ferrier** (Kathleen),
Berkeley (sir L.) ;
Britten (B.) ; Édimbourg ;
Glyndebourne ; Viol de
Lucrèce (le) [B. Britten].
***Ferroud** (Pierre-Octave),
France (xxᵉ s.).

***Festa** (Costanzo),
madrigal ;
Verdelot (P. D.).
***Fétis** (François-Joseph),
Arriaga y Balzola (J. C.
de) ; Belgique ;
bibliographie musicale ;
Bruxelles ; Chopin (F.) ;
Conservatoire de Paris ;
critique musicale ;
dictionnaire ;
ethnomusicologie ; Sérov
(A.).
***Feuermann** (Emanuel),
Rubinstein (A.) ;
Schnabel (A.).
Feuillard, Tortelier (P.).
Feuillet, chorégraphie.
***Févin** (Antoine de),
chanson.
***Février** (Henry), opéra.
***Février** (Jacques),
Rostand (C.).
Fewkes (J. W.),
ethnomusicologie.
***Fibich** (Zdenek), opéra.
Ficin (Marsile), Florence ;
France (xviᵉ s.) ;
Renaissance.
Fiedler (Arthur), Boston
(vie musicale à).
Field (John), Angleterre ;
catalogue thématique ;
concerto ; Irlande ;
Russie.
Fielding (Jerry), cinéma et
musique.
Filippi (Lionel),
électroacoustique
(musique).
Filothei sin Agăi Jipei,
Roumanie.
Fils (Antonin), allemand.
***Filtz** (Johann Anton),
Mannheim (école de) ;
sonate (genre).
***Finck** (Heinrich),
allemand ; autrichien.
Findeisen, Saint-
Pétersbourg.
***Finney** (Ross Lee),
Albright (W.) ;
Sessions (R.).
Finnilä (Birgit), suédois.
Finnissy (Michael),
Angleterre ; Royan
(festival International
d'Art contemporain de).
***Fioravanti** (Valentino),
opéra.
Firkusny (Rudolf),
Incantation [B. Martinů].
Firsova (Elena), Russie.
***Fischer** (Edwin),
Schneiderhan (W.).
Fischer (Emil), Bayreuth.
***Fischer** (Johann Kaspar
Ferdinand), allemand ;
clavicorde.
Fischer (Ludwig), basse
(voix).
***Fischer-Dieskau** (Dietrich),
baryton ; chant ; chef
d'orchestre ; Demus (J.) ;
Richter (S.) ;
Sawallisch (W.).
Fischietti, Conforto (N.).
Fisher (John), Storace.
***Fitelberg** (Grzegorz),
Pologne.
***Flagstad** (Kirsten),
Bayreuth.

Flaubert (Gustave),
Hérodiade [J. Massenet].
***Flecha** (Fray Mateo, dit
Flecha le Jeune),
madrigal.
***Flecha** (Juan Mateo, dit
Flecha l'Ancien),
madrigal.
Flechtenmacher (A.),
Roumanie.
Fleetwood Mac (groupe),
pop music.
Fleischer (les), clavecin.
Fleischer (Oskar),
Spitta (Ph.).
Fleites (Virginia), Cuba.
Fleming (Victor), cinéma et
musique.
Flers (Robert de), Cydalise
et le Chèvrepied
[G. Pierné ; Fortunio
[A. Messager].
***Flesch** (Carl), Dinicu (G.) ;
Hongrie ; Schnabel (A.).
***Fleta** (Miguel), Espagne.
***Fleuret** (Maurice),
Apocalypse de Jean
[P. Henry].
Fliera (Y.),
Chedrine (R. C.).
Flodin (Karl), Finlande.
Florentz (Jean-Louis),
France (xxᵉ s.).
Florian, romance.
***Flotow** (Friedrich von),
allemand ; Martha ;
opéra.
Fluxus (groupe), aléa,
musique aléatoire.
Foccroulle (Bernard),
Belgique.
***Foerster** (Josef Bohuslav),
Bořkovec (P.) ; Suk.
Fokine (Michel), ballet et
musique ; Daphnis et
Chloé [M. Ravel] ;
Diaghilev (S. P. de) ;
Oiseau de feu (l')
[I. Stravinski] ;
Petrouchka
[I. Stravinski] ;
Sylphides (les)
[F. Chopin].
Folz (Hans), allemand.
***Fomine** (Evstignei), opéra ;
Russie ; Saint-
Pétersbourg.
Fonseca (Marcos Antonio
da dit **Portogallo**), opéra.
***Fontaine** (Pierre),
Bourgogne (cour de) ;
France (xvᵉ s.).
Fontana (G. B.), sonate
(genre).
Fontana (Julian),
Chopin (F.).
Fontenelle (Bernard Le
Bovier de),
Charpentier (M. A.).
Fonteyn (Margot),
Édimbourg.
Fontyn (Jacqueline),
Belgique.
***Foote** (Arthur), États-Unis.
Forcadel, Chardavoine (J.).
Ford (Clifford), Canada.
***Ford** (Thomas), ayre ;
Cavendish (M.).
Forges (Évariste Désiré de),
Chansons madécasses
[M. Ravel].
***Forkel** (Johann Nikolaus),

bibliographie musicale ;
Fantaisie chromatique et
fugue [J.-S. Bach] ;
histoire de la musique ;
Suites Anglaises
[J.-S. Bach].
***Formé** (Nicolas), Du
Mont (H.) ; France
(xviiᵉ s.).
Fornari (Matteo), Concerto
pour la nuit de Noël
[A. Corelli].
***Forqueray** (Antoine),
France (xviiᵉ s.) ;
Savall (J.).
Förster (Caspar),
Danemark.
Fort (Syvilla), Bacchanale
[J. Cage].
Fortier (Marc), Canada.
***Fortner** (Wolfgang),
allemand ;
Donaueschingen (festival
de) ; Lorca (F. G.) ;
Noces de sang ; opéra ;
Rihm (W.) ;
Schönbach (D.).
Förtsch (Johann Philipp),
Hambourg.
Fortunat (Venance), France
(des origines au xivᵉ s.).
Forzano (Giovacchino),
Gianni Schicchi
[G. Puccini] ; Sœur
Angélique [G. Puccini].
Foucard (Denise),
Collectif musical
international 2 e 2 m.
Foucard (Jacques),
Danemark.
Fougstedt (Nils-Erik),
Finlande.
Fou-hi, Chine.
Fouquier (H.),
Chabrier (E.).
***Fourestier** (Louis),
Boutry (R.).
***Fournet** (Jean),
Cassuto (A.).
***Fournier** (Pierre),
Conservatoire de Paris ;
Rubinstein (A.) ;
Schnabel (A.) ; Solomon
[Cutner (Solomon)] ;
violoncelle.
Fox (Carole), Chicago.
Fox (Terry), États-Unis.
Fragson, chanson populaire.
***Françaix** (Jean),
accordéon ; concerto.
***Francescatti** (René, dit
Zino), Solomon [Cutner
(Solomon)].
Francesco (Pier), chant.
***Francesco da Milano**
(Francesco **Canova**, dit),
Sermisy (Cl. de).
Francesina, Belshazzar
[G. F. Haendel].
***Franchetti** (Alberto),
vérisme.
***Franchomme** (Auguste),
Abbiate (L.) ;
Chopin (F.) ; concerto ;
étude ; violoncelle.
***Franck** (César-Auguste),
Béatitudes (les) ;
Bréville (P. de) ;
Busser (H.) ; catalogue
thématique ; chambre
(musique de) ; Chasseur
maudit (le) ;

INDEX

Chausson (A. E.);
cyclique (forme); *Djinns (les);* Duparc (H.);
Dupré (M.); *Éolides (les);* France (1800-1914);
Indy (V. d'); opéra;
oratorio; *Prélude, aria et finale; Prélude, Choral et fugue; Psyché;* quatuor à cordes; *Rédemption;* Ropartz (J. G. M.);
Saint-Saëns (C.); sonate (genre); symphonie;
Thomas (A.);
Tiersot (J.); *Trois chorals pour orgue; Variations symphoniques.*
Franck (J. W.), opéra.
Franck (Salomon),
Bach (J.-S.); *Cantate du mariage* [J.-S. Bach].
Franc-Nohain, *Heure espagnole (l')* [M. Ravel].
*Francœur (François),
Danemark; France (XVIIIe s.); opéra.
François Ier, Sermisy (C. de).
François (Renaud), France (XXe s.).
François-Sappey (Mme), Conservatoire de Paris.
Frank (Calude), Schmitt (F.).
Franklin (Aretha), blues.
Franklin (Benjamin), harmonica de verre.
*Franz (Robert), lied.
Fränzl (Ignaz), Mannheim (école de).
Frasca-Colombier (Monique), *Concerto pour violon « les muses »* [M. Vittoria].
Fratellini (les), cirque (musique de).
Frauenlob (Heinrich von Meissen, dit), allemand; maîtres chanteurs.
Frazzi (V.), Bucchi (V.).
Freccia (Massimo), Cuba.
Frédéric II (duc de Babenberg), allemand.
Frédéric II (d'Autriche), Reuenthal (N. von).
*Frédéric II [de Prusse], allemand;
Bach (C. Ph. E.).
Frédéric le Sage, Adam de Fulda.
Frederici, piano.
Freed, chanson populaire.
Freedman (Harry), Canada.
Fréhel, chanson populaire.
Frei Jacinto, Portugal.
*Freitas (Frederico de), Portugal.
*Freitas Branco (Luis de), Portugal.
*Freitas-Branco (Pedro de), Cassuto (A.).
*Frémiot (Marcel),
électroacoustique (musique); France (XXe s.); Groupe de musique expérimentale de Marseille.
*Frémy (Gérard), France (XXe s.).
Frères Jacques (les), chanson populaire.
*Frescobaldi (Girolamo),
allemand; clavecin;
fantaisie; *Fiori musicali;* Italie; Roberday (F.);
romanesca; Rome;
Scarlatti (D.); toccata.
Freud (Sigmund), allemand.
Friberth (Carl), *Incontro improvviso (l')* [F. J. Haydn].
Fricken (capitaine von), étude.
*Fricker (Peter Racine), Angleterre; Seiber (M.); Smalley (R.).
*Fricsay (Ferenc), Berlin (histoire de la vie musicale à); Seefried (I.).
Frid (Géza), Hongrie.
Friebert (Joseph), *Sept Dernières Paroles du Christ en croix (les)* [F.-J. Haydn].
Friedhofer (Hugo), cinéma et musique.
*Friedländer (Max), Sachs (C.); Spitta (Ph.).
Friedrich (Götz), Bayreuth.
Friedrich von Hausen, allemand.
*Friml (Rudolf), comédie musicale.
Fripp (Robert), pop music.
Fritsch (Johannes),
allemand; *Aus den sieben Tagen* [K. Stockhausen]; Darmstadt (festival de).
Frize (Nicolas), France (XXe s.).
*Froberger (Johann Jacob), allemand; autrichien;
clavicorde; courante;
Fux (J. J.); Roberday (F.); sarabande; suite; toccata; tombeau.
Frøhlich (Johannes F.), Danemark.
Fröhlich (sœurs), Schubert (F.-P.).
*Froidebise (Pierre), Belgique.
Fromme (Wolfgang), *Stimmung* [K. Stockhausen].
Frugoni, opéra.
Fry (W. H.), opéra.
*Frye (Walter), Angleterre.
Fryklund (Lars), suédois.
Fuchs (Johann Nepomuk), *Cadi dupé (le)* [C. W. von Gluck].
*Fuchs (Robert), autrichien; Schmidt (F.);
Schreker (F.);
Sibelius (J.).
Fucks, ordinateur.
Fuga, Castiglioni (N.).
Fugger (famille), Aichinger (G.).
Fuller (Gil), Gillespie (D.).
Fuller (Loïe), Schmitt (F.).
Fürstenberg (Egon de), Donaueschingen (festival de).
*Furtwängler (Wilhelm), Bayreuth; Berlin (histoire de la vie musicale à); Florence; Leipzig;
Schenker (H.);
Schillings (M. von);
Schwarzkopf (E.);
Vienne.
Fusco (Giovanni), cinéma et
musique.
Füssl (Karl Heinz), autrichien.
*Fux (Johann Joseph), allemand; autrichien; *Gradus ad Parnassum* [M. Clementi];
Haydn (J. M.); Reutter (G. von);
Richter (F. X.); sonate (genre); Vienne.
Fuzelier (Louis), *Indes galantes (les)* [J. Ph. Rameau]; opéra.
Fylkingen (fondation), Bodin (L.-G.).

G

Gaal (Jenö), Hongrie.
Gabold (Ingolf), Danemark.
*Gabrieli (Andrea),
allemand; concerto;
Italie; opéra;
Renaissance; *Spem in alium* [T. Tallis];
toccata; Venise;
violoncelle.
*Gabrieli (Giovanni),
allemand; concerto;
Italie; Schutz (H.);
sonate (genre); *Spem in alium* [T. Tallis];
Symphonies sacrées;
toccata; Venise; *Vêpres de la Sainte Vierge (les)* [Cl. Monteverdi]; Vienne.
*Gabrielli (Domenico),
Bologne (école de).
*Gaburo (Kenneth),
électroacoustique (musique).
Gachet (docteur Bernard), Royan (Festival international d'art contemporain de).
*Gade (Niels W.),
Danemark; Leipzig; symphonie.
Gadjiev, Alexandrov (A.).
Gadzinski (W.), contrebasse.
Gagic (Bogdan), Yougoslavie.
*Gagliano (Marco Zanobi), opéra.
Gagnebin (Élie), *Histoire du soldat (l')* [I. Stravinski].
*Gagnebin (Henri), suisse (musique).
*Gagnepain (Bernard), Conservatoire de Paris.
*Gagneux (Renaud), France (XXe s.).
Gagnon (Alain), Canada.
*Gagnon (Ernest), Canada.
Gainsbourg (Serge), chanson populaire.
Gaito, Argentine (république).
*Gajard (Dom Joseph), Solesmes.
Gal (Hans), autrichien.
*Galeffi (Carlo), baryton.
*Galilei (Vincenzo),
Camerata fiorentina;
Italie; opéra;
Renaissance; romanesca.
Gallagher (Rory), pop music.
Gallet (Luciano), Brésil.
Galli (Filippo), basse (voix); chant.
*Galli Curci (Amelita),
chant; *Somnambule (la)* [V. Bellini].
*Galli-Marié (Célestine),
Carmen [G. Bizet].
*Gallois-Montbrun (Raymond),
Conservatoire de Paris; Conservatoire (société des concerts du); France (XXe s.).
*Gallon (Jean), Rivier (J.); Tortelier (P.).
*Gallus (J.), Prague.
*Galuppi (Baldassare),
Bortnianski (D.);
Goldoni (C.); opéra;
Russie; Saint-Pétersbourg; Venise.
Gamerra (Giovanni de), *Lucio Silla* [W. A. Mozart].
Gance (Abel), cinéma et musique.
Gandonnière (Almire), *Damnation de Faust (la)* [H. Berlioz].
Ganeau, Aix-en-Provence (festival d').
*Ganne (Louis), *Saltimbanques (les).*
*Garant (Serge), Canada.
Garat, Rode (P.); romance.
Garay (Janos), *Hary Janos* [Z. Kodaly].
García (José), Casals (P.).
*Garcia (Manuel), chant; contralto; coup de glotte; Espagne; Malibran (M.); opéra; Rossini (G.).
García Jr (Manuel), chant; interprétation; Rossini (G.).
Garcia Ascot (Rosa), Espagne.
Garcia Caturia (Alejandro), Cuba.
Garcia de Breza, Cabezón (A. de).
Garcia Gutierrez, *Simon Boccanegra* [G. Verdi]; *Trouvère (le)* [G. Verdi].
Garcia Rodriguez de Montalvo, *Amadis de Gaule* [J.-B. Lully].
Garcin (Gérard), France (XXe s.).
*Gardano (Antonio
Gardane, dit), canzona; Janequin (C.).
*Garden (Mary), *Ariettes oubliées* [C. Debussy]; Chicago; Debussy (C.).
Garland (Judy), comédie musicale.
Garnier (Sébastien), clavecin.
Garnja Lecca (Celso), Pérou.
Garrido (Pablo), Chili.
Gaspardone, Tran Van Khe.
*Gasparini (Francesco),
opéra; Scarlatti (D.).

INDEX

Gaspero da Salò, lutherie, luthier.
***Gassmann** (*Florian*), allemand ; autrichien ; opéra ; Salieri (*A.*) ; Vienne.
***Gastoldi** (*Giovanni*), balletto.
***Gastoué** (*Amédée*), Bulgarie.
Gatschner (*Emanuel*), Bresgen (*C.*).
Gatzambide (*Joaquin*), opéra.
***Gaubert** (*Philippe*), Æneas [A. Roussel] ; *Bacchus et Ariane* [A. Roussel] ; Conservatoire (société des concerts du) ; Rouché (*J.*).
Gaudence, Grèce.
Gaudet, Salabert (maison d'édition).
Gauley (*Marie-Thérèse*), *Enfant et les sortilèges* (l') [M. Ravel].
***Gaultier** (*Denys*, dit **Gaultier Le Jeune** ou **Gaultier de Paris**), France (XVIIe s.) ; suite ; tombeau.
***Gaultier** (*Ennemond*, dit **Gaultier le Vieux** ou **Gaultier de Lyon**), France (XVIIe s.) ; tombeau.
***Gaussin** (*Alain*), France (XXe s.).
***Gautier** (*Théophile*), critique musicale ; Devriès (*I.*) ; Duparc (*H.*) ; *Giselle* [A. Adam] ; Reyer (*E. Rey*, dit) ; *Spectre de la rose* (le) [H. Berlioz].
Gautier de Châtillon, Carmina Burana.
***Gautier de Coinci,** Alphonse X le Sage ; *Cantigas de Santa María* (Las) [Alphonse X, dit le Sage].
Gavarni (*Paul*), cancan.
Gaveau [maison], Érard.
***Gaveau** (*Joseph Emmanuel*), piano.
***Gaveaux** (*Pierre*), *Fidelio* [L. van Beethoven] ; opéra ; romance.
***Gaviniès** (*Pierre*), Capron (*N.*) ; sonate (genre) ; violon.
***Gay** (*John*), *Acis et Galatée* [G. F. Haendel] ; *Opéra de quat'sous* [K. Weill] ; *Opéra du gueux* (l') [Ch. Pépusch].
Gay (*Maria*), contralto.
Gazimihāl (*Mahmut*), Turquie.
Gazouleas (*St.*), Grèce.
Gazzaniga (*Giuseppe*), opéra.
***Gazzeloni** (*Severino*), Darmstadt (festival de) ; *Grande Aulodia* (la) [B. Maderna].
Geay (*Gérard*), France (XXe s.).
***Gédalge** (*André*), Brăilolu (*C.*) ; Capdevielle (*P.*) ; Champagne (*C.*) ;

Clicquet-Pleyel (*H.*) ; Rhené-Baton (Baton René, dit) ; Roger-Ducasse (*J.*) ; Samson (*J.*) ; Schmitt (*F.*).
***Gedda** (*Nicolaï*), Aix-en-Provence (festival d').
Gehlhaar (*Rolf*), allemand ; *Aus den sieben Tagen* [K. Stockhausen] ; Darmstadt (festival de) ; live electronic music.
Gehri (*Elisabeth*), *Cornet* (le) [F. Martin].
Geijer (*Erik Gustav*), suédois.
Geiser (*Walter*), suisse (musique).
Geissenkof (*Fr.*), lutherie, luthier.
Geist (*Christian*), Danemark.
Gélase Ier [pape], ambrosien (chant).
Gellman (*Steven*), Canada.
***Geminiani** (*Francesco*), *Forêt enchantée* (la) ; interprétation ; Rome ; sonate (genre) ; violon.
Gendron (*Maurice*), Conservatoire de Paris.
Genée (*Richard*), *Chauve-souris* (la) [J. Strauss fils].
***Generali** (*Pietro*), crescendo ; opéra.
Genovès (*Tomas*), opéra.
Gentil-Bernard, *Castor et Pollux* [J.-Ph. Rameau].
Genuys (*François*), Centre d'études de mathématiques et automatique musicales (Cémamu).
Genzinger (*Marianne von*), Haydn (*F. J.*).
George (*Stefan*), Schönberg (*A.*) ; Scott (*C.*) ; *Suite lyrique pour quatuor à cordes* [A. Berg] ; *Vin* (le) [A. Berg] ; Webern (*A.*).
Georgescu (*C. D.*), Roumanie.
Georgiadis (*G.*), Grèce.
***Gerber** (*Ernst Ludwig*), dictionnaire ; histoire de la musique.
Gerbic (*Fran*), Yougoslavie.
Gerdes (*Federico*), Pérou.
***Gerhard** (*Roberto*), *Collages* ; *Concerto pour orchestre* ; Espagne.
Gericke (*Wilhelm*), Boston (vie musicale à).
***Gerle** (*Hans*), Sermisy (*Cl. de*) ; suite.
Germain de Constantinople (saint), byzantin (chant).
Germani (*Fernando*), Rilling (*H.*).
Gerock (*Karl*), Rilling (*H.*).
***Gérold** (*Théodore*), Sartori (*C.*).
***Gershwin** (*George*), anatole ; charleston ; cinéma et musique ; comédie musicale ; Cowell (*H. D.*) ; États-Unis ; opéra ; opérette ; *Ouverture cubaine* ; *Porgy and Bess* ; rhapsodie ;

Rhapsody in blue ; Schillinger (*J.*) ; *Un américain à Paris*.
Gershwin (*Ira*), comédie musicale ; Gershwin (*G.*).
***Gervais** (*Charles-Hubert*), Blanchard (*E. A.*).
***Gervaise** (*Claude*), allemande ; branle ; gaillarde.
Geslin (*Yann*), live electronic music ; *Une saison en enfer* [H. Barraud].
***Gesualdo** (*Don Carlo*), Italie ; Luzzaschi (*L.*) ; madrigal ; *Office des ténèbres* ; opéra ; Renaissance ; Schütz (*H.*).
***Gevaert** (*François-Auguste*, baron), Belgique ; Bruxelles ; dorien ; opéra.
***Ghânim** (*Jamîl*), 'Abbâsside ; arabe (musique) ; Iraq.
***Ghedini** (*G. F.*), Castiglioni (*N.*) ; opéra.
Ghelderode (*Michel de*), *Grand Macabre* (le) [G. Ligeti].
***Gherardello di Firenze**, caccia ; Italie.
***Ghiaurov** (*Nicolai*), Chicago.
Ghislanzoni (*Antonio*), *Don Carlos* [G. Verdi] ; *Force du destin* (la) [G. Verdi].
Ghizeghem (*Hayne van*), France (XVe s.).
Giacobbi (*Girolamo*), Bologne (école de) ; opéra.
Giacosa (*Giuseppe*), *Bohème* (la) [G. Puccini] ; *Madame Butterfly* [G. Puccini] ; *Tosca* [G. Puccini].
Gianoncelli (*(B.)*, suite.
Giardini (*P.*), sonate (genre).
Giazotto (*Remo*), *Adagio d'Albinoni*.
***Gibbons** (*Orlando*), Angleterre ; Bull (*J.*) ; clavecin ; Dent (*E. J.*) ; madrigal ; Renaissance.
Gibson, Riley (*T.*).
***Gielen** (*Michael*), allemand ; Argentine (république) ; autrichien ; *Carré* [K. Stockhausen] ; *Requiem pour un jeune poète* [B. A. Zimmermann] ; *Soldats* (les) [B. A. Zimmermann].
***Gigault** (*Nicolas*), France (XVIIe s.).
***Gigli** (*Benjamino*), Serafin (*T.*).
***Gigout** (*Eugène*), Roussel (*A.*) ; toccata.
Gilardi, Argentine (république).
Gilbao (*Yaakov*), Israël.
***Gilbert** (*Anthony*), Angleterre.
Gilbert (*Henry*), États-Unis.
***Gilbert** (*Kenneth*), Scarlatti (*D.*).
Gilbert (*W. S.*), Sullivan (sir *A.*).

Gilbert-Sullivan, comédie musicale.
Gille (*Philippe*), *Lakmé* [L. Delibes].
***Gilles** (*Jean*), Toulouse.
***Gillespie** (*Dizzy*), afro-cubain ; be-bop ; Clarke (*K.*) ; Coltrane (*J. W.*).
Gillet (*Bruno*), France (XXe s.).
Gillier (*Jean-Claude*), France (XVIIIe s.).
Gilly (*Dinh*), Brownlee (*J.*).
***Gilson** (*Paul*), Belgique ; Brenta (*G.*) ; Souris (*A.*).
***Gimenez**, Jimenez ou Ximenez (*Jeronimo*), genero chico.
***Ginastera** (*Alberto*), électroacoustique (musique).
Ginés Pérez (*Juan*), Comes (*J. B.*).
***Giordano** (*Umberto*), *André Chénier* ; *Fedora* ; Italie ; vérisme.
Giovanni (*Domenico*), Yougoslavie.
***Giovanni da Cascia**, Italie.
Girard (*André*), *Une saison en enfer* [H. Barraud].
Girard (*Narcisse*), Colonne (*E.*) ; Conservatoire (société des concerts du) ; *Roi Lear* (le) [H. Berlioz].
Giraud (*Albert*), *Pierrot lunaire* [A. Schönberg].
Giraudeau (*Mme*), Conservatoire de Paris.
Giraudoux (*Jean*), Rouché (*J.*).
***Giuliani** (*Mauro*), guitare.
***Giulini** (*Carlo Maria*), Aix-en-Provence (festival) ; Chicago ; Florence ; Los Angeles.
Gizziello (il) → **Conti** (*Gioacchino*).
Glackenmeyer (*F. H.*), Canada.
Gladkowska (*Constance*), Chopin (*F.*).
Glareanus (*H. L.*), suisse (musique).
Gläser (*Joseph*), Danemark.
Glaser (*Werner-Wolf*), suédois.
***Glass** (*Philipp*), États-Unis ; expérimentale (musique) ; Riley (*T.*).
***Glazounov** (*Alexandre*), Borodine (*A. P.*) ; Cambridge ; Chostakovitch (*D.*) ; concerto ; Russie ; Saint-Pétersbourg ; *Saisons* (les) ; *Stenka Razine* ; symphonie.
Glenmor, chanson populaire.
Glick (*Srul Irving*), Canada.
***Glière** (*Reinhold*), Russie.
***Glinka** (*Mikhaïl Ivanovitch*), Balakirev (*M. A.*) ; Calvocoressi (*M. D.*) ; Cavos (*C.*) ; Chebaline (*V.*) ; Dargomyjski (*A.*) ; *Jota aragonaise* ;

INDEX

Kamarinskaïa ; *Nuit d'été à Madrid* ; opéra ; *Rouslan et Ludmilla* ; Russie ; Sérov (A.) ; *Somnambule (la)* [Bellini] ; *Vie pour le tsar (la)*.
Globokar (Vinko), Aus den sieben Tagen [K. Stockhausen] ; concerto ; Darmstadt (festival de) ; Donaueschingen (festival de) ; Yougoslavie.
Glodeanu (L.), Roumanie.
Gluck (Christoph Willibald), Alceste ; allemand ; *Amadis de Gaule* [J.-Ch. Bach] ; *Armide* ; autrichien ; ballet et musique ; bel canto ; *Cadi dupé (le)* ; Calzabigi (R. de) ; castrat ; catalogue thématique ; Černohorský (B. M.) ; chant ; Cherubini (L.) ; concerto ; *Don Juan ou le Festin de pierre* ; drame ; Durazzo (G.) ; Floquet (E.-J.) ; France (XVIIIᵉ s.) ; Gabrielli (C.) ; Goldoni (C.) ; harmonica de verre ; *Incontro improvviso (l')* [F. J. Haydn] ; *Iphigénie en Aulide* ; *Iphigénie en Tauride* ; Marmontel (J.-Fr.) ; opéra ; *Orfeo ed Euridice* ; Paris ; Querelle des Gluckistes et des Piccinnistes ; Saint-Saëns (C.) ; Salieri (A.) ; Sammartini ; sonate (genre) ; Sturm und Drang ; Toscanini (A.).
Gobatti (Stefano), opéra.
*Gobbi (Titto), Stefano (G. di).
Gobble [firme], clavecin.
Gobert (Thomas), Du Mont (H.) ; Robert (P.).
Gobetti (Fr.), lutherie, luthier.
*Godard (Benjamin), opéra.
Godard (Jean-Luc), cinéma et musique ; Duhamel (A.).
Godoy (Maria-Lucia), *Forêts de l'Amazone* [H. Villa-Lobos].
Godwin (Roon), cinéma et musique.
*Goehr (Alexander), Angleterre.
*Goehr (Walter), Smalley (R.).
Goes (Damiao de), Portugal.
Goethals (Lucien), Belgique ; électroacoustique (musique).
*Goethe (Johann Wolfgang von), allemand ; *Apprenti sorcier (l')* [P. Dukas] ; Beethoven (L. van) ; *Chant des esprits sur les eaux* [F. Schubert] ; classicisme ; Cornelius (P.) ; *Damnation de Faust (la)*

[H. Berlioz] ; *Egmont* [L. van Beethoven] ; Herder (J.-G.) ; Kayser (P.-C.) ; *Marguerite au rouet* [F. Schubert] ; opéra ; *Requiem pour (für) Mignon* [R. Schumann]. *Rhapsodie pour voix d'alto, chœur d'hommes et orchestre* [J. Brahms] ; *Rinaldo* [J. Brahms] ; *Roi des aulnes (le)* [F. Schubert] ; romantisme ; *Scènes de Faust* [R. Schumann] ; Schröter (famille d'exécutants et compositeurs allemands) ; Sturm und Drang ; Tomasek (V. J. K.) ; Wolf (H.).
Goethe (Walter), Danses des compagnons de David [R. Schumann].
*Goeyvaerts (Karel), Belgique ; électroacoustique (musique).
Gogol, *Foire de Sorotchintsi (la)* [M. P. Moussorgski] ; Russie.
*Golabek (Jakub), Pologne.
Gold (Didier), *Houppelande (la)* [G. Puccini].
Goldbach (Christoph), Leibnitz (G. W.).
Goldberg (Johann Gottlieb), Variations Goldberg [J.-S. Bach].
*Goldmark (Carl), autrichien ; Hongrie ; opéra ; Sibelius (J.).
Goldmark (Peter), disque.
Goldmark (Rubin), Copland (A.) ; États-Unis.
*Goldoni (Carlo), *Apothicaire (l')* [J. Haydn] ; Galuppi (B.) ; Italie ; opéra.
Goldschmidt (Wladimir), *Tréteaux de maître Pierre (les)* [M. de Falla].
Goldsmith (Jerry), cinéma et musique.
*Goléa (Antoine), *Diables de Loudun (les)* [K. Penderecki].
Goleminov (Marin), Bulgarie.
Golenistchev-Koutousov, *Chants et danses de la mort* [M. P. Moussorgski].
*Golestan (S.), Roumanie.
Goloubev (E.), Schnittke (A.).
*Gombert (Nicolas), Bruxelles ; France (XVIᵉ s.).
*Gomes (Antonio Carlos), Brésil.
Gomèz (A. C.), opéra.
Gómez-Carrillo, Argentine (république).
Gomis, opéra.
*Gomolka (Mikolaj), Pologne.
Gondinet (Edmond), *Lakmé* [L. Delibes].
Gong (groupe), pop music.
Gonneville (Michel),

Canada.
Gontcharova, Diaghilev (S. P. de).
Gonzague (François), Rinuccini (O.).
Gonzales Acilu (Agustin), Espagne.
Gonzalez (Hilario), Cuba.
Gonzalez (Victor), orgue.
Gonzalez Bravo (Antonio), Bolivie.
Gonzalez Mantici (E.), Cuba.
*Goodman (Benjamin, dit Benny), Bartók (B.) ; Brant (H. D.) ; *Contrastes* [B. Bartók] ; Schillinger (J.).
*Gorczycki (Grzegorz G.), Pologne.
*Gorecki (Henryk), Pologne.
Gorki (M.), Russie.
*Gorli (Sandro), Italie ; Royan (festival international d'art contemporain de).
Gorodetski (Serge), *Suite Scythe* [S. Prokofiev] ; *Vie pour le tsar (la)* [M. I. Glinka].
*Gorr (Rita), *Dialogue des carmélites* [F. Poulenc].
Gorrio (Tobia [pseudonyme de A. Boito]), *Gioconda (la)* [A. Ponchielli).
Gorzanis (Giacomo), bergamasque.
*Gossec (François Joseph Gossé, dit), *Cantate sur la mort de l'empereur Joseph II* [L. van Beethoven] ; Catel (Ch.-S.) ; Conservatoire de Paris ; France (XVIIIᵉ s.) ; opéra ; romance ; symphonie.
Gottsched, opéra.
Gottwald (Clytus), *Cummings ist der Dichter* [P. Boulez] ; *Lux aeterna* [G. Ligeti].
Goubaïdoulina (S.), Silvestrov (V. V.).
*Goudimel (Claude), *Amours de Ronsard (les)* [A. de Bertrand] ; Ballard ; Calvin (J.) ; chanson ; Du Chemin (N.) ; France (XVIᵉ s.) ; Genève ; Marot (C.) ; Psautier huguenot ; Renaissance.
Goujon (Jean-Claude), clavecin.
*Gould (Morton), Cuba.
Goulding (Edmund), comédie musicale.
*Gounod (Charles), air à boire ; *Boîte à joujoux (la)* [C. Debussy] ; Busser (H.) ; chef d'orchestre ; *Faust* ; France (1800-1914) ; Goethe (J. W.) ; *Mireille* ; opéra ; oratorio *Roméo et Juliette* ; Shakespeare (W.).
Gouverné (Yvonne), *Trois petites liturgies de la présence divine* [O. Messiaen].
Goya (Chantal), chanson

populaire.
Gozzi (Carlo), *Amour des trois oranges (l')* [S. Prokofiev] ; Goldoni (C.) ; *Turandot* [G. Puccini].
Gräbner (August), clavecin.
Gradener, Straus (O.).
Gradewitz (Peter), Israël.
Graeser, *Art de la fugue* [J.-S. Bach].
Graffmann (Gary), Rose (L.).
Graham (Martha), *Appalachian Spring* [A. Copland] ; Chavez (C.).
*Grainger (Percy Aldridge), Australie ; Scott (C.).
Gramatges (Harold), Cuba.
*Granados y Campiña (Don Enrique), *Alborada del gracioso* [M. Ravel] ; *Danses espagnoles* ; Espagne ; *Goyescas* ; opéra ; Rubinstein (A.).
Grandert (Johnny), suédois.
Grand Funk Railroad, pop music.
Granjon, édition musicale.
Grappelli, violon.
Gräsbeck (Gottfried), Finlande.
Grasberger (Renate), Bruckner (A.).
Grateful Dead (groupe), pop music.
*Graun (Carl Heinrich), allemand ; Berlin (école de) ; *Mort de Jésus (la)* ; opéra ; symphonie.
*Graun (Johann Gottlieb), Berlin (école de) ; symphonie.
*Graupner (Johann Christoph), Bach (J.-S.).
Gray (Cecil), Sibelius (J.).
*Graziani (Bonifacio), baryton.
Grazioli (Gianbattista), Gerlin (R.).
Greban (Arnoul), France.
Greco (Juliette), chanson populaire.
*Greene (Maurice), Boyce (W.).
Grefinger (Wolfgang), autrichien.
*Grégoire (saint), ambrosien (chant) ; Schola cantorum.
Gregor (Hans), Vienne.
Gregor (Joseph), *Daphne* [R. Strauss] ; Strauss (R.).
Gregori, concerto grosso.
Gregory (W.), suite.
*Greindl (Josef), Bayreuth.
Greiter (Mathias), Calvin (J.).
Grémont (Henri), *Hérodiade* [J. Massenet].
*Grenon (Nicolas), France (XVᵉ s.).
*Gretchaninov (Alexandre Tikhonovitch), opéra ; Russie.
*Grétry (André-Ernest-Modeste), ariette ; Belgique ; chant ; Cherubini (L.) ; Conservatoire de Paris ; France (XVIIIᵉ s.) ; opéra ;

1768

INDEX

Richard Cœur de Lion; romance.
Grey (Beryl), Édimbourg.
Grey (Madeleine), Chants d'Auvergne [J. Canteloube].
Grieffgens (Caspar), Cologne.
*Grieg (Eduard Hagerup), Cambridge; concerto; Danses norvégiennes; Delius (F.); Euterpe (groupe); Holberg (Fra Holbergs Tid); Peer Gynt; rigaudon; scène (musique de); Sigurd Jorsalfar; Sinding (Ch.); sonate (genre); suite; violon.
*Griesinger (Georg August), Haydn (F. J.); Surprise (la) [Haydn].
*Griffes (Charles Tomlinson), États-unis.
*Grigny (Nicolas de), France (XVIIe s.).
*Grillo (Fernando), Italie.
Grillparzer (Franz), allemand; Belle Mélusine (la) [F. Mendelssohn].
Grimaldi (Nicola, dit il Nicolino), castrat.
Grimani (Ortensia), Stradella (A.).
Grimaud, Structures pour deux pianos [P. Boulez].
Grimes (Peter), Britten (B.).
*Grimm (Friedrich Melchior, baron von), France (XVIIIe s.); Grétry (A.); Kluge (Die) [C. Orff].
Grimmelshausen, Hartmann (K. A.).
*Grippe (Ragnar), Shakespeare (W.); suédois.
Grisar (Albert), Belgique; opéra.
Grischkat (Hans), Rilling (H.).
*Grisey (Gérard), concrète (musique); Darmstadt (festival de); Donaueschingen (festival de); Ensemble intercontemporain; France (XXe s.).
Grisi (Carlotta), Gautier (Th.); Giselle [A. Adam].
Grisi (Ernesta), Devriès (I.).
*Grofe (Ferdé ou Ferdinand Rudolph von), Grand Canyon; Rhapsody in blue [G. Gershwin].
Gropius (Manon), A la mémoire d'un ange [A. Berg].
Grossi (Carlo), divertissement.
Grossi (Giovanni, dit il Siface), castrat.
Grossi (Pietro), électroacoustique (musique).
Grossmann (G. F. W.), Feu (le) [F. J. Haydn].
Grotrian (Friedrich et Wilhelm), Steinway, facteurs de pianos.

Grotte (N. de la), Ronsard (P. de).
Grouchy (Jean de), ouvert et clos.
*Groupe de recherches musicales (G. R. M.), Schaeffer (P.).
*Groupe des Cinq, Rimski-Korsakov (N. A.); Rouslan et Ludmilla [Glinka]; Rubinstein, famille de musiciens; Russie; Saint-Pétersbourg; Sérov (A.).
*Groupe des Six, Satie (E.); symphonie.
Groupe des Trois, Sauguet (H.).
Grovletz (Gabriel), Festin de l'araignée (le) [A. Roussel].
*Gruenberg (Louis), États-Unis; opéra.
*Grumiaux (Arthur), Belgique; Bruxelles.
Grünauer (Ingomar), allemand; autrichien.
*Grunewald (Jean-Jacques), France (XXe s.).
Grützmacher, étude.
*Guadagni (Gaetano), castrat.
Guadagnini (L.), lutherie, luthier.
Gualberti (Giovanni), castrat; chant.
*Gualda (Sylvio), France (XXe s.).
Guarini (Gian Battista), pastorale.
*Guarneri (les), lutherie, luthier.
Guarnerius (Andrea, Joseph, Pierre), Italie.
Guaynard, édition musicale.
Gublânchi (Muhammad), arabe (musique).
Gudehus, Wagner (W. R.).
*Gudmundsen-Holmgreen (Pelle), Danemark.
Guedeanov (prince Lucas), Borodine (A. P.).
*Guédron (Pierre), air de cour; ballet et musique; France (XVIIe s.).
*Guéranger (Dom Prosper), Solesmes.
Guérau (Francisco), guitare.
Guerra Peixe (César), Brésil.
*Guerrero (Francisco, 1528-1599), Espagne.
*Guerrero (Francisco, 1951), Espagne.
Guerrero (Pedro), madrigal.
Guétary (Georges), chanson populaire.
Guézec (Jean-Pierre), Charisma [Y. Xenakis]; France (XXe s.); Reliefs polychromés.
*Guglielmi (Pier Alessandro), opéra.
*Gui (Vittorio), Florence.
Guicciardi (Giulietta), Beethoven (L. van).
*Gui d'Arezzo ou Guy d'Arezzo, A; C; do; E; fa; hexacorde; Italie; sol; solmisation; ut; Ut queant laxis [P. Diacre].

Guido (Antonio da), Florence.
*Guignon (Jean Pierre, ou Giovanni Pietro Ghignone), France (XVIIIe s.).
Guilbaud (Georges-Théodore), Centre d'études de mathématiques et automatique musicales (Cémamu).
Guilbert (Yvette), chanson populaire.
Guilard (Nicolas-François), Iphigénie en Tauride [C. W. Gluck].
Guillaume IX d'Aquitaine, Richard Ier Cœur de Lion.
*Guillaume de Machaut → Machaut (Guillaume de).
Guillaume de Volpiano, France (des origines au XIVe s.).
*Guillemain (Louis-Gabriel), symphonie; violon.
*Guilmant (Alexandre), Belgique; Bordes (Ch.); Cellier (A.); Schola cantorum.
Guimarães (Lucilia), Villa-Lobos (H.).
Guimera (Angel), Tiefland [E. d'Albert].
Guinjoan (Joan), Espagne.
Guinzbourg, Leningrad.
Guiot (Mme), Conservatoire de Paris.
*Guiraud (Ernest), Busser (H.); Contes d'Hoffmann (les) [J. Offenbach]; Debussy (C.); Offenbach (J.).
Guitry (Sacha), opéra.
Gulbenkian [fondation], Portugal.
Gulbranson (Ellen), Bayreuth.
Gulda (Friedrich), Argerich (M.); Castiglioni (N.).
Gunther (Julius), suédois.
Günther (Ursula), Ars subtilior.
Guofjohnsen (Pétur), Islande.
Gürlitt (W.), Anglés (Mgr H.).
Gustave-Adolphe [de Suède], Rossi (L.).
Gustaviano (Carlos), Argentine (république).
Guthrie (Woody), folksong.
Gutterwitz (A.), suédois.
Guttman, Risset (J. Cl.).
*Guyonnet (Jacques), électroacoustique (musique); Suisse.
Guzman (Don Juan-Bautista), Comes (J. B.).
Guzman (Frederico), Chili.
Gyrowetz (Adalbert ou Voicech Jirovech), autrichien.

H

*Haas (Joseph), Bresgen (C.).
*Haas (Robert), Romantique [A. Bruckner]; Wolf (H.).
Haase (Georg), clavicorde.
*Hába (Alois), Ancerl (K.); opéra.
*Habeneck (François Antoine), Clapisson (A. L.); concert; Conservatoire (société des concerts du); Paris.
Haberl (F. X.), Sandberger (A.).
Habichuela, guitare.
Hadjidakis (Manos), cinéma et musique; Grèce.
Hadjiev (Parachkev), Bulgarie.
Hadley (Henry), San Francisco.
Hadow (H. W.), histoire de la musique.
Haeckel (Aanton), harmonica.
*Haefliger (Ernst), Aix-en-Provence (festival d').
Haempel, cor.
*Haendel (Georg Friedrich), Acis et Galatée; Alcina; Allegro, il Penseroso ed il Moderato (l'); allemand; Angleterre; anthem; appogiature; Ariodante; baroque; bel canto; Belshazzar; bourrée; Cafarelli; catalogue thématique; Chandos Anthems; chant; chef d'orchestre; Choron (A. E.); Chrysander (K. H. F.); clavecin; concerto; Corelli (A.); courante; Cuzzoni (F.); danse; Dean (W. B.); duo; Dupré (M.); Esther; Festin d'Alexandre; Feu d'artifice (Musique pour un); Giulio Cesare; Hambourg; Harmonieux Forgeron; Haym (N. F.); Israel in Egypt; Jephtah; Joshua; Judas Maccabaeus; Messie (le); Ode for St Cecilia's day; opéra; oratorio; Orlando; Pastor fido (il); Radamisto; Rinaldo; ritournelle; Rodelinda; Rome; Samson; sarabande; Saül; Scarlatti (D.); Sémélé; Serse (Xerxès); Shakespeare (W.); sicilienne; Solomon; sonate (genre); suite; Tamerlano; Theodora; violon; violoncelle; Water Music; Zadock the Priest.
Haene (Rafael d'), Belgique.
Haffner (Karl), Chauve-souris (la) [J. Strauss fils].
Ḥafiẓ ('Abdal-Halîm),

INDEX

Égypte.
Hagen (Nina), pop music.
Hagerup (Nina), Grieg (E. H.).
Hägg (Gustaf Wilhelm), suédois.
*****Hahn** (Reynaldo), Bal de Béatrice d'Este (le); chant; Cocteau (J.); critique musicale; opéra; opérette; Shakespeare (W.).
Hainl (Georges), Conservatoire (société des concerts du).
Haitham (Ibn al-), Égypte.
*****Haitink** (Bernard), Amsterdam.
Håkanson (Knut), suédois.
Halet (Pierre), Risset (J.-Cl.).
*****Halévy** (Elias Lévy, dit Jacques Fromental), France (1800-1914); Juive (la); Offenbach (J.); opéra; Saint-Saëns (C.); Sax; Shakespeare (W.).
Halévy (Geneviève), Bizet (G.).
Halévy (Ludovic), Belle Hélène (la) [J. Offenbach]; Brigands (les) [J. Offenbach]; Carmen [G. Bizet]; Chauve-Souris (la) [J. Strauss fils]; Grande-Duchesse de Gerolstein (la) [J. Offenbach]; Offenbach (J.); Vie parisienne (la) [J. Offenbach].
Haley (Bill), blues; pop music.
*****Halffter** (Cristobal), chambre (musique de); Chojnacka (E.); Donaueschingen (festival de); Royan (festival International d'Art contemporain de).
*****Halffter** (Ernesto), Espagne; Sept chansons populaires espagnoles [M. de Falla].
Halffter (Rodolfo), Espagne.
*****Hallbreich** (Harry), Royan (Festival International d'Art contemporain de).
Hallén (Andreas), suédois.
Hallnäs (Hilding), suédois.
Hallström (Ivar), suédois.
Hallyday (Johnny), chanson populaire.
*****Halvorsen** (Johan), Sinding (Ch.).
*****Hamal** (Jean-Noël), Belgique.
Hambraeus (Bengt), suédois.
Hamdî (Balîgh), Égypte.
*****Hamel** (Peter Michael), allemand.
Hamerik (Ebbe), Danemark.
Hamilton (Newburgh), Festin d'Alexandre [G. F. Haendel]; Samson [G. F. Haendel].
Hammer (R.), Chabrier (E.).
Hammerstein (Oscar), comédie musicale.
Hammüli (Abdû), arabe (musique); Égypte.
*****Hampton** (Lionel), Goodman (B.).
Han, Chine.
Handl (Jacobus) → Gallus.
Handy (W. C.), Cole (N. K.).
Haniotis (Mario), France (xxᵉ s.).
Hannikainen (Ilmari), Finlande.
Hannikainen (Tauno), Finlande.
*****Hanslick** (Eduard), Brahms (J.); Bruckner (A.); critique musicale; romantisme.
*****Hanson** (Howard), États-Unis.
Hanson (Raymond), Australie.
Hansson (Sten), suédois.
Haquinius (Algot), suédois.
Harasiewiecz, Chopin (F.).
Haraucourt (E.), Shylock [G. Fauré].
Harchadelt (J.) → Arcadelt (J.).
Hardebeck (C.), Irlande.
*****Harnoncourt** (Nikolaus), Rogers (N.); Vienne.
Harrell (Lyn), Rose (L.).
*****Harris** (Roy), États-Unis.
Harris (Wynonie), blues.
Harrison (George); pop music.
*****Harrison** (Lou), États-Unis.
Harsanyi (Zsolt), Hary Janos [Z. Kodaly].
Hartmann [éditeur], Colonne (E.).
Hartmann (E. J. G.), opéra.
*****Hartmann** [famille de musiciens], Bentzon (N.-V.).
Hartmann (Georges), Paris.
Hartmann (Johann Peter Emilius), Danemark.
*****Hartmann** (Karl Amadeus), allemand; Donaueschingen (festival de); opéra; symphonie; **Hartmann** (R.) Harmonie du monde (l') [P. Hindemith].
Hartwell (Hugh), Canada.
Hartwig von Rute, allemand.
*****Harty** (Hamilton), Irlande.
Harwood, Oxford.
Haslinger, Chant du cygne (le) [F. Schubert].
*****Hasquenoph** (Pierre), France (xxᵉ s.).
Hass, clavicorde.
*****Hasse** (Johann Adolf), allemand; Bordoni (F.); chant; clavecin; drame; opéra; Russie.
Hasse (J.-H.), symphonie.
Hasse (N.), suite.
*****Hasselmans** (Alphonse), Salzedo (C.).
*****Hassler** (Hans Leo), allemand; choral; lied; Lustgarten neuer teutscher Gesäng; madrigal; Schütz (H.).
Hatto (Jane), Shéhérazade [M. Ravel].
Hatze (Josip), Yougoslavie.
*****Haubenstock-Ramati**

(Roman), aléa, musique aléatoire; allemand; autrichien; Israël; Pologne.
*****Hauer** (Josef Matthias), allemand; autrichien; expressionnisme; Heiss (H.).
Hauff (Wilhelm), Jeune Lord (le) [H. W. Henze].
Hauksson (Thorsteinn), Islande.
Haultin (Pierre), édition musicale; Gardano (A.).
Hauptmann (Gerhart), Vin (le) [A. Berg].
*****Hauptmann** (Moritz), Art de la fugue [J.-S. Bach].
Häusler (Josef), Donaueschingen (festival de).
Hausmann, violoncelle.
Haussmann (W.), suite.
Havass, ordinateur.
Havergal Brian (William), Angleterre.
Haward (Carolus), clavecin.
Hawkins (Coleman), Young (L.).
*****Hawkins** (John), Canada; histoire de la musique.
Hay (Norman), Irlande.
*****Haydn** (François-Joseph), Acide; Acis et Galatée [G. F. Haendel]; Adieux (les); Adler (G.); Albrechtsberger (J. G.); Alleluia; allemand; Alouette (l'); Antes (J.); Apothicaire (l'); Appel de cor (l'); Applausus; Apponyi; Arianna a Naxos (m); Armida; Artaria; autrichien; Bach (C. P. E.); Banti (B.); bel canto; Berenice che fai?; canon; Canterina (la); cassation; catalogue thématique; Cavalier (le); censure; chambre (musique de); Chasse (la); chef d'orchestre; classicisme; concerto; contrebasse; Création (la); Création (messe de la); Dies (A. Ch.); Dissonances (les) [W. A. Mozart]; Distrait (le); divertissement; Dorati (A.); drame; Empereur (l'); Erdödy; Esterházy; fantaisie; Fedeltà premiata (la); Feder (G.); Feu (le); Fuchs (A.); Funèbre; Fux (J. J.); galant (style); Gerber (H. L.); Goldoni (C.); Gott erhalte Franz den Kaiser; Grenouille (la); Griesinger (G. A.); Gyrowetz (A.); Harmoniemesse; Heiligmesse; Hoboken (A. van); Hoffstetter (R.); Horloge (l'); Hornsignal (v. Appel de cor); Impériale (l'); Incontro improvviso (l'); Infedeltà delusa (l'); Isola disabitata (l');

Lamentations (les);
Larsen (J. P.); Laudon;
Lever de soleil;
londoniennes
(Symphonies); Londres;
Maître d'école (le);
Mariazell (v. Missa Cellensis);
Mandyczewski (E.);
Marie-Thérèse; Matin,
Midi, Soir (le); Mercure;
Militaire; Miracle (le);
Missa brevis sancti Joannis de Deo; Missa cellensis; Missa in angustiis; Missa in honorem beatissimae Virginis Mariae; Missa in tempore belli; Missa sanctae Caeciliae; Missa sancti Nicolai; Missa « Sunt bona mixta malis »; Mondo della luna (il); Nelsonmesse (v. Missa in angustiis); Oiseau (l'); opéra; Orfeo ed Euridice; Orlando Paladino; Ours (l'); Oxford; Parisiennes; Passion (la); Pauken messe (v. Missa in tempore belli); percussion dans la musique occidentale; Pescatrici (le); Philémon et Baucis; Philosophe (le); Plaisanterie (la); Poule (la); quatuor à cordes; Prussiens (quatuors); Quintes (les); Reine de France (la); Retour de Tobie (le); Reutter (G. von); Rêve (le); Riemann (H.); romantisme; rondeau; Roulement de timbales; Roxolane (la); Russes (Quatuors); Saisons (les); Salomon (J. P.); Sandberger (A.); scherzo; Sept dernières paroles du Christ en croix (les); sextuor; Shield (W.); sinfonia; Soir (le) Soleil (Quatuors du); sonate (forme); sonate (genre); Sonates avec reprises variées [C. Ph. E. Bach]; Storace; Sturm und Drang; Surprise (la); Swieten (G. van); symphonie; Tempora mutantur; Theresienmesse; Tomasini (A. L.); Tost (J.); Vera costanza (la); verbunkos; Vienne; violoncelle.
*****Haydn** (Johann Michael), allemand; autrichien; catalogue thématique; contrebasse;
Diabelli (A.); Fux (J. J.); Weber (C. M. von).
*****Haym** (Nicola Francesco), Giulio Cesare
[G. F. Haendel];
Rodelinda [G. F. Haendel].
Haza,
Černohorsky (B. M.).
Hebbel (Friedrich),

INDEX
1771

Genoveva [R. Schumann].
Heckel (*Adam*), basson.
Heckel (*Wilhelm*), heckelphone.
*****Hegar** (*Franz*), suisse (musique).
Heider (*Werner*), allemand.
*****Heifetz** (*Jascha*), Feuermann (*E.*); Rubinstein (*A.*); Shankar (*R.*); violon.
*****Heiller** (*Anton*), allemand; autrichien.
*****Heine** (*Heinrich*), *Amours du poète (les)* [R. Schumann]; *Chant du cygne (le)* [F. Schubert]; Chopin (*F.*); Cornelius (*P.*); Schubert (*F.-P.*); Schumann (*R.*).
*****Heininen** (*Paavo*), Finlande.
Heinisch (*J.*), Hongrie.
Heinrich von Turlin, allemand; autrichien.
*****Heise** (*Peter*), Danemark.
Heissler, Rosé (*A.*).
Hekking (*Gérard*), Schnabel (*A.*); Tortelier (*P.*); violoncelle.
Held (*J. B.*), Bach (*J.-S.*).
Heldon (groupe), pop music.
*****Helffer** (*Claude*), France (XXᵉ s.).
*****Helgason** (*Hallgrímur*), Islande.
Helgason (*Jónas*), Islande.
Hellé (*André*), *Boîte à joujoux (la)* [C. Debussy].
Hellemesberger (*J. M.*), *Rouet d'or (le)* [A. Dvořák].
Heller (*F.*), Smetana (*B.*).
*****Heller** (*Istvan*), étude.
*****Hellmesberger** (*Ferdinand*), Schmidt (*F.*).
*****Hellmesberger** (*Joseph*) autrichien.
*****Hellmesberger fils** (*Joseph*) autrichien; Vienne.
Hellmesberger (Quatuor), → Quatuor Hellmesberger.
Helm (*Theresia*), Bruckner (*A.*).
Héloïse, Abélard (*P.*).
Heltzer (*V.*), *Lac des cygnes (le)* [P. I. Tchaïkovski].
Hemberg (*Eskil*), suédois.
Héméré (*Claude*), Josquin Des Prés.
Hemsch (frères), clavecin.
*****Henderson** (*Fletcher*), Armstrong (*L.*); blues ; Goodman (*B.*); Smith (*B.*); Young (*L.*).
Hendrix (*Jimmy*), guitare ; pop music.
Heneberg (*C. F.*), suédois.
Henneberg (*Claus H.*), *Lear* [A. Reimann].
Henninger (*Richard*), Canada.
Henri de Prusse, Salomon (*J. P.*).
Henri II Plantagenêt, Richard Iᵉʳ (Cœur de Lion).
Henri IV [France],

Rinuccini (*O.*).
Henri VI [empereur germanique], allemand.
Henri VIII [roi d'Angleterre et d'Irlande], Angleterre.
*****Henry** (*Pierre*), aléa, musique aléatoire ; *Apocalypse de Jean* ; ballet et musique ; *Bidule en « ut »* [P. Schaeffer et P. Henry]; concrète (musique); Conservatoire de Paris ; électroacoustique (musique); électronique (musique); étude ; expérimentale (musique); France (XXᵉ s.).
Futuristie ; Hambourg ; live electronic music ; *Messe de Liverpool* ; *Messe pour le temps présent* ; *Mouvement-Rythme-Etude* ; *Orphée 53* ; *Reine verte (la)* ; *Rosenboom (D.)* ; Schaeffer (*P.*); *Variations pour une porte et un soupir* ; *Voile d'Orphée (le)* ; *Voyage (le)*.
Henschel (*George*), Boston (vie musicale à); Weber (*C. M. von*).
*****Henze** (*Hans Werner*), allemand ; aria ; *Boulevard Solitude* ; Darmstadt (festival de); *Jeune Lord (le)* ; opéra ; *Prince de Hombourg (le)* ; Scherchen-Hsiao (*T.*); symphonie.
Herbeck (*Johann*), *Aimer, boire et chanter* [J. Strauss fils]; Bruckner (*A.*); Vienne.
*****Herder** (*Johann Gottfried*), allemand ; opéra.
Herewood (lord), Édimbourg.
Herlinger (*Ruzena*), *Vin (le)* [A. Berg].
*****Herman** (*Woody*), *Ebony Concerto* [I. Stravinski]; Stravinski (*I.*).
Hermann von Salzbourg, allemand ; autrichien.
Hermanson (*Abe*), suédois.
Hermant (*Abel*), *Bacchus et Ariane* [A. Roussel].
Hernandez (*Gisela*), Cuba.
Hérodote, *Belshazzar* [G. F. Haendel].
*****Hérold** (*Louis-Ferdinand*), France (1800-1914); opéra ; *Pré-aux-Clercs (le)* ; *Zampa*.
*****Herrmann** (*Bernard*), cinéma et musique.
*****Hersant** (*Philippe*), France (XXᵉ s.).
Hertz (*Alfred*), San Francisco.
Hertzfeld (*Rafael*), *Jeune Fille dans la tour (la)* [J. Sibelius].
Hervé (Florimond **Rongé**, dit), opérette.
*****Herz** (*Henri*), Albéniz (*M. P.*).
Herzog (*Colette*), *Cantate pour elle* [I. Malec];

France (XXᵉ s.).
Herzog (*George*), ethnomusicologie.
Herzogenberg (*Heinrich von*), Smyth (*D. E.*).
Heseltine (*Philipp*), → Warlock (*Peter*).
*****Hespos** (*Hans Joachim*), allemand ; Donaueschingen (festival de); Royan (festival International d'Art contemporain de).
*****Hess** (*Dame Myra*), Cambridge.
Hess (*Johnny*), chanson populaire.
*****Hess** (*Willy*), Skalkotas (*N.*).
Hesse (*Maurice de*), Schütz (*H.*).
Heuberger (*Richard*), autrichien.
*****Heugel** [éditeurs], édition musicale.
Hewitt (*James*), opéra.
Hewitt (*John Hill*), Hewitt (*J.*).
Heyden, choral.
Heyduk, *chansons tsiganes* [A. Dvořák].
Heynsius (*Michael*), Amsterdam.
Hickel (*Katherine M.*), Carneyro (*C.*).
Hidalgo (*Elvira de*), Callas (*M.*).
Hidalgo (*Juan*), Espagne.
Hierro, Campo y Zabaleta (*C. del*).
Higelin (*Jacques*), chanson populaire.
Higginson (*Henry Lee*), Boston (vie musicale à).
Hignard (*A.*), Chabrier (*E.*).
Hijazî (*Salâma*), Égypte.
Hilaire (Mˡˡᵉ), Bergerotti (*A.*).
Hilbert (*Egon*), Vienne.
*****Hill** (*Edward Burlingame*), États-Unis.
Hill (*Joe*), folksong-2.
Hill (*Karl*), Wagner (*W. R.*).
*****Hiller** (*Ferdinand von*), Chopin (*F.*); Cologne ; Hummel (*J. N.*); lied ; *Scènes de Faust* [R. Schumann].
*****Hiller** (*Johann-Adam*), Leipzig ; lied ; opéra ; singspiel.
*****Hiller** (*Lejaren*), Cage (*J.*); électroacoustique (musique); ordinateur.
Hiller (*N.*), suédois.
*****Hilton** cadet (*John*), Angleterre.
*****Hindemith** (*Paul*), allemand ; *Aller et retour* ; alto [Instr. à cordes]; Brecht (*B.*); *Cardillac* ; Chailly (*L.*); concerto grosso ; écho ; expressionnisme ; *Harmonie du monde (l')* ; *Ludus Tonalis* ; *Marienleben* ; *Mathis le peintre* ; *Métamorphoses symphoniques* ; *Mörder, Hoffnung der Frauen* ; *Neues vom Tage* ;

Nobilissima visione ; opéra ; Portugal ; *Sancta Susanna* ; Schnabel (*A.*); Sessions (*R.*); sonate (genre); Strobel (*H.*); suite ; toccata ; violon.
*****Hines** (*Earl*), Bechet (*S.*); blues.
Hitchcock (*Alfred*), cinéma et musique ; Herrmann (*B.*).
Hitler (*Adolf*), censure ; Strauss (*R.*).
Hlahol [chœur], Prague.
Hocevar-Gottscheer (*Janez Jurij*), Yougoslavie.
Hochbrucker (*Georg*), harpe.
*****Hoddinott** (*Alun*), Angleterre.
*****Hodeir** (*André*), concerto ; France (XXᵉ s.).
Hodell (*Åke*), suédois.
Hœning (*G. M.*), Sveinsson (*A. H.*).
Hoesslin (*Franz von*), Bayreuth.
Hofer (*Andreas*), autrichien.
Høffding (*Finn*), Danemark.
Höffer (*Janez Berthold von*), Yougoslavie.
*****Hoffmann** (*Ernst Theodor Amadeus*), allemand ; *Brautwahl (die)* [F. Busoni] ; *Cardillac* [P. Hindemith]; *Casse-Noisette et le roi des Souris* [P. I. Tchaïkovski]; catalogue thématique ; Chamisso (*A. von*); classicisme ; *Contes d'Hoffmann (les)* [J. Offenbach]; *Coppélia* [L. Delibes]; critique musicale ; opéra.
Hoffmann (*Fr. B.*), opéra.
Hoffmann (*Karel*), Suk.
Hoffmann (*Leopold*), allemand ; autrichien.
Hoffmann (*Ludwig*), Bayreuth.
Hoffmann (*Richard*), autrichien.
Hoffmann (*R. F.*), *Christophe Colomb* [D. Milhaud].
*****Hoffmeister** (*Franz Anton*), autrichien ; contrebasse.
*****Hofhaimer** (*Paul*), allemand ; autrichien ; Buchner (*H.*); Renaissance.
Hofkonz, Schütz (*H.*).
Hofmann (*Georg von*), *Rosamonde, princesse de Chypre* [F. Schubert].
Hofmann (*Peter*), Bayreuth.
*****Hofmannsthal** (*Hugo von*), *Arabella* [R. Strauss]. *Ariane à Naxos* [R. Strauss]; *Bourgeois gentilhomme (le)* [R. Strauss]; *Chevalier à la rose (le)* [R. Strauss]; *Elektra* [R. Strauss]; *Femme sans ombre (la)* [R. Strauss]; *Légende de Joseph (la)* [R. Strauss]; opéra ; Strauss (*R.*).
Hoger de Laon, sources.
Hogg (*Andrew « Smokey »*),

INDEX

blues.
Hogwood (*Christopher*), académie.
Hohner (*Matthias*), harmonica.
Holbein (*Hans*, dit l'**Ancien**), allemand.
Hölderlin (*Friedrich*), *Antigone* [C. Orff]; *Chant du Destin* [J. Brahms]; Cornelius (*P.*); Schumann (*R.*).
Holewa (*Hans*), suédois.
*****Holiday** (*Eleanor Mc Kay*, dite *Billy* ou *Lady Day*), pop music; Young (*L.*).
Holland (*Jan*), opéra.
*****Höller** (*York*), allemand; électroacoustique (musique).
*****Holliger** (*Heinz*), Donaueschingen (festival de); Ensemble intercontemporain; Royan (Festival International d'Art contemporain de); *Spiral* [K. Stockhausen].
Holm (*Mogens Winkel*), Danemark.
*****Holmboe** (*Vagn*), Danemark.
*****Holst** (*Gustav*), Angleterre; Collins (*A.*); opéra; *Planètes* (*les*); Rubbra (*E.*); Sharp (*C.*).
Holstein, Conservatoire de Paris.
Holt (*Theodore*), Canada.
*****Holzbauer** (*Ignaz*), allemand; autrichien; contrebasse; Mannheim (école de); opéra; Stamitz.
Holzer (*Michaël*), Schubert (*F.*).
Hommel (*Friedrich*), Darmstadt (festival de).
*****Honegger** (*Arthur*), *Antigone*; ballet et musique; Brasseur (*E.*); cantus firmus; cinéma et musique; Claudel (*P.*); Cocteau (*J.*); concerto; *Danse des Morts* (*la*); *Deliciae Basilienses*; *Di Tre Re*; Domaine musical; Durey (*L.*); France (xxe s.); groupe des Six; *Horace victorieux*; Ibert (*J.*); *Jeanne au bûcher*; *Judith*; ondes Martenot; opéra; oratorio; *Pacific 231*; *Pastorale d'été*; *Roi David* (*le*); *Rugby*; sonate (genre); suisse (musique); symphonie; *Symphonie liturgique*; *Une cantate de Noël*. Villa-Lobos (*H.*); violon; Xenakis (*Y.*).
*****Honegger** (*Marc*), dictionnaire.
Honegger-Moyse (*Blanche*), Marlboro.
Honkanen (*Antero*), Finlande.
Hooker (*John Lee*), blues.
Höpken (*Arvid von*), suédois.

Hopkins (*Sam « Lightnin »*), blues.
*****Hopkinson** (*Francis*), États-Unis.
Horace, Cornelius (*P.*).
*****Hornbostel** (*Erich Moritz von*), aérophone; ethnomusicologie.
*****Horne** (*Marilyn*), bel canto; chant.
*****Horneman** (*Christian Frederik Emil*), Danemark; Euterpe (groupe); Grieg (*E. H.*).
*****Horowitz** (*Vladimir*), Barber (*S.*); Chopin (*F.*); Rubinstein (*A.*).
Horusitzky (*Zoltán*), Hongrie.
Horvat (*Stanko*), Yougoslavie.
Hostinský (*O.*), Prague.
*****Hotter** (*Hans*), basse (voix); Bayreuth.
*****Hotteterre** (*Les*), Chédeville; Écurie.
*****Hotteterre** (*Jacques*), dit **Hotteterre le Romain,** interprétation.
*****Houdar de la Motte** (*Antoine*), *Europe galante* (*l'*) [A. Campra].
Houdy (*Pierick*), France (xxe s.).
Housman (*Alfred Edward*), *On Wenlock Edge* [R. Vaughan Williams].
*****Howells** (*Herbert*), Simpson (*R.*).
Hrisanide (*A.*), Roumanie.
Hristic (*Zoran*), Yougoslavie.
*****Hubay** (*Jenő*), Hongrie.
Hubbard (*Frank*), clavecin.
Hubeau (*Jean*), Conservatoire de Paris; France (xxe s.).
Huber (*Franz Xaver*), *Christ au mont des Oliviers* (*le*) [L. van Beethoven].
*****Huber** (*Hans*), suisse (musique).
Huber (*Károly*), Hongrie.
*****Huber** (*Klaus*), Rihm (*W.*); Royan (Festival International d'Art contemporain de); suisse (musique).
*****Hubermann** (*Bronislav*), Feuermann (*E.*); hébraïque (musique); Schnabel (*A.*).
Hubert (*Christian Gottlob*), clavicorde.
Huberty, édition musicale.
*****Hübler** (*Klaus K.*), allemand.
*****Hucbald de Saint-Amand,** France (des origines au XIVe s.).
Hudson (*G.*), suite.
Hue (*Georges*), opéra.
Hugo (*Victor*), *Ce qu'on entend sur la montagne* [F. Liszt]; *Consolations* [F. Liszt]; *Danse des heures* [A. Ponchielli]; déclamation; Delibes (*C. P. L.*); *Djinns* (*les*) [C. Franck]; *Lucrèce Borgia* [G. Donizetti]; *Rigoletto* [G. Verdi]; *Ruy* *Blas* [F. Mendelssohn]; Verdi (*G.*).
Hugo von Montfort, allemand; autrichien.
*****Hugon** (*Georges*), France (xxe s.); symphonie.
Hugues (*Herbert*), Irlande.
Hugues (*Théo*), *Flèche du temps* (*la*) [A. Jolivet].
Hugues d'Orléans, dit le **Primat,** *Carmina Burana*; séquence.
*****Hume** (*Tobias*), Angleterre.
*****Hummel** (*Johann Nepomuk*), allemand; autrichien; catalogue thématique; concerto; étude; Haydn (*F. J.*); interprétation; Salieri (*A.*); Silcher (*Ph. F.*); sonate (genre); suite.
*****Humperdinck** (*Engelbert*), allemand; *Hansel und Gretel*; opéra; Schuricht (*K.*); Scott (*C.*); singspiel; sprechgesang.
Hunter (*Ian*), Édimbourg.
*****Huré** (*Jean*), Rosenthal (*M.*).
Hurst (*Brian Desmond*), *Concerto de Varsovie* [R. Addinsell].
Hüsch (*G.*), baryton.
Huschen (*Heinrich*), Cologne.
Husmann, *Art de la fugue* [J.-S. Bach].
Husnî (*Dawûd*), Égypte.
Hüttenbrenner (*Anselm*), autrichien.
Huxley (*Aldous*), *Diables de Loudun* (*les*) [K. Penderecki]; *Variations* [I. Stravinski].
Huybrechts (*Albert*), Belgique.

I

*****Ibarrondo** (*Felix*), Espagne.
*****Ibert** (*Jacques*), ballade; Chaliapine (*F.*); cinéma et musique; concerto; *Don Quichotte à Dulcinée* [M. Ravel]; *Escales*; opéra; Segovia (*A.*); sonate (genre).
Ibn Khayrun, Tunisie.
Ibn Sinā (*Abū ʿAlī al-Ḥusayn*) → Avicenne.
Ibsen (*Henrik*), Wolf (*H.*).
Idelsohn (*Zui*), hébraïque (musique).
Ieromonahul (*Macarie*), Roumanie.
*****Ikenouchi** (*Tomojiro*), Shinohara (*M.*).
Ikonomov (*Bojan*), Bulgarie.
Iliev (*Konstantin*), Bulgarie.

Illica (*Luigi*), *André Chénier* [U. Giordano]; *Bohème* (*la*) [G. Puccini]; *Madame Butterfly* [G. Puccini]; *Tosca* [G. Puccini]; vérisme.
Illyes (*Istvan*), Hongrie.
*****Imbault** (*Jean-Jérôme*), édition musicale.
Imperio (*Pastora*), *Amour sorcier* (*l'*) [M. de Falla].
*****Indy** (*Paul-Marie-Théodore Vincent d'*), bataille; Bordes (*Ch.*); Canteloube (*M. J.*); Castro (*J. J.*); Chabrier (*E.*); concerto; cyclique (forme); drame; France (xxe s.); *Istar*; *Jour d'été à la montagne*; opéra; Roussel (*A.*); Rust; Saint-Foix (*M. O. comte de*); Saint-Saëns (*C.*); Samazeuilh (*G.*); Samson (*J.*); Schaeffner (*A.*); Schola cantorum; Séverac (*D. de*); sonate (genre); symphonie; *Symphonie Cévenole*; Tomasi (*H.*); Turina (*J.*); Vallas (*L.*); variation; violon; *Wallenstein*.
*****Ingegneri** (*Marco Antonio*), Crémone; madrigal; Renaissance.
Ingelius (*Axel Gabriel*), Finlande.
*****Inghelbrecht** (*Désiré-Émile*), *Tombeau de Couperin* (*le*) [M. Ravel].
Iourissalou (*Kheïno*), Russie.
Ipavec (*Benjamen*), Yougoslavie.
*****Ippolytov-Ivanov** (*Mikhaïl*), *Fiancée du tsar* (*la*) [N. A. Rimski-Korsakov]; opéra; Russie; *Tsar Saltan* (*le conte du*) [N. A. Rimski-Korsakov].
*****Ireland** (*John*), Angleterre; Bush (*A.*).
*****Isaac** (*Henricus*), allemand; autrichien; *Choralis Constantinus*; Senfl (*L.*); Vienne.
Isaacson (*Leonard*), ordinateur.
Isamitt (*Carlos*), Chili.
Isaye (*Eugène*), Siloti ou Ziloti (*A. I.*).
Isfahānī, 'Abbāsside; arabe (musique).
*****Isólfsson** (*Páll*), Islande.
*****Isouard** (*Nicolas*) → Nicolo.
Issakovitch (*Vera Ivanovna*), Scriabine (*A. N.*).
Istomin (*Eugène*), Rose (*L.*); Stern (*I.*).
Itier (*Bernard*), Saint-Martial.
Iturbi (*José*), Madrid.
Iturrizaga (*Luis*), Pérou.
*****Ives** (*Charles-Edward*), atonalité; *Central Park in the Dark*; *Concord sonata*; *Décoration Day* (v. *Holidays Symphony*);

INDEX

États-Unis ; *Fourth of July* ; *Holydays Symphony* ; *Robert Browning Overture* ; Stokovski (L.) ; symphonie ; *Three Places in New England* ; *Unanswered question (the)* ; *Washington's Birthday*.
*Ivogün (Maria), Schwarzkopf (É.).
Iwaszkiewicz (Jaroslaw), *Roi Roger (le)*, [K. Szymanowski].
Iyar (Kotishvara), Inde.

J

Jacchini (Giuseppe), Bologne (école de) ; violoncelle.
*Jachet ou Jaquet de Mantoue, Mantoue.
Jachino (Carlo), Italie.
*Jackson (Milton, dit Bags), Gillespie (D.).
*Jacob (Maxime), Arcueil (école d') ; Desormière (R.) ; France (xxᵉ s.) ; Satie (E.) ; Sauguet (H.).
*Jacob de Senleches, chanson.
Jacobs (René), falsettiste.
Jacobsen (Jens Peter), *Gurre-Lieder* [A. Schönberg].
Jacobus Collebaudi → Jachet de Mantoue.
Jacomi de Sentluch → Jacob de Senleches.
*Jacopo da Bologna, caccia ; Ciconia (J.) ; lauda.
Jacopone de Todi → Todi (Jacopone de).
Jacquemin de Sanleches → *Jacob de* Senleches.
*Jacquet de la Guerre (Élisabeth), Aquin (L. C. d') ; Brunold (P.) ; Charpentier (M. A.) ; France (xviiᵉ s.) ; opéra ; rigaudon ; suite.
*Jadin (Louis Emmanuel), opéra.
Jadlowker, chant.
Jaffrenou (Pierre-Alain), Groupe de recherches musicales.
Jagger (Mick), pop music.
Jahn (Wilhelm), Vienne.
Jalas (Jussi), Finlande ; Sibelius (J.).
*Jambe de Fer (Philibert), Renaissance.
James (Harry), Goodman (B.).
James (Henry), *Turn of the screw (the)* [B. Britten].
*Janáček (Leoš), *Affaire Makropoulos (l')* ; Brod (M.) ; *De la maison des morts* ; *Jenufâ* ;

Journal d'un disparu ; *Katia Kabanova* ; *Lettres intimes* ; *Messe glagolitique* ; *Mladi* ; opéra ; *Petite renarde rusée (la)* ; Prague ; quatuor à cordes ; Sibelius (J.) ; *Sinfonietta* ; *Sonate à Kreutzer* ; *Sorcière de midi (la)* [A. Dvořák] ; *Sur un sentier broussailleux* ; *Tarass Boulba* ; Universal-Edition.
Jančik (Hans), Wolf (H.).
*Janequin (Clément), *Amours de Ronsard (les)* [A. de Bertrand] ; Attaingnant (P.) ; Ballard ; bataille ; *Bataille de Marignan (la)* ; canzona ; chanson ; France (xviᵉ s.) ; *Quinta pars* ; *Psautier huguenot* ; Renaissance ; Ronsard (P. de) ; Sermisy (C. de).
*Janiewicz (Félix), Pologne.
Jankelevitch (Ida), *Scaramouche* [D. Milhaud].
*Janowitz (Gundula), Aix-en-Provence (festival d').
*Jansen (Jacques), baryton.
Jansen (Pierre), cinéma et musique.
Janssen (Werner), *Danses concertantes* [I. Stravinski].
*Jaques-Dalcroze (Émile Jaques, dit), Appia (A.) ; Binet (J.) ; suisse (musique).
Jaquet de Mantoue → Jachet de Mantoue.
*Jardányi (Pál), Hongrie.
Jar Fushi, Chine.
*Jarnach (Philipp), Busoni (F. B.) ; *Doktor Faust* [F. Busoni]. Skalkotas (N.).
Järnefelt (Aino), Sibelius (J.).
*Järnefelt (Armas), Finlande.
Järnefelt (Arvid), *Kuolema* [J. Sibelius].
Jarre (Jean-Michel), pop music.
*Jarre (Maurice), cinéma et musique ; France (xxᵉ s.).
Jarry, Conservatoire de Paris.
Jarsky (Irène), France (xxᵉ s.).
Jarzebski (Adam), Pologne.
*Jaubert (Maurice), cinéma et musique.
*Jaufré Rudel, canso ; troubadour.
Jauner (Franz), Vienne.
Jean IV [Portugal], Portugal.
Jean V [Portugal], Portugal ; Scarlatti (D.).
Jean XXII [pape], Avignon (chapelle des papes).
Jean Chrysostome (saint), byzantin (chant).
Jean Damascène (saint), byzantin (chant).
*Jean de Garlande,

Angleterre.
Jean de Lublin, Pologne.
Jean-François-Paillard (Orchestre), concert.
Jean-Paul (Johann, Paul, Friedrich Richter, dit), allemand.
Jefferson (« Blind » Lemon), blues.
Jefferson Airplane (groupe), pop music.
*Jehannot de Lescurel, France (des origines au xivᵉ s.) ; rondeau.
*Jelinek (Hanns), allemand ; autrichien.
*Jelyotte (Pierre), chant ; *Devin du village (le)* [J.-J. Rousseau] ; haute-contre.
*Jenkins (John), Angleterre.
Jenkins (Newell), Sammartini.
Jennens (Charles), *Allegro, Il Penseroso ed Il Moderato (il)* [G. F. Haendel] ; *Belshazzar* [G. F. Haendel] ; *Saül* [G. F. Haendel].
Jenny-Clark (Jean-François), *Aus den sieben Tagen* [K. Stockhausen].
*Jeppesen (Knud), Danemark.
*Jeremiáš (Ottakar), Burghauser (J.) ; Prague.
Jergen (Wilhelm), autrichien.
Jersild (Jørgen), Danemark.
Jethro Tull (groupe), pop music.
Jimenez (Jeronimo). → Gimenez (Jeronimo).
Jirovec (Vojcech) → Gyrowetz.
Jnáček (Leoš), sonate (genre).
Joachim (Irène), Conservatoire de Paris.
*Joachim (Joszef), Brahms (J.) ; Dorev (G.) ; Cambridge ; Hongrie ; Rubinstein (A.) ; Tovey (sir D. F.) ; violon.
Joachim (Otto), Canada ; électroacoustique (musique).
Joannidis (J.), Grèce.
*Jochum (Eugen), Hambourg.
Jockisch (Walter), *Boulevard Solitude* [H. W. Henze].
Johann-Georg (prince Electeur de Saxe), Schütz (H.).
Johannsson (Bengt), Finlande.
Johansen (Svend Aaquist), Danemark.
Johanson (Sven Eric), Lundi (groupe du) ; suédois.
Jóhansson (Magnús Blöndal), Islande.
Johnsen (Erik Philip), suédois.
Johnson (Bengt Emil), suédois.
Johnson (James P.), blues ; Smith (B.).

Johnson (Jimmy), charleston.
Johnson (Lonnie), blues.
*Johnson (Robert), blues.
Jokai (Mór), *Baron tzigane (le)* [J. Strauss fils].
Joksimovic (Bozidar), Yougoslavie.
*Jolas (Betsy), chant ; Chojnacka (E.) ; Conservatoire de Paris ; France (xxᵉ s.).
*Jolivet (André), *Ariadnê* ; Baudrier (Y.) ; *Cérémonial* ; *Chant de Linos* ; *Cinq Danses rituelles* ; *Cinq Incantations* ; concerto ; concrète (musique) ; *Épithalame* ; étude ; fantaisie ; *Flèche du temps (la)* ; France ; fantaisie ; France (xxᵉ s.) ; Jeune-France (groupe de la) ; *Mana* ; ondes Martenot ; Risset (J.-C.) ; *Suite delphique* ; symphonie ; Varèse (E.) ; *Vérité de Jeanne (la)* ; violon.
*Jommelli (Niccoló), drame ; Durante (F.) ; opéra.
Jonas, Delibes (C. P. L.).
Jonasz (Michel), chanson populaire.
*Jones (Gwyneth), Bayreuth.
Jones (Quincy), cinéma et musique.
*Jones (Robert), Angleterre.
Jones (Slick), Waller (T., dit « Fats »).
Jongen (Joseph), Belgique ; Bruxelles.
Jongen (Léon), Bruxelles.
Jonson (Ben), *Femme silencieuse (la)* [R. Strauss] ; opéra ; Strauss (R.).
Jónsson (Thórarinn), Islande.
Joplin (Janis), pop music.
Jora (M.), Roumanie.
Jorda (Enrique), San Francisco.
Jordan (Louis), blues.
Jørgensen (Axel Borup), Danemark.
Josephson (Jacob Axel), suédois.
*Josquin Des Prés, Agricola (A.) ; Attaingnant (P.) ; Belgique ; canzona ; chanson ; chanson au luth ; *Déploration sur la mort de Jean Ockeghem* ; France (xvᵉ s.) ; franco-flamande (musique) ; Mantoue ; Senfl (L.) ; Sermisy (C. de) ; Smitjers (A.) ; Susato (T.).
Josseline (François), Titelouze (J.).
Joste (Martine), France (xxᵉ s.).
Jouini (Hédi), Tunisie.
*Journet (Marcel), basse (voix).

INDEX

Jouy (Etienne de), *Fernandez Cortez ou la Conquête du Mexique* [G. Spontini]; *Guillaume Tell* [G. Rossini]; *Vestale (la)* [G. Spontini].
Joy (Geneviève), Conservatoire de Paris; Dutilleux (H.); *Figures de résonances* [H. Dutilleux].
Joyce (James), aléa, musique aléatoire; Dallapiccola (L.); *Epifanie* [L. Berio]; *Sonate pour piano* [P. Boulez].
Jubart (Philippe), France (xxe s.).
*****Judenkönig** (Hans), autrichien.
Juilliard String Quartet, *Ainsi la nuit* [H. Dutilleux].
Jumas, Capet (L.).
Jungheinrich (Hans Klaus), allemand.
Jürgens (H.), *Harmonie du monde (l')* [P. Hindemith].
Jurgenson, Saint-Pétersbourg.
Jurjânî, Iran.

K

Kaan (Ludovika von), Brendel (A.).
*****Kabalevski** (Dimitri), *Colas Breugnon*; opéra; Rostropovitch (M.); Russie.
Kaczynski (Adam), Pologne.
Kade (O.), Bruck (A. von).
*****Kadosa** (Pál), Hongrie.
Kafenda (Frico), Suchoň (E.).
Kafka (Franz), allemand; Brod (M.); Reverdy (M.); *Sonate pour piano* [P. Boulez].
*****Kagel** (Mauricio), *Acustica*; aléa, musique aléatoire; allemand; *Anagrama*; Argentine (république); *Bestiarium*; *Carré* [K. Stockhausen]; Cologne; concerto; concrète (musique); Darmstadt (festival de); Donaueschingen (festival de); électroacoustique (musique); *Erschöpfung der Welt (die)*; *Exotica*; expérimentale (musique); Hambourg; *Hétérophonie*; *Kantrimiusik*; *Ludwig van*; *Mare nostrum*; *Match*; *Mille huit cent quatre vingt dix huit*; opéra; Schnebel (D.); *Staatstheater*; Stroe (A.); *Tactil*.

Kahn (Robert), Rubinstein (A.).
Kahowez (Günter), allemand; autrichien.
Kaiser (Martin), clavicitherium.
*****Kajanus** (Robert), *Fille de Pohjola (la)* [J. Sibelius]; Finlande; Sibelius (J.).
*****Kajoni** (János), Hongrie.
Kákonyi (Péter), Hongrie.
Kalcher, Weber (C. M. von).
Kalichstein, Steuermann (E.).
Kalimmikov, opéra.
*****Kalkbrenner** (Frédéric ou Friedrich Wilhelm), Ábrány (K.); Albéniz (M. P.); Chopin (F.); concerto; étude; Thomas (A.).
*****Kallstenius** (Edvin), suédois.
*****Kalomiris** (M.), Antoniou (T.); Grèce.
*****Kamiensky** (Maciej), opéra.
Kaminski (H.), concerto grosso.
Kaminsky (Joseph), hébraïque (musique).
Kamu (Okko), Finlande.
Kander, cinéma et musique.
Kandinsky (N.), expressionnisme.
Kanner-Rosenthal (H.), Rosen (C.).
Kaper (Bronislav), cinéma et musique.
*****Karajan** (Herbert von), Berlin (histoire de la vie musicale à); Cassuto (A.); chant; chef d'orchestre; Schwarzkopf (E.); Seefried (I.); Sénéchal (M.); *Trionfo d'Afrodite* [C. Orff]; Vienne.
Karastojanov (Assen), Bulgarie.
Karest (Joost), clavecin.
Karkoff (Maurice), suédois.
*****Karlowicz** (Mieczyslaw), Pologne.
Karrer (P.), Grèce.
Kars (Gustave), Bruckner (A.).
Karsavina, ballet et musique; Diaghilev (S. P. de); *Tricorne (le)* [M. de Falla].
Karyotakis (Th.), Grèce.
Kaşabji (Muḥammad), Égypte.
Kasandjiev (Vassil), Bulgarie.
*****Kasemets** (Udo), Canada.
Kaski (Heino), Finlande.
Kassel, suite.
*****Kastalski** (Alexandre), *Vêpres (les)* [S. V. Rachmaninov].
Katchourowsky (Léonide), *Æneas* [A. Roussel].
Katsoulis (V.), Grèce.
Kaufmann (Armin), autrichien.
*****Kaufmann** (Dieter), allemand; autrichien; électroacoustique

(musique); live electronic music.
Kaulbach (Wilhelm von), *Bataille des Huns* [F. Liszt].
*****Kayn** (Roland), allemand.
Kayser (H. E.), contrebasse.
Kayser (Leif), Danemark.
Kazassoglou (G.), Grèce.
Kazinczy (Ferenc), Hongrie.
Keats (John), ballade.
Keil (Alfredo), Portugal.
*****Keilberth** (Josef), Bayreuth; Dresde.
*****Keiser** (Reinhard), allemand; Danemark; Hambourg; opéra.
Kelemen (Milko), Yougoslavie.
Keller (H.), Stader (M.).
Keller (Maurice), *Sylphides (les)* [M. Fokine].
Kelley (Edgar), États-Unis.
*****Kellner** (Johann Peter), clavecin.
*****Kelly** (Michaelo), Storace.
Kempe (Rudolf), Bayreuth; Dresde.
*****Kempff** (Wilhelm), disque; Kulenkampff (G.).
Kepler (Johannes), *Harmonie du monde (l')* [P. Hindemith].
Kerber (Erwin), Vienne.
Kerényi (György), Hongrie.
Kerksieg et Breusing, Schirmer.
Kerl, violon.
*****Kerle** (Jacobus de), Victoria (T.-L. de).
*****Kerll** (Johann Kaspar), allemand; autrichien; clavecin; Reutter (G. von); Vienne.
*****Kerman** (Joseph), Strunk (O.).
Kern (Jerome), cinéma et musique; comédie musicale; États-Unis.
Kerzelli, opéra.
Kes (Willem), Amsterdam.
Kessel (Barney), guitare.
Kessler (Harry de), *Légende de Joseph (la)* [R. Strauss].
*****Kessler** (Thomas), électroacoustique (musique).
Ketelbey (Albert William), *Sur un marché persan*.
Keuschnig (Peter), Vienne.
Khan (Abdul Karim), Inde.
Khan (Ali Akbar), Inde.
Khan (Allaudin), Inde; Shankar (R.).
Khan (Faiyaz), Inde.
*****Khatchaturian** (Aram Illitch), concerto; *Gayaneh*; Russie; *Spartacus*; violon.
*****Khrennikov** (Tikhon), opéra; Russie.
Khulâ'i (Kâmil al-), Égypte.
Kieffer (Detlef), France (xxe s.).
Kiel (Friedrich), Stanford (Ch. V.).
Kienlen, Schnyder von Wartensee (X.).
*****Kienzl** (Wilhelm),

autrichien; opéra.
*****Kilar** (Wojchech), Pologne.
Killmeyer (Wilhelm), allemand.
*****Kilpinen** (Yrjö), Finlande.
Kind (Friedrich), *Freischütz (le)* [C. M. von Weber].
Kindermann (J.), suite.
Kindī (al-), 'Abbâsside; arabe (musique); Iraq.
Kindler (Hans), *Chansons madécasses* [M. Ravel].
Kinesias, dithyrambe.
King (Riley « B. B. »), blues; pop music.
King Crimson (groupe), pop music.
King Oliver Creole Jazz Band, Armstrong (L.).
Kinnara [école de musique], Shankar (R.).
*****Kinsky** (Georg), Beethoven (L. van).
*****Kipnis** (Alexander), basse (voix); Bayreuth; Chicago.
Kirbye, madrigal.
Kirchner (E. L.), expressionnisme.
*****Kirchner** (Leon), Sessions (R.).
Kirchner (Theodor), étude; lied.
Kiriac (D.), Roumanie.
Kirkman (Jacob), clavecin.
Kirkpatrick (John), *Concord sonata* [C. Ives]; Ives (Ch.-E.).
*****Kirkpatrick** (Ralph), Longo (A.); Scarlatti (D.).
Kirnberger (Johann Philipp), Berlin (école de).
Kiss (Lajos), Hongrie.
Kittel Schütz (H.).
Kitzler, Bruckner (A.).
Kjurkčuski (Krassimir), Bulgarie.
*****Klami** (Uuno), Finlande.
*****Klebe** (Giselher), allemand; Blacher (B.).
Klee (Paul), *Cette étoile enseigne à s'incliner* [G. Amy].
*****Kleiber** (Carlos), Bayreuth.
*****Kleiber** (Erich), Berg (A.); Cuba; *Orfeo ed Euridice* [F. J. Haydn].
Klein (F.-H.), *Suite lyrique pour quatuor à cordes* [A. Berg].
Klein (Geneviève), Barbaud (P.); ordinateur.
Klein (Walter), Scelsi (G.).
Klemetti (Heikki), Finlande.
Klemm-Weymar, *Art de la fugue* [J.-S. Bach].
*****Klemperer** (Otto), Berlin (histoire de la vie musicale à); chef d'orchestre; Cologne; Hauer (J. M.); Los Angeles.
Kliment d'Ochrid, Bulgarie.
Kling (Otto Marius), Chester J. and W., Ltd.
Klinger (Maximilian), *Sturm und Drang*.
Klingsor (Tristan), *Shéhérazade* [M. Ravel].
Klitzsch (Emanuel), lied.

Klobucar (Andjelko), Yougoslavie.
Klopstock (Friedrich Gottlieb), Résurrection [G. Mahler].
*****Klose** (Margaret), Bayreuth.
Klotz, lutherie, luthier.
Knapik (Eugeniusz), Pologne.
*****Knappertsbuch** (Hans), Bayreuth.
Kniese (Julius), Van Dyck (E.).
Knipper (Lev), opéra ; Saint-Pétersbourg.
*****Knittel** (Krzystof), Pologne.
Knorr (Ivan), Scott (C.).
*****Knussen** (Olivier), Angleterre.
Kobler, Richter (K.).
*****Koch** (Erland von), suédois.
Koch (Friedrich Ernst), Blacher (B.).
*****Koch** (Heinrich Christoph), divertissement ; sonate (genre).
Koch (Lothar), Double Concerto [G. Ligeti].
*****Kochan** (Günter), Schenker (F.).
Kochanowski (Jan), Pologne.
Kochanski (Paul), Rubinstein (A.).
*****Köchel** (Ludwig Aloïs Friedrich, Ritter von), Einstein (A.).
Kochno (Boris), Fâcheux (les) [G. Auric] ; Fils prodigue (le) [S. Prokofiev] ; Forains (les) [H. Sauguet] ; Sauguet (H.).
Kocian (J.), Prague.
*****Kodalli** (Nevid), Turquie.
*****Kodály** (Zoltán), Bartók (B.) ; Concerto pour orchestre ; Danses de Galanta ; Danses de Marosszek ; éducation musicale ; enregistrement ; folklore ; Hary Janos ; Hongrie ; opéra ; Paon (le) ; Psalmus hungaricus Seiber (M.) ; si ; solmisation ; sonate (genre) ; Suite de danses [B. Bartók] ; Toscanini (A.) ; Universal-Edition ; Veress (S.).
*****Koechlin** (Charles), Bandar-Log (les) ; Bourrée fantasque [E. Chabrier] ; Buisson ardent (le) ; Camargo Guarnieri (M.) ; Champagne (C.) ; Clicquet-Pleyel ; Debussy (C.) ; Dupin (P.) ; orchestration ; Portugal ; Samson (J.) ; Satie (E.) ; Sauguet (H.) ; Thiriet (M.).
Koëlla (G. A.), suisse (musique).
*****Koenig** (Gottfried Michael), allemand ; Articulation [G. Ligeti] ; électroacoustique (musique) ; électronique (musique) ; étude.
*****Koering** (René), France (xxe s.).
Kogoj (Marij), Yougoslavie.
Kohnen (Robert), Bruxelles.
*****Kokkonen** (Joonas), Finlande ; Salmenhaara (E.).
Kokoschka, expressionnisme ; Hindemith (P.).
Kolb (Karlman), clavecin.
Kolberg (Oscar), Pologne.
Kolman (Peter), électroacoustique (musique).
Kollo (René), Bayreuth.
Kolton (Ron), hébraïque (musique).
Komeda (Krysztof), cinéma et musique.
*****Komives** (Janos), Interview.
Kondourov (Aristote), Xenakis (Y.).
*****Kondrachine** (Kirill Pietroyvitch), Année 1917 [D. Chostakovitch] ; Babi Yar [D. Chostakovitch] ; Exécution de Stenka Razine (l'), [D. Chostakovitch].
Kondracki (Michal), Pologne.
König (Gottfried Michael) → Koenig (Gottfried Michael).
Koning (Victor), Fille de Madame Angot (la) [Ch. Lecocq].
Konjovic (Petar), Yougoslavie.
*****Kontarsky** (Alfons), Mantra [K. Stockhausen].
*****Kontarsky** (Aloys), Aus den sieben Tagen [K. Stockhausen] ; Mantra [K. Stockhausen] ; Schlagtrio [K. Stockhausen].
Kontis (Al.), Grèce.
Konwitschny (Franz), Berlin (histoire de la vie musicale à) ; Dresde.
Koppel (Herman D.), Danemark.
Körner (Theodor), Schubert (F.)
*****Korngold** (Erich Wolfgang), autrichien ; cinéma et musique ; Hambourg ; opéra.
*****Kosma** (Joseph), cinéma et musique ; chanson populaire.
Koszul (Julien), Roussel (A.).
*****Kotonski** (Wladimir [Wlodzimierz]), électroacoustique (musique) ; Pologne.
Kotzebue (August von), Roi Étienne (le) [L. van Beethoven].
Koudourof (A.), Grèce.
*****Kounadis** (Arghyris), Grèce.
Kouroupos (G.), Grèce.

Koussevitski (Nathalie), Di Tre Re [A. Honegger].
Koussevitski (Olga), Ainsi la nuit [H. Dutilleux] ; Akrata [Y. Xenakis].
*****Koussevitski** (Serge), Akrata [Y. Xenakis] ; Age of Anxiety (the) [L. Bernstein], Bartók (B.) ; Boston (vie musicale à) ; Concerto pour orchestre [B. Bartók] ; Roussel (A.) ; Schmitt (F.) ; Schuman (W.) ; Suite en fa [A. Roussel] ; Tortelier (P.) ; Turangalila-Symphonie [O. Messiaen].
Kovařovic (Karel), Janáček (L.) ; Prague ; Rusalka [A. Dvořák].
*****Kozeluch** (Leopold), allemand ; autrichien ; Sechter (S.).
Kozina (Marjan), Yougoslavie.
Kozoloupov, Rostropovitch (M.).
Kraft (Jan), contrebasse.
Kraftwerk (groupe), pop music.
Kranz (Jan), Pologne.
Krasner (Louis), À la mémoire d'un ange [A. Berg].
Krasnohorska (Eliska), Baiser (le) [B. Smetana] ; Secret (le) [B. Smetana].
Krastl (Fritz), Cadi dupé (le) [C. W. Gluck].
Kratochwil (Heinz), allemand ; autrichien.
*****Kraus** (Alfredo), chant ; Espagne.
*****Kraus** (Joseph Martin), Cantate sur la mort de l'empereur Joseph II [L. van Beethoven] ; opéra ; Richter (F. X.) ; suédois.
Kraus (Karl), allemand.
*****Kraus** (Lili), Steuermann (E.).
Krause (Martin), Arrau (C.).
Krause (Tom), Finlande.
*****Krauss** (Clemens), Capriccio [R. Strauss] ; opéra ; Strauss (R.) ; Vienne.
*****Krauze** (Zygmunt), Pologne.
Kreisler, Shankar (R.).
Krek (Gojmir), Yougoslavie.
Krek (Uros), Yougoslavie.
*****Kremski-Petitgirard** (Alain), France (xxe s.).
*****Krenek** (Ernst), allemand ; autrichien ; concerto grosso ; Cordero (R.) ; Darmstadt (festival de) ; Jonny spielt auf ; Karl V ; opéra ; sérielle (musique).
Krenn (Franz), Zemlinsky (A. von).
Kretschmar, Sachs (C.) ; Schering (A.).
Kreutz (Arthur), États-Unis.
*****Kreutzer** (Conradin), Belle

Mélusine (la) [F. Mendelssohn] ; Cologne ; lied ; opéra ; Silcher (Ph. F.).
*****Kreutzer** (Rodolphe), Conservatoire de Paris ; étude ; opéra ; Rode (P.) ; sonate (genre) ; violon.
Křička (Jaroslav), Bořkovec (P.) ; Burghauser (J.) ; Cikker (J.).
*****Krieger** (Adam), allemand ; Schütz (H.).
*****Krieger** (Edino), Brésil.
*****Krieger** (Johann), allemand ; clavecin.
*****Krieger** (Johann Philipp), opéra.
Krioukov, Scriabine (A. N.).
*****Krips** (Josef), San Francisco ; Seefried (I.).
*****Křížkovský** (Pavel), Janáček (L.).
Krohn (Ilmari), Finlande.
Kroyer, Strobel (H.).
Krstic (Petar), Yougoslavie.
*****Krupa** (Gene), Goodman (B.).
Krzanowski (Andrzej), Pologne.
Krzyzanowska (Justyna), Chopin (F.).
*****Kubelik** (Rafael), Chicago ; Échelle de Jacob (l') [A. Schönberg] ; Fresques de Piero della Francesca (les) [B. Martinů] ; Prague.
Kubrick (Stanley), cinéma et musique.
Küchelbecker, Chostakovitch (D.).
Kuhac (Franjo), Yougoslavie.
*****Kuhlau** (Daniel Frederik), sonatine.
*****Kuhnau** (Johann), allemand ; Bach (J.-S.) ; clavicorde ; collegium musicum ; Leipzig ; sonate (genre) ; suite.
*****Kuijken** (Sigiswald), Bruxelles.
*****Kuijken** (Wieland), Bruxelles.
Kukuzeles (J.), Bulgarie.
*****Kulenkampf** (George), Solti (G.).
Kullak (Theodor), Rubinstein (famille).
Kulthüm (Umm), arabe (musique) ; Égypte.
Kunc (famille), Toulouse.
Kunc (Bozidar), Yougoslavie.
Kunst (Jaap), ethnomusicologie.
*****Kunz** (Erich), Vienne.
Kunzen (Friedrich L. Æ.), Danemark ; opéra.
Küpfer (Harry), Bayreuth.
Kupper (Leo), Belgique ; électroacoustique (musique) ; live electronic music.
*****Kurpinski** (Karol), Pologne.
*****Kurtág** (György), Durko (Z.) ; Hongrie.
Kurz (Vilem),

INDEX
1775

INDEX

Steuermann (E.).
*Kusser (Johann Sigismund), allemand ; opéra.
Kutev (Philip), Bulgarie.
*Kuula (Toivo), Finlande.
Kuusisto (Ilkka), Finlande.
Kuusisto (Taneli), Finlande.
Kvapil (Jaroslav), Rusalka [A. Dvořák].
Kwast (James), Braunfels (W.).
Kydoniatis (K.), Grèce.

L

Laban (Rudolf von), chorégraphie.
*La Barre (Anne Chabanceau de), suédois.
*La Borde (Jean Benjamin de), sources.
Labroca (Mario), Florence ; Italie.
Lacerda (Francisco), Portugal.
*Lachenmann (Helmut), Donaueschingen (festival de).
Lachman (Robert), ethnomusicologie.
Lachmann (Edwig), Salomé [R. Strauss].
*Lachner (Franz Paul), Schubert (F.).
Lacuona (Ernesto), Cuba.
*Ladmirault (Paul), France (XXᵉ s.).
Ladnier (Tom), Bechet (S.).
La Fontaine (Jean de), Animaux modèles (les) [F. Poulenc].
La Forrest-Divonne (Pierre de), France (XXᵉ s.).
Lafosse (Roger), Rosenboom (D.).
Lagorce, Conservatoire de Paris.
*Lagoya (Alexandre), Conservatoire de Paris ; Presti (I.).
*La Grotte (Nicolas de), Baïf (J. A. de) ; Chardavoine (J.) ; Ronsard (P. de).
Lahor (Jean), Danse macabre [C. Saint-Saëns] ; Duparc (H.).
Lai (Francis), cinéma et musique ; France (XXᵉ s.).
Laine (Cleo), Dankworth (J.).
*Lajtha (László), Hongrie ; opéra.
Lajovic (Anton), Yougoslavie.
Lakner (Yehosha), Israël.
Lalande, salut.
*La Laurencie (Lionel de), dictionnaire ; histoire de la musique.
Lalique, Aix-en-Provence (festival d').
*Lalo (Édouard), concerto ;

France (1800-1914) ; Namouna, opéra ; rhapsodie ; Roi d'Ys (le) ; symphonie ; Thomas (A.) ; violon.
*Lalo (Pierre), Snegourotchka [N. A. Rimski-Korsakov].
*Laloy (Louis), Roussel (A.).
Lamartine (Alphonse de), Ave Maria.
Lambelet (G.), Grèce.
Lambert (Constant), Angleterre ; Sibelius (J.).
*Lambert (Michel), air de cour ; air sérieux ; Benserade (I. de) ; chant ; double ; France (XVIIᵉ s.) ; Lully (J.-B.) ; office des ténèbres.
Lambert de Sayve, autrichien.
Lambillotte, grégorien (chant).
Lamm (Paul), Leningrad.
Lamonte Young, aléa, musique aléatoire ; expérimentale (musique).
La Motte Fouqué, opéra.
*Lamoureux (Charles), Chabrier (E.) ; Chevillard (C.) ; concert ; España [E. Chabrier] ; Paris ; Van Dyck (E.).
Lamoureux (Concerts), France (1800-1914).
Lampersberger (Gerhard), allemand ; autrichien.
Lamproche, dithyrambe.
Lancelot, Conservatoire de Paris.
Lander (H.), Valse (la) [M. Ravel].
*Landi (Stefano), opéra.
*Landini (Francesco), caccia ; Ciconia (J.) ; Florence ; Italie.
*Landon (Howard Chandler Robbins), Roxolane (la) [F. J. Haydn].
*Landowska (Wanda), clavecin ; Concert champêtre [F. Poulenc] ; Falla (M. de) ; interprétation ; Siloti ou Ziloti (A. I.) ; Tréteaux de Maître Pierre (les) [M. de Falla].
*Landowski (Marcel), concert ; concerto ; Espaces (symphonie des) ; Fou (le) ; France (XXᵉ s.) ; Jean de la Peur ; opéra ; symphonie.
Landré (Guillaume), Amsterdam.
Lang (Fritz), cinéma et musique.
*Láng (István), Hongrie.
Langaard (Rued), Danemark.
Lange-Müller (Peter), Danemark.
Lange Weber (Aloysia), chant.
*Langlais (Jean), France (XXᵉ s.) ; Marot (C.).
Langton (Stephen), Carmina Burana ; séquence.
*Lanier ou Lanières (Nicholas), Angleterre.

*Lanner (Joseph), allemand ; autrichien ; catalogue thématique ; danse ; Strauss, musiciens autrichiens ; valse.
Lantins → Arnold de Lantins.
Lao-Tse, Chine.
*Laparra (Raoul), Champagne (C.) ; opéra.
Laplace-Gauss, stochastique (musique).
Lapointe (Bobby), chanson populaire.
La Pouplinière, France (XVIIIᵉ s.).
Larchet (J.), Irlande.
Lardé (Christian), Conservatoire de Paris.
Larionov, Diaghilev (S. P. de).
Laroche (Hermann), Saint-Pétersbourg.
La Roche-Chandieu (A. de), chant.
La Rosa (Leopoldo), Pérou.
Larousse (Pierre), Clément (F.).
La Rousselière, clavecin.
*Larsen (Jens Peter), Sandberger (A.).
Larsen-Todsen (Nanny), Bayreuth.
*Larsson (Lars-Erik), suédois.
*La Rue (Pierre de), Belgique ; chanson ; France (XVᵉ s.).
*Laruette (Jean-Louis), chant.
Laruette (Mᵐᵉ), chant.
La Salle, guitare.
Laserna (Blas de), opéra ; tonadilla.
*Laskine (Lily), Conservatoire de Paris.
Lason (Aleksander), Pologne.
Lasos d'Hermione, dithyrambe.
Lasso (Gloria), chanson populaire.
*Lassus (Roland de [Orlando, dit Lasso]), allemand ; Baïf (J. A. de) ; Ballard ; Belgique ; Boetticher (W.) ; canzona ; censure ; chanson ; France (XVIᵉ s.) ; Gabrielli (A.) ; Larmes de saint Pierre (les) ; madrigal ; Plaintes de job (les) ; Prophétie des Sibylles (la) ; Psaumes de la Pénitence ; Renaissance ; Ronsard (P. de) ; Sandberger (A.) ; Senfl (L.) ; Susato (T.) ; vêpres.
Laszny (Katharina von), Divertissement à la hongroise, [F. Schubert].
Latilla (Gaetano), opéra.
Latour (F. T.), Chappell et Co.
Laub (Thomas), Danemark.
Lauber (Joseph), suisse (musique).
Launis (Armas), Finlande.
Launoy (Jacques), carillon.
Laurana (Fr. da), Mantoue.
Laurencie (Albert de la),

ethnomusicologie.
Laurencin (Marie), Biches (les) [F. Poulenc].
Lautréamont, Chants de Maldoror [M. Constant].
Lavagne (André), France (XXᵉ s.).
Lavagnino (Francesco), Christou (I.).
*Lavallée (Calixa), Canada.
Lavelli (Jorge), Aix-en-Provence (festival d').
*Lavignac (Albert), dictionnaire ; ethnomusicologie ; histoire de la musique ; Satie (E.) ; Schmitt (F.).
La Ville de Mirmont (J. de), Horizon chimérique [G. Fauré].
Lavilliers (Bernard), chanson populaire.
Lavin (Carlos), Chili.
Lavotta, Hongrie ; verbunkos.
Lavrangas (D.), Grèce.
Lavry (Mark), hébraïque (musique).
*Lawes (Henry), Angleterre.
*Lawes (William), Angleterre ; Coperario (G.) ; suite.
Lawrence (Lucile), Salzedo (C.).
Lazar (F.), Roumanie.
Lazare-Lévy → Lévy (Lazare).
*Lazzari (Sylvio), opéra.
Leadbelly (Huddy Ledbetter, dit), blues.
Leal Moreira (Antonio), Portugal.
Léandre (Joëlle), France (XXᵉ s.).
*Lebègue (Nicolas), Agincourt (F. d') ; Champion de Chambonnières (J.) ; France (XVIIᵉ s.).
Leblanc (Georgette), Debussy (C.).
Leblanc de Roullet, Danaïdes (les) [A. Salieri].
Lebouc, Carnaval des animaux (le) [C. Saint-Saëns].
Lebrun-Danzi (Francisca), chant.
*Le Caine (Hugh), Canada ; électroacoustique (musique).
Le Camus (Sébastien), air sérieux ; France (XVIIᵉ s.).
Le Cène, Amsterdam ; Cetra (la) [A. Vivaldi] ; édition musicale.
*Le Cerf de la Viéville de Fréneuse (Jean-Laurent), critique musicale.
*Lechner (Leonhard), allemand ; lied.
Leck, aléa, musique aléatoire.
*Leclair l'Aîné (Jean-Marie), concerto ; France (XVIIIᵉ s.) ; opéra ; Scylla et Glaucus ; sonate (genre) ; violon.
Leclerc (Félix), chanson populaire.

INDEX

Le Clerc de la Bruère, Dardanus [J. Ph. Rameau].
*Lecocq (Charles), Fille de madame Angot (la); opérette; Petit Duc (le).
Leconte de Lisle (Charles Marie Leconte, dit), Duparc (H.); Éolides (les) [C. Franck].
Le Corbusier, Xenakis (Y.).
*Leduc [éditeurs], édition musicale.
Led Zeppelin (groupe), pop music.
*Lefebvre (Claude), France (XXe s.).
*Le Flem (Paul), Villa-Lobos (H.).
Lefort (Bernard), Aix-en-Provence (festival d').
Le Fort (Gertrude von), Dialogue des carmélites [F. Poulenc].
Le Franc (Martin), Binchois (G.); Carmen (J.); Cesaris (J.); Dunstable (J.); France (XVe s.).
Léger (Fernand), Création du monde (la) [D. Milhaud].
*Legge (Walter), Schwarzkopf (E.).
*Legley (Victor), Belgique.
Legouix, Delibes (C. P. L.).
Legouvé (R.), Adrienne Lecouvreur [F. Cilea].
Legrand (Michel), chanson populaire; cinéma et musique; France (XXe s.).
*Legrenzi (Giovanni), Albinoni (T.); baroque; Caldara (J.); dies irae; Italie; opéra; sonate (genre); Venise.
Leguerney (Jacques), France (XXe s.).
*Lehar (Franz), allemand; autrichien; opérette; Pays du sourire (le); Veuve joyeuse (la).
*Lehmann (Lotte), Bayreuth; Chicago; Souzay (G.).
*Leibowitz (René), Boulez (P.); Casanova (A.); dodécaphonique (musique); France (XXe s.); sérielle (musique); Sonate pour piano [P. Boulez]; Webern (A.); Zimmermann (B. A.).
*Leider (Frida), Bayreuth; Chicago.
*Leifs (Jón), Islande.
Leinontinus (I.), suédois.
*Leinsdorf (Erich), Boston (vie musicale à); Cleveland.
Leitermeyer (Fritz), autrichien.
Leiviskä (Helvi), Finlande.
*Le Jeune (Claude), Baïf (J. A. de); Ballard; bataille; Calvin (J.); cantique; chanson; chromatique; Courville (J. Th. de); fantaisie; France (XVIe s.).

Octonaires de la vanité et inconstance du monde; Printemps (le); Quinta pars; Renaissance; Ronsard (P. de).
*Lejeune (Jacques), France (XXe s.); Groupe de recherches musicales.
*Lekeu (Guillaume), Belgique; violon.
Leleu (Jeanne), France (XXe s.).
Le Lorrain (Jacques), Don Quichotte [J. Massenet].
Lemaire, Conservatoire de Paris.
Lemaire (Ferdinand), Samson et Dalila [C. Saint-Saëns].
Lemarque (Francis), chanson populaire.
Lemmens (Nicolas), Belgique.
*Lemoine [éditeurs], édition musicale.
Le Monnier, Cadi dupé (le) [C. W. von Gluck].
Léna (Maurice), Jongleur de Notre-Dame (le) [J. Massenet].
Lenau, romantisme.
*Lendvay (Kamilló), Hongrie.
Lenepveu, Caplet (A.).
Lenfant (Patrick), France (XXe s.).
Lengyel (Manyhert), Mandarin merveilleux (le) [B. Bartók].
Lennon (John), chanson populaire; pop music.
*Lenot (Jacques), France (XXe s.).
Lenox (Quatuor), Sincronie [L. Berio].
Lenz (Jakob Michaël Reinhold), Soldats (les) [B. A. Zimmermann]; Zimmermann (B. A.).
Lenzevski (Quatuor), Seiber (M.).
*Leo (Leonardo), opéra; Servante Maîtresse (la) [J. B. Pergolèse]; toccata; violoncelle.
Léon (Argeliers), Cuba.
Léon (Victor), Veuve joyeuse (la) [F. Lehár].
Léon Ier le Grand [pape], ambrosien (chant).
Léonard (Robert Z.), comédie musicale.
Léonard (Ronald), Rose (L.).
*Leoncavallo (Ruggero), Italie; opéra; Paillasse; Toscanini (A.); vérisme.
Leone (Sergio), cinéma et musique.
*Léonin, France (des origines au XIVe s.).
Leonova (Daria), contralto.
Lepage (Charles), chanson populaire.
*Leppard (Raymond), Calisto (la) [P. F. Cavalli].
Lequien (Mme), Conservatoire de Paris.
Lermontov, Rocher (le) [S. V. Rachmaninov]; Rubinstein (famille).

Lerner (E. R.), Agricola (A.).
Le Rochois (Marthe), chant.
Lerolle (Henry), Chausson (A. E.).
*Le Roux (Maurice), France (XXe s.); Réveil des oiseaux (le) [O. Messiaen].
*Leroux (Xavier), Caplet (A.); Casadesus (R.); Casella (A.); Cortot (A.); opéra.
*Le Roy (Adrian), air; air de cour; Ballard; chanson au luth; Chardavoine (J.); France (XVIIe s.); Renaissance; vaudeville.
Le Roy et Ballard [maison d'édition], Cadéac (P.); chanson; Cléreau (P.); édition musicale.
Léry (Jean de), Brésil.
Lesage, vaudeville.
Leschetitski, Saint-Pétersbourg; Schnabel (A.).
Lescurel (Jehannot de) → Jehannot de Lescurel.
*L'Estocart (Paschal de l'), Calvin (J.); cantique; France (XVIe s.).
*Le Sueur ou Lesueur (Jean-François), Berlioz (H.); Conservatoire de Paris; France (XVIIIe s.); opéra; Thomas (A.).
Letelier Llona (Alfonso), Chili.
Leterrier (Eugène), Étoile (l') [E. Chabrier]; Une éducation manquée [E. Chabrier].
Le Trocquer (Jacques), Éventails [P. Méfano].
Levant (Oscar), Schillinger (J.).
Levasseur, Robert le Diable [G. Meyerbeer].
*Lévinas (Michaël), Royan (festival International d'Art contemporain de).
Levy (Lazare) dit Lazare-Levy, Serocki (K.); Solomon [Cutner (Solomon)].
Lhotka (Fran), Yougoslavie.
Lhotka-Kalinski (Ivo), Yougoslavie.
*Liadov (Anatoly Konstantinovitch), Assafiev (B.); Baba-Yaga; Kikimora; Russie; Saint-Pétersbourg.
Liatochinski, Silvestrov (V. V.).
Liberda (Bruno), autrichien.
Libermann, Schercher (H.).
Lichnowsky, Beethoven (L. van).
*Lidholm (Ingvar), Lundi (groupe du); Seiber (M.); suédois.
*Liebermann (Rolf), Diables de Loudun (les) [K. Penderecki]; Donaueschingen (festival de); Hambourg; Léonore

40/45; Strobel (H.).
Lifar (Serge), Æneas [A. Roussel]; Animaux modèles (les) [F. Poulenc]; Apollon musagète [I. Stravinski]; Bacchus et Ariane [A. Roussel]; ballet et musique; Boléro [M. Ravel]; chorégraphe; Cuba; Harnasie [K. Szymanovski]; Rouché (J.).
*Ligeti (György), aléa, musique aléatoire; allemand; Apparitions; Articulation; Atmosphères; autrichien; Aventures-Nouvelles Aventures; clavecin; Clocks and Clouds; concerto; Concerto de chambre; Continuum; Coulée; Darmstadt (festival de); Donaueschingen (festival de); Double Concerto; électronique (musique); Grand Macabre (le); Hongrie; Lontano; Lux aeterna; Melodien; Monument, Selbsportrait, Bewegung; Ramifications; Requiem; Salmenhaara (E.); San Francisco Polyphony; Scherchen-Hsiao (T.); Sibelius (J.); Stroe (A.); Volumina.
Liljefors (Ingemar), suédois.
Liljefors (Ruben), suédois.
Lima (Jeronymo), Portugal.
Lincoln, ordinateur.
*Lind (Jenny), Somnambule (la) [V. Bellini]; suédois; Verdi (G.).
Lindberg (Oskar), suédois.
Lindblad (Adolf Frederik), suédois.
Linde (Bo), suédois.
Lindegren (Erik), Aniara [K. B. Blomdahl].
Lindeman (Osmo), Finlande.
Lindheim, Grande-Duchesse de Gerolstein (la) [J. Offenbach].
Lindholm (firme), clavecin.
Lindley (Robert), Dragonetti (D.).
Ling-Louen, Chine.
Linjama (Jouko), Finlande.
*Linke (Norbert), Archiduc (l') [L. van Beethoven].
Lion (Ferdinand), Cardillac [P. Hindemith].
*Lioncourt (Guy de), Brown (Ch.).
Lioret (Henri), disque.
*Lipatti (Dinu), Roumanie.
Lipatti (Madeleine), Argerich (M.).
Lipovsek (Marjan), Yougoslavie.
Lipp (Maria Magdalena), Haydn (J. M.).
*Lipp (Wilma), Vienne.
Lischke (André), Chostakovitch (D.).
Lisinski (Vatroslav), Yougoslavie.
List (Emanuel), Bayreuth.

INDEX

Lista *(Giovanni)*, Russolo *(L.)*.
*Liszt *(Franz)*, Ábrány *(K.)*; Albert *(E. d')*; *Alfonso et Estrella* [F. Schubert]; allemand; *Années de pèlerinage*; *Après une lecture de Dante*; *Barbier de Bagdad (le)* [C. Peter]; *Bataille des Huns*; Bihari *(J.)*; Brahms *(J.)*; *Bruits de fête*; Bülow *(H. G. von)*; Busoni *(F. B.)*; *Campanella (la)*; *Carnaval des animaux (le)* [C. Saint-Saëns]; catalogue thématique; *Ce qu'on entend sur la montagne*; chant; chef d'orchestre; Chopin *(F.)*; *Christus*; cinéma et musique; Clidat *(F.)*; concerto; *Consolations*; Cornelius *(P.)*; credo; csárdás; *Csárdás macabre*; danse; *Danse macabre*; *Dante symphonie*; dies irae; *Du berceau à la tombe*; étude; *Études d'exécution transcendante*; fantaisie; *Faust-Symphonie*; Franz *(R.)*; *Hamlet*; Haraszti *(E.)*; *Harmonies poétiques et religieuses*; *Héroïde funèbre*; Hongrie; *Hungaria*; *Idéaux (les)*; *Jeux d'eau à la villa d'Este (les)*; *Légende de sainte Élisabeth*; lied; *Lohengrin* [R. Wagner]; *Mazeppa*; *Messe de Gran*; *Missa choralis*; opéra; oratorio; *Orphée*; paraphrase; piano; poème symphonique; *Préludes (les)*; programme (musique à); *Prométhée*; rhapsodie; romantisme; *Rouslan et Ludmilla* [M. Glinka]; Saliéri *(A.)*; *Samson et Dalila* [C. Saint-Saëns]; Sauer *(E. von)*; Shakespeare *(W.)*; Siloti ou Ziloti *(A. I.)*; Smetana *(B.)*; sonate (forme); sonate (genre); symphonie; *Tasso*; transcription; *Variations sur un thème de Paganini* [J. Brahms]; *Variations sur un thème rococo* [P. I. Tchaïkovski]; verbunkos; Veress *(S.)*; Wagner *(W. R.)*; *Weinen, klagen, sorgen, zagen*.
*Litaize *(Gaston)*, France (XXᵉ s.).
*Litvinne *(Felia)*. Bayreuth.
Lizotte *(J. M.)*, Sauguet *(H.)*.
*Llobet *(Miguel)*; guitare; Madrid.
Lobanov *(Vassili Pavlovitch)*, Russie.
Lobato *(Diego)*, Équateur.
*Lobkowitz (famille),

Beethoven *(L. van)*.
Locatelli *(Giovanni Battista)*, Saint-Pétersbourg.
Locatelli *(G. P.)*, opéra.
*Locatelli *(Pietro Antonio)*, concerto; Rome; sonate (genre); violon.
*Locke *(Mathew)*, Angleterre; clavecin; opéra; Shakespeare *(W.)*.
Lockroy *(Joseph)*, *Dragons de Villars (les)* [A. Maillart].
Locle *(Camille du)*, *Don Carlos* [G. Verdi]; *Siguro* [E. Reyer].
Locqueville *(R. de)*, Dufay *(G.)*.
Loeb *(James)*, Juilliard School of Music.
*Loehrer *(Edwin)*, Sgrizzi *(L.)*.
*Loeillet *(Jean-Baptiste)*. Belgique.
*Loewe *(Carl)*, allemand; lied; *Roi des Aulnes (le)* [F. Schubert].
Loewe *(Frederick)*, comédie musicale; Shaw *(G. B.)*.
Loewe-Destinn *(Marie)*, Destinn *(E.)*.
Logar *(Mihovil)*, Yougoslavie.
*Logothétis *(Anestis)*, Grèce.
Logroscino *(Nicola)*, opéra.
Loiseau *(Georges)*, chant (pédagogie du).
Lomax *(Alan)*, folksong-1.
*Lombardi *(Luca)*, Italie.
*Long *(Marguerite)*, *Tombeau de Couperin (le)* [M. Ravel].
Longman and Broderip, édition musicale.
Longo *(Alessandro)*, Ciccolini *(A.)*; Scarlatti *(D.)*.
Longtin, électroacoustique (musique).
Lönnrot *(Elias)*, Finlande.
Looser *(Rolf)*, suisse (musique).
Lope de Vega *(Felix)*, Espagne; folia-1.
Lopez *(Francis)*, opérette.
Lopez Buchardo *(Carlo)*, Argentine (république).
Lopez Graça *(F.)*. Portugal.
López Maindreau *(F.)*, Pérou.
Lopez Morago *(Estevao)*. Portugal.
Lopez Pacheco *(Jesus)*, *Canti di Vita e d'Amore* [L. Nono].
*Lorca *(Federico García)*. *Ancient Voices of Children* [G. Crumb]; cante jondo; Chostakovitch *(D.)*; *Épitaphe pour García Lorca* [L. Nono]; Falla *(M. de)*; *Llanto por Ignacio Sanchez Mejias* [M. Ohana]; *Madrigals* [G. Crumb]; Ohana *(M.)*; Reverdy *(M.)*; Saguer *(L.)*.
Lorengar *(Pilar)*. Aix-en-Provence (festival d').

Lorentzen *(Bent)*. Danemark.
*Lorenz *(Max)*. Bayreuth; Sabata *(V. de)*; Seefried *(I.)*.
Lorenzani, air sérieux.
Lorenzi *(Giambattista)*. *Fedeltà premiata (la)* [J. Haydn].
*Loriod *(Yvonne)*. *Canteyodjaya* [O. Messiaen]; Conservatoire de Paris; *Des canyons aux étoiles* [O. Messiaen]; France (XXᵉ s.); *Oiseaux exotiques* [O. Messiaen]; *Réveil des oiseaux (le)* [O. Messiaen]; *Sept Haïkaï* [O. Messiaen]; *Structures pour deux pianos* [P. Boulez]; *Transfiguration de Notre Seigneur Jésus Christ (la)* [O. Messiaen]; Tremblay *(G.)*; *Trois petites liturgies de la présence divine* [O. Messiaen]; *Turangalîla-Symphonie* [O. Messiaen]; *Vingt regards sur l'enfant Jésus* [O. Messiaen]; *Visions de l'Amen* [O. Messiaen].
Lorthiois *(Albert)*. Charpentier *(G.)*.
*Lortzing *(Albert)*. allemand; opéra.
*Los Angeles *(Victoria de)*. Espagne; *Vie brève (la)* [M. de Falla].
Lossy *(W. J.)*. Sweelinck *(J. P.)*.
Lothar *(Rudolf)*. *Tiefland* [E. d'Albert].
*Lotti *(Antonio)*. Alberti *(D.)*; opéra; Zelenka *(J. D.)*.
*Loucheur *(Raymond)*, Conservatoire de Paris; France (XXᵉ s.).
Louis II de Wittelsbach [Bavière]. Bayreuth; Brahms *(J.)*; Wagner *(W. R.)*; *Walkyrie (la)* [R. Wagner].
*Louis XIII [France], chambre (musique de).
Louis XIV [France], chambre (musique de); salut.
Louis *(Victor)*. Bordeaux.
Louis-Jouvet (compagnie), Édimbourg.
*Lourié *(Arthur)*. Busoni *(F. B.)*; Russie.
*Louvier *(Alain)*, *Études pour agresseurs*; France (XXᵉ s.).
Louÿs *(Pierre)*, *Chansons de Bilitis* [C. Debussy]; Debussy *(C.)*; *Six Épigraphes Antiques* [Debussy].
Lovenskjold *(Herman S.)*. Danemark.
Löwe *(J. J.)*. Bach *(J.-S.)*; opéra.
Lowinski, reservata (musica).
Lualdi *(Adriano)*. Italie.
Lübeck *(Georg-Philip Schmidt von)*, *Voyageur*

(le) [F. Schubert].
*Lübeck *(Vincent)*, allemand; Hambourg.
*Lubin *(Germaine)*, Bayreuth; Sabata *(V. de)*.
Lucia *(Fernando de)* → De Lucia *(Fernando)*.
Lucier *(Alvin)*, États-Unis; live electronic music.
Luciuk *(Juliusz)*, Pologne.
Ludwig *(F.)*, Anglés *(Mgr H.)*.
*Luening *(Otto)*, électroacoustique (musique); électronique (musique); étude; Stich-Randall *(T.)*.
Lukacic *(I.)*, Yougoslavie.
*Lully *(Jean-Baptiste)*, académie; *Acis et Galatée* [G. F. Haendel]; air; air à boire; air de cour; *Alceste ou le triomphe d'Alcide*; alla breve; *Amadis de Gaule*; *Armide*; Ballard; ballet et musique; baroque; Benserade *(I. de)*; Berain *(J.)*; Bergerotti *(A.)*; *Bourgeois gentilhomme (le)*; *Cadmus et Hermione*; Cavalli *(P. F.)*; Charpentier *(M. A.)*; classicisme; Colasse *(P.)*; comédie-ballet; danse; Dies irae; folia-1; France (XVIIᵉ s.); France (XVIIIᵉ s.); Lambert *(M.)*; marche; opéra; opéra-ballet; orchestre; Paris; pastorale; rigaudon; ritournelle; Roberday *(F.)*; *Roi Arthur (le)* [H. Purcell]; salut; suite; Versailles; violon.
Lully le fils, grégorien (chant).
Lumbye *(Hans C.)*, Danemark.
Lumière *(Auguste et Louis)*, cinéma et musique.
*Luna *(Pablo)*, Espagne.
Lundquist *(Torbjörn)*, suédois.
Lundsten *(Ralf)*, suédois.
Lunel *(Armand)*, *Malheurs d'Orphée (les)* [D. Milhaud].
Lupot *(N.)*, lutherie, luthier.
Luscinius *(Othmar)*, clavecin.
Lusitano *(Vicente)*, Portugal.
Lussy *(Mathis)*, rythme.
*Luther *(Martin)*, allemand; Calvin *(J.)*; choral; Cornelius *(P.)*; ethos; lied; Renaissance; Senfl *(L.)*.
*Lutoslawski *(Witold)*, concerto grosso; expérimentale (musique); *Jeux vénitiens*; *Livre pour orchestre (le)*; *Mi-parti*; *Musique funèbre*; opéra; *Paroles tissées*; Pologne; *Préludes et fugue pour 13 cordes*; *Trois poèmes*

INDEX

d'Henri Michaux ; *Variations sur un thème de Paganini* [J. Brahms].
*****Luytens** (Elisabeth), Angleterre.
Luzzaschi, chant.
Lwow (Alexis), opéra.
Lympany (Moura), Steuermann (E.).
Lyon (Gustave), Landowska (W.).
Lyon (James), États-Unis.

M

Maayani (Ami), Israël.
*****Maazel** (Lorin), chef d'orchestre ; Cleveland ; Vienne.
Mc Cartney (Paul), chanson populaire ; pop music.
Mc Cormack (John), chant.
Mac Dermot (Galt), comédie musicale.
*****Mac Dowell** (Edward), États-Unis.
Macedo (Stefana), *Chants typiques brésiliens* [H. Villa-Lobos].
Macedo Pinto (Victor), Portugal.
Mac Guire (J.), Darmstadt (festival de) ; live electronic music.
*****Machabey** (Armand), Durfourcq (N.).
Machado, *Epifanie* [L. Berio].
Machado (Augusto), Portugal.
*****Machaut** (Guillaume de), allemand ; alternance ; amen ; Ars nova ; Ars subtilior ; ballade ; cantus firmus ; chanson ; chanson au luth ; France (des origines au XIVe s.) ; *Hoquet David* ; Machabey (A.) ; *Messe de Notre Dame* ; rondeau ; sources.
*****Mâche** (François-Bernard), Chojnacka (E.) ; clavecin ; concrète (musique) ; *Danaé* ; expérimentale (musique) ; France (XXe s.) ; Groupe de recherches musicales ; *Kemit* ; *Korwar*.
Macias (Enrique), Espagne.
Mac Intyre (Andy), électroacoustique (musique).
Mack (Cecil), charleston.
Mackensie (Henry), Édimbourg.
*****Mackerras** (Charles), Londres.
Mc Kibbon (Al), Gillespie (D.).
Mac Laughlin (John), pop music.
Mac Low, aléa, musique aléatoire.
Mac-Millan (Ernest),

Canada.
Macque (Jean de), Rossi (L.) ; toccata.
Maddox (Michael), opéra.
Madeira, Portugal.
*****Maderna** (Bruno), *Aura* ; *Available Forms* [E. Brown] ; Berio (L.) ; *Biogramma* ; Boucourechliev (A.) ; concerto ; Darmstadt (festival de) ; électroacoustique (musique) ; *Grande Aulodia (la)* ; Italie ; *Lorca* (F. G.) ; opéra ; *Rituel* [P. Boulez] ; *Schat* (P.) ; Scherchen (H.) : sérielle (musique) ; *Trajectoires* [A. Gilbert].
*****Madetoja** (Leevi), Finlande.
Madin (Henri), Blanchard (E. A.) ; France.
*****Maegaard** (Jan), Danemark.
*****Mäelzel** (Johann Nepomuk), *Bataille de Vittoria (la)* [L. van Beethoven].
*****Maeterlinck** (Maurice), adaptation ; *Ariane et Barbe-Bleue* [P. Dukas] ; Boulanger (L.) ; Debussy (C.) ; Dukas (P.) ; *Herzgewächse* [A. Schönberg].
Maffei (Andrea), *Macbeth* [G. Verdi].
Magalhaes (Felipe de), Portugal.
Magaloff (Nikita), Argerich (M.) ; Rogg (L.).
Mager (Jorg), électronique (musique).
Maggini (Giovanni Paolo), Italie ; lutherie, luthier.
Maggini (P. S.), lutherie, luthier ; violon.
Magma (groupe), pop music.
*****Magnard** (Albéric), drame ; opéra ; Ropartz (J. G. M.) ; Séverac (D. de) ; symphonie.
Magne (Michel), cinéma et musique ; France (XXe s.).
Magny (Colette), chanson populaire.
Maguire (Charles), Bruxelles.
Mahdī (Ibrāhīm Ibn al-), 'Abbasside.
Mahdī (S.), Tunisie.
Mahler (Alma), *À la mémoire d'un ange* [A. Berg].
Mahler (Fritz), Brant (H. G.).
*****Mahler** (Gustav), allemand ; *A Mass of Life* [F. Delius] ; appogiature ; autrichien ; *Berceuse élégiaque* [F. B. Busoni] ; Bruckner (A.) ; chambre (musique de) ; chant ; *Chant de la Nuit (le)* ; *Chant de la Terre (le)* ; *Chants d'un compagnon errant* ; *Chants pour des*

enfants morts ; cinéma et musique ; *Cor merveilleux de l'enfant (le)* ; Hambourg ; *Klagende Lied (das)* ; Klemperer (O.) ; lied ; *Mille (symphonie des)* ; *Résurrection* ; Schmidt (F.) ; Seefried (I.) ; *Sinfonia* [L. Berio] ; sonate (forme) ; symphonie ; *Titan* ; *Trois pièces pour orchestre* [A. Berg] ; Universal-Edition ; Vienne ; Walter (B. W. S.) ; Zemlinsky (A. von).
Mahler (L.), lutherie, luthier.
Maïakovski (Vladimir Vladimirovitch), Russie.
Maier (Franzjosef), Collegium aureum.
Maiguashca (M.), Darmstadt (festival de) ; live electronic music.
*****Maillart** (Louis Aimé), *Dragons de Villars (les)* ; opéra.
Mailliard (Benedict), Groupe de recherches musicales.
*****Mainardi** (Enrico), Schneiderhan (W.).
Mainwaring, Rinaldo [G. F. Haendel].
Majorano (Gaetano) → Cafarelli.
Majorelle (Henri), *Embarquement pour Cythère (l')* [F. Poulenc].
Makinen (Timo), Finlande.
Maklatiewicz (J.), Pologne.
Maksimovic (Rajko), Yougoslavie.
Malabranca (Latino Orsini), séquence.
*****Malawski** (A.), Schäffer (B.).
Malcarcel (Theodore), Pérou.
Malclès, Aix-en-Provence (festival d').
*****Malcuzinski** (Witold), Chopin (F.) ; Pologne.
*****Malec** (Ivo), *Cantate pour Elle* ; concrète (musique) ; Conservatoire de Paris ; *Dodécaméron* ; expérimentale (musique) ; France (XXe s.) ; Groupe de recherches musicales ; *Lumina* ; *Luminétudes* ; *Oral* ; Yougoslavie.
Maleden, Saint-Saëns (C.).
Malfatti (Teresa), Beethoven (L. van).
Malfleuroy (Clotilde), Boieldieu (F. A.).
Malherbe (François de), air de cour ; Ronsard (P. de).
*****Malibran** (Marie), bel canto ; chant ; Coccia (C.) ; Espagne ; Garcia (M.) ; *Somnambule (la)* [V. Bellini].
Malin (N.), Dufay (G.).
*****Malipiero** (Gian Francesco), Goldoni (C.) ; Italie ; opéra ; Respighi (O.) ;

Shakespeare (W.).
*****Malipiero** (Ricardo), Italie.
Mallabrera (André), haute-contre.
*****Mallarmé** (Stéphane), aléa, musique aléatoire ; Debussy (C.) ; romantisme ; *Sonate pour piano* [P. Boulez].
Mallefille (Jean-Pierre-Félicien), *Deux Veuves (les)* [B. Smetana].
Mamangakis (N.), Grèce.
Mamas and Papas (les) (groupe), pop music.
Mammata, Inde.
Mamontov, Chaliapine (F.).
Mamoulian (Ruben), cinéma et musique.
*****Manchicourt** (Pierre de), France (XVIe s.) ; Susato (T.).
Mancini (Francesco), opéra.
*****Mancini** (Giovanni Battista), bel canto ; chant ; Conforto (N.).
Mancini (Henry), cinéma et musique.
Mancini (Hortense), Saint-Evremond (Charles de Saint-Denis, sgr de).
*****Mandyczewski** (Eusebius), Roumanie ; Schnabel (A.).
Manelli (Francesco), Italie ; opéra ; Strozzi (G.) ; Venise.
Manet (Édouard), Chabrier (C.).
Manfredi, Cambini (G. M.).
Manfredini (Filippo), Boccherini (L.).
*****Manfredini** (Vincenzo), opéra ; Saint-Pétersbourg.
Manfroce (Nicola Antonio), opéra.
*****Mann** (Thomas), Beethoven (L. van).
Mannino (Franco), cinéma et musique.
Manojlovic, Yougoslavie.
Manolov (Emanuil), Bulgarie.
*****Manoury** (Philippe), France (XXe s.) ; Royan (festival international d'art contemporain de).
Manoury (Victorine-Joséphine-Sophie), Debussy (C.).
Manowarda (Josef von), Bayreuth ; Sabata (V. de).
Manset, chanson populaire.
Mantecón (Juan José), Espagne.
Mantegatia (G.), lutherie, luthier.
Mantegatia (P.), lutherie, luthier.
Mantero (Aimone), Italie.
Mantzanos (N.), Grèce.
*****Manzoni** (Giacomo), Italie.
Mao Tsé-Toung, censure.
*****Mara** (Gertrud), chant.
*****Marais** (Marin), Caix d'Hervelois (L. de) ; fantaisie ; folia ; France (XVIIe s.) ; opéra ; Sainte-Colombe (de) ; Savall (J.) ; tombeau.
Marangoni (G.), contrebasse.
Marazzoli (Marco), Italie ;

INDEX

opéra.
*Marcabru, troubadour.
Marcel-Dubois (Claudie), ethnomusicologie.
Marcelli (N.), contrebasse.
*Marcello (Alessandro), Italie.
*Marcello (Benedetto), dilettante ; Gerlin (R.) ; sonate (genre) ; Vivaldi (A. L.).
March (Auzias), Brudieu (J.).
*Marchal (André), France (XXe s.).
*Marchand (Louis), agrément ; appogiature ; Denis ; Écurie ; suite.
Marchesi (Luigi), castrat.
Marchesi (Mathilde), Calvé (E.).
*Marchetti (Filippo), opéra.
Marchetto da Padova, Italie.
Marchex (H. Gil), Tzigane [M. Ravel].
Marcin de Lvov ou Leopolita, Pologne.
*Marco (Tomas), Darmstadt (festival de) ; Espagne.
Marcolini (Maria), contralto.
Marcou (Mme), Rosenthal (M.).
Mardones, basse (voix).
Maré (Rolf de), ballet et musique ; Création du monde (la) [D. Milhaud].
*Maréchal (Maurice), Castro (W.) ; Conservatoire de Paris ; violoncelle.
*Marenzio (Luca), madrigal ; Rome ; Renaissance ; Schütz (H.) ; Verdelot (Ph. D.).
Marenzon (Alberto), Cuba.
Marescotti, suisse (musique).
Margola (Fr.), Castiglioni (N.) ; Togni (C.).
*Mari (Pierrette), France (XXe s.).
Maria Barbara (princesse), Portugal.
Mariano (Luis), chanson populaire.
*Marie (Jean-Étienne), Carrillo (J.) ; électroacoustique (musique) ; live electronic music ; Roquin (L.).
Marie de France, trouvère.
*Mariétan (Pierre), France (XXe s.).
Mariette (Auguste), Aïda [G. Verdi].
Mariner (Neville), Londres.
Marinetti, concrète (musique) ; Italie.
*Marini (Biagio), sonate (genre).
Marinkovic (Josif), Yougoslavie.
Marinov (Ivan), Bulgarie.
Marion, Conservatoire de Paris.
Marius (Jean), piano.
*Markevitch (Igor), Cuba ; Hymne [O. Messiaen].
*Markowski (Andrzej),

Aventures et Nouvelles Aventures [G. Ligeti] ; Carré [K. Stockhausen].
*Marmontel (Jean-François), Cherubini (L.) ; opéra ; romance.
Maroi (Makoto), électroacoustique (musique).
Maros (Miklos), suédois.
*Maros (Rudolf), Hongrie.
*Marot (Clément), Calvin (J.) ; chanson ; Chardavoine (J.) ; l'Estocart (P. de) ; Genève ; Psautier huguenot ; Renaissance ; Sermisy (C. de).
*Marpurg (Friedrich Wilhelm), Berlin (école de) ; lied ; Schröter (Ch. G.) ; sérénade ; toccata.
*Marriner (Neville), Academy of Saint-Martin-in-the-Fields.
Marrou (Henri Irénée), Davenson (H.).
*Marschner (Heinrich), opéra.
Marsick (Martin-Pierre Joseph), Bruxelles.
Marsollier, opéra.
Marsson (Lars Erik), Carlstedt (J.).
*Martelli (Henri), France (XXe s.).
Martenot (Ginette), Trois petites liturgies de la présence divine [O. Messiaen] ; Turangalila-Symphonie [O. Messiaen].
*Martenot (Maurice), concrète (musique) ; éducation musicale ; électronique (musique) ; ondes Martenot ; Tremblay (G.).
Martin (Constant), électronique (musique).
Martin (Edgardo), Cuba.
*Martin (Frank), clavecin ; Cologne ; concerto ; Cornet (le) ; Golgotha ; Stockhausen (K.) ; suisse (musique) ; Universal-Edition.
Martin (François), symphonie.
Martin (George), pop music.
Martin (Jean-Blaise), baryton ; chant.
*Martinet (Jean-Louis), France (XXe s.).
Martinez (Orlando), Cuba.
Martinez Sierra, Amour sorcier (l') [M. de Falla].
*Martini (padre Giovanni Battista), Bologne (école de) ; Bortniantski (D.) ; Fux (J. J.) ; histoire de la musique ; romance ; Rutini (G. M.) ; Soler (padre A.) ; sonate (genre).
*Martinon (Jean), Chicago ; France (XXe s.) ; symphonie.
Martinov (Vladimir

Ivanovitch), Russie.
Martins (Francisco), Portugal.
Martinson (Harry), Aniara [K. B. Blomdahl].
*Martinů (Bohuslav), Ariane ; catalogue thématique ; Chou (Weng-chun) ; Concerto pour deux orchestre à cordes, piano et timbales ; Donaueschingen (festival de) ; Épopée de Gilgamesh (l') ; Fantaisies symphoniques ; Fresques de Piero della Francesca (les) ; Incantation ; Julietta ; Lidice ou Mémorial pour Lidice ; Messe au champ d'honneur ; opéra ; Paraboles (les) ; Passion grecque (la) ; sonate (genre) ; Universal-Édition ; violon.
*Martin y Soler (Vicente), opéra.
Marttinen (Tauno), Finlande.
*Martucci (Giuseppe), Italie ; Respighi (O.).
Marx (Joseph), autrichien ; Constantinescu (P.) ; Serkin (R.).
Marxsen (Édouard), Brahms (J.).
*Mascagni (Pietro), Cavalleria rusticana ; Italie ; opéra ; Rome ; vérisme ; Zandonai (R.).
Mascitti (Michel), concerto.
Masek (Kamilo), Yougoslavie.
Masini (Angelo), bel canto.
*Mason (Daniel Gregory), Chadwick (G. W.) ; États-Unis.
*Mason (Lowell), États-Unis.
Massaini (Tiburzio), Cremone.
*Massard (Robert), Charpentier (G.).
Massaroti (Giuliano), Torelli (G.).
Massart, violon.
*Massé (Victor), Castillon de Saint-Victor (A. de) ; Noces de Jeannette ; opéra.
*Massenet (Jules), Bruneau (A.) ; Calvé (E.) ; Chaliapine (F.) ; Charpentier (G.) ; Chausson (A. E.) ; Condé (G.) ; Conservatoire de Paris ; Delibes (C. P. L.) ; Don Quichotte ; Goethe (J. W.) ; Hérodiade ; Jongleur de Notre-Dame (le) ; Manon ; opéra ; Ropartz (J. G. M.) ; saxophone ; scène ; Scènes alsaciennes ; Scènes dramatiques ; Scènes pittoresques ; Schmitt (F.) ; Sutherland (J.) ; Tiersot (J.).
Massine (Leonide), Boutique

fantasque (la) [O. Respighi] ; Carnaval d'Aix (le) [D. Milhaud] ; chorégraphie ; Satie (E.) ; Tricorne (le) [M. de Falla] ; Valse (la) [M. Ravel].
Másson (Askell), Islande.
Masson (Diego), France (XXe s.) ; Stop [K. Stockhausen].
*Masson (Gérard), France (XXe s.) ; Hymnopsie.
Masson (Louis), Roi malgré lui (le) [E. Chabrier].
Masur (Kurt), Leipzig.
Ma Su-tsung, Chine.
Matacic (Louro von), Dresde.
Maṭar (Muḥammad), arabe (musique).
Materassi (Sandro), Dallapiccola (L.).
*Mather (Bruce), Canada.
Matheson (J.), suite.
Mathews (Max), Centre d'études de mathématiques et automatique musicales (Cémamu) ; électroacoustique (musique) ; ordinateur ; Risset (J.-C.).
Mathieu (Mireille), chanson populaire.
Matho (Jean-Baptiste), France (XVIIIe s.).
Mathot, Salabert (maison d'édition française).
Maticic (Janez), électroacoustique (musique) ; France (XXe s.).
Matinski, opéra.
Matisse (Henri), Diaghilev (S. P. de).
Mattei (Stanislas), Rossini (G.).
*Mattheson (Johann), allemand ; Hambourg ; lied ; opéra ; sonate (genre) ; toccata.
Matthison (J.), Euterpe (groupe).
Matthisson (Friedrich), Adélaïde [L. van Beethoven].
Matton (Roger), Canada.
Matuszczak (Bernadetta), Pologne.
Matz (Rudolf), Yougoslavie.
*Mauduit (Jacques), Baïf (J. A. de) ; Courville (J. Th. de) ; France (XVIe s.) ; Renaissance ; Ronsard (P. de).
*Mauersberger (Rudolf), Dresde ; Leipzig ; Richter (K.).
*Maugars (André), Carissimi (G.).
Maupassant (Guy de), Albert Herring [B. Britten] ; cinéma et musique.
Maupin, contralto.
Maurane (Mme), Conservatoire de Paris.
*Maurane (Camille), baryton.
*Maurel (Victor), baryton ; Simon Boccanegra

[Verdi].
Maurice (dit **le Lettré**), Schütz (H.).
Maurin, Capet (L.).
Mauro (Humberto). Découverte du Brésil (la) [H. Villa-Lobos].
Maus (Octave), Bruxelles.
Mauss (M.). Schaeffner (A.).
Mauté de Fleureville (Mme), Debussy (C.).
*****Maw** (Nicholas). Angleterre.
Mawsilī (Ibrāhīm), arabe (musique); Iran.
Mawsilī (Ishāq), Abbasside; arabe (musique); Iran.
Mawsilī (Molla Othman), arabe (musique).
Maximilien Ier [Autriche], allemand.
Mayall (John), pop music.
Mayer (John), Inde.
Mayfeld (Moritz von), Brückner (A.).
Mayol (Félix), chanson populaire.
*****Mayr** (Johann Simon), castrat; chant; Fidelio [L. van Beethoven].
Mayr (Richard), opéra.
Mayreder (Rosa), Corregidor (le) [H. Wolf].
*****Mayuzumi** (Toshiro), électroacoustique (musique).
Mazarin (Jules), Ercole amante [F. Cavalli]; France (XVIIe s.).
Mazilier, ballet et musique.
Mazura (Franz), Bayreuth.
*****Mazzocchi** (Domenico), opéra.
*****Mazzocchi** (Virgilio), opéra.
Meale (Richard), Australie.
Meck (Nadejda von), Debussy (C.).
Medek (Tilo), allemand.
Médicis (Ferdinand Ier de), Rinuccini (O.).
Médicis (Fernando de), Scarlatti (D.).
Médicis (Laurent de), académie; Agricola (A.); Florence.
Médicis (Marie de), Rinuccini (O.).
*****Medtner** (Nicolas), Scriabine (A. N.).
*****Mefano** (Paul), Cérémonie; Collectif musical international 2e2m; Ensemble intercontemporain; Éventails; France (XXe s.); Gradiva; Incidences; Interférences; Lignes; Madrigal; Paraboles.
*****Mehta** (Zubin), Los Angeles.
*****Méhul** (Étienne-Nicolas), Blasius (M. F.); Conservatoire de Paris; France (XVIIIe s.); Joseph en Égypte; opéra; romance; sonate (genre); Sor (F.).
Mei (G.), Galilei (V.).
Meier (B.), Rore (C. de).

Meifreid (Joseph), cor.
Meilhac (Henri), Belle Hélène (la) [J. Offenbach]; Brigands (les) [J. Offenbach]; Carmen [G. Bizet]; Chauve-souris (la) [J. Strauss fils]; Grande-Duchesse de Gerolstein (la) [J. Offenbach]; Manon [J. Massenet]; Offenbach (J.); Veuve joyeuse (la) [F. Lehár]; Vie parisienne (la) [J. Offenbach].
Meisel (Edmund), cinéma et musique.
Mejia (Adolfo), Colombie.
Melani (Atto), France (XVIIe s.); opéra.
Melani (Jacopo), opéra.
Melartin (Erkki), Finlande.
*****Melba** (Nelly), Australie.
*****Melchior** (Lauritz), Bayreuth.
Mèliès (Georges), Trois morceaux en forme de poire [E. Satie].
Melin de Saint Gelais, chanson; Chardavoine (J.).
*****Melkus** (Eduard), Vienne.
*****Mellnäs** (Arne), suédois.
Melnikov (Ivan), baryton.
Melville (Hermann), Billy Budd [B. Britten].
Memphis Slim (Peter Chatman, dit), blues.
Menasci (Guido), Cavalleria rusticana [P. Mascagni].
Mendelssohn (A.), Roumanie.
*****Mendelssohn** (Félix, Jakob, Ludwig ou **Mendelssohn-Bartholdy**), allemand; amen; Athalie; Belle Mélusine (la); Berlin (histoire de la vie musicale à); catalogue thématique (musique de); chef d'orchestre; Chopin (F.); choral; clavecin; concerto; Dupré (M.); écossaise (Symphonie); Elias; Grotte de Fingal v. Hébrides les; Hambourg; Hébrides (les); Hummel (J. N.); Italienne (Symphonie); Leipzig; lied; Lobgesang; Londres; Marche nuptiale; Mer calme et heureux voyage; opéra; oratorio; Paulus; prélude; Première Nuit de Walpurgis; Réformation; romance; Romances sans paroles; romantisme; rondeau; Ruy Blas; scène (musique de); scherzo; Schubert (F.-P.); Shakespeare (W.); sonate (genre); Songe d'une nuit d'été (le); symphonie; Toscanini (A.).
Mendelssohn (Mira), Fiançailles au couvent [S. S. Prokofiev]; Guerre et Paix [S. Prokofiev].
*****Mendès** (Catulle),

Chabrier (E.); Gautier (J.); Gwendoline [E. Chabrier].
Mendès (Manuel), Portugal.
*****Mengelberg** (Willem), Amsterdam; Anda (G.); Bartók (B.); Carnaval d'Aix (le) [D. Milhaud]; Une vie de héros [R. Strauss]; Van Beinum (E.).
Mengozzi (Bernardo), chant.
*****Menotti** (Gian Carlo), Amahl et les visiteurs de la nuit; Amélia va au bal; Cocteau (J.); Consul (le); Italie; Medium (le); opéra; Téléphone (le).
*****Menuhin** (Yehudi), Bartók (B.); Conservatoire de Paris; Enesco (G.); Shankar (R.); violon.
Mérante (Louis), ballet et musique; Sylvia ou la nymphe de Diane [L. Delibes].
Merbecke (John), Angleterre.
*****Mercadante** (Saverio), bel canto; Madrid; opéra; Unger (K.); Verdi (G.).
Mercenier (Marcelle), Klavierstücke [K. Stockhausen].
Mercier (Jacques), France (XXe s.).
Mercure (Jean), Aix-en-Provence (festival d').
*****Mercure** (Pierre), Canada; Champagne (C.).
Merighi (Antonia), chant.
*****Merikanto** (Aarre), Finlande.
*****Merikanto** (Oskar), Finlande.
*****Meriläinen** (Usko), Finlande.
Mérimée (Prosper), Carmen [G. Bizet].
Meritov (M. I.), Chebaline (V.).
Merku (Mavel), Yougoslavie.
Merlet, Conservatoire de Paris.
Merola (Gaetano), San Francisco.
Merry (Jean), Cinq incantations [A. Jolivet].
*****Mersenne** (Marin), Bouzignac (G.); clavecin; Denis; Du Caurroy (F.); organologie; sarabande; Titelouze (J.).
*****Merula** (Tarquinio), Crémone.
*****Merulo** (Claudio), canzona; Italie; Renaissance; Venise; toccata.
Méry (Joseph), Don Carlos [G. Verdi]; Reyer (E. Rey, dit).
Mes (G.), Susato (T.).
*****Mesplé** (Mady), Interview [J. Komives].
*****Messager** (André), ballet et musique; Basoche (la); Conservatoire (société des concerts du);

Debussy (C.); Deux Pigeons (les); Fauré (G.); Fortunio; France (1800-1914); Louise [G. Charpentier]; opéra; opérette; Saint-Saëns (C.); Véronique.
*****Messiaen** (Olivier), Alain (O.); amen; Apparition de l'Église éternelle; Ascension (l'); audition; Banquet céleste (le); Baudrier (Y.); Boulez (P.); broderie; Bunlet (M.); canon; Canteyodjaya; Castérède (J.); Catalogue d'oiseaux; cencerros; Chants de terre et de ciel; Charpentier (J.); Chronochromie; Cinq Rechants; Clostre (A.); concerto; concrète (musique); Conservatoire de Paris; Constant (M.); Corps glorieux (les); Couleurs de la cité céleste; Dao (N. Th.); Darasse (X.); Darmstadt (festival de); Des canyons aux étoiles; Diptyque pour orgue; Donaueschingen (festival de); Dukas (P.); Dupré (M.); Et exspecto resurrectionem mortuorum; étude; Fauvette des jardins (la); France (XXe s.); Harawi, chant d'amour et de mort; Hymne; Jeune-France (groupe de la); lettres; Livre d'orgue; Loriod (Y.); Méditation sur le mystère de la Sainte-Trinité; Merle noir (le); Messe de la Pentecôte; Nativité du Seigneur (la); Offrandes oubliées (les); Oiseaux exotiques; ondes Martenot; oratorio; Paris; Poème pour Mi; Préludes; Quatre Études de rythme; Quatuor pour la fin du temps; Réveil des oiseaux (le); Reverdy (M.); Rosbaud (H.); Sacre du printemps (le) [I. Stravinski]; Scherchen-Hsiao (T.); Sept Haikai; séquence; sérielle (musique); Shinohara (M.); Stockhausen (K.); symphonie; Tippet (M.); Transfiguration de Notre Seigneur Jésus-Christ (la); Tremblay (G.); Trois petites liturgies de la présence divine; Turangalila-Symphonie; Universal-Edition; Vingt regards sur l'enfant Jésus; Visions de l'Amen; Xenakis (Y.).
Messner (Christian), harmonica.
Messner (Joseph), autrichien.

INDEX

Mestral *(Patrice),* France (XXᵉ s.).
*Metastasio *(Pietro Trapassi,* dit), en fr. Métastase, Albinoni *(T.); Artaxerxès* [T. Arne]; *Berenice che fai?* [J. Haydn]; *Betulia liberata (la)* [W. A. Mozart]; drame; *Isola disabitata (l')* [F. J. Haydn]; Italie; livret; opéra; *Roi pasteur (le)* [W. A. Mozart]; Russie; Traetta *(T.).*
Méthode (saint), Bulgarie.
Metianu *(L.),* Roumanie.
Mettenleiter *(Johann Georg), Bataille des Huns* [F. Liszt].
*Meulemans *(Arthur),* Belgique.
Meunier *(Alain),* France (XXᵉ s.).
Mey *(Léon), Fiancée du tsar (la)* [N. A. Rimski-Korsakov].
Meyer *(F. W.),* Strauss *(R.).*
Meyer *(Gottfried Martin),* Litolff (Édit.).
Meyer *(Kerstin),* suédois.
*Meyer *(Krzysztof),* Pologne.
Meyer *(Marcelle), Scaramouche* [D. Milhaud].
*Meyerbeer *(Jacob Liebmann Beer,* dit Giacomo), *Africaine (l');* allemand; castrat; Cavos *(C.);* choral; France (1800-1914); *Huguenots (les);* opéra; Paris; *Prophète (le); Robert le Diable;* Salieri *(A.).*
Meyer-Epplen *(Werner),* Darmstadt (festival de); électronique (musique); Stockhausen *(K.).*
Meyerhold, Leningrad.
*Miaskovski, Russie; Scriabine *(A. N.).*
Michael *(Tobias),* Rosenmüller *(J.).*
Michael *(Wilfried),* allemand.
Michaïlidis *(S.),* Grèce.
Michaïlov-Stojan *(Konstantin),* Bulgarie.
Michaux *(Henri),* Boulez *(P.); Trois poèmes d'Henri Michaux* [W. Lutoslawski].
Michel *(Jehan),* France (XVᵉ s.).
Michel *(Louise), Al Gran Sole Carico d'Amore* [L. Nono].
Michel *(Paul-Baudoin),* Belgique.
Michelangeli *(A. B.),* Togni *(C.).*
Michelin, Conservatoire de Paris.
Michl *(Arthur),* Brendel *(A.).*
Micinski *(T.), Chant de la Nuit (le)* [K. Szymanowski].
Miculi *(C.),* Roumanie.

Mielczewski *(Marcin),* Pologne.
*Miereanu *(Costin),* Darmstadt (festival de); Roumanie.
Migliavacca *(Giovanni Battista), Acide* [J. Haydn].
Mignan *(E.),* Rostand *(C.).*
Mignone *(Francisco),* Brésil.
Migone *(Xavier),* Portugal.
*Migot *(Georges),* France (XXᵉ s.); Honegger *(M.);* sinfonietta; sonate (genre); symphonie; tombeau.
Miguez *(Leopold),* Brésil.
Mihalovich (don), Hongrie.
*Mihalovici *(Marcel),* opéra; Roumanie.
*Mihály *(Andras),* Hongrie.
Mikolaj de Cracovie, Pologne.
*Mila *(Massimo),* Croce *(B.).*
*Milán *(Luis),* chanson au luth; Espagne; tiento.
Mildmay *(Audrey),* Glyndebourne.
Miletic *(Miroslav),* Yougoslavie.
*Milhaud *(Darius),* accord; Aix-en-Provence (festival d'); *Aspen-sérénade;* ballet et musique; Berlin (histoire de la vie musicale à); *Bœuf sur le toit (le);* Bolivar; Bourdin *(R.)* [baryton]; Calmel *(R.); Carnaval d'Aix (le);* chanson; *Château du feu (le);* Chaynes *(C.);* Christophe Colomb; cinéma et musique; Claudel *(P.);* Clostre *(A.);* Cocteau *(J.);* concerto; concrète (musique); *Création du monde (la); Don Quichotte à Dulcinée* [M. Ravel]; Durey *(L.); Euménides (les);* fantaisie; France (XXᵉ s.); groupe des Six; hébraïque (musique); *Homme et son désir (l');* Honegger *(A.); Malheurs d'Orphée (les) Mamelles de Tirésias (les)* [F. Poulenc]; ondes Martenot; opéra; *Pauvre matelot (le); Prélude pour la Genèse* [A. Schönberg]; Rivier *(J.);* Satie *(E.); Saudades do Brasil;* Sauguet *(H.); Scaramouche;* service; sonate (genre); *Suite provençale;* symphonie; Tisné *(A.);* Universal-Edition; Villa-Lobos *(H.);* violon; Xenakis *(Y.).*
Miller *(Frank),* Rose *(L.).*
Miller *(Henry),* Bibalo *(A.).*
Millet *(Paul), Vie brève (la)* [M. de Falla].
Milliet *(Paul), Hérodiade* [J. Massenet].

*Millocker *(Karl),* autrichien.
Mills-Cockell *(John),* CCanada.
*Milner *(Anthony),* Seiber *(M.).*
Milojevic, Yougoslavie.
*Milstein *(Nathan),* violon.
Milton *(John),* Baroni *(L.);* Lawes *(H.); Samson* [G. F. Haendel]; Tippet *(M.).*
*Mimaroglu *(Ilhan),* concrète (musique); électroacoustique (musique); Turquie.
Minato *(Niccolo), Serse* [G. F. Haendel].
Minet, Chevreuille *(R.).*
Ming, Chine.
Minkus *(Léon),* ballet et musique; Delibes *(C. P. L.).*
Minnelli *(Vincente),* cinéma et musique; comédie musicale.
Minoret, Versailles.
Mion *(Philippe),* France (XXᵉ s.); Groupe de recherches musicales.
Miosevic *(Predrag),* Yougoslavie.
Mireille, chanson populaire.
Miro *(Antonio Luis),* Portugal.
Miró *(Juan), Procession de Vergès* [E. Varèse].
*Miroglio *(Francis),* Chojnacka *(E.);* France (XXᵉ s.).
*Miroglio *(Jean-Baptiste),* symphonie.
Mirzâ *('Abdollah),* Iran.
Mirzoian *(Edvard),* Russie.
Míson *(Luis),* opéra; tonadilla.
Misraki *(Paul),* cinéma et musique.
Mistinguett, chanson populaire.
Mistler *(Jean),* concert.
Mitchell *(Eddy),* chanson populaire.
Mitousov *(Stepan), Rossignol (le)* [I. Stravinski].
*Mitropoulos *(Dimitri),* Çordero *(R.);* Édimbourg; Grèce; Stokovski *(L.).*
Mitry *(Jean),* cinéma et musique.
Mizler, lied; Schröter *(C. G.).*
Mizoguchi *(Kenji),* cinéma et musique.
*Modl *(Martha),* Bayreuth.
Moene *(Alain),* France (XXᵉ s.).
*Moeran *(Ernest),* Angleterre; Irlande.
Moineaux *(Jules).*

Offenbach *(J.).*
Moisewitch *(Benno),* Sargent (sir *H. M.* Watts).
Mokranjac *(Stefan),* Yougoslavie.
Mol *(François Marie de),* Belgique.
Moldovai *(Mihaly),* Hongrie.
Moles *(Abraham),* concrète (musique); expérimentale (musique).
*Molière *(Jean-Baptiste Poquelin,* dit), ballet et musique; *Bourgeois gentilhomme (le)* [J. B. Lully]; *Bourgeois gentilhomme (le)* [R. Strauss]; Charpentier *(M. A.);* comédie-ballet; *Fâcheux (les)* [G. Auric]; Lully *(J.-B.);* opéra; Strauss *(R.).*
Molinet *(Jean),* Busnois *(A.).*
Moltchanov, Alexandrov *(A.).*
Molter *(J.-M.),* symphonie.
Molto *(Espinos),* Madrid.
*Momigny *(J. J. de),* rythme.
*Mompou *(Federico),* Espagne.
Monasterio *(Jesús),* Casals *(P.);* Espagne.
Mondejar *(A. de),* cancionero.
*Mondonville *(Joseph de),* France (XVIIIᵉ s.); opéra; oratorio; violon.
Mondrian *(Piet),* aléa, musique aléatoire.
Monet, Chausson *(A. E.).*
Monge *(Gaspard),* Choron *(A. E.).*
Monichon *(Pierre),* harmonéon.
Monigia *(G. A.),* opéra.
*Moniuszko *(Stanislaw),* opéra; Pologne.
*Monk *(Thelonious),* be-bop; blues.
Monkranjac *(Vasilije),* Yougoslavie.
*Monn *(Georg Matthias),* allemand; autrichien; symphonie.
*Monnet *(Marc),* Darmstadt (festival de); France (XXᵉ s.); opéra.
Monnot *(Marguerite),* chanson populaire.
Mononen *(Sakari),* Finlande.
Monpou *(Hippolyte),* opéra.
*Monsigny *(Pierre Alexandre),* ariette; *Cadi dupé (le)* [C. W. von Gluck]; *Déserteur (le);* France (XVIIIᵉ s.); opéra; vaudeville.
*Montagnana *(Domenico),* bel canto; chant; lutherie, luthier.
Montand *(Yves),* chanson populaire.
*Monte *(Philippe de),* autrichien; Belgique; madrigal; Prague; Renaissance; Ronsard *(P. de).*
*Montéclair *(Michel Pignolet

INDEX
1783

de), ariette ; cantate ;
cantatille ; France
(XVIIIᵉ s.) ; opéra.
*Montemezzi *(Italo)*,
Respighi *(O.)*.
Montesardo *(G.)*, guitare.
*Monteux *(Pierre)*, Boston
(vie musicale à) ;
Bruck *(C.)* ; *Rossignol (le)*
[I. Stravinski] ; *Sacre du
printemps (le)*
[I. Stravinski] ; San
Francisco ; Scelsi *(G.)*.
*Monterverdi *(Claudio)*,
allemand ; *Arianna* ;
aube ; Badoaro *(G.)* ; *Bal
des Ingrates (le)* ;
baroque ; bataille ;
Boulanger *(N.)* ;
Busenello *(G. F.)* ;
cantate ; castrat ; Cavalli
(P. F.) ; chant ; *Combat
de Tancrède et Clorinde
(le)* ; concitato ;
*Couronnement de Poppée
(le)* ; Crémone ; duo ;
Italie ; *Lagrime d'amante
al sepolcro dell'amata* ;
Lamento d'Ariane
v. *Arianna* ; *Lettera
amorosa* ; madrigal ;
*Madrigali guerrieri et
amorosi* ; *Madrigali
spirituali* ; *Magnificat* (1
et 2) ; Mantoue ; opéra ;
Orfeo ; ornements,
ornementation ; prima
prattica ; rappresentativo
(stile) ; Renaissance ;
*Retour d'Ulysse dans sa
patrie (le)* ;
Rinuccini *(O.)* ;
ritournelle ; Rogers *(N.)* ;
romanesca ; Rossi *(S.)* ;
Sartori *(C.)* ; *Scherzi
musicali* ; scherzo ;
Schütz *(H.)* ; seconda
prattica ; *Selva morale e
spirituale* ; service ;
*Sonata sopra Santa
Maria*, v. *Vêpres de la
Sainte Vierge* ; Strozzi
(G.) ; Venise ; *Vêpres de
la Sainte Vierge (les)* ;
violon.
Monterverdi *(Giulio-Cesare)*,
Scherzi musicali
[C. Monteverdi] ; seconda
prattica.
Montgomery *(Wes)*, guitare.
Montoya, guitare.
Montsalvatge *(Xavier)*,
Espagne.
Montserrat Figueras,
Savall *(J.)*.
Moody *(James)*,
Gillespie *(D.)*.
Moody Blues (groupe), pop
music.
Morr *(K.)*, Prague.
Moore *(Douglas)*, opéra.
Moore *(Thomas)*,
Cornelius *(P.)* ;
David *(F.)*.
Moral, opéra.
*Morales *(Christobal de)*,
Anglés (Mᵍʳ *H.*) ;
Espagne ; Rome.
Morand *(Paul)*, *Don
Quichotte à Dulcinée*
[M. Ravel].
Morax *(René)*, Doret *(G.)* ;

Judith [A. Honegger] ;
Roi David (le)
[A. Honegger].
*Moreau *(Jean-Baptiste)*,
Racine *(J.)*.
Morel *(François)*, Canada.
Morell *(Thomas)*, *Jephtah*
[G. F. Haendel] ; *Joshua*
[G. F. Haendel] ; *Judas
Maccabaeus*
[G. F. Haendel].
Moreno *(Segundo Luis)*,
Équateur.
Morera *(Enric)*, sardane.
*Moreschi *(Alessandro)*,
castrat.
Moreto *(Agustín)*, auto
sacramental.
Mörike, Wolf *(H.)*.
*Morin *(Jean-Baptiste)*,
cantate ; Charpentier
(M. A.) ; France
(XVIIᵉ s.).
Morlacchi *(Francesco)*,
castrat ; opéra.
Morlaye *(G.)*, France
(XVIᵉ s.).
Morley *(John)*, clavecin.
*Morley *(Thomas)*,
Angleterre ; ayre ;
balletto ; Farmer *(J.)* ;
Jones *(R.)* ; madrigal ;
Renaissance ; *Triomphes
d'Oriane (les)*.
Morricone *(Ennio)*, cinéma
et musique.
Morrison *(Jim)*, pop music.
*Mortelmans *(Lodewijk)*,
Belgique.
Mortensen *(Otto)*,
Danemark.
*Morthenson *(Jan w.)*,
suédois.
*Morton *(Ferdinand Joseph
La Menthe* dit *Jelly Roll)*,
dixieland.
*Morton *(Robert)*,
Angleterre ; Bourgogne
(cour de) ; France
(XVᵉ s.).
Mosca *(Giuseppe)*,
crescendo ; opéra.
Mosca *(Luigi)*, opéra.
*Moschelès *(Ignaz)*,
Blanchet *(E. R.)* ; étude ;
Salieri *(A.)*.
Mosenthal *(Hermann von)*,
*Joyeuses Commères de
Windsor (les)*
[O. Nicolai].
Moskovski, Turina *(J.)*.
*Mosonyi *(Mihály)*,
Hongrie ; opéra.
*Mossolov *(Alexandre
Vassilievitch)*, *Fonderies
d'acier (Zavod)* ; Russie.
Mothers of Invention
(groupe), pop music.
Motor City 5 (groupe), pop
music.
Motorhead (groupe), pop
music.
Motte *(D. de la)*, Trojahn
(M.).
*Mottl *(Felix)*, Ansermet
(E.) ; Bayreuth ; *Bourrée
fantasque* [E. Chabrier] ;
Chabrier *(E.)* ; Siloti ou
Ziloti *(A. I.)* ; *Troyens
(les)* [H. Berlioz].
Mottu *(Alexandre)*, suisse
(musique).

Moulaert *(Raymond)*,
Belgique.
*Moulinié *(Moulinier,
Moliníé)*, Ballard ; France
(XVIIᵉ s.).
Mounier, Conservatoire de
Paris.
*Mouret *(Jean-Joseph)*,
France (XVIIIᵉ s.) ; opéra.
*Moussorgski *(Modeste
Petrovic)*, *Baba-yaga*
[A. Liadov] ; Balakirev
(M. A.) ; ballet et
musique ; bataille ;
Béclard d'Harcourt *(M.)* ;
Boris Godounov ;
Borodine *(A. P.)* ;
Calvocoressi *(M. D.)* ;
chant ; *Chants et danses
de la mort* ;
Chebaline *(V.)* ;
Chostakovitch *(D.)* ;
cloche ; Cui *(C.)* ;
Dargomyjski *(A.)* ;
Enfantines (les) ; *Foire de
Sorotchintsi (la)* ; groupe
des Cinq ; *Khovanstchina
(la)* ; Leningrad ; opéra ;
Rimski-
Korsakov *(N. A.)* ;
Rouché *(J.)* ; Russie ;
Sérov *(A.)* ; Stassov
(V. V.) ; *Tableaux d'une
exposition* ; *Une nuit sur
le mont chauve*.
*Mouton *(Charles)*, France
(XVIᵉ s.).
Mouton *(Jehan)*, chanson.
Moyse *(Louis)*, Marlboro.
*Moyse *(Marcel)*,
Conservatoire de Paris ;
Marlboro.
Moyzes, Suchoň *(E.)*.
Mozart *(Constance)*, Haydn
(F. J.).
*Mozart *(Leopold)*,
allemand ; autrichien ;
Fux *(J. J.)* ; sonate
(genre) ; suite ; *Symphonie
des jouets* ; violon.
*Mozart *(Wolfgang
Amadeus)*, *Adagio et
fugue*, K. 546 ; *Ah !
perfido* [L. van
Beethoven] ; Aix-en-
Provence (festival d') ;
Allegri *(G.)* ; *Alleluia*
[J. Haydn] ; allemand ;
alto [instr. à cordes] ;
Andretter ; Anfossi *(P.)* ;
aria ; *Arianna à Naxos*
[J. Haydn] ; Artaria ;
Ascanio in Albá ;
Atwood *(Th.)* ;
autrichien ; *Ave verum* ;
ballet et musique ;
barcarolle ; basson ;
Bastien et Bastienne ; bel
canto ; *Betulia liberata
(la)* ; Blom *(E.)* ; canon ;
cantabile ; *Cantate sur la
mort de l'empereur
Joseph II* [L. van
Beethoven] ; cantus
firmus ; cassation ;
castrat ; catalogue
thématique ;
Cavalieri *(C.)* ; cavatine ;
censure ; chambre
(musique de) ; chanson
populaire ; chant ; *Chasse
(la)* ; Cherubini *(L.)* ;

Ch'io mi scordi-di te ?...
Non temer, amato bene ;
cinéma et musique ;
clarinette ; classicisme ;
Clémence de Titus (la) ;
Colloredo ; concerto ;
contrebasse ; *Cosi fan
tutte* ; *Couronnement
(concerto du)* ;
*Couronnement (messe
du)* ; Da Ponte *(L.)* ;
Davidde penitente ; *Dies
irae* ; *Directeur de théâtre
(le)* ; *Dissonances (les)* ;
divertissement ; *Don
Juan* ; double concerto ;
drame ; Dupré *(M.)* ;
Dusek *(F. X.)* ;
Enlèvement au sérail (l') ;
Exsultate, jubilate ;
fantaisie ; *Finta
Giardiniera (la)* ; *Flûte
enchantée (la)* ; galant
(style) ; *Gran Partita* ;
Grimm *(F. M. von)* ;
Haffner (sérénade nº 5 ;
symphonie nº 35) ;
harmonica de verre ;
Hoffmeister ;
Hummel *(J. N.)* ;
Idoménée ; Jahn *(O.)* ;
Jeunehomme ; *Jupiter* ;
Köchel *(L.)* ; Linz ;
Lodron ; *Lucio Silla* ;
maçonnique (musique) ;
Mannheim (école de) ;
Marche turque ; *Messe en
ut mineur* ; Milanais
(quatuors) ; *Mithridate* ;
Noces de Figaro (les) ;
Ode funèbre ; opéra ;
oratorio ; Paris ; *Petite
musique de nuit* ; *Petits
riens* ; *Posthorn* ; Prague ;
*Promenade en traîneau
(la)* ; *Prussiens
(quatuors)* ; Puchberg
(divertimento à) ; quatuor
à cordes ; *Quatuors à
Haydn* ; *Requiem* ;
Rethberg *(E.)* ; Robinig ;
Rochlitz *(J. F.)* ; *Roi
pasteur (le)* ; romance ;
romantisme ; Sammartini,
famille de musiciens ;
Sarti *(G.)* ; Schuster *(J.)* ;
sérénade ; Sérov *(A.)* ;
sextuor ; sonate (forme) ;
sources ; Stadler
(abbé *M.*) ; Stein, famille
de facteurs d'orgues et de
pianos ; Stich *(J. W.)* ;
Storace, famille de
musiciens ; Sturm und
Drang ; Süssmayr
(F. X.) ; Swieten
(G., baron *Van)* ; *Thamos,
roi d'Égypte* ; Tost *(J.)* ;
Variations Diabelli
[L. van Beethoven] ;
vêpres ; Verdi *(G.)* ;
Vienne ; *Viennois
(Quatuors)* ; violon ;
Zaïde.
Mozic *(Darjan)*,
Yougoslavie.
*Mravinski *(Evguéni
Alexandrovitch)*,
Leningrad.
Muchàqa *(Michel)*, arabe
(musique).
*Muck *(Karl)*, Bayreuth ;

INDEX

Berlin (histoire de la vie musicale à) ; Boston (vie musicale à) ; Wolf (H.).
Mudarra (Alonso de), diferencias ; Espagne ; romanesca.
Muddy Waters (Mc Kinley, Morganfield, dit), blues.
***Muffat** (Georg), allemand ; autrichien ; concerto ; concerto grosso.
***Muffat** (Gottlieb), Fux (J. J.).
Mugnone, vérisme.
Muhieddin (Cherif), 'Abbāsside ; arabe (musique) ; Bachir (J.) ; Iraq ; Turquie.
Mühlfeld (Richard von), Brahms (J.).
Muldowney (Dominic), Angleterre.
Mule (Pol), Bourdin (R.) [flûtiste].
Müller (August), Éole apaisé [J.-S. Bach].
Müller (Maria), Bayreuth.
Müller (Traugott), cinéma et musique.
Müller (Wenzel), autrichien ; Belle Meunière (la) [F. Schubert] ; chanson populaire ; Voyage d'hiver (le) [F. Schubert].
Müller-Siemens (Detlev), allemand.
Mulligan (Gerry), Davis (M.).
Multzer (M.), Heure espagnole (l') [M. Ravel].
***Mumma** (Gordon), live electronic music.
Munajjim, 'Abbāsside ; arabe (musique) ; Iraq.
***Munch** (Charles), Conservatoire (société des concerts du) ; Di Tre Re [A. Honegger] ; Double (le) [H. Dutilleux] ; Dutilleux (H.) ; Fantaisies symphoniques [B. Martinů] ; Schmitt (F.) ; Stern (I.) ; Tortelier (P.).
Munch (Fritz), Bour (E.).
Mundy (John), Child (W.).
***Murail** (Tristan), Collectif de recherche instrumentale et de synthèse sonore (C.R.I.S.S.) ; France (XXᵉ s.) ; Royan (festival international d'art contemporain d').
Murciano, guitare.
Muret (Marc-Antoine), Amours de Ronsard (les) [A. de Bertrand] ; France (XVIᵉ s.).
Murger (Henri), Bohème (la) [G. Puccini].
Murray Schafer (R.), Canada ; électroacoustique (musique).
***Musgrave** (Thea), Angleterre.
Musicescu (G.), Roumanie.
Musset (Alfred de), Andrea del Sarto [D. Lesur] ; Fortunio [A. Messager] ;

Malibran (M.).
Mustafā (Domenico), castrat.
Mustel (Victor), celesta.
***Muti** (Ricardo), Florence.
Muzio (Claudia), Chicago.
Mynarski (Emil), Roi Roger (le) [K. Szymanowski].

N

Nadaud, chansonnier.
Naege, Silcher (Ph. F.).
Naegeli (Hans-Georg), Art de la fugue [J.-S. Bach] ; édition musicale ; suisse (musique).
Nagara (Israël), hébraïque (musique).
Nagy (Béla C.), Hongrie.
Nagy (Ivan), Hongrie.
Najac (Émile de), Roi malgré lui [E. Chabrier].
Nanino (Bernardino), Cifra (A.).
Napoléon Iᵉʳ, Rigel (H.-J.) ; Rode (P.).
Napravnik (Felix), Dame de pique (la) [P. I. Tchaïkovski] ; Épique [A. P. Borodine] ; Saint-Pétersbourg.
Naqichbendī ('Omar), arabe (musique).
Náray (György), Hongrie.
Nardini (Pietro), Brunetti (G.) ; sonate (genre).
***Narváez** (Luis de), diferencias ; Espagne.
Nascimbene (Mario), cinéma et musique.
Nasolini, opéra.
Natra (Sergiu), Israël.
***Naumann** (Johann Gottlieb), opéra ; suédois.
Naumann (Siegfried), suédois.
Naumbourg (Samuel), hébraïque (musique).
***Navarra** (André), Conservatoire de Paris ; violoncelle.
Navarrini, basse (voix).
Nedbal (Oscar), Prague ; Serkin (R.) ; Suk.
***Neefe** (Christian Gottlob), Beethoven (L. van) ; sonate (genre).
Nef (Karl), Sacher (P.).
Negrea (M.), Roumanie ; Stroe (A.).
Negri (Cesare), danse.
Neher (K.), Grandeur et décadence de la ville de Mahagonny [K. Weill].
Neidhart von Reuenthal, allemand ; autrichien.
Neidlinger (Gustav), Bayreuth.
Nejedlýet (Z.), Prague.
Nemescu (O.), Roumanie.

Nenov (Dimitar), Bulgarie.
Nepomuceno (Alberto), Brésil.
Népoty (Lucien), Mârouf, savetier du Caire [H. Rabaud].
Neri (M.), sonate (genre).
Nerini, Conservatoire de Paris.
Néron, Rome.
Neruda (Pablo), Épitaphe pour García Lorca [L. Nono].
Neruda (Wilma Norman), Hallé (sir Ch.).
Nerval (Gérard de), critique musicale ; Damnation de Faust (la) [H. Berlioz].
Neue Musik (groupe), Schnebel (D.).
Neuhaus (Heinrich), Richter (S.).
Neuhaus (Rudolf), Dresde.
***Neukomm** (Sigismund), autrichien ; Brésil.
***Neumann** (Vaclav), Prague.
Neumeister, Bach (J.-S.).
Neupert (firme), clavecin.
***Neusidler** (Hans), autrichien.
***Neusidler** (Melchior), autrichien.
Neuwirth (Gösta), autrichien.
***Neveu** (Ginette), Pologne.
Neveux (Georges), Dutilleux (H.) ; Julietta [B. Martinů] ; Loup (le) [H. Dutilleux].
Newman (Alfred), cinéma et musique.
Newman (cardinal), Rêve de Gerontius (le) [E. Elgar].
Nézéritis (A.), Grèce.
Nguyen-Thien-Dao, Viêt-nam.
Niblock, expérimentale (musique).
Nichelmann (Christoph), Berlin (école de).
***Nicolai** (Otto), allemand ; Berlin (histoire de la vie musicale à) ; Joyeuses Commères de Windsor (les) ; opéra ; Vienne.
Nicolaus da Perugia, ballata ; caccia.
Nicolini, opéra ; Rinaldo [G. F. Haendel].
Nicolino (il) → Grimaldi (Nicolo).
***Nicolo** (Nicolas Isouard, dit Nicolo de Malte), opéra.
Nicoly (René), Jeunesses musicales de France (J. M. F.).
Nicomaque de Gérase, Grèce ; harmonie.
***Niedermeyer** (Louis), opéra.
***Nielsen** (Carl), Commotio (l') ; Gace Brule ; Inextinguible (l') ; Maskarade ; Quatre tempéraments ; Saga Drom ; Saül et David ; Sinfonia Espansiva ; Sinfonia Semplice ; symphonie.
Nielsen (Hans), Danemark.
Nielsen (Svend), Danemark.

Niemann, Wagner (W. R.).
***Niemetschek** (Franz Xaver), Colloredo [W. A. Mozart].
Niemeyer (August Hermann), Lazare, ou la Fête de la résurrection [F. Schubert].
***Nietzsche** (Friedrich), Ainsi parla Zarathoustra [R. Strauss] ; Barraqué (J.) ; lied ; Mann (Th.).
***Nigg** (Serge), Conservatoire de Paris ; France (XXᵉ s.) ; Jérôme-Bosch-Symphonie ; sérielle (musique) ; symphonie.
Nigst (Franz), Haydn (F. J.).
Nijinska (Bronislava), Boléro [M. Ravel] ; Valse (la) [M. Ravel].
Nijinski (Vaslav Fomitch), ballet et musique ; Diaghilev (S. P. de) ; Jeux [C. Debussy] ; Sacre du printemps (le) [I. Stravinski] ; Stravinski (I.).
Nijiric (Niksa), Yougoslavie.
***Nikish** (Arthur), Ansermet (E.) ; Berlin (histoire de la vie musicale à) ; Boston (vie musicale à) ; Boult (sir A.) ; Bruckner (A.) ; Coates (A.) ; disque ; Leipzig ; Siloti ou Ziloti (A. I.).
Nikolais (Alwin), Hambourg.
Nikolov (Lazar), Bulgarie.
Nilsen (V.), Slonimski (S.).
***Nilsson** (Birgit), Bayreuth ; suédois.
***Nilsson** (Bo), Donaueschingen (festival de) ; suédois.
Nilsson (Christine), suédois.
Nilsson (Leo), suédois ; Volumina [G. Ligeti].
***Nilsson** (Torsten), suédois.
***Nin** (Joaquin), Espagne.
Nissen (Christiana), Brahms (J.).
Nissen (Henriette), suédois.
***Nivers** (Guillaume Gabriel), Champion de Chambonnières (J.) ; Dufourcq (N.) ; France (XVIIᵉ s.).
Nobre (Marlos), Brésil.
Noguera, Conservatoire de Paris.
Nohain (Jean), chanson populaire.
Nonna Otescu (I.), Roumanie.
***Nono** (Luigi), A floresta è jovem e cheja de vida ; Al Gran Sole Carico d'Amore ; allemand ; Berio (L.) ; Canti di Vita e d'Amore ; Canto Sospeso (il) ; Como una ola de fuerza y luz ; concerto ; Cori di Didone ; Darmstadt (festival de) ;

INDEX

Donaueschingen (festival de) ; électroacoustique (musique) ; *Epitaphe pour García Lorca* ; Evangelisti (F.) ; *Fabbrica illuminata (la)* ; *Intolleranza 1960* : Italie ; Lorca (F. G.) ; opéra ; *Ricordi cosa ti hanno fatto in Auschwitz* ; Scherchen (H.) ; sérielle (musique) ; ... *Sofferte onde serene...* ; *Sul Ponte Di Hiroshima* v. *Canti di Vita e d'Amore* ; Varèse (E.).
Norby (Erik), Danemark.
Nordal (Jón), Islande.
Nordgren (Erik), cinéma et musique.
*Nordgren (Pehr Henrik), Finlande.
Nordica (Lilian), Bayreuth.
*Nordraak (Richard), Euterpe (groupe) ; Grieg (E. H.).
*Nørgård (Per), Danemark.
Nørholm (Ib), Danemark.
Norman (Ludvig), suédois.
North (Alex), cinéma et musique.
Northrop (F. S. C.), Dlugoszewski (L.).
Noté, baryton.
Notker Balbulus, allemand ; B ; Saint-Gall ; séquence ; suisse (musique).
Nottara (C.), Roumanie.
*Nottebohm (Gustav), Sechter (S.).
Nougaro (Claude), chanson populaire.
*Nourrit (Adolphe), chant ; Chopin (F.) ; haute-contre ; *Robert le Diable* [G. Meyerbeer] ; Schubert (F.) ; *Siège de Corinthe (le)* [G. Rossini].
Nourrit (Louis), *Siège de Corinthe (le)* [G. Rossini].
Novak (Janez Krstnik), Yougoslavie.
*Novák (Vítězslav Victor), opéra ; Prague ; Suchoň (E.).
Novalis, Schumann (R.).
Noverre, ballet et musique ; chorégraphie ; *Petits Riens* [W. A. Mozart].
Nowak (édition), *Romantique* [A. Bruckner].
Nozzari, Rossini (G.).
Nuitter (Charles), *Coppelia* [L. Delibes].
Nummi (Seppo), Finlande.
*Nunes (Emmanuel), Portugal.
Nunes Garcia (José Mauricio), Brésil.
Nunez Navarrette (Pedro), Chili.
Nuova Consonanza, Scelsi (G.).
Nussgruber (Walter), allemand ; autrichien.
Nyert (Pierre de), air de cour ; chant ; France (XVIIe s.) ; Rossi (L.).
Nyslivecek (J.), sonate (genre).
*Nystroem (Gösta), suédois.

O

Oberlin (Russel), falsettiste.
Obey (André), *Viol de Lucrèce (le)* [B. Britten].
Oborine (Lev), Ashkenazy (V.) ; Rojdestvenski (G.).
*Obrecht (Jacob), France (XVe s.) ; franco-flamande (musique) ; *Homme armé (l')* ; Smijers (A.).
Obretenov (Svetoslav), Bulgarie.
Očadlik (M.), Prague.
Ochs (Phil), folksong-2.
*Ockeghem (Johannes), Binchois (G.) ; Busnois (A.) ; chanson ; chapelle ; France (XVe s.) ; franco-flamande (musique).
*Odington (Walter), Angleterre.
*Odon de Cluny, B ; France (des origines au XIVe s.).
Oeser (Fritz), *Contes d'Hoffmann (les)* [J. Offenbach].
*Offenbach (Jacques), ballet et musique ; *Belle Hélène (la)* ; bouffe ; *Brigands (les)* ; cancan ; cinéma et musique ; *Contes d'Hoffmann (les)* ; droits d'auteur (en France) ; *Fille du tambour-major (la)* [France (1800-1914)] ; *Gaîté parisienne (la)* [M. Rosenthal] ; *Grande-Duchesse de Gerolstein (la)* ; Hervé ; Lecocq (Ch.) ; opéra ; opérette ; *Orphée aux enfers* ; *Périchole (la)* ; *Vie parisienne (la)*.
Ogier, France (des origines au XIVe s.).
Oginski (Michal Kleofas), Pologne.
Oglin (Erhard), allemand.
*Ohana (Maurice), Chojnacka (E.) ; clavecin ; France (XXe s.) ; *Llanto por Ignacio Sanchez Mejias* ; Lorca (F. G.) ; *Office des oracles (l')* ; *Syllabaire pour Phèdre* ; *Synaxis*.
Oistrakh (David), Pologne ; Richter (S.).
Olah (T.), Roumanie.
Olander (Per August), suédois.
Olavide (Gonzalo de), Espagne.
Oliva, vérisme.
Oliver (Angel), Espagne.
Oliver (Joe, dit « King »), Armstrong (L.) ; break ; Young (L.).
Olivero (Magda), *Adrienne Lecouvreur* [F. Cilea] ; *Traviata (la)* [G. Verdi].
Oliveros (Pauline), électroacoustique (musique) ; Riley (T.).
Olivier (sir Laurence), cinéma et musique.
Olivier de la Marche, Bourgogne (cour de).
Ollivier (Émile), Liszt (F.).
Ollone (Max d'), Burkhard (W.) ; opéra.
Olsen (Charles), *Black Mountain* [J. Cage].
Olsson (Otto), suédois.
'Omar (Yusuf), arabe (musique).
Ondříček (F.), Prague.
Ondříček (Quatuor), Prague.
Ophuls (Max), cinéma et musique.
Oransay (Gültekin), Turquie.
Orba (Stephani von), Leipzig.
Orbon (Julian), Cuba.
Ordonez (Carlos d'), autrichien ; symphonie.
Ordonneau (Maurice), *Saltimbanques (les)* [L. Ganne].
Orejon y Aparicio (José de), Pérou.
*Orff (Carl), allemand ; *Antigone* ; Bucht (G.) ; *Carmina Burana* ; *Catulli Carmina* ; éducation musicale ; *Kluge (Die)* ; *Mond (Der)* ; opéra ; pop music ; *Trionfo d'Afrodite (Il)*.
Orgad (Ben-Zion), Israël.
Orlandi, opéra.
Orneval (d'), vaudeville.
Orrego Salas (Juan Antonio), Chili.
Ors (E. d'), baroque.
*Ortigue (Joseph Louis d'), Reyer (E. Rey, dit).
*Ortiz (Diego), bel canto ; chant ; romanesca.
Ory (Edward, dit Kid), Armstrong (L.).
Osborne, Chopin (F.).
Ostrčil (Otakar), opéra ; Prague.
Ostrovsky (Alexandre), *Snegourotchka* [N.-A. Rimski-Korsakov].
Oswald (Henrique), Brésil.
Oswald von Wolkenstein, allemand ; autrichien.
Otero (Francisco), Espagne.
*Otte (Hans), allemand.
Ottoboni (Pietro), Corelli (A.) ; Rome.
Oudot (chanoine), France (XVIIe s.).
Oudrid, Madrid.
Ouellette (Fernand), Tremblay (G.).
Oustvolskaia (G.), Titchenko (B.).
Owen (Wilfred), *War Requiem* [B. Britten].
*Ozawa (Seiji), San Francisco ; *San Francisco Polyphony* [G. Ligeti].

P

*Pablo (Luis de), aléa, musique aléatoire ; concrète (musique) ; Donaueschingen (festival de) ; Espagne ; Madrid ;
Vaggione (H.).
Pabst (G. W.), Chaliapine (F.) ; Deutsch (M.).
Paccagini (Angelo), Italie.
Pacchierotti (Gaetano), *Arianna à Naxos* [J. Haydn].
Pacchierotti (Giuseppe), castrat.
*Pachelbel (Johann), allemand ; autrichien ; Bach (J. B.) ; Bach (J.-S.) ; cantus firmus ; choral ; clavicorde ; *Hexachordum Apollinis* ; sonate (genre) ; suite ; Vienne.
*Pacini (Giovanni), opéra ; Reyer (E. Rey, dit) ; Unger (K.).
Pacius (Frederik), Finlande.
Paco el Barbero, guitare.
Pacu (Jovan), Yougoslavie.
Pade (Else Marie), Danemark.
*Paderewski (Ignacy, Jan), Chopin (F.) ; Pologne.
Padros (David), Espagne.
*Paer (Ferdinando), chant ; *Fidelio* [L. van Beethoven] ; opéra.
*Paganini (Niccolo), alto [Instr. à cordes] ; Berlioz (H.) ; *Campanella (la)* [F. Liszt] ; chant ; Chopin (F.) ; concerto ; étude ; guitare ; *Harold en Italie* [H. Berlioz] ; Italie ; Liszt (F.) ; opéra ; *Rhapsodie sur un thème de Paganini* [Rachmaninov] ; sonate (genre) ; violon.
Page (Walter), Young (L.).
Pagpan (Younghi), Donaueschingen (festival de).
Pahissa (James), Espagne.
*Paine (John), Carpenter (J. A.) ; États-Unis.
*Paisiello (Giovanni), *Barbier de Séville (le)* ; Calzabigi (R. de) ; Cimarosa (D.) ; drame ; Durante ; France (1800-1914) ; Italie ; opéra ; Russie ; Saint-Pétersbourg ; *Servante Maîtresse (la)* [G. B. Pergolèse].
Paiva (Heliodoro de), Portugal.
Pak-Yon, Corée.
Palantrotti (Melchior), bel canto ; chant.
Palestine (Charlemagne), États-Unis.
*Palestrina (Giovanni Pierluigi, dit da), baroque ; Choron (A. E.) ; concile de Trente ; *Dies irae* ; Fux (J. J.) ; Italie ; madrigal ; Mantoue ; *Messe du pape Marcel* ; opéra ; Portugal ; Renaissance ; romantisme ; Rome ; vêpres ; Victoria (T.-L. de).
Palla (Scipione del), Caccini (G.).

INDEX

Pallantios *(M.).* Grèce.
Pallavicino, Mantoue.
*Palm *(Siegfried).* Concerto pour violoncelle et orchestre, en forme de « pas de trois » [B. A. Zimmermann]; *Glissées* [I. Yun]; Zimmermann *(B. A.).*
Palma *(Brian de),* cinéma et musique.
*Palmgren *(Selim),* Finlande.
Palóczi Horváth *(Adam),* Hongrie.
Pálsson *(Helgi).* Islande.
Pálsson *(Páll Pampichler),* Islande.
*Panerai *(Rolando).* Aix-en-Provence (festival d').
Pann *(Anton).* Roumanie.
Pannain *(Guido),* Croce *(B.);* Italie.
Pannell *(Raymond).* Canada.
Panseron, romance.
*Panufnik *(Andrzej).* Pologne.
*Panzéra *(Charles),* baryton; Dutilleux *(H.); Horizon chimérique* [G. Fauré].
*Papaïoannou *(Yunnis),* Antoniou *(T.).*
*Papineau-Couture *(Jean),* Canada; Champagne *(C.).*
Pappenheim *(Maria). Erwartung* [A. Schönberg].
*Paque *(Désiré),* Belgique.
Parabosco *(Girolamo),* Venise.
*Paray *(Paul),* Don Quichotte à Dulcinée [M. Ravel].
Pardas *(Manuel),* sardane.
Parent *(Nil),* Canada; électroacoustique (musique); live electronic music.
Parente *(Alfredo),* Croce *(B.).*
Parini *(Giuseppe), Ascanio in Alba* [W. A. Mozart].
*Parker *(Charlie),* be-bop; blues; citation.
*Parker *(Horatio),* Chadwick *(G. W.);* États-Unis; Sessions *(R.).*
*Parmegiani *(Bernard), Bidule en « ut »* [P. Schaeffer et P. Henry]; *Capture éphémère;* cinéma et musique; concrète (musique); *De natura sonorum;* électroacoustique (musique); étude; France (xxe s.); Groupe de recherches musicales.
Parrenin, Conservatoire de Paris.
*Parry (sir *Charles Hubert Hastings),* Angleterre.
Partos *(Ödoen),* hébraïque (musique).
Pascal *(Blaise), Atrées* [Y. Xenakis].
Pascal *(Claude),* France (xxe s.).
*Pasdeloup *(Jules),* concert;

Paris; *Wallenstein* [V. d'Indy].
Pasdeloup (Concerts), France (1800-1914).
Pasero, basse (voix).
Pashkévitch, opéra; Saint-Pétersbourg; Sarti *(G.).*
*Pasquini *(Bernardo).* Casini *(G. M.);* opéra; Rome; suite; toccata.
*Passereau, canzona; France (xvie s.); Sermisy *(C. de).*
Passy *(L. A. E.),* suédois.
*Pasta *(Guiditta),* bel canto; Bellini *(V.);* chant; Donizetti *(G.); somnambule (la)* [Bellini].
Pásztory *(Ditta),* Bartók *(B.).*
Pathé *(Charles),* disque.
Pathé *(Émile),* disque.
Patiño, guitare.
Patkowski *(Joseph),* électroacoustique (musique).
Patten *(Elisabeth),* Gibbons *(O.).*
Patti *(Adelina),* bel canto.
Pau *(Marie de la),* Tortelier *(P.).*
Pauk *(Alex),* Canada.
Paul *(Adolf), Roi Christian II (le).*
Paul *(O.),* Riemann *(H.).*
Paul Diacre, *ut queant laxis.*
Paulet *(Gabriel), Sénéchal (M.).*
Paulini *(Béla), Hary Janos* [Z. Kodály].
Paul-Kuentz (Orchestre), concert.
Paulli *(Holger S.),* Danemark.
Paulsson *(Gustaf),* suédois.
Paumann *(Conrad),* allemand; clavecin; sources.
Paur *(Emil),* Boston (vie musicale à).
Pavese *(Cesare), Canti di Vita e d'Amore* [L. Nono].
Pavesi *(Stefano),* castrat; opéra.
Pavlova, Diaghilev *(S. P. de).*
*Paz *(Juan Carlos),* Argentine (république).
Pazdirek, dictionnaire.
Pears *(Peter),* Aldeburgh (festival d'); Britten *(B.); Songe d'une nuit d'été (le)* [B. Britten].
Pearson *(William), Aventures* [G. Ligeti].
Pécourt, ballet et musique.
Pedersen *(Jens Wilhelm),* Danemark.
Pedersen *(Nils Holger),* Danemark.
Pedersøn *(Mogens).* Danemark.
Pederzini, Simionato *(G.).*
*Pedrell *(Felipe),* Albéniz *(I.);* Anglés (Mgr *H.);* Collet *(H.);* Comes *(J. B.);* Espagne; folklore; Madrid; opéra; Shakespeare *(W.).*
Pedrollo *(Arrigo),* Italie.
Pedrotti, Goldoni *(C.).*

Peerson *(Martin),* clavecin.
Péguy *(Charles),* Alain *(J.).*
Peire Cardinal, Sirventès.
*Peire Vidal, Toulouse; troubadour.
*Peixinho *(Jorge),* Darmstadt (festival de).
Peixinho *(R.),* Portugal.
Pekiel *(Bartolomiej).* Pologne.
Péladan *(Joseph),* Satie *(E.).*
Pelemans *(Willem),* Belgique.
Pellegrin (abbé), *Hippolyte et Aricie* [J. Ph. Rameau]; opéra.
Pellegrini *(D.),* sonate (genre).
Penalosa *(Francisco de),* cancionero; Espagne.
*Penderecki *(Krzysztof), Agon* [I. Stravinski]; *Anaklasis; Canticum Canticorum Salominis;* chant; *De natura sonoris; Diables de Loudun (les); Dies irae; Dimensions du temps et du silence;* Donaueschingen (festival de); *Emanations; Fluorescences; Fonogrammi; Kosmogonia;* oratorio; *Passion selon Saint Luc;* Pologne; *Psaumes de David; Threnos à la mémoire des victimes d'Hiroshima; Utrenja.*
Penherski *(Zbigniew),* Pologne.
Pennetier *(Jean-Claude),* Ohana *(M.).*
Pennisi *(Francesco),* Italie.
*Pentland *(Barbara),* Canada.
*Pepin *(Clermont),* Canada; Champagne *(C.).*
Pepusch *(Johann Christoph),* Boyce *(W.);* Cooke *(B.);* Londres; opéra; opéra ballad; *Opéra du gueux (l').*
Pequeño *(Iván),* électroacoustique (musique).
Peragallo *(Mario),* Italie.
Pereira *(Tomas),* Portugal.
Perez *(Davide),* opéra; Portugal.
Pérez de Saavedra *(Angel), Force du destin (la)* [G. Verdi].
Pergament *(Moses),* suédois.
*Pergolèse *(Giovanni Battista),* Bouffons (querelle des); Durante *(F.);* France (xviiie s.); Italie; opéra; Russie; *Servante Maîtresse (la);* Sgrizzi *(L.);* sonate (genre); Storace.
Pergotti, castrat.
*Peri *(Jacopo),* Caccini *(G.);* Camerata fiorentina; *Euridice;* Florence; Italie; opéra; Rinuccini *(O.).*
Pericic *(Vlastimir),* Yougoslavie.

Perico del Lunar, guitare.
Perilli *(Achille),* Clementi *(A.).*
Perkowski *(Piotr),* Pologne.
*Perlmann *(Izthak),* violon.
Perne *(Thomas),* autrichien.
Perné *(François),* Conservatoire de Paris.
*Pernet *(André),* basse (voix).
Pernoo *(Jacques),* Bordeaux.
*Pérotin (dit **Pérotin le Grand**),* France (des origines au xive s.); *Sederunt Principes;* sources; *Viderunt omnes.*
Perrault *(Charles), Belle au bois dormant (la)* [P. I. Tchaïkovski]; *Cenerentola (la)* [G. Rossini]; *Château de Barbe-Bleue (la)* [B. Bartok].
Perrin *(Pierre),* académie; Cambert *(R.);* Lully *(J.-B.);* Paris.
Perrot *(Jules),* ballet et musique.
Persichetti *(Vincent),* Brouwer *(J.).*
Persinger *(Louis),* Stern *(I.).*
Perti *(Giacomo Antonio),* Bologne (école de); Torelli *(G.).*
Perucci *(A.),* opéra.
Perugia *(Nicolaus da)* → Nicolaus da Perugia.
Pesenti, Mantoue.
Pesonen *(Olavi),* Finlande.
Pessard, Charpentier *(G.);* Roger-Ducasse *(J.).*
Pestalozzi, Silcher *(P. F.).*
Pestelli *(Giorgio),* Scarlatti *(D.).*
*Peters, édition musicale; Litolff [Édit.].
Petipa *(Lucien), Giselle* [A. Adam].
Petipa *(Marius),* ballet et musique; *Belle au bois dormant (la)* [P. I. Tchaïkovski]; *Casse-Noisette et le roi des souris* [P. I. Tchaïkoski]; *Lac des cygnes (le)* [P. I. Tchaïkovski]; *Saisons (les)* [A. K. Glazounov].
Petit *(Françoise),* Duphly *(J.).*
Petit *(Jean-Louis),* France (xxe s.).
Petit *(Roland),* ballet et musique; *Éloge de la folie* [M. Constant]; *Forains (les)* [H. Sauguet]; *Loup (le)* [H. Dutilleux]; Sauguet *(H.).*
Petkov *(Dimitar),* Bulgarie.
Pétrarque, France (xve s.).
*Petrassi *(Goffredo),* Bucht *(G.);* Cardew *(C.);* Clementi *(A.);* Davies *(P. M.);* Italie; opéra; Rome; Scelsi *(G.).*
Petrella *(Errico),* opéra.
Petric *(Ivo),* Yougoslavie.
Petridis *(P.),* Grèce.

INDEX

Petrosellini (*Guiseppe*), *Barbier de Séville (le)* [G. Paisiello].
***Petrov** (*Ossip Afanassievitch*), *Foire de Sorotchinsi (la)* [M. P. Moussorgski].
***Petrovics** (*Emil*), Hongrie.
Petrovna (*Elisabeth*), Saint-Pétersbourg.
***Petrucci** (*Ottaviano*), *Bossinensis* (*Fr.*) ; calata ; Compère (*L.*) ; édition musicale ; Gardano (*A.*) ; madrigal ; sources ; suite ; Tromboncino (*B.*).
***Pettersson** (*Allan*), suédois.
Petterson-Berger (*Wilhelm*), suédois.
Peuerl (*Paul*), autrichien ; suite.
***Pezel** (*Johann Christoph*), allemand.
Pezzati (*Romano*), Italie.
***Pfitzner** (*Hans*), allemand ; Berlin (histoire de la vie musicale à) ; étude ; lied ; opéra ; *Palestrina* ; Riemann (*H.*).
***Phalèse** (*Pierre*), Belgique ; bicinium ; Clemens non Papa (J. Clément dit) ; Renaissance ; suite.
Philidor (*Anne Danican de*), France (XVIIIe s.) ; Paris ; sources.
Philidor (*François André Danican de*), chant ; concert ; Écurie ; France (XVIIIe s.) ; opéra ; sources ; vaudeville.
Philippe II [Espagne], Aguiar (*A. de*) ; sarabande.
Philippe de Grève, Carmina Burana.
***Philippe de Vitry,** Ars nova ; *Roman de Fauvel* [G. Bus].
Philippe Néri (saint), Victoria (*T.-L.*).
***Philippot** (*Michel-Paul*), France (XXe s.) ; ordinateur.
Phrynis, dithyrambe.
Piaf (*Edith*), chanson populaire.
Piaggio (*Celestino*), Argentine (république).
Piart (*Arvo*), Russie.
***Piatigorski** (*Gregor*), Rubinstein (*A.*) ; Solomon (*C.*) ; violoncelle.
Piatti (*Ugo*), Russolo (*L.*).
Piave (*Francesco Maria*), *Deux Foscari (les)* [G. Verdi] ; *Force du destin (la)* [G. Verdi] ; *Macbeth* [G. Verdi] ; *Rigoletto* [G. Verdi] ; *Simon Boccanegra* [G. Verdi] ; *Traviata (la)* [G. Verdi].
Pibernic (*Zlatko*), Yougoslavie.
Pibrac (*Guy du Faur de*), Boni (*G.*).
Picabia, Satie (*E.*).
***Picander** (*Christian, Friedrich* **Henrici,** *dit*), Bach (*J.-S.*) ; *Cantate des paysans* [J.-S. Bach] ;

Cantate du café [J.-S. Bach] ; *Dispute entre Phoebus et Pan (la),* [J.-S. Bach] ; *Éole apaisé* [J.-S. Bach] ; *Hercule à la croisée des chemins* [J.-S. Bach].
Picasso (*Pablo*), Diaghilev (*S. P. de*) ; France (XXe s.) ; Satie (*E.*).
Picchi (*Giovanni*), clavecin.
***Piccinni** (*Nicola*), *Armide* [C. W. Gluck] ; chant ; Cherubini (*L.*) ; drame ; Durante (*F.*) ; France (XVIIIe s.) ; Goldoni (*C.*) ; Italie ; opéra ; Querelle des Gluckistes et des Piccinnistes.
Pic de la Mirandole, Florence.
***Pichl** (*Vaclav*), contrebasse.
Pichon, Toulouse.
Pidoux (*Pierre*), Psautier huguenot.
Pierce, électroacoustique (musique) ; Risset (*J.-C.*).
Pierchon → La Rue (*Pierre de*).
***Pierlot** (*Pierre*), Conservatoire de Paris.
***Pierné** (*Gabriel*), *Carnaval des animaux (le)* [C. Saint-Saëns] ; Carneyro (*C.*) ; *Cydalise et le Chèvrepied* ; Shakespeare (*W.*) ; sonate (genre).
Pierre (*Francis*), *Cantate pour elle* [I. Malec] ; Darmstadt (festival de).
Pierre de Blois, Carmina Burana.
Pierre de la Croix, *Roman de Fauvel* [G. de Bus].
Pierre Le Grand, Saint-Pétersbourg.
Pietrowski, Pologne.
Piffaro (*Bernardino*), Tromboncino (*B.*).
Pignon (*Paul*), électroacoustique (musique) ; Yougoslavie.
***Pijper** (*Willem*), Van Baaren (*K.*).
Pilkington, Cavendish (*M.*).
***Pincherle** (*Marc*), Vivaldi (*A. L.*).
Pindare, Chabanon (*M. P. G. de*) ; dithyrambe.
Pineu-Duval (*Alexandre Vincent*), *Un jour du règne* [G. Verdi].
Pingoud (*Ernest*), Finlande.
Pinilla (*Enrique*), Pérou.
Pink Floyd, pop music.
***Pinza** (*Ézio*), basse (voix) ; Siepi (*C.*).
Piper (*John*), English Opera Group.
Piper (*Myfanwy*), *Turn of the screw (the)* [B. Britten].
***Pipkov** (*Lubomir*), Bulgarie.
***Pipkov** (*Panaïot*), Bulgarie.
Piquemal (*Michel*), France (XXe s.).
Pires (*Luis Felipe*), Portugal.

Pirogov, basse (voix).
Piron, chanson populaire.
Piron (*Alexis*), *Fernand Cortez ou la Conquête du Mexique* [G. Spontini].
Pironkoff (*Simeon*), Bulgarie.
***Pirro** (*André*), Barbaud (*P.*) ; Schweitzer (*A.*).
Pisador (*Diego*), chanson au luth ; Espagne.
Pisaroni (*Rosamunda*), contralto.
Pisek, Schneiderhan (*W.*).
Pisendel (*Johann Georg*), allemand ; violon.
***Piston** (*Walter*), Carter (*E.*) ; symphonie.
Pitarch (*Mateo*), Chabrier (*E.*).
Pitoëff (*Georges*), *Histoire du soldat (l')* [I. Stravinski].
Pitoëff (*Ludmilla*), *Histoire du soldat (l')* [I. Stravinski].
Pittaluga (*Gustavo*), Espagne.
***Pitz** (*Wilhelm*), Bayreuth.
***Pizzetti** (*Ildebrando*), Castelnuovo-Tedesco (*M.*) ; Florence ; Italie ; Mainardi (*E.*) ; opéra ; Respighi (*O.*) ; Rome.
Pla (*Manuel*), opéra.
Plaetner (*Jørgen*), Danemark.
***Plançon** (*Paul*), basse (voix) ; bel canto.
***Planquette** (*Robert*), *Cloches de Corneville (les)* ; opérette.
Planson (*J.*), chanson au luth.
Plantade, romance.
Planté (*F.*), Conservatoire (société des concerts du).
Plantin, Belgique.
Planyavsky (*Peter*), autrichien.
Plasson (*Michel*), Toulouse.
***Platon,** académie ; Aristote ; Baïf (*J. A. de*) ; dorien ; ethos ; Grèce ; ionien ; lydien ; *Sancta Civitas* [R. Vaughan-Williams].
Platti, concerto.
Playford, Child (*W.*) ; division-viol ; suite.
***Pleyel** (*Camille*), Chopin (*F.*).
***Pleyel** (*Ignaz*), allemand ; autrichien ; Boccherini (*L.*) ; Haydn (*F. J.*) ; piano ; Richter (*F. X.*) ; Rouget de Lisle (*C.-J.*) ; sonate (genre) ; Vanhal (*J. B.*).
Plumhof (*H.*), suisse (musique).
Poe (*Edgar*), *Cloches (les)* [S. V. Rachmaninov].
***Pohl** (*Carl Ferdinand*), *Sechter* (*S.*) ; *Variations sur un thème de Haydn* [J. Brahms].
Poise (*Ferdinand*), opéra.
Poisson, stochastique (musique).
Poitevin (*Guillaume*),

Blanchard (*E. A.*) ; Campra (*A.*).
***Polak** (*Jacub*), Pologne.
Polignac (princesse de), Satie (*E.*).
Poliziano, opéra.
Pollini (*Francesco*), Yougoslavie.
***Pollini** (*Maurizio*), Chopin (*F.*) ; *Como una ola de fuerza y luz* [L. Nono] ; Pologne ; *...Sofferte onde serene ...* [L. Nono].
Pollock (*Jackson*), aléa, musique aléatoire ; Brown (*E.*).
Polonio (*E.*), Vaggione (*H.*).
Polzelli (*Luigia*), Haydn (*F. J.*).
Ponce (*Manuel*), Chavez (*C.*).
Ponce de Léon (*José Maria*), Colombie.
Ponchielli (*Amilcare*), Boito (*A.*) ; *Danse des heures* ; *Gioconda (la)* ; opéra ; Ricordi (maison d'édition).
Pongracz (*Zoltan*), électroacoustique (musique).
Poniridis (*G.*), Grèce.
Ponse, électroacoustique (musique).
Ponselle (*Rosa*), Serafin (*T.*).
Ponsonby (*Robert*), Édimbourg.
Pontac (*Diego*), Madrid.
Pontoux (*C. de*), Chardavoine (*J.*).
***Poot** (*Marcel*), Belgique ; Bruxelles.
Pope (*Alexander*), *Acis et Galatée* [G. F. Haendel] ; *Esther* [G. F. Haendel] ; *Sémélé* [G. F. Haendel].
Popol Vuh, pop music.
Popov (*Mikhaïl*), Saint-Pétersbourg.
Popov (*Todor*), Bulgarie.
Popovici (*D.*), Roumanie.
Porel (*Paul*), *Caligula* [G. Fauré] ; *Shylock* [G. Fauré].
Porfetye (*A.*), Roumanie.
***Porpora** (*Nicola*), opéra ; Traetta (*T.*) ; Venise.
Porrino (*Ennio*), Italie.
Porta (*Costanzo*), Venise.
Portal (*Michel*), *Aus den sieben Tagen* [K. Stockhausen] ; France (XXe s.).
***Porter** (*Cole*), cinéma et musique ; comédie musicale ; États-unis.
Portmann (*J. G.*), sonate (genre).
Portugal (*Marcos*), Brésil ; Portugal.
Porumbescu (*C.*), Roumanie.
Posada Amador (*Carlos*), Colombie.
Posch (*Isaac*), autrichien.
Potemkine (prince), Saint-Pétersbourg.
***Pothier** (*Dom Joseph*), grégorien (chant) ; Solesmes.

INDEX
1788

Pottier *(Eugène)*, chanson populaire.
*Pouchkine *(Alexandre)*, *Aleko* [S. V. Rachmaninov]; *Boris Godounov* [M. P. Moussorgski]; *Chevalier avare (le)* [S. V. Rachmaninov]; *Convive de pierre (le)* [A. S. Dargomyjski]; *Coq d'or (le)* [N. A. Rimski-Korsakov]; *Dame de pique (la)* [P. I. Tchaïkovski]; *Eugène Onéguine* [Tchaïkovski], opéra; *Rouslan et Ludmilla* [Glinka]; Russie; *Tsar Saltan (le conte du)* [Rimski-Korsakov].
*Pougin *(Arthur)*, critique musicale.
*Poulenc *(Francis)*, *Animaux modèles (les)*; *aubade*; ballet et musique; Bernac *(P.)*; *Bestiaire ou Cortège d'Orphée (le)*; *Biches (les)*; chanson; clavecin; Cocteau *(J.)*; *Concert champêtre*; concerto; *Dialogue des carmélites*; Durey *(L.)*; *Embarquement pour Cythère (l')*; *Figure humaine*; France (XXᵉ s.); *Gloria*; groupe des Six; Landowska *(W.)*; *Litanies à la Vierge noire*; Lorca *(F. G.)*; *Mamelles de Tirésias (les)*; opéra; *Quatre motets pour un temps de pénitence*; Seefried *(I.)*; sinfonietta; sonate (genre); suite; Villa-Lobos *(H.)*; violon; *Voix Humaine (la)*.
Poulet *(Gaston)*, Debussy *(C.)*.
Poullin *(Jacques)*, concrète (musique).
*Pousseur *(Henri)*, aléa, musique aléatoire; Belgique; Bruxelles; Darmstadt (festival de); *Éphémérides d'Icare II*; Roquin *(L.)*; sérielle (musique); Sveinsson *(A. H.)*; Universal-Edition.
*Powell *(Earl, dit Bud)*, be-bop.
Powell *(John)*, États-Unis.
Power *(Lionel)*, Angleterre; Irlande.
Pozo *(Chano)*, afro-cubain.
Pozzi Escot *(Olga)*, Pérou.
Praetorius *(Michael)*, allemand; Blume *(F.)*; *Cantique des trois enfants*; choral; clavecin; danse; Scheidt *(S.)*; suite; Sweelinck *(J. P.)*.
Praga, vérisme.
Pratella *(Balilla)*. Italie.
Praxilla de Sicyon, dithyrambe.
Preetorius *(Emil)*, Bayreuth.

Preis *(A.)*, *Lady Macbeth de Mzensk* [D. Chostakovitch].
Preissová *(Gabriela)*, Janáček *(L.)*; *Jenufa* [L. Janáček].
Preminger *(Otto)*, Ellington (« *D* »); Gershwin *(G.)*.
Preobrajenskaia *(Sofia)*, contralto.
Prescott Stewart *(R.)*, Irlande.
Presley *(Elvis)*, blues; chanson populaire; pop music.
Pressenda *(G. Fr.)*, lutherie, luthier.
Presser *(Theodor)*, Cowell *(H. D.)*.
Preston *(Thomas)*, Angleterre.
*Prêtre *(Georges)*, *Voix Humaine (la)* [F. Poulenc].
Prévert, chanson populaire.
*Prévin *(André)*, cinéma et musique.
Previtali *(F.)*, *Canti di Prigiona* [L. Dallapiccola].
Prévost *(André)*, Canada.
Prévost (abbé *Antoine François)*, *Boulevard Solitude* [H. W. Henze]; *Manon Lescaut* [G. Puccini].
*Prey *(Claude)*, Avignon (festival d'); France (XXᵉ s.).
*Prey *(Hermann)*, Sawallisch *(W.)*.
Prieto *(Claudio)*, Espagne.
Prigojine, Slonimski *(S.)*.
Prihoda *(Vasa)*, Cerha *(F.)*.
*Primrose (sir *William*), Bartók *(B.)*; Schnabel *(A.)*.
Prinner *(Johann Jakob)*, autrichien.
*Printz *(Wolfgang-Caspar)*, histoire de la musique.
Priolo *(Giovanni)*, Vienne.
Pritchard *(John)*, *King Priam* [M. Tippett].
Priuli *(Giovanni)*, autrichien.
Pro *(Serafin)*, Cuba.
Procol Harum, pop music.
Procopé *(Hjalmar)*, *Festin de Balthazar (le)* [J. Sibelius].
Profeta *(L.)*, Roumanie.
Prohaska *(Jaro)*, Bayreuth.
*Prokofiev *(Serge)*, *Alexandre Nevski*; *Alla en Lolli* v. *Suite Scythe*; *Amour des trois oranges (l')*; *Ange de feu (l')*; ballet et musique; *Cendrillon*; *Chout (le Bouffon)*; cinéma et musique; concerto (S. P. de); *Fiançailles au couvent (les)*; *Fils prodigue (le)*; *Guerre et Paix*; Guilels *(E.)*; *Ivan le Terrible*; *Joueur (le)*; *Lieutenant Kijé (le)*; opéra; *Pas d'acier (le)*; *Pierre et le Loup*; Richter *(S.)*; Rojdestvenski *(G.)*;

Roméo et Juliette; Rostropovitch *(M.)*; Russie; Saint-Pétersbourg; Shakespeare *(W.)*; Siloti ou Ziloti, *(A. I.)*; sinfonietta; sonate (genre); suite; *Suite Scythe*; *Symphonie classique*; toccata; transcription; *Variations et Fugue sur un Thème de Purcell* [B. Britten]; violon; *Visions Fugitives*.
Prosperi *(Carlo)*, Italie.
Proust, *Épifanie* [L. Berio].
Provenzale *(Francesco)*, Italie; opéra.
*Ptolémée *(Claude)*, Grèce.
*Puccini *(Giacomo)*, *Bohème (la)*; *Fille du Far West (la)*; *Gianni Schicchi*; *Houppelande (la)*; Italie; *Madame Butterfly*; *Manon Lescaut*; opéra; Ricordi (maison d'édition); *Rondine (la)*; Sartori *(C.)*; *Sœur Angélique*; *Tosca*; Toscanini *(A.)*; *Triptyque (le)* v. *Houppelande*, *Sœur Angélique*, *Gianni Schicchi*; *Turandot*.
Puget *(Loïsa)*, chanson populaire; romance.
*Pugnani *(Gaetano)*, sonate (genre); violon.
Pugni *(Cesare)*, ballet et musique.
*Pugno *(Stéphane Raoul)*, Cortot *(A.)*.
Puig *(Michel)*, France (XXᵉ s.).
Pujol *(Emilio)*, Brouwer *(L.)*; guitare.
Pujol *(Juan)*, Anglés *(Mᵍʳ H.)*.
Purce *(Jill)*, *Spiral* [K. Stockhausen].
*Purcell *(Daniel)*, Blow *(J.)*.
*Purcell *(Henry)*, adagio; Angleterre; baroque; Blow *(J.)*; catalogue thématique; catch; Demarquez *(S.)*; Dent *(E. J.)*; *Didon et Enée*; Londres; *Ode à Sainte Cécile*; *Ode pour l'anniversaire de la Reine Mary*; opéra; *Reine des fées (la)*; *Reine Indienne (la)*; *Roi Arthur (le)*; service; Shakespeare *(W.)*; sonate (genre); suite; *Tempête (la)*.
Purcell *(Lenore)*, *Concord sonata* [C. Ives].
Puy *(Édouard du)*, Danemark; suédois.
Pylkkänen *(Tauno)*, Finlande.
*Pythagore, acousmatique; clavicorde.

Q

Qabbānī *(Abū-Khalil)*, arabe (musique); Égypte.

Quagliati *(Paolo)*, opéra.
Quaglio *(Giovanni Maria)*, *Don Juan ou le Festin de pierre* [Ch. W. von Gluck].
*Quantz *(Johann Joachim)*, allemand; Berlin (école de); concerto; interprétation; sérénade.
Quatuor Alban Berg, Vienne.
Quatuor Barylli, Vienne.
Quatuor bohémien, Prague.
Quatuor *Hellmesberger, Vienne; Zemlinsky *(A. von)*.
Quatuor *Kolisch, Vienne.
Quatuor de Prague, Prague; Suk.
Quatuor Pro Arte, Rubinstein *(A.)*.
Quatuor *Rosé, Vienne.
Quatuor Roth, Starker *(J.)*.
Quatuor Salomon, Fiorillo *(F.)*.
Quatuor Schneiderhan, Vienne.
Quatuor *Schuppanzigh, Vienne.
Quatuor Tchèque, Suk.
Quatuor Weller, Vienne.
Queneau *(Raymond)*, chanson populaire.
Quicksilver Messenger Service (groupe), pop musique.
Quilter *(Roger)*, Angleterre.
*Quinault *(Philippe)*, *Alceste ou le triomphe d'Alcide* [J.-B. Lully]; *Amadis de Gaule* [J.-B. Lully]; *Amadis de Gaule* [J.-Ch. Bach]; *Armide* [J.-B. Lully]; *Cadmus et Hermione* [J.-B. Lully]; droits d'auteur (en France); livret; opéra.
Quinet *(Edgar)*, Chopin *(F.)*.
Quinet *(Fernand)*, Belgique.
Quinet *(Marcel)*, Belgique.
Quintilien *(Aristide)*, Grèce; ionien.
Qundarji *(Rachīd)*, arabe (musique).
Qutb al-Dīn al-Chīrazi, Iran.

R

Raaben, Leningrad.
*Rabaud *(Henri)*, Boston (vie musicale à); Conservatoire de Paris; drame; France (1800-1914); *Mârouf, savetier du Caire*; opéra.
Rabe *(Folke)*, suédois.
Rabelais *(François)*, Aquin *(L. C. d')*; *Bataille de Marignan (la)* [C. Janequin].
Rachline *(Nicolai)*, *Année 1905* [D. Chostakovitch].
*Rachmaninov *(Serge)*, *Aleko*; *Chevalier avare*

(le); Cloches (les); concerto ; *Île des morts (l')* ; *Liturgie de saint Jean Chrysostome* ; opéra ; rhapsodie ; *Rhapsodie sur un thème de Paganini* ; *Rocher (le)* ; Russie ; Siloti ou Ziloti (A. I.) ; sonate (genre) ; symphonie ; *Variations sur un thème de Paganini* [J. Brahms] ; *Vêpres (les)*.
*Racine (Jean), *Athalie* [F. Mendelssohn] ; ballet et musique ; *Cantique de Jean Racine* [G. Fauré] ; Fricker (P. R.) ; opéra.
Ràcz (Árpád), Hongrie.
Radauer (Irmfried), allemand ; autrichien.
Radics (Béla), Hongrie.
Radigue (Éliane), électroacoustique (musique) ; expérimentale (musique) ; France (XXᵉ s.).
*Radom ou Radomski (Nicolas de), Pologne.
Radovanovic (Vladan), électroacoustique (musique) ; Yougoslavie.
Radpert (Hartmann), Saint-Gall.
*Rădulescu (Horatiu), Roumanie ; *Stimmung* [K. Stockhausen].
Raff (Joseph Joachim), *Ce qu'on entend sur la montagne* [F. Liszt] ; *Héroïde funèbre* [F. Liszt] ; lied.
Ragnarsson (Hjalmar Helgi), Islande.
Raḥbānī, arabe (musique).
*Raimbaut de Vaqueiras, canso ; descort ; estampie.
Raimondi, Goldoni (C.).
Rainey (Gertrude « Ma »), blues.
*Raison (Andrée), Dufourcq (N.) ; France (XVIIᵉ s.).
*Raitio (Pentti), Finlande.
*Raitio (Väinö), Finlande.
Rajcev (Alexandre), Bulgarie.
Raksin (David), cinéma et musique.
*Rameau (Jean-Philippe), accord ; Alembert (J. Le Rond d') ; Aquin (L. C. d') ; ariette ; ballet et musique ; basse fondamentale ; *Boréades (les)* ; Cahusac (L. de) ; cantate ; *Castor et Pollux* ; chant ; clarinette ; classicisme ; clavecin ; concert ; *Concerts en sextuor* ; *Dardanus* ; France (XVIIIᵉ s.) ; harmonie ; *Hippolyte et Aricie* ; *Indes galantes (les)* ; La Pouplinière (J. J. Le Riche de) ; loure ; opéra ; opéra-ballet ; *Orphée* ; *Pièces de clavecin en Concert* ; *Platée* ; *Poule (la)* ; *Pygmalion* ; résonance ; rigaudon ; Saint-Saëns (C.) ; sarabande ; *Scylla et Glaucus* [J. M. Leclair] ; sonate (genre) ; sous-dominante ; suite ; *Zoroastre*.
*Ramin (Günther), Leipzig ; Richter (K.).
Ramirez (Manuel), guitare.
Ramler (Karl Wilhelm), *Ino* [G. P. Telemann].
Ramm, Mannheim (école de).
*Rampal (Jean-Pierre), Bourdin (R.) [flûtiste] ; Conservatoire de Paris.
Ramuz (C. F.), *Histoire du soldat (l')* [I. Stravinski] ; Stravinski (I.).
*Rangström (Ture), suédois.
Ránki (Györky), Hongrie.
Ranta (Sulho), Finlande.
Rasmussen (Karl-Aage), Danemark.
Rasse, Chevreuille (R.).
Rastrelli, Shakespeare (W.).
Ratner (L.), Childs (B.).
Rattle (Simon), Angleterre.
Raucheisen (M.), Schwarzkopf (E.).
Raugel (Félix), Borrel (E.) ; Dufourcq (N.).
Raunay (Jeanne), *Chanson perpétuelle* [E. Chausson].
Raupach, opéra.
Rauschenberg, *Black Mountain* [J. Cage].
Rautavaara (Aulikki), Finlande.
*Rautavaara (Einojuhani), Finlande.
*Rauzzini (Venanzio), castrat ; *Exsultate, jubilate* [W. A. Mozart].
*Ravel (Maurice), air ; air à boire ; alborada ; *Alborada del gracioso* ; ballet et musique ; *Boléro* ; chanson ; *Chansons madécasses* ; chant ; cinéma et musique ; *Cinq Mélodies populaires grecques* ; cloche ; *Concerto pour la main gauche* ; *Daphnis et Chloé* ; Delage (M.) ; Diaghilev (S. P. de) ; *Don Quichotte à Dulcinée* ; *Enfant et les sortilèges (l')* ; Février (J.) ; France (1800-1914) ; France (XXᵉ s.) ;*Gaspard de la nuit* ; *Habanera* ; *Heure espagnole (l')* ; *Histoires naturelles* ; *Jeux d'eau* ; *Ma mère l'Oye* ; Marot (C.) ; *Menuet antique* ; *Menuet sur le nom de Haydn* ; *Miroirs* ; opéra ; orchestration ; *Pavane pour une Infante défunte* ; Prix de Rome ; quatuor à cordes ; rhapsodie ; *Rhapsodie Espagnole* ; rigaudon ; Roland-Manuel (R. A. M. L., dit) ; Rosenthal (M.) ; Satie (E.) ; *Shéhérazade* ; sonate (genre) ; *Sonatine* ; Stuckenschmidt (H. H.) ; suite ; Thiriet (M.) ;
Tombeau de Couperin (le) ; Toscanini (A.) ; *Tzigane* ; valse ; *Valse (la)* ; *Valses nobles et sentimentales* ; Vaughan Williams (R.) ; Villa-Lobos (H.) ; violon.
*Ravenscroft (Thomas), catch ; round.
Raverio, canzona.
Ravier (Charles), Avignon (festival d') ; France (XXᵉ s.).
*Rawsthorne (Alan), Angleterre.
Raynaud, Conservatoire de Paris.
Razaf (Andy), Waller (T., dit « Fats »).
Razumovski, Schuppanzigh (I.).
*Rebel (Anne), Delalande (M. R.).
*Rebel (François), opéra.
*Rebel (Jean-Ferry), *Éléments (les)* ; France (XVIIIᵉ s.).
Rebello (Lourenço), Portugal.
Rebikov, opéra.
Rechberger (Herman), Finlande.
Redford (John), Angleterre.
*Redlich (Hans-Ferdinand), Christou (I.).
*Redolfi (Michel), concrète (musique) ; France (XXᵉ s.).
Redon, Chausson (A. E.).
Reed (John), Schubert (F.).
Reed (Lou), pop music.
Regenbogen (Conrad), allemand.
Reger (Max), allemand ; Busch (A.) ; catalogue thématique ; Coeuroy (A.) ; concerto grosso ; lied ; Pologne ; Riemann (H.) ; Schœck (O.) ; Schuricht (K.) ; Siloti ou Ziloti (A. I.) ; sonate (genre) ; toccata.
Regnard (Jean-François), *Carnaval de Venise (le)* [A. Campra] ; *Distrait (le)* [F. S. Haydn].
Reibel (Guy), Conservatoire de Paris ; étude ; Ferreyra (B.) ; France (XXᵉ s.) ; Groupe de recherches musicales.
*Reich (Steve), États-Unis ; expérimentale (musique) ; répétitive (musique) ; Riley (T.).
Reich (Willi), Webern (A.).
Reicha, Berlioz (H.) ; Clapisson (A. L.) ; Onslow (G.).
*Reichardt (Johann Friedrich), allemand ; Berlin (école de) ; lied ; opéra ; *Roi des Aulnes (le)* [F. Schubert].
Reichert (H.), *Rondine (la)* [G. Puccini].
Reichlin-Meldegg (Anselm von), Richter (F. X.).
Reichmann (Théodor), Wagner (W. R.).
Reilich (Gabriel), Roumanie.
*Reimann (Aribert), allemand ; *Lear* ; Shakespeare (W.).
Reinach (S.), Schaeffner (A.).
Reinecke (Karl), Leipzig ; Riemann (H.) ; Stanford (Ch. Villiers).
*Reiner (Fritz), Chicago ; Schippers (Th.).
*Reinhardt (Jean-Baptiste, dit *Django*), guitare.
Reinick (Robert), Genovéva [R. Schumann] ; Wolf (H.).
Reinken (Johann Adam), allemand ; Hambourg ; sonate (genre).
Reinmar von Haguenau, allemand ; autrichien.
Reizen, basse (voix).
Rellstab (Ludwig), *Chant du cygne (le)* [F. Schubert] ; sérénade.
Reményi (Eduard), Brahms (J.).
Remington, Scriabine (A. N.).
Renard (Colette), chanson populaire.
Renard (Jules), *Histoires naturelles* [M. Ravel] ; Rouché (J.).
Renaud, baryton.
Renoir (Auguste), Chausson (A. E.).
*Renosto (Paolo), Italie.
Resch (W.), Schnebel (D.).
Resid Rey (Cemal), Turquie.
*Respighi (Ottorino), arrangement ; *Boutique fantasque (la)* ; *Fêtes romaines* ; *Fontaines de Rome (les)* ; Italie ; opéra ; *Pins de Rome (les)* ; Rome ; Scelsi (G.).
Resské (Jean de), Slezak (L.).
Reucker (Alfred), *Doktor Faust* [F. Busoni].
Reusner (E.), suite.
Reuss (Posthumus de), Schütz (H.).
*Reutter (Georg), allemand ; autrichien ; Vienne.
*Reverdy (Michèle), France (XXᵉ s.).
Revueltas, Ayala Perez (D.).
Rey (Anne), Satie (E.).
Rey Colaço (Alexandre), Coelho (R.) ; Portugal.
*Reyer (Ernest), critique musicale ; opéra ; *Sigurd*.
Reynes (Nicole), Du Chemin (N.).
Reynolds (sir Joshua), Billington (E.).
Reznicek (Emil Nikolaus von), autrichien ; opéra.
*Rhené-Baton (Baton, René dit), *Évocations* [A. Roussel] ; *Tombeau de Couperin (le)* [M. Ravel].
Riabinine (Trofim), *Sadko* [N. A. Rimski-Korsakov].
Riadis (E.), Grèce.
Riaets (Iaan), Russie.
Ribayaz (Ruiz de), guitare.
Ricardo (Niño), guitare.
Ricci (Federico), opéra.
Ricci (Luigi), opéra.

INDEX

Rich *(John)*, Haendel *(G. F.)*.
Richafort, Belgique.
Richard *(Little)*, blues.
*****Richard Cœur de Lion**, Éléonore d'Aquitaine ; Sirventès.
Richards *(Mary Carolyn)*, *Black Mountain* [J. Cage].
Richter *(E. Fr.)*, Riemann *(H.)*.
*****Richter** *(Franz Xaver)*, allemand ; fugato ; Mannheim (école de) ; sonate (genre).
*****Richter** *(Hans)*, Bayreuth ; chef d'orchestre ; *Rêve de Gerontius (le)* [E. Elgar] ; *Romantique* [A. Bruckner] ; *Siegfried-Idyll* [R. Wagner] ; Vienne.
Richter *(Johann Paul Friedrich*, dit **Jean-Paul)**, allemand.
Ricordi *(Tito)*, *Francesca da Rimini* [R. Zandonai].
Řídký *(J.)*, Rychlik *(J.)*.
Ridout *(Godfrey)*, Canada.
Rieck *(K.)*, suite.
Riedl *(Josef Anton)*, allemand ; concrète (musique).
Riegger *(Wallinford)*, Brant *(H. D.)*.
*****Riemann** *(Hugo)*, agogique ; Boccherini *(L.)* ; chiavette ; dictionnaire ; Filtz *(J. A.)* ; rythme ; Stamitz.
Riepp, Callinet.
*****Ries** *(Ferdinand)*, Beethoven *(L. van)*.
Rieti *(Vittorio)*, Lorca *(F. G.)*.
Rietsch *(H.)*, Prague.
Righini *(C.)*, Chailly *(L.)*.
*****Rihm** *(Wolfgang)*, allemand ; Ensemble intercontemporain ; *Jakob Lenz* ; Royan (festival International d'Art contemporain de).
Riisager *(Knudåge)*, Danemark.
*****Riley** *(Terry)*, expérimentale (musique) ; répétitive (musique).
Rilke *(Rainer Maria)*, Chostakovitch *(D.)* ; *Cornet (le)* [F. Martin] ; Sauguet *(H.)* ; *Versuche* [D. Schnebel].
Rimbaud *(Arthur)*, *Al Gran Sole Carico d'Amore* [L. Nono] ; *Amy (G.)* ; Barraqué *(J.)* ; *Smalley (R.)* ; *une saison en enfer* [H. Barrault].
*****Rimski-Korsakov** *(Nikolaï A.)*, alborada ; *Antar* ; Assafiev *(B.)* ; Balakirev *(M. A.)* ; ballet et musique ; Borodine *(A. P.)* ; *Capriccio espagnol* ; *Coq d'or (le)* ; *Fiancée du tsar (la)* ; Glazounov *(A.)* ; *Grande Pâque russe (la)* ; Groupe des Cinq ; *Kitège* ; Liapounov *(S.)* ; *Nuit de mai (la)* ; opéra ; orchestration ; Respighi *(O.)* ; *Rossignol (le)* [I. Stravinski] ; *Rouslan et Ludmilla* [A. Glinka] ; Rubinstein ; Russie ; *Sadko* ; Saint-Pétersbourg ; Sérov *(A.)* ; *Shéhérazade* ; *Snegourotchka* ; Stravinski *(I.)* ; suite ; *Tsar Saltan (le Conte du)* ; *Une nuit sur le mont chauve* [M. P. Moussorgski] ; *Vol du bourdon (le)*.
Rinaldo, Angleterre.
Ring *(Oluf)*, Danemark.
Ringart *(Anna)*, France (xxe s.).
Ringbom *(Nils-Erik)*, Finlande ; *Voces Intimae* [J. Sibelius].
*****Rinuccini** *(Ottavio)*, Camerata fiorentina ; *Euridice* ; opéra.
Rippe *(A. de)*, France (xvie s.).
Riquer *(Martin de)*, Cerveri de Gerona.
Risler *(Edouard)*, *Bourrée fantasque* [E. Chabrier] ; Castro *(J. J.)* ; *Dolly* [G. Fauré].
*****Risset** *(Jean-Claude)*, électroacoustique (musique) ; Ensemble intercontemporain ; France (xxe s.) ; *Mutations*.
Rist *(Simone)*, France (xxe s.).
Ristic *(Milan)*, Yougoslavie.
Ristori, opéra.
Ritorni *(Carlo)*, *Créatures de Prométhée (les)* [L. van Beethoven].
Ritter *(Alexander)*, lied ; *Macbeth* [R. Strauss].
Rivette *(Jacques)*, Eloy *(J. C.)*.
*****Rivier** *(Jean)*, Calmel *(R.)* ; Chaynes *(C.)* ; Clostre *(A.)* ; concerto ; France (xxe s.) ; Marot *(C.)* ; opéra ; symphonie ; Tisné *(A.)*.
Roach *(Max)*, be-bop.
Robbe-Grillet, Fano *(M.)*.
Robberechts *(André)*, Belgique ; Bruxelles.
Robbins *(Jerome)*, *Age of Anxiety (the)* [L. Bernstein] ; *West Side Story* [L. Bernstein].
Robert II, le Pieux [France], France (des origines au xive s.).
Robert *(Jean-Louis)*, Belgique.
*****Robert** *(Pierre)*, *Du Mont (H.)*.
Robert *(Richard)*, Serkin *(R.)*.
Robin *(Jacqueline)*, *Figures de résonances* [H. Dutilleux].
*****Robin** *(Mado)*, chant.
Robles *(Manuel)*, Chili.
Rochberg *(George)*, Etats-Unis.
*****Rode** *(Pierre)*, violon ; Viotti *(G. B.)*.
Rodens *(Gaby)*, *Stimmung* [K. Stockhausen].
Rodgers *(Richard)*, chanson populaire ; cinéma et musique ; comédie musicale.
Rodney-Bennett *(Richard)*, Angleterre ; cinéma et musique.
Rodolphe (archiduc), Archiduc (l') [L. v. Beethoven] ; Beethoven *(L. van)*.
Rodoreda *(J.)*, Casals *(P.)*.
*****Rodrigo** *(Joaquin)*, *Concerto andalou* ; *Concerto de Aranjuez* ; Espagne ; Segovia *(A.)*.
Rodriguez *(Esther)*, Cuba.
Rodriguez Coelho *(M.)*, Portugal.
Rodriguez da Covilha, Portugal.
Rodriguez de Hita *(Antonio)*, Espagne ; opéra.
Rodzinski *(Artur)*, Chicago ; Cleveland ; Los Angeles.
Roerich *(Nicolas)*, *Sacre du printemps (le)* [I. Stravinski].
Rogalski *(Th.)*, Stroe *(A.)*.
Roger *(Etienne)*, Amsterdam.
*****Roger-Ducasse** *(Jean)*, Alain *(J.)* ; Debussy *(C.)* ; Portugal.
Rogers *(Ginger)*, comédie musicale.
Rognoni *(R.)*, bel canto.
Rojdestvenskaïa *(Natalya)*, Rojdestvenski *(G.)*.
Roland *(Claude-Robert)*, Belgique.
*****Roland-Manuel** *(Roland Alexis Manuel Lévy*, dit), Conservatoire de Paris ; Rosenthal *(M.)* ; Satie *(E.)* ; Thiriet *(M.)*.
Roldan *(Amadeo)*, Cuba.
*****Rolland** *(Romain)*, *Buisson ardent (le)* [Ch. Koechlin] ; *Clavier bien tempéré (le)* [J.-S. Bach] ; *Colas Breugnon* [D. B. Kabalevski] ; *Dupin (P.)*.
Roller *(Alfred)*, Mahler *(G.)*.
Rollez, Conservatoire de Paris.
Rolling Stones, pop music.
Romagnesi, romance.
*****Roman** *(Johann Helmich)*, suédois.
Romani *(Felice)*, *Anna Bolena* [G. Donizetti] ; *Capuleti e i Montecchi (i.)* [V. Bellini] ; *Elixir d'amour (l')* [G. Donizetti] ; *Lucrèce Borgia* [G. Donizetti] ; opéra ; *Somnambule (la)* [V. Bellini] ; *Turco in Italia (il)* [G. Rossini] ; *Un jour de règne* [G. Verdi].
Romanina (la), Archilei *(V.)*.
Romanos le Mélode, byzantin (chant).
*****Romberg** (famille), violoncelle.
Roncal *(Siméon)*, Bolivie.
Ronga *(Luigi)*, Croce *(B.)*.
Ronnefeld *(Peter)*, allemand.
*****Ronsard** *(Pierre de)*, *Amours de Ronsard (les)* [A. de Bertrand] ; Boni *(G.)* ; Castro *(J. de)* ; Certon *(P.)* ; chanson ; Chardavoine *(J.)* ; Cléreau *(P.)* ; Costeley *(G.)* ; France (xvie s.) ; Goudimel *(C.)*.
Ronzi de Begnis *(G.)*, *Roberto Devereux ou le Comte d'Essex* [G. Donizetti].
Rooney *(Mickey)*, comédie musicale.
Roose *(Billy)*, Stravinski *(I.)*.
*****Ropartz** *(Joseph Guy Marie)*, drame ; France (1800-1914) ; France (xxe s.) ; rhapsodie.
Roqué Alsina *(Carlos)*, *Aus den sieben Tagen* [K. Stockhausen] ; Donaueschingen (festival de).
*****Roquin** *(Louis)*, France (xxe s.).
*****Rore** *(Cyprien de)*, Belgique ; chanson ; chromatique ; France (xvie s.) ; Italie ; madrigal ; Venise.
Rosa *(Salvatore)*, Cesti *(P.)*.
Rosas *(John)*, Finlande.
*****Rosbaud** *(Hans)*, Aix-en-Provence (festival d') ; *Atmosphères* [G. Ligeti] ; Bartók *(B.)* ; *Chronochromie* [O. Messiaen] ; *Echelle de Jacob (l')* [A. Schönberg] ; *Réveil des oiseaux (le)* [O. Messiaen] ; Sawallisch *(W.)*.
Rose *(Billy)*, *Scènes de Ballet* [I. Stravinski].
*****Rose** *(Leonard)*, Stern *(I.)*.
Roseberry (comtesse de), Édimbourg.
*****Roseingrave** *(Thomas)*, Scarlatti *(D.)*.
Rosen (baron), *Vie pour le Tsar (la)* [M. Glinka].
*****Rosen** *(Charles)*, sonate (forme) ; Strunk *(O.)*.
Rosen *(Jelka)*, Delius *(F.)*.
Rosenberg *(Hilding)*, Blomdahl *(K. B.)* ; Bortz *(D.)* ; suédois.
*****Rosenboom** *(David)*, live electronic music.
Rosenman *(Léonard)*, cinéma et musique.
*****Rosenmüller** *(Johann)*, allemand ; suite.
Rosenplüt *(H.)*, allemand.
*****Rosenthal** *(Manuel)*, Baudrier *(Y.)* ; *Cinq Mélodies populaires grecques* [M. Ravel] ; *Gaîté parisienne (la)* ; Rosen *(Ch.)*.
Rosowsky *(Salomon)*,

INDEX

hébraïque (musique).
Rospiglissi (*Giulio*), opéra.
Rossell (*Lars-Erik*), suédois.
Rossellini (*Renzo*), cinéma et musique ; Italie ; opéra.
Rosset (*Christian*), France (XXᵉ s.).
***Rosseter** (*Philip*), ayre ; balletto ; Cavendish (*M.*).
Rossetti (*Dante-Gabriel*), *Damoiselle élue (la)* [Cl. Debussy] ; Debussy (*Cl.*).
Rossi (*Gaetano*) ; *Semiramis* [G. Rossini].
Rossi (*Giacomo*), *Rinaldo* [G. F. Haendel].
***Rossi** (*Luigi*), ballet et musique ; baroque ; cantate ; canzonetta ; Caproli (*C.*) ; France (XVIIᵉ s.) ; Italie ; opéra ; Schütz (*H.*).
Rossi (*Michelangelo*), opéra ; toccata.
Rossi (*R.*), Chailly (*L.*).
***Rossi** (*Salomone*), clavecin ; hébraïque (musique) ; service ; violon.
Rossi (*Tino*), chanson populaire.
***Rossini** (*Gioacchino*), alphorn ; Angelis (*N. de*) ; arrangement ; *Barbier de Séville (le)* ; Barbieri (*F. A.*) ; barcarolle ; bel canto ; *Boutique fantasque (la)* [O. Respighi] ; cabalettà ; castrat ; cavatine ; *Cenerentola (la)* ; chant ; Colbran (*I.*) ; *Comte Ory (le)* ; crescendo ; danse ; France (1800-1914) ; *Guillaume Tell* ; Italie ; *Italienne à Alger (l')* ; *Moïse* ; opéra ; *Otello ossia il Moro di Venezia* ; *Péchés de ma vieillesse (les)* ; *Petite Messe solennelle* v. *Péchés de ma vieillesse* ; Portugal ; Respighi (*O.*) ; Ricordi ; *Semiramis* ; Shakespeare (*W.*) ; *Siège de Corinthe (le)* ; *Tancrède* ; Toscanini (*A.*) ; *Turco in Italia (il)* ; Verdi (*G.*).
***Rostropovitch** (*Mstislav*), chef d'orchestre ; Conservatoire de Paris ; Dutilleux (*H.*) ; Richter (*S.*) ; Stradivari (*A.*) ; Titchenko (*B.*) ; *Tout un monde lointain* [H. Dutilleux] ; *Transfiguration de Notre Seigneur Jésus Christ (la)* [O. Messiaen] ; Vichnevskaia (*G.*) ; violoncelle.
Rosving (*Poul*), Danemark.
Rósza (*Miklosz*), cinéma et musique ; Hongrie ; Starber (*J.*).
Rota (*Nino*), cinéma et musique ; opéra.
Rotas (*N.*), Grèce.
Rothwell (*Henry*), Los Angeles.
Rotta (*A.*), suite.
Rotzsch (*H. J.*), Leipzig.
Rouart-Lerolle, Salabert (maison d'édition française).
Rouault (*Georges*), Diaghilev (*S. P. de*) ; *Fils prodigue (le)* [S. Prokofiev].
Roubaix (*François de*), cinéma et musique ; France (XXᵉ s.).
***Rouché** (*Jacques*), Roussel (*A.*).
Roucourt (*Jean-Baptiste*), Bruxelles.
Rougemont (*Denis de*), Honegger (*A.*).
Rouget (*Gilbert*), ethnomusicologie.
***Rouget de l'Isle** (*Claude-Joseph*), *Marseillaise (la)* ; Shakespeare (*W.*).
Rousseau (*Jean*), *Le Camus* (*S.*).
***Rousseau** (*Jean-Jacques*), ballet et musique ; *Bastien et Bastienne* [W. A. Mozart] ; Bouffons (querelle des) ; contralto ; Cotte (*R.*) ; critique musicale ; *Devin du village (le)* ; dictionnaire ; ethnomusicologie ; France (XVIIIᵉ s.) ; opéra ; pastorale ; ritournelle ; romance ; sonate (genre) ; Sturm und Drang.
Rousseau (*Samuel*), Veyron-Lacroix (*R.*).
***Roussel** (*Albert*), *Æneas* ; *Bacchus et Ariane* ; ballet et musique ; catalogue thématique ; *Évocations* ; *Festin de l'araignée (le)* ; Jeune-France (groupe de la) ; *Joueurs de flûte (les)* ; opéra ; *Padmâvatî* ; *Poème de la forêt* ; *Pour une fête de printemps* ; *Psaume 80* ; Roland-Manuel (*R. A. M. L.*, dit) ; Satie (*E.*) ; Segovia (*A.*) ; sérénade ; sinfonietta ; sonate (genre) ; *Suite en fa* ; symphonie ; Villa-Lobos (*H.*) ; violon.
Rouvier, Conservatoire de Paris.
Roxy Music (groupe), pop music.
Royer (*Alphonse*), *Favorite (la)* [G. Donizetti].
***Royon-Lemée** (*Franck*), France (XXᵉ s.).
Rózmann (*Akos*), suédois.
Rozo Contreras (*José*), Colombie.
Rózsavölgyi (*Márk*), csárdás ; Hongrie.
Rozycki (*L.*), Pologne.
***Rubbra** (*Edmund*), Angleterre.
Rubens (*Pierre-Paul*), Rückers, dynastie de facteurs de clavecins.
Rubenson (*Albert*), suédois.
***Rubini** (*Giovanni*), bel canto ; chant ;
Donizetti (*G.*) ; *Somnambule (la)* [Bellini].
***Rubinstein** (*Anton*), Chopin (*F.*) ; opéra ; *Rêves d'hiver* [Tchaïkovski] ; Russie ; Saint-Pétersbourg.
***Rubinstein** (*Artur*), *Famille du bébé (la)* [H. Villa-Lobos] ; *Fantasía bética* [M. de Falla] ; Feuermann (*E.*) ; Villa-Lobos (*H.*).
Rubinstein (*Ida*), ballet et musique ; *Boléro* [M. Ravel] ; Diaghilev (*S. P. de*) ; *Jeanne au bûcher* [A. Honegger] ; Rouché (*J.*).
***Rubinstein** (*Nicolai*), *Rêves d'hiver* [Tchaïkovski] ; Sauer (*E. von*) ; Siloti ou Ziloti (*A. I.*).
***Ruckers** [facteurs de clavecins], clavecin.
Rückert (*Friedrich*), *Chants pour des enfants morts* [G. Malher].
Rudbeck (*O.*), suédois.
Rüdel (*Hugo*), Bayreuth.
Ruders (*Poul*), Danemark.
Rudnik (*Eugeniuz*), électroacoustique (musique).
Rudorff (*E.*), Schuricht (*K.*).
Rudzinski (*Zbigniew*), Pologne.
Rueff, Conservatoire de Paris.
Ruffini (*Giovanni*), *Don Pasquale* [G. Donizetti].
***Ruffo** (*Titta*), baryton ; chant.
Ruggeri, violon.
***Ruggles** (*Carl*), États-Unis.
Ruhlmann (*François*), *Heure espagnole (l')* [M. Ravel] ; *Mârouf, savetier du Caire* [H. Rabaud].
Rûmî (*Jalaleddin*), derviches.
Runeberg (*Johan Ludvig*), *Barde (le)* [J. Sibelius] ; Finlande.
Rung (*Henrik*), Danemark.
Runólfsson (*Karl Ottó*), Islande.
Ruohomäki (*Jukka*), Finlande.
Rushing (*Jimmy*), blues.
Russ (*Giannina*), bel canto.
Russel (*Ken*), cinéma et musique ; Davies (*P. M.*).
Russell (*George*), Gillespie (*D.*).
***Russolo** (*Luigi*), concrète (musique) ; *Futuristie* [P. Henry].
***Rust**, *Art de la fugue* [J.-S. Bach].
Rutebeuf, trouvère.
Ruzicka, Schubert (*F.-P.*).
Ruzicka (*Peter*), allemand.
Ruzitska (*Ignác*), Hongrie.
Ruzitska (*J.*), Hongrie.
Rydman (*Kari*), Finlande.
***Rysanek** (*Léonie*), Aix-en-Provence (festival d') ; Bayreuth.

S

***Sabata** (*Victor de*), Édimbourg ; *Enfant et les sortilèges (l')* [M. Ravel] ; Schwarzkopf (*E.*).
Sabina (*Karel*), *Brandebourgeois en Bohème (les)* [B. Smetana] ; *Fiancée vendue (la)* [B. Smetana] ; Smetana (*B.*).
Sablon (*Jean*), chanson populaire.
Sablonara (*Claudio de*), cancionero.
Sacchetti (*Franco*), Laurentius de Florentia.
***Sacchini** (*Antonio*), Durante (*F.*) ; opéra.
***Sacher** (*Paul*), Bartók (*B.*) ; *Concerto pour deux orchestres à cordes, piano et timbales* [B. Martinů] ; *Cornet (le)* [F. Martin] ; *Danse des morts (la)* [A. Honegger] ; *Deliciae Basilienses* [A. Honegger] ; *Divertimento pour cordes* [B. Bartók] ; *Épopée de Gilgamesh (l')* [B. Martinů] ; *Jeanne au bûcher* [A. Honegger] ; *Une cantate de Noël* [A. Honegger].
***Sachs** (*Curt*), aérophone ; ethnomusicologie.
***Sachs** (*Hans*), allemand ; maîtres chanteurs.
Sack (*Erna*), chant.
Sack (*Johann Philipp*), Berlin (histoire de la vie musicale à).
Sacrati (*Francesco*), France (XVIIᵉ s.) ; Strozzi (*G.*).
Sadaï (*Yizchak*), Israël.
Sáez (*M. R.*), Sarasate (*P.*).
Safi (*Wadi' al-*), arabe (musique).
Safiy al-Dîn al-Urmawî al-Baghdâdî → Dîn (Safiy al-).
Safonov, Scriabine (*A. N.*).
Sagaev (*Dimitar*), Bulgarie.
***Saguer** (*Louis*), France (XXᵉ s.).
Saint-Amant (*Marc Antoine Girard, sieur de*), air de cour.
***Sainte-Colombe** (*Monsieur de*), Caix d'Hervelois (*Louis de*).
Saint-Exupéry (*Antoine de*), *Vol de nuit (Volo di Notte)* [L. Dallapiccola].
Saint-John Perse, *Concerto pour orchestre* [E. Carter].
***Saint-Lambert** (*Michel de*), aspiration.
Saint-Léon (*Arthur*), ballet et musique ; chorégraphie.
Saint-Marceau (*Renée de*), *Shéhérazade* [M. Ravel].
***Saint-Saëns** (*Camille*), *Africa* ; air à boire ; *Bataille des Huns* [F. Liszt] ; Boëly (*A. P. F.*) ; Cambridge ; *Carnaval des*

INDEX

animaux (le) ; catalogue thématique ; chambre (musique de) ; cinéma et musique ; concerto ; contre basse ; critique musicale ; *Cygne (le)* ; *Danse macabre* ; *Dies irae* ; Duparc (H.) ; Fauré (G.) ; *Havanaise* ; *Jeunesse d'Hercule (la)* ; opéra ; *Phaéton* ; *poème symphonique* ; rhapsodie ; *Rouet d'Omphale (le)* ; *Samson et Dalila* ; sonate (genre) ; symphonie ; violon.
Saint-Yves Bax, Van Dyck (E.).
Saintwix (Thomas), Cambridge.
Sakac (Branimir), Yougoslavie.
Sala (Oskar), électronique (musique).
Salas (Esteban), Cuba.
Saldoni (Baltasar), opéra.
Salgado (Luis H.), Équateur.
*****Salieri** (Antonio), Albrechtsberger (J. G.), autrichien ; Calzabigi (R. de) ; *Danaïdes (les)* ; drame ; opéra ; Schubert (F.-P.) ; Süssmayr (F. X.) ; *Tarare* ; Vienne ; Weigl.
Salinas (F.), romanesca.
*****Sallinen** (Aulis), Finlande.
Salmanov (V.), Titchenko (B.).
*****Salmenhaara** (Erkki), Finlande.
Salmhofer (Franz), autrichien.
Salminen (Matti), Finlande.
Salmond (Felix), Rose (L.).
*****Salomon** (Johann Peter), Haydn (F. J.) ; Viotti (G. B.).
Salomon (Karel), hébraïque (musique).
Salonen (Sulo), Finlande.
Salvador (Henri), chanson populaire.
Salvi (Antonio), *Ariodante* [G. F. Haendel] ; opéra ; *Rodelinda* [G. F. Haendel].
Salvi (Matteo), Vienne.
Samaroff (O.), Schippers (T.).
Samaras (S.), Grèce.
*****Sammartini** (Giovanni Battista), catalogue thématique ; sinfonia ; sonate (genre).
Samosoud (Samuel), *Guerre et Paix* [S. Prokofiev] ; *Lady Macbeth de Mzensk* [D. Chostakovitch] ; *Leningrad* [D. Chostakovitch].
Samuel (Claude), Royan (festival international d'art contemporain de).
Sancan (Mme), Conservatoire de Paris.
Sanchez de Fuentes (Eduardo), Cuba.
Sanchez Ferrer (Alberto), Cuba.
Sand (George), Chopin (F.).

*****Sandberger** (Adolf), Cesari (G.) ; Strobel (H.).
Sanderling (Kurt), Dresde.
Sandley, suite.
Sandoni, Cuzzoni (F.).
Sangiorgi (Alfredo), Clementi (A.).
Sanguinetti (Edoardo), *Epifanie* [L. Berio].
Sanjuan (Pedro), Cuba.
Sà Noronha (Francisco de), Portugal.
Santa Cruz Wilson (Domingo), Chili.
Santa Maria (Francisco de), Portugal.
Santa Maria (Tomas de), Espagne ; Madrid.
Sant'Anna (Joaquin), Portugal.
Santo (Serafino), lutherie, luthier.
Santoro (Claudio), Brésil.
Santos (Luciano dos), Portugal.
Sanz (Gaspar), guitare.
Sanzogno (Nino), *Dialogue des carmélites* [F. Poulenc].
*****Sarasate** (Pablo de Martin Melitón Sarasate y Navascués), Alard (J.-D.) ; Espagne ; *Fantaisie écossaise* [M. Bruch].
Sarde (Philippe), cinéma et musique ; France (XXe s.).
Sardou (Victorien), *Fedora* [U. Giordano] ; *Tosca* [G. Puccini].
*****Sargent** (sir Harold Malcolm Watts), Angleterre.
Sarkozi (Istvan), Hongrie.
Sarrazin (Gabriel), *Damoiselle élue (la)* [Cl. Debussy].
*****Sarrette** (Bernard), Conservatoire de Paris ; Conservatoire (société des concerts du).
Sarro (Domenico), opéra.
Sarrus, sarrusphone.
*****Sarti** (Giuseppe), Cherubini (L.) ; drame ; opéra ; Russie ; Saint-Pétersbourg ; sonate (genre) ; Venise.
Sartre (Jean-Paul), chanson populaire.
Sastri (Subbaraya), Inde.
*****Satie** (Alfred Érik Leslie-Satie, dit Erik), *Airs à faire fuir* ; Arcueil (école d') ; ballet et musique ; Cocteau (J.) ; Desormière (R.) ; Diaghilev (S. P. de) ; France (XXe s.) ; *Gnossiennes* ; *Gymnopédies* ; Jacob (M.) ; *Messe des pauvres* ; *Parade* ; *Préludes flasques pour un chien* ; Rostand (C.) ; sarabande ; Sauguet (H.) ; *Socrate* ; suite ; *Trois morceaux en forme de poire*.
*****Sauguet** (Henri), Arcueil (école d') ; ballet et

musique ; cinéma et musique ; Desormière (R.) ; *Forains (les)* ; France (XXe s.) ; opéra ; Satie (E.) ; sonate (genre).
Sauveur (Joseph), basse fondamentale.
Savery (Finn), Danemark.
Savonarole, Florence.
*****Savouret** (Alain), concrète (musique) ; électroacoustique (musique) ; étude ; France (XXe s.) ; Groupe de recherches musicales ; live electronic music ; sonate (genre).
*****Sawallisch** (Wolfgang), Bayreuth ; Cologne.
*****Sax** (Antoine Joseph, dit Adolphe), saxhorns ; saxophone ; tuba.
Saxe (maréchal de), Favart (Ch.-S.).
Saxton (Robert), Angleterre.
Saygun (Ahmed Adnan), Turquie.
Sayn-Wittgenstein (Jeanne Elisabeth Carolyne de), *Bruits de fête* [F. Liszt] ; *Harmonies politiques et religieuses* [F. Liszt] ; Liszt (F.).
Scabia (Giuliano), *Fabbrica illuminata (la)* [L. Nono].
Scalchi (Sofia), contralto.
Scaramuzza (V.), Argerich (M.).
*****Scarlatti** (Alessandro), bel canto ; cantate ; Carissimi (G.) ; Gasparini (F.) ; Gerlin (R.) ; Italie ; opéra ; oratorio ; pastorale ; Scarlatti (D.) ; Sgrizzi (L.) ; sinfonia ; toccata.
*****Scarlatti** (Domenico), acciacatura ; Albéniz (M. P.) ; allemand ; croisement ; Espagne ; étude ; *Femmes de bonne humeur (les)* ; Italie ; Longo (A.) ; Madrid ; Portugal ; Roseingrave (T.) ; Sartori (C.) ; Seixas (C.) ; *Servante maîtresse (la)* [G. B. Pergolèse] ; Shakespeare (W.) ; Soler (A.) ; sonate (genre) ; toccata.
Scarpini (Pietro), Clementi (A.).
*****Scelsi** (Giacinto), Italie.
*****Schaeffer** (Pierre), acousmatique ; ballet et, musique ; *Bidule en « ut »* ; Bohor [Y. Xenakis] ; concrète (musique) ; Conservatoire de Paris ; descriptive (musique) ; électroacoustique (musique) ; étude ; *Étude aux objets* ; expérimentale (musique) ; Ferreyra (B.) ; France (XXe s.) ; Groupe de recherches musicales ; Henry (P.) ; ordinateur ; *Orphée 53* [P. Schaeffer

et P. Henry] ; Paris ; Roquin (L.) ; Stockhausen (K.) ; *Symphonie pour un homme seul* ; *Voile d'Orphée (le)* [P. Henry] ; Xenakis (Y.).
*****Schaeffner** (André), Brăiloiu (C.) ; Sachs (C.) ; Tran Van Khe.
*****Schäffer** (Boguslaw), Pologne.
Schäffer (Julius), lied.
*****Schalk** (Franz), Schmidt (F.) ; Vienne.
Schalk (Josef), Schalk (F.).
Schall (Claus), Danemark.
Schantz (Filip von), Finlande.
Schapira (Claire), France (XXe s.).
*****Schat** (Peter), Amsterdam ; Seiber (M.).
Schattenberg (Thomas), Danemark.
*****Scheibe** (Johann Adolf), allemand ; Danemark ; lied ; opéra ; Rosenmüller (J.).
Scheidemann (Heinrich), allemand ; Hambourg ; Sweelinck (J. P.) ; Weckmann (M.).
Scheidemantel, baryton.
Scheidt (Gottfried), Scheidt (S.).
*****Scheidt** (Samuel), allemand ; cantate ; Sweelinck (J. P.) ; *Tabulatura nova* ; toccata.
*****Schein** (Johann Hermann), allemand ; choral ; *Israelsbrünnlein* ; Leipzig ; madrigal ; Schütz (H.) ; suite.
Schenk (E.), Sandberger (A.).
*****Schenk** (Johann Baptist), autrichien ; sonate (genre) ; Wagenseil (G. C.).
Schentzer (Hans), Buchner (H.).
*****Scherchen** (Hermann), Æneas [A. Roussel] ; Ancerl (K.) ; *Art de la fugue* [J.-S. Bach] ; Bour (E.) ; *Canto Sospeso (il)* [L. Nono] ; *Concerto de chambre* [A. Berg] ; concrète (musique) ; Darmstadt (festival de) ; *Déserts* [E. Varèse] ; Scherchen-Hsiao (T.) ; Souris (A.) : Varèse (E.) ; *Vin (le)* [A. Berg] ; Vogel (W.) ; Xenakis (Y.).
*****Schering** (Arnold), Berlin (histoire de la vie musicale à) ; Celibidache (S.).
Schewertsik (Kurt), autrichien.
Schiavetto (Julius), Yougoslavie.
Schibler (Armin), suisse (musique).
Schiebe, sérénade.
Schiedermair (Ludwig), Sandberger (A.) ; Schmidt-Görg (J.).

INDEX

Schiedmayer (les), clavicorde.
Schierbeck *(Poul)*, Danemark.
Schiffer *(Marcellus)*, *Aller et retour* [P. Hindemith]; Hindemith *(P.)*.
Schifrin *(Lalo)*, cinéma et musique.
*****Schikaneder** *(Emanuel)*, chanson populaire; *Flûte enchantée (la)* [W. A. Mozart]; opéra.
Schikaneder *(Karl)*, Schikaneder *(E.)*.
Schikaneder *(Urban)*, Schikaneder *(E.)*.
*****Schiller** *(Friedrich von)*, *Bruits de fête* [F. Liszt]; Cornelius *(P.)*; *Guillaume Tell* [G. Rossini]; *Jeanne d'Arc* [G. Verdi]; *Marie Stuart* [G. Donizetti]; opéra; Sturm und Drang; *Wallenstein* [V. d'Indy].
*****Schillings** *(Max von)*, allemand; Berlin (histoire de la vie musicale à); opéra; Sprechgesang.
Schindler *(Alma)*, Mahler *(G.)*.
*****Schipa** *(Tito)*, Chicago.
*****Schirmer** (éditions), Schuman *(W.)*.
Schiske *(Karl)*, autrichien.
*****Schlick** *(Arnold)*, allemand.
*****Schlusnus** *(Heinrich)*, baryton.
Schmahl (les), clavicorde.
Schmedes *(Erick)*, Bayreuth.
Schmeller *(Johann Andreas)*, Carmina Burana.
*****Schmelzer** *(Johann-Heinrich)*, allemand; autrichien; Biber *(H. I. F.)*; danse; violon.
Schmid *(Erich)*, suisse (musique).
*****Schmidt** *(Franz)*, allemand; autrichien; Bruckner *(A.)*; opéra.
Schmidt *(John Christopher)*, *Water Music* [G. F. Haendel].
Schmidt *(Ole)*, Danemark.
Schmidt-Neuhaus *(Hans-Otto)*, Stockhausen *(K.)*.
Schmieder, *Art de la fugue* [J.-S. Bach]; *Cantates* [J.-S. Bach].
*****Schmitt** *(Florent)*, chanson; critique musicale; Inghelbrecht *(D.-É.)*; opéra; *Psaume 47*; Villa-Lobos *(H.)*.
Schmitz *(Paul)*, *Catulli Carmina* [C. Orff].
*****Schnabel** *(Artur)*, Bush *(A.)*; Feuermann *(E.)*.
Schnabel *(Th.)*, Stader *(M.)*.
*****Schnebel** *(Dieter)*, *Abfälle*; allemand; *AMN*; *Anschläge-Ausschläge*; *Atemzüge*; *Choralvorspiele I, II*; Darmstadt (festival de); *Denkbare Musik* (œuvre littéraire);

Donaueschingen (festival de); *DT 31,6*; *Espressivo*; expérimentale (musique); *Für Stimmen (...missa est)*; *Gehörgänge*; *Glossolalie*; *Gurgelrollen*; *Ki-no*; *Körper-Sprache*; *Lippendienst*; *« : ! » Madrasha 2*; *Maulwerke*; *Mo-No*; *Nostalgie (Visible Music II)*; *Produktionsprozess*; Royan (festival international d'art contemporain de); *Versuche*; *Visible Music I*; *Zungenschlage*.
Schneevoigt *(Georg)*, Finlande; Los Angeles.
Schneider *(E. A.)*, Vienne.
Schneider *(Hortense)*, Offenbach *(J.)*.
Schneider *(Marius)*, ethnomusicologie; rythme.
*****Schneiderhan** *(Wolfgang)*, Seefried *(I.)*.
Schneider-Schott *(Heinz)*, Schott, maison d'édition.
Schneitzhöffer *(Jean-Madeleine)*, ballet et musique.
Schnitger, orgue.
*****Schnittke** *(Alfred)*, Russie; Silvestrov *(V. V.)*; Slónimski *(S.)*.
Schnitzer *(J.)*, *Baron tzigane (le)* [J. Strauss fils].
Schnorr von Carolsfeld *(Malvina)*, Schnorr von Carolsfeld *(L.)*.
Schober *(Franz von)*, *Alfonso et Estrella* [F. Schubert].
*****Schobert** *(Johann)*, allemand.
*****Schoeck** *(Othmar)*, Böhm *(K.)*; suisse (musique).
Schoemaker *(Maurice)*, Belgique.
Schöffer *(Nicolas)*, Hambourg.
Schöffer *(Peter)*, Renaissance.
Schöffler *(Paul)*, Seefried *(I.)*; Vienne.
Schollum *(Robert)*, autrichien.
*****Schönbach** *(Dieter)*, allemand.
*****Schönberg** *(Arnold)*, accord; allemand; *Altenberglieder* [A. Berg]; alternance; Apostel *(H. E.)*; atonalité; attraction; autrichien; Berg *(A.)*; Cage *(J.)*; catalogue thématique; chambre (musique de); chromatique; *Cinq Pièces pour orchestre*; concerto; *Concerto de chambre* [A. Berg]; Cowell *(H. D.)*; Deutsch *(M.)*; dodécaphonique (musique); *Échelle de Jacob (l')*; Eisler *(H.)*; expressionnisme; fantaisie; *Glückliche Hand (die)*; *Gurre-Lieder*;

Hauer *(J. M.)*; *Herzgewächse*; Klangfarbenmelodie; Kolisch *(R.)*; *Kol Nidre*; lied; *Livre des jardins suspendus (le)*; Mahler *(G.)*; *Moïse et Aaron*; *Musique d'accompagnement pour une scène de film*; *Nuit transfigurée (la)*; *Ode à Napoléon*; opéra; *Pélléas et Mélisande*; *Pierrot Lunaire*; *Prélude pour la Genèse*; *Psaumes Modernes*; Rosbaud *(H.)*; Scherchen *(H.)*; Schreker *(F.)*; Searle *(H.)*; sérielle (musique); Serkin *(R.)*; Sessions *(R.)*; *Six pièces pour orchestre* [A. Webern]; Skalkotas *(N.)*; sonate (forme); Sprechgesang; Steuermann *(E.)*; Stravinski *(I.)*; Stuckenschmidt *(H. H.)*; suite; *Suite pour Piano*; *Symphonie de chambre*; *Trois pièces pour orchestre* [A. Berg]; Universal-Edition; *Un survivant de Varsovie*; *Variations pour orchestre*; *Verklärte nacht* v. *Nuit transfigurée*; violon; *Von Heute auf Morgen*; Webern *(A.)*; Zemlinsky *(A. von)*.
Schopenhauer *(Arthur)*, Wagner *(W. R.)*.
*****Schorr** *(Friedrich)*, baryton; Bayreuth.
*****Schott**, édition musicale.
Schoultz *(Johanna von)*, Finlande.
Schout *(Vladislav Alexevitch)*, Russie.
*****Schrade** *(Leo)*, Apel *(W.)*.
Schrader *(Barry)*, électroacoustique (musique).
Schreiber *(F.)*, Diabelli *(A.)*.
*****Schreker** *(Franz)*, allemand; autrichien; opéra; Schmidt-Isserstedt *(H.)*.
Schrøder *(Lorentz)*, Danemark.
Schroeder *(Friedrich)*, Schroeder-Devrient *(W.)*.
Schroeder *(Hermann)*, Stockhausen *(K.)*.
*****Schrœder-Devrient** *(Wilhelmine)*, *Rienzi* [W. R. Wagner]; *Vaisseau fantôme (le)* [W. R. Wagner]; Wagner *(R.)*.
*****Schubart** *(Christian)*, lied; *Truite (la)* [F. Schubert].
*****Schubert** *(Franz-Peter)*, accompagnement; *Alfonso et Estrella*; allemand; *Arpeggione*; autrichien; ballade; basson; *Belle Meunière (la)*; catalogue thématique; chambre (musique de); chanson populaire; *Chant des esprits sur les eaux*; *Chant du cygne (le)*; danse; déclamation; Deutsch *(O. E.)*; Diabelli *(A.)*; divertissement; *Divertissement à la hongroise*; Esterhazy; fantaisie; Friedländer *(M.)*; Goethe *(J. W.)*; *Grande Symphonie*; Heine *(H.)*; *Inachevée (symphonie)*; *Introduction et Variations*; *Jeune Fille et la Mort (la)*; *Lazare, ou la Fête de la résurrection*; lied; Mandyczewski *(E.)*; *Marche militaire*; *Marguerite au rouet*; *Moments musicaux* v. *Moment musical*; opéra; *Ouvertures italiennes*; *Pâtre sur le rocher (le)*; quatuor à cordes; Rogers *(N.)*; *Roi des aulnes (le)*; romantisme; *Rosamonde, princesse de Chypre*; Salieri *(A.)*; Sechter *(S.)*; sérénade; sonate (forme); sonate (genre); suite; symphonie; *Tragique (symphonie)*; *Truite (la)*; valse; *Valses nobles*; *Valses sentimentales*; *Voyage d'hiver (le)*; *Voyageur (le)*; *Wanderer-Phantasie*; Wolf *(H.)*.
Schuch *(Ernst von)*, Dresde.
Schüchter *(Wilhelm)*, *Schlagtrio* [K. Stockhausen].
*****Schuller** *(Gunther)*, Albright *(W.)*; États-Unis.
Schulman *(Otto)*, Thomas *(J.)*.
Schultz *(Svend)*, Danemark.
Schulz *(Helmut)*, Wolf *(H.)*.
Schulz *(Johann Abraham Peter)*, Danemark; lied.
Schulz *(Zdenká)*, Janáček *(L.)*.
Schulze *(Klaus)*, pop music.
Schulze *(Tony)*, Skalkotas *(N.)*.
*****Schuman** *(William)*, Stern *(I.)*.
*****Schumann** *(Clara)*, Brahms *(J.)*; Conservatoire (société des concerts du); Portugal; Schumann *(R.)*; Smetana *(B.)*.
*****Schumann** *(Elisabeth)*, Edimbourg.
*****Schumann** *(Robert Alexandre)*, accompagnement; *Album pour la jeunesse*; allemand; alto [Instr. à cordes]; *Amour et la Vie d'une femme (l')*; *Amours du poète (les)*; arabesque; ballade; Boetticher *(W.)*; Brahms *(J.)*; *Bunte Blätter*; *Carnaval*; *Carnaval de Vienne*; catalogue thématique; chambre (musique de); Chamisso *(A. von)*;

INDEX

Chants de l'Aube ; concerto ; *Danses des compagnons de David* ; *Deux Grenadiers (les)* ; Dupré *(M.)* ; étude ; *Études symphoniques* ; *Fantaisie op. 17* ; *Fantasiestücke* ; *Feuilles d'album* ; *Genoveva* ; Goethe *(J. W.)* ; Heine *(H.)* ; *Humoresque* ; *Introduction et Allegro appassionato* ; *Kreisleriana* ; lied ; *Liederkreis* ; *Manfred* ; *Myrten* ; *Novelletten* ; opéra ; *Ouverture, Scherzo et Finale* ; *Papillons* ; *Paradis und die Peri (das)* ; *Pèlerinage de la rose (le)* ; *Printemps* ; *Requiem pour Mignon* ; *Rhénane* ; romantisme ; scène ; *Scènes d'enfants* ; *Scènes de Faust* ; *Scènes de la Forêt* ; Schubert *(F.)* ; Shakespeare *(W.)* ; sonate (genre) ; suite ; symphonie ; toccata ; *Variations Abegg* ; violoncelle ; Wagner *(W. R.)*.
Schumn *(William)*, symphonie.
Schünemann, Celibidache *(S.)*.
Schuppanzigh *(Ignaz), Archiduc (l')* [L. v. Beethoven] ; autrichien ; Beethoven *(L. van)* ; chambre (musique de) ; Vranicky *(A.)*.
Schütz *(Christoph)*, Schütz *(H.)*.
*Schütz *(Heinrich)*, Albert *(H.)* ; allemand ; baroque ; Bontempi ; cantate ; *Cantiones Sacrae* ; catalogue thématique ; Danemark ; *Geistliche Chormusik* ; *Histoire de la Nativité* ; *Histoire de la Résurrection* ; *Magnificat* ; opéra ; oratorio ; *Passions* ; *Petits Concerts spirituels* ; *Psaumes de David* ; *Requiem* ; Scheidt *(S.)* ; *Sept Paroles du Christ en Croix (les)* ; *Symphonies sacrées* ; Venise.
Schwarz *(Jean)*, cinéma et musique ; France (XXe s.) ; Groupe de recherches musicales.
Schwarzenberg, Beethoven *(L. van)* ; *Sept Dernières Paroles du Christ en croix (les)* [F. J. Haydn].
Schwarzkopf *(Elisabeth)*, Legge *(W.)* ; *Rake's Progress (the)* [I. Stravinski] ; Richter *(S.)* ; Sawallisch *(W.)* ; Vienne.
Schweinitz *(Wolfgang von)*, allemand.
Schweitzer *(A.)*, opéra.

Schwind *(Moritz von)*, *Légende de sainte Élisabeth* [F. Liszt].
Sciammarella *(Valdo)*, Argentine (république).
Sciarrino *(Salvatore)*, Donaueschingen (festival de) ; Italie.
Sciortino *(Patrice)*, France (XXe s.).
Sciutti *(Graziella)*, Aix-en-Provence (festival d').
Scott *(Cyril)*, Angleterre ; Rubbra *(E.)*.
Scott *(Walter)*, *Ave Maria* ; *Dame blanche (la)* [F. A. Boieldieu] ; Edimbourg ; *Lucia di Lammermoor* [G. Donizetti] ; opéra ; Rossini *(G.)* ; *Waverley* [H. Berlioz].
Scott de Martinville *(Léon)*, disque.
Scotto *(Vincent)*, chanson populaire ; cinéma et musique ; opérette.
Scriabine *(Alexandre)*, accord ; étude ; *Poème de l'Extase* ; *Poème divin* ; *Poème du feu ou Prométhée* ; Russie ; Siloti ou Ziloti *(A. I.)* ; sonate (genre) ; Vogel *(W.)*.
*Scribe *(Eugène)*, *Adrienne Lecouvreur* [F. Cilea] ; *Africaine (l')* [G. Meyerbeer] ; Auber *(E.)* ; *Comte Ory (le)* [G. Rossini] ; *Dame blanche (la)* [F. A. Boieldieu] ; droits d'auteur (en France) ; *Favorite (la)* [G. Donizetti] ; *Fra Diavolo* [D. E. Auber] ; *Huguenots (les)* [G. Meyerbeer] ; *Juive (la)* [F. Halévy] ; Offenbach *(J.)*, opéra ; *Robert Le Diable* [G. Meyerbeer] ; *Un Bal masqué* [G. Verdi] ; *Vêpres siciliennes (les)* [G. Verdi].
Scudo *(Paul)*, critique musicale.
Sculthorpe *(Peter)*, Australie.
Searle *(Humphrey)*, Angleterre ; Rihm *(W.)*.
Sechter *(Simon)*, Brückner *(A.)* ; Richter *(H.)* ; Schubert *(F.)*.
Sedaine *(Michel Jean)*, *Déserteur (le)* [P. A. Monsigny] ; drame ; opéra ; *Richard Cœur de Lion* [A. Grétry].
Sedric *(Gene)*, Waller *(T., dit « Fats »)*.
Seebald *(Amalie)*, Beethoven *(L. van)*.
Seefried *(Irmgard)*, Schneiderhan *(W.)* ; Vienne.
Seeger *(Charles)*, Crawford-Seeger *(R.)*.
Seeger *(Pete)*, folksong-2.

Segerstam *(Leif)*, Finlande.
Segond *(Pierre)*, Rogg *(L.)*.
Segovia *(Andrés)*, Espagne ; guitare ; Madrid ; Shankar *(R.)*.
Seiber *(Matyas)*, Hongrie ; Schat *(P.)*.
Seiberlich *(Emmy)*, Thomas *(J.)*.
Seidl *(Anton)*, Dvořák *(A.)*.
Seidl *(Johann Gabriel)*, *Chant du cygne (le)* [F. Schubert].
Seiffert *(Max)*, Spitta *(P.)* ; Sweelinck *(J. P.)*.
Seitz *(Gerhard)*, Sawallisch *(W.)*.
Seixas *(Carlos)*, Portugal.
Selva *(Blanche)*, Rust ; Séverac *(D. de)*.
Selymes de Ilosva *(Péter)*, Hongrie.
Semenoff *(Ivan)*, France (XXe s.).
Semet *(Th.)*, Chabrier *(E.)*.
Semper *(Gottfried)*, Bayreuth.
Sénart, Salabert.
Senesino *(F.* BERNARDI, dit *il)* castrat ; Cuzzoni *(F.)*.
Senfl *(Ludwig)*, allemand ; autrichien ; *Choralis Constantinus* [H. Isaac] ; Renaissance ; suisse (musique) ; Vienne.
Senger *(Hugo de)*, suisse (musique).
Sergius Ier *[pape]*, *Agnus Dei*.
Serkin *(Rudolf)*, Busch *(A.)* ; Marlboro.
Serlih *(Lajos)*, Hongrie.
Serlih *(Tibor)*, Hongrie.
Sermilä *(Jarmo)*, Finlande.
Sermisy *(Claudin de)*, Ballard ; chanson au luth ; France (XVIe s.) ; Renaissance ; Sandrin *(P.)*.
Serocki *(Kazimierz)*, Pologne.
Serov *(A.)*, opéra.
Serra *(Luis-Maria)*, électroacoustique (musique).
Serrano *(Emilio)*, Campo y Zabaleta *(C. del)*.
Serrano *(José)*, genero chico.
Serrao *(Silvestre)*, Portugal.
Servais, concerto.
Servat *(Gilles)*, chanson populaire.
Sessions *(Roger)*, Copland *(A.)* ; Davies *(P. M.)* ; États-Unis.
Seter *(Mordecai)*, Israël.
Ševčík *(Otakar)*, Prague ; Schneiderhane *(W.)*.
*Séverac *(Déodat de)*, Cerdana ; *En Languedoc* ; France (XXe s.) ; *Iberia* [I. Albéniz] ; impressionnisme ; opéra.
Sex Pistols (groupe), pop music.
Seyfried *(Ignace von)*, Suppe *(F. von)*.
Sgambati *(Giovanni)*, Italie ; Rome.
Shade *(Will « Son »)*, blues.

Shadwell, Shakespeare *(W.)*.
*Shakespeare *(William)*, *Béatrice et Bénédicte* [H. Berlioz] ; Castelnuovo-Tedesco *(M.)* ; Cornelius *(P.)* ; *Défense d'aimer (la)* [R. Wagner] ; *Falstaff* [G. Verdi] ; *Hamlet* [A. Thomas] ; *Joyeuses Commères de Windsor (les)* [O. Nicolai] ; *Lear* [A. Reimann] ; *Macbeth* [R. Strauss] ; *Macbeth* [G. Verdi] ; opéra ; romantisme ; *Roméo et Juliette* [H. Berlioz] ; *Roméo et Juliette* [P. I. Tchaïkovski] ; *Shylock* [G. Fauré] ; *Songe d'une nuit d'été (le)* [B. Britten] ; *Songe d'une nuit d'été (le)* [F. Mendelssohn] ; *Sturm und Drang*.
Shankar *(Ravi)*, Darmstadt (festival de) ; ethnomusicologie.
Shankar *(Uday)*, Shankar *(R.)*.
Shaporine *(Youri)*, opéra.
Sharngadesa, Inde.
Sharp *(Cecil)*, Angleterre ; Vaughan Williams *(R.)*.
Shaw *(Georges Bernard)*, Bayreuth.
Shelley, Tippet *(M.)*.
Sheridan, *Fiançailles au couvent* [S. Prokoviev].
Sheriff *(Noam)*, hébraïque (musique) ; Israël.
Shield *(William)*, opéra.
Shi Huáng Ti, Chine.
Shilkret *(Nathaniel)*, *Prélude pour la Genèse* [A. Schönberg].
Shilovski *(K. S.)*, *Eugène Onéguine* [P. I. Tchaïkovski].
Shiu Yuanbair, Chine.
Shudi *(Burkat)*, clavecin.
Shu-sien *(Hsiao)*, Scherchen-Hsiao *(T.)*.
Sibelius *(Jean)*, *Amériques* [E. Varèse] ; *Barde (le)* ; *Chevauchée nocturne et Lever de soleil* ; *Cygne blanc (le)* ; *Cygne de Tuonela* v. *Suite de Lemminkainen* ; *En Saga* ; *Festin de Balthazar (le)* ; *Fille de Pohjola (la)* ; Finlande ; *Finlandia* ; *Jeune Fille dans la tour (la)* ; *Karelia* ; *Kullervo* [A. Jarnefelt] ; *Kuolema* [A. Jarnefelt] ; *Kyllikki* ; *Luonnotar* ; *Océanides (les)* ; *Pélléas et Mélisande* ; *Rakastava* ; *Roi Christian II (le)* ; Rojdestvenski *(G.)* ; scène (musique de) ; *Scènes historiques* ; sérénade ; Shakespeare *(W.)* ; sonate (genre) ; *Suite de Lemminkainen* ; symphonie ; *Tapiola* ; *Tempête* ; *Valse triste* v. *Kuolema* ; Vaughan Williams *(R.)* ; violon ;

Voces Intimae.
Sibon *(Arlette),* France (xxᵉ s.).
Sicardi, Argentine (république).
Sidoine Apollinaire, alleluia.
Sieber, édition musicale ; Tost *(J.).*
Siehr *(Gustav),* Wagner *(W. R.).*
Siepi, basse (voix).
Sierra *(Martinez),* Tricorne *(le)* [M. de Falla].
Siface (il) → Grossi *(Giovanni).*
Siffer *(Roger),* chanson populaire.
Sigismond Auguste [Pologne], Pologne.
Sigurbjörnsson *(Thorkell),* Islande.
Sikora *(Elzbieta),* Pologne.
Sikorski *(Kazimierz),* Pologne ; Serocki *(K.).*
Sikorski *(Tomasz),* Pologne.
*****Silbermann (Les),** clavecin ; clavicorde ; concerto ; Cristofori *(B.) ;* orgue ; piano ; Stein.
Silberstein *(August),* Bruckner *(A.) ; Helgoland* [A. Bruckner].
Silcher *(Fr.),* volkslied.
Silja *(Anja),* Bayreuth ; Wagner (Wieland).
Silva *(Alfonso de),* Pérou.
Silva *(Oscar da),* Portugal.
Silva *(Tristao da),* Portugal.
Silva Seita *(Antonio da),* Portugal.
Silverstolpe *(Frederick Samuel),* Haydn *(F. J.).*
Silvestri *(C.),* Roumanie.
Silvestrov *(Valentin),* Russie.
Simandl *(F.),* contrebasse.
Simionescu *(C.),* Roumanie.
Simon *(C.), Epifanie* [L. Berio].
Simoneau *(Léopold),* Aix-en-Provence (festival d').
Simonelli, Casini *(G. M.).*
Simonfly *(Kálmán),* Hongrie.
Simoni *(Renato), Turandot* [G. Puccini].
Simonovitch *(Konstantin),* France (xxᵉ s.).
Simpson *(Christopher),* division-viol.
Simpson *(Robert),* Angleterre ; Bruckner *(A.).*
Simrock, *Danses hongroises* [J. Brahms] ; *Danses slaves* [A. Dvořák] ; édition musicale.
Sin Chae-hyo, Corée.
Singer *(Malcolm J.),* Angleterre.
Singher *(Martial), Don Quichotte à Dulcinée* [M. Ravel].
Sinigaglia, Italie.
*****Sinopoli** *(Giuseppe),* Donaueschingen (festival de) ; Italie ; Royan (Festival International d'Art contemporain de).
Siohan *(Robert),* France (xxᵉ s.).
Siraudin *(Paul), Fille de* *Madame Angot (la)* [Ch. Lecocq].
Siret *(N.),* suite.
Sissilianos *(G.),* Grèce.
Sistinus *(Theodoricus),* Danemark.
Sitt *(Hans), Danses norvégiennes* [E. Grieg].
Sivan *(Papanasan),* Inde.
Sivic *(Pavel),* Yougoslavie.
Sivry *(Charles de),* Verlaine *(P.).*
Sjögrem *(Emil),* suédois.
*****Skalkotas** *(Nikos),* Grèce.
Skalvoski *(Todor),* Yougoslavie.
Skelton *(John), Five Tudor Portraits* [R. Vaughan Williams].
Skerl *(Dane),* Yougoslavie.
Skiline *(George), Ariadnê* [A. Jolivet].
Sklavos *(G.),* Grèce.
Skroup *(František),* opéra ; Prague.
Skrowaczewski *(S.),* France (xxᵉ s.) ; Pologne.
Slatkonia *(Georg),* Senfl *(L.).*
Slavik *(J.),* Schubert *(F.).*
Slavin *(I.),* Rihm *(W.).*
*****Slezak** *(Leo),* Bayreuth.
Slonimski *(Mikhaïl),* Slonimski (S.).
Slonimski *(N.), Ecuatorial* [E. Varèse].
*****Slonimski** *(Serguei),* Russie.
Slowaki, Chopin *(F.).*
Smalley *(Dennis),* électroacoustique (musique).
Smalley *(Roger),* Angleterre.
Smareglia *(Antonio),* Boito *(A.) ;* opéra.
*****Smetana** *(Bedrich), Baiser (le) ; Brandebourgeois en Bohême (les) ;* chambre (musique de) ; *Dalibor ; De ma vie ; Deux Veuves (les) ;* dupák ; Dvořák *(A.) ; Fiancée vendue (la) ;* furiant ; *Libuse ; Ma patrie ;* Moldau v. *Ma patrie ;* Prague ; quatuor à cordes ; *Secret (le) ;* symphonie.
Smirnov *(Dmitri Nicolaïevitch),* Russie.
Smith *(Bessie),* pop music ; Waller *(T.,* dit «Fats »).
Smith *(Hopkinson),* Savall *(J.).*
Smith *(Jack),* chanson populaire.
Smith *(J. C.),* Haendel *(G. F.).*
Smith *(Joe),* blues ; Smith *(B.).*
Smith *(Leland),* Bolcom *(W.).*
Smithson *(Harriet),* Berlioz *(H.).*
Snellman, Finlande.
Snepvangers *(René),* disque.
Soares Peirera *(Marcos),* Portugal.
Socor *(M.),* Roumanie.
Söderman *(Johan August),* suédois.
Söderström *(Elisabeth),* suédois.
Sofronistki *(Vladimir),* Leningrad.
Soft machine (groupe), pop music.
Sokoloff *(Nikolai),* Cleveland.
Sokolowski, opéra ; Saint-Pétersbourg.
Solares *(Enrique),* Guatemala.
Soldanieri *(Niccolo),* Laurentius de Florentia.
Soler *(Antonio),* Espagne ; Scarlatti *(D.).*
Solera *(Temistocle), Attila* [G. Verdi] ; *Jeanne d'Arc* [G. Verdi] ; *Lombards (les)* [G. Verdi].
Solinov, chant.
Sollertinski *(Ivan),* Leningrad.
Solomos *(D.),* Grèce.
Soloviev-Sedoï, Leningrad.
Solti *(Georg),* chef d'orchestre ; Chicago ; *D'un espace déployé...* [G. Amy].
Somers *(Harry),* Canada.
Somis *(Giovanni Battista),* Italie.
Somis *(Lorenzo),* Somis *(G. B.).*
Somma *(Antonino), Un bal masqué* [G. Verdi].
Sondheim *(Stephen), West Side Story* [L. Bernstein].
Song, Chine.
Sonic Art Union (groupe), électroacoustique (musique).
Sonninen *(Abiti),* Finlande.
Sonnleithner *(Joseph), Fidelio* [L. van Beethoven].
Sonzogno *(Edoardo),* vérisme.
Sophocle, *Antigone* [C. Orff] ; *Antigone* [A. Honegger] ; *Œdipus Rex* [I. Stravinski].
Sophrone de Jérusalem (saint), byzantin (chant).
*****Sor** ou **Sors** y **Sors** *(Fernando),* Aguado y Garcia *(D.) ;* Espagne ; étude ; guitare ; opéra.
Sorano, Aix-en-Provence (festival d').
Soriano, Mantoue.
Sorkocevic *(L.),* Yougoslavie.
Soro *(Enrique),* Chili.
Soto, Espagne ; Madrid.
Souberbielle, Chapuis *(M.).*
Souffriau *(Arsène),* Belgique.
Soulage *(Marcelle),* France (xxᵉ s.).
Soumarokov, Saint-Pétersbourg.
Soumet *(Alexandre), Siège de Corinthe (le),* [G. Rossini].
*****Souris** *(André),* Belgique ; Bruxelles ; Chevalier *(C.).*
Sousa-Carvalho *(José de),* opéra ; Portugal.
Sousa Martins *(Maria de),* Portugal.
Souster *(Tim),* Angleterre.
Souza *(Felipe),* Portugal.
*****Souzay** *(Gérard),* baryton.
Spada *(Pietro),* Clementi *(M.).*
Spalding, Ruggles *(C.).*
Spataro *(Giovanni),* Bologne (école de).
Späth *(P. J.),* Stein, famille de facteurs d'orgues et de pianos.
Sperger *(J.),* contrebasse.
Spielberg *(Steven),* cinéma et musique.
Spies *(Markus),* allemand.
Spilka *(F.),* Prague.
Spina *(C. A.),* Diabelli *(A.).*
Spindler *(Ervin), Dalibor* [B. Smetana].
Spinelli, vérisme.
Spisak *(Michal),* Pologne.
Spitta *(Alfred),* Brahms *(J.).*
*****Spitta** *(Philipp),* Berlin (histoire de la vie musicale à) ; Combarieu *(J.) ;* Sandberger *(A.).*
Spitzmüller *(Alexandre von),* allemand ; autrichien.
Spofforth *(R.),* Salomon *(J. P.).*
*****Spohr** *(Ludwig),* allemand ; Bull *(O. B.) ;* chambre (musique de) ; concerto ; opéra ; romantisme ; Shakespeare *(W.) ;* Tost *(J.) ;* violon.
*****Spontini** *(Gaspare), Fernand Cortez ou la Conquête du Mexique ;* France (1800-1914) ; Italie ; opéra ; Verdi *(G.) ; Vestale (la).*
Spontone *(Bartolommeo),* Bottrigari *(E.).*
Sprague Coolidge *(Elizabeth), Chansons madécasses* [M. Ravel].
Srarfi *(Kaddour),* Tunisie.
Stachowski *(Marek),* Pologne.
*****Stadler** *(Maximilian),* autrichien.
Stadlmann, lutherie, luthier.
Stainer *(J.),* lutherie, luthier.
Stajnov *(Petko),* Bulgarie.
Stamaty, Chopin *(F.) ;* Saint-Saëns *(C.).*
*****Stamitz** *(Anton),* Mannheim (école de) ; violon.
*****Stamitz** *(Carl),* allemand ; Mannheim (école de) ; Richter *(F. X.) ;* sonate (genre) ; violon.
*****Stamitz** *(Johann Anton),* allemand ; Cannabich *(J. Ch.) ;* chambre (musique de) ; Mannheim (école de) ; Richter *(F. X.) ;* sonate (genre) ; symphonie ; violon.
Stampiglia *(Silvio),* opéra.
*****Stanford** *(Charles Villiers),* Angleterre ; Bridge *(F.) ;* Irlande.
Stankovic *(Kornelije),* Yougoslavie.
Stanley *(John),* voluntary.
Starer *(Robert),* États-Unis.
*****Starker** *(Janos),*

INDEX

1795

INDEX

violoncelle.
Starr *(Ringo)*, pop music.
Starzer *(Joseph)*, autrichien.
*****Stassov** *(Vladimir Vassiliévitch)*, groupe des Cinq ; Russie ; Saint-Pétersbourg ; Sérov *(A.)*.
Staufer *(Georg)*, arpeggione.
Stefani *(Jan)*, opéra.
*****Steffani** *(Agostino)*, bel canto ; duo ; opéra.
Stehman *(Jacques)*, Belgique.
*****Steibelt** *(Daniel)*, concerto ; étude ; Russie.
Stein *(Gertrude)*, Thomas *(V.)*.
*****Stein** *(Johann-Andreas)*, piano.
Stein *(Léo)*, *Veuve joyeuse (la)* [F. Lehár].
Steinberg *(Maximilien)*, Chostakovitch *(D.)*.
Steinberg *(Wilhelm)*, *Von Heute auf Morgen* [A. Schönberg].
Steinecke, Darmstadt (festival de).
Steiner *(Max)*, cinéma et musique.
Steinhoff *(Georg)*, *Stimmung* [K. Stockhausen].
Steinweg *(Carl Friedrich Theodor)*, Steinway, facteurs de pianos.
Steinweg *(Heinrich Engelhard)*, Steinway, facteurs de pianos.
Stenborg *(Carl)*, opéra ; suédois.
*****Stendhal** *(Henri Beyle, dit)*, Rossini *(G.)*.
*****Stenhammar** *(Wilhelm)*, Rosenberg *(H.)* ; suédois.
Stepanov, chorégraphie.
Stephănescu *(G.)*, Roumanie.
Stephanie le Jeune *(Gottlieb)*, Directeur de théâtre (le) [W. A. Mozart] ; *Docteur et apothicaire* [C. D. von Dittersdorf] ; *Enlèvement au sérail (l')* [W. A. Mozart].
Stephens *(Suzanne)*, *Harlekin* [K. Stockhausen].
Steppenwolf (groupe), pop music.
Sterbini *(Cesare)*, *Barbier de Séville (le)* [G. Rossini].
*****Stern** *(Isaac)*, Rose *(L.)* ; violon.
Sternberg *(Erich-Walter)*, hébraïque (musique).
Steudner-Welsing, Scott *(C.)*.
Steuermann *(Eduard)*, Brendel *(A.)*.
*****Stich-Randall** *(Teresa)*, Aix-en-Provence (festival d').
Stiebler *(Ernstalbrecht)*, allemand.
Stifter *(Adalbert)*, *Bergkristall* [S. Bussotti].
Stignani, Simionato *(G.)*.
Stirnemann, claveciniste.
Stivell *(Alan)*, chanson populaire.
Stock *(Friedrich)*, Chicago ;

Concerto pour orchestre [Z. Kodaly].
*****Stockhausen** *(Karlheinz)*, *Adieu* ; allemand ; *Alphabet für Liège* ; *Atmen gibt das Leben* ; *Aus den sieben Tagen* ; Cardew *(C.)* ; *Carré* ; *Chant des adolescents* v. *Gesang der Jünglinge* ; Cologne ; concrète (musique) ; Darmstadt (festival de) ; Donaueschingen (festival de) ; Eimert *(H.)* ; électroacoustique (musique) ; *Ensemble* ; Ensemble intercontemporain ; étude ; *Études électroniques* ; Evangelisti *(F.)* ; expérimentale (musique) ; Expo ; *Formel* ; *Fresco* ; *Für kommende Zeiten* ; *Gesang der Jünglinge* ; *Gruppen* ; *Harlekin* ; *Herbstmusik* ; *Hymnen* ; *Inori* ; *Jahreslauf* ; *Klavierstücke* ; Koenig *(G. M.)* ; *Kontakte* ; *Kontra-Punkte* ; *Kreuzspiel* ; *Kurzwellen* ; *Lignes* [P. Méfano] ; live electronic music ; *Mantra* ; *Mikrophonie I* ; *Mikrophonie II* ; *Mixtur* ; *Momente* ; *Musik im Bauch* ; percussion dans la musique occidentale (la) ; *Plus-Minus* ; *Prozession* ; *Punkte* ; Rihm *(W.)* ; Rosbaud *(H.)* ; *Schlagtrio* ; Schnebel *(D.)* ; sérielle (musique) ; *Shânti* [J. C. Eloy] ; Shinohara *(M.)* ; Sinopoli *(G.)* ; *Sirius* ; Smalley *(R.)* ; *Spiral* ; *Sternklang* ; *Stimmung* ; *Stop* ; Stroe *(A.)* ; suite ; Sveinsson *(A. H.)* ; *Tierkreis* ; *Trans* ; Universal-Edition ; *Zeitmasse* ; *Zyklus*.
Stoelzel, cor.
Stoin *(Wassily)*, Bulgarie.
Stojanov *(Andrei)*, Bulgarie.
Stojanov *(Penco)*, Bulgarie.
Stojanov *(Wesselin)*, Bulgarie.
*****Stokovski** *(Leopold)*, *Amériques* [E. Varèse] ; *Arcana* [E. Varèse] ; Carrillo *(J.)* ; *Incantation* [B. Martinů] ; *Intégrales* [E. Varèse] ; *Rhapsodie sur un thème de Paganini* [S. Rachmaninov] ; stéréophonie.
Stolle *(Ph.)*, opéra.
*****Stolz** *(Robert)*, autrichien.
Storace *(B.)*, romanesca.
*****Storace** *(Nancy)*, *Ch'io mi scordi di te?... Non temer, amato bene* [W. A. Mozart].
*****Storace** *(Stephen)*, opéra.
Storchio, *Traviata* (la) [G. Verdi].

Storm *(Th.)*, *Suite lyrique pour quatuor à cordes* [A. Berg].
Stracciari *(Ricardo)*, baryton ; Christoff *(B.)*.
*****Stradella** *(Alessandro)*, baroque ; cantate ; concerto ; concerto grosso ; Italie ; opéra ; Rome ; Scarlatti *(A.)* ; sonate (genre).
*****Stradivari** *(Antonio)*, acoustique ; Italie ; lutherie, luthier ; violon ; violoncelle.
Stradivari *(Francesco)*, Stradivari *(A.)*.
Stradivari *(Omobono)*, Stradivari *(A.)*.
Straeten *(Pieter van der)* → La Rue *(Pierre de)*.
Stramm *(August)*, *Sancta Susanna* [P. Hindemith].
Straram *(Walther)*, *Offrandes oubliées (les)* [O. Messiaen].
Straub *(Jean-Marie)*, cinéma et musique ; Leonhardt *(G.)*.
Straube *(Karl)*, Richter *(K.)*.
*****Straus** *(Oscar)*, autrichien ; opérette ; Shaw *(G. B.)*.
Strauss *(Eduard)*, autrichien.
*****Strauss** *(Johann, fils)*, *Aimer, boire et chanter* ; allemand ; autrichien ; *Baron tzigane (le)* ; *Beau Danube bleu (le)* ; *Bonbons de Vienne* ; catalogue thématique ; *Chauve-souris (la)* ; *Empereur (l')* ; *Histoires de la forêt viennoise* ; opérette ; valse.
*****Strauss** *(Johann, père)*, allemand ; autrichien ; catalogue thématique ; danse ; valse.
Strauss *(Joseph)*, autrichien.
*****Strauss** *(Richard)*, adaptation ; *Ainsi parla Zarathoustra* ; allemand ; *A Mass of Life* [F. Delius] ; *Arabella* ; *Ariane à Naxos* ; *Aus Italien* ; autrichien ; ballet et musique ; Berlin (histoire de la vie musicale à) ; Böhm *(K.)* ; *Bourgeois gentilhomme (le)* ; *Burlesque* ; *Capriccio* : catalogue thématique ; Cebotari *(M.)* ; *Chevalier à la rose (le)* ; cinéma et musique ; concerto ; *Danse des sept voiles* ; *Daphné* ; *Don Juan* ; *Don Quichotte* ; Draeseke *(F. A. B.)* ; Dresde ; *Elektra* ; *Femme sans ombre (la)* ; *Femme silencieuse (la)* ; Hofmanstahl *(H. von)* ; *Intermezzo* ; Krauss *(C.)* ; *Légende de Joseph (la)* ; lied ; *Macbeth* ; Mainardi *(E.)* ; *Métamorphoses* ; *Mort et Transfiguration* ; opéra ;

orchestration ; poème symphonique ; *Quatre derniers Lieder* ; Rethberg *(E.)* ; Rouché *(J.)* ; *Salomé* ; scène (musique de) ; Schalk *(F.)* ; sérénade ; Sessions *(R.)* ; Shakespeare *(W.)* ; Sibelius *(J.)* ; *Sinfonia Domestica* ; suite ; *Symphonie des Alpes* ; *Till Eulenspiegel* ; Tortelier *(P.)* ; Toscanini *(A.)* ; *Une vie de héros* ; Vienne.
Stravinski *(Féodor)*, Stravinski *(I.)*.
*****Stravinski** *(Igor)*, *Abraham et Isaac* ; accord ; *Agon* ; *Apollon musagète* ; *Baiser de la fée (le)* ; ballet et musique ; *Berceuses du chat* ; *Cantate* ; *Canticum Sacrum ad Honorem Sancti Marci Nominis* ; *Capriccio pour piano et orchestre* ; *Chant du Rossignol (le)* ; choral ; concerto ; concerto grosso ; *Concerto pour deux pianos seuls* ; Craft *(R.)* ; *Danses concertantes* ; *Déluge (le)* ; Diaghilev *(S. P. de)* ; Donaueschingen (festival de) ; *Dumbarton Oaks* ; *Ebony Concerto* ; *Elegy for J. F. K.* ; *En blanc et noir* [C. Debussy] ; *Feu d'artifice* ; *Histoire du soldat (l')* ; *Impressions norvégiennes* ; *In memoriam Dylan Thomas* ; interprétation ; *Introïtus, T. S. Eliot in memoriam* ; *Jeu de cartes* ; *Mavra* ; *Messe* ; *Mouvements pour piano et orchestre* ; *Noces* ; *Œdipus Rex* ; *Oiseau de feu (l')* ; opéra ; oratorio ; orchestration ; *Orphée* ; *Perséphone* ; *Petrouchka* ; *Piano-Rag-Music* ; Pologne ; *Prélude pour la Genèse* [A. Schönberg] ; Pribaoutki ; *Pulcinella* ; *Ragtime* ; *Rag-time* ; *Rake's Progress (the)* ; *Renard* ; *Requiem Canticles* ; Robin *(M.)* ; *Roi des étoiles (le)* ; *Rossignol (le)* ; Russie ; rythme ; *Sacre du printemps (le)* ; Saint-Pétersbourg ; *Scènes de Ballet* ; Schaeffner *(A.)* ; sérielle (musique) ; Sessions *(R.)* ; Siloti ou Ziloti *(A. I.)* ; sonate (genre) ; Strobel *(H.)* ; Stuckenschmidt *(H. H.)* ; suite ; *Sylphides (les)* [M. Fokine] ; *Symphonie de Psaumes* ; *Symphonie d'instruments à vent* ; *Threni, id est lamentationes jeremiae Prophetae* ; *Variations, Aldous Huxley in memoriam* ; *Variations*

INDEX

canoniques [J.-S. Bach].
Stravinski (Soulima), Concerto pour deux pianos seuls [I. Stravinski].
Strecker (Ludwig) [1863-1943], Schott.
Strecker (Ludwig) [1883-1978], Schott.
Strecker (Willi), Schott.
Streicher (Johann Andreas), Stein.
Strepponi (Giuseppina), Verdi (G.).
Stricker, Conservatoire de Paris.
*****Striggio** (Alessandro), Orfeo [Cl. Monteverdi].
Strindberg (August), Cygne blanc (le) [J. Sibelius].
*****Strobel** (Heinrich), Darmstadt (festival de); Donaueschingen (festival de); Léonore 40/45 [R. Liebermann].
*****Stroe** (Aurel), Roumanie.
Strohm (H. K.), Vienne.
*****Strozzi** (Barbara), Strozzi (G.).
Strozzi (L.), Cerveau (P.).
Strozzi (Pietro), Camerata fiorentina.
Strunck (Delphin), clavecin.
Strungk (N. A.), Hambourg.
*****Stuckenschmidt** (Hans Heinz), Darmstadt (festival de).
Stumpf (Carl), ethnomusicologie.
Stutschewsky (Joachim), hébraïque (musique).
Suʾâd Muhammad, Égypte.
Subotnick (Morton), électroacoustique (musique); live electronic music.
Sucher (Rosa), Bayreuth.
Sugar (Reszo), Hongrie.
Suitner (Otmar), Berlin (histoire de la vie musicale à); Dresde.
*****Suk** (Josef), Bořkovec (P.); Prague.
*****Sullivan** (Arthur), Angleterre; États-Unis; opéra.
Sulzer (J. G.), sonate (genre).
Sulzer (Salomon), hébraïque (musique).
Sumbāṭi (Riyâd), Égypte.
Sun (Muammer), Turquie.
*****Supervia** (Conchita), Espagne.
Supervielle (Jules), Bolivar [D. Milhaud].
*****Suppe** (Franz von), autrichien; opéra.
*****Susato** (Tylman), Belgique; Clemens non Papa (J. Clément, dit); Renaissance.
*****Süssmayr** (Franz Xavier), autrichien.
Sutarno, ethnomusicologie.
Suter (Hermann), suisse (musique).
*****Sutherland** (Joan), Australie; bel canto; Bonynge (R.); chant; Serafin (T.); Somnambule (la) [V. Bellini].
Sutherland (Margaret), Australie.
Suzuki (Daisetz), Cage (J.).
Svanholm (Set), suédois.
Svechnikov (A.), Chedrine (R. C.).
Sveinbjörnsson (Sveinbjörn), Islande.
*****Sveinsson** (Atli Heimir), Islande.
*****Svendsen** (Johan), Sinding (Ch.).
Sviridov (Gheorghi Iouri), Russie.
Swannen, clavecin.
Swarowsky (Hans), Abbado (C.); Sinopoli (G.).
Sweelinck (Dirck), Sweelinck (J. P.).
*****Sweelinck** (Jan Pieterszon), allemand; Amsterdam; choral; clavecin; Curtis (A.); Pays-Bas; Scheidt (S.); toccata.
*****Swieten** (Gottfried van), Création (la) [F. J. Haydn]; Saisons (les) [F. J. Haydn]; Sept dernières paroles du Christ en croix (les) [F. J. Haydn]; Vienne.
Swingle Singers, Sinfonia [L. Berio].
Swybertszoon (Peter), Sweelinck (J. P.).
Syberg (Franz), Danemark.
Sylvestre (Anne), chanson populaire.
Sylvestre (Gaston), France (XXᵉ s.).
Szabados (Károly), Hongrie.
Szabo (F.), Soproni (J.).
Szabolcsi (Bence), Hongrie; Somfai (L.).
Szalonek (Witold), Pologne.
Szamotuly (Waclaw de), Pologne.
Szarzynski (Stanislas S.), Pologne.
Szegedi (Ferenc), Hongrie.
Székely (Bálas), Hongrie.
Szekely (Zoltán), Bartók (B.).
Szeligowski (Tadeusz), Pologne.
*****Szell** (George), Cleveland; Dutilleux (H.).
Szelüto (A.), Pologne.
Szendy (Arpád), Hongrie.
Szentirmay (Elemér), Hongrie.
Szerdahelyi (Jozsef), Hongrie.
Szervanszky (Endre), Hongrie.
*****Szeryng** (Henryk), Conservatoire de Paris; Rubinstein (A.).
*****Szigeti** (Joseph), Bartók (B.); Contrastes [B. Bartók]; Hongrie; Schnabel (A.).
*****Szokolay** (Sándor), Hongrie; Lorca (F. G.); Noces de sang.
Szyfer (Georges), ballet et musique.
*****Szymanowski** (Karol), catalogue thématique; Chant de la Nuit (le);

(la) [V. Bellini].
Sutherland (Margaret), Australie.

Harnasie; opéra; Pologne; Roi Roger (le); Scriabine (A.).

T

Tabourot (Jehan), Arbeau (T.); chorégraphie.
Tabachnik (Michel), Ensemble intercontemporain.
Tacchino, Conservatoire de Paris.
Tachijian (Grégoire), Syrie.
Tacite, Couronnement de Poppée (le) [C. Monteverdi].
*****Taffanel** (Paul), Conservatoire (société des concerts du).
Taglioni (Filippo), ballet et musique; Robert le Diable [G. Meyerbeer].
Taglioni (Marie), Robert le Diable [G. Meyerbeer].
*****Tagore** (Rabindranâth), Symphonie lyrique [A. Zemlinsky].
*****Tailleferre** (Germaine), Durey (L.); France (XXᵉ s.); groupe des Six.
Takahashi (Yuji), Herma [Y. Xenakis].
*****Takemitsu** (Toru), électroacoustique (musique); Fukushima (K.).
*****Tal** (Joseph), hébraïque (musique); Israël.
*****Talich** (Vaclav), Ancerl (K.); Julietta [B. Martinů]; Prague.
*****Tallis** (Thomas), Angleterre; Byrd (W.); Renaissance; service; Spem in alium.
Talma (François-Joseph), déclamation.
Talvela (Martti), Finlande.
*****Tamburini** (Antonio), baryton; bel canto; chant.
Tampa Red (Hudson Whitakker, dit), blues.
Tanç (Cengiz), Turquie.
*****Taneïev** (Sergeï Ivanovitch), opéra; Roméo et Juliette [Tchaïkovski]; Scriabine (A. N.).
T'ang, Chine.
Tangerine Dream, pop music.
Tannhäuser, allemand.
*****Tansman** (Alexandre), Segovia (A.).
Tapissier (Jean), Avignon (chapelle des papes); Cesaris (J.).
Tapkov (Dimitar), Bulgarie.
Tappy (Eric), haute-contre.
Táranu (C.), Roumanie.
Tarcan (Bülent), Turquie.

Targioni-Tozzetti (Giovanni), Cavalleria rusticana [P. Mascagni].
Tarnan (Khémais), Tunisie.
Tarnowski, Chabrier (E.).
Tarp (Svend Erik), Danemark.
Tarrega (Francisco), guitare; Madrid.
*****Tartini** (Giuseppe), Černohorský (B. M.); concerto; interprétation; Italie; sonate (genre); Touchemoulin (J.); Trille du diable (le); violon.
*****Taskin** (Pascal), clavecin; Duphly (J.).
Taskova (Slavka), Como una ola de fuerza y luz [L. Nono].
Tasse (Torquato Tasso, dit le), Forêt enchantée (la) [F. Geminiani].
Tate (Nahum), Chandos Anthems [G. F. Haendel]; Didon et Enée [H. Purcell].
Taube (Michael), Bukofzer (M.).
*****Tausig** (Karl), Damrosch.
Taust (Dorothéa), Haendel (G. F.).
Tavares (Mario), Genesis [H. Villa-Lobos].
*****Tavener** (John), Angleterre.
*****Taverner** (John), Angleterre.
Tawaststjerna (Erik), Barde (le) [J. Sibelius]; Finlande.
*****Taylor** (Cecil), Shepp (A.).
Taylor (Vince), pop music.
Tazartes (Ghedelia), électroacoustique (musique); France (XXᵉ s.).
Tchaïkovski (Modest), Dame de pique (la) [P. I. Tchaïkovski].
*****Tchaïkovski** (Petr Ilitch), ballet et musique; bataille; Belle au bois dormant (la); Bessel (V. V.); Bortnianski (D.); Cambridge; Capriccio italien; Casse-Noisette et le roi des Souris; catalogue thématique; chambre (musique de); cinéma et musique; concerto; Dame de pique (la); Eugène Onéguine; Francesca da Rimini; Hamlet; Lac des cygnes (le); Liapounov (S.); Liturgie de saint Jean Chrysostome; Manfred; Marche slave; Mozartiana; opéra; orchestration; Ouverture 1812; Pathétique (Symphonie); Petite Russienne; Polonaise; Pucelle d'Orléans (la); Rêves d'hiver; Rimski-Korsakov (N. A.); Roméo et Juliette; Rubinstein, famille de musiciens russes; Russie;

INDEX

sérénade ;
Shakespeare *(W.)* ;
Sinding *(C.)* ; suite ;
symphonie ;
Tanéïev *(S. I.)* ; *Tempête* ;
Valse des fleurs v. *Casse Noisette* ; *Variations sur un thème rococo* ; violon ;
Voïévode (le).
Tchekhov, *Rocher (le)*
[Rachmaninov].
Tcheou, Chine.
*****Tcherepnine** *(Nicolas Nicolaïevitch)*, opéra ;
Saint-Pétersbourg.
Tchernova *(Marie), Æneas*
[A. Roussel].
Tchorzewski, Pologne.
Tecchler *(D.)*, lutherie, luthier.
*****Telemann** *(Georg Philip)*, allemand ; Bach *(J.-S.)* ; clavecin ; collegium musicum ; concerto ; *Don Quichotte* ; étude ; galant (style) ; Hambourg ; *Ino* ; *Musique de table* ; opéra ; oratorio ; sarabande ; *Servante maîtresse (la)* [G. B. Pergolèse] ; sicilienne ; sonate (genre) ; violon ; violoncelle.
Telmanyi, Hongrie.
Tempo *(Antonio de)*, Italie.
Tenducci *(Giusto)*, castrat.
Ten Years After, pop music.
Terradellas *(Domenico)*, opéra.
Terry *(Sonny)*, blues.
Tertre *(Estienne du)*, suite.
Terzakis *(D.)*, Grèce.
Teshigara, Takemitsu *(T.)*.
Tesi *(Vittoria)*, chant ; contralto.
Tessier *(A.)*, Brunold *(P.)* ;
Champion de Chambonnières *(J.)*.
Testoni *(Gianpolo)*, Italie.
Testore *(C. A.)*, lutherie, luthier.
Texier *(Lily)*, Debussy *(C.)*.
Teyber *(Franz)*, opéra.
Tézenas *(Suzanne)*,
Domaine musical ; France (xxe s.).
*****Thalberg** *(Sigismond)*, autrichien ; chant ;
concerto ; étude ;
Hummel *(J. N.)* ; Vieuxtemps *(H.)*.
*****Thayer** *(A. W.)*,
Forbes *(E.)*.
Theewes *(Lodwijck)*, clavecin.
*****Theile** *(Johann)*, allemand ;
Hambourg ; opéra ;
singspiel.
Théocrite, Chabanon
(M. P. G. de).
Theodorakis *(Mikis)*, cinéma et musique ; Grèce.
Theodoricus *(Ruutha)*,
Finlande.
Théodulfe, France (des origines au xive s.).
Thérémine *(Léon)*,
électronique (musique) ;
Schillinger *(J.)* ;
Varèse *(E.)*.
*****Thibaud** *(Jacques)*,
Casals *(P.)* ;
Conservatoire de Paris ;

Conservatoire (société des concerts du) ; Siloti ou Ziloti *(A. I.)*.
*****Thibault de Courville,**
académie ; chanson ;
France (xvie s.) ;
Renaissance.
Thieffry *(Jeanne)*,
Cortot *(A.)*.
Thierry *(François)*, Denis ;
Du Mage *(P.)* ; orgue ;
Silbermann.
Thir (les), lutherie, luthier.
*****Thiriet** *(Maurice)*, cinéma et musique ; France (xxe s.) ; Goldoni *(C.)*.
Thomán *(István)*,
Bartók *(B.)* ; Hongrie.
*****Thomas** *(Ambroise)*,
Colonne *(E.)* ;
Conservatoire de Paris ;
Goethe *(J. W.)* ; *Hamlet* ;
Mignon ; opéra ;
saxophone ;
Shakespeare *(W.)*.
Thomas *(Jean-Christophe)*,
Groupe de recherches musicales.
Thomas *(Kurt)*, Leipzig ;
Rilling *(H.)*.
Thomas *(Théodore)*,
Chicago.
Thomelin *(Jacques)*,
Couperin *(F.)*.
Thompson *(Randall)*, États-Unis.
Thomson *(James)*, *Saisons (les)* [Haydn].
*****Thomson** *(Virgil)*, États-Unis ; opéra ; Stich-Randall *(T.)*.
Thórarinsson *(Jón)*, Islande.
Thórarinsson *(Leifur)*,
Islande.
Thorborg *(Kerstin)*, suédois.
Thórðarson *(Sigurður)*,
Islande.
Thorsteinsson *(Bjarni)*,
Islande.
Thuille *(Ludwig)*,
Braunfels *(W.)*.
Thurber (Mrs *Jeanette)*,
Dvořák *(A.)*.
Thybo *(Leif)*, Danemark.
Tibbett, baryton.
Tichtchenko *(Boris)*, Russie.
Tieck *(Ludwig)*, *Genoveva*
[R. Schumann].
Tieffenbrucker (famille), violon.
Tiensuu *(Jukka)*, Finlande.
Tiercelin *(L.)*,
Ropartz *(J. G. M.)*.
Tiessen, Celibidache *(S.)* ;
Vogel *(W.)*.
Tietjen *(Heinz)*, Bayreuth ;
Berlin (histoire de la vie musicale à).
Tilmant *(Alexandre)*,
Conservatoire (société des concerts du).
Timner, Ruggles *(C.)*.
*****Tinctoris** *(Johannes)*,
dictionnaire ;
Dunstable *(J.)*.
Tinel *(Edgar)*, Belgique ;
Bruxelles.
Tiomkin *(Dimitri)*, cinéma et musique.
Tioumenev, *Fiancée du tsar*
[N. A. Rimski-Korsakov].
*****Tippett** *(Michael)*, *A Child*

of our Time ; Angleterre ;
Concerto pour orchestre ;
Ice Break (the) ; *King Priam* ; *Knot Garden (the)* ; *Midsummer Marriage* ; opéra ;
oratorio ; Seiber *(M.)* ;
Songs for Dov ;
Sutherland *(J.)* ;
symphonie ; *Vision de Saint Augustin (la).*
Tischatschek, *Rienzi*
[R. Wagner] ; *Tannhäuser* [R. Wagner].
Tisne *(Antoine)*, France (xxe s.).
Tistchenko *(Boris)*,
Leningrad.
*****Titelouze** *(Jehan* ou *Jean)*,
Ballard ; Dufourcq *(N.)* ;
France (xviie s.).
Titov *(Vassili)*, kant.
Todi *(Jacopone de)*,
séquence ; *Stabat Mater*.
Todi *(Luisa)*, Portugal.
Todutǎ *(S.)*, Roumanie.
Toeschi *(Johann Baptist)*,
Mannheim (école de).
Toeschi *(Karl Joseph)*,
Mannheim (école de).
*****Togni** *(Camillo)*, Italie.
Toldra *(Eduardo)*, Espagne.
Tolonen *(Jouko)*, Finlande.
Tolstoï *(Aleksei)*,
Tanéïev *(S. I.)*.
Tolstoï *(Léon)* ; Alfano *(F.)* ;
Chaporine *(Y. A.)* ;
Guerre et Paix
[S. Prokofiev] ; *Sonate à Kreutzer* [Janáček].
*****Tomasek** *(Václav Jan Křtitel)*, rhapsodie ;
Vorisek *(J. V.)*.
*****Tomasi** *(Henri)*, concerto ;
France (xxe s.) ; opéra.
*****Tomasini** *(Alois Luigi)*,
Haydn *(F. J.)* ;
Hummel *(J. N.)*.
*****Tomasini** *(Alois Luigi* fils*)*,
Tomasini *(A. L.)*.
*****Tomasini** *(Anton)*,
Tomasini *(A. L.)*.
Tomek *(Otto)*,
Donaueschingen (festival de).
Tomita, *Children's Corner*
[C. Debussy].
Tomkins *(Thomas)*, virginal.
Tommasini *(Vincenzo)*,
Boito *(A.)* ; *Femmes de bonne humeur (les)*.
Topalovic *(Mita)*,
Yougoslavie.
Torchi, Respighi *(O.)*.
*****Torelli** *(Giuseppe)*,
baroque ; Bologne (école de) ; concerto ; concerto grosso ; Italie ; sonate (genre) ; suite.
Törne *(Bengt von)*,
Sibelius *(J.)*.
Torre *(Fr. de la)*,
cancionero.
Torres, guitare.
Torroba *(Moreno)*, Madrid ;
Segovia *(A.)*.
*****Tortelier** *(Paul)*,
violoncelle.
Tortelier *(Yan-Pascal)*,
Tortelier *(P.)*.
Tosatti *(Vieni)*, Italie.
*****Toscanini** *(Arturo)*,

Abbiate *(L.)* ; Boito *(A.)* ;
Catalani *(A.)* ; chef d'orchestre ; *Fêtes romaines* [O. Respighi] ;
Kodály *(Z.)* ;
Puccini *(G.)* ;
Salzedo *(C.)* ;
Schipa *(T.)* ; Serkin *(R.)* ;
Shankar *(R.)* ;
Stabile *(M.)* ;
Stich-Randall *(T.)* ;
Stokovski *(L.)* ;
Tansman *(A.)* ; *Turandot* [G. Puccini] ; Verdi *(G.)*.
Tosi *(Giuseppe Felice)*,
Bologne (école de).
Tosi *(Pier Francesco)*,
interprétation.
*****Tost** *(Johann)*, *Alouette (l')*
[J. Haydn].
*****Touchemoulin** *(Joseph)*,
symphonie.
Touchmaloff, *Tableaux d'une exposition*
[M. P. Moussorgski].
Tourel *(Jennie)*, *Jeremiah*
[L. Bernstein].
Tournemire *(Charles)*,
catalogue thématique ;
Conservatoire de Paris ;
France (xxe s.).
Tousman *(Alexandre)*,
Prélude pour la Genèse
[A. Schönberg].
Toutankhamon, Egypte.
*****Tovey** *(Donald)*, *Art de la fugue* [J.-S. Bach] ;
Edimbourg ; sonate (forme).
Traetta *(Tommaso)*,
Durante *(F.)* ; opéra ;
Russie ;
Saint-Pétersbourg.
*****Tran Van Khe,**
ethnomusicologie.
Trautwein *(Friedrich)*,
concrète (musique) ;
électronique (musique) ;
trautonium.
Traversari *(Pedro)*,
Équateur.
Travlos *(M.)*, Grèce.
Trecate *(F.)*, Sgrizzi *(L.)*.
Treffz *(Jetty)*, Strauss, musiciens autrichiens.
Treitschke *(Friedrich)*,
Fidelio [L. van Beethoven].
*****Tremblay** *(Gilles)*, Canada.
Trenet *(Charles)*, chanson populaire.
Trento, opéra.
Trial *(Antoine)*, chant.
Trial *(Marie-Jeanne)*, chant.
Tribou *(D. F.)*,
haute-contre.
Trichet, clavecin.
Triébert *(Frédéric)*, hautbois.
Triki *(Mohamed)*, Tunisie.
Tristan l'Hermite *(François,* dit*)*, air de cour.
Tritonius *(Petrus)*,
autrichien ; Renaissance.
Tritto, opéra.
Trochu *(Pierre)*, Canada.
*****Trojahn** *(Manfred)*,
allemand.
Tromboncino *(Bartolomeo)*,
chanson au luth ; frottola ;
Mantoue.
Trouard, Conservatoire de

Paris.
Trouhanova, *Valses nobles et sentimentales* [M. Ravel].
Trovajoli *(Armando),* cinéma et musique.
Truax *(Barry),* Canada.
Trubar *(Primoz),* Yougoslavie.
Truffaut *(François),* Duhamel *(A.);* Herrmann *(B.).*
Trukhanova *(N.),* Dukas *(P.).*
Trumbauer, Beiderbecke *(B.).*
Trutovski *(Vassili),* Russie.
Tsai-yu, Chine.
Tschudy, *Danaïdes (les)* [A. Salieri].
Tshing [dynastie mandchoue], Chine.
Ts'in, Chine.
Tual *(Denise), Trois petites liturgies de la présence divine* [O. Messiaen].
Tubin *(Eduard),* suédois.
Tuczeck *(Clara),* Bruch *(M.).*
*****Tudor** *(David), Black Mountain* [J. Cage]; Brown *(E.);* Cage *(J.); Concerto pour piano et orchestre* [J. Cage]; live electronic music.
Tulindberg *(Erik),* Finlande.
Tully *(Alice), Des canyons aux étoiles* [O. Messiaen].
*****Tuma** *(Frantisek),* autrichien; Černohorský *(B. M.);* tchécoslovaque (musique).
Tunder *(Franz),* Abendmusik; allemand; Buxtehude *(D.);* toccata.
Turchi *(Guido),* Italie.
*****Turina** *(Joaquín), Campo y Zabaleta (C. del); Danses fantastiques;* Espagne; Madrid; opéra; Segovia *(A.).*
Türk *(H. P.),* Roumanie.
Turner *(Charlie),* Waller *(T,* dit « Fats »).
Turner *(Joe),* blues.
Turnovsky *(Martin),* Dresde.
Túrócz, Hongrie.
Tutilon, Saint-Gall.
Tuukkanen *(Kalervo),* Finlande.
Tüzün *(Ferit),* Turquie.
Twa *(Andrew),* Canada.
Twardowski *(Romuald),* Pologne.
Tyâgaraja, Inde.
*****Tye** *(Christopher),* Angleterre.
Tzara *(Tristan),* Satie *(E.).*

U

Ugarte, Argentine (république).

Uhl *(Alfred),* Angerer *(P.);* autrichien; Cerha *(F.).*
Uhland, Cornelius *(P.).*
*****Umlauf** *(Ignaz),* opéra.
Ungaretti *(Giuseppe), Cori di Didone* [L. Nono].
*****Unger** *(Karoline),* Wagner *(W. R.).*
Ungör *(Etem),* Turquie.
Uninski, Chopin *(F.).*
Union de musique de chambre (1876), Prague.
Union tchèque de musique de chambre (1894), Prague.
Urbanner *(Erich),* autrichien.
Urhan, *Harold en Italie* [H. Berlioz].
Uribe Holguín *(Guillermo),* Colombie.
Urlus *(Jacques),* Bayreuth.
Urrutia Blondel *(Jorge),* Chili.
Urspruch, singspiel.
Ursuleac *(Viorica),* Krauss *(C.).*
Usiglio, Goldoni *(C.).*
Usmanbas *(Ilhan),* Turquie.
Ussachevsky *(Wladimir),* électroacoustique (musique); électronique (musique).
Uttini *(F.),* opéra; suédois.
Uzielli, Scott *(C.).*

V

Vaccai *(Nicola),* opéra.
Vacchi *(Fabio),* Italie.
Vaëz *(Gustave), Favorite (la)* [G. Donizetti].
*****Vaggione** *(Horacio),* électroacoustique (musique); live electronic music.
Vaillant *(Jehan),* chanson.
Vaillant *(Raymond),* France (xxe s.).
Väisänen *(Armas Otto),* Finlande.
Valderrábano *(Enriquez de),* diferencias; Espagne; romanesca.
Valencia *(Antonio Maria),* Colombie.
Valentini *(Giovanni),* Vienne.
Valentino *(Henri), Fra Diavolo* [D. E. Auber].
Valéry *(Paul),* Tailleferre *(G.).*
Valette *(Denis),* Groupe de recherches musicales.
Valkare *(Gunnar),* suédois.
Valle *(Cesare della), Siège de Corinthe (le)* [G. Rossini].
Vallerand *(Jean),* Canada.
Valle Riestra *(José Maria),* Pérou.
Valls *(Francisco),* Espagne.
Valmy-Baisse, *Suite*

Provençale [D. Milhaud].
*****Van Baaren** *(Kees),* Bruynèl *(T.);* Schat *(P.);* Van Vlijmen *(J.).*
*****Van Beinum** *(Eduard),* Amsterdam.
Van Bree *(Johann),* Amsterdam.
Vancea *(Z.),* Roumanie.
*****Vandenbogaerde** *(Fernand),* France (xxe s.); live electronic music.
*****Van den Borren** *(Charles),* Belgique; Clercx-Lejeune *(S.);* France (xvie s.).
Vander *(Christian),* pop music.
Van der Biest *(Martin),* clavecin.
Van de Wiele *(Aimée),* Chojnacka *(E.).*
Vandor *(Ivan),* ethnomusicologie.
*****Van Dyck** *(Ernest),* Bayreuth; chant.
Van Gendt *(Dolft),* Amsterdam.
Van Gucht *(Georges), Schlagtrio* [K. Stockhausen].
*****Vaňhal** *(Jan Křtitel ou Johann Baptist),* allemand; autrichien; contrebasse; symphonie.
Van Halen, pop music.
Van Hoboken *(A.),* Schenker *(H.).*
Vanloo *(Albert), Étoile (l')* [E. Chabrier]; *Une éducation manquée* [E. Chabrier]; *Véronique* [A. Messager].
Van Maldere *(Pieter),* Belgique; Bruxelles.
*****Vanni-Marcoux** *(Jean),* Souzay *(G.).*
Vannini-Boschi *(Francesca),* chant; contralto.
Van Parys *(Georges),* cinéma et musique.
Van Rooy, baryton.
Van Swieten *(Gottfried)* → Swieten *(G. van).*
Van Zandt *(Marie), Lakmé* [L. Delibes].
Varagnac *(A.),* ethnomusicologie.
Varesco *(Giambattista), Idoménée* [W. A. Mozart].
*****Varèse** *(Edgard), Amériques; Arcana;* Busoni *(F. B.); Chou (Weng-chun);* concrète (musique); Darmstadt (festival de); *Density 21.5; Déserts; Ecuatorial; Étude pour « Espace »;* France (xxe s.); *Hyperprism; Intégrales; Ionisation; Nocturnal; Octandre; Offrandes; Poème électronique;* Pologne; *Procession de Vergès (la);* Salzedo *(C.);* Sibelius *(J.);* Slonimski *(S.);* Xénakis *(Y.).*
Varesi, baryton.
Vargas *(Teofilo),* Bolivie.
*****Varnay** *(Astrid),* Bayreuth.

Varney *(Louis),* opérette.
Vartan *(Sylvie),* chanson populaire.
Varviso *(Silvio),* Bayreuth.
Varvoglis *(M.),* Grèce.
Vasquez *(Juan),* cancionero; madrigal.
Vassiliadis *(St.),* Grèce.
Vaubourgoin *(Marc),* France (xxe s.); Rostand *(C.).*
Vaudoyer, *Spectre de la rose (le)* [Berlioz].
*****Vaughan Williams** *(Ralph), A London Symphony;* Angleterre; *A Pastoral Symphony; A Sea Symphony;* fantaisie; *Fantaisie sur un thème de Thomas Tallis; Five Tudor Portraits; Flos campi; Guêpes (les); Job; On Wenlock Edge; Sancta Civitas;* Sharp *(C.); Sinfonia Antartica;* symphonie; Tippet *(M.).*
Vaurabourg-Honegger *(Andrée),* Boulez *(P.);* Tremblay *(G.).*
Vaz *(Pero),* Portugal.
Veasey *(Joséphine),* Aix-en-Provence (festival d').
*****Vecchi** *(Orazio), Amfiparnasso (l');* Italie; madrigal.
Vecsey (von), Hongrie.
Veillot *(Jean),* Du Mont *(H.);* France (xviie s.).
Vejvanovský *(Pavel Josef),* tchécoslovaque (musique).
Vela *(Luisa), sept chansons populaires espagnoles* [M. de Falla].
Velasco Maidana *(José María),* Bolivie.
Velluti *(Giovanni Battista),* castrat; Italie.
Velte *(E. W.),* Rihm *(W.).*
Velvet Underground (groupe), pop music.
Venkatasubbayyar *(Manambuchavadi),* Inde.
Ventura *(Peps),* sardane.
Ventura *(Ray),* chanson populaire.
*****Veracini** *(Francesco Maria),* Italie; sonate (genre).
Verazzi *(Mattia),* opéra.
*****Verdelot** *(Philippe Deslouges),* chanson au luth; France (xvie s.); madrigal; Renaissance.
*****Verdi** *(Giuseppe), Aïda; Attila;* ballet et musique; bel canto; Boito *(A.);* Bonaventura *(A.);* Bottesini *(G.);* cabaletta; censure; chant; déclamation; *Deux Foscari (les); Don Carlos; Falstaff; Force du destin (la);* Italie; *Jeanne d'Arc; Lombards (les); Luisa Miller; Macbeth; Masdanieri (I); Nabucco;* opéra; *Otello; Quatre pièces sacrées; Requiem (Messa da);* Rethberg *(E.);* Ricordi (maison d'édition);

Rigoletto; Ronconi (G.);
Rouché (J.);
Shakespeare (W.);
Simon Boccanegra;
Toscanini (A.); Traviata
(la); Trouvère (le); Un
bal masqué; Un jour de
règne; Vêpres siciliennes
(les).
Verdier (Pierre), suédois.
*__Veress__ (Sándor), Hongrie.
Verga (Giovanni),
Cavalleria rusticana
[P. Mascagni]; vérisme.
Verhulst (Johannes), Danse
macabre [F. Liszt].
Verjbilovitch,
Saint-Pétersbourg.
*__Verlaine__ (Paul), Bonne
chanson (la) [G. Fauré];
Chabrier (E.);
Debussy (C.); Étoile (l')
[E. Chabrier]; Fêtes
galantes [Cl. Debussy].
Verne (Mathilde), Solomon
[Cutner (Solomon)].
Vernillat (France), chanson
populaire.
Vernoy de Saint-Georges
(Jules-Henri), Fille du
régiment (la)
[G. Donizetti]; Giselle
[A. Adam].
Véron (docteur), Robert Le
Diable [G. Meyerbeer].
Vertovski (Alexis), Russie.
Vessières (Mme),
Conservatoire de Paris.
*__Veyron-Lacroix__ (Robert),
Conservatoire de Paris.
Viadana, concerto.
Vian (Boris), chanson
populaire.
Vianna da Motta (José),
Portugal.
*__Viardot__ (Pauline),
Carnaval des animaux (le)
[C. Saint-Saëns];
Chopin (F.); Fauré (G.);
Garcia (M.);
Gounod (Ch.);
Malibran (M.); Rhapsodie
pour voix d'Alto, chœur
d'hommes et orchestre
[J. Brahms]; Somnambule
(la) [V. Bellini].
Viau (Théophile de), air de
cour.
Vicente (Gil), Portugal.
Vicentino (Nicola),
chromatisme; Portugal;
Rore (C. de).
*__Vichnevskaia__ (Galina),
Rostropovitch (M.); War
Requiem [B. Britten].
*__Victoria__ (Tomas Luis de),
Dies irae; Espagne;
Madrid; Rome.
Vic Wells Ballet, Belle au
bois dormant (la)
[P. I. Tchaïkovski].
Vidal, Caplet (A.);
Tomasi (H.).
Vidor (King), cinéma et
musique.
*__Vierne__ (Louis), carillon;
France (XXe s.); toccata.
Vierne (René), Vierne (L.).
Vierstowsky (Alexis), opéra.
*__Vieru__ (Anatol), Roumanie.
*__Vieuxtemps__ (Henri),
Belgique; Bruxelles;

violon.
Vigano (Salvatore), ballet et
musique; Créatures de
Prométhée (les) [L. van
Beethoven].
Vigarany (C.), Berain (J.).
Vigneault (Gilles), chanson
populaire.
Vigneron (M.), Bourdin (R.)
[flûtiste].
Vigni (A.), Talich (V.).
Vigo (Jean), cinéma et
musique.
Vikar (Béla),
enregistrement; Hongrie.
Vila Castro (Cirilo), Chili.
Vilar (Jean), Avignon
(festival d').
Vilhar (Miroslav),
Yougoslavie.
*__Villa-Lobos__ (Heitor),
Amazonas; Bachianas
Brasileiras; Brésil;
Chants typiques
brésiliens; Chôros; Cycle
brésilien; Découverte du
Brésil (la); Erosion;
étude; Famille du bébé
(la); Forêts de
l'Amazone; Genesis;
Mandu Çarara;
Momoprecoce; Poème de
l'Enfant et de la Mère;
symphonie.
Villa-Lobos (Raul), Villa-
Lobos (H.).
Villa Rojo (Jesus), Espagne.
Villate (Gaspard), Cuba.
Villehardouin (Geoffroi de),
Conon de Béthune.
Villoin (A.), Rubinstein,
famille de musiciens
russes.
Villoteau (A.), Égypte;
ethnomusicologie.
Vilzak (A.), Boléro
[M. Ravel].
*__Vinci__ (Leonardo), opéra;
Servante Maîtresse (la)
[J. B. Pergolèse];
tchécoslovaque (musique).
*__Viñes__ (Ricardo),
Delage (M.); En
Languedoc [D. de
Séverac]; Estampes
[Cl. Debussy]; Gaspard
de la nuit [M. Ravel];
Jeux d'eau [M. Ravel];
Madrid; Rodrigo (J.);
Séverac (D. de).
Vinogradow (Boris de),
France (XXe s.).
Vinson (Eddie
« Cleanhead »), blues.
Vióar (Jórunn), Islande.
*__Viotti__ (Giovanni Battista),
Cherubini (L.);
Rode (P.); sonate
(genre); violon.
*__Virdung__ (Sébastien),
clavecin; clavicitherium.
Virgile, Troyens (les)
[H. Berlioz].
Vischer (Antoinette M.),
Continuum [G. Ligeti].
Visconti (Luccino),
Stefano (G. di);
Vickers (J.).
*__Visée__ (Laurent Robert de),
France (XVIIe s.);
guitare; Versailles.
Viski (János), Hongrie;

Soproni (J.).
*__Vitali__ (Giovanni Battista),
Bologne (école de);
Italie; sonate (genre).
*__Vitali__ (Tommaso Antonio),
violon.
Vitry (Philippe de)
→ *Philippe de Vitry.
Vittadini, Sartori (C.).
Vittori (L.), opéra.
Vittoria (Mario), Concerto
pour violon « Les muses ».
*__Vivaldi__ (Antonio Lucio),
baroque; catalogue
thématique; Cetra (la);
chef d'orchestre;
Cimento dell'armonia e
dell' invenzione (il);
concerto; concerto
grosso; Estro armonico
(l'); Gloria; Italie;
opéra; oratorio; Orlando
furioso; Pastor Fido (il);
Quatre saisons (les);
Sgrizzi (L.); sonate
(genre); Venise; violon;
violoncelle.
Vives, Espagne; Madrid.
Vivier (Claude), Canada.
Vizcarra Monje (Humberto),
Bolivie.
*__Vlad__ (Roman), cinéma et
musique; Italie; opéra.
Vladigerov (Pantscho),
Bulgarie.
Vogl (Michaël),
Schubert (F.);
Wagner (W. R.).
*__Vogler__ (abbé Georg
Joseph), Mannheim (école
de); Sturm und Drang;
Weber (C. M. von).
Voirpy (Alain), France
(XXe s.).
Voisins (Gilbert de), Festin
de l'araignée (le)
[A. Roussel].
Volk (Arno), Schott.
Völker (Franz), Bayreuth.
*__Volkonski__ (Andreï
Mikhaïlovitch), Russie.
Volkov (Solomon),
Chostakovitch (D.);
opéra;. Russie.
Volney, Égypte.
Volly (István), Hongrie.
Volochinov (V.),
Titckenko (B.).
*__Voltaire__ (François Marie
Arouet dit), Tancrède
[G. Rossini].
Volterra (Simone), Domaine
musical.
von Bibern (H. I. F.)
→ Biber.
Vorisek (Jan Vaclav),
Tomasek (V. J. K.).
Vorobieva-Petrova (Anna),
contralto.
Votto (A.), Chailly (L.).
*__Vranicky__ (Antonin),
autrichien.
*__Vranicky__ (Pavel),
autrichien;
tchécoslovaque (musique).
Vsevolojski (Ivan), Belle au
bois dormant (la)
[P. I. Tchaïkovski].
*__Vuataz__ (Roger), suisse
(musique).
Vuillaume (J. B.), lutherie,
luthier.

W

Waart (Edo de), San
Francisco.
Wachmann (I. A.),
Roumanie.
Wackenroder,
Schumann (R. A.).
Waelput (Henry), Belgique.
*__Wagenseil__ (Georg
Christoph), allemand;
autrichien;
divertissement;
Fux (J. J.); opéra;
Schenk (J. B.); sonate
(genre); symphonie.
*__Wagner__ (Cosima),
Bayreuth; Brahms (J.);
Bülow (H. G. von).
Wagner (Friedelind),
Wagner (S.).
*__Wagner__ (Richard),
Abrány (K.);
Adam (A. C.); allemand;
amen; Anneau du
Nibelung (l'); Antigone
[C. Orff]; appoggiature;
atonalité; aube;
Bayreuth; Brahms (J.);
Bülow (H. G. von);
castrat; chant; chef
d'orchestre; Children's
Corner [C. Debussy];
Chrétien de Troyes;
chromatisme; cinéma et
musique; Claudel (P.);
Clavé (J. A.); cloche;
Cornelius (P.); cornet;
Crépuscule des dieux (le);
Dante symphonie
[F. Liszt]; Debussy (C.);
déclamation; Défense
d'aimer (la); Dresde;
fantaisie; Faust-
Ouverture; Fées (les);
France (1800-1914);
leitmotiv; lied;
Liszt (F.); Lohengrin;
Lucerne; Maîtres
chanteurs de Nuremberg
(les); Mann (Th.);
marche funèbre; Marche
nuptiale; opéra; Or du
Rhin (l'); Paris; Parsifal;
Richter (H.); Ricordi;
Rienzi; romantisme;
Rouché (J.); Schnorr von
Carolsfeld (L.);
Schroeder-Devrient (W.);
Sérov (A.); Siegfried;
Siegfried-Idyll; Suite
lyrique pour quatuor à
cordes [A. Berg];
Tannhäuser;
Toscanini (A.); Tétralogie
v. Anneau du Nibelung;
Tristan et Isolde;
Vaisseau fantôme (le);
Wagner (C.);
Wagner (S.); Walkyrie
(la); Wolf (H.).
*__Wagner__ (Siegfried),
Bayreuth; opéra;
Wagner (W.);
Wagner (W.).
*__Wagner__ (Wieland),
Appia (A.); Bayreuth;
Thomas (J.).

INDEX

Wagner *(Winifred)*, Bayreuth.
*****Wagner** *(Wolfgang)*, Wagner *(W.)*.
Wahhāb *(Muḥammad 'Abd al-)*, arabe (musique).
Wahr *(Carl)*, *Distrait (le)* [J. Haydn].
Wailly *(Léon de)*, *Benvenuto Cellini* [H. Berlioz].
Wâ 'iz *('Alî)*, Syrie.
Wakhevitch, Aix-en-Provence (festival d').
Walacinski *(Adam)*, Pologne.
Waldmann *(Frédéric)*, *Des canyons aux étoiles* [O. Messiaen].
*****Waldstein** *(Ferdinand, comte von)*, Beethoven *(L. van)*.
Walker *(Aaron « T Bone »)*, blues.
Wallace *(W. V.)*, Irlande.
Wallin *(N. L.)*, Lundi (groupe du).
Wallmann *(Marguerite)*, *Dialogue des carmélites* [F. Poulenc].
Wallner *(Bo)*, Lundi (groupe du); suédois.
*****Walsh** *(John)*, édition musicale; *Saül* [G. F. Haendel].
*****Walter** *(Bruno W. Schlesinger)*, Berlin (histoire de la vie musicale à); Édimbourg; édition musicale; Florence; Pfitzner *(H.)*; Seefried *(I.)*; Vienne; Wolf *(H.)*.
Walter *(T. C.)*, opéra.
*****Walther** *(Johann)*, allemand; choral; Luther *(M.)*; Renaissance.
*****Walther** *(Johann Gottfried)*, Bach *(J.-S.)*; dictionnaire; sérénade.
Walther von der Vogelweide, allemand; autrichien; lied.
*****Walton** *(sir William)*, Angleterre; cinéma et musique; opéra; oratorio; Portugal; Shakespeare *(W.)*; sonate (genre).
Wand *(Gunter)*, Cologne.
Warda *(Razu)*, Syrie.
Warhol *(Andy)*, pop music.
*****Warlock** *(Peter)*, Angleterre; Marot *(C.)*.
Warnow *(Mark)*, Schillinger *(J.)*.
Washbord Sam *(Robert Brown, dit)*, blues.
Waters *(Muddy)*, pop music.
Waxman *(Franz)*, cinéma et musique.
Webb *(Chick)*, Fitzgerald *(E.)*.
*****Webbe** *(Samuel)*, Angleterre.
Webber *(Lloyd)*, comédie musicale.
*****Weber** *(Alain)*, France (xxe s.).
*****Weber** *(Carl Maria von)*, *Abu Hassan*; allemand; ballet et musique; Berlin (histoire de la vie musicale à); catalogue thématique; Cavos *(C.)*; chambre (musique de); chef d'orchestre; critique musicale; danse; Danzi *(F.)*; Dresde; *Euryanthe*; *Freischütz (le)*; Haydn *(F. J.)*; *Invitation à la valse (l')*; konzertstück; lied; *Obéron*; opéra; Prague; romantisme; *Rosamonde, princesse de Chypre* [F. Schubert]; Schrœder-Devrient *(W.)*; Shakespeare *(W.)*; Silcher *(P.-F.)*; sonate (genre); Sontag *(H.)*; *Spectre de la Rose (le)*; Verdi *(G.)*; Vogler (abbé *G. J.*).
Weber *(Georg)*, Schütz *(H.)*.
Weber *(Josefa)*, chant.
Weber *(Max Maria)*, Weber *(C. M. von)*.
*****Webern** *(Anton)*, allemand; *Altenberglieder* [A. Berg]; analyse; autrichien; *Bagatelles pour quatuor à cordes (Six)*; basse obstinée; *Cantate (Deuxième)*; *Choralis Constantinus* [H. Isaac]; *Cinq Pièces pour orchestre*; concerto; Cor merveilleux de l'enfant (le); Craft *(R.)*; Darasse *(X.)*; dodécaphonique (musique); *Konzert op. 24*; lied; orchestration; *Passacaille pour orchestre*; Pologne; Schönberg *(A.)*; Searle *(H.)*; sérielle (musique); *Six Pièces pour orchestre*; sonate (forme); Strobel *(H.)*; symphonie; *Symphonie*; *Symphonie de chambre* [A. Schönberg]; Universal-Edition; *Variations pour orchestre*.
Wecker *(Hans J.)*, suisse (musique).
Weckmann *(Matthias)*, Hambourg.
Wedekind *(Frank)*, Berg *(A.)*; *Lulu* [A. Berg]; opéra.
*****Weelkes** *(Thomas)*, Angleterre; Gibbons *(O.)*; madrigal.
Wegeler, Beethoven *(L. van)*.
Wegelius *(Martin)*, Finlande; Sibelius *(J.)*.
*****Weigi** *(Joseph)*, autrichien.
Weil *(Grete)*, *Boulevard Solitude* [H. W. Henze].
Weiland, électroacoustique (musique).
*****Weill** *(Kurt)*, allemand; *Berliner Requiem*; Brecht *(B.)*; Busoni *(F. B.)*; chanson populaire; *Grandeur et décadence de la ville de Mahagonny*; Lenya *(L.)*; opéra; *Opéra de quat'sous*; *Sept péchés capitaux des petits-bourgeois (les)*; Universal-Edition.
*****Weimar**, allemand.
Weinberg *(Jacob)*, hébraïque (musique).
*****Weingartner** *(Felix Paul von)*, Berlin (histoire de la vie musicale à); Sacher *(P.)*; Shakespeare *(W.)*; Vienne.
Weinlig *(Theodor)*, Wagner *(W. R.)*.
*****Weinzweig** *(John)*, Canada.
Weis *(Flemming)*, Danemark.
Weiskern *(Friedrich Wilhelm)*, *Bastien et Bastienne* [W. A. Mozart].
Weiss *(Christian)*, Bach *(J.-S.)*.
Weiss *(Jean-Baptiste)*, Bruckner *(A.)*.
Weiss *(Peter)*, *Ricordi cose ti hanno fatto in Auschwitz* [L. Nono].
Weissenbach *(Aloys)*, *Glorieux moment (le)* [L. van Beethoven].
Weisshaus *(Imre)*, Arma *(P.)*.
*****Welin** *(Karl-Erik)*, suédois; *Volumina* [G. Ligeti].
Welles *(Orson)*, cinéma et musique; Herrmann *(B.)*.
*****Wellesz** *(Egon)*, allemand; autrichien.
Wending, Mannheim (école de).
Wendling *(Elisabeth)*, chant.
Wenzig *(Joseph)*, *Dalibor* [B. Smetana].
Werder *(Felix)*, Australie.
*****Werle** *(Lars Johan)*, suédois.
*****Werner** *(Gregor Joseph)*, Fux *(J. J.)*; Haydn *(F. J.)*.
*****Wert** *(Giaches de, Jaches de)*, Belgique; madrigal; Mantoue.
Wesendonck *(Otto)*, Wagner *(W. R.)*.
*****Wesley** *(Samuel)*, Angleterre; voluntary.
*****Wesley** *(Samuel Sebastian)*, Angleterre; voluntary.
Wesström *(A.)*, suédois.
Westergaard *(Svend)*, Danemark.
Westphal, dorien.
Wette *(Adelheid)*, *Hänsel und Gretel* [E. Humperdinck].
Wetzelsberger *(Bertil)*, *Carmina Burana* [C. Orff].
*****Weyse** *(Christoph E. F.)*, Danemark.
Wheatley, comédie musicale.
Whiteman *(Paul)*, *Grand Canyon* [F. Grofé]; *Rhapsody in blue* [G. Gershwin].
Whiting *(John)*, *Diables de Loudun (les)* [K. Penderecki].
Whitman *(Walt)*, Hartmann *(K. A.)*; *Robert Browning Overture* [C. Ives].
Whitney *(Robert)*, *Érosion* [H. Villa-Lobos].
Who (groupe), pop music.
Widberger *(Jacques)*, suisse (musique).
*****Widor** *(Charles Marie)*, Belgique; Busser *(H.)*; Cellier *(A.)*; Commette *(E.)*; Conservatoire de Paris; Samson *(J.)*; Schweitzer *(A.)*; toccata; Tournemire *(C.)*; Vierne *(L.)*.
Wieck *(Clara)*, Chopin *(F.)*.
Wieck *(Friedrich)*, Bülow *(H. G. von)*; Schuman *(C.)*; Schuman *(R. A.)*.
Wiedeck *(Magdalena)*, Schütz *(H.)*.
Wiederkehr *(Jacques)*, France (xxe s.).
*****Wieniawski**, Pologne; Saint-Pétersbourg.
Wiest *(L. A.)*, Roumanie.
Wiggen *(Knut)*, électroacoustique (musique); suédois.
Wihan *(Hanus)*, *Dumky-trio* [A. Dvořák]; Suk *(J.)*.
Wikmanson *(Johan)*, suédois.
*****Wilbye** *(John)*, Angleterre; madrigal; Renaissance.
Wilde *(Oscar)*, adaptation; *Danse des sept voiles* [R. Strauss]; *Salomé* [R. Strauss]; Strauss *(R.)*.
Wildgans *(Friedrich)*, autrichien.
Wilhem, chanson populaire.
Wilhems, éducation musicale.
*****Willaert** *(Adriaan)*, Belgique; chanson; France (xvie s.); Renaissance; ricercare; Rore *(C. de)*; Venise; Verdelot *(P. D.)*.
Willemetz *(Albert)*, chanson populaire.
Williams *(Alberto)*, Argentine (république).
Williams *(John)*, cinéma et musique.
*****Williamson** *(Malcolm)*, Angleterre; Australie.
Williamson I *(« Sonny Boy »)*, blues.
Willner *(A. M.)*, *Rondine (la)* [G. Puccini].
Wilson *(John)*, Angleterre.
*****Wilson** *(Theodore, dit « Teddy »)*, Goodman *(B.)*; Young *(L.)*.
Wimberger *(Gerhard)*, allemand; autrichien.
Winckelmann, Wagner *(W. R.)*.
*****Windgassen** *(Wolfgang)*, Bayreuth.
Winkler *(Julius)*, Schneiderhan *(W.)*.
Winter *(Johnny)*, pop

INDEX

music.
Winterburger *(J.),* autrichien.
Wipo, séquence.
*****Wirén** *(Dag),* suédois.
Wise *(Michael),* Angleterre.
Wise *(Robert). West Side Story* [L. Bernstein].
Wislander *(Ingvar),* suédois.
Wislocki *(Stanislas),* Pologne.
Wittenberg, Schnabel *(A.).*
Wittgenstein *(Ludwig).* Christou *(I.).*
Wittgenstein *(Paul). Concerto pour la main gauche* [M. Ravel]; Schmidt *(F.).*
Wittich *(Marie). Salomé* [R. Strauss].
Witzlaw von Rügen, allemand.
Wixell *(Ingvar),* suédois.
Wodzinska *(Maria),* Chopin *(F.).*
Wodzinski, Chopin *(F.).*
Woizikovski, *Tricorne (le)* [M. de Falla].
*****Wolf** *(Hugo),* allemand; autrichien; Bruckner *(A.); Corregidor (le);* déclamation; lied; *Penthesilea;* Seefried *(I.); Sérénade italienne.*
*****Wolff** *(Albert). Enfant et les sortilèges (l')* [M. Ravel]; *Jean de la Peur* [M. Landowski]; *Mamelles de Tirésias (les);* [F. Poulenc]; opéra.
*****Wolff** *(Christian),* aléa, musique aléatoire; Brown *(E.);* Cage *(J.);* Doblinger; États-Unis.
Wolff *(Edouard),* Chabrier *(E.).*
Wolff *(P. A.),* Weber *(C. M. von).*
*****Wölfl** *(Joseph),* autrichien.
Wolfram von Eschenbach, allemand; Chrétien de Troyes.
Wolmuth *(János),* Hongrie.
*****Wolpe** *(Stefan),* Brouwer *(L.);* Brün *(H.).*
Wolzogen *(Hans von),* leitmotiv.
*****Wood** *(Henry),* Angleterre; *Cinq Pièces pour orchestre* [A. Schönberg]; *Eventyr* [F. Delius].
Wood *(Hugh),* Angleterre; Seiber *(M.).*
Woyciechowski *(Titus),* Chopin *(F.).*
Wranitzki, opéra.
Wüllner *(Franz), Don Quichotte* [R. Strauss]; *Till Eulenspiegel* [R. Strauss].
Wunderlich *(Fritz),* Aix-en-Provence (festival d').
Wurtemberg *(Eugène de),* Weber *(C. M. von).*
Wyssenbach *(Rudolf),* suisse (musique).
*****Wyzewa** *(Théodore de),* Saint-Foix *(M.-O.-G.* Poulain, comte *de).*

X

*****Xenakis** *(Iannis). Achorripsis; Akrata;* aléa, musique aléatoire; *Anaktoria; Aroura; Atrées;* Barbaud *(P.); Bohor; Cendrées;* Centre d'études de mathématiques et automatique musicales (C.E.M.A.M.U.); *Charisma;* Chojnacka *(E.);* clavecin; concrète (musique); *Danaé* [F. B. Mâche]; Darmstadt (festival de); Donaueschingen (festival de); *Duel-jeu pour deux orchestres; Eonta;* France (xxe s.); Grèce; *Herma; Hiketides; Metastasis; Nomos Alpha; Nomos Bama; Nuits;* ordinateur; *Persephassa; Pithoprakta;* Scherchen *(H.);* sérielle (musique); stochastique (musique); violoncelle.
Xénophon, *Belshazzar* [G. F. Haendel].
Ximenez *(Jeronimo)*
→ Gimenez *(Jeronimo).*

Y

Yagoujinski (comte), Saint-Pétersbourg.
Yamashta *(S.),* Avignon (festival d').
Yankoff, Conservatoire de Paris.
Yannay *(Yehuda),* hébraïque (musique); Israël.
Yasukawa, Shinohara *(M.).*
Yeats, Warlock *(P.).*
Yekta Bey *(Rauf),* Turquie.
Yerchov, Saint-Pétersbourg.
*****Youmans** *(Vincent),* États-Unis.
*****Young** *(Lester),* blues.
Young *(Terence), Concerto de Varsovie* [R. Addinsell].
Young *(William),* Angleterre.
*****Ysaye** *(Eugène),* Belgique; Bruxelles; *Concert* [E. Chausson]; Rubinstein *(Artur).*
Yuan, Chine.
Yuasa, Fukushima *(K.).*
Yudanegara *(Pangeran),* Indonésie.
*****Yun** *(Isang),* Blacher *(B.);* Donaueschingen (festival de); *Glissées;* Royan (festival international

d'art contemporain de);
*****Yvain** *(Maurice),* chanson populaire.

Z

Zacconi, violon.
*****Zach** *(Jan),* Černohorský *(B. M.);* thécoslovaque (musique).
*****Zacher** *(Gerd). Coulée* [G. Ligeti].
Zachow *(Friedrich Wilhelm),* Haendel *(G. F.).*
Zaffiri *(Enoce),* électroacoustique (musique).
Zafred *(Mario),* Italie.
Zajcn *(I.),* Yougoslavie.
Zaki *(Muhammad),* Syrie.
Zalzāl, 'Abbāsside; arabe (musique); Iraq.
Zampieri, Sartori *(C.).*
Zamponi, Bruxelles.
*****Zandonai** *(Riccardo). Francesca da Rimini;* Italie; opéra; Respighi *(O.).*
Zanetti, violon.
Zangarini *(Carlo). Fille du Far West (la)* [G. Puccini].
Zapiola *(José),* Chili.
Zaporta *(Manuel),* Chabrier *(E.).*
Zappa *(Frank),* pop music.
Zardt *(Georg),* Mannheim (école de).
Zaremba, Tchaïkovski *(P. I.).*
Zaripov, ordinateur.
*****Zarlino** *(Gioseffo). Amours de Ronsard (les)* [A. de Bertrand]; chromatique; dorien; Galilei *(V.);* ornements, ornementation; Renaissance; Venise.
Zathureczky, Hongrie.
Záviš *(Zapy),* thécoslovaque (musique).
Zaydān *(Ahmad),* arabe (musique).
*****Zbar** *(Michel),* France (xxe s.).
Zbinden *(François),* suisse (musique).
Zecchi *(Carlo),* Castiglioni *(N.);* Italie.
Zednick *(Heinz),* Bayreuth.
Zehme *(Albertine),* Schönberg *(A.).*
*****Zelenka** *(Jan Dismas),* Fux *(J. J.);* thécoslovaque (musique).
Zelenka *(Istvan),* allemand; autrichien.
Zelenski *(W.),* Pologne.
Zell, clavecin.
Zellbell *(F.),* suédois.
*****Zelter** *(Carl Friedrich),* Berlin (histoire de la vie musicale à); lied.
Zeman *(Martin),*

Janáček *(L.).*
Zemánek *(Vilém),* Prague.
*****Zemlinsky** *(Alexander von),* allemand; autrichien; Mahler *(G.);* opéra; Prague; Schönberg *(A.); Suite lyrique pour quatuor à cordes* [A. Berg]; *Symphonie lyrique.*
*****Zender** *(Hans),* allemand; Ensemble intercontemporain.
Zenetti *(Leopold von),* Bruckner *(A.).*
Zeno *(Apostolo),* opéra.
Zenta *(Hermann),* Holmes *(A.).*
Zichy *(Géza),* Hongrie.
Ziegler *(Ch. M. von),* Bach *(J.-S.).*
Ziegler *(Gaspar),* Schütz *(H.).*
Ziegler *(Gottfried),* Bach *(J.-S.).*
Ziegler *(Márta),* Bartók *(B.).*
Zielenski *(Mikolaj),* Pologne.
Zimmerman *(Krystian),* Pologne.
Zimmermann *(Anna),* contrebasse; Gounod *(Ch.);* Sveinsson *(A. H.).*
*****Zimmermann** *(Bernd Alois),* allemand; concerto; *Concerto pour violoncelle et orchestre en forme de pas de trois;* Darmstadt (festival de); Donaueschingen (festival de); opéra; *Photoptosis; Requiem pour un jeune poète;* Royan (festival international d'art contemporain de); *Soldats (les);* Tippet *(M.).*
*****Zingarelli** *(Nicola Antonio),* Bellini *(V.);* chant; opéra.
Zinovieff *(Peter),* Angleterre.
*****Zipoli** *(Domenico),* Argentine (république); toccata.
Zirra *(A.),* Roumanie.
Ziryāb, 'Abbāsside; arabe (musique); arabo-andalou; Espagne; Iraq.
Zitek, *De la maison des morts* [L. Janáček].
Zivkovic *(Milenko),* Yougoslavie.
Zmeskall von Domanovecs, Beethoven *(L. van).*
Zobl *(Wilhelm),* autrichien.
Zografski *(Tomislav),* Yougoslavie.
Zola *(Émile),* Bruneau *(A.).*
Zöller *(Karlheinz), Double Concerto* [G. Ligeti]; Trojahn *(M.).*
Zoras *(L.),* Grèce.
Zorine, opéra.
Zorzor *(St.),* Roumanie.
Zosi *(Guiliano),* Italie.
Zselényi *(Istvan),* Hongrie.
Zuckermann *(Wolfgang J.),* clavecin.
*****Zumsteeg** *(Johann Rudolph),* allemand; lied.

Züngl *(Emanuel), Deux Veuves (les)* [B. Smetana].
Zupan *(Jakob),* Yougoslavie.
Zverev *(N.),* Siloti ou Ziloti *(A. I.).*
Zweers, Ruyneman *(D.).*
Zweig *(Stefan), Capriccio* [R. Strauss]; *Femme silencieuse (la)* [R. Strauss]; Strauss *(R.).*
Zwyny *(Adalberg),* Chopin *(F.).*

Œuvres et recueils particuliers.
  Adagio d'Albinoni.
  Fitzwilliam Virginal Book.
  Folies d'Espagne.
  Homme Armé.
  Psautier Huguenot (le).
  Roman de Fouvel.

Photocomposition M.C.P. — Fleury-les-Aubrais.

Imprimerie Berger-Levrault, Nancy.
Dépôt légal : décembre 1982. — N° série Éditeur 11813. 511304-A-septembre 1983.
Imprimé en France *(Printed in France)*.